DICIONÁRIO
PORTUGUÊS / ESPANHOL
ESPANHOL / PORTUGUÊS

MERCOSUL:
Mercado sem fronteiras

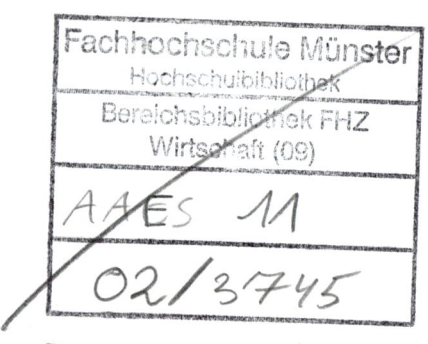

Crédito das fotos:

Página iv – Arquivo Editora Globo / Cândido Neto
Página v – Arquivo Editora Globo / Cândido Neto (em cima) / Ernesto de Souza (embaixo)
Página vi – Arquivo Editora Globo / Ernesto de Souza
Página viii – Arquivo Editora Globo / Cândido Neto (em cima) / J.Moura (embaixo)
Página ix – Arquivo Editora Globo / Amilton Vieira
Página x – Arquivo Editora Globo / Cândido Neto
Página xi – Arquivo Editora Globo
Página xii – Arquivo Editora Globo / Ernesto de Souza
Página xiii – Arquivo Editora Globo / Cândido Neto

MERCOSUL:
Mercado sem fronteiras

Introdução

O uso do idioma espanhol nos meios profissionais tem se intensificado nos últimos anos no Brasil, sobretudo naqueles setores relacionados ao comércio exterior. O pleno domínio da língua espanhola, a fluência na fala e na escrita tornam-se, cada vez mais, requisitos importantes nos processos de seleção para cargos de responsabilidade, seja em empresas industriais ou comerciais, seja naquelas com atuação na área financeira ou ainda na de prestação de serviços. Cresce de maneira paralela o interesse do público em geral no aprendizado da língua – o espanhol tende a assumir a posição de segundo idioma estrangeiro de mais larga utilização no país, após o inglês. Esses fatos são explicados pela abertura da economia brasileira para o exterior nos anos 90, quando esta passou a ser afetada pelo fenômeno da globalização, mas especialmente pelo incremento dos fluxos comerciais e financeiros entre países do chamado Cone Sul do continente americano. Brasil,

AMÉRICA DO SUL

Integrantes do Mercosul
Argentina
Brasil
Paraguai
Uruguai

Associado ao Mercosul
Chile

Negociando associação
Bolívia

Argentina, Paraguai e Uruguai vivem um processo de integração econômica resultante da assinatura do Tratado de Assunção, que em março de 1991 criou o Mercosul, ou Mercado Comum do Sul. Este bloco econômico regional vem se consolidando como importante espaço de livre-comércio no cenário internacional, pois reúne quatro países responsáveis por um PIB anual cujo valor conjunto já ultrapassa 1 trilhão de dólares (dos quais cerca de 70% correspondem ao PIB brasileiro).

O que é mercado comum

Para entender o que é o Mercosul e de que modo seus quatro países-membros propõem-se a construir uma união aduaneira e, no futuro, transformá-la num mercado comum, vale esclarecer aqui algumas noções relativas às diferentes formas de associação comercial entre países ou aos diversos estágios de sua integração econômica. A partir dos diferentes graus de integração que apresentam,

Argentina

Nome oficial: República Argentina
Extensão territorial: 2.780.400 km²
Capital: Buenos Aires
Divisão política: 23 Províncias e 1 Distrito Federal
Idioma oficial: espanhol

População: 35,5 milhões
Crescimento demográfico (%): 1,3
 (média anual 1990-1995)
População urbana (%):   88,
Mortalidade infantil (‰):   22,
Analfabetismo (% adultos):   4,

Moeda: peso
PIB: 285,1 bilhões (US$)
Composição do PIB – primário: 6%
                    secundário: 31%
                    terciário: 63%
PIB per capita: US$ 8.030,
Índice de Desenvolvimento Humano – IDH: 30ª
 (posição no ranking de 174 países)

Fonte: BIRD – Relatório sobre o Desenvolvimento Mundial – 1997

Avenida 9 de Julio, no centro de Buenos Aires.

essas associações podem caracterizar uma zona de livre-comércio, uma união aduaneira ou união alfandegária, um verdadeiro mercado comum ou, em um estágio ainda mais complexo, uma união monetária – que também pode ser denominada união econômica.

São vários os exemplos de formação de áreas de livre-comércio e de uniões aduaneiras observados ao longo da História contemporânea. Pode-se citar a experiência precursora da Zollverein, união aduaneira que a partir de 1834, através da abolição das tarifas alfandegárias, integrou num mesmo espaço econômico a Prússia e outros dezessete Estados independentes localizados no território que hoje constitui a Alemanha. Ou lembrar as experiências mais recentes, surgidas sobretudo após a Segunda Guerra Mundial, como o Benelux. Este acordo de união aduaneira firmado em 1948 entre Bélgica, Holanda e Luxemburgo constituiu um dos embriões do mais bem-sucedido e complexo processo de integração econômica que se conhece – o da União Européia. Os atuais quinze países-membros da UE apresentam um elevado grau de articulação entre suas políticas econômicas e encontram-se em processo de adoção de uma moeda única (o euro), que substituirá gradativamente cada uma das moedas nacionais.

A partir dos anos 80, a globalização da economia deu impulso à criação de novas associações e organismos de caráter multinacional voltados à promoção do livre-comércio entre países de diversas regiões do globo. Tais são, por exemplo, os casos do Nafta (Acordo de Livre-Comércio da América do Norte, entre Estados Unidos,

Canadá e México), da Apec (Cooperação Econômica da Ásia e do Pacífico, que constitui um fórum de discussões entre dezoito países da bacia do Pacífico) e do próprio Mercosul.

Uma zona de livre-comércio (ZLC) ou área de livre-comércio é formada quando são reduzidas ou mesmo completamente eliminadas as tarifas alfandegárias que incidem sobre os fluxos comerciais entre um grupo de países. Neste nível de acordo, cada país mantém, no entanto, sua independência em relação ao estabelecimento das normas de comércio com os demais países do mundo. Pelo Tratado de Assunção (1991), foi formada uma zona de livre-comércio entre Argentina, Brasil, Paraguai e Uruguai.

Uma união aduaneira passa a existir a partir do momento em que os países-membros, além de eliminarem as barreiras alfandegárias nas trocas entre si, estabelecem uma política comum no que se refere ao relacionamento comercial com o restante do mundo, através da determinação de uma tarifa externa comum (TEC), ou seja, de uma tarifa única para a importação de produtos de países não associados. O Mercosul encontra-se no estágio de uma união aduaneira imperfeita, já que existe uma TEC, adotada a partir de 1º de janeiro de 1995, que varia entre 0 e 20% do valor do produto importado, mas mantém-se para cada país-membro uma lista de exceções à qual são aplicadas tarifas protecionistas mais elevadas. O prazo previsto para a eliminação destas exceções e para o total enquadramento à TEC é o ano de 2006.

O mercado comum é constituído quando a integração avança para além da simples união aduaneira e passa a incluir a livre circulação não apenas dos produtos, mas também dos fatores de produção (mão-de-obra, capitais e serviços). Os regulamentos do Mercosul prevêem que a suspensão progressiva das restrições ao

Casa Rosada, sede do governo argentino.

comércio e a intensificação da cooperação econômica conduzam à efetiva criação de um mercado comum entre Argentina, Brasil, Paraguai e Uruguai.

O estágio seguinte de integração é denominado união monetária (ou união econômica) e diz respeito ao estabelecimento de formas bem mais abrangentes de articulação entre economias de diferentes países, incluindo a adoção de uma moeda única entre os membros do acordo e a definição de políticas macroeconômicas setoriais (agrícola, fiscal) e sociais (previdenciária, habitacional) comuns. A única experiência de união monetária em curso é a da União Européia, que deverá adotar o euro a partir de 1999. Os acordos estabelecidos até o momento no âmbito do Mercosul não estipulam que se deva atingir este estágio, apesar de haver estudos a este respeito.

Porto de Buenos Aires, situado no estuário do rio da Prata, uma das principais portas de entrada do Mercosul.

Gado das raças Angus e Hereford, criado em larga escala na região do Pampa.

O Mercosul: antecedentes

Os fluxos comerciais dos países latino-americanos estiveram, por longo tempo, voltados preferencialmente para o mundo desenvolvido. O passado colonial desses países e sua situação de dependência econômica explicam por que a Europa ocidental e os Estados Unidos desempenharam (e no mais dos casos ainda desempenham) o papel de principais parceiros comerciais, destino da maioria das exportações e origem da maior parte dos produtos importados. O comércio intra-regional foi, até a década de 60, pouco expressivo.

À medida que, àquela época, se consolidava o chamado processo de substituição de importações, sobretudo em países como o Brasil, o México e a Argentina, ganharam impulso as teses que preconizavam a necessidade de se promover a aproximação entre eles, de modo que se pudesse tirar proveito das complementaridades existentes entre suas economias nacionais, bem como fortalecê-las frente ao mundo desenvolvido.

Esta busca de aproximação econômica entre os diferentes países da América Latina conduziu então, em nosso continente, a variadas experiências de criação de entidades voltadas ao incremento das relações comerciais intra-regionais, algumas totalmente fracassadas, outras obtendo resultados parciais, de âmbito muito localizado. Um exemplo do primeiro caso foi a Alalc – Associação Latino-americana de Livre-Comércio, criada em 1960, inspirada no então recém-formado Mercado Comum Europeu (que deu origem à atual União Européia). Reunia países da América do Sul – inclusive o Brasil – e mais o México. Em seus vinte anos de existência, foi praticamente incapaz de promover o aumento dos fluxos econômicos entre seus membros e de

Solos férteis da planície do Pampa argentino são aproveitados para a produção de cereais (trigo, na foto).

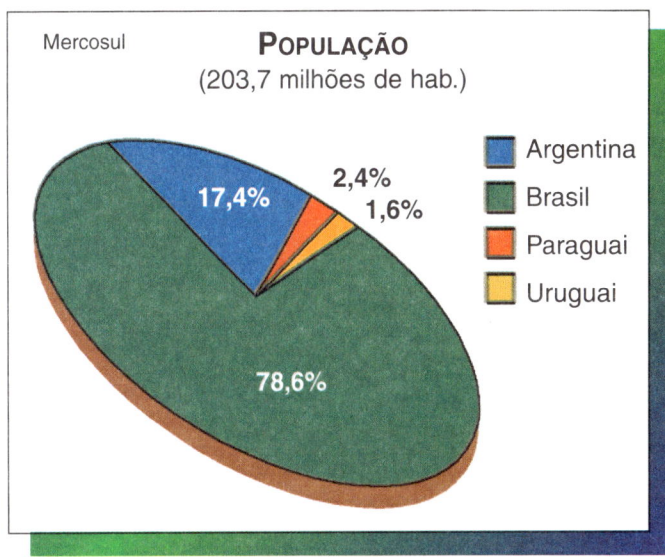

Brasil

Nome oficial: República Federativa
do Brasil
Extensão territorial: 8.511.996 km²
Capital: Brasília
Divisão política: 26 Estados e
1 Distrito Federal
Idioma oficial: português

População: 160 milhões
Crescimento demográfico (%):   1,5
(média anual 1990-1995)
População urbana (%):   78,
Mortalidade infantil (‰):   44,
Analfabetismo (% adultos):   17,

Moeda: real
PIB: 806,6 bilhões (US$)*
Composição do PIB – primário: 14%
secundário: 37%
terciário: 49%
PIB per capita: US$ 5.020,*
Índice de Desenvolvimento
Humano – IDH: 63ª
(posição no ranking de 174 países)

Fonte: BIRD – Relatório sobre o Desenvolvimento
Mundial – 1997
* Banco Central do Brasil – 1997

---

superar o padrão de comércio exterior então vigente na maioria dos países subdesenvolvidos.

Em 1980, pelo Tratado de Montevidéu, foi substituída pela Aladi – Associação Latino-americana de Integração, que também congregava países de toda a América Latina mas procurava aproximá-los através de decisões de abrangência mais limitada, incentivando em seus quadros, por exemplo, o estabelecimento de acordos bilaterais, de caráter mais específico. A Aladi permanece em vigor até hoje. Seus resultados, contudo, situam-se muito aquém do que inicialmente se esperava.

Outras experiências de integração comercial na América Latina podem ser citadas, como o Pacto Andino, estabelecido em Lima, em 1969, entre os países da fachada ocidental do continente (Peru, Equador, Bolívia, Colômbia e Venezuela), o Mercado Comum Centro-americano – MCCA, que reúne os pequenos países da América Central, ou ainda o Caricom – Mercado da Comunidade do Caribe, que pretende integrar comercialmente as economias dos vários países insulares da Antilhas. São todos exemplos de tentativas que obtiveram resultados bastante limitados em relação aos objetivos iniciais.

O Mercosul foge a esta regra. Passados mais de cinco anos da assinatura do Tratado de Assunção, seus resultados podem ser medidos pelo expressivo aumento dos fluxos comerciais entre seus membros. Entre 1991 e 1996, por exemplo, observou-se um incremento de aproximadamente 400% nos valores transacionados

Mercosul **POPULAÇÃO**
(203,7 milhões de hab.)

17,4%   2,4%   1,6%

78,6%

■ Argentina
■ Brasil
■ Paraguai
□ Uruguai

São Paulo, maior centro industrial e financeiro do Mercosul.

entre os quatro países: os fluxos comerciais intra-regionais pularam de 4 bilhões de dólares anuais para mais de 16 bilhões. Por outro lado, o Brasil constitui hoje o principal destino das exportações argentinas, absorvendo praticamente um terço dos valores totais exportados por aquele país. Observa-se ainda uma crescente interdependência econômica entre os quatro membros do acordo, num plano que vai além das meras relações comerciais e inclui uma progressiva articulação entre as próprias políticas cambiais e financeiras.

Cataratas do Iguaçu, na fronteira entre Brasil e Argentina, importante pólo turístico da região.

A aproximação entre Brasil e Argentina

Em meados da década de 80 os governos da Argentina e do Brasil iniciaram um processo de efetivo degelo nas relações políticas e de aproximação econômica que veio superar um longo período de rivalidades e disputas mais ou menos abertas entre os dois países. Os presidentes Raul Alfonsín (Argentina) e José Sarney (Brasil) chefiavam os primeiros governos civis de seus respectivos países após longa fase de domínio de regimes militares e de ausência de democracia.

No plano econômico, os dois países buscavam superar os impasses do que ficou posteriormente conhecido como "a década perdida", ou seja, os anos 80. Naquela década, uma crise profunda e complexa se abateu não apenas sobre as economias brasileira e argentina, mas atingiu a grande maioria dos países latino-americanos. Foram anos em que a estagnação econômica e mesmo a recessão se espalharam por praticamente todos os setores da economia e fizeram regredir a níveis há muito ultrapassados os principais indicadores de atividade econômica e de padrão de vida de suas populações. O endividamento externo crescente e a inflação sem controle eram os grandes vilões do período.

Tanto o Brasil quanto a Argentina tiveram suas economias afetadas pela sangria de recursos provocada pelos compromissos de gigantescas dívidas externas con-

traídas em anos anteriores, quando era fácil obter empréstimos no mercado internacional. E sofreram violentos processos inflacionários, que corroeram o poder de compra da população e desestruturaram as economias dos dois países. Sob as novas condições abertas pelos regimes democráticos recém-instalados, procurava-se retornar à rota do desenvolvimento econômico.

Tornara-se evidente, por outro lado, que já não era mais possível retomar o crescimento econômico com base no tradicional processo de substituição de importações, que fora responsável pela industrialização ocorrida entre os anos 30 e 70. A economia mundial mudara, com os novos fluxos financeiros e comerciais gerados pela globalização impondo políticas de favorecimento ao livre-comércio. Esgotara-se o papel do Estado-nacional como investidor direto no processo produtivo, como provedor de infraestrutura necessária ao desenvolvimento econômico e como regulador severo que impunha medidas protecionistas, visando assegurar o controle do mercado interno pelos empresários locais.

Neste contexto nasceu o Mercosul. Pode-se afirmar que as conversações e acordos iniciais avançaram quase que por exclusiva vontade política dos poderes executivos dos governos do Brasil e da Argentina, visto que à época não havia entre o meio empresarial a visão de que o surgimento de uma zona de livre-comércio unindo economicamente os dois países pudesse ser fonte de bons negócios e de ampliação de lucros. E tampouco havia, à época, outras experiências de integração entre economias que já apresentassem um estágio relativamente elevado de industrialização, com exceção da Comunidade Econômica Européia, que no ano seguinte (1992) seria transformada em União Européia. O Nafta, na América do Norte, surgiria apenas ao final de 1992.

A Ponte da Amizade, sobre o rio Paraná, une Foz do Iguaçu a Ciudad del Este.

Assim, foi assinado em julho de 1986 pelos governos brasileiro e argentino o Programa de Integração e Cooperação Econômica, através do qual se iniciava o processo de aproximação econômica entre os dois países. Buscava-se harmonizar interesses de setores econômicos específicos e incentivar as trocas comerciais entre os dois

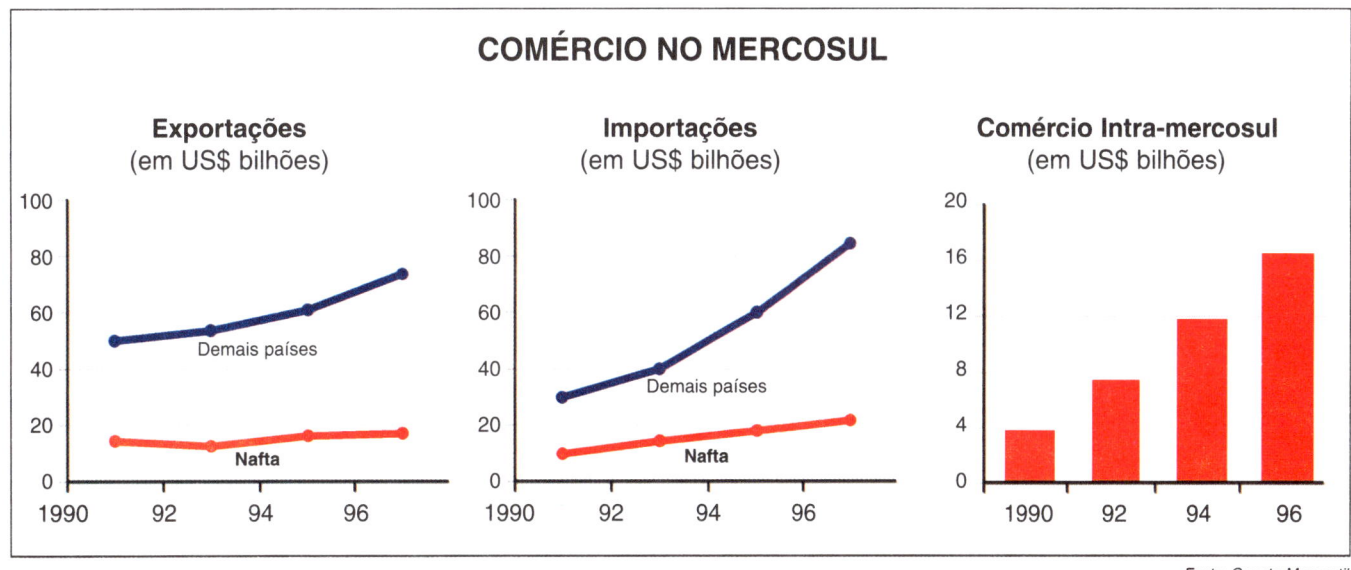

COMÉRCIO NO MERCOSUL

Exportações (em US$ bilhões)

Importações (em US$ bilhões)

Comércio Intra-mercosul (em US$ bilhões)

Fonte: Gazeta Mercantil

Paraguai

Nome oficial: República do Paraguai
Extensão territorial: 406.752 km²
Capital: Assunção
Divisão política: 19 Departamentos
Idioma oficial: espanhol e guarani

População: 5 milhões
Crescimento demográfico (%): 2,7
 (média anual 1990-1995)
População urbana (%):   54,
Mortalidade infantil (‰):   41,
Analfabetismo (% adultos):   8,

Moeda: guarani
PIB: 7,9 bilhões (US$)
Composição do PIB – primário: 24%
                  secundário: 22%
                  terciário: 54%
PIB per capita: US$ 1.690,
Índice de Desenvolvimento Humano – IDH: 87ª
 (posição no ranking de 174 países)

Fonte: BIRD – Relatório sobre o Desenvolvimento Mundial – 1997

Instâncias decisórias

Optou-se por criar uma organização com estrutura enxuta, cujo funcionamento não dependesse da existência de um grande corpo burocrático rígido. Assim, o Mercosul tem sua estrutura organizacional composta por um Conselho do Mercado Comum, por um Grupo Executivo do Mercado Comum, pela Comissão de Comércio, pela Comissão Parlamentar Conjunta, pelo Foro Consultivo Econômico-social e por uma Secretaria Administrativa.

O Conselho do Mercado Comum é integrado pelos ministros da Economia (ou Fazenda) e das Relações Exteriores dos quatro países-membros. Responde pela condução política do processo de integração e é responsável pelas decisões fundamentais do Mercosul.

O Grupo Executivo do Mercado Comum, formado por representantes dos ministérios das Relações Exteriores de cada país-membro, é o órgão executivo do Mercosul e, a fim de colocar em prática as decisões tomadas, tem poderes para convocar representantes de outros órgãos da administração pública e mesmo do setor privado.

À Comissão de Comércio cabe fiscalizar a aplicação da política comercial comum e, especificamente, da vigência da TEC – Tarifa Externa Comum.

A Comissão Parlamentar Conjunta tem um caráter consultivo e é composta por representantes do parlamento de cada um dos países-membros.

O Foro Consultivo Econômico-social é a instância de representação do setor privado no Mercosul e, como o próprio nome indica, exerce um papel consultivo.

Existem ainda dez subgrupos técnicos de apoio, que se dedicam a temas específicos tais como comunicações,

novos parceiros. O avanço da cooperação então articulada levou à assinatura de novo acordo, em 1988 (Tratado de Integração, Cooperação e Desenvolvimento). O Uruguai e o Paraguai foram posteriormente incorporados ao processo de negociações, que finalmente conduziu à assinatura, em março de 1991, do Tratado de Assunção, que criou o Mercosul e estabeleceu suas metas e normas de funcionamento.

O comércio é a principal atividade econômica de Ciudad del Este, localizada às margens do rio Paraná.

Assunção, capital do Paraguai, é também um porto fluvial.

transportes e infraestrutura, assuntos financeiros, normas técnicas, meio ambiente, relações trabalhistas, seguridade social.

Todas estas instâncias de decisão ou de consulta têm um caráter intergovernamental e nelas se encontra representado cada um dos quatro parceiros do Mercosul.

Principais normas e objetivos do Mercosul

O Tratado de Assunção estabeleceu normas e prazos flexíveis para a implantação da zona de livre-comércio a partir de 1991 e para a posterior formação da união aduaneira (com aplicação de tarifa externa comum), desde 1º de janeiro de 1995, respeitando as diferenças existentes entre os quatro países.

As tarifas alfandegárias incidentes sobre as trocas comerciais intra-Mercosul foram zeradas em sua maioria, ou então sofreram reduções drásticas em um curto lapso de tempo. Garantiu-se, porém, para cada país uma lista de produtos sobre os quais incidiriam tarifas diferenciadas, garantindo-se desta forma para vários setores produtivos um tempo necessário para que se adaptem às novas condições de concorrência num mercado aberto. Haverá, é claro, necessidade de programas que incentivem a reorientação das atividades produtivas para alguns setores que não terão como competir

com produtores que possuem custos de produção mais vantajosos.

Para citar um exemplo, tal é o caso dos pequenos e médios produtores de trigo do sul do Brasil. É impossível, para eles fazer frente à maior produtividade e aos menores custos de produção dos agricultores argentinos da região do Pampa, que se beneficiam de excelentes condições climáticas e de solos apropriados àquela cultura. Terão de substituir suas lavouras por produtos mais rentáveis, que lhes garantam condições de competitividade.

A adoção da tarifa externa comum em 1995, aplicada para produtos provenientes de países não integrantes

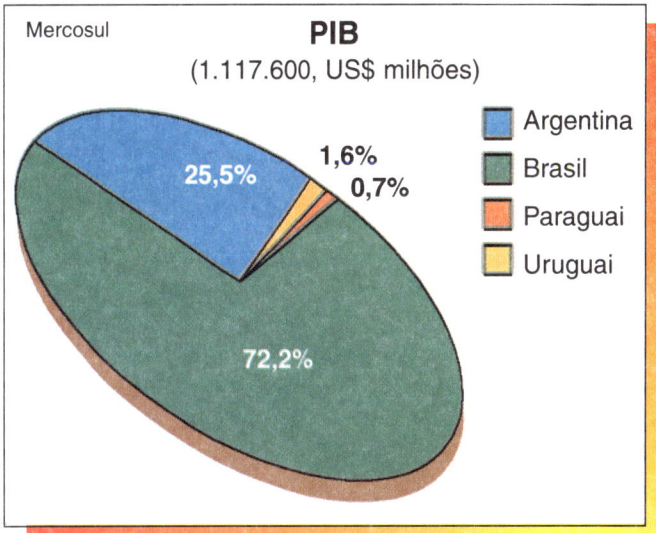

Mercosul
PIB
(1.117.600, US$ milhões)

- Argentina
- Brasil
- Paraguai
- Uruguai

25,5%
1,6%
0,7%
72,2%

Uruguai

Nome oficial: República Oriental do Uruguai
Extensão territorial: 318.392 km²
Capital: Montevidéu
Divisão política: 19 Departamentos
Idioma oficial: espanhol

População: 3,2 milhões
Crescimento demográfico (%): 0,6
 (média anual 1990-1995)
População urbana (%): 90,
Mortalidade infantil (‰): 18,
Analfabetismo (% adultos): 3,

Moeda: peso
PIB: 18 bilhões (US$)
Composição do PIB – primário: 9%
                   secundário: 26%
                   terciário: 65%
PIB per capita: US$ 5.200,
Índice de Desenvolvimento Humano – IDH: 32ª
 (posição no ranking de 174 países)

Fonte: BIRD – Relatório sobre o Desenvolvimento Mundial – 1997

são mais frágeis em relação às economias argentina e brasileira, têm direito a um maior número de produtos na lista de exceções. Desta forma, apenas a partir daquela data o Mercosul se transformará numa verdadeira união aduaneira.

Para que esta meta seja atingida e para que se possa ampliar o âmbito da integração e da cooperação entre os quatro países, os parceiros do Mercosul têm reafirmado seu compromisso com a manutenção da estabilidade monetária, duramente conquistada (os reflexos da recente crise das economias asiáticas foram enfrentados de forma coordenada pelos governos dos quatro países), e com a defesa das instituições democráticas, fundamentais para um relacionamento equilibrado entre os quatro parceiros e entre estes e a comunidade internacional.

Perspectivas de evolução do Mercosul

Os acordos já estabelecidos entre Argentina, Brasil, Paraguai e Uruguai e as transformações econômicas que foram por eles geradas consolidam cada vez mais o Mercosul como um bloco econômico regional promissor, com presença marcante no cenário internacional. O Chile tornou-se, em 1996 um Estado associado ao Mercosul, passando a integrar uma zona de livre-comércio com seus quatro países. Foram abolidas as tarifas incidentes sobre a maioria das trocas internas ao grupo. Não há, no entanto, perspectivas de que se torne membro da união aduaneira, em vista do menor nível de suas tarifas alfandegárias (11%) em relação à tarifa externa comum do Mercosul, que chega a 20% para certos produtos. A Bolívia encontra-se em negociações para tam-

Os grandes nomes da música lírica têm-se apresentado no Teatro Solis, em Montevidéu, desde sua inauguração em 1856.

do Mercosul, também ocorreu de forma flexível, para permitir a adaptação de cada parceiro às novas condições. As alíquotas comuns, que variam entre 0 e 20%, aplicam-se a cerca de 85% dos produtos atualmente importados dos demais países. Os outros 15% constituem as exceções, com tarifas protecionistas diferenciadas e que terão um prazo até o ano de 2006 para se enquadrar à TEC. Uruguai e Paraguai, cujas economias

Punta del Este, no litoral uruguaio, é um movimentado centro de veraneio.

bém aderir ao Mercosul como Estado associado, concretizando a ampliação da zona de livre-comércio para uma extensão significativa da América do Sul. Outros países da antiga Aladi, como o Peru, também têm demonstrado interesse em negociar uma aproximação com o Mercado Comum do Sul.

Parece distante, no entanto, a possibilidade de que o Mercosul venha a constituir, num prazo previsível, uma união monetária com elevado grau de integração econômica entre seus membros, à semelhança da União Européia. Haverá um longo caminho a percorrer para que teses como esta se viabilizem.

É crescente, no entanto, o interesse despertado nos meios internacionais pela experiência até agora bem-sucedida do Mercosul. Os Estados Unidos têm procurado atrair, sem sucesso, o Mercosul para a sua tese de formação de uma Área de Livre-comércio das Américas – Alca, que se estenderia "do Alasca à Terra do Fogo". Os integrantes do Mercosul, face aos interesses geopolíticos em jogo, vêem esta possibilidade apenas como uma etapa posterior à consolidação da união aduaneira entre os quatro parceiros. O Mercosul negocia, por outro lado, um acordo de livre-comércio com a União Européia, que poderá vigorar a partir de 1999.

José Marcos Araújo

Referências Bibliográficas

Mercosul – Perspectivas de Integração – Antônio Salazar P. Brandão e Lia Valls Pereira (org.) – Editora da Fundação Getúlio Vargas. Rio de Janeiro. 1997

Mercosul – Blocos Internacionais – Revista São Paulo em Perspectiva – Fundação SEADE – vol. 9 – n⁰ 1 / jan-mar 1995.

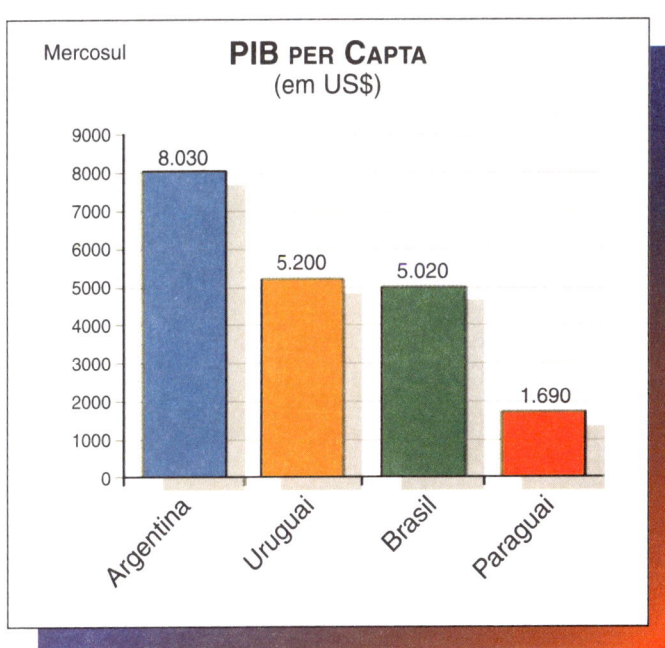

HAMÍLCAR DE GARCIA

DICIONÁRIO PORTUGUÊS–ESPANHOL ESPANHOL–PORTUGUÊS

Apêndices em espanhol

SINOPSE DA LÍNGUA PORTUGUESA
VOCABULÁRIO DE NOMES PRÓPRIOS
LISTA COMPLETA DE ABREVIATURAS
LISTA DE VERBOS E REGIMES
PARADIGMAS E LISTA DE VERBOS PORTUGUESES,
COM INDICAÇÃO DO MODELO QUE
SEGUEM EM SUA CONJUGAÇÃO

EDITORA GLOBO

Copyright © 1998 by Editora Globo S. A.

Edições consultadas para a elaboração deste volume:
Dicionário Português-Espanhol, 1ª edição, 3ª impressão, 1963,
Editora Globo S. A., Porto Alegre, RS
Dicionário Espanhol-Português, 5ª edição, 1955,
Editora Globo S. A., Porto Alegre, RS

Projeto gráfico e capa: Alves e Miranda Editorial Ltda.
Revisão: Luciana Vieira Alves
Editoração eletrônica: WA Studio

EDITORA GLOBO S.A.
Avenida Jaguaré, 1485
CEP 05346-902 – Tel.: 3767-7000 – São Paulo, SP
Brasil

Impressão e acabamento:
Grafica Editoriale Bologna, Milano, Italy.

CIP-Brasil. Catalogação-na-fonte – Câmara Brasileira do Livro, SP

Garcia, Hamilcar de
  Dicionário de português-espanhol, espanhol-português / Hamilcar de
Garcia / edição revista. – São Paulo : Globo, 1998.

  ISBN 85-250-2688-3

  1. Espanhol – Dicionários – Português 2. Português – Dicionários –
Espanhol I. Título

97-4629   CDD-463.69

Índices para catálogo sistemático
1. Espanhol : Dicionários : Português 463.69
2. Espanhol-português : Dicionários 463.69

NOTA EDITORIAL
PARA A PRESENTE EDIÇÃO

Falado por mais de 300 milhões de pessoas, o idioma espanhol desponta, na virada para o século 21, como uma língua de abrangência universal, tão indispensável quanto o inglês.

Guardando mais similaridades do que diferenças com o português, e por isso mesmo sujeito a interpretações duvidosas e perigosos equívocos, o espanhol ganha um destaque especial no contexto da globalização e alcança importância crescente no setor dos negócios e no mundo da cultura.

É para atender a essa realidade que a Editora Globo reedita, reunindo agora em um único volume, os dicionários Português-Espanhol e Espanhol-Português de Hamílcar de Garcia, originalmente publicados pela antiga Editora Globo, de Porto Alegre.

Numa época em que o interesse pelo idioma de Cervantes ainda era periférico, essas obras tiveram merecido sucesso, sendo objeto de várias reedições e sucessivas reimpressões.

A nova edição – criteriosamente revista – dos dicionários de Hamílcar de Garcia é válida pela inexistência de uma publicação brasileira que os supere em nível de produção lexicográfica, principalmente considerando as décadas que os separam de publicações mais recentes.

Contribuição efetiva para nossa lexicografia bilíngüe, estes dicionários atendem às necessidades do estudante, aprendiz de espanhol ou de português como língua estrangeira, e também às do usuário desses idiomas como instrumentos de intercâmbio econômico e cultural.

Os Editores

ÍNDICE

DICIONÁRIO
PORTUGUÊS–ESPANHOL

PREFACIO

Hace más de cuarenta años que no se publicaba um diccionario portugués-español. Cuantos lo fueron en este siglo, no son más que meras copias o reimpresiones de los trabajos compilados en el siglo XIX. En tanto, el progreso de la ciencia y de la técnica, y el paulatino cambio de conceptos sociales, han dado lugar al nacimiento de innúmeras voces y a nuevas acepciones de viejos vocablos. De aqui la necesidad de compilar um diccionario bilingüe enteramente actual, trazado sobre un patrón moderno y totalmente de acuerdo con el léxico contemporáneo de ambas lenguas. La presente obra ha sido ajustada a este propósito y ofrece a las personas de habla española el más nutrido, completo y correcto vocabulario del idioma portugués, tal como hoy se habla y escribe en Portugal y Brasil.

He aquí los puntos principales en el plan de la obra:

AUTORIDADES. Para que este diccionario resultase un trabajo práctico y moderno que incluyera los más recientes y autorizados neologismos del idioma portugués, además de ciertas peculiaridades brasileñas y lusitanas, el autor ha adoptado como base y punto de partida la última edición del *Pequeno Dicionário Brasileiro da Língua Portuguesa,* de Lima y Barroso, transcribiendo palabra por palabra cuantos vocablos contiene aquel léxico como así también todos los modismos y expresiones más usuales con la sola excepción de algunas voces anticuadas, provincialismos de Portugal y palabras de doble ortografia.

La traducción y definición de los vocablos portugueses están basadas en el vocabulario de la última edición del *Diccionario de la Academia Española,* elegido por el autor como punto de coordinación y control de los matices que van tomando las voces españolas en los distintos países de Hispano-América.

Aún cuando se han evitado neologismos, galicismos, anglicismos, provincialismos y americanismos inútiles, no se ha vacilado en emplear términos que, si bien la Academia no los trae, están sancionados por otras autoridades y por el uso general.

BRASILEÑISMOS Y AMERICANISMOS. Las peculiaridades locales que toma el idioma de España en los distintos países y regiones donde se habla y escribe el castellano, especialmente entre el pueblo, pertenecen al mismo orden de peculiaridades asumidas por la lengua de Portugal en distintas regiones y provincias del vasto territorio del Brasil. Estas peculiaridades, y hasta ligeras diferencias, aunque no tengan un carácter dialectal, son lo suficientemente importantes como para señalarlas en un buen diccionario.

En las Américas, cuatro siglos de vida particular y el subsiguiente desarrollo de una literatura y una esconomía propias, han modificado, tanto en el Brasil como en los dieciocho países hispanoamericanos y en extensión razonable, el vocabulario del castellano y del portugués peninsulares, ya por una selección típica, ya por alteraciones semánticas, y, sobre todo, por la formación de nuevas palabras. Cada uno de estos casos se encuentram debidamente registrados en la presente obra.

Los brasileñismos del idioma portugués son, por esto, traducidos por americanismos de la lengua castellana, siempre que los primeros se refieran a actividades o conceptos comunes al Brasil y a uno o más de los países hispanoamericanos con los cuales la República brasileña mantiene un directo contacto económico o geográfico. Así ciertos términos brasileños, como por ejemplo los empleados entre los ganaderos de Rio Grande del Sur, provincia que linda con Argentina y Uruguay, países también dedicados a la cría del ganado, son traducidos por argentinismos o modismos uruguayos y, además, claramente definidos en castellano.

TÉRMINOS TÉCNICOS. El mayor aporte de términos técnicos, sobre todo relativos a automovilismo, aeronáutica, radiocomunicación y arte militar, ha resultado del adelanto científico y técnico de los últimos cuarenta años, precisamente las cuatro décadas en que no se ha publicado ningún nuevo diccionario portugués-español. Por lo tanto, todo estaba por hacerse en este particular.

La compilación de estos términos, como así también multitud de otros vocablos usados en el comercio y en distintos oficios, ha sido un trabajo enteramente nuevo y especialmente difícil, visto que muchas de estas voces no ingresaron todavía ni a los diccionarios portugueses y castellanos más prolijos. No obstante estas dificultades, la presente obra contiene no sólo mayor número de términos técnicos que qualquier otro diccionario bilingüe de ambos idiomas, sino que es el único que les da su acepción moderna y corriente.

IDIOTISMOS Y LOCUCIONES. Objeto muy principal de esta obra ha sido el de incluir en el texto toda clase de frases, expresiones, modismos, idiotismos y locuciones. Si bien tengan uso frecuente y constituyan masas elocutivas que completan el vocabulario de una lengua, dichos conjuntos de palabras no suelen encontrarse de manera sistemática en los diccionarios de esta clase, lo que evidencia un error. Este léxico ha registrado millares de ellos.

Para la inclusión de estas frases, modismos, idiotismos, etc., se ha adoptado el orden alfabético en cuanto a los elementos que siguen al vocablo principal. En las frases donde entran dos vocablos y pueda haber duda sobre cual es el principal, se hace una doble referencia en el texto. Así, después de las frases que comienzan con la palabra principal, se da, también en orden alfabético, los idiotismos y locuciones en que ella entra, siempre que los haya. Por razón de espacio, la palabra que encabeza el artículo no se repite en cada frase, poniéndose solamente un guión que la representa.

ARCAÍSMOS. No son muy escasos los términos anticuados que todavía emplean los escritores contemporáneos en estilo poético o irónico, o aún en giros alusivos a hechos o ambientes históricos. Dichos vocablos, por otra parte, se encuentran con lógica frecuencia en los clásicos. El autor los ha insertado con moderación en el texto de esta obra, aprovechando parte del espacio que se ahorró al descartar un sinnúmero de vocablos enteramente desusados y palabras de incorrecta ortografía, de que suelen estar plagados otros diccionarios. Igualmente se incluyen todos los arcaísmos que subsisten como lengua viva en Portugal como en el Brasil.

JERGA Y LENGUAJE POPULAR. Ciertos términos de uso muy corriente en el lenguaje ordinario, en diarios, revistas y libros, que reflejan literalmente el habla personal del pueblo, tienen origen en necesidades psicofilológicas, que el lexicógrafo no puede menospreciar so pena de quedarse fuera de su época, es decir, de la realidad que debe comprender. Desde este punto de vista, el autor ha incluído dichos términos, sin apresurarse a propiciar neologismos artificiales o vocablos de vida precaria, pero aceptando, en cambio, los que presentan caracteres útiles y, por ello, perdurables.

DEFINICIONES INDISPENSABLES. Las grandes afinidades entre las dos lenguas resultan otros tantos obstáculos, porque la tendencia a considerar identidad lo que es mera semejanza, acarrea graves errores en cuanto a la exacta acepción de un sinnúmero de vocablos, destruyendo matices importantes y hasta llevando a significaciones contrarias. En los idiomas, como en los seres humanos, las diferencias entre parientes mas próximos dan motivo para un mayor número de pequeños, frecuentes y enojosos conflictos que en parientes lejanos o desvinculados.

Con el fin de evitar errores, y para señalar grandes diferencias de acepciones entre vocablos semejantes, este diccionario da breves y claras definiciones en todos los casos que pudieran inducir a esta clase de engaños.

GRAMÁTICA. Punto esencialísimo en la preparación de esta obra ha sido la materia gramatical, debidamente tratada en los tópicos correspondientes. Además de las generalidades del lenguaje, innumerables accidentes que resultan del genio del idioma portugués se verán explicados donde su conocimiento se haga indispensable. La abundancia de ejemplos compensa la brevedad y concisión que un trabajo de esta índole exige.

Por considerar artificiales los rigurosos límites que la rutina establece entre materia gramatical y materia lexicográfica, el autor los supo olvidar en beneficio de sus lectores, quienes tendrán a su disposición una obra de plan verdaderamente práctico: mecanismo del lenguaje en acción y no una simple e inútil nomenclatura de piezas aisladas. Para esto, en cada vocablo cuyo empleo dependa del conocimiento gramatical o se sirva de él como indicación, se tendrá la explicación debida y el ejemplo claro. En la Sinopsis, que sirve de introducción a esta obra, se encontrará una exposición sistemática de la materia.

NÚMERO Y GÉNERO. En el texto va indicado el plural de los vocablos portugueses que en número singular tienen la misma ortografía que en castellano y cuyos plurales son distintos en cada uno de los idiomas. Lo mismo se hace en cuanto al género femenino.

PRONUNCIACIÓN. Es imposible figurar de modo exacto y sencillo las diversas graduaciones de los sonidos portugue-ses, como lo es también representar las delicadas diferencias entre la pronunciación brasileña y la lusitana, y, por este motivo, el autor creyó preferible evitar la confusión que podía presentar una clave excesivamente complicada.

Esta obra se limita a dar uma figuración *aproximada* de la pronunciación de las letras o sílabas que más se diferencian del castellano, lo que se hace por medio de las letras del abecedario que mejor la indiquen, sin usar caracteres especiales. La dificultad de una pronunciación figurada sube de punto en lenguas como la portuguesa y castellana, por los muy numerosos vocablos, de ortografía igual o casi idéntica, cuyo sonido, semejante en ambas lenguas, apenas tiene su diferenciación en ligeras inflexiones de voz que constituyen el acento peculiar a uno u otro de los dos idiomas. En esto se ha visto otro motivo para sólo representar la pronunciación de aquellas sílabas o letras que suenan distintamente en ambas lenguas.

SINOPSIS DE LA LENGUA PORTUGUESA. Sirve de introducción a esta obra una sinopsis de la lengua portuguesa que es, al mismo tiempo, una exposición sistemática de la materia gramatical y un breve estudio comparativo de ambas lenguas. Claro está que, en la necesaria brevedad del presente trabajo, no se puede pretender um minucioso examen del tema, pero sí facilitar al lector una rápida comprensión de la analogía y sintaxis de la lengua portuguesa.

VOCABULARIO DE NOMBRES PROPIOS. La lista de nombres propios es varias veces mayor que la que suelen ofrecer los diccionarios de su clase, y en ella se incluyen los más importantes nombres de la Historia, la Biblia, la Geografía y en el vocabulario onomástico de la lengua. La pronunciación es representada según el método arriba explicado.

LISTA DE ABREVIATURAS. Se han insertado más de mil abreviaturas de valor práctico y suprimido muchas carentes de utilidad.

VERBOS Y REGÍMENES. De las palabras que se construyen con preposición el verbo es sin duda la más importante. Hasta los mismos portugueses y brasileños suelen encontrar dificultad en el régimen de ciertos verbos. Hace muy pocos años que se publicó el primer trabajo sobre el asunto, el notable *Dicionário de Verbos e Regimes,* del Professor Francisco Fernandes. Tomando este trabajo como base y punto de partida, el autor ha organizado una lista de más de cinco mil regímenes. Al final del volumen se encontrará una lista alfabética de verbos y, debidamente ejemplificados, los regímenes que les corresponden.

CONJUGACIÓN. También al final del volumen, van las tablas completas de conjugación de los verbos portugueses. Sesenta y cinco modelos para verbos regulares, irregulares y defectivos, preceden la lista de todos los verbos incluídos en este diccionario y de otros muchos que fueron descartados del texto por tener escaso uso. Todos ellos van con indicación del modelo a que en su conjugación se ajustan.

ORDEN ALFABÉTICO. Se advierte al lector que el orden alfabético seguido en esta obra es necesariamente el orden del abecedario portugués. Así las sílabas formadas por la **ch** y la **lh** vienen después de **ce** y **le** respectivamente, puesto que estas consonantes, a pesar de indivisibles en la escritura, como la **ch** y la **ll** castellanas, no constituyen letras independientes. **Lo** mismo ocurre con **nh** (ñ), que viene después de **ne** y antes de **ni**.

OBRAS CONSULTADAS PARA LA REDACCIÓN
Y REVISIONES DE ESTE DICCIONARIO

ACADEMIA BRASILEIRA DE LETRAS. – *Pequeno Vocabulário Ortográfico da Língua Portuguesa.* – Rio de Janeiro. 1943.

ACADEMIA DAS CIÊNCIAS DE LISBOA. – *Vocabulário Ortográfico da Língua Portuguesa.* – Lisboa. 1940.

ARISTOS. – *Diccionario Ilustrado de la Lengua Española.* – Barcelona. 1937.

AULETTE (J. CALDAS). – *Dicionário Contemporâneo da Língua Portuguesa.* (2 tomos). Lisboa. 1925.

BARCIA (ROQUE). – *Sinónimos Castellanos.* – Buenos Aires. 1939.

BECKER (IDEL). – *Manual de Espanhol.* – São Paulo. 1945.

BECKER (IDEL). – *Pequeno Dicionário Espanhol-Portuguès.* – São Paulo. 1945.

BELLO (ANDRÉS) y CUERVO (RUFINO). – *Gramática de la Lengua Castellana.* – Buenos Aires. 1941.

BENOT (EDUARDO). – *Diccionario de Ideas Afines.* – Buenos Aires. 1941.

BODMER (FREDERICK). – *The Loom of Language.* – Londres. 1945.

BREVIS. – *Diccionaria Práctico Castellano.* – Buenos Aires. 1942.

BUERTIN-VINHOLES (S). – *Dicionário Francês-Português e Português-Francês.* – Porto Alegre. 1941.

CARVALHO (J. MESQUITA DE). – *Dicionário Prático da Língua Nacional.* – Porto Alegre. 1946.

CHACEL (BEATRIZ MAGALHÃES DE). – *El Español del Colegio.* – São Paulo. 1944.

CORONA BUSTAMANTE (F). – *Nuevo Diccionario Inglés-Español y Español-Inglés.* – La Plata (Rep. Arg.). 1940.

CUYAS (ARTURO). – *Nuevo Diccionario Inglés-Español y Español-Inglés de Appleton.* – Nueva York. 1943.

DICCIONARIO ENCICLOPÉDICO ABREVIADO. – (Espasa-Calpe Argentina). 4 tomos. Buenos Aires. 1940.

ENCICLOPEDIA SOPENA. – *Nuevo Diccionario Ilustrado de la Lengua Castellana* (2 tomos). – Barcelona. 1946.

FERNANDES (FRANCISCO). – *Dicionário de Verbos e Regimes.* – São Paulo. 1941.

FERREIRA (p. JULIO ALBINO). – *Dicionário Português-Inglês.* – Porto. (Sin fecha).

FIGUEIREDO (CÂNDIDO DE). – *Novo Diccionário da Língua Portuguesa* (2 tomos). – Lisbos. 1926.

FONSECA (SIMÕES DA). – *Novo Diccionário Enciclopédico Ilustrado da Língua Portuguesa.* – Rio de Janeiro. 1926.

FREIRE (LAUDELINO). – *Grande e Novíssimo Dicionário da Língua Portuguesa* (5) tomos. – Rio de Janeiro. 1940 - 1944.

FUCILLA (JOSEPH G.). – *Diccionario Inglés-Español y Español-Inglés de Follet.* – Chicago. 1943.

GARCÍA (HAMILCAR DE). – *Dicionário Espanhol-Português.* – Porto Alegre. 1943.

GARZÓN (TOBÍAS). – *Diccionario Argentino.* – Barcelona. 1910.

GRACIÁN (TOMÁS). – *Enciclopedia Gramatical del Idioma Castellano.* – Buenos Aires. 1945.

GRANADA (DANIEL). – *Vocabulário Ríoplatense Razonado.* – Montevideo. 1890.

JOBIM (HOMERO DE CASTRO). – *Dicionário Inglês-Português de Termos Militares.* – Porto Alegre. 1944.

JUCÁ FILHO (CANDIDO). – *El Castellano Contemporáneo.* – Rio de Janeiro. 1944.

LIMA (HILDEBRANDO) y BARROSO (GUSTAVO). – *Pequeno Dicionário Brasileiro da Língua Portuguesa.* – São Paulo. 1942.

MAGALHÃES (ÁLVARO). – *Dicionário Enciclopédico Brasileiro.* – Porto Alegre. 1943.

MARQUES (HENRIQUE). – *Novo Dicionário Espanhol-Português* (2 tomos). – Lisboa. 1897.

MARTINEZ LOPEZ (P.). – *Diccionario Francés-Español y Español-Francés* (2 tomos). Paris. (Sin fecha).

MICHAELIS (H). – *A New Dictionary of the Portuguese and English Language* (2 tomos). – Leipzig. 1932.

MIRAGAYA (EDUARDO). – *Diccionario de Correcciones.* – Buenos Aires. 1945.

MONSÓ (ISIDRO). – *Novo Dicionário Espanhol-Português.* – Lisboa. 1900.

MORAES SILVA (ANTONIO DE). – *Dicionário da Língua Portuguesa.* – Lisboa 1858.

NASCENTES (ANTENOR). – *Gramática da Língua Espanhola.* – Rio de Janeiro. 1928.

PEREIRA (EDUARDO CARLOS). – *Gramática Expositiva (Curso Superior).* – São Paulo. 1945.

RANCÉS (ATILANO). – *Diccionario de la Lengua Castellana.* – Barcelona. 1940.

REAL ACADEMIA ESPAÑOLA. – *Diccionario de la Lengua Española.* – Madrid. 1939.

REAL ACADEMIA ESPAÑOLA. – *Gramática de la Lengua Española.* – Madrid. 1931.

ROQUETTE (J. I.). – *Nouveau Dictionnaire Portugais-Français.* – Paris. (Sin fecha).

SALVÁ (VICENTE). – *Nuevo Diccionário Francés-Español y Español-Francés.* – La Plata (Rep. Arg.) 1942.

SILVEIRA BUENO (FRANCISCO DA). – *Gramática Normativa da Língua Portuguesa.* – São Paulo. 1944.

STEINHARDT (J. W.). – *Diccionario Inglés-Español.* – Buenos Aires. 1943.

TOLHAUSEN (LUÍS). – *Nuevo Diccionario Español-Alemán y Alemán-Español* (2 tomos). Leipzig. 1903-1904.

VASTUS. – *Diccionario Enciclopédico Ilustrado de la Lengua Castellana.* – Buenos Aires. 1941.

VELÁZQUEZ (MARIANO). – *A New Pronouncing Dictionary of the Spanish and English Languages.* – Chicago. 1943.

VIEIRA (DOMINGOS). – *Grande Dicionário Português ou Tesouro da Língua Portuguesa* (5 tomos). – Porto. 1871-1874.

WILDIK (VISCONDE DE). – *Nuevo Diccionario Portugués-Español.* – París. (Sin fecha).

WILDIK (VISCONDE DE). – *Novo Dicionário Espanhol-Português.* – París. (Sin fecha).

XIII

SINOPSIS DE LA LENGUA PORTUGUESA

ALFABETO

1. Las letras que componen el abecedario portugués son veintitrés, a saber:

a b c d e f g h i j l m n o p q r s t u v x z

2. Las vocales son: **a e i o u.** Todas las demás son consonantes.

NOTA. Em cuanto a los sonidos de las letras y diptongos portugueses que más se diferencian del castellano, véase la Clave y Explicación de los Sonidos pági. XXXIX.

PARTES DE LA ORACIÓN

3. Las partes de la oración son ocho, a saber: **substantivo** (nombre sustantivo), **adjetivo** (nombre adjetivo), **pronome** (pronombre), **verbo, advérbio, preposição** (preposición), **conjunção** (conjunción) e **interjeição** (interjección).

DEL NOMBRE SUSTANTIVO

4. Los sustantivos se dividen en **concretos** y **abstratos** (concretos y abstractos), **próprios** y **comuns** (propios y genéricos), **simples** y **compostos** (simples y compuestos) y **coletivos** (colectivos); que se subdividen en **coletivos gerais** (colectivos) y **coletivos partitivos** (partitivos). Estas varias clases de nombres tienen los mismos **oficios** y definiciones que en castellano.

GÉNERO

5. Es masculino o femenino. (La lengua portuguesa no posee el neutro).

6. Son masculinos por su significación:

1º Los nombres de seres vivos o imaginarios del sexo masculinos, como así también los que significam oficio, empleo, estado, etc., propios a varones: *Antônio, Júpiter, cão, juíz, senador, pedreiro, pai.*

2º Los nombres propios de mares, ríos, lagos, montes, vientos y meses: *o* (mar) *Biscaia, o* (río) *Amazonas, o* (lago) *Titicaca, o* (monte) *Itatiaia, o* (viento) *Bóreas, o* (mes) *Janeiro.*

3º Los nombres de las letras del alfabeto portugués: *o A, os AA.*

4º Los nombres de los guarismos y signos musicales: *o quarto, o 5, o 8; o fá, os fás, o lá, os lás, o ré, o dó.*

7. 1º Son masculinos por sus teminaciones los nombres acabados em *o (o libro),* **ó** *(o cipó),* **u** *(o bambu),* **i** *(o júri),* **á** *(o sofá),* **em, im, om, um** *(o bem, o fim, o tom, o álbum),* **en** *(o pólen),* **l, r, s, x** *(o cafezal,*

2º Las excepciones son:

a) *a tribo, a mó, a enxó, a eiró, a nau;*

b) los nombres acabados en diptongo **ei** *(a lei, a grei,* etc.);

c) *a pá, a ordem, a áden;*

d) los nombres terminados en **gem** *(a imagem, a fuligem, a ferrugem, a personagem);*

e) *a cal, a pastoral, a vogal, a decretal, a moral, a saturnal; a dor, a flor, a cor; a cútis; a fênix.*

8. Son femeninos por su significación:

1º Los nombres de los seres vivos o imaginarios del sexo femenino, como así también los que significan empleo, oficio, estado, etc., propios a mujeres: *Maria, Safo, Vênus, gazela, mãe, ama, mulher, costureira, rainha.*

2º Los nombres de los cinco continentes, de islas, ciudades, aldeas, poblaciones: *a* (continente) *Europa, a* (isla) *Marajó, a* (ciudad), *Cartago.* Exceptúase *Cairo (o Cairo).*

NOTA. Los nombres de ciudades, oriundos de sustantivos propios y genéricos, pertenecen al género del nombre primitivo: *o Porto, o Jaú, o São Paulo.*

9. Son femeninos por sus terminaciones los nombres acabados en **a** *(a casa),* **ã** *(a lã),* **ção** *(a ação),* **gem** *(a paisagem),* **dade** *(a bondade)* y **ce** *(a meiguice).* – Exceptúanse: *o dia, o íncola, o planeta, o cometa, o trema, o tapa, o proclama, o lama,* (llama, animal) y otros, particularmente de origen griego, como *dogma, delta, antípoda, problema, tema, sistema, drama, diorama, poema, anátema, estratagema, diadema, telegrama, radiograma, cólera* (enfermedad), etc.

10. Los nombres terminados em **z** son femeninos en la mayor arte, como *vez, paz, luz, altivez,* etc. – Exceptúanse por masculinos *nariz, verniz, almofariz, albatroz, arroz, rapaz,* etc.

11. Los nombres terminados en **e** son masculinos en la mayor parte, pero hay muchísimas excepciones.

PARTICULARIDADES DEL GÉNERO

12. No se emplea el género neutro en portugués.

13. 1º Llámase **epiceno** o **promíscuo** al género que en español se llama epiceno, pero se incluye en él algunos nombres que en castellano están en género común, llamado **comum de dois** en portugués.

2º **Epicenos** o **promíscuos:** *a onça* (la onza), *o jacaré* (el yacaré), *o gafanhoto* epicenos en castellano —; *a testemunha* (el testigo), *o cônjuge* (el cónyuge), etc., nombres comunes en castellano.

3º **Comuns de dois** (comunes): *acrobata, selvagem, consorte, intérprete, artista, pianista,* etc.

FORMACIÓN DEL FEMENINO

14. Los nombres sustantivos forman por lo general el femenino de la siguiente manera:

1º Si acaban en **o,** cambian esta letra por una **a:** *menino, menina.*

2º Si terminan en **ês,** se les añade una **a:** *freguês, freguesa.*

3º A los acabados en **or** se les añade una **a:** *senhor, senhora.* (Algunos hay que cambian esta sílaba por **triz:** *embaixador, embaixatriz, ator, atriz.* Otros pueden, además, formar el feminino con el subfijo **eira:** *vendedor, vendedora, vendedeira, trabalhador, trabalhadora, trabalhadeira, falador, faladora, faladeira.* Esta formación es más frecuente en los nombres adjetivos, debiéndose notar que el subfijo **eira** es, en muchos casos, despectivo).

4º Los acabados en **ão** forman el femenino de tres maneras: *a)* cambiando la **ão** por **ona:** *portão, portona; facão, faconca; b)* cambiándola por **oa:** *pavão; leão, leoa; c)* cambiándola por **ã:** *irmão, irmã, anão, anã.*

15. Son numerosos los vocablos que forman el femenino por medio de vocablos enteramente distintos: *varão, virago; rapaz, rapariga; conde, condessa; veado, cerva; gamo, corça; perdigão, perdiz; cavalheiro, dama; réu, ré.*

16. Igual que en castellano, muchos nombres cambian de significación al cambiar de género: *o cabeça* (el cabeza o jefe), *a cabeça* (la cabeza, parte del cuerpo), *o língua* (el lengua o intérprete), *a língua* (la lengua, órgano), *o cura* (el cura o sacerdote), *a cura* (la cura o curación), *o capital* (el capital o hacienda), *a capital* (la capital, ciudad).

17. El elemento principal determina el género de los nombres compuestos: *o* **mestre**-*escola, o ponta***pé,** *o* **papel**-*moeda* (masculinos); *a* **moeda**-*papel, a* **escola**-*modelo* (femeninos).

18. La **o** cerrada, en la sílaba tónica de las voces llanas acabadas en **o,** cámbiase por **o** abierta en género femenino: *o porco* (**o** cerrada), *a porca* (**o** abierta); *o canhoto* (**o** cerrada), *a canhota* (**o** abierta).

NÚMERO Y FORMACIÓN DEL PLURAL

19. Los números de los nombres son dos: **Singular** y **Plural.**

20. El plural se forma generalmente añadiendo una **s** al singular. Esta formación obedece a las reglas siguientes:

1º Los nombres terminados en vocal *oral,* con o sin acento, o nasal, reciben una **s:** *livro, livros; pé, pés; lã, lãs; mercê, mercês; avô, avós; bambu, bambus.*

2º Los acabados en diptongo nasal **ão** hacen el plural de tres modos distintos: *a)* recibiendo una **s,** segun la regla general *(irmão, irmãos; mão, mãos); b)* cambiando **ão** por **ões** *(coração, corações; ação, ações); c)* cambiando **ão** por **ães** *(cão, cães; capitão, capitães.)*

NOTA. Para las personas de habla castellana, una manera muy sencilla de hacer el plural de estos nombres consiste en traducirlos al español, ponerlos en plural y quitarles la

n, que hará las veces de un guión. Ejemplos: **mão,** mano, manos, ma(n)os, **mãos; leão,** león, leones, leo(n)es, **leões; capitão,** capitán, capitanes (capita(n)es), capitães.

3º Los nombres llanos terminados en **ão** siguen la regla general: *órfão, órfãos; acórdão, acórdãos; órgão, órgãos.*

4º Los terminados en **al, el, ol, ul** cambian la **l** por **is:** *canal, canais; coronel, coronéis; sol, sóis; azul, azuis.*

5º Los nombres tónicos acabados en **il** cambian la **l** por una **s:** *funil, funis; Brasil, Brasis; anil, anis.*

6º Los terminados en **r, z** reciben **es:** mulher, *mulheres; cantar, cantares; paz, pazes; vez, vezes.*

7º Los nombres de origen extranjero, acabados en **n,** tienen dos plurales: *abdómen, abdómenes, abdómens; dólman, dólmanes, dólmans.* (El plural con **s** simple es el más común).

8º Los acabados en **m** nasal cambian esta letra por **ns:** *bem, bens; fim, fins; som, sons; homem, homens; atum, atuns.*

9º Los sustantivos acabados em **s** tienen singulares y plurales idénticos: *um lápis, dois lápis; um ourives, dois ourives.* Exceptúanse *Deus (deuses), mês (meses), cós (coses).*

10º Los acabados en **x** hacen el plural de dos modos: *a)* cuando la **x** suena como **s,** la cambian por **ces:** *cálix (cális),* cálices; *b)* cuando la **x** suena como **ks,** tienen singulares y plurales idénticos: *tórax (tóraks), tórax.*

PARTICULARIDADES DEL NOMBRE

21. Los nombres compuestos hacen el plural de cuatro maneras:

1º En el último elemento, cuando el primero es invariable, apocopado o yuxtapuesto: **vice**-*rei,* **vice**-*reis;* **grão**-*mestre,* **grão**-*mestres; malmequer (***mal-me-quer***), malmequeres.*

2º En los dos elementos, cuando ambos son variables y están separados por guión: *carta-bilhete, cartas-bilhetes; segunda-feira, segundas-feiras.* Cuando el segundo elemento significa finalidad, queda generalmente invariable: *escola-***modelo,** *escolas-***modelo.**

3º Tienen la misma forma en singular y plural los nombres compuestos de elementos invariables: *bota-fora, ganha-perde,* etc.

4º En el primer elemento, cuando el primero y segundo están unidos por la preposición de: **pé**-*de-galinha,* **pés**-*de-galinha;* **chefe**-*de-secção,* **chefes**-*de-secção,* etc.

22. 1º La **o** cerrada, en la sílaba tónica de las voces llanas acabadas en **o,** cambiase por **o** abierta en plural: *povo* (**o** cerrada), *povos* (**o** abierta); *ovo* (**o** cerrada), *ovos* (**o** abierta).

2º Cuando es seguida de **m** o **n,** la **o** cerrada y tónica se mantiene cerrada: *gomo* y *gomos* (**o** cerrada), *trono* y *tronos* (**o** cerrada).

3º Los nombres de esta clase que tienen flexión femenina, mantienen en plural el valor tónica de la penúltima vocal de la forma femenina:

O *CERRADA*				O *ABIERTA*	
raposo	raposa	moços	porco	porca	porcos
maroto	marota	raposos	troco	troca	trocos
moço	moça	marotos	ovo	ova	ovos
pimpolho	pimpolha	pimpolhos	fosso	fossa	fossos

GRADO

23. El nombre primitivo y los vocablos aumentativos y diminutivos que de él se forman, constituyen en portugués el **grau do substantivo** (grado del nombre sustantivo). Los grados del sustantivo son tres: **positivo** o **normal, aumentativo** y **diminutivo** (positivo, aumentativo y diminutivo).

POSITIVO	*AUMENTATIVO*	*DIMINUTIVO*
homem	*homenzarrão*	*homenzinho*
rapaz	*rapagão*	*rapazinho*
espada	*espadagão*	*espadim*
velho	*velhaças*	*velhinho*

FORMACIÓN DEL AUMENTATIVO

24. Para formar los aumentativos el portugués posee los sufijos: **ão, ona, zarrão, zarrona, rão, aço, aça, ázio, arra, orra.** Ejemplos:

gato	*gatão*	*mulher*	*mulherona*
homem	*homenzarrão*	*munheca*	*munhecaço*
ladrão	*ladravaz*	*copo*	*copázio*
boca	*bocarra*	*cabeça*	*cabeçorra*

NOTA. Fórmase el aumentativo analítico con el adjetivo **grande:** *mão grande, livro grande, cão grande.*

FORMACIÓN DEL DIMINUTIVO

25. Sirven para formar el diminutivo los sufijos **inho, inha, zinho, zinha, ito, ita, ete, eto, oto, ico, ebre, ejo, ilho, elho, el, éolo, im, olo, ulo.** Ejemplos:

livro	*livrinho*	*casa*	*casebre*
mão	*mãozinha*	*núcleo*	*nucléolo*
flor	*florinha*	*animal*	*animalejo*
pão	*pãozinho*	*porta*	*portinhola*
menino	*meninote*	*perdiz*	*perdigoto*
fita	*fitilho*	*rapaz*	*rapazelho*
corda	*cordel*	*carta*	*cartilha*

PARTICULARIDADES DEL GRADO

26. Los aumentativos y diminutivos pueden llevar la idea de desprecio o de ridículo: *narigão, poetastro, ministraço, mulheraça; papelucho, ministrinho, casebre, velhote.* Los diminutivos también suelen expresar el cariño y la confianza: *filhinho, mãezinha, amiguinho, menininho.*

27. Encuéntrase también el superlativo en los nombres sustantivos: *coisa, coisíssima; filho, filhíssimo,* etc.

28. Cualquier vocablo sustantivo puede tomar grado: *sempre, semprinho, sempríssimo, não, nãozinho; dormindo, dormindinho; bastante, bastantinho; chuviscando, chuviscandinho.*

29. Las terminaciones propias de los aumentativos y diminutivos no son características exclusivas a los mismos, pues las llevan muchos nombres positivos, ya de simple formación *(abraço, coração, carinho, matrícula),* ya frecuentativos *(comilão, brincalhão, pedinchão),* ya indicativos de daño o golpe *(balázio, pescoção, relhaço),* ya expresivos de circunstancias accidentales *(rabão*: sin rabo).

DEL NOMBRE ADJETIVO

30. Hay dos clases de **adjetivos: qualificativos** y **determinativos** (calificativos y determinativos).

31. CALIFICATIVOS. Pueden ser **restrintivos, explicativos, verbais** y **pátrios** o **gentílicos.** Los primeros, llamados especificativos en castellano, expresan una cualidad o estado accidental del individuo: *nuvem* **branca,** *homem* **alto.** Los **explicativos** corresponden a nuestros epítetos: **mansa** *ovelha,* *pedra* **dura.** Verbales **(verbais)** son los que derivan del verbo: *amado, amante, amador.* Los **pátrios** o **gentílicos** corresponden a los gentilicios castellanos: *inglês, italiano, carioca.*

32. DETERMINATIVOS. Se distinguen siete clases, a saber: **articulares, demonstrativos, interrogativos, possessivos, relativos** o **conjuntivos, numerais** e **indefinidos.** En castellano, los **articulares** corresponden al artículo; los **interrogativos** y los **relativos** o **conjuntivos** están classificados como pronombres. Los demás son nuestros demostrativos, posesivos, numerales e indefinidos.

ARTICULARES (ARTÍCULO)

33. El **adjetivo determinativo articular,** también llamado **artigo** (artículo) es **definido** o **indefinido** (determinado o indeterminado). Determinado: **o, a, os, as** (el, la, los, las). Indeterminado: **um, uma, uns, umas** (un, una, unos, unas). El portugués no posee artículo neutro.

34. El uso de los artículos se hace como en castellano. Sin embargo, debemos observar:

1° El determinado se combina, en género masculino y feminino y número singular y plural, con las preposiciones **a, com, de, em, por** (anticuada) y **per:**

a	+	*o*	=	*ao* (al)
a	+	*a*	=	*à* (a la)
a	+	*os*	=	*aos* (a los)
a	+	*as*	=	*às* (a las)
em	+	*o*	=	*no* (en el)
em	+	*a*	=	*na* (en la)
em	+	*os*	=	*nos* (en los)
em	+	*as*	=	*nas* (en las)
com	+	*o*	=	*co'o* (con el)
com	+	*a*	=	*co'a* (con la)
com	+	*os*	=	*co'os* (con los)
com	+	*as*	=	*co'as* (con las)
por	+	*o*	=	*pelo* (por el)
por	+	*a*	=	*pela* (por la)
por	+	*os*	=	*pelos* (por los)
por	+	*as*	=	*pelas* (por las)
de	+	*o*	=	*do* (del)
de	+	*a*	=	*da* (de la)
de	+	*os*	=	*dos* (de los)
de	+	*as*	=	*das* (de las)
per	+	*o*	=	*pelo* (por el)
per	+	*a*	=	*pela* (por la)
per	+	*os*	=	*pelos* (por los)
per	+	*as*	=	*pelas* (por las)

2° El indeterminado se combina com la preposición **em:**

em	+	*um*	=	*num* (en un)
em	+	*uma*	=	*numa* (en una)
em	+	*uns*	=	*nuns* (en unos)
em	+	*umas*	=	*numas* (en unas)

3º Empléase el determinado con los adjetivos **dito** (dicho) y **ambos** (ambos), y con los adjetivos posesivos: **a** *minha casa tem* **os** *ditos postigos em ambas* **as** *janelas* (mi casa tiene dichos postigos en ambas ventanas).

4º En lenguaje familiar, no se omite el artículo determinado ante los nombres propios de varón: **o** *João,* **o** *Paulo* (Juan, Pablo).

5º Van precedidos de artículo determinado los nombres de regiones, reinos, provincias, distritos y pueblos. (Hay pocas excepciones, como *Portugal, Castela, São Paulo, Gibraltar,* etc.).

DEMOSTRATIVOS

35. 1º Los adjetivos demostrativos son tres:

1ª PERSONA

sing. masc.: *este* (este)
sing. fem.: *esta* (esta)
pl. masc.: *estes* (estos)
pl. fem.: *estas* (estas)

2ª PERSONA

sing. masc.: *esse* (ese)
sing. fem.: *essa* (esa)
pl. masc.: *esses* (esos)
pl. fem.: *essas* (esas)

3ª PERSONA

aquele (aquel)
aquela (aquella)
aqueles (aquellos)
aquelas (aquellas)

2º Existen, además, los demostrativos compuestos: *estoutro, estoutra, estoutros, estoutras* (estotro, estotra, estotros, estotras), *essoutro, essoutra, essoutros, essoutras* (esotro, esotra, esotros, esotras), y *aqueloutro, aqueloutra, aqueloutros, aqueloutras* (aquelotro, etc.). (Estas formas, como así también las que les corresponden en castellano, son ya poco usadas. Se escribe ahora: *este outro, esse outro* (este otro, ese otro), etc.).

3º Como en castellano, las palabras **tal, tanto, semelhante, mesmo** y **próprio** (tal, tanto, semejante, mismo, propio) puden hacer oficio de demostrativos.

INTERROGATIVOS

36. **Adjetivos demostrativos,** es como se denominam en portugués ciertos adjetivos indefinidos que, antepuestos al nombre sustantivo, forman interrogación directa o indirecta: **qual, quanto, que** (cual, cuanto, que). (Estos interrogativos tienen la misma acentuación prosódica que los indefinidos, y por eso no llevan acento ortográfico).

POSESIVOS

37. Hay en portugués, como en español, cinco adjetivos posesivos definidos y uno indefinido:

meu (mi, mío)	*teu* (tu, tuyo)
minha (mi, mía)	*tua* (tu, tuya)
meus (mis, míos)	*teus* (tus, tuyos)
minhas (mis, mías)	*tuas* (tus, tuyas)

nosso (nuestro)	*vosso* (vuestro)
nossa (nuestra)	*vossa* (vuestra)
nossos (nuestros)	*vossos* (vuestros)
nossas (nuestras)	*vossas* (vuestras)

INDEFINIDO

seu (su, suyo)	*alheio* (ajeno)
sua (su, suya)	*alheia* (ajena)
seus (sus, suyos)	*alheios* (ajenos)
suas (sus, suyas)	*alheias* (ajenas)

NOTA. Al contrario de que en castellano, los posesivos **meu, teu, seu** admiten las flexiones de género cuando van antepuestos al nombre. Los adjetivos posesivos se combinan, además, con los artículos (Véase 34, 3º).

RELATIVOS O CONJUNTIVOS

38. 1º Los **adjetivos relativos** o **conjuntivos** son los siguientes: **o qual, a qual, os quais, as quais** (el cual, la cual, los cuales, las cuales), **cujo, cuja, cujos, cujas** (cuyo, cuya, cuyos, cuyas).

2º En portugués se entiende suplido, en la oración consecuente, el nombre antecedente al cual se refieren los pronombres relativos arriba enumerados. Ejemplos: *O livro, o qual* (**livro**) *acabei de ler, é excelente* (el libro, que acabé de ler, es excelente). *O pai cujos filhos (os filhos do qual* **pai**) *são obedientes, é feliz* (es feliz el padre cuyos hijos son obedientes). A veces se repite el antecedente: *Havia ali uma fonte, a qual* **fonte** *nunca secava* (había allí una fuente, la cual fuente, nunca se secaba).

3º **Cujo** (en castellano, también se le puede llamar adjetivo posesivo relativo), denota siempre idea de posesión, y concierta, en género y número, con la poseída.

NUMERALES

39. Se distinguen cuatro clases: **cardinais** (absolutos o cardinales), **ordinais** (ordinales), **multiplicativos** (proporcionales), y **fracionários** (partitivos).

40. Los cardinales son:

um, uma	*trinta*
dois, duas; ambos,	*trinta e um*
três	*quarenta*
quatro	*cinqüenta*
cinco	*sessenta*
seis	*setenta*
sete	*oitenta*
oito	*noventa*
nove	*cem*
dez	*cento e um*
onze	*cento e noventa e nove*
doze	*duzentos, duzentas*
treze	*trezentos, trezentas*
catorze	*quatrocentos, quatrocentas*
quinze	*quinhentos, quinhentas*
dezesseis	*seiscentos, seiscentas*
dezessete	*oitocentos, oitocentas*
dezoito	*novecentos, novecentas*
dezenove	*mil*
vinte	*milhão*
vinte e um	*bilhão*
vinte e nove	*trilhão*

41. Observaciones sobre los cardinales:
1º Cuando **um** sigue a una decena, dícese el sustantivo en plural: *trinta e um dias* (treinta y un día, o días).

2º **Ambos** se hace acompañar del artículo: *chegaram ambos os viajantes* (llegaron ambos viajeros). También se dice: **ambos a dois, ambos de dois, ambos os dois** (ambos a dos, ambos).

3º La conjunción **e** (y) es empleada entre centenas y decenas, y entre éstas y la unidade: 3.527.148 (*três milhões, quinhentos e vinte e sete mil, cento e quarenta e oito*, tres millones, quinientos veintisiete mil, ciento cuarenta y ocho).

4º **cem** es forma apocopada de **cento**, y esta última sólo se emplea como adjetivo en los numerales compuestos, cuando es seguida de un número: *cento e vinte laranjas* (ciento veinte naranjas); como sustantivo: *um* **cento** *de laranjas* (un ciento de naranjas).

5º **Bilhão** (billón) es mil millones y no, como en castellano, un millón de millones. **Trilhão** (trillón) es mil billones, y no un billón de billones.

42. Los ordinales son:

primeiro	*vigésimo*
segundo	*trigésimo*
terceiro	*quadragésimo*
quarto	*quinguagésimo*
quinto	*sexagésimo*
sexto	*setuagésimo*
sétimo	*octogésimo*
oitavo	*nonagésimo*
nono	*centésimo*
décimo	*ducentésimo*
undécimo o	*tricentésimo*
décimo primeiro	*quadrigentésimo*
duodécimo o	*quingentésimo*
décimo segundo	*sexentésimo*
décimo terceiro	*setingentésimo*
décimo quarto	*octingentésimo*
décimo quinto	*nongentésimo*
décimo sexto	*milésimo*
décimo sétimo	*milionésimo*
décimo oitavo	*bilionésimo*
décimo nono	*trilionésimo*

43. Observaciones sobre los ordinales:

1º Las formas compuestas femeninas tienen flexión en ambos elementos: décimo segundo, décima segunda, etc.

2º Los cardinales pueden ser empleados como ordinales, y lo son principalmente en lenguaje coloquial, en el que, como en castellano, no va generalmente delante de *décimo*. (Tratándose de las páginas de un livro, se emplean ordinariamente los cardinales).

3º Hablando de Papas, reyes, capítulos, siglos, etc., cuando el número precede al sustantivo, úsase el ordinal: *o II* (**segundo**) *Pedro; o XV* (**décimo quinto**) *Luís; o XX* (**vigésimo**) *capítulo; o IV* (**quarto**) *século*.

4º Cuando el número se encuentra después del nombre, empléase el numeral ordinal de 1 a 10: *Pedro II* (**segundo**); *Urbano VIII* (**oitavo**); *capítulo X* (**décimo**); *século IX* (**nono**). De 11 en adelante, úsase el numeral cardinal: *Pedro XI* (**onze**); *século XX* (**vinte**); *capítulo XIX* (**dezenove**).

44. Los proporcionales son:

simples	*óctuplo, óctupla*
duplo, dupla	*nónuplo, nónupla*
triplo, tripla	*décuplo, décupla*
quádruplo, quádrupla	*undécuplo, undécupla*
quíntuplo, quíntupla	*duodécuplo, duodécupla*
sêxtuplo, sêxtupla	*cêntuplo, cêntupla*
sétuplo, sétupla	*múltiplo, múltipla*

45. Los partitivos son:

meio, meia	*nono, nona*
terço, terça	*décimo, décima*
quarto, quarta	*onze avos* (onzavo)
quinto, quinta	*doze avos* (dozavo)
sexto, sexta	*treze avos* (trezavo)
sétimo, sétima	*catorze avos* (catorzavo) *etc., etc.*
oitavo, oitava	*centésimo*

INDEFINIDOS

46. 1º Varios son los adjetivos indefinidos: **algum, nenhum, outro, todo, tanto, quanto, pouco, muito, menos, mais, o mais, os demais, cada, qualquer, quejando, que, diversos, bastantes, demasiados, certos, vários, diferentes,** etc. Tales vocablos se usan como en castellano.

2º Cuando antepuestos al nombre, los adjetivos **certo, vários, diversos, diferentes,** son determinativos indefinidos; cuando pospuestos, son calificativos.

NOTA. El distributivo castellano *sendos, sendas,* se traduce en portugués por **cada um o seu, cada um a sua.** En portugués antiguo hubo **senhos, senhes** y **sendos.**

GÉNERO DEL NOMBRE ADJETIVO

47. El adjetivo toma el género del nombre al que se une para concordar. El género femenino de los nombres adjetivos se forma según las reglas seguientes:

1º Los terminados en **o** cambian esta letra por **a**: *bravo, brava, claro, clara.* (El adjetivo **só** (solo) no tiene variante femenina).

2º Los acabados en **ês, ol** y **u** reciben una **a**: *inglês, inglêsa; espanhol, espanhola; cru, crua.* (No siendo gentilicios, exceptúanse por invariables los acabados en **ês**. Otras excepciones: *mau, má; reinol, hindu,* son invariables).

3º Los terminados en **or** reciben una **a**: *moralizador, moralizadora; vencedor, vencedora.* (Algunos de estos adjetivos admiten la desinencia **triz**: *diretor, diretora, diretriz; gerador, geradora, geratriz.*) Exceptúanse, como en castellano, los comparativos simples: *melhor, maior, menor, pior, superior, inferior, anterior, posterior, interior, exterior, citerior, ulterior.* Además de éstas, hay otras excepciones, como *sensabor, bicolor, incolor, tricolor,* etc.

4º Los acabados en **e, m, s,** como así también los en **l, r** y **z,** no incluídos en las reglas antecedentes, son invariables. Exceptúanse los demostrativos *este, esse* y *aquele (esta, essa y aquela),* y los indefinidos *um, algum* y *nenhum (uma, alguma y nenhuma). Bom* hace *boa;* y *andaluz, andaluza.*

5º Los terminados en **ão** hacen, **ã, ona** y **oa**: *são, sã; cristão, cristã; chorão, chorona; poltrão, poltrona; beirão, beiroa.* (Véase 14, 4º).

6º Para los acabados en **oso,** véase 18.

7º Los acabados en **a** invariables: *indígena, hipócrita, persa,* etc.

NÚMERO DEL NOMBRE ADJETIVO

48. El adjetivo toma el número del nombre al que se une para concordar. El plural se forma según las reglas siguientes:

1º Los terminados en **al, ol, el, ul** y **il** tónicos cambian la **l** por **is**: *fatal, fatais; espanhol, espanhóis; amável, amáveis; senil, senis.*

2º Los acabados en **il,** cuando son átonos, cambian estas letras por **eis:** *fácil, fáceis; fóssil, fósseis.*

3º Para los terminados en **oso,** véase 22.

4º Los adjetivos compuestos sólo admiten plural en el último elemento: *luso-brasileiro, luso-brasileiros; médico-cirúrgico, médico-cirúrgicos.* Exceptúanse por invariables: *verde-gai* o *verde-gaio* y *cor-de-rosa.*

5º Para las demás terminaciones, véase 19, 20, 21, 22.

GRADO

49. Los grados del nombre adjetivo son tres: **positivo** o **normal, comparativo** y **superlativo.**

50. POSITIVO. Expresa simplesmente la cualidad del sustantivo a que se une: *livro* **interessante,** *mulher* **bela.**

51. COMPARATIVO. La comparación puede expresar igualdad, superioridad e inferioridad.

1º El **comparativo de igualdade** se forma anteponiendo al positivo la palabra **tão** (tan) y posponiéndole **como, quanto** o **quão** (como, cuan): *o pai é* **tão** *amável* **como** *o filho* (el padre es tan amable como el hijo); *José é* **tão** *estudioso* **quanto** *Pedro* (José es tan estudioso como Pedro); *o castigo será* **tão** *grande* **quão** *grande foi a culpa* (el castigo será tan grande como grande fué la culpa).

2º El **comparativo de superioridad** se forma anteponiendo al positivo la palabra **mais** (más) y **que, do que** o **de (do, da)** al segundo término. Ejemplos: *A água é* **mais** *densa* **que** *o azeite* (el agua es más densa que el aceite). *O pai é* **mais** *amável* **do que** *o filho* (el padre es más amable que el hijo). **Mais da** *metade da frota foi a pique* (se fué a pique más de la mitad de la flota). *Isso foi* **mais que** *injusto* (eso fué más que injusto).

3º El **comparativo de inferioridad** se forma anteponiendo **menos** al positivo, y posponiéndole **que** o **do que:** *o ouro é* **menos** *útil* **que** *o ferro* (el oro es menos útil que el hierro); *o pai é* **menos** *amável* **do que** *o filho* (el padre es menos amable que el hijo); *isso é* **menos** *injusto* **do que** *parece* (eso es menos injusto de lo que parece).

NOTA. No se emplea en portugués el comparativo analítico **mais grande, mais bom, mais mau,** sino cuando se comparan las cualidades de un mismo individuo: *Pedro é* **mais grande** *que pequeno; Paulo é* **mais bom** *do que mau.*

52. SUPERLATIVO. Hay dos clases: el **absoluto** y el **relativo.**

1º El **superlativo absoluto** se forma anteponiendo al positivo la voz **muito** (muy) u outra equivalente, como **grandemente, extremamente, en alto grau** (grandemente, extremamente, em alto grado), etc., o añadiéndole las terminaciones **ísimo, limo, rimo.** Ejemplos: *Homem* **muito** *alto* (hombre muy alto). *Carácter* **extremamente** *severo* (carácter extremadamente severo). *Mulher bel***íssima** (mujer bellísima). *Coisa fac***ílima** (cosa facílima). *Espírito libér***rimo** (espíritu libérrimo).

2º El **superlativo relativo** se forma anteponiendo al comparativo de superioridad o de inferioridad un artículo determinado o un adjetivo posesivo: *o mais sábio dos homens* (el más sabio de los hombres); *vosso menor cuidado* (vuestro menor cuidado).

COMPARATIVOS Y SUPERLATIVOS PROPIOS

53. Hay seis adjetivos que tienen, como en castellano, comparativos de superioridad y superlativos absolutos propios sin necesidad de adverbio alguno:

POSITIVO	COMPARATIVO	SUPERLATIVO
bom (bueno)	*melhor* (mejor)	*ótimo* (óptimo)
mau (malo)	*pior* (peor)	*péssimo* (pésimo)
grande	*maior* (mayor)	*máximo*
pequeno (pequeño)	*menor*	*mínimo*
alto	*superior*	*supremo*
baixo	*inferior*	*ínfimo*

NOTA. Estos mismos adjetivos, además del superlativo irregular de formación latina, poseen otro regular de formación portuguesa: *boníssimo, malíssimo, pequeníssimo, altíssimo, baixíssimo.*

FORMACIÓN DEL SUPERLATIVO ABSOLUTO

54. La formación del superlativo absoluto obedece a las reglas siguientes:

1º Los adjetivos terminados en **l, r** y **u** no sufren modificación en la desinencia: *trivial, trivialíssimo; regular, regularíssimo; cru, cruíssimo.* Excepción: los acabados en **vel** toman la terminación anticuada **bil:** *terrível, terribilíssimo; amável, amabilíssimo.*

2º Los acabados em **m** y **ão** toman la terminación anticuada en **n:** *comum, comuníssimo; são, saníssimo; chão, chaníssimo.*

3º Cuando acaban en **e** u **o,** pierden estas letras: *breve, brevíssimo; reto, retíssimo.* (Los terminados en **co** o **go** cambian estas letras por **qu** o **gu:** *rico, riquíssimo; amigo, amiguíssimo*).

4º Los terminados en **z** toman la forma anticuada en **ce:** *feliz (felice), felicíssimo; feroz (feroce), ferocíssimo.*

5º Los acabados en **ro** y **re** pueden tomar la forma primitiva latina en **er,** y se les pospone la terminación **rimo:** *salubre (saluber), salubérrimo; íntegro (integer), integérrimo; acre (acer), acérrimo.*

SUPERLATIVOS BIFORMES

55. Muchos adjetivos, además del superlativo regular de formación portuguesa, poseen otro irregular de formación latina, y algunos hay que carecen de formación regular:

POSITIVO	SUPERLATIVO LATINO	SUPERLATIVO PORTUGUÉS
acre	*acérrimo*	*acríssimo*
ágil	*agílimo*	*agilíssimo*
amargo	*amaríssimo*	*amarguíssimo* (pop.)
amigo	*amicíssimo*	*amiguíssimo*
antigo	*antiquíssimo*	*antiguíssimo*
áspero	*aspérrimo*	*asperíssimo*
atroz	*atrocíssimo*	-
célebre	*celebérrimo*	*celebríssimo*
cristão	*cristianíssimo*	-
cruel	*crudelíssimo*	*cruelíssimo*
difícil	*dificílimo*	-
doce	*dulcíssimo*	*docíssimo* (pop.)
fácil	*facílimo*	-
fiel	*fidelíssimo*	-
frágil	*fragílimo*	*fragilíssimo*
frio	*frigidíssimo*	*friíssimo*
geral	*generalíssimo*	-
grácil	*gracílimo*	*gracilíssimo*
humilde	*humílimo*	*humildíssimo*
inimigo	*inimicíssimo*	-

íntegro	integérrimo	integríssimo
livre	libérrimo	livríssimo
magnífico	magnificentíssimo	-
magro	macérrimo	magríssimo
maléfico	maleficentíssimo	-
mísero	misérrimo	-
negro	nigérrimo	negríssimo
nobre	nobilíssimo	nobríssimo
novo	nupérrimo	nobríssimo
parco	parcíssimo	-
pobre	paupérrimo	pobríssimo
próspero	prospérrimo	-
público	publicíssimo	-
pudico	pudicíssimo	-
pulcro	pulquérrimo	-
sábio	sapientíssimo	-
sagrado	sacratíssimo	-
salubre	salubérrimo	salubríssimo
simples	simplicíssimo	-
soberbo	superbíssimo	-
tétrico	tetérrimo	-
úbere	ubérrimo	-

DEL PRONOMBRE

56. Los pronombres son de dos especies: **pessoais** o **substantivos** (personales) y **adjetivos** (posesivos, correlativos y indefinidos).

PRONOMBRES PERSONALES

57. Los pronombres personales pueden ser **subjetivos** o del **caso reto** (sujetos o nominativos) y **objetivos** (complementarios y terminales).

1º Los NOMINATIVOS son:

SINGULAR

1ª pers.: *eu* (yo)
2ª pers.: *tu* (tú)
3ª pers.: *ele, ela* (él, ella)

PLURAL

nós (nos; nosotros, nosotras)
(vos; vosotros, vosotras)
eles, elas (ellos, ellas)

2º Los COMPLEMENTARIOS son:

SINGULAR

1ª pers.: *me* (me)
2ª pers.: *te* (te)
3ª pers.: *se* (se), *o, a,* (le, lo, la), *lhe* (le)

PLURAL

nós (nos)
vos (vos)
se (se), *os, as* (los, las) *lhe* (le)

3º Los TERMINALES son:

SINGULAR

1ª pers.: *mim* (mí), *migo* (migo) ·············

2ª pers.: *ti* (ti), *tigo* (tigo) ·············

3ª pers.:
si (sí), *sigo* (sigo)
ele, ela (él, ella)
dêle, dela (de él, de ella)

PLURAL

{ *nós* (nos; nosotros, nosotras)
nosco (nos; nosotras, nosotras)

{ *vós* (vos; vosotros, vosotras)
vosco (vos; vosotros, vosotras)

si (sí), *sigo* (sigo)
eles, elas (ellos, ellas)
deles, delas (de ellos, de ellas)

58. Observaciones sobre los pronombres personales:

1º Los casos terminales **mim, ti, si, nos, vos,** cuando están después de la preposición **con,** se vuelven **migo, tigo, sigo, nosco, vosco,** y forman con ella una sola palabra: **comigo** (conmigo), **contigo** (contigo), **conosco** (con nosotros, con nosotras), **convosco** (con vosotros, con vosotras). (Adviértase que antiguamente se decía en castellano, *conusco* y *convusco).* Antes de **mesmos** (mismos), empléase el terminal normal: *com* **nós mesmos** (con nosotros mismos).

2º Las formas **mi, ti, si** y los terminales **ele, ela, eles, elas** siempre van precedidas de preposición.

3º Como en castellano, en las oraciones reflexivas se suele repetir el pronombre en su forma tónica con preposición y seguido del adjetivo **mesmo** (mismo). Esto se hace para precisar la significación de la forma átona, o para dar mayor energía a la expresión: *Envergonho-me de* **mim mesma** (me avergüenzo de mí mesma). Otras veces dicho adjetivo sigue al sujeto: **ele mesmo** *se cortou* (él mismo se cortó).

4º Los pronombres **o, a, os, as** sólo se emplean como **objeto direto** (acusativo): *vi-o ontem* (lo he visto ayer, o le he visto ayer). No se suele distinguir, como en castellano, los acusativos masculinos cuando se relacionan a cosa o persona.

5º El pronombre **lhe** sólo se usa como **objeto indireto** (dativo): *apresento-***lhe** *um amigo* (le presento un amigo).

6º Como sus correspondientes castellanos, los pronombres **me, nos, te, vos** forman complementos acusativo y dativo. *Tu* **me** *amas,* tú me amas (acusativo); *eles* **me** *negam auxílio,* ellos me niegan auxilio (dativo). *Eles* **nos** *conhecem,* ellos nos conocen (acusativo); *eles* **nos** *deram dinheiro,* ellos nos dieron

XXI

dinero (dativo). *Ele* **te** *odeia,* él te odia (acusativo); *ofereceram-***te** *um livro,* (te ofrecieron un libro (dativo). *Não* **vos** *conheço,* no os conosco (acusativo); *deram-***vos** *uma casa* (dativo).

7º Los pronombres acusativos y dativos se combinan así:

me + o = mo (me lo)
me + a = ma (me la)
me + os = mos (me los)
me + as = mas (me las)

te + o = to (te lo)
te + a = ta (te la)
te + os = tos (te los)
te + as = tas (te las)

lhe + o = lho (se lo)
lhe + a = lha (se la)
lhe + os = lhos (se los)
lhe + as = lhas (se las)

lhes + o = lho (se lo)
lhes + a = lha (se la)
lhes + os = lhos (se los)
lhes + as = lhas (se las)

nos + o = no-lo (nos lo)
nos + a = no-la (nos la)
nos + os = no-los (nos los)
nos + as = no-las (nos las)

vos + o = vo-lo (os lo)
vos + a = vo-la (os la)
vos + os = vo-los (os los)
vos + as = vo-las (os las)

8º **Se** y **o** no se combinan ni entran jamás en la misma proposición. Cuando esta combinación ocurre, se omiten los pronombres **o, a, os, as** o **se** por innecesarios. Sentencias como *"Tais verdades não* **se as** *dizem",* o *"Tal direito ninguém* **se o** *arrogou",* habrán de decirse o escribirse: *"Tais verdades não* **se** *dizem"* (tales verdades no se dicen), *"Tal direito ninguém* **se** *arrogou"* (nadie se arrogó tal derecho).

9º En **relação de posse** (genitivo), el nominativo de tercera persona se combina con la preposición **de: dele, dela, deles, delas** (de él, de ella, de ello, de ellas).

10º Los pronombres **o, a, os, as,** cuando están precedidos de palabras acabadas en **r, s** o **z,** toman la forma **lo, la, los, las.** Ejemplos: *Conduzí-***lo** *(conduzir + o),* conducirlo; *ei-***la** *(eis + a),* hela; *condu-***las** *(conduz + a),* condúcelas. Después de un sonido nasal, dichos pronombres toman la forma **no, na, nos, nas:** *levaram-***na** *(levaram + a),* lleváronla; *dão-***no** *(dão + o),* danlo; *buscaram-***no** *(buscaram + o),* buscáranlo.

11º Las formas pronominales **lo, la, los, las, no, na, nos, nas** pospuestas al verbo, le hacen perder la última letra: *amamo-***nos** *(amamos + **nos**), amamo-***los** *(amamos + **los**).*

12º Los nominativos se usan como en castellano. En lenguaje corriente, **tu** y **vós** son poco empleados, y substituídos por **você** (véase esta voz en el texto) y por **o senhor, a senhora** (usted), **os senhores, as senhoras** (ustedes). Dichas voces de tratamiento rigen verbo en tercera persona: *você ama, a senhora canta, o senhor bebe.*

13º Los dativos reflejos tienen poco empleo en portugués, y no se los puede expressar más que por medio de los pronom-

bres tónicos: *comprei isso para* **mim** (me lo compré). Sin embargo, encuéntrase en los clásicos: *"...onde rosto e narizes se cortava"* (*"...donde rostro y narices se cortaba"*). A veces dicho dativo equivale al adjetivo posesivo: *ele* **se** *cortou a mão,* él se cortó la mano. – Este oficio de adjetivo posesivo también lo tiene el dativo **lhe:** *cortaram-***lhe a mão,** *cortaram a* **sua** (dele, de él) *mão* (le cortaron la mano).

COLOCACIÓN DE LOS PRONOMBRES ÁTONOS

59. La colocación de las formas complementares se hace de tres maneras: antes, después y en medio del verbo. Ejemplos: *nunca* **me** *arrependo do que faço* (nunca me arrepiento de lo que hago); *arrependeu-se dos seus pecados* (se arrepentió de sus culpas); *arrepender-***te**-*ás mais tarde* (te arrepentirás más tarde). Estas tres posiciones del pronombre complementario respecto del verbo reciben, respectivamente, los nombres de **próclise** (próclisis), **ênclise** (énclisis) y **mesóclise** (tmesis). La posición normal de dichos pronombres es la enclítica, pero hay innúmeros casos en que este principio no subsiste, y por eso la colocación de tales pronombres queda subordinada a ciertas reglas, que avajo se verán.

60. Los pronombres átonos van ANTES DEL VERBO:

1º En las oraciones negativas: *Não o quero* (no lo quiero).

2º En las oraciones subordinadas: *Este é o livro que* **me** *deste* (este es el libro que me diste).

3º En las oraciones optativas: *Que a sorte* **vos** *proteja!* (! que la suerte os proteja!).

4º Junto a los indefinidos (**todo, tudo, isso, aquilo, pouco, muito, uns, outros,** etc. cuando preceden al verbo: *Muitas recordações* **me** *vieram então* (muchos recuerdos me vinieron entonces); *pouco* **me** *importa o que dizem* (poco me importa lo que dicen).

5º Junto a los adverbios, cuando preceden inmediatamente al verbo, y cuando entre el adverbio y el pronombre no hay coma: *Ainda* **me** *resta a esperança* (aun me queda la esperanza); *assim o querem* (así lo quieren).

6º Cuando el gerundio es término de la preposición **em** (en): *Em* **me** *vendo só, pedirei auxílio* (en viéndome solo pediré auxilio).

61. Los pronombres átonos van DESPUÉS DEL VERBO:

1º En las sentencias que comienzan con el verbo, visto que, en portugués, no se puede empezar ninguna sentencia, frase o cláusula con pronombre complentario: *Desejo-***lhe** *boa viagem* (le deseo buen viaje); *convidam-***me** *para um passeio* (me invitan a pasear); *alugam-***se** *quartos* (se aquila cuartos).

NOTA. Los brasileños, en lenguaje coloquial, no observan esta regla, diciendo: **Me** *dá um cigarro* (dame un cigarrillo); *me disseram que você é rico* (me dijeron que Vd es acaudalado). Sin embargo, en lenguaje escrito rara vez se encuentra dicha construcción y cuando se la encuentra corresponde a una transcripción del lenguaje coloquial.

2º Cuando el gerundio equivale a una oración: *Paulo, dizendo-***lhe** *estas palavras, apertou-lhe a mão* (Pablo, diciéndole estas palabras, le apretó la mano).

3º En las oraciones exhortativas: *Menino, escuta-***me!** (! niño, escúchame!); *ide-***vos!** (!idos!).

4º Junto al infinito simple, o con la preposición **a:** *"Tornei a vê-***lo** *aquele dia, e ainda agora parece-me vê-***lo"** (volví a verlo aquel día, y aun ahora me parece verlo).

62. Los pronombres átonos van EN MEDIO DEL VERBO:

1º En el futuro del indicativo: *Dir-se-á o que é preciso fazer* (se dirá lo que hay que hacer); *as horas de aula combinar-**se**-ão amanhã* (mañana se combinarán las horas de classe); *quanto às ordens, dar-**vo-las**-ei oportunamente* (en cuanto a las órdenes, os las daré oportunamente).

NOTA. Adviértase que en el castellano antiguo, cuando se usaba el futuro compuesto, el pronombre iba en la misma posición. Así la sentencia "Enquanto possa, fa-**lo**-ei assim", traducida al antiguo castellano, seria: "Mientras que yo pueda, facer-lo he así".

2º En el modo potencial: *Di-**lo**-ia, se soubesse* (lo diría si lo supiese); *tomá-**lo**-iam por outro* (lo tomarían por otro).

NOTA. En castellano, tratándose del antiguo potencial compuesto, el pronombre iba en esta misma posición: Quien lo ficiese, pecharnosia (o pecharnos hía), *quem o fizesse, pagar-**nos**-ia*.

3º En los tiempos compuestos de participio pasivo y gerundio: *A carga havia-**se** perdido inteiramente* (la carga se había perdido totalmente); *estou-**a** amando* (la estoy amando).

63. Los pronombres átonos tienem EMPLEO FACULTATIVO (enclítico o proclítico):

1º En las oraciones principales coordinadas e independientes (principales absolutas): *"Catarina **lhes** persuadiu que não só haviam de adorar o Crucificado, mas também a cruz"* (Catalina les persuadió de que no sólo habían de adorar al Crucificado, sino también la cruz). *"Catarina persuadiu-**lhes** que no primeiro homem pecaram todos os homens"* (Catalina les persuadió de que en el primer hombre pecaron todos los hombres).

2º En las oraciones intercalares: *Vamos – **lhe** disse ele – que ainda é tempo* (vamos – le dijo él – que aun es tiempo). *Venha ver-me, pediu-**lhe** ela, sorrindo* (venga a verme, le pidió ella, sonriéndose).

3º Cuando el infinitivo rige preposición: *Fi-lo para **lhes** causar menos desgosto* (lo hice para causarles menos disgusto). *Para os guiar à morte* (para guiarlos a la muerte).

4º En las frases verbales donde el auxiliar rige un infinitivo: *Vou contar-**lhes** uma história* (voy a contarles una historia). *Vou-**lhes** contar uma história* (les voy a contar una historia). (Adviértase que en este último ejemplo hay **mesóclise** (interposición).

PRONOMBRES ADJETIVOS

64. Los pronombres **adjetivos** se dividen en cinco clases: **demonstrativos, interrogativos, relativos** (correlativos: demonstrativos, interrogativos y relativos), **possessivos** (posesivos) y **indefinidos** (indefinidos).

65. DEMONSTRATIVOS. Son los mismos adjetivos demonstrativos que se convierten en pronombres cuando van solos y se refieren a un sustantivo sobrentendido. (Al contrario de que en castellano, estas palabras no reciben acento al cambiar de oficio). Estos són:

1ª pers.

sing. masc.: *este* (éste)
sing. fem.: *esta* (ésta)
pl. masc.: *estes* (estos)
pl. fem.: *estas* (éstas)

2ª pers.

sing. masc.: *esse* (ése)
sing. fem.: *essa* (ésa)
pl. masc.: *esses* (esos)
pl. fem.: *essas* (ésas)

3ª pers.

aqueles (aquellos)
aquelas (aquéllas)
aquele (aquél)
aquela (aquélla)

66. La lengua posee, además, los demonstrativos **o** (lo), **isto** (esto), **isso** (eso) y **aquilo** (aquello).

1º El demonstrativo **o** corresponde en muchos casos al artículo castellano neutro *lo* (pronome indefinido, según Bello): *Reunir o útil ao agradável* (unir *lo* útil a *lo* agradable). *Pelo menos* (por *lo* menos). *Fazer o meramente necessário* (hacer *lo* meramente necessario). *Houve o de sempre* (hubo *lo* de siempre). *Olha o que fazes* (mira *lo* que haces). *Pergunta-lhe o que custou* (pregúnta-le *lo* que ha costado).

2º Como en castellano, los pronombres **isto, isso** y **aquilo** (esto, eso y aquello) son pronombres para cosas. Estas palabras corresponden a las antiguas formas neutras del adjetivo. Al desaparecer el género neutro de los sustantivos, dichos adjetivos tomaron forma pronominal porque no podían preceder al sustantivo que es siempre masculino o femenino. Con todo, delante de una forma neutra, readquieren su oficio primitivo de adjetivos: **isso** *mesmo* (eso mismo). Lo mismo ocurre con el indefinido **tudo**: *tudo* **isto** (todo esto).

3º Igual que en español, cuando los pronombres **este, esse** précéden al adjetivo **outro**, pueden formar con él una sola palabra: **estoutro** (estotro), **essoutro** (esotro), en ambos géneros y números. (Adviertase que estas formas, como en castellano, son ya desusadas).

67. POSESIVOS. Son los mismos adjetivos posesivos cuando se refieren a un sustantivo sobrentendido. Toman el género y número de la persona o cosa poseída a que se refieren. Son los siguientes:

meu	*teus*	*eu*
minha	*tua*	*sua*
meus	*teus*	*seus*
minhas	*tuas*	*suas*
nosso	*vosso*	*alheio*
nossa	*vossa*	*alheia*
nossos	*vossos*	*alheios*
nossas	*vossas*	*alheias*

NOTA. Como en castellano, los pronombres posesivos substituyen al genitivo de los personales; así **meu, teu, seu** (mío, tuyo, suyo) equivalen a **de mim, de ti, dele** o **deles** (de mí, de ti, de el o de ellos).

68. RELATIVOS. Son los siguientes: **que, qual, quais, quem, onde, quanto** (que, cual, cuales, quien, quienes, donde o en donde, cuanto).

1º **Que** y **quem** son invariables.

2º **Qual**, siempre precedido del artículo determinado, hace en plural **quais**.

3º **Quem** va siempre precedido de preposición.

4º **Quanto,** como adjetivo y como pronombre, tiene formas distintas para el género y el número. Su antecedente propio es **tanto** y, a veces, el indefinido **tudo** (todo).

69. INTERROGATIVOS. Son los mismos relativos **que, quem, qual, quanto,** (qué, quién, quiénes, cuál, cuánto), de los que se distinguen por la entonación en el habla y por carecer de antecedente expreso. No llevan acento ortográfico. Se emplea, además, el interrogativo **o que?** (¿qué?) de uso popular. (Hay sin embargo, gramáticos y escritores que lo autorizan).

NOTA. La correlación que entre sí guardan los pronombres interrogativos, demostrativos y relativos es la misma que en castellano, y se verifica entre sustancias o cualidades o entre la cantidad, intensidad u otras circunstancias que en aquellas concurren.

70. INDEFINIDOS. Son los seguientes: **alguém** (alguien), **ninguém** (nadie), **outrem** (otro, otros), **quem quer que** (quienquiera), **cada qual** (cada cual, cada uno), **todos** (todos), **poucos** (pocos), **muitos** (muchos), **uns** (unos), **alguns** (algunos), **nada** (nada), **algo** (algo), **a gente** (uno), **um** (uno).

NOTA. **Um** (uno) en singular, o en plural **uns,** sólo se emplea aludiendo a otras personas que no se nombram: **Um** *vai e outro vem* (uno va y otro viene); *quando* **uns** *choram, outros riem* (cuando unos lloran, otros rien). Si el indefinido castellano no se refiere al sujeto que habla, o se da a la frase carácter de generalidad, y, aun, si se refiere a una tercera persona, úsase en portugués **alguém, a gente** o, a veces, **algumas pessoas.** Ejemplos: A veces *uno* no sabe qué hacer *(às vezes* **a gente** *não sabe o que fazer). Uno lo dijo* (**algum** *o disse). Unos lo contaron ayer* (**algumas pessoas** *contaram + no ontem).* No está *una* siempre de humor (*nem sempre* **a gente** *está de bom humor).*

DEL VERBO

DIVISIÓN

71. Por su conjugación, por su significación, y por otros valores, caracteres y circunstancias, divídense los verbos portugueses en:

1º **Regulares** (regulares).

2º **Irregulares** (irregulares).

3º **Auxiliares** (auxiliares).

4º **Defectivos** (defectivos). Pueden ser **pessoais** (personales) o **impessoais** (impersonales).

a) Los personales se subdividen en **essencialmente defectivos** (esencialmente defectivos) o **unipessoais** (unipersonales), y son los verbos que se refieren a ciertos fenómenos naturales y a actos propios de algunos animales, como *zurrar* (rebuznar), *uivar* (aullar), etc. (Estos últimos se califican en portugués por su significado recto, y no por sus acepciones metafóricas como en castellano. Sin embargo, algunos gramáticos los califican como en castellano, y esta norma es adoptada en la lista de los verbos portugueses que se encuentra al final de este diccionario).

b) Los unipersonales comprenden aún ciertos verbos como *constar* (constar), *soer* (soler), *ocorrer* (ocurrir, suceder, acaecer), *aprazer* (aplacer), etc.

c) Son accidentalmente defectivos ciertos verbos como *cumprir* (cumplir, hacer lo que se debe), *tocar* (tocar, ser de la obligación o cargo de uno, atañer), *importar* (importar, convenir, hacer al caso), suceder (acaecer, ocurrir, suceder), y algunos verbos acabados en **ir,** que generalmente sólo se emplean en aquellos tiempos y personas que en sus desinencias tienen la vocal **i,** como *adir,* **delinqüir,** etc.

d) Hay, además, los **impessoais essenciais** y **impessoais acidentais.** Son esencialmente impersonales (**impessoais essenciais**) los verbos que se refieren a los fenómenos meteorológicos, como *chover* (llover), *amanhecer* (amanecer), *relampejar* (relampaguear), *trovejar* (tronar), etc. (Estos últimos en castellano son unipersonales). – Son accidentalmente impersonales (**impessoais acidentais**) algunos verbos que siendo por su índole transitivos ou intransitivos, se usan algunas veces sin sujeto determinado, como *haver* (haber), *fazer* (hacer), etc., llamados en castellano unipersonales impropios.

5º **Ativos** (los que tienen como sujeto la persona agente).

6º **Passivos** (los que tienen como complemento la persona paciente).

7º **Reflexivos** (reflexivos o reflejos).

8º **Neutros** (los que no expresan acción del sujeto, como los copulativos, los verbos de estado, neutros y los del acaecer: *ser, estar, ficar* (quedar), *adoecer* (enfermar), *andar* (andar, en sus acepciones de estar o haber, etc.).

9º **Intransitivos** (intransitivos).

10º **Relativos** (aquellos que se pueden construír con dativo (complemento indirecto), o con ablativo (complemento circunstancial) indicado por un caso con preposición. Dativo: *O livro pertence a Pedro* (el libro pertenece a Pedro). Ablativo: *Venho da cidade* (vengo de la ciudad). En castellano estos verbos son classificados como intransitivos *(pertencer, assistir, aprazer, desgostar,* pertenecer, asistir, aplacer, disgustar), y como transitivos *obedecer, submeter, pensar, bater,* (batir).

11º **Bi-relativos** (aquellos cuya acción recae en dos términos, ambos indirectos. Ejemplos: *De tal negócio lhe resultou pouco proveito* (de tal negocio le resultó poco provecho). Pertenecen a esta clase verbos como *instar, insistir, resultar, provir* (provenir). En castellano dichos verbos se calificam de intransitivos.

12º **Transitivos** (transitivos).

13º **Transitivos-relativos** (aquellos cuya acción recae en dos términos, uno complemento directo y otro indirecto: *Dedicou-lhe um soneto* (le dedicó un soneto). En castellano, transitivos.

14º **Transitivos-predicativos** (los que, además del complemento directo, requieren un predicado de complemento: *Considero Paulo muito inteligente* (considero a Pablo muy inteligente).

15º **Predicativos** o **de ligação** (predicativos y copulativos).

16º **Pronominais** (pronominados o reflejos).

17º **Recíprocos** (recíprocos).

18º **Diminutivos** (los derivados cuya significación es diminutiva, como *chuviscar* (llovizar), *bebericar* (beberrotear), etc., que vienen respectivamente de *chover* (llover), *beber,* etc.).

19º **Aumentativos** (los derivados cuya significación es aumentativa, como *estorcer* (torcer violentamente), *ressoar* (resonar), *desinquietar* (inquietar mucho), que derivan respectivamente de *torcer, soar* (sonar), *inquietar).*

20º **Incoativos** (incoativos).

21º **Imitativos** o **onomatopaicos** (los que derivan de sustantivos e indican una acción que supone la calidad o estado de los seres que tales nombres designan: *corvejar* (reunirse como cuervos), de *corvo* (cuervo); *judiar* (atormentar, hacer judiadas), de *judeu* (judío); *mitridatizar* (inmunizar), de *Mitrídates* (Mitrídato).

22º **Freqüentativos** o **iterativos** (frecuentativos).

ACCIDENTES DEL VERBO

72. Las **vozes** (voces) **modos, tempos** (tiempos), **números** y **pessoas** (personas) son análogos a los del verbo castellano. Sin embargo, hemos de señalar algunas diferencias:

1º El modo **condicional** corresponde al potencial.

2º Los verbos portugueses carecen de pretérito anterior. Se emplea el pretérito indefinido, precedido de las conjunciones **apenas, depois que, logo que, assim que, quando**. Ejemplo: *Apenas ouviu isto, protestou violentamente* (apenas hubo oído esto, protestó violentamente).

3º El pretérito **perfeito** corresponde al pretérito indefinido castellano.

4º El pretérito **perfeito** compuesto equivale al pretérito compuesto castellano.

5º El pretérito **mais-que-perfeito composto** corresponde al pretérito pluscuamperfecto en castellano.

6º Al pretérito **mais-que-perfeito** (pluscuamperfecto) corresponde el pretérito perfecto castellano.

7º Se llama **particípio passado** al participio pasivo.

8º Los tiempos compuestos de la voz activa se forman generalmente con el auxiliar **ter** (tener).

9º El portugués posee un **infinito pessoal** (infinitivo personal) característico. (Véase 86).

10º Los infinitivos acaban en **ar, er, ir, or,** lo que da cuatro conjugaciones. (Sin embargo, los verbos terminados en **or** pertenecen históricamente a la segunda conjugación, que comprende los terminados en **er,** y que no son más que los compuestos de por (poner), antiguamente **poer,** verbo irregular de la segunda conjugación.

FORMACIÓN DE LOS TIEMPOS

73. Respecto de su formación, los tiempos simples se dividen en primitivos y derivados. Presentamos abajo un cuadro únicamente didáctico de dicha formación:

PRIMITIVOS	DERIVADOS

1. INFINITIVO SIMPLE
1ª conj. 2ª conj. 3ª conj. 4ª conj. *
      amar   *temer*   *partir*
— con el tema general y la terminación **ndo**, forma el

— con el tema general y la terminación **do**, forma el

— con el tema general y las terminaciones **r, res, r, rmos, rdes, rem,** forma el

— con la radical que incluye la terminación del mismo infinitivo, y con las terminaciones **ei, ás, á, emos, eis, ão,** forma el

— con esta misma radical y las terminaciones, **is, ias, ia, íamos, íeis, iam,** forma el

— con el tema general y las terminaciones **va, vas, va, vamos, veis, vam,** forma el

— con la raíz y las terminaciones **ia, ias, ia, íamos, íeis, iam,** forma el

2. INDICATIVO PRESENTE
(1ª persona de singular)
— con la raíz y las terminaciones **e, es, e, emos, eis, em,** forma el

— com la raíz y las terminaciones **a, as, a, amos, ais, am,** forma el

3. INDICATIVO PRESENTE
(2ª y 3ª personas de plural)
— suprimida la característica personal, forma el

4. PRETÉRITO INDEFINIDO
(3ª persona de plural)
— con el tema general y las terminaciones **ra, ras, ra, ramos, reis, ram,** forma el

— con el tema general y las terminaciones **sse, sses, sse, ssemos, sseis, ssem,** forma el

— con el tema general y las terminaciones **r, res, r, rmos, rdes, rem,** forma el

GERUNDIO (*ama**ndo**, teme**ndo**, parti**ndo***).
PARTICIPIO (*ama**do**, temi**do**, parti**do***).

INFINITIVO PERSONAL (*ama**r**, ama**res**, teme**r**, teme**rmos**, parti**rdes**, parti**rem***).

FUTURO IMPERFECTO DEL INDICATIVO (*ama**rei**, ama**rás**, teme**rá**, teme**remos**, parti**reis**, parti**rão***).
POTENCIAL SIMPLE (*ama**ria**, ama**rias**, teme**ria**, teme**ríamos**, parti**ríeis**, parti**riam***).
PRETÉRITO IMPERFECTO DEL INDICATIVO DE LA 1ª CONJUGACIÓN (*ama**va**, ama**vas**, amá**vamos**, amá**veis**, ama**vam***).
PRETÉRITO IMPERFECTO DEL INDICATIVO DE LA 2ª Y 3ª CONJUGACIONES (*tem**ia**, tem**ias**, tem**ia** part**íamos**, part**íeis**, part**iam***).

SUBJUNTIVO PRESENTE DE LA 1ª CONJUGACIÓN (*am**e**, am**es**, am**e** am**emos**, am**eis**, am**em***).
SUBJUNTIVO PRESENTE DE LA 2ª Y 3ª CONJUGACIONES (*tem**a**, tem**as**, tem**a**, part**amos**, part**ais**, part**am***).

IMPERATIVO AFIRMATIVO EN 2ª PERS. DE SING. Y PL. (*ama, amai*). (Las demás personas derivan del subj. presente sin alteraciones: *ame, amemos, amem*. En las oraciones negativas se emplea como IMPERATIVO (NEGATIVO) el subjuntivo presente: *não ames, não ame, não amemos, não ameis, não amem*.

PRETÉRITO PLUSCUAMPERFECTO (*ama**ra**, ama**ras**, teme**ra**, teme**ramos**, perti**reis**, parti**ram**.
PRETÉRITO IMPERFECTO DEL SUBJUNTIVO (*ama**sse**, ama**sses**, teme**sse**, teme**ssemos**, parti**sseis**, parti**ssem***).
FUTURO IMPERFECTO DEL SUBJUNTIVO (*ama**r**, ama**res**, teme**r**, teme**rmos**, parti**rdes**, parti**rem***).

* No se ponen ejemplos de esta conjugación por los motivos explicados en 72, 10º

VERBOS AUXILIARES

74. Los verbos auxiliares son de dos clases: la primera forma con los participios pasivos **tempos compostos** (tiempos compuestos); a segunda forma con el infinitivo impersonal, o con el gerundio, **conjugações compostas** (conjugaciones compuestas, es decir, perifrásticas).

75. Pertenecen a la primera clase de auxiliares: **Ter, Haver, Ser, Estar.** (Para la conjugación de estos verbos, véanse las tablas al final del volumen).

1º El auxiliar de la voz activa portuguesa es **Ter** (tener). El auxiliar **Haver** (haber) se puede emplear en todos los tiempos, modos y personas en que se emplea **Ter.** Con todo, el empleo de **Haver** es un tanto arcaico y casi es exclusivo del lenguaje erudito, principalmente por razones de eufonía.

2º Los auxiliares **Ser** y **Estar,** con los participios pasivos de algunos verbos, forman la conjugación de la voz pasiva, según se verá explicado en (82).

76. Pertenecen a la segunda clase de auxiliares: **andar, ir, vir, dever, poder, acertar de, tornar a, estar a, ter de, haver de.** Estos verbos forman conjugaciones perifrásticas, como se verá explicado en (83).

TIEMPOS COMPUESTOS

77. (En las tablas de conjugación que van al final del volumen (pág. 1068) se verá el empleo de estos tiempos y su traducción al castellano).

VERBOS REGULARES, IRREGULARES Y DEFECTIVOS

78. (Al final del volumen pág. 1068) se encuentran las tablas de conjugación de estos verbos y (pág. 1086) una lista alfabética de los verbos portugueses con indicación del modelo a que en su conjugación se ajustan).

PARTICIPIOS REGULARES E IRREGULARES

79. Como en castellano hay en portugués algunos verbos que tienen dos participios pasivos, uno regular y otro irregular. Respecto al empleo de dichos participios conviene observar:

1º Se emplea generalmente la forma regular, que permanece invariable, con los auxiliares **Ter** y **Haver** en voz activa, y la forma irregular, que se hace variable, con los auxiliares **Ser** y **Estar** en voz pasiva. Ejemplos: *Tenho* **aceitado** *a oferta* (he aceptado el ofrecimiento). *A oferta é* **aceita** *por mim* (el ofrecimiento está aceptado por mí).

2º No obstante la regla anterior, se puede emplear los participios irregulares **pago, ganho, gasto, eleito, frito, impresso, salvo** en voz activa con los verbos **Ter** y **Haver.**

3º Algunas formas regulares (**aceitado, ganhado, elegido, fritado, imprimido, sujeitado, envolvido, acendido, ocultado**) son empleadas en voz pasiva con los verbos **Ser** y **Estar.**

4º Por ser anticuadas las formas regulares (**fazido, escrevido, abrido, cobrido**), se emplean en pasiva y activa las irregulares (**feito, escrito, aberto, coberto**).

5º Al igual que en castellano, las formas irregulares se usan generalmente como adjetivos: *aluno* **atento** (alumno atento), *trem* **expresso** (tren expreso), *mulher* **reclusa** (mujer recluída).

NOTA. Los participios pasivos irregulares encontrarán insertos en la lista alfabética de verbos que va al final de este volumen (pág. 1086).

ALTERNATIVIDAD VOCAL

80. 1º En muchos verbos las vocales **o** y **e** de la radical se cambian de cerradas en abiertas, cuando tónicas. (En otros verbos la **u** alterna con la **e** y la **i,** formando conjugaciones irregulares). A esto se llama **alternância vocálica** o **metafonia.** Regularmente las vocales tónicas **e u o,** se convierten en abiertas en la segunda persona del singular y tercera persona del singular y plural del indicativo presente, como así también en la segunda del singular del modo imperativo en los verbos de primera, segunda y tercera conjugaciones.

	INDICATIVO PRESENTE			*IMPERATIVO*
	2ª persona	**3ª persona**		**2ª persona**
infinitivo	sing.	sing.	pl.	sing.
governar	*governas*	*governa*	*governam*	*governa*
negar	*negas*	*nega*	*negam*	*nega*
chorar	*choras*	*chora*	*choram*	*chora*
beber	*bebes*	*bebe*	*bebem*	*bebe*
merecer	*mereces*	*merece*	*merecem*	*merece*
ferver	*ferves*	*ferve*	*fervem*	*ferve*
vestir	*vestes*	*veste*	*vestem*	*veste*
dormir	*dormes*	*dorme*	*dormem*	*dorme*

2º En los verbos de la primera conjugación se cambia también en abierta la vocal tónica de la radical en la primera persona de singular del indicativo presente, como asimismo en la primera, segunda y tercera personas del singular y tercera del plural del subjuntivo presente. Ejemplos:

	INDIC. PRES.	*SUBJUNTIVO PRESENTE*			
	1ª pers.	*1ª*	*2ª*	*3ª*	*3ª*
infinitivo	sing.		singular		plural
chorar	*choro*	*chore*	*chores*	*chore*	*chorem*
levar	*levo*	*leve*	*leves*	*leve*	*levem*
cortar	*corto*	*corte*	*cortes*	*corte*	*cortem*
errar	*erro*	*erre*	*erres*	*erre*	*errem*

3º En la segunda conjugación, solamente el verbo **querer** presenta alternatividad vocal en primera persona de singular del indicativo presente: *qu*e*ro.*

4º En la tercera conjugación, los verbos **medir, pedir, despedir** e **impedir** presentan alternatividad vocal en primera persona de singular del indicativo presente y del subjuntivo presente: (indic) *meço, peço, despeço, impeço;* (subj.) *peça, meça, despeça, impeça.*

81. Como la alternatividad vocal se hace con toda regularidad, no hay más que señalar las excepciones para que el lector tenga una guía segura en este punto. No hay alternatividad vocal en los casos siguientes:

1º Cuando la vocal tónica va al final de la radical: *crê, crês; lê, lês; dê, dês,* etc.

2º Cuando hace parte de los diptongos **ou** y **ei:** *agouro, agouras; cheiro, cheiras,* etc.

3º Cuando hace parte del diptongo **ei** seguido de consonante: *pernoito, pernoitas; escoimo, escoimas; azoina, azoinas,* etc.

4º Cuando precede a una consonante nasal: *como, comes, come; ordeno, ordenas, ordena; empenho, empenhas; leciono, lecionas; aponto, apontas,* etc.

5º En los verbos terminados en **ear, elhar, ejar** (con excepción de *invejar*) y **oar:** *receio, receias; aparelho, apare-lhas; desejo, desejas; voa, voe; coroas, coroe,* etc.

6º En los verbos **chegar** y **ensebar:** *chego, chegas; ensebo, ensebas.*

VOZ PASIVA

82. La conjugación de la voz passiva de los verbos se forma como en castellano, es decir, con el verbo **Ser** en su oficio de auxiliar, conjugado con un participio pasivo. Claro está que en pasiva todos los tiempos son perifrásticos o compuestos, pero en el modelo siguiente les damos la misma significación que tienen sus correspondientes en la voz activa:

CONJUGACIÓN DEL VERBO "AMAR" EN VOZ PASIVA

MODO INFINITIVO

FORMAS SIMPLES

INFINITIVO; **ser amado** (ser amado)

GERUNDIO: **sendo amado** (siendo amado)

INFINITIVO PERSONAL: **ser amado, seres amado, ser amado, sermos amados, serdes amados, serem amados** (Forma característica de la lengua portuguesa, según se ve en 86).

FORMAS COMPUESTAS

INFINITIVO: **ter sido amado** (haber sido amado).

GERUNDIO: **tendo sido amado** (habiendo sido amado).

INFINITIVO PERSONAL: **ter sido amado, teres sido amado, ter sido amado, termos sido amados, terdes sido amados, terem sido amados** (Forma característica de la lengua portuguesa, según se ve en 86).

MODO INDICATIVO

PRESENTE: **sou amado, és amado, é amado, somos amados, sois amados, são amados** (soy amado, eres amado, es amado, somos amados, sois amados, son amados).

PRETÉRITO IMPERFECTO: **era amado, eras amado, era amado, éramos amados, éreis amados, eram amados** (era amado, eras amado, era amado, éramos amados, erais amados, eran amados).

PRETÉRITO PLUSCUAMPERFECTO: **fora amado, foras amado, fora amado, foramos amados, foreis amados, foram amados** (El castellano no posee esta forma de pretérito; se emplea el tiempo compuesto: había sido amado, etc.).

PRETÉRITO INDEFINIDO: **fui amado, foste amado, foi amado, fomos amados, fostes amados, foram amados** (fuí amado, fuiste amado, fué amado, fuimos amados, fuisteis amados, fueron amados).

FUTURO IMPERFECTO: **serei amado, serás amado, será amado, seremos amados, sereis amados, serão amados** (seré amado, serás amado, será amado, seremos amados, seréis amados, serán amados).

PRETÉRITO PERFECTO: **tenho sido amado, tens sido amado, tem sido amado, temos sido amados, tendes sido amados, têm sido amados** (he sido amado, has sido amado, ha sido amado, hemos sido amados, habéis sido amados, han sido amados).

PRETÉRITO PLUSCUAMPERFECTO: **tinha sido amado, tinhas sido amado, tinha sido amado, tínhamos sido amados, tínheis sido amados, tinham sido amados** (habia sido amado, habías sido amado, había sido amado, habíamos sido amados, habíais sido amados, habían sido amados).

PRETÉRITO ANTERIOR: (El portugués no posee esta forma del pretérito; véase 72, 2º).

FUTURO PERFECTO: **terei sido amado, terás sido amado, terá sido amado, teremos sido amados, tereis sido amados, terão sido amados** (habré sido amado, habrás sido amado, habrá sido amado, habremos sido amados, habreis sido amados, habrán sido amados.

MODO POTENCIAL

SIMPLE O IMPERFECTO: **seria amado, serias amado, seria amado, seríamos amados, seríeis amados, seriam amados** (sería amado, serías amado, sería amado, seríamos amados, seríais amados, serían amados).

COMPUESTO O PERFECTO: **teria sido amado, terias sido amado, teria sido amado, teríamos sido amados, teríeis sido amados, teriam sido amados** (habría sido amado, habrías sido amado, habría sido amado, habríamos sido amados, habríeis sido amados, habrían sido amados).

IMPERFECTO (2ª forma): **fora amado, foras amado, fora amado, fôramos amados, fôreis amados, foram amados** (El castellano carece de esta forma).

PERFECTO (2ª forma): **tivera sido amado, tiveras sido amado, tivera sido amado, tivéramos sido amados, tivéreis sido amados, tiveram sido amados** (El castellano carece de esta forma).

MODO SUBJUNTIVO

FORMAS SIMPLES

PRESENTE: **seja amado, sejas amado, seja amado, sejamos amados, sejais amados, sejam amados** (sea amado, seas amado, sea amado, seamos amados, seáis amados, sean amados).

PRETÉRITO IMPERFECTO: **fosse amado, fosses amado, fosse amado, fossemos amados, fôsseis amados, fôssem amados** (fuera amado, fueras amado, fuera amado, fuéramos amados, fueráis amados, fueron amados).

PRETÉRITO IMPERFECTO (2ª forma): **fora amado, foras amado, fora amado, fôramos amados, fôreis amados, foram amados** (fuese amado, fueses amado, fuese amado, fuésemos amados, fueseis amados, fuesen amados).

FUTURO IMPERFECTO: **for amado, fores amado, fôr amado, formos amados, fordes amados, forem amados** (fuere amado, fueres amado, fuere amado, fuéremos amados, fuereis amados, fueren amados).

FORMAS COMPUESTAS

PRETÉRITO PERFECTO: **tenha sido amado, tenhas sido amado, tenha sido amado, tenhamos sido amados, tenhais sido amados, tenham sido amados** (haya sido amado, hayas sido amado, haya sido amado, hayamos sido amados, hayáis sido amados, hayan sido amados).

PRETÉRITO PLUSCUAMPERFECTO: **tivesse sido amado, tivesses sido amado, tivesse sido amado, tivéssemos sido amados, tivésseis sido amados, tivessem sido amados** (hubiera sido amado, hubieras sido amado, hubiera sido amado, hubiéramos sido amados, hubieráis sido amados, hubieran sido amados).

PRETÉRITO PLUSCUAMPERFECTO (2ª forma): **tivera sido amado, tiveras sido amado, tivera sido amado, tivéramos sido amados, tivéreis sido amados, tiveram sido amados** (hubiese sido amado, hubieses sido amado, hubiese sido amado, hubiésemos sido amados, hubieseis sido amados, hubiesen sido amados).

FUTURO PERFECTO: **tiver sido amado, tiveres sido amado, tiver sido amado, tivermos sido amados, tiverdes sido amados, tiverem sido amados** (hubiere sido amado, hubieres sido amado, hubiere sido amado, hubiéremos sido amados, hubiereis sido amados, hubieren sido amados).

MODO IMPERATIVO

AFIRMATIVO: **sê amado, seja amado, sejamos amados, sede amados, sejam amados** (sé amado, sea amado, seamos amados, sed amados, sean amados).

NEGATIVO: **(Não) sejas amado, (não) seja amado, (não) sejamos amados, (não) sejais amados, (não) sejam amados:** (no) seas amado, (no) sea amado, (no) seamos amados, (no) seais amados, (no) sean amados.

CONJUGACIÓN PERIFRÁSTICA

83. Se construye como en castellano. Sin embargo, hemos de observar:

1º La conjugación perifrástica de un verbo consta de las partes siguientes: *a)* del tiempo correspondiente del verbo **Haver** (haber) o **Ter** (tener) en forma simples; *b)* de la preposición **de;** *c)* de la forma simple de infinitivo del verbo que se conjuga para los tiempos simples, y de la forma compuesta de infinitivo para los tiempos compuestos. Ejemplos: *Eu havia de escrever* (yo tenía que escribir). *Eu tinha de falar* (yo tenía que hablar). *Eu havia de ter escrito* (yo tenía que haber escrito). Al contrario de que en español, el verbo **Ter** (tener) también se conjuga con la preposición **de** en todas las personas, y no solamente en la primera del singular y en tono de amenaza.

2º Como en castellano, se forma la conjugación perifrástica con el verbo **Ter** (tener), la conjunción **que** y la forma simple o compuesta de infinitivo del verbo que se conjuga. Ejemplos: *Tenho que estudar* (tengo que estudiar). *Tínhamos que ter estudado* (teníamos que haber estudiado).

3º Con los verbos **Estar** y **Andar** y el gerundio o el infinitivo simple precedido de la preposición **a** del verbo que se conjuga, se forma la conjugación perifrástica de los frecuentativos. Ejemplos: *Estou batendo* (estoy golpeando). *Ando estudando,* o *a estudar* (estoy estudiando, o estudio).

4º Con los verbos **Ir** y **Vir** (venir) y el gerundio del verbo que se conjuga, se forma la conjugación perifrástica de los verbos incoativos. Ejemplos: *Vai amanhecendo* (va amaneciendo). *Ia anoitecendo* (iba anocheciendo).

5º La conjugación en voz pasiva está comprendida en la conjugación perifrástica. (Véase 82).

LA CONJUGACIÓN RESPECTO DE LOS PRONOMBRES

84. En la combinación de los pronombres enclíticos con el verbo, tanto los pronombres como las desinencias verbales, sufren ligeras modificaciones en ciertos tiempos, números y personas. Aplicadas las reglas correspondientes (57, 10º y 11º), he aquí los modelos de las cuatro conjugaciones con los pronombres **a** (*amar* + **a** = *amá-***la,** amarla), **lhe** (*temer-***lhe,** temerle), **se** (*partir-***se,** partirse- como reflejo), **à os** (*pôr* + **os** = *pô-***los,** ponerlos).

MODO INFINITIVO

SIMPLE

| **AMÁ-LA** | **TEMER-LHE** | **PARTIR-SE** | **PÔ-LOS** |
| Amarla | Temerle | Partirse | Ponerlos |

GERUNDIO

amando-a	**temendo-lhe**	**partindo-se**	**pondo-os**
amándola	temiéndole	partiéndose	poniéndolos
		(No se combina con el participio)	

INFINITIVO PERSONAL *

amá-la	**temer-lhe**	**partir-me**	**pô-los**
amare-la	**temeres-lhe**	**partires-te**	**pore-los**
amá-la	**temer-lhe**	**partir-se**	**pô-los**
amarmo-la	**temermos-lhe**	**partirmo-nos**	**pormo-los**
amarde-la	**temerdes-lhe**	**partirdes-vos**	**porde-los**
amarem-na	**temerem-lhe**	**partirem-se**	**porem-nos**

amarla	temerle	partirme	ponerlos
amarla	temerle	partirte	ponerlos
amarla	temerle	partirse	ponerlos
amarla	temerle	partirnos	ponerlos
amarla	temerle	partiros	ponerlos
amarla	temerle	partirse	ponerlos

* Véase 86.

MODO INDICATIVO

PRESENTE

amo-a	**temo-lhe**	**parto-me**	**ponho-os**
ama-la	**temes-lhe**	**partes-te**	**põe-los**
ama-a	**teme-lhe**	**parte-se**	**põe-nos**
amamo-la	**tememos-lhe**	**partimo-nos**	**pomo-los**
amai-la	**temeis-lhe**	**partis-vos**	**ponde-los**
amam-na	**temem-lhe**	**partem-se**	**põem-nos**

la amo	le temo	me parto	los pongo
la amas	le temes	te partes	los pones
la ama	le teme	se parte	los pone
la amamos	le tememos	nos partimos	los ponemos
la amáis	le teméis	os partís	los ponéis
la aman	le temen	se parten	los ponen

PRETÉRITO IMPERFECTO

amava-a	**temia-lhe**	**partia-me**	**punha-os**
amava-la	**temias-lhe**	**partias-te**	**punha-los**
amava-a	**temia-lhe**	**partia-se**	**punha-os**
amávamo-la	**temíamos-lhe**	**partíamo-nos**	**púnhamo-los**
amavei-la	**temíeis-lhe**	**partíeis-vos**	**punhei-los**
amavam-na	**temiam-lhe**	**partiam-se**	**punham-nos**

la amaba	le temía	me partía	los ponía
la amabas	le temías	te partías	los ponías
la amaba	le temía	se partía	los ponía
la amábamos	le temíamos	nos partíamos	los poníamos
la amabais	le temíai	sos partíais	los poníais
la amaban	le temían	se partían	los ponían

PRETÉRITO INDEFINIDO

amei-a	**temi-lhe**	**parti-me**	**pú-los**
amaste-a	**temeste-lhe**	**partiste-te**	**puseste-os**
amou-a	**temeu-lhe**	**partiu-se**	**pô-los**
amamo-la	**tememos-lhe**	**partimo-nos**	**pusemo-los**
amaste-la	**temestes-lhe**	**partistes-vos**	**puseste-los**
amaram-na	**temeram-lhe**	**partiram-se**	**puseram-nos**

la amé	le temí	me partí	los puse
la amaste	le temiste	te partiste	los pusiste
la amó	le temió	se partió	los puso
la amamos	le temimos	nos partimos	los pusimos
la amasteis	le temisteis	os partisteis	los pusisteis
la amaronle	temieronse	partieronlos	pusieron

PRETÉRITO PLUSCUAMPERFECTO (simple) *

amara-a	**temera-lhe**	**partira-me**	**pusera-os**
amara-la	**temeras-lhe**	**partiras-te**	**pusera-los**
amara-a	**temera-lhe**	**partira-se**	**pusera-os**
amáramo-la	**temêramos-lhe**	**partíramos-nos**	**puséramo-los**
amárei-la	**temêreis-lhe**	**partíreis-vos**	**pusérei-los**
amaram-na	**temeram-lhe**	**partiram-se**	**puseram-nos**

* El castellano no posee esta forma del pretérito; émplease el tiempo compuesto: la había amado; etc.

FUTURO IMPERFECTO

ama-la-ei	**temer-lhe-ei**	**partir-me-ei**	**po-los-ei**
ama-la-ás	**temer-lhe-ás**	**partir-te-ás**	**po-lo-ás**
ama-la-á	**temer-lhe-á**	**partir-se-á**	**po-los-á**
ama-la-emos	**temer-lhe-emos**	**partir-nos-emos**	**po-los-emos**
ama-la-eis	**temer-lhe-eis**	**partir-vos-eis**	**po-los-eis**
ama-la-ão	**temer-lhe-ão**	**partir-se-ão**	**po-los-ão**

la amaré	le temeré	me partiré	los pondré
la amarás	le temerás	te partirás	los pondrás
la amará	le temerá	se partirá	los pondrá
la amaremos	le temeremos	nos partiremos	los pondremos
la amaréisle	temeréis	os partiréis	los pondréis
la amarán	le temerán	se partirán	los pondrán

MODO POTENCIAL

1ª forma

ama-la-ia	**temer-lhe-ia**	**partir-me-ia**	**po-los-ia**
ama-la-ias	**temer-lhe-ias**	**partir-te-ias**	**po-los-ias**
ama-la-ia	**termer-lhe-ia**	**partir-se-ia**	**po-los-ia**
ama-la-íamos	**temer-lhe-íamos**	**partir-nos-íamos**	**po-los-íamos**
ama-la-ieis	**temer-lhe-ieis**	**partir-vos-ieis**	**po-los-ieis**
ama-la-iam	**temer-lhe-iam**	**partir-se-iam**	**po-los-iam**

la amaría	le temería	me partiría	los pondría
la amarías	le temerías	te partirías	los pondrías
la amaría	le temería	se partiría	los pondría
la amaríamos	le temeríamos	nos partiríamos	los pondríamos
la amaríais	le temeríais	os partiríais	los pondríais
la amarían	le temerían	se partirían	los pondrían

amara-a	temera-lhe	partira-me	pusera-os
amara-la	temeras-lhe	partiras-te	pusera-los
amara-a	temera-lhe	partira-se	pusera-os
amáramo-la	temêramos-lhe	partíramo-nos	puséramo-los
amarei-la	temêreis-lhe	partíreis-vos	puserei-los
amaram-na	temeram-lhe	partiram-se	puseram-nos

* El castellano no posee esta forma del potencial; émplease el tiempo compuesto: la habría amado, etc.

MODO SUBJUNTIVO

PRESENTE

(que) a ame	(que) lhe tema	(que) me parta	(que) os ponha
" a ames"	" lhe temas	" te partas"	" os ponhas
" a ame"	" lhe tema	" se parta"	" os ponha
" a amemos"	" lhe temamos	" nos partamos"	" os ponhamos
" a ameis"	" lhe temais	" vos partais"	" os ponhais
" a amem"	" lhe temam	" se partam"	" os ponham

(que) la ame	(que) le tema	(que) me parta	(que) los ponga
" la ames"	" le temas	" te partas"	" los pongas
" la ame"	" le tema	" se parta"	" los ponga
" la amemos"	" le temamos	" nos partamos"	" los pongamos
" la améis"	" le temáis	" os partáis"	" los pongáis
" la amen"	" le teman	" se partan"	" los pongan

PRETÉRITO IMPERFECTO

(se) a amasse	(se) lhe temesse	(se) me partisse	(se) os pusesse
" a amasses	" lhe temesses	" te partisses	"os pusesses
" a amasse	" lhe temesse	" se partisse	" os pusesse
" a amássemos	" lhe temêssemos	" nos partíssemos	" os puséssemos
" a amásseis	" lhe temêsseis	" vos partísseis	" os pusésseis
" a amassem	" lhe temessem	" se partissem	" os pusessem

(si) la amara	(si) le temiera	(si) me partiera	(si) los pusiese
" la amaras	" le temieras	" te partieras	" los pusieses
" la amara	" le temiera	" se partiera	" los pusiese
" la amáramos	" le temiéramos	" os partiéramos	" los pusiésemos
" la amarais	" le temierais	" os partierais	" los pusieseis
" la amaran	" le temieran	" se partieran	" los pusiesen

2ª forma

(se) a amara	(se) lhe temera	(se) me partira	(se) os pusera
" a amaras	" lhe temeras	" te partiras	" os puseras
" a amara	" lhe temera	" se partira	" os pusera
" a amáramos	" lhe temêramos	" nos partíramos	" os puséramos
" a amáreis	" lhe temêreis	" vos partíreis	" os puséreis
" a amaram	" lhe temeram	" se partiram	" os puseram

(si) la amase	(si) le temiese	(si) me partiese	(si) los pusiese
" la amases	" le temieses	" te partieses	" los pusieses
" la amase	" le temiese	" se partiese	" los pusiese
" la amásemos"	" le temiésemos	" nos partiésemos	" los pusiésemos
" la amaseis	" le temieseis	" os partieseis	" los pusieseis
" la amasen	" le temiesen	" se partiesen	" los pusiesen

FUTURO IMPERFECTO

(quando) a amar	**(quando) lhe temer**	**(quando) me partir**	**(quando) os puser**
" **a amares**	" **lhe temeres**	" **te partires**	" **os puseres**
" **a amar**	" **lhe temer**	" **se partir**	" **os puser**
" **a amarmos**	" **lhe temermos**	" **nos partirmos**	" **os pusermos**
" **a amardes**	" **lhe temerdes**	" **vos partirdes**	" **os puserdes**
" **a amarem**	" **lhe temerem**	" **se partirem**	" **os puserem**
(cuando) la amare	(cuando) le temiere	(cuando) me partiere	(cuando) los pusiere
" la amares	" le temieres	" te partieres	" los pusieres
" la amare	" le temiere	" se partiere	" los pusiere
" la amáremos	" le temereis	" nos partiéremos	" los pusiéremos
" la amareis	" le temiéremos	" os partiereis	" los pusiereis
" la amaren	" le temieren	" se partieren	" los pusieren

MODO IMPERATIVO

AFIRMATIVO

ama-a	**teme-lhe**	**parte-te**	**põe-nos**
ame-a	**tema-lhe**	**parta-se**	**ponha-os**
amemo-la	**temamos-lhe**	**partamo-nos**	**ponhamo-los**
amai-a	**temei-lhe**	**parti-vos**	**ponde-os**
amem-na	**temam-lhe**	**partam-se**	**ponham-nos**
ámala	témele	pártete	ponlos
ámela	témale	pártase	póngalos
amémosla	temámosle	partámonos	pongámolos
amadla	temedla	partíos	ponedlos
ámenla	témanle	pártanse	pónganlos

NEGATIVO

(não) a ames	**(não) lhe temas**	**(não) te partas**	**(não) os ponhas**
" **a ame**	" **lhe tema**	" **se parta**	" **os ponha**
" **a amemos**	" **lhe temamos**	" **nos partamos**	" **os ponhamos**
" **a ameis**	" **lhe temais**	" **vos partais**	" **os ponhais**
" **a amem**	" **lhe temam**	" **se partam**	" **os ponham**
(no) la ames	(no) le temas	(no) te partas	(no) los pongan
" la ame	" le tema	" se parta	" los ponga
" la amemos	" le temamos	" nos partamos	" los pongamos
" la améis	" le temáis	" os partais	" los pongáis
" la amen	" le teman	" se partan	" los pongan

SINTAXIS DEL VERBO

85. Es muy grande la correspondencia entre el portugués y el castellano en la sintaxis del verbo, y aunque se pueda decidir que las mismas reglas sirven para ambas lenguas, hemos de anotar algunas diferencias:

1º Las conjugaciones negativas, interrogativas y reflejas se hacen como en español. Hay, con todo, algunos verbos que el portugués no emplea con pronombres: *deslizar* (deslizarse), *estremecer* (estremecerse), *passear* (paserarse), etc.

2º Por el contrario que en español, el adverbio *talvez,* que corresponde al modo adverbial castellano **tal vez,** lleva el verbo en subjuntivo: *Talvez* **tivesse** *sido um bem* (tal vez **haya** sido un bien).

3º Cuando la oración principal tiene futuro, la conjunción *se* (si) lleva el verbo en subjuntivo: *Se Deus* **quiser,** *nada lhe faltará* (si Dios **quiere,** nada le faltará).

4º Las conjunciones concesivas llevan el verbo al subjuntivo: *Embora o dia* **fosse** *de inverno* (aunque el día **fuesse** de invierno).

5º Por carecer de pretérito anterior, el portugués emplea el pretérito indefinido precedido de las conjunciones **apenas, depois, que, los que, assim que, quando.** Ejemplo: *Apenas* **ouviu** *isto, protestou violentamente* (apenas **hubo oído** esto, protestó violentamente). También se puede emplear el infinitivo precedido de la preposición **a** combinada con el artículo **o: Ao ouvir** *isto, protestou violentamente.*

6º En portugués el pretérito perfecto del indicativo tiene menos empleo que en castellano. Se usa más comúnmente el

pretérito definido. Ejemplo: **Tivemos** *muita sorte* (**hemos tenido** mucha suerte).

7º Si con sentido hipotético, la conjunción **quando** (cuando) lleva el verbo en futuro imperfecto de subjuntivo. Ejemplo: *Venha quando* **quiser** (venga cuando quiera).

PORTUGUÉS (SUBJUNTIVO)

Vim embora você não queira
(Sei que você não quer)

Espero que venha hoje
(Estou certo de que virá)

Há quem o tenha feito
(Conheço exemplos)

Por mais esforços que faça
(Faço-os agora)

8º En portugués no se hace, como en castellano, una exacta distinción entre el indicativo y el subjuntivo, con arreglo a la intención de la persona que habla o escribe. En los ejemplos siguientes esto se pone de manifiesto:

CASTELLANO (INDICATIVO)

He venido aunque usted no quiere
(Sé que usted no quiere)

Espero que vendrá hoy
(Estoy cierto de que vendrá)

Hay quien lo hizo
(Conosco ejemplos)

Por más esfuerzos que hago
(Los estoy haciendo)

NOTA. Cuando hay incertidumbre o posibilidad se emplea el subjuntivo, como en castellano. Ejemplo: *Irei, ainda que você não o queira* (iré, aunque usted no lo quiera), es decir aunque sea posible que usted no lo quiera.

9º El portugués posee un infinitivo personal del que tratamos en la sección siguiente:

INFINITIVO PERSONAL

86. Esta forma del infinitivo es característica de la lengua portuguesa. Con todo, al traducirla para el castellano, no hay más que emplear la forma impersonal. Ejemplos: *As mercadorias foram devolvidas por serem de má qualidade* (se devolvieron las mercancías por **ser** de mala calidad). *Salvou-os a circunstâncias de terem amigo* (los ha salvado la circunstancia de **tener** amigos).

87. El empleo del infinitivo personal en portugués aun no ha sido sistematizado y difícilmente lo será pues se trata de un idiotismo y claro está que no se pueden establecer reglas fijas para una construcción anormal. Sin embargo se ha convenido en algunas normas que, aunque ao absolutas, sirven para traer algún concierto al asunto.

88. Se emplea el infinitivo personal:

1º Cuando puede formar por si solo una oración propia, tenga o no sujeto idéntico al del verbo principal. Ejemplo: *Vivi o melhor que pude sem me faltarem amigos* (he vivido lo mejor que pude sin **faltarme** amigos). También se puede traducir: he vivido lo mejor que pude sin que me **faltaran** amigos.

2º Cuando viene regido por la preposición *para*. Ejemplos: *Já sabemos que és nascido para nos alegrares e espojares com o riso* (ya sabemos que eres nacido para **alegrarnos** y **desternillarnos** de risa). *Acercai-vos do meu coração para* **sentirdes** *as suas pulsações* (acercaos de mi corazón para **sentir** sus latidos).

3º Cuando, aunque tenga el mismo sujeto que el verbo principal, se encuentre alejado de éste y pueda haber obscuridad. Ejemplo: *Possas* **tu,** *lutando como sóim lutar os guerreiros valente e destemidos, os que lutam sem esmorecer,* **permaneceres** *entre os gloriosos* (puedas **tú,** luchando como sulen luchar los guerreros valientes e intrépidos, los que luchan sin desanimarse **permanecer** entre os gloriosos).

4º Para mayor claridad, o para hacer resaltar el sentido de la acción verbal. Ejemplo: **Tu, Hermengarda, recordares**-*te?* (¿Tú (tan luego tú, entre otras personas) recordarte?)

5º Cuando el infinitivo está empleado como sujeto con sentido determinado. Ejemplo: *Não é muito o* **escrevermos** *agora uma carta.* (No es mucho el escribir (nosotros) ahora una carta).

89. No se emplea el infinitivo personal:

1º Cuando forma con el verbo regente una única expresión verbal, lo que ocurre con las conjugaciones perifrásticas integradas, con los verbos causativos y con los auxiliares incoativos y frecuentativos. Ejemplos: *Tinhas de* **fazer** *isso mesmo* (tenías de **hacer** eso mismo). *Fez* **vir** *João e outros homens* (hizo **venir** a Juan y otros hombres). *Começavam a* **findar** *os seus dias* (empezaban a **finalizar** sus días).

2º Cuando el sujeto o predicativo del verbo está tomado de manera indeterminada y equivale a simple sustantivo. Ejemplo: *O* **cantar** *não é o mesmo que o* **chorar** (el **cantar** no es lo mismo que el **llorar**).

3º Cuando va en voz pasiva con la preposición **de.** Ejemplo: *Estas lições não são difíceis de* **compreender** (*de* **serem** *compreendidas*). Estas lecciones no son difíciles de **comprender** (de **ser** comprendidas).

4º Cuando, con la preposición **a** o **de,** indica finalidad. Ejemplo: *Lições a* **estudar** (lecciones a estudiar). *Coisas de* **admirar** (cosas de admirar).

RÉGIMEN DEL VERBO

90. Como en el castellano, en el portugués no hay reglas para determinar el régimen del verbo. Deve conocerse verbo por verbo para saber qué preposición corresponde.*

91. En cuanto al empleo de las preposiciones hemos de observar que, es muy raro en portugués, el complemento directo precedido de preposición. Con todo hay ejemplos, y estos se presentan principalmente en el lenguaje escrito cuando el complemento directo es nombre propio o cuando es menester evitar obscuridad en las oraciones donde sea difícil conocer inmediatamente el sujeto. También se admite dicho empleo con los pronombres teminales (**min, ti, si, ele, ela, nós, vós, eles, elas**) y con ciertos verbos como **procurar** (buscar), **tirar** (sacar), **pegar** (tomar), **comer, beber,** etc. Ejemplos: *Amar a Deus* (amar a Dios). *Não é ao pobre, angustiado pela necessidade, que costumam escolher para amigo* (no

es al pobre, acongojado por la necesidad, que suelen escoger para amigo). *A mentira nos dói a nós e não a eles* (la mentira nos duele a nosotros y no a ellos). *Procurar por alguém* (buscar a alguien).

* *Al final de este diccionario (pág. 1034) se da una lista alfabética de regímenes de verbos con más de cinco mil ejemplos.*

DEL ADVERBIO

92. 1º Por su forma, los adverbios se dividen en **advérbios propriamente ditos** (adverbios simples o compuestos) y **locuções adverbiais** (modos adverbiales).

2º Los **advérbios propriamente ditos** pueden constar de palabras simples *(hoje, ontem, mais, bem,* hoy, ayer, más bien) o compuestas *(ante-ontem, talvez, adiante, acima,* anteayer, tal vez, adelante, arriba).

3º Los modos adverbiales **(locuções adverbiais)** son dos o más palabras que unidas hacen, como en castellano, oficio de adverbio: *às vezes* (a veces), *de repente* (de pronto), *às furtadelas* (a hurtadillas), *a cavalo* (a caballo), etc.

93. 1º Atendida su significación o las circunstancias que expresan, los adverbios son de **lugar, tempo** (tiempo, **modo** o **qualidade** (modo), **quantidade** (cantidad), **ordem** (orden), **afirmação** (afirmación), **dúvida** (duda), **negação** (negación) y de **designação** (demostrativos).

2º Adverbios de LUGAR: *aqui, aí, ali, lá, longe, perto,* etc. aquí, ahí, allí, allá, lejos, cerca, etc.

3º De TIEMPO: *Hoje, ontem, amanhã, sempre, agora, então,* etc., hoy, ayer, mañana, siempre, ahora, entonces, etc.

4º De MODO: *Bem, mal, assim, também,* etc., bien, mal, así, también, etc. En general, como en castellano, los acabados en **mente,** *justamente, tristemente, grandemente,* etc.

5º De CANTIDAD: *Muito*, pouco, mais, menos, tão, quão, tanto, quanto,* etc., mucho, poco, más, menos, tan, cuan, tanto, cuanto, etc.

* *Mui,* la forma apocopada de *muito,* es poquísimo usada en el lenguaje moderno. Como en castellano, era empleada cuando precedía a un adjetivo o adverbio: *Mui linda* (muy linda), *mui tristemente* (muy tristemente).

6º De ORDEN: *Primeiro, primeiramente, antes, depois,* etc., primero, primeramente, antes, después, etc.

7º De AFIRMACIÓN: *Sim, certo, certamente, deveras,* etc., sí, cierto, ciertamente, de veras, etc.

8º De DUDA: *Talvez, quiçá, acaso, porventura,* etc., tal vez, quizás, acaso, por ventura, etc.

9º De DESIGNAÇÃO (demostrativos): *eis, eis-aqui, eis-aí, eis-ali,* etc., he, he aquí, he ahí, he allí, etc.

94. Por su oficio en la oración, los adverbios se dividen en **simples** (simples adverbios) y **conjuntivos** (relativos).

1º Los **simples** determinan o califican la significación del verbo, la del adjetivo, y, a veces, la de otro adverbio: *aqui, hoje, talvez, de pés juntos,* etc., aquí, hoy, quizás, a pie juntillas, etc.

2º Los **conjuntivos** (relativos) hacen, además, el oficio de conjunciones: *onde, quando, como, enquanto,* etc., donde, cuando, como, mientras, etc.

95. Como en castellano, la mayor parte de los adjetivos calificativos se convierten en adverbios de modo añadiendo a su terminación femenina la partícula **mente:** *rica + mente, ricamente; justa + mente, justamente, sábia + mente, sabiamente,* etc.

1º En los adjetivos uniformes, como *cortês, difícil, amável,* se toma la única forma que presentan: *cortesmente, dificilmente, amavelmente,* etc.; cortesmente, difícilmente, amablemente, etc.

2º Antiguamente las palabras portuguesas terminadas en **z** eran invariables en género, y por ello hay ciertos adverbios de modo que aparentemente toman la forma masculina del adjetivo calificativo: *portuguesmente (portuguez + mente), francesmente (francez + mente),* etc.

3º Cuando se emplean varios adverbios acabados en **mente,** sólo el último, como en castellano, conserva esta terminación:*João fala clara, concisa e elegantemente,* Juan habla clara, concisa y elegantemente.

96. Al igual que en castellano, muchos adverbios admiten, como los adjetivos, grados de comparación: *mais longe* (más lejos), superlativo *muito longe* (muy lejos) o *longíssimo* (legísimo); de *bem* (bien), comparativo *melhor* (mejor), superlativo *muito bem* (muy bien). En estilo familiar, se emplea el diminutivo: *pertinho* (cerquita), *longinho* (lejitos), *devagarzinho* (despacito), etc.

97. Son de uso frecuente, principalmente en estilo literario, algunos adverbios y modos adverbiales latinos, como *gratis, máxime, inclusive, a priori,* etc., tal como en castellano.

98. Los adjetivos, en su terminación masculina, van comunmente empleados como adverbios: *doce (docemente) cantas, alto (altamente) falas, fere frio (friamente),* etc.

DE LA PREPOSICIÓN

99. Por su forma, las preposiciones se dividen en **propriamente ditas** (simples preposiciones) y **locuções prepositivas** (expresiones prepositivas).

1º Las preposiciones simples más usuales son *a* (a), *ante,* (ante) *após* (tras, después de), *até* (hasta), *com* (con), *contra* (contra, hacia), *conforme, consoante* (según), *de* (de), *desde* (desde: en relación de tiempo), *durante* (durante), *em* (en), *entre* (entre), *exceto* (excepto), *mediante* (mediante), *para* (para; hacia), *por* (por), *per** (por), *sem* (sin), *sobre* (sobre) *sob* (bajo; so) *salvo* (salvo), *segundo* (según), *trás* (tras, detrás de).

* La preposición **per** sólo se usa en la expresión **de per si,** y en las contracciones con el artículo determinado: **pelo, pela, pelos, pelas.**

NOTA: *Conforme, salvo, consoante, segundo, mediante,* son adjetivos usados como preposición. *Durante y exceto* son antiguos participios que actualmente sólo hacen oficio de preposición.

2º Las expresiones prepositivas más usuales son: *além de* (además de; allende, más alla de), *aquém* (aquende, de la parte de acá), *de fora* (de fuera), *depois de* (después de), *dentro de* (dentro de), *dentro em* (dentro en), *até a* (hasta), *de per si* (de por sí), *ao modo de* (al modo de), *à maneira de* (a la manera de), *mau grado* (a pesar de).

100. Pueden las preposiciones contraerse con el artículo y con otra palabra. (Véase 34, 1º y 2º).

101. Sólo muy raramente se emplea la preposición como complemento directo de los verbos transitivos. (Véase 91).

DE LA CONJUNCIÓN

102. Por su forma, las conjunciones son **simples,** como *e, ou, mais, que;* o **compostas** (compuestas), también llamadas **locuções conjuntivas** (modos conjuntivos), como *por conseguinte, logo que, exceto se.*

103. Según la naturaleza de las oraciones que enlazan, las conjunciones se clasifican en **coordenativas** (coordinativas) y **subordinativas.**

COORDINATIVAS

104. Las conjunciones coordinativas, es decir, las que unen oraciones independientes, pueden ser:

1º **Copulativas** o **Aproximativas,** que unen simplemente las oraciones: *e* (y), *nem* (ni), *que, então* (entonces).

2º **Alternativas** o **Disjuntivas** (disyuntivas), que denotan separación, diferencia o alternativa: *ou* (o, u), *já* (ya), *ora* (ahora).

3º **Adversativas,** que denotan contrariedad o contraposición que hay entre dos oraciones: *mas* (pero, mas), *porém* (empero, pero), *todavia* (con todo), *contudo* (con todo), *senão* (sino).

4º **Continuativas,** que denotan que se continua o confirma lo dicho en la oración anterior: *pois* (pues) *além disso* (además), *demais* (además), *outrossim* (otrosí, además de esto), *no entanto* (todavía).

5º **Ilativas** o **Conclusivas** (consecutivas), que expresan la ilación o consecuencia entre una oración y lo anteriormente expuesto: *portanto* (por lo tanto), *por isso* (por eso, por ello), *pelo que* (por tanto), *por conseguinte* (por consiguiente).

6º **Explicativas,** que explican en la segunda oración la significación de la primera: *ou* (o, u), *isto é* (es decir, esto es), *por exemplo* (por ejemplo), *a saber* (a saber).

SUBORDINATIVAS

105. Las conjunciones subordinativas, es decir, las que enlazan una oración subordinada con la oración principal, pueden ser:

1º **Temporais** (temporales), que al unir dos oraciones dan idea de tiempo: *quando* (cuando), *enquanto* (mientras), *como, ants que, depois que* (después que), *logo que* (tan luego), *assim que* (tan pronto), *desde que, até que* (hasta que).

2º **Condicionais** (condicionales), que indican alguna condición o circunstancia con que debe verificarse la acción: *se* (si), *contanto que* (en tanto que), *uma vez que* (una vez que), *de vez que* (ya que).

3º **Causais** (causales), que preceden a oraciones en que se anuncia la causa o razón de lo que se trata: *que, porque, pois que* (pues que), *uma vez que* (una vez que), *visto que, portanto* (por cuanto), *posto que* (puesto que), *como.*

4º **Finais** (finales), que indican el fin u objeto de la acción: *para que, a fim de que* (a fin de que).

5º **Modais** (conformativas), que indican alguna circunstancia de modo: *como, segundo* (según), *como se* (igual que si), *conforme.*

6º **Concessivas** (concesivas), que denotan una concesión no obstante la contrariedad anteriormente afirmada: *embora* (aunque, aun mismo), *ainda que* (aunque), *a menos que, se bem que* (si bien que), *por mais que* (por más que).

7º **Correlativas,** que indicam una relación recíproca entre dos oraciones: *(tal) qual* (cual, *assim...como* (así...como), *que, (tão) quão* (cuan). (Adviértase que en castellano estas palabras se clasifican como adverbios o adjetivos).

8º **Integrantes** (determinativas), que acompañan las oraciones sustantivas o completivas: *que, como.* En esta clase de conjunciones están comprendidas las *comparativas* y la *dubitativa se.*

9º **Comparativas,** que denotan comparación entre unas oraciones y otras: *como, assim como* (así como), *tal como, assim* (así).

10º **Dubitativa,** que indica incertidumbre: *se* (si). (Adviértase que en castellano esta palabra está clasificada como adverbio relativo).

DE LA INTERJECCIÓN

106. Como en castellano, las interjecciones se clasifican en **próprias** (propias) e **impróprias** (impropias). Las propias nunca dejan de ser interjecciones, y las impropias pertenecen a otras categorías de palabras usadas como interjecciones.

107. Hay interjecciones **onomatopaicas** o imitativas: *chape!, zás!, trás!*

108. Por su forma, las interjecciones se dividen en simples *(ai!, oh!, eia!, sus!)* y compuestas *(ai de mim! aqui del-rei!, coitado de mim!).*

109. Por su significación, las interjecciones pueden ser:

1º De DOLOR: *Ai!, ui!*

2º ALEGRIA: *Ah!, oh!, eh!*

3º DESEO: *oxalá!, oh!, tomara!*

4º INCENTIVO: *eia!, sus!, coragem!, vamos!*

5º APLAUSO: *bem!, bravo!, apoiado!, isso!*

6º DESDÉN: *ih!, chi!, irra!, apre!*

7º LLAMAMIENTO: *ó!, olá!, psit!, ptsiu!, halô!*

8º SILENCIO: *chiton!, caluda!, psio!, tá!*

NOTA. Los signos de admiración sólo se emplean al fin de la oración, y no al principio y al fin como en castellano.

DE LA ORTOGRAFÍA

110. Dan fundamento a la ortografía portuguesa la pronunciación de las letras, sílabas y palabras, la etimología y el uso. La moderna ortografía portuguesa sigue aproximadamente las mismas reglas que rigen la ortografía castellana, salvo las diferencias fonéticas propias de ambas lenguas, y sólo se aparta de ella en cuanto a los acentos. Esto ocurre debido a que las vocales portuguesas presentan mayor número de sonidos que las castellanas.

111. Para el lector de habla española he aquí las principales dificultades en la correcta acentuación de los vocablos portugueses:

1º Al contrario de que en español, no llevan acento ortográfico las voces esdrújulas formadas con personas de verbos y con gerundios seguidos de los pronombres enclíticos: *retira-te, conta-me, levando-a, dando-lhe,* etc. Tampouco se acentúan las voces sobresdrújulas igualmente formadas: **dan***do-se-lhes,* **per***diam-se-te,* **di***zen do-se-nos,* etc.

2º En las voces llanas, formadas con personas de verbos seguidas de los pronombres enclíticos, acentúase la sílaba tónica: amá-*la, resolvê-lo,* fá-*la*. Son excepción las acabadas en **i**: *senti-lo*.

3º En portugués no se acentúan las palabras llanas acabadas en dos vocales de las cuales la primera es débil y tónica: *parecia, Maria, partiu, surgiu, rio, frio, principie, adie*, etc.

4º Hasta la última reforma ortográfica (1943), llevavan acento, como en español, las voces agudas acabadas en **u, i, us, is**. Ahora no se acentúan: ta**tu**, a**li**, Je**sus**, par**tis**, etc.

5º Tampouco se acentúan las palabras que tienen **i** o **u** tónicas precedidas de vocal con la cual no forman diptongo: *Raul, constituinte, constituirdes, demiurgo, bainha, moinho*, etc.

6º No llevan las dicciones que tienen los diptongos **iu** y **ui** precedidos de vocal: *contraiu, atribuiu, pauis*, etc.

7º Muchísimas palabras que en castellano y en portugués se escriben de manera idéntica, tienen diferente acento prosódico en cada una de las dos lenguas: *aristo**crata*** (aristócrata), *acade**mia*** (academia) *ga**ú**cho* (gaucho), *ím**mpio*** (impío), etc.

NOTA. La pronunciación portuguesa siempre va señalada en el texto de este diccionario, poniéndose entre paréntesis la sílaba tónica: *academia* **(mía)**, *burocracia* **(cía)**, *bigamia* **(mía)**; *aristocrata* **(cra)**, *democrata* **(cra)**, *prototipo* **(ti)**, *imbecil* **(cil)**, etc. Dichas palabras no son señaladas cuando ya llevan acento indicador en la escrita portuguesa: **cé**rebro, Eti**ó**pia, **rí**cino, aus**trí**aco, **É**den, **mí**ope, etc.

CLAVE Y EXPLICACIÓN DE LOS SONIDOS QUE MÁS SE DIFERENCIAN DEL CASTELLANO

b – v

1. La **b** tiene un sonido más fuerte que en castellano y se pronuncia apretando los labios. La **v** tiene un sonido más débil y se pronuncia abriendo la boca.

ç

2. Esta consonante, como la **ç** francesa, tiene el sonido de la **s** castellana. Lo representaremos con *s.*

ch

3. Estas consonantes, indivisibles en la escritura, tienen un sonido igual al de la **ch** francesa en **chapeau**, **chiffre**, la **sc** italiana en **scivolare**, **uscire**, **pesce**, la **sch** alemana en **Schiff**, **Fisch**, **Kirsche**, la **x** catalana en **xicot**, o la **x** bable en **xamar**. Lo representaremos con *ch.*

g

4. Esta consonante suena como en castellano delante de **a**, **o** y **u**. Delante de **e** o **i** (**ge**, **gi**), no tiene el sonido aspirado del español, y su pronunciación requiere la viva voz, como la **j** francesa. Lo representaremos con *j.*

h

5. Es siempre muda si no viene precedida de **l**, **n** o **c**. Con las dos primeras, forma las combinaciones explicadas en 7 y 8. Con la **c**, forma **ch**. (Véase 3).

j

6. Esta consonante tiene delante de todas las letras vocales el mismo sonido que la **g** seguida de **e** o **i** (V. 4), y se requiere por consiguiente oírla de viva voz. Lo representaremos con *j.*

l final

7. Es velar y no alveolar como la española.

lh

8. Esta combinación, inseparable en la escritura, tiene el mismo sonido que la **ll** castellana. (Adeviértase que no se trata de la **ll** con el sonido que tiene en la República Argentina o en Méjico.) Lo representaremos con *ll*.

nh

9. Esta combinación, inseparable en la escritura tiene el mismo sonido que la **ñ** castellana. Lo representaremos con *ñ*

q

10. Al igual que en los vocablos españoles, esta consonante forma sílaba con la **e** à la **i** mediante interposición de la **u** que pierde su sonido. (Hay todavía casos en que no lo pierde, y entonces lleva diéresis, como en *qüinqüenal*, *delinqüente*, *qüercina*). Al contrario de que en castellano, también forma sílaba con la **a** y la **o** mediante interposición de la **u** que no pierde su sonido, como en *quarto*, *quando*, *quase*, *quatro*, etc., y en *quociente*, *quórum*, *quota*, *alíquota*. Representaremos este último sonido con *c.*

s

11. Esta consonante tiene dos sonidos. Al principio de dicción, cuando le precede o sigue una consonante, y cuando es doble, suena como en castellano. Ejemplos: *seda*, *sábio*; *triste*, *pasto*; *assistir*, *massa*. (Este sonido no lo representaremos, poniendo solamente una **s** para señalar la pronunciación de la **s** doble).
Entre dos vocales tiene un sonido suave y algo silbante que requiere la viva voz, como la **s** o **z** francesa en las palabras **rose**, **maison**, **gazon**, la **s** italiana y catalana en **rosa**, **casa**, o la alemana en **Rose**, **Nase**. Tiene, además, este mismo sonido en algunos vocablos compuestos de los prefijos **ob**, **sub** y **per**, como en *obseguiar*, *subsistir*, *persistir*, etc. Lo representaremos con *z* .

v

12. Véase 1.

x

13. Esta consonante tiene cinco sonidos:
1) Su sonido propio o alfabético es igual al de la **ch** francesa. (Véase 3). Lo representaremos con *ch.*
2) Tiene sonido de **z** (V. 11) en los vocablos que empiezan por **ex** seguida de vocal, como *exame*, *exemplo*, *eximir*, *exílio*. Lo representaremos con *z.*
3) Suena como la **s** castellana en palabras como *próximo*, *auxílio*, *axioma*, *máximo*, etc. Lo representaremos con *s.*
4) También suena como la **s** castellana cuando hiere la vocal antecedente, como en *exceder*, *texto*, *flux*, *cálix*. Igualmente lo representaremos con *s.*
5) Elnalmente, posee el mismo sonido de la **x** castellana, con el valor de **ks** o **gs**. Lo representaremos con *x.*

z

14. Esta consonante tiene el mismo sonido suave y algo silbante de la **s** portuguesa entre vocales, o de la **s** o **z** francesa arriba explicado (V. 11). Lo representaremos con *z.*

ã

15. Esta vocal nasal tiene un sonido algo más fuerte que la sílaba **an** en la palabra española *antes*. Lo representaremos con *án*.

e abierta

16. La **e** abierta, que en las voces agudas y esdrújulas lleva acento ortográfico (**é**), se pronuncia abriendo un poco más la boca que en la **e** castellana. La representaremos con *è*.

o abierta

17. La **o** abierta, que en las voces agudas y esdrújulas lleva acento ortográfico (**ó**), se pronuncia abriendo la boca un poco más que en la **o** castellana. La representaremos con *ò*.

ãe

18. És casi imposible representarse en castellano el sonido de este diptongo nasal. Sin embargo, y sólo aproximadamente, lo representaremos con *áen*.

ão—am

19. Es absolutamente imposible figurar en español el sonido de este diptongo nasal portugués. Los estudiantes de habla castellana tendrán en él un obstáculo que solamente podrán vencer oyendo a una persona de habla portuguesa pronunciarlo continuadas veces. Lo representaremos, y no muy aproximadamente, con *áun*.

em

20. He aquí otro diptongo nasal cuya figuración en castellano tampoco resulta fácil. Lo representaremos, más por señalar la dificultad que por resolverla, con *éin*.

õe

21. En este diptongo nasal, como en los demás, hemos de añadir una **n** para figurarlo aproximadamente. Esta representación encuentra ejemplo en la ortografía castellana del nombre del poeta nacional lusitano Camoens, que en portugués se escribe *Camões*. Lo representaremos con *óen*.

ABREVIATURAS EMPLEADAS EN ESTE DICCIONARIO

A

abl.	*ablativo*
ac.	*acusativo*
acep.	*acepción*
adj.	*adjetivo*
adv.	*adverbio, adverbial*
adv. af.	*adverbio de afirmación*
adv. c.	*adverbio de cantidad*
adv.comp.	*adverbio de comparación*
adv. d.	*adverbio de duda*
adv. l.	*adverbio de lugar*
adv. m.	*adverbio de modo*
adv. n.	*adverbio de negación*
adv. ord.	*adverbio de orden*
adv. t.	*adverbio de tiempo*
advers.	*adversativa*
afirm.	*afirmativo, afirmativa*
Agr. o Agric.	*Agricultura*
Agrim.	*Agrimensura*
Alag.	*Alagoas (Estado del Brasil)*
Alb.	*Albañilería*
Álg.	*Álgebra*
amb.	*ambiguo*
Amaz.	*Amazonas (Estado del Brasil)*
amer.	*americanismo*
Amér. Merid.	*América Meridional*
Anat.	*Anatomía*
ant.	*anticuado, antiguo*
Apic.	*Apicultura*
apóc.	*apócope*
arc.	*arcaísmo*
Arg.	*República Argentina*
argent.	*argentinismo*
Arit.	*Aritmética*
Arq.	*Arquitetura*
Arqueol.	*Arqueología*
art.	*artículo*
Art. y Of.	*Artes y Oficios*
Artill.	*Artillería*
Astr. o Astron.	*Astronomía*
Astrol.	*Astrología*
aum.	*aumentativo*
aux.	*auxiliar*
Av.	*Aviación*

B

Bacteriol.	*Bacteriología*
barb.	*barbarismo*
bíbl.	*bíblico, bíblica*
Bibliogr.	*Bibliografía*
Biol.	*Biología*
Blas.	*Blasón*
bol.	*boliviano*
Bot.	*Botánica*
Bras.	*Brasil; brasileño, brasile-ñismo*
Bras. Amaz.	*Brasileñismo del Amazonas*
Bras. Alag.	*Brasileñismo de Alagoas*
Bras. Bahía.	*Brasileñismo de Bahía*
Bras. Ceará.	*Brasileñismo del Ceará*

Bras. Espírito Santo	*Brasileñismo de Espírito Santo*
Bras. Goiás.	*Brasileñismo de Goiás*
Bras. Maranh.	*Brasileñismo de Maranón*
Bras. M. Gerais	*Brasileñismo de Minas Gerais*
Bras. Pará.	*Brasileñismo del Pará*
Bras. Paraná.	*Brasileñismo del Paraná*
Bras. Paraíba.	*Brasileñismo de Paraíba*
Bras. Pernamb.	*Brasileñismo de Pernam-buco*
Bras. Piauí.	*Brasileñismo del Piauí*
Bras. Rio Gr. del Norte	*Brasileñismo del Rio Gran-de del Norte*
Bras. Rio Gr. del Sur	*Brasileñismo del Rio Gran-de del Sur*
Bras. Rio de Janeiro	*Brasileñismo del Rio de Ja-neiro*
Bras. S. Cata-rina	*Brasileñismo de Santa Ca-tarina*
Bras. Sergipe	*Brasileñismo de Sergipe*
burl.	*burlesco*

C

card.	*cardenal*
Carpint.	*Carpintería*
Cetr.	*Cetrería*
Carpint.	*Carpintería*
Cir.	*Cirugía*
col.	*colectivo*
colomb.	*colombiano*
Colomb.	*Colombia*
Com.	*Comercio*
com.	*común*
comparat.	*comparativo, comparativa*
conj.	*conjunción*
conj. caus.	*conjunción causal*
conj. comp.	*conjunción comparativa*
conj. cond.	*conjunción condicional*
conj. cont.	*conjunción continuativa*
conj. cop.	*conjunción copulativa*
conj. dist.	*conjunción distributiva*
conj. disy.	*conjunción disyuntiva*
conj. fin.	*conjunción final*
conj. ilat.	*conjunción ilativa*
Conjúg.	*Conjúgase*
conjug.	*conjugación*
Conjúg. t. c. reg.	*Conjúgase también como regular*
cont. o contrac.	*contracción*
C. R.	*Costa Rica*
chil.	*chileno*
Conjúg.	*Conjúgase*

D

Danz.	*Danza*
defect.	*defectivo*
dem.	*demostrativo*
Dep.	*Deportes*
der. o deriv.	*derivado*
despect.	*despectivo*

dim.	*diminutivo*
distr.	*distributiva*

E

Ec.	*Ecuador*
Ecles.	*Eclesiástica*
Econ.	*Economía*
Eletr.	*Electricidad*
elípt.	*elíptico, elíptica*
Embriol.	*Embriología*
Enol.	*Enología*
Entom.	*Entomología*
Equit.	*Equitación*
Escult.	*Escultura*
Esgr.	*Esgrima*
Est.	*Estado*
Etnogr.	*Etnografía*
Etnol.	*Etnología*
expr.	*expresión*
explet.	*expletivo, expletiva*
ext.	*extensión*

F

f.	*femenino*
fam.	*familiar*
Farm.	*Farmacia*
F. C.	*Ferrocarril*
fest.	*festivo*
fig.	*figurado*
fig. y fam.	*figurado y familiar*
fig y pop.	*figurado y popular*
Fil.	*Filosofía*
Filip.	*Filipinas*
Fís.	*Física*
Fisiol.	*Fisiología*
For.	*Foro*
Fort.	*Fortificación*
Fot.	*Fotografía*
fr.	*frase*
frec.	*frecuentativo*
fut.	*futuro*

G

gal.	*galicismo*
gén.	*género*
genit.	*genitivo*
Geogr.	*Geografía*
Geol.	*Geología*
Geom.	*Geometría*
Germ.	*Germanía*
Gram.	*Gramática*
Guat.	*Guatemala*
guat.	*guatemalteco*

H

Hig.	*Higiene*
Hist.	*Historia*

hist.	*histórico, histórica*	Náut.	*Náutica*		**S**
Hist. Fil.	*Historia de la Filosofía*	neol.	*neologismo*		
Hist. Nat.	*Historia Natural*	Nicar.	*Nicaragua*	s.	*sustantivo*
Histol.	*Histología*	nom.	*nominativo*	Salv.	*República de El Salvador*
homón.	*homónimo*	nort.	*norteño*	S. Paulo	*San Paulo (Estado del Brasil)*
Hond.	*Honduras*	n. p.	*nombre propio*		
		num.	*numeral*	sínc.	*síncope*
	I	Numis.	*Numismática*	sing.	*singular*
				subj.	*subjuntivo*
Ictiol.	*Ictiología*		**O**	suf.	*sufijo*
imperat.	*imperativo*			sup. o superl.	*superlativo*
imperf.	*imperfecto*	Obstet.	*Obstetricia*		
impers.	*impersonal*	Orog.	*Orografía*		**T**
Impr.	*Imprenta*	Ópt.	*Óptica*		
Ind.	*Industria*			Tau.	*Tauromaquia*
indef.	*indefinido*		**P**	Teatr.	*Teatro*
indet.	*indeterminado*			Tecn.	*Tecnología*
indic.	*indicativo*	p. a.	*participio activo*	tecnic.	*tecnicismo*
interj.	*interjección*	p. ext.	*por extensión*	Teol.	*Teología*
irón.	*irónico, irónica*	p. p.	*participio pasivo*	Terap.	*Terapéutica*
irreg.	*irregular*	p. us.	*poco usado*	Terat.	*Teratología*
iterat.	*iterativo, iterativa*	Paleont.	*Paleontología*	Top.	*Topografía*
		Pan.	*Panamá*	Trig.	*Trigonometría*
	J	Parag.	*Paraguay*		
		Pat. e Patol.	*Patología*		**U**
jud.	*judicial*	per.	*peruano, peruana*		
Jur. o Jurisp.	*jurisprudencia*	Pernamb.	*Pernambuco (Estado del Brasil)*	Ú. m. c. r.	*Úsase más como reflexivo*
joc.	*jocoso*			Ú. m. c. adj.	*Úsase más como adjetivo*
		pers.	*persona, personal*	Ú. m. en. pl.	*Úsase más en plural*
	L	Pers.	*Perspectiva*	Urug.	*Uruguay*
		Pint.	*Pintura*	urug.	*uruguayo, uruguaya*
l.	*lugar*	pl.	*plural*	Ú. t. c. adj.	*Úsase también como adjetivo*
lat.	*latín, latino*	pluscuamp.	*pluscuamperfecto*		
Lit.	*Literatura*	Poét.	*Poética*	Ú. t. c. intr.	*Úsase también como intransitivo*
loc.	*locución*	poét.	*poético, poética*		
Lóg.	*Lógica*	Polít.	*Política*	Ú. t. c. r.	*Úsase también como reflexivo*
		pop.	*popular*		
	M	port.	*portugués, portuguesa*	Ú. t. c. s.	*Úsase también como sustantivo*
		Port.	*Portugal*		
m.	*masculino*	pos.	*posesivo*	Ú. t. c. tr.	*Úsase también como transitivo*
m. adv.	*modo adverbial*	potenc.	*potencial*		
m. conjunt.	*modo conjuntivo*	prep.	*preposición*		
M. Gerais	*Minas Gerais (Estado del Brasil)*	pres.	*presente*		**V**
		pron.	*pronombre*		
Mar.	*Marina*	Pros.	*Prosodia*	V.	*Véase*
Maranh.	*Maranón (Estado del Brasil)*	prov.	*provincialismo*	v.	*verbo*
		prov. Port.	*provincialismo de Portugal*	v. intr.	*verbo intransitivo*
Mat.	*Matemática*	proverb.	*proverbio*	v. r.	*verbo reflexivo*
Mec.	*Mecánica*	Psicoan.	*Psicoanálisis*	v. sust.	*verbo sustantivo*
Med.	*Medicina*	Psicol.	*Psicología*	v. tr.	*verbo transitivo*
mej.	*mejicano*			Venez.	*Venezuela*
Méj.	*Méjico*		**Q**	venez.	*venezolano*
merid.	*meridional*			vulg.	*vulgar*
Metal.	*Metalurgia*	Quím.	*Química*		
metát.	*Metátesis*				**Z**
Meteor.	*Meteorología*		**R**		
Microb.	*Microbiología*			Zool.	*Zoología*
Mil.	*Milicia*	r.	*reflexivo*		
Min.	*Minería*	rec.	*recíproco*		
Miner.	*Mineralogía*	R. de Janeiro	*Rio de Janeiro*		
Mit.	*Mitología*	Radiotelef.	*Radiotelefonía*		
Mont.	*Montería*	Rel.	*Religión*		
Mús.	*Música*	rel.	*relativo*		
		Ret.	*Retórica*		
	N	Rio Gr. del Norte	*Rio Grande del Norte (Estado del Brasil)*		
neg.	*negativo, negación*	Rio Gr. del Sur	*Rio Grande del Sur (Estado del Brasil)*		

A

A *m.* Primera letra del abecedario portugués y la primera de sus vocales. Representa el sonido de mayor perceptibilidad. Pronúnciase con los labios más abiertos que las demás vocales.

A *art. f.* La. — *casa*, — *mulher*. La casa, la mujer.

A *adj.* Primero, ra (en una serie, grupo o colección). *Gram.* Ú. siempre después del nombre.

A *pron.* (Acusativo del pronombre personal de tercera persona en género femenino y número sing.) La. *Olha-A.* MíraLA. *Gram.* Además de usarse como sufijo, suele emplearse como proclítico. Después de las formas verbales terminadas en *r, s, z,* y después del adv. *eis,* adquiere la morfología antigua *la. Conduzi-la (conduzir-a), estuda-la (estudas a), ei-la (eis-a).* Conducir-LA, estúdias-LA, heLA. Después de las formas verbales terminadas por sonido nasal, presenta la morfología *na, Querem-na.* QuiérenLA.

A *pron. dem. f.* de *O.* La. *Esta casa é — que tínhamos.* Esta casa es LA que teníamos. — *que morreu de amor.* La (aquella) que se murió de amor.

A *prep.* A, con, para, por en, sobre, de, hacia. *Gram.* Indica el régimen indirecto. Es la más común y la más vaga de las preposiciones en portugués. Denota el complemento de la acción del verbo, ya precediendo los nombres, ya a otros verbos en infinitivo. Sustituye, más o menos, perfectamente a todas las otras preposiciones. Delante del infinitivo hace las veces del gerundio. *Estava a comer.* Estaba comiendo.

À *contr.* A la. *Gram.* Contracción de la prep. *a* con el artículo *f. a.* Suele usarse en ciertos modismos adverbiales, aún que no admitan el artículo, en aquellos casos que se puedan confundir con el acusativo, o sean empleados aisladamente. *Escrever — tinta; — bala.* Escribir con tinta; a bala.

À Femenino del suf. *ão.* (*Anciã, irmã, anã — ancião, irmão, anão*). Anciana, hermana, enana.

ABA *f.* Faldón (de la levita). Ala, falda (del sombrero). Borde, orilla, orla (de un vestido). Falda (de los montes o sierras). *fig.* Protección, favor, ayuda.

ABÁ *m.* Aba (manto que llevan los beduinos).

ABABELADO, DA *adj.* Babélico, confuso, ininteligible.

ABAÇANADO, DA (sa) *adj.* Atezado, moreno.

ABACATE *m.* Aguacate (el fruto).

ABACATEIRO *m.* Aguacate, aguacatero.

ABACAXI (chí) *m.* Ananás (planta; su fruto).

ABACELAR *v. tr.* Aporcar (cubrir con tierra ciertas plantas). Plantar las cepas, la viña.

ABACINADO, DA *adj.* Lo mismo que ROXEADO.

ABACTOR *m.* Abigeo.

ABADA *f.* Falda llena; gran cantidad.

ÁBADA *f.* Bada, abada.

ABADAR *v. tr.* Hacer abad.

ABADE *m.* Abad (el superior de un monasterio). *fig.* Hombre muy gordo. — *leigo,* o *comendatário.* Abad (título honorífico de la persona lega que posee alguna abadía).

ABADEJO (jo) *m.* Lo mismo que BADEJO.

ABADERNAS *m. pl. Mar.* Badernas.

ABADESSA (sa) *f.* Abadesa. *Bras Pernamb.* La que hace el tráfico de mujeres públicas.

ABADESSADO (sa) *m.* Abadía (dignidad y jurisdicción de abadesa).

ABADIA (día) *f.* Abadía (dignidad y jurisdicción de abad).

ABAETADO, DA *adj.* Semejante a la bayeta.

ABAETAR *v. tr.* Cubrir con bayeta. Arropar (abrigar con ropa). Imitar bayeta. *v. r.* Arroparse mucho.

ABAETÉ (té) *m. Bras.* Hombre bueno, verdadero.

ABAETÉ (tè) *m. Bras. Minas Gerais.* Gente muy fea.

ABAFAÇÃO (sáum) *f.* Lo mismo que ABAFAMENTO.

ABAFADAMENTE *adv. m.* Sofocadamente, sin ventilación. *fig.* Ocultamente, disimuladamente.

ABAFADELA (dè) *f.* Lo mismo que ABAFAMENTO.

ABAFADIÇO, ÇA (so) *adj.* Sofocante, que impide la respiración (hablando del aire en que se respira con dificultad).

ABAFADO, DA *adj. Bras. pop.* Acongojado, desazonado, disgustado.

ABAFADOR, RA *adj.* Sofocante, que o lo que sofoca. *m.* Apagador (de luces). *Mús.* Apagador.

ABAFADURA *f.* Lo mismo que ABAFAMENTO. Sofocación, falta de aire. Ahoguío.

ABAFAMENTO *m.* Sofocación. Acción de *Abafar. Bras.* Apropiación ilícita de una cosa.

ABAFANÉTICO, CA (nè) *adj. Bras. Pernamb.* Cansado, fatigado, jadeante.

ABAFANTE *adj.* Lo mismo que ABAFADOR, l ª acep.

ABAFAR *v. tr.* sofocar, ahogar, impedir la respiración; asfixiar. Ahogar, apagar. Amortiguar, disminuir, apagar (un sonido, un golpe, etc.). Disimular, encubrir, ocultar. Arropar, cubrir, abrigar con ropa u otra cosa. Impedir, embarazar (un pleito). *Bras.* Apropiarse ilícitamente de alguna cosa. *v. intr.* Ahogarse, sofocar, no poder respirar. Sucumbir, rendirse, someterse. Morir, sucumbir, perecer. *Bras.* Dominar, sobresalir. *v. r.* Arroparse.

ABAFARETE *m.* Acción de *Abafar,* 6 ª acep.

ABAFO *m.* Abrigo. Cariño, cuidado, agasajo.

ABAGUALADO, DA *adj. Bras. merid.* Arisco, huraño.

ABAIANADO, DA *adj. Bras.* Com modales de *baiano.* Lo mismo que BAIANO.

ABAINHA (ña) *f.* Lo mismo que BAINHA.

ABAINHAR (ñar) *v. tr.* Lo mismo que EMBAINHAR.

ABAIONETADO, DA *adj.* Herido con la bayoneta.

ABAIONETAR *v. tr.* Herir con la bayoneta. Armar de bayoneta. Dar forma de bayoneta.

ABAIRRADO, DA *adj. P. p.* de *Abairrar.*

ABAIRRAMENTO *m.* Acción de *Abairrar.*

ABAIRRAR *v. tr.* Dividir en barrios.

ABAIXADELA (chadè) *f.* Lo mismo que ABAIXAMENTO.

ABAIXADO, DA (cha) *P. p.* de *Abaixar.* Abajado.

ABAIXADOR, RA (cha) *adj.* Que baja.

ABAIXADOS (cha) *m. pl.* Zalamería.

ABAIXADURA (cha) *f.* Lo mismo que ABAIXAMENTO.

ABAIXAMENTO (cha) *m.* Abajamiento, acción de abajar o bajar. Rebaja, descuento, reducción. Abajamiento, humillación, abatimiento, bajeza.

ABAIXANTE (cha) *adj.* Lo mismo que ABAIXADOR.

ABAIXAR (char) *v. tr.* Bajar, abajar. Rebajar. Apear. Bajar, abatir, humillar. Ú. t. c. r.

ABAIXO (cho) *adv. l.* Abajo. *Vir —.* Venirse abajo, caerse. — *!* ¡Abajo!

ABAIXO-ASSINADO (abaicho-assinado) *m.* Pedimento colectivo.

ABAJOUJAMENTO (jouja) *m.* Acción de *Abajoujar-se.*

ABAJOUJAR-SE (joujoar) *v. r.* Enamorarse ridículamente, hacerse baboso.

ABALADA *f.* Partida, corrida, carrera. Rumbo que lleva la caza.

ABALADO, DA *adj. P. p.* de *Abalar.* Mal seguro, inseguro.

ABALADOR, RA *adj. Bras.* Conmovedor, enternecedor. Que tiembla, que hace temblar.

ABALADURA *f.* Lo mismo que ABALAMENTO.

ABALAMENTO *m.* Conmoción (del ánimo). Estremecimiento. Acción y efecto de *Abalar.*

ABALANÇAMENTO (sa) *m.* Abalanzamiento. Acción de.

ABALANÇAR (sar) *v. tr.* Abalanzar, arrojar, impeler con fuerza. Abalanzar, poner la balanza en el fiel; pesar, equilibrar. *v. intr.* Columpiarse. *v. r.* Arriesgarse, atreverse.

ABALAR *v. tr.* Estremecer, conmover, hacer, temblar. Sacudir, agitar. *fig.* Enternecer. *fig.* Agitar, inquietar. *fig.* Debilitar, enflaquecer, enervar. *fig.* Hacer cambiar de opinión o partido. *v. intr.* Estremecerse. Partir súbitamente. Echarse a correr. *v. r.* Enflaquecer. *Bras.* Pescar con *Abalo.*

ABALÁVEL *adj.* Que se puede *Abalar.*

ABALIZADO, DA (za) *adj.* Notable, distinguido, célebre, afamado.

ABALIZAR (zar) *v. tr.* Abalizar, colocar balizas. Demarcar, limitar. Marcar, señalar. *v. r.* Distinguirse, sobresalir. Adquirir gran competencia.

ABALO *m.* Conmoción, temblor (de tierra). Estremecimiento. *fig.* Conmoción, emoción, perturbación del ánimo. Insulto (de alguna enfermedad). *Bras. Bahia.* Especie de red para pescar. — *de terra.* Temblor de tierra.

ABALOAR *v. tr.* Dar forma de globo.

ABALOFADO, DA *adj.* Ahuecado, fofo, hueco. Hinchado, ampuloso. *fig.* Presumido, jactancioso, envanecido.

ABALOFAR *v. tr.* Ahuecar. *v. r.* Ahuecarse, hincharse, engreirse.

ABALONADO, DA *adj. Bras.* De forma de globo aerostático. Hinchado, túmido.

ABALROA (róa) *f.* Lo mismo que BALROA.

ABALROAÇÃO (sáum) *f. Mar.* Abordaje, abordo (choque de una embarcación con otra). *fig.* Abordo, acometida, ímpetu.

ABALROADA *f.* Lo mismo que ABALROAÇÃO

ABALROADELA (dè) *f.* Lo mismo que ALBOROAÇÃO.

ABALROAMENTO *m.* Lo mismo que ABALROAÇÃO.

ABALROAR *v. tr. Mar.* Abordar (chocar una embarcación con otra, o tocarla). Acometer, embestir. *v. r.* Chocar, encontrarse con violencia dos cuerpos.

ABALUARTAMENTO *m.* Acción y efecto de

ABALUARTAR *v. tr.* Abaluartar, fortificar con baluartes; abastionar. *v. r.* Atrincherarse.

ABANAÇÃO (sáum) *f.* Abanicamiento. Acción y efecto de abanar o abanicar. *Bras.* Abaleo mecánico (del arroz).

ABANADELA (dè) *f.* Lo mismo que ABANAÇÃO. Lo mismo que SACUDIDELA.

ABANADO, DA *adj.* Enfermo, achacoso; valetudinario, enfermizo, delicado.

ABANADOR *m.* El que abanica. Lo mismo que ABANO.

ABANADURA *f.* Lo mismo que ABANAÇÃO.

ABANA-MOSCAS *m.* Espantamoscas, mosquero. *fig.* Bagatela, cosa fútil.

ABANANADO, DA *adj.* Algo tonto, bobo o simple. Semejante al banano o plátano.

ABANANAR *v. tr. fig.* Aturdir, atolondrar, atontar; entontecer. *v. r.* Entontecer.

ABANANTE *P. a.* de

ABANAR *v. tr.* Abanicar, abanar. Ú. t. c. r. Sacudir. Abalear, aechar. *v. intr.* Temblar. *Vir com as mãos a* —. *fr.* Traer las manos vacías. — *a cabeça. fr.* Mover la cabeza.

ABANCAR *v. tr.* Sentar a la banca. Guarnecer con bancos. *v. intr.* e *r.* Sentarse a la banca o a la mesa, tomar asiento.

ABANDALHAÇÃO (llasáum) *f.* Acción y efecto de *Abandalhar* o *Abandalhar-se*.

ABANDALHADO, DA (lla) *adj. P. p.* de

ABANDALHAR (llar) *v. tr.* Avillanar, hacer tuno o pillo; envilecer. *v. r.* Avillanarse, hacerse tuno. Quedarse en ridículo.

ABANDAR *v. tr.* Poner bandas. Reunir en bandadas. Agrupar. *v. r.* Abanderizarse.

ABANDEIRADO, DA *adj.* Lo mismo que EMBANDEIRADO.

ABANDEIRAR *v. tr.* Lo mismo que EMBANDEIRAR.

ABANDEJADO, DA (ja) *adj.* De forma de bandeja.

ABANDEJAR (jar) *v. tr.* Dar forma de bandeja a alguna cosa. Aechar, abalear.

ABANDIDAR-SE *v. r. Bras.* Hacerse bandolero.

ABANDOAR-SE *v. r.* Abanderizarse.

ABANDONADO, DA *adj.* Abandonado, descuidado, desidioso. Sucio, desaseado. Despreciado.

ABANDONADOR, RA *adj.* Que abandona.

ABANDONAMENTO *m.* Abandonamiento, abandono. Acción y efecto de

ABANDONAR *v. tr.* Abandonar, dejar, desamparar. Despreciar. Abandonar, renunciar. *v. r. fig.* Abandonarse (dejarse dominar por afectos, pasiones o vicios; confiarse uno a una persona o cosa).

ABANDONÁVEL *adj.* Abandonable.

ABANDONO *m.* Abandono, renuncia; desamparo. Desprecio.

ABANINHO (ño) *m.* Abanico.

ABANO *m.* Abanico. Abano. Aventador (para el fuego). Hoja de cartón que se usa como abanico. Especie de árbol del Brasil *(Clusia fluminensis)*.

ABANTESMA *m.* Espectro, visión, fantasma. Lo mismo que AVEJÃO.

ABANTO *adj.* Abanto, espantadizo (hablando del toro).

ABAR *v. tr.* Poner el ala, armar los bordes (al sombrero).

ABARÁ *m. Bras.* Manjar hecho con pimientos, aceite y una pasta de judía.

ABARATAR *v. tr.* Bajar (el precio), abaratar. Despreciar, abaratar.

ABARBADO, DA *adj.* Muy atareado, ocupado, que tiene demasiado trabajo. Atropellado, embarazado.

ABARBAR *v. tr.* Tocar con la barba; estar muy próximo. Afrontar, carear. Afrontar, hacer frente a. Abrumar con trabajo. Estar ocupado con problemas difíciles. *v. intr.* Tener la misma altura. Igualar, allanar, juzgar sin diferencia.

ABARBARADO, DA *adj. Bras.* Terrible, valiente.

ABARBARIZAR (zar) *v. tr.* Lo mismo que BARBARIZAR.

ABARBELAR *v. tr.* Poner la barbada a una caballería.

ABARCA *f.* Abarca (calzado rústico).

ABARCADOR, RA *adj.* Abarcador. *fig.* Monopolista, acaparador.

ABARCAMENTO *m.* Abarcadura, abarcamiento. Acaparamiento; monopolio.

ABARCAR *v. tr.* Abarcar, ceñir, rodear, comprender; contener, implicar o encerrar en sí. Abarcar, alcanzar con la vista. Acaparar; monopolizar.

ABARÉ (rè) *m. Bras.* Cura (nombre que dan los indios a los misioneros).

ABARRACAMENTO *m.* Abarracamiento, abarracadura.

ABARRANCAR *v. tr.* Abarrancar, hacer barrancos o meter alguno en ellos. Ú. t. c. r.

ABARREGAMENTO *m.* Abarraganamiento.

ABARREGAR-SE *v. r.* Abarraganarse, amancebarse.

ABARREIRAMENTO *m.* Acción y efecto de

ABARREIRAR *v. tr.* Atrincherar, poner barreras.

ABARROADO, DA *adj.* Testarudo.

ABARROCADO, DA *P. p.* de

ABARROCAR *v. tr.* Abarrancar, hacer barrancos. Lo mismo que ABARREIRAR.

ABARROTADO, DA *adj.* Muy lleno, relleno, atestado, repleto. Harto, repleto.

ABARROTAMENTO *m.* Acción y efecto de

ABARROTAR *v. tr.* Llenar, cubrir de barrotes. Atestar, llenar demasiado, rellenar; cargar, colmar. *v. r.* Llenarse, hartarse.

ABARUNA *m. Bras.* Lo mismo que ABUNA.

ABASTADAMENTE *adv. m.* Copiosa o abundantemente, más de lo suficiente.

ABASTADO, DA *adj.* Acomodado, rico, acaudalado. Abastecido.

ABASTAMENTO *m.* Abastamiento, abundancia; provisión. Abastecimiento.

ABASTANÇA *f.* Abundancia, abastanza; riqueza, bienestar.

ABASTAR *v. tr.* Abastecer, abastar. proveer con abundancia. Bastar, ser suficiente. *v. r.* Abastarse, abastecerse.

ABASTARDADO, DA *adj.* Degenerado por bastardía, bastardeado.

ABASTARDAMENTO *m.* Bastardeamiento, degeneración, bastardía. Acción y efecto de

ABASTARDAR *v. tr.* Bastardear, adulterar, falsificar o viciar alguna cosa. *v. r.* Bastardear, degenerar, abastardar.

ABASTARDEAMENTO *m.* Lo mismo que ABASTARDAMENTO.

ABASTARDEAR *v. tr.* Lo mismo que ABASTARDAR.

ABASTECEDOR, RA *adj.* Abastecedor, que abastece, que da abasto.

ABASTECEDOURO *m.* Establecimiento que abasta o provee.

ABASTECER *v. tr.* Lo mismo que ABASTAR. *v. intr.* Proveer. *v. r.* Abastarse, abastecerse.

ABASTECIDO, DA *P. p.* de *Abastecer.* Lleno, harto. Surtido, provisto.

ABASTECIMENTO *m.* Abastecimiento. Abastecimiento, provisión de víveres, municiones, forrajes, etc.

ABASTOSO, SA (ózo, òza) *adj.* Copioso, abundante, lleno.

ABATATADO, DA *adj.* De forma de patata, grueso.

ABATATAR *v. tr.* Dar forma de patata a alguna cosa, hacerla gruesa y ancha.

ABATE *m.* Rebaja (de precio).

ABATEDOR, RA *adj.* Abatidor, que deprime. Que baja. — *de gado.* Lo mismo que MAGAREFE.

ABATER *v. tr.* Abatir, bajar, hacer bajar. Abatir, echar por tierra, humillar; envilecer, desanimar, desalentar. Matar (hablando de ganado). Enflaquecer, debilitar, enervar, quitar las fuerzas. *v. intr.* Disminuirse, bajar. Ú. t. c. r. *Mar.* Abatir. *v. r.* Veínrse abajo, caerse, derrumbarse.

ABATIDO, DA *adj. P. p.* de *Abater.* Abatido. Humillado; desalentado; enflaquecido, debilitado; rebajado, disminuido; postrado.

ABATIMENTO *m.* Abatimiento. Decaimiento, postración. *Mar.* Abatimiento. Matanza (hablando del ganado). Rebaja, descuento, disminución.

ABATINA *f. des.* Lo mismo que BATINA.

ABATINAR *v. tr.* Vestir de sotana. Ú. t. c. r.

ABATUMADO, DA *adj.* Lo mismo que ABETUMADO. *Bras.* Triste, aburrido.

ABATUMAR *v. tr.* Lo mismo que ABETUMAR.

ABAULADO, DA *adj.* Corvado, combado, convexo, abombado.

ABAULAR *v. tr.* Combar, encorvar, dar una forma convexa.

ABAXIAL *adj.* Abaxial, abaxil.

ABC *m.* Abecé, abecedario. *fig.* Abecé, rudimentos de una ciencia. *Não saber o* —. No saber ni la a. *Carta do* —. Abecedario, cartel o cartilla que sirve para enseñar a leer.

ABCESSO (cèso) *m. Med.* Absceso.

ABCISSA (sa) *f. Geom.* Abscisa.

ABDICAÇÃO (sáum) *f.* Abdicación.

ABDICAR *v. tr.* Abdicar (dejar o renunciar un cargo o dignidad; abandonar opiniones, creencias, derechos, etc.). Desitir, dejar, renunciar.

ABDICÁVEL *adj.* Que se puede abdicar.

ABDOMINOSO, SA (ozo, òza) *adj.* Panzudo, panzón.

ABDUÇÃO (sáum) *f.* Abducción.

ABDUCENTE *adj. Anat.* Abductor.

ABDUTOR *m. Anat.* Abductor. *Quím.* Abductor.

ABDUZIR (zir) *v. tr.* Abducir. Alejar, separar.

ABEATAR *v. tr.* Hacer beatón. Ú. t. c. r.

ABEBERADO, DA *adj.* Abrevado. Ensopado; impregnado.

ABEBERAR *v. tr.* Abrevar. Ú. t. c. r. Dar de beber. Ensopar, impregnar, penetrar. Ú. t. c. r.

ABECAR *v. tr. Bras.* Lo mismo que ABOTOAR, 3ª acep.

ABECEDÁRIO, RIA *adj.* Alfabético. *m.* Abecedario (serie ordenada de letras de un idioma; cartel o cartilla que sirve para enseñar a leer).

ABEGÃO (gáum) *m.* Aperador (encargado de cuidar de una hacienda de campo o casa de labor). *adj.* Rústico, rural.

ABEGETÓRIO (jetò) *m.* Abecedario, alfabeto.

ABEGOA (gòa) *f.* Mujer que ejerce las funciones de aperador. Mujer del aperador.

ABEGOARIA (ría) *f.* Apero donde se alberga el ganado). Estancia donde se recogen los intrumentos de labranza.

ABEIRADO, DA *P. p.* de

ABEIRAR *v. tr.* Arrimar, acercar, aproximar. Ú. t. c. r. Colocar en el borde, en la extremidad.

ABELHA (lla) *f. Zool.* Abeja. *Astr.* Abeja, Mosca (constelación). — *macho.* Lo mismo que ZANGÃO. — *mestra.* Abeja manchiega, maesa, maestra, o reina. *fig.* Mujer entremetida. *fig.* Alcahueta. — *mulata.* Especie de abeja *(Melipona quadripunctata).* — *mirim,* o *mosquito.* Especie de abeja *(Melipona minima).*

ABELHAL (llal) *m.* Abejar, colmenar. Uva abejar.

ABELHÃO (lláum) *m.* Abejón, zángano. Abejón, moscardón. *fig.* Parásito, el que se arrima a otro para comer a costa ajena.

ABELHAR-SE (llar) *v. r.* Afanarse, trabajar como las abejas.

ABELHARUCO (lla) *m.* Lo mismo que ABELHEIRO, 4ª acep.

ABELHEIRA (llei) *f. Bot.* Toronjil, abejera. Abejera, colmenar, abejar. Enjambre.

ABELHEIRO (llei) *m.* Enjambre. Abejero, colmenero. Abejera, colmenar, abejar. *Zool.* Abejaruco, abejero.

ABELHINHA (lliña) *f. dim.* de *Abelha.* Abejita, abejilla, abejica. *Bot.* Toronjil, abejera.

ABELHUAR-SE (lluar) *v. r.* Lo mismo que ABELHAR-SE.

ABELHUCO (llu) *m.* Lo mismo que ABELHEIRO, 4ª acep.

ABELHUDAMENTE (llu) *adv. m.* Aprisa, con celeridad o prontitud. Diligentemente, con esmero y actividad. Con entremetimiento, importunamente. Hábilmente.

ABELHUDAR (llu) *v. intr.* Sondear (inquirir con di-simulo); entremeterse.

ABELHUDICE (llu) *f.* Calidad de entremetido; entremetimiento.

ABELHUDO, DA (llu) *adj.* Atrevido. Entremetido, curioso. Diligente, activo. Apurado.

ABELIDAR-SE *v. r.* Llenarse de belidas.

ABEMOLADO, DA *adj.* Suave, dulce. *fig.* Afeminado.

ABEMOLAR v. tr. Mús. Abemolar, poner bemoles. fig. Abemolar, suavizar, dulcificar la voz. v. r. Afeminarse.

ABEMOLÁVEL adj. Que puede ser abemolado.

ABÊNÇÃO (BÉNsáum) f. Lo mismo que BÊNÇÃO.

ABENCERRAGE (je) m. Abencerraje.

ABENCERRAGEM (jem) m. Lo mismo que ABENCERRAGE.

ABENÇOADEIRO (soa) m. Lo mismo que BENZEDEIRO.

ABENÇOADO, DA (soa) adj. Bendito, bienaventurado; dichoso, feliz. Fértil, fecundo (hablando de la tierra).

ABENÇOADOR, RA (soa) adj. Bendecidor, que echa bendiciones. Ú. t. c. s.

ABENÇOAMENTO (soa) m. Bendición, acción de bendecir. Amparo, protección.

ABENÇOANTE (soán) adj. Lo mismo que ABEN-ÇOADOR.

ABENÇOAR (soar) v. tr. Bendecir, echar la bendición. Favorecer, amparar, proteger. Bendecir, alabar, engrandecer, celebrar. v. r. Santiguarse.

ABENÇOÁVEL (soa) adj. Merecedor de bendición.

ABENDIÇOAR (soar) v. tr. Lo mismo que ABENÇOAR.

ABERRAÇÃO (sáum) f. Aberración, descarrío, extravío. Astr. Aberración.

ABERRADO, DA adj. Aberrante, desviado del curso normal o usual. Errado, equivocado.

ABERRÂNCIA (rrán) f. Lo mismo que ABERRAÇÃO.

ABERRANTE adj., p. a. de

ABERRAR v. intr. Aberrar, equivocarse, incurrir en aberración. Desviarse del buen camino.

ABERRATIVO, VA adj. Aberrante, desviado del curso normal o usual.

ABERTA (bèr) f. Abertura, hendedura, agujero, grieta. Paso ancho entre obstáculos, abertura. Claro (espacio que hay entre algunas cosas). Portillo (cualquier paso o entrada que se abre en un muro, valado, etc). Lo mismo que CLAREIRA. Lo mismo que ABERTAS. Abertura, ensenada. fig. Ocasión, oportunidad.

ABERTADA f. Zool. Lo mismo que ABETARDA.

ABERTAL adj. Fácil de abrirse.

ABERTAMENTE adv. m. Abiertamente, francamente, manifiestamente. Anchamente, con amplitud. Públicamente, ostensiblemente.

ABERTÃO (táum) m. Bras. merid. Lo mismo que CLAREIRA.

ABERTAS f. pl. Claros (espacios que median de pa-labra a palabra en lo escrito).

ABERTIÇO, ÇA (so) adj. Lo mismo que ABERTAL.

ABERTO, TA (bèr) adj. Abierto, desembarazado, llano, despejado, raso. Abierto, franco, sincero. Manifiesto, público, ostensible. Desabotonado. Bot. Dehiscente. Cansado, fatigado. Libre, accesible. Descarado, desvergonzado. Amplio, vasto, espacioso. Descubierto. Desenvuelto. Desempaquetado. Carro—. Choche descubierto. Mão—a. Generoso, dadivoso o liberal. Coração —. Sincero. Com os braços —s. m. adv. Con los brazos abiertos; de buena gana, gustosamente. P. p. irreg. de Abrir. Lo mismo que ABERTURA.

ABERTURA f. Apertura, abertura, acción de abrir. Abertura, grieta, hendedura, agujero. Apertura (acto de dar principio a las tareas de una asamblea, corporación, etc.) Diámetro; anchura. Acceso, entrada. Boca, entrada, salida, agujero, abertura. fig. Apertura, franqueza, sencillez. — de testamento. Apertura, abertura (de testamentos).

ABESANA (za) f. Yunta de bueyes.

ABESPINHADIÇO, ÇA (ñadiso) adj. Picajón, picajoso.

ABESPINHADO, DA (ña) adj. Irritado, enfurecido. Desazonado, indispuesto, disgustado. Enojado, ofendido, picado.

ABESPINHAMENTO (ña) m. Enardecimiento. Enojo, desazón.

ABESPINHAR-SE (ñar) v. r. Irritarse, enfurecerse. Enojarse, picarse, ofenderse.

ABESTALHADO, DA (lla) adj. Bras. Tonto, imbécil, alelado.

ABESTRUZ m. Lo mismo que AVESTRUZ.

ABETA f. dim. de Aba.

ABETAL m. Sitio plantado de abetos.

ABETARDA f. Zool. Avutarda. — anã, o — pequena. Alcaraván.

ABETARDADO, DA adj. De color de avutarda. Avutardado, parecido a la avutarda.

ABETARDINHA (diña) f. dim. de Abetarda. Lo mismo que ABETARDA, 2ª acep.

ABETE, ABETO m. Bot. Abero.

ABETOINHA (íña) f. Lo mismo que ABIBE.

ABETUMADO, DA adj. Embetunado. Engrudado. Calafateado. Mal cocido (hablando del pan). fig. Tristón, aburrido, melancólico.

ABETUMAR v. tr. Embetunar, abetunar. Engrudar. Calafatear. Encubrir, ocultar; anular.

ABEXIGADO, DA (chi) adj. Parecido a una vejiga. Escarnecido, ridiculizado.

ABEXIGAR (chi) v. tr. Dar forma de vejiga. fig. Escarnecer, ridiculizar.

ABEXIM (chim) adj. Abisinio. Ú. t. c. s.

ABEZERRADO, DA (ze) adj. Parecido al becerro. Testarudo, terco, temoso, porfiado. Cachazudo, flemático. Emperrador, empacador.

ABIBE f. Avefría. m. Abib.

ABICADO, DA P. p. de Abicar.

ABICADOURO m. Bras. Varadero.

ABICAR v. intr. Tocar con la proa (una embarcación) en la playa o en el muelle. Anclar, echar anclas. Ú. t. c. tr. (con la prep. a). v. r. Acercarse, arrimarse. v. tr. Afilar, sacar filo, aguzar.

ABICHADO, DA (cha) P. p. de

ABICHAR (char) v. intr. Abestiarse, embrutecerse, animalizarse. Agusanarse, criar gusano (una llaga, un fruto). Pudrirse (los frutos). Conseguir, lograr, atrapar.

ABICHORNADO, DA (chor) adj. Lo mismo que ABOCHORNADO.

ABICHORNAR (chor) v. tr. Lo mismo que ABOCHORNAR.

ABIEIRO m. Bot. Caimito (el árbol). — da-mata. Especie de caimito (Lucuma lasiocarpa).

ABIGARRAMENTO m. Abigarramiento.

ABIGEAR (jear) v. tr. Cometer abigeato.

ABÍGEO (jeo) m. Abigeo.

ABIGEU (jéu) m. Lo mismo que ABÍGEO.

ABIO (bío) m. Caimito (el fruto).

ABIOTO m. Bot. Abiotos.

ABIPÃO (páum) m. Etnol. Abipón.

ABIPONA f. Idioma de los abipones.

ABISCOITADO, DA adj. Abizcochado. semejante al bizcocho. Logrado, atrapado, conseguido; hurtado, robado.

ABISCOITAR v. tr. Abizcochar. Lograr, conseguir, atrapar. Hurtar, llevar furtivamente.

ABISMAMENTO m. Acción y efecto de abismarse.

ABISMAR v. tr. Abismar, hundir en un abismo. Abismar, confundir; espantar, maravillar, admirar. Ú. t. c. s. v. r. Abismarse, engolfarse.

ABISMO m. Abismo. Oceano. El infierno. fig. Abismo, cosa inmensa, insondable, incomprensible.

ABISMOSO, SA (ozo, òza) adj. Abismal.

ABISPAR v. tr. Avistar, alcanzar algo con la vista.

ABISSAL (sal) adj. Abisal. Abismal. Espantoso, asombroso, maravilloso.

ABÍSSICO, CA (si) adj. Abismal, perteneciente o relativo al abismo.

ABISSO (so) m. Abismo.

ABITA f. Mar. Bita.

ABITOLADO, DA P. p. de

ABITOLAR v. tr. Medir por el patrón.

ABITONINHA (ña) f. Lo mismo que ABIBE.

ABIDU m. Bras. Lo mismo que ABIO.

ABJEÇÃO (jesáum) f. Abyección, bajeza, envilecimiento, abatimiento.

ABJEIÇÃO (jeisáum) f. Lo mismo que ABJEÇÃO.

ABEJETAMENTE (jè) adv. m. Abyectamente, vilmente, bajamente.

ABJETIVO, VA (je) adj. Vil, bajo, que encierra abyección.

ABJETO, TA (jè) adj. Abyecto, bajo, vil; abatido, humillado.

ABJUDICAÇÃO (judicasáum) f. Jurisp. Acción y efecto de

ABJUDICAR (ju) v. tr. Jurisp. Quitar, por orden del juez, al poseedor ilegítimo.

ABJUGADO, DA (ju) adj. Libre, manumiso.

ABJUGAR (ju) v. tr. Libertar, manumitir, soltar. Desuncir, desyugar.

ABJUGATIVO, VA (ju) adj. Disyuntivo.

ABJUNÇÃO (junsáum) f. Separación.

ABJUNÇIDO, DA (junji) adj. Lo mismo que ABJUGADO.

ABJUNGIR (junjir) v. tr. Lo mismo que ABJUGAR.

ABJUNTIVO, VA (jun) adj. Lo mismo que ABJUGATIVO.

ABJUNTO, TA (jun) adj. P. p. de Abjungir.

ABJURAÇÃO (jurasáum) f. Abjuración, retractación, renuncia.

ABJURAMENTO (ju) m. Lo mismo que ABJURAÇÃO.

ABJURÁVEL (ju) adj. Abjurable; erróneo, falaz, equivocado.

ABJURGAÇÃO (jurgasáum) f. Lo mismo que ABJUDICAÇÃO. Lo mismo que OBJURGAÇÃO.

ABJURGADO, DA (jur) adj. Lo mismo que ABJUDICADO. Lo mismo que OBJURGADO.

ABJURGAR (jur) v. tr. Lo mismo que ABJUDICAR. Lo mismo que OBJURGAR.

ABLAÇÃO (sáum) f. Cir. Ablación. Gram. Aféresis.

ABLACTAÇÃO (sáum) f. Med. Ablactación.

ABLAQUEAÇÃO (sáum) f. Acción y efecto de

ABLAQUEAR v. tr. Agr. Cavar en vuelta del tronco.

ABLAQUECER v. tr. Lo mismo que ABLAQUEAR.

ABLASONAR (zo) v. tr. Lo mismo que BLASONAR.

ABLATIVO m. Gram. Ablativo. Fazer — de viagem. loc. Partir inesperadamente. Estar em — s de viagem. Estar casi listo para hacer viaje.

ABLEGAÇÃO (sáum) f. Ablegación, destierro.

ABLEGAR v. tr. Ablegar, desterrar.

ABLOCAÇÃO (sáum) f. Arrendamiento.

ABLOCAR v. tr. Arrendar, dar o tomar alguna cosa para usar de ella por el tiempo y mediante el pago convenidos.

ABLUÇÃO (sáum) f. Ablución, lavatorio. Ablución (ceremonia durante la misa).

ABLUENTE adj. Abluente, diluyente. Ú. t. c. s.

ABLUTOR, RA adj. Abluente. Lo mismo que ABLUENTE.

ABLUVIÃO (viáum) m. Diluvio, inundación.

ABNEGAÇÃO (sáum) f. Abnegación.

ABNETO, TA (nè) m. Tataranieto.

ABNOITAR v. intr. Pernoctar.

ABÓBADA (bò) f. Bóveda. — celeste. Bóveda celeste, el firmamento. — palatina. Bóveda palatina, cielo de la boca. — craniana. Bóveda craneal. — de ángulo, o — em arco de claustro. Bóveda claustral, de aljibe, o esquifada. — de aresta. Bóveda por arista.

ABOBADADO, DA adj. Abovedado, de forma de bóveda.

ABOBADAR v. tr. Abovedar.

ABOBADÉLA (dè) f. dim. de Abóbada.

ABOBADILHA (lla) f. Bovedilla.

ABOBADILHEIRO (llei) m. El que hace bovedillas.

ABOBADO, DA adj. Abobado, hecho un bobo.

ABOBAR-SE v. r. Abobarse, entontecer.

ABÓBORA (bò) f. Calabaza, zapallo (el fruto). fig. Mujer gorda. fig. Calabaza, persona inepta.

ABOBORADO, DA adj. Blando como la calabaza. Sazonado, maduro. Empapado, impregnado.

ABOBORAL m. Calabazar, zapallar.

ABOBORAR v. tr. Tornar blando como la calabaza madura. Empapar, impregnar. Dar forma de calabaza. v. r. Acostarse.

ABOBOREIRA f. Calabacera, calabaza, zapallo.

ABOBORINHA (abòboriña) f. dim. de Abóbora. Calabacita. — do-mato. Especie de bejuco.

ABOBREIRA f. pop. Lo mismo que ABOBOREIRA.

ABOBRINHA (abòbriña) f. pop. Lo mismo que ABOBORINHA, 1ª acep. Calabacín (calabacita cilíndrica de corteza verde y carne blanca).

ABOCADURA f. Saetera.

ABOÇADURA (sa) f. Acción y efecto de abozar (sujetar con bozas).

ABOCAMENTO m. Abocamiento.

ABOÇAMENTO (sa) m. Lo mismo que ABOÇADURA.

ABOCANHAR (ñar) v. tr. Abocadear, morder. fig. Morder, difamar, denigrar.

ABOCAR v. tr. Abocar, asir, agarrar, coger con la boca. Abocar (verter un líquido de un vaso en otro). Apuntar, señalar.

ABOÇAR (sar) v. tr. Mar. Abozar, sujetar con bozas.

ABOCHE (che) adv. Bras. merid. Abundantemente, con abundancia.

ABOCHORNADO, DA (chor) adj. Abochornado, bochornoso. Lo mismo que ABAFADIÇO.

ABOCHORNAR (chor) v. tr. Abochornar (causar bochorno el calor).

ABODEGAÇÃO (sáum) f. Bras. nort. Aburrimiento, importunación.

ABODEGADO, DA adj. Bras. nort. Aburrido, fastidiado, desazonado.

ABODEGAR v. tr. Bras. nort. Aburrir, fastidiar, importunar.

ABOIADO m. Bras. nort. Lo mismo que ABOIO.

ABOIAR v. tr. Aboyar. v. intr. Flotar. Trabajar con bueyes. Conducir al ganado cantando.

ABOIO (bóio) m. Bras. nort. Canto monótono y triste (para conducir al ganado).

ABOIZ (aboíz) f. Lazo, trampa (para pájaros).

ABOLACHADO, DA (cha) adj. De forma de galleta.

ABOLACHAR (cha) v. tr. Dar forma de galleta a alguna cosa.

ABOLADO, DA P. p. de

ABOLAR v. tr. Abollar. Dar forma de bola, o bollo.

ABOLEIMADO, DA adj. Lo mismo que APARVALHADO.

ABOLETADO, DA P. p. de Aboletar o Aboletar-se.

ABOLETAMENTO m. Mil. Alojamiento.

ABOLETAR v. tr. Mil. Alojar, aposentar. Acuartelar, acantonar. v. r. Alojarse.

ABOLIÇÃO (sáum) f. Abolición. Anulación.

ABOLIMENTO m. Lo mismo que ABOLIÇÃO.

ABOLINAR v. intr. Mar. Bolinear, navegar de bolina.

ABOLIR v. tr. Abolir, derogar, suprimir, anular.

ABOLÍVEL adj. Abolible.

ABOLORECER v. tr. Anmohecer. v. intr. Anmohecerse.

ABOLORECIDO, DA adj. Enmohecido, cubierto de moho.

ABOLORECIMENTO m. Enmohecimiento. Moho.

ABOLORENTADO, DA adj. Lo mismo que ABOLORECIDO.

ABOLORENTAR v. intr. Lo mismo que ABOLORECER.

ABOLSADO, DA adj. Abolsado, que hace o forma bolsas, de figura de bolsa. Hinchado.

ABOLSAR v. tr. Dar figura de bolsa a una cosa. v. r. Abolsarse. Lo mismo que ENFUNAR.

ABOLUMAR v. tr. Lo mismo que AVOLUMAR.

ABOMASSO (so) m. Zool. Abomasso, cuajar.

ABOMBADO, DA adj. Bras. merid. Cansado, jadeante, imposibilitado para caminar (hablando de caballerías o personas).

ABOMBAR v. intr. Bras. merid. Abombarse (argent.), quedarse una caballería o persona imposibilitada para caminar, a causa del calor o del cansancio.

ABOMINAÇÃO (sáum) f. Abominación.

ABOMINANDO adj. Abominable, que debe ser abominado. Ger. de

ABOMINAR v. tr. Abominar, execrar, detestar, aborrecer, tener aversión. Ú. t. c. r.

ABOMINÁVEL adj. Abominable.

ABOMINOSO, SA (ozo, òza) adj. Lo mismo que ABOMINÁVEL.

ABONAÇÃO (sáum) f. Afianzamiento, abono, garantía. Anticipo, adelanto (de dinero).

ABONADO, DA adj. Bras. Rico, acaudalado.

ABONAMENTO m. Lo mismo que ABONAÇÃO.

ABONANÇAR (sar) v. tr. Aquietar, sosegar, calmar, apaciguar, tranquilizar. v. intr. Abonanzar, serenarse el tiempo, calmarse la tormenta. v. r. Aquietarse, calmarse, apaciguarse, serenarse, sosegarse.

ABONAR v. tr. Abonar. Garantizar, garantir, afianzar. Anticipar, adelantar (dinero). v. r. Alabarse, jactarse, vanagloriarse.

ABONÁVEL adj. Afianzable.

ABONECADO, DA adj. Amuñecado.

ABONO m. Lo mismo que ABONAÇÃO. Abono, fianza, seguridad, garantía. Pago (de salario). Em — de, m. adv. En defensa de, para mayor verdad.

ABOQUEJAR (jar) v. tr. Lo mismo que ABOCANHAR.

ABORBULHAR (llar) v. tr. Borbollar. Ú. t. c. r.

ABORDADA f. Lo mismo que ABORDAGEM.

ABORDAGEM f. Abordaje, abordo.

ABORDAR v. tr. Mar. Abordar, chocar una embarcación con otra. Abarloar. v. intr. y tr. Atracar, arrimar. Llegar, acercarse.

ABORDÁVEL adj. Abordable.

ABORDO (bór) m. Abordo, abordaje, acción de abordar. Entrada.

ABORDOAR v. tr. Golpear con un bordón. v. r. Arrimarse, firmarse, andar o ir apoyado en un bordón.

ABORÍCOLAS m. pl. aborígenes.

ABORÍGENE (je) adj. Aborigen.

ABORLETAR v. tr. Adornar con borlas.

ABORRASCAR v. tr. Hacer borrascoso. v. r. Aborrascarse, ponerse el tiempo borrascoso.

ABORRECEDOR, RA adj. Aborrecedor. Aburridor.

ABORRECER v. tr. Aborrecer. Aburrir, fastidiar, molestar. v. intr. Causar aborrecimiento, aburrimiento, o aversión. v. r. Aburrirse, fastidiarse, cansarse de alguna cosa o persona, tomarle tedio.

ABORRECIDAMENTE adv. m. Aborrecidamente. Aburridamente.

ABORRECIDO, DA adj. Aborrecido (que está aburrido). Aburrido (que causa aburrimiento).

ABORRECIMENTO m. Aburrimiento, cansancio, fastidio, tedio. Aborrecimiento; aversión.

ABORRECÍVEL adj. Aborrecible, detestable. Aburrido.

ABORRECIVELMENTE adv. m. Aburridamente.

ABORRIDAMENTE adv. m. Lo mismo que ABORRECIDAMENTE.

ABORRIDO, DA adj. Aburrido. Airado, encolerizado.

ABORRIMENTO m. Lo mismo que ABORRECIMENTO.

ABORRIR v. tr. ant. Lo mismo que ABORRECER.

ABORRÍVEL adj. Lo mismo que ABORRECÍVEL.

ABORRIVELMENTE adv. m. Aborreciblemente.

ABORTAMENTO m. Abortamiento, aborto.

ABORTAR v. intr. Abortar.

ABORTÍCIO, CIA adj. Abortivo.

ABORTÍFERO, RA adj. Que causa aborto.

ABÔRTO (bór) m. Abortamiento, aborto. Aborto, cosa abortada. fig. Aborto, cualquiera producción rara de la naturaleza.

ABOSCAR v. tr. Ganar, conseguir, adquirir.

ABOSSADURA (sa) f. Lo mismo que BOSSAGEM.

ABOSTELADO, DA adj. Lleno de pústulas o postillas. Mal concertado.

ABOSTELAR v. intr. Apostillarse, llenarse de pústulas o postillas.

ABOTECAR v. tr. Bras. nort. Asir, coger algo con la mano.

ABOTICADO, DA adj. Saltón (dícese de los ojos).

ABOTIJADO, DA (ja) adj. Hecho en forma de botijo.

ABOTIJAR (jar) v. tr. Poner en botijo. Dar figura de botijo.

ABOTINADO, DA adj. Abotinado, hecho en forma de botín.

ABOTOAÇÃO (sáum) f. Bot. Brotadura. Acción de abotonar (la planta).

ABOTOADEIRA m. Art. y Of. Abotonador. Botonera. Ojal.

ABOTOADO, DA adj. Abotonado. Calado. Lo mismo que ARREGALADO.

ABOTOADOR m. Art. y Of. Abotonador.

ABOTOADURA f. Acción de abotonar, de meter el botón por el ojal. Botonadura (juego de botones para un traje o prenda de vestir).

ABOTOAMENTO m. Lo mismo que ABOTOADURA, 1ª. acep. Lo mismo que ABOTOAÇÃO.

ABOTOAR v. tr. Abotonar (meter el botón por el ojal). Ú. t. c. r. Poner botones (en una prenda de vestir). Agarrar, asir del saco o de la ropa. v. intr. Abotonar (echar botones las plantas). Ú. t. c. r. Despuntar, nacer (hablando del sol).

ABOTOEIRA f. Ojal. Botonera.

ABOTUMADO, DA adj. pop. Lo mismo que ABETUMADO.

ABOTUMAR v. tr. pop. Lo mismo que ABETUMAR.

ABRA f. Abra (bahía no muy extensa). Narices (los dos orificios que hay en la base de la nariz).

ABRAÂMICO, CA adj. Abrahámico.

ABRAÂMIO, MIA adj. Lo mismo que ABRAÂMICO.

ABRAAMITAS m. pl. Abrahamitas.

ABRAÂO (braáum) m. p. Abrahán. Seio de —. Seno de Abrahán.

ABRAÇADA (sa) f. Lo mismo que BRAÇADA.

ABRACADABRANTE adj. Perteneciente o relativo al abracadabra. Misterioso, maravilloso, estupendo, mágico. Extraordinario, extravagante.

ABRACADABRÁTICO, CA adj. Lo mismo que ABRACADABRANTE.

ABRACADABRESCO, CA adj. Lo mismo que ABRACADABRANTE.

ABRACADABRESTO, TA adj. Lo mismo que ABRACADABRANTE.

ABRACADÁBRICO, CA adj. Lo mismo que ABRACADABRANTE.

ABRAÇADEIRA (sa) f. Abrazadera (pieza que sirve para sujetar alguna cosa ciñéndola). pl. Abrazaderas (corchetes, llaves que abrazan dos o más líneas).

ABRAÇADO, DA (sa) adj. Abrazado, ceñido.

ABRAÇADOR, RA (sa) adj. Abrazador.

ABRAÇADURA (sa) f. Lo mismo que ABRAÇAMENTO.

ABRAÇAMENTO (sa) m. Abrazamiento, abrazo.

ABRAÇANTE (sán) adj. Abrazante.

ABRAÇAR (sar) v. tr. Abrazar, ceñir con los braços. fig. Abrazar, rodear, ceñir; admitir, aceptar, contener, comprender.

ABRAÇÁVEL (sá) adj. Digno de ser abrazado.

ABRACITO m. Miner. Abrazita.

ABRAÇO (so) m. Abrazo. Abrazamiento. — da vide. Lo mismo que GAVINHA.

ABRANCAÇADO, DA (sa) adj. Lo mismo que ESBRANQUIÇADO.

ABRANCADO, DA adj. Lo mismo que ESBRANQUIÇADO.

ABRANCAR v. tr. Lo mismo que EMBRANCAR.

ABRANDADO, DA adj. Ablandado. Mitigado. Suavizado.

ABRANDADURA f. Lo mismo que ABRANDAMENTO.

ABRANDAMENTO m. Ablandamiento. Apaciguamiento. Enternecimiento. Mitigación.

ABRANDAR v. tr. Ablandar, poner una cosa blanda. Ú. t. c. r. Ablandar, suavizar, mitigar. fig. Enternecer. v. intr. Abonanzarse. v. r. Conmoverse, enternecerse. v. tr. Pint. Abatir.

ABRANDECER v. tr. Lo mismo que ABRANDAR.

ABRANDECIDO, DA adj. Lo mismo que ABRANDADO.

ABRANDECIMENTO m. Lo mismo que ABRANDAMENTO.

ABRANGER (jer) v. tr. Abranzar, ceñir, Abarcar, contener, comprender, alcanzar.

ABRANGIDO, DA (ji) adj. Abarcado. Alcanzado. Ceñido.

ABRANGIDURA (ji) f. Lo mismo que ABRANGIMENTO.

ABRANGIMENTO (ji) m. Abrazamiento. Abarcadura, abarcamiento. Comprensión. Ceñidura.

ABRANGÍVEL (jí) adj. Que puede ser abarcado, ceñido o comprendido.

ABRANQUECER v. tr. Lo mismo que EMBRANQUECER.

ABRANQUECIDO, DA *adj*. Lo mismo que EMBRANQUECIDO.

ABRÁQUICO, CA *adj*. Abraquio.

ABRASADAMENTE (za) *adv. m*. Abrasadamente. Ardientemente. Airadamente.

ABRASADO, DA (za) *adj*. Abrasado. Quemado. *fig*. Encendido, inflamado. Encendido, sonrojado, sonrosado. Airado.

ABRASADOR, RA (za) *adj*. Abrasador. Ardiente. Lo mismo que ABAFADIÇO. Excitador, arrebatador, exaltador.

ABRASADURA (za) *f*. Lo mismo que ABRASAMENTO.

ABRASAMENTO (za) *m*. Abrasamiento. Ardor, pasión. Lo mismo que AFOGUEAMENTO.

ABRASANTE (za) *adj*. Lo mismo que ABRASADOR.

ABRASÃO (záum) *f*. *Med*. Abrasión. Raspadura.

ABRASAR (zar) *v. tr*. Abrasar, quemar, reducir a brasa. Ú. t. c. r. Abrasar, agostar. Calentar, acalorar. Ú. t. c. intr. *fig*. Excitar, exaltar, inflamar. *fig*. Abrasar, consumir, malgastar (los bienes). Destruir.

ABRASEADO, DA (zea) *adj*. Sonrojado, sonrosado, encendido.

ABRASEAMENTO (zea) *m*. Lo mismo que ABRASAMENTO. Lo mismo que ENRUBESCIMENTO.

ABRASEAR (zear) *v. tr*. Lo mismo que ABRASAR.

ABRASILEIRADO, DA (zi) *adj*. Extranjero que en el aire y costumbres parece brasileño.

ABRASILÉIRAMENTO (zi) *m*. Acción y néfecto de

ABRASILEIRAR (zi) *v. tr*. Dar aire o carácter de brasileño. *v. r*. Tomar costumbres brasileñas.

ABRASITO (zi) *m*. *Miner*. Abrazita.

ABRASIVO, VA (zi) *adj*. Raspante. *m*. Substancia raspante.

ABRASOADO, DA (zoa) *P. p*. de

ABRASOAR (zoar) *v. tr*. Lo mismo que

ABRASONAR (zo) *v. tr*. Dar blasón a uno. Poner el blasón en alguna cosa.

ABRAZITO (zi) *m*. Lo mismo que ABRASITO.

ABRE-ILHÓS (llòs) *m*. Sacabocados (para abrir ojetes).

ABREJEIRADO, DA (je) *adj*. Que tiene costumbres de *Brejeiro*.

ABREJEIRAR (jei) *v. tr*. Hacer *Brejeiro*. Ú. t. c. r.

ABRE-LATAS *m*. Abrelatas.

ABRENHAR (ñar) *v. tr*. Lo mismo que EMBRENHAR. Ú. t. c. r.

ABRENUNCIAÇÃO (sáum) *f*. Conjuro, acción de

ABRENUNCIAR *v. tr*. Conjurar; rechazar, renunciar a una cosa.

ABRENÚNCIO *m*. Abrenuncio, abrenuntio, conjuro. —! ¡Válgame Dios!

ABREU *m*. *Bras. Ceará*. Especie de abeja (*Melipona varia*).

ABREVIAÇÃO (sáum) *f*. Abreviación (acción de abreviar).

ABREVIADURA *f. ant*. Lo mismo que ABREVIATURA.

ABREVIAMENTO *m. ant*. Abreviamiento.

ABREVIAR *v. tr*. Abreviar, acortar, reducir, hacer breve. Acelerar, apresurar.

ABREVIATÓRIO, RIA (tò) *adj*. Abreviativo.

ABREVIATURA *f*. Abreviatura, abreviación.

ABRICÓ (cò) *m*. *Bot*. Albaricoque.

ABRICOQUEIRO *m*. *Bot*. Albaricoquero.

ABRICOTE (cò) *m*. Lo mismo que ABRICÓ.

ABRIDEIRA *f*. Aperitivo (bebida).

ABRIDOR, RA *adj*. Aperitivo. *m*. Grabador, abridor. Abrelatas. Instrumento que sirve para quitar los tapones de metal a las botellas.

ABRIGADA *f*. Abrigadero, abrigada, abrigo. Ense-nada. Refugio, acogida.

ABRIGADO, DA *adj*. Abrigado. *m*. Abrigadero, abrigado, abrigada.

ABRIGADOR, RA *adj*. Que abriga, defiende, o protege.

ABRIGADOURO *m*. Lo mismo que ABRIGADA.

ABRIGAMENTO *m*. Lo mismo que ABRIGO.

ABRIGAR *v. tr*. Abrigar, defender, resguardar del frío. Ú. t. c. r. *fig*. Abrigar, auxiliar, patrocinar, amparar. Acoger, dar refugio.

ABRIGO *m*. Abrigo (defensa contra el frío; cosa que abriga). *Mar*. Abrigo. Cobertura, cubierta. *fig*. Abrigo, protección, amparo, defensa, auxilio.

ABRIGOSO, SA (ozo, òza) *adj*. Que fornece abrigo.

ABRIL *m*. Abril (cuarto mes del año). *fig*. Abril, primera juventud. *pl. fig*. Abriles (años de la primera juventud).

ABRILHANTADAMENTE (llan) *adv. m*. Con brillantez. *fig*. Lucidamente.

ABRILHANTADO, DA (llan) *adj*. Labrado, abrillantado. *fig*. Realzado.

ABRILHANTADOR, RA (llan) *adj*. Abrillantador. Que realza.

ABRILHANTAMENTO (llan) *m*. Acción y efecto de

ABRILHANTAR (llan) *v. tr*. Abrillantar. *fig*. Abrillantar, dar más valor o lucimiento.

ABRILINO, NA *adj*. Abrileño.

ABRIMENTO *m*. Abrimiento, abertura. — *de boca*. Bostezo.

ABRIR *v. tr*. Abrir (en todas sus acepciones). — *boca*. Hablar. Bostezar. Reclamar. Llorar. Insultar. — *a cabeça*. Romper la cabeza. — *a causa*. Dar motivo. Explicarse. — *a estrada*. Facilitar. — *as asas*. Volar. — *as mãos*. Ser generoso. — *as velas*. Navegar. — *caminho*. Abrir camino. Adelantarse. Progresar. — *campo*. Dar motivo, ocasión u oportunidad. — *campo fora*. Huir. — *mão de*. Dejar, abandonar. — *o bico*. Lo mismo que ABRIR A BOCA. — *o pala*. Huir. — *o tarro*. Cantar. — *passagem*. Lo mismo que ABRIR CAMINHO.

ABROCADADO, DA *adj*. Que imita al brocado; parecido al brocado.

ABROCADAR *v. tr*. Imitar al brocado, tejer a manera de brocado.

ABROCADO, DA *adj*. Lo mismo que ABROCADADO. *m*. Tejido de seda parecido al brocado.

ABROCHADO, DA (cha) *adj. P. p*. de *Abrochar*.

ABROCHADOR, RA (cha) *adj*. Que abrocha. *m*. Abrochador, abotonador. Broche, botón, corchete.

ABROCHADURA (cha) Abrochadura, abrochamiento. Abotonadura. Lo mismo que AFIVELADURA.

ABROCHAR (char) *v. tr*. Abrochar.

ABROGAÇÃO (sáum) *f*. Abrogación.

ABROGATIVO, VA *adj*. Abrogatorio.

ABROGÁVEL *adj*. Abrogable.

ABROLHADO, DA (lla) *adj*. Lleno de espinos o abrojos. Abotonado (llena de botones una planta).

ABROLHAL (llal) *m*. Abrojal.

ABROLHAMENTO (lla) *m*.- Lo mismo que ABOTOAÇÃO, 1ª. acep. Acción y efecto de

ABROLHAR (llar) *v. tr*. Producir abrojos. Cubrir o llenar de espinos. *v. intr*. Abotonar, brotar, abrochar, echar renuevos. Apostillarse. *v. tr*. (con la prep. *de*). Causar alguna cosa nociva. *v. tr. fig*. Brotar, manar, arrojar.

ABROLHO (bróllo) *m*. Abrojo. *fig*. Obstáculo, estorbo, dificultad, disgusto. Ú. m. en pl. *pl. Mar*. Abrojos.

ABROLHOSO, SA (llozo, òza) *adj*. Lleno de abrojos, espinoso; lleno de dificultades.

ABRONCA *f*. *Bot*. Abronia.

ABRONZADO, DA (zado) *adj*. Bronceado. Vasado en bronce. Lo mismo que ABLAQUEADO.

ABRONZAMENTO (za) *m*. Bronceado, bronceadura. Acción de

ABRONZAR (zar) *v. tr*. Broncear. Fundir el cobre.

ABRONZEADO, DA (zea) *adj*. Lo mismo que ABRONZADO.

ABRONZEAMENTO (zea) *m*. Lo mismo que ABRONZAMENTO.

ABRONZEAR (zear) *v. tr*. Lo mismo que ABRONZAR.

ABROQUELADO, DA *adj*. De figura de broquel.

ABROQUELAR *v. tr*. *Mar*. Abroquelar. Dar figura de broquel a una cosa. Cubrir con el broquel. *fig*. Defender, amparar. *v. r*. Abroquelarse.

ABROTADURA *f*. Lo mismo que BROTAMENTO.

ABRÓTEA (brò) *f*. *Bot*. Asfódelo; gamón; narciso.

ABROTEAL *m*. Sitio plantado de asfódelos.

ABRÓTEGA (brò) *f*. Lo mismo que ABRÓTEA.

ABRÓTIA (brò) *f*. Lo mismo que ABRÓTEA.

ABRÓTIGA (brò) *f*. Lo mismo que ABRÓTEA.

ABROTONITE *m*. Abrotanito.

ABRÓTONO (brò) *m*. *Bot*. Abrótano.

ABRUNHEIRO (ñei) *m*. *Bot*. Ciruelo. — *bravo*. Endrino.

ABRUNHO (ño) *m*. Ciruela. Endrina.

ABRUPÇÃO (sáum) *f*. Abrupción.

ABRUPTADO, DA *adj*. Abrupto, escarpado.

ABRUPTAMENTE *adv. m*. Abruptamente. De repente, repentinamente.

ABRUPTO, TA *adj*. Abrupto. Repentino.

ABRUTALAR *v. tr*. Abrutar. Ú. t. c. r.

ABRUTALHADAMENTE (lla) *adv. m*. Brutalmente, rudemente, groseramente, violentamente.

ABRUTALHADO, DA (lla) *adj*. Abrutado, grosero, violento, rude.

ABRUTALHAR (llar) *v. tr*. Lo mismo que ABRUTAR.

ABRUTAMENTO *m*. Rudeza, brutalidad, embrutecimiento.

ABRUTAR *v. tr*. Embrutecer, entorpecer, abrutar.

ABRUTECER *v. tr*. Lo mismo que ABRUTAR.

ABRUTECIMENTO *m*. Embrutecimiento.

ABSCONDER *v. tr*. Esconder, encerrar, envolver, cerrar, cubrir.

ABSCONSO, SA *adj*. Escondido, oculto.

ABSENTEÍSMO *m*. Absentismo.

ABSENTEÍSTA *adj*. Absentista. Ú. t. c. s. m.

ABSÍNTIO *m*. *Bot*. Ajenjo; absintio.

ABSINTO *m*. Lo mismo que ABSÍNTIO.

ABSINTOSO, SA (ozo, òza) *adj*. Absínteo, que contiene ajenjo. Amargo. *m*. El que se entrega al vicio del ajenjo.

ABSOLTO, TA *P. p. irreg*. de *Absolver*. Absuelto.

ABSOLVER *v. tr*. Absolver, dar por libre de algún cargo; remitir a un penitente sus pecados; perdonar; dar por libre al reo.

ABSOLVIÇÃO (sáum) *f*. Absolución. — *da instância*. Absolución de la instancia.

ABSOLVIDO, DA *adj*. Absuelto. Perdonado. Dado por libre.

ABSOLVIMENTO *m*. Lo mismo que ABSOLVIÇÃO.

ABSONÂNCIA *f*. Disonancia.

ABSORÇÃO (sáum) *f*. Absorción.

ABSORTIVIDADE *f*. Absorbencia.

ABSORTO, TA *adj*. Absorto. Admirado, pasmado, extasiado, cautivado, embelesado. Distraído.

ABSORVEDOR, RA *adj*. Absorbente.

ABSORVEDOURO *m*. Lo mismo que SORVEDOURO.

ABSORVÊNCIA *f*. Absorbencia.

ABSORVENTE *adj*. Absorbente.

ABSORVER *v. tr*. Absorber. Ú. t. c. intr. con la prep. *em*.

ABSORVIBILIDADE *f*. Calidad de absorbible.

ABSORVIDO, DA *P. p*. de *Absorver*. Lo mismo que ABSORTO.

ABSORVIMENTO *m*. Absorbimiento, absorción.

ABSORVÍVEL *adj*. Absorbible.

ABSTENÇÃO (sáum) *f*. Abstención.

ABSTER *v. tr*. Contener, deter, someter. *v. r*. Abstenerse.

ABSTERGÊNCIA (jen) *f*. Calidad de abstersivo.

ABSTERSÃO (sáum) *f*. *Med*. Abstersión.

ABSTIDO, DA *adj*. Abstinente.

ABSTINÊNCIA *f*. Abstinencia.

ABSTRAÇÃO (sáum) *f*. Abstracción.

ABSTRAIDOR, RA *adj*. Lo mismo que ABSTRATOR.

ABSTRAIMENTO *m*. Abstracción.

ABSTRAIR *v. tr*. Abstraer. Ú. t. c. r.

ABSTRATAMENTE *adv. m*. Abstractamente.

ABSTRATÍCIO, CIA *adj*. Abstractício.

ABSTRATIVAMENTE *adv. m*. Abstractivamente.

ABSTRATIVO, VA *adj*. Abstractivo.

ABSTRATO, TA *adj*. Abstracto.

ABSTRATOR, RA *adj*. Abstrator.

ABSTRUSAMENTE (za) *adv. m*. De manera abstrusa.

ABSTRUSÃO (záum) *f*. Calidad de abstruso.

ABSTRUSIDADE (zi) f. Lo mismo que ABS-TRUSÃO.

ABSTRUSO, SA (zo) adj. Abstruso, recóndito, de difícil comprensión. Extravagante.

ABSUNÇÃO (sáum) f. Lo mismo que CONSUNÇÃO.

ABSURDEZ f. Lo mismo que

ABSURDEZA (za) f. Absurdo, disparate, inoportunidad.

ABSURDIDADE f. Absurdidad.

ABSURDO, DA adj. Absurdo. m. Absurdo (dicho o hecho repugnante a la razón; disparate, inoportunidad).

ABSUSO (zo) m. Bot. Absus.

ABUGALHADO, DA (lla) adj. Lo mismo que ESBUGALHADO.

ABUGALHAR (lla) v. tr. Lo mismo que ESBUGALHAR.

ABULOMANIA (nía) f. Abulia.

ABUNA m. Nombre que daban los indios a los jesuítas. Abuna (obispo o jefe de la iglesia abisinia).

ABUNDAÇÃO (sáum) f. Lo mismo que

ABUNDAMENTO m. Abundamiento.

ABUNDÂNCIA f. Abundancia, copia, gran cantidad.

ABUNDANCIAR v. tr. Tornar abundante, dotar en abundancia, abundar.

ABUNDAR v. intr. Abundar, tener o hallarse en abundancia, persistir en una idea u opinión. Tener la misma opinión.

ABUNDEZA (za) f. Abundancia.

ABUNDIDADE f. Abundancia.

ABURACADO, DA adj. Lo mismo que ESBURACADO.

ABURACAR v. tr. Lo mismo que ESBURACAR.

ABURGUESADO, DA (za) adj. Hecho burgués, que tiene costumbres burguesas. fig. Grosero, rude.

ABURGUESAR (zar) v. tr. Hacer burgués, Ú. m. c. r.

ABUSADO, DA (za) adj. Bras. nort. Aburrido, fastidioso; entremetido.

ABUSADOR, RA (za) adj. Abusador. Abusón.

ABUSÃO (záum) f. Abuso. Abusión, superstición, agüero. Ret. Abusión, catacresis.

ABUSAR (zar) v. intr. Abusar. Ú. t. c. tr. con la prep. de.

ABUSO (zo) m. Abuso; exageración, extralimitación; incontinencia. Bras. Lo mismo que CANALHICE. Bras. Lo mismo que MAÇADA.

ABUTRE m. Zool. Buitre. fig. Hombre cruel.

ABUTREIRO m. Buitrero, cazador de buitres.

ACA m. Bras. Minas Gerais. Hedor.

ACABAÇADO, DA (sa) adj. Acalabazado.

ACABAÇAR (sar) v. tr. Dar figura de calabaza.

ACABADIÇO, ÇA (so) adj. Enfermizo, enfermucho.

ACABADINHO, NHA (ño) adj. Debilitado, envejecido, enfermo.

ACABADO, DA adj. Acabado, consumado, perfecto; malparado, viejo. fam. Flaco. m. Lo mismo que ACABAMENTO.

ACABADOTE (dò) adj. fam. Envejecido, acabado.

ACABAMENTO m. Acabamiento (acción de acabar algo; efecto o cumplimiento de algo; fin, término). Remate, conclusión de una cosa. fig. Acabamiento, muerte.

ACABA-NOVENAS m. Bras. Ceará. Alborotapueblos.

ACABAR v. tr. Acabar, terminar, concluir. Ú. t. c. r. Apurar, consumir. v. intr. Acabar, rematar, finalizar, terminar. Acabar, morir, extinguirse, aniquilarse. Ú. t. c. r.

ACABÁVEL adj. Acabable.

ACABIRAS m. Zool. Acabiray.

ACABOCLADO, DA adj. Que es de origen o de raza de caboclo. Rústico, inculto, aldeano.

ACABOCLAR v. tr. Dar modales de caboclo. v. r. Adquirir las costumbres o el color de los caboclos. Tornarse rústico, inculto, o aldeano.

ACABRUNHADO, DA (ña) adj. Oprimido, entristecido, agobiado, fastidiado, aburrido. Avergonzado, humillado, abatido.

ACABRUNHADOR, RA (ña) adj. Agobiante, aburridor, opresor. Vergonzoso, humillador. Que causa desánimo o desaliento.

ACABRUNHAMENTO (ña) m. Aburrimiento; opresión; desánimo, desaliento; humillación; agobio.

ACABRUNHAR (ñar) v. tr. Oprimir, agobiar; desanimar, desalentar; aburrir; humillar; avergonzar; afligir, abatir. Ú. t. c. r. y intr.

AÇACALADAMENTE (sa) adv. m. Acicaladamente.

AÇACALADO, DA (sa) adj. Acicalado, limpio, aseado, terso, bruñido. m. Acicalado, acicalamiento.

AÇACALADOR, RA (sa) adj. Acicalador. m. Acicalador.

AÇACALADURA (sa) f. Acicaladura, acicalamiento.

AÇACALAR (sa) v. tr. Acicalar, limpiar, bruñir. fig. Acicalar, pulir, adornar, aderezar, componer. Aguzar, afinar. Afilar.

ACAÇAPADAMENTE (sa) adv. m. Escondida, ocultamente.

ACAÇAPADO, DA (sa) adj. Agachado, agazapado, escondido, oculto.

ACAÇAPAMENTO (sa) m. Acción y efecto de

ACAÇAPAR (sa) v. tr. Agachar, agazapar, esconder, ocultar. Ú. t. c. r. Reducir a las proporciones de un gazapo. Aplastar, abatir.

ACACHADO, DA (cha) adj. Agachado, escondido, oculto.

ACACHAPADAMENTE (cha) adv. m. Lo mismo que ACAÇAPADAMENTE.

ACACHAPADO, DA (cha) adj. Lo mismo que ACAÇAPADO.

ACACHAPAMENTO (cha) m. Lo mismo que ACAÇAPAMENTO.

ACACHAPAR (cha) v. tr. Lo mismo que ACAÇAPAR.

ACACHAR (char) v. tr. Agachar, esconder, ocultar.

ACACHIMBADO, DA (chim) adj. De figura de pipa de fumar. Que está fumando en la pipa.

ACACHOAR (choar) v. intr. Borbotar, borbotear.

ACÁCIO m. Hombre vano, sentencioso y ridículo.

ACAFAGESTADO, DA (jes) adj. Bras. Lo mismo que ACANALHADO.

ACAFAGESTAMENTO (jes) m. Bras. Acción y efecto de

ACAFAGESTAR-SE (jes) v. r. Bras. Lo mismo que ACANALHAR (v. r.).

AÇAFATA (sa) f. Azafata.

AÇAFATE (sa) m. Azafate.

ACAFELAMENTO m. Acción y efecto de

ACAFELAR v. tr. Revocar una pared. fig. Disfrazar, encubrir, disimular.

AÇAFRÃO (safráum) m. Bot. Azafrán. — bastardo. Azafrán bastardo, alazor.

AÇAFRAR (sa) v. tr. Lo mismo que AÇAFROAR.

AÇAFROA (sa) f. Bot. Alazor.

AÇAFROADO, DA (sa) adj. Azafranado.

AÇAFROADOR (sa) m. Azafranador.

AÇAFROAL (sa) m. Azafranal.

AÇAFROAMENTO (sa) m. Azafranamiento.

AÇAFROAR (sa) v. tr. Azafranar. v. r. Palidecer (de miedo, de ira).

AÇAFROEIRA (sa) f. Bot. Azafrán (la planta).

AÇAFROEIRAL (sa) m. Lo mismo que AÇAFROAL.

AÇAFROEIRO (sa) m. Azafranero.

AÇAFROÍNA (sa) f. Quím. Azafranina.

AÇAFROL (sa) m. Bot. Especie de azafrán (Crocus clusisi).

AÇAÍ (sa) m. Bot. Especie de palmera del Amazonas (Euterpe edulis). Fruto de esta planta. Bebida preparada con este fruto.

ACAIÇARADO, DA (sa) adj. Bras. Lo mismo que ACAIPIRADO.

ACAIÇARAR-SE (sa) v. r. Bras. Lo mismo que ACAIPIRAR-SE.

AÇAIMAR (asain) v. tr. Lo mismo que AÇAMAR.

AÇAIME (sain) m. Lo mismo que AÇAMO.

AÇAIMO (asain) m. Lo mismo que AÇAMO.

ACAIPIRADO, DA adj. Bras. Tímido, bisoño; aldeano, rústico.

ACAIPIRAR-SE v. r. Bras. Encogerse, estrecharse, tener cortedad o timidez. Hacerse rústico, aldeano o inculto.

AÇAIRANA (asaí) f. Bras. Bot. Especie de palmera del Amazonas (Geonoma camana).

AÇAIZAL (saizal) m. Bras. Sitio poblado de Açaís.

AÇAIZEIRO (saizei) m. Bras. Lo mismo que AÇAÍ.

ACAJADAR (ja) v. tr. Golpear con el cayado.

ACAJÚ (jú) m. Bot. Anacardo.

ACALANTO m. Bras. Lo mismo que ACALENTO.

ACALCADO, DA adj. Calcado.

ACALCANHADO, DA (ña) adj. Descalcañado, destalonado. Pisoteado, humillado.

ACALCANHAMENTO (ña) m. Acción y efecto de

ACALCANHAR (ñar) v. tr. Descalcañar, destalonar. Pisar con el calcañar, calcar. fig. Pisotear, humillar.

ACALENTAR v. tr. Arrullar, adormecer, mecer. v. r. Calmarse; callarse, dejar de llorar, de gritar, etc.

ACALENTO m. Arrullo.

ACALMAÇÃO (sáum) f. Calma, tranquilidad, sosiego, quietud.

ACALMADO, DA adj. Calmado, quieto, tranquilo, sereno.

ACALMAR v. tr. Calmar, aquietar, apaciguar, tranquilizar, aplacar, sosegar, templar. Ú. t. c. r. v. intr. Calmar, entrar en calma.

ACALMIA (mía) f. Calma, cesación, suspensión.

ACALORAR v. tr. Acalorar. Ú. t. c. r.

ACAMADO, DA adj. Acamado (hablando de las mieses). Acostado, tendido en la cama.

ACAMAMENTO m. Acción y efecto de

ACAMAR v. tr. Acamar (hablando de las mieses). Colocar en camadas. v. intr. Enfermar. v. r. Abatirse.

AÇAMAR (sa) v. tr. Embozalar, embozar. fig. Refrenar, reprimir.

ACAMARADAR v. intr. Andar de camaradería. v. r. Hacerse camarada, amistarse.

AÇAMBARCADO, DA (sán) adj. Acaparado, monopolizado.

AÇAMBARCADOR, RA (sán) adj. Acaparador, monopolizador. Ú. t. c. s.

AÇAMBARCAGEM (sánbarcajem(f. Lo mismo que

AÇAMBARCAMENTO (sán) m. Acaparamiento. Monopolio.

AÇAMBARCANTE (sán) adj. Lo mismo que AÇAMBARCADOR.

AÇAMBARCAR (sán) v. tr. Acaparar, monopolizar.

AÇAMBARQUE (sán) m. Lo mismo que AÇAMBARCAMENTO.

ACAMBRAIADO, DA adj. Acambrayado.

AÇAME (sán) m. Lo mismo que

AÇAMO (sán) m. Bozal.

ACAMPAINHADO, DA (acánpàinñado) adj. Acampanado, de figura de campanilla.

ACAMPAINHAR (acánpàinñar) v. tr. Acampanar, dar a una cosa figura de campanilla.

ACAMPAMENTO m. Campamento.

ACAMURÇADO (sa) adj. Agamuzado. Gamuzado.

ACAMURÇAMENTO (sa) m. Acción y efecto de

ACAMURÇAR (sar) v. tr. Agamuzar.

ACANALAMENTO m. Acanaladura.

ACANALHADAMENTE (lla) adv. m. Envilecidamente, abyectamente, bajamente, infamadamente, pícaramente.

ACANALHADO, DA (lla) adj. Abribonado, apicarado, envilecido.

ACANALHADOR, RA (lla) adj. Envilecedor.

ACANALHAMENTO (lla) m. Envilecimiento.

ACANALHANTE (llán) adj. Lo mismo que ACANALHADOR.

ACANALHAR (llar) v. tr. Envilecer. v. r. Abribonarse, apicararse.

ACANHAÇÃO (ñasáum) f. Lo mismo que ACANHAMENTO.

ACANHADAMENTE (ña) adv. m. Tímidamente, encogidamente.

ACANHADÃO (ñadáum) adj. Muy tímido, corto o encogido.

ACANHADO, DA (ña) *adj.* Tímido, encogido, corto. Apretado, estrecho. Mesquino, avaro, escaso, miserable. Corto, escaso, defectuoso. Corto (hablando de ideas). Apocado, abatido. Oprimido. Humilde.

ACANHADOR, RA (ña) *adj.* Lo que hace tímido o corto.

ACANHAMENTO (ña) *m.* Timidez, cortedad, encogimiento. Poquedad. Desánimo, desaliento. Avaricia, mezquindad.

ACANHAR (ñar) *v. tr.* Acortar, apocar (en sentido recto y figurado). Apretar, estrechar. Ú. t. c. r. Abatir, humillar, deprimir. Encoger, apocar el ánimo. Avergonzar. *v. r.* Acobardarse. Someterse.

ACANHO (ño) *m.* Lo mismo que ACANHAMENTO.

ACANHOAR (ño) *v. tr.* Lo mismo que

ACANHONEAR (ño) Acañonear, cañonear.

ACANTOADO, DA *adj.* Arrinconado. Oculto, escondido. Apartado, retirado.

ACANTOAMENTO *m.* Recogimiento, retraimiento. Acción y efecto de

ACANTOAR *v. tr.* Arrinconar, poner algo en un rincón. Ocultar, esconder. Apartar, retirar. Despreciar. *v. r.* Arrinconarse, retirarse del trato de las gentes, recogerse, retraerse.

ACANTONAMENTO *m.* Acantonamiento.

ACANULAR *v. tr.* Acanalar.

AÇÃO (asáum) *f.* Acción.

AÇAPACHAR (char) *v. tr.* Reducir a ruedo o felpudo. Abatir, humillar. Aplastar. *v. r.* Humillarse.

AÇAPELAR *v. tr.* Lo mismo que ENCAPELAR. Ú. t. c. r.

ACAPITULAR *v. tr.* Dividir en capítulos.

ACAPOEIRAR-SE *v. r.* Lo mismo que ACANA-LHAR *(v. r.)*

ACARÁ *m. Bras.* Manjar hecho de una pasta de judías frita en aceite de *dendê*, con pimientos. *Zool.* Acara.

ACARAÍ *m. Bras.* Lo mismo que ACARI.

ACARAJÉ (jè) *m. Bras.* Lo mismo que ACARÁ, 1ª acep.

ACARANGADO, DA *adj.* Lo mismo que ENCA-RANGADO.

ACARAPEBA *m. Bras.* Pez del Brasil *(Diapterus rhombeus).*

ACARAPEVA (pè) *m. Bras. Zool.* Especie de acara.

ACARAR *v. tr.* Acarar, carear, acarear.

ACARDUMAR-SE *v. tr.* Reunirse en bancos los peces.

ACAREAÇÃO (sáum) *f.* Careo, acareamiento.

ACAREAMENTO *m.* Lo mismo que ACAREA-ÇÃO.

ACAREANTE *p. a. de*

ACAREAR *v. tr.* Carear, acarear. *fig.* Carear, cotejar una cosa con otra.

ACARI *m. Bras.* Acaricia (pez del Brasil).

ACARÍASE (ze) *f. Med.* Acariasis, sarna.

ACARICIAR *v. tr.* Acariciar (en todas sus acepciones).

ACARICIATIVO, VA *adj.* Acariciador.

ACARIDAR *v. tr.* Acariciar, tratar con amor o cariño. *v. r.* Compadecerse.

AÇARILHAR (sarilhar) *v. tr.* Lo mismo que EN-SARILHAR.

ACARINHADO, DA (ña) *adj.* Acariciado, mimado, tratado con cariño.

ACARINHADOR, RA (ña) *adj.* Acariciador.

ACARINHAR (ñar) *v. tr.* Acariciar.

ACARINHÁVEL (ñá) *adj.* Que puede ser acariciado.

ACARRAR *v. tr.* Lo mismo que

ACARREAR *v. tr.* Lo mismo que ACARRETAR.

ACARREIO *m.* Lo mismo que ACARRETO.

ACARRETADEIRA *f.* Acarreadora.

ACARRETADO, DA *adj.* Acarreado, conducido, transportado. Causado, ocasionado.

ACARRETADOR, RA *adj.* Acarreador. *m.* Acarreador.

ACARRETADURA *f.* Lo mismo que

ACARRETAMENTO *m.* Acarreamiento, acarreo.

ACARRETAR *v. tr.* Acarrear, transportar. *fig.* Acarrear, ocasionar, proporcionar, ser motivo de algo, especialmente de daños. — *lágrimas.* Causar angustia, tristeza, aflicción, etc.

ACARRETO (rré) *m.* Acarreo, acarreamiento. Plagio.

ACARTOLADO, DA *adj.* Parecido a un sombrero de copa.

ACARTONAR *v. tr.* Acartonar (en sentido recto).

ACASALADO, DA (za) *adj.* Apareado. Emparejado.

ACASALAMENTO (za) *m.* Apareamiento. Emparejamiento.

ACASALAR (za) *v. tr.* Aparear (juntar las hembras de los animales con los machos). Ú. t. c. r. Emparejar.

ACASEAR (ze) *v. tr.* Lo mismo que CASEAR.

ACASO (zo) *m.* Acaso, aventura, incidente, eventualidad. *adv.* Acaso, quizá, tal vez. *Por —. m. adv.* Acidentalmente, acaso.

ACASTANHADO, DA (ña) *adj.* Tirante a castaño.

ACASTELADO, DA *adj.* Acastillado. De forma de castillo.

ACASTELAGEM (jem) *f. Mar.* Lo mismo que

ACASTELAMENTO *m. Mar.* Acastillaje. Acción y efecto de

ACASTELAR *v. tr.* Acastillar; encastillar.

ACASTELHANADO, DA (lla) *adj.* Que imita el castellano; aficionado a los castellanos.

ACASTELHANAR-SE (lla) *v. r.* Imitar los modales o las costumbres de los castellanos.

ACATADURA *f.* Catadura.

ACATAMENTO *m.* Acatamiento, obediencia, respeto.

ACATARROADO, DA *adj.* Acatarrado, resfriado, constipado.

ACATARROAR-SE *v. r.* Acatarrarse, constiparse, resfriarse.

ACATASSOLADO, DA (so) *adj.* Tornasolado, ondeado.

ACATASSOLAR (so) *v. tr.* Tornasolar.

ACATÁVEL *adj.* Acatable.

ACATINGADO, DA *adj.* Que tiene *catinga.*

ACAUDELAMENTO *m.* Lo mismo que ACAU-DILHAMENTO.

ACAUDELAR *v. tr.* Lo mismo que ACAUDI-LHAR.

ACAUDILHADO, DA (lla) *adj.* Acaudillado.

ACAUDILHADOR, RA (lla) *adj.* Acaudillador.

ACAUDILHAMENTO (lla) *m.* Acaudillamiento.

ACAUDILHAR (llar) *v. tr.* Acaudillar. Ú. t. c. r.

ACAUTELADAMENTE *adv. m.* Cautelosamente.

ACAUTELAMENTO *m.* Cautela.

ACAUTELAR *v. tr.* Cautelar, prevenir. Ú. t. c. r.

ACAVALADO, DA *adj.* Acaballado (que tiene parecido con el caballo). Acaballado, cubierto. Grosero, basto, sin arte.

ACAVALAMENTO *m.* Acción y efecto de

ACAVALAR *v. tr.* Acaballar. Encabalgar (descansar, apoyarse una cosa sobre otra). Ú. t. c. r. Cabalgar, montar.

ACAVALEIRAR *v. tr.* Lo mismo que ACAVA-LAR, 2ª acep.

ACAVALETADO, DA *adj.* De forma de caballete.

ACAVALETAR *v. tr.* Dar figura de caballete a una cosa.

ACAVALOADO, DA *adj.* Lo mismo que ACAVA-LADO.

ACAVEIRADO, DA *adj.* Parecido a la calavera. Des-carnado, enflaquecido.

ACEDÊNCIA *f.* Consentimiento.

ACEDER *v. tr.* Acceder, consentir.

ACEIRAÇÃO (sáum) *f. Minas Gerais.* Aceración.

ACEIRAMENTO *m.* Aceramiento.

ACEIRAR *v. tr.* Acerar.

ACEIRO *m.* Que trabaja en acero.

ACEITABILIDADE *f.* Aceptabilidad.

ACEITAÇÃO (sáum) *f.* Aceptación; admisión, aprobación, aplauso.

ACEITADO, DA *adj.* Aceptado, aprobado, admitido.

ACEITADOR, RA *adj.* Aceptador.

ACEITAMENTO *m.* Aceptación.

ACEITANTE *adj. P. a de Aceitar.* Aceptante; aceptador.

ACEITAR *v. tr.* Aceptar.

ACEITÁVEL *adj.* Aceptable.

ACEITAVELMENTE *adv. m.* Aceptablemente.

ACEITE *m.* Aceptación (de una letra de cambio). *P. p. irreg. de Aceitar.*

ACEITO, TA *adj.* Acepto, agradable, bien recibido. *P. p. irreg.* de *Aceitar.*

ACEITOSAMENTE (òza) *adj.* Aceptablemente.

ACEITOSO, SA (ozo, òza) *adj.* Aceptable. Acogedor.

ACELERAÇÃO (sáum) *f.* Aceleración.

ACELERAMENTO *m.* Aceleramiento.

ACELERATIVO, VA *adj.* Acelerador.

ACELERATÓRIO, RIA (tò) *adj.* Acelerador, acelerante.

ACELGA *m. Bot.* Acelga. — *vermelha.* Lo mismo que BETERRABA.

ACÉM *m.* Lo mismo que BOLOR. Solomillo.

ACEMETOS *m. pl.* Acemetas.

ACENAMENTO *m.* Lo mismo que ACENO.

ACENAR *v. intr.* Hacer señas o ademanes.

ACENDALHA (lla) *f.* Encendaja.

ACENDALHO (llo) *m.* Encendaja.

ACENDEDALHA (lla) *f.* Encendaja.

ACENDEDOR, RA *adj.* Encendedor. *m.* Encendedor (aparato para encender). Encendedor de bolsillo.

ACENDENTE *adj. P. a. de Acender.* Encendedor.

ACENDER *v. tr.* Encender (hacer que una cosa arda; pegar fuego, incendiar). *fig.* Incitar, inflamar, enardecer. Ú. t. c. r. *fig.* Entusiasmar. *fig.* Encender, provocar, ocasionar, suscitar. *fig.* Arrobar, embelesar, enajenar. *v. r.* Encenderse (hablando de guerras). — *a lamparina. fr. germ.* Abofetear. — *a lantern. fr. pip.* Beber (bebidas alcohólicas).

ACENDIDAMENTE *adv. m.* Encendidamente.

ACENDIDO, DA *P. p. de Acender.* Encendido. *adj.* Encendido (color). Arrobado, embelesado. Enardecido. Inflamado. Encendido (de color rojo mui subido).

ACENDIMENTO *m.* Encendimiento. *fig.* Arrobo, embeleso, enajenamiento.

ACENDÍVEL *adj.* Que puede ser encendido.

ACENDRAMENTO *m.* Acendramiento.

ACENHA (ña) *f.* Aceña.

ACENHEIRA (ñei) *f.* Lo mismo que AZINHEIRA.

ACENHEIRO (ñei) *m.* Aceñero.

ACENO *m.* Seña, ademán.

ACENSO *m.* Accenso.

ACENTO *m.* Acento. — *circunflexo.* Acento circunflejo. — *articulatório.* Acento tônico o prosódico.

ACENTUAÇÃO (sáum) *f.* Acentuación.

ACENTUÁVEL *adj.* Acentuable.

ACEPÇÃO (sáum) *f.* Acepción. — *de pessoas.* Acepción de personas.

ACEPILHADO, DA (lla) *adj.* Acepillado, labrado con cepillo. Pulido, aseado, curioso, limpio. Adornado, engalanado.

ACEPILHADOR, RA (lla) *adj.* Acepillador. Ú. t. c. s.

ACEPILHADURA (lla) *f.* Acepilladura. Viruta.

ACEPILHAMENTO (lla) *m.* Lo mismo que ACE-PILHADURA.

ACEPILHAR (llar) *v. tr.* Acepillar, labrar la madera con cepillo. *fig.* Pulir, adornar, aderezar, componer. *fig.* Pulir, afinar, acepillar, quitarle a uno la rusticidad.

ACEPIPE *m.* Bocado regalado o exquisito, golosina.

ACÉQUIA (cè) *f.* Acequia, zanja.

ACEQUIADOR *m.* Acequiero.

ACERAÇÃO (sáum) *f. Minas Gerais.* Aceración. Aceramiento.

ACERÁCEO, EA *adj.* Aceríneo. Acérico.

ACERAGEM (jem) *f.* Lo mismo que ACERA-ÇÃO.

ACERAMENTO *m.* Aceramiento.

ACERAR *v. tr.* Acerar (dar a un hierro las propiedades del acero). Afilar, sacar filo, aguzar. *fig.* Acerar, fortalecer, vigorizar. Ú. t. c. r.

ACERARIA (ría) *f.* Acería.

ACERBAR *v. tr.* Exacerbar, tornar acerbo.

ACERBICE *f.* Lo mismo que

ACERBIDADE *f.* Acerbidad.

ACERCAR *v. tr.* Acercar. Ú. t. c. r. Cercar, rodear.

ACERDÉSIO (dèzio) *m. Miner.* Acerdesa, manganita. *adj.* Inútil, de poco provecho.

ACEREIJAR (jar) *v. tr.* Lo mismo que ACEREJAR.

ACEREJADO, DA (*ja*) *adj.* Que tiene el color de la ceresa. Sazonado, maduro. Tostado, asado.

ACEREJAMENTO (*ja*) *m.* Acción y efecto de

ACEREJAR (*jar*) *v. tr.* Dar el color de la ceresa a alguna cosa. *fig.* Pulir. bruñir. Asar, tostar (la carne). *v. intr.* Sazonar, madurar. *v. r.* Encenderse, sonrojarse.

ACERELADO, DA *adj.* Punzante, acerado, afilado.

ACERO *m.* Lo mismo que ACEIRO.

ACERTADO, DA *adj.* Acertado, que tiene acierto. Conveniente, razonable. Cierto, correcto. Enmendado, correcto.

ACERTAR *v. tr.* Acertar (dar en el punto a que se dirige algo; dar con lo cierto). Ajustar, acomodar, concertar. Acertar (recorrer y igualar la ropa cortada). Armonizar, igualar. Ajustar, concordar, pactar, concertar, igualar, contratar. Corregir, enmendar. Acertar, hallar, encontrar. *v. intr.* Acertar (suceder impensamente o por casualidad). Ú. t. c. r. *v. r.* Hallarse presente a alguna cosa.

ACERTO (*cér*) *m.* Acierto (acción u efecto de acertar). *fig.* Cordura, prudencia, tino.

ACERVAÇÃO (*sáum*) *f.* Lo mismo que

ACERVO (*cèr*) *m.* Acervo, montón. — *da herança.* Acervo común.

ACÉRVULO (*cèr*) *m. dim.* de *Acervo.* Anat. — *cerebral.* Acérvula. *pl.* Acérvula.

ACESAMENTE (*za*) *adj. m.* Encendidamente.

ACESCENTE *adj.* Ascecente, que empieza a agriarse.

ÁCESE (*zr*) *f.* Acesia, curación.

ACESO, SA (*zo*) *adj.* Lo mismo que ACENDIDO. *P. p. irreg.* de *Acender.*

ACESSÃO (*sáum*) *f.* Accesión.

ACESSIBILIDADE (*si*) *f.* Accesibilidad.

ACÉSSIO (*cèsio*) *m.* Accesión.

ACESSÍVEL (*sí*) *adj.* Accesible.

ACESSIVO, VA (*si*) *adj.* Accesorio.

ACESSO (*cèso*) *m.* Acceso. — *do Sol.* Acceso del Sol. *adj.* Accesible.

ACESSORIAL (*so*) *adj.* Accesorio.

ACESSORIAMENTE (*so*) *adv. m.* Accesoriamente.

ACESSÓRIO, RIA (*sò*) *adj.* Accesorio. Ú. t. c. s.

ACETAR *v. tr.* Lo mismo que AZEDAR.

ACETIFICAÇÃO (*sáum*) *f.* Acetificación.

ACETILENA *m.* Lo mismo que ACETILENO.

ACETILENE *m.* Lo mismo que ACETILENO.

ACETILENO (*lé*) *m.* Acetileno.

ACETINADO, DA *adj.* Asatinado.

ACETINAR *v. tr.* Satinar.

ACETOSO, SA (*ozo, òza*) *adj.* Acetoso (de sabor de vinagre).

ACEVADADO, DA *adj.* Engordado con cebada.

ACEVADAR *v. tr.* Cebadar.

ACEVAR *v. tr.* Cebar.

ACHA (*cha*) *f.* Astilla (de madera), leño, palo. Garrote. — *de armas.* Hacha de armas.

ACHACADIÇO, ÇA (*achacadiso*) *adj.* Achacoso, enfermizo, achaquiento; valetudinario.

ACHACADO, DA (*cha*) *adj.* Lo mismo que ACHACADIÇO.

ACHACAR (*cha*) *v. tr.* Achacar, imputar, atribuir. Acusar. Molestar, maltratar. *v. intr.* Enfermar. Ú. t. c. r. *v. tr.* Asaltar (para robar). *Germ.* Pedir, sablear.

ACHACOSO, SA (*achacozo, òza*) *adj.* Lo mismo que ACHACADIÇO. Que busca motivos frívolos para excusarse.

ACHADA (*cha*) *f.* Hallazgo, descubierta. Mesete, rasa. Golpe dado con una hacha de armas, hachazo. Garrotazo.

ACHADIÇO, ÇA (*achadiso*) *adj.* Fácil de hallarse.

ACHADILHA (*chadilha*) *f.* Expediente, título, razón, motivo, excusa, achaque, pretexto. Ocurrencia extravagante.

ACHADO, DA (*cha*) *adj.* Hallado; descubierto; inventado. *dar-se por* —. *fr.* Demostrar uno que se dió cuenta de algo. *m.* Hallazgo (acción de hallar; cosa hallada). Invento.

ACHADOR, RA (*cha*) *adj.* Hallador. Ú. t. c. s. Inventor. Ú. t. c. s.

ACHADOURO (*cha*) *m.* Sitio donde se halló alguna cosa.

ACHAMBOADAMENTE (*chán*) *adv. m.* Groseramente.

ACHAMBOADO, DA (*chán*) *adj.* Grosero, basto.

ACHAMBOAR (*chán*) *v. tr.* Hacer grosera a una cosa o persona. Ú. t. c. r.

ACHAMBONADO, DA (*chán*) *adj.* Lo mismo que ACHAMBOADO.

ACHAMBONAR (*chán*) *v. tr.* Lo mismo que ACHAMBOAR. Ú. t. c. r.

ACHAMENTO (*cha*) *m.* Descubierta. Invención.

ACHAMORRADO, DA (*cha*) Grueso (hablando de la nariz).

ACHANADO, DA (*cha*) *adj.* Allanado. Vencido. Tranquilizado. Llano. Facilitado.

ACHANAR (*cha*) *v. tr.* Allanar. Facilitar. Hacer llano, tratable, accesible, etc. Allanar, pacificar, aquietar, sujetar.

ACHAPARRADO, DA (*cha*) *adj.* Achaparrado.

ACHAPARRAR (*cha*) *v. tr.* Dar la forma de chaparro. *v. intr.* Achaparrarse.

ACHAQUE (*cha*) *m.* Achaque (enfermedad habitual). Achaque, vicio, defecto frecuente o habitual. *ant.* Achaque, excusa, pretexto.

ACHAQUEIRA (*cha*) *f. fam.* Lo mismo que ACHAQUE.

ACHAQUENTO, TA (*cha*) *adj.* Achaquiento, achacoso.

ACHAQUILHO (*achaquilho*) *m.* Achaque (enfermedad leve). Achaque (vicio, defecto).

ACHAR (*char*) *v. tr.* Hallar, encontrar. Hallar, inventar. Hallar (dar con una tierra que no se conocía). Hallar, considerar, pensar, conocer, juzgar. Hallar, observar, notar. Hallar, averiguar. *v. r.* Hallarse, estar. — *bom. fr.* Gustar. — *o fio da meada.* Descubrir un enredo. — *para si. fr.* Juzgar, entender.

ACHAROADO, DA (*cha*) *adj.* Charolado.

ACHAROAMENTO (*cha*) *m.* Acharoladura.

ACHAROAR (*cha*) *v. tr.* Charolar, acharolar.

ACHATADO, DA (*cha*) *adj.* Achatado, llano, aplastado. Vencido, abatido, humillado; aplastado (confuso, sin saber qué hablar o responder). Concedido, asentido.

ACHATADURA (*cha*) *f.* Lo mismo que

ACHATAMENTO (*cha*) *m.* Achatamiento, aplastamiento.

ACHAVASCADO, DA (*cha*) *adj.* Grosero, basto. Grosero, rude, descortés.

ACHAVASCAR (*cha*) *v. tr.* Lo mismo que ACHAMBOAR. Ú. t. c. r.

ACHEGA (*che*) *f.* Ayuda, auxilio. Pequeña renta. Adición, añadidura. *pl.* Materiales para construcciones. Allegas. Apuntes, notas.

ACHEGADA (*che*) *f.* Lo mismo que ACHEGAMENTO.

ACHEGADO, DA (*che*) *adj.* Allegado, cercano, próximo. Allegado, pariente, deudo. Ú. t. c. s.

ACHEGADOR, RA (*che*) *adj.* Allegador que allega. Lo mismo que MANEIROSO.

ACHEGAMENTO (*che*) *m.* Allegamiento, aproximación; proximidad, cercanía, contiguidad.

ACHEGAR (*che*) *v. tr.* Allegar, arrimar, acercar, aproximar. Ú. t. c. r. Llegar, allegar, venir, arribar. (Ú. con la prep. *a*). *v. r.* Arrimarse, acogerse, tomar amparo. Conocer carnalmente. (Ú. con la prep. *a*).

ACHEGO (*che*) *m.* Lo mismo que ACHEGA. Amparo, protección, ayuda. Esposa o amante. Ventaja con la que uno no contaba.

ACHINADO, DA (*chi*) *adj.* Lo mismo que ACHINESADO.

ACHINAR (*chi*) *v. tr.* Lo mismo que ACHINESAR.

ACHINCALHAÇÃO (*achincallasáum*) *f.* Lo mismo que ACHINCALHAMENTO.

ACHINCALHADAMENTE (*chincalla*) *adv. m.* Escarnecidamente.

ACHINCALHADO, DA (*achincalla*) *adj.* Ridiculizado, escarnecido.

ACHINCALHADOR, RA (*chincalla*) *adj.* Ridiculizador, escarnecedor.

ACHINCALHAMENTO (*achincalla*) *m.* Ridiculización, escarnecimiento, escarnio.

ACHINCALHANTE (*achincallan*) *adj.* Ridiculizador, escarnecedor. *p. a.* de

ACHINCALHAR (*achincallar*) *v. tr.* Ridiculizar, escarnecer, mofarse de, bularse de. Envilecer, abatir.

ACHINCALHÁVEL (*achincallá*) *adj.* Que puede ser ridiculizado o envilecido.

ACHINCALHE (*achincalle*) *m.* Burla, chacota, chanza. Lo mismo que ACHINCALHAMENTO.

ACHINESADO, DA (*achinezado*) *adj.* Achinado, parecido en algo a los chinos. Imbécil, idiota.

ACHINESAR (*achinezar*) *v. tr.* Hacer parecido en algo a los chinos. Ú. t. c. r.

ACHIOTA (*chiò*) *f.* Fruto del achiote o bija.

ACHUMBADO, DA (*chun*) *adj.* Aplomado (de color de plomo). *fig.* Aplomado, sesudo.

ACHUMBAR (*chun*) *v. tr.* Dar color de plomo a alguna cosa.

ACICATAR *v. tr.* Picar con el acicate; espolear. *fig.* Espolear, avivar, incitar, estimular, acicatear.

ACICATEADOR, RA *adj.* Que pica con el acicate.

ACICULINO, NA *adj.* Acicular.

ACÍCULO *m.* Acicula.

ACIDAÇÃO (*sáum*) *f.* Acidificación.

ACIDADE *f.* Acidez.

ACIDADO, DA *adj.* Acidificado.

ACIDANTE *adj.* Acidificante.

ACIDAR *v. tr.* Acidificar.

ACIDÁVEL *adj.* Acidificable.

ACIDENTAÇÃO (*sáum*) *f.* Estado de accidentado (hablando de terrenos).

ACIDENTADO, DA *adj.* Accidentado. *m.* El que sufrió algún accidente.

ACIDENTAL *adj.* Accidental.

ACIDENTALIDADE *f.* Estado de accidente, carácter accidental.

ACIDENTAR *v. tr.* Accidentar. Ú. t. c. r. *Mús.* Accidentalizar.

ACIDENTE *m.* Accidente.

ACIDIFICAÇÃO (*sáum*) *f.* Acidificación.

ACIDIFICÁVEL *adj.* Acidificable.

ACÍDIO, DIA *adj.* Acidioso, flojo.

ÁCIDO, DA *adj.* Ácido, agrio. *m.* Ácido.

ACIDOGÉNEO, EA (*jé*) *adj.* Acidógeno.

ACIDOTÃO (*táum*) *m. Bot.* Acidotón.

ACIDRADO, DA *adj.* De color de cidra; parecido a la cidra.

ACIDRAR *v. tr.* Dar color de cidra a. Misturar con cidra. Lo mismo que EMPALIDECER.

ACIDULCE *adj.* Lo mismo que AGRIDOCE.

ACIGANADO, DA *adj.* Agitanado. Trapacero, embustero, tramposo. Miserable, avariento.

ACIGANAR *v. tr.* Dar modales de gitano. *v. r.* Agitanarse. Hacerse tramposo o embustero.

ACIMA *adv. l.* Encima. Arriba. —*! interj.* ¡Arriba! — *de. m. adv.* Por encima de.

ACINGIDO, DA (*ji*) *adj. P. p.* de

ACINGIR (*jir*) *v. tr.* Lo mismo que CINGIR.

ACINTE *adv. m.* Con propósito, intencionalmente. Maliciosamente, maldosamente. *m.* Conocimiento de causa, hecho pensado, propósito. Mala voluntad, intención de ofender. Tema, terquedad, porfía. *Por* —. *m. adv.* Lo mismo que ACINTOSAMENTE.

ACINTEMENTE *adv. m.* Con conocimiento y deliberación, a sabiendas. Con propósito, intencionalmente. Por terquedad.

ACINTOSAMENTE (*òza*) *adv. m.* Intencionalmente, deliberadamente.

ACINTOSO, SA (*ozo, òza*) *adj.* Intencional, deliberado. Maldadoso, malicioso.

ACINZADO, DA (*za*) *adj.* Ceniciento.

ACINZAMENTO (*za*) *m.* Acción y efecto de

ACINZAR (*zar*) *v. tr.* Dar color de ceniza.

ACINZENTADO, DA (*zen*) *adj.* Tirante a ceniciento.

ACINZENTAR (*zen*) *v. tr.* Dar un color tirante a ceniciento.

ACIONADO *m.* Accionado, acción (conjunto de gestos, actitudes y movimientos del actor).

ACIONAL *adj.* Relativo a la acción.

ACIONAR *v. tr.* Intentar un pleito. Poner en acción; hacer funcionar. *v. intr.* Accionar, gesticular.

ACIONÁRIO, RIA *m.f.* Lo mismo que

ACIONISTA *m.* Accionista.

ACIRANDAR *v. tr.* Zarandar.

ACIROLOGIA (*jía*) *f.* Acirología.

ACIRRADO, DA *adj.* Terco, temoso, obstinado, cabezudo. Irritado. Azuzado. Incitado.

ACIRRAMENTO *m.* Azuzamiento. Tema, terquedad, porfía. Estímulo, incitamiento.

ACIRRANE *adj. P. a.* de

ACIRRAR *v. tr.* Azuzar (a los perros). *fig.* Azuzar, irritar, estimular, excitar. Tornar temoso o terco. *v. r.* Irritarse.

ACLAMAÇÃO (sáum) *f.* Aclamación. *Por —. m. adv.* Por aclamación, a una voz, unánimemente.

ACLAMAR *v. tr.* Aclamar; proclamar.

ACLAMÁVEL *adj.* Aclamable.

ACLARAÇÃO (sáum) *f.* Aclaración.

ACLARADO, DA *adj.* Aclarado, explicado, dilucidado.

ACLARADOR, RA *adj.* Aclarador (que aclara, que explica).

ACLARAMENTO *m.* Aclaración.

ACLARAR *v. intr.* Aclarar (ponerse claro el cielo).*v. r.* Aclararse.

ACLARÁVEL *adj.* Aclarable.

ACLAUSTRADO, DA *adj.* De forma de claustro.

ACLAVADO, DA *adj.* De figura de clava.

ACLERIZAR-SE (zar) *v. r.* Ordenarse.

ACLIMAÇÃO (sáum) *f.* Aclimatación.

ACLIMADO, DA *adj.* Aclimatado. Acostumbrado.

ACLIMADOR, RA *adj.* Aclimatador.

ACLIMAMENTO *m.* Aclimatamiento.

ACLIMAR *v. tr.* Aclimatar. Ú. t. c. r. *fig.* Aclimatar. Ú. t. c. r.

ACLIMATAÇÃO (sáum) *f.* Lo mismo que ACLIMAÇÃO.

ACLIMATÁVEL *adj.* Lo mismo que ACLIMÁVEL.

ACLIMATIZAÇÃO (zasáum) *f.* Lo mismo que ACLIMAÇÃO.

ACLIMATIZAR (zar) *v. tr.* Lo mismo que ACLIMAR.

ACLIMÁVEL *adj.* Aclimatable.

ACLIVE *m.* Cuesta.

ACNE *f. Patol.* Acné.

AÇO (so) *m.* Acero.

ACOBARDAMENTO *m.* Acobardamiento.

ACOBARDAR *v. tr.* Acobardar, amedrentar, espantar. Ú. t. c. r.

ACOBERTADO, DA *adj.* Encubertado. Encubierto, oculto, disimulado. Cubierto, tapado. Cubierto, defendido.

ACOBERTAMENTO *m.* Acción y efecto de

ACOBERTAR *v. tr.* Encubertar. Encubrir, ocultar, disimular. Cubrir, tapar. Cubrir, defender. *v. r.* Cubrirse, taparse; ocultarse; disfrazarse.

ACOBILHAR (llar) *v. tr.* Cobijar, albergar.

ACOBREADO, DA *adj.* Cobrizo.

ACOBREAR *v. tr.* Tornar cobrizo.

ACOCAÇÃO (sáum) *f. Bras. merid.* Caricia, mimo, halago.

ACOCAR *v. tr. Bras. merid.* Acariciar; halagar. Ú. t. c. intr.

ACOCHADO, DA (cha) *adj. P. p.* de

ACOCHAR (cha) *v. tr.* Calcar. Apretar. Comprimir, oprimir. Apurar, apresurar. *Mar.* Acolchar, corchar. *v. r.* Acocharse, agazaparse, agacharse.

ACOCHICHAR (chichar) *v. intr.* Lo mismo que COCHICHAR.

ACOCHO (cócho) *m.* Acción de *Acochar.*

ACOCORADAMENTE *adv. m.* En cuclillas.

ACOCORADO, DA *adj.* En cuclillas. Agachado, acurrucado.

ACOCORAMENTO *m.* Postura en cuclillas. Acción de.

ACOCORAR-SE *v. r.* Acuclillarse, ponerse en cuclillas. Agacharse; acurrucarse.

ACOCORINHAR-SE (ñar) *v. r.* Lo mismo que ACOCORAR-SE.

AÇODADAMENTE (so) *adv. m.* Apresuradamente; diligentemente; aprisa. Azogadamente.

AÇODADO, DA (so) *adj.* Diligente, apresurado. Azogado.

AÇODAMENTO (so) *m.* Diligencia, prontitud, prisa. Azogamiento.

AÇODAR (so) *v. tr.* Apresurar. Incitar, azuzar, excitar, estimular. *v. r.* Apresurarse, darse prisa. Azogarse. Correr.

ACOFIAR *v. tr.* Lo mismo que COFIAR.

ACOGULADAMENTE *adv. m.* Colmadamente.

ACOGULADO, DA *adj. P. p.* de *Acogular.* Colmado.

ACOGULADURA *f.* Colmo.

ACOGULAR *v. tr.* Colmar.

AÇOIÇAR (sar) *v. tr.* Acocear, dar coces.

AÇOICEAR *v. tr.* Lo mismo que AÇOIÇAR.

ACOIMADO, DA *adj.* Multado. Castigado. Acusado.

ACOIMADOR, RA *adj.* Que multa. Censurador.

ACOIMAMENTO *m.* Multa; acción de multar. Castigo, reprensión; censura. Acción y efecto de

ACOIMAR *v. tr.* Multar. Castigar, punir. Acusar, imputar. Censurar, reprender. *v. intr.* Vengarse.

ACOIRADO, DA *adj.* Lo mismo que ACOURADO.

ACOIRELADO, DA *adj. P. p.* de *Acoirelar.* Lo mismo que ACOURELADO.

ACOIRELAMENTO *m.* Lo mismo que ACOURELAMENTO.

ACOIRELAR *v. tr.* Lo mismo que ACOURELAR.

AÇOITA-CAVALO (soi) *m. Bot.* Azote de caballos (*Luhea divaricata*).

ACOITADADO, DA *adj.* Compasible, digno de compasión.

ACOITADAR *v. tr.* Confortar, consolar. Compadecer.

AÇOITADIÇO, ÇA (asoitadiso) *adj.* Lo mismo que AÇOUTADIÇO.

ACOITADO, DA *adj.* Lo mismo que ACOUTADO.

ACOITADOR, RA *adj.* Lo mismo que ACOUTADOR.

AÇOITADOR, RA (soi) *adj.* Lo mismo que AÇOUTADOR.

ACOITAMENTO *m.* Lo mismo que ACOUTAMENTO.

AÇOITAMENTO (soi) *m.* Lo mismo que AÇOUTAMENTO.

ACOITAR *v. tr.* Lo mismo que ACOUTAR.

AÇOITAR (soi) *v. tr.* Lo mismo que AÇOUTAR.

AÇOITE (soi) *m.* Lo mismo que AÇOUTE.

AÇOITEIRA (soi) *f.* Rebenque.

ACOITO *m.* Lo mismo que ACOUTO.

ACOLÁ *adv. l.* Acullá. Allá.

ACOLCHETADO, DA (che) *adj.* Abrochado.

ACOLCHETAR (che) *v. tr.* Abrochar (ajustar con broches o corchetes).

ACOLCHOADEIRA (choa) *f.* Acolchadora.

ACOLCHOADO, DA (choa) *adj.* Acolchado. *m.* Tejido acolchado o que lo imita.

ACOLCHOADOR, RA (choa) *adj.* Acolchador. Ú. t. c. s.

ACOLCHOAMENTO (choa) *m.* Acolchamiento, acolchadura; acolchonamiento.

ACOLCHOAR (choar) *v. tr.* Acolchar; acolchonar.

ACOLETADO, DA *adj.* De forma de chaleco.

ACOLETAR *v. tr.* Dar figura de chaleco.

ACOLHEDOR, RA (lle) *adj.* Acogedor.

ACOLHEDORAMENTE (lle) *adv. m.* De manera acogedora.

ACOLHEITAR (llei) *v. tr. ant.* Lo mismo que ACOLHER.

ACOLHENÇA (llensa) *f. ant.* Lo mismo que ACOLHIMENTO.

ACOLHER (ller) *v. tr.* Acoger, admitir, recibir. Agasajar, hospedar, aposentar. Acoger, amparar, proteger. Allegar. Prender, agarrar (por delito). *ant.* Coger (hablando de frutos). *v. r.* Acogerse, refugiarse, ampararse.

ACOLHERADO, DA (lle) *adj.* Acollarado.

ACOLHERAR (lle) *v. tr.* Acollarar. Dar figura de cuchara.

ACOLHIDA (lli) *f.* Acogida (acción de acoger). *— das águas.* Acogida (sitio donde se juntan las aguas).

ACOLHIDO, DA (lli) *adj. P. p.* de *acolher.* Acogido.

ACOLHIMENTO (lli) *m.* Acogimiento, acogida. Agasajo (acción de agasajar). Abrigo, refugio.

ACOLHÍVEL (llí) *adj.* Acogible.

ACOLHO (llo) *m.* Lo mismo que ACOLHIMENTO.

ACOLITADO *m.* Acolitazgo; acolitado.

ACOLITATO *m.* Lo mismo que ACOLITADO.

ACOLITE *f. Med.* Acolía.

ACOMADRADO, DA *adj.* Pariente por comadrazgo.

ACOMADRAR *v. tr.* Hacer contraer comadrazgo. *v. r.* Contraer comadrazgo. *fig.* Familiarizarse.

ACOMETER *v. tr.* Acometer, embestir; emprender, intentar. Acometer (una enfermedad, sueño, deseo, etc.).

ACOMETIDA *f.* Acometida, acometimiento.

ACOMETIMENTO *m.* Acometimiento.

ACOMETÍVEL *adj.* Acometible.

ACOMETIVIDADE *f.* Acometividad.

ACOMISERAR-SE (ze) *v. r.* Compadecerse, dolerse.

ACOMODAÇÃO (sáum) *f.* Acomodación.

ACOMODADIÇO, ÇA (so) *adj.* Acomodadizo.

ACOMODADO, DA *adj.* Acomodado, apto, conveniente, oportuno. Moderado, aquietado.

ACOMODAMENTO *m.* Acomodamiento (acción de acomodar). Acomodamiento, transacción, ajuste, convenio; conciliación.

ACOMODAR *v. tr.* Acomodar (en todas sus acepciones). Ú. t. c. r.

ACOMODATICIAMENTE *adv. m.* De manera acomodadiza.

ACOMODATÍCIO, CIA *adj.* Acomodadizo, acomodatício.

ACOMODÁVEL *adj.* Acomodable.

ACOMPADRAÇÃO (sáum) *f.* Compadraje. Compadrería. Familiaridad.

ACOMPADRADO, DA *adj. P. p.* de *Acompadrar.* Hecho compadre. *fig.* Familiarizado. *m.* Compadrazgo (parentesco).

ACOMPADRAMENTO *m.* Acción y efecto de

ACOMPADRAR *v. tr.* Hacer compadre. Hacer compadre o amigo. *v. r.* Compadrar (contraer compadrazgo; hacerse compadre o amigo). *fig.* Familiarizarse. *fig.* Unirse, acuadrillarse.

ACOMPANHADAMENTE (ña) *adv. m.* Acompañadamente.

ACOMPANHADEIRA (ña) *f. ant.* Acompañadora, aya, compañanta.

ACOMPANHADO, DA (ña) *adj. P. p.* de *Acompanhar,* Acompañado.

ACOMPANHADOR, RA (ña) *adj.* Acompañador. Ú. t. c. s.

ACOMPANHAMENTO (ña) *m.* Acompañamiento.

ACOMPANHANTE (ñan) *adj. P. a.* de *Acompanhar.* Acompañante.

ACOMPANHAR (ñar) *v. tr.* Acompañar. Ú. t. c. r. *Mús.* Acompañar. Ú. t. c. r.

ACOMPANHISTA (ñis) *m. Mús.* Acompañador.

ACOMPASSADO, DA (sa) *adj. Mús.* Acompasado, compasado. Armonioso, cadenciado.

ACOMPASSADOR, RA (sa) *adj.* Acompasador. Ú. t. c. s.

ACOMPASSAR (sar) *v. tr. Mús.* Acompasar, compasar.

ACOMPLECIONADO, DA *adj.* Lo mismo que

ACOMPLEICIONADO, DA *adj.* Complexionado, acomplexionado.

ACOMPLEIÇOADO, DA (soa) *adj.* Lo mismo que ACOMPLEICIONADO.

ACOMPLEIÇONADO, DA (so) *adj.* Lo mismo que ACOMPLEICIONADO.

ACOMPREICIONADO, DA *adj.* Lo mismo que ACOMPLEICIONADO.

ACOMPREIÇOADO, DA (soa) *adj.* Lo mismo que ACOMPLEICIONADO.

ACOMPRIDADO, DA *adj. P. p.* de *Acompridar.* Alargado.

ACOMPRIDAR *v. tr.* Alargar, dar más longitud.

ACOMUNAR-SE *v. r.* Mancomunarse.

ACONCHAVAR (cha) *v. tr.* Lo mismo que CONCHAVAR. Ú. t. c. r.

ACONCHEGADO, DA (che) *adj.* Allegado; arrimado; acercado; agasajado; acogido; aproximado.

ACONCHEGAR (che) *v. tr.* Allegar, arrimar, acercar. Ú. t. c. r. Agasajar; acoger. Ú. t. c. r.

ACONCHEGO (che) *m.* Comodidad; confortación; bienestar. Acción y efecto de *Aconchegar.*

ACONDICIONAÇÃO (sáum) *f.* Lo mismo que ACONDICIONAMENTO.

ACONDICIONADO, DA *adj. P. p.* de *Acondicionar.* Acondicionado.

ACONDICIONAMENTO *m.* Acondicionamiento (acción de acondicionar).

ACONDICIONAR *v. tr.* Acondicionar (dar cierta condición o calidad).

ACONDICIONÁVEL *adj.* Acondicionable.

ACONDIÇOADO, DA (soa) *adj. P. p.* de

ACONDIÇOAR (soar) *v. tr. des.* Lo mismo que ACONDICIONAR.

ACONDIMENTADO, DA *adj.* Condimentado, sazonado.

ACONDIMENTAR *v. tr.* Condimentar, sazonar los manjares.

ACONFEITADO, DA *adj.* Confitado.

ACONFEITAR *v. tr.* Confitar.

ACÔNITO (cò) *m. Bot.* Acónito.

ACONSELHADAMENTE (lla) *adv. m.* Aconsejadamente.

ACONSELHADEIRA (lla) *f.* Aconsejadora.

ACONSELHADO, DA (lla) *adj. P. p.* de *Aconselhar.* Aconsejado. Bien aconsejado.

ACONSELHADOR, RA (lla) *adj.* Aconsejador. Ú. t. c. s.

ACONSELHAR (llar) *v. tr.* Aconsejar. Ú. t. c. r. *v. intr.* (con la prep. *a*) Aconsejar. *v. r.* Aconsejarse.

ACONSELHÁVEL (llá) *adj.* Aconsejable.

ACONSOANTADO, DA *adj.* Aconsonantado.

ACONSOANTAR *v. tr.* Aconsonantar.

ACONTECER *v. intr.* Acontecer, suceder, ocurrir, acaecer.

ACONTECIDO, DA *P. p.* de *Acontecer. m.* Lo mismo que

ACONTECIMENTO *m.* Acontecimiento, ocurrencia, suceso, acaecimiento.

ACORAÇOAMENTO (soa) *m.* Lo mismo que ACOROÇOAMENTO.

ACORAÇOAR (soar) *v. tr.* Lo mismo que ACOROÇOAR.

AÇORADO, DA (so) *adj. P. p.* de *Açorar.* Deseoso, ansioso, impaciente, insufrido. Azorado.

AÇORAMENTO (so) *m.* Azoramiento. Ansia, deseo ardiente.

AÇORAR (so) *v. tr.* Azorar. Incitar, excitar, inspirar deseos ardientes.

ACORÇOADO, DA (soa) *adj. P. p.* de

ACORÇOAR (soar) *v. tr.* Lo mismo que ACOROÇOAR.

ACORCOBAR *v. tr.* Lo mismo que ACORCOVAR.

ACORÇOO (soo) *m.* Lo mismo que ACOROÇOAMENTO.

ACORCOVADO, DA *adj. P. p.* de

ACORCOVAR *v. tr.* Corcovar, gibar, jorobar.

ACORCUNDADO, DA *adj. P. p.* de

ACORCUNDAR *v. tr.* Gibar, corcovar, jorobar. Ú. t. c. intr.

ACORDAMENTO *m.* Lo mismo que DESPERTAMENTO.

ACÓRDÃO (acòrdáum) *m.* Sentencia de un tribunal superior.

ACORDAR *v. tr.* Despertar, interrumpir del sueño. Ú. t. c. r. Acordar, determinar, resolver. Acordar, recordar. Ú. t. c. r. *v. intr.* Despertar, recordar del sueño, dejar de dormir. *v. tr.* Conciliar, acomodar. *v. r.* Acordarse, ponerse de acuerdo.

ACORDE (còr) *m. Mús.* Acorde. *adj.* Conforme, concorde.

ACORDEÃO (deáum) *m.* Acordeón.

ACÓRDIO (còr) *m.* Lo mismo que ACORDEÃO.

ACORDO (cór) *m.* Acuerdo; reflexión, madurez; consejo, dictamen; memoria, recuerdo, arreglo, ajuste, avenimiento. *De —. m. adv.* De acuerdo, de conformidad.

ACORDOADO, DA *adj. P. p.* de *Acordoar.*

ACORDOAMENTO *m.* Acción y efecto de

ACORDOAR *v. tr.* Lo mismo que ENCORDOAR.

ÁCORE *m. Bot.* Ácoro.

AÇOREANO, NA (so) *adj.* Perteneciente al azor. Natural de las Islas Azores. Ú. t. c. s.

ACORNADO, DA *adj.* De figura de cuerno.

ACORNAR *v. tr.* Dar figura de cuerno a alguna cosa. Acornar, acuernar.

ACOROÇOADAMENTE (soa) *adv. m.* Alentadamente, animosamente.

ACOROÇOADO, DA (soa) *adj.* Animado, alentado, esforzado, esperanzado.

ACOROÇOADOR, RA (soa) *adj.* Animador, alentador, incitador. Que da esperanza o coraje.

ACOROÇOAMENTO (soa) *m.* Incitación, incitamiento; aliento, ánimo, esfuerzo, coraje, esperanza. Acción y efecto de

ACOROÇOAR (soar) *v. tr.* Alentar, animar, esforzar; incitar; encorajar; esperanzar. Ú. t. c. r.

ACORONHADO, DA (ña) *adj.* De figura de cureña de fusil.

ACORONHAR (ñar) *v. tr.* Dar figura de cureña de fusil a alguna cosa.

ACORRENTADAMENTE *adv. m.* En cadenas. *fig.* Con subyugación.

ACORRENTADO, DA *adj.* Encadenado.

ACORRENTAMENTO *m.* Encadenamiento, encadenación.

ACORRENTAR *v. tr.* Encadenar, ligar y atar con cadena. *fig.* Subyugar, someter, sujetar. *fig.* Esclavizar. Ú. t. c. r.

ACORRER *v. intr.* Acudir, acorrer, recurrir. *v. tr.* Socorrer, acorrer, amparar. *v. r.* Acogerse, refugiarse, acorrerse.

ACORRILHADO, DA (lla) *adj. P. p.* de *Acorrilhar.* Acorralado.

ACORRILHAMENTO (lla) *m.* Acorralamiento.

ACORRILHAR (llar) *v. tr.* Acorralar, estrecharle a uno, cerrándole toda salida o efugio. Ú. t. c. r.

ACORRIMENTO *m. ant.* Acorrimiento, amparo, socorro, asilo, acorro.

ACORTINADO, DA *adj. P. p.* de *Acortinar.* Encortinado.

ACORTINAMENTO *m.* Acción y efecto de

ACORTINAR *v. tr.* Encortinar.

ACOSSA (còsa) *f. pop.* Lo mismo que ACOSSAMENTO.

ACOSSADAMENTE (sa) *adv. m.* Acosadamente.

ACOSSADO, DA (sa) *adj. P. p.* de *Acossar.* Acosado, perseguido de cerca.

ACOSSADOR (sa) *m.* Acosador. *Taur.* Capeador.

ACOSSAMENTO (sa) *m.* Acosamiento, persecución.

ACOSSAR (sar) *v. tr.* Acosar. Perseguir, importunar, fatigar. *Taur.* Acosar.

ACOSTADO, DA *adj. P. p.* de *Acostar.* Lo mismo que ENCOSTADO. Favorecido, protegido. Acostado, arrimado; apoyado.

ACOSTAGEM (jem) *f. Mar.* Acostamiento.

ACOSTAMENTO *m.* Acostamiento, estipendio, paga. Acción y efecto de

ACOSTAR *v. tr. Mar.* Acostar, Ú. t. c. r. Reunir, juntar. *v. r.* Acostarse, tenderse en la cama. (con la prep. *a* o *em*) Adherirse, inclinarse a una opinión. (con la prep. *a*) Acogerse, refugiarse, acorrerse. Lo mismo que ENCOSTAR.

ACOSTÁVEL *adj. Mar.* De fácil acostamiento.

ACOSTE (còs) *m. Bot.* Acosta.

ACOSTO (cós) *m.* Lo mismo que ENCOSTO.

ACOSTUMADAMENTE *adv. m.* Acostumbradamente.

ACOSTUMADO, DA *adj. P. p.* de *Acostumar.*

ACOSTUMAR *v. tr.* Acostumbrar. Ú. t. c. r. *v. r.* (con la prep. *a*) Acostumbrar, tener costumbre.

ACOSTUMEAR *v. tr. ant.* Lo mismo que ACOSTUMAR.

AÇOTEADO, DA (so) *adj.* Que tiene

AÇOTÉIA (sotèi) *f.* Azotea, terrado.

AÇOTIAR *v. tr.* Frecuentar.

ACOTOADO, DA *adj. P. p.* de *Acotoar.* Cubierto de hollejos o pellejos.

ACOTOAMENTO *m.* Acción y efecto de

ACOTOAR *v. tr.* Cubrir de hollejos o pellejos. Ú. t. c. r. Cubrir de pelillos. Ú. t. c. r.

ACOTONADO, DA *adj. P. p.* de *Acotonar.* Lo mismo que ACOTOADO.

ACOTONAR *v. tr.* Lo mismo que ACOTOAR. Ú. t. c. r.

ACOTOVELADO, DA *adj. P. p.* de *Acotovelar.* Tocado con el codo. Acodillado. Empujado con el codo.

ACOTOVELADURA *f.* Codazo.

ACOTOVELAMENTO *m.* Apiñamiento, aglomeración. Acción y efecto de

ACOTOVELAR *v. tr.* Empujar, dar empellones con el codo. Ú. t. c. r. Tocar con el codo para llamar la atención. *fig.* Provocar, incitar. Quedar junto a. *v. r.* Encontrarse, toparse. *fig.* Apiñarse.

AÇOUÇAR (sar) *v. tr.* Lo mismo que ACOIÇAR.

ACOUCEADO, DA *adj. P. p.* de *Acoucear.* Acoceado. *fig.* Abatido, hollado, ultrajado, humillado.

ACOUCEADOR, RA *adj.* Acoceador.

ACOUCEAMENTO *m.* Acoceamiento.

ACOUCEAR *v. tr.* Acocear. *fig.* Abatir, acocear, hollar, ultrajar, humillar.

ACOUDELAR *v. tr. ant.* Lo mismo que ACAUDILHAR.

AÇOUGADA (sou) *f.* Escarnio, burla, chacota, zumba. Barullo, bulla, vocería, gritería.

AÇOUGAGEM (sougajem) *f.* Lo mismo que AÇOUGADA. Carnicería, mortandad.

AÇOUGARIA (sou) *f.* Lo mismo que AÇOUGADA.

AÇOUGUE (sou) *m.* Carnicería (tienda donde se vende carne por menor). *ant.* Azogue (plaza pública, mercado). — *de Venus.* Prostíbulo, mancebía.

AÇOUGUEIRO (sou) *m.* Carnicero. Matarife.

ACOURAÇADO, DA (sa) *adj. P. p.* de *Acouraçar.* Acorazado.

ACOURAÇAR (sar) *v. tr.* Acorazar.

ACOURADO, DA *adj.* Que imita al cuero.

ACOURELADO, DA *adj. P. p.* de *Acourelar.* Dividido en alquerías (hablando del terreno).

ACOURELAMENTO *m.* Acción y efecto de

ACOURELAR *v. tr.* Dividir en alquerías (hablando del terreno).

ACOUTADIÇO, ÇA (so) *adj.* Digno de ser asilado o albergado; que recibió asilo. Apaniguado. Guardado.

ACOUTADIÇO, ÇA (soutadiso) *adj.* Azotable.

ACOUTADO, DA *adj. P. p.* de *Acoutar.* Asilado, refugiado, acogido.

AÇOUTADO, DA (sou) *adj. P. p.* de *Açoutar.* Azotado. Escarmentado.

ACOUTADOR, RA *adj.* Acogedor, que asila, que da refugio.

AÇOUTADOR, RA (sou) *adj.* Azotador.

AÇOUTAMENTO *m.* Acogida, asilamiento.

AÇOUTAMENTO (sou) *m.* Azotamiento.

ACOUTAR *v. tr.* Acoger, guarecer, asilar. Ú. t. c. r.

AÇOUTAR (sou) *v. tr.* Azotar, dar azotes. Ú. t. c. r. *fig.* Castigar, perseguir. Atormentar, afligir.

AÇOUTE (sou) *m.* Azote.

AÇOUTEIRA (sou) *f.* Lo mismo que AÇOITEIRA.

ACOUTO *m.* Refugio.

ACOVADO, DA *adj. P. p.* de

ACOVAR *v. tr.* Lo mismo que ENCOVAR.

ACOVARDADO, DA *adj. P. p.* de *Acovardar.* Acobardado.

ACOVARDADOR, RA *adj.* Acobardador.

ACOVARDAMENTO *m.* Acobardamiento.

ACOVARDAR *v. tr.* Acobardar, amedrentar. Ú. t. c. r.

ACOVILHAR (llar) *v. tr.* Lo mismo que ACOBILHAR.

ACRÂNIO, NIA (crá) *adj.* Acráneo.

ACRANIOTAS (ò) *m. pl. Zool.* Acránios.

ACRE *adj.* Acre; áspero, desabrido.

ACREANO, NA *adj.* Natural del Estado del Acre (Brasil). Ú. t. c. s.

ACREÇÃO (sáum) *f.* Acreción.

ACREDITAR *v. tr.* Acreditar. Ú. t. c. r. Creer (tener por cierta o probable una cosa).

ACREDITÁVEL *adj.* Que puede ser acreditado.

ACRE-DOCE *adj.* Lo mismo que AGRIDOCE.

ACRESCÊNCIA (sén) *f.* Acrecencia.

ACRESCENTADO, DA *adj. P. p.* de *Acrescentar.* Acrecentado.

ACRESCENTADOR, RA *adj.* Acrecentador.

ACRESCENTAMENTO *m.* Acrecentamiento.

ACRESCENTÁVEL *adj.* Que puede ser acrecentado.

ACRESCENTO *m.* Acrecentamiento.

ACRESCER *v. tr.* Acrecer; acrecentar; agregar, aumentar; añadir. Ú. t. c. r. *v. intr.* Acrecer, crecer.

ACRESCIDO, DA *adj. P. p.* de *Acrescer.* Acrecido, aumentado, agregado, añadido. *m.* Añadidura (lo que se añade).

ACRESCIMENTO *m.* Acrecimiento.

ACRÉSCIMO (crè) *m.* Acrecentamiento, acrecimiento, aumento, añadidura.

ACRIANÇADO, DA (sa) *adj. P. p.* de *Acriançar-se.* Amuchachado, pueril, que en su aspecto o modo se asemeja a los muchachos.

ACRIANÇAR-SE (sar) *v. r.* Parecerse uno, en su aspecto o modo, a los muchachos.

ACRIDÃO (dáum) *f.* Lo mismo que ACRIDEZ.

ACRIDEZ *f.* Acritud, acrimonia.

ACRÍDIDAS *f. pl.* Acridios.

ACRIDOGENOSE (jenòze) *f.* Acridogenosis.

ACRIOULADO, DA *adj. P. p.* de *Acrioular-se.* Acriollado (hablando de personas o animales).

ACRIOULAR-SE *v. r.* Acriollarse (hablando de personas o animales). Acostumbrarse (hablando de animales).

ACRISOLAMENTO (zo) *m.* Acrisolación.

ACRISTANADO, DA *adj. P. p.* de *Acristanar.* Cristianizado.

ACRISTANAR *v. tr.* Cristianizar. Ú. t. c. r.

ACRITUDE *f.* Lo mismo que ACRIDEZ.

ACRIVADO, DA *adj.* Cribado, acribado.

ACRIVAR *v. tr.* Cribar, acribar.

ACRO, RA *adj.* Rompedero. Lo mismo que ACRE.

ACROBACIA (cía) *f.* Acrobacia.

ACROMATIZAÇÃO (zasáum) *f.* Acromatización.

ACROMEGALIA (lía) *f. Med.* Acromegalia.

AÇÚ (sú) *adj. Bras.* Grande.

ACUAÇÃO (sáum) *f.* Acción y efecto de *Acuar.*

ACUADO, DA *adj.* Inclinado para formar salto. Parado, emperrado, empacado (hablando de caballerías). Acosado, perseguido. Sentado sobre las ancas (hablando de animales perseguidos). Aculado, arrinconado.

ACUAR *v. intr.* Inclinarse para formar salto. Recular, cejar, retroceder. *Bras.* Emperrar, empacar (hablando de caballerías). *v. tr.* Confundir, turbar a uno de manera que no acierte a explicarse. Acosar (a un animal). Cercar y amenazar con perros. Acular, arrinconar, acorralar.

AÇÚCAR (sú) *m.* Azúcar. — *branco.* Azúcar blanco. — *broma.* Azúcar mascabado. — *candi,* o *de pedra.* Azúcar cande, o piedra. — *de leite.* Azúcar de leche. — *mascavado,* o *mascavo.* Azúcar mascabado. — *refinado.* Azúcar refino.

AÇUCARADAMENTE (su) *adv. m.* De manera azucarada.

AÇUCARADO, DA (su) *adj. P. p.* de *Açucarar.* Azucarado.

AÇUCARADOR, RA (su) *adj.* Azucarador. Ú. t. c. s.

AÇUCARAR (su) *v. tr.* Azucarar. *fig.* Azucarar, endulzar, suavizar algo. *v. r.* Convertir en azúcar.

AÇUCAREIRO, RA (su) *adj.* Azucarero. *m.* Azucarera, azucarero.

AÇUCARILHO (sucarillo) *m.* Azucarillo.

AÇUCENA (su) *f. Bot.* Azucena. *fig.* Pureza virginal. *fig.* Albura, blancura.

AÇUCENAL (su) *m.* Azucenal.

ACUCHILHADO, DA (chillado) *adj. P. p.* de *Acuchilhar.* Acuchillado; maltratado a navajadas. *fig.* Acuchillado (termo de sastrería).

ACUCHILHAMENTO (chilla) *m.* Acuchillamiento; acción de maltratar a navajadas.

ACUCHILHAR (chillar) *v. tr.* Dar cuchilladas. Dar navajadas. *fig.* Acuchillar (labrar cuchilladas en los vestidos).

ACUCULAR *v. tr.* Lo mismo que ACOGULAR.

AÇUDADA (su) *f.* El agua estancada por una presa o azud. Zanja, acequia.

AÇUDADO, DA (su) *adj.* Parecido al azud.

AÇUDADOR, RA (su) *adj.* Que represa, estanca o detiene el água corriente.

AÇUDAGEM (sudajem) *f.* Acción de represar, contener o estancar el água corriente.

AÇUDAMENTO (su) *m.* Lo mismo que AÇUDAGEM.

AÇUDAR (su) *v. tr.* Represar, contener o estancar el água corriente.

AÇUDE (su) *m.* Azud, presa; acequia.

AÇUDECO (sudè) *m. dim.* de *Açude.*

ACUDIMENTO *m.* Acudimiento.

ACUDIR *v. tr.* Acudir (en todas sua acepciones).

ACUGULAR *v. tr.* Lo mismo que ACOGULAR.

ACUIÇÃO (sáum) *f.* Agudeza, perspicacia, viveza.

ACUIDADE *f.* Agudeza, delgadez, sutileza. *fig.* Agudeza, perspicacia, viveza, sagacidad. Penetración. Ingenio.

AÇULADO, DA (su) *adj. P. p.* de *Açular.* Azuzado. *fig.* Instigado.

AÇULADOR, RA *adj.* Azuzador. Ú. t. c. s. *m.* Ázuzón.

AÇULAMENTO (su) *m.* Azuzamiento.

AÇULAR (su) *v. tr.* Azuzar. *fig.* Azuzar, estimular, irritar, excitar.

ACULEADO, DA *adj. Zool.* Acúleo. *m. pl.* Aculeata.

ACULEAR *v. tr.* Adornar de aguijones.

ACÚLEO *m. Zool.* Aguijón, acúleo. *Bot.* Espina. *fig.* Estímulo, incitativo, acicate, aguijón. *fig.* Disgusto, pesadumbre.

AÇULO (su) *m.* Instigación.

ACUME *m.* Punta aguda. Cumbre. Filo (de un instrumento cortante). *fig.* Agudeza, ingenio, sagacidad, perspicacia. *fig.* Aguijón, acicate, estímulo.

ACUMINAÇÃO (sáum) *f.* Azuzamiento, azuzadura.

ACUMINADO, DA *adj. P. p.* de *Acuminar.* Agudo, delgado. Aguzado, afilado. *Bot.* Acuminado.

ACUMINAR *v. tr.* Aguzar, afilar.

ACUMPLICIAMENTO *m.* Acción y efecto de

ACUMPLICIAR-SE *v. r.* Hacerse cómplice.

ACUMULAÇÃO (sáum) *f.* Acumulación. Montón. Reunión. Aumento, acrecentamiento.

ACUMULAMENTO *m.* Lo mismo que ACUMULAÇÃO.

ACUMULAR *v. tr.* Acumular, amontonar, reunir, juntar. Ú. t. c. r. Almacenar (energia). Concentrar. *v. r.* Seguirse (unas cosas después o detrás de otras).

ACUMULÁVEL *adj.* Acumulable.

ACÚMULO *adj.* Lo mismo que ACUMULAÇÃO.

ACUNHADO, DA (ña) *adj. P. p.* de *Acunhar.* Abierto con cuñas.

ACUNHAR (ñar) *v. tr.* Acuñar, meter cuñas. *ant.* Acuñar (fabricar moneda). Acuñar, embutir, rellenar.

ACUNHEADO, DA (ñea) *adj. P. p.* de *Acunhear.* De figura de cuña.

ACUNHEAR (ñear) *v. tr.* Dar figura de cuña a alguna cosa.

ACUPRESSÃO (sáum) *f.* Lo mismo que

ACUPRESSURA (su) *f. Cir.* Acupresión.

ACUPUNTURAÇÃO (sáum) *f. Cir.* Acupuntura.

ACURADAMENTE *adv. m.* Con cuidado y esmero; primorosa, perfectamente.

ACURADO, DA *adj. P. p.* de *Acurar.* Perfecto, exacto, cabal. Cuidadoso, esmerado; primoroso.

ACURAR *v. tr.* Cuidar de. Esmerarse en alguna cosa.

ACURRALADO, DA *adj. P. p.* de *Acurralar.* Acorralado, arrinconado, aculado.

ACURRALAMENTO *m.* Acorralamiento; arrinconamiento; aculamiento.

ACURRALAR *v. tr. ant.* Acorralar (encerrar el ganado en el corral). Acorralar, arrinconar, acular.

ACURRAR *v. tr.* Lo mismo que ENCURRALAR.

ACURTADO, DA *adj. P. p.* de *Acurtar.* Lo mismo que ENCURTADO.

ACURTAMENTO *m.* Lo mismo que ENCURTAMENTO.

ACURTAR *v. tr.* Lo mismo que ENCURTAR.

ACURVADO, DA *adj. P. p.* de *Acurvar.*

ACURVAMENTO *m.* Encorvadura, encorvamiento. *fig.* Humillación.

ACURVAR *v. tr.* Encorvar, doblar, torcer, combar. Ú. t. c. r. *fig.* Abatir, humillar, doblar.

ACURVEJAR (jar) *v. tr.* Abatir, encorvar, doblar. Ú. t. c. r. *fig.* Abatir, humillar, doblar. Ú. t. c. r.

ACURVILHADO, DA (lla) *adj. P. p.* de *Acurvilhar.* Arrodillado (hablando de animales).

ACURVILHAMENTO (lla) *m.* Arrodillamiento, arrodilladura (hablando de animales).

ACURVILHAR (llar) *v. tr.* Arrodillar (hablando solamente de animales Ú. t. c. r.

ACUSAÇÃO (zasáum) *f.* Acusación.

ACUSAMENTO (za) *m. ant.* Acusamiento.

ACUSAR (zar) *v. tr.* Acusar, imputar, atribuir; denunciar, delatar. Ú. t. c. r. Acusar, avisar, notificar.

ACUSÁVEL (zá) *adj.* Acusable.

ACUSO (zo) *m.* Acusación. Acuse.

ACUTEZ *f.* Intensidad. Gravedad, importancia.

ACUTILADAMENTE *ad. m.* A cuchilladas.

ACUTILADIÇO, ÇA (so) *adj.* Que amenaza acuchillar. Lo mismo que ACUTILADOR.

ACUTILADO, DA *adj. P. p.* de *Acutilar.* Acuchillado. Escarmentado. Acuchillado (hablando de vestidos).

ACUTILADOR, RA *adj.* Acuchillador. *m.* Acuchillador, camorrista, pendenciero.

ACUTILADURA *f.* Lo mismo que

ACUTILAMENTO *m.* Acuchillamiento.

ACUTILAR *v. tr.* Acuchillar, dar cuchilladas.

ACUTÍSSIMO (si) *adj.* Agudísimo.

ADAGA *f.* Daga (arma).

ADAGADA *f.* Dagazo.

ADAGIAL (jial) *adj.* Perteneciente o relativo al adagio (sentencia breve y moral); proverbial.

ADAGIAR (jiar) *v. intr.* Proverbiar.

ADAGIEIRO (jiei) *adj.* Dícese del proverbista.

ADÁGIO (jio) *m.* Adagio, proverbio.

ADAGUETA *f. dim.* de *Adaga.* Daguilla.

ADAIL *m.* Adalid.

ADAMADO, DA *adj.* Adamado, afeminado.

ADAMANTINO, NA *adj.* Diamantino, adamantino.

ADAMAR-SE *v. r.* Adamarse. *v. tr.* Suavizar (al vino).

ADAMASCAR *v. tr.* Adamascar. Aforrar de damasco.

ADAMASQUINADO, DA *adj.* Damascado (con labores semejantes a las del damasco).

ADAMÁVEL *adj.* Extremamente amable.

ADÃO (dáum) *n. p.* Adán. Nuez, manzana de Adán. *Pomo de* —. Manzana de Adán.

ADAPTABILIDADE *f.* Adaptabilidad.

ADAPTAÇÃO (sáum) *f.* Adaptación.

ADAPTAMENTO *m.* Adaptación.

ADAPTAR *v. tr.* Adaptar Ú. t. c. r.

ADAPTÁVEL *adj.* Adaptable.

ADARGUEIRO *m.* Adarguero.

ADEGA (dè) *f.* Bodega (lugar donde se guarda el vino).

ADEGADO, DA *adj. P. p.* de *Adegar.* Embodegado.

ADEGAR *v. tr.* Embodegar. Beber demasiado.

ADEGUEIRO *m.* Bodeguero (que tiene a su cargo la bodega).

ADEJAR (jar) *v. intr.* Aletear. Revolotear, volitar. *v. tr.* Agitar. Ú. t. c. r.

ADEJO (jo) *m.* Aleteo. Revoloteo. Lo mismo que PAIRO.

ADELA (dè) *f.* Ropavejera. Lo mismo que ADUELA.

ADELEIRA *f.* Ropavejera.

ADELEIRO *m.* Ropavejero.

ADELFEIRA *f. Bot.* Adelfa.

ADELGAÇADAMENTE (sa) *adv. m.* Con adelgazamiento.

ADELGAÇADO, DA (sa) *adj. P. p.* de *Adelgaçar.* Adelgazado.

ADELGAÇADOR, RA (sa) *adj.* Adelgazador. Ú. t. c. s.

ADELGAÇAMENTO (sa) *m.* Adelgazamiento.

ADELGAÇAR (sar) *v. tr.* Adelgazar, poner delgado. Ú. t. c. r. *fig.* Adelgazar, purificar, depurar. *fig.* Adelgazar, sutilizar. *v. intr.* Adelgazar, enflaquecer, ponerse flaco. *v. r.* Adelgazarse; estrecharse; aguzarse.

ADELGADADO, DA *adj. P. p.* de *Adelgadar.* Lo mismo que ADELGAÇADO.

ADELGADAR *v. tr.* Lo mismo que ADELGAÇAR. Ú. t. c. r.

ADELGAR *v. tr.* Lo mismo que ADELGAÇAR. Ú. t. c. r.

ADELO *m.* Ropavejero. Alcahueta.

A DEL-REI! *interj.* Lo mismo que AQUÍ (del rei).

ADEM (dén) *f. Zool.* Ánade, pato. Especie de ánade.

ADEMÃ (mán) *m.* Ademán. *Gram. pl.; ademãs, ademães.*

A DE MAIS *m. adv.* Lo mismo que ADEMAIS.

ADEMAIS *adv.* Además, demás, a más de esto o aquello.

ADEMANE *m.* Lo mismo que ADEMÃ.

ADENDA *f.* Lo mismo que

ADENDO *m.* Añadidura, acrecentamiento. Agenda.

ADENGADO, DA *adj. P. p.* de *Adengar-se.* Dengoso, melindroso, delicado.

ADENGAR-SE *v. r.* Hacerse dengoso o melindroso; melindrear.

ADÊNIO (dé) *m. Bot.* Adeno.

ADENITE *f. Med.* Adenitis.

ADENÓIDE (nòi) *adj.* Adenoideo.

ADENOSE (nòze) *f. Med.* Adenosis.

ADENSADO, DA *adj. P. p.* de *Adensar.* Condensado.

ADENSADOR, RA *adj.* Condensador. Ú. t. c. s.

ADENSAMENTO *m.* Condensación.

ADENSAR *v. tr.* Condensar. Ú. t. c. r. v. r. Engrosar, aumentar. Ú. t. c. r. v. r. Amontonarse. Abultarse, agrandarse, ensancharse.

ADENTADO, DA *adj. P. p.* de *Adentar.* Dentado; dentellado.

ADENTAR *v. tr.* Dentar. *v. intr.* Endentecer, dentar.

ADENTRAR *v. tr.* Meter, empujar para adentro. *v. r.* Entrar, penetrar.

ADEQUAÇÃO (cuasáum) *f.* Adecuación.

ADEQUADAMENTE (cua) *adv. m.* Adecuadamente.

ADEQUADO, DA (cua) *adj. P. p.* de *Adequar.* Adecuado, apropiado, acomodado, ajustado, arreglado, conveniente.

ADEQUAR (cuar) *v. tr.* Adecuar, acomodar, proporcionar, apropiar, ajustar, igualar.

ADEQUÁVEL (cuá) *adj.* Apropiable, acomodable, ajustable.

ADEREÇADO, DA (sa) *adj. P. p.* de *Adereçar.* Aderezado, adornado, acicalado, hermoseado. Enderezado, dirigido.

ADEREÇAMENTO (sa) *m.* Aderezamiento, aderezo.

ADEREÇAR (sar) *v. tr.* Aderezar, adornar, acicalar, componer, hermosear. Aderezar, preparar, disponer. Enderezar, remitir, dedicar, dirigir.

ADERECE (ré) *m.* Lo mismo que ADEREÇO, 1ª acep.

ADERECISTA *m.* Aderezador.

ADEREÇO (èso) *m.* Aderezo (lo que sirve para aderezar), adorno. — *de jóias.* Aderezo (juego de joyas). *pl.* Aderezo (arreos y jaeces del caballo). Dirección.

ADERÊNCIA (rén) *f.* Adherencia.

ADERENÇO (so) *m.* Lo mismo que ADEREÇO, 1ª y 3ª acep.

ADERENTE *adj.* Adherente.

ADERIDO, DA *adj. P. p.* de *Aderir.* Adherido.

ADERIR *v. intr.* Adherir. Ú. t. c. tr. *fig.* Adherir, mostrarse conforme.

ADERNADO, DA *adj. P. p.* de *Adernar.* Inclinado.

ADERNAR *v. tr. Mar.* Inclinarse (el buque).

ADESÃO (záum) *f.* Adhesión.

ADESIONISTA (zio) *m.* Que adhiere habitualmente (hablando de políticos).

ADESISTA (zis) *m.* Lo mismo que ADESIONISTA.

ADESIVIDADE (zi) *f.* Adhesividad.

ADESIVO, VA (zi) *adj.* Adhesivo. *m.* Lo mismo que ADESIONISTA. Emplasto.

ADESO, SA (zo, za) *adj.* Adherido.

ADESTRAÇÃO (sáum) *f.* Adiestramiento.

ADESTRADO, DA *adj. P. p.* de *Adestrar.* Adiestrado.

ADESTRAMENTO *m.* Adiestramiento.

ADESTRAR *v. tr.* Adiestrar. Ú. t. c. r.

ADEUS! *interj.* ¡Adiós! *m.* Adiós, despedida.

ADEUSADO, DA (za) *adj. P. p.* de *Adeusar.* Endiosado.

ADEUSAR (zar) *v. tr.* Endiosar.

ADEUSINHO (ziño) *interj. fam.* ¡Adiós!

ADIADO, DA *adj. P. p.* de *Adiar.* Aplazado, diferido.

ADIAMANTINO, NA *adj.* Adiamantado (que se parece al diamante).

ADIAMENTO *m.* Aplazamiento; postergación.

ADIANTADAMENTE *adv. m.* Anticipadamente.

ADIANTADO, DA *adj. P. p.* de *Adiantar.* Adelantado, anticipado. *fig.* Adelantado, atrevido, inconsiderado; entremetido. Pagado anticipadamente. — *em graças. fr.* Adelantado, atrevido.

ADIANTADO *m.* Adelantado. — *do reino,* o — *mor.* Adelantado mayor.

ADIANTAMENTO *m.* Adelantamiento, anticipación, anticipamiento. Anticipo (dinero anticipado). *fig.* Adelantamiento, medro, mejora, progreso. *fig.* Provecho, aprovechamiento.

ADIANTAR *v. tr.* Adelantar, anticipar; sobrepujar, aventajar; acelerar, apresurar. Ú. t. c. r.

ADIANTE *adv. l.* Adelante. —! *interj.* ¡Adelante!

ADIAR *v. tr.* Aplazar, diferir, postergar, retrazar.

ADIARRÉIA (rrèia) *f. Med.* Adiarrea.

ADIÁVEL *adj.* Aplazable.

ADIBE *m.* Lo mismo que ACRÉSCIMO. Adive, chacal.

ADIÇÃO (sáum) *f.* Adición. *Mat.* Adición.

ADIÇÃO (sáum) *f. For.* Acción de adir la herencia.

ADICIDADE *f. Quím.* Valencia.

ADICIONAÇÃO (sáum) *f.* Aditamento, añadidura.

ADICIONAMENTO *m.* Adición.

ADICIONAR *v. tr.* Adicionar, añadir, agregar, aumentar.

ADICIONÁVEL *adj.* Adicionable.

ADIDO, DA *adj.* Adicto. Agregado. Adicto. — *comercial.* Agregado comercial. — *militar.* Agregado militar. — *diplomático.* Agregado diplomático. — *naval.* Agregado naval.

ADIMENTO *m.* Añadidura, aditamento.

ADINHEIRADO, DA (ñei) *adj. P. p.* de *Adinheirar.* Lo mismo que ENDINHEIRADO.

ADINHEIRAR (ñei) *v. tr.* Lo mismo que ENDINHEIRAR Ú. t. c. r.

ADIPOSIDADE (zi) *f.* Adiposidad.

ADIPOSO, SA (ozo, òza) *adj.* Adiposo, grasiento. Muy gordo.

ADIR *v. tr. For.* Adir. Adicionar, añadir, acrecentar.

ADITADO, DA *adj.* Feliz, dichoso, venturoso, propicio, próspero.

ADITADOR, RA *adj.* Adicionador.

ADITAMENTO *m.* Añadidura, aditamento.

ADITAR *v. tr.* Acrecentar, adicionar, aumentar, añadir, agregar.

ADITAR *v. tr.* Hacer feliz o dichoso a uno.

ADITAR *v. tr.* Entrar, penetrar.

ADITIVO, VA *adj.* Aditicio.

ADITO, TA *adj.* Adicto, agregado. *m.* Adicto, agregado.

ADIVINHA (ña) *f.* Adivina. *fam.* Adivinaja.

ADIVINHAÇÃO (ñasáum) *f.* Adivinación.

ADIVINHADEIRA (ña) *f.* Adivina.

ADIVINHADO, DA (ña) *adj. P. p.* de *Adivinhar.* Adivinado.

ADIVINHADOR, RA (ña) *adj.* Adivinador, Ú. t. c. s. *m.* Agorero.

ADIVINHAMENTO (ña) *m.* Adivinamiento.

ADIVINHANÇA (ñansa) *f.* Adivinanza.

ADIVINHANTE (ñan) *adj.* Que adivina. *m.* Adivino.

ADIVINHÃO (ñáum) *m. pop.* Adivino.

ADIVINHAR (ñar) *v. tr.* Adivinar.

ADIVINHATÓRIO (ñatò) *adj.* Adivinatorio.

ADIVINHÁVEL (ña) *adj.* Adivinable.

ADIVINHO (ño) *m.* Adivino.

ADJACÊNCIA (jacén) *f.* Adyacencia. *pl.* alrededores.

ADJACENTE (ja) *adj.* Adyacente; cercano, próximo, inmediato, contiguo.

ADJAZER (jazer) *v. tr.* Lo mismo que JAZER. Estar próximo.

ADJEÇÃO (jesáum) *f.* Añadidura, aditamento. Unión.

ADJETIVAÇÃO (jetivasáum) *f.* Adjetivación.

ADJETIVAMENTO (je) *m.* Lo mismo que ADJETIVAÇÃO.

ADJETIVO, VA (je) *adj.* Adjetivo. *m.* Adjetivo. — *articular.* Artículo. — *composto.* Adjetivo compuesto. — *demonstrativo.* Pronombre demostrativo (este, esse, aquele, mesmo, próprio, tal). — *conjuntivo.* Pronombre relativo (cujo, qual). — *gentílico.* Adjetivo gentilicio, étnico, o nacional. — *indefinido.* Pronombre indeterminado (algum, nenhum, todo, outro, qualquer, etc.) — *pronominal.* Nesta clase se incluyen los pronombres posesivos e indeterminados. — *qualificativo.* Adjetivo calificativo. — *possessivo:* pronombre posesivo (meu, teu, seu, nosso, vosso.) — *relativo.* Lo mismo que — CONJUNTIVO. — *verbal.* Adjetivo verbal y participio activo.

ADJETO, TA (jè) *adj.* Adjunto.

ADJUDICAÇÃO (judicasáum) *f.* Adjudicación.

ADJUNÇÃO (junsáum) *f.* Adjunción.

ADJUNGIR (junjir) *v. tr.* Reunir, congregar, asociar, juntar, unir.

ADJUNTAR (jun) *v. tr. ant.* Lo mismo que AJUNTAR.

ADJUNTO, TA (jun) *adj.* Adjunto. *m.* Agregado, compañero, socio. Substituto. Maestro (de la enseñanza pública). *Gram.* Nombre adjunto, o adjetivo.

ADJURAÇÃO (jurasáum) *f.* Conjuro, exorcismo; imprecación, ruego encarecido.

ADJURAR (ju) *v. tr.* Conjurar, exorcizar.

ADJUTATÓRIO, RIA (jutatò) *adj.* Adjutor, que presta su ayuda o auxilio a otro. Ú. t. c. s.

ADJUTOR, RA (ju) *adj.* Lo mismo que ADJUTATÓRIO.

ADJUTORAR (ju) *v. tr.* Prestar ayuda o auxilio.

ADJUTÓRIO (jutò) *m.* Ayuda, socorro, auxilio. Adjutor, adjunto.

ADMINISTRAÇÃO (sáum) *f.* Administración.

ADMINISTRANÇA (sa) *f.* Cargo de administrador. *deprec.* Administración.

ADMINISTRAR *v. tr.* Administrar.

ADMIRÁBIL *adj.* Lo mismo que ADMIRÁVEL.

ADMIRABILIDADE *f.* Calidad de admirable.

ADMIRAÇÃO (sáum) *f.* Admiración.

ADMIRAR *v. tr.* Admirar. Ú. t. c. r. y intr.

ADMIRÁVEL *adj.* Admirable.

ADMIRAVELMÉNTE *adv. m.* Admirablemente.

ADMISSÃO (sáum) *f.* Admisión.

ADMISSIBILIDADE (si) *f.* Admisibilidad.

ADMISSÍVEL (sí) *adj.* Admisible.

ADMITIR *v. tr.* Admitir, recibir, dar entrada; permitir, sufrir, tolerar; aceptar, recibir, reconocer.

ADMOESTAÇÃO (sáum) *f.* Amonestación.

ADMOESTADAMENTE *adv. m.* Con amonestación.

ADMOESTADO, DA *adj. P. p.* de *Admoestar.* Amonestado.

ADMOESTADOR, RA *adj.* Amonestador. Ú. t. c. s.

ADMOESTAMENTO *m.* Amonestación.

ADMOESTANTE *adj.* Amonestante.

ADMOESTAR *v. tr.* Amonestar (hacer a alguien las convenientes advertencias para que se enmiende o corrija, o para que se abstenga de hacer algo ilícito).

ADMOESTÁVEL *adj.* Que puede o debe ser amonestado.

ADMONIÇÃO (sáum) *f.* Amonestación, reconvención, admonición.

ADNOMINAÇÃO (sáum) *f.* Paronomasia.

ADNOTAÇÃO (sáum) *f.* Adnotación.

ADOAÇÃO (sáum) *f.* Lo mismo que DOAÇÃO.

ADOBE (dò) *m.* Adobe (especie de ladrillo).

ADOBO (dó) *m.* Lo mismo que ADOBE.

ADOÇADO, DA (sa) *adj. P. p.* de *Adoçar.* Endulzado. Azucarado. Suavizado. Adulzado, ablandado.

ADOÇADOR, RA (sa) *adj.* Que endulza, adulza, o suaviza.

ADOÇAGEM (sajem) *f.* Lo mismo que

ADOÇAMENTO (sa) *m.* Endulzadura. Azucaramiento. Adulzamiento. *fig.* Lenitivo. — *de tintas. Pint.* Acción de suavizar las tintas y contornos.

ADOÇANTE (sán) *adj.* Que endulza, adulza, o suaviza. Mitigativo. Ú. t. c. s.

ADOÇÃO (sáum) *f.* Adopción.

ADOÇAR (sar) *v. tr.* Endulzar, poner dulce una cosa. Ú. t. c. s. Azucarar. *fig.* Endulzar, dulcificar, suavizar. Adulzar, ablandar los metales.

ADOCICADAMENTE *adv. m.* Algo dulcemente. *fig.* Afectadamente, delicadamente.

ADOCICADO, DA *adj. P. p.* de *Adocicar.* Algo dulce (dícese también del habla). Afectado, delicado.

ADOCICAMENTO *m.* Acción y efecto de

ADOCICAR *v. tr.* Poner algo dulce alguna cosa. Endulzar (el habla). Hablar afectadamente. Afeminar.

ADOECER *v. intr.* Enfermar. *v. tr.* Enfermar. *fig.* Enfermar, debilitar. *v. intr.* (con la prep. *de*) Debilitarse.

ADOECIDO, DA *adj. P. p.* de *Adoecer.* Enfermado. Enfermo.

ADOECIMENTO *m.* Acción o efecto de enfermar.

ADOENTADAMENTE *adv. m.* En principio de enfermedad.

ADOENTADO, DA *adj. P. p.* de *Adoentar.* Algo enfermo.

ADOENTAR *v. tr.* Enfermar ligeramente.
ADOESTADO, DA *adj. P. p.* de *Adoestar.* Acriminado, censurado.
ADOESTAR *v. tr.* Acriminar, censurar, acusar; reprender.
ADOIDADAMENTE *adv. m.* Alocadamente.
ADOIDADO, DA *adj. P. p.* de *Adoidar.* Alocado; enloquecido.
ADOIDAMENTE *adv. m.* Lo mismo que ADOIDADAMENTE.
ADOIDAR *v. tr.* Enloquecer. *intr.* Alocar, enloquecer. Ú. t. c. r. Lo mismo que ADOIDEJAR, 2ª acep.
ADOIDEJADO, DA *(ja) adj. P. p.* de *Adoidejar.* Algo loco.
ADOIDEJAR *(jar) v. tr.* Enloquecer. Poner algo loco a uno. Ú. t. c. intr.
ADOLESCÊNCIA *(cén) f.* Adolescencia.
ADOLESCER *v. intr.* Entrar en la adolescencia.
ADOLORADO, DA *adj. P. p.* de *Adolorar.* Dolorido, adolorido, adolorado.
ADOLORAR *v. tr.* Causar dolencia.
ADOMAR *v. tr.* Lo mismo que DOMAR.
ADOMINGADO, DA *adj. P. p.* de *Adomingar.* Endomingado. *deprec.* Elegante, pulcro.
ADOMINGAMENTO *m.* Acción y efecto de
ADOMINGAR-SE *v. r.* Endomingarse (vestirse con la ropa de fiesta). Emperejilarse.
ADONISAR *(zar) v. tr.* Hermosear, acicalar, adornar. Ú. t. c. r. *v. r.* Engreírse. Emperejilarse. Mostrarse afectado. Adonizarse.
ADONJUANADO, DA *(jua) adj.* Donjuanesco.
ADOQUIM *m.* Esquina, canto, ángulo.
ADORAR *v. tr.* Adorar.
ADORAÇÃO *(sáum) f.* Adoración.
ADORÁVEL *adj.* Adorable. Admirable.
ADORAVELMENTE *adv. m.* Adorablemente.
ADORMECENTE *adj.* Adormeciente.
ADORMECER *v. intr.* Dormir, adormecerse. *v. tr.* Adormecer, producir sueño. Entorpecer. Ú. t. c. r. *fig.* Adormecer, acallar, entretener; mitigar, calmar, sosegar.
ADORMECIDAMENTE *adv. m.* Con adormecimiento.
ADORMECIDO, DA *adj. P. p.* de *Adormecer.* Dormido. Adormecido. Descuidado, omiso; distraído.
ADORMECIMENTO *m.* Adormecimiento. Emotamiento, inatividad. Somnolencia, letargo. — *da alma.* Enajenamiento del ánimo.
ADORMENTADO, DA *adj. P. p.* de *Adormentar.* Adormecido. Durmiente, que duerme.
ADORMENTADOR, RA *adj.* Que adormece, adormeciente. Calmante.
ADORMENTAR *v. tr.* Adormecer. Ú. t. c. r. *fig.* Debilitar.
ADORMIDO, DA *adj. P. p.* de *Adormir.* Lo mismo que ADORMECIDO.
ADORMIR *v. tr.* Lo mismo que ADORMECER.
ADORNAMENTO *m.* Adornamiento.
ADORNAR *v. tr.* Adornar, hermosear, embellecer. Ú. t. c. r.
ADORNAR *v. intr. Mar.* Lo mismo que ADERNAR.
ADORNO *(dór) m.* Adorno.
ADORTAR *v. tr.* Exhortar.
ADOSSADO, DA *(sa) adj. Bras.* Adosado.
ADOTAÇÃO *(sáum) f.* Adopción.
ADOTADO, DA *adj. P. p.* de *Adotar.* Adoptado. *m.* Ado.tado (persona que ha sido prohijada).
ADOTADOR, RA *adj.* Adoptador.
ADOTANDO, DA *m. y f.* Persona que habrá de ser prohijada.
ADOTANTE *adj.* Adoptante. *m.* Persona que prohija otra.
ADOTAR *v. tr.* Adoptar.
ADOTÁVEL *adj.* Adoptable.
ADOTIVO, VA *adj.* Adoptivo.
ADOUDADO, DA *adj. P. p* de *Adoudar.* Lo mismo que ADOIDADO.
ADOUDAR *v. tr.* Lo mismo que ADOIDAR.
ADOUDEJAR *(jar) v. tr.* Lo mismo que ADOIDEJAR.
ADOUTRINAÇÃO *(sáum) f.* Acción y efecto de
ADOUTRINAR *v. tr.* Doctrinar.
ADQUIRENTE *adj.* Adquiriente.
ADQUIRIÇÃO *(sáum) f.* Adquirición.
ADQUIRIMENTO *m.* Adquirimiento.

ADQUIRIR *v. tr.* Adquirir, alcanzar, conseguir, ganar, apropiarse de algo.
ADQUIRITIVO, VA *adj.* Adquisitivo.
ADQUISIÇÃO *(zisáum) f.* Adquisición.
ADQUISITIVIDADE *(zi) f.* Adquisividad.
ADRAGANTA *f.* Tragacanto; goma adragante. *adj.* Adragante.
ADREDE *(drè) adv. m.* Adrede, de intento, de propósito, con intención deliberada.
ADREGAR *v. intr.* Acontecer por acaso.
ADRIÇA *(sa) f. Mar.* Driza.
ADRIÇAMENTO *(sa) m.* Acción y efecto de
ADRIÇAR *(sar) v. tr. Mar.* Adrizar. Drizar, izar.
ADROGAÇÃO *(sáum) f.* Adrogación.
ADSCREVER *v. tr.* Adscribir.
ADSTRIÇÃO *(sáum) f.* Astricción, adstricción.
ADSTRINGÊNCIA *(jén) f.* Astringencia.
ADSTRINGENTE *(jen) adj.* Astringente.
ADSTRINGIR *(jir) v. tr.* Astringir.
ADSTRINGITIVO, VA *(ji).* Lo mismo que
ADSTRINGIVO, VA *(ji) adj.* Astrictivo.
ADSTRITIVO, VA *adj.* Astrictivo.
ADSTRITO, TA *adj.* Astricto.
ADSTRITÓRIO, RIA *(tò) adj.* Adstrictivo.
ADUA *f.* Rebaño.
ADUANA *f.* Lo mismo que ALFÂNDEGA.
ADUANEIRO, RA *adj.* Aduanero. *m.* Aduanero (empleado en la aduana).
ADUBAÇÃO *(sáum) f.* Adobadura, adobamiento. Abono (de la tierra).
ADUBADO, DA *adj. P. p.* de *Adubar.* Adobado. Abonado; estercolado.
ADUBADOR, RA *adj.* Abonador. *m.* Estercolero.
ADUBAGEM *(jem) f.* Lo mismo que ADUBAÇÃO.
ADUBAMENTO *m.* Adobamiento. Abonamiento; estercolamiento.
ADUBAR *v. tr.* Adobar, guisar. Abonar, estercolar. Adobar (curtir y preparar las pieles). Arreglar, preparar.
ADUBEIRO *m.* Estercolero.
ADUBO *m.* Abono; estiércol. Adobo, caldo, salsa.
ADUÇÃO *(sáum) f.* Aducción.
ADUCHADO, DA *(cha) adj. P. p.* de *Aduchar.* Adujado.
ADUCHAR *(char) v. tr. Mar.* Adujar.
ADUCHAS *(chas) m. pl. Mar.* Adujas.
ADUCHO *(cho) m.* Conducción. Encañado (conducto hecho de caños).
ADUCIR *v. tr.* Adulzar, ablandar (metales).
ADUELA *(duè) f.* Duela. Dovela.
ADUFA *f.* Presa, azud. Corredor de ventana.
ADUFAR *v. intr.* Tocar adufe.
ADUFEIRO *m.* Adufero.
ADUFO *m.* Adufe.
ADUFO *m.* Adobe (especie de ladrillo).
ADULAÇÃO *(sáum) f.* Adulación.
ADULÃO, ONA *(láum) m. y f.* Adulón, muy adulador.
ADULAR *v. tr.* Adular, halagar, lisonjear.
ADULATORIAMENTE *(tò) adv. m.* Con adulación.
ADULÇORADO, DA *(so) adj. P. p.* de *Adulçorar.* Dulcificado.
ADULÇORAR *(so) v. tr.* Dulcificar.
ADULOSAMENTE *(òza) adv. m.* Servilmente, con adulación.
ADULOSO, SA *(ozo, òza) adj.* Adulador.
ADULTERAÇÃO *(sáum) f.* Adulteración.
ADULTERADAMENTE *adv. m.* Con adulteración.
ADULTERAMENTE *adv. m.* Con adulterio.
ADULTERAR *v. tr.* Adulterar, falsificar, mixtificar. *v. intr.* Adulterar, cometer adulterio.
ADULTÉRIO *(tè) m.* Adulterio.
ADÚLTERO, RA *adj.* Adúltero. Ú. t. c. s.
ADULTEROSAMENTE *(òza) adv. m.* Con adulteración; con adulterio; falsificadamente.
ADULTEROSO, SA *(ozo, òza) adj.* Adulterino, falso, falsificado, viciado.
ADULTÍCIA *f.* Carácter de adulto.
ADULTIDADE *f.* Lo mismo que ADULTÍCIA.
ADULTO, TA *adj.* Adulto. Ú. t. c. s.
ADUMAR *v. intr.* Dormitar.
ADUMBRAÇÃO *(sáum) f.* Adumbración.
ADUNAÇÃO *(sáum) f.* Adunación.
ADUNAMENTO *m.* Lo mismo que ADUNAÇÃO.

ADUNCAR *v. tr.* Hacer adunca alguna cosa.
ADUNCIDADE *f.* Calidad de adunco.
ADURIR *v. tr.* Abrasar, quemar.
ADUSTÃO *(táum) f.* Combustión, acción de quemar. Abrasamiento.
ADUSTEZ *f.* Calor excesivo, calidad de adusto.
ADUSTÍVEL *adj.* Que se puede quemar.
ADUSTO, TA *adj.* Adusto, muy cálido y ardiente. Abrasado. De color del café.
ADUTOR, RA *adj.* Abdutor. *m. Anat.* Abdutor.
ADUZIDO, DA *(zi) adj. P. p.* de *Aduzir.* Aducido. Conducido, llevado.
ADUZIR *(zir) v. tr.* Aducir, presentar (pruebas, razones, argumentos). Conducir, llevar, traer.
ADVENIDIÇO, ÇA *(so) adj.* Advenidizo.
ADVENTO *m.* Llegada, venida, arribo. Adviento.
ADVÉRBIO *(vèr) m.* Adverbio.
ADVERBIZAR *(zar) v. tr.* Adverbializar.
ADVERSÃO *(sáum) f.* Advertencia.
ADVERSIDADE *f.* Adversidad.
ADVERTÊNCIA *(tén) f.* Advertencia.
ADVERTIR *v. tr.* Advertir.
ADVIR *v. intr.* Advenir, ocurrir, avenir, suceder. *v. tr.* Venir, proceder. Llegar, venir; sobrevenir.
ADVOCACIA *(cía) f.* Abocacía.
ADVOCATURA *f.* Abogacía. Protección, amparo; avocación.
ADVOGACIA *(cía) f. pop.* Abogacía.
ADVOGADO *m.* Abogado.
ADVOGADO, DA *adj. P. p.* de *Advogar.* Abogado, defendido.
ADVOGAR *v. tr.* Abogar, defender; interceder. Ejercer la abogacía.
AERAÇÃO *(sáum) f.* Aeración.
AERAGEM *(jem) f.* Lo mismo que AERAÇÃO.
AEREAMENTE *(aè) adv. m.* En el aire. Sin fundamento, sin base sólida.
AÉREO, EA *(aè) adj.* Aéreo.
AERIFICAÇÃO *(sáum) f. Fís.* Aerificación.
AERIFLUXO *m.* Aeriflujo.
AERIZAÇÃO *(zasáum) f. Fís.* Aerificación.
AERIZAR *(zar) v. tr.* Aerificar.
AERODINÂMICA *(dinán) f.* Aerodinámica.
AERÓDROMO *(rò) m.* Aeródromo.
AERÓLITO *(rò) m.* Aerolito.
AERONAVEGAÇÃO *(sáum) f.* Aeronáutica.
AEROPLANAR *v. intr.* Andar en aeroplano.
AEROPLANO *m.* Aeroplano, vehículo aéreo más pesado de aire.
AEROPORTO *m.* Aeródromo.
AEROSTAÇÃO *(sáum) f.* Aerostación.
AFÃ *(fán) m.* Afán (trabajo excesivo, anhelo, ansia, deseo vehemente).
AFABILMENTE *adv. m.* Afablemente.
AFABULAÇÃO *(sáum) f.* Afabulación.
AFADIGADAMENTE *adv. m.* Fatigadamente.
AFADIGADO, DA *adj. P. p.* de *Afadigar.* Fatigado.
AFADIGADOR, RA *adj.* Fatigador.
AFADIGAR *v. tr.* Fatigar, cansar; molestar, vejar. Ú. t. c. r. Acosar, perseguir.
AFADIGOSO, SA *(ozo, òza) adj.* Fatigoso.
AFAGADEIRO, RA *adj.* Acariciador, cariñoso.
AFAGADO, DA *adj. P. p.* de *Afagar.* Acariciado; halagado.
AFAGADOR, RA *adj.* Acariciador; halagüeño. Ú. t. c. s.
AFAGAMENTO *m. ant.* Lo mismo que AFAGO.
AFAGANTE *adj.* Lo mismo que AFAGADOR.
AFAGAR *v. tr.* Acariciar. Mimar. Halagar. *fig.* Acariciar (pensar en algo con deseo o esperanza de obtenerlo). Apretar con las manos. *fig.* Acariciar, tocar, rozar suavemente. Allanar. Halagar, adular. Alimentar, entretener. — *com os olhos.* Mirar con cariño o deseo.
AFAGO *m.* Caricia. Halago. Mimo. Agasajo. — *da fortuna.* Prosperidad que dura poco.
AFAGOSAMENTE *òza) adv. m.* Halagüeñamente.
AFAGOSO, SA *(ozo, òza) adj.* Halagüeño. Acariciador.
AFAGUEIRAR *v. tr.* Lo mismo que AFAGAR.
AFAIMADO, DA *adj. P. p.* de *Afaimar.* Hambreado. Hambriento.

AFAIMAR *v. tr.* Hambrear, causar a uno o hacerle padecer hambre.

AFAINADO, DA *adj.* Afanado. Lo mismo que ESBAFORIDO.

AFALCASSADO, DA (sa) *adj.* P. p. de *afalcassar.* Falcaceado.

AFALCASSAR (sar) *v. tr. Mar.* Falcacear, falcazar.

AFALCOADO, DA *adj.* P. p. de *Afalcoar.* Fatigado, cansado, rendido, vencido. Azuzado, incitado.

AFALCOAR *v. tr.* Aduzar, incitar. *v. r.* Fatigarse, rendirse, cansarse.

AFAMADO, DA *adj.* P. p. de *Afamar.* Afamado. Famoso, renombrado.

AFAMAR *v. tr.* Afamar, hacer famoso, dar fama y renombre. Ú. t. c. r.

AFAMILHAR-SE (llar) *v. r.* Cargarse de familia, llenarse de hijos. Casarse. Amancebarse.

AFAMILIAR-SE *v. r.* Lo mismo que AFAMILHAR-SE.

AFANAR *v. intr.* Afanar, trabajar con ansia o reciamente. Ú. t. c. r. *Germ.* Robar.

AFANO *m.* Lo mismo que AFÃ. *Germ.* Robo.

AFANTOCHADO, DA (*cha*) *adj.* Parecido a un títere.

AFAQUEAR *v. tr.* Lo mismo que ESFAQUEAR.

AFARINHAR (ñar) *v. tr.* Lo mismo que ESFARINHAR.

AFARVAR-SE *v. r.* Afanar-se; apresurarse.

AFASTADAMENTE *adv. m.* Separadamente, con alejamiento, apartadamente.

AFASTADO, DA *adj.* P. p. de *Afastar.* Alejado; lejano, distante; apartado, separado.

AFASTAMENTO *m.* Alejamiento. Separación. Apartamiento.

AFASTAR *v. tr.* Alejar; apartar; separar. Ú. t. c. r.

AFASTO *m.* Lo mismo que AFASTAMENTO.

AFATIADO, DA *adj.* P. p. de *Afatiar.* Cortado en tajadas.

AFATIAR *v. tr.* Cortar en tajadas. Retajar.

AFÁVEL *adj.* Afable.

AFAVELMENTE *adv. m.* Afablemente.

AFAZENDADO, DA (zen) *adj.* P. p. de *Afazendar-se.* Acaudalado, rico. Hacendado.

AFAZENDAR-SE (zen) *v. r.* Hacendarse. Enriquecer, enriquecerse.

AFAZER (zer) *v. tr.* Acostumbrar, habituar. Ú. t. c. r. Adiestrar. Ú. t. c. r. Aficionar. Ú. t. c. r. *v. r.* (con la prep. *a*) Aclimatarse.

AFAZERES (ze) *m. pl.* Quehaceres, ocupaciones, negocios. Trabajos, faenas.

AFAZIMENTO (zi) *m.* Costumbre; hábito. Acción y efecto de *Afazer.*

AFEAMENTO *m.* Afeamiento.

AFEAR *y. tr.* Afear. Ú. t. c. r. Deslucir.

AFECÇÃO (sáum) *f.* Afección.

AFEGANE *adj.* Natural o habitante del Afganistán. Ú. t. c. s.

AFEGÃO (gáum) *m.* Lo mismo que AFEGANE.

AFEIÇÃO (sáum) *f.* Afición, inclinación, propensión, afecto, afección.

AFEIÇOADAMENTE (soa) *adv. m.* Aficionadamente.

AFEIÇOADO, DA (soa) *adj.* P. p. de *Afeiçoar.* Afecto, aficionado.

AFEIÇOADOR, RA (soa) *adj.* Aficionador.

AFEIÇOAMENTO (soa) *m.* Afición, afección.

AFEIÇOAR (soar) *v. tr.* Aficionar, inclinar, inducir a otro a que tome afición o gusto de alguna persona o cosa. *v. r.* Aficionarse.

AFEIÇOAR (soar) *v. tr.* Formar, adaptar, ajustar, amoldar. Acomodar, apropiar. Ú. t. c. r.

AFEITO, TA *adj.* P. p. irreg. de *Afazer.* Acostumbrado, habituado.

AFELEADO, DA *adj.* P. p. de *Afelear.* Aheleado. Emponzoñado. Amargo.

AFELEAR *v. tr.* Ahelear.

AFEMEAR *v. tr. des.* Afeminar.

AFEMINAÇÃO (sáum) *f.* Afeminación.

AFEMINAMENTO *m.* Afeminamiento.

AFERAR *v. tr.* Enfurecer.

AFERÊNCIA (rén) *f.* Conducción.

AFERENTE *adj.* Aferente.

AFÉRESE (afèreze) *f. Gram.* Aféresis.

AFERGULHAR-SE (llar) *v. r.* Lo mismo que AFARVAR-SE.

AFERIÇÃO (sáum) *f.* Contraste (de pesas y medidas). Cotejo, comparación, confrontación.

AFERIDO, DA *adj.* P. p. de *Aferir.* Contrastado, comprobado. Cotejado; comparado; conferido; confrontado.

AFERIDOR *m.* Fiel, contraste, almotacén, inspector de pesas y medidas.

AFERIMENTO *m.* Lo mismo que AFERIÇÃO.

AFERIR *v. tr.* Contrastar (pesas y medidas). Valuar, valorar. Comparar, cotejar.

AFERÍVEL *adj.* Contrastable; comparable; cotejable.

AFERRADOR, RA *adj.* Aferrador. *m.* Lo mismo que ARAPONGA.

AFERRAMENTO *m.* Aferramiento. Lo mismo que ABALROAMENTO. Constancia, perseverancia.

AFERRAR *v. tr.* Aferrar, agarrar, asir, asegurar con fuerza. Ú. t. c. r. Prender con hierro; herrar. Aportar, arribar a un puerto. Ú. t. c. intr. Arponar, arponear. Atacar, acometer, embestir. Aferrar, echar las anclas. *v. r.* Obstinarse.

AFERRENHADO, DA (ña) *adj.* P. p. de *Aferrenhar.* Pertinaz, obstinado, terco.

AFERRENHAR (ñar) *v. tr.* Endurecerse, como el hierro. *v. r.* Obstinarse.

AFERRETADO, DA *adj.* P. p. de *Aferretar.* Herrado (marcado con un hierro encendido), ferreteado. Maldecido, maldito, condenado.

AFERRETAR *v. tr.* Ferretear, herrar. Maldecir, execrar, condenar.

AFERRETOADO, DA *adj.* P. p. de *Aferretoar.* Picado. Aguijado, aguijoneado.

AFERRETOADOR, RA *adj.* Aguijoneador.

AFERRETOAMENTO *m.* Acción y efecto de

AFERRETOAR *v. tr.* Picar (hablando de insectos). Aguijar; aguijonear. *fig.* Aguijar, avivar, estimular. Maldecir, murmurar.

AFERRO (fé) *m.* Obstinación, tema, terquedad. temosía. Dedicación, afición, afección, inclinación.

AFERROADO, DA *adj.* P. p. de *Aferroar.* Lo mismo que AFERRETOADO. Afligido, atribulado, acongojado.

AFERROADOR, RA *adj.* Aguijoneador.

AFERROAR *v. tr.* Lo mismo que AFERRETOAR. Aguijar, herir, picar. *fig.* Aguijonear, estimular, incitar.

AFERROLHADAMENTE (lla) *adv. m.* Con aherrojamiento.

AFERROLHADO, DA (lla) *adj.* P. p. de *Aferrolhar.* Cerrado con cerrojo, acerrojado. Encadenado, preso. Aherrojado. Guardado cuidadosamente.

AFERROLHADOR, RA (lla) *adj.* Que hace correr el cerrojo. Encarcelador. Ú. t. c. s.

AFERROLHAMENTO (lla) *m.* Aherrojamiento; encarcelación; encadenamiento. Acción de cerrar con cerrojo.

AFERROLHAR (llar) *v. tr.* Acerrojar; cerrar con cerrojo. Aherrojar. Cerrar con cuidado. Encarcelar, encadenar. *v. r.* Atrancarse, encerrarse.

AFERVENTAÇÃO (sáum) *f.* Acción de herventar. Hervor.

AFERVENTADAMENTE *adv. m.* Fervorosamente, calurosamente, con exaltación.

AFERVENTADO, DA *adj.* P. p. de *Aferventar.* Herventado. Fervoroso, hervoroso. Apresurado.

AFERVENTAMENTO *m.* Acción y efecto de *Aferventar.* Calor, hervor.

AFERVENTAR *v. tr.* Herventar. Enfervorizar. Ú. t. c. r.

AFERVORAÇÃO (sáum) *f.* Lo mismo que AFERVORAMENTO.

AFERVORADAMENTE *adv. m.* Fervorosamente.

AFERVORADO, DA *adj.* P. p. de *Afervorar.* Enfervorizado; estimulado. Apresurado.

AFERVORAMENTO *m.* Hervor, fervor. Entusiasmo.

AFERVORAR *v. tr.* Hacer hervir. Enfervorizar, incitar, estimular. Ú. t. c. r.

AFERVORIZAR (zar) *v. tr.* Lo mismo que AFERVORAR. Ú. t. c. r.

AFESTOADO, DA *adj.* P. p. de *Afestoar.* Afestonado.

AFESTOAR *v. tr.* Afestonar. Ú. t. c. r.

AFETAÇÃO (sáum) *f.* Afectación.

AFETADAMENTE *adv. m.* Afectadamente.

AFETADO, DA *adj.* P. p. de *Afetar.* Afectado. Ampuloso. Engreído.

AFETADOR, RA *adj.* Afectador. Ú. t. c. s.

AFETANTE *adj.* Que afecta.

AFETAR *v. tr.* Afectar, fingir, disimular. Tender, propender. Abusar de. Apetecer, desear, procurar con ansia. Adornar, componer, enderezar.

AFETATIVO, VA *adj. des.* Deseoso.

AFETÁVEL *adj.* Afectable.

AFETIBILIDADE *f.* Afectibilidad; afectabilidad.

AFETIVAMENTE *adv. m.* Afectuosamente.

AFETÍVEL *adj.* Afectuoso. Afectivo.

AFETIVIDADE *f.* Afectividad.

AFETIVO, VA *adj.* Afectivo; afectuoso.

AFETO (fè) *m.* Afecto, amor, cariño.

AFETUOSAMENTE (òza) *adv. m.* Afectuosamente.

AFETUOSIDADE *f.* Afectuosidad.

AFETUOSO, SA (ozo, òza) *adj.* Afectuoso.

AFIAÇÃO (sáum) *f.* Afiladura.

AFIADEIRA *f.* Piedra de afilar; afiladera.

AFIADO, DA *adj.* P. p. de *Afiar.* Afilado, adelgazado por el corte. Irritado. Cabal, perfecto. Adornado, bien vestido.

AFIADOR *m.* Afilador.

AFIADURA *f.* Lo mismo que AFIAÇÃO.

AFIAMENTO *m.* Lo mismo que AFIAÇÃO.

AFIANÇADO, DA (sa) *adj.* P. p. de *Afiançar.* Afianzado; garantizado.

AFIANÇADOR, RA (sa) *adj.* Afianzador. Ú. t. c. s.

AFIANÇAR (sar) *v. tr.* Afianzar, dar fianza para garantir algo. Abonar, dar por cierto y seguro algo. Garantizar.

AFIAR *v. tr.* Afilar, sacar filo. *fig.* Purificar, depurar. Embestir, atacar, acometer. Preparar, disponer; adiestrar, ejercitar.

AFIDALGADAMENTE *adv. m.* Hidalgamente.

AFIDALGADO, DA *adj.* P. p. de *Afidalgar.* Ahidalgado.

AFIDALGAR *v. tr.* Ennoblecer, hacer hidalgo. Ú. t. c. r. Afectar hidalguía.

AFIGURAÇÃO (sáum) *f.* Figuración. Imaginación. Representación (figura, imagen, idea).

AFIGURADAMENTE *adv. m.* En figura. Fantásticamente; imaginariamente.

AFIGURADO, DA *adj.* P. p. de *Afigurar.* Figurado. Representado. Imaginado. Bien parecido.

AFIGURADOR, RA *adj.* Modelador.

AFIGURAR *v. tr.* Figurar (delinear y formar la figura de una cosa). Modelar, formar. Figurarse, imaginar; suponer. Mostrar, exponer. Aparentar, fingir, figurar, suponer. *v. r.* Representarse. Parecerse, asemejarse.

AFILADO, DA *adj.* P. p. de *Afilar.* Afilado, muy delgado (hablando de algunos miembros del cuerpo). Lo mismo que AFERIDO. Hilado.

AFILADOR, RA *adj.* Lo mismo que AFERIDOR. Ú. t. c. s. Hilador.

AFILADURA *f.* Lo mismo que AFERIÇÃO. Afilamiento, adelgazamiento. Hilado, hilanza.

AFILAMENTO *m.* Lo mismo que AFILADURA.

AFILAR *v. tr.* Hilar, reducir a hilo. Afilar, adelgazar (hablando del rostro, de la nariz, o de los dedos). Ú. m. c. r.

AFILAR *v. tr.* Azuzar (en sentido recto y figurado). Mofar, zumbar, burlarse.

AFILAR *v. tr.* Lo mismo que AFERIR, 1ª acep.

AFILHAÇÃO (llasáum) *f.* Lo mismo que AFILHAMENTO.

AFILHADAGEM (lladajem) *f.* Los ahijados (personas especialmente favorecidas de otra u otras). Favoritismo.

AFILHADO, DA (lla) *adj.* P. p. de *Afilhar.* Que empieza a echar retoños (hablando del trigo). *m.* Ahijado. *fig.* Ahijado (persona especialmente favorecida de otra). Apadrinado.

AFILHAMENTO (lla) *m. Bot.* Acción de ahijar (la planta).

AFILHAR (llar) *v. intr.* Ahijar, procrear, engendrar hijos. *Bot.* Ahijar, echar la planta retoños.

AFILHASTRO (llas) *m.* Hijastro.

AFILIAÇÃO (sáum) *f.* Afiliación, asociación. Unión.

AFILIAR *v. tr.* Afiliar, asociar. Ú. t. c. r.

AFIM *adj.* Afín (que tiene afinidad, relación o analogía con otra cosa; contiguo, próximo). *m.* Fín (pariente por afinidad).
AFINAÇÃO (sáum) *f.* Afinación.
AFINADOR, RA *adj.* Afinador. Ú. t. c. s.
AFINAGEM (jem) *f.* Afinación (de los metales).
AFINAL *adv. t.* Lo mismo que FINAL (A).
AFINAMENTO *m.* Afinamiento.
AFINAR *v. tr.* Adelgazar, aguzar, afilar. *Mús.* Afinar. *Miner.* Afinar. Perfeccionar, pulir. Afinar, hacer fina o cortés a una persona. Fabricar, hacer. Armonizar.
AFINCADAMENTE *adv. m.* Ahincadamente.
AFINCADO, DA *adj. P. p.* de *Afincar.* Ahincado.
AFINCAMENTO *m.* Lo mismo que AFINCO.
AFINCÂNCIA (cán) *f.* Lo mismo que AFINCO.
AFINCAR *v. tr.* Lo mismo que FINCAR. Mirar. *v. r.* Ahincarse; obstinarse.
AFINCO *m.* Ahinco.
AFINIDADE *f.* Afinidad. *Quím.* Afinidad.
ÁFIO, IA *adj.* Seguido, continuo, sucesivo.
AFIRMAÇÃO (sáum) *f.* Afirmación.
AFIRMAR *v. tr.* Afirmar (en todas sus acepciones). Ú. t. c. r.
AFIRMÁVEL *adj.* Que puede ser afirmado.
AFITADO, DA *adj.* Lo mismo que FITO. Adornado con cintas. Ahito.
AFITAMENTO *m.* Ahitamiento.
AFITAR *v. tr.* Clavar los ojos. Aojar, hacer mal de ojo. *ant.* Ahitar, causar ahito.
AFITO *m.* Ahito. Aojo.
AFIVELADO, DA *adj. P. p.* de *Afivelar.* Ajustado o unido con hebilla.
AFIVELADURA *f.* Acción y efecto de
AFIVELAR *v. tr.* Ajustar o unir con hebilla. Poner hebillas en una cosa. Dar aspecto severo.
AFIXAÇÃO (sáum) *f.* Lo mismo que FIXAÇÃO.
AFIXADAMENTE *adv. m.* Lo mismo que FIXADAMENTE.
AFIXADO, DA *adj. P. p.* de *Afixar.* Lo mismo que FIXADO.
AFIXAMENTO *m.* Lo mismo que FIXAÇÃO.
AFIXAR *v. tr.* Lo mismo que FIXAR.
AFIXO *adj.* Lo mismo que FIXO. *Gram.* Afijo.
AFLADO, DA *adj.* Insuflado, soplado. Inspirado.
AFLAMENGADO, DA *adj. P. p.* de *Aflamengar.* Aflamencado.
AFLAMENGAR *v. tr.* Dar carácter de flamenco a.
AFLANTE *adj.* Que insufla. Jadeante.
AFLAR *v. tr.* Soplar. Jadear. Ú. t. c. intr. Inspirar. Insuflar.
AFLATO *m.* Soplo, hálito.
AFLAUTADO, DA *adj. P. p.* de *Aflautar.* Atiplado.
AFLAUTAMENTO *m.* Acción y efecto de
AFLAUTAR *v. tr.* Atiplar. Endulzar (el habla).
AFLAUTEADO, DA *adj.* Lo mismo que AFLAUTADO.
AFLEUMAR *v. tr.* Hacer flemático a uno. Ú. t. c. r.
AFLIÇÃO (sáum) *f.* Aflicción, pesar, congoja, tribulación.
AFLIGENTE (jen) *adj.* Que aflige, aflictivo.
AFLIGIDO, DA (ji) *adj. P. p.* de *Afligir.* Afligido, acongojado, atormentado.
AFLIGIMENTO (ji) *m.* Afligimiento, aflicción, congoja.
AFLIGIR (jir) *v. tr.* Afligir, causar congoja, pena, angustia, o tribulación. Ú. t. c. r.
AFLITAMENTE *adv. m.* Afligidamente.
AFLITIVAMENTE *adv. m.* Afligidamente.
AFLITO, TA *adj.* Afligido, aflicto, acongojado.
AFLORAÇÃO (sáum) *f.* Afloramiento.
AFLUIÇÃO (sáum) *f.* Afluencia.
AFLUXO *m. Med.* Aflujo. Afluencia, avenida.
AFOBAÇÃO (sáum) *f. pop.* Lo mismo que AZÁFAMA.
AFOBADO, DA *adj. pop. P. p.* de *Afobar.* Lo mismo que AZAFAMADO.
AFOBAMENTO *m. pop.* Lo mismo que AZÁFAMA.
AFOBAR *v. tr.* Embarazar, perturbar, atropellar.
AFOCINHADO, DA (ña) *adj. P. p.* de *Afocinhar.* Hocicado; hozado.
AFOCINHADOR, RA (ña) *adj.* Hozador. Ú. t. c. s.
AFOCINHAMENTO (ña) *m.* Hozadura. Acción y efecto de

AFOCINHAR (ñar) *v. tr.* Hocicar, hozar. *v. intr.* Hocicar (dar de hocicos en el suelo). Venirse abajo, caer. *Mar.* Ahocicar, hocicar.
AFOFAMENTO *m.* Acción y efecto de
AFOFAR *v. tr.* Afofar, poner fofa alguna cosa. *v. intr.* Afofarse. *v. tr. fig.* Engreír, envanecer.
AFOGAÇÃO (sáum) *f.* Lo mismo que AFOGAMENTO.
AFOGADAMENTE *adv. m.* Ahogadamente. Aprisa.
AFOGADELA (dè) *f.* Lo mismo que AFOGAMENTO. Prisa.
AFOGADIÇO, ÇA (so) *adj.* Ahogadizo.
AFOGADILHO (llo) *m.* Prisa, precipitación. Ansiedad. *De —, m. adv.* Aprisa, precipitación, sin reflexión.
AFOGADO, DA *adj. P. p.* de *Afogar.* Ahogado. Ú. t. c. s.
AFOGADOR, RA *adj.* Ahogador. *m.* Ahogador (especie de collar).
AFOGADURA *f.* Lo mismo que
AFOGAMENTO *m.* Ahogamiento. Ahogo. Sofocación.
AFOGAR *v. tr.* Ahogar. Ú. t. c. r. — *-se em pouca água. fr.* Embarazarse, perturbarse por poco.
AFOGATIVO, VA *adj.* Ahogante, sofocante.
AFOGO (fó) *m.* Ahogo, congoja. Ahoguío. Ahogo, apremio, prisa. Abrasamiento.
AFOGUEADAMENTE *adv. m.* Abrasadamente. Encendidamente. Abochornadamente.
AFOGUEADO, DA *adj.* Abrasado. Abochornado, bochornoso. Calmoso, ardiente. Caluroso.
AFOGUEAR *v. tr.* Quemar, abrasar. Ú. t. c. r. Abochornar, sonrojar. Ú. t. c. r. *fig.* Estimular, incitar.
AFOITADAMENTE *adv. m.* Lo mismo que AFOITAMENTE.
AFOITADO, DA *adj. P. p.* de *Afoitar.* Osado, audaz, atrevido.
AFOITAMENTE *adv. m.* Osada, atrevida, audaz o valerosamente.
AFOITAMENTO *m.* Lo mismo que AFOITEZA.
AFOITAR *v. tr.* Animar, estimular, encorajar, enardecer. Ú. t. c. r. *v. r.* Osar, atreverse.
AFOITEZA (za) *f.* Osadía, audacia, atrevimiento, coraje, confianza.
AFOITO, TA *adj.* Osado, atrevido, animoso, audaz, ardido, denodado.
AFOLHADO, DA (lla) *adj. P. p.* de *Afolhar.* Amelgado. Foliado.
AFOLHAMENTO (lla) *m.* Amelgamiento. Foliación.
AFOLHAR (llar) *v. tr.* Amelgar. Foliar.
AFOMEAR *v. tr.* Lo mismo que ESFOMEAR.
AFOMENTAR *v. tr.* Lo mismo que FOMENTAR.
AFORA (fò) *adv. m.* Excepto, a excepción de, fuera de, menos. Además, a más de esto o aquello.
AFORAÇÃO (sáum) *f.* Aforación.
AFORAMENTO *m.* Aforamiento.
AFORAR *v. tr.* Aforar, dar o tomar alguna herdad a foro. *Bras. S. Paulo.* Exceptuar, sacar. *v. r.* Arrogarse, atribuirse.
AFORÇURAMENTO (su) *m.* Prisa.
AFORÇURAR-SE (su) *v. r.* Apresurarse, darse prisa.
AFORMOSEADO, DA (zea) *adj. P. p.* de *Aformosear.* Hermoseado.
AFORMOSEADOR, RA (zea) *adj.* Hermoseador. Ú. t. c. s.
AFORMOSEAMENTO (zea) *m.* Hermoseamiento, hermoseo.
AFORMOSEAR (zear) *v. tr.* Hermosear, embellecer. Ú. t. c. r.
AFORMOSENTAR (zen) *v. tr.* Lo mismo que AFORMOSEAR. Ú. t. c. r.
AFORQUILHADO, DA (lla) *adj. P. p.* de *Aforquilhar.* Ahorquillado.
AFORQUILHAR (llar) *v. tr.* Ahorquillar.
AFORRADO, DA *adj. P. p.* de *Aforrar.* Ahorrado, horro, libre, exento.
AFORRAMENTO *m.* Ahorramiento, manumisión. Ahorro. Acción y efecto de aforrar (poner forro).
AFORRAR *v. tr.* Aforrar, poner forro a alguna cosa. Arregazar, arremangar, arrebujar. Ahorrar, manumitir. Ahorrar, economizar *(p. us.).*

AFORRO (fó) *m.* Ahorro.
AFORTALEZADO, DA (za) *adj. P. p.* de *Afortalezar.* Fortificado.
AFORTALEZAR (zar) *v. tr.* Fortificar. Ú. t. c. r.
AFORTUNADO, DA *adj.* Afortunado, dichoso, venturoso.
AFORTUNOSO, SA (ozo, òza) *adj.* Lo mismo que AFORTUNADO.
AFRACAR *v. intr.* Lo mismo que ENFRAQUECER.
AFRANCESAMENTO (za) *m.* Afrancesamiento.
AFRANZINAR-SE (zi) *v. r.* Adelgazarse.
AFRECHADO, DA (cha) *adj. P. p.* de *Afrechar.* Aflechado. Asaeteado.
AFRECHAR (char) *v. tr.* Asaetear.
AFREGUESADO, DA (za) *adj. P. p.* de *Afreguesar.* Aparroquiado. Concurrido, frecuentado.
AFREGUESAR (zar) *v. tr.* Aparroquiar. Ú. t. c. r.
AFRESCAR *v. tr.* Lo mismo que REFRESCAR.
AFRETAMENTO *m.* Acción y efecto de
AFRETAR *v. tr.* Lo mismo que FRETAR.
ÁFRICA *f.* Proeza, hazaña, acción valerosa.
AFRICANADA *f.* Fanfarronada.
ÁFRICO, CA *adj.* Africano. Ú. t. c. s. *m.* Ábrego.
AFRISOADO, DA (zoa) *adj.* Afrisonado.
AFRISSURAR-SE (su) *v. r.* Apresurarse.
AFRO, A *adj.* Africano.
AFROIXAR (char) *v. tr.* Lo mismo que AFROUXAR.
AFRONTA *f.* Afrenta, vergüenza y deshonor, dicho o hecho afrentoso. Fatiga, cansancio; aflicción. Embestida, asalto, acometimiento.
AFRONTAÇÃO (sáum) *f.* Disnea, dificultad de respirar, fatiga.
AFRONTADAMENTE *adv. m.* Afrentosamente.
AFRONTADO, DA *adj. P. p.* de *Afrontar.* Afrentado. Ahogado, sofocado. Cansado. Jadeante. Molestado. Lo mismo que ABOMBADO.
AFRONTADOR, RA *adj.* Afrentador. Ú. t. c. s.
AFRONTAMENTO *m.* Afrenta. Acción y efecto de afrentar. Afrontamiento. Fatiga, cansancio. Aflicción. Inquietud. Sonrojo. Ahito.
AFRONTANTE *adj.* Afrentoso.
AFRONTAR *v. tr.* Afrentar, causar afrenta. Ahogar, sofocar. Arrostrar, afrontar. Molestar, vejar. Cansar, fatigar. Afrontar, carear, confrontar. *v. r.* Cansarse, fatigarse, rendirse. *v. intr.* Lo mismo que ABOMBAR.
AFRONTOSAMENTE (òza) *adv. m.* Afrentosamente.
AFRONTOSO, SA (ozo, òza) *adj.* Afrentoso.
AFROUXAMENTO (cha) *m.* Aflojamiento.
AFROUXAR (char) *v. tr.* Aflojar. *v. intr.* Aflojar. Ú. t. c. r.
AFROUXELADO, DA (che) *adj. P. p.* de *Afrouxelar.* Blando como el flojel o plumón.
AFROUXELAR (che) *v. tr.* Cubrir de plumón. Dar a una cosa la blandura del plumón.
AFRUTADO, DA *adj. P. p.* de *Afrutar.* Cargado de frutos. Fructificado.
AFUGENTADO, DA (jen) *adj. P. p.* de *Afugentar.* Ahuyentado.
AFUGENTADOR, RA (jen) *adj.* Ahuyentador. Ú. t. c. s.
AFUGENTAMENTO (jen) *m.* Ahuyentamiento.
AFUGENTAR (jen) *v. tr.* Ahuyentar, hacer huir, poner en fuga.
AFULEIMAÇÃO (sáum) *f. Bras. Ceará.* Quimera, gresca.
AFUMADO, DA *adj. P. p.* de *Afumar.* Ahumado.
AFUMAR *v. tr.* Ahumar.
AFUNDADO, DA *adj. P. p.* de *Afundar.* Hundido. Ahondado. Afondado.
AFUNDAMENTO *m.* Ahondamiento, ahonde. Hundimiento.
AFUNDAR *v. tr.* Ahondar, profundizar. Profundizar, examinar, penetrar una cosa para llegar a su perfecto conocimiento. Afondar, echar a fondo, echar a pique. Hundir, sumir, meter en lo hondo. *v. r.* Afondar, afondarse, irse a fondo, hundirse. *Bras.* Repetir muchas veces.
AFUNDIR *v. tr.* Lo mismo que AFUNDAR.
AFUNILADO, DA *adj. P. p.* de *Afunilar.* De forma de embudo.

AFUNILAR *v. tr.* Dar a una cosa forma de embudo. Estrechar, apretar. *v. r.* Tomar forma de embudo una cosa.

AFUROADOR *m.* Huronero.

AFUROAR *v. intr.* Huronear (casar con hurón). *fig.* Huronear, procurar saber y escudriñar cuanto pasa.

AFUSADO, DA (za) *adj. P. p.* de *Afusar.* Ahusado.

AFUSAR (zar) *v. tr.* Dar forma de huso a una cosa, adelgazar, aguzar, afilar.

AGÁ *m.* Hache (H).

AGACHAMENTO (cha) *m.* Acción y efecto de

AGACHAR-SE (char) *v. r.* Agacharse, agazaparse. *v. r.* Bajarse, inclinarse uno hacia el suelo. *fig.* Agacharse, bajarse, humillarse. *Bras. Río Gr. del Sur.* Empezar, comenzar a hacer alguna cosa.

AGACHO (cho) *m.* Postura de agachado.

AGADANHADO, DA (ña) *adj. P. p.* de *Agadanhar.* Garabateado. Agarrado, asido. Arañado, rasguñado. *fig.* Mortificado, afligido, desazonado. Robado; garrafiñado.

AGADANHADOR, RA (ña) *adj.* Que araña, rasguña, garabatea, agarra o mortifica. *m.* Ladrón.

AGADANHAMENTO (ña) *m.* Acción y efecto de

AGADANHAR (ñar) *v. tr.* Garabatear, echar el garabato para asir una cosa. Agarrar, asir. Arañar, rasguñar. *fig.* Mortificar, afligir, desazonar.

AGAFANHAR (fánñar) *v. tr.* Asir, agarrar, atrapar, garabatear.

AGAIATADO, DA *adj. P. p.* de *Agaiatar-se.* Que tiene modales de *Gaiato.*

AGAIOLAR *v. tr.* Lo mismo que ENGAIOLAR.

AGALACIA (cía) *f.* Lo mismo que

AGALACTAÇÃO (sáum) *f.* Agalaxia.

AGALACTIA (tía) *f.* Lo mismo que AGALACTAÇÃO.

AGALANAR *v. tr.* Lo mismo que ENGALANAR.

AGALARDOAR *v. tr.* Lo mismo que GALARDOAR.

AGALEGAR *v. tr.* Tornar parecido al gallego. Ú. t. c. r. Lo mismo que ABRUTALHAR. Ú. t. c. r.

AGALGADO, DA *adj. P. p.* de *Agalgar.* Agalgado.

AGALGAR *v. tr.* Hacer que se parezca al galgo. *v. r.* Enflaquecer.

AGALHA (lla) *f.* Lo mismo que GALHA.

AGALHAS (llas) *f. pl. Río Gr. del Sur.* Fanfarronada; bellaquería. *Um sujeito das —.* Un tipo vivo; un tipo bravucón.

AGALHUDO, DA (llu) *adj. Bras. Río Gr. del Sur.* Esforzado, audaz, fuerte, atrevido, osado.

AGALOADO, DA *adj. P. p.* de *Agaloar.* Galoneado. *m.* Galoneadura.

AGALOADURA *f.* Galoneadura. Acción y efecto de *Agaloar.*

AGALOAMENTO *m.* Lo mismo que AGALOADURA.

AGALOAR *v. tr.* Galonear.

ÁGAPE *m.* Ágape. Comida, banquete.

AGAROTADO, DA *adj. P. p.* de *Agarotar-se.* Que tiene modales de *Garoto.*

AGAROTAR-SE *v. r.* Hacerse *Garoto.*

AGARRA *f.* Lo mismo que

AGARRAÇÃO (sáum) *f.* Agarro.

AGARRADIÇO, ÇA (so) *adj.* Que tiene la costumbre de agarrar. Importuno, molesto, enfadoso.

AGARRADINHO, NHA (ño) *adj.* Muy apegado o afecto.

AGARRADO, DA *adj. P. p.* de *Agarrar.* Agarrado, asido. Seguro, preso. Cicatero, mezquino, tacaño, miserable, agarrado. Ahorrado, que ahorra. Temoso, terco, obstinado, testarudo. Apegado, afecto, aficionado.

AGARRADOR, RA *adj.* Agarrador, que agarra o ase. *m.* Agarradero, agarre. Agarrador, alguacil.

AGARRAMENTO *m.* Agarro. Mezquindad, cicatería, tacañería.

AGARRAR *v. tr.* Agarrar, asir, hacer presa. Echar mano de; apegarse. Arrebatar, quitar o tomar alguna cosa con violencia y fuerza.

AGARROCHAR (char) *v. tr.* Agarrochar. *fig.* Aguijonear, estimular, incitar. *fig.* Aguijonear, afligir, atormentar.

AGARROTAR *v. tr.* Lo mismo que GARROTAR.

AGASALHADAMENTE (zalla) *adv. m.* Con agasajo, cariñosamente. Con abrigo. Con buen acogimiento.

AGASALHADEIRO, RA (zalla) *adj.* Hospedador. Agasajador.

AGASALHADO, DA (zalla) *adj. P. p.* de *Agasalhar.* Agasajado. Abrigado, cubierto. Protegido. Ahogado, sofocado. Quente.

AGASALHADOR, RA (zalla) *adj.* Agasajador. Ú. t. c. s. Abrigador. Ú. t. c. s.

AGASALHANTE (zallan) *adj.* Lo mismo que AGASALHADOR.

AGASALHAR (zallar) *v. tr.* Hospedar, alojar, aposentar. Agasajar, mimar, obsequiar. Dar buen acogimiento. Abrigar, defender, resguardar del frío. Ú. t. c. r. Abrigar, auxiliar, socorrer. *fig.* Agripar, alimentar. Cubrir, abrigar. Calentar. Contener.

AGASALHEIRO, RA (zallei) *adj.* Lo mismo que AGASALHADOR. Ú. t. c. s.

AGASALHO (zalho) *m.* Hospedaje; buen acogimiento. Abrigo (prenda de vestir). Agasajo. Calor.

AGASTADAMENTE *adv. m.* Airadamente; enfadosamente, atufadamente.

AGASTADIÇO, ÇA (so) *adj.* Que se enoja fácilmente.

AGASTADO, DA *adj. P. p.* de *Agastar.* Atufado, enojado, enfanado, airado, colérico.

AGASTADURA *f.* Lo mismo que

AGASTAMENTO *m.* Atufamiento, enfado, atufo, enojo, cólera. Aburrimiento. Ansiedad, opresión.

AGASTAR *v. tr.* Airar, encolerizar, enfadar, atufar, enojar, aburrir. Ú. t. c. r.

AGASTO *m.* Enfado, enojo, cólera.

AGATAFUNHAR (ñar) *v. tr.* Lo mismo que AGATANHAR.

AGATANHADELA (ñadè) *f.* Lo mismo que AGATANHADURA.

AGATANHADO, DA (ña) *adj. P. p.* de *Agatanhar.* Gatuno, parecido al gato. Arañado, rasguñado. Garrapateado, garabateado.

AGATANHADOR, RA (ña) *adj.* Arañador. Ú. t. c. s.

AGATANHADURA (ña) *f.* Lo mismo que

AGATANHAMENTO (ña) *m.* Arañamiento. Arañazo, rasguño.

AGATANHAR (ñar) *v. tr.* Arañar, rasguñar. *v. intr.* Gatear, trepar como los gatos, andar a gatas. *v. r.* Lo mismo que ARREPELAR (v. r.).

AGATEADO, DA *adj.* Parecido al ágata, agatino. Lo mismo que AGATANHADO.

AGÁTICO, CA *adj.* Agatídeo.

AGATÍFERO *adj.* Que contiene ágata.

AGATIFICAR *v. tr.* Agatizar.

AGATINHADO, DA (ña) *adj. P. p.* de *Agatinhar.* Encaramado, trepado.

AGATINHAR *v. tr.* Gatear, andar a gatas. Ú. t. c. intr.

AGATUNAR-SE *v. tr.* Hacerse ladrón.

AGATURGO *m.* Agatoergo.

AGATURRAR *v. tr.* Agarrar, asir fuertemente con las manos.

AGAUCHADO, DA (ùcha) *adj. P. p.* de *Agauchar-se.* Agauchado.

AGAUCHAR-SE (ùchar) *v. r.* Hacerse gaucho o imitar a los gauchos.

AGAVE *m. Bot.* Pita, agave.

AGÁVEA *f. Bot.* Lo mismo que AGAVE.

AGAVELADO, DA *adj. P. p.* de *Agavelar.* Agavillado.

AGAVELAR *v. tr.* Agavillar, hacer gavillas.

AGAZUA (zúa) *f.* Lo mismo que GAZUA.

AGAZUAR (zu) *v. tr.* Dar forma de ganzúa. Ganzuar.

AGEIRAR (jei) *v. tr.* Cribar.

AGEITAR (jei) *v. tr.* Lo mismo que AJEITAR.

AGÊNCIA (jén) *f.* Agencia (oficio y oficina de agente; diligencia, solicitud; gestión). Sucursal.

AGENCIAÇÃO (jenciasáum) *f.* Agencia, diligencia; gestión.

AGENCIADEIRA (jen) *f.* Agenciadora. Alcahueta.

AGENCIAMENTO (jen) *m.* Acción y efecto de

AGENCIAR (jen) *v. tr.* Agenciar.

AGENCIÁRIO (jen) *m.* Agente.

AGENCIOSO, SA (jenciozo, òza) *adj.* Agencioso.

AGENTE (jen) *adj.* Agente. *m.* Agente. *Gram.* Agente. — *consular.* Conciller; cónsul. — *de câmbio.* Agente de Bolsa, o de cambio. — *de leilão.* Subastador, pregonero.

AGERMANAÇÃO (jermanasáum) *f.* Hermanamiento.

AGERMANADAMENTE (jer) *adv. m.* Hermanablemente. A manera de los alemanes.

AGERMANADO, DA (jer) *adj. P. p.* de *Agermanar.* Hermanado. Afiliado, asociado. Agermanado.

AGERMANAMENTO (jer) *m.* Hermanamiento.

AGERMANAR (jer) *v. tr.* Hermanar. Ú. t. c. r. Afiliar, asociar. Ú. t. c. r. Germanizar. *v. r.* Agermanarse, germanizarse.

AGESTADO, DA (jes) *adj.* Encarado (con los advs. bien o mal).

AGIGANTAÇÃO (jigantasáum) *f.* Lo mismo que

AGIGANTAMENTO (ji) *m.* Acción y efecto de

AGIGANTAR (ji) *tr.* Agigantar. Ú. t. c. r.

AGIGANTEAR (ji) *v. r.* Lo mismo que AGIGANTAR. Ú. t. c. r.

ÁGIL (ji) *adj.* Ágil, pronto, ligero, expedito, dezembarazado.

AGILIDADE (ji) *f.* Agilidad.

AGILMENTE (àjil) *adv. m.* Ágil, ágilmente.

AGIOTAGEM (jiotagen) *f.* Agiotaje.

AGIR (jir) *v. intr.* Actuar, obrar, hacer, proceder.

AGIRAFADO, DA (ji) *adj.* Parecido a la jirafa.

AGITABILIDADE (ji) *f.* Calidad de agitable.

AGITAÇÃO (jitasáum) *f.* Agitación.

AGITADAMENTE (ji) *adv. m.* Agitación.

AGITAR (ji) *v. tr.* Agitar. Ú. t. c. r.

AGITÁVEL (ji) *adj.* Agitable.

AGLOMERAÇÃO (sáum) *f.* Aglomeración.

AGLOMERÁVEL *adj.* Que puede ser aglomerado.

AGLOMERO (mé) *m.* Aglomeración, acción de aglomerar.

AGLOSSIA (sía) *f.* Aglosia.

AGLOSSO, SA (oso, òsa) *adj.* Agloso.

AGLUTIÇÃO (sáum) *f.* Aglutición.

AGLUTINABILIDADE *f.* Calidad de aglutinable.

AGLUTINAÇÃO (sáum) *f.* Aglutinación.

AGLUTINAMENTO *m.* Aglutinación.

AGLUTINAR *v. tr.* Aglutinar. Ú. t. c. r.

AGLUTINÁVEL *adj.* Aglutinable.

AGLUTINIDADE *m.* Calidad de aglutinable.

AGMÍNEO, EA *adj.* Agminado.

AGNIÇÃO (sáum) *f.* Agnición.

AGNOME *m.* Agnombre.

AGNOMINAÇÃO (sáum) *f.* Agminación.

AGNOSIA (zía) *f.* Agnosia.

AGOGE (gòje) *m.* Agogía, canal de desagüe (en las minas).

AGOIRADAMENTE *adv. m.* Lo mismo que AGOURADAMENTE.

AGOIRADO, DA *adj. P. p.* de *Agoirar.* Lo mismo que AGOURADO.

AGOIRAL *adj.* Lo mismo que AGOURAL.

AGOIRAR *v. tr.* Lo mismo que AGOURAR.

AGOIREIRAMENTE *adv. m.* Lo mismo que AGOUREIRAMENTE.

AGOIREIRO, RA *adj.* Lo mismo que AGOUREIRO. Ú. t. c. s.

AGOIRENTADO, DA *adj. P. p.* de *Agoirentar.* Lo mismo que AGOURENTADO.

AGOIRENTAR *v. tr.* Lo mismo que AGOURENTAR.

AGOIRENTO *adj.* Lo mismo que AGOURENTO.

AGOIRICE *f.* Lo mismo que AGOURICE.

AGOIRO *m.* Lo mismo que AGOURO.

AGOMÃ (án) *m.* Agomán.

AGOMADO, DA *adj. P. p.* de

AGOMAR *v. intr.* Germinar, abotonar. Ú. t. c. r.

AGONGORADO, DA *adj. P. p.* de *Agongorar.* Gongorizado. Gongorino.

AGONGORAR *v. tr.* Gongorizar.

AGONIA (nía) *f.* Agonía.

AGONIAÇÃO (sáum) *f.* Acción de agonizar.

AGONIADAMENTE *adv. m.* Agonizadamente, congojosamente.

AGONIADO, DA *adj. P. p.* de *Agoniar.* Acongojado, afligido; desazonado. Lo mismo que AGASTADO.

AGONIADOR, RA *adj.* Agonioso.

AGONIAR *v. tr.* Acongojar, afligir, atormentar, mortificar, atribular, agonizar. Ú. t. c. r. Lo mismo que AGASTAR.

AGÓNICO, CA (gó) *adj.* Agónico.

AGONIENTO, TA *adj.* Acongojado, mui afligido.

AGONIZADAMENTE (za) *adv. m.* Agonizadamente.

AGONIZADO, DA (za) *adj.* P. p. de *Agonizar.* Lo mismo que AGONIADO. Agonizado.

AGONIZANTE (zan) *adj.* Agonizante. Ú. t. c. s.

AGONIZAR (zar) *v. intr.* Agonizar.

AGORA *adv. t.* Ahora. *conj. distrib.* Ahora, ora, bien, ya. — *mesmo. m. adv.* Ahora mismo, ahora, en este momento. *Por —. m. adv.* Por ahora, por lo pronto. *Ainda —. m. adv.* Ahora, poco tiempo ha. *conj.* Pero, todavía.

AGORINHA (gòriña) *adv. t.* Ahorita.

AGOSTADOURO *m.* Agostadero.

AGOSTINHAS (ñas) *f. pl.* Agustinas.

AGOSTINHO, NHA (ño, ña) *adj.* Agustino. Ú. t. c. s. *adj.* Agostizo.

AGOSTINIANO, NA *adj.* Agustiniano.

AGOSTO (gó) *m.* Agosto (octavo mes del año).

AGOURADAMENTE *adv. m.* Con agüero.

AGOURADO, DA *adj.* P. p. de *Agourar.* Agorado.

AGOURAL *adj.* Augural (perteneciente al agüero).

AGOURAR *v. tr.* Agorar, vaticinar. *fig.* Agorar, presagiar.

AGOUREIRAMENTE *adv. m.* Con agüero.

AGOUREIRO, RA *adj.* Agorero. *m.* Agorero.

AGOURENTADO, DA *adj.* P. p. de *Agourentar.* Agorado, presagiado. Amenazado por agüeros.

AGOURENTAR *v. tr.* Hacer mal agüero, amenazar con desgracias, presagiar. Hacer agorero.

AGOURENTO, TA *adj.* Agorero; de mal agüero.

AGOURICE *f.* Manía de agorar.

AGOURO *m.* Agüero.

AGRACIAÇÃO (sáum) *f.* Acción y efecto de agraciar. Merced.

AGRACIAMENTO *m.* Lo mismo que AGRACIAÇÃO.

AGRACIAR *v. tr.* Agraciar. Amnistiar.

AGRACIÁVEL *adj.* Digno de ser agraciado.

AGRAÇO, ÇA (so) *adj.* Muy agrio. *m.* Agraz (la uva, el zumo). Lo mismo que VIÇO. *fig.* Agraz, amargura.

AGRADABILIDADE *f.* Agradabilidad.

AGRADAR *v. tr.* Agradar. Ú. t. c. r. y intr.

AGRADÁVEL *adj.* Agradable.

AGRADAVELMENTE *adv. m.* Agradablemente.

AGRADECER *v. tr.* Agradecer.

AGRADECIDAMENTE *adv. m.* Reconocidamente, con gratitud.

AGRADECIMENTO *m.* Agradecimiento.

AGRADECÍVEL *adj.* Digno de gratitud.

AGRAMENTE *adv. m.* Agriamente.

AGRANDAR *v. tr.* Agrandar. Ú. t. c. r.

AGRANIZAR (zar) *v. tr.* Cubrir de granizo.

AGRAVAÇÃO (sáum) *f.* Agravación.

AGRAVADAMENTE *adv. m.* Con agravación. Agraviadamente.

AGRAVADO, DA *adv.* P. p. de *Agravar.* Agravado; gravado, cargado. Agraviado, ofendido, resentido. *m. For.* Apelado.

AGRAVADOR, RA *adj.* Agravador. Ú. t. c. s. Agraviador. Ú. t. c. s.

AGRAVAMENTO *m.* Agravamiento, agravación.

AGRAVANTE *adv.* Agraviante. Agravante. *m. For.* Apelante.

AGRAVAR *v. tr.* Agravar, cargar, oprimir, gravar; aumentar el peso de alguna cosa. Empeorar. Agraviar, ofender. Ú. t. c. r. *For.* Apelar.

AGRAVÁVEL *adj.* Que se puede agravar.

AGRAVO *m.* Agravio, ofensa, afrenta. *For.* Apelación.

AGRAVOSO, SA (ozo, òza) *adj.* Agravioso. Agravante.

AGRE *adj.* Agrio.

AGREDIR *v. tr.* Agredir, acometer, atacar violentamente a alguno, de obra o de palabra.

AGREGAÇÃO (sáum) *f.* Agregación.

AGREGADO, DA *adj.* P. p. de *Agregar.* Agregado. *m.* Agregado, asociado. Agregación, mezcla, composición, inclusión. Agregado (conjunto de cosas homogéneas que forman un solo cuerpo).

Labrador pobre que trabaja en la hacienda de otro, bajo ciertas condiciones.

AGREGAR *v. tr.* Agregar, unir, juntar, añadir. *Mil.* Agregar. Lo mismo que ACRESCER. Amontonar.

AGREMENTE *adv. m.* Agriamente.

AGREMIAÇÃO (sáum) *f.* Gremio, asociación. Acción y efecto de *Agremiar.*

AGRESSÃO (sáum) *f.* Agresión.

AGRESSIVAMENTE (si) *adv. m.* Agresivamente.

AGRESSIVIDADE (si) *f.* Agresividad.

AGRESSIVO, VA (si) *adj.* Agresivo.

AGRESSOR, RA (sor) *adj.* Agresor. Ú. t. c. s.

AGRESSÓRIO, RIA (sòrio) *adj.* Agresorio.

AGRESTE *adj.* Agreste. Ú. t. c. s. (hablando de persona agreste, grosera, ruda, etc.).

AGRESTIA (tía) *f.* Calidad de agreste (en sentido recto y figurado).

AGRESTIDADE *f.* Lo mismo que AGRESTIA.

AGRIÃO (agriáum) *m. Bot.* Berro. *Vet.* Agrión.

AGRICULTAR *v. tr.* Labrar, cultivar la tierra. *v. intr.* Dedicarse a la agricultura.

AGRICULTÁVEL *adj.* Cultivable (hablando de la tierra).

AGRICULTOR, RA *adj.* Agrícola. *m.* Agricultor.

AGRICULTURA *f.* Agricultura; labranza.

AGRICULTURAL *adj.* Agrícola.

AGRIDOCE *adj.* Agridulce. *m.* Gusto agridulce.

AGRILHAR (llar) *v. tr.* Lo mismo que AGRILHOAR.

AGRILHETAR (lle) *v. tr.* Engrilletar. Engrillar.

AGRILHOADAMENTE (lloa) *adv. m.* Con encadenación; metido en grillos.

AGRILHOADO, DA (lloa) *adj.* P. p. de *Agrilhoar.* Encadenado. Engrillado, metido en grillos. Sujeto, esclavizado.

AGRILHOAMENTO (lloa) *m.* Encadenación, acción de encadenar o engrillar.

AGRILHOAR (lloar) *v. tr.* Engrillar, encadenar, meter en grillos, cadenas o prisiones. *fig.* Esclavizar. *fig.* Encadenar, engrillar, sujetar, aprisionar.

AGRIMENSÃO (sáum) *f.* Agrimensura.

AGRIMENSAR *v. tr.* Medir tierras.

AGRIMÔNIA (mó) *f.* Lo mismo que ACRIMÔNIA. *Bot.* Agrimonia.

AGRINALDAR *v. tr.* Lo mismo que ENGRINALDAR.

AGRISALHADO, DA (zalla) *adj.* P. p. de *Agrisalhar.* Entrecano (dícese del cabello o la barba a medio encanecer).

AGRISALHAR (zallar) *v. tr.* Encanecer a medias. Ú. t. c. r.

AGRO *adj.* Agrio. *m. ant.* Campo.

AGRODOCE *adj.* Lo mismo que AGRIDOCE.

AGRÔNOMO (gró) *m.* Agrónomo. *adj.* Agronómico, agrónomo.

AGROPECUÁRIA *f.* Agricultura y ganadería.

AGROR *m.* Agrura, calidad de agrio.

AGROSSEIRADO, DA (sei) *adj.* P. p. de *Agrosseirar.* Grosero, rudo, tosco, falto de urbanidad.

AGROSSEIRAR (sei) *v. tr.* Hacer a uno grosero. Ú. t. c. r.

AGRUMAR-SE *v. r.* Agrumarse.

AGRUMELAR *v. tr.* Agrumar, hacer gruma, cuajar. *v. r.* Cuajarse, agrumarse.

AGRUPAÇÃO (sáum) *f.* Agrupación.

AGRUPAMENTO *m.* Agrupamiento.

AGRUPAR *v. tr.* Agrupar, reunir, juntar en grupo. Ú. t. c. r.

AGRURA *f.* Agrura. Aspereza, escabrosidad del terreno. Amargura, disgusto, amargor, aflicción, pena, sinsabor.

ÁGUA *f.* Agua. Lluvia. Mar, lago; río, arroyo. *Mar.* Agua (rotura por donde entra el agua en la nave). Aguas, visos de algunas piedras preciosas. *fig.* Sudor. *fig.* Saliva. *fig.* Lágrimas. *Bras.* Borrachera. — *acídula.* Agua agria, o acídula. — *acima, o arriba. m. adv.* Agua arriba, contra la corriente. — *avinhada.* Agua mezclada con vino. — *ardente.* Aguardiente. — *benta.* Agua bendita. — *branca.* Agua blanca. — *brava.* Zumo de la raíz de la mandioca. — *cheirosa.* Agua de olor. — *chirla.* Agua de cerrajas, cosa de poca o ninguna importancia. Aguachirle. — *choca.* Agua muerta. — *cruzada.* Mar tempestuoso. — *de bacalhau.* Agua de borrajas. — *de cheiro.* Agua de olor. — *de*

---

flor. Agua de azahar. — *de goma.* Lo mismo que ÁGUA-BRAVA. — *de pé.* Agua corriente, o de pie. — *de peru.* Agua de rosas. — *de telhado.* Agua, vertiente de un tejado. — *doce.* Agua dulce. — *dormente.* Agua muerta. — *ferrada.* Agua herrada. — *forte.* Agua fuerte, ácido nítrico. — *furtada.* Buharda, boardilla; desván. — *má.* Aguamala, aguamar. — *maior.* Aguas llenas, pleamar. — *marinha.* Agua marina. — *menor.* Bajamar. — *morna. fig.* Persona tibia. — *na fervura. fig.* Cosa que disipa al entusiasmo. — *no bico. fig.* Intención reservada. — *salobra.* Agua salobre. — *vai! interj.* ¡Guarda! ¡Cuidado! *Ir-se por — abaixo. fr. fig. fam.* Arruinarse, perderse.

AGUAÇA (sa) *f.* Aguaje, aguada; aguaza.

AGUAÇAL (sal) *m.* Aguazal.

AGUACEIRADA *f.* Gran aguacero.

AGUACEIRO *m.* Aguacero. *fig.* Aguacero, sucesos y cosas molestas que en gran cantidad caen sobre una persona.

AGUACENTO, TA *adj.* Acuoso, aguoso. Enaguazado.

AGUACHAR-SE (char) *v. r.* Aguacharse (echar barriga y carnes un caballo por haber estado pastando ocioso una larga temporada).

AGUADA *f. Mar.* Aguada. *Pint.* Aguada. Chaparrón, chubasco. Abrevadero, aguadero.

AGUADEIRA *adj. ant.* Aguadera (hablando de capa). *m.* Aguadora, aguatera. *pl.* Aguaderas, angarillas para llevar, en cántaros, barriles, etc., el agua.

AGUADEIRO, RA *adj.* Que deja correr el agua de la lluvia. *m.* Aguador, aguatero.

AGUADILHA (lla) *f.* Aguadija. Aguacero, chaparrón. Vino aguado.

AGUADO, DA *adj.* P. p. de *Aguar.* Aguado.

AGUADOIRO *m.* Lo mismo que AGUADOURO.

AGUADOR *m.* Regadera. Regador.

AGUADOURO *m.* Regadera.

AGUA-FORTISTA *m.* Aguafuertista.

AGUAGEM (jem) *f.* Aguaje, crecientes grandes del mar. Avenida de aguas. Acción y efecto de aguar.

AGUA-MÁ *f.* Aguamala.

AGUAMENTO *m.* Acción y efecto de aguar. *Vet.* Aguadura.

AGUAPÉ (pè) *m.* Aguapié. *Bot!* Aguapí, hierba acuática.

AGUAPEZAL (zal) *m.* Parte de la orilla de un río cubierta de aguapés.

AGUAR *v. tr.* Aguar. Ú. t. c. r.

AGUARDADEIRO, RA *adj.* Digno de ser aguardado.

AGUARDAMENTO *m.* Aguardada, acción de aguardar.

AGUARDAR *v. tr.* Aguardar, esperar algo, o que venga o llegue alguien; dar tiempo, espera o prórroga. Soportar, aguantar. Respetar, acatar.

AGUARDENTAÇÃO (sáum) *f.* Acción y efecto de aguardentar.

AGUARDENTADO, DA *adj.* P. p. de *Aguardentar.* Aguardentoso. Templado con aguardiente.

AGUARDENTAR *v. tr.* Templar con aguardiente. Falsificar con aguardiente.

AGUARDENTERIA (ría) *f.* Aguardentería.

AGUARDENTE *f.* Aguardiente. — *alemã. Farm.* Aguardiente alemán.

AGUARDENTEIRO *m.* Aguardentero.

AGUARDO *m.* Aguardo, sitio de espera.

AGUARELA (rè) *f.* Acuarela.

AGUARELADO, DA *adj.* P. p. de *Aguarelar.* Pintado a la aguada.

AGUARELAR *v. tr.* Pintar a la aguada.

AGUARELISTA *m.* Acuarelista.

ÁGUAS *f. pl.* Aguas, visos u ondulaciones que tienen algunas telas, piedras, maderas, etc. Aguas menores, orina. Vertientes de un tejado.

AGUATEIRO, RA *adj.* Lo mismo que AGUADEIRO. Ú. t. c. s.

AGUAZIL (zil) *m.* Alguacil.

AGUÇADAMENTE (sa) *adv. m.* Agudamente.

AGUÇADEIRA (sa) *f.* Aguzadera, piedra de amolar; asperón.

AGUÇADO, DA (sa) *adj.* P. p. de *Aguçar.* Aguzado, agudo, afilado.

AGUÇADOR, RA (sa) *adj.* Aguzador. Ú. t. c. s.

AGUÇADURA (sa) *f.* Aguzadura.

AGUÇAMENTO (sa) *m.* Aguzadura.

AGUÇAR (sar) *v. tr.* Aguzar. Amolar, afilar. Adelgazar. *fig.* Aguzar, avivar. *fig.* Aguzar, aguijar, incitar. *v. r.* Aguzarse, adelgazarse. — *a língua.* Disponerse para maldecir.

AGUÇO (so) *m.* Aguzadura.

AGUDAR *v. tr.* Lo mismo que AGUÇAR.

AGUDEZ *f.* Lo mismo que

AGUDEZA (za) *f.* Agudeza, delgadez, sutileza. *fig.* Agudeza, perspicacia, viveza, sagacidad. *fig.* Acrimonia. Lo mismo que ACUIDADE. — *de espírito.* Agudeza, perspicacia, sagacidad.

AGUDO, DA *adj.* Agudo, delgado, sutil. *fig.* Agudo, perspicaz, vivo, ingenioso, penetrante, sagaz; gracioso, oportuno.

AGÜENTADEIRO, RA (güen) *adj.* Que aguanta.

AGÜENTADO, DA (güen) *adj. P. p. de Agüentar.* Aguantado. Seguro, firmado. Amparado.

AGÜENTADOR, RA (güen) *adj.* Aguantador, que aguanta.

AGÜENTAR (güen) *v. tr.* Aguantar, soportar, sufrir, tolerar; resistir con fortaleza pesos, impulsos, etc. *v. r.* Aguantar, callarse, reprimirse, contenerse. Vivir, acomodarse uno a las circunstancias.

AGÜENTE (güen) *m.* Aguante, resistencia, fortaleza.

AGUERREAÇÃO (sáum) *f.* Acción y efecto de aguerrir.

AGUERREADO, DA *adj. P. p. de* AGUERREAR. Aguerrido, práctico en la guerra.

AGUERREAR *v. tr.* Aguerrir. Ú. t. c. r.

AGUERREIRAR *v. tr.* Lo mismo que *Aguerrear.*

AGUERRIDAMENTE *adv. m.* De manera aguerrida.

AGUERRIDO, DA *adj. P. p. de Aguerrir.* Aguerrido. ejercitado, práctico en la guerra. Valiente, esforzado, animoso.

AGUERRILHADO, DA (lla) *adj. P. p. de Aguerrilhar.* Que hace parte de una guerrilla.

AGUERRILHAMENTO (lla) *m.* Acción y efecto de

AGUERRILHAR (lla) *v. tr.* Incorporar a una guerrilla. Ú. t. c. r.

AGUERRIMENTO *m.* Acción y efecto de

AGUERRIR *v. tr.* Aguerrir. Ú. t. c. r.

ÁGUIA *f. Zool.* Águila. Águila (insignia). *fig.* Águila, persona de mucha viveza y perspicacia. *Astr.* Águila. *Numis.* Águila. Águila (pez). *Germ.* Trapacero, tramposo, águila, embustero.

AGUIEIRO *m.* Viga. Aguiero, rollo de madera destinado a la construcción.

AGUIETA *f. dim. de Águia.* Aguililla.

AGUILENHO, NHA (ño) *adj.* Aguileño.

AGUILHADA (lla) *f.* Aguijada. Agujas (del animal).

AGUILHÃO (lláum) *m.* Aguijón (punta del palo con que se aguija; púa de algunos insectos; púa de algunas plantas). Aguijada. *fig.* Aguijón, acicate, estímulo.

AGUILHAR (llar) *v. tr.* Lo mismo que AGUILHOAR.

AGUILHOADA (lloa) *f.* Aguijonada, aguijonazo. *fig.* Aguijón, estímulo. *fig.* Punzada, dolor agudo, repentino y pasagero.

AGUILHOADAMENTE (lloa) *adv. m.* Con incitación.

AGUILHOADELA (lloadè) *f.* Aguijonazo.

AGUILHOADO, DA (lloa) *adj. P. p. de Aguilhoar.* Aguijado, aguijoneado. *fig.* Inquietado, atormentado. *fig.* Aguijado, estimulado, incitado.

AGUILHOADOR, RA (llo) *adj.* Aguijador, aguijoneador, Ú. t. c. s.

AGUILHOAMENTO (lloa) *m.* Aguijadura, aguijoneamiento.

AGUILHOAR (lloar) *v. tr.* Aguijar, aguijonear. *fig.* Aguijar, acicatar, estimular, incitar. *fig.* Aguijonear, inquietar, atormentar. — *de morte.* Herir de muerte.

AGUITARRADO, DA *adj. P. p. de Aguitarrar.* Parecido a la guitarra.

AGULHA (lla) *f.* Aguja (de coser, bordar o tejer). Aguja (púa de metal; varilla de metal; pincho; manecilla; alambre que servía para limpiar el oído del fusil; aguja de gramófono; obelisco;

chapitel estrecho; pez lofobranquio; brújula). *pl.* Agujas (del animal) — *em palheiro.* Aguja en un pajar, cosa imposible o muy difícil.

AGULHADA (lla) *f.* Agujazo. Punzada.

AGULHÃO (lláum) *m. Zool.* Aguja.

AGULHAR (llar) *v. tr.* Herir o punzar con o como aguja. *fig.* Aguijar.

AGULHEADO, DA (llea) *adj.* Acicular, de figura de aguja.

AGULHEIRA (llei) *f. Bot.* Aguja de pastor, aguja.

AGULHEIRO (llei) *m.* Alfiletero, agujero; agujetero (cañuto para guardar agujas).

AGULHETA (lle) *f.* Agujeta (correa o cinta con un herrete en cada punta).

AGULHETEIRO (lle) *m.* Agujetero (persona que hace o vende agujetas). Agujero (persona que hace o vende agujas).

AH! *interj.* ¡Ah! (con esta interj. se denotan muchos movimientos del ánimo, y más ordinariamente pena, admiración o sorpresa).

AH! AH! AH! *interj.* Que imita la risa.

AI! *interj.* ¡Ay! *m.* Ay, suspiro, quejido.

AÍ *adv. l.* Ahí, en ese lugar, o a ese lugar. Ahí, en esto, o en eso.

AIA *f.* Aya. Niñera. Doncella, criada. Camarera.

AIAR *v. intr.* Ayear, lanzar ayes, gemir.

AICUNA! *interj. Bras. Río Gr. del Sur.* ¡Aijuna!

AI-JESUS (jezus) *m.* El predilecto, el favorito, persona a quien se tiene especial cariño o predilección, sin intervención de pasión desordenada ni con mal fin. (En Chile úsase esta misma voz).

AIMARÁ *adj.* Aymará. Ú. t. c. s.

AIMPIM *m.* Lo mismo que AIPIM.

AINDA *adv. t.* y *m.* Aun, todavía, también, hasta. Hasta, entonces. Mismo, hasta. — *agora, m. adv.* Ahora mismo, en este mismo momiento. — *assim. m. adv.* Así mismo, con todo eso, todavía, no obstante, sin embargo. — *bem. m. adv.* Felizmente, en hora buena. — *em cima. m. adv.* A más, además. — *mal. m. adv.* Por desgracia, infelizmente. — *por cima. m. adv.* Lo mismo que AINDA EM CIMA. — *quando. m. conj.* Aun cuando, aunque. — *que. m. conj. advers.* Aunque.

AIO *m.* Ayo. Criado. Camarero. Escudero. — *de elefante.* Cornaca.

AIPIM *m. Bras.* Aipí, mandioca dulce del Brasil.

AIPO *m. Bot.* Apio.

AIRADO, DA *adj.* Aéreo. Licencioso, extravagante. Transtornado, descarriado. Holgazán, vadío. Constipado. *m.* Vagabundo, vadío. Quimerista, pendenciero. *Vida —.* Vida licenciosa.

AIRÃO (ráum) *m. Zool.* Airón. Airón (penacho de algunas aves).

AIRAR *v. intr.* Airearse, resfriarse.

AIROSAMENTE (òza) *adv. m.* Airosamente, con aire, garbo o gentileza. Dignamente.

AIROSIDADE (zi) *f.* Airosidad.

AIROSO, SA (ozo, òza) *adj.* Airoso, garboso, gentil, gallardo, lucido, brillante. Digno, decoroso, decente.

AÍVA *adj. Bras.* Malo, ruin, bajo. Desmedrado. Imprestable. Enclenque, enfermizo. *m.* Persona ruin o baja.

AIVECA (vè) *f.* Orejera del arado.

AJAEZADO, DA (jaeza) *adj. P. p. de Ajaezar.* Enjaezado. Adornado, aderezado.

AJAEZAR (jaezar) *v. tr.* Enjaezar. Aderezar, componer, adornar. Ú. t. c. r.

AJANOTADO, DA (ja) *adj. P. p. de Ajanotar-se.* Hecho un pisaverde.

AJANOTAR-SE (ja) *v. r.* Hacerse uno un pisaverde.

AJANTARADO, DA (ján) *adj.* Parecido a una comida (dícese especialmente del almuerzo). *m.* Comida única a los domingos.

AJARDINAMENTO (jar) *m.* Acción y efecto de

AJARDINAR (jar) *v. tr.* Ajardinar, poner como un jardín. Plantar un jardín.

AJEITAR (jei) *v. tr.* Acomodar, darle acomodo a una cosa o persona; adaptar, adecuar, aplicar. Ú. t. c. r. Acomodar, concertar a los que riñen. Ú. t. c. r. *v. r.* Enriquecer, acaudalarse.

AJESUITADO, DA (jezui) *adj. P. p. de Ajesuitar.* Parecido a un jesuita. Hipócrita.

AJESUITAR (jezui) *v. tr.* Ajesuitar. Tornar jesuíta o parecido a él. *v. tr.* Tornarse jesuíta. Hacerse hipócrita.

AJOANETADO, DA (joa) *adj.* Ajuenetado, ajuaneteado; juanetudo.

AJOEIRADO, DA (joei) *adj. P. p. de Ajoeirar.* Aechado, cribado.

AJOEIRAR (joei) *v. tr.* Aechar, cribar.

AJOELHAÇÃO (joellasáum) *f.* Lo mismo que AJOELHAMENTO.

AJOELHADO, DA (joella) *adj. P. p. de Ajoelhar.* Arrodillado.

AJOELHAMENTO (joella) *m.* Arrodillamiento, arrodilladura.

AJOELHAR (joellar) *v. tr.* Arrodillar. *v. intr.* Arrodillar. *v. r.* Arrodillarse. *fig.* Humillarse.

AJORCADO, DA (jor) *adj.* Compuesto (con los advs. bien o mal).

AJORNALADO, DA (jor) *adj. P. p. de Ajornalar.* Ajornalado. Jornalera.

AJORNALAR (jor) *v. tr.* Ajornalar. Ú. t. c. r.

AJOUJADO, DA (jouja) *adj. P. p. de Ajoujar.* Atraillado. Emparejado, unido. Uncido, enyugado. Sobrecargado.

AJOUJADOR, RA (jouja) *adj.* Que atrailla o enyuga. Ú. t. c. s.

AJOUJAMENTO (jouja) *m.* Acción y efecto de *Ajoujar.* Sobrecarga.

AJOUJAR (joujar) *v. tr.* Atraillar. Enyugar, uncir. Emparejar, aparear, unir, juntar. Sobrecargar.

AJOUJO (joujo) *m.* Traílla. Traílla, un par de perros atraillados; un par de animales uncidos.

AJOVIAR (jo) *v. tr.* Espantar, asombrar. *v. intr.* Espantar, asombrarse.

AJUDA (ju) *f.* Ayuda (acción y efecto de ayudar). Socorro, ayuda, auxilio, amparo, favor, protección. *Equit.* Ayuda. *ant.* Ayuda, lavativa, clister. *m.* Ayuda, ayudante. Ayudador (entre pastores). Ayuda de cámara. — *de custa,* o *de custo.* Ayuda de costa.

AJUDADEIRA (ju) *f.* Ayudanta, ayudadora.

AJUDADO, DA (ju) *adj. P. p. de Ajudar.* Ayudado, socorrido, auxiliado, amparado.

AJUDADOIRO (ju) *m.* Lo mismo que AJUDADOURO.

AJUDADOR, RA (ju) *adj.* Ayudador. Ú. t. c. s. *m.* Ayudante. — *de delito.* Cómplice.

AJUDADOURO (ju) *m.* Auxilio, amparo, socorro, ayuda.

AJUDÂNCIA (judán) *f.* Ayudantía.

AJUDANTE (ju) *adj.* Ayudante. Ú. t. c. s. *m.* Ayudante. — *de campo.* Edecán, ayudante de campo. — *de cozinha.* Galopín de cocina, galopillo. — *de ordens. Mil.* Ayudante.

AJUDAR (ju) *v. tr.* Ayudar, auxiliar, socorrer, amparar, proteger. Ú. t. c. r.

AJUDICAR (ju) *v. tr.* Lo mismo que ADJUDICAR.

AJUDOIRO (ju) *m.* Lo mismo que

AJUDOURO (ju) *m. ant.* Ayuda, amparo, socorro, protección.

AJUIZADAMENTE (juíza) *adv. m.* Juiciosamente.

AJUIZADO, DA (juíza) *adj. P. p. de Ajuizar.* Ajuiciado. Juicioso. Juzgado. *For.* Llevado a juicio.

AJUIZADOR, RA (juíza) *adj.* Apreciador, juzgador. Perito.

AJUIZAR (juízar) *v. tr.* Juzgar, apreciar; valuar. Hacer juicioso. *For.* Demandar, llevar a juicio. *v. r.* Ajuiciarse.

AJUIZÁVEL (juízá) *adj.* Que puede ser demandado o llevado a juicio.

AJUMENTADO, DA (ju) *adj.* Parecido al jumento o asno.

AJUNTA (jun) *f.* Lo mismo que AJUNTAMENTO, 1ª acep.

AJUNTADO, DA (jun) *adj. P. p. de Ajuntar.* Juntado, unido, ayuntado, agregado.

AJUNTADOIRO (jun) *m.* Lo mismo que AJUNTADOURO.

AJUNTADOR, RA (jun) *adj.* Que junta, que une; que recoge. Ú. t. c. s.

AJUNTADOURO (jun) *m.* Lugar donde se juntan las aguas pluviales.

AJUNTAMENTO (jun) *m.* Ayuntamiento, juntamiento, acción de ayuntar o juntar. Agrupación, reunión, concurso. Ayuntamiento, cópula carnal.

AJUNTANÇA (juntansa) *f. ant.* Concurso, copia grande de gente.

AJUNTAR (jun) *v. tr.* Juntar, ayuntar, unir, congregar. Juntar, acopear. Agregar, aumentar, añadir. Ú. t. c. r. Coleccionar, reunir. Amontonar. Ú. t. c. r. Ahorrar, economizar. Aparear. *v. r.* Amancebarse. Juntarse, tener acto carnal. *v. tr.* Agarrar, asir. Afiliar, asociar. Ú. t. c. r. — *as camas. fr. fam.* Amancebarse. — *os pés. fr. pop.* Morir. — *os trapinhos. fr.* Amancebarse.

AJUNTÁVEL (jun) *adj. ant.* Ayuntable.

AJUNTAVELMENTE (jun) *adv. m. ant.* Ayuntablemente.

AJURAMENTAÇÃO (juramentasáum) *f.* Acción de juramentar.

AJURAMENTADO, DA (ju) *adj. P. p.* de *Ajuramentar.* Juramentado.

AJURAMENTAR (ju) *v. tr.* Juramentar, tomar juramento a uno. *v. r.* Juramentarse, obligarse con juramento.

AJUSTADAMENTE (jus) *adv. m.* Ajustadamente, justamente, cabalmente.

AJUSTADO, DA (jus) *adj. P. p.* de *Ajustar.* Ajustado, justo. Arreglado. Ajustado, apretado, ceñido. Ajustado, concertado, concordado, pactado.

AJUSTAGEM (justajem) *f.* Lo mismo que

AJUSTAMENTO (jus) *m.* Ajustamiento, ajuste, acomodo, arreglo, reconciliación, concierto. Justicia, rectitud. Ajustamiento, liquidación de cuentas. Adorno, afeite, aderezo.

AJUSTAR (jus) *v. tr.* Ajustar, concertar, pactar, contratar. Ú. t. c. r. Ajustar, acomodar en su lugar las partes de un todo. Ú. t. c. r. Ajustar, reconciliar, avenir. Ú. t. c. r. Completar, hacer cabal, integrar una cosa. Acertar, poner cierto. Convenir, pertenecer. *v. r.* Aderezarse, adornarse, acicalarse. — *contas.* Ajustar (hablando de cuentas).

AJUSTÁVEL (jus) *adj.* Que puede ser ajustado.

AJUSTE (jus) *m.* Ajuste. Lo mismo que AJUSTAMENTO. — *de vida.* Examen de conciencia. — *de contas.* Ajustamiento (de cuentas). *fig.* Represalia (en venganza o satisfacción de un agravio).

AJUTÓRIO (jutò) *m.* Ayuda, auxilio, socorro, amparo, protección. Lo mismo que ADJUTÓRIO.

ALA *f.* Hilera, fila, ala. *Mil.* Ala. *Arq.* Ala. *Fort.* Ala, flanco. *fig.* Ocasión, oportunidad.

ALABANÇA (sa) *f. ant.* Alabanza.

ALABARAR *v. tr. p. us.* Quemar.

ALABARDADA *f.* Alabardazo.

ALABARDEIRO *m.* Alabardero.

ALABARDINO, NA *adj.* Alabardado.

ALABÁSTRICA *f.* Arte de trabajar el alabastro.

ALABÁSTRICO, CA *adj.* Alabastrino.

ALABASTRILHA (lla) *f.* Lo mismo que BALESTILHA.

ALABASTRITO *m. Min.* Alabastrites, alabastrita.

ALABASTRIZAR (zar) *v. tr.* Dar el color del alabastro.

ALABASTRO *m.* Alabastro. *fig.* Blancura, alvura.

ALABIRINTADO, DA *adj. P. p.* de *Alabirintar.* Parecido a un laberinto.

ALABIRINTAR *v. tr.* Dar forma de laberinto.

ALACAIADO, DA *adj. P. p.* de *Alacaiar.* Con maneras de lacayo; lacayuno.

ALACAIAR *v. tr.* Servir de lacayo.

ALACRÁ (crán) *m.* Lo mismo que LACRAU.

ALACRÃO (cráum) *m.* Lo mismo que LACRAU.

ALACRE *adj.* Alegre. *m.* Lacre.

ALACREADO, DA *adj.* Alacrado.

ALACREATINA *f. Quím.* Alacratina.

ALACREMENTE *adv. m.* Alegremente, con alacridad.

ALACRIDADE *f.* Alacridad, alegría.

ALACTAMENTO *m.* Amamantación.

ALADAMENTE *adv. m.* Con alas, de manera alada.

ALADEIRADO, DA *adj.* En pendiente (hablando del terreno).

ALADO, DA *adj.* Alado, que tiene alas.

ALADROADO, DA *adj. P. p.* de *Aladroar.* Propenso a robar, que roba. *Peso* —. Peso falso.

ALADROAR *v. tr.* Robar en el peso.

ALAGAÇÃO (sáum) *f.* Acción y efecto de alagar o encharcar, inundación. *Bras.* Inundación periódica de los ríos del Amazonas.

ALAGADAMENTE *adv. m.* Con inundación.

ALAGADEIRA *f. p. us.* Mujer gastadora.

ALAGADEIRO *m.* Terreno alagadizo.

ALAGADELA (dè) *f.* Lo mismo que ALAGAÇÃO, 1ª acep.

ALAGADICEIRO, RA *adj. Bras.* Dícese del animal que pasta en terreno alagadizo.

ALAGADIÇO, ÇA (so) *adj.* Alagadizo.

ALAGADO, DA *adj. P. p.* de *Alagar.* Alagado, inundado, encharcado.

ALAGADOR, RA *adj.* Que alaga, encharca o inunda. Ú. t. c. s. *m.* Gastador, disipador, derrochador.

ALAGADORAMENTE *adv. m.* Con inundación.

ALAGAMENTO *m.* Inundación, acción y efecto de alagar, encharcar o inundar. Destrucción, ruina, destrozo. Disipación, derroche. Inundación, creciente.

ALAGAR *v. tr.* Alagar, encharcar, inundar. Ú. t. c. r. Derrochar, disipar, malbaratar, gastar.

ALAGARTEADO, DA *adj.* Parecido a una oruga.

ALAGARTEAR *v. tr.* Poner como una oruga.

ALAGO *m.* Lo mismo que ALAGAMENTO.

ALAGOA *f.* Lo mismo que LAGOA.

ALAGOADO, DA *adj.* Alagunado. Alagadizo.

ALAGOANO, NA *adj.* Habitante o natural del Estado de Alagoas (Brasil). Ú. t. c. s.

ALAGOAR *v. tr.* Alagunar. Alagar, encharcar, inundar. Ú. t. c. r.

ALAGOEIRO *m.* Charco grande.

ALAGOSO, SA (ozo, òza) *adj.* Encharcado, inundado; pantanoso.

ALAGOSTADO, DA *adj.* Parecido a la lagosta (crustáceo).

ALAMAR *m.* Alamar. Cairel.

ALAMARADO, DA *adj.* Guarnecido de alamares.

ALAMBARÍ *m. Bras.* Mojarra.

ALAMBAZADO, DA (za) *adj. P. p.* de *Alambazar-se.* Grosero, rudo; pesado. Glotón, comilón. Zamborrotudo, grueso, mal formado, tosco. Demasiado lleno.

ALAMBAZAR-SE (zar) *v. r.* Hartarse. Comer como un glotón. Hacerse rudo, tosco o grosero.

ALAMBICADO, DA *adj. P. p.* de *Alambicar.* Alambicado. Alambicado, muy sutil o conceptuoso. Un tanto dulce.

ALAMBICAMENTO *m.* Alambicamiento.

ALAMBICAR *v. tr.* Alambicar, destilar. *fig.* Alambicar, sutilizar. Tornar afectado.

ALAMBIQUE *m.* Alambique.

ALAMBIQUEIRO *m.* Alambiquero.

ALAMBORADO, DA *adj. P. p.* de *Alamborar.* Alomado, de figura de lomo. Alamborado, que tiene alambor.

ALAMBORAR *v. tr.* Dar figura de lomo; combar.

ALAMBRA *f. Bot.* Álamo negro, chopo.

ALAMBUZAR (zar) *v. tr.* Lo mismo que LAMBUZAR.

ALAMEDA (mé) *f.* Alameda; qualquier paseo arbolado. Arboleda. Parque.

ALAMEDAR *v. tr.* Disponer en figura de alameda o arboleda.

ALÂMPADA (lân) *f.* Lo mismo que LÂMPADA.

ALANCEAMENTO *m.* Alanceamiento, alanceadura.

ALANCEAR *v. tr.* Alancear. *fig.* Mortificar.

ALANGUIDAR-SE *v. r.* Languidecer.

ALANHADO, DA (ña) *adj. P. p.* de *Alanhar.* Acuchillado. Destripado.

ALANHAR *v. tr.* Acuchillar. Destripar (un pescado).

ALÃO (láum) *m.* Alano (perro).

ALAPADO, DA *adj. P. p.* de *Alapar.* Escondido. Agachado.

ALAPAR *v. tr.* Esconder, ocultar. *v. r.* Agazaparse, agacharse.

ALAPARDADO, DA *adj. P. p.* de *Alapardar-se.* Agazapado, escondido.

ALAPARDAR-SE *v. r.* Agazaparse, esconderse.

ALAPOADO, DA *adj.* Grosero, tosco, rudo.

ALAQUE *m. Arq.* Plinto.

ALAR *adj.* Alar, relativo a un ala, en figura de ala; que sirve de ala.

ALAR *v. tr. Mar.* Halar, izar. Levantar, alzar.

ALAR *v. tr.* Dar alas. *v. r.* Criar alas. Volar, revolotear. *Mil.* Disponer en alas o hileras. *v. intr. Germ.* Vivir.

ALARANJADO, DA (ja) *adj. P. p.* de *Alaranjar.* Anaranjado.

ALARANJAR (jar) *v. tr.* Dar color de naranja a una cosa.

ALARDAR *v. tr.* Lo mismo que LARDEAR.

ALARDE *m.* Alarde, ostentación y gala que se hace de algo.

ALARDEADEIRA *f.* Ostentadora, jactanciosa.

ALARDEADOR *m.* Ostentador, jactancioso.

ALARDEAMENTO *m.* Alardeo.

ALARDEAR *v. tr.* Alardear, hacer alarde, ostentación o gala de alguna cosa. *v. intr.* Jactarse, alabarse.

ALARDO *m. Mil.* Alarde (revista que se pasaba a los soldados).

ALARDOADOR *m.* Hombre zalamero.

ALARES *m. pl.* Alares (perchas o lazos de cerdas para cazar perdices).

ALARGADAMENTE *adv. m.* Extendidamente.

ALARGADO, DA *adj. P. p.* de *Alargar.* Alargado. Extenso, extendido. Desarrollado, aumentado. Ensanchado. Aflojado, flojo, poco tirante, malatado.

ALARGADOR, RA *adj.* Alargador. Ensanchador.

ALARGAMENTO *m.* Alargamiento. Ensanche. Prolongación. Extensión.

ALARGAR *v. tr.* Ensanchar, aumentar la anchura de una cosa. Ú. t. c. r. Ampliar, extender, ensanchar, dilatar, aumentar; desarrollar. Ú. t. c. r. Alargar, prolongar, hacer que dure una cosa más tiempo de lo regular. Ú. t. c. r. Aflojar, desapretar. Ú. t. c. r. Relajar, aflojar, hacer menos rigurosa una cosa. Alargar, extender. *v. r.* Dilatarse, ensancharse, alargarse. Esparcirse, divulgarse, publicarse.

ALARGURA *f.* Lo mismo que LARGURA.

ALARIDO *m.* Alarida, gritería. Alarido, grito de guerra. Alarido, grito lastimero.

ALARIFAGEM (jem) *f.* Bellaquería. Holgazanería, grandulería.

ALARIFE *m. ant.* Alarife. *fig.* Alarife, persona lista. Ú. t. c. adj.

ALARME *m.* Alarma.

ALAROÇA (òsa) *f. ant.* Alaroza.

ALAROSO (ozo) *m.* Alarozo.

ALARVAJAR (jar) *v. tr.* Abrutar, embrutecer.

ALARVARIA (ría) *f.* Grosería, brutalidad, salvajería.

ALARVE *m.* Alarbe, hombre inculto o brutal. *adj.* Salvaje, rudo, grosero, inculto. Ignorante.

ALARVEJAR (jar) *v. tr.* Lo mismo que ALARVAJAR.

ALARVICE *f.* Lo mismo que

ALARVIDADE *f.* Lo mismo que ALARVARIA.

ALASTRADAMENTE *adv. m.* Con lastre. Esparcidamente. Extendidamente.

ALASTRADO, DA *adj. P. p.* de *Alastrar.* Lastrado. Esparcido, extendido, derramado. Cubierto, tendido (en sentido figurado).

ALASTRAMENTO *m.* Acción de lastrar. Esparcimiento (acción y efecto de esparcir).

ALASTRAR *v. tr.* Lastrar, poner el lastre a un buque. Esparcir. Ú. t. c. r. Cubrir, tender de. *v. r.* Extenderse; alargarse; esparcirse.

ALATERNO *m. Bot.* Aladierna.

ALAUDADO, DA *adj.* De figura de laúd.

ALAÚDE *m.* Laúd.

ALAVANCA *f.* Palanca.

ALAVANCO *m.* Lavanco.

ALAVÃO (váum) *m.* Rebaño de ovejas que dan leche.

ALAZÃO, ZÃ (lazáum, zán) *adj.* Alazán, alazano. Ú. t. c. r.

ALAZARADO, DA (za) *adj.* Lleno de deudas.

ALAZEIRADO, DA (zei) *adj.* Flaco, miserable. Leproso.

ALBACORA *f. Zool.* Bonito, albacora.

ALBANÊS, ESA (ês, eza) *adj.* Albanés, natural de Albania. Ú. t. c. s.

ALBARCA *f.* Abarca; alpargata.

ALBARDA *f.* Albarda (pieza del aparejo de las caballerías de carga). *fig.* Opresión, vejamen, vejación.

ALBARDADO, DA *adj. P. p.* de *Albardar*. Albardado, enalbardado. Enalbardado, rebozado con huevo, harina, etc. Grosero, basto, grueso, ordinario. Burlado, engañado, iluso. — Vejado. Albardado (que tiene el pelo de otro color que el resto del cuerpo).

ALBARDADURA *f.* Acción y efecto de enalbardar. Aparejo de las caballerías de carga.

ALBARDÃO (dáum) *m.* Albardón (especie de aparejo más alto que la albarda, y que sirve para montar). *aum.* de *Albarda*. Albardón, loma en las contas muy explayadas, o entre lagunas y esteros.

ALBARDAR *v. tr.* Enalbardar, albardar (echar o poner la albarda). Enalbardar, rebozar con huevo, harina, pan rallado, etc. *fig.* Dominar. *fig.* Atrabancar, hacer algo de prisa y descuidadamente. *fig. pop.* Engañar groseramente.

ALBARDEIRA *f. Bot.* Escaramujo.

ALBARDEIRO, RA *adj.* Imperfecto en su oficio; chapucero. Embustero. *m.* Albardero. *pop.* Sastre chapucero.

ALBARDILHA (lla) *f. dim.* de *Albarda*. Albardilla.

ALBARDURA *f.* Lo mismo que ALBARDADURA.

ALBARQUEIRO *m.* El que hace abarcas o alpargatas.

ALBARRÃ (rrán) *f.* Cebolla albarrana. Atalaya.

ALBARRADA *f.* Albarrada. Alcarraza.

ALBATOÇA (tòsa) *f.* Albatoza.

ALBATRÓZ (tròs) *m. Zool.* Albatros.

ALBECORA *f.* Lo mismo que ALBACORA.

ALBECORQUE *m.* Albaricoque.

ALBENO *m. Quím.* Albén.

ALBERCA (bèr) *f.* Alberca (poza o charca en que se macera el cáñamo).

ALBERGAGEM (jem) *f.* Albergaje.

ALBERGAMENTO *m. ant.* Albergación.

ALBERGAR *v. tr.* Albergar, alojar, aposentar, hospedar; abrigar; contener. Ú. t. c. r.

ALBERGARIA (ría) *f. ant.* Albergue, asilo, hospicio. Albergue, hostería.

ALBERGATA *f.* Lo mismo que ALPERCATA.

ALBERGUE *m.* Albergue. Hospicio. Hostería, Abrigo. Refugio.

ALBERGUEIRO *m.* Mesonero, posadero, ventero. Hostelero. Hospedero.

ALBERGUISTA *m.* Lo mismo que ALBERGUEIRO.

ALBETOÇA (tòsa) *f.* Albatoza.

ALBIÃO (biáum) *m.* Lo mismo que ALVIÃO.

ALBIBARBO, BA *adj.* Barbicano. Albibarbo.

ALBICAUDA *adj.* Lo mismo que

ALBICAUDE *adj.* Albicaudo.

ALBICAULE *adj.* Albicaulo.

ALBICORQUE *m.* Albaricoque.

ALBIFICAÇÃO (sáum) *f.* Albificación.

ALBIFLOR *adj.* Albifloro.

ALBINERVO, VA *adj.* Albineuro. Albinervio.

ALBINIA (nía) *f.* Albinismo.

ALBÍNICO, CA *adj.* Albino (perteneciente o relativo a los seres albinos).

ALBINITENTE *adj.* Blanco y brillante.

ALBINO, NA *adj.* Albino. Ú. t. c. s.

ALBÍPEDE *adj.* Albípedo.

ALBIPENE *adj.* Albipenne.

ALBITO *m. Min.* Albita.

ALBITOÇA (tòsa) *f.* Lo mismo que ALBETOÇA.

ALBIZO (zo) *m.* Greda.

ALBO *m. Zool.* Especie de salmón.

ALBÓIO (bòi) *m.* Lo mismo que ALPENDRE.

ALBOR *m.* Lo mismo que ALVOR.

ALBORCADO, DA *adj. fam. P. p.* de *Alborcar*. Cambalacheado.

ALBORCADOR, RA *adj. fam.* Cambalachero.

ALBORCAR *v. tr. fam.* Cambalachear.

ALBORNÓ (nò) *m.* Lo mismo que

ALBORNOZ (nòz) *m.* Albornoz.

ALBOROTAR *v. tr.* Lo mismo que ALVOROTAR.

ALBOROTO (ró) *m.* Lo mismo que ALVOROTO.

ALBORQUE *m. fam.* Cambalache, trueque. Alboroque.

ALBRICOQUE *m.* Albaricoque.

ALBRICOQUEIRO *m.* Albaricoquero.

ALBUFEIRA *f.* Albufera. Albuhera, depósito artificial de agua. Orujo (de la aceituna).

ALBUGEM (jem) *f.* Albugo.

ALBUGÍNEA (ji) *f.* Albúgina, albugo.

ALBUGINITE (ji) *f. Med.* Albuginitis.

ÁLBUM *m.* Álbum. Cuaderno.

ALBUME *m. Bot.* Albumen.

ALBUMINA *f.* Albúmina.

ALBUMINÓIDE (nòi) *adj.* Albuminoideo.

ALBUMINOSE (nòze) *f.* Albuminosis.

ALBUMINÚRIA (ri) *f.* Albuminuria.

ALBURNETE *m. Zool.* Alburno.

ALBURNO *m. Bot.* Albura, alburno.

ALÇA (sa) *f.* Alza (trozo de suela en las hormas de zapatería). Alza (en el cañón de un arma). Tirantes (para suspender el pantalón; cada una de sus dos tiras). Asa (de vasija). Asidero. *Mar.* Gaza. *fig.* Asa, asidero, pretexto.

ALCABILA *f. ant.* Alcabela, alcavela.

ALCABOL (bòl) *m.* Lo mismo que

ALCABOZ (bòz) *m.* Lo mismo que

ALCABROZ (bròz) *m.* Lo mismo que CABOZ.

ALCAÇAR (sar) *m.* Lo mismo que ALCACER.

ALCAÇAREIRO (sa) *m.* Lo mismo que ALCACEREIRO.

ALCAÇARIA (saría) *f. ant.* Alcaicería.

ALCACER *m.* Alcacer, cebada en hierba.

ALCÁCER *m.* Alcázar.

ALCACEREIRO *m.* Guardia de alcázar, alcaide.

ALCACHINADO, DA (chi) *adj. P. p.* de *Alcachinar*. Encogido; encorvado.

ALCACHINAR (chi) *v. tr.* Encoger; encorvar. Ú. t. c. r.

ALCACHOFRA (cho) *f. Bot.* Alcachofa.

ALCACHOFRADO, DA (cho) *adj. P. p.* de *Alcachofrar*. Alcachofado.

ALCACHOFRAL (cho) *m.* Alcachofal (terreno plantado de alcachofas).

ALCACHOFRAR (cho) *v. tr.* Alcachofar, poner como una alcachofa.

ALCACHOFREIRA (cho) *f. Bot.* Alcachofera, alcachofa.

ALCÁÇOVA (so) *f.* Alcazaba.

ALCAÇUZ (suz) *m. Bot.* Orazuz, alcazuz, regaliz.

ALÇADA (sa) *f.* Competencia (de un juez). Jurisdicción.

ALCADARIA (ría) *f.* Lo mismo que ALCAIDARIA.

ALÇADO, DA (sa) *adj. P. p.* de *Alçar*. Alzado, levantado, elevado, alteado. Alzado (dícese del animal que, viviendo bajo la dependencia del hombre, se ha substraído a su dominio).

ALÇADOR, RA (sa) *adj.* Alzador, que alza. *m.* Alzador (de una imprenta).

ALÇADURA (sa) *f. Impr.* Alce.

ALÇAGEM (sajem) *f.* Lo mismo que ALÇADURA.

ALÇAGOTE (gò) *m.* Lo mismo que ALCAIOTE.

ALCAGÜETA (güe) *f.* Lo mismo que

ALCAGÜETE (güe) *m.* Lo mismo que ALCOVITEIRO.

ALCAIATA *f.* Alcayata, escarpia de hierro.

ALCAIATE *m.* Lo mismo que ALCAIATA.

ALCAIDARIA (ría) *f.* Alcaidía. Alcaldía.

ALCAIDE *m.* Alcaide. Alcalde. *Zool.* Alcaudón. — *mor.* Alcaide mayor.

ALCAIDE *adj.* Malo, flaco (hablando de caballos). Muy feo (dícese de personas). *m.* Mercadería que no se vende. Traste.

ALCAIDERIA (ría) *f.* Lo mismo que ALCAIDARIA

ALCAIOTA (ò) *f.* Alcahueta.

ALCAIOTARIA (ría) *f.* Alcahuetería.

ALCAIOTE (ò) *m.* Alcahuete.

ALCAIOTISMO *m.* Alcahuetismo.

ALCALDADA *f.* Noticia fabulosa, patraña.

ÁLCALI *m. Quím.* Álcali.

ALCALICIDADE *f.* Alcalinidad.

ALCÁLICO, CA *adj.* Alcalino.

ALCALINAR *v. tr.* Alcalizar.

ALCALINIDADE *f.* Alcalinidad.

ALCALINIZAÇÃO (zasáum) *f.* Alcalización.

ALCALINIZADO, DA (za) *adj. P. p.* de *Alcalinizar*. Alcalizado.

ALCALINIZAR (zar) *v. tr.* Alcalizar.

ALCALIZAÇÃO (zasáum) *f.* Alcalización.

ALCALIZÁVEL (zá) *adj.* Alcalizable.

ALCALÓIDE (lòi) *m. Quím.* Alcaloide.

ALÇAMENTO (sa) *m.* Alzamiento (acción y efecto de *Alçar*).

ALCANÇADELA (sadè) *f.* Lo mismo que ALCANÇADURA.

ALCANÇADIÇO, ÇA (sadiso) *adj.* Alcanzadizo.

ALCANÇADO, DA (sa) *adj. P. p.* de *Alcançar*. Alcanzado. Empeñado, endeudado, alcanzado.

ALCANÇADOR, RA (sa) *adj.* Alcanzador.

ALCANÇADURA (sa) *f. Vet.* Alcanzadura.

ALCANÇAMENTO (sa) *m.* Alcance (acción y efecto de alcanzar).

ALCANÇAR (sar) *v. tr.* Alcanzar (llegar a reunirse con; llegar a tocar; coger algo, alargando el brazo). *fig.* Alcanzar (conseguir, lograr, obtener; comprender, entender, descubrir, averiguar). Alcanzar (llegar a tal o cual distancia el resultado de la acción de un arma). *v. r.* Alcanzarse.

ALCANÇÁVEL (sá) *adj.* Alcanzadizo.

ALCANCE (sa) *m.* Alcance (acción de alcanzar). Alcance (del brazo, de un objeto arrojadizo, del tiro de un arma cualquiera). Alcance, capacidad, comprensión, talento. Alcance, déficit. *Ir no* — *fr.* Seguir el alcance.

ALCÂNCIAS (cán) *f.* Alcancías.

ALCÂNDARA (cán) *f.* Lo mismo que ALCÂNDORA.

ALCÂNDOR (cán) *m.* Lo mismo que ALCÂNDORA. Cima. Lo mismo que CUMIEIRA.

ALCÂNDORA (cán) *f.* Alcándara, percha donde se ponían las aves de cetrería.

ALCANDORADAMENTE *adv. m.* Lo mismo que ALCANTILADAMENTE.

ALCANDORADO, DA *adj. P. p.* de *Alcandorar*. Puesto en la alcándara. Elevado, alto, acantilado.

ALCANDORAR *v. tr.* Percharse, ponerse en la alcándara (hablando de aves de cetrería). *fig.* Elevarse, subir, guindarse.

ALCÂNFOR (cán) *m.* Alcanfor.

ALCANFORADO, DA *adj.* Alcanforado.

ALCANFOREIRA *f. Bot.* Alcanforero.

ALCANTIL *m.* Acantilado, escarpa.

ALCANTILADA *f.* Despeñadero.

ALCANTILADAMENTE *adv. m.* A la manera de escarpa; con empinamiento.

ALCANTILADO, DA *adj. P. p.* de *Alcantilar*. Acantilado, escarpado.

ALCANTILAR *v. tr.* Escarpar, cortar una montaña o terreno en plano inclinado. Ú. t. c. r. *v. r. fig.* Encaramarse.

ALCANTILOSO, SA (ozo, òza) *adj.* Lo mismo que ALCANTILADO.

ALCANZIA (zía) *f.* Alcancía (bola hueca de barro que se tiraba corriendo alcancías).

ALCANZIADA (zia) *f.* Alcanciazo.

ALÇAPÃO (sapáum) *m.* Trampa (puerta en el suelo, para poner en comunicación cualquiera parte de un edificio con otra inferior). Alzapón (portezuela que se usaba en los pantalones). — *falso.* Trampa (artificio para cazar).

ALCAPARRA *f.* Alcaparra.

ALCAPARRAR *v. tr.* Condimentar con alcaparras.

ALCAPARREIRA *f. Bot.* Alcaparrera, alcaparra.

ALCAPARREIRO *m.* Alcaparrero, vendedor de alcaparras.

ALÇAPÉ (sapè) *m.* Alzapié, lazo para cazar animales. Zancadilla. *fig.* Zancadilla, engaño, trampa, ardid.

ALÇA-PERNA (sa) *f.* Zancadilla.

ALÇAPOADO, DA (sa) *adj.* Que sirve de trampa.

ALÇAPREMA (sa) *f.* Alzaprima.

ALÇAPREMADO, DA (sa) *adj. P. p.* de *Alçapremar*. Alzaprimado. Lo mismo que ENTALADO.

ALÇAPREMAR (sa) *v. tr.* Alzaprimar.

ALÇAPREME (sa) *f.* Lo mismo que ALÇAPREMA.

ALÇAR (sar) *v. tr.* Alzar, levantar. Alzar, construir, edificar. Poner asas, asideros o tirantes. *Impr.* Alzar, ordenar los pliegos. Exaltar. Ensalzar. Nombrar, aclamar, elegir. *v. r.* Alzarse. Alzarse (fugarse al campo los animales domésticos).

ALCARAVANEIRO, RA *adj.* Alcaravanero.

ALCARAVÃO (váum) *m. Zool.* Alcaraván.

ALCARAVIA (vía) *f.* Alcaravea.

ALCARAVIZ *m.* Caño del fuelle.

ALCATEAR *v. intr.* Acechar. Ú. t. c. r.

ALCATÉIA (tèia) *f.* Manada de lobos. Manada (de algunos animales salvajes). *fig.* Grupo, bando. *Andar*, o *estar de —. fr.* Estar en acecho; estar precavido.

ALCATIFA *f.* Alcatifa, alfombra, tapete. Cualquier cosa que se parece a un tapiz.

ALCATIFADAMENTE *adv. m.* A la manera de alcatifa.

ALCATIFADO, DA *adj. P. p.* de *Alcatifar.* Alcatifado, alfombrado, tapizado. *m.* Tapetes que forman una alcatifa.

ALCATIFAMENTO *m.* Alfombradura; acción y efecto de

ALCATIFAR *v. tr.* Alfombrar, alcatifar, tapizar.

ALCATIFEIRO *m.* Alfombrero.

ALCATIRA *f. Bot.* Alquitira, tragacanto.

ALCATRA *f.* Cuarto trasero del buey o de la vaca. *vulg.* Nalgas.

ALCATRÃO (tráum) *m.* Alquitrán.

ALCATRAR *v. tr.* Alquitranar.

ALCATRATE *m. Mar.* Regala.

ALCATRAZ *m. Zool.* Lo mismo que ALBATROZ. Alcatuaz, pelícano.

ALCATRE *m.* Lo mismo que ALCATRA.

ALCATROADO, DA *adj. P. p.* de *Alcatroar.* Alquitranado.

ALCATROAGEM (jem) *f.* Lo mismo que

ALCATROAMENTO *m.* Alquitranado (acción de alquitranar).

ALCATROEIRO, RA *m.* Alquitranador.

ALCATRUZ *m.* Arcaduz, cangilón de noria.

ALCATRUZADA (za) *f.* Lo que contiene un arcaduz.

ALCATRUZADAMENTE (za) *adv. m.* A la manera de arcaduces. Seguidamente, de seguida. Con encorvadura.

ALCATRUZADO, DA *(z*a) *adj. P. p.* de *Alcatruzar.* Guarnecido de arcaduces. Encorvado, alomado, combado. Triste, apesadumbrado. Descoyuntado; falto de elegancia.

ALCATRUZAR (zar) *v. tr.* Dar figura de arcaduz o cangilón de noria. Encorvar, combar. Guarnecer de arcaduces. Molestar. *v. intr.* Encorvarse, doblarse, inclinarse (hablando del cuerpo).

ALCAVALA *f.* Alcabala.

ALCÁZAR (zar) *v. tr.* Taberna.

ALCE *m. Zool.* Alce, anta. Alzamiento. Tregua, descanso. Medra, mejora.

ÁLCEA *f. Bot.* Malvavisco silvestre.

ALCEADO, DA *adj. P. p.* de *Alcear.* Alzado (hablando de pliegos). Guarnecido de asas o tirantes.

ALCEAMENTO *m.* Alzamiento. *Impr.* Alce.

ALCEAR *v. tr.* Poner tirantes o asas a una cosa. *Impr.* Alzar. Alzar, levantar.

ALCEDO *m. Zool.* Alcedo.

ALCEIRO, RA *adj.* Que puede alzar. Pronto, diligente, presto.

ALCIÃO (ciáum) *m. Zool.* Alción, martín pescador.

ALCÍDEOS *m. pl. Zool.* Alcídeas.

ÁLCION *m.* Lo mismo que ALCIÃO.

ALCÍONE *m.* Lo mismo que ALCIÃO.

ALCOCHETA (che) *f.* Alcahueta.

ALCOFA (có) *f.* Espuerta, alcofa, capacho, cuévano. *m.* Alcahuete.

ALCOFADO, DA *adj. P. p.* de *Alcofar.* Parecido a una alcofa o espuerta. Puesto en alcofa o espuerta. Alcahuetado.

ALCOFAR *v. tr.* Alcahuetear.

ALCOFEIRO *m.* Alcahuete.

ALCOFINHA (fiña) *m.* Alcahuete.

ALCOFORADO, DA *adj. P. p.* de *Alcoforar.* Alcanforado.

ALCOFORAR *v. tr.* Alcanforar.

ALCOICE *m.* Burdel, lupanar, mancebía.

ALCOICEIRA *f.* Alcahueta.

ALCOICEIRO *m.* Frecuentador de burdeles. Alcahuete. Mozo de burdel.

ÁLCOL *m.* Lo mismo que

ÁLCOOL *m.* Alcohol.

ALCOOLADO *m.* Lo mismo que ALCOOLATO.

ALCOOLATIVO *m.* Alcoholativo.

ALCOOLATO *m.* Alcoholato.

ALCOÓLATRA (ò) *m.* Dado al alcoholismo.

ALCOOLATURA *m.* Alcoholaturo.

ALCOOLEIRO *m.* Alcoholero.

ALCOOLICIDADE *f.* Calidad alcohólica.

ALCOÓLICO, CA (ò) *adj.* Alcohólico.

ALCOOLIFICAÇÃO (sáum) *f.* Alcoholización.

ALCOOLINA *f.* Alcoholina.

ALCOOLISMO *m.* Alcoholismo.

ALCOOLISTA *m.* Enfermo de alcoholismo; dipsomaníaco.

ALCOOLIZAÇÃO (zasáum) *f.* Alcoholización.

ALCOOLIZADO, DA (za) *adj. P. p.* de *Alcoolizar.* Alcoholizado. Embriagado, emborrachado.

ALCOOLIZAR (zar) *v. tr.* Alcoolizar, incorporar alcohol a otro líquido; alcoholar. Embriagar, emborrachar. Ú. t. c. r.

ALCOOLIZÁVEL (zá) *adj.* Que puede ser alcoholado o alcoholizado.

ALCOOLOMANIA (nía) *f.* Alcoholomania.

ALCOOLOMETRIA (tría) *f.* Alcoholimetría.

ALCOOLOMÉTRICO, CA (mè) *adj.* Perteneciente o relativo a la alcoholimetría.

ALCOOLÔMETRO (ló) *m.* Alcoholímetro.

ALCOOLOTIVO *m.* Alcoholotivo.

ALCOOMEL (mèl) *m.* Alcohomel.

ALCOOMELADO, DA *adj.* Alcohomelado.

ALCOOMETRIA (tría) *f.* Alcoholimetria.

ALCOOMÉTRICO, CA (mè) *adj.* Lo mismo que ALCOOLOMÉTRICO.

ALCOÔMETRO (ó) *m.* Alcoholímetro.

ALCORÃO (ráum) *m.* Alcorán.

ALCORÇA (còrsa) *f.* Alcorza.

ALCORCE (còr) *m.* Lo mismo que ALCORÇA.

ALCORCOVADAMENTE *adv. m.* Lo mismo que CORCOVADAMENTE.

ALCORCOVADO, DA *adv. P. p.* de *Alcorcovar.* Lo mismo que CORCOVADO. Encorvado.

ALCORCOVAR *v. tr.* Encorvar, combar, Corcovar.

ALCORNOCO *m. Bot.* Alcornoque.

ALCORONISTA *m.* Alcoranista.

ALCOUCE *m.* Lo mismo que ALCOICE.

ALCOUCEIRO *m.* Lo mismo que ALCOICEIRO.

ALCOVA *f.* Alcoba (aposento).

ALCOVITADO, DA *adj. P. p.* de *Alcovitar.* Alcahueteado.

ALCOVITAGEM (jem) *m.* Alcahuetería.

ALCOVITAR *v. tr.* Alcahuetear, alcahuetar.

ALCOVITARIA (ría) *f.* Lo mismo que

ALCOVITEIRICE *m.* Alcahuetería. Alcahuetismo. Chisme.

ALCOVITEIRO, RA *m.* y *f.* Alcahuete. Ú. t. c. s.

ALCOVITERIA (ría) *f.* Lo mismo que ALCOVITARIA.

ALCOVITICE *f.* Lo mismo que ALCOVITEIRICE.

ALCRARA *m.* Lo mismo que LACRAU.

ALCREVITE *m. ant.* Alcrebite (azufre).

ALCUNHA (ña) *f.* Apodo.

ALCUNHADO, DA (ña) *adj. P. p.* de *Alcunhar.* Apodado.

ALCUNHAR (ñar) *v. tr.* Apodar, poner apodos.

ALCUNHO (ño) *Port.* Lo mismo que ALCUNHA.

ALDAGRANTE *adj.* Tuno, pillo, tunante. Vagabundo.

ALDEÃ (án) *adj.* y *s. fem.* de *Aldeão.*

ALDEAMENTE (án) *adv. m.* Aldeanamente, rústica o groseramente.

ALDEAMENTO *m.* Acción y efecto de *Aldear.* Toldo, población de los indios.

ALDEANTE *adj. Port.* Que vagabundea.

ALDEÃO, Ã (áum, án) *adj.* Aldeano, Ú. t. c. s. *fig.* Aldeano, rústico, grosero. Aldeaniego (en sentido recto y fig.)

ALDEAR *v. tr.* Dividir en aldeas. Formar una aldea.

ALDEBARÃ (rán) *f. Astr.* Aldebarán.

ALDEIA *f.* Aldea.

ALDEÍDICO, CA *adj.* Aldehídrico.

ALDEÍDO *m. Quím.* Aldehido.

ALDEOLA (ò) *f.* Aldehuela.

ALDEOTA (ò) *f.* Lo mismo que ALDEOLA.

ALDRABA *f.* Lo mismo que ALDRAVA.

ALDRABADA *f.* Aldabada; aldabazo. *fig.* Sobresalto, aldabada.

ALDRABADAMENTE *adv. m.* Con aldaba. Lo mismo que ATABALHOADAMENTE.

ALDRABADO, DA *adj. P. p.* de *Aldrabar.* Cerrado con aldaba. Lo mismo que ATABALHOADO. Embarazado, engañado, equivocado.

ALDRABÃO (báum) *m.* Lo mismo que ALDRAVÃO.

ALDRABAR *v. tr.* Lo mismo que ALDRAVAR.

ALDRABICE *f.* Lo mismo que ALDRAVICE.

ALDRAVA *f.* Aldaba.

ALDRAVADAMENTE *adv. m.* Aprisa. Confusamente.

ALDRAVADO, DA *adj. P. p.* de *Aldravar.* Cerrado con aldaba. Parecido a una aldaba. Lo mismo que ATABALHOADO.

ALDRAVÃO (váum) *m.* Aldabón. *fam.* Chapucero. *fam.* Mentiroso.

ALDRAVAR *v. tr.* Poner aldaba. Lo mismo que AFERROLHAR. Aldabear. *pop.* Mentir.

ALDRAVEIRO *m. Port.* Mentiroso.

ALDRAVICE *m.* Mentira, patraña. Trabajo chapuceado.

ALDROPE (drò) *m.* Lo mismo que GALDROPE.

ALDRÚBIO *m.* Mentiroso, embustero, burlador.

ÁLEA *f.* Lo mismo que ALÉIA.

ALEAR *v. intr.* Aletear; revolotear.

ALECRIM *m. Bot.* Romero.

ALECRINEIRO *m.* Lo mismo que

ALECRINZEIRO (zei) *m.* Lo mismo que ALECRIM.

ALECTOROMAQUIA (quí) *f.* Alectriomaquia.

ALEFRIZ *m. Mar.* Alefrís.

ALEGAÇÃO (sáum) *f.* Alegación.

ALEGAR *v. tr.* Alegar.

ALEGÁVEL *adj.* Alegable.

ALEGORIA (ría) *f.* Alegoría.

ALEGORIZAÇÃO (zasáum) *f.* Alegorización.

ALEGRADAMENTE *adv. m.* Alegremente.

ALEGRÃO (gráum) *m. fam.* Alegrón.

ALEGRAR *v. tr.* Alegrar. Ú. t. c. r.

ALEGRE (lè) *adj.* Alegre.

ALEGREMENTE (lè) *adv. m.* Alegremente.

ALEGRETE *adj.* Achispado. *m.* Arriate (para tener plantas de adorno).

ALEGRO (lè) *m. Mús.* Alegro.

ALEGROTE (grò) *adj.* Lo mismo que ALEGRETE.

ALEGUÁ *m.* Lo mismo que EXÚ.

ALÉIA (lèi) *f.* Alameda, paseo arbolado.

ALEIJADAMENTE (ja) *adv. m.* De manera estropeada o lisiada.

ALEIJADO, DA (ja) *adj. P. p.* de *Aleijar.* Lisiado, estropeado, mutilado.

ALEIJAMENTO (ja) *m.* Estropeo; acción y efecto de lisiar. Lo mismo que

ALEIJÃO (jáum) *m.* Estropeo, mutilación, deformación, daño, lesión. Monstruo; monstruosidad.

ALEIJAR (jar) *v. tr.* Mutilar, estropear, lisiar; dañar, lastimar. Ú. t. c. r. *fig.* Adulterar, estropear, afear, manchar. *fig.* Afligir, disgustar; dañar. *fig.* Vender muy caro; explotar.

ALEILOAR *v. tr.* Almonedear.

ALEITAÇÃO (sáum) *f.* Lo mismo que ALEITAMENTO.

ALEITADO, DA *adj. P. p.* de *Aleitar.* Amamantado. Lechoso, alechado.

ALEITAMENTO *m.* Amamantamiento.

ALEITAR *v. tr.* Amamantar. Alechar (poner como la leche).

ALEITATIVO, VA *adj.* Perteneciente o relativo a la amamantación.

ALEIVE *m.* Lo mismo que ALEIVOSIA.

ALEIVOSAMENTE (òza) *adv. m.* Aleve, alevosamente.

ALEIVOSIA (zía) *f.* Alevosía; traición, deslealtad, perfidia.

ALEIVOSO, SA (ozo, òza) *adj.* Alevoso, aleve, traidor, pérfido.

ALEIXAR (char) *v. tr.* Alejar; alargar. *v. r.* Alejarse.

ALELI *m. Bot.* Alhelí.

ALELUIA (lúia) *f.* Aleluya.

ALÉM *adv. l.* Allende, de la parte de allá. Acullá. Ailá, más allá, más adelante. *m.* Lugar lejano, confín, horizonte. Otras tierras. El otro mundo. — *de. m. prep.* Allende, más allá de, de la parte de allá de. Más arriba de. Además de. Excepto, a excepción de, fuera de, menos. A pesar de. — *de que. m. conjunt.* Además, a más de. — *de tudo;* — *disso;* — *disto. m. conjunt.* A más de esto. — *do mais;* — *do que. m. conjunt.* Además, a más de.

ALEMÂNICO, CA (má*n*ni) *adj.* Alemánico.
ALEMANIDADE *f.* Lo mismo que
ALEMANISMO *m.* Germanismo.
ALEMANIZAR-SE (*z*ar) *v. r.* Germanizarse.
ALEMÃO, Ã (Á máum, án) *adj.* Alemán, na. Ú. t. c. s.
ALÉM-MAR *adj. l.* En el ultramar.
ALÉM-MUNDO *m.* La otra vida.
ALEMOADO, DA *adj. P. p.* de *Alemoar-se. v. r.*
Bras. Río Gr. del Sur. Germanizado.
ALEMOAR-SE *v. r. Río Gr. del Sur.* Germanizarse.
ALÉM-TÚMULO *adv. l.* Ultratumba.
ALENTADO, DA *adj. P. p.* de *Alentar.* Alentado,
esforzado, animoso, brioso, valiente. *fig.*
Robusto, vigoroso. *fig.* Grande, corpulento. *fig.*
Bueno, útil. *fig.* Jugoso, substancioso.
ALENTAR *v. tr.* Alentar, animar, infundir aliento.
v. intr. Alentar, respirar. Jadear. *v. r.* Alentarse,
animarse.
ALENTECER *v. intr.* Hacerse lento.
ALENTEJANO, NA (ja) *adj.* Perteneciente, rela-
tivo, o natural del Alentejo (Portugal). Ú. t. c. s.
ALENTO *m.* Aliento. *fig.* Aliento, ánimo, valor,
esfuerzo. *pl.* Ventanas (de la nariz del caballo).
ÁLEO, A *adj.* Alado, que tiene alas.
ALEONADO, DA *adj.* Leonado, aleonado.
ALEQUEADO, DA *adj.* De figura de abanico.
ALERTA (lèr) *adv. m.* Alerta, con vigilancia. *adj.*
Alerto, vigilante, prevenido. *m.* Alerta, aviso. —*!*
interj. ¡Alerta!
ALERTAR *v. tr.* Alertar. Asustar, amedrentar. *v.*
intr. Alertarse.
ALERTEAR *v. intr.* Alertarse.
ALESTADAMENTE *adv. m.* Pronta, desembara-
zadamente.
ALESTAMENTO *m.* Acción y efecto de
ALESTAR *v. tr.* Agilitar; desembarazar. Alistar,
aparejar, aprontar.
ALETA *f. Arq.* Aleta. Ala (de la nariz).
ALETARGADAMENTE *adv. m.* Con aletarga-
miento.
ALETO *m. Zool.* Halieto, aleto.
ALETRIA (trí*a*) *f.* Fideos.
ALETRIEIRO *m.* Fabricante de fideos.
ALEVADOIRO *m.* Lo mismo que
ALEVADOURO *m.* Palanca que levanta la muela
del molino.
ALEVANTADEIRO, RA *adj.* Levantador, amoti-
nador, sedicioso, alborotador. Ú. t. c. s.
ALEVANTADIÇO, ÇA (so) *adj.* Propenso o acos-
tumbrado a levantarse o rebelarse.
ALEVANTADO, DA *adj. P. p.* de *Alevantar.*
Levantado, rebelado, sublevado. Levantado, alzado.
ALEVANTAMENTO *m.* Levantamiento, alza-
miento. Sedición, alboroto. Sublimidad, ele-
vación.
ALEVANTAR *v. tr.* Levantar, alzar. Ú. t. c. r.
Aclamar, proclamar. *fig.* Levantar, dar mayor
incremento. *v. r.* Levantarse, rebelarse, sublevarse.
ALEVEDAR *v. tr. ant.* Aleudar, leudar.
ALEVIANAR *v. tr.* Aliviar, aligerar, disminuir la
carga o el peso.
ALEVINO *m.* Alevín, alevino.
ALEXANDRINAR (*chán*) *v. intr.* Escribir versos
alejandrinos.
ALEXANDRINISMO (*chán*) *m.* Alexandrismo.
ALEXANDRINO, NA (*chán*) *adj.* Alejandrino
(natural de Alejandría; hablando del verso; neo-
platónico). Ú. t. c. s.
ALEXANDRISTA (*chán*) *m.* Alejandrista.
ALEXANDRITO (*chán*) *m. Miner.* Alejandrita.
ALFA *m.* Alfa (primera letra del alfabeto griego).
Astr. Alfa. *Bot.* Esparto. — e ômega. Alfa y
omega.
ALFABETAÇÃO (sáum) *f.* Acción de poner en
orden alfabético.
ALFABETADAMENTE *adv. m.* Alfabéticamente.
ALFABETADO, DA *adj. P. p.* de *Alfabetar.* Puesto
en orden alfabético.
ALFABETADOR, RA *m.* Alfabetista.
ALFABETAL *adj.* Alfabético.
ALFABETAMENTO *m.* Lo mismo que ALFA-
BETAÇÃO.
ALFABETAR *v. tr.* Poner en orden alfabético.
ALFABETÁRIO, RIA *adj.* Alfabético.

ALFABETIZAÇÃO (zasáum) *f.* Acción de ense-
ñar a leer.
ALFABETIZADO, DA (*z*a) *adj. P. p.* de *Alfabe-
tizar.* Que sabe leer.
ALFABETIZAR (*z*ar) *v. tr.* Enseñar a leer.
ALFABETO (bè) *m.* Alfabeto, abecedario.
ALFAÇA (sa) *f.* Lo mismo que ALFACE.
ALFAÇAL (sal) *m.* Terreno plantado de lechugas.
ALFACE *f. Bot.* Lechuga.
ALFAFA *f. Bot.* Alfalfa. — arbórea. Alfalfa
arborescente.
ALFAFADO, DA *adj.* Plantado de alfalfa.
ALFAFAL *m.* Alfalfa, alfalfar.
ALFAGEME (je) *m.* Alfajeme.
ALFAIA *f.* Alhaja, joya. Ajuar, moblaje, utensilios,
trastos y demás efectos de una casa. Adornos.
ALFAIADO, DA *adj. P. p.* de *Alfaiar.* Alhajado,
adornado; hermoseado.
ALFAIAMENTO *m.* Acción de
ALFAIAR *v. tr.* Alhajar; amueblar. Adornar, her-
mosear.
ALFAIATA *f.* Sastra (mujer del sastre; la que tiene
este oficio). Modista.
ALFAIATAR *v. tr.* Ejercer el oficio de sastre. Cor-
tar vestidos.
AFAIATARIA (ría) *f.* Sastrería.
ALFAIATE *m.* Sastre.
ALFAIZAR (*z*ar) *m.* Alféizar.
ALFAMA *f.* Aljama.
ALFÂNDEGA (fán) *f.* Aduana.
ALFANDEGADO, DA *adj. P. p.* de *Alfandegar.*
Aduanado. Depositado en la aduana.
ALFANDEGAGEM (jem) *f.* Lo mismo que
ALFANDEGAMENTO *m.* Acción de
ALFANDEGAR *v. tr.* Aduanar, registrar en la adu-
ana. Depositar en la aduana.
ALFANDEGÁRIO, RIA *adj.* Lo mismo que
ALFANDEGUEIRO, RA *adj.* Aduanero.
ALFANJADA (ja) *f.* Alfanjazo.
ALFANJAR (jar) *v. tr.* Dar figura de alfanje. *fig.*
Chapucear.
ALFANJE (je) *m.* Alfanje (sable corto y corvo).
ALFAQUE *m.* Alfaque. Arrecife (bajo formado en
el mar por piedras).
ALFAQUEQUE (quèque) *m.* Alfaqueque. Lo
mismo que
ALFAQUIM *m. Zool.* Pez gallo.
ALFARRÁBIO *m.* Libro viejo.
ALFARRABISTA *m.* Chalán de libros viejos.
ALFARROBA (rró) *f.* Algarroba (fruto del alga-
rrobo).
ALFARROBADO, DA *adj.* Parecido a la algarro-
ba.
ALFARROBAL *m.* Algarrobal.
ALFARROBAR *v. tr.* Hacer parecido a la algarro-
ba. *v. intr.* Algarrobar.
ALFARROBEIRA *f. Bot.* Algarrobo, algarrobera,
algarrobero, algarroba.
ALFARROBEIRAL *m.* Algarrobal.
ALFARVA *f.* Lo mismo que ALFORVA.
ALFAVACA *f. Bot.* Albahaca.
ALFAZEMA (ze) *f. Bot.* Espliego, alhucema.
ALFAZEMAR (ze) *v. tr.* Perfumar con espliego.
ALFENA *f. Bot.* Alheña.
ALFENADO, DA *adj. P. p.* de *Alfenar.* Parecido a
la alheña. Alheñado.
ALFENAR *v. tr.* Alheñar.
ALFENEIRA *f.* Lo mismo que
ALFENEIRO *m.* Lo mismo que ALFENA.
ALFENHEIRA (ñei) *f.* Lo mismo que
ALFENHEIRO (ñei) *m.* Lo mismo que ALFENA.
ALFENIM *m.* Alfeñique (pasta de azúcar). *fig.*
Alfeñique, persona delicada, débil, floja.
ALFENINADO, DA *adj. P. p.* de *Alfeninar-se.*
Alfeñicado, remilgado, repulido. Afeminado.
ALFENINAR-SE *v. r.* Alfeñicarse, remilgarse,
adelgazarse, enflaquecer mucho. Afeminarse.
ALFENIQUE *m.* Lo mismo que ALFENIM.
ALFERES (fè) *m.* Alférez.
ALFIM *adv. t.* Lo mismo que ENFIM.
ALFINETADA (dè) *f.* Alfilerazo.
ALFINETADELA (dè) *f.* Alfilerazo.
ALFINETADO, DA *adj. P. p.* de *Alfinetar.* De
figura de alfiler. Pinchado con alfiler. Zaherido;
criticado, censurado.

ALFINETAR *v. tr.* Dar figura de alfiler. Pinchar
con alfiler. Zaherir; criticar, censurar.
ALFINETE (né) *m.* Alfiler.
ALFINETEADO, DA *adj. P. p.* de *Alfinetear.* Lo
mismo que ALFINETADO.
ALFINETEAR *v. tr.* Lo mismo que ALFINETAR.
ALFINETEIRA *f.* Alfiletero.
ALFINETEIRO *m.* Alfilerero. Alfiletero.
ALFINETES (né) *m. pl. Bot.* Alfilerillo.
ALFITETE *m.* Alfilete, alfitete.
ALFOBRE (fó) *m.* Almácigo, semillero. Reguera.
ALFOMBRA *f.* Alfombra, alcatifa, tapete.
ALFONSIA (sía) *f.* Lo mismo que ALFORRA.
ALFORA *f.* Lo mismo que ALFORRA.
ALFORBA *f.* Lo mismo que ALFORRA.
ALFORBE (fòr) *m.* Lo mismo que ALFOBRE.
ALFORFIÃO (fiáum) *m. Bot.* Alforfón.
ALFORJA (fòrja) *f.* Lo mismo que ALFORVA.
ALFOJARDA (ja) *f.* Lo mismo que cabe en una
Alforja.
ALFORJAR (jar) *v. tr.* Alforjar, poner alguna cosa
en la alforja. Suportar, sufrir, tolerar. *v. intr.*
Guardar en los bolsillos.
ALFORJE (fòrje) *m.* Alforja (talega).
ALFORJEIRO (jei) *m.* Alforjero.
ALFORRA (fó) *f.* Añublo, tizón, roya.
ALFORRADO, DA *adj. P. p.* de *Alforrar.* Atacado
de añublo, tizón o roya.
ALFORRAR *v. intr.* Arroyarse, contraer royas las
plantas.
ALFORRECA (rrè) *f. Zool.* Acalefo.
ALFORRIA (rría) *f.* Emancipación, manumisión.
ALFORRIADO, DA *adj. P. p.* de *Alforriar.* Aho-
rrado, horro, manumitido.
ALFORRIAR *v. tr.* Ahorrar, manumitir. Ú. t. c. r.
ALFORVA *f. Bot.* Alhorva.
ALFÓSTICA (fòs) *f.* Alfóncigo, pistacho.
ALFÓSTICO (fòs) *m.* Lo mismo que
ALFÓSTIGO (fòs) *m. Bot.* Alfóncigo.
ALFOSTIGUEIRO *m.* Lo mismo que ALFÓS-
TIGO.
ALFOVA *f.* Lo mismo que ALFORVA.
ALGA *f. Bot.* Alga.
ALGÁLIA *f. Cir.* Algalia, tienta algo corba. *Zool.*
Gato de agalla, algalia. Algalia (substancia un-
tuosa).
ALGALIAÇÃO (sáum) *f. Cir.* Acción de *Algaliar.*
ALGALIADO, DA *adj. P. p.* de *Algaliar.* Sondado
con algalia (tienta).
ALGALIAR *v. tr. Cir.* Sondar con algalia (tienta).
ALGARAVIA (vía) *f.* Algarabía. *fig.* Algarabía,
gritería confusa.
ALGARAVIADA *f.* Lo mismo que ALGARA-
VIA.
ALGARAVIADAMENTE *adv. m.* Con algarabía.
ALGARAVIADO, DA *adj. P. p.* de *Algaraviar.*
Algarabiado.
ALGARAVIAR *v. tr.* Hablar o escribir confusa-
mente.
ALGARISMO *m.* Guarismo.
ALGARIVÃO (váum) *m. Port.* Lo mismo que
ALCARAVÃO.
ALGAROBA *f.* Lo mismo que ALFARROBEIRA.
ALGARVIO, VIA (vío) *adj.* Natural del Algarbe.
Ú. t. c. s.
ALGAVARA *f.* Lo mismo que
ALGAZARRA (za) *f.* Algazara. *fig.* Algazara,
vocería.
ALGAZARRAR (za) *v. intr.* Lo mismo que
ALGAZARREAR (za) *v. intr.* Hacer algazara.
ALGAZARREIRO, RA (za) *adj.* Lo mismo que
ALGAZARRENTO, TA (za) *adj.* Que hace alga-
zara.
ÁLGEBRA (je) *f.* Álgebra.
ALGEBRICAMENTE (jè) *adv. m.* Algebraica-
camente.
ALGÉBRICO, CA (jè) *adj.* Algébrico, algebraico.
ALGEMA (je) *f.* Cadena, grillo. *pl.* Esposas.
ALGEMADO, DA (je) *adj. P. p.* de *Algemar.*
Maniatado (con esposas). Escravizado.
ALGEMAR (je) *v. tr.* Maniatar (con esposas).
Prender, sujetar, someter.
ALGEMIA (jemía) *f.* Aljamía.
ALGEMIADO, DA (je) *adj. P. p.* de *Algemiar.*
Aljamiado.
ALGEMIAR (je) *v. intr.* Aljamiar.

ALGEMIO, IA (jemío) *adj.* Lo mismo que ALGEMIADO.

ALGÊNCIA (jen) *f.* Frialdad.

ALGERIFE (je) *m. Port.* Aljerife. Lo mismo que

ALGERIFEIRO (je) *m. Port.* Aljerifero.

ALGEROZ (jeròz) *m.* Canal o canalón (de tejado).

ALGIBE (ji) *m.* Aljibe.

ALGIBEBE (jibèbe) *m.* Ropavejero, aljabibe.

ALGIBEIRA (ji) *f.* Bolsillo, faltriquera.

ALGIRÃO (jiráum) *m.* Ajuero en la red por donde entra el pescado.

ALGO *pron. indet.* Algo. *adv. c.* Algo, un poco, no del todo. *m.* Hacienda, caudal, bienes. *Filho de algo.* Hijodalgo

ALGODÃO (dáum) *m. Bot.* Algodón. Algodón (tejido) — *pólvora.* Algodón pólvora.

ALGODÃORANA (dáumránna) *f. Bot. Bras.* Planta malvácea del Amazonas *(Pavonia paniculata).*

ALGODÃOZINHO (dáumziño) *m.* Tejido basto de algodón.

ALGODOAL *m.* Algodonal (campo de plantas de algodón).

ALGODOAR *v. tr.* Algodonar, henchir o rellenar de algodón.

ALGODOARIA (ría) *f.* Algodonería.

ALGODOEIRO, RA *adj.* Algodonero. *m. Bot.* Algodonero, algodón.

ALGODOENTE, TA *adj.* Algodonoso. Algodonado.

ALGODOIM *m. Bot. Bras.* Planta del Brasil parecida al algodón. Tejido muy basto de algodón.

ALGODONITO *m. Miner.* Algodonita.

ALGÓSTASE (gòstaze) *f. Med.* Algostasis.

ALGOZ *m.* Verdugo. *fig.* Verdugo, persona muy cruel.

ALGUAZIL (zil) *m.* Lo mismo que AGUAZIL.

ALGUÉM *pron. indet.* Alguien, alguna persona. *fig.* Persona importante, digna de consideración. (Carece de plural.)

ALGUIDAR *m.* Barreño, lebrillo.

ALGUIDARADA *f.* Lo que cabe en un lebrillo o barreño.

ALGUM, MA *adj. indet.* alguno, na. *pl. Alguns, algumas, adj.* Alguno, nipoco ni mucho. — *tanto. m. adv.* Algún tanto, algo, un poco.

ALGURES *adv. l.* En alguna parte, en algún lugar; dondequiera, doquiera.

ALHADA (lla) *f.* Ajada. Ajete (salsa de ajo). *fig.* Enredo, embrollo, intriga.

ALHAL (lla) *m.* Ajal (tierra sembrada de ajos).

ALHALME (llal) *m.* Alhame.

ALHAMBRA (llán) *f.* Alhambra.

ALHANADO, DA (lla) *adj. P. p.* de *Alhanar.* Hecho llano o sencillo. Allanado. Aplanado. Arrasado. Abatido, humillado. Facilitado.

ALHANAR (lla) *v. tr.* Hacer llano, sencillo, accesible. Allanar, poner llana o igual una superficie. Arrasar, destruir, arruinar. Allanar, pacificar, sujetar; vencer alguna dificultad. *v. r.* Humillarse, abatirse.

ALHANDAL (llán) *m.* Alhandal, coloquíntida.

ALHAR (llar) *m. Port.* Lo mismo que ALHAL.

ALHAS (llas) *adj. f. pl.* Dícese de las hojas secas de los ajos. *Palhas* —. Bagatelo. — *palhas.* Hojarasca. Aguachirle.

ALHEABILIDADE (llea) *f.* Calidad de alienable.

ALHEAÇÃO (lleasáum) *f.* Enajenación; Alienación.

ALHEADAMENTE (llea) *adv. m.* Con enajenamiento.

ALHEADO, DA (llea) *adj. P. p.* de *Alhear.* Enajenado. Embelesado. Entusiasmado; arrebatado. Alienado, demente.

ALHEADOR, RA (llea) *adj.* Enajenador. Ú. t. c. s.

ALHEAMENTO (llea) *m.* Enajenación, enajenamiento. Alienación. Embeleso.

ALHEANAR *v. tr. ant.* Lo mismo que

ALHEAR (llear) *v. tr.* Enajenar (pasar a otro el dominio de una cosa). Separar, apartar, alejar. Enajenar, entorpecer, turbar. *v. r.* Enajenarse, alienarse, enloquecer. Enajenarse, embelesarse, arrobarse.

ALHEATÓRIO, RIA (lleatò) *adj.* Que aparta, aleja o desvía.

ALHEÁVEL (lleá) *adj.* Enajenable, alienable.

ALHEIAMENTE (lleia) *adv. m.* Extrañamente, de manera ajena.

ALHEIO, A (lleio) *adj.* Ajeno (perteneciente a otro; enajenado, embelesado; extraño, no propio; diverso, distinto, diferente. *(fig.)* distante, libre de algo, lejano; *(fig.)* impropio, que no corresponde). Distraído. — *de si.* Enajenado, fuera de si; alienado.

ALHEIRO (llei) *m.* Ajero. *adj.* Que planta ajos.

ALHETA (lle) *f. Mar.* Aleta.

ALHO (llo) *m. Bot.* Ajo. — *prorro.* Ajipuerro, puerro silvestre.

ALHURES (llu) *adv. l.* En otra parte, en otro lugar.

ALI *adv. l.* Allí, en aquel lugar. Allí, a aquel lugar. *adv. t.* Allí, entonces, a la sazón.

ALIADO, DA *adj. P. p.* de *Aliar.* Aliado, coligado, confederado. U. t. c. s.

ALIAGEM (jem) *f.* Aliaje.

ALIANÇA (sa) *f.* Alianza (acción de aliarse, unirse o coligarse). Alianza, anillo nupcial. Liga, mezcla, aleación.

ALIANÇADO, DA (sa) *adj. P. p.* de *Aliançar.* Lo mismo que ALIADO.

ALIANÇAR (sar) *v. tr.* Lo mismo que ALIAR. U. t. c. r.

ALIAR *v. tr.* Unir, coligar, confederar, aliar. U. t. c. r. Alear, mezclar metales.

ALIÁS *adv. y conj.* Alias, de otro modo, por otro nombre. Mejor dicho. Además, a más de eso. *m.* Otro lugar.

ALIÁVEL *adj.* Aliable. Mezclable.

ALIBI *m.* Coartada, alibi.

ALÍBIL *adj.* Alible, alimenticio.

ALIBILIDADE *f.* Alibilidad.

ALICÁNTARA (cán) *f.* Alicántara, alicante.

ALICANTINA *f.* Alicantina, treta, artimaña.

ALICANTINADOR *m.* Lo mismo que

ALICANTINEIRO *m.* El que hace o vive de alicantinas.

ALICATE *m.* Alicates.

ALICERÇADO, DA (sa) *adj. P. p.* de *Alicerçar.* Cimentado. Consolidado. Fundamentado.

ALICERÇADOR, RA (sa) *adj.* Cimentador. Ú. t. c. s.

ALICERÇAR (sar) *v. tr.* Cimentar, fundamentar (echar los cimientos de un edificio o fábrica). *fig.* Fundar, fundamentar, basar, cimentar, apoyar, establecer.

ALICERCE (cèr) *m.* Cimiento. Zanja. *fig.* Cimiento, princípio y raíz de alguna cosa. *fig.* Base, fundamento, apoyo, sostén.

ALICIAÇÃO (sáum) *f.* Seducción. Sobornación, soborno.

ALICIADO, DA *adj. P. p.* de *Aliciar.* Seducido, engañado. Sobornado.

ALICIADOR, RA *adj.* Seductor, seductivo. Ú. t. c. s. Sobornador. Ú. t. c. s.

ALICIAMENTO *m.* Lo mismo que ALICIAÇÃO.

ALICIANTE *adj.* Lo mismo que ALICIADOR.

ALICIAR *v. tr.* Seducir, persuadir suavemente al mal, solicitar. Sobornar. Incitar. Lo mismo que ANGARIAR.

ALICIATÓRIO, RIA (tò) *adj.* Lo mismo que ALICIADOR.

ALICIENTE *adj.* Que atrae con halagos o caricias.

ALÍCOTA *adj.* Lo mismo que ALÍQUOTA.

ALIDADE *f.* Alidada.

ALIENABILIDADE *f.* Calidad de alienable.

ALIENAÇÃO (sáum) *f.* Alienación; enajenación.

ALIENADO, DA *adj. P. p.* de *Alienar.* Alienado. Enajenado.

ALIENADOR, RA *adj.* Enajenador. Ú. t. c. s.

ALIENAMENTO *m.* Lo mismo que ALIENAÇÃO.

ALIENANTE *adj.* Lo mismo que ALIENADOR. Ú. t. c. s.

ALIENAR *v. tr.* Alienar, enajenar. *v. r.* Alienarse, enajenarse; enloquecer.

ALIENÁVEL *adj.* Alienable, enajenable.

ALIENÍGENA (je) *adj.* Extranjero. Ú. t. c. s.

ALIENISTA *adj.* Alienista. Ú. t. c. s.

ALIFAFE *m. Vet.* Alifafe (tumor en los corvejones).

ALIGÁTOR *m. Zool.* Aligator, caimán.

ALIGEIRADAMENTE (jei) *adv. m.* Con aligeramiento.

ALIGEIRADO, DA (jei) *adj. P. p.* de *Aligeirar.* Aligerado, aliviado. Aligerado, acelerado; reducido. Delicado. Hábil, capaz, diestro.

ALIGEIRAMENTO (jei) *m.* Aligeramiento.

ALIGEIRAR (jei) *v. tr.* Aligerar, aliviar. Ú. t. c. r. Aligerar, acelerar, abreviar, reducir. Aligerar, suavizar, atenuar.

ALIJAÇÃO (jasáum) *f.* Lo mismo que ALIJAMENTO.

ALIJADO, DA (ja) *adj. P. p.* de *Alijar.* Alijado.

ALIJAMENTO (ja) *m.* Alijo (de un buque).

ALIJAR (jar) *v. tr.* Alijar, aligerar, descargar total o parcialmente un buque. *v. r.* Aliviarse.

ALIJO (jo) *m.* Lo mismo que ALIJAMENTO.

ALIMÁRIA *f.* Alimaña.

ALIMENTAÇÃO (sáum) *f.* Alimentación.

ALIMENTAR *v.tr.* Alimentar. Ú. t. c. r.

ALIMENTAR *adj.* Alimental.

ALIMENTÁRIO, RIA *adj.* Alimenticio.

ALIMENTICIAMENTE *adv. m.* De manera alimenticia.

ALIMENTO *m.* Alimento.

ALIMENTOSO, SA (ozo, òza) *adj.* Alimenticio.

ALIMPA *f. Agr.* Limpia, monda.

ALIMPAÇÃO (sáum) *f.* Lo mismo que ALIMPA.

ALIMPADEIRA *f.* Limpiadera.

ALIMPADOR, RA *adj.* Limpiador. Ú. t. c. s.

ALIMPADURA *f.* Mondadura. Limpia, monda. Limpiadura. Aechadura.

ALIMPAMENTO *m.* Limpiadura.

ALIMPAR *v. tr.* Lo mismo que LIMPAR. Mondar, limpiar.

ALIMPÁVEL *adj.* Que puede ser limpiado o mondado.

ALINDADO, DA *adj. P. p.* de *Alindar.* Alindado, hermoseado, adornado.

ALINDAMENTO *m.* Acción y efecto de

ALINDAR *v. tr.* Embellecer, alindar. Ú. t. c. r. Adornar, hermosear, aderezar, componer. Ú. t. c. r.

ALÍNEA *f.* Párrafo.

ALINGÜETADO, DA (güe) *adj.* De figura de linguete.

ALINHADO, DA (ña) *adj. P. p.* de *Alinhar.* Alineado. Aliñado.

ALINHADOR, RA (ña) *adj.* Que alínea. Aliñador. Ú. t. c. s.

ALINHAMENTO (ña) *m.* Alineación, alineamiento. Aliñamiento. Aliño.

ALINHAR (ñar) *v. tr.* Alinear, poner en línea recta. Ú. t. c. r. Aliñar. Ú. t. c. r.

ALINHAVADAMENTE (ña) *adv. m.* Con hilvanes. Groseramente, imperfectamente. Ordenadamente.

ALINHAVADEIRA (ña) *f.* La que hilvana.

ALINHAVADO, DA (ña) *adj. P. p.* de *Alinhavar.* Hilvanado. *fig.* Grosero, imperfecto.

ALINHAVADOR, RA (ña) *adj.* Que hilvana. Ú. t. c. s.

ALINHAVAR (ña) *v. tr.* Hilvanar. Componer, aderezar, preparar. *fig.* Hilvanar, hacer o trabajar algo con prisa y precipitación, o trazar y proyectar una cosa.

ALINHAVO (ña) *m.* Hilván. *fig.* Traza, proyecto. Concierto ligero.

ALINHO (ño) *m.* Alineación. Aliño.

ALÍPEDE *adj.* Alípedo.

ALIQUANTA *adj.* Alicuanta.

ALÍQUOTA *adj.* Alícuota.

ALISADEIRA (za) *f.* Alisadora.

ALISADO, DA (za) *adj. P. p.* de *Alisar.* Alisado. Peinado. Pulido, bruñido. Blando. Lo mismo que ALÍSIO.

ALISADURA (za) *f.* Alisadura, aliso.

ALISAMENTO (za) *m.* Lo mismo que ALISADURA.

ALISAR (zar) *v. tr.* Alisar, poner liso. Allanar. Ablandar. Peinar, alisar.

ALÍSIO (zio) *adj.* Alisio.

ALISSO (so) *m. Bot.* Aliso.

ALISTADO, DA *adj. P. p.* de *Alistar.* Alistado, inscrito.

ALISTAMENTO *m.* Alistamento.

ALISTAR *v. tr.* Alistar, inscribir en lista. Ú. t. c. r. *v. r.* Alistarse, sentar plaza en el ejército.

ALISTÁVEL *adj.* Que puede ser alistado.
ALITERAÇÃO (sáum) *f.* Aliteración.
ALITERAMENTO *m.* Lo mismo que ALITERAÇÃO.
ALITERAR *v. tr.* Emplear aliteraciones.
ALITERATADO, DA *adj. P. p.* de *Aliteratar-se.* Que muestra modales de literato.
ALITERATAR-SE *v. r.* Ostentar modales de literato.
ALÍVEL *adj.* Alible.
ALIVELADO, DA *adj. P. p.* de *Alivelar.* Lo mismo que NIVELADO.
ALIVELAMENTO *m.* Lo mismo que NIVELAMENTO.
ALIVELAR *v. tr.* Lo mismo que NIVELAR.
ALIVIAÇÃO (sáum) *f.* Lo mismo que ALÍVIO.
ALIVIADAMENTE *adv. m.* Con alivio.
ALIVIADO, DA *adj. P. p.* de *Aliviar.* Aliviado, mitigado, atenuado. Atenuado (hablando del luto).
ALIVIADOIRO *m.* Lo mismo que ALIVIADOURO.
ALIVIADOR, RA *adj.* Aliviador, que alivia. Ú. t. c. s. *m.* Ayuda, ayudante.
ALIVIADOURO *m.* Aliviadero.
ALIVIAMENTO *m.* Lo mismo que ALÍVIO.
ALIVIANÇA (sa) *f.* Parto, alumbramiento.
ALIVIANTE *adj.* Lo mismo que ALIVIADOR.
ALIVIAR *v. tr.* Aliviar, aligerar. Ú. t. c. r. *fig.* Aliviar, mitigar, disminuir. *fig.* Desobrigar. *v. intr.* Parir.
ALÍVIO *m.* Alivio (acción de aliviar). Consuelo. Dispensa (de una obligación). Aquel o aquello que alivia. Divertimiento.
ALIVIOSO, SA (ozo, òza) *adj.* Lo mismo que ALIVIADOR.
ALIXADO, DA (cha) *adj.* Parecido a la lija.
ALIZARES (za) *m. pl.* Alizar.
ALIZARITA (za) *f. Miner.* Alizarina.
ALIZITO (zi) *m. Miner.* Alizita.
ALZAROZ (jaròz) *m.* Lo mismo que ALGEROZ.
ALJAVA (ja) *f.* Aljaba.
ALJÔFAR (jó) *m.* Aljófar.
ALJOFARAR (jo) *v. tr.* Aljofrar.
ALJOFRADO, DA (jo) *adj. P. p.* de *Aljofrar.* Aljofarado.
ALJOFRAR (jo) *v. tr.* Aljofarar.
ALJOFRE (jó) *m.* Lo mismo que ALJÔFAR.
ALMA *f.* Alma. *fig.* Alma (del cañón). — *danada.* Perverso. — *errada*, o *penada.* Alma en pena. — *perdida.* Alma en pena.
ALMÁCEGA *f.* Alperca.
ALMÁCEGO *m.* Lo mismo que ALFOBRE.
ALMAÇO (so) *m.* Papel tina. Ú. t. c. adj.
ALMADIA (día) *f.* Almadía.
ALMADRABILHA (lla) *f. Port.* Almadraba (red).
ALMADRAVA *f. Port.* Almadraba (pesca de atunes; red para pescarlos).
ALMADRAVEIRO *m. Port.* Almadrabero.
ALMAGRA *m.* Almagre.
ALMAGRAR *v. tr.* Almagrar (teñir de almagre).
ALMAGREIRA *f.* Almagral.
ALMAGRO *m.* Almagre.
ALMALHO (llo) *m.* Novillo.
ALMANAQUE *m.* Almanac, almanack, almanaque.
ALMANAQUEIRO *m.* Almanaquero.
ALMANDIA (día) *f.*
ALMANJARRA (ja) *f.* Almanjarra (palanca para que una caballería ponga en movimiento una noria o molino). *fig.* Mamarracho. Trasto viejo.
ALMANJARRADO, DA (ja) *adj. P. p.* de *Almanjarrar.* De figura de almanjarra. Tirado con almanjarra.
ALMANJARRAR (ja) *v. tr.* Mover o tirar con almanjarra.
ALMÁRIO *m. corrup.* de *Armário.*
ALMARJEAL (jeal) *m.* Prado, campo. Terreno inculto. Almarjal.
ALMARJEM (jem) *m.* Lo mismo que ALMARJEAL.
ALMARRAXA (cha) *f.* Almarraja.
ALMECE (mè) *m.* Suero de la leche.
ALMÉCEGA (mè) *f.* Almáciga (resina del lentisco). *Port.* Atolladero.

ALMECEGADO, DA *adj. P. p.* de *Almecegar.* Almacigado.
ALMECÉGÃO (gáum) *m.* Lo mismo que ALMÉCEGA, 1ª acep.
ALMECEGAR *v. tr.* Almacigar, sahumar con almáciga.
ALMECEGUEIRA *f. Bot.* Lentisco.
ALMEIDA *f. Mar.* Limera.
ALMEIRÃO (ráum) *m. Bot.* Achicoria amarga o silvestre. — *sativo.* Lo mismo que
ALMEIROA *f.* Escarola, endibia, achicoria cultivada.
ALMEJA (ja) *f.* Lo mismo que AMÊIJOA.
ALMEJANTE (jan) *adj. P. a.* de
ALMEJAR (jar) *v. tr.* Anhelar, suspirar, desear, ansiar, alampar, codiciar. *v. intr.* Agonizar, estar en la agonía.
ALMEJÁVEL (já) *adj.* Codiciable, apetecible.
ALMEJO (jo) *m.* Ansia, deseo, anhelo.
ALMENARA *f.* Almenara (fuego en atalayas para señal).
ALMIÇA (sa) *f.* Lo mismo que ALMECE.
ALMICANTARADO *m.* Almicantarada, almicantarat.
ALMILHA (lla) *f. Carp.* Almilla. *ant.* Almilla (jubón ajustado al cuerpo).
ALMIRANTADO *m.* Almirantazgo.
ALMÍSCAR *m.* Almizcle. *Bot.* Almizcleña.
ALMISCARADO, DA *adj. P. p.* de *Almiscarar.* Almizclado. Afeminado. Acicalado.
ALMISCARAR *v. tr.* Almizclar.
ALMISCAREIRA *f. Bot.* Almizcleña.
ALMISCAREIRO *m. Zool.* Almizclero.
ALMISCRADO, DA *adj.* Lo mismo que ALMISCARADO.
ALMISCRE *m.* Lo mismo que ALMÍSCAR.
ALMISCRENHO, NHA (ño) *adj.* Lo mismo que
ALMISCRENTO, TA *adj.* Almizcleño; almizclero.
ALMOCADÉM (dén) *m.* Almocadén.
ALMOÇADO, DA (sa) *adj. P. p.* de *Almoçar.* Almorzado (que ha almorzado).
ALMOÇAR (sar) *v. tr.* Almorzar.
ALMOCÁRABE *m.* Almocarbe, almocárabe.
ALMOÇO (mósо) *m.* Almuerzo. — *ajantarado.* Lo mismo que AJANTARADO.
ALMOCREVAR *v. tr.* Transportar con bestias de carga. *v. intr.* Ejercer el oficio de arriero.
ALMOCREVARIA (ría) *f.* Arriería.
ALMOCREVE (crè) *m.* Arriero; acemilero.
ALMOCREVERIA (ría) *f.* Lo mismo que ALMOCREVARIA.
ALMOEDA (moè) *f.* Almoneda.
ALMOEDADO, DA *adj. P. p.* de *Almoedar.* Almonedeado, vendido en almoneda.
ALMOEDAR *v. tr.* Almonedear, almonedar.
ALMOEDEIRO *m. p. us.* Lo mismo que LEILOEIRO.
ALMOFAÇA (sa) *f.* Almohaza.
ALMOFAÇAR (sar) *v. tr.* Almohazar.
ALMOFACE (sa) *f.* Lo mismo que ALMOFAÇA.
ALMOFACILHA (lla) *f.* Estopa con que se envuelve la barbada para no herir al caballo.
ALMOFADA *f.* Almohada. *Arq.* Almohada, almohadilla.
ALMOFADADO, DA *adj. P. p.* de *Almofadar.* Almohadado, almohadillado. Guarnecido de almohadas. Acojinado, acolchado. *m. Arq.* Almohadilla.
ALMOFADÃO (dáum) *m.* Almohadón.
ALMOFADAR *v. tr.* Acolchar, acolchonar, acojinar. Almohadillar.
ALMOFADILHA (lla) *f. Arq.* Almohadilla (parte lateral de la voluta del capitel jónico).
ALMOFADINHA (ña) *f. dim.* de *Almofada.* Almohadilla, conjincillo; acerico. Acerico (almohadilla para alfileres o agujas). *m. fam.* Niño bien trajeado.
ALMOFARIZ *m.* Almirez; mortero.
ALMOFATE *m.* Sacabocados.
ALMOFEIRA *f.* Alpechín.
ALMOGAVRE *m.* Almogávar.
ALMÔNDEGA (món) *f.* Albóndiga, almóndiga, almondiguilla, albondiguilla.
ALMONDEGADO, DA *adj. P. p.* de *Almondegar.* De figura de albóndiga.

ALMONDEGAR *v. tr.* Dar forma de albóndiga. Mezclar.
ALMOQUEIRO *m.* Lo mismo que ALMOCREVE.
ALMORABITINO *m. ant.* Morabetino.
ALMORREIMADO, DA *adj.* Almorraniento. Ú. t. c. s.
ALMORREIMAS *f. pl.* Almorranas.
ALMOTAÇARIA (saría) *f.* Almotacenazgo.
ALMOTACÉ (cè) *m. ant.* Almotacén.
ALMOTACEL (cèl) *m.* Lo mismo que ALMOTACÉ.
ALMOTOLIA (lía) *f.* Alcuza, aceitera.
ALMOXARIFADO (cha) *m.* Almojarifazgo. Depósito, almacén.
ALMOXARIFE (cha) *m.* Depositario, recibidor, almacenero. *ant.* Almojarife.
ALMUDAÇÃO (sáum) *f.* Acción y efecto de *Almudar.*
ALMUDADA *f.* Almudada. Almud de áridos.
ALMUDADO, DA *adj. P. p.* de *Almudar.* Medido a los almudes.
ALMUDAR *v. tr.* Medir a los almudes.
ALNEDO *m.* Terreno poblado de álamos negros.
ALNO *m. Bot.* Álamo negro.
ALÔ! *interj.* ¡Hola!
ALÓBROGO (lò) *m.* Alóbroge.
ÁLOE *m. Bot.* Aloe, áloe.
ALOENDRO *m. Bot.* Adelfa, baladre.
ÁLOES *m.* Lo mismo que ÁLOE.
ALOINADO, DA (loi) *adj.* Parecido al áloe.
ALOJAÇÃO (jasáum) *f.* Lo mismo que ALOJAMENTO.
ALOJADO, DA (ja) *adj. P. p.* de *Alojar.* Alojado, aposentado, hospedado. Almacenado.
ALOJAMENTO (ja) *m.* Alojamiento.
ALOJAR (jar) *v. tr.* Alojar, hospedar, aposentar. Ú. t. c. r. Almacenar. Contener.
ALOJO (lójo) *m. Bras. Minas Gerais.* Vômito.
ALOMBADO, DA *adj. P. p.* de *Alombar.* Alomado.
ALOMBAMENTO *m.* Acción y efecto de alombar. Derrengadura.
ALOMBAR *v. tr.* Arquear. Deslomar, derrengar. Poner el lomo a un libro.
ALONGADAMENTE *adv. m.* Detenidamente, con tardanza. *ant.* Distantemente.
ALONGADO, DA *adj. P. p.* de *Alongar.* Alongado, alargado, prolongado. Apartado, alejado.
ALONGAMENTO *m.* Alongamiento. Distancia, separación.
ALONGANÇA (sa) *f. ant.* Alonganza.
ALONGAR *v. tr.* Alongar, alargar, prolongar. Ú. t. c. r. Alejar. Ú. t. c. r.
ALOPECURA *f. Bot.* Alopecuro, rabo de zorra, carricera.
ALOPÉTICO, CA (pè) *adj.* Alopecio.
ALORPADO, DA *adj.* Lo mismo que APALERMADO.
ALOSNA *f. Bot.* Ajenjo.
ALOUCADO, DA *adj. P. p.* de *Aloucar.* Alocado.
ALOUCAMENTO *m.* Acción y efecto de
ALOUCAR *v. tr.* Enloquecer. *v. r.* Alocarse, alocar.
ALOURADO, DA *adj. P. p.* de *alourar.* Un tanto rubio o blondo.
ALOURAR *v. tr.* Teñir de rublo o blondo. Ú. t. c. r.
ALOUSADO, DA (za) *adj. P. p.* de *Alousar.* Enlosado, solado con losas.
ALOUSAR (zar) *v. tr.* Enlosar, solar con losas.
ALOUVAÇÃO (sáum) *f.* Lo mismo que LADAINHA.
ALPACA *m. Zool.* Alpaca. Alpaca (tela). Pelo de alpaca. Alpaca (metal blanco).
ALPACO *m.* Lo mismo que ALPACA, 1ª acep.
ALPÃO (páum) *m. Bot.* Alpán.
ALPARCA *f.* Abarca.
ALPARCATA *f.* Lo mismo que ALPARCA.
ALPARCATEIRO *m.* Abarquero.
ALPARGATA *f.* Alpargata.
ALPARGATARIA (ría) *f.* Alpargatería.
ALPARGATE *f.* Lo mismo que ALPARCA.
ALPARGATEIRO *m.* Alpargatero.
ALPARQUEIRO *m.* Abarquero. Alpargatero.
ALPECHIM (chim) *m.* Alpechín. Hez, lía.
ALPEDRO *adv. m.* Lo mismo que ESMO (A).

ALPENDRADA *f.* Cobertizo muy extenso.

ALPENDRADO, DA *adj. P. p.* de *Alpendrar.* Que tiene cobertizo.

ALPENDRAR *v. tr.*Construir porches, cubrir com alpendes.

ALPENDRE *m.* Cobertizo. Alpende.

ALPENDROADO, DA *adj. P. p.* de *Alpendroar.* Lo mismo que ALPENDRADO.

ALPENDROAR *v. tr.* Lo mismo que ALPENDRAR.

ALPENSE *adj.* Alpino.

ALPERCATA *f.* Lo mismo que ALPARCA.

ALPERCATEIRO *m.* Alparquero.

ALPERCE *m.* Albérchigo (fruto).

ALPERCEIRO *m. Bot.* Alberchiguero.

ALPERCHEIRO (*ch*ei) *m.* Lo mismo que AL-PERCEIRO.

ALPERGATA *f.* Lo mismo que ALPARGATA.

ALPESTRE (pès) *adj.* Alpestre.

ALPÉSTRICO, CA (pès) *adj. poét.* Alpestre, al-pino.

ALPESTRINO, NA *adj. poétc.* Lo mismo que ALPÉSTRICO.

ALPÍGENO, NA (je) *adj.* Alpígena.

ALPINISMO *m.* Alpinismo.

ALPINISTA *m.* Alpinista.

ALPINO, NA *adj.* Alpino, alpestre.

ALPISTA *adj.* Airado. Arisco, huraño.

ALPISTA *f. Bot.* Alpiste.

ALPISTE *m. Bot.* Alpiste.

ALPISTEIRO *m.* Vasija para el alpiste.

ALPISTO *m. corrup.* de *Apisto.*

ALPONDRAS *f. pl.* Piedras por que se pasa en los ríos de poca agua o en los atolladeros.

ALPORCA (pòr) *f. Med.* Escrófulas. *f. Agr.* Aco-dadura.

ALPORCADO, DA *adj. P. p.* de *Alporcar.* Aco-dado.

ALPORCADOR *m. Agr.* Acodador.

ALPORCAMENTO *m.* Lo mismo que ALPOR-QUE.

ALPORCAR *v. tr. Agr.* Acodar.

ALPORQUE (pòr) *m. Agr.* Acodadura, acoda-miento.

ALPORQUENTO, TA *adj.* Escrofuloso.

ALQUEBRADO, DA *adj. P. p.* de *Alquebrar.* Quebrantado (hablando de un buque). *fig.* Que-brantado, cansado. *fig.* Abatido, decaído, postra-do. *fig.* Encorvado.

ALQUEBRAMENTO *m.* Quebrantamiento, que-branto. *fig.* Quebranto, descaecimiento, desaliento.

ALQUEBRAR *v. tr.* Encorvar. Quebrantar. *v. intr. Mar.* Quebrantarse.

ALQUEBRE (què) *m.* Lo mismo que ALQUE-BRAMENTO.

ALQUEIRADO, DA *adj. P. p.* de *Alqueirar.* Medido al *alqueire.*

ALQUEIRAMENTO *m.* Acción y efecto de

ALQUEIRAR *v. tr.* Medir a los *alqueires.*

ALQUEIRE *m.* Medida para áridos equivalente a 13 litros. Medida para líquidos equivalente a medio almud. Medida agraria equivalente a 15.625 palmos cuadrados.

ALQUEIVADO, DA *adj. P. p.* de *Alqueivar.* Barbe-chado.

ALQUEIVAR *v. tr.* Barbechar.

ALQUEIVE *m.* Barbechera. Barbecho.

ALQUEQUENQUE *m. Bot.* Alquequenje.

ALQUEVE *m.* Lo mismo que ALQUEIVE.

ALQUICÉ (cè) *m.* Alquicel.

ALQUICER (cèr) *m.* Lo mismo que ALQUICÉ.

ALQUILADOR *m.* Alquilador (de caballerías).

ALQUILAR *v. tr.* Alquilar caballerías. *ant.* Lo mismo que ALUGAR.

ALQUILÉ (lè) *m. ant.* Alquiler. Lo mismo que ALQUILADOR.

ALQUIMIA (mía) *f.* Alquimia.

ALQUIMIADO, DA *adj. ant.* Falsificado.

ALQUIMISTA *m.* Alquimista.

ALQUITARRA *f. Port.* Alambique.

ALSINA *f. Bot.* Alsine.

ALTA *f.* Alza (aumento de precio). Alta (antigua dansa cortesana). Alta (orden de dejar el hospi-tal). *Mil.* Alta. Lo escogido de la sociedad, la nata de ella.

ALTABAIXO (*ch*o) *m. Esgr.* Altibajo.

ALTAMENTE *adv. m.* Altamente. Alzadamente.

ALTANADO, DA *adj. P. p.* de *Altanarse.* Engreído, orgulloso, soberbio. Alborotado. Grosero.

ALTANARIA (ría) *f.* Altanería (caza). *fig.* Alta-nería, altivez, arrogancia. Cumbre, elevación, cima.

ALTANAR-SE *v. r.* Alzarse, levantarse. Engreirse, enorgullecerse. Alborotarse.

ALTANEAR *v. tr.* Alzar, levantar. Ú. t. c. r.

ALTANEIRO, RA *adj.* Altanero. *fig.* Altanero, altivo, arrogante.

ALTANERIA (ría) *f.* Lo mismo que ALTANARIA.

ALTANIA (nía) *f.* Altanería, altivez.

ALTAR *m.* Altar. *Astr.* Altar. — *mor.* Altar mayor.

ALTAREIRO *m.* Altarero.

ALTARINHO (ño) *m.* Altarejo.

ALTARRÃO (rráum) *adj.* Muy alto, desgarbado.

ALTAZIMUTAL (zi) *adj.* Altacimutal.

ALTAZÍMUTE (zí) *m.* Altacimut.

ALTEAÇÃO (sáum) *f.* Lo mismo que ALTEA-MENTO.

ALTEADO, DA *adj. P. p.* de *Altear.* Levantado, alzado; elevado; subido.

ALTEAMENTO *m.* Alzamiento; elevación.

ALTEAR *v. tr.* Alzar, levantar. *v. r.* Altearse; al-zarse.

ALTÉIA (tèia) *f. Bot.* Altea.

ALTERABILIDADE *f.* Alterabilidad.

ALTERAÇÃO (sáum) *f.* Altercación.

ALTERADAMENTE *adv. m.* Con alteración.

ALTERADO, DA *adj. P. p.* de *Alterar.* Alterado. *fig.* Alterado, descompuesto.

ALTERAR *v. tr.* Alterar, cambiar, modificar. Ú. t. c. r. Alterar, perturbar, transtornar. Ú. t. c. r. Alterar, conmover. Ú. t. c. r.

ALTERÁVEL *adj.* Alterable.

ALTERAVELMENTE *adv. m.* De manera alte-rable.

ALTERCAÇÃO (sáum) *f.* Altercación, altercado, disputa, porfía.

ALTERCADO, DA *adj. P. p.* de *Altercar.* Altercado. Enojado. *m.* Altercado, disputa, altercación.

ALTERCAR *v. tr.* Altercar, disputar, porfiar con vehemencia y acritud. (Ú. con las preps. *com, em, sobre, acerca de*). Ú. t. c. intr.

ALTERCÁVEL *adj.* Susceptible de altercación.

ALTERCO (tèr) *m. p. us.* Lo mismo que AL-TERCAÇÃO.

ALTERNAÇÃO (sáum) *f.* Alternación.

ALTERNADAMENTE *adv. m.* Alternadamente.

ALTERNADO, DA *adj. P. p.* de *Alternar.* Alternado; alternativo.

ALTERNÂNCIA (nán) *f. Fís.* Alternancia. Alter-nación.

ALTERNAR *v. tr.* Alternar. Ú. t. c. r. y intr.

ALTERNATIVA *f.* Alternativa.

ALTERNATIVO, VA *adj.* Alternativo.

ALTERNATO *m.* Lo mismo que

ALTERNATURA *f.* Alternación.

ALTERNÁVEL *adj.* Alternable.

ALTERNIDADE *f.* Calidad de alterno.

ALTERNIFLÓREO, REA (flò) *adj.* Alternifloro.

ALTERNIFÓLIO, LIA (fò) *adj.* Alternifoliado.

ALTERNÍPEDE *adj.* Alternípedo.

ALTERNO, NA (tèr) *adj.* Alterno.

ALTEROSAMENTE (ròza) *adv. m.* Altivamente. Elevadamente.

ALTEROSO, SA (rozo, ròza) *adj.* Alteroso (ha-blando de un buque). Elevado, alto. *fig.* Altivo, altanero, soberbio.

ALTEZA (za) *f.* Alteza (altura, elevación; sublimi-dad, excelencia). Alteza (tratamiento).

ALTIBAIXO (*ch*o) *adj.* Que tiene altos y bajos. *m. pl.* Altibajos. *fig.* Altibajos (alternativa de bienes y males).

ALTIBORDO *m. Mar.* Alto bordo.

ALTILOQÜÊNCIA (qüén) *f.* Altilocuencia, gran-dilocuencia.

ALTILOQÜENTE (qüen) *adj.* Altilocuente, gran-dílocuo.

ALTILÓQUIO (lò) *m.* Lo mismo que ALTILO-QÜÊNCIA.

ALTÍLOQUO, QUA *adj.* Antílocuo, grandílocuo.

ALTIPLANURA *f.* Altiplanicie, altillanura.

ALTÍSSIMO, MA (si) *adj. superl.* de *Alto.* Altísimo. *m.* El Altísimo, Dios, el Ser Supremo.

ALTISSONANTE (so) *adj.* Altisonante.

ALTISSONANTEMENTE (so) *adv. m.* De man-era altísona.

ALTISSONAR (so) *v. tr.* Celebrar en voz altísona.

ALTÍSSONO, NA (so) *adj.* Altísono.

ALTISTA *m.* Alcista.

ALTITUDE *f.* Altitud.

ALTITÚDICO, CA *adj.* Perteneciente o relativo a la altitud.

ALTITUDINAL *adj.* Lo mismo que ALTITÚ-DICO.

ALTIVAMENTE *adv. m.* Altivamente, con altivez.

ALTIVEZ *f.* Altivez, orgullo, soberbia, engrei-miento.

ALTIVO, VA *adj.* Alto, elevado. Altivo, orgulloso, arrogante, soberbio, engreído. Ampuloso.

ALTO, TA *adj.* Alto, elevado, levantado, promi-nente, de gran tamaño o estatura. Alto, profundo, hondo. Alto (hablando de la voz y de los sonidos). Ilustre, insigne, célebre. Difícil, subido. Audaz, atrevido, valiente. Alto, caro, subido (dicho del precio). Muy alejado (nel tiempo). Avanzado, alto (dicho de las horas de la noche). *adv. m.* Alto, en voz fuerte. Alto, arriba. *m.* Alto, altura. Cima, cumbre.

ALTO *m. Mil.* Alto. *Fazer* —. Hacer alto. —*!* ¡Alto! ¡Alto ahí! — *lá!* ¡Alto ahí!

ALTO-FALANTE *m.* Altavoz, altoparlante.

ALTO-MAR *m.* Alta mar.

ALTÔMETRO (tó) *m.* Teodolito.

ALTO-RELEVO (LÈ) *m.* Alto relieve.

ALTRUÍSTA *adj.* Altruísta. Ú. t. c. s.

ALTRUÍSTICO, CA *adj.* Perteneciente o relativo al altruísmo.

ALTURA *f.* Altura. *pl.* Alturas, el cielo. — *do pólo.* Altura de polo.

ALUADO, DA *adj. P. p.* de *Aluar.* Alunado; lunáti-co. Salido (en brama o celo). Alocado.

ALUAMENTO *m.* Celo, brama. Alunamiento (curva de la relinga del pujamen de ciertas velas). Insensatez. Locura, manía.

ALUAR *v. tr.* Alunar, dar alunamiento a las velas. *v. r.* Enloquecer, alocarse, tornarse alunado o lunático. Estar en brama.

ALUCINAÇÃO (sáum) *f.* Alucinación.

ALUCINAMENTO *m.* Alucinamiento.

ALUCINAR *v. tr.* Alucinar. Ú. t. c. r.

ALUCINATÓRIO, RIA (tò) *adj.* Alucinante. *m.* Alucinación.

ALUDE *m.* Alud.

ALUDIDO, DA *adj. P. p.* de *Aludir.* Aludido.

ALUDIR *v. tr.* Aludir.

ALUGADA *f.* Prostituta.

ALUGADO, DA *adj. P. p.* de *Alugar.* Alquilado. Arrendado.

ALUGADOR, RA *adj.* Alquilador. Ú. t. c. s. Arren-dador. Ú. t. c. s.

ALUGAMENTO *m.* Alquilamiento. Arrendamiento.

ALUGAR *v. tr.* Alquilar. Arrendar. *v. r.* Ponerse una persona al servicio de otra mediante el estipendio convenido.

ALUGUEL (guèl) *m.* Alquiler. Arrendamiento (precio).

ALUGUER (guèr) *m.* Lo mismo que ALUGUEL.

ALUIÇÃO (luïsáum) *f.* Lo mismo que ALUI-MENTO.

ALUÍDO, DA *adj. P. p.* de *Aluir.* Derrocado, de-rribado, abatido. Vacilante, poco firme, en riesgo de caer o arruinarse. Arruinado, destruído; des-moronado.

ALUIMENTO (luï) *m.* Acción y efecto de

ALUIR *v. tr.* Derrocar, derribar, abatir. Arruinar. Desmoronar. Destruir. *v. intr.* y *r.* Desmoronarse, arruinarse. Doblarse.

ALUMBRAR *v. tr.* Lo mismo que ALUMIAR.

ALÚMEN *m.* Alumbre.

ALUMIAÇÃO (sáum) *f.* Alumbramiento, ilumi-nación.

ALUMIADO, DA *adj. P. p.* de *Alumiar.* Alum-brado, iluminado. Esclarecido, claro, ilustre.

ALUMIADOR, RA *adj.* Alumbrador, iluminador. Esclarecedor.

ALUMIANTE *adj.* Alumbrante, iluminante.

ALUMIAR *v. tr.* Alumbrar, iluminar. Esclarecer, ilustrar, iluminar (el entendimiento).

ALUMINAR *v. tr.* Mezclar con alumbre.

ALUMÍNIO *m.* Aluminio.

ALUMINIOSO, SA (ozo, òza) *adj.* Aluminoso.

ALUMINITO *m. Miner.* Aluminita.

ALUNITO *m. Miner.* Alunita.

ALUNO, NA *m.* y *f.* Alumno, na.

ALUSÃO (záum) *f.* Alusión.

ALUSIVAMENTE (zi) *adv. m.* Con alusión.

ALUSIVO, VA (zi) *adj.* Alusivo.

ALUSTRAR *v. intr.* Lo mismo que RELAMPE-
JAR.

ALUVAI! *interj.* ¡Alto ahí!

ALUVIANO, NA adj. Aluvial.

ALUVIÃO (viáum) *m.* Aluvión.

ALVA *f.* Alba (resplandor del día que anuncia la
salida del sol). Alba (vestidura). *Estrela d'—.* Venus. — *do olho.* Esclerótica.

ALVAÇÃO, ÇÁ (sáum, sán) *adj.* Albazano.

ALVACENTO, TA *adj.* Blanquecino, albarizo.

ALVACORA *f. Bras.* Albacora, bonito.

ALVADIO, DIA (dio) *adj.* Blanquecino; blancuzco.

ALVADO *m.* Alvéolo (de los dientes). Orificio de
la colmena. Agujero de una herramienta en que
entra el mango.

ALVAIADADO, DA *adj. P. p.* de *Alvaiadar.* Alba-
yaldado.

ALVAIADAR *v. tr.* Albayaldar.

ALVAIADE *f.* Albayalde.

ALVAR *adj.* Albar, blanco; blanquecino. *fig.*
Estúpido, tonto, necio.

ALVARÁ *m.* Albalá; patente, edicto.

ALVARAZ *m.* Lo mismo que

ALVARAZO (zo) *m. Med.* Albarazo.

ALVARENGA *f. Bras.* Barcaza (lanchón para
transportar carga de los buques a tierra).

ALVARENGUEIRO *m. Bras.* Patrón o marinero
de una *alvarenga.*

ALVARINHO, NHA (ño) *adj.* Albarizo, blanquecino. *m.* Uva albarazada. Especie de álamo blanco. *fig.* Hombre alocado o extravagante.

ALVARRAL *m.* Tamiz, cedazo muy tupido.

ALVEÁRIO *m. Anat.* Alveário. Lo mismo que
COLMEIA. Celdilla, alvéolo.

ALVEDRIO (drío) *m.* Albedrío.

ALVEIRO, RA *adj.* Blanco. *m.* Mojón que sirve
de blanco. Paño que sirve de delantal.

ALVEITAR *m.* Albéitar.

ALVEITARIA (ría) *f.* Albeitería.

ALVEJANTE (jan) *adj.* Que albea, blanco.

ALVEJAR (jar) *v. tr.* Albear, blanquear. Ú. t. c. intr.

ALVELA (vè) *f.* Milano (ave). Lo mismo que

ALVELOA (vè) *f. Zool.* Aguzanieves, motacila.

ALVENARIA (ría) *f.* Albañilería.

ÁLVEO *m.* Álveo, madre del río.

ALVÉOLO (vèo) *m.* Alvéolo (de los dientes; celdilla).

ALVERCA (vèr) *f.* Alberca. Depósito de água,
estanque. Vivero (de peces). Reguera. Paúl, sitio
pantanoso.

ALVIÃO (viáum) *m.* Alcotana.

ALVIÇARAR (sa) *v. tr.* Deparar (noticias). Noticiar.

ALVÍÇARAS (sa) *f. pl.* Albricias.

ALVIÇAREIRAMENTE (sa) *adv. m.* A la manera
de uno que pide albricias!

ALVIÇAREIRO, RA (sa) *adj.* Que pide o da albricias.

ALVIDRAR *v. tr. p. us.* Lo mismo que ALVITRAR.

ALVITRADOR *m.* Proponedor, aconsejador, suge-
ridor, arbitrador.

ALVITRAJADO, DA (ja) *adj.* Vestido de blanco.

ALVITRAMENTO *m.* Lo mismo que ALVITRE.
Arbitramento.

ALVITRAR *v. tr.* Arbitrar, aconsejar, proponer,
sugerir, lembrar. Arbitrar (juzgar como árbitro).

ALVITRÁVEL *adj.* Susceptible de arbitrio o
medio extraordinario que se propone para el logro
de algún fin.

ALVITRE *m.* Propuesta, consejo, sugestión, opinión, arbitrio o medio extraordinario que se propone para el logro de algún fin. Lo mismo que
ARBÍTRIO.

ALVITREIRO *m.* Lo mismo que ALVITRADOR.
Lo mismo que ALVIÇAREIRO.

ALVO, VA *adj.* Blanco, claro, albo. Blanco (hablando del pan). *fig.* Puro.

ALVO *m.* Blancura, albura. Esclerótica. Blanco
(para ejercitarse en el tiro y puntería. Álbun. *fig.*
Blanco, fin, objeto. *fig.* Motivo, asunto, objeto. —
do olho. Lo blanco del ojo.

ALVOR *m.* Albor, albura. Albor, resplandor del alba.

ALVORADA *f.* Alborada.

ALVORADO, DA *adj. P. p.* de *Alvorar.* Alboreado,
amanecido.

ALVORAR *v. intr.* Alborear, amanecer, rayar el día.

ALVORAR *v. intr. corrup.* de *Arvorar.*

ALVOREAR *v. intr.* Alborear.

ALVORECER *v. intr.* Alborear, amanecer, rayar el
día.

ALVOREJAR (jar) *v. intr.* Lo mismo que ALVO-
RECER.

ALVOROÇADAMENTE (sa) *adv. m.* Con alborozo, precipitadamente.

ALVOROÇADO, DA (sa) *adj. P. p.* de *Alvoroçar.*
Alborozado. Alborotado. Apresurado. Asustado.

ALBOROÇADOR, RA (sa) *adj.* y *s.* Alborozador.
Alborotador. Que asusta.

ALVOROÇAMENTO (sa) *m.* Alborozamiento.
Alboroto. Acción de asustar.

ALVOROÇANTE (san) *adj.* Lo mismo que AL-
VOROÇADOR.

ALVOROÇAR (sar) *v. tr.* Alborozar. Ú. t. c. r.
Alborotar. Ú. t. c. r. Asustar, espantar. Ú. t. c. r.

ALVOROÇO (róso) *m.* Alborozo. Alboroto. Prisa.
Emoción; conmoción.

ALVOROTADAMENTE *adv. m.* Alborotadamente.

ALVOROTADO, DA *adj. P. p.* de *Alvorotar.*
Alborotado. Lo mismo que ALVOROÇADO.

ALVOROTADOR *m.* Alborotador. Lo mismo que
ALVOROÇADOR.

ALVOROTAMENTO *m.* Alboroto, desorden. Lo
mismo que ALVOROÇO.

ALVOROTAR *v. tr.* Alborotar, causar alboroto.
Ú. t. c. r. Lo mismo que ALVOROÇAR.

ALVOROTO (ró) *m.* Alboroto, desorden. Lo
mismo que ALVOROÇO.

ALVURA *f.* Albura.

AMA *f.* Ama. Nodriza. Niñera. — *da roupa.*
Lavandera. — *de chaves.* Ama de gobierno, o de
llaves. — *de-leite.* Ama de cría, o de leche. —
seca. Ama de brazos, o seca. — *de-peito.* Lo
mismo que AMA *(de-leite).*

AMABILIDADE *f.* Amabilidad.

AMABILIZAR (zar) *v. tr.* Hechizar, embelesar.
Hacer amoroso. Ú. t. c. r.

AMACACADO, DA *adj.* Monesco.

AMAÇAROCADO, DA (sa) *adj. P. p.* de *Amaçarocar.* En figura de mazorca. Encantado.

AMAÇAROCAR (sa) *v. tr.* Dar figura de mazorca.

AMACHONAR-SE (cho) *v. r.* Lo mismo que
AMACHORRAR.

AMACHORRAR (cho) *v. intr.* Hacerse estéril.
Proceder la mujer como hombre. Tener la mujer
modales de hombre.

AMACHUCADO, DA (chu) *adj. P. p.* de *Amachucar.* Aplastado, abollado, arrugado, ajado.
Molestado, aburrido, importunado.

AMACHUCADURA (chu) *f.* Acción y efecto de

AMACHUCAR (chu) *v. tr.* Aplastar, abollar, arrugar, ajar. Molestar, importunar, aburrir, incomodar.

AMACIADAMENTE *adv. m.* Blandamente; suavemente.

AMACIAR *v. tr.* Ablandar. Suavizar. Endulzar, mitigar. Ablandar, templar (la ira o el enojo). Amansar, domesticar. *v. r.* Calmarse, serenar (el tiempo).

AMADA *f.* Amada. Querida, novia.

AMADAMENTE *adv. m.* Amorosamente.

AMADEIRADO, DA *adj. P. p.* de *Amadeirar.*
Enmaderado. Parecido a la madera.

AMADEIRAMENTO *m.* Enmaderamiento, enmaderación.

AMADEIRAR *v. tr.* Enmaderar.

AMADO *m.* Amado. Querido, novio.

AMADOR, RA *adj.* Amador. Ú. t. c. s. *m.* Aficionado.

AMADORNAR *v. tr.* Lo mismo que

AMADORRAR *v. tr.* Lo mismo que AMODORRAR.

AMADOURO, RA *adj.* Amable.

AMADRINHADO, DA (ña) *adj. P. p.* de *Amadrinhar.* Amadrinado (hablando de animales).

AMADRINHADOR (ña) *m.* Apadrinador (jinete
que montado en caballo manso, acompanha a otro
que va en un potro medio domado). Apadrinador,
defensor.

AMADRINHAR (ñar) *v. tr.* Amadrinar (hablando
de caballerías). Apadrinar (acompañar un jinete,
montado en cavallo manso, a otro que va en un
potro medio domado). Apadrinar, defender,
patrocinar, proteger.

AMADURADAMENTE *adv. m.* Maduramente.

AMADURADO, DA *adj. P. p.* de *Amadurar.* Lo
mismo que AMADURECIDO.

AMADURAR *v. intr.* Lo mismo que

AMADURECER *v. intr.* Madurar (irse sazonando
los frutos). *v. tr.* Madurar (dar sazón a los frutos).
fig. Madurar (un proyecto, un designio, etc.). *v.
intr. fig.* Madurar (crecer en edad, juicio y prudencia).

AMADURECIDAMENTE *adv. m.* Maduramente.

AMADURECIDO, DA *adj. P. p.* de *Amadurecer.*
Madurado. *fig.* Maduro.

AMADURECIMENTO *m.* Maduración.

ÁMAGO (ánmago) *m.* Medula (de las plantas).
Centro, la parte interior de una cosa. *fig.* Interior,
ánimo, medula, corazón.

AMAINADAMENTE *adv. m.* Tranquilamente.

AMAINADO, DA *adj. P. p.* de *Amainar.* Amainado. Serenado, sosegado, tranquilizado. Flojo,
debilitado. Disminuído, abatido.

AMAINAR *v. tr. Mar.* Amainar. Ú. t. c. intr.
Serenar. sosegar, calmar, amainar. Ú. t. c. r.
Aflojar, debilitar. Abatir, disminuir.

AMALDIÇOADAMENTE (soa) *adv. m.* Con maldición; miserablemente, abominablemente.

AMALDIÇOADO, DA (soa) *adj. P. p.* de *Amaldiçoar.* Maldito, maldecido. Abominable, execrable. Miserable, ruin, maldito. Funesto, aciago.

AMALDIÇOADOR RA (soa) *adj.* Maldecidor,
que echa maldiciones.

AMALDIÇOAR (soar) *v. tr.* Maldecir, echar maldiciones. Abominar, execrar. Renegar, blasfemar.

AMÁLGAMA *f.* Amalgama.

AMALGAMAÇÃO (sáum) *f.* Amalgamación.

AMALGAMAR *v. tr. Quím.* Amalgamar. *fig.* Amalgamar, mezclar, cosas diversas. Ú. t. c. intr. y r.

AMALGAMENTO *m.* Amalgamación.

AMALGÂMICO, CA (gánmi) *adj.* Susceptible de
amalgamación.

AMALHAR (llar) *v. tr.* Amajadar, acorralar (el
ganado). *v. intr.* y r. Majadear. *v. tr.* Llevar por
buen camino. Prender con malla.

AMALHOAR (lloar) *v. tr.* Lo mismo que AMA-
LHAR, 1ª acep.

AMALUCADAMENTE *adv. m.* Atontadamente.
A la manera de un maníaco; locamente.

AMALUCADO, DA *adj. P. p.* de *Amalucar-se.*
Atontado, tonto. Maníaco, alocado.

AMALUCAR-SE *v. r.* Atontarse, entontecerse. Alocarse, volverse maníaco; enloquecer. Enfurecerse.

AMAMENTAÇÃO (sáum) *f.* Amamantamiento.

AMAMENTADOR, RA *adj.* Que amamanta.

AMAMENTADORA *f.* Mujer que amamanta.

AMAMENTAR *v. tr.* Amamantar.

AMANCEBADAMENTE *adv. m.* Con amancebamiento.

AMANCEBAMENTO *m.* Amancebamiento.

AMANCEBAR-SE *v. r.* Amancebarse, contraer
amancebamiento.

AMANEIRADAMENTE *adv. m.* Amanerada-
mente.

AMANEIRADO, DA *adj. P. p.* de *Amaneirar-se.*
Amanerado.

AMANEIRAMENTO *m.* Amaneramiento.

AMANEIRAR-SE *v. tr.* Amanerarse. *p. us.* Asemejarse.

AMANHÃ (ñan) *adv. t.* Mañana. *m. fig.* El tiempo
venidero.

AMANHAÇÃO (ñasáum) *f.* Lo mismo que
AMANHO.

AMANHADO, DA (ña) *adj. P. p.* de *Amanhar.*
Cultivado, labrado. Compuesto, arreglado, sazonado. Adornado, acicalado. Acomodado.

AMANHAR (ñar) *v. tr.* Cultivar, labrar (la tierra).
Componer, arreglar, preparar, sazonar. Adornar,
hermosear, acicalar. Ú. t. c. r. *v. r.* Acomodarse,
avenirse.

AMANHECENTE (ñe) *adj*. Amaneciente.

AMANHECER (ñe) *v. intr*. Amanecer, comenzar a clarear o rayar el día. Amanecer (llegar a un lugar al clarear el día). *fig*. Amanecer, empezar a manifestarse alguna cosa.

AMANHECER (ñe) *m*. Amanecer. *Ao* —. *m. adv*. Al amanecer.

AMANHECIDO, DA (ñe) *adj*. P. p. de *Amanhecer*. Amanecido. Del día anterior.

AMANHECIMENTO (ñe) *m*. Amanecida, amanecer.

AMANHIA (ñía) *f*. Lo mismo que

AMANHO (ño) *m*. Cultura, cultivo, labor (de las tierras). Amaño, disposición. Compostura, aliño; aseo, adorno. *pl. ant*. Amaños.

AMANOSEAR (zear) *v. tr*. Amansar bien a un animal.

AMANSADELA (dè) *f*. Amansamiento. *fig*. Reprensión.

AMANSADO, DA *adj*. P. p. de *Amansar*. Amansado. Refrenado, domado. Sosegado, apaciguado, calmado, mitigado.

AMANSADURA *f*. Lo mismo que

AMANSAMENTO *m*. Amansamiento.

AMANSAR *v. tr*. Amansar, domesticar a un animal. *fig*. Amansar, domar el carácter violento de alguien Ú. t. c. r. *fig*. Amansar, sosegar, apaciguar, calmar, mitigar. Ú. t. c. r.

AMANTAR *v. tr*. Amantar. *v. r*. *Port*. Amancebarse.

AMANTE *adj*. Amante. Ú. t. c. s. *m*. *Mar*. Amante.

AMANTEIGADO, DA *adj*. Mantecoso (que se asemeja a la manteca).

AMANTELAR *v. tr*. Fortificar con murallas.

AMANTILHAR (llar) *v. tr*. *Mar*. Amantillar.

AMANTILHO (llo) *m*. *Mar*. Amantillo.

AMANUENSE *m*. Amanuense. *Arqueol*. Amanuense, esclavo.

AMAR *v. tr*. Amar, querer; gustar. Ú. t. c. r.

AMARAGEM (jem) *f*. Amaraje.

AMARAMENTE *adv. m*. Amargamente.

AMARANHAMENTO (ña) *m*. Lo mismo que EMARANHAMENTO.

AMARANHAR (ñar) *v. tr*. Lo mismo que EMARANHAR. Ú. t. c. r.

AMARAR *v. intr*. Amarar, posarse un hidroavión en el agua. *v. tr*. Amargar, causar aflicion *r*. Enmarar-se; hacerse a la mar. Llenarse de lágrimas (los ojos).

AMARASMADO, DA *adj*. P. p. de *Amarasmarse*. Lo mismo que AMARASMEADO.

AMARASMAR-SE *v. r*. Lo mismo que AMARASMEAR-SE.

AMARASMEADO, DA *adj*. P. p. de *Amarasmearse*. Que está en marasmo. Perezoso. Desanimado, desalentado.

AMARASMEAR-SE *v. r*. Caer o estar en marasmo.

AMARELAÇO, ÇA (so) *adj*. Amarillazo.

AMARELADO, DA *adj*. P. p. de *Amarelar*. Amarilleado; amarillento. Descolorido.

AMARELÃO (láum) *m*. Anquilostomiasis.

AMARELAR *v. tr. y intr*. Amarillear.

AMARELECER *v. intr*. Amarillecer, amarillear. *v. tr*. Amarillear.

AMARELECIDO, DA *adj*. P. p. de *Amarelecer*. Amarillecido. Descolorido.

AMARELECIMENTO *m*. Acción y efecto de amarillecer.

AMARELEJANTE (*j*an) *adj*. Lo mismo que AMARELENTO.

AMARELEJAR (*j*ar) *v. intr*. Amarillear. Ú. t. c. r.

AMARELENTO, TA *adj*. Amarillento.

AMARELEZA (za) *f*. Lo mismo que

AMARELIDÃO (dáum) *f*. Amarillez.

AMARELIDEZ *f*. Lo mismo que AMARELIDÃO.

AMARELIDO, DA *adj*. Lo mismo que AMARELECIDO. *m*. Lo mismo que AMARELIDÃO.

AMARELO, LA (rè) *adj*. Amarillo. Pálido; descolorido. *m*. Amarillo (color). *Bot*. Amarillo.

AMARFALHADAMENTE (lla) *adv. m*. Lo mismo que AMARFANHADAMENTE.

AMARFALHADO, DA (lla) *adj*. P. p. de *Amarfalhar*. Lo mismo que AMARFANHADO.

AMARFALHAR (llar) *v. tr*. Lo mismo que AMARFANHAR.

AMARFANHADAMENTE (ña) *adv. m*. Con aplastamiento.

AMARFANHADO, DA (ña) *adj*. P. p. de *Amaranhar*. Arrugado, aplastado; estrujado; ajado.

AMARFANHAMENTO (ña) *m*. Lo mismo que AMARFANHO.

AMARFANHAR (ñar) *v. tr*. Aplastar, arrugar; estrujar; ajar.

AMARFANHO (ño) *m*. Aplastamiento, arrugamiento. Acción y efecto de *Amarfanhar*.

AMARGAMENTE *adv. m*. Amargamente. Agriamente.

AMARGAR *v. tr*. Poner amargo. Amargar, acibarar, causar aflicción. *v. intr*. Amargar.

AMARGO, DA *adj*. Amargo.

AMARGOR *m*. Amargura, amargor, sabor o gusto amargo.

AMARGOSAMENTE (gòza) *adv. m*. Amargamente, amargosamente.

AMARGOSEIRA (zei) *f*. *Bot*. Cinamomo, rosariera.

AMARGOSO, SA (gozo, gòza) *adj*. Amargoso, amargo.

AMARGURA *f*. Amargura, amargor. *fig*. Amargura, aflicción, pena, disgusto.

AMARGURADAMENTE *adv. m*. Amargamente, amargosamente; afligidamente.

AMARGURADO, DA *adj*. P. p. de *Amargurar*. Amargado, afligido, lleno de amargura.

AMARGURAR *v. tr*. Amargar, afligir, acibarar. Ú. t. c. r.

AMARICADAMENTE *adv. m*. De manera amaricada.

AMARICADO, DA *adj*. P. p. de *Amaricar-se*. Amaricado, afeminado, amariconado.

AMARICAR-SE *v. r*. Afeminarse.

AMARIÇAR-SE (sar) *v. r*. Amarizarse.

AMARIDÃO (dáum) *f*. Lo mismo que AMARGOR.

AMARIDAR *v. tr*. Lo mismo que MARIDAR.

AMARILHA (lla) *f*. *Vet*. Amarilla.

AMARILHO (llo) *m*. *Bot*. Amarillo.

AMARÍLIA *f*. Lo mismo que AMARILHA.

AMARINHAR (ñar) *v. tr*. Marinar, tripular un buque, equipar. Comandar, gobernar; maniobrar (un buque). *v. r*. Hacerse marinero. Amarinarse, acostumbrarse al oficio de marinero.

AMARINHEIRAR (ñei) *v. tr*. Lo mismo que AMARINHAR. Ú. t. c. r.

AMARIOLADO, DA *adj*. P. p. de *Amariolar-se*. Hecho ganapán o mozo de cordel. Tuno, pillo. Lo mismo que ACANALHADO.

AMARIOLAR-SE *v. r*. Hacerse ganapán o mozo de cordel. Hacerse tuno o pillo. Lo mismo que ACANALHAR (v. r.)

AMARIZAR (zar) *v. intr*. Amarar (el hidroavión).

AMARO, RA (a) *adj*. Amargo.

AMARRA *f*. *Mar*. Amarra. Amarra, cualquier cosa que liga, ata o sujeta. *pl. fig*. Amarras, apoyo, protección.

AMARRAÇÃO (sáum) *f*. Amarre (de las naves). Amarradura. Amarra. Conjunto de amarras (de un buque). *fig*. Pasión amorosa.

AMARRADO, DA *adj*. P. p. de *Amarrar*. Amarrado. Fondeado. Azuzado (hablando de la caza). Cerrado, lleno de bejucos (hablando de un matorral). *fig*. Casado. *fig*. Apuntado, jugado, apostado. *fig*. Fruncido, arrugado (hablando de la frente). *m*. Paquete, lío, envoltorio.

AMARRADOIRO *m*. Lo mismo que

AMARRADOURO *m*. Amarredero.

AMARRADURA *f*. Amarradura.

AMARRAR *v. tr*. Amarar, atar, ligar o sujetar con cuerdas, cables, cadenas, etc. Ajustar, pactar, contratar, concertar. Apuntar, apostar, jugar (en las carreras). Dificultar, embarazar. *v. intr*. Fondear. *v. r*. Porfiar, obstinarse. Apoyarse, buscar protección. *fig*. Casarse. *v. tr*. Arrugar, fruncir (la frente). — *o bode. fr. fig*. Enojarse.

AMARRETA *f*. Cable de remolque.

AMARRILHO (llo) *m*. Cordel, atadero, atadijo.

AMARROADO, DA *adj*. P. p. de *Amarroar*. Batido con la almádena. *fig*. Quebrantado, abatido, vencido. Terco, testarudo. Meditabundo.

AMARROAMENTO *m*. Acción y efecto de

AMARROAR *v. tr*. Batir con la almádena. *fig*. Quebrantar, abatir. *v. intr*. Obstinarse. Aburrirse.

AMARROQUINADO, DA *adj*. P. p. de *Amarroquinar*. Parecido al tafilete o marroquí.

AMARROQUINAR *v. tr*. Hacer parecido al tafilete o marroquí.

AMARROTADO, DA *adj*. P. p. de *Amarrotar*. Aplastado, estrujado, machucado; ajado. *fig*. Aplastado, confuso, sin saber qué decir.

AMARROTAR *v. tr*. Aplastar; estrujar; arrebujar; arrugar. Ajar. Machucar, contundir, golpear, magullar. *fig*. Aplastar, dejar a uno confuso.

AMARTELADAMENTE *adv. m*. Amartillazos. Importunamente.

AMARTELAR *v. tr*. Martillar, batir con el martillo. Abollar. Martillar, oprimir, atormentar; vencer, someter. *v. r*. Lo mismo que INCUTIR. (v. r.)

AMARUGEM (jem) *f*. Amargor (en la boca).

AMARUJADO, DA (ja) *adj*. P. p. de *Amarujar*. Amargujeado.

AMARUJAR (jar) *v. intr*. Amargujear.

AMARUJENTO, TA (jen) *adj*. Un poco amargo.

AMARUJO (jo) *m*. Lo mismo que AMARUGEM.

AMARULENTO, TA *adj*. Muy amargo.

AMARUME *m*. Amargura.

AMÁSIA (zia) *f*. Amasia, querida, concubina.

AMASIAMENTO (zia) *m*. Amancebamiento.

AMASIAR-SE (ziar) *v. r*. Amancebarse.

AMASIO (zío) *m*. Lo mismo que AMASIAMENTO.

AMÁSIO (zio) *m*. Querido, amante, hombre amancebado.

AMASSADEIRA (sa) *f*. Amasadera. Amasadora. Amasadera mecánica.

AMASSADO (sa) *m*. Amasador. Amasadero.

AMASSADELA (sadè) *f*. Lo mismo que AMASSADURA. Tunda de palos.

AMASSADO, DA (sa) *adj*. P. p. de *Amassar*. Amasado. Aplastado; abollado. Machacado; machucado.

AMASSADOIRO (sa) *m*. Lo mismo que AMASSADOURO.

AMASSADOR, RA (sa) *adj*. Amasador. Ú. t. c. s. *m*. Lo mismo que

AMASSADOURO (sa) *m*. Amasadera. Amasadero. Local donde se amasa una cosa.

AMASSADURA (sa) *f*. Amasadura. Amasijo (porción de harina amasada). Tunda de palos.

AMASSAMENTO (sa) *m*. Aplastamiento; abolladura. Mezcla, amasijo.

AMASSAR (sar) *v. tr*. Amasar. Aplastar; abollar. Machacar, machucar. Amasar, unir, amalgamar. Lo mismo que AMARFANHAR.

AMASSARIA (saría) *f*. Amasadero. Trabajo de amasar.

AMASSILHO (ssilo) *m*. Amasijo (porción de harina amasada). Amasadera. *fig*. Amasijo, mezcla.

AMATALOTADAMENTE *adv. m*. Arrebujadamente. Toscamente, groseramente. Confusamente.

AMATALOTAR *v. tr*. Albergar, alojar. *v. r*. Asociarse, emparejarse. Hacerse marinero.

AMATILHADO, DA (lla) *adj*. P. p. de

AMATILHAR (llar) *v. tr*. Reunir en jauría a los perros. Ú. t. c. r.

AMATIVAMENTE *adv. m*. Amorosamente.

AMATIVIDADE *f*. Amatividad.

AMATUTADO, DA *adj*. Rudo, huraño, grosero, aldeano.

AMAUROSE (rò) *f*. Amaurosis.

AMAUROSO (zo) *m*. Enfermo de anquilostomiasis.

AMÁVEL *adj*. Amable.

AMAVELMENTE *adv. m*. Amablemente.

AMAVIO (vío) *m*. Filtro (para conciliar el amor de una persona). Encanto, hechizo, seducción. Ú. m. en pl.

AMAVIOSAMENTE (viòza) *adv. m*. Amablemente. Suavemente. Con encantos o hechizos.

AMAVIOSO, SA (ozo, òza) *adj*. Que tiene hechizo o encanto. Amoroso, lírico. Suave, ameno.

AMAZELADO, DA (ze) *adj*. P. p. de *Amazelar-se*. Ulceroso; lleno de heridas o llagas. *fig*. Impuro.

AMAZELAR-SE (ze) *v. r*. Ulcerarse; llenarse de heridas o llagas.

AMAZELENTO, TA (ze) *adj*. Lo mismo que MAZELADO.

AMAZONA *(zo) f.* Amazona. Amazona (mujer varonil, mujer que monta a caballo); traje femenil propio para montar a caballo). *Zool.* Amazona (ave del Brasil).

AMAZONENSE *(zo) adj.* Perteneciente o relativo al Amazonas. *m.* Natural del Estado del Amazonas.

AMAZÔNICO, CA *(zó) adj.* Amazónico, amazónio. Lo mismo que AMAZONENSE.

AMAZONIENSE *(zo) adj.* Perteneciente o relativo a la Amazónia. Natural de esta región. Ú. t. c. s.

AMAZÔN, NIA *(zó) adj.* Lo mismo que AMAZONENSE.

AMAZONITO *(zo) f. Miner.* Amazonita.

AMAZORRADO, DA *(zo) adj.* Lo mismo que MACAMBÚZIO.

AMBA *f.* Amba (fruto del mangle).

AMBAGES *(jes) m. pl.* Ambages, rodeos de palabras, circunloquios. Rodeos, vueltas. Evasivas.

AMBÁGIO, A *(jio) adj.* Lleno de ambiguedades, de rodeos o equívocos. Ambagioso.

ÂMBAR *m.* Ámbar gris. Ámbar. — *cinzento, o pardo.* Ámbar gris. — *preto.* Ámbar negro.

AMBARAR *v. tr.* Sahumar con ámbar.

AMBAREIRO *m. Bot.* Ambaro.

AMBARILHA *(lla) f.* Semilla del abelmosco.

AMBARÍNICO, CA *adj. Quím.* Ambárico.

AMBARIZAR *(zar) v. tr.* Dar a algo olor de ámbar. Hacer parecido al ámbar.

AMBAÚBA *f. Bot.* Árbol del Brasil *(Cecropia peltata).*

AMBAUBEIRA *(baü) f.* Lo mismo que AMBAÚBA.

AMBAÚVA *f.* Lo mismo que AMBAÚBA.

AMBIÇÃO *(sáum) f.* Ambición.

AMBICIONAR *v. tr.* Ambicionar, desear con ardor. Codiciar, apetecer. Ambicionear.

AMBICIONEIRO, RA *adj.* Ambicioso.

AMBICIOSO, SA *(ozo, òza) adj.* Ambicioso.

AMBIDESTRO, A *adj.* Ambidextro.

AMBIDESTREZA *(za) f.* Calidad de ambidextro.

AMBIÊNCIA *(én) f.* Calidad de ambiente. Ambiente (circunstancias que rodean a las personas o cosas).

AMBIENTE *adj.* Ambiente. *m.* Ambiente.

AMBIGENIA *(jenía) f.* Propiedad o calidad de ambígeno.

AMBÍGUA *f.* Ambigú (en los bailes e espectáculos públicos, el servicio de viandas y refrescos).

AMBIGUIDADE *(güi) f.* Ambigüedad.

AMBÍGUO, GUA *adj.* Ambiguo, equívoco, de doble sentido.

ÂMBITO *m.* Ámbito. Recinto. Ámbito (espacio comprendido dentro de límites determinados).

AMBITUDE *f.* Recinto; ámbito; circunferencia.

AMBLICARPO *m. Bot.* Ambliocarpo.

AMBLÍOPE *(ò) adj.* Que padece ambliopía. Ú. t. c. s.

AMBOS, AS *adj. y pron. pl.* Ambos. — *a dois.* Ambos a dos. — *de dois.* Ambos a dos, ambos. — *e dois.* Ambos. — *os dois.* Ambos a dos. *m. Metrol.* Ambos.

AMBRE *m.* Lo mismo que ÂMBAR.

AMBREADO, DA *adj. P. p.* de *Ambrear.* Parecido al ámbar en el color.

AMBREAR *v. tr.* Lo mismo que AMBARAR.

AMBREÍNA *f.* Ambarina (substancia olorosa).

AMBREOSO, SA *(ozo, òza) adj.* Almizcleado.

AMBRETA *f.* Lo mismo que AMBARILHA.

AMBRÓSIA *(bròzia) f.* Ambrosía (manjar de los dioses); manjar de gusto suave o delicado). *Bot.* Ambrosía. *Astr.* Ambrosía.

AMBUBAIA *f.* Ambubaya.

ÂMBULA *f.* Especie de vaso. Copón.

AMBULAÇÃO *(sáum) f.* Ambulación.

AMBULÂNCIA *f.* Ambulancia.

AMBULANTE *adj.* Ambulante, que va de un a otro lugar sin tener asiento fijo.

AMBULATÓRIO, RIA *(tò) adj.* Ambulativo. *m.* Especie de hospital sin lechos.

AMBULATRIZ *f.* Lo mismo que AMBUBAIA.

AMBUSTÃO *(táum) f.* Ambustión.

AMEAÇA *(sa) f.* Amenaza.

AMEAÇADAMENTE *(sa) adv. m.* Lo mismo que AMEAÇADORAMENTE.

AMEAÇADO, DA *(sa) adj. P. p.* de *Ameaçar.* Amenazado.

AMEAÇADOR, RA *(sa) adj.* Amenazador.

AMEAÇADORAMENTE *(sa) adv. m.* Amenazadoramente.

AMEAÇAMENTO *(sa) m.* Lo mismo que AMEAÇA.

AMEAÇANTE *(san) adj.* Amenazante.

AMEAÇANTEMENTE *(san) adv. m.* Lo mismo que AMEAÇADORAMENTE.

AMEAÇAR *(sar) v. tr.* Amenazar (dar a entender con actos o palabras que se quiere hacer mal a alguien; estar en inminente riesgo de suceder algo; anunciar la prójima realización de algo). Ú. t. c. intr.

AMEAÇATIVO, VA *(sa) adj.* Lo mismo que AMEAÇADOR.

AMEAÇO *(so) m.* Síntoma de alguna enfermedad. Amenaza.

AMEALHAR *(llar) v. tr.* Escatimar, ahorrar con roñería. *v. intr.* Regatear en la compra de una cosa puesta en venta.

AMEAR *v. tr.* Almenar (guarnecer de almenas). *v. tr.* Dividir al medio.

AMEBA *(mè) m. Zool.* Amibo, amiba.

AMEBÉIAS *(bèias) f. pl. Zool.* Amibos.

AMEBEU *adj.* Amebeo.

AMEBÓIDE *(bòi) adj.* Amiboideo.

AMEDALHAR *(llar) v. tr.* Dar figura de medalla a.

AMEDRONTADAMENTE *adv. m.* Tímidamente, con miedo.

AMEDRONTADO, DA *adj. P. p.* de *Amedrontar.* Amedrentado.

AMEDRONTADOR, RA *adj.* Amedrentador. Ú. t. c. s.

AMEDRONTAMENTO *m.* Amedrentamiento, amedrentación.

AMEDRONTANTE *adj.* Amedrentante.

AMEDRONTAR *v. tr.* Amedrentar, infundir miedo, atemorizar. Ú. t. c. r.

AMEIA *f.* Almena.

AMEIGADO, DA *adj. P. p.* de *Ameigar.* Acariciado, mimado, halagado.

AMEIGAMENTO *m.* Lo mismo que MEIGUICE.

AMEIGAR *v. tr.* Acariciar, halagar, mimar.

AMEIGO *m.* Lo mismo que MEIGUICE.

AMÊIJOA *(méijoa) f.* Almeja (molusco acéfalo).

AMEIJOADA *(joa) adj.* Guisado de almejas.

AMEIJOAR *(joar) v. intr.* Majadear.

AMEIXA *(cha) f.* Ciruela. Ciruelo. *Germ.* Bala de arma de fuego.

AMEIXAL *(chal) m.* Lugar plantado de ciruelos.

AMEIXEIRA *(chei) f. Bot.* Ciruelo.

AMEIXIAL *(chial) m.* Lo mismo que AMEIXAL.

AMEIXIEIRA *(chiei) f.* Lo mismo que AMEIXEIRA.

AMEIXOA *(méichoa) f.* Lo mismo que AMEIXA.

AMEIXOAL *(choal) m.* Lo mismo que AMEIXAL.

AMEIXOEIRA *(choei) f.* Lo mismo que AMEIXEIRA.

AMÉJOA *(méjoa) f.* Lo mismo que AMÊIJOA.

AMELHORADO, DA *(llo) adj.* Lo mismo que MELHORADO.

AMELOADO, DA *adj.* Amelonado.

AMÉM *adv. m.* Amén. Ú. t. c. s.

AMÊNDOA *(mén) f.* Almendra. — *molar.* Almendra mollar.

AMENDOADA *f.* Almendrada.

AMENDOADO, DA *adj.* Almendrado.

AMENDOAL *m.* Almendral (terreno poblado de almendros).

AMENDOEIRA *f. Bot.* Almendro.

AMENDOÍ *m.* Lo mismo que

AMENDOIM *m.* Cacahuete, maní.

AMENIDADE *f.* Amenidad.

AMENIDÃO *(dáum) f.* Lo mismo que AMENIDADE.

AMENINADAMENTE *adv. m.* Aniñamente.

AMENINADO, DA *adj. P. p.* de *Ameninar-se.* Aniñado. Amuchachado.

AMENINAR-SE *v. r.* Aniñarse.

AMENIZADAMENTE *(za) adv. m.* Amenamente.

AMENIZAR *(zar) v. tr.* Amenizar (en sentido recto y figurado).

AMENO, NA *adj.* Ameno, grato, placentero, deleitable.

AMENORRÉIA *(rrèia) f.* Amenorrea.

AMENOSO, SA *(ozo, òza) adj.* Ameno.

AMENTAR *v. tr.* Recordar, mencionar. Sufragar las ánimas. Dementar, hacer perder el juicio. Ú. t. c. r.

AMENTILHO *(llo) m. Bot.* Amento.

AMENTO *m.* Saeta. Aguijada.

AMERCEADURA *f.* Lo mismo que

AMERCEAMENTO *m.* Compasión.

AMERCEAR-SE *v. r.* Compadecerse, apiadarse.

AMERICANA *f.* Especie de coche de cuatro ruedas.

AMERICANISMO *m.* Americanismo. Acción propia de americano.

AMERICANIZAÇÃO *(zasáum) f.* Americanización.

AMERICANIZAR *(zar) v. tr.* Americanizar. Ú. t. c. r.

AMERICANO, NA *adj.* Americano. Ú. t. c. s.

AMERÍNDIO, DIA *adj.* Amerindo, amerindio.

AMESQUINHADAMENTE *(ña) adv. m.* Mezquinamente. Apocadamente.

AMESQUINHADO, DA *(ña) adj. P. p.* de *Amesquinhar.* Mezquino, desdichado, desgraciado. Mezquino, apocado, ruin. Mezquino, avaro, miserable.

AMESQUINHADOR, RA *(ña) adj.* Apocador.

AMESQUINHAMENTO *(ña) m.* Mezquindad. Apocamiento.

AMESQUINHAR *(ñar) v. tr.* Tornar mesquino; apocar. Apocar, despreciar, abatir, humillar. Ú. t. c. r. *v. r.* Lamentarse, lastimarse.

AMESTRADAMENTE *adv. m.* Amaestradamente.

AMESTRADO, DA *adj. P. p.* de *Amestrar.* Amaestrado, enseñado, adiestrado.

AMESTRADOR *m.* El que amaestra o enseña; maestro.

AMESTRAMENTO *m.* Amaestramiento.

AMESTRAR *v. tr.* Amaestrar, adiestrar, enseñar. Ú. t. c. r.

AMETISTA *f.* Amatista (piedra preciosa).

AMETÍSTICO, CA *adj.* Amatistado. Parecido a la amatista.

AMEZENDAR-SE *(zen) v. r.* Lo mismo que REPOLTREAR-SE.

AMEZINHAR *(ziñar) v. tr.* Tratar con remedios caseros. Tratar con ayudas.

AMIANTINO, NA *adj.* Amiantáceo.

AMIANTO *m. Miner.* Amianto.

AMIANTÓIDE *(tòi) adj.* Lo mismo que AMIANTINO.

AMICAL *adj.* Amigable.

AMICÍSSIMO, MA *(si) adj. superl.* de *Amigo.* Amicísimo.

AMIDA *f.* Amida.

AMIDÃO *(dáum) m.* Lo mismo que AMIDO.

AMIDERIA *(ría) f.* Almidonería.

AMÍDICO, CA *adj.* Relativo al almidón.

AMIDINA *f. Quím.* Almidina.

AMIDO *m.* Almidón.

AMIDO *m. Quím.* Amilo.

AMIDOADO, DA *adj.* Hecho de almidón. Que tiene almidón. Amiláceo.

AMIDOGÊNIO, NIA *(jé) adj.* Amidógeno.

AMIDOLADO, DA *adj.* Lo mismo que AMIDOADO.

AMIDONITA *f.* Almidonito.

AMIEIRAL *m.* Alisar.

AMIEIRO *m. Bot.* Alisar.

AMIGA *f.* Amiga (fem. de *Amigo*). Amiga, manceba, concubina.

AMIGAÇÃO *(sáum) f.* Concubinato.

AMIGAÇO *(so) m.* Amigazo.

AMIGADAMENTE *adv. m.* Amistosamente. Con amancebamiento.

AMIGADO, DA *adj. P. p.* de *Amigarse.* Amancebado. *m.* Amigo, hombre amancebado.

AMIGALHAÇO *(llaso) m.* Amigazo.

AMIGALHÃO *(llaúm) m.* Amigacho.

AMIGALHOTE *(llò) m.* Amigote.

AMIGAMENTE *adv. m.* Amistosamente, amigablemente.

AMIGANÇA *(sa) f. ant.* Amiganza.

AMIGAR-SE *v. r.* Amancebarse. Amistarse.

AMIGÁVEL *adj.* Amigable.

AMIGAVELMENTE *adv. m.* Amigablemente.

AMÍGDALA *f.* Amígdala.

AMIGDALAR *adj.* Lo mismo que AMIGDALIANO.

AMIGDALIANO, NA *adj.* Relativo a las amígdalas.

AMIGDALITE *m.* Amigdalitis.

AMIGDALÓFORO, RA (lò) *adj.* Amigdalífero.

AMIGO, GA *adj.* Amigo. *s.* Amigo. Amigo, hombre amancebado. — *de peniche.* Amigo falso. —*urso.* Amigo falso. *Cara de poucos* — *s.* Cara de pocos amigos.

AMIGOTE (gò) *m.* Amigote.

AMIGUEIRO, RA *adj.* Afable, amigo, cortés.

AMÍLASE (ze) *f.* Amilasis.

AMILÉNIO (lé) *m.* Amileno.

AMILHADO, DA (lla) *adj. P. p.* de *Amilhar.* Alimentado con maíz.

AMILHAGEM (llajen) *f.* Acción de

AMILHAR (llar) *v. tr.* Alimentar con maíz.

ÂMILO (ánmi) *m.* Amilo.

AMILURÉIA (rèia) *f. Quím.* Amilurea.

AMIMADAMENTE *adv. m.* Con mimos.

AMIMADO, DA *adj. P. p.* de *Amimar.* Mimado, tratado con excesivo regalo.

AMIMADOR, RA *adj.* Mimador.

AMIMALHADAMENTE (lla) *adv. m.* Lo mismo que AMIMADAMENTE.

AMIMALHADO, DA (lla) *adj. P. p.* de *Amimalhar.* Lo mismo que AMIMADO.

AMIMALHAR (llar) *v. tr.* Mimar, tratar con excesivo regalo.

AMIMAR *v. tr.* Mimar, acariciar, halagar. Mimar, tratar con excesivo regalo.

AMINADO, DA *adj.* Amínico.

AMINO *m.* Amina.

AMINORAR *v. tr.* Minorar, aminorar, disminuir.

AMIRADO *m.* Dignidad de amir.

AMISERAÇÃO (zerasáum) *f.* Compasión.

AMISERAR-SE (ze) *v. r.* Lo mismo que AMESQUINHAR-SE. Compadecerse, apiadarse.

AMISSÃO (sáum) *f.* Perdimiento, perdición, pérdida.

AMISSÍVEL (si) *adj.* Amisible, susceptible de perderse.

AMISTAR *v. tr.* Amistar, unir en amistad. Ú. t. c. r.

AMISTOSAMENTE (tòza) *adv. m.* Amistosamente.

AMISTOSO, SA (ozo, òza) *adj.* Amistoso.

AMIUDADAMENTE (miü) *adv. m.* A menudo, frecuentemente.

AMIUDADO, DA (miü) *adj. P. p.* de *Amiudar.* Frecuente, repetido. Menudeado.

AMIUDADO, DA (miü) *adj. P. p.* de *Amiudar* (2ª art.). Desmenuzado.

AMIUDANÇA (miüdansa) *f.* Frecuencia, repetición, menudeo.

AMIUDAR (miü) *v. tr.* Hacer frecuente, menudear, repetir, reiterar. *v. intr.* Menudear, caer o suceder una cosa con frecuencia. *v. r.* Repetirse, suceder con frecuencia.

AMIUDAR (miü) *v. tr.* Desmenuzar, hacer menuda una cosa. Desmenuzar, examinar menudamente. Menudear, contar y referir las cosas menudamente.

AMIÚDE *adv. m.* A menudo, frecuentemente.

AMIÚDO *adv. m.* Lo mismo que AMIÚDE.

AMIZADE (za) *f.* Amistad.

AMNÉSIA (zía) *f.* Amnesia.

AMNÉSICO, CA (nèzi) *adj.* Amnesíaco.

ÂMNIO *m. Zool.* Amnios (envoltura fetal).

AMO *m.* Amo (cabeza de familia; dueño o poseedor; el que tiene criados).

AMOCAMBADO, DA *adj. P. p.* de *Amocambar.* Lo mismo que AQUILOMBADO.

AMOCAMBAR *v. tr.* Lo mismo que AQUILOMBAR.

AMOCANHAR (ñar) *v. tr.* Lo mismo que AMARFANHAR.

AMOCAR *v. tr.* Lo mismo que AMOCAMBAR.

AMOCHADO, DA (cha) *adj. P. p.* de *Amochar-se.* Encogido. Enfermo. Retraído.

AMOCHAR-SE (char) *v. r.* Encogerse. Retraerse. Enfermar.

AMODELAR *v. tr.* Modelar.

AMODERNAR *v. tr.* Modernizar, actualizar.

AMODERNIZADO, DA (za) *adj. P. p.* de *Amodernizar.* Modernizado, actualizado.

AMODERNIZAR (zar) *v. tr.* Modernizar, actualizar.

AMODORNAR *v. tr.* Lo mismo que AMODORRAR.

AMODORRADO, DA *adj. P. p.* de *Amodorrar.* Amodorrado, amodorrido, adormilado.

AMODORRAMENTO *m.* Modorra.

AMODORRAR *v. tr.* Amodorrar, causar modorra. Ú. t. c. r.

AMOEDAÇÃO (sáum) *f.* Amonedación.

AMOEDADO, DA *adj. P. p.* de *Amoedar.* Amonedado. Endinerado, amonedado.

AMOEDAR *v. tr.* Amonedar, reducir a moneda los metales propios para ello.

AMOEDÁVEL *adj.* Que puede ser amonedado.

AMOESTAMENTO *m.* Amonestación.

AMOESTAR *v. tr.* Amonestar.

AMOFINAÇÃO (sáum) *f.* Enojo, mohina, aburrimiento.

AMOFINADAMENTE *adv. m.* Aburridamente, enojadamente.

AMOFINADO, DA *adj. P. p.* de *Amofinar.* Amohinado, enojado, incomodado.

AMOFINADOR, RA *adj.* Que amohina, enoja o enfada.

AMOFINAR *v. tr.* Amohinar, enojar, enfadar, incomodar, aburrir.

AMOFINATIVO, VA *adj.* Lo mismo que AMOFINADOR.

AMOFUMBAR-SE *v. r.* Esconderse, agazaparse.

AMOIRISCADO, DA *adj. P. p.* de *Amoiriscar.* Lo mismo que AMOURISCADO.

AMOIRISCAR *v. tr.* Lo mismo que AMOURISCAR.

AMOITADA *f.* Lo mismo que CAPOEIRA.

AMOJADO, DA (ja) *adj. P. p.* de *Amojar.* Ordeñado. Lleno de leche o de zumo.

AMOJAR (jar) *v. tr.* Llenar de leche o de zumo. Ú. t. c. intr. *ant.* Ordeñar.

AMOJO (mójo) *m.* Acción y efecto de *Amojar.*

AMOLAÇÃO (sáum) *f.* Importunación, molestia, aburrimiento, fastidio. Lo mismo que AMOLADURA.

AMOLADA *f.* Lo mismo que AMOLAÇÃO. Lo mismo que AMOLADURA.

AMOLADAMENTE *adv. m.* Aburridamente, con importunación o molestia.

AMOLADEIRA *f.* Afiladera, amoladera.

AMOLADELA (dè) *f.* Lo mismo que AMOLAÇÃO.

AMOLADO, DA *adj. P. p.* de *Amolar.* Aburrido, enojado, fastidiado, amolado, importunado, jorobado. Afilado (adelgazado por el corte o por la punta), amolado.

AMOLADOR, RA *adj.* Aburridor, amolador. Ú. t. c. s. Afilador. Ú. t. c. s. m. Afilador (el que se dedica a afilar instrumentos cortantes), amolador.

AMOLADURA *f.* Afiladura, amoladura. Amoladura (arenillas y fragmentos desprendidos de la piedra al amolar).

AMOLAMBADO, DA *adj.* Desordenado, desarreglado. Harapiento, haraposo, andrajoso.

AMOLANTE *adj.* Que afila. Aburrido, molesto, importuno.

AMOLAR *v. tr.* Afilar, sacar filo, adelgazar. Aburrir, molestar, fastidiar, incomodar, importunar, jorobar.

AMOLDAR *v. tr.* Moldar, amoldar, ajustar al molde. Ú. t. c. r. Moldar, modelar. Adaptar, ajustar, amoldar a una pauta la conducta de alguien. Ú. t. c. r. Acostumbrar. Ú. t. c. r.

AMOLDÁVEL *adj.* Que puede ser amoldado o moldado.

AMOLDURADO, DA *adj. P. p.* de *Amoldurar.* Moldurado.

AMOLDURAR *v. tr.* Moldurar.

AMOLECAR *v. tr.* Tratar sin distinción. Rebajar, disminuir, ridiculizar.

AMOLECEDOR, RA *adj.* Ablandador.

AMOLECER *v. tr.* Ablandar, poner blanda una cosa. *v. intr.* Ablandarse, ponerse blanda una cosa. *fig.* Ablandar, conmover, enternecer, mover a ternura. *v. r.* Enervar.

AMOLECIDAMENTE *adv. m.* Blandamente. Suavemente. Perezosamente, flojamente.

AMOLECIDO, DA *adj. P. p.* de *Amolecer.* Ablandado. Blando. Flojo. Conmovido, enternecido. Afeminado.

AMOLECIMENTO *m.* Ablandamiento. Blandura. Debilitación.

AMOLEGAR *v. tr.* Ablandar. Lo mismo que AMACHUCAR.

AMOLENTADO, DA *adj. P. p.* de *Amolentar.* Ablandado. Flojo. Quebrantado. Muelle.

AMOLENTADOR, RA *adj.* Ablandador. Quebrantador.

AMOLENTAMENTO *adj.* Postración, pereza, apatía.

AMOLENTAR *v. tr.* Ablandar un poco; ablandar. Ú. t. c. r. *fig.* Ablandar, mitigar la fiereza de. Enervar; afeminar.

AMOLGAÇÃO (sáum) *f.* Abolladura. *fig.* Adaptación.

AMOLGADELA (dè) *f.* Lo mismo que AMOLGADURA.

AMOLGADO, DA *adj. P. p.* de *Amolgar.* Abollado. Aplastado. Vencido, derrotado.

AMOLGADURA *f.* Abolladura (efecto de abollar). *fig.* Derrota, aplastamiento.

AMOLGAMENTO *m.* Lo mismo que AMOLGADURA.

AMOLGAR *v. tr.* Abollar; aplastar. Embotar. Vencer, derrotar, aplastar. *v. intr.* Abollarse. Ceder. *v. tr.* Sujetar, someter. Impresionar.

AMOLGÁVEL *adj.* Que puede ser abollado.

AMÓNICO, CA (mó) *adj.* Amónico.

AMÓNIO (mó) *m. Quím.* Amonio.

AMONTADO, DA *adj. P. p.* de *Amontar.* Amontado, que huyó al monte o se acostumbró a él.

AMONTANHAR-SE (ñar) *v. r.* Elevarse como las montañas.

AMONTAR *v. tr.* Dar figura de monte. *v. r.* Amontarse. *v. tr.* Importar en.

AMONTOAÇÃO (sáum) *f.* Amontonamiento.

AMONTOADAMENTE *adv. m.* Amontonadamente.

AMONTOADO, DA *adj. P. p.* de *Amontoar.* Amontonado.

AMONTOADOR, RA *adj.* Amontonador. Ú. t. c. s.

AMONTOAMENTO *m.* Amontonamiento.

AMONTOAR *v. tr.* Amontonar. Ú. t. c. r.

AMONTURAR *v. tr.* Juntar en el muladar.

AMOR *m.* Amor. — *de hortelão.* Amor de hortelano.

AMORA (mò) *f.* Mora (fruto del moral).

AMORADO, DA *adj.* Morado.

AMORÁVEL *adj.* Amoroso. Afable. Amable.

AMORAVELMENTE *adv. m.* Amorosamente.

AMORDAÇADO, DA (sa) *adj. P. p.* de *Amordaçar.* Amordazado, que lleva mordaza.

AMORDAÇAMENTO (sa) *m.* Amordazamiento.

AMORDAÇAR (sar) *v. tr.* Amordazar, poner mordaza.

AMOREIRA *f. Bot.* Moral; morera.

AMOREIRAL *m.* Moreral.

AMORENADO, DA *adj. P. p.* de *Amorenar.* Que tira a moreno.

AMORENAR *v. tr.* Poner moreno. Ú. t. c. r.

AMORES (mó) *m. pl.* Amores.

AMORFANHAR (ñar) *v. tr.* Lo mismo que AMARFANHAR.

AMORFIA (fía) *f.* Amorfia.

AMORFO, FA (mòr) *adj.* Amorfo.

AMORISCAR-SE *v. r.* Enamorarse.

AMORNADO, DA *adj. P. p.* de *Amornar.* Entibiado. Un poco calentado.

AMORNAR *v. tr.* Entibiar. Calentar un poco.

AMORNECER *v. tr.* Lo mismo que AMORNAR.

AMOROSA (ròza) *f.* Pereza (para el trabajo).

AMOROSAMENTE (ròza) *adv. m.* Amorosamente, con amor o cariño.

AMOROSIDADE (zi) *f.* Amorosidad.

AMOROSO, SA (ozo, òza) *adj.* Amoroso.

AMOR-PERFEITO *m. Bot.* Pensamiento.

AMORREU *adj.* Amorreo.

AMORRINHADO, DA (ña) *adj. P. p.* de *Amorrinhar-se.* Que padece de comalia o morriña.

AMORRINHAR-SE (ñar) *v. r. Veter.* Enfermar de comalia o morriña.

AMORTALHADEIRA (lla) *f.* Amortajadora.

AMORTALHADO, DA (lla) *adj. P. p.* de *Amortalhar.* Amortajado.

AMORTALHADOR, RA (lla) *adj.* Amortajador. Ú. t. c. s.

AMORTALHAMENTO (lla) *m.* Amortajamiento.

AMORTALHAR (llar) *v. tr.* Amortajar.

AMORTECEDOR, RA *adj.* Amortiguador. Ú. t. c. s.

AMORTECER *v. tr.* Amortiguar, dejar como muerto. Amortecer. Ú. t. c. r. Amortiguar, templar la viveza de una cosa. Ú. t. c. r.

AMORTECIDAMENTE *adv. m.* Con amortecimiento o amortiguamiento.

AMORTECIDO, DA *adj. P. p.* de *Amortecer.* Amortecido. Amortiguado.

AMORTECIMENTO *m.* Amortecimiento. Amortiguamiento.

AMORTIÇAR-SE (sar) *v. r.* Amortiguarse. Extinguirse.

AMORTIFICAR *v. tr.* Lo mismo que AMORTECER.

AMORTIZAÇÃO (zasáum) *f.* Amortización.

AMORTIZADAMENTE (za) *adv. m.* Con amortización.

AMORTIZAR (zar) *v. tr.* Amortizar, redimir el capital de. *y. r.* Amortiguarse.

AMORTIZÁVEL (zá) *adj.* Amortizable.

AMORUDO, DA *adj. fest.* Propenso al amor.

AMOSSAR (sar) *v. tr.* Abollar, embotar.

AMOSTRA (mòs) *f.* Muestra. *fig.* Muestra, señal, indicio, demostración, prueba. *pl.* Amenazas.

AMOSTRAÇÃO (sáum) *f.* Muestra, acción de mostrar. Exhibición.

AMOSTRAR *v. tr.* Lo mismo que MOSTRAR.

AMOTA (mò) *f.* Terrón.

AMOTAR *v. tr. Agr.* Aporcar.

AMOTINAÇÃO (sáum) *f.* Amotinamiento.

AMOTINADA *f.* Lo mismo que AMOTINAÇÃO.

AMOTINADAMENTE *adv. m.* Amotinadamente, tumultuosamente.

AMOTINADO, DA *adj. P. p.* de *Amotinar.* Amotinado.

AMOTINADOR, RA *adj.* Amotinador. Ú. t. c. s.

AMOTINAMENTO *m.* Lo mismo que AMOTINAÇÃO.

AMOTINAR *v. tr.* Amotinar, alzar en motín. *v. r.* Amotinarse.

AMOTINÁVEL *adj.* Susceptible de amotinamiento.

AMOTOLIA (lía) *f. pop.* Lo mismo que ALMOTOLIA.

AMOUCADO, DA *adj. P. p.* de *Amoucar-se.* Algo sordo.

AMOUCAR-SE *v. r.* Ensordecer, quedar-se algo sordo.

AMOURISCADAMENTE *adv. m.* De manera amoriscada.

AMOURISCADO, DA *adj. P. p.* de *Amouriscar.* Amoriscado.

AMOURISCAR *v. tr.* Poner amoriscado. *v. r.* Adquirir modales de mozo.

AMOUXAMADO, DA (cha) *adj. P. p.* de *Amouxamar.* Amojamado.

AMOUXAMAR (cha) *v. tr.* Amojamar.

AMOVER *v. tr.* Amover, remover, deponer.

AMOVIBILIDADE *f.* Amovibilidad.

AMOVÍVEL *adj.* Amovible.

AMPARADAMENTE *adv. m.* Con amparo.

AMPARADO, DA *adj. P. p.* de *Amparar.* Amparado. Apoyado.

AMPARAMENTO *m.* Lo mismo que AMPARO.

AMPARAR *v. tr.* Apoyar, sostener. Ú. t. c. r. Amparar, proteger, favorecer, auxiliar. Ú. t. c. r.

AMPARÁVEL *adj.* Amparable.

AMPARO *m.* Amparo, protección; abrigo, refugio, defensa. Apoyo, sostén.

AMPERAGEM (jem) *f.* Amperaje.

AMPÈRE (pè) *m. Fís.* Amper, amperio.

AMPERÔMETRO (ro) *m.* Amperíómetro, amperímetro.

AMPLAMENTE *adv. m.* Ampliamente, extensamente, con amplitud.

AMPLEXO (plèxo) *m.* Abrazo.

AMPLIAÇÃO (sáum) *f.* Ampliación.

AMPLIADAMENTE *adv. m.* Con ampliación.

AMPLIADO, DA *adj. P. p.* de *Ampliar.* Ampliado, aumentado, ensanchado, alargado.

AMPLIADOR, RA *adj.* Ampliador. Ú. t. c. s.

AMPLIAMENTO *m.* Lo mismo que AMPLIAÇÃO.

AMPLIAR *v. tr.* Ampliar, ensanchar, dilatar, aumentar, extender.

AMPLIATIVAMENTE *adv. m.* Lo mismo que AMPLIADAMENTE.

AMPLIATORIAMENTE (tò) *adv. m.* Lo mismo que AMPLIADAMENTE.

AMPLIATÓRIO, RIA (tò) *adj.* Ampliativo.

AMPLIÁVEL *adj.* Ampliable.

AMPLIDÃO (dáum) *f.* Amplitud.

AMPLIFICAÇÃO (sáum) *f.* Amplificación.

AMPLIFICADAMENTE *adv. m.* Con amplificación.

AMPLIFICADOR, RA *adj.* Amplificador. Ú. t. c. s.

AMPLIFICAR *v. tr.* Amplificar, ampliar, extender, dilatar.

AMPLIFICÁVEL *adj.* Ampliable.

AMPLÍFICO, CA *adj.* Lo mismo que AMPLO.

AMPLITUDE *f.* Amplitud.

AMPLO *adj.* Amplio, extenso, ancho, dilatado.

AMPOLA *f.* Ampolla.

AMPULA *f. Arqueol.* Ampulla, ampolla.

AMPULÁCEO, EA *adj.* Ampolláceo.

AMPULHETA (lle) *f.* Ampolleta, reloj de arena.

AMPUTAÇÃO (sáum) *f.* Amputación.

AMPUTAR *v. tr. Cir.* Amputar. *fig.* Amputar, suprimir, separar, quitar de en medio.

AMUADAMENTE *adv. m.* Enojosamente, de mal humor. Obstinadamente, tercamente, porfiadamente.

AMUADO, DA *adj. P. p.* de *Amuar.* Enojado, de mal humor, enfurruñado, enfadado. Guardado, atesorado.

AMUADOR, RA *adj.* Que enoja, enfada o molesta.

AMUAMENTO *m.* Enojo, enfurruñamiento, mal humor. Aburrimiento.

AMUAR *v. intr.* Enojarse, enfurruñarse, embotijarse, enfadarse. Ú. t. c. r. *v. tr.* Enojar, aburrir, molestar, enfadar. Atesorar, amontonar.

AMULATAR-SE *v. r.* Ponerse amulatado.

AMULETO *m.* Amuleto.

AMULHERADAMENTE (lle) *adv. m.* Afeminadamente.

AMULHERADO, DA (lle) *adj. P. p.* de *Amulherar-se.* Amujerado, afeminado.

AMULHERAR-SE (lle) *v. r.* Afeminarse. Hacerse mujeriego.

AMULHERENGADAMENTE (lle) *adv. m.* Lo mismo que AMULHERADAMENTE.

AMULHERENGADO, DA (lle) *adj. P. p.* de *Amulherengar-se.* Amujerado, afeminado.

AMULHERENGAR-SE (lle) *v. r.* Afeminarse.

AMUMIADO, DA *adj. P. p.* de *Amumiar.* Hecho o parecido a una momia.

AMUMIAR *v. tr.* Tornar parecido a una momia.

AMUNICIONAR *v. tr.* Municionar, amunicionar.

AMUO *m.* Enfado, mal humor, enojo; mohína, rabieta.

AMURA *f. Mar.* Amura.

AMURADA *f. Mar.* Amurada. Muro, muralla, murallón.

AMURALHADO, DA (lla) *adj. P. p.* de *Amuralhar.* Amurallado.

AMURALHAR (llar) *v. tr.* Amurallar.

AMURAR *v. tr. Mar.* Amurar. Lo mismo que AMURALHAR.

AMURCHECER (che) *v. intr.* Lo mismo que MURCHAR.

ANÃ (nán) *f.* de *Anão.* Enana.

ANABATISMO *m.* Anabaptismo.

ANABATISTA *m.* Anabaptista.

ANABIOSE (biòze) *f.* Anabiosis.

ANABOLISMO *m. Fisiol.* Asimilación.

ANAÇAR (sar) *v. tr.* Mezclar, revolver (hablando de líquidos).

ANACARADO, DA *adj.* Anacarado. Sonrojado.

ANACOLUTIA (tía) *f. Gram.* Anacoluto.

ANACORETA *m.* Anacoreta, asceta que vive en lugar retirado. *fig.* Persona que vive retirada del trato social.

ANACREÔNTICO, CA (ón) *adj.* Anacreóntico.

ANACRÔNICO, CA (cró) *adj.* Anacrónico.

ANACRONIZAR (zar) *v. tr.* Cometer anacronismos.

ANAFA *f. Bot.* Cebada ladilla.

ANAFADO, DA *adj.* Gordo, gordiflón. *P. p.* de *Anafar.*

ANAFAIA *f.* Anafaya, anafalla. Cadarzo (camisa del capullo).

ANAFAR *v. tr.* Engordar con cebada ladilla. Engordar, ponerse gordo por el buen trato.

ANAFIL *m.* Añafil.

ANAFILEIRO *m.* Añafilero.

ANAGRAMA *m.* Anagrama.

ANÁGUA *f.* Enagua.

ANAIS *m. pl.* Anales.

ANAL *adj.* Anal (perteneciente al ano).

ANAL *adj.* Anual, añal..

ANALECTO (lècto) *m.* Analectos.

ANALEMA *f. Astr.* Analema.

ANALEPSE (lèpse) *f. Med.* Analepsia.

ANALFABETO, TA (bè) *adj.* Analfabeto, que no sabe leer. Ú. t. c. s.

ANALGESIA (jezía) *f.* Analgesia.

ANALGIA (jía) *f.* Lo mismo que ANALGESIA.

ANALISADO, DA (za) *adj. P. p.* de *Analisar.* Analizado.

ANALISADOR, RA (za) *adj.* Analizador. Ú. t. c. s.

ANALISAR (zar) *v. tr.* Analizar.

ANALISÁVEL (za) *adj.* Analizable.

ANÁLISE (ze) *f.* Análisis. — *qualitativa.* Análisis qualitativo. — *quantitativa.* Análisis cuantitativo.

ANALISTA *m.* Analizador. Analista.

ANALOGIA (jía) *f.* Analogía.

ANÁLOGO, GA *adj.* Análogo; analógico.

ANAMBÉ (bè) *m. Zool.* Cotinga.

ANAME *adj.* Anamita.

ANAMNESE (nèse) *f.* Anamnesia.

ANAMNÉSICO, CA (nèzi) *adj.* Anamnéstico.

ANANÁS *m. Bot.* Ananá, ananás.

ANANASEIRO (zei) *m. Bot.* Ananás (la planta).

ANANICADO, DA *adj.* Casi enano. *fig.* Mezquino, miserable. *P. p.* de *Ananicar.*

ANANICAR *v. tr.* Hacer enano, disminuir el tamaño. *fig.* Despreciar, apocar, humillar, abatir.

ANÂNICO, CA (nánni) *adj.* Que se parece a un enano.

ANANO, NA *adj.* Lo mismo que ANÂNICO.

ANARQUIA (quía) *f.* Anarquía.

ANARQUIZAÇÃO (zasáum) *f.* Acción y efecto de anarquizar.

ANASTOMOSAR (zar) *v. intr.* Anastomosarse.

ANASTOMOSE (mòze) *f.* Anastomosis.

ANATADO, DA *adj. P. p.* de *Anatar.* Parecido a la nata. Cubierto de nata.

ANATAR *v. tr.* Cubrir de nata. Hacer parecido a la nata.

ANÁTEMA *m.* Anatema, excomunión.

ANATEMATIZAÇÃO (zasáum) *f.* Acción de anatematizar.

ANATEMATIZÁVEL (zá) *adj.* Susceptible de anatema.

ANATOMIA (mía) *f.* Anatomía.

ANATÔMICO, CA (tó) *adj.* Anatómico.

ANATOMIZAÇÃO (zasáum) *f.* Acción de anatomizar.

ANAVALHADO, DA (lla) *adj. P. p.* de *Anavalhar.* Maltratado a navajazos.

ANAVALHAR (llar) *v. tr.* Dar navajazos. Dar figura de navaja a una cosa.

ANCA *f.* Anca, quarto trasero de las caballerías. Anca, grupa. Anca, nalga. Anca, cadera, cuadril.

ANCADO, DA *adj. Vet.* Ancado, que tiene encorvado hacia adelante el menudillo de las patas traseras.

ANCESTRAL *adj.* Ancestral, atávico. *m. pl.* Abolengos, antepasados.

ANCESTRALIDADE *f.* Atavismo.

ANCESTRE (cès) *m.* Antepasado, abuelo, ascendiente.

ANCHIETANO, NA (chie) *adj.* Relativo al jesuíta José de Anchieta.

ANCHO (cho) *adj.* Engreído. Ancho.

ANCHOVA (cho) *f. Zool.* Anchoa.

ANCIÃ (cián) *f.* Anciana.

ANCILA *f.* Sierva, esclava.

ANCILOSE (lòze) *f.* Anquilosis.

ANCILOSTOMÍASE (ze) *f.* Anquilostomiasis.

ANCILÓSTOMO (lòs) *m.* Anquilóstomo.

ANCINHAR (ñar) *v. tr.* Rastrillar.

ANCINHO (ño) *m.* Rastrillo.

ÂNCORA *f.* Anca, áncora. — *de misericórdia,* de *salvação,* o *sagrada.* Ancla de horma o de la esperanza. *fig.* Áncora, persona o cosa que sirve de amparo.

ANCORAÇÃO (sáum) *f.* Anclaje, ancoraje.

ANCORADO, DA *adj. P. p.* de *Ancorar.* Anclado, ancorado.

ANCORADOIRO *m.* Lo mismo que

ANCORADOURO *m.* Ancladero, fondeadero.

ANCORAGEM (*jem*) *f.* Anclaje, ancoraje.

ANCORAR *v. tr.* Anclar, ancorar, dar fondo. Ú. t. c. intr. *v. intr.* Establecerse.

ANCORETA *f.* Anclote.

ANCOROTE (rò) *m.* Ancleta.

ANCUDO, DA *adj. pop.* Que tiene grandes las ancas.

ANDAÇO (so) *m.* Epidemia. Diarrea.

ANDADA *f.* Andadura (acción de andar). Caminata.

ANDADEIRO, RA *adj.* Andadero.

ANDADURA *f.* Andadura, andar.

ANDAIMADA (dái*n*ma) *f.* Lo mismo que ANDAIMARIA.

ANDAIMAR (dái*n*ma) *v. tr.* Andamiar, levantar andamios. Planear, trazar.

ANDAIMARIA (dái*n*maria) *f.* Andamiada, andamiaje.

ANDAIME (dái*n*me) *m.* Andamio.

ANDAIMO (dái*n*mo) *m.* Andamio.

ANDAINA (dái*n*na) *f.* Andana, línea, fila o hilera de ciertas cosas. — *de artilharia.* Batería.

ANDALUZITO (*z*i) *m.* Andalucita.

ANDAMENTO *m.* Andadura (acción de andar). Andar, velocidad con que se anda. Marcha, progreso de un negocio. Andadura (de las caballerías). *Mús.* Andamento.

ANDANÇA (sa) *f.* Lo mismo que ANDADURA. Caso, lance, suceso, andanza. Procedimiento. Faena, trabajo.

ANDAR *v. intr.* Andar, Ú. t. c. tr.

ANDAR *m.* Andadura, andar. Suelo, piso, pavimento.

ANDARILHO (llo) *m.* Andarín, andador.

ANDAS *f. pl.* Zancos. Andas.

ANDÁVEL *adj.* Que se puede andar.

ANDEJAR (*jar*). *v. intr.* Vagar, andar por varias partes sin determinación a sitio o lugar.

ANDEJO, JA (*jo*) *adj.* Andariego.

ANDESITO (*z*i) *m.* Andesita.

ANDILHAS (llas) *f. pl.* Jamugas.

ANDIROBA (rò) *f. Bot.* Carapa.

ANDIROBEIRA *f.* Lo mismo que ANDIROBA.

ÂNDITO (án) *m.* Ándito, corredor, andén (de un edificio).

ANDÓ (dò) *m. Bras.* Barba en punta.

ANDOR *m.* Andas en que se llevan las imágenes en las procesiones.

ANDORINHA (ña) *f.* Golondrina.

ANDORINHAR (ñar) *v. intr.* Andar de una parte a otra, mudando estaciones como la golondrina.

ANDORINHO (ño) *m. Mar.* Cazoleta. Golondrino (pollo de la golondrina).

ANDRAJO (jo) *m.* Jirón, harapo, guiñapo, andrajo.

ANDRAJOSO, SA (jozo, òza), *adj.* Andrajoso, haraposo, harapiento.

ANDROCEU *m.* Androceo.

ANDURRIAIS *m. pl.* Andurriales.

ANEDIAR *v. tr.* Engordar. Alisar.

ANEDOTA (dò) *f.* Anécdota.

ANEDOTÁRIO *m.* Anecdotario.

ANEDÓTICO, CA (dò) *adj.* Anecdótico.

ANEDOTISTA *m.* Anecdotista.

ANEGAR *v. tr.* Anegar; inundar.

ANEGRADO, DA *adj. P. p.* de *Anegrar.* Negro, tinto de negro. Ennegrecido. Tirante a negro.

ANEGRAR *v. tr.* Ennegrecer. Teñir de negro. *v. r.* Ennegrecerse.

ANEGREJAR (jar) *v. tr.* Ennegrecer.

ANEIRO, RA *adj.* Vecero, añero. Dependiente de la añada.

ANEJO, JA (jo) *adj.* Añojo.

ANEL (nèl) *m.* Anillo. Argolla. Sortija. Rizo. Anilla, — *de pescador.* Anillo del Pescador. — *de Saturno.* Anillo de Saturno.

ANELAÇÃO (sáum) *f.* Anhelación.

ANELADO, DA *adj. P. p.* de *Anelar* (anhelar y anillar). Anillado. Anhelado. *Zool.* Anillado. *m. pl.* Anillados.

ANELADURA *f.* Forma de anillo. Anhelo.

ANELANTE *adj.* Anhelante; anheloso.

ANELANTEMENTE *adv. m.* Anhelosamente.

ANELÃO (láum) *m.* Sortijón.

ANELAR *adj.* Anular, de figura de anillo.

ANELAR *v. tr.* Anillar, dar figura de anillo, ensortijar. Rizar el pelo.

ANELAR *v. intr.* Anhelar, respirar con dificultad. Anhelar, tener ansia o deseo vehemente de algo. Ú. t. c. a.

ANELEIRA *f.* Sortijero.

ANÉLITO (nè) *m.* Anhélito. Anhelo.

ANELO (nè) *m.* Anhelo, ansia, deseo vehemente. Soplo, viento.

ANELOSO, SA (ozo, òza) *adj.* Anheloso.

ANEMIA (mía) *f.* Anemia.

ANEMIAR *v. tr.* Causar anemia; debilitar. Ú. t. c. r.

ANÊMICO, CA (né) *adj.* Anémico.

ANEMIZAR (*z*ar) *v. tr.* Lo mismo que ANEMIAR. Ú. t. c. r.

ANÊMOLA (né) *m. Bot.* Anemone.

ANÊMONA *f. Bot.* Anemone. — *do-mar.* Anemone de mar.

ANESTESIA (*z*ía) *f.* Anestesia.

ANETE *m. Mar.* Arganeo.

ANETO *m. Bot.* Eneldo.

ANEUROSE (rò*z*e) *f.* Aneurosis.

ANEXAÇÃO (sáum) *f.* Anexión, agregación.

ANEXAR *v. tr.* Anexar, anexionar, agregar.

ANEXIM (*chim*) *m.* Anejir, anejín.

ANEXO, XA (nè) *adj.* Anexo, unido, agregado. *m.* Anejo.

ANFÍBIO, BIA *adj.* Anfibio.

ANFIBOLÓGICO, CA (lòji) *adj.* Anfibológico, ambiguo.

AMFITEATRO *m.* Anfiteatro.

ANFITRIÃO (triáum) *m.* Anfitrión, el que tiene convidados a su mesa.

ÂNFORA (án) *f.* Ánfora.

ANFORICIDADE *f.* Anforicidad.

ANFRACTUOSIDADE (*z*i) *f.* Anfractuosidad.

ANFRACTUOSO, SA (ozo, òza) *adj.* Anfractuoso.

ANGA *f. Bras. Pernamb.* Aojo, mal de ojo.

ANGAREIRA *f. Bras.* Red para pescar mujoles.

ANGARIAÇÃO (sáum) *f.* Lo mismo que

ANGARIAMENTO *m.* Acción y efecto de

ANGARIAR *v. tr.* Seducir, solicitar, cautivar, atraer. Obtener. Reclutar. Agenciar, solicitar.

ANGARILHA (lla) *f.* Capa de mimbre o paja con que se envuelven vasijas de vidrio.

ÂNGELUS (ánje) *m.* Ángelus, oración de la tarde.

ANGINA (ji) *f.* Angina. — *do peito.* Angina de pecho.

ANGLO-SAXÕES (xóens) *m. pl.* Anglosajones.

ANGORÁ *adj.* Dícese de los gatos o cabras de Angora o Ankara.

ANGRA *f.* Abra, ensenada, angra, bahía.

ANGU *m. Bras.* Masa de harina de maíz, de mandioca dulce o de arroz, con agua y sal, escaldada al fuego. *pop.* Enredo, embrollo, confusión. *pop.* Chisme, intriga. — *-de-caroço. Bras.* Complicación, confusión; cosa que sale al revés do que se esperaba.

ANGULAR *adj.* Angular. *Pedra* —. Piedra angular.

ÂNGULO (án) *m.* Ángulo.

ANGURRIADO, DA *adj. Bras. Río Gr. del Sur.* Aburrido, triste.

ANGÚSTIA *f.* Angustia, aflicción, congoja. *Patol.* Angustia. Apremio, prisa, escasez de tiempo.

ANGUSTIADO, DA *adj. P. p.* de *Angustiar.* Angustiado, angustioso, afligido.

ANGUSTIANTE *adj.* Que causa angustia o aflicción.

ANGUSTIAR *v. tr.* Angustiar, afligir, acongojar, causar zozobra. Ú. t. c. r.

ANGUSTIOSO, OSA (ozo, òza) *adj.* Angustioso.

ANGUSTO, TA *adj.* Angosto, estrecho, reducido.

ANGUSTURA *f. Bot.* Angostura. La corteza de este árbol. Angostura, estrechura, paso estrecho.

ANGUZADA (za) *f. Bras. nort.* Lo mismo que ANGÚ, 2ª y 3ª acepciones.

ANHÁ (ñá) *m. Bras.* Pez del Brasil (*Plecostomus agna*).

ANHANGÁ (ñan) *m.* El diablo.

ANHANGÜERA (güè) *adj. Bras.* Valiente, animoso, atrevido. *m.* Lo mismo que ANHANGÁ.

ANHAPA (ñá) *f. Bras.* Lo mismo que JAPA.

ANHINGA (ñin) *f. Zool.* Aninga, anhinga.

ANHO (ño) *m.* Cordero.

ANHOTO, TA (ño, ñò) *adj. Bras.* Lento, tardo, perezoso, pausado.

ANIAGEM (*jem*) *f.* Cañamazo, tela tosca de cáñamo; harpillera.

ANICHADO, DA (*cha*) *adj. P. p.* de *Anichar.* Puesto en nicho. Colocado en buena posición, apadrinado. Escondido, agazapado.

ANICHAR (*char*) *v. tr.* Colocar en nicho. Poner en buena situación, apadrinar. *v. r.* Agazaparse, esconderse.

ANÍDRICO, CA *adj.* Anhídrico.

ANÍDRIDO *m.* Anhídrido.

ANIDRITE *f.* Anhidrita.

ANIDRO, DRA *adj.* Anhidro.

ANIDROSE (drò*z*e) *f.* Anhidrosis.

ANIELADO, DA *adj. P. p.* de *Anielar.* Nielado.

ANIELAGEM (*jem*) *f.* Nielado.

ANIELAR *v. tr.* Nielar.

ANIL *m.* Añil (arbusto; pasta; color).

ANILADO, DA *adj. P. p.* de *Anilar.* Añilado.

ANILAR *v. tr.* Añilar, dar o teñir de añil.

ANILEIRA *f.* Añil (la planta).

ANILHO (llo) *m.* Anilla, argolla, anillo.

ANIMAÇÃO (sáum) *f.* Animación (acción de animar; viveza, expresión en las acciones, palabras, movimientos o ademanes).

ANIMADVERSÃO (sáum) *f.* Animadversión, enemistad, ojeriza, antipatía. Animadversión, crítica, reparo, advertencia severa.

ANIMAL *m.* Animal. *fig.* Animal, persona incapaz, necia o muy ignorante. *Bras.* Caballo. *Bras. Pernamb.* Yegua. *Bras.* Animal.

ANIMALAÇO (so) *m. aum.* de *Animal.* Animalazo. *fig.* Animalazo, individuo sumamente ignorante.

ANIMALADA *f. Bras. Río Gr. del Sur.* Caballada (manada de caballos y yeguas).

ANIMALEJO (jo) *m. dim.* de *Animal.* Animalejo. *fig.* Animal, persona ignorante. *despect.* Animalucho.

ANIMALESCO, CA *adj.* Animal.

ANIMALIDADE *f.* Animalidad.

ANIMALISTA *m.* Pintor de animales.

ANIMALIZAÇÃO (*z*asáum) *f.* Animalización. *fig.* Embrutecimiento.

ANIMALIZAR (*z*ar) *v. tr.* Animalizar. *v. r.* Embrutecerse, hacerse estúpido.

ANIMAR *v. tr.* Animar (infundir el alma, infundir ánimo, valor, etc.). Ú. t. c. r. *v. r.* Animarse, cobrar ánimo, valor o energía.

ANIMÁVEL *adj.* Que puede ser animado.

ÂNIMO (áni) *m.* Ánimo, alma o espíritu. *fig.* Ánimo, valor esfuerzo, energía, intención, voluntad; atención, pensamiento.

ANIMOSIDADE (*z*i) *f.* Animosidad, ojeriza o animadversión tenaz.

ANIMOSO, SA (ozo, òza) *adj.* Animoso.

ANINADO, DA *adj. P. p.* de *Aninar.* Lo mismo que ACALENTADO.

ANINAR *v. tr.* Lo mismo que ACALENTAR.

ANINHA (ña) *f. Bras. pop.* Aguardiente.

ANINHAR (ñar) *v. tr.* Poner en el nido. *fig.* Anidar, abrigar, acoger. *v. intr.* Anidar, hacer nido. *v. r.* Anidarse, acogerse, abrigarse; ocultarse, agazaparse.

ANIQUILAÇÃO (sáum) *f.* Aniquilación.

ANIQUILAMENTO *m.* Aniquilamiento.

ANIQUILAR *v. tr.* Aniquilar, anonadar. Ú. t. c. r.

ANIS *m. Bot.* Anís. Anís (semilla de esta planta). Anisete. — *estrelado.* Anís de la China, o anís estrellado de las Indias.

ANISAR (*z*ar) *v. tr.* Anisar (echar anís o espíritu de anís a una cosa).

ANISETE (*z*è) *m.* Anisete.

ANISTIA (tía) *f.* Amnistía.

ANISTIADO, DA *adj. P. p.* de *Anistiar.* Amnistiado. Ú. t. c. s.

ANISTIAR *v. tr.* Amnistiar, otorgar amnistía.

ANIVERSARIANTE *adj.* Dícese de la persona que cumple años. Ú. t. c. s.

ANIVERSARIAR *v. intr.* Cumplir años.

ANIVERSÁRIO *m.* Aniversario. Cumpleaños.

ANJINHO *(jinño) m. dim.* de *Anjo.* Angelito. *fig.* Angelito, niño de muy tierna edad.

ANO *m.* Año. — *civil.* Año civil. — *bisexto.* Año bisiesto. — *novo.* Año nuevo. — *da graça.* Año de gracia. *Avançado,* o *entrando em —s.* Entrando en años.

ANODINIA *(nía) f.* Anodinia.

ANODINO, NA *(nò) adj.* Anodino.

ANOFELE *(fè) m.* Anofeles.

ANOGUEIRADO, DA *adj.* Noguerado.

ANOITECER *v. intr.* Anochecer. *v. tr.* Obscurecer. *Ao —. m. adv.* Al anochecer.

ANOJADIÇO, ÇA *(jadiso) adj.* Enojadizo.

ANOJADO, DA *(ja) adj. P. p.* de *Anojar.* Enojado, desazonado, disgustado. Triste. Que está de luto. Mareado, nauseado.

ANOJADOR, RA *(ja) adj.* Que marea. Que enoja o disgusta.

ANOJAR *(jar) v. tr.* Tediar. Enojar, disgustar. Nausear, marear. Enojar, molestar, enfadar. *v. r.* Enojarse, enfadarse.

ANOJOSO, SA *(jozo, òza) adj.* Enojoso. Tedioso, fastidioso.

ANOMALIA *(lía) f.* Anomalía.

ANÔMALO, LA *(nó) adj.* Anómalo.

ANONIMATO *m.* Estado de anónimo.

ANONIMIA *(mía) f.* Calidad de anónimo.

ANÔNIMO, MA *(nó) adj.* Anónimo. *m.* Anónimo. *Sociedade — a.* Sociedad anónima.

ANOQUE *(nò) m.* Curtiduría.

ANORDESTAR *v. intr.* Nordestear.

ANORGÂNICO, CA *(gánni) adj.* Inorgánico.

ANORMAL *adj.* Anormal. Ú. t. c. s.

ANORMALIDADE *f.* Anormalidad.

ANORTEAMENTO *m.* Acción y efecto de

ANORTEAR *v. intr.* Nortear.

ANOSIDADE *(zi) f.* Calidad de añoso o añejo.

ANOSO, SA *(ozo, òza) adj.* Añoso; añejo.

ANOTAÇÃO *(sáum) f.* Anotación.

ANOTAR *v. tr.* Anotar, poner notas o anotaciones; apuntar, tomar nota por escrito.

ANOVELADO, DA *adj. P. p.* de *Anovelar.* Lo mismo que ENOVELADO.

ANOVELAR *v. tr.* Lo mismo que ENOVELAR. Ú. t. c. r.

ANQUILOSE *(lòze) f.* Anquilosis.

ANQUINHAS *(ñas) f. pl.* Mariñaque, tontillo.

ANSA *f.* Ala. Asa (de cesta). Pequeña abra. Oportunidad, ocasión, pretexto.

ANSEIO *m.* Ansia, acción de ansiar, deseo vehemente.

ÂNSIA *(án) f.* Ansia, congoja, inquietud; angustia, aflicción, zozobra; anhelo, deseo ardiente. *pl.* Náuseas.

ANSIADAMENTE *adv. m.* Ansiosamente.

ANSIADO, DA *adj. P. p.* de *Ansiar.* Ansiado. Ansioso, angustiado.

ANSIAMENTO *m.* Ansia, angustia, aflicción, zozobra.

ANSIAR *v. tr.* Causar ansia o ansiedad; angustiar, acongojar, afligir. Ansiar, desear ardientemente. *v. intr.* Ansiarse. *v. r.* Acongojarse, afligirse, angustiarse.

ANSIEDADE *f.* Ansiedad.

ANSIOSO, SA *(ozo, òza) adj.* Ansioso.

ANSPEÇADA *(sa) m. Mil.* Grado arriba de soldado y abajo de cabo de escuadra.

ANTA *f. Zool.* Anta, tapir. Anta, menhir. *Arq.* Anta, pilastra que en lo antiguo se ponía en los ángulos de las fachadas de ciertos templos. *adj.* Listo, vivo. Falso, fingido. Interesado (que sólo se mueve por el interés).

ANTADO, DA *adj.* Anteado.

ANTAGÔNICO, CA *(gó) adj.* Antagónico.

ANTANÁCLASE *(ze) f.* Antanaclasis.

ANTANHO *(ño) adv. t.* Antaño (en el año próximo pasado; en tiempo antiguo). *m.* Los tiempos antiguos.

ANTE *adv. l.* Ante, delante de, en presencia de. *ant.* Antes. — *com ante. m. adv. ant.* Antes con antes.

ANTEALVORAR *v. intr.* Madrugar.

ANTEAURORA *(rò) f.* Alba, resplandor del día que anuncia la salida del sol.

ANTEBRAÇO *(so) m.* Antebrazo.

ANTECÂMARA *(cánma) f.* Antecámara.

ANTECEDÊNCIA *(dén) f.* Antecedencia, antecedente. Acción de anteceder. *Com —. m. adv.* De antemano.

ANTECEDENTE *adj.* Antecedente. *m.* Antecedente.

ANTECEDER *v. tr.* Anteceder, preceder, ser anterior, ir adelante. Ú. t. c. r.

ANTECESSOR *(sor) m.* Antecesor.

ANTECIPAÇÃO *(sáum) f.* Anticipación.

ANTECIPADAMENTE *adv. m.* Anticipadamente.

ANTECIPADO, DA *adj. P. p.* de *Antecipar.* Anticipado.

ANTECIPADOR, RA *adj.* Anticipador. Ú. t. c. s.

ANTECIPAR *v. tr.* Anticipar. Ú. t. c. r.

ANTECOLUNA *f.* Antecolumna.

ANTEDITO, TA *adj. P. p.* de *Antedizer.* Antedicho.

ANTEDIZER *(zer) v. tr.* Antedecir, predecir, vaticinar.

ANTEFACE *f.* Antifaz (velo con que se cubre la cara).

ANTEFERIR *v. tr.* Preferir, anteponer.

ANTEFIRMA *f.* Antefirma (fórmula de tratamiento).

ANTEFIXA *f.* Antefija.

ANTEFIXO *m.* Antefijo.

ANTEFLEXÃO *(xáum) f.* Anteflexión, flexión.

ANTEFOSSO *(so) m.* Antefoso.

ANTEGOSTAR *v. tr.* Lo mismo que ANTEGOZAR.

ANTEGOSTO *(gós) m.* Gusto anticipado.

ANTEGOZAR *(zar) v. tr.* Gozar anticipadamente.

ANTEGOZO *(gózo) m.* Lo mismo que ANTEGOSTO.

ANTEGUARDA *f.* Vanguardia.

ANTÉLICE *(è) f.* Antehélix.

ANTEMANHÃ *(ñan) f.* Antes de amanecer. *f.* Alborada, tiempo de amanecer.

ANTEMÃO *(máum) adv. t.* Anticipadamente. *De —. m. adv.* De antemano.

ANTEMURAL *adj.* Perteneciente o relativo al antemural. *m.* Antemural.

ANTEMURALHA *(lla) f.* Lo mismo que ANTEMURO.

ANTEMURAR *v. tr.* Fortificar con antemurales.

ANTEMURO *m.* Antemural.

ANTENA *f. Zool.* y *Fís.* Antena. *Mar.* Entena, antena.

ANTENADO, DA *adj.* Antenífero, provisto de antenas.

ANTENAL *adj.* Relativo a la antena.

ANTENÁRIA *f. Bot.* Antenaria.

ANTENOME *m.* Antenombre.

ANTÊNULA *(té) f.* Antenula.

ANTEOCUPAÇÃO *(sáum) f.* Anteocupación.

ANTEOLHOS *(òllos) m. pl.* Anteojera (de las caballerías de tiro).

ANTEONTEM *adv. t.* Anteayer.

ANTEPARA *f.* Antipara.

ANTEPARAR *v. tr.* Poner antipara, cubir. Defender, resguardar. Embarazar, impedir, estorbar. *v. r.* Pararse, cesar en el movimiento.

ANTEPARO *m.* Acción de *Anteparar.* Antipara.

ANTEPASSADO, DA *(sa) adj. P. p.* de *Antepassar.* Antepasado. *m.* Abuelo, antepasado, ascendiente.

ANTEPASSAR *(sar) v. tr.* Anteceder, suceder antes, antepasar.

ANTEPOIMENTO *(poï) m.* Lo mismo que ANTEPOSIÇÃO.

ANTEPOR *v. tr.* Anteponer. Ú. t. c. r.

ANTEPORTA *(pòr) f.* Antepuerta; mampara. Contrapuerta.

ANTEPORTO *m. Mar.* Antepuerto.

ANTEPOSIÇÃO *(zisáum) f.* Anteposición.

ANTEPOSTO, TA *(posto, pòsta) adj. P. p.* de *Antepor.* Antepuesto.

ANTERA *(tè) f.* Antera.

ANTERIOR *adj.* Anterior.

ANTERIORIDADE *f.* Anterioridad.

ANTERIORIZAR *(zar) v. tr.* Preceder, anteceder, venir antes.

ANTES *adv. t.* y *l.* Antes. *adj.* Antes, anterior. — *de mais nada. m. adv.* Ante todo, primera y principalmente. — *de ontem. m. adv.* Antes de ayer, anteayer. *Quanto —. m. adv.* Cuanto antes.

ANTE-SACRISTIA *(tesacristía) f.* Antesacristía.

ANTE-SALA *(tesa) f.* Antesala.

ANTESSENTIR *(tesen) v. tr.* Sentir con anticipación.

ANTETEMPO *adv. t.* Antes de tiempo, prematuramente.

ANTEVELHICE *(lli) f.* Vejez prematura.

ANTEVER *v. tr.* Antever. Prever.

ANTEVIDÊNCIA *(dén) f.* Previsión.

ANTEVISÃO *(záum) f.* Lo mismo que ANTEVIDÊNCIA.

ANTEVISTO, TA *adj. P. p.* de *Antever.* Antevisto.

ANTIALCOÓLICO, CA *(coò) adj.* Antialcohólico.

ANTICATÓDIO *(tò) m. Fís.* Anticátodo.

ÂNTICO *(án) m. Zool.* Antico.

ANTICOMBUSTÍVEL *adj.* Anticombustible.

ANTICRISTO *m.* Anticristo.

ANTIDERRAPANTE *adj.* Antideslizante.

ANTÍDOTO *m.* Antídoto.

ANTIECONÔMICO, CA *(nó) adj.* Antieconómico.

ANTIFACE *f.* Antifaz.

ANTIFERMENTESCÍVEL *adj.* Antifermentecible.

ANTÍFONA *f.* Antífona.

ANTIFONÁRIO *m.* Antifonario. Antifonero.

ANTÍFRASE *(ze) f.* Antífrasis.

ANTIFRASEAR *(zear) v. intr.* Usar antífrasis.

ANTIGÊNIO *(jé) m.* Antígeno.

ANTIGO, GA *adj.* Antiguo. *m. pl.* Antiguos.

ANTIGOVERNAMENTAL *adj.* Antigubernantal.

ANTIGUALHA *(lla) f.* Antigualla.

ANTIGÜIDADE *f.* Antigüedad.

ANTILHANO, NA *(lla) adj.* Antillano. Ú. t. c. s.

ANTÍLOPE *m. Zool.* Antílope.

ANTIMÔNIO *(mó) m. Quím.* Antimonio.

ANTIMORMOSO, SA *(ozo, òza) adj.* Antimuermoso.

ANTINEVRÁLGICO, CA *(ji) adj.* Antineurálgico.

ANTIPARLAMENTAR *adj.* Antiparlamentario.

ANTIPATIA *(tía) f.* Antipatía.

ANTIPATIZAR *(zar) v. tr.* Antipatizar, sentir aversión por alguna persona, discrepar en genio e inclinaciones.

ANTÍPODA *adj.* Antípoda. Ú. t. c. s.

ANTIPROIBICIONISTA *(proï) adj.* Antiprohibicionista.

ANTIQUADO, DA *adj. P. p.* de *Antiquar.* Anticuado.

ANTIQUALHA *(lla) f.* Antigualla.

ANTIQUAR *v. tr.* Anticuar. *v. r.* Anticuarse.

ANTIQUÁRIO *m.* Anticuario.

ANTIQUÍSSIMO, MA *(si) adj. sup.* de *Antigo.* Antiquísimo.

ANTIRREGULAMENTAR *adj.* Antirreglamentario.

ANTIRRINÁCEAS *f. pl. Bot.* Antirríneas.

ANTI-SEMITA *(tise) adj.* Antisemita. Ú. t. c. s.

ANTI-SEPSIA *(tisepsiía) f.* Antisepcia.

ANTI-SEPSIAR *(tise) v. tr.* Desinfectar.

ANTI-SÉPTICO, CA *(tisè) adj.* Antiséptico.

ANTI-SOCIAL *(tiso) adj.* Antisocial.

ANTI-SOCIÁVEL *(so) adj.* Insociable.

ANTISTE *m.* Lo mismo que

ANTÍSTITE *m.* Prelado, superior eclesiástico.

ANTÍSTROFE *f.* Antistrofa.

ANTÍTESE *(ze) f.* Antítesis.

ANTÍTIPO *m.* Antitipo.

ANTITOXINA *f.* Antitoxina.

ANTIVARIÓLICO, CA *(ò) adj.* Antivarioloso.

ANTOCERSIS *(cèr) m. Bot.* Antocerco.

ANTOJADIÇO, ÇA *(jadiso) adj.* Antojadizo.

ANTOJADO, DA *adj. P. p.* de *Antojar.* Antojado. Aburrido, tediado. Figurado, representado.

ANTOJAR *(jar) v. tr.* Figurar, representar. *v. r.* Antojarse.

ANTOJO *(tojo) m.* Antojo.

ANTOLHADIÇO, ÇA *(lladiso) adj.* Antojadizo.

ANTOLHADO, DA (lla) *adj. P. p.* de *Antolhar-se.* Presentado, figurado, puesto delante de los ojos. Antojado.

ANTOLHAR-SE (llar) *v. r.* Ofrecerse, presentarse. Figurarse. Antojarse (hacerse una cosa objeto de vivo deseo; ofrecerse algo como probable al entendimiento).

ANTOLHO (tólho) *m.* Antojo.

ANTOLOGIA (jía) *f.* Antología.

ANTONÍMIA *f.* Antonimia.

ANTÓNIMO, MA (tó) *adj.* Antónimo. Ú. t. c. s.

ANTONINHO, NHA (ño) *adj.* Antoniano, na. Ú. t. c. s.

ANTONOMÁSIA (zia) *f.* Antonomasia.

ANTONTEM *adv. pop.* Lo mismo que ANTEONTEM.

ANTORCHA (tòrcha) *f.* Antorcha, hacha.

ANTORRIZO (zo) *m.* Antorriza.

ANTOZOÁRIOS (zoá) *m. pl.* Antozoos.

ANTRACÉNIO (cé) *m. Quím.* Antraceno.

ANTRACINO *m.* Antracina.

ANTRACITO *m.* Antracita.

ANTRACNOSE (nòze) *f.* Antracnosis.

ANTRACONITO *m.* Antraconita.

ANTRACOSE (còze) *f.* Antracosis.

ANTRAZ *m. Pat.* Antrax, avispero.

ANTRE *adv. ant.* Lo mismo que ENTRE.

ANTRO *m.* Antro, cueva, gruta, caverna.

ANTROPOFAGIA (jía) *f.* Antropofagía.

ANTROPOFÁGICO, CA (ji) *adj.* Relativo a la antropofagía.

ANTROPÓFAGO, GA (pò) *adj.* Antropófago. Ú. t. c. s.

ANTROPOGENIA (jenía) *f.* Antropogenía.

ANTROPOGRAFIA (fía) *f.* Antropografía.

ANTROPÓIDE (pòi) *adj.* Antropoideo. *m.* Antropoide.

ANTROPOLOGIA (jía) *f.* Antropología.

ANTROPOLOGISTA (jis) *m.* Antropólogo.

ANTROPOMETRIA (tría) *f.* Antropometría.

ANTROPOMORFIA (fía) *f.* Antropomorfismo.

ANTROPOMORFIZAR (zar) *v. tr.* Dar figura humana.

ANÚ *m. Zool.* Aní.

ANUAL *adj.* Anual, anuo.

ANUALIDADE *f.* Anualidad.

ANUÁRIO *m.* Anuario.

ANUÊNCIA (én) *f.* Anuencia, consetimiento, venia.

ANUIÇÃO (ïsáum) *f.* Acción de anuir; anuencia, consentimiento.

ANUIDADE (nuï) *f.* Anualidad.

ANUIR *v. tr.* Anuir, consentir, asentir.

ANULABILIDADE *f.* Anulabilidad.

ANULAÇÃO (sáum) *f.* Anulación.

ANULAMENTO *m.* Anulación.

ANULAR *v. tr.* Anular, dar por nulo, invalidar; incapacitar, inhabilitar, desautorizar. Ú. t. c. r.

ANULAR *adj.* Anular (perteneciente al anillo o que tiene su figura). *m.* Dedo médio o anular.

ANULATÓRIO, RIA (tò) *adj.* Anulativo.

ANULÁVEL *adj.* Anulable.

ANULOSO, SA (ozo, òza) *adj.* Anular, de figura de anillo.

ANUM *m.* Lo mismo que ANU.

ANUMERAR *v. tr.* Numerar.

ANUNCIAÇÃO (sáum) *f.* Anunciación.

ANUNCIADA *f.* Anunciación. Anunciada.

ANUNCIANTE *adj.* Anunciante. *m.* Avisador.

ANUNCIAR *v. tr.* Anunciar, dar la primera noticia de alguna cosa; prognosticar, presagiar; manifestar la llegada de alguna persona a una casa. Ú. t. c. s. Avisar, poner avisos comerciales.

ANÚNCIO *m.* Anuncio. Aviso.

ÂNUO, A (án) *adj.* Anuo, anual.

ÂNUS *m.* Ano.

ANUVEAR *v. tr.* Lo mismo que ANUVIAR.

ANUVIADO, DA *adj. P. p.* de *Anuviar.* Anublado.

ANUVIAR *v. tr.* Anublar. Ú. t. c. r.

ANZINA (zi) *f.* Encina.

ANZINHA (ziña) *f.* Lo mismo que ENZINHA.

ANZOL (zòl) *m.* Anzuelo.

ANZOLAR (zo) *v. tr.* Dar figura de anzuelo. Coger con anzuelo.

ANZOLEIRO (zo) *m.* Anzolero.

AO *Contrac. de la prep.* a y *el artículo* o. Al.

AONDE *adv. l.* Adonde, a qué parte.

APACHE (che) *adj.* Apache. Ú. t. c. s.

APACHORRAR-SE (cho) *v. r.* Llenarse de paciencia o cachaza.

APACIBILIDADE *f.* Apacibilidad.

APACIFICADOR *m.* Apaciguador.

APACIFICAR *v. tr.* Apaciguar.

APADRINHADO, DA (ña) *adj. P. p.* de *Apadrinhar.* Apadrinado. Apadrinado, protegido, patrocinado.

APADRINHADOR, RA (ña) *adj.* Apadrinador. Ú. t. c. s.

APADRINHAMENTO (ña) *m.* Apadrinamiento.

APADRINHAR (ñar) *v. tr.* Apadrinar, servir de padrino; defender, patrocinar, proteger. Ú. t. c. r.

APADROAMENTO *m.* Acción y efecto de

APADROAR *v. tr.* Ser patrón de una iglesia.

APAGADO, DA *adj. P. p.* de *Apagar.* Apagado. *fig.* Apagado, de genio apocado; amortiguado, debil, tenue.

APAGADOR, RA *adj.* Apagador. *m.* Apagador (de luces). *Mús.* Apagador (del piano).

APAGA-FANÓIS (nòis) *m. pl. Mar.* Apagapenoles.

APAGAMENTO *m.* Apagamiento.

APAGA-PÓ (pò) *m. Bras. Bahia,* Llovizna.

APAGAR *v. tr.* Apagar (extinguir el fuego o la luz; *fig.* Aplacar, amortiguar, disipar, extinguir. Ú. t. c. r.

APAGEAR (jear) *v. tr.* Servir de paje a. Adular, halagar, lisonjear.

APAINELADO, DA *adj. P. p.* de *Apainelar.* Artesonado.

APAINELAMENTO *m.* Artesón, artesonado. Acción y efecto de artesonar.

APAINELAR *v. tr.* Artesonar, adornar con artesones.

APAIOLAR *v. tr.* Meter en pañol.

APAIXONADAMENTE (cho) *adv. m.* Apasionadamente.

APAIXONADO, DA (cho) *adj. P. p.* de *Apaixonar.* Apasionado.

APAIXONAMENTO (cho) *m.* Apasionamiento.

APAIXONAR (cho) *v. tr.* Apasionar, causar, excitar alguna pasión. *v. r.* Apasionarse; enamorarse.

APAIXONÁVEL (cho) *adj.* Susceptible de apasionarse.

APALAÇADO, DA (sa) *adj.* Palaciego. Que tiene aspecto de palacio.

APALACIANADO, DA *adj. P. p.* de *Apalacianar.* Palaciego, cortesano.

APALACIANAR *v. tr.* Hacer palaciego o cortesano.

APALANCAR *v. tr.* Apalancar. Trancar. *v. r.* Defenderse, atrincherarse.

APALAVRADO, DA *adj. P. p.* de *Apalavrar.* Apalabrado, convenido, ajustado verbalmente.

APALAVRAMENTO *m.* Acción y efecto de

APALAVRAR *v. tr.* Apalabrar, convenir en algo verbalmente. Ú. t. c. r.

APALEAMENTO *m.* Apaleamiento.

APALEAR *v. tr.* Apalear (golpear, sacudir con palo, vara, etc.).

APALERMADO, DA *adj. P. p.* de *Apalermar-se.* Estúpido, necio, zote, zopenco, tonto. Atontado.

APALERMAR-SE *v. r.* Atontarse, volverse necio.

APALPAÇÃO (sáum) *f.* Palpación, palpamiento.

APALPADEIRA *f.* Revisora (en las aduanas).

APALPADELA (dè) *f.* Palpación, palpamiento. *Às —s. m. adv.* A tientas, a tiento. *fig.* A tientas, con incertidumbre; a tiento, por el tiento.

APALPAR *v. tr.* Palpar. Ú. t. c. r. Palpar, andar a tientas o a obscuras. *fig.* Sondear, sondar. *fig.* Molestar.

APALPO *m.* Palpadura, palpamiento, palpación.

APALPO *m.* Lo mismo que APALPADELA.

APANÁGIO (jio) *m.* Propiedad característica, atributo. *ant.* Apanaje (renta vitalicia, alimentos, asistencia).

APANDILHADO, DA (lla) *adj. P. p.* de *Apandilhar-se.* Apandillado.

APANDILHAR (llar) *v. tr.* Hacer trampas o fullerías en el juego. *v. r.* Apandillarse. Lo mismo que ABANDALHAR. *(v. r.)*

APANHA (ña) *f.* Apaño, cosecha.

APANHAÇÃO (ñasáum) *f. Bras.* Lo mismo que APANHA.

APANHADEIRA (ña) *f.* Apañadora. Cogedora.

APANHADIÇO, ÇA (ñadiso) *adj.* Cogedizo.

APANHADO, DA (ña) *adj. P. p.* de *Apanhar.* Apañado; cogido. Junto, recogido. *m.* Apañadura; cogido. Resumen.

APANHADOR, RA (ña) *adj.* Apañador, cogedor. Recogedor (de cosecha).

APANHADURA (ña) *f.* Lo mismo que APANHA.

APANHAMENTO (ña) *m.* Apañamiento, apañadura. Cosecha.

APANHA-MOSCAS (ña) *s. f. Bot.* Atrapamoscas, dionea. Alguacil (araña cenicienta que persigue a las moscas).

APANHAR (ñar) *v. tr.* Apañar, coger, asir. Arremangar. Apañar, recoger, guardar. Apañar, atrapar, apoderarse de algo ilícitamente. Sorprender, interceptar. Alcanzar. Agarrar, prender. Pescar con red. Cazar con lazo o trampa. Tapar (con las manos). Llevar; recibir. *v. intr.* Ser apaleado. Perder (en el juego o en competiciones desportivas). *v. r.* Allarse, estar en algún lugar.

APANHO (ño) *m.* Lo mismo que APANHA.

APANIGUADO *m.* Paniaguado, protegido, favorecido.

APANIGUAR *v. tr.* Proteger, favorecer; sustentar.

APANTUFADO, DA *adj. P. p.* de *Apantufar.* Apantuflado.

APANTUFAR *v. tr.* Dar forma o hechura de pantuflo.

APARA *f.* Viruta. *pl.* Recortes, recortaduras; desperdicios.

APARADELA (dèla) *f.* Acción de aparar con las manos. Recorte, recortadura (Acción y efecto de recortar).

APARADOR *m.* Aparador (mueble donde se coloca la vasija).

APARAFUSAR (zar) *v. tr.* Lo mismo que PARAFUSAR.

APARAMENTAR *v. tr.* Paramentar.

APARAR *v. tr.* Aparar (con las manos, capa, pañuelo, falda, etc.). Recortar, cortar o cercenar lo que sobra en una cosa. Apuntar, aguzar (sacar punta a un objeto). Alisar. Cepillar la madera; desbastar. Recibir. *fig.* Aceptar, aguantar, sufrir, tolerar. *Bras.* Adular, lisonjear, halagar.

APARATO *m.* Aparato, pompa, ostentación, fausto.

APARATOSO, SA (ozo, òza) *adj.* Aparatoso (que tiene gran aparato).

APARCEIRAR *v. tr.* Asociar, admitir como aparcero. *v. r.* Asociarse, mancomunarse.

APARCELADO, DA *adj.* Lleno de bajos o escollos. *adj. P. p.* de *Aparcelar.* Dividido en parcelas. Dispuesto en sumandos.

APARCELAMENTO *m.* Acción y efecto de

APARCELAR *v. tr.* Dividir, partir. Parcelar. Disponer en sumandos. *v. tr.* Llenar de bajos o escollos.

APARECER *v. intr.* Aparecer. *v. tr.* Parecer, encontrarse, hallarse; presentarse.

APARECIMENTO *m.* Aparecimiento.

APARELHADAMENTE (lla) *adv. m.* Aparejadamente.

APARELHADO, DA (lla) *adj. P. p.* de *Aparelhar.* Aparejado. Adecuado. Arreglado, preparado. Adornado, aderezado. Desbastado.

APARELHAGEM (llajem) *f.* Conjunto de aparejos o aparatos. Acción de aparejar (piezas de carpintería).

APARELHAMENTO (lla) *m.* Acción de aparejar. Lo mismo que APARELHO.

APARELHAR (llar) *v. tr.* Aparejar, preparar, disponer, prevenir, aprestar. Ú. t. c. r. Aparejar (poner el aparejo a las caballerías). Aparejar (labrar y disponer las piezas de carpintería). *Mar.* Aparejar. Adornar, aderezar, componer. Tramar, disponer o preparar con astucia, dolo, etc. *v. intr.* Prepararse para partir.

APARELHÁVEL (llá) *adj.* Que puede ser aparejado.

APARELHO (llo) *m.* Acción de aparejar. Aparejo (preparación, prevención, disposición para algo). *Mar.* Aparejo. Aparato (conjunto de utensilios con que se hacen experimentos o operaciones). *Hist. Nat.* Aparato. *Cir.* Aparato. Aparejo, arreo de las caballerías. *Bras.* Teléfono.

APARÊNCIA (rén) *f.* Apariencia, aspecto, parecer exterior. Apariencia, cosa que parece y no es.

APARENTADO, DA *adj. P. p.* de *Aparentar* (primer artículo). Emparentado. Bien emparentado.

APARENTAR *v. tr.* Emparentar, hacer contraer parentesco. *v. r.* Emparentar, contraer parentesco.

APARENTAR *v. tr.* Aparentar, manifestar, demostrar, dar a entender lo que no es o no hay.

APARENTE *adj.* Aparente, que parece ser una cosa y no lo es, que se muestra a la vista.

APARIÇÃO (sáum) Aparición. Aparecido.

APARO *m.* Acción de *Aparar*. Corte de pluma.

APAROQUIADO, DA *adj. P. p.* de *Aparoquiar-se*. Aparroquiado (establecido en una parroquia).

APAROQUIAR-SE *v. r.* Establecerse en una parroquia, hacerse parroquiano.

APARREIRADO, DA *adj. P. p.* de *Aparreirar*. Emparrado, dispuesto en parras.

APARREIRAR *v. tr.* Emparrar.

APARTAÇÃO (sáum) *f. Bras.* Apartado (operación de separar el ganado).

APARTADA *f.* Lo mismo que APARTAÇÃO.

APARTADO, DA *adj. P. p.* de *Apartar*. Apartado, separado, distante, alejado, remoto.

APARTAMENTO *m.* Apartamiento, acción de apartar. Apartamiento, vivienda, habitación, departamento. Apartado, aposento retirado de la casa.

APARTAR *v. tr.* Apartar. Ú. t. c. r.

APARTE *m.* Aparte (en la ascena). Interrupción que se hace al orador. *Bras.* Apartado, aparte (del ganado).

APARTEAR *v. tr.* Interrumpir al orador.

APARVALHADO, DA *adj. P. p.* de *Aparvalhar*. Atontado; Atolondrado. Necio, estúpido, tonto.

APARVALHAR (llar) *v. tr.* Atontar; atolondrar; poner tonto. Ú. t. c. r.

APARVOADO, DA *adj. P. p.* de *Aparvoar*. Algo idiota, muy tonto.

APARVOAR *v. tr.* Poner idiota.

APASCENTADOR, RA *adj.* Apacentador. Ú. t. c. s.

APASCENTAMENTO *m.* Apacentamiento.

APASCENTAR *v. tr.* Apacentar. Ú. t. c. r.

APASCENTO *m.* Lo mismo que APASCENTAMENTO.

APASSAMANADO, DA (sa) *adj. P. p.* de *Apassamanar*. Pasamanado.

APASSAMANAR (sa) *v. tr.* Pasamanar.

APASSIVAÇÃO (sivasáum) *f.* Acción y efecto de *Apassivar*.

APASSIVADO, DA (si) *adj. P. p.* de *Apassivar*. Empleado en la voz pasiva.

APASSIVAR (si) *v. tr. Gram.* Poner o emplear en la voz pasiva.

APATACADO, DA *adj. Bras.* Acaudalado, endinerado, rico.

APATETADO, DA *adj. P. p.* de *Apatetar*. Necio, imbécil, alelado.

APATETAR *v. tr.* Atontar, atolondrar, alelar, volver necio o imbécil. Ú. t. c. r.

APATIA (tía) *f.* Apatía, impasibilidad, indiferencia; dejadez, indolencia.

APATIZAR (zar) *v. tr.* Poner apático.

APAULADO, DA *adj. P. p.* de *Apaular*. Pantanoso, lleno de paúles.

APAULAR *v. tr.* Apantanar, convertir en pantano o paúl. Ú. t. c. r.

APAVONAR *v. tr.* Lo mismo que EMPAVONAR.

APAVORADOR, RA *adj.* Que causa pavor, aterrorizador, aterrado.

APAVORAMENTO *m.* Amedrentamiento. Acción y efecto de *Apavorar*.

APAVORANTE *adj.* Que aterroriza, que amedrenta, que causa pavor; despeluzante.

APAVORAR *v. tr.* Aterrorizar, aterrar, amedrentar, causar pavor o terror. Ú. t. c. r.

APAZIGUADO, DA (zi) *adj. P. p.* de *Apaziguar*. Apaciguado, sosegado, aplacado, aquietado, pacificado.

APAZIGUADOR, RA (zi) *adj.* Apaciguador. Ú. t. c. s.

APAZIGUAMENTO (zi) *m.* Apaciguamiento.

APAZIGUANTE (zi) *adj.* Que apacigua, sosiega o aplaca.

APEADEIRA *f.* Apeadero (punto de parada de trenes de viajeros, sin apartadero, muelle ni otras cosas propias de una estación).

APEANHADO, DA (ña) *adj.* Parecido a una peana o peaña. Puesto en una peana.

APEAR *v. tr.* Apear, bajar de su sitio alguna cosa. *v. intr.* Apearse (de una caballería o carruaje). Ú. t. c. r.

APEDANTADO, DA *adj.* Algo pedante.

APEDANTAR *v. tr.* Hacer pedante. Ú. t. c. r.

APEDRAR *v. tr.* Lo mismo que APEDREJAR. Guarnecer de piedras preciosas. *v. intr.* Empedernirse. *v. tr. fig.* Adornar, aderezar.

APEDREJADO, DA (ja) *adj. P. p.* de *Apedrejar*. Apedreado, lapidado.

APEDREJADOR, RA (ja) *adj.* Apedreador. Ú. t. c. s.

APEDREJAMENTO (ja) *m.* Apedreamiento, apedreo.

APEDREJAR (jar) *v. tr.* Apedrear, tirar piedras a una persona o cosa; lapidar, matar a pedradas. *fig.* Insultar, ofender. *v. intr.* Hacer apedreamiento, apedrear.

APEGAÇÃO (sáum) *f. For.* Ato de posesión. Apego.

APEGADIÇO, ÇA (so) *adj.* Pegadizo, pegajoso. Contagioso. Viscoso, glutinoso.

APEGAMENTO *m.* Pegamiento. Apego, afición particular.

APEGAR *v. tr.* Aficionar, causar afición. Pegar, contagiar. *v. r.* Enredarse. Agarrarse, asirse. Apegarse, cobrar apego, afecto o afición. Ahondarse. Dedicarse. *v. intr.* Echar a pique.

APEGO (pé) *m.* Apego, afición particular, interés, cariño. Ahinco, constancia. Insistencia, reiteración, porfía. Timón (del arado).

APEGUILHO (llo) *m. dim.* de *Apego*. 1ª acep.

APEIRAGEM (jem) *f.* Apero, trebejos para uncir los bueyes.

APEIRAR *v. tr.* Uncir.

APEIRO *m.* Apero (instrumentos y trebejos propios para la labranza). Lo mismo que APEIRAGEM. *Bras.* Apero, recado de montar.

APELAÇÃO (sáum) *f. For.* Apelación. Llamamiento.

APELANTE *adj.* Apelante. Ú. t. c. s.

APELAR *v. intr. For.* Apelar. *v. tr.* Apelar, recurrir a una persona, valerse de ella. Pedir socorro. Apellidar, convocar, llamar. *v. r.* Llamarse, apellidarse, nombrarse.

APELATIVO *adj. Gram.* Apelativo (dícese del nombre que conviene a todos los individuos de la misma clase). Ú. t. c. s.

APELATÓRIO, RIA (tò) *adj.* Relativo a la apelación.

APELÁVEL *adj.* Apelable.

APELIDAÇÃO (sáum) *f.* Apellidamiento, acción de apellidar o nombrar. Acción de apodar.

APELIDAR *v. tr.* Apellidar, nombrar. Ú. t. c. r. Apodar, poner apodos. Ú. t. c. r.

APELIDO *m.* Apellido, nombre de familia. Apodo (nombre que suele darse a una persona, tomado de sus defectos corporales o de alguna otra circunstancia).

APELINTRADO, DA *adj.* Lo mismo que AJANOTADO.

APELINTRAR-SE *v. r.* Lo mismo que AJANOTAR-SE.

APELO (pé) *m.* Apelación, recurso. Apellido, llamamiento, convocación.

APENAS *adv. m.* Sólo, solamente, únicamente. Apenas, casi no. *adv. t.* Apenas, luego que, al punto que. *adv. m.* Apenas, penosamente, difícilmente.

APENDER *v. tr.* Lo mismo que APENSAR.

APÊNDICE (pén) *m.* Apéndice. *Anat.* Apéndice. *Anat.* Apéndice cecal vermicular o vermiforme.

APENDICITE *f.* Apendicitis.

APENDOADO, DA *adj.* Adornado con pendones; embanderado. Dícese del maíz que comienza a echar la panoja.

APENDOAMENTO *m.* Acción y efecto de **APENDOAR** *v. tr.* Adornar con pendones; embanderar. *v. intr.* Comenzar las plantas a echar panojas.

APENEDADO, DA *adj.* Peñascoso. Parecido a un peñasco o peña.

APENHADO, DA (ña) *adj.* Peñascoso. Parecido a una peña.

APENHASCADO, DA (ñas) *adj.* Peñascoso. Parecido a un peñasco.

APENSAR *v. tr.* Juntar, unir documentos a los autos de un proceso.

APENSO, SA *adj.* Anejo, unido, agregado. Suspenso. Inclinado, dispuesto. *m.* Documento unido a los autos de un proceso.

APENTEADO, DA *adj.* Parecido a un peine.

APEPINAÇÃO (sáum) *f.* Lo mismo que APEPINAMENTO.

APEPINADO, DA *adj. P. p.* de *Apepinar*. Ridiculizado, escarnecido, burlado.

APEPINAMENTO *m.* Escarnio; acción de **APEPINAR** *v. tr.* Ridiculizar, escarnecer, burlarse de.

APEQUENADO, DA *adj. P. p.* de *Apequenar*. Achicado, reducido a menos.

APEQUENAR *v. tr.* Achicar, reducir a menos. Ú. t. c. r.

APEQUENITAR *v. tr.* Empequeñecer, apocar.

APERALTADO, DA *adj. P. p.* de *Aperaltar*. Lo mismo que AJANOTADO.

APERALTAR *v. tr.* Lo mismo que AJANOTAR. Ú. t. c. r.

APERALVILHADO, DA (lla) *adj. P. p.* de *Aperalvilhar*. Lo mismo que AJANOTADO.

APERALVILHAR (llar) *v. tr.* Dar modales o hábitos de petimetre o pisaverde. Ú. t. c. r.

APERAR *v. tr.* Enjaezar. Asear, adornar.

APERÇÃO (sáum) *f.* Aperción, apertura. Prólogo, exordio, principio. Lanceta (abertura que se hace con lanceta).

APERCEBER *v. tr.* Percibir, comprender, notar, ver, conocer. Apercibir, preparar, prevenir, disponer, aprestar. Ú. t. c. r. Proveer, abastecer. Ú. t. c. r. *v. r.* Percibir, darse cuenta.

APERCEBIDO, DA *adj. P. p.* de *Aperceber*. Percibido, conocido, comprendido, visto. Apercibido, aprestado, preparado. Provisto, abastecido. Prevenido.

APERCEBIMENTO *m.* Apercibimiento. Percepción. Apresto, preparación, disposición. Provisión. *pl.* Municiones de boca y de guerra. — *de guerra.* Munición de guerra; armamento.

APERCEBÍVEL *adj.* Perceptible, que se puede percibir o comprender.

APERCEPÇÃO (sáum) *f.* Apercepción.

APERFEIÇOADAMENTE (soa) *adv. m.* Perfectamente.

APERFEIÇOADO, DA (soa) *adj. P. p.* de *Aperfeiçoar*. Perfeccionado.

APERFEIÇOADOR, RA (soa) *adj.* Perfeccionador. Ú. t. c. s.

APERFEIÇOAMENTO (soa) *m.* Perfeccionamiento. Mejoramiento.

APERFEIÇOAR (soar) *v. tr.* Perfeccionar. Ú. t. c. r. Mejorar, adelantar una cosa, hacerla mejor.

APERFEIÇOÁVEL (soá) *adj.* Que puede ser mejorado o perfeccionado.

APERGAMINHADO, DA (ña) *adj. P. p.* de *Apergaminhar*. Apergaminado.

APERGAMINHAR (ñar) *v. tr.* Dar a una cosa apariencia de pergamino.

APERITIVO, VA *adj.* Aperitivo. Ú. t. c. s.

APEROLADO, DA *adj.* Aperlado.

APEROLAR *v. tr.* Dar a una cosa la forma, el color o el luciente de una perla.

APERRAR *v. tr.* Amartillar (un arma de fuego). Lo mismo que EMPERRAR.

APERREAÇÃO (sáum) *f.* Lo mismo que APERREAMENTO.

APERREADO, DA *adj. P. p.* de *Aperrear*. Aperreado, trabajoso, molesto. Oprimido. Que vive con dificultad. Triste, aburrido. Lo mismo que ENFEZADO.

APERREAMENTO *m.* Aperreo.

APERREAR *v. tr.* Aperrear, molestar, fatigar, importunar, cansar. Ú. t. c. r.

APERRONHAR (ñar) *v. tr. Port.* Lo mismo que APERREAR.

APERTADA *f.* Abertura, desfiladero.

APERTADAMENTE *adv. m.* Apretadamente, estrechamente.

APERTADEIRA *f.* Lo mismo que APERTADOURO.

APERTADELA (dè) *f.* Apretadura.

APERTADO, DA *adj. P. p.* de *Apertar.* Apretado (arduo, difícil; estrecho, angosto; escaso; mezquino, tacaño; apremiante, urgente; apurado, necesitado, afligido).

APERTADOR, RA *adj.* Apretador. *m.* Apretador (cintillo con que las mujeres se recogían el pelo).

APERTADOURO *m.* Apretador (faja que se pone a los niños que están en mantillas).

APERTAMENTO *m.* Apretadura. Apretamiento, aprieto. Rigor, austeridad, severidad.

APERTANTE *adj.* Que aprieta.

APERTÃO (táum) *m.* Apretón (apretadura fuerte y rápida). Aprieto (opresión causada por el gentío).

APERTAR *v. tr.* Apretar (estrechar con fuerza, comprimir). Estrujar, exprimir, sacar el zumo. Ajustar, abotonar. Apretar, arreciar. Estrechar. Disminuir, acortar. *fig.* Apretar, afligir, angustiar. *fig.* Apretar, acosar, estrechar, apurar a alguien. *fig.* Apretar, instar con empeño y eficacia. Aumentar la intencidad; hacer más activo. Apresurar.

APERTO (pér) *m.* Aprieto, ahogo, conflito, apuro. Aprieto, apretura causada por el gentío. Paso estrecho, desfiladero. Rigor, severidad. Pobreza. Desgracia, dificultad. Aflicción, angustia.

APERTURA *f.* Lo mismo que APERTO.

APESAR DE (zar) *m. adv.* A pesar de, no obstante, contra la voluntad o gusto de las personas, contra la fuerza o resistencia de las cosas. — *que, m. conjunt.* Aunque.

APESARAR (za) *v. tr.* Apesarar, apesadumbrar, apenar. Ú. t. c. r.

APESPONTAR *v. tr.* Lo mismo que PESPONTAR.

APESTANADO, DA *adj.* Pestañoso.

APESTEAR *v. intr.* Enfermar, apestarse.

APETALADO, DA *adj.* Apétalo.

APETECER *v. tr.* Apetecer, desear una cosa, tener gana de ella. *fig.* Apetecer, desear, ambicionar, aspirar.

APETECÍVEL *adj.* Apetecible.

APETIBILIDADE *f.* Calidad de apetecible.

APETITAR *v. tr.* Causar apetito.

APETITE *m.* Apetito (gana de comer; lo que excita algún deseo).

APETITÍVEL *adj.* Apetecible.

APETITOSO, SA (ozo, òza) *adj.* Apetitoso (que despierta el apetito; gustoso, sabroso).

APETRECHADO, DA (cha) *adj. P. p.* de *Apetrechar.* Pertrechado.

APETRECHAMENTO (cha) *m.* Acción de pertrechar.

APETRECHAR (char) *v. tr.* Pertrechar.

APETRECHO (cho) *m.* Pertrechos.

APEZINHADO, DA (ziña) *adj. P. p.* de *Apezinhar.* Lo mismo que ESPEZINHADO.

APEZINHAR (ziñar) *v. tr.* Lo mismo que ESPEZINHAR.

APIÁRIO, RIA *adj.* Apiario. *m.* Establecimiento de apicultura.

APICAÇAR (sar) *v. tr.* Lo mismo que ESPICAÇAR.

ÁPICE *m.* Ápice.

APICHELADO, DA (che) *adj.* De figura de pichel.

APIEDADOR, RA *adj.* Apiadador. Ú. t. c. s.

APIEDAR *v. tr. p. us.* Apiadar (causar, motivar, piedad). *v. r.* Apiadarse, compadecerse.

APIMENTADO, DA *adj. P. p.* de *Apimentar.* Sazonado con pimienta. *fig.* Apetitoso, picante. *fig.* Algo verde o libre.

APIMENTAR *v. tr.* Sazonar con pimienta. *fig.* Estimular, excitar, causar apetito. *fig.* Hacer algo verde, libre o picante.

APIMPOLHAR-SE (llar) *v. r.* Pimpollecer, pimpollear, apimpollarse.

APINCELAR *v. tr.* Dar figura de pincel a alguna cosa. Blanquear, enlucir (con cal).

APINGENTAR (jen) *v. tr.* Dar figura de arambel a alguna cosa. Poner arambeles.

APINHADO, DA (ña) *adj. P. p.* de *Apinhar.* Apiñado (que tiene forma de piña). Apiñado, amontonado, apretado.

APINHAR (ñar) *v. tr.* Apiñar, agrupar, apretar, juntar estrechamente personas o cosas). Ú. t. c. r. Dar forma de piña a alguna cosa.

APINHOADO, DA (ñoa) *adj. P. p.* de *Apinhoarse.* Apiñado, lleno, apretado, amontonado.

APINHOAR-SE (ñoar) *v. r.* Apiñarse.

APINHOCAR (ño) *v. tr.* Lo mismo que APINHAR.

APIPAR *v. tr.* Dar figura de pipa o tonel a alguna cosa. Poner en pipa o tonel.

APIRITO *m.* Apirita.

APISOADO, DA (zoa) *adj. P. p.* de *Apisoar.* Apisonado.

APISOADOR (zoa) *m.* Apisonador.

APISOAMENTO (zoa) *m.* Apisonamiento.

APISOAR (zoar) *v. tr.* Apisonar.

APISTEIRO *m.* Pistero.

APISTO *m.* Pisto (para enfermos)

APITAR *v. intr.* Pitar (tocar o sonar el pito).

APITO *m.* Pito, silbato, chifla. Silbo.

APLACAÇÃO (sáum) *f.* Aplacamiento.

APLACAMENTO *m.* Aplacamiento.

APLACANTE *adj.* Aplacador.

APLACAR *v. tr.* Aplacar, mitigar, suavizar, amansar, sosegar; apaciguar. Ú. t. c. r.

APLACÁVEL *adj.* Aplacable.

APLAINAÇÃO (sáum) *f.* Lo mismo que APLAINAMENTO.

APLAINADO, DA *adj. P. p.* de *Aplainar.* Aplanado, allanado. Acepillado, labrado con cepillo.

APLAINADOR, RA *adj.* Allanador, aplanador. Acepillador. Ú. t. c. s.

APLAINAMENTO *m.* Aplanamiento, allanamiento. Acepilladura (acción).

APLAINAR *v. tr.* Acepillar, labrar o allanar con el cepillo. Lo mismo que APLANAR.

APLANAÇÃO (sáum) *f.* Lo mismo que APLANAMENTO.

APLANADO, DA *adj. P. p.* de *Aplanar.* Lo mismo que APLAINADO.

APLANADOR, RA *adj.* Aplanador, allanador.

APLANAMENTO *m.* Aplanamiento, allanamiento.

APLANAR *v. tr.* Aplanar, allanar. *fig.* Allanar, vencer alguna dificultad.

APLASTAR *v. tr. Bras. sul.* Lo mismo que ABOMBAR.

APLASTRAR *v. tr.* Lo mismo que APLASTAR.

APLAUDENTE *adj.* Que aplaude, aplaudidor.

APLAUDIDAMENTE *adv. m.* Con aplauso o alabanza.

APLAUDIR *v. tr.* Aplaudir. *fig.* Aplaudir, celebrar, elogiar, alabar.

APLAUDÍVEL *adj.* Aplaudible.

APLAUSÍVEL (zí) *adj.* Aplaudible, plausible; alabable.

APLAUSO (zo) *m.* Aplauso. Alabanza, elogio.

APLEBEAR-SE *v. r.* Aplebeyarse.

APLICABILIDADE *f.* Aplicabilidad.

APLICAÇÃO (sáum) *f.* Aplicación. *fig.* Aplicación, esmero, diligencia.

APLICADAMENTE *adv. m.* Con aplicación, esmero o diligencia.

APLICADO, DA *adj. P. p.* de *Aplicar.* Aplicado. *fig.* Aplicado, dedicado. *m.* Parroquiano.

APLICAMENTO *m.* Lo mismo que APLICAÇÃO.

APLICANDO, DA *adj.* Aplicable, aplicadero.

APLICANTE *adj.* Aplicador, que aplica.

APLICAR *v. tr.* Aplicar. Ú. t. c. r.

APLICÁVEL *adj.* Aplicable.

APLOMADO, DA *adj. Taur.* Aplomado.

APNÉIA (nèia) *f.* Apnea.

APO *m.* Ave del Paraíso.

APOCALIPSE *m.* Apocalipsis.

APOCININA *f.* Apócina.

APÓCOPE (pò) *f. Gram.* Apócopa, apócope.

APOCÓPICO, CA (cò) *adj.* Apocopado.

APOCRIFIDADE *f.* Calidad de apócrifo.

APÓCRIFO, FA (pò) *adj.* Apócrifo.

APODADO, DA *adj. P. p.* de *Apodar.* Chanceado. Apodado. Calculado, computado. Comparado, contrastado.

APODADOR, DA *adj.* Apodador. Chancero, que acostumbra a usar chanzas.

APODADURA *f.* Zumba, chiste, chanza, apodo.

APODAR *v. tr.* Apodar. Chancear, ridiculizar, burlarse de. Comparar, contrastar. *ant.* Computar, calcular.

ÁPODE *adj.* Ápodo.

APODENGADO, DA *adj.* Apodencado.

APODERAMENTO *m.* Apoderamiento.

APODERAR-SE *v. tr.* Apoderar-se, hacerse uno dueño de algo.

APODO (pó) *f.* Zumba, burla, chiste, chanza. Apodo.

APODRECER *v. tr.* Pudrir, podrir, corromper, podrecer. Ú. t. c. r. *v. intr.* Pudrirse.

APODRECIDO, DA *adj. P. p.* de *Apodrecer.* Podrido, pudrido.

APODRECIMENTO *m.* Pudrición, putrefacción.

APODRENTAMENTO *m.* Lo mismo que APODRECIMENTO.

APODRENTAR *v. tr.* Lo mismo que APODRECER.

APÓFISE (pòfize) *f.* Apófisis.

APOFISIÁRIO, RIA (zia) *adj.* Apofisario.

APOGEU (jeu) *m.* Apogeo.

APOGÃO (gáum) *m. Bot.* Apogón.

APOIADO, DA *adj. P. p.* de *Apoiar.* Apoyado, arrimado, amparado. Patrocinado, protegido. Confirmado, probado. *m.* Aplauso. Aprobación.

APOIADOR, RA *adj.* Apoyador. Ú. t. c. s.

APOIAR *v. tr.* Apoyar, hacer que una cosa descanse sobre otra. Ú. t. c. r. *fig.* Apoyar, ayudar, proteger, amparar, patrocinar, favorecer, sostener; confirmar, corroborar, probar, sostener algo.

APOIO *m.* Apoyo, lo que sirve de sostén. *fig.* Apoyo, protección, ayuda, arrimo, auxilio, amparo. *fig.* Aprobación.

APOJADO, DA (ja) *adj. P. p.* de *Apojar.*

APOJADURA (ja) *f.* Apoyadura.

APOJAMENTO (ja) *m.* Lo mismo que APOJADURA. *Bras. Río Gr. del Sur.* Acción de *Apojar.* 2ª acep.

APOJAR (jar) *v. tr.* Llenar de leche u otro líquido. Ú. t. c. r. *Bras. Río Gr. del Sur.* Apoyar (sacar el apoyo a las vacas). Mamar el ternero por segunda vez.

APOJATURA (ja) *f. Mús.* Apoyatura.

APOJO (pójo) *m.* Apoyo (de las vacas).

APOLEAR *v. tr.* Supliciar en el tronco. *fig.* Molestar, importunar, enfadar, incomodar.

APOLEGAR *v. tr.* Tentar, sobar con los dedos o las manos.

APOLEIRAR *v. tr.* Lo mismo que EMPOLEIRAR. Ú. t. c. intr. y r.

APOLEJAR (jar) *v. tr.* Lo mismo que APOLEGAR.

APOLENTAR *v. tr.* Cebar o engordar con polenta.

APÓLICE (pò) *f.* Póliza (documento justificativo del contrato en seguros, fletamento, operaciones de bolsa y otras negociaciones comerciales). — *de carga.* Póliza de fletamento. — *de seguro.* Póliza de seguro.

APOLÍNEO, NEA *adj.* Apolíneo; apolino.

APOLOGAÇÃO (sáum) *f.* Apólogo, fábula.

APOLOGAL *adj.* Apológico, apólogo.

APOLOGIA (jía) *f.* Apología.

APÓLOGO (pò) *m.* Apólogo, fábula.

APOLTRONADO, DA *adj. P. p.* de *Apoltronar.* Acobardado, hecho covarde. Sentado en silla poltrona.

APOLTRONAR *v. tr.* Sentar en silla poltrona. Ú. t. c. r. v. r. Acobardarse.

APOLVILHAR (llar) *v. tr.* Lo mismo que POLVILHAR.

APOMPAR *v. tr.* Hacer pomposo o magnífico.

APONEUROSE (ròse) *f.* Aponeurosis.

APONEVROLOGIA (jía) *f.* Aponeurología.

APONEVROSE (vròze) *f.* Aponeurosis.

APONEVRÓTICO, CA (vrò) *adj.* Aponeurótico.

APONEVROTOMIA (mía) *f.* Aponeurotomía.

APONEVRÓTOMO (vrò) *m.* Aponeurótomo.

APONTADAMENTE *adv. m.* Al punto, puntualmente. Agudamente, con punta. Señaladamente.

APONTADO, DA *adj. P. p.* de *Apontar.* Apuntado. Indicado, señalado, designado. Lembrado, propuesto.

APONTADOR *m.* Traspunte, apuntador. Apuntador, artillero que apunta. Manecilla, aguja.

APONTAMENTO *m.* Apuntamiento, apunte, asiento, nota.

APONTAR *v. tr.* Apuntar, asentar, tomar nota por escrito, anotar. Apuntar, asestar. Mirar hacia algun fin. Apuntar, apostar. Apuntar (en la representación escénica). Apuntar, insinuar, señalar, sugerir. *v. r.* Adornarse, componerse, acicalarse.

APONTAR *v. tr.* Apuntar, señalar, indicar. Designar, enseñar, mostrar. Indicar (con el dedo). Nombrar, mencionar; citar. Alegar. Apuntar, aguzar, sacar punta a. Apuntar, asestar un arma en alguna dirección. *v. intr.* Enseñar la punta. Germinar, abrollar. Lo mismo que REPONTAR. Aparecer, mostrarse, enseñarse; empezar a aparecer.

APONTÁVEL *adj.* Que puede ser apuntado.

APONTEAR *v. tr.* Apuntar (unir ligeramente por medio de puntadas). Hilvanar.

APONTOADO, DA *adj.* Apuntalado. Apoyado. Hilvanado.

APONTOAR *v. tr.* Apuntalar. Apoyar, soster. Hilvanar, apuntar.

APOPLÉCTICO, CA (plèc) *adj.* Apoplético.

APOPLEXIA (xía) *f.* Apoplejía.

APOQUENTAÇÃO (sáum) *f.* Importunación. Aflicción, incomodidad.

APOQUENTADO, DA *adj. P. p.* de *Apoquentar.* Oprimido, afligido, incomodado. Importunado, molestado, cansado. Aburrido.

APOQUENTAR *v. tr.* Apocar, disminuir, achicar. Afligir, incomodar. Ú. t. c. r. Molestar, enfadar, importunar, cansar; aburrir. Ú. t. c. r.

APOR *v. tr.* Poner junto. Añadir, aumentar, juntar. Aplicar, imponer, poner encima.

APORFIAR *v. tr.* Porfiar.

APORISMAR *v. intr.* Aporismarse; apostemarse. Ú. t. c. r.

APORREAMENTO *m.* Aporreadura, aporreo, aporreamiento. Acción de

APORREAR *v. tr.* Aporrear, golpear, dar de palos o porrazos. *fig.* Afligir, vejar, molestar.

APORRETAR *v. tr.* Aporrear.

APORRINHAÇÃO (ñasáum) *f.* Importunación, aburriminento, incomodidad, molestia.

APORRINHAMENTO (ña) *m.* Lo mismo que APORRINHAÇÃO.

APORRINHAR (ñar) *v. tr.* Incomodar, importunar, molestar, afligir, aburrir.

APORTAMENTO *m.* Acción de

APORTAR *v. tr.* Aportar, tomar puerto, arribar a un puerto. Desembarcar. Venir, llegar.

APORTILHADO, DA (lla) *adj. P. p.* de *Aportilhar.* Aportillado.

APORTILHAR (llar) *v. tr. ant.* Aportillar.

APORTINHAR (ñar) *v. tr.* Lo mismo que APORTILHAR.

APORTUGUESAMENTO (za) *m.* Acción y efecto de

APORTUGUESAR (zar) *v. tr.* Acomodar al uso o estilo de los portugueses o a la lengua portuguesa.

APÓS (pòs) *adv. t.* Atrás, en seguida, después. — *de. m. adv.* Atrás.

APOSENTAÇÃO (zentasáum) *f.* Aposentamiento. Retiro (situación del empleado retirado).

APOSENTADO, DA (zen) *adj. P. p.* de *Aposentar.* Aposentado. Jubilado, retirado.

APOSENTADOR, RA (zen) *adj.* Aposentador. Ú. t. c. s. Que jubila. Ú. t. c. s.

APOSENTADORIA (zentadoría) *f.* Aposentamiento. Jubilación, retiro.

APOSENTAMENTO (zen) *m.* Aposentamiento.

APOSENTAR (zen) *v. tr.* Aposentar, dar alojamiento; hospedar, alojar. Ú. t. c. r. Jubilar. Ú. t. c. r.

APOSENTO (zen) *m.* Aposento, cuarto, estancia, pieza de una casa. Casa, residencia.

APOSIÇÃO (zi) *f.* Aposición.

APOSSADO, DA (sa) *adj. P. p.* de *Apossar.* Apoderado. Posesionado.

APOSSADOR, RA (sa) *adj.* Poseedor. Ú. t. c. s. Que pone en posesión. Ú. t. c. s.

APOSSAMENTO (sa) *m.* Posesión. Apoderamiento.

APOSSAR (sar) *v. tr.* Posesionar. Ú. t. c. r. Tomar posesión. Dominar, enseñorear. *v. r.* Apoderarse, hacerse dueño de algo. Posesionarse.

APOSSEADO, DA (sea) *adj. P. p.* de *Apossear.* Lo mismo que APOSSADO.

APOSSEAR (se) *v. tr. p. us.* Lo mismo que APOSSAR.

APOSTA (pòs) *f.* Apuesta. Apunete; puesta.

APOSTADAMENTE *adv. m.* Aposta, adrede, de intento.

APOSTADO, DA *adj. P. p.* de *Apostar.* Apuntado. Apostado. Resuelto, determinado.

APÒSTAMENTE (pòs) *adv. m. ant.* Apuestamente.

APOSTAR *v. tr.* Apuntar, jugar, apostar una cantidad a. Apostar (convenir los que disputan en perder algo quien estuviere equivocado). *v. r.* Determinarse, tomar una resolución.

APOSTASIA (zía) *f.* Apostasía.

APOSTATAR *v. intr.* Apostatar. Ú. t. c. tr. con las preposiciones *de* o *para.*

APOSTÁTICO, CA *adj.* Relativo a la apostasía.

APOSTEMAÇÃO (sáum) *f.* Apostemación.

APOSTEMAR *v. intr.* Apostemarse.

APOSTEMEIRO *m.* Apostemero.

APOSTILA *f.* Apostilla.

APOSTILADO, DA *adj. P. p.* de *Apostilar.* Apostillado.

APOSTILADOR, RA *adj.* Que apostilla. Ú. t. c. s.

APOSTILAR *v. tr.* Apostillar, poner apostillas.

APOSTILHA (lla) *f.* Lo mismo que APOSTILA.

APOSTILHAR (llar) *v. tr.* Lo mismo que APOSTILAR.

APOSTO, TA (posto, pòsta) *adj. P. p. irreg.* de *Apor.* Añadido, anejado, acrescentado. Apuesto, ataviado. *m.* Apuesto, epíteto.

APÓSTOLA (pòs) *f.* de *Apóstolo.*

APOSTOLADO *m.* Apostolado (ministerio de apóstol; congregación de los apóstoles).

APOSTOLAR *adj.* Apostólico.

APOSTOLAR *v. tr.* Apostolizar.

APOSTOLICIDADE *f.* Apostolicidad.

APOSTOLICISMO *m.* Doctrina Apostólica.

APOSTÓLICO, CA (tò) *adj.* Apostólico.

APÓSTOLO (pòs) *m.* Apóstol.

APOSTROFAR *v. tr.* Apostrofar (dirigir apóstrofes; poner apóstrofo).

APÓSTROFE (apòs) *f. Ret.* Apóstrofe.

APÓSTROFO (pòs) *m. Gram.* Apóstrofo.

APOSTULAR *v. tr.* Lo mismo que POSTULAR.

APÓTEMA (pò) *m. Geom.* Apotema.

APOTENTADO, DA *adj. P. p.* de *Apotentar.* Poderoso, fuerte.

APOTENTAR *v. tr.* Hacer poderoso o fuerte. Ú. t. c. r.

APOTEOSAMENTO (za) *m.* Glorificación.

APOTEOSAR (zar) *v. tr.* Glorificar.

APOTEOSE (teòze) *f.* Apoteosis.

APOTEÓTICO, CA (teò) *adj.* Perteneciente o relativo a la apoteosis.

APOTEOTIZAR (zar) *v. tr.* Glorificar, divinizar.

APÓTESE (pòteze) *f. Cir.* Apotesis.

APOUCADAMENTE *adv. m.* Apocadamente.

APOUCADO, DA *adj. P. p.* de *Apoucar.* Apocado.

APOUCAMENTO *m.* Apocamiento.

APOUCAR *v. tr.* Apocar. *v. r.* Apocarse.

APOUQUENTAR *v. tr. ant.* Lo mismo que APOQUENTAR.

APOUSAR (zar) *v. intr.* Aposentarse, hospedarse, alojarse.

APÓZEMA (pòze) *f.* Apócema, pócima.

APOZEMAR (ze) *v. tr.* Ministrar apócemas.

APRAZADO, DA (za) *adj. P. p.* de *Aprazar.* Aplazado.

APRAZADOR, RA (za) *adj.* Que aplaza. *m.* El que aplaza.

APRAZAMENTO (za) *m.* Aplazamiento.

APRAZAR (zar) *v. tr.* Aplazar, citar, convocar, llamar, fijando fecha y sitio.

APRAZENTE (zen) *adj.* Aplaciente.

APRAZENTEIRO, RA (zen) *adj.* Placentero, alegre.

APRAZER (zer) *v. tr.* Aplacer, agradar, satisfacer, contentar. Ú. t. c. r.

APRAZERADO, DA (ze) *adj.* Placentero, alegre, que gusta los placeres.

APRAZIBILIDADE (zi) *f.* Aplacibilidad.

APRAZIMENTO (zi) *m.* Aplacimiento.

APRAZÍVEL (zí) *adj.* Aplacible, agradable, placentero.

APRAZIVELMENTE (zí) *adv. m.* Aplaciblemente. Agradablemente.

APREAR *v. tr.* Lo mismo que PREAR.

APREÇADO, DA (sa) *adj. P. p.* de *Apreçar.* Apreciado (valuado, tasado). Apreciado, estimado.

APREÇAMENTO (sa) *m.* Apreciación.

APREÇAR (sar) *v. tr.* Apreciar (valuar, tasar, poner precio). *fig.* Apreciar, estimar.

APREÇÁVEL (sa) *adj.* Apreciable (capaz de ser apreciado, tasado o valuado).

APRECIAÇÃO (sáum) *f.* Apreciación.

APRECIADO, DA *adj. P. p.* de *Apreciar.* Apreciado (valuado; estimado).

APRECIAMENTO *m.* Apreciación.

APRECIAR *v. tr.* Apreciar, hacer estimación de una persona o cosa. Apreciar, valuar. Apreciar, graduar el valor o mérito de algo. Considerar.

APRECIÁVEL *adj.* Apreciable.

APREÇO (prèso) *m.* Aprecio, apreciación, estimación. Valor, estima, consideración.

APREENDEDOR, RA *adj.* Aprehensor. Ú. t. c. s.

APREENDER *v. tr.* Aprehender, coger, asir, atrapar, prender. Aprehender, concebir o percibir sin juzgar. *v. r.* Sospechar, recelar, temer.

APREENDIDO, DA *adj. P. p.* de *Apreender.* Aprehendido.

APREENSÃO (sáum) *f.* Aprehensión. Comprehensión. Recelo, sospecha, temor, aprensión. Embargo, secuestro. Imaginación, fantasía. Preocupación, cuidado, desvelo.

APREENSIBILIDADE *f.* Calidad de aprehensible.

APREENSIVAMENTE *adv. m.* Con aprehensión. Con preocupación, recelo, temor o desvelo.

APREENSÍVEL *adj.* Aprehensible.

APREENSIVO, VA *adj.* Aprehensivo. Receloso, preocupado.

APREENSO, SA *adj. P. p. irreg.* de *Apreender.* Aprehendido.

APREENSOR, RA *adj.* Aprehensor. Ú. t. c. s.

APREENSÓRIO, RIA (sò) *adj.* Aprehensório.

APREGOADO, DA *adj. P. p.* de *Apregoar.* Pregonado.

APREGOAMENTO *m.* Acción de pregonar.

APREGOAR *v. tr.* Pregonar.

APREGUIÇAR-SE (sar) *v. r.* Emperezar, emperezarse.

APREMADO, DA *adj. P. p.* de *Apremar.* Apremiado. Apretado; oprimido.

APREMAR *v. tr.* Apremiar. Apretar, comprimir.

APRENDER *v. tr.* Aprender, adquirir conocimientos estudiando, tomar algo en la memoria.

APRENDIZ *m.* Aprendiz.

APRENDIZADO (za) *m.* Lo mismo que

APRENDIZAGEM (zajem) *f.* Aprendizaje.

APRENSÃO (sáum) *f.* Aprehensión. Aprensión.

APRESAMENTO (za) *m.* Apresamiento.

APRESAR (zar) *v. tr.* Apresar, aprisionar. Apresar, hacer presa con las garras.

APRESENTAÇÃO (zentasáum) *f.* Presentación.

APRESENTADO, DA (zen) *adj. P. p.* de *Apresentar.* Presentado.

APRESENTADOR, RA (zen) *adj.* Presentador. Ú. t. c. s.

APRESENTANTE (zen) *adj.* Presentante.

APRESENTAR (zen) *v. tr.* Presentar. Ú. t. c. r.

APRESENTÁVEL (zen) *adj.* Presentable.

APRESILHAR (zillar) *v. tr.* Prender o assegurar con presillas.

APRESSADO, DA (sa) *adj. P. p.* de *Apressar.* Apresurado, acelerado. Pronto. Urgente. Diligente.

APRESSADOR, RA (sa) *adj.* Apresurador. Ú. t. c. s.

APRESSAMENTO (sa) *m.* Apresuramiento.

APRESSAR (sar) *v. tr.* Apresurar, dar prisa, acelerar. Ú. t. c. r. Estimular. Instar, instigar, incitar. *v. r.* Apresurarse, darse prisa.

APRESSURADO, DA (su) *adj. P. p.* de *Apressurar.* Apresurado; diligente; precipitado, atropellado.

APRESSURAMENTO (su) *m.* Prontitud, celeridad, presteza; precipitación; diligencia, prisa.

APRESSURAR (su) *v. tr.* Apresurar, acelerar. Ú. t. c. r. *v. r.* Apresurarse, precipitarse.

APRESTAMENTO *m.* Lo mismo que APRESTO. Lo mismo que APERCEBIMENTO.

APRESTAR *v. tr.* Aprestar, preparar, disponer, prevenir; aparejar; aprontar. *v. r.* Lo mismo que APERCEBER (v. r.).

APRESTE (prèste) *m.* Lo mismo que

APRESTO (près) *m.* Apresto; aparejo; pertrecho.
APRILINO, NA *adj.* Abrileño.
APRIMORADAMENTE *adv. m.* Primorosamente, perfectamente, con delicadeza, excelencia y acierto.
APRIMORADO, DA *adj. P. p.* de *Aprimorar.* Primoroso, excelente, delicado, perfecto.
APRIMORAMENTO *m.* Acción u efecto de
APRIMORAR *v. tr.* Hacer primoroso, perfeccionar. *v. r.* Esmerarse, primorear.
APRISCO *m.* Aprisco. Caverna. Madriguera. Cabaña.
APRISIONAMENTO (zio) *m.* Aprisionamiento.
APRISIONAR (zio) *v. tr.* Aprisionar, poner en prisión; apresar. *fig.* Aprisionar, atar, sujetar; cautivar.
APROAMENTO *m.* Acción y efecto de
APROAR *v. tr. Mar.* Aproar.
APROEJAR (jar) *v. tr.* Lo mismo que APROAR.
APROFUNDAR *v. tr.* Lo mismo que PROFUNDAR. Ú. t. c. r.
APRONTAR *v. tr.* Aprontar, prevenir, preparar, disponer con presteza; entregar algo sin demora. Concluir, acabar o finalizar una cosa. *v. r.* Disponerse, prepararse.
APROPINQUAÇÃO (sáum) *f.* Apropincuación.
APROPINQUAR *v. tr.* Acercar. *v. r.* Apropincuarse.
APROPOSITADO, DA (zi) *adj. P. p.* de *Apropositar.* Que viene a propósito; conveniente, oportuno, proporcionado. Discreto.
APROPOSITAR (zi) *v. tr.* Decir o hacer a propósito. Acomodar; adaptar. Venir a propósito. Apropiar, proporcionar.
APROPRIAÇÃO (sáum) *f.* Apropiación.
APROPRIADAMENTE *adv. m.* Apropiadamente.
APROPRIADO, DA *adj. P. p.* de *Apropriar.* Apropiado.
APROPRIADOR, RA *adj.* Apropiador. Ú. t. c. s.
APROPRIAR *v. tr.* Apropiar. *v. r.* Apropiarse.
APROVAÇÃO (sáum) *f.* Aprobación, acción de aprobar.
APROVADAMENTE *adv. m.* Aprobativamente.
APROVADO, DA *adj. P. p.* de *Aprovar.* Aprobado.
APROVADOR, RA *adj.* Aprobador. Ú. t. c. s.
APROVAR *v. tr.* Aprobar. Aplaudir. Consentir. Alabar. Autorizar, aprobar, calificar.
APROVATIVO, VA *adj.* Aprobativo.
APROVÁVEL *adj.* Aprobable.
APROVEITADAMENTE *adv. m.* Aprovechadamente.
APROVEITADO, DA *adj. P. p.* de *Aproveitar.* Aprovechado, aplicado, laborioso. Económico, detenido y parco en gastar.
APROVEITADOR, RA *adj.* Aprovechador. Ú. t. c. s.
APROVEITAMENTO *m.* Aprovechamiento.
APROVEITANTE *adj.* Aprovechante.
APROVEITAR *v. tr.* Aprovechar, utilizar, emplear útilmente algo. Aplicar. Sacar o dar provecho. *v. intr.* Aprovechar, servir algo de provecho, adelantar, haber progresos. *v. r.* Aprovecharse, utilizarse.
APROVEITÁVEL *adj.* Aprovechable.
APROVISIONAMENTO (zio) *m.* Abastecimiento, aprovisionamiento.
APROVISIONAR (zio) *v. tr.* Abastecer, avituallar, aprovisionar.
APROXIMAÇÃO (prosimasáum) *f.* Aproximación (acción de aproximar). Aproximación (en la lotería).
APROXIMAR (si) *v. tr.* Aproximar, arrimar, acercar. Ú. t. c. r.
APRUMADO, DA *adj. P. p.* de *Aprumar.* Aplomado, puesto a plomo. *fig.* Altivo, arrogante, orgulloso, altanero. *fig.* Aplomado, sesudo, judicioso.
APRUMAR *v. tr.* Aplomar, poner a plomo. *fig.* Hacer altanero o aplomado. *v. r.* Enderezarse. Ponerse tieso.
APRUMO *m.* Aplomamiento. Aplomo, serenidad, circunspección, gravedad, mesura. Altivez.
APTIDÃO (dáum) *f.* Aptitud.
APTITUDE *f.* Lo mismo que APTIDÃO.
APTO, TA *adj.* Apto, idóneo, hábil, capaz.
APUADO, DA (püa) *adj. P. p.* de *Apuar.* Puntiagudo. Lleno de püas. Pichado con püas.

APUAMENTO (püa) *m.* Acción y efecto de
APUAR (püar) *v. tr.* Pinchar con püas.
APUAVA (püa) *adj. Bras.* Espantadizo (dícese del caballo).
APUNHALADO, DA (ña) *adj. P. p.* de *Apunhalar.* Apuñalado.
APUNHALAR (ña) *v. tr.* Apuñalar.
APUNHAR (ñar) *v. tr.* Apuñar, empuñar. Apuñear, golpear con el puño.
APUPADA *f.* Rechifla. Burla, mofa; zumba, vaya.
APUPAR *v. tr.* Dar rechifla o grita a alguno.
APUPO *m.* Rechifla; vaya, zumba, chanza, burla, mofa.
APURAÇÃO (sáum) *f.* Apuración.
APURADO, DA *adj. P. p.* de *Apurar.* Apurado, purificado, limpiado. Esmerado, elegante. Apurado, pobre; dificultoso; agotado. *Bras.* En apuro o aprieto. Apurado, presuroso.
APURAMENTO *m.* Apuramiento. Averiguación, examen. Cómputo, cuenta.
APURAR *v. tr.* Apurar, purificar, limpiar. Apurar, agotar, acabar. Escoger. Apurar, averiguar, indagar. Reunir dinero (vendiendo algo). *v. intr.* Perfeccionarse, esmerarse. Ú. t. c. r. *v. r. Bras. merid.* Apresurarse.
APURATIVO, VA *adj.* Depurativo.
APURO *m.* Apuramiento. Apuro, aprieto, estrechez; aflicción, conflicto, situación comprometida. Elegancia, esmero.
APURPURADO, DA *adj.* Purpurado (vestido de púrpura). Purpúreo (de color de púrpura).
AQUADRILHAMENTO (cuadrilla). *m.* Acción y efecto de
AQUADRILHAR (cuadrillar) *v. tr.* Acuadrillar. Ú. t. c. r.
AQUAFORTE (cuafòr) *f.* Agua fuerte (grabado).
AQUAFORTISTA (cua) *m.* Aguafortista.
AQUARELA (cuarè) *f.* Aguarela.
AQUARELAR (cua) *v. tr.* Pintar aguarelas.
AQUÁRIO (cua) *m.* Acuario.
AQUARTELADO, DA (cuar) *adj. P. p.* de *Aquartelar.* Acuartelado.
AQUARTELAMENTO (cuar) *m.* Acuartelamiento.
AQUARTELAR (cuar) *v. tr.* Acuartelar. Ú. t. c. intr.
AQUARTILHADO, DA (cuartilla) *adj. P. p.* de *Aquartilhar.* Vendido o medido por cuartillos.
AQUARTILHAR (cuartillar) *v. tr.* Vender o medir por cuartillos.
AQUÁTICO, CA (cua) *adj.* Acuático.
AQUÁTIL (cuá) *adj.* Acuátil.
AQUEBRANTAR *v. tr.* Lo mismo que QUEBRANTAR.
AQUECEDOR, RA *adj.* Calentador. Ú. t. c. s. *m.* Calentador; brasero.
AQUECER *v. tr.* Calentar. *fig.* Calentar, avivar una cosa. *v. r.* Calentarse. *fig.* Calentarse, encenderse (cuando se disputa). *v. intr.* Calentarse, hacerse caliente.
AQUECIDO, DA *adj. P. p.* de *Aquecer.* Calentado.
AQUECIMENTO *m.* Calefacción. Calentamiento.
AQUECÍVEL *adj.* Que puede ser calentado.
AQUEDAR *v. tr.* Sosegar, aquietar.
AQUEDUTO *m.* Acueducto.
AQUELA (què) *pron. dem.* Aquella; la que. *Sem mais —. m. adv.* Sin cumplidos, sin ceremonia.
ÀQUELA (què) *contrac.* de la *prep. a* con el *pron. Aquela.*
AQUELE *pron. dem.* Aquel, aquello, el que, lo que. *m.* Aquél.
ÀQUELE *contrac.* de la *prep. a* con el *pron. Aquele.*
AQUELOUTRO *pron. dem.* y *adj.* Aquel otro (se emplea cuando hay más de un ser o objeto remoto).
ÀQUELOUTRO *contrac.* de la *prep. a* con el *pron. Aqueloutro.*
AQUÉM *adv. l.* Aquende, de la parte de acá.
AQUENTADO, DA *adj. P. p.* de *Aquentar.* Calentado.
AQUENTADOR, RA *adj.* Calentador. Ú. t. c. s.
AQUENTAMENTO *m.* Calentamiento.
AQUENTAR *v. tr.* Calentar. Ú. t. c. r.
AQUERENCIAR *v. tr. Bras. Río Gr. del Sur.* Acostumbrar el animal a tomar querencia a un lugar. *v. r.* Aquerenciarse (hablando de animales).

AQUI *adv. l.* Aquí, en este lugar, a este lugar. Acá. Aquí, en eso, en esto. Ú. en correlación con alí. *adv. t.* Aquí, ahora. — *del-rei! m. adv.* ¡Aquí del rey! ¡Favor al rey!
AQUIESCÊNCIA (cén) *f.* Aquiescencia, asenso, consentimiento. aprobación, beneplácito.
AQUIESCER *v. intr.* Aquiescer, acceder, condescender, deferir.
AQUIETAÇÃO (sáum) *f.* Quietación. Apaciguamiento.
AQUIETAR *v. tr.* Aquietar, apaciguar, sosegar, calmar, tranquilizar. Ú. t. c. r.
AQUILÃO (láum) *m.* Aquilón (norte; viento que sopla de dicha parte).
AQUILATAÇÃO (sáum) *f.* Aquilatamiento.
AQUILATAR *v. tr.* Aquilatar (determinar los quilates de; *fig.* apreciar debidamente las cualidades de).
AQUILÉGIA (lèjia) *f. Bot.* Aguileña, aquilegia.
AQUILÉIA (lèia) *f. Bot.* Aquilea, milenrama.
AQUILHADO, DA (lla) *adj.* Aquillado. Que tiene quilla.
AQUILINO, NA *adj.* Aguileño; aquilino, afilado.
AQUILO *pron. dem.* Aquello.
ÀQUILO *contrac.* de la *prep. a* con el *pron. aquilo.*
AQUILOMBADO, DA *adj. P. p.* de *Aquilombar. Bras.* Refugiado en *quilombo* (casa donde se ocultaban negros fugitivos).
AQUILOMBAR *v. tr.* Reunir en *quilombo* (casa donde se ocultaban los negros fugitivos).
AQUILÔNIO, IA (ló) *adj.* Aquilonal, aquilonar.
AQUINHOADO, DA (ñoa) *adj. P. p.* de *Aquinhoar.* Que recibió su parte.
AQUINHOADOR, RA (ñoa) *adj.* Distribuidor, partidor.
AQUINHOAMENTO (ñoa) *m.* División, distribución, partición, repartimiento.
AQUINHOAR (ñoar) *v. tr.* Partir, repartir, dividir, distribuir, dar a cada uno su parte.
AQUISIÇÃO (zisáum) *f.* Adquisición, adquirimiento.
AQUOSIDADE (cuozi) *f.* Acuosidad.
AQUOSO, SA (oso, òza) *adj.* Acuoso.
AR *m.* Aire. *fig.* Aire, apariencia, modo, aspecto, figura; traza, semblante, ademán. *Bras.* Parálisis, aire. *No — m. adv.* Al aire, sin fundamento, sin fijeza. *Ao — livre. m. adv.* Al aire libre. *Beber os — es. fr.* Beber los aires o los vientos. *Dar — es. fr.* Darle, o darse uno un aire a otro. *Toldar os — es. fr.* Empañar el aire. *Mudar de —. fr.* Mudar aires. *Tomar —. fr.* Tomar el aire, pasearse. *Tomar — es. fr.* Tomar aires.
ARA *f.* Ara, altar para sacrificios.
ARABESCOS *m. pl.* Arabescos.
ARÁBICO, CA *adj.* Arábigo, arábico.
ARACA *f.* Arac.
ARAÇÁ (sá) *m. Bot.* Arazá.
ARAÇAEIRO (sa) *m.* Lo mismo que
ARAÇAREIRO (sa) *m.* Lo mismo que ARAÇÁ.
ARAÇAZADA (saza) *f. Bras.* Dulce de arazá (fruto).
ARAÇAZAL (sazal) *m.* Arazar, arazatí.
ARACNÍDIOS *m. pl.* Arácnidos.
ARACNÓIDE (nòi) *f. Anat.* Aracnoides.
ARADA *f.* Arada (tierra labrada con el arado). Aradura. Arado (labor que se da a la tierra con el arado).
ARADO, DA *adj. P. p.* de *Arar.* Arado, labrado. *m.* Arado (instrumento agrícola).
ARADOR, RA *adj.* Arador, labrador. Ú. t. c. s.
ARADURA *f.* Aradura. Arada (tierra labrada con el arado).
ARAGEM (jem) *f.* Viento blando o suave. *fig.* Buena suerte. Oportunidad, ocasión.
ARAMADO *m. Bras.* Alambrado.
ARAMADOR *m.* Alambrador.
ARAMAGEM (jem) *f.* Cerca de alambre.
ARAMAR *v. tr.* Alambrar.
ARAME (ránme) *m.* Alambre. *fam.* Dinero, plata.
ARAMEIRO *m.* Alambrero.
ARAMEU *m.* Arameo.
ARÂMICO (ránmi) *m.* Lo mismo que ARAMEU.

ARANDELA (dè) *f.* Arandela (de candelero; de lanza).

ARANHA (ña) *f.* Araña. *fig.* Persona lenta. *Mar.* Araña. Tílburi.

ARANHÃO (ñáum) *m. aum.* de *Aranha.*

ARANHAR (ñar) *v. intr.* Caminar con lentitud.

ARANHEIRA (ñei) *f. Port.* Telaraña.

ARANHEIRO (ñei) *m.* Lo mismo que ARANHOL, 1ª acep.

ARANHENTO, TA (ñen) *adj.* Perteneciente a las arañas.

ARANHIÇO (ñiso) *m. dim.* de *Aranha.* Arañuela.

ARANHOL (ñòl) *m.* Agujero adonde está la araña. Arañuelo, araña (red para cazar pájaros).

ARANHOSO, SA (ñozo, ñòza) *adj.* Arañoso.

ARANHUÇO (ñuso) *m. aum.* de *Aranha.*

ARANOSO, SA (ozo, òzz), *adj.* Lo mismo que ARANHOSO.

ARANZEL (zèl) *m.* Discurso enfadoso. *ant.* Arancel.

ARAPONGA *f. Zool.* Araponga (pájaro americano).

ARAPUCA *f. Bras.* Trampa (para cazar pájaros). Lo mismo que PARDIEIRO. *fig.* Establecimiento de crédito, seguros o sorteos de mala fama.

ARAR *v. tr.* Arar, labrar la tierra.

ARARA *f. Zool.* Arara. *Bras.* Idiota, imbécil, tonto. *m. pl.* Araras.

ARARI *f. Zool.* Ararauna.

ARARUTA *f.* Arruruz.

ARATACA *f. Bras.* Trampa (para cazar).

ARAUTO *m.* Heraldo.

ARÁVEL *adj.* Arable.

ARAXÁ (chá) *m. Bras.* Mesa, meseta, terreno elevado y llano.

ARBITRAÇÃO (sáum) *f.* Arbitración.

ARBITRAGEM (jem) *f.* Arbitraje.

ARBITRAMENTO *m.* Arbitramiento.

ARBITRAR *v. tr.* Arbitrar.

ARBITRARIEDADE *f.* Arbitrariedad.

ARBITREIRO *m.* Arbitrista.

ARBÍTRIO *m.* Arbitrio.

ÁRBITRO *m.* Árbitro. *adj.* Árbitro.

ARBOLETO *m.* Arboleda, arbolado.

ARBORIZAÇÃO (zasáum) *f.* Arborización. Plantación de árboles.

ARBORIZAR (zar) *v. tr.* Arborizar, plantar de árboles.

ARBUSTO *m.* Arbusto.

ARCA *f.* Arca (caja grande que sirve para guardar toda clase de objetos). Arca (caja de caudales). — *da aliança.* Arca de la alianza. — *do peito.* Arca del cuerpo. — *santa.* Arca de la alianza.

ARCABOUÇO (so) *m.* Tórax. Armadura, armazón, estructura. *ant.* Esqueleto.

ARCABUZAÇO (zaso) *m.* Lo mismo que

ARCABUZADA (za) *f.* Arcabuzazo.

ARCABUZADO, DA (za) *adj. P. p.* de *Arcabuzar.* Arcabuceado.

ARCABUZAMENTO (za) *m.* Arcabuceamiento.

ARCABUZAR (zar) *v. tr.* Arcabucear.

ARCABUZARIA (zaría) *f.* Arcabucería.

ARCABUZEAR (zear) *v. tr.* Lo mismo que

ARCABUZEIRO (zei) *m.* Arcabucero.

ARCABUZETA (ze) *f.* Arcabucete.

ARCADA *f.* Arcada (serie de arcos de fábrica). Arcada (movimiento del estómago). Arqueada. — *dentária.* Arco alveolar. — *zigomática.* Arco cigomático.

ARCADAMENTE *adv. m.* De manera arqueada.

ARCADURA *f.* Arqueaje.

ARCAICO, CA *adj.* Arcaico, anticuado.

ARCANJO (jo) *m.* Arcángel.

ARCANO, NA *adj.* Arcano, secreto, recóndito, reservado, impenetrable. *m.* Arcano, misterio, secreto, cosa oculta.

ARÇÃO (sáum) *m.* Arzón.

ARCAR *v. tr.* Arquear, arcar, dar figura de arco. Luchar; arrostrar, hacer frente, resistir a la adversidad o a los peligros. Asumir, atraer a sí, tomar para sí o sobre sí. *v. intr.* Encorvarse. Ú. t. c. r.

ARCARIA (ría) *f.* Arcada (serie de arcos de fábrica). Gran cantidad de arcas.

ARCEBISPADO *m.* Arzobispado. Palacio u oficina arzobispal.

ARCEBISPAL *adj.* Arzobispal.

ARCEBISPO *m.* Arzobispo.

ARCEDIÁCONO *m.* Lo mismo que ARCEDIAGO.

ARCEDIAGADO *m.* Arcedianado, arcedianato.

ARCEDIAGO *m.* Arcediano.

ARCHEIRO (chei) *m.* Archero.

ARCHOTE (chò) *m.* Hacha, antorcha.

ARCIPRESTADO *m.* Arciprestazgo.

ARCO *m.* Arco (porción de curva; arma; arco de instrumentos musicales; aro que sujeta las duelas de las pipas). *Arq.* Arco. — *celeste, da-chuva, da-velha, de-Deus, o — íris.* Arco iris, del cielo o de San Martín. — *de triunfo.* Arco triunfal.

ARCOBOTANTE *m. Arq.* Arbotante.

ARCTO *m. Astr.* Arctos.

ARDAÇA (sa) *f.* Ardasa.

ARDACINA *f.* Ardasina.

ÁRDEGO, GA *adj.* Ardiente, fogoso, demasiado vivo. Irritable. Trabajoso, costoso.

ARDEJAR (jar) *v. tr.* Arder.

ARDÊNCIA (dén) *f.* Ardentia, ardor. *fig.* Ardor, viveza, eficacia, fogosidad.

ARDENTE *adj.* Ardiente.

ARDENTEMENTE *adv. m.* Ardientemente.

ARDENTIA (tía) *f.* Ardentia (reverberación fosfórica que suele manifestarse en las aguas del mar).

ARDER *v. intr.* Arder, quemarse una cosa (Ú. t. c. tr. con la prep. *em). fig.* Arder (estar una persona mui agitada por alguna pasión). *v. tr.* Arder, abrasar, quemar. Desear ardientemente. *v. r.* Arderse (el tabaco, las mieses, etc.).

ARDIDEZ *f.* Lo mismo que

ARDIDEZA (za) *f.* Ardimiento, valor, denuedo, intrepidez, arrojo.

ARDIDO, DA *adj. P. p.* de *Arder.* Ardido. Ardido (echado a perder). *fig.* Valiente, intrépido, audaz, denodado.

ARDIDOSO, SA (ozo, òza) *adj.* Lo mismo que ARDILOSO.

ARDIL *m.* Ardid, artificio, medio hábil y mañoso para lograr algo.

ARDILEZA (za) *f.* Lo mismo que ARDIL.

ARDILOSAMENTE (lòza) *adv. m.* Astutamente, con ardid.

ARDILOSO, SA (ozo, òza) *adj.* Mañoso, astuto.

ARDIMENTO *m.* Lo mismo que ARDÊNCIA. Ardimiento, denuedo, valor, arrujo, intrepidez.

ARDOR *m.* Ardor, calor grande. *fig.* Ansia, anhelo, vehemencia. *fig.* Ardor (de las batallas). Ardor (sensación de calor seco y vivo).

ARDOROSAMENTE (ròza) *adv. m.* Ardorosamente.

ARDOROSO, SA (ozo, òza) *adj.* Ardoroso, ardiente, fervoroso.

ARDÓSIA (dòzia) *f.* Pizarra.

ARDOSIAR (zi) *v. tr.* Empizarrar.

ARDOSIARIA (ziaría) *f.* Pizarrería.

ARDOSIEIRA (ziei) *f.* Pizarral.

ARDOSIEIRO (ziei) *m.* Pizarrero.

ARDUAMENTE *adv. m.* Arduamente.

ARDUIDADE (duï) *f.* Arduidad.

ARDUME *m.* Lo mismo que ARDOR.

ÁRDUO, DUA *adj.* Arduo, muy difícil o penoso. Escarpado, fragoso, arduo.

ARDURA *f.* Lo mismo que ARDOR.

ARE *m. Metrol.* Área (medida de superficie equivalente a cien metros cuadrados).

ÁREA *f.* Área (terreno que ocupa un edificio; superficie limitada por un perímetro).

AREAÇÃO (sáum) *f.* Enarenamiento, arenamiento. *Med.* Arenación.

AREADO, DA *adj. P. p.* de *Arear.* Arenado, enarenado.

AREAL *m.* Arenal.

AREAMENTO *m.* Arenamiento, enarenamiento.

AREÃO (reáum) *f.* Lo mismo que AREAL.

AREAR *v. tr.* Arenar, enarenar. Arear, refregar, estregar con arena. *fig.* Limpiar, pulir. Refinar el azúcar. *fig.* Ganar uno en el juego todo el dinero de otro.

AREAR *v. intr.* Perder el rumbo, desorientarse.

ARECAL *m.* Sitio plantado de arecas.

AREEIRA *f.* Areal, arenería.

AREENTO, TA *adj.* Arenoso.

AREFAÇÃO (sáum) *f.* Arefacción.

AREIA *f.* Arena. Arenilla (para secar lo escrito). *Pat.* Arenilla. — *de escrever.* Arenilla.

AREÍSCA *f.* Arenisca.

AREÍSCO, CA *adj.* Arenisco.

AREJADO, DA (ja) *adj. P. p.* de *Arejar.* Aireado, ventilado.

AREJADOR (ja) *m.* Ventilador (abertura para renovar el aire de una habitación).

AREJAMENTO (ja) *m.* Aireo, aireamiento. Aire suave.

AREJAR (jar) *v. tr.* Airear, ventilar. Ú. t. c. r. *v. intr.* Orearse, salir uno a tomar el aire. *v. r.* Orearse, tomar el aire.

AREJO (jo) *m.* Aireo, aireamiento; ventilación.

ARENA *f.* Arena (lugar de la lucha).

ARENAÇÃO (sáum) *f.* Lo mismo que AREAÇÃO.

ARENÁCEO, CEA *adj.* Arenoso, arenáceo.

ARENADO, DA *adj.* Enarenado, arenado, arenoso.

ARENÁRIO, RIA *adj.* Arenario, que crece o vive en la arena.

ARENGA *fig.* Arenga (discurso). Arenga (discurso largo y enfadoso). *fam.* Enredo, embrollo.

ARENGAR *v. tr.* Arengar. Altercar, discutir, disputar, contender de palabras.

ARENGUEAR *v. tr.* Lo mismo que ARENGAR.

ARENITO *m.* Arenisca.

ARENOSO, SA (ozo, òza) *adj.* Arenoso.

ARENQUE *m. Zool.* Arenque.

AREOLAÇÃO (sáum) *f.* Areolación.

AREOLAR *adj.* Areolado; areolar.

AREOSO, SA (ozo, òza) *adj.* Arenoso.

AREQUEIRA *f. Bot.* Areca.

ARESTA (rès) *f.* Arista (en las diversas acepciones del vocablo).

ARESTIM *m. Vet.* Arestín, arestil.

ARESTOSO, SA (ozo, òza) *adj.* Aristoso.

ARFADA *f.* Jadeo. *Mar.* Arfada, arfeo.

ARFADOR, RA *adj.* Jadeante. Que arfa.

ARFADURA *f.* Lo mismo que

ARFAGEM (jem) *f.* Lo mismo que ARFADA.

ARFAR *v. intr.* Jadear. *Mar.* Arfar, cabecear el buque.

ARGÁLIA *F.* Argalia, algalia (tienta).

ARGAMASSA (sa) *f.* Argamasa.

ARGAMASSADO, DA (sa) *adj. P. p.* de *Argamassar.* Argamasado.

ARGAMASSAR (sar) *v. tr.* Argamasar.

ARGANAZ *m. Zool.* Lirón.

ARGANÉU (nèu) *m.* Arganeo.

ARGEMONA (je) *f. Bot.* Argemone.

ARGENTÁRIA (jen) *f.* Argentería.

ARGENTÁRIO (jen) *m.* Capitalista, plutócrata.

ARGENTEAR (jen) *v. tr.* Argentar.

ARGENTINO, NA (jen) *adj.* Argentino. Ú. t. c. s. Argénteo, argentino.

ARGILA (ji) *f.* Arcilla. — *magra.* Arcilla figulina.

ARGILÁCEO, CEA (ji) *adj.* Arcilláceo.

ARGILEIRA (ji) *f.* Barrera (sitio de donde se saca el barro de que se hace uso en los alfares).

ARGILÍFERO, RA (ji) *adj.* Arcilloso, que tiene arcilla.

ARGILIFORME (jilifòr) *adj.* Arcilloso, que es parecido a la arcilla.

ARGILOFAGIA (jilofafía) *f.* Geofagia.

ARGILOSO, SA (jilozo, òza) *adj.* Arcilloso.

ARGIRIA (jiría) *f.* Lo mismo que

ARGIRÍASE (jiríaze) *f.* Argiriasis.

ARGIRITO (ji) *m.* Argirita.

ARGIROCRACIA (jirocracía) *f.* Plutocracia.

ARGIRÓCRATA (jirò) *m.* Plutócrata.

ARGIRODITO (ji) *m.* Argirodita.

ARGIRÓSIO (ròzio) *m.* Argirita. Argiriasis.

ARGOLA (gò) *f.* Argolla. Lo mismo que ALDRAVA.

ARGOLÃO (láum) *m. aum.* de *Argola.* Argollón.

ARGOLAR *v. tr.* Argollar.

ARGOLINHA (gòliña) *f. dim.* de *Argola.* Argolleta. Argolla (juego). Pendiente de figura de anillo.

ÁRGON *m.* Lo mismo que ARGÔNIO.

ARGONAUTA *m.* Argonauta. *Zool.* Argonauta.

ARGÔNIO (gó) *m. Quím.* Argo.

ARGOS *m. fig.* Argos, persona muy vigilante.

ARGÚCIA *f.* Argucia. Agudeza, dicho agudo, ingenioso.

ARGUCIAR *v. tr.* Emplear argucias, sofisticar.

ARGUCIOSAMENTE (ciòza) *adv. m.* Con argucia; agudamente; con sofisma.

ARGUCIOSO, SA (ciozo, ciòza) *adj.* Que emplea argucias o sofismas, sofístico, especioso.

ARGUEIRO *m.* Arista, pajilla, paja. Paja, pajilla (que entra en el ojo). *fig.* Paja, cosa ligera o de poca entidad.

ARGÜENTE (güen) *adj.* Arguyente.

ARGÜIÇÃO (guïsáum) *f.* Acusación, censura, vituperio, desaprobación.

ARGÜIR (güir) *v. tr.* Censurar, desaprobar, vituperar, acusar. Argüir. Examinar, interrogar. Sondear. *v. r.* Acusarse.

ARGÜITIVAMENTE (guï) *adv. m.* De manera argüitiva.

ARGÜÍVEL (güí) *adj.* Que puede ser argüido.

ARGUMENTAÇÃO (sáum) *f.* Argumentación.

ARGUMENTAR *v. tr.* Argumentar. Ú. t. c. intr.

ARGUMENTO *m.* Argumento. *fam.* Disputa, altercación.

ARGUTAMENTE *adv. m.* Sutilmente; astutamente.

ARGUTO, TA *adj.* Astuto, sutil, agudo.

ÁRIA *f.* Aria.

ARIANO, NA *adj.* Ario, ariano. Ú. t. c. s.

ARIDEZ *f.* Aridez. Esquivez, sequedad, despego. Esterilidad.

ARIDEZA (za) *f.* Lo mismo que ARIDEZ.

ÁRIDO, DA *adj.* Árido, seco, estéril. *fig.* Árido, falto de amenidad. *fig.* Escaso, mezquino.

ARÍETE *m.* Ariete. Ariete hidráulico.

ARILHO (lho) *m. Bot.* Arilo.

ARILO *m. Bot.* Arilo. — *falso.* Ariloide.

ARIMÉTICA (mè) *f.* Aritmética.

ARINQUE *m. Mar.* Orinque.

ARISCAR *v. tr.* Hacer arisco. Ú. t. c. r.

ARISCO, CA *adj.* Arenisco, arenoso. Arisco, áspero, huraño, intratable. *m.* Terreno arenisco.

ARISTOCRACIA (cía) *f.* Aristocracia.

ARISTOCRATA (crá) *m.* Aristócrata.

ARISTOCRATIZAÇÃO (zasáum) *f.* Acción y efecto de aristocratizar.

ARISTOLÓQUIA (lò) *f. Bot.* Aristoloquia.

ARÍSTON *m. Mús.* Aristón.

ARISTOSO, SA (ozo, òza) *adj.* Aristado, aristoso.

ARITMÉTICA (mè) *f.* Aritmética.

ARLEQUIM *m.* Arlequín.

ARLEQUINAL *adj.* Arlequinesco.

ARMA *f.* Arma. — *branca.* Arma blanca. — *de arremesso.* Arma arrojadiza. — *de fogo.* Arma de fuego.

ARMAÇÃO (sáum) *f.* Armazón, armadura. Armazón (Acción y efecto de armar). Entapizado. Armadijo, armazón de palos. Maderaje, maderamen. Vidriera. Utensilios para pescar. *Mar.* Aparejo. *Mar.* Tripulación. Armadura, esqueleto. Cuernos. — *dos ossos.* Esqueleto.

ARMADILHA (lha) *f.* Armadijo, trampa, lazo, red. *fig.* Trampa, embuste, ardid, artificio para engañar.

ARMADILHO (lho) *m. Zool.* Armadillo.

ARMADO, DA *adj. P. p.* de *Armar.* Armado. Armado (dícese del hormigón).

ARMADOR *m.* Armador. Tapicero.

ARMADURA *f.* Armadura (que vestían los combatientes). Armadura, armazón. Cuernos. Maderaje, maderamen.

ARMÃO (máum) *m. Artill.* Armón.

ARMAR *v. tr.* Armar (en todas las diversas acepciones de este vocablo). Ú. t. c. r.

ARMARIA (ría) *f.* Armería.

ARMAZÉM (zém) *m.* Almacén. Abacería.

ARMAZENADO, DA (ze) *adj. P. p.* de *Armazenar.* Almacenado.

ARMAZENAGEM (zenajem) *f.* Almacenaje.

ARMAZENAMENTO (ze) *m.* Almacenamiento.

ARMAZENAR (ze) *v. tr.* Almacenar.

ARMAZENÁRIO (ze) *m.* Almacenero.

ARMAZENEIRO (ze) *m.* Almacenero. Tendero, abacero.

ARMAZENISTA (ze) *m.* Almacenista.

ARMEIRO *m.* Armero (fabricante o vendedor de armas; armario, mueble en que se guardaban las armas).

ARMELA (mè) *f.* Armella.

ARMENTO *m.* Ganado, rebaño, grey armento.

ARMÉU (mèu) *m.* Copo (mechón de lana, cáñamo, algodón, lino, etc. que se pone en la rueca).

ARMILA *f. Arq.* Armilla. Armella. *Astr.* Armilla.

ARMILADO, DA *adj.* Armillado.

ARMINHADO, DA (ña) *adj. P. p.* de *Arminhar.* Armiñado.

ARMINHAR (ñar) *v. tr.* Armiñar.

ARMINHO (ño) *m. Zool.* Armiño.

ARMÍSSONO, NA (so) *adj.* Armisonante.

ARMISTÍCIO *m.* Armisticio.

ARMO *m.* Lo mismo que ARMÉU.

ARMOLÃO (láum) *m.* Lo mismo que ESPINAFRE.

ARNELA (nè) *f.* Raigón (de las muelas y los dientes).

ARNÊS (nés) *m.* Arnés. Arneses.

ARNESAR (zar) *v. tr.* Vestir con arnés. Poner los arneses. *v. r.* Vestirse con el arnés.

ARNICA *f. Bot.* Árnica.

ARO *m.* Aro (cerco de madera, hierro y otra materia; anillo grande de hierro).

AROEIRA *f. Bot.* Lentisco.

AROMA *f.* Aroma (perfume, olor mui grato).

AROMAL *adj.* Relativo al aroma.

ARÔMATA (ró) *m.* Lo mismo que AROMA.

AROMATIZAÇÃO (zasáum) *f.* Aromatización.

AROMATIZAR (zar) *v. tr.* Aromatizar, dar o comunicar aroma a alguna cosa. Ú. t. c. r.

ARPADO, DA *adj.* Arpado (que remata en dientecillos).

ARPÃO (páum) *m.* Arpón.

ARPAR *v. tr.* Lo mismo que

ARPEAR *v. tr.* Arponar, arponear. Clavar el arpeo.

ARPEJADO, DA (ja) *adj. P. p.* de *Arpejar.* Arpegiado.

ARPEJAR (jar) *v. intr. Mús.* Arpegiar.

ARPEJO (jo) *m. Mús.* Arpegio.

ARPÉU (pèu) *m. Mar.* Arpeo. Arpeo (especie de arpón). *pl.* Manos; uñas.

ARPOAÇÃO (sáum) *f.* Acción de arponear.

ARPOADOR *m.* Arponero.

ARPOAR *v. tr.* Arponar, arponear. *fig.* Seducir.

ARPOEIRA *f.* Cuerda del arpón o arpeo.

ARQUEAÇÃO (sáum) *f.* Arqueaje, arqueo (de las embarcaciones). Arqueo (acción de arquear o dar figura de arco). Curvatura de un arco.

ARQUEADAMENTE *adv. m.* Lo mismo que ARCADAMENTE.

ARQUEADO, DA *adj. P. p.* de *Arquear.* Arqueado. Encorvado.

ARQUEADURA *f.* Curvatura de un arco, arqueo.

ARQUEAMENTO *m.* Lo mismo que ARQUEADURA.

ARQUEAR *v. tr.* Arquear (dar figura de arco). Ú. t. c. r. Arquear (medir la cabida de una embarcación).

ARQUEIO *m.* Lo mismo que ARQUEAÇÃO.

ARQUEIRO *m.* Arquero (fabricante de arcas). Arquero (soldado que usaba arco y flechas).

ARQUEJAMENTO (ja) *m.* Lo mismo que ARQUEJO.

ARQUEJANTE (jan) *adj.* Jadeante.

ARQUEJAR (jar) *v. intr.* Jadear.

ARQUEJO (jo) *m.* Jadeo. Respiración anhelosa. *pl.* Ansias.

ARQUEOLOGIA (jía) *f.* Arqueologia.

ARQUETA *f. dim.* de *Arca.* Arqueta. Alcancía.

ARQUÉTIPO (què) *m.* Arquetipo.

ARQUIBANCADA *f.* Banco en los anfiteatros.

ARQUIBANCO *m.* Arquibanco. Lo mismo que ARQUIBANCADA.

ARQUICONFRARIA (ría) *f.* Archicofradía.

ARQUIDIACONATO *m.* Arcedianato, arcedianado.

ARQUIDIÁCONO *m.* Arcediano.

ARQUIDIOCESANO, NA (za) *adj.* Relativo a la arquidiócesis.

ARQUIDIOCESE (cèze) *f.* Arquidiócesis, archidiócesis.

ARQUIDUCADO *m.* Archiducado.

ARQUIDUCAL *adj.* Archiducal.

ARQUIDUQUE *m.* Archiduque.

ARQUIDUQUESA (za) *f.* Archiduquesa.

ARQUIEPISCOPADO *m.* Lo mismo que ARCEBISPADO.

ARQUIEPISCOPAL *adj.* Arquiepiscopal, arzobispal.

ARQUI-HIERARCA *m.* Arquijerarca.

ARQUI-IRMANDADE *f.* Lo mismo que ARQUICONFRARIA.

ARQUILAÚDE *m.* Archilaúd.

ARQUILHA (lla) *f. dim.* de *Arca.* Arquilla, arqueta. Arquilla (pescante de los carruajes).

ARQUIMAGIA (jía) *f.* Archimagia.

ARQUIMANDRITA *m.* Archimandrita.

ARQUIMILIONÁRIO *adj.* Archimillionario. Ú. t. c. s.

ARQUIPADRE *m.* Arcipreste. Obispo.

ARQUIPELÁGICO, CA (ji) *adj.* Perteneciente o relativo al archipiélago.

ARQUIPÉLAGO (pè) *m.* Archipiélago.

ARQUIPRIOR *m.* Archiprior.

ARQUISPERMAS (pèr) *f. pl. Bot.* Arquispérmeas, ginospermas.

ARQUITESOUREIRO (zou) *m.* Architesorero.

ARQUITETAÇÃO (sáum) *f.* Acción y efecto de *Arquitetar.* Contextura (compaginación, disposición y unión respectiva de las partes que componen un todo).

ARQUITETAR *v. tr.* Construir, edificar una casa. *fig.* Planear, trazar, idear, inventar, imaginar, ingeniar. *v. intr.* Trabajar como arquitecto.

ARQUITETO (tè) *m.* Arquitecto.

ARQUITETÓNICO, CA (tó) *adj.* Arquitectónico.

ARQUITETURA *f.* Arquitectura.

ARQUITETURAL *adj.* Arquitectural, arquitectónico.

ARQUITRAVADO, DA *adj.* Arquitrabado.

ARQUITRAVE *f. Arq.* Arquitrabe.

ARQUITROCA (trò) *f. Zool.* Arquitroco.

ARQUIVADO, DA *adj. P. p.* de *Arquivar.* Archivado.

ARQUIVAL *adj.* Relativo al archivo.

ARQUIVAMENTO *m.* Archivamiento.

ARQUIVISTA *m.* Archivero, archivista.

ARQUIVOLTA (vòl) *f. Arq.* Archivolta.

ARRABALDE *m.* Arrabal, barrio.

ARRABALDEIRO, RA *adj.* Arrabalero. Ú. t. c. s.

ARRACA *f.* Arac.

ARRAÇOAMENTO (soa) *m.* Racionamiento.

ARRAÇOAR (soar) *v. tr.* Racionar.

ARRAIA *f.* Raya (término, límite de una nación).

ARRAIA *f. Zool.* Raya. *Bras.* Especie de cometa (que sirve de diversión a los muchachos). — *miuda.* La plebe, el populacho.

ARRAIADA *f.* Lo mismo que ALVORADA.

ARRAIAL *m.* Acampamento. Feria, fiesta. Aldehuela o pequeña población.

ARRAIANO, NA *adj.* Rayano.

ARRAIGADA (rraï) *f. Mar.* Arraigado. *pl. Mar.* Arraigadas.

ARRAIGADO, DA (rraï) *adj. P. p.* de *Arraigar.* Arraigado.

ARRAIGAR (rraï) *v. tr.* Firmar por las raíces. *fig.* Arraigar, establecer, fijar firmemente una cosa. *v. intr.* Arraigar, arraigarse. *fig.* Arraigarse, establecerse de asiento en un lugar.

ARRAIGO *m.* Arraigo (Acción y efecto de arraigar).

ARRAIS *m.* Arráez. Patrón de barco.

ARRALENTAR *v. tr.* Poner ralo.

ARRAMALHAR (llar) *v. intr.* Lo mismo que RAMALHAR.

ARRAMAR *v. intr.* Enramarse. *v. r.* Lo mismo que ESPALHAR (*v. r.*).

ARRAMPADO *m. Bras.* Talud.

ARRANCA *f.* Arranca. Arrancadura. Cosecha de la mandioca dulce.

ARRANCADA *f.* Arranque. Salida violenta. Acometimiento, embestida. Carrera de caballos. Arrancada, arranque o primer empuje de un barco al zarpar. Tierra para cultivo, de la cual se arrancaron raíces de árboles.

ARRANCADAMENTE *adv. m.* Con empuje; bruscamente.

ARRANCADELA (dè) *f.* Lo mismo que ARRANCADA.

ARRANCADURA *f.* Arrancadura, arranque. Cantidad que se arranca de una vez.

ARRANCAMENTO *m.* Lo mismo que ARRAN-CADA y ARRANCO.

ARRANCA-PREGOS (peè) *m.* Arrancaclavos.

ARRANCAR *v. tr.* Arrancar (sacar de raíz; sacar o separar con violencia; quitar violentamente; lograr algo con violencia o astucia; apartar violentamente de). *v. intr.* Arrancar, echar a correr. Acometer, embestir. Agonizar. *v. r.* Huir, retirarse. Alejarse. Salir violentamente.

ARRANCHAR (*char*) *v. tr.* Juntar en ranchos; alojar, dar posada. *v. intr.* Arranchar. *v. r.* Arrancharse. Alojarse, aposentarse. Establecerse provisionalmente.

ARRANCO *m.* Arranque, ímpetu, arrebato; salida violenta. *pl.* Ansias; paroxismo.

ARRANCORAR-SE *v. r.* Hacerse rencoroso.

ARRANHA-CÉU (ña-cèu) *m.* Rascacielos (edificio de gran altura y muchos pisos).

ARRANHADELA (ñadè) *f.* Lo mismo que ARRANHADURA.

ARRANHADO, DA (ña) *adj. P. p.* de *Arranhar.* Arañado; raguñado.

ARRANHADOR, RA (ña) *adj.* Arañador. Ú. t. c. s.

ARRANHADURA (ña) *f.* Arañamiento; arañada, arañazo, araño.

ARRANHÃO (rránñáum) *m.* Arañazo.

ARRANHAR (ñar) *v. tr.* Arañar, el cutis con las uñas, un alfiler, etc. Ú. t. c. r. Arañar (hacer rayas superficiales en las cosas lisas). *fig.* Arañar (tañer mal un instrumento de cuerdas). *v. intr.* Causar arañazos.

ARRANJADEIRO, RA (ja) *adj.* Cuidadoso, diligente, metódico.

ARRANJADO, DA (ja) *adj. P. p.* de *Arranjar.* Arreglado, compuesto, preparado, ordenado, concertado, ajustado. *fig.* Rico, acaudalado. *Estás —, o estás bem —. fr.* Buena te espera, estás arreglado.

ARRANJAMENTO (ja) *m.* Acción y efecto de *Arranjar.* Arreglo.

ARRANJAR (*jar*) *v. tr.* Arreglar (componer, ordenar, concertar, ajustar; reformar, modificar una cosa; avenir, conciliar). Conseguir, lograr, obtener, alcanzar una cosa. *v. r.* Gobernarse uno bien. Lograr una sinecura. *— se.* Arreglárselas, componérselas.

ARRANJAVEL (ja) *adj.* Que puede ser arreglado, avenido, o logrado.

ARRANJO (jo) *m.* Arreglo (acción de arreglar). Arreglo, orden. Muebles y utensilios de una casa. Economía doméstica. Comodidad, mejoría de situación. Especulación; negociación con trampa. Bienes, caudal, fortuna. Casamiento. Conveniencia.

ARRANQUE *m.* Arranque (acción de arrancar). Lo mismo que ARRANCO. *Arq.* Arranque (principio de un arco o bóveda). *Aut.* Arranque.

ARRAPAZADO, DA (za) *adj.* Amuchachado.

ARRAPOSAR-SE (zar) *v. r.* Hacerse uno el zorro.

ARRAS *f. pl.* Arras (lo que se da por prenda y señal de un contrato). *For.* Arras (donación que el esposo hace a la esposa).

ARRASADEIRA (za) *f.* Rasero.

ARRASADO, DA (za) *adj.* Arrasado, allanado. Lleno hasta el borde. Rasado.

ARRASADOR, RA (za) *adj.* Destructor. Que arrasa o rasa. *m.* Rasero.

ARRASADURA (za) *f.* Rasadura, arrasadura. Arrasamiento.

ARRASAMENTO (za) *m.* Arrasamiento.

ARRASAR (zar) *v. tr.* Arrasar, allanar una superficie. Arrasar, echar por tierra, destruir, arruinar. Arrasar, rasar, igualar las medidas con el rasero. Arrasar, llenar de líquido una vasija hasta el borde.

ARRASO (zo) *m.* Conflicto.

ARRASOIRAR (zoi) *v. tr.* Lo mismo que

ARRASOURAR (zou) *v. tr.* Rasar, igualar las medidas con el rasero.

ARRASTADAMENTE *adv. m.* Arrastradamente. Por precio muy bajo. Rastreramente.

ARRASTADEIRO, RA *adj.* Arrastradizo. Que lleva a rastra.

ARRASTADIÇO, ÇA (so) *adj.* Arrastradizo.

ARRASTADO, DA *adj. P. p.* de *Arrastar.* Arrastrado. Rastrero. Arrastrado, pobre, desastrado, que sufre privaciones. Demorado, pausado, lento. Barato, de bajo precio. Abatido, oprimido.

ARRASTADOIRO *m.* Lo mismo que ARRASTADOURO.

ARRASTADOR, RA *adj.* Que arrastra.

ARRASTADOURO *m.* Arrastradero.

ARRASTADURA *f.* Lo mismo que

ARRASTAMENTO *m.* Arrastramiento.

ARRASTANTE *adj.* Arrastrante.

ARRASTÃO (táum) *m.* Esfuerzo que hace el que arrastra. Vástago que nace junto a la vid. Red para pescar a la rastra o rastreando.

ARRASTA-PÉ (pè) *m. Bras. pop.* Baile del populacho.

ARRASTAR *v. tr.* Arrastrar. *v. intr.* Arrastrar, caminar los reptiles. *v. r.* Arrastrarse.

ARRASTO *m.* Arrastre. *De —. m. adv.* A rastra.

ARRÁTEL *m.* Arrate (libra de diez y seis onzas).

ARRATELAR *v. tr.* Dividir por arrates.

ARRAZOADAMENTE (zoa) *adv. m.* Razonadamente (por medio de razones). Razonablemente (conforme a la razón).

ARRAZOADO, DA (zoa) *adj. P. p.* de *Arrazoar.* Razonado. Razonable, justo, arreglado, conforme a la razón. *m.* Alegato; defensa; argumento.

ARRAZOADOR (zoa) *m.* Razonador. Argumentador.

ARRAZOAMENTO (zoa) *m.* Alegato. Razonamiento.

ARRAZOAR (zoar) *v. tr.* Alegar, aducir razones en defensa de algo. *v. intr.* Razonar, dar razones para probar una cosa. Raciocinar. Discutir, conversar.

ARRE! *interj.* ¡Arre! (usada para arrear a las bestias; también denota cólera o enfado).

ARREAÇÃO (sáum) *f.* Lo mismo que ARREAMENTO.

ARREADOR *m. Bras.* Arriero.

ARREAMENTO *m.* Arreo, atavío, adorno. Ajuar, muebles, aderezos. Arriadura, arriada. Acción de amueblar. Enjaezamiento.

ARREAR *v. tr.* Enjaezar. Adornar, ataviar, poner arreos o atavíos. Ú. t. c. r. Aderezar, componer. Arriar, bajar, aflojar. Amueblar. *fig.* Desistir, desanimar. *v. intr.* Inclinar. *fig.* Perder las fuerzas. *v. r.* Jactarse, alabarse; gloriarse.

ARREATA *f.* Reata (cuerda o correa que ata dos o más caballerías para que vayan en hilera).

ARREATADA *f.* Golpe dado con la reata.

ARREATADURA *f.* Reatadura. *Mar.* Reata.

ARREATAR *v. tr.* Reatar (atar dos o más caballerías para que vayan en hilera). Poner reatas a un mástil.

ARREAZ *f.* Arricés.

ARREBANHADO, DA (ña) *adj. P. p.* de *Arrebanhar.* Arrebañado. Reunido en rebaño.

ARREBANHADOR, RA (ña) *adj.* Arrebañador. Ú. t. c. s. m. Pastor, el que junta o mete en rebaño.

ARREBANHAR (ñar) *v. tr.* Juntar o meter en rebaño. Arrebañar, recoger algo sin dejar nada. *v. r.* Reunirse, agruparse, apiñarse.

ARREBATADO, DA *adj. P. p.* de *Arrebatar.* Arrebatado, precipitado e impetuoso. Arrebatado, inconsiderado y violento.

ARREBATAMENTO *m.* Arrebatamiento. *fig.* Furor, enajenamiento. Éxtasis. Arrebato.

ARREBATAR *v. tr.* Arrebatar, arrapar, quitar con violencia, coger o tomar con precipitación. *fig.* Arrebatar, cautivar y suspender el ánimo. *v. r.* Arrebatarse, dejarse llevar de una pasión.

ARREBÉM (bén) *m. Mar.* Rebenque (cabo propio para atar y colgar diversas cosas).

ARREBENTAÇÃO (sáum) *f.* Reventazón (acción de reventar, o deshacerse en espuma las olas del mar).

ARREBENTADIÇO, ÇA (so) *adj.* Susceptible de reventar o estallar.

ARREBENTADO, DA *adj. P. p.* de *Arrebentar.* Reventado. *fig.* Quebrado, arruinado. *fig.* Quebrado, quebrantado.

ARREBENTAMENTO *m.* Reventazón, acción de reventar.

ARREVENTÃO (táum) *f.* Lo mismo que REBENTÃO.

ARREBENTAR *v. tr.* Estallar. Reventar. *v. intr.* Reventar, morir violentamente. Reventar (tener ansia o deseo vehemente de una cosa). Lo mismo que REBENTAR.

ARREBENTO *m.* Lo mismo que REBENTO.

ARREBICAR *v. tr.* Afeitar, aderezar con afeites, acicalar, adornar con afectación. *v. r.* Acicalarse ridículamente.

ARREBIQUE *m.* Afeite, cosmético. Adorno, atavío. Afectación en el estilo.

ARREBITADO, DA *adj. P. p.* de *Arrebitar.* Revitado. *fig.* Respingona (hablando de la nariz cuya punta mira hacia arriba). *fig.* Atrevido, impertinente. *fig.* Vivo, sagaz.

ARREBITAMENTO *m.* Acción de *Arrebitar* (*v. r.*).

ARREBITAR *v. tr.* Revitar. Remachar, rebotar. *v. r.* Enderezarse, volverse para arriba. *fig.* Levantarse con altanería. Lo mismo que EMPROAR-SE.

ARREBITO *m.* Cosa revitada o redoblada. *fig.* Atrevimiento, petulancia.

ARREBOL (bòl) *m.* Arrebol (color rojo de las nubes heridas por los rayos del sol). Arrebolada. Colorete, arrebol.

ARREBOLAR *v. tr.* Arrebolar. Afilar en la muela. Redondear.

ARRE-BURRINHO (ño) *m.* Lo mismo que GANGORRA. *fig. fam.* Juguete (persona que sirve de chanza o burla).

ARRECADA *f.* Arracada (areta con adorno colgante).

ARRECADAÇÃO (sáum) *f.* Recaudación, recaudamiento. Depósito. Prisión. Cobranza.

ARRECADADO, DA *adj. P. p.* de *Arrecadar.* Recaudado; cobrado. Puesto a buen recaudo. *fig.* Económico, arreglado en sus gastos.

ARRECADADOR *m.* Recaudador.

ARRECADAMENTO *m.* Recaudamiento, recaudación (acción de recaudar o cobrar).

ARRECADAR *v. tr.* Depositar, guardar. Recaudar, asegurar, poner o tener en custodia. Recaudar, cobrar, recibir en pago. *v. intr.* Conseguir uno lo que desea.

ARRECEAR *v. tr.* Lo mismo que RECEAR. Ú. t. c. r.

ARREDADO, DA *adj. P. p.* de *Arredar.* Arredrado. Alejado, distante.

ARREDAMENTO *m.* Arredramiento.

ARREDAR *v. tr.* Arredrar, apartar, separar. Ú. t. c. r. *v. intr.* Separarse, alejarse; arredrarse.

ARREDÁVEL *adj.* Que puede ser arredrado.

ARREDIO, DIA (dío) *adj.* Alejado, separado, apartado. Retraído.

ARREDONDADO, DA *adj. P. p.* de *Arredondar.* Arredondeado, redondeado de forma, que tira a redondo.

ARREDONDAMENTO *m.* Redondeamiento, redondeo.

ARREDONDAR *v. tr.* Redondear, arredondear, poner redonda una cosa. Ú. t. c. r. Dar número redondo a. Completar, acabalar, igualar. Perfeccionar, hermosear.

ARREDOR (dòr) *adv. l.* Alrededor. *m. pl.* Alrededores.

ARREFECER *v. intr.* Enfriar, enfriarse. *v. tr. fig.* Enfriar, entibiar, templar, amortiguar. *v. intr. fig.* Desanimar, aflojar.

ARREFECIDO, DA *adj. P. p.* de *Arrefecer.* Enfriado.

ARREFECIMENTO *m.* Enfriamiento.

ARREFENTADO, DA *adj. P. p.* de *Arrefentar.* Algo frío.

ARREFENTAR *v. tr.* Poner algo fría una cosa.

ARREGAÇADA (sa) *f.* Regazo lleno. Lo que cabe en el regazo. Cantidad, porción grande.

ARREGAÇADO, DA (sa) *adj. P. p.* de *Arregaçar.* Arregazado, remangado.

ARREGAÇAR (sar) *v. tr.* Arregazar, remangar, regazar. Ú. t. c. r. *v. r.* Arrebujarse, aborujarse.

ARREGAÇO (so) *m.* Estado de lo que está arregazado. *fam.* Represión, reprimenda.

ARREGALADO, DA *adj. P. p.* de *Arregalar.* Esparrancado, muy abierto. Desencajado (hablando de los ojos).

ARREGALAR *v. tr.* Desencajar, abrir mucho (hablando de los ojos).

ARREGANHAR (ñar) *v. tr.* Mostrar los dientes al reírse o regañar. Regañar. *v. r.* Reírse, escarnecer.

ARREGANHO (ño) *m.* Regaño. Amenaza. Intrepidez. Acción y efecto de *Arreganhar.*

ARREGIMENTAÇÃO (*j*imentasáum) *f.* Regimentación.

ARREGIMENTAR (*j*i) *v. tr.* Regimentar. Asociar. Enfilar, poner en fila.

ARREGOAR *v. tr.* Surcar, hacer surcos. Mojar, inundar. *v. intr.* Grietarse, hendirse.

ARREIGAR *v. tr.* Lo mismo que ARRAIGAR.

ARREIO *m.* Arreos (guarniciones de las caballerías). Arreo, atavío, adorno, gala, presea.

ARREITAR *v. tr.* Excitar el apetito venéreo.

ARRELHADA (lla) *f.* Arrejada.

ARRELIA (lía) *f.* Disgusto, enfado. Mal agüero. Antipatía, enemistad.

ARRELIAR *v. tr.* Impacientar, enfadar, fastidiar, enojar. Ú. t. c. r.

ARRELIENTO, TA *adj.* Que enfada o disgusta.

ARRELIOSO, SA (ozo, òza) *adj.* Impertinente.

ARRELVAR *v. tr.* Encespedar. Ú. t. c. r.

ARREMANGAR *v. tr.* Arregazar, remangar, arremangar. *v. r.* Arremangarse, tomar una resolución. Aprestarse.

ARREMATAÇÃO (sáum) *f.* Rematamiento, remate. Remate (en subasta).

ARREMATADOR, RA *m.* Subastador, rematador.

ARREMATANTE *m.* Rematante.

ARREMATAR *v. tr.* Rematar, acabar, concluir, terminar, finalizar. Rematar, hacer remate en la subasta de una cosa. *v. intr.* Acabar, terminar, concluir. *v. r.* Acabarse, terminarse.

ARREMATE *m.* Remate, fin, cabo, extremidad, término. Remate (adjudicación de los bienes vendidos en subasta).

ARREMEDADOR, RA *adj.* Remedador, imitador. Ú. t. c. s.

ARREMEDAR *v. tr.* Arremedar, imitar.

ARREMEDÁVEL *adj.* Remedable.

ARREMEDIAR *v. tr.* Remediar.

ARREMEDO (mé) *m.* Remedo.

ARREMESSADOR, RA (sa) *adj.* Arrojador. Ú. t. c. s.

ARREMESSAMENTO (sa) *m.* Acción y efecto de arrojar o lanzar.

ARREMESSÃO (sáum) *m.* Impulso de arrojar o lanzar. Arma arrojadiza.

ARREMESSAR (sar) *v. tr.* Arrojar, impeler, lanzar violentamente una cosa. Arrojar, echar, despedir, tirar, expeler, expulsar. *v. r.* Arrojarse, precipitarse de alto a bajo. Arrojarse, ir violentamente hacia una persona o cosa. Arrojarse, resolverse a hacer algo sin reparar en nada. Acometer, embestir, arremeter.

ARREMESSO (méso) *m.* Acción de arrojar o lanzar. Arrojo. Ímpetu. Amenaza. *pl.* Apariencias; dejo. *Arma de —.* Arma arrojadiza.

ARREMETEDURA *f.* Arremetida.

ARREMETENTE *adj.* Arremetedor, que arremete.

ARREMETER *v. tr.* Arremeter, embestir, acometer. Arrojar, impeler. Azuzar. *v. intr.* Arremeter, arrojarse, lanzarse con rapidez.

ARREMETIDA *f.* Arremetida. Arranque. Embestida. Acción arrojada.

ARREMETIMENTO *m.* Arremetimiento.

ARREMINAÇÃO (sáum) *f.* Acción de *Arreminar-se.*

ARREMINADO, DA *adj. P. p.* de *Arreminar-se.* Aírado, encolerizado.

ARREMINAR-SE *v. r. pop.* Encolerizarse.

ARRENDA *f.* Renda, bina.

ARRENDAÇÃO (sáum) *f. p. us.* Lo mismo que ARRENDAMENTO.

ARRENDADO, DA *adj. P. p.* de *Arrendar.* Arrendado. Randado (adornado con randas).

ARRENDADOR *m.* Arrendador (persona que da o toma algo en arrendamiento).

ARRENDAMENTO *m.* Arrendamiento.

ARRENDAR *v. tr.* Arrendar (dar o tomar alguna cosa en arrendamiento). Adornar con randas o encajes. *Bras.* Arrendar (atar por las riendas una caballería).

ARRENDATÁRIO *m.* Arrendatario.

ARRENDÁVEL *adj.* Arrendable.

ARRENDILHADO, DA (lla) *adj.* Lo mismo que RENDILHADO.

ARRENEGAÇÃO (sáum) *f.* Apostasía. *fam.* Enfado, disgusto, enojo.

ARRENEGADA *f.* Tresillo.

ARRENEGADO, DA *adj. P. p.* de *Arrenegar.* Renegado. Enfadado, irritado, enojado.

ARRENEGAR *v. tr.* Renegar, apostar. Renegar, detestar, abominar. Renegar, jurar, blasfemar; maldecir. *v. r.* Enfadarse, irritarse, enojarse.

ARRENEGO (nè) *m.* Lo mismo que ARRENEGAÇÃO.

ARREPANHADO, DA (ña) *adj. P. p.* de *Arrepanhar.* Atrapado, robado, arrebatado. Arrugado; encogido. *fig.* Avariento, agarrado, miserable.

ARREPANHAR (ñar) *v. tr.* Arrugar, encoger. Atrapar, robar, arrebatar. Economizar con avaricia. *v. r.* Arrugarse, encogerse.

ARREPELAÇÃO (sáum) *f.* Repelón. Tirón. Gresca, quimera.

ARREPELADA *f.* Lo mismo que ARREPELAÇÃO.

ARREPELADELA (dè) *f.* Lo mismo que ARREPELAÇÃO.

ARREPELAMENTO *m.* Acción de repelar (tirar del pelo o arrancarlo).

ARREPELÃO (láum) *m.* Repelón (tirón dado del pelo).

ARREPELAR *v. tr.* Repelar, tirar del pelo o arrancarlo. *v. r.* Descabellarse. Tirarse del pelo o de la barba.

ARREPENDER-SE *v. r.* Arrepentirse.

ARREPENDIDO, DA *adj. P. p.* de *Arrepender-se.* Arrepentido.

ARREPENDIMENTO *m.* Arrepentimiento.

ARREPIA-CABELO *m. adv.* A redopelo. Al revés.

ARREPIADO, DA *adj. P. p.* de *Arrepiar.* Erizado, crispado. Asustado. Temblando (de frío o de miedo). Despeluznado, despeluzado.

ARREPIADURA *f.* Lo mismo que

ARREPIAMENTO *m.* Acción y efecto de

ARREPIAR *v. tr.* Erizar; horripilar. Ú. t. c. r. Horripilar, causar horror y espanto. Ú. t. c. r. *v. intr.* Hacer temblar, causar escalofríos (de frío o de miedo). *v. r.* Crisparse; sentir calofríos. — *caminho,* o *carreira.* Desandar; desdecirse, retractarse de lo dicho.

ARREPIO (pío) *m.* Calofrío, escalofrío. Temblor (de frío o de miedo).

ARREPOLHADO, DA (lla) *adj. P. p.* de *Arrepolhar.* Arrepollado. Alechugado. Repolludo. *fig.* Repolludo, rechoncho.

ARREPOLHAR (llar) *v. tr.* Alechugar; dar figura de repollo. *v. intr.* Repollar.

ARRESTADO, DA *adj. P. p.* de *Arrestar.* Embargado, secuestrado.

ARRESTANTE *m.* Embargador.

ARRESTAR *v. tr. For.* Embargar, secuestrar.

ARRESTO (rès) *m. For.* Embargo.

ARREVESADO, DA (za) *adj. P. p.* de *Arrevesar.* Enrevesado, arrevesado, revesado, intrincado, obscuro o difícil de entender.

ARREVESAR (zar) *v. tr.* Poner al revés. Hacer revesado, intrincado, obscuro o difícil de entender. Revesar.

ARREVESADO (sa) *m.* Vómito (lo que se vomitó). *fig.* Error hecho anteriormente.

ARREVESSAR (sar) *v. tr.* Revesar, vomitar. *fig.* Detestar, odiar.

ARREVESSO, SA (so) *adj.* Revesado, difícil, obscuro.

ARRIAÇÃO (sáum) *f.* Arriadura, arriada.

ARRIAR *v. tr. Mar.* Arriar (bajar las velas o banderas; aflojar, soltar o largar un cabo).

ARRIARIA (ría) *f.* Arriería.

ARRIBAÇÃO (sáum) *f.* Arribo, llegada, arribada, arribaje. *Aves de —.* Aves de paso.

ARRIBADA *f.* Arribada, arribaje. Convalecencia.

ARRIBADIÇO, ÇA (so) *adj.* Dícese de las aves de paso. *fig.* Intruso, entremetido, advenedizo.

ARRIBANA *f.* Pujar.

ARRIBAR *v. intr.* Arribar (llegar la nave al puerto; llegar a cualquier parte; dejarse ir con el viento). Partir, largar. *fig.* Arribar, convalecer, ir recobrando la salud, o los intereses.

ARRIBE *m. Bras.* Arribo, llegada. Importación.

ARRIÇADO, DA (sa) *adj. P. p.* de *Arriçar.* Arrizado.

ARRIÇAR (sar) *v. tr.* Arrizar (tomar los rizos de las velas; colgar algo en el buque).

ARRIEIRICE *f.* Dicho propio de arriero.

ARRIEIRO *m.* Arriero.

ARRIEL (rièl) *m.* Arete, arracada. Barra de oro. Especie de alzaprema.

ARRIFE *m.* Lo mismo que RECIFE.

ARRIMADIÇO, ÇA (so) *adj.* Arrimadizo (que por su interés se arrima o pega a otro).

ARRIMAR *v. intr.* Arrimarse, apoyarse, estribarse. *v. tr.* Arrumar, arrimar. Amparar, apoyar. *v. r.* Arrimarse, apoyarse, estribarse (en sentido recto y figurado). *fig.* Arrimarse (acogerse a la protección de alguien).

ARRIMO *m.* Arrimo, apoyo. *fig.* Arrimo, protección, favor, ayuda, amparo.

ARRINCOAR *v. tr.* Arrinconar (poner algo en un rincón). Arrinconar, acorralar. *v. r.* Arrinconarse, recogerse, retraerse, retirarse del trato de las gentes.

ARRIOSCA (rriòs) *f.* Trampa; ardid.

ARRISCADAMENTE *adv. m.* Arriesgadamente. arriscadamente.

ARRISCADO, DA *adj. P. p.* de *Arriscar.* Arriesgado. Arriscado.

ARRISCAR *v. tr.* Arriesgar; arriscar. Ú. t. c. r.

ARRIVISMO *m.* Arribismo.

ARRIVISTA *m.* Arribista.

ARRIZAR (zar) *v. tr.* Lo mismo que ARRIÇAR.

ARROBA *f.* Arroba.

ARROBAMENTO *m.* Acción de pesar por arrobas.

ARROBAR *v. tr.* Pesar por arrobas. Templar con arrope.

ARROBE *m.* Arrope.

ARROBUSTAR *v. tr.* Robustecer. Ú. t. c. r.

ARROCHADA (cha) *f.* Garrotazo.

ARROCHADURA (cha) *f.* Acción y efecto de

ARROCHAR (char) *v. tr.* Agarrotar (apretar los fardos con cuerdas que se retuercen por medio de un garrote). Agarrotar, apretar mucho. *v. r.* Apretarse, comprimirse. *v. intr.* Apretar, acosar, estrechar, apurar a alguien.

ARROCHEIRO (chei) *m.* Arriero.

ARROCHO (rrócho) *m.* Garrote (palo con que se retuercen las cuerdas que aprietan un fardo). *fig.* Aprieto, apuro, apretura.

ARROGAÇÃO (sáum) *f.* Arrogación.

ARROGÂNCIA (gán) *f.* Arrogancia, altanería, soberbia, orgullo, presunción; valentía, aliento, brío; aire, gallardía.

ARROGANTE *adj.* Arrogante, altanero, orgulloso, soberbio; gallardo, apuesto, airoso.

ARROGAR *v. tr.* Arrogar. *v. r.* Arrogarse.

ARROIO *m.* Arroyo.

ARROJADIÇO, ÇA (jadiso) *adj.* Arrojadizo. Arrojado, intrépido, esforzado, osado.

ARROJADO, DA (ja) *adj.* Arrojado, esforzado, osado, intrépido, atrevido.

ARROJADURA (ja) *f.* Lo mismo que ARROCHADURA.

ARROJAMENTO (ja) *m.* Arrojo, intrepidez. Acción de arrojar o lanzar.

ARROJÃO (jáum) *m.* Tirón para arrastrar algo; empujón.

ARROJAR (jar) *v. tr.* Arrastrar, llevar a la rastra. Arrojar, lanzar (hablando del mar). Arrojar, impeler, lanzar; echar, despedir, expeler, tirar. *v. r.* Arrojarse. Osar, atreverse. Arrastrarse (caminar rozando con el cuerpo en el suelo).

ARROJO (rrójo) *m.* Arrojo, intrepidez. Acción de *Arrojar.*

ARROLADOR *m.* Alistador.

ARROLAMENTO *m.* Alistamiento.

ARROLAR *v. tr.* Alistar; inscribir; enrolar. Arrullar (adormecer con arrullos). *v. intr.* Enrollar, arrollar.

ARROLHAMENTO (lla) *m.* Acción y efecto de

ARROLHAR (llar) *v. tr.* Encorchar (poner tapones de corcho a las botellas).

ARROLO (rró) *m.* Arrullo (canto con que se adormece a los niños).

ARROMANÇAR (sar) *v. tr.* Arromanzar, poner en romance.

ARROMBA *f.* Canción muy ruidosa para guitarra. *Ser* (una cosa) *de* —. Ser de espantar, ser una cosa espantosa o maravillosa.

ARROMBADA *f.* Acción y efecto de *Arrombar*. *Mar.* Borda falsa. Rotura.

ARROMBADELA (dè) *f.* Lo mismo que ARROMBAMENTO.

ARROMBADO, DA *adj. P. p.* de *Arrombar*. Derrumbado, roto, destrozado, despedazado.

ARROMBADOR, RA *adj.* Que rompe o despedaza. Ú. t. c. s.

ARROMBAMENTO *m.* Acción y efecto de *Arrombar*. Rompimiento. Fractura, rotura.

ARROMBAR *v. tr.* Romper, derrumbar, despedazar, destrozar, echar abajo.

ARROSTADO, DA *adj. P. p.* de *Arrostar*. Arrostrado.

ARROSTAR *v. tr.* Arrostrar, hacer frente. *v. r.* Arrostrarse.

ARROTADOR *m.* persona que echa regüeldos. *fig.* Fanfarrón, jactancioso.

ARROTAR *v. intr.* Regoldar, eructar. *fig.* Jactarse, alabarse. *fig.* Fanfarronear, bravear.

ARROTEAMENTO *m.* Acción y efecto de

ARROTEAR *v. tr.* Romper, roturar la tierra inculta; labrar. Desmontar, rozar, descuajar. *fig.* Instruir, educar.

ARROTÉIA (tèia) *f.* Rompido (tierra que se rompe o rotura para cultivarla).

ARROTO (ró) *m.* Regüeldo. *fig.* Regüeldo, jactancia.

ARROUBADO, DA *adj. P. p.* de *Arroubar*. Arrobado; extático; embelesado, enajenado.

ARROUBAMENTO *m.* Arrobamiento, enajenamiento, éxtasis.

ARROUBAR *v. tr.* Arrobar, embelesar, enajenar. Ú. t. c. r.

ARROUBO *m.* Arrobo, arrobamiento, enajenamiento, éxtasis.

ARROUÇAR (sar) *v. tr. Port.* Arrastrar.

ARROXADO, DA (cha) *adj. P. p.* de *Arroxar*. Lo mismo que ARROXEADO.

ARROXAR (char) *v. tr.* Lo mismo que ARROXEAR.

ARROXEADO, DA (chea) *adj. P. p.* de *Arroxear*. Amoratado, violado, lívido, cárdeno.

ARROXEAR (chear) *v. tr.* Amoratar; purpurar; dar el color violado.

ARROZ *m.* Arroz.

ARROZEIRA (zei) *f.* Arrozal.

ARROZEIRO, RA (zei) *adj.* Relativo al cultivo del arroz. *m.* Plantador de arroz.

ARRUAÇA (sa) *f.* Motín, alboroto, tumulto, desorden, sedición, bullanga.

ARRUACEIRO *m.* Bullanguero, alborotador, amotinado.

ARRUADEIRA *f.* Mujer callejera.

ARRUADO, DA *adj. P. p.* de *Arruar*. Dividido en calles. *m.* Lo mismo que ARRUAMENTO.

ARRUADOR *m.* Individuo callejero, holgazán. Amotinador, bullanguero, alborotador.

ARRUAMENTO *m.* Acción de *Arruar* (dividir en calles). Calle.

ARRUAR *v. tr.* Dividir en calles. Alinear calles o aceras. *v. intr.* Callejear. Arruar (dar el jabalí cierto gruñido).

ARRUDA *f. Bot.* Ruda. — *galega.* Ruda cabruna.

ARRUDÃO (dáum) *f. Bot.* Especie de ruda.

ARRUELA (rruè) *f. Bras.* Roel. Besante. Roela. Arandela (chapa circular de hierro o otro metal). *Mar.* Virola, anillo.

ARRUELADO, DA *adj. Bras.* Guarnecido de besantes o roeles.

ARRUFADAMENTE *adv. m.* Enfadosamente, con enfurruñamiento.

ARRUFADIÇO, ÇA (so) *adj.* Enfadadizo.

ARRUFADO, DA *adj. P. p.* de *Arrufar*. Erizado; arrugado; rizado. Enfadado, enfurruñado.

ARRUFAMENTO *m. Mar.* Arrufadura, arrufo.

ARRUFANADO, DA *adj.* Arrufianado.

ARRUFAR *v. tr.* Irritar, enfadar, atufar. Ú. t. c. r. *v. r.* Rizarse, arrugarse. Enfurruñarse.

ARRUFO *m.* Enojo, enfado, atufo, mal humor.

ARRUGADURA *f.* Lo mismo que

ARRUGAMENTO *m.* Arrugamiento.

ARRUGAR *v. tr.* Arrugar, hacer arrugas. Ú. t. c. r.

ARRUÍDO (rruí) *m.* Ruido. Tumulto; vocería, gritería.

ARRUINAÇÃO (sáum) *f.* Arruinamiento.

ARRUINADO, DA *adj. P. p.* de *Arruinar*. Arruinado. Quebrado (que ha hecho quiebra). Perdido, destruído. *Germ.* Inflamado; aposte-mado.

ARRUINAMENTO *m.* Arruinamiento. Ruina.

ARRUINAR *v. tr.* Arruinar, causar ruína. Ú. t. c. r. Destruir, destrozar. Demoler, derribar, arruinar. Estragar, dañar, arruinar. *v. intr.* Echarse a perder.

ARRUIVADO, DA *adj.* Tirante a rubio.

ARRUIVASCADO, DA *adj.* Lo mismo que ARRUIVADO.

ARRULAR *v. intr.* Arrullarse (las palomas o tórtolas). *v. tr.* Arrullar, adormecer al niño con arrullos. Hacer halagos; exprimir ternura.

ARRULHAR (llar) *v. intr.* Lo mismo que ARRULAR. Ú. t. c. tr.

ARRULHO (llo) *m.* Arrullo (de paloma o tórtola). Arrullo (canto grave para adormecer a los niños).

ARRULO *m.* Arrullamiento.

ARRUMAÇÃO (sáum) *f.* Arrumaje, arrumazón. Arrumazón (acción de arrumar). Rumbo. Arreglo, buen orden, buena disposición. Traficación. Empleo, colocación. Cosa complicada y desconocida. Posición en el mapa. — *de contas.* Teneduría de libros. — *de nuvens.* Arrumazón (conjunto de nubes en el horizonte).

ARRUMAÇOS (sos) *m. pl.* Arrumacos.

ARRUMAR *v. tr.* Arreglar, acomodar, disponer, colocar en orden. *Mar.* Arrumbar. *Mar.* Arrumar. Colocar, establecer, emplear. Ú. t. c. r. *Bras.* Lograr, conseguir. Arrumbar, arrinconar. *v. r.* Sacar provecho.

ARRUMO *m.* Lo mismo que ARRUMAÇÃO.

ARSENAL *m.* Arsenal.

ARSÉNICO (sé) *m. Quím.* Arsénico.

ARSÉNIO (sé) *m.* Lo mismo que ARSÊNICO.

ARTE *f.* Arte (en todas las acepciones del vocablo).

ARTEFATO *m.* Artefacto (obra de arte mecánica).

ARTEIRICE *f.* Artería.

ARTEIRO, RA *adj.* Artero, mañoso, astuto.

ARTELHO (llo) *m. Anat.* Tobillo.

ARTEMÃO (máum) *m. Mar.* Artimón.

ARTEMÍSIA (zia) *f. Bot.* Artemisa.

ARTÉRIA (tè) *f.* Arteria.

ARTERIAL *adj.* Arterial.

ARTERIALIZAÇÃO (zasáum) *f.* Arterialización.

ARTERÍOLA (río) *f.* Arteriola.

ARTERIOSCLEROSE (ròze) *f. Pat.* Arteriosclerosis.

ARTERIOSO, SA (ozo, òza) *adj.* Arterial; arterioso.

ARTERITE *f. Pat.* Arteritis.

ARTESA (za) *f. ant.* Artesa (para amasar).

ARTESÃO (záum) *m.* Artesano. *Arq.* Artesón.

ARTESOADO, DA (zoa) *adj. P. p.* de *Artesoar*. Artesonado.

ARTESOAR (zoar) *v. tr. Arq.* Artesonar.

ARTICULAÇÃO (sáum) *f.* Articulación.

ARTICULAR *v. tr.* Articular. Ú. t. c. r.

ARTICULÁVEL *adj.* Que puede ser articulado.

ARTÍCULO *m.* Articulación (de los huesos). Artículo, artejo. Artículo (división de un trabajo literario).

ARTÍFICE *m.* Artífice, artista.

ARTIFICIAL *adj.* Artificial, hecho por arte del hombre. Postizo. Artificioso, disimulador.

ARTIFICIALIDADE *f.* Artificialidad.

ARTIFICIAR *v. tr.* Hacer algo con artificio. Perfeccionar. Tramar, maquinar.

ARTIFÍCIO *m.* Artificio.

ARTIGO *m. Gram.* Artículo. — *definido.* Articulo definido o determinado. (*O, os; a, as,* el, los; la, las). — *indefinido.* Artículo indefinido o indeterminado. (*Um, uns; uma, umas,* un, unos; una, unas). Artículo (cada una de las divisiones de un tratado, lei, reglamento, etc.). Artículo de comercio. Artículo (parte o división de un escrito; división correspondiente a cada voz de un diccionario; escrito que se inserta en una publicación periódica). Párrafo de una carta. — *de fé.* Artículo de fé. — *de fundo.* Artículo de fondo. — *de morte.* Artículo de la muerte. — *de primeira necessidade.* Artículo de primera necesidad.

ARTIGUELHO (llo) *m.* Artículo insignificante u ofensivo (en una publicación periódica).

ARTILHADO, DA (lla) *adj. P. p.* de *Artilhar*. Artillado.

ARTILHAMENTO (lla) *m.* Acción y efecto de

ARTILHAR (llar) *v. tr.* Artillar.

ARTILHARIA (llaría) *f.* Artillería.

ARTILHEIRO (llei) *m.* Artillero.

ARTIMANHA (ña) *f.* Artimaña, trampa, engaño; artificio, astucia.

ARTIMÃO (máum) *m. Mar.* Artimón.

ARTISTA *m.* Artista. *adj.* Artista.

ARTOLA (tò) *f. Bras.* Especie de parihuela.

ARTRITE *f. Pat.* Artritis.

ARTRÓPODE (trò) *adj.* Artrópodo. *m. pl. Zool.* Artrópodos.

ARTROSE (tròze) *f.* Artrosis.

ARUJO (jo) *m.* Lo mismo que ARGUEIRO.

ARUNDINOSO, SA (ozo, òza) *adj.* Arundíneo. Parecido a las cañas. Hecho de cañas.

ARUSPICAÇÃO (sáum) *f.* Aruspicina.

ARVAL *m.* Campo cultivado. *pl.* Arvales.

ARVOADO, DA *adj. P. p.* de *Arvoar*. Alocado; atolondrado; aturdido.

ARVOAMENTO *m.* Aturdimiento; atolondramiento; entontecimiento; Vértigo.

ARVOAR *v. tr.* Atolondrar; aturdir; entontecer. Ú. t. c. r. *v. intr.* Padecer vértigos.

ARVORADO, DA *adj. P. p.* de *Arvorar*. Arbolado, enarbolado. Erigido (en sentido figurado). *m.* Soldado que ejerce funciones de cabo.

ARVORAGEM (jem) *f.* Acción de

ARVORAR *v. tr.* Arbolar, enarbolar. Arbolar, arrimar derecho un objeto alto a una cosa. *Mar.* Arbolar (poner en el buque los árboles). *v. intr.* Huir. Hacerse a la vela. *v. r.* Erigirse; arrogarse a.

ÁRVORE *f.* Árbol. *Mar.* Árbol, palo, mástil. Árbol (eje en una máquina). *Quím.* Árbol (nombre dado a diversas ramificaciones). *poét.* Leño, nave, embarcación. Huso. Árbol genealógico. — *da ciência, do bem e do mal.* Árbol de la ciencia del bien y del mal. — *da cera.* Árbol de la cera. — *da cruz.* Árbol de la cruz. — *de costados.* Árbol de costados. — *de geração.* Árbol genealógico. — *da Judéia.* Árbol de Judas, del amor; ciclamor. — *de transmissão. Mec.* Árbol. — *do incenso.* Árbol del incenso. — *de Natal.* Árbol de Navidad. — *da vida.* Árbol del Paraíso. — *seca. Mar.* Palo seco. *Correr em — seca. Mar.* Correr a palo seco.

ARVORECÊNCIA (cén) *f.* Arborescencia.

ARVORECENTE *adj.* Arborescente.

ARVORECER *v. intr.* Arbolecer, arborecer.

ARVOREDO *m.* Arboleda; arboledo, arbolado.

ARVOREJADO, DA (ja) *adj. P. p.* de *Arvorejar-se.* Lleno o cubierto de árboles.

ARVOREJAR-SE (jar) *v. r.* Llenarse de árboles.

ARVORESCER *v. intr.* Lo mismo que ARVORECER.

ARVORETA *f. dim.* de *Árvore*. Arbolito, arbolillo.

ARVORIFORME (fòr) *adj.* Arboriforme.

ARXAR (char) *v. tr.* Redrar.

ARZOLA (zò) *f. Bot.* Arzolla.

ÀS *contr.* de la prep. *a* con el artículo *as.* A las.

ÁS *m.* As (de la baraja). As (antigua moneda romana. As (del dado). *fig.* Persona importante. *fig.* Persona que descuella en un arte, profesión o desporte.

ASA (za) *f.* Ala (para volar). Asa (parte sobresaliente de las vasijas, cestas, etc.) Asidero (parte por donde se ase algo). *pop.* Brazo. — *negra. fig. fam.* Persona que perjudica los negocios de otra; persona que trae azar.

ASADO, DA (za) *adj.* Oportuno, propicio, adecuado. Hábil, diestro; propio; apto.

ASAR (zar) *v. tr.* Causar, ocasionar; proporcionar.

ASARINA (za) *f.* Asarina.

ÁSARO (za) *m. Bot.* Ásaro.

ASCALÓNIA (ló) *f.* Chalote, cebolla escalonia.

ASCÁRIDAS *m. pl.* Ascáridos.

ASCARÍDEOS *m. pl.* Ascáridos.

ASCARIDÍASE (ze) *f. Pat.* Ascaridiasis.

ASCENDÊNCIA (dén) *f.* Ascendencia.

ASCENDENTE *adj.* Ascendiente; ascendente. *m.* Ascendiente.

ASCENDER *v. intr.* Ascender.

ASCENSÃO (sáum) *f.* Ascensión. — *oblíqua. Astr.* Ascensión oblicua. — *reta. Astr.* Ascensión recta.

ASCENSIONALMENTE *adv. m.* De manera ascensional.

ASCENSIONAR *v. intr.* Ascender, subir, pasar a lugar más alto.

ASCENSO *m.* Ascenso, promoción. Ascensión (de un astro).

ASCENSOR *m.* Ascensionista. Ascensor (aparato).

ASCENSORISTA *m.* El que trabaja en el ascensor.

ASCETA (cè) *m.* Asceta.

ASCETICISMO *m.* Ascetismo.

ASCÉTICO, CA (cè) *adj.* Ascético. *m.* Asceta.

ASCETIZAR (zar) *v. tr.* Hacer ascético. Ú. t. c. r.

ASCLÉPIA (clè) *f. Bot.* Cinanco, asclepia.

ASCLEPINA *f.* Asclepiadina.

ASCO *m.* Asco, repugnancia. *fig.* Asco, aversión. *Arqueol.* Asco (vaso griego).

ASCOROSIDADE (zi) *f.* Lo mismo que ASCOSIDADE.

ASCOROSO, SA (ozo, òza) *adj.* Lo mismo que ASCOSO.

ASCOSIDADE (zi) *f.* Asquerosidad, cosa que mueve a asco.

ASCOSO, SA (ozo, òza) *adj.* Asqueroso, que causa asco.

ASCUA *f.* Ascua. Brasa. *fig.* Brillo.

ASCUAR *v. tr.* Brillar como el fuego; flamear.

ASELHA (zella) *f.* Pequeña ala. *Nó de* —. Nudo dogal.

ASELHO (zello) *m. Zool.* Aselo.

ASFALTAGEM (jem) *f.* Asfaltado (acción de asfaltar).

ASFALTARIA (ría) *f.* Fábrica de asfalto.

ASFIXIA (xía) *f.* Asfixia.

ASFIXIAR *v. tr.* Asfixiar. Ú. t. c. r.

ASIANO, NA (zia) *adj.* Asiático.

ASILADO, DA (zi) *adj. P. p.* de *Asilar.* Asilado (albergado, refugiado en un asilo).

ASILAR (zi) *v. tr.* Albergar, refugiar en un asilo. Ú. t. c. r.

ASILO (zi) *m.* Asilo. *fig.* Asilo, protección, favor, amparo.

ASIMINEIRO (zi) *m. Bot.* Asimina, chirrimoyo de la Florida.

ASINÁRIO, RIA (zi) *adj.* Asinino, asnal, asnino.

ASMA *f. Pat.* Asma. — *noturna.* Pesadilla.

ASMO, MA (ò) *adj.* Lo mismo que ÁZIMO.

ASNA *f.* Asna (hembra del asno). *pl. Arq.* Asnas.

ASNADA *f.* Manada de asnos, asnería. Asnada, asnería, necedad, tontería.

ASNAL *adj.* Asnal.

ASNAMENTE *adv. m.* Asnalmente, bestialmente; neciamente.

ASNAMENTO *m.* Asnas (de una techumbre).

ASNARIA (ría) *f.* Lo mismo que ASNAMENTO. Construcción sobre asnas. Asnería, conjunto de asnos.

ASNATICAMENTE *adv. m.* Asnalmente, neciamente.

ASNÁTICO, CA *adj.* Asnal. *fig.* Asnal, bestial, estúpido.

ASNEAR *v. intr.* Obrar o proceder con muy poco entendimiento, como un asno.

ASNEIRA *f.* Asnedad, asnería, necedad, tontería.

ASNEIRADA *f. aum.* de *Asneira.* Asnedad muy grande.

ASNEIRÃO (ráum) *m. aum.* de *Asno.* Asnazo.

ASNEIRENTO, TA *adj.* Que dice asnadas.

ASNEIRISTA *adj.* Que tiene la costumbre de decir asnadas.

ASNEIRO, RA *adj.* Asnal.

ASNEIROLA (rò) *f.* Obscenidad.

ASNICE *f.* Asnada, asnería, tontería, necedad.

ASNIDADE *f.* Lo mismo que ASNEIRA.

ASNILHO (llo) *m. dim.* de *Asno.* Asnillo; borrico.

ASNO *m. Zool.* Asno. *fig.* Asno, persona de escaso entendimiento. — *quadrado.* Pedazo de alcornoque, de animal, o de bruto.

ASO (zo) *m.* Ocasión, oportunidad. Pretexto, motivo. Ayuda, favor. Manera, modo, medio. Riesgo.

ASPA *f.* Aspa (conjunto de maderos atravesados el uno sobre el otro, en forma de X). Sotuer. Aspa de San Andrés. *pl.* Aspas (de molino). Astra, cuerno. Comillas (" ").

ASPAÇO (so) *m.* Cornada (golpe dado por un animal con la punta del cuerno).

ASPAR *v. tr.* Clavar a alguien en el aspa. *fig.* Mortificar, dar que sentir.

ASPÁRAGO *m.* Lo mismo que

ASPARGO *m. Bot.* Espárrago.

ASPECTO (pèc) *m.* Lo mismo que ASPETO.

ASPEITO *m.* Aspecto, semblante, apariencia, rostro.

ASPEREJAR (jar) *v. intr.* Tratar ásperamente a alguien.

ASPEREZA (za) *f.* Aspereza (en todas las acepciones de esta voz).

ASPERGER (jer) *v. tr. ant.* Lo mismo que ASPERGIR.

ASPERGES (pèrjes) *m.* Asperges. Hisopo. Rociadura, aspersión.

ASPERGIMENTO (ji) *m.* Aspersión, rociadura.

ASPERGIR (jir) *v. tr.* Asperjar, aspergiar, aspergear. Hisopar, hisopear.

ASPERIDADE *f.* Aspereza, escabrosidad del terreno.

ASPERIDÃO (dáum) *f. p. us.* Lo mismo que ASPERIDADE.

ASPERIZAR (zar) *v. tr.* Hacer áspero. Ú. t. c. r.

ASPERMADO, DA *adj. Bot.* Aspermo.

ÁSPERO, RA *adj.* Áspero (en todas las acepciones de esta voz).

ASPERSÃO (sáum) *f.* Aspersión.

ASPERSAR *v. tr.* Lo mismo que ASPERGIR.

ASPERSO, SA (pèr) *adj. P. p. irreg.* de *Aspergir.* Asperjado. Mojado.

ASPERSÓRIO (sò) *m.* Aspersorio, hisopo.

ASPETO (pè) *m.* Aspecto (en todas las acepciones de esta voz).

ASPIRAÇÃO (sáum) *f.* Aspiración.

ASPIRANTE *adj.* Aspirante. *m.* Aspirante. — *de Escola Militar.* Cadete (alumno de una academia militar).

ASPIRAR *v. tr.* Aspirar (en todas las acepciones de esta voz).

ASQUEROSAMENTE (ròza) *adv. m.* Asquerosamente.

ASQUEROSIDADE (zi) *f.* Asquerosidad.

ASQUEROSO, SA (ozo, òza) *adj.* Asqueroso.

ASSA (sa) *f.* Asa (jugo que fluye de algunas plantas umbelíferas). Gomorresina.

ASSABORAR (sa) *v. tr.* Lo mismo que

ASSABOREAR (sa) *v. tr.* Saborear, dar sabor o gusto a las cosas.

ASSACADILHA (sacadilla) *f.* Imputación perversa o alevosa.

ASSACADOR, RA (sa) *adj.* Calumniador, chismoso, cizañero. Ú. t. c. s.

ASSACAR (sa) *v. tr.* Achacar, asacar, atribuir, imputar alevosamente.

ASSADEIRO (sa) *m.* Asador.

ASSADO, DA (sa) *adj. P. p.* de *Assar.* Asado. Que padece de intertrigo. *m.* Asado, carne asada. — *com couro.* Asado con cuero. — *de couro.* Asado con cuero.

ASSA-DOCE (sa) *f.* Asa dulce, u olorosa.

ASSADOR (sa) *m.* Asador (varilla en que se clava una cosa para asarla). El que asa.

ASSADURA (sa) *f.* Acción de asar, asación, asamiento. Pieza de carne para asar. *Med.* Intertrigo.

ASSA-FÉTIDA (sa) *f. Bot.* Asafétida, asa fétida.

ASSALARIADO, DA (sa) *adj. P. p.* de *Assalariar.* Asalariado. Ú. t. c. s.

ASSALARIAMENTO (sa) *m.* Acción y efecto de asalariar.

ASSALARIAR (sa) *v. tr.* Asalariar. Ú. t. c. r.

ASSALMONADO, DA (sal) *adj.* Asalmonado.

ASSALOIADO, DA (sa) *adj.* Que tiene modales de *saloio;* rude, grosero.

ASSALTADA (sal) *f.* Asalto. Acometimiento.

ASSALTADOR, RA (sal) *adj.* Asaltador. Ú. t. c. s.

ASSALTAR (sal) *v. tr.* Asaltar.

ASSALTEAR (sal) *v. tr.* Lo mismo que ASSALTAR.

ASSALTO (sal) *m.* Asalto; acometimiento; embestida. *Esgr.* Asalto. Acometimiento (de enfermedad). Tentación. Pedido insistente. Especie de fiesta íntima.

ASSAMBARCAÇÃO (asambarcasáum). *f.* Acaparamiento; monopolio.

ASSAMBARCADOR, RA sam) *adj.* Acaparador; monopolizador. Ú. t. c. s.

ASSAMBARCAMENTO (sam) *m.* Lo mismo que ASSAMBARCAÇÃO.

ASSAMBARCAR (sam) *v. tr.* Acaparar; abarcar; monopolizar.

ASSANHADIÇO, ÇA (sañadiso) *adj.* Que fácilmente se ensaña.

ASSANHADO, DA (asañado) *adj. P. p.* de *Assanhar.* ensañador; furioso. *Bras.* Erótico. *Bras.* Enamorador.

ASSANHAMENTO (asañamento) *m.* Ensañamiento.

ASSANHAR (asañar) *v. tr.* Ensañar, irritar, enfurecer. Exacerbar, agraviar. Enrojecer. *v. r.* Ensañarse.

ASSANHO (asáñño) *m.* Ensañamiento. Saña, furor, enojo ciego.

ASSAR (sar) *v. tr.* Asar. Quemar. Inflamar. Tostar. *v. intr.* Asarse, sentir insoportable calor o ardor. *v. r.* Asarse; tostarse.

ASSARAPANTADO, DA (sa) *adj. P. p.* de *Assarapantar.* Asustado, espantado, pasmado. Embarazado, embrollado.

ASSARAPANTAR (sa) *v. tr.* Espantar, asustar, pasmar. Ú. t. c. r. Confundir; embarazar.

ASSARILHADO, DA (sarilla) *adj.* Parecido a una devanadera.

ASSASSINADO, DA (sasi) *adj. P. p.* de *Assassinar.* Asesinado.

ASSASSINADOR (sasi) *m.* Asesino.

ASSASSINAMENTO (sasi) *m.* Asesinato.

ASSASSINAR (sasi) *v. tr.* Asesinar.

ASSASSINATO (sasi) *m.* Asesinato.

ASSASSÍNIO (sasi) *m.* Asesinato.

ASSASSINO (sasi) *m.* Asesino.

ASSAZ (saz) *adv. c.* Asaz, bastante, harto, muy.

ASSAZONADO, DA (sazo) *adj.* Sazonado; maduro.

ASSEADO, DA (sea) *adj. P. p.* de *Assear.* Aseado; límpio, curioso, pulcro. Lindo, elegante; bien vestido.

ASSEAR (sear) *v. tr.* Limpiar. Asear, adornar, componer con curiosidad, limpieza y pulcritud. Ú. t. c. r.

ASSECLA (sè) *m.* Secuaz.

ASSECURATÓRIO, RIA (securatò) *adj. Bras.* Asegurador.

ASSEDADEIRA (se) *f.* Sedadera. Mujer que rastrilla el lino.

ASSEDADOR (se) *m.* Rastrillador (del lino).

ASSEDAGEM (asedajem) *f.* Rastrilleo (del lino).

ASSEDAR (se) *v. tr.* Rastrillar, asedar (el lino). Asedar (dar a una cosa la suavidad de la seda).

ASSEDENTADO, DA (se) *adj.* Sediento.

ASSEDIADOR, RA (se) *adj.* Asediador. Ú. t. c. s.

ASSEDIANTE (se) *adj.* Asediador.

ASSEDIAR (se) *v. tr.* Asediar, cercar, poner sitio, bloquear. *fig.* Asediar, importunar, molestar con pretensiones o exigencias.

ASSÉDIO (sè) *m.* Asedio.

ASSEGURAÇÃO (segurasáum) *f.* Aseguración. Aseguramiento.

ASSEGURADO, DA (se) *adj. P. p.* de *Assegurar.* Asegurado, firme, establecido.

ASSEGURADOR, RA (se) *adj.* Asegurador. Ú. t. c. s.

ASSEGURAR (se) *v. tr.* Asegurar, dar firmeza. Garantir, asegurar. Asegurar, afirmar la certeza de algo. Certificar, afianzar. *v. r.* Asegurarse.

ASSEIO (seio) *m.* aseo, limpieza, curiosidad, pulcritud.

ASSELAR (se) *v. tr.* Sellar. Asegurar, afirmar. Legalizar.

ASSELVAJADO, DA (selvaja) *adj. P. p.* de *Asselvajar.* Grosero, brutal, que tiene modales de salvaje.

ASSELVAJAMENTO (selvaja) *m.* Acción y efecto de

ASSELVAJAR (selvajar) *v. tr.* Hacer salvaje, brutal o grosero. Ú. t. c. r.

ASSEMBLÉIA (semblèia) *f.* Asamblea. — *constituinte.* Asamblea Constituyente.

ASSEMELHAÇÃO (asemellasáum) *f.* Acción y efecto de

ASSEMELHAR (asemellar) *v. tr.* Asemejar, hacer una cosa a semejanza de otra; imitar. Comparar. Parecerse, asemejarse. *v. r.* Asemejarse, parecerse.

ASSENHOREADO, DA (seño) *adj. P. p.* de *Assenhorearse.* Enseñoreado.

ASSENHOREAMENTO (seño) *m.* Enseñoramiento.

ASSENHOREAR-SE (seño) *v. r.* Enseñorearse.

ASSENSO (senso) *m.* Asenso, asentimiento, consentimiento.

ASSENTADA (sen) *f.* Sesión de un tribunal para interrogar a los testigos. *De uma —. m. adv.* De una asentada, de una vez, sin levantarse.

ASSENTADAMENTE (sen) *adv. m.* Maduramente, con reflexión. Firmemente. Terminantemente.

ASSENTADO, DA (sen) *adj. P. p.* de *Assentar.* Asentado, sentado. Asentado (establecido; afirmado; ajustado, convenido; dado por cierto; presupuesto; anotado).

ASSENTADOR, RA (sen) *adj.* Asentador. Ú. t. c. s. m. Asentador (suavizador para las navajas de afeitar).

ASSENTAMENTO (sen) *m.* Asentamiento. Registro, asiento, anotación.

ASSENTAR (sen) *v. tr.* Asentar, sentar (poner a una persona en un asiento). Ú. t. c. r. Asentar, fundar, situar, establecer. Asentar (poner algo de modo que esté firme). Asentar, anotar, hacer constar; inscribir. Asentar, ajustar, convenir, pactar. Decidir, determinar, resolver. Asentar, presuponer. Asentar, sentar, caer bien. *v. intr.* Asentarse, sentarse.

ASSENTE (sen) *adj.* Asentado; firme; decidido.

ASSENTIMENTO (sen) *m.* Asentimiento, consentimiento, asenso.

ASSENTIR (sen) *v. tr.* Asentir, convenir. Consentir.

ASSENTO (sen) *m.* Asiento.

ASSÉPALO, LA (sè) *adj. Bot.* Asépalo.

ASSEPSIA (sepsía) *f.* Asepsia.

ASSEPSIAR (se) *v. tr.* Aseptizar.

ASSÉPTICO (sè) *adj.* Aséptico.

ASSEPTIZAÇÃO (septizasáum) *f.* Acción y efecto de

ASSEPTIZAR (septizar) *v. tr.* Aseptizar.

ASSERÇÃO (sersáum) *f.* Aserción.

ASSERENAR (se) *v. tr.* Serenar, tranquilizar, calmar. Ú. t. c. r. Exponer al sereno.

ASSERTIVA (ser) *f.* Aserción, afirmación.

ASSERTIVAMENTE (ser) *adv. m.* Asertivamente, afirmativamente.

ASSERTIVO, VA (ser) *adj.* Asertivo, afirmativo.

ASSERTO (ser) *m.* Aserción, afirmación.

ASSERTAR (ser) *v. tr.* Acertar (la ropa).

ASSERTOR (ser) *m.* Asertor.

ASSERTÓRIO, RIA (sertò) *adj.* Asertorio.

ASSESSOR (sesor) *m.* Asesor.

ASSESSORADO (seso) *m.* Lo mismo que

ASSESSORIA (sesoría) *f.* Asesoría.

ASSESSORIAL (seso) *adj.* Asesoral. Asesorial.

ASSESSÓRIO, RIA (sesò) *adj.* Asesorial.

ASSESTAR (ses) *v. tr.* Asestar.

ASSESTO (sès) *m. p. us.* Asestadura.

ASSETAR (sè) *v. tr.* Lo mismo que ASSETEAR.

ASSETEADOR, RA (se) *adj.* Asaeteador. Ú. t. c. s.

ASSETEAR (se) *v. tr.* Asaetear.

ASSEVANDIJAMENTO (senvandija) *m.* Acción y efecto de

ASSEVANDIJAR (sevandijar) *v. tr.* Aviltar, envilecer, hacer canalla. Ú. t. c. r.

ASSEVERAÇÃO (severasáum) *f.* Aseveración.

ASSEVERAR (se) *v. tr.* Aseverar, afirmar, asegurar la certeza de algo.

ASSEVERATIVO, VA (se) *adj.* Aseverativo, afirmativo.

ASSEXO, XA (sè) *adj.* Asexuado, asexual.

ASSEXUADO, DA (se) *adj.* Asexuado.

ASSEXUAL (se) *adj.* Asexual.

ASSIALIA (sialía) *f. Pat.* Asialia.

ASSIDUIDADE (si) *f.* Asiduidad.

ASSÍDUO, DUA (si) *adj.* Asiduo, frecuente, puntual, perseverante.

ASSIM (sim) *adv. m.* Así, de esta, o de esa suerte o manera. Así, también, igualmente. — *... como.* Así... como. —, —. *m. adv.* Así así, tal cual, medianamente. — *como. m. conj.* Así como. — *como —. m. adv.* Así como así, así que así. — *e assado,* o — *ou assado. m. adv.* Así que asá, así o asá, así que asado. — *mesmo. m. adv.* Asimismo. — *que. m. conjunt.* Así que. *conj.* Pues, por consiguiente.

ASSIMETRIA (simetría) *f.* Asimetría.

ASSIMÉTRICO, CA (simè) *adj.* Asimétrico.

ASSIMILABILIDADE (si) *f.* Asimilabilidad.

ASSIMILAÇÃO (similasáum) *f.* Asimilación.

ASSIMILADOR, RA (si) *adj.* Asimilador. Ú. t. c. s.

ASSIMILAR (si) *v. tr.* Asimilarse (apropiarse los órganos de las substancias nutritivas). Asimilar, comparar, asemejar. *v. r.* Identificarse.

ASSIMILATIVO, VA (si) *adj.* Asimilativo.

ASSIMILÁVEL (si) *adj.* Asimilable.

ASSIMILHAR (similar) *v. tr.* Lo mismo que ASSEMELHAR.

ASSIMPTOTA (sím) *f.* Asíntota.

ASSIMPTÓTICO, CA (simptò) *adj.* Asintótico.

ASSINAÇÃO (sinasáum) *f.* Asignación.

ASSINADO (si) *m.* Asignado. *adj.* Firmado. Asignado, señalado, destinado. *Abaixo —. m.* Petición firmada por varias personas.

ASSINALAÇÃO (sinalasáum) *f.* Lo mismo que ASSINALAMENTO.

ASSINALADO, DA (si) *adj. P. p.* de *Assinalar.* Señalado; asignado. *fig.* Señalado, insigne, famoso.

ASSINALADOR, RA (si) *adj.* Que señala.

ASSINALAMENTO (si) *m.* Asignación. Señalamiento. Acción de señalar (poner o estampar señal en una cosa).

ASSINALAR (si) *v. tr.* Señalar (poner o estampar señal en una cosa). Anotar. Señalar (con la mano o de otro modo). Distinguir. Ilustrar. Particularizar. *v. r.* Señalarse, distinguirse.

ASSINALÁVEL (si) *adj.* Que puede ser señalado.

ASSINANTE (si) *m.* Subscritor. Abonado.

ASSINAR (si) *v. tr.* Firmar. Subscribir. Asignar. *v. r.* Firmarse. — *en branco. fr.* Firmar en blanco.

ASSINATURA (si) *f.* Firma (de una persona). Subscripción. Abono.

ASSINÁVEL (si) *adj.* Que puede ser firmado.

ASSINDÉTICO, CA (sindè) *adj.* Asindético.

ASSÍNDETO (sín) *m.* Asíndeton.

ASSÍRIO, RIA (sí) *adj.* Asirio. Ú. t. c. s. m. Asírio (lengua asiria).

ASSISADO, DA (siza) *adj.* Sesudo, prudente, sensato, juicioso, ajuiciado.

ASSISTÊNCIA (sistén) *f.* Asistencia. Socorro, auxilio, favor, ayuda. Concurrencia (junta de varias personas en un lugar). Residencia. *Bras.* Ambulancia.

ASSISTENTE (sis) *adj. P. p.* de *Assistir.* Asistente. Residente. Ayudante, auxiliar. *m.* Asistente (obispo que ayuda al consagrante). *Médico —.* Médico de cabecera. Concurrente, persona presente.

ASSISTIDO, DA (sis) *adj. P. p.* de *Assistir.* Asistido; socorrido, auxiliado, ayudado.

ASSISTIR (sis) *v. tr.* Asistir, estar presente, concurrir. Asistir, ayudar, socorrer, favorecer, auxiliar. Asistir (acompañar a alguien en un acto público). Residir, vivir. Asistir (cuidar a los enfermos).

ASSISTOLIA (sistólia) *f. Pat.* Asistolia.

ASSITIA (sitía) *f. Pat.* Asitia.

ASSITIAR (si) *v. tr.* Lo mismo que SITIAR.

ASSO, SA (so) *adj. Bras.* Albino.

ASSOADO, DA (soa) *adj. P. p.* de *Assoar.* Sonado. *m. Port.* Acción de sonarse.

ASSOALHADO, DA (soalla) *adj. P. p.* de *Assoalhar.* Solado (hablando del suelo). Entarimado. Asoleado (expuesto al sol). Divulgado. Oreado. *m.* Solado, suelo, piso, entarimado.

ASSOALHADOR, RA (soalla) *adj.* Que divulga o hace público. Ú. t. c. s. m. Solador.

ASSOALHADURA (soalla) *f.* Lo mismo que

ASSOALHAMENTO (soalla) *m.* Soladura (Acción y efecto de solar pisos). Divulgación (Acción y efecto de divulgar o hacer público). Ostentación; vanagloria.

ASSOALHAR (soallar) *v. tr.* Divulgar, publicar, difundir maliciosamente. Solar (pisos); entarimar. Asolear, exponer al sol. Ú. t. c. r. Ostentar (hacer gala de grandeza, lucimiento y boato). *v. r.* Vanagloriarse.

ASSOALHO (soallo) *m.* Lo mismo que SOALHO.

ASSOANTE (soan) *adj.* Asonante (que asuena o hace asonancia). Ú. t. c. s.

ASSOAR (soar) *v. tr.* Sonar (limpiar de mocos las narices). *v. r.* Sonarse.

ASSOBERBADO, DA (so) *adj. P. p.* de *Assoberbar.* Soberbio, altivo, arrogante, orgulloso. Tratado con soberbia. Dominado, excedido (en altura). Recargado, oprimido.

ASSOBERBADOR, RA (so) *adj.* Que domina; grande, enorme, desmedido, excesivo, descomunal.

ASSOBERBAMENTO (so) *m.* Acción y efecto de *Assoberbar.*

ASSOBERBANTE (so) *adj.* Que domina y oprime, que es excesivo. Trabajoso, difícil.

ASSOBERBAR (so) *v. tr.* Tratar con soberbia, despreciar. Ensoberbecer. Ú. t. c. r. Dominar, exceder (en altura). Llenar, acumular, cumular.

ASSOBIADA (so) if. Silbadura, pita, silba; grita, rechifla, zumba.

ASSOBIADO, DA (so) *adj. P. p.* de *Assobiar.* Silbado, chiflado. Chiflado, mofado.

ASSOBIADOR, RA (so) *adj.* Silbador. Ú. t. c. s.

ASSOBIANTE (so) *adj.* Silbante, que silba o chifla.

ASSOBIAR (so) *v. intr.* Silbar, chiflar. Silbar (agitar el aire una cosa, haciendo un sonido como de silbo). Chiflar, silbar, mofar, hacer burla en público.

ASSOBIO (sobío) *m.* Silbato, chiflo. Silbido, silbo. Pito. Señal con el pito.

ASSOBRADAR (so) *v. tr.* Construir con varios pisos. *Port.* Solar; entarimar.

ASSOCIAÇÃO (sociasáum) *f.* Asociación (acción de asociar; conjunto de asociados).

ASSOCIACIONISMO (so) *m. Fil.* Asociacionismo.

ASSOCIADAMENTE (so) *adv. m.* En sociedad, con asociamiento.

ASSOCIADO, DA (so) *adj. P. p.* de *Associar.* Asociado. Ú. t. c. s.

ASSOCIALIZAÇÃO (socializasáum). *f.* Acción y efecto de

ASSOCIALIZAR (socializar) *v. tr.* Socializar. Hermanar.

ASSOCIAR (so) *v. tr.* Asociar, juntar, dar a uno por compañero quien le ayude o coopere con él. *v. r.* Asociarse.

ASSOCIATIVO, VA (so) *adj.* Relativo a una asociación. Que asocia.

ASSOCIÁVEL (so) *adj.* Asociable.

ASSOLAÇÃO (solasáum) *f.* Asolación, asolamiento.

ASSOLADOR, RA (so) *adj.* Asolador, que asuela, destruye o arrasa.

ASSOLAMENTO (so) *adj.* Asolamiento.

ASSOLAPAR (so) *v. intr.* Lo mismo que SOLAPAR.

ASSOLAR (so) *v. tr.* Asolar, echar por tierra, destruir, arrasar.

ASSOLDADADO (sol) *adj. P. p.* de *Assoldadar.* Asoldadado, asalariado, tomado a sueldo.

ASSOLDADAMENTE (sol) *adv. m.* De manera asalariada o asoldada.

ASSOLDADAR (sol) *v. tr.* Asoldadar, tomar a sueldo, asalariar. Ú. t. c. r.

ASSOLDADO, DA (sol) *adj. P. p.* de *Assoldar.* Asoldado, asalariado, tomado a sueldo.

ASSOLDAR (sol) *v. tr.* Asoldar, tomar a sueldo, asalariar. Ú. t. c. r.

ASSOLEADO, DA (so) *adj. P. p.* de *Assolear. Bras.* Que padece de asoleo.

ASSOLEAMENTO (so) *m. Bras.* Asoleo.

ASSOLEAR (so) *v. intr. Bras.* Asolearse (contraer asoleo las bestias). Ú. t. c. r.

ASSOMADA (so) *f.* Asomada.

ASSOMADAMENTE (so) *adv. m.* Airadamente. Altivamente.

ASSOMADIÇO, ÇA (somadiso) *adj.* Que fácilmente se irrita.

ASSOMADO, DA (so) *adj. P. p.* de *Assomar.* Asomado. Irritado, irritable; impaciente; colérico. Espantadizo, asustadizo.

ASSOMAR (so) *v. tr.* Asomar, mostrar. *fig.* Irritar, airar. *fig.* Ensañar. *v. r.* Asomarse, asomar. Irritarse, airarse.

ASSOMBRAÇÃO (sombrasáum) *f. Bras.* Asombro, susto, espanto, terror. Aparición, visión, duende.

ASSOMBRADIÇO, ÇA (sombradiso) *adj.* Asombradizo, espantadizo, asustadizo.

ASSOMBRADO, DA (som) *adj. P. p.* de *Assombrar.* Asombrado, espantado, asustado, muy admirado. Sombrío, sombreado. *Pint.* Asombrado, obscurecido. En el cual hay duendes. Atolondrado, aturdido. Espantadizo (hablando de caballos).

ASSOMBRAMENTO (som) *m. Pint.* Sombreado, sombreo. Asombro, susto, terror, pavor. Asombro, grande admiración. Consternación. Aturdimiento.

ASSOMBRAR (som) *v. tr.* Asombrar, sombrar (hacer sombra una cosa a otra). *Pint.* Sombrear; asombrar. Ensombrecer, oscurecer, cubrir de sombras. Ú. t. c. r. Asombrar, asustar, espantar, o causar grande admiración. Ú. t. c. r. Atormentar con duendes, apariciones o visiones. Aturdir, atolondrar.

ASSOMBREAMENTO (som) *m.* Lo mismo que ASSOMBRAMENTO, 1ª acep.

ASSOMBREAR (som) *v. tr. Pint.* Sombrear.

ASSOMBRO (som) *m.* Asombro (susto, espanto, o grande admiración). Portento.

ASSOMBROSAMENTE (sombròza) *adv. m.* Asombrosamente.

ASSOMBROSO, SA (sombrozo, òza) *adj.* Asombroso.

ASSOMO (so) *m.* Asomo, indicio, señal de algo. Asomo, sospecha, presunción, conjetura. Irritación.

ASSONÂNCIA (sonán) *f.* Asonancia.

ASSONANTADO, DA (so) *adj.* Asonantado, que forma asonancia.

ASSONANTE (so) *adj.* Asonante, que asuena o hace asonancia.

ASSONORENTADO, DA (so) *adj.* Soñoliento.

ASSOPITAR (so) *v. tr.* Lo mismo que SOPITAR.

ASSOPRADELA (sopradè) *f.* Soplo, (acción y efecto de soplar).

ASSOPRADO, DA (so) *adj. P. p.* de *Assoprar.* Soplado. Lleno, inchado. *fig.* Estirado, soplado, engreído, entonado. *fig.* Vanidoso.

ASSOPRADOR (so) *m.* El que sopla. *m.* Soplador, aventador. *fig.* Incitador; zizañero.

ASSOPRADURA (so) *f.* Sopladura.

ASSOPRAR (so) *v. tr.* e *intr.* Lo mismo que SOPRAR.

ASSOPRO (só) *m.* Soplo.

ASSOSSEGAR (sose) *v. tr.* Lo mismo que SOSSEGAR. Ú. t. c. r.

ASSOVELADO, DA (so) *adj. P. p.* de *Assovelar.* Alesnado. Perfurado o pinchado con lesna.

ASSOVELAR (so) *v. tr.* Alesnar. Perfurar o pinchar con lesna. *fig.* Incitar, estimular. *fig.* Impacientar, irritar.

ASSOVIAR (so) *v. tr.* e *intr.* Lo mismo que ASSOBIAR.

ASSOVINAR (so) *v. tr.* Lo mismo que ASSOVELAR. Volver avariento. Ú. t. c. r.

ASSOVIO (sovío) Lo mismo que ASSOBIO.

ASSUADA (sua) *f.* Asonada.

ASSUAR (suar) *v. tr.* Dar zumba, chiflar, silbar. *ant.* Asonar (hacer asonadas).

ASSUBTILAR (sub) *v. tr.* Sutilizar.

ASSÚCAR (sú) *m.* Lo mismo que AÇÚCAR.

ASSUETO, TA (sue) *adj.* Asueto, acostumbrado. *m.* Asueto, vacación breve.

ASSUETUDE (sue) *f.* Hábito, costumbre.

ASSUJEITAR (suʃèi) *v. tr.* Lo mismo que SUJEITAR.

ASSUMENTE (su) *adj.* Que asume.

ASSUMIR (su) *v. tr.* Asumir.

ASSUNÇÃO (sunsáum) *f.* Asunción.

ASSUNCIONISTAS (sun) *m. pl.* Asuncionistas.

ASSUNGAR (sun) *v. tr.* Lo mismo que SUNGAR.

ASSUNTAR (sun) *v. tr. Bras.* Atender, prestar atención. Mirar, prestar atención. Considerar, meditar. Verificar.

ASSUNTÍVEL (sun) *adj.* Que puede ser asumido.

ASSUNTIVO, VA (sun) *adj.* Que asume.

ASSUNTO (sun) *m.* Asunto, materia, tema; negocio, pretensión, dependencia.

ASSUSTAÇÃO (sustasáum) *f.* Acción y efecto de asustar. Susto.

ASSUSTADAMENTE (sus) *adv. m.* De manera asustada.

ASSUSTADIÇO, ÇA (sustadiso) *adj.* Asustadizo.

ASSUSTADO, DA (sus) *adj. P. p.* de *Assustar.* Asustado. Miedoso. Vacilante. Tibia (hablando del agua). *m. Bras.* Fiesta íntima donde se baila.

ASSUSTADOR, RA (sus) *adj.* Asustador.

ASSUSTAR (sus) *v. tr.* Asustar, dar, causar u ocasionar susto. Ú. t. c. r. *v. intr.* Asustarse.

ASSUSTOSO, SA (sustozo, òza) *adj.* Asustador, amedrentador.

ASTASIA (zía) *f. Pat.* Astasia.

ASTENIA (nía) *f. Med.* Astenia.

ASTÉNICO, CA (té) *adj.* Asténico.

ASTENOPIA (pía) *f. Pat.* Astenopía.

ASTENOPIRIA (ría) *f. Pat.* Astenopiria.

ASTÉRIA (tè) *f. Zool. Miner. Fís.* Asteria.

ASTERISCO *m.* Asterisco (*). *Arqueol.* Asterisco.

ASTERITO *m. Miner.* Asterita.

ASTERIZAR (zar) *v. tr.* Señalar con asteriscos.

ASTERNIA (nía) *f. Fisiol.* Asternia.

ASTERÓIDE (ròi) *m.* Asteroide.

ASTERÓIDEOS (ròi) *m. pl. Zool.* Astéridos, asterídeos.

ASTEROMETRIA (tría) *f.* Astereometría.

ASTEROMÉTRICO, CA (mè) *adj.* Astereométrico.

ASTERÔMETRO (ró) *m.* Astereómetro.

ASTERÓNIMO (ró) *m.* Asterónimo.

ASTIANO, NA *adj. Geol.* Astiense.

ASTIGMÓGRAFO (mò) *m.* Astigmómetro.

ASTILHA (lla) *f.* Astilla.

ASTOMIA (mía) *f. Terat.* Astomia.

ASTRACÃ (cán) *m.* Astracán.

ASTRACANITO *m. Miner.* Astracanita.

ASTRAGÁLEO, LEA *adj.* Astragalino.

ASTRÁGALO *m. Anat.* Astrágalo. *Arq.* Astrágalo. *Bot.* Astrágalo, tragacanto. *Artill.* Astrágalo.

ASTRAL *adj.* Astral (perteneciente o relativo a los astros). Astral, suprasensible.

ASTREADO, DA *adj.* Iluminado por los astros. Estrellado, lleno de astros. Dichoso, feliz, que tiene buena suerte.

ÁSTREO, EA *adj. poét.* Lleno de astros.

ASTRICÇÃO (sáum) *f.* Astricción.

ÁSTRICO, CA *adj. poét.* Astrífero, astrígero.

ASTRÍFICO, CA *adj. poét.* Astrífero.

ASTRITIVO, VA *adj.* Astringente.

ASTRO *m.* Astro. — *da noite.* La luna. — *do dia.* El sol.

ASTRODINÂMICA (nán) *f.* Astrodinámica.

ASTROFANÔMETRO (nó) *m.* Astrofonómetro.

ASTROFILITO *m. Miner.* Astrofilita.

ASTROFÍSICA (zi) *f.* Astrofísica.

ASTROFÍSICO, CA (zi) *adj.* Astrofísico.

ASTROGRAFIA (fía) *f.* Astrografía.

ASTRÓIDE (trói) *m.* Asteroide.

ASTROLÁBIO *m.* Astrolabio.

ASTROLATRIA (tría) *f.* Astrolatría.

ASTROLOGIA (jía) *f.* Astrología.

ASTRÓLOGO (trò) *m.* Astrólogo.

ASTROMANCIA (cía) *f.* Astromancia.

ASTROMANTE *m.* Astromántico, astrólogo.

ASTROMETRIA (tría) *f.* Astrometría.

ASTRÔMETRO (tró) *m.* Astrómetro.

ASTRONOMIA (mía) *f.* Astronomía.

ASTRONOMICAMENTE (nó) *adv. m.* Astronómicamente.

ASTRONÔMICO, CA (nó) *adj.* Astronómico.

ASTRÔNOMO (tró) *m.* Astrónomo.

ASTROSCÓPIO (cò) *m.* Astroscopio.

ASTROSO, SA (ozo, òza) *adj.* Astroso, desastrado, infausto, infeliz. Que nació bajo el influjo de los astros.

ASTÚCIA *f.* Astucia (calidad de astuto; ardid, artificio, medio mañoso para lograr algo).

ASTUCIAR *v. tr.* Planear con astucia. *v. intr.* Proceder astutamente.

ASTUCIOSAMENTE (òza) *adv. m.* Astutamente.

ASTUCIOSO, SA (ozo, òza) *adj.* Astucioso, astuto, sagaz, agudo.

ASTUTO, TA *adj.* Lo mismo que ASTUCIOSO.

ATA *f.* Acta.

ATABAFADO, DA *adj. P. p.* de *Atabafar.* Abrigado, cubierto. *fig.* Encubierto, oculto. *fig.* Parado, olvidado (hablando de un negocio o proceso).

ATABAFADOR *m.* Lo mismo que ABAFADOR.

ATABAFAR *v. tr.* Abrigar, cubrir. *fig.* Disimular, encubrir. *fig.* Olvidar (hablando de negocio o proceso). Hurtar.

ATABALAR *v. intr.* Atabalear.

ATABALE *m.* Atabal.

ATABALEIRO *m.* Atabalero.

ATABALHOADAMENTE (lloa) *adv. m.* Confusamente; embrolladamente.

ATABALHOADO, DA (lloa) *adj. P. p.* de *Atabalhoar.* Desordenado, confuso, inconsiderado, embrollado; atrabancado.

ATABALHOAMENTO (lloa) *m.* Atrabanco. Desorden, desconcierto, confusión, lío.

ATABALHOAR (lloar) *v. tr.* Atrabancar (hacer algo de prisa y descuidadamente). Embarazar, estorbar, embrollar, enredar. *v. intr.* Obrar inconsideradamente. *v. r.* Confundirse, hacerse un lío.

ATABALHOO (lloo) *m.* Lo mismo que ATABALHOAMENTO.

ATABERNAR *v. tr.* Vender por menor. Vender en la taberna.

ATACA *f.* Lo mismo que ATACADOR, 1ª acep.

ATACADISTA *m.* Comerciante al por mayor. *adj.* Relativo al comercio al por mayor.

ATACADO, DA *adj. P. p.* de *Atacar.* Atacado, acometido (hablando de enfermedades, plagas, etc.). Atacado, atado, abrochado. Lleno, cargado hasta arriba. *Comércio de —.* Comercio al por mayor. *Por —. m. adv.* Por mayor, en grueso.

ATACADOR *m.* Atacador, cintilla, correa para atacar. *Artill.* Atacador. *adj.* Atacador (que acomete o embiste); agresor. Ú. t. c. s.

ATACANTE *adj.* Agresor; atacador; que ataca.

ATACAR *v. tr.* Atacar, atar, abrochar. Atacar, acometer, embestir. Hostilizar. Acusar. Roer. Ejecutar, poner por obra una cosa. Dar comienzo. Insultar, ofender. Atacar, declararse en contra a alguna cosa. Combatir. Llenar hasta arriba. *v. r.* Llenarse, hartarse. Atracarse, hartarse.

ATACOAR *v. tr.* Poner tacones al calzado. Reparar con atrabanco.

ATADA *f.* Lo mismo que

ATADO *m.* Atado, lío, paquete. *adj.* Atado, apocado, que se embaraza de cualquier cosa. *P. p.* de *Atar.*

ATADOR, RA *adj.* Atador, que ata. Ú. t. c. s.

ATADURA *f.* Atadura; ligadura. Atadero. *fig.* Atadura, unión, vínculo, enlace.

ATAFAL *m.* Ataharre.

ATAFONA *f.* Tahona, atahona.

ATAFONEIRO *m.* Tahonero, atahonero.

ATAFULAR-SE *v. r.* Hacerse elegante o coquetón.

ATAFULHADO, DA (lla) *adj. P. p.* de *Atafulhar.* Henchido. Harto. Lleno.

ATAFULHAMENTO (lla) *m.* Acción y efecto de ATAFULHAR.

ATAFULHAR (llar) *v. tr.* Atestar, llenar mucho. Tapar con estopa. Introduzir o meter desordenadamente. *v. r.* Llenarse, hartarse, atracarse.

ATAGANHAR (gañar) *v. tr. Port.* Estrangular (ahogar oprimiendo el cuello).

ATALAIA *f.* Atalaya. *m.* Atalaya. *De —. m. adv.* Al acecho, en acecho.

ATALAIAR *v. tr.* Atalayar. *fig.* Atalayar, espiar. Acechar. *v. r.* Precaverse.

ATALHADA (lla) *f.* Camino abierto para preservar un bosque contra incendios.

ATALHADOR, RA (lla) *adj.* Atajador, que ataja, corta, impide o detiene. *m. ant.* Atajador, explorador.

ATALHAMENTO (lla) *m.* Atajo, atajamiento (acción de atajar, cortar, impedir). Todo lo que ataja, corta o impide.

ATALHAR (llar) *v. tr.* Atajar, cortar, impedir, detener. Acortar, disminuir, reducir, resumir. *v. intr.* Atajar (ir por un atajo). *v. r.* Atajarse, cortarse de vergüenza. Cuajarse, cortarse (la leche).

ATALHO (llo) *m.* Atajo (senda por donde se abrevia el camino). Acortamiento. Estorbo, obstáculo.

ATAMANCAR *v. tr.* Atrabancar, hacer algo de prisa, y descuidadamente. Remendar groseramente; chapucear.

ATAMENTO *m. fam.* Timidez, encogimiento, cortedad de ánimo.

ATANADO, DA *adj. P. p.* de *Atanar.* Adobado, curtido con la cáscara de la encina. *m.* Corteza de encina molida para aderezar las pieles.

ATANAR *v. tr.* Adobar, curtir, aderezar las pieles con la corteza de la encina.

ATANÁSIA (zía) *f. Bot.* Atanasia, hierba de Santa María.

ATANAZAR *(zar) v. tr.* Lo mismo que ATENAZAR.

ATAPERADO, DA *adj. P. p.* de *Ataperar. Bras.* Lleno de taperas (viviendas ruinosas y abandonadas). Hecho una tapera.

ATAPERAR *v. tr. Bras.* Arruinar, reducir a tapera (vivienda ruinosa y abandonada).

ATAPETAR *v. tr.* Tapizar, alfombrar, alcatifar.

ATAPULHAR (llar) *v. tr.* Tapar (con tapón). Henchir demasiadamente. Encorchar (poner tapones de corcho a las botellas). Tapar por fuerza.

ATAQUE *m.* Ataque (acción de atacar, acometer o embestir; acometimiento repentino de algún mal; pendencia, altercado, disputa).

ATAQUEIRAS *f. pl.* Dificultades, estorbos.

ATAQUEIRO *m.* Fabricante o vendedor de *atacas.*

ATAR *v. tr.* Atar, unir, sujetar con cuerda, cinta, soga, etc. Añudar. Uncir. Embarazar, estorbar, impedir; atar (impedir el movimiento). *v. r.* Atarse, embarazarse, embrollarse, atascarse. — *de pés e mãos.* Atar de pies y manos. — *o fio.* Seguir el hilo; tomar el hilo.

ATARANTAÇÃO (sáum) *f.* Atarantamiento.

ATARANTADO, DA *adj. P. p.* de *Atarantar.* Atarantado, aturdido, espantado.

ATARANTAR *v. tr.* Atarantar, aturdir, atolondrar. Confundir, embarazar, estorbar. Aturrullar. *v. r.* Atarantarse. Aturrullarse. Embrollarse.

ATAREFADO, DA *adj. P. p.* de *Atarefar.* Atareado, afanado, muy ocupado.

ATAREFAMENTO *m.* Acción de

ATAREFAR *v. tr.* Atarear. Ú. t. c. r.

ATAROUCADO, DA *adj. P. p.* de *Ataroucar.* Lo mismo que APATETADO.

ATAROUCAR *v. tr.* Lo mismo que APATETAR.

ATARRACADO, DA *adj. P. p.* de *Atarracar.* Achaparrado, rechoncho.

ATARRACAR *v. tr.* Atarragar. Confundir, perturbar.

ATARRAXADO, DA *(cha) adj. P. p.* de *Atarraxar.* Aterrajado. Atornillado.

ATARRAXAR *(char) v. tr.* Aterrajar, atarrajar. Atornillar.

ATARTARUGADO, DA *adj.* De color o forma de tortuga.

ATASCADEIRO *m.* Atascadero, atolladero.

ATASCAL *m.* Lo mismo que ATASCADEIRO.

ATASCAR *v. tr.* Atollar, atascar. *v. r.* Atascarse, atollarse.

ATASQUEIRO *m.* Lo mismo que ATASCADEIRO.

ATASSALHADO, DA (salla) *adj. P. p.* de *Atassalhar.* Atasajado. Desgarrado.

ATASSALHADURA (salla) *f.* Acción y efecto de

ATASSALHAR (sallar) *v. tr..* Atasajar. Desgarrar. Rasgar. *fig.* Desacreditar; calumniar. Morder, abocar. *v. r.* Morderse, abocarse.

ATAÚDE *m.* Ataúde (caja para el cadáver).

ATAUXIA (chía) *f.* Ataujía.

ATAUXIAR (chiar) *v. tr.* Lo mismo que TAUXIAR.

ATAVANADO, DA *adj.* Atabanado.

ATAVERNAR *v. tr.* Lo mismo que ATABERNAR.

ATAVIADAMENTE *adv. m.* Con atavío.

ATAVIAMENTO *m.* Acción y efecto de *Ataviar.* Atavío.

ATAVIAR *v. tr.* Ataviar, aderezar, adornar, componer, asear, acicalar.

ATAVICAMENTE *adv. m.* De manera atávica.

ATAVIO (vío) *m.* Atavío.

ATAVIZAR-SE *(zar) v. r.* Manifestar-se por atavismo.

ATAXIA (xía) *f. Med.* Ataxia.

ATÉ (tè) *prep.* Hasta. *adv.* Hasta, aun, también. — *a. m. adv.* Lo mismo que ATÉ. — *depois.* Hasta después (saludo). — *logo.* Hasta luego (saludo). — *não poder mais. m. adv.* Hasta no más. — *amanhã.* Hasta mañana (saludo).

ATEADO, DA *adj. P.p.* de *Atear.* Encendido.

ATEADOR, RA *adj. y. s.* Que o el que enciende.

ATEAR *v. tr.* Encender; avivar; inflamar; abrasar; pegar fuego. Ú. t. en sentido fig. Ú. t. c. r.

ATEIMAR *v. tr.* Lo mismo que TEIMAR.

ATEIRÓ (rò) *m.* Lo mismo que TEIRÓ.

ATELHAMENTO (lla) *m.* Acción y efecto de

ATELHAR (llar) *v. tr.* Lo mismo que TELHAR.

ATELIA (lía) *f. Fisiol.* Atelia.

ATEMORIZADOR, RA *(za) adj.* Amedrentador. Ú. t. c. s.

ATEMORIZAR *(zar) v. tr.* Aterrorizar, amedrentar. Ú. t. c. r.

ATEMPAR *v. tr.* Aplazar.

ATENAZAMENTO *(za) m.* Acción y efecto de.

ATENAZAR *(zar) v. tr.* Apretar con tenazas. Atenacear, atenazar. *fig.* Atenacear, mortificar, apretar, oprimir.

ATENÇA (sa) *f.* Confianza, esperanza, Acción de atenerse.

ATENÇÃO (sáum) *f.* Atención. *Em — a. m. adv.* En atención, atendiendo, teniendo presente. —! *interj.* ¡Atención!

ATENCIOSAMENTE (ciòza) *adv. m.* Atentamente.

ATENCIOSO, SA (ozo, òza) *adj.* Atento, cortés, urbano, comedido. Atento (que tiene fija la atención en algo). Cumplido.

ATENDER *v. tr.* Atender, tener en cuenta o en consideración algo. Atender, cuidar de una persona o cosa. Acatar. Deferir. *v. intr.* Atender; estar atento.

ATENDÍVEL *adj.* Atendible.

ATENEU *m.* Ateneo.

ATENORAR *v. tr.* Hacer tenor; dar a la voz cualidades inherentes a la del tenor.

ATENRAR *v. tr.* Enternecer, poner tierna alguna cosa.

ATENTADAMENTE *adv. m.* Atentadamente (con tiento, con prudencia).

ATENTADO *m.* Atentación; atentado. *adj. P.p.* de *Atentar,* Atentado, prudente, moderado, hecho con tiento.

ATENTAR *v. tr.* Atentar (hacer algo contra el orden o forma legal). Atender, considerar. Reparar, mirar atentamente. — *com as mãos.*Tentar, palpar. — *por si.* Obrar con precaución.

ATENTATÓRIO, RIA (to) *adj.* Atentatorio, que incluye atentado.

ATENTIVO, VA *adj.* En que hay atención.

ATENTO, TA *adj.* Atento, que tiene fija ia atención en algo; aplicado, estudioso, cortés, cumplido.

ATENUAÇÃO (sáum) *f.* Atenuación.

ATENUAR *v. tr.* Atenuar. *v. r.* Debilitarse.

ATERMAR *v. tr.* Lo mismo que ATEMPAR, *v. r.* Aceptar uno cierto plazo para hacer o resolver algo.

ATERMIA (mia) *f. Med. Fís.* Atermasia.

ATERRADO, DA *adj. P. p.* de *Aterrar.* Aterrado; lleno de tierra; terraplenado. Aterrado, aterrorizado.

ATERRADOR, RA *adj.* Aterrador, aterrorizador.

ATERRAPLANAR *v. tr.* Terraplenar.

ATERRAPLENAR *v. tr.* Lo mismo que ATERRAPLANAR.

ATERRAR *v. tr.* Aterrar, aterrorizar. Aterrar, cubrir con tierra; terraplenar. *ant.* Aterrar, echar por tierra. *v. intr. Av.* Aterrizar.

ATERRISSAGEM (sajem) *f. Av.* Aterrizaje, aterrizamiento, aterraje.

ATERRISSAR (sar) *v. intr. Av.* Aterrizar.

ATERRO (té) *m.* Terraplenamiento, terraplenación. Terraplén, terrapleno.

ATERRORIZAR *(zar) v. tr.* Aterrorizar, aterrar. Ú. t. c. r.

ATER-SE *v. r.* Atenerse, arrimarse, adherirse a una persona o cosa.

ATESAR *(zar) v. tr.* Atiesar. *Mar.* Atesar. *v. intr.* Atiesarse.

ATESTAÇÃO (sáum) *f.* Atestamiento, atestadura. Atestado; testimoniales. Acción de atestar, testificar o atestiguar.

ATESTADO, DA *adj. P.p.* de *Atestar.* Atestado, muy lleno. *m.* Atestado.

ATESTAR *v. tr.* Atestar, testificar, atestiguar. Atestar (rellenar con mosto las cubas de vino). Atestar (henchir una cosa hueca, metiendo algo en ella y apretándolo). Afrontar, poner frente a frente. *v. r.* Atestarse, atracarse, hartarse.

ATESTATÓRIO, RIA (tò) *adj.* Que atiesta testifica o atestigua.

ATEU, TÉIA (tèia) *adj.* Ateo. Ú. t c. s.

ATEZANAR *(za) v. tr. pop.* Lo mismo que ATENAZAR.

ATIBAR *v. tr. Port.* Entibiar.

ATIBIAR *v. tr.* Entibiar.

ATIÇADO, DA (sa) *adj. P.p.* de *Atiçar.* Atizado. Despabilado. *fig.* Incitado, avivado, estimulado, atizado.

ATIÇADOR, RA (sa) *adj.* Atizador. Ú. t. c. s. *m.* Atizador, hurgón. *m.* Instigador, exitador.

ATIÇAMENTO (sa) *m.* Acción y efecto de atizar o avivar el fuego. *fig.* Instigación, incitación.

ATIÇAR (sar) *v. tr.* Atizar, avivar el fuego. Atizar, despabilar la mecha a luz artificial. *fig.* Atizar, avivar las pasiones; instigar, excitar, incitar, estimular. *Port.* Pegar, golpear.

ATIÇOAR (soar) *v. tr.* Quemar con tizos o tizones.

ATIJOLADO, DA *(jo) adj. P. p.* de *Atijolar.* Ladrillado; de color de ladrillo.

ATIJOLAR *(jo) v. tr. Bras.* Enladrillar, ladrillar.

ATILADAMENTE *adv. m.* Atinadamente, con tino, con acierto.

ATILADO, DA *adj. P. p.* de *Atilar.* Atinado, acertado, oportuno. Atildado, pulcro, aseado. Puntual. Vivo, sagaz. Perfecto, elegante, primoroso, excelente, delicado. Atildado, que tiene tilde.

ATILAMENTO *m.* Tino, discreción; agudeza. Puntualidad, exactitud. Primor, esmero; destreza. *ant.* Atildamiento.

ATILAR *v. tr.* Perfeccionar. Ejecutar con atención. Atildar (poner tildes a las letras). *v. r.* Atildarse, componerse, asearse, ataviarse, adornarse.

ATILHO (llo) *m.* Atadura, ligadura. Vencejo. Bramante, guita. Atadero, atadijo.

ATIMIA (mia) *f. Med.* Atimia.

ATÍMICO, CA *adj. Med.* Relativo a la atimia.

ÁTIMO *m. Bras.* Usase en el *m. adv. num —.* en un instante, luego, al punto.

ATINAR *v. tr.* Atinar (acertar algo por conjeturas, indicios o presunciones; dar con una cosa).

ATINÊNCIA (nén) *f.* Dependencia, pertenencia.

ATINENTE *adj.* Tocante, perteneciente, concerniente.

ATINGIR *(jir) v. tr.* Alcanzar, tocar con la mano. Alcanzar, llegar a. Tocar. Atañer, corresponder, tocar, pertenecer. Conseguir, lograr, obtener, alcanzar. Alcanzar, comprender, entender.

ATINGÍVEL *(jí) adj.* Que puede ser alcanzado, tocado o logrado.

ATINO *m.* Tino, acierto. Acción de *Atinar.*

ATIRADA *f.* Tirada (acción de tirar).

ATIRADIÇO, ÇA (so) *adj.* Atrevido; petulante. Tenorio.

ATIRADO, DA *adj. P. p.* de *Atirar.* Tirado. Arrojado. Atrevido, arrojado.

ATIRADOR, RA *adj.* Que tira. *m.* Tirador (persona que tira, o que lo hace con cierta destreza y habilidad).

ATIRAMENTO *m.* Tirada. (acción de tirar); acción de arrojar.

ATIRAR *v. tr.* Tirar, arrojar, lanzar, impeler. Tirar, disparar la carga de una arma de fuego. Tirar, estirar. *v. intr.* Cocear. *v. r.* Arrojarse, acometer, embestir, atacar. *fig.* Arrojarse (resolverse a hacer algo sin reparar en nada). — *com tudo pelos ares.* Airarse, enfurecerse, encolerizarse

ATITO *m.* Chillido, silbido, graznido (de las aves).

ATITUDE *f.* Actitud.

ATIVA *f.* La parte principal en la realización de un hecho. Condición de los militares que prestan servicio activo. *Gram.* Voz activa.

ATIVAÇÃO (sáum) *f.* Acción y afecto de *Ativar.*

ATIVAMENTE *adv. m.* Activamente.

ATIVAR *v. tr.* Activar, acelerar, avivar, excitar, mover. Encender (el fuego).

ATIVIDADE *f.* Actividad.

ATIVO, VA *adj.* Activo. *m. Com.* Activo.

ATLANTE *m. Arq.* Atlante. *pl. Etnogr.* Atlantes. *adj.* Gigantesco, descomunal.

ATLÂNTICO, CA (tlán) *adj.* Atlántico. Lo mismo que ATLANTE (adj.).

ATLAS *m.* Atlas (colección de mapas geográficos); colección de láminas que acompaña a una obra). *Anat.* Atlas.

ATLASITO (zi) *m. Miner.* Atlasita.

ATLETA (tlè) *m.* Atleta.

ATLETICAMENTE (tlè) *adv. m.* De manera atlética.

ATLÓIDE (tlói) *adj.* Atloideo. *m. Anat.* Atlas.

ATLOIDEO, DEA *adj.* Atloideo.

ATLOIDIANO, NA *adj.* Lo mismo que ATLOÍDEO.

ATMOSFERA (fé) *f.* Atmósfera.

ATO *m.* Acto, acción, hecho. Acto (realización o celebración de alguna cosa con solemnidad; cada una de las partes del poema dramático y obras escénicas). — *s dos Apóstolos.* Actos o Actas de los Apóstoles. — *contínuo. m. adv.* Acto continuo, acto seguido, inmediatamente. — *de contrição.* Acto de contrición. *No* —, *m. adv.* En el acto, sin tardanza.

ATOA *adj.* Irreflexivo, va. Inútil. Fácil, que se hace sin trabajo. Despreciable, insignificante, baladí, pequeño.

À TOA *m. adv.* Sin reflexión; al acaso. *Mar.* A remolque.

ATOADA *m. ant.* Rumor vago, noticia.

ATOADAMENTE *adv. m.* Lo mismo que À TOA.

ATOAGEM (jem) *f.* Atoaje.

ATOALHADO, DA (lla) *adj. P. p. de Atoalhado.* Labrado con una toalla o mantel. Cubierto con toalla o mantel. Parecido a una toalla o mantel. Adamascado. *m.* Mantel (para la mesa de comer). *m. pl.* Mantelería.

ATOALHAR (llar) *v. tr.* Cubrir con toalla o mantel. Cubrir como toalla o mantel. Labrar como toalla o mantel.

ATOAR *v. tr. Mar.* Atoar, remolcar. Conducir a flote.

ATOARDA *f.* Lo mismo que ATOADA.

ATOARDADAMENTE *adv. m.* Atolondradamente.

ATOCAIAR *v. tr. Bras.* Lo mismo que TOCAIAR.

ATOCHADO, DA (cha) *adj. P. p. de Atochar.* Atochado, apretado, emprijado, atacado; demasiado lleno; que entró a la fuerza.

ATOCHADOR (cha) *m.* Instrumento para apretar o llenar apretando.

ATOCHAR (char) *v. tr.* Atochar, llenar apretando. Hacer entrar a la fuerza, atacar, empujar, apretar. Llenar o henchir demasiado..

ATOCHO (tócho) *m.* Lo mismo que ATOCHADOR.

ATOL (tól) *m.* Atolón.

ATOLADAMENTE *adv. m.* Atontadamente.

ATOLADAMENTE *adv. m.* Con atascamiento.

ATOLADIÇO, ÇA (so) *adj.* Alagadizo; que forma atolladero.

ATOLADO, DA *adj.* Atontado.

ATOLADO, DA *adj. P. p. de Atolar.* Atollado, atascado.

ATOLADOIRO *m.* Lo mismo que ATOLADOURO.

ATOLADOR *m.* Atolladero, atascadero.

ATOLADOURO *m.* Atascadero, atolladero.

ATOLAMBADO, DA *adj.* Atontado.

ATOLAMENTO *m.* Acción de atollar o atollarse.

ATOLAR *v. tr.* Atollar. Ú. t. c. r. *v. r.* Abarrancarse (meterse en un lance del que no se puede salir con facilidad). Encenagarse (entregarse a los vicios).

ATOLEDO *m.* Lo mismo que ATOLEIRO.

ATOLEIMADO, DA *adj. P. p. de Atoleimar-se.* Atontado, algo necio, un poco tonto.

ATOLEIMAR-SE *v. r.* Hacerse un poco tonto; embrutecerse.

ATOLEIRO *m.* Atolladero, atascadero. *fig.* Atascadero, estorbo, impedimento; abarrancadero.

ATOMATAR *v. tr.* Avergonzar, confundir. *Bras.* Aplastar como se hace a un tomate.

ATOMBAR *v. tr.* Inventariar; catalogar, registrar ordenadamente.

ATOMICIDADE *f.* Atomicidad.

ATÔMICO, CA (tó) *adj.* Atómico.

ATOMIZAR (zar) *v. tr.* Reducir a átomos.

ATONIA (nía) *f. Med.* Atonía.

ATÔNITO, TA (tó) *adj.* Atónito, pasmado, espantado, estupefacto.

ATONTAR *v. tr.* Lo mismo que ENTONTECER.

ATONTEAR *v. tr.* Lo mismo que ENTONTECER.

ATOPETAR *v. tr. Mar.* Izar hasta el tope. Lo mismo que ABARROTAR.

ATOR *m.* Actor (el que representa en el teatro*) f. Atriz, atora. pl.* Atores.

ATORA (tò) *f.* Lo mismo que TORA.

ATORA (tò) *f. p. us* Actriz.

ATORAR *v. tr.* Atorar, cortar tueros. Cortar por la mitad. *v. intr. Bras.* Marcharse.

ATORÇALADO, DA (sa) *adj. P. p. de Atorçalar.* Guarnecido de torzal.

ATORÇALAR (sa) *v. tr.* Guarnecer de torzal.

ATORDOADO, DA *adj. P. p. de Atordoar.* Atolondrado, aturdido, atontado.

ATORDOADOR, RA *adj.* Que atolondra, aturde o atonta.

ATORDOAMENTO *m.* Aturdimento. Atolondramiento. Vértigo.

ATORDOANTE *adj.* Lo mismo que ATORDOADOR.

ATORDOAR *v. tr.* Atolondrar, aturdir, atontar. Ú. t. c. r. Atarantar. Importunar, enfadar.

ATORMENTAÇÃO (sáum) *f.* Acción de atormentar. Tormento.

ATORMENTADIÇO, ÇA (so) *adj.* Que fácilmente se atormenta. Susceptible de ser atormentado.

ATORMENTAR *v. tr.* Atormentar (em todas las acepciones de esta voz). Ú. t. c. r.

ATORMENTATIVO, VA *adj.* Atormentador.

ATORREADO, DA *adj. P. p. de Atorrear.* Torreado; guarnecido de torres.

ATORREAR *v. tr.* Torrear.

ATORRESMAR *v. tr.* Reducir a torrezno.

ATOSSICAR (si) *v. tr.* Aconsejar al mal, instigar a portarse mal. *ant.* Atosigar.

ATOUCINHADO, DA (ña) *adj. P. p. de Atoucinhar.* Atocinado. *fig. fam.* Atocinado, que está muy gordo.

ATOUCINHAR (ña) *v. tr.* Atocinar (partir el puerco y salar los tocinos).

ATOXICAR *v. tr.* Intoxicar, envenenar, atosigar, atoxicar.

ATRABILE *f. Med. ant.* Atrabilis.

ATRABILIOSO, SA (ozo, óza) *adj.* Atrabilioso. Atrabillario.

ATRACAÇÃO (sáum) *f. Mar.* Atracada; recalada. Atradero. Importunidad.

ATRACADELA (dè) *f.* Lo mismo que ATRACAÇÃO, 1ª acep.

ATRACADO, DA *adj. P. p. de Atracar.* Atracado, recalado. Embarazado; sobrecargado.

ATRACADOIRO *m.* Atracadero.

ATRACADOR *m. Mar.* Cabo para atracar.

ATRACADOURO *m.* Atracadero.

ATRACADURA *f. p. us.* Lo mismo que ATRACAÇÃO, 1ª. acep.

ATRACÃO (cáum) *f. pop.* Empellón, empujón. *fam.* Impertinencia. *pop.* Violación, estupro.

ATRAÇÃO (sáum) *f.* Atracción.

ATRACAR *v. tr. Mar.* Atracar, arrimar, acercar, recalar. *v. r.* Atracarse, hartarse. Encontrarse de repente con una persona. Lutar.

ATRACIÔMETRO (ció) *m.* Atracciómetro.

ATRACIONÁRIO *m.* Atraccionario.

ATRAENTE *adj. P. a. de Atrair.* Atrayente. Interesante. Atractivo.

ATRAFEGAR-SE *v. r.* Atrafagar, atarearse mucho, afanarse, fatigarse.

ATRAIÇOADAMENTE (soa) *adv. m.* Traidoramente, a traición, alevosamente.

ATRAIÇOADO, DA (soa) *adj. P. p. de Atraiçoar.* Traicionado; vendido. Engañado. Traicionero, traidor.

ATRAIÇOAR (soar) *v. tr.* Traicionar. Engañar.

ATRAIDOR, RA *adj.* Atractivo; atrayente. *m.* Seductor.

ATRAIMENTO *m.* Atracción. Éxtasis.

ATRAIR *v. tr.* Atraer, traer hacia sí; tirar. Atraer, inclinar una persona a otra a su voluntad, a su dictamen, etc.

ATRAMBOLHAR (llar) *v. tr.* Embarazar, dificultar, estorbar.

ATRANCAMENTO *m.* Acción de atrancar. Atranco.

ATRANCAR *v. tr.* Atrancar, cerrar, *v. r.* Fortificarse.

ATRAPALHAÇÃO (llasáum) *f.* Confusión, desarreglo, desorden, atropellamiento; embarazo. Cortedad de ánimo.

ATRAPALHADAMENTE (lla) *adv. m.* Confusamente.

ATRAPALHADO, DA (lla) *adj. P. p. de Atrapalhar.* Embarazado, embrollado, atropellado. Confuso, perturbado. Atolondrado. Mal hecho.

ATRAPALHADOR (lla) *m.* Enredador. Embustero, trapacero. Trapalón.

ATRAPALHAR (llar) *v. tr.* Embarazar, confundir, perturbar, embrollar, estorbar. *v. intr.* Avergonzarse, atajarse. *Port.* Cuajarse, cortarse.

ATRAPAR *v. tr. Port.* Atrapar, coger, agarrar. Concluir, rematar, acabar.

ATRÁS *adv. m.* Atrás. Hacia atrás. *adv. t.* Atrás, antes. — *de. m. prep.* Tras, tras de, en busca o seguimiento de.

ATRASADO, DA (za) *adj. P. p. de Atrasar.* Atrasado, retrasado, retardado. Antiquado, antiguo, viejo, que no es moderno. Poco adelantado (moral o físicamente). *m. pl.* Atrasos.

ATRASAMENTO (za) *m.* Atraso. Retardación. Retraso.

ATRASAR (zar) *v. tr.* Atrasar. Retardar. Retrasar. *v. r.* Atrasarse, quedarse atrás. Retardarse. Retrasarse.

ATRASO (zo) *m.* Atraso. Retraso. Retardación. *fig.* Decadencia.

ATRATANTAR-SE *v. r.* Apicararse.

ATRATIVIDADE *f.* Calidad de atractivo.

ATRATIVO, VA *adj.* Atractivo. *m.* Atractivo, gracia, donaire, incentivo que atrae la voluntad.

ATRAVANCAMENTO *m.* Acción y efecto de.

ATRAVANCAR *v. tr.* Obstruir, embarazar, impedir el paso; atrancar; estorbar.

ATRAVANCO *m.* Lo mismo que ATRAVANCAMENTO. Atranco, obstáculo.

ATRAVÉS (vès) *adv. m.* A través, al través, por entre. De través, en dirección transversal. Atravesando, de un lado a otro, de una parte a otra. — *de. m. prep.* Al través, por entre. De un lado a otro. En el decurso de.

ATRAVESSADAMENTE (sa) *adv. m.* Contrariamente, en contrario. Al través.

ATRAVESSADIÇO, ÇA (sadiso) *adj.* Contrario, opuesto. Atravesado, perverso. Que se pone al través; que impide.

ATRAVESSADO, DA (sa) *adj. P. p. de Atravessar.* Atravesado. Atravesado, que tiene mal alma, o intención perversa. Puesto al través de. Atravesado, cruzado (hablando de personas o animales).

ATRAVESSADOR, RA (sa) *adj.* Atravesador. Ú. t. c. s.

ATRAVESSADOURO (sa) *m.* Atajo.

ATRAVESSAR (sar) *v. tr.* Atravesar (poner algo de modo que pase de una parte a otra; pasar de parte a parte un cuerpo con algún arma, instrumento, proyectil, etc.; pasar cruzando de una parte a otra). Contrariar, poner obstáculo. *Bras.* Atravesar, acaparar. *v. r.* Oponerse. Atravesarse (ponerse alguna cosa entre otras). Encontrarse. *fig.* Atravesarse (entrometerse en alguna conversación, lance o empresa).

ATREITO, TA *adj.* Acostumbrado; propenso, sujeto.

ATRELAR *v. tr.* Atraillar. Acollarar. Uncir. Engatillar; enganchar. *fig.* Seducir; dominar; uncir, ligar, unir. *v. r. fig.* Pegarse (a una persona). — *o carro.* Enganchar el carruaje.

ATREVER-SE *v. r.* Atreverse (aventurarse a hacer o decir algo arriesgado; insolentarse, faltar al respeto).

ATREVIDAÇO, ÇA (so) *adj. aum. de Atrevido.* Muy atrevido.

ATREVIDÃO, ONA (dáum) *adj.* Lo mismo que ATREVIDAÇO.

ATREVIDO, DA *adj. P. p.* de *Atrever-se.* Atrevido. Ú. t. c. s.

ATREVIMENTO *m.* Atrevimiento (audacia; descaro, impertinencia).

ATRIBUIÇÃO (sáum) *f.* Atribuición.

ATRIBUIDOR, RA *adj.* Que atribuye. *m.* El que atribuye.

ATRIBUIR *v. tr.* Atribuir. *v. r.* Atribuirse, arrogarse.

ATRIBUÍVEL *adj.* Atribuible.

ATRIBULAÇÃO (sáum) *f.* Atribulación.

ATRIBULADAMENTE *adj. m.* Afligidamente.

ATRIBULADO, DA *adj. P. p.* de *Atribular.* Atribulado. Afligido

ATRIBULADOR, RA *adj.* Aflictivo, atormentador.

ATRIBULAR *v. tr.* Atribular, atormentar, causar tribulación, aflicción o pena. Ú. t. c. r.

ATRIBULATIVO, VA *adj.* Aflictivo, que atribula o atormenta.

ATRIÇÃO (sáum) *f. Teol.* Atrición. *Pat.* Atrición. *Vet.* Encogimiento del nervio maestro de la mano de una bestia. Arrepentimiento. Lo mismo que ATRITO.

ATRIGADO, DA *adj.* De color del trigo, trigueño.

ATRIGUEIRADO, DA *adj.* Tirante a trigueño.

ATRIL *m.* Atril. *Coberta de —.* Atrilera.

ÁTRIO *m.* Atrio. Zaguán. Patio.

ATRÍOLO *m.* Atrio pequeño.

ATRÍPEDE *adj.* Atrípedo.

ATRIPULAR *v. tr.* Tripular (dotar de tripulación).

ATRIQUIA (quía) *f. Pat.* Atriquiasis.

ATRISTAR *v. tr.* Entristecer. Ú. t. c. r.

ATRISTURAR *v. tr.* Entristecer. Ú. t. c. r.

ATRITADO, DA *adj. P. p.* de *Atritar.* Rozado, friccionado, fregado. Afligido, desazonado, mortificado.

ATRITAR *v. tr.* Causar rozamiento, rozar, friccionar, fregar. Ú. t. c. r. *v. r.* Afligirse, desazonarse, mortificarse.

ATRITO *m. Mec.* Rozamiento. Fricción. *fig.* Rozamiento, disención. *adj.* Atrito, que tiene atrición. Arrepentido.

ATRIZ *f.* Actriz.

ATRO, A *adj.* Tenebroso. Negro. Horrible, pavoroso. *fig.* Lúgubre, funesto.

ATROADA *f.* Estruendo, ruido.

ATROADO, DA *adj. P. p.* de *Atroar.* Atronado. *Bras.* Atontado, desvariado, desatinado.

ATROADOR, RA *adj.* Atronador; estrepitoso. *m.* Atronamiento, aturdimiento. *Vet.* Atronamiento. *Bras.* Falta de discernimiento.

ATROAMENTO *m.* Atronamiento, aturdimiento. *Vet.* Atronamiento. *Bras.* Falta de discernimiento.

ATROAR *v. tr.* Atronar (asordar con ruido de trueno; aturdir, aturdir). *v. intr.* Tronar. Atronarse (aturdirse y morirse los pollos, los gusanos de seda, etc., con el ruido de los truenos). Retumbar.

ATROCIDADE *f.* Atrocidad, crueldad grande.

ATROFIA (fía) *f. Zool. Pat.* Atrofia.

ATROFIAMENTO *f.* Acción de.

ATROFIAR *v. tr.* Causar atrofia. Debilitar. *v. r.* Atrofiarse. Debilitarse.

ATROMBETADO, DA *adj.* Atrompetado.

ATRÓO (tróo) *m.* Acción de *Atroar.*

ATROPELAÇÃO (sáum) *f.* Atropellamiento, atropello.

ATROPELADAMENTE *adv. m.* Atropelladamente.

ATROPELADO, DA *adj. P. p.* de *Atropelar.* Atropellado.

ATROPELADOR, RA *adj.* Atropellador. Ú. t. c. s.

ATROPELAMENTO *m.* Atropellamiento.

ATROPELANTE *adj.* Que atropella.

ATROPELAR *v. tr.* Atropellar. *v. r.* Atropellarse.

ATROPELO (pé) *m.* Atropello.

ATROPILHAR (llar) *v. tr.* Reunir caballos en manada o tropilla.

ATROZ (tróz) *adj.* Atroz, cruel, inhumano.

ATUAÇÃO (sáum) *f.* Actuación. Acción; actividad.

ATUAL *adj.* Actual.

ATUALIDADE *f.* Actualidad.

ATUALIZAÇÃO (zasáum) *f.* Acción de.

ATUALIZAR (zar) *v. tr.* Actualizar. Ú. t. c. r.

ATUANTE *adj.* Actuante.

ATUAR *v. tr.* Actuar (poner en ejecución o acción) *v. intr.* Actuar (ejercer una persona o cosa las actividades que le son propias). Influir.

ATUAR *v. tr.* Tutear. *v.r.* Tutearse.

ATUÁVEL *adj.* Dócil; dirigible.

ATUCANADO, DA *adj.* Parecido al tucán. *Bras. adj. P. p.* de *Atucanar.* Molestado, enfadado.

ATUCANAR *v. tr. Bras.* Molestar, enfadar, atufar. Ú. t. c. r.

ATUEIRA *f.* Atunera.

ATUFAR *v. tr.* Inflar, inchar. Llenar. Meter. *v. r.* Zabullir. Embreñarse; adentrarse. Lo mismo que ENTUFAR.

ATULHAMENTO (lla) *m.* Acción y efecto de.

ATULHAR (llar) *v. tr.* Llenar de escombros, aterrar. Colmar, llenar demasiado. Amontonar.

ATULHO (llo) *m.* Lo mismo que ATULHAMENTO.

ATUM *m. Zool.* Atún.

ATUMULTUADOR, RA *adj.* Alborotador, amotinador. Ú. t. c. s.

ATUMULTUAR *v. tr.* Atumultuar, amotinar; alborotar.

ATUOSIDADE (zi) *f.* Actividad.

ATUOSO, SA (ozo, óza) *adj.* Activo; diligente.

ATURÁ *m. Bras.* Especie de canasta que los indios llevan a cuestas.

ATURADO, DA *adj. P. p.* de *Aturar.* Constante; persistente; aguantador.

ATURADOR, RA *adj.* Sufrido.

ATURAR *v. tr.* Aguantar, soportar, sufrir, tolerar. Aguantar, resistir. *v. intr.* Aguantar, perseverar. Continuar. Durar mucho. Persistir.

ATURÁVEL *adj.* Que puede ser aguantado o sufrido.

ATURDIMENTO *m.* Aturdimiento.

ATURDIR *v. tr.* Aturdir, atolondrar; atontar. Asombrar, causar grande admiración. Ú. t. c. r. *v. r.* Aturdirse, atolondrarse, atontarse.

AUDÁCIA *f.* Audacia, osadía, atrevimiento.

AUDACIOSAMENTE (cióza) *adv. m.* Audazmente.

AUDACIOSO, SA (ozo, óza) *adj.* Audaz, osado, atrevido.

AUDAZ *adj.* Audaz.

AUDIÇÃO (sáum) *f.* Audición. Auscultación.

AUDIÊNCIA (én) *f.* Audiencia. Lo mismo que AUDIÇÃO.

AUDIENTE *adj. p. us.* Oyente.

AUDITIVO, VA *adj.* Auditivo (perteneciente o relativo al oído).

AUDITOR *m.* Auditor, asesor. Oyente. *— da armada.* Auditor de marina. *— da legacia.* Auditor de la nunciatura. *— da Rota.* Auditor de Rota, o de la Rota.

AUDITORIA (ría) *f.* Auditoría.

AUDITÓRIO (tó) *m.* Auditorio (concurso de oyentes). Lugar donde se reunen los oyentes. *adj. p. us.* Auditivo, auditorio.

AUDÍVEL *adj.* Audible.

AUFERIR *v. tr.* Obtener, coger; ganar, sacar provecho, lucrarse; tirar, recibir, coger.

AUFERÍVEL *adj.* Que puede ser obtenido o cogido.

AUGE (je) *m.* Auge, apogeo.

AUGIR (jir) *v. tr.* Llegar al auge de.

AUGITO (ji) *m. Miner.* Augita.

AUGUR *m.* Augur.

AUGURAÇÃO (sáum) *f.* Auguración.

AUGURALMENTE *adv. m.* De modo augural.

AUGURAR *v. tr.* Augurar, agorar, presagiar, predecir. Conjeturar.

AUGURATRIZ *f.* Auguradora.

ÁUGURE *m.* Augur.

AUGÚRIO *m.* Augurio, agüero, presagio.

AUGUSTO, TA *adj.* Augusto. *m.* Augusto. Agosto (mes).

AULA *f.* Aula. Lección.

ÁULICO, CA *adj.* Áulico. *m.* Cortesano, palaciego, áulico.

AULIDO *m.* Aullido.

AULISTA *m.* Estudiante.

AUMENTAÇÃO (sáum) *f.* Aumento. *Ret.* Aumentación.

AUMENTAR *v. tr.* Aumentar, acrecentar, ampliar. Ú. t. c. intr. y r.

AUMENTÁVEL *adj.* Aumentable.

AUMENTO *m.* Aumento, acrecentamiento, medra, mejora, extensión, ampliación, adelantamiento. *pl.* Aumentos, medra.

AUNA (áuna) *f.* Ana (medida).

AUNAR *v. tr.* Aunar, unir.

AURA *f.* Aura, viento suave y aplacible. *fig.* Aura, favor, aplauso, popularidad, renombre. *Med.* Aura.

ÁUREO, REA *adj.* Áureo (de oro o semejante a él). *Número —. Cronol.* Áureo número.

AURÉOLA (RÈ) *f.* Aureola. Areóla.

AURÍCULA *f. Zool Hist. Nat.* Aurícula.

AURIFICAÇÃO (sáum) *f.* Aurificación.

AURÍFICE *m.* Orífice.

AURIFLAMA *f.* Oriflama.

AURIVERDE *adj.* Verde y color de oro: verde y amarillo.

AUROQUE (ró) *m. Zool.* Aurochs.

AURORA (ró) *f.* Aurora. *fig.* Aurora, comienzo.

AUROREAL *adj.* Relativo a la aurora.

AURORECER *v. intr.* Alborear, amanecer, rayar el día.

AUSCULTAÇÃO (sáum) *f. Med.* Auscultación.

AUSÊNCIA (zén) *f.* Ausencia.

AUSENTE (zen) *adj.* Ausente Ú. t. c. s.

ÁUSPICE *m.* Arúspice.

AUSPICIAR *v. tr.* Augurar, agorar, presagiar, predecir. Patrocinar, proteger, amparar.

AUSPÍCIO *m.* Auspício, agüero, presagio. Protección, amparo, favor, ayuda. Consejo. Promesa.

AUSPICIOSO, SA (ozo, óza) *adj.* Prometedor, de buen agüero.

AUSTAGA *f. Mar.* Ostaga.

AUSTEREZA (za) *f.* Lo mismo que

AUSTERIDADE *f.* Austeridad, severidad.

AUSTERO, RA (tè) *adj.* Austero; áspero; severo; rígido; retirado, penitente.

AUTARQUIA (quía) *f.* Autarquía.

AUTÊNTICA (tén) *f.* Auténtica (certificación que testifica la verdad de alguna cosa).

AUTENTICAÇÃO (sáum) *f.* Autenticación.

AUTENTICADO, DA *adj. P. p.* de *Autenticar.* Auténtico, legalizado.

AUTENTICAR *v. tr.* Autenticar, legalizar.

AUTENTICIDADE *f.* Autenticidad.

AUTÊNTICO, CA (tén) *adj.* Auténtico, acreditado de verdadero, cierto y positivo. Auténtico, legalizado, autorizado.

AUTO *m.* Acto, solemnidad. Auto (decreto judicial). Auto (composición dramática). Actos, actas. *— de fé.* Auto de fe. *pl. For.* Autos.

AUTO *m.* Apócope de *Automóvel.* Auto. *— caminhão.* Autocamión, camión automóvil. *— de praça.* Coche de alquiler, taxímetro. *— lotação.* Coche de alquiler que hace el servicio de un autobús. *— ônibus.* Autobús, ómnibus automóvil. *Pl. Autos-ônibus.*

AUTO *m.* Rato, momento, instante.

AUTOBIOGRAFAR *v. tr.* Incluir en la autobiografía.

AUTOBIOGRAFIA (fía) *f.* Autobiografía.

AUTOBIÓGRAFO (bió) *m.* Autor de una autobiografía.

AUTOCARPIANO, NA *adj.* Autocárpeo.

AUTOCEFALIA (lía) *f.* Autocefalia.

AUTOCICLO *m.* Autocicleta, motocicleta.

AUTOCLAVE *f.* Autoclavo.

AUTÓCLISE (tòclize) *f.* Autoclisia.

AUTOCONDUÇÃO (sáum) *f.* Autoconducción.

AUTOCRACIA (cía) *f.* Autocracia.

AUTOCRATA (cra) *m.* Autócrata.

AUTÓCTONE (tòc) *adj.* Autóctono. Ú. t. c. s.

AUTODIDATA *adj.* Autodidacto, ta. Ú. t. c. s.

AUTODIDÁTICO, CA *adj.* Autodidáctico, *s. f.* Autodidáctica.

AUTOFAGIA (fía) *f. Fisiol.* Autofagía.

AUTOGÊNEO (jé) *adj.* Autógeno.

AUTOGÊNESE (jéneze) *f. Fisiol.* Autogénesis.

AUTÓGENO (tóje) *adj.* Autógeno.

AUTOGRAFAR *v. tr.* Autografiar.

AUTÓGRAFO, FA (tó) *adj.* Autógrafo, autográfico. *m.* Autógrafo.

AUTO-IDOLATRIA (tría) *f.* Autolatría.

AUTO-INDUÇÃO (sáum) *f. Fís.* Autoinducción.

AUTO-INFECÇÃO (sáum) *f.* Autoinfercción.

AUTO-INTOXICAÇÃO (sáum) *f.* Autointoxicación.

AUTÔMATO (tó) *m.* Autómata.

AUTOMEDÃO (dáum) *m.* Automedonte, auriga.

AUTOMOBILISMO *m.* Automovilismo.

AUTOMOBILISTA *m.* Automovilista.

AUTOMOBILÍSTICO, CA *adj.* Automovilista.

AUTOMÓVEL (mó) *adj.* Automóvil, automotor. *m.* Automóvil.

AUTONOMIA (mía) *f.* Autonomía.

AUTÔNOMO, MA (tó) *adj.* Autónomo.

AUTOPATIA (tía) *f.* Autopatía.

AUTÓPSIA (tòpsia) *f.* Autopsia.

AUTOPSIAL *adj.* Relativo a la autopsia.

AUTOPSIAR *v. tr.* Hacer la autopsia en.

AUTÓPSICO, CA (tó) *adj.* Lo mismo que AUTOPSIAL.

AUTOR *m.* Autor. *For.* Autor. *For.* Actor.

AUTORAL *adj.* Relativo al autor (de obra científica, literaria o artística)

AUTORIA (ría) *f.* Calidad de autor.

AUTORIDADE *f.* Autoridad.

AUTORITÁRIO, RIA *adj.* Autoritario.

AUTORIZAÇÃO (zasáum) *f.* Autorización.

AUTORIZAR (zar) *v. tr.* Autorizar (facultar a una persona para hacer algo; legalizar, comprobar, confirmar). *v. r.* Justificarse, buscar autoridad en.

AUTORIZÁVEL (zá) *adj.* Autorizable.

AUTUAÇÃO (sáum) *f. For.* Actuaciones. Acción de

AUTUAR *v. tr. For.* Actuar.

AUTUNAL *adj.* Autumnal, otoñal.

AUXESE (xêze) *f. Ret.* Auxesis, hipérbole.

AUXILIADOR, RA (si) *adj.* Auxiliador. Ú. t. c. s.

AUXILIAR (si) *adj.* Auxiliar. *Gram.* Auxiliar. *m.* Auxiliar.

AUXILIAR (si) *v. tr.* Auxiliar, dar auxilio, ayudar, socorrer amparar.

AUXILIÁRIO, RIA (si) *adj.* Que da auxilio.

AUXÍLIO (si) *m.* Auxilio, ayuda, amparo, favor, socorro.

AVACALHAÇÃO (llasáum) *f. Bras. pop.* Acción y efecto de *Avacalhar.*

AVACALHADO, DA (lla) *adj. P. p.* de *Avacalhar. Bras. pop.* Deprimido, humillado; desmoralizado; desbarajustado.

AVACALHAMENTO (lla) *m. Bras. pop.* Acción de

AVACALHAR (llar) *v. tr. Bras. pop.* Deprimir, humilhar, negar las prendas y cualidades de una persona o cosa. Desmoralizar, Ú. t. c. r. Desbarajustar, confundir, desconcertar. Ú. t. c. r. *v. r.* Desdecirse, retractarse.

AVAL *m. Com.* Aval.

AVALANCHE (che) *f.* Alud. *fig.* Avalancha.

AVALENTOAR-SE *v. r. Bras.* Envalentonarse, avalentonarse.

AVALIAÇÃO (sáum) *f.* Avaluación, valuación.

AVALIADO, DA *adj. P. p.* de *Avaliar.* Valuado. avaluado.

AVALIADOR, RA *adj.* Valuador. *m.* Valuador judicial.

AVALIAR *v. tr.* Valuar, avaluar. Apreciar, arbitrar, estimar, avalorar. *v. r.* Apreciarse, reputarse.

AVALIÁVEL *adj.* Que puede ser valorado o valuado.

AVALISTA *m. Com.* Avalista.

AVALIZAR (zar) *v. tr. Com.* Afianzar, abonar.

AVAMBRAÇO (so) *m.* Avambrazo.

AVANÇADA (sa) *f.* Avance (acción de avanzar o acometer). Avanzada. *As — s. m. adv.* Poco a poco, despacio, con lentitud.

AVANÇADAMENTE (sa) *adv. m.* Adelantadamente.

AVANÇADO, DA (sa) *adj. P. p.* de *Avançar.* Avanzado; adelantado; progresista, maduro, provecto.

AVANÇAMENTO (sa) *m. Arq.* Salidizo. Avance (acción de avanzar, adelantar o acometer).

AVANÇAR (sar) *v. tr.* Avanzar, adelantar, pasar adelante. Ú. t. c. r. Exceder. Plantear, proponer, suscitar, exponer. Avanzar, acometer, embestir. Hacer avanzar. *v. intr.* Seguir caminando.

AVANCE *m.* Lo mismo que

AVANÇO (so) *m.* Avance. Adelantamiento, progreso. Avanzo, avance, anticipo de dinero. Provecho; ganancia.

AVANTAJADAMENTE (ja) *adv. m.* Aventajadamente.

AVANTAJADO, DA (ja) *adj. P. p.* de *Avantajar.* Aventajado. Grande, corpulento.

AVANTAJAR (jar) *v. tr.* Aventajar (llevar ventaja, exceder; adelantar, mejorar). *v. r.* Aventajarse. Adelantar, avanzar, hacer progresos.

AVANTE *adv. l.* Adelante. *Mar.* Avante, adelante. —! *interj.;* ¡Adelante!

AVANTESMA *f.* Fantasma.

AVAQUEIRADO, DA *adj.* Que tiene modales de vaquero o vaquerizo.

AVARANDADO, DA *adj. Bras.* Que tiene cobertizo. *m.* Cobertizo.

AVARENTO, TA *adj.* Avariento, avaro. Ú. t. c. s.

AVAREZA (za) *f.* Avaricia.

AVARIA (ría) *f. Mar* Avería.

AVARIADO, DA *adj. P. p.* de *Avariar.* Averiado.

AVARIAR *v. tr.* Causar averías. *v. r.* Averiarse.

AVASSALADOR, RA (sa) *adj.* Avasallador.

AVASSALAMENTO (sa) *m.* Avasallamiento.

AVASSALANTE (sa) *adj.* Que avasalla, avasallador.

AVASSALAR (sa) *v. r.* Avasallar. *v. r.* Avasallarse, hacerse vasallo de.

AVATAR *m.* Avatara.

AVE *f.* Ave. *fig.* Persona de mucha viveza. *adj. fig.* Vivo, listo, pájaro. — *de arribação.* Ave de paso, o pasagera. — *de rapina.* Ave de rapiña, rapaz, o rapiega. — *do-Paraíso.* Ave del Paraíso. — *mosca.* Pájaro mosca.

AVE *m.* Avemaría.

AVE! *interj.* ¡Dios te guarde! ¡Salve!

AVEADO, DA *adj.* Avenado, que tiene vena de loco.

AVEAL *m.* Avenal.

AVEIA *f. Bot.* Avena — *doida.* Avena loca, o morisca; ballueca.

AVEJÃO (jáum) *m.* Visión, fantasma. Hombre corpulento y feo.

AVELÃ (lán) *f.* Avellana.

AVELADO, DA *adj. P. p.* de *Avelar.* Avellanado, apergaminado.

AVELAL *m.* Avellanal, avellanar.

AVELANADO, DA *adj.* Avellanado, de color de avellana.

AVELANAL *m.* Avellanal, avellanar.

AVELAR *v. intr.* Avellanarse. Ú. t. c. r. y tr.

AVELEIRA *f. Bot.* Avellano.

AVELHACADO, DA (lla) *adj. P. p.* de *Avelhacar.* Abellacado.

AVELHACAR (lla) *v. tr.* Abellacar, hacer bellaco, envilecer. Ú. t. c. r.

AVELHADO, DA (lla) *adj. P. p.* de *Avelhar.* Lo mismo que AVELHENTADO.

AVELHANTADO, DA (lla) *adj. P. p.* de *Avelhantar.* Lo mismo que AVELHENTADO.

AVELHANTAR (llan) *v. tr.* Lo mismo que AVELHENTAR. Ú. t. c. r.

AVELHAR (llar) *v. tr.* Lo mismo que AVELHENTAR. Ú. t. c. r.

AVELHENTADO, DA (llen) *adj. P. p.* de *Avelhentar.* Avejentado, aviejado.

AVELHENTAR (llen) *v. tr.* Avejentar, aviejar. Ú. t. c. r. y intr.

AVELHUSCADO, DA (llus) *adj.* Avejentado.

AVELÓRIOS (ló) *m. pl.* Abalorios. *fig.* Bagatela, borrufalla.

AVÊLROA (vèl) *f. Zool* Aguzanieves.

AVELUDADEIRA *f.* Lo mismo que AVELUDADORA.

AVELUDADO, DA *adj. P. p.* de *Aveludar.* Aterciopelado.

AVELUDADORA *f.* Mujer que aterciopela.

AVELUDAR *v. tr.* Aterciopelar. Afelpar. Ú. t. c. r.

AVELUTAR *v. tr.* Lo mismo que AVELUDAR.

AVE-MARIA (ría) *f.* Avemaría. *pl.* El anochecer.

AVENA *f.* Avena, zampoña.

AVENAÍNA *f.* Avenamia.

AVENCA *f. Bot.* Adianto, culantrillo.

AVENÇA (sa) *f.* Avenencia, convenio, arreglo, concierto; conformidad, unión.

AVENÇADOR (sa) *m.* Avenidor.

AVENÇAR-SE (sar) *v.r.* Avenirse, entenderse, ponerse de acuerdo.

AVENIDA *f.* Avenida, calle ancha con árboles.

AVENTAL *m.* Delantal.

AVENTAMENTO *m.* Aventamiento.

AVENTAR *v. tr.* Aventar (echar algo al viento). Arrojar. Plantear, proponer; sugerir, exponer. Barruntar, sospechar. Ventear (tomar el viento con el olfato).

AVENTEJAR (jar) *v. intr.* Descubrir por el olfato.

AVENTESMA *f.* Lo mismo que AVANTESMA.

AVENTURA *f.* Aventura (acaecimiento, suceso, ocurrencia o lance; casualidad, contingencia; riesgo, peligro inesperado).

AVENTURADO, DA *adj. P .p.* de *Aventurar.* Osado, arriesgado; aventurado.

AVENTURAR *v. tr.* Aventurar, arriesgar. Ú. t. c. r.

AVENTUREIRO, RA *adj.* Aventurero. Ú. t. c. s.

AVENTURINA *f. Miner.* Venturina.

AVENTURINADO, DA *adj.* Parecido a la venturina.

AVENTUROSAMENTE (ròza) *adv. m.* Aventureramente.

AVENTUROSO, SA (ozo, òza) *adj.* Arriesgado, peligroso. Lleno de aventuras.

AVERBAÇÃO (sáum) *f.* Lo mismo que AVERBAMENTO.

AVERBADO, DA *adj. P. p.* de *Averbar.* Registrado, declarado, anotado.

AVERBAMENTO *m.* Nota, declaración (al margem de un título o registro). Acción de

AVERBAR *v. tr.* Anotar, declarar, registrar, escribir al margem de. Anotar, registrar. Acusar, imputar, achacar. Clasificar. *v. r.* Inscribirse, alistarse.

AVERGALHAR (llar) *v. tr.* Golpear con vergajo.

AVERGAR *v. tr.* Lo mismo que VERGAR.

AVERGOAR *v. tr.* Producir siñales por golpes de vara o azote.

AVERGONHAR (ñar) *v. tr.* Lo mismo que ENVERGONHAR. Ú. t. c. r.

AVERIGUAÇÃO (sáum) *f.* Averiguación.

AVERIGUAR *v. tr.* Averiguar, inquirir, indagar. Ú. t. c. r.

AVERIGUÁVEL *adj.* Averiguable.

AVERMELHADO, DA (lla) *adj. P. p.* de *Avermelhar.* Bermejizo; rojizo. Bermejeado.

AVERMELHADOR, RA (lla) *adj.* Que bermejea o enrojece.

AVERMELHAMENTO (lla) *m.* Enrojecimiento.

AVERMELHAR (llar) *v. tr.* Enrojecer, enrojar, dar color rojo o rojizo. *v. intr.* Bermejear, rojear. *v. r.* Enrojecerse.

AVERNAL *adj.* Averno.

AVÉRNEO, EA (vèr) *adj.* Lo mismo que AVERNAL.

AVERNO (vèr) *m. poét.* Averno, infierno.

AVERNOSO (ozo, òza) *adj.* Lo mismo que AVERNAL.

AVERRUGAR *v. tr.* Llenar de verrugas. *v. r.* Averrugarse.

AVERRUMAR *v. tr.* Barrenar. *fig.* Torturar, molestar, afligir.

AVERSAMENTE (vèr) *adj. m.* Con aversión, de mala voluntad.

AVERSO, SA (vèr) *adj.* Opuesto y contrario.

AVESPÃO (páum) *m.* Lo mismo que VESPÃO.

AVESSADO, DA (sa) *adj.* Echo al revés. Enrevesado.

AVESSAMENTE (sa) *adv. m.* Aviesamente.

AVESSAR (sar) *v. tr.* Hacer al revés, al contrario. Contrariar, contradecir.

AVESSAS (ÀS) (vèsas) *m. adv.* Al revés, al contrario.

AVESSIDADE (si) *f.* Calidad de avieso.

AVESSO, SA (véso) *adj.* Avieso, torcido, desviado, fuera de regla. Hecho o puesto al revés. Contrario, opuesto. *fig.* Malo, avieso, de mala índole. *m.* Revés.

AVESTRUZ *m. Zool.* Avestruz. *Bras.* Nandú. *fig.* Persona estúpida, avestruz.

AVENTONINHA (niña) *f. Zool.* Avefría.

AVEXAÇÃO (chasáum) *f.* Lo mismo que VEXAÇÃO.

AVEXADO, DA (cha) *adj. P. p.* da *Avexar.* Lo mismo que VEXADO.

AVEXAR (char) *v. tr.* Lo mismo que VEXAR. Ú. t. c. r.

AVEZADAMENTE *(za) adv. m.* Por hábito o costumbre. Frecuentemente.

AVEZADO, DA *(za) adj. P. p.* de *Avezar-se.* Acostumbrado, habituado, avezado.

AVEZAR *(zar) v. tr.* Acostumbrar, habituar, avezar. *v. r.* Acostumbrarse, avezarse, habituarse.

AVEZO, ZA (vézo) *adj.* Acostumbrado, habituado.

AVIAÇÃO (sáum) *f.* Aviación.

AVIADOR, RA *adj.* Aviador. Ú. t. c. s.

AVIAMENTO *m.* Avío.

AVIÃO (viáum) *m.* Avión, aeroplano.

AVIAR *v. tr.* Rematar, concluir, ejecutar. Aviar, prevenir. Aviar, despachar, apresurar. *fig.* Dar muerte. *v. r.* Aprontarse, prevenirse, disponerse, prepararse. *fig.* Darse prisa.

AVIARIO, RIA *adj.* Aviario, relativo a las aves. *m.* Avería, averío.

AVEATRIZ *adj.* Aviadora.

AVÍCULA *f.* Avecilla.

AVIDAMENTE *adv. m.* Ávidamente, con avidez.

AVIDEZ *f.* Avidez, ansia, codicia.

AVIDEZA *(za) f.* Lo mismo que AVIDEZ.

ÁVIDO, DA *adj.* Ávido, ancioso, codicioso.

AVIGORAMENTO *m.* Acción y efecto de

AVIGORAR *v. tr.* Vigorar, avigorar, robustecer. Ú. t. c. r.

AVIGORENTAR *v. tr.* Avalorar, infundir valor, incitar.

AVILANADO, DA *adj. P. p.* de *Avilanar.* Avillanado.

AVILANAR *v. tr.* Avillanar. Ú. t. c. r.

AVILAR *v. tr.* Envilecer.

AVILTAÇÃO (sáum) *f.* Envilecimiento, aviltamiento.

AVILTADAMENTE *adv. m.* Con envilecimiento o afrenta.

AVILTADO, DA *adj. P. p.* de *Aviltar.* Envilecido.

AVILTAMENTO *m.* Aviltamiento, envillecimiento.

AVILTANTE *adj.* Deshonroso, afrentoso.

AVILTAR *v. tr.* Envilecer. Ú. t. c. r.

AVILTOSO, SA (ozo, óza) *adj.* Lo mismo que AVILTANTE.

AVINAGRADAMENTE *adv. m.* Avinagradamente. *fig.* Agriamente.

AVINAGRAR *v. tr.* Avinagrar, poner agrio algo. Ú. t. c. r. *fig.* Irritar. Ú. t. c. r.

AVINCAR *v. tr.* Lo mismo que VINCAR.

AVINCULAR *v. tr.* Lo mismo que VINCULAR.

AVINDO, DA *adj. P. p.* de *Avir.* Avenido.

AVINDOR, RA *adj.* Avenidor, mediador, amigable, componedor. Ú. t. c. s.

AVINHADO, DA (ña) *adj. P. p.* de *Avinhar.* Avinado, empapado en vino. Borracho. Avinado, parecido al vino.

AVINHADO, DA (ña) *adj.* Acostumbrado, habituado.

AVINHAR (ñar) *v. tr.* Envinar. Empapar en vino. *v. r.* Emborracharse.

AVIO (vío) *m.* Avío.

AVIR *v. tr.* Avenir, ajustar, conciliar, concordar. Ú. t. c. r.

AVISADAMENTE *(za) adv. m.* Avisadamente.

AVISADO, DA *(za) adj. P. p.* de *Avisar.* Avisado, prudente, discreto; advertido, sagaz. Ú. t. c. s. *Mal* —. Mal avisado, que procede irreflexivamente.

AVISADOR, RA *(za) adj.* Avisador. Ú. t. c. s.

AVISAMENTO *(za) m.* Aviso, noticia; señal. Prudencia, discreción, juicio. Advertencia, consejo.

AVISAR *(zar) v. tr.* Avisar (dar noticia de algo; advertir, aconsejar). *v. r.* Reflexionar, pensar; instruirse, informarse.

AVISO (zo) *m.* Aviso, noticia; advertencia, consejo. Aviso, discreción, prudencia. *Mar.* Aviso.

AVISTADA *f.* Proximidad, tiempo que antecede.

AVISTAR *v. tr.* Avistar, alcanzar algo con la vista. Ver. *v. r.* Hallar, encontar. Avistarse.

AVISTÁVEL *adj.* Que se puede ver, que está al alcance de la vista.

AVITUALHADO, DA (lla) *adj. P. p.* de *Avitualhar.* Avituallado.

AVITUALHAMENTO (lla) *m.* Avituallamiento.

AVITUALHAR (llar) *v. tr.* Avituallar.

AVIVADO, DA *adj. P. p.* de *Avivar.* Avivado.

AVIVADOR, RA *adj.* Avivador, que aviva. *m.* Bruñidor (instrumento de dorador).

AVIVAMENTO *m.* Avivamiento. Realce. *Cir.* Avivamiento.

AVIVAR *v. tr.* Avivar, excitar, animar. *Cir.* Avivar.

AVIVENTAÇÃO (sáum) *f.* Acción de *Aviventar.*

AVIVENTADOR, RA *adj.* Vivificador.

AVIVENTAR *v. tr.* Vivificar. Alentar, infundir aliento, animar, encorajar. Ú. t. c. r. Avivar, excitar.

AVIZINHAÇÃO (zinñasáum) *f.* Lo mismo que

AVIZINHAMENTO (zinña) *m.* Avecindamiento. Acción de

AVIZINHAR (zinñar) *v. tr.* Tener por vecino. Avecinar, acercar, aproximar, avecindar. Ú. t. c. r. Avecindar, dar vecindad a alguien. Ú. t. c. r. *v. r.* Asemejarse, tener cierta semejanza o parecido.

AVO *m. Mat.* Nombre que corresponde a la terminación *avo, ava* en castellano se añade a los números cardinales mayores de 10 para formar los nombres de los denominadores de los quebrados. Así, en portugués se dice *um dezessete* AVOS y no *un diecisiete* AVO o *una diesiete* AVA *parte.* (Este nombre carece de feminino)

AVÓ (vò) *f.* Abuela (pl. *Avós*). pl. Abuelos, ascendientes, antepasados.

AVÔ (vó) *m.* Abuelo (pl. *Avós*).

AVOAÇAR (sar) *v. tr.* Lo mismo que ESVOAÇAR.

AVOADO, DA *adj. Bras.* Alocado, imprudente; extravagante. Chapucero, que atrabanca.

AVOAMENTO *m.* Vuelo. *Arq.* Vuelo.

AVOANTE *adj.* Volante, que vuela.

AVOAR *v. intr. ant.* y *pop.* Lo mismo que VOAR.

AVOCAÇÃO (sáum) *f. For.* Avocación.

AVOCAMENTO *m. For.* Avocamiento.

AVOCAR *v. tr. For.* Avocar. *v. r.* Avocar a sí, arrogarse.

AVOCATURA *f.* Avocación.

AVOCÁVEL *adj.* Avocable.

AVOEJAR (jar) *v. intr.* Lo mismo que VOEJAR.

AVOENGADO, DA *adj.* De los abuelos o antepasados. Muy antiguo.

AVOENGO, GA *adj.* Relativo a los abuelos. Que deriva de los abuelos. Muy antiguo. *m. pl.* Abolengos; abuelos, antepasados.

AVOLUMADO, DA *adj. P. p.* de *Avolumar.* Abultado, aumentado en volumen. Voluminoso, grueso, grande.

AVOLUMAMENTO *m.* Abultamiento.

AVOLUMAR *v. tr.* Abultar, aumentar el bulto, tamaño o volumen de algo; acrecentar, agrandar. Ú. t. c. r. *v. intr.* Llenar, obstruir. Abultar.

AVOZEAR (zear) *v. tr.* Vocear. Ú. t. c. intr.

AVOZEIRAR (zei) *v. tr.* Lo mismo que AVOZEAR.

AVULSAMENTE *adv. m.* Aisladamente; al acaso.

AVULSÃO (sáum) *f.* Arrancamiento, extirpación. *Cir.* Avulsión.

AVULSO, SA *adj.* Arrancado, extirpado. Separado. Desapareado. Aislado.

AVULTAÇÃO (sáum) *f. pop.* Parecido, semejanza.

AVULTADO, DA *adj. P. p.* de *Avultar.* Abultado.

AVULTAR *v. tr.* Abultar. *intr.* Realzar, sobresalir. Crecer, aumentar.

AVULTOSO, SA (ozo, óza) *adj.* Lo mismo que AVULTADO.

AXADREZADO, DA (chadreza) *adj. P. p.* de *Axadrezar.* Ajedrezado.

AXADREZAR (chadrezar) *v. tr.* Ajedrezar.

AXE *m.* Eje. Axis (vértebra).

AXIAL *adj.* Axil, perteneciente al eje o concerniente a él.

AXIALMENTE *adj. m.* A manera de eje.

AXÍCULO *m.* Eje pequeño.

AXILA *f. Anat.* Axila, sobaco. *Bot.* Axila.

AXIOMA *m.* Axioma.

AXIS *m. Anat.* Axis (vértebra). Eje. *Zool.* Axis (especie de ciervo).

AXÓIDE (xói) *adj.* Lo mismo que

AXOÍDEO, EA *adj.* Axoideo.

AZABUMBADO, DA (za) *adj. P. p.* de *Azabumbar.* Bombo, aturdido, atolondrado, pasmado. Parecido a un bombo. Machucado, golpeado como un bombo.

AZABUMBANTE (za) *adj.* Aturdidor.

AZABUMBAR (za) *v. tr.* Atolondrar, aturdir, atontar. Golpear con bombo. *v. intr.* Pasmarse, espantarse, quedar bombo.

AZÁFAMA (zá) *f.* Prisa, apresuramiento, barahunda, batahola.

AZAFAMADO, DA (za) *adj. P. p.* de *Azafamar.* Apresurado; atareado.

AZAFAMAR (za) *v. tr.* Afanar, apurar, dar prisa. Atarear. Apresurar. Ú. t. c. r.

AZAGAIA (za) *f.* Azagaya.

AZAGAIADA (za) *f.* Azagayada.

AZAGAIAR (za) *v. tr.* Azagayar, herir con azagaya.

AZAGAIEIRO (za) *m.* El que arroja la azagaya.

AZÁLEA (zá) *f. Bot.* Azalea.

AZAMBOADO, DA (zam) *adj. P. p.* de *Azamboar.* Atolondrado; bombo. Fatigado, cansado. Áspero. Tonto, atontado.

AZOMBOAR (zam) *v. tr.* Atolondrar, atontar, poner bombo; entontecer. *v. intr.* Fatigarse.

AZAMBUJAL (zambujal) *m.* Olivar (de olivos silvestres).

AZAMBUJEIRO (zambujei) *m.* Lo mismo que

AZAMBUJO (zanbujo) *m.* Especie de olivo silvestre.

AZANGAR (zan) *v. tr. Bras.* Enojar, molestar, irritar. Ú. t. c. r.

AZAR (zar) *m.* Azar (en todas las acepciones de esta voz).

AZARADO, DA (za) *adj. Bras.* Infeliz, que tiene mala suerte. Ú. t. c. s.

AZARAR (za) *v. tr. Bras.* Causar azar o mala suerte a.

AZARCÃO (zarcáum) *m.* Azarcón, minio.

AZARENTO, TA (za) *adj.* Lo mismo que AZARADO.

AZAROLA (zarò) *f.* Acerola, azarolla.

AZAROLEIRA (za) *f.* Lo mismo que

AZAROLEIRO (za) *m. Bot.* Acerolo, azarollo.

AZEBRADO, DA (ze) *adj.* Cubierto de

AZEBRE (ze) *m.* Verdete, cardenillo.

AZEDA (ze) *f. Bot.* Acedera.

AZEDADO, DA (ze) *adj. P. p.* de *Azedar.* Acedado, agrio. *fig.* Acedo, avinagrado, ceñudo, áspero, despicible, irritado.

AZEDADOR, RA (ze) *adj.* Que aceda, que irrita.

AZEDAMENTE (ze) *adv. m.* Acedamente; agriamente.

AZEDAMENTO (ze) *m.* Lo mismo que AZEDUME. Acción y efecto de

AZEDAR (ze) *v. tr.* Acedar, poner acedo o agrio. Cuajar, cortar (la leche). *fig.* Acedar, desazonar, disgustar. Ú. t. c. r. *v. intr.* y *r.* Acedarse; agriarse; irritarse.

AZEDEIRA (ze) *f. Bot.* Acedera.

AZEDETE (ze) *adj.* Lo mismo que

AZEDIA (zedía) *f.* Lo mismo que AZEDUME.

AZEDINHA (zedinña) *f. Bot.* Acederilla.

AZEDO, DA (ze) *adj.* Acedo, ácido, agrio. *fig.* Acedo, avinagrado, áspero, ceñudo, despicible; irritado, disgustado, enojado, desazonado.

AZEDOTE (zedo) *adj.* Un poco acedo o agrio.

AZEDUME (ze) *f.* Acedía (calidad de acedo) Asperete, asperillo. Amargor. *fig.* Acedía, desabrimiento, aspereza de trato.

AZEIROLA (zeirò) *f.* Lo mismo que AZAROLA.

AZEITADA (zei) *f.* Aceitada (cantidad de aceite derramada; cantidad excesiva para el uso a que se destina).

AZEITADO, DA (zei) *adj. P. p.* de *Azeitar.* Aceitado.

AZEITAR (zei) *v. tr.* Aceitar. Lubricar, lubrificar.

AZEITE (zei) *m.* Aceite. — *doce.* Aceite de aceitunas. — *de carrapato* o *de carro.* Aceite de ricino. — *de cheiro,* o *de dendê.* Aceite del denden.

AZEITEIRA (zei) *f.* Aceitera, alcuza.

AZEITEIRO, RA (zei) *adj.* Aceitero. *m.* Aceitero.

AZEITINHO (zeitinño) *m. Bras.* Aceite de ricino.

AZEITONA (zei) *f.* Aceituna.

AZEITONADO, DA (zei) *adj.* Aceitunado. *P. p.* de *Azeitonar.*

AZEITONAMENTO (zei) *m.* Acción de

AZEITONAR (zei) *v. tr.* Dar gusto o color de aceituna.

AZEITONEIRO (zei) *m.* Aceitunero.

AZEITOSO, SA (zeitozo, òza) *adj.* Aceitoso.

AZEMEL (zemèl) *m.* Acemilero. Aduar.
AZEMELEIRO (ze) *m.* Acemilero.
AZEMELHEIRO (zemellei) *m.* Acemilero.
AZÉMOLA (zé) *f.* Acémila, bestia de carga.
AZÉMULA (zé) *f.* Acémila.
AZENHA (zenña) *f.* Aceña.
AZENHEIRO (zenñei) *m.* Aceñero.
AZERAQUE (ze) *m. Bot.* Acederaque.
AZERAR (ze) *v. tr.* Acerar.
AZEREDO (ze) *m.* Laureadal, sitio plantado de
AZEREIRO (ze) *m. Bot.* Laurel florido.
AZEROLA (zerò) *f.* Lo mismo que AZAROLA.
AZEROLEIRA (ze) *f.* Lo mismo que AZARO-
LEIRA.
AZEVICHADO, DA (zevicha) *adj. P. p.* de *Aze-
vichar.* Azabachado.
AZEVICHAR (zevichar) *v. tr.* Dar color de aza-
bache.
AZEVICHE (zeviche) *m. Miner.* Azabache. Cosa
muy negra.
AZEVICHEIRO (zevichei) *m.* Azabachero.
AZEVIEIRO, RA (ze) *adj.* Sagaz, astuto. Mali-
cioso. Pícaro.
AZEVIM (ze) *m.* Lo mismo que
AZEVINHEIRO (zevinñei) *m. Port.* Lo mismo que
AZEVINHO (zevinño) *m. Bot.* Acebo.
AZIA (zía) *f.* Acedía (indisposición del estó-
mago).
AZIAGO, GA (zia) *adj.* Aciago, funesto, infausto
de mal agüero.
AZIAR (zi) *m.* Acial.
AZÍMELA (zí) *f.* Lo mismo que AZÉMOLA.
ÁZIMO, MA (zi) *adj.* Ázimo, sin levadura. *m.* Pan
ázimo.
AZIMOLA (zí) *f.* Lo mismo que AZÉMOLA.
AZIMUTAL (zi) *adj.* Acimutal, azimutal.
AZIMUTE (zí) *m.* Acimut, azimut.
AZINABRAR (zi) *v. tr.* Lo mismo que AZINHA-
VRAR.
AZINAVRE (zi) *m.* Lo mismo que AZINHA-
VRE.
AZINHA (zinña) *adv. m.* Aprisa. *f. dim.* de *Asa. f.*
Bellota (de la encina).
AZINHAGA (zinña) *f.* Vereda o sendero entre ve-
llados.
AZINHAL (zinña) *m.* Encinar.

AZINHAME (zinña) *m.* Lo mismo que AZINHA-
VRE.
AZINHAVRADO, DA (zinña) *adj. P. p.* de *Azi-
nhavrar.* Cubierto de cardenillo o verdín.
AZINHAVRE (zinña) *m.* verdín, óxido de cobre.
AZINHAVRAR (zinña) *v. intr.* Cubrir-se de carde-
nillo o verdín alguna cosa de cobre.
AZINHEIRA (zinñei) *f. Bot.* Encina; carrasco.
AZINHEIRAL (zinñei) *m.* Lo mismo que AZI-
NHAL.
AZINHEIRO (zinñei) *m.* Lo mismo que AZI-
NHEIRA.
AZINHO (zinño) *m.* Bellota (de la encina). Lo
mismo que AZINHEIRA.
AZINHOSO, SA (zinñozo, òza) *adj.* Que tiene
muchas encinas.
AZOADA (zoa) *f.* Lo mismo que AZOAMENTO.
AZOADO, DA (zoa) *adj. P. p.* de *Azoar.* Atolon-
drado, atontado, aturdido.
AZOAMENTO (zoa) *m.* Acción de
AZOAR (zoar) *v. tr.* Atolondrar, atontar, aturdir.
Enojar, irritar.
AZOBENZOL (zobenzòl) *m. Quím.* Azobenzol.
AZOGUE (zo) *m.* Azogue (plaza pública que sirve
de mercado).
AZÓICO, CA (zói) *adj.* Azoico.
AZOINADO, DA (zoi) *adj. P. p.* de *Azoinar.* Ato-
londrado, entontecido, atontado. Embriagado.
Aturdido, sordo.
AZOINAR (zoi) *v. tr.* Perturbar, atolondrar; moles-
tar con dichos despropositados. *intr.* y *r.* Atolon-
drarse, aturdirse. Enojarse.
AZORRAGADA (zo) *f.* Azotazo, zurriagazo.
AZORRAGADO, DA (zo) *adj. P. p.* de *Azorragar.*
Azotado, zurriagado. Incitado, estimulado.
AZORRAGAMENTO (zo) *m.* Acción de
AZORRAGAR (zo) *v. tr.* Zurriagar, azotar.
AZORRAGUE (zo) *m.* Zurriago, azote.
AZORRAGUEAR (zo) *v. tr.* Lo mismo que AZOR-
RAGAR.
AZORRAR (zo) *v. tr.* Arrastrar pesadamente.
AZORRÉIA (zorrèia) *f.* Azorrea.
AZOTAÇÃO (zotasáum) *f.* Acción de azoar.
AZOTADO, DA (zo) *adj. P. p.* de *Azotar.* Azoado.
AZOTAR (zo) *v. tr.* Azoar.
AZOTATO (zo) *m. Quím.* Azoato, nitrato.

AZOTE (zo) *m.* Lo mismo que AZOTO.
AZOTETO (zo) *m. Quím.* Nitruro.
AZÓTICO, CA (zò) *adj.* Nítrico.
AZOTIZAÇÃO (zotizasáum) *f.* Acción de
AZOTIZAR (zotizar) *v. tr.* Azoar. Ú. t. c. r.
AZOTO (zo) *m. Quím.* Ázoe, nitrógeno.
AZOTÔMETRO (zotó) *m.* Nitrómetro.
AZOTOSO, SA (zotozo, òza) *adj.* Nitroso.
AZOTURETO (zo) *m.* Lo mismo que AZOTE-
TO.
AZOUGADAMENTE (zou) *adv. m.* Azogada-
mente.
AZOUGADO, DA (zou) *adj. P. p.* de *Azougar.*
Azogado.
AZOUGAR (zou) *v. tr.* Azogar, cubrir con azogue
o dar de azogue. *fig.* Avivar. *fig.* Inquietar.
AZOUGUE (zou) *m.* Azogue (metal). *fig.* Persona
astuta o inquieta.
AZOUGUERIA (zouguería) *f.* Azoguería.
AZUCRINAÇÃO (zucrinasáum) *f. Bras.* Importu-
nación.
AZUCRINANTE (zu) *adj. Bras.* Importuno, mo-
lesto, enojoso.
AZUCRINAR (zu) *v. tr. Bras.* Importunar, mo-
lestar, fastidiar. Ú. t. c. intr.
AZUL (zul) *adj.* Azul. Ú. t. c. s.
AZULADO, DA (zulado) *adj. P. p.* de *Azular.*
Azulado.
AZULÃO (zuláum) *m. Zool.* Azulejo. Lo mismo
que ZUARTE.
AZULAR (zu) *v. tr.* Azular. Ú. t. c. intr. y *r. intr. fig.
Bras.* Huir.
AZULECER (zu) *v. intr.* Azulear.
AZULEGO, GA (zu) *adj. Bras. Río Gr. del Sur.*
Azulejo (aplícase al caballo o yegua de color
blanco azulado).
AZULEJAR (zulejar) *v. intr.* Azulear.
AZULEJO (zulejo) *m.* Azulejo (ladrillo).
AZUMBRADO, DA (zum) *adj. P.p.* de *Azumbrar.*
Algo corcovado; corcovado, jorobado.
AZUMBRAR (zum) *v. intr.* Quedar-se corcovado.
AZURITO (zu) *m. Miner.* Azurita.
AZURNAR (zur) *v. intr. Port.* Rebuznar.
AZURRAR (zu) *v. intr. pop.* Rebuznar.

B (bè) *m.* Segunda letra del abecedario portugués y primera de sus consonantes. *Quím.* Símbolo del boro en las fórmulas químicas. *adj.* Segundo (de una serie).

BABA *f.* Baba (humor que fluye de la boca; humor viscoso que segregan ciertos animales).

BABABÍ *m. Bras. Pernamb. Alag.* Zurra, paliza.

BABAÇA (sa) *m. f.* Hermano mellizo, o hermana melliza.

BABAÇU (sú) *f. Bras.* Especie de palmera.

BABACUARA *m. f. Bras.* Lo mismo que CAIPIRA.

BABADO, DA *adj. P. p.* de *Babar.* Babeado. Mojado de baba. *fam.* Baboso (exageradamente rendido con personas del otro sexo). *m. Bras.* Faralá, farfalá, volado.

BABADOURO *m.* Babador, babero.

BABÃO, ONA (báum) *adj.* y *s.* Babón, baboso. Ba-bón, enamoradizo, amartelado. Babieca.

BABAR *v. tr.* Babosear, llenar de baba. *v. r.* Babear. *fam.* Gustar mucho. Estar enamorado.

BABATAR *v. intr. Bras.* Palpar.

BABEIRA *f. ant.* Babera, baberol.

BABEL (bèl) *f.* Babel, confusión, barullo, desorden.

BABÉLICO, CA (bè) *adj.* Relativo a babel; confuso, desordenado.

BABORDO (bòr) *m.* Lo mismo que BOMBORDO.

BABOSA (bòza) *f. Bot.* Nombre vulgar del áloe. *Zool.* Morena.

BABOSEIRA (zei) *f.* Tontería, asnería, necedad, asnedad, nadería.

BABOSO, SA (bozo, òza) *adj.* Baboso. Tonto. Babazorro, babazas. Babón, amartelado, enamoradizo.

BABUGEM (jem) *f.* Baba. Espuma (encima del agua agitada). Restos, sobras. Sobras de comidas. Bagatelas, frioleras, fruslerías.

BABUJAR (jar) *v. tr.* Babosear, llenar de babas. *fig.* Adular. *fig.* Suciar, manchar. *fig.* Corromper, estragar.

BACAFUSAR (zar) *v. tr. Bras. nort.* Confundir; complicar.

BACALAUREATO *m.* Bachillerato.

BACALHAU (llau) *m. Zool.* Bacalao. *Bras.* Azote (para azotar a los esclavos). *fig.* Bacalao (persona flaca, seca de carnes).

BACALHOADA (lloa) *f.* Plato de bacalao.

BACALHOEIRO, RA (lloei) *adj.* Que gusta de bacalao. Que huele a bacalao. *fam.* Grosero. *m.* Buque empleado en la pesca del bacalao. El que vende bacalao.

BACAMARTADA *f.* Tiro de

BACAMARTE *m.* Bocacha (trabuco de boca acampanada); bocarda.

BACARÁ *m.* Bacará (juego de naipes). Cristal de Baccarat.

BACARIJA (ja) *f. Bot.* Ásaro.

BACEIRA *f. Vet.* Bacera.

BACEIRO, RA *adj.* Relativo o perteneciente al bazo.

BACELADA *f.* Bacelar.

BACELAR *v. tr.* Plantar viñedo nuevo.

BACELEIRO *m.* El que planta o cuida del viñedo nuevo.

BACELO (cé) *m.* Cepa nueva; sarmiento.

BACENTO, TA *adj.* Bazo; empañado.

BACHÁ (cha) *m.* Bajá.

BACHALATO (cha) *m.* Bajalato.

BACHAREL (charèl) *m.* Bachiller. *fig.* Hablador, parlanchín. — *em ciências e letras.* Bachiller en artes.

BACHARELA (charè) *f.* Bachillera. *fig.* Mujer parlanchina.

BACHARELADA (cha) *f.* Bachirellada, bachillería.

BACHARELADO (cha) *m.* Bachillerato. adj. Bachillerado, que recibió el grado de bachiller.

BACHARELANDO (cha) *m.* El que va a recibir el grado de bachiller.

BACHARELAR (cha) *v. intr.* Bachillerear, hablar mucho e inoportunamente. *v. r.* Bachillerarse (recibir el grado de bachiller).

BACHARELESCO, CA (cha) *adj.* Relativo al bachiller.

BACHARELICE. (cha) *f.* Bachillería.

BACIA (cía) *f.* Palangana, jofaina. Bacía. Bacín. Bandeja. Platillo (de balanza). Cuenca (territorio rodeado de alturas; territorio cuyas aguas afluyen todas a un mismo río, lago o mar. *Anat.* Pelvis.

BACIADA *f.* Contenido de una jofaina o bacía.

BACIETA *f.* Bacineta.

BACILO *m. Microb.* Bacilo.

BACINETE *m. Anat.* Pelvis (del riñón). Bacinete (pieza de la armadura antigua).

BACIO (cío) *m. Anat.* Bacín, orinal.

BAÇO (so) *m. Anat.* Bazo.

BAÇO, ÇA (so) *adj.* Bazo. Empañado, sin brillo.

BÁCORA *f.* Lechona.

BACOREJAR (jar) *v. intr.* Gruñir (el lechón) *v. tr.* Adivinar, presentir. Parecer, creer. Sugerir, insinuar.

BACOREJO (jo) *m. fam.* Presentimiento.

BACORIM *m.* Lechón.

BACORINHAR (ñar) *v. tr.* Lo mismo que BACOREJAR.

BACORINHO (ño) *m. dim.* de Bácoro.

BÁCORO *m.* Lechón, cochinillo.

BACTÉRIA (tè) *f. Bot.* y *Microb.* Bacteria.

BACTERIOLOGISTA (jis) *m.* Bacteriólogo.

BÁCULO *m.* Báculo, cayado; bastón.

BACURAU *m. Bras. Zool.* Nombre de varios pájaros caprimúlgidos.

BACURI *m. Bras. Bot.* Árbol gutífero (*Platonia insignis*).

BACURIZEIRO (zei) *m. Bras.* Lo mismo que BACURI.

BADALADA *f.* Badajada (golpe del badajo en la campana); campanada, campanazo; campanillazo.

BADALÃO (láum) *m.* Badajo, hombre necio y parlanchín.

BADALAR *v. intr.* Campanear. *v. tr.* Dar badajadas o golpes de badajo. Hablar, charlar indiscretamente. Badajear.

BADALEAR *v. intr.* Lo mismo que BADALAR.

BADALEIRA *f.* Argolla del badajo.

BADALO *m.* Badajo. *Dar ao —, o correr o —* Hablar demasiado; badajear.

BADAME *m. Carp.* Badano.

BADAMECO (mè) *m.* Chuchumeco.

BADANA *f.* Oveja magra y vieja. Piel colgante (en persona o animales muy flacos). *Bras.* Piel labrada que sujeta los pellones del recado de montar. *pop.* Ballena (lámina). Carne de oveja vieja. *m.* Badana, hombre bobo y pazguato. Hombre sin importancia. Homúnculo.

BADANAL *m. pop.* Babel, confusión, desorden, barullo.

BADEJO (jo) *m. Zool.* Abadejo.

BADERNA (dèr) *f. Bras.* Pandilla. Jarana. Quimera, pendencia, riña, contienda. Cosa vieja y arrinconada. Persona inútil (por vieja o enclenque).

BADERNAR *v. intr. Bras.* Jaranear, andar en jaranas.

BADERNISTAS *adj.* y *m.* Jaranero, amigo de fiestas. Quimerista, que mueve riñas o pendencias; alborotador.

BADORAR *v. tr.* Comer, devorar.

BADULAQUE *m.* Chanfaina (guisado hecho de bofes) Badulaque (cierto afeite que se usaba en la antigüedad). Bagatela, friolera.

BAETA *f.* Bayeta (tela de lana, rala y floja).

BAETAL *adj.* Bayetuno.

BAETÃO (táum) *m.* Bayetón. *Bras.* Cobertor de lana.

BAETILHA (lla) *f.* Bayeta delgada. Cierto tejido de algodón.

BAFAFÁ *m. Bras.* Contienda, barullo, discusión, riña, desorden.

BAFAGEM (jem) *f.* Airecillo, viento suave, brisa, soplo blando o ligero del viento) *fig.* Aliento.

BAFEJADO, DA (ja) *adj. P.p.* de *Bafejar.* Mimado, inspirado, protegido.

BAFEJAR (jar) *v. tr.* Soplar blandamente. *fig.* Favorecer, proteger. Inspirar. *v. intr.* Vahear. Soplar suave o blandamente.

BAFEJO (jo) *m.* Soplo blando, aura. Aliento. *fig.* Favor, aura, protección. Acción de *Bafejar.*

BAFIO (fio) *m.* Moho; olor de moho.

BAFO *m.* Aliento, hálito. Soplo blando y caliente; vaho. *fig.* Favor, protección. Abrigo.

BAFORADA *f.* Vaharada. Bocanada de aire. Hálito mal oliente. *fig.* Fanfarronada, bravata, baladronada.

BAFORAR *v. tr.* Vahear. Soplar. Regoldar. *v. intr.* Jactarse.

BAFOREIRA *f.* Higuera brava.

BAGA *f. Bot.* Baya. Gota de sudor.

BAGAÇADA (sa) *f.* Montón de bagazo. *fig.* Palabrería.

BAGACEIRA *f.* Bagacera. *fig. Bras.* Populacho, plebe. *fig.* Palabrería.

BAGAÇO (so) *m.* Bagazo. *fig.* Prostituta. Baile. *Ter dinheiro como —.* Ser muy rico, tener mucha plata.

BAGAGEIRO (jei) *m.* Bagajero. Ordenanza (soldado que está a las órdenes de un oficial). Vagón de equipajes.

BAGAGEM (jem) *f.* Bagaje. Equipaje (conjunto de cosas que se llevan en los viajes). *fig.* Conjunto de las obras de un escritor. *Bras. merid.* Plebe, populacho.

BAGANA *f. Bras.* Colilla, punta.

BAGANHA (ña) *f.* Baga.

BAGAROTE (ró) *m. Bras. pop.* Billete de un real (moneda brasilera). *pl.* Plata, dinero.

BAGATA *f. pop.* Brujería.

BAGATELA (tè) *f.* Bagatela, friolera.
BAGATELEIRO *m.* El que se ocupa de bagatelas o frioleras.
BAGAXA (cha) *f.* Bagasa, ramera.
BAGE (je) *f.* Lo mismo que
BAGEM (jem) *f.* Lo mismo que VAGEM.
BAGO *m.* Grano de uva, una uva. Baya.
BAGOADO, DA *adj.* De forma de baya.
BAGRE *m. Zool.* Bagre. Nombre de varios peces fisóstomos.
BAGUAL *m. Bras. merid.* Bagual, caballo indómito. *adj.* Bagual, indómito, feroz. *fig.* Huraño, intratable.
BAGUALADA *f. Bras. merid.* Bagualada (conjunto de caballos baguales).
BAGULHADO, DA (lla) *adj.* Lo mismo que
BAGULHENTO, TA (llen) *adj.* Pepitoso.
BAGULHO (llo) *m.* Pepita (de algunas frutas).
BAGULHOSO, SA (llozo, òza) *adj.* Pepitoso.
BAGUNÇA (sa) *f. Bras.* Desorden, confusión, alboroto, barullo. Máquina de terraplenar.
BAGUNÇADA (sa) *f. Bras.* Lo mismo que BAGUNÇA, 1ª acepción.
BAGUNCEIRO, RA *adj. Bras.* Bullanguero, alborotador.
BAIA *f.* Travesaño que se pone en las cuadras o caballerizas. *Germ.* Habitación, cuarto, dormitorio.
BAÍA *f. Geogr.* Bahía. Ensenada.
BAIACU *m. Zool. Bras.* Pez plectognato (*Lagochephalus loevigatus*). *fig.* Hombre gordo y bajo.
BAIANA *f. Bras.* Carona.
BAIANO, NA *adj.* Natural de Bahía (Estado del Brasil) *Bras. merid.* Norteño. Maturrango, mal jinete.
BAIAR *v. intr. Bras.* Bailar.
BAILA *m.* Baile, danza. *Andar na —.* Ser llamado, o nombrado, a cada momento. *Vir à —.* Ser mencionado o nombrado. *À —. m. adv.* A propósito.
BAILADEIRA *f.* Bailarina.
BAILADO *m.* Bailable, baile.
BAILÃO (láum) *m.* El que es amigo de bailar. Bullanguero.
BAILAR *v. tr.* Bailar, danzar. *v. intr.* Bailar.
BAILARICO (íco) *m.* Baile de botón, gordo, de candil, o de cascabel gordo.
BAILARIM *m.* Bailarín.
BAILARINO *m.* Bailarín.
BAILARIQUEIRO *m.* El que es amigo de bailes de candil.
BAILE *m.* Baile (fiesta en que se reunen varias personas para bailar) *Germ.* Quimera, riña. *pop.* Pita, burla, chifla.
BAILETE *m.* Baile (espectáculo teatral em que se representa una acción por medio de la mímica).
BAILÉU (lèu) *m.* Andamio. *Mar.* Pasamano. Cobertizo.
BAILIADO *m.* Bailiaje.
BAILIO (lio) *m.* Bailío. Baile (juez ordinario en ciertos pueblos de señorío).
BAINHA (ña) *f.* Vaina (en que se guardan algunas armas). Dobladillo, repulzo. Vaina (en que están algunas simientes). *— aberta.* Vainica, vanilla, deshilado.
BAINHAR (ñar) *v. tr.* Repulgar, hacer un dobladillo o repulgo.
BAINHEIRO (ñei) *m.* Vainero.
BAIO, IA *adj.* Bayo. Ú. t. c. s.
BAIONETA *f.* Bayoneta.
BAIONETADA *f.* Bayonetazo.
BAIONETAR *v. tr.* Dar bayonetazos.
BAIQUARA *m. Bras. merid.* Lo mismo que MATUTO.
BAIRRISMO *m.* Calidad de
BAIRRISTA *adj.* Defensor de los intereses de su barrio o de su tierra. Habitante de un barrio, vecino. Ú. t. c. s.
BAIRRO *m.* Barrio; barriada.
BAITA *adj. Bras.* Grande.
BAITARRA *m. Bras. nort.* Hombracho. *Bras. S. Paulo.* Pícaro, pillo.
BAIUCA *f.* Bayuca, taberna.
BAIUQUEIRO *m.* Dueño de una bayuca. El que frecuenta una bayuca.

BAIXA (cha) *f.* Baja (disminución del precio o valor de alguna cosa). Rebajamiento (disminución de altura. Bajo (paraje hondo). Abajamiento. Bajo, bajío (de los mares). *Mil.* Baja (pérdida o falta de un individuo). Acción de dar baja. *Mil.* Baja (documento). *ant.* Baja, alemanda.
BAIXADA (cha) *f. bras.* Pendiente, cuesta. Bajada. Bajo (terreno hondo). Terreno bajo y alagadizo). Llanuras entre montes.
BAIXA-MAR (cha) *f.* Bajamar.
BAIXAMENTE (cha) *adv. m.* Bajamente.
BAIXÃO (cháum) *m.* Bajón (instrumento).
BAIXAR (char) *v. tr.* Bajar. Ú. t. c. r. Rebajar. Ú. t. c. r. Abajar. Ú. t. c. r.
BAIXEIRA (chei) *f. Bras.* Primera cosecha del algodón.
BAIXEIRO, RA (chei) *adj.* Bajero *m.* Sudadero (del aparejo de montar).
BAIXEL (chèl) *m.* Bajel, embarcación.
BAIXELA (chè) *f.* Vajilla.
BAIXEZA (cheza) *f.* Bajeza. Lugar bajo.
BAIXIA (chía) *f.* Bajamar. Bajío.
BAIXINHO (chinño) *adv. m.* Bajo, en voz baja. *Adj. dim.* de *Baixo.* Bajito, bajete.
BAIXIO (chío) *m.* Bajío, bajo.
BAIXISTA (chis) *m.* Bajista (persona que juega a la baja de los fondos). Ú. t. c. adj.
BAIXO, XA (cho) *adj.* Bajo, ja (en todas las acepciones de esta voz) *adv. m.* Bajo, en voz baja. *m.* Bajo. *Mus.* Bajo.
BAIXO-IMPÉRIO (cho-impè) *m.* Bajo Imperio de Oriente. *fig.* Sociedad corrupta. *fig.* Época de decadencia.
BAIXO-LATIM (cho) *m.* Bajo latín.
BAIXO-RELEVO (cho) *m.* Bajorrelieve.
BAIXOTE, TA (chò) *adj. dim.* de *Baixo.* Bajito, bajete (hablando de personas).
BAIXO-VENTRE (cho) *m. pop.* Bajo vientre, hipogastrio.
BAIXURA (chu) *f.* Lugar bajo. Bajeza.
BAJAR (jar) *v. intr.* Lo mismo que
BAJEAR (jè) *v. intr.* Producir vainas (ciertas plantas).
BAJESTO (jes) *m.* Bagatela, cosa sin valor.
BAJOGAR (jo) *v. tr. Bras. Maranh.* Arrojar, echar fuera.
BAJOUJAR (joujar) *v. tr.* Adular, lisonjear.
BAJOUJO, JA (joujo) *adj.* Adulón, zalamero, quitamotas. Baboso, amartelado. Babón, tonto.
BAJULAÇÃO (julasáum) *f.* Adulación, lisonja, zalamería.
BAJULADOR, RA (ju) *adj.* Adulador, zalamero, lisonjero.
BAJULAR (ju) *v. tr.* Adular, lisonjear.
BALA *f.* Bala (proyectil). Bala (fardo de mercaderías). Bala (paquete de papel, de diez resmas) *Bras.* Bala (confite) *— morta.* Bala fría. *— vermelha.* Bala roja.
BALABREGA *m.* Pantomimo. Charlatán.
BALAÇO (so) *m.* Balazo.
BALADA *f.* Balata, balada.
BALAIO *m.* Balay, cesta de mimbres.
BALALAICA *f.* Balaika.
BALANÇA (sa) *f.* Balanza.
BALANÇAR (sar) *v. tr.* Balancear. Oscilar. Vacilar. *v. intr.* Balancear. Ú t c. r.
BALANCÉ (cè) *m.* Balancé. Balancín (con que se sellan las monedas)
BALANCEADOR *m.* Lo mismo que BALANCISTA.
BALANCEAMENTO *m.* Balanceo.
BALANCEAR *v. tr. y intr.* Lo mismo que BALANÇAR.
BALANCEIRO *m. Mec.* Balancín. Balancero, balanzario.
BALANCETE *m. Com.* Balance parcial.
BALANCIM *m. Mec.* Balancín. Balancín (de coche).
BALANCISTA *m. Bras.* Contraste (el que ejerce el oficio público de contrastar).
BALANÇO (so) *m.* Balance (movimiento de un cuerpo, ya a un lado, ya a otro) *Com.* Balance. *Mar.* Balance. Columpio.
BALANDRAU *m.* Balandrán.
BALANDRONADA *f. Bras. merid.* Baladronada.

BALANGANDÃ (dán) *m. Bras.* Adorno compuesto de abalorios y amuletos que usan las negras del Estado de Bahía.
BALÃO (láum) *m.* Globo aerostático, aeróstato. Globo de cristal (para experiencias químicas). Globo de papel (que sube con aire caliente). Balón (pelota muy grande de viento). *Bras.* Mentira, especie, bola. *— de ensaio.* Tentativa. *— cativo.* Globo cautivo. *— dirigível.* Globo dirigible.
BALAR *v. intr.* Balar (dar balidos).
BALASTRAGEM (jem) *f.* Balastaje.
BALASTRAR *v. tr.* Balastar.
BALASTRO *m.* Balasto.
BALAÚSTRO *m.* Balaústre.
BALÁZIO (zio) *m.* Balazo.
BALBO, BA *adj.* Tartamudo; balbuciente.
BALBUCIAÇÃO (sáum) *f.* Balbuceo, balbucencia.
BALBUCIANTE *adj.* Balbuciente.
BALBUCIAR *v. tr.* Balbucear, balbucir.
BALBÚCIE *f.* Balbuceo.
BALBUCIÊNCIA (cién) *f.* Balbucencia.
BALBÚCIO (cío) *m.* Lo mismo que BALBÚCIE.
BALBÚRDIA *f.* Barbulla; confusión, desorden, barullo.
BALBURDIAMENTO *m.* Lo mismo que BALBÚRDIA.
BALBURDIAR *v. tr.* Barbullar. Alborotar.
BALBUTIR *v. intr.* Balbucir.
BALCÂNICO, CA (cáni) *adj.* Balcánico.
BALÇA (sa) *f.* Bosque, espesura de arbustos espinosos. Cercado de árboles y arbustos espinosos. Balsa (porción de maderas, unidos unos con otros, formando una especie de embarcación plana). *Mar.* Balsa. Balsa, media bota. Embudo de madera. Uva estrujada. Cuba, tina.
BALCÃO (cáum) *m.* Balcón. Mostrador (mesa o tablero que hay en las tiendas para presentar los géneros).
BALCEDO *m.* Matorral, maleza. Terreno alagadizo. Parte de un río cubierto de aguapés.
BALCEDOSO, SA (dozo, óza) *adj.* Alagadizo.
BALCEIRA *f.* Matorral, maleza.
BALCEIRO *m.* Balsero. Cuba de lagar. *adj.* Silvestre. Que nace en los pantanos o malezas.
BALCELHO (llo) *m. Mar.* Balso pequeño. Vela recogida (por causa del viento fuerte o para navegar poco).
BALÇO (so) *m. Mar.* Balso.
BALDA *f.* Defecto, falla, falta habitual. Manía, predilección. Fallo (en el juego de naipes).
BALDADAMENTE *adv. m.* Inútilmente.
BALDADO, DA *adj. P.p.* de *Baldar.* Baldado; tullido; inútil, frustrado.
BALDÃO (dáum) *m.* Ola grande y ancha. Baldón, afrenta, injuria. Trabajo frustado. Contrariedad. *De —. m. adv.* Lo mismo que ROLDÃO (De).
BALDAQUIM *m.* Lo mismo que BALDAQUINO.
BALDAQUINADO, DA *adj.* Hecho de manera que se parezca a un baldaquín o baldaquino.
BALDAQUINO *m.* Baldaquín. Baldaquino, palio.
BALDAR *v. tr.* Frustar. Baldar. Emplear inútilmente. *v. r.* Baldar, fallar.
BALDE *m.* Balde. Barrilete (especie de cometa).
BALDEAÇÃO (sáum) *f.* Baldeo. Transbordo. Trasiego.
BALDEAR *v. tr.* Baldear. Trasegar. Transbordar.
BALDIO, DIA (dío) *adj.* Baldío. Ú. t. c. s.
BALDO, DA *adj.* Baldo. Fallo. Inútil. Necesitado, carente, careciente.
BALDOAR *v. tr.* Baldonear, injuriar de palabras. *v. intr.* Vociferar, vocear.
BALDOSO, SA (dozo, òza) *adj.* Falso, mañero (hablando de caballerías).
BALDRÉU (dréu) *m.* Pellica para guantes.
BALDROCA (dró) *f.* Embuste, engaño, mentira, trapaza, fraude.
BALDROCAR *v. tr.* Trapacear, engañar.
BALDUINA (duí) *f. Bras. pop.* Locomotora.
BALEAR *v. tr. Bras.* Herir con bala, balear.
BALEATO *m.* Ballenato.
BALEEIRA *f.* Ballenera. Chalupa de buque, bote.
BALEEIRO, RA *adj.* Ballenero. *m.* Ballenero (pescador de ballenas). Ballenera.
BALEIA *f. Zool.* Ballena. *Astr.* Ballena.
BALEIRO *m. Bras.* Vendedor de balas (confites).
BALELA (lè) *f.* Rumor, boato falso, mentira, bola.

BALESTILHA (lla) *f. Mar.* Ballestilla. *Vet.* Fleme ballestilla.
BALIDO *m.* Balido.
BALIM *m.* Balín.
BALISTA. *f.* Balista. Ballesta.
BALIZA (za) *f.* Baliza. Marco, linde, señal.
BALIZAGEM (zajem) *f.* Balizamiento, abalizamiento.
BALIZAMENTO (za) *m.* Balizamiento, abalizamiento. Acción de poner lindes.
BALIZAR (zar) *v. tr.* Balizar, abalizar. Poner lindes.
BALNEAR *adj.* Balneario, ria.
BALNEÁRIO *m.* Balneario.
BALNEÁVEL *adj.* Que es propio para baños.
BALOFICE *f.* Impostura. Calidad de
BALOFO, FA *adj.* Fofo, bofo; hueco, abofellado. Vano, engreído.
BALOUÇAR (sar) *v. tr.* Balancear. *v. intr.* Oscilar. *v. r.* Columpiarse.
BALOUÇO (so) *m.* Balance (movimiento). Columpio.
BALROA *f. Mar.* Barloa.
BALROAR *v. tr. Mar.* Barloar, abarloar.
BALSAMIZAR (zar) *v. tr.* Balsamizar. Aliviar. Curar. Perfumar.
BÁLSAMO *m.* Bálsamo. *fig.* Bálsamo, consuelo.
BALUARTE *m.* Baluarte. *fig.* Baluarte, amparo, protección.
BALUMA *f. Mar.* Baluma.
BAMBA *f. Bras.* Bamba, bambarria. *adj. Bras.* Valentón; quimerista, alborotador. Ú. t. c. s. *m. fig. Bras.* Autoridad en determinado asunto.
BAMBALEADURA *f.* Bamboleo.
BAMBALEANTE *adj.* Que bambolea.
BAMBALEAR *v. intr.* y *r.* Bambolear, bambanear.
BAMBALHÃO, ONA (lláum) *adj.* Muy flojo. *fig.* Indolente.
BAMBAMBAM *m. Bras.* Valentón, bravucón. *Bras.* Autoridad en determinado asunto.
BAMBAR *v. tr.* Aflojar, desestirar. Ú. t. c. intr.
BAMBARÉ (rè) *m. Bras.* Vocerío.
BAMBEAR *v. tr.* Aflojar. *v. intr.* Aflojarse. Vacilar. Bambalear (no tener firmeza o seguridad alguna cosa).
BAMBEZA (za) *f.* Molicie; flojedad.
BAMBO, BA *adj.* Flojo. Muelle. Vacilante, irresoluto.
BAMBOCHATA (cha) *f.* Bambochada.
BAMBOLEADURA *f.* Bamboleo, bamboleación, bamboneo.
BAMBOLEAMENTO *m.* Bamboneo, bamboleo.
BAMBOLEAR *v. intr.* y *r.* Bambolear, bambonear.
BAMBOLEIO *m.* Bamboleo, bamboneo.
BAMBOLINA *f.* Bambalina.
BAMBÚ *m. Bot.* Bambú, bambuo.
BAMBUADA *f.* Golpe dado con un bambú.
BAMBUAL *m.* Sitio plantado de bambús.
BAMBUCADA *f.* Lo mismo que BAMBUADA.
BAMBUEIRA *f. Bot.* Bambú.
BAMBURRAL *m.* Carrascal. Pasto, dehesa.
BAMBURRICE *f.* Acción de hacer bambarria.
BAMBÚRRIO *m. fam.* Bambarria, acierto casual en el juego.
BAMBURRISTA *m.* El que hace bambarrias en el juego.
BAMBURRO *m. Bras.* Lo mismo que BAMBÚRRIO.
BAMBUZAL (za) *m. Bras.* Lo mismo que BAMBUAL.
BANAL *adj.* Vulgar, trivial, insubstancial.
BANALIDADE *f.* Vulgaridad, trivialidad.
BANALIZAR (zar) *v. tr.* Hacer vulgar o trivial. Ú. c. t. r.
BANANA *f.* Banana, banano, plátano (fruta). *fig. m.* Hombre apocado, flojo.
BANANADA *f. Bras.* Dulce de plátano.
BANANAL *m.* Platanar, platanal.
BANANEIRA *f. Bot.* Plátano, bananero, banano (planta).
BANANEIRO *m.* Plantador de plátanos o bananos. Vendedor de plátanos.
BANANICE *f.* Flojedad, apocamiento.
BANÂNICO, CA (nánni) *adj.* Relativo o perteneciente al plátano.
BANANO *m.* Cayado, bordón.

BANANOSE (nóze) *f. Bras.* Harina de plátano.
BANAZOLA (zó) *m.* y *f.* Imbécil.
BANCA *f.* Mesa rectangular. Pupitre, mesa para escribir; papelera, bufete. Bufete (estudio o despacho del abogado). Profésion de abogado. Banca (en un juego). Grupo de examinadores.
BANCADA *f.* Banco largo. *Mar.* Bancada. Serie de bancos. Representación de un partido o provincia en el congreso. Los diputados o senadores que la componen.
BANCAL *m.* Bancal (tapete que se pone sobre el banco).
BANCAR *v. tr.* Servir de banquero (en ciertos juegos) Hacer de, hacer el o la, fingir, darse aires de.
BANCÁRIA (ría) *f.* Gran número de bancos.
BANCARROTA *f. Com.* Bancarrota, quiebra.
BANCARROTEIRO *m.* El que hace bancarrota.
BANCO *m.* Banco (asiento). Banco (asiento de los remeros). Escabel. Banco (de carpinteros, cerrajeros, etc.) Mostrador (de tienda). Banco (establecimiento público de crédito). Banco (bajo que se prolonga en una dilatada extensión). Banco (multitud de peces).
BANDA *f.* Banda, faja, lista. Banda, cinta. Lado, banda, paraje. Banda, bando (conjunto de gentes). *Mar.* Banda, costado. Banda (de músicos) *De* —. *m. adv.* De lado, de parte. *À* —. *m. adv.* De lado, de parte.
BANDADA *f.* Banda, bandada (de aves).
BANDAGEM (jem) *f.* Vendaje. Venda (para heridas). Acción de vendar o ligar.
BANDALHEIRA (llei) *f.* Lo mismo que
BANDALHICE (lli) *f.* Pillada, pilhería, tunantada, granujada.
BANDALHO (llo) *m.* Tuno, pícaro, pillo, granuja, hombre indecente.
BANDAR *v. tr.* Poner bandas.
BANDARILHA (lla) *f.* Banderilla.
BANDARILHAR (llar) *v. tr.* Banderillear.
BANDARILHEIRO (llei) *m.* Banderillero.
BANDARRA *m.* Haragán, holgazán.
BANDARREAR *v. intr.* Vagabundear; llevar vida de holgazán.
BANDEAR *v. tr.* Reunir en bando. Inclinar para un lado o banda. Mecer, colombiar, echar a bando. *v. r.* Inclinarse a un bando. Mudar de partido.
BANDEIRA *f.* Bandera. *Bras.* Expedición armada que exploraba las tierras incultas.
BANDEIRANTE *m. Bras.* Explorador.
BANDEIRAR *v. intr. Bras.* Ser explorador.
BANDEIREIRO *m.* Fabricante o vendedor de banderas.
BANDEIRO, RA *adj.* Banderizo. Parcial, faccioso.
BANDEIROLA (ró) *f. dim.* de *Bandeira.* Banderita, bandereta.
BANDEJA (ja) *f.* Bandeja. *Agr.* Aventador. *Mar.* Gabeta. — *d'água.* Nenúfar.
BANDEJAR (jar) *v. tr.* Aventar (la mies trillada).
BANDIDO *m.* Bandido, bandolero.
BANDITISMO *m.* Bandidaje, Banditismo.
BANDO *m.* Bando, facción, parcialidad. Banda, bandada. Bando (edicto publicado de orden superior) Cuadrilla. Multitud.
BANDÓ (dó) *m.* Cosa (cualquiera de las dos partes en que suelen dividir el cabello las mujeres, sujetándolo por detrás de las orejas).
BANDOLA (dó) *f.* Canana. *Mar.* Bandola. Bandola (instrumento músico).
BANDOLEIRA (ría) *f.* Bandolera.
BANDOLEIRISMO *m.* Bandolerismo.
BANDOLEIRO *m.* Bandolero, salteador de caminos. *pop.* Hombre mentiroso.
BANDOLETA *f.* Especie de
BANDOLIM *f.* Bandolín.
BANDULHO (llo) *m. pop.* Bandullo, vientre, conjunto de los intestinos.
BANDURRA *f.* Bandurria (instrumento músico).
BANDURREAR *v. intr.* Tocar la bandurria. *fig.* Llevar vida de holgazán.
BANDURRILHA (lla) *f.* Bandurria pequeña. *m.* Holgazán; vagabundo; tunante.
BANGALÔ (ló) *m.* Casa de residencia (en un barrio o en el campo).
BANGUÊ (gué) *m. Bras.* Parihuela o camilla para conducir cadáveres de negros esclavos. Parihuela (para llevar carga).

BANGUELA (guè) *adj.* y *m. Bras.* Desdentado. Que carece de un incisivo.
BANGUELO, LA (gué) *adj. Bras.* Lo mismo que BANGUELA.
BANHA (ña) *f.* Grasa de los animales, principalmente del puerco. Pomada (para el cabello).
BANHADAL (ña) *m. Bras.* Terreno alagadizo. Bañado grande. Serie de bañados.
BANHADO (ña) *m. Bras.* Bañado (terreno húmedo, cenagoso a trechos, con pajonales).
BANHAR (ñar) *v. tr.* Bañar. Ú. t. c. r.
BANHEIRA (ñei) *f.* Baño, bañera, tina para bañarse.
BANHEIRO (ñei) *m.* Bañero (persona dueña de un baño; persona que cuida de los baños y sirve a los bañistas; bañador, hombre que baña. Baño (sitio en que hay agua para bañarse).
BANHISTA (ñis) *m.* y *f.* Bañista. Bañador, bañero (persona que baña, que cuida de los baños y sirve los bañistas).
BANHO (ño) *m.* Baño (acción de bañar o bañarse; líquido para bañarse; capa de materia con que se cubre la cosa que se baña en ella). Orden del baño. *pl.* Baños (sitio). — *maria.* Banho de María.
BANIDO, DA *adj.* P. p. de *Banir.* Desterrado, expulso, proscrito.
BANIMENTO *m.* Destierro, expulsión, proscrisión.
BANIR *v. tr.* Desterrar; expulsar; proscribir.
BANÍVEL *adj.* Que puede ser desterrado, expulso o proscrito.
BANJA (ja) *f.* Trapaza.
BANJISTA (jis) *m.* Trapacista.
BANJO (jo) *m.* Banjo (instrumento músico).
BANJOÍSTA (joís) *m.* Tocador de banjo.
BANQUEIRO *m.* Banquero (jefe de una casa de banca; el que lleva la banca en ciertos juegos).
BANQUETA *f.* Banqueta (asiento pequeño sin respaldo). *Fort.* Banqueta.
BANQUETE *m.* Banquete, comida.
BANQUETEAR *v. tr.* Banquetear (dar banquetes). Ú. t. c. r.
BANZA (za) *f.* Banza. *pop.* Quitarra, vihuela.
BANZADO, DA (za) *adj.* Espantado, pasmado, asombrado; contrariado, engañado.
BANZAR (zar) *v. tr.* Asombrar, espantar, pasmar. *v. intr.* Pensar con insistencia, estar preocupado. Meditar, reflexionar.
BANZATIVO, VA (za) *adj. Bras.* Pensativo.
BANZÉ (zè) *m. pop.* Barulho, desorden, alboroto; jarana.
BANZEAR (zear) *v. tr.* Balancear; columpiar. *v. intr.* Estar la mar un poco revuelta.
BANZEIRO, RA (zei) *adj.* Un poco revuelto (el mar). *Bras.* Triste, nostálgico. *Bras. nort.* Achispado.
BANZO (zo) *m.* Nostalgia mortal de los negros de África. *pl.* Banzos (de una escalera de mano).
BAOBÁ *f. Bot.* Baobab.
BAQUE *m.* Baque, golpe que da un cuerpo cuando cae. *fig.* Baque, batacazo, mal éxito.
BAQUEANO, NA *adj.* Baquiano. *m.* Baquiano.
BAQUEAR *v. intr.* Caer. Dar un baque. Arruinarse. *v. tr.* Convencer. *v. r.* Postrarse. Echarse al suelo.
BAQUETA *f.* Baqueta (de tambor). Varilla (de paraguas).
BARAÇO (so) *m.* Cuerda, lazo. Cuerda para ahorcar. *Senhor de* — *e cutelo.* Señor de horca y cuchillo.
BARAFUNDA *f.* Barahunda, ruido y confusión grandes.
BARAFUSTAR *v. intr.* Forcejear; patalcar; debatirse. Acometer, entrar con violencia.
BARALHADOR, RA (lla) *adj.* Barajador. Ú. t. c. s
BARALHAR (llar) *v. tr.* Barajar (mezclar los naipes). Barajar, atropellar, enredar, confundir. Ú. t. c. s.
BARALHO (llo) *m.* Baraja.
BARAMBAZ *m.* Colgajo.
BARANGANDÃ (dán) *m.* Lo mismo que BALANGANDÃ.
BARÃO (ráum) *m.* Barón (título nobiliario). Señor feudal.
BARATA *f. Zool.* Cucaracha.
BARATAR *v. tr.* Lo mismo que BARATEAR.

BARATARIA (ría) *f.* Fraude. Barateria. Cambalache.

BARATEAMENTO *m.* Rebaja (en el precio).

BARATEAR *v. tr.* Baratear; rebajar. Regatear (discutir el precio antes de comprar). *fig.* Despreciar. *v. intr.* Volverse barato.

BARATEIRO *m.* Lo mismo que BARATEAMENTO.

BARATEIRO, RA *adj.* Que vende barato, baratero, baratillero. *m.* Coime, coimero.

BARATEZA (za) *f.* Baratura, bajo precio.

BARATINHA (ña) *f. Bras.* Coche cupé de dos asientos; "batureta". *Bras.* Árbol leguminoso. (*Cassia fastuosa*). Cucaracha.

BARATO, TA *adj.* Barato, comprado o vendido a bajo precio. *m.* Barato (en el juego). *fig.* Favor, conceción, facilidad. *adv.* Barato, por poco precio. *Dar de —.* Conceder con facilidad.

BARÁTRICO, CA *adj.* Relativo al báratro.

BARAÚNA *f. Bras. Bot.* Braunea.

BARBA *f.* Barba (prominencia facial bajo la boca; pelo que nace en los carrillos y bajo la boca — Ú. t. en pl.; mechón de pelo que cubre la quijada inferior de algunos animales). Barba, rasura, ato de rasurar. Barbilla. Barba de ballena, ballena. *— a —. m. adv.* Cara a cara, barba a barba. *— à inglesa.* Barba de chuleta. *— de bode.* Barba de chivo. *À custa da — longa. m. adv.* Sin trabajar. *Ver-se à —.* Afanarse, tropezar con muchas dificultades. *Fazer a —.* Hacer la barba, afeitarse.

BARBACÃ (cán) *f. Fort.* Barbacana.

BARBAÇAS (sas) *m.* Lo mismo que

BARBAÇENA *m. burl.* El que tiene barbas largas.

BARBAÇUDO, DA (su) *adj.* Que tienes muchas barbas, barbudo.

BARBADA *f.* Barbada (de las caballerías).

BARBADINHO (ño) *m.* Barbada (pez). Capuchino.

BARBADO, DA *adj.* Barbudo, que tiene barbas. *m.* Barbado (sarmiento con raíces que sirve para plantar viñas).

BARBALHO (llo) *m. Agr.* Barbajas, barbajuelas.

BARBALHOSTE (llós) *adj.* Que tiene pocas barbas, barbilampiño.

BARBANTE *m.* Bramante, guita.

BARBAQUIM *m.* Berbiquí.

BARBAR *v. intr.* Barbar (echar barbas el hombre). *Agr.* Barbar (echar raíces las plantas).

BARBARESCO, CA *adj.* Barbárico.

BARBARIA (ría) *f.* Barbarie.

BARBARIDADE *f.* Barbaridad.

BARBÁRIE *f.* Barbarie.

BARBARISCO, CA *adj.* Berberisco, bereber.

BARBARISMO *m.* Barbarismo (falta de lenguaje) Barbarie.

BARBARIZAR (zar) *v. tr.* Barbarizar (hacer bárbara una persona). Embrutecer. Introducir barbarismos en el lenguaje. *v. intr.* Cometer barbarismos (en el lenguaje).

BÁRBARO, RA *adj.* y *s.* Bárbaro

BARBARRÃO (rráum) *m. fam.* Lo mismo que BARBACENA.

BARBASCO *m. Bot.* Verbasco.

BARBATANA *f.* Aleta (de pez) *Bras.* Ballena (lámina).

BARBEAÇÃO (sáum) *f.* Acción y efecto de.

BARBEAR *v. tr.* Afeitar, hacer la barba, rasurar. *v. r.* Afeitarse.

BARBEARIA (ría) *f.* Barbería.

BARBECHAR (char) *v. tr. Agr.* Barbechar.

BARBECHO (cho) *m.* Barbecho (primera labor que se hace en una haza con el arado).

BARBEIRAGEM (jem) *f. Bras.* Acción de conducir mal un automóvil.

BARBEIRO *m.* Barbero. *Zool.* Barbero.

BARBEIROLA (ró) *m.* Mal barbero.

BARBEITO *m.* Lo mismo que BARBECHO.

BARBELA (bè) *f.* Barbada (que se pone a las caballerías). La piel que cuelga del pescuezo del buey. *Bras. S. Paulo.* Barbicacho.

BARBELÕES (lóens) *m. pl. Vet.* Barbilla.

BARBICACHO (cho) *m.* Cabestro. *Bras. merid.* Barbicacho, barboquejo.

BARBICAS *m.* Lo mismo que BARBICHA, 2ª acep.

BARBICHA (cha) *f.* Barba corta y rala. *m. pl.* Hombre que tiene esta barba; persona sin importancia.

BARBILHÃO (lláum) *m.* Barba de pez. Barbas (de algunas aves, como el gallo).

BARBILHO (llo) *m.* Bozal de esparto, frenillo. Lo mismo que BARBILHÃO.

BARBILONGO, GA *adj.* Barbiluengo.

BARBILOURO, RA *adj.* Barbirrubio.

BARBITESO, SA (zo) *adj.* Barbitaheño.

BARBUDO, DA *adj.* Barbudo, que tiene muchas barbas.

BARCA *f.* Barca.

BARÇA (sa) *f.* Funda o capa de paja o mimbre con que se revisten los cristales.

BARCAÇA (sa) *f.* Barcaza.

BARCADA *f.* Barcada (carga que cada vez transporta una barca o un barco).

BARCAGEM (jem) *f.* Barcaje (dinero que se paga por pasar en una barca, o barco, de una a otra parte del río). Barcada (carga de una barca).

BARCAROLA (rò) *f.* Barcarola.

BARCO *m.* Barco; bote *— a vela.* Barco de vela.

BARDO *m.* Barda (con que se cubren las tapias de los corrales y huertas). Bardo, poeta. Idiota.

BARGA *f.* Choza.

BARGADO, DA *adj. Bras. Ceará.* Ducho, experimentado; vivo.

BARGANHA (ña) *f. fam.* Cambalache. Trapaza.

BARGANHAR (ñar) *v. tr.* Cambiar; cambalachear. Traficar en cosas de poco valor. Negociar. Vender con fraude.

BARGANTARIA (ría) *f.* Bellaquería, picardía. Tunantería.

BARGANTE *m.* Bellaco, pícaro, bribón. Tuno, pillo.

BARGANTEAR. *v. intr.* Tunear.

BARJOLETA (jo) *f.* Barjuleta.

BARLAVENTEADOR, RA *adj.* Barloventeador.

BARLAVENTEAR *v. intr.* Barloventear.

BARLAVENTO *m.* Barlovento.

BARÓMETRO (ró) *m.* Barómetro.

BARONATO *m.* Baronía (título de barón).

BARONEZA (za) *f.* Baronesa.

BARONETE *m.* Baronet.

BARONIA (nía) *f.* Baronía (título de barón; territorio en que un barón tenía jurisdicción).

BARONIAL *adj.* Relativo a barones o baronías.

BARQUEIRO *m.* Barquero. Botero.

BARQUEJAR (jar) *v. intr.* Barquear.

BARQUILHA (lla) *f. Mar.* Barquilla (instrumento que sirve para medir lo que anda la nave).

BARQUINHA (ña) *f. dim.* de Barca. Barqueta. Lo mismo que BARQUILHA. Barquilla (del aeróstato).

BARRA *f.* Barra (pieza de metal o madera). Borde, orilla, banda (de un vestido). Barra (de tribunal o asamblea). Lecho grosero. *bras.* Barra. Juego del marro. Barra, banco de arena. Boca de un río, entrada estrecha de un puerto. *— do leme.* Caña del timón.

BARRACA *f.* Choza, barraca. Tienda de campaña.

BARRACÃO (cáum) *m.* Cobertizo. Barracón. *bras.* Choza, rancho.

BARRACENTO, TA *adj.* Lo mismo que BARRENTO.

BARRACO *m. Bras. Rio.* Habitación rústica, choza, rancho.

BARRADELA (dè) *f.* Acción y efecto de *Barrar.*

BARRADO, DA *adj. P.p.* de *Barrar.* embarrado, cubierto con barro. Hecho en barras. Guarnecido de banda o rilla (hablando de un vestido); ribeteado. Que tiene barras (hablando de escudos). *Germ.* Prohibido de entrar.

BARRAGEM (jem) *f.* Seto de palos o varas entretejidas, hecho dentro de un río y que sirve para pescar. Obstrucción, estorbo, impedimento, embarazo.

BARRAL *m.* Barrizal.

BARRANCA *f. Bras.* Lo mismo que BARRANCO.

BARRANCEIRA *f.* Ribazo, barga.

BARRANCO *m.* Barranca, barranco, barranquera, barranco, dificultad, embarazo. *Bras.* Ribazo.

BARRANQUEIRA *f. Bras.* Ribazo, barga.

BARRÃO (rráum) *m.* Verraco.

BARRAQUIM *m. dim.* de *Barraca.*

BARRAR *v. tr.* Barrar, embarrar, cubrir con barro. Atravesar con barras. Barrear, barretear. Hacer en barras. Impedir; frustrar. Engañar. Cubrir (con alguna cosa blanda). Alejar, rechazar.

BARREAR *v. tr. Bras.* Barrar, embarrar, cubrir con barro.

BARREGÃ (gán) *f.* Barragana.

BARREGANA *f.* Barragán (tela de lana impermeable).

BARREGÃO (gáum) *m.* Hombre amancebado.

BARREGUEIRO *m.* Lo mismo que BARREGÃO.

BARREGUICE *f.* Barraganería, amancebamiento.

BARREIRA *f.* Barrera (terreno de donde se saca el barro). Barrera, antepecho, parapeto. Obstáculo, embarazo, estorbo. Blanco. Límite. Escalera. Trinchera.

BARREIRAR *v. tr.* Poner barreras; atrincherar.

BARREIRO *m. Bras.* Barrero, barreca (lugar de donde se saca el barro). Barrizal, barrero.

BARRELA (rrè) *f.* Lejía, coladura.

BARRENTO, TA *adj.* Barroso (que tiene barro, o color de barro) Arcilloso, gredoso.

BARRETA *f. dim.* de *Barra.* Barreta.

BARRETADA *f.* Bonetada.

BARRETE *m.* Gorra, birrete. Birreta. Bonete. Redecilla (segunda de las cuatro divisiones del estómago de los rumiantes).

BARRETEIRO *m.* Bonetero.

BARRETINA (lla) *f.* Birretina.

BARRICA *f.* Barril. Barrica.

BARRICADA *f.* Barricada.

BARRICAR *v. tr.* Defender con barricadas.

BARRIGA *f.* Barriga, vientre. Barriga (de una vasija). Comba, barriga (en un muro o pared). *fig.* Preñez. *— da perna.* Pantorrilla.

BARRIGADA *f.* Hartazgo, panzada. *pop.* Preñez. Achura.

BARRIGAL *adj.* Relativo a la barriga.

BARRIGÃO (gáum) *m. aum.* de *Barriga.*

BARRIGUDO, DA *adj.* Barrigón, barrigudo. Preñe.

BARRIGUEIRA *f. Bras.* Barriguera.

BARRIL *m.* Barril.

BARRILADA *f.* El contenido de un barril. *pop.* Desorden, alboroto.

BARRILETE *m.* Barrilete (instrumento de carpintero). Barrilejo, barrillete.

BARRILHA (lla) *f.* Barrilla (cenizas que contienen sosa).

BARRILHEIRA (llei) *f. Bot.* Barrilla.

BARRIQUEIRO *m.* Fabricante de barricas.

BARRO *m.* Barro. Acilla. *pl.* Barros (pequeños granos rojizos que salen en el rostro), barrillos.

BARROCA (rró) *f.* Monte de greda o de pizarra. *Bras.* Barranco; despeñadero; gruta.

BARROCO *m.* Barranco. Barrueco. Estilo barroco. *adj.* Barroco.

BARROSO, SA (rrozo, òza) *adj.* Barroso (que tiene barro, o color de barro; dícese del rostro que tiene barros o barrillos) *Bras.* Dícese del buey o vaca blanca.

BARROTAR *v. tr.* Abarrotar.

BARROTE (rró) *m.* Barrote (barra gruesa y corta).

BARROTEAR *v. tr.* Abarrotar.

BARROTIM *m.* Barrote pequeño.

BARRUFAR *v. tr.* y *intr. Bras. nort. pop.* Lo mismo que BORRIFAR.

BARRUFO *m. Bras. nort. pop.* Lo mismo que BORRIFO.

BARULHAR (llar) *v. tr.* Confundir, mezclar, desordenar. Ú. t. c. r.

BARULHEIRA (llei) *f.* Barulho grande. Vocería, confusión, grita.

BARULHEIRO, RA (llei) *adj.* Lo mismo que

BARULHENTO, TA (llen) *adj.* Turbulento. Rumoroso. Alborotador, quimerista.

BARULHO (llo) *m.* Barullo, ruido, confusión, desorden.

BARULHOSO, SA (llozo, òza) *f.* Turbulento. Rumoroso.

BASALTO (zal) *m.* Basalto.

BASBAQUE *m.* Tonto, necio, bausán, babieca.

BASBAQUICE *f.* Acción de un basbaque: tontería.

BASCO, CA *adj.* y *m.* Lo mismo que VASCONÇO.

BASCULHADEIRA (lla) *f.* Mujer que deshollina, que limpia techos y paredes con el deshollinador. Escudriñadora.

BASCULHADELA (lladè) *f.* Acción de deshollinar, limpiar techos y paredes con el deshollinador. *fig.* Escudriñamiento.

BASCULHAR *v. tr.* Deshollinar (techos y paredes) *fig.* Escudriñar.

BASCULHO (llo) *m.* Deshollinador, deshollinadera (escoba de mango muy largo, propia para limpiar techos y paredes). *Bras.* Basura.

BÁSCULO *m.* Especie de puente levadizo. Pieza para abrir y cerrar los cerrojos.

BASE (ze) *f.* Base (en todas las acepciones de esta voz).

BASEADO, DA (zea) *adj. P.p.* de *Basear.* Basado, apoyado, fundamentado.

BASEAMENTO (zea) *m.* Basamento.

BASEAR (ze) *v. tr.* Basar, fundar, fundamentar, apoyar. Ú. t. c. r.

BASICIDADE (zi) *f. Quím.* Basicidad.

BÁSICO, CA (zi) *adj.* Fundamental. *Quím.* Básico.

BASÍDIO (zi) *m. Bot.* Báside, basídeo.

BASIFICAÇÃO (zificasáum) *f.* Basificación.

BASIFIXO, XA (zi) *adj.* Basifijo.

BASILAR (zi) *adj.* Fundamental. Basilar.

BASÍLICA (zi) *f.* Basílica.

BASILICÃO (zilicáum) *m. Farm.* Basilicón.

BASSORINA (so) *f. Quím.* Basorina.

BASTA *f.* Basta (de colchón). Orilla (del vestido). —*! interj.* ¡Basta!

BASTANTE *adj.* Bastante. *adv. c.* Bastante; suficientemente; no poco.

BASTÃO (táum) *m.* Bordón, bastón. *Arq.* Moldura. Bastón (en la industria de seda). Trozo de alguna materia más largo que grueso, generalmente cilíndrico.

BASTAR *v. intr.* Bastar, ser suficiente.

BASTARDEAR *v. tr.* Bastardear. *v. r.* Bastardear.

BASTARDIA (día) *f.* Bastardía.

BASTARDINHO (ño) *m.* Bastardillo (letra).

BASTARDO, DA *adj.* Bastardo. *m.* Bastardo (hijo nacido de unión ilícita). Bastardilla (letra).

BASTEAR *v. tr.* Bastear, echar bastas o hilvanes. Acolchonar, acolchar.

BASTECER *v. tr.* Abastecer, proveer, surtir.

BASTIÃO (tiáum) *m.* Bastión, baluarte.

BASTIDA *f.* Trinchera de palos. Bastida. Palizada.

BASTIDÃO (dáum) *f.* Calidad de basto.

BASTIDOR *m.* Bastidor (para pintar, bordar, etc.) Mundillo. Bastidor (de teatro). *fig.* Intimidad o particularidad de la política, finanza, etc.

BASTILHA (lla) *f. ant.* Bastilla, fuerte.

BASTIMENTO *m.* Abastecimiento, provisión de víveres.

BASTO, TA *adj.* Basto; espeso; apretado. *m.* Basto (as en el palo de naipes llamado bastos). *Bras.* Bastos (del recado de montar).

BASTONADA *f.* Bastonazo.

BASTONÁRIO *m.* Bedel, macero.

BASTONETE *m.* Bordón o bastón pequeño, bastoncito. Varilla. Bacilo.

BASTURA *f.* Lo mismo que BASTIDÃO.

BATA *f.* Bata (vestidura).

BATALHA (lla) *f.* Batalla.

BATALHADOR, RA (lla) *adj.* Batallador. Ú. t. c. s.

BATALHANTE (llan) *adj.* Que batalla.

BATALHAR (llar) *v. intr.* Batallar.

BATATA *f. Bot.* Patata. *Bras.* Error de pronuncia. *bras.* Tontería, asnería. *fam.* Nariz gruesa. — *doce.* Batata.

BATATADA *f.* Gran cantidad de patatas o batatas. Dulce de batata.

BATATAL *m.* Patatar, patatal. Batatar, batatal.

BATATEIRA *f.* Batata (planta).

BATATEIRO *m.* Lo mismo que BATATEIRA. *adj.* Patatero. *Bras.* Que habla mal.

BATAVO, VA (tá) *adj. y m. f.* Bátavo.

BATEADA *f.* El contenido de una batea.

BATEAR *v. tr.* Lavar en batea.

BATE-BARBA *m.* Lo mismo que BATE-BOCA.

BATE-BATE *m. Bras.* Batidero.

BATE-BOCA *m. Bras.* Discusión, alteración. Riña entre mujeres.

BATECÚ *m.* Batacazo.

BATEDEIRA *f.* Batidera.

BATEDELA (dè) *f.* Batido, batimiento. Golpe.

BATEDOR, RA *adj.* Batidor. Ú. t. c. s.

BATEDOURO *m.* Batidero (sitio en que se golpea).

BATEDURA *f.* Batido, batimiento. Golpeo. Batidero.

BATE-ESTACAS *m.* Martinete.

BATE-FOLHA (fólia) *m.* Batihoja (el que reduce a hojas qualquier metal).

BÁTEGA *f.* Jofaina. Aguacero, chaparrón.

BATEIA *f.* Batea, barreño, artesila para lavar arenas auríferas.

BATEIRA *f.* Batea (barco).

BATEL (tèl) *m.* Batel, bote, barco pequeño.

BATELADA *f.* Batelada. Gran cantidad.

BATELÃO (láum) *m.* Lanchón.

BATELEIRO *m.* Batelero.

BATENTE *adj.* Batiente. *m.* Batiente (de puerta). Aldaba. *Bras. Germ.* Trabajo, empleo.

BATE-PÉ (pè) *m. Bras.* Baile rústico.

BATER *v. tr.* Batir (golpear; dar el sol en alguna parte; agitar o remover alguna cosa para condensarla, trabarla, liquidarla o disolverla; derrotar al enemigo; reconocer o registrar un sitio para cazar, efectuar operaciones militares, etc.; acuñar la moneda, sellarla). Agitar (las alas). *Bras.* Hurtar. *v. intr.* Sonar. *v. r.* Batirse.

BATERIA (ría) *f.* Batería (de artillería). Batería de cocina. Bateria eléctrica.

BATIBARBA *f.* Golpe dado con la mano debajo de la barba. *fig.* Represión, reprimenda.

BATIDA *f.* Batida (montería). *Mil.* Batida. Golpe. Batido, batería, batimiento. *Bras.* Bebida hecha con aguardiente, limón y azúcar. *De* —. *m. adv.* Aprisa.

BATIDO, DA *adj. P.p.* de *Bater.* Batido. Trivial, vulgar.

BATIMENTO *m.* Batimiento. Embate, choque. Latido.

BATINA *f.* Sotana.

BATISMAL *adj.* Bautismal.

BATISMO *m.* Bautismo.

BATISSELA (sè) *m.* Mal jinete.

BATISTE *f.* Batista, lienzo delgado y fino.

BATISTÉRIO (tè) *m.* Baptisterio, bautisterio.

BATIZADO, DA (za) *adj. P.p.* de *Batizar.* Bautizado. *m.* Bautizo. Bautismo.

BATIZAMENTO (za) *m.* Bautizo.

BATIZANTE (zan) *adj.* Bautizante.

BATIZAR (zar) *v. tr.* Bautizar. *fig.* Bautizar (el vino). *fig.* Bautizar (dar a una persona o cosa otro nombre del que tiene).

BATO *m.* Juego de la chinita.

BATOCAR *v. tr.* Tapar con botana, taponar, atarugar.

BATOQUE (tó) *m.* Botana, batana, tapón, bitoque, tarugo. Agujero de tonel. *fig.* Hombre bajo y grueso.

BATOTA (tò) *f.* Trapaza en el juego, trampa, fullería. Trampa, trapaza, engaño.

BATOTAR *v. intr.* Lo mismo que

BATOTEAR *v. intr.* Trapacear, trampear en el juego, fullear.

BATOTEIRO *m.* Fullero, Trapaceador, trampeador.

BATRÁQUIOS *m. pl.* Batrácios.

BATUCADA *f.* Ritmo del batuque (danza de los negros). Batuque, cierta danza de los negros.

BATUCAR *v. intr.* Martillar, golpear. Tocar mal el piano. *Bras.* Danzar el batuque (danza de los negros).

BATUQUE *m.* Batuque, alboroto, barullo. Batuque, cierta danza de los negros.

BATUQUEIRO *m.* El que frecuenta batuques.

BATUTA *f.* Batuta. *adj. Bras.* Sagaz, ducho, entendido, notable. Ú. t. c. s.

BAÚ *m.* Baúl.

BAULEIRO *m.* Baulero.

BAUNILHA (lla) *f. Bot.* Vainilla.

BAZÓFIA (zò) *f.* Soberbia, jactancia, vanidad. Bazofia, sobras de comida mezcladas.

BAZOFIAR (zo) *v. intr.* Jactarse, mostrar vanidad o soberbia, vanagloriarse.

BAZÓFIO, FIA (zò) *adj.* Jactancioso, vanidoso, soberbio. Ú. t. c. s.

BAZULAQUE (zu) *m.* Badulaque. Hombre grueso y bajo.

BDÉLIO (dè) *m.* Bedelio.

BEATA *m.* Beata.

BEATÃO (táum) *m.* Beatón.

BEATARIA (ría) *f.* Beatería, beaterío. Multitud de beatas.

BEATÉRIO (tè) *m.* Lo mismo que BEATARIA.

BEATICE *f.* Beatería.

BEATIFICAÇÃO (sáum) *f.* Beatificación.

BEATITUDE *f.* Beatitud.

BEATO, TA *adj.* Beato, beatificado. *m.* Beato.

BEATORRO *m.* Beatón, santurrón.

BÊBADO, DO *adj. pop.* Lo mismo que BÊBEDO.

BEBÊ (bé) *m.* Bebé, nene. Muñeco, muñeca.

BEBEDEIRA *f.* Borrachera.

BEBEDICE *f.* Borrachera. Vicio de emborracharse.

BEBEDOURO *m.* Bebedero; abrevadero.

BEBER *v. tr.* Beber. Brindar. *v. intr.* Beber, tomar vino u otro licor, frecuentemente.

BÊBERA *f.* Breva.

BEBERAGEM (jem) *f.* Brebaje. Bebida.

BEBEREIRA *f.* Breval.

BEBERES *m. pl.* Bebidas. Lo mismo que BEBES.

BEBERICAR *v. intr. y tr.* Beborrotear.

BEBERRÃO (rráum) *m.* Beberrón.

BEBERRAZ *m.* Borrachín, beberrón.

BEBERRICA *m. pop.* Borracho.

BEBERRICAÇÃO (sáum) *f.* Acción de

BEBERRICAR *v. intr. y tr.* Beborrotear.

BEBERRICAS *m.* Lo mismo que BEBERRICA.

BEBERRONIA (nía) *f.* Continuación o exceso de beber, bebería. Reunión de beberrones.

BEBERROTE (rrò) *m.* Lo mismo que BEBERRAZ.

BEBES (bè) *m. pl.* Bebidas, lo que se bebe. Ú en la expr. *Comes e* —. Comidas y bebidas.

BEBIDA *f.* Bebida.

BEBIDO, DA *adj. P.p.* de *Beber.* Bebido.

BEBÍVEL *adj.* Bebible.

BECA (bè) *f.* Beca, toga.

BECO *m.* Callejuela. — *sem saída.* Callejón sin salida. *fig.* Dificultad, estorbo, embarazo.

BEDAME *m.* Bedano.

BEDEL (dèl) *m.* Bedel (celador en las universidades).

BEDELHAR (llar) *v. intr.* Entremeterse (en una conversación). Charlar.

BEDELHO (llo) *m.* Pestillo. *fig.* Muchacho, niño. *Meter o* —. Entremeterse en una conversación.

BEGÔNIA (gó) *f. Bot.* Begonia.

BEGUINA *f.* Beguina. (p. ext.) Mojigata, beatona.

BEI *m.* Bey.

BEIÇA (sa) *f. pop.* Labio inferior. Labio algo caído.

BEIÇADA (sa) *f.* Befo. Bezos, labios gruesos. Morros (saliente que forman los labios).

BEIÇANA (sánna) *f.* Persona que tiene los labios gruesos. Lo mismo que BEIÇADA.

BEIÇARRÃO (sarráum) *m. fam.* Bezo.

BEICINHO (ño) *m. dim.* de Beiço. *Fazer* —. Hacer pucheros (los niños).

BEIÇO (so) *m.* Labio. Bezo, borde (de una herida). *Fazer* —. Enojarse. *Passar o* —. *Bras. Germ.* Dejar de pagar algo; contraer una deuda sin intención de pagarla.

BEIÇOCA (sò) *f.* Lo mismo que

BEIÇOLA (sò) *f.* Lo mismo que

BEIÇORRA (so) *f. aum.* de Beiço.

BEIÇUDO, DA (su) *adj.* Befo.

BEIJADA (ja) *adj.* Ú en la expr. *Dar (uma coisa) de mão* —. Dar (una cosa) gratuitamente.

BEIJADO, DA (ja) *adj. P.p.* de Beijar. Besado, acariciado con besos.

BEIJADOR, RA (ja) *adj.* Besador.

BEIJA-FLOR (ja) *m. Zool.* Pájaro mosca, colibrí.

BEIJAMÃO (jamáum) *m.* Besamanos.

BEIJA-PÉ (ja-pé) *m.* Ceremonia de besarse el pie.

BEIJAR (jar) *v. tr.* Besar. Ú. t. c. intr. *fig.* Besar (tocar unas cosas inanimadas a otras).

BEIJINHO (jinño) *m. dim.* de Beijo. Besico. *fig.* La mejor parte de alguna cosa.

BEIJO (jo) *m.* Beso.

BEIJOCA (jò) *m. pop. aum.* de Beijo. Beso prolongado.

BEIJOCADOR, RA (jo) *adj.* Besucador, besucón.

BEIJOCAR (jo) *v. tr.* Besucar. Ú. t. c. r.

BEIJOIM (joím) *m.* Lo mismo que BENJOIM.

BEIJOQUEIRO, RA (jo) *adj.* Besucador, besucón.

BEIJU (jú) *m. Bras.* Bollo hecho de masa de tapioca cocida en el horno.

BEIRA *f.* Borde (extremo u orilla de alguna cosa), Alero (de tejado). Proximidad.

BEIRADA *f.* Lo mismo que BEIRA. Margen. *pl. Bras.* Alrededores.

BEIRADO *m.* Lo mismo que

BEIRAL *m.* Alero (de tejado).

BEIRA-MAR *f.* Orilla del mar. À —. *m. adv.* En la orilla del mar.

BEIRÃO, RÃ (ráum, rán) *adj. y s.* Natural de Beira (provincia de Portugal).

BEIRAR *v. t.* Caminar al borde de; estar situado al borde de. *v. intr.* Confinar, lindar. Estar enfrente. Casi llegar a.

BELA (bè) *f.* Mujer bella.

BELADONA *f. Bot.* Belladona.

BELATRIZ *adj.* Belicosa, guerrera.

BELBUTE *m.* Tejido aterciopelado de algodón.

BELBUTINA *f. Belbute* fino.

BELCHIOR (chiòr) *m. Bras.* Ropavejero.

BELDADE *f.* Beldad.

BELDOSA (dòza) *f. bras. merid.* Baldosa.

BELDROEGA (droè) *f. Bot.* Verdolaga.

BELEGUIM *m.* Alguacíl, corchete.

BELETRISTA *m.* Literato.

BELEZA (za) *f.* Belleza.

BELFO, FA (bèl) *adj.* Befo, belfo.

BELFUDO, DA *adj.* Befo, belfo. Belzudo.

BELGA (bèl) *adj. y s.* Belga.

BELHO (llo) *m.* Pestillo (de cerradura).

BELICHE (che) *m.* Cucheta. Cabina, camarote.

BELICOSIDADE (zi) *f.* Belicosidad.

BELICOSO, SA (cozo, òza) *adj.* Belicoso, guerrero, marcial, batallador.

BELIDA *f.* Nube, tela (en el ojo).

BELIGERÂNCIA (jerán) *f.* Beligerancia.

BELIPOTENTE *adj.* Poderoso en la guerra, en las armas.

BELISCADO, DA *adj. P.p.* de *Beliscar.* Pellizcado. Algo irritado. Estimulado.

BELISCADURA *f.* Pellizco (acción de pellizcar).

BELISCÃO (cáum) *m.* Pellizco.

BELISCAR *v. tr.* Pellizcar. Herir ligeramente. *fig.* Ofender ligeramente. *fig.* Pellizcar (tomar o quitar pequeña cantidad de una cosa.

BELISCO *m.* Lo mismo que BELISCADURA.

BELIZ *adj.* Sagaz, ladino, astuto. *m.* Hombre muy vivo.

BELO, LA (bè) *adj.* Bello. Ú. t. c. s.

BELONAVE (bè) *f.* Buque de guerra.

BELPRAZER (bèlprazer) *m.* Arbitrio; voluntad propia; talante.

BELTRANO *m.* Zutano.

BELTRÃO (tráum) *m.* Zutano.

BELUÁRIO *m.* Beluario (domador de fieras).

BELUINO, NA *adj.* Relativo a las fieras; salvaje, rude.

BELVEDERE (dèr) *m.* Belvedere.

BELVER *m.* Lo mismo que BELVEDERE.

BELZEBÚ (ze) *m.* Belcebú.

BEM *m.* Bien. *adv.* Bien. *pl.* Bienes, hacienda, capital, riqueza. — *como. m. conjunt.* Bien así como; bien como. — *que. m. conjunt.* Bien que; aunque. — *entendido. m. adv.* Ciertamente, sin duda.

BEM-ACABADO, DA *adj.* Bien hecho, perfecto.

BEM-AFORTUNADO, DA *adj.* Bienfortunado, feliz, dichoso.

BEM-AMADO, DA *adj.* Bienamado.

BEM-ANDANTE *adj.* Bienandante.

BEM-AVENTURADAMENTE *adv. m.* Bienaventura-damente.

BEM-AVENTURADO, DA *adj.* Bienaventurado. Ú. t. c. s.

BEM-AVENTURANÇA (sa) *f.* Bienaventuranza.

BEM-AVENTURAR *v. tr.* Hacer bienaventurada o dichosa una persona.

BEM-AVINDO, DA *adj.* Amigable. Que mantiene buenas relaciones.

BEMBOM *m.* Comodidad. Voluntad, talante.

BEM-CRIADO, DA *adj.* Bien criado, que tiene buena crianza. Gordo, bien alimentado.

BEM-DITOSO, SA (tozo, òza) *adj.* Bienaventurado, dichoso, afortunado, bienfortunado.

BEM-DIZENTE (zen) *adj.* Bendecidor, que dice bien.

BEM-ENCARADO, DA *adj.* Bien encarado. Que tiene modales agradables.

BEM-ESTAR *m.* Bienestar.

BEM-FADADO, DA *adj.* Bienhadado.

BEM-FADAR *v. tr.* Hadar bien. Hadar, anunciar.

BEM-FALANTE *adj.* Bienhablado.

BEM-FAZER (zer) *v. tr.* Hacer bien.

BEM-FEITO, TA *adj. P.p. irreg.* de *Bem-fazer.* Bienhecho.

BEM-INTENCIONADO, DA *adj.* Bienintencionado.

BEM-MANDADO, DA *adj.* Bienmandado.

BEM-ME-QUER (quèr) *m. Bot.* Margarita (planta y flor)

BEM-MERECER *v. tr.* Ser digno de honras.

BEM-NADO, DA *adj.* Lo mismo que

BEM-NASCIDO, DA *adj.* Bien nacido.

BEMOL (mòl) *adj. y s. Mús.* Bemol.

BEMOLIZAR (zar) *v. tr. Mús.* Bemolar.

BEM-PARECIDO, DA *adj.* Bien parecido.

BEM-POSTO, POSTA (pósto, pòsta) *adj.* Bien parecido; airoso; apuesto.

BEM-QUERENÇA (sa) *f.* Bienquerencia.

BEM-QUERENTE *adj.* Bienqueriente.

BEM-QUERER *v. tr.* Bienquerer, querer bien, profesar cariño. *m.* La persona amada.

BEM-SOANTE *adj.* Biensonante.

BEM-SONÂNCIA (nán) *f.* Biensonancia.

BEM-TE-VI *m. Zool.* Benteveo, bienteveo, puitagua.

BEM-VESTIR *v. intr.* Vertirse bien.

BÊNÇÃO (bénçáum) *f.* Bendición.

BENÇOAR (soar) *v. tr.* Lo mismo que ABENÇOAR.

BENDITO, TA *adj. P.p.* de *Bendizer.* Bendito, bendecido.

BENDIZER (zer) *v. tr.* Bendecir. Alabar. Echar bendiciones.

BENEDITINO *m.* Benedictino. *adj.* Grande (hablando de la paciencia).

BENEFICÊNCIA (cén) *f.* Beneficencia.

BENEFICENTE *adj.* Benéfico, bienhechor.

BENEFICIAÇÃO (sáum) *f.* Beneficiación. Mejora.

BENEFICIADO, DA *adj. p.p.* de *Beneficiar.* Beneficiado. Castrado. *m.* Beneficiado.

BENEFICIAMENTO *m.* Lo mismo que BENEFICIAÇÃO.

BENEFICIAR *v. tr.* Beneficiar. Castrar (animales).

BENEFÍCIO *m.* Beneficio.

BENÉFICO, CA (nè) *adj.* Benéfico, beneficioso.

BENEMERÊNCIA (rén) *m.* Mérito o servicio.

BENEMÉRITO, TA (rè) *adj.* Benemérito.

BENEPLÁCITO *m.* Aprobación, permiso, beneplácito.

BENEVOLÊNCIA (lén) *f.* Benevolencia.

BENEVOLENTE *adj.* Benévolo.

BENEVOLENTEMENTE *adv. m.* Benévolamente.

BENÉVOLO, LA (nè) *adj.* Benévolo; bienintencionado.

BENFAZEJO, JA (zejo) *adj.* Bienhechor. Benéfico, beneficioso.

BENFAZENTE (zen) *adj.* Lo mismo que BENFAZEJO. Bienhaciente.

BENFEITOR *m.* Bienhechor.

BENFEITORIA (ría) *f.* Mejora (hecha en una propriedad).

BENFEITORIZADO, DA *adj. P.p.* de *Benfeitorizar.* Mejorado, en mejor estado.

BENFEITORIZAR (zar) *v. tr.* Mejorar (una propriedad).

BENGALA *f.* Bastón. *Fogos de* —. Bengala; luz de Bengala, fuego artificial.

BENGALADA *f.* Bastonazo.

BENGALÃO (láum) *m. aum.* de *Bengala.* Bastón grande.

BENGALEIRA *f. Bot.* Bengala (caña de Indias de que se hacen bastones).

BENGALEIRO *m.* Bastonero (el que hace o vende bastones). Bastonera (mueble).

BENGALÓRIO (ló) *m. fest.* Lo mismo que BENGALÃO.

BENGO *m.* Calleja tuerta.

BENGUELA (guê) *m.* Lo mismo que BANGUELA.

BENIGNIDADE *f.* Benignidad.

BENIGNO, NA *adj.* Benigno (afable, benévolo, piadoso; templado, suave, apacible).

BENJAMIM (ja) *m. fig.* Benjamín.

BENJOIM (joím) *m.* Benjuí.

BENQUISTADO, DA *adj. P.p.* de *Benquistar.* Bienquisto.

BENQUISTAR *v. tr.* Bienquistar.

BENQUISTO, TA *adj. P.p. irreg.* de *Benquistar.* Bienquisto.

BENS *m. pl.* Bienes, hacienda, capital, riqueza. — *alodiais.* Bienes alodiales. — *de raiz.* Bienes raíces. — *dotais.* Bienes dotales. — *fungíveis.* Bienes fungibles. — *imóveis.* Bienes inmuebles. — *móveis.* Bienes muebles. — *semoventes.* Bienes semovientes. — *vagos.* Bienes vacantes.

BENTA *f.* Bruja, hechicera.

BENTINHOS (ños) *m. pl.* Escapulario.

BENTO, TA *adj. P.p. irreg.* de *Benzer.* Bendito, bendecido. *m.* Benito, benedictino.

BENZEDEIRA (ze) *f.* Bendicera.

BENZEDEIRO (ze) *m.* Hechicero. (el que pretende curar con oraciones).

BENZEDOR, RA (ze) *adj.* Bendecidor, el que bendice.

BENZEDURA (ze) *f.* Acción de bendecir (hecha por hechicero).

BENZER (zer) *v. tr.* Bendecir, echar la bendición. Bendecir (consagrar al culto un templo, imagem, u otra cosa) *v. r.* Persignarse. *fig.* Espantarse. *v. intr.* Bendecir (el hechicero).

BENZINA (zi) *m. Quím.* Bencina.

BENZOATO (zoa) *m. Quím.* Benzoato.

BENZÓICO, CA (zói) *adj. Quím.* Benzoico.

BEÓCIO, CIA (béo) *adj. y s.* Beocio. *adj.* Corto de ingenio.

BEOTICE *f.* Asnería, necedad.

BEQUADRO *m. Mús.* Becuadro.

BEQUE (bè) *m. Mar.* Beque (obra exterior de proa)

BERBEQUIM (quím) *m.* Berbequí.

BERBERE (bè) *m.* Berberí, bereber.

BÉRBERIS (bér) *m. Bot.* Bérbero.

BERBIGÃO (gáum) *m. Zool.* Verderón.

BERÇAR (sar) *v. intr. Germ.* Dormir.

BERÇO (so) *m.* Cuna.

BEREBA (rè) *f. Bras.* Lo mismo que PEREBA.

BERENDENGUE *m.* Lo mismo que

BERENGUENDÉM (dém) *m.* Lo mismo que BALANGANDÃ.

BERENICE *f. Astr.* Berenice.

BERERÉ (rè) *m. Bras.* Barulho, batahola, alboroto.

BEREVE (rè) *f.* Lo mismo que PEREBA.

BERGAMOTA (mó) *f. bot.* Bergamota (especie de pera) Tangerino, tangerina, naranja tangerina.

BERGANHAR (ña) *v. tr.* Lo mismo que BARGANHAR.

BERGANTIM *m.* Bergantín.

BERIBA *f. Bras.* Porra, cachiporra. *m. Bras.* Aldeano, rústico.

BERIBÁ *m. Bras.* Comprador de caballos.

BERIBÉRI (bèribèri) *m.* Beriberi.

BERIBERÍGENO, NA (je) *adj.* Que produce el beriberi.

BERIBERIZAR (zar) *v. tr.* Producir beriberi en.

BERILO *m. Miner.* Berilo.

BERIMBAU *m.* Birimbao.

BERINJELA (jè) *f. Bot.* Berenjena (planta y fruto).

BERIVA *m. Bras.* Lo mismo que BERIBA.

BERLINDA *f.* Berlina (coche) *Estar na* —. Ser motivo de burlas; ser el asunto del día.

BERLIQUES *m. pl.* Ú. en la expr. — *e berloques.* Arte o habilidad misteriosa; escamoteo.

BERLOQUE (ló) *m.* Ornato que cuelga de la cadena del reloj. *pl. pop.* Juegos de manos. *Berliques e* —. Arte o habilidad misteriosa. Escamoteo. *Por artes de berliques e* —*s.* Por arte de birlibirloque.

BERNARDA *f. fam.* Alboroto, motín, levante.

BERNARDICE *f.* Necedad, asnedad, dicho estúpido.

BERNARDO *m.* Bernardo (monje). *adj. fig.* Estúpido, necio.

BERNE (bèr) *m. Zool.* Larva de la *Dermatobia cyneiventris.*

BERRA (bè) *f.* Brama.

BERRAÇADA (sa) *f.* Gritería, vocerío.

BERRAR *v. tr.* Vociferar, gritar. *v. intr.* Berrear. Bramar. Baladrar.

BERREGAR *v. intr.* Berrear mucho. Balar.

BERREGO (rré) *m.* Baladro. Balido. Grito.

BERREIRO m. Berrinche (de los niños). Berridos. Gritos, bramidos.

BERRO (bè) m. Berrido; bramido; rugido. Alarido; grito.

BERRUGA f. Bras. pop. Verruga.

BERTALHA (lla) f. Bot. Basela.

BERTOLDICE f. Asnería.

BESANTADO, DA (zan) adj. P.p. de Besantar. Cubierto de besantes.

BESANTAR (zan) v. tr. Guarnecer de besantes (un escudo).

BESANTE (zan) m. Bras. Besante.

BESOURAGEM (zourajem) f. Intriga, enredo, embrollo.

BESOURAL (zou) adj. Parecido al abejarrón.

BESOURO (zou) m. Zool. Abejarón.

BESPA f. Avispa.

BESSA m. adv. En gran cantidad, a montones.

BESTA (bès) f. Ballesta.

BESTA (bés) f. Bestia. Ú. t. c. adj.

BESTAGEM (jem) f. Bras. Necedad.

BESTAR v. intr. Bras. Decir necedades. Andar sin rumbo, caminar al acaso.

BESTEIRA f. Bras. Asnería, necedad, tontería.

BESTEIRO m. Ballestero.

BESTIAGA f. Bestia de poca estima. fig. Persona muy tonta.

BESTIAGEM (jem) f. Bestiaje.

BESTIAL adj. Bestial, brutal, irracional.

BESTIALIDADE f. Bestialidad, brutalidad, irracionalidad.

BESTIALIZAÇÃO (zasáum) f. Acción de .

BESTIALIZAR (zar) v. tr. Hacer bestial. v. r. Bestializarse.

BESTIALÓGICO, CA (loji) adj. Tonto, necio, lleno de necedades. m. Discurso disparatado; atrocidad.

BESTIÁRIO m. Bestiario. adj. Relativo a la ballesta.

BESTICE f. Bras. Lo mismo que BESTEIRA.

BESTIDADE f. Acción bestial. Atrocidad, necedad, dicho estúpido.

BESTIFICAÇÃO (sáum) f. Acción de

BESTIFICAR v. tr. Hacer bestia. Poner estúpido. Atontar.

BESTILHA (lla) f. Ballestilla.

BESTIOLA (tiò) f. Lo mismo que BESTIAGA.

BESTUNTO m. fam. Cabeza de chorlito; espíritu limitado; cabeza.

BESUNTADELA (zuntadè) f. Acción de Besuntar.

BESUNTADO, DA (zun) adj. P.p. de Besuntar. Untar. Sucio, grasiento, bisunto.

BESUNTÃO (zuntáum) m. Lamparoso. Persona sucia.

BESUNTAR (zun) v. tr. Untar. Ensuciar, engrasar, manchar.

BETA (bè) f. Beta (segunda letra del alfabeto griego)

BETA (bé) f. Veta, lista, filón.

BETADO, DA adj. P.p. de Betar. Vetado, veteado.

BETAR v. tr. Vetear. Abigarrar.

BÉTELE (bè) m. Bot. Betel.

BETERRABA f. Bot. Remolacha, betarraga.

BETERRABAL m. Sitio plantado de remolachas.

BETESGA f. Calle angosta, calleja. Callejón sin salida. Corredor oscuro.

BETILHO (llo) m. Muserola.

BETÔNICA (tó) f. Bot. Betónica.

BÉTULA (bè) f. Bot. Abedul.

BETUMAR v. tr. Embetunar.

BETUME m. Betún.

BETUMINOSO, SA (nozo, òza) adj. Bituminoso, betuminoso.

BEXIGA (chi) f. Vejiga (órgano). Vejiga natatoria. pl. Viruela.

BEXIGADA (chi) f. Golpe dado con una vejiga llena de aire.

BEXIGOSO, SA (chigozo, òza) adj. Lo mismo que

BEXIGUENTO, TA (chi) adj. Picoso, marcado de viruelas; varioloso.

BEZERRA (ze) f. Becerra (vaca que no ha cumplido un año).

BEZERRO (ze) m. Becerro (toro que no tiene un año; piel de ternero, o de ternera, curtida).

BIABÁ f. Bras. Golpe; puñetazo.

BIBE m. Especie de delantar para niños.

BIBELÔ (ló) m. Bibelot.

BIBERÃO (ráum) m. Biberón.

BIBLIOGRAFIA (fía) f. Bibliografía.

BIBLIOTECA (tè) f. Biblioteca.

BIBLIOTECÁRIO m. Bibliotecario.

BIBOCA (bó) f. Bras. Grieta. Barranco. Agujero. Choza.

BICA f. Tubo de fuente. Suar em —. Sudar mucho.

BICADA f. Picotada, picotazo, picazo. Entrada de un bosque. Extremidad de un monte. pl. Ramas de árbol. Bras. Trago de aguardiente.

BICADO, DA adj. Bras. Achispado.

BICAL adj. Que tiene pico, picudo.

BICANCA f. Narigón, nariz grande. m. Narigón, nariguado (el que tiene grandes las narices).

BICAR v. tr. Picotear (golpear con el pico). Dar picotazos, v. r. Emborracharse.

BICEPS m. Anat. Bíceps.

BICHA (cha) f. Lombriz intestinal. Lombriz. Sanguijuela. Bicha, culebra. Hilera (orden de personas formadas en línea recta). — de rabear. Buscapiés. — de sangrar. Sanguijuela. — da conciência. Remordimiento. — do mato. Fiera. fig. Persona intratable. pl. Lombrices intestinales. Pendientes. Travesuras.

BICHAÇO (chaso) m. Bicho grande. fig. Hombre rico o de grave importancia.

BICHADO, DA (cha) adj. Bras. Lo mismo que BICHOSO.

BICHANADO, DA (cha) adj. P.p. de Bichanar. Pronunciado en voz baja.

BICHANAR (cha) v. intr. Secretear, hablar ceceando las palabras.

BICHANCROS (chan) m. pl. Monerías, monadas, aspavientos.

BICHANO (cha) m. fam. Gato (principalmente cuando es pequeño).

BICHÃO (cháum) m. Bras. Bravucón, valentón. Bras. Hombre experiente, ducho.

BICHAR (char) v. intr. Bras. Llenarse de bichos, apolillarse (hablando de maderas, libros, granos, frutas, etc.).

BICHARADA (cha) f. Multitud de animales terrestres. pop. Multitud de personas.

BICHARIA (charía) f. Lo mismo que BICHARADA.

BICHAROCO (cha) m. Bicharraco.

BICHEIRA (chei) f. Bras. Gusabera (llaga donde se crían gusanos)

BICHEIRO (chei) m. Mar. Bichero. Vasija que sirve para guardar sanguijuelas. Bras. Vendedor de billetes del jogo do bicho. adj. Minucioso, escrupuloso.

BICHENTO, TA (chen) adj. Bras. Que tiene gusaneras en los pies.

BICHICES (chi) m. pl. fam. Halagos, caricias.

BICHO (cho) m. Denominación común a los animales terrestres. Bicho, sabandija. Fiera. Bicho, persona fea o ridícula. Gente común o sin importancia. Piojo. Novato (en un oficio, en una escuela). Caballería. Germ. Hombre muy ducho o vivo. Matar o —. Beber aguardiente antes del almuerzo. — do mato. Persona huraña, intratable. — carpinteiro. Escarabajo. Ter — carpinteiro. Ser muy inquieto. Jogo do —. Bras. Juego popular en el Brasil, hecho en combinación con las loterías, cuyos números corresponden a ciertos animales. — de-pé. Pulga que deposita sus huevecillos en los pies. — cabeludo. Nombre común a las orugas. — papão. Bu, ser fantástico con que se asusta a los niños. — da-seda. Gusano de la seda, o de seda. Mariposa del gusano de seda.

BICHOCA (chò) f. Lombriz.

BICHOSO, SA (chozo, óza) adj. Lleno de bichos; podrido; carcomido; apolillado.

BICICLETA (clè) f. Bicicleta.

BICO m. Pico (de las aves). Pico, punta (parte puntiaguda que sobresale en la superficie o en borde o límite de alguna cosa). fig. Boca, pico. fig. Borrachera. Bras. Pequeños provechos que uno saca afuera de su trabajo regular. Pau de dois —s. Razón, hecho o cosa con que se pueden conciliar dos opiniones diversas. — de-agulha. Especie de pájaro mosca — do peito. Pezón (en los pechos). Levar água no —. fr. fig. Llevar intención en lo dicho. —! interj. Bras. ¡Cállate! ¡Silencio! Calar o — . Callar uno el, o su, pico.

BICÓ (có) adj. Bras. nort. Rabón.

BICÔNCAVO, VA (cón) adj. Bicóncavo.

BICONVEXO, XA (vè) adj. Biconvexo.

BICORNE (còr) adj. Que tiene dos cuernos o dos puntas, bicorne.

BICOTA (có) f. Bras. Beso con ruido.

BICUDA f. Zool. bras. Pez del Brasil (Sphyraena barracuta); picuta.

BICUDO, DA adj. Picudo, que tiene pico. Picudo, hocicudo. Puntiagudo.

BIDÊ (dè) m. Bidé. Bras. nort. Mesa de noche.

BIELA (biè) f. Biela (de las máquinas de vapor).

BIÊNIO (è) m. Bienio, tiempo o espacio de dos años.

BIFAR v. intr. Hurtar.

BIFE m. Biftec, bife. despect. Un inglés.

BIFENDIDO, DA adj. Bífido.

BIFRONTE adj. Bifronte, que tiene dos frentes o caras. fig. Traicionero, alevoso.

BIFURCAÇÃO (sáum) fig. Bifurcación.

BIFURCAR v. tr. Dividir en dos ramales. v. r. Bifurcarse.

BIGAMIA (mía) f. Bigamia.

BIGODE (gò) m. Bigote. Ú. m. en pl.

BIGODEAR v. tr. Engañar, burlarse, lograr.

BIGODEIRA f. Bigotera. Bigotes grandes.

BIGODUDO, DA adj. Bigotudo.

BIGORNA (gòr) f. Bigornid, yunque.

BIGORRILHA (lla) m. Lo mismo que

BIGORRILHAS (llas) m. Granuja, hombre incapaz, perdido, pillo.

BIGOTA (gò) f. Mar. Vigota.

BIGOTISMO m. Hipocresía, falsa devoción; mojigatería.

BIGUÁ m. Zool. Bras. Biguá, zaramagullón (especie de cuervo marino).

BIGUANE adj. Lo mismo que

BIGUANO, NA adj. Bras. Grande.

BIGÚMEO, EA adj. Que tiene dos filos.

BIJU (jú) m. Bras. Rio. Lo mismo que BEIJU.

BIJUTERIA (jutería) f. Joyería, quincallería, bisutería.

BILBOQUÊ (qué) m. Bilboquete, boliche (juguete).

BILE f. Bilis. fig. Mal humor.

BILHA (lla) f. Cántaro.

BILHÃO (lláum) m. Billón.

BILHAR (llar) m. Billar (juego, mesa y casa donde se juega al billar).

BILHARDA (llar) f. Billalda, bilharda, tala.

BILHARDAR (liar) v. intr. Retacar (en el juego de billar). Jugar a la billalda.

BILHARDEIRO (llar) m. Jugador de billarda. fig. Holgazán.

BILHARISTA (lla) m. Billarista.

BILHETE (lle) m. Billete (carta breve; tarjeta; cédula). — postal. Tarjeta postal.

BILHETERA (lle) f. Tarjetera. Boletera.

BILHETEIRO (lle) m. Boletero.

BILHETERIA (lletería) f. Boletería.

BILIÃO (liáum) m. Billón.

BILÍNGÜE adj. Bilingüe (que habla dos lenguas; escrito en dos idiomas).

BILIONÉSIMO, MA (nèzi) adj. Billonésimo.

BILIOSO, SA (ozo, òza) adj. Billoso. Que tiene mal humor, colérico.

BILONTRA m. Bellaco. Frecuentador de mancebías.

BILONTRAGEM (jem) f. Procedimiento de Bilontra.

BILONTRAR v. intr. Proceder como Bilontra.

BILOTO m. Verruga.

BILRAR v. intr. Trabajar con bolillos; hacer encajes con bolillos.

BILRO m. Bolillo (para hacer encajes) fig. Hombre afeminado y pequeño.

BILTRA f. Mujer desvergonzada.

BILTRE m. Belitre.

BIMAR adj. Lo mismo que

BÍMARE adj. Que está entre dos mares.

BIMBALHADA (lla) f. Repiquete, repiqueteo (de campanas).

BIMBALHAR (llar) v. intr. Repicar, repiquetear (las campanas).

BIMBARRA f. Gran palanca de madera.

BIMBARRETA f. dim. de Bimbarra.

BIMENSAL adj. Bimensual.

BIMO, MA adj. Que tiene dos años de edad; bisanuo.

BINAÇÃO (sáum) *f.* Lo mismo que BINÁGIO.
BINAGEM (jem) *f. Agr.* Binazón, bina. Acción de unir dos hilos al hilo torcido del capullo del gusano de seda).
BINÁGIO (jio) *m.* Binación (acción de celebrar un sacerdote dos misas en un día festivo).
BINAR *v. tr. Agr.* Binar (labrar por segunda vez las tierras). Binar (celebrar un sacerdote dos misas en un día festivo). Unir dos hilos al hilo torcido del capullo del gusano de seda.
BINÁRIO, RIA *adj* Binario.
BINÓCULO (nò) *m.* Binóculo (anteojo de larga vista con lunetas para los dos ojos). Gémelos (anteojo).
BINÔMIO (nó) *m.* Binomio.
BIOCO *m.* Velo, embozo, rebujo.
BIOGÊNESE (jéneze) *f.* Biogénesis.
BIOGRAFAR *v. tr.* Biografiar.
BIOGRAFIA (fía) *f.* Biografía.
BIOLOGIA (jía) *f.* Biología.
BIOLÓGICO, CA (lòji) *adj.* Biológico.
BIOLOGISTA (jis) *m.* Biólogo.
BIOMBO *m.* Biombo, mampara plegable.
BIOQUICE *f.* Pudor falso, afectación de pudor.
BIOTAXIA (xía) *f.* Biotaxia.
BIOTITO *m. Miner.* Biotita.
BIÓXIDO (biò) *m. Quím.* Bióxido.
BIPARTIÇÃO (sáum) *f.* Bipartición.
BIPARTIR *v. tr.* Dividir en dos partes Ú. t. c. r.
BIPARTÍVEL *adj.* Bipartible.
BIPEDAL *adj.* Relativo a los bípedos.
BÍPEDE *adj.* Bípedo, bípede. Ú. t. c. s.
BIPENE *adj.* Díptero. Bipena.
BIPLUME *adj* Lo mismo que BIPENE.
BIPOLARIDADE *f. Fís.* Bipolaridad.
BIQUADRADO, DA *adj.* Bicuadrado.
BIQUARA *f.* Pez del Brasil.
BIQUEIRA *f.* Canalón, canal, gotera. Puntera (remate a la punta de alguna cosa).
BIRAIA *f. Bras.* Ramera.
BIRBANTE *m.* Belitre, tuno, pillo, granuja.
BIRIBA *m. Bras.* Lo mismo que BERIBA.
BIRIBIRI *m. Zool. Bras.* Cierto pez (*Leporinus nigrotalniatus*).
BIRICERA (cè) *f. Bras.* Bagatela, friolera, fruslería.
BIRRA *f.* Tema, capricho, obstinación; birria, tirria.
BIRRAR *v. intr.* Obstinarse, porfiar. Enojarse.
BIRREFRAÇÃO (sáum) *f. Fís.* Birrefringência.
BIRRENTO, TA *adj.* Obstinado, terco, temoso.
BIRRO *m.* Bastón grueso. Palo, cachiporra.
BIS *adv. c.* Bis. — *! interj.* ¡Bis!
BISAGRA (za) *f.* Bisagra (de puerta).
BISANUAL (za) *adj.* Bisanual; bisanuo.
BISÃO (záum) *m. Zool.* Bisonte.
BISAR (zar) *v. tr.* Bisar.
BISARMA (zar) *f.* Bisarma (especie de alabarda).
BISAVÓ (zavò) *f.* Bisabuela.
BISAVÔ (zavó) *m.* Bisabuelo.
BISBILHOTAR (llo) *v. intr.* Chismear; enredar, secretear.
BISBILHOTEIRO, RA (llo) *adj.* Chismoso, enredador, intrigante. Ú. t. c. s.
BISBILHOTICE (llo) *f.* Chisme, enredo, intriga. Calidad de chismoso.
BISBÓRRIA (bò) *m. despect.* Hombre despreciable.
BISCA *f.* Brisca.
BISCATE *m.* Trabajo sin gran importancia. *Bras.* Pequeños provechos que uno gana fuera de su trabajo habitual.
BISCATEADOR *m.* Lo mismo que BISCATEIRO.
BISCATEAR *v. intr. Bras.* Hacer *Biscates.* Vivir de *Biscates.*
BISCATEIRO *m. Bras.* El que se sostiene de *Biscates.*
BISCATO *m.* Lo que para sus hijuelos llevan las aves en el pico. *pl.* Pedazos, fragmentos, migas.
BISCOITAR *v. tr.* Lo mismo que ABISCOITAR.
BISCOITO *m.* Lo mismo que BISCOUTO.
BISCORNUTO, TA *adj.* Bicorne.
BISCOUTARIA (ría) *f.* Bizcochería.
BISCOUTEIRA *f.* Vasija para guardar bizcochos. Bizcochera.
BISCOUTEIRO *m.* Bizcochero.
BISCOUTINHO (ño) *m. dim.* de *Biscouto.* Bizcochuelo.

BISCOUTO *m.* Bizcocho.
BISEGRE (ze) *f.* Bisagra (instrumento de zapatero)
BISEL (zèl) *m.* Bisel.
BISELAR (ze) *v. tr.* Abiselar, biselar.
BISNAGA *f.* Tubo de hoja de plomo. Tubo (especialmente el que contiene un dentífrico). *Bot.* Biznaga.
BISNETA (nè) *f.* Bisnieta.
BISNETO (nè) *m.* Bisnieto.
BISONHARIA (zoñaria) *f.* Lo mismo que
BISONHICE (zoñi) *f.* Bisoñada, novatada, bisoñería.
BISONHO, NHA (zoño) *adj.* Bisoño, nuevo, inexperimentado, novato.
BISPADO *m.* Obispado.
BISPAL *adj.* Obispal, episcopal.
BISPAR *v. intr.* Obispar. *v. tr.* Ver de lejos. Hurtar, sonsacar.
BISPO *m.* Obispo. Obispillo (rabadilla de las aves). Alfil (pieza del ajedrez).
BISPOTADA *f.* Contenido de un
BISPOTE (pò) *m.* Orinal, bacín.
BISSECÇÃO (secsáum) *f.* bisección.
BISSECTOR (se) *adj.* Bisector.
BISSEGMENTAÇÃO (segmentasáum) *f.* Bisegmentación.
BISSEGMENTAR (se) *v. tr.* Bisegmentar.
BISSEMANAL (se) *adj.* Bisemanal.
BISSETRIZ (se) *adj.* Bisectriz. Ú. t. c. s.
BISSEXO (sè) *adj.* Bisexual.
BISSEXTIL (sestil) *adj.* Lo mismo que
BISSEXTO (sesto) *adj.* Bisiesto. Ú. t. c. s.
BISSEXUAL (se) *adj.* Bisexual.
BISSEXUALIDADE (se) *f.* Calidad de bisexual.
BISSÍLABO, BA (sí) *adj.* Bisílabo.
BISSO (so) *m. Zool. Bot.* Biso.
BISSULCADO, DA (sul) *adj.* Lo mismo que
BISSULCO, CA (sul) *adj.* Bisulco.
BISSULFATO (sul) *m. Quím.* Bisulfato.
BISSULFITO (sul) *m. Quím.* Bisulfito.
BISSULFURETO (sul) *m. Quím.* Bisulfuro.
BISTRADO, DA *adj.* Trigueño.
BISTRE *m. Pint.* Bistre.
BISTURI *m. Cir.* Bisturí.
BITÁCULA *f. Mar.* Bitácora.
BITOLA (tò) *f.* Modelo, patrón, vitola.
BITOLAR *v. tr.* Medir com vitola o patrón.
BIVACAR *v. intr.* Vivaquear.
BIVALENTE *adj. Quím.* Bivalente.
BIVALVE *adj.* Bivalvo.
BIVALVULAR *adj.* Bivalvulado; bivalvular.
BIVAQUE *m.* Vivac, vivaque.
BIVIÁRIO, RIA *adj.* Que está en un bivio.
BIZARRAÇO, ÇA (zarrso) *adj. aum.* de *Bizarro.*
BIZARREAR (za) *v, intr.* Bizarrear. Echar bravatas.
BIZARRIA (zarría) *f.* Bizarría. Bravuconada, bravata, baladronada. Jactancia, soberbia.
BIZARRICE (za) *f.* Lo mismo que BIZARRIA.
BIZARRO, RRA (za) *adj.* Bizarro. Ostentoso. Exquisito, singular. Jactancioso, bravucón.
BLANDÍCIA *f.* Adulación, halago, lisonja. Delicadeza, molicie. Blandura.
BLANDICIOSO, SA (ozo, òza) *adj.* Adulador, lisonjero, halagüeño. Cariñoso.
BLANDÍLOQUO, QUA *adj.* Que habla con blandura, que tiene la voz suave.
BLASFEMAÇÃO (sáum) *f.* Acción de blasfemar.
BLASFEMAR *v. tr.* Blasfemar, maldecir, vituperar. *v. intr.* Blasfemar, decir blasfemias.
BLASFÊMIA (fé) *f.* Blasfemia.
BLASFEMO, MA *adj.* Blasfemo. Ú. t. c. s.
BLASONADOR, RA (zo) *adj.* Blasonador, jactancioso.
BLASONAR (zo) *v. tr.* Blasonar (disponer el escudo de armas). Describir un escudo de armas. Ostentar, hacer gala de grandeza. *v. intr.* Blasonar, vanagloriarse, jactarse.
BLASONARIA (zonaría) *f.* Blasonería, baladronada.
BLASÔNICO, CA (zó) *adj.* Blasónico.
BLASTEMA *f.* Blástema.
BLASTÓMERO (tó) *m.* Blastómero.
BLAU *adj. Bras.* Blao. Ú. t. c. s.
BLEFAR *v. intr.* Engañar en el juego dando a entender que se tiene buenos naipes. Esconder una mala situación.
BLEFARITE *f. Med.* Blefaritís.

BLEFE *m.* Acción de *Blefar.* Bluff.
BLEFISTA *m.* El que hace *Blefes.*
BLENORRAGIA (jía) *f. Pat.* Blenorragia.
BLESIDADE (zi) *m.* Tartajeo.
BLESO, SA (zo) *adj.* Tartajoso.
BLINDADO, DA *adj.* Acorazado; blindado.
BLINDAGEM (jem) *f.* Blindage.
BLINDAR *v. tr.* Blindar. Acorazar.
BLOCAUSSE (se) *f.* Blocao.
BLOCO (blò) *m.* Bloque. Trozo grande de alguna substancia pesada. Bloc. Comparsa, cuadrilla de máscaras. *Em —. m. adv.* Por grueso. Sin examen detenido.
BLOQUEADO, DA *adj.* Bloqueado, asediado.
BLOQUEAR *v. tr.* Bloquear, asediar.
BLOQUEIO *m.* Bloqueo.
BLUSA (za) *f.* Blusa (vestidura).
BOA *adj. f.* de *Bom.* — *noite.* Buenas noches. — *tarde.* Buenas tardes.
BOÁ *f. Zool.* Boa.
BOÁ *f.* Boa (prenda de abrigo).
BOANA *f.* Banco (de pescado menudo). Tabla delgada.
BOA-NOITE *f. Bot.* Maravilla de noche, jalapa; suspiros.
BOAS-VINDAS *f. pl.* Bienvenida (parabién).
BOATARIA (ría) *f.* Muchos rumores o falsas noticias.
BOATEIRO *m.* El que divulga rumores.
BOATO *m.* Rumor (voz que corre entre el público).
BOBA *f. Bras.* Lo mismo que BUBA.
BOBAGEM (jem) *f.* Lo mismo que BOBICE.
BOBALHÃO, ONA (lláum) *adj. Bras.* Bobote, bobarrón. Ú. t. c. s.
BOBAR *v. intr.* Lo mismo que
BOBEAR *v. intr.* Bobear, decir o hacer boberías. Engañar, lograr.
BOBECHE (bèche) *f.* Arandela (de candelero).
BÓBEDA (bò) *f.* Lo mismo que ABÓBADA.
BOBICE *f.* Bobería.
BOBINA *f.* Carrete.
BOBO, BA *adj.* Bobo, tonto, necio. Ú. t. c. s. *m.* Truhán.
BOBOCA (bobò) *m. Bras.* Bobarrón.
BOCA *f.* Boca (en todas las principales acepciones de esta voz).
BOCAÇA (sa) *f.* Bocaza.
BOCADA *f.* Bocado, mordedura.
BOCADO *m.* Bocado (alimento que cabe en la boca de una sola vez; comida muy ligera; parte del freno) Pedazo. Rato, espacio de tiempo.
BOCAGEM (jem) *f. Bras.* Palabrota.
BOCAL *m.* Bocal, boquilla. Brocal. Bocado (parte del freno). *adj.* Bucal.
BOÇAL (sal) *adj.* Bozal, necio, idiota. Bozal (hablando del negro recién salido de su país). *m.* Bozal (esportilla que se pone a las bestias).
BOÇALAR (sa) *v. tr. Bras. merid.* Abozalar.
BOÇALETE (sa) *m.* Bozalejo, bozalillo.
BOÇARDAS (sar) *f. pl. Mar.* Buzardas.
BOCARRA *f. aum.* de *Boca.* Bocaza.
BOCAXIM (chim) *m.* Tarlatana.
BOCEJADOR, RA (ja) *adj.* Bostezador. Ú. t. c. s.
BOCEJAR (jar) *v. intr.* Bostezar.
BOCEJO (jo) *m.* Bostezo.
BOCEL (cèl) *m.* Bocel.
BOCETA *f.* Cajita.
BOCHA (bòcha) *f. Bras. merid.* Bocha. *pl.* Juego de bochas.
BOCHE (bòche) *adj. despect.* Alemán.
BOCHECHA (checha) *f.* Moflete. Buchete. Mejilla. Carrillo. *Mar.* Cachete.
BOCHECHADA (checha) *f.* Bofetada, golpe en la mejilla. Lo mismo que BOCHECHO.
BOCHECHÃO (checháum) *m.* Lo mismo que BOCHECHADA, 1ª acep.
BOCHECHAR (chechar) *v. intr.* Enjuagar la boca.
BOCHECHO (checho) *m.* Enjuague (acción de enjuagarse la boca) Buche (porción de líquido que cabe en la boca).
BOCHECHUDO, DA (chechu) *adj.* Mofletudo.
BOCHINCHE (chinche) *m. Bras. merid.* Baile popular. Bochinche, alboroto, tumulto.
BOCHINCHEIRO, RA (chinchei) *adj. Bras. merid.* Bochinchero, alborotador.
BOCHORNAL (chor) *adj.* Bochornoso, caliente.

BOCHORNO (*chor*) *m.* Bochorno (aire caliente y molesto que sopla en el estío).

BÓCIO (bó) *m.* Bocio, papera.

BOCÓ (có) *adj. Bras.* Tonto, bobo, necio. Amuchachado. *m.* Alforja pequeña.

BODA *f.* Boda, casamiento. Ú. m. en pl. —*s de prata.* Bodas de plata. —*s de ouro.* Bodas de oro —*s de diamante.* Bodas de brillantes.

BODE (bò) *m.* Bode, macho, cabrío. *Bras.* Mestizo. —*expiatório.* Víctima propiciatoria; persona que paga por las culpas de otras.

BODEGA (dè) *f.* Taberna, pulpería, bodegón. Porquería. Casa sucia.

BODEGÃO (gáum) *m.* Lo mismo que

BODEGUEIRO *m.* Bodegonero.

BODEGUICE *f. Bras.* Cosa sucia, porquería.

BODIANO *m.* Lo mismo que

BODIÃO (diáum) *m. Zool.* Budión.

BODOCADA *f. Bras.* Remoque. Tiro de.

BODOQUE (dó) *m. Bras.* Ballesta de bodoques.

BODOQUEIRO *m. Bras.* El que tira con la ballesta de bodoques.

BODOSO, SA (dozo, óza) *adj. Bras.* Sucio, inmundo, asqueroso.

BODUM *m.* Olor de bode. Mal olor de la loza mal lavada. Mal olor del sudor.

BODEIRO *m.* Lo mismo que BUEIRO.

BOÊMIA (é) *f.* Bohemia, vida de bohemio.

BOÊMIO, IA (é) *adj. y s.* Bohemio; bohemo.

BOER *m.* Bóer.

BOFADA *f. Bras. nort.* Bofetada.

BOFAR *v. tr.* Exhalar, echar del bofe. Regoldar. Alardear. *v. intr.* Borbotar.

BOFE (bó) *m. pop.* Pulmón, bofe. *pl.* Asadura. *fig.* Índole, carater. *fig.* Mujer fea y vulgar. *Homem de maus* —*s. fr. fig.* Hombre malo, vengativo. *Deitar os* —*s pela boca. fr. fig.* Jadear, perder la respiración.

BOFÉ (fè) *adv. m. ant.* De buena fé; en verdad.

BOFETADA *f.* Bofetada. *fig.* Insulto.

BOFETÃO (táum) *m.* Bofetón. *Bras.* Robo.

BOFETE (fè) *m. pop.* Bofetada pequeña.

BOFETEAR *v. tr.* Abofetear.

BOGARI *m.* Lo mismo que

BOGARIM *m. Bot.* Sampaguita.

BOI *m.* Buey.

BÓIA (bòi) *f.* Boya. *Bras.* Comida.

BOIADA *f.* Boyada, bueyada.

BOIADÃO (dáum) *m.* Boyada grande.

BOIADEIRO *m.* Boyero, boyerizo.

BOIAMA *f.* Boyada.

BOIÃO (iáum) *m.* Bote, bocal.

BOIAR *v. intr.* Flotar. Boyar. *Bras.* Almorzar, cenar.

BOICOTAGEM (jem) *f.* Boicoteo.

BOICOTAR *v. tr.* Boicotear.

BOICOTE (có) *m.* Boicot.

BOIEIRA *f.* La que guarda bueyes o los conduce, boyeriza. *Astr.* Bootes, boyero.

BOIEIRO *m.* Boyero, boyerizo.

BOINA *f.* Boina.

BOIOTE (òte) *m. Bras.* Buey nuevo.

BOIREL (rèl) *m.* Pequeña boya de corcho.

BOITATÁ *m. Bras.* Nombre popular del fuego fatuo.

BOIUNO, NA *adj.* Boyuno, bueyuno.

BOIZ. *m.* Trampa (para pájaros).

BOJADOR, RA *adj.* Que hace saliente o saledizo. Que hincha, que infla.

BOJAMENTO (ja) *m.* Acción y efecto de.

BOJAR (jar) *v. tr.* Hacer barrigudo (un objeto). Hinchar, inflar. *v. intr.* Ser saliente o saledizo, formar una saliencia redondeada; formar barriga.

BOJO (jo) *m.* Barriga, panza (parte saliente y corva de algunas cosas). Capacidad.

BOJUDO, DA (ju) *adj.* Barrigudo, panzudo (hablando de objetos).

BOLA (bò) *f.* Bola (cualquier cuerpo esférico). *fig.* Cabeza, juicio. Persona baja y gruesa. *Bras.* Anédocta, agudeza. Matacám. *Dar* —. *fr. Bras.* Importarse.

BOLACHA (cha) *f.* Galleta.

BOLACHEIRO (chei) *m.* Galletero (fabricante de galletas).

BOLACHINHA (chiña) *f. dim.* de *Bolacha.* Galletita.

BOLAÇO (so) *m. Bras. merid.* Bolazo.

BOLADA *f.* Bolada. Bolazo. Bolada (caña del cañón de artillería). Gran cantidad de dinero. *Bras. merid.* Bolada, encuentro, ocasión, vez.

BOLANDAS *f. pl.* Denuestos, baldones. *Em* —. *m. adv.* En volandas.

BOLANDEIRA *f. Bras.* Volandera, rueda principal de un ingenio de azúcar.

BOLÃO (láum) *m.* Bola grande.

B'LAPÉ (pè) *m. Bras. merid.* Vado.

BOLAR *v. tr.* Acertar con la bola. *v. intr.* Acertar, hacer un buen negocio. *Bras.* Pensar, imaginar una agudeza. *adj.* Bolar.

BOLBÍFERO, RA *adj.* Bulbífero.

BOLBILHO (llo) *m.* Bulbillo.

BOLBO *m.* Bulbo.

BOLBOSO, SA (bozo, òza) *adj.* Bulboso.

BOLÇAR (sar) *v. tr.* Vomitar (los niños la leche).

BOLCHEVISTA (che) *m.* Bolchevique.

BOLDO *m. Bot.* Boldo.

BOLDRIÉ (è) *m.* Tahalí.

BOLEADEIRAS *f. pl. Bras. Río Gr. del Sur.* Boleadoras.

BOLEADO, DA *adj. P. p.* de *bolear.* Redondeado, torneado. *Bras. Río Gr. del Sur.* Boleado (cazado con las boleadoras).

BOLEADOR *m. Bras. Río Gr. del Sur.* Boleador, hombre diestro en arrojar las boleadoras.

BOLEAMENTO *m.* Acción y efecto de.

BOLEAR *v. tr.* Redondear, tornear, dar la forma de una bola. Perfeccionar. *Bras. merid.* Bolear (arrojar las boleadoras). *v. r. Bras. merid.* Caerse (el caballo y su jinete).

BOLEEIRO *m.* Cochero; postillón, delantero.

BOLÉIA (lèia) *f.* Pescante (de coche).

BOLEIO *m.* Acción de redondear.

BOLERO *m.* Bolero (baile).

BOLETA *f.* Lo mismo que BOLOTA.

BOLETIM *m.* Boletín.

BOLETO *m.* Boleta (cédula que se da a los militares con las señas de la casa donde han de alojarse).

BOLÉU (léu) *m.* Caida. Baque. Golpe que hace caer. Bazuqueo. Traqueo. Voltereta.

BOLHA (lla) *f.* Burbuja. Borbollón. Ampolla.

BOLHANTE (llan) *adj.* Que hace burujas, que burbujea.

BOLHAR (llar) *v. tr. intr.* Burbujear.

BOLHOSO, SA (llozo, òza) *adj.* Que tiene burbujas.

BOLICHO (cho) *m. Bras. Río Gr. del Sur.* Boliche (taberna o figón mezquino; casa de juego; tienda de baratijas).

BOLICHEIRO (chei) *m. Bras. Rio Gr. del Sur.* Bolichero (persona que tiene un boliche, taberna mezquina o almacén muy pobre).

BÓLIDE (bó) *m. Meteor.* Bólido.

BOLINA *f. Mar.* Bolina. *Bras.* Orza. *Navegar à* — . Navegar de bolina.

BOLINAR *v. tr.* Bolinear. *v. intr.* Navegar de bolina, bolinear.

BOLINEIRO, RA *adj. Mar.* Bolinero, bolineador.

BOLINETE *m.* Molinete. Batea.

BOLO *m.* Bollo.

BOLOR *m.* Moho.

BOLORÊNCIA (rén) *f.* Calidad de

BOLORENTO, TA *adj.* Mohoso. *fig.* Viejo, antiguo.

BOLOTA (ló) *f.* Bellota. Bola pequeña.

BOLOTADA *f.* Gran cantidad de bellotas.

BOLOTADO, DA *adj.* Cebado com bellotas.

BOLOTAL *m.* Bellotal.

BOLSA (bòl) *f.* Bolsa (especie de talega o saquillo; saquillo en que se echa el dinero). Bolsa, lonja.

BOLSAR *v. intr.* Hacer bolsas (el vestido) arrugarse.

BOLSEIRO *m.* Bolsero.

BOLSINHO (ño) *m. dim.* de *Bolso.* Bosillo, bolsico.

BOLSISTA *m.* Bolsista (el que se dedica a comprar y vender efectos públicos). *adj.* Relativo a la bolsa (contratación de fondos públicos).

BOLSO *m.* Bolsillo (de los vestidos). Bolsa, arruga.

BOM, BOA *adj.* Bueno, na. Ú. t. c. s.

BOMBA *f.* Bomba (aparato para extraer el agua u otro líquido): proyectil. *Bras. Río Gr. del Sur.* Bombilla (para tomar mate). — *d'água.* Chaparrón, aguacero.

BOMBACHA (cha) *f. Bras.* Bombacha; pantalón bombacho. Ú. m. en pl.

BOMBACHO (cho) *m.* Bomba pequeña (para extraer el agua u otro líquido).

BOMBADA *f.* Engaño; perjuicio.

BOMBARDA *f. Mil.* Bombarda.

BOMBARDADA *f.* Tiro de bombarda.

BOMBARDÃO (dáum) *m. Bras.* Especie de bombardino.

BOMBARDEAMENTO *m.* Bombardeo.

BOMBARDEAR *v. tr.* Bombear, bombardear, cañonear.

BOMBARDEIO *m.* Bombardeo.

BOMBARDEIRO, RA *adj.* Bombardero. *m. Bras.* Avión de bombardeo.

BOMBÁSTICO, CA *adj.* Altisonante, campanudo, retumbante, bombástico.

BOMBAZINA (zi) *f.* Bombasí, fustán.

BOMBEADOR *m. Bras. Río Gr. del Sur.* Bombero, explorador, bombeador.

BOMBEAR *v. tr. Bras. Río Gr. del Sur.* Bombear, bombardear. *Bras.* Bombear, explorar, seguir los pasos de una expedición.

BOMBEIRO *m.* Bombero (encargado de extinguir los incendios). *Bras.* Bombeador, bombero. Espía. *Bras. Rio.* Concertador de cañerías.

BÔMBICE (bóm) *m. Zool.* Bómbice

BOMBO *m.* Bombo, tambor.

BOMBOM *m.* Bombón, confite.

BOMBONAÇA (sa) *f. Bot.* Bombonaje.

BOMBORDO (bór) *m. Mar.* Babor.

BONACHÃO, ONA (cháum) *adj. y s.* Bonachón.

BONACHEIRÃO, ONA (cheiráum) *adj. y s.* Lo mismo que BONACHÃO.

BONACHEIRICE (chei) *f.* Calidad de bonachón.

BONAERENSE *adj. y m.* Porteño, bonaerense.

BONANÇA (sa) *f.* Bonanza. *fig.* Sosiego, tranquilidad.

BONANÇAR (sar) *v. intr.* Abonanzar, estar en bonanza.

BONANÇOSO, SA (sozo, òza) *adj,* Bonanzoso, favorable, sereno, tranquilo.

BONDADE *f.* Bondad (calid de bueno; inclinación a hacer el bien; blandura y apacibilidad de caráter).

BONDADOSO, SA (dozo, òza) *adj.* Bondadoso.

BONDE *m. Bras.* Tranvía.

BONDOSAMENTE (dòza) *adv. m.* Bondadosamente.

BONDOSO, SA (dozo, òza) *adj.* Bondadoso, bondoso.

BONÉ (né) *m.* Bonete.

BONECA (nè) *f.* Muñeca (figurilla de mujer que sirve de juguete; lío de trapo que se embebe de um líquido). *Bras.* Masorca del maíz. *fig.* Muñeca, mozuela frívola.

BONECADA *f.* Conjunto de muñecos.

BONECAR *v. intr. Bras.* Echar masorcas el maíz.

BONECO (nè) *m.* Muñeco.

BONETE *m. Mar.* Boneta.

BONIFICAÇÃO (sáum) *f.* Bonificación. Abono. Beneficio.

BONIFICAR *v. tr.* Abonar, mejorar. Beneficiar.

BONIFRATE *m.* Muñeco, chuchumeco, monuelo.

BONINA *f. Bot.* Manzanilla loca, bonica.

BONINAL *m.* Prado de manzanilla loca.

BONITETE *m.* Bonitillo, bonitico.

BONITEZA (za) *f.* Bonitura.

BONITO, TA *adj.* Bonito, lindo, agraciado. Bueno. *irón.* Lindo, bueno, censurable.

BONITOTE (tò) *adj.* Lo mismo que BONITETE.

BONOMIA (mía) *f.* Calidad del hombre bueno o muy crédulo.

BÔNUS *m.* Bono; abonaré.

BONZO (zo) *m.* Bonzo. *Bras.* Hipócrita, jesuíta.

BOQUEADA *f.* Bostezo.

BOQUEAR *v. intr.* Boquear (abrir la boca; estar expirando) Bostezar.

BOQUEIRA *f.* Boquera (excoriación de los extremos de la boca).

BOQUEIRÃO (ráum) *m.* Boquerón, abertura grande. Fima.

BOQUEJADURA (ja) *f.* Bostezo.

BOQUEJAR (jar) *v. tr.* Hablar entre dientes. *v. intr.* Bostezar. Decir mal. Hablar en voz baja.

BOQUEJO (jo) *m.* Acción y efecto de *Boquejar.*

BOQUELHO (llo) *m.* Agujero a la entrada de un horno.

BOQUIABERTO, TA (bèr) *adj.* Boquiabierto, que tiene abierta la boca, que mira embobado.

BOQUIABRIR *v. tr.* Espantar, pasmar, dejar boquiabierto. Ú. t. c. r.

BÔQUILHA (lla) *f.* Boquilla (para el cigarro o cigarrillo).

BOQUIM *m.* Boquilla (pieza de algunos instrumentos de viento).

BOQUINHA (ña) *f. dim.* de *Boca.* Boquita. *Bras.* Beso. Bocado, comida ligera.

BORACITE *f. Miner.* Boracita.

BÓRAX *m. Quím.* Bórax.

BORBOLETA *f. Zool.* Mariposa.

BORBOLETEADOR, RA *adj.* Que mariposea. Ú. t. c. s.

BORBOLETEAMENTO *m.* Acción y efecto de

BORBOLETEAR *v. intr.* Mariposear.

BORBOLETICE *f.* Capricho; inconstancia; desvaneo.

BORBOREJAR (jar) *v. intr.* Murmullar, murmurar (el agua).

BORBORINHAR (ñar) *v. intr.* Murmullar, murmurar, sonar confusamente.

BORBORINHO (ño) *m.* Rumor (ruido confuso de voces). Tumulto, alboroto, desorden.

BORBORÓ *adj. Bras. nort.* Tartamudo.

BORBOTÃO (táum) *m.* Borbollón, borbotón.

BORBOTAR *v. intr.* Borbollonear, borbollear; borbotar.

BORBULHA (lla) *f.* Burbuja. Postilla.

BORBULHANTE (llan) *adj.* Que borbollea.

BORBULHAR (llar) *v. tr.* Hacer brotar o germinar. *v. intr.* Burbujear. Borbotar, borbollonear, borboritar, borbollear.

BORBULHENTO, TA (llen) *adj.* Que tiene borbujas.

BORDA (bòr) *f.* Borde (extremo u orilla de alguna cosa). Margem, playa. *Dar* —. Escorar mucho (la embarcación).

BORDADA *f. Mar.* Bordo, bordada.

BORDADEIRA *f.* Bordadora.

BORDADO, DA *adj.* de *Bordar.* Bordado; labrado. *m.* Bordado, bordadura.

BORDADURA *f.* Bordadura.

BORDAGEM (jem) *f. Mar.* Bordaje.

BORDALEIRO *adj.* De lana crespa (hablando de carnero). Ú. t. c. s.

BORDALENGO, GA *adj.* Grosero, basto, ignorante.

BORDALESA (za) *f.* Bordalesa.

BORDALO *m. Zool.* Gubio.

BORDAMENTO *m.* Bordadura (acción de bordar).

BORDÃO (dáum) *m.* Bordón, bastón. Bordón (verso que se repite ao fin de cada copla; palabra o frase que repite uno con frecuencia; cuerda gruesa que hace el bajo). *fig.* Amparo, ayuda.

BORDAR *v. tr.* Bordar. Guarnecer el borde. Adornar.

BORDEAR *v. intr.* Lo mismo que

BORDEJAR (jar) *v. intr.* Bordear, dar bordos, dar bordadas.

BORDEJO (jo) *m. Mar.* Bordo, bordada. Bordeo

BORDEL (dèl) *m.* Burdel.

BORDO (bór) *m.* Bordo, lado exterior de un barco. Bordo, bordada. *A* —. *m. adv.* A bordo.

BORDO (DE) *m. adv.* Con la boca para bajo; vuelto, boca abajo.

BORDOADA *f.* Bastonazo, golpe, palo, trancazo.

BORDOEIRA *f. Bras.* Zurra, paliza.

BORESTE (rès) *m. Mar.* Estribor.

BORGUINHÃO, NHÁ (ñáum, ñán) *adj.* y *s.* Borgoñes, borgoñon.

BÔRLA (bòr) *f.* Borla.

BORLETA *f.* Borla pequeña.

BORNAL *m.* Talega, mochila.

BORNE *m. Electr.* Borne.

BORNEAR *v. tr.* Alinear con la vista. Asestar, apuntar (una pieza de artillería).

BORNEIO *m.* Acción de *Bornear* (2ª acep.)

BORO (bó) *m. Quím.* Boro.

BORÓ (rò) *m. Bras.* Dinero, plata. Ù. m. en pl.

BOROA *f.* Lo mismo que BROA.

BORRA *f.* Borra (sedimento espeso). heces.

BORRA-BOTAS (bó) *m.* Mal limpiabotas. Belitre.

BORRAÇAL (sal) *m.* Pantano, atollero.

BORRACEIRO *m.* Llovizna. *adj.* Borroso, lleno de borra o heces.

BORRACHA (cha) *f.* Borracha, bota para vino. Goma elástica, caucho. Goma de borrar.

BORRACHÃO (cháum) *m.* Borrachín.

BORRACHEIRA (chei) *f.* Borrachera.

BORRACHICE (chi) *f.* Lo mismo que BORRACHEIRA.

BORRACHÍFERO, RA (chí) *adj.* Que produce goma elástica.

BORRACHO, CHA (cho) *adj.* Borracho, ebrio. Ú. t. c. s. *m.* Pichón.

BORRACHUDO, DA (chu) *adj.* Hinchado como una borracha llena. *m. Bras.* Especie de mosquito.

BORRADA *f.* Porquería. Diarrea. Asnedade, asnería.

BORRADELA (dè) *f.* Borrón (gota o mancha de tinta). Pintura grosera.

BORRADOR *m.* Borrador (libro). Embadurnador. Mal escritor.

BORRADURA *f.* Borrón (mancha de tinta). Acción de *Borrar.*

BORRAGEM (jem) *f. Bot.* Borraja.

BORRALHA (lla) *f.* Borrajo, rescoldo, Ceniza.

BORRALHEIRA (llei) *f.* Lugar donde se junta el borrajo o rescoldo.

BORRALHEIRO, RA (llei) *adj.* Que gusta estar al calor del rescoldo. *m. f.* (*n.p.*) Cenicienta.

BORRALHENTO, TA (llen) *adj.* Ceniciento.

BORRALHO (llo) *m.* Borrajo, rescoldo.

BORRÃO (rráum) *m.* Borrador, borrón. Borrón (gota o mancha de tinta). *fig.* Borrón.

BORRAR *v. tr.* Ensuciar, manchar. Hacer borrones en lo escrito. Borrar. Embadurnar. *pop.* Defecar.

BORRASCA *f.* Borrasca, tempestad, tormenta.

BORRASCOSO, SA (cozo, òza) *adj.* Borrascoso (que produce borrascas); tempestuoso.

BORRATÃO (táum) *m.* Borrón de tinta.

BORREGAR *v. intr.* Berrear como borrego.

BORREGO, GA *m. f.* Borrego, ga (cordero o cordera de un a dos años).

BORREGUEIRO *m.* Boreguero.

BORREGUICE *f. fig.* Indolencia.

BORRENTO, TA *adj.* Borroso (lleno de borras o heces).

BORRIÇAR (sar) *v. intr.* Lloviznar.

BORRIÇO (so) *m.* Llovizna.

BORRIFADOR *m.* Rociadera, regadera. El que rocia o esparce.

BORRIFAR *v. tr.* Rociar, esparcir en menudas gotas. *v. intr.* Lloviznar.

BORRIFO *m.* Rociada; rociadura. Menudas gotas de lluvia.

BORRO *m.* Borro (cordero de más de un año y menos de dos).

BORZEGUIM (ze) *m.* Borceguí.

BOSCAGEM (jem) *f.* Boscaje, espesura de árboles.

BOSCAREJO, JA (jo) *adj.* Que vive en el bosque.

BOSQUE (bòs) *m.* Bosque, terreno poblado de árboles y matas espesas.

BOSQUEJAR (jar) *v. tr.* Bosquejar. *fig.* Bosquejar.

BOSQUEJO (jo) *m.* Bosquejo.

BOSQUETE *m. dim.* de *Bosque.* Bosquete, bosque pequeño.

BOSSA (bòsa) *f.* Bollo, hinchazón; chizón. Joroba. *fig.* Aptitud, vocación, inclinación. *Bras. Rio.* Labia, verbosidad persuasiva.

BOSSAGEM (sajem) *f.* Saliencia (en obra de construcción).

BOSTEIRO *m.* Escarabajo.

BOSTELA (tè) *f.* Postilla; pústula.

BOSTELENTO, TA *adj.* Postilloso.

BOTA (bò) *f.* Bota (calzado). Bota (para vino).

BOTA-FOGO (bò) *m.* Botafuego. Alborotapueblos, tumultuario.

BOTA-FORA (bòtafó) *f.* Despedida (acción de asistir al embarque de una persona). Botadura (de un buque).

BOTALÓ (ló) *m. Nar.* Botalón.

BOTÂNICA (tánni) *f.* Botánica.

BOTÂNICO (tánni) *adj.* Botánico. *m.* Botanista, botánico.

BOTÃO (táum) *m.* Botón (yema, renuevo; flor cerrada; pieza para abrochar los vestidos o adornarlos).

BOTAR *v. tr.* Botar, arrojar. Embotar. *fam.* Echar, poner. *v. r.* Echarse, arrojarse, lanzarse. Hacerse de viaje. *v. intr.* Formar saliencia. — *corpo.* Echar cuerpo.

BOTARÉU (rèu) *m* Botarel.

BOTA-SELA (bòta-sé) *f.* Botasilla.

BOTE (bò) *m.* Bote, barco pequeño. Bote (golpe de algunas armas). *Bras.* Salto que da un animal sobre su presa.

BOTELHA (lla) *f.* Botella.

BOTEQUIM *m.* Botiquín (tienda de vinos al por menor). Cafetín.

BOTICA *f.* Botica (oficina en que se preparan y venden medicamentos).

BOTICADA *f.* Medicamento preparado en botica.

BOTICÃO (cáum) *m.* Botador (que usan los dentistas).

BOTIJA (ja) *f.* Botijo.

BOTIM *m.* Botín (calzado).

BOTINA *f.* Botina (calzado).

BOTINHA (bòtiña) *f.* Botilla.

BOTIRÃO (ráum) *m.* Nasa para pescar lampreas.

BOTO, TA *adj.* Boto, romo. *m.* Cetáceo de la familia de los delfínidos, especie de delfín.

BOTOARIA (ría) *f.* Botonería.

BOTOCAR *v. intr. Bras.* Saltar para fuera; salir.

BOTOCUDISMO *m. Bras.* Procedimiento de

BOTOCUDO *m.* Botocudo, aymoré. *fig.* Hombre rude, aldeano.

BOTOEIRA *f.* Botonera (la que hace o vende botones). Ojal.

BOTOQUE (tò) *m. Bras.* Bodoque (cilindro de madera que algunos indigenas introducen en su labio inferior).

BOUBA *f.* Buba.

BOUBENTO, TA *adj.* Buboso, bubático.

BOUÇA (sa) *f.* Dehesa, pasto.

BOUCEIRA *f.* Estopa grosera.

BOVÍDEOS *m. pl.* Bóvidos.

BOVINO, NA *adj.* Bovino. Boyuno.

BOXADOR *m.* Boxeador.

BOXE (bò) *m.* Boxeo.

BOXISTA *m.* Bexeador.

BRABANÇÃO, ONA (sáum) *adj.* y *s.* Brabanzón.

BRABEZA (za) *f. Bras.* Braveza; ferocidad.

BRABO, BA *adj. Bras.* Lo mismo que BRAVO. *fam.* Valentón, bravo. Bravo, áspero de genio. Salvaje.

BRAÇA (sa) *f.* Braza (medida).

BRAÇADA (sa) *f.* Brazado (lo que se puede abarcar con los brazos y llevar en ellos de una vez). Brazada (movimiento que se hace con los brazos). *Às* —*s. m. adv.* En gran cantidad.

BRAÇADEIRA (sa) *f.* Abrazadera.

BRAÇADO (sa) *m.* Brazado.

BRAÇAGEM (sajem) *f.* Trabajo hecho a brazo.

BRAÇAL (sal) *adj.* Braquial. *m.* Brazal (pieza de la armadura antigua). Bracera.

BRAÇARIA (saría) *f.* Arte de arrojar proyectiles con el brazo.

BRACEAGEM (jem) *m. Mar.* Acción de bracear. Braceaje, brazaje. Derecho de braceaje.

BRACEAR *v. tr. Mar.* Bracear (halar de las brazas para hacer girar las vergas). *v. intr.* Bracear (mover repetidamente los brazos). *Bras. merid.* *Equit.* Bracear *fig.* Bracear, esforzarse, forcejear.

BRACEIRO, RA *adj.* Que tiene buen brazo. *m.* Bracero (el que da el brazo para que en él se apoye otra persona). Bracero, jornalero.

BRACEJADOR, RA (ja) *adj.* y *s.* Braceador.

BRACEJAMENTO (ja) *m.* Braceo.

BRACEJAR (jar) *v. intr.* Bracear (mover repetidamente los brazos). Hacer señas con los brazos. Germinar, brotar.

BRACEJO (jo) *m.* Braceo.

BRACELEIRA *f.* Braceral, brazal.

BRACELETE *m.* Brazalete (adorno).

BRACELOTE (lò) *m. Mar.* Brazalote.

BRAÇO (so) *m.* Brazo. Brazo de cruz pl. *Mar.* Brazas. Rama. — *de rio.* Brazo de río. — *de mar.* Brazo de mar.

BRAÇUDO, DA (su) *adj.* Que tiene fuertes los brazos.

BRADADOR, RA *adj.* Que grita.
BRADAR *v. tr.* Gritar. Pedir; clamar. *v. intr.* Gritar, vocear. Bramar, rugir. Vociferar.
BRADEJAR (*jar*) *v. intr.* Gritar. Bramar, rugir.
BRADO *m.* Grito. Exclamación. Queja. Clamor.
BRAFONEIRA *f.* Brafonera.
BRAGA *m.* Braga, calzón. Grillete. Braga (cuerda).
BRAGADA *f.* Bragada.
BRAGADO, DA *adj.* Bragado (dícese del animal que tiene la bragadura de color distinto que el resto del cuerpo).
BRAGAL *m.* La ropa blanca de una casa.
BRAGANTE *m.* Tunante.
BRAGANTEAR *v. intr.* Tunear, tunantear.
BRAGUEIRO *m.* Braguero.
BRAGUILHA (*lla*) *f.* Bragueta (abertura que tienen por delante los pantalones o calzones).
BRAMA *f.* Brama (estación en que están en celo los ciervos).
BRAMADEIRO *m. Mont.* Bramadero.
BRÂMANE (*brá*) *m.* Brahmán.
BRAMÂNICO, CA (*mánni*) *adj.* Brahmánico.
BRAMANISMO *m.* Brahmanismo.
BRAMANTE *adj.* Bramador, que brama.
BRAMAR *v. intr.* Bramar, dar bramidos. Vocear, gritar. Encolerizarse. Pedir en alta voz.
BRAMIDO *m.* Bramido.
BRAMIDOR, RA *adj.* Bramador, bramante.
BRAMIR *v. intr.* Bramar, dar bramidos.
BRAMOSO, SA (*mozo, òza*) *adj.* Bramador.
BRANCA *f.* Blanca (moneda). Cana. Grillete. *Bras.* Aguardiente. *pl.* Canas. — *ursina.* Branca ursina, acanto.
BRANCAMENTO, TA *adj.* Blanquecino, blanquizco.
BRANCO, CA *adj.* Blanco. *m.* Blanco (el color blanco). Blanco (espacio en los escritos). Blanco (hombre de raza blanca). *De ponto em* —. Con apuro, acicaladamente. *Em* —, *m. adv.* En blanco. *Por o preto no* —. Escribir, documentar.
BRANCURA *f.* Blancura.
BRANDAIS *m. pl. Mar.* Brandales.
BRANDALHÃO, ONA (*lláun*) *adj.* Muy blando. *fig.* Indolente.
BRANDÃO (*dáum*) *m.* Blandón; hachón.
BRANDÍLOQUO, UA *adj.* Que habla con blandura.
BRANDIMENTO *m.* Acción de blandir un arma.
BRANDIR *v. tr.* Blandir (un arma). *v. intr.* Vibrar, oscilar; moverse con agitación trémula de un lado a otro, blandir).
BRANDO, DA *adj.* Blando, da.
BRANDURA *f.* Blandura.
BRANQUEAÇÃO (*sáum*) *f.* Blanqueación, blanqueo.
BRANQUEADOR, RA *adj. y s.* Blanqueador.
BRANQUEADURA *f.* Blanqueadura, blanqueo.
BRANQUEAMENTO *m.* Blanqueamiento, blanqueo.
BRANQUEAR *v. tr.* Blanquear. Blanquecer. *v. intr.* Blanquear.
BRANQUEARIA (*ría*) *f.* Blanquería.
BRANQUEJAR (*jar*) *v. intr.* Blanquear, mostrar una cosa la blancura que en sí tiene.
BRÂNQUIA (*án*) *f.* Branquia, agalla.
BRANQUICENTO, TA *adj.* Blanquecino, blancuzco.
BRANQUIDADE *f.* Lo mismo que
BRANQUIDÃO (*dáum*) *f.* Blancura.
BRANQUILHO (*llo*) *m. Bot.* Blanquillo.
BRANQUINHA (*ña*) *f. Bras.* Aguardiente.
BRASA (*za*) *f.* Brasa (leña o carbón encendido). *Estar em* —*s.* Estar en ascuas.
BRASÃO (*záum*) *m.* Blasón.
BRASEIRO (*zei*) *m.* Brasero.
BRASIDO (*zi*) *m.* Cantidad de brasas.
BRASIL (*zil*) Palo del Brasil.
BRASILEIRISMO (*zi*) *m.* Brasileñismo (vocablo, acepción o giro propio y privativo de los brasileños).
BRASILEIRO, RA (*zi*) *adj. y s.* Brasileño, brasilero.
BRASILIANA (*zi*) *f.* Colección de libros y estudios sobre el Brasil.
BRASILIANO, NA (*zi*) *adj. y s.* Brasileño.
BRASÍLICO, CA (*zí*) *adj.* Relativo, perteneciente o natural del Brasil).

BRASILIDADE (*zi*) *f.* Amor al Brasil; calidad de brasileño.
BRASILIENSE (*zi*) *adj.* Dícese de las cosas del Brasil.
BRASÍLIO, LIA (*zi*) *adj.* Del Brasil.
BRASILOGIA (*zilojía*) *fig.* Ciencia que trata del Brasil.
BRASILOGRAFIA (*zi*) *f.* Lo mismo que BRASILOGIA.
BRASINO, NA (*zi*) *adj. Bras. merid.* De color de brasa.
BRASONAR (*zo*) *v. tr.* Blasonar. *v. intr.* Blasonar.
BRAVATA *f.* Bravada, bravata, baladronada.
BRAVATEADOR, RA *adj. y s.* Bravucón, fanfarrón.
BRAVATEAR *v. tr.* Amenazar con bravatas. *v. intr.* Echar bravatas, bravear.
BRAVATEIRO, RA *adj.* Fanfarrón, jactancioso.
BRAVEJAR (*jar*) *v. intr.* Lo mismo que ESBRAVEJAR.
BRAVEZA (*za*) *f.* Braveza. Bravura. Bravío.
BRAVIO, VIA (*vío*) *adj.* Bravío (feroz, salvaje; silvestre). *m.* Terreno inculto, cubierto de maleza.
BRAVO, VA *adj.* Bravo. Ú. t. c. s. —! *interj.* ¡Bravo!
BRAVURA *f.* Bravura. Braveza.
BREADO, DA *adj. P.p. de Brear.* Embreado.
BREAR *v. tr.* Embrear.
BRECA (*brè*) *f.* Calambre. *Levado da* —. Travieso. *Com a* —! ¡Diablos!
BRECAR *v. tr.* Frenar.
BRECHA (*brècha*) *f.* Brecha. *fig.* Menoscabo, merma; perjuicio.
BREDO *m. Bot.* Bledo.
BREGMA *f. Anat.* Bregma.
BREJAL (*jal*) *m. Bras.* Brezal.
BREJÃO (*jáum*) *m. Bras.* Lo mismo que BREJAL.
BREJEIRADA (*jei*) *f.* Pillería. Truhanería. Reunión de pillos o truhanes.
BREJEIRAL (*jei*) *adj.* Propio de pillo, de tuno o licencioso.
BREIJERAR (*jei*) *v. intr.* Tunear, tunantear. Vagabundear. Llevar vida de holgazán.
BREJEIRICE (*jei*) *f.* Truhanería. pillería; tunantada.
BREJEIRO, RA (*jei*) *adj.* Tunante; pillo; truhán; licencioso; grosero; verde, libre. Ú. t. c. s.
BREJENTO, TA (*jen*) *adj.* Pantanoso. Donde hay brezales.
BREJO (*jo*) *m.* Pantano. Brezal. Matagal. *Bras.* Terreno fertilizado por las avenidas.
BREJOSO, SA (*jozo, òza*) *adj.* Lo mismo que BREJENTO.
BRENHA (*ña*) *f.* Breña. Breñal.
BRENHOSO, SA (*ñozo, òza*) *adj.* Breñoso.
BREQUE (*bré*) *m.* Break, coche de cuatro ruedas para excursiones. *Bras.* Freno (de un vehículo).
BREQUISTA *m. Bras.* Guardafrenos.
BRETANHA (*ña*) *f.* Bretaña (lienzo).
BRETÃO, TÃ (*táum, tán*) *adj. y s.* Bretón.
BRETE *m.* Trampa (para pájaros). *fig.* Trampa, engaño.
BREU *m.* Brea.
BREVE (*brè*) *adj.* Breve. *m. Mús.* Breve. Breve (buleto apostólico). *Bras.* Escapulario. *adv.* Breve, en breve. *Em* —. *m. adv.* En breve.
BREVIÁRIO *m.* Breviario. *Ler pelo mesmo* —. *fr. fig.* Tener los mismos gustos o opiniones.
BREVIDADE *f.* Brevedad.
BRIDA *f.* Brida. *A toda a* —. *m. adv.* A toda brida, a todo correr.
BRIDÃO (*dáum*) *m.* Bridón. Brida grande.
BRIDAR *v. tr.* Embridar. Refrenar. Enfrenar.
BRIGA *f.* Brega; pelea; disputa; riña; altercación; quimera; pendencia; lucha.
BRIGADA *f. Mil.* Brigada.
BRIGADEIRO (*dei*) *m.* Brigadier.
BRIGADOR, RA *adj. y s.* Pendenciero; peleador.
BRIGALHADA (*lla*) *f. Bras.* Brega prolongada.
BRIGANTE *adj.* Que brega, que pelea.
BRIGÃO, ONA (*gáum*) *adj.* Quimerista, pendenciero, breguista; rencilloso.
BRIGAR *v. intr.* Bregar, reñir, pelear, luchar, disputar.
BRIGUE *m. Mar.* Bergantín. — *barca.* Bricbarca.
BRIGUENTO, TA *adj.* Lo mismo que BRIGÃO.

BRILHANTE (*llan*) *adj.* Brillante. *m.* Brillante (diamante abrillantado).
BRILHANTINA (*llan*) *f.* Brillantina.
BRILHANTISMO (*llan*) *m.* Brillantez, lucimiento, esplendor.
BRILHAR (*llar*) *v. intr.* Brillar, resplandecer. *fig.* Brillar, lucir, sobresalir en algo.
BRILHARETO (*lla*) *m. despect.* Acción brillante, lucida.
BRILHATURA (*lla*) *f.* Acción brillante.
BRILHO (*llo*) *m.* Brillo.
BRIM *m.* Brín.
BRINCADEIRA *f.* Juguete. Entretenimiento. Broma. Chanza. Burla. Jugarreta.
BRINCADOR, RA *adj.* Juguetón. Chancero. Bromeador. Bromista.
BRINCALHÃO, ONA (*llaum*) *adj.* Lo mismo que BRINCADOR.
BRINCAR *v. tr.* Juguetear. Bromear. Chancear. Jugar (por espíritu de alegría y con el fin de divertirse). Brincar.
BRINCO *m.* Pendiente, zarcillo, aro. Juguete de niños. Juguete (objeto con que se entretienen los niños). Broma. chanza, burla. Brinco. Cosa muy limpia.
BRINDAR *v. tr.* Brindar.
BRINDE *m.* Brindis.
BRINJELA (*jé*) *f. Bot.* Berenjena.
BRINQUEDO *m.* Juguete (objeto con que se entretienen los niños). Broma, chanza. Diversión, entretenimiento.
BRINQUINHARIA (*ñaría*) *f.* Juguetería.
BRINQUINHEIRO (*ñei*) *m.* Fabricante de juguetes.
BRIO (*brío*) *m.* Brío, pujanza. *fig.* Espíritu, decisión, valor. *fig.* Garbo, gallardía, gentileza.
BRIÓIS (*òis*) *m. pl. Mar.* Brioles.
BRIÔNIA (*ò*) *f. Bot.* Nueza, brionia.
BRISA (*za*) *f.* Brisa, viento suave, airecillo. *Bras.* Falta de dinero.
BRITA *f.* Piedra machacada.
BRITADO, DA *adj.* Quebrado, partido, machacado.
BRITADOR, RA *adj. y m.* Machacador.
BRITAMENTO *m.* Quebrantamiento. Infracción.
BRITÂNICO, CA (*tá*) *adj.* Británico.
BRITAR *v. tr.* Quebrar, partir, quebrantar; machacar.
BRIVANA *f. Bras. nort.* Yegua.
BROA *f.* Pan de maíz, borona.
BROCA (*brò*) *f.* Broca, barrena, taladro.
BROCADILHO (*llo*) *m.* Brocadillo.
BROCADO, DA *adj.* Brocado.
BROCAR *v. tr.* Taladrar, barrenar.
BROCARDO *m.* Sentencia, adagio, refrán, proverbio.
BROCATEL (*tèl*) *m.* Brocatel.
BROCHA (*bròcha*) *f.* Brocha (para pintar). Clavo (de zapatero).
BROCHADO, DA (*cha*) *adj. P. p. de Brochar.* Encuadernado a la rústica.
BROCHADOR (*cha*) *m.* Encuadernador (que encuaderna a la rústica).
BROCHAGEM (*chajem*) *f.* Encuadernación a la rústica.
BROCHANTE (*chan*) *m.* Pintor de brocha gorda.
BROCHAR (*char*) *v. r.* Encuadernar a la rústica. Clavar (con clavo de zapatero).
BROCHE (*bròche*) *m.* Broche; corchete. Brocha (joya); imperdible, prendedor (de señoras).
BROCHOTE (*chò*) *m.* Canalla.
BROCHURA (*chura*) *f.* Arte de encuadernar a la rústica. Libro encuadernado a la rústica. Opúsculo.
BRÓCOLOS (*brò*) *m. pl.* Lo mismo que
BROCOS (*bró*) *m. pl. Bot.* Brécol.
BRÓDIO (*brò*) *m.* Francachela. *ant.* Bodrio, brodio.
BROEIRO *m.* Vendedor de broa.
BROMA *f.* Tapa (de una herradura). *Zool.* Brama. *Bras. R. Gr. del Sur.* Broma, chanza. Hombre estúpido. *adj.* Grosero, basto, inferior.
BROMAR *v. tr.* Bromar. *v. intr. Bras.* Tener mala suerte; quedarse atrás.
BROMETO *m. Quím.* Bromuro.
BROMIDROSE (*dròze*) *f. Pat.* Bromhidrosis.
BRÔMIO (*bró*) *m.* Lo mismo que
BROMO *m. Quím.* Bromo.

BRONCO, CA *adj.* Bronco; áspero.
BRONCOPNEUMONIA (nía) *f.* Bronconeumonia.
BRONQUICE *f.* Calidad de bronco. Estupidez.
BRÔNQUIOS (brón) *m. pl.* Bronquios.
BRONQUITE *f.* Bronquitis.
BRONZE (ze) *m.* Bronce.
BRONZEADO, DA (zea) *adj.* P. p. de *Bronzear.* Bronceado.
BRONZEADOR, RA (zea) *adj. y m.* Que boncea.
BRONZEAR (zear) *v. tr.* Broncear.
BRÔNZEO, EA (brónzeo) *adj.* Broncíneo: bron-ceado.
BRONZISTA (zis) *m.* Broncista.
BROQUEADO, DA *adj.* Llagado. Taladrado.
BROQUEAR *v. tr.* Lo mismo que BROCAR.
BROQUEL (quèl) *m.* Broquel.
BROQUELAR *v. tr.* Abroquelar.
BROQUELEIRO *m.* Broquelero.
BROQUENTO, TA *adj.* Llagado.
BROSSA (bròsa) *f.* Cepillo de impresor. Bruza.
BROTAÇÃO (sáum) *f.* Brotación.
BROTAMENTO *m.* Brotadura.
BROTAR *v. intr. y tr.* Brotar.
BROTO (brò) *m.* Brote, yema, botón, renuevo.
BROTOEJA (ja) *f.* Especie de erupción cutánea.
BRUACA *f. Bras.* Mala de cuero. Ramera.
BRUÇOS (DE) (sos) *m. adv.* Boca abajo, de bruces.
BRULHO (llo) *m.* Orujo de aceituna.
BRULOTE (lò) *m. Mar.* Brulote.
BRUMA *f.* Bruma, niebla.
BRUMOSO, SA (mozo, óza) *adj.* Brumoso, nebu-loso.
BRUNIDO, DA *adj.* P. p. de *Brunir,* bruñido.
BRUNIDOR, RA *adj. y s.* Bruñidor.
BRUNIDURA *f.* Bruñidura.
BRUNIR *v. tr.* Bruñir.
BRUNO, NA *adj.* Bruno, escuro. Infeliz.
BRUSCO, CA *adj.* Brusco, áspero, despicable.
BRUSQUIDÃO (dáum) *f.* Brusquedad.
BRUSSA (sa) *f.* Lo mismo que BROSSA.
BRUTA (À) *m. adv.* Con violencia. Sin medida. En cantidad.
BRUTAL *adj.* Brutal.
BRUTALIDADE *f.* Brutalidad.
BRUTALIZAR (zar) *v. tr.* Embrutecer. *v. tr.* Bruta-lizarse, embrutecerse.
BRUTAMONTES *m.* Bruto, hombre grosero.
BRUTEZA (za) *f.* Lo mismo que
BRUTIDADE *f.* Bruteza, brutalidad.
BRUTIDÃO (dáum) *f.* Bruteza, brutalidad.
BRUTIFICAR *v. tr.* Embrutecer. Ú. t. c. r.
BRUTO, TA *adj.* Bruto. *m.* Bruto.
BRUXA (cha) *f.* Bruja, hechicera. *fig.* Bruja, mujer fea y vieja. *Bras.* Muñeca de trapos.
BUXARIA (charía) *f.* Brujería.
BRUXEAR (chear) *v. intr.* Brujear, hacer brujerías.
BRUXEDO (che) *m.* Brujería.
BRUXO (cho) *m.* Brujo, hechicero.
BRUXOLEANTE (cho) *adj.* Temblante (hablando de una luz).
BRUXOLEAR (cho) *v. intr.* Temblar una luz cuan-do se esta apagando. Apagarse (una luz).
BRUXOLEIO (cho) *m.* Acción y efecto de BRU-XOLEAR.
BUBA *f.* Buba. Postilla.
BUBÃO (báum) *m.* Bubón.
BUBÔNICA (bò) *f.* Peste bubónica.
BUBUIA *f. Bras.* Acción de flotar. *De* —. *m. adv.* A flote, flotando.
BUBUIAR *v. intr. Bras.* Flotar, ir flotando.
BUCAL *adj.* Bucal.
BUÇAL (sal) *m. Bras. merid.* Bozal.
BUÇALETE (sa) *m. Bras. merid.* Buzalillo, buzal pequeño.
BUCANEIRO *m. Bras.* Cazador de buyes salvajes. *pl.* Bucaneros.
BUCHA (cha) *f.* Taco (de arma de fuego). Buje. Tapón.
BUCHADA (cha) *f.* Estómago de los animales. *fig.* Hartazgo.
BUCHEIRO (chei) *m.* Tripero.

BUCHO (cho) Buche (estómago de los animales, excluidas las aves). *fam.* Buche, panza, estómago del hombre. *Bras.* Ramera.
BUCHUDA (chu) *adj. pop. Bras.* Encinta.
BUCINADOR *adj. Anat.* Buccinador. Ú. t. c. s.
BUCO *m.* Cabida (de un buque).
BUÇO (so) *m.* Bozo.
BUCÓLIZAR (zar) *v. intr.* Hacer bucólicas.
BUCRÂNIO (crá) *m. Arq.* Bucranio.
BUEIRO *m.* Respiradero; canal; agujero; tronera.
BUFÃO (fáum) *m.* Fanfarrón. Bufón, truhán, juglar.
BUFAR *v. tr.* Bufar. Ú. t. c. intr.
BUFARINHAS (ñas) *f. pl.* Buhonería (baratijas).
BUFARINHEIRO (ñei) *m.* Buhonero.
BUFETE (fè) *m.* Aparador, credencia, buffet. *ant.* Bufete.
BUFIDO *m.* Bufido.
BUFO *m.* Bufido. Bufón, truhán. *adj.* Bujo.
BUFONARIA (ría) *f.* Bufonada.
BUFONEAR *v. intr.* Bufonearse, decir bufonadas. Hacer el bufón.
BUGALHO (llo) *m.* Bugalla.
BUGALHUDO, DA (llu) *adj.* De forma de agalla.
BUGIA (jía) *f.* Bujía (vela de cera). Especie de macaca.
BUGIAR (jiar) *v. intr.* Monear, hacer monadas. *Mandar* —. Mandar a paseo.
BUGIARIA (jiaría) *f.* Monada, monería. Bagatela, friolera.
BUGIGANGA (ji) *f.* Lo mismo que BUGIARIA. Bagatela, friolera, fruslería. Quinquillería, quin-callería.
BUGIO (jío) *m. Zool.* Mono, especie de mono. Lo mismo que BATE-ESTACAS.
BUGLOSSA (glòsa) *f. Bot.* Buglosa, lengua de buey.
BUGRA *f. Bras.* Hembra del bugre.
BUGRADA *f. Bras.* Reunión de indios o bugres. Acción propia de bugre.
BUGRARIA (ría) *f. Bras.* Lo mismo que BUGRA-DA, 1ª acep.
BUGRE *m. Bras.* Indio, salvaje. Bugre (indigena del sur del Brasil)
BUGREIRO *m. Bras.* Cazador de indios.
BUIDO, DA *adj.* Buido, aciclado; bruñido.
BUINHO (ño) *m.* Mimbre.
BUIR *v. tr.* Buir, aciclar. Bruñir.
BUJÃO (jáum) *m.* Tapón. Cuña pequeña. Espiche.
BUJARRONA (ja) *f. Mar.* Foque.
BULA *f.* Bula (documento pontificio; sello de plomo pendiente de ciertos documentos). Explicación impresa que acompaña a un medicamento.
BULAR *v. tr. ant.* Sellar con la bula.
BULÁRIO *m.* Oficial que copiaba las bulas. Bulario.
BULÁTICO, CA *adj.* Relativo a las bulas.
BULBO *m.* Lo mismo que BOLBO.
BULCÃO (cáum) *m.* Nubarrones que anuncian una tempestad. Humarada.
BULDOGUE (dò) *m.* Buldog, alano o perro de presa.
BULE *m.* Tetera.
BULEIRO *m.* Bulero.
BULEVAR *m.* Bulevar, gran vía, paseo público.
BULHA (lla) *f.* Bulla, gritería, ruido de personas. Barullo, desorden, motín, alboroto. Ruido.
BULHAR (llar) *v. intr.* Alborotar; reñir; bregar.
BULHARAÇA (llarasa) *f. pop.* Bulla grande, bu-llanguería, gritería.
BULHENTO, TA (llen) *adj.* Bullanguero, alboro-tador.
BULÍCIO *m.* Bullicio.
BULIÇOSO, SA (sozo, òza) *adj.* Bullicioso.
BULIDEIRO, RA *adj.* Bullidor.
BULIR *v. tr.* Menear, agitar, remover. *v. intr.* Bullir; moverse, agitarse, no estarse quieto. *v. r.* Bullirse.
BUMBA! *interj.* ¡Zas!
BUMBAR *v. tr. Bras. nort.* Apalear.
BUMBO *m. Bras.* Lo mismo que BOMBO.
BUNDA *f. Bras.* Nalgas.
BUNDO *m.* Lengua de los bundas.
BUR *m.* Bóer.
BURACO *m.* Agujero. Barranco. Madriguera. Hoyo.
BURAQUEIRO *m.* Terreno lleno de barrancos.

BURDO, DA *adj.* Basto, grosero, burdo.
BUREL (rèl) *m.* Buriel, paño buriel. Sayal.
BURELA (rè) *f. Bras.* Burel.
BURGALHÃO (lláum) *m.* Banco de conchas.
BURGALHAU (llau) *m. Bras.* Canto rodado.
BURGAU *m.* Cascajo.
BURGO *m.* Aldea o pueblo que depende de otro, burgo.
BURGOMESTRE (mès) *m.* Burgomaestre.
BURGUÊS, SA (guès, za) *adj. y f.* Burgués.
BURGUESIA (zía) *f.* Burguesía.
BURIL *m.* Buril.
BURILADA *f.* Burilada (golpe, rasgo de buril).
BURILAR *v. tr.* Burilar.
BURITI *f. Bot.* Nombre de diversas especies de palmas.
BURITIZAL (zal) *m. Bras.* Sitio poblado de
BURITIZEIRO (zei) *m. Bras.* Lo mismo que BU-RITI.
BURLA *f.* Burla. Chanza. Engaño.
BURLANTIM *m. Bras.* Volatinero.
BURLÃO (láum) *adj. y m.* Burlón.
BURLAR *v. tr.* Burlar. Engañar. Chasquear, zumbar.
BURLEQUEADOR, RA *adj. y s.* Holgazán. Calle-jero. Vagabundo.
BURLEQUEAR *v. intr. Bras.* Andar vago, callejar.
BURLESCO, CA *adj.* Burlesco, jocoso, festivo. Ridículo.
BURLESQUEAR *v. tr.* Bufonear, decir bufonadas. *v. tr.* Hablar burlescamente.
BURLISTA *m.* Burlón.
BURLOSO, SA (lozo, òzo) *adj.* Que tiene burla.
BUROCRACIA (cía) *f.* Burocracia.
BUROCRATA (crá) *m.* Burócrata.
BUROCRATIZAR (zar) *v. tr.* Dar caráter burocrá-tico a alguna cosa.
BURRA *f.* Caja de caudales. Burra, asna.
BURRADA *f.* Necedad, asnería, burrada.
BURRAMA (ra) *f.* Burrada (manada de burros).
BURRÃO (rráum) *m. aum.* de *Burro.*
BURRICA *f.* Borrica.
BURRICADA *f.* Borricada; burrada. Asnería, ne-cedad.
BURRICAL *adj.* Borriqueño. Asnal.
BURRICE *f.* Necedad, asnería. Mal humor, bocico.
BURRICO *m.* Borrico.
BURRIFICAR *v. tr.* Hacer estúpido. Ú. t. c. r.
BURRINHO (ño) *m.* Borrico.
BURRIQUEIRO *m.* Borriquero.
BURRO *m.* Burro, asno. Burro (cierto juego de naipes). *fig.* Burro, asno, borrico, persona ruda. Ú. t. c. adj. Motor pequeño. Borrico (armazón para serrar).
BURUNDANGA *f.* Palabrería. Comida grosera. *pl.* Fruslerías.
BURUSO (zo) *m.* Burujo, borujo.
BUS *m.* Ú. solamente en la expresión *sem dizer chus nem* —. Sin decir oste ni moste, sin hablar una palabra.
BUSCA *f.* Búsqueda, busca. Busca, perro de busca.
BUSCADO, DA *adj.* P. p. de *Buscar.* Estudiado, hecho con artifício. Buscado.
BUSCAPÉ (pè) *m.* Buscapiés, cohete rastrero.
BUSCAR *v. tr.* Buscar. *fam.* Traer.
BUSILIS (zi) *m.* Busilis, punto en que estriba una dificuldad.
BÚSSOLA (so) *f.* Brújula, aguja de marear.
BUSSOLEAR (so) *v. intr. fig.* Orientar, nortear, guiar.
BUSTO *m.* Busto.
BUSTUÁRIO *m.* Artista que hacc bustos.
BUTIÁ *f. Bot.* Butia. Nombre de otras palmeras.
BUTUCA *f. Bras.* Espuéia.
BUTUCAR *v. tr. Bras.* Espolear.
BUXAL (chal) *m.* Bojedal.
BUXO (cho) *m. Bot.* Boj.
BUZARANHO (zaráño) *m.* Musgaño, musaraña.
BUZINA (zi) *f.* Bocina. Caracola, bocina. Bocina, Osa Menor. Bocina de automóvil. *adj. Bras. Río Gr. del Sur.* Colérico; atrevido.
BUZINAR (zi) *v. intr.* Bocinar. *v. tr.* Repetir con instancia una cosa.
BÚZIO (zio) *m.* Caracola, bocina. Trompeta. Buzo; somorgujador.

C (ce) *m.* Tercera letra, y segunda de las consonantes, del abecedario portugués.

CÁ *adv. l.* Acá, aquí, hacia aquí, cerca de este sitio. *De então para* —. De entonces acá. *De — para lá. m. adv.* De acá para allá, de una a otra parte. — *entre nós.* Entre nosotros.

CÃ (cán) *f.* Cana. Cabello blanco. Ú. m. en pl.

CÃ (cán) *m.* Can, kan.

CAATINGA *f. Bras.* Lo mismo que CATINGA.

CABAÇA (sa) *f.* Calabaza, calabacino.

CABAÇADA (sa) *f.* Lo contenido en un calabacino.

CABACEIRO *m. Bot.* Calabacera. Calabacero.

CABACEIRO *m. Bot.* Calabacero (árbol).

CABACINHA (ña) *f. dim.* de *Cabaça.* Calabacita. *Bot.* Calabacín.

CABACINHO (ño) *m. Bot.* Calabacilla.

CABAÇO (so) *m.* Fruto del calabacero. Calabacino, calabaça.

CABAIA *f.* Manto largo que usan los chinos.

CABAL *adj.* Cabal, acabado, completo, perfecto.

CABALA *f.* Cábala. *fig.* Cabala, negociación artificiosa.

CABALAR *v. intr.* Cabalizar. Enredar, intrigar. Conseguir electores.

CABALMENTE *adv. m.* Cabal, cabalmente, precisamente, al justo.

CABANA *f.* Cabaña; choza.

CABANEIRO *m.* Hombre que vive en una cabaña. Cesto de mimbre.

CABAZ *m.* Cabás, cestillo de paja. Canasto. Portaviandas, fiambrera.

CABAZADA (za) *f.* Cabás lleno. Gran cantidad.

CABAZEIRO (zei) *m.* Fabricante de cabases.

CABEAR *v. intr.* Colear (el caballo).

CABEÇA (sa) *f.* Cabeza (en todas las principales acepciones de este vocablo)

CABEÇADA (sa) *f.* Cabezada (golpe). Cabezada (correaje con que se ciñe la cabeza de una caballería).

CABEÇAL (sal) *m.* Cabezal (que se pone sobre la cisura de la sangría).

CABEÇALHO (sallo) *m.* Cabezal; lanza (de los coches). Cabecera. Encabezamiento.

CABEÇÃO (sáum) *m.* Cabezón (de la camisa). Cuello (de capa o vestido).

CABEÇARIA (saría) *f.* Piedras groseras que emplean en los cimientos de un edificio.

CABECEAR *v. intr.* Cabecear.

CABECEIRA *f.* Cabecera.

CABECILHA (lla) *m.* Cabecilla, jefe de rebeldes.

CABEÇO (so) *m.* Cabezo, montecillo aislado. Cabezo, cumbre.

CABEÇORRA (so) *f. pop. aum.* de *Cabeça.* Cabezota, cabezorro.

CABEÇUDO, DA (su) *adj.* Cabezudo. *fig.* Cabezudo, obstinado, terco.

CABEDAL *m.* Capital, hacienda, riqueza, dinero. Piel curtida para zapatos.

CABEDELO *m.* Pequeño cabo de arena.

CABEIO *m. Bras.* Coleada, coleadura (hablando de caballos).

CABEIRO, RA *adj.* Último, postrero.

CABELADURA *f.* Cabellera.

CABELEIRA *f.* Cabellera (pelo de la cabeça). Cabellera (pelo postizo). Cabellera (de un cometa). *Pau de* —. Persona que ayuda alguien a hacer la corte a una señora.

CABELEIREIRO *m.* Peluquero.

CABELO *m.* Cabello, pelo. Pelo (muelle). *De — na venta.* Bravo, pendenciero, áspero.

CABELUDO, DA *adj.* Peludo, cabelludo.

CABER *v. intr.* Caber (poder conterse una cosa dentro de otra; pertenecer o tocarle a uno alguna cosa). Comprender, entender. Caber (tener lugar o entrada en alguna parte).

CABIDA *f.* Cabida, cabimiento. Oportunidad. Acojimiento. Valimiento, privanza.

CABIDE *m.* Percha (para ropas, sombreros, etc).

CABIDELA (dé) *f.* Menudillo. Guisado hecho con el menudillo.

CABIDO *m.* Cabildo.

CABIMENTO *m.* Lo mismo que CABIDA.

CABINA *f.* Cabina, departamento a modo de camarote.

CABISBAIXO, XA (cho) *adj.* Cabizbajo.

CABÍVEL *adj.* Que tiene cabida.

CABO *m.* Cabo (extremo de una cosa; mango; porción de tierra elevada que se interna en el mar; fin, término, remate; individuo inmediatamente superior al soldado; caudillo, capitán, jefe; cualquiera cuerda de las empleadas a bordo). Cable elétrico. Cable submarino. — *de laborar.* Cabo de labor. *Ao — de. m. adv.* Al fin de. *Dar* —. Concluir, acabar; destruir.

CABOCLO *m. Bras.* Indígena cobrizo. Mulato. Mestizo de blanco con indio. Aldeano, hombre rústico. Tapuya. Habitante de los lugares muy alejados de la costa.

CABOGRAFAR *v. tr.* Cablegrafiar.

CABOGRAMA *m.* Cablegrama.

CABORÉ (rè) *m. Zool.* Caburé.

CABORTAR *v. intr. Bras.* Mentir.

CARBOTEAR *v. intr.* Proceder como

CABORTEIRO, RA *adj. Bras.* Bellaco. Mañoso. Arisco. Corcoveador (hablando de caballos).

CABOTAGEM (jem) *f.* Cabotage.

CABOTAR *v. intr.* Hacer cabotaje.

CABOTINAGEM (jem) *f.* Lo mismo que

CABOTINISMO *m.* Comiquería. *fig.* Calidad del que se alaba, del que todo lo hace ostentosamente.

CABOTINO *m.* Cómico. *fig.* El que se alaba, que todo lo hace ostentosamente.

CABOUCADOR *m.* Lo mismo que CAVOUCADOR.

CABOUCAR *v. tr.* Lo mismo que CAVOUCAR.

CABOUCO *m.* Cueva, foso. Excavación para los cimientos de un edificio.

CABOUQUEIRO *m.* Cavador; cantero; excavador.

CABOZ *m.* Nombre común a diferentes especies de pescados.

CABRA *f.* Cabra (hembra del macho cabrío). *Bras.* Cabria pequeña. *m. Bras.* Mestizo; mulato. *Bras.* Individuo, sujeto. *Bras.* Asesino asalariado. *Pé de* —. Especie de palanca de hierro. — *cega.* Gallina ciega (juguete de niños).

CABRADA *f.* Cabrío, rebaño de cabras.

CABRAMO *m.* Traba (para atar el pie del buey a un cuerno).

CABRAO (bráum) *m.* Cabrón, macho cabrío.

CÁBREA *f.* Cabria.

CABREIRO *m.* Cabrerizo, cabrero.

CABRESTANTE *m.* Cabestrante (torno vertical para mover piezas de mucho peso).

CABRESTÃO (táum) *m.* Cabestro muy fuerte.

CABRESTEADOR, RA *adj. Bras.* Lo mismo que CABRESTEIRO.

CABRESTEAR *v. intr. Bras.* Cabestrear.

CABRESTEIRO, RA *adj. Bras.* Que se deja llevar del cabestro. *m.* Cabestrero (el que hace o vende cabestros).

CABRESTILHO *m.* Cabestrillo.

CABRESTO *m.* Cabestro.

CABREÚVA *f. Bot. Bras.* Árbol leguminoso (*Myrocarpus frondoso*).

CABRIÃO (briáum) *m.* Persona molesta.

CABRIL *m.* Corral de cabras.

CABRIM *m.* Cabritilla.

CABRIOLA (brió) *f.* Cabriola; brinco; voltereta.

CABRIOLAR *v.intr.* Cabriolear.

CABRITA *f.* Cabrita (cria de la cabra). *Mil.* Cabra.

CABRITAR *v. intr.* Brincar como los cabritos.

CABRITO *m.* Cabrito (cría de la cabra). *Bras.* Mulato.

CABROCHA (bròcha) *f. Bras.* Muchacha mestiza, casi negra. *m.* Mestizo casi negro.

CABRUM *adj.* Cabruno.

CÁBULA *m.* Estudiante que hace novillos. Rabona, novillo. *adj.* Astuto, mañoso.

CABULAR *v. intr.* Hacer novillos o rabonas un estudiante.

CABULICE *f.* Acción própia de un *Cábula.*

CABULOSO, SA (lozo, óza) *adj. Bras.* Que trae mala suerte. Aburrido.

CABUNDÁ *m. Bras.* Esclavo ladrón.

CABUNGO *m. Bras.* Orinal, bacín.

CAÇA (sa) *f.* Caza (acción de cazar; animales que son objeto de ella, antes y después de cazados).

CACABORRADA *f. pop.* Asnería; despropósito. Chapucería; disparate.

CAÇADA (sa) *f.* Cacería.

CAÇADEIRA (sa) *f.* Cazadora (especie de chaqueta). Escopeta de caza.

CAÇADEIRO, RA (sa) *adj.* Propio para cazar

CAÇADO, DA (sa) *adj. P. p.* de *Caçar.* Cazado.

CAÇADORA, RA (sa) *adj. y s.* Cazador. *m.* Cazador (soldado de tropa ligera).

CAÇAMBA (sám) *f. Bras.* Alcaduz. Cualquier balde.

CAÇANTE (san) *adj.* Que caza.

CAÇÃO (sáum) *m. Zool.* Cazón. Tiburón.

CAÇAPO (sa) *m.* Gazapo. *fig.* Hombre bajo y grueso.

CAÇAR (sar) *v. tr.* Cazar. *Mar.* Cazar *v. intr.* Alejarse del rumbo.

CACARÁ *m. Bras.* Lo mismo que BISBÓRRIA.

CACARACÁ *m. Bras.* Fruslería.

CACARECOS (rè) *m. pl. Bras.* Trastes, muebles viejos; cosas viejas o inservibles.

CACAREJAR (jar) *v. intr.* Cacarear.

CACAREJO (jo) *m.* Cacareo.

CACARÉUS (rèus) *m. pl.* Lo mismo que CACARECOS.

CACARIA (ría) *f.* Trebejos, cachivaches. Montón de cachos.

CAÇAROLA (sarò) *f.* Cazuela. Cacerola.
CACAU *m.* Cacao (fruto).
CACAUEIRO *m. Bot.* Cacao (planta).
CACAUZEIRO (zei) *m.* Lo mismo que CACAUEIRO.
CAÇAVA (sa) *f.* Lo mismo que
CAÇAVE (sa) *m.* Cazable.
CÁCEA *f.* Acción y efecto de
CACEAR *v. intr. Mar.* Garrar.
CACETADA *f.* Garrotazo. Cachiporrada. *Bras.* Lo mismo que CACETEAÇÃO.
CACETAR *v. tr.* Golpear, apalear, aporrear.
CACETE *m.* Garrote. Palo. Bordón, bastón. *adj. Bras.* Importuno, molesto, enfadoso. Ú. t. c. s.
CACETEAÇÃO (sáum) *f.* Importunación, molestia.
CACETEAR *v. tr.* Apalear, aporrear, vapulear. *Bras.* Importunar, molestar.
CACETEIRO *m.* Importuno, molesto.
CACHA (cha) *f.* Engaño, disimulo.
CACHAÇA (chasa) *f. Bras.* Cachaza, caña, aguardiente. *fig.* Tema, manía, chifladura.
CACHAÇÃO (chasáum) *m.* Pescozón, pescozada.
CACHAÇEIRO, RA (cha) *adj.* Lo mismo que CACHAÇUDO. *Bras.* Que toma mucha caña o cachaza. Ú. t. c. s.
CACHAÇO (chaso) *m.* Cervigón, cerviguillo.
CACHAÇUDO, DA (chasu) *adj.* Orgulloso, soberbio. Cervigudo.
CACHALOTE (chalò) *m. Zool.* Cachalote.
CACHAMORRA (cha) *f.* Cachiporra.
CACHAMORRADA (cha) *f.* Cachiporrazo.
CACHÃO (cháum) *m.* Cachón.
CACHAPORRA (cha) *m.* Cachiporra.
CACHAPORRADA (cha) *f.* Cachiporrazo.
CACHAR (char) *v. tr.* Esconder. Tapar. *v. intr.* Traicionar.
CACHEADO, DA (chea) *adj.* Rizado.
CACHEAR (chear) *v. intr.* Echar racimos.
CACHEIRA (chei) *f.* Clava, palo; varapalo.
CACHEIRADA (chei) *f.* Cachiporrazo.
CACHETAR (che) *v. tr. Bras.* Burlar, zumbar.
CACHIMANA (chi) *f.* Ardid, artificio, engaño.
CACHIMBADA (chim) *f.* Porción de tabaco que cabe en una pipa. Humo de la pipa.
CACHIMBADOR, RA (chim) *adj.* Que fuma en pipa.
CACHIMBAR (chim) *v. tr.* Pipar, fumar en pipa.
CACHIMBO (chim) *m.* Pipa (para fumar).
CACHIMÔNIA (chimò) *f.* Juicio, cabeza. Cachaza.
CACHINADA (chi) *f.* Carcajada burlona.
CACHINAR (chi) *v. intr.* Reír a carcajadas.
CACHO (cho) *m.* Racimo.
CACHOAR (cho) *v. intr.* Formar cachones o despeñaderos de agua. Borbotear, borbollonear.
CACHOEIRA (choei) *f.* Cascada, despeñadero de agua.
CACHOEIRO (choei) *m. Bras. E. Santo.* Lo mismo que CACHOEIRA.
CACHOLA (cho) *f. pop.* Calamorra, cabeza.
CACHOLETA (cho) *f.* Cachete, cocotazo.
CACHOPO (cho) *m.* Muchacho. Bajo, bajío. Escollo. *fig.* Escollo, riesgo, peligros.
CACHORRA (cho) *f.* Cachorra (perra de poco tiempo) *Bras.* Perra.
CACHORRADA (cho) *f. Bras.* Perrería, perrada.
CACHORRINHO (chorriño) *m. Bras.* Perrito.
CACHORRISMO (cho) *m. Bras.* Perrada, acción villana.
CACHORRO (cho) *m.* Cachorro. *Bras.* Perro.
CACIFO *m.* Cofrecito. Cuarto oscuro. Caja. Cajón (de mueble).
CACIMBA *f.* Niebla. Llovizna. *Bras.* Cacimba (hoyo para agua potable).
CACIQUE *m.* Cacique.
CACO *m.* Cacho, pedazo de alguna cosa; brizna. *pl.* Trebejos, cachivaches. Muebles viejos.
CAÇO (so) *m. p. us.* Cazo. Cazuela. Cuchara. Cucharón.
CAÇOADA (soa) *f.* Chanza, broma, zumba, mofa.
CAÇADOR, RA (so) *adj.* Zumbón, burlón.
CAÇOANTE (soan) *adj.* Lo mismo que CAÇOADOR.
CAÇOAR (soar) *v. tr.* Zumbar, mofar, burlarse. Ú. t. c. intr.

CACODÍLIO *m. Quím.* Cacodilo.
CACOETE *m.* Cacoetes.
CACOFONIA (nía) *f.* Cacofonía.
CACOFONIAR *v. intr. Bras.* Hacer cacofonía.
CAÇOILA (soi) *f.* Cazuela.
CAÇOÍSTA (soís) *m.* Bromista.
CAÇOLETA (so) *f.* Cazoleta (de las armas de chispa). Cazuela. Sartén. Copela.
CAÇONETE (so) *m. Mar.* Cazonete.
CACTO *m. Bot.* Cacto.
CAÇUÁ (suá) *m.* Angarillas de mimbre (para transportes en cabalgaduras).
CAÇULA (su) *m. Bras.* Benjamín, el hijo más pequeño.
CAÇULO (su) *m. Bras.* Lo mismo que CAÇULA.
CAÇUNDA *f. Bras.* Espaldas. *fig.* Responsabilidad; conciencia.
CADA *adj.* Cada. — *um.* Cada uno. — *qual.* Cada cual. A — *passo.* Frecuentemente.
CADAFALSO *m.* Cadalso (para ejecutar).
CADARÇO (so) *m.* Cadarzo. Cinta estrecha.
CADASTE *m. Mar.* Codaste.
CADASTRAGEM (jem) *f.* Organización de un censo o padrón.
CADASTRAL *adj.* Censual.
CADASTRAR *v. tr.* Acensuar.
CADASTRO *m.* Censo, padrón.
CADÁVER *m.* Cadáver, cuerpo muerto.
CADAVERIZAÇÃO (zasáum) *f.* Acción y efecto de
CADAVERIZAR (zar) *v. tr.* Reducir a cadáver.
CADAVEROSO, SA (rozo, òza) *adj.* Cadavérico, cadaveroso.
CADÊ (dé) *Bras. pop.* ¿Dónde está?
CADEADO *m.* Candado.
CADEIA *f.* Cadena. Esposas. Grillete. Cárcel. Serie. *fig.* Esclavitud.
CADEIRA *f.* Silla (para sentarse). Cátedra. *pl.* Caderas (del cuerpo humano). — *de balanço.* Mecedora (silla). — *de braços.* Silla de brazos, silla poltrona.
CADEIRADA *f.* Silletazo.
CADEIREIRO *m.* Sillero.
CADEIRINHA (nã) *f.* Silla de manos. *dim.* de *Cadeira.*
CADEIRUDO, DA *adj. Bras.* Caderudo.
CADELA (dè) *f.* Perra.
CADÊNCIA (dén) *f.* Cadencia.
CADENCIADO, DA *adj.* Cadencioso, cadenciado.
CADENCIAR *v. tr.* Dar cadencia.
CADENTE *adj.* Cadente.
CADERNA (dèr) *f. Bras.* Cuaderna.
CADERNAL *m. Mar.* Cuadernal. Motón.
CADERNETA *f.* Cuadernillo. Libro de memoria. Cuaderno.
CADERNO (dèr) *m.* Cuaderno.
CADETE *m.* Cadete (alumno de un colegio militar).
CADIMO, MA *adj.* Diestro, ducho; fino, sutil, sagaz. Frecuentado, común.
CADINHO (ño) *m.* Crisol.
CADOZ *m.* Cueva, madriguera. Agujero (en el juego de pelota).
CADUCAR *v. intr.* Caducar, chochear, caduquear.
CADUCEU *m.* Caduceo.
CADUCIDADE *f.* Caducidad.
CADUCO, CA *adj.* Caduco, decrépito, achacoso, muy anciano.
CADUQUICE *f. Bras.* Caduquez; caducidad.
CAFAJESTADA (jes) *f. Bras.* Tunantada.
CAFAJESTE (jès) *m. Bras.* Hombre de baja condición; tuno.
CAFÉ (fè) *m.* Café (semilla; bebida). Cafetín. Cafeto, café. — *pequeno. Bras.* Cosa que no ofrece la menor dificultad.
CAFEEIRO *m. Bot.* Cafeto, café.
CAFELAMA *f. Bras.* Grandes cafetales.
CAFETÃ (tán) *m.* Caftán.
CAFETÃO (táum) *m. Bras. Germ.* Rufián, caften.
CAFETEIRA *f.* Cafetera (vasija).
CAFEZAL (zal) *m.* Cafetal.
CAFEZEIRO (zei) *m. Bot.* Cafeto, café.
CAFEZINHO (fèziño) *m. Bras.* Café servido en taza pequeña.
CAFEZISTA (zis) *m.* Persona que toma mucho café. *Bras.* Plantador de café; dueño de un cafetal.
CAFIFA *f. Bras.* Mala suerte.
CAFIFAR *v. intr.* Lo mismo que ENCAFIFAR.

CÁFILA *f.* Caravana. Cáfila (de camelos). *fig.* Caballa, conjunto de personas despreciables o de mala vida.
CAFOTO *m. Bras.* Letrina.
CAFRARIA (ría) *f.* Cafrería. Multidud de cafres.
CAFRE *adj. y s.* Cafre.
CAFRICE *f.* Acción propia de un cafre. *fig.* Atrocidad, barbaridad, crueldad.
CÁFTEN *m. Bras.* Rufián, caften.
CAFTINA *f. Bras.* Alcahueta.
CAFUA (fú) *f.* Caverna, antro. Cueva. Habitación miserable. *Bras.* Cárcel.
CAFUNDÓ (dò) *m. Bras.* Lo mismo que *Cafua.* Lugar muy apartado. — *de judas. Bras.* Sitio muy alejado.
CAFUNÉ (nè) *m. Bras.* Acción de rascar la cabeza de alguno, castañeteando con los dedos.
CAFURNA *f.* Lo mismo que CAFUÁ.
CAFUS *m.* Lo mismo que
CAFUSO (zo) *m.* Hijo de india y negro, o viceversa.
CÁGADO *m.* Galápago. Tortuga (terrestre).
CAIAÇÃO (sáum) *f.* Blanqueo, blanqueamiento.
CAIADELA (dè) *f.* Lo mismo que CAIADURA.
CAIADO, DA *adj. P. p.* de *Caiar.* Blanqueado; enlucido.
CAIADOR *m.* Blanqueador; enlucidor.
CAIADURA *f.* Blanqueadura, blanqueo. Enlucimiento.
CAIAR *v. tr.* Blanquear, enlucir con cal.
CAIBRAMENTO *f.* Tablazón del techo.
CAIBRAR *v. tr.* Poner cabrios.
CAIBRO *m.* Cabrio.
CAIÇARA (sa) *f. Bras.* Especie de cerca o cercado. Corral.
CAÍDA *f.* Caida (acción de caer; declinación, declive). *fig.* Decadencia.
CAÍDO, DA *adj. P.p.* de *Cair.* Caído. Desfallecido, amilanado. Triste, abatido. *Bras.* Rendido, enamorado.
CAIEIRA *f.* Calera (sitio de donde se extrae la piedra de que se hace cal). *Bras.* Calera (horno donde se quema la dicha piedra).
CAIEIRO *m.* Blanqueador, enlucidor.
CAIMÃO (máum) *m.* Caimán.
CAIMBRA *f.* Calambre.
CAIMENTO *m.* Caimiento, caída; declinación, declive.
CAINHEZA (ñeza) *f. Bras.* Avaricia.
CAINHO, NHA (ño) *adj.* Canino. *Bras.* Avariento, mezquino.
CAIPIRA *m. Bras.* Nombre que se da a los campesinos o aldeanos.
CAIPORA (pò) *adj. Bras.* Infeliz
CAIPORICE *f.* Lo mismo que
CAIPORISMO *m. Bras.* Infelicidad, mala suerte.
CAÍQUE *m. Mar.* Caique.
CAIR *v. intr.* Caer. — *em si.* Darse cuenta.
CAIREL (rèl) *m.* Borde, orilla. Cairel.
CAIS *m.* Andén. Muelle (para embarque y desembarque, en un puerto).
CAIXA (cha) *f.* Caja (pieza hueca que sirve para meter dento alguna cosa; mueble para guardar dinero; parte del coche; hueco en el tablero de la ballesta; dependencia de las tesorerías, bancos y casas de comercio; cajero, encargado de guardar el dinero y efectuar los pagos; cajón para los signos tipográficos). — *alta. Impr.* Caja alta. — *baixa. Impr.* Caja baja. — *d'agua.* Depósito para recibir y repartir el agua. *fig. Bras.* Borrachín. — *de rufo.* Tambor. — *pregos.* Lugar muy alejado.
CAIXÃO (cháum) *m. aum.* de *Caixa.* Cajón. Caja, cajón. Caja, ataúd. *Bras. Amaz.* Cauce, lecho o madre de los ríos.
CAIXARIA (charía) *f.* Cajería. Cantidad de cajas.
CAIXEIRADA (chei) *f. despect.* Reunión de dependientes de casa de comercio; la clase de estos empleados.
CAIXEIRAL (chei) *adj. Bras.* Relativo a los dependientes de casa de comercio.
CAIXEIRAR (chei) *v. intr. Bras.* Ejercer la profesión de dependiente de casa de comercio.
CAIXEIRO (chei) *m.* Dependiente de casa de comercio. Cajero.
CAIXETA (che) *f. dim.* de *Caixa.* Cajeta, cajetín.

CALOR | 67

CAIXILHO (*chillo*) *m.* Cuadro (de vidriera, etc.). Marco (de puerta o ventana). Cerco; moldura.

CAIXINHA (*chiña*) *f. dim.* de *Caixa.* Cajeta, cajetín.

CAIXISTA (*chis*) *m. Impr.* Cajista.

CAIXOTARIA (*chotaría*) *f.* Cajería.

CAIXOTE (*chò*) *m.* Caja pequeña (para mercaderías, etc.).

CAIXOTEIRO (*cho*) *m.* Cajero (el que hace cajas).

CAIXOTIM (*cho*) *m. Impr.* Cajetín.

CAJÁ (*já*) *m. Bot. Bras.* Árbol anacardiaceo (*Spondias lutea*). Su fruto.

CAJADADA (*ja*) *f.* Cayadazo.

CAJADO (*ja*) *m.* Cayado.

CAJAZEIRA (*jazei*) *f. Bot. Bras.* Lo mismo que CAJÁ. 1ª acep.

CAJU *f. Bras.* Acajale, anacardo (fruto).

CAJUADA (*jua*) *f. Bras.* Bebida refrigerante hecha con el zumo del anacardo, agua y azúcar. Dulce de anacardo. *fig.* Confusión, desorden.

CAJUAL (*jual*) *m.* Sitio poblado de anacardos.

CAJUEIRAL (*juei*) *m. Bras.* Lo mismo que CAJUAL.

CAJUEIRO (*juei*) *m. Bot. Bras.* Anacardo, acajú (la planta).

CAL *f.* Cal. — *morta.* Cal muerta. — *viva.* Cal viva.

CALA *f.* Cala (acción de calar ciertas frutas: pedazo que se corta del melón o de alguna otra fruta semejante para probarla).

CALABAÇA (*sa*) *f.* Lo mismo que CABAÇA.

CALABOUÇO (*so*) *m.* Calabozo (aposento donde son encerrados los presos). Cárcel. Calabozo (aposento de cárcel).

CALABRE *m. Mar.* Cable; cabo grueso.

CALABREADA *f.* Calabriada (mezcla de vinos; mezcla de varias cosas).

CALABREAR *v. tr.* Mezclar, embrollar, confundir.

CALABRÉS, SA (*brés, breza*) *adj. y s.* Calabrés.

CALABROTE (*brò*) *m. Mar.* Calabrote.

CALAÇA (*sa*) *f.* Pereza.

CALAÇARIA (*sa*) *f. ant.* Holgazanería.

CALACEAR *v. intr.* Haraganear.

CALACEIRICE *f.* Calidad de CALACEIRO.

CALACEIRO *m.* Perezoso, holgazán.

CALADURA *f.* Cala, caladura, acción de calar una fruta.

CALAFANGE (*je*) *m.* Hombre despreciable.

CALAFATE *m.* Calafate (individuo que calafatea las embarcaciones), calafateador. *Bot. Bras.* Calafate (arbusto berberídeo).

CALAFETADO, DA *adj. P.p.* de *Calafetar.* Calafateado.

CALAFETADOR *m.* Instrumento para calafatear.

CALAFETAGEM (*jem*) *f.* Calafateo, calafateadura.

CALAFETEAMENTO *m.* Calafateo, calafatería.

CALAFETAR *v. tr.* Calafatear.

CALAFETO *m.* Calafateo.

CALAFRIO (*frío*) *m.* Calofrío; escalofrío.

CALAMAR *m. Zool. Bras.* Calamar.

CALAMIDADE *f.* Calamidad, desgracia, infortunio, desastre.

CALAMITOSO, SA (*tozo, óza*) *adj.* Calamitoso; infeliz, desgraciado.

CÁLAMO *m.* Caña, tallo de las plantas gramíneas. Cálamo, especie de flauta. Cálamo, pluma para escribir.

CALAMOCADA *f.* Calamorrada, calamorrazo.

CALAMOCAR *v. intr.* Dar calamorrazos.

CALANDRA *f.* Calandria (máquina para prensar). Calandra (ave).

CALANDRAGEM (*jem*) *f.* Acción de CALANDRAR.

CALANDRAR *v. tr.* Prensar o lustrar con la calandria.

CALANDREIRO *m.* Individuo que trabaja con la calandria.

CALÃO (*láum*) *m.* Caló, jerga; lenguage muy bajo; germanía.

CALAR *v. intr.* Callar, no hablar, guardar silencio, dejar de hablar; dejar de llorar, de gritar, de cantar, de tocar; dejar de hacer ruído el viento, el mar, etc.; *v. tr.* Callar, tener reservada, no decir una cosa; omitir, pasar en silencio. Calar, penetrar, atravessar, hacer calado en las telas; cortar un pedazo de un melón, o de otras frutas, para probarlas; colocar en disposición de herir (bayonetas y otras armas); entrarse, introducirse. *v. intr. Mar.* Calar.

CALCA *f.* Operación de calcar, de pisar.

CALÇA (*sa*) *f.* Pantalón Ú. m. en pl.

CALÇADA (*sa*) *f.* Calzada. *Bras. merid.* Acera (de la calle).

CALÇADEIRA (*sa*) *f.* Calzador (instrumento para ponerse el zapato).

CALÇADO, DA (*sa*) *adj. P.p.* de *Calçar.* Calzado. Empedrado. Calzado (hablando de animales). *m.* Calzado (toda clase de zapato).

CALCADOR, RA *adj.* Que calca, que pisa, calcador. Machucador. *m.* Taco, baqueta, atacador. Atacadera. Calcador.

CALCADOURO *m.* Era (donde se trillan las mieses).

CALCADURA *f.* Calcado (acción de calcar). Atacadura. Pisadura.

CALCAMENTO *m.* Lo mismo que CALCADURA.

CALÇAMENTO (*sa*) *m.* Acción de calzar. Empedramiento, empedrar. Empedrado.

CALCÂNEO (*cán*) *m.* Calcáneo.

CALCANHAR (*ñar*) *m.* Calcañar, calcaño. Tacón. *Dar aos — es. fr. fig.* Huir corriendo.

CALÇÃO (*sáum*) *m.* Calzón (prenda de vestir del hombre en forma de pantalón corto).

CALCAR *v. tr.* Calcar, pisar; hollar. Atacar, apretar; machucar. Moller. *fig.* Hollar; despreciar; oprimir; atropellar.

CALÇAR (*sar*) *v. tr.* Calzar (cubrir con el calzado el pie; poner los guantes, etc.; poner calces; meter una cuña a las ruedas de un carruaje o máquina; arrimar una piedra a las ruedas de los carruajes; poder llevar la bala de determinado calibre las armas de fuego; poner alzas a los clisés o grabados. Empedrar. *v. r.* Calzarse (los zapatos).

CALCÁRIO, RIA *adj.* Calcáreo, calizo.

CALÇAS (*sas*) *f. pl.* Pantalones (prenda de vestir del hombre). Pantalón (prenda interior del traje de la mujer).

CALCEDÔNIA (*dò*) *f.* Calcedonia, ágata azul.

CALCEDÔNIO, NIA (*dó*) *adj.* Calcedonio. Ú. t. c. s.

CALCETA *f.* Grillete del forzado, calceta. *fig.* Forzado.

CALCETAR *v. tr.* Empedrar.

CALCETARIA (*ría*) *f.* Profesión de empedrador.

CALCETEIRO *m.* Empedrador.

CALCIFICAÇÃO (*sáum*) *f.* Calcificación.

CALCINAÇÃO (*sáum*) *f.* Calcinación, calcinamiento.

CALCINAR *v. tr.* Calcinar. Abrasar; calentar mucho. Reducir a cenizas. Cauterizar. Inflamar. Excitar.

CALCINÁVEL *adj.* Calcinable.

CÁLCIO *m. Quím.* Calcio.

CALCITRAR *v. tr.* Lo mismo que RECALCITRAR.

CALÇO (*so*) *m.* Calce, cuña; calza.

CALCOGRAFAR *v. tr.* Calcografiar.

CALÇOLAS (*sò*) *f. pl. Bras.* Pantalón (de mujer).

CALCORREAR *v. intr. pop.* Caminar mucho.

CALÇOTAS (*sò*) *f. pl.* Calzones.

CALÇUDO, DA (*su*) *adj.* Calzado (hablando de aves). Que tiene pantalones largos.

CALCULAR *v. tr.* Calcular, hacer cálculos.

CALCULÁVEL *adj.* Calculable.

CALCULISTA *m.* Proyectista, calculista.

CÁLCULO *m.* Cálculo (cuenta que se hace por medio de una u varias operaciones; concreción que se forma en diferentes partes del cuerpo). *pl.* Mal de piedra, cálculos.

CALDA *f.* Almibar. Jarabe. Caldeamiento del hierro. *pl.* Caldas, baños de aguas minerales calientes.

CALDEAÇÃO (*sáum*) *f.* Caldeo, calda, caldeamiento.

CALDEAMENTO *m.* Caldeamiento.

CALDEAR *v. tr.* Caldear (hacer ascua los metales para labrarlos o soldarlos). Amalgamar. Mezclar. Soldar.

CALDEIRA *m.* Caldera. Caldero. Caldera (la parte más honda de un pozo). Cueva (alrededor de un árbol). Pequeña darsena; abrigo.

CALDEIRADA *f.* Calderada.

CALDEIRÃO (*ráum*) *m. aum.* de *Caldeira.* Calderón. *Mús.* Calderón.

CALDEIRARIA (*ría*) *f.* Calderería.

CALDEIREIRO *m.* Calderero.

CALDEIRINHA (*ña*) *f. dim.* de *Caldeira.* Caldereta. Calderilla (para el agua bendita). *Estar entre a cruz e a* — Estar en gran riesgo o peligro.

CALDEIRO *m.* Caldero. Vasija de cobre para cocinar.

CALDEU, ÉIA (*èia*) *adj.* Caldeo. Ú. t. c. s.

CALDOSO, SA (*dozo, óza*) *adj.* Almibarado, meloso. Caldoso.

CALEÇA (*lèsa*) *f.* Calesa (carruaje).

CALECEIRO *m.* Calesero (el que conduce calesas).

CALECHE (*lèche*) *m.* Calesa. Coche.

CALEFAÇÃO (*sáum*) *f.* Calefacción.

CALEIDOSCÓPIO (*cò*) *m.* Calidoscopio.

CALEIRA *f.* Alero, canalón, gotera.

CALEJADO, DA (*ja*) *adj.* Calloso, que tien callo. *fig.* Endurecido, encallecido, acostumbrado.

CALEJAR (*jar*) *v. tr.* Producir callos; hacer calloso. *fig.* Endurecer, hacer insensible. *v. intr.* Encallecer, criar callos o endurecerse la carne a manera de callo. Ú. t. c. r. *fig.* Emcallecerse, endurecerse con la costumbre, en los trabajos o en los vicios.

CALEMBUR *m.* Equívoco, retruécano, juego de palabras, calambur.

CALEMBURAR *v. tr.* Hacer retruécanos.

CALEMBURISTA *m.* El que hace retruécanos.

CALENDÁRIO *m.* Calendario; almanaque.

CALÊNDURA (*lén*) *f. Bot.* Maravilla, caléndula.

CALETE *m.* Calidad, rango, género, categoría.

CALHA (*lla*) *f.* Canalón, gotera. Reguera, atarjea. Carril.

CALHAMAÇO (*so*) *m. pop.* Libraco, libracho. Libro grande y viejo. Lo mismo que ALFARRÁBIO. *fig.* Mujer gruesa y fea.

CALHAMBEQUE (*llambè*) *m.* Pequeña embarcación de cabotaje. *fig.* Carruaje viejo. Mueble viejo.

CALHANDRA (*llan*) *f. Zool.* Calandria.

CALHANDRO (*llan*) *m.* Bacín grande. Vasija para basura.

CALHAR (*llar*) *v. tr.* Penetrar, caber, encajarse, calar, ajustarse. *v. intr.* Venir a tiempo, ser oportuno. Acaecer, suceder. Acertar. Coincidir. Ajustarse.

CALHAU (*llau*) *m.* Callao, guijarro, china.

CALHE (*lle*) *m.* Lo mismo que CALHA. *ant.* Calle.

CALHORDA (*llór*) *m. Bras.* Sujeto despreciable.

CALIBRAR *v. tr.* Calibrar.

CALIBRE *m.* Calibre (diámetro interior de las armas de fuego; diámetro del proyétil).

CALIÇA (*sa*) *f.* Yesón.

CÁLICE *m.* Cáliz. Copa, vaso. Copón. Copete. Vaso pequeño. *Bot.* Cáliz.

CALICIDA *m.* Callicida.

CÁLIDO, DA *adj.* Cálido, caliente.

CALIFADO *m.* Califato.

CALIGEM (*jem*) *f.* Calígine, niebla, obscuridad.

CALIGINOSO, SA (*jinozo, óza*) *adj.* Caliginoso, denso, obscuro, tenebroso.

CALIGRAFAR *v. tr.* Caligrafiar.

CALIGRAFIA (*fía*) *f.* Caligrafía.

CALINADA *f.* Tontería, asnería, necedad.

CALINO, NA (*ia*) *adj.* Estúpido, tonto, necio, bronco, bobo, imbécil. Ú. t. c. s.

CALISTA *m.* Callista.

CALMA *f.* Calma, estado de la atmósfera cuando no hay viento. Calma, cesación, suspensión de algunas cosas. Calma, cachaza. Calor, bochorno.

CALMAR *v. tr.* Calmar, templar, sosegar.

CALMARIA (*ría*) *f.* Calma (estado de la atmósfera cuando no hay viento).

CALMO, MA *adj.* Caliente. Tranquilo, sosegado. Calmoso, que esta en calma. Calmoso, cachazudo.

CALMOSO, SA (*mozo, óza*) *adj.* Caliente. Calmoso, tranquilo, sosegado.

CALO *m.* Callo.

CALOM *m. Bras.* Gitano brasileño.

CALOMBO *m. Bras.* Chichón, bulto. Cualquier montículo.

CALOMELANOS *m. pl. Farm.* Calomelanos, protocloruro de mercurio.

CALOR *m.* Calor. *fig.* Calor; actividad, ardimiento, viveza; buena acogida; lo más fuerte y vivo de una acción. — *nos olhos. Bras.* Oftalmía, inflamación de los ojos.

CALORIA (ría) *f. Fís.* Caloría.

CALORIFICAÇÃO (sáum) *f.* Calorificación.

CALOROSAMENTE (ròza) *adv. m.* Calurosamente.

CALOROSO, SA (rozo, òza) *adj.* Caluroso, caloroso.

CALOSIDADE (zi) *f.* Calosidad.

CALOSO, SA (lozo, òza) *adj.* Calloso.

CALOTE (lò) *m. fam.* Estafa; chasco, engaño. *Passar o —.* Esquivar el pago de una cuenta, dejando burlado el acreedor.

CALOTEAR *v. tr.* Estafar, pedir o sacar dineros o cosas de valor con artificios y engaños, y con ánimos de no pagar. Ú. t. c. intr.

CALOTEIRO *m.* Estafador; engañador, ladrón.

CALOTISMO *m.* Hábito del estafador.

CALOURICE *f.* Novatada.

CALOURO *m.* Novato (estudiante).

CALUDA! *interj.* ¡Silencio!

CALUGE (je) *m. Bras.* Rancho, choza de paja.

CALÚNIA *f.* Calumnia.

CALUNIADOR, RA *adj. y s.* Calumniador.

CALUNIAR *v. tr.* Calumniar.

CALUNIÁVEL *adj.* Que puede ser calumniado.

CALUNIOSO, SA (ozo, òza) *adj.* Calumnioso.

CALVA *f.* Calva (parte de la cabeza despojada del pelo). Calva (sitio en las tierras cultivadas donde falta la vegetación). *fig.* Defectos; culpas.

CALVAR *v. intr. y tr.* Lo mismo que CALVEJAR.

CALVÁRIO *m.* Calvario, via crucis. *fig.* Martirio, penas, trabajos.

CALVEJAR (jar) *v. intr.* Encalvecer. *v. tr.* Poner calvo.

CALVÍCIE *f.* Calvez, calvicie.

CALVO, VA *adj.* Calvo (que ha perdido todo o parte del pelo de la cabeza; dícese del terreno pelado, en el que no hay hierba, mata, ni cosa alguna) *m.* Calvo (el que no tiene pelo en la cabeza o lo tiene muy escaso).

CAMA *f.* Cama, lecho (mueble). Cama (sitio donde acostumbran descansar los animales). Cama (parte de algunos frutos que está pegado a la tierra). Colchón. Camada (conjunto o serie de cosas numerables extendidas horizontalmente, de modo que estén a nivel, sin sobreponerse, y dispuestas a recibir otras) Capa, estrato, lecho, cama. *— de vento.* Catre. *Estar de —.* fr. Estar uno en cama, guardar uno cama, o la cama, hacer uno cama. Estar enfermo. *Fazer a — a alguém.* fr. *Bras.* Hacerle a uno la cama, trabajar en secreto para prejudicarle. *Pular da —.* fr. Saltar uno de la cama, levantarse de ella con aceleración.

CAMACHO, CHA (cho) *adj.* Cojo.

CAMADA *f.* Capa, baño. Estrato, cama, lecho. Gran cantidad. *fig.* Rango, categoria, clase, raza, laya, especie, género.

CAMAFEU *m.* Camafeo.

CAMALEÃO (leáum) *m. Zool.* Camaleón. *fig.* Camaleón, el que varia fácilmente de opinión o de conducta.

CAMALHÃO (lláum) *m. Agr.* Caballón, camellón.

CAMALHO (llo) *m.* Camal (parte de la armadura).

CAMALOTE (lò) *m. Bras.* Islas flotantes de plantas acuáticas.

CÂMARA (cá) *f.* Cámara (pieza de una casa). Cuarto de dormir. Cámara, ayuntamiento, junta o congreso. Cámara posterior del ojo. Cámara (cada uno de los cuerpos legislativos de un país). Cámara (en los bosques). *pl.* Cámaras, flujo de vientre. *— alta.* Cámara de los senadores, senado. *— ardente.* Capilla ardiente. *— de ar. Mec.* Cámara de neumático. *— fotográfico.* Cámara, aparato fotográfico. *— escura.* Cámara obscura. *— municipal.* Ayuntamiento. *Casa da —.* Casa del ayuntamiento.

CAMARADA *m.* Camarada (el que come y vive en compañía de otro; el que acompaña a otros, tratándose con amistad y confianza). Condicípulo. Cofrade; colega. *Bras.* Tipo, sujeto, individuo. *adj.* Amigo, afable.

CAMARADAGEM (jem) *f.* Camaradería, amistad, compañerismo.

CAMARANCHÃO (cháum) *m.* Lo mismo que CARAMANCHÃO.

CAMARÃO (ráum) *m. Zool.* Camarón, camaro; langostín.

CAMARARIA (ría) *f.* Cargo de camarero.

CAMARAU *m. Bras.* Especie de bejuco.

CAMAREIRA *f.* Camarera.

CAMAREIRO *m.* Camarero.

CAMARILHO (lla) *f.* Camarilla (individuos que rodean a algún personaje político o de posición elevada).

CAMARIM *m.* Camarín (cada uno de los aposentos en que se visten los actores para salir a la escena). Camarín (pieza del altar donde se coloca la imagem de la Virgen).

CAMARINHA (ña) *f. Bras.* Dormitorio; aposento. *pl.* Frutos de la cambronera.

CAMARISTA *m.* Camarista, ministro del consejo de la Cámara.

CAMARLENGADO *m.* Camarlengato.

CAMAROEIRO *m.* Red para pescar camarones o langostines. Camaronero.

CAMAROTE (rò) *m.* Palco (de teatro). Camareta, cámara; camarote (de un buque).

CAMAROTEIRO *m.* Empleado que vende billetes para los palcos de un teatro. *Bras.* Camarotero, mozo de servicio para los camarotes de los barcos y personas que van en ellos.

CAMARTELADA *f.* Golpe con el

CAMARTELO (tè) *m.* Martillo de albañil.

CAMBA *f.* Cama, pina, cada uno de los trozos de madera que forman la rueda de un carruaje. Llanta. Camba (cada una de las palancas del freno). Cama, nesgas.

CAMBADA *f.* Sarta. Lo mismo que SUCIA. Llavero.

CAMBADELA (dè) *f.* Lo mismo que CAMBALHOTA. Lo mismo que ENTORTADELA.

CAMBADO, DA *adj.* Torcido. Que tiene las piernas torcidas. Encorvado.

CAMBAIO, IA *adj.* Que tiene las piernas torcidas, zambo.

CAMBALACHO (cho) *m.* Cambalache. Trueque engañoso. Enredo; trampa. Conivencia.

CAMBALEANTE *adj.* Tambaleante.

CAMBALEAR *v. intr.* Tambalear.

CAMBALEIO *m.* Tambaleo.

CAMBALHOTA (llò) *f.* Voltereta. Vuelco, tumbo. caída.

CAMBÃO (báum) *m.* Cigueña (de la noria)

CAMBAPÉ (pè) *m.* Zancadilla.

CAMBAR *v. intr.* Combarse, encovarse, torcerse. Entortar las piernas. Cambiar, mudar de lado. Tambalear. *v. tr. Mar.* Cambiar, bracear.

CAMBAXIRRA (chi) *f. Zool.* Reyezuelo.

CAMBEMBE *adj. Bras.* Zambo, patizambo.

CAMBETA *adj.* Lo mismo que CAMBEMBE.

CAMBEVA (bè) *m. Bras. Zool.* Especie de cazón.

CAMBIAL *adj.* Relativo al cambio. *f.* Letra de cambio.

CAMBIANTE *adj.* Cambiante. Tornasolado. *m.* Cambiante.

CAMBIAR *v. tr.* Cambiar (la moneda o una letra de cambio). Cambiar, trocar. *v. tr.* Cambiar de colores.

CAMBINDAS *f. pl. Bras.* Cierto baile popular que se bailaba de cuelillas.

CÂMBIO (cám) *m. Com.* Cambio. Cambio, permuta. *— livre.* Libre cambio.

CAMBISTA *m.* Cambista (persona que da o toma moneda de una especie por otra).

CAMBITO *m. Bras.* Pernil (del puerco). Pierna delgada. Percha (mueble).

CAMBO *m.* Pértiga (para sacudir los árboles de fruto). Lo mismo que CAMBADA. Lo mismo que CAMBADA. *adj.* Tuerto, torcido, combado.

CAMBOA *f.* Olla (espacio donde queda el pescado menudo al vaciar la marea).

CAMBONA *f. Mar.* Mudanza rápida de la dirección de las velas.

CAMBONDO *m. Bras. Bahía.* Mancebo.

CAMBOTA (bò) *f.* Pina (de la rueda de un carruaje). Gambota.

CAMBRAIA *f.* Cambray (tela).

CAMBRAIETA *f.* Cambrayón.

CAMBRIANO, NA *adj. Geol.* Cambriano.

CAMBROEIRA *m. Bot.* Cambronera.

CAMBRONE *m. Bras. Pernambuco.* Letrina.

CAMBUCÁ *m. Bras.* Fruto del

CAMBUCAZEIRO (zei) *m. Bot. Bras.* Arbusto mirtáceo. *(Eugenia cambucarana).*

CAMBUIZAL (zal) *m. Bras.* Sitio poblado de cambuises.

CAMBULHADA (lla) *f.* Ensarte, enfilada. *De — m. adv.* A montones; desordenadamente.

CAMBUTA *adj. Bras.* Enclenque. Zambo.

CAMELÃO (láum) *m.* Camelote (tejido fuerte e impermiable).

CAMELEÃO (leáum) *m.* Lo mismo que CAMALEÃO.

CAMELEIRO *m.* Camellero.

CAMÉLIA (mè) *f. Bot.* Camelia. Flor de este arbusto.

CAMELICE *f.* Asnería, necedad.

CAMELÍDEOS *m. pl.* Camélidos.

CAMELINO, NA *adj.* Camellar.

CAMELO *m. Zool.* Camello. *Artill.* Camello. *fig.* Hombre estúpido, asno.

CAMELÓRIO (lò) *m. fam.* Tonto, zote, bobo.

CAMERLENGADO *m.* Camarlengato.

CAMERLENGO *m.* Camerlengo. Ú. t. c. adj.

CAMILHA (lla) *f. dim. de Cama.* Camilla. Camilla (cama en que se está medio vestido).

CAMINHADA (ña) *f.* Jornada. Caminata (paseo largo). Acción de caminar. Tirada, caminata (trayecto largo que hay que recorrer por necesidad).

CAMINHADOR, RA (ña) *adj. y s.* Caminador.

CAMINHANTE (ñan) *adj. y s.* Caminante.

CAMINHÃO (ñáum) *m. Bras.* Camión.

CAMINHAR (ñar) *v. tr.* Caminar (percorrer caminando). *v. intr.* Caminar (ir de un lugar a otro viajando; andar, ir de una parte a otra dando pasos; *fig.* seguir su curso las cosas inanimadas,

CAMINHEIRO, RA (ñei) *adj.* Caminador, que camina bien o mucho, andador. *m.* Arriero. Caminante. Andarín.

CAMINHO (ño) *m.* Camino. *fig.* Camino. *— de ferro.* Camino de hierro, ferrocarril. *De —. m. adv.* De camino, de paso. Luego, al mismo tiempo. Seguidamente.

CAMISA (za) *f.* Camisa (vestidura). Camisa (telilla que cubre algunas frutas y legumbres). Camisa (tubo de hiladillo que se coloca en mecheros de gas). *— de força.* Camisa de fuerza. *— de onze varas.* Dificultad, aprieto, apuro muy grande.

CAMISÃO (záum) *m.* Camisón, camisa larga.

CAMISARIA (zaría) *f.* Camisería.

CAMISEIRA (zei) *f.* Mueble para guardar camisas.

CAMISEIRO (zei) *m.* Camisero.

CAMISINHA (ziña) *f.* Camisilla. Especie de cuello o cabezón para mujeres.

CAMISOLA (zò) *f.* Camisón para dormir. Camisola.

CAMOATIM *m. Bras.* Camoatí (especie de avispa).

CAMOCICA *f. Bras.* Especie de ciervo.

CAMOCIM *m. Bras.* Lo mismo que CAMOTIM.

CAMOMILA *f. Bot.* Manzanilla, camomila.

CAMONDONGO *m. Bras.* Ratón pequeño. *(Drymonys musculus).*

CAMONIANO, NA *adj.* Relativo al estilo del poeta Camoens.

CAMORRA *m.* Asociación de malhechores. *Bras. merid.* Camorra, riña, pendencia.

CAMOTE (mò) *m. Bras.* Enamoramiento. Enamorado.

CAMOTIM *m. Bras.* Vaso de barro que los indígenas usaban para guardar cadáveres humanos.

CAMPA *f.* Túmulo, losa sepulcral.

CAMPAÇÃO (sáum) *f.* Acción de *Campar.*

CAMPAÍNHA (ña) *f.* Campanilla, campana pequeña. Timbre. Campanilla, úvula. *Bot.* Campanilla. *Bot.* Farolillo.

CAMPAINHADA (ña) *f* Campanillazo.

CAMPANADO, DA *f.* Campanudo.

CAMPANÁRIO *m.* Campanario. *fig.* Aldea.

CAMPANHA (ña) *f.* Campaña (campo llano). Campo extenso. *Mil.* Campaña.

CAMPANIL *m.* Metal campanil.

CAMPANUDO, DA *adj.* Campanudo (que se asemeja a la figura de la campana; *fig.* afectado, retumbante).

CAMPÁNULA (pá) *f.* Campánula. Campana de vidrio.

CAMPANULAR *v. intr.* Sonar como la campanilla.

CAMPÃO (páum) *m. Miner.* Variedad de márbol de varios colores.

CAMPAR *v. tr.* y *intr.* Acampar, campar. *v. intr.* Vencer. Campar, sobresalir. Salirse bien. Jactarse.

CAMPEÃO (peáum) *m.* Campeón.

CAMPEAR *v. tr.* Campear, recorrer un campo, buscando animales que se hayan dispersado. Ostentar, alardear. *v. intr.* Acampar. Vivir nel campo. *Mil.* Estar en campaña. Andar como vitorioso.

CAMPECHE (péche) *m. Bot.* Campeche. *Pau —.* Palo campeche, o de campeche.

CAMPEIRO, RA *adj.* Campero.

CAMPESINO, NA (zi) *adj.* Campesino, campestre.

CAMPESTRE (pès) *adj.* Campestre, campesino.

CAMPINA *f.* Campiña.

CAMPINO, NA *adj.* Campesino, campestre. *m.* Zagal.

CAMPO *m.* Campo (en todas las principales acepciones de este vocablo). *Queimar —. fr. Bras. fig.* Mentir.

CAMPONÊS, SA (nés, neza) *adj.* y *s.* Campesino.

CAMPÔNIO, IA (pó) *adj.* y *s. despect.* Campesino, aldeano.

CAMUCIM *m. Bras.* Lo mismo que BOIÃO.

CAMUFLAGEM (jem) *f. Mil.* Disfraz, disfraz de protección. Acción y efecto de

CAMUFLAR *v. tr. Mil.* Disfrazar, ocultar (un cañón, etc.). Ú. t. en sentido fig.

CAMUNDONGO *m.* Lo mismo que CAMONDONGO.

CAMURÇA (sa) *f. Zool.* Gamuza. Gamuza (piel).

CAMURÇADO, DA (sa) *adj.* Gamuzado.

CANA *f.* Caña (planta gramínea; canilla del brazo o de la pierna; palanca del timón). Aguardiente de caña. *Bras.* Cana, cárcel, prisión. *— de-açucar.* Caña de azúcar.

CANACA *m.* Canaco.

CANADA *f.* Cañazo. Caña, cañada (medida).

CANADO *m.* Dignidad de kan.

CANAFÍSTULA *f. Bot.* Cañafístula.

CANAL *m.* Canal (en todas las acepciones de esta voz).

CANALETE *m.* Canal pequeño.

CANALHA (lla) *f.* Canalla (gente baja, ruin). *m.* Canalla (hombre despreciable y de malos procederes).

CANALHADA (lla) *f.* Lo mismo que

CANALHICE (lli) *f.* Canallada.

CANALIZAÇÃO (zasáum) *f.* Canalización.

CANALIZÁVEL (zá) *adj.* Canalizable.

CANASTRA *f.* Canasta.

CANASTRADA *f.* Canastada.

CANASTRÃO (tráum) *m.* Canasta grande. *Bras.* Actor malo.

CANASTREL (trèl) *m.* Canastillo.

CANASTRO *m.* Canasto. *Dar cabo do —. fr.* Matar.

CÂNAVE (cá) *m.* Lo mismo que CÂNHAMO.

CANAVEIRA *f.* Cañamar.

CANAVIAL *m.* Cañaveral, cañal.

CANAZ *m.* Lo mismo que CANZARRÃO.

CANCÁ (cán) *m.* Cancán (baile).

CANCABORRADA *f.* Lo mismo que CACABORRADA.

CANÇÃO (sáum) *f.* Canción.

CANCELA (cè) *f.* Cancilla, cancela. Puerta de entrada en las estancias.

CANCELAR *v. tr.* Cancelar. Borrar.

CÂNCER (cán) *m. Astr.* Cáncer.

CANCERIZAÇÃO (zasáum) *f.* Acción de

CANCERIZAR (zar) *v. tr.* Convertir en cáncer. *v. r.* Cancerarse.

CANCHA (cha) *f. Bras.* Cancha (sitio o local destinado para juego de pelota, riñas y otros usos; patio o corral destinado a alguna diversión). Pista (sitio dedicado a las carreras).

CANCHAL (chal) *f.* Abundancia, gran cantidad.

CANCHEAR (chear) *v. tr. Bras.* Cortar, picar, desmenuzar.

CANCIONEIRO *m.* Cancionero.

CANÇONETA (so) *f.* Canzoneta. Cancioneta.

CANCRA *f. Bras. S. Paulo.* Chaparrón.

CANDADO *m.* Corona (del casco de una caballería).

CANDEADA *f.* Candilada.

CANDEEIRO *m.* Candil.

CANDEIA *f.* Candela. Candileja.

CANDEIO *m.* Candelero (para pescar).

CANDELABRO *m.* Candelabro, candelero.

CANDÊNCIA (dén) *f.* Candencia, calidad de candente.

CANDIAL *adj.* Candeal.

CANDILAR *v. tr.* Cubrir con azúcar cande.

CANDO *m.* Lo mismo que CANDADO.

CANDOMBLÉ (blè) *m.* Candombe.

CANDONGAR *v. tr.* Hacer el contrabando. *Bras.* Candonguear.

CANDONGUEIRO, RA *adj.* Candonguero. Ú. t. c. s.

CANDONGUICE *f.* Candonga.

CANDURA *f.* Candor.

CANECA (nè) *f.* Colodra. Vaso de hojalata. Caneca.

CANECO (nè) *m.* Caneca larga.

CANEJO, JA (ja) *adj.* Perruno.

CANELA (nè) *f. Bot.* Canelo. Canela. Canilla (de la pierna) *Dar à —. fr.* Huir.

CANELADA *f.* Canillazo.

CANELADO, DA *adj.* Acanalado.

CANELADURA *f.* Canaladura.

CANELAR *v. tr.* Acanalar.

CANELEIRA *f. Bot.* Canelo.

CANELUDO, DA *adj. Bras.* Celoso. Que tiene las canillas (las piernas) largas.

CANELURA *f.* Estría, canal; canaladura.

CANETA *f.* Portaplumas.

CÂNFORA (cán) *f.* Alcanfor.

CANFORADO, DA *adj.* Alcanforado.

CANFORAR *v. tr.* Alcanforar.

CANFOREIRA *f.* Lo mismo que

CANFOREIRO *m. Bot.* Canforero.

CANGA *f.* Yugo. Canga (suplicio chinés). *fig.* Yugo, opresión.

CANGACEIRO *m. Bras.* Salteador de estradas, bandolero.

CANGAÇO (so) *m.* Escobajo de uvas. *m. Bras.* Bandolerismo.

CANGALHA (lla) *f.* Lo mismo que CANGALHAS.

CANGALHADA (lla) *f.* Montón de trastes viejos o arrinconados; trebejos.

CANGALHÃO (lláum) *m.* Lo mismo que CANGALHO.

CANGALHAS (llas) *f. pl.* Angarillas (armazón que se pone a las cabalgaduras) *fam.* Gafas.

CANGALHEIRO (llei) *m.* El que conduce cabalgaduras que llevan angarillas. Arriero.

CANGALHO (llo) *m.* Palo del yugo. *fig. fam.* Persona inútil o vieja. *fig. fam.* Traste viejo.

CANGANCHA (cha) *f. Bras.* Engaño, trampa, treta.

CANGAR *v. tr.* Atar al yugo, uncir. *fig.* Dominar, oprimir.

CANGARILHADA (lla) *f.* Engaño, trampa.

CANGOTE (gò) *m. Bras.* Corr. de COGOTE.

CANGUEIRO, RA *adj.* Que lleva el yugo. *Bras.* perezoso.

CANGUINHAS (ñas) *m.* Hombre apocado. Mezquino, avariento.

CANGURÚ *m. Zool.* Canguro.

CANHA (ña) *f.* Zurda, la mano izquierda. *Bras. merid.* Caña, aguardiente de caña. *As —s. m. adv.* Al revés.

CANHADA (ña) *f.* Cañada (espacio entre montes poco distantes entre sí).

CANHADÃO (ñadáum) *m. Bras. merid. aum.* de *Canhada.*

CANHAMAÇO (ñanaso) *m.* Cañamazo (tela tosca que se hace de la estopa del cáñamo).

CANHAMEIRAL (ña) *m.* Cañamal, cañamar.

CANHAMIÇO, ÇA (so) *adj.* Cañameño.

CÂNHAMO (cánña) *m.* Cáñamo.

CANHANHO (ñáñño) *m.* Lo mismo que CANHENHO.

CANHÃO (ñáum) *m.* Cañón (pieza de artillería). Cañón (de las plumas del ave). Cañón (valle estrecho o garganta profunda y tortuosa). Cañón (de los vestidos) Caña de la bota. *fig. Bras.* Mujer fea.

CANHENGUE (ñen) *adj. Bras. nort.* Avariento, mezquino.

CANHENHO (ñeñño) *m.* Libro de memoria.

CANHESTRO, TRA (ñès) *adj.* Hecho al revés. Torpe, poco diestro. Lo mismo que ACANHADO.

CANHIM (ñim) *m. Bras.* El Diablo

CANHO, NHA (ño) *adj.* Lo mismo que CANHOTO.

CANHONAÇO (ñonaso) *m.* Cañonazo.

CANHONADA (ño) *f.* Cañoneo.

CANHONAR (ño) *v. tr.* Guarnecer de cañones.

CANHONEAR (ño) *v. tr.* Acañonear, cañones.

CANHONEIO (ño) *m.* Cañoneo.

CANHONEIRO, RA (ño) *adj.* Que tiene artillería. Cañonero (dícese de los barcos armados de cañones. Ú. t. c. s. f.

CANHOTA (ñó) *f. pop.* Zurda, la mano izquierda.

CANHOTO, TA (ñoto, ñòta) *adj.* Zurdo. Izquierdo. Poco diestro. *m.* Zurdo. *Bras.* Talón de (de un libro o cuaderno).

CANIBAL (bál) *adj.* Caníbal.

CANIBALESCO, CA *adj.* Propio de caníbal.

CANIÇADA (sa) *f.* Cañizo. Encañado, enrejado de cañas.

CANIÇADO (sa) *m.* Lo mismo que CANIÇADA.

CANIÇALHA (salla) *f.* Lo mismo que CANIÇADA.

CANICHO (cho) *m. dim.* de *cão.* Perrito.

CANIÇO (so) *m.* Caña de pescar. Cañizo. Cañuela.

CANÍCULA *f. Astr.* Canícula. Canícula (tiempo de los más fuertes calores).

CANIL *m.* Perrera. Canilla (del caballo). Lo mismo que CANGALHO.

CANINO, NA *adj.* Canino. Ú. t. c. s. *Fome —a.* Hambre canina.

CANISTREL (trèl) *m.* Canastillo.

CANIVETE (vè) *m.* Cortaplumas. Cuchilo pequeño.

CANJA (ja) *f.* Caldo de gallina con arroz. *Bras.* Cosa muy fácil.

CANJICA (ji) *f. Bras.* Maís molido. Locro, locro de maíz. *fig. pl.* Encías.

CANJIRÃO (jiráum) *m.* Cangilón (para vino).

CANO *m.* Caño, tubo, cañón. Caña (de la bota). Cañuto. Alcantarilla.

CANOA *f.* Canoa, bote muy ligero. *Bras. fig.* Batida policial.

CANOEIRO *m.* Canoero.

CANON *m.* Lo mismo que

CÂNONE (cá) *m.* Canon, regla, precepto. *Rel.* Canon. *Mús.* Canon.

CANONICATO *m.* Canonijía.

CANONICIDADE *f.* Canonicidad.

CANÔNICO, CA (nó) *adj.* Canónico.

CANONISA (za) *f.* Canonesa.

CANONIZAÇÃO (zasáum) *f.* Canonización.

CANONIZÁVEL (zá) *adj.* Canonizable.

CANOPO *m. Arqueol.* Canope. *Astr.* Canope.

CANORO, RA (nò) *adj.* Canoro. Grato, armonioso.

CANSAÇO (so) *m.* Cansancio.

CANSAR *v. tr.* Cansar, causar o producir cansancio. Ú. t. c. r. *fig.* Cansar, molestar, enojar. *v. intr.* Cansarse, sentir cansancio. Enojarse, molestarse.

CANSEIRA *f.* Cansera. Cansancio. Tiempo o trabajo perdidos.

CANTADA *f. Bras.* Seducción, por palabras o maneras habiles.

CANTADEIRA *f.* Cantadora, cantora.

CANTADELA (dè) *f. pop.* Cantiga, canción.

CANTÃO (táum) *m.* Cantón, país, región. *Bras.* Cantón.

CANTAR *m.* Cantar, copla.

CANTAR *v. intr.* Cantar. Ú. t. c. tr.

CÂNTARA (cán) *f.* Cántaro panzudo, de boca ancha.

CANTAREIRA *f.* Cantarera (poyo en que se ponen los cántaros).

CANTAREJAR (jar) *v. intr.* y *tr. pop.* Lo mismo que CANTAROLAR.

CANTAREJO (jo) *m.* Lo mismo que CANTAROLA.

CANTARES *m. pl.* Cantares, canciones.

CANTARIA (ría) *f.* Cantería.

CÂNTARO (cán) *m.* Cántaro. Medio almud. *— de —.* Alma del diablo.

CANTAROLA (rò) *f.* Tarareo. Canto destemplado. Canto a media voz. Canturía.

CANTAROLAR *v. intr.* y *tr.* Tararear. Cantar a media voz. Cantar destempladamente.

CANTATA f. Mús. Cantada, cantata.
CANTATRIZ f. Cantarina, cantora, cantante, cantatriz.
CANTÁVEL adj. Cantable.
CANTEIRA f. Cantera (sitio de donde se saca la piedra para labrar).
CANTEIRO m. Cantero (operario que labra las piedras). Cantero (parte de tierra labrada regularmente en cuadro); bancal, tablar.
CÂNTICO (cán) m. Cántico. Canción. Oda. — dos —s. Cantar de los Cantares.
CANTIGA f. Canción, cantar, copia. Cantiga.
CANTIL m. Guillame. Cantimplora.
CANTILENA f. Cantilena, cantar, copla, cantinela. fig. Cantilena, repetición importuna y molesta de una cosa.
CANTINA f. Cantina. Taberna.
CATINEIRA f. Cantinera.
CANTINEIRO m. Cantinero.
CANTINHO (ño) m. dim. de Canto. Rinconcito.
CANTO m. Canto (acción de cantar; composición lírica; poema corto del género heroico; cada una de las partes del poema épico). Canto, cantón, esquina. Rincón. Canto (trozo de piedra). Canto (dimensión menor de una escuadra).
CANTOCHANISTA (cha) m. Cantollanista.
CANTOCHÃO (cháum) m. Cantollano.
CANTONEIRA f. Cantonera (pieza que se pone en las esquinas de algunos muebles o de las cubiertas de los libros). Rinconera.
CANTONEIRO m. Peón caminero (empleado en la conservación de un trozo de la carretera).
CANTOR, RA m. f. Cantor, ra. Poeta.
CANTORIA (ria) f. Canturía. Lo mismo que CANTAROLA.
CANUDO m. Tubo, cañuto.
CANUTILHO (llo) m. Cañutillo.
CANZARRÃO (zarráum) m. aum. de Cão. Perro muy grande.
CANZOADA (zoa) f. Perrada, perrería, (muchedumbre de perros). Perrería (agregado de personas malvadas).
CANZOAL (zoal) adj. Bras. Perruno.
CANZOEIRA (zoei) f. Lo mismo que CANZOADA.
CÃO (cáum) m. Zool. Perro, can. Can, gatillo, disparador. Can (pieza de artillería, pequeña, de bronce, de que se usó antiguamente). — de-fila. Perro de presa. — perdigueiro. Perro perdiguero. Grande —. Astr. Can Mayor. Pequeno —. Astr. Can Menor. Bras. El Diablo. fig. Hombre malo o sinverguenza.
CAOBA (ò) f. Bot. Caobana, caoba, caobo.
CAOLHO, LHA (lla) adj. Bras. Lo mismo que ZAROLHO
CAOS m. Caos, estado de confusión. fig. Caos, confusión, desorden.
CAÓTICO, CA (ò) adj. Caótico. fig. Confuso, desordenado, desarreglado.
CAPA f. Capa (prenda de vestir; lo que se echa sobre alguna cosa para cubrirla o bañarla). Capa, cubierta. fig. Capa, pretexto. fig. Arrimo, ayuda, protección, favor. Estar à —. Mar. Estarse a la capa, esperar a la capa. — de asperges. Capa pluvial. Bras. Lo mismo que
CAPAÇÃO (sáum) m. Capadura, castración.
CAPACETE m. Capacete. Casco.
CAPACHO (cho) m. Ruedo, estera, felpudo (para limpiarse los pies). fig. Hombre servil, rastrero.
CAPACIDADE f. Capacidad.
CAPACITADO, DA adj. Preparado, dispuesto. Persuadido, convencido.
CAPACITAR v. tr. Hacer capaz. Persuadir, convencer. Ú. t. c. r. Habilitar.
CAPADA f. Golpe con la capa, capotazo, Rebaño.
CAPADEIRA f. Navaja para capar.
CAPADEIRO m. Capador.
CAPADO m. Carnero o macho cabrío castrado. Bras. Puerco castrado.
CAPADOÇADA (sa) f. Lo mismo que
CAPADOÇAGEM (sajem) f. Bras. Reunión o acción de Capadócio (acepción brasileña).
CAPADOÇAL (sal) adj. Bras. Propio de Capadócio (acepción brasileña).

CAPADÓCIO (dò) m. Capadocio, capadociano. Bras. Charlatán; bravucón, fanfarrón; sujeto de modales pícaros.
CAPADURA f. Castración, capadura.
CAPANGA f. Bras. Lo mismo que BOCÓ. m. Bras. Asesino asalariado, sicario.
CAPANGADA f. Bras. Muchedumbre de sicarios.
CAPANGAGEM (jem) f. Bras. Acción propia de sicario. Lo mismo que CAPANGADA.
CAPÃO (páum) m. Capón (pollo castrado y cebado). Caballo castrado. Bras. Caapaú, capón, isla (conjunto más o menos pequeño de árboles, aislado en medio de la llanura, y que no está junto a río o arroyo).
CAPAR v. tr. Capar, castrar.
CAPARAÇÃO (sáum) m. Lo mismo que
CAPARAZÃO (zaum) m. Caparazón.
CAPARROSA (rròza) f. Caparrosa.
CAPATAZ m. Capaz (jefe o encargado de trabajadores; encargado de la labranza y administración de las fincas rústicas o haciendas).
CAPATAZIA (zía) f. Empleo de capataz.
CAPAZ adj. Capaz, grande, amplio, espacioso; apto, proporcionado, suficiente para algo.
CAPCIOSO, SA (ozo, òza) adj. Capcioso, engañoso, artificioso.
CAPEADO, DA adj. Oculto, escondido, disfrazado.
CAPEADOR m. Capeador. Torero.
CAPEAMENTO m. Arq. Revestimiento. Capeo.
CAPEAR v. tr. Ocultar con la capa. Taur. Capear. Revestir. Disfrazar, ocultar. intr. Mar. Capear.
CAPEIRÃO (ráum) m. aum. de Capa. Capa muy grande.
CAPEIRO m. Capero. Ropero. Percha (mueble).
CAPELA (pè) f. Capilla. — mor. Altar mayor. Párpado. Guirnalda de flores.
CAPELADA f. Tapa, pieza (de una pistolera).
CAPELANIA (nia) f. Capellanía.
CAPELÃO (láum) m. Capellán.
CAPELINA f. Capellina (pieza de la armadura antigua).
CAPELO m. Capuchón, capucho. Caperuza. Capelo (sombrero y dignidad de cardenal).
CAPELUDO, DA adj. Encaperuzado, encapuchado, que lleva capuz o capucho.
CAPENGA adj. y s. m. y f. Cojo.
CAPENGAR v. intr. Bras. Cojear, claudicar.
CAPENGUEAR v. intr. Bras. merid. Lo mismo que CAPENGAR.
CAPEROM m. Bras. Camarada, compañero.
CAPEROTADA f. Caperotada (guisado).
CAPETA m. Bras. El Diablo.
CAPILAR adj. Capilar.
CAPILÁRIA f. Bot. Adianto; culantrillo.
CAPILARIDADE f. Fís. Capilaridad.
CAPILÉ (lè) m. Jarabe de culantrillo o adianto. Bebida con agua y jarabe.
CAPILHA (lla) f. Impr. Capilla.
CAPIM m. Bras. Pasto, hierba. Nombre dado a varias especies de gramíneas.
CAPINA f. Bras. Lo mismo que
CAPINAÇÃO (sáum) f. Monda, limpia.
CAPINADOR m. Bras. Mondador.
CAPINAR v. tr. Escardar la tierra, limpiarla, extrayendo las hierbas inútiles.
CAPINEIRO m. Bras. Mondador, el que arranca o corte el césped, el que quita la hierba menuda.
CAPINHA (ña) f. dim. de Capa. Capa de torero. Capita. m. Capeador.
CAPINZAL (zal) m. Bras. Pajonal.
CAPITAÇÃO (sáum) f. Capitación.
CAPITAL adj. Capital, principal. Capital (hablando de la pena de muerte). f. Capital (población que escabeza de reino, provincia o partido). m. Capital, caudal.
CAPITALIZAÇÃO (zasáum) f. Capitalización.
CAPITALIZÁVEL (za) adj. Capitalizable.
CAPITANEAR v. intr. y tr. Capitanear.
CAPITANIA (nía) f. Capitanía (empleo de capitán). Bras. Capitanía (señorío y territorio). — do porto. Capitanía del puerto.
CAPITÂNIA (tá) adj. y f. Capitana (buque principal de una escuadra).
CAPITÃO (táum) m. Capitán. — mor. Capitán general.
CAPITEL (tèl) m. Arq. Capitel. Chapitel.

CAPITOSO, SA (tozo, òza) adj. Caprichudo, obstinado, terco. Embriagador.
CAPITULAÇÃO (sáum) f. Capitulación.
CAPITULAR adj. y s. Capitular. v. tr. Capitular.
CAPITULEIRO m. Capitulario, libro que contiene las capítulas.
CAPÍTULO m. Capítulo, cabildo. Capítulo (de libro).
CAPIVARA f. Zool. Bras. Capiguara, cabipara, capincho.
CAPOEIRA f. Caponera (jaula de madera para los capones). Fort. Caponera.
CAPOEIRA f. Bras. Matorral que fue cortado. Mato que nace donde estaba la floresta virgen. Bras. Juego atlético brasileño en que el individuo armado de navaja pratica actos criminosos. Bras. m. El individuo diesrtro neste juego.
CAPOEIRAGEM (jem) f. Sistema de los Capoeiras. Vida de Capoeira.
CAPOEIRO m. Ladrón de gallinas. Ladrón.
CAPORAL m. Cabo de escuadra, caporal. Bras. adj. Dícese de cierta especie de tabaco.
CAPOTA (pò) f. Capota (sombrero para señoras; cubierta de algunos carruajes).
CAPOTAGEM (jem) f. Bras. Acción de
CAPOTAR v. intr. Bras. Capotar (dar la vuelta sobre sí mismo un carruaje o un avión, al hocicar la parte delantera y alzarse la trasera por causa de una detención violenta).
CAPOTE (pò) m. Capote (abrigo). fig. Disfraz. Dar um —. No dejar hacer basas (en el juego).
CAPOTILHO (llo) m. Capotillo.
CAPRICHAR (char) v. tr. e intr. Tener un capricho; porfiar, temar, obstinarse. Lo mismo que TIMBRAR.
CAPRICHO (cho) Capricho. Brío, pundonor. Antojo. A —. m. adv. Con esmero.
CAPRICHOSO, SA (chozo, òza) adj. Caprichoso, inconstante, mudable, voluble. Caprichoso, hecho con capricho. Caprichudo.
CAPRICÓRNIO (còr) m. Astr. Capricornio.
CAPRINO, NA adj. Cabruno.
CAPRO m. Macho cabrío.
CAPRUN adj. Capruno.
CÁPSULA f. Cápsula (en todas las principales acepciones de este vocablo).
CAPTAÇÃO (sáum) f. Captación.
CAPUÃO (puáum) m. Bras. Lo mismo que CAPÃO (acepción brasilera).
CAPUAVA m. Bras. Minas Gerais. Lo mismo que CAIPIRA.
CAPUCHA (cha) f. Capucho. Capucha. À —. m. adv. Sin aparato.
CAPUCHINHO (chiño) adv. y s. Capuchino. m. Capucho.
CAPUCHO, CHA (cho) adj. y s. Capuchino. m. Bras. Capullo.
CAPULHO (llo) m. Capullo.
CAQUEIRADA f. Lo mismo que CACARIA. Bras. Germ. Bofetón.
CAQUEIRO m. Lo mismo que CACO.
CAQUÉTICO, CA (què) adj. Caquéctico.
CAQUI m. Caqui (níspero del Japón; fruto de este árbol).
CÁQUI adj. Caqui, color de polvo. m. Caqui.
CAQUIZEIRO (zei) m. Bot. Bras. Caqui, níspero del Japón.
CARA f. Cara (parte anterior de la cabeza desde el principio de la frente hasta la punta de la barba; semblante). fig. Descaro, atrevimiento. — a —. m. adv. Cara a cara.
CARÁ m. Zool. Bras. Acará.
CARABINA f. Carabina (arma de fuego).
CARABINADA f. Carabinazo.
CARABINEIRO m. Carabinero.
CARAÇA (sa) f. Caraza. careta, antifaz.
CARACOL (còl) m. Zool. Caracol. Caracol (escalera). Rizo (del pelo).
CARACU adj. Bras. Cierta casta de ganado vacuno, caracú. m. Bras. Tuétano.
CARADURA m. f. Desvergonzado, descarado, caradura.
CARADURISMO m. Descaramiento, descaro.
CARAGUATAL m. Mata de caraguatás.
CARAMANCHÃO (cháum) m. Lo mismo que
CARAMANCHEL (chèl) m. Pabellón, emparrado. Pérgola.

CARAMBANO m. Carámbano.

CARAMBINA f. Carámbano.

CARAMBOLA (bò) f. Carambola (lance de los juegos de truco y billar). Carambola (fruto del carambolo). *fig. fam.* Carambola (doble resultado que se tiene con un solo acto). *Por* —. m. adv. Por carambola, de modo indirecto.

CARAMBOLAR v. tr. Carambolear. *fig.* Enredar, trampear, engañar.

CARAMBOLEIRO m. Bot. Carambolo. adj. fig. Enredador, intrigante.

CARAMBOLICE f. Carambola, engaño, trampa, embuste, enredo.

CARAMELO m. Caramelo. Carámbano.

CARAMINHOLA (nò) f. pop. Mentira, patraña.

CARAMUJO (jo) m. Zool. Caracol. Caramujo. *fig.* Hombre ensimismado.

CARAMUNHA (ña) f. Lloriqueo.

CARAMUNHANTE (ñan) adj. Que lloriquea.

CARAMUNHAR (ñar) v. intr. Lloriquear.

CARANCHO (cho) m. Zool. Caracará, carancho.

CARANGUEJA (ja) f. Mar. Cangreja.

CARANGUEJAR (jar) v. intr. fam. Andar como el cangrejo.

CARANGUEJEIRA (jei) f. Bras. Araña muy grande y peluda.

CARANGUEJO (jo) m. Zool. Cangrejo.

CARANGUEJOLA (jò) f. Especie de cangrejo. Armazón poco sólida. *fig.* Cosa de poca duración o seguridad.

CARANTONHA (ña) f. Carantoña, carantamaula.

CARÃO (ráum) m. Caraza. Bras. Represión, advertencia, reprimenda.

CARAOLHO, LHA (llo) adj. Bras. Estrábico.

CARAPELA (pè) f. Hollejo del maíz.

CARAPETA f. Peón, peonza. Mentira. Lo mismo que MAÇANETA.

CARAPETÃO (táum) m. Mentira grande.

CARAPETAR v. intr. Mentir mucho.

CARAPETEIRO, RA adj. Mentiroso.

CARAPINHA (ña) f. Pelo crespo y lanudo de los negros.

CARAPINHADA (ña) f. Bebida garapiñada.

CARAPINHO, NHA (ño) adj. Crespo, rizado.

CARAPOPEBA (pè) m. Bras. Lagarto.

CARAPUÇA (sa) f. Caperuza. Capuz. *Talhar* —s. Decir indirectas. *Qual* —! interj. ¡No! ¡Esta usted equivocado!

CARAPUCEIRO m. El que hace caperuzas.

CARAPUÇO (so) m. Lo mismo que CARAPUÇA.

CARÁTER m. Carácter (en todas las principales acepciones de este vocablo). pl. *Caracteres* (caractères).

CARATERÍSTICO, CA adj. Característico.

CARATERIZAÇÃO (zasáum) f. Acción de caracterizar o caracterizarse.

CARATERIZADO, DA (za) adj. Caracterizado. Disfrazado.

CARATERIZADOR, RA (za) adj. Que caracteriza.

CARATERIZAR v. tr. Caracterizar. Tear. Disfrazar. Ú. t. c. r.

CARAÚNA f. Lo mismo que GRAÚNA.

CARAVANÇARAI m. Caravanseray, caravanera.

CARAVANEIRO m. Caravanero.

CARAVELA (vè) f. Carabela.

CARAVELEIRO m. Tripulante de la carabela.

CARBONETO m. Quím. Carburo.

CARBONIZAÇÃO (zasáum) f. Carbonización.

CARBÚNCULO m. Carbunco. Carbúnculo.

CARBUNCULOSE (lòze) f. Pat. Carbuncosis.

CARBUNCULOSO, SA (lozo, òza) adj. Carbuncoso, carbuncal.

CARBURAÇÃO (sáum) f. Carburación.

CARBURADOR m. Carburador.

CARCAÇA (sa) f. Esqueleto, osamenta. Caparazón (de cualquier animal). Armazón. Casco viejo de un buque. *ant.* Carcasa.

CARCARÁ m. Zool. Bras. Caracará, carancho.

CARCAZ m. Carcaj, aljaba.

CARCEL (cèl) m. Lámpara carcel.

CARCELA (cè) f. Pestaña (de la bocamanga de un uniforme).

CARCERAGEM (jem) f. Carcelaje. Encarcelamiento.

CARCERÁRIO, RIA adj. Carcelario.

CÁRCERE m. Cárcel, prisión.

CARCEREIRO m. Carcelero.

CARCINOSE (nòze) f. Pat. Carcionosis.

CARCOMA f. Zool. Carcoma. *fig.* Carcoma. *fig.* Podredumbre.

CARCOMER v. tr. Carcomer (en todas las acepciones de esta voz).

CARCUNDA adj. Lo mismo que CORCUNDA.

CARDA f. Carda (acción de cardar: instrumento para caradar).

CARDAÇÃO (sáum) f. Carda, cardadura.

CARDAGEM (jem) f. Cardadura.

CARDAL m. Cardizal.

CARDÃO (dáum) adj. Cárdeno.

CARDÁPIO m. Bras. Minuta, lista de una comida.

CARDEAL m. Cardenal (prelado del Sacro Colegio). Zool. Cardenal.

CARDEAL adj. Cardinal, principal, fundamental. *Pontos* —is. Puntos cardinales.

CARDEIRO m. Cardero.

CARDENILHO (llo) m. Quím. Cardenillo.

CÁRDEO, EA adj. Cárdeno.

CARDIÇO (so) m. Carda pequeña (de sombrerero).

CARDIGUEIRA f. Bras. Paloma.

CARDINAL adj. Cardinal. Lo mismo que CARDEAL. Gram. Cardinal.

CARDINALADO m. Lo mismo que

CARDINALATO m. Cardenalato.

CARDINALÍCIO, CIA adj. Cardenalicio.

CARDINALISTA m. Cardenalista.

CARDO m. Bot. Cardo. — *leiteiro.* Cardo lechar, o lechero. — *santo.* Cardo bendito. — Hierba cana. — *penteador.* Cardo de cardadores. — *asneiro.* Cardo borriquero, borriqueño o yesquero.

CARDUÇA (sa) f. Carducha.

CARDUÇADOR (sa) m. Carduzador.

CARDUÇAR (sar) v. tr. Carduzar.

CARDUME m. Cardumem.

CAREAÇÃO (sáum) f. Acareamiento, careo.

CAREADOR adj. y s. Que carea.

CAREAR v. tr. ant. Acarear, carear. Carear, confrontar.

CARECA (rè) m. f. Calvo, va.

CARECENTE adj. Careciente.

CARECER v. tr. Carecer, ter necesidad o falta de algo.

CARECIMENTO m. Carecimiento.

CAREIO m. Careo. Acareamiento.

CAREIRO, RA adj. Carero, que vende caro.

CARENA f. Mar. Quilla. Lo mismo que QUERENA.

CARÊNCIA (rèn) f. Carencia, falta, necesidad o privación de algo.

CAREPA (rè) f. Caspa (de la cabeza). Vello (de algunos frutos).

CAREPENTO, TA adj. Lo mismo que

CAREPOSO, SA (pozo, òza) adj. Cubierto de vello. Lleno de caspas.

CARESTIA (tía) f. Carestía, carencia, escasez. Carestía (precio subido de las cosas debido a la escasez de ellas).

CARETA f. Mueca; visage.

CAREATEAR v. intr. Hacer muecas.

CAREZA (za) f. Lo mismo que CARESTIA.

CARGA f. Carga. Cargazón. Cargamento. — *de ossos.* Persona muy flaca. — *de baioneta.* Carga a la bayoneta. *Besta de* —. Bestia de carga. — *d'agua.* Chaparrón.

CARGO m. Cargo, carga, peso. Cargo, obligación. Cargo, empleo.

CARGUEIRO, RA adj. Carguero. *Navio* —. Buque mercante. m. Arriero.

CARGUEJAR (jar) v. intr. Guiar bestias de carga.

CARICATO, TA adj. Ridículo. Caricaturesco. Caricatural. m. Caricato.

CARICATURAR v. tr. Caricaturizar.

CARÍCIA f. Caricia, halago.

CARICIAR v. tr. Acariciar.

CARICIÁVEL adj. Caricioso, agradable.

CARIDADE f. Caridad.

CARIDOSAMENTE (dòza) adv. m. Caritativamente.

CARIDOSO, SA (ozo, òza) adj. Caritativo.

CÁRIE f. Caries.

CARIJÓ (jo) adj. Bras. Mosqueteado de blanco y negro (hablando de gallos o gallinas).

CARIMBADO, DA adj. Sellado, estampado, marcado (con el sello de metal o caucho).

CARIMBADOR, RA adj. Sellador.

CARIMBAGEM (jem) f. Selladura.

CARIMBAR v. tr. Sellar, estampar, marcar (con el sello de metal o caucho).

CARIMBO m. Sello (utensilio de metal o caucho que sirve para estampar armas, divisas o cifras; lo que con él queda estampado).

CARINHA (ña) f. dim. de *Cara*.

CARINHO (ño) m. Cariño (afecto, voluntad, amor; expresión y señal de dichos sentimientos).

CARINHOSAMENTE (ñoza) adv. m. Cariñosamente.

CARINHOSO, SA (ñozo, òza) adj. Cariñoso, afectuoso, amoroso.

CARIOCA (riò) adj. y s. Carioca (natural de Rio de Janeiro).

CARIOSO, SA (ozo, òza) adj. Que padece caries; cariado.

CARIZ m. Semblante, aspecto. Cariz (aspecto de la atmósfera).

CARLEQUIM m. Especie de martinete.

CARLINA f. Bot. Carlina angélica, ajonjera.

CARLINGA f. Mar. Carlinga.

CARMANHOLA (nò) f. Carmañola.

CARME m. Carmem, verso, composición poética.

CARMEADOR m. Carmenador.

CARMEAR v. tr. Carmenar.

CARMESIM (zim) adj. y s. m. Carmesí.

CARMESINADO, DA (zi) adj. Teñido de carmesí.

CARMIM m. Carmín.

CARMINADO, DA adj. Teñido con el carmín. Carmíneo.

CARMINAR v. tr. Teñir con el carmín.

CARNAÇA (sa) f. Carnaza (abundancia de carne). Carnaza (parte interior de las pieles).

CARNAÇÃO (sáum) f. Carnación. Representación del cuerpo humano, desnudo, con el color natural.

CARNADURA f. Carnadura, musculatura.

CARNAGEM (jem) f. Destrozo, mortandad. Matanza de animales. Provisión de carnes,

CARNAÍBA f. Bot. Carandí, carnauba.

CARNAIBAL m. Bosque de carandíes.

CARNAL adj. Carnal. m. Carnal. (tiempo del año que no es cuaresma).

CARNALIDADE f. Carnalidad; sensualidad.

CARNAUBAL m. Lo mismo que CARNAIBAL.

CARNAVAL m. Carnaval.

CARNAZ m. Carnaza (parte interior de las pieles).

CARNEAÇÃO (sáum) f. Bras. merid. Carneada, acción de

CARNEAR v. tr. Bras. merid. Matar las reses, descuartizarlas; carnear.

CARNEGÃO (gáum) m. Bras. Lo mismo que CARNICÃO.

CARNEIRA f. Badana, piel de carnero. Bras. Oveja.

CARNEIRADA f. Carnerada. Mar borregoso.

CARNEIREIRO m. Carnerero.

CARNEIRO m. Zool. Carnero. Astr. Aries. Carnero; osario; sepulcro familiar.

CÁRNEO, EA adj. Que tiene color de carne.

CARNIÇA (sa) f. Carnicería, destrozo, mortandad de gentes. Carniza, carne muerta. Carne comestible. Presa (animal).

CARNICAL (sal) adj. Carnicero.

CARNICÃO (cáum) m. Parte carnosa de um tumor; raíz.

CARNIÇARIA (saría) f. Carnicería, destrozo, mortandad de gentes. Carnicería, tienda donde se vende carne por menor.

CARNICEIRO, RA adj. Carnicero. m. Carnicero (persona que tiene por oficio vender carne).

CARNIFICAÇÃO (sáum) f. Carnificación.

CARNÍFICE m. Verdugo, ejecutor de la justicia.

CARNIFICINA f. Carnicería, destrozo, mortandad de gentes.

CARNIGÃO (gáum) m. Lo mismo que CARNICÃO.

CARNINGA f. Bras. Carlinga.

CARNOSIDADE (zi) f. Carnosidad (excrecencia de carne en una llaga; carne que sobresale en alguna parte del cuerpo).

CARNOSO, SA (nozo, òza) *adj.* Carnoso.

CARO, RA *adj.* Caro, subido de precio. Amado, querido, estimado, caro. *adv. m.* Caro, a alto precio.

CAROÁVEL *adj.* Cariñoso, amable, afectuoso.

CAROCHA (ròcha) *f.* Escarabajo. Cucaracha. Coroza. Careta.

CAROCHINHA (ròchiña) *f. dim.* de *Carocha. Histórias da* —. Cuentos para niños.

CAROÇO (so) *m.* Hueso (de algunas frutas). Glándula hinchada. *pop.* Dinero, plata. *Bras. pop.* Apuro, aprieto, dificultad; cosa muy difícil.

CAROÇUDO, DA (su) *adj.* Que tiene huesos (hablando de algunas frutas). Que tiene glándulas hinchadas.

CAROLA (rò) *m.* y *adj.* Santurrón. Beatorro. *f.* Carola (danza antigua).

CAROLICE *f.* Beatería, santurronería.

CAROLISMO *m.* Lo mismo que CAROLICE.

CARONA *f. Bras.* Carona (que se pone en el lomo de las caballerías). *m.* Lo mismo que CALOTEIRO. El que entra en alguna parte sin pagar lo que le corresponde. *Passar* —. Esquivar el pago de una cuenta dejando burlado el acreedor. *Levar* —. Ser uno burlado en el pago de una cuenta. *De* —. *m. adv. pop.* De gracia o de balde.

CARONADA *f.* Carronada.

CARÓTIDA (rò) *f.* Carótida.

CAROTÍDEO, EA *adj.* Carótido.

CAROUJO (jo) *m. Port.* Hielo.

CARPA *f. Zool.* Carpa. Lo mismo que CAPINA.

CARPAR *v. tr. Bras. merid.* Lo mismo que CAPINAR.

CARPEAR *v. tr.* Carmenar.

CARPIAR *v. tr.* Carmenar.

CARPIÇÃO (sáum) *f. Bras. merid.* Lo mismo que CAPINA.

CARPIDEIRA *f.* Plañidera. Carpidor.

CARPIDO, DA *adj.* Lastimero, plañidero. Llanto, gemido, quejido, plañido. *P. p.* de *Carpir.*

CARPIDOR *adj.* Plañidero. *Bras.* Lo mismo que CAPINADOR.

CARPIDURA *f.* Plañimiento.

CARPINS *m. pl. Bras. merid.* Calcetines.

CARPINTARIA (ría) *f.* Carpintería.

CARPINTEIRO *m.* Carpintero. Carcoma. *Ter bicho* —. *fr. fam. fig.* No poder estar quieto.

CARPINTEJAR (jar) *v. tr. e intr.* Carpintear.

CARPIR *v. tr.* Plañir. Ú. t. c. r. *Bras. merid.* Escardar la tierra, limpiarla, extrayendo las hierbas inútiles. (*amer.* Carpir).

CARPO *m. Anat.* Carpo. Fruto.

CARQUE *m.* Lo mismo que

CARQUEJA (ja) *f. Bot.* Carquexia (especie de retama).

CARQUILHA (lla) *f.* Arruga; pliegue.

CARRACA *f. Mar.* Carraca (embacación grande de transporte).

CARRAÇA (sa) *f.* Lo mismo que CARRAPATO.

CARRADA *f.* Carretada, carrada. *Às* — *s. m. adv.* A carretadas.

CARRAL *adj.* Relativo o perteneciente al carro.

CARRAMANCHÃO (cháum) *m.* Lo mismo que CARAMANCHÃO.

CARRANCA *f.* Semblante enfurruñado. Cara fea, mascarón. Ceño. Careta. Caraza. Carátula. *ant.* Carlanca, carranca.

CARRANÇA (sa) *adj.* Indiferente al progreso, que solo piensa en el pasado.

CARRANCISMO *m.* Sistema rutinario.

CARRANCUDO, DA *adj.* Ceñudo, enfurruñado, torvo, fosco.

CARRANQUEAR *v. intr.* Enfurruñarse.

CARRÃO (rráum) *m. aum.* de *Carro.* Coche grande.

CARRAPATAL *m. Bras. merid.* Campo lleno de garrapatas. *Bras. nort.* Campo sembrado de ricino.

CARRAPATAR-SE *v. r. Bras.* Agarrarse, asirse fuertemente.

CARRAPATEAR *v. tr. Bras.* Limpiar (a los animales de garrapatas o aplicarles garrapaticidas).

CARRAPATEIRA *f. Bot. Bras.* Ricino; mamola, mamona.

CARRAPATENTO, TA *adj.* Lleno de garrapatas (hablando del ganado).

CARRAPATICIDA *adj.* y *s. m.* Que mata a la garrapata; garrapaticida.

CARRAPATO *m.* Fruto del ricino. *Zool.* Garrapata.

CARRAPICHO (cho) *m.* Moño (en el pelo). *Bot. Bras.* Abrojo.

CARRARA *m.* Mármol de Carrara.

CARRASCAL *m.* Carrascal. Carrasca.

CARRASCÃO (cáum) *adj.* Áspero al gusto (dícese del vino). Ú. t. c. s.

CARRASCO *m.* Verdugo, ejecutor de la justicia. *Bras.* Camino pedregoso. *Bot.* Carrasca, carrasco.

CARRASPANA *f. pop.* Borrachera, mona. Reprensión.

CARRASPEIRA *f. Port.* Carraspera.

CARRASQUEIRO *m.* Lo mismo que

CARRASQUENHO (ño) *m. Bras.* Carrasca, carrasco.

CARREADOR, RA *adj.* Acarreador. Ú. t. c. s.

CARREAR *v. tr.* Acarrear. *v. intr.* Guiar un coche.

CARREGAÇÃO (sáum) *f.* Carga, cargazón, cargamento. Carga (acción de cargar). *Bras.* Enfermedad.

CARREGADEIRA *f. Mar.* Cargadera. Cargadora, acarreadora.

CARREGADO, DA *adj.* Cargado (hablando del tiempo o de la atmósfera). *P. p.* de *Carregar.*

CARREGADOR *m.* Mozo de cordel.

CARREGAMENTO *m.* Cargamento, carga, cargazón.

CARREGAR *v. tr.* Cargar. *Mar.* Cargar. *v. r.* Cargarse (la atmósfera).

CARREGO (rré) *m.* Carga, cargazón. Carga (acción de cargar).

CARREGOSO, SA (gozo, òza) *adj.* Pesado, grave, molesto; cargoso.

CARREIRA *f.* Camino carretero. Carrera (paso rápido de un sitio a otro; curso de los astros; lucha de velocidad; hilera; línea de puntos; crencha, raya que divide el pelo; camino o curso que uno sigue en su conducta; duración de la vida humana; profesión de las armas, ciencias, letras, etc.). Rumbo (de un buque). *Bras.* Cascada pequeña. Corriente.

CARREIRAMENTO *m.* Carrera de caballos.

CARREIRISTA *m. Bras. merid.* Carrerista (aficionado a las carreras de caballos).

CARREIRO *m.* Carrero, carretero. Cochero. Camino angosto. Atajo.

CARREIROLA (rò) *f. Zool.* Especie de calandra.

CARREJAR (jar) *v. tr. e intr.* Lo mismo que CARREAR.

CARRETA *f.* Carreta. Afuste. Juego delantero del arado. Carretón (de artillería).

CARRETAGEM (jem) *f.* Carretaje.

CARRETAMA *f.* Conjunto de carretas.

CARRETÃO (táum) *m.* Carretero. Carretón.

CARRETAR *v. tr.* Carretear.

CARRETE (rré) *m.* Carrete. *dim.* de *Carro.*

CARRETEADA *f.* Carretada, carrada.

CARRETEIRA *f. Bras. merid.* Carrete.

CARRETEIRO *m.* Carretero.

CARRETEL (tèl) *m.* Carrete.

CARRETELA (tè) *f.* Carreta pequeña, carretón.

CARRETELEIRA *f. Bras.* Máquina para hacer carretes.

CARRETILHA (lla) *f.* Pintadera, carretilla. Roldana pequeña. Especie de barreno.

CARRETO (rré) *m.* Carretaje, carreteo. Flete, precio del transporte.

CARRIAGEM (jem) *f.* Serie de carros o coches.

CARRIÃO (rriáum) *m.* Eje con dos ruedas (instrumento de batanero).

CARRIÇA (sa) *f.* Lo mismo que CAMBAXIRRA.

CARRIÇAL (sal) *m.* Carrizal.

CARRIÇO (so) *m. Bot.* Carrizo.

CARRIL *m.* Carril (huella que dejan en el camino las ruedas de los carruajes), carrilada. Carril (camino capaz tan sólo para el paso de un carro). Especie de eje.

CARRILHADOR (lla) *m.* Campanero, repicador o tañedor de campanas.

CARRILHÃO (lláum) *m.* Reloj de música. Campaneo. Conjunto de campanas para tocar música.

CARRILHO (llo) *m.* Mazorca desgranada de maíz. *ant.* Carrillo.

CARRINHO (ño) *m. dim.* de *Carro.* Carrete. — *de mão.* Carretilla (carro pequeño de mano). *pl. Bras. merid.* Los carrillos.

CARRO *m.* Carro. Carreta. Coche. Carruaje. — *de mão.* Lo mismo que CARRINHO (*de mão*).

CARROÇA (rròsa) *f.* Carreta, carro, carretón. *ant.* Carroza.

CARROÇADA (sa) *f.* Carretada, carretonada, carrada.

CARROÇÃO (sáum) *m.* Carreta de bueyes. *aum.* de *Carroça.*

CARROÇÁVEL (sá) *adj.* Carretero (dícese del camino por donde se puede andar en carruajes).

CARROCEIRO *m.* Carretero, carrero.

CARROCIM *m.* Carrocín, silla volante. Carreta pequeña, carretilla.

CARRUAGEIRO (jei) *m.* Carruajero (el que fabrica carruajes).

CARRUAGEM (jem) *f.* Carruaje.

CARTA *f.* Carta (papel escrito que uno envía a otro para comunicarse con él; naipe; mapa; constitución escrita); — *aberta.* Carta abierta. — *branca.* Carta blanca. *fig.* Carta blanca (facultad amplia para obrar en determinado negocio o resolver algún asunto especial).

CARTABUXA (cha) *f.* Broza, cepillo (que usan los plateros).

CARTADA *f.* Jugada (acción de jugar un naipe). Lance.

CARTAGINÊS, ESA (jinés, eza) *adj.* y *s.* Cartaginés, cartaginense.

CARTÃO (táum) *m.* Cartón, papelón. Tarjeta. — *de visita.* Tarjeta. — *postal.* Tarjeta postal.

CARTAPÁCIO *m.* Libraco antiguo. Cartapacio, carta muy abultada. Cartapacio, funda. Colección de documentos en forma de libro.

CARTAZ *m.* Cartel. *Ter* —. *fr. pop.* Tener fama, ser famoso.

CARTEADO, DA *adj.* Carteado (dícese del juego de naipes en que se recogen las bazas). *P. p.* de *Cartear.*

CARTEAMENTO *m.* Acción de

CARTEAR *v. intr. Mar.* Echar el punto en la carta. Distribuir las cartas en el juego de naipes. *v. r.* Cartearse, corresponderse por cartas una persona con otra.

CARTEIO *m.* Lo mismo que CARTEAMENTO. Carteo.

CARTEIRA *f.* Cartera (estuche o bolsa que sirve para guardar papeles, billetes de Banco y otras cosas análogas). Cartera (para dibujar o escribir sobre ella). Pupitre, papelera. Librito de notas. *Com.* Cartera.

CARTEIRO *m.* Cartero.

CARTEL (tèl) *m.* Escrito de desafío. Provocación. Dístico. Rótulo.

CARTILAGEM (jem) *f.* Cartílago, ternilla.

CARTILHA (lla) *f.* Cartilla (para aprender a leer). *fig.* Los rudimentos de una ciencia.

CARTOGRAFIA (fía) *f.* Cartografía.

CARTOLA (tò) *f.* Sombrero de copa. Sombrero hongo.

CARTOMANCIA (cía) *f.* Cartomancía.

CARTONADO, DA *adj.* Encartonado (encuadernado con cartón).

CARTONAGEIRO (jei) *m.* Cartonero.

CARTONAGEM (jem) *f.* Cartonaje (arte de hacer obras de cartón; obras de cartón). Encuadernación en cartón.

CARTONAR *v. tr.* Encartonar (encuadernar sólo con cartones cubiertos de papel).

CARTÓRIO (tò) *m.* Escribanía (oficina del escribano o notario). Archivo.

CARTUCHAME (chá) *m.* Cartuchería.

CARTUCHEIRA (chei) *f.* Cartuchera.

CARTUCHO (cho) *m.* Cartucho (de arma de fuego; envoltura para guardar algo). Cucurucho.

CARTUSIANO, NA (zia) *adj.* Cartujano.

CARTUXA (cha) *f.* Cartuja.

CARTUXO, XA (cho) *adj.* y *s.* Cartujo.

CARUÁ *m. Bot. Bras.* Cierta planta textil (*Neoglaziovia variegata*).

CARUARA *f. Bras.* Mal de ojo. Dolor reumático.

CARUARU *m. Zool. Bras.* Especie de lagarto.

CARUATÁ *m.* Lo mismo que CARUÁ.

CARUAZAL (zal) *m.* Plantación de *Caruá.*

CARUJA (*ja*) *f.* Lo mismo que

CARUJEIRA (*jei*) *f. p. us.* Rocío, orvallo.

CARUJO (*jo*) *m. Port.* Llovizna.

CARUMA *f.* Hoja del pino.

CARUNCHAR (*char*) *v. intr.* Carcomerse.

CARUNCHENTO, TA (*chen*) *adj.* Carcomido, lleno de carcoma.

CARUNCHO (*cho*) *m.* Carcoma (pequeño insecto; polvo que produce). *fig.* Podredumbre. *fig.* Vejez.

CARUNCHOSO, SA (*chozo*, *òza*) *adj.* Lo mismo que CARUNCHENTO.

CARURU *m. Bras. Bot.* Carurú. Yuyo colorado. Nombre de diversas plantas amarantáceas.

CARUSMA *f.* Cenizas que se levantan cuando se sopla el fuego.

CARVALHAL (*llal*) *m.* Carvajal, carvallar, carvalledo; robleda, robledal, robledo.

CARVALHEIRA (*llei*) *f.* Robleda; carvalledo. Roble pequeño.

CARVALHEIRO (*llei*) *m. Bot.* Roble nuevo.

CARVALHIÇA (*lli*) *f. Bot.* Especie de roble.

CARVALHO (*llo*) *m. Bot.* Encina. Roble. Carvallo, carvayo.

CARVÃO (*váum*) *m.* Carbón. — *de pedra.* Carbón de piedra. — *vegetal.* Carbón vegetal.

CARVOARIA (*ría*) *f.* Carbonería.

CARVOEIRA (*ei*) *f.* Carbonera (mujer que vende carbón; lugar o pieza donde se guarda el carbón).

CARVOEIRO, RA *adj.* Carbonero, perteneciente al carbón. *m.* Carbonero (el que hace o vende carbón). Carbonera (lugar donde se guarda el carbón). *Maré do —. fig.* Oportunidad.

CARVOEJAR (*jar*) *v. intr.* Carbonear (hacer carbón de leña). Vender carbón.

CARVOENTO, TA *adj.* Carbonoso, que se parece al carbón.

CÁS (*cáns*) *f. pl.* Canas (cabellos blancos).

CASA (*za*) *f.* Casa (edificio destinado a ser habitado; conjunto de personas que componen una familia; piso o parte de una casa; descendencia, linaje, casilla, escaque). Oficina pública. Ojal (para botones). Casilla (cada una de las divisiones del papel rayado verticalmente, de un cuadro estadístico o de otro cualquier documento análogo). Casilla (cada una de las divisiones del casillero). Casa (establecimiento industrial o mercantil). — *bancária.* Casa de banca, Banca. — *da misericórdia.* Casa de beneficencia. — *da moeda.* Casa de la moneda. — *da sogra.* Casa donde no hay orden o buena crianza. — *de cômodos.* Casa de huéspedes. — *de jogo.* Casa de juego. — *de orates.* Casa de locos, o de orates. — *de pasto.* Figón, casa de comidas. — *de penhor.* Casa de préstamos, o de empeños. — *de prego. pop.* Casa de empeños. — *de purgar.* Casa de calderas. *pop.* Barriga, panza. — *de saúde.* Hospital. — *de tafularia.* Casa de juego. — *dos negros.* Lo mismo que SENZALA. — *forte.* Caja (dependencia de los bancos donde se guardan los valores). — *grande. Bras.* Casa donde vivía el hacendado o dueño de un ingenio de azúcar.

CASABEQUE (*zabè*) *m.* Monillo.

CASACA (*za*) *f.* Casaca. Levita. Saco de faldas sesgadas. *Cortar na —. fr. fig. fam.* Murmurar, conversar en perjuicio de un ausente, censurando sus acciones. *Virar, o voltar a —.* Volver uno casaca, o la casaca; dejar el bando o partido que seguía, y adoptar el contrario.

CASACÃO (*zacáum*) *f.* Saco grande. Sobretodo. Tapado. Abrigo.

CASACO (*za*) *m.* Saco (prenda de vestir).

CASACUDO (*za*) *m. Bras.* Hombre acaudalado, o importante.

CASADEIRO, RA (*za*) *adj.* Casadero (que tiene edad suficiente para casarse). Que trata de casarse.

CASADO, DA (*za*) *adj.* Casado. Ú. t. c. m. pl.

CASAL (*zal*) *m.* Matrimonio (marido y mujer). Pareja. Pareja de macho y hembra. Casería, casa de campo. Aldea, pequeña problación. Alquería.

CASALAR (*za*) *v. tr.* Lo mismo que ACASALAR.

CASALEIRO (*za*) *m.* El que vive en una casería.

CASALEJO (*zalejo*) *m.* Aldeorro. Alquería pequeña.

CASAMATADO, DA (*za*) *adj.* Que tiene casamatas.

CASAMENTEIRO, RA (*za*) *adj.* Casamentero.

CASAMENTO (*za*) *m.* Casamiento.

CASÃO (*záum*) *f. aum. de Casa.* Caserón.

CASAR (*zar*) *v. tr.* Casar. *v. intr.* Casar, casarse. Ú. t. c. r.

CASARÃO (*zaráum*) *m.* Caserón.

CASARIA (*zaría*) *f.* Lo mismo que

CASARIO (*zarío*) *m.* Caserío (conjunto de casas de una población, o en el campo).

CASCA *f.* Cáscara, corteza (cubierta o envoltura de los huevos, troncos, frutas y otras cosas). Casca (para curtir pieles). *fig.* Corteza, exterioridad; apariencia. — *grossa. adj. Bras.* Persona rústica, que no tiene política o crianza. *adj. Bras.* Mesquino, avariento. Ú. t. c. s.

CASCABULHO (*llo*) *m.* Cascabillo, cascabullo, capullo o cúpola de la bellota. Gluma. Cantidad de cáscaras.

CASCABURRENTO, TA *adj. Bras.* Arrugado, áspero.

CASCALHADA (*lla*) *f.* Cascajar, cascajal.

CASCALHENTO, TA (*llen*) *adj.* Cascajoso.

CASCALHO (*llo*) *m.* Cascajo (conjunto de piedras menudas y de pedazos de otras cosas que se quiebran).

CASCALHOSO, SA (*llozo*, *òza*) *adj.* Lo mismo que

CASCALHUDO, DA (*llu*) *adj.* Cascajoso.

CASCÃO (*cáum*) *m. aum. de Casca.* Cascarón. Costra endurecida. Costra, postilla. Costra de suciedad en la piel.

CASCAR *v. tr.* Descascarar, descascar. Descortezar. Pegar, cascar, golpear a uno. Responder agriamente. Decir palabras agrias. Dar, aplicar, pegar (golpes).

CÁSCARA *f.* Cobre en bruto.

CASCARIA (*ría*) *f.* Conjunto de toneles, pipas o botellas. Los cascos de los animales.

CASCARILHA (*lla*) *f. Bot.* Cascarillo.

CASCARRÃO (*rráum*) *m. pop.* Cascarón.

CASCÁRRIA *f. Bras. merid.* Cascarrea.

CASCATA *f.* Cascada, despeñadero de agua.

CASCATEANTE *adj.* Que cae como cascada.

CASCATEAR *v. intr.* Caer como cascada.

CASCAVEL (*vèl*) *m.* Cascabel (bolita de metal que tiene dentro un pedacito de hierro). *f. Bras.* Crótalo, serpiente de cascabel.

CASCO *m.* Casco, cráneo. Casco (cuerpo del buque). Lo mismo que CASCA. Casco (uña del pie o de la mano de las caballerías). Uña (de algunos animales). *fig.* Juicio, talento, casco, cabeza.

CASCOSO, SA (*cozo*, *òza*) *adj.* Cascarudo.

CASCUDO, DA *adj.* Cascarudo. Cascudo. *m.* Coca (golpe dado en la cabeza de alguien con los nudillos). *Bras.* Escarabajo. *Bras.* Nombre común de diversos peces.

CASCULHO (*llo*) *m.* Lo mismo que CASCABULHO.

CASEAÇÃO (*zeasáum*) *f.* Caseación. Acción de ojalar.

CASEADO (*zea*) *m.* Acción y efecto de ojalar. Ojaladura.

CASEAR (*zear*) *v. tr.* Ojalar.

CASEBEQUE (*zebè*) *m.* Lo mismo que CASABEQUE.

CASEBRE (*zè*) *m.* Casucha. Habitación miserable; choza.

CASEIFICAÇÃO (*zeïficasáum*) *f.* Caseificación.

CASEÍNA (*zeí*) *f. Quím.* Caseína.

CASEIRA (*zei*) *f.* Casera (la que cuida de una casa ajena en un pueblo o en el campo, y la habita; mujer del casero). Estreñimiento. Nalgas. Hemorroide.

CASEIRO, RA (*zei*) *adj.* Casero. *m.* Casero (persona que cuida de una casa ajena en un pueblo o en el campo, y la habita). Encargado de la administración de una alquería o casería.

CASEOSO, SA (*zeozo*, *òza*) *adj.* Cáseo, caseoso.

CASERNA (*zèr*) *f.* Caserna. Cuartel, acuartelamiento.

CASERNARIA (*zernaría*) *f.* Cosa propia de casernas o cuarteles.

CASIBEQUE (*zibè*) *m.* Lo mismo que CASABEQUE.

CASIMIRA (*zi*) *f.* Casimir.

CASIMIRETA (*zi*) *f.* Casimir de calidad inferior.

CASINHA (*ziña*) *f. dim. de Casa.* Casita. *fam.* Excusado, retrete.

CASINHOLA (*ziñó*) *f.* Casita miserable.

CASINHOLO (*ziño*) *m.* Lo mismo que

CASINHOTA (*zinhò*) *f.* Lo mismo que

CASINHOTO (*ziño*) *m.* Lo mismo que CASINHOLA.

CASITÉU (*zitèu*) *m.* Casa pequeña, casa pobre.

CASMANHATO (*ña*) *m. Zool.* Casmañato.

CASMURRADA *f.* Acción propia de una persona testaruda o ensimismada.

CASMURRAL *adj.* Propio de testarudo o ensimismado.

CASMURRICE *f.* Terquedad, obstinación.

CASMURRO, RA *adj.* Terco, temoso, testarudo. Ensimismado, zorumbático, triste, callado.

CASO (*zo*) *m.* Caso, acontecimiento, suceso. Caso, lance, ocasión, coyuntura. Caso, acaso, casualidad. *Gram.* Caso. Facultad, posibilidad. Situación. *Med.* Caso. — *subjetivo.* Caso nominativo. *De — pensado. m. adv.* A caso hecho. *Dado o —. expr.* Dado caso.

CASOAR (*zoar*) *m. Zool.* Casuario.

CASOARINA (*zoa*) *f. Bot.* Casuarina.

CASOLA (*zò*) *f.* Casita, casa pequeña. Perrera.

CASÓRIO (*zò*) *m. pop.* Casorio. Bodijo, bodorrio.

CASPA *f.* Caspa (escamilla que se forma en la cabeza).

CASPACHO (*cho*) *m.* Gazpacho.

CASPENTO, TA *adj.* Casposo.

CÁSPITE! *interj.* ¡Cáspita!

CASQUEJAR (*jar*) *v. intr.* Criar casco nuevo (el caballo).

CASQUENTO, TA *adj.* Cacarudo. Cascudo.

CASQUETE (*què*) *m.* Casquete (especie de gorro). Caperuza. Sombrero viejo.

CASQUIBRANDO, DA *adj.* Casquiblando.

CASQUILHA (*lla*) *f.* Cascarilla. Pedazo de cáscara o corteza.

CASQUILHADA (*lla*) *f.* Multitud de petimetres.

CASQUILHAGEM (*llajem*) *f.* Lo mismo que CASQUILHICE. Grupo de petimetres.

CASQUILHAR (*llar*) *v. intr.* Presumir de elegante, de petimetre.

CASQUILHARIA (*llaría*) *f.* Trajes de petimetre.

CASQUILHEIRA (*llei*) *f. Port.* Alcahueta.

CASQUILHICE (*lli*) *f.* Elegancia, ademanes y trajes de petimetre, coquetería, bizarría.

CASQUILHO, LHA (*llo*) *adj.* Elegante, acicalado, bizarro, coquetón. *m.* Petimetre.

CASQUILHÓRIO, RIA (*llò*) *adj.* Ridículamente acicalado.

CASQUÍMULO, LA *adj.* Casquimuleño.

CASQUINADA *f.* Carcajada de niño.

CASQUINAR *v. tr.* Dar, soltar (carcajadas). *v. intr.* Reír a carcajadas.

CASQUINHA (*ña*) *f. dim. de Casca.* Cascarilla. Cascarilla (laminilla muy delgada de metal con que se revisten varios objetos).

CASQUINHEIRO (*ñei*) *m.* El que pone cascarillas (de metal) a un objeto.

CASSA (*sa*) *f.* Muselina.

CASSAÇÃO (*sasáum*) *f.* Casación.

CASSADO, DA (*sa*) *adj.* Casado, derogado, anulado.

CASSAR (*sar*) *f. For.* Casar, abrogar, anular, derogar. Recoger, coger, aferrar (las velas).

CASSEAR (*sear*) *v. tr. Mar.* Cambiar de rumbo.

CÁSSIA (*sia*) *f. Bot.* Casia.

CASSIÁCEAS (*siá*) *f. pl. Bot.* Casiaceas.

CASSIÁCEO, EA (*siá*) *adj. Bot.* Casiáceo.

CASSINETA (*si*) *f.* Casinete.

CASSINO (*si*) *m.* Casino. Cierto juego de naipes.

CASSIOPÉIA (*siopèia*) *f. Astr.* Casiopea.

CASSIS (*sis*) *m. Zool.* Casis (molusco prosobranquio). *Bot.* Casis (planta grosularia).

CÁSSO, SA (*so*) *adj. p. us.* Lo mismo que CASADO.

CASSOCO (*so*) *m.* Moneda de plata.

CASTA *f.* Casta, raza, generación, linaje.

CASTANHA (*ña*) *f.* Castaña (fruto del castaño). *Bot.* Castaño. Castaña (moño en forma de lazo que se hacen las mujeres con la mata del pelo en la parte posterior de la cabeza). — *do-Pará.* Almendra del Pará. *pl. Mar.* Escoteras.

CASTANHADA (ña) *f.* Dulce de castañas.
CASTANHAL (ñal) *m.* Castañar, castañal.
CASTANHEDO (ñe) *m.* Castañeda, castañar.
CASTANHEIRA (ñei) *f.* Castañera (mujer que vende castañas).
CASTANHEIRO (ñei) *m. Bot.* Castaño. — *do-Pará.* Almendro del Pará.
CASTANHETA (ñe) *f.* Castañeta (pez). *pl.* Castañetas, castañuelas.
CASTANHETEAR (ñe) *v. intr.* Castañetear (repicar las catañetas).
CASTANHO, NHA (ño) *adj.* Castaño, que tiene color de castaña. *m.* Castaño (color). Castaño (planta). Castaño (madera de este árbol).
CASTANHOL (ñòl) *f. Bot.* Castañuela (planta ciperácea).
CASTANHOLAR (ño) *v. intr. y tr.* Castañetear (repicar las castañetas).
CASTANHOLAS (ñò) *f. pl.* Castañuelas, castañetas. Castañeta (sonido que produce la yema del dedo de en medio haciéndola resbalar fuertemente sobre la del pulgar).
CASTANHOSO, SA (ñozo, òza) *adj.* Que tiene castañares o castañedas.
CASTANITO *m. Miner.* Castanita.
CASTÃO (táum) *m.* Puño (de bastón).
CASTEAR *v. intr.* Procriar.
CASTELA (tè) *f.* Castellano (moneda antigua).
CASTELÁ (lán) *f.* Castellana (señora de un castillo).
CASTELANIA (nía) *f.* Castellanía. Castillería, alcaidía de un castillo.
CASTELÃO (láum) *m.* Castellano (señor, alcaide o gobernador de un castillo). *adj.* Relativo o perteneciente al castillo.
CASTELÁRIO *m.* Castellano, castillero.
CASTELEIRO, RA *adj.* Relativo o perteneciente al castillo. *m.* Castellano, castellero.
CASTELEJO (jo) *m.* Torre del homenaje (de un castillo).
CASTELETE *m.* Castillete, castillejo.
CASTELHANADA (lla) *f.* Grupo de castellanos. Lo mismo que ESPANHOLADA.
CASTELHANAMENTE (lla) *adv. m.* Castellanamente; a la castellana.
CASTELHANICE (lla) *f.* Acción o dicho propio de castellano.
CASTELHANISMO (lla) *m.* Castellanismo.
CASTELHANISTA (lla) *m.* El que emplea castellanismos. El que recibió influencia de la literatura o civilización castellanas.
CASTELHANIZADO, DA (llaniza) *adj.* Castellanizado. Españolizado.
CASTELHANIZAR (llanizar) *v. tr.* Españolizar.
CASTELHANO, NA (lla) *adj. y s.* Castellano. Español. *m.* Castellano, español (idioma). Castellano (moneda).
CASTELO (tè) *m.* Castillo (lugar fuerte, circundado de murallas, baluartes, fosos y otras fortificaciones). — *de proa. Mar.* Castillo. — *de popa. Mar.* Toldilla. — *de água.* Depósito de agua. — *de cartas.* Castillos de naipes. — *no ar.* Castillos en el aire.
CASTELONA *f.* Castellana (señora de un castillo).
CASTIÇAL (sal) *m.* Candelero; velón.
CASTIÇAR (sar) *v. tr.* Cubrir (fecundar el macho a la hembra).
CASTICISMO *m.* Casticismo, amor o afición a lo castizo del lenguaje.
CASTIÇO, ÇA (so) *adj.* Castizo.
CASTIDADE *f.* Castidad (virtud opuesta a los apetitos carnales). Pureza.
CASTIFICAR *v. tr.* Castizar. *fig.* Castizar, purificar, acrisolar, limpiar.
CASTIGAÇÃO (sáum) *f.* Castigación.
CASTIGAMENTO *m.* Castigo.
CASTIGAR *v. tr.* Castigar, imponer un castigo; mortificar, afligir; *fig.* Corregir, enmendar una obra o escrito. Escarmentar, corregir al que ha errado. *v. r.* Corregirse, enmendarse, abstenerse. Mortificarse.
CASTIGÁVEL *adj.* Que merece castigo; que puede ser castigado.

CASTIGO *m.* Castigo (acción de castigar). Mortificación; molestia; incomodidad. Represión, amonestación, aviso, consejo o corrección. *Equit.* Castigo, acción de castigar. Látigo. Escarmiento. — *exemplar.* Castigo ejemplar.
CASTILOA *f. p. us.* Caucho.
CASTINÇAL (sal) *m.* Castañar (de castaños silvestres).
CASTINCEIRA *f.* Lo mismo que
CASTINCEIRO *m. Bot.* Castaño silvestre.
CASTIVAL *m. ant.* Alcaide.
CASTO, TA *adj.* Casto, puro.
CASTOR *m. Zool.* Castor (mamífero roedor).
CASTÓREO (tò) *m. Quím.* Castóreo.
CASTRAÇÃO (sáum) *f.* Castración.
CASTRAMETAÇÃO (sáum) *f.* Castrametación.
CASTRAMETAR *v. tr. Mil.* Acampar. Fortificar.
CASTRAR *v. tr.* Castrar, capar, extirpar los órganos de la generación. Castrar (quitar a las colmenas los panales con miel, dejando lo suficiente para que se alimenten las abejas).
CASTREJO (jo) *m.* Lo mismo que
CASTRELO (trè) *m.* Castro pequeño.
CASTRENSE *adj.* Castrense (dícese de algunas cosas que pertenecen al ejército y principalmente de los acampamientos).
CASTRO *m.* Castillo romano. Castro (sitio donde un ejército estaba acampado o fortificado). Altura en que hay vestigios de fortificaciones.
CASUAL (zual) *adj.* Casual; accidental.
CASUALIDADE (zua) *f.* Casualidad; suceso imprevisto.
CASUAR (zuar) *m. Zool.* Casuario.
CASUÍSMO (zu) *m.* Doctrina de los casuístas.
CASULA (zu) *f.* Casulla (vestidura sagrada).
CASULO (zu) *m.* Capullo (del gusano de seda). *Bot.* Cápsula.
CASULOSO, SA (zulozo, òza) *adj.* Lleno de cápsulas o capullos. Que tiene forma de cápsula o capullo.
CATA *f.* Busca, busqueda. Barranco (abierto por la lluvia). Sitio de donde se extrae el oro. Operación de separar los granos negros y secos del café. *À — de. m. adv.* En busca de; huroneando.
CATACEGO, GA (cè) *adj.* Corto de vista. Corto de ingenio.
CATACLISMA *m.* Cataclismo.
CATACLÍSMICO, CA *adj.* Perteneciente o relativo al cataclismo.
CATACRESE (crèze) *f. Ret.* Catacresis.
CATADEIRA *f.* Mujer que separa los granos de café.
CATADUPA *f.* Catarata, cascada, salto grande de agua. *fig.* Gran cantidad de agua o de cosas inmateriales.
CATADURA *f.* Aspecto, semblante, gesto, catadura.
CATAFALCO *m.* Catafalco (túmulo para exequias suntuosas).
CATAFORESE (rèze) *f.* Cataforesis.
CATAGÊNESE (jéneze) *f.* Catagénesis.
CATAGLÓSSIO (glòsio) *m.* Lo mismo que
CATAGLOSSO (òso) *m.* Catagloso.
CATALÁ (lá) *adv. y s. f.* Catalana.
CATALÂNICO, CA (lá) *adj.* Catalán (perteneciente a Cataluña o a los catalanes).
CATALÃO, LÃ (láum, lán) *adj. y s.* Catalán, na.
CATALEPSIA (sía) *f.* Catalepsia.
CATALISAÇÃO (zasáum) *f.* Acción de *Catalizar.*
CATALISADOR, RA (za) *adj.* Catalizador.
CATALISAR (zar) *v. tr.* Decomponer por medio de catálisis.
CATÁLISE (ze) *f. Quím.* Catálisis.
CATALOGAÇÃO (sáum) *f.* Catalogación.
CATALOGIZAR (jizar) *v. tr.* Catalogar.
CATÁLOGO *m.* Catálogo. Lista, registro.
CATALOGRAFIA (fía) *f.* El arte de catalogar.
CATALPO *m. Bot.* Catalpa (árbol leguminoso).
CATAMARÃO (ráum) *m.* Catimarrón, catamarón, catamarán.
CATAMÉNIO (mé) *m.* Menstruo.
CATANA *f.* Catán, especie de alfanje. Chafarote. *fig.* Persona chismera. *Meter a —. fr. fig. fam.* Hablar mal de alguien en su ausencia.
CATANADA *f.* Catanazo. Golpe dado con el catán. Represión.

CATANEAR *v. tr.* Dar golpes con el catán. Catanear. Discutir calurosamente.
CATÃO (táum) *m.* Catón, censor severo.
CATAPLASMA *m.* Cataplasma.
CATAPLASMAR *v. tr.* Poner cataplasmas.
CATAPLASMOSO, SA (ozo, òza) *adj.* Parecido a la cataplasma.
CATAPLÉTICO, CA (plè) *adj.* Catapléctico.
CATAPLEXIA (xía) *f.* Cataplejía. Cataplexia.
CATAPTOSE (tòze) *f. Pat.* Cataptosis.
CATAR *v. tr.* Buscar, procurar, solicitar. Despiojar, espulgar. Ver, examinar, registrar. *v. r.* Espulgarse, despiojarse.
CATARATA *f.* Catarata (salto grande de agua; opacidad del cristalino del ojo).
CATARINA *adj. y s. f.* Catalina (dícese de la rueda que hace volver el volante de ciertas clases de relojes).
CATARINENSE *adj. y s.* Natural de Santa Catarina (provincia brasileña).
CATARINETA *adj. y s. despect.* Lo mismo que CATARINENSE.
CATARLÁ (lán) *f. despect.* Escopeta vieja.
CATARRÃO (rráum) *m.* Lo mismo que
CATARREIRA *f. fam.* Resfriado muy fuerte.
CATARRENTO, TA *adj.* Catarriento.
CATARRO *m.* Catarro (destilación procedente de las membranas mucosas; inflamación de dichas membranas). — *pulmonar. pop.* Bronquitis.
CATARSE *f.* Catarsis.
CATASSOL (sòl) *m.* Tornasol, cambiante.
CATÁSTESE (ze) *f.* Catástasis.
CATATAU *m.* Castigo; golpe. *Bras.* Palabrería. Chisme. Espada vieja. Tonadilla.
CATATRAZ! *interj.* ¡Cataplum!
CATAU *m. Mar.* Nudo para acortar un cabo.
CATAVENTO *m.* Cataviento, grímpola. Veleta. *fig.* Persona voluble.
CATECUMENATO *m.* Catacumenado.
CÁTEDRA *f.* Cátedra (en todas sus acepciones).
CATEDRAL *adj.* Catedral. Ú. t. c. s.
CATEDRALESCO, CA *adj.* Grandioso, monumental.
CATEGORIA (ría) *f.* Categoría.
CATEGORICAMENTE (gò) *adv. m.* Categóricamente, de un modo decisivo y terminante.
CATEGORIZAR (zar) *v. tr.* Calificar, clasificar, disponer en categorías.
CÁTEL *m.* Catre.
CATENAÇÃO (sáum) *f.* Lo mismo que CONCATENAÇÃO.
CATENÁRIA *f. Mec.* Catenaria.
CATÉNULA (té) *f.* Cadena pequeña.
CATEQUESE (quèze) *f.* Catequesis, catequismo.
CATEQUIZAÇÃO (zasáum) *f.* Catequización.
CATÉRESE (èreze) *f.* Cateresis.
CATÉTER *m. Cir.* Catéter.
CATETO *m. Geom.* Cateto.
CATETU *m.* Lo mismo que CAITETU.
CATINGA *f. Bras.* Sobaquina. Mal olor que despiden los negros. *fam.* Mezquindad. Matorral de arbustos espinosos. *m. y f.* Persona avara, mezquina, miserable.
CATINGAL *m. Bras.* Terreno cuya vegetación es de matorrales de arbustos espinosos.
CATINGANTE *adj. Bras.* Lo mismo que CATINGOSO.
CATINGAR *v. intr. Bras.* Regatear. Mostrarse mezquino o miserable. Despedir mal olor.
CATINGOSO, SA (gozo, òza) *adj. Bras.* Lo mismo que
CATINGUDO, DA *adj. Bras.* Que despide mal olor.
CATINGUEIRO *m. Bras.* Habitante de la región cubierta de *Catingas.*
CATINGUENTO, TA *adj. Bras.* Lo mismo que CATINGUDO.
CÁTION *m. Fís.* Catión.
CATITA *adj.* Acicalado, coquetón, coquetona, elegante, airoso, aderezado.
CATITICE *f.* Lo mismo que
CATITISMO *m.* Acicalamiento; elegancia; calidad de *Catita.*
CATIVAÇÃO (sáum) *f.* Acción de cautivar.
CATIVANTE *adj.* Cautivante, cautivador.

CATIVAR *v. tr.* Cautivar. *fig.* Cautivar, atraer, ganar, seducir. *v. r.* Cautivar (caer en cautiverio). Someterse.

CATIVEIRO *m.* Cautiverio.

CATIVEZA *(za)* *f. ant.* Cortedad de ánimo, apocamiento.

CATIVIDADE *f.* Cautividad.

CATIVO, VA *adj.* Cautivo. Encarcelado. Sometido, dominado. Muy agradecido. *ant.* Cativo, cautivo, malo, infeliz, infortunado.

CATOCADA *f.* Lo mismo que *Catucada*.

CATOCÃO (cáum) *m.* Lo mismo que CATUCÃO.

CATOCAR *v. tr.* Lo mismo que CATUCAR.

CATODAL *adj.* Catódico.

CATÓDICO, CA (tò) *adj.* Catódico. *m.* Cátodo.

CATÓDIO (tò) *m. Fís.* Cátodo.

CÁTODO, DA *adj.* Catódico. *m.* Cátodo.

CATOLICÃO (cáum) *m. despect.* Individuo exageradamente católico. *ant. Far.* Catolicón, diacatolicón.

CATOLICIDADE *f.* Catolicidad.

CATÓLICO, CA (tò) *adj. y s.* Católico.

CATOLIZAÇÃO (zasáum) *f.* Catolización.

CATORRA *f. Bras. Zool.* Cotorra (ave trepadora).

CATORRITA *f. Bras. Zool.* Lo mismo que CATORRA.

CATORZE (ze) *adj. y s.* Catorce.

CATORZENO, NA (ze) *adj.* Catorceno, na. *m.* Catorceno (cierta especie de paño basto).

CATRABUCHA (cha) *f.* Broza, cepillo (de plateros).

CATRACEGO, GA (cè) *adj.* Lo mismo que CATACEGO.

CATRAFECHO (cho) *m.* Traste viejo.

CATRAFIAR *v. tr. Mar.* Hacer trincafías. Lo mismo que

CATRAFILAR *v. tr. pop.* Encarcelar.

CATRAIA *f.* Bote, embarcación pequeña.

CATRAIAR *v. intr.* Transportar o navegar en *Catraia*.

CATRAIEIRO *m.* Botero, barquero. Hacha pequeña.

CATRAIO *m.* Lo mismo que CATRAIA.

CATRÁMBIS (DE) (trám) *m. adv.* Patas arriba.

CATRAPOÇO (so) *m. Bras. nort.* Cosa inútil.

CATRAPÓS (pòs) *m.* Lo mismo que

CATRAPUS *m.* Galope de un caballo. —! ¡Cataplún!

CATRE *m.* Catre. Camilla. Catre de tijera.

CATUCADA *f. Bras.* Golpe dado con el codo para llamar la atención a alguien. Acción de CATUCAR.

CATUCÃO (cáum) *m. Bras.* Lo mismo que CATUCADA.

CATUCAR *v. tr. Bras.* Golpear con el codo para llamar la atención de alguien.

CÁTULO *m.* Cachorro (de perro).

CATURRA *m. y f.* Persona terca, porfiada, principalmente cuando es apegada a lo antiguo.

CATURRAR *v. intr.* Mostrarse *Caturra*. Obstinarse, porfiar.

CATURREIRA *f.* Lo mismo que

CATURRICE *f.* Terquedad sin razones. Calidad de *Caturra*.

CATUSADO, DA (za) *adj. Bras.* Viejo, inútil (hablando de animales).

CAUÇÃO (sáum) *f.* Caución, cautela. Caución, seguridad.

CAUCHAL (chal) *adj. Bras.* Cauchero. *m.* Cauchal, terreno donde hay mucho caucho; plantación de caucho.

CAUCHEIRO (chei) *m. Bras. Amaz.* Cauchero. Dueño de un cauchal.

CAUCHO (cho) *m. Bras. Bot.* Cauchera. Caucho.

CAUCHU (chú) *m. Bot.* Cauchera. Caucho.

CAUCIONANTE *m.* Lo mismo que CAUCIONÁRIO.

CAUCIONAR *v. tr.* Caucionar. Garantizar.

CAUCIONÁRIO *m.* El que hace fianza y da caución.

CAUDA *f.* Cola; rabo. Cola (de vestido). El fin, la cola. Retaguardia. Cola (apéndice luminoso de los cometas). Cola (hilera de personas que esperan vez). *Mús.* Cola.

CAUDADO, DA *adj.* Caudato. Caudado. Que tiene cola.

CAUDAL *adj.* Caudal (perteneciente a la cola). Caudaloso, caudal, de mucha agua. Abundante, copioso. *m.* Caudal (de agua). *f.* Caudal (de agua); corriente.

CAUDALOSIDADE (zi) *f.* Calidad de caudaloso (que lleva mucha agua).

CAUDALOSO, SA (lozo, òza) *adj.* Caudal, caudaloso, de mucha agua. *fig.* Abundante.

CAUDATÁRIO *m.* Caudatario. *fig.* Hombre servil. Partidario.

CAUDATO, TA *adj.* Que tiene cola.

CAUDEIRO *m. ant.* Caudatario.

CAUDELARIA (ría) *f.* Lo mismo que COUDELARIA.

CAUDILHAGEM (llajem) *f.* Caudillaje.

CAUDILHAMENTO (lla) *m.* Acaudillamiento.

CAUDILHAR (llar) *v. tr.* Acaudillar.

CAUDILHESCO, CA (lles) *adj. despect.* Relativo o perteneciente al caudillo.

CAUDILHISMO (llis) *m.* Caudillismo.

CAUDILHO (llo) *m.* Caudillo, jefe. *Bras.* Caudillo, cacique, persona que en un pueblo ejerce influencia omnímoda en asuntos políticos o administrativos.

CAUDÍMANO, NA *adj. Zool.* Caudimano.

CAUILA *adj.* Ahorrado. Mezquino, avaro.

CAUIM *m. Bras.* Bebida de los indígenas preparada con mandioca dulce.

CAUIRA *adj.* Avaro, mezquino, miserable.

CAULE *m. Bot.* Tallo.

CAULEOSO, SA (leozo, òza) *adj.* Caulífero, que está provisto de tallo.

CAULESCÉNCIA (cén) *f. Bot.* Calidad de caulescente.

CAULIFICAÇÃO (sáum) *f. Bot.* Formación del tallo.

CAULINAR *adj.* Relativo al tallo. Caulinario que depende del tallo.

CAULINO, NA *adj.* Lo mismo que CAULINAR.

CAULOCÁRPICO, CA *adj.* Caulocárpeo.

CAÚNA *f. Bot.* Especie de hierba mate.

CAUSA (za) *f.* Causa (en todas las acepciones de esta voz).

CAUSAÇÃO (zasáum) *f.* Causa. Acción de causar.

CAUSAL (zal) *adj.* Causal.

CAUSALGIA (zaljía) *f. Pat.* Causalgia.

CAUSALIDADE (za) *f.* Causalidad, causa, origen, principio. *Fís.* Causalidad (ley en cuya virtud una causa produce uno o más efectos).

CAUSANTE (zan) *adj. y m.* Causante.

CAUSAR (zar) *v. tr.* Causar (en todas las acepciones de este vocablo).

CAUSATIVO, VA (za) *adj.* Causativo; causador.

CAUSÍDICO (zí) *m.* Abogado, causídico.

CAUSO (zo) *m. pop.* Cuento, historia, leyenda.

CAUSTICAÇÃO (sáum) *f.* Causticación.

CAUSTICAR *v. tr.* Causticar, causar causticidad. *fig.* Molestar, aburrir, enojar.

CAUSTICIDADE *f.* Causticidad.

CÁUSTICO, CA *adj.* Cáustico. *fig.* Mordaz, agresivo, cáustico. *m. Cir.* Cáustico.

CAUTAMENTE *adv. m.* Cautelosamente, cautamente.

CAUTELA (tè) *f.* Cautela, precaución, reserva, caución. Billete, cédula de lotería. Cada una de las partes en que se dividen. Boleto, recibo.

CAUTELAR *v. tr.* Cautelar, precaver, prevenir.

CAUTELEIRO *m.* Billetero (vendedor de billetes de lotería).

CAUTELOSAMENTE (lòza) *adv. m.* Cautelosamente, cautamente.

CAUTELOSO, SA (lozo, òza) *adj.* Cauteloso, reservado, que procede con precaución.

CAUTÉRIO (tè) *m. Cir.* Cauterio (medicamento; instrumento).

CAUTERIZAÇÃO (zasáum) *f.* Cauterio, cauterización.

CAUTO, TA *adj.* Cauto, cauteloso (que obra con precaución).

CAVA *f.* Cava (acción de cavar). Cueva, hoyo; excavación. Bodega. Escote, escotadura. Sisa (de las prendas de vestir).

CAVACA *f.* Leña menuda.

CAVAÇÃO (sáum) *f. Germ.* Arreglo.

CAVACO *m.* Astilla (de leña). Leña menuda. *fam.* Conversación, charla. *Dar o* —. Amohinarse, enojarse.

CAVADEIRA *f.* Azada o azadón.

CAVADELA (dè) *f.* Cava, cavadura (acción de cavar). Azadazo, azadada.

CAVADIÇO, ÇA (so) *adj.* Cavadizo.

CAVADO, DA *adj. P. p.* de *Cavar.* Cavado. Cóncavo. Hondo. Abierto. Que tiene sisa. *m.* Cueva, hoyo. Cava, cavadura, excavación.

CAVALA *f. Zool.* Caballa (pez).

CAVALADA *f.* Caballada, desatino, disparate, barbaridad; asnería, tontería.

CAVALAGEM (jem) *f.* Caballaje. Andadura del caballo.

CAVALÃO (láum) *m. aum.* de *Cavalo. fig.* Persona muy alta. *fig.* Muchacho travieso.

CAVALAR *adj.* Caballar, caballuno.

CAVALARIA (ría) *f.* Caballada (manada de caballos). Caballería (cuerpo de soldados de a caballo). Equitación. Caballería (instituto de los caballeros que hacían profesión de las armas). Caballería (hazaña del caballero andante). — *ligeira.* Caballería ligera. — *andante.* Caballería andante. *Altas* —*s. fig.* Empresas superiores a las fuerzas de la persona que intenta hacerlas.

CAVALARIANO *m.* Soldado de caballería. Vendedor de caballos.

CAVALARIÇA (sa) *f.* Caballeriza, cuadra.

CAVALARIÇO (so) *m.* Caballerizo.

CAVALEAR *v. tr.* Lo mismo que CAVALGAR.

CAVALEIRA *f.* Caballera.

CAVALEIRADO *m.* Caballerato.

CAVALEIRAMENTE *adv. m.* Soberbiamente; como caballero.

CAVALEIRATO *m.* Caballerato.

CAVALEIRO, RA *adj.* Caballero (que cabalga). Alto. Valiente, esforzado. Sobrancero. Elevado, soberbio. *m.* Jinete. Soldado de a caballo. Caballero (individuo de algunas de las órdenes de caballería). Caballero, hidalgo. — *andante.* Caballero andante. *A* — *m. adv.* En sitio elevado; encima.

CAVALEIROSAMENTE (ròza) *adv. m.* Caballerosamente.

CAVALEIROSO, SA (rozo, òza) *adj.* Caballeroso, caballero.

CAVALERIANO *m.* Soldado de a caballo.

CAVALETA *f.* Yegua vieja.

CAVALETE *m.* Caballete.

CAVALGADA *f.* Cabalgada.

CAVALGADOR, RA *adj.* Cabalgador. Ú. t. c. s.

CAVALGADURA *f.* Cabalgadura, caballería. Cabalgadura, bestia de carga. *fig.* Persona muy estúpida.

CAVALGANTE *adj.* Cabalgante.

CAVALGAR *v. tr.* Cabalgar.

CAVALGATA *f.* Cabalgata.

CAVALHADA (lla) *f.* Caballada (manada de caballos). *pl.* Alcancías (juego).

CAVALHARIÇA (llarisa) *f. pop.* Lo mismo que CAVALARIÇA.

CAVALHEIRA (llei) *f. Germ.* Señora, dama.

CAVALHEIRAMENTE (llei) *adv. m.* Caballerosamente.

CAVALHEIRESCO, CA (llei) *adj.* Caballeresco; caballeroso.

CAVALHEIRIÇO (lleiriso) *m.* Lo mismo que CAVALARIÇO.

CAVALHEIRISMO (llei) *m.* Caballerismo, hidalguía, caballerosidad.

CAVALHEIRO (llei) *m.* Caballero (persona distinguida; el que se conduce noble y generosamente; hidalgo de nobleza calificada). *adj.* Caballeroso. — *de indústria.* Caballero de industria, de mo-hatra.

CAVALHEIROSO, SA (lleirozo, òza) *adj.* Caballeroso.

CABALHEIROTE (lleirò) *m. despect.* Caballerote.

CAVALICOQUE (cò) *m. despect.* Rocín.

CAVALINHA (ña) *f. Zool.* Caballa pequeña (pez). *Bot.* Asperillo.

CAVALINHO (ño) *m. dim.* de *Cavalo.* Caballejo, caballito. Caballito (juego mecánico). *pl.* Caballitos (ejercicios ecuestres de los circos). — *de judeu. Zool.* Caballito del diablo.

CAVALO *m. Zool.* Caballo. Soldado de a caballo. Caballo (pieza del juego de ajedrez). Caballo, burro (armazón para sujetar el madero que se ha de serrar). Caballo de vapor. Rama sobre que se injerta. Caballo, bubón, bubas. Caballo (naipe que representa un caballo con su jinete). Caballos (soldados con sus correspondientes caballos). Tenaza (para coger la leña o el carbón). Nombre de algunos peces. — *de batalha.* Caballo de batalla. — *marinho.* Caballo marino. — *vapor. Mec.* Caballo de vapor.

CAVALÓRIO (lò) *m. pop.* Rocín.

CAVANEJO (jo) *m.* Especie de canasta.

CAVANHAQUE (ña) *m.* Barbas de chivo.

CAVÃO (váum) *m.* Cavador; trabajador agrícola.

CAVAQUEADOR, RA *adj.* Charlador, charlatán (que habla mucho y sin substancia).

CAVAQUEAR *v. intr. fam.* Charlar (conversar, platicar sin objeto determinado y sólo por mero pasatiempo).

CAVAQUEIRA *f.* Charla, conversación prolongada. Lata.

CAVAQUINHO (ño) *m.* Especie de vihuela pequeña.

CAVAQUISTA *adj.* Enojadizo.

CAVAR *v. tr.* Cavar (la tierra). Excavar. Ahondar. Trabajar cavando. Profundizar, penetrar, cavar, ahondar. Cortar las sisas (en prendas de vestir). Cavar, meditar profundamente. *v. r.* Hacerse revuelto (el mar).

CAVATURA *f.* Cavadura, cavazón.

CAVEIRA *f.* Calavera (armazón ósea de la cabeza). Rostro delgado. *Germ.* Una persona, un individuo. — *de-burro.* Mala suerte.

CAVEIROSO, SA (rozo, òza) *adj.* Que tiene aspecto de calavera. Descarnado, muy flaco de carnes.

CAVERNA (vèr) *f.* Caverna, cueva. Caverna (excavación ulcerosa en el pulmón y otros órganos). *Mar.* Cuaderna. *Mar.* Varenga.

CAVERNAME *m. Mar.* Esqueleto, armazón de la nave; conjunto de cuadernas y varengas.

CAVERNOSIDADE (zi) *f.* Cavernosidad.

CAVIAR *m.* Cavial, caviar.

CAVIDADE *f.* Cavidad.

CAVIDADOURO, RA *adj.* Cauto, cauteloso, que obra con precaución.

CAVILAÇÃO (sáum) *f.* Cavilosidad, cavilación. Promesa engañosa. Derisión. Razón falsa.

CAVILADOR, RA *adj.* Que usa de sofismas o engaños. Ú. t. c. s.

CAVILAR *v. tr.* Sofisticar. Maquinar, engañar. Sutilizar. Urdir artificiosamente.

CAVILHA (lla) *f.* Clavija. Cabilla. Perno.

CAVILHAÇÃO (llasáum) *f.* Acción de enclavijar.

CAVILHADOR, RA (lla) *adj.* Que enclavija. Ú. t. c. s.

CAVILHAR (llar) *v. tr.* Enclavijar, clavar con clavijas. Empernar.

CAVILOSAMENTE (lòza) *adv. m.* Capciosamente.

CAVILOSO, SA (lozo, òza) *adj.* Capcioso. Sofístico. Caviloso.

CAVO, VA *adj.* Cóncavo. Hondo. Hueco. Ronco. Cavernoso.

CAVOUCAR *v. tr.* Cavar; excavar. Abrir los cimientos de un edificio. *fig.* Trabajar mucho, cavar.

CAVOUCO *m.* Cimiento (de un edificio).

CAVOUQUEIRO, RA *adj.* Mentiroso. Que tiene mala traza.

CAVUCAR *v. tr.* Lo mismo que CAVOUCAR.

CAXANGA (chan) *f. Germ.* Ventana.

CAXARELA (charè) *f. Bras.* Macho de la ballena.

CAXARELO (charè) *m. Bras.* Lo mismo que

CAXARÉU (charèu) *m. Bras.* Lo mismo que CAXARELA.

CAXEXA (chècha) *adj. Bras.* Pequeño, enclenque, flaco, enfermizo.

CAXINGA (chin) *f. Bras.* Mal olor que despiden algunas personas.

CAXINGAR (chin) *v. intr. Bras. nort.* Lo mismo que CAPENGAR.

CAXINGÓ (chingò) *m. Bras.* Lo mismo que CAPENGA.

CAXINGUELÊ (chinguelé) *m. Bras. Zool.* Nombre popular de un pequeño roedor.

CAXINGUENTO (chin) *adj.* Lo mismo que CATINGUDO.

CAXINXA (chincha) *m. Bras.* Lo mismo que BANGUELA.

CAXINXE (chinche) *m. Bras.* Lo mismo que CAXINGUELÊ.

CAXIRENGUE (chi) *m. Bras.* Lo mismo que

CAXIRENGUENGUE (chi) *m. Bras.* Cuchillo viejo.

CAXIXE (chiche) *m. Bras.* Lo mismo que CAXINGUELÊ. *pop.* Artificio; engaño; astucia.

CEAR *v. tr.* Cenar, comer en la cena uno u otro manjar. *v. intr.* Cenar, tomar la cena.

CEARENSE *adj. y s.* Natural de Ceará (provincia brasileña).

CEBOLA *v. Bot.* Cebolla. Bulbo, cebolla. *despect.* Reloj de bolsillo. — *albarrã.* Cebolla albarrana.

CEBOLADA *f.* Cebollada (guiso hecho con cebolla).

CEBOLÃO (láum) *m.* Caldera, reloj grande de bolsillo.

CEBOLAR *m.* Cebollar, terreno sembrado de cebollas.

CEBOLINHA (ña) *f. dim. de Cebola.* Cebollita. *Bot.* Cebollín, cebolleta.

CEBOLINHO (ño) *m.* Cebolleta. Cebollino (simiente de cebolla; cebolla que está en sazón para ser transplantada).

CECEADURA *f.* Ceceamiento, ceceo.

CECEAR *v. intr.* Cecear (pronunciar ciertas letras como *c*).

CECEIO *m.* Ceceo, ceceamiento.

CECÉM *m.* Lo mismo que AÇUCENA.

CECIAR *v. tr.* Lo mismo que CICIAR.

CECO (cè) *m. Anat.* Intestino ciego.

CECUM (cè) *m.* Lo mismo que CECO.

CEDÊNCIA (dèn) *f.* Lo mismo que CESSÃO.

CEDER *v. tr.* Ceder, dar, transferir. *v. intr.* Aflojarse. Ceder, rendirse, sujetarse. Sucumbir. Consentir. Renunciar. Aprobar, conceder.

CEDIÇO, ÇA (so) *adj.* Estancado, casi pudrido. Viejo, antiguo. Vulgar, sabido de todos. Fuera de moda.

CEDILHA (lla) *f.* Zedilla (virgulilla usada debajo de una *c*). Indica en portugués que la *c* se pronuncia como *ss*.

CEDILHADO, DA (lla) *adj.* Que tiene zedilla (hablando de la *c*).

CEDILHAR (llar) *v. tr.* Poner zedilla a la *c*.

CEDIMENTO *m.* Lo mismo que CESSÃO.

CEDINHO (ño) *adv. m. fam.* Tempranito, muy temprano.

CEDÍVEL *adj.* Cesible. Que puede ceder.

CEDO *adv. t.* Temprano (en las primeras horas del día o de la noche). *adv. t.* Temprano (en tiempo anterior al oportuno, convenido o acostumbrado para algún fin o muy presto).

CEDRÃO (dráum) *m.* Cedro grande y viejo.

CEDREIRA *f.* Cedro (madera de este árbol).

CÉDRIA (cè) *f.* Cedria (resina que destila el cedro).

CEDRITA *f.* Cedrito.

CEDRO (cè) *m. Bot.* Cedro. — *do-Mato-Grosso.* Cedro de Misiones.

CEDRONHA (ña) *f. Bot. Port.* Celidonia.

CÉDULA (cè) *f.* Cédula. Billete. Póliza. Documento escrito.

CEFALÉIA (lèia) *f. Pat.* Cefalea (cefalalgia violenta y tenaz).

CEFALÓPODE (lò) *adj.* Cefalópodo. Ú. t. c. s. *m. pl.* cefalópodos.

CEFEU *m. Astr.* Cefeo (constelación boreal situada cerca de la Osa Mayor).

CEGA (cè) *f.* Ciega. *Às —s. m. adv.* A ciegas, ciegamente.

CEGAMENTE (cè) *adv. m.* Ciegamente.

CEGAMENTO *m.* Ceguedad.

CEGANTE *adj.* Que ciega.

CEGAR *v. intr. y tr.* Cegar (en todas las acepciones de esta voz). Embotar (engrosar el hilo de un instrumento cortante).

CEGARREGA (cègarrè) *f.* Instrumento que imita el ruido producido por las cigarras. *ant.* Cigarra. *fig.* Persona parlanchina, habladora, o charlatana.

CEGO, GA (cè) *adj.* Ciego (privado de la vista). Ú. t. c. s. Ciego (poseído con vehemencia de alguna pasión; ofuscado, alucinado). Ciego (dícese de cualquier conducto obstruído). Embotado (el hilo de un instrumento cortante). Ciego (hablando de cierta parte del intestino). Obscuro, negro. *Nó —.* Nudo ciego (nudo difícil de desatar). *Obediência —a.* Obediencia ciega. *Às —as. m. adv.* A ciegas, ciegamente. *fig.* A ciegas, sin reflexión ni conocimiento.

CEGONHA (ña) *f. Zool.* Cigüeña. Cigoñal (instrumento para sacar agua).

CEGONHO (ño) *m.* Cigoñal (instrumento para sacar agua).

CEGUDE *f. Bot.* Cicuta.

CEGUEIRA *f.* Ceguera, ceguedad.

CEGUETA *m. y f.* Persona corta de vista.

CEGUIDÃO *f. p. us.* Ceguedad.

CEGUIDÃO (dáum) *f.* Ceguedad, ceguera.

CEGUINHO, NHA (cè...ño) *adj. dim. de Cego.* Ceguecillo, cieguezuelo. Ú. t. c. s.

CEIA *f.* Cena. — *do Senhor.* Cena (la que tomó Jesucristo en compañía de sus apóstoles).

CEIÇAL (sal) *m.* Lo mismo que SINCEIRAL.

CEICEIRO *m.* Lo mismo que SINCEIRO.

CEICERAL *m.* Lo mismo que SINCEIRAL.

CEIFA *f.* Siega.

CEIFADEIRA *f.* Segadora (máquina).

CEIFÃO (fáum) *m.* Segador.

CEIFAR *v. tr.* Segar.

CEIFEIRA *f.* Segadora (mujer que siega).

CEIFEIRO, RA *adj.* Relativo a la siega. *m.* Segador.

CELA (cè) *f.* Celda. Celdilla.

CELADA *f.* Celada (pieza de la armadura antigua).

CELAGEM (jem) *f.* Celaje (aspecto del cielo).

CELAMIM *m.* Celemín.

CELAREIRO *m.* Lo mismo que CELEIREIRO.

CELEBRAÇÃO (sáum) *f.* Celebración.

CELEBRÃO (bráum) *m. fam.* Celebridad (persona).

CELEBRAR *v. tr.* Celebrar.

CELEBRÁVEL *adj.* Celebrable.

CÉLEBRE (cè) *adj.* Célebre, famoso.

CELEBRIDADE *f.* Celebridad.

CELEBRIZAÇÃO (zasáum) *f.* Acción de

CELEBRIZAR (zar) *v. tr.* Hacer célebre. Ú. t. c. r.

CELEIREIRO *m.* Guarda de un granero.

CELEIRO *m.* Granero. *fig.* Granero, territorio muy abundante en granos.

CELENTÉRADOS *m. pl.* Celentereados.

CELENTÉREOS (tè) *m. pl.* Celenterios.

CELERADAMENTE *adv. m.* Perversamente. Aceleradamente.

CELERADEZ *f.* Perversidad, malicia.

CELERADO, DA *adj.* Malvado, perverso, criminal.

CELERATEZ *f.* Lo mismo que CELERADEZ.

CÉLERE (cè) *adj.* Célere, pronto, rápido.

CELERIDADE *f.* Celeridad, presteza, rapidez, prontitud, velocidad.

CELÉRRIMO (lè) *adj. sup. de Célere.* Muy célere.

CELESTE (lès) *adj.* Celeste (perteneciente al cielo; dícese de un registro del órgano).

CELESTIAL *adj.* Celestial (perteneciente al cielo; perfecto, agradable, delicioso).

CELESTINO, NA *adj.* De color azul celeste.

CELEUMA *f.* Celeusma. Vocerío, gritería.

CELEUMEAR *v. intr.* Lo mismo que CELEUMAR.

CELEUSMAR *v. intr.* Gritar, vocear.

CELGA (cèl) *f. Bot.* Acelga.

CELHA (lla) *f.* Pestaña; ceja.

CELIBATÁRIO, RIA *adj. y s.* Célibe, soltero.

CELIBATARISMO *m.* Lo mismo que

CELIBATO *m.* Celibato (estado de soltero).

CELICULTOR, RA *adj.* Celícola.

CELIDÔNIA (dó) *f. Bot.* Celidonia.

CELÍFERO, RA *adj.* Lo mismo que CELÍGERO.

CELÍFLUO, UA *adj.* Que viene del cielo.

CELÍGENA (je) *m.* El que nació del cielo; dios.

CELÍGENO, NA (je) *adj. poét.* De origen celeste.

CELÍGERO, RA (je) *adj.* Que sostiene el cielo (hablando de Atlas).

CELIOTOMIA (mía) *f. Cir.* Laparotomía.

CELITE *m.* Celícola (habitante del cielo).

CELSITUDE *f.* Celsitud, elevación, grandeza.

CELSO, SA (cèl) *adj.* Excelso, elevado, sublime.

CELTICIDADE *f.* Calidad de céltico.

CELTOMANIA (cèltomanía) *f.* Celtismo, celticismo.

CÉLULA (cè) *f. Bot. Zool.* Célula. Célula (pequeña celda). Cavidad, hueco, célula. Celda, celdilla.

CELULAR *adj.* Celudado. Celular.

CELULASE (ze) *f. Med.* Citasis.

CELULÍFERO, RA *adj.* Celulario.

CELULITO *m.* Celulita.

CELULÓIDE (lòi) *m. Quím.* Celuloide.

CELULOSE (lòze) *f. Quím.* Celulosa.

CELULOSIDADE (zi) *f.* Celulosidad.

CEM *adj. y s. m.* Cien; ciento.

CEM-DOBRADO, DA *adj.* Ciendoblado, centuplicado.

CEM-DOBRAR *v. tr.* Ciendoblar, centuplicar.

CEM-DOBRO (dò) *m.* Céntuplo.

CEMENTAÇÃO (sáum) *f.* Cementación.

CEMENTO *m.* Cemento (materia con que se cementa una pieza de metal). *Anat.* Cemento.

CEMITERIAL *adj.* Cementerial.

CEMITÉRIO (tè) *m.* Cementerio.

CENA *f.* Escena. Escenario. *Estar em —.* Estar en escena. *Por, o meter, em —.* Poner en escena.

CENÁCULO *m.* Cenáculo. Convivencia. Conjunto de personas que tienen las mismas ideas o miran hacia el mismo fin.

CENÁRIO *m.* Escenario.

CENARISTA *m.* Escenógrafo.

CENATÓRIO, IA (tò) *adj.* Escénico.

CENDRADO, DA *adj.* Acendrado.

CENDRAR *v. tr.* Acendrar.

CENDRINO, NA *adj.* Ceniciento.

CENHO (ño) *m.* Ceño. *Franzir o —.* Fruncir el ceño.

CENHOSO, SA (ñozo, òza) *adj.* Ceñoso, ceñudo.

CÊNICO, CA (cé) *adj.* Escénico; teatral.

CENO *m.* Cieno, lodo. Atascadero. *Port.* Ceño.

CENOBARCA *m.* Cenobiarca.

CENOBIAL *adj.* Cenobítico.

CENOBIALMENTE *adv. m.* A la manera de cenobita.

CENÓBIO (nò) *m.* Monasterio (de cenobitas).

CENOBISMO *m.* Cenobitismo.

CENOBITA *m. y f.* Cenobita, anacoreta.

CENOIRA *f.* Lo mismo que CENOURA.

CENOSIDADE (zi) *f.* Calidad de cenagoso.

CENOSO, SA (nozo, òza) *adj.* Cienoso, cenagoso.

CENOTÁFIO *m.* Cenotafio.

CENOURA *f. Bot.* Zanahoria.

CENSIONÁRIO *m.* Censatario.

CENSITÁRIO, RIA *adj.* Censual.

CENSÍTICO, CA *adj.* Enfitéutico.

CENSO *m.* Censo, padrón.

CENSOR *m.* Censor.

CENSORINO, NA *adj.* Censorino, censurista.

CENSÓRIO, IA (sò) *adj.* Censorio (concerniente a la censura o al censor).

CENSUÁRIO, IA *adj.* Censual.

CENSUÍSTA *m.* Censualista.

CENSURA *f.* Censura (en todas las acepciones de esta voz).

CENSURAR *v. tr.* Censurar (formar juicio de algo; corregir, reprobar; murmurar, vituperar).

CENSURÁVEL *adj.* Censurable.

CENTÃO (táum) *m.* Centón. Manta rota, harapienta.

CENTÁUREA *f. Bot.* Centaura.

CENTAURO *m.* Centauro (monstruo fabuloso, mitad hombre y mitad caballo). *Astr.* Centauro.

CENTAVO *m.* Centavo, centésimo. Centavo (moneda).

CENTEAL *m.* Centenar.

CENTEIA *f.* Lo mismo que

CENTEIO *m. Bot.* Centeño (planta y semilla).

CENTELHA (lla) *f.* Centella. Chispa. *fig.* Centella (reliquia de algún vivo afecto del ánimo). *fig.* Inspiración, chispa.

CENTELHAR (llar) *v. intr.* Centellear, centellar.

CENTENA *f.* Centena (conjunto de cien unidades), centenar.

CENTENAL *f.* Centena, centenar.

CENTENÁRIO, RIA *adj.* Centenario. Ú. t. c. s. *m.* Centenario (tiempo que comprende el espacio de cien años).

CENTENILHA (lla) *f.* Lo mismo que

CENTENILHO (llo) *m. Bot.* Centenilla.

CENTÊNIO (té) *m.* Centenario (cien años).

CENTESIMAL (zi) *adj.* Centesimal.

CENTÉSIMO, MA (tèzi) *adj.* Centésimo. Ú. t. c. s.

CENTIARE *m.* Centiarea.

CENTIGRAMA *m.* Centigramo.

CENTÍMANO *adj.* Centimano.

CENTÍMETRO *m.* Centímetro.

CÊNTIMO (cén) *m.* Céntimo (moneda).

CENTINÓDOA (nò) *f. Bot.* Centinodia.

CENTÍPEDA *f.* Lo mismo que CENTOPÉIA.

CENTÍPEDE *adj.* Centípodo, da.

CENTO *m.* Ciento. Ciento, centenar.

CENTOPÉIA *f. Zool.* Ciempiés, centopiés.

CENTRAGEM (jem) *f.* Acción de centrar.

CENTRAL *adj.* Central. Céntrico.

CENTRALIZAÇÃO (zasáum) *f.* Centralización.

CENTRAR *v. tr.* Centrar, determinar el centro.

CENTRIFUGAÇÃO (sáum) *f.* Centrifugación.

CENTRO *m.* Centro (en todas las principales acepciones de este vocablo). *— de gravidade.* Centro de gravedad. *— nervoso.* Centro nervioso.

CENTROSOMO (zo) *m. Anat.* Centrosoma.

CÊNTUPLO *m.* Céntuplo, ciendoblo.

CENTÚRIA *f.* Centena, centenar. Centuria (número de cien años; compañía de cien hombres).

CENTURIAÇÃO (sáum) *f.* Centuriación.

CENTURIADO *m.* Lo mismo que CENTURIATO.

CENTURIÃO (riáum) *m.* Centurión.

CENTURIATO *m.* Centurionazgo.

CENTÚRIO *m.* Centurión.

CENTURIONATO *m.* Centurionazgo.

CENTURIÔNICO, CA *adj.* Concerniente al centurión.

CEOTE (ò) *m. fam.* Cena pequeña.

CEPA *f.* Cepa (parte del tronco del árbol). Cepa (tronco de la vid). *fig.* Cepa (de una familia). Cebolla.

CEPEIRA *f.* Cepa (parte del tronco del árbol).

CEPILHAR (llar) *v. tr.* Acepillar, cepillar.

CEPILHO (llo) *m.* Cepillo de carpintero.

CEPO *m.* Cepo (de un árbol). Cepo (instrumento de castigo). Cepo del ancla. Cepo, trampa. Trabón. Cepillo, cepo (caja para limosnas). Cepa (de una familia), tronco.

CEPOSO, SA (pozo, òza) *adj.* Grosero, tosco; chapucero.

CEQUIM *m.* Cequí (moneda).

CERA *f.* Cera. Vela de cera. Cera de los oídos. Persona sin carácter. Trabajo de perezoso. Pereza. *— amarela.* Cera amarilla. *— em rama.* Cera toral. *— bela.* Cera amarilla. *— virgem.* Cera virgen.

CERADA *f.* Lo mismo que ENCERADURA.

CERÂMICA (rán) *f.* Cerámica.

CERÂMIO (rán) *m. Bot.* Ceramia, ceramio.

CERAMURGO *m.* Alfarero.

CERASTE *m.* Cerasta.

CERATÓLITO (tò) *m. Geol.* Ceratolita.

CERATÔNIA (tó) *f.* Lo mismo que ALFARROBEIRA.

CERAUNITO *m.* Ceraunia, ceraunita.

CÉRBERO (cèr) *m.* Cancerbero, cerbero.

CERCA (cér) *f.* Cerca, vallado, tapia, cercado.

CERCA (cér) *adv. t. m.* Cerca, próximamente. Cerca de, aproximadamente, poco menos de, acerca de. *— de. m. adv.* Cerca de, acerca de. Cerca.

CERCADA *f.* Cercado, cerca.

CARCADO, DA *adj.* Cercado, rodeado. *m.* Cercado, vallado, muro, cerca, tapia.

CERCADURA *f.* Cerco (lo que ciñe o circunda). Orilla, orla. Dobladillo.

CERCANIA (nía) *f.* Cercanía (conjunto de parajes de que está rodeado un lugar). Ú. m. en pl. Cercanía (calidad de cercano).

CERCÃO (cáum) *adj.* Cercado, próximo.

CERCA-PERU *adj. fam.* Borracho, bebido.

CERCAR *v. tr.* Cercar (en todas las acepciones de esta voz). Rodear (de atenciones, etc.). Ú. t. c. r.

CERCE (cèr) *adv. m.* A raíz, cercén, a cercén.

CERCEAÇÃO (sáum) *f.* Cercenamiento.

CERCEADOR *m.* Cercenador.

CERCEADURA *f.* Cercenadura.

CERCEAMENTE (cèr) *adv. m.* Lo mismo que CERCE.

CERCEAMENTO *m.* Cercenamiento.

CERCEAR *v. tr.* Cercenar.

CERCEIO *m.* Cercenamiento.

CÉRCEO, EA (cèr) *adj.* Cortado a cercén.

CERCILHAR (llar) *v. tr.* Tonsurar.

CERCILHO (llo) *m.* Lo mismo que

CERCÍLIO *m.* Cerquillo (círculo de cabello que llevan en la cabeza los religiosos de algunas órdenes).

CERCO (cér) *m.* Cerco, asedio. Acción de cercar. Rueda, cerco, círculo. Cerca, vallado.

CERCOSE (còze) *f.* Cercosis.

CERCUDO *m.* Cercado. Majada.

CERDA *f.* Cerda (del puerco y otros animales). Ú. t. en pl.

CERDÃO (dáum) *m. Zool.* Especie de alondra.

CERDOSO, SA (dozo, òza) *adj.* Cerdoso, que tiene muchas cerdas.

CEREAL *adj.* Cereal. *m.* Cereal.

CEREALÍFERO, RA *adj.* Que produce cereales.

CEREBELAR *adj.* Cerebeloso.

CEREBELO (bè) *m. Anat.* Cerebelo.

CEREBRAÇÃO (sáum) *f.* Cerebración. Cerebralidad.

CEREBRALIDADE *f.* Cerebralidad (calidad de cerebral; *fig.* Fuerza, vigor intelectual).

CEREBRINO, NA *adj.* Cerebrino, cerebral. Caviloso.

CEREBRITE *f.* Cerebritis.

CÉREBRO (cè) *m. Anat.* Cerebro.

CÉREBRO-ESPINHAL (cè...ñal) *adj.* Cerebroespinal.

CEREBROSE (bròze) *f. Pat.* Cerebropatía.

CEREJA (ja) *f.* Cereza (fruto del cerezo). *adj.* De color de cereza.

CEREJAL (jal) *m.* Cerezal.

CEREJEIRA (jei) *f. Bot.* Cerezo.

CÉREO, EA (cè) *adj.* Céreo. De color de cera.

CERESINA (zi) *f. Quím.* Ceresina.

CERÍFICO, CA *adj.* Cerífero.

CERIMÔNIA (mó) *f.* Ceremonia.

CERIMONIAL *adj.* Ceremonial. *m.* Ceremonial.

CERIMONIAR *v. tr.* Celebrar o tratar ceremoniosamente.

CERIMONIATICAMENTE *adv. m.* Ceremoniáticamente.

CERIMONIÁTICO, CA *adj.* Ceremoniático; ceremoniero; etiquetero.

CERIMONIOSAMENTE (niòza) *adv. m.* Ceremoniosamente.

CERIMONIOSO, SA (niozo, òza) *adj.* Ceremonioso.

CÉRIO (cè) *m. Miner.* Cerio. *Bot.* Cerio.

CERITE *f. Miner.* Cerita.

CERNADA *f.* Acción de *Cernar.*

CERNANDI *m. Bras.* Caucho grosero.

CERNAR *v. tr.* Cortar hasta el cerne. Sacar el cerne. Descortezar.

CERNE (cèr) *m.* Cerne. *fig.* Hombre duro, invencible.

CERNEIRA *f.* Cernedor.

CERNEIRO, RA *adj.* Que tiene cerne.

CERNELHA (lla) *f.* Cernejas.

CERNIR *v. tr. ant.* Cerner.

CERO (cè) *m. Zool.* Especie de caballa (pez).

CERÓFERO, RA (rò) *adj.* Cerífero.

CERÓIDE (rói) *adj.* Ceroso.

CEROILAS *s. pl.* Lo mismo que CEROULAS.

CEROL (ròl) *m.* Cerote.

CEROMA *f.* Cera de los oídos, cerumen.

CEROMEL (mèl) *m.* Ceromiel.

CEROPLASTIA (tía) *f.* Ceroplástica.

CEROSCOPIA (pía) *f.* Ceromancía.

CEROSENE (ze) *m.* Kerosene, petróleo.

CEROTÍNICO, CA *adj.* Cerótico.

CEROTO *m. Farm.* Cerato.

CEROULAS *s. pl.* Canzoncillos.

CERQUEIRO, RA *adj.* Que tine cerca o cercado. Cercador, que cerca. *m.* Jardinero.

CERRAÇÃO (sáum) *f.* Cerrazón. Tinieblas, oscuridad.

CERRADAL *m.* Lo mismo que CERRADÃO.

CERRADAMENTE *adv. m.* De manera cerrada. Tercamente. Disimuladamente. Apretadamente.

CERRADÃO (dáum) *m.* Espesura de árboles; cerramiento, cercado, coto.

CERRADINHA (ña) *f.* El anochecer.

CERRADO, DA *adj. P. p.* de *Cerrar.* Cerrado, encerrado. Cerrado, unido, apretado. *fig.* Cerrado (incomprensible, oculto, obscuro; cargado; dícese de la barba poblada y fuerte). *m.* Cerrado, cercado. Matorral a la orilla de un río.

CERRADOIRO *m.* Lo mismo que

CERRADOURO *m.* Cerradero (cordones con que se cierran las bolsas y bolsillos).

CERRADURA *f. Port.* Muro, tapia, vallado.

CERRAMENTO *m.* Cerramiento.

CERRAR *v. tr.* Cerrar (en todas las principales acepciones de este vocablo). *Obs.* En la acepción de cerrar lo que está abierto, úsase el verbo FECHAR.

CERRO (cè) *m.* Cerro (pequeña elevación de tierra).

CERROTE (rrò) *m.* Cerrito. Montículo.

CERTAME *m.* Certamen.

CERTAMENTE (cèr) *adv. m.* Certeramente; ciertamente.

CERTEIRAMENTE *adv. m.* Certeramente.

CERTEIRO, RA *adj.* Certero, diestro en poner la puntería para tirar. Cierto, certero.

CERTEZA (za) *f.* Certeza. Acierto. Seguro (obligación de ejecutar o cumplir alguna cosa). Certidumbre.

CERTIDÃO (dáum) *f.* Certificado, certificación, asiento (documento).

CERTIFICAÇÃO (sáum) *f.* Certificación (acción de certificar).

CERTIFICANTE *adj. y s.* Certificador.

CERTIFICAR *v. tr.* Certificar. Cerciorar. Ú. t. c. r.

CERTO, TA (cèr) *adj.* Cierto (en todas las acepciones de este vocablo). *adv. afirm.* Ciertamente, cierto. *m.* Lo cierto. *Por —. m. adv.* De cierto.

CERUDA *f. Bot.* Celidonia.

CÉRULO, LA (cè) *adj.* Cerúleo.

CERUME *m.* Cerumen, cera de los oídos.

CERVA (cèr) *f.* Cierva (hembra del ciervo).

CERVAL *adj.* Cervuno, cerval.

CERVANTESCO, CA *adj.* Cervantino, cervantesco.

CERVEIRO *m.* Lo mismo que CÉRBERO.

CERVEJA (ja) *f.* Cerveza.

CERVEJADA (ja) *f. fam.* Vaso de cerveza.

CERVEJARIA (jaría) *f.* Cervecería.

CERVEJEIRO (jei) *m.* Cervecero (persona que hace o vende cerveza).

CERVILHEIRA (llei) *f. Ant.* Cervillera.

CERVINO, NA *adj.* Cervuno, cervino.

CERVIZ *f. Ant.* Cerviz. Cabeza. Pescuezo. Cumbre, cima.

CERVO (cèr) *m. Zool.* Ciervo.

CESARIANO, NA (za) *adj.* Cesáreo, cesariano, cesarino. Cesárea (dícese de la operación para extraer el feto). *f.* Operación cesárea.

CÉSPEDE (cès) *m.* Tepe, césped.

CESSAÇÃO (sasáum) *f.* Cesación.

CESSAMENTO (sa) *m.* Cesamiento.

CESSANTE (san) *adj.* Cesante (que cesa).

CESSÃO (sáum) *f.* Cesión. Dejación.

CESSAR (sar) *v. intr.* Cesar.

CESSIONÁRIO (sio) *m.* Cesionario.

CESSÍVEL (sí) *adj.* Cesible.

CESTA *f.* Cesta, cesto. Cesta (para jugar a la pelota). *— de papéis.* Cesto para papeles.

CESTÃO (táum) *m.* Cestón (para fortificaciones).

CESTARIA (ría) *f.* Cestería.

CESTEIRO, RA *adj.* Relativo o perteneciente al cesto o a la cesta. *m.* Cestero.

CESTO (cès) *m.* Cesto (armadura de la mano).

CESTO (cès) *m.* Cesto, cesta de mimbres. *— da gávea. Mar.* Cofa, gavia.

CESURA (zu) *f. Poét.* Cesura. Cisura (para sangrar).

CETIA (tía) *f.* Cetea.

CETIA (tía) *f.* Especie de clavo.

CETICAMENTE (cè) *adv. m.* Escépticamente.

CETICISMO *m.* Escepticismo.

CÉTICO, CA (cè) *adj.* Escéptico. Ú. t. c. s.

CETIM *m.* Satín, satén.

CETRARIA (ría) *f.* Cetrería.

CETRÁRIA *f. Bot.* Cetraria.

CETRÍGERO, RA (je) *adj.* Cetrífero.

CETRINO, NA *adj.* Cetrino. Rojo, bermejo.

CETRO (cè) *m.* Cetro.

CÉU (sèu) *m.* Cielo. *— da boca.* Cielo de la boca. *Ao — aberto. m. adv.* A cielo abierto.

CEVA (cè) *f.* Ceba, cebadura, cebamiento. Cerdo cebado. Cebadero (lugar en que se ceban animales). Cebo.

CEVADA *f. Bot.* Cebada.

CEVADAL *m.* Cebadal.

CEVADARIA (ría) *f.* Cebadería.

CEVADEIRA *f.* Cebadera (morral en que se da cebada al ganado). *Mar.* Cebadera.

CEVADEIRO, RA *adj.* Lo mismo que CEVADOR. *m.* Cebadero (lugar en que se ceban animales).

CEVADIÇO, ÇA (so) *adj.* Que puede cebarse.

CEVADILHA (lla) *f. Bot.* Cebadilla.

CEVADILHEIRA (llei) *f.* Lo mismo que CEVADILHA.

CEVADINHA (ña) *f. Bot.* Cebadilla. Cebada perlada.

CEVADO, DA *adj.* Cebado. *fig.* Imbuido.

CEVADOIRO *m.* Lo mismo que CEVADOURO.

CEVADOR, RA *adj.* Que ceba.

CEVADOURO *m.* Cebadero (lugar donde se ceban animales).

CEVADURA *f.* Cebadura, ceba, cebamiento. *Bras.* Cebadura (del mate).

CEVAGEM (jem) *f.* Ceba, cebamiento.

CEVÃO (váum) *m.* Puerco cebado.

CEVAR *v. tr.* Cebar. Ú. t. c. r.

CEVATÍCIO, IA *adj.* Que es bueno para cebar animales.

CEVEIRO *m.* Lugar donde se pone el cebo para animales.

CEVO (cé) *m.* Cebo.

CH Letra doble que representa en portugués un sonido simples, igual al de la *ch* francesa o de la *x* bable.

CHÁ (chá) *m.* Té (planta; hoja; infusión; reunión de personas). *— preto.* Té negro. *— verde.* Té verde.

CHÁ (chán) *adj.* Llana. *f.* Llanura.

CHABACANO (cha) *m. Bot.* Chabacano (árbol parecido al albaricoquero).

CHABIANA (cha) *f.* Lo mismo que CHAVIANA.

CHABIANO, NA (cha) *adj.* Lo mismo que CHAVIANO.

CHABÓ (chabò) *m. Bras.* Especie de golondrina.

CHABOQUE (chabò) *m.* Pedazo, bocado.

CHABOUQUEIRO, RA (cha) *adj.* Chapucero (que trabaja tosca y groseramente).

CHAÇA (chasa) *f.* Chaza. *fig.* Impresión moral. Brega, disputa.

CHACAL (cha) *m. Zool.* Chacal.

CHAÇAR (chasar) *v. tr.* Chazar. Tener ventaja.

CHÁCARA (chá) *f.* Chacra; granja; chácara; alguería. *— do vigário.* Cementerio.

CHACAREIRO (cha) *m.* Chacarero.

CHACAROLA (chacarò) *f.* Chacarita.

CHACATUALA (cha) *f.* Lo mismo que XACATUALA.

CHACINA (cha) *f.* Matanza. Destrozo, mortandad. Cecina; chacina.

CHACINAR (cha) *v. tr.* Hacer la matanza. Acecinar. Matar, asesinar.

CHAÇO (chaso) *m.* Chazo.

CHACOALHAR (chacoallar) *v. tr.* Lo mismo que VASCOLEJAR.

CHACOALHO (chacoallo) *m.* Lo mismo que VASCOLEJAMENTO.

CHACOTA (chacò) *f.* Burla, chacota, broma, chanza.

CHACOTEAÇÃO (cha...sáum) *f.* Lo mismo que CHACOTA. Chacoteo.

CHACOTEADOR (cha) *m.* Chacotero.

CHACOTEAR (cha) *v. tr.* Burlarse, zumbar, chancear; chacotear.

CHACOTEIRO (cha) *m.* Chacotero.

CHACOTICE (cha) *f.* Burla, zumba, chacota.

CHACRINHA (chacriña) *f. Bras. dim.* de *Chácara.* Chacarita.

CHAFALHÃO (chafalláum) *adj.* Lo mismo que GALHOFEIRO.

CHAFALHEIRO, RA (chafallei) *adj.* Lo mismo que CASQUILHO.

CHAFALHO (chafallo) *m.* Lo mismo que CHANFALHO.

CHAFARIZ (cha) *m.* Fuente pública. Chafariz. Fuente monumental.

CHAFUNDÃO (chafundáum) *m. Port.* Charco.

CHAFURDA (cha) *f.* Pocilga, zahurda. *fig.* Casa sucia.

CHAFURDAR (cha) *v. intr.* Revolcarse en el fango. Atascarse, atollarse (en el vicio).

CHAFURDEIRA (cha) *f.* Lo mismo que CHAFURDA.

CHAFURDEIRO (cha) *m.* Lo mismo que CHAFURDA. Individuo que tiene vicios groseros. El que se revuelca en el fango.

CHAFURDICE (cha) *f.* Acción de *Chafurdar.*

CHAFURDO (cha) *f.* Lo mismo que CHAFURDA.

CHAGA (cha) *f.* Llaga.

CHAGADO, DA (cha) *adj.* Llagado.

CHAGADOR, RA (cha) *adj.* Que llaga.

CHAGAR (cha) *v. tr.* Llagar. Ú. t. c. r. Ulcerar. *fig.* Afligir, molestar, torturar.

CHAGUENTO, TA (cha) *adj.* Llagado, que tiene llagas. Propenso a tener llagas.

CHAIRA (chai) *f.* Chaira (cilindro de acero para afilar cuchillos).

CHAIRAR (chai) *v. tr.* Afilar en la chaira.

CHALAÇA (chalasa) *f.* Burla, befa, escarnio, cuchufleta, chanza, vaya, zumba.

CHALACEADOR, RA (cha) *adj. y s.* Chancero; cuchufletero.

CHALACEAR (cha) *v. tr.* Chancear, cuchufletear, burlarse, zumbar. Ridiculizar.

CHALACEIRO (cha) *m.* Lo mismo que CHALACEADOR.

CHALACISTA (cha) *m.* Lo mismo que CHALACEADOR.

CHALADA (cha) *adj.* Dícese del agua mezclada con té.

CHALANA (cha) *f.* Chalana (embarcación).

CHALANTE (cha) *m.* Chalán.

CHALAR (cha) *v. intr. Germ.* Huirse. Ú. t. c. r.

CHALE (cha) *m.* Chal.

CHALÉ (chalè) *m.* Chalet.

CHALEIRA (cha) *f.* Tetera; pava; olla. *m. fam.* Adulador.

CHALEIRAR (cha) *v. tr. fam.* Adular.

CHALEIRISMO (cha) *m. fam.* Adulación.

CHALEIRISTA (cha) *m. fam.* Adulador, quitamotas.

CHALOTA (chalò) *f. Bot.* Chalote.

CHALOTINHA (chalòtiña) *f.* Lo mismo que CHALOTA.

CHALRADO (chal) *m.* Chillido, chirrido, gorjeo.

CHALRADOR, RA (chal) *adj. y s.* Hablador, parlanchín.

CHALRAR (chal) *v. intr.* Chirriar, chillar (los pájaros). Charlar. Chirlar.

CHALREADA (chal) *f.* Chillería. Chirlada. Chirrido, chillido. Vocerío.

CHALREADURA (chal) *f.* Lo mismo que CHALREADA.

CHALREAR (chal) *v. intr.* Lo mismo que CHALRAR.

CHALREIO (chal) *m.* Lo mismo que CHALREADA.

CHALRICE (chal) *f.* Charla (acción de conversar sin fundamento ni motivo).

CHALUPA (cha) *f.* Chalupa. Bote.

CHAMA (cha) *f.* Reclamo (para cazar). Llamada.

CHAMA (cha) *f.* Llama (del fuego).

CHAMADA (cha) *f.* Llamada, llamamiento.

CHAMADO, DA (cha) *adj.* Llamado, nombrado. Llamado (p. p. de *Chamar*). *m.* Llamado, llamamiento.

CHAMADOR, RA (cha) *adj. y m.* Llamador.

CHAMADURA (cha) *f.* Llamamiento.

CHAMALOTE (chamalò) *m.* Muaré. Chamelote.

CHAMAMENTO (cha) *m.* Llamamiento.

CHAMAR (cha) *v. tr.* Llamar (en todas las principales acepciones de esta voz). Ú. t. c. r.

CHAMARADA (cha) *f.* Llamarada.

CHAMARELA (chamarè) *f. pop.* Fuego, incendio.

CHAMARILHO (chamarillo) *m.* Lo mismo que

CHAMARISCO (cha) *m.* Lo mismo que

CHAMARIZ (cha) *m.* Reclamo (para cazar).

CHAMBÁ (chambán) *f.* Carne de mala clase.

CHAMBÃO, ONA (chambáum) *adj. fam.* Chambón, chapucero, torpe. Grosero, rude, sin policía. *m.* Carne de mala clase.

CHAMBOADO, DA (cham) *adj.* Lo mismo que ACHAMBOADO.

CHAMBOÍCE (*cham*) *f.* Chambonada, chapucería. Bordado grosero.

CHAMBOQUEIRO, RA (*cham*) *adj.* Chapucero. Grosero, tosco.

CHAMBRE (*cham*) *m.* Chambra.

CHAMEANTE (*cha*) *adj.* Llameante.

CHAMEAR (*cha*) *v. intr.* Llamear.

CHAMEGO (*cha*) *m.* Lo mismo que NAMORO. Amistad, intimidad. Pasión amorosa. Cariño.

CHAMEJAMENTO (*chameja*) *m.* Acción de llamear.

CHAMEJANTE (*chamejan*) *adj.* Llameante.

CHAMEJAR (*chamejar*) *v. intr.* Llamear.

CHAMEJO (*chamejo*) *m.* Lo mismo que CHAMEJAMENTO.

CHAMELOTE (*chamelò*) *m.* Lo mismo que CHAMALOTE.

CHAMIÇA (*chamisa*) *f. Bot.* Chamiza. Lo mismo que

CHAMIÇO (*chamiso*) *m.* Chamizo (árbol o leño medio quemado). Chamarasca. Leña menuda.

CHAMINÉ (*chaminè*) *f.* Chimenea.

CHAMOTIM (*cha*) *m.* Lo mismo que CAFUNÉ.

CHAMPANA (*cham*) *f.* Champán.

CHAMPANHA (*chanpaña*) *m.* Champaña (vino).

CHAMPANHADA (*champaña*) *f.* Champañazo; abundancia de champaña.

CHAMPANHE (*champañe*). *m.* Champaña.

CHAMPANHIZAR (*champañizar*) *v. tr.* Dar al vino aspecto de champaña.

CHAMPÃO (*champáum*) *m.* Champán.

CHAMPORREADO, DA (*cham*) *adj.* Chapuceado, champurreado. Mal vestido, sucio.

CHAMPORREAR (*cham*) *v. intr.* Estar sucio o mal vestido.

CHAMUSCA (*cha*) *f.* Chamusquina, chamusco (acción de chamuscar).

CHAMUSCADA (*cha*) *f.* Chamuscación, chamuscadura; chamusca, chamusquina.

CHAMUSCAR (*cha*) *v. tr.* Chamuscar (quemar algo superficialmente).

CHAMUSCO (*cha*) *m.* Lo mismo que CHAMUSCADA.

CHANÇA (*chansa*) *f.* Chanza.

CHANÇEADOR, RA (*chan*) *adj. y s.* Chancero.

CHANCEAR (*chan*) *v. intr.* Chancear (gastar chanzas o bromas).

CHANCEIRO, RA (*chan*) *adj.* Chancero. Ú. t. c. s.

CHANCELA (*chancè*) *f.* Sello; rúbrica. Acción de sellar.

CHANCELAR (*chan*) *v. tr.* Sellar; rubricar. Aprobar.

CHANCELARIA (*chancelaría*) *f.* Cancillería. Chancillería.

CHANCELER (*chancelèr*) *m.* Canciller, chanciller.

CHANCHADA (*chancha*) *f.* Barullo, alboroto, discusión.

CHANCHO (*chancho*) *m.* Cerdo.

CHUNCHULIM (*chanchu*) *m.* Bras. Chinchulín, chinchulines.

CHANESCO, CA (*cha*) *adj. fam.* Chapucero, grosero.

CHANFA (*chan*) *f. Germ.* Sable.

CHANFALHADA (*chanfalla*) *f.* Machetazo.

CHANFALHÃO, ONA (*chanfalláum*) *adj. fam.* Juguetón, burlón. *m. fest.* Espada vieja.

CHANFALHO (*chanfallo*) *m.* Espada vieja.

CHANFANA (*chan*) *f.* Chanfaina (guisado de bofes o livianos).

CHANFANEIRO (*chan*) *m.* Tripicallero. Vendedor de chanfaina.

CHANFENITEIRO (*chan*) *m. Port.* Lo mismo que BUFARINHEIRO.

CHANFRADO, DA (*chan*) *adj.* Achaflanado; chaflanado.

CHANFRADOR (*chan*) *m.* Instrumento para achaflanar.

CHANFRADURA (*chan*) *f.* Chaflán, chaflanadura.

CHANFRAR (*chan*) *v. tr.* Chaflanar, achaflanar.

CHANFRETA (*chan*) *f.* Burla, escarnio, vaya.

CHANFRO (*chan*) *m.* Lo mismo que CHANFRADURA.

CHANGADOR (*chan*) *m. Bras.* Mozo de cordel, changador.

CHANGAR (*chan*) *v. intr.* Changuear.

CHANGUEIRO (*chan*) *m.* Rocín. Mozo de cordel, changador.

CHANÍSSIMO (*chanísi*) *adj. sup.* de *Chão.* Llanísimo.

CHANQUETA (*chan*) *f. fam.* Chancleta.

CHANTA (*chan*) *f. Agr.* Estaca, rama.

CHANTADURA (*chan*) *f.* Lo mismo que TANCHEIRA.

CHANTAGEM (*chantajem*) *f.* Chantaje.

CHANTAGISTA (*chantajis*) *m.* Chantajista.

CHANTÃO (*chantáum*) *m.* Lo mismo que TANCHÃO.

CHANTAR (*chan*) *v. tr.* Plantar, clavar.

CHANTECLER (*chanteclèr*) *m.* Gallo (ave).

CHANTOEIRA (*chan*) *f.* Lo mismo que TANCHOEIRA.

CHANTRADO (*chan*) *m.* Chantría.

CHÃO, Ã (*cháum, án*) *adj.* Llano (liso, igual; allanado, conforme; accesible, sencillo; libre, franco; claro, evidente; corriente; sin ornato; sin aparato; simple). Bajo; plebeo. *m.* Suelo (superficie de la tierra). *fig.* Suelo, tierra o mundo.

CHAPA (*cha*) *f.* Chapa (hoja o lámina de varios materiales). Plancha. *pop.* Disco (del gramófono). Lugar llano. *Fot.* Placa. *fig.* Verdad trillada, perogrullada. *pop.* Dinero, plata. *De —. m. adv.* De cara.

CHAPADA (*cha*) *f.* Llanura, planicie. Claro (en un bosque o mata). Golpe de cara.

CHAPADÃO (*chapadáum*) *m. Bras.* Llanura extensa. Loma.

CHAPADEIRO (*cha*) *m. Bras.* Lo mismo que CAIPIRA.

CHAPADO, DA (*cha*) *adj. pop.* Completo, perfecto, entero.

CHAPAR (*cha*) *v. tr.* Chapear. Acuñar. Marcar, señalar.

CHAPARIA (*chaparía*) *f.* Chapería. Conjunto de chapas o placas.

CHAPARREIRO (*cha*) *m.* Chaparro.

CHAPE (*cha*) *m.* Voz imitativa de la caída de un cuerpo en el agua.

CHAPEAR (*cha*) *v. tr.* Chapear, guarnecer, adornar o cubrir con chapas. Acuñar, estampar. Marcar, señalar.

CHAPEIRADA (*cha*) *f.* Sombrerada (lo que cabe en un sombrero). Lo mismo que CALDEIRADA.

CHAPEIRÃO (*chapeiráum*) *m. aum.* de *Chapéu.* Sombrerazo. Capucho.

CHAPELADA (*cha*) *f.* Sombrerada (lo que cabe en un sombrero).

CHAPELARIA (*chapelaría*) *f.* Sombrerería.

CHAPELEIRA (*cha*) *f.* Sombrerera (mujer que hace sombreros; caja para guardarlos; mujer del sombrerero).

CHAPELEIRO (*cha*) *m.* Sombrerero.

CHAPELETA (*cha*) *f.* Sombrerillo (sombrero pequeño). *Mec.* Chapeleta. Chapeta, chapa (mancha de color encendido en las mejillas). Rebote.

CHAPELETE (*cha*) *m. dim.* de *Chapéu.* Sombrerillo.

CHAPELINHO (*chapèliño*) *m. dim.* de *Chapéu.* Sombrerillo.

CHAPETÃO, ONA (*chapetáum*) *adj. Bras. merid.* Chapetón, inexperto, bisoño.

CHAPETONADA (*cha*) *f. Bras. merid.* Asnería, tontería.

CHAPÉU (*chapèu*) *m.* Sombrero. Heces del vino. Sombrilla; paraguas. *fig.* Capelo (dignidad de cardenal). Nombre de algunas cosas que se parecen a un sombrero o a un paraguas. *— armado.* Sombrero apuntado. *Bras.* Especie de tiburón pequeño. *— de chuva.* Paraguas. *— de-cobra. Bot.* Especie de hongo. *— de coco.* Sombrero hongo. *—de judeu. Bot.* Espécie de hongo. *— de molas.* Sombrero de muelles, clac, sombrero plegable. *— de palha.* "Canotier". *— de pasta.* Lo mismo que *Chapéu de molas. — de sol.* Sombrilla, quitasol. *Bras.* Especie de cinamomo. *—de três bicos.* Sombrero de tres picos. *—de três ventos.* Sombrero de tres candiles, o de candil. *— do Chile.* Sombrero parecido al panamá. *— do Panamá.* Panamá (sombrero de pita).

CHAPILHAR (*chapillar*) *v. intr. Port.* Lo mismo que CHAPINHAR.

CHAPIM (*cha*) *m.* Chapín (chaclo).

CHAPINAR (*cha*) *v. intr.* Lo mismo que CHAPINHAR.

CHAPINEIRO (*cha*) *m.* Chapinero.

CHAPINHAR (*chapiñar*) *v. intr.* Chapotear. *m.* Chapoteo.

CHAPINHEIRO (*chapiñeiro*) *m.* Charco. Atollero.

CHAPOTA (*chapò*) *f.* Acción de

CHAPOTAR (*cha*) *v. tr. Agr.* Chapodar.

CHAPUZ (*cha*) *m.* Taco, taruco (embutido en la pared). *Mar.* Chapuz.

CHARÁ (*cha*) *adj. y m.* Lo mismo que XARÁ.

CHARADA (*cha*) *f.* Charada, enigma, acertijo. Lenguaje obscura.

CHARADISMO (*cha*) *m.* Arte de charadista.

CHARADÍSTICO, CA (*cha*) *adj.* Concerniente a la charada o al charadista.

CHARAMELA (*charamè*) *f.* Chirimía.

CHARAMELAR (*cha*) *v. intr.* Tocar la chirimía. *v. tr.* Divulgar, publicar.

CHARAMELEIRO (*cha*) *m.* Tocador de chirimía.

CHARANGA (*cha*) *f.* Charanga (música de instrumentos de metal).

CHARANGUEIRO (*cha*) *m. pop.* Músico de charanga.

CHARÃO (*charáum*) *m.* Maque, laca, charol, barniz del Japón, zumaque del Japón.

CHARCA (*char*) *f.* Lo mismo que

CHARCO (*char*) *m.* Charco, charca. Atollero, lodazal.

CARCOSO, SA (*charcozo, òza*). *adj.* Dícese del terreno donde hay charcos o charcas.

CHARCUTARIA (*charcutaría*) *f.* Lo mismo que SALSICHARIA.

CHARCUTEIRO (*char*) *m.* Lo mismo que SALSICHEIRO.

CHARDA (*char*) *f.* Lo mismo que

CHARDAS (*char*) *f. pl.* Czarda (baile húngaro, escrito en compás binario y muy vivo).

CHARIVARI (*cha*) *m.* Cencerrada, zamba; confusión, alboroto, barullo, desorden. Música destemplada.

CHARIVARIZAR (*charivarizar*) *v. tr.* Alborotar, convertir en desorden.

CHARLA (*char*) *f.* Charla, plática, conversación sin motivo.

CHARLADOR, RA (*char*) *adj. y s.* Charlatán, parlanchín, hablador, charlador.

CHARLAR (*char*) *v. intr.* Charlar (hablar mucho, insubstancialmente; conversar, platicar).

CHARLARIENTO, TA (*char*) *adj.* Lo mismo que CHARLADOR.

CHARLATA (*char*) *m. fam.* Lo mismo que CHARLATÃO.

CHARLATANAMENTE (*char*) *adv. m.* De manera charlatanesca.

CHARLATANARIA (*charlatanaría*) *f.* Charlatanería.

CHARLATANEAR (*char*) *v. intr.* Charlatanear. Proceder como charlatán, embaucar, engañar. *v. tr.* Engañar, embaucar como los charlatanes.

CHARLATANICE (*char*) *f.* Charlatanismo.

CHARLATÂNICO, CA (*charlatá*) *adj.* Charlatanesco.

CHARLATANISMO (*char*) *m.* Impostura. Charlatanismo.

CHARLATÃO (*charlatáum*) *m.* Charlatán, embaidor, embaucador. Saltabanco, charlatán. Médico ignorante e imprudente.

CHARLATEIRA (*char*) *f.* Charretera (divisa militar, a modo de hombrera metálica con flecos).

CHARNECA (*charnè*) *f.* Erial.

CHARNEIRA (*char*) *f.* Charnela, charneta.

CHAROLA (*charò*) *f.* Andas (para conducir efigies). Nicho.

CHAROLEIRO (*cha*) *m.* Fabricante de andas (para efigies).

CHAROTO (*cha*) *m.* Lo mismo que CHARUTO.

CHARPA (*char*) *f.* Charpa (vendaje que sirve para mantener el brazo erguido y arrimado al pecho). Lo mismo que CINTA.

CHARQUE (*char*) *m.* Charqui, cecina, tasajo, carnaje.

CHARQUEAÇÃO (*charqueasáum*) *f.* Charqueo.

CHARQUEAR (*char*) *v. intr.* Charquear (hacer charqui).

CHARQUEIO (*char*) *m.* Charqueo.

CHARQUEIRO, RA (*ch*ar) *adj.* Lleno de charcos. *m.* Charco, charca.

CHARRAVASCAL (*ch*a) *m.* Erial.

CHARRO, RRA (*ch*a) *adj.* Charro, grosero, rústico, basto, de mal gusto.

CHARRUA (*ch*a) *f.* Arado. *fig.* Agricultura, vida del campo. Buque roncero. *m. pl.* Charrúas (indios).

CHARRUADA (*ch*a) *f.* Terreno labrado.

CHARRUADELA (*ch*arruadè) *f.* Labranza, labor.

CHARRUAR (*ch*a) *v. tr.* Arar, labrar.

CHARUTARIA (*ch*arutaría) *f.* Cigarrería, estanco.

CHARUTEAR (*ch*a) *v. intr.* Fumar cigarros puros.

CHARUTEIRA (*ch*a) *f.* Cigarrera, petaca para llevar cigarros puros.

CHARUTEIRO (*ch*a) *m.* Cigarrero. Estanquero, estanquillero. Especie de tabaco.

CHARUTO (*ch*a) *m.* Cigarro puro.

CHASCÃO (*ch*ascáum) *m.* Lo mismo que EMPUXÃO.

CHASCO (*ch*as) *m.* Chacota, burla, zumba, chanza, vaya; chasco. Lo mismo que EMPUXÃO.

CHASPELINHO (*ch*aspèliño) *m. pop. despect.* Sombrerillo.

CHASQUE (*ch*as) *m. Bras. merid.* Chasqui (individuo que sirve de correo o propio).

CHASQUEAR (*ch*as) *v. intr.* Chasquear, dar chasco, broma o zumba; burlarse.

CHASQUEIO (*ch*as) *m.* Acción de chasquear, de dar chasco.

CHATA (*ch*a) *f. Mar.* Chata. Barcaza. *Germ.* Portamonedas.

CHATADA (*ch*a) *f.* Represión. Respuesta desagradable.

CHATAMENTE (*ch*a) *adv. m.* Sin gracia, sosamente.

CHATEAÇÃO (*ch*ateasáum) *f.* Acción y efecto de *Chatear.*

CHATEADO, DA (*ch*a) *adj. vulg.* P. p. de

CHATEAR (*ch*a) *v. tr. vulg.* Molestar, enfadar, enojar, machacar, importunar, cansar, majar. *v. intr.* Agacharse, agazaparse.

CHATEIRO (*ch*a) *m.* Dueño de una chata (embarcación); persona que la gobierna.

CHATEZA (*ch*ateza) *f.* Calidad de chato, plano o aplastado.

CHATICE (*ch*a) *f. vulg.* Majadería. Bajeza.

CHATIM (*ch*a) *m.* Traficante, tunante, bellaco.

CHATINADOR (*ch*a) *m.* Lo mismo que CHATIM.

CHATINAR (*ch*a) *v. tr.* Traficar, ganar ilícitamente. Sobornar.

CHATINO (*ch*a) *m.* Lo mismo que CHATIM.

CHATISMO (*ch*a) *m.* Lo mismo que CHATICE.

CHATO, TA (*ch*a) *adj.* Chato, achatado, plano, aplastado; liso. Vulgar, rastrero. *vulg.* Molesto, importuno, majadero.

CHAUVINISMO (*ch*o) *m.* Patriotería, chauvinismo.

CHAUVINISTA (*ch*o) *adj. y m.* Patriotero, chauvinista.

CHAVÃO (*ch*aváum) *m.* Llave grande. Molde para bollos. Modelo, patrón. Perogrullada, verdad trillada, vulgaridad. Bordón (en la conversación). Fórmula usual.

CHAVARIA (*ch*avaría) *f.* Muchas llaves.

CHAVASCADA (*ch*a) *f. Bras.* Golpe, palo.

CHAVASCADO, DA (*ch*a) *adj.* Lo mismo que ACHAVASCADO.

CHAVASCAL (*ch*a) *m.* Lugar asqueroso. Pocilga. Mata de arbustos espinosos. Tierra mala para el cultivo.

CHAVASCAR (*ch*a) *v. tr.* Lo mismo que ACHAVASCAR.

CHAVASCO, CA (*ch*a) *adj.* Grosero, rude, estúpido, necio. Chapucero.

CHAVASQUEIRO (*ch*a) *m.* Lo mismo que CHAVASCAL.

CHAVASQUICE (*ch*a) *f.* Calidad de *Chavasco.*

CHAVE (*ch*a) *f.* Llave (en todas las principales acepciones de esta voz). Corchete, clave. Llave de tuerca. — *de parafusos.* Destornillador. — *falsa.* Llave falsa. — *inglesa.* Llave inglesa. — *mestra.* Llave maestra. *pl.* Llaves (de algunos instrumentos músicos). A —. *m. adv.* Debajo de llave. *A sete* —*s. m. adv.* Tras siete llaves.

CHAVEAR (*ch*a) *v. intr.* Cerrar con llave; poner debajo de llave.

CHAVECADA (*ch*a) *f.* Conversación insubstancial, charla.

CHAVECO (*ch*avè) *m.* Lo mismo que XAVECO.

CHÁVEGA (*ch*á) *f.* Lo mismo que XÁVEGA.

CHAVEIRA (*ch*a) *f.* Cisticercosis.

CHAVEIRÃO (*ch*aveiráum) *m.* Llave grande. *Bras.* Cheurón, cabrio.

CHAVEIRENTO, TA (*ch*a) *adj.* Que tiene cisticercosis.

CHAVEIRO (*ch*a) *m.* Llavero (persona). Carcelero. Despensero. *fam.* Llavero (anillo en que se traen llaves).

CHAVEIROSO, SA (*ch*aveirozo, òza) *adj.* Lo mismo que CHAVEIRENTO.

CHAVELHA (*ch*avella) *f.* Clavija. Timón (del arado).

CHAVELHO (*ch*avello) *m.* Cuerno. Antenas. Tentáculos.

CHÁVENA (*ch*á) *f.* Taza (para café o té).

CHAVETA (*ch*a) *f.* Chaveta. Clavija. Lengüeta. Llaves o corchetes pequeños.

CHAVETAR (*ch*a) *v. tr.* Asegurar con chavetas o clavijas.

CHAVIANA (*ch*a) *f. Port.* Especie de longaniza.

CHAVIANO (*ch*a) *m.* Especie de chorizo.

CHAVO (*ch*a) *m.* Moneda de escaso valor.

CHAZEIRO (*ch*azei) *m.* Cada una de las piezas laterales del fondo de un carro. *adj.* Que le gusta mucho el té.

CHAZINHO (*ch*aziño) *m. dim.* de *Chá. fig.* Medicina, tisana.

CHÉ (*ch*è) *m.* Cheng (instrumento músico chino).

CHECHÉU (*ch*echèu) *m. Bras. Zool.* Cierto pájaro de la familia de los ictéridos.

CHEDA (*ch*e) *f.* Lo mismo que CHAZEIRO (1ª acep.).

CHEFATURA (*ch*e) *f.* Jefatura.

CHEFE (*ch*è) *m.* Jefe. *Em* —. *m. adv.* En jefe.

CHEFIA (*ch*efía) *f.* Jefatura.

CHEFIAR (*ch*e) *v. tr.* Mandar como jefe, dirigir, gobernar, conducir, comandar.

CHEGADA (*ch*e) *f.* Llegada.

CHEGADEIRA (*ch*e) *f.* Tenaza para acercar el carbón de la fragua.

CHEGADELA (*ch*egadè) *f.* Acercamiento. Llegada rápida. *fig.* Represión; castigo.

CHEGADIÇO, ÇA (*ch*egadiso) *adj. ant.* Allegadizo. Advenedizo. Entremetido.

CHEGADINHA (*ch*egadiña) *f. Germ.* Bofetada.

CHEGADO, DA (*ch*e) *adj.* Allegado, pariente, deudo. Allegado, cercano, próximo. Acostumbrado, habituado. P. p. de *Chegar.* Llegado.

CHEGADOR (*ch*e) *m.* El que llega. Fogonero. *adj. Bras. merid.* Valiente, audaz, atrevido.

CHEGAMENTO (*ch*e) *m.* Llegada. Allegamiento.

CHEGANÇA (*ch*egansa) *f. ant.* Llegada.

CHEGANÇO (*ch*eganso) *m. pop.* Represión.

CHEGAR (*ch*e) *v. intr.* (venir, arribar de un sitio o paraje a otro; durar hasta época o tiempo determinado; venir por su orden o tocar por su turno una cosa o acción a uno; conseguir el fin a que se aspira; tocar, alcanzar una cosa; venir, verificarse, venir el tiempo de ser o hacerse una cosa; ascender, importar, subir). Bastar, ser suficiente. *v. tr.* Llegar, allegar, juntar. Llegar, acercar, arrimar. *v. r.* Llegarse, acercarse; unirse, adherirse.

CHEIA (*ch*eia) *f.* Llena, crescida, avenida, inundación. Lleno, plenilunio. *fig.* Lleno, abundancia de una cosa.

CHEIO, IA (*ch*eia) *adj.* Lleno, ocupado, henchido. Lleno, farto. Rico, acaudalado. Atareado. Feliz. Amplio. — *de chove e não molha,* — *de luxo,* — *de nove horas,* — *de novidades,* — *de nós pelas costas:* dícese del individuo exigente, engreído o puntilloso.

CHEIRADEIRA (*ch*ei) *f.* Petaca para rapé o tabaco.

CHEIRADOR (*ch*ei) *m.* El que huele, husmea o olfatea.

CHEIRANTE (*ch*ei) *adj.* Que huele. Lo mismo que CHEIROSO.

CHEIRAR (*ch*ei) *v. tr.* Oler; husmear; olfatear. *fig.* Oler, husmear, olfatear (conocer o adivinar una cosa que se juzgaba oculta; inquirir con curiosidad y diligencia lo que hacen otros). *v. intr.* Oler (exhalar de si fragancia o hedor). *fig.* Oler (parecerse o tener señas y visos de una cosa). *Não* — *bem uma coisa. fr. fig.* No oler bien una cosa.

CHEIRO (*ch*ei) *m.* Olor. Olfato. Fragancia. Hedor. Viento, olfato. *fig.* Olor, fama, opinión, reputación. *fig.* Rastro, señal, indicio. — *de santidade.* Olor de santidad.

CHEIROSO, SA (*ch*eirozo, òza) *adj.* Oloroso, fragante, perfumado.

CHELPA (*ch*el) *f. Germ.* Plata, dinero.

CHEPE-CHEPE (*ch*èpe-chè) *m. Bras. Maranhão.* Charco, terreno paludoso.

CHEQUE (*ch*è) *m.* Cheque (documento por el cual se ordena el pago de alguna suma de dinero). Jaque (lance del ajedrez). *fig.* Peligro, riesgo. — *mate.* Jaque, mate. *Em* —. *m. adv.* En peligro de, en situación muy difícil.

CHERCÓNIA (*ch*ercó) *f.* Cherconea (tela de la India, mitad algodón y mitad seda).

CHERERÉM (*ch*e) *m. Bras. Goiaz.* Llovizna.

CHERETA (*ch*e) *adj. y s. Bras. merid.* Chismero. Adulador.

CHERETEAR (*ch*e) *v. tr. e intr.* Adular, halagar.

CHERNA (*ch*èr) *f.* Lo mismo que

CHERNE (*ch*èr) *m.* Lo mismo que

CHERNOTE (*ch*ernò) *m. Bras. Zool.* Mero.

CHESSILITA (*ch*esi) *f.* Azurita, malaquita azul.

CHETA (*ch*e) *f. Germ.* Moneda de cobre. *Bras.* Cualquier suma de dinero.

CHEVIOTE (*ch*evió) *m.* Cheviot (pano que se hace con la lana de determinada especie de carnero de Escocia).

CHIADA (*ch*ia) *f.* Acción de *Chiar.* Lo mismo que

CHIADEIRA (*ch*ia) *f.* Chillido. Chillería. Rechino. Chirrido.

CHIADO, DA (*ch*ia) *adj.* Maldoso, malicioso. *m.* Lo mismo que CHIADA.

CHIAR (*ch*iar) *v. intr.* Chirriar (producir sonido agudo y desplacible una substancia penetrada por el calor; producir ruido chillón y ingrato las ruedas mal engrasadas). Chillar. Rechinar.

CHIATA (*ch*ia) *f. Bras. nort.* Burla, chanza, broma.

CHIBA (*ch*i) *f.* Cabra. *Bras.* Baile cantado. Zamba.

CHIBANÇA (*ch*ibansa) *f.* Fanfarronada, baladronada. Fatuidad.

CHIBANTE (*ch*i) *adj.* Valentón, fanfarrón, bravucón. Acicalado, como un petimetre. Orgulloso.

CHIBANTEAR (*ch*i) *v. intr.* Baladronar. Engreírse. Acicalarse.

CHIBANTESCO, CA (*ch*i) *adj.* Propio de bravucón o orgulloso.

CHIBANTISMO (*ch*i) *m.* Lo mismo que CHIBANÇA.

CHIBAR (*ch*i) *v. intr.* Echar bravatas, baladronar.

CHIBARRADA (*ch*i) *f.* Rebaño de chivos.

CHIBARREIRO (*ch*i) *m.* Lo mismo que CABREIRO.

CHIBATA (*ch*i) *f.* Vara (para castigar).

CHIBATADA (*ch*i) *f.* Varazo.

CHIBATAR (*ch*i) *v. intr.* Varar, dar varazos, pegar, castigar.

CHIBATE (*ch*i) *m.* Negro.

CHIBATEAMENTO (*ch*i) *m.* Acción de

CHIBATEAR (*ch*i) *v. intr.* Lo mismo que CHIBATAR. *v. intr.* Brincar, saltar como el cabrito.

CHIBATO (*ch*i) *m.* Chivato.

CHIBEIRO (*ch*i) *m. Port.* Lo mismo que CABREIRO.

CHIBO (*ch*i) *m.* Chivo.

CHICANA (*ch*i) *f.* Sofistería, embrollo de abogado, chicana. Sofisma. Ardid. Cavilación. Tramoya, trampa.

CHICANAR (*ch*i) *v. intr. y tr.* Chicanear.

CHICANEIRO, RA (*ch*i) *adj.* Chicanero.

CHICANICE (*ch*i) *f.* Lo mismo que CHICANA.

CHICANISTA (*ch*i) *adj. y m.* Chicanero.

CHICANTE (*ch*i) *adj. Bras.* Bien vestido, elegante.

CHIÇAR (*ch*isar) *v. intr.* Pegar, zurrar, sobar.

CHICAROLA (*ch*icarò) *f. Bot.* Especie de achicoria.

CHICHA (*ch*icha) *f. infant.* Chicha, carne comestible. Golosina. Apunte, nota. *Bras.* Chicha (bebida hecha de maíz fermentado en agua azucarada).

CHÍCHARO (*chicha*) m. *Bot.* Chisante, chícharo.

CHICHARRO (*chicha*) m. *Zool.* Jurel, chicharro.

CHICHELO (*chichè*) m. *Bras. nort.* Zapato viejo.

CHICHIAR (*chichi*) v. intr. *Bras.* Chirriar mucho.

CHICHICA (*chichi*) f. *Bras.* Ramera.

CHICHISBÉU (*chichisbèu*) m. Chichisbeo (hombre).

CHICHUTA (*chichu*) m. *Bras. Amazonas.* Niño, pibe, nene.

CHICLE (*chi*) m. *Bot.* Zapote. Chicle.

CHICÓRIA (*chicò*) f. *Bot.* Achicoria.

CHICOTAÇO (*chicotaso*) m. *Bras. merid.* Chicotazo, azote, latigazo.

CHICOTADA (*chi*) f. *Bras. merid.* Lo mismo que CHICOTAÇO.

CHICOTAR (*chi*) v. tr. Chicotear, dar chocotazos o latigazos.

CHICOTE (*chicò*) m. Látigo, azote, chicote, rebenque. *Mar.* Chicote (punta de cuerda o cabo).

CHICOTEAR (*chi*) v. intr. Lo mismo que CHICOTAR.

CHICUTA (*chi*) m. Lo mismo que CHICHUTA.

CHIFAROTE (*chifarò*) m. Chafarote.

CHIFRA (*chi*) f. Raedera.

CHIFRAÇO (*chifraso*) m. *Bras. merid.* Lo mismo que

CHIFRADA (*chi*) f. *Bras.* Cornada (golpe dado por un animal con la punta del cuerno).

CHIFRAR (*chi*) v. tr. Raer, raspar (el cuero). *Bras.* Acornear, acornar.

CHIFRE (*chi*) m. Cuerno.

CHIFRUDO, DA (*chi*) adj. *Bras.* Cornudo (que tiene cuernos).

CHILA (*chi*) f. *Bot.* Chilacayote, cidra cayote. — *caiota.* Chilacayote.

CHILENO, NA (*chi*) adj. y s. Chileno, chileño.

CHILIDO (*chi*) m. Chillido; pío.

CHILIQUE (*chi*) m. *pop.* Desmayo, privación de sentido.

CHILRADA (*chil*) f. Chirrido, chillido (de los pájaros).

CHILRÃO (*chilráum*) f. Red para pescar langostines.

CHILRAR (*chil*) v. intr. Chillar, chirriar (los pájaros). v. tr. Gorjear, gorgoritear.

CHILREADA (*chil*) f. Lo mismo que CHILRADA.

CHILREADOR, RA (*chil*) adj. y s. Chirriador, chillador. Hablador, parlanchín.

CHILREANTE (*chil*) adj. Que chilla, que chirría.

CHILREAR (*chil*) v. intr. Lo mismo que CHILRAR.

CHILREIO (*chil*) m. Acción de *Chilrear.* Chirrido, trinado.

CHILREIRO, RA (*chil*) adj. Lo mismo que CHILREADOR.

CHILRO (*chil*) m. Chirrido, trinado. adj. Chirle, insípido, insubstancial.

CHIM (*chin*) adj. y s. Chino.

CHIMANGO (*chi*) m. *Bras. merid. Zool.* Chimachima, chimango (especie de caracará o carancho).

CHIMARRÃO, ONA (*chimarráum*) adj. y s. *Bras. merid.* Cimarrón, montaraz (hablando del ganado). m. Mate amargo, cimarrón, mate cimarrón.

CHIMARREAR (*chi*) v. intr. *Bras. merid.* Cimarronear, tomar mate cimarrón.

CHIMARRONEAR (*chi*) v. intr. *Bras. merid.* Lo mismo que CHIMARREAR.

CHIMBÉ (*chimbè*) adj. *Bras. merid.* Chato, aplastado; repulgado (hablando de narices u hocicos).

CHIMBEAR (*chim*) v. intr. *Bras. merid.* Llevar vida de holgazán.

CHIMPANZÉ (*chimpanzè*) m. *Zool.* Chimpancé.

CHIMPAR (*chim*) v. tr. Aplicar, dar, pegar.

CHINA (*chi*) m. y f. Chino. China. *Bras. merid.* China, mestiza; india soltera. Morocha. China, ramera.

CHINARADA (*chi*) f. *Bras. merid.* Chinería, chinaje.

CHINAREDO (*chi*) m. *Bras. merid.* Chinaje, chinería.

CHINCAR (*chin*) v. tr. Probar; gozar. Atrapar.

CHINCHA (*chincha*) f. Chinchorro (red de pesca, a modo de jábega pequeña). Barco pesquero.

CHINCHAR (*chinchar*) v. tr. *Bras. merid.* Lo mismo que CINCHAR.

CHINCHARAVELHO (*chincharavelho*) m. Niño entremetido.

CHINCHILA (*chinchi*) f. *Zool.* Chinchilla. Piel de este roedor. fig. Hombre feo o ridículo.

CHINCHORRO (*chincho*) m. Chinchorro (red para pescar). adj. Roncero. Perezoso.

CHINEIRO, RA (*chi*) adj. y s. m. *Bras. merid.* Chinero. m. Chinaje, chinería.

CHINELA (*chinè*) f. Chinela.

CHINELADA (*chi*) f. Chinelazo.

CHINELEIRO (*chi*) m. Fabricante de chinelas.

CHINELO (*chinè*) m. Chinela. Ú. m. en pl. Zapato viejo, chanclo.

CHINÊS, ESA (*chinés, neza*) adj. y s. Chino, na. Chinesco. m. Chino (lengua).

CHINESICE (*chinezi*) f. Chinería (objeto pequeño venido de China o fabricado al gusto chino). Costumbres y modales chinescos.

CHINFRIM (*chinfrín*) m. *pop.* Bulla, barullo, alboroto. adj. Insignificante, insubstancial, chirle.

CHINFRINAR (*chi*) v. intr. Meter bulla, alborotar.

CHININHA (*chininña*) f. Lo mismo que CHINOCA.

CHINÓ (*chinò*) m. Peluca, cabellera postiza.

CHINOCA (*chinò*) f. *Bras. merid.* Hija de china o mestiza.

CHIO (*chío*) m. Chirrido. Chillido. Chirrío.

CHIPANZÉ (*chipanzè*) m. Lo mismo que CHIMPANZÉ.

CHIQUE (*chi*) adj. Gracioso, elegante, acicalado. m. Chic, gracia, elegancia. *Nem — nem mique.* fr. Nada.

CHIQUE-CHIQUE (*chique-chi*) m. *Bras.* Lo mismo que BICHO (— de-pé).

CHIQUEIRA (*chi*) f. *Bras.* Lo mismo que QUERO-QUERO.

CHIQUEIRO (*chi*) m. Zahurda, chiquero, pocilga. *Bras.* Chiquero, corral de terneros.

CHIQUISMO (*chi*) m. Calidad de chic.

CHIRINOLA (*chirinò*) f. *pop.* Embrollo, enredo, confusión. Trampa.

CHIRIPÁ (*chi*) m. *Bras. merid.* Chiripá (especie de chamal o guavaloca que los gauchos usaban de varios modos).

CHIRIPENTO (*chi*) m. *Bras. merid.* Chiripero.

CHIRU (*chi*) m. *Bras. merid.* Indio; mestizo.

CHISMA (*chis*) f. Lo mismo que CISMA.

CHISPA (*chis*) f. Chispa (partícula encendida que salta de la lumbre, o de otras cosas); centella. fig. Chispa, penetración, ingenio, agudeza.

CHISPADA (*chis*) f. *Bras.* Carreda, corrida.

CHISPANTE (*chis*) adj. Chispeante.

CHISPAR (*chis*) v. intr. Chispear (echar chispas). *Bras.* Correr, ir o venir muy rápidamente.

CHISPE (*chis*) m. Pezuña (del puerco).

CHISTE (*chis*) m. Chiste (burla, chanza, broma; agudeza, ocurrencia graciosa).

CHISTOSO, SA (*chistozo, òza*) adj. Chistoso (gracioso, que tiene chiste).

CHITA (*chi*) f. Percal.

CHITÃO (*chitáum*) m. Percal estampado.

CHITÃO! (*chitaum*) interj. ¡Chitón! ¡Chito! ¡Silencio!

CHITARIA (*chitaría*) f. Fábrica de percal.

CHITOM! (*chi*) interj. Lo mismo que CHITÃO!

CHOCA (*chò*) f. Cencerro zumbón. pl. Salpicaduras de barro, costras de barro en los vestidos.

CHOCA (*chò*) adj. Clueca (aplícase a la gallina y otras aves cuando manifiestan cloquera).

CHOÇA (*chòsa*) f. Choza, cabaña, rancho.

CHOCADEIRA (*chò*) f. Incubadora.

CHOCAGEM (*chocajem*) f. Incubación, acción de incubar o empollar.

CHOCALHADA (*chocalla*) f. Cencerrada. Sacudidura, sacudimiento, sacudión. Cencerreo.

CHOCALHADO, DA (*chocalla*) adj. Sacudido, agitado. P. p. de

CHOCALHAR (*chocallar*) v. tr. Sacudir, agitar. v. intr. Cencerrear. fig. Reír a carcajadas. fig. Chismear; revelar secretos; chinchorrear.

CHOCALHEIRO, RA (*chocallei*) adj. Que lleva cencerro; que hace ruido de cencerro. Que sacude o agita. m. fig. Chismero, chinchorrero, parlanchín, charlatán.

CHOCALHICE (*chocalli*) f. Habladuría. Chismería. Calidad de chismero.

CHOCALHO (*chocallo*) m. Cencerro. fig. Persona chismera o chinchorrera.

CHORINCO | 81

CHOCAR (*cho*) v. tr. Empollar, incubar (calentar el ave los huevos). fig. Empollar, meditar. fig. Planear. v. tr. Chocar (dar con violencia un cuerpo con otro). Ú. t. c. r. fig. Chocar (causar extrañeza o disgusto). v. intr. Enclocar, enclocarse; encobar. Podrirse.

CHOCARREAR (*cho*) v. intr. y tr. Chocarrear. Chocarrearse.

CHOCARREIRAMENTE (*cho*) adv. m. Con chocarrería.

CHOCARREIRO, RA (*cho*) adj. Chocarrero.

CHOCARRICE (*cho*) f. Chocarrería.

CHOCHICE (*chochi*) f. Calidad de

CHOCHO, CHA (*chocho*) adj. Vano, seco, vacío (hablando de algunos frutos). Huero (hablando de huevo). fig. Vano, vacío, insubstancial, hueco, huero. fig. Chirle, insípido. fig. Clueco, caduco, débil. m. pop. Lo mismo que BEIJOCA.

CHOCO, CHOCA (*choco, chòca*) adj. Clueco. Empollado. Huero (hablando de huevo). fig. Podrido, corrompido; estancado. m. Incubación.

CHOCOLATARIA (*chocolataría*) f. Chocolatería.

CHOCOLATE (*cho*) m. Chocolate (pasta y bebida).

CHOCOLATEIRA (*cho*) f. Chocolatera (vasija). *Bras. Germ.* Cabeza, frente, rostro.

CHOFRADA (*cho*) f. Golpe repentino.

CHOFRAR (*cho*) v. tr. Dar, golpear de repente. Herir de improviso. Tirar de súbito.

CHOFRE (*cho*) m. Choque, golpe repentino. Tacazo. *De —.* m. adv. De repente, de súbito, de improviso.

CHOLDRA (*chol*) f. pop. Cosa inútil, porquería. Pandilla.

CHOLDRABOLDRA (*chol*) f. pop. Confusión, alboroto.

CHOPE (*cho*) m. Chop. Cerveza de barril.

CHOQUE (*chò*) m. Choque (encuentro y golpe violento de dos cuerpos; fig. Disputa, riña, contienda, oposición, disgusto entre dos o más personas; combate, pelea). Sacudimiento, concusión. Conmoción.

CHOQUEIRO (*cho*) m. Sitio donde las gallinas empollan los huevos.

CHOQUENTO, TA (*cho*) adj. Lleno de salpicones de barro. Clueco. fig. Débil, enclenque, flaco.

CHORADAMENTE (*cho*) adv. m. Llorosamente.

CHORADEIRA (*cho*) f. Lloradera. Lloriqueo, gimoteo. Llorona, plañidera.

CHORADO, DA (*cho*) adj. Cantado o tocado en tono lastimero. *Trazer alguém de canto —.* fr. No dejar que uno tome huelgo; aperrearle; causarle gran molestia y trabajo. P. p. de *Chorar.* Llorado.

CHORADOR, RA (*cho*) adj. y s. Llorador.

CHORAMIGADOR (*cho*) m. Lloramicos, lloraduellos; llorón. Gimoteador.

CHORAMIGÃO (*choramigáum*) m. Lo mismo que CHORAMIGAS.

CHORAMIGAR (*cho*) v. intr. Lo mismo que CHORAMINGAR.

CHORAMIGAS (*cho*) m. Lloramicos, lorraduelos, llorón.

CHORAMIGUEIRO, RA (*cho*) adj. Que lloriquea.

CHORAMINGADOR (*cho*) m. Lo mismo que CHORAMIGADOR.

CHORAMINGAR (*cho*) v. intr. Lloriquear. Gimotear.

CHORAMINGAS (*cho*) m. Lo mismo que CHORAMIGAS.

CHORAMÍNGUAS (*cho*) m. Lo mismo que CHORAMIGAS.

CHORANTE (*cho*) adj. Que llora. Llorona, plañidera.

CHORÃO (*cho*) m. Llorón. *Bot.* Llorón, sauce llorón. adj. Llorón. Llorín.

CHORAR (*cho*) v. intr. y tr. Llorar.

CHORICAS (*cho*) m. Lo mismo que CHORAMIGAS.

CHORINA (*cho*) f. Peluca, cabellera postiza. m. Persona que trae peluca. fam. Avariento.

CHORINCAS (*cho*) m. Lo mismo que CHORAMIGAS.

CHORINCO (*cho*) m. Lloriqueo.

CHORINHA (choriña) m. Lo mismo que CHO-RAMIGAS.

CHORINHO (choriño) m. Bras. Género de música de movimiento muy vivo.

CHORINOLA (chorinò) f. Port. Egreímiento. Manía.

CHORO (cho) m. Lloro, llanto. Bras. pop. Baile. Lo mismo que CHORINHO.

CHORONA (cho) adj. y s. f. Lloradora, llorona.

CHOROSAMENTE (choròza) adv. m. Llorosamente.

CHOROSO, SA (chorozo, òza) adj. Lloroso. Lastimero.

CHORRAR (cho) v. intr. Lo mismo que JORRAR.

CHORREIRA (cho) f. Lo mismo que ENXURRADA.

CHORREIRO (cho) m. Bras. pop. Chorro, chorrillo (de asnerías o disparates).

CHORRILHAR (chorrillar) v. tr. despect. Decir a chorrillo (asnerías, necedades, errores, etc.).

CHORRILHO (chorrillo) m. Chorrillo.

CHORRISCAR (cho) v. tr. Abrasar, quemar, tostar.

CHORRO (cho) m. Lo mismo que JORRO.

CHORUDO, DA (cho) adj. Jugoso, suculento. fig. Jugoso, ventajoso.

CHORUME (cho) m. Grasa, manteca, unto. fig. Copia, abundancia.

CHOSTRA (chos) f. Suciedad en la ropa.

CHOUPA (chou) f. Bot. Árbol parecido al chopo o álamo negro. Zool. Chopa (pez).

CHOUPAL (chou) m. Chopal, chopera, chopalera.

CHOUPANA (chou) f. Choza.

CHOUPANEIRO (chou) m. El que vive en una *Choupana*.

CHOUPEIRO (chou) m. Matarife.

CHOUPELO (chou) m. Port. Chopo delgado y alto.

CHOUPO (chou) m. Bot. Chopo, álamo negro. Zool. Chopa (pez).

CHOURIÇA (chourisa) f. Lo mismo que CHOURIÇO.

CHOURIÇADA (chourisa) f. Cantidad grande de chorizos.

CHOURICEIRO (chou) m. Choricero (el que hace o vende chorizos).

CHOURIÇO (chouriso) m. Chorizo (pedazo de tripa lleno de carne picada). Rollo (para el pelo).

CHOUTADOR (chou) adj. Dícese del caballo que anda con trote menudo.

CHOUTÃO (choutáum) adj. Lo mismo que CHOUTADOR.

CHOUTAR (chou) v. intr. Lo mismo que

CHOUTEAR (chou) v. intr. Andar a trote menudo o gorrinero. fig. Caminar muy despacio.

CHOUTEIRO (chou) adj. Lo mismo que CHOUTADOR.

CHOUTO (chou) m. Trote menudo o gorrinero.

CHOVE-CHUVA (chòve-chu) m. Individuo que alardea importancia.

CHOVEDIÇO, ÇA (chovediso) adj. Llovedizo. Lluvioso.

CHOVEDIO, DA (chovedío) adj. Lo mismo que CHOVEDIÇO.

CHOVEDOIRO (cho) m. Lo mismo que

CHOVEDOURO (cho) m. Dirección de donde habitualmente viene la lluvia.

CHOVE-NÃO-MOLHA (chòve náum mòlla) m. Individuo indeciso, irresoluto. Indecisión.

CHOVE-PETAS (chòve-pé) m. Mentiroso, embustero.

CHOVER (cho) v. intr. Llover. fig. Llover, venir con abundancia. — a cântaros. fr. Llover mucho. — no molhado, fr. fig. Llover sobre mojado.

CHOVIDO, DA (cho) adj. P. p. de *Chover*. Llovido.

CHUÇA (chusa) f. Lo mismo que CHUÇO.

CHUÇADA (chusa) f. Chuzazo.

CHUÇAR (chusar) v. tr. Herir con el chuzo.

CHUCEIRO (chu) m. ant. Chucero (soldado armado de chuzo).

CHUCHA (chucha) f. Chupadura. Teta (en el lenguaje infantil). Muñeca (de trapo).

CHUCHADEIRA (chucha) f. Chupadura, chupada. Negocio de provecho.

CHUCHADO, DA (chucha) adj. Port. Chupado (muy flaco y extenuado).

CHUCHAR (chuchar) v. tr. Chupar. Llevar, recibir. vulg. Burlarse, chancear.

CHUCHO (chucho) m. Calofrío. Fiebre intermitente.

CHUCHURREADO, DA (chuchu) adj. Ruidoso y detenido (hablando de besos).

CHUCHURREAR (chuchu) v. intr. Beber a tragos (haciendo ruido). Beberrotear. v. tr. Chupar.

CHUÇO (chuso) m. Chuzo (arma).

CHUCRICE (chu) f. Lo mismo que

CHUCRISMO (chu) m. Bras. Grosería, rusticidad, mala crianza.

CHUCRO, CRA (chu) adj. Salvaje, bravío. Indomable. Huraño. Bravío, rústico. Grosero.

CHUCRUTE (chu) f. Col blanca fermentada.

CHUFA (chu) f. Burla, befa, escarnio. Zool. Chufa.

CHUFADOR, RA (chu) adj. y s. Que hace burla, befa o escarnio.

CHUFAR (chu) v. tr. Lo mismo que

CHUFEAR (chu) v. tr. Chufar (hacer burla o escarnio).

CHUFISTA (chu) adj. y m. com. Lo mismo que CHUFADOR.

CHULA (chu) f. Chula (baile parecido al fandango). Canción de negros o de gente baja.

CHULARIA (chularía) f. Lo mismo que CHULICE.

CHULATA (chu) f. Baile chulo.

CHULÉ (chulè) m. Lo mismo que XULÉ.

CHULEAR (chu) v. tr. Hilvanar.

CHULICE (chu) f. Chulada. Grosería.

CHULISMO (chu) m. Expresión vulgar.

CHULO, LA (chu) adj. Grosero, bajo, rústico, chulo.

CHUMAÇAR (chumasar) v. tr. Lo mismo que ENCHUMAÇAR.

CHUMACEIRA (chu) f. Chumacera.

CHUMACETE (chu) m. dim. de

CHUMAÇO (chumaso) m. Compresa. Almohadilla. Plumón.

CHUMBAÇÃO (chumbasáum) f. Acción y efecto de CHUMBAR.

CHUMBADA (chum) f. Plomada (conjunto de plomos que se ponen en la red para pescar). Perdigonada (tiro de perdigones; herida que produce). Carga de plomo o perdigones.

CHUMBADO, DA (chum) adj. Emplomado (cubierto o soldado con plomo). Cubierto o soldado con cualquier metal. Herido por bala o perdigón. pop. Borracho. pop. Enamorado.

CHUMBADOR, RA (chum) adj. Que emploma.

CHUMBAGEM (chumbajem) f. Emplomadura.

CHUMBAR (chum) v. tr. Emplomar (cubrir, asegurar o soldar una cosa con plomo). Poner plomada (hablando de redes o otras cosas). Tapar con plomo u otro metal. Plomar. Emplomar (poner sellos de plomo a los fardos, cajones, etc.). Herir con arma de fuego. fig. Asegurar, pegar, firmar. fig. No aprobar (en los exámenes).

CHUMBEIRA (chum) f. Red para pescar (con plomada); tarrafa.

CHUMBEIRO (chum) m. Plomero.

CHUMBISTA (chum) m. Borrachín.

CHUMBO (chum) m. Plomo (metal). Perdigones (granos de plomo que forman la munición de caza). Plomada (que se pone a las redes para pescar). Plomo, lo que pesa mucho. fig. Juicio, ingenio. — miúdo. Perdigones (para cazar).

CHUMELA (chumè) f. Port. Almohadilla.

CHUPACALDO (chu) m. Adulador.

CHUPADELA (chupadè) f. Chupada, chupadura.

CHUPADOR, RA (chu) adj. Chupadero, chupador.

CHUPA-JANTARES (chupa-jan) m. Lo mismo que PAPA-JANTARES.

CHUPAMENTO (chu) m. Chupadura.

CHUPANÇA (chupansa) f. Zool. Especie de chinche.

CHUPANTE (chu) adj. fam. Lo mismo que CHUPISTA.

CHUPÃO, ONA (chupáum) adj. Chupón, que chupa. m. Chupetón. Lo mismo que CHUPANÇA.

CHUPAR (chu) v. tr. Chupar. Absorber, empapar, embeber. fig. Chupar, tomar, beber hasta embriagarse. Chupar (ir consumiendo la hacienda ajena). pop. Atrapar, lograr, conseguir.

CHUPETA (chu) f. Pipeta. Especie de biberón. Pezón (del biberón). Tubo o cañón para sacar un líquido y probarlo. Chupador, chupete, tetina, tetilla.

CHUPIM (chu) m. Port. Lo mismo que TENTILHÃO. Bras. Especie de mirlo.

CHUPISTA (chu) m. Bebedor, borrachín. fam. Chupón.

CHUPITAR (chu) v. tr. Beberrotear.

CHUPO (chu) m. Chupada, chupadura. Beso detenido.

CHURDO, DA (chur) adj. Churro.

CHURRASCADA (chu) f. Reunión donde se come churrasco.

CHURRASQUEADA (chu) f. Bras. Acción de churrasquear (comer churrasco).

CHURRIÃO (churriáum) m. Coche sin muelles tirado por bueyes.

CHURRIO (churrío) m. Diarrea.

CHURUMELA (churumè) f. Burla, befa. Insulto, injuria.

CHUSMA (chus) f. Chusma (conjunto de gente baja o soez). Muchedumbre de gente). Tripulación.

CHUSMAR (chus) v. tr. Tripular.

CHUTA! (chu) interj. ¡Chito! ¡Silencio!

CHUTAR (chu) v. tr. e intr. Chutear (disparar la pelota con el pie en el juego del balompié).

CHUTE (chu) m. Golpe que se da a la pelota con el pie. Germ. Puntapié.

CHUTEIRA (chu) f. Bras. Zapato para jugar al fútbol.

CHUTO (chu) m. Lo mismo que CHUTE.

CHUVA (chu) f. Lluvia. fig. Lluvia, copia, muchedumbre. — de ouro. Lluvia de oro, cítiso.

CHUVACEIRO (chu) m. Chubasco.

CHUVADA (chu) f. Chaparrón, lluvia fuerte.

CHUVARADA (chu) f. Lo mismo que CHUVADA.

CHUVEDICE (chu) f. Port. Agua llovediza.

CHUVEIRÃO (chuveiráum) m. Chaparrón, aguacero.

CHUVEIRO (chu) m. Lluvacero. Chubasco, chaparrón. fig. Lluvia, granizada, rociada (gran cantidad de cosas que caen). Criba (de una regadera).

CHUVENISCAR (chu) v. intr. Port. Lo mismo que CHUVISCAR.

CHUVENISCO (chu) m. Port. Lo mismo que CHUVISCO.

CHUVILHO (chuvillo) m. Lo mismo que CHUVISCO.

CHUVINHA (chuviña) f. Llovizna, lluvia menuda.

CHUVINHAR (chuviñar) v. intr. Port. Lo mismo que CHUVISCAR.

CHUVISCAR (chu) v. intr. Lloviznar.

CHUVISCO (chu) m. Llovizna.

CHUVISQUEIRO (chu) m. Llovizna.

CHUVOSO, SA (chuvozo, òza) adj. Lluvioso.

CIANETO m. Quím. Cianuro.

CIANÍDRICO, CA adj. Quím. Cianhídrico.

CIANIDROSE (dròze) f. Patol. Cianhidrosis.

CIANITO m. Miner. Cianita.

CIANO m. Quím. Cianógeno.

CIANOCARPO, PA adj. Cianocárpeo.

CIANOGÊNIO (jé) m. Quím. Cianógeno.

CIANOPÁTICO, CA adj. Relativo a la cianopatía.

CIANOPOTÁSSICO, CA (si) adj. Cianopotásico.

CIANOSAR (zar) v. intr. Presentar cianosis.

CIANOSE (nòze) f. Pat. Cianosis.

CIANURIA (ría) f. Pat. Cianuria.

CIAR v. intr. Mar. Ciar, remar hacia atrás. v. intr. Tener celos de.

CIATO m. Arqueol. Ciato.

CIATÓIDE (tòi) adj. Ciatoideo.

CIAVOGA (vò) f. Mar. Ciaboga.

CIBALHO (llo) m. Cebo que buscan las aves de rapiña.

CIBÁRICO, CA adj. Cibal.

CIBARRADA f. Lo mismo que CIBALHO.

CIBAR-SE v. r. Alimentarse.

CIBATO m. Lo mismo que CIBALHO.

CIBO m. Cebo, alimento (principalmente de las aves).

CIBÓRIO (bò) m. Copón. Arqueol. Ciborio.

CICATE m. Lo mismo que ACICATE.

CICATRICIAL adj. Cicatrizal.

CICATRIZ f. Cicatriz.

CICATRIZAÇÃO (zasáum) f. Cicatrización.

CICATRIZAR (zar) v. tr. Cicatrizar. Ú. t. c. r.

CICATRIZÁVEL (zá) *adj.* Cicatrizable.

CÍCERO *m. Impr.* Cícero (lectura; unidad de medida).

CICERONE *m.* Cicerone, guía.

CICERÔNICO, CA (rô) *adj.* Ciceroniano.

CICIAMENTO *m.* Ceceamiento, ceceo. Lo mismo que CICIO.

CICIAR *v. intr.* Cecear. Hablar quedo; susurrar. *v. tr.* Pronunciar en voz baja.

CICIO (cicío) *m.* Susurro, silbo blando. Ceceo.

CICIOSO, SA (ozo, òza) *adj.* Ceceoso. *Ú. t. c. s.* Quedo, bajo, susurrante.

CICLAME *m. Bot.* Ciclamen, ciclamino.

CICLATÃO (táum) *m.* Ciclatón.

CICLICAMENTE *adv. m.* De modo cíclico.

CICLÍSTICO, CA *adj.* Relativo al ciclismo.

CICLIZAR (zar) *v. intr.* Andar en bicicleta o velocípede.

CICLO *m.* Ciclo (en todas las acepciones de esta voz).

CICLÓIDE (clòi) *m. Geom.* Cicloide. *adj.* Cicloidal, cicloideo.

CICLONE *m.* Ciclón.

CICLÔNICO, CA (cló) *adj.* Ciclonal.

CICLÔNIO (cló) *m.* Ciclón.

CICLOPAS (clò) *m. pl.* Lo mismo que

CICLOPES (clò) *m. pl.* Cíclopes.

CICLÓPICO, CA (clò) *adj.* Ciclópico, ciclópeo.

CICLOSE (clòze) *f.* Ciclosis.

CICLÓSTILO (clòs) *m.* Ciclostilo.

CICLÓSTOMAS (clòs) *m. pl. Zool.* Ciclóstomos.

CICNÓIDE (nòi) *adj.* Parecido al cisne.

CICUTA *f. Bot.* Cicuta. Jugo de la cicuta. *fig.* Veneno.

CICUTÁRIA *f. Bot.* Cicuta menor.

CIDADÃ (dán) *f.* Ciudadana.

CIDADANIA (nía) *f.* Ciudadanía.

CIDADÃO (dáum) *m.* Ciudadano.

CIDADE *f.* Ciudad.

CIDADELA (dè) *f.* Ciudadela.

CIDADELHA (lla) *f.* Ciudad pequeña. Ciudad sin importancia.

CIDADESCO, CA *adj.* Lo mismo que CITADINO.

CIDADOA *f. despect.* Ciudadana.

CIDE *m.* Cid.

CIDRA *f.* Cidra (fruto del cidro). Sidra. Vino de mandioca dulce.

CIDRADA *f.* Dulce de corteza de cidra.

CIDRAL *m.* Cidral (terreno poblado de cidros).

CIDRÃO (dráum) *m.* Variedad de cidra. Dulce de cidra. Citragón, toronjil.

CIDREIRA *f. Bot.* Cidro. *Erva —.* Toronjil.

CIDRÓ (drò) *m.* Nombre de dos arbustos usados en medicina (*Lippia citriodora, Lippia asperifolia*).

CIEIRO *m.* Grieta, hendidura (producida en la piel por el frío).

CIÊNCIA (cién) *f.* Ciencia.

CIENTE *adj.* Sabedor (instruído o noticioso de una cosa). Sabio, docto.

CIENTEMENTE *adv. m.* A sabiendas, de modo cierto, a ciencia segura.

CIENTIFICADOR, RA *adj.* Que instruye, que hace saber, que notifica o avisa.

CIENTIFICAR *v. tr.* Hacer saber, notificar, instruir, informar.

CIENTISTA *m.* Cientista. Sabio.

CIESE (cièze) *f.* Ciesis, embarazo, preñez.

CIFA *f.* Arena de platero.

CIFO *m.* Joroba.

CIFOSE (fòze) *f. Pat.* Cifosis.

CIFRA *f.* Cifra, número, guarismo. Cifra (escritura secreta). Clave. Cifra, monograma, enlace de iniciales.

CIGALHO (llo) *m.* Casi nada; una pizca.

CIGANA *f.* Gitana.

CIGANADA *f.* Lo mismo que CIGANARIA.

CIGANAGEM (jem) *f.* Gitanería (conjunto de gitanos). Ciganería, ciganada (dicho o hecho de gitano).

CIGANARIA (ría) *f.* Ciganería (conjunto de gitanos). Gitanería, gitanada. Bribonada; engaño.

CIGANEAR *v. intr.* Proceder como gitano. Gitanear.

CIGANEIRO, RA *adj.* Avariento, mezquino.

CIGANICE *f.* Gitanería (dicho o hecho propio de los gitanos). Ciganería (halago hecho con zalamería para lograr algo). Traficación; negocio fraudulento. Lo mismo que PEDINCHICE.

CIGANISMO *m.* Giro propio de gitano, gitanismo.

CIGANO *m.* Gitano. *adj.* Bellaco, embustero, astuto.

CIGARRA *f. Zool.* Cigarra. *Bras.* Especie de timbre.

CIGARRAR *v. intr.* Fumar cigarrillos.

CIGARRARIA (ría) *f.* Cigarrería, estanco.

CIGARREIRA *f.* Cigarrera (petaca). Cigarrera (mujer).

CIGARREIRO *m.* Cigarrero.

CIGARRILHA (lla) *f.* Cigarro pequeño. Especie de cigarrillo.

CIGARRO *m.* Cigarrillo.

CILADA *f.* Celada, emboscada.

CILADEAR *v. tr.* Preparar celadas o emboscadas; sorprender.

CILHA (lla) *f.* Cincha.

CILHADO, DA (lla) *adj.* Cinchado.

CILHÃO (lláum) *m.* Cincha grande. Cinchón. *adj. Bras.* Sillón, muy hundido de lomo.

CILHAR (llar) *v. tr.* Cinchar (asegurar con la cincha). Apretar, ceñir.

CILICIAR *v. intr.* Traer cilicio. *Ú. t. c. r.*

CILÍCIO *m.* Cilicio.

CILÍGERO, RA (je) *adj.* Cilífero, ciliado.

CILINDRAGEM (jem) *f.* Cilindrado (acción de cilindrar).

CILINDRAMENTO *m.* Lo mismo que CILINDRAGEM.

CILINDRAR *v. tr.* Cilindrar (comprimir algo con rodillo o cilindro).

CILINDRICIDADE *f.* Cilindricidad.

CILINDRIFORME (fòr) *adj.* Cilíndrico (de forma de cilindro).

CILINDRO *m. Mec. Geom.* Cilindro. *— de revolução.* Cilindro de revolución.

CILINDRÓIDE (dròi) *adj.* Cilindroideo.

CILINDROSE (dròze) *f.* Cilindrosis.

CÍLIO *m.* Cilio. Pestaña.

CILÍOLO *m. Bot.* Cilio pequeño.

CILOSE (lòze) *f.* Cilosis, cilosismo.

CIMA *f.* Cima, alto, cumbre. *Em —. m. adv.* Encima, sobre. *Por —. m. adv.* Por cima; por encima.

CIMALHA (lla) *f.* Cima, cumbre. *Arq.* Cimacio.

CIMARRA *f.* Sotaina.

CIMBALÁRIA *f. Bot.* Cimbalaria.

CÍMBALO *m. Mús.* Címbalo.

CIMBRE *m. Arq.* Cimbra.

CÍMBRIO *m.* Lo mismo que CIMBRE.

CIMEIRA *f.* Cimera (del morrión). Yelmo. Cumbre, cima.

CIMEIRO, RA *adj.* Cimero (que está en la parte superior y remata alguna cosa elevada).

CIMÊNIO (mé) *m. Quím.* Cimeno.

CIMENTAÇÃO (sáum) *f.* Cimentación.

CIMENTAR *v. tr.* Cimentar.

CIMENTO *m.* Cimiento. Cemento. Cimiento. *— armado.* Concreto. *— hidráulico.* Hormigón hidráulico.

CIMÉRIO, RIA (mè) *adj.* Infernal, lúgubre.

CIMO *m.* Cima, cumbre, alto.

CIMOL (mòl) *m. Quím.* Cimeno.

CIMÓLIA (mò) *f.* Cimolea.

CIMOLÍTIA *f. Miner.* Cimolita.

CINABRE *m.* Cinabrio.

CINA-CINA *f. Bot. Bras.* Cinacina.

CINAMO *m.* Lo mismo que

CINAMOMO *m. Bot.* Cinamomo. Alheña.

CÍNARA *f. Bot.* Cinara, alcachofa.

CINASCO *m. Port.* Estilla.

CINCA *f.* Cinca. *fig.* Falta, descuido, yerro.

CINCADA *f.* Falta, yerro, descuido.

CINCADILHA (lla) *f. dim.* de *Cincada.*

CINCAR *v. tr.* Errar, equivocarse. Hacer una cinca.

CINCEIRO *m. Port.* Niebla.

CINCERRO *m.* Cencerro.

CINCHA (cha) *f.* Cincha.

CINCHÃO (cháum) *m.* Lo mismo que CILHÃO.

CINCHAR (char) *v. tr.* Cinchar (asegurar con la cincha). Poner en el cincho (hablando de quesos).

CINCHO (cho) *m.* Quesera, cincho.

CINCHONA (cho) *f. Bot.* Cincona, chinchona.

CINCHONÁCEAS (cho) *f. pl. Bot.* Cinconeas, cinconáceas.

CINCHONINA (cho) *f. Quím.* Cinconina.

CINCHONINO (cho) *m.* Lo mismo que CINCHONINA.

CÍNCLISE (ze) *f.* Cinclisis.

CINCO *adj.* Cinco. Quinto. *m.* Cinco.

CINCO-EM-RAMA *f. Bot.* Cincoenrama.

CINCO-EM-RAMO *m.* Lo mismo que CINCO-EM-RAMA.

CINCOENTA *m.* Lo mismo que CINQÜENTA.

CINCOENTÃO (táum) *adj.* Lo mismo que CINQÜENTÃO.

CINCOENTENA *f.* Lo mismo que CINQÜENTENA.

CINCOENTENÁRIO *m.* Lo mismo que CINQÜENTENÁRIO.

CINCOENTONA *f.* Lo mismo que CINQÜENTONA.

CINCOESMA *f.* Lo mismo que CINQÜESMA.

CINDIR *v. tr.* Escindir.

CINE *m.* Cine, cinematógrafo.

CINEMA *m.* Cine, cinema, cinematógrafo. *— falado.* Cine sonoro.

CINEMATOGRAFAR *v. tr.* Cinematografiar.

CINEMEIRO, RA *adj. pop.* Que va a menudo al cine.

CINERAÇÃO (sáum) *f.* Cineración, incineración.

CINERAL *m.* Montón de cenizas.

CINERAR *v. tr.* Incinerar.

CINERÁRIO, RIA *adj.* Cinerario, cinéreo.

CINÉREO, EA (nè) *adj.* Lo mismo que

CINERÍCIO, IA *adj.* Cinéreo. Cinericio.

CINESIA (zía) *f.* Cinesia. Cinesis.

CINETOGÊNESE (jé) *f.* Cinetogénesis.

CINGALÊS, ESA (lés, leza) *adj. y s.* Cingalés.

CINGEL (jèi) *m.* Yunta de bueyes.

CINGIDOR, RA (ji) *adj.* Que ciñe.

CINGIDOURO (ji) *m.* Ceñidor.

CINGIR (jir) *v. tr.* Ceñir.

CINGULAR *v. tr.* Ceñir.

CINHO (cíño) *m.* Lo mismo que CINCHO.

CINOCARDAMO *m. Bot.* Martuerzo.

CINOCÉFALO (cè) *m. Zool.* Cinocéfalo. *m. pl. Zool.* Cinocefálidos.

CINOGLOSSA (glòsa) *f. Bot.* Cinoglosa.

CINOGRAFIA (fía) *f.* Cinografía.

CINOSURA (zu) *f.* Cinosura, Osa Menor.

CINQÜENTA *adj. y m.* Cincuenta.

CINQÜENTÃO (táum) *m. fam.* Cincuentón.

CINQÜENTENA *f.* Cincuentena.

CINQÜENTENÁRIO *m.* Celebración del quincuagésimo aniversario.

CINQÜENTONA *f. fam.* Cincuentona.

CINQÜESMA *f.* Cincuesma.

CINTA *f.* Cinto, cinturón. Pretina. *Arq.* Cinta. Banda. *Mar.* Cinta.

CINTADO, DA *adj. P. p.* de *Cintar.* Fajado. Cintado.

CINTAR *v. tr.* Fajar. Precintar. Cinchar (asegurar con cinchos). Ceñir.

CINTEIRO *m.* Pretinero. Cintillo (de los sombreros).

CINTEL (tèl) *m.* Cintrel.

CINTILA *f.* Centella.

CINTILAÇÃO (sáum) *f.* Centelleo.

CINTILANTE *adj.* Centelleante, centellante.

CINTILAR *v. intr.* Centellear, centellar.

CINTILHO (llo) *m.* Cintillo (joya). Cinturón pequeño.

CINTO *m.* Cinto, cinturón. Pretina.

CINTURA *f.* Cintura. Pretina.

CINTURÃO (ráum) *m.* Cinturón.

CINZA (za) *f.* Ceniza.

CINZADO, DA (za) *adj.* Cenizo.

CINZEIRO (zei) *m.* Cenicero (espacio del fogón para recoger la ceniza; sitio donde se echa la ceniza; platillo para la ceniza del cigarro).

CINZEL (zèl) *m.* Cincel.

CINZELADO, DA (ze) *adj.* Cincelado.

CINZELADOR (ze) *m.* Cincelador.

CINZELADURA (ze) *f.* Cinceladura. Cincelado.

CINZELAMENTO (ze) *m.* Cinceladura.

CINZELAR (ze) *v. tr.* Cincelar.

CINZENTO, TA (zen) *adj.* Ceniciento.

CIO (cío) *m.* Celo, brama.

CIOSAMENTE (òza) *adv. m.* Celosamente.

CIOSO, SA (ozo, òza) *adj.* Celoso. Envidioso. Puntilloso.

CIPO *m. Arq.* Cipo (trozo de columna; hito, mojón).

CIPÓ (pò) *m. Bot.* Bejuco, isipó, cipó. — *caboclo.* Bejuco de guaraná. — *de-cesto.* Bejuco juriso. — *de-leite.* Bejuco lechoso.

CIPOADA *f.* Golpe dado con un bejuco. Embrollo, enredo. Lo mismo que

CIPOAL *m.* Bejucal, bejuqueda.

CIPOAR *v. tr.* Bejuquear.

CIPOTUBA *m. Bras.* Lo mismo que CIPOAL.

CIPRÉIA *f. Zool.* Ciprea.

CIPRESTAL *m.* Cipresal.

CIPRESTE (près) *m. Bot.* Ciprés.

CIPRIOTA (ò) *adj. com.* Chipriota. Ú. t. c. s.

CIRANDA *f.* Zaranda, criba. Canción infantil, de rueda.

CIRANDAGEM (jem) *f.* Zarandeo.

CIRANDÃO (dáum) *m.* Zaranda grande.

CIRANDAR *v. tr.* Zarandar. *v. intr.* Bailar la *ciranda* (danza infantil). Zarandearse.

CIRANDINHA (diña) *f.* Baile infantil y respectiva canción.

CIRCASSIANO, NA (sia) *adj.* Circasiano. Ú. t. c. s.

CIRCEU, ÉIA (èia) *adj.* Falso, engañoso.

CIRCINAL *adj.* Circinado.

CIRCO *m.* Circo.

CIRCUIÇÃO (sáum) *f.* Circuición.

CIRCUITAR *v. tr.* Circuir.

CIRCUITO *m.* Circuito, bojeo, contorno. *Fís.* Circuito.

CIRCULAÇÃO (sáum) *f.* Circulación. — *do sangue.* Circulación de la sangre.

CIRCULAR *adj.* Circular. *f.* Circular.

CIRCULAR *v. tr.* Rodear, circuir. *v. intr.* Circular.

CIRCULATÓRIO, IA (tò) *adj.* Circulatorio.

CÍRCULO *m. Geom.* Círculo. *fig.* Círculo.

CIRCUM-ADJACENTE (ja) *adj.* Circunyacente.

CIRCUM-AMBIENTE *adj.* Circumambiente.

CIRCUNAVEGAÇÃO (sáum) *f.* Circunnavegación.

CIRCUNAVEGADOR *m.* Circunnavegador.

CIRCUNAVEGAR *v. tr. e intr.* Circunnavegar.

CIRCUNCIDADO, DA *adj.* Circunciso.

CIRCUNCISÃO (záum) *f.* Circuncisión.

CIRCUNDAMENTO *m.* Acción y efecto de circundar.

CIRCUNDUÇÃO (sáum) *f.* Circunducción.

CIRCUNDUTAR *v. tr.* Abrogar.

CIRCUNFERÊNCIA (rén) *f.* Circunferencia.

CIRFUNFLEXAMENTE (flè) *adv. m.* Con acento circunflejo.

CIRCUNFLEXÃO (xáum) *f.* Acción de encorvar en arco.

CIRCUNFLEXO, XA (flè) *adj. Anat.* Circunflejo. Encorvado en arco. *Gram.* Circunflejo (dícese del acento compuesto de agudo y grave, unidos por arriba).

CIRCUNFLUÊNCIA (én) *f.* Acción de

CIRCUNFLUIR *v. tr.* Correr en vuelta, circular (hablando de un líquido).

CIRCUNFUSA (za) *f.* Circunfusa.

CIRCUNJACENTE (ja) *adj.* Circunyacente.

CIRCUNJAZER (jazer) *v. intr.* Yacer alrededor.

CIRCUNLOCUÇÃO (sáum) *f.* Circunlocución.

CIRCUNLÓQUIO (lò) *m.* Circunloquio, rodeo de palabras.

CIRCUNRODAR *v. tr.* Rodear.

CIRCUNSCREVER *v. tr.* Circunscribir. Ú. t. c. r.

CIRCUNSCRIÇÃO (sáum) *f.* Circunscripción.

CIRCUNSCRITIVO, VA *adj.* Que circunscribe.

CIRCUNSCRITO, TA *adj.* Circunscripto, circunscrito.

CIRCUNSONAR *v. intr.* Sonar alrededor.

CIRCUNSPEÇÃO (sáum) *f.* Circunspección.

CIRCUNSPECIONAR *v. tr.* Mirar alrededor.

CIRCUNSPETAMENTE (pè) *adv. m.* Circunspectamente.

CIRCUNSPETO, TA (pè) *adj.* Circunspecto (cuerdo, sensato, juicioso, prudente; formal, serio, grave, respetable).

CIRCUNSTÂNCIA (tán) *f.* Circunstancia.

CIRCUNSTANCIAR *v. tr.* Circunstanciar.

CIRCUNSTANTE *adj.* Circunstante (que está alrededor; que concurre). Ú. t. c. s.

CIRCUNSTAR *v. tr. e intr.* Estar alrededor.

CIRCUNSTOSO, SA (ozo, òza) *adj. Port.* Difícil.

CIRCUNVAGAR *v. tr.* Andar en vuelta; hacer girar, mover en vuelta. *v. intr.* Divagar.

CIRCUNVALAÇÃO (sáum) *f.* Circunvalación.

CIRCUNVER *v. tr.* Ver alrededor.

CIRCUNVIZINHANÇA (ziñánsa) *f.* Cercanía. Alrededores, arrabal. Proximidad.

CIRCUNVIZINHAR (ziñar) *v. tr.* Estar cercano, próximo o circunvecino.

CIRCUNVIZINHO, NHA (ziño) *adj.* Circunvecino, cercano, próximo, contiguo.

CIRCUNVOAR *v. tr. e intr.* Volar alrededor.

CIRCUNVOLUÇÃO (sáum) *f.* Circunvolución.

CIRCUNVOLUIR *v. intr.* Girar, andar en vuelta, rodear.

CIRENEU *adj.* Cireneo. Ú. t. c. s.

CIRI *m. Zool. Bras.* Nombre de varias especies de crustáceos.

CÍRIA *f.* Fuerza muscular.

CIRIEIRO *m.* Fabricante o vendedor de cirios.

CIRIEMA *f. Zool. Bras.* Especie de ñandú pequeño.

CÍRIO *m.* Cirio.

CIRRÍPEDES *m. pl.* Cirrípedos, cirrópodos.

CIRRO *m. Bot.* Cirro. *Zool.* Cirro. *Med.* Cirro (tumor). *Meteor.* Cirros.

CIRROSE (rròze) *f. Pat.* Cirrosis.

CIRROSIDADE (zi) *f.* Cirro, tumor cirroso.

CIRTOSE (tòze) *f. Pat.* Cirtosis.

CIRURGIA (jia) *f.* Cirugía.

CIRURGIÃO (jiáum) *m.* Cirujano.

CIRÚRGICO, CA (ji) *adj.* Quirúrgico.

CIRZETA (ze) *f.* Cerceta.

CISA (za) *f.* Tributo sobre la transmisión de la propiedad. Sisa (parte que se defrauda o se hurta).

CISALHA (zalla) *f.* Cizalla. *pl.* Cizallas (residuos).

CISALPINO, NA (zal) *adj.* Cisalpino.

CISANDINO, NA (zan) *adj.* Cisandino.

CISAR (zar) *v. tr.* Tributar con *Cisa*. Sisar (cometer la defraudación o hurto llamado sisa).

CISATLÂNTICO, CA (zatlan) *adj.* Que está situado del lado acá del Atlántico.

CISBORDO (bòr) *m.* Estribor.

CISCALHADA (lla) *f.* Lo mismo que

CISCALHAGEM (llajem) *f.* Barreduras, basura; cisco.

CISCALHO (llo) *m.* Barredura. Porción de cisco.

CISCANTE *f. Germ.* Gallina.

CISCAR *v. tr.* Sacar cisco o leña menuda. Limpiar la tierra después de la quema. *v. intr.* Revolver la basura. *pop. v. r.* Picarse, huir. *pop. v. intr.* Bregar, luchar. Azuzar.

CISCO *m.* Cisco (carbón muy menudo). Basura. Barreduras.

CISCOSO, SA (ozo, òza) *adj.* Arisco.

CISIRÃO (ziráum) *m. Bot.* Arveja.

CISMA *f.* Devaneo. Ensimismamiento. Opinión errada. Suposición. Manía. Prevención, desconfianza. Recelo; capricho.

CISMA *f.* Cisma, escisión; discordia, disención, desavenencia.

CISMADO, DA *adj.* Desconfiado, prevenido.

CISMADOR, RA *adj.* Que medita.

CISMAR *v. tr.* Meditar, reflexionar, pensar mucho. *v. intr.* Preocuparse. Devanear. Ensimismarse. Desconfiar, barruntar.

CISMARENTO, TA *adj.* Meditador, meditabundo.

CISMATICAMENTE *adv. m.* Con meditación o devaneo. Con preocupación.

CISMÁTICO, CA *adj.* Cismático. Aprensivo, preocupado. Que devanea.

CISMATIVO, VA *adj.* Relativo a la meditación o al devaneo.

CISNE *m.* Cisne. *fig.* Cisne, poeta.

CISPLATINO, NA *adj.* Que está situado en la parte de acá del Río de la Plata.

CISQUEIRO *m. Bras.* Basurero (sitio donde se amontona la basura; el que lleva la basura al sitio destinado para echarla).

CISSÃO (sáum) *f.* Cisión, escisión. Cisión, cisura.

CISSIPARIÇÃO (siparisáum) *f.* Fisiparidad.

CISSIPARIDADE (si) *f.* Calidad de fisíparo.

CISSÍPARO, RA *adj.* Fisíparo.

CISSURA (su) *f.* Cisura, cisión.

CISTALGIA (jía) *f.* Cistalgia.

CÍSTEAS *f. pl. Bot.* Cistíneas.

CISTERNA (tèr) *f.* Cisterna.

CISTICERCOSE (còze) *f.* Cisticercosis.

CISTÍDIO *m. Bot.* Cistide.

CISTITE *f.* Cistitis.

CISTO *m. Med.* Quiste.

CISTOPLEGIA (jía) *f.* Cistoplejía.

CISTOPTOSE (tòze) *f.* Cistoptosis.

CITA *f.* Cita (designación de ley, autoridad, doctrina, etc. en apoyo de lo que se dice).

CITA *m.* Escita. *(fem. Citissa).* *pl.* Escitas.

CITAÇÃO (sáum) *f.* Citación. Lo mismo que CITA (primer. art.).

CITADINO, NA *adj.* Relativo o perteneciente a la ciudad, ciudadano, civil. *m.* Habitante de la ciudad, ciudadano.

CITAR *v. tr.* Citar.

CÍTARA *f. Mús.* Cítara. *fig.* Inspiración; la poesía.

CITAREDO *m.* Citarista, tocador de cítara.

CITARINHA (riña) *f.* Citarilla.

CITARIZAR (zar) *v. intr.* Tocar la cítara.

CITÁVEL *adj.* Citable.

CITISO (zo) *m. Bot.* Codeso, citiso.

CITODIAGNÓSTICO (nòs) *m.* Citodiagnosis.

CITOGÊNESE (jéneze) *f.* Citogenia.

CITOGENÉTICO, CA (nè) *adj.* Relativo a la citogenia.

CITOQUÍMICA *f.* Química celular.

CITOSAMENTE (tòza) *adv. m.* Lo mismo que CIENTEMENTE.

CITOSOMO (zo) *m.* Cuerpo de la célula.

CITRA *f. p. us.* Cítara.

CIUMADA *f.* Lo mismo que CIUMARIA.

CIUMAGEM (jem) *f.* Celosia, celotipia. Acción celosa. Celos muy grandes.

CIUMAR *v. intr.* Tener celos.

CIUMARIA (ría) *f.* Celos excesivos.

CIUMATA *f.* Lo mismo que CIUMARIA.

CIÚME (ciù) *m.* Celos. Envidia. Recelo.

CIUMEIRA *f. pop.* Celos excesivos.

CIUMENTO, TA *adj.* Celoso (que tiene celos). Ú. t. c. s. Envidioso. Ú. t. c. s.

CIUMOSO, SA (mozo, òza) *adj.* Lo mismo que CIUMENTO.

CÍVEL *adj. For.* Civil. *m. For.* Jurisdicción de los tribunales que juzgan causas civiles.

CIVELMENTE *adv. m. For.* Conforme a la jurisdición civil.

CÍVICO, CA *adj.* Cívico (ciudadano, patriótico).

CIVIL *adj.* Civil, ciudadano; sociable, urbano; que no es eclesiástico ni militar. *m. For.* Jurisdicción de los tribunales civiles.

CIVILIDADE *f.* Civilidad, urbanidad, sociabilidad, cortesía.

CIVILIZAÇÃO (zasáum) *f.* Civilización.

CIVILIZAR (zar) *v. tr.* Civilizar. Ú. t. c. r.

CIVILIZÁVEL (zá) *adj.* Civilizable.

CIVILMENTE *adv. m.* Civilmente (con civilidad; conforme al derecho civil).

CIZÂNIA (zánnia) *f. Bot.* Cizaña. *fig.* Cizaña, discordia, enemistad.

CIZELAR (ze) *v. tr.* Cincelar.

CIZIRÃO (ziráum) *m. Bot.* Arveja.

CLAMAR *v. intr.* Gritar. Clamar. Clamorear. *v. tr.* Implorar. Exigir, reclamar.

CLAMOR *m.* Clamor (grito o voz fuerte; voz fuerte). Voz pública.

CLANGOR *m.* Clangor (sonido de la trompeta o del clarín).

CLANGORAR *v. intr.* Lo mismo que

CLANGOREJAR (jar) *v. intr.* Soltar clangor, trompetear.

CLANGOROSAMENTE (ròza) *adv. m.* Con clangor.

CLANGOROSIDADE (zi) *f.* Calidad de

CLANGOROSO, SA (ozo, òza) *adj.* Estrídulo, estridente; donde hay clanglor.

CLAQUE *f.* Claque (de un teatro; conjunto de aduladores). Cabala.

CLAQUISTA *m.* El que hace parte de una claque.

CLARA *f.* Clara (del huevo). Esclerótica. Lo mismo que CLAREIRA.

CLARABÓIA (bòi) *f.* Claraboya; tragaluz.

CLARÃO (ráum) *m.* Claror, claridad, resplandor. Destello. Lo mismo que CLAREIRA. Clarón.

CLAREAÇÃO (sáum) *f.* Aclaramiento. Clareo. Blanqueamiento.

CLAREAR *v. tr.* Aclarar. Blanquear. *v. intr.* Aclararse. Clarear. Alumbrar. Clarecer, alborear.

CLAREIRA *f.* Claro (en un bosque). Claro (espacio vacío).

CLAREJAR (*jar*) *v. tr.* Aclarar. *v. intr.* Clarecer.

CLARESCURECER *v. intr.* Hacerse claroscuro.

CLARETE *adj.* Algo claro. Clarete. Ú. t. c. s.

CLAREZA (*za*) *f.* Claridad.

CLARIDADE *f.* Claridad (en todas las acepciones de esta voz).

CLARIFICAÇÃO (sáum) *f.* Clarificación. Blanqueo.

CLARIFICAR *v. tr.* Clarificar (limpiar de heces lo turbio o espeso). Blanquear.

CLARIM *m.* Clarín (instrumento músico; registro del órgano; el que toca el clarín).

CLARINA *f.* Especie de clarinete.

CLARINADA *f.* Sonido de la trompeta o clarín; clangor.

CLARINAR *v. intr.* Tocar el clarín. *fig.* Gritar.

CLARISSA (*sa*) *adj.* Clarisa. Ú. t. c. s.

CLARÍSSONO, NA (*so*) *adj.* Que tiene sonido claro.

CLARISTA *adj.* Lo mismo que CLARISSA. Ú. t. c. s.

CLARIVIDÊNCIA (dén) *f.* Clarividencia, vista clara, perspicacia, penetración; clarovidencia (*Amer.*).

CLARIVIDENTE *adj.* Clarividente; clarovidente (*Amer.*).

CLARO, RA *adj.* Claro (en todas las principales acepciones de esta voz). *m.* Claro. *adv.* Claro. *Às —as. m. adv.* A la clara, a las claras.

CLARO-ESCURAR *v. tr.* Poner claroscuro.

CLARO-ESCURISTA *m.* Pintor que se dedica al estudio del claroscuro.

CLARO-ESCURO *m.* Claroscuro.

CLASSAR (sar) *v. tr. Hist. Nat.* Clasificar.

CLASSE (se) *f.* Clase, orden, calidad. Clase (conjunto de estudiantes). *Hist. Nat.* Clase. —s *inativas.* Clases pasivas.

CLASSICAMENTE (si) *adv. m.* Clásicamente.

CLASSICISMO (si) *m.* Clasicismo.

CLÁSSICO, CA (si) *adj.* Clásico. Ú. t. c. s.

CLASSIFICAÇÃO (sificasáum) *f.* Clasificación.

CLASSIFICADOR, RA (si) *adj.* Clasificador. Ú. t. c. s.

CLASSIFICAR (si) *v. tr.* Clasificar. Ú. t. c. r.

CLASSIFICÁVEL (si) *adj.* Clasificable.

CLAUDICAÇÃO (sáum) *f.* Claudicación.

CLAUDICAR *v. intr.* Claudicar, cojear. *fig.* Claudicar, obrar torcidamente; faltarle a una cosa algún requisito.

CLÁUDIO *m.* Alfiler.

CLAUSTRA *f.* Claustro.

CLAUSTRAÇÃO (sáum) *f.* Clausura.

CLAUSTRALIDADE *f.* Claustralidad. Clausura (vida religiosa).

CLAUSTRO *m.* Claustro. Convento. *fig.* Claustro, estado monástico.

CLAUSTRÓFOBO (trò) *m.* El que sufre de claustrofobia.

CLÁUSULA (zu) *f. For. Gram. Ret.* Cláusula.

CLAUSULAR (zu) *v. tr.* Clausular. *adj.* Relativo a la cláusula.

CLAUSURA (zu) *f.* Clausura (vida religiosa). Claustro (estado monástico). Convento, claustro.

CLAUSURAR (zu) *v. tr.* Cerrar en claustro. Cerrar, encerrar (en cualquier recinto).

CLAVA *f.* Clava (arma).

CLAVARIA (ría) *f.* Clavería.

CLAVE *f. Mús.* Clave.

CLAVECINISTA *m.* Tocador de clavicímbalo.

CLAVECINO *m. ant.* Clavicímbalo.

CLAVEIRO *m.* Clavero.

CLAVELINA *f.* Clavellina (planta parecida al clavel común).

CLAVEZINGO (zin) *m. Mús. ant.* Clavicímbalo.

CLAVICÍTARA *f. Mús. ant.* Especie de clavicordio.

CLAVICÓRDIO (còr) *m. Mús.* Clavicordio.

CLAVÍCULA *f. Anat.* Clavícula.

CLAVIFORME (fòr) *adj.* De forma de clava.

CLAVÍGERO, RA (je) *adj. poét.* Armado de clava. *m. pl. Zool.* Clavígeros.

CLAVIJA (ja) *f.* Clavija.

CLAVILHA (lla) *f. dim.* de *Clave.*

CLAVINA *f.* Carabina.

CLAVINAÇÃO (so) *m.* Carabina grande.

CLAVINEIRO *m.* Carabinero.

CLAVINOTE (nò) *m.* Carabina pequeña.

CLAVINOTEIRO *m. Bras.* Bandido, salteador de caminos.

CLAVIÓRGÃO (òrgáum) *m. Mús.* Claviórgano.

CLAVO *m. Bras.* Perjuicio, pérdida; molestia, gravamen; clavo (*Amer.*).

CLÁVULA *f.* Clava pequeña.

CLEMATITE *f. Bot.* Clemátide.

CLEMÊNCIA (mén) *f.* Clemencia.

CLEMENCIAR *v. tr.* Tratar clementemente.

CLEMENTE *adj.* Clemente. Bondadoso. Templado.

CLEOPATRINO, NA *adj.* Relativo a Cleopatra.

CLEPSIDRA *f.* Clepsidra (reloj de agua).

CLEPSIDRO *m.* Lo mismo que CLEPSIDRA.

CLEPTOMANIA (nía) *f.* Cleptomanía.

CLEPTOMANÍACO, CA *adj.* Cleptómano, cleptomaníaco. Ú. t. c. s.

CLEREZIA (zía) *f.* Clerecía.

CLÉRIGO (clè) *m.* Clérigo.

CLERO (clè) *m.* Clero; clerecía.

CLICHÉ (ché) *m.* Clisé.

CLIDORREXIA (xía) *f.* Clidorresis.

CLIENTE *m.* Cliente. Parroquiano, cliente.

CLIENTELA (tè) *f.* Clientela (conjunto de clientes o parroquianos).

CLIMA *m.* Clima (conjunto de condiciones atmosféricas propias de una región o de un país). Clima, país, región. *fig.* Ambiente.

CLIMATIZAÇÃO (zasáum) *f.* Lo mismo que ACLIMAÇÃO.

CLIMATIZAR (zar) *v. tr.* Lo mismo que ACLIMAR.

CLÍMAX *m. Ret.* Clímax, gradación. Punto culminante.

CLINÂNTIO (nám) *m. Bot.* Clinanto.

CLÍNICA *f.* Clínica.

CLÍNICO, CA *adj.* Clínico. *m.* Médico.

CLISAR (zar) *v. tr. Germ.* Ver; mirar.

CLISTER (tèr) *m.* Ayuda, lavativa, clister.

CLISTERIZAÇÃO (zasáum) *f.* Operación de clisterizar.

CLISTERMENTE (tèr) *adv. m.* Por medio de clister o ayuda.

CLITÓRIDE (tò) *m. Anat.* Clítoris.

CLIVO *m.* Inclinación, cuesta, pendiente.

CLOACA *f.* Cloaca. *Zool.* Cloaca.

CLOACINO, NA *adj.* Cloacal.

CLORETO *m. Quím.* Cloruro.

CLORIDRATO *m. Quím.* Clorhidrato.

CLORÍDRICO, CA *adj. Quím.* Clorhídrico.

CLORITO *m. Miner.* Clorita. *Quím.* Clorito.

CLORITOSO, SA (tozo, òza) *adj. Quím.* Clorítico.

CLORIZAÇÃO (zasáum) *f.* Acción de

CLORIZAR (zar) *v. tr.* Transformar en cloro.

CLORO (clò) *m. Quím.* Cloro.

CLORÓCITO (rò) *m.* Clorocito.

CLOROFILADO, DA *adj.* Que tiene clorofila.

CLOROFILEANO, NA *adj.* Lo mismo que

CLOROFILINO, NA *adj.* Clorofílico.

CLOROFÓRMIO (fòr) *m. Quím.* Cloroformo.

CLOROFORMIZAÇÃO (zasáum) *f.* Cloroformización.

CLOROFORMIZAR (zar) *v. tr.* Cloroformizar; cloroformar (*Amer.*).

CLOROSE (ròze) *f.* Clorosis.

CLORURETO *m. Quím.* Cloruro.

CLUBE *m.* Club, junta, asamblea; sociedad de recreo, casino, círculo.

CLUBISTA *adj.* Perteneciente o relativo a un club. *m.* Clubista.

COABITAÇÃO (sáum) *f.* Cohabitación.

COAÇÃO (sáum) *f.* Coladura.

COACÇÃO (sáum) *f.* Coacción.

COACTAR *v. tr.* Coaccionar, coactar, forzar, coartar.

COACTO, TA *adj.* Constreñido, obligado, compelido, coactado, coartado.

COACTOR *m.* Coartador. Coactor.

COACUSADO (za) *m.* Coacusado.

COADA *f.* Colada, coladura.

COADEIRA *f.* Coladera; colador, cedazo.

COADJUTOR, RA (ju) *adj.* Coadyutor, coadjutor. Ú. t. c. s.

COADJUTORIA (jutoría) *f.* Coadjutoría.

COADJUVAÇÃO (juvasáum) *f.* Auxilio, ayuda, colaboración, acción de coadyuvar.

COADJUVADOR, RA (ju) *adj.* Lo mismo que

COADJUVANTE (ju) *adj.* Coadyuvante. Ú. t. c. s.

COADJUVAR (ju) *v. tr.* Coadyuvar.

COADMINISTRAÇÃO (sáum) *f.* Acción de

COADMINISTRAR *v. tr.* Administrar juntamente con otro.

COADO, DA *adj.* colado, da.

COADOIRO *m.* Lo mismo que COADOURO.

COADOR, RA *m.* Coladizo. *m.* Colador, coladero.

COADOURO *m.* Colador, coladero, cedazo.

COADQUIRENTE *adj.* Coadquiriente. coadquirente; coadquiridor, coadquisidor.

COADQUIRIÇÃO (sáum) *f.* Coadquisición.

COADUNAÇÃO (sáum) *f.* Coadunamiento, coadunación.

COADUNAR *v. tr.* Coadunar. Ú. t. c. r. Adaptar, cuadrar. Ú. t. c. r.

COADURA *f.* Coladura.

COAGENTE (jen) *adj.* Coartador, que coacta o coacciona.

COAGIR (jir) *v. tr.* Coactar, coartar, coaccionar, coercer.

COAGULAÇÃO (sáum) *f.* Coagulación.

COAGULÁVEL *adj.* Coagulable.

COÁGULO *m.* Coágulo (coagulación de la sangre; cuajarón).

COALESCER *v. tr.* Juntar, unir, soldar.

COALHADA (lla) *f.* Cuajada.

COALHADO, DA (lla) *adj.* Cuajado, coagulado. *fig.* Cubierto, lleno de

COALHADURA (lla) *f.* Coagulácion. Cuágulo. Cuajadura.

COALHA-LEITE (lla) *f. Bot.* Cuajaleche, amor de hortelano.

COALHAMENTO (lla) *m.* Cuajamiento, cuajadura.

COALHAR (lla) *v. tr.* Cuajar, coagular. Ú. t. c. intr. y r. Cubrir, llenar enteramente una superficie. Ú. t. c. r. v. intr. Amontonarse.

COALHEIRA (llei) *f.* Cuajo, cuajar (cuarta cavidad del estómago de los rumiantes). Cuajo (materia contenida en el estómago de los rumiantes).

COALHO (llo) *m.* Cuajarón, coágulo. Cuajo, cuajar.

COALIZAÇÃO (zasáum) *f.* Lo mismo que

COALIZÃO (záum) *f.* Coalición. Coalicionamiento.

COALIZAR-SE (zar) *v. r.* Coligarse, coalicionarse.

COAMATIM *m. Zool. Bras.* Camoatí.

COANGUSTAR *v. tr.* Restriñir, estrechar.

COAPÓSTOLO (pòs) *m.* Coapóstol.

COAPTAÇÃO (sáum) *f.* Coaptación.

COAQUISIÇÃO (zisáum) *f.* Coadquisición.

COAR *v. tr.* Colar, filtrar. Ú. t. c. r. *v. r.* Introducirse, colarse. Huir. Colar, pasar por un lugar o paraje estrecho.

COARCTAÇÃO (sáum) *f.* Coartación.

COARCTADA *f.* Coartada. Coartación.

COARCTADO, DA *adj.* Coartado.

COARCTADOR, RA *adj.* Coartador. Ú. t. c. s.

COARCTAR *v. tr.* Coartar, limitar, restringir, sujetar a condición.

COARCTO, TA *adj.* Lo mismo que COARCTADO.

COARRENDAMENTO *m.* Coarrendamiento.

COASSOCIAÇÃO (sociasáum) *f.* Coasociación.

COASSOCIADO, DA (so) *P. p.* de *Coassociar-se. m.* y *f.* Coasociado, asociado.

COASSOCIAR-SE (so) *v. r.* Coasociarse.

COAUTORIA (ría) *f.* Estado de coautor.

COAXAÇÃO (chasáum) *f.* Lo mismo que COAXO.

COAXADA (cha) *f.* Lo mismo que COAXO.

COAXANTE (chan) *adj.* Que croa.

COAXAR (char) *v. intr.* Croar. Gritar como la rana.

COAXO (cho) *m.* El canto de la rana. Acción de croar.

COBAIA *f.* Cobaya, conejillo de Indias.

COBAIO *m.* Cobayo, conejillo de Indias.

COBALTITO *m. Miner.* Cobaltina.

COBALTIZADO, DA (za) *adj.* De color del cobalto. *P. p.* de *Cobaltizar.*

COBALTIZAGEM *(zajem) f.* Cobaltaje.

COBALTIZAR *(zar) v. tr.* Dar color de cobalto a una cosa.

COBARDE *adj.* Cobarde, pusilánime, apocado, medroso. Ú. t. c. s.

COBARDEMENTE *adv. m.* Cobardemente.

COBARDIA *(dìa) f.* Cobardía.

COBARDICE *f.* Cobardía.

COBERTA *(bèr) f.* Cubierta (lo que está sobre una cosa para cubrirla. *Arq. Mar.* Cubierta.

COBERTAMENTE *(bèr) adv. m.* Cubiertamente, ocultamente, a escondidas. Encubiertamente.

COBERTEIRAS *f. pl. Cetr.* Coberteras.

COBERTO, TA *(bèr) adj. P. p. de Cobrir.* Cubierto.

COBERTOR *m.* Cobertor (cobertura de cama; manta; colcha).

COBERTURA *f.* Cubierta, cobertura. Techo. Techumbre. Tapa. Capa. Velo.

COBIÇA *(sa) f.* Codicia.

COBIÇANTE *(san) adj.* Codiciante.

COBIÇAR *(sar) v. tr.* Codiciar.

COBIÇÁVEL *(sá) adj.* Codiciable.

COBIÇOSAMENTE *(sòza) adv. m.* Codiciosamente.

COBIÇOSO, SA *(sozo, òza) adj.* Codicioso.

COBRA *(cò) f.* Culebra, víbora, serpiente. *fig.* Víbora.

COBRADOR *m.* Cobrador. Recaudador.

COBRADORIA *(ría) f.* Oficina de cobranza.

COBRANÇA *(sa) f.* Cobranza.

COBRÃO *(bráum) m.* Lo mismo que COBRELO.

COBRAR *v. tr.* Cobrar (en todas las principales acepciones de esta voz). Ú. t. c. r.

COBRÁVEL *adj.* Cobrable.

COBRE *(cò) m.* Cobre. *fam.* Plata, dinero.

COBREAR *v. tr.* Lo mismo que ACOBREAR.

COBREIRA *f. Germ.* Platal, gran cantidad de dinero.

COBREIRO *m.* Lo mismo que COBRELO.

COBREJÃO *(jáum) m.* Especie de manta.

COBRELO *(brè) m.* Culebrilla (especie de herpe).

COBRICAMA *f.* Cubrecama, colcha.

COBRIÇÃO *(sáum) f.* Cubrición.

COBRIMENTO *m.* Acción de cubir. Cubierta (cosa que cubre).

COBRINHA *(còbriña) f. dim. de Cobra.* Culebrilla. *Bot.* Culebrilla.

COBRIR *v. tr.* Cubrir (en todas las principales acepciones de esta voz). Ú. t. c. r.

COBRO *(có) m.* Término, fin. Lo mismo que COBRELO. *Pôr —. fr.* Reprimir, hacer cesar.

COCA *(cò) f. Bot.* Coca. *— do-Levante.* Coca de Levante. *Mar.* Coca (embarcación). Acción de acechar.

COCA *(có) f. Mar.* Coca (vuelta que forma un cable al desdoblarse). Bu (fantasma con que se asusta a los niños). Capucha.

COÇA *(còsa) f. fam.* Acción de rascarse. Tunda de palos.

COCADA *f.* Cocada (dulce de coco). *pop.* Calabazada, cabezada.

COÇADELA *(sadè) f.* Lo mismo que COÇADURA.

COÇADO, DA *(sa) adj.* Gastado, raspado; muy usado. *P. p. de Coçar.*

COÇADURA *(sa) f.* Rascadura (acción de rascarse).

COCAÍNA *f. Quím.* Cocaína.

COCAINIZAÇÃO *(zasáum) f.* Acción de

COCAINIZAR *(zar) v. tr.* Anestesiar con cocaína.

COCAL *m.* Cocotal. Gallina de Guinea.

COCANHA *(cánña) f.* Abundancia. *Mastro de —.* Cucaña.

COCAR *v. tr.* Acechar, espiar. *v. tr.* Lo mismo que ACALENTAR.

COCAR *m.* Cucarda, cocarda, escarapela. Penacho (adorno de plumas que sobresale en los cascos).

COÇAR *(sar) v. tr.* Rascar. Ú. t. c. r. *fam.* Sobar.

COCÇÃO *(sáum) f.* Cocción.

CÓCCIX *(còccis) m. Anat.* Cóccix.

CÓCEGAS *(cò) f. pl.* Cosquillas. *fig.* Desavenencia, resentimiento. *fig.* Deseo, tentación. *fig.* Impaciencia.

COCEGUENTO, TA *adj.* Cosquilloso.

COCEGUINHAS *(ñas) f. pl. dim. de Cócegas.* Cosquillejas.

COCEIRA *f.* Comezón, picazón; rascazón.

COCHA *(còcha) f. Mar.* Ramal (de un cable).

COCHADA *(cha) f.* Conjunto de personas que constituyen la carga de un coche; cochada *(Amer.).*

COCHADO, DA *(cha) adj. Mar.* Llegado al viento. *P. p. de Cochar.*

COCHAR *(char) v. tr. Mar.* Torcer (cables). Apretar.

COCHE *(cóche) m.* Coche.

COCHEIRA *(chei) f.* Cochera (lugar donde se encierran los coches). Cuadra, caballeriza.

COCHEIRAL *(chei) adj.* Cocheril.

COCHEIRO *(chei) m.* Cochero. *Astr.* Cochero.

COCHICHADOR *(chicha) m.* Cuchicheo.

COCHICHAMENTO *(chicha) m.* Cuchicheo.

COCHICHANTE *(chichan) adj.* Que cuchichea; cuchichero.

COCHICHAR *(chichar) v. intr. y tr.* Cuchichear; susurrar.

COCHICO *(chicho) m.* Cuchicheo.

COCHICHOLO *(chicho) m. fam.* Casucha, casilla. Habitación muy pequeña.

COCHILAR *(chi) v. intr.* Cabecear (dar cabezadas cuando uno está durmiéndose). Dormitar.

COCHILHA *(chilla) f.* Lo mismo que CUCHILHA.

COCHILHÃO *(chilláum) m.* Lo mismo que CUCHILHÃO.

COCHILO *(chi) m.* Cabezada (del que va durmiendo). Sueño ligero. Descuido, equivocación.

COCHINILHA *(chinilla) f. Zool.* Cochinilla.

COCHO *(cócho) m.* Artesa. Especie de pesebre (cajón).

COCHONILHA *(chonilla) f.* Lo mismo que COCHINILHA.

COCHONILHEIRA *(chonillei) f. Bot.* Nopal.

COCLEADO, DA *adj.* Coclear.

COCLEÁRIA *f. Bot.* Coclearia.

COCO *(có) m. Bot.* Coco, cocotero. Coco (fruto de esta palma). *fig. fam.* Cabeza, juicio. *Germ.* Plata. *fam.* Coco, bu.

CÓCORAS (DE) *(cò) m. adv.* En cuclillas, acurrucado.

COCORICAR *v. intr.* Cacarear (el gallo).

COCORICÓ *m.* Quiquiriquí (voz imitativa del canto del gallo).

COCOROCAR *v. intr.* Lo mismo que COCORICAR.

CÓCÓRÓCÓ *(ò) m.* Lo mismo que COCORICÓ.

COCORUTO *m.* Coronilla (la parte superior de la cabeza). Cumbre, vértice, sumidad, ápice. Joroba. Lo mismo que CALOMBO.

COCOTE *(cocò) f.* Cocota, ramera.

COCRE *(cò) m. fam.* Coscorrón.

COCULO *m.* Cogulo.

CODA *(cò) f. Mús.* Coda.

CODÃO *(dáum) m.* Carámbano. Helada.

CÓDEA *(có) f.* Corteza, cáscara. *Uma — de pão.* Mendrugo.

CODEÇAL *(sal) m.* Terreno poblado de codesos.

CODECEIRA *f.* Lo mismo que CODEÇAL.

CODEÇO *(so) m. Bot.* Codeso.

CODEVEDOR *m.* Codeudor.

CÓDEX *(cò) m.* Códice.

CÓDICE *(cò) m.* Códice.

CODICILAR *adj.* Codicilar. Parecido al codicilo.

CODIFICAÇÃO *(sáum) f.* Codificación.

CÓDIGO *(cò) m.* Código.

CODILHAR *(llar) v. tr.* Ganar el codillo (en el juego del tresillo). Lograr.

CODILHEIRA *(llei) f. Vet.* Codillera.

CODILHO *(llo) m.* Codillo (coyuntura del brazo de los cuadrúpedos; lance del juego del tresillo).

CO-DIRETOR *m.* Codirector.

CODORNA *(dòr) f. Zool. Bras.* Codorniz.

CODORNIZÃO *(záum) m. Zool.* Rey de codornices.

CODORNO *(dòr) m.* Siesta. Cabezada (del que va durmiendo). Sueño ligero.

CO-EDUCAÇÃO *(sáum) f.* Coeducación.

COEFICIÊNCIA *(én) f.* Coeficiencia. Coeficacia.

COEFICIENTE *adj.* Coeficiente. *m. Alg.* Coeficiente.

CO-ELEITOR *m.* Coelector.

COELHA *(lla) f.* Coneja (hembra del conejo).

COELHAL *(llal) adj.* Conejuno.

COELHEIRA *(llei) f.* Conejera. Conejar.

COELHEIRA *(llei) f.* Cuellera.

COELHEIRO, RA *(llei) adj.* Conejero (que caza conejos).

COELHO *(llo) m.* Conejo.

COENTRILHO *(llo) m. Bot.* Árbol rutáceo del Brasil *(Xantoxylum hiemale).*

COENTRO *m.* Culantro, cilantro.

COEQUAÇÃO *(cuasáum) f.* Coecuación.

COERÇÃO *(sáum) f.* Coerción.

COERCIBILIDADE *f.* Coercibilidad.

COERCÍVEL *adj.* Coercible.

COERCIVO, VA *adj.* Coercitivo.

COERÊNCIA *(rén) f.* Coherencia.

COERENTE *adj.* Coherente.

COERENTEMENTE *adv. m.* Coherentemente.

COERIDO, DA *adj.* Ligado, unido. *P. p. de Coerir v. tr.* Juntar, unir.

COESÃO *(záum) f.* Cohesión.

COESIVO, VA *(zi) adj.* Cohesivo.

COESSÊNCIA *(sén) f.* Estado de coesencial.

COESSENCIAL *(sen) adj.* Coesencial.

COETÂNEO, EA *(tán) adj.* Coetáneo.

COETERNIDADE *f.* Coeternidad.

COETERNO, NA *(tèr) adj.* Coeterno.

COEVIDADE *f.* Calidad de

COEVO, VA *adj.* Coetáneo; coevo.

COEXISTÊNCIA *(zistén) f.* Coexistencia.

COEXISTENTE *(zis) adj.* Coexistente.

COEXISTIR *(zis) v. intr.* Coexistir. Ú. t. c. tr.

COEXTENSIVO, VA *(coes) adj.* Coextenso.

COFA *f.* Lo mismo que COFO.

COFIAR *v. tr.* Alisar, atusar (la barba o el bigote).

COFO *m.* Nasa.

COFRE *(cò) m.* Caja de caudales. Cofre, arca. *—s do Estado.* El Tesouro Público.

COGIAR *(jiar) v. tr. Port.* Acechar, espiar.

COGITAÇÃO *(jitasáum) f.* Meditación, reflexión, pensamiento.

COGITANTE *(ji) adj.* Cogitativo.

COGITAR *(ji) v. tr.* Reflexionar, pensar, meditar, imaginar.

COGNAÇÃO *(sáum) f.* Cognación.

COGNATO *m.* Cognado.

COGNIÇÃO *(sáum) f.* Cognición.

COGNOME *m.* Sobrenombre, apellido. Apodo, apellido.

COGNOMENTO *m.* Lo mismo que COGNOME.

COGNOMINAÇÃO *(sáum) f.* Cognominación.

COGNOSCIBILIDADE *f.* Cognoscibilidad.

COGNOSCÍVEL *adj.* Cognoscible.

COGOMBRO *m.* Cohombro.

COGOTE *(gò) m. fam.* Cogote (parte superior y posterior del cuello).

COGULA *f.* Cogulla.

COGULO *m.* Colmo.

COGUMELO *(mè) m.* Hongo.

CO-HERDAR *(coer) v. tr.* Coheredar.

CO-HERDEIRO *(coer) m.* Coheredero.

COIBIÇÃO *(sáum) f.* Cohibición.

COIBIR *v. tr.* Cohibir.

COIÇÃO *(sáum) m.* Lo mismo que COICEIRA.

COICE *m.* Coz (sacudida con una o las dos patas da una bestia; patada; retroceso del arma de fuego; *fig.* palabra injuriosa o grosera). Punta, extremidad. Final, último lugar. Calcañar. Parte posterior de una cosa. Umbral.

COICEAR *v. tr. e intr.* Cocear.

COICEIRA *f.* Umbral. Quicio, gozne.

COICEIRO, RA *adj.* Coceador.

COIÇOEIRA *(soei) f.* Lo mismo que COICEIRA.

COIFA *f.* Cofia.

COIFAR *v. tr.* Poner la cofia.

COIMA *f.* Coima (derecho que cobra el gariteiro o dueño de una casa de juego). Multa.

COIMAR *y. tr.* Lo mismo que ACOIMAR.

COIMBRÃO, BRÃ *(bráum, brán) adj.* Conimbricense. Ú. t. c. s.

COIMBRÊS, SA *(brés, breza) adj.* Lo mismo que COIMBRÃO.

COIMEIRO *m.* Coime, coimero.

COINCHAR *(char) v. intr.* Gruñir.

COINCHO *(cho) m.* Gruñido.

COINCIDÊNCIA *(dén) f.* Coincidencia.

COINCIDENTE *adj.* Coincidente.

COINCIDIR *v. intr.* Coincidir.
COINCIDÍVEL *adj.* Que puede coincidir.
CO-INDICAÇÃO (sáum) *f.* Coindicación.
CO-INDICAR *v. tr.* Coindicar.
CO-INTERESSADO, DA (sa) *adj.* Cointeresado. Ú. t. c. s.
COIÓ (ió) *m. Germ.* Tonto, bobo.
COIOÍCE *f. Germ.* Tontería, tontada.
COIRAÇA (sa) *f.* Lo mismo que COURAÇA.
COIRAÇADO, DA (sa) *adj.* Lo mismo que COURAÇADO.
COIRAÇAR (sar) *v. tr.* Lo mismo que COURAÇAR.
COIRACEIRO *m.* Lo mismo que COURACEIRO.
COIRADA *f.* Lo mismo que COURADA.
COIRAMA *f.* Lo mismo que COURAMA.
COIRATO *m.* Lo mismo que COURATO.
COIREAR *v. tr.* Lo mismo que COUREAR.
COIREIRO *m.* Lo mismo que COUREIRO.
COIRELA (rè) Lo mismo que COURELA.
COIRELEIRO *m.* Lo mismo que COURELEIRO.
COIRMÃO, MÃ (máum, mán) *adj.* Dícese de los primos hermanos.
COIRO *m.* Lo mismo que COURO.
COISA (za) *f.* Cosa. — *de arromba.* Cosa espantosa. Cosa notable. — *de ouro.* Cosa de entidad. — *de respeito.* Cosa de consideración. — *de vulto.* Cosa importante. — *feita.* Brujería, hechizo. — *nenhuma.* Nada, cosa (en oraciones negativas). — *ruim.* Cosa mala. *pl.* Cosa, bien. — *s do arco da velha.* Cosas increíbles, cuentos. *Acima de todas as* —*s.* Ante todas cosas. — *com* —. *loc.* Cosa con cosa (desarreglo, falta de orden, incoherencia). — *julgada.* Cosa juzgada. *Não ser — do outro mundo. fr. fig.* No ser cosa del otro jueves. — *de água morna.* Brava cosa. — *de pouca monta.* Cosa de poca entidad.
COISADA (za) *f. Port.* Cosa que no se quiere nombrar. Multitud de cosas desordenadas.
COISAR (zar) *v. tr. Germ.* Imaginar. Ú. t. c. intr.
COISEIRO (zei) *m.* Libro de apuntes.
COISINHA (ziña) *f. dim.* de *Cousa.* Cosita. Cosa de poca entidad.
COISÍSSIMA NENHUMA (coizísima neñuma) *f.* Nada, absolutamente nada.
COISITA (zi) *f.* Cosita; cosa pequeña. Cosa de poca entidad.
COITA *f. ant.* Cuita, aflicción, trabajo, pena; dolor.
COITADA *f.* Lo mismo que COUTADA.
COITADINHO, NHA (ña) *adj.* Cuitado, pobrecito, cuitadillo.
COITADITO, TA *adj.* Lo mismo que COITADINHO.
COITADO, DA *adj.* Cuitado, afligido, apenado, infortunado; apocado, pusilánime.
COITAR *v. tr. ant.* Cuitar, acuitar.
COITAR *v. tr.* Lo mismo que COUTAR.
COITARIA (ría) *f.* Lo mismo que COUTARIA.
COITEIRO *m.* Lo mismo que COUTEIRO.
COITO *m.* Lo mismo que COUTO.
COITO (cói) *m.* Coito.
COIVARA *f.* Hoguera.
COIXÃO (cháum) *m.* Lo mismo que COXÃO.
COLA (cò) *f.* Cola (pasta para pegar). — *de peixe.* Cola de pescado. — *forte.* Cola fuerte.
COLA (cò) *f. Bras.* Plagio. Copia (en los exámenes).
COLA (cò) *f.* Cola (de los animales). — *de-cavalo. Bot.* Cola de caballo.
COLABORAÇÃO (sáum) *f.* Colaboración.
COLABORAR *v. tr.* Colaborar.
COLAÇÃO (sáum) *f.* Colación.
COLACIA (cía) *f.* Relación entre hermanos de leche. *fig.* Intimidad.
COLAÇO, ÇA (so) *adj.* Dícese de los hermanos de leche. Ú. t. c. s.
COLADA *f.* Collado.
COLADOR, RA *adj.* Que pega o cola. *m. Bras.* Estudiante que copia en los exámenes.
COLAFIZAR (zar) *v. tr. p. us.* Abofetear.
COLAGEM (jem) *f.* Pegadura.
COLANÇA (sa) *f.* Copia; soplo (en los exámenes).
COLAPOLEIRO *m.* Vendedor de cola para pegar.
COLAPSO *m.* Colapso.
COLAR *m.* Collar (adorno). Cuello. *Germ.* Corbata.

COLAR *v. tr.* Pegar, conglutinar. Ú. t. c. r. Clarificar, depurar (los vinos). *v. r.* Adaptarse, moldarse.
COLAR *v. tr.* Colar (conferir un beneficio eclesiástico o un grado universitario).
COLARINHO (ño) *m.* Cuello (de camisa). *Arq.* Collarino.
COLATERALIDADE *f.* Calidad de colateral.
COLCHA (cha) *f.* Colcha.
COLCHÃO (cháum) *m.* Colchão. — *de molas.* Colchón de muelles.
COLCHEIA (cheia) *f. Mús.* Corchea.
COLCHEIRO (chei) *m.* Colchero.
COLCHETE (che) *m.* Corchete.
COLCHOAR (choar) *v. tr.* Lo mismo que ACOLCHOAR.
COLCHOARIA (choaría) *f.* Colchonería.
COLCHOEIRO (choei) *m.* Colchonero.
COLDRE (còl) *m.* Pistolera.
COLEAÇÃO (sáum) *f.* Lo mismo que
COLEADA *f.* Culebreo.
COLEAR *v. intr.* Culebrear.
COLEÇÃO (sáum) *f.* Colección.
COLECIONAÇÃO (sáum) *f.* Acción de coleccionar.
COLECIONADOR *m.* Coleccionador.
COLECIONAR *v. tr.* Coleccionar.
COLECIONISTA *m.* Coleccionista.
COLECISTITE (cò) *f. Pat.* Colecistitis.
COLEGA (lè) *m.* Colega.
COLEGIADA (jia) *f.* Colegiata. Alumnado.
COLEGIAL (jial) *adj.* Colegial Ú. t. c. com.
COLÉGIO (lèjio) *m.* Colegio (en todas las acepciones de esta voz).
COLEGUISMO *m.* Procedimiento propio de colegas. Camaradería, compañerismo.
COLEIO (lèio) *m.* Culebreo.
COLEIRA *f.* Collera. Collar (de animal). Carcán.
COLEIRADO, DA *adj.* Que trae collar (hablando de animales). Acollarado.
COLEIRO *m.* Ave del Brasil.
COLENDO, DA *adj.* Respectable.
COLEPOESE (poèze) *f.* Colepoyesis.
CÓLERA (cò) *f.* Ira, enfado, cólera. Cólera, cóleramorbo.
COLÉRICO, CA (lè) *adj.* Irritable, irascible, colérico. Irritado, encolerizado. Colérico (enfermo de cóleramorbo). Ú. t. c. s.
COLESTEROL (ròl) *m. Quím.* Colesterina.
COLETA (lè) *f.* Colecta. Coleta.
COLETÂNEA (tá) *f.* Colección.
COLETÂNEO, EA (tá) *adj.* Colegido, recogido, reunido.
COLETAR *v. tr.* Colectar, recaudar, cobrar. Tributar.
COLETÁVEL *adj.* Que puede ser colectado o tributado.
COLETE (lé) *m.* Chaleco.
COLETEIRO *m.* Chalequero.
COLETIVAMENTE *adv. m.* Colectivamente.
COLETIVIDADE *f.* Colectividad.
COLETIVISMO *m.* Colectivismo.
COLETIVISTA *m.* Colectivista.
COLETIVO, VA *adj.* Colectivo.
COLETO, TA (lè) *adj.* Colegido, escogido.
COLETOR, RA *adj.* Colccionador. *m.* Colector.
COLETORIA (ría) *f.* Colecturía.
COLGAR *v. tr.* Colgar (adornar con colgaduras).
COLHEDEIRA (lle) *f.* Espátula (de pintor).
COLHEDOR, RA (lle) *adj.* Cogedor.
COLHEIRA (llei) *f.* Collera.
COLHEIREIRO (llei) *m.* Cucharero, cucharetero. *m. Zool.* Espátula (ave).
COLHEITA (llei) *f.* Cosecha. Recolección.
COLHEITEIRO *m.* Cosechero.
COLHENÇA (llensa) *f. ant.* Cosecha.
COLHER (llèr) *f.* Cuchara.
COLHER (llér) *v. tr.* Cosechar, coger, recolectar. Coger, agarrar, asir, tomar. Coger, descubrir, penetrar, sorprender. Obtener.
COLHERA (llè) *f. Bras.* Collar de cuero para acollarar un animal con otro; collera (*Amer.*).
COLHERADA (lle) *f.* Curcharada.
COLHEREIRA (lle) *f. Zool.* Espátula (ave).
COLHEREIRO (lle) *m.* Cucharero. *Bras. Zool.* Especie de espátula (ave).
COLHERINHA (llèriña) *f. dim.* de *Colher.* Cucharita. Cucharadita.

COLHERSINHA (llèrziña) *f.* Lo mismo que COLHERINHA.
COLHIDA (lli) *f. Taur.* Cogida.
COLHIMENTO (lli) *m.* Cogimiento.
COLIBRI *m. Zool.* Pájaro mosca, colibrí.
COLÍBRIO *m.* Lo mismo que COLIBRI.
CÓLICA (cò) *f.* Cólico. *pl. fam.* Miedo, recelos.
COLIDIR *v. intr.* Ludir una cosa con otra.
COLIGAÇÃO (sáum) *f.* Coligación.
COLIGAR-SE *v. r.* Coligarse. Ú. t. c. tr.
COLIGIDO, DA (ji) *adj.* P. p. de
COLIGIR (jir) *v. tr.* Colegir.
COLIMAÇÃO (sáum) *f.* Colimación.
COLIMAR *v. tr. Astr.* Enfilar un astro o el borde del sol con uno de los hilos del retículo de un anteojo. *fig.* Mirar a.
COLIMITAR *v. tr.* Poner un límite común.
COLINA *f.* Colina (proeminencia del terreno).
COLINOSO, SA (nozo, òza) *adj.* Lleno de colinas.
COLIQUAÇÃO (cuasáum) *f.* Colicuación.
COLIQUANTE (cuan) *adj.* Colicuante.
COLIQUAR (cuar) *v. tr.* Colicuar.
COLIQUATIVO, VA (cua) *adj.* Colicuativo.
COLÍRIO *m. Farm.* Colirio.
COLISÃO (záum) *f.* Colisión.
COLISEU (zeu) *m.* Coliseo.
COLISIVO, VA (zi) *adj.* Contrario.
COLITE *f.* Colitis.
COLITIGAR *v. tr.* Litigar con otro u otros.
COLMAÇAR (sar) *v. tr.* Cubrir con rastrojo.
COLMAÇO, ÇA (so) *adj.* Cubierto con rastrojo.
COLMADO, DA *adj.* Lo mismo que COLMAÇO. *m.* Choza.
COLMAGEM (jem) *f.* Acción de cubrir con rastrojo.
COLMAR *v. tr.* Colmar, completar. Cubrir con rastrojo.
COLMATAGEM (jem) *f.* Colmataje.
COLMEAL *m.* Colmenar.
COLMEEIRO *m.* Colmenero.
COLMEIA *f.* Colmena.
COLMEIFORME (fòr) *adj.* De forma de colmena.
COLMILHO *m.* Colmillo.
COLMILHOSO, SA (llozo, òza) *adj.* Lo mismo que COLMILHUDO.
COLMILHUDO, DA (llu) *adj.* Colmilludo (que tiene grandes colmillos).
COLMO (cól) *m.* Rastrojo. Choza cubierta de rastrojo.
COLO (cò) *m. Anat.* Cuello. Cuello (la parte más estrecha y delgada del cuerpo). Desfiladero, garganta, paso estrecho. Lo mismo que REGAÇO. Cuello (de una vasija).
COLÓ (cò) *m.* Colon.
COLOCAÇÃO (sáum) *f.* Colocación (acción de colocar; situación; empleo).
COLOCAR *v. tr.* Colocar (poner, situar; acomodar a alguien). Ú. t. c. r.
COLÓDIO (lò) *m. Quím.* Colodión.
COLOFÃO (fáum) *m.* Lo mismo que COLOFONE.
COLOFÊNIO (fé) *m. Quím.* Colofeno.
COLOFONE *m.* Colofón.
COLÓIDE (lòi) *adj.* Coloide. Ú. t. c. s.
COLOMBIANO, NA *adj.* Colombiano. Ú. t. c. s. Colombino.
COLOMI *m. Bras.* Muchacho.
COLOMIM *m. Bras.* Lo mismo que COLOMI.
CÓLON (cò) *m. Anat.* Colon.
COLÔNIA (ló) *f.* Colonia. *Água de* —. Agua de Colonia.
COLONIALISMO *m.* Coloniaje.
COLÔNICO, CA (ló) *adj.* Colonial.
COLONIZAÇÃO (zasáum) *f.* Colonización.
COLONIZAR (zar) *v. tr.* Colonizar.
COLONIZÁVEL (zá) *adj.* Colonizable.
COLONO *m.* Colono.
COLOR *m.* Adorno.
COLORAÇÃO (sáum) *f.* Coloración.
COLORAR *v. tr.* Colorar. *ant.* Colorear.
COLORAU *m.* Pimiento molido.
COLORIDO, DA *adj.* Colorado (que tiene color); colorido. *m.* Colorido. *fig.* Colorido, color, pretexto.
COLORIR *v. tr.* Colorir. Colorar. Colorear.

COLORISMO _m. Pint._ Escuela de colorista.
COLORIZAÇÃO (zasáum) _f._ Coloración.
COLORIZAR _(_zar) _v. tr. p. us._ Lo mismo que CO-LORIR.
COLOSSAL (sal) _adj._ Colosal.
COLOSSALIDADE (sa) _f._ Calidad de colosal.
COLOSSO (so)_ m._ Coloso.
COLOSTRAÇÃO (sáum) _f._ Colostración.
COLOSTRO _m._ Colostro.
COLPORTAGEM (_j_em) _f._ Trabajo del que vende libros religiosos.
COLUBREAR _v. intr._ Culebrear.
COLUBREJAR (_j_ar) _v. intr. ant._ Culebrear.
COLUBRINA _f._ Culebrina (antigua pieza de artillería). Culebrilla, dragontea.
COLUBRINEIRO _m._ Culebrinero.
COLUBRINO, NA _adj._ Culebrino.
COLUMBA _f._ Paloma.
COLUMBÁRIO _m._ Palomar. _Arq._ Columbario.
COLUMBOFILIA (lía) _f._ Colombofilia, columbofilia.
COLUMELA (mè) _f. Arq._ Columnita. Eje vertical de dos frutos.
COLUNA _f._ Columna (en todas las acepciones de esta voz). — _em espiral._ Columna salomónica. — _vertebral._ Columna vertebral.
COLUNAR _v. tr._ Dar forma de columna. Disponer en columnas.
COLUNAR _adj._ Perteneciente o relativo a la columna. De forma de columna.
COLUNÁRIO, RIA _adj._ Que tiene columnas.
COLUNATA _f._ Columnata.
COLUNELO (nè) _m._ Columnita. Mojón de piedra.
COLUNETA _f. Arq._ Columnita.
COLUVIÃO (viáum) _m._ Inundación.
COM _prep._ Con (significando el medio, modo o instrumento que sirve para hacer alguna cosa). Con (juntamente y en compañía).
COMA (có) _f._ Cabellera. Crines. Melena del león. Penachos. Las ramas más altas de los árboles. _Med._ Coma. _ant._ Coma ('). _Mús._ Coma.
COMADRE _f._ Comadre (nombre que se dan recíprocamente la madrina y la madre de una criatura; _fam._ vecina, amiga y confidente; _fam._ Comadrona). Botija con agua caliente para calentar la cama. Comadrera. Orinal de cama. _Germ._ Escopeta. _pl._ Almorrana, hemorroida.
COMADRINHA (ña) _f. Port. Zool._ Comadreja.
COMANDÂNCIA (dán) _f._ Comandancia.
COMANDANTE _adj._ Que comanda. _m._ Comandante.
COMANDAR _v. tr._ Comandar.
COMANDITA _m. Com._ Comandita. _Em —. m. adv._ En comandita.
COMANDO _m._ Comando. Mando. Autoridad de quien comanda; comandancia.
COMARCA _f._ Distrito judicial. Comarca.
COMARCÃO, CÁ (cáum, cán) _adj._ Comarcano.
COMARCO _m._ Comarca (jefe de un pueblo, entre los antiguos griegos).
COMARQUIA (quía) _f._ Comarcado.
COMBALIDO, DA _adj._ Abatido; enfermizo, enclenque. Que comienza a pudrirse (principalmente hablando de frutos).
COMBALIR _v. tr._ Abatir, debilitar. Deteriorar.
COMBATE _m._ Combate, pelea, lucha, batalla. _fig._ Combate, agitación y lucha interior del ánimo.
COMBATEDOR, RA _adj._ Combatidor; batallador. Ú. t. c. s.
COMBATENTE _adj._ Combatiente. Ú. t. c. s.
COMBATER _v. intr._ Combatir. _v. tr._ Combatir.
COMBATÍVEL _adj._ Combatible.
COMBATIVIDADE _f._ Combatividad.
COMBINAÇÃO (sáum) _f._ Combinación. Conformidad. Acuerdo.
COMBINADO, DA _adj._ Combinado. Concordado. Calculado. _Quím._ Combinado. _m._ Acuerdo, entendimiento, ajuste. _Quím._ Resultado de una combinación.
COMBINAR _v. tr._ Combinar. Concordar, ajustar, contratar, pactar. Ú. t. c. r.
COMBINÁVEL _adj._ Combinable. Ajustable, pactable.
COMBOIAR _v. tr._ Convoyar.

COMBOIEIRO, RA _adj._ Que protege un convoy. _m._ Buque que escolta a otros.
COMBOIO (bòio) _m._ Convoy.
COMBORÇA (bórsa) _f._ Manceba.
COMBUCA _f._ Lo mismo que CUMBUCA.
COMBURIR _v. tr._ Quemar, abrasar.
COMBUSTÃO (táum) _f._ Combustión.
COMBUSTAR _v. tr._ Quemar, abrasar.
COMBUSTIBILIDADE _f._ Combustibilidad.
COMBUSTÍVEL _adj._ Combustible. _m._ Combustible (leña, carbón, o cualquiera otra cosa que sirve para alimentar el fuego).
COMBUSTIVO, VA _adj._ Combustible.
COMBUSTOR _m._ Farol del alumbrado público.
COMEÇADOR, RA (sa) _adj._ El que comienza algo.
COMEÇAMENTO (sa) _m. ant._ Lo mismo que COMEÇO.
COMEÇANTE (san) _adj._ Comenzante.
COMEÇAR (sar) _v. tr._ Comenzar, empezar. _v. intr._ Empezar, comenzar (tener una cosa principio o comienzo).
COMEÇO (mé) _m._ Comienzo, principio, raíz, origen.
COMEDEIRA _f._ Robo, substración.
COMEDELA (dè) _f. fam._ Fraude, extorsión, robo, substración.
COMÉDIA (mè) _f._ Comedia.
COMEDIADOR _m._ Mediador juntamente con otro.
COMEDIANTE _m._ Comediante, cómico.
COMEDIAR _v. tr._ Hacer cómico. Convertir en comedia. Ú. t. c. r.
COMEDIMENTO _m._ Comedimiento, moderación, cortesía.
COMEDIOGRAFIA (fía) _f._ Arte de comediógrafo.
COMEDIR _v. tr._ Reglar, disponer. _v. r._ Moderarse, contenerse, comedirse.
COMEDOR, RA _adj._ Comedor. _m._ Comedor.
COMEDOURO, RA _adj._ Comedero. _m._ Comedero, comedor.
COMEMORAÇÃO (sáum) _f._ Conmemoración.
COMEMORAR _v. tr._ Conmemorar.
COMEMORATIVO, VA _adj._ Conmemorativo.
COMEMORÁVEL _adj._ Conmemorable.
COMENDA _f._ Encomienda (dignidad; insignia).
COMENDADEIRA _f._ Comendadora (superiora, monja de ciertos conventos).
COMENDADOR _m._ Comendador. Comendero.
COMENDADORIA (ría) _f._ Encomienda (dignidad dotada de renta).
COMENDAR _v. tr. p. us._ Encomendar.
COMENDATÁRIA _f._ Lo mismo que COMENDADORIA.
COMENDATÁRIO, RIA _adj._ Que tiene una encomienda. _m._ Comendatario. Comendero.
COMENDATIVO, VA _adj._ Comendaticio, comendatorio.
COMENOS _m._ Ú. solamente en: _Neste —._ Mientras, en esta ocasión, entretanto.
COMENSAL _m._ Conmensal, comensal.
COMENSURABILIDADE _f._ Conmensurabilidad.
COMENSURAÇÃO (sáum) _f._ Conmensuración.
COMENSURAR _v. tr._ Conmensurar.
COMENSURÁVEL _adj._ Conmensurable.
COMENTAÇÃO (sáum) _f._ Comento.
COMENTADO, DA _adj._ Comentado. Criticado, censurado.
COMENTAR _v. tr._ Comentar. _fam._ Comentar. Criticar, censurar.
COMENTÁRIO _m._ Comentario. Comento.
COMER _v. tr. e intr._ Comer (en todas las principales acepciones de esta voz). — _a isca. fr._ Dejarse engañar. — _com os olhos. fr._ Codiciar, desear con ansia. — _mosca. fr._ Ser un engañado. — _o pão que o diabo amassou. fr._ Ingeniárselas con mucha dificultad. — _os olhos a. fr._ Sacar dinero de. — _pela mão de. fr._ Estar bajo la protección de, ser ayudado por. — _por uma perna. fr._ Engañar, explotar. — _tampado. fr._ Pasar grandes apuros. — _e coçar, é só começar. ref._ El comer y el rascar, todo es empezar.
COMER _m._ Comer, comida, alimento.
COMERCIAL _adj._ Comercial.
COMERCIALIZAÇÃO (zasáum) _f._ Acción de
COMERCIALIZAR (_z_ar) _v. tr._ Tornar comercial. Poner en el comercio.

COMERCIANTE _adj._ Comerciante. Ú. t. c. s.
COMERCIAR _v. tr. e intr._ Comerciar.
COMERCIÁRIO _m._ Comerciante. Dependiente.
COMERCIÁVEL _adj._ Comerciable.
COMÉRCIO (mèr) _m._ Comercio (acción de comerciar, tráfico, negociación; la clase de los comerciantes; trato entre hombre y mujer).
COMES _m. pl._ Comidas, alimentos. (Ú. solamente en: — _e bebes._).
COMESTIBILIDADE _f._ Calidad de comestible.
COMESTÍVEL _adj._ Comestible. _m. pl._ Comestibles.
COMETA _m. Astr._ Cometa. _Bras._ Viajante (dependiente comercial que hace viajes para negociar ventas).
COMETAR _adj._ Cometario.
COMETENTE _adj._ Comitente. Ú. t. c. s.
COMETER _v. tr._ Cometer, encargar. Cometer, incurrir en yerro, falta, culpa, etc. Consumar; hacer. Acometer. _v. r._ Arriesgarse; entregarse, confiar.
COMETIDA _f._ Acometida.
COMETIMENTO _m._ Acometimiento. Comisión (acto de cometer). Hazaña. Empresa.
COMEZAINA (zai) _f. fam._ Lo mismo que
COMEZANA (za) _f. fam._ Francachela, comilona, comilitona, comida, merendona.
COMEZINHO, NHA (ziño) _adj._ Comedero, comestible. Común, fácil de entenderse. Casero, simple, familiar.
CÔMICA (có) _f._ Comedianta, cómica.
COMICHÃO (cháum) _f._ Comezón, picazón en el cuerpo, escozor. _fig._ Comezón, desazón que en el ánimo ocasiona algún deseo. _fig._ Deseo.
COMICHAR (char) _v. tr._ Picar, causar comezón. _v. intr._ Picar (producir escozor o comezón).
COMICHOSO, SA (chozo, òza) _adj._ Que tiene comezón. Propenso a comezón. _fig._ Puntilloso; cosquilloso.
COMICIDADE _f._ Comicidad.
COMICIEIRO, RA _adj._ Comicial.
COMÍCIO _m._ Comicio.
COMIDELA (dè) _f._ Francachela, comilona. Robo, fraude.
COMIGO _pron._ Conmigo (ablativo de singular del pronombre personal de primera persona en género masculino y femenino).
COMILANÇA (sa) _f. fam._ Comida (acción de comer). Robo, fraude.
COMILÃO, LONA (láum) _adj._ Comilón, tragón. Ú. t. c. s.
COMILOA _f._ Lo mismo que
COMILONA _f._ Comilona, tragona.
COMINAÇÃO (sáum) _f._ Conminación.
COMINADOR, RA _adj._ Conminador.
COMINAR _v. tr._ Conminar; amenazar.
COMINATIVO, VA _adj._ Conminativo.
COMINATÓRIO, RIA (tò) _adj._ Conminatorio.
COMINHEIRO (ñei) _m._ Vendedor de comino. Cominero.
COMINHO (ño) _m. Bot._ Comino. — _bravo._ Comino rústico.
COMINUIR _v. tr._ Fragmentar.
COMINUTIVO, VA _adj._ Conminutivo.
COMINUTO _m._ Fragmento.
COMISERAÇÃO (zerasáum) _f._ Conmiseración; compasión, lástima, piedad, misericordia.
COMISERADOR, RA (ze) _adj._ Compadecido, compasivo. Lastimoso.
COMISERAR (ze) _v. tr._ Inspirar conmiseración. _v. r._ Compadecerse, apiadarse.
COMISERATIVO, VA (ze) _adj._ Que causa conmiseración.
COMISSÃO (sáum) _f._ Comisión; encargo, encomienda; orden escrita; comité; junta.
COMISSARIADO (sa) _m._ Comisariato, comisaría.
COMISSÁRIO (sá) _m._ Comisario.
COMISSIONADO, DA (sio) _adj._ Comisionado. Ú. t. c. s.
COMISSIONAR (sio) _v. tr._ Comisionar.
COMISSIONISTA (sio) _m._ Comisionista.
COMISSO (so) _m. For._ Comiso.
COMISSÓRIO, RIA (sò) _adj. For._ Comisorio.
COMISSURA (su) _f._ Comisura.
COMISTÃO (táum) _f. ant._ Conmixtión, mezcla, mezcolanza.
COMISTURAR _v. tr._ Mezclar.
COMITÊ (tè) _m._ Comité, junta.

COMITIVA *f.* Comitiva, acompañamiento, séquito.

COMÍVEL *adj.* Comestible. *fam.* Comible.

COMO *adv. m.* Como (de qué modo o manera; del modo o la manera que; denotando idea de encarecimiento en buen o mal sentido; idea de equivalencia, semejanza o igualdad; en calidad de; por qué motivo, causa o razón). *m.* (precedido del artículo *o*). Cómo (precedido del artículo "el"). — *assim? expr.* ¿Cómo así? — *não? expr.* ¿Cómo no? — *quer que. m. adv.* Como quier que, como quiera que. *conj.* Como (con carácter de conjunción).

COMOÇÃO (sáum) *f.* Conmoción. Emoción.

COMOCIONAL *adj.* Relativo a la conmoción. Emocional.

COMOCIONAR *v. tr.* Lo mismo que COMOVER.

CÔMODA (có) *f.* Cómoda (mueble).

COMODAMENTE (có) *adv. m.* Cómodamente.

COMODATÁRIO *m. For.* Comodatario.

COMODIDADE *f.* Comodidad, calidad de cómodo; conveniencia, bienestar.

CÔMODISMO *m.* Calidad de comodista.

CÔMODO, DA (có) *adj.* Cómodo, conveniente, útil, fácil, proporcionado.

CÔMODO *m.* Cómodo, comodidad, bienestar. Habitación. Andadura (del caballo). *Casa de —s.* Casa de huéspedes.

CÔMORO (có) *m.* Otero; montículo.

COMOVEDOR, RA *adj.* Conmovedor. Compasible.

COMOVENTE *adj.* Que conmueve, conmovedor.

COMOVER *v. tr.* Conmover. Ú. t. c. r.

COMOVIDO, DA *adj. P. p.* de *Comover.* Conmovido, estremecido, impresionado.

COMPACTAMENTE *adv. m.* De manera compacta.

COMPACTO, TA *adj.* Compacto, denso, macizo.

COMPADECEDOR, RA *adj.* Que causa compasión, compasible.

COMPADECER *v. tr.* Compadecer. *v. r.* Compadecerse, apiadarse, dolerse.

COMPADECIDAMENTE *adv. m.* Compasivamente.

COMPADECIDO, DA *adj. P. p.* de *Compadecer.* Compasivo, compasible. Compadecido.

COMPADECIMENTO *m.* Compasión.

COMPADRADA *f. fam.* Jactancia.

COMPADRADO *m.* Compadrazgo.

COMPADRE *m.* Compadre. *adj.* Jactancioso.

COMPADREAR *v. intr.* Alabarse. Baladronar.

COMPADREGO *m.* Lo mismo que COMPADRIO.

COMPADRESCO, CA *adj.* Relativo al compadrazgo. *m.* Compadrazgo.

COMPADRIA (dría) *f.* Lo mismo que COMPADRIO.

COMPADRICE *f.* Lo mismo que

COMPADRIO (drío) *m.* Compadrazgo. Compadrería. Compadraje.

COMPADRISMO *m.* Compadraje.

COMPAGINAÇÃO (jinasáum) *f.* Compaginación.

COMPAIXÃO (cháum) *f.* Compasión.

COMPANHAR (ñar) *v. tr.* Lo mismo que ACOMPANHAR.

COMPANHEIRA (ñei) *f.* Compañera. Esposa. Manceba.

COMPANHEIRÃO (ñeiráum) *m. fam.* Buen compañero.

COMPANHEIRISMO (ñei) *m.* Compañerismo.

COMPANHEIRO (ñei) *m.* Compañero. *adj.* Que acompaña.

COMPANHIA (pañía, o panía) *f.* Compañía (en todas las acepciones de esta voz).

COMPARABILIDADE *f.* Comparabilidad.

COMPARAÇÃO (sáum) *f.* Comparación. Símil.

COMPARAR *v. tr.* Comparar; paragonar; cotejar. Ú. t. c. r.

COMPARÁVEL *adj.* Comparable.

COMPARECENTE *adj.* Compareciente. Ú. t. c. s.

COMPARECER *v. intr.* Comparecer. Presentar.

COMPARECIMENTO *m.* Comparecencia; comparecimiento. Presencia.

COMPARÊNCIA (rén) *f.* Lo mismo que COMPARECIMENTO.

COMPARSA *m.* Comparsa (persona que forma parte del acompañamiento en la escena).

COMPARTILHA (lla) *f.* Compartimiento (acción de compartir).

COMPARTILHAR (llar) *v. tr.* Compartir, repartir, dividir.

COMPARTIMENTAGEM (jem) *f.* Conjunto de compartimientos o departamentos.

COMPARTIMENTO *m.* Compartimiento (departamento de un vehículo, caja, etc.). Habitación, cuarto, división de una casa.

COMPARTIR *v. tr.* Compartir. Repartir. Dividir. Partir con otro.

COMPASSADAMENTE (sa) *adv. m.* Compasadamente.

COMPASSADO, DA (sa) *adj. P. p.* de *Compassar.* Compasado. Cadenciado. Tardo, lento, pausado.

COMPASSAR (sar) *v. tr.* Compasar.

COMPASSIVAMENTE (si) *adv. m.* Compasivamente.

COMPASSÍVEL (sí) *adj.* Compasible, compasivo, sensible.

COMPASSIVO, VA (si) *adj.* Compasivo, compasible.

COMPASSO (so) *m.* Compás (instrumento). *Mús.* Compás. — *de espera.* Compás de espera.

COMPATERNIDADE *f.* Compaternidad.

COMPATIBILIDADE *f.* Compatibilidad.

COMPATIBILIZAR (zar) *v. tr.* Tornar compatible.

COMPATÍVEL *adj.* Compatible.

COMPATIVELMENTE *adv. m.* De manera compatible.

COMPATRÍCIO *m.* Compatricio, compatriota.

COMPATRIOTA (triò) *adj.* Compatriota. Ú. t. c. s.

COMPELIR *v. tr.* Compeler, obligar.

COMPÊNDIO (pén) *m.* Compendio.

COMPENETRAÇÃO (sáum) *f.* Compenetración. Convencimiento, convicción. Gravedad, seriedad, circunspección.

COMPENETRAR *v. tr.* Hacer penetrar bien, arraigar. Convencer. Ú. t. c. r.

COMPENSAÇÃO (sáum) *f.* Compensación.

COMPENSADOR, RA *adj.* Compensador. *m.* Compensador.

COMPENSAR *v. tr.* Compensar (en todas las acepciones de esta voz).

COMPENSATÓRIO, RIA (tò) *adj.* Compensatorio.

COMPENSÁVEL *adj.* Compensable.

COMPETÊNCIA (tén) *f.* Competencia.

COMPETIÇÃO (sáum) *f.* Competición, competencia.

COMPETIMENTO *m.* Lo mismo que COMPETIÇÃO.

COMPETIR *v. tr.* Competer. *v. intr.* Competir.

COMPILAÇÃO (sáum) *f.* Compilación.

COMPILAR *v. tr.* Compilar.

COMPITA *f.* Competencia, rivalidad.

COMPITAIS *f. pl.* Compitales.

COMPLACÊNCIA (cén) *f.* Complacencia. Condescendencia.

COMPLACENTE *adj.* Complaciente. Condescendiente.

COMPLACENTEMENTE *adv. m.* Con condescendencia.

COMPLANAR *v. tr.* Igualar, nivelar. Allanar.

COMPLECTIVO, VA *adj.* Completivo.

COMPLEIÇÃO (sáum) *f.* Complexión.

COMPLEICIONADO, DA *adj.* Complexionado.

COMPLEICIONAL *adj.* Complexional.

COMPLEIÇOADO, DA (soa) *adj.* Complexionado.

COMPLEMENTAR *adj.* Complementario. *v. tr.* Complementar, completar.

COMPLEMENTO *m.* Complemento (en todas las acepciones de esta voz). — *direto.* Complemento directo. — *indireto.* Complemento indirecto.

COMPLETAÇÃO (sáum) *f.* Acción de completar.

COMPLETAMENTE (plè) *adv. m.* Completamente, cumplidamente, enteramente.

COMPLETAMENTO (plè) *m.* Acabamiento.

COMPLETAR *v. tr.* Completar, acabar. Rematar, concluir.

COMPLETAS (plè) *f. pl.* Completas.

COMPLETO, TA (plè) *adj.* Completo, cabal, entero, perfecto; rematado, acabado.

COMPLEXÃO (xáum) *f.* Complexión.

COMPLEXIDADE *f.* Complejidad, complexidad.

COMPLEXIDÃO (dáum) *f.* Lo mismo que COMPLEXIDADE.

COMPLEXO, XA (plè) *adj.* Complejo, complexo. *m.* Complexo.

COMPLICAÇÃO (sáum) *f.* Complicación.

COMPLICAR *v. tr.* Complicar, mezclar. *v. r.* Complicarse, embrollarse, enredarse, enmarañarse.

COMPOEDOR *m.* Componedor, árbitro.

COMPONEDOR *m. Tip.* Componedor.

COMPONENTE *adj.* Componente. Ú. t. c. s.

COMPONISTA *m.* Compositor (de música).

COMPONÍVEL *adj.* Componible.

COMPOR *v. tr.* Componer (en todas las principales acepciones de este vocablo). Ú. t. c. r.

COMPORTA (pòr) *f.* Compuerta.

COMPORTAÇÃO (sáum) *f.* Comportación.

COMPORTAMENTO *m.* Comportamiento, conducta.

COMPORTAR *v. tr.* Comportar, llevar algo en unión de otro; sufrir, tolerar, suportar. *v. r.* Comportarse, portarse, conducirse.

COMPORTAS (pòr) *f. pl.* Artificio; labia.

COMPORTÁVEL *adj.* Comportable.

COMPOSIÇÃO (zisáum) *f.* Composición (acción de componer; ajuste, convenio, arreglo). *Gram. Mús. Tip.* Composición.

COMPÓSITA (pòzi) *adj.* Compuesta (hablando de columna).

COMPOSITEIRO (zi) *m. despect.* Compositor (de música).

COMPOSITOR (zi) *m.* Compositor (el que compone música; el que compone un caballo de carrera). Tipógrafo.

COMPOSSESSOR (sesor) *m. For.* Coposesor.

COMPOSSIBILIDADE (si) *f. p. us.* Compatibilidad.

COMPOSSÍVEL (sí) *adj. p. us.* Compatible.

COMPOSSUIDOR (suí) *m.* Lo mismo que COMPOSSESSOR.

COMPOSTAMENTE (pòs) *adv. m.* Compuestamente.

COMPOSTAS (pòs) *f. pl. Bot.* Compuestas.

COMPOSTO, TA (pósto, pòsta) *adj. P. p.* de *Compor.* Compuesto. *m.* Compuesto.

COMPOSTURA *f.* Compostura (aseo, aliño; modestia, mesura; ajuste, convenio; arreglo, reparo, restauración).

COMPOTA (pò) *f.* Compota (dulce de fruta en almíbar).

COMPOTEIRA *f.* Compotera.

COMPRA *f.* Compra (acción de comprar; objeto comprado). Soborno.

COMPRADIÇO, ÇA (so) *adj.* Compradizo.

COMPRADOR, RA *m.* y *f.* Comprador, ra.

COMPRAR *v. tr.* Comprar. Sobornar, comprar.

COMPRÁVEL *adj.* Comprable, compradero.

COMPRAZEDOR, RA (ze) *adj.* Complacedor, complecedor, complaciente. Condescendiente.

COMPRAZENTE (zen) *adj.* Complaciente. Condescendiente.

COMPRAZER (zer) *v. tr.* Complacer. Ú. t. c. intr. y r. *v. intr.* Condescender.

CONPRAZIMENTO (zi) *m.* Complacencia. Condescendencia.

COMPREENDER *v. tr.* Comprender, abrazar, ceñir, rodear, abarcar; contener, encerrar, incluir en sí, entrañar; entender, alcanzar, penetrar, adivinar.

COMPREENDIDO, DA *adj. P. p.* de *Compreender.* Comprendido.

COMPREENSÃO (sáum) *f.* Comprensión.

COMPREENSIBILIDADE *f.* Comprensibilidad, comprehensibilidad.

COMPREENSIVA *f.* Comprensión, penetración, percepción.

COMPREENSIVAMENTE *adv. m.* Comprensivamente.

COMPREENSÍVEL *adj.* Comprensible.

COMPREENSIVELMENTE *adv. m.* Comprensiblemente.

COMPREENSIVO, VA *adj.* Comprensivo, comprehensivo.

COMPREENSOR *m.* Comprensor.

COMPRESSA (prèsa) *f. Cir.* Compresa.

COMPRESSÃO (sáum) *f.* Compresión.

COMPRESSIBILIDADE (si) *f.* Compresibilidad.

COMPRESSÍVEL (si) *adj.* Compresible.

COMPRESSIVO, VA (si) *adj.* Compresivo.

COMPRESSO, ESSA (prèso) *adj. P. p. irreg.* de *Comprimir.* Comprimido, compreso.

COMPRESSOR, RA (sor) *adj.* Compresor. Ú. t. c. s.

COMPRESSÓRIO, RIA (sò) *adj.* Propio para comprimir, compresor.

COMPRIDÃO (dáum) *f.* Lo mismo que

COMPRIDEZ *f.* Lo mismo que COMPRIMENTO.

COMPRIDO, DA *adj.* Largo. Extenso, dilatado, continuado, largo. *m.* Largo, largor, largura.

COMPRIMENTO *m.* Largo, largor, largura, longitud.

COMPRIMIDAMENTE *adv. m.* Apretadamente.

COMPRIMIDO, DA *adj. P. p.* de *Comprimir.* Comprimido, compreso. Apretado. *m. Farm.* Pastilla.

COMPRIMIR *v. tr.* Comprimir, apretar, recucir, oprimir; reprimir, contener, refrenar. Ú. t. c. r.

COMPROBAÇÃO (sáum) *f.* Comprobación.

COMPROMETER *v. tr.* Comprometer. Ú. t. c. r.

COMPROMETIMENTO *m.* Comprometimiento.

COMPROMISSÃO (sáum) *f.* Comprometimiento.

COMPROMISSÁRIO, RIA (sá) *adj.* Compromisario.

COMPROMISSO (so) *m.* Compromisso. Comprometimiento.

COMPROMISSÓRIO, RIA (sò) *adj. For.* Compromisorio.

COMPROPRIEDADE *f.* Copropiedad.

COMPROPRIETÁRIO *m.* Copropietario.

COMPROTETOR *m.* Protector juntamente con otro.

COMPROVAÇÃO (sáum) *f.* Comprobación.

COMPROVADOR, RA *adj.* Comprobador.

COMPROVANTE *adj.* Comprobante. Ú. t. c. s.

COMPROVAR *v. tr.* Comprobar, verificar, patentizar, confirmar algo.

COMPROVATIVO, VA *adj.* Comprobador; comprobatorio.

COMPULSAÇÃO (sáum) *f.* Compulsación.

COMPULSAR *v. tr.* Compulsar, comparar y cotejar documentos; leer, percorrer, examinar con atención. *ant.* Compulsar, compeler.

COMPULSÓRIA (sò) *f. For.* Compulsoria.

COMPULSORIAMENTE (sò) *adv. m.* Compulsivamente.

COMPULSÓRIO, RIA (sò) *adj.* Compulsorio.

CONPUNÇÃO (sáum) *f.* Compunción.

COMPUNGIMENTO (ji) *m.* Compunción.

COMPUNGIR (jir) *v. tr. fig.* Punzar; remorder la conciencia. *v. r.* Compungirse.

COMPURGAÇÃO (sáum) *f.* Compurgación.

COMPUTAÇÃO (sáum) *f.* Cómputo, computación.

COMPUTAR *v. tr.* Computar, contar, calcular.

COMPUTÁVEL *adj.* Calculable.

CÔMPUTO (cóm) *m.* Cómputo, cuenta, cálculo.

COMUDAÇÃO (sáum) *f.* Conmutación.

COMUDAR *v. tr.* Conmutar.

COMUM *adj.* Común (perteneciente a varios; corriente, general; ordinario, vulgar, trivial). *Gram.* Común (se aplica al nombre que conviene a todos los individuos de la misma especie). *— de dois. Gram.* Común (dícese del género de algunos nombres que se refieren a personas, y que tienen una sola terminación para el masculino y el femenino). *m.* Común, el común de las gentes. *Em —. m. adv.* En común.

COMUMENTE *adv. m.* Por lo común.

COMUNA *f.* Comuna. Ayuntamiento, concejo.

COMUNAL *adj.* Comunial. Comunero.

COMUNÁRIO, RIA *adj.* Comunitario. Comunero. Ú. t. c. s.

COMUNEIRO *m.* Comunero.

COMUNEZA (za) *f. ant.* Lo mismo que COMUNIDADE.

COMUNGANTE *adj.* Comulgante. Ú. t. c. s.

COMUNGAR *v. tr. e intr.* Comulgar.

COMUNGATÓRIO, RIA (tò) *adj.* Perteneciente a la comunión. *m.* Comulgatorio.

COMUNHÃO (ñáum) *f.* Comunión (participación en lo común; trato y comunicación de unas personas con otras; acto de recibir la sagrada Eucaristía; congregación de personas que profesan la misma fe religiosa). *— de bens.* Comunidad de bienes.

COMUNIAL *adj.* Relativo o perteneciente a la comunión.

COMUNICABILIDADE *f.* Comunicabilidad.

COMUNICAÇÃO (sáum) *f.* Comunicación.

COMUNICADO, DA *P. p.* de *Comunicar.* Comunicado. *m.* Comunicado.

COMUNICAR *v. tr.* Comunicar (en todas las principales acepciones de esta voz). Ú. t. c. r.

COMUNICATIVO, VA *adj.* Comunicativo. Pegajoso, contagioso.

COMUNICÁVEL *adj.* Comunicable.

COMUNIDADE *f.* Comunidad.

COMUNISMO *m.* Comunismo.

COMUNÍSSIMO (si) *adj. Sup.* de *Comum.* Comunísimo.

COMUNISTA *adj.* Comunista. *m.* Comunista.

COMUNITÁRIO, RIA *adj.* Comunial. Comunero. *m.* Comunista.

COMUTAÇÃO (sáum) *f.* Conmutación.

COMUTADOR, RA *adj.* Comutador. Ú. t. c. s. — *elétrico. Fís.* Conmutador.

COMUTAR *v. tr.* Conmutar.

COMUTATIVO, VA *adj.* Conmutativo.

COMUTÁVEL *adj.* Conmutable.

CONATO, TA *adj.* Connato.

CONATURAL *adj.* Connatural.

CONATURALIZADO, DA (za) *adj.* Connaturalizado.

CONCAMERAÇÃO (sáum) *f.* Concameración.

CONCATENAÇÃO (sáum) *f.* Concadenamiento, concatenación.

CONCATENADO, DA *adj. P. p.* de *Concatenar.* Concadenado.

CONCATENAMENTO *m.* Lo mismo que CONCATENAÇÃO.

CONCATENAR *v. tr.* Encadenar. Concadenar.

CÔNCAVA (cón) *f.* Cóncava, concavidad.

CONCAVAR *v. tr.* Tornar cóncavo.

CONCAVIDADE *f.* Concavidad.

CÔNCAVO, VA (cón) *adj.* Cóncavo. *m.* Cóncavo, concavidad, cóncava.

CONCEBER *v. intr.* Concebir (quedar preñada la hembra). Ú. t. c. tr. *fig.* Concebir, formar idea de algo, comprender. *v. tr.* Concebir (cobrar o empezar a sentir algún afecto o pasión).

CONCEBIMENTO *m.* Concepción (acción de concebir).

CONCEBÍVEL *adj.* Concebible.

CONCEDER *v. tr.* Conceder (dar, otorgar; asentir, convenir).

CONCEDÍVEL *adj.* Concedible.

CONCEIÇÃO (sáum) *f. Rel.* Concepción (de la Virgen María, y fiesta con que se celebra este misterio).

CONCEICIONISTA *adj.* Concepcionista. Ú. t. c. s.

CONCEITAR *v. tr.* Lo mismo que CONCEITUAR.

CONCEITARRÃO (rráum) *m.* Lo mismo que

CONCEITARRAZ *m.* Concepto notable, juicio u opinión excelentes.

CONCEITISTA *m.* Conceptista.

CONCEITO *m.* Concepto.

CONCEITUADO, DA *adj. P. p.* de *Conceituar.* Considerado. Conceptuado.

CONCEITUAR *v. tr.* Conceptuar.

CONCEITUOSAMENTE (òza) *adv. m.* Conceptuosamente.

CONCEITUOSO, SA *adj.* Conceptuoso.

CONCELEBRAÇÃO (sáum) *f.* Concelebramiento.

CONCELHEIRO, RA (lei) *adj.* Lo mismo que

CONCELHIO, LHIA (llio) *adj.* Concejil.

CONCELHO (llo) *m.* Concejo, ayuntamiento.

CONCENTRAÇÃO (sáum) *f.* Concentración, concentramiento.

CONCENTRAR *v. tr.* Concentrar. Ú. t. c. r. *Quím.* Concentrar. Ú. t. c. r. *v. r.* Concentrarse, reconcentrarse.

CONCENTRÁVEL *adj.* Concentrable.

CONCENTRICIDADE *f.* Concentricidad.

CONCÊNTRICO, CA (cén) *adj.* Concéntrico.

CONCEPÇÃO (sáum) *f.* Concepción (acción de concebir). Idea, pensamiento. Facultad de concebir, de comprender, percepción. Fantasía, imaginación.

CONCEPTIBILIDADE *f.* Conceptibilidad.

CONCEPTÍVEL *adj.* Conceptible.

CONCEPTUAL *adj.* Relativo a la concepción.

CONCERNÊNCIA (nén) *f.* Concernencia, respecto, relación.

CONCERNENTE *adj.* Concerniente.

CONCERNIR *v. tr.* Concernir, atañer.

CONCERTADO, DA *adj. P. p.* de *Concertar.* Concertado. Compuesto, arreglado, ordenado. Estudiado, afectado. Armonioso. Conferido, comparado.

CONCERTAMENTO *m.* Compostura, arreglo; concierto.

CONCERTAR *v. tr. Mús.* Concertar. Concertar, conciliar, concordar; ajustar, tratar, pactar, convenir, apalabrar. Componer, arreglar, concertar, ordenar algo.

CONCERTISTA *m.* Concertista.

CONCERTO (cér) *m. Mús.* Concierto. Concierto, arreglo; buen orden; ajuste, trato, convenio, pacto. Compostura. *De —. m. adv.* De concierto, de común acuerdo.

CONCESSÃO (sáum) *f.* Concesión.

CONCESSIONÁRIO, RIA (sio) *adj.* Concesionrio. Ú. t. c. s.

CONCESSÍVEL (sí) *adj.* Concesible.

CONCESSIVO, VA (si) *adj.* Concesivo.

CONCESSOR (sor) *m.* Otorgante.

CONCESSÓRIO, RIA (sò) *adj.* Concesivo.

CONCHA (cha) *f.* Concha (caparazón de los animales testáceos). Caparazón (de las tortugas, galápagos, etc). Cucharón. *Anat.* Pabellón de la oreja. Platillo (de balanza). Asidor.

CONCHADO, DA (cha) *adj.* Conchado. De forma de concha.

CONCHAR (char) *v. tr.* Lo mismo que CONCHEAR.

CONCHARIA (charía) *f.* Muchedumbre de conchas o carapachos.

CONCHAVADO, DA (cha) *adj. P. p.* de *Conchavar.* Conchabado. *m.* Criado, empleado, asalariado.

CONCHAVAR (cha) *v. tr.* Conchabar, unir, asociar. *v. r.* Conchabarse. Emplearse como criado.

CONCHAVO (cha) *m.* Conchabo. Confabulación. Empleo, trabajo, labor, contrato de servicio.

CONCHEADO, DA (chea) *adj.* Conchiforme. Conchado.

CONCHEAR (chear) *v. tr.* Adornar con conchas o carapachos.

CONCHEGADO, DA (che) *adj. P. p.* de *Conchegar.* Acercado, próximo. Agasajado.

CONCHEGAR (che) *v. tr.* Acercar. *v. r.* Unirse, apretarse; acercarse. Llegarse, arrimarse.

CONCHEGATIVO, VA (che) *adj.* Confortable.

CONCHEGO (che) *m.* Agasajo, comodidad. *fig.* Arrimo, amparo (persona).

CONCHO, CHA (cho) *adj. fam.* Vanidoso, engreído.

CONCIDADÃO, Ã (dáum, dán) *m.* y *f.* Conciudadano, na.

CONCILIÁBULO *m.* Conciliábulo (concilio ilegítimo; asamblea en que se fragua algo ilícito).

CONCILIAÇÃO (sáum) *f.* Conciliación.

CONCILIADOR, RA *adj.* Conciliador. Ú. t. c. s.

CONCILIAR *v. tr.* Conciliar (concordar los ánimos, poner de acuerdo; conformar proposiciones que parecen opuestas; granjear, atraer los ánimos). Ú. t. c. r. *adj.* Conciliar.

CONCÍLIO *m.* Concilio, junta, asamblea. *pl.* Concilio (colección de los decretos de un concilio).

CONCINIDADE *f. ant.* Concinidad.

CONCIONAR *v. intr. p. us.* Predicar, pronunciar discursos.

CONCISAMENTE (za) *adv. m.* Concisamente, con brevedad.

CONCISÃO (záum) *f.* Concisión, brevedad de expresión.

CONCISO, SA (zo) *adj.* Conciso, que tiene concisión o brevedad.

CONCITAÇÃO (sáum) *f.* Concitación.

CONCITAR *v. tr.* Concitar, instigar, provocar, incitar, excitar.

CONCLAMAÇÃO (sáum) *f.* Conclamación, aclamación.

CONCLAMAR *v. tr.* Clamar.

CONCLAVE *m.* Conclave, cónclave (sitio en donde se reunen, y asamblea de cardenales). Conclave (reunión de personas para tratar algo).

CONCLUDÊNCIA (dén) *f.* Calidad de concluyente.

CONCLUDENTE *adj.* Concluyente.

CONCLUDENTEMENTE *adv. m.* Concluyentemente.

CONCLUDIR *v. tr. ant.* Lo mismo que CONCLUIR.

CONCLUIMENTO *m.* Conclusión.

CONCLUINTE *adj. p. us.* Concluyente.

CONCLUIR *v. tr.* Concluir (en todas las acepciones de este vocablo).

CONCLUSÃO (záum) *f.* Conclusión.

CONCLUSIVAMENTE (zi) *adv. m.* Concluyentemente.

CONCLUSIVO, VA (zi) *adj.* Conclusivo.

CONCOCÇÃO (sáum) *f. Fisiol.* Concocción.

CONCOCTIVO, VA *adj.* Digestivo.

CONCOIDAL *adj.* Concoideo, concoidal.

CONCÓIDE (còi) *adj.* Concoideo, concoide. *m. Geom.* Concoide.

CONCOMITÂNCIA (tán) *f.* Concomitancia.

CONCOMITANTE *adj.* Concomitante.

CONCOMITANTEMENTE *adv. m.* Con concomitancia.

CONCORDÂNCIA (dán) *f.* Concordancia (en todas las acepciones de esta voz).

CONCORDANTE *adj.* Concordante.

CONCORDANTEMENTE *adv. m.* Con concordancia.

CONCORDAR *v. tr.* Concordar, conciliar, concertar. Ú. t. c. r. *v. intr.* Concordar, convenir entre si. *Gram.* Concordar, formar concordancia. Ú. t. c. tr.

CONCORDATA *f.* Concordato, concordata. *Com.* Acuerdo entre un falido y sus acreedores.

CONCORDÁVEL *adj.* Concordable.

CONCORDE (còr) *adj.* Concorde, conforme, acorde.

CONCORDEMENTE (còr) *adv. m.* Concordemente, conformemente.

CONCÓRDIA (còr) *f.* Concordia, conformidad, buena armonía; paz.

CONCORRÊNCIA (rrén) *f.* Concurrencia (en todas las acepciones de esta voz).

CONCORRENTE *adj.* Concurrente. *m.* Competidor.

CONCORRENTEMENTE *adv. m.* Concurrentemente.

CONCORRER *v. intr.* Concurrir.

CONCREÇÃO (sáum) *f.* Concreción.

CONCRESCÊNCIA (cén) *f.* Concrescencia.

CONCRESCÍVEL *adj.* Concrescible.

CONCRETAÇÃO (sáum) *f.* Lo mismo que

CONCRETIZAÇÃO (zasáum) *f.* Concretación. Realización.

CONCRETIZAR (zar) *v. tr.* Concretar. Ú. t. c. r.

CONCRETO, TA (crè) *adj.* Concreto, determinado, limitado, especificado. *m.* Concreción. Lo concreto. Masa formada de agua, cal, arena y cascajo; concreto (*Amer.*).

CONCRIAÇÃO (sáum) *f.* Acción de

CONCRIAR *v. tr.* Criar simultáneamente.

CONCUBINA *f.* Concubina.

CONCUBINAGEM (jem) *f.* Concubinato.

CONCUBINAL *adj.* Relativo a la concubina.

CONCUBINAR-SE *v. r.* Amancebarse.

CONCUBINÁRIA *f.* Concubina.

CONCUBINARIAMENTE *adv. m.* Con concubinato.

CONCULCAÇÃO (sáum) *f.* Conculcación.

CONCUNHADA (ña) *f.* Concuñada.

CONCUNHADO (ña) *m.* Concuñado.

CONCUPISCÊNCIA (cén) *f.* Concupiscencia.

CONCUPISCENTE *adj.* Concupiscente.

CONCUPISCENTEMENTE *adv. m.* Con concupiscencia.

CONCUPISCÍVEL *adj.* Concupiscible.

CONCURSO *m.* Concurso (en todas las acepciones de esta voz).

CONCUSSÃO (sáum) *f.* Concusión.

CONCUSSIONÁRIO, RIA (sio) *adj.* Concusionario. Ú. t. c. s.

CONCUTIR *v. intr.* Martillear, batir, dar golpes.

CONDADO *m.* Condado (título o dignidad de conde, y territorio de la jurisdicción).

CONDAL *adj.* Condal.

CONDÃO (dáum) *f.* Virtud especial. Don, prerrogativa. *Varinha de —*. Varilla de virtud.

CONDARIA (ría) *f. ant.* Condado.

CONDE *m.* Conde.

CONDECORAÇÃO (sáum) *f.* Condecoración.

CONDECORAR *v. tr.* Condecorar.

CONDENAÇÃO (sáum) *f.* Condenación. Condena.

CONDENADO, DA *adj. P. p.* de *Condenar.* Condenado. *m.* Condenado.

CONDENAR *v. tr.* Condenar.

CONDENATÓRIO, RIA (tò) *adj. For.* Condenatorio.

CONDENÁVEL *adj.* Condenable.

CONDENSABILIDADE *f.* Condensabilidad.

CONDENSAÇÃO (sáum) *f.* Condensación, condensamiento.

CONDENSADOR, RA *adj.* Condensador. *m.* Condensador.

CONDENSAR *v. tr.* Condensar. Ú. t. c. r.

CONDENSÁVEL *adj.* Condensable.

CONDENSIVO, VA *adj.* Condensador.

CONDENSOR *m.* Condensador.

CONDESCENDÊNCIA (dén) *f.* Condescendencia.

CONDESCENDENTE *adj.* Condescendiente.

CONDESCENDER *v. intr.* Condescender.

CONDESCENDIMENTO *m.* Condescendencia.

CONDESSA (sa) *f.* Condesa.

CONDESSAME (sa) *m.* Reunión de condesas.

CONDESSILHO (sillo) *ant.* Depósito, condesillo.

CONDESSO (so) *m. fest.* Conde. Marido de condesa.

CONDESTÁVEL *m.* Condestable.

CONDIÇÃO (sáum) *f.* Condición.

CONDICENTE *adj.* Condecente.

CONDICIONAL *adj.* Condicional. *Gram.* Condicional. *Gram.* Potencial. Ú. t. c. s. *m.* Modo potencial. Condición.

CONDICIONALIDADE *f.* Condicionalidad.

CONDICIONAR *v. tr.* Arreglar, imponer condición.

CONDIGNIDADE *f.* Condignidad.

CONDIGNO *adj.* Condigno.

CONDILIANO, NA *adj.* Condíleo.

CÔNDILO (cón) *m.* Cóndilo.

CONDIMENTAÇÃO (sáum) *f.* Condimentación.

CONDIMENTAR *v. tr.* Condimentar, sazonar, aderezar los manjares.

CONDIMENTO *m.* Condimento.

CONDIMENTOSO, SA (tozo, òza) *adj.* Condimenticio.

CONDISCIPULADO *m.* Calidad de condiscípulo. Sociedad escolar.

CONDISCÍPULO *m.* Condiscípulo.

CONDIZENTE (zen) *adj.* Condecente; ajustado, armonioso.

CONDIZER (zer) *v. intr.* Convenir, cuadrar, estar bien, corresponder.

CONDOER *v. tr.* Compadecer. *v. r.* Condolerse.

CONDOÍDO, DA *adj. P. p.* de *Condoer* o *Condoer-se.* Compadecido.

CONDOMENTO *m.* Lo mismo que

CONDOLÊNCIA (lén) *f.* Condolencia. Pésame.

CONDOLENTE *adj.* Compasivo.

COMDOMINIAL *adj.* Relativo al condominio.

CONDOMÍNIO *m.* Condominio.

CONDÔMINO (dó) *m.* Condómino, condueño.

CONDONATÁRIO *m.* Condonatario.

CONDOR (DOR) *m. Zool.* Cóndor.

CONDOREIRO, RA *adj.* Ampuloso (hablando de estilo). *Bras.* Dícese de una escuela literaria representada por los brasileños Castro Alves y Tobias Barreto. *m.* Poeta perteneciente a dicha escuela.

CONDRILHA (lla) *f. Bot.* Condrila.

CONDRITE *f. Pat.* Condritis.

CONDRO *m. Anat.* Cartílago.

CONDROGÊNESE (jeneze) *f.* Condrogénesis.

CONDRÓIDE (drói) *adj.* Condroide.

CONDROSE (dròze) *f. Pat.* Condrosis.

CONDUÇÃO (sáum) *f.* Conducción.

CONDUCENTE *adj.* Conducente.

CONDUPLICAÇÃO (sáum) *f.* Conduplicación.

CONDUTA *f.* Conducta. Conducción.

CONDUTIBILIDADE *f.* Conductibilidad.

CONDUTÍCIO, CIA *adj.* Conducticio.

CONDUTÍVEL *adj.* Conductible.

CONDUTIVO, VA *adj.* Conductivo.

CONDUTO, TA *adj.* Conducido. *m.* Conducto.

CONDUTOR, RA *adj.* Conductor. *m.* Conductor.

CONDUZIR (zir) *v. tr.* Conducir.

CONE *m. Bot.* Cono. *Geom.* Cono. *— oblíquo.* Cono oblicuo. *— truncado*, Cono truncado, tronco de cono.

CÔNEGO (có) *m.* Canónigo.

CONEXÃO (sáum) *f.* Conexión.

CONEXIDADE *f.* Conexidad.

CONEXO, XA (nè) *adj.* Conexo.

CONEZIA (zía) *f.* Canonjía, canonicato. *fig.* Canonjía, sinecura.

CONFABULAÇÃO (sáum) *f.* Confabulación.

CONFABULAR *v. tr.* Confabular. Conversar.

CONFARREAÇÃO (sáum) *f.* Confarreación.

CONFECÇÃO (sáum) *f.* Confección, acción de confeccionar.

CONFEDERAÇÃO (sáum) *f.* Confederación.

CONFEDERAR *v. tr.* Confederar. Ú. t. c. r.

CONFEIÇÃO (sáum) *f. Farm.* Confeción. Preparación de medicamentos.

CONFEIÇOAR (soar) *v. tr. Farm.* Confeccionar.

CONFEITADO, DA *adj.* Confitado, almibarado.

CONFEITAR *v. tr.* Confitar.

CONFEITARIA (ría) *f.* Confitería.

CONFEITEIRA *f.* Confitera (vasija; mujer).

CONFEITEIRO *m.* Confitero.

CONFEITO, TA *adj.* Confitado. *m.* Confite.

CONFERÊNCIA (rén) *f.* Conferencia. Cotejo, comparación.

CONFERENCIADOR *m.* Conferencista.

CONFERENCIONISTA *m.* Conferencista.

CONFERENTE *adj.* Que confiere, que coteja. *m.* El que coteja una cosa con otra. Conferencista, disertador.

CONFERIR *v. tr.* Conferir, cotejar, comparar. Conferir, conceder, dar, otorgar. *v. intr.* Conferir, conferenciar.

CONFESSA (fèssa) *f.* Confesa.

CONFESSADA (sa) *f.* Confesada.

CONFESSADO, DA (sa) *adj. P. p.* de *Confessar.* Confesado. *m.* confesado.

CONFESSAR (sar) *v. tr.* Confesar. Ú. t. c. r.

CONFESSIONAL (sio) *adj.* Confesional.

CONFESSIONÁRIO (sio) *m.* Confesonario.

CONFESSO, SSA (fèso) *adj.* Confeso.

CONFESSOR (sor) *m.* Confesor.

CONFESSÓRIO, RIA (sò) *adj.* Concerniente a la confesión.

CONFETE (fè) *m.* Confeti, confetti.

CONFIADO, DA *adj. P. p.* de *Confiar.* Confiado. Confiado, crédulo, cándido, incauto. *fam.* Confiado, atrevido, presumido, satisfecho, pagado de sí mismo.

CONFIANÇA (sa) *f.* Confianza.

CONFIAR *v. intr.* Confiar. *v. tr.* Confiar.

CONFICIONAR *v. tr.* Lo mismo que CONFEIÇOAR.

CONFIDÊNCIA (dén) *f.* Confidencia; confianza.

CONFIDENCIAR *v. tr.* Tratar confidencialmente, confiar secretos; confidenciar (*Amer.*).

CONFIDENCIOSO, SA (ozo, òza) *adj.* Confidencial. Relativo a la confidencia. Dicho confidencialmente.

CONFIDENTE *adj.* Confidente (hablando de personas). Ú. t. c. s.

CONFIGURAÇÃO (sáum) *f.* Configuración.

CONFIGURAR *v. tr.* Configurar, dar forma o figura de una cosa; representar.

CONFIM *adj.* Confín, confinante. *m. pl.* confines, términos, límites. Sitios muy lejanos.

CONFINANTE *adj.* Confinante, que confina o linda.

CONFINAR *v. intr.* Confinar, lindar, estar contíguo, inmediato o fronterizo a otro un territorio. *v. tr.* (con la prep. *com*) Acercarse.

CONFINIDADE *f.* Confinidad, cercanía.

CONFIOSO, SA (ozo, òza) *adj.* Confiado, lleno de confianza.

CONFIRMAÇÃO (sáum) *f.* Confirmación.

CONFIRMAR *v. tr.* Confirmar.

CONFIRMATIVO, VA *adj.* Confirmatorio.

CONFIRMATÓRIO, RIA (tò) *adj.* Confirmatorio.

CONFISCAÇÃO (sáum) *f.* Confiscación, confisco.

CONFISCAR *v. tr.* Confiscar, incautarse el fisco de los bienes de un reo.

CONFISCÁVEL *adj.* Confiscable.

CONFISCO *m.* Confisco, confiscación.

CONFISSÃO (sáum) *f.* Confesión.

CONFLAGRAÇÃO (sáum) *f.* Conflagración.

CONFLAGRAR *v. tr.* Conflagrar. Ú. t. c. r.

CONFLITO *m.* Conflicto.

CONFLITOSO, SA (ozo, òza) *adj.* Lo mismo que

CONFLITUOSO, SA (ozo, òza) *adj.* Relativo al conflicto. Alborotado, causante de conflictos.

CONFLUÊNCIA (én) *f.* Confluencia.

CONFLUENTE *adj.* Confluente. *m.* Río confluente.

CONFLUIR *v. tr.* Confluir.

CONFORMAÇÃO (sáum) *f.* Conformación. Conformidad, resignación. Conformidad, simetría, buena amornía.

CONFORMADO, DA *adj.* P. p. de *Comformar* e *Conformar-se.* Conformado. Conforme, resignado.

CONFORMADOR, RA *adj.* Conformador. *m.* Conformador (aparato).

CONFORMAR *v. tr.* Configurar. Conformar. *v. r.* Conformarse, resignarse.

CONFORME (fòr) *adj.* Conforme, de igual forma, ajustado, proporcionado, correspondiente. Conforme, acorde. Conforme, resignado. Condigno. *adv. m.* Conforme, Conformemente.

CONFORMEMENTE (fòr) *adv. m.* Conformemente, concordemente.

CONFORMIDADE *f.* Conformidad.

CONFORTABILIDADE *f.* Calidad de confortable, de cómodo; comodidad.

CONFORTAÇÃO (sáum) *f.* Confortación.

CONFORTAMENTO *m.* Confortamiento.

CONFORTAR *v. tr.* Confortar, dar fuerza y espíritu. Ú. t. c. r. Confortar, consolar, animar. Ú. t. c. r.

CONFORTÁVEL *adj.* Confortable (que conforta; que es cómodo).

CONFORTAVELMENTE *adv. m.* Confortablemente.

CONFORTO (fòr) *m.* Conforte, confortación. Conforte, comodidad.

CONFRADE *m.* Confrade.

CONFRAGOSO, SA (ozo, òza) *adj. p. us.* Fragoso.

CONFRANGEDOR, RA (je) *adj.* Angustioso, opresivo.

CONFRANGER (jer) *v. tr.* Apretar. Oprimir, afligir, angustiar, vejar. Despedazar. Constreñir. *v. r.* Afligirse, angustiarse; acongojarse.

CONFRANGIDO, DA (ji) *adj.* P. p. de *Confranger.* Apretado, angustiado, contorcido. Constreñido.

CONFRANGIMENTO (ji) *m.* Contracción dolorosa. Constreñimiento. Aprieto, angustia, congoja.

CONFRARIA (ría) *f.* Confradía.

CONFRATERNALMENTE *adv. m.* De manera confraternal.

CONFRATERNIDADE *f.* Confraternidad, hermandad.

CONFRATERNIZAÇÃO (zasáum) *f.* Fraternidad; acción de

CONFRATERNIZAR (zar) *v. tr. e intr.* Confraternizar, fraternizar.

CONFRONTAÇÃO (sáum) *f.* Confrontación. Cotejo, comparación.

CONFRONTAR *v. tr.* Confrontar, carear, cotejar; comparar. Confrontar (estar una persona o cosa frente a otra). Ú. t. c. r.

CONFRONTATIVO, VA *adj.* Confrontante.

CONFRONTO *m.* Comparación, cotejo. Confrontación, careo.

CONFUCIONISTA *m.* Confuciano, confucionista.

CONFUGIR (jir) *v. intr.* Huir en compañía de otro u otros.

CONFUNDIDAMENTE *adv. m.* Confusamente.

CONFUNDIDO, DA *adj.* P. p. de *Confundir.* Confuso, turbado, azorado.

CONFUNDIR *v. tr.* Confundir (en todas las acepciones de esta voz). Ú. t. c. r.

CONFUNDÍVEL *adj.* Confundible.

CONFUSA (za) *f.* Confusión.

CONFUSAMENTE (za) *adv. m.* Confusamente.

CONFUSÃO (záum) *f.* Confusión (en todas las acepciones de este vocablo).

CONFUSO, SA (zo) *adj.* Confuso, mezclado, revuelto; obscuro, dudoso; turbado, azorado.

CONFUTAÇÃO (sáum) *f.* Confutación.

CONFUTÁVEL *adj.* Que puede ser confutado.

CONGADA *f. Bras.* Lo mismo que

CONGADO *m. Bras.* Fiesta de negros.

CONGELAÇÃO (jelasáum) *f.* Congelación.

CONGELADO, DA (je) *adj.* P. p. de *Congelar.* Congelado.

CONGELAR (je) *v. tr.* Congelar, helar un líquido. Ú. t. c. r.

CONGELÁVEL (je) *adj.* Congelable.

CONGEMINAÇÃO (jeminasáum) *f.* Congeminación.

CONGÊNERE (jé) *adj.* Congénere, congenérico.

CONGENERIDADE (je) *f.* Calidad de congénere.

CONGENIAL (je) *adj.* Congenial.

CONGENIALIDADE (je) *f.* Congenialidad.

CONGÊNITO, TA (jé) *adj.* Congénito.

CONGERAR (je) *v. t r.* Generar.

CONGESTÃO (jestáum) *f.* Congestión.

CONGESTIONAR (jes) *v. tr.* Congestionar. Ú. t. c. r.

CONGESTIONÁVEL (jes) *adj.* Congestionable.

CONGESTO, TA (jès) *adj.* Congestionado.

CONGLOBAÇÃO (sáum) *f.* Conglobación.

CONGLOBAR *v. tr.* Conglobar. Ú. t. c. r.

CONGLOMERAÇÃO (sáum) *f.* Conglomeración.

CONGLOMERADO, DA *adj.* P. p. de *Conglomerar.* Conglomerado. *m.* Conglomerado.

CONGLUTINAÇÃO (sáum) *f.* Conglutinación.

CONGLUTINAR *v. tr.* Conglutinar.

CONGO, GA *adj.* Congo, congoleño. *m. Bras.* Baile brasileño de origen africano.

CONGONHA (ña) *f. Bot.* Mate.

CONGONHAR (ñar) *v. intr. Bras.* Matear.

CONGONHEIRA (ñeira) *f. Bot.* Mate, hierba mate.

CONGORSA (gòr) *f.* Lo mismo que

CONGOSSA (gòsa) *f. Bot.* Hierba doncella.

CONGOSTA (gòs) *f.* Callejuela angosta.

CONGOXA (gòcha) *f. ant.* Congoja.

CONGOXAR (char) *v. tr. ant.* Acongojar.

CONGRAÇADOR, RA (sa) *adj.* Congraciador. *m.* Mediador, medianero.

CONGRAÇAR (sar) *v. tr.* Congraciar. Ú. t. c. r. Conciliar, convenir, mediar, componer. Ú. t. c. r.

CONGRATULAÇÃO (sáum) *f.* Congratulación.

CONGRATULAR *v. tr.* Congratular. Ú. t. c. r.

CONGREGAÇÃO (sáum) *f.* Congregación. — *dos fiéis.* Congregación de los fieles.

CONGREGADO, DA *adj.* P. p. de *Congregar.* Congregado. *m.* Congregante.

CONGREGAR *v. tr.* Congregar, juntar, reunir. Ú. t. c. r.

CONGRESSEIRO (sei) *m. despect.* Congresista.

CONGRESSIONAL (sio) *adj.* Relativo o perteneciente al congreso.

CONGRESSISTA (sis) *m.* Congresista, congresal, congresante.

CONGRESSO (grèso) *m.* Congreso.

CONGRESSUAL (sual) *adj.* Lo mismo que CONGRESSIONAL.

CONGRO *m. Zool.* Congrio.

CONGRUA (cón) *f.* Congrua.

CONGRUIDADE *f.* Congruidad.

CÔNGRUO, UA (cón) *adj.* Congruo, congruente.

CONGUÊS, ESA (gués, gueza) *adj.* Congo, congoleño. Ú. t. c. s.

CONHAQUE (ña) *m.* Coñac.

CONHECEDOR, RA (ñe) *adj.* Conocedor. Ú. t. c. s.

CONHECENTE (ñe) *adj.* Conociente.

CONHECER (ñe) *v. tr.* Conocer (en todas las acepciones de esta voz). Ú. t. c. r.

CONHECIDAMENTE (ñe) *adv. m.* Conocidamente, claramente, notoriamente.

CONHECIDO, DA (ñe) *adj.* P. p. de *Conhecer.* Conocido. *m.* Conocido.

CONHECIMENTO (ñe) *m.* Conocimiento.

CONHECÍVEL (ñe) *adj.* Conocible.

CONICIDADE *f.* Conicidad.

CÔNICO, CA (có) *adj.* Cónico.

CÔNIGO (có) *m.* Lo mismo que CÔNEGO.

CONIMBRICENSE (jen) *adj.* Conimbricense. Ú. t. c. s.

CONIVÊNCIA (vén) *f.* Connivencia.

CONIVENTE *adj.* Connivente. Cómplice.

CONIZA (za) *f. Bot.* Coniza; zaragatona.

CONJETOR (je) *m.* El que conjetura.

CONJETURA (je) *f.* Conjetura.

CONJETURADAMENTE (je) *adv. m.* Conjeturalmente.

CONJETURAR (je) *v. tr.* Conjeturar, juzgar por indicios y observaciones. Ú. t. c. intr.

CONJETURÁVEL (je) *adj.* Conjeturable.

CONJETURISTA (je) *m.* Conjeturador, el que conjetura.

CONJUGAÇÃO (jugasáum) *f. Gram.* Conjugación. *Biol.* Conjugación.

CONJUGADO, DA (ju) *adj.* P. p. de *Conjugar.* Conjugado. Emparejado. Ligado, unido.

CONJUGAL (ju) *adj.* Conyugal.

CONJUGALMENTE (ju) *adv. m.* Conyugalmente.

CONJUGAR (ju) *v. tr. Gram.* Conjugar. Ligar, unir. Ú. t. c. r.

CONJUGATIVO, VA (ju) *adj.* Relativo o perteneciente a la conjugación.

CONJUGÁVEL (ju) *adj.* Conjugable.

CÔNJUGE (cónjuje) *m.* Cónyuge.

CONJUGICIDA (juji) *m. y f.* Conyugicida.

CONJUGICÍDIO (juji) *m.* Conyugicidio.

CONJÚGIO (jújio) *m.* Conyugio, matrimonio.

CONJUIZ *m.* Conjuez, conjúdice.

CONJUNÇÃO (junsáum) *f.* Conjunción, unión, junta, reunión. *Astr.* Conjunción. Menstruación. *Gram.* Conjunción (parte invariable del discurso, que enlaza oraciones o vocablos, denotando sus varias relaciones). — *adversativa.* Conjunción adversativa: *mas, porém, todavia, contudo, senão, entretanto.* — *alternativa.* Conjunción distributiva: *ou... ou, já... já, ora... ora, quer... quer.* — *aproximativa.* Conjunción coordinativa copulativa, que meramente une: *e, nem, também, bem como, que, então.* — *causal.* Conjunción causal: *porque, pois que, porquanto, visto que, visto como, uma vez que, como, já que, de modo que.* — *concessiva.* Conjunción adversativa. correctiva: *embora, quando mesmo, ainda que, posto que, por mais que, por menos que, por pouco que, mesmo que, dado que, conquanto.* — *conclusiva.* Conjunción ilativa: *pois, logo, portanto, por conseguinte, por conseqüência, por isso, daí.* — *condicional.* Conjunción condicional: *se, salvo se, exceto se, contanto que, sem que, a não ser que, a menos que.* — *consecutiva.* Conjunción consecutiva: *tal... que, tamanho... que, tão... que, de tal modo... que, de tal sorte... que.* — *continuativa.* Conjunción continuativa: *pois, entretanto, no entanto, daí, ora, além disso, com efeito, outrossim, pois bem.* — *coordenativa.* Conjunción coordinativa o coordinante. — *copulativa.* Lo mismo que — APROXIMATIVA. — *disjuntiva.* Conjunción disyuntiva. — *final.* Conjunción final: *para que, afim de que, porque, que.* — *ilativa.* Lo mismo que — CONCLUSIVA. — *subordinativa.* Conjunción subordinante.

CONJUNCIONAL (jun) *adj.* Relativo o perteneciente a la conjunción.

CONJUNGIR (junjir) *v. tr.* Ligar, enlazar, reunir.

CONJUNTAMENTE (jun) *adv. m.* Juntamente, conjuntamente.

CONJUNTIVA (jun) *f. Anat.* Conjuntiva.

CONJUNTIVITE (jun) *f. Pat.* Conjuntivitis.

CONJUNTIVO, VA (jun) *adj.* Conjuntivo. *Locução —a.* Modo conjuntivo.

CONJUNTO, TA (jun) *adj.* Conjunto. *m.* Conjunto.

CONJUNTURA (jun) *f.* Conyuntura, oportunidad, ocasión.

CONJURA (ju) *f.* Conjuro. Conjuración.

CONJURAÇÃO (jurasáum) *f.* Conjuración, complot.

CONJURADO, DA (ju) *adj.* Conjurado. Exorcizado. *m.* Conjurado.

CONJURAMENTO (ju) *m.* Conjuro.

CONJURAR (ju) *v. tr.* Conjurar, conspirar, fraguar. *v. r.* Conjurarse. *v. tr.* Conjurar, exorcizar.

CONJURO (ju) *m.* Conjuro.

CONLUIADAMENTE *adv. m.* Con colusión.

CONLUIADO, DA *adj.* P. p. de *Conluiar* y *Conluiar-se.* Confabulado, combinado, convenido para hacer mal por colusión.

CONLUIAR *v. tr.* Combinar, confabular, tramar para engañar por colusión. *v. r.* Confabularse, combinarse, convenirse para engañar por colusión.

CONLUIO *m.* Colusión. Connivencia. Conspiración, conjuración, complot.

CONÓIDE (nòi) *adj.* Conoideo. *m. Geom.* Conoide.

CONOSCO *pron.* Con nosotros. (Ablativo de plural del pronombre personal de primera persona, en género masculino y femenino); connosco *(ant.).*

CONQUANTO *conj. advers. correctiv.* Aunque.

CONQUISTA *f.* Conquista. La cosa conquistada.

CONQUISTADOR *m.* Conquistador.

CONQUISTAR *v. tr.* Conquistar.

CONQUISTÁVEL *adj.* Conquistable.

CONSABEDOR *m.* Consabidor.

CONSAGRAÇÃO (sáum) *f.* Consagración.

CONSAGRADOR *adj.* Consagrante. Ú. t. c. s.

CONSAGRAR *v. tr.* Consagrar (en todas las acepciones de esta voz). Ú. t. c. r.

CONSAGRÁVEL *adj.* Consagrable.

CONSANGUÍNEO, NEA *adj.* Consanguíneo.

CONSANGUINIDADE *f.* Consanguinidad.

CONSCIÊNCIA *(én) f.* Conciencia. Sinceridad. Esmero. Opinión, juicio. Honradez.

CONSCIENCIOSAMENTE (òza) *adv. m.* Concienzudamente.

CONSCIENCIOSO, SA (ozo, òza) *adj.* Concienzudo.

CONSCIENTE *adj.* Consciente.

CONSCIENTEMENTE *adv. m.* Conscientemente.

CÔNSCIO, CIA (cón) *adj.* Consciente.

CONSCRIÇÃO (sáum) *f.* Conscripción.

CONSCRITO, TA *adj.* Conscripto. *m.* Quinto, soldado, conscripto.

CONSECRATÓRIO, RIA (tò) *adj.* Consagratorio, consagrativo.

CONSECUÇÃO (sáum) *f.* Consecución.

CONSECUTIVAMENTE *adv. m.* Consecutivamente, uno tras otro.

CONSECUTIVO, VA *adj.* Consecutivo, que sigue a continuación.

CONSEGUIDOR *m.* El que consigue.

CONSEGUIMENTO *m.* Conseguimiento, consecución.

CONSEGUINTE *adj.* Consiguiente; consecuente. *Por* —. *m. adv.* Por consiguiente, por el consiguiente, por consecuencia.

CONSEGUINTEMENTE *adv. m.* Consiguientemente, por consecuencia, por lo tanto.

CONSEGUIR *v. tr.* Conseguir, lograr, obtener, alcanzar.

CONSEGUÍVEL *adj.* Que se puede conseguir.

CONSELHAR (llar) *v. tr.* Lo mismo que ACONSELHAR.

CONSELHEIRAL (llei) *adj. fam.* Lo mismo que CONSELHEIRÁTICO.

CONSELHEIRALMENTE (llei) *adv. m.* Con importancia, gravemente.

CONSELHEIRÁTICO, CA (llei) *adj. fam.* Propio de consejero. Grave, pagado de sí mismo.

CONSELHEIRESCO, CA (llei) *adj. despect.* Lo mismo que CONSELHEIRÁTICO.

CONSELHEIRICE (llei) *f.* Perogrullada.

CONSELHEIRISMO (llei) *m. fam.* Gravedad y entono de consejero.

CONSELHEIRO, RA (llei) *adj.* Consejador. *m.* Consejero.

CONSELHO (llo) *m.* Consejo (en todas las acepciones de esta voz).

CONSEMELHANÇA (llansa) *f.* Semejanza.

CONSENCIENTE *adj.* Consentáneo.

CONSENSIAL *adj.* Relativo o perteneciente al CONSENSO.

CONSENSO *m.* Consenso, asenso, consentimiento general.

CONSENSUALIDADE *f.* Calidad de consensual.

CONSENTANEAMENTE (tá) *adv. m.* Consentáneamente.

CONSENTANEIDADE *f.* Consentaneidad.

CONSENTÂNEO, EA (tá) *adj.* Consentáneo, conforme.

CONSENTIMENTO *m.* Consentimiento. *Por* —. *m. adv.* Por consentimiento.

CONSENTIR *v. tr.* Consentir (permitir; sufrir; admitir).

CONSEQÜÊNCIA (cuén) *f.* Consecuencia.

CONSEQÜENCIAL (cuen) *adj.* Consecuencial.

CONSEQÜENTE (cuen) *adj.* Consecuente. *m.* Consecuente.

CONSEQÜENTEMENTE (cuen) *adv. m.* Consecuentemente.

CONSERTADOR *m.* El que concierta, arregla o compone.

CONSERTAMENTO *m.* Lo mismo que CONSERTO.

CONSERTAR *v. tr.* Concertar, componer, arreglar, aparejar, aderezar, preparar. *For.* Cotejar, conferir, comparar.

CONSERTO (sér) *m.* Compostura, concierto, arreglo.

CONSERVA (sèr) *f.* Conserva.

CONSERVAÇÃO (sáum) *f.* Conservación.

CONSERVADOR, RA *adj.* Conservador. Ú. t. c. s.

CONSERVADORISMO *m.* Lo mismo que

CONSERVANTISMO *m.* Doctrina de los partidos políticos conservadores.

CONSERVAR *v. tr.* Conservar. Ú. t. c. r.

CONSERVARIA (ría) *f.* Conservería.

CONSERVATÓRIO, RIA (tò) *adj.* Conservatorio. *m.* Conservatorio.

CONSERVÁVEL *adj.* Conservable.

CONSERVEIRO *m.* Conservero.

CONSERVO (sèr) *m.* Consiervo.

CONSIDERAÇÃO (sáum) *f.* Consideración.

CONSIDERAR *v. tr.* Considerar (en todas las acepciones de esta voz).

CONSIDERÁVEL *adj.* Considerable (digno de consideración; grande, cuantioso, importante).

CONSIDERAVELMENTE *adv. m.* Considerablemente.

CONSIGNAÇÃO (sáum) *f.* Consignación.

CONSIGNAR *v. tr.* Consignar (en todas las acepciones de este vocablo).

CONSIGNATÁRIO *m.* Consignatario.

CONSIGNÁVEL *adj.* Consignable.

CONSIGO *pron.* (Ablativo de singular y plural de la forma reflexiva *se, si,* del pronombre personal de tercera persona en género masculino y femenino). Consigo.

CONSISTÊNCIA (tén) *f.* Consistencia.

CONSISTENTE *adj.* Consistente.

CONSISTIR *v. intr.* Consistir.

CONSISTÓRIO (tò) *m.* Consistorio.

CONSOADA *f.* Colación. Aguinaldo (de la noche de Navidad).

CONSOANTAR *v. tr.* Consonantizar.

CONSOANTE *adj.* Consonante. *f.* Consonante. *conj.* Conforme, según.

CONSOANTEIRO, RA *adj.* Consonantero.

CONSOANTEMENTE *adv. m.* Consonantemente. Conformemente.

CONSOAR *v. intr.* Consonar. *v. tr.* Comer en la *Consoada.*

CONSOBRINHO, NHA (ño, ña) *m. y f.* Respecto de una persona, sobrino de su cónyuge.

CONSOCIAÇÃO (sáum) *f.* Acción de

CONSOCIAR *v. tr.* Asociar. Ú. t. c. r. Conciliar, unir, avenir.

CONSÓCIO (sò) *m.* Consocio.

CONSOGRO *m.* Consuegro.

CONSOLA (sò) *f.* Lo mismo que CONSOLO.

CONSOLAÇÃO (sáum) *f.* Consolación. Confortación.

CONSOLADORAMENTE *adv. m.* Consolablemente.

CONSOLAMENTO *m.* Lo mismo que CONSOLAÇÃO.

CONSOLAR *v. tr.* Consolar, confortar. Ú. t. c. r.

CONSOLÁVEL *adj.* Consolable.

CONSOLATÓRIO, RIA (tò) *adj.* Consolatorio, consolador.

CONSOLDA (sòl) *f. Bot.* Consuelda, consólida.

CONSOLE (sò) *f. Gal.* Lo mismo que CONSOLO.

CONSOLIDAÇÃO (sáum) *f.* Consolidación.

CONSOLIDAR *v. tr.* Consolidar. Ú. t. c. r.

CONSOLO (só) *m.* Consola.

CONSONADO *adj.* Consonante, cónsono.

CONSONÂNCIA (náum) *f.* Consonancia.

CONSONANTAL *adj.* Relativo a las letras consonantes.

CONSONANTIZAÇÃO (zasáum) *f.* Acción de

CONSONANTIZAR (zar) *v. tr.* Consonantizar.

CONSONAR *v. tr.* Consonar, aconsonantar.

CONSORCIAR *v. tr.* Unir, asociar, ligar. *v. r.* Unirse en matrimonio.

CONSÓRCIO (sòr) *m.* Consorcio (participación; unión; matrimonio).

CONSORTE (sòr) *m. y f.* Consorte.

CONSPECTO (pèto) *m.* Aspecto, presencia, vista. Examen, observación.

CONSPEITO *m.* Lo mismo que CONSPECTO.

CONSPICUIDADE *f.* Calidade de

CONSPÍCUO, CUA *adj.* Visible. Ilustre, conspicuo, sobresaliente, insigne. Serio, grave.

CONSPIRAÇÃO (sáum) *f.* Conspiración.

CONSPIRAR *v. intr.* Conspirar (unirse, confabularse; concurrir varias cosas a un fin).

CONSPIRATA *f.* Conspiración.

CONSPURCAÇÃO (sáum) *f.* Acción y efecto de

CONSPURCAR *v. tr.* Suciar, emporcar, manchar, mancillar, ensuciar, ajar.

CONSTA *m.* Noticia publicada como verdadera.

CONSTÂNCIA (tán) *f.* Constancia (firmeza y perseverancia).

CONSTANTE *adj.* Constante, perseverante. Firme, inmutable. Cierto, indudable. Unánime, unísono. *Mat.* Constante. *For.* Mencionado, que consta.

CONSTAR *v. intr.* Constar. Estar mencionado. Consistir.

CONSTATAÇÃO (sáum) *f.* Comprobación, constatación.

CONSTELAÇÃO (sáum) *f.* Constelación.

CONSTERNAÇÃO (sáum) *f.* Consternación.

CONSTERNADAMENTE *adv. m.* Con consternación.

CONSTERNADOR, RA *adj.* Que consterna, que aflige.

CONSTIPAÇÃO (sáum) *f. Med.* Constipado, constipación, constipado de vientre, estreñimiento. *fam.* Constipado, constipación, resfriado, catarro.

CONSTITUCIONALIDADE *f.* Constitucionalidad.

CONSTITUCIONALIZAR (zar) *v. tr.* Tornar constitucional.

CONSTITUIÇÃO (sáum) *f.* Constitución.

CONSTITUINTE *adj.* Constituyente. *f.* Cortes Constituyentes. *m.* Constituidor. Mandante, el que da la procuración a otro. Miembro de una cámara legislativa.

CONSTITUIR *v. tr.* Constituir (formar, componer; precisar, poner, obligar; establecer, fundar, ordenar, organizar). Ú. t. c. r.

CONSTRANGEDOR, RA (je) *adj.* Que constriñe; constrictivo; incómodo.

CONSTRANGER (jer) *v. tr.* Constreñir, impedir, apretar. Ú. t. c. r. Constreñir, compeler, obligar a hacer algo. Cercenar.

CONSTRANGIDAMENTE (ji) *adv. m.* Constreñidamente.

CONSTRANGIDO, DA (ji) *adj. P. p.* de *Constranger.* Constreñido, apretado, compelido. Enfermo. Incomodado. Obligado, forzado.

CONSTRANGIMENTO (ji) *m.* Constreñimiento. Lo mismo que ACANHAMENTO.

CONSTRIÇÃO (sáum) *f.* Constricción, encogimiento.

CONSTRINGENTE (jen) *adj.* Constringente, constrictivo.

CONSTRINGIR (jir) *v. tr.* Constreñir, ceñir apretando. *v. r.* Contraerse, encogerse.

CONSTRUÇÃO (sáum) *f.* Construcción.

CONSTRUIR *v. tr.* Construir, fabricar, edificar, erigir. *Gram.* Construir.

CONSTRUTIVO, VA *adj.* Que sirve para construir.

CONSTRUTOR, RA *adj.* Constructor. *m.* Constructor.

CONSUBSTANCIAÇÃO (sáum) *f.* Consubstanciación.

CONSUBSTANCIAR *v. tr.* Ligar, unir. consolidar.

CONSUETO, TA *adj.* Acostumbrado.

CONSUETUDINÁRIO, RIA *adj.* Consuetudinal, consuetudinario.

CÔNSUL (cón) *m.* Cónsul.

CONSULADO *m.* Consulado.

CONSULAGEM (*jem*) *f.* Consulaje.
CONSULENTE *adj.* Consultante. Ú. t. c. s.
CONSULESA (*za*) *f.* La mujer del cónsul.
CONSULTA *f.* Consulta.
CONSULTAÇÃO (*sáum*) *f.* Consultación, consulta.
CONSULTAMENTE *adv. m.* Judiciosamente: Sabiamente.
CONSULTAR *v. tr.* Consultar.
CONSULTO *m.* Colusión; conspiración.
CONSULTOR, RA *adj.* Consultor. Ú. t. c. s.
CONSULTÓRIO (*tò*) *m.* Consultorio.
CONSUMAÇÃO (*sáum*) *f.* Consumación. — *dos séculos.* La consumación de los siglos.
CONSUMADAMENTE *adv. m.* Perfectamente.
CONSUMADO, DA *adj.* P. p. de *Consumar.* Consumado. Perfecto. Sabio.
CONSUMAR *v. tr.* Completar, acabar, acabalar. Consumar. Ú. t. c. r.
CONSUMIÇÃO (*sáum*) *f.* Consumición, consumo. Mortificación, aflicción, disgusto, congoja.
CONSUMIDOR, RA *adj.* Consumidor. Ú. t. c. s.
CONSUMIR *v. tr.* Consumir (en todas las acepciones de esta voz). Ú. t. c. r.
CONSUMÍVEL *adj.* Consumible.
CONSUMO *m.* Consumo.
CONSUNÇÃO (*sáum*) *f.* Consunción (acción de consumir; extenuación, enflaquecimiento excesivo).
CONTA *f.* Cuenta (acción de contar; cálculo aritmético; papel en que hay anotadas diversas partidas que suman o restan al final; razón, satisfacción de algo; cualquiera de las bolitas del rosario, de un collar; cuidado, cargo, incumbencia). Atención, cautela. — *corrente.* Cuenta corriente.
CONTABILIDADE *f.* Contabilidad.
CONTABILISTA *m.* Contador.
CONTACTO *m.* Contacto.
CONTADO, DA *adj.* Contado (computado; referido).
CONTADOR, RA *adj.* Contador. *m.* Contador (aparato). Contador (persona).
CONTADORIA (*ría*) *f.* Contaduría.
CONTA-FIOS *m.* Cuentahilos.
CONTAGEM (*jem*) *f.* Cuenta (acción de contar).
CONTAGIÃO (*jiáum*) *f.* Contagión.
CONTAGIAR (*jiar*) *v. tr.* Contagiar. Ú. t. c. r.
CONTÁGIO (*jio*) *m.* Contagio.
CONTAGIONAL (*jio*) *adj.* Relativo al contagio.
CONTAGIOSIDADE (*jiozi*) *f.* Contagiosidad.
CONTAGIOSO, SA (*jiozo, jiòza*) *adj.* Contagioso.
CONTA-GOTAS *m.* Cuentagotas.
CONTAMINABILIDADE *f.* Calidad de contaminable.
CONTAMINAÇÃO (*sáum*) *f.* Contaminación.
CONTAMINAR *v. tr.* Contaminar. Ú. t. c. r.
CONTAMINÁVEL *adj.* Contaminable.
CONTANTO QUE *m. conjunt.* Con tanto que, en el caso, con tal que.
CONTA-PASSOS (*sos*) *m.* Cuentapasos, podómetro.
CONTAR *v. tr.* Contar, computar, calcular. Contar, referir, relatar. Contar, poner en cuenta, incluir. Reputar, considerar. *v. intr.* Contar, hacer cuentas.
CONTARIA (*ría*) *f.* Fábrica de cuentas (para rosarios y collares).
CONTÁVEL *adj.* Contable.
CONTEIRA *f.* Contera (de bastón, de la vaina de la espada; cascabel, remate del cañón de artillería).
CONTEMPLAÇÃO (*sáum*) *f.* Contemplación.
CONTEMPLAR *v. tr.* Contemplar.
CONTEMPORANEAMENTE (*rá*) *adv. m.* Contemporáneamente.
CONTEMPORANEIDADE *f.* Contemporaneidad.
CONTEMPORÂNEO, EA (*rá*) *adj.* Contemporáneo. Ú. t. c. s.
CONTEMPORÃO, RÃ (*ráum, rán*) *adj.* Contemporáneo.
CONTEMPORIZAÇÃO (*zasáum*) *f.* Contemporización, contemporizamiento.
CONTEMPORIZAR (*zar*) *v. intr.* Contemporizar.
CONTEMPTÍVEL *adj.* Contentible, despreciable.
CONTEMPTO *m.* Desprecio.
CONTEMPTOR, RA *adj.* Despreciador.
CONTENÇÃO (*sáum*) *f.* Contención, contienda.

CONTENCIOSO, SA (*ozo, òza*) *adj.* Contencioso. *m.* Tribunal contencioso.
CONTENDA *f.* Contienda, pelea, disputa, altercación, riña.
CONTENDEDOR, RA *adj.* Contendedor, contendor. Ú. t. c. s.
CONTENDENTE *adj.* Contendiente. Ú. t. c. s.
CONTENDER *v. tr.* Disputar, debatir, altercar, pleitear. *v. intr.* Contender, lidiar, luchar, pelear, batallar. Oponerse.
CONTENDÍVEL *adj.* Discutible.
CONTENDOR, RA *adj.* Contendor, contendiente. Ú. t. c. s.
CONTENSÃO (*sáum*) *f.* Esfuerzo, empeño, conato.
CONTENTADIÇO, ÇA (*so*) *adj.* Contentadizo.
CONTENTAMENTO *m.* Contentamiento, contento.
CONTENTAR *v. tr.* Contentar. Ú. t. c. r.
CONTENTÁVEL *adj.* Que puede contentarse; contentadizo.
CONTENTE *adj.* Contento, gozoso, alegre, satisfecho.
CONTENTO *m.* Lo mismo que CONTEÚDO.
CONTENTO *m.* Contento, contentamiento. A —. *m. adv.* A contento, cumplidamente, a satisfacción.
CONTER *v. tr.* Contener (llevar, encerrar dentro de sí; comprender, abarcar; reprimir, refrenar, moderar). Ú. t. c. r.
CONTÉRMINO, NA (*tèr*) *adj.* Contérmino, confinante, colindante, limítrofe.
CONTERRANEIDADE *f.* Calidade de
CONTERRÂNEO, EA (*rá*) *adj.* Conterráneo. Ú. t. c. s.
CONTESTABILIDADE *f.* Contestabilidad.
CONTESTAÇÃO (*sáum*) *f.* Contestación. Contienda. Contradicción. Negación.
CONTESTAR *v. tr.* Contestar, comprobar, confirmar, corroborar, declarar, atestiguar. Contradecir, impugnar. Contender. Contestar, responder. Altercar, cuestionar. *v. intr.* Oponerse.
CONTESTÁVEL *adj.* Contestable. Dudoso, incierto.
CONTESTE (*tès*) *adj.* Conteste. Comprobativo.
CONTESTEMENTE (*tès*) *adv. m.* Conformemente.
CONTEÚDO *m.* Contenido.
CONTEXTO (*tes*) *m.* Contexto.
CONTEXTUAÇÃO (*testuasáum*) *f.* Acción de
CONTEXTUAR (*tes*) *v. tr.* Contextuar. Incluir en el texto.
CONTEXTURA (*tes*) *f.* Contextura.
CONTIDO, DA *adj.* P. p. de *Conter.* Contenido, que obra o procede con moderación.
CONTIGO *pron.* (Ablativo de singular del pronombre personal de segunda persona, en género masculino y femenino). Contigo.
CONTIGUAÇÃO (*sáum*) *f.* Contiguación, contigüidad.
CONTIGUAMENTE *adv. m.* Contiguamente.
CONTIGUAR *v. tr.* Lo mismo que AVIZINHAR.
CONTIGUIDADE (*güi*) *f.* Contigüidad.
CONTÍGUO, UA *adj.* Contiguo, inmediato.
CONTILHEIRA (*llei*) *f.* Cuentera, cuentista, chismosa.
CONTINÊNCIA (*nén*) *f.* Continencia, templanza, sobriedad moderación; abstinencia. Postura, ademán. *Mil.* Saludo.
CONTINENTE *adj.* Continente. *m.* Continente. *Geogr.* Continente.
CONTINENTINO, NA *adj.* Continental.
CONTINGÊNCIA (*jén*) *f.* Contingencia.
CONTINGENTE (*jen*) *adj.* Contingente. *m.* Contingente. *Mil.* Contingente.
CONTINUAÇÃO (*sáum*) *f.* Continuación. Em —. *m. adv.* A continuación.
CONTINUAMENTE *adv. m.* Continuamente.
CONTINUAMENTO *m.* Continuación.
CONTINUAR *v. tr.* Continuar, proseguir lo comenzado. *v. intr.* Continuar, durar. Continuarse, seguir, extenderse. Ú. t. c. r.
CONTISTA *adj.* Relativo a las cuentas.
CONTISTA *m.* Cuentista (persona que escribe cuentos y narraciones).
CONTO *m.* Cuento (relato de un suceso real o falso; fábula, conseja; hablilla, chisme). *pl.* Cuentos, embustes. — *da carochinha.* Cuentos de

hadas, cuentos para niños, cuentos de viejas. — *do-vigário.* Embuste, cuento, engaño. — *s de velhos.* Cuentos de viejas. — *largos.* Cuentos largos.
CONTO *m.* Un millón de reis, conto. Cuento, un millón. — *de réis.* Conto, un millón de reis (antigua moneda imaginaria del Brasil).
CONTO *m.* Cuento (contera o regatón).
CONTORÇÃO (*sáum*) *f.* Contorción, retorcimiento, torcedura; contorsión.
CONTORCIONAMENTO *m.* Contorción, retorcimiento, torcedura.
CONTORCIONAR *v. intr.* Hacer contorsiones acrobáticas.
CONTORCIONISTA *m.* Lo mismo que
CONTORCISTA *m.* Contorsionista.
CONTORNAMENTO *m.* Contorneo.
CONTORNAR *v. tr.* Contornear, perfilar. Contornear, dar vueltas en derredor de un sitio. Redondear. Lo mismo que LADEAR.
CONTORNO (*tór*) *m.* Contorno.
CONTORSÃO (*sáum*) *f.* Lo mismo que CONTORÇÃO.
CONTRA *prep.* Contra. Enfrente. Hacia. *adv.* En contra. *m.* Contra. Contrariedad, contradicción. *Esgr.* Contra. Contraveneno.
CONTRA-ABERTURA *f. Cir.* Contraabertura.
CONTRA-ABITA *f. Mar.* Contrabita.
CONTRA-ALÍSEOS (*zeos*) *m. pl.* Contraalisios.
CONTRA-ALMIRANTE *m.* Contraalmirante.
CONTRA-AMURA *f. Mar.* Contraamura.
CONTRA-ARMINHOS (*ños*) *m. pl. Blas.* Contraarmiños.
CONTRA-ATAQUE *m.* Contraataque.
CONTRABAIXISTA (*chis*) *m.* Contrabajista.
CONTRABAIXO (*cho*) *m.* Contrabajo (instrumento, voz).
CONTRABALANÇADO, DA (*sa*) *adj.* P. p. de *Contrabalançar.* Contrabalanceado. Compensado.
CONTRABALANÇAR (*sar*) *v. tr.* Contrabalancear; compensar, contrarrestar.
CONTRABALANÇO (*so*) *m.* Contrabalanza.
CONTRABANDEAR *v. intr.* Contrabandear; hacer el contrabando.
CONTRABANDISTA *m.* Contrabandista.
CONTRABANDO *m.* Contrabando.
CONTRABATER *v. tr. Artill.* Contrabatir.
CONTRABOÇA (*sa*) *f. Mar.* Contraboza.
CONTRABRAÇO (*so*) *m. Mar.* Contrabraza.
CONTRACADASTE *m. Mar.* Contracodaste.
CONTRACAMBIAR *v. tr.* Pagar mal. Cambiar. Corresponder mal.
CONTRACÂMBIO (*cám*) *m. Com.* Contracambio.
CONTRAÇÃO (*sáum*) *f.* Contracción.
CONTRACORRENTE *f.* Contracorriente.
CONTRADANÇA (*sa*) *f.* Contradanza.
CONTRADANÇAR (*sar*) *v. intr.* Bailar la contradanza.
CONTRADECLARAÇÃO (*sáum*) *f.* Contradeclaración.
CONTRADIÇÃO (*sáum*) *f.* Contradicción.
CONTRADISTINGUIR *v. tr.* Mostrar la diferencia entre dos cosas.
CONTRADITADO, DA *adj.* P. p. de *Contraditar.* Contradicho. Impugnado.
CONTRADITAR *v. tr.* Contradecir, impugnar, refutar.
CONTRADITÁVEL *adj.* Que se puede refutar o contradecir.
CONTRADITO, TA *adj.* P. p. de *Contradizer.* Contradicho.
CONTRADITOR, RA *adj.* Contradictor. Ú. t. c. s.
CONTRADITÓRIA (*tò*) *f. Lóg.* Contradictoria.
CONTRADITORIAMENTE (*tò*) *adv. m.* Contradictoriamente.
CONTRADITÓRIO, RIA (*tò*) *adj.* Contradictorio.
CONTRADIZER (*zer*) *v. tr.* Contradecir. Ú. t. c. r.
CONTRADIZIMENTO (*zi*) *m. p. us.* Contradecimiento, contradicción.
CONTRADORMENTE *m. Mar.* Contradurmiente.
CONTRA-ÉDITO (*è*) *m.* Contraedicto.
CONTRA-EMBOSCADA *f.* Contraemboscada.
CONTRA-EMERGENTE (*jen*) *adj. Blas.* Contraemergente.
CONTRAENTE *adj.* Contrayente. Ú. t. c. s.
CONTRA-ERVA (*èr*) *f. Bot.* Contrahierba.

CONTRA-ESCARPA *f.* Contraescarpa.
CONTRA-ESCOTA *f. Mar.* Contraescota.
CONTRA-ESCRITURA *f.* Contraescritura.
CONTRA-ESTAI *m. Mar.* Contraestay.
CONTRA-ESTUDO *m.* Estudio reiterado.
CONTRAFAÇÃO (sáum) *f.* Acción de contrahacer. Falsificación. Contrahechura.
CONTRAFAIXA *(ch*a) *f. Blas.* Contrabanda, contrafaja.
CONTRAFAIXADO, DA *(ch*a) *adj. Blas.* Contrafajado.
CONTRAFATOR *m.* Lo mismo que
CONTRAFAZEDOR *(ze) m.* Contrafactor; contrahacedor.
CONTRAFAZER *(zer) v. tr.* Contrahacer, imitar, falsificar; remedar. *v. r.* Fingirse, contrahacerse.
CONTRAFÉ *(fè) f.* Copia auténtica de intimación dada a la persona citada.
CONTRAFEIÇÃO (sáum) *f.* Lo mismo que CONTRAFAÇÃO. Constreñimiento, compulsión.
CONTRAFEITO, TA *adj. P. p.* de *Contrafazer.* Contrahecho, imitado, falsificado. Constreñido, compelido, obligado. Incomodado.
CONTRAFILEIRA *f.* Contrahilera.
CONTRAFIXA *(x*a) *f.* Contrafija. Contrahilera.
CONTRAFLOREADO, DA *adj. Blas.* Contraflorado.
CONTRAFORTE *(fòr) m. Fort.* Contrafuerte. Contrafuerte (del calzado). *Orog.* Contrafuerte.
CONTRAFOSSO *(so) m.* Contrafoso.
CONTRAFUNDO *adv. m.* Hacia abajo.
CONTRAGEM *(jem) f.* Rayo de la rueda grande de un ingenio de azúcar.
CONTRAGOLPE *(gòl) m. Med.* Contragolpe. *fig.* Contrafuerza.
CONTRAGUARDA *f. Fort.* Contraguardia.
CONTRAÍDO, DA *adj. P. p.* de *Contrair.* Contraído.
CONTRA-INDICAÇÃO (sáum) *f.* Contraindicación.
CONTRA-INDICAR *v. tr. Med.* Contraindicar.
CONTRAIR *v. tr.* Contraer, estrechar, juntar, condensar, reducir. Ú. t. c. r. Contraer, adquirir alguna costumbre, vicio, resabio, enfermedad, etc. *v. r.* Contraerse, encogerse.
CONTRAÍVEL *adj.* Que se puede contraer.
CONTRALTO *m. Mús.* Contralto (voz). *m.* Contralto (persona).
CONTRALUZ *f.* Contraluz.
CONTRAMALHA (lla) *f.* Contramalla.
CONTRAMALHADO, DA *(lla) adj.* Contramallado, que tiene contramalla.
CONTRAMALHAR *(llar) v. tr.* Contramallar.
CONTRAMANDADO *m. Jur.* Contramandato.
CONTRAMANOBRA *(nò) f.* Contramaniobra.
CONTRAMARCA *f.* Contramarca. Contraseña (en los teatros).
CONTRAMARCAÇÃO (sáum) *f.* Acción de contramarcar.
CONTRAMARCAR *v. tr.* Contramarcar, poner contramarca.
CONTRAMARCHA *(ch*a) *f. Mil.* Contramarcha.
CONTRAMARCHAR *(ch*ar) *v. intr. Mil.* Contramarchar.
CONTRAMARÉ *(rè) f.* Contramarea.
CONTRAMESTRE *(mès) m.* Contramaestre (de fábrica; oficial de mar).
CONTRAMEZENA *(ze) f. Mar.* Contramesana.
CONTRAMINA *f.* Contramina.
CONTRAMOLDAGEM *(jem) f.* Operación de vaciar en contramolde.
CONTRAMOLDAR *v. tr.* Reproducir por contramolde.
CONTRAMURALHA (lla) *f.* Contramuralla, contramuro.
CONTRAMURO *m.* Contramuro, contramuralla.
CONTRANATURA *adv. m.* Contrariamente al orden natural de las cosas.
CONTRANATURAL *adj.* Contranatural.
CONTRANATURALIDADE *f.* Calidad de contranatural.
CONTRANITÊNCIA *(tèn) f.* Resistencia, fuerza de repulsión.
CONTRANITENTE *adj.* Resistente, que resiste.
CONTRANOME *m.* Nombre que se opone a la calidad o situación expresada por otro.
CONTRA-ORDEM *(òr) f.* Contraorden.

CONTRA-ORDENAR *v. tr.* Contraordenar, contramandar.
CONTRAPALA *f. Blas.* Contrapalo.
CONTRAPARENTE *m.* Pariente por afinidad; pariente lejano.
CONTRAPARENTESCO *m.* Carácter de *Contraparente.*
CONTRAPARTE *f. Mús.* Contrapunto, contraparte.
CONTRAPASSANTES *(san) adj. Blas.* Contrapasados.
CONTRAPASSO *(so) m.* Contrapaso.
CONTRAPÉ *(pè) m.* Apoyo, sostén. Jugador que juega el penúltimo.
CONTRAPEÇONHA *(soña) f. pop.* Contraveneno.
CONTRAPELO *m.* Dirección contraria a la inclinación natural del pelo. *A* —. *m. adv.* A contrapelo.
CONTRAPESAR *(zar) v. tr.* Contrapesar; igualar, equilibrar.
CONTRAPESO *(pézo) m.* Contrapeso.
CONTRAPILASTRA *f. Arq.* Contrapilastra.
CONTRAPINO *m.* Contraclavija.
CONTRAPONTADO, DA *adj. Blas.* Contrapuntado.
CONTRAPONTEAR *v. tr. Mús.* Contrapuntear. Contrariar, contradecir.
CONTRAPONTISTA *m.* Contrapuntista.
CONTRAPONTÍSTICO, CA *adj.* Relativo al contrapuntista o al contrapunto.
CONTRAPONTO *m. Mús.* Contrapunto.
CONTRAPOR *v. tr.* Contraponer, confrontar, comparar una cosa con otra. Contraponer, oponer. Ú. t. c. r.
CONTRAPOSIÇÃO *(zisáum) f.* Contraposición.
CONTRAPOSTO, TA *(pós, pòs) adj. P. p.* de *Contrapor.* Contrapuesto.
CONTRAPRINCÍPIO *m.* Contraprincipio.
CONTRAPRODUCÊNCIA *(cén) f.* Calidad de contraproducente; inutilidad.
CONTRAPRODUCENTE *adj.* Contraproducente, contraproducéntem.
CONTRAPRODUZIR *(zir) v. intr.* Ser contraproducente.
CONTRAPROJETO *(jè) m.* Contraproyecto.
CONTRAPROTESTO *tès) m.* Contraprotesta. Contraprotesto.
CONTRAPROVA *(prò) f.* Contraprueba.
CONTRAPROVAR *v. tr.* Contraprobar.
CONTRAPUNÇOAR *(soar) v. tr.* Contrapunzar.
CONTRAQUARTEADO, DA *(cuar) adj. Blas.* Contracuartelado.
CONTRAQUARTEL *(cuartèl) m. Blas.* Contracuartel.
CONTRAQUILHA (lla) *f. Mar.* Contraquilla.
CONTRA-REAÇÃO (sáum) *f.* Contrarresto. Reacción contra algún movimiento político o religioso.
CONTRA-REGRA *(rè) m.* El empleado que marca en el teatro la entrada de los actores en escena.
CONTRA-REPARO *m.* Contrarreparo.
CONTRA-RÉPLICA *(rè) f.* Contrarréplica.
CONTRA-RETÁBULO *m.* Contrarretablo.
CONTRA-REVOLUÇÃO (sáum) *f.* Contrarrevolución.
CONTRARIAMENTE *adv. m.* Contrariamente, en contrario, en contra.
CONTRARIAR *v. tr.* Contrariar, contradecir, resistir los propósitos ajenos. Ú. t. c. r.
CONTRARIÁVEL *adj.* Que puede ser contrariado.
CONTRARIEDADE *f.* Contrariedad, oposición entre dos cosas. Contrariedad, obstáculo, contratiempo. Aburrimiento, disgusto, desazón, pesadumbre.
CONTRÁRIO, RIA *adj.* Contrario, opuesto; dañoso, nocivo, perjudicial. *m.* Contrario (persona que esta en oposición con otra). Contrariedad, obstáculo. *Ao* —. *m. adv.* Al contrario, al revés, de manera opuesta.
CONTRA-RODA *(rò) f. Mar.* Contrarroda.
CONTRA-RUPTURA *f.* Contrarrotura.
CONTRA-SELAR *(se) v. tr.* Contrasellar.
CONTRA-SELO *(sé) m.* Contrasello.
CONTRA-SENHA *(ña) f.* Contraseña.
CONTRA-SENSO *(sen) m.* Contrasentido.
CONTRA-SINAL *(si) m.* Contraseña.

CONTRASTAR *v. tr.* Contrastar, resistir, arrostrar, hacer frente. Contrastar, mostrar una persona o cosa gran diferencia con otra. *v. r.* Oponerse.
CONTRASTÁVEL *adj.* Contrastable.
CONTRASTE *m.* Contraste (oposición o gran diferencia entre personas o cosas).
CONTRASTEADOR *m.* Contraste (persona).
CONTRASTEAR *v. tr.* Contrastar (comprobar objetos de oro o plata).
CONTRATA *f.* Contrato que hace alguien para servir en la marina o en el ejército.
CONTRATAÇÃO (sáum) *f.* Contratación, tráfico, comercio. Contrato.
CONTRATADOR, RA *adj.* Contratante. Ú. t. c. s.
CONTRATAR *v. tr.* Contratar, ajustar, pactar, estipular. *v. intr.* Contratar, comerciar, traficar, hacer negocios.
CONTRATÁVEL *adj.* Contratable.
CONTRATEMPO *m.* Contratiempo, acidente perjudicial inesperado. *Mús.* Contratiempo.
CONTRATISTA *m.* Contratista.
CONTRATO *m.* Contrato, pacto, ajuste, convenio. — *aleatório.* Contrato aleatorio. — *de compra e venda.* Contrato de compraventa, o de compra y venta.
CONTRATORPEDEIRO *m. Mar.* Contratorpedero.
CONTRATRILHO (llo) *m.* Contrarriel.
CONTRATUAL *adj.* Contractual.
CONTRATUALIDADE *f.* Calidad de contractual.
CONTRATURA *f. Pat.* Contractura.
CONTRAVALAÇÃO (sáum) *f.* Contravalación.
CONTRAVAPOR *m.* Contravapor.
CONTRAVEIA *adv. m.* Al revés.
CONTRAVEIRADO, DA *adj. Blas.* Contraverado.
CONTRAVEIRAR *v. tr. Bras.* Llenar de contraveros.
CONTRAVEIROS *m. pl. Blas.* Contraveros.
CONTRAVENÇÃO (sáum) *f.* Contravención. Transgresión.
CONTRAVENENO *m.* Contraveneno.
CONTRAVENTO *m.* Viento contrario.
CONTRAVENTOR, RA *adj.* Contraventor, transgresor.
CONTRAVERDADE *f.* Falsedad, falta de verdad.
CONTRAVERSÃO (sáum) *f.* Contravención. Inversión. Versión contraria.
CONTRAVERTENTE *f.* Contravertiente.
CONTRAVERTER *v. tr.* Invertir.
CONTRAVIDRAÇA *(sa) f.* Contravidriera.
CONTRAVIR *v. tr.* Contravenir, infringir, obrar en contra de lo preceptuado.
CONTRAVONTADE *adv. m.* Constreñidamente, contra su voluntad.
CONTRIBUIÇÃO *(buísáum) f.* Contribuición.
CONTRIBUIDOR, RA *adj.* Contribuidor, contribuyente. Ú. t. c. s.
CONTRIBUINTE *adj.* Contribuyente. Ú. t. c. s.
CONTRIBUIR *v. tr.* Contribuir, pagar; concurrir, ayudar.
CONTRIBUITIVO, VA *(buí) adj.* Contributivo.
CONTRIÇÃO (sáum) *f.* Contrición.
CONTRISTAÇÃO (sáum) *f.* Acción de contristar. Pesadumbre, pesar, aflicción.
CONTRISTADOR, RA *adj.* Que contrista, aflige o apesadumbra.
CONTRISTAR *v. tr.* Contristar, apesadumbrar, afligir.
CONTRITO, TA *adj.* Contrito. Triste, afligido.
CONTROLAR *v. tr.* Comprobar, examinar, inspeccionar, revisar; controlar *(gal. amer.).*
CONTROLE *(tró) m.* Lo mismo que
CONTROLO *(tró) m.* Comprobación, ensayo, inspección, registro; control *(gal. amer.).*
CONTROVÉRSIA *(vèr) f.* Controversia, discusión, debate.
CONTROVERSIAL *adj.* Relativo a la controversia.
CONTROVERSO, SA *(vèr) adj.* Controvertido.
CONTROVERTER *v. tr.* Controvertir, discutir, disputar.
CONTROVERTÍVEL *adj.* Controvertible.
CONTUBERNAR-SE *v. r.* Amancebarse. Vivir en contubernio.

CONTUBÉRNIO (bè) *m*. Contubernio. Familiaridad, camaradería, amistad.

CONTUBERNIZAR-SE (zar) *v. r.* Lo mismo que CONTUBERNAR-SE.

CONTUDO *conj. advers.* Con todo, con todo eso, no obstante, sin embargo. Todavía, pero, mas.

CONTUMÁCIA *f.* Contumacia.

CONTUMAZ *adj.* Contumaz. *m. For.* Contumaz.

CONTUMÉLIA (mè) *f.* Contumelia, injuria, ofensa. *fam.* Zalamería, zalama.

CONTUMELIOSO, SA (ozo, òza) *adj.* Contumelioso. Ú. t. c. s.

CONTUNDÊNCIA (dén) *f.* Calidad de contundente.

CONTUNDENTE *adj.* Contundente.

CONTUNDIDO, DA *adj.* Contundido, magullado, golpeado.

CONTUNDIR *v. tr.* Contundir, golpear, magullar; contusionar (*amer*). Ú. t. c. r.

CONTURBAÇÃO (sáum) *f.* Conturbación, inquietud, turbación.

CONTURBAR *v. tr.* Turbar, conturbar, perturbar, inquietar, alterar. Ú. t. c. r.

CONTUSAMENTE (za) *adv. m.* Con contusión.

CONTUSÃO (záum) *f.* Contusión, magulladura.

CONTUSO, SA (zo) *adj.* Contuso, contundido.

CONUBIAL *adj.* Connubial (perteneciente al connubio).

CONÚBIO *m.* Connubio, matrimonio.

CONUMERAR *v. tr.* Connumerar.

CONVALE *f.* Llanura entre colinas. *adej. Lírio —* . Muguete, convalaria.

CONVALESCENÇA (sa) *f.* Convalecencia (estado de quien convalece).

CONVALESCÊNCIA (cén) *f.* Lo mismo que CONVALESCENÇA.

CONVALESCENTE *adj.* Convaleciente. Ú. t. c. s.

CONVALESCER *v. intr.* Convalecer.

CONVECÇÃO (sáum) *f. Fís.* Convección.

CONVENÇA (sa) *f.* Lo mismo que

CONVENÇÃO (sáum) *f.* Convención, pacto, ajuste; conveniencia; asamblea; reunión de partidos políticos.

CONVENCEDOR, RA *adj.* Convencedor; convincente.

CONVENCER *v. tr.* Convencer. Ú. t. c. r.

CONVENCIDO, DA *adj.* Convencido. Engreído.

CONVENCIMENTO *m.* Convencimiento. Presunción; engreímiento.

CONVENCIONADO, DA *adj.* Convenido, ajustado, pactado.

CONVENCIONAL *adj.* Convencional. *m.* Convencional.

CONVENCIONAR *v. tr.* Convenir, combinar, pactar, ajustar.

CONVENCÍVEL *adj.* Que se puede convencer.

CONVENIÊNCIA (nién) *f.* Conveniencia, conformidad; utilidad, fruto, provecho; comodidad.

CONVENIENCIOSO, SA (ozo, òza) *adj.* Convenienciero.

CONVENIENTE *adj.* Conveniente, oportuno, útil, conforme, proporcionado.

CONVÊNIO (vé) *m.* Convenio, pacto, ajuste, convención, trato.

CONVENTO *m.* Convento.

CONVENTUAL *adj.* Conventual. *m. pl.* Conventuales (religiosos).

CONVERGÊNCIA (jen) *f.* Convergencia.

CONVERGENTE (jen) *adj.* Convergente.

CONVERGIR (jir) *v. tr. e intr.* Converger, convergir.

CONVERSA (vèr) *f.* Conversación. Conversa, charla, plática, conversación. Lega. *— fiada.* Lata, conversación insubstancial. *m.* Hombre que no hace lo que dice.

CONVERSAÇÃO (sáum) *f.* Conversación.

CONVERSADOR, RA *adj.* Conversador. Ú. t. c. s.

CONVERSÃO (sáum) *f.* Conversión.

CONVERSAR *v. intr. y tr.* Conversar, platicar.

CONVERSÁVEL *adj.* Conversable, tratable, comunicable.

CONVERSIBILIDADE *f.* Convertibilidad.

CONVERSÍVEL *adj.* Conversible, convertible.

CONVERSO, SA (vèr) *adj.* Converso. *m.* Converso.

CONVERTEDOR, RA *adj.* Convertidor. *m.* Convertidor (aparato).

CONVERTER *v. tr.* Convertir, mudar, transformar, cambiar; hacer cambiar de religión, de vida o costumbres. Ú. t. c. r.

CONVERTIBILIDADE *f.* Lo mismo que CONVERSIBILIDADE.

CONVERTIMENTO *m.* Conversión.

CONVERTÍVEL *adj.* Convertible, conversible.

CONVÉS (vès) *m. Mar.* Cubierta. *Mar.* Combés (parte de la cubierta superior del buque comprendida entre el palo mayor y el castillo de proa).

COMVEXIDADE *f.* Convexidad.

CONVEXO, XA (vè) *adj.* Convexo.

CONVICÇÃO (sáum) *f.* Convicción.

CONVICTO, TA *adj.* Convicto.

CONVIDADO, DA *adj. P. p.* de *Convidar.* Convidado, invitado. Ú. t. c. s.

CONVIDAR *v. tr.* Invitar, convidar. Ú. t. c. r.

CONVIDATIVO, VA *adj.* Que invita, que convida. Atrayente. Apetecible.

CONVINCENTE *adj.* Convincente, que convence.

CONVIR *v. intr.* Convenir, estar acorde; corresponder, pertenecer; importar, ser conveniente. *v. r.* Convenirse, ajustarse, concordarse.

CONVIVA *m.* Comensal, invitado, convidado.

CONVIVÊNCIA (vén) *f.* Convivencia.

CONVIVENTE *adj.* Conviviente. Ú. t. c. s.

CONVIVER *v. intr.* Convivir.

CONVIVIAL *adj.* Convival.

CONVÍVIO *m.* Convite, banquete. Convivencia.

CONVIZINHANÇA (ziñansa) *f.* Calidad o estado de convecino.

CONVIZINHAR (ziñar) *v. tr. e intr.* Ser convecino. Asemejarse.

CONVIZINHO, NHA (ziño) *adj.* Convecino. Ú. t. c. s.

CONVOCAÇÃO (sáum) *f.* Convocación.

CONVOCAR *v. tr.* Convocar, citar, llamar. Invitar.

CONVOLAÇÃO (sáum) *f.* Acción de

CONVOLAR *v. intr.* Pasar rápidamente de un estado a otro.

CONVOLTO, TA *adj.* Revuelto.

CONVOSCO *pron.* (Ablativo de plural del pronombre personal de segunda persona en género masculino y femenino). Con vos, con vosotros.

CONVULSAMENTE *adv. m.* Convulsivamente.

CONVULSÃO (sáum) *f.* Convulsión.

CONVULSAR *v. tr.* Convulsionar, producir convulsiones; conmover, agitar, trastornar. *v. intr.* Convulsar.

CONVULSIBILIDADE *f.* Convulsibilidad.

CONVULSIONAR *v. tr.* Convulsionar, producir convulsiones; trastornar, alborotar, excitar.

CONVULSIVO, VA *adj.* Convulsivo.

CONVULSO, SA *adj.* Convulso. *m.* Convulsión.

COOBAÇÃO (sáum) *f.* Cohobación.

COOBAR *v. tr.* Cohobar.

COOBRIGADO, DA *adj.* Cooobligado.

COONESTAÇÃO (sáum) *f.* Cohonestación.

COOPERAÇÃO (sáum) *f.* Cooperación.

COOPERADOR, RA *adj.* Cooperador. Ú. t. c. s.

COOPERAR *v. intr.* Cooperar.

COOPERATIVA *f.* Sociedad cooperativa, cooperativa.

COOPERATIVISMO *m.* Cooperativismo.

COOPERATIVISTA *adj.* Relativo a las sociedades cooperativas.

CO-OPOSITOR (zi) *m.* Coopositor.

COORDENAÇÃO (sáum) *f.* Coordinación.

COORDENADAMENTE *adv. m.* Coordinadamente.

COORDENADAS *f. pl. Geom.* Coordinadas.

COORDENADO, DA *adj P. p.* de *Coordenar.* Coordinado.

COORDENADOR, RA *adj.* Coordinador. Ú. t. c. s.

COORDENAR *v. tr.* Coordinar. Ú. t. c. r.

COORDENATIVO, VA *adj.* Coordinativo.

COORTE (co-òr-te) *f.* Cohorte; legión, muchedumbre.

COPA (cò) *f.* Repostería; despensa; alacena. Aparador. Copa (parte hueca del sombrero). Copa, cima (ramaje o parte alta del árbol). Cuba, tina. Copa (vaso con pie). Vaso (para beber). Loza (del ajuar doméstico). *pl.* Copas (palo de la baraja).

COPADA *f.* Copa, cima grande del árbol. Vaso (cantidad de líquido que cabe en un vaso).

COPADO, DA *adj.* Acopado, cerrado, frondoso (hablando de árboles). Convexo.

COPAGEM (jem) *f.* Frondosidad de los árboles.

COPAÍBA *f. Bot.* Copayero, copaiba. Copaiba, bálsamo de copaiba.

COPAIBAL *m.* Terreno plantado de copayeros.

COPAIBEIRA *f.* Lo mismo que

COPAIBEIRO *m. Bot.* Copayero, copaiba.

COPAL *adj.* Copal. *m.* Copal (árbol).

COPAR *v. tr.* Dar forma de copa; hacer convexo. Redondear la copa de un árbol. *v. intr.* Acoparse (los árboles). Ú. t. c. r. *v. r.* Llenarse, henchirse. Ú. t. c. tr. *v. intr.* Copar.

COPARRÃO (rráum) *m.* Lo mismo que COPÁZIO.

CO-PARTICIPAÇÃO (sáum) *f.* Coparticipación.

CO-PARTICIPAR *v. tr.* Participar en algo con otro u otros.

COPAÚBA *f. Bot.* Copayero.

COPAÚVA *f. Bot.* Especie de copayero (*Copaifera officinalis*).

COPÁZIO (zio) *m. aum.* de *Copo.* Vaso grande para beber. Lo contenido en este vaso.

COPÉ (pè) *m.* Choza de madera y paja.

COPEICA *f.* Copec.

COPEIRA *f.* Copera, copa, repostería. Criada que sirve la mesa y lava la loza.

COPEIRO *m.* Despensero, repostero, copero. Copero (mueble). Aparador para vasos y botellas.

COPEJADOR (ja) *m.* Arponero.

COPEJAR (jar) *v. tr.* Arponar.

COPEJO (jo) *m.* Acción de arponar.

COPELA (pè) *f.* Copela.

COPELAÇÃO (sáum) *f.* Copelación.

COPELHÁ (lla) *f.* Lo mismo que COPELA.

COPEQUE (pè) *m.* Copec.

COPETE (pè) *m.* Lo mismo que TOPETE.

CÓPIA (cò) *f.* Copia (multitud, muchedumbre, abundancia; reproducción de un escrito, etc.; imitación, remedo; retrato).

COPIADOR, RA *adj.* Copiador, que copia. Copiador (dícese del libro comercial en que se copia la correspondencia). Ú. t. c. s. Aparato para copiar.

COPIAR *v. tr.* Copiar (en todas las acepciones de esta voz).

COPILAR *v. tr.* Compilar, copilar.

COPIOSAMENTE (òza) *adv. m.* Copiosamente.

COPIOSIDADE (zi) *f.* Copia excesiva, abundancia; calidad de copioso.

COPIOSO, SA (ozo, òza) *adj.* Copioso, abundante, cuantioso.

COPISTA *m.* Copiante, copista.

COPLA (cò) *f.* Copla (popular).

COPO (cò) *m.* Vaso (para beber). Vaso (lo contenido en un vaso). Copo (de cáñamo, lino, algodón). Copo (bolsa de ciertas redes de pesca). *pl.* Guarnición (de la espada). *— de-leite.* Especie de lirio.

COPRA (cò) *f.* Copra, copre.

CO-PROCURADOR *m.* Procurador juntamente con otro.

COPROLALIA (lía) *f.* Coprolalia.

CO-PROPRIEDADE *f.* Copropiedad.

CO-PROPRIETÁRIO *m.* Copropietario.

COPTA (còp) *adj.* Copto. Ú. t. c. s.

COPTOGRAFIA (fía) *f.* Coptografía.

COPUDO, DA *adj.* Copudo, que tiene mucha copa.

CÓPULA (cò) *f.* Cópula, unión carnal.

COPULAÇÃO (sáum) *f.* Copulación, cópula. Ligación química.

COPULAR *v. tr.* Juntar, unir, trabar, ligar. *v. intr.* Copular.

COPULATIVO, VA *adj.* Copulativo, que ata, liga, une. *adj. f. Gram.* Copulativa (hablando de la conjunción que une o enlaza oraciones o vocablos).

COQUE (cò) *m.* Coscorrón, tabanazo en la cabeza.

COQUE (cò) *m.* Coque (carbón procedente de la combustión incompleta de la hulla).

COQUEIRAL *m.* Cocotal.

COQUEIRAMA *f.* Multitud de cocoteros.

COQUEIRO *m.* Coco, cocotero.

COQUELUCHE (che) *f.* Tos ferina, coqueluche.

COQUETA *f.* Coqueta.

COQUETEAR *v. intr.* Coquetear.

COQUETEIO *m.* Coqueteo.

COQUETERIA (ría) *f.* Coquetería.

COQUILHEIRO (llei) *m.* Lo mismo que

COQUILHO (llo) *m.* Coco pequeño. Substancia vegetal de que se hace cocos o cuentecillas para rosarios.

COQUINHO (ño) *m. Bot. Bras.* Especie de cocotero.

COR (cór) *f.* Color (en todas las acepciones de esta voz). *Ficar de todas as —es. fr. fig.* Ponerse uno de mil colores.

COR (DE) (còr) *m. adv.* De memoria, de coro.

CORA (cò) *f.* Acción de blanquear la ropa poniéndola al sol.

CORAÇÃO (sáum) *m. Anat.* Corazón. *fig.* Corazón (ánimo, arrojo, valor; voluntad, amor, benevolencia; interior de una cosa inanimada). *De —. m. adv.* De corazón.

CORAÇÃO (còrasáum) *f.* Lo mismo que CORA.

CORACÓIDE (còi) *m.* Coracoides.

CORACÓIDEO (còi) *adj.* Coracoideo.

CORADAMENTE *adv. m.* Con color, pretexto, motivo o razón aparente.

CORADO, DA *adj.* Colorado, que tiene color. Blanqueado al sol (hablando de ropas). Colorado de cara. Colorado (fundado en un motivo apa-rentemente justo). Colorado, avergonzado.

CORADOIRO *m.* Lo mismo que

CORADOURO *m.* Tendedero donde se solea la ropa. Lo mismo que CORA.

CORAGEM (jem) *f.* Coraje, arrojo, valor, esfuerzo.

CORAGENTO, TA (jen) *adj.* Lo mismo que CORAJOSO.

CORAJADO, DA (ja) *adj.* Lo mismo que CORAJOSO.

CORAJOSAMENTE (jòza) *adv. m.* Con coraje, con valor.

CORAJOSO, SA (jozo, jòza) *adj.* Arrojado, valiente, animoso, esforzado, valeroso; osado, bravo.

CORAJUDO, DA (ju) *adj.* Lo mismo que CORAJOSO.

CORAL *m.* Coral. Nombre de varias plantas.

CORAL *adj.* Coral, perteneciente al coro. *m.* Canto coral.

CORAL *f. Zool.* Coral (víbora muy venenosa, de color encarnado y con anillos rojos).

CORALEIRO *m.* Coralero. Barco empleado en la pesca del coral.

CORANDEL (dèl) *m.* Corondel.

CORANTE *adj.* Colorante. Ú. t. c. s.

CORAR *v. tr.* Colorar, dar de color, teñir. Blanquear la ropa poniéndola al sol, solear. Encender, ruborizar, poner colorado. Colorear (pretextar algún motivo razonable en apariencia para hacer algo). *v. intr.* Encenderse, ruborizarse, ponerse colorado. *v. r.* Avergonzarse, ponerse colorado.

CORBELHA (bèlla) *f.* Canastillo.

CORÇA (còrsa) *f. Zool.* Corza (hembra del corzo).

CORCHA (cha) *f.* Corcho (corteza del alcornoque; tapón de corcho).

CORCHETE (che) *m.* Lo mismo que COLCHETE.

CORÇO (so) *m. Zool.* Corzo.

CORCOVA (cò) *f.* Joroba, corcova, giba.

CORCOVADAMENTE *adv. m.* Con joroba o corcova.

CORCOVADO, DA *adj.* Corcovado, jorobado, giboso.

CORCOVADURA *f.* Jorobadura. Corcova, giba, joroba.

CORCOVEAR *v. intr. Bras.* Corcovear, dar corcovos.

CORCOVO (có) *m.* Corcovo, salto que da un animal encorvando el lomo. Montículo.

CORCUNDA *f.* Corcova, joroba, giba. *m.* Jorobado.

CORCUNDICE *f.* Estado de jorobado.

CORCUNDO, DA *adj.* Corcovado, jorobado. *m.* Jorobado, corcovado.

CORDA (còr) *f.* Cuerda. — *de água.* Chubasco, chaparrón.

CORDAGEM (jem) *f.* Cordaje.

CORDAME *m.* Cordaje, jarcia.

CORDÃO (dáum) *m.* Cordón. Cordel. — *umbilical.* Cordón umbilical.

CORDÃOZINHO (dáumziño) *m. dim.* de *Cordão.* Cordoncito, cordoncillo.

CORDATO, TA *adj.* Cordato, juicioso, sensato, prudente.

CORDEAÇÃO (sáum) *f.* Acordelamiento.

CORDEAR *v. tr.* Acordelar, cordelar.

CORDEIRA *f.* Cordera (animal). Corderillo; corderina.

CORDEIRAGEM (jem) *f.* Corderaje, hato de corderos.

CORDEIRINHO (ño) *m. dim.* de *Cordeiro.* Corderito.

CORDEIRO *m.* Cordero. *fig.* Cordero (hombre de condición dócil). — *de Deus.* Cordero de Dios, Jesucristo. — *pascoal.* Cordero pascual.

CORDEL (dèl) *m.* Cordel, guita, bramante.

CORDIAL *adj.* Cordial, que conforta: afectuoso, sincero. *m.* Cordial (bebida confortante para enfermos).

CORDIALIDADE *f.* Cordialidad.

CORDILHEIRA (llei) *f.* Cordillera.

CORDOADA *f.* Cordonazo. Chaparrón. Cordaje.

CORDOALHA (lla) *f.* Cordaje, jarcia. Comercio de cuerdas. Cordería.

CORDOARIA (ría) *f.* Cordería; cordelería.

CORDOEIRO *m.* Cordelero.

CORDÓMETRO (dó) *m.* Cordómetro.

CORDOVÃO (váum) *m.* Cordobán (piel curtida de res de ganado cabrío).

CORDOVÊS, SA (vés, veza) *adj.* Cordobés. Ú. t. c. s.

CORDURA *f.* Cordura, prudencia, sensatez, juicio.

COREAR *v. tr.* Corear, acompañar con coros.

CORÉ-CORÉ (rè-corè) *m.* Hablador, parlanchín.

CORECTASIA (zía) *f.* Corectasia.

CORECTOMIA (mía) *f.* Corectomía.

COREGIA (jía) *f.* Dignidad de corego.

COREGO *m.* Corega, corego.

CORÉIA (rèia) *f.* Corea, baile de San Vito, enfermedad de carácter convulsivo. Baile, danza; corea.

COREIXA (cha) *f. Zool.* Especie de grulla.

COREOGRAFIA (fía) *f.* Coreografía.

CO-RESPONSABILIDADE *f.* Responsabilidad juntamente con otro u otros.

CO-RESPONSABILIZAR (zar) *v. tr.* Hacer responsable juntamente con otro u otros.

CO-RESPONSÁVEL *adj.* Responsable juntamente con otro u otros.

CORETO *m.* Coro pequeño. Tablado para la música.

CO-RÉU (rrèu) *m.* Correo (reo con otro u otros).

CORIÁCEO, EA *adj.* Coriáceo.

CORICA *f. Zool.* Especie de loro.

CORIFEU *m.* Corifeo.

CORIMBÍFERO, RA *adj.* Corimbífloro.

CORIMBO *m. Bot.* Corimbo.

CORIMBOSO, SA (bozo, bòza) *adj.* Corimbífloro.

CORINCHO (cho) *m. Bras.* Copete, presunción, altanería.

CORINGA *m.* Lo mismo que CURINGA.

CÓRIO (cò) *m. Anat.* Corion.

CÓRION (cò) *m.* Lo mismo que CÓRIO.

CORISCAÇÃO (sáum) *f.* Relampagueo.

CORISCADA *f.* Multitud de relámpagos.

CORISCANTE *adj.* Relampagueante.

CORISCAR *v. intr.* Relampaguear.

CORISCO *m.* Relámpago. Rayo.

CORISTA *m.* y *f.* Corista (cantante; religiosa).

CORIXA (cha) *f.* Lo mismo que

CORIXO (cho) *m.* Atolladero; charco.

CORIZA (za) *f.* Romadizo, coriza.

CORJA (còrja) *f.* Canalla. *despect.* Muchedumbre.

CORMORÃO (ráum) *m. Zool.* Cuervo marino, cormorán.

CORNACA *m.* Cornac, cornaca.

CORNÃO (so) *m.* Lo mismo que

CORNADA *f.* Cornada (golpe que da un animal con la punta del cuerno).

CORNADURA *f.* Cornamenta, cornadura.

CORNAMUSA (za) *f.* Cornamusa (especie de gaita).

CORNAR *v. tr.* Cornear, acornear.

CORNETA *f.* Corneta. — *acústica.* Corneta acústica, trompetilla. — *de chaves.* Corneta de llaves.

CORNETADA *f.* Toque de corneta. Trompetada.

CORNETEAR *v. intr.* Tocar la corneta.

CORNETEIRO *m.* Corneta (el que toca la corneta).

CORNETIM *m.* Cornetín (instrumento músico; el que toca este instrumento).

CORNETO *m. Anat.* Cornete. — *acústico.* Corneta acústica, trompetilla.

CORNIBAIXO, XA (cho) *adj.* Cornigacho.

CORNICABRA *f. Bot.* Cornicabra, terebinto.

CORNICHO (cho) *m. dim.* de *Corno.* Cornezuelo.

CORNÍFERO, RA *adj.* Cornígero.

CORNIJA (ja) *f. Arq.* Cornisa, cornija. Cornijón, cornisamiento.

CORNIJAL (jal) *m.* Cornijal, ángulo, esquina, punta.

CORNINHO (ño) *m.* Lo mismo que CORNICHO.

CORNO *m.* Cuerno (en todas las acepciones de este vocablo). — *da abundância.* Cuerno de abundancia, cornucopia.

CORNUCÓPIA (cò) *f.* Cornucopia, cuerno de abundancia.

CORNUDO, DA *adj.* Cornudo.

CORNUTO, TA *adj.* Cornudo. Cornígero. *m.* Buey, toro.

CORO (có) *m.* Coro (en todas las acepciones de esta voz).

COROA *f.* Corona (en todas las acepciones de esta voz).

COROAÇÃO (sáum) *f.* Coronación.

COROADO, DA *adj P. p.* de *Coroar.* Coronado.

COROADOR, RA *adj.* Coronador.

COROAMENTO *m.* Coronación.

COROAR *v. tr.* Coronar. Ú. t. c. r.

COROCA (rò) *adj.* Enfermizo. Viejo, enclenque, decrépito. *f.* Mujer muy vieja y fea.

COROGRAFIA (fía) *f.* Corografía.

COROLA (rò) *f. Bot.* Corola.

COROLADO, DA *adj.* Corolífero.

COROLÁRIO *m.* Corolario.

CORONAL *adj.* Perteneciente o relativo a la corona. Que tiene figura de corona. *m. Anat.* Coronal.

CORONEL (nèl) *m. Mil.* Coronel. *Bras.* Caudillo, jefe político, cacique. *Blas.* Coronel (corona heráldica).

CORONELATO *m.* Coronelía; coronelato (*Amer.*).

CORONELÍCIO, CIA *adj. despect.* Propio de coronel.

CORONHA (ña) *f.* Cureña (de fusil).

CORONHADA (ña) *f.* Cureñazo.

CORONHEIRO (ñei) *m.* El que hace cureñas de fusil.

CORONILHA (lla) *f. Bot.* Coronillo.

COROPIÃO (piáum) *m.* Lo mismo que CORRUPIÃO.

COROPIRA *m.* Lo mismo que CURUPIRA.

CORPAÇO (so) *m.* Lo mismo que

CORPANZIL (zil) *m. aum.* de *Corpo.* Corpanchón, corpazo.

CORPANZUDO, DA (zu) *adj. fam.* Corpulento.

CORPETE *m.* Justillo; corpecico.

CORPO *m.* Cuerpo (en todas las acepciones de esta voz). — *a corpo. m. adv.* Cuerpo a cuerpo. — *composto.* Cuerpo compuesto. — *da guarda.* Cuerpo de guardia. — *de delito.* Cuerpo de delito, o del delito. — *simples.* Cuerpo simple. — *tireóideo.* Cuerpo tiroides.

CORPORAÇÃO (sáum) *f.* Corporación.

CORPORAL *adj.* Corporal. *m.* Corporal.

CORPORALIDADE *f.* Corporalidad.

CORPORALIZAR (zar) *v. tr.* Corporificar.

CORPORALMENTE *adv. m.* Corporalmente. En cuerpo.

CORPOREIDADE *f.* Corporeidad.

CORPÓREO, EA (pò) *adj.* Corpóreo, corporal.

CORPORIFICAÇÃO (sáum) *f.* Corporificación.

CORPORIFICAR *v. tr.* Corporificar. Ú. t. c. R.

CORPORIFORME (fòr) *adj.* Que tiene figura de cuerpo.

CORPULÊNCIA (lén) *f.* Corpulencia. Obesidad.

CORPULENTO, TA *adj.* Corpulento, corpudo.

CORPÚSCULO *m.* Corpúsculo, cuerpo muy pequeño.

CORREADA *f.* Correazo.
CORREAGEM *(jem) f.* Lo mismo que
CORREAME *m.* Correaje (conjunto de correas necesarias para una cosa).
CORREÃO *(rreáum) m.* Correón, correa grande.
CORREARIA *(ría) f.* Correería.
CORREÇÃO *(sáum) f.* Corrección.
CORRECIONAL *adj.* Correccional.
CORRE-CORRE *(còrre-cò) m.* Lo mismo que AZÁFAMA.
CORREDEIRA *f.* Rabión, rápido.
CORREDEIRO, RA *adj.* Corredor, que corre mucho.
CORREDIÇA *(sa) f.* Corredera.
CORREDIÇO, ÇA *(so) adj.* Corredizo.
CORREDIO, DIA *(dío) adj.* Lo mismo que CORREDIÇO.
CORRÉDOIRA *f.* Lo mismo que CORREDOURA.
CORREDOIRO *m.* Lo mismo que CORREDOURO.
CORREDOR, RA *adj.* Corredor, que corre mucho. *m.* Corredor, pasillo, galería estrecha, balcón corrido. Corredor, soldado enviado a explorar el campo enemigo.
CORREDOURA *f.* Corredera (del molino).
CORREDOURO *m.* Corredera (lugar propio para correr caballos). Acción continuada de correr, corrida.
CORREDURA *f.* Corredura (lo que rebosa en la medida de los líquidos). Corrida, carrera.
CORREEIRO *m.* Correero.
CORREENTO, TA *adj.* Coriáceo.
CORREGEDOR *(je) m.* Corregidor.
CORREGEDORIA *(jedoría) f.* Corregidoría, corregimiento.
CORREGENTE *(jen) m.* Corregente.
CORREGIMENTO *m. p. us.* Corrección.
CÓRREGO *(cò) m.* Barranca. Reguera, torrente. Arroyo.
CORREIA *f.* Correa.
CORREIÇÃO *(sáum) f.* Corrección (acción de corregir). Visita del corregidor.
CORREIO *m.* Correos. Correo (el encargado de transportar la correspondencia). Correio (la correspondencia).
CORRELAÇÃO *(sáum) f.* Correlación.
CORRELACIONAR *v. tr.* Correlacionar.
CORRELATAR *v. tr.* Relacionar.
CORRELATIVIDADE *f.* Calidad de correlativo.
CORRELATIVO, VA *adj.* Correlativo.
CORRELATO, TA *adj.* Correlativo.
CORRELIGIONÁRIO, RIA *(jio) adj.* Correligionario. Ú. t. c. s.
CORRELIGIONARISMO *(jio) m.* Solidaridad entre correligionarios.
CORRELIGIOSISMO *(jiozis) m.* Lo mismo que CORRELIGIONARISMO.
CORRE-MUNDO *(cò) m.* Trotamundos.
CORRENTE *adj.* Corriente (que corre; aplícase al mes o al año actual; cierto, sabido, común; llano) *adv.* Corrientemente. *f.* Corriente. — *elétrica.* Corriente eléctrica. Cadena. *Ao —. m. adv.* Al corriente.
CORRENTEMENTE *adv. m.* Corrientemente. Comúnmente.
CORRENTEZA *(za) f.* Corriente (de agua). Hilera de casas. Facilidad.
CORRENTIAMENTE *adv. m.* Corrientemente. Comúnmente.
CORRENTIO, TIA *(tío) adj.* Corriente (que corre; común, sabido, usual).
CORRENTISTA *m.* Cuentacorrentista. Encargado del libro de cuentas corrientes.
CORRENTOSO, SA *(tozo, òza) adj.* Correntoso, dícese de cualquier caudal de agua que corre con fuerza.
CORRER *v. intr.* Correr (caminar velozmente). Correr (moverse un líquido; ir por tal o cual parte un río; ir, pasar de una parte a otra; transcurrir el tiempo; pasar, valer, tener curso; navegar en popa o a un largo, con poca o ninguna vela). Correr (perseguir, acosar; hacer deslizarse una cosa; echar el cerrojo, pestillo, etc.; echar y tender, o

levantar y recoger un velo, una cortina, etc.; desatar un nudo o lazo; arrostrar un riesto u otra contingencia; recorrer; avergonzar y confundir).
CORRERIA *(ría) f.* Correría, incursión. Corrida, carrera.
CORRESPONDÊNCIA *(dén) f.* Correspondencia.
CORRESPONDENTE *(adj.* Correspondiente. *m.* Correspondiente. Corresponsal.
CORRESPONDENTEMENTE *adv. m.* Correspondientemente.
CORRESPONDER *v. intr.* Corresponder (tocar, pertenecer; guardar proporción; pagar, recompensar, agradecer). *v. r.* Corresponderse (comunicarse por escrito; atenderse, quererse dos personas).
CORRETÁ *(tán) f.* Lo mismo que ROLDANA.
CORRETAGEM *(jem) f.* Corretaje.
CORRETOR *m.* Corredor (el que interviene en compras y ventas y ajustes). *Impr.* Corrector.
CORRETORIA *(ría) f.* Correduría, corretaje. Lo mismo que CORREGEDORIA.
CORRETÓRIO, RIA *(tò) adj.* Corregidor, que corrige.
CORRETRIZ *f.* Correctora.
CORRICAS *if. pl.* Arrugas.
CORRIDA *f.* Corrida, carrera.
CORRIDO, DA *adj. P. p.* de *Correr.* Corrido. Avergonzado, corrido. Común, usual.
CORRIEIRO *m.* Lo mismo que CORREEIRO.
CORRIGENDA *(jen) f.* Erratas.
CORRIGIR *(jir) v. tr.* Corregir (en todas las acepciones de este vocablo). Ú. t. c. r.
CORRIGÍVEL *(jí) adj.* Corregible.
CORRILHEIRO *(llei) m.* Corrillero.
CORRILHO *(llo) m.* Corrillo.
CORRIMACA *f.* Copia, cantidad grande.
CORRIMAÇA *(sa) f.* Cencerrada, grita; zumba, pita.
CORRIMÃO *(máum) m.* Pasamano.
CORRIMENTO *m.* Corrimiento (acción de correr; fluxión de humores).
CORRIOLA *(rrió) f. fam.* Ardid, trampa.
CORRIQUEIRICE *f.* Calidad de ordinario, de vulgar.
CORRIQUEIRISMO *m.* Lo mismo que CORRIQUEIRICE. *fam.* Presunción.
CORRIQUEIRO, RA *adj.* Ordinario, vulgar, corriente, común.
CORROBORAÇÃO *(sáum) f.* Corroboración.
CORROBORAR *v. tr.* Corroborar.
CORRODENTE *adj.* Corroyente.
CORROER *v. tr.* Corroer, desgastar, consumir.
CORROMPEDOR, RA *adj.* Corrompedor. Ú. t. c. s.
CORROMPER *v. tr.* Corromper (alterar, dañar, echar a perder, podrir; *fig.* pervertir, seducir; sobornar, cohechar). Ú. t. c. r.
CORROMPIDO, DA *adj.* Corrupto.
CORROMPIMENTO *m.* Corrupción.
CORROSÃO *(záum) f.* Corrosión.
CORROSIBILIDADE *(zi) f.* Corrosividad.
CORROSÍVEL *(zi) adj.* Corrosible.
CORROSIVIDADE *(zi) f.* Corrosividad.
CORROSIVO, VA *(zi) adj.* Corrosivo.
CORRUÇÃO *(sáum) f.* Corrupción.
CORRUGAÇÃO *(sáum) f.* Corrugación.
CORRUGOSO, SA *(gozo, òza) adj.* Arrugado.
CORRUÍRA *f. Zool. Bras.* Nombre de dos pájaros trogloditicos.
CORRUPÇÃO *(sáum) f.* Lo mismo que CORRUÇÃO.
CORRUPIÃO *(piáum) m. Bras.* Nombre de dos aves.
CORRUPIAR *v. intr.* Lo mismo que RODOPIAR. Hacer dar vueltas.
CORRUPIO *(pío) m.* Remolino, rueda (juego de niños).
CORRUPTELA *(tè) f.* Lo mismo que CORRUTELA.
CORRUPTÍVEL *adj.* Lo mismo que CORRUTÍVEL.
CORRUTAMENTE *adv. m.* Corruptamente.
CORRUTELA *(tè) f.* Corruptela, corrupción. *For.* Corruptela, abuso ilegal.
CORRUTIBILIDADE *f.* Corruptibilidad.
CORRUTÍVEL *adj.* Corruptible.
CORRUTIVO, VA *adj.* Corruptivo.

CORRUTO, TA *adj. P. p. irreg.* de *Corromper.* Corrupto. Dañado, echado a perder, viciado, perverso.
CORRUTOR, RA *adj.* Corruptor. Ú. t. c. s.
CORSÁRIO, RIA *adj.* Corsario. Ú. t. c. s.
CORSEAR *v. intr.* Corsear, ejercer el corso en los mares.
CORSELETE *m.* Corsé.
CÓRSICO, CA *(còr) adj.* Corso. Ú. t. c. s.
CORSO *m.* Corso (campaña marítima). Piratería. Paseo que hacen los carruajes en ciertas fiestas, marchando unos tras otros; corso *(Amer.).* Banco de sardinas. *adj.* Corso. Ú. t. c. s.
CORTAÇÃO *(sáum) f.* Corte, acción de cortar; cortadura.
CORTADEIRA *f.* Pintadera, carretilla. Cortadera.
CORTADELA *(dè) f.* Cortadura.
CORTADOR, RA *adj.* Cortador. *m.* Cortador, cortante, carnicero.
CORTADOURO *m.* Cortadura (abertura entre montañas).
CORTADURA *f.* Cortadura (en todas las principales acepciones de esta voz).
CORTA-FRIO *(còrta-frío) m.* Cortafrío.
CORTAGEM *(jem) f.* Corte, acción de cortar.
CORTAMÃO *(còrtamáum) m.* Lo mismo que ESQUADRO.
CORTA-MAR *(còr) m.* Lo mismo que QUEBRAMAR.
CORTAMENTO *m.* Corte; cortadura, incisión; amputación.
CORTA-PAPEL *(còrta-papèl) m.* Plegadera; cortapapel *(Amer.).*
CORTAR *v. tr.* Cortar (en todas las principales acepciones de esta voz). Ú. t. c. r.
CORTA-VENTO *(còr) m.* Cortaviento. Molino de viento.
CORTE *(còr) m. Arq.* Corte. Cortadura, incisión. Corte (filo de un arma o instrumento cortante; acción de cortar). Corta. Corte (arte de cortar las piezas de una prenda de vestir). *Germ.* Robo.
CORTE *(cór) f.* Corte (población donde suele residir un soberano; la familia, la comitiva, el Consejo y el séquito de este). Galanteo. *Fazer a* — *fr.* Hacer la corte, cortejar, galantear. — *celeste.* Corte celestial. *pl.* Cortes, asambleas, junta general.
CORTEJADOR, RA *(ja) adj.* Cortejador, cortejante. Ú. t. c. s.
CORTEJAR *(jar) v. tr.* Cortejar, requebrar, galantear a una mujer.
CORTEJO *(jo) m.* Cortejo, comitiva, séquito, acompañamiento. Cortejo (acción de cortejar).
CORTELHA *(lla) f.* Lo mismo que
CORTELHO *(llo) m.* Corral, cortil. Pocilga.
CORTÊS *(cortés) adj.* Cortés, atento, afable, urbano.
CORTESÃ *(zán) f.* Dama cortesana, cortesana.
CORTESAMENTE *(zánmen) adv. m.* Cortesanamente; cortésmente.
CORTESANESCO, CA *(za) adj.* Cortesanesco; cortesano.
CORTESANIA *(zanía) f.* Cortesía. Cortesanía.
CORTESANICE *(za) f.* Calidad de cortesano. Apariencia de cortesía o de cortesanía.
CORTESANISMO *(za) m.* Vida de cortesano.
CORTESÃO, SÃ *(záum, zãn) adj.* Cortesano. *m.* Cortesano.
CORTESIA *(zía) f.* Cortesía, respeto, afecto; afabilidad, urbanidad. Cortesía (expresiones de obsequio y urbanidad). Cortesanía.
CÓRTEX *(còr) m.* Corteza (del árbol). Parte superficial del cerebro.
CORTIÇA *(sa) f.* Corcho (parte exterior de la corteza del alcornoque).
CORTIÇADA *(sa) f.* Encorchado; colección de piezas de corcho. Conjunto de casuchas.
CORTICAL *adj.* Cortical.
CÓRTICE *(còr) m.* Lo mismo que CÓRTEX.
CORTICEIRA *f.* Lugar donde se junta el corcho para vender. *Bot.* Ceibo.
CORTICEIRO, RA *adj.* Corchero. *m.* Corchetero.
CORTICENTO, TA *adj.* Corchoso. Que tiene piel o corteza gruesa y cenicienta. Que produce corcho.
CORTÍCEO, EA *adj.* Corchoso. Hecho de corcho.
CORTIÇO *(so) m.* Colmena (de corcho). Casucha miserable. Casa donde vive mucha gente.

CORTICOSO, SA (cozo, òza) *adj.* Cortezudo. Corticoso.

CORTIÇOSO, SO (sozo, òza) *adj.* Lo mismo que CORTICENTO.

CORTILHA (lla) *f.* Corretilla, pintadera.

CORTINA *f.* Cortina (paño o lienzo con que cubren y adornan las puertas, ventanas, etc.) *Fort.* Cortina. Puerta de acero.

CORTINADO *m.* Cortinaje. Cortina.

CORTINAR *v. tr.* Adornar con cortinas. *fig.* Encubrir, ocultar.

CORUJA (ja) *f. Zool.* Lechuza.

CORUJÃO (jáum) *m. Zool.* Buho.

CORUJINHA (jiña) *f.* Especie de mariposa.

CORUJO (jo) *m.* Macho de la lechuza.

CORUMBÁ *m. Bras.* Trabajador que huye de la seca en el nordeste brasileño. *pl.* Lugares olvidados, despreciados o lejanos.

CORUNHÊS, SA (nés, ñeza) *adj.* Coruñés. Ú. t. c. s.

CORUSCAÇÃO (sáum) *f. Fís.* Coruscación.

CORUSCÂNCIA (cán) *f.* Lo mismo que CORUSCAÇÃO.

CORUSCAR *v. intr.* Coruscar, brillar. Relampaguear.

CORUTA *f.* Lo mismo que CORUTO.

CORUTILHO (llo) *m.* Arista de algunas plantas.

CORUTO *m.* Arista del maíz. Lo mismo que COCORUTO. Pináculo.

CORVACHO (cho) *m.* Corvato.

CORVÉIA (vèia) *f.* Prestación vecinal. Faena.

CORVEJAMENTO (ja) *m.* Acción de

CORVEJAR (jar) *v. intr.* Graznar. *fig.* Reunirse como cuervos.

CORVETA *f. Mar.* Corbeta.

CORVÍDEOS *m. pl. Zool.* Córvidos.

CORVINA *f. Zool.* Corvina (pez marino).

CORVINOTE (nò) *m.* Corvina pequeña.

CÓS (còs) *m.* Pretina (parte de los calzones, briales, basquiñas y otras ropas, que se ciñe y ajusta a la cintura).

COSACO (za) *m.* Lo mismo que COSSACO.

COSCORÃO (ráum) *m.* Especie de buñuelo. Cáscara (de una herida).

CORCOREL (rèl) *m.* Lo mismo que COSCORÃO.

COSCORO *m.* Encrespamiento y endurecimiento de un tejido puesto en goma.

COSCORRÃO (rráum) *m.* Coscorrón.

COSCORRINHO (ño) *m. fest.* Peculio, dinero ahorrado.

COSCUVILHAR (llar) *v. intr. fam.* Lo mismo que BISBILHOTAR.

COSCUVILHEIRO (llei) *m.* Lo mismo que BISBILHOTEIRO.

COSCUVILHICE (lli) *f.* Lo mismo que BISBILHOTICE.

CO-SECANTE (se) *f. Trig.* Cosecante. Ú. t. c. adj.

COSEDURA (ze) *f.* Costura (acción de coser).

COSER (zer) *v. tr.* Coser (unir con puntadas).

COSICAR (zi) *v. tr. p. us.* Lo mismo que COSER.

COSIDO, DA (zi) *adj P. p.* de *Coser.* Cosido.

COSMÉTICO (mè) *m.* Cosmético.

CÓSMICO, CA (còs) *adj.* Cósmico.

COSMO (còs) *m.* Lo mismo que COSMOS.

COSMOGONIA (nía) *f.* Cosmogonía.

COSMOGRAFIA (fía) *f.* Cosmografía.

COSMÓGRAFO (mò) *m.* Cosmógrafo.

COSMOLOGIA (jía) *f.* Cosmología.

COSMÓLOGO (mò) *m.* Cosmólogo.

COSMOMETRIA (tría) *f.* Cosmometría.

COSMONOMIA (mía) *f.* Cosmonomía.

COSMOPOLITA *adj.* Cosmopolita. Ú. t. c. s.

COSMOPOLÍTICO, CA *adj.* Cosmopolita.

COSMOPOLIZAR (zar) *v. tr.* Hacer cosmopolita.

COSMOS (còs) *m.* Cosmos, mundo, universo.

COSMOSOFIA (zofía) *f.* Cosmosofía.

COSMOSÓFICO, CA (zò) *adj.* Relativo a la cosmosofía.

COSMURGIA (jía) *f.* Criación del mundo.

COSQUEADURA *f.* Acción de

COSQUEAR *v. tr.* Golpear, fustigar.

COSQUENTO, TA *adj.* Lo mismo que

COSQUILHENTO, TA (llen) *adj. fam. Bras.* Lo mismo que

COSQUILHOSO, SA (llozo, òza) *adj. Bras.* Lo mismo que

COSQUILHUDO, DA (llu) *adj. Bras.* Lo mismo que COCEGUENTO.

COSQUINHAS (còsquiñas) *f. pl.* Cosquillas.

COSSACO (sa) *m.* Cosaco.

COSSINETE (sinè) *m.* Cojinete, chumacera. Cojinete (pieza con que se labra la espiral del tornillo).

COSSOLETE (so) *m.* Lo mismo que CORSELETE.

COSTA (còs) *f.* Costa (orilla del mar y porción de tierra cercana). Orilla del río, mar, lago, bañado, etc. Cuesta. Costa (instrumento de zapatero). *ant.* Costa, costilla. Respaldo, espaldar. — *abaixo.* Cuesta, terreno en pendiente. — *acima.* Subida. *fig.* Cosa sin sentido. — *arriba.* Subida. *Dar a costa. Mar.* Varar. *pl.* Costas.

COSTADA *f.* Sinuosidad de un río.

COSTADO *m. fam.* Costado (cualquiera de los lados del cuerpo humano). *Mar.* Costado. *pl.* Costados (líneas de los abuelos paternos y maternos de una persona).

COSTAL *adj.* Costal. *m.* Costal (saco grande de harpillera).

COSTALEIRA *f.* Lo mismo que COSTANEIRA.

COSTALGIA (jía) *f. Med.* Costalgia (dolor de costado).

COSTÁLGICO, CA (jï) *adj.* Relativo a la costalgia.

COSTANEIRA *f.* Costero (madera). Costera (papel). *pl.* Costaneras (vigas).

COSTAS (còs) *f. pl.* Espaldas (del cuerpo humano). Espalda (cuartos traseros del vestido). Espaldas, envés o parte posterior de una cosa. Ausencia. *Às* —. *m. adv.* A cuestas, sobre los hombros o las espaldas. *fig.* A cuestas, a su cargo, sobre sí. *Dar,* o *voltar as* —. Tornar, o volver las espaldas. *Ter as* — *quentes.* Tener seguras, o guardadas, las espaldas. *Pelas* —. *m. adv.* A espaldas, a traición, por detras. *Cair de* —. *fr.* Caer boca arriba, dar uno de espaldas. *Falar pelas* —. Hablar por las espaldas. *Ter as* — *largas. fr. fig.* Tener uno buenas espaldas.

COSTEAGEM (jem) *f.* Cabotaje. Acción de

COSTEAR *v. tr. Mar.* Costear. *Bras.* Costear (pastorear el ganado). Corregir con trabajos los vicios de.

COSTEIO *m. Mar.* Acción de costear. Acción de costear el gado.

COSTEIRO, RA *adj.* Costero, costanero.

COSTELA (tè) *f.* Costilla. *Mar.* Costilla. *Bot.* Costilla. *fam. fig.* Costilla, mujer propia. —s *flutuantes.* Costillas flotantes.

COSTELAME *m. fam.* Costillaje, costillar; costillas, costados.

COSTELÃO (láum) *m.* Raqueta (lazo de pajarero).

COSTELETA *f.* Chuleta, costilla de la res vacuna, lanar o cabría, del cerdo, etc. Patilla (barba en los carrillos).

COSTELO (tè) *m.* Lo mismo que COSTELÃO.

COSTILHAR (llar) *m. Bras.* Costillar.

COSTUMADO, DA *adj P. p.* de *Costumar.* Acostumbrado, habituado. — *m.* Lo acostumbrado.

COSTUMAR *v. tr.* Acostumbrar, habituar. Ú. t. c. r.

COSTUMÁRIO, RIA *adj.* Consuetudinario.

COSTUME *m.* Traje. Costumbre. *pl.* Costumbres.

COSTUMEIRA *f.* Costumbre poco importante.

COSTUMEIRO, RA *adj.* Usual, que frecuentemente se usa o se practica. Consuetudinario.

COSTURA *f.* Costura (acción de coser; labor que se está cosiendo; conjunto de puntadas). *fig.* Costurón, cicatriz. *Máquina de* — Máquina de coser. — *de carregação.* Costura grosera.

COSTURAR *v. tr.* Coser.

COSTUREIRO *m.* Costurero (mueble). Sastre, modisto. *adj.* Sartorio (músculos). Ú. t. c. s.

COTA (cò) *f.* Cuota, cota. Anotación, nota. Cota (vestidura antigua). — *de malha.* Cota de mallas.

COTAÇÃO (sáum) *f.* Cotización. *fam.* Estima, fama, aprecio.

COTANGENTE (jen) *f. Geom.* Cotangente.

COTANILHO (llo) *m. Bot.* Vello, pelusilla.

COTANILHOSO, SA (llozo, òza) *adj.* Velloso.

COTANOSO, SA (nozo, òza) *adj.* Lo mismo que COTANILHOSO.

COTÃO (táum) *m.* Vello, pelusilla, borra. Algodón, cotón.

COTAR *v. tr.* Cotizar.

COTE (cò) *m. Mar.* Cote. Afiladera.

COTEJAMENTO (ja) *m.* Cotejo, acción de cotejar.

COTEJAR (jar) *v. tr.* Cotejar, confrontar, comparar.

COTEJO (jo) *m.* Cotejo.

COTIA (tía) *f.* Lo mismo que CUTIA.

COTILÉDONE (lè) *m. Bot.* Cotiledón.

COTILEDÓNEO, EA (dó) *adj.* Cotiledóneo.

COTILHÃO (lláum) *m.* Cotillón.

CÓTILO (cò) *m. Anat.* Cotila.

COTIO (tío) *m.* Uso cotidiano. *De* —. *m. adv.* Cotidianamente.

COTIZAR (zar) *v. tr.* Escotar, contribuir con cuotas. Cotizar. Ú. t. c. r.

COTIZÁVEL (zá) *adj.* Cotizable.

COTO (co) *m.* Munón. Cabo de vela.

COTONAR *v. tr.* Poner con algodón.

COTONIFÍCIO *m.* Algodonería.

COTONÍGERO, RA (je) *adj.* Velloso. *m.* Producto de algodón.

COTONOSO, SA (nozo, òza) *adj.* Algodonoso (borroso; hecho de algodón, que tiene algodón).

COTOVELADA *f.* Codazo.

COTOVELAR *v. tr.* Lo mismo que ACOTOVELAR.

COTOVELEIRA *f.* Codera (de la armadura).

COTOVELO (vé) *m. Anat.* Codo. Codo (parte de la manga). Codo (trozo de tubo). Esquina, canto.

COTOVIA (vía) *f. Zool.* Cogujada, totovía. Alondra.

COTURNO *m.* Coturno. *De alto* —. *m. adv. fig.* De alto coturno, de alta categoría.

COUBÉ (bè) *m.* Hechicero.

COUDELARIA (ría) *f.* Cuadra, caballeriza. Acaballadero.

COUPÊ *m.* (palabra francesa). Lo mismo que CUPÊ.

COUPON *m.* (palabra francesa). Lo mismo que CUPÃO.

COURA *f.* Lo mismo que

COURAÇA (sa) *f.* Coraza. *Mar.* Coraza, blindaje.

COURAÇADO, DA (sa) *adj P. p.* de *Couraçar.* Acorazado. *m.* Acorazado.

COURAÇAR (sar) *v. tr.* Acorazar. Ú. t. c. r.

COURACEIRO *m.* Coracero (soldado).

COURAMA *f.* Corambre (conjunto de cueros o pieles).

COURATO *m. Port.* Cuero de cerdo.

COUREADA *v. tr.* Acción de COUREAR.

COUREADOR *m.* El que desuella las reses y saca los cueros o pieles.

COUREAR *v. tr. Bras.* Cuerear (*Amer.* Matar y desollar las reses, y secar los cueros o pieles).

COURINHO (ño) *m. dim.* de *Couro.* Corezuelo, cuerezuelo. Piel de cabra.

COURO *m.* Cuero (pellejo de los animales, principalmente después de curtido y adobado). Piel. — *cabeludo.* Cuero cabelludo. *Salvar o* —. *fr.* Salvar el pellejo, o la piel.

COURONA *f.* Prostituta.

COUTADA *f.* Coto, terreno acotado. Acotada.

COUTAMENTO *m.* Acotamiento.

COUTAR *v. tr.* Acotar (reservar el uso y aprovechamiento de un terreno).

COUTARIA (ría) *f.* Oficio de

COUTEIRO *m.* Guarda de un coto.

COUTIO (tío) *m.* Lo mismo que

COUTO *m.* Coto, terreno acotado. Lo mismo que VALHACOUTO.

COUVAL *m.* Terreno plantado de coles.

COUVE *f. Bot.* Col. Berza.

COVA (cò) *f.* Cueva, caverna. Agujero. Hoyo. Madriguera. Cavidad. Sepultura.

COVACHO (cho) *m.* Covacha.

COVADO (có) *m.* Codo (medida).

COVAGEM (jem) *f.* Acción de abrir la cueva o sepultura en el cementerio. Precio de la sepultura.

COVAL *m.* División del terreno de un cementerio. Precio de la sepultura. División de terreno para sembrar en covachas.

COVÃO (váum) *m.* Cueva grande.

COVARDE *adj.* Cobarde. Ú. t. c. s.

COVARDEMENTE *adv. m.* Cobardemente.

COVARDIA (día) *f.* Cobardía.

COVARDISMO *m.* Cobardía.

COVARDO, DA *adj.* Cobarde.
COVATA *f. Port.* Covacha.
COVATO *m.* Lugar donde se hacen cuevas o sepulturas. Precio de la sepultura. Oficio de sepulturero.
COVEAMENTO *m.* Acción de
COVEAR *v. intr.* Abrir cuevas o covachas.
COVEIRO *m.* Sepulturero. Cuevero.
COVELITO *m. Miner.* Covelina, covelita.
COVIL *m.* Cobil, guarida, madriguera, cueva.
COVILHETE (lle) *m.* Cubilete.
COVINHA (còviña) *f.* Covacha. Hoyo pequeño, hoyuelo. Hoyuelo (hoyo que se forma en la mejilla de algunas personas).
COVINHADO, DA (ña) *adj.* Que tiene hoyuelos (hablando de persona).
COVO, VA *adj.* Cóncavo; hueco, hondo. *m.* Nasa.
COXA (cha) *f. Anat.* Muslo.
COXAGRA (cha) *f. Med.* Coxagra, gota en las caderas.
COXAL (chal) *adj.* Coxal.
COXALGIA (chaljía) *f.* Coxalgia.
COXÁLGICO, CA (chálji) *adj.* Coxálgico.
COXAMBLÂNCIA (chamblán) *f. Germ.* Cualquier cosa. Subterfugio, escapatoria.
COXANGA (chan) *m. Port. despect.* Cojo.
COXEADURA (chea) *f.* Cojera. Acción de cojear.
COXEAR (chear) *v. intr.* Cojear.
COXEIO (cheio) *m.* Cojera. Acción de cojear.
COXEIRA (chei) *f.* Cojera.
COXELAS (chè) *m.* Lo mismo que COXANGA.
COXETE (che) *m.* Lo mismo que COXOTE.
COXIA (chía) *f. Mar.* Crujía.
COXILHA (chilla) *f. Bras.* Cuchilla, loma, cumbre.
COXILHÃO (chilláum) *m. Bras.* Loma o cuchilla grandes.
COXIM (chim) *m.* Cojín. *Mar.* Cojín. Cojinete (pieza que sujeta los rieles a las traviesas).
COXIMPIM (chim) *m.* Lo mismo que GANGORRA.
COXINILHO (chinillo) *m.* Cojinillo.
COXO, XA (cho) *adj.* Cojo. Ú. t. c. s.
COXONILHO (chonillo) *m.* Lo mismo que COXINILHO.
COXOTE (chò) *m.* Quijote (pieza de la armadura antigua).
COZÉDURA (ze) *f.* Cocedura, cocción.
COZER (zer) *v. tr.* Cocer (preparar por medio del fuego las cosas crudas; digerir los alimentos en el estómago). *fig.* Aguantar, soportar.
COZIDO, DA (zi) *adj P. p.* de *Cozer.* Cocido. *m.* Cocido, olla.
COZIMENTO (zi) *m.* Cocimiento, cocción.
COZINHA (ziña) *f.* Cocina (lugar donde se guisa y prepara la comida; arte de guisar). — *de campanha.* Cocina de campaña.
COZINHADO, DA (ziña) *adj P. p.* de *Cozinhar.* Guisado, preparado en la cocina.
COZINHAR (ziñar) *v. tr.* Cocinar. Cocer.
COZINHEIRA (ziñei) *f.* Cocinera.
COZINHEIRO (ziñei) *m.* Cocinero.
CRABRO *m. Zool.* Crabrón.
CRACA *m.* Especie de molusco. *Arq.* Estría.
CRACHÁ (chá) *f.* Placa, condecoración.
CRACOVÊS, SA (vés, veza) *adj.* Cracoviano. Ú. t. c. s.
CRAMPA *f.* Lo mismo que CÃIMBRA.
CRANIAL *adj.* Craneal.
CRANIANO, NA *adj.* Craneano.
CRÂNIO (cránnio) *m.* Cráneo.
CRANIOCLASTA *m. Med.* Cranioclasto.
CRANIOFACIAL (cránnio) *adj.* Craneofacial.
CRANIÓFERO (ò) *m.* Craneóforo.
CRANIOGRAFIA (fía) *f.* Craneografía.
CRANIOGRÁFICO, CA *adj.* Relativo a la craneografía.
CRANIÓGRAFO (ò) *m.* Craneógrafo.
CRANIOLAR *adj.* Craneoide.
CRANIOLOGIA (jía) *f.* Craneología.
CRANIOLÓGICO (lòji) *adj.* Craneológico.
CRANIOLOGISTA (jis) *m.* Lo mismo que
CRANIÓLOGO (ò) *m.* Craneólogo.
CRANIOMANCIA (cía) *f.* Craneomancia, craneomancía.

CRANIOMETRIA (tría) *f.* Craneometría.
CRANIOMÉTRICO, CA (mè) *adj.* Craneométrico.
CRANIÔMETRO (ó) *m.* Craneómetro.
CRANIOSCOPIA (pía) *f.* Craneoscopia.
CRANIOSCÓPICO, CA (cò) *adj.* Craneoscópico, craneométrico.
CRANIOTA (niò) *adj.* Dícese de los animales que tienen cráneo. Ú. t. c. s.
CRANIOTOMIA (mía) *f.* Craneotomía.
CRANIÓTOMO (niò) *m.* Craneótomo.
CRANQUE *m.* Lo mismo que MANIVELA.
CRÁPULA *f.* Crápula (borrachera, libertinaje; gente entregada al vicio). *m.* Individuo crapuloso.
CRAPULEAR *v. intr.* Llevar vida de crápula, vivir como crapuloso.
CRAPULOSO, SA (lozo, lòza) *adj.* Crapuloso.
CRAQUE *m.* Crac, quiebra comercial. *Bras.* Persona o cosa digna de elogios por su excelencia o perfección.
CRÁS *m.* Graznido (del cuervo).
CRASE (ze) *f. Gram.* Crasis, contracción, *Mes.* Crasis.
CRASIOGRAFIA (ziografía) *f.* Crasiografía.
CRASIOLOGIA (ziolojía) *f.* Crasiología.
CRASIOLÓGICO, CA (ziolòji) *adj.* Crasiológico.
CRASSAMENTE (sa) *adv. m.* Crasamente, con suma ignorancia.
CRASSATELA (satè) *f. Zool.* Crasatela.
CRASSICAUDE (si) *adj.* Crasicaudo.
CRASSICAULE (si) *adj.* Crasicaulo.
CRASSICIE (sí) *f.* Lo mismo que CRASSIDÃO.
CRASSÍCOLO (sicò) *adj.* Crasicolo.
CRASSICÓRNEO, EA (sicòr) *adj.* Crasicórneo.
CRASSIDADE (si) *f.* Lo mismo que
CRASSIDÃO (sidáum) *f.* Crasitud.
CRASSIFOLIADO, DA (si) *adj.* Crasifoliado.
CRASSILÍNGÜE (si) *adj.* Crasilingüe.
CRASSINÉRVEO, EA (sinèr) *adj.* Crasinervio, crasinerviado.
CRASSIRROSTRO, TRA (si) *adj.* Crasirrostro.
CRASSO, SSA (so) *adj.* Craso (grueso, gordo o espesso; dícese del error, ignorancia, dislate, etc.).
CRÁSSULA (su) *f. Bot.* Crasula.
CRASSULÁCEAS (su) *f. pl. Bot.* Crasuláceas.
CRASSULÁCEO, EA (su) *adj.* Crasuláceo.
CRASTA *f. ant.* Claustro.
CRATEGINA (ji) *f. Quím.* Crategina.
CRATERA (tè) *f.* Cráter.
CRATICULAÇÃO (sáum) *f. Fís.* Cratícula.
CRAVAÇÃO (sáum) *f.* Clavamiento. Clavazón. Engaste.
CRAVADO, DA *adj. P. p.* de *Cravar.* Clavado. Engastado.
CRAVADOR *m.* Clavador. Engastador. Punzón de zapatero.
CRAVADURA *f.* Clavamiento. Engaste. *Vet.* Clavadura.
CRAVAGEM (jem) *f.* Clavamiento. Tizón (enfermedad del trigo, centeno, etc.).
CRAVANISTA *adj.* Inteligente.
CRAVAR *v. tr.* Clavar, introducir en un cuerpo una cosa puntiaguda. Ú. t. c. r. Clavar, fijar, parar, poner. Clavar, engastar.
CRAVEIRA *f.* Molde; patrón, marco. Compás de zapatero. Clavera (agujero en la herradura por donde entra el clavo). Clavera (molde para formar las cabezas de los clavos). Medida de 12 pulgadas.
CRAVEIRO *m. Bot.* Clavel (planta). Fabricante de clavos para herraduras. Florero. — *da-Índia. Bot.* Clavero.
CRAVEJADOR (ja) *m.* Engastador. El que hace clavos para herraduras.
CRAVEJAMENTO (ja) *m.* Clavamiento. Acción de clavetear.
CRAVEJAR (jar) *v. tr.* Clavetear (guarnecer con clavos). Clavar (una herradura). Clavar, engastar.
CRAVELHA (lla) *f.* Clavija (de un instrumento músico).
CRAVELHAL (llal) *m.* Lo mismo que
CRAVELHAME (lla) *m.* Clavijero (de un instrumento de cuerda). Conjunto de clavijas.
CRAVELHO (llo) *m.* Clavija.
CRAVELINA *f.* Lo mismo que CRAVINA.
CRAVIJA (ja) *f.* Clavija de coche.

CRAVINA *f.* Clavel pequeño. Clavellina.
CRAVINAR *v. intr.* Tocar clavicordio.
CRAVINEIRO *m.* Tocador de clavicordio.
CRAVINHO (ño) *m.* Clavo pequeño. Especie de clavellina. Clavel pequeño.
CRAVINHOSO, SA (ñozo, òza) *adj.* Lo mismo que
CRAVINOSO, SA (nozo, òza) *adj.* Parecido a la clavellina.
CRAVINOTE (nò) *m.* Carabina pequeña.
CRAVIORGANISTA *m.* Tocador de claviórgano.
CRAVIÓRGÃO (òrgáum) *m. Mús.* Claviórgano.
CRAVISTA *m.* Tocador de clavicordio. El que hace clavos.
CRAVO *m.* Clavo (para herraduras). Clavo (con que se crucificaba alguien). *Vet.* Clavo. Clavo (capullo seco de la flor del clavero, que se usa como especia). Clavel (la planta y la flor). Lo mismo que CRAVEIRA. Paraguas. Quitasol. Clavicordio. Divieso, clavo.
CRAVOÁRIA *f. Bot.* Clavero.
CRAVORANA *f.* Especie de artemisa.
CRÉ (crè) *f.* Creta, greda. Triza.
CREAR *v. tr.* Lo mismo que CRIAR.
CREBRO, BRA (crè) *adj. Poét.* Frecuente, repetido.
CRECA (crè) *f. pop.* Lo mismo que CARECA.
CRECHE (crèche) *f.* Asilo de niños pobres.
CREDÊNCIA (dén) *f.* Credencia, aparador.
CREDENCIAIS *f. pl.* Credenciales.
CREDENCIAL *adj.* Credencial, que acredita.
CREDIBILIDADE *f.* Credibilidad.
CREDITAR *v. tr.* Abonar, inscribir como acreedor.
CRÉDITO (crè) *m.* Crédito, fe, creencia. Crédito (derecho que una persona tiene a que otra le pague algo). Crédito, autoridad, reputación.
CREDITÓRIO, RIA (tò) *adj. For.* Relativo al crédito.
CREDÍVEL *adj. p. us.* Creíble.
CREDO (crè) *m.* Credo (oración; creencias y convicciones de una persona). Instante, poco tiempo.
CREDOR *m.* Acreedor.
CREDULAMENTE (crè) *adv. m.* Crédulamente.
CREDULIDADE *f.* Credulidad.
CRÉDULO, LA (cré) *adj.* Crédulo. Ú. t. c. s.
CREIO-EM-DEUS-PADRE *m.* Credo (oración).
CREMAÇÃO (sáum) *f.* Cremación.
CREMADEIRO *m.* Hoguera. Hoguera en que se quemaban las viudas en la India.
CREMADO, DA *adj.* De color de crema. *P. p.* de *Cremar.*
CREMADOR, RA *adj.* El que quema. Crematorio.
CREMALHEIRA (llei) *f. Mec.* Cremallera.
CREMAR *v. tr.* Quemar, incinerar (cadáveres).
CREMATÓRIO, RIA (tò) *adj.* Crematorio. Ú. t. c. s.
CREME *m.* Crema (nata de la leche; natillas, claras; confección cosmética para suavizar el cutis).
CREMNOMETRIA (tría) *f.* Cremnometría.
CREMNÔMETRO (nó) *m.* Cremnómetro.
CREMOCÁRPIO *m.* Cremocarpo.
CREMÓMETRO (mó) *m. Quím.* Cremómetro.
CREMONA *f.* Cremona (violín).
CREMOR *m.* Cocimiento hecho con el jugo de alguna planta. La parte más crassa de un líquido.
CRENÇA (sa) *f.* Creencia.
CRENDEIRICE *f.* Calidad de crédulo. Lo mismo que CRENDICE.
CRENDEIRO, RA *adj.* Crédulo, simple. Ú. t. c. s.
CRENDICE *f.* Creencia popular, abusión, superstición.
CRENTE *adj.* Creyente. Ú. t. c. s.
CREOFAGIA (jía) *f.* Creofagía.
CREOGENIA (jenía) *f.* Creogenia.
CREOGÉNICO, CA (jé) *adj.* Relativo a la creogenia.
CREOGRAFIA (fía) *f.* Creografía.
CREOLINA *f.* Líquido antiséptico que se extrae del alquitrán.
CREOSOTA (zó) *f.* Lo mismo que CREOSOTO.
CREOSOTAGEM (zotajem) *f.* Creosotado (acción de creosotar).
CREOSOTAR (zo) *v. tr.* Creosotar.
CREOSOTO (zo) *m. Quím.* Creosota.
CREPE (crè) *m.* Crespón, gasa. Gasa negra que se usa en señal de duelo. *fig.* Duelo, luto.

CRÉPIDO, DA (crè) *adj.* Crespo, ensortijado.
CREPITAÇÃO (sáum) *f.* Crepitación.
CREPITÁCULO *m. Mús.* Crepitáculo.
CREPITAR *v. intr.* Crepitar.
CREPITOSO, SA (tozo, òza) *adj.* Crepitante.
CREPUSCULAR *adj.* Crepuscular.
CREPUSCULAR-SE *v. r.* Parecerse al crepúsculo.
CREPUSCULÁRIOS *m. pl. Zool.* Crepusculares.
CREPÚSCULO *m.* Crepúsculo. *adj.* Crepuscular.
CRER *v. tr.* Creer (tener por cierto algo; pensar, sospechar algo, estar persuadido de ello, o tener por verosímil o probable). *v. intr.* Creer (dar fe y firme asenso a la revelación divina).
CRESCENÇA (sa) *f.* Crecimiento. Aumento.
CRESCENDO *m. Mús.* Crescendo (aumento gradual del sonido). *fig.* Progreso, gradación.
CRESCENTE *adj.* Creciente, que crece. *f.* Creciente, crecida. *m.* Creciente (media luna). Creciente de la luna.
CRESCER *v. intr.* Crecer. Aumentar. Sobrar. Hinchar. Desarrollarse.
CRESCIDO, DA *adj. P. p.* de *Crescer.* Crecido. Desarrollado. Considerable, grande, importante, crecido. Maduro. Sobrante.
CRESCIDOS *m. pl.* Crecidos. Restos.
CRESCIDOTE (dò) *adj.* Dícese del muchacho algo crecido o muy crecido.
CRESCIMENTO *m.* Crecimiento, aumento, desarrollo.
CRÉSCIMO (crès) *m.* Creces, aumento. Resto, sobra.
CRESÍLICO, CA (zi) *adj. Quím.* Cresílico.
CRESO (crèzo) *m. fig.* Creso, hombre muy acaudalado.
CRESOL (zòl) *m. Quím.* Cresilol, cresol.
CRESPÃO (páum) *m.* Especie de crespón.
CRESPAR *v. tr.* Encrespar, rizar, ensortijar. Ú. t. c. r.
CRESPATURA *f.* Lo mismo que
CRESPIDÃO (dáum) *f.* Calidad de crespo; rizado, fruncido. Aspereza, escabrosidad.
CRESPINA *f.* Redecilla, bonete (segunda cavida del estómago de los rumiantes). *ant.* Crespina.
CRESPIR *v. tr.* Lo mismo que CRESPAR. *Pint.* Crispir.
CRESPO, CRESPA (crés) *adj.* Crespo, ensortijado, rizado. *Bot.* Crespo, retorcido. Escabroso, áspero. Crespo, artificioso, obscuro (hablando del estilo). Crespo, alterado, irritado. Agitado (hablando del mar). *m.* Rizo. *pl.* Fruncidos.
CRESPOR *m.* Lo mismo que CRESPIDÃO.
CRESPOSO, SA (pozo, òza) *adj.* Crespo, rizado, ensortijado.
CRESTA (crès) *f.* Castrazón. Rapiña, robo, saqueo, pillaje.
CRESTADEIRA *f.* Castradera.
CRESTADURA *f.* Quemadura ligera. Tostadura.
CRESTAR *v. tr.* Quemar ligeramente, tostar. Ú. t. c. r. Abrasar, quemar. Castrar las colmenas. *v. r.* Quemarse por efecto del sol o del frío.
CRESTOMATIA (tía) *f.* Crestomatía.
CRETÁICO, CA *adj. Geol.* Cretáceo.
CRETINAÇÃO (sáum) *f.* Estado físico o moral de los cretinos.
CRETINISMO *m.* Cretinismo. Imbecilidad.
CRETINIZAÇÃO (zasáum) *f.* Acción de
CRETINIZAR (zar) *v. tr.* Tornar cretino o imbécil. Ú. t. c. r.
CRETINO *m.* Cretino. Imbécil; tonto. Ú. t. c. adj.
CRETINÓIDE (nòi) *adj.* Cretinizado, cretino.
CRETINOSO, SA (nozo, òza) *adj.* Relativo al cretino.
CRETONE *m.* Cretona.
CRIA (cría) *f.* Cría (animal mientras se está criando).
CRIAÇÃO (sáum) *f.* Creación. Crianza. Cría (acción y efecto de criar a los animales). Creación (obra literaria o artística). Los animales domésticos que se crían. Cultura de vegetales. Producción, obra, invento, creación.
CRIADA *f.* Criada, moza, sirvienta.
CRIADAGEM (jem) *f.* Conjunto de criados de una casa.
CRIADEIRA *adj.* Que cría bien a su hijo (hablando de hembras). *f.* Criandera, nodriza, ama de cría.
CRIADEIRO, RA *adj.* Criadero (fecundo en criar). Que cría bien. *m.* Individuo que corteja a las criadas.

CRIADO, DA *adj. P. p.* de *Criar.* Creado. Criado. Criado (con los advs. *bem* o *mal,* se aplica a la persona de buena o mala crianza). *m.* Criado, sirviente, mozo. — *mudo.* Mesita de cabecera.
CRIADOIRO *adj.* y *m.* Lo mismo que CRIADOURO.
CRIADOR, RA *adj.* Creador, que crea. Ú. t. c. s. Criadero. Criador, que nutre y alimenta. *m.* Creador. Criador (persona que cría animales). Inventor. Criadero (para animales).
CRIADORA *f.* Criadora, nodriza, ama de cría, criandera.
CRIADOURO, RA *adj.* Criadero. *m.* Criadero (de plantas). Asilo para niños pobres.
CRIAMENTO *m.* Cría, crianza.
CRIANÇA (sa) *f.* Niño o niña; criatura. *adj.* Niño, que tiene poca experiencia. Ú. t. c. s. Persona amuchachada. — *de peito.* Niño de teta.
CRIANÇADA (sa) *f.* Niñería, muchachada. Multitud de niños o niñas.
CRIANÇALHA (salla) *f.* Multitud de niños o niñas.
CRIANÇALHO (sallo) *m.* Lo mismo que CRIANCELHO.
CRIANÇÃO (sáum) *m.* Persona de espíritu infantil.
CRIANCELHO (llo) *m. fam.* Niño (que tiene poca experiencia). Persona de espíritu infantil.
CRIANCICE *f.* Niñería.
CRIANÇOLA (sò) *m. fam.* Muchacho que se juzga o procede como niño. Muchacho o persona de poca experiencia.
CRIAR *v. tr.* Crear, criar (producir algo de nada). Crear (instituir, establecer, fundar, introducir por vez primera una cosa). Criar (alimentar con la leche; alimentar, cuidar y cebar animales; instruir, educar, dirigir; dar ocasión o motivo para alguna cosa).
CRIATIVO, VA *adj.* Creador, criador.
CRIATURA *f.* Criatura (toda cosa criada). Criatura, hechura. Hombre, individuo.
CRICRI *m.* Canto del grillo.
CRICRIDO *m.* Lo mismo que CRICRI.
CRICRILAR *v. intr.* Cantar el grillo.
CRILADA *f.* Lo mismo que CRIANÇADA.
CRIME *m.* Crimen. *adj. For.* Criminal.
CRIMEZA (za) *f.* Severidad.
CRIMINAÇÃO (sáum) *f.* Criminación.
CRIMINADOR *m.* Criminador.
CRIMINAL *adj.* Criminal. *m.* Pleito criminal. Sala del crimen.
CRIMINALISTA *m.* Abogado criminalista; criminalista.
CRIMINALÍSTICA *f.* Derecho criminal.
CRIMINALOGIA (jía) *f.* Criminología.
CRIMINALOGISTA (jis) *m.* Criminologista.
CRIMINAR *v. tr.* Acriminar, criminar; censurar.
CRIMINÁVEL *adj.* Acriminable.
CRIMINOLOGIA (jía) *f.* Criminología.
CRIMINOLOGISTA (jis) *m.* Criminologista.
CRIMINOSAMENTE (nòza) *adv. m.* Criminalmente.
CRIMINOSO, SA (nozo, òza) *adj.* Criminal, criminoso. *m.* Criminal, criminoso.
CRINA *f.* Crin. — *vegetal.* Crin vegetal.
CRINAL *m.* Crinal (concerniente a la crin). *m.* Lo mismo que CRINEIRA.
CRINALVO, VA *adj.* Dícese del caballo que tiene las crines de color más claro que el resto del cuerpo.
CRINEIRA *f.* Crines. Melena de león.
CRINÍGERO, RA (je) *adj.* Crinífero.
CRINIPRETO, TA *adj.* Que tiene las crines negras.
CRÍNITO, TA *adj.* Crinado.
CRINÓIDE (nòi) *adj.* Crinoideo. *m. pl. Zool.* Crinoideos.
CRINOLINA *f.* Crinolina. Miriñaque; crinolina (Amer.).
CRINUDO, DA *adj.* Dícese de los animales que tienen largas las crines.
CRIOILO, LA *adj.* y *s.* Lo mismo que CRIOULO.
CRIÓLITO (ò) *m. Miner.* Criolita.
CRIOTERAPIA (pía) *f.* Crimoterapia.
CRIOTERÁPICO, CA *adj.* Corceniente a la crimoterapia.
CRIOULADA *f.* Multitud de criollos.

CRIOULO, LA *adj.* Criollo (aplícase al hijo de padres europeos nacido en otra parte del mundo; dícese del negro nacido en América; dícese del americano descendiente de europeos). Ú. t. c. s. Dícese de lo que es propio de un país o región.
CRIPTA *f.* Cripta (sitio subterráneo; capilla subterránea).
CRIPTOGAMIA (mía) *f.* Criptogamia.
CRIPTOGÂMICAS (gánmi) *f. pl. Bot.* Criptógamas.
CRIPTOGRAFIA (fía) *f.* Criptografía.
CRIPTOGRAMA *f.* Criptograma (despacho, carta o comunicación cifrados). Ú. t. c. m.
CRIPTÓLITO (tò) *m. Pat.* Criptolito.
CRIPTOLOGIA (jía) *f.* Criptografía.
CRÍQUETE *m.* Criquet.
CRISÁLIDA (zá) *f.* Crisálida.
CRISALIDAR (za) *v. intr.* Transformarse (la oruga) en crisálida o ninfa.
CRISÂNTEMO (zán) *m. Bot.* Crisantema, crisantemo.
CRISANTO (zan) *m.* Lo mismo que CRISÂNTEMO.
CRISE (ze) *f.* Crisis (en todas las acepciones de esta voz). — *ministerial.* Crisis ministerial.
CRÍSIDE (zi) *f. Zool.* Avispa de la familia de los crísidos.
CRISÍDIDAS (zí) *f. pl.* Lo mismo que
CRISÍDIOS (zí) *m. pl. Zool.* Crísidos.
CRISIS (zis) *f.* Lo mismo que CRÍSIDE.
CRISMA *m.* Crisma (óleo santo). *f.* Sacramento de la confirmación. *fig.* Lo mismo que ALCUNHA.
CRISMAR *v. tr.* Administrar el sacramento de la confirmación.
CRISOBERIL (zo) *m.* Lo mismo que
CRISOBERILO (zo) *m.* Crisoberilo.
CRISÓCALO (zò) *m.* Crisocalco, similor.
CRISOCLORO (zoclò) *adj.* Verde y amarillo.
CRISOL (zòl) *m.* Crisol.
CRISOLAR (zo) *v. tr.* Acrisolar, crisolar.
CRISÓLITO (zò) *m.* Crisólito.
CRISOLOGIA (zolojía) *f.* Crematística, crisología.
CRISOPÉIA (zopèia) *f.* Crisopeya.
CRISOPRASO (zoprazo) *m.* Crisoprasio, crisoprasa.
CRISPAÇÃO (sáum) *f.* Crispación.
CRISPADURA *f.* Crispatura, crispadura, crispación.
CRISPAMENTO *m.* Crispamiento, crispatura. Escalofrío.
CRISPAR *v. tr.* Encrespar, rizar, fruncir. Ú. t. c. r. Crispar. Ú. t. c. r.
CRISTA *f.* Cresta (de algunas aves). Crestón de la celada. Cresta (cima de una montaña, de una ola, etc.). — *de galo. Bot.* Cresta de gallo, gallocresta. *Levantar a* —. *fr. fig.* Alazar, o levantar, la cresta; mostrar soberbia.
CRISTADA *f. Bot.* Seibo.
CRISTADO, DA *adj.* Crestado (que tiene cresta).
CRISTAGALI *f. Bot.* Gallocresta, cresta de gallo.
CRISTAL *m.* Cristal (substancia sólida que en la naturaleza toma forma poliédrica; vidrio, muy transparente, resultante de la fusión de arena silícia con potasa y minio; *fig. Poét.* el agua). — *de rocha.* Cristal de roca.
CRISTALEIRA *f.* Cristalera (armario con cristales; aparador).
CRISTALEIRO *m.* Cristalero.
CRISTALERIA (ría) *f.* Cristalería.
CRISTALINO, NA *adj.* Cristalino. *m. Anat.* Cristalino.
CRISTALITO *m.* Cristalita.
CRISTALIZAÇÃO (zasáum) *f.* Cristalización.
CRISTALIZAR (zar) *v. tr.* Cristalizar. *v. r.* Cristalizar (intr.), cristalizarse.
CRISTALIZÁVEL (zá) *adj.* Cristalizable.
CRISTALOGENIA (jenía) *f.* Cristalogenia.
CRISTALOGRAFIA (fía) *f.* Cristalografía.
CRISTALÓIDE (lòi) *adj.* Cristaloide. *m.* Cristaloide.
CRISTALOLOGIA (jía) *f.* Cristalología.
CRISTALOMANCIA (cía) *f.* Cristalomancia, cristalomancía.
CRISTALOMETRIA (tría) *f.* Cristalometría.
CRISTALONOMIA (mía) *f.* Cristalonomia.

CRISTÂMENTE (tánmen) *adv. m.* Cristianamente.
CRISTANDADE *f.* Cristiandad.
CRISTANDIA (día) *f.* Lo mismo que CRISTAN-DADE.
CRISTÃO, TÃ (táum, tán) *adj.* Cristiano. Ú. t. c. s. *m. fam.* Cristiano, persona, alma viviente. — *novo.* Cristiano nuevo. — *velho.* Cristiano viejo.
CRISTEAR *v. fr. fam. Bras.* Engañar. Burlarse de.
CRISTEL (tèl) *m. pop.* Clister, ayuda.
CRISTIANISMO *m.* Cristianismo.
CRISTIANÍSSIMO, MA (si) *adj. superl.* de *Cristão.* Cristianísimo.
CRISTIANIZAÇÃO (zasáum) *f.* Acción de cristianizar.
CRISTIANIZAR (zar) *v. tr.* Cristianizar.
CRISTO *m.* Cristo, crucifijo. *fig. pop.* Persona simple y crédula.
CRITÉRIO (tè) *m.* Criterio, norma, pauta, regla; juicio, discernimiento.
CRITERIOSO, SA (ozo, òza) *adj.* Que tiene buen criterio.
CRÍTICA *f.* Crítica (en todas las acepciones de este vocablo).
CRITICANTE *adj.* Criticador.
CRITICAR *v. tr.* Criticar.
CRITICARIA (ría) *f. despect.* Conjunto de críticos o criticones.
CRITICASTRO *m.* Criticastro; criticón.
CRITICÁVEL *adj.* Criticable.
CRITICISTA *m.* Partidario del criticismo.
CRÍTICO, CA *adj.* Crítico (en todas las acepciones de esta voz). Ú. t. c. s.
CRITICÓIDE (còi) *m.* Criticastro.
CRITIQUEIRO, RA *adj.* Criticón. Ú. t. c. s.
CRITIQUICE *f.* Critiquez, afición a censurar.
CRIVA *f.* Criba (de agujeros más grandes que los ordinarios).
CRIAVAÇÃO (sáum) *f.* Cribado (acción de cribar), cribadura.
CRIVADO, DA *adj. P. p.* de *Crivar.* Cribado. Acribillado.
CRIVAR *v. tr.* Cribar. Acribillar.
CRIVEIRA *m. Port.* Lo mismo que CRIVO.
CRIVEIRO *m. Port.* Cribero.
CRÍVEL *adj.* Creíble.
CRIVO *m.* Criba.
CRIZ *m.* Cris (arma blanca).
CROÁ *m.* Lo mismo que CAROÁ.
CROÁCIO, CIA *adj.* Croata. Ú. t. c. s.
CROCA (crò) *f.* Gancho del arado.
CRÓCEO, EA (crò) *adj.* Crocino.
CROCHÉ (chè) *m.* Crochet, labor de aguja de gancho.
CROCINO, NA *adj. y s.* Croata.
CROCITAR *v. intr.* Crascitar, crocitar, graznar el cuervo.
CROCITO *m.* Craznido (del cuervo).
CROCO (crò) *m.* Azafrán.
CROCODILIANO, NA *adj.* Relativo al cocodrilo. Parecido al cocodrilo. *m. pl. Zool.* Cocodrílidos.
CROCODILO *m. Zool.* Cocodrilo.
CROCOÍTO *m. Miner.* Crocoísa, crocoíta.
CROMA *m. Mús.* Escala cromática.
CROMADO, DA *adj.* Que tiene cromo.
CROMÂMETRO (má) *m.* Cromámetro.
CROMATIZAR (zar) *v. tr.* Lo mismo que COLORIR.
CROMATOGÊNICO, CA (jé) *adj.* Cromatógeno.
CROMATOPSIA (sía) *f.* Cromatopsia (visión coloreada).
CRÔMICO, CA (cró) *adj.* Crómico.
CRÔMIDAS (cró) *m. pl.* Lo mismo que CROMÍDEOS *m. pl. Quím.* Crómidos.
CROMIDROSE (dròze) *f. Pat.* Cromhidrosis.
CRÔMIO (cró) *m.* Lo mismo que CROMO.
CROMITO *m. Miner.* Cromita.
CROMO *m.* Cromo (metal; comolitografía).
CROMÓFORO (mò) *m.* Cromóforo.
CROMOGÊNICO, CA (jé) *adj.* Cromógeno.
CROMOGRAFIA (fía) *f.* Cromografía.
CROMOLITOGRAFIA (fía) *f.* Cromolitografía.
CROMOMETRIA (tría) *f.* Cromometría.
CROMOSCÓPIO (cò) *m.* Cromoscopio.

CROMOTIPOGRAFÍA (fía) *f.* Cromotipografía.
CRÔMULA (cró) *f.* Clorofila, crómula.
CROMURGIA (jía) *f.* Cromurgia.
CROMÚRGICO, CA (ji) *adj.* Cromúrgico.
CRONHA (ña) *f. pop.* Lo mismo que CORONHA.
CRONHADA (ña) *f.* Lo mismo que CORONHADA.
CRÔNICA (cró) *f.* Crónica.
CRONICAMENTE (cró) *adv. m.* Crónicamente.
CRONICÃO (cáum) *m.* Cronicón.
CRONICAR *v. tr.* Cronizar. *v. intr.* Escribir crónicas.
CRONICIDADE *f.* Cronicidad.
CRÔNICO, CA (cró) *adj.* Crónico.
CRÔNICON (cró) *m.* Cronicón.
CRONIQUEIRO *m. despect.* Cronista.
CRONIQUIZAR (zar) *v. tr.* Cronizar.
CRONISTA *m.* Cronista.
CRONÓGRAFO (nò) *m.* Cronógrafo. Cronólogo. Cronista.
CRONOLOGIA (jía) *f.* Cronología.
CRONOLOGICAMENTE (ji) *adv. m.* Cronológicamente.
CRONOLÓGICO, CA (lòji) *adj.* Cronológico.
CRONOLOGISTA (jis) *m.* Cronologista, cronólogo.
CRONÓLOGO (nò) *m.* Cronólogo, cronologista.
CRONOMETRAGEM (jem) *f.* Acción de
CRONOMETRAR *v. tr.* Medir (el tiempo) con el cronómetro.
CRONOMETRIA (tría) *f.* Cronometría.
CRONOMETRISTA *m.* Cronometrista. El que verifica el tiempo oficial en las competiciones deportivas.
CRONÔMETRO (nó) *m.* Cronómetro.
CROQUE (crò) *m.* Bichero, cloque, croque. *fam.* Coscorrón.
CROQUETE (què) *m.* Croqueta.
CROQUIS *m.* (palabra francesa) Croquis, dibujo ligero.
CROSSA (crósa) *f.* Cayado (báculo pastoral).
CROSTA *f.* Costra.
CRÓTALO (crò) *m.* Crótalo (antiguo instrumento de percusión). *Zool.* Crótalo.
CRÓTON (crò) *m. Bot.* Crotón.
CRU, CRUA *adj.* Crudo (que no está cocido; dícese de la seda y otras cosas no preparadas o curadas; cruel, áspero, desapiadado).
CRUCIAÇÃO (sáum) *f.* Tormento, acción de cruciar. Crucifixión.
CRUCIAL *adj.* Crucial.
CRUCIANTE *adj.* Aflictivo, punzante.
CRUCIAR *v. tr.* Crucificar. Cruciar, atormentar.
CRUCIÁRIO, RIA *adj.* Lo mismo que CRUCIANTE.
CRUCIFERÁRIO *m.* Crucero, cruciferario.
CRUCIFICAÇÃO (sáum) *f.* Crucifixión.
CRUCIFICAMENTO *m.* Lo mismo que CRUCIFICAÇÃO.
CRUCIFICAR *v. tr.* Crucificar, clavar a alguien en una cruz. Ú. t. c. fig.
CRUCIFIXÃO (xáum) *f.* Crucifixión.
CRUCIFIXAR *v. tr.* Crucificar.
CRUCIFIXO, A *adj. P. p.* de *Crucificar.* Crucificado. *m.* Crucifijo.
CRUDELÍSSIMO, MA (dèlísi) *adj. superl.* de *Cruel.* Crudelísimo, cruelísimo.
CRUEIRA *f. Bras.* Parte gruesa de la mandioca dulce que no pasa por el cedazo.
CRUEL (èl) *adj.* Cruel, insufrible, riguroso, sangrento, duro, violento, excesivo.
CRUELDADE *f.* Crueldad.
CRUELÍSSIMO, MA (èlísi) *adj.* Lo mismo que CRUDELÍSSIMO.
CRUELMENTE (èl) *adv. m.* Cruelmente, con crueldad.
CRUENTAÇÃO (sáum) *f.* Acción de ensangrentar.
CRUENTAR *v. tr.* Ensangrentar, manchar o teñir de sangre.
CRUENTO, TA *adj.* Cruento, sangrento.
CRUERA *f.* Lo mismo que CRUEIRA.
CRUEZA (za) *f.* Crudeza (calidad de crudo). *fig.* Crudeza, rigor, dureza, aspereza. *fig.* Crueldad.
CRUOR *m.* Crúor.
CRUORINA *f.* Hemoglobina.

CRUPIÊ *m.* (palavra francesa) Crupié.
CRUZ *f.* Cruz (en todas las acepciones de esta voz). — *de Jerusalém.* Cruz de Jerusalén (cruz y planta). — *de Santo André.* Cruz de San Andrés, aspa. — *do Sul. Astr.* Cruz, crucero. *Em* —. *m. adv.* En cruz. *pl. Cruzes* (zes).
CRUZA (za) *f.* Cruzamiento (de razas).
CRUZADA (za) *f.* Cruzada. Travesía. *fig.* Cruzada, campaña.
CRUZADO, DA (za) *adj.* Cruzado (en todas las acepciones de esta voz). *m.* Cruzado.
CRUZADOR, RA (za) *adj.* Que cruza de una parte a otra. *Mar.* Crucero (buque de guerra).
CRUZAMENTO (za) *m.* Cruce. Cruzamiento. Encrucijada.
CRUZANTE (zan) *adj.* Que cruza.
CRUZAR (zar) *v. tr.* Cruzar (en todas las acepciones de esta voz). Ú. t. c. r.
CRUZÁVEL (zá) *adj.* Que se puede cruzar.
CRUZEIRO, RA (zei) *adj.* Que tiene cruz. Que está marcado con cruz. *m.* Cruz de piedra; cruz en el camino. *Arq.* Crucero. *Mar.* Crucero (acción de cruzar; el buque de cruza). *Astr.* Crucero, Cruz. Crucero (orden militar del Brasil). Antigua moneda nacional brasileira.
CRUZES (zes) *f. pl.* Cruces. Cruz (reverso de las monedas; parte más alta del lomo de algunos animales).
CRUZETA (ze) *f.* Cruceta.
CRUZILHADA (zilla) *f.* Encrucijada.
CRUZO (zo) *m.* Encrucijada.
CU *m. vulg.* Culo.
CUADA *f. vulg.* Culada.
CUBA *f.* Cuba. Lo mismo que DORNA.
CUBAÇÃO (sáum) *f.* Cubación, cubicación.
CUBAGEM (jem) *f.* Cubaje.
CUBANO, NA *adj.* Cubano. Ú. t. c. s.
CUBAR *v. tr.* Cubicar, cubar.
CUBATÃO (táum) *m. Bras.* Cerro pequeño.
CUBATURA *f.* Cubatura.
CUBEIRO, RA *adj.* Dícese del vino que estuvo en cuba.
CUBETA *f.* Cubeta (recipiente propio para operaciones químicas y fotográficas).
CUBICAMENTE *adv. m.* Cúbicamente.
CUBICAR *v. tr.* Cubar, cubicar.
CÚBICO, CA *adj.* Cúbico.
CUBÍCULO *m.* Cubículo. Cuarto pequeño. Celda. *fig.* Calabozo.
CUBITAL *adj.* Cubital (perteneciente al codo; de un codo de largo).
CÚBITO *m. Anat.* Cúbito.
CUBO *m. Alg. y Arit.* Cubo. *Port.* Arcaduz de noria. *Port.* Cuba, estanque de molino.
CUBÓIDE (bòi) *adj.* De figura de cubo. *m. Anat.* Cuboides.
CUCA *f.* Bu, coco, cuco. *m.* Cocinero. Especie de pan dulce.
CUCAR *v. intr.* Cantar el cuclillo.
CUCO *m. Zool.* Cuclillo, cuco. Reloj de cuclillo.
CUCULAR *v. intr.* Cantar el cuclillo.
CUCULO *m.* Cuculla. Cogulla. Colmo (porción que sobra de la justa medida).
CUCUMBU *m. Bras.* Azada.
CUCÚRBITA *f.* Cucúrbita (retorta de alambique).
CUCURBITAR *v. intr. Bot.* Nacer en forma de calabaza.
CUCURECHÉU (chèu) *m.* Llave de una bóveda. Claraboya.
CURURICAR *v. intr.* Lo mismo que
CUCURITAR *v. intr.* Cantar el gallo.
CUECAS (cuè) *f. pl.* Calzoncillos.
CUEIRO *m.* Culero (de los niños). *fig.* Pañal, mantilla.
CUERA (cué) *adj. Bras.* Valiente, esforzado. Bueno. Ducho.
CUFAR *v. intr.* Morirse.
CUIA *f. Bras.* Mate (vasija). Calabaza (vasija). *Germ.* Calabaza, cabeza.
CUIADA *f. Bras.* Lo que cabe en una vasija de mate.
CUÍCA *f. Bras.* Zambomba.
CUIDADEIRA *f.* Cuidadora.
CUIDADO, DA *adj.* Cuidado. Tratado. Pensado, imaginado. Previsto. *m.* Cuidado (en todas las acepciones de esta voz).

CUIDADOR, RA *adj.* Cuidante. Muy solícito y cuidadoso.

CUIDADOSAMENTE (dòzz) *adv. m.* Cuidadosamente, con cuidado, solicitud, diligencia o esmero.

CUIDADOSO, SA (dozo, òza) *adj.* Cuidadoso; atento, vigilante.

CUIDAR *v. tr.* Pensar, imaginar, meditar. Cuidar. Ú. t. c. r.

CUIDOSO, SA (dozo, òza) *adj.* Cuidadoso.

CUIEIRA *f. Bot.* Especie de calabacera.

CUITÉ (tè) *m.* Lo mismo que CUIEIRA.

CUITEZEIRA (zei) *f.* Lo mismo que CUIEIRA.

CUJO, JA (jo) *adj.* Cuyo. *pron.* Cuyo; quien, el cual. *m.* Sujeto, persona, individuo, tipo.

CULAGA *f. Port.* Lo mismo que AZINHAGA.

CULANTRILHO (llo) *m.* Culantrillo.

CULAPADA *f.* Culada.

CULAPAR *v. intr.* Dar un culazo.

CULATRA *f.* Culata (de las armas de fuego).

CULATRAL *adj.* Relativo a la culata de un arma de fuego.

CULE *m.* Peón chino o indio.

CULINÁRIA *f.* Arte culinaria, cocina.

CULMINAÇÃO (sáum) *f.* Culminación.

CULMINÂNCIA (náum) *f.* Culminancia.

CULMINANTE *adj.* Culminante (en todas las acepciones de esta voz).

CULMINAR *v. intr.* Culminar. Ú. t. c. tr.

CULMÍNEO *m.* Culminación.

CULO *m. Bras. R. Gr. del Sur.* Culo (parte plana de la taba).

CULPA *f.* Culpa, falta.

CULPABILIDADE *f.* Culpabilidad.

CULPADO, DA *adj. P. p.* de *Culpar.* Culpado; culpable.

CULPAR *v. tr.* Culpar, imputar, atribuir la culpa. Ú. t. c. r.

CULPÁVEL *adj.* Culpable.

CULPOSAMENTE (pòza) *adv. m.* Culpadamente. Culpablemente.

CULPOSO, SA (pozo, òza) *adj.* Culpado.

CULTAMENTE *adv. m.* Cultamente (con cultura).

CULTIPARLA *adj.* Cultiparlista.

CULTISMO *m.* Culteranismo, cultismo.

CULTISTA *adj.* Culterano. Ú. t. c. s.

CULTIVAÇÃO (sáum) *f.* Cultivación, cultivo, cultura.

CULTIVAMENTO *m.* Cultivo.

CULTIVAR *v. tr.* Cultivar (en todas las acepciones de esta voz). Ú. t. c. r.

CULTIVÁVEL *adj.* Cultivable.

CULTIVO *m.* Cultivo, cultura, cultivación.

CULTO, TA *adj.* Culto. *m.* Culto, homenaje religioso, adoración; veneración profunda.

CULTOR, RA *adj.* Cultivador. Ú. t. c. s. Cultor. Ú. t. c. s.

CULTUAR *v. tr.* Rendir culto. Cultivar.

CULTURA *f.* Cultivo, cultura. Cultura (sabiduría resultante de haber cultivado los conocimientos humanos).

CULTURANO, NA *adj.* Culterano, culto.

CULUMI *m.* Lo mismo que CURUMI.

CUMBA *adj.* y *s. Bras. São Paulo.* Fuerte; diestro; valiente.

CUMBARU *m. Bot. Bras.* Cumarú, sarapia.

CUMBE *f. Bras. Ceará.* Aguardiente, caña.

CUMBUCA *f. Bras.* Calabaza (vasija).

CUME *m.* Cumbre (cima de un monte; ponto culminante, último grado de elevación de una cosa).

CUMIADA *f.* Extensión de las cimas de los montes. Camino en la cumbre de un monte. Lo mismo que CUMIEIRA.

CUMIEIRA *f.* Cumbrera, parhilera. Cumbre, cima.

CUMINAL *adj.* Culminante.

CUMINHO (ño) *m. Bot.* Comino.

CÚMPLICE *adj.* y *s.* Cómplice.

CUMPLICIAR-SE *v. r.* Tornarse cómplice.

CUMPLICIDADE *f.* Complicidad.

CUMPRIDOR, RA *adj.* Cumplidor (que cumple).

CUMPRIMENTADOR, RA *adj.* Cumplimentero.

CUMPRIMENTAR *v. tr.* Cumplimentar (dar parabién, felicitar). Saludar.

CUMPRIMENTEIRO, RA *adj.* Cumplimentero.

CUMPRIMENTO *m.* Cumplimiento (acción de cumplir; cumplido; oferta puramente cortés). Cortesía. Saludo.

CUMPRIR *v. tr.* Cumplir, ejecutar, realizar. *v. intr.* Cumplir, hacer lo que se debe; convenir, importar. *v. r.* Cumplirse, verificarse, realizarse.

CUMULAÇÃO (sáum) *f.* Acumulación.

CUMULAR *v. tr.* Acumular, cumular.

CÚMULO *m.* Cúmulo. Cumbre. Lo mismo que AUGE. *pl. Meteor.* Cúmulo.

CUNEANO, NA *adj.* Cuneiforme.

CUNEIFORME (fòr) *adj.* Cuneiforme. *m. pl.* Caracteres cuneiformes.

CUNHA (ña) *f.* Cuña (para hender, apretar o calzar cuerpos sólidos). *fig.* Persona influyente. *fig.* Valimiento, amparo, favor. À —. *m. adv.* Muy apretado; muy lleno.

CUNHÃ (ñán) *f. Bras. Amaz.* Mujer.

CUNHADA (ña) *f.* Cuñada.

CUNHADIA (ñadía) *f.* Cuñadía.

CUNHADIO (ñadío) *m.* Cuñadía.

CUNHADOR, RA (ña) *adj.* y *s.* Acuñador.

CUNHAGEM (ñajem) *f.* Acuñación.

CUNHAL (ñal) *m.* Ángulo, esquina.

CUNHANTÃ (ñantán) *f.* Lo mismo que

CUNHANTAIM (ñan) *f. Bras. Amaz.* Niña.

CUNHATÃ (ñatán) *f.* Lo mismo que CUNHAN-TAIM.

CUNHAR (ñar) *v. tr.* Acuñar. Cuñar.

CUNHARAPIXARA (ñarapicha) *adj. Bras. Amaz.* Afeminado.

CUNHETE (ñe) *m.* Caja para municiones de guerra.

CUNHO (ño) *m.* Cuño, sello. Cuño (impresión que deja este troquel). *fig.* Marca, sello, caráter.

CUPÃO (páum) *m.* Cupón.

CUPÉ (pé) *m.* Cupé.

CUPIDEZ *f.* Codicia, avidez, ambición.

CUPIDÍNEO, EA *adj.* Relativo a Cupido, al amor.

CUPIDINOSO, SA (nozo, òza) *adj.* Deseoso; enamorado; amoroso.

CUPIDO *m.* Cupido, amor. *fig.* Hombre ridículo que presume de galante. *Bras. Amaz.* Capincho.

CÚPIDO, DA *adj.* Ambicioso, ávido, avaricioso.

CUPIM *m.* Especie de hormiga. Su hormiguero.

CUPOM *m.* Lo mismo que CUPÃO.

CUPRESSIFORME (si) *adj.* Cupresiforme.

CÚPRICO, CA *adj.* Cúprico, de cobre. *Quím.* Cúprico.

CUPRINO, NA *adj.* Relativo o perteneciente al cobre.

CUPRIPENE *adj.* Cupripenne.

CÚPULA *f.* Cúpula (bóveda hemisférica de algunos edificios). *Bot.* Cúpula. Bóveda. Cimborio.

CURA *f.* Curación, cura. Cura (sacerdote encargado de una feligresía). Curativa, cura, método curativo.

CURABI *m. Bras. Amaz.* Pequeña saeta emponzoñada.

CURABILIDADE *f.* Curabilidad.

CURACA *m. Bras. Amaz.* Cacique.

CARAÇAU (sau) *m.* Curasao (licor).

CURADIA (día) *f.* Curaduría.

CURADO, DA *adj. P. p.* de *Curar.* Curado. Curado, endurecido, curtido. *Bras.* Inmune (del veneno de las víboras, de heridas, etc.).

CURADOR *m.* Curador (persona nombrada para cuidar los bienes del menor o del incapacitado).

CURADORIA (ría) *f.* Curaduría.

CURAMENTO *m.* Curación, cura.

CURANDEIRA *f.* Curandera.

CURANDEIRISMO *m.* Conjunto de prácticas de los curanderos.

CURANDEIRO *m.* Curandero.

CURANDICE *f.* Acción de curandero.

CURAR *v. tr.* Curar (disponer lo necesario para la curación de un enfermo; preparar las carnes y pescados para que se conserven; curtir las pieles; beneficiar los hilos y otros materiales). *v. intr.* Ejercer la medicina. *v. r.* Curar, sanar, recobrar la salud, curarse.

CURARE *m.* Curare (veneno).

CURALISMO *m.* Envenenamiento por el curare.

CURARIZAÇÃO (zasáum) *f.* Acción y efecto de

CURARIZAR (zar) *v. tr.* Envenenar con curare.

CURATELA (tè) *f.* Curaduría, curatela.

CURATIVO, VA *adj.* Curativo. *m.* Curativa.

CURATO *m.* Curato (cargo; parroquia). Casa del cura.

CURÁVEL *adj.* Curable.

CURBILHA (lla) *f.* Redecilla para los cabellos.

CURDO, DA *adj.* y *s.* Curdo (natural del Curdistán).

CUREMA *m. Bras. Pernambuco y Paraíba.* Bravucón.

CURETA (ré) *f. Cir.* Raspador.

CURETAGEM (jem) *f. Cir.* Curetaje.

CURETAR *v. tr.* Limpiar con el raspador un órgano o tejido enfermo.

CÚRIA *f.* Curia.

CURIAL *adj.* Curial. *fig.* Propio, conveniente. *m.* Curial.

CURIANGO *m. Bras.* Nombre de cuatro pájaros fisirrostros de la familia de los caprimúlgidos.

CURIANGU *m.* Lo mismo que CURIANGO.

CURIÃO (riáum) *m.* Curión.

CURIAVO *m.* Lo mismo que CURIANGO.

CURINGA *m. Bras.* Carta que vale según la combinación que el parcero tiene en la mano.

CURIOSA (òza) *f. Bras.* Comadrona.

CURIOSAMENTE (òza) *adv. m.* Curiosamente (con curiosidad o deseo de ver, saber, etc.). Exquisitamente.

CURIOSAR (zar) *v. intr.* Curiosear.

CURIOSICE (zi) *f.* Lo mismo que

CURIOSIDADE (zi) *f.* Curiosidad (deseo de ver, saber, averiguar, etc.; vicio de inquirir lo que no nos importa; cosa curiosa, notable o primorosa).

CURIOSO, SA (ozo, òza) *adj.* Curioso (que tiene curiosidad; que hace o trata de una cosa con cuidado o esmero). Ú. t. c. s. Exquisito, raro, notable, interesante.

CURRAL *m.* Corral (en el campo). Establo, aprisco.

CURRALADA *f.* Establo grande; corraliza.

CURRALEIRO, RA *adj.* Dícese del ganado que duerme en corral o establo. *m.* Establero.

CURRICAR *v. intr.* Vagabundear.

CURRÍCULO *m.* Curso, transcurso. Atajo. Plan de estudios.

CURRIQUEIRO, RA *adj.* Común, trivial, corriente, sabido.

CURRIQUICE *f.* Trivialidad, vulgaridad.

CURRO *m.* Chiquero.

CURRUPIRA *m.* Lo mismo que CURUPIRA.

CURSADO, DA *adj. P. p.* de *Cursar.* Cursado, acostumbrado, avezado; ducho, experimentado.

CURSAR *v. tr.* Cursar.

CURSÁVEL *adj.* Que se puede cursar. Corriente.

CURSISTA *m.* Cursante.

CURSIVO, VA *adj.* Cursivo.

CURSO *m.* Curso (en todas las acepciones de esta voz).

CURSOR, RA *adj.* Corredizo. *m. Mec.* Cursor (deslizadera o corredera de muchos instrumentos).

CURSORIAMENTE (sò) *adv. m.* Ligeramente, de paso.

CURSÓRIO, RIA (sò) *adj.* Lo mismo que CURSOR.

CURTAMENTE *adv. m.* Cortamente.

CURTEZA (za) *f.* Cortedad.

CURTIDO, DA *adj. P. p.* de *Curtir.* Curtido. Avezado, experimentado, cursado. *fig.* Lo mismo que CALEJADO.

CURTIDOR *m.* Curtidor (el que curte pieles).

CURTIDURA *f.* Curtimiento.

CURTIM *m.* Curtidero.

CURTIMENTA *f.* Curtimiento. Fermentación del vino. Curtiduría.

CURTIMENTO *m.* Curtimiento.

CURTIR *v. tr.* Curtir (adobar, aderezar y preparar las pieles; tostar o endurecer el cutis la acción del sol o del aire; acostumbrar, avezar a la vida dura, aguerrir).

CURTO, TA *adj.* Corto (en todas las acepciones de este vocablo).

CURTO-CIRCUITO *m.* Corto circuito.

CURTUME *m.* Curtiduría. Curtimbre, curtimiento. Tenería. Curtidero.

CURUBA *f. Bras.* Lo mismo que COCEIRA.

CURUL *adj.* Curul. *f.* Silla curul.

CURUMI *m. Bras.* Muchacho; muchachuelo.

CURUMIM *m.* Lo mismo que CURUMI.

CURUNDU *m. Bras.* Hechizo.
CURUPIRA *m. Bras.* Duende, diablo.
CURURU *m. Bras.* Cururú (sapo americano, el asterodáctilo).
CURURUCA *f. Bras.* Lo mismo que CORVINA.
CURVA *f. Geom.* Curva. — *da perna.* Corva. — *de nível.* Curva de nivel.
CURVAÇA (sa) *f.* Corvaza.
CURVADO, DA *adj.* P. p. de *Curvar.* Encorvado, corvo, arqueado, combado.
CURVAL *adj.* Relativo a la corva (de la pierna).
CURVAR *v. tr.* Encorvar, arquear, doblar; abajar, inclinar. Ú. t. c. r. *v. intr.* Doblar, plegar. *v. r.* Encorvarse, doblarse.
CURVATÃO (táum) *m. Mar.* Curvatón.
CURVATURA *f.* Curvatura.
CURVEJÃO (jáum) *m. Veter.* Corvejón.
CURVETA *f.* Corveta. Curva pequeña.
CURVETAR *v. intr.* Lo mismo que
CURVETEAR *v. intr.* Corvetear.
CURVICAUDE *adj.* Curvicaudo.
CURVICAULE *adj.* Curvicaulo.
CURVIDADE *f.* Curvatura.
CURVILHÃO (lláum) *m. Veter.* Corvejón.
CURVILINEAÇÃO (sáum) *f.* Formación de curvas.
CURVILINEAR *v. intr.* Formar curvas.
CURVO, VA *adj.* Curvo. Corvo, arqueado, combado; encorvado.
CUSCO *m. Bras.* Gozque, cuzco, cusco, gozquecillo.
CUSCUVILHICE (lli) *f.* Enredo, intriga, embrollo.
CUSCUZ *m.* Alcuzcuz, cuscús.
CUSCUZEIRA (zei) *f.* Alcuzcucero.
CUSCUZEIRO (zei) *m.* El que prepara el alcuzcuz. Alcuzcucero.
CUSPALHADA (lla) *f.* Lo mismo que
CUSPARADA *f.* Escupitajo, escupidura, escupida.

CUSPE *m. pop.* Saliva, escupido, esputo.
CUSPIDATO, TA *adj.* Cuspidado.
CÚSPIDE *m.* Cúspide.
CUSPIDEIRA *f.* Escupidera.
CUSPIDO, DA *adj.* P. p. de *Cuspir.* Escupido.
CUSPIDOIRO *m.* Lo mismo que CUSPIDOURO.
CUSPIDOR, RA *adj.* Escupidor. Ú. t. c. s.
CUSPIDOURO *m. p. us.* Escupidero.
CUSPIDURA *f.* Escupidura.
CUSPILHAR (llar) *v. intr.* Lo mismo que CUSPINHAR.
CUSPINHADOR, RA (ña) *adj.* Escupidor. Ú. t. c. s.
CUSPINHADURA (ña) *f.* Acción y efecto de
CUSPINHAR (ñar) *v. intr.* Escupir con mucha frecuencia.
CUSPINHEIRA (ñei) *f.* Escupitinajo, escupitina.
CUSPINHO (ño) *m.* Lo mismo que CUSPO.
CUSPIR *v. intr.* Escupir. *fig.* Escupir (echar de sí con desprecio una cosa; despedir un cuerpo a la superficie otra substancia que estaba mezclada o unida con él; arrojar o despedir con violencia una cosa).
CUSTA *f.* Costa (cantidad paga por algo; costo). *pl. For.* Costas. À — *de. m. adv.* A costa de.
CUSTAGEM (jem) *f.* Costo, costa.
CUSTAR *v. intr.* Costar. *fig.* Costar (causar u ocasionar una cosa cuidado, desvelo, perjuicio, etc.).
CUSTAS *f. pl. For.* Costas.
CUSTEAMENTO *m.* Costeo, costa, lo que cuesta una cosa.
CUSTEAR *v. tr.* Costear (sufragar el gasto o la costa de algo).
CUSTEIO *m.* Lo mismo que CUSTEAMENTO.
CUSTO *m.* Coste, costa, costo. A —. *m. adv.* Con dificultad; de mala gana. *A todo* —. *m. adv.* A toda costa.
CUSTÓDIA (tò) *f.* Custodia (acción de custodiar; escolta encargada de guardar un preso; receptáculo en que se expone el Santísimo Sacramento; tabernáculo, sagrario).

CUSTODIAR *v. tr.* Custodiar.
CUSTÓDIO, DIA (tò) *adj.* Que guarda, que custodia.
CUSTOSAMENTE (tòza) *adv. m.* Costosamente. Con dificultad.
CUSTOSO, SA (tozo, òza) *adj.* Costoso (que es de gran precio; que acarrea daño o sentimiento). Difícil.
CUTÂNEO, EA (tá) *adj.* Cutáneo.
CUTE *f.* Lo mismo que CÚTIS.
CUTELA (tè) *f.* Machete de cortador.
CUTELAÇO (so) *m.* Cuchilla (instrumento cortante).
CUTELARIA (ría) *f.* Cuchillería.
CUTELEIRO *m.* Cuchillero.
CUTELO (tè) *m.* Cuchilla en forma de media luna. Machete. Cuchillo.
CUTIA (tía) *f. Zool. Bras.* Agutí, acutí.
CUTIARA *f. Zool. Bras.* Especie de agutí.
CUTÍCULA *f.* Cutícula, película. *Anat.* Cutícula.
CUTILADA *f.* Cuchillada.
CUTILARIA (ría) *f.* Cuchillería.
CUTILEIRO *m.* Cuchillero.
CUTINA *f. Bot.* Cutosa, cutina.
CUTINIZAÇÃO (zasáum) *f.* Cutinización.
CÚTIS *f.* Cutis (m.)
CUTRA *f.* Lo mismo que NUCA.
CUTUCAÇÃO (sáum) *f. Bras.* Lo mismo que COTUCAÇÃO.
CUTUCADA *f. Bras.* Lo mismo que COTUCADA.
CUTUCÃO (cáum) *m. Bras.* Lo mismo que COTUCÃO.
CUTUCAR *v. tr. Bras.* Lo mismo que COTUCAR.
CZAR (czar) *m.* Zar.
CZARDA (czar) *f.* Lo mismo que
CZARDAS (czar) *f.* Lo mismo que CHARDAS.
CZARÉVICHE (czarèviche) *m.* Zarevitz.
CZARINA (czar) *f.* Zarina.
CZARISMO (cza) *m.* Zarismo.

D (de) *m.* Cuarta letra del abecedario portugués, y tercera de las consonantes.

DA (contracción de la prep. *de* con el art. f. *a*, o con el pron. *a*. De la. *pl. Das.* De las.

DAÇÃO (sáum) *f. ant.* Dación.

DACTILOGRAFRAR *v. tr.* Dactilografiar.

DACTILOGRAFIA (fía) *f.* Dactilografía.

DACTILÓGRAFO (lò) *m.* Mecanógrafo, dactilógrafo. Dactilógrafo, máquina de escribir.

DACTILOSCOPIA (pía) *f.* Dactiloscopia.

DADA *f.* Acción de dar; donación.

DÁDIVA *f.* Dádiva; donativo; regalo; cesión.

DADIVAR *v. tr.* Dadivar, regalar.

DADIVOSO, SA (vozo, òza) *adj.* Dadivoso.

DADO *m.* Dado (pieza cúbica para jugar). Dato (antecedente que sirve de punto de partida en la investigación; documento, testimonio, fundamento). *Arq.* Neto, dado.

DADO, DA *adj.* P. p. de *Dar.* Dado. Cierto, determinado. Datado. Dado. *fig.* Amable, afable, llano. — *que. m. conj. cond.* Siempre que, dado que, en la inteligencia de que.

DADOR *m.* Dador (el que da); donador.

DAGUERREOTIPAR *v. tr.* Daguerrotipar.

DAGUERREÓTIPO (ò) *m.* Daguerrotipo.

DAÍ (contracción de la prep. *de* con el adv. *aí).* De ahí, esto, eso, por ahí. De allí; de allá. — *em diante,* o *por diante, m. adv.* Desde entonces.

DAIMIADO *m.* Daimiato.

DÁIMIO *m.* Daimio.

DALA *f. Mar.* Dala. Mesa de cocina

DALÉM (contracción de la prep. *de* con el adv. *além).* De la parte de allá, de allende, de allá.

DALI (contracción de la prep. *de* con el adv. *ali).* De allí.

DÁLMATA *adj.* Dalmático, dalmata. Ú. t. c. s.

DALMÁTICA *f.* Dalmática (vestidura sagrada).

DALTÓNICO, CA (tó) *adj.* Daltoniano. Ú. t. c. s.

DAMA *f.* Dama (mujer noble; primera actriz; pieza que se corona en el juego de damas; reina en el juego del ajedrez). Sota (naipe). Dama, manceba. *Bras. Minas Gerais, Goiaz.* Dama cortesana, ramera. (Dícese también *mulher-dama).* — *de honor,* o *de honra.* Señora de honor, dama de honor. *pl.* Damas (juego).

DAMAÍSMO *m.* Conjunto de damas. Modales de dama.

DAMARIA (ría) *f.* Reunión de señoras.

DAMASCO *m.* Damasco (tejido; nombre que se da al fruto de una variedad del albaricoquero).

DAMASQUEIRO *m. Bot.* Damasco (variedad del albaricoquero).

DAMASQUILHO (llo) *m.* Damasquillo (tejido).

DAMASQUINAGEM (jem) *f.* Damasquinado.

DAMASQUINAR *v. tr.* Damasquinar.

DAMASQUINARIA (ría) *f.* Ataujía, damasquinado.

DAMEJAR (jar) *v. tr.* Galantear, cortejar (damas).

DAMICE *f.* Damería, melindre. Afeminación.

DANAÇÃO (sáum) *f.* Condenación, perdición. Hidrofobia, rabia. *Bras.* Travesura (conducta de travieso). Acción y efecto de *Danar.*

DANADO, DA *adj.* P. p. de *Danar.* Airado, furioso, colérico, rabioso, enojado. Maldecido, condenado. Dañado. Rabioso, hidrófobo. *Bras.* Hábil,

diestro. *Bras.* Vivo, inteligente. *Bras.* Travieso, revoltoso. — *da vida. Bras.* Furioso.

DANADOR, RA *adj.* Dañador; dañoso.

DANAMENTO *m.* Lo mismo que DANAÇÃO.

DANAR *f. tr.* Dañar. Irritar, airar, enojar. Ú. t. c. r. Causar hidrofobia. *fig.* Corromper, dañar, pervertir. *v. intr.* Dañarse, alterarse, echarse a perder. Rabiar (impacientarse o enojarse con muestras de cólera y enfado). Ú. t. c. r. *v. r.* Contraer el mal de rabia.

DANÇA (sa) *f.* Danza.

DANÇADEIRA (sa) *f.* Danzadora.

DANÇADOR, RA (sa) *m.* y *f.* Danzador, ra.

DANÇANTE (san) *adj.* Danzante, que danza. Donde hay danza.

DANÇAR (sar) *v. tr. e intr.* Danzar, bailar.

DANÇARINA (sa) *f.* Danzarina; bailarina.

DANÇARINO, NA (sa) *adj.* Danzarín, bailarín. *m.* Danzarín, bailarín.

DANÇATA (sa) *f.* Lo mismo que BAILARICO.

DANÇATRIZ (sa) *f.* Danzarina, bailarina.

DANDAR *v. intr. fam. infant.* Caminar, andar.

DANIFICAÇÃO (sáum) *f.* Damnificación, daño.

DANIFICADOR, RA *adj.* Damnificador; dañador; dañoso. Ú. t. c. s.

DANIFICAMENTO *m.* Lo mismo que DANIFICAÇÃO.

DANIFICAR *v. tr.* Damnificar, dañar, perjudicar.

DANÍFICO, CA *adj.* Dañoso.

DANINHADOR, RA (ña) *adj.* Damnificador; dañoso.

DANINHAR (ñar) *v. tr.* Dañinear (causar daño los animales domésticos en los sembrados o provisiones, más por vicio que por necesidad). Dañar, damnificar, perjudicar. *v. intr.* Travesear (hablando de los muchachos).

DANINHO, NHA (ño) *adj.* Dañino. Dañoso, perjudicial.

DANO *m.* Daño, perjuicio, detrimento. Pérdida.

DANOSAMENTE (nòza) *adv. m.* Dañosamente.

DANOSO, SA (nozo, òza) *adj.* Dañoso, perjudicial.

DANSA *f.* Lo mismo que DANÇA.

DANSADEIRA *f.* Lo mismo que DANÇADEIRA.

DANSADOR, RA *adj.* Lo mismo que DANÇADOR.

DANSANTE *adj.* Lo mismo que DANÇANTE.

DANSAR *v. tr. e intr.* Lo mismo que DANÇAR.

DANSARINA *f.* Lo mismo que DANÇARINA.

DANSARINO, NA *adj.* Lo mismo que DANÇARINO.

DANSATA *f.* Lo mismo que BAILARICO.

DANSATRIZ *f.* Lo mismo que DANÇATRIZ.

DANTES *adv. t.* Antes, antiguamente.

DAOMEANO, NA *adj.* Natural de Dahomé. Ú. t. c. s.

DAQUELA (què) (contracción de la prep. *de* con el pron. *aquela).* De aquella.

DAQUELE (contracción de la prep. *de* con el pron. *aquele).* De aquel.

DAQUÉM (contracción de la prep. *de* con el adv. *aquém).* De aquende, de esta parte, del lado de acá.

DAQUI (contracción de la prep. *de* con el adv. *aqui).* De aquí.

DAQUILO (contracción de la prep. *de* con el pron. *aquilo).* De aquello.

DAR *v. tr.* Dar (en todas las principales acepciones de esta voz). Ú. t. c. intr. y r. — *a alma a Deus* o *ao Criador. fr.* Entregar uno el alma, o entregar uno el alma a Dios, rendir uno e alma. — *a benção.* Echar la bendición. — *a borda. Mar.* Escorar. — *à canela.* Huir. — *à costa. Mar.* Varar. Naufragar. — *à estampa.* Imprimir, publicar. — *à execução.* Ejecutar, cumplir. — *água pela barba. fr. fig.* Presentar dificultades una cosa. — *a letra.* Descollar, sobresalir. — *à língua.* Parlar (hablar mucho y sin substancia; revelar y decir lo que se debe callar o lo que no hay necesidad de que se sepa). — *à luz.* Dar a luz (publicar una obra; parir la mujer). — *a mão.* Dar la mano a uno (alargársela; ayudarle, ampararle). — *a mão à palmatória.* Darse uno por convencido, reconocer su yerro. — *andamento.* Hacer marchar, tramitar. — *aos calcanhares.* Apretar, o levantar, los talones; huir corriendo. — *a palavra.* Dar la palabra (conceder el uso de ella). Dar uno su palabra. — *à perna.* Danzar. Caminar, andar mucho. — *a preferência.* Dar la preferencia, preferir. — *ares de.* Darle, o darse, un aire a. — *as boas vindas.* Dar la bienvenida. — *às de viladiogo.* Coger, o tomar, las de Villadiego. — *às pernas.* Huir. — *à taramela.* Charlar, parlar. — *a última mão.* Dar la última mano, perfeccionar, rematar. — *à vela.* Hacerse a la vela, dar la vela. — *baixa.* Dar baja, ir de baja, ir en baja (una cosa). Dar de baja; darse de baja. — *balanço. Com.* Dar, o hacer, balance. — *com a língua nos dentes.* Parlar (decir lo que se debe callar). — *fim a.* Poner término a. — *na cancela.* Pasear. — *nas vistas.* Hacerse público. — *na veneta.* Ocurrir a la imaginación. — *no goto.* Agradar, complacer. — *no vinte.* Acertar, comprender. — *o braço a torcer.* Confesar uno su yerro o engaño, reconocerlo. — *o estrilo. Bras.* Encolerizarse, enojarse. — *o fora.* Huir. Marcharse. — *ouvidos.* Dar oídos, dar crédito a lo que se dice. — *pancas.* Sobresalir, descollar. — *pontos.* Dar puntadas, coser. — *quinau.* Corregir. — *-se pressa.* Darse prisa.

DARDADA *f.* Dardada (golpe de dardo).

DARDÁNIO, NIA (dá) *adj.* Dardanio, troyano. Ú. t. c. s.

DARDEJADO, DA (ja) *adj.* P. p. de *Dardejar.* Arrojado como dardo.

DARDEJAMENTO (ja) *m.* Acción de *Dardejar.*

DARDEJANTE (jan) *adj.* Que arroja dardos; que hiere con dardo. Irradiante, radiante, que resplandece con mucho brillo, centelleante. *fam.* Colérico, rabioso.

DARDEJAR (jar) *v. tr.* Arrojar dardos. Herir con dardo. *v. intr.* Arrojar, tirar dardos. *fig.* Centellear.

DARDO *m.* Dardo (lanza arrojadiza). *Zool.* Albur, dardo. Dardo, aguijón de los insectos. *fig.* Aguijón.

DARES E TOMARES *m. pl.* Dares y tomares (disputas, debates, altercaciones).

DARTO *m. Anat.* Dartos. *Pat.* Dartros.

DARTOSO, SA (tozo, òza) *adj.* Dartroso.

DARTRO *m. Pat.* Dartros.

DARTROSO (trozo, òza) *adj.* Dartroso.

DARWINIANO, NA *adj.* Darviniano.

DARWINISMO *m.* Darvinismo.
DARWINISTA *m.* Darvinista.
DASIMETRIA *(zimetría) f. Fís.* Dasimetria.
DASÍMETRO *(zí) m.* Baroscopio, dasimetro.
DASIÚRO *(zi) m. Zool.* Dasiuro.
DATA *f.* Fecha, data. *fam.* Dación. Época. Donación. Regalo, dádiva. Porción, dosis. *For.* Entrega de autos al escribano con el despacho del juez.
DATAR *v. tr.* Datar, fechar. *v. intr.* Datar (remontarse a determinado tiempo el principio de una cosa).
DATARIA *(ría) f.* Dataría.
DATÁRIO *m.* Datario.
DATILEIRA *f. Bot.* Datilera.
DATIVO, VA *adj. For.* Dativo. *m. Gram.* Dativo.
DE *prep.* De. *Gram.* Los principales oficios de esta preposición son los siguientes: 1º) denota posesión o pertenencia *(a casa — meu pai)*; 2º) indica el modo de ejecutarse la acción *(cair — costas)*; 3º) manifiesta procedencia u origen *(sair — casa, mármore — Carrara)*; 4º) denota la materia de que está hecha una cosa *(estátua — bronze, anel — ouro)*; 5º) indica el asunto o materia de que se trata *(falemos — amor, a teoria da [de a] relatividade)*; 6º) expresa la naturaleza o cualidad de personas o cosas *(mulher — vida airada, coração — pedra)*; 7º) fija más vivamente la aplicación de un nombre apelativo *(o ano — 1943, a cidade — Santos)*; 8º) indica el tiempo en que se ejecuta la acción *(sair — noite, levantar-se — madrugada)*; 9º) esfuerza algún calificativo *(o tolo — Manuel, o coitado — meu irmão)*; 10º) denota ilación *(disto [de isto] se deduz)*; 11º) a veces rige infinitivos *(é hora — dormir)*.
DEADO *m.* Deanato.
DEALBAÇÃO *(sáum) f.* Blanqueo. Dealbación.
DEALBAR *v. tr.* Blanquear.
DEALVAR *v. tr.* Lo mismo que DEALBAR.
DEAMBULAÇÃO *(sáum) f.* Acción de pasearse.
DEAMBULAR *v. intr.* Pasearse.
DEAMBULATÓRIO, RIA *(tò) adj.* Deambulatorio. Variable. *m.* Deambulatorio.
DEÃO *(deáum) m.* Deán.
DEARTICULAÇÃO *(sáum) f.* Articulación, distinta, pronunciación clara.
DEARTICULAR *v. tr.* Articular distintamente.
DEBACLE *f. Gal.* Derrota (de un ejército). Ruina *(fig.)*.
DEBAIXO *(cho) adv. l.* Debajo; bajo.
DEBALDE *adv. m.* En balde, en vano.
DEBANDADA *f.* Desbandada. *Em —. adv.* A la desbandada, en dispersión, en desorden.
DEBANDAR *v. tr.* Hacer desbandarse, hacer huir en desorden. *v. intr. y r.* Desbandarse, dispersarse en desorden.
DEBATE *m.* Debate, controversia, disputa, altercación, discusión, réplica.
DEBATER *v. tr.* Debatir, altercar, discutir, disputar, contender. *v. r.* Agitarse, hacer esfuerzos para resistir o soltarse.
DEBEBER *m. fam.* Agua. Alimento líquido. Bebida alcohólica.
DEBELAÇÃO *(sáum) f.* Debelación.
DEBELAR *v. tr.* Debelar, rendir; someter, dominar.
DEBÊNTURE *(bén) f.* Obligación; bono, vale; abonaré u orden de pago del gobierno.
DEBENTURISTA *m.* Poseedor de *debêntures*.
DEBICAR *v. tr.* Picar, pellizcar, picotear. Escarnecer, burlarse de.
DÉBIL *(dè) adj.* Débil, de poca fuerza o vigor.
DEBILIDADE *f.* Debilidad.
DEBILITAÇÃO *(sáum) f.* Debilitación. Debilidad.
DEBILITAMENTO *m.* Debilitamiento.
DEBILITAR *v. tr.* Debilitar, disminuir, amenguar la fuerza o el poder de alguien o de algo. Ú. t. c. r. Enflaquecer.
DEBILITÁVEL *adj.* Que puede ser debilitado.
DEBILMENTE *(dè) adv. m.* Débilmente, con debilidad.
DEBIQUE *m.* Mofa, burla, picoteo, acción de chasquearse con alguno.
DEBITAR *v. tr. Com.* Adeudar, cargar. Ú. t. c. r.
DÉBITO *(dè) m.* Débito, deuda.

DEBLATERAR *v. intr.* Clamar, reclamar, dar voces.
DEBOCHADO, DA *(cha) adj.* Libertino, licencioso, relajado, imoral.
DEBOCHADOR, RA *(cha) adj.* Burlón, que ridiculiza.
DEBOCHAR *(char) v. tr.* Pervertir, estragar, relajar. Ridiculizar, escarnecer, burlarse de. *v. r.* Relajarse, volverse libertino.
DEBOCHE *(bòche) m.* Libertinaje, vida relajada o desordenada.
DEBORDAR *v. intr.* Desbordar, rebosar, derramarse. Ú. t. c. r.
DEBREAR *v. tr.* Lo mismo que DESEMBREAR.
DEBRUADO, DA *adj. P. p.* de *Debruar.* Ribeteado. Orlado. Galoneado. Repulgado.
DEBRUAR *v. tr.* Ribetear; galonear; repulgar. *fig.* Trabajar, apurar, adornar.
DEBRUÇAR *(sar) v. tr.* Echar de bruces, poner, o tender, boca abajo. *v. tr.* Echarse de bruces; inclinarse; abajarse.
DEBRUM *m.* Ribete. *Bras.* Filete.
DEBULHA *(lla) f.* Desgrane.
DEBULHADOR, RA *(lla) adj.* Desgranador. Ú. t. c. s.
DEBULHADORA *(lla) f.* Máquina desgranadora.
DEBULHAR *(llar) v. tr.* Desgranar (sacar el grano o granos de alguna cosa). *— -se em lágrimas.* Deshacerse en llanto.
DEBULHO *(lla) m.* Residuo del grano trillado.
DEBUTE *m. Gal.* Debut, estreno.
DEBUXADOR *(cha) m.* Debujador, dibujante.
DEBUXANTE *(chan) adj.* Dibujante.
DEBUXAR *(char) v. tr.* Dibujar, trazar. *fig.* Bosquejar.
DEBUXO *(cho) m.* Bosquejo. Diseño. Dibujo.
DÉCADA *(dè) f.* Década (decena; diez días; diez años).
DECADÊNCIA *(dèn) f.* Decadencia.
DECADENTE *adj.* Decadente. Ú. t. c. s.
DECADISMO *m.* Decadentismo.
DECADISTA *m.* Decadentista.
DECAEDRO *(caè) m. Geom.* Decaedro.
DECÁGONO *m. Geom.* Decágono.
DECAGRAMA *m.* Decagramo.
DECAÍDA *f.* Decaimiento, decadencia. Prostituta.
DECAÍDO, DA *adj. P. p.* de *Decair.* Decaído. Empobrecido. Decrépito. Estragado, corrompido.
DECAIMENTO *m.* Decaimiento, decadencia.
DECAIR *v. intr.* Decaer, ir a menos, declinar, perder fuerza, importancia o valor. Empobrecer. Arruinarse, corromperse, estragarse.
DECALCAR *v. tr.* Calcar un dibujo.
DECALCO *m.* Decalco.
DECALITRO *m.* Decalitro.
DECALOBADO, DA *adj.* Decalobo.
DECÁLOGO *m.* Decálogo.
DECALQUE *m.* Decalco.
DECALVAÇÃO *(sáum) f.* Decalvación.
DECAMERÔNICO, CA *(rô) adj.* Relativo o perteneciente al Decamerón de Bocaccio.
DECÂMETRO *(cá) m.* Decámetro.
DECAMPAMENTO *m. Mil.* Acción de decampar.
DECANADO *m.* Deanato. Decanato.
DECANDRIA *(dría) f. Bot.* Decandria.
DECANDRO, DRA *adj. Bot.* Decandrio.
DECANIA *(nía) f.* Decanato. Deanato. Decania.
DECANO *m.* Decano. Deán.
DECANTAÇÃO *(sáum) f.* Decantación.
DECANTAR *v. tr.* Decantar, ponderar, ensalzar, engrandecer. *Quím.* Decantar, trasvasar, trasegar con cuidado.
DECAPETALEADO, DA *adj. Bot.* Decapétalo.
DECAPITAÇÃO *(sáum) f.* Decapitación.
DECAPITAR *v. tr.* Decapitar, cortar la cabeza.
DECÁPODA *adj.* Lo mismo que
DECÁPODE *adj.* Decápodo.
DECAPÓDEO, DEA *(pò) adj.* Decápodo.
DECASSÍLABO, BA *(sí) adj.* Decasílabo.
DECEMESTRE *(mès) m. p. us.* Período de diez meses.
DECEMPLICAR *v. tr.* Decuplicar.
DECENAL *adj.* Decenal (que se repite cada decenio; que dura un decenio).
DECENÁRIO, RIA *adj.* Decenario (perteneciente o relativo al número diez). *m.* Decenario (rosario de diez cuentas). *m.* Decenio, decenario.

DECÊNCIA *(cén) f.* Decencia (aseo y compostura; recato, honestidad; decoro, dignidad).
DECENDIMENTO *m. Port.* Descendimiento.
DECÊNDIO *(cén) m.* Período de diez días.
DECÊNIO *(cé) m.* Decenio.
DECENOVAL *adj.* Lo mismo que
DECENOVENAL *adj.* Decemnovenal, decemnovenario.
DECENTEMENTE *adv. m.* Decentemente, con decencia, con honestidad y compostura.
DECENTRIZAR *(zar) v. tr.* Descentralizar.
DECENVIRADO *m.* Decenvirato.
DECÊNVIRO *(cén) m.* Decenviro, decenvir.
DECEPAGEM *(jem) f.* Acción de descepar vegetales.
DECEPAMENTO *m.* Acción y efecto de *Decepar;* destroncamiento.
DECEPANTE *adj.* Que trunca. Aguzado, afilado, cortante.
DECEPAR *v. tr.* Cortar, mutilar, desmembrar, truncar, destroncar. *fig.* Destruir, arruinar, deshacer; destroncar. *fig.* Abatir.
DECEPÇÃO *(sáum) f.* Decepción (engaño, chasco, desilusión).
DECEPCIONAR *v. tr.* Causar decepción. Engañar, iludir, burlar. Decepcionar, desilusionar.
DECEPTIVAMENTE *adv. m.* Con decepción. Engañosamente.
DECEPTIVO, VA *adj.* Engañoso, ilusorio.
DECERCAR *v. tr.* Descercar.
DECERNIR *v. tr.* Otorgar, condecer, discernir.
DECERTAR *v. intr.* Pelear, combatir, luchar.
DECESSO *(cèso) m.* Óbito. Escasez, mengua, poquedad.
DECIDIDAMENTE *adv. m.* Decididamente, resueltamente.
DECIDIDO, DA *adj. P. p.* de *Decidir.* Decidido, resuelto, firme, determinado. Arrojado, osado, valiente.
DECIDIR *v. tr.* Decidir (formar juicio definitivo, fallar sobre alguna cosa dudosa; resolver, tomar una determinación). Ú. t. c. r.
DECÍDUA *f.* Caduca, membrana caduca.
DECIDUADOS *m. pl. Zool.* Deciduatos.
DECÍDUO, DUA *adj.* Deciduo.
DECIFRAÇÃO *(sáum) f.* Descifre, desciframiento.
DECIFRADOR *m.* Descifrador.
DECIFRAR *v. tr.* Descifrar.
DECIFRÁVEL *adj.* Descifrable.
DECILITRO *m.* Decilitro.
DÉCIMA *(dè) f.* Décima (cualquiera de las diez partes de un todo; combinación métrica de diez versos). Diezmo, tasa. Decena. Tributo.
DECIMAL *adj.* Decimal. *f.* Decimal.
DECIMAR *v. tr.* Diezmar.
DECÍMETRO *m.* Decímetro.
DÉCIMO, MA *(dè) adj.* Décimo (que sigue en orden al o a lo noveno; aplícase a cualquiera de las diez partes iguales de un todo). Ú. t. c. s. *m.* Décimo (décima parte del billete de lotería).
DECISÃO *(záum) f.* Decisión (determinación, resolución, fallo; firmeza de carácter; sentencia judicial). Denuedo, ánimo, valor, intrepidez.
DECISIVAMENTE *(zi) adv. m.* Decisivamente.
DECISIVO, VA *(zi) adj.* Decisivo.
DECISOR, RA *(zor) adj.* Decisivo, que decide. El que decide.
DECISÓRIO, RIA *(zò) adj.* Decisorio.
DECLAMAÇÃO *(sáum) f.* Declamación.
DECLAMAR *v. intr.* Declamar.
DECLAMISTA *m.* Declamador.
DECLARAÇÃO *(sáum) f.* Declaración.
DECLARADAMENTE *adv. m.* Declaradamente, manifiestamente, claramente.
DECLARADO, DA *adj. P. p.* de *Declarar.* Declarado, manifiesto, claro, patente.
DECLARAMENTO *m.* Declaración.
DECLARANTE *adj. y s. m. For.* Declarante.
DECLARAR *v. tr.* Declarar, manifestar, exponer. Declarar, resolver, determinar. *v. r.* Declararse.
DECLARATIVO, VA *adj.* Declarativo; declaratorio.
DECLARATÓRIO, RIA *(tò) adj.* Declaratorio; declarativo.
DECLINAÇÃO *(sáum) f.* Declinación, decadencia, descenso, caída, baja, declivio. *Gram. Astr. Top. y Geom.* Declinación. *— magnética.* Declinación magnética, o de la aguja.

DECLINAR *v. intr.* Declinar (en todas las acepciones de esta voz).
DECLINATÓRIA (tò) *f. For.* Declinatoria.
DECLINÁVEL *adj.* Declinable.
DECLÍNIO *m.* Declinación, decadencia.
DECLINOSO, SA (nozo, òza) *adj.* Declinado, donde hay declinación.
DECLIVADO, DA *adj. P. p.* de *Declivar.* Lo mismo que DECLINOSO.
DECLIVAR *v. intr.* Estar en declive.
DECLIVE *adj.* Inclinado, en declive. *m.* Declivio, declive, cuesta, pendiente, rampa.
DECLIVIDADE *f.* Declividad, declive, declivio.
DECLÍVIO *m.* Declivio, declive.
DECLIVOSO, SA (vozo, òza) *adj.* Que tiene declive.
DECOADA *f.* Colada, lejía.
DECOAR *v. tr.* Colar, meter en lejía.
DECOCÇÃO (sáum) *f.* Decocción.
DECOCTO, TA *adj.* Hecho en decocción. *m.* Decocción (acción y producto).
DECOLAÇÃO (sáum) *f.* Degollación.
DECOLAGEM (jem) *f. Gal.* Decolaje.
DECOLAR *v. intr.* Despegar (el aeroplano).
DECOMER *m.* Alimentación.
DECOMPONENTE *adj.* Que descompone.
DECOMPONIBILIDADE *f.* Cualidad de
DECOMPONÍVEL *adj.* Descomponible.
DECOMPOR *v. tr.* Descomponer (en todas las principales acepciones de esta voz). Ú. t. c. r.
DECOMPOSIÇÃO (zisáum) *f.* Descomposición.
DECORAÇÃO (sáum) *f.* Decoración. Decoro (arte de decorar).
DECORADOR, RA *adj.* Decorador. Que acostumbra aprender de memoria.
DECORAMENTO *m.* Decoración.
DECORAR *v. tr.* Decorar, condecorar. Decorar, adornar, hermosear. Decorar, aprender algo de coro o de memoria.
DECORATIVO, VA *adj.* Decorativo.
DECORISTA *m.* Decorador.
DECORO (có) *m.* Decoro (honor, respeto; seriedad, gravedad; honestidad, recato, decencia; pundonor, estimación propia).
DECOROSAMENTE (ròza) *adv. m.* Decorosamente, con decoro, con decencia.
DECOROSO, SA (rozo, òza) *adj.* Decoroso.
DECORRENTE *adj.* Transcorriente. Resultante. *Bot.* Decurrente.
DECORRER *v. intr.* Transcurrir, pasar, correr (el tiempo). Pasar, suceder. Resultar, originarse.
DECORRIDO, DA *adj. P. p.* de *Decorrer.* Transcurrido, pasado. Resultado.
DECORTICAÇÃO (sáum) *f.* Decorticación. Dezcortezamiento.
DECORTICAR *v. tr.* Descortezar.
DECOTADO, DA *adj. P. p.* de *Decotar.* Escotado. Podado, limpio.
DECOTADOR *adj.* Que escota. Podador. Ú. t. c. s.
DECOTAR *v. tr.* Escotar (un vestido). Cortar, cercenar. Podar, limpiar.
DECOTE (cò) *m.* Escote, escotadura (de un vestido). Poda, limpia.
DECREPIDEZ *f.* Decrepitud, suma vejez, chochez.
DECREPITAÇÃO (sáum) *f.* Lo mismo que DECREPIDEZ. Efecto de
DECREPITAR *v. tr.* Hacer viejo o decrépito. Descaer, enflaquecer. Ú. t. c. r.
DECRÉPITO, TA (crè) *adj.* Decrépito, anciano, caduco.
DECREPITUDE *f.* Lo mismo que CREPIDEZ.
DECRESCENDO *m. Mús.* Decrescendo.
DECRESCENTE *adj.* Decreciente.
DECRESCER *v. intr.* Decrecer, menguar, hacerse menor, disminuir.
DECRESCIMENTO *m.* Decrecimiento, decremento, disminución.
DECRÉSCIMO (crès) *m.* Decremento, disminución.
DECRETAÇÃO (sáum) *f.* Determinación, ordenanza; acción de decretar.
DECRETAL *adj.* Decretal. *f.* Decretal. *pl.* Decretales.
DECRETALMENTE *adv. m.* Por decreto.
DECRETAMENTO *m.* Lo mismo que DECRETAÇÃO.
DECRETAR *v. tr.* Decretar, resolver, determinar.

DECRETO (crè) *m.* Decreto, resolución, decisión, determinación, ordenanza.
DECRETORIAMENTE (tò) *adv. m.* Decisivamente, resueltamente. Imperativamente.
DECRETÓRIO, RIA (tò) *adj.* Decisivo. Que resuelva. *Med.* Decretorio.
DECRUA *f.* Lo mismo que
DECRUAGEM (jem) *f.* Acción de
DECRUAR *v. tr.* Desencrudecer. Cocer ligeramente.
DECÚBITO *m.* Decúbito (posición del cuerpo cuando el hombre o animal está acostado o echado).
DE CUJUS (jus) *m.* De cujus.
DECUPLAR *v. tr.* Decuplicar, decuplar.
DECUPLICAR *v. tr.* Decuplicar, decuplar.
DÉCUPLO, PLA (dè) *adj.* Décuplo. Ú. t. c. s. m.
DECÚRIA *f.* Decuria.
DECURIADO *m.* Decurionato.
DECURIÃO (riáum) *m.* Decurión.
DECURIAR *v. tr.* Criticar, censurar, corregir.
DECURIATO *m.* Decurionato.
DECURSIVO, VA *adj.* Lo mismo que DECORRENTE, 1ª acep.
DECURSO *m.* Decurso (sucesión del tiempo).
DECUSSAÇÃO (sasáum) *f.* Decusación.
DECUSSADO, DA (sa) *adj.* Decusado.
DEDADA *f.* Dedada (porción que se puede tomar de una cosa con el dedo). Marca que deja el dedo.
DEDAL *m.* Dedal (instrumento de costura). *fig.* Dedo, porción muy pequeña de alguna cosa.
DEDALÁRIO *m.* Lo mismo que
DEDALEIRA *f. Bot.* Dedalera, digital.
DEDÁLEO, LEA *adj.* Dedálico.
DEDECORAR *v. tr.* Deshonrar, hacer indecoroso.
DEDEIRA *f.* Dedil.
DÉDICA (dè) *f.* Lo mismo que
DEDICAÇÃO (sáum) *f.* Dedicación.
DEDICADO, DA *adj. P. p.* de *Dedicar.* Dedicado. Muy afectuoso.
DEDICAR *v. tr.* Dedicar (consagrar, destinar; dirigir a alguien; emplear, destinar, aplicar. Ú. t. c. r.).
DEDICATÓRIA (tò) *f.* Dedicatoria.
DEDIGNAÇÃO (sáum) *f.* Acción de
DEDIGNAR-SE *v. r.* Desdeñarse.
DEDILHAÇÃO (llasáum) *f.* Lo mismo que DEDILHAMENTO.
DEDILHADO, DA (lla) *P. p.* de *Dedilhar.* Punteado. *m.* Lo mismo que
DEDILHAMENTO (lla) *m.* Acción de puntear (un instrumento de cuerdas).
DEDILHAR (llar) *v. tr.* Puntear (tocar la guitarra u otro instrumento semejante hiriendo las cuerdas cada una con un dedo); pulsar, tañer.
DEDO *m.* Dedo. *Astr.* Dígito. — *anular.* Dedo anular, o médico. — *auricular.* Dedo auricular, o meñique. — *indicador.* Dedo índice, mostrador, o saludador. — *mínimo,* o *mindinho.* Dedo meñique. — *médio.* Dedo de en medio.
DEDUÇÃO (sáum) *f.* Deducción.
DEDUCIONAL *adj.* Hecho por deducción.
DEDUTIVO, VA *adj.* Deductivo.
DEDUZIR (zir) *v. intr.* Deducir (en todas las acepciones de esta voz).
DEFECAÇÃO (sáum) *f.* Defecación.
DEFECAR *v. intr. y tr.* Defecar.
DEFECÇÃO (sáum) *f.* Defección.
DEFECTIBILIDADE *f.* Defectibilidad.
DEFECTÍVEL *adj.* Defectible.
DEFECTIVO, VA *adj.* Defectivo, defectuoso. *Gram.* Defectivo.
DEFEITO *m.* Defecto. Imperfección.
DEFEITUAR *v. tr.* Hallar defectos en una cosa o persona.
DEFEITUOSAMENTE (òza) *adv. m.* Defectuosamente.
DEFEITUOSIDADE (zi) *f.* Defectuosidad.
DEFEITUOSO, SA (ozo, òza) *adj.* Defectuoso.
DEFENDEDOR, RA *adj.* Defendedor, defensor. Ú. t. c. s.
DEFENDENTE *adj.* Que defiende. *m.* Defensor.
DEFENDER *v. tr.* Defender (en todas las acepciones de este vocablo). Ú. t. c. r.
DEFENDIMENTO *m.* Defensa.
DEFENDÍVEL *adj.* Defendedero, defendible.
DEFENESTRAÇÃO (sáum) *f.* Defenestracción.
DEFENSA *f.* Defensa. *pl. Mar.* Defensas.

DEFENSÃO (sáum) *f.* Defensión, resguardo, protección, defensa.
DEFENSAR *v. tr.* Defender.
DEFENSÁVEL *adj.* Defendible.
DEFENSIVA *f.* Defensiva (situación de defensa).
DEFENSÍVEL *adj.* Defendible.
DEFENSIVO, VA *adj.* Defensivo, que sirve para defender.
DEFENSOR *m.* Defensor. Abogado que en el foro sostiene el derecho de alguien; defensor.
DEFENSÓRIO, RIA (sò) *adj.* Relativo o perteneciente a la defensa.
DEFERÊNCIA (rén) *f.* Deferencia.
DEFERENTE *adj.* Deferente. *Fisiol.* Deferente.
DEFERIDO, DA *adj. P. p.* de *Deferir.* Concedido, despachado favorablemente; deferido.
DEFERIR *v. tr.* Conceder, otorgar, despachar favorablemente. Deferir, asentir. Deferir, comunicar la jurisdición o poder. Concordar, aceptar.
DEFERÍVEL *adj.* Que puede ser deferido o concedido.
DEFERVESCÊNCIA (cén) *f. Pat.* Defervescencia.
DEFERVESCENTE *adj.* Relativo a la defervescencia.
DEFESA (za) *f.* Defensa (acción de defender; arma u otra cosa con que uno se defiende; amparo, protección, socorro; defensión, resguardo; obra de fortificación). Defensorio. Defensor (abogado). *pl.* Dientes (del elefante). Colmillos (del javalí); cuernos.
DEFESO, SA (zo) *adj.* Vedado, prohibido.
DEFESSO, SSA (so) *adj.* Cansado.
DEFICIÊNCIA (cièn) *f.* Deficiencia, defecto, falta, imperfección.
DEFICIENTE *adj.* Deficiente, insuficiente, falto, incompleto. *Arit.* Deficiente.
DÉFICIT (dè) *m.* Déficit, descubierto, saldo en contra.
DEFICITÁRIO, RIA *adj.* Relativo al déficit; que causa déficit.
DEFINHADO, DA (ña) *adj.* Flaco, extenuado, debilitado, desmejorado, desmedrado, enteco.
DEFINHAMENTO (ña) *m.* Enflaquecimiento; desmedro; debilitación; decaimiento, extenuación.
DEFINHAR (ñar) *v. tr.* Enflaquecer, extenuar, debilitar. Ú. t. c. r. *v. intr.* Descaecer, desmedrar.
DEFINIBILIDADE *f.* Calidad de definible.
DEFINIÇÃO (sáum) *f.* Definición.
DEFINIDO, DA *adj. P. p.* de *Definir.* Definido. Preciso, exacto, cierto, determinado. *Gram.* Determinado (aplícase al artículo). *m.* Definido (lo que constituye objeto de una definición).
DEFINIDOR *m.* Definidor (el que define; cualquiera de los religiosos que forman el definitorio).
DEFINIR *v. tr.* Definir, fijar, determinar; decidir. Interpretar. *v. r.* Tomar partido.
DEFINITIVAMENTE *adv. m.* Definitiva, decisiva, terminante, resolutivamente.
DEFINITIVO, VA *adj.* Definitivo, decisivo, resolutivo, concluyente. Ultimado.
DEFINITO, TA *adj.* Lo mismo que DEFINIDO.
DEFINITÓRIO (tò) *m.* Definitorio.
DEFINÍVEL *adj.* Definible.
DEFLAÇÃO (sáum) *f.* Desinflación.
DEFLAGRAÇÃO (sáum) *f.* Deflagración.
DEFLAGRADOR, RA *adj.* Deflagrador. Ú. t. c. s. *m. Fís.* Deflagrador.
DEFLAGRAR *v. intr.* Deflagrar.
DEFLEGMAÇÃO (sáum) *f. Med.* Deflegmación.
DEFLEGMAR *v. tr.* Desflemar, deflegmar.
DEFLEXÃO (xáum) *f.* Deflexión.
DEFLORAÇÃO (sáum) *f.* Desfloración.
DEFLORAMENTO *m.* Desfloramiento.
DEFLORAR *v. tr.* Desflorar, desvirgar. Desflorar, ajar, deslustrar, quitar la flor.
DEFLUÊNCIA (fluén) *f.* Corrimiento, fluxión de humores.
DEFLUIR *v. intr.* Fluir, correr los líquidos.
DEFLÚVIO *m.* Acción de fluir; flujo. Derrame de las aguas.
DEFLUXÃO (xáum) *f.* Lo mismo que DEFLÚVIO. Fluxión. Corrimiento.

DEFLUXO *m.* Fluxión (acumulación morbosa de humores en cualquier órgano; constipado de narices, resfriado).

DEFOLIAÇÃO (sáum) *f. Bot.* Defoliación.

DEFORMAÇÃO (sáum) *f.* Deformación.

DEFORMAR *v. tr.* Deformar. Ú. t. c. r.

DEFORME (fòr) *adj.* Deforme, imperfecto, desfigurado, contrahecho, desproporcionado.

DEFORMIDADE *f.* Deformidad.

DEFRAUDAÇÃO (sáum) *f.* Defraudación.

DEFRAUDAR *v. tr.* Defraudar (usurpar lo que pertenece a otro).

DEFRAUDO *m.* Defraudación.

DEFRONTAÇÃO (sáum) *f.* Confrontación.

DEFRONTAR *v. tr.* Confrontar (estar una persona o cosa frente a otra). Ú. t. c. r. Arrostrar, encarar.

DEFRONTE *adv. m.* Enfrente. — *de. m. adv.* Frente a.

DEFRONTE *adj.* Distinto, diverso, diferente.

DEFUMAÇÃO (sáum) *f.* Ahumadura del caucho. Fumigación. Sahumadura, sahumerio, sahumo.

DEFUMADOURO *m.* Sahumador, perfumador. Sahumerio (materia aromática). Ahumadero.

DEFUMADOR *m.* El que sahuma o perfuma. Sahumador, perfumador. Ahumador. Fumigatorio. Fumigador.

DEFUMADURA *f.* Lo mismo que DEFUMAÇÃO.

DEFUMAR *v. tr.* Sahumar, perfumar. Ahumar. Fumigar.

DEFUNÇÃO (sáum) *f.* Defunción, muerte, fallecimiento, óbito.

DEFUNTAR *v. intr.* Fallecer, morir.

DEFUNTO, TA *adj.* Difunto, muerto. Ú. t. c. s. *m.* Difunto, cadáver.

DEGAS (dè) *m. fam.* Muchacho. La persona que habla; yo. Cualquier persona.

DEGELADOR, RA (je) *adj.* Que deshiela.

DEGELAR (je) *v. tr.* Deshelar (liquidar, derretir lo helado o congelado). Ú. t. c. r. *fig.* Reanimar. Ú. t. c. r.

DEGELO (jé) *m.* Deshielo.

DEGENERAÇÃO (jenerasáum) *f.* Degeneración.

DEGENERADO, DA (je) *adj.* Degenerado; estragado; depravado.

DEGENERANTE (je) *adj.* Degenerante, que degenera. *Arq.* Degenerante.

DEGENERAR (je) *v. intr.* Degenerar (en todas las acepciones de esta voz). Ú. t. c. r.

DEGENERESCENÇA (jenerescensa) *f.* Lo mismo que

DEGENERESCÊNCIA (jenerescén) *f.* Degeneración, degenerescencia.

DEGENEROSO, SA (jenerozo, òza). *adj.* Que no es generoso o dadivoso.

DEGLUTINAÇÃO (sáum) *f.* Deglutinación.

DEGLUTIR *v. intr. y tr.* Deglutir (tragar los alimentos).

DEGOLA (gò) *f.* Degollación.

DEGOLAÇÃO (sáum) *f.* Degollación.

DEGOLADO, DA *adj. P. p.* de *Degolar.* Degollado.

DEGOLADOR *m.* Degollador.

DEGOLADOURO *m.* Degolladero (sitio donde se degüellan las reses; matadero).

DEGOLADURA *f.* Degollación.

DEGOLAR *v. tr.* Degollar (cortar la garganta o el cuello).

DEGOTAR *v. tr. pop.* Lo mismo que DECOTAR.

DEGOTE (gò) *m. pop.* Lo mismo que DECOTE.

DEGRADAÇÃO (sáum) *f.* Degradación. Deportación, destierro.

DEGRADADO, DA *adj. P. p.* de *Degradar.* Degradado. Lo mismo que DEGREDADO.

DEGRADANTE *adj.* Degradante (que degrada, rebaja o envilece).

DEGRADAR *v. tr.* Degradar (deponer de dignidades, honores, etc.; humillar, rebajar, envilecer). Ú. t. c. r. *Pint.* Degradar, deportar, desterrar, exilar.

DEGRANAR *v. tr.* Desgranar.

DEGRAU *m.* Peldaño, escalón. Grado. *fig.* Escalón, paso o medio con que uno adelanta sus pretenciones.

DEGREDADO, DA *adj. P. p.* de *Degredar.* Desterrado, exilado, deportado. Ú. t. c. s.

DEGREDAR *v. tr.* Desterrar, deportar, exilar.

DEGREDO (gré) *m.* Destierro (pena; efecto de estar desterrada una persona; lugar en que vive el desterrado).

DEGRESSIVO, VA (si) *adj.* Degresivo, regresivo.

DEGUSTAÇÃO (sáum) *f.* Degustación.

DEGUSTAR *v. tr.* Gustar, probar, catar.

DÉIA (dèi) *f.* Dea, diosa.

DEICIDA *adj.* y *s. m.* Deicida.

DEICÍDIO *m.* Deicidio.

DEÍCOLA *m.* Deísta.

DEIDADE *f.* Deidad. Beldad, mujer notable por su belleza.

DEIFICAÇÃO (sáum) *f.* Deificación.

DEIFICAR *v. tr.* Deificar. Divinizar.

DEIFORME (fòr) *adj.* Deiforme.

DEISCÊNCIA (cén) *f. Bot.* Dehiscencia.

DEISCENTE *adj. Bot.* Dehiscente.

DEÍSMO *m.* Deísmo.

DEÍSTA *m.* Deísta.

DEÍSTICO, CA *adj.* Deífico.

DEITADO, DA *adj. P. p.* de *Deitar.* Acostado, tendido. Echado.

DEITAR *v. tr.* Acostar, echar, tender. Ú. t. c. r. Echar, inclinar, recostar. Ú. t. c. r. Echar, arrojar, impeler. Derribar, echar. Poner, colocar, echar. Brotar, echar. Dar para. Aplicar, echar. Echar, pronunciar, decir, proferir. Echar (salirle a una persona o irracional cualquier complemento natural de su cuerpo). Echar, imponer, cargar. Echar, empezar a tener. Echar (remitir una cosa a la suerte). Echar, dar, entregar, repartir. Echar (cuando junto con algunos nombres tiene la significación de los verbos que se forman de ellos o la de otros equivalentes). Echar (adquirir aumento notable en las cualidades o partes del cuerpo expresadas). *v. r.* Acostarse, echarse, tenderse a lo largo del cuerpo en un lecho o otra parte. — *abaixo.* Echar abajo. — *a mão.* Echar la mano. Echar la mano de. — *à margem.* Abrir mano de. — *ao esquecimento.* Echar al olvido. — *a perder.* Enchar a perder. — *a terra.* Echar en tierra. — *contas.* Echar cuentas. — *em corpo, o carne.* — *em rosto.* Echar en cara, dar en rostro. — *em sortes.* Echar suertes. — *fala.* Echar un discurso. — *fora.* Echar fuera, arrojar, expulsar, expeler. — *o verbo.* Echar un discurso. — *por fora.* Trasbordar. — *por terra.* Echar por tierra. — *voz de.* Publicar un rumor.

DEIXA (cha) *f.* Dejada, dejación (acción de dejar). Legado, herencia. Indirecta, sugestión. Palabra del actor que indica al otro el momento en que debe entrar en la escena.

DEIXAÇÃO (chsáum) *f.* Degalo, herencia; dejación.

DEIXADO, DA (cha) *adj. P. p.* de *Deixar.* Dejado. Dejado, flojo, negligente. Abandonado. Deshabituado; desapegado.

DEIXAMENTO (cha) *m.* Dejada, dejación, dejo. Dejamiento, desasimiento, despego. Abnegación.

DEIXAR (char) *v. tr.* Dejar (soltar, abandonar; omitir; consentir, no evitar, no impedir; valer, dar provecho; desamparar, abandonar; encargar, confiar; faltar, ausentarse, retirarse; no inquietar ni molestar; nombrar, designar; cesar, no continuar lo comenzado; con algunos participios pasivos, hacer una prevención, advertencia, afirmación, etc.; con ciertos infinitivos, recibir sin resistencia la acción que expresan. Ú. m. c. r.) *v. r.* Dejarse (descuidarse de si mismo; caer de ánimo, entregarse, abandonarse; prescindir de una cosa).

DEJARRETAR (jar) *v. tr.* Desjarretar.

DEJEÇÃO (jesáum) *f.* Deyección.

DEJEJUA (jejúa) *f.* Lo mismo que

DEJEJUADOURO (jejua) *m.* Desayuno (acto de desayunarse). Desayuno, parva.

DEJEJUAR (jejuar) *v. intr.* Desayunarse.

DEJETAR (je) *v. intr.* Deyectar.

DEJETO (jè) *m.* Acción de deyectar; deyección. *pl.* Deyección.

DEJETÓRIO (jetò) *m.* Letrina.

DEJUA (jua) *f.* Lo mismo que DEJEJUADOURO.

DEJUNGIR (junjir) *v. tr.* Desuncir.

DELA (dè) (Contracción de la prep. *de* con el pron. *ela).* Della (de ella).

DELAÇÃO (sáum) *f.* Delación.

DELACRIMAÇÃO (sáum) *f.* Derramamiento de lágrimas.

DELAMBER-SE *v. r.* Remilgarse. Relamerse. Lamerse.

DELAMBIDO, DA *adj. P. p.* de *Delamber-se.* Relamido, afectado. Remilgado. Ú. t. c. s.

DELATAR *v. tr.* Delatar, denunciar.

DELATÁVEL *adj.* Delatable.

DELATOR *m.* Delator, acusador, denunciador.

DELATÓRIO, RIA (tò) *adj.* Relativo o perteneciente a la delación.

DELE (dé) (Contracción de la prep. *de* con el pron. *ele).* De él.

DELEATUR *m. Impr.* Dele, deleatur.

DELEGAÇÃO (sáum) *f.* Delegación (acción de delegar).

DELEGACIA (cía) *f.* Delegación (cargo y oficina del delegado). Comisaría.

DELEGADO *m.* Delegado. Comisario, inspector de policía.

DELEGAR *v. tr.* Delegar.

DELEGATÓRIO, RIA (tò) *adj.* Delegatorio.

DELEGÁVEL *adj.* Que se puede delegar.

DELEITAÇÃO (sáum) *f.* Deleitación, delectación, deleite.

DELEITAMENTO *m.* Deleitamiento, deleitación, deleite.

DELEITAR *v. tr.* Deleitar, complacer. Ú. t. c. r.

DELEITÁVEL *adj.* Deleitable, deleitoso.

DELEITAVELMENTE *adv. m.* Deleitablemente, deleitosamente.

DELEITE *m.* Deleite, placer, goce.

DELEITOSAMENTE (tòza) *adv. m.* Deleitosamente, deleitablemente.

DELEITOSO, SA (tozo, òza) *adj.* Deleitoso, deleitable.

DELEIXAR (char) *v. intr.* Lo mismo que DESLEIXAR.

DELETÉRIO, RIA (tè) *adj.* Deletéreo, mortífero, venenoso. Dañoso, perjudicial.

DELETRAR *v. intr.* Deletrear. Leer mal.

DELÉVEL (lè) *adj.* Deleble, que puede borrarse.

DELFIM *m. Zool.* Delfín. Delfín (título que se daba al primogénito del rey de Francia). Alfil.

DELFÍNIDAS *m. pl.* Lo mismo que

DELFÍNIDEOS *m. pl. Zool.* Delfínidos.

DELFININA *f. Quím.* Delfina.

DELGAÇAR (sar) *v. tr.* Lo mismo que ADELGAÇAR.

DELGADEZA (za) *f.* Delgadez.

DELGADO, DA *adj.* Delgado (flaco, cenceño; ténue; delicado, suave; aplícase al agua que lleva muy pocas sales). *m. pl. Mar.* Delgado.

DELIBAÇÃO (sáum) *f.* Degustación.

DELIBAR *v. tr.* Degustar, probar, catar.

DELIBERAÇÃO (sáum) *f.* Deliberación.

DELIBERADAMENTE *adv. m.* Deliberadamente, premeditadamente.

DELIBERAR *v. intr. y tr.* Deliberar.

DELICADEZA (za) *f.* Delicadez (nimiedad, escrupulosidad, flaqueza, debilidad; suspicacia) Delicadeza (finura, atención, miramiento; ternura, suavidad; sutileza).

DELICADO, DA *adj.* Delicado (en todas las acepciones de esta voz).

DELÍCIA *f.* Delicia (placer, goce muy intenso; lo que causa este placer).

DELICIAR *v. tr.* Deleitar. *v. r.* Deleitarse, gozarse.

DELICIOSAMENTE (òza) *adv. m.* Deliciosamente, con delicia, con placer, de modo delicioso.

DELICIOSO, SA (ozo, òza) *adj.* Delicioso.

DELIGAÇÃO (sáum) *f. Cir.* Deligación.

DELIMITAÇÃO (sáum) *f.* Delimitación.

DELIMITAR *v. tr.* Delimitar, deslindar, fijar límites.

DELINEAÇÃO (sáum) *f.* Delineación.

DELINEAMENTO *m.* Delineamiento.

DELINEAR *v. tr.* Delinear. Trazar, bosquejar.

DELÍNEO *m.* Delineación.

DELINQÜÊNCIA (cuén) *f.* Delincuencia.

DELINQÜENTE (cuen) *adj.* y *s.* Delincuente.

DELINQÜIR (cuir) *v. intr.* Delinquir, cometer un delito, quebrantar una ley.

DELIQÜEAR *v. tr. Quím.* Decantar, liquidar.

DELIQÜESCÊNCIA (cuescen) *f.* Delicuescencia.

DELIQÜESCENTE (cues) *adj.* Delicuescente.

DELIQÜESCER (cues) *v. intr.* Liquidarse.

DELÍQUIO *m. Quím.* Delicuescencia. Deliquio, desmayo, desfallecimiento.

DELIR *v. tr.* Desleir, disolver.

DELIRAÇÃO (sáum) *f.* Lo mismo que

DELIRAMENTO *m.* Delirio, desvarío.

DELIRAR *v. intr.* Delirar, desvariar.

DELÍRIO *m.* Delirio, desvarío.

DELIRIOSO, SA (ozo, òza) *adj.* Delirante. Resultante de delirio.

DELITESCÊNCIA (cén) *f.* Delitescencia.

DELITO *m.* Delito, culpa, crimen, violación o quebrantamiento de la ley.

DÉLITOSO, SA (ozo, òza) *adj.* Lo mismo que

DELITUOSO, SA (ozo, òza) *adj.* Delictuoso, delictivo.

DELONGA *f.* Dilación, retardo, tardanza, lentitud.

DELONGAMENTO *m.* Lo mimo que DELONGA.

DELONGAR *v. tr.* Alargar, dilatar, prolongar, retardar, demorar.

DELTA (dèl) *m.* Delta (cuarta letra del alfabeto griego). *Geogr.* Delta.

DELTÓIDE (tòi) *adj.* Deltoideo. *m. Anat.* Deltoides.

DELTÓIDEO, EA (tòi) *adj.* Deltoideo.

DELTOTO *m. Astr.* Deltoton.

DELUCIDAÇÃO (sáum) *f.* Dilucidación.

DELUSO, SA (zo) *adj.* Delusor. Engañado.

DELUSOR (zor) *m.* Delusor, engañador.

DELUSÓRIO, RIA (zò) *adj.* Delusorio, engañoso, falaz.

DELUZIR-SE (zir) *v. r.* Deslucirse, apagarse, desvanecerse.

DEMAGOGIA (jia) *f.* Demagogia.

DEMAGOGICE (ji) *f. despect.* Acto de demagogo.

DEMAGÓGICO, CA (gòji) *adj.* Demagógico.

DEMAGOGISMO (jis) *m.* Demagogismo.

DEMAGOGO *m.* Demagogo.

DEMAIS *m. pl.* Los demás, los otros. (Ú. con el art.) *adv. c.* Demasiado, en demasía, por demás. *adv. c.* Además, a más de esto o aquello. *adj.* Demasiado. *por* —. *m. adv.* Por demás, con exceso, en demasía.

DEMANDA *f.* Demanda, petición, ruego, súplica, solicitud. *For.* Demanda. Pleito. Altercación. *Poét.* Combate, pelea, lucha.

DEMANDAR *v. tr.* Demandar, pedir, suplicar, rogar, solicitar. Litigar. Interrogar. Dirigirse a. Necesitar, exigir. Caminar para.

DEMANDISTA *m.* Demandador, demandante. Pleitista.

DEMÃO (máum) *f.* Mano (capa de color, barniz, etc.) Mano (vez o vulta en una labor material). Mano, auxilio, ayuda. *Dar a última* —. Dar la última mano, repasar una obra para corregirla o perfeccionarla.

DEMARCAÇÃO (sáum) *f.* Demarcación (acción de demarcar).

DEMARCADAMENTE *adv. m.* Con demarcación.

DEMARCAR *v. tr.* Demarcar, delimitar.

DEMARCATIVO, VA *adj.* Que sirve para demarcar.

DEMARCÁVEL *adj.* Susceptible de demarcación.

DEMASIA (zía) *f.* Demasía, resto, exceso, sobra. *Em* —. *m. adv.* En demasía, demasiado. *pl.* Demasías, exceso, desafuero, maldad. Libertinaje, desarreglo.

DEMASIADAMENTE (zía) *adv. m.* Demasiadamente, demasiado.

DEMASIADO, DA (zia) *adj.* Demasiado, excesivo. Sobrado, imoderado; superfluo. *adv. c.* Demasiado, demasiadamente, en demasía.

DEMASIAR-SE (zia) *v. r.* Demasiarse, excederse, desmandarse, hacer demasías, pasar los términos.

DEMÊNCIA (mén) *f.* Demencia, loucura, trastorno.

DEMENCIAL *adj.* Relativo o perteneciente a la demencia.

DEMENTAÇÃO (sáum) *f.* Acción de dementar, de hacer perder la razón.

DEMENTADO, DA *adj.* Demente, loco, falto de juicio.

DEMENTAR *v. tr.* Dementar, causar demencia, hacer perder la razón.

DEMENTE *adj. y m.* Demente, loco, falto de juicio.

DEMERGER (jer) *v. tr.* Abatir, inclinar.

DEMÉRITO (mè) *m.* Demérito, falta de mérito. *adj.* Que perdió, o no tiene el mérito.

DEMERITÓRIO, RIA (tò) *adj.* Demeritorio.

DEMILUNAR *adj.* De figura de media luna.

DEMISELA (zé) *f.* Damisela.

DEMISSÃO (sáum) *f.* Dimisión.

DEMISSIONAR (sio) *v. tr.* Dimitir.

DEMISSIONÁRIO, RIA (sio) *adj.* Dimisionario.

DEMISSÍVEL (sí) *adj.* Que puede ser dimitido, exonerado.

DEMISSO, SSA (so) *adj.* Dimitido.

DEMISSOR, ORA (so) *adj.* Dimisorio.

DEMISSÓRIO, RIA (sò) *adj.* Dimisorio.

DEMITENTE *adj.* Dimitente. Dimisionario.

DEMITIDO, DA *adj. P. p. de Demitir.* Dimitido.

DEMITIR *v. tr.* Dimitir, exonerar. Ú. t. c. r.

DEMIÚRGICO, CA (ji) *adj.* Relativo o perteneciente al demiurgo.

DEMIURGO *m.* Demiurgo.

DEMO *m. fam.* Diablo, demonio.

DEMOCRACIA (cía) *f.* Democracia.

DEMOCRATA (cra) *m.* Demócrata.

DEMOCRATISMO *m.* Democracia

DEMOCRATIZAÇÃO (zasáum) *f.* Democratización.

DEMOCRATIZAR (zar) *v. tr.* Democratizar.

DEMOGRAFIA (fía) *f.* Demografía.

DEMOGRAFISTA *m.* Demógrafo.

DEMOLIÇÃO (sáum) *f.* Demolición.

DEMOLIDOR, RA *adj. y s.* Demoledor.

DEMOLIR *v. tr.* Demoler.

DEMOLITÓRIO, RIA (tò) *adj.* Que sirve para demoler.

DEMONETE *m.* Diablillo, niño travieso.

DEMONETIZAÇÃO (zasáum) *f.* Desmonetización.

DEMONETIZAR (zar) *v. tr.* Desmonetizar.

DEMÔNIA (mó) *f. fam.* Mujer endiablada.

DEMONÍACO, CA *adj.* Demoníaco. Endemoniado.

DEMÔNICO (mó) *m.* Lo mismo que DEMONETE.

DEMONINHADO, DA (ña) *adj.* Endemoniado.

DEMÔNIO (mó) *m.* Demonio.

DEMONIOMANIA (nía) *f.* Demonomanía.

DEMONISMO *m.* Demonismo.

DEMONISTA *m.* Demonista.

DEMONOGRAFIA (fía) *f.* Demonografía.

DEMONÓGRAFO (nò) *m.* El que trata de demonografía.

DEMONÓLATRA (nò) *m.* Demonólatra.

DEMONOLOGIA (jía) *f.* Demonología.

DEMONOMANCIA (cía) *f.* Demonomancia.

DEMONÔMANO (nò) *m.* Demonomaníaco.

DEMONSTRABILIDADE *f.* Demostrabilidad.

DEMONSTRAÇÃO (sáum) *f.* Demostración.

DEMONSTRADOR, RA *adj. y m.* Demostrador.

DEMONSTRANTE *adj.* Que demuestra.

DEMONSTRAR *v. tr.* Demostrar (en todas las acepciones de esta voz).

DEMONSTRATIVAMENTE *adv. m.* Demostrativamente.

DEMONSTRATIVO, VA *adj.* Demostrativo. *Gram.* Demostrativo. Ú. t. c. s.

DEMONSTRÁVEL *adj.* Demostrable.

DEMORA (mò) *f.* Dilación, tardanza, demora.

DEMORADAMENTE *adv. m.* Con demora, tardanza, dilación.

DEMORADO, DA *adj. P. p. de Demorar.* Moroso, tardo, tardío, detenido. Retardado.

DEMORAR *v. tr.* Retardar, demorar, dilatar. *v. intr.* Tardar (detenerse, retrasar la ejecución de una cosa; emplear tiempo en hacer las cosas). Ú.t.c.r. Estar situado; habitar, residir. *v. r.* Demorarse, detenerse en algún lugar.

DEMOROSO, SA (rozo, òza) *adj.* Moroso, tardo.

DEMOSTRAÇÃO (sáum) *f.* Demostración.

DEMOVER *v. tr.* Disuadir. Ú.t.c.r. Remover.

DEMUDAMENTO *m.* Demudamiento, demudación.

DEMUDAR *v. tr.* Demudar. Ú.t.c.r.

DEMULCENTE *adj.* Demulcente, emociente, ablandativo. Ú.t.c.s.

DENÁRIO, RIA *adj.* Denario (relativo al número diéz o que lo contiene). *m.* Denario (moneda romana).

DENDÊ (dé) *m. Bot.* Denden.

DENDEZEIRO (zei) *m. Bot. Bras.* Especie de denden.

DENEGAÇÃO (sáum) *f.* Denegación.

DENEGAR *v. tr.* Denegar, no conceder. Negar.

DENEGOSA (gòza) *f. Bras.* Aguardiente de caña.

DENEGRECER *v. tr.* Enegrecer, denegrecer. Denigrar.

DENEGRIDOR, RA *adj.* Denigrador.

DENEGRIR *v. tr.* Denegrir, denegrecer, ennegrecer. *fig.* Denigrar, manchar, enpañar, infamar, injuriar, ultrajar.

DENGAR-SE *v. r.* Hacer dengues, afectarse.

DENGO *m. fam.* Niño. Lo mismo que DENGUE.

DENGÓ (gó) *adj. pop.* Lo mismo que DENGOSO.

DENGOSA (gòza) *f. Bras.* Lo mismo que DENEGOSA.

DENGOSO, SA (gozo, òza) *adj.* Dengoso, melindroso, delicado con afectación. Relamido. Remilgado.

DENGUE *adj.* Dengoso. Vanidoso. Mujeriego. *m.* Dengue, melindre femenil, delicadeza afectada. *f. Med.* Dengue.

DENGUEIRO, RA *adj.* Denguero, dengoso, melindroso.

DENGUICE *f.* Cualidad de denguero; dengue, afectación.

DENIGRAÇÃO (sáum) *f.* Denigración.

DENODADAMENTE *adv. m.* Denodadamente, con denuedo, valor o intrepidez.

DENODADO, DA *adj.* Denodado, intrépido, arrojado, valiente, esforzado.

DENODAR *v. tr. p. us.* Desanudar.

DENODO (nó) *m.* Denuedo, brío, esfuerzo, valor, arrojo, intrepidez, ánimo.

DENOMINAÇÃO (sáum) *f.* Denominación.

DENOMINADOR, RA *adj.* Denominador. *m. Arit.* Denominador.

DENOMINAR *v. tr.* Denominar, nombrar, designar, señalar, distinguir con nombre. Ú. t. c. r.

DENOTAÇÃO (sáum) *f.* Denotación. Indicación, señal.

DENOTAR *v. tr.* Denotar, indicar, señalar, anunciar, significar.

DENSAMENTE *adv. m.* Densamente, con densidad.

DENSAR *v. tr.* Espesar.

DENSIDADE *f.* Densidad.

DENSIDÃO (dáum) *f.* Densidad.

DENSIFICAÇÃO (sáum) *f.* Acción de densificar.

DENSIMETRIA (tría) f. Densimetria

DENSÍMETRO *m.* Densímetro, aerómetro.

DENSO, SA *adj.* Denso, compacto, apretado, craso, espeso. *fig.* Denso (apiñado, unido, obscuro, confuso).

DENTADA *f.* Dentellada. *fig.* Dicho mordaz. *Às* —s. A dentelladas.

DENTADO, DA *adj.* Dentado. Dentellado.

DENTADURA *f.* Dentadura.

DENTAL *adj.* Dental. *f.* Dental (consonante dental). *m.* Dental (del arado).

DENTAMA *f.* Cantidad grande de dientes.

DENTAR *v. tr.* Dentar. Dentellear. *v. intr.* Endentecer. (echar dientes).

DENTÁRIA *f. Bot.* Dentaria.

DENTÁRIO, RIA *adj.* Dentario, dental.

DENTE *m.* Diente. Diente (parte saliente que se deja en una edificación; punta o resalto de ciertas piezas o instrumentos, como sierras, ruedas de engranaje, etc.; cada una de las partes separables de la cabeza del ajo). — *de coelho.* Dificuldad, obstáculo; fraude, robo. — *de-leão. Bot.* Diante de león. — *de lobo.* Diente de lobo, bruñidor de ágata. — *de leite.* Diente de leche, o mamón. — *molar.* Diente molar, muela. *Bater os* —*s.* Dar diente con diente, dentellar.

DENTEAÇÃO (sáum) *f.* Acción de

DENTEAR *v. tr.* Dentar.

DENTELAR *v. tr.* Dentar.

DENTELO (tè) *m. Arq.* Dentellón, dentículo, dentelo.

DENTIÇÃO (sáum) *f.* Dentición.

DENTICULAR *adj.* Denticular. *v. tr.* Dentar.

DENTÍCULO *m.* Diente pequeño. *Arq.* Dentículo.

DENTIFICAÇÃO (sáum) *f.* Dentificación.

DENTIFRÍCIO, CIA *adj.* Dentífrico. Ú. t. c. s. m.

DENTILHÃO (lláum) *m.* Diente muy grande. Diente (en las edificaciones).

DENTINA *f.* Marfil de los dientes.

DENTISTA *m.* Dentista.

DENTISTERIA (ría) *f.* Odontologia.

DENTOLA (tò) *f. fam.* Dentona, dentuda.

DENTRE (Contracción de la prep. *de* con el adv. *entre*). De entre.

DENTRO *adv. l.* Dentro (a o en la parte interior de). Adentro. — *de.* Dentro de. — *em.* Dentro en. — *em breve,* o *em pouco.* Dentro de poco tiempo.

DENTUÇA *f. fam.* Dientes salientes. *despect.* Dentadura. *m.* Dentón.

DENTUÇO, ÇA (so) *adj.* Dentón, dentudo. Ú. t. c. s.

DENTUDO, DA *adj.* Dentudo. *m. Zool.* Dentón. *m.* Dentón, dentudo.

DENUDAÇÃO (sáum) *f.* Denudación.

DENÚNCIA *f.* Denuncia.

DENUNCIAÇÃO (sáum) *f.* Denunciación.

DENUNCIADA *f.* Denuncia.

DENUNCIAR *v. tr.* Denunciar. *v. r.* Darse a conocer.

DENUNCIÁVEL *adj.* Denunciable.

DEONTOLOGIA (jia) *f.* Deontología.

DEPARAR *v. tr.* Deparar, presentear, ofrecer, poner delante. Ú. t. c. r. Deparar, suministrar, proporcionar. Aparecer, aparecerse delante. Avistar, ver.

DEPARTAMENTO *m.* Departamento, división, separación. Departamento, ministerio, ramo de la administración del Estado. Departamento (división de un territorio).

DEPAUPERAÇÃO (sáum) *f.* Depauperación.

DEPAUPERAMENTO *m.* Depauperación.

DEPAUPERAR *v. tr.* Depauperar, empobrecer; debilitar.

DEPENADO, DA *adj. P. p.* de *Depenar.* Desplumado.

DEPENADOR, RA *adj.* y *s.* Desplumador.

DEPENAR *v. tr.* Desplumar. *fig. fam.* Desplumar, pelear.

DEPENDÊNCIA (dén) *f.* Dependencia.

DEPENDENTE *adj.* Dependiente, que depende.

DEPENDENTEMENTE *adv. m.* Dependientemente.

DEPENDER *v. tr.* Depender.

DEPENDURA *f.* Cuelga. Cosa colgada. Colgamiento. *Estar na —.* Estar sin recursos.

DEPENDURADO, DA *adj.* Colgado; pendiente.

DEPENDURAR *v. tr.* Colgar, suspender una cosa.

DEPENDURO *m.* Lo mismo que DEPENDURA.

DEPERECER *v. intr.* Descaecer, irse consumiendo.

DEPILAÇÃO (sáum) *f.* Depilación.

DEPILAR *v. tr.* Depilar.

DEPILATÓRIO, RIA (tò) *adj.* Depilatorio. Ú. t. c. s. m.

DEPLEÇÃO (sáum) *f.* Depleción.

DEPLORABILISMO *m.* Cualidad de deplorable.

DEPLORAÇÃO (sáum) *f.* Acción de deplorar. Palabras con que se deplora.

DEPLORAR *v. tr.* Deplorar, lamentar, sentir vivamente un sucesso. Censurar, criticar.

DEPLORÁVEL *adj.* Deplorable, lamentable, desventurado, digno de lástima.

DEPLORAVELMENTE *adj. m.* Deplorablemente.

DEPLUMAR *v. tr.* Desplumar.

DEPOÊNCIA (én) *f. Gram.* Carácter de deponente (hablando de ciertos verbos).

DEPOENTE *adj.* Deponente. Ú. t. c. s. *Gram.* Deponente. Ú. t. c. s. m.

DEPOIMENTO *m. For.* Deposición, atestiguación.

DEPOIS *adv. t.* y *l.* Después. — *de.* Después de. — *que.* Después que, desde.

DEPOLARIZAÇÃO (zasáum) *f.* Despolarización.

DEPOLARIZANTE (zan) *adj.* y *s. m.* Despolarizador.

DEPOLARIZAR (zar) *v. tr.* Despolarizar.

DEPOPULAÇÃO (sáum) *f.* Despoblación.

DEPOPULAR *v. tr.* Despoblar. Arruinar, asolar.

DEPOPULARIZAR (zar) *f.* Despopularizar.

DEPOR *v. tr.* Deponer (en todas las acepciones de esta voz).

DEPORTAÇÃO (sáum) *f.* Deportación, destierro.

DEPORTADO, DA *adj.* Deportado, desterrado, exilado.

DEPORTAR *v. tr.* Deportar, desterrar, exilar.

DEPORTE (pòr) *m.* Transporte.

DEPORTO (pór) *m.* Deporte, recreación, diversión.

DEPÓS (pòs) *prep.* Lo mismo que APÓS.

DEPOSIÇÃO (zisáum) *f.* Deposición (declaración jurídica; destitución, privación). Abdicación. Resignación.

DEPOSITADOR (zi) *m.* Depositador.

DEPOSITANTE (zi) *adj.* y *s.* Depositante.

DEPOSITAR (zi) *v. tr.* Depositar (en todas las acepciones de este vocablo). *v. r.* Depositarse (caer al fondo las substancias que un líquido lleva en suspensión).

DEPOSITÁRIO (zi) *m.* Depositario.

DEPÓSITO (pòzi) *m.* Depósito (acción y efecto de depositar; cosa depositada; lugar o paraje donde se deposita).

DEPRAVAÇÃO (sáum) *f.* Depravación.

DEPRAVADAMENTE *adv. m.* Depravadamente, malvadamente.

DEPRAVADO, DA *adj. P. p.* de *Depravar.* Depravado, viciado, pervertido.

DEPRAVAR *v. tr.* Depravar, viciar, corromper, pervertir. Ú. t. c. r.

DEPRECAÇÃO (sáum) *f.* Deprecación, súplica, ruego.

DEPRECAR *v. tr.* Deprecar, pedir, rogar, suplicar.

DEPRECIAÇÃO (sáum) *f.* Depreciación.

DEPRECIAR *v. tr.* Depreciar. Desapreciar, despreciar. *v. r.* Sufrir depreciación o desprecio.

DEPRECIÁVEL *adj.* Despreciable, rebajable.

DEPREDAÇÃO (sáum) *f.* Depredación, pillaje, saqueo, devastación; malversación.

DEPREDAR *v. tr.* Depredar, robar, saquear, devastar.

DEPREENDER *v. tr.* Aprender, percibir, deducir.

DEPRENSÃO (sáum) *f.* Aprehensión, aprensión; comprehensión, reconocimiento.

DEPRESSA (prèsa) *adv. m.* Aprisa.

DEPRESSÃO (sáum) *f.* Depresión. — *do horizonte.* Depresión de horizonte.

DEPRESSIVO, VA (si) *adj.* Depresivo.

DEPRESSOR, RA (sor) *adj.* y *s.* Depresor.

DEPRIMÊNCIA (mén) *f.* Depresión. Cualidad de deprimente. Envilecimiento, rebajamiento.

DEPRIMENTE *adj.* Deprimente, depresivo.

DEPRIMIR *v. tr.* Deprimir (en todas las acepciones de esta voz).

DEPURAÇÃO (sáum) *f.* Depuración, depuramiento.

DEPURAR *v. tr.* Depurar, limpiar, purificar. Ú. t. c. r.

DEPURATIVO, VA *adj.* Depurativo. Ú. t. c. s. m.

DEPUTAÇÃO (sáum) *f.* Diputación.

DEPUTADO, DA *adj.* Diputado. Ú. t. c. s.

DEPUTAR *v. tr.* Diputar.

DERELIÇÃO (sáum) *f.* Derelicción, desamparo, abandono.

DERELITO, TA *adj.* Abandonado, desamparado.

DERENGUE *m.* Lo mismo que DERRENGUES.

DERIVAÇÃO (sáum) *f.* Derivación.

DERIVADA *f. Mat.* Derivada.

DERIVADO, DA *adj.* Derivado.

DERIVAR *v. tr.* Derivar (en todas las acepciones de esta voz).

DERIVÁVEL *adj.* Derivable.

DERMA (dèr) *f.* o *m.* Dermis. Piel, cuero.

DERMALGIA (jia) *f.* Dermalgia.

DERMATALGIA (jia) *f.* Dermatalgia.

DERMATITE *f.* Dermatitis.

DERMATOLOGIA (jia) *f.* Dermatología.

DERMATOLOGISTA (jis) *m.* Dermatólogo.

DERMATORRAGIA (jia) *f.* Dermatorragia.

DERMATORRÉIA (rréia) *f.* Dermatorrea.

DERMATOSE (tòze) *f.* Dermatosis.

DERMATOSOMO (zo) *m.* Dermatosoma.

DERME (dèr) *f.* Lo mismo que DERMA.

DERMESTÍDEOS *m. pl. Zool.* Derméstidos.

DERMITE *f.* Dermitis.

DERMOLOGIA (jia) *f.* Dermatología, dermología.

DERRABAR *v. tr.* Derrabar (cortar, arrancar el rabo a un animal).

DERRADEIRAMENTE *adv. m.* Últimamente; postreramente, a la postre.

DERRADEIRO, RA *adj.* Último, postrero, postrimero.

DERRAMA *f.* Derrama, derramamiento, derrame. Derrame (declive del terreno). Derrama (repartimiento de un tributo).

DERRAMAÇÃO (sáum) *f.* Derramamiento.

DERRAMADAMENTE *adv. m.* Derramadamente, profusamente, con liberalidad, estragadamente, con desarreglo.

DERRAMADO, DA *adj. P. p.* de *Derramar.* Derramado, pródigo, dilapidador. *Port.* Rabioso, hidrófobo, furioso. Prolijo, largo.

DERRAMAMENTO *m.* Derramamiento. *Port.* Rabia, hidrofobia. Diseminación, esparcimiento, dispersión.

DERRAMAR *v. tr.* Derramar, verter, desparramar, esparcir. Ú. t. c. r. *fig.* Derramar, publicar, propalar, divulgar. Ú. t. c. r. Dispersar, desbandar. Ú. t. c. r. Distribuir, repartir. *v. r.* Derretirse. Fluir. *Port.* Rabiar, volverse hidrófobo.

DERRAMAR *v. tr.* Derramar (un tributo).

DERRAME *m.* Derrame, derramamiento. Derrame (declive del terreno). *Med.* Derrame.

DERRANCADO, DA *adj. P. p.* de *Derrancar.* Alterado, corrompido. *Port.* Hidrófobo, rabioso.

DERRANCAMENTO *m.* Alteración (de los alimentos expuestos al aire).

DERRANCAR *v. tr.* Alterar, estragar, corromper, deteriorar. Ú. t. c. r. Depravar, perventir. Ú. t. c. r. Arrancar, desarraigar, extinguir, extirpar. Ú. t. c. r.

DERRANCO *m.* Lo mismo que DERRANCAMENTO.

DERRANGADEIRA *f. Port.* Lo mismo que MÓ.

DERRAPAGEM (jem) *f. Gal.* Resbalamiento, deslizamiento (hablando de automóviles).

DERRAPAR *v. intr. Gal.* Resbalarse, deslizarse (hablando de automóviles).

DERREADO, DA *adj. P. p.* de *Derrear.* Descaderado, derrengado, deslomado. Extenuado.

DERREADOR, RA *adj.* y *s. m.* Que derrenga.

DERREAMENTO *m.* Derrengadura. Cansancio.

DERREAR *v. tr.* Derrengar, descaderar, deslocar. Ú. t. c. r. Derrengar, torcer; encorvar. Ú. t. c. r. Desacreditar. Abatir, hacer encorvarse. Quebrantar. *v. r.* Encorvarse, doblarse.

DERREDOR (dòr) *adv. m.* Alrededor, en circuito, en contorno. — *de. m. adv.* Al derredor de, alrededor de.

DERREGAR *v. tr.* Abrir surcos o regueras en la tierra.

DERRENGADO, DA *adj. P. p.* de *Derrengar.* *Port.* Derrengado, descaderado. Suelto. Colgado, suspenso. Lleno de delicadezas y ardides.

DERRENGAR *v. tr.* Derrengar, deslomar, descaderar. Ú. t. c. r. *v. r.* Hacer requiebros; requebrar, galantear.

DERRENGO *m.* Lo mismo que

DERRENGUE *m.* Acción y efecto de *Derrengar.* Requiebro, dengue.

DERRETEAR *v. tr.* Desaparecer, hundirse.

DERRETEDURA *f.* Derretimiento.

DERRETER *v. tr.* Derretir, liquidar, deshelar; gastar, disipar. Ú. t. c. r. *v. r. fig.* Derretirse, enardecerse en amor.

DERRETIDO, DA *adj. P. p.* de *Derreter.* Derretido. *fig.* Derretido, muy enamorado.

DERRETIMENTO *m.* Derretimiento. *fam.* Afectación.

DERRIBADA *f.* Derribo.

DERRIBAMENTO *m.* Derribo.

DERRIBAR *v. tr.* Derribar (tirar o hacer caer al suelo; arruinar, demoler, echar; echar abajo, deponer; postrar, abatir, humillar). Ú. t. c. r.

DERRIÇA (sa) *f.* Chasqueo, burla. Contienda, altercación, riña, disputa.

DERRIÇAR (sar) *v. tr.* Arrancar, rasgar (con las manos o con los dientes). Burlarse de, chasquear. Disputar, debatir, contender.

DERRIÇO (so) *m. fam.* Galanteo. Novio o novia. Escarnio.

DERRISÃO (záum) *f.* Irrisión, burla, escarnio.

DERRISOR (zor) *m.* Escarnecedor.

DERRISORIAMENTE (zò) *adv. m.* Irrisoriamente, risiblemente.

DERRISÓRIO, RIA (zò) *adj.* Irrisorio.

DERROCADA *f.* Lo mismo que

DERROCAMENTO *m.* Derrocamiento; derrumbamiento, destrucción, ruina; hundimiento, derribo.

DERROCAR *v. tr.* Derrocar, derribar, hundir, arruinar, precipitar, despeñar. *fig.* Derribar, abatir, humillar.

DERROGA (rrò) *f.* Lo mismo que

DERROGAÇÃO (sáum) *f.* Derogación.

DERROGAMENTO *m.* Derogamiento.

DERROGANTE *adj.* Que deroga, derogador.

DERROGAR *v. tr.* Derogar, abolir, anular.

DERROGATÓRIO, RIA (tò) *adj.* Derogatorio.

DERROTA (rrò) *f. Mar.* Derrota (rumbo de la nave); ruta, derrotero. Derrota, camino, senda, derrotero. Viaje. *Mil.* Derrota.

DERROTADO, DA *adj. P. p.* de *Derrotar.* Derrotado, vencido; humillado, abatido. Desaliñado, derrotado. Cansado, postrado. Arruinado, estragado.

DERROTAR *v. tr.* Derrotar, vencer y poner en fuga desordenada. Arruinar, destrozar, derrotar; destruir, deshacer. Cansar mucho. *v. intr. Mar.* Derrotarse.

DERROTE (rrò) *m. Taur.* Derrote (cornada que da el tuero alzanado la cabeza al acometer).

DERROTEIRO *m.* Lo mismo que ROTEIRO.

DERROTISMO *m.* Sistema del

DERROTISTA *adj.* y *s. m.* El que en tiempo de guerra o revolución propala rumores contrarios a su facción.

DERRUBA *f.* Lo mismo que

DERRUBADA *f.* Acción de derribar los árboles.

DERRUBAMENTO *m.* Derribo; derrumbamiento.

DERRUBAR *v. tr.* Derribar, tirar o hacer caer al suelo; postrar, derrumbar. Dejar caer. Derribar, deponer. Derribar, arruinar, derrocar.

DERRUBE *m.* Lo mismo que DERRUBAMENTO.

DERRUIÇÃO (sáum) *f.* Lo mismo que DERRUIMENTO.

DERRUÍDO, DA *adj. P. p.* de *Derruir.* Derribado, arruinado, derruido.

DERRUIMENTO *m.* Derribo; acción y efecto de

DERRUIR *v. tr.* Derribar, arruinar, derruir. Ú. t. c. r.

DERVICHE (che) *m. Gal.* Derviche. (Daruês es como debe decirse).

DÊS (dés) *prep.* Ú. solamente en el m. conjunt. *Dês que:* desde que.

DESABADO, DA (za) *adj. P. p.* de *Desabar.* Derrumbado, caído, abatido, derribado. Dícese del sombrero de ala ancha o caída. *m.* Declive, cuesta.

DESABAFADAMENTE (za) *adv. m.* Desahogadamente. Abiertamente.

DESABAFADO, DA (za) *adj. P. p.* de Desabafar. Desahogado, despejado, desembarazado, libre. Que está al aire libre; ventilado. Sereno, tranquilo.

DESABAFAMENTO (za) *m.* Lo mismo que DESABAFO.

DESABAFAR (za) *v. tr.* Desabrigar, descubrir. Ú. t. c. r. Desembarazar. Airear, ventilar. Desahogarse, confiarse, manifestar a alguien un sentimiento, queja o pensamiento. Ú. t. c. r. y intr.

DESABALADAMENTE (za) *adv. m.* Desmedida, excesiva, descomedidamente. Precipitadamente, arrebatadamente.

DESABALADO, DA (za) *adj.* Arrebatado, precipitado. *fam.* Desmedido, enorme, inmenso.

DESABALROAMENTO (za) *m. Mar.* Desatracada.

DESABALROAR (za) *v. tr. Mar.* Desatracar.

DESABAMENTO (za) *m.* Hundimiento, desplome, abatimiento, derribo.

DESABAR (za) *v. tr.* Bajar el ala del sombrero. *v. intr.* Abatirse, derrumbarse, caerse, desplomarse, derribarse, arruinarse. Desencadenarse (hablando de ciertas cosas que obran, rompen o estallan con gran ímpetu y violencia). Estallar, sobrevenir.

DESABASTAR (za) *v. tr.* Desabastecer, desproveer.

DESABE (za) *m.* Desplome. Parte derrumbada de una construcción.

DESABILIDADE (za) *f.* Inhabilidad.

DESABILITAR (za) *v. tr.* Inhabilitar.

DESABITADO, DA (za) *adj. P. p.* de *Desabitar.* Desabitado. Despoblado, desierto.

DESABITAR (za) *v. tr.* Deshabitar.

DESÁBITO (zá) *m.* Desuso. Falta de hábito.

DESABITUAÇÃO (zabituasáum) *f.* Deshabituación.

DESABITUAR (za) *v. tr.* Deshabituar, desacostumbrar. Ú. t. c. r.

DESABONADAMENTE (za) *adv. m.* Con desabono, sin crédito. Desfavorablemente.

DESABONADO, DA (za) *adj. P. p.* de *Desabonar.* Desacreditado. Sin recursos.

DESABONADOR, RA (za) *adj.* Desacreditador. Ú. t. c. s.

DESABONAR (za) *v. tr.* Desacreditar. Ú. t. c. Menoscabar, despreciar.

DESABONO (za) *m.* Descrédito. Desabono (perjuicio que se causa al desacreditar a alguien). Detrimento, menoscabo, daño, pérdida (en la reputación).

DESABORDAMENTO (za) *m. Mar.* Acción de desabordarse.

DESABORDAR (za) *v. intr. Mar.* Desabordarse. Ú. t. c. r. y tr.

DESABOTOADURA (za) *f.* Lo mismo que

DESABOTOAMENTO (za) *m.* Acción y efecto de desabotonar (sacar los botones de los ojales, o abrir los capullos de las plantas).

DESABOTOAR (za) *v. tr.* Desabotonar, desabrochar (sacar los botones de los ojales). Ú. t. c. r. *v. intr.* Desabotonar (hablando de plantas o capullos).

DESABRIDAMENTE (za) *adv. m.* Desapaciblemente. Ásperamente, desabridamente.

DESABRIDO, DA (za) *adj. P. p.* de *Desabrir.* Desabrido, desapacible, áspero, rude, violento, de trato duro. Atrevido, insolente. Tempestuoso (hablando del tiempo). Desenfrenado.

DESABRIGADAMENTE (za) *adv. m.* Desabrigadamente, sin abrigo.

DESABRIGADO, DA (za) *adj. P. p.* de *Desabrigar.* Desabrigado, falto de abrigo; desamparado, desvalido, abandonado; expuesto a los vientos, al sol, a la lluvia, etc.

DESABRIGAR (za) *v. tr.* Desabrigar, desarropar. Abandonar, desamparar. *v. r.* Exponerse al tiempo, desabrigarse.

DESABRIGO (za) *m.* Desabrigo. Desamparo, abandono.

DESABRIMENTO (za) *m.* Desabrimiento (dureza, aspereza del genio, del tiempo).

DESABROCHADO, DA (zabrocha) *adj. P. p.* de *Desabrochar.* Desabotonado, desabrochado.

DESABROCHAMENTO (zabrocha) *m.* Desabrochamiento. Abertura de las flores.

DESABROCHAR (zabrochar) *v. tr.* Desabrochar, desabotonar; abrir, descoger, soltar, desplegar. *v. intr.* Desabotonarse (las plantas y capullos). Desarrollarse.

DESABROCHO (zabrócho) *m.* Lo mismo que DESABROCHAMENTO.

DESABROLHAR (zabrollar) *v. intr.* Desabotonarse, abrirse (las flores). Desarrollarse, crecer.

DESABUSADAMENTE (zabuza) *adv. m.* Insolentemente. Licenciosamente. Con desengaño.

DESABUSADO, DA (zabuza) *adj. P. p.* de *Desabusar.* Atrevido, insolente, descarado. Desilusionado, desengañado.

DESABUSAMENTO (zabuza) *m.* Lo mismo que DESABUSO.

DESABUSAR (zabuza) *v. tr.* Desengañar, sacar del error. Desilusionar, desengañar. Ú. t. c. r.

DESABUSO (zabuzo) *m.* Desengaño.

DESAÇAIMAR (zasai) *v. tr.* Lo mismo que DESAÇAMAR.

DESAÇAMAR (za) *v. tr.* Desacomodar. Deshacer las camas o camadas.

DESAÇAMAR (zasa) *v. tr.* Quitar el bozal a un animal.

DESACAMPAR (za) *v. intr.* Llevantar acampamiento.

DESACANHADO, DA (zacaña) *adj. P. p.* de *Desacanhar.* Desembarazado, desenvuelto, que no tiene cortedad de ánimo.

DESACANHAR (zacañar) *v. tr.* Desembarazar, quitar la timidez o cortedad de ánimo. Ú. t. c. r.

DESACASALAR (zacaza) *v. tr.* Desacoplar, desaparear. Separar (las parejas).

DESACATADAMENTE (za) *adv. m.* Desacatadamente, con desacato.

DESACATADO, DA (za) *adj. P. p.* de *Desacatar.* Tratado sin consideración o respeto, que sufrió afrenta.

DESACATAMENTO (za) *m.* Desacatamiento, desacato.

DESACATAR (za) *v. tr.* Desacatar, cometer desacato, faltar a la reverencia o respeto debido.

DESACATO (za) *m.* Desacato, desacatamiento.

DESACAUDELADO, DA (za) *adj.* Lo mismo que

DESACAUDILHADO, DA (zacaudilla) *adj.* Sin caudillo o jefe. Abandonado por el caudillo.

DESACAUTELADAMENTE (za) *adv. m.* Sin precaución, descuidadamente, sin cautela.

DESACAUTELADO, DA (za) *adj. P. p.* de *Desacautelar.* Descuidado, imprudente, sin cautela, desprevenido.

DESACAUTELAR (za) *v. tr.* Descuidar, desprevenir. Ú. t. c. r.

DESACAVALAR (za) *v. tr.* Enderezar (lo que estaba sobrepuesto).

DESACEITAR (za) *v. tr.* No aceptar, rehusar.

DESACEITO, TA (za) *adj. P. p.* de *Desaceitar.* Que no fué acepto. Rehusado. Despreciado.

DESACERBAR (za) *v. tr.* Desacerbar (quitar la acerbidad).

DESACERTADAMENTE (za) *adv. m.* Desacertadamente, con desacierto.

DESACERTADO, DA (za) *adj. P. p.* de *Desacertar.* Desacertado, que yerra, que obra sin acierto.

DESACERTAR (za) *v. tr.* Desarreglar. Errar, desacertar. Ú. t. c. r.

DESACERTO (zacér) *m.* Desacierto.

DESACHEGAR (zache) *v. tr.* Separar lo que estaba próximo.

DESACIDIFICAÇÃO (zacidificasáum) *f.* Desacidificación.

DESACIDIFICAR (za) *v. tr.* Desacidificar. Limpiar, purificar.

DESACIDULAR (za) *v. tr.* Desacidificar. Desacidular.

DESACLIMAÇÃO (zaclimasáum) *f.* Acción y efecto de desaclimatar.

DESACLIMADO, DA (za) *adj. P. p.* de *Desaclimar.* Desaclimatado, deshabitado, desacostumbrado de un clima.

DESACLIMAR (za) *v. tr.* Desaclimatar. Ú. t. c. r.

DESACLIMATAR (za) *v. tr.* Desaclimatar. Ú. t. c. r.

DESACOBARDAMENTO (za) *m.* Acción y efecto de desacobardar.

DESACOBARDAR (za) *v. tr.* Desacobardar, alentar. Ú. t. c. r.

DESACOCHADO (zacocha) *adj.* Avergonzado, corrido, confuso.

DESACOCHAR (zacochar) *v. tr.* Perturbar, avergonzar, confundir.

DESACOIMADO, DA (za) *adj. P. p.* de *Desacoimar.* Rehabilitado. Que no tiene multa.

DESACOIMAR (za) *v. tr.* Perdonar la multa. Rehabilitar, destruir la mácula lanzada sobre alguno.

DESACOITADO, DA (za) *adj.* Desabrigado, sin refugio.

DESACOITAR (za) *v. tr.* Quitar o hacer salir del abrigo.

DESACOLCHETAR (zacolche) *v. tr.* Desabrochar (desasir los corchetes).

DESACOLCHOAR (zacolchoar) *v. tr.* Deshacer lo que estaba acolchado.

DESACOLHER (zacoller) *v. tr.* Acoger, recibir mal.

DESACOLHERAR (zacolle) *v. tr.* Desacollarar.

DESACOMODADAMENTE (za) *adj. m.* Desacomodadamente, sin comodidad.

DESACOMODADO, DA (za) *adj. P. p.* de *Desacomodar.* Desacomodado (que carece de comodidad; que está sin acomodo, sin colocación). Desarreglado.

DESACOMODAR (za) *v. tr.* Desacomodar. Ú. t. c. r.

DESACOMPANHADAMENTE (zacompaña) *m. adv.* Sin compañía.

DESACOMPANHADO, DA (zacompaña) *adj. P. p.* de *Desacompanhar.* Desacompañado, solo.

DESACOMPANHAR *(za*compañar) *v. tr.* Desacompañar. *fig.* Desamparar, abandonar.

DESACONCHEGAR *(za*conc*he*gar) *v. tr.* Lo mismo que DESCONCHEGAR.

DESACONSELHADAMENTE *(za*consella) *adv. m.* Desaconsejadamente.

DESACONSELHADO, DA *(za*consella) *adj. P. p.* de *Desaconselhar.* Desaconsejado.

DESACONSELHAR *(za*consellar) *v. tr.* Desaconsejar, disuadir.

DESACONSELHÁVEL *(za*consellá) *adj.* Que no es aconsejable.

DESACORÇOADO, DA *(za*corsoa) *adj.* Lo mismo que DESCORÇOADO.

DESACORÇOAR *(za*corsoar) *v. tr.* Lo mismo que DESCORÇOAR.

DESACORDADAMENTE *(za) adv. m.* Desacordadamente. Inconsiderada, imprudentemente.

DESACORDADO, DA *(za) adj. P. p.* de *Desacordar.* Desmayado, atontado, atolondrado, aturdido. Despropositado; inconsiderado.

DESACORDANTE *(za) adj.* Discordante.

DESACORDAR *(za) v. tr.* Hacer discordar. Discordar, discrepar. Hacer desmayar. *v. intr.* Desacordar; desentonar. Hablar inconsideradamente. *v. r.* Discordar, ponerse en desacuerdo.

DESACORDE *(za*cór*) adj.* Desacorde, desconforme. Desacordante. Discordante.

DESACORDO *(za*cór*) m.* Desacuerdo, Discordancia, desconformidad. Error, desacierto, equivocación, desacuerdo. Desmayo. Delirio. Desafinación.

DESACOROÇOADO, DA *(za*corosoa) *adj.* Lo mismo que DESCORÇOADO.

DESACOROÇOAR *(za*corosoar) *v. tr.* Lo mismo que DESCOROÇOAR.

DESACORRENTADO, DA *(za) adj. P. p.* de *Desacorrentar.* Desencadenado.

DESACORRENTAMENTO *(za) m.* Desencadenamiento.

DESACORRENTAR *(za) v. tr.* Desencadenar. Ú. t. c. r.

DESACOSTUMADAMENTE *(za) adv. m.* Desacostumbradamente.

DESACOSTUMADO, DA *(za) adj. P. p.* de *Desacostumar.* Desacostumbrado.

DESACOSTUMAR *(za) v. tr.* Desacostumbrar. Ú. t. c. r.

DESACREDITADO, DA *(za) adj.* Desacreditado. Depreciado; despreciado.

DESACREDITADOR, RA *(za) adj.* Desacreditador. Ú. t. c. s.

DESACREDITAR *(za) v. tr.* Desacreditar. Ú. t. c. r. No creer.

DESACUMULAR *(za) v. tr.* Desacumular.

DESACUNHAR *(za*cuñar) *v. tr.* Desacuñar (quitar las cuñas).

DESACURADO, DA *(za) adj.* Descuidado.

DESADEREÇADO, DA *(za*deresa) *adj.* Desadornado.

DESADMOESTAR *(za*d) *v. tr.* Desaconsejar.

DESADORAÇÃO *(za*dorasáum) *f.* Acción de desadorar. Desprecio. Aversión, odio.

DESADORADO, DA *(za) adj.* Aborrecido, detestado. Que no es adorado. Atacado de dolor agudo.

DESADORAR *(za) v. tr.* Desadorar, no adorar, dejar de adorar. Detestar. Vociferar. Reprobar. *v. intr.* Sufrir un dolor agudo.

DESADORMECER *(za) v. tr.* Despertar a uno, desadormecer.

DESADORMENTAR *(za) v. tr.* Lo mismo que DESADORMECER.

DESADORNADAMENTE *(za) adv. m.* Con desadorno.

DESADORNADO, DA *(za) adj.* Desadornado, desnudo, dasafeitado.

DESADORNAR *(za) v. tr.* Desadornar.

DESADORNO *(za*dór*) m.* Desadorno, falta de adorno.

DESADORO *(za*dór*) m.* Acción de desadorar.

DESADUNADO, DA *(za) adj.* Separado, distinto.

DESADVERTIDO, DA *(za) adj.* Desadvertido, inadvertido.

DESAFABILIDADE *(za) f.* Desapacibilidad. Descortesía, falta de afabilidad.

DESAFAIMAR *(za) v. tr.* Hartar, dar de comer al hambriento.

DESAFAMAR *(za) v. tr.* Desafamar, difamar, desacreditar.

DESAFASTAR *(za) v. tr.* Alejar.

DESAFÁVEL *(za) adj.* Desapacible. Que no es afable.

DESAFAZER *(za*fazer) *v. tr.* Desacostumbrar.

DESAFEAR *(za) v. tr.* Desafear, quitar la fealdad.

DESAFEIÇÃO *(za*feisáum) *f.* Desafecto, desafección, malquerencia, mala voluntad. Oposición. Desafición.

DESAFEIÇOADO, DA *(za*feisoa) *adj. P. p.* de *Desafeiçoar.* Desafecto (que no siente afecto o estimación por una persona o cosa).

DESAFEIÇOAMENTO *(za*feisoa) *m.* Desafección, disminución del afecto.

DESAFEIÇOAR *(za*feisoar) *v. tr.* Desaficionar. Ú. t. c. r.

DESAFEIÇOAR *(za*feisoar) *v. tr.* Desafigurar, alterar.

DESAFEITAR *(za) v. tr.* Desadornar.

DESAFEITO, TA *(za) adj.* Desacostumbrado.

DESAFERRAR *(za) v. tr.* Desaferrar (desasir, soltar lo aferrado; disuadir). *v. intr. Mar.* Desaferrar, levar anclas para darse a la mar la nave.

DESAFERROLHAMENTO *(za*ferrolla) *m.* Acción y efecto de

DESAFERROLHAR *(za*ferrollar) *v. tr.* Desaherrojar. Ú. t. c. r. Descorrer el cerrojo.

DESAFERVORAR *(za) v. tr.* Entibiar el fervor de.

DESAFETAÇÃO *(za*fetasáum) *f.* Franqueza, sinceridad; naturalidad; ausencia de afectación.

DESAFETADAMENTE *(za) adv. m.* Sin afectación.

DESAFETADO, DA *(za) adj.* Desafectado, natural.

DESAFETIVIDADE *(za) f.* Desafición, desafecto, disminución del afecto.

DESAFETO, TA *(za*fè*) adj.* Desafecto, *m.* Desafecto. Enemigo, opuesto, contrario.

DESAFIAÇÃO *(za*fiasáum) *f.* Desafio (acción de desafiar o retar).

DESAFIADO, DA *(za) adj.* Desafiado, retado. Ú. t. c. s. Desafilado, embotado.

DESAFIADOR, RA *(za) adj.* Retador. *m.* Duelista.

DESAFIANTE *(za) adj.* Lo mismo que DESAFIADOR.

DESAFIAR *(za) v. tr.* Desafilar, embotar. *v. intr.* Desafilarse, embotarse.

DESAFIAR *(za) v. tr.* Retar, desafiar. Incitar, provocar. Desafiar, competir, rivalizar.

DESAFINAÇÃO *(za*finasáum) *f.* Desafinación.

DESAFINADAMENTE *(za) adv. m.* Desafinada, destemplada, desentonadamente.

DESAFINADO, DA *(za) adj.* Desafinado, destemplado, desentonado.

DESAFINAMENTO *(za) m.* Desafinación.

DESAFINAR *(za) v. tr.* Destemplar. desentonar, desafinar. Ú. t. c. intr. y r.

DESAFIO *(za*fío*) m.* Desafio (acción de desafiar o retar; duelo; rivalidad, competencia).

DESAFIVELAMENTO *(za) m.* Acción de

DESAFIVELAR *(za) v. tr.* Deshebillar.

DESAFIXAR *(za) f.* Desafijar, desfijar.

DESAFOGADAMENTE *(za) adv. m.* Desahogadamente.

DESAFOGADO, DA *(za) adj. P. p.* de *Desafogar.* Desahogado.

DESAFOGAR *(za) v. tr.* Desahogar. Ú. t. c. r.

DESAFOGO *(za*fó*) m.* Desahogo.

DESAFORADAMENTE *(za) adv. m.* Desaforadamente, con desafuero.

DESAFORADO, DA *(za) adj. P. p.* de *Desaforar.* Desaforado. Atrevido, descomedido, osado, insolente.

DESAFORAMENTO *(za) m. For.* Acción de desaforar; desafuero.

DESAFORAR *(za) v. tr. For.* Desaforar. *v. r.* Desaforasrse, descomedirse, insolentarse, atreverse.

DESAFORMOSEAR *(za*formozear) *v. tr.* Afear, quitar la hermosura.

DESAFORO *(za*fó*) m.* Desafuero.

DESAFORTUNADAMENTE *(za) adv. m.* Desafortunada, desgraciadamente.

DESAFORTUNADO, DA *(za) adj.* Desafortunado, desventurado, desgraciado, desdichado.

DESAFREGUESADO, DA *(za*freguea) *adj.* Desaparroquiado.

DESAFREGUESAMENTO *(za*freguea) *m.* Acción y efecto de

DESAFREGUESAR *(za*freguezar) *v. tr.* Desaparroquiar. Ú. t. c. r.

DESAFRONTA *(za) f.* Desagravio.

DESAFRONTADAMENTE *(za) adv. m.* Desembarazada, desahogadamente. Libremente.

DESAFRONTADO, DA *(za) adj.* Desagraviado. Desahogado. Libre. Desoprimido.

DESAFRONTADOR, RA *(za) adj.* Desagraviador. Ú. t. c. s.

DESAFRONTAMENTO *(za) m.* Desagravio.

DESAFRONTAR *(za) v. tr.* Desagraviar. Ú. t. c. r. Desahogar. Ú. t. c. r. Aliviar. Ú. t. c. r. Librar, defender, preservar. Desoprimir. Ú. t. c. r.

DESAGALOAR *(za) v. tr.* Desgalonar.

DESAGARRADO, DA *(za) adj.* Desasido, suelto. Despegado.

DESAGARRAR *(za) v. tr.* Desasir, soltar, despegar, desagarrar.

DESAGASALHADO *(za*gazalla) *adj.* Sin agasajo; sin abrigo; vestido ligeramente; desabrigado; desarropado.

DESAGASALHAR *(za*gazallar) *v. tr.* Quitar el agasajo, el abrigo; desabrigar; desarropar. Ú. t. c. r.

DESAGASALHO *(za*gazallo) *m.* Falta de agasajo. Mal acogimiento. Estado del que está desarropado.

DESAGASTADO, DA *(za) adj.* Desenojado, apaciguado, sosegado.

DESAGASTAMENTO *(za) m.* Desenojo.

DESAGASTAR *(za) v. tr.* Desenojar, apaciguar, sosegar, tranquilizar. Ú. t. c. r.

DESAGEITADO, DA *(za*jei) *adj.* Lo mismo que DESAJEITADO.

DESAGEITAR *(za*jei) *v. tr.* Lo mismo que DESAJEITAR.

DESAGLOMERAR *(za) v. tr.* Desacumular; desamontonar.

DESAGRADADO, DA *(za) adj.* Disgustado, descontento, fastidiado, desagradado.

DESAGRADAR *(za) v. tr.* Desagradar, disgustar. Ú. t. c. r.

DESAGRADÁVEL *(za) adj.* Desagradable.

DESAGRADAVELMENTE *(za) adv. m.* Desagradablemente.

DESAGRADECER *(za) v. tr.* Desagradecer.

DESAGRADECIDAMENTE *(za) adv. m.* Desagradecidamente, con ingratitud.

DESAGRADECIDO, DA *(za) adj.* Desagradecido, ingrato.

DESAGRADECIMENTO *(za) m.* Desagradecimiento, ingratitud.

DESAGRADO *(za) m.* Desagrado, disgusto, descontento.

DESAGRAVADO, DA *(za) adj.* Desagraviado.

DESAGRAVADOR, RA *(za) adj.* Desagraviador. Ú. t. c. s.

DESAGRAVAR *(za) v. tr.* Desagraviar. Ú. t. c. r.

DESAGRAVO *(za) m.* Desagravio.

DESAGREGAÇÃO *(za*gregasáum) *f.* Desagregación.

DESAGREGANTE *(za) adj.* Que desagrega.

DESAGREGAR *(za) v. tr.* Desagregar, separar, apartar, desunir, disgregar. Ú. t. c. r.

DESAGREGATIVO, VA *(za) adj.* Que desagrega.

DESAGREGÁVEL *(za) adj.* Desagregable.

DESAGRILHOAMENTO *(za*grilloa) *m.* Desencadenamiento.

DESAGRILHOAR *(za*grilloar) *v. tr.* Desencadenar, quitar los grillos.

DESAGUADOURO *(za) m.* Desaguadero.

DESAGUAMENTO *(za) m.* Desague, desaguamiento.

DESAGUAR *(za) v. tr.* Desaguar (extraer o hacer salir el agua de un lugar). *v. intr.* Desembocar (desaguar una corriente de agua en otra, en el mar, etc.) Ú. t. c. r. Orinar.

DESAGUISADAMENTE *(za*guiza) *adv. m.* Descomedida, injustamente. Desrazonablemente.

DESAGUISADO *(za*guiza) *m.* Contienda, disputa, desavenencia.

DESAGUISAR-SE (*z*aguizar) *v. r.* Desavenirse, enojarse; contender, altercar.

DESAGUO (*z*agúo) *m.* Desague. Desembocadura.

DESAINADO, DA (*z*ai) *adj. Vet.* Desainado, extenuado.

DESAINADURA (*z*ai) *f. Veter.* Desainadura.

DESAIRADAMENTE (*z*ai) *adv. m.* Desairadamente, sin aire, sin gracia ni garbo.

DESAIRADO, DA (*z*ai) *adj.* Lo mismo que DESAIROSO.

DESAIRAR (*z*ai) *v. tr.* Desairar, deslucir, dejar desairada a una persona, o desestimar una cosa. Ú. t. c. r.

DESAIRE (*z*ai) *m.* Desaire. Desdoro. Desgracia.

DESAIROSAMENTE (*z*airòza) *adv. m.* Desairadamente.

DESAIROSO, SA (*z*airozo, òza) *adj.* Desairado.

DESAJEITADAMENTE (*z*ajei) *adv. m.* Desastradamente. Torpemente, sin habilidad.

DESAJEITADO, DA (*z*ajei) *adj.* Desastrado, torpe, inhábil, poco diestro, desmañado.

DESAJEITAMENTO (*z*ajei) *m.* Torpeza, inhabilidad.

DESAJEITAR (*z*ajei) *v. tr.* Desarreglar, hacer salir una cosa o persona de su costumbre, modo, o sesgo. Deformar, alterar la forma de alguna cosa.

DESAJOUJAR (*z*ajoujar) *v. tr.* Desatraillar (a los perros). *fig.* Desuncir. Desunir, soltar. Aliviar, desoprimir.

DESAJOUJO (*z*ajoujo) *m.* Acción de *Desajoujar*.

DESAJUDA (*z*aju) *f.* Desamparo.

DESAJUDAR (*z*aju) *v. tr.* Desamparar, no ayudar. Desayudar, impedir, estorbar, embarazar.

DESAJUIZADO, DA (*z*ajuíza) *adj. P. p.* de *Desajuizar*. Desjuiciado. *fam.* Imprudente.

DESAJUIZAR (*z*ajuizar) *v. tr.* Entontecer. Hacer perder el juicio.

DESAJUNTAR (*z*ajun) *v. tr.* Separar, desunir.

DESAJUSTAR (*z*ajus) *v. tr.* Desajustar, desigualar, desconcertar. Desarreglar. Separar, desunir. Descomponer, trastornar. Aflojar. *v. r.* Desajustarse.

DESAJUSTE (*z*ajus) *m.* Acción de *Desajustar*. Desajuste.

DESALADO, DA (*z*a) *adj.* Desalado (sin alas).

DESALAGAR (*z*a) *v. tr.* Desecar, agotar. Desembarazar, desimpedir.

DESALARGAR (*z*a) *v. tr.* Ensanchar. Ú. t. c. r.

DESALARMAR (*z*a) *v. tr.* Aquietar, tranquilizar.

DESALASTRAR (*z*a) *v. tr.* Deslastrar.

DESALBARDAR (*z*al) *v. tr.* Desenalbardar, desalbardar.

DESALCANÇAR (*z*alcansar) *v. tr.* No alcanzar, no conseguir.

DESALCANCE (*z*al) *m.* Acción y efecto de *Desalcançar*.

DESALEGRAR (*z*a) *v. tr.* Quitar la alegria, entristecer.

DESALEGRE (*z*alé) *adj.* Triste.

DESALEITAR (*z*a) *v. tr.* Destetar.

DESALENTADO, DA (*z*a) *adj. P. p.* de *Desalentar*. Desanimado, cansado, sin aliento, extenuado.

DESALENTADOR, RA (*z*a) *adj.* Desalentador, que desalienta o desanima.

DESALENTAR (*z*a) *v. tr.* Desanimar, acobardar, desalentar. Ú. t. c. intr. *v. intr.* Desalentar, dificultar el aliento. Ú. t. c. r.

DESALENTO (*z*a) *m.* Desaliento. Desánimo, amilanamiento.

DESALFAIAR (*z*al) *v. tr.* Deshalajar.

DESALFORJAR (*z*alforjar) *v. tr.* Desalforjar, sacar algo de las alforjas.

DESALGEMAR (*z*alje) *v. tr.* Quitar las esposas.

DESALIANÇA (*z*aliansa) *f.* Quiebra, rompimiento de una alianza. Falta de alianza.

DESALIAR (*z*a) *v. tr.* Desaliar, romper una alianza, Ú. t. c. r.

DESALICERÇAR (*z*alicersar) *v. tr.* Descimentar.

DESALIJAR (*z*alijar) *v. tr.* Alijar. Evacuar. Aliviar.

DESALINHADAMENTE (*z*aliña) *adv. m.* Desaliñadamente.

DESALINHADO, DA (*z*aliña) *adj.* Desaliñado, descompuesto, desordenado, descuidado. Sin afectación, simple, sin pretensiones.

DESALINHAR (*z*aliñar) *v. tr.* Desliñar. Desalinear.

DESALINHAVADO, DA (*z*aliña) *adj. P. p.* de *Desalinhavar*. Deshilvanado. *m.* Lo mismo que DESALINHO.

DESALINHAVAR (*z*aliña) *v. tr.* Deshilvanar.

DESALINHAVO (*z*aliña) *m.* Lo mismo que

DESALINHO (*z*aliño) *m.* Desaliño. Desalineación. Desánimo.

DESALISTAR (*z*a) *v. tr.* Sacar de la lista. *Mil.* Dar baja a.

DESALIVIAR (*z*a) *v. tr.* Aliviar, aligerar totalmente.

DESALMADAMENTE (*z*al) *adv. m.* Desalmadamente.

DESALMADO, DA (*z*al) *adj.* Desalmado, perverso, inhumano, desapiadado.

DESALMAMENTO (*z*al) *m. p. us.* Desalmamiento, perversidad.

DESALMO, MA (*z*al) *adj.* Cruel, inhumano, perverso, desapiadado.

DESALOJAMENTO (*z*aloja) *m.* Desalojamiento.

DESALOJAR (*z*alojar) *v. tr.* Desalojar; echar, expulsar de algún lugar.

DESALTERAR (*z*al) *v. tr.* Desalterar, calmar, sosegar, apaciguar.

DESAMABILIDADE (*z*a) *f.* Falta de amabilidad. Cualidad de desamable.

DESAMAMENTAR (*z*a) *v. tr.* Destetar.

DESAMANHAR (*z*amañar) *v. tr.* Desaliñar, desconcertar, desarreglar.

DESAMANHO (*z*amaño) *m.* Desaliño. Desconcierto, desarreglo, desorden.

DESAMAR (*z*a) *v. tr.* Desamar.

DESAMARRAR (*z*a) *v. tr.* Desasir, soltar, desatar, apartar, desamarrar. *v. intr. Mar.* Desamarrar. Levar el ancla.

DESAMARROTAR (*z*a) *v. tr.* Alisar, desarrugar.

DESAMASSAR (*z*amasar) *v. tr.* Deshacer la masa del pan. Ú. t. c. intr.

DESAMÁVEL (*z*a) *adj.* Desamable.

DESAMBIÇÃO (*z*ambisáum) *f.* Falta de ambición.

DESAMBICIOSO, SA (*z*ambiciozo, òza) *adj.* Sin ambición, modesto.

DESAMENO, NA (*z*a) *adj.* Sin amenidad.

DESAMIGAR (*z*a) *v. tr.* Romper la amistad. *v. r.* Desamistarse.

DESAMIGO, GA (*z*a) *adj.* Enemigo, contrario.

DESAMIZADE (*z*amiza) *f.* Enemistad.

DESAMODORRAR (*z*a) *v. tr.* Desamodorrar. Ú. t. c. r.

DESAMOEDAÇÃO (*z*amoedasáum) *f.* Desmonetización.

DESAMOEDAR (*z*a) *v. tr.* Desmonetizar.

DESAMOLGAR (*z*a) *v. tr.* Desabollar. Allanar, alisar.

DESAMONTOAR (*z*a) *v. tr.* Desamontonar.

DESAMOR (*z*a) *m.* Desamor, falta de amor, aborrecimiento. Crueldad.

DESAMORADO, DA (*z*a) *adj.* Desamorado.

DESAMORÁVEL (*z*a) *adj.* Que trata con desmor; desdeñoso. Rude, áspero.

DESAMORAVELMENTE (*z*a) *adv. m.* Con desamor, con esquivez, sin afecto.

DESAMOROSAMENTE (*z*amoròza) *adv. m.* De modo desamoroso.

DESAMOROSO, SA (*z*amorozo, òza) *adj.* Desamoroso.

DESAMORTALHAR (*z*amortallar) *v. tr.* Desamortajar.

DESAMORTIZAÇÃO (*z*amortizasáum) *f.* Desamortización.

DESAMORTIZAR (*z*amortizar) *v. tr.* Desamortizar.

DESAMORTIZÁVEL (*z*amortizá) *adj.* Desamortizable.

DESAMOTINAR (*z*a) *v. tr.* Hacer desamotinarse.

DESAMPARADAMENTE (*z*am) *adv. m.* Desamparadamente.

DESAMPARADO, DA (*z*am) *adj.* Desamparado, abandonado. Separado, dislocado.

DESAMPARAR (*z*am) *v. tr.* Desamparar, abandonar.

DESAMPARO (*z*am) *m.* Desamparo, desamparamiento.

DESAMUADO, DA (*z*a) *adj.* Desenojado.

DESAMUAR (*z*a) *v. tr.* Desenojar. Desamorrar. Reconciliar. Ú. t. c. r.

DESANALFABETIZAÇÃO (*z*analfabetizasáum) *f.* Acción y efecto de

DESANALFABETIZAR (*z*analfabetizar) *v. tr.* Enseñar a leer, a sacar del analfabetismo.

DESANCAMENTO (*z*an) *m.* Deslomadura. Zurra.

DESANCAR (*z*an) *v. tr.* Deslomar; derrengar a golpes, romper las costillas; zurrar, castigar com golpes. Censurar, criticar, hablar mal, maltratar en una discusión.

DESANCORAR (*z*an) *v. tr. Mar.* Desanclar, desancorar. Ú. t. c. intr.

DESANDA (*z*an) *f. fam.* Zurra, tunda, paliza. Reprimenda, reprensión.

DESANDADELA (*z*andadè) *f. Port.* Desandamiento. Reprimenda, reprensión.

DESANDADO, DA (*z*an) *adj. P. p.* de *Desandar*. Que presenta diarrea. Alterado, fermentado.

DESANDAMENTO (*z*an) *m.* Desandamiento. Fermentación.

DESANDAR (*z*an) *v. tr.* Desandar, retroceder, volver atrás. Deshacer. Destornillar. Dar, arrimar, plantar. Resultar, redundar. Soltar, desatar. *v. intr.* Empeorar. Presentar diarrea.

DESANDO (*z*an) *m. Port.* Lo mismo que DESANDADELA.

DESANELAR (*z*a) *v. tr.* Desrizar.

DESANEXAÇÃO (*z*anexasáum) *f.* Desunión, desmembramiento.

DESANEXADAMENTE (*z*a) *adv. m.* Sin ligación ni unión. Desrazonablemente.

DESANEXADO, DA (*z*a) *adj. P. p.* de *Desanexar*. Separado, desunido, no anexo.

DESANEXAR (*z*a) *v. tr.* Separar, desunir, desmembrar, desligar lo que estaba anexo.

DESANEXO, XA (*z*ané) *adj.* Desligado, separado, desunido, que no está anexo.

DESANICHAR (*z*anichar) *v. tr.* Sacar del nicho. Desalojar.

DESANILAR (*z*a) *v. tr.* Quitar el color de añil. *v. r.* Perder el color de añil.

DESANIMAÇÃO (*z*animasáum) *f.* Desanimación.

DESANIMAR (*z*a) *v. tr.* Desanimar. Ú. t. c. r.

DESÂNIMO (*z*ánni) *m.* Desánimo, desaliento, amilanamiento.

DESANINHAR (*z*aniñar) *v. tr.* Desanidar. Desalojar. Sacar del nicho. Descubrir.

DESANOJAMENTO (*z*anoja) *m.* Acción de dejar el duelo. Desenojo.

DESANOJAR (*z*anojar) *v. tr.* Dejar el duelo. Dar los pésames a alguno. Desenojar, desenfadar. Ú. t. c. r.

DESANOJO (*z*anójo) *m.* Lo mismo que DESANOJAMENTO.

DESANUVIAR (*z*a) *v. tr.* Desanublar, despejar, aclarar. Ú. t. c. r.

DESAPADRINHAR (*z*apadriñar) *v. tr.* Desapadrinar.

DESAPAGAR (*z*a) *v. tr.* Borrar (lo escrito o dibujado).

DESAPAIXONADAMENTE (*z*apaicho) *adv. m.* Desapasionadamente.

DESAPAIXONADO, DA (*z*apaicho) *adj.* Desapasionado.

DESAPAIXONAR (*z*apaicho) *v. tr.* Desapasionar. Ú. t. c. r.

DESAPARAFUSADO, DA (*z*aparafuza) *adj. fam. P. p.* de *Desaparafusar*. Desatornillado, falto de seso.

DESAPARAFUSAMENTO (*z*aparafuza) *m.* Destornillamiento.

DESAPARAFUSAR (*z*aparafuza) *v. tr.* Destonillar (sacar o aflojar un tornillo). Ú. t. c. r. *v. r.* Destornillarse, perder el seso.

DESAPARATO (*z*a) *m.* Falta de aparato, de ostentación.

DESAPARECER (*z*a) *v. intr.* Desaparecer, ocultarse, quitarse de la vista rápidamente. Perderse, faltar. Apagarse. Morir.

DESAPARECIMENTO (*z*a) *m.* Desaparecimiento, desaparición.

DESAPARELHAR (*z*aparellar) *v. tr.* Desaparejar. Desadornar; desguarnecer.

DESAPARELHO (*z*aparello) *m.* Acción y efecto de *Desaparelhar*.

DESAPARENTADO, DA (*z*a) *adj.* Sin parientes.

DESAPARIÇÃO (*z*aparisáum) *f.* Desaparición.

DESAPARTAR *(z*a) *v. tr.* Desapartar, apartar.
DESAPAVORAR *(z*a) *v. tr.* Quitar el pavor.
DESAPEAR *(z*a) *v. tr.* Apear. Ú. t. c. r.
DESAPEÇONHENTAR *(z*apesoñen) *v. tr.* Desemponzoñar.
DESAPEGADAMENTE *(z*a) *adv. m.* Con despego, sin afecto.
DESAPEGADO, DA *(z*a) *adj.* Despegado, desapegado, sin afecto.
DESAPEGAMENTO *(z*a) *m.* Desapego, despego.
DESAPEGAR *(z*a) *v. tr.* Despegar, desapegar. Ú. t. c. r.
DESAPEGO *(z*apé) *m.* Despego, despegamiento, desapego.
DESAPÉRCEBER *(z*a) *v. tr.* Desabastecer, dejar sin provisiones, desproveer. *v. r.* Despercibirse.
DESAPERCEBIDAMENTE *(z*a) *adv. m.* Desapercibidamente.
DESAPERCEBIDO, DA *(z*a) *adj.* P. p. de *Desaperceber.* Desapercibido.
DESAPERCEBIMENTO *(z*a) *m.* Desapercibimiento, desprevención. Falta de precaución.
DESAPERTADAMENTE *(z*a) *adv. m.* Sin aprieto.
DESAPERTADO, DA *(z*a) *adj.* P. p. de *Desapertar.* Desapretado, aflojado. Ensanchado.
DESAPERTAR *(z*a) *v. tr.* Desapretar, aflojar lo apretado. Desabotonar; desabrochar; aflojar; deshebillar. Librar, soltar, desahogar. Desoprimir, aliviar. *v. r.* Abrirse. Desabotonar (los capullos). Desahogarse. — *a fivela.* Echar a correr. — *para a esquerda.* Sacarse de un aprieto; descargar en otro las responsabilidades.
DESAPERTO *(z*apér) *m.* Acción de desapretar, de aflojar lo apretado. Acción de salir de un aprieto. Estado de lo que se desaprieta.
DESAPIEDADAMENTE *(z*a) *adv. m.* Desapiadadamente.
DESAPIEDADO, DA *(z*a) *adj.* Desapiadado.
DESAPIEDAMENTO *(z*a) *m.* Falta de compasión.
DESAPIEDAR *(z*a) *v. tr.* Hacer perder la piedad. *v. r.* Desapiadarse.
DESAPLAUDIR *(z*a) *v. tr.* No aplaudir; desaprobar, reprobar.
DESAPLAUSO *(z*aplauzo) *m.* Falta de aplauso. Desaprobación.
DESAPLICAÇÃO *(z*aplicasáum) *f.* Desaplicación.
DESAPLICADO, DA *(z*a) *adj.* P. p. de *Desaplicar.* Desaplicado. Ú. t. c. s.
DESAPLICAR *(z*a) *v. tr.* Desaplicar.
DESAPLUMAR *(z*a) *v. tr.* Desaplomar, desplomar.
DESAPODERADO, DA *(z*a) *adj.* Desapoderado, precipitado, desenfrenado.
DESAPODERAR *(z*a) *v. tr.* Desapoderar, desposeer. Abandonar.
DESAPOIAR *(z*a) *v. tr.* Desapoyar. Discordar. Abandonar.
DESAPOIO *(z*a) *m.* Falta de apoio. Abandono.
DESAPOLVILHAR *(z*apolvillar) *v. tr.* Desenpolvar.
DESAPONTADAMENTE *(z*a) *adv. m.* Con desilusión o desencanto, con decepción.
DESAPONTADO, DA *(z*a) *adj.* P. p. de *Desapontar.* Decepcionado, desilusionado, contrariado, engañado, plantado, colgado.
DESAPONTAR *(z*a) *v. tr.* Desapuntar, (quitar, desviar o hacer perder la puntería). Apuntar mal. Chasquear, frustrar, desilusionar, decepcionar, hacer quedar plantado o colgado. Ú. t. c. r.
DESAPONTE *(z*a) *m.* Lo mismo que DESAPONTAMENTO.
DESAPONTO *(z*a) *m.* Lo mismo que DESAPONTAMENTO.
DESAPOQUENTAR *(z*a) *v. tr.* Tranquilizar, sosegar, serenar, apaciguar.
DESAPOR *(z*a) *v. tr. Port.* Desuncir.
DESAPOSENTAR *(z*apozen) *v. tr.* Desaposentar. Privar de su condición al funcionario jubilado o retirado.
DESAPOSSAMENTO *(z*aposa) *m.* Desapoderamiento, desposeimiento.
DESAPOSSAR *(z*aposar) *v. tr.* Desposeer, desapoderar.
DESAPRAZER *(z*aprazer) *v. tr.* Desplacer, disgustar, desagradar.
DESAPRAZÍVEL *(z*aprazí) *adj.* Desapacible.

DESAPRECIAR *(z*a) *v. tr.* Despreciar, desestimar.
DESAPREÇO *(z*apreso) *m.* Menosprecio; desestima, desestimación.
DESAPRENDER *(z*a) *v. tr.* Desaprender, olvidar lo aprendido.
DESAPRESSADO, DA *(z*apresa) *adj.* Tardo, lento, sin prisa, libre de apremio.
DESAPRESSAR-SE *(z*apresar) *v. r.* Hacerse tardo, no tener prisa.
DESAPRESTO *(z*a) *m.* Falta de apresto, de preparación.
DESAPRIMORADO, DA *(z*a) *adj.* Imperfecto. Grosero. Desadornado.
DESAPROPOSITADO, DA *(z*apropozi) *adj.* Lo mismo que DESPROPOSITADO.
DESAPROPÓSITO *(z*apropòzi) *m.* Lo mismo que DESPROPÓSITO.
DESAPROPRIAÇÃO *(z*apropriasáum) *f.* Desapropiación.
DESAPROPRIADOR, RA *(z*a) *adj.* Lo mismo que desapropia.
DESAPROPRIAMENTO *(z*a) *m.* Desapropiamento.
DESAPROPRIAR *(z*a) *v. tr.* Desapropiar, desposeer.
DESAPROVAÇÃO *(z*aprovasáum) *f.* Desaprobación.
DESAPROVADO, DA *(z*a) *adj.* Desaprobado.
DESAPROVADOR, RA *(z*a) *adj.* Desaprobador.
DESAPROVAR *(z*a) *v. tr.* Desaprobar.
DESAPROVEITADAMENTE *(z*a) *adv. m.* Desaprovechadamente.
DESAPROVEITADO, DA *(z*a) *adj.* Desaprovechado.
DESAPROVEITAR *(z*a) *v. tr.* Desaprovechar.
DESAPROXIMAR *(z*aprosi) *v. tr.* Alejar, separar de lo que estaba próximo.
DESAPRUMAR *(z*a) *v. tr.* Desaplomar, desplomar. *v. intr.* Desaplomarse.
DESAPURO *(z*a) Lo mismo que DESPRIMOR.
DESAQUARTELAR *(z*acuar) *v. tr.* Desacuartelar. Desalojar.
DESAQUERCER *(z*ar) *v. tr.* Resfriar.
DESAQUINHOAMENTO *(z*aquiñoa) *m.* Acción de
DESAQUINHOAR *(z*aquiñoar) *v. tr.* Privar a uno del quiñón o parte que le corresponde en alguna cosa. Ú. t. c. r.
DESAR *(z*a) *m.* Desaire. Mancha, falta, defecto. Acto indecoroso. Infelicidad. Deselegancia.
DESARANHAR *(z*arañar) *v. tr.* Quitar las telarañas.
DESARAR *(z*ar) *v. intr.* Despegasrse el casco a las bestias.
DESARBORIZAÇÃO *(z*arborizasáum) *f.* Acción y efecto de
DESARBORIZAR (*z*arborizar) *v. tr.* Arrancar los árboles a un terreno.
DESARCAR *(z*ar) *v. tr.* Quitar los aros de los barriles, pipas, etc. *v. r.* Desunirse, descoyntarse.
DESAREAR *(z*a) *v. tr.* Desarenar.
DESAREJAR *(z*arejar) *v. tr.* No ventilar, privar de aire.
DESARESTAR *(z*a) *v. tr.* Desbastar, sacar las aristas.
DESARMAÇÃO *(z*armasáum) *f.* Desarmadura.
DESARMAMENTO *(z*ar) *m.* Desarmamiento, desarme.
DESARMAR *(z*ar) *v. tr.* Desarmar (en todas las acepciones de esta voz). Ú. t. c. r.
DESARMONIA *(z*armonía) *f.* Disonancia. Desconformidad. Desconcierto. Oposición. Falta de harmonía.
DESARMÓNICO, CA *(z*armó) *adj.* Disonante; desconforme; que tiene falta de armonía; descompasado.
DESARMONIZADOR, RA *(z*armoniza) *adj.* Que causa disonancia o desconformidad.
DESARMONIZAR *(z*armonizar) *v. tr.* Desarmonizar (hacer que discuerden dos o más partes de un todo, o cosas que deben concurrir para un mismo fin; desentonar). Ú. t. c. r. *v. r.* Discordar.
DESAROMAR *(z*a) *v. tr.* Lo mismo que
DESAROMATIZAR *(z*aromatizar) *v. tr.* Hacer perder el aroma o perfume.
DESARQUEAR *(z*ar) *v. tr.* Quitar el arqueo; desencorvar, enderezar.
DESARRAIGAMENTO *(z*arraí) *m.* Desarraigo.
DESARRAIGAR *(z*arrai) *v. tr.* Desarraigar.

DESARRANCAR *(z*a) *v. tr.* Arrancar con fuerza.
DESARRANCHAR *(z*arranchar) *v. intr. Mil.* Desrancharse. Ú. t. c. r.
DESARRANJADO *(z*arranja) *adj.* P. p. de *Desarranjar.* Desarreglado, desconcertado, desordenado.
DESARRANJADOR, RA *(z*arranja) *adj.* Que desaregla. Ú. t. c. s. m.
DESARRANJAR *(z*arranjar) *v. tr.* Desarregiar, desconcertar, desordenar. Molestar, incomodar, perturbar. Embarazar, estorbar, *v. r.* Trastornarse.
DESARRANJO *(z*arranjo) *m.* Desarreglo. Desconcierto. Desorden. Confusión. Contrariedad. *fam.* Mal gobierno.
DESARRAZOADAMENTE *(z*arrazoa) *adv. m.* Desrazonablemente.
DESARRAZOADO, DA *(z*arrazoa) *adj.* Desrazonable, desatinado, disparatado.
DESARRAZOAMENTO *(z*arrozoa) *m.* Sinrazón, despropósito.
DESARRAZOAR *(z*arrazoar) *v. intr.* Desrazonar.
DESARREAR *(z*a) *v. tr.* Desaparejar, desenjaezar.
DESARREIGAMENTO *(z*arrei) *m.* Desarraigo.
DESARREIGAR *(z*arrei) *v. tr.* Desarraigar.
DESARRENEGAR *(z*a) *v. tr. fam.* Desenojar, desenfadar.
DESARREPENDIMENTO *(z*a) *m.* Acción de arrepentirse del arrepentimiento.
DESARRIMAR *(z*a) *v. tr.* Desarrimar, apartar, quitar lo arrimado. Desapoyar. Abandonar, desamparar.
DESARRIMO *(z*a) *m.* Desarrimo. Desamparo, abandono.
DESARRISCAR *(z*a) *v. tr.* Borrar (lo escrito).
DESARROCHAR *(z*arrochar) *v. tr.* Desapretar, aflojar lo apretado o agarrotado.
DESARROLHAMENTO *(z*arrolla) *m.* Acción de
DESARROLHAR *(z*arrollar) *v. tr..* Descorchar, destaponar.
DESARROUPADO, DA *(z*a) *adj.* Desarropado; desnudo; desenvuelto.
DESARRUFAR *(z*a) *v. tr. fam.* Reconciliar, apaciguar; desamorrar; desenfadar. Ú. t. c. r.
DESARRUFO *(z*a) *m.* Desenfado. Reconciliación.
DESARRUGAMENTO *(z*a) *m.* Desarrugadura.
DESARRUGAR *(z*a) *v. tr.* Desarrugar.
DESARRUMAÇÃO *(z*arrumasáum) *f.* Desareglo, desorden, trastorno. Desarrumazón.
DESARRUMADO, DA *(z*a) *adj.* Desarreglado, desconcertado. Cesante (que está sin empleo).
DESARRUMAR *(z*a) *v. tr.* Desarreglar, desconcertar, desordenar, trastornar, trastrocar. Desarrumar.
DESARTICULAÇÃO *(z*articulasáum) *f.* Desarticulación.
DESARTICULAR *(z*ar) *v. tr.* Desarticular, descoyuntar. Ú. t. c. r.
DESARTIFICIOSO, SA *(z*artificiozo, óza) *adj.* Simple, modesto, natural, sin artificio.
DESARVORADO, DA *(z*a) *adj.* Dearbolado.
DESARVORAMENTO *(z*ar) *m.* Desarbolo.
DESARVORAR *(z*ar) *v. tr.* Desarbolar. *v. intr.* Desarbolarse. *fam.* Hair desordenadamente.
DESASADAMENTE *(z*a) *adv. m.* Lo mismo que DESAJEITADAMENTE.
DESASADO, DA *(z*aza) *adj.* Lo mismo que DESAJEITADO. Desalado, desasado (sin alas).
DESASAR *(z*azar) *v. tr.* Desalar (quitar las alas); desasar. Deslomar, zurrar, derrengar a golpes.
DESASO *(z*azo) *m.* Desmaña, torpeza. Descuido. Inaptitud.
DESASOMAR *(z*aso) *v. intr.* Desaparecer.
DESASSANHAR *(z*asañar) *v. tr.* Aplacar, apaciguar, serenar, calmar. Ú. t. c. r.
DESASSAZONADO, DA *(z*asazo) *adj.* Fuera de sazón, verde. Importuno.
DESASSEADO, DA *(z*asea) *adj.* Desaseado.
DESASSEAR *(z*asear) *v. tr.* Desasear; ensuciar.
DESASSEIO *(z*asseio) *m.* Desaseo.
DESASSEMELHAR *(z*asemellar) *v. tr.* Desemejar, desfigurar.
DESASSENHOREAR *(z*aseño) *v. tr.* Desapoderar, desposeer.
DESASSENTIMENTO *(z*asen) *m.* Desaprobación, falta de asentimiento.
DESASSESTAR *(z*ase) *v. tr.* Alterar, remover (lo que estaba asestado).
DESASSIMILAÇÃO *(z*asimiliasáum) *f.* Desasimilación.

DESASSIMILAR (zasi) *v. tr.* Desasimilar. Alterar.

DESASSIMILAR (zasi) *v. tr.* Quitar el señal, marca, indicio, etc.

DESASSINALAR (zasimillar) *v. tr.* Desemejar, desfigurar.

DESASSISADAMENTE (zasiza) *adv. m.* Atontada, alocada, inconsideradamente, sin juicio. Loca, desatinada, desvariadamente.

DESASSISAR (zasizar) *v. tr.* Desatinar, entontecer. Ú. t. c. r.

DESASSISO (zasizo) *m.* Desatino, disparate, locura.

DESASSITIR (zasis) *v. tr.* Desasistir, desamparar, abandonar.

DESASSOCIAR (zaso) *v. tr.* Desasociar.

DESASSOMBRADAMENTE (zason) *adv. m.* Resuelta, serenamente. Sin asombro. Abierta, francamente. Depejadamente.

DESASSOMBRADO, DA (zasom) *adj.* Expuesto al sol, sin sombra. Franco, afable. Abierto, llano, despejado, descampado.

DESASSOMBRAMENTO (zasom) *m.* Lo mismo que DESASSOMBRO.

DESASSOMBRAR (zasom) *v. tr.* Quitar lo que hace sombra. Aclarar, quitar lo que ofusca la claridad. Serenar, tranquilizar, sosegar. *v. r.* Alegrarse. Esclarecerse.

DESASSOMBRO (zasom) *m.* Franqueza, confianza. Intrepidez, destemor; desembarazo, osadia.

DESASSOSSEGADAMENTE (zasose) *adv. m.* Desasosegadamente.

DESASSOSSEGADO, DA (zasose) *adj.* Desasosegado.

DESASSOSSEGADOR, RA (zasose) *adj.* Que desasosiega.

DESASSOSSEGAR (zasose) *v. tr.* Desasosegar, inquietar.

DESASSOSSEGO (zasose) *m.* Desasosiego.

DESASSUSTADAMENTE (zasus) *adv. m.* Sin susto, sin espanto.

DESASSUSTADO, DA (zasus) *adj.* Tranquilo, sereno, que perdió el susto o espanto.

DESASSUSTAR (zasus) *v. tr.* Tranquilizar, serenar, hacer perder el espanto. Ú. t. c. r.

DESASTRADAMENTE (zas) *adv. m.* Desastrada, desastrosamente.

DESASTRADO, DA (zas) *adj.* Desastrado (infausto, infeliz; roto, desaseado).

DESASTRE (zas) *m.* Desastre.

DESASTROSAMENTE (zastrò) *adj.* Desastrosa, desastradamente.

DESASTROSO, SA (zastrozo, òza) *adj.* Desastroso, desastrado, infausto.

DESATABADADO, DA (za) *adj.* Desahogado. Desenfadado.

DESATABAFADAMENTE (za) *adv. m.* Desahogadamente.

DESATABAFAR (za) *v. tr.* Desahogar, aliviar. *v. intr.* Desahogarse.

DESATACAR (za) *v. tr.* Desatacar, soltar, desabrochar, desatar. Desatacar (sacar los tacos de un arma de fuego).

DESATADAMENTE (za) *adv. m.* Desatada, libre, desenfrenadamente.

DESATADO, DA (za) *adj. P. p.* de *Desatar*. Desatado, suelto, fácil. Libre, desembarazado. Exento.

DESATADURA (za) *f.* Desatadura (acto de desatar).

DESATAFULHAR (zatafullar) *v. tr.* Despejar, escombrar.

DESATAMENTO (za) *m.* Desatadura (acto de desatar).

DESATAR (zatar) *v. tr.* Desatar (desenlazar, deshacer el nudo, la atadura, soltar lo atado). Ú. t. c. r. Librar, libertar, desobligar. Ú. t. c. r. Rescindir. *v. r.* Desatarse. Prorrumpir. Soltarse, despegarse, desprenderse. Desabotonar, abrirse. Salir, correr, soltarse. Manifestarse libremente. Producir con abundancia.

DESATARRAXAMENTO (zatarracha) *m.* Destornillamiento.

DESATARRAXAR (zatarrachar) *v. tr.* Destornillar.

DESATASCAR (za) *v. tr.* Desatascar, desatollar. Ú. t. c. r.

DESATAVIADAMENTE (za) *adv. m.* Desaliñadamente, sin adornos.

DESATAVIADO, DA (za) *adj.* Desataviado.

Desadornado. Simple, natural.

DESATAVIAR (za) *v. tr.* Desataviar, desadornar. Desnudar. Ú. t. c. r.

DESATAVIO (zatavío) *m.* Desatavío. Falta de adorno.

DESATE (za) *m.* Desatadura. Desenlace.

DESATEDIAR (za) *v. tr.* Lo mismo que DESENTEDIAR.

DESATEMORIZADOR, RA (zatemoriza) *adj.* Que quita el temor.

DESATEMORIZAR (zatemorizar) *v. tr.* Quitar el temor.

DESATENÇÃO (zatensáum) *f.* Desatención.

DESATENCIOSO, SA (zatenciozo, òza) *adj.* Desatento (descuidado, que no presta atención; descortés, grosero).

DESATENDER (za) *v. tr.* Desatender.

DESATENDÍVEL (za) *adj.* Desatendible.

DESATENTADAMENTE (za) *adv. m.* Desatentamente, sin atención.

DESATENTADO, DA (za) *adj.* Desatento.

DESATENTAR (za) *v. tr.* Desatender, no prestar atención.

DESATENTO, TA (za) *adj.* Desatento (descuidado; grosero, descortés). Desatentado.

DESATERRAR (za) *v. tr.* Quitar la tierra que obstruye algo; desaterrar (*Amer.*); desterrar; deshacer un terraplén.

DESATERRO (zaté) *m.* Acción y efecto de *Desaterrar*. Gran escavación.

DESATESTAR (za) *v. tr.* Negar. Despejar, vaciar.

DESATILHADO, DA (za) *adj.* Torpe, inexperiente. Falto de primor.

DESATILHAR (zatillar) *v. tr.* Desatar, desatacar.

DESATINAÇÃO (zatinasáum) *f.* Desorden, confusión. Desatino.

DESATINADAMENTE (za) *adv. m.* Desatinadamente, sin tino, inconsideradamente.

DESATINADO, DA (za) *adj.* Desatinado, loco.

DESATINAR (za) *v. tr.* Desatinar; desatentar. Ú. t. c. intr.

DESATINO (za) *m.* Desatino. Desatiento.

DESATOLAR (za) *v. tr.* Desatollar, desatascar.

DESATORDOAR (za) *v. tr.* Desatolondrar.

DESATRACAÇÃO (zatracasáum) *f. Mar.* Desatracada.

DESATRACAR (za) *v. tr. Mar.* Desatracar. *v. intr.* Levar el ancla.

DESATRAVANCAMENTO (za) *m.* Acción de

DESATRAVANCAR (za) *v. tr.* Desobstruir, desimpedir, desembarazar, desatrampar, desestancar.

DESATRAVESSAR (zatravesar) *v. tr.* Lo mismo que DESTRAVANCAR. Quitar lo atravesado.

DESATRELAR (za) *v. tr.* Desatraillar. Desaparejar.

DESATREMADO, DA (za) *adj.* Desatinado.

DESATREMAR (za) *v. intr.* Desatinar.

DESAUSTINADO, DA (zaus) *adj.* Inquieto. Holgazán. Alborotador.

DESAUTORAÇÃO (zautorasáum) *f.* Exoneración; desprestígio; degradación. Acción y efecto de *Desautorar*.

DESAUTORADO, DA (zau) *adj. P. p.* de *Desautorar*. Desautorizado; desprestigiado; abatido, humillado.

DESAUTORAR (zau) *v. tr.* Degradar, quitar los honores, dignidades, etc. Desautorizar, quitar el crédito.

DESAUTORIZAÇÃO (zautorizasáum) *f.* Desautorizado.

DESAUTORIZADO, DA (zautoriza) *adj.* Desautorizado.

DESAUTORIZAMENTO (zautoriza) *m.* Desautorización.

DESAUTORIZAR (zautoriza) *v. tr.* Desautorizar, quitar la autoridad o crédito. Ú. t. c. r. Desprestigiarse.

DESAUXILIADO, DA (zausi) *adj.* Sin auxílio o ayuda.

DESAUXILIAR (zausi) *v. tr.* Desayudar, impedir el auxilio o ayuda.

DESAVANTAJOSO, SA (zavantajozo, òza) *adj.* Desventajoso.

DESAVENÇA (zavensa) *f.* Desavenencia.

DESAVERGONHADAMENTE (zavergoña) *adv. m.* Desvergonzadamente.

DESAVERGONHADAMENTO (zavergoña) *m.* Desverguenza, descaro, desfachatez, descoco.

DESAVERGONHADO, DA (zavergoña) *adj.* Desvergonzado.

DESAVERGONHAR (zavergoñar) *v. tr.* Hacer desvergonzarse.

DESAVEZAR (zavezar) *v. tr.* Desavezar, desacostumbrar.

DESAVEZO (zavézo) *m.* Acción y efecto de *Desavezar*.

DESAVIAR (za) *v. tr.* Desaviar, apartar, desviar; no dar el avío.

DESAVIGORAR (za) *v. tr.* Enflaquecer, debilitar.

DESAVINCAR (za) *v. tr.* Desarrugar.

DESAVINDO, DA (za) *adj. P. p.* de *Desavir*. Desavenido, discorde, desconforme, mal avenido.

DESAVIR (za) *v. tr.* Desavenir, desconcertar, discordar, desconvenir, enemistar. Ú. m. c. r.

DESAVISADAMENTE (zaviza) *adv. m.* Imprudentemente. Sin aviso.

DESAVISADO, DA (zaviza) *adj.* Desavisado, inadvertido, no avisado. Imprudente, precipitado.

DESAVISAMENTO (zaviza) *m.* Cualidad de desavisado o imprudente.

DESAVISAR (zavizar) *v. tr.* Desavisar. Hacer imprudente.

DESAVISO (zavizo) *m.* Contraaviso. Imprudencia.

DESAVISTAR (za) *v. tr.* Perder de vista.

DESBABAR *v. tr.* Limpiar la baba.

DESBAFO (za) *m.* Desahogo (acción de desahogarse con alguien de alguna cosa). Expansión, libertad. Venganza pequeña.

DESBAGOAR *v. tr.* Desgranar, descobajar.

DESBAGULHAR (llar) *v. tr.* Despepitar.

DESBALIZAR (zar) *v. tr.* Quitar las balizas. Desvalijar.

DESBANCAR *v. tr.* Desbancar (ganar al banquero el dinero de la banca). *fig.* Desbancar, suplantar, reemplazar.

DESBANDALHAR (llar) *v. tr.* Lo mismo que ESBANDALHAR.

DESBANDEIRAR *v. tr.* Quitar la bandera.

DESBARATADO, DA *adj.* Desbaratado, desarreglado, desconcertado, destrozado.

DESBARATADOR, RA *adj.* Desbaratador. Disipador.

DESBARATAMENTO *m.* Desbarate, desbaratamiento. Destrozo.

DESBARATAR *v. tr.* Desbaratar, deshacer, arruinar, desconcertar, malgastar; poner en fuga. Ú. t. c. r.

DESBARATE *m.* Lo mismo que

DESBARATO *m.* Desbarate, desbaratamiento, desbarato.

DESBARBAMENTO *m.* Desbarbadura.

DESBARBAR *v. tr.* Desbarbar. Quitar la barba.

DESBARBEDO *m.* Desbarbadura.

DESBARRANCADO *m.* Escavación, cueva. Barranco. Despeñadero.

DESBARRANCAR *v. tr.* Lo mismo que DESATERRAR. Hacer barrancos, escavar.

DESBARRANCO *m.* Lo mismo que DESENTULHO.

DESBARRAR *v. tr.* Desatrancar, desatrampar. Desembarrar.

DESBARRETAR-SE *v. r.* Desbonetarse, descubrirse.

DESBASTAÇÃO (sáum) *f.* Desbastadura, desbaste.

DESBASTADOR, RA *adj.* Desbastador. *m.* Desbastador (instrumento).

DESBASTAMENTO *m.* Desbastadura, desbaste.

DESBASTAR *v. tr.* Desbastar (en todas las principales acepciones de esta voz). Ú. t. c. r.

DESBASTARDAR *v. tr.* Legitimar (un hijo bastardo).

DESBASTE *m.* Desbaste, desbastadura.

DESBASTECER *v. tr.* Lo mismo que DESBASTAR.

DESBATIZAR (zar) *v. tr.* Quitar el nombre que se puso en el bautismo. Privar de la gracia del bautismo.

DESBATOCAR *v. tr.* Destaponar.

DESBEATO, TA *adj.* Que no es beato.

DESBEIÇAR (sar) *v. tr.* Desbocar (quitar la boca a una vasija, instrumento u otra cosa).

DESBLOQUEAR *v. tr.* Deshacer el bloqueo.

DESBLOQUEIO *m.* Acción de *Desbloquear*.

DESBOCADAMENTE *adv. m.* Desbocada, desenfrenada, descocadamente.

DESBOCADO, DA *adj.* Desenfrenado. Desbocado, descocado.

DESBOCAMENTO *m.* Descaro, descoco, desbocamiento.

DESBOCAR *v. tr.* Hacer a un caballo duro de boca. *v. r.* Desbocarse, desenfrenarse. *v. tr.* Desembocar, desbocar. *v. r.* Desbocarse, descararse, desvergonzarse.

DESBOLADO, DA *adj. fam.* Desjuiciado.

DESBOLINAR *v. tr. Mar.* Largar la bolina.

DESBORCINAR *v. tr.* Lo mismo que ESBORCINAR.

DESBORDAR *v. intr.* Desbordar, rebosar, derramarse, salir de los bordes.

DESBORDO (bór) *m.* Desbordamiento.

DESBOROAR *v. tr.* Lo mismo que ESBOROAR.

DESBORRAR *v. tr.* Desborrar. Quitar las heces a un líquido.

DESBOTADO, DA *adj.* Descolorido, descolorado. Pálido. Marchito.

DESBOTADURA *f.* Lo mismo que

DESBOTAMENTO *m.* Descolorimiento, descoloramiento. Marchitez.

DESBOTAR *v. tr.* Descolorar, descolorir. Marchitar, deslucir, deslustrar. *v. intr.* Descolorarse.

DESBOTE (bò) *m.* Marchitez. Descoloramiento.

DESBOTOAR *v. tr.* Lo mismo que DESABOTOAR.

DESBRAGADO, DA *adj.* Desvergonzado, disoluto, descomedido, indecoroso.

DESBRAGAMENTO *m.* Desverguenza. Descaro, descomedimiento.

DESBRAGAR *v. tr.* Desembragar. Desvergonzar, pervertir. Ú. t. c. r.

DESBRAVAMENTO *m.* Acción y efecto de

DESBRAVAR *v. tr.* Rozar, roturar. Limpiar, escardar, mondar. Desbravar, domar, amansar. *v. r.* Desbravar, desbravarse (perder braveza).

DESBRAVECER *v. intr.* Desbravar, desbravecer.

DESBRIADO, DA *adj. P. p.* de *Desbriar.* Desvergonzado. Sin brío.

DESBRIADOR, RA *adj.* Que desverguenza; que quita el brío.

DESBRIAMENTO *m.* Falta de brío; desverguenza.

DESBRIAR *v. tr.* Desvergonzar; hacer perder el brío.

DESBRIDAMENTO *m.* Desbridamiento. Desembridamiento.

DESBRIDAR *v. tr.* Desembridar. Desbridar.

DESBRILHO (llo) *m.* Deslustre, deslucimiento.

DESBRIO (brío) *m.* Falta de brío.

DESBRIOSO, SA (briozo, òza) *adj.* Sin brío; desvergonzado; amilanado.

DESBROAR *v. tr.* Lo mismo que ESBOROAR.

DESBROCHAR (char) *v. tr.* Lo mismo que DESABROCHAR.

DESBRUMAR *v. tr.* Aclarar, disipar la oscuridad.

DESBUCHAR (char) *v. tr.* Lo mismo que DESEMBUCHAR.

DESBULHAR (llar) *v. tr.* Lo mismo que DEBULHAR.

DESBULHO (llo) *m.* Lo mismo que DEBULHO.

DESCABEÇADO, DA (sa) *adj. P. p.* de *Descabeçar.* Descabezado (que va fuera de razón, que procede desatinadamente); loco.

DESCABEÇADOR (sa) *m.* Degollador.

DESCABEÇAMENTO (sa) *m.* Descabezamiento.

DESCABEÇAR (sar) *v. tr.* Descabezar, decapitar; cortar las puntas a ciertas cosas. Comenzar a bajar (la marea).

DESCABELADO, DA *adj.* Descabellado, despeinado, desgreñado, desmelenado, despeluzado. Descabellado, desconcertado, fuera de razón; violento, extraordinário. Calvo.

DESCABELAMENTO *m.* Descabellamiento, despropósito, desatino. Despeluzamiento.

DESCABELAR *v. tr.* Arrancar, quitar los cabellos. Ú. t. c. r. Descabelar, despeinar, desgreñar, despeluzar. Ú. t. c. r. *v. r.* Irritarse. *v. intr. Taur.* Descabellar, atronar al toro.

DESCABELO (bé) *m.* Descabello (acción de descabellar o atronar al toro).

DESCABER *v. tr.* No caber, exceder; no venir a propósito.

DESCABIDO, DA *adj.* Excessivo, despropositado, inconveniente, mal cabido, improprio.

DESCABIMENTO *m.* Impropriedad, inconveniencia, despropósito, incomodidad; desconformidad e inverosimilitud de una cosa.

DESCACHAÇAR (chasar) *v. tr. Bras.* Descachazar (Amer.).

DESCACHELADO, DA (che) *adj.* Espantado, admirado.

DESCACHELAR (che) *v. intr.* Lo mismo que ARREGANHAR.

DESCADEIRADO, DA *adj.* Descaderado. Derrengado, deslomado.

DESCADEIRAMENTO *m.* Derrengadura; deslomadura.

DESCADEIRAR *v. tr. Fam.* Descaderar. Derrengar, deslomar. *v. r.* Zarandearse, contonearse.

DESCAÍDA *f.* Decaimiento, descaimiento. Caída, ruina. Descuido. Menudillo de las aves.

DESCAÍDO, DA *adj. P. p.* de *Descair.* Descaecido. Decaído. Caída. Aviejado.

DESCAIMENTO *m.* Descaimiento, decaimiento, decadencia. *Pat.* Decaimiento.

DESCAIR *v. tr.* Caer. Ú. t. ç. intr. Dejar caer. Decaer, bajar, ir a menos. Ú. t. c. intr. *v. intr.* Decaer, declinar. Encorvarse, doblarse, doblegarse. Desfallecer. Desandar, volver atrás. Pasar, cambiar lentamente. *Mar.* Decaer. Descaecer.

DESCALABRAR *v. tr.* Lo mismo que ESCALABRAR.

DESCALABRO *m.* Descalabro, desgracia. Derrota. Pérdida, ruina, perjuicio, descalabro.

DESCALAVRADO, DA *adj.* Lo mismo que ESCALAVRADO.

DESCALAVRAR *v. tr.* Lo mismo que ESCALAVRAR.

DESCALÇADEIRA (sa) *f.* Sacabotas. *fam.* Reprensión fuerte.

DESCALÇADELA (sadè) *f. fam.* Reprensión fuerte.

DESCALÇADO, DA (sa) *adj. P. p* de *Descalçar.* Descalzo.

DESCALÇADOR, RA (sa) *adj.* Descalzador. *m.* Sacabotas.

DESCALÇADURA (sa) *f.* Descalzamiento.

DESCALÇAR (sar) *v. tr.* Descalzar, quitar el calzado. Ú. t. c. r. Descalzar, quitar algún calzo o calce. Desempedrar. Desamparar, abandonar; desayudar. *v. r.* Descalzarse (perder alguna herradura las bestias) — *uma bota*. Librarse de alguna dificultad o aprieto.

DESCALCEZ *f.* Descalcez, desnudez de los pies. Descalcez (religión en que deben ir descalzos los religiosos).

DESCALCIFICAÇÃO (sáum) *f.* Descalcificación, osteocia.

DESCALCIFICAR *v. tr.* Quitar la calcificación. *v. r.* Sufrir descalcificación.

DESCALÇO, ÇA (so) *adj.* Descalzo.

DESCALVADO, DA *adj. P. p* de *Descalvar.* Decalvado. Lo miesmo que ESCALVADO.

DESCALVAR *v. tr.* Decalvar. Lo mismo que ESCALVAR.

DESCAMAÇÃO (sáum) *f.* Escamadura.

DESCAMAR *v. tr.* Escamar, descamar.

DESCAMBAÇÃO (sáum) *f.* Acción de *Descambar.*

DESCAMBADA *f.* Cuesta, declive. Despropósito, asnería.

DESCAMBADELA (dè) *f.* Acción de *Descambar.* *fam.* Dicho impensado.

DESCAMBADO, DA *adj.* Caído, resbalado desde un lado. *m.* Lo mismo que DESCAMBADELA.

DESCAMBAR *v. tr.* Caer para un lado, resbalar. Bajar rápidamente; decaer. Acabar (dícese cuando alguna cosa termina de modo distinto al que se suponia). *v. intr.* Bajar, descender el sol. *v. r.* Salirse con algún disparate o despropósito.

DESCAMBIBAR *v. tr.* Bajar; dejar caer.

DESCAMINHADAMENTE (ña) *adv. m.* Descaminadamente, desacertadamente.

DESCAMINHADO, DA (ña) *adj.* Descaminado.

DESCAMINHAR (ñar) *v. tr.* Lo mismo que DESENCAMINHAR.

DESCAMINHO (ño) *m.* Descamino, error; extravío; fraude; contrabando.

DESCAMISADO, DA (za) *adj.* Descamisado (que no trae camisa; *despect.*, muy pobre). Ú. t. c. s.

DESCAMISAR (zar) *v. tr.* Quitar la camisa. Quitar el hollejo del maíz.

DESCAMPADO *m.* Descampado (terreno despejado, raso, libre de malezas).

DESCAMPAR *v. intr.* Correr por el campo. Desaparacer.

DESCANCHAR (char) *v. tr.* Acometer, agredir.

DESCANGAR *v. tr.* Desuncir.

DESCANSADAMENTE *adv. m.* Descansada, reposadamente.

DESCANSADEIRO *m.* Descansadero.

DESCANSADO, DA *adj. P. p.* de *Descansar.* Descansado. Sereno, tranquilo. Lento, tardo, pausado.

DESCANSAR *v. tr.* Descansar (en todas las principales acepciones de esta voz). Ú. t. c. intr.

DESCANSILHO (llo) *m.* Descansillo, meseta o rellano de una escalera.

DESCANSO *m.* Descanso (reposo; alivio; descansillo; aliento o apoyo). Lentitud. Sueño, reposo del que duerme. Sosiego, quietud. Paz.

DESCANTAR *v. intr. y tr.* Cantar al son de un instrumento músico.

DESCANTE *m.* Desafío (entre cantores). Acción de *Descantar.* Canto al son de instrumento músico.

DESCANTEAR *v. tr.* Descantear (piedras).

DESCANTILHÃO (lláum) *m.* Escantillón, descantillón.

DESCAPACITAR-SE *v.r.* Disuadirse.

DESCAPELADA *f.* Acción de

DESCAPELAR *v. tr.* Deshollejar.

DESCARACTERIZAÇÃO (zasáum) *f.* Acción y efecto de *Descaracterizar.*

DESCARACTERIZADO, DA (za) *adj. P. p.* de *Descaracterizar.* Alterado, desfigurado, demudado, inmutado. Que perdió sus características.

DESCARACTERIZAR (zar) *v. tr.* Alterar, desfigurar, demudar; hacer perder las características (de una cosa o persona). Ú. t. c. r.

DESCARADAMENTE *adv. m.* Descarada, desvergonzada, descocadamente.

DESCARADO, DA *adj.* Descarado, desvergonzado, descocado, insolente, atrevido.

DESCARAMENTO *m.* Descaramiento, descaro, descoco, desverguenza.

DESCARAPUÇAR (sar) *v. tr.* Descaperuzar.

DESCARAR-SE *v. r.* Descararse, desvergonzarse, descocarse; atreverse.

DESCARBONIZAR (zar) *v. tr.* Descarbonizar. Descarburar.

DESCARDA *f. Port.* Escarda, escardadura.

DESCARECER *v. tr.* No carecer.

DESCARGA *f.* Descarga. Descargo.

DESCARGO *m.* Descargo (satisfacción de un cargo o imputación de las obligaciones de justicia o de los cargos de conciencia). Alivio, descanso. Exoneración.

DESCARIDADE *f.* Falta de caridad.

DESCARIDOSAMENTE (doza) *adv. m.* Sin caridad.

DESCARIDOSO, SA (dozo, òza) *adj.* Que no tiene caridad.

DESCARINHOSAMENTE (ñòza) *adv. m.* Con descariño.

DESCARINHOSO, SA (ñozo, òza) *adj.* Seco, tibio, despegado, que no tiene cariño. Que es cariñoso o cariñoso.

DESCARITATIVO, VA *adj.* Que no es caritativo.

DESCARNADO, DA *adj.* Descarnado, desnudo, enseñando las carnes.

DESCARNADOR, RA *adj.* Descarnador. *m.* Descarnador (instrumento de dentista).

DESCARNADURA *f.* Descarnadura.

DESCARNAR *v. tr.* Descarnar, quitar al hueso la carne. Despegar la encía de un diente. Hacer enflaquecer. Despegar. *v. r.* Enflaquecer.

DESCARO *m.* Lo mismo que DESCARAMENTO.

DESCAROADO, DA *adj.* Lo mismo que

DESCAROÁVEL *adj.* Lo mismo que DESCARIDOSO. Lo mismo que DESCARINHOSO.

DESCAROÇADO, DA (sa) *adj.* Despepitado. Dícese de la fruta a que se ha quitado el hueso o carozo; descarozado (Amer.).

DESCAROÇADOR, RA (sa) *adj.* Despepitador, que despepita o deshuesa. *m.* Instrumento para despepitar, aparato para deshuesar.

DESCAROÇAMENTO (sa) *m.* Deshuesamiento (de frutas).

DESCAROÇAR (sar) *v. tr.* Quitar el hueso o carozo de una fruta; despepitar, deshuesar. *fig fam.* Desmenuzar.

DESCAROÇÁVEL (sá) *adj.* Que se puede deshuesar o despepitar.

DESCAROLAR *v. tr.* Descostrar.

DESCARRAR *v. tr.* Sacar del carro.

DESCARREGADOR, RA *adj.* Descargador. Ú. t. c. s.

DESCARREGADOURO *m.* Descargadero.

DESCARREGAMENTO *m.* Descarga, descargue.

DESCARREGAR *v. tr.* Descargar (quitar la carga o aligerarla; disparar las armas de fuego o extraerles la carga; anular la tensión eléctrica; asentar, dar). Despejar. Desahogar. Cancelar. Descargar, eximir de obligación o cargo. Ú. t. c. r. Dispensar, exonerar, descargar. Aliviar, desoprimir, librar. Ú. t. c. r. Desobligar. Confesar. *v. r.* Descargarse. Vaciarse, agotarse. Caer sobre.

DESCARREIRAR *v. tr.* Descaminar. Descarriar.

DESCARRIAR *v. tr.* Dispersar, hacer descarriarse.

DESCARRILAMENTO *m.* Descarriladura, descarrilamiento.

DESCARRILAR *v. tr.* Lo mismo que

DESCARRILHAR (llar) *v. tr.* Hacer descarrilar. *v. intr.* Descarrilar.

DESCARTAR *v. tr.* Descartar (en el juego de naipes). Desechar. *v. r. fig.* Descartarse, excusarse, librar-se de.

DESCARTE *m.* Descarte (conjunto de naipes que se desechan en ciertos juegos; acción de descartarse; excusa, efugio, salida).

DESCASADURA (za) *f.* Lo mismo que DESCASAMENTO.

DESCASALAR (za) *v. tr.* Lo mismo que DESACASALAR.

DESCASAMENTO (za) *m.* Descasamiento.

DESCASAR (zar) *v. tr.* Descasar (separar a quienes viven maritalmente; anular el matrimonio). Ú. t. c. r. Lo mismo que DESACACASALAR. Descasar (separar cosas o personas que se casaban bien).

DESCASCAÇÃO (sáum) *f.* Lo mismo que DESCASCAMENTO.

DESCASCADOR, RA *adj.* Descortezador. Que descascara. *m.* Máquina para descascarar.

DESCASCADURA *f.* Lo mismo que

DESCASCAMENTO *m.* Acción de descascarar. Descortezamiento.

DESCASCAR *v. tr.* Descascarar, descascar. Ú. t. c. r. Descortezar. Ú. t. c. r. *v. intr.* Escamarse. Desconcharse.

DESCASO (zo) *m.* Desatención. Descuido. Desprecio. Inadvertencia.

DESCASPAR *v. tr.* Descaspar, quitar la caspa.

DESCASQUE *m.* Descasque. Lo mismo que DESCASCAMENTO.

DESCATIVAR *v. tr.* Libertar, sacar del cautiverio.

DESCATIVEIRO *m.* Libertación, salida del cautiverio.

DESCATIVO, VA *adj.* Libertado, libre, que salió del cautiverio.

DESCATOLIZAÇÃO (zasáum) *f.* Descatolización.

DESCATOLIZAR (zar) *v. tr.* Descatolizar.

DESCAUDADO, DA *adj.* Lo mismo que DESCAUDATO.

DESCAUDAR *v. tr.* Descolar, desrabar, derrabar.

DESCAUDATO, TA *adj.* Descolado, desrabado, derrabado.

DESCAUTELA (tè) *f.* Falta de cautela.

DESCAUTELADO, DA *adj.* Lo mismo que

DESCAUTELOSO, SA (lozo, ozà) *adj.* Incauto.

DESCAVALGAMENTO *m.* Descabalgadura.

DESCAVALGAR *v. tr. e intr.* Descabalgar. *v. intr.* Descabalgar, apearse, desmontar. *Artill.* Descabalgar.

DESCAVALHEIROSO, SA (lleirozo, ozà) *adj.* Improprio de un caballero, indigno.

DESCAVAR *v. tr.* Lo mismo que ESCAVAR.

DESCAVEIRADO, DA *adj.* Lo mismo que ESCAVEIRADO.

DESCEDURA *f.* Lo mismo que DESCIMENTO.

DESCEGAR *v. tr.* Devolver la vista.

DESCENDÊNCIA (dén) *f.* Descendencia.

DESCENDENTE *adj.* Descendente. Descendiente. Ú. t. c. s. m. pl. *f.* Bajada, vertiente.

DESCENDER *v. tr.* Descender, proceder, tener origen, derivarse. *v. intr.* Bajar, descender.

DESCENDIMENTO *m.* Descendimiento.

DESCENSÃO (sáum) *f.* Descensión.

DESCENSO *m.* Descenso, descensión, bajada; caída o paso de una dignidad o estado a otro inferior.

DESCENTE *adj.* Descendente, que baja. *f.* Lo mismo que DESCIDA.

DESCENTRAÇÃO (sáum) *f.* Descentración.

DESCENTRALIZAÇÃO (zasáum) *f.* Descentralización.

DESCENTRALIZAR (zar) *v. tr.* Descentralizar.

DESCENTRALIZÁVEL (zá) *adj.* Susceptible de descentralización.

DESCENTRAR *v. tr.* Descentrar, sacar una cosa de su centro.

DESCER *v. intr.* Bajar, descender. Ú. t. c. tr. Humillarse, bajarse. Bajar, minorarse, disminuirse. Bajar, apear. Proceder, descender. Pasar. Caer. Recaer.

DESCERCAR *v. tr.* Descercar (derribar, quitar la cerca, valla, muralla, etc.; levantar un cerco o sitio).

DESCERCO (cér) *m.* Descerco.

DESCEREBRADO, DA *adj. P. p.* de *Descerebrar.* Imbécil, idiota. Ignorante.

DESCEREBRAR *v. tr.* Hacer perder el juicio. Ú. t. c. r.

DESCEREBRIZAR (zar) *v. tr.* Lo mismo que DESCEREBRAR.

DESCERIMÔNIA (mó) *f.* Falta de ceremonia.

DESCERIMONIOSAMENTE (nioza) *adv. m.* Sin ceremonia.

DESCERIMONIOSO, SA (niozo, òza) *adj.* Que no es ceremonioso.

DESCERRAR *v. tr.* Descerrar. Ú. t. c. r.

DESCHANCELAR (chan) *v. tr.* Desellar.

DESCHAPELADO, DA (cha) *adj.* Sin sombrero, descubierto.

DESCHAPELAR-SE (cha) *v. r.* Sacar el sombrero, descubrirse.

DESCHUMBADO, DA (chum) *adj.* Sin emplomadura. *P. p* de

DESCHUMBAR (chum) *v. tr.* Quitar la emplomadura, desoldar.

DESCIDA *f.* Bajada, baja. Bajada (acción de bajar; camino o senda por donde se baja de alguna parte). Pendiente, cuesta, declive.

DESCIMBRAÇÃO (sáum) *f.* Lo mismo que

DESCIMBRAMENTO *m.* Descimbramiento.

DESCIMBRAR *v. tr. Arq.* Descimbrar, quitar las cimbres.

DESCIMENTO *m.* Descendimiento, descenso, bajada.

DESCINGIDO, DA (ji) *adj.* Desceñido. *P. p.* de

DESCINGIR (jir) *v. tr.* Desceñir.

DESCLARIDADE *f.* Falta de claridad.

DESCLASSIFICAÇÃO (sificasáum) *f.* Descalificación. Acción de desclasificar.

DESCLASSIFICADO, DA (si) *adj.* Descalificado, desautorizado. *P. p.* de

DESCLASSIFICAR (si) *v. tr.* Quitar de alguna clase. Descalificar.

DESCLORETAÇÃO (sáum) *f.* Acción de

DESCLORETAR *v. tr.* Separar el cloruro de.

DESCOAGULAÇÃO (sáum) *f.* Lo mismo que

DESCOAGULAMENTO *m.* Descoagulación.

DESCOAGULAR *v. tr.* Descoagular, descuajar. Ú. t. c. r.

DESCOALHAR (llar) *v. tr.* Descoagular, descuajar, derretir, liquidar, deshelar. Ú. t. c. r.

DESCOALHO (llo) *m.* Deshielo. Descoagulación.

DESCOBERTA (bèr) *f.* Descubrimiento, hallazgo; invento.

DESCOBERTAMENTE (bèr) *adv. m.* Descubiertamente, claramente, sin rebozo.

DESCOBERTO, TA (bèr) *adj. P. p.* de *Descobrir.* Descubierto.

DESCOBERTURA *f.* Lo mismo que DESCOBRIMENTO.

DESCOBRIDOR, RA *adj.* Descubridor. Ú. t. c. s.

DESCOBRIMENTO *m.* Descubrimiento.

DESCOBRIR *v. tr.* Descubrir (en todas las acepciones de esta voz) Ú. t. c. r.

DESCOCADO, DA *adj.* Descocado, desvergonzado, descarado, impudico.

DESCOCAR-SE *v. r. fam.* Descocarse, mostrar descoco.

DESCOCHADO, DA (cha) *adj.* Desvergonzado, descocado. *P. p.* de

DESCOCHAR (char) *v. tr. Mar.* Descolchar, destorcer, destrenzar.

DESCOCO (có) *m.* Descoco, descaro, atrevimiento, insolencia, impudor, desverguenza. Insensatez; despropósito.

DESCODEAR *v. tr.* Raspar el pan. Descortezar.

DESCOGOTEAR *v. tr. Bras.* Desnucar

DESCOIMAR *v. tr.* Lo mismo que DESACOIMAR.

DESCOITAR *v. tr.* Lo mismo que DESCOUTAR.

DESCOLAGEM (jem) *f.* Despegadura (del avión).

DESCOLAMENTO *m.* Lo mismo que DESCOLAGEM.

DESCOLAR *v. tr.* Desencolar (despegar lo que estaba pegado con cola). Ú. t. c. r. *v. intr.* Despegar, separarse del suelo el aeroplano al iniciar el vuelo.

DESCOLMAR *v. tr.* Quitar el techo de rastrojo.

DESCOLOCAR *v. tr.* Quitar de un empleo o colocación, dejar cesante. Ú. t. c. r.

DESCOLORAÇÃO (sáum) *f.* Descoloramiento; descolorimiento.

DESCOLORAR *v. tr.* Descolorar, quitar el color o rebajarlo.

DESCOLORIR *v. tr.* Descolorir, descolorar. *v. intr.* Descolorirse, amortiguarse el color.

DESCOMEDIDAMENTE *adj. m.* Descomedida, excesivamente, sin taza ni medida.

DESCOMEDIDO, DA *adj.* Descomedido, desmedido; grosero; excesivo, desproporcionado. Desatentado.

DESCOMEDIMENTO *m.* Descomedimiento, desatención, descortesía, desacato; exceso, desproporción.

DESCOMEDIR-SE *v. r.* Descomedirse.

DESCOMODIDADE *f.* Descomodidad, incomodidad.

DESCÔMODO (có) *m.* Incomodidad, descomodidad.

DESCOMOVER *v. tr.* Serenar, apaciguar, quitar la conmoción.

DESCOMPADECER-SE *v. r.* Desapiadarse.

DESCOMPAIXÃO (cháum) *f.* Falta de compasión.

DESCOMPANHAR (ñar) *v. tr.* Lo mismo que DESACOMPANHAR.

DESCOMPASIVO, VA (si) *adj.* Lo que no tiene compasión, que no es compasivo.

DESCOMPASSADAMENTE (sa) *adv. m.* Descompasadamente.

DESCOMPASSADO, DA (sa) *adj.* Descompasado, descomedido, desproporcionado, excesivo.

DESCOMPASSAR (sar) *v. tr.* Descompasar, hacer perder el compás. *v. r.* Descompasarse.

DESCOMPASSO (so) *m.* Descompás. Irregularidad.

DESCOMPLICAR *v. tr.* Simplificar, desenredar.

DESCOMPONENDA *f. fam.* Represión.

DESCOMPOR *v. tr.* Descomponer, desarreglar, desconcertar, desordenar. Ú. t. c. r. Insultar, injuriar. Desadornar. Reprender fuertemente. *v. r.* Descomedirse.

DESCOMPOSIÇÃO (zisáum) *f.* Descomposición. Descompostura. Reprensión, reprimenda. Descomposición.

DESCOMPOSTAMENTE (pòs) *adv. m.* Descompuestamente.

DESCOMPOSTO, TA (pós, pòs) *adj. P. p.* de *Descompor.* Descompuesto. Desarreglado, desconcertado. Indecoroso.

DESCOMPOSTURA *f.* Descompostura. Represión.

DESCOMPRAZANTE (zan) *adj.* Que descomplace.

DESCOMPRAZER (zer) *v. intr.* Descomplazer, desplacer.

DESCOMPREENDER *v. tr.* No comprender, comprender mal.

DESCOMPRESIVO, VA (si) *adj.* Relativo a la descompresión.

DESCOMPRESSÃO (sáum) *f.* Descompresión.

DESCOMUNAL *adj.* Descomunal, extraordinario, enorme.

DESCOMUNALEZA (za) *f.* Cualidad de descomunal.

DESCOMUNALIDADE *f.* Cualidad de descomunal.

DESCOMUNHÃO (náum) *f.* Descomunión, excomunión.

DESCONCEITO *m.* Desconcepto, descrédito.

DESCONCEITUADO, DA *adj.* Desacreditado, desconceptuado.

DESCONCEITUAR *v. tr.* Desconceptuar, desacreditar. Ú. t. c. r.

DESCONCENTRAR *v. tr.* Descentralizar. Descentrar.

DESCONCERTADAMENTE *adv. m.* Desconcertadamente.

DESCONCERTADO, DA *adj.* Desarreglado, descompuesto, desconcertado.

DESCONCERTADO, DA *adj.* Desconcertado, desarreglado, descompuesto.

DESCONCERTAR *v. tr.* Descomponer, desarreglar, desconcertar. *v. r.* Deslocarse, descoyuntarse, desarticularse.

DESCONCERTAR *v. tr.* Desconvenir, discordar. Desconcertar, desarreglar, descomponer, turbar. Trastornar. *v. intr.* Desatentar. *v. r.* Desconcertarse, desconvenirse.

DESCONCERTO (cér) *m.* Desconcierto.

DESCONCHAVADO, DA (cha) *adj.* Desconcertado, descoyuntado. Chapuceado. Descompuesto.

DESCONCHAVAR (cha) *v. tr.* Desencajar. Desligar. Desconcertar. *v. r.* Enemistarse, desconcertarse, desavenirse. *fam.* Disparatar.

DESCONCHEGAR (che) *v. tr.* Separar lo que estaba próximo, alejar. Desacomodar.

DESCONCHEGO (che) *m.* Acción de *Desconchegar.* Desamparo, abandono.

DESCONCILIAÇÃO (sáum) *f.* Acción de

DESCONCILIAR *v. tr.* Desavenir, romper la conciliación.

DESCONCORDÂNCIA (dán) *f.* Descuerdo, discordancia, desconformidad.

DESCONCORDANTE *adj.* Desacordante.

DESCONCORDAR *v. tr.* Desavenir. *v. intr.* Disentir, discrepar, discordar.

DESCONCORDE (cór) *adj.* Desacorde, desconforme, discorde.

DESCONCÓRDIA (cór) *f.* Desconcordia, desunión, oposición, desconformidad.

DESCONEXÃO (xáum) *f.* Desconexión. Desunión. Inconexión.

DESCONEXO, XA (nè) *adj.* Inconexo.

DESCONFEITO, TA *adj.* Descoyntado, desconcertado.

DESCONFESSAR (sar) *v. tr.* Desdecirse, retractarse.

DESCONFIADO, DA *adj.* Desconfiado.

DESCONFIANÇA (sa) *f.* Desconfianza, recelo.

DESCONFIAR *v. tr.* Desconfiar, recelar. *intr. fam.* Enfadarse, enojarse, considerarse ofendido.

DESCONFIOSO, SA (fiozo, òza) *adj.* Desconfiado.

DESCONFORME (fòr) *adj.* Desconforme; diferente; desigual; desproporcionado.

DESCONFORMIDADE *f.* Desconformidad.

DESCONFORTADAMENTE *adv. m.* Desconsoladamente. Sin confortación o comodidad.

DESCONFORTADO, DA *adj.* Descorazonado; desanimado, desalentado.

DESCONFORTADOR, RA *adj.* Desalentador.

DESCONFORTAR *v. tr.* Quitar la comodidad o confortación. Desalentar, descorazonar, desanimar.

DESCONFORTO (fór) *m.* Falta de conforte o comodidad. Desconsuelo; desaliento, desánimo.

DESCONGELAÇÃO (jelasáum) *f.* Deshielo.

DESCONGELAR (je) *v. tr.* Deshelar, liquidar, derretir. Ú. t. c. r.

DESCONGESTIONAMENTO (jes) *m.* Descongestión.

DESCONGESTIONAR (jes) *v. tr.* Descongestionar. Desamontonar.

DESCONHECEDOR, RA (ñe) *adj.* Desconocedor. Ú. t. c. s. m.

DESCONHECER (ñe) *v. tr.* Desconecer (en todas las acepciones de esta voz).

DESCONHECIDAMENTE (ñe) *adv. m.* Desconocidamente.

DESCONHECIDO, DA (ñe) *adj. P. p.* de *Desconhecer.* Desconocido. Ú. t. c. s.

DESCONHECIMENTO (ñe) *m.* Desconocimiento.

DESCONHECÍVEL (ñe) *adj.* Que no se puede conocer o reconocer.

DESCONJUNÇÃO (junsáum) *f.* Lo mismo que

DESCONJUNTAMENTO (jun) *m.* Descoyuntamiento. Desunión. Hendidura.

DESCONJUNTAR (jun) *v. tr.* Desconcertar, descoyuntar, desencajar, dislocar. Ú. t. c. r. Separar, desunir. Deshacer, desarreglar. *v. r.* Descomponerse, desarreglarse.

DESCONJUNTO, TA (jun) *adj.* Descoyuntado, desconcertado; deshecho, desarreglado. Distinto. Diferente.

DESCONJUNTURA (jun) *f.* Lo mismo que DESCONJUNTAMENTO.

DESCONJURAR (ju) *v. tr.* Lo mismo que ESCONJURAR. Ofender, desacatar.

DESCONSAGRAÇÃO (sáum) *f.* Profanación.

DESCONSAGRAR *v. tr.* Profanar.

DESCONSELHAR (llar) *v. tr.* Lo mismo que DESACONSELHAR.

DESCONSENTIMENTO *m.* Acción y efecto de *desconsentir.*

DESCONSENTIR *v. tr.* Desconsentir, no consentir, dejar de consentir en algo.

DESCONSERTO (sér) *m.* Desarreglo, desconcierto.

DESCONSIDERAÇÃO (sáum) *f.* Desconsideración.

DESCONSIDERAR *v. tr.* Desconsiderar (faltar a la consideración debida; no considerar).

DESCONSOANTE *adj.* Desacordante; desconforme.

DESCONSOLAÇÃO (sáum) *f.* Desconsolación, desconsuelo, aflicción, profunda pena.

DESCONSOLADO, DA *adj.* Desconsolado; melancólico, triste, apenado.

DESCONSOLAR *v. tr.* Desconsolar (privar de consuelo; apenar profundamente). Ú. t. c. r.

DESCONSOLATIVO, VA *adj.* Desconsolador.

DESCONSOLATRIZ *f.* Desconsoladora.

DESCONSOLÁVEL *adj.* Inconsolable.

DESCONSOLO (só) *m.* Desconsuelo.

DESCONSOLOSO, SA (lozo, òza) *adj.* Desconsolado (que no tiene consuelo).

DESCONSTRANGER (jer) *v. tr.* Desembarazar, quitar el contreñimiento. Ú. t. c. r.

DESCONSTRUIR *v. tr.* Destruir, deshacer una construcción.

DESCONTAR *v. intr, Com.* Descontar. *v. tr.* Descontar, rebajar, deducir algo del importe de una cuenta o crédito, al hacer el pago; rebajar algo del mérito atribuido a alguien.

DESCONTENTADIÇO, ÇA (so) *adj.* Descontentadizo.

DESCONTENTAMENTO *m.* Descontentamiento.

DESCONTENTAR *v. tr.* Descontentar, disgustar, desagradar. Ú. t. c. r.

DESCONTENTE *adj.* Descontento.

DESCONTENTO *m.* Descontentamiento.

DESCONTINÊNCIA (nén) *f.* Incontinencia.

DESCONTINUAÇÃO (sáum) *f.* Descontinuación, discontinuación.

DESCONTINUADAMENTE *adv. m.* Con descontinuación.

DESCONTINUAR *v. tr.* Descontinuar, discontinuar, interrumpir la continuación de algo. *v. intr.* Abandonar alguna acción.

DESCONTINUIDADE *f.* Discontinuidad.

DESCONTÍNUO, NUA *adj.* Discontinuo, descontinuo.

DESCONTO *m.* Descuento (acción de descontar). *Com.* Descuento.

DESCONTRAMANTELO *m.* Contratiempo.

DESCONTRATAR *v. tr.* Romper un contrato.

DESCONTROLAR *v. tr.* Desequilibrar, desgobernar. Ú. t. c. r.

DESCONTURBAR *v. tr.* Aquietar, tranquilizar, sosegar.

DESCONVENCER *v. tr.* Disuadir.

DESCONVENIÊNCIA (nién) *f.* Desconformidad. Desconveniencia.

DESCONVENIENTE *adj.* Desconveniente. Desproporcionado, desconforme.

DESCONVERSAÇÃO (sáum) *f.* Falta de trato social. Falta de conversación.

DESCONVERSAR *v. intr.* Dejar de conversar; huir del asunto de la conversación.

DESCONVERSÁVEL *adj.* Desconversable. Rudo, incómodo. Solitario, desierto (hablando de un lugar).

DESCONVIDAR *v. tr.* Desconvidar. Revocar una invitación.

DESCONVINHÁVEL (ñá) *adj.* Desconveniente.

DESCONVIR *v. intr.* Desconvenir.

DESCONVIZINHO, NHA (ziño) *adj.* No vecino, lejano.

DESCOORDENAÇÃO (sáum) *f.* Acción de

DESCOORDENAR *v. tr.* Quitar la coordinación.

DESCOR *f.* Falta de color.

DESCORADO, DA *adj.* Descolorido. Pálido.

DESCORAGEM (jem) *f.* Falta de ánimo, de coraje: desánimo, cobardía.

DESCORAJAMENTO (ja) *m.* Acción y efecto de

DESCORAJAR (jar) *v. intr.* Perder el coraje, el valor, el ánimo esforzado.

DESCORAMENTO *m.* Descoloramiento.

DESCORANTE *adj.* Descolorante.

DESCORAR *v. tr.* Descolorar, descolorir. Ú. t. c. intr. y r.

DESCORAR *v. tr.* Olvidar (lo aprendido de coro).

DESCORCHAR (char) *v. tr.* Lo mismo que ESCORCHAR.

DESCORÇOADO, DA (soa) *adj.* Desanimado; amilanado.

DESCORÇOAMENTO (soa) *m.* Desánimo.

DESCORÇOAR (soar) *v. tr.* Desanimar. Ú. t. c. r.

DESCORDAR *v. tr. Taur.* Descordar.

DESCORENTAR *v. tr.* Descolorar, amortiguar.

DESCORNAR *v. tr.* Descornar (quitar, cortar los cuernos).

DESCORNE (còr) *m.* Descornamiento (amputación o corta de los cuernos).

DESCOROAÇÃO (sáum) *f.* Acción y efecto de

DESCOROAR *v. tr.* Destronar, quitar la corona a un rey, Descoronar.

DESCOROÇOADO, DA (soa) *adj.* Lo mismo que DESCORÇOADO.

DESCOROÇOADOR, RA (soa) *adj.* Desanimador, desalentador.

DESCOROÇOAR *v. tr.* Desanimar, desalentar. Ú. t. c. r.

DESCOROLADO, DA *adj.* Que no tiene corola.

DESCORONHADO, DA (ña) *adj.* Lo mismo que DESABUSADO. Desembarazado.

DESCORRELAÇÃO (sáum) *f.* Falta de correlación.

DESCORRELACIONAR *v. tr.* Quitar la correlación.

DESCORRENTAR *v. tr.* Desencadenar.

DESCORRIMENTO *m.* Decurso, sucesión del tiempo.

DESCORTEJAR (jar) *v. tr.* Desconsiderar, faltar a la consideración debida. Tratar groseramente. No saludar.

DESCORTÊS (tés) *adj.* Descortés, grosero, incivil, desatento.

DESCORTESIA (zía) *f.* Descortezía.

DESCORTESMENTE (tés) *adv. m.* Descortésmente, desatentamente, sin cortesía.

DESCORTIÇAMENTO (sa) *m.* Descortezamiento.

DESCORTIÇAR (sar) *v. tr.* Descortezar, descorchar.

DESCORTICAR *v. tr.* Descortezar.

DESCORTINAR *v. tr.* Quitar la cortina. *Mil* Descortinar. Enseñar quitando la cortina. Distinguir, discernir, divisar, entrever. Descubrir, notar. Manifestar (lo oculto). Escrutar.

DESCORTINÁVEL *adj.* Que se puede divisar o manifestar.

DESCORTINO *m.* Acción de distinguir, divisar, dicernir. Dicernimiento. Perspicacia (agudeza y penetración de la vista; penetración de ingenio o entendimiento).

DESCOSEDURA (ze) *f.* Descosedura, descosido.

DESCOSER (zer) *v. tr.* Descoser, deshacer una costura. Ú. t. c. r. Descoyuntar, desconcertar. Rasgar, romper. Descoser, descubrir, revelar.

DESCOSIDO, DA (zi) *adj.* Descosido Despegado, descoyuntado, desconcertado, desarreglado. Presuroso. Desatado, sin nexo.

DESCOSTUMAR *v. tr.* Desacostumbrar.

DESCOSTUME *m.* Olvido, desuso de una costumbre.

DESCOUTAR *v. tr.* Desacotar.

DESCRAVAR *v. tr.* Lo mismo que DESENCRAVAR.

DESCRAVEIRADO, DA *adj.* Descomedido, desmedido.

DESCRAVEJAR (jar) *v. tr.* Desengastar, desclavar.

DESCRAVIZAR (zar) *v. tr.* Librar, libertar a la esclavitud.

DESCREMAÇÃO (sáum) *f.* Separación de la crema (de la leche).

DESCREMAR *v. tr.* Quitar la crema (de la leche).

DESCRENÇA (sa) *f.* Descreimiento, incredulidad, falta de creencia.

DESCRENDO *adj.* Lo mismo que

DESCRENTE *adj.* Descreído, falto de fé, incrédulo, que ha dejado de creer. Ú. t. c. s. m.

DESCRER *v. tr.* Descreer. Ú. t. c. intr.

DESCREVER *v. tr.* Describir.

DESCRIÇÃO (sáum) *f.* Descripción.

DESCRIDO, DA *adj. P. p.* de *Descrer.* Descreído.

DESCRIMINAR *v. tr.* Exculpar, absolver.

DESCRISTAR *v. tr.* Descrestar, cortar la cresta.

DESCRISTIANIZAÇÃO (zasáum) *f.* Acción y efecto de descristianizar.

DESCRISTIANIZAR (zar) *v. tr.* Descristianizar.

DESCRITÍVEL *adj.* Descriptible.

DESCRITIVO, VA *adj.* Descriptivo. *m.* Descripción.

DESCRITO, TA *adj. P. p.* de *Descrever.* Descripto, descrito.

DESCRITOR, RA *adj.* Descriptor.

DESCRUZAR (zar) *v. tr.* Descruzar.

DESCUIDADAMENTE *adv. m.* Descuidadamente.

DESCUIDADO, DA *adj. P. p.* de *Descuidar.* Descuidado.

DESCUIDADOSAMENTE (dòza) *adv. m.* Descuidadamente.

DESCUIDADOSO, SA (dozo, òza) *adj.* Descuidado.

DESCUIDAR *v. tr.* Descuidar. Ú. t. c. r.

DESCUIDISTA *adj.* Descuidado, desprevenido, incauto. *m.* Ladrón que hurta de personas descuidadas.

DESCUIDO *m.* Descuido.

DESCUIDOSAMENTE (dòza) *adv. m.* Descuidadamente.

DESCUIDOSO, SA (dozo, òza) *adj.* Descuidado.

DESCULPA *f.* Disculpa.

DESCULPAÇÃO (sáum) *f.* Disculpa.

DESCULPADOR, RA *adj.* Disculpador. Ú. t. c. s.

DESCULPAR *v. tr.* Disculpar. Ú. t. c. r.

DESCULPÁVEL *adj.* Disculpable.

DESCULPAVELMENTE *adj. m.* Disculpablemente.

DESCULTIVAR *v. tr.* No cultivar, dejar de cultivar.

DESCULTIVO *m.* Falta de cultivo.

DESCULTO, TA *adj.* Inculto.

DESCULTURA *f.* Incultura.

DESCUMPRIR *v. tr.* Descumplir.

DESCURADAMENTE *adv. m.* Descuidada, negligentemente.

DESCURADO, DA *adj.* Descuidado, desprevinido, negligente.

DESCURAMENTO *m.* Descuido, negligencia, desprevención, omisión.

DESCURIOSAMENTE (rióza) *adv. m.* Sin curiosidad.

DESCURIOSIDADE (zi) *f.* Falta de curiosidad.

DESCURIOSO, SA (riozo, òza) *adj.* Incurioso, descuidado, negligente. Que no es curioso.

DESCURO *m.* Incuria, poco cuidado, negligencia.

DESCURVAR *v. tr.* Enderezar. Lo mismo que DESENCURVAR.

DESDAR *v. tr.* Deshacer, desatar. Desdar. Quitar lo dado.

DESDE *prep.* Desde. — *agora. m. adv.* Desde ahora. — *então. m. adv.* Desde entonces. — *já. m. adv.* Desde luego. — *que. m. conjunt.* Desde que.

DESDEIXADO, DA (*cha*) *adj.* Lo mismo que DESLEIXADO.

DESDÉM *m.* Desdén, indiferencia, desprecio.

DESDEMONIZAR (zar) *v. tr.* Desendemoniar. Ú. t. c .r.

DESDENHADO, DA (ña) *adj. P. p.* de *Desdenhar.* Desdeñado, despreciado.

DESDENHADOR, RA (ña) *adj.* Desdeñador. Ú. t. c. r.

DESDENHAR (ñar) *v. tr.* Desdeñar, despreciar.

DESDENHATIVO, VA (ña) *adj.* Desdeñoso.

DESDENHÁVEL (ñá) *adj.* Desdeñable, despreciable.

DESDENHOSAMENTE (ñòza) *adv. m.* Desdeñosamente.

DESDENHOSO, SA (ñozo, òza) *adj.* Desdeñoso.

DESDENTADO, DA *adj.* Desdentado. *m. pl. Zool.* Desdentados.

DESDENTAMENTO *m.* Acción de destentar. Estado de desdentado.

DESDENTAR *v. tr.* Desdentar. Ú. t. c. r.

DESDITA *f.* Desdicha, desgracia, infelicidad.

DESDITADO, DA *adj.* Desdichado.

DESDITO, TA *adj.* Desdichado.

DESDITO, TA *P. p.* de *Desdizer.* Desdicho; desmentido.

DESDITOSO, SA (tozo, òza) *adj.* Desdichado, infeliz, desgraciado, infortunado.

DESDIZER (zer) *v. tr.* Desmentir; decir al contrario. *v. r.* Desdecirse, retractarse. *v. intr.* Desdecir, no convenir. Desdecir, decaer, venir a menos.

DESDIZIMENTO (zi) *m.* Desmentido. Retractación. Acción de *Desdizer.*

DESDOBAR *v. tr.* Desenredar, desenrollar.

DESDOBRAMENTO *m.* Desdoblamiento. *Bot. Quím.* Desdoblamiento.

DESDOBRAR *v. tr.* Desdoblar, extender, descoger, desplegar. Ú. t. c. r.

DESDOBRÁVEL *adj.* Que se puede desdoblar.

DESDOBRE (dò) *m.* Desdoblamiento, acción de desdoblar.

DESDOIRAMENTO *m.* Lo mismo que DESDOURAMENTO.

DESDOIRAR *v. tr.* Lo mismo que DESDOURAR.

DESDOIRO *m.* Lo mismo que DESDOURO.

DESDORMIDO, DA *adj.* Sobresaltado, mal dispierto; que no durmió.

DESDOURAMENTO *m.* Desdoro (acción de desdorar).

DESDOURAR *v. tr.* Desdorar (quitar el oro a lo dorado; deslustrar, mancillar la virtud, la fama o crédito) Ú. t. c. r.

DESDOURO *m.* Desdoro, deslustre, baldón, mancilla. Verguenza, descrédito.

DESDOUROSO, SA (rozo, òza) *adj.* Desdoroso.

DESDOUTRINAÇÃO (sáum) *f.* Acción de

DESDOUTRINAR *v. tr.* Volver ignorante; hacer olvidar la doctrina.

DESECLIPSAR (ze) *v. tr.* Hacer visible, quitar de delante lo que impedía la vista. *v. r.* Hacerse visible (después de un eclipse).

DESECONÓMICO, CA (zeconó) *adj.* Que no es económico.

DESEDIFICAÇÃO (zedificasáum) *f.* Desedificación, mal ejemplo.

DESEDIFICAR (ze) *v. tr.* Desedificar, dar mal ejemplo.

DESEDIFICATIVO, VA (ze) *adj.* Que da mal ejemplo, que desedifica.

DESEDUCAÇÃO (zeducasáum) *f.* Falta de educación, mala crianza.

DESEDUCADAMENTE (ze) *adv. m.* Grosera, descortésmente, sin educación.

DESEDUCADO, DA (ze) *adj.* Malcriado, descortés, incivil.

DESEDUCAR (ze) *v. tr.* Malcriar, educar mal.

DESEIXAR (zeichar) *v. tr.* Sacar del eje. *v. r.* Desejarse, desquiciarse.

DESEJADO, DA (zeja) *adj. P. p.* de *Desejar.* Deseado; codiciado.

DESEJADOR, RA (zeja) *adj.* Deseador, codicioso.

DESEJAR (zejar) *v. tr.* Desear, codiciar, apetecer. Ú. t. c. intr.

DESEJÁVEL (zejá) *adj.* Deseable.

DESEJO (zejo) *m.* Deseo.

DESEJOSAMENTE (zejóza) *adv. m.* Deseablemente.

DESEJOSO, SA (zejozo, òza) *adj.* Deseoso.

DESELEGÂNCIA (zelegán) *f.* Desgarbo. Falta de elgancia.

DESELEGANTE (ze) *adj.* Desgarbado. Que no es elegante.

DESELEGER (zelejer) *v. tr.* Deshacer la elección de.

DESELIMINAR (ze) *v. tr.* Restablecer, anular la eliminación.

DESEMAÇAR (zemasar) *v. tr.* Deshacer un legado de papeles.

DESEMADEIRAR (ze) *v. tr.* Sacar el maderamiento.

DESEMALAR (ze) *v. tr.* Sacar de la maleta, desenfardar, desembaular.

DESEMALHAR (zemallar) *v. tr.* Desenmallar.

DESEMARANHAR (zemarañar) *v. tr.* Desenmarañar, desenredar, desembrollar. Ú. t. c. r.

DESEMATREAR (ze) *v. tr.* Desarbolar.

DESEMBAÇAR (zembasar) *v. r.* Quitar el color bazo.

DESEMBACIAR (zem) *v. tr.* Desempañar, limpiar lo enpañado.

DESEMBAINHADO, DA (zembaiña) *adj. P. p.* de *Desembainhar.* Desenvainado.

DESENBAINHAR (zembaiñar) *v. tr.* Desenvainar. Deshacer o descoser un dobladillo.

DESEMBALAR (zem) *v. tr.* Desembalar, desenfardar. Sacar la bala.

DESEMBALÇAR (zembalsar) *v. tr.* Sacar de la balsa (el vino).

DESEMBANDEIRAR (zem) *v. tr.* Quitar las banderas.

DESEMBARAÇADAMENTE (zembarasa) *adv. m.* Desembarazadamente.

DESEMBARAÇADO, DA (zembarasa) *adj.* Desembarazado.

DESEMBARAÇADOR, DORA (zembarasa) *adj.* Que desembaraza. Ú. t. c. s. m.

DESEMBARAÇAR (zembarasar) *v. tr.* Desembarazar. Ú. t. c. r.

DESEMBARAÇO (zembaraso) *m.* Desembarazo. Coraje, denuedo, valor.

DESEMBARALHAR (zembarallar) *v. tr.* Ordenar, desembarazar.

DESEMBARCAÇÃO (zembarcasáum) *f.* Desembarco. Desembarcadero.

DESEMBARCADOIRO (zem) *m.* Lo mismo que

DESEMBARCADOURO (zem) *m.* Desembarcadero.

DESEMBARCAR (zem) *v. tr. e intr.* Desembarcar.

DESEMBARGADOR, RA (zem) *adj.* Desembargador. *m.* Magistrado de segunda instancia.

DESEMBARGAR (zem) *v. tr. For.* Desembargar. Desembargar, quitar el impedimento.

DESEMBARGO (zem) *m. For.* Desembargo.

DESEMBARQUE (zem) *m.* Desembarco, desembarque.

DESEMBARRANCAR (zem) *v. tr.* Desatollar, desatascar.

DESEMBARRIGADO, DA (zem) *adj.* Desbarrigado.

DESEMBARRIGAR (zem) *v. intr.* Quedarse con poca barriga.

DESEMBARRILAR (zem) *v. tr.* Sacar del barril.

DESEMBAULAR (zem) *v. tr.* Desembaular.

DESEMBEBEDAR (zem) *v. tr.* Desemborrachar, desembriagar.

DESEMBESTADA (zem) *f.* Galopada desenfrenada.

DESEMBESTADAMENTE (zem) *adv. m.* Desenfrenadamente.

DESEMBESTADO, DA (zem) *adj. P. p.* de *Desembestar*. Desenfrenado. *fig.* Libertino, devaso, disoluto, relajado.

DESEMBESTAMENTO (zem) *m.* Desenfreno.

DESEMBESTAR (zem) *v. tr.* Disparar saetas, flechas o bodoques (la ballesta). Ballestear. Proferir con violencia. *v. intr.* Desenfrenarse, arrojarse con violencia. Entrar inesperadamente. Perder la compostura, desmandarse.

DESEMBOCADURA (zem) *f.* Desembocadura. Desembocadero.

DESEMBOCAR (zem) *v. intr.* Desembocar (salir por una abertura o estrecho de un lugar a otro; desaguar una corriente de agua en otra, en el mar, etc.).

DESEMBOLSAR (zem) *v. tr.* Desembolsar (sacar algo de la bolsa; pagar o entregar dinero).

DESEMBOLSO (zemból) *m.* Desembolso (acto de desembolsar; pago o entrega de dinero).

DESEMBOQUE (zembó) *m.* Desembocadura. Desembocadero.

DESEMBORCAR (zem) *v. tr.* Poner boca arriba lo que estaba volcado.

DESEMBORRACHAR (zemborrachar) *v. tr.* Desemborrachar, desembriagar. Ú. t. c. r.

DESEMBORRASCAR (zem) *v. tr.* Tranquilizar, aquietar, serenar, sosegar.

DESEMBOSCAR (zem) *v. tr.* Hacer desemboscarse. *v. intr.* Desemboscarse. Ú. t. c. r.

DESEMBOTAR (zem) *v. tr.* Desembotar, aguzar. *fig.* Desembotar, aguzar, avivar; despabilar, desembarazar.

DESEMBREAR (zem) *v. tr.* Quitar la brea. *Mec.* Desembragar.

DESEMBRENHAR (zembreñar) *v. tr.* Hacer salir de las breñas. Sacar para fuera. Desembarazar. *v. tr.* Salir de la breña. Venirse para fuera. Desembarazarse.

DESEMBRIDAR (zem) *v. tr.* Lo mismo que DESBRIDAR.

DESEMBRULHADAMENTE (zembrulla) *adv. m.* Con claridad.

DESEMBRULHADO, DA (zembrulla) *adj. P. p.* de *Desembrulhar*. Desempaquetado, desenvuelto, desenfardado. Desembrollado, desenredado, desenmarañado. Aclarado, dilucidado.

DESEMBRULHAR (zembrulhar) *v. tr.* Desempaquetar, desenvolver, desenfardar. Desdoblar, desplegar. *fam.* Desembrollar, desenredar, desenmarañar, aclarar, dilucidar. *v. r. fam.* Despejarse (el cielo).

DESEMBRULHO (zembrullo) *m.* Desembrollo, desenredo, aclaración. Acto de desempaquetar, desenvolver o desenfardar.

DESEMBRUSCAR (zem) *v. tr.* Lo mismo que DESANUVIAR. Limpiar, aclarar.

DESEMBRUTECER (zem) *v. tr.* Desembrutecer. Desembravecer.

DESEMBRUXAR (zembruchar) *v. tr.* Deshechizar.

DESEMBUÇADAMENTE (zembusa) *adv. m.* Desembozadamente (franca, abiertamente).

DESEMBUÇADO, DA (zembusa) *adj. P. p.* de *Desembuçar*. Desembozado. Manifiesto, patente.

DESEMBUÇAR (zembusar) *v. tr.* Desembozar, Ú. t. c. r. *fig.* Patentizar.

DESEMBUCHAR (zembuchar) *v. tr.* Desatacar (un arma; un barreno). Desembuchar, desembudar, decir, declarar una persona lo que sabe y tenía callado. *v. intr.* Desahogarse hablando.

DESEMBUÇO (zembuso) *m.* Desembozo.

DESEMBURRAR (zem) *v. tr. fam.* Desasnar, instruir, sacar de la ignorancia. Desembarazar, despabilar, hacer perder la cortedad de ánimo. *v. r.* Desenojarse, desenfadarse.

DESEMBURRICAR (zem) *v. tr. fam.* Lo mismo que DESEMBURRAR.

DESEMBUTIR (zem) *v. tr.* Desencajar, sacar del embutido.

DESEMOLDURAR (zemol) *v. tr.* Sacar del marco; desencajar.

DESEMPACAR (zem) *v. tr.* Hacer andar una caballería que está plantada.

DESEMPACHADAMENTE (zempacha) *adv. m.* Desembarazadamente, con desempacho.

DESEMPACHADO, DA (zempacha) *adj. P. p.* de *Desempachar*. Desempachado, desembarazado.

DESEMPACHAR (zempachar) *v. tr.* Desempachar, quitar el empacho; desembarazar. Ú. t. c. r. Aliviar; desobstruir, despejar, quitar estorbos.

DESEMPACHO (zempacho) *m.* Desempacho. Desahogo, desembarazo, desenvoltura, desempacho.

DESEMPACOTAMENTO (zem) *m.* Acto de

DESEMPACOTAR (zem) *v. tr.* Desempaquetar.

DESEMPALHAR (zempallar) *v. tr.* Despajar. Quitar lo que está entre paja.

DESEMPAMBADO, DA (zem) *adj.* Desembarazado, franco, desenvuelto.

DESEMPANADO, DA (zem) *adj. P. p.* de *Desempanar*. Desempañado. Verdadero. Franco.

DESEMPANAR (zem) *v. tr.* Desempañar, limpiar lo empañado. Desempañar, quitar los paños o pañales.

DESEMPAPELAMENTO (zem) *m.* Acto de

DESEMPAPELAR (zem) *v. tr.* Desempaquetar, sacar lo que está envuelto en papeles.

DESEMPAR (zem) *v. tr.* Quitar los rodrigones a las viñas.

DESEMPARCEIRAMENTO (zem) *m.* Acto de

DESEMPARCEIRAR (zem) *v. tr.* Desparejar.

DESEMPARELHAR (zemparellar) *v. tr.* Desemparejar.

DESEMPASTAR (zem) *v. tr.* Separar lo que estaba hecho pasta.

DESEMPASTELAR (zem) *v. tr. Imp.* Desempastelar.

DESEMPATADOR, RA (zem) *adj.* Que desempata. Ú. t. c. s. m.

DESEMPATAR (zem) *v. tr.* Desempatar (quitar el empate). *fig.* Resolver, decidir.

DESEMPATE (zem) *m.* Acto de desempatar. Solución, resolución.

DESEMPEÇADAMENTE (zempesa) *adv. m.* Desembarazadamente.

DESEMPEÇADO, DA (zempesa) *adj. P. p.* de *Desempeçar*. Libre, desembarazado, desimpedido.

DESEMPEÇAR (zempesar) *v. tr.* Librar, desimpedir, desembarazar, destrabar.

DESEMPECER (zem) *v. tr.* Lo mismo que DESEMPEÇAR.

DESEMPECILHAR (zempecillar) *v. tr.* Desembarazar, quitar el estorbo.

DESEMPEÇO (zempéso) *m.* Desembarazo.

DESEMPEÇONHAR (zempesoñar) *v. tr.* Desemponzoñar.

DESEMPEDERNECER (zem) *v. tr.* Lo mismo que

DESEMPEDERNIR (zem) *v. tr.* Ablandar, enternecer. Desembarazar. Enternecer, mover a ternura.

DESEMPEDRAR (zem) *v. tr.* Desempedrar. Limpiar de piedras un campo. *fig.* Ablandar, enternecer, mover a ternura.

DESEMPEGAR (zem) *v. tr.* Sacar del abismo. Sacar agua de un depósito.

DESEMPEGO (zempé) *m.* Acto de *Desempegar*.

DESEMPENADAMENTE (zem) *adv. m.* Ágilmente. Desembarazadamente. resueltamente.

DESEMPENADO, DA (zem) *adj. P. p.* de *Desempenar*. Desalabeado, derecho. Ágil, desembarazado. Esbelto, airoso.

DESEMPENAR (zem) *v. tr.* Desalabear. *v. r.* Enderezarse; desempacharse, desembarazarse.

DESEMPENHAR (zempeñar) *v. tr.* Desempeñar (rescatar lo enpeñado; cumplir uno sus deberes y obligaciones; ejecutar lo ideado). Ú. t. c. r.

DESEMPENHO (zempeño) *m.* Acto de desalabear. Estado de lo que está enderezado. Desembarazo, agilidad. *fam.* Esbeltez, elegancia, gallardía. Regla de carpintero.

DESEMPERRAMENTO (zem) *m.* Acto de

DESEMPERRAR (zem) *v. tr.* Desempotrar. Aflojar (lo que estaba firme o apretado); hacer ceder; hacer que se suelte. Ú. t. c. r. e intr. Aplacar, apaciguar. *v. intr.* Dejar de temar; de obstinarse Ú. t. c. r. Pasarle a uno la terquedad. Dejar uno de estar callado.

DESEMPERRO (zempé) *m.* Lo mismo que DESEMPERRAMENTO.

DESEMPESTAR (zem) *v. tr.* Desinfectar.

DESEMPILHAR (zempillar) *v. tr.* Desamontonar, desarreglar lo que estaba apilado.

DESEMPLASTO (zem) *m.* Lo mismo que DESEMPLASTRO.

DESEMPLASTRAR (zem) *v. tr.* Lo mismo que DESEMPASTAR. Quitar el emplasto.

DESEMPLUMAR (zem) *v. tr.* Desplumar, desemplumar.

DESEMPOADO, DA (zem) *adj. P. p.* de *Desempoar*. Desempolvado, desempolvorado. Llano, afable. Modesto. Simple. Libre de perjuicios.

DESEMPOAR (zem) *v. tr.* Desempolvar, desempolvorar. Ú. t. c. r. Librar a uno de perjuicios, inducirlo a pensar libremente. Ú. t. c. r.

DESEMPOBRECER (zem) *v. tr.* Desempobrecer, sacar a uno de la pobreza. Ú.t.c. intr.

DESEMPOÇAR (zemposar) *v. tr.* Desempozar. Sacar de un pozo. Lo mismo que DESENTULHAR.

DESEMPOEIRADO, DA (zem) *adj. P. p.* de *Desempoeirar*. Desempolvado. *fam.* Modesto, simple, sin vanidad.

DESEMPOEIRAR (zem) *v. tr.* Desempolvar, desempolvorar.

DESEMPOLAR (zem) *v. tr.* Allanar; desabollar.

DESEMPOLEIRAR (zem) *v. tr.* Quitar de la percha o del palo (una ave). *fig. fam.* Hacer bajar de una posición elevada.

DESEMPOLGADURA (zem) *f.* Acto de

DESEMPOLGAR (zem) *v. tr.* Desempulgar. Aflojar, soltar, desagarrar, desasir o soltar lo agarrado.

DESEMPOLHAR (zempollar) *v. tr.* Desempollar.

DESEMPOSSAR (zemposar) *v. tr.* Lo mismo que DESAPOSSAR.

DESEMPREGADO, DA (zem) *adj. P. p.* de *Desempregar*. Sin empleo, cesante. Ú. t. c. s. m.

DESEMPREGAR (zem) *v. tr.* Dimitir, exonerar, privar a alguno de un empleo. Dejar de emplear. *v. intr.* Perder el empleo, quedar cesante.

DESEMPREGO (zempré) *m.* Falta de empleo.

DESEMPROAR (zem) *v. tr.* Abatir el orgullo de alguno.

DESEMUDECER (ze) *v. intr.* Desenmudecer. Ú. t. c. tr.

DESENAMORAR (ze) *v. tr.* Desapasionar. *v. r.* Desapasionarse, perder el amor.

DESENASTRAR (ze) *v. tr.* Desatar (los cabellos).

DESENATAR (ze) *v. tr.* Desnatar.

DESENCABADO, DA (zem) *adj. P. p.* de *Desencabar*. Desenastado, desmangado.

DESENCABAR (zen) *v. tr.* Desenastar, desmangar. Ú. t. c. r.

DESENCABEÇAR (zencabesar) *v. tr. fam.* Disuadir. Desencaminar.

DESENCABRESTADAMENTE (zem) *adv. m.* Desenfrenadamente, con ímpetu, con violencia.

DESENCABRESTADO, DA (zen) *adj. P. p.* de *Desemcabrestar*. Sin cabestro. Desenfrenado. Disoluto.

DESENCABRESTAR (zem) *v. tr.* Quitar el cabestro. Desencabestrar. *v. intr.* Desenfrenarse.

DESENCABRITAR (zem) *v. intr. fam.* Huir aprisa.

DESENCADEAMENTO (zem) *m.* Desencadenamiento.

DESENCADEAR (zem) *v. tr.* Desencadenar (en todas las acepciones de esta voz). Ú. t. c. r.

DESENCADEIO (zen) *m.* Desencadenamiento.

DESENCADERNAÇÃO (zencadernasáum) *f.* Acción y efecto de descuadernar.

DESENCADERNADAMENTE (zem) *adv. m.* Desarreglada, desordenadamente, de modo descuadernado.

DESENCADERNADO, DA (zen) *adj. P. p.* de *Desencadernar*. Descuadernado. Descompuesto, desconcertado, desbaratado, descuadernado, desarreglado. Descomedido.

DESENCADERNAR (zen) *v. tr.* Descuadernar (deshacer lo que estaba encuadernado). Ú. t. c .r

DESENCADILHAR (zencadillar) *v. tr.* Desenredar (hilos).

DESENCAFIFAR (zen) *v. tr.* Lo mismo que

DESENCAIPORAR (zen) *v. tr. Bras.* Quitar la mala suerte. *v. intr.* Dejar de ser desdichado.

DESENCAIXADURA (zencaicha) *f.* Desencajadura.

DESENCAIXAMENTO (zencaicha) *m.* Desencajamiento.

DESENCAIXAR (zencaichar) v. tr. Desencajar. Ú. t. c. r. Decir fuera de propósito.

DESENCAIXE (zencaiche) m. Desencaje.

DESENCAIXILHAR (zencaichillar) v. tr. Sacar del marco, o del cuadro.

DESENCAIXOTAMENTO (zencaicho) m. Desencajonamiento.

DESENCAIXOTAR (zencaicho) v. tr. Desencajonar.

DESENCALACRAÇÃO (zencalacrasáum) f. Acto de

DESENCALACRAR (zem) v. tr. Desentrampar (desempeñar, librar de deudas a alguien); sacar a alguien de un aprieto. Ú. t. c. r.

DESENCALHAR (zencallar) v. tr. Desencallar. Ú. t. c. intr. Desobstruir, desembarazar. Vencer a una dificultad.

DESENCALHE (zencalle) m. Lo mismo que

DESENCALHO (zencallo) m. Acción y efecto de desencallar. Remoción de una dificultad.

DESENCALMADAMENTE (zen) adv. m. Sin valor. Francamente.

DESENCALMADO, DA (zen) adj. P. p. de *Desencalmar.* Serenado, apaciguado, moderado. Refrescado.

DESENCALMAR (zen) v. tr. Refrescar. Ú. t. c. r. Serenar, apaciguar, aplacar, moderar. Ú. t. c. r

DESENCAMINHADAMENTE (zencamiña) adv. m. Descaminadamente.

DESENCAMINHADO, DA (zencamiña) adj. P. p. de *Desencaminhar.* Descaminado, descarriado.

DESENCAMINHADOR, RA (zencamiña) adj. Descaminadero. Ú. t. c. s. m.

DESENCAMINHAMENTO (zencamiña) m. Lo mismo que DESCAMINHO.

DESENCAMINHAR (zencamiñar) v. tr. Descaminar (apartar, desviar a alguien de su verdadero camino; apartar, desviar, disuadir de su buen propósito; descarriar). Ú. t. c. r.

DESENCAMISAR (zencamizar) v. tr. Descamisar.

DESENCAMPAR (zen) v. tr. For. Mandar restituir.

DESENCANALHAR-SE (zencanallar) v. r. Dejar de ser canalla.

DESENCANAR (zen) v. tr. Desviar o quitar del caño (un liquido) v. intr. Errar. Perder el canal.

DESENCANASTRAR (zen) v. tr. Desencanastar.

DESENCANTAÇÃO (zencantasáum) f. Desencantamiento.

DESENCANTADO, DA (zen) adj. P. p. de *Desencantar.* Desencantado. Desengañado.

DESENCANTADOR, RA (zen) adj. Desencantador. Desengañador.

DESENCANTAMENTO (zen) m. Desencantamiento, desencanto.

DESENCANTAR (zen) v. tr. Desencantar; deshechizar. Ú. t. c. r. Desilusionar, desengañar. Ú. t. c. r.

DESENCANTO (zen) m. Desencanto, desencantamiento. Desilusión, desengaño.

DESENCANTOAR (zen) v. tr. Sacar de un rincón. *fig.* Patentizar, descubrir.

DESENCANUDAR (zen) v. tr. Desencañutar.

DESENCAPAR (zen) v. tr. Quitar la capa. Desenpaquetar, desenvolver.

DESENCAPELAR (zen) v. tr. Desencapuchar, desencapillar.

DESENCAPOTADAMENTE (zen) adj. m. Desembozada, francamente.

DESENCAPOTAR (zen) v. tr. Desencapotar. Ú. t. c. r. *fig.* Descubrir, manifestar, hacer patente. Ú. t. c. r. y como intr.

DESENCARACOLAR (zen) v. tr. Desrizar el pelo.

DESENCARAPELAR (zen) v. tr. Desrizar, desarrollar. Desenredar, desenmarañar.

DESENCARAPINHAR (zencarapiñar) v. tr. Desencrespar, desrizar.

DESENCARCERAR (zen) v. tr. Desencarcelar. Ú. t. c. r.

DESENCARDIMENTO (zen) m. Limpieza, acto de quitar la mugre.

DESENCARDIR (zen) v. tr. Limpiar, lavar, quitar la mugre.

DESENCARECER (zen) v. tr. Desencarecer. Ú. t. c. intr. Despreciar, rebajar.

DESENCARGO (zen) m. Descargo, alivio.

DESENCARNADO, DA (zen) adj. P. p. de *Desencarnar.* Que pasó al mundo espiritual; descarnado.

DESENCARNAR (zen) v. intr. Descanarse, pasar al mundo espiritual

DESENCARQUILHAR (zencarquillar) v. tr. Desarrugar.

DESENCARREGAMENTO (zen) m. Descargo, acción de descargar o desobligar.

DESENCARREGAR (zen) v. tr. Descargar, desobligar. Ú. t. c. r. Privar del empleo.

DESENCARREIRAR (zen) v. tr. Descaminar, descarriar.

DESENCARRILAR (zen) v. tr. Lo mismo que

DESENCARRILHAR (zencarrillar) v. tr. Descarrilar.

DESENCASAR (zencazar) v. tr. Desencajar.

DESENCASCAR (zen) v. tr. Sacar de la pipa, tonel, etc.

DESENCASQUEAR (zen) v. tr. Lo mismo que DESENCASCAR. Limpiar lavando y fregando.

DESENCASQUETAR (zen) v. tr. fam. Disuadir.

DESENCASTELAR (zen) v. tr. Desencastillar. Desamontonar.

DESENCASTOAR (zen) v. tr. Desengastar. Quitar el puño a un bastón.

DESENCATARROAR (zen) v. tr. Curar un catarro. Ú. t. c. r.

DESENCAVALGAR (zen) v. tr. Lo mismo que DESCAVALGAR.

DESENCAVAR (zen) v. tr. Excavar. Descubrir.

DESENCAVERNAR (zen) v. tr. Hacer salir de la cueva o madriguera.

DESENCAVILHAR (zencavillar) v. tr. Desenclavijar.

DESENCERRAMENTO (zen) m. Acción y efecto de

DESENCERRAR (zen) v. tr. Desencerrar (sacar del encierro). Ú. t. c. r. Desencerrar (abrir lo cerrado; descubrir, manifestar, aclarar).

DESENCHARCAR (zenchar) v. tr. Sacar del charco. Enjugar.

DESENCHER (zencher) v. tr. Vaciar.

DESENCILHAR (zencillar) v. tr. Desinchar. Desenjaezar. Desensillar. Desaparejar.

DESENCLAVINHAR (zenclaviñar) v. tr. Destrabar, desimpedir, desatrancar.

DESENCOBRIR (zen) v. tr. Descubrir (quitar lo que cubria algo).

DESENCOFRAR (zen) v. tr. Quitar del cofre. Quitar de la caja de valores.

DESENCOIFAR (zen) v. tr. Quitar la cofia.

DESENCOIVAR (zen) v. tr. Lo mismo que

DESENCOIVARAR (zen) v. tr. Bras. Rozar, desbrotar.

DESENCOLERIZAR (zencolerizar) v. tr. Desencolerizar, aplacar, apaciguar, serenar, sosegar.

DESENCOLHER (zencoller) v. tr. Desencoger, extender, estirar. Ú. t. c. r. v. r. *fig.* Desencogerse, perder la timidez, desenvolverse.

DESENCOLHIMENTO (zencolli) m. Desencogimiento.

DESENCOMENDAR (zen) v. tr. Revocar una orden.

DESENCONTRADIÇO, ÇA (zencontradiso) adj. Que es dificil de encontrar.

DESENCONTRADO, DA (zen) adj. P. p. de *Desencontrar.* Contrario, opuesto.

DESENCONTRAR (zen) v. tr. Hacer que no se encuentren los que se buscan. Contrariar. v. r. Dejar de encontrarse los que se buscan. Desconvenir, disentir.

DESENCONTRO (zen) m. Acción de no encontrarse. Falta de coincidencia. Desconformidad; divergencia de opinión.

DESENCORAJAMENTO (zencoraja) m. Desánimo, desaliento.

DESENCORAJAR (zencorajar) v. tr. Desanimar, desalentar, descorazonar. Ú. t. c. r.

DESENCORDOAR (zen) v. tr. Desencordar, descordar. v. r. Descorajarse, desenfadarse.

DESENCORPORAÇÃO (zencorporasáum) f. Acción y efecto de

DESENCORPORAR (zen) v. tr. Desincorporar. Ú. t. c. r.

DESENCORREAR (zen) v. tr. Soltar lo que estaba atado con correas.

DESENCORTIÇAR (zencortisar) v. tr. Desarrugar; descortezar.

DESENCOSCORAR (zen) v. tr. Desrizar, desencrespar.

DESENCOSTAR (zen) v. tr. Desarrimar. Enderezar. Separar. Aparar. Alejar.

DESENCOVAR (zen) v. tr. Desenterrar. Sacar de la cueva. Descubrir, manifestar.

DESENCRAVAR (zen) v. tr. Desenclavar, desclavar.

DESENCRAVILHAR (zencravillar) v. tr. Desclavar. Desapretar, desenganchar. *fam.* Desentrampar.

DESENCRENCAMENTO (zen) m. Germ. Acción y efecto de

DESENCRENCAR (zen) v. tr. Germ. Allanar las dificultades de; desembarazar.

DESENCRESPAR (zen) v. tr. Desencrespar, desarrugar, desrizar. v. r. Calmarse (el mar).

DESENCROSTAR (zen) v. tr. Descostrar.

DESENCRUAR (zen) v. tr. Desencrudecer.

DESENCRUZAR (zencruzar) v. tr. Descruzar.

DESENCURRALAR (zen) v. tr. Desencorralar. Libertar, soltar. Desalojar. Hacer salir de un rincón.

DESENCURVAR (zen) v. tr. Desencorvar, enderezar lo encorvado. Allanar.

DESENDEMONINHAR (zendemoniñar) v. tr. Desendemoniar.

DESENDEUSAR (zendeuzar) v. tr. Desendiosar.

DESENDIVIDAR (zen) v. tr. Librar de deudas a alguien. Ú. t. c. r. Desobligar.

DESENEGRECER (ze) v. tr. Desennegrecer. Aclarar.

DESENEVOAR (zen) v. tr. Desanublar. Aclarar. Alegrar.

DESENFADADAMENTE (zen) adv. m. Desenfadadamente.

DESENFADADIÇO, ÇA (zenfadadiso) adj. Que desenfada.

DESENFADADO, DA (zen) adj. P. p. de *Desenfadar.* Desenfadado, desenojado. Sosegado.

DESENFADAMENTO (zen) m. Lo mismo que DESENFADO.

DESENFADAR (zen) v. tr. Desenfadar, desenojar. Ú. t. c. r.

DESENFADO (zen) m. Desenfado, desenojo. Sosiego, serenidad.

DESENFAIXAR (zenfaichar) v. tr. Desfajar.

DESENFARDAR (zen) v. tr. Desenfardar, desembalar.

DESENFARDELAR (zen) v. tr. Desenfardelar, desenfardar. Manifestar, descubrir, patentizar.

DESENFARDO (zen) m. Acción de desenfardar.

DESENFARPELAR (zen) v. tr. fam. Quitar el traje.

DESENFARRUSCAR (zen) v. tr. Limpiar.

DESENFASTIADAMENTE (zen) adv. m. Alegremente. Sin hastío, con apetito.

DESENFASTIADO, DA (zen) adj. P. p. de *Desenfastiar.* Que tiene apetito. Desenojado, divertido, alegre, chistoso. Ameno, agradable.

DESENFASTIAR (zen) v. tr. Desempalagar; causar apetito. v. r. Desenfadarse, desenojarse.

DESENFEITADO, DA (zen) adj. P. p. de *Desenfeitar.* Desadornado.

DESENFEITAR (zen) v. tr. Desadornar, desguarnecer, descomponer. Ú. t. c. r.

DESENFEITIÇAR (zen) v. tr. Deshechizar.

DESENFEIXAR (zenfeichar) v. tr. Desliar.

DESENFERRUJAR (zenferrujar) v. tr. Desherrumbrar. Desenmohecer.

DESENFEZAR (zenfezar) v. tr. Privar de las heces. Desarrolar, desembarazar. Desenfadar. Desencolerizar.

DESENFIAR (zen) v. tr. Desenhebrar. Desensartar. Desenfilar.

DESENFILEIRAR (zen) v. tr. Quitar de la hilera.

DESENFORCAR (zen) v. tr. Desprender de la horca.

DESENFORMAR (zen) v. tr. Sacar de la horma.

DESENFORNAGEM (zenformajem) f. Acción de

DESENFORNAR (zen) v. tr. Deshornar, desenhornar.

DESENFRASCAR (zen) v. tr. Quitar del frasco. v. r. fam. Desemborracharse.

DESENFREADAMENTE *(zen) adv. m.* Desenfrenadamente.

DESENFREADO, DA (zen) *adj. P. p.* de *Desenfrear.* Desenfrenado.

DESENFREAMENTO (zen) *m.* Desenfrenamiento. Desenfreno.

DESENFREAR (zen) *v. tr.* Desenfrenar. Ú. t. c. r.

DESENFRECHAR (zenfre*ch*ar) Arrojar como flecha o saeta.

DESENFREIO (zen) *m.* Desenfreno.

DESENFRONHAR (zenfroñar) *v. tr.* Desenfundar, quitar la funda (a una almohada).

DESENFURNAR (zen) *v. tr.* Desarbolar. Sacar de la gruta.

DESENFUSCAR (zen) *v. tr.* Desempañar.

DESENGAÇADAMENTE (zangasa) *adv. m. fam.* Descomedidamente.

DESENGAÇADEIRA (zengasa) *f.* Desgranadera.

DESENGAÇADO, DA (zengasa) *adj. P. p.* de *Desengaçar.* Desgranzado. Descomedido. Glotón.

DESENGAÇAR (zengasar) *v. tr.* Escobajar, desgranzar, quitar el escobajo a las uvas. *v. intr. fam.* Glotonear.

DESENGACE (zen) *m.* Lo mismo que

DESENGAÇO (zengaso) *m.* Acción de desgranzar o escobajar.

DESENGAIOLAR (zen) *v. tr.* Desenjaular.

DESENGALFINHAR (zengalfiñar) *v. tr.* Separar los que estaban agarados. Ú. t. c. r.

DESENGANADAMENTE (zen) *adv. m.* Desengañadamente.

DESENGANADO, DA (zen) *adj. P. p.* de *Desenganar.* Desengañado.

DESENGANADOR, RA (zen) *adj.* Desengañador.

DESENGANAR (zen) *v. tr.* Desengañar. Ú. t. c. r. Desilusionar. Ú. t. c. r.

DESENGANCHAR (zengan*ch*ar) *v. tr.* Desenganchar. Desprender.

DESENGANO (zen) *m.* Desengaño. Desilusión, desencanto.

DESENGARRAFAR (zen) *v. tr.* Quitar de la botella (vino u otro líquido).

DESENGASGAR (zen) *v. tr.* Desembarazar, desahogar, librar de o que atragantaba.

DESENGASGUE (zen) *m.* Acción de *Desengargar.*

DESENGASTAR (zen) *v. tr.* Desengastar.

DESENGATAR (zen) *v. tr.* Desenganchar.

DESENGATE (zen) *m.* Desenganche.

DESENGATILHAR (zengatillar) *v. tr.* Disparar (un arma de fuego).

DESENGAVETAR (zen) *v. tr.* Desencajonar.

DESENGENHOSAMENTE (zenjeñóza) *adv. m.* Sin arte o ingenio.

DESENGENHOSO, SA (zenjeñozo, òza) *adj.* Falto de ingenio, de habilidad. Estúpido, tonto.

DESENGLOBAR (zen) *v. tr.* Separar (lo que estaba englobado).

DESENGODAR (zen) *v. tr.* Desilusionar, desencantar, desengañar.

DESENGOLFAR (zen) *v. tr.* Sacar de un abismo, librar de un peligro. Sacar del error.

DESENGOLIR (zen) *v. tr.* Vomitar.

DESENGOMAR (zen) *v. tr.* Desalmidonar.

DESENGONÇADAMENTE (zengonsa) *adv. m.* De modo desgonzado o descoyuntado.

DESENGONÇADO, DA (zengonsa) *adj. P. p.* de *Desengonçar.* Desgonzado, desencajado, desquiciado, descoyuntado, desarticulado.

DESENGONÇAR (zengonsar) *v. tr.* Desgoznar, desgonzar, desengoznar. Ú. t. c. r. Desgonzar, desencajar, desquiciar, desarticular, descoyuntar. Ú. t. c. r.

DESENGONÇO (zengonso) *m.* Acto de desgoznar, desengoznar.

DESENGORDAR (zen) *v. tr.* Desengrasar. *v. intr.* Desengrasar, desengrosar, enflaquecer, adelgazarse.

DESENGORDURAR (zen) *v. tr.* Desengrasar.

DESENGRAÇADAMENTE (zengrasa) *adv. m.* Sin gracia, sin garbo.

DESENGRAÇADO, DA (zengrasa) *adj. P. p.* de *Desengraçar.* Desagraciado, desgarbado, sin elegancia, desairado.

DESENGRAÇAR (zengrasar) *v. tr.* Desengraciar, quitar la gracia.

DESENGRANDECER (zen) *v. tr.* Apocar, menoscabar. Envilecer.

DESENGRANZADO, DA (zengranza) *adj. P. p.* de *Desengranzar.* Desengarzado.

DESENGRANZAR (zengranzar) *v. tr.* Desengarzar. Desengranar.

DESENGRAVATADO, DA (zen) *adj.* Que no trae corbata.

DESENGRAVECER (zen) *v. tr.* Quitar o atenuar la gravedad.

DESENGRAXAR (zengra*ch*ar) *v. tr.* Desengrasar, quitar la grasa.

DESENGRAZAR (zengrazar) *v. tr.* Lo mismo que DESENGRANZAR.

DESENGRENAR (zen) *v. tr.* Desengranar.

DESENGRENHAR (zengreñar) *v. tr.* Desgreñar.

DESENGRILAR-SE (zen) *v. tr. fam.* Desenojarse, desenfadarse.

DESENGRIPAR-SE (zen) *v. r. fam.* Bajar de la cumbre; desencumbrarse. Humillarse.

DESENGRIMPONAR-SE (zen) *v. r.* Lo mismo que DESEMGRIPAR-SE.

DESENGRINALDAR (zen) *v. tr.* Quitar las guirnaldas.

DESENGROSSAR (zengrosar) *v. tr.* Desengrosar, adelgazar. Ú. t. c. r. Desbastar. *v. intr.* Deshinchar.

DESENGROSSO (zengróso) *m.* Acto de *Desengrossar.*

DESENGRUMAR (zen) *v. tr.* Descuajar.

DESENGUIÇAR (zenguisar) *v. tr.* Deshechizar, quitar la mala suerte, mejorar la suerte. Ú. t. c. r.

DESENGULHAR (zengullar) *v. tr.* Lo mismo que DESENJOAR.

DESENHAÇÃO (zeñasáum) *f.* Dibujo; diseño (acción y efecto de dibujar o diseñar)

DESENHADOR (zeña) *m.* Dibujador, diseñador, dibujante.

DESENHAR (zeñar) *v. tr.* Dibujar: diseñar. *fig.* Dibujar, describir. *v. r.* Dibujarse, indicarse, revelarse lo que estaba oculto.

DESENHISTA (zeñis) *m.* Dibujante; diseñador.

DESENHO (zeño) *m.* Dibujo; diseño; traza, delineación.

DESENJOAR (zenjoar) *v. tr.* Quitar las nauseas; hacer pasar el mareo. Ú. t. c. r. Aguzar el apetito. Desempalagar. Desenfadar, desenojar, desenconar. Ú. t. c. r.

DESENJOATIVO, VA (zenjoa) *adj.* Que quita las nauseas o el mareo. Ú. t. c. s. m.

DESENLAÇADO, DA (zenlasado) *adj. P. p.* de *Desenlaçar.* Desenlazado.

DESENLAÇAMENTO (zenlasa) *m.* Desenlace (acción de desenlazar).

DESENLAÇAR (zenlasar) *v. tr.* Desenlazar (desatar los lazos que sujetan una cosa; resolver el enredo, desatar el nudo) Ú. t. c. r.

DESENLACE (zen) *m.* Desenlace. Solución. Fallecimiento.

DESENLAMBUZAR (zenlambuzar) *v. tr. fam.* Limpiar, desengrasar, asear, limpiar lo que estaba embadurnado.

DESENLAMEAR (zen) *v. tr.* Desembarrar; desenlodar.

DESENLAPAR (zen) *v. tr.* Hacer salir de la madriguera.

DESENLEADO, DA *(zen) adj. P. p.* de *Desenlear.* Desliado, desenlazado, desenredado, desembarazado. Franco. Pronto, vivo.

DESENLEAR (zen) *v. tr.* Desliar, desenredar, desembarazar, desenlazar, desatar. Ú. t. c. r.

DESENLEIO (zen) *m.* Acción de desliar, desenredar, desembarazar, desatar, etc.

DESENLEVAR (zen) *v. tr.* Hacer desembelesarse. Disilusionar, desencantar.

DESENLIÇAR (zenlisar) *v. tr.* Destramar. Desenredar.

DESENLODAR (zen) *v. tr.* Desenlodar, desembarrar.

DESENLOUQUECER (zen) *v. tr.* Curar de la locura. Ú. t. c. intr.

DESENLUTAR (zen) *v. tr.* Desenlutar. Ú. t. c. r. Consolar. Alegrar. Ú. t. c. r. *v. r.* Despejarse (el cielo).

DESENOBRECER (ze) *v. tr.* Hacer perder la nobreza, aplebeyar, avillanar, envilecer. Ú. t. c. r.

DESENODOAMENTO (ze) *m.* Acción de

DESENODOAR (ze) *v. tr.* Quitar las manchas. Limpiar. Desenlodar.

DESENOJAR (zenojar) *v. tr.* Lo mismo que DESANOJAR.

DESENOVELAR (ze) *v. tr.* Desovillar, desenredar.

DESENQUADRAR (zen) *v. tr.* Quitar del marco.

DESENRAIAR (zen) *v. tr.* Destrabar (una rueda de carro).

DESENRAIVAR (zen) *v. tr.* Lo mismo que

DESENRAIVECER (zen) *v. tr.* Calmar la rabia. Desencolerizar. Ú. t. c. r. *v. intr.* Serenar, sosegar.

DESENRAIZAMENTO (zenraíza) *m.* Desarraigo.

DESENRAIZAR (zenraízar) *v. tr.* Desarraigar.

DESENRAMAR (zen) *v. tr.* Desmondar.

DESENRASCAR (zen) *v. tr.* Desembarazar, desatrancar, desatrampar. Librar de aprietos.

DESENREDADOR, DORA (zen) *adj.* Que desenreda. Ú. t. c. s. m.

DESENREDAR (zen) *v. tr.* Desenredar (en todas las acepciones de esta voz). Ú. t. c. r.

DESENREDO (zenré) *m.* Desenredo. Desenlace.

DESENREGELAMENTO (zenreje) *m.* Acto de

DESENREGELAR (zenreje) *v. tr.* Deshelar. Calentar.

DESENRIÇAR (zenrisar) *v. tr.* Desrizar, desencrespar. Desenmarañar.

DESENRIJAR (zenrijar) *v. tr.* Ablandar, emblandecer. Ú. t. c. r.

DESENRIQUECER (zen) *v. tr.* Privar de la riqueza. *v. intr.* y *r.* Dejar de ser rico, empobrecer.

DESENRISTAR (zen) *v. tr.* Sacar del ristre.

DESENRIZAR (zenrizar) *v. tr. Mar.* Desrizar, soltar los rizos.

DESENRODILHAR (zenrodillar) *v. tr.* Extender, desenroscar.

DESENROLAMENTO (zen) *m.* Acción de desenrollar. Desarrolo.

DESENROLAR (zen) *v. tr.* Desenrollar, desarollar lo arrolado, desenvolver, descoger, deshacer un rollo. Ú. t. c. r. Desarrollar, explicar, explanar. *v. r.* Correr; arrolar. Desarrolarse, verificarse, realizase.

DESENROLHAR (zenrollar) *v. r.* Lo mismo que DESARROLLAR.

DESENROSCAR (zen) *v. tr.* Desenroscar, descoger, extender.

DESENROUPAR (zen) *v. tr.* Desarropar. Desnudar.

DESENROUQUECER (zen) *v. tr.* Curar la ronquera. Ú. t. c. intr.

DESENRUBESCER (zen) *v. tr.* Hacer perder el color bermejo. *v. intr.* Descolorarse. Palidecer.

DESENRUGAR (zen) *v. tr.* Desarrugar.

DESENSABOAR (zen) *v. tr.* Limpiar, quitando el jabón.

DESENSACAR (zen) *v. tr.* Quitar algo de un saco.

DESENSANDECER (zen) *v. tr.* Lo mismo que DESENLOUQUECER.

DESENSANGUENTAR (zen) *v. tr.* Limpiar o enjugar la sangre; lavar las manchas de sangre.

DESENSARILHAR (zen) *v. tr.* Separar o deshacer lo que estaba devanado. *Mil.* Deshacer los pabellones de armas.

DESENSARTAR (zen) *v. tr.* Desensartar; desenhebrar.

DESENSEBAR (zen) *v. tr.* Desensebar (quitar el sebo).

DESENSINADOR, RA (zen) *adj.* Que desenseña.

DESENSINAMENTO (zen) *m.* Acción y efecto de

DESENSINAR (zen) *v. tr.* Desenseñar.

DESENSOBERBECER (zen) *v. tr.* Desensoberbecer; humillar, abatir.

DESENSOMBRAR (zen) *v. tr.* Aclarar, quitar la sombra o lo que hacía sombra. Desanublar. Alegrar.

DESENSOPAR (zen) *v. tr.* Enjugar, secar.

DESENSURDECER (zen) *v. tr.* Curar la sordera. Ú. t. c. intr.

DESENTABUAR (zen) *v. tr.* Desentablar, arrancar tablas, deshacer un tablado.

DESENTABULAR (zen) *v. tr.* Desentablar, deshacer un negocio, trato, etc.

DESENTALAR (zen) *v. tr.* Quitar la entablilladura. Desembarazar. Librar de dificultades e aprietos. Lo mismo que DESENGASGAR.

DESENTALISCAR (zen) *v. tr.* Lo mismo que DESENTALAR.

DESENTEDIAR (zen) *v. tr.* Desenojar, distrair, desenfadar.

DESENTENDER (zen) *v. tr.* No entender. Desentenderse.

DESENTENDIDAMENTE (zen) *adv. m.* Disimuladamente. Distraídamente. Indiferentemente. Desapercibidamente.

DESENTENDIDO, DA (zen) *adj. P. p.* de *Desentender.* Desentendido. Ignorante. Que no entiende. *Dar-se por —. fr.* Desentenderse, simular que no entiende.

DESENTENDIMENTO (zen) *m.* Falta de entendimiento; ignorancia, desacierto.

DESENTENEBRECER (zen) *v. tr.* Disipar las tinieblas. Aclarar.

DESENTERNECER (zen) *v. tr.* Desaficionar, hacer perder la ternura.

DESENTERRADO, DA (zen) *adj. P. p.* de *Desenterrar.* Desenterrado. *fig.* Pálido, enfermizo.

DESENTERRADOR, RA (zen) *adj. y s.* Desenterrador. Escudriñador.

DESENTERRAMENTO (zen) *m.* Desenterramiento.

DESENTERRAR (zen) *v. tr.* Desenterrar, exhumar, sacar de debajo de la tierra; recordar, sacar a relucir lo olvidado, desarrinconar. Escudriñar.

DESENTERRO (zenté) *m.* Desentierro.

DESENTERRAR (zen) *v. tr.* Desterronar.

DESENTESAR (zentezar) *v. tr.* Aflojar, dejar poco teso o tirante. Humillar.

DESENTESOIRADOR, RA (zentezoi) *adj.* Lo mismo que DESENTESOURADOR.

DESENTESOIRAR (zentezoi) *v. tr.* Lo mismo que DESENTESOURAR.

DESENTESOURADOR, RA (zentezou) *adj.* Que desatesora. Que desentierra lo olvidado u oculto.

DESENTESOURAR (zentezou) *v. tr.* Desatesorar. Desenterrar, sacar a relucir lo olvidado. Descubrir, encontrar.

DESENTOAÇÃO (zentoasáum) *f.* Desentonación.

DESENTOADAMENTE (zen) *adv. m.* Desentonadamente.

DESENTOADO, DA (zen) *adj. P. p.* de *Desentoar.* Desentonado; disonante; desacorde.

DESENTOAMENTO (zen) *m.* Desentonamiento, desentono.

DESENTOAR (zen) *v. tr.* Desentonar, desafinar. *v. intr.* Destemplar; discordar. Desentornarse.

DESENTOCAR (zen) *v. tr.* Hacer salir de la madriguera, de la cueva.

DESENTOLHER (zentoller) *v. tr.* Desentorpecer, desentumecer, desentumir.

DESENTONAR (zen) *v. tr.* Desentonar, abatir el entono, humillar.

DESENTORPECER (zen) *v. tr.* Desentorpecer, desentumecer. Ú. t. c. r. *fig.* Desentorpecer, agilitar, diestrar.

DESENTORPECIMENTO (zen) *m.* Desentorpecimiento.

DESENTORRAR (zen) *v. tr.* Desterronar.

DESENTORTAR (zen) *v. tr.* Destorcer, enderezar lo que estaba recto.

DESENTRALHAR (zentrallar) *v. tr.* Destrallar. Desembarazar, desenredar.

DESENTRANÇAR (zentransar) *v. tr.* Destrenzar.

DESENTRANHAR (zentrañar) *v. tr.* Desentrañar. Ú. t. c. r.

DESENTRAVAR (zen) *v. tr.* Destrabar.

DESENTRECHO (zentrecho) *m.* Desenlace.

DESENTRELINHAR (zentreliñar) *v. tr.* Quitar la entrerrenglonadura.

DESENTRETECER (zen) *v. tr.* Destejer.

DESENTREVAR (zen) *v. tr.* Quitar el tullimiento.

DESENTRINCHEIRAR (zentrincheirar) *v. tr.* Romper una trinchera. Desalojar de una trinchera.

DESENTRISTECER (zen) *v. tr.* Desentristecer. Ú. t. c. intr. y r.

DESENTROIXAR (zentroichar) *v. tr.* Lo mismo que DESENTROUXAR.

DESENTRONIZAR (zentronizar) *v. tr.* Destronar, desentronizar.

DESENTROUXAR (zentrouchar) *v. tr.* Desliar, desempaquetar.

DESENTULHADOR, RA (zentulla) *adj.* Que escombra, que desatierra.

DESENTULHAMENTO (zentulla) *m.* Acción de escombrar; desatierre (Amer.).

DESENTULHAR (zentullar) *v. tr.* Escombrar; desaterrar (Amer.), vaciar los escombros, quitar la tierra que obstruye algo. Desobstruir, descombrar.

DESENTULHO (zentullo) *m.* Lo mismo que DESENTULHAMENTO. Escombro; lo que se quita descombrando.

DESENTUPIMENTO (zen) *m.* Desobstrucción.

DESENTUPIR (zen) *v. tr.* Desobstruir, desatrampar, desatancar un tubo, cañón, conducto, etc.

DESENTURVAR (zen) *v. tr.* Quitar el enturbiamento.,

DESENTUSIASMO (zen) *m.* Desánimo, falta de entusiasmo.

DESENUBLAR (ze) *v. tr.* Desanublar.

DESENVASAR (zenvazar) *v. tr.* Desencallar. Desatascar. Ú. t. c. r.

DESENVASILHAR (zenvazillar) *v. tr.* Sacar de la vasija.

DESENVENENAR (zen) *v. tr.* Desemponzoñar, quitar el veneno.

DESENVEREDAR (zen) *v. intr.* Salir de la vereda, descarriarse.

DESENVERGAR (zen) *v. tr. Mar.* Desenvergar. *fam.* Desvestir, desnudar.

DESENVERGONHADO, DA (zenvergoña) *adj.* Desavergonzado.

DESENVERNIZAR (zenvernizar) *v. tr.* Desbarnizar. Deslustrar.

DESENVIESAR (zenviezar) *v. tr.* Quitar la sesgadura, poner derecho.

DESENVINCILHAR (zenvincillar) *v. tr.* Desliar, soltar, desatar, desprender, desembarazar, desenredar. Ú. t. c. r.

DESENVOLTAMENTE (zen) *adv. m.* Desenvueltamente.

DESENVOLTO, TA (zen) *adj. P. p.* de *Desenvolver.* Desenvuelto. Desembarazado. Ágil. Travieso. Libertino, licencioso, desenvuelto.

DESENVOLTURA (zen) *f.* Desenvoltura, desverguenza, deshonestidad, desparpajo. Desenvoltura, facundia. Agilidad. Desembarazo.

DESENVOLUÇÃO (zenvolusáum) *f.* Lo mismo que DESENVOLVIMENTO.

DESENVOLVENTE (zen) *adj.* Que desenvuelve; que desarrolla.

DESENVOLVER (zen) *v. tr.* Desarrollar, acrecentar, dar incremento. Ú. t. c. r. Desenvolver, desarrollar, extender, descoger. *v. r.* Desarrollarse, crecer. Desenvolverse, desempacharse, perder el empacho o encogimiento. *v. tr.* Desarrollar, explicar.

DESENVOLVIDO, DA (zen) *adj. P. p.* de *Desenvolver.* Desenvolvido, desenvuelto. Desarrollado. Adelantado, instruído. Aumentado, crecido.

DESENVOLVIMENTO (zen) *m.* Desarrollo. Desenvolvimiento. Amplitud.

DESENVOLVÍVEL (zen) *adj.* Desarrollable.

DESENXABIDAMENTE (zencha) *adv. m.* Desanimadamente, sin afectación. Insípidamente.

DESENXABIDEZ (zencha) *f.* Insipidez. Falta de gracia.

DESENXABIDO, DA (zencha) *adj.* Insípido. Sin gracia. Desanimado.

DESENXABIMENTO (zencha) *m.* Lo mismo que DESENXABIDEZ.

DESENXABIR (zencha) *v. tr.* Tornar insípido, o sin gracia.

DESENXAVIDO, DA (zencha) *adj.* Lo mismo que DESENXABIDO.

DESENXAVIMENTO (zencha) *m.* Lo mismo que DESENXABIMENTO.

DESENXAVIR (zencha) *v. tr.* Lo mismo que DESENXABIR.

DESENXOFRAMENTO (zencho) *m.* Acto de

DESENXOFRAR (zencho) *v. tr.* Quitar el azufre. Limpiar del azufre. Desenfadar.

DESENXOVALHADO, DA (zenchovalla) *adj. P. p.* de *Desenxovalhar.* Limpio, aseado. Desarrugado. Desagraviado.

DESENXOVALHAR (zenchovallar) *v. tr.* Limpiar, asear, lavar. Desagraviar. Desarrugar.

DESENXOVALHO (zenchovallo) *m.* Acción y efecto de DESENXOVALHAR.

DESEQUILIBRADO, DA (ze) *adj. P. p.* de *Desequilibrar.* Desequilibrado. Ú. t. c. s. m.

DESEQUILIBRAR (ze) *v. tr.* Desequilibrar. Ú. t. c. r.

DESEQUILÍBRIO (ze) *m.* Desequilibrio.

DESERÇÃO (zersáum) *f.* Deserción.

DESERTAR (zer) *v. tr.* Despoblar. *Mil.* Desertar. Ú. t. c. intr. Abandonar, dejar. *v. intr.* Desertar. Huir.

DESÉRTICO, CA (zèr) *adj.* Desierto, despoblado.

DESERTO, TA (zèr) *adj.* Desierto, despoblado, inhabitado, solitario. *m.* Desierto.

DESERTOR (zer) *m.* Desertor.

DESESPERAÇÃO (zesperasáum) *f.* Desesperación.

DESESPERADAMENTE (zes) *adv. m.* Desesperadamente.

DESESPERADO, DA (zes) *adj. P. p.* de *Desesperar.* Desesperado.

DESESPERADOR, RA (zes) *adj.* Desesperante.

DESESPERANÇA (zesperansa) *f.* Desesperanza, desesperación.

DESESPERANÇADO, DA (zesperansa) *adj. P. p.* de *Desesperançar.* Desesperanzado, desesperado.

DESESPERANÇAR (zesperansar) *v. tr.* Desesperanzar, desesperar.

DESESPERANTE (zes) *adj.* Desesperante.

DESESPERAR (zes) *v. intr.* Desesperar, desesperanzar. Ú. t. c. tr.

DESESPERATIVO, VA (zes) *adj.* Desesperante.

DESESPERO (zespé) *m.* Desesperación.

DESESTAGNAÇÃO (zestagnasáum) *f.* Acto de

DESESTAGNAR (zes) *v. tr.* Desatancar.

DESESTIMA (zes) *f.* Desestima, desestimación.

DESESTIMAÇÃO (zestimasáum) *f.* Desestimación.

DESESTIMAR (zes) *v. tr.* Desestimar, menospreciar: desechar, denegar.

DESESTIMÁVEL (zes) *adj.* Menospreciable.

DESESTORVAR (zes) *v. tr.* Quitar el estorbo, desembarazar.

DESESTORVO (zestór) *m.* Acto de *Desestorvar.*

DESESTRADAMENTE (zes) *adv. m.* Desastrada, torpemente.

DESESTRADO, DA (zes) *adj.* Desastrado, torpe.

DESESTRAMENTO (zes) *m.* Torpeza, inhabilidad.

DESESTRELEJAR (zestrelejar) *v. intr.* Quedar sin estrellas.

DESESTUDADAMENTE (zes) *adv. m.* Naturalmente, sin afectación.

DESESTUDADO, DA (zes) *adj.* Natural, simple, sin afectación.

DESESTUDO (zes) *m.* Falta de estudio, ignorancia.

DESEXCOMUNGAR (zes) *v. tr.* Levantar la excomunión.

DESEXCOMUNHÃO (zescomuñáum) *f.* Acción y efecto de *Desexcomungar.*

DESFABRICAR *v. tr.* Deshacer, desarreglar, desconcertar lo fabricado.

DESFAÇADAMENTE (sa) *adv. m.* Desfachatadamente.

DESFAÇADO, DA (sa) *adj. P. p.* de *Desfaçar-se.* Desfachatado.

DESFAÇAMENTO (sa) *m.* Lo mismo que DESFAÇATEZ.

DESFAÇAR-SE (sar) *v. r.* Descararse, descocarse, desvergonzarse.

DESFAÇATEZ (sa) *f.* Desfachatez.

DESFAÇATOSO, SA (satozo, ózo) *adj.* Desfachatado.

DESFADIGA *f.* Descanso, alivio.

DESFADIGAR *v. tr.* Quitar el cansancio, aliviar. *v. r.* Descansar.

DESFALCAMENTO *m.* Desfalco.

DESFALCAR *v. tr.* Desfalcar, descabalar; apropiarse bienes ajenos el depositario de ellos. Privar.

DESFALECÊNCIA (cén) *f.* Lo mismo que DES-FALECIMENTO.

DESFALECENTE *adj.* Desfalleciente.

DESFALECER *v. tr. e intr.* Desfallecer.

DESFALECIDO, DA *adj. P. p.* de *Desfalecer.* Desfallecido. Amortiguado. Flojo, desanimado, abatido, lánguido, desmayado. Falto. Poco intenso.

DESFALECIMENTO *m.* Desfallecimiento.

DESFALÊNCIA (lén) *f.* Lo mismo que DESFA-LECIMENTO.

DESFALQUE *m.* Desfalco.

DESFANATIZAR (zar) *v. tr.* Desfanatizar, quitar el fanatismo.

DESFANTASIAR (ziar) *v. tr.* Desilusionar, desengañar, desencantar.

DESFARELAR *v. tr.* Lo mismo que ESFARELAR.

DESFASTIO (tío) *m.* Apetito. Desenfado, buen humor, jovialidad. *Por* —. *m. adv.* Por entretenimiento.

DESFAVOR *m.* Disfavor.

DESFAVORÁVEL *adj.* Desfavorable, adverso, perjudicial.

DESFAVORAVELMENTE *adv. m.* Desfavorablemente.

DESFAVORECER *v. tr.* Desfavorecer, desairar; desayudar.

DESFAZEDOR, RA (ze) *adj.* Deshacedor. Ú. t. c. s. *m. fam.* Persona envidiosa que todo menosprecia.

DESFAZER (zer) *v. tr.* Deshacer (descomponer, desbaratar, destruir lo hecho; dividir, destrozar, despedazar, atenuar; revocar, anular; derrotar; derretir, liquidar, desleír) Ú. t. c. r. Desdeñar, menospreciar.

DESFAZIMENTO (zi) *m.* Menoscabo, ruína, daño, destrucción. Acción de deshacer.

DESFEAR *v. tr.* Afear, desfigurar, desemejar.

DESFEBRAR *v. tr.* Deshebrar.

DESFECHAR (char) *v. tr.* Descargar, disparar, descerrajar (un arma de fuego). Tirar, arrojar, lanzar. Soltar, dar. Abrir, quitar el sello. Desahogar. *v. tr.* Rematar, concluir, acabar, tener desenlace.

DESFECHO (cho) *m.* Término, resultado, conclusión, remate. Desenlace, desenredo.

DESFEITA *f.* Ofensa, afrenta, insulto, injuria, agravio. Desconsideración.

DESFEITEADOR *m.* Que insulta, afrenta o agravia.

DESFEITEAR *v. tr.* Desconsiderar, injuriar, insultar, agraviar, afrentar.

DESFEITO, TA *adj. P. p. irreg.* de *Desfazer.* Deshecho. Violento, impetuoso, fuerte, deshecho.

DESFERIMENTO *m.* Acción y efecto de

DESFERIR *v. tr.* Soltar, desplegar, desaferrar. Blandir (un arma). Hacer vibrar (las cuerdas de un instrumento músico). Entonar. Arrojar, lanzar, tirar, despedir, disparar. Soltar; abrir; expandir. Manifestar, enseñar, mostrar, patentizar. *v. intr.* Hacerse de vela.

DESFERRAR *v. tr.* Desherrar. Ú. t. c. r. *Mar.* Desaferrar.

DESFERROLHAR (llar) *v. tr.* Lo mismo que DESA-FERROLHAR.

DESFERRUJAR (jar) *v. tr.* Lo mismo que DE-SENFERRUJAR.

DESFERTILIZAR (zar) *v. tr.* Quitar la fertilidad.

DESFERVOROSO, SA (rozo, óza) *adj.* Que no tiene fervor o entusiasmo, desanimado.

DESFIADO, DA *adj. P. p.* de *Desfiar.* Deshilachado. Deshilado. Desmenuzado. *m.* Lo que se deshila. *pl.* Deshilado.

DESFIADURA *f.* Deshiladura.

DESFIAR *v. tr.* Deshilar (sacar hilos de una tela, reducir algo a hilos). Deshilachar. Desfilar. Correr en hilo. Ú. t. c. intr. Soltar en hilos. Desmenuzar, referir minuciosamente. *v. r.* Desenredarse. Desarticularse.

DESFIBRAÇÃO (sáum) *f.* Acción y efecto de *Desfibrar.*

DESFIBRADO, DA *adj. P. p.* de *Desfibrar.* Deshebrado; deshilado, desfibrado. Insensible (hablando de personas).

DESFIBRADOR, RA *adj.* Desfibrador, Ú. t. c. s.

DESFIBRAMENTO *m.* Calidad de insensible, flojo, apocado. Acto de

DESFIBRAR *v. tr.* Deshebrar. Desfibrar. Desmenuzar, examinar circunstanciadamente.

DESFIGURAÇÃO (sáum) *f.* Desfiguración.

DESFIGURADO, DA *adj. P. p.* de *Desfigurar.* Desfigurado, alterado, demudado.

DESFIGURAR *v. tr.* Desfigurar, cambiar, desemejar, ajar el semblante. Alterar, cambiar la forma de alguna cosa. Deformar. *v.r.* Desfigurarse, inmutarse, alterarse, demudarse.

DESFIGURÁVEL *adj.* Que se puede desfigurar.

DESFILADA *f.* Desfile. *Em* —. *m. adv.* A la deshilada.

DESFILADEIRO *m.* Desfiladero.

DESFILAR *v. intr.* Desfilar (marchar, caminar en fila, salir varias personas de algún sítio, una tras otra). *Mil.* Desfilar.

DESFILE *m.* Desfile.

DESFILHAR (llar) *v. tr.* Desfilar (un enjambre). *Agr.* Desyemar, deslechugar; desfollonar.

DESFITAR *v. tr.* Apartar la vista, no fijar, alejar los ojos. *v. r.* Desviarse.

DESFIVELAR *v. tr.* Lo mismo que DESAFIVE-LAR.

DESFLORAÇÃO (sáum) *f.* Desfloramiento. Desfloración.

DESFLORAMENTO *m.* Desfloramiento. Desfloración.

DESFLORAR *v. tr.* Desflorar (ajar, deslustrar, quitar la flor; desvirgar, tratar superficialmente un asunto).

DESFLORECER *v. tr.* Desflorecer, perder la flor. Marchitarse. Ajarse.

DESFLORECIMENTO *m.* Desflorecimiento. Marchitamiento.

DESFLORESTAÇÃO (sáum) *f.* Lo mismo que

DESFLORESTAMENTO *m.* Acción y efecto de

DESFLORESTAR *v. tr.* Derribar las matas.

DESFLORIR *v. intr.* Desflorecer.

DESFOLHA (fòlla) *f.* Deshoja. Deshoje.

DESFOLHAÇÃO (llasáum) *f.* Deshojadura.

DESFOLHADA (lla) *f.* Acción de deshollejar el maíz.

DESFOLHADO, DA (lla) *adj. P. p.* de *Desfolhar.* Deshojado.

DESFOLHADOR, RA (lla) *adj.* Deshojador. Ú. t. c. s.

DESFOLHADURA (lla) *f.* Lo mismo que

DESFOLHAMENTO (lla) *m.* Deshojadura.

DESFOLHAR (llar) *v. tr.* Deshojar. Ú. t. c. r.

DESFOLHÁVEL (llá) *adj.* Que se puede deshojar.

DESFOLHO (fóllo) *m.* Lo mismo que DESFO-LHADA.

DESFORÇADO, DA (sa) *adj. P. p.* de *Desforçar.* Desagraviado; vengado. Esforzado, valiente, fuerte.

DESFORÇADOR, RA (sa) *adj.* Vengador; desagraviador. Ú. t. c. s.

DESFORÇAMENTO (sa) *m.* Venganza. Desagravio.

DESFORÇAR (sar) *v. tr.* Vengar; desagraviar. Ú. t. c. r. *v. r.* Desforzarse. Desquitarse.

DESFORÇO (fórso) *m.* Desagravio; venganza. Acción de desforzarse. Reparación; indemnización, Desquite.

DESFORMAR *v. tr.* Deformar, desformar.

DESFORMOSEAR (zear) *v. tr.* Afear.

DESFORRA *f.* Venganza, despique. Desagravio. Satisfacción. Desquite.

DESFORRAR *v. tr.* Desforrar, quitar el forro a una cosa. Vengar, desagraviar, satisfacer. Ú. t. c. r. *v. r.* Desforzarse. Indemnizarse. Resarcirse. Desquitarse (en el juego).

DESFORRO (fó) *m.* Lo mismo que DESFORRA.

DESFORTALECER *v. tr.* Desfortalecer. Desfortificar.

DESFORTUNA *f.* Desventura, infelicidad, infortunio, desgracia.

DESFORTUNADO, DA *adj.* Desafortunado, desventurado.

DESFORTÚNIO *m.* Infortunio.

DESFORTUNOSO, SA (nozo, óza) *adj.* Desafortunado, desventurado.

DESFRADAR *v. tr.* Desenfrailar.

DESFRALDAR *v. tr. Mar.* Desaferrar, soltar. Soltar, desplegar.

DESFRANGIR (jir) *v. tr.* Descoger, desarrugar.

DESFRANJAR (jar) *v. tr.* Desflecar.

DESFRANZIR (zir) *v. tr.* Descoger, desarrugar, desplegar, desdoblar.

DESFRATERNIZAR (zar) *v. tr.* Desarmonizar.

DESFREAR *v. tr.* Desenfrenar, desfrenar.

DESFRECHAR (char) *v. tr.* Arrojar, tirar, disparar (saetas, flechas).

DESFREIO *m.* Desenfreno.

DESFREMA *f.* Impaciencia.

DESFRONDESCER *v. intr.* Deshojarse.

DESFRUIDOR, RA *adj.* Disfrutador.

DESFRUIR *v. tr.* Lo mismo que DESFRUTAR.

DESFRUTA *f. Bras.* Cosecha de cocos.

DESFRUTADOR, RA *adj.* Disfrutador. *fam.* Chacotero. *fam.* Gorrista.

DESFRUTAR *v. tr.* Disfrutar. Usufructuar. Gozar. Apreciar. gustar. Chacotear. *fam.* Vivir a costa de otro.

DESFRUTÁVEL *adj.* Disfrutable.

DESFRUTE *m.* Disfrute. *fam.* Burla, mofa. *Dar-se ao* —. *fr.* Hacer algo que sea motivo de burla o mofa.

DESFRUTO *m.* Disfrute.

DESFUNDAR *v. tr.* Desfondar. Ú. t. c. r.

DESGABAR *v. tr.* Denostar, vituperar, despreciar, menospreciar, desestimar.

DESGABO *m.* Acto de *Desgabar.* Desprecio; vituperio.

DESGADELHAR (llar) *v. tr.* Lo mismo que DES-GUEDELHAR.

DESGALANTE *adj.* Descortés.

DESGALGAR *v. tr.* Despeñar, precipitar, desgalgar. Ú. t. c. r.

DESGALGUE *m.* Desgalgadero.

DESGALHAR (llar) *v. tr.* Desgajar. Despojar un árbol, quitarle las ramas.

DESGARANTIA (tía) *f.* Falta de garantía.

DESGARANTIDO, DA *adj.* No garantizado.

DESGARRADA *f.* Desafío (canto).

DESGARRADAMENTE *adv. m.* Desgarradamente. Desenvueltamente. Garrando.

DESGARRADO, DA *adj. P. p.* de *Desgarrar.* Descarriado. Descaminado. Caprichoso. Suelto, libre. Pervertido, libertino, desgarrado.

DESGARRÃO (rráum) *m.* Lo mismo que ESGARRÃO.

DESGARRAR *v. tr. Mar.* Garrar, garrear. Desgarritar. Descarriar, descaminar. Ú. t. c. r. Pervertir. *v. r.* Desgarrarse. Extraviarse.

DESGARRE *m.* Descarrío; descamino. Acción de garrar. Desgarro, descaro. Audacia. Elegancia, garbo, gallardía.

DESGARRO *m.* Lo mismo que DESGARRE.

DESGARRONAR *v. tr.* Desjarretar.

DESGASTAR *v. tr.* Desgastar, consumir.

DESGASTE *m.* Desgaste.

DESGASTO, TA *adj.* Desgastado. *m.* Desgaste.

DESGELADOR, RA (je) *adj.* Que deshiela.

DESGELAR (je) *v. tr.* Deshelar.

DESGENEROSO, SA (jenerozo, óza) *adj.* Que no es generoso.

DESGOELAR-SE *v. r.* Desgañitarse.

DESGORJADO, DA (jado) *adj.* Escotado, enseñando el cuello.

DESGOSTANTE *adj.* Que disgusta.

DESGOSTAR *v. tr.* Disgustar. Ú. t. c. r. *v. r.* Disgustarse, desazonarse, enojarse. Aburrirse. *v. intr.* Tener disgusto. No gustar.

DESGOSTO (gós) *m.* Disgusto (desazón, desabrimiento; disensión, desavenencia; sentimiento, inquietud, pena; fastidio, tedio, desagrado, enfado).

DESGOSTOSAMENTE (tòza) *adv. m.* Disgustadamente.

DESGOSTOSO, SA (tozo, òza) *adj.* Disgustado, desazonado, desagradable, enfadoso, fastidioso, enojoso; disgustoso (*Amer.*).

DESGOVERNAÇÃO (sáum) *f.* Desgobierno.

DESGOVERNADAMENTE *adv. m.* Con desgobierno, desordenadamente; descomedidamente.

DESGOVERNADO, DA *adj. P. p.* de *Desgovernar.* Desgobernado.

DESGOVERNAR *v. tr.* Desgobernar. *v. intr. Mar.* Desgobernar.

DESGOVERNO (vér) *m.* Desgobierno.

DESGRAÇA (sa) *f.* Desgracia.

DESGRAÇADAMENTE (sa) *adv. m.* Desgraciadamente.

DESGRAÇADO, DA (sa) *adj.* P. p. de *Desgraçar.* Desgraciado. Ú. t. c. s.

DESGRAÇAR (sar) *v. tr.* Desgraciar, echar a perder, hacer malograrse. Ú. t. c. r. Perjudicar. Hacer desgraciado.

DESGRACEIRA *f.* Sucesión de desgracias.

DESGRACIADO, DA *adj.* Desgraciado (falto de gracia).

DESGRACIAMENTO *m.* Desgracia.

DESGRACIAR *v. tr.* Desgraciar. Sentir, condolerse de la desgracia de.

DESGRACIOSIDADE (zi) *f.* Falta de gracia, desgarbo.

DESGRACIOSO, SA (ciozo, òza) *adj.* Desgraciado, falto de gracia, de habilidad; desgarbado.

DESGRADUAR *v. tr.* Degradar.

DESGRAVIDAÇÃO (sáum) *f.* Alumbramiento.

DESGRAVIDAR *v. intr.* Parir.

DESGRAXAMENTO (cha) *m.* Desgrase.

DESGRAXAR (char) *v. tr.* Desgrasar. Desengrasar.

DESGRENHADO, DA (ña) *adj.* P. p. de *Desgrenhar.* Desgreñado; despeinado; despeluzado.

DESGRENHAMENTO (ña) *m.* Despeluzamiento.

DESGRENHAR (ñar) *v. tr.* Desgreñar; despeinar, descabellar; desmelenar; despeluzar. Ú. t. c. r.

DESGRILHOAR (lloar) *v. tr.* Lo mismo que DESAGRILHOAR.

DESGRINALDAR *v. tr.* Lo mismo que DESENGRINALDAR.

DESGRUDAR *v. tr.* Desencolar; desengrudar; despegar.

DESGRUMAR *v. tr.* Descuajar.

DESGUARDAR *v. tr.* No guardar; desprevinir.

DESGUARITAR-SE *v. tr.* Extraviarse, descarriarse.

DESGUARNECER *v. tr.* Desguarnecer.

DESGUEDELHADO, DA (lla) *adj.* P. p. de *Desguedelhar.* Desgreñado, despeinado, descabellado.

DESGUEDELHAR (llar) *v. tr.* Desgreñar, despeinar, descabellar, despeluzar.

DESGUIAR *v. intr. fam.* Marcharse.

DESIDERATO (zi) *m.* Desidertum.

DESÍDIA (zí) *f.* Desidia, negligencia, descuido, inercia; pereza.

DESÍDIO (zi) *m.* Lo mismo que DESÍDIA.

DESIDIOSAMENTE (zidiòza) *adv. m.* Desidiosamente, con negligencia.

DESIDIOSO, SA (zidiozo, òza) *adj.* Desidioso, negligente.

DESIDRATAÇÃO (zidratasáum) *f.* Deshidratación.

DESIDRATAR (zi) *v. tr.* Deshidratar. Ú. t. c. r.

DESIDROGENAÇÃO (zidrojenasáum) *f.* Deshidrogenización.

DESIDROGENAR (zidroje) *v. tr.* Deshidrogenar.

DESIGNAÇÃO (zignasáum) *f.* Designación.

DESIGNAR (zi) *v. tr.* Designar, señalar, destinar para un fin. Enseñar. Nombrar.

DESÍGNIO (zí) *m.* Designio, pensamiento, intención, propósito.

DESIGUAL (zi) *adj.* Desigual.

DESIGUALAR (zi) *v. tr.* Desigualar.

DESIGUALDADE (zi) *f.* Desigualdad.

DESILUDIDO, DA (zi) *adj.* Desilusionado, desencantado, desengañado.

DESILUDIR (zi) *v. tr.* Desilusionar, desengañar, desencantar. Ú. t. c. r

DESILUSÃO (ziluzáum) *f.* Desilusión, desencanto.

DESILUSIVO, VA (ziluzi) *adj.* Que desilusiona.

DESILUSO, SA (ziluzo) *adj.* Lo mismo que DESILUSÓRIO, RIA (ziluzó) *adj.* Desilusionado.

DESILUSTRAR-SE (zi) *v. tr.* Perder el buen nombre, la fama de ilustre.

DESIMAGINAR (zimaji) *v. tr.* Desimaginar, borrar de la imaginación.

DESIMAGINOSO, SA (zimajinozo, òza) *adj.* Que no tiene imaginación.

DESIMPEDIDAMENTE (zim) *adv. m.* Desembarazadamente, libremente.

DESIMPEDIDO, DA (zim) *adj.* Libre, desembarazado; despejado.

DESIMPEDIMENTO (zim) *m.* Desembarazo; desahogo.

DESIMPEDIR (zim) *v. tr.* Desobstruir, desembarazar, despejar.

DESIMPOR (zim) *v. tr. Impr.* Desimponer.

DESIMPRENSAR (zim) *v. tr.* Desaprensar. Sacar de la prensa.

DESIMPRESSIONAR (zimpresio) *v. tr.* Desimpresionar.

DESIMPUREZA (zimpureza) *f.* Impureza.

DESINÇAR (zinsar) *v. tr.* Desinficionar, desinfectar. Purificar, limpiar. Librar de cosas perjudiciales.

DESINCHAR (zinchar) *v. tr.* Deshincar (en todas las acepciones de esta voz). Ú. t. c. r. e intr.

DESINCLINAÇÃO (zinclinasáum) *f.* Acción y efecto de

DESINCLINAR (zin) *v. tr.* Desinclinar. Enderezar; aplomar.

DESINCOMPATIBILIZAÇÃO (zincompatibilizasáum) *f.* Accion y efecto de

DESINCOMPATIBILIZAR (zincompatibilizar) *v. tr.* Quitar la incompatibilidad.

DESINCUMBRIR-SE (zin) *v. tr.* Descargarse, cumplir, desobligarse.

DESINDIVIDUALIZAR-SE (zindividualizar) *v. r.* Perder la individualidad.

DESINÊNCIA (zinén) *f. Gram.* Desinencia.

DESINFAMAR (zin) *v. tr.* Restablecer, limpiar de la infamia.

DESINFECÇÃO (zinfecsáum) *f.* Desinfección.

DESINFECCIONAR (zi) *v. tr.* Desinficionar, desinfectar.

DESINFELIZ (zin) *adj. Pop.* Infeliz.

DESINFESTAR (zin) *v. tr.* Librar de lo que infiesta.

DESINFETANTE (zin) *adj.* Desinfectante. Ú. t. c. s.

DESINFETAR (zin) *v. tr.* Desinfectar, desinfeccionar, desinficionar. *v. intr. fam.* Marcharse.

DESINFETÓRIO (zinfectó) *m.* Desinfectorio

DESINFLAÇÃO (zinflasáum) *f.* Acción y efecto de desinflar.

DESINFLAMAÇÃO (zinflamsáum) *f.* Desinflamación.

DESINFLAMAR (zin) *v. tr.* Desinflamar.

DESINFLAR (zin) *v. tr.* Desinflar.

DESINFLUENCIADO, DA (zin) *adj.* Lo mismo que

DESINFLUÍDO, DA (zin) *adj.* Libre de la influencia de una cosa o de alguien. Desanimado, desalentado.

DESINFLUIR (zin) *v. tr.* Quitar la influencia. Desanimar, desalentar.

DESINIBIR (zi) *v. tr.* Quitar la inhibición. Permitir.

DESINJURIAR (zinju) *v. tr.* Desagraviar; quitar la afrenta de la injuria.

DESINQUIETAÇÃO (zinquietasáum) *f.* Inquietud, desasosiego, desasón. Acto de inquietar.

DESINQUIETAR (zin) *v. tr.* Inquietar, desasosegar, turbar la quietud. Importunar. Desafiar, provocar.

DESINQUIETO, TA (zinquiè) *adj. fam.* Inquieto. Travieso.

DESINSCULPIR (zins) *v. tr.* Deshacer la escultura de.

DESINSTRUÍDO, DA (zins) *adj.* Falto de instrucción, ignorante.

DESINTEGRAÇÃO (zintegrasáum) *f.* Acto de

DESINTEGRAR (zin) *v. tr.* Quitar la integridad a una cosa.

DESINTELIGÊNCIA (zintelijència) *f.* Desinteligencia, desacuerdo, desavenencia. Enemistad.

DESINTENCIONADO, DA (zin) *adj.* Lo mismo que

DESINTENCIONAL (zin) *adj.* No intencional; involuntario.

DESINTERESADO, DA (zinteresa) *adj.* P. p. de *Desinteressar.* Desinteresado, desprendido.

DESINTERESSADAMENTE (zinteresa) *adv. m.* Desinteresadamente.

DESINTERESSANTE (zinteresan) *adj.* Falto de interés, no interesante.

DESINTERESSAR (zinteresar) *v. tr.* Quitar el interés. *v. r.* Desinteresarse.

DESINTERESSE (zinterése) *m.* Desinterés, desprendimiento.

DESINTERESSEIRO, RA (zinteresei) *adj.* Desinteresado, desprendido.

DESINTERNACIONALIZAR (zinternacionalizar) *v. tr.* Quitar el carácter internacional.

DESINTERNAR (zin) *v. tr.* Sacar, hacer salir del interior. Quitar la calidad de interno.

DESINTESTINAR (zin) *v. tr.* Sacar los intestinos.

DESINTRICAR (zin) *v. tr.* Desenmarañar, desenredar. Aclarar, explicar.

DESINTRINCAR (zin) *v. tr. fam.* Lo mismo que DESINTRICAR.

DESINTUMECER (zin) *v. tr.* Deshinchar, desinflamar, quitar la intumescencia. Ú. t. c. intr.

DESINVEJA (zinvèja) *f.* Falta de envidia; cualidad de

DESINVEJOSO, SA (zinvejoso, òza) *adj.* Que nos es envidioso.

DESINVERNAR (zin) *v. intr.* Ablandarse el invierno. Desinvernar (dejar la tropa sus cuarteles de invierno).

DESINVESTIR (zin) *v. tr.* Exonerar. Quitar una dignidad.

DESINVOLUIR (zin) *v. tr.* Retroceder, dejar de evolucionar.

DESIPOTECAR (zi) *v. tr.* Deshipotecar, quitar o levantar la hipoteca.

DESIRMANADO, DA (zir) *adj.* Deshermanado; desemparejado.

DESIRMANAR (zir) *v. tr.* Deshermanar; desemparejar. *v. r.* Deshermanarse.

DESIRMÃO, MÃ (zirmáum, man) *adj.* Deshermanado, desemparejado, desigual.

DESISCAR (zis) *v. tr.* Quitar el cebo del anzuelo.

DESISTÊNCIA (zistén) *f.* Desistimiento, desistencia.

DESISTENTE (zis) *adj.* Que desiste o desistió.

DESISTIÇÃO (zistisáum) *f.* Desistimiento.

DESISTIR (zis) *v. intr.* Desistir. Renunciar.

DESISTIVO, VA (zis) *adj.* Purgativo.

DESJARRETAR (ja) *v. tr.* Desjarretar.

DESJEITO (jei) *m.* Falta de aptitud, habilidad o dextreza.

DESJEITOSO, SA (jeitozo, òza) *adj.* Lo mismo que DESAJEITADO.

DESJEJUA (jejua) *f.* Desayuno.

DESJEJUAR-SE (jejuar) *v. r.* Desayunarse.

DESJUIZAR (juízar) *v. tr.* Lo mismo que DESAJUIZAR.

DESJUNGIR (junjir) *v. tr.* Desuncir.

DESJUNTAR (jun) *v. tr.* Desjuntar, desunir, separar.

DESLABIADO, DA *adj.* Que no tiene labios.

DESLAÇAMENTO (sa) *m.* Desenlace (acto de desenlazar).

DESLAÇAR (sar) *v. tr.* Desenlazar.

DESLACRAR *v. tr.* Romper un sello de lacre.

DESLADRILHAR (llar) *v. tr.* Desenladrillar, desladrillar.

DESLADRILHO (llo) *m.* Acto de desenladrillar.

DESLAGEAMENTO (jea) *m.* Acto de

DESLAGEAR (jear) *v. tr.* Desembaldosar; desenlosar.

DESLAIADO, DA *adj. Port.* Desanimado.

DESLAIO *m. Port.* Desánimo.

DESLAMBIDO, DA *adj.* Lo mismo que DELAMBIDO.

DESLANAR *v. tr.* Equilar (cortar la lana).

DESLANCHAR (char) *v. intr.* Disparar.

DESLAPIDAR *v. tr.* Apagar.

DESLARGAR *v. intr.* Desandar, retroceder.

DESLASSAR (sar) *v. tr.* Aflojar; ensanchar.

DESLASTRAR *v. tr.* Deslastrar.

DESLASTRE *m.* Deslastre.

DESLASTREADO, DA *adj.* Sin lastre.

DESLAVADO, DA *adj.* P. p. de *Deslavar.* Deslavado, descarado, desvergonzado, atrevido, descocado. Deslavado, descolorido. Deslavado, desabrido, sin gracia.

DESLAVAMENTO *m.* Deslavadura. Descaro, descoco, desverguenza.

DESLAVRA *f.* Acto de

DESLAVRAR *v. tr.* Labrar por segunda vez un campo.

DESLAVRAR *v. tr.* Deslavar, descolorir, quitar color. *v. r.* Desvergonzarse, descorarse.

DESLAVRE *m.* Lo mismo que DESLAVRA.

DESLEAL *adj.* Desleal, traidor.

DESLEALDADE *f.* Deslealtad.

DESLEALDAR *v. tr.* Ser desleal; proceder deslealmente.

DESLEALDOSO, SA (dozo, òza) *adj.* Desleal.

DESLEGITIMAR (ji) *v. tr.* Ilegitimar.

DESLEITAR *y. tr.* Destetar.

DESLEIXAÇÃO (chasáum) *f.* Lo mismo que DESLEIXO.

DESLEIXADAMENTE (cha) *adv. m.* Negligente, indolente, descuidadamente.

DESLEIXADO, DA (cha) *adj. P. p.* de *Desleixar.* Negligente, descuidado; flojo, indolente, peresozo.

DESLEIXAMENTO (cha) *m.* Lo mismo que DESLEIXO.

DESLEIXAR (char) *v. tr.* Descuidar, desatender. *v. r.* Descuidarse, hacerse negligente o indolente.

DESLEMBRADO, DA *adj. P. p.* de *Deslembrar.* Desmemoriado. Olvidadado.

DESLEMBRANÇA (sa) *f.* Desmemoria. Olvido.

DESLEMBRAR *v. tr.* Olvidar. *v. r.* Desmemoriarse. Olvidarse.

DESLENDEAR *v. tr.* Quitar las liendres.

DESLETRADO, DA *adj.* Sin instrucción, analfabeto.

DESLIAR *v. tr.* Desliar, desatar.

DESLIGAMENTO *m.* Desligadura.

DESLIGAR *v. tr.* Desligar (en todas las acepciones de esta voz) Ú. t. c. r.

DESLINDAÇÃO (sáum) *f.* Lo mismo que

DESLINDAMENTO *m.* Deslindamiento, deslinde.

DESLINDAR *v. tr.* Deslindar, demarcar límites y confines. Desenredar, desembarazar. Deslindar, aclarar, fijar, poner en su punto una cosa.

DESLINDE *m.* Deslinde, deslindamiento.

DESLINGUADO, DA *adj.* Deslenguado. Ú. t. c. s.

DESLINGUAR *v. tr.* Deslenguar. *v. r. fig.* Deslenguarse.

DESLISURA (zu) *f.* Doblez.

DESLIZADEIRO (za) *m.* Deslizadero, paraje resbaladizo.

DESLIZAMENTO (za) *m.* Deslizamiento, desliz, resbalón.

DESLIZAR (zar) *v. intr.* Deslizar, escurrirse, correrse. Desprenderse. Transcurrir. Desviarse. *v. tr.* Desflorar (un asunto).

DESLIZE (ze) *m.* Desliz, resbalón. Descuido. Equivocación. Falta, culpa.

DESLIZO (zo) *m.* Lo mismo que DESLIZAMENTO.

DESLOCAÇÃO (sáum) *f.* Dislocación.

DESLOCADO, DA *adj. P. p.* de *Deslocar.* Dislocado; desencajado; desquiciado. Despropositado. Intempestivo.

DESLOCAMENTO *m.* Dislocación, dislocadura.

DESLOCAR *v. tr.* Dislocar; descoyuntar; desquiciar; desarticular. Ú. t. c. r. Transferir; trasladar.

DESLODAMENTO *m.* Acto de

DESLODAR *v. tr.* Desenlodar. Deslamar.

DESLOGRAR *v. tr.* No lograr.

DESLOMBAR *v. tr.* Deslomar.

DESLOUVAR *v. tr.* Lo mismo que DESGABAR.

DESLOUVOR *m.* Lo mismo que DESGABO.

DESLUMBRADAMENTE *adv. m.* Con deslumbramiento.

DESLUMBRADORAMENTE *adv. m.* Con deslumbramiento.

DESLUMBRAMENTO *m.* Deslumbramiento.

DESLUMBRÂNCIA (brán) *f.* Deslumbramiento.

DESLUMBRANTE *adj.* Deslumbrante. Maravilloso. Admirable. Espléndido, magnífico.

DESLUMBRAR *v. tr.* Deslumbrar (en todas las acepciones de esta voz). Ú. t. c. r.

DESLUMBRATIVO, VA *adj.* Deslumbrante.

DESLUMBRE *m.* Deslumbramiento, deslumbre.

DESLUMBROSO, SA (brozo, òza) *adj.* Lo mismo que DESLUMBRANTE.

DESLUSTRADOR, RA *adj.* Deslustrador, que deslustra, que desluce.

DESLUSTRAL *adj.* Que desluce. Que no es lustral.

DESLUSTRAR *v. tr.* Deslustrar; deslucir.

DESLUSTRE *m.* Deslustre; deslucimiento; descrédito; mancha.

DESLUSTRO *m.* Lo mismo que DESLUSTRE.

DESLUSTROSO, SA (trozo, òza) *adj.* Deslustroso, deslucido, indecoroso. Deslustrado.

DESLUVADO, DA *adj.* Desenguantado. Descortés.

DESLUZIDAMENTE (zi) *adv. m.* Deslucidamente.

DESLUZIDO, DA (zi) *adj.* Deslucido.

DESLUZIDOR, RA (zi) *adj.* Que desluce.

DESLUZIR (zir) *v. tr.* Deslucir. Ú. t. c. r.

DESMACULAR *v. tr.* Quitar las manchas o máculas en la virtud o fama.

DESMAGINAR (ji) *v. tr.* Desimaginar.

DESMAIADAMENTE *adj. m.* Lánguidamente. Con descoloramiento.

DESMAIADO, DA *adj., P. p.* de *Desmaiar.* Desmayado, apagado (dícese del color).

DESMAIAR *v. tr.* Descolorar, descolorir, amortiguar. Ú. t. c. intr. *v. intr.* Deslucirse. Palidecer, ponerse pálido. Desmayarse, desfallecer. *v. tr.* Hacer desmayar, desalentar, desanimar. Ú. t. c. intr.

DESMAIO *m.* Desmayo, deliquio. Palidez. Desánimo.

DESMALHAR (llar) *v. tr.* Desmallar.

DESMAMA *f.* Destete.

DESMAMAÇÃO (sáum) *f.* Destete.

DESMAMA-CRIANÇA (sa) *m.* Hombre muy feo. Bu.

DESMAMADEIRA *f.* Destetadera.

DESMAMAMENTO *m.* Destete.

DESMAMAR *v. tr.* Destetar, desmamar.

DESMAME *m.* Destete.

DESMAMO *m.* Destete.

DESMANAR *v. tr.* Separar de la manada o rebaño. *v. r.* Desmanarse, desmandarse el ganado.

DESMANCHADAMENTE (cha) *adv. m.* Desconcertada, descompuesta, desarregladamente.

DESMANCHADÃO, DÁ (chadáum, dán) *adj.* Desgraciado, desgarbado, esmazalado. Ú. t. c. s.

DESMANCHADEIRA (cha) *f.* Mujer que facilita abortamientos.

DESMANCHADELA (chadè) *f.* Acto de *Desmanchar.*

DESMANCHADIÇO, ÇA (chadiso) *adj.* Fácil de deshacerse o desarreglarse.

DESMANCHADO, DA (cha) *adj. P. p.* de *Desmanchar.* Deshecho, desarreglado, desconcertado, desordenado. Destruído. Descomedido. Descoyuntado, desquiciado. Desgarbado.

DESMANCHA-PRAZERES (cha-praze) *m.* Aguafiestas.

DESMANCHAR (char) *v. tr.* Deshacer, desarreglar, desconcertar; desordenar. Ú. t. c. r. Dislocar, desencajar; descoyuntar. Inutilizar. Revocar, anular. Analisar. *v. r.* Descomedirse. Menearse mucho.

DESMANCHA-SAMBAS (cha-sam) *m. Germ.* Alborotapueblos.

DESMANCHO (cho) *m.* Desarreglo; acción de deshacer. *fam.* Abortamiento.

DESMANDADAMENTE *adv. m.* Descomedidamente.

DESMANDADO, DA *adj. P. p.* de *Desmandar.* Desmandado. Desobediente, descomedido.

DESMANDAMENTO *m.* Desmandamiento.

DESMANDAR *v. tr.* Desmandar *v. r.* Desmandarse, descomedirse, propasarse.

DESMANDIBULAÇÃO (sáum) *f.* Desquijaramiento.

DESMANDIBULAR *v. tr.* Desquijarar. Descarrillar, desbaratar los carrillos. Quitar las mandíbulas o quijadas. *v. intr.* Quedar boquiabierto.

DESMANDO *m.* Descomedimiento. Abuso. Desorden, desarreglo. Desmandamiento.

DESMANEAR *v. tr.* Desmanear (quitar las maniotas a las bestias).

DESMANGOLADO, DA *adj.* Desmañado. Desgarbado.

DESMANHOSO, SA (ñozo, òza) *adj.* Que no tiene mañas.

DESMANTELADAMENTE *adv. m.* Con desmantelamiento.

DESMANTELADO, DA *adj. P. p.* de *Desmantelar.* Desmantelado; desarbolado. Desarreglado, descoyuntado; desconcertado.

DESMANTELAMENTO *m.* Desmantelamiento.

DESMANTELAR *v. tr.* Destruir, demolir; desmantelar. Desmantelar, desarbolar. Desaparejar. Desconcertar, desarreglar, desordenar. Ú. t. c. r.

DESMANTELO (té) *m.* Desmantelamiento. Desconcierto, desarreglo.

DESMANZELADO, DA (ze) *adj. Port.* Lo mismo que DESMAZELADO.

DESMARANHAR (ñar) *v. tr.* Desenmarañar.

DESMARCADO, DA *adj. P. p.* de *Desmarcar.* Desmesurado, descomedido, descompasado.

DESMARCAR *v. tr.* Desmarcar, borrar lo marcado. Quitar los marcos. Descomedir.

DESMARELECER *v. tr.* Perder el color amarillo.

DESMASCARADO, DA *adj. P. p.* de *Desmascarar.* Desenmascarado.

DESMASCARAMENTO *m.* Acción de desenmascarar.

DESMASCARAR *v. tr.* Desenmascarar. Ú. t. c. r.

DESMASIADAMENTE (zia) *adv. m. p. us.* Demasiadamente.

DESMASIADO, DA (zia) *adj. p. us.* Demasiado.

DESMASTRAR *v. tr.* Lo mismo que DESMASTREAR.

DESMASTREAMENTO *m. Mar.* Desarbolamiento.

DESMASTREAR *v. tr. Mar.* Desarbolar. *v. intr.* Desarbolarse.

DESMATAR *v. tr.* Rozar, quitar la mata, desmatar.

DESMATERIALIZAÇÃO (zasáum) *f.* Acto de

DESMATERIALIZAR-SE (zar) *v. r.* Hacerse inmaterial.

DESMAZELADO, DA (ze) *adj.* Negligente, descuidado. Desmazalado.

DESMAZELAR-SE (ze) *v. r.* Lo mismo que DESLEIXAR-SE.

DESMAZELO (zé) *m.* Negligencia, descuido.

DESMAZORRAR (zo) *v. tr.* Desentristecer.

DESMEDIDAMENTE *adv. m.* Desmedida, descomedidamente.

DESMEDIDO, DA *adj. P. p.* de *Desmedir-se.* Desmedido, descomedido.

DESMEDIR-SE *v. r.* Desmedirse, descomerdirse.

DESMEDRA (mè) *f.* Desmedro.

DESMEDRANÇA (sa) *f.* Desmedro.

DESMEDRAR *v. intr. y r.* Desmedrar; desmedrarse.

DESMEDRO (mè) *m.* Desmedro.

DESMEDROSO, SA (drozo, òza) *adj.* Que no es miedoso.

DESMELHORAR (llo) *v. tr.* Desmejorar. *v. intr.* Desmejorarse.

DESMELINDRAR *v. tr.* Desgraviar.

DESMEMBRAÇÃO (sáum) *f.* Desmembración.

DESMEMBRAMENTO *m.* Desmembración.

DESMEMBRAR *v. tr.* Desmembrar. Ú. t. c. r.

DESMEMÓRIA (mò) *f.* Desmemoria. Olvido.

DESMEMORIAÇÃO (sáum) *f.* Desmemoria.

DESMEMORIADO, DA *adj.* Desmemoriado. Ú. t. c. s.

DESMEMORIAMENTO *m.* Desmemoria.

DESMEMORIAR *v. tr.* Hacer perder la memoria. *v. r.* Desmemoriarse.

DESMENSURAR *v. tr.* Lo mismo que DESMESURAR.

DESMENTAR *v. tr.* Dementar.

DESMENTIDO, DA *adj. P. p.* de *Desmentir.* Desmentido. *m.* Desmentida.

DESMENTIR *v. tr.* Desmentir. Ú. t. c. r.

DESMERECER *v. tr.* Desmerecer. Ú. t c. intr. Descolorarse, desmayar.

DESMERECIDO, DA *adj. P. p.* de *Desmerecer.* Desmerecido. Desmayado (hablando de color), descolorado.

DESMERECIMENTO *m.* Desmericimiento, demérito. Descoloramiento.

DESMERGULHAR (llar) *v. tr.* Hacer emerger.

DESMÉRITO (mè) *m.* Demérito.

DESMESCLAR *v. tr.* Desmezclar.-

DESMESURA (zu) *f.* Desmesura, descomedimiento. Descortesía.

DESMESURABILIDADE (zu) *f.* Calidad de inmensurable.

DESMESURADAMENTE (zu) *adv. m.* Desmesurada, descomedidamente, en demasía.

DESMESURADO, DA (zu) *adj. P. p.* de *Desmesurar*. Desmesurado, desmedido, excesivo, desproporcionado; descomedido, descortés.

DESMESURAR (zu) *v. tr.* Desmesurar. *v. tr.* Desmesurar. *v. r.* Desmesurarse, descomedirse.

DESMILITARIZAÇÃO (zasáum) *f.* Acto de

DESMILITARIZAR (zar) *v. tr.* Desmilitarizar. Desarmar.

DESMIOLADO, DA *adj. P. p.* de *Desmiolar*. Desmigado. *fig.* Loco; imprudente, desjuiciado.

DESMIOLAR *v. tr.* Desmigar. Quitar el juicio, enlouquecer.

DESMISERICÓRDIA (zericòr) *f.* Crueldad, falta de misericordia.

DESMISERICORDIOSO, SA (zericordiozo, òza) *adj.* Falto de misericordia, que no es misericordioso.

DESMIUÇAR (sar) *v. tr.* Lo mismo que ESMIU-ÇAR.

DESMIUDAR *v. tr.* Desmenuzar.

DESMOBILADO, DA *adj. P. p.* de *Desmobilar*. Desamueblado.

DESMOBILAR *v. tr.* Desamueblar.

DESMOÇAR (sar) *v. tr.* Desvirgar.

DESMOCHAR (char) *v. tr.* Desmochar. Estragar. Descornar.

DESMOCHE (che) *m.* Desmochadura, desmoche. Descornamiento.

DESMODERADO, DA *adj.* Descomedido, excesivo, inmoderado.

DESMODERAR *v. tr* Descomedir.

DESMOITA *f.* Lo mismo que DESMOUTA.

DESMOITADOR, RA *adj.* Lo mismo que DES-MOUTADOR.

DESMOITAR *v. tr.* Lo mismo que DESMOUTAR.

DESMONETIZAÇÃO (zasáum) *f.* Desmonetización.

DESMONETIZAR (zar) *v. tr.* Desmonetizar.

DESMONOPOLIZAR (zar) *v. tr.* Librar del monopolio.

DESMONTADA *f.* Apeo. Desmonte.

DESMONTADO, DA *adj. P. p.* de *Desmontar*. Desmontado. Apeado. Desmontado (dícese del soldado de caballería que no tiene caballo). Desarreglado, desconcertado.

DESMONTAR *v. tr.* Desmontar, bajar, apear. Ú. t. c. intr y r. Desmontar, desarmar. Desconcertar, desarreglar.

DESMONTÁVEL *adj.* Desmontable.

DESMONTE *m.* Desmonte, desmontadura. Apeo.

DESMORALIDADE *f.* Inmoralidad.

DESMORALIZAÇÃO (zasáum) *f.* Desmoralización.

DESMORALIZAR (zar) *v. tr.* Desmoralizar. Ú. t. c. r.

DESMORONAÇÃO (sáum) *f.* Desmoronamiento.

DESMORONADIÇO, ÇA (so) *adj.* Fácil de desmoronarse.

DESMORONAMENTO *m.* Desmoronamiento. Ruina, derrocamiento.

DESMORONAR *v. tr.* Desmoronar. Ú. t. c. r.

DESMORTALHAR (llar) *v. tr.* Desamortajar.

DESMOTIVADO, DA *adj.* Inmotivado, sin motivo.

DESMOUTA *f.* Acción de *Desmoutar*.

DESMOUTADOR, RA *adj.* Que desmonta, roza o desmata.

DESMOUTAR *v. tr.* Desmontar, rozar, desmatar.

DESMUDANÇA (sa) *f.* Lo mismo que MUDANÇA.

DESMUNICIADO, DA *adj.* Desprovisto de municiones.

DESMUNICIAR *v. tr.* Quitar la munición. *v. r.* Perder la munición.

DESMUNICIONAR *v. tr.* Privar de municiones.

DESMUNIR *v. tr.* Lo mismo que DESMUNICIAR.

DESMURAR *v. tr.* Demoler los muros.

DESNACIONALIZAÇÃO (zasáum) *f.* Acto de

DESNACIONALIZAR (zar) *v. tr.* Desnacionalizar. Ú. t. c. r.

DESNALGADO, DA *adj.* Flaco.

DESNARIGAR *v. tr.* Desnarigar, dejar a uno sin narices.

DESNASTRAR *v. tr.* Lo mismo que DESENASTRAR.

DESNATAÇÃO (sáum) *f.* Acto de desnatar.

DESNATADEIRA *f.* Desnatadora.

DESNATAR *v. tr.* Desnatar, quitar la nata a la leche.

DESNATURAÇÃO (sáum) *f.* Desnaturalización.

DESNATURADAMENTE *adv. m.* Cruelmente; faltando a los deberes impostos por la naturaleza.

DESNATURADO, DA *adj.* Desnaturalizado, cruel, inhumano. Ú. t. c. s. m.

DESNATURAL *adj.* Extraño, no natural; contrario al orden natural.

DESNATURALIDADE *f.* Falta de naturalidad.

DESNATURALIZAÇÃO (zasáum) *f.* Desnaturalización. Expatriación.

DESNATURALIZAR (zar) *v. tr.* Desnaturalizar, expulsar de la patria. Ú. t. c. r. *v. r.* Perder la naturalidad.

DESNATURAMENTO *m.* Lo mismo que DESNATURAÇÃO.

DESNATURANTE *adj.* Que desnaturaliza.

DESNATURAR *v. tr.* Desnaturalizar. Ú. t. c. r.

DESNAVEGÁVEL *adj.* Innavegable.

DESNECESSARIAMENTE (sa) *adv. m.* Innecesariamente.

DESNECESSÁRIO, RIA (sá) *adj.* Innecesario.

DESNECESSIDADE (si) *f.* Inutilidad. Falta de necesidad.

DESNECESSITADO, DA (si) *adj. P. p.* de *Desnecessitar*. Que no necesita.

DESNECESSITAR (si) *v. tr.* No necesitar.

DESNERVAMENTO *m.* Enervamiento, enervación.

DESNERVAR *v. tr.* Enervar, debilitar, desnervar.

DESNEUTRALIZAR (zar) *v. tr.* Quitar la neutralidad.

DESNEVADO, DA *adj. P. p.* de *Desnevar*. Muy frío.

DESNEVAR *v. intr.* Desnevar, derretirse la nieve. Ú. t. c. r.

DESNEXO (nè) *m.* Desconexión, desunión.

DESNÍVEL *m.* Desnivel.

DESNIVELAMENTO *m.* Desnivelación.

DESNIVELAR *v. tr.* Desnivelar, sacar de nível.

DESNOBRE (nò) *adj.* Que no es noble.

DESNOBRECER *v. tr.* Lo mismo que DESENOBRECER.

DESNOCADO, DA *adj. fam. P. p.* de *Desnocar*. Desarticulado, dislocado.

DESNOCAMENTO *m. fam.* Desarticulación.

DESNOCAR *v. tr. fam.* Desartircular.

DESNODOANTE *adj.* Que saca manchas.

DESNODOAR *v. tr.* Quitar manchas.

DESNODOSO, SA (dozo, òza) *adj.* Que no tiene nudos.

DESNORTEADO, DA *adj. P. p.* de *Desnortear*. Desorientado. Atontado; desconcertado; desorientado.

DESNORTEAMENTO *m.* Desorientación.

DESNORTEANTE *adj.* Que desorienta. Que desconcierta.

DESNORTEAR *v. tr.* Desorientar. Perturbar, confundir, extraviar, desorientar. *v. intr.* Desorientarse. Confundirse.

DESNORTEIO *m.* Desorientación.

DESNOVELAR *v. tr.* Lo mismo que DESENOVELAR

DESNU, NUA *adj.* Desnudo.

DESNUAR *v. tr.* Desnudar.

DESNUBLADO, DA *adj.* Desanublado, despejado. Aclarado.

DESNUBLAR *v. tr.* Desanublar, despejar, aclarar. Ú. t. c. r.

DESNUCAR *v. tr.* Desnucar.

DESNUDAÇÃO (sáum) *f.* Lo mismo que

DESNUDAMENTO *m.* Desnudamiento.

DESNUDAR *v. tr.* Desnudar. Ú. t. c. r.

DESNUDEZ *f.* Desnudez (calidad de desnudo o desadornado).

DESNUDO, DA *adj.* Desnudo.

DESNUTRIÇÃO (sáum) *f.* Desnutrición.

DESNUTRIR *v. tr.* Alimentar mal. *v. r.* Enflaquecer.

DESNUVIAR *v. tr.* Lo mismo que DESANUVIAR.

DESOBEDECER (zo) *v. tr.* Desobedecer. Ú. t. c. intr.

DESOBEDIÊNCIA (zobedién) *f.* Desobediencia.

DESOBEDIENTE (zo) *adj.* Desobediente.

DESOBEDIENTEMENTE (zo) *adv. m.* Desobedientemente.

DESOBRIGA (zo) *f.* Lo mismo que

DESOBRIGAÇÃO (zobrigasáum) *f.* Acción y efecto de desobligar; cesasión de obligación, descargo.

DESOBRIGADO, DA (zo) *adj. P. p.* de *Desobrigar*. Desobligado, libre, descargado, desembarazado.

DESOBRIGAR (zo) *v. tr.* Desobligar, eximir, desligar de la obligación. Ú. t. c. r.

DESOBRIGATÓRIO, RIA (zobrigató) *adj.* Que desobliga.

DESOBSCURECER (zo) *v. tr.* Aclarar.

DESOBSTRUÇÃO (zobstrusáum) *f.* Desobstrucción.

DESOBSTRUIR (zo) *v. tr.* Desobstruir, quitar las obstrucciones, desembarazar, despejar, quitar estorbos.

DESOBSTRUTIVO, VA (zo) *adj.* Desobstruyente, que desobstruye.

DESOBUMBRAR (zo) *v. tr.* Quitar las sombras, aclarar. Ú. t. c. r

DESOCUPAÇÃO (zocupasáum) *f.* Desocupación. Ociosidad.

DESOCUPADAMENTE (zo) *adv. m.* Desocupadamente.

DESOCUPADO, DA (zo) *adj. P. p.* de *Desocupar*. Desocupado. Abandonado. Vacío. Ocioso. Cesante.

DESOCUPAR (zo) *v. tr.* Desocupar, desembarazar, despejar, sacar de una cosa lo que hay dentro de ella. Librar, eximir. *v. r.* Desocuparse. Quedar cesante.

DESODORANTE (zo) *adj.* Lo mismo que DESODORIZANTE.

DESODORAR (zo) *v. tr.* Lo mismo que DESODORIZAR.

DESODORIZANTE (zodorizan) *adj.* Desodorante, que quita o destruye los malos olores. Ú. t. c. s. m.

DESODORIZAR (zodorizar) *v. tr.* Quitar o destruir los malos olores.

DESOFUSCAR (zo) *v. tr.* Desanublar; aclarar.

DESOLAÇÃO (zolasáum) *f.* Desolación.

DESOLADO, DA (zo) *adj. P. p.* de *Desolar*. Desolado. Afligido, angustiado, acongojado. Solitario, triste.

DESOLADOR, RA (zo) *adj.* Que desuela.

DESOLADORAMENTE (zo) *adv. m.* Con desolación.

DESOLANTE (zo) *adj.* Que desuela.

DESOLAR (zo) *v. tr.* Desolar, asolar, arruinar, devastar. Afligir, angustiar, acongojar. Ú. t. c. r.

DESOLHAR (zollar) *v. tr.* Quitar el mal ojo.

DESOMOGENEIDADE (zomoje) *f.* Falta de homogeneidad.

DESONERAÇÃO (zonerasáum) *f.* Exoneración.

DESONERADO, DA (zo) *adj.* Exonerado.

DESONERAR (zo) *v. tr.* Exonerar.

DESONESTAMENTE (zonès) *adv. m.* Deshonestamente.

DESONESTAR (zo) *v. tr.* Deshonrar, infamar.

DESONESTIDADE (zo) *f.* Deshonestidad.

DESONESTO, TA (zonès) *adj.* Deshonesto.

DESONRA (zon) *f.* Deshonor. Deshonra.

DESONRADAMENTE (zon) *adv. m.* Deshonorosa, deshonradamente.

DESONRADEZ (zon) *f.* Deshonor.

DESONRADO, DA (zon) *adj. P. p.* de *Desonrar*. Deshonrado, Deshonorado.

DESONRANTE (zon) *adj.* Que deshonra.

DESONRAR (zon) *v. tr.* Deshonrar. Ú. t. c. r. Deshonorar. Ú. t. c. r.

DESONROSAMENTE (zonròza) *adv. m.* Deshonrosamente.

DESONROSO, SA (zonrozo, òza) *adj.* Deshonroso; deshonorador.

DESOPILAÇÃO (zopilasáum) *f.* Desopilación.

DESOPILANTE (zo) *adj.* Desopilante, desopilativo. *fam.* Jocoso, festivo, divertido; desopilante (gal.).

DESOPILAR (zo) *v. tr.* Desopilar, curar la opilación. — *o fígado. fr. fam.* Alegrar, hacer olvidar tristezas.

DESOPORTUNO, NA (zo) *adj.* Inoportuno.

DESOPRESSÃO (zopresáum) *f.* Desopreción. Alivio, desahogo.

DESOPRESSAR (zopresar) *v. tr.* Desoprimir.

DESOPRESSO, SSA (zoprèso) *adj.* Desoprimido.

DESOPRESSOR, SSORA (zopresor) *adj.* Que desoprime.

DESOPRIMENTE (zo) *adj.* Que desoprime.

DESOPRIMIR (zo) *v. tr.* Desoprimir (librar de la opresión, sujeción o tiranía).

DESORADO, DA *adj.* Intempestivo, inoportuno.

DESORAS (A) (zó) *m. adv.* A deshora, a deshoras, fuera de hora, tiempo u ocasión.

DESORBITAR (zor) *v. tr.* Sacar o hacer salir de la órbita.

DESORDEIRO, RA (zor) *adj.* Alborotador, bullanguero, amigo de desórdenes. Ú. t. c. s.

DESÓRDEM (zòr) *f.* Desorden, confusión, alteración, desconcierto; demasía, exceso, tropelía, descomedimiento.

DESORDENADAMENTE (zor) *adv. m.* Desordenadamente (con desorden, confusión o desconcierto).

DESORDENADO, DA (zor) *adj.* P. p. de *Desordenar*. Desordenado; desconcertado.

DESORDENAMENTO (zo) *m.* Desordenamiento, desorden.

DESORDENAR (zor) *v. tr.* Desordenar, confundir, desconcertar. Ú. t. c. r.

DESORELHAMENTO (zorella) *m.* Desorejamiento.

DESORELHAR (zorellar) *v. tr.* Desorejar.

DESORGANIZAÇÃO (zorganizasáum) *f.* Desorganización.

DESORGANIZADAMENTE (zorganiza) *adv. m.* Desorganizadamente.

DESORGANIZADOR, RA (zorganiza) *adj.* Desorganizador. Ú. t. c. s.

DESORGANIZAR (zorganizar) *v. tr.* Desorganizar, destruir la organización. Ú. t. c. r.

DESORIENTAÇÃO (zorientasáum) *f.* Desorientación.

DESORIENTADAMENTE (zo) *adv. m.* Lo mismo que DESNORTEADAMENTE. Locamente.

DESORIENTADO, DA (zo) *adj.* Desorientado. Atontado, desequilibrado. Desconcertado.

DESORIENTAMENTO (zo) *m.* Desorientamiento.

DESORIENTAR (zo) *v. tr.* Desorientar. Ú. t. c. r.

DESORIGINAL (zoriji) *adj.* Falto de originalidad.

DESORNADO, DA (zor) *adj.* Desadornado.

DESORNAR (zor) *v. tr.* Desadornar; desguarnecer.

DESOSSADO, DA (zosa) *adj.* Deshuesado, desosado.

DESOSSAMENTO (zosa) *m.* Deshuesamiento.

DESOSSAR (zosar) *v. tr.* Deshuesar, desosar. Descarnar.

DESOUVIR (zou) *v. tr.* Desoír, desatender.

DESOVA (zò) *f.* Desove.

DESOVAÇÃO (zovasáum) *f.* Lo mismo que DESOVA.

DESOVAR (zo) *v. intr.* Desovar (hablando principalmente de peces).

DESOXIDAÇÃO (zoxidasáum) *f.* Desoxidación.

DESOXIDAR (zo) *v. tr. Quím.* Desoxidar. Desoxigenar. Desoxidar (limpiar um metal oxidado).

DESOXIGENAÇÃO (zoxijenasáum) *f.* Desoxigenación.

DESOXIGENAR (zoxije) *v. tr.* Desoxigenar. Desoxidar.

DESPROXIMAR (zaprosi) *v. tr.* Alejar, separar lo que estaba próximo.

DESPACHADAMENTE (cha) *adv. m.* Con desembarazo. Con presteza y brevedad.

DESPACHADÃO (chadáum) *m.* Hombre franco y desembarazado.

DESPACHADO, DA (cha) *adj.* P. p. de *Despachar*. Pronto, expedito, diligente.

DESPACHADOR, RA (cha) *adj.* Diligente, expedito. Despachador. Ú. t. c. s. m.

DESPACHANTE (chan) *adj.* Lo mismo que DESPACHADOR. *m.* Expedidor (de la aduana).

DESPACHAR (char) *v. tr.* Deferir. Despachar (concluir o resolver algo; enviar, remitir; vender,

servir mercaderías, despedir, apartar de sí a una persona molesta; expedir; matar, quitar la vida). *v. r.* Despachar, darse prisa.

DESPACHO (cho) *m.* Despacho (acción de despachar negocios; comunicación de gobierno a sus agentes diplomáticos). Resolución, decisión; fallo. Expedición (en la aduana). Prontitud, viveza, expedición, desembarazo. Nombramiento. *Bras.* Hechizo. — *do navio.* Desembarazo de un buque. — *telegráfico.* Despacho (telegrama).

DESPACIÊNCIA (cién) *f. Port.* Impaciencia.

DESPALETAR *v. tr.* Lo mismo que

DESPALETEAR *v. tr. Bras.* Despaldar, depaldillar, despaletillar; despaletar. (Amer.) Ú. t. c. r.

DESPALHA (lla) *f.* Despajadura.

DESPALHAR (llar) *v. tr.* Despajar.

DESPALMAR *v. tr.* Despalmar (cortar la parte córnea de las bestias).

DESPAMPAR *v. tr.* Despampanar.

DESPARAFUSAR (zar) *v. tr.* Lo mismo que DESAPARAFUSAR.

DESPARALELO, LA (lè) *adj.* Que no es paralelo.

DESPARAMENTAR *v. tr.* Quitar los paramentos.

DESPARECER *v. tr.* Desaparecer, desperecer. Ú. t. c. intr.

DESPARELHAR (llar) *v. tr.* Lo mismo que DESAPARELHAR.

DESPARGIR (jir) *v. tr.* Lo mismo que ESPARGIR.

DESPARRA *f.* Acto de *Desparrar.*

DESPARRAMAR *v. tr.* Lo mismo que ESPARRAMAR.

DESPARRAMO *m.* Lo mismo que ESPARRAMO.

DESPARRAR *v. tr.* Deshojar las vides.

DESPARZIR (zir) *v. tr.* Esparcir.

DESPASSAR (sar) *v. tr.* Transponer, pasar allende.

DESPATRIADO, DA *adj.* Que no es patriota. Que no tiene patria; expatriado.

DESPATRIOTA (trò) *adj.* Lo mismo que

DESPATRIÓTICO, CA (triò) *adj.* Que no es patriota o patriótico.

DESPATRIOTISMO *m.* Falta de patriotismo.

DESPAUTÉRIO (tè) *m. fam.* Disparate, despropósito, asnería.

DESPEADAMENTE *adv. m.* Sin traba, sin estorbo. Desenfrenada, libremente.

DESPEADO, DA *adj.* Libre, desembarazado, sin trabas, sin estorbo. Despeado.

DESPEAR *v. tr.* Destrabar, soltar. Ú. t. c. r. Maltratar los pies a fuerza de caminar; hacer despearse. *v. r.* Despearse.

DESPEDAÇADOR, RA (sa) *adj.* Despedazador.

DESPEDAÇAMENTO (sa) *m.* Despedazamiento.

DESPEDAÇAR (sar) *v. tr.* Despedazar. Ú. t. c. r.

DESPEDIDA *f.* Adiós, saludo al despedirse. Separación. Despedida. Conclusión.

DESPEDIENTE *adj.* Que despide.

DESPEDIMENTO *m.* Despedimiento.

DESPEDIR *v. tr.* Despedir, quitar a alguien el empleo u ocupación. Licenciar. Despachar, despedir a una persona molesta. *v. r.* Despedirse, separarse de alguien o de alguna cosa. *v. tr.* Despedir, arrojar de si. Despedir, soltar, arrojar, lanzar. — *da vida.* Despachar, quitar la vida. — *se à francesa.* Despedirse uno a la francesa. — *-se em latim.* Despedirse uno a la francesa, irse sin avisar ni saludar a nadie.

DESPEDRADAMENTE *adv. m.* Desabridamente.

DESPEGAR *v. tr.* Despegar, separar, desunir; desasir, desprender. Ú. t. c. r. Desapegar, despegar, desaficionar. Ú. t. c. r.

DESPEGO (pé) *m.* Despego, desapego.

DESPEITADAMENTE *adv. m.* Despechadamente, con despecho.

DESPEITADO, DA *adj.* P. p. de *Despeitar*. Despechado, resentido. Enfadado, enojado.

DESPEITADOR, RA *adj.* Que causa despecho.

DESPEITAR *v. tr.* Despechar, causar despecho. Ú. t. c. r.

DESPEITO *m.* Despecho.

DESPEITORADO, DA *adj.* Despechugado (con el pecho descubierto).

DESPEITORAMENTO *m.* Acto de

DESPEITORAR-SE *v. r.* Despechugarse (descubrirse el pecho, mostrarlo descubierto).

DESPEITOSO, SA (tozo, òza) *adj.* Que causa despecho.

DESPEJADAMENTE (ja) *adv. m.* Despejadamente. Desfachatadamente.

DESPEJADO, DA (ja) *adj.* Despejado. Despejado; desavergonzado.

DESPEJAMENTO (ja) *m.* Despejo, acción de despejar.

DESPEJAR (jar) *v. tr.* Desavergonzar Ú. t. c. r. Despejar, desembarazar, dejar libre y desocupado un lugar. Desocupar. Vaciar, evacuar. Expulsar. Abandonar por orden judicial (la residencia). *v. intr.* Desamueblar. Desembarcar. Consumir, gastar. *v. r.* Caer. *v. tr.* Hacer caer.

DESPEJO (jo) *m.* Despejo, acción de despejar. Vaciamiento, limpia. Inmundicia. Escombro. Desverguenza, descaro. Acto de expulsar un inquilino o arrendatario.

DESPELA (pè) *f.* Pela (acción de pelar).

DESPELAR (pè) *v. tr.* Pelar. Descortezar; descascarar.

DESPENAR *v. tr.* Despenar; consolar. *v. tr.* Desplumar.

DESPENCAR *v. tr.* Sacar del racimo. *v. intr.* Despeñarse, precipitarse, caer.

DESPENDER *v. tr.* Gastar. Despender, malgastar, derrochar. Dar. Emplear.

DESPENDURAR *v. tr.* Descolgar.

DESPENHADAMENTE (ña) *adv. m.* Despeñadamente.

DESPENHADEIRO (ña) *m.* Despeñadero, precipicio.

DESPENHADO, DA (ña) *adj.* P. p. de *Despenhar*. Despeñado, precipitado.

DESPENHAMENTO (ña) *m.* Despeñamiento.

DESPENHAR (ñar) *v. tr.* Despeñar, precipitar, arrojar. Ú. t. c. r.

DESPENHO (ño) *m.* Despeño.

DESPENHOSO, NHOSA (ñozo, òza) *adj.* Fragoso.

DESPENQUE *m.* Huída, fuga. Galope.

DESPENSA *f.* Despensa.

DESPENSEIRO *m.* Despensero.

DESPENTEAR *v. tr.* Despeinar. Ú. t. c. r.

DESPERANÇA (sa) *f.* Lo mismo que DESESPERANÇA.

DESPERCEBER *v. tr.* No percibir, no prestar atención.

DESPERCEBIMENTO *m.* Acción y efecto de *Desperceber.*

DESPERDIÇADO, DA (sa) *adj.* P. p. de *Desperdiçar*. Desperdiciado. Desperdiciador.

DESPERDIÇADOR, RA (sa) *adj.* Desperdiciador. Ú. t. c. s.

DESPERDIÇAR (sar) *v. tr.* Desperdiciar.

DESPERDÍCIO *m.* Desperdicio.

DESPERFILAR *v. tr.* Desalinear.

DESPERSONALIZAÇÃO (zasáum) *f.* Acto de

DESPERSONALIZAR-SE (zar) *v. r.* Desfigurarse, proceder contráriamente a su personalidad.

DESPERSUADIR *v. tr.* Disuadir, desaconsejar.

DESPERSUASÃO (záum) *f.* Disuasión.

DESPERTADOR, RA *adj.* Despertador. *m.* Despertador (reloj; persona encargada de despertar a otras).

DESPERTAR *v. tr., intr. y r.* Despertar. Despertarse.

DESPERTEZ *f.* Estado de

DESPERTO, TA (pèr) *adj.* Despierto.

DESPESA (za) *f.* Gasto, dispendio, desembolso.

DESPESÃO (záum) *m.* Gasto muy grande.

DESPETALADO, DA *adj.* Deshojado (despojado de los pétalos).

DESPETALAR *v. tr.* Deshojar (despojar de los pétalos a flores). Ú. t. c. r.

DESPETALEADO, DA *adj. Bot.* Apétalo.

DESPICAR *v. tr.* Despicar, desofender, desahogar, desagraviar. Ú. t. c. r.

DESPICATIVO, VA *adj.* Despreciativo.

DESPICIENDO, DA *adj.* Despreciable.

DESPIEDADAMENTE *adv. m.* Despiadadamente.

DESPIEDADE *f.* Crueldad, inhumanidad.

DESPIEDADO, DA *adj.* Despiadado, desapiadado, inhumano.

DESPIEDAR *v. tr.* Lo mismo que DESAPIEDAR.

DESPIEDOSAMENTE (dòza) *adv. m.* Despiadadamente.

DESPIEDOSO, SA (dozo, òza) *adj.* Despiadado.

DESPIMENTO *m.* Desnudamiento.

DESPINÇAR (sar) *v. tr.* Despinzar.
DESPINTAR *v. tr.* Despintar, borrar, raer o raspar lo pintado. Descolorir. Ú. t. c. r. *v. r.* Despintarse, borrarse o desvanecerse los colores de una cosa teñida.
DESPIOLHAMENTO (lla) *m.* Despiojo.
DESPIOLHAR (llar) *v. tr.* Despiojar.
DESPIQUE *m.* Despique.
DESPIR *v. tr.* Desnudar. Ú. t. c. r. *fig.* Despojar. Ú. t. c. r.
DESPISTAR *v. tr.* Despistar. *fig.* Burlar, iludir, engañar.
DESPLANTAR *v. tr.* Desarraigar, arrancar, extirpar.
DESPLANTE *m. Esgr.* Desplante. *fig. fam.* Desplante, audacia, descaro, desfachatez.
DESPOETIZAÇÃO (zasáum) *f.* Acto de despoetizar
DESPOETIZADOR, RA (za) *adj.* Que despoetiza.
DESPOETIZAR (zar) *v. tr.* Despoetizar.
DESPOIS *adv. t.* y *l. pop.* Lo mismo que DEPOIS.
DESPOJADOR, RA (ja) *adv.* Despojador (que despoja o desposee).
DESPOJAMENTO (ja) *m.* Despojo, expoliación.
DESPOJAR (jar) *v. tr.* Despojar, desposeer, privar. *v. r.* Despojarse.
DESPOJO (jo) *m.* Despojo (alones, molleja, patas de las aves; vientre, asadura, cabeza y manos de las reses muertas). Espollo. *Mil.* Despojo, presa, botín de guerra.
DESPOLARIZANTE (zan) *m.* Despolarizador.
DESPOLHAR (llar) *v. tr.* Lo mismo que DESPOJAR.
DESPOLIDEZ *f.* Descortesía, falta de delicadeza.
DESPOLIMENTO *m.* Acción y efecto de
DESPOLIR *v. tr.* Despulir.
DESPOLPA (pól) *f.* Acto de despulpar el café.
DESPOLPAR *v. tr.* Despulpar.
DESPONSÓRIO (só) *m.* Desposorio.
DESPONTADO, DA *adj.* Despuntado. Embotado.
DESPONTANTE *adj.* Que despunta.
DESPONTAR *v. tr.* Despuntar, quitar o gastar la punta. Ú. t. c. r. *v. r.* Embotarse. *v. intr.* Despuntar (comenzar a brotar las plantas; descollar, sobresalir, rayar la aurora, el alba o el día). Nacer. Ocurrir al espíritu. *v. tr.* Pasar por las puntas de un río o arroyo; despuntar (*Amer.*).
DESPONTE *m.* Desmocho, despunte.
DESPONTUAL *adj.* Que no es puntual.
DESPONTUALIDADE *f.* Falta de puntualidad.
DESPONTUAR *v. tr.* Quitar la puntuación.
DESPOPULARIZAR (zar) *v. tr.* Despopularizar. Ú. t. c. r.
DESPORTILHAR (llar) *v. tr.* Desportillar.
DESPORTE (pòr) *m.* Deporte.
DESPORTISTA *adj.* Deportivo, deportista. *m.* Deportista.
DESPORTO *m.* Deporte. Burla, chacota.
DESPOSAR (zar) *v. tr.* Desposar. Ú. t. c. r
DESPOSÁVEL (zá) *adj.* Que puede ser desposado.
DESPOSÓRIO (zò) *m.* Desposorio. Casamiento.
DESPOSSAR (sar) *v. tr.* Lo mismo que DESAPOSSAR.
DESPOSSESSÃO (sesáum) *f.* Hecho de quedar desposeído.
DESPOSSUÍDO, DA (sui) *adj. P. p.* de *Despossuir.* Desposeído.
DESPOSSUIR (suir) *v. tr.* Desposeer.
DÉSPOTA (dès) *m.* Déspota.
DESPÓTICO, CA (pò) *adj.* Despótico.
DESPOTISMO *m.* Despotismo. Despotiquez. *Bras.* Gran cantidad.
DESPOTIZAR (zar) *v. intr.* Despotizar (mandar u obrar despóticamente).
DESPOVOAÇÃO (sáum) *f.* Despoblación.
DESPOVOADO, DA *adj. P. p.* de *Despovoar.* Despoblado; desierto, deshabitado. *m.* Despoblado, desierto, sitio despoblado.
DESPOVOADOR, RA *adj.* Despoblador.
DESPOVOAMENTO *m.* Despoblación.
DESPOVOAR *v. tr.* Despoblar. Ú. t. c. r.
DESPRAZER (zer) *v. tr.* Desplacer, disgustar, desagradar.
DESPRAZER (zer) *m.* Desplacer, disgusto, desagrado, desazón, pena, descontento.
DESPRAZIMENTO (zi) *m.* Lo mismo que DESPRAZER.

DESPRAZÍVEL (zí) *adj.* Desapacible, desagradable.
DESPRECATADAMENTE *adv. m.* Desprevenidamente.
DESPRECATADO, DA *adj. P. p.* de *Desprecatarse.* Desprevenido; incauto.
DESPRECATAR-SE *v. r.* Desprevenirse.
DESPRECAUÇÃO (sáum) *f.* Desprevención.
DESPRECAVER *v. tr.* Lo mismo que DESACAUTELAR.
DESPREGADO, DA *adj. P. p.* de *Despregar.* Suelto, desenfrenado. Despiegado. Desclavado. Atrevido, insolente.
DESPREGADURA *f.* Acto de desclavar. Desplegadura.
DESPREGAR *v. tr.* Desclavar. Desplegar.
DESPREGUIÇAR (sar) *v. tr.* Desperezar.
DESPREMIAR *v. tr.* No premiar. No pagar debidamente.
DESPRENDER *v. tr.* Desprender (en todas las acepciones de esta voz). Ú. t. c. r.
DESPRENDIDO, DA *adj. P. p.* de *Desprender.* Desprendido, desinteresado. Despegado.
DESPRENDIMENTO *m.* Desprendimiento (acción de desprender; desapego, desinterés, larguez).
DESPREOCUPAÇÃO (sáum) *f.* Despreocupación.
DESPREOCUPADAMENTE *adv. m.* Despreocupadamente, sin preocupación.
DESPREOCUPADO, DA *adj. P. p.* de *Despreocupar.* Despreocupado, libre de preocupaciones.
DESPREOCUPAR *v. tr.* Librar de preocupaciones. *v. r.* Despreocuparse.
DESPREPARADO, DA *adj.* Que no tiene preparación.
DESPREPARO *m.* Desarreglo, desconcierto, desorganización. Falta de preparación.
DESPRESILHAR (llar) *v. tr.* Soltar de las presillas.
DESPRESSENTIR (sen) *v. tr.* Desconecer; no presentir.
DESPRESTIGIAR (jiar) *v. t.* Desprestigiar; desacreditar. Ú. t. c. r.
DESPRESTÍGIO (jio) *m.* Desprestigio.
DESPRÉSTIMO (près) *m.* Falta de prestancia.
DESPRESUMIDO, DA (zu) *adj.* Que no presume.
DESPRETENÇÃO (sáum) *f.* Modestia. Falta de pretenciones o ambiciones.
DESPRETENCIOSAMENTE (ciòza) *adv. m.* Sin pretenciones; sin afectación. Simplemente; modestamente.
DESPRETENCIOSO, SA (ciozo, òza) *adj.* Desafectado. Sin pretenciones. Modesto, franco, simple.
DESPREVENÇÃO (sáum) *f.* Desprevención.
DESPREVENIR *v. tr.* Desprevenir. Desaconsejar. Lo mismo que DESACAUTELAR.
DESPREZADOR, RA (za) *adj.* Despreciador.
DESPREZADOURO, RA (za) *adj.* Despreciable.
DESPREZAR (zar) *v. tr.* Despreciar, desairar, desdeñar. *v. r.* Despreciarse, tener a menos.
DESPREZATIVO, VA (za) *adj.* Despreciativo.
DESPREZIBILIDADE (zi) *f.* Calidad de despreciable.
DESPREZÍVEL (zí) *adj.* Despreciable.
DESPREZIVELMENTE (zí) *adv. m.* Despreciablemente.
DESPREZIVO, VA (za) *adj.* Despreciativo.
DESPREZO (prézo) *m.* Desprecio, menosprecio, desaire, desdén.
DESPRIMOR *m.* Descortesía. Falta de primor.
DESPRIMORAR *v. tr.* Deslustrar; deslucir.
DESPRIMOROSAMENTE (ròza) *adv. m.* Con falta de primor; sin brío.
DESPRIMOROSO, SA (rozo, òza) *adj.* Que no es primoroso. Descortés.
DESPRIVILEGIAR (jiar) *v. tr.* Privar de privilegio, quitarlo. Generalizar (hacer general o común alguna cosa).
DESPROFANAR *v. tr.* Quitar la profanación, desviolar.
DESPRONÚNCIA *f.* Acto de
DESPRONUNCIAR *v. tr. For.* Anular el mandato o condena del juzgador.
DESPROPORÇÃO (sáum) *f.* Desproporción.
DESPROPORCIONADO, DA *adj.* Desproporcionado. Desmedido. Desconforme.

DESPROPORCIONAL *adj.* Desproporcional, que no guarda proporción.
DESPROPORCIONALIDADE *f.* Desproporción, desigualdad.
DESPROPORCIONAR *v. tr.* Desproporcionar (quitar la proporción y medida de las cosas).
DESPROPOSITADO, DA (zi) *adj.* Despropositado. Inoportuno. Disparatado.
DESPROPOSITAR (zi) *v. tr.* Disparatar (decir o hacer disparates, dislates, despropósitos o desatinos).
DESPROPÓSITO (pòzi) *m.* Despropósito, desatino, disparate. Imprudencia. Descomedimiento. Cosa rara, admirable. Gran cantidad.
DESPROTEÇÃO (sáum) *f.* Desamparo, abandono, falta de protección.
DESPROTEGER (jer) *v. tr.* Desamparar, abandonar, desayudar, no proteger, no favorecer, no defender.
DESPROTEGIDO, DA (ji) *adj. P. p.* de *Desproteger.* Desamparado, abandonado; desayudado, no favorecido.
DESPROVEITO *m.* Lo mismo que DESAPROVEITAMENTO.
DESPROVER *v. tr.* Desproveer.
DESPROVIDAMENTE *adv. m.* Desproveídamente.
DESPROVIDO, DA *adj. P. p.* de *Desprover.* Desprovisto, falto de lo necessario. Desprevenido.
DESPROVIMENTO *m.* Desprevención, desapercibimiento.
DESPUCELAGEM (jem) *f.* Acto de
DESPUCELAR *v. tr.* Desvirgar.
DESPUDOR *m.* Impudor.
DESPUDORADAMENTE *adv. m.* Sin pudor, con impudor; impúdicamente.
DESPUDORADO, DA *adj.* Impúdico.
DESPUMAÇÃO (sáum) *f.* Despumación.
DESPUMAR *v. tr.* Espumar, despumar.
DESPUNDONOR *m.* Falta de pundonor, deshonestidad.
DESPUNDONORADO, DA *adj.* Lo mismo que
DESPUNDOROSO, SA (rozo, òza) *adj.* Falto de pundonor.
DESQUADRAR *v. tr.* Discordar.
DESQUADRILHAR (cuadrillar) *v. intr.* Derrengar.
DESQUALIFICAÇÃO (cualificasáum) *f.* Descalificación.
DESQUALIFICADAMENTE (cua) *adv. m.* Sin cualificación.
DESQUALIFICADO, DA (cua) *adj.* Descalificado.
DESQUALIFICAR (cua) *v. tr.* Descalificar.
DESQUEIXADO, DA (cha) *adj.* Desquijarado.
DESQUEIXAR (char) *v. tr.* Desquijarar.
DESQUERER *v. tr.* Desquerer (dejar de querer).
DESQUICIAR *v. tr.* Desquiciar, desencajar, desgoznar, desengoznar. Ú. t. c. r.
DESQUIETAR *v. tr.* Sacar de su quietud, inquietar.
DESQUIETO, TA (quiè) *adj.* Inquieto.
DESQUITAÇÃO (sáum) *f.* Desquite.
DESQUITADO, DA *adj. P. p.* de *Desquitar.* Desquitado. Separado, divorciado.
DESQUITAR *v. tr.* Separar, divorciar. Ú. t. c. r. *v. r.* Renunciar, dejar, abandonar. *p. us.* Desquitarse. *v. tr.* Librar, eximir.
DESQUITE *m.* Separación, divorcio.
DESRABAR *v. tr.* Derrabar.
DESRAIGAR (raí) *v. tr.* Desarraigar.
DESRAMAR *v. tr.* Desramar (quitar las ramas a un árbol).
DESRATIZAÇÃO (zasáum) *f.* Desratización.
DESRAZÃO (záum) *f.* Lo mismo que SEMRAZÃO.
DESREGRADAMENTE *adv. m.* Desreglada, desarregladamente.
DESREGRADO, DA *adj.* Desreglado, desarreglado.
DESREGRAMENTO *m.* Desarreglo. Inmoralidad.
DESREGRAR *v. tr.* Desreglar, desarreglar. Ú. t. c. r
DESREMEDIAR *v. tr.* Dificultar, embarazar, no remediar.
DESRESPEITADOR, RA *adj.* Que no respeta, que desacata.

DESRESPEITAR *v. tr.* Desacatar.

DESRESPEITO *m.* Desacato, falta de respeto.

DESRESPONSABILIZAR (zar) *v. tr.* Librar de responsabilidad, eximir.

DESRIÇAR (sar) *v. tr.* Lo mismo que DESEN-RIÇAR.

DESROLHAR (llar) *v. tr.* Lo mismo que DESAR-ROLHAR.

DESROUPAR *v. tr.* Desarropar, desnudar.

DESRUGAR *v. tr.* Desarrugar.

DESRUMAR *v. intr.* Descaminarse, perder el rumbo.

DESSABOR (sa) *v. tr.* Desabor, insipidez.

DESSABORADO, DA (sa) *adj.* Insipido, desabrido, sin sabor.

DESSABORAR (sa) *v. tr.* Lo mismo que

DESSABOREAR (sa) *v. tr.* Quitar el sabor o dar mal gusto a una cosa.

DESSABORIDO, DA (sa) *adj.* Lo mismo que

DESSABOROSO, SA (saborozo, òza) *adj.* Desaborido, insípido, falto de sabor.

DESSAGRAR (sa) *v. tr.* Profanar. Despojar de las órdenes sacras.

DESSALGAÇÃO (salgasáum) *f.* Desalazón, desaladura.

DESSALGAR (sal) *v. tr.* Desalar (quitar la sal a alguna cosa). Tornar insípido.

DESSANGRADEIRO (san) *m.* Lo mismo que BUEIRO.

DESSANGRAMENTO (san) *m.* Desangramiento.

DESSANGRAR (san) *v. tr.* Desangrar. Ú. t. c. r. Dessangrar (desaguar; empobrecer, arruinar).

DESSAUDAR (saú) *v. tr.* No saludar. Desacatar.

DESSAZONAR (sazo) *v. tr.* Desazonar (quitar la sazón o el gusto a un manjar).

DESSECAÇÃO (secasáum) *f.* Desecamieneto.

DESSECAMENTO (se) *m.* Desecamiento.

DESSECAR (se) *v. tr.* Desecar. Ú. t. c. r.

DESSECATIVO, VA (se) *adj.* Desecante.

DESSEDENTAR (se) *v. tr.* Saciar la sed. Ú. t. c. r.

DESSEGREDO (segré) *m.* Falta de secreto. Publicidad.

DESSEGUIR (se) *v. tr.* Desacompañar.

DESSEGURAR (se) *v. tr.* Disminuir la seguridad.

DESSEIVAR (sei) *v. tr.* Quitar la savia. Ú. t. c. r.

DESSELAR (se) *v. tr.* Desensillar.

DESSEMELHANÇA (semellansa) *f.* Desemejanza.

DESSEMELHANTE (semellan) *adj.* Desemejante.

DESEMELHANTEMENTE (semellan) *adv. m.* Desemejantemente.

DESSEMELHAR (semellar) *v. tr.* Desemejar. Ú. t. c. intr. y r.

DESSENTIR (sen) *v. tr.* No sentir. Dejar de sentir.

DESSEPULTAR (se) *v. tr.* Desenterrar, exhumar.

DESSEPULTO, TA (se) *adj.* Insepulto, no sepultado.

DESSERVIÇO (serviso) *m.* Deservicio.

DESSERVIDO, DA (ser) *adj. P. p. de Desservir.* Deservido. Mal servido. Falto. Desprovisto.

DESSERVIDOR, RA (ser) *adj.* Deservidor.

DESSERVIR (ser) *v. tr.* Deservir. Servir mal. Procurar perjudicar.

DESSEXUADO, DA (se) *adj.* Asexuado, asexual.

DESSEXUAR-SE (se) *v. r.* Perder el sexo; cambiar de sexo.

DESSIMETRIA (simetría) *f.* Asimetría.

DESSIMÉTRICO, CA (simè) *adj.* Asimétrico.

DESSIMPATIZAR (simpatizar) *v. tr.* Antipatizar (sentir aversión o animosidad contra alguna persona).

DESSISTEMA (sis) *m.* Falta de sistema.

DESSITIAR (si) *v. tr.* Descercar (levantar el cerco, sitio o asedio).

DESSOALHAR (soalhar) *v. tr.* Desentarimar.

DESSOANTE (soan) *adj.* Lo mismo que DISSONANTE.

DESSOAR (soar) *v. tr.* Lo mismo que DESTOAR.

DESSOCIÁVEL (so) *adj.* Insociable, huraño, intratable.

DESSOCORRER (so) *v. tr.* No socorrer, desamparar. Despreciar.

DESSOLADO, DA (so) *adj.* Sin suelas.

DESSOLAR (so) *v. tr.* Desuelar.

DESSOLDAR (so) *v. tr.* Desoldar.

DESSORADO, DA (so) *adj.* Desuerado.

DESSORADOR, RA (so) *adj.* Que desuera.

DESSORAR (so) *v. tr.* Desuerar. *v. intr.* y *r.* Derretirse, convertirse en suero. *v. r.* Debilitar, enflaquecer.

DESSORRIR (so) *v. intr.* Dejar de sonreir.

DESSOSSEGAR *v. tr.* Desasosegar.

DESSOTERRAR (so) *v. tr.* Desenterrar.

DESSUAR (suar) *v. tr.* Desudar. *v. intr.* Dejar de sudar.

DESSUBSTANCIAR (subs) *v. tr.* Desubstanciar.

DESSUETUDE (sue) *f.* Desuso.

DESSUJAR (sujar) *v. tr.* Limpiar, quitar la suciedad.

DESSUJEITO, TA (sujei) *adj.* Libre, que no está sujeto.

DESSUJO, JA (sujo) *adj.* Limpio, que no está sucio.

DESSULFURAÇÃO (sulfurasáum) *f.* Desulfuración.

DESSULFURAR (sul) *v. tr.* Lo mismo que

DESSULFURIZAR (sulfurizar) *v. tr.* Desulfurar; desazufrar.

DESSULTÓRIO, RIA (sultó) *adj.* Inconexo. Falto de persistencia, inconstante.

DESSURDO, DA (sur) *adj.* Que no es sordo.

DESTACADO, DA *adj. P. p. de Destacar.* Famoso, que descuella, que sobresale. Separado, isolado.

DESTACAMENTO *m. Mil.* Destacamento, tropa destacada. Acto de

DESTACAR *v. tr.* Enviar, hacer partir. Separar; quitar. Escalonar. *Mil.* Destacar. Articular distintamente. Despedir, lanzar, arrojar. *Pint.* Destacar. *v. intr.* Marcharse com el destacamento *v. r. gal.* Descollar, sobresalir.

DESTALAR *v. tr.* Destallar.

DESTALENTO *m.* Falta de talento o ingenio.

DESTAMPADAMENTE *adv. m.* Disparatadamente.

DESTAMPADO, DA *adj.* Destapado. Despropositado, desatinado. Abundante, copioso, cuantioso.

DESTAMPAR *v. tr.* Destapar (quitar la tapa). *v. intr.* disparatar, desatinar.

DESTAMPATÓRIA (tó) *f. fam.* Lo mismo que

DESTAMPATÓRIO (tó) *m. fam.* Gritería, discusión fuerte. Despropósito.

DESTAMPO *m.* Destapadura.

DESTANIZAR (zar) *v. tr.* Destanar.

DESTAPAMENTO *m.* Destapadura.

DESTAPAR *v. tr.* Destapar (descobrir lo tapado) Ú. t. c. r

DESTAQUE *m. Gal.* Calidad de lo que descuella o sobresale. Importancia.

DESTECEDURA *f.* Destejido.

DESTECER *v. tr.* Destejer (deshacer lo tejido; desbaratar lo dispuesto o tramado) Ú. t. c. r.

DESTELHAMENTO (lla) *m.* Destechadura. Destejamiento.

DESTELHAR (llar) *v. tr.* Destechar. Destejar.

DESTEMER *v. tr.* No temer.

DESTEMEROSAMENTE (ròza) *adv. m.* Sin temor; intrépidamente.

DESTEMEROSO, SA (rozo, òza) *adj.* Intrépido, sin temor.

DESTEMIDAMENTE *adv. m.* Intrépidamente.

DESTEMIDEZ *f.* Intrepidez, arrojo, esfuerzo.

DESTEMIDO, DA *adj.* Intrépido, sin miedo.

DESTEMOR *m.* Intrepidez.

DESTÊMPERA (tém) *f.* Destemple (del acero).

DESTEMPERADAMENTE *adv. m.* Destempladamente.

DESTEMPERADO, DA *adj. P. p. de Destemperar.* Destemplado, desordenado, desarreglado. Desconcertado. Despropositado, disparatado. Destemplado, falto de temple; desafinado.

DESTEMPERAMENTO *m.* Destemple.

DESTEPERANÇA (sa) *f.* Destenplanza, falta de moderación.

DESTEMPERAR *v. tr.* Destemplar (en todas las acepciones de esta voz). Ú. t. c. r

DESTEMPERO (pé) *m.* Destemplanza, exceso, desorden, desarreglo. Despropósito, disparate. Destemple, desafinación. Descomedimiento. Diarrea.

DESTEMPO (A) *m. adv.* A destiempo, fuera de tiempo, inoportunamente.

DESTERIDADE *f.* Destreza, habilidad.

DESTERNEIRAR *v. tr.* Desternerar.

DESTERRADO, DA *adj. P. p. de Desterrar.* Desterrado, expatriado.

DESTERRAMENTO *m.* Lo mismo que DESTERRO.

DESTERRAR *v. tr.* Desterrar, expatriar. Ú. t. c. r. *fig.* Desterrar, alejar, apartar de sí.

DESTERRO (té) *m.* Destierro (en todas las acepciones de esta voz).

DESTERROADOR *m.* Máquina para desterronar.

DESTERROAR *v.tr.* Desterronar.

DESTETAR *v. tr.* Destetar, desmamar. Ú. t. c. r.

DESTILAÇÃO (sáum) *f.* Destilación.

DESTILADEIRA *f.* Destiladera.

DESTILADOR, RA *adj.* Destilador. Ú. t. c. r. *m.* Destilador, alambique.

DESTILAR *v. tr.* Destilar; filtrar un liquido. *v. intr.* Destilar, correr lo líquido gota a gota.

DESTILARIA (ría) *f.* Destilería.

DESTIMIDEZ *f.* Calidad de

DESTÍMIDO, DA *adj.* Que no es tímido o temeroso.

DESTINAÇÃO (sáum) *f.* Destinación.

DESTINAR *v. tr.* Destinar, consignar, señalar o aplicar una cosa para algún fin; designar.

DESTINATÁRIO *m.* Destinatario.

DESTINGIR (jir) *v. tr.* Desteñir. Ú. t. c. intr. y r.

DESTINO *m.* Destino (hado, suerte; destinación, designación, empleo, ocupación.

DESTINTO, TA *adj. P. p. Irreg. de Destingir.* Desteñido. Descolorido; amortiguado, desmayado.

DESTITUIÇÃO (saum) *f.* Destituición.

DESTITUÍDO, DA *adj. P. p. de Destituir.* Destituido. Privado, falto.

DESTITUIR *v. tr.* Destituir, privar de.

DESTOANTE *adj.* Desentonado, destemplado, desafinado. Discordante.

DESTOAR *v. intr.* Desentonar, salir del tono debido; desafinar. Discordar.

DESTOCADOR, RA *adj.* Decepador. *m.* Máquina descepadora.

DESTOCAMENTO *m.* Acción de descepar (vegetales).

DESTOCAR *v. tr.* Descepar (vegetales) *v. tr.* Descañonar. *v. intr.* Sacar de la cueva o madriguera.

DESTOLDAR *v. tr.* Desentoldar.

DESTOM *m.* Desentono (salida de tono; descomedimiento). Degeneración, descaecimiento). Divergencia, discrepancia.

DESTOPETEAR *v. tr.* Quitar el copete o tupé.

DESTORCER *v. tr.* Destorcer (deshacer lo torcido). Ú. t. c. r. — *caminho.* Retroceder.

DESTORCIDO, DA *adj.* Destorcido. Desembarazado.

DESTORCIMENTO *m.* Destorcedura.

DESTORNILHADO, DA (lla) *adj.* Destornillado, atolondrado, inconsiderado, falto de seso.

DESTORNILHAR (llar) *v. tr.* Desapretar. Deshacer.

DESTORPECER *v. tr.* Lo mismo que DESENTORPECER.

DESTORROADOR, RA *adj.* Desterronador. Ú. t. c. s.

DESTORROAMENTO *m.* Desterronamiento.

DESTORROAR *v. tr.* Desterronar.

DESTOUCAR *v. tr.* Destocar (deshacer o descomponer el tocado). Desadornar. Quitar la gorra.

DESTRA (dés) *f.* Diestra (la mano derecha).

DESTRAÇAR (sar) *v. tr.* Deshacer lo trazado.

DESTRAGAR *v. tr.* Estragar.

DESTRAMAR *v. tr.* Destramar. Deshacer, desbaratar la trama, complot o engaño.

DESTRAMBELHADO, DA (lla) *adj. fam.* Disparatado. Desorientado. Desorganizado.

DESTRAMBELHAR (llar) *v. tr.* Desarreglarse, desconcertarse, desordenarse, desorganizarse.

DESTRAMBELHO (llo) *m.* Desarreglo, desconcierto, desorden.

DESTRAMENTE *adv. m.* Diestramente.

DESTRANCAR *v. tr.* Desatrancar.

DESTRANÇAR (sar) *v. tr.* Lo mismo que DESENTRANÇAR.

DESTRANQUE *m.* Riña, brega, barullo, alboroto, contienda, altercación. Mala suerte.

DESTRATAR *v. tr.* Insultar, injuriar, maltratar con palabras.

DESTRAVADO, DA *adj.* Destrabado. Descocado. Altivo; insolente.

DESTRAVANCADO, DA *adj.* Incorregible.

DESTRAVANCAR *v. tr.* Lo mismo que DESA-TRAVANCAR.

DESTRAVAR *v. tr.* Destrabar.

DESTRELAR *v. tr.* Lo mismo que DESATRELAR.

DESTREPAR *v. intr.* Bajar.

DESTREZA (za) *f.* Destreza, habilidad.

DESTRIDADE *f.* Dextridad, destreza.

DESTRINÇA (sa) *f.* Individuación, separación minuciosa.

DESTRINÇADAMENTE (sa) *adv. m.* Separada, individual, distintamente.

DESTRINÇADOR, RA (sa) *adj.* Desenredador; separador; que individúa.

DESTRINÇAR *v. tr. Mar.* Destrincar.

DESTRINÇAR (sar) *v. tr.* Desenredar. Separar. Individuar. Desmenuzar, menudear.

DESTRINÇÁVEL (sá) *adj.* Que se puede desenredar, separar o individuar.

DESTRINCHAR (char) *v. tr.* Lo mismo que DESTRINÇAR.

DESTRIPAR *v. tr.* Destripar, sacar las tripas.

DESTRIPULAR *v. tr. Mar.* Destripular.

DESTRISTECER *v. tr.* Desentristecer. *v. intr.* Alegrarse, dejar de estar triste.

DESTRO, TRA (dès) *adj.* Diestro, derecho. Diestro, ducho, experimentado, hábil, ejercitado. Diestro, sagaz, astuto, avisado.

DESTROCÁ (trò) *f.* Destrueque, destrueco.

DESTROÇADOR, RA (sa) *adj.* Destrozador. Ú. t. c. s.

DESTROCAR *v. tr.* Destrocar, deshacer el trueque, cambio o permuta.

DESTROÇAR (zar) *v. tr.* Destrozar, desbaratar, derrotar. Dispersar, desordenar. Destrozar, arruinar, desolar. Destrozar, derrochar.

DESTROÇO (tròço) *m.* Destrozo, destrozamiento. Ruína, destrucción, descalabro. Derrota. Desolación, devastación. *pl.* Destrozos.

DESTRONAMENTO *m.* Destronamiento.

DESTRONAR *v, tr.* Destronar. *fig.* Abatir, humillar.

DESTRONCAR *v. tr.* Desmembrar, destroncar; truncar; cortar, decoyuntar.

DESTRONIZAÇÃO (zasáum) *f.* Destronamiento.

DESTRONIZAR (zar) *v. tr.* Destronar.

DESTRUIÇÃO (truisáum) *f.* Destrucción.

DESTRUIDOR, RA *adj.* Destructor. *m.* Destructor, cazatorpedero.

DESTRUIR *v. tr.* Destruir (en todas las acepciones de este vocablo). Ú. t. c. intr.

DESTRUNFAR *v. tr.* Destriunfar.

DESTRUTIBILIDADE *v. tr.* Destructibilidad.

DESTRUTIVAMENTE *adv. m.* Destructivamente.

DESTRUTÍVEL *adj.* Destructible, destruíble.

DESTRUTIVO, VA *adj.* Destructivo.

DESTRUTOR, RA *adj. y s. m.* Lo mismo que DESTRUIDOR.

DESTURVAR *v. tr.* Lo mismo que DESENTURVAR.

DESULTRAJAR (zultrajar) *v. tr.* Desagraviar.

DESUMANAMENTE (zu) *adv. m.* Inhumana, cruelmente.

DESUMANAR (zu) *v. tr.* Hacer inhumano. *v. tr.* Deshumanarse.

DESUMANIDADE (zu) *f.* Inhumanidad, crueldad.

DESUMANIZAR (zumanizar) *v. tr.* Lo mismo que DESUMANAR.

DESUMANO, NA (zu) *adj.* Inhumano, cruel, deshumano.

DESUMBRADO, DA (zum) *adj.* Que no tiene sombra; desanublado.

DESUMILDE (zu) *adj.* Altivo, altanero, que no es humilde.

DESUNHAR (zuñar) *v. tr.* Desuñar.

DESUNIÃO (zuniáum) *f.* Desunión.

DESUNIFICAR (zu) *v. tr.* Desunir, apartar, separar, disolver.

DESUNIR (zu) *v. tr.* Desunir (separar cosas que estaban unidas; sembrar cizaña) Ú. t. c. r.

DESURDIR (zur) *v. tr.* Desurdir (deshacer la urdimbre; desbaratar una trama, complot o intriga.

DESUSADO, DA (zuza) *adj.* Desusado, que no se usa, que no se acostrumbra.

DESUSAR (zuzar) *v. tr.* Desusar, desacostumbrar, dejar el uso. Ú. t. c. r.

DESUSO (zuzo) *m.* Desuso, falta de uso.

DESÚTIL (zu) *adj.* Inútil.

DESVAECER *v. intr.* Desvanecerse, disiparse; desaparecer.

DESVAIDADE *f.* Modestia, falta de vanidad.

DESVAIRADAMENTE *adv. m.* Desvariadamente.

DESVAIRADO, DA *adj.* Desvariado.

DESVAIRADOR, RA *adj.* Que hace desvariar.

DESVAIRAMENTO *m.* Lo mismo que DESVARIO.

DESVAIRAR *v. tr.* Alucinar, exaltar, enlouquecer. *v. intr.* Desvariar, delirar. Apartarse de la regla, perder el tino.

DESVAIRO *m.* Desvarío.

DESVAIR-SE *v. r.* Lo mismo que ESVAIR-SE.

DESVALER *v. tr.* Desvaler. *v. intr.* No valer.

DESVALIA (lía) *f.* Desvalimiento, desamparo. Falta de valía.

DESVALIAR *v. tr.* Avaluar mal. Desmerecer. *v. intr.* Desmerecerse.

DESVALIDAR *v. tr.* Anular.

DESVALIDO, DA *adj.* Desvalido, desamparado, falto de favor, protección o ayuda. *m.* Hombre desgraciado. Hombre sin valimiento.

DESVALIJAR (jar) *v. tr.* Desvalijar. Robar. Despojar.

DESVALIMENTO *m.* Desvalimiento.

DESVALIOSO, SA (liozo, òza) *adj.* Sin valía; inútil.

DESVALOR *m.* Depreciación, falta de valor o estima.

DESVALORIZAÇÃO (zasáum) *f.* Depreciación. Falta de valor o estima.

DESVALORIZAR (zar) *v. tr.* Desvalorar. Ú. t. c. r.

DESVANECEDOR, RA *adj.* Desvanecedor, que desvanece; que enorgullece.

DESVANECER *v. tr.* Desvanecer, dissipar, atenuar, esfumar. Ú. t. c. r Desvanecer, envanecer, enorgullecer. Ú. t. c. r.

DESVANECIDO, DA *adj.* Desvanecido, presumido, vanidoso. Desvanecido, disipado. Apagado; descolorado; desmayado.

DESVANECIMENTO *m.* Desvanecimiento, presunsión, vanidad, engreimiento.

DESVANECÍVEL *adj.* Que se puede desvanecer.

DESVANTAGEM (jem) *f.* Desventaja.

DESVANTAJOSO, SA (jozo, òza) *adj.* Desventajoso.

DESVÃO (váum) *m.* Desván. Escondrijo. Rincón, espacio pequeño.

DESVARIAR *v. tr.* Alucinar, enloquecer, causar desvarío. Cambiar, mudar, variar. *v. intr.* Desvairar, delirar. Apartarse de la regla, perder el tino.

DESVARIO (río) *m.* Desvarío.

DESVELADO, DA *adj.* Desvelado, vigilante. Patente, manifiesto.

DESVELAR *v. tr.* Desvelar, impedir el sueño. Descubrir, patentizar, quitar el velo. *v. r.* Desvelarse, poner sumo cuidado en la ejecución o logro de una cosa.

DESVELO (vé) *m.* Desvelo. Sumo cuidado; vigilancia. Dedicación.

DESVENCILHAR (llar) *v. tr.* Lo mismo que DESEN-VENCILHAR.

DESVENDAR *v. tr.* Desvendar, quitar la venda. Revelar, manifestar, patentizar.

DESVENERAÇÃO (sáum) *f.* Desacato, irreverencia, falta de veneración.

DESVENERAR *v. tr.* Desacatar; dejar de venerar.

DESVENTRAR *v. tr.* Destripar.

DESVENTURA *f.* Desventura, desdicha, desgracia, infortunio.

DESVENTURADO, DA *adj.* Desventurado, desdichado, desgraciado, infortunado.

DESVENTURAR *v. tr.* Hacer desventurado o infeliz.

DESVENTUROSO, SA (rozo, òza) *adj.* Lo mismo que DESVENTURADO.

DESVERDE *adj.* Que perdió el color verde.

DESVERDECER *v. intr.* Perder el color verde. Marchitarse.

DESVERGONHA (ña) *f.* Desverguenza.

DESVERGONHADO, DA (ña) *adj.* Desvergonzado.

DESVERGONHAMENTO (ña) *m.* Desverguenza.

DESVERGONHAR (ñar) *v. tr.* Desvergonzar. Ú. t. c. r.

DESVESTIR *v. tr.* Desvestir, desnudar, desarropar. Ú. t. c. r.

DESVEZADO, DA (za) *adj.* Desavezado, desacostumbrado.

DESVIADO, DA *adj.* Desviado. Descarriado. Alejado. Apartado.

DESVIAR *v. tr.* Desviar (en todas las acepciones de este vocablo). Ú. t. c. r. *v. r.* Separarse, apartarse.

DESVIDRAR-SE *v. tr.* Deslustrarse, perder el brillo o barniz (un objeto de loza).

DESVIGIAR (jiar) *v. tr.* No vigiar. Desatender. Descuidar.

DESVIGORAR *v. tr.* Desvigorizar.

DESVINCAR *v. tr.* Desarrugar.

DESVINCILHAR (llar) *v. tr.* Lo mismo que DESENVENCILHAR.

DESVINCULAÇÃO (sáum) *f.* Desvinculación.

DESVINCULAR *v. tr.* Desvincular. Desligar, desatar. Ú. t. c. r.

DESVIO (vío) *m.* Desvío, desviación. Vuelta. Rodeo. Extravío. Desván. Falta, culpa. Apartadero (de una línea férrea); desvío (*Amer.*). *pop.* Hecho de estar cesante; falta de empleo o trabajo.

DESVIRAR *v. tr.* Desvolver. Enderezar (poner vertical o inclinado lo tendido) Ú. t. c. r. Poner al revés. Destorcer.

DESVIRGINAMENTO (ji) *m.* Desfloramiento.

DESVIRGINAR (ji) *v. tr.* Desvirgar, desflorar.

DESVIRGULAR *v. tr.* Quitar las comas; no poner comas en lo escrito.

DESVIRILIZAR (zar) *v. tr.* Quitar la virilidad.

DESVIRTUAÇÃO (sáum) *f.* Lo mismo que

DESVIRTUAMENTO *m.* Acción y efecto de

DESVIRTUAR *v. tr.* Desvirtuar. Desacreditar. Despreciar la virtud. Desmerecer. Juzgar desfavorablemente. Tomar en mal sentido.

DESVIRTUDE *f.* Falta de virtud. Imperfección; desperfecto.

DESVIRTUOSO, SA (tuozo, òza) *adj.* Que no es virtuoso.

DESVITALIZAR (zar) *v. tr.* Privar de vitalidad.

DESVITRIFICAÇÃO (sáum) *f.* Desvitrificación.

DESVIVER *v. intr.* Dejar de vivir; morir.

DESVIZINHAR (ziñar) *v. tr.* Desavecindarse. Dejar de ser, o no ser, vecino.

DESZELAR (ze) *v. tr.* Descuidar.

DETALHAR *v. tr.* Detallar. Planear. Delinear.

DETALHE (lle) *m.* Detalle.

DETECTOR *m.* Detector (aparato).

DETENÇA (sa) *f.* Detención, dilación, tardanza, detenimiento.

DETENÇÃO (sáum) *f.* Detención. Detenimiento. Detención, encarcelamiento, arresto provisional.

DETENTO *m.* Preso (provisionalmente).

DETENTOR, RA *adj.* Detentador. Detenedor.

DETER *v. tr.* Detener, suspender, impedir, estorbar, embarazar. Ú. t. c. r. Detener, arrestar, encarcelar. Detener, retener, guardar; detentar. Retardar, detener. *v. r.* Detenerse, retrasarse, retardarse. Detenerse, pararse a considerar alguna cosa.

DETERGENTE (jen) *adj. y s. m.* Detergente, detersorio.

DETERGIR (jir) *v. tr. Med.* Deterger.

DETERIORAÇÃO (sáum) *f.* Deterioración, deterioro. Putrefacción, pudrimiento.

DETERIORAR *v. tr.* Deteriorar, ajar, maltratar, menoscabar. Ú. t. c. r. *v. r.* Deteriorarse. Dañarse. Pudrir, podrecer, podrirse.

DETERIORÁVEL *adj.* Que se puede deteriorar. Corruptible.

DETERMINAÇÃO (sáum) *f.* Determinación; resolución.

DETERMINADO, DA *adj.* Determinado, resuelto. Listo, expedito, desembarazado.

DETERMINAR *v. tr.* Determinar (en todas las acepciones de esta voz).

DETERMINÁVEL *adj.* Determinable.

DETERMINISMO *m. Fil.* Determinismo.

DETERMINISTA *m.* Determinista.

DETERSÃO (sáum) *f. Med.* Detersión.

DETERSIVO, VA *adj.* Detersivo, detersorio.

DETERSÓRIO, RIA (só) *adj.* Detersorio, detergente, detersivo.

DETESTAÇÃO (sáum) *f.* Detestación; odio.

DETESTANDO *adj.* Detestable.

DETESTAR *v. tr.* Detestar, execrar, abominar, aborrecer, odiar.

DETESTÁVEL *adj.* Detestable.

DETETIVE *m.* Detective.

DETIDO, DA *adj. P. p.* de *Deter.* Detenido, encarcelado. Retardado. Detallado, minucioso.

DETONAÇÃO (sáum) *f.* Detonación.

DETONAR *v. intr.* Detonar, dar estampido, estallar.

DETRAÇÃO (sáum) *f.* Detracción. Menosprecio. Depreciación. Maledicencia.

DETRAIR *v. tr.* Detraer, infamar, denigrar, desacreditar.

DETRÁS *adv. l.* Detrás, en la parte posterior. Después.

DETRATAR *v. tr. Bras.* Detractar, detraer.

DETRATIVO, VA *adj.* Que detrae.

DETRATOR, RA *adj.* Detractor. Ú. t. c. s.

DETRIÇÃO (sáum) *f.* Detrición.

DETRIMENTO *m.* Detrimento (menoscabo, deterioro, daño, destrucción leve o parcial; pérdida, lesión, quebranto; daño moral).

DETRITO *m.* Detrito.

DETRUNCAR *v. tr.* Truncar.

DETUMESCÊNCIA (cén) *f.* Detumescencia, resolución de una hinchazón.

DETURBAÇÃO (sáum) *f.* Perturbación.

DETURBAR *v. tr.* Perturbar. Deturbar.

DETURPAÇÃO (sáum) *f.* Desfiguración, desfiguramiento, alteración.

DETURPAR *v. tr.* Desfigurar, alterar, afear, dañar, ajar, estropear. Corromper, pervertir, viciar.

DEUS *m.* Dios. *Ao — dará. m. adv.* A la buena de Dios, a lo de Dios en Cristo.

DEUSA (za) *f.* Diosa.

DEUTERGIA (jia) *f.* Deutergia.

DEUTEROGAMIA (mía) *f.* Deuterogamia.

DEUTERONÔMIO (nó) *m.* Deuteronomio.

DEVAGAR *adv. m.* Despacio.

DEVAGARINHO (ño) *adv. m. fam.* Despacito.

DEVANEADOR, RA *adj.* Que devanea; que sueña.

DEVANEAR *v. tr.* Soñar, imaginar, meditar. *v. intr.* Devanear, delirar, disparatar.

DEVANEIO *m.* Devaneo. Sueño, quimera, imaginación.

DEVASSA (sa) *f.* Inquisisión, pesquisa, prueba judicial.

DEVASSADO, DA (sa) *adj.* Abierto, franco, expuesto a la vista.

DEVASSADOR, RA (sa) *adj.* Inquisidor. Ú. t. c. s. m. Divulgador. Ú. t. c. s. m.

DEVASSANTE (san) *adj.* Que pesquisa, indaga, o hace prueba judicial.

DEVASSAR (sar) *v. tr.* Invadir; descobrir, ver lo que se pasa en lugar vedado. Divulgar. Relajar, viciar, corromper. Abrir, ensanchar; hacer laso. Pesquisar, penetrar. Hacer prueba judicial; indagar. *v. r.* Relajarse, viciarse, licenciarse, hacerse libertino. Prostituirse. Vulgarisarse. Publicarse.

DEVASSIDÃO (sidáum) *f.* Libertinaje.

DEVASSO, SSA (so) *adj.* Libertino, licencioso, disoluto, crapuloso. Ú. t. c. s. m.

DEVASTAÇÃO (sáum) *f.* Devastación; ruina.

DEVASTAR *v. tr.* Devastar, arruinar, asolar, arrasar, destruir.

DEVE (dè) *m. Com.* Debe.

DEVEDOR, RA *adj.* Deudor.

DEVENTRE *m.* Las entrañas de las reses.

DEVER *v. tr.* Deber. *v. intr.* Tener deudas, deber.

DEVER *m.* Deber.

DEVERAS (vè) *adv. m.* De veras. Verdaderamente. Mucho.

DEVESA (za) *f.* Dehesa. Tierra acotada; terreno cercado.

DEVIAÇÃO (sáum) *f.* Desviación.

DEVIDAMENTE *adv. m.* Debidamente, como es debido.

DEVIDO, DA *adj. P. p.* de *Dever.* Devido, justo, razonable, correspondiente. *m.* Lo debido, deber; lo que se debe.

DEVITIFICAÇÃO (sáum) *f.* Desvitrificación.

DEVITRIFICAR *v. tr.* Desvitrificar.

DEVOÇÃO (sáum) *f.* Devoción.

DEVOCIONÁRIO *m.* Devocionario.

DEVOCIONISTA *m. y f.* Persona muy devota.

DEVOLUÇÃO (sáum) *f.* Devolución; restitución.

DEVOLUTO, TA *adj.* Vago, desocupado, vacio. Adquirido por devolución.

DEVOLUTÓRIO, RIA (tó) *adj.* Devolutivo; devolutorio.

DEVOLVER *v. tr.* Devolver, restituir, volver. *v. r.* Desarrollarse..

DEVORAÇÃO (sáum) *f.* Acto de devorar.

DEVORAR *v. tr.* Devorar, tragar anciosamente; consumir, destruir, disipar.

DEVOTAÇÃO *f.* Acción y efecto de *Devotar.*

DEVOTADAMENTE *adv. m.* Dedicadamente.

DEVOTADO, DA *adj.* Consagrado, dedicado, devoto. Sincero. Destinado.

DEVOTAMENTE (vò) *adv. m.* Devotamente.

DEVOTAMENTO *m.* Dedicación.

DEVOTAR *v. tr.* Dedicar, consagrar, destinar. Votar, hacer voto a. *v. r.* Dedicarse; consagrarse.

DEVOTO, TA (vò) *adj.* Devoto. Ú. t. c. s. m.

DEXTRINA (des) *f. Quím.* Dextrina.

DEXTROSE (destrôze) *f. Quím.* Dextrosa, glucosa.

DEZ (dèz) *adj.* Diez. Décimo. *m.* Diez.

DEZANOVE (zanò) *adj.* Lo mismo que DEZENOVE.

DEZASSEIS (zaseis) *adj.* Lo mismo que DEZESSEIS.

DEZASSETE (zasè) *adj.* Lo mismo que DEZESSETE.

DEZEMBRO (zem) *m.* Diciembre.

DEZENA (ze) *f.* Decena.

DEZENO, NA (ze) *adj.* Deceno, décimo.

DEZENOVE (zenò) *adj.* Diecinueve, diez y nueve.

DEZESSEIS (zeseis) *adj.* Dieciséis, diez y seis.

DEZESSETE (zesè) *adj.* Diecisiete, diez y siete.

DEZOITO (zoi) *adj.* Dieciocho, diez y ocho.

DIA *m.* Día. *Hoje em —. m. adv.* Hoy día, o hoy en día. *No outro —. m. adv.* Al otro día. *Em —. m. adv.* Al día, al corriente. *Bom —.* Buenos dias. *— de guarda.* Día de guardar, o de precepto. *— de festa.* Día de fiesta, colendo, o festivo. *— de trabalho,* o *de semana.* Día de cutio, de hacienda, o de trabajo. *De um — para outro. m. adv.* De un día al otro. *A* (tantos) *—s de vista. Com. m. adv.* A (tantos) días fecha, o vista. *Com —. m. adv.* Antes de ser noche.

DIÁ *m. Bras. pop.* Diablo.

DIABA *f. fam.* Diabla (diablo hembra).

DIABADA *f. Bras.* Muchedumbre de diablos o de hombres malos.

DIÁBASE (ze) *f.* Lo mismo que

DIABÁSIO (zio) *m.* Diabasa, diorita.

DIABETE (bè) *m.* Lo mismo

DIABETES (bè) *m.* Diabetes.

DIABO *m.* Diablo. *fig.* Diablo (persona astuta, persona de mal genio, traviesa o fea).

DIÁBOA *f.* Diablesa, diabla.

DIABÓLICO, CA (bò) *adj.* Diabólico.

DIABOLISMO *m.* Diablismo, malicia.

DIABRA *f. fam.* Diablesa, diabla.

DIABRETE *m.* Diablillo, diablejo. *fig.* Niño travieso.

DIABROSE (bròze) *f. Med.* Diabrosis.

DIABRURA *f.* Diablura, travesura.

DIACHO (cho) *m.* Diablo. *—! interj.* ¡Diantre! ¡Caramba! ¡Diacho! (*Amer.*).

DIACIDRÃO (dráum) *m.* Diacitrón, acitrón.

DIÁCLASE (ze) *f. Geol.* Diaclasa.

DIACONADO *m.* Diaconado, diaconato.

DIACONATO (zo) *m.* Diaconato, diaconado.

DIACONIA (nía) *f.* Diaconía.

DIACONISA (za) *f.* Diaconisa.

DIÁCONO *m.* Diácono.

DIÁCRISE (ze) *f. Med.* Diacrisis.

DIACRÍTICO, CA *adj. Med. Gram.* Diacrítico.

DIACÚSTICA *f.* Diacústica.

DIADELFIA (fía) *f. Bot.* Diadelfia.

DIADELFO, FA (dè) *adj.* Diadelfo.

DIADEMA *m.* Diadema. Corona, nimbo, aureola.

DIADEMAR *v. tr.* Diademar.

DIAFANAMENTE *adv. m.* Diáfanamente.

DIAFANEIDADE *f.* Diafanidad.

DIÁFANO, NA *adj.* Diáfano. *fig.* Flaco.

DIAFANÔMETRO (nó) *m.* Diafanómetro.

DIAFILME *m.* Diafoto.

DIÁFORA *f.* Diafora.

DIAFORESE (rèze) *f. Med.* Diaforesis.

DIAFRAGMA *m. Bot. Anat. Fot. Fís.* Diafragma.

DIAGNOSE (nòze) *f.* Diagnosis. Diagnóstico.

DIAGNOSTICAR *v. tr.* Diagnosticar.

DIAGNOSTICÁVEL *adj.* Que se puede diagnosticar.

DIAGNÓSTICO, CA (nòs) *adj.* Diagnóstico. *m.* Diagnosis; diagnóstico.

DIAGONAL *adj. y s. f.* Diagonal.

DIAGRAMA *m.* Diagrama.

DIAL *adj.* Dial (perteneciente o relativo a un día); diario.

DIALETAL *adj.* Dialectal.

DIALÉTICA (lè) *f.* Dialéctica.

DIALETICAMENTE (lè) *adv. m.* Dialécticamente.

DIALÉTICO, CA (lè) *adj.* Dialéctico. Ú. t. c. s. m.

DIALETO (lè) *m.* Dialecto.

DIALETOLOGIA (jía) *f.* Dialectología.

DIALETÓLOGO (tò) *m.* Versado en dialectología.

DIALHO (llo) *m. pop.* Diablo.

DIALIPÉTALO, LA (pè) *adj.* Dialipétalo.

DIALISADOR (za) *m.* Dializador.

DIALISAR (zar) *v. tr.* Dializar.

DIÁLISE (ze) *f. Quím.* Diálisis.

DIALISSÉPALO, LA (sè) *adj.* Dialisépalo.

DIALISTÉMONE (té) *adj.* Dialistémono, na.

DIALOGADO, DA *adj.* Dialogado, dialogístico.

DIALOGADOR, RA *adj.* Que dialoga. Ú. t. c. s.

DIALOGAL *adj.* Dialogal, dialogístico.

DIALOGALMENTE *adv. m.* Dialógicamente.

DIALOGAR *v. tr.* Dialogar. *v. intr.* Dialogizar, dialogar.

DIALOGIA (jía) *f.* Diáfora.

DIALÓGICO, CA (lòji) *adj.* Dialogal, dialogístico.

DIALOGISMO (jis) *m.* Dialogismo.

DIALOGISTA (jis) *m.* El que escribe diálogos. Dialéctico.

DIALOGITO (ji) *m. Miner.* Dialogita.

DIÁLOGO *m.* Diálogo.

DIALOSE (lòze) *f.* Dialosa.

DIAMAGNÉTICO, CA (nè) *adj.* Diamagnético.

DIAMAGNETISMO *m. Fís.* Diamagnetismo.

DIAMANTE *m.* Diamante. *— brilhante.* Diamante brillante. *— bruto.* Diamante en bruto, o basto. *— em mesa.* Diamante tabla. *— rosa.* Diamante rosa.

DIAMÂNTICO, CA (mán) *adj.* Diamantino.

DIAMANTIZAR (zar) *v. tr.* Dar brillo de diamante a alguna cosa. Hacer precioso.

DIAMASTIGOSE (gòze) *f.* Diamastigosis.

DIAMETRAL *adj.* Diametral.

DIAMETRALMENTE *adv. m.* Diametralmente.

DIÂMETRO (diá) *m.* Diámetro.

DIAMIDO *m. Quím.* Diamida.

DIAMORÃO (ráum) *m.* Diamoro.

DIAMORUSIA (zía) *f.* Diamoro.

DIAMOTOSE (tòze) *f.* Diamotosis.

DIAMOXALATO *m. Quím.* Diamoxalato.

DIANA *f. poét.* La luna.

DIANDRIA (dría) *f. Bot.* Diandria.

DIÂNDRICO, CA (dián) *adj.* Diándrico.

DIANGAS *m. pop.* Lo mismo que

DIANHO (ño) *m. pop.* Diablo, diantre.

DIANOMÉGRAFO (mè) *m.* Lo mismo que

DIANOMÔMETRO (mó) *m.* Dianemómetro.

DIANTE *adv. l.* Delante. Enfrente. *adv. m.* Delante, a la vista, en presencia. *Em —. m. adv.* En adelante. *De hoje em —. m. adv.* De hoy en adelante. *Daqui por —. m. adv.* De aquí en adelante, o de aquí adelante.

DIANTEIRA *f.* Delantera. Vanguardia. *Levar a —. fr.* Coger, o tomar, la delantera.

DIANTEIRO, RA *adj.* Delantero.

DIAPASÃO (záum) *m.* Diapasón.

DIAPEDESE (dèz) *f.* Diapedesis.

DIAPESE (pèze) *f.* Diapesis, diapema.

DIAPLEGIA (jía) *f.* Diaplejia, parálisis general.

DIAPNÉIA (rèia) *f.* Transpiración.

DIAPNÔMETRO (nó) *m.* Diapnómetro.

DIAPÓFISE (pòfize) *f.* Diapófisis.

DIAPOSITIVO (zi) *m. Fot.* Diapositivo.

DIAQUILÃO (láum) *m. Farm.* Diaquilón.

DIÁRIA *f.* Recibo o gasto de cada día. Ración diaria. Lo que se paga por día en un hotel. *Bras.* Estipendio que se paga cada día.

DIARIAMENTE *adv. t.* Diariamente, cada día, todos los días.

DIÁRIO, RIA *adj.* Diario, de cada día, que corresponde a todos los días. Ú. t. c. s. *m.* Diario, libro diario. Diario, periódico que se publica todos los días. Diario, relación de sucesos narrados día por día. *fam.* Diario, gasto que se hace en una casa cada día.

DIARISTA *m.* Diarista; periodista. *Bras.* Trabajador sin estipendio fijo, que gana día por día.

DIARRÉIA (rrèia) *f.* Diarrea, flujo de vientre.

DIARTROSE (tròze) *f.* Diartrosis.

DIASCOPIA (pía) *f.* Diascopia.

DIASCÓRDIO (còr) *m. Farm.* Diascordio.

DIÁSPORO *m. Miner.* Diasporo.

DIÁSTASE (ze) *f. Quím.* Diastasa.

DIÁSTILO *m.* Edificio diastilo.

DIÁSTOLE *f. Fisiol. Poét.* Diástole.

DIASTROFIA (fía) *f.* Diastrofia.

DIATERMIA (mía) *f. Med.* Diatermia.

DIATERMO-COAGULAÇÃO (tèr... sáum) *f.* Diatermia.

DIÁTESE (ze) *f. Med.* Diátesis.

DIATÔNICO, CA (tó) *adj.* Diatónico.

DIATRIBE *f.* Diatriba; invectiva.

DIAULO *m.* Diaula.

DIBRÂNQUIO, QUIA (brán) *adj.* Dibranquio.

DICACIDADE *f.* Dicacidad, mordacidad aguda y ingeniosa.

DIÇÃO (sáum) *f.* Dicción (manera peculiar de hablar; modo de expresarse; manera de pronunciar las palabras; vocablo, voz, palabra).

DICAR *v. tr.* Dedicar, consagrar.

DICAZ *adj.* Dicaz, decidor mordaz.

DICHOTE (chò) *m.* Dicharacho, dicterio.

DICIONARIAR *v. tr.* Lo mismo que DICIONARIZAR.

DICIONÁRIO *m.* Diccionario, léxico.

DICIONARISTA *m.* Diccionarista, lexicógrafo.

DICIONARIZAR (zar) *v. tr.* Registrar en un diccionario. *v. intr.* Organizar o escribir diccionarios.

DICLÍNEO, NEA *adj.* Diclino.

DICOGAMIA (mía) *f. Bot.* Dicogamia.

DICOTILEDÔNEO, NEA (dó) *adj.* Dicotiledón, dicotiledóneo. *f. pl.* Dicotiledones, dicotiledóneas.

DICOTOMIA (mía) *f.* Dicotomía.

DICOTÔMICO, CA (tó) *adj.* Dicotómico; dicótomo.

DICÓTOMO, MA (cò) *adj.* Dicotómico; dicótomo.

DICROMÁTICO, CA *adj.* Dicromático. Dicroico.

DICTIITE *f. Med.* Dictitis.

DICTIÓIDE (òi) *adj.* Reticulado.

DICTIOSCOPIA (pía) *f. Med.* Dictiopsia.

DIDÁTICA *f.* Didáctica, arte de enseñar o instruir.

DIDÁTICO, CA *adj.* Didáctico.

DIDÉLFIOS (dèl) *m. pl. Zool.* Didelfos.

DIÉDRICO, CA (diè) *adj.* Relativo o perteneciente al ángulo diedro.

DIEDRO (è) *adj.* Diedro. Ú. t. c. s. *m.*

DIÉRESE (èreze) *f. Gram.* Diéresis (figura de dicción; signo ortográfico). *Cir.* Diéresis.

DIESAR (zar) *v. tr.* Marcar con diesi.

DIESE (èze) *f. Mús.* Diesi, sostenido.

DIETA (è) *f.* Dieta (régimen alimenticio; asamblea política).

DIETÉTICO, CA (tè) *adj.* Dietético. *f.* Dietética.

DIFAMAÇÃO (sáum) *f.* Difamación.

DIFAMAR *v. tr.* Difamar, desacreditar. Ú. t. c. r.

DIFENOL (nòl) *m. Quím.* Difenol.

DIFERENÇA (sa) *f.* Diferencia (falta de semejanza; desigualdad; variedad; controversia, oposición; residuo, resto). Distinción, diversidad.

DIFERENÇAR (sar) *v. tr.* Diferenciar. Ú. t. c. r.

DIFERENÇÁVEL (sá) *adj.* Distinguible, que puede distinguirse o diferenciarse.

DIFERENCIAÇÃO (sáum) *f.* Diferenciación.

DIFERENCIAL *adj. Mat.* Diferencial. *f.* Diferencial. *m. Mec.* Diferencial.

DIFERENCIAR *v. tr.* Lo mismo que DIFERENÇAR. Ú. t. c. r. *Mat.* Diferenciar.

DIFERENTE *adj.* Diferente, distinto, diverso, desigual, desemejante.

DIFERIR *v. tr.* Diferir, dilatar, suspender, retardar, aplazar. *v. intr.* Diferir, ser diferente, distinguirse una cosa de otra.

DIFÍCIL *adj.* Difícil.

DIFICÍLIMO, MA *adj. sup.* de *Difícil.* Muy difícil.

DIFICILMENTE *adv. m.* Dificilmente.

DIFICULDADE *f.* Dificultad.

DIFICULTAÇÃO (sáum) *f.* Acción de dificultar.

DIFICULTAR *v. tr.* Dificultar. *v. intr.* Dificultar, tener o estimar por difícil. *v. r.* Hacerse difícil.

DIFICULTOSAMENTE (tòza) *adv. m.* Dificultosamente, con dificultad.

DIFICULTOSO, SA (tozo, òza) *adj.* Dificultoso.

DEFIDÊNCIA (dén) *f.* Defidencia, desconfianza; falta de fe.

DIFIDENTE *adj.* Difidente; desconfiado.

DIFLUÊNCIA (én) *f.* Difluencia.

DIFLUENTE *adj.* Difluente, que se reparte en todas direcciones.

DIFLUIR *v. intr.* Difluir, difundirse, derramarse, extenderse, propagarse.

DIFRAÇÃO (sáum) *f. Fís.* Difracción.

DIFRATAR *v. tr.* Difractar, hacer sufrir la difracción a un rayo luminoso.

DIFRATIVO, VA *adj.* Difractivo.

DIFRINGENTE (jen) *adj.* Difringente; difractivo.

DIFTERIA (ría) *f. Med.* Difteria.

DIFUNDIR *v. tr.* Difundir, extender, derramar un fluído; divulgar, propagar. Ú. t. c. r.

DIFUSÃO (záum) *f.* Difusión. Dilatación, prolijidad. Propagación.

DIFUSÍVEL (zí) *adj.* Difusible.

DIFUSIVO, VA (zi) *adj.* Difusivo.

DIFUSO, SA (zo) *adj.* Difuso, dilatado, ancho, extenso; excesivamente prolijo.

DIGERIR (je) *v. tr.* Digerir (hacer la digestión; *fig.* Sufrir, soportar, sobrellevar; *fig.* meditar, examinar con detenimiento).

DIGERÍVEL (je) *adj.* Digerible.

DIGESTÃO (jestáum) *f.* Digestión.

DIGESTIBILIDADE (jes) *f.* Digestibilidad.

DIGESTÍVEL (jes) *adj.* Digestible.

DIGESTIVO, VA (jes) *adj.* Digestivo. Ú. t. c. s. *m.*

DIGESTO, TA (jès) *adj. P. p. irreg.* de *Digerir.* Digerido. *m.* Digesto.

DIGESTOR (jes) *m.* Digestor. *adj.* Digestivo.

DIGESTÓRIO, RIA (jestò) *adj.* Digestivo.

DIGITAÇÃO (jitasáum) *f. Anat.* Digitación.

DIGITADO, DA (ji) *adj.* Digitado.

DIGITAL (ji) *adj.* Digital. *f. Bot.* Digital.

DIGITALINA (ji) *f.* Digitalina.

DÍGITO (ji) *adj. Arit.* Dígito. *m. Astr.* Dígito.

DIGLADIAR *v. intr.* Combatir con espada cuerpo a cuerpo. *v. r.* Luchar, combatir; altercar, disputar.

DIGNAÇÃO (sáum) *f.* Dignación.

DIGNAR-SE *v. r.* Dignarse, servirse, tener a bien hacer una cosa.

DIGNIDADE *f.* Dignidad.

DIGNIFICAÇÃO (sáum) *f.* Dignificación.

DIGNIFICAR *v. tr.* Dignificar. Ú. t. c. r.

DIGNIFICÁVEL *adj.* Dignificable.

DIGNITÁRIO *m.* Dignatario.

DIGNO, NA *adj.* Digno, que tiene dignidad, merecedor, que es de igual condición.

DÍGRAFO *m. Bras.* Lo mismo que DIGRAMA.

DIGRAMA *m. Gram.* Consoante compuesta, pero sencilla por su sonido: *lh* (ll), *nh* (ñ).

DIGRESSÃO (sáum) *f.* Digresión. Desvío. Paseo. Subterfugio, efugio, escapatoria.

DIGRESSIONAR (sio) *v. intr.* Digresionar; divagar.

DIGRESSIVO, VA (si) *adj.* Digresivo.

DIGRESSO (grèso) *m.* Digresión. Alejamiento. Desvío.

DIGUICE *f. Bras.* Disparate, despropósito; asnería.

DILAÇÃO (sáum) *f.* Dilación, demora, retardo, detención, aplazamiento.

DILACERAÇÃO (sáum) *f.* Dilaceración, despedazamiento.

DILACERADOR, RA *adj.* Desgarrador, despedazador.

DILACERANTE *adj.* Dilacerante. Despedazador, desgarrador.

DILACERAR *v. tr.* Dilacerar, desgarrar, despedazar. Ú. t. c. r.

DILAPIDAÇÃO (sáum) *f.* Dilapidación.

DILAPIDADOR, RA *adj.* Dilapidador, malgastador, derrochador.

DILAPIDAR *v. tr.* Dilapidar, malgastar. Arruinar, demoler.

DILATABILIDADE *f.* Dilatabilidad.

DILATAÇÃO (sáum) *f.* Dilatación.

DILATADO, DA *adj.* Dilatado, extenso, amplio, vasto, numeroso; ancho.

DILATAR *v. tr.* Dilatar (extender, alargar, ensanchar; diferir, retardar, demorar, aplazar; propagar, divulgar). Ú. t. c. r. *v. r.* Dilatarse, extenderse mucho. Tardar, demorarse.

DILATÁVEL *adj.* Dilatable.

DILATÓRIO, RIA (tò) *adj.* Dilatorio.

DILEÇÃO (sáum) *f.* Dilección, voluntad, amor honesto.

DILEMA *m.* Dilema.

DILETANTE *adj. y s. m.* Diletante. Aficionado.

DILETANTISMO *m.* Diletantismo. Filarmonía. Calidad de aficionado. Gusto y no obligación de tratar una cosa.

DILETO, TA (lè) *adj.* Dilecto, amado con dilección.

DILIGÊNCIA (jén) *f.* Diligencia, prontitud, presteza, prisa. Diligencia (coche grande para trasportar periódicamente viajeros y mercaderías). Investigación, pesquisa. *For.* Diligencia. Actividad. Diligencia (esmero y actividad en hacer algo).

DILIGENCIADOR (jen) *m.* Diligenciero.

DILIGENCIAR (jen) *v. tr.* Diligenciar (poner los medios necesarios para lograr una cosa).

DILIGENTE (jen) *adj.* Diligente, cuidadoso, esmerado, activo; pronto, presto, ágil, ligero.

DILOBULADO, DA *adj.* Bilobulado, dilobulado.

DILOGIA (jía) *f.* Dilogia.

DILUCIDAÇÃO (sáum) *f.* Dilucidación, aclaración, ilustración, explicación.

DILUCIDAMENTO *m.* Lo mismo que DILUCIDAÇÃO.

DILÚCIDO, DA *adj.* Dilúcido, claro; comprensible.

DILUCULAR *adj.* Perteneciente o relativo al DILÚCULO.

DILÚCULO *m.* Dilúculo (la aurora, el amanecer).

DILUÊNCIA (én) *f.* Dilución, diluimiento.

DILUENTE *adj.* Diluyente, diluente.

DILUIÇÃO (sáum) *f.* Dilución, diluimiento.

DILUIR *v. tr.* Diluir, desleír, disolver. Ú. t. c. r. *Quím.* Diluir (añadir líquido en una disolución).

DILUTO, TA *adj.* Diluído, desleído, disolvido.

DILUVIAL *adj.* Lo mismo que DILUVIANO, NA *adj.* Diluviano. *Geol.* Diluvial.

DILUVIAR *v. intr.* Diluviar, llover copiosamente.

DILÚVIO *m.* Diluvio. Diluviada. *fig.* Diluvio, copia, abundancia excesiva.

DILUVIOSO, SA (viozo, òza) *adj.* Torrencial. Que produce inundación. Muy abundante en aguas.

DIMANAÇÃO (sáum) *f.* Dimanación.

DIMANAR *v. intr.* Dimanar, proceder, provenir. Ú. t. c. r.

DIMENSÃO (sáum) *f.* Dimensión.

DIMENSIONAL *adj.* Dimensional.

DIMENSÍVEL *adj.* Mensurable, que se puede medir.

DIMENSÓRIO, RIA (sò) *adj.* Relativo a las dimensiones.

DIMIDIAÇÃO (sáum) *f.* Acto de

DIMIDIAR *v. tr.* Dimidiar, dividir en mitades.

DIMÍDIO *m.* Mitad.

DIMINUENDO *m.* Substraendo.

DIMINUENTE *adj.* Diminuente.

DIMINUIÇÃO (sáum) *f.* Diminución, disminución. Substracción, resta.

DIMINUIDOR, RA *adj.* Que disminuye. *m.* Número que se resta del substraendo.

DIMINUIR *v. tr.* Disminuir, hacer menor, acortar, reducir, diminuir, menguar, mermar. Ú. t. c. intr. y r. Restar (hallar la diferencia entre dos cantidades).

DIMINUTAMENTE *adv. m.* Escasamente. Menudamente. Apocadamente.

DIMINUTIVO, VA adj. Diminutivo. m. Gram. Vocablo diminutivo.

DIMINUTO, TA adj. Diminuto, muy pequeño; defectuoso, deficiente; insuficiente.

DIMISSÓRIAS (sò) f. pl. Dimisorias.

DIMISSÓRIO, RIA (sò) adj. Dimisorio.

DIMORFIA (fía) f. Dimorfismo.

DIMORFO, FA (mòr) adj. Dimorfo.

DINAMARQUÊS, QUESA (qués, queza) adj. y s. Dinamarqués.

DINAMIA (mía) f. Dinamia.

DINÂMICA (ná) f. Dinámica.

DINAMITAR v. tr. Dinamitar, volar, hacer saltar por medio de la dinamita.

DINAMITARIA (ría) f. Fábrica de dinamita.

DINAMITE f. Dinamita.

DINAMITEIRO, RA adj. y s. Dinamitero.

DINAMITISTA m. Dinamitero.

DINAMITIZAR (zar) v. tr. Juntar dinamita a.

DÍNAMO m. Dínamo.

DINAMÔMETRO (mó) m. Dinamómetro.

DINAMOSCOPIA (pía) f. Dinamoscopia.

DINAR m. Dinar (moneda indiana).

DINASTIA (tía) f. Dinastía.

DINDINHA (ña) f. infant. Madrina.

DINHEIRADA (ñei) f. Dinerada, dineral.

DINHEIRAL (ñei) m. Dineral, dinerada.

DINHEIRAMA (ñei) f. pop. Dineralada.

DINHEIRAME (ñei) m. Lo mismo que DINHEIRAMA.

DINHEIRÃO (ñeiráum) m. Dineral, dinerada.

DINHEIRENTO, TA (ñei) adj. Dineroso, adinerado.

DINHEIRO (ñei) m. Dinero. fig. Plata, moneda, dinero, riqueza, caudal, bienes.

DINHEIROSO, SA (ñeirozo, òza) adj. Dineroso, rico, opulento.

DINHEIRUDO, DA (ñei) adj. Lo mismo que DINHEIROSO.

DINO, NA adj. ant. y pop. Digno.

DINOSSAURO (záu) m. Zool. Dinosauro, dinosaurio.

DINOTÉRIO tè) m. Zool. Dinoterio.

DINTEL (tèl) m. Dintel, parte superior del marco de una puerta o ventana.

DINUMERAÇÃO (sáum) f. Acto de dinumerar o enumerar.

DINUMERAR v. tr. Dinumerar, contar, enumerar.

DINÚVIO m. Port. Diluvio.

DIOCESANO, NA (za) adj. Diocesano. Ú. t. c. s. m.

DIOCESE (cèze) f. Diócesi, diócesis.

DIOGA (ò) m. pop. El diablo, el demonio.

DIONÉIA (nèia) f. Bot. Dionea.

DIONISÍACAS (zí) f. pl. Dionisias, dionisiacas.

DIONISÍACO, CA (zí) adj. Dionisiaco.

DÍOPE f. Diope.

DIORAMA m. Fís. Diorama.

DIORESE (rèze) f. Med. Diorrosis.

DIORTOSE (tòze) f. Med. Diortosis.

DIOSCÓREA (cò) f. Bot. Aje.

DIOSO, SA (ozo, òza) adj. De muchos años, muy viejo.

DIÓSTILO (òs) m. Diostilo.

DIPLEGIA (jía) f. Med. Diplejía.

DIPLÓDOCO (plò) m. Paleont. Diplodoco.

DÍPLOE m. Anat. Diploe.

DIPLOGÊNESE (jéneze) f. Terat. Diplogénesis.

DIPLOMA m. Diploma (despacho, privilegio, etc., autorizado con sello y armas de un soberano; título expedido por una facultad o corporación para acreditar un grado académico, un premio, etc). Título de contrato.

DIPLOMACIA (cía) f. Diplomacia.

DIPLOMACIAR v. tr. Tratar con diplomacia.

DIPLOMADO, DA adj. Que posee un título, premio, diploma, etc.; diplomado (gal.).

DIPLOMATA m. Diplomático.

DIPLOMATICAMENTE adv. m. Con diplomacia. Diplomáticamente, con disímulo, astucia y sagacidad.

DIPLOMÁTICO, CA adj. Diplomático.

DIPLOPIA (pía) f. Med. Diplopia.

DIPLOSTÊMONE (té) adj. Bot. Diplostemono.

DIPSOMANIA (nía) f. Dipsomanía.

DIPSOMANÍACO, CA adj. Dipsomaníaco, dipsómano.

DÍPTERO, RA adj. Arq. Zool. Bot. Díptero.

DIQUE m. Dique. fig. Dique, obstáculo.

DIRANDELA (dè) f. Lo mismo que ARANDELA.

DIREÇÃO (sáum) f. Dirección (en todas las acepciones de esta dicción).

DIREITA f. Derecha (la mano derecha). Pol. Derecha. A —. m. adv. A la derecha. Às —s. m. adv. Derechamente, rectamente, con justicia. A derechas.

DIREITAMENTE adv. m. Derechamente. Directamente.

DIREITEIRO m. Bachiller en derecho.

DIREITEZA (za) f. Lo mismo que DIREITURA.

DIREITINHO (ño) adj. Igualito, tal cual.

DIREITISTA m. Derechista, partidario de las derechas.

DIREITO m. Derecho (facultad de obrar con entera libertad dentro de la ley; acción o autoridad que se tiene sobre personas o cosas; razón, justicia, equidad; exención, privilegio; lado o cara principal de una tela). pl. Derechos (lo que se paga en las aduanas, tribunales, etc.). — canônico. Derecho canónico, o eclesiástico. — civil. Derecho civil, o común. — consuetudinário. Derecho consuetudinario, derecho no escrito. — criminal. Derecho criminal, o penal. — das gentes. Derecho de gentes. — das nações. Derecho de gentes. — de acrescer. Derecho de acrecer. —s reais. Derechos reales. De —. m. adv. Derecho.

DIREITO adv. m. Derecho, derechamente, en derechura. Rectamente, con justicia.

DIREITO, TA adj. Derecho, recto, seguido. Derecho, justo, razonable, legítimo. Directo.

DIREITURA f. Derechura.

DIRETAMENTE (rè) adv. m. Directamente.

DIRETIVA f. Línea directiva, directorio.

DIRETIVO, VA adj. Directivo.

DIRETO, TA (rè) adj. Directo (derecho; que va derechamente a un fin; dícese del tren expreso; que va de un punto a otro sin detenerse en los intermedios).

DIRETOR, RA adj. Director. m. Director.

DIRETORA f. Directora.

DIRETORADO m. Directorado.

DIRETORIA (ría) f. Directoría, dirección.

DIRETORIAL adj. Directoral.

DIRETÓRIO, RIA (tò) adj. Directorio. m. Directorio.

DIRETRIZ adj. Diretriz. Ú. t. c. s. f.

DIRIGENTE (jen) adj. Dirigente. m. Director, dirigente.

DIRIGIBILIDADE (ji) f. Calidad de dirigible.

DIRIGINTE (jin) adj. Lo mismo que DIRIGENTE.

DIRIGIR (jir) v. tr. Dirigir, enderezar, encaminar, guiar, enseñar; regir, gobernar. Ú. t. c. r.

DIRIGÍVEL (jí) adj. Dirigible. m. Dirigible, globo dirigible.

DIRIMENTE adj. Dirimente.

DIRIMIR v. tr. Dirimir, anular, disolver; ajustar, componer una controversia.

DIRO, RA adj. Cruel, inhumano.

DIRRADICAR v. tr. Desarraigar.

DIRUPÇÃO (sáum) f. Ruina.

DIRUPTIVO, VA adj. Destructor, destruidor.

DISARTROSE (zartròze) f. Anat. Disartrosis.

DISBASIA (zía) f. Med. Diabasia.

DISCAR v. tr. Conectar, establecer ligación (en los teléfonos automáticos).

DISCENTE adj. Que aprende. Relativo a los alumnos.

DISCERNENTE adj. Discerniente.

DISCERNIMENTO m. Discernimiento.

DISCERNIR v. tr. Discernir, percibirla diferencia existente entre las cosas; distinguir; juzgar, decidir.

DISCERNÍVEL adj. Discernible.

DISCIPLINA f. Disciplina, doctrina, enseñanza; arte, facultad, ciencia; orden, reglamentación de conducta. pl. Disciplina, disciplinas (instrumento para azotar).

DISCIPLINADAMENTE adj. Disciplinadamente. Disciplinariamente.

DISCIPLINAMENTO m. Acto de disciplinar.

DISCIPLINAR v. tr. Disciplinar (instruir, enseñar, acostumbrar al orden y a la obediencia; azotar, dar disciplinazos).

DISCIPLINAR adj. Disciplinario.

DISCIPLINARMENTE adj. m. Disciplinariamente.

DISCIPLINÁVEL adj. Disciplinable.

DISCIPULADO m. Alumnado.

DISCÍPULO, LA m. y f. Discípulo; alumno.

DISCISSÃO (sáum) f. Med. Discisión.

DISCO m. Disco (en todas las acepciones de esta voz).

DISCÓBOLO (cò) m. Discóbolo.

DISCOIDAL adj. Discoideo, discoidal, discoide.

DISCÓIDE (còi) adj. Discoideo, discoide.

DISCOLIÁ (lía) f. Med. Discolia, alteración de la bilis.

DÍSCOLO, LA adj. Díscolo, indócil, desobediente, avieso, revoltoso, perturbador. Ú. t. c. s.

DISCORDÂNCIA (dán) f. Discordancia, desconformidad, discrepancia.

DISCORDANTE adj. Discordante, divergente; desacorde, disonante.

DISCORDANTEMENTE adv. m. Con discordancia o desconformidad.

DISCORDAR v. intr. Discordar, diferir, discrepar, disentir, no estar acordes las voces o los instrumentos.

DISCORDE (còr) adj. Discorde, desconforme, que disiente o discrepa. Discorde, desacorde, disonante.

DISCORDEMENTE (còr) adv. m. Lo mismo que DISCORDANTEMENTE.

DISCÓRDIA (còr) f. Discordia, disensión, diversidad, descomposición, contrariedad; cizaña.

DISCORRÊNCIA (rrén) f. Acción y efecto de

DISCORRER v. intr. Discurrir (andar, caminar por algun sitio, pasear; correr los líquidos; pensar, reflexionar, disertar, meditar; inferir, conjeturar). Transcurrir.

DISCREÇÃO (sáum) f. Lo mismo que DISCRIÇÃO.

DISCRECIONÁRIO, RIA adj. Lo mismo que DISCRICIONÁRIO.

DISCREPÂNCIA (pán) f. Discrepancia, diferencia, desigualdad; disensión, divergencia, desconformidad.

DISCREPAR v. intr. Discrepar. Disentir, discordar.

DISCRETAMENTE (crè) adv. m. Discretamente.

DISCRETEADOR, RA adj. Que platica, que conversa.

DISCRETEAR v. intr. Platicar, conversar con placidez y reflexión.

DISCRETIVO, VA adj. Discretivo, que tiene la virtud de distinguir.

DISCRETO, TA (crè) adj. Discreto. Med. Discreto.

DISCRIÇÃO (sáum) f. Discreción. À —. m. adv. A discreción, a voluntad.

DISCRICIONÁRIO, RIA adj. Arbitrario.

DISCRIME m. Discrimen.

DISCRIMINAÇÃO (sáum) f. Diferenciación; discriminación (Amer.).

DISCRIMINAR v. tr. Distinguir, diferenciar; discriminar (Amer.). Separar. Discernir.

DISCRIMINATIVO, VA adj. Que distingue, separa o diferencia.

DISCRIMINÁVEL adj. Distinguible.

DISCURSADOR m. Discursista, discursero.

DISCURSAR v. intr. Discursar, discurrir. Discursear, pronunciar algún discurso.

DISCURSEIRA f. Discurso aburrido. Cantidad de discursos.

DISCURSO m. Discurso. ant. Discurso, espacio, duración de tiempo.

DISCURSÓRIO (sò) m. Muchos discursos.

DISCUSSÃO (sáum) f. Discusión.

DISCUTIÇÃO (sáum) f. Discusión.

DISCUTINHAR (ñar) v. intr. fam. Discutir mal y enfadosamente.

DISCUTIR v. tr. Discutir. Altercar.

DISCUTÍVEL adj. Discutible.

DISENTERIA (zentería) f. Med. Disentería.

DISENTÉRICO, CA (zentè) adj. Disentérico.

DISERTAMENTE (zèr) adv. m. De modo diserto.

DISERTO, TA (zèr) adj. Diserto, que habla bien y argumenta con razones concluyentes.

DISESTESIA (zestezía) f. Disestesia.
DISFAGIA (jía) f. Disfagia.
DISFARÇADAMENTE (sa) adv. m. Disfrazadamente.
DISFARÇADO, DA (sa) adj. Disfrazado.
DISFARÇAR (sar) v. tr. Disfrazar (en todas las acepciones de esta dicción). Ú. t. c. r.
DISFARCE m. Disfraz (artificio con que se disfraza; simulación). Acción y efecto de disfrazar.
DISFASIA (zía) f. Med. Disfasia.
DISFEMIA (mía) f. Med. Lo mismo que GAGUEIRA.
DISFORMAR v. tr. Deformar, disformar.
DISFORME (fòr) adj. Disforme, deforme; feo, horroroso, desproporcionado.
DISFORMIA (mía) f. Deformidad, disformidad.
DISFORMIDADE f. Deformidad, disformidad.
DISFRASIA (zía) f. Med. Disfasia.
DISGA f. Pop. Falta de dinero, penuria.
DISGENESIA (jenezía) f. Med. Disgenesia.
DISGRA f. Pop. Desgracia. Lo mismo que DISGA.
DISGREGAR v. tr. Disgregar, separar, desunir. Ú. t. c. r.
DISGRUDO, DA adj. Desgraciado.
DISJUNÇÃO (junsáum) f. Disyunción.
DISJUNGIR (junjir) v. tr. Desuncir.
DISJUNTA (jun) f. Mús. Disyunta.
DISJUNTIVAMENTE (jun) adv. m. Disyuntivamente.
DISJUNTIVO, VA (jun) adj. Disyuntivo.
DISJUNTO, TA (jun) adj. Desunido, separado, apartado, distante.
DISJUNTOR (jun) m. Fís. Disyuntor.
DISLALIA (lía) f. Med. Dislalia.
DISLATE m. Disparate, desatino, despropósito, dislate.
DISMENORRÉIA (rrèia) f. Med. Dismenorrea.
DISMORFOSE (fòze) f. Dismorfia.
DÍSPAR adj. Dispar, desigual, diferente.
DISPARADA f. Disparo. Huída, fuga. Carrera, corrida.
DISPARADO, DA adj. P. p. de Disparar. Arrojado, osado, atrevido.
DISPARADOR m. Disparadero, disparador (de las armas de fuego). Disparador, el que dispara. El que huye.
DISPARAR v. tr. Disparar, arrojar, despedir, lanzar, tirar. v. intr. Dispararse, partir o correr con velocidad insólita. Huir. Resultar.
DISPARATADO, DA adj. Disparatado, desatinado, despropositado.
DISPARATAR v. intr. Disparatar (decir dislates, disparates o desatinos).
DISPARATE m. Disparate, dislate, desatino.
DISPARIDADE f. Disparidad, desemejanza. Disparate.
DISPARO m. Disparo (acción de disparar).
DISPARTIR v. tr. Distribuir, repartir. Separar, esparcir. v. r. Partir. Dispersarse.
DISPÊNDIO (pén) m. Dispendio, gasto importante, desembolso considerable. Gasto. Dispendio, derroche; perjuicio.
DISPENDIOSAMENTE (òza) adv. m. Dispendiosamente, con dispendio, con derroche.
DISPENDIOSIDADE (zi) f. Lo mismo que DISPÊNDIO. Calidad de
DISPENDIOSO, SA (diozo, òza) adj. Dispendioso, costoso, de mucho gasto.
DISPENSA f. Dispensa, exención.
DISPENSABILIDADE f. Calidad de dispensable.
DISPENSAÇÃO (sáum) f. Dispensación, dispensa.
DISPENSAR v. tr. Dispensar, conceder, otorgar, distribuir; eximir de una obligación. No necessitar.
DISPENSÁRIO m. Dispensario (local donde se proporciona auxilio al paciente, a más de asistencia médica).
DISPENSATÓRIO (tò) m. Dispensario (farmacopea; laboratorio en que se preparan las substancias que entran en los medicamentos compuestos).
DISPENSÁVEL adj. Dispensable.
DISPEPSIA (sía) f. Med. Dispepsia.
DISPERDER v. tr. Destruir, arruinar.
DISPERSAMENTE (pèr) adv. m. Con dispersión.
DISPERSÃO (sáum) f. Dispersión.

DISPERSAR v. tr. Dispersar, diseminar, esparcir en desorden; desordenar, desbaratar. Ú. t. c. r.
DISPERSIVO, VA adj. Dispersivo.
DISPERSO, SA (pèr) adj. Disperso, dispersado. Desordenado; desbaratado.
DISPLICÊNCIA (cén) f. Displicencia, indiferencia.
DISPLICENTE adj. Displicente; indiferente.
DISPNÉIA (nèia) f. Med. Disnea.
DISPNÉICO, CA (néi) adj. Disneico.
DISPONDEU m. Dispondeo.
DISPONENTE adj. Disponente, que dispone.
DISPONIBILIDADE f. Disponibilidad.
DISPONÍVEL adj. Disponible.
DISPOR v. tr. Disponer (colocar, ordenar; deliberar, decidir, resolver, determinar, preparar, prevenir). Ú. t. c. r. Incitar. Emplear. v. intr. Disponer, vender, alienar, dar.
DISPOSIÇÃO (zisáum) f. Disposición.
DISPOSITIVAMENTE (zi) adv. m. Dispositivamente.
DISPOSITIVO, VA (zi) adj. Dispositivo.
DISPOSTO, TA (posto, pòsta) adj. Dispuesto; gallardo, apuesto, gentil; apto, hábil, despejado. Decidido, resoluto.
DISPUTA f. Disputa; contienda, altercación.
DISPUTAÇÃO (sáum) f. Disputa, debate, discusión, altercación.
DISPUTANDO adj. Disputable.
DISPUTAR v. tr. Disputar, debatir, controvertir. v. intr. Disputar, contender, porfiar, altercar.
DISPUTATIVO, VA adj. Lo mismo que
DISPUTATÓRIO, RIA (tò) adj. Perteneciente o relativo a la disputa.
DISPUTÁVEL adj. Disputable.
DISQUESIA (zía) f. Med. Disquesia.
DISQUISIÇÃO (zisáum) f. Disquisición.
DISSABOR (sa) m. Desabor, insipidez, desabrimiento. fig. sinsabor, pena, disgusto.
DISSABOREAR (sa) v. tr. Causar sinsabor, desplacer.
DISSABORIDO, DA (sa) adj. Desaborido, insípido, falto de sabor. Disgustoso, triste.
DISSABOROSO, SA (saborozo, òza) adj. Lo mismo que DISSABORIDO.
DISSECAÇÃO (secasáum) f. Disecación.
DISSECAR (se) v. tr. Disecar.
DISSECÇÃO (secsáum) f. Disección.
DISSECTOR (sec) m. Disector.
DISSEMELHANÇA (semelhansa) f. Desemejanza.
DISSEMELHANTE (semellan) adj. Desemejante.
DISSEMELHANTEMENTE (semmelan) adv. m. Desemejantemente.
DISSEMELHAR (semellar) v. tr. Desemejar.
DISSEMINAÇÃO (seminasáum) f. Diseminación.
DISSEMINADOR, RA (se) adj. y s. Diseminador.
DISSEMINAR (se) v. tr. Diseminar, sembrar, esparcir, desparramar. Ú. t. c. r.
DISSENSÃO (sensáum) f. Disención.
DISSENSO (sen) m. Disenso, disentimiento.
DISSENTÂNEO, NEA (sentá) adj. Que disiente, divergente.
DISSENTIMENTO (sen) m. Disentimiento, disensión.
DISSENTIR (sen) v. intr. Disentir.
DISSÉPALO, LA (sè) adj. Disépalo.
DISSERTAÇÃO (sertasáum) f. Disertación.
DISSERTADOR (ser) m. Disertador.
DISSERTAR (ser) v. intr. Disertar.
DISSIDÊNCIA (sidén) f. Disidencia.
DISSIDENTE (si) adj. Disidente.
DISSIDIAR (si) v. tr. Causar disidencia.
DISSÍDIO (sí) m. Disensión.
DISSIDIR (si) v. tr. Lo mismo que DISSIDIAR.
DISSILÁBICO, CA (si) adj. Disilábico.
DISSÍLABO, BA (sí) adj. Disílabo. Ú. t. c. s. m.
DISSÍMIL (sí) adj. Disímil, desemejante.
DISSIMILAÇÃO (similasáum) f. Gram. Disimilación.
DISSIMILAR (si) v. tr. Producir la disimilación de
DISSIMILAR (si) adj. Disimilar.
DISSIMILHANTE (simillan) adj. Desemejante.
DISSIMILHAR (simillar) v. tr. Desemejar.
DISSIMILITUDE (si) f. Disimilitud, desemejanza.
DISSIMULAÇÃO (similasáum) f. Disimulación.
DISSIMULADAMENTE (si) adv. m. Disimuladamente.

DISSIMULADO, DA (si) adj. Disimulado.
DISSIMULADOR, RA (si) adj. Disimulador. Ú. t. c. s.
DISSIMULAR (si) v. tr. Disimular, encubrir; desentenderse de algo; disfrazar. Ú. t. c. tr.
DISSIMULATIVO, VA (si) adj. Disimulador, que disimula.
DISSIMULATÓRIO, RIA (simulatò) adj. Lo mismo que DISSIMULATIVO.
DISSIMULÁVEL (si) adj. Disimulable.
DISSÍMULO (Sí) m. Disimulo.
DISSIPAÇÃO (sipasáum) f. Disipación.
DISSIPADAMENTE (si) adv. m. Disipadamente.
DISSIPADO, DA (si) adj. Disipado, disipador, malgastador, derrochador.
DISSIPADOR, RA (si) adj. Disipador, malgastador, disipado, derrochador.
DISSIPAR (si) v. tr. Disipar. Ú. t. c. r. fig. Disipar, malgastar, dilapidar, derrochar.
DISSIPÁVEL (si) adj. Disipable.
DISSO (so) (Contracción de la prep. de con el pron. isso). De eso.
DISSOCIABILIDADE (so) f. Disociabilidad.
DISSOCIAÇÃO (sociasáum) f. Disociación.
DISSOCIAL (so) adj. Insociable, huraño.
DISSOCIAR (so) v. tr. Disociar, separar, apartar, desunir, disgregar. Ú. t. c. r.
DISSOCIATIVO, VA (so) adj. Que disocia.
DISSOCIÁVEL (so) adj. Disociable.
DISSOLUBILIDADE (so) f. Disolubilidad.
DISSOLUÇÃO (solusáum) f. Disolución.
DISSOLUTAMENTE (so) adv. m. Disolutamente.
DISSOLUTIVO, VA (so) adj. Disolutivo.
DISSOLUTO, TA (so) adj. Disoluto, disuelto. Disoluto, libertino, licencioso, crapuloso, disipado.
DISSOLÚVEL (so) adj. Disoluble.
DISSOLVEDOR, RA (sol) adj. Disolutivo, disolvente.
DISSOLVÊNCIA (solvén) f. Disolución.
DISSOLVENTE (sol) adj. Disolvente.
DISSOLVER (sol) v. tr. Disolver (en todas las acepciones de este vocablo). Ú. t. c. r.
DISSOLVIDO, DA (sol) adj. P. p. de Dissolver. Disolvido, disuelto.
DISSOMO (so) m. Terat. Disomo.
DISSONÂNCIA (sonán) f. Disonancia. Desconformidad.
DISSONANTE (so) adj. Disonante. Desconforme.
DISSONAR (so) v. intr. Disonar.
DÍSSONO, NA (so) adj. Dísono, disonante.
DISSONORO, RA (sonò) adj. Disonante.
DISSUADIMENTO (sua) m. Disuasión.
DISSUADIR (sua) v. tr. Disuadir. Ú. t. c. r.
DISSUASÃO (suazáum) f. Disuasión.
DISSUASIVO, VA (suazi) adj. Disuasivo.
DISSUASÓRIO, RIA (suazò) adj. Disuasivo.
DISTÂNCIA (tán) f. Distancia. Lejanía. fig. Distancia, diferencia, desemejanza grande.
DISTANCIADAMENTE adv. m. Con distancia; con alguna distancia. Más lejos. Distantemente.
DISTANCIADO, DA adj. Rezagado. Alejado, separado.
DISTANCIADOR, RA adj. Alejador.
DISTANCIAMENTO m. Alejamiento.
DISTANCIAR v. tr. Alejar, apartar, separar. Ú. t. c. r.
DISTANTE adj. Distante, que dista. Distante, lejado, apartado, remoto.
DISTANTEMENTE adv. m. Distantemente. Lejos.
DISTAR v. intr. y tr. Distar. fig. Distar, diferenciarse, ser muy desemejante.
DISTENDER v. tr. Med. Distender. Estirar; tender; estender; dilatar. Ú. t. c. r.
DISTENDIMENTO m. Lo mismo que
DISTENSÃO (sáum) f. Distensión. Dilatación, estiramiento.
DISTENSO, SA adj. Estirado, dilatado, tendido; distendido.
DISTENSOR, RA adj. Que estira, que dilata. Que distiende.
DISTESIA (zía) f. Med. Distesia, mal humor.
DÍSTICO, CA adj. Dístico. m. Dístico (composición poética que consta de dos versos solamente). Divisa, lema. Rótulo.

DISTILAÇÃO (sáum) *f.* Lo mismo que DESTILAÇÃO.

DISTILAR *v. tr.* Lo mismo que DESTILAR.

DISTILARIA (ría) *f.* Lo mismo que DESTILARIA.

DISTINÇÃO (sáum) *f.* Distinción (diferencia, desemejanza; acción de distinguir; prerrogativa, honor; orden, claridad, precisión; elegancia, cortesía, buen tono, educación.

DISTINGUIR *v. tr.* Distinguir (diferenciar; discernir; ver claramente las cosas desde lejos; hacer preferente estimación de alguien). *v. r.* Distinguirse, descollar, sobresalir.

DISTINGUÍVEL *adj.* Distinguible.

DISTINTAMENTE *adv. m.* Distintamente (con distinción; diversa, diferentemente).

DISTINTIVAMENTE *adv. m.* De modo distintivo.

DISTINTIVO, VA *adj.* Distintivo. *m.* Distintivo, insignia, divisa.

DISTINTO, TA *adj. P. p.* de *Distinguir*. Distinguido, notable, esclarecido, noble, ilustre. Distinto, diferente, diverso. Distinto, inteligible, claro, inconfundible. Elegante, cortés.

DISTO (contracción de la prep. *de* con el pron. *isto.*) De esto.

DISTRAÇÃO (sáum) *f.* Distracción (acción de distraer; diversión, recreo; substracción o malversación de fondos que uno tiene a su cuidado). Olvido, falta de atención, inadvertencia.

DISTRAIDAMENTE (traí) *adv. m.* Distraídamente. Descuidadamente.

DISTRAÍDO, DA *adj. P. p.* de *Distrair*. Distraído, que no presta atención, que se distrae fácilmente. Entretenido. Descuidado.

DISTRAIDOR, RA *adj.* Que distrae.

DISTRAIMENTO *m.* Distraimiento.

DISTRAIR *v. tr.* Distraer, apartar, desviar, divertir. Ú. t. c. r. Distraer, recrear, divertir, entretener. Ú. t. c. r. *fig.* Distraer, malversar. Dividir, separar. Descaminar.

DISTRANQUE *m.* Baruleo, gresca, contienda.

DISTRATAR *v. tr.* Anular, rescindir, derogar (un trato, contrato o pacto).

DISTRATE *m.* Disolución, anulación, rescisión del contrato.

DISTRÁTIL *adj. Bot.* Distráctil.

DISTRATIVO, VA *adj.* Que distrae.

DISTRATO *m.* Lo mismo que DISTRATE.

DISTRIBUIÇÃO (sáum) *f.* Distribución.

DISTRIBUIDOR, RA *adj.* Distribuidor. Ú. t. c. s.

DISTRIBUIR *v. tr.* Distribuir (en todas las acepciones de este vocablo).

DISTRIBUTIVAMENTE *adv. m.* Distributivamente, con distribución, en sentido distributivo.

DISTRIBUTIVO, VA *adj.* Distributivo. *Gram.* Distributivo.

DISTRITAL *adj.* Relativo o perteneciente al distrito.

DISTRITO *m.* Distrito (cada una de las demarcaciones políticas o judiciales en que se subdivide una provincia, comarca o población).

DISTROFIA (fía) *f. Pat.* Distrofia, atrofia.

DISTURBAR *v. tr.* Perturbar, disturbar.

DISTÚRBIO *m.* Disturbio, alteración, perturbación, trastorno. Lo mismo que ALGAZARRA. Motín.

DISURIA (zuría) *f. Med.* Disuria.

DITA *f.* Dicha, ventura, felicidad, suerte feliz.

DITADO, DA *adj.* Dictado. *m.* Dictado. Proverbio, sentencia, adagio, refrán.

DITADOR *m.* Dictador.

DITADURA *f.* Dictadura.

DITAME (tánme) *m.* Dictamen. *pl.* Dictados (inspiraciones o mandatos de la razón, la conciencia, etc.).

DITAR *v. tr.* Dictar (ir diciendo a uno algo para que lo vaya escribiendo; dar, expedir, pronunciar; sugerir, inspirar, mandar).

DITATORIAL *adj.* Dictatorial.

DITATÓRIO, RIA (tò) *adj.* Dictatorio; dictatorial.

DITÉRIO (tè) *m.* Dicterio, insulto, injuria. Burla, befa, escarnio. Dicho (expresión insultante).

DÍTICO, CA *adj.* Lo mismo que MERGULHADOR.

DITINHO (ño) *m. fam.* Murmuración, enredo, chisme, hablilla.

DITIRAMBO *m.* Ditirambo.

DITO, TA *adj. P. p. irreg.* de *Dizer.* Dicho, cha. *m.* Dicho, palabra o frase (que expresa un concepto cabal). Sentencia, concepto. Chisme, hablilla. Promessa. — *agudo.* Dicho, ocurrencia, chiste, agudeza oportuna. — *pesado.* Dicho (expresión insultante o descarada). — *e feito,* *expr.* Dicho y hecho.

DÍTOMO, MA *adj.* Bivalve.

DITONGAÇÃO (sáum) *f. Gram.* Diptongación.

DITONGAL *adj.* Relativo o perteneciente al diptongo. Que forma diptongo.

DITONGAR *v. tr. Gram.* Diptongar.

DITONGO *m. Gram.* Diptongo.

DITOSAMENTE (tòza) *adv. m.* Dichosamente.

DITOSO, SA (tozo, òza) *adj.* Dichoso.

DITOTE (tò) *m. fam.* Lo mismo que DICHOTE.

DITROQUEU *m.* Ditroquec.

DIURESE (diurèze) *f. Pat.* Diuresis.

DIURÉTICO, CA (diurè) *adj.* Diurético.

DIURNAL *adj.* Diario. *m.* Diurno (libro de rezo).

DIURNO, NA *adj.* Diurno. *m.* Diurno (libro de rezo).

DIUTURNIDADE (diu) *f.* Diuturnidad.

DIUTURNIZAR (zar) *v. tr.* Prolongar, hacer que dure más tiempo.

DIUTURNO, NA (diu) *adj.* Diuturno, que ha durado largo tiempo; que vive largo tiempo.

DIVÃ (ván) *m.* Diván.

DIVAGAÇÃO (sáum) *f.* Divagación.

DIVAGANTE *adj.* Divagador.

DIVAGAR *v. intr.* Divagar (vagar, errar; apartarse del asunto principal).

DIVÃO (váum) *m.* Lo mismo que DIVÃ.

DIVERGÊNCIA (jén) *f.* Divergencia, disensión, discrepancia, desconformidad; acción de divergir.

DIVERGENTE (jen) *adj.* Divergente; desconforme, discrepante.

DIVERGIR (jir) *v. intr.* Divergir. *fig.* Divergir, discrepar, disentir.

DIVERSAMENTE (vèr) *adv. m.* Diversa, distintamente.

DIVERSÃO (sáum) *f.* Diversión (acción de divertir; recreo, solaz; ataque falso o simulado). Digresión.

DIVERSIDADE *f.* Diversidad, variedad, diferencia.

DIVERSIFICAÇÃO (sáum) *f.* Diversificación.

DIVERSIFICAR *v. tr.* Diversificar, variar, diferenciar. Ú. t. c. r.

DIVERSIFICÁVEL *adj.* Diversificable.

DIVERSIVO, VA *adj.* Diversivo.

DIVERSO, SA (vèr) *adj.* Diverso, diferente, distinto, desemajante. *pl.* Diversos, varios, muchos.

DIVERSÓRIO, RIA (sò) *adj.* Diversivo. *m.* Mesón.

DIVERTÍCULO *m. Anat.* Divertículo.

DIVERTIDAMENTE *adv. m.* Divertidamente, con diversión o entretenimiento.

DIVERTIDO, DA *adj. P. p.* de *Divertir.* Divertido, alegre, festivo. Divertido, apartado, desviado. Descuidado, ajeno. Gracioso.

DIVERTIMENTO *m.* Divertimiento (diversión, entretenimiento, solaz, recreo; distracción, apartamiento momentáneo de un asunto). Inatención.

DIVERTIR *v. tr.* Divertir, distraer, apartar, desviar. Ú. t. c. r. Divertir, entretener, recrear, solazar. Ú. t. c. r. *Med. Mil.* Divertir.

DIVICIOSO, SA (ozo, òza) *adj.* Rico, acaudalado, opulento.

DÍVIDA *f.* Deuda. — *consolidada.* Deuda consolidada; consolidada. —*flutuante.* Deuda flotante. — *pública.* Deuda pública. — *interna.* Deuda interior. — *externa.* Deuda exterior.

DIVIDENDO, DA *adj.* Divididero. *m. Álg.* y *Arit.* Dividendo. *Com.* Dividendo.

DIVIDIDOR, RA *adj.* Divisor, que reparte o divide.

DIVIDIR *v. tr.* Dividir (en todas las acepciones de esta dicción).

DIVIDIVI *m. Bot.* Dividí, dividiví.

DIVIDUAL *adj.* Dividuo.

DIVIDUNDO, DA *adj.* Dividuo, divisible.

DIVÍDUO, DUA *adj.* Dividuo.

DIVINAÇÃO (sáum) *f.* Adivinación.

DIVINADOR *m.* Adivinador.

DIVINAL *adj.* Divino, divinal.

DIVINALMENTE *adv. m.* Divinamente.

DIVINAMENTE *adv. m.* Divinamente (con divinidad, por medios divinos; admirable, perfecta, excelentemente).

DIVINATÓRIO, RIA (tò) *adj.* Divinatorio.

DIVINATRIZ *adj. f.* Divinatoria.

DIVINDADE *f.* Divinidad.

DIVINHAR *v. tr.* Adivinar.

DIVINIZAÇÃO (zasáum) *f.* Divinación.

DIVINIZAR (zar) *v. tr.* Divinizar (hacer divino; santificar; encarecer, ponderar, ensalzar). Ú. t. c. r.

DIVINIZÁVEL (zá) *adj.* Divinizable.

DIVINO, NA *adj.* Divino. *fig.* Divino, admirable, perfecto, excelente. Sobrenatural. *m.* Divinidad. Cosas sagradas. *fam.* Espíritu Santo.

DIVISA (za) *f.* Divisa (en todas las acepciones de esta vocablo).

DIVISÃO (záum) *f.* División.

DIVISAR (zar) *v. tr.* Divisar, ver, percibir alguna cosa lejana, distinguir. Hallar, encontrar. Notar, observar. Marcar, delimitar.

DIVISIBILIDADE (zi) *f.* Divisibilidad.

DIVISIONAL (zio) *adj.* Divisional.

DIVISIONÁRIO, RIA (zio) *adj. Mil.* Divisional. Divisionario (hablando de la moneda).

DIVISÍVEL (zí) *adj.* Divisible.

DIVISIVO, VA (zi) *adj.* Divisivo, divisible.

DIVISO, SA (zo) *adj.* Diviso, dividido.

DIVISOR, RA (zor) *adj.* Divisor. *m. Álg.* y *Arit.* Divisor. — *comum. Arit.* Común divisor. *Máximo* — *comum. Arit.* Máximo común divisor.

DIVISÓRIO, RIA (zò) *adj.* Divisorio.

DIVO, VA (zi) *adj. Poét.* Divino, divo. *m.* Divo. Dios.

DIVORCIAÇÃO (sáum) *f.* Divorcio. Disención.

DIVORCIAR *v. tr.* Divorciar. Ú. t. c. r. Divorciar, separar, apartar, alejar. Ú. t. c. r.

DIVÓRCIO (vòr) *m.* Divorcio. Separación; desunión; disensión.

DIVORCISTA *adj.* Relativo al divorcio. Partidario del divorcio.

DIVULGAÇÃO (sáum) *f.* Divulgación.

DIVULGADOR, RA *adj.* Divulgador. Ú. t. c. s.

DIVULGAR *v. tr.* Divulgar, publicar, difundir, extender. Ú. t. c. r.

DIVULSÃO (sáum) *f.* Divulsión.

DIXE (che) *m.* Dije (alhajuela colgante).

DIZEDELA (zede) *f. fam.* Acción de decir. Proverbio. Dicho.

DIZEDOR, RA (ze) *adj.* Decidor. Ú. t. c. s.

DIZER (zer) *v. tr.* Decir (en todas las acepciones de este vocablo). — *adeus.* Decir adiós, despedirse. — *com os seus botões.* Decir entre sí, para sí, o para sus adentros. — *e fazer.* *expr. fig.* Decir y hacer. — *respeito a.* Pertenecer, respectar, decir relación. *Dizem.* Dícese, dicen.

DIZER *m.* Dicho, decir. *pl.* Murmuraciones, rumores.

DIZE-TU - DIREI-EU (ze) *m.* Dimes y diretes, debates, altercaciones, disputas, réplicas.

DÍZIMA (zi) *f.* Diezmo, décima.

DIZIMAÇÃO (zimasáum) *f.* Acto de diezmar.

DIZIMADOR, RA (zi) *adj.* Que diezma.

DIZIMAR (zi) *v. tr.* Diezmar.

DIZIMEIRO (zi) *m.* Diezmero.

DÍZIMO, MA (zi) *adj.* Diezmo, décimo. *m.* Diezmo.

DIZÍVEL (zí) *adj.* Decible. Decidero.

DIZMA *f. Port.* Diezmo.

DIZ-QUE-DIZ-QUE *m. pop.* Rumor, murmuración; chisme.

DO (Contracción de la prep. *de* con el art. *o*). Del. De lo.

DÓ (dò) *m.* Piedad, compasión; duelo. *Mús.* Do.

DOAÇÃO (sáum) *f.* Donación. — *causa mortis.* Donación por causa de muerte. — *entre vivos.* Donación entre vivos. — *inter-vivos.* Donación entre vivos.

DOADO, DA *adj. P. p.* de *Doar.* Donado. *m.* Donativo.

DOADOR, RA *adj. y s.* Donador.

DOAR *v. tr.* Donar.

DOÁRIO *m.* Donación.

DOBADEIRA *f.* Devanadora.

DOBADOIRA *f.* Lo mismo que

DOBADOURA *f.* Devanadera. Devanadora. *fam.* Prisa, dificultad.

DOBAGEM *(j*em) *f.* Acción de devanar. Sitio donde se devana.

DOBAR *v. tr.* Devanar.

DOBLE (dò) *adj.* Doble, duplo. Doble, simulado, fingido, taimado.

DOBLETE *m.* Doblete (piedra falsa).

DOBLEZ *f.* Lo mismo que DOBREZ.

DOBRA (dò) *f.* Dobladura, doblez; pliegue; arruga. Dobra (moneda).

DOBRAÇÃO (sáum) *f.* Doblamiento.

DOBRADA *f.* Cuajar; callos.

DOBRADAMENTE *adv. m.* Dobladamente, al doble.

DOBRADEIRA *f.* Plegadera.

DOBRADIÇA (sa) *f.* Bisagra (de puertas o ventanas).

DOBRADIÇO, ÇA (so) *adj.* Plegable.

DOBRADINHA (ña) *f.* Lo mismo que DOBRADA.

DOBRADO, DA *adj.* Doblado, doble. Doblado, plegado. Doblegado. Doblado, de poca estatura y cuerpo recio y fornido. Fuerte y valiente. *m.* Terreno doblado. Marcha militar (música).

DOBRADURA *f.* Doblamiento. Duplicación. Doblegamiento, encorvamiento.

DOBRAGEM *(j*em) *f.* Plegado, plegadura.

DOBRAMENTO *m.* Doblamiento.

DOBRÃO (bráum) *m.* Doblón.

DOBRAR *v. tr.* Doblar, hacer doble o duplo, duplicar. Multiplicar. Aumentar. Ú. t. c. r. Doblar, volver una cosa sobre otra. Doblar, doblegar, torcer, encorvar. Ú. t. c. r. *fig.* Doblar. *Mar.* Doblar. Volver (torcer o dejar el camino o línea recta). Tocar (las campanas). *v. intr.* Doblar, tocar a muerto. Duplicarse. Doblar, doblarse, doblegarse, ceder. Ú. t. c. r. — a cerviz. Humillarse, doblegarse.

DOBRÁVEL *adj.* Plegable. Doblegadizo.

DOBRE (dò) *adj.* Doble, duplo. Doble, simulado, fingido, taimado. *m.* Doble, toque de difuntos.

DOBREZ *f.* Doblez, simulación, falsedad, fingimiento, engaño.

DOBRO (dó) *m.* Doble, duplo.

DOBRUM *m.* Lo mismo que DEBRUM.

DOCA (dò) *f.* Dársena, dique.

DOÇADA (sa) *f.* Dulzaina (cantidad de dulce).

DOÇAINA (sai) *f. Mús.* Dulzaina.

DOÇAINHA (saiña) *f. Mús.* Dulzaina.

DOÇARIA (saría) *f.* Dulcería. Gran cantidad de dulces.

DOCE *adj.* Dulce (en todas las acepciones de este vocablo). *m.* Dulce.

DOCE *adv. m.* Dulcemente.

DOCEIRA *f.* Confitera, dulcera.

DOCEIRO *m.* Dulcero, confitero.

DOCEL (cèl) *m.* Dosel.

DOCEMENTE *adv. m.* Dulcemente.

DOCÊNCIA (cén) *f.* Enseñanza. Profesorado.

DOCENTE *adj.* Docente. *m.* Maestro, profesor.

DÓCIL (dò) *adj.* Dócil (suave, manso, apacible; obediente, fácil de labrar; docible).

DOCILIDADE *f.* Docilidad.

DOCILIZAR (*z*ar) *v. tr.* Amansar, docilitar, hacer dócil.

DOCILMENTE (dò) *adv. m.* Dócilmente.

DOCTILOQUENTE *adj.* Lo mismo que

DOCTÍLOQUO, QUA *adj.* Doctílocuo.

DOCUMENTAÇÃO (sáum) *f.* Documentación.

DOCUMENTAR *v. tr.* Documentar, probar, justificar, patentizar con documentos.

DOCUMENTÁVEL *adj.* Que se puede documentar.

DOCUMENTO *m.* Documento.

DOÇURA (su) *f.* Dulzura (en todas las acepciones de esta dicción).

DODECAGONAL *adj.* Dodecágono.

DODECÁGONO *m. Geom.* Dodecágono.

DODECANDRIA (dría) *f.* Dodecandría.

DODÓI (dòi) *m. infant.* Dolor, enfermedad.

DODEIRA *f. Port.* Borrachera.

DOENÇA (sa) *f.* Enfermedad; dolencia, indisposición, achaque. Mal. Vicio, defecto. Pasión. Manía.

DOENTE *adj.* Ú. t. c. s. Enfermo. Malo. Enclenque. Apasionado.

DOENTIO, TIA (tío) *adj.* Enfermizo. Endeble. Enclenque. Achacoso.

DOER *v. intr.* Doler (padecer alguna parte del cuerpo; causar repugnancia, disgusto, sentimiento o pesar alguna cosa). *v. r.* Dolerse (arrepentirse, pesarle a uno alguna cosa; apiadarse, compadecerse; quejarse).

DOESTADOR, RA *adj.* Que injuria o insulta.

DOESTAR *v. tr.* Injuriar, agraviar, insultar, decir denuestos. Ú. t. c. intr.

DOESTO (ès) *m.* Denuesto, injuria, insulto. Deshonor.

DOGAL *adj.* Relativo o perteneciente al dux.

DOGARESSA *f.* Dogaresa (mujer del dux).

DOGE (dòje) *m.* Dux.

DOGESA (*j*eza) *f.* Lo mismo que DOGARESSA.

DOGMA (dògma) *m.* Dogma.

DOGMÁTICA *f.* Dogmática.

DOGMATICAMENTE *adv. m.* Dogmáticamente.

DOGMÁTICO, CA *adj.* Dogmático. Ú. t. c. s.

DOGMATISMO *m.* Dogmatismo.

DOGMATIZAÇÃO (*z*asáum) *f.* Acción y efecto de dogmatizar.

DOGMATIZAR (*z*ar) *v. tr.* Dogmatizar. Ú. t. c. intr.

DOGRE (dò) *m. Mar.* Dogre.

DOIDA *f.* Loca.

DOIDAMENTE *adv. m.* Locamente. Tonta, alocadamente.

DOIDARIA (ría) *f.* Lo mismo que DOIDICE. Los locos.

DOIDARRÃO, RRÃ (rráum, rrán) *adj.* y *s.* Muy loco. Lo mismo que ESTRÓINA.

DOIDARRAZ *m.* Hombre muy loco.

DOIDEJANTE (jan) *adj.* Que loquea.

DOIDEJAR (jar) *v. intr.* Loquear; disparatar.

DOIDEJO (jo) *m.* Disparate, dislate, despropósito. Acción de loquear.

DOIDETE *m.* Loquelo.

DOIDICE *f.* Locura, privación de juicio. Locura, desacierto. Pasión. Exceso, despropósito.

DOIDINHO, NHA (ño) *adj. fam.* Loquelo; muy loco. Loco, perdido (de amor, de pasión).

DOIDIVANA *m. fam.* Lo mismo que DOIDIVANAS.

DOIDIVANAR *v. intr.* Proceder como alocado.

DOIDIVANAS *m. fam.* Alocado, imprudente, extravagante. Tonto.

DOIDO, DA *adj.* Loco. Ú. t. c. s.

DOÍDO, DA *adj.* P. p. de *Doer.* Dolido. Dolorido. Quejoso. Magullado. Sentido, resentido. Afligido.

DOILO *m.* Lo mismo que DÓ.

DOIRADA *f.* Lo mismo que DOURADA.

DOIRADILHO, LHA (llo) *adj.* Lo mismo que DOURADILHO.

DOIRADINHA (ña) *f.* Lo mismo que DOURADINHA.

DOIRADO, DA *adj.* Lo mismo que DOURADO.

DOIRADOR, RA *adj.* y *s.* Lo mismo que DOURADOR.

DOIRADURA *f.* Lo mismo que DOURADURA.

DOIRAMENTO *m.* Lo mismo que DOURAMENTO.

DOIRAR *v. tr.* Lo mismo que DOURAR.

DOIS, DUAS *adj.* Dos. *m.* Dos. — a —. *m. adv.* De dos en dos.

DOIS-PONTOS *m.* Dos puntos (signo ortográfico).

DÓLAR (dò) *m.* Dólar.

DOLÊNCIA (lén) *f.* Dolor, pesar, lástima. Dolencia. Pena, aflicción, disgusto. Calidad de

DOLENTE *adj.* Doliente (que duele o se duele; dolorido, afligido, apenado, desconsolado).

DOLICOCEFALIA (lía) *f.* Dolicocefalia.

DOLICOCÉFALO, LA (cè) *adj.* Dolicocéfalo. Ú. t. c. s. m.

DÓLIMAN (dò) *m.* Dulimán.

DÓLMAN (dòl) *m.* Dormán.

DÓLMEN (dòl) *m.* Dolmen.

DOLMÉNICO, CA (mé) *adj.* Lo mismo que

DOLMÉTICO, CA (mè) *adj.* Dolménico.

DOLO (dò) *m.* Dolo, engaño, trampa, fraude, simulación, mala fe.

DOLOMIA (mía) *f. Miner.* Dolomía.

DOLOMITO *m.* Dolomita, dolomía.

DOLOMIZAÇÃO (*z*asáum) *f.* Dolomización.

DOLORIDO, DA *adj.* Dolorido; doliente. Lastimero.

DOLORÍFICO, CA *adj.* Doloriento, dolorido, doloroso.

DOLORIMENTO *m.* Calidad o estado de doloroso.

DOLOROSAMENTE (ròza) *adv. m.* Dolorosamente. Lastimosamente.

DOLOROSO, SA (rozo, òza) *adj.* Doloroso, lastimoso, lamentable, sensible, que causa dolor.

DOLOSAMENTE (lòza) *adv. m.* Dolosamente, con engaño, fraude o mala fe.

DOLOSO, SA (lozo, òza) *adj.* Doloso, engañoso, fraudulento.

DOM *m.* Don, dádiva, regalo; dote, prenda, cualidad; gracia o habilidad especial. Don (título honorífico).

DOMADOR *m.* Domador.

DOMAR *v. tr.* Domar (amansar, sujetar, domesticar animales; sujetar, reprimir, refrenar). *v. r.* Domarse, refrenarse.

DOMÁVEL *adj.* Domable.

DOMESTICAÇÃO (sáum) *f.* Domesticación.

DOMESTICAMENTE (mès) *adv. m.* Domésticamente, caseramente, familiarmente, llana y sencillamente, sin ceremonia.

DOMESTICÁVEL *adj.* Domesticable.

DOMESTICIDADE *f.* Domesticidad.

DOMÉSTICO, CA (mès) *adj.* Doméstico (perteneciente a la casa; dícese del animal que se cría en casa). Familiar, íntimo. Nacional. *m.* Doméstico.

DOMESTIQUEZA (*z*a) *f.* Domestiquez.

DOMICILIAR *v. tr.* Domiciliar (dar domicilio). Ú. t. c. r.

DOMICILIAR *adj.* Domiciliario.

DOMICILIARIAMENTE *adv. m.* En el domicilio.

DOMICILIÁRIO, RIA *adj.* Domiciliario.

DOMICÍLIO *m.* Domicilio, morada, residencia fija.

DOMINAÇÃO (sáum) *f.* Dominación.

DOMINADOR, RA *adj.* y *s.* Dominador.

DOMINANTE *adj.* Dominante, dominativo. *f. Mús.* Dominante.

DOMINAR *v. tr.* e *intr.* Dominar (en todas las acepciones de esta voz). Ú. t. c. r.

DOMINÁVEL *adj.* Que se puede dominar.

DOMINGA *f.* Domínica (domingo, en lenguaje eclesiástico).

DOMINGAR *v. intr.* Usar, vestir o traer al domingo.

DOMINGO *m.* Domingo. — da Paixão. Domingo de Pasión, o de Lázaro.

DOMINGUEIRAMENTE *adv. m.* De modo dominguero.

DOMINGUEIRO, RA *adj.* Dominguero.

DOMINIAL *adj.* Domínico, dominical.

DOMINICAL *adj.* Dominical (perteneciente o relativo al domingo).

DOMINICANO, NA *adj.* Dominicano, na (aplícase al religioso o religiosa de la orden de Santo Domingo). Ú. t. c. s. Dominicano, na (natural de la república de Santo Domingo). Ú. t. c. s.

DOMÍNICO *m.* Dominicano, domínico.

DOMÍNIO *m.* Dominio. — direto. Dominio directo. — útil. Dominio útil.

DOMINÓ (nò) *m.* Dominó (juego y traje).

DOM-JOÃO (joáum) *m.* Tenorio, don Juan.

DOMO *m. Arq.* Domo, cúpula, bóveda semiesférica.

DOM-QUIXOTISMO (cho) *m.* Quijotismo.

DONA *f.* Dueña (mujer que posee en propiedad una cosa; señora, mujer principal y casada). Señorita. Esposa, mujer casada. Doña.

DONÁCIA *f. Zool.* Donacia.

DONAIRE *m.* Donaire, discreción, gallardía, donosura, gracia, apostura, gentileza, garbo; chiste, agudeza.

DONAIREAR *v. intr.* Presentarse con donaire, mostrarlo.

DONAIROSAMENTE (ròza) *adv. m.* Donairosamente.

DONAIROSO, SA (rozo, òza) *adj.* Donairoso, que tine donaire.

DONATAL *adj.* Relativo o perteneciente a los donados.

DONATIVO *m.* Donativo, dádiva, regalo. Limozna.
DONATO *m.* Donado.
DONDE (Contracción de la prep. *de* con el adv. *onde.)* De donde.
DONEAR *v. tr.* Galantear, cortejar.
DONINHA (ña) *f. Zool.* Comadreja. Pez del Brasil.
DONJUANESCO, CA *(jua) adj.* Donjuanesco.
DONJUANISMO *(jua) m.* Donjuanismo.
DONO *m.* Dueño.
DONOSAMENTE (nòza) *adv. m.* Donairosamente; donosamente, con donosura.
DONOSO, SA (nozo, òza) *adj.* Donoso; donairoso.
DONZEL (zèl) *adj.* Doncel, suave, dulce. Dócil. Puro, ingenuo, candoroso. *m.* Doncel. *adj. f.* Soltera. Virginal.
DONZELA (zè) *f.* Doncella.
DONZELARIA (zelaría) *f.* Comitiva de doncellas.
DONZELESCO, CA (ze) *adj.* Propio de las doncellas, doncellil.
DONZELICE (ze) *f.* Doncellez.
DONZELINHA (zèliña) *f. dim.* de *Donzela.* Doncelleja. *Zool.* Libélula, caballito del diablo.
DONZELINHO (zèliño) *m.* Casta de uva.
DONZELO (zè) *m.* Lo mismo que DONZELINHA.
DONZELONA *f. fam.* Doncellueca.
DOR *f.* Dolor (en todas las acepciones de este vocablo). — *cansada.* Dolor sordo. — *surda.* Dolor sordo. — *de viuva.* Dolor de viudo.
DORAVANTE (dò) *adv. t.* En adelante, de hoy en adelante, de aquí en adelante, de aquí adelante.
DORCADA (dòr) *f.* Lo mismo que
DÓRCADE (dòr) *f.* Dorcas.
DÓRICO, CA (dò) *adj.* Dórico, dorio. *m.* Dórico. El orden dórico.
DORIDAMENTE *adv. m.* Dolorosamente.
DORIDO, DA *adj.* Dolorido, doliente. Triste, afligido, apenado, doliente.
DORIR *v. tr.* Causar dolor.
DORME-DORME (dòrme-dòr) *m.* Lo mismo que DORMINHOCO.
DORMÊNCIA (mén) *f.* Entorpecimiento, adormecimiento.
DORMENTE *adj.* Durmiente. Adormecido, entorpecido. *m.* Durmiente (madero horizontal que sirve de apoyo a otros). Travesa (de ferrocarril).
DORMIDA *f.* Dormida, sueño. Dormida (lugar donde pasan la noche los animales); dormidero.
DORMIDEIRA *f. Bot.* Adormidera, dormidera. Modorra, soñolencia, somnolencia.
DORMIDOIRO *m.* Lo mismo que DORMIDOURO.
DORMIDOR, RA *adj.* Dormilón; que duerme mucho.
DORMIDOURO *m.* Dormitorio.
DORMINHÃO, NHONA (ñáum, ñona) *adj. Port.* Lo mismo que DORMINHOCO.
DORMINHOCAMENTE (ñò) *adv. m.* Como una persona dormilona.
DORMINHOCAR (ñò) *v. intr.* Dormir mucho.
DORMINHOCO, CA (ñoco, ñòca) *adj.* Dormilón. Ú. t. c. s. m. *Zool.* Chotacabras, dormilón.
DORMINTE *adj.* Durmiente, que duerme.
DORMIR *v. intr.* Dormir. Ú. t. c. tr. Dormir, pernoctar, pasar la noche. *fig.* Dormir (descuidarse, obrar con negligencia en un asunto; tomarse tiempo para meditar algo). Estar tranquilo, dormir, sosegarse. Olvidarse. Moverse rápida y circularmente, de manera que parezca inmóvil. — *a fome.* Mitigar el hambre. — *a sesta.* Sestear. — *a sono solto.* Dormir uno a sueño suelto. — *em Deus.* Estar muerto. — *nas palhas.* Descuidarse.
DORMITAR *v. intr.* Dormitar. Dormir, entorpecerse.
DORMITÓRIO (tò) *m.* Dormitorio. Dormida (hablando de aves).
DORNA (dòr) *f.* Cuba, tina.
DORNACHO (cho) *m.* Cuba pequeña. Dornajo.
DORNADA *f.* Lo contenido de una cuba o tina.
DORSAL *adj.* Dorsal.
DORSO *m.* Dorso, revés, espalda, lomo.
DOSAGEM (zajem) *f.* Dosificación.
DOSAR (zar) *v. tr.* Dosificar. Graduar.

DOSE (dòze) *f.* Dosis.
DOSEAMENTO *(zea) m.* Lo mismo que DOSAGEM.
DOSEAR *(zear) v. tr.* Lo mismo que DOSAR.
DOSIFICAR *(zi) v. tr.* Dosificar (distribuir en dosis).
DOSIMETRIA (zimetría) *f.* Dosimetría.
DOSOLOGIA (zolojía) *f. Med.* Posología.
DOSSEL (sèl) *m.* Dosel.
DOTAÇÃO (sáum) *f.* Dotación.
DOTAL *adj.* Dotal.
DOTALÍCIO, CIA *adj.* Dotal.
DOTALIZAÇÃO (zasáum) *f.* Acto de
DOTALIZAR (zar) *v. tr. For.* Hacer dotal.
DOTAR *v. tr.* Dotar (en todas las acepciones de esta dicción).
DOTE (dòte) *m.* Dote (caudal que lleva la mujer al tomar estado; prenda, calidad, virtud, don). Donación, donativo.
DOUDA *f.* Lo mismo que DOIDA.
DOUDAMENTE *adv. m.* Lo mismo que DOIDAMENTE.
DOUDARIA (ría) *f.* Lo mismo que DOIDARIA.
DOUDARRÃO (rráum) *adj.* Lo mismo que DOIDARRÃO.
DOUDARRAZ *m.* Lo mismo que DOIDARRAZ.
DOUDEJANTE *(jan) adj.* Lo mismo que DOIDEJANTE.
DOUDEJAR *(jar) v. intr.* Lo mismo que DOIDEJAR.
DOUDEJO *(jo) m.* Lo mismo que DOIDEJO.
DOUDELAS (dè) *m.* Lo mismo que DOIDELAS.
DOUDETE *m.* Lo mismo que DOIDETE.
DOUDINHO, NHA (ño) *adj.* Lo mismo que DOIDINHO.
DOUDIVANA *m. fam.* Lo mismo que DOIDIVANA.
DOUDIVANAS *m. fam.* Lo mismo que DOIDIVANAS.
DOUDO, DA *adj. y s.* Lo mismo que DOIDO.
DOURADA *f. Zool.* Dorada.
DOURADILHO, LHA (llo) *adj.* Dícese del caballo o yegua de color castaño claro y relumbroso; doradillo (Amer.). De color de oro. Dícese del caballo o yegua de color castaño.
DOURADINHA (ña) *f. Bot.* Doradilla (especie de helecho).
DOURADO, DA *adj.* Dorado. *fig.* Engañoso, falso.
DOURADO *m.* Dorado, doradura. *Zool.* Dorado (pez de mar). *Zool.* Dorado (pez de río).
DOURADOR, RA *adj. y s.* Dorador.
DOURADURA *f.* Doradura, dorado.
DOURAMENTO *m.* Doradura.
DOURAR *v. tr.* Dorar (cubrir con una capa o baño de oro, o dar el color de oro a alguna cosa; *fig.* Paliar, dar apariencia agradable a alguna cosa que no lo es). — *a pílula.* fr. *fig.* Dorar la píldora.
DOUS *adj.* Lo mismo que DOIS.
DOUTAMENTE *adv. m.* Doctamente, sabiamente, con erudición y doctrina.
DOUTÍLOQUO, QUA *adj.* Doctílocuo.
DOUTO, TA *adj.* Docto, sabio, muy instruído.
DOUTOR *m.* Doctor. *fam.* Doctor, médico.
DOUTORA *f.* Doctora. *fig. fam.* Doctora (mujer que presume de sabia). *Germ.* La cabeza.
DOUTORAÇO (so) *m. fam.* Hombre ridículo que presume de sabio.
DOUTORADO, DA *adj. P. p.* de *Doutorar.* Doctorado. *m.* Doctorado.
DOUTORAL *adj.* Doctoral.
DOUTORAMENTO *m.* Doctoramiento.
DOUTORANDO *m.* Doctorando.
DOUTORÃO (ráum) *m. irón.* Gran doctor.
DOUTORAR *v. tr.* Doctorar.
DOUTORATO *m.* Doctorado.
DOUTORIA (ría) *f.* Calidad o profesión de doctor.
DOUTORICE *f. despect.* Modales de doctor. Lo mismo que PARLAPATICE.
DOUTORISMO *m.* Lo mismo que BACHARELISMO.
DOUTRINA *f.* Doctrina.
DOUTRINAÇÃO (sáum) *f.* Doctrina, doctrinaje; acción y efecto de doctrinar.
DOUTRINADO, DA *adj. P. p.* de *Doutrinar.* Doctrinado, instruído.

DOUTRINADOR, RA *adj. y s.* Doctrinador.
DOUTRINAL *adj.* Doctrinal.
DOUTRINALMENTE *adv. m.* Doctrinalmente.
DOUTRINAMENTO *m.* Lo mismo que DOUTRINAÇÃO.
DOUTRINANDO *adj.* El que recibe doctrina.
DOUTRINANTE *adj.* Doctrinante. *m.* Doctrinador.
DOUTRINAR *v. tr.* Doctrinar. Ú. t. c. intr.
DOUTRINARIAMENTE *adv. m.* Doctrinariamente.
DOUTRINÁRIO, RIA *adj.* Doctrinario. Ú. t. c. s.
DOUTRINARISMO *m.* Doctrinarismo.
DOUTRINÁVEL *adj.* Doctrinable.
DOUTRINEIRO, RA *adj. despect.* Doctrinador. Ú. t. c. s.
DOZE (ze) *adj.* Doce. Duodécimo. *m.* Doce.
DOZENO, NA *adj.* Doceno.
DRACENA *f. Quím.* Dracina. *Bot.* Dracena.
DRACMA *f.* Dracma. *Farm.* Dracma.
DRACO *m. poét.* Dragón.
DRACONÁRIO *m.* Dragonario.
DRACONIANO, NA *adj.* Draconiano. *fig.* Draconiano, severo.
DRACONINA *f. Quím.* Dracina, draconina.
DRACONTÉIA (tèia) *f.* Lo mismo que DRAGONTÉIA.
DRACONTÍASE (ze) *f. Pat.* Dracontiasis.
DRACONTITE *f.* Dragonites.
DRACUNCULOSE (lòze) *f. Pat.* Dracontiasis.
DRAGA *f.* Draga. Cloque.
DRAGAGEM (jen) *f.* Dragado; dragaje (gal.).
DRAGÃO (gáum) *m.* Dragón. *Zool.* Dragón. *Bot.* Dragón. *Veter.* Dragón. *Mil.* Dragón. *Astr.* Dragón. Diablo. — *marinho. Zool.* Dragón marino.
DRAGAR *v. tr.* Dragar. Lo mismo que ROCEGAR.
DRAGO *m. poét.* Dragón.
DRAGOA *f.* Dragona (hembra del dragón).
DRAGOEIRO *m. Bot.* Dragonero, dracena. *Bot.* Drago.
DRAGOMANO *m.* Dragomán, trujamán, intérprete.
DRAGONA *f.* Dragona (especie de charretera).
DRAGONEIRO *m. Bot.* Drago.
DRAGONETE *m. Blas.* Dragante, dragonete.
DRAGONTÉIA (tèia) *f. Bot.* Dragontea.
DRAINADOR, RA *adj.* Que drena o avena.
DRAINAGEM (jem) *f.* Drenaje, avenamiento.
DRAINAR *v. tr.* Drenar, avenar.
DRAINO *m.* Zanja.
DRAMA *m.* Drama.
DRAMALHÃO (lláum) *m.* Drama cursi.
DRAMATICIDADE *f.* Cualidade de dramático.
DRAMÁTICO, CA *adj.* Dramático.
DRAMATIZAÇÃO (zasáum) *f.* Dramatización.
DRAMATIZAR (zar) *v. tr.* Dramatizar.
DRAMATOLOGIA (jía) *f.* Dramática.
DRAMATURGIA (jía) *f.* Dramática, dramaturgia.
DRAMATURGO *m.* Dramaturgo.
DRAPEJAMENTO *(ja) m.* Ondeo (de los paños). Acto de
DRAPEJAR *(jar) v. tr.* Hacer ondear, o que parezca ondeante. *v. intr.* Flamear, ondearse, ondear.
DRÁSTICO, CA *adj.* Drástico. Ú. t. c. m. *fig.* Violento, severo, enérgico.
DRÁVIDAS *m. pl.* Dravidianos, drávidas.
DRAVÍDICO, CA *adj.* Dravídico. *m.* Dravidiano (idioma).
DRENAGEM (jem) *f.* Lo mismo que DRAINAGEM.
DRENAR *v. tr.* Lo mismo que DRAINAR.
DRENO *m.* Lo mismo que DRAINO.
DRIA *f.* Dría, dríade.
DRÍADA *f.* Dríada, dría, dríade.
DRIÇA (sa) *f. Mar.* Driza.
DRINÇA (sa) *f. Port.* Lo mismo que DRIÇA.
DROGA (drò) *f.* Droga. *fig.* Droga, cosa desagradable o molesta. *fam.* Cosa inútil. *fam.* Bagatela, friolera, fruslería.
DROGARIA (ría) *f.* Droguería.
DROGETA (je) *f.* Droguete.
DROGOMANO *m.* Drogmán, trujamán.
DROGUETA *f.* Droguete.
DROGUISTA *m.* Droguero, droguista.
DROMEDÁRIO *m. Zool.* Dromedario.

DRONHA (ña) *f. Port. Germ.* Ventana.
DRÓSERA (dròze) *f. Bot.* Drosera.
DRUIDA *m.* Druida.
DRUIDESA *(za) f.* Druidesa (sacerdotisa de la religión druídica).
DRUPA *f.* Drupa, drupo.
DRUSA *(za) f. Miner.* Drusa.
DUAL *adj.* Dual. Ú. t. c. s. m.
DUALIDADE *f.* Dualidad.
DUALISMO *m.* Dualismo.
DUALISTA *adj.* y *s.* Dualista.
DUALIZADOR, RA *(za) adj.* Que hace dual.
DUALIZAR *(zar) v. tr.* Hacer o tornar dual.
DUAS *adj. Fem.* de *Dois.* Dos.
DUBÁ *m.* Diablo.
DUBIAMENTE *adv. m.* Dudosamente.
DUBIEDADE *f.* Cualidad de dudoso; duda, incertidumbre.
DUBIEZ *f.* Lo mismo que DUBIEDADE.
DUBIEZA *(za) f.* Lo mismo que DUBIEDADE.
DÚBIO, BIA *adj.* Dudoso; incierto; vago, indeciso.
DUBITALIDADE *f.* Cualidad de dudoso.
DUBITAÇÃO *(sáum) f.* Dubitación, duda. *Ret.* Dubitación.
DUBITATIVAMENTE *adv. m.* Dubitativamente.
DUBITATIVO, VA *adj.* Dubitativo.
DUBITÁVEL *adj.* Dubitable.
DUCADO *m.* Ducado (en todas las acepciones de esta voz).
DUCAL *adj.* Ducal (perteneciente o relativo al duque).
DUCHA *(cha) f.* Ducha. *fig.* Ducha, lo que calma. *pl.* Baños (establecimientos donde hay duchas).
DUCHAL *(chal) adj.* Relativo o perteneciente o la ducha.
DUCHAMENTO *(cha) m.* Acto de
DUCHAR *(char) v. tr.* Duchar (dar baño de ducha).
DUCHE *(che) f.* Lo mismo que DUCHA.
DUCHISTA *(chis) m.* Bañador (que da baño de ducha).
DUCTIBILIDADE *f.* Ductilidad.
DÚCTIL *adj.* Dúctil. Dócil. *fig.* Dúctil, acomodadizo.
DUCTILIDADE *f.* Ductilidad.
DUELAR *adj.* Perteneciente o relativo al duelo (desafío, combate).
DUELAR *v. intr.* Batirse en duelo.
DUELISTA *m.* Duelista.
DUELÍSTICO, CA *adj.* Lo mismo que DUELAR.
DUELIZAR *(zar) v. intr.* Batirse en duelo.
DUELO *(duè) m.* Duelo, combate, desafío.

DUENDE *m.* Duende (espíritu). Diablillo.
DUENHA *(ña) f.* Dueña (ama de llaves o criado de respeto).
DUETO *m. Mús.* Dúo, dueto.
DULÇAÍNA *(saí) f.* Lo mismo que DOÇAÍNA.
DULCIDÃO *(dáum) f.* Dulcedumbre, dulzura, suavidad.
DÚLCIDO, DA *adj.* Dulce, suave, melifluo.
DULCIFICAÇÃO *(sáum) f.* Dulcificación.
DULCIFICAR *v. tr.* Dulcificar, volver dulce; mitigar, suavizar.
DULCÍFICO, CA *adj.* Dulcificante. Que es dulce.
DULCÍFLUO, UA *adj.* Cuyas aguas son dulces. Que destila dulzura. Melifluo.
DULCÍLOQUO, QUA *adj.* Que habla con dulzura, melifluo.
DULCINÉIA *(nèia) f. fam.* Dulcinea, mujer querida.
DULCINOSO, SA *(nozo, òza) adj.* Dulce, suave, blando.
DULCISSONANTE *(so) adj. poét.* Dulcísono.
DULÇOR *(sor) m.* Dulzor.
DULÇOROSO, SA *(sorozo, òza) adj.* Dulce, que tiene dulzura.
DULIA *(lía) f.* Dulía, culto de dulía.
DUM (Contracción de la prep. *de* con el art. indeterm. *um.*) De un.
DUMA (Contracción de la prep. *de* con el art. indeterm. *uma.*) De una.
DUNA *f.* Duna (montecillo de arena movediza).
DUNETA *f. Mar.* Toldilla, duneta.
DUNGA *m. Bras.* Hombre poderoso, caudillo. Bravucón. Señor. Lo mismo que CURINGA.
DUO *m. Mús.* Dúo.
DUODECAEDRO *(caè) m.* Dodecaedro, duodecaedro.
DUODÉCIMO, MA *(dè) adj.* Duodécimo.
DUODÉCUPLO, PLA *(dè) adj.* y *s. m.* Duodécuplo.
DUODENITE *f.* Duodenitis.
DUODENO, NA *adj.* Duodeno, duodécimo. *m. Anat.* Duodeno.
DUPLAMENTE *adv. m.* Dobladamente, al doble; duplicadamente.
DUPLAR *v. tr.* Duplicar.
DUPLICAÇÃO *(sáum) f.* Duplicación.
DUPLICADAMENTE *adv. m.* Duplicadamente.
DUPLICADO, DA *adj.* Duplicado. *m.* Duplicado.
DUPLICAR *v. tr.* Duplicar. Ú. t. c. r.
DUPLICATA *f.* Duplicata, duplicado.
DUPLICÁVEL *adj.* Que se puede duplicar.
DÚPLICE *adj.* Dúplice, doble.

DUPLICIDADE *f.* Duplicidad, doblez, disimulo, falsedad.
DUPLO, PLA *adj.* y *s. m.* Duplo, doble.
DUQUE *m.* Duque (título honorífico). Dos (en el juego de naipes). Dos (en la lotería; juego casero).
DUQUESA *(za) f.* Duquesa.
DURA *f.* Duración, dura.
DURABILIDADE *f.* Durabilidad.
DURAÇÃO *(sáum) f.* Duración.
DURADOIRO, RA *adj.* Lo mismo que DURADOURO.
DURADOR, RA *adj.* Durador, que dura o permanece.
DURADOURO, RA *adj.* Duradero.
DURA-MÁTER *f. Anat.* Duramadre, duramáter.
DURAME *m.* Duramen.
DURAMENTE *adv. m.* Duramente. Severamente.
DURANTE *prep.* Durante; mientras. *m.* Cierto tejido de lana.
DURAQUE *m.* Especie de satín.
DURAR *v. intr.* Durar (seguir siendo o existiendo, continuar; subsistir, permanecer).
DURASNAL *m.* Sitio plantado de duraznos.
DURASNO *m.* Durazno.
DURATIVO, VA *adj.* Durable.
DURÁVEL *adj.* Durable.
DURAVELMENTE *adv. m.* Duraderamente.
DURAZ *adj.* Lo mismo que
DURÁZIO, ZIA *(zio) adj.* Duro; durillo (dícese de algunos frutos).
DUREZ *f.* Lo mismo que
DUREZA *(za) f.* Dureza.
DURINDANA *f. fam.* Espada.
DURO, RA *adj.* Duro (en todas las acepciones de esta voz). *m.* Duro, peso duro.
DUUNVIRADO *m.* Duunvirato.
DUUNVIRALÍCIO, CIA *adj.* Duunviral.
DUÚNVIRO *m.* Duunvir, duunviro.
DÚVIDA *f.* Duda. *Sem —. m. adv.* Sin duda, indudablemente.
DUVIDADOR *m.* El que duda.
DUVIDANÇA *(sa) f. ant.* Dudanza *(ant.).*
DUVIDAR *v. intr.* y *tr.* Dudar.
DUVIDOSAMENTE *(dòza) adv. m.* Dudosamente.
DUVIDOSO, SA *(dozo, òza) adj.* Dudoso.
DUZENTOS, TAS *adj.* Doscientos. *m.* Doscientos.
DÚZIA *(zia) f.* Docena (conjunto de doce cosas. Cerca de doce. *Às —s. m. adv.* A docenas.
DZETA *(ze) f.* Zeta (del alfabeto griego).

E (è) *m.* Quinta letra y segunda de las vocales del abecedario portugués. E. (abreviatura de Este, nombre de uno de los cuatro puntos cardinales).
E *conj. cop.* Y.
EBANÁCEAS *f. pl. Bot.* Ebenáceas.
EBÂNEO, NEA (báneo) *adj.* De color de ébano; negro.
EBANESTERIA (ría) *f.* Ebanistería.
EBANINO, NA *adj.* Lo mismo que EBÂNEO.
ÉBANO (è) *m. Bot.* Ébano. Lo es muy negro.
ÉBENO (è) *m.* Lo mismo que ÉBANO.
EBERTEMIA (mía) *f. Med.* Eberthemia.
EBERTIANO, NA *adj.* Perteneciente o relativo al bacilo de Eberth.
ÉBIA (è) *f.* Asnería, necedad. Engaño, error, equivocación.
EBONITE *f.* Ebonita.
EBORÁRIO *m.* El que trabaja el marfil.
EBÓREO, REA (bò) *adj.* Marfileño. Ebúrneo.
EBRIEDADE *f.* Ebriedad, embriaguez.
EBRIEZ *f.* Lo mismo que EBRIEDADE.
ÉBRIO, BRIA (è) *adj.* Ebrio, borracho, embriagado, beodo. Ú. t. c. s. m.
EBRIOSO, SA (ozo, òza) *adj.* Ebrioso.
EBULIÇÃO (sáum) *f.* Ebullición, hervor.
EBULIENTE *adj.* Herviente.
EBULIÔMETRO (ó) *m. Fís.* Ebullómetro.
EBULIOSCOPIA (pía) *f.* Ebulloscopia.
EBULIOSCÓPIO (cò) *m.* Ebulloscopio.
EBULITIVO, VA *adj.* Que hierve. Exaltado.
EBURNAÇÃO (sáum) *f.* Eburnación.
EBÚRNEO, NEA *adj.* Ebúrneo. Marfileño.
EBURNIFICAÇÃO (sáum) *f. Med. y Ind.* Eburnificación.
EBURNITE *f.* Eburnites.
EÇA (èsa) *f.* Lo mismo que ESSA.
ECCE-HOMO *m.* Eccehomo.
ECHARPE (char) *f.* Echarpe (gal.).
ECLAMPSE *f.* Lo mismo que
ECLAMPSIA (psía) *f.* Eclampsia.
ECLESIASTICAMENTE (zias) *adv. m.* Eclesiásticamente.
ECLESIÁSTICO, CA (ziás) *adj. y s. m.* Eclesiástico.
ECLETICAMENTE (clè) *adv. m.* Eclécticamente.
ECLÉTICO, CA (clè) *adj.* Ecléctico.
ECLETISMO *m.* Eclecticismo.
ECLIPSAR *v. tr.* Eclipsar (en todas las acepciones de esta voz). Ú. t. c. r.
ECLIPSE *m. Astr.* Eclipse.
ECLÍPTICA *f. Astr.* Eclíptica.
ECLISE (ze) *f.* Eclisis, síncope leve.
ECLISSE (se) *f.* Eclisa.
ÉCLOGA (è) *f.* Égloga, écloga.
ECLOSÃO (záum) *f.* Nacimiento, brotadura, aparición; eclosión (gal.).
ECLUSA (za) *f. gal.* Presa, compuerta.
ECO (èco) *m.* Eco.
ECOANTE *adj.* Que repercute (hablando de sonidos).
ECOAR *v. intr.* Repercutir (producir eco el sonido).
ECOLOGIA (jía) *f.* Ecología.
ECONOMIA (mía) *f.* Economía. Economía, ahorro, dinero ahorrado. Ú. m. en pl.

ECONOMICAMENTE (nó) *adv. m.* Económicamente.
ECONÓMICO, CA (nó) *adj.* Económico. Parco en gastar, económico.
ECONOMIZADOR, RA (za) *adj.* Ahorrador; que economiza.
ECONOMIZAR (zar) *v. intr. y tr.* Ahorrar, economizar.
ECÔNOMO (có) *m.* Ecónomo.
ECRISE (ze) *f.* Ecrisis.
ÉCTASE (èctaz) *f. poét.* Éctasis.
ECTASIA (zía) *f. Med.* Ectasia.
ECTLIPSE *f. Gram.* Ectlipsis.
ECTOCARDIA (día) *f. Terat.* Ectocardia.
ECTOPIA (pía) *f.* Ectopia.
ECTOZOÁRIOS (zoá) *m. pl. Zool.* Ectozoarios.
ECTROSE (tròze) *f.* Aborto.
ECÚLEO *m.* Potro (instrumento de tortura).
ECUMENICAMENTE (mé) *adv. m.* Ecuménicamente.
ECUMENICIDADE *f.* Ecumenicidad.
ECUMÊNICO, CA (mé) *adj.* Ecuménico.
ECUMENO *m.* La tierra habitada. Lo universal.
ECZEMA (ze) *f.* Eczema.
ECZEMATOSO, SA (zematozo, òza) *adj.* Eczsematoso.
EDACIDADE *f.* Voracidad. Edacidad.
EDEMA *m.* Edema.
EDEMACIA (cía) *f.* Acción y efecto de
EDEMACIAR *v. tr.* Producir edema.
EDEMÁTICO, CA *adj.* Lo mismo que
EDEMATOSO, SA (tozo, òza) *adj.* Edematoso.
ÉDEN (è) *m.* Edén, paraíso. *fig.* Edén, lugar muy grato y ameno.
EDÊNEO, NEA (dé) *adj.* Edeniano.
EDÊNICO, CA (dé) *adj.* Edénico.
EDENIZAR-SE (zar) *v. r.* Volver al estado edénico.
EDEOLOGIA (jía) *f.* Edeologia.
EDIÇÃO (sáum) *f.* Edición. — *príncipe.* Edición príncipe.
EDICIONAR *v. tr.* Editar.
EDICTO *m.* Edicto, decreto.
EDÍCULA *f.* Edículo.
EDIFICAÇÃO (sáum) *f.* Edificación (acción de edificar o construir un edificio; acción de edificar o dar buen ejemplo).
EDIFICADOR, RA *adj. y s. m.* Edificador (que edifica o construye, que edifica o da buen ejemplo).
EDIFICANTE *adj.* Edificante (que edifica o da buen ejemplo).
EDIFICANTEMENTE *adv. m.* Con edificación o buen ejemplo.
EDIFICAR *v. tr. e intr.* Edificar (construir un edificio; dar buen ejemplo).
EDIFICATIVO, VA *adj.* Edificativo, edificante, que edifica o ejemplariza.
EDIFÍCIO *m.* Edificio.
EDIL *m.* Edil (magistrado de la antigua Roma). Edil, concejal.
EDILÍCIO, CIA *adj.* Relativo a la edilidad.
EDÍLICO, CA *adj.* Edilício, relativo al edil.
EDILIDADE *f.* Edilidad.
EDITAÇÃO (sáum) *f.* Acto de editar.
EDITAL *adj.* Edictal. *m.* Proclama; aviso, edicto, bando.

EDITAR *v. tr.* Editar. Reproducir.
ÉDITO (è) *m. For.* Edicto.
EDITOR, RA *adj.* Editor. *m.* Editor. *f.* Casa editora. — *responsável.* Editor responsable.
EDITORAÇÃO (sáum) *f.* Acción de editar, publicación.
EDITORAL *adj.* Editorial.
EDITORAR *v. tr.* Editar.
EDITORIAL *adj.* Editorial. *m.* Editorial, artículo de fondo.
EDREDÃO (dáum) *m.* Edredón (plumón del eidero; almohadón, relleno de pluma, que se coloca en la cama para abrigo).
EDUCABILIDADE *f.* Calidad de educable.
EDUCAÇÃO (sáum) *f.* Educación (acción de educar; crianza, enseñanza, doctrina, instrucción; cortesía, urbanidad, buena crianza).
EDUCACIONAL *adj.* Educativo; educacional (Amer.).
EDUCACIONISTA *com.* Educacionista.
EDUCADOR, RA *adj. y s.* Educador.
EDUCANDÁRIO *m.* Establecimiento de educación.
EDUCANDO *m.* Educando; alumno.
EDUÇÃO (sáum) *f.* Educción.
EDUCAR *v. tr.* Educar, enseñar, dirigir, doctrinar, instruir; afinar, perfeccionar los sentidos; enseñar la cortesía y urbanidad. Ú. t. c. r.
EDUCATIVO, VA *adj.* Educativo; educacional (Amer.).
EDUCÁVEL *adj.* Educable.
EDUCTO, TA *adj.* Educto, deducido, inferido.
EDULCORAÇÃO (sáum) *f.* Edulcoración.
EDULCORAR *v. tr. Farm.* Edulcorar, endulzar. *fig.* Endulzar, dulcificar, mitigar, suavizar.
ÉDULE (è) *adj.* Édulo; comestible.
ÉDUO, DUA (è) *adj.* Édulo.
EDUTO *m.* Educto.
EDUZIR (zir) *v. tr.* Educir, inferir, deducir; sacar una cosa de otra.
EFE (èfe) *m.* Efe (nombre de la letra *f*).
EFEBIA (bía) *f.* Adolescencia; juventud.
EFEBO (fè) *m.* Efebo, adolescente.
EFEITARRÃO (rráum) *m.* Efecto extraordinario.
EFEITO *m.* Efecto (lo que se sigue por virtud de una causa; impresión hecha en el ánimo; fin, destino; movimiento especial de la bola en el juego de billar). Daño, perjuicio. *pl.* Efectos, enseres, bienes, muebles. —*s comerciais.* Efectos (documentos o valores mercantiles, nominativos o endosados al portador). *Com* —. *m. adv.* Con, o en, efecto, realmente, en realidad, de verdad. *Fazer, o surtir,* —. Hacer, o surtir, efecto. *Levar a* —. *fr.* Llevar a efecto, poner en efecto, ejecutar, efectuar.
EFEITUAÇÃO (sáum) *f.* Efectuación.
EFEITUADOR, RA *adj. y m.* Que o el que efectua.
EFEITUAR *v. tr.* Efectuar, poner por obra, ejecutar. *v. r.* Efectuarse, cumplirse, realizarse.
EFEITUÁVEL *adj.* Que se puede efectuar, realizable.
EFÊMERA (fé) *f. Zool.* Efímera, cachipolla.
EFEMERIDADE *f.* Calidad de efímero.
EFEMÉRIDES (mè) *f. pl.* Efemérides.
EFEMERIZAR (zar) *v. tr.* Hacer efímero. Narrar las efemérides de la fecha.

EFÊMERO, RA (fé) *adj.* Efímero; pasajero, de corta duración. *adj. f.* Efémera (hablando de cierta fiebre). *m. Bot.* Efémero, lirio hediondo. *m. pl. Zool.* Efeméridos.
EFEMINAÇÃO (sáum) *f.* Afeminación.
EFEMINADAMENTE *adv. m.* Afeminadamente.
EFEMINADO, DA *adj.* Afeminado.
EFEMINAR *v. tr.* Afeminar. *v. r.* Afeminarse.
EFEMINIZAR *(z*ar) *v. tr. y r.* Lo mismo que EFEMINAR.
EFERENTE *adj. Hist. Nat.* Eferente (que lleva o conduce).
EFERVESCÊNCIA (cén) *f.* Efervescencia.
EFERVESCENTE *adj.* Efervescente.
EFERVESCER *v. intr.* Entrar en efervescencia.
EFES-E-ERRES (èfes-e-èrres) *m. pl.* Pormenores, detalles.
EFESINO, NA (z̄i) *adj.* Efesio, efesino. Ú. t. c. s.
EFETIVAÇÃO (sáum) *f.* Efectuación. Acto de hacer efectivo un empleado.
EFETIVAMENTE *adv. m.* Efectivamente.
EFETIVAR *v. tr.* Efectuar. Llevar a efecto. Hacer efectivo (un empleado).
EFETÍVEL *adj.* Que se puede efectuar o hacer efectivo.
EFETIVIDADE *f.* Realidad. Efectividad.
EFETIVO, VA *adj.* Efectivo.
EFETUAÇÃO (sáum) *f.* Efectuación.
EFETUADOR, RA *adj.* Que efectua o realiza. Ú. t. c. s. m.
EFETUAR *v. tr.* Lo mismo que EFEITUAR.
EFETUOSO, SA (tuozo, òza) *adj.* Eficaz.
EFICÁCIA *f.* Eficacia, virtud, actividad, fuerza y poder para obrar.
EFICACIAR *v. tr.* Producir; poner en actividad.
EFICACIDADE *f.* Eficacia; calidad de eficaz.
EFICAZ *adj.* Eficaz, activo, poderoso para obrar.
EFICAZMENTE *adv. m.* Eficazmente.
EFICIÊNCIA (cién) *f.* Eficiencia.
EFICIENTE *adj.* Eficiente.
EFIDROSE (dròze) *f.* Efidrosis.
EFIFÁ *m.* Especie de hechicero.
EFIGIAR (jiar) *v. tr.* Presentar la efigie de; hacer de bulto; representar en efigie.
EFÍGIE (jìe) *f.* Efigie.
EFLORESCÊNCIA (cén) *f. Med. y Quím.* Eflorescencia. Florescencia.
EFLORESCENTE *adj.* Eflorescente. Floreciente.
EFLORESCER *v. intr.* Florecer, florecerse. *Quím.* Eflorescerse.
EFLUÊNCIA (fluén) *f.* Efluencia, emanación.
EFLUIR *v. intr.* Fluir, derramarse.
EFLÚVIO *m.* Efluvio, emanación. *poét.* Perfume, aroma.
EFLUVIOSO, SA (viozo, òza) *adj.* Que arroja efluvios.
EFLUXÃO (xáum) *f. Med.* Expulsión del embrión en los comienzos del embarazo.
EFLUXO *m.* Flujo.
EFRAÇÃO (sáum) *f.* Efracción.
EFRATURA *f.* Efractura.
EFÚGIO (jio) *m.* Efugio, evasión, salida, recurso, expediente, excusa.
EFUNDIR *v. tr.* Sacar para fuera. Efundir, derramar, verter. Ú. t. c. r. *v. r.* Difundirse.
EFUSAMENTE (z̄a) *adv. m.* Con efusión. Comunicativamente.
EFUSÃO (z̄áum) *f.* Efusión, derramamiento. *fig.* Efusión, desahogo, expansión del ánimo.
EFUSIVAMENTE (z̄i) *adv. m.* De manera efusiva.
EFUSIVO, VA (z̄i) *adj.* Efusivo (en todas las acepciones de esta voz).
EFUSO, SA (z̄o) *adj.* Efuso. Derramado.
ÉGIDE (èji) *f.* Égida, escudo; protección, defensa.
EGIPÃ (jipán) *m.* Egipán.
EGIPANO (ji) *m.* Lo mismo que EGIPÃ.
EGIPCÍACO, CA (ji) *adj.* Egipciaco, egipcio. Ú. t. c. s.
EGÍPCIO, CIA (ji) *adj. y s.* Egipcio.
EGIPTOLOGIA (jiptolojía) *f.* Egiptología.
EGIPTOLÓGICO, CA (jiptolòji) *adj.* Egiptológico.
EGIPTÓLOGO (jiptò) *m.* Egiptólogo.
EGOÍCE *f. despect.* Egoísmo.

EGOÍSMO *m.* Egoísmo.
EGOÍSTA *adj. y s.* Egoísta.
EGOISTAMENTE (ís) *adv. m.* Egoístamente.
EGOISTICAMENTE *adv. m.* Egoísticamente.
EGOLATRIA (tría) *f.* Egolatría.
EGÓLIO (gò) *m.* Buho.
EGREJA (ja) *f.* Lo mismo que IGREJA.
EGRESSÃO (sáum) *f.* Salida (acto de salir); alejamiento (acto de alejarse).
EGRESSO, SSA (grèso) *adj.* Salido. *m.* Salida; egreso.
ÉGUA (è) *f.* Yegua. — *madrinha.* Yegua caponera; madrina.
EGUADA *f.* Yeguada.
EGUALDADE *f.* Lo mismo que IGUALDADE.
EGUAL *adj.* Lo mismo que IGUAL.
EGUAR *v. intr.* Decir necedades.
EGUARIÇO, ÇA (so) *adj.* Yegüar o yeguar. Yegüerizo, yegüero.
EIA! *interj.* ¡Ea!
ÉIDER (éi) *m. Zool.* Eidero, eíder.
EI-LA *contrac.* Héla.
EI-LO *contrac.* Hélo; héle.
EIRA *f. Agr.* Era. *Sem — nem beira. loc.* Muy pobre; sin posición que le recomende.
EIRADA *f.* Cantidad de meses que se trillan de una vez.
EIRADO *m.* Terrado, azotea. *Agr.* Era.
EIRANTE *m.* El que trabaja en las eras.
EIRÓZ (ròz) *f. Zool.* Especie de anguila.
EIS *interj.* He. — *aquí.* He aquí; he. — *que.* He. — *senão quando. m. adv.* De repente, de pronto.
EITO *m.* Serie, orden, sucesión de cosas. Campo donde trabajaban los esclavos. *A —. m. adv.* A hito.
EIVA *f.* Cascadura, hendidura. Paja (en los metales). Mancha, deshonra, desonor. Desperfecto; defecto.
EIVAR *v. tr.* Viciar, corromper. Manchar. *v. r.* Comenzar a pudrirse (hablando de frutos). Rajarse, cascarse, henderse. Descaer; debilitarse.
EIXAR (char) *v. tr.* Poner un eje a alguna cosa.
EIXIAL (chial) *adj.* Axil.
EIXO (cho) *m.* Eje.
EJACULAÇÃO (jaculasáum) *f.* Eyaculación.
EJACULADOR, RA (ja) *adj.* Eyaculador. Ú. t. c. s.
EJACULAR (ja) *v. intr.* Eyacular.
EJACULATÓRIO, RIA (jaculatò) *adj.* Eyaculatorio.
EJEÇÃO (jesáum) *f.* Eyección, deyección.
EJETOR (je) *m.* Eyector.
ELA (è) *pron.* Ella.
ELABORAÇÃO (sáum) *f.* Elaboración.
ELABORAR *v. tr.* Elaborar. *v. r.* Formarse.
ELAÇÃO (sáum) *f.* Altivez, orgullo, elación.
ELANÇAR (sar) *v. tr.* Lanzar para fuera.
ELANCE *m. gal.* Ímpetu, empuje, movimiento.
ELANGUEIRO *m.* Elanguero.
ELANGUESCEDOR, RA *adj.* Que languidece.
ELANGUESCÊNCIA (cén) *f.* Languidez, calidad de
ELANGUESCENTE *adj.* Lánguido. Que languidece.
ELANGUESCER *v. intr. y r.* Languidecer.
ELASTICAMENTE *adv. m.* Elásticamente.
ELASTICIDADE *f.* Elasticidad.
ELÁSTICO, CA *adj.* Elástico. *fig.* Elástico, acomodatício. *m.* Elástico, tejido elástico. Cinta de caucho.
ELE (èle) *m.* Ele (nombre de la letra 1).
ELE (è) *pron.* Él. *pl. Eles.* Ellos.
ELEFANTE *m. Zool.* Elefante. — *do-mar. Zool.* Elefante marino.
ELEFANTIA (tía) *f.* Lo mismo que
ELEFANTÍACO, CA *adj.* Elefancíaco, elefancíado. Elefántido.
ELEFANTÍASE (ze) *f. Med.* Elefantiasis, elefancía.
ELEFANTIÁSICO, CA *adj.* Elefancíaco.
ELEFÂNTICO, CA (fán) *adj.* Elefancíaco. Elefántido.
ELEFANTINO, NA *adj.* Elefantino. Elefancíaco.
ELEGÂNCIA (gán) *f.* Elegancia. Apostura, gracia, gallardía.
ELEGANTE *adj.* Elegante.

ELEGANTEMENTE *adv. m.* Elegantemente.
ELEGANTIZAR (z̄ar) *v. tr.* Elegantizar, dotar de elegancia. *v. r.* Hacerse elegante.
ELEGER (jer) *v. tr.* Elegir, nombrar por elección. Elegir, escoger.
ELEGIA (jía) *f.* Elegía.
ELEGÍACO, CA (jíaco) *adj.* Elegíaco. Lastimero, triste.
ELEGÍADA (jíada) *f.* Poema elegíaco.
ELEGIBILIDADE (ji) *f.* Elegibilidad.
ELEGÍVEL (jí) *adj.* Elegible (que tiene capacidad para ser elegido).
ELEIÇÃO (sáum) *f.* Elección.
ELEITO, TA *adj. P. p. irreg.* de *Eleger.* Electo. *m.* Electo (el elegido).
ELEITOR *m.* Elector.
ELEITORADO *m.* Electorado. Conjunto de electores.
ELEITORAL *adj.* Electoral.
ELEITRIZ *f.* Electriz.
ELEMENTAR *adj.* Elemental.
ELEMENTÁRIO, RIA *adj.* Elemental.
ELEMENTARMENTE *adv. m.* Elementalmenta.
ELEMENTO *m.* Elemento (en todas las acepciones de esta dicción). *pl.* Elementos, fundamentos, primeros principios.
ELENCO *m.* Elenco, catálogo, índice.
ELEOLITO *m. Miner.* Eleolita.
ELEÔMETRO (ó) *m.* Eleómetro.
ELETIVAMENTE *adv. m.* Eletivamente.
ELETIVIDADE *f.* Eletividade.
ELETIVO, VA *adj.* Electivo.
ELETRICAMENTE (lè) *adv. m.* Eléctricamente.
ELETRICIDADE *f.* Electricidad.
ELETRICISMO *m.* Electricismo.
ELETRICISTA *m.* Electricista.
ELÉTRICO, CA (lè) *adj.* Eléctrico.
ELETRIFICAÇÃO (sáum) *f.* Electrificación.
ELETRIFICAR *v. tr.* Electrificar. Ú. t. c. r.
ELETRIZAÇÃO (z̄asáum) *f.* Electrización.
ELETRIZADOR, RA (z̄a) *adj. y s. m.* Electrizador.
ELETRIZANTE (z̄an) *adj.* Electrizante.
ELETRIZAR (z̄ar) *v. tr.* Electrizar. Ú. t. c. r.
ELETRIZÁVEL (z̄á) *adj.* Electrizable.
ELETRO (lè) *m.* Electro.
ELETROCUÇÃO (sáum) *f.* Electrocución.
ELETROCUTAR *v. tr.* Electrocutar.
ELETROCUTOR *m.* Electrocutor.
ELETRODINAMIA (lètrodinamía) *f.* Lo mismo que
ELETRODINÂMICA (lètrodiná) *f.* Electrodinámica.
ELETRODINÂMICO, CA (lètrodiná) *adj.* Electrodinámico.
ELETRODINAMISMO (lè) *m.* Electrodinamismo.
ELETRODINAMÔMETRO (lètrodinamó) *m.* Electrodinamómetro.
ELETRÓDIO (trò) *m.* Lo mismo que
ELÉTRODO (lè) *m.* Electrodo.
ELETROFISIOLOGIA (lètrofiziolojía) *f.* Electrofisiología.
ELETROFISIOLÓGICO, CA (lètrofiziolòji) *adj.* Electrofisiológico.
ELETROFORESE (lètroforèze) *f.* Cataforesis.
ELETRÓFORO (trò) *m.* Electróforo.
ELETROFOTOTERAPIA (lè...pía) *f.* Electrofototerapia.
ELETROGALVÂNICO, CA (lè...vá) *adj.* Electrogalvánico.
ELETROGALVANISMO (lè) *m.* Electrogalvanismo.
ELETROGÊNEO, EA (lètrojé) *adj. y s. m.* Electrógeno.
ELETROGÊNESE (jéneze) *f.* Electrogénesis.
ELETRÓGENO (tròje) *adj.* Electrógeno.
ELETROGRAFIA (fía) *f.* Electrografía.
ELETRÓGRAFO (trò) *m.* Electrógrafo.
ELETROÍMÁ (letroímán) *m.* Electroimán.
ELETROLISAÇÃO (z̄asáum) *f.* Electrolización.
ELETROLISAR (z̄ar) *v. tr.* Electrolizar.
ELETROLISÁVEL (z̄á) *adj.* Electrolizable.
ELETRÓLISE (tròlize) *f.* Electrólisis.
ELETROLÍTICO, CA *adj.* Electrolítico.
ELETRÓLITO (trò) *m.* Electrólito.

ELETROLOGIA *(jía) f.* Electrología.
ELETROMAGNÉTICO, CA (lè...nè) *adj.* Electromagnético.
ELETROMAGNETISMO (lè) *m.* Electromagnetismo.
ELETROMAGNETO (lè...nè) *m.* Electroimán.
ELETROMETRIA (tría) *f.* Electrometría.
ELETRÓMETRO (tró) *m.* Electrómetro.
ELETROMETRÓGRAFO (lè...trò) *m.* Electromotógrafo.
ELETROMOTOR, RA (lè) *adj. y s. m.* Electromotor, tora, triz.
ELETRÓN (tró) *m.* Electrón.
ELETRONEGATIVO, VA (lè) *adj.* Electronegativo.
ELETRÔNICO, CA (tró) *adj.* Relativo o perteneciente a los electrones.
ELETROPOSITIVO, VA (lèpropozi) *adj.* Electropositivo.
ELETROPUNTURA (lè) *f.* Electropuntura.
ELETROQUÍMICA (lè) *f.* Electroquímica.
ELETROQUÍMICO, CA (lè) *adj.* Electroquímico.
ELETROSCOPIA (pía) *f.* Electroscopia.
ELETROSCÓPIO (cò) *m.* Electroscopio.
ELETROSSIDERURGIA (lètrosiderurjía) *f.* Electrosiderurgia.
ELETROSTÁTICA (lè) *f.* Electrostática.
ELETROTECNIA (lè...nía) *f.* Electrotecnia.
ELETROTÉCNICO, CA (tè) *adj.* Electrotécnico. Ú. t. c. s.
ELETROTERAPÊUTICA (lè...péu) *f.* Electroterapéutica.
ELETROTERAPIA (lè...pía) *f.* Electroterapia.
ELETROTERMIA (mía) *f.* Electrotermia.
ELETROTÉRMICO, CA (lètrotèr) *adj.* Relativo a la electrotermia.
ELETROTIPIA (pía) *f.* Electrotipia.
ELETRÓTIPO (trò) *m.* Electrotipo.
ELETRÓTONO (trò) *m.* Electrótono.
ELETROTROPISMO (lè) *m.* Electrotropismo.
ELETROVEGETÓMETRO (lè...jetó) *m.* Electrovegetómetro.
ELETUÁRIO *m.* Electuario.
ELEUSINAS (zi) *f. pl.* Lo mismo que
ELEUSÍNIAS (zí) *f. pl.* Eleusinas.
ELEUSINO, NA (zi) *adj.* Eleusino.
ELEUTEROGÍNIA (jí) *f.* Eleuteroginia.
ELEVAÇÃO (sáum) *f.* Elevación (altura, encumbramiento; acción de elevar; acto de alzar la hostia y el cáliz después de la consagración; exaltación a algún puesto o dignidad importante; elación, altivez; superioridad intelectual o moral).
ELEVADAMENTE *adv. m.* Elevadamente, con elevación.
ELEVADO, DA *adj. P. p.* de *Elevar.* Elevado; alto; sublime; eminente; levantado.
ELEVADOR, RA *adj.* Elevador. *m.* Elevador. Ascensor.
ELEVAMENTO *m.* Elevación (acción de elevar o levantar).
ELEVAR *v. tr.* Elevar, alzar, levantar hacia arriba. Ú. t. c. r. Levantar (el precio, la voz, etc.). Elevar, exaltar a alguien a un puesto o dignidad importante. Ú. t. c. r. *v. r.* Crecer.
ELFO (èl) *m. Mit.* Elfo.
ELIDIR *v. tr. Gram.* Elidir.
ELIDÍVEL *adj.* Que se puede elidir.
ELIMINAÇÃO (sáum) *f.* Eliminación.
ELIMINAR *v. tr.* Eliminar, descartar, separar, suprimir, prescindir.
ELIMINÁVEL *adj.* Que se puede eliminar.
ELIPSAR *v. tr.* Hacer elipsis de.
ELIPSE *f. Geom.* Elipse. *Gram.* Elipsis.
ELIPSÓIDE (sòi) *adj.* Elipsoidal. *m.* Elipsoide.
ELÍPTICAMENTE *adj. m.* Elípticamente.
ELIPTICIDADE *f.* Elipticidad.
ELÍPTICO, CA *adj.* Elíptico (que pertenece a la elipse o tiene la forma de ella). Relativo o perteneciente a la elipsis.
ELISÃO (záum) *f.* Elisión.
ELÍSIO, SIA (zio) *adj.* Elíseo. *m.* Elíseo.
ELITE *f. gal.* La flor, la nata de una sociedad.
ÉLITRO (è) *m.* Élitro.
ELITROCELE (cè) *f.* Elitrocele.

ELITROPTOSE (tòze) *f.* Elitroptosis.
ELITRORRAGIA (jía) *f.* Elitrorragia.
ELITRORRÉIA (rrèia) *f.* Elitrorrea.
ELIXAÇÃO (chasáum) *f.* Elijación.
ELIXAR (char) *v. tr.* Elijar.
ELIXIR (chir) *m.* Elixir.
ELMO (èl) *m.* Yelmo.
ELO (è) *m.* Eslabón (de cadena). Lo mismo que GAVINHA.
ELOCUÇÃO (sáum) *f.* Elocución.
ELOENDRO *m.* Lo mismo que LOENDRO.
ELOGIADOR, RA (jia) *adj.* Elogiador (que elogia, loa o alaba). Ú. t. c. s.
ELOGIAR (jiar) *v. tr.* Elogiar, loar, alabar.
ELOGIÁVEL (jiá) *adj.* Que se puede elogiar, loar o alabar.
ELOGIO (jío) *m.* Elogio, loa, alabanza.
ELOGIOSO, SA (jiozo, òza) *adj.* Encomiástico, laudatorio; elogioso (*Amer.*).
ELONGAÇÃO (sáum) *f. Astr.* Elongación.
ELOQUÊNCIA (cuén) *f.* Elocuencia.
ELOQÜENTE (cuen) *adj.* Elocuente.
ELOQÜENTEMENTE (cuen) *adv. m.* Elocuentemente.
ELÓQUIO (lò) *m.* Discurso.
ELUCIDAÇÃO (sáum) *f.* Elucidación.
ELUCIDAR *v. tr.* Elucidar, aclarar, explicar, dilucidar.
ELUCIDÁRIO *m.* Elucidario.
ELUCIDATIVO, VA *adj.* Que elucida, explica, o aclara.
ELUCUBRAÇÃO (sáum) *f.* Lucubración, elocubración.
ELUCUBRAR *v. tr.* Lucubrar, elucubrar.
ELUTRIAÇÃO (sáum) *f.* Eleutriación.
ELZEVIR (ze) *adj.* Elzeviriano. *m.* Edición elzeviriana.
EM *prep.* En. (Esta prep. indica dónde, cuando, o cómo se determina la acción del verbo. Con un gerundio, significa, como en castellano: luego que, después que.)
EMAÇADO, DA (sa) *adj. P. p.* de
EMAÇAR (sar) *v. tr.* Reunir en mazos.
EMACIAÇÃO (sáum) *f.* Emaciación, adelgazamiento morboso; demacración.
EMACIADO, DA *adj.* Demacrado, adelgazado, enflaquecido.
EMACIAR *v. tr.* Adelgazar, enflaquecer. *v. r.* Demacrarse.
EMADEIRAMENTO *m.* Enmaderamiento.
EMADEIRAR *v. tr.* Enmaderar.
EMADURECER *v. tr.* Lo mismo que AMADURECER.
EMAGRAR *v. intr.* Lo mismo que
EMAGRECER *v. tr.* Adelgazar, enflaquecer, enmagrecer. *v. intr.* Enflaquecer, enmagrecer, enflaquecerse.
EMAGRECIDO, DA *adj.* Enflaquecido, adelgazado, flaco.
EMAGRECIMENTO *m.* Enflaquecimiento.
EMAGRENTAR *v. tr.* Lo mismo que EMAGRECER.
EMALAR *v. tr.* Meter, guardar en maleta. *v. intr.* Prepararse para un viaje.
EMALHAR (llar) *v. tr.* Mallar, hacer mallas. Enredar.
EMALHETADO, DA (lle) *adj.* Ensamblado.
EMALHETAMENTO (lle) *m.* Ensambladura.
EMALHETAR (lle) *v. tr.* Ensamblar.
EMANAÇÃO (sáum) *f.* Emanación.
EMANAR *v. intr.* Emanar, proceder; destacarse, exhalarse de los cuerpos.
EMANCIPAÇÃO (sáum) *f.* Emancipación.
EMANCIPAR *v. tr. y r.* Emancipar (en todas las acepciones de esta voz).
EMANTAR *v. tr. Port.* Enmantar.
EMANTEIGADO, DA *adj.* Cubierto de manteca.
EMARANHADO, DA (ña) *adj.* Enmarañado.
EMARANHAMENTO (ña) *m.* Enmarañamiento.
EMARANHAR (ñar) *v. tr.* Enmarañar. Ú. t. c. r.
EMARELECER *v. tr. e intr.* Lo mismo que AMARELECER. Enmarillecerse.
EMARTILHAR (llar) *v. tr.* Lo mismo que ENGATILHAR.
EMASCARAR *v. tr.* Enmascarar.
EMASCULAÇÃO (sáum) *f.* Emasculación.

EMASCULAMENTO *m.* Emasculación. Afeminación.
EMASCULAR *v. tr.* Emascular. Afeminar.
EMASSAR (sar) *v. tr.* Emplastar; empastar.
EMASSILHAR (sillar) *v. tr.* Enmasillar.
EMASTEAR *v. tr.* Lo mismo que
EMASTREAR *v. tr.* Lo mismo que MASTREAR.
EMBAÇADO, DA (sa) *adj. P. p.* de *Embaçar.* Embazado; asombrado, pasmado. Empañado. Bazo. Amortiguado. Desilusionado. Engañado. *Port.* Embazado, avergonzado.
EMBAÇADOR, RA *adj.* Embazador. Que empaña.
EMBAÇAMENTO (sa) *m.* Acción y efecto de
EMBAÇAR (sar) *v. tr.* Empañar (obscurecer lo terso, limpio y resplandeciente). Embazar. Engañar, burlar. *v. intr.* Embazar (quedar sin acción).
EMBACELAR *v. tr.* Lo mismo que ABACELAR.
EMBACIADO, DA *adj.* Empañado, deslustrado; oscuro.
EMBACIAR *v. tr.* Empañar, deslustrar. Ú. t. c. r.
EMBAIDOR, RA *adj.* Embaidor, embaucador, embustero, engañador. Ú. t. c. s.
EMBAIMENTO *m.* Embaimiento, embeleso. Embaucamiento, engaño, embeleco.
EMBAINHAR (ñar) *v. tr.* Envainar. Repulgar; hacer un dobladillo.
EMBAIR *v. tr.* Embair, embaucar, engañar, embelesar.
EMBAIXADA (cha) *f.* Embajada.
EMBAIXADOR (cha) *m.* Embajador.
EMBAIXATRIZ (cha) *f.* Embajadora, embajatriz.
EMBAIXATURA (cha) *f.* Embajada.
EMBALADOR, RA *adj.* Que balancea. Mecedor.
EMBALAGEM (jem) *f. gal.* Embalaje.
EMBALANÇAR (sar) *v. tr.* Lo mismo que BALANÇAR.
EMBALAR *v. tr.* Mecer (mover una cosa compasadamente de un lado a otro). Lo mismo que BALOUÇAR. Acariciar. Entretener, iludir, burlar; embair, embaucar, engañar. Ú. t. c. r.
EMBALAR *v. tr. gal.* Embalar, hacer balas, empaquetar.
EMBALAR *v. tr.* Cargar con bala (un arma). Lo mismo que BALOUÇAR. U. t. c. r. Lo mismo que ACALENTAR. Embair, embaucar, engañar.
EMBALÇAMENTO (sa) *m.* Acción y efecto de
EMBALÇAR (sar) *v. tr.* Meter en cuba o tina (el vino, el mosto, etc.). Lo mismo que EMBRENHAR. Ú. t. c. r. y. *tr. Náut.* Embalsarse. Meterse en una balsa.
EMBALDE *adv. m.* En balde, de balde, en vano.
EMBALHESTADO, DA (lles) *adj. Vet.* Emballestado.
EMBALO *m.* Balance (movimiento). Balanceo.
EMBALOIÇAR (sar) *v. tr.* Lo mismo que
EMBALOUÇAR (sar) *v. tr. fam.* Lo mismo que BALOUÇAR.
EMBALSAMAÇÃO (sáum) *f.* Lo mismo que
EMBALSAMAMENTO *m.* Embalsamamiento.
EMBALSAMAR *v. tr.* Embalsamar (perfumar, aromatizar; preparar convenientemente un cadáver para evitar su putrefacción).
EMBANDAR *v. tr.* Abanderar.
EMBANDEIRADO, DA *adj.* Embanderado.
EMBANDEIRAMENTO *m.* Embanderamiento.
EMBANDEIRAR *v. tr.* Embanderar. Ú. t. c. r. *fig.* Enaltecer, ensalzar.
EMBARAÇADA (sa) *f. Port.* Embarazada (mujer preñada).
EMBARAÇADAMENTE (sa) *adv. m.* Embarazadamente, con embarazo o dificultad.
EMBARAÇADO, DA (sa) *adj.* Embarazado; enredado; enmarañado; difícil. Avergonzado. *pop.* Embarazado (aplícase a la mujer preñada).
EMBARAÇADOR, RA (sa) *adj.* Embarazador, que embaraza, impide o estorba.
EMBARAÇAMENTO (sa) *m.* Lo mismo que EMBARAÇO.
EMBARAÇANTE (san) *adj.* Embarazoso.
EMBARAÇAR (sar) *v. tr.* Embarazar, impedir, estorbar, dificultar, retardar. Ú. t. c. r. Enredar, enmarañar, embrollar. Ú. t. c. r. Confundir, dejar perplejo.

EMBARAÇO (so) *m.* Embarazo, impedimento, dificultad, estorbo. Confusión, perplejidad. Perturbación, hesitación. Aprieto, penuria. *Port.* Embarazo (preñado de la mujer). — *gástrico.* Embarazo (alteraciones de las funcciones digestivas).

EMBARAÇOSAMENTE (sòza) *adv. m.* Embarazosamente.

EMBARAÇOSO, SA (sozo, òza) *adj.* Embarazoso.

EMBARAFUSTAR *v. tr.* Embestir, invadir, entrar con ímpetu y sin permiso.

EMBARALHAÇÃO (llasáum) *f.* Confusión; atropello; barajadura, mezcla.

EMBARALHAMENTO (lla) *m.* Baraje, barajadura. Mezcla.

EMBARALHAR (llar) *v. tr.* Lo mismo que BARALHAR...

EMBARATECER *v. tr.* Abaratar. Ú. t. c. r.

EMBARATECIMENTO *m.* Baja; Acción y efecto de abaratar, de bajar el precio.

EMBARBAR *v. tr. Carp.* Embarbillar.

EMBARBASCAMENTO *m.* Acción y efecto de

EMBARBASCAR *v. tr.* Embarbascar (inficionar el agua con verbasco con el fin de entontecer a los peces). Confundir, enredar, embrollar, embarazar. *v. intr.* Entontecerse con verbasco (los peces). *v. r.* Embarbascarse (el arado). Embarbascarse, confundirse, embrollarse, embarazarse.

EMBARBECER *v. intr.* Barbar, embarbecer, empezar a tener barba.

EMBARCAÇÃO (sáum) *f.* Embarcación (cualquier barco, o nave; embarco, acto de embarcar).

EMBARCADIÇO, ÇA (so) *adj.* Que anda habitualmente embarcado. *m.* Marino, marinero.

EMBARCADOIRO *m.* Lo mismo que EMBARCADOURO.

EMBARCADOR, RA *adj.* Que embarca. *m.* Embarcador (el que embarca algo).

EMBARCADOURO *m.* Embarcadero.

EMBARCAMENTO *m.* Embarco, embarque.

EMBARCAR *v. tr.* Embarcar (en todas las acepciones de esta voz).

EMBARGADO, DA *adj.* Embargado. Paralizado, embarazado.

EMBARGAMENTO *m.* Embargo.

EMBARGAR *v. tr. For.* Embargar. Embargar, impedir, dificultar, embarazar, paralizar, estorbar, detener, suspender.

EMBARGÁVEL *adj.* Embargable.

EMBARGO *m.* Estorbo, embarazo, impedimento, obstáculo. *For.* Embargo; secuestro. *Sem —. m. adv. p. us.* Sin embargo.

EMBARQUE *m.* Embarco, embarque. Embarcadero.

EMBARRAMENTO *m.* Embarrado, embarradura.

EMBARRANCAR *v. intr.* Embarrancar, vararse. *v. tr.* Hacer caer en un barranco. *v. r.* Atascarse, atollarse, empantanarse.

EMBARRAR *v. tr.* Embarrar (untar, cubrir o manchar con barro). *v. r.* Embarrarse (guarecerse en los árboles las perdices). *v. intr.* Lo mismo que ESBARRAR.

EMBARRELAR *v. tr.* Enlejiar (meter en lejía).

EMBARRICAMENTO *m.* Acto de

EMBARRICAR *v. tr.* Meter algo en barricas; embarrilar. *v. r.* Defenderse con barricadas.

EMBARRIGAR *v. intr.* Echar barriga, volverse barrigón (un caballo).

EMBARRILAÇÃO (sáum) *f. pop.* Engaño, trampa.

EMBARRILADO, DA *adj.* Embarrilado, metido en barril. Engañado, burlado.

EMBARRILAGEM (jem) *f.* Acto de

EMBARRILAR *v. tr.* Embarrilar (meter algo en barriles). *pop.* Engañar, embaucar.

EMBARRILHO (llo) *m. Port.* Embarazo, estorbo.

EMBARROADA *f.* Lucha. Lo mismo que ENCONTRO.

EMBARULHAR (llar) *v. tr.* Embarullar (confundir, mezclar sin orden ni concierto).

EMBASAMENTO (za) *m. Arq.* Embasamiento.

EMBASBACADO, DA *adj.* Pasmado, atónito, embarazado, confuso, boquiabierto, embobado.

EMBASBACADOR, RA *adj.* Que confunde, desconcierta o pasma.

EMBASBACAMENTO *m.* Pasmo, desconcierto, embobamiento, embeleso, embobecimiento, estupefacción, estupor.

EMBASBACAR *v. tr.* Embobar, embobecer, pasmar, confundir, embarazar, asombrar. Ú. t. c. r.

EMBASTAR *v. tr.* Embastar (poner bastas a los colchones).

EMBASTECER-SE *v. tr.* Embastecer, embarnecer, engrosar; embastecerse.

EMBASTIAR-SE *v. r.* Llenarse; henchirse.

EMBASTIDO, DA *adj.* Basto, espeso.

EMBASTILHAR (llar) *v. tr.* Encastillar.

EMBATE *m.* Embate, acometida. Oposición, resistencia. Encuentro, choque.

EMBATER-SE *v. r.* Chocarse, encontrarse.

EMBATOCAR *v. tr.* Lo mismo que

EMBATUCAR *v. tr.* Tapar con tarugos o botanas. *fig.* Confundir, embarazar. *v. intr.* Embarbascarse; callar.

EMBATUMAR *v. tr. pop.* Amontonar, llenar demasiado.

EMBAUCADOR, RA *adj.* Embaucador. Ú. t. c. s.

EMBAUCAR *v. tr.* Embaucar, embair, engañar, embelecar.

EMBAULAR *v. tr.* Embaular (meter algo en un baúl). *fam.* Guardar, esconder.

EMBEBECER *v. tr.* Comenzar a embeber o empapar.

EMBEBEDADO, DA *adj.* Bebido, beodo, borracho.

EMBEBEDAMENTO *m.* Embebecimiento, embelesamiento. Acto de embriagar o emborrachar.

EMBEBEDAR *v. tr.* Embriagar, emborrachar. Ú. t. c. r. Embebecer, embelesar. Atolondrar, perturbar. *v. r.* Emborracharse. Embebecerse.

EMBEBER *v. tr.* Embeber (absorber un cuerpo sólido otro que se halla en estado líquido; empapar; meter una cosa en otra). Ú. t. c. r. *v. r.* Embeberse, embebecerse.

EMBEBERAR *v. tr.* Embeber, emparar. Abrevar (dar de beber a los animales).

EMBEBIÇÃO (sáum) *f.* Embebimiento.

EMBEIÇADO, DA (sa) *adj. fam.* Metido, enamorado.

EMBEIÇAMENTO (sa) *f. fam.* Apasionamiento, infatuación, metedura.

EMBEIÇAR (sar) *v. tr. fam.* Embebecer, embelesar, encantar. *v. r.* Apasionarse; meterse *(Amer.)*.

EMBELECAR *v. tr.* Embelecar (engañar con apariencias).

EMBELECÁVEL *adj.* Que puede ser embelecado.

EMBELECER *v. tr.* Lo mismo que EMBELEZAR.

EMBELECO (lé) *m.* Embeleco, engaño, embuste. Situación dudosa (con mujeres).

EMBELEZADOR, RA *adj.* Embellecedor.

EMBELEZAMENTO (za) *m.* Embellecimiento. Embelesamiento, embeleso.

EMBELEZAR (zar) *v. tr.* Embellecer, hermosear. Ú. t. c. r. Embelesar, embebecer, embeber. Ú. t. c. r.

EMBELEZO (lézo) *m.* Lo mismo que EMBELEZAMENTO.

EMBELINHAR (ñar) *v. tr.* Embarazar, estorbar.

EMBESOIRADO, DA (zoi) *adj.* Lo mismo que

EMBESOURADO, DA (zou) *adj.* Engreído, vanidoso. Ceñudo, enojado, enfurruñado.

EMBESPINHAR (ñar) *v. tr.* Lo mismo que ABESPINHAR. Ú. t. c. r.

EMBESTAÇÃO (sáum) *f.* Obstinación.

EMBESTADO, DA *adj.* Armado con ballesta. Dispuesto para la pelea.

EMBESTAR *v. tr.* Lo mismo que BESTIFICAR.

EMBESTAR *v. intr.* Obstinar-se.

EMBETESGAR *v. tr.* Arrinconar, acorralar.

EMBETUMAR *v. tr.* Embetunar.

EMBEVECENTE *adj.* Que embebece o embelesa.

EMBEVECER *v. intr.* Embebecer, embelesar, embeber. Ú. t. c. r.

EMBEVECIDO, DA *adj.* Embelesado, embebecido.

EMBEVECIMENTO *m.* Embeleso, embebecimiento.

EMBEZERRADO, DA (ze) *adj. fam.* Ceñudo, enfurruñado, enojado.

EMBEZERRAMENTO (ze) *m.* Enfurruñamiento. Terquedad.

EMBEZERRAR (ze) *v. intr.* Enfurruñarse. Ú. t. c. r.

EMBICADO, DA *adj.* Picudo.

EMBICADURA *f. Mar.* Embicadura.

EMBICAR *v. tr.* Dar forma de pico a alguna cosa. Topar. *v. tr.* Tropezar (las bestias). *Mar.* Embicar.

EMBIGO *m. pop.* Lo mismo que UMBIGO.

EMBIOCADO, DA *adj.* Embozado. Disfrazado. Oculto, escondido.

EMBIOCAR *v. tr.* Dar (a una capa) la forma de embozo. Esconder, ocultar, disfrazar. *v. r.* Embozarse.

EMBIRA *f. Bras.* Cualquier fibra vegetal que, sin preparo, sirve para cordel, soga, cuerda, etc. *fig.* Embarazo, dificultad.

EMBIRAR *v. tr. Bras.* Atar con *Embira*.

EMBIRRA *f.* Lo mismo que

EMBIRRAÇÃO (sáum) *f.* Tema, capricho, obstinación; birria *(Amer.)*. Tirria, mala voluntad, ojeriza.

EMBIRRADOR, RA *adj.* Temoso. Terco, obstinado. Ú. t. c. s. m.

EMBIRRÂNCIA (rráum) *f.* Tema.

EMBIRRANTE *adj.* Terco, obstinado.

EMBIRRAR *v. intr.* Tomar birria o tema; obstinarse. Tomar tirria; antipatizar, sentir aversión o animosidad contra una persona o cosa.

EMBIRRATIVO, VA *adj.* Lo mismo que

EMBIRRENTO, TA *adj.* Antipático. Terco, obstinado. Lo mismo que BIRRENTO.

EMBIZUGAR-SE (zu) *v. r. Port.* Avergonzarse.

EMBLEMA *m.* Emblema, símbolo; divisa.

EMBLEMAR *v. tr.* Emblematizar para explicar alguna cosa.

EMBOABA *m. Bras. despect.* Portugués.

EMBOCA-BOLA (bò...bò) *m.* Boliche, bilboquete.

EMBOCADURA *f.* Embocadura (acción de embocar; boquilla de un instrumento músico; boca de un río; bocado del caballo). *fig.* Habilidad, capacidad.

EMBOÇALAR (sa) *v. tr.* Embozar, embozalar.

EMBOÇAMENTO (sa) *m.* Revoque (Acción y efecto de revocar las casas o paredes).

EMBOCAR *v. tr.* Embocar.

EMBOÇAR (sar) *v. tr.* Revocar (casas o paredes).

EMBOÇO (bóso) *m.* Revoque (de una pared).

EMBODEGAR *v. tr.* Suciar.

EMBÓFIA (bò) *f.* Impostura. *m.* Presumido.

EMBOJAR (jar) *v. tr.* Lo mismo que ENFUNAR. Aumentar.

EMBOLAÇÃO (sáum) *f.* Acto de embolar a los toros.

EMBOLADA *f. Bras.* Música popular brasileña.

EMBOLAR *v. tr.* Embolar (los toros). *v. r.* Rodar nel suelo como una bola. Rodar (caer dando vueltas). Lo mismo que ENGALFINHAR-SE. Reunirse gente, apiñarse.

EMBOLDREAR *v. tr. pop.* Suciar.

EMBOLIA (lía) *f. Med.* Embolia.

EMBOLÍSMICO *adj.* Embolismal.

EMBOLISMO *m.* Embolismo. *Med.* Formación de embolias.

ÊMBOLO (ém) *m. Mec.* Émbolo.

EMBOLORADO, DA *adj.* Enmohecido.

EMBOLORECER *v. intr.* Enmohecerse.

EMBOLORECIMENTO *m.* Enmohecimiento.

EMBOLSAR *v. tr.* Embolsar (guardar una cosa en la bolsa; cobrar; reembolsar). Ú. t. c. r.

EMBOLSO (ból) *m.* Embolso.

EMBONADA *f. Mar.* Embonada.

EMBONAR *v. tr. Mar.* Embonar.

EMBONDO *m.* Trampa, engaño. Embarazo, aprieto, dificultad.

EMBONECADO, DA *adj.* Amuñecado, emperifollado.

EMBONECAMENTO *m.* Acción y efecto de

EMBONECAR *v. tr.* Emperifollar. Ú. t. c. r.

EMBONECRAMENTO *m.* Lo mismo que EMBONECAMENTO.

EMBONECRAR *v. tr.* Lo mismo que EMBONECAR.

EMBONICAR *v. tr. Port.* Emboñigar.

EMBONO *m. Mar.* Embonada. *Mar.* Embono.

EMBOQUE (bò) *m.* Embocadura (acto de embocar). Emboque.

EMBORA (bò) *adv. m.* Enhorabuena; felizmente. *conj. advers.* Aunque, aun mismo. No obstante, sin embargo, todavía. *Ir-se —.* Partir, marcharse. *pl.* Felicitaciones, enhorabuena.

EMBORCAÇÃO (sáum) *f.* Acción y efecto de EMBORCAR.

EMBORCADELA (dè) *f.* Acto de

EMBORCAR *v. tr.* Volcar (torcer o trastornar una cosa de modo que caiga o se vierta lo contenido en ella). Derramar, vaciar. Embrocar. *v. intr.* Caer boca abajo. *v. tr.* Vaciar (beber todo lo contenido de).

EMBORCO (bór) *m.* Lo mismo que EMBORCAÇÃO.

EMBORNAL *m. Mar.* Imbornal, embornal. Saco con cebada que se ata a la cabeza de las bestias.

EMBORQUE (bòr) *m.* Acto de *Emborcar.*

EMBORRACHADO, DA (*cha*) *adj.* Borracho.

EMBORRACHAR (*char*) *v. tr.* Emborrachar, embriagar. Ú. t. c. r.

EMBORRALHADO, DA (lla) *adj.* Encenizado, lleno de ceniza.

ENBORRALHAR (llar) *v. tr.* Encenizar, cubrir o llenar de ceniza. Ú. t. c. r. Poner en el rescoldo. *v. r.* Ensuciarse.

EMBORRAR *v. tr.* Emborrar (la lana).

EMBORRASCAR *v. tr.* Poner borrascoso. Emborrascar, irritar. *v. r.* Aborrascarse.

EMBOSCADA *f.* Emboscada. Emboscadura.

EMBOSCAR *v. tr.* Emboscar. Ú. t. c. r.

EMBOSTAR *v. tr.* Emboñigar.

EMBOSTEAR *v. tr.* Lo mismo que EMBOSTAR.

EMBOSTELADO, DA *adj.* Apostillado, lleno de postillas. Sucio.

EMBOSTELAR *v. tr.* Llenar de postillas. Ensuciar.

EMBOTADO, DA *adj.* Embotado, sin filo. Enervado, debilitado, entorpecido, embotado.

EMBOTADURA *f.* Embotadura.

EMBOTAMENTO *m.* Embotadura. Embotamiento. Debilitación, debilidad, enflaquecimiento.

EMBOTAR *v. tr.* Embotar (engrosar el filo). Ú. t. c. r. Embotar, debilitar, enervar, entorpecer. Ú. t. c. r.

ENBOTELHAR (llar) *v. tr.* Embotellar.

EMBOTIJAR (*jar*) *v. tr.* Embotijar.

EMBRASAR *v. intr.* Lo mismo que

EMBRABECER *v. intr.* Embravecerse, enfurecerse.

EMBRAÇADEIRA (sa) *f.* Lo mismo que BRAÇADEIRA.

EMBRAÇADURA (sa) *f.* Lo mismo que BRAÇADEIRA. Embrazadura, asa del escudo. Lo mismo que

EMBRAÇAMENTO (sa) *m.* Embrazadura (acción de embrazar).

EMBRAÇAR (sar) *v. tr.* Embrazar.

EMBRAGAR *v. tr. Mec.* Embragar.

EMBRAMADA *f.* Lo mismo que ENOVELAMENTO.

EMBRANCAR *v. tr.* Emblanquecer, blanquear.

EMBRANDECER *v. tr.* Ablandar, emblandecer.

EMBRANQUECER *v. tr.* Blanquear, emblanquecer. *v. intr.* y *r.* Emblanquecerse.

EMBRANQUECIDO, DA *adj. P. p. de Embranquecer.* Emblanquecido; encanecido; envejecido.

EMBRAVEAR *v. tr.* Lo mismo que

EMBRAVECER *v. tr.* Embravecer. Ú. t. c. r.

EMBRAVECIMENTO *m.* Embravecimiento.

EMBREADURA *f.* Embreadura.

EMBREAGEM (jem) *f.* Engranaje (efecto de engranar). *Mec.* Acción de engranar, o embragar.

EMBREAR *v. tr.* Embrear, untar con brea.

EMBREAR *v. tr.* e *intr.* Engranar, embragar.

EMBRECHADA (*cha*) *f.* Enredo, embrollo, embarazo. Rocalla.

EMBRECHAR (*char*) *v. tr.* Incrustar; hacer obra de rocalla.

ENBREJADO, DA (*ja*) *adj.* Empantanado.

EMBRENHADO, DA (ña) *adj.* Embreñado.

EMBRENHAR (ñar) *v. tr.* Meter entre breñas. *v. r.* Embreñarse.

EMBRETADA *f. Bras. fam.* Aprieto, apuro, dificultad.

EMBRETAMENTO *m. Bras.* Acto de

EMBRETAR *v. tr. Bras.* Meter en el brete; embretar (*Amer.*).

EMBRIAGADO, DA *adj.* Embriagado, borracho. Enajenado, enajenado.

EMBRIAGADOR, RA *adj.* Embriagador, que embriaga o emborracha.

EMBRIAGAMENTO *m.* Lo mismo que EMBRIAGUEZ.

EMBRIAGANTE *adj.* Embriagante, embriagador.

EMBRIAGAR *v. tr.* Embriagar, emborrachar. Ú. t. c. r. Embriagar, enajenar. Ú. t. c. r.

EMBRIAGUEZ *f.* Embriaguez. Enajenamiento.

EMBRIÃO (briáum) *m.* Embrión.

EMBRIDAR *v. tr.* Poner la brida. *v. intr.* y *r.* Ensoberbecerse.

EMBRINCADO, DA *adj.* Adornado, acicalado.

EMBRINCAR *v. tr.* Adornar, acicalar, ataviar, asear.

EMBRIOCTONIA (nía) *f.* Embrioctonia.

EMBRIOGENIA (jenía) *f.* Embriogenia.

EMBRIOGÉNICO, CA (jé) *adj.* Embriogénico.

EMBRIOGRAFIA (fía) *f.* Embriografía.

EMBRIOLOGIA (jía) *f.* Embriología.

EMBRIOLÓGICO, CA (lòji) *adj.* Embriológico.

EMBRIÓLOGO (ò) *m.* Embriólogo.

EMBRIONAR *v. tr.* Hacer desarrollarse. Lo mismo que ESBOÇAR.

EMBRIONÁRIO, RIA *adj.* Embrional, embrionario.

EMBRIONOLOGIA (jía) *f.* Embrionología.

EMBRIONOLOGICAMENTE (lòji) *adv. m.* De modo embriológico.

EMBRIONOLÓGICO, CA (lòji) *adj.* Embriológico.

EMBRIOPERITONIA (nía) *f.* Embrioperitonía.

EMBRIOTOCIA (cía) *f.* Embriotocia. Abortamiento.

EMBRIOTOMIA (mía) *f.* Embriotomía.

EMBROCAÇÃO (sáum) *f.* Embrocación.

EMBRODIA (día) *f.* Embrocación.

EMBROMAÇÃO (sáum) *f.* Mentira, patraña, engaño, broma.

EMBROMAR *v. tr. Bras.* Embromar (en todas las principales acepciones de esta voz).

EMBROMEIRO, RA *adj.* y *s. Bras.* Embromador.

EMBRUAVA *m.* Lo mismo que EMBOABA.

EMBRULHADA (lla) *f.* Embrollo, embrolla, enredo. Desorden, confusión, desconcierto. Situación complicada.

EMBRULHADAMENTE (lla) *adv. m.* Embrolladamente.

EMBRULHADO, DA (lla) *adj. P. p. de Embrulhar.* Envuelto, empaquetado. Embrollado, confuso, enmarañado. Difícil, complicado. Nubloso, obscuro.

EMBRULHADOR, RA (lla) *adj.* Embrollador. Empaquetador.

EMBRULHAMENTO (lla) *m.* Lo mismo que EMBRULHADA. Empaquetamiento. — *de estômago.* Náuseas.

EMBRULHAR (llar) *v. tr.* Empaquetar; envolver; embalar; enfardar, enfardelar. Embrollar, enredar, confundir, enmarañar. Ú. t. c. r. Causar náuseas. *v. r.* Ofuscarse (el tiempo). *v. r.* Perturbarse.

EMBRULHO (llo) *m.* Paquete, lío. Embrollo, enredo, confusión, maraña; situación embarazosa, conflicto. Intriga. Desavenencia. Indisposición del estómago; náuseas. Altercación, disputa, barullo.

EMBRUMAR-SE *v. tr.* Nublarse, anublarse.

EMBRUNECER *v. tr.* Lo mismo que AMORENAR.

EMBRUSCAR *v. tr.* Oscurecer. *v. r.* Oscurecer, ofuscarse, nublarse (el tiempo).

EMBRUTECER *v. tr. intr.* y *r.* Embrutecer.

EMBRUTECIMENTO *m.* Embrutecimiento.

EMBRUXADO, DA (*cha*) *adj.* Embrujado.

EMBRUXAR (*char*) *v. tr.* Embrujar.

EMBUÇADAMENTE (sa) *adv. m.* Embozadamente.

EMBUÇADO, DA (sa) *adj.* Embozado. Ú. t. c. s. m.

EMBUÇALADELA (saladè) *f.* Acción de embozalar.

EMBUÇALADOR, RA (sa) *adj.* y *s.* El que embozala.

EMBUÇALAR (sa) *v. tr.* Embozalar, embozar (poner el bozal a los animales).

EMBUÇAR (sar) *v. tr.* Embozar (cubrir con el embozo la parte inferior del rostro; disfrazar, encubrir, disimular). Ú. t. c. r.

EMBUCHADO, DA (*cha*) *adj. P. p. de Embuchar.* Embuchado; atragantado. Harto.

EMBUCHAR (*char*) *v. tr.* Embuchar (meter algo en el buche; embocar, tragar mucho). Ú. t. c. r. *v. r.* Hartarse. *v. intr.* No poder o no querer decir lo que sabe.

EMBUÇO (so) *m.* Embozo.

EMBUDADO, DA *adj. Port.* Lo mismo que EMBEZERRADO.

EMBUDAMENTO *m.* Estado del pez entontecido con *embude.*

EMBUDAR *v. tr.* Entontecer a los peces con *Embude.*

EMBUDE *m. Bot.* Especie de cicuta. Zumo de esta planta.

EMBUDE *m.* Embudo.

EMBUIA *f.* Árbol del Brasil.

EMBURILHAR (llar) *v. tr.* Lo mismo que EMBRULHAR.

EMBURRADO, DA *adj.* Amorrado. Enfadado. Enojado. Enfurruñado, mohino.

EMBURRAR *v. intr. pop.* Plantarse, amorrarse. Enojarse, enfadarse, enfurruñarse. *v. r.* Entontecer.

EMBURRICAR *v. tr.* Embrujar, hechizar, encantar. Engañar, burlar.

EMBURRISCAR-SE *v. r. Port.* Amorrarse.

EMBUSTARIA (ría) *f.* Lo mismo que EMBUSTICE.

EMBUSTE *m.* Embuste, mentira artificiosa. Trampa, enredo.

EMBUSTEAR *v. intr.* Embustear. Engañar, embair.

EMBUSTEIRO, RA *adj.* Embustero. Ú. t. c. s. Hipócrita. Ú. t. c. s.

EMBUSTICE *f.* Embustería; embuste.

EMBUTIDEIRA *f.* Embutidera.

EMBUTIDO, DA *adj.* Embutido. Encajado. *m.* Embutido (obra artística).

EMBUTIDURA *f.* Embutido (acción de embutir).

EMBUTIMENTO *m.* Lo mismo que EMBUTIDURA.

EMBUTIR *v. tr.* Embutir (llenar, meter, encajar, apretar y ajustar una cosa dentro de otra). Hacer embutidos. Lo mismo que ENGOLIR.

EMECHAR (*char*) *v. tr.* Enmechar. Poner mechas.

EMELAR *v. tr.* Enmelar. *fig.* Emelar, endulzar, suavizar.

EMENDA *f.* Enmienda, corrección de un defecto o error. Enmienda, resarcimiento, indemnización. Añadidura. Ligación, unión.

EMENDAÇÃO (sáum) *f.* Enmendación, enmienda, enmendadura. Añadidura.

EMENDADAMENTE *adv. m.* Enmendadamente.

EMENDADO, DA *adj.* Enmendado. Concertado, arreglado. Añadido.

EMENDADOR, RA *adj.* y *s.* Enmendador.

EMENDAMENTO *m.* Lo mismo que EMENDAÇÃO.

EMENDAR *v. tr.* Enmendar, corregir, quitar defectos, subsanar errores. Ú. t. c. r. Alterar, modificar. Ligar, unir, enlazar. Añadir algo a una cosa para que tenga las necesarias dimensiones. Enmendar, indenizar, resarcir.

EMENDÁVEL *adj.* Enmendable.

EMENINAR *v. intr.* Volver al estado de niñez.

EMENTA *f.* Mención, memoria. Apunte. Lista. Resumen.

EMENTAR *v. tr.* Apuntar, anotar; mencionar.

EMENTÁRIO *m.* Libro de memorias, agenda.

EMERGÊNCIA (jén) *f.* Emergencia, ocurrencia, suceso, evento. Emergencia, acción de emerger. Coyuntura, ocasión.

EMERGENTE (jen) *adj.* Emergente.

EMERGIR (jir) *v. intr.* Emerger, brotar, salir del agua. Salir (el sol, los astros, etc.).

EMÉRITO, TA (mè) *adj.* Emérito. Notable, hábil, experimentado.

EMERSÃO (sáum) *f.* Emersión.

EMERSO, SA (mèr) *adj.* Que emergió.

ÊMESE (émeze) *f.* Acto de vomitar.

EMETICIDADE *f.* Emeticidad.

EMÉTICO, CA (mè) *adj.* Emético. Ú. t. c. s.

EMETIZAR (zar) *v. tr. Farm.* Emetizar (añadir emético a una substancia cualquiera).

EMETOLOGIA (jía) *f.* Emetología.

EMÉTROPE (trò) *adj.* Emétrope.

EMETROPIA (pía) *f.* Emetropia.

EMIGRABILIDADE *f.* Estadística de emigración.

EMIGRAÇÃO (sáum) *f.* Emigración.

EMIGRADO, DA *adj.* y *s.* Emigrado.

EMIGRANTE *adj.* Emigrante.

EMIGRAR *v. intr.* Emigrar.

EMIGRÁVEL *adj.* Que puede emigrar.

EMINÊNCIA (nén) *f.* Eminencia (altura del terreno; excelencia, excelsitud; título de los cardenales).

EMINENCIAR *v. intr.* Sobresalir, descollar.

EMINENTE *adj.* Eminente, alto, elevado (en sentido propio y figurado).

EMINENTEMENTE *adv. m.* Eminentemente.

EMIR *m.* Amir, emir.

EMIRADO *m.* Emirato.

EMISSÃO (sáum) *f.* Emisión.

EMISSÁRIO, RIA (sá) *adj.* Que sirve de emisión o desaguadero. *m.* Emisario, mensajero.

EMISSÍVEL (sí) *adj.* Que puede ser emitido.

EMISSIVO, VA (si) *adj.* Emisivo.

EMISSOR, RA (so) *adj.* Emisor. Ú. t. c. s.

EMISSÓRIO, RIA (sò) *adj.* Relativo o perteneciente a la emisión.

EMITIR *v. tr.* Arrojar, echar fuera, despedir o expulsar algo. Emitir (poner en circulación papel moneda o valores semejantes). Emitir (manifestar juicios, dar informes, opiniones, etc.).

EMOÇÃO (sáum) *f.* Emoción, agitación, turbación repentina del ánimo.

EMOCIONAL *adj.* Emocional, emotivo.

EMOCIONANTE *adj.* Emocionante; emocional; emotivo.

EMOCIONAR *v. tr.* Emocionar. Ú. t. c. r.

EMOCIONATIVO, VA (si) *adj.* Emocionante.

EMOCIONÁVEL *adj.* Emocionable.

EMOLDURAR *v. tr.* Encuadrar. Guarnecer. Encajar.

EMOLIENTE *m. Med.* Emoliente.

EMOLIR *v. tr. Med.* Ablandar; emolir (*p. us.*).

EMOLUMENTO *m.* Emolumento, gaje, utilidad, gratificación, remuneración. Ú. m. en pl.

EMONAR-SE *v. r. pop.* Enfadarse, amorrarse.

EMORDAÇAR (sar) *v. tr.* Lo mismo que AMORDAÇAR.

EMORTECER *v. tr.* Lo mismo que AMORTECER.

EMOSTAR *v. tr.* Endulzar, sazonar la uva. Meter en el mosto. *v. intr.* y *r.* Transformarse en mosto (la uva ya pasada).

EMOTISMO *m.* Emotividad.

EMOTIVAMENTE *adv. m.* De modo emotivo.

EMOTIVIDADE *f.* Emotividad.

EMOTIVO, VA *adj.* Emotivo, emocional.

EMOUQUECER *v. tr.* Lo mismo que ENSURDECER.

EMPA *f.* Acción de rodrigar. Rodrigón. Rodrigazón.

EMPACADOR, RA *adj.* Empacón, empacador (dícese de la caballería que tiene el vicio de empacarse o plantarse).

EMPACAR *v. intr. Bras.* Empacarse, plantarse una bestia. Parar, detenerse.

EMPACAR *v. tr.* Empacar, empaquetar.

EMPACHADAMENTE (cha) *adv.* Embarazadamente; con estorbo o impedimento.

EMPACHADO, DA (cha) *adj. P. p.* de *Empachar.* Empachado, embarazado, desmañado y tímido. Ahitado, harto, lleno.

EMPACHAMENTO (cha) *m.* Lo mismo que EMPACHO.

EMPACHAR (char) *v. tr.* Empachar, hartar, ahitar, causar indigestión. Ú. t. c. r. Empachar, embarazar, estorbar, impedir. *v. r.* Empacharse, turbarse; embarazarse.

EMPACHO (cho) *m.* Empacho (ahito, indigestión; cortedad, turbación; embarazo, estorbo).

EMPACHOSO, SA (chozo, òza) *adj.* Empachoso (que causa empacho; vergonzoso).

EMPACOTADOR, RA *adj.* y *s.* Empaquetador.

EMPACOTAMENTO *m.* Empaquetamiento.

EMPACOTAR *v. tr.* Empaquetar. Empacar, embalar, enfardar.

EMPADA *f.* Empanada.

EMPADESAR (zar) *v. tr.* Lo mismo que EMPAVESAR.

EMPADOR *m.* El que pone rodrigones a las plantas.

EMPADROAR *v. tr.* Empadronar.

EMPÁFIA *f.* Vanidad, soberbia, orgullo, engreimiento. *m.* Soberbio, orgulloso, engreído.

EMPAFIADO, DA *adj.* Soberbio, vanidoso, orgulloso, engreído. Ú. t. c. s. m.

EMPAIOLAR *v. tr.* Guardar en el pañol.

EMPALAÇÃO (sáum) *f.* Empalamiento (suplicio).

EMPALAMADO, DA *adj. fam.* Que tiene edemas. Achacoso, achaquiento. Cubierto de emplastos.

EMPALAMAR-SE *v. r.* Enfermar.

EMPALAR *v. tr.* Empalar (ajusticiar espetando en un palo).

EMPALECER *v. intr.* Palidecer.

EMPALEMADO, DA *adj.* Lo mismo que EMPALAMADO.

EMPALHAÇÃO (llasáum) *f.* Empajado, empaje (acto de empajar).

EMPALHADEIRA (lla) *f.* Mujer que empaja.

EMPALHADO, DA (lla) *adj. P. p.* de *Empalhar.* Empajado.

EMPALHADOR (lla) *m.* Hombre que empaja.

EMPALHAMENTO (lla) *m.* Lo mismo que EMPALHAÇÃO.

EMPALHAR (llar) *v. tr.* Empajar (cubrir o rellenar con paja alguna cosa). *fam.* Retrasar, entretener con promesas o engaños.

EMPALHEIRAR (lhei) *v. tr.* Guardar (la paja) en el pajar. Empajar.

EMPALIAR *v. tr.* Paliar.

EMPALIDECER *v. intr.* Palidecer.

EMPALMAÇÃO (sáum) *f.* Escamoteo.

EMPALMADELA (dè) *f.* Lo mismo que EMPALMAÇÃO.

EMPALMADOR, RA *adj.* y *s.* Escamoteador.

EMPALMAR *v. tr.* Escamotear; esconder en la palma de la mano. *fig.* Escamotear, escamotar (robar, quitar algo astuta y sutilmente). Hacerse dueño de una cosa.

EMPAMBADO, DA *adj.* Enclenque.

EMPAMPANAR *v. tr.* Cubrir o adornar de pámpanos.

EMPANADA *f.* Cuadro de vidriera guarnecido de paño. Empanada grande.

EMPANADILHA (lla) *f.* Empanada pequeña, empanadilla.

EMPANADO, DA *adj.* Empañado.

EMPANAMENTO *m.* Acción y efecto de empañar (obscurecer lo terso).

EMPANAR *v. tr.* Empañar (cubrir, envolver en paños o pañales). Empañar (obscurecer lo terso, limpio y resplandeciente; manchar). Ú. t. c. r., en sentido propio y figurado.

EMPANDEIRADO, DA *adj. P. p.* de *Empandeirar.* Hinchado. Empachado. *pop.* Echado, despedido. *pop.* Engañado, burlado.

EMPANDEIRAMENTO *m.* Acción y efecto de

EMPANDEIRAR *v. tr. Mar.* Hinchar, llenar (las velas). Ú. t. c. r. Hinchar, hartar. *pop.* Engañar. Disipar, derrochar.

EMPANDILHADO, DA (lla) *adj.* Apandillado.

EMPANDILHAR (llar) *v. tr.* Apandillar. Ú. t. c. r. Escamotear, hurtar con destreza.

EMPANDINAR *v. tr.* Lo mismo que ENFUNAR. Lo mismo que EMPANZINAR.

EMPANEIRAR *v. tr.* Empanerar.

EMPANTANAR *v. tr.* Empantanar. Ú. t. c. r.

EMPANTURRADO, DA *adj.* Harto, atracado de comida. Muy lleno. Hinchado, lleno de orgullo, de soberbia.

EMPANTURRAMENTO *m.* Hartazgo, atracón. Acción y efecto de

EMPANTURRAR *v. tr.* Hartar, atracar. Ú. t. c. r. Empapujar. *v. r.* Hincharse, llenarse de orgullo o soberbia.

EMPANZINADO, DA (zi) *adj.* Harto, atracado de comida.

EMPANZINAMENTO (zi) *m.* Hartazgo, atracón.

EMPANZINAR (zi) *v. tr.* Hartar, atracar. Ú. t. c. r. Causar una sorpresa desagradable.

EMPAPADO, DA *adj.* Cubierto de gachas. Reducido a gachas. Empapado.

EMPAPAGEM (jem) *f.* Empapamiento.

EMPAPAR *v. tr.* Empapar. Ú. t. c. r. Cubrir de gachas. Reducir a gachas.

EMPAPELADO, DA *adj.* Empapelado. Muy arropado.

EMPAPELAMENTO *m.* Empapelado (acción de empapelar).

EMPAPELAR *v. tr.* Empapelar, envolver en papel, o forrar de él alguna cosa.

EMPAPELO (pé) *m.* Envoltorio de papel.

EMPAPUÇADO, DA (sa) *adj. P. p.* de *Empapuçar.* Hinchado, opado.

EMPAPUÇAR (sar) *v. tr.* Llenar de pliegues. Ú. t. c. r. *v. r.* Hincharse.

EMPAQUETAMENTO *m.* Acto de

EMPAQUETAR-SE *v. r.* Ponerse paquete, vestirse con lujo, emperifollarse; empaquetarse (*Amer.*).

EMPAR *v. tr.* Rodrigar.

EMPARCEIRAR *v. tr.* Emparejar, unir. Asociar. Aparear.

EMPAREDADO, DA *adj.* Emparedado. Ú. t. c. s. m.

EMPAREDAMENTO *m.* Emparedamiento.

EMPAREDAR *v. tr.* Emparedar.

EMPARELHADO, DA (lla) *adj.* Emparejado.

EMPARELHAMENTO (lla) *m.* Emparejamiento. Emparejadura.

EMPARELHAR (llar) *v. tr.* Emparejar. Ú. t. c. r. *v. intr.* Emparejar.

EMPARRAR *v. tr.* Cubrir de parras. *v. intr.* Cubrirse de parras.

EMPARREIRAR *v. tr.* Emparrar.

EMPARVADO, DA *adj.* Entontecido, tonto.

EMPARVAMENTO *m.* Entontecimiento.

EMPARVAR *v. tr.* Entontecer (poner o volver a uno tonto). Ú. t. c. intr.

EMPARVECER *v. intr.* Lo mismo que

EMPARVOECER *v. intr.* Entontecer, ponerse tonto. Ú. t. c. tr.

EMPASTADO, DA *adj. P. p.* de *Empastar.* Empastado, cubierto de pasta. Hecho una pasta.

EMPASTAMENTO *m.* Empaste.

EMPASTAR *v. tr.* Empastar. *Pint.* Empastar.

EMPASTELAMENTO *m.* Acción y efecto de

EMPASTELAR *v. tr. Impr.* Empastelar. Assaltar a una imprenta mezclando las composiciones y tipos.

EMPATA *m. Bras.* El que embaraza o estorba a un negocio, un coloquio amoroso, etc.

EMPATADOR, RA *adj.* Que empata.

EMPATAR *v. tr.* Empatar (causar empate). Empatar (suspender, impedir, embarazar). Empalmar; atar, amarrar. Meter dinero sin sacar provecho.

EMPATE *m.* Empate. *fam.* Empatadera. Embarazo (de las funciones digestivas).

EMPATURRADO, DA *adj. pop.* Lo mismo que EMPANTURRADO.

EMPATURRAMENTO *m. pop.* Lo mismo que EMPANTURRAMENTO.

EMPATURRAR *v. tr. pop.* Lo mismo que EMPANTURRAR.

EMPAVESADO, DA (za) *adj.* Empavesado (provisto de pavés). *fig.* Orgulloso, soberbio.

EMPAVESAR (zar) *v. tr. Mar.* Empavesar. Ú. t. c. r. *v. r. fam.* Pavonearse.

EMPAVONAMENTO *m.* Vanidad, engreimiento, orgullo; pavoneo.

EMPAVONAR *v. tr.* Envanecer, engreir. *v. r.* Pavonearse.

EMPEÇAR (sar) *v. tr.* Estorbar, embarazar, impedir, obstar. *v. intr.* Enredarse; embarazarse.

EMPEÇAR (sar) *v. tr. Port.* Empezar, comenzar.

EMPECER *v. tr.* Empecer, perjudicar, dañar. Estorbar, embarazar, empecer, impedir, obstar.

EMPECILHAR (llar) *v. tr.* Estorbar, embarazar.

EMPECILHO (llo) *m.* Estorbo, obstáculo, embarazo, impedimento.

EMPECÍVEL *adj.* Empecedero.

EMPECIVO, VA *adj.* Empecedero.

EMPEÇO (péso) *m.* Lo mismo que EMPECILHO.

EMPEÇO (péso) *m. Port.* Comienzo.

EMPEÇONHADOR, RA (soña) *adj.* Emponzoñador.

EMPEÇONHAMENTO (soña) *m.* Emponzoñamiento.

EMPEÇONHAR (soñar) *v. tr.* Emponzoñar. Ú. t. c. r. (En sentido propio y figurado).

EMPEÇONHENTAR (soñen) *v. tr.* Lo mismo que EMPEÇONHAR.

EMPEDERNECER *v. tr.* Lo mismo que EMPEDERNIR.

EMPEDERNIDO, DA *adj.* Empedernido, insensible, cruel, duro de corazón.

EMPEDERNIMENTO *m.* Empedernimiento, dureza de corazón.

EMPEDERNIR *v. tr.* Empedernir, endurecer mucho. Ú. t. c. r. *v. r.* Empedernirse, hacerse insensible, cruel, duro de corazón.

EMPEDRADO, DA *adj.* Empedrado, pavimentado con piedras. *m.* Empedrado (pavimento formado de piedras).

EMPEDRADURA *f.* Lo mismo que

EMPEDRAMENTO *m.* Empedramiento.

EMPEDRAR *v. tr.* Empedrar, pavimentar con piedras. Empedernir.

EMPEDRENIR *v. tr.* Lo mismo que EMPEDERNIR.

EMPEGAR *v. tr.* Meter en el fondo de un río, en un abismo. Ú. t. c. r. *v. r.* Salir para alta mar, adentrarse en el mar.

EMPEITIÇAÇÃO (sáum) *f.* Obstinación.

EMPEITICAR *v. tr.* Porfiar, obstinarse.

EMPELICADO, DA *adj.* Forrado de cabritilla o de pellica. Que lleva guantes de cabritilla. Dícese del niño que nace envuelto en la amnios. *Nascer —.* Nacer envuelto en la amnios. *fig.* Tener buena suerte.

EMPELICAR *v. tr.* Forrar o cubrir de cabritilla o de pellica. Preparar pieles finas.

EMPENA *f.* Alabeo, comba. *Arq.* Entablamento.

EMPENACHAR (char) *v. tr.* Empenachar. Adornar.

EMPENADO, DA *adj.* Alabeado; combado.

EMPENAMENTO *m.* Alabeo; comba. Acción de alabear; combadura.

EMPENAR *v. tr.* Alabear. Ú. t. c. r. Combar. Ú. t. c. r.

EMPENAR *v. tr.* Emplumar, poner plumas en alguna cosa. *v. intr.* Emplumar, emplumecer. Ú. t. c. r. *v. r.* Adornarse.

EMPENHADAMENTE (ña) *adv. m.* Empeñadamente, con empeño, con ahinco.

EMPENHADO, DA (ña) *adj. P. p.* de *Empenhar.* Empeñado.

EMPENHAMENTO (ña) *m.* Empeño (acción de empeñar).

EMPENHAR (ñar) *v. tr.* Empeñar (en todas las acepciones de esta voz). Ú. t. c. r.

EMPENHO (ño) *m.* Empeño (en todas las acepciones de este vocablo).

EMPENHORAR (ño) *v. tr.* Lo mismo que EMPENHAR.

EMPENHOSO, SA (ñozo, òza) *adj.* Constante, perseverante, diligente, que muestra empeño; empeñoso *(Amer.).*

EMPENO *m.* Alabeo; comba.

EMPEQUENECER *v. tr.* Empequeñecer, amenguar; apocar.

EMPEQUENITAR *v. tr.* Empequeñecer. Acortar, amenguar.

EMPERLAR *v. tr.* Emperlar, adornar con perlas. Dar forma de perla. Convertir en perla.

EMPERNAR *v. intr.* Cruzar las piernas.

EMPERNAR *v. intr.* Lo mismo que PERNEAR.

EMPERÓ (rò) *conj. advers. ant.* Empero, pero.

EMPEROLAR *v. tr.* Lo mismo que EMPERLAR.

EMPERRADAMENTE *adv. m.* Obstinada, tercamente.

EMPERRADO, DA *adj.* Que no tiene los movimientos fáciles. Terco, obstinado.

EMPERRAMENTO *m.* Emperramiento. Dificultad de moverse.

EMPERRAR *v. tr.* Emperrar, poner rabioso. Causar dificultad en el movimiento. Hacer difícil, dificultar, obstar, embarazar. *v. intr.* Lo mismo que EMBATUCAR. Plantarse; quedar parado. *v. r.* Emperrarse, obstinarse.

EMPERRO (pé) *m.* Lo mismo que EMPERRAMENTO.

EMPERTIGADO, DA *adj.* Tieso, empinado, enderezado.

EMPERTIAMENTO *m.* Acción y efecto de

EMPERTIGAR *v. tr.* Enderezar, empinar, atiesar. Ú. t. c. r.

EMPESGADO, DA *adj.* Empegado.

EMPESGADURA *f.* Empegadura.

EMPESGAR *v. tr.* Empegar (bañar con pez derretida).

EMPESSOAR (soar) *v. tr.* Lo mismo que EMPOSSAR.

EMPESTADO, DA *adj.* Apestado.

EMPESTADOR, RA *adj.* Apestoso.

EMPESTAMENTO *m.* Acción y efecto de apestar.

EMPESTAR *v. tr.* Apestar. Inficionar.

EMPETELICADO, DA *adj.* Lo mismo que EMPERTIGADO.

EMPEZAR (zar) *v. tr.* Empegar.

EMPEZINHAR (ziñar) *v. tr.* Empegar. Ensuciar con la pez.

EMPIESE (pièze) *f. Med.* Empiesis.

EMPILHADO, DA (lla) *adj.* Apilado, amontonado.

EMPILHAMENTO (lla) *m.* Apilamiento.

EMPILHAR (llar) *v. tr.* Apilar; amontonar. Ú. t. c. r.

EMPINADO, DA *adj.* Empinado, enderezado. Escarpado. Encabritado. Hinchado (hablando del estilo).

EMPINAR *v. tr.* Empinar, enderezar, levantar en alto. Alzar, levantar. Hacer subir mui alto. *fam.* Vaciar (un vaso, una botella, etc.). *v. r.* Empinarse, encabritarse. Engreírse.

EMPINO *m.* Empinamiento. Orgullo, soberbia.

EMPIORAMENTO *m.* Empeoramiento.

EMPIORAR *v. intr.* y *tr.* Empeorar.

EMPIOSE (piòze) *f. Med.* Empiosis.

EMPIPOCADO, DA *adj.* Lleno de granos.

EMPIPOCAR *v. intr.* Llenarse de granos. Estallar.

EMPÍREO, REA *adj.* Empíreo; celestial, divino. *m.* Empíreo, cielo.

EMPIRICAMENTE *adv. m.* Empíricamente.

EMPÍRICO, CA *adj.* Empírico.

EMPIRISMO *m.* Empirismo.

EMPIRREAR *v. intr.* Empollar.

EMPIRREIO *m.* Lo mismo que CHOCO.

EMPITEIRAR *v. tr. fam.* Emborrachar. *v. r.* Endeudarse.

EMPLASTAR *v. tr.* Lo mismo que EMPLASTRAR.

EMPLASTO *m.* Lo mismo que EMPLASTRO.

EMPLASTRAÇÃO (sáum) *f.* Emplastadura.

EMPLASTRADO, DA *adj.* Emplastado.

EMPLASTRAGEM (jem) *f.* Emplastadura.

EMPLASTRAMENTO *m.* Esplastamiento.

EMPLASTRAR *v. tr.* Emplastar, poner emplastos. Estender como se hace al emplasto.

EMPLÁSTRICO, CA *adj.* Emplástico.

EMPLASTRO *m.* Emplasto. Persona desmañada. Mal reparo.

EMPLUMAÇÃO (sáum) *f.* Acto de emplumar.

EMPLUMAR *v. tr.* Emplumar, poner plumas, adornar con plumas. *v. intr.* Emplumar, emplumecer.

EMPOADO, DA *adj.* Empolvado.

EMPOAMENTO *m.* Empolvadura, empolvoramiento.

EMPOAR *v. tr.* Empolvar, empolvorar (llenar de polvo; echar polvos en la cara, en el cabello, etc.). Ú. t. c. r.

EMPOBRECER *v. intr.* y *tr.* Empobrecer.

EMPOBRECIMENTO *m.* Empobrecimiento.

EMPOÇAMENTO (sa) *m.* Acción y efecto de encharcarse una parte de terreno. Empozamiento.

EMPOÇADO, DA (sa) *adj.* Encharcado. Empozado.

EMPOÇAR (sar) *v. tr.* Empozar. Ú. t. c. r. *v. intr.* Encharcarse (una parte de terreno). *v. r.* Atollarse, atascarse.

EMPOEIRADO, DA *adj.* Empolvado.

EMPOEIRAMENTO *m.* Empolvoramiento, empolvadura.

EMPOEIRAR *v. tr.* Empolvar, empolvorar. Ú. t. c. r.

EMPOLA (pó) *f.* Ampolla (vejiga formada por la elevación de la epidermis; burbuja; vasija de vidrio o de cristal).

EMPOLÁCEO, CEA *adj.* De figura de ampolla o vejiga.

EMPOLADO, DA *adj.* Cubierto de ampollas. Pomposo. Hinchado, ampuloso (hablando del estilo).

EMPOLAR *v. tr.* Ampollar, hacer ampollas. Hinchar, hacer ampuloso. *v. intr.* Criar ampollas. *v. r.* Hincharse, ensoberbecerse. Embravecerse, ensoberbecerse, agitarse el mar.

EMPOLEIRADO, DA *adj.* Subido en la percha. *fig.* Encaramado.

EMPOLEIRAR *v. tr.* Poner en la percha o varal (a las aves). Ú. t. c. r. *fig.* Encaramar. Ú. t. c. r.

EMPOLGADEIRA *f.* Empulguera.

EMPOLGADOR, RA *adj.* Que apresa; que agarra; arrebatador.

EMPOLGADURA *f.* Acto de *Empolgar.* *pl.* Empulgueras (de la ballesta).

EMPOLGANTE *adj.* Que apresa, agarra o arrebata; arrebatador.

EMPOLGAR *v. tr.* Agarrar; apresar. Asegurar, asir, coger. Arrebatar, quitar o tomar alguna cosa con violencia y fuerza. *fig.* Arrebatar (sacar de sí, conmover poderosamente; arrobar el espíritu).

EMPOLGUEIRA *f.* Empulguera.

EMPOLHAR (llar) *v. intr.* y *tr.* Empollar.

EMPOMADAR *v. tr.* Perfumar el cabello.

EMPOPAR *v. intr. Mar.* Empopar (calar mucho de popa la embarcación).

EMPORCALHAR (llar) *v. tr.* Emporcar, ensuciar con inmundicia. Ú. t. c. r. *fig.* Envilecerse.

EMPÓRIO (pò) *m.* Emporio.

EMPOSSAR (sar) *v. tr.* Posesionar. Ú. t. c. r. *v. r.* Apoderarse, hacerse uno dueño de alguna cosa.

EMPOSSE (pòse) *m.* Acción y efecto de *Empossar.*

EMPOSTA (pòs) *f.* Imposta. *fig.* Estorbo, obstáculo.

EMPRAZADO, DA (za) *adj. P. p.* de *Emprazar.* Emplazado.

EMPRAZADOR, RA (za) *adj.* Emplazador. Ú. t. c. s. m. *m.* Importuno.

EMPRAZAMENTO (za) *m.* Emplazamiento.

EMPRAZAR (zar) *v. tr.* Emplazar. Aplazar. Importunar, embarazar. *Mont.* Emplazar.

EMPREENDEDOR, RA *adj.* y *s.* Emprendedor, resuelto, decidido, denodado.

EMPREENDER *v. tr.* Emprender (comenzar, principiar algo, generalmente difícil o arriesgado).

EMPREENDIMENTO *m.* Acto de emprender; empresa.

EMPREGADO, DA *adj. P. p.* de *Empregar.* Empleado. *m.* y *f.* Empleado, da.

EMPREGAR *v. tr.* Emplear (ocupar a alguien encargándole alguna cosa, o nombrarle para desempeñar un destino, empleo o cargo). Ú. t. c. r. Emplear (gastar, invertir dinero en compras u otras cosas; usar, utilizar).

EMPREGO (pré) *m.* Empleo (acción de emplear; destino, cargo, ocupación). Uso.

EMPREGOMANIA (nía) *f.* Empleomanía.

EMPREGUIÇAR (sar) *v. tr.* Emperezar; volver perezoso.

EMPREITA *f.* Empleita, pleita, soguilla o trenza de esparto. Lo mismo que CINCHO.

EMPREITADA *f.* Destajo (obra u ocupación que se ajusta por un tanto alzado, a diferencia de la que se hace a jornal; obra o empresa que no toma por su cuenta). *Por —.* *adv.* A destajo.

EMPREITADO, DA *adj. P. p.* de *Empreitar.* Ajustado a destajo.

EMPREITAR *v. tr.* Hacer a destajo; destajar. Contratar, dar a destajo.

EMPREITEIRO *m.* Contratista; destajista, destajero.

EMPREITO *m.* Acto de *Empreitar.*

EMPRENHAR (ñar) *v. tr.* Empreñar. *v. intr.* Quedar preñada (una mujer o hembra de algún animal). *— pelos ouvidos.* *fr. pop.* Empreñarse, creer de ligero.

EMPRENHIDÃO (ñidáum) *f.* Preñez.

EMPRESA (préza) *f.* Empresa.

EMPRESADOR (za) *m.* Batidor, ojeador.

EMPRESAR (zar) *v. tr.* Lo mismo que REPRESAR. Lo mismo que APRESAR.

EMPRESÁRIO, RIA (zá) *adj.* Relativo o perteneciente a la empresa. *m.* Empresario.

EMPRESTADIO, DIA (dío) *adj.* Prestadizo.

EMPRESTADO, DA *adj. P. p.* de *Emprestar.* Prestado.

EMPRESTADOR, RA *adj.* Prestador.

EMPRESTAR *v. tr.* Prestar (entregar a uno alguna cosa para que tenga el uso de ella, con la obligación de restituirla). Dar, conceder, prestar, atribuir.

EMPRÉSTIMO (près) *m.* Empréstito (acción de prestar; cosa prestada); préstamo.

EMPRETECER *v. tr.* Ennegrecer. *v. r.* Ennegrecerse.

EMPRETECIDO, DA *adj.* Ennegrecido.

EMPRISIONAR (zio) *v. tr.* Aprisionar.

EMPROADO, DA *adj.* Aproado. *fig.* Orgulloso, altivo, soberbio.

EMPROAR *v. tr.* Aproar. *v. r.* Ensoberbecerse, cobrar orgullo.

EMPUBESCER *v. intr.* Pubescer. Ú. t. c. r. Crecer, desarrollarse. Cubrirse de pelos o vellos.

EMPULGAR *v. tr.* Llenar de pulgas.

EMPULHAÇÃO (llasáum) *f.* Acción de

EMPULHAR (llar) *v. tr. pop.* Decir pullas. Engañar.

EMPUNHADO, DA (ña) *adj.* Empuñado.

EMPUNHADURA (ña) *f.* Empuñadura, puño de la espada o de otra cosa cualquiera.

EMPUNHAR (ñar) *v. tr.* Empuñar.

EMPUNIDURA *f. Mar.* Empuñidura.

EMPUNIR *v. tr. Mar.* Empuñir.

EMPURECER *v. tr.* Purificar.

EMPURPURAR *v. tr.* Empurpurar, dar de color de púrpura.

EMPURPURECER *v. intr.* Lo mismo que ENRUBESCER.

EMPURRA *f.* Empate (acción de empatar). Empuje. *Jogo de —. expr. fam.* Acto de huir a algún encargo u obligación dándolos como atribución de otro.

EMPURRAÇÃO (sáum) *f.* Empuje (acción de empujar).

EMPURRADOR, RA *adj.* Empujador.

EMPURRÃO (rráum) *m.* Empujón. Empuje. *Aos empurrões. m. adv.* A empujones.

EMPURRAR *v. tr.* Empujar, impeler, impulsar.

EMPURRO *m.* Empujo, empuje.

EMPUXADOR, RA (cha) *adj.* Empujador.

EMPUXAMENTO (cha) *m.* Lo mismo que

EMPUXÃO (cháum) *m.* Empujón.

EMPUXAR (char) *v. tr.* Empujar, impeler, impulsar. Inducir.

EMPUXO (cho) *m.* Empujo. Empujón.

EMUDECER *v. tr.* Enmudecer, hacer callar a alguien. *v. intr.* Enmudecer, quedar mudo, perder el habla. *fig.* Enmudecer, callar, guardar silencio pudiendo o debiendo hablar.

EMUGRECER *v. intr.* Aherrumbrarse.

EMULAÇÃO (sáum) *f.* Emulación.

EMULADOR, RA *adj.* Emulador. Émulo.

EMULAMBADO, DA *adj.* Lo mismo que ESFARRAPADO.

EMULAR *v. tr.* Emular.

EMULATIVO, VA *adj.* Que produce emulación.

EMULGENTE (jen) *adj. Anat.* Emulgente.

ÊMULO, LA (é) *adj. y s.* Émulo.

EMULSÃO (sáum) *f.* Emulsión.

EMULSIONAR *v. tr.* Emulsionar.

EMULSIVO, VA *adj.* Emulsivo.

EMUNCTÓRIO (tò) *m.* Emuntorio.

EMUNDAÇÃO (sáum) *f.* Emundación.

EMUNDAR *v. tr.* Limpiar, purificar.

EMURADO, DA *adj.* Enmurado.

EMURALHAR (llar) *v. tr.* Amurallar, murar; enmurar.

EMURCHECER (che) *v. tr.* Enmustiar, marchitar. *v. intr. y r.* Enmustiarse, marchitarse.

EMURCHECIDO, DA (che) *adj. P. p.* de *Emurchecer.* Marchito, mustio.

ENADELFIA (fía) *f.* Enadelfia.

ENÁLAGE (je) *f. Gram.* Enálage.

ENALTAR *v. tr.* Lo mismo que ENALTECER.

ENALTECEDOR, RA *adj.* Enaltecedor, ensalzador.

ENALTECER *v. tr.* Enaltecer, ensalzar, exaltar; alabar, elogiar.

ENALTECIMENTO *m.* Enaltecimiento, ensalzamiento.

ENAMORAR *v. tr.* Enamorar. Encantar, seducir. *v. r.* Enamorarse, prendarse de amor.

ENANTIOPATIA (tía) *f.* Enantiopatia.

ENANTIOSE (tiòze) *f. Med.* Enantiosis.

ENANTO *m. Bot.* Enante.

ENARMONIA (enarmonía) *f. Mús.* Enarmonía.

ENARMÔNICO, CA (enarmó) *adj.* Enarmónico.

ENASTRADO, DA *adj. P. p.* de *Enastrar.* Trenzado. Entrenzado. Encintado, adornado con cintas.

ENASTRAR *v. tr.* Encintar, adornar con cintas. Trenzar. Entrenzar.

ENATAR *v. tr.* Cubrir con nata (a los campos).

ENATEIRAMENTO *m.* Acción y efecto de

ENATEIRAR *v. tr. Agr.* Convertir en nata.

ENCABADO, DA *adj.* Enastado, enmangado.

ENCABAR *v. tr.* Enastar, enmangar.

ENCABEÇADO, DA (sa) *adj. P. p.* de *Encabeçar.* Encabezado. Dícese del que labra la tierra por su cuenta y se mantiene del fruto de su trabajo. Coronado de casas (dícese de un monte). Que presente buena espiga (el trigo, etc.).

ENCABEÇAMENTO (sa) *m.* Encabezamiento (acción de encabezar; registro o padrón vecinal; cuota que deben pagar los vecinos por contribución; cabeza o principio de algunos escritos). Acción de capitanear o acaudillar.

ENCABEÇAR (sar) *v. tr.* Encabezar (registrar, empadronar; poner el encabezamiento de un libro o escrito; tablones, vigas, etc., por sus cabezas). Acaudillar, capitanear, dirigir; encabezar (*Amer.*); mandar en jefe, conducir. Posesionar. Investir. Remontar (echar nuevos pies o suelas al calzado). Venir adelante, venir a la cabeza de.

ENCABELADO, DA *adj.* Lo mismo que ENCABAR. *Carp.* Entablar ensamblando.

ENCABELADO, DA *adj. P. p.* de *Encabelar.* Que tiene pelo o cabello.

ENCABELADURA *f.* Cabellera. Acción y efecto de

ENCABELAR *v. intr.* Encabellecerse.

ENCABELIZAR (zar) *v. tr.* Poner cabello; hacer que nazca pelo o cabello.

ENCABRESTADURA *f. vet.* Encabestradura.

ENCABRESTAMENTO *m.* Encabestramiento.

ENCABRESTAR *v. tr.* Encabestrar. *v. r.* Encabestrarse.

ENCABRITAR-SE *v. r.* Encabritarse, empinarse el caballo sobre los pies, alzando las manos. Encaramarse.

ENCABRUADO, DA *adj.* Terco, obstinado.

ENCABULAÇÃO (sáum) *f.* Confusión, turbación, vergüenza, timidez, encogimiento.

ENCABULADO, DA *adj.* Corrido, avergonzado, confundido, turbado, embarazado.

EMCABULADOR, RA *adj.* Que avergüenza, confunde, turba o embaraza. Enfadador.

ENCABULAR *v. tr.* Enfadar, enojar; aburrir, fastidiar. Avergonzar, confundir, turbar, correr. *v. intr.* Avergonzarse, turbarse, correrse.

ENCACHAÇADO, DA (chasa) *adj.* Embriagado con *cachaça* (caña).

ENCACHAÇAMENTO (chasa) *m.* Acción y efecto de

ENCACHAÇAR-SE (chasar) *v. r.* Embriagarse con *cachaça* (caña).

ENCACHAR (char) *v. tr.* Cubrir con

ENCACHO (cho) *m.* Lo mismo que TANGA.

ENCACHOEIRADO, DA (choei) *adj.* Parecido a un salto de agua o cascada. Que tiene salto de agua o cascada.

ENCACHOEIRAMENTO (choei) *m.* Formación de cascadas o saltos de agua.

ENCACHOEIRAR (choei) *v. tr.* Convertir en cascada o salto de agua. Ú. t. c. r.

ENCADEAÇÃO (sáum) *f.* Encadenación.

ENCADEAMENTO *m.* Encadenamiento.

ENCADEAR *v. tr.* Encadenar (en todas las principales acepciones de esta voz). Ú. t. c. r.

ENCADEIRAR *v. tr.* Poner sobre una silla. Guarnecer de sillas.

ENCADERNAÇÃO (sáum) *f.* Encuadernación.

ENCADERNADO, DA *adj.* Encuadernado.

ENCADERNADOR, RA *adj.* Que encuaderna. *m.* Encuadernador (persona que encuaderna).

ENCADERNAR *v. tr.* Encuadernar.

ENCAFIFADO, DA *adj.* Lo mismo que ENCABULADO.

ENCAFIFAR *v. intr. y tr.* Lo mismo que ENCABULAR.

ENCAFUAR *v. tr.* Esconder en una cueva o gruta. Esconder, ocultar. Ú. t. c. r.

ENCAFURNAÇÃO (sáum) *f.* Lo mismo que

ENCAFURNAMENTO *m.* Acción y efecto de

ENCAFURNAR *v. tr.* Lo mismo que ENCAFUAR. Ú. t. c. r.

ENCAIBRAMENTO *m.* Acción y efecto de

ENCAIBRAR *v. tr.* Encabriar.

ENCAIXADO, DA (cha) *adj.* Encajado. Encajonado. Ensamblado.

ENCAIXAMENTO (cha) *m.* Encajadura, encaje (acción de encajar). Encajonamiento. Ensambladura, ensamblaje.

ENCAIXAR (char) *v. tr.* Encajonar. Ensamblar. Encajar. Encajetar (hacer que alguien se convenza de una cosa). *fig.* Encajar (decir una cosa, ya oportuna, ya extemporanea). *v. r.* Entremeterse. *v. intr.* Venir a propósito, encajarse, venir al caso, venir al cuento.

ENCAIXE (che) *m.* Encaje (acción de encajar y hueco donde se encaja una cosa). Ensambladura.

ENCAIXILHAR (chillar) *v. tr.* Encuadrar; poner marco o moldura.

ENCAIXO (cho) *m.* Lo mismo que ENCAIXE.

ENCAIXOTADO, DA (cho) *adj.* Encajonado, puesto en una caja o cajón; embalado.

ENCAIXOTADOR, RA (cho) *adj.* Que encajona, que embala. *m.* Embalador.

ENCAIXOTAMENTO (cho) *m.* Encajonamiento; embalamiento, embalaje.

ENCAIXOTAR (cho) *v. tr.* Encajonar; embalar.

ENCALACRAÇÃO (sáum) *f.* Acción y efecto de ENCALACRAR.

ENCALACRADO, DA *adj.* Que se encuentra en dificuldades. Endeudado, empeñado.

ENCALACRAR *v. tr. fam.* Poner en dificultades, en aprietos o apuros. Ú. t. c. r. Engañar. *v. r.* Endeudarse, empeñarse.

ENCALAMOUCAR *v. tr. pop.* Lo mismo que ENCALACRAR. Lo mismo que CALOTEAR.

ENCALÇAR (sar) *v. tr.* Seguir la pista de alguno; seguir a alguno de cerca. Alcanzar.

ENCALÇO (so) *m.* Acción de seguir de cerca. Huella, pista, rastro. *Ir no —.* Seguir a uno.

ENCALGAR *v. tr.* Lo mismo que ENCAVALGAR.

ENCALHAÇÃO (llasáum) *f.* Lo mismo que ENCALHE.

ENCALHADO, DA (lla) *adj. P. p.* de *Encalhar.* Encallado, varado. *fig.* Encallado, varado, detenido en un negocio. Que no tiene solución, parado.

ENCALHAMENTO (lla) *m.* Encalladura.

ENCALHAR (llar) *v. tr. Mar.* Varar. *v. intr.* Encallar, varar. *fig.* Encallar.

ENCALHE (lle) *m.* Encalle; varadura. *fig.* Impedimento, estorbo, obstrucción, obstáculo.

ENCALHO (llo) *m.* Lo mismo que ENCALHE. Encalladero, varadero.

ENCALIÇAR (sar) *v. tr.* Enyesar; cubrir con yesón.

ENCALISTADO, DA *adj. P. p.* de *Encalistar.* Desdichado, infeliz.

ENCALISTAR *v. tr. fam.* Causar mal agüero. Hacer perder en juego. *v. intr.* Lo mismo que EMBIRRAR.

ENCALISTRAR *v. tr.* Lo mismo que ENCABULAR.

ENCALMADIÇO, ÇA (so) *adj.* Que se encalma con facilidad.

ENCALMADO, DA *adj. P. p.* de *Encalmar.* Encalmado, sofocado.

ENCALMAMENTO *m.* Calor excesivo; acción de encalmarse (una persona o una bestia). Acción y efecto de

ENCALMAR *v. tr.* Calentar; causar calor. Causar calma, hacer encalmarse o calmarse. Afrentar, causar afrenta. *v. intr.* Calmar, encalmarse (el viento).

ENCALUNGAR *v. tr.* Hechizar.

ENCALVECER *v. intr.* Encalvecer, quedar calvo, perder el cabello.

ENCAMAÇAR (sar) *v. tr.* Empandillar (juntar naipes para hacer trampas).

ENCAMBAR *v. tr.* Ensartar. Trenzar, entrenzar. Enristrar.

ENCAMBULHADA (lla) *f.* Lo mismo que CAMBULHADA.

ENCAME *m.* Guarida del jabalí. Cueva de una fiera.

ENCAMINHADO, DA (ña) *adj. P. p.* de *Encaminhar.* Encaminado.

ENCAMINHADOR, RA (ña) *adj.* Que encamina.

ENCAMINHAMENTO (ña) *m.* Encaminamiento.

ENCAMINHAR (ñar) *v. tr.* Encaminar. *v. r.* Dirigirse; recurrir.

ENCAMISADA (za) *f.* Encamisada. Dificultad, enredo.

ENCAMPAÇÃO (sáum) *f.* Rescisión, anulación. Restitución. Acción y efecto de *Encampar.*

ENCAMPANADO, DA *adj.* Acampanado, encampanado, de figura de campana.

ENCAMPANAR *v. intr. Taurom.* Encampanarse.

ENCAMPAR *v. tr.* Rescindir, anular, invalidar. Tomar posesión de una empresa mediante el pago de una indemnización. Restituir, abandonar (con motivo de menoscabo en sus intereses). Vender con perjuicio del comprador. Despedir, desembarazarse de alguien, apartar de sí. Cometer fraude o engañar. *pop.* Lo mismo que IMPINGIR. Encubrir, ocultar, disimular.

ENCAMURÇAMENTO (sa) *m.* Acción y efecto de ENCAMURÇAR (sar) *v. tr.* Forrar de gamuza. *v. intr.* Alabearse.

ENCANADO, DA *adj.* P. p. de *Encanar.* Encañado; encanalado, canalizado, encanalizado. Compuesto, ligado (hablando de huesos fracturados).

ENCANADOR, RA *adj.* Que encaña o canaliza. *m.* Reparador de encañados o cañerías.

ENCANALHAR (llar) *v. tr.* Encanallar, envilecer. *v. r.* Encanallarse, envilecerse, o alternar con gente vil.

ENCANAMENTO *m.* Encañado, cañería. Canalización.

ENCANAR *v. tr.* Encanalar, encanalizar, canalizar. Encañar (conducir el agua por encañados o hacerla entrar en ellos). Componer (un hueso fracturado). *v. intr. Agr.* Encañar. *v. tr. Germ.* Arrestar; encarcelar.

ENCANASTRAR *v. tr.* Encanastar.

ENCANDEAR *v. tr.* Encandilar, deslumbrar. Ú. t. c. r.

ENCANDECER *v. tr.* Encandecer, hacer ascua alguna cosa hasta que parezca blanca. Ú. t. c. intr. y r.

ENCANDILADO, DA *adj.* Cristalizado (hablando del azúcar).

ENCANDILAR *v. tr.* Cristalizar (al azúcar).

ENCANECER *v. tr.* Poner cano (el cabello, la barba). *v. intr.* Encanecer (ponerse cano). Ú. t. c. r. *v. r.* Encanecer, envejecer una persona.

ENCANECIDO, DA *adj.* P. p. de *Encanecer.* Encanecido. Envejecido. Debilitado. Ducho, experimentado.

ENCANELAR *v. tr.* Encañar (devanar la seda, lana, etc., en las canillas).

ENCANGAR *v. tr.* Uncir.

ENCANIÇAR (sar) *v. tr.* Encañar, poner cañas a modo de valla. Hacer encañizadas.

ENCANITAR *v. intr. fam.* Irritarse.

ENCANOAR *v. intr.* Alabearse.

ENCANTAÇÃO (sáum) *f.* Encantación, encantamiento.

ENCANTADIÇO, ÇA (so) *adj.* Que encanta facilmente.

ENCANTADO, DA *adj.* P. p. de *Encantar.* Encantado. Misterioso.

ENCANTADOR, RA *adj.* Encantador (que encanta; que causa impresión placentera en el alma o en los sentidos). *m.* Encantador.

ENCANTAMENTO *m.* Encantamiento.

ENCANTAR *v. tr.* Encantar, hechizar, embelesar. Ú. t. c. r. *fig.* Encantar, cautivar.

ENCANTEIRADO, DA *adj.* Dividido en bancales, cuadros o canteros.

ENCANTEIRAR *v. tr.* Dividir un terreno en cuadros, bancales o canteros.

ENCANTO *m.* Encanto, encantamiento. *fig.* Encanto, cosa que encanta.

ENCANTOADO, DA *adj.* P. p. de *Encantoar.* Apartado, retirado. Arrinconado. Postergado.

ENCANTOAR *v. tr.* Arrinconar, poner en un rincón. Arrinconar, dejar. *v. r.* Arrinconarse, recogerse, retraerse, apartarse del trato de las gentes.

ENCANTONAR *v. tr.* Lo mismo que ACANTOAR.

ENCANUDADO, DA *adj.* Encañutado, de figura de cañuto.

ENCANUDAR *v. tr.* Encañutar (poner algo en figura de cañuto; meter algo en un cañuto).

ENCANZINAÇÃO (zinasáum) *f.* Lo mismo que ENCANZINAMENTO.

ENCANZINADAMENTE (zi) *adv. m.* Rabiosamente. Obstinada, terca y porfiadamente.

ENCANZINAMENTO (zi) *m.* Obstinación, porfía, terquedad. Acción y efecto de ENCANZINAR (zi) *v. tr.* Tratar como perro. Irritar, enfadar, enojar. *v. r.* Obstinarse. Enrabiarse, encolerizarse, enfurecerse, irritarse mucho.

ENCANZOAR (zoar) *v. tr.* Lo mismo que ENCANZINAR.

ENCAPACHAR (char) *v. tr.* Encapachar. Cubrir con capachos. *v. r.* Humillarse.

ENCAPADO, DA *adj.* Encapado (que trae la capa puesta). Encubierto, oculto, disimulado. Envuelto.

ENCAPAR *v. tr.* Meter en una capa. Envolver. Encubrir, ocultar, disimular.

ENCAPELADO, DA *adj.* Enbravecido, encrespado, alterado, agitado (hablando del mar).

ENCAPELADURA *f. Mar.* Encapilladura.

ENCAPELAR *v. intr.* Agitarse, encresparse, alterarse, embravecerse el mar. Ú. t. c. r. *Mar.* Encapillar.

ENCAPETADO, DA *adj.* Holgazán; travieso; juguetón.

ENCAPETAR-SE *v. r.* Volverse travieso.

ENCAPOEIRAR *v. tr.* Meter en el gallinero.

ENCAPOTADO, DA *adj.* Encapotado (cubierto con el capote). *fig.* Disimulado, disfrazado, encubierto.

ENCAPOTAR *v. tr.* Encapotar (cubrir con el capote). Ú. t. c. r. Encubrir, ocultar, disimular, disfrazar. *v. r.* Encapotarse (el cielo). *v. intr.* Encapotarse (bajar el caballo la cabeza con excesso). Lo mismo que ENCABULAR.

ENCAPRICHAR-SE (char) *v. r.* Encapricharse.

ENCAPUCHAR (char) *v. tr.* Encapuchar (cubrir, tapar con capucha).

ENCAPUZAR (zar) *v. tr.* Encapuzar; encaperuzar.

ENCARAÇÃO (sáum) *f.* Encaro (acción de mirar a uno con algún género de cuidado y atención). Provocación.

ENCARACOLADO, DA *adj.* Enroscado, contorneado en espiral. Encaracolado.

ENCARACOLAR *v. tr.* Enroscar, contornear en espiral; dar figura de caracol. Ú. t. c. intr. y r.

ENCARADO, DA *adj.* Con los advs. *bem* ou *mal,* de buena o mala cara, de bellas o feas facciones: bien encarado; mal encarado.

ENCARAMELAR *v. tr.* Congelar, helar. Ú. t. c. r. Acaramelar. Ú. t. c. intr.

ENCARAMONADO, DA *adj.* Triste, de mal humor.

ENCARAMONAR *v. tr. fam.* Entristecer; poner de mal humor o melancólico. Ú. t. c. r.

ENCARAMUJADO, DA (ja) *adj.* Encogido como el escaramujo o percebe. Ensimismado. Tristón.

ENCARANGAÇÃO (sáum) *f.* Aterimiento. Parálisis.

ENCARANGADO, DA *adj.* Aterido. Tullido.

ENCARANGAR *v. intr.* Aterirse. Ú. t. c. r. Tullirse. Ú. t. c. r. *v. tr.* Aterir.

ENCARANGUEJAR (jar) *v. intr.* Tullirse.

ENCARAPELAR *v. tr.* Lo mismo que ENCARAPINHAR.

ENCARAPINHADO, DA (ña) *adj.* Crespo, rizado (dícese del cabello de los negros). Congelado; cuajado; agrumado.

ENCARAPINHAR (ñar) *v. tr.* Encrespar, rizar. Ú. t. c. intr. y r. Congelar; cuajar. Ú. t. c. intr.

ENCARAPITAR *v. tr.* Lo mismo que ENCARAPITAR.

ENCARAPUÇAR (sar) *v. tr.* Encaperuzar.

ENCARAR *v. tr.* Mirar cara a cara, mirar con algún género de cuidado y atención. Encarar (ponerse uno cara a cara, enfrente y cerca de otro). Ú. t. c. r. Considerar, estudiar, examinar, analizar. Arrostrar, hacer frente.

ENCARCERADO, DA *adj.* Encarcelado.

ENCARCERADOR, RA *adj.* Encarcelador.

ENCARCERAMENTO *m.* Encarcelación, encarcelamiento.

ENCARCERAR *v. tr.* Encarcelar, encerrar a alguien en la cárcel. *fig.* Apartar del trato de las gentes.

ENCARDIDO, DA *adj.* P. p. de *Encardir.* Mugriento. Sucio.

ENCARDIR *v. tr.* Enmugrecer. Ensuciar. Lavar mal.

ENCARECEDOR, RA *adj.* Encarecedor.

ENCARECER *v. tr.* Encarecer (aumentar el precio de alguna mercadería). Ú. t. c. intr. *fig.* Encarecer, ponderar, exagerar, alabar; recomendar con empeño.

ENCARECIDAMENTE *adv. m.* Encarecidamente, con encarecimiento, con empeño.

ENCARECIMENTO *m.* Encarecimiento.

ENCARENTAR *v. tr.* Encarecer (aumentar el precio de alguna mercadería).

ENCARETAR-SE *v. r.* Encaratularse.

ENCARGO *m.* Encargo (acción de encargar; cosa encargada; cargo, empleo, ocupación). Deber, obligación. Remordimiento. Tributo.

ENCARNA *f. Muesca;* encaje. *Mont.* Encarna.

ENCARNAÇÃO (sáum) *f.* Encarnación.

ENCARNADO, DA *adj.* P. p. de *Encarnar.* Colorado, rojo. Encarnado. *m.* Colorado, rojo. *Pint.* Encarnado.

ENCARNAR *v. tr. Pint.* Dar color de carne a las figuras. *Mont.* Encarnar. *v. intr.* Encarnar. *Cir.* Encarnar.

ENCARNATIVO, VA *adj. Cir.* Encarnativo.

ENCARNE *m.* Encarnación. *Mont.* Encarne, encarna.

ENCARNEIRADO, DA *adj.* Aborregado (dícese del cielo). Encrespado, cubierto de espuma a modo de vellones de lana (dícese del mar).

ENCARNEIRAR-SE *v. r.* Aborregarse (dícese del cielo). Ú. t. c. intr. Encresparse (dícese del mar). Ú. t. c. r.

ENCARNIÇADAMENTE (sa) *adv. m.* Encarnizadamente.

ENCARNIÇADO, DA (sa) *adj.* Encarnizado.

ENCARNIÇAMENTO (sa) *m.* Encarnizamiento (acción de encarnizarse; crueldad, ensañamiento).

ENCARNIÇAR (sar) *v. tr. Mont.* Encarnizar. *fig.* Encruelecer, irritar, enfurecer. Ú. t. c. r. *v. r.* Encarnizarse.

ENCAROÇADO, DA (sa) *adj.* De figura de hueso de fruta. Hinchado. Muy gordo.

ENCAROCHAR (char) *v. tr.* Encorozar.

ENCARQUILHADO, DA (lla) *adj.* Arrugado; abarquillado.

ENCARQUILHAMENTO (lla) *m.* Arrugamiento; abarquillamiento.

ENCARQUILHAR (llar) *v. tr.* Arrugar; abarquillar. Ú. t. c. r.

ENCARRANCAR *v. intr.* Hacer visages; enfurruñarse. *v. r.* Nublarse (hablando del tiempo). Adornar con carantoñas.

ENCARRAPICHAR-SE (char) *v. r.* Ensortijarse, rizarse el pelo. Encapricharse.

ENCARRAPITAR-SE *v. r.* Encaramarse, elevarse.

ENCARRASPANAR-SE *v. r. fam.* Emborracharse.

EMCARREGADO, DA *adj.* P. p. de *Encarregar.* Encargado. Ú. t. c. s. — de negócios. Encargado de negocios (agente diplomático inferior al ministro residente).

ENCARREGAR *v. tr.* Encargar (encomendar a alguien una cosa, dejándola a su cargo y cuidado). Ú. t. c. r. Encargar, cargar.

ENCARREGATURA *f.* Encargo (acción y efecto de encargar).

ENCARREGO (rré) *m.* Encargo (acción y efecto de encargar).

ENCARREIRAMENTO *m.* Acción y efecto de ENCARREIRAR *v. tr.* Encaminar, dirigir. *v. intr.* Ir por un camino.

ENCARRETAR *v. tr.* Carretear, transportar en carreta.

ENCARRILAR *v. tr.* Lo mismo que ENCARRILHAR.

ENCARRILHADOR, RA (lla) *adj.* Encarrillador. *m.* Encarrilladera.

ENCARRILHAMENTO (lla) *m.* Encarrillamiento.

ENCARRILHAR (llar) *v. tr.* Encarrilar, encarrillar; encaminar; enrielar.

ENCARTAÇÃO (sáum) *f.* Encartación (empadronamiento en virtud de carta de privilegio).

ENCARTADO, DA *adj.* Que tiene diploma o carta del oficio que ejerce.

ENCARTAMENTO *m.* Encartamiento, encartación.

ENCARTAR *v. tr.* Proveer de carta o diploma de empleo. Ú. t. c. r. *v. intr.* Encartarse (en el juego de naipes).

ENCARTE *m.* Encarte. Acción y efecto de *Encartar* (1ª acep.).

ENCARTOLADO, DA *adj.* Que trae sombrero de copa.

ENCARTOLAR-SE *v. r.* Ponerse sombrero de copa.

ENCARTUCHAR (*ch*ar) *v. tr.* Meter en cartucho. Arrollar en forma de cartucho o cucurucho.

ENCARVOADO, DA *adj.* Encarbonado.

ENCARVOAR *v. tr.* Reducir a carbón. Tiznar con el carbón.

ENCARVOEJAR (*j*ar) *v. tr.* Tiznar con el carbón; ensuciar; denigrar.

ENCASACAR-SE (*z*a) *v. r.* Ponerse una casa. Vestir traje de etiqueta.

ENCASAMENTO (*z*a) *m.* Encaje, muesca. Encasamiento.

ENCASAR (*z*ar) *v. tr.* Meter en casa. Ú. t. c. r. Encajar. *v. intr.* Habituarse, acostumbrarse. Ú. t. c. r.

ENCASCADO, DA *adj.* Que tiene cáscara, o corteza.

ENCASCAR *v. tr.* Envasar, echar un líquido en vasijas o cascos. Revocar. *v. intr.* Criar casco una caballería. Criar corteza un árbol.

ENCASCORADO, DA *adj.* Arrugado. Apergaminado.

ENCASMURRAR-SE *v. r.* Volverse testarudo.

ENCASQUE *m.* Acción y efecto de *Emcascar.*

ENCASQUETAR *v. tr.* Encasquetar. *fig. fam.* Encasquetar, hacer que alguien se convenza de una cosa. *v. r.* Encasquetarse.

ENCASQUILHAR (llar) *v. tr.* Poner *Casquilho. v. r.* Emperejilarse; vestirse con elegancia, adornarse mucho; vestirse como un petimetre.

ENCASTELADO, DA *adj.* Encastillado.

ENCASTELAMENTO *m.* Encastillamiento.

ENCASTELAR *v. tr.* Encastillar. Ú. t. c. r.

ENCASTOADO, DA *adj.* Engastado, encajado. Que tiene puño o empuñadura (hablando de bastones).

ENCASTOAR *v. tr.* Engastar, encajar. Poner el puño a un bastón.

ENCASTRAMENTO *m.* Acción y efecto de **ENCASTRAR** *v. tr.* Engajar, engarzar.

ENCASULAR (*z*u) *v. tr.* Meter en el capullo.

ENCATARRAR-SE *v. r.* Lo mismo que ENCATARROAR-SE.

ENCATARROADO, DA *adj.* Acatarrado, encatarrado.

ENCATARROAMENTO *m.* Catarro, constipación.

ENCATARROAR-SE *v. r.* Acatarrarse.

ENCÁUSTICA *f.* Encausto, encauste; encáustico.

ENCAUSTO, TA *adj.* Encáustico. *m.* Encausto.

ENCAVA *f.* Encaje, engaste.

ENCAVACAÇÃO (*s*áum) *f.* Enfurruñamiento.

ENCAVACADO, DA *adj.* Enfurruñado. Avergonzado, embarazado, confuso, turbado.

ENCAVACAMENTO *m.* Lo mismo que ENCAVACAÇÃO.

ENCAVACAR *v. intr. fam.* Enfurruñarse, enfadarse. Avergonzarse, embarazarse, azorarse, turbarse.

ENCAVALAR *v. tr.* Lo mismo que ACAVALAR.

ENCAVALGAR *v. intr.* Cabalgar.

ENCAVAR *v. tr.* Encajar. Meter en una cavidad. Excavar.

ENCAVILHAR (llar) *v. tr.* Encabillar. Embutir, encajar. Enclavijar. Empernar.

ENCEFALALGIA (*j*ía) *f. Pat.* Cefalalgia, encefalalgia.

ENCEFALÁLGICO, CA (*j*ì) *adj.* Cefalálgico, encefalálgico.

ENCEFALELCOSE (*cò*ze) *f. Pat.* Encefalelcosis.

ENCEFALIA (*l*ía) *f. Pat.* Encefalia.

ENCÉFALO (*cè*) *m. Anat.* Encéfalo.

ENCEFALITE *v. Pat.* Encefalitis.

ENCEFALOCELE (*cè*le) *f. Pat.* Encefalocele.

ENCEFALOFIMA *f. Pat.* Encefalófimo.

ENCEFALÓIDE (*lò*i) *adj.* Encefaloide. Encefaloideo. Ú. t. c. s.

ENCAFALOLOGIA (*j*ía) *f.* Encefalología.

ENCEFALOMIELITE *f. Pat.* Encefalomielitis.

ENCEFALOPATIA (*t*ía) *f.* Encefalopatia.

ENCEFALORRAGIA (*j*ía) *f. Pat.* Encefalorragia.

ENCAFALOSSISMO (*cè...s*is) *m. Pat.* Encefalosismo, conmoción cerebral.

ENCEFALOTLIPSE *f. Pat.* Encefalotlipsis.

ENCEFALOTOMIA (*m*ía) *f.* Encefalotomía.

ENCEFALOZOÁRIO, RIA (*cè...zo*á). *adj.* Encefalozoario. Ú. t. c. s.

ENCEIRAR *v. tr.* Meter en esportillo. Enserar.

ENCELAR *v. tr.* Enceldar.

ENCELEIRADO, DA *adj.* Engranerado, metido en el granero.

ENCELEIRAMENTO *m.* Acto de **ENCELEIRAR** *v. tr.* Engranerar. Amontonar. Atesorar. Almacenar, depositar.

ENCELIALGIA (*j*ía) *f. Pat.* Encelialgia.

ENCELITE *f. Pat.* Encelitis.

ENCENAÇÃO (*s*áum) *f.* Acto de poner en escena. Escenificación.

ENCENADOR, RA *adj.* Que pone en escena.

ENCENAR *v. tr.* Poner en escena.

ENCENDER *v. tr.* Encender, pegar fuego, incendiar. Encender. incitar.

ENCENDIMENTO *m.* Encendimiento.

ENCENDRADO, DA *adj.* Acendrado.

ENCENDRAR *v. tr.* Acendrar, encendrar.

ENCÊNIA (*cé*) *f.* Encenia.

ENCENTRAR *v. tr.* Concentrar.

ENCEPAR *v. tr. Mar.* Encepar. Ú. t. c. intr. Encepar, poner en el cepo.

ENCERAÇÃO (*s*áum) *f.* Enceramiento.

ENCERADO, DA *adj. P. p.* de *Encerar.* Encerado, de color de cera. *m.* Encerado (lienzo preparado o aderezado con cera u otra substancia bituminosa que lo hace impermeable).

ENCERADURA *f.* Lo mismo que **ENCERAMENTO** *m.* Enceramiento.

ENCERAR *v. tr.* Encerar (preparar o aderezar con cera).

ENCEREBRAÇÃO (*s*áum) *f.* Manera de pensar, opinión. Desarrollo intelectual.

ENCEREBRAR *v. tr.* Meter en el cerebro, aprender, decorar, aprender de coro.

ENCERRA (*cè*) *f.* Encierro, chiquero. Encierra (acto de encerrar las reses). Corral en el campo.

ENCERRAMENTO *m.* Encerramiento, encerradura. Clausura, retiro. Clausura (acto que pone término a las deliberaciones del congreso, tribunal, etc.). Cierre. — *de contas.* Remate de cuentas.

ENCERRAR *v. tr.* Encerrar. *fig.* Encerrar, contener, incluir. Clausurar. Cerrar. Rematar, terminar. *v. r.* Encerrarse, retirarse del mundo.

ENCERRO (*cé*) *m.* Encierro.

ENCERVEJADO, DA (*j*a) *adj.* Emborrachado con cerveza.

ENCERVEJAR-SE (*j*ar) *v. r.* Emborracharse con cerveza.

ENCESTAMENTO *m.* Acción y efecto de **ENCESTAR** *v. tr.* Encestar (meter algo en una cesta).

ENCETADO, DA *adj. P. p.* de *Encetar.* Encentado. Comenzado, empezado.

ENCETADURA *f.* Lo mismo que **ENCETAMENTO** *m.* Encentadura, encentamiento. Comienzo, principio.

ENCETAR *v. tr.* Comenzar, empezar. Encentar. *v. r.* Estrenarse, debutar.

ENCHAFURDAR (*ch*a) *v. tr.* Lo mismo que CHAFURDAR.

ENCHAGADO, DA (*ch*a) *adj.* Llagado, llagoso.

ENCHAMBOADO, DA (*ch*am) *adj.* Grosero, tosco. Regordete. Hecho un mamarracho. Harapiento.

ENCHAMEJAR (*ch*ame*j*ar) *v. intr.* Flamear, despedir llamas.

ENCHAMPANHADO, DA (*ch*ampaña) *adj.* Emborrachado con champán.

ENCHAMPANHAR-SE (*ch*ampañar) *v. r.* Emborracharse con champán.

ENCHANÇA (*ch*an) *f.* Oportunidad, circunstancia favorable, ocasión.

ENCHARCADA (*ch*ar) *f.* Especie de budín hecho con pan y huevos.

ENCHARCADIÇO, ÇA (*ch*arcadiso) *adj.* Alagadizo. Anegadizo.

ENCHARCADO, DA (*ch*ar) *adj. P. p.* de *Encharcar.* Encharcado, alagado, inundado, anegado. Empapado. Embriagado. Embebido.

ENCHARCAR (*ch*ar) *v. tr.* Encharcar. Ú. t. ç. r. Inundar, anegar, alagar. Ú. t. c. r. Empapar. Ú. t. c. r. Embeber. Ú. t. c. r. *v. r.* Emborracharse.

ENCHARQUE (*ch*ar) *m.* Acto de *Encharcar.*

ENCHEDEIRA (*ch*e) *f.* Embudo para hacer chorizos.

ENCHEDELA (*ch*edè) *f. Fam.* Acto de *Encher.* Hartazgo.

ENCHEDOR, RA (*ch*e) *adj.* Que llena, rellena o henche.

ENCHENTE (*ch*en) *adj.* Que llena. *f.* Acción y efecto de llenar. Llenura, copia, abundancia grande, plenitud. Llena, crecida, avenida, creciente. — *da lua.* Creciente de la Luna. — *do mar.* Creciente del mar.

ENCHER (*ch*er) *v. tr.* Llenar. Ú. t. c. r. *fig.* Llenar, cargar, colmar abundantemente. Ú. t. c. r. *fig.* Llenar, ocupar dignamente un lugar o empleo. Desempeñar. *fig.* Llenar, parecer bien, satisfacer una cosa. Henchir, llenar, inchar, inflar. Rellenar. *v. intr.* Crecer, subir (las aguas).

ENCHIDO (*ch*i) *m.* Relleno. Almohada.

ENCHIDO, DA (*ch*i) *P. p.* de *Encher.* Llenado.

ENCHIMENTO (*ch*i) *m.* Acción y efecto de llenar. Relleno. Llenura, copia, plenitud. Henchimiento; henchidura.

ENCHIQUEIRAR (*ch*i) *v. tr.* Detener el pescado en la encañizada o cañal de pesca. Enchiquerar. Encerrar en el corral. Acorralar, arrinconar, cercar. *v. intr.* Detenerse el pescado en la encañizada o corral de pesca.

ENCHOCALHAÇÃO (*ch*ocaliasáum) *f.* Acto de encencerrar el ganado.

ENCHOCALHADO, DA (*ch*ocalla) *adj.* Encencerrado.

ENCHOCALHAR (*ch*ocallar) *v. tr.* Encencerrar, poner cencerros al ganado.

ENCHOÇAR (*ch*osar) *v. tr.* Meter en choza. Ú. t. c. r.

ENCHOFRAR (*ch*o) *v. tr.* Enojar, enfadar. Ú. t. c. r.

ENCHOURIÇAR (*ch*ourisar) *v. tr.* Dar a algo la figura de un chorizo.

ENCHOVA (*ch*o) *f.* Anchoa, boquerón.

ENCHUMAÇAMENTO (*ch*umasa) *m.* Acción y efecto de **ENCHUMAÇAR** (*ch*umasar) *v. tr.* Rellenar; henchir; estofar.

ENCHUMBAR (*ch*um) *v. tr.* Lo mismo que CHUMBAR.

ENCHUSMAR (*ch*us) *v. tr.* Llenar de gente.

ENCÍCLIA (*cl*ía) *f. Fís.* Enciclia.

ENCÍCLICA *f.* Encíclica.

ENCICLOPÉDIA (*pè*) *f.* Lo mismo que **ENCICLOPÉDICO, CA** (*pè*) *adj.* Enciclopédico.

ENCICLOPEDISTA *m.* Enciclopedista.

ENCILHADELA (*lladè*) *f.* Lo mismo que **ENCILHAMENTO** (lla) *m.* Ensilladura, ensillamiento.

ENCILHAR (llar) *v. tr.* Ensillar. Aparejar, ajaezar.

ENCIMAR *v. tr.* Encimar. Coronar, rematar.

ENCINTAR *v.tr.* Encintar, adornar con cintas.

ENCINZAR (*z*ar) *v. tr.* Encenizar.

ENCIRRAR *v. tr.* Lo mismo que ACIRRAR.

ENCISTADO, DA *adj.* Enquistado.

ENCISTAMENTO *m.* Enquistamiento.

ENCISTAR *v. intr.* Enquistarse.

ENCIUMADO, DA (*ci*ú) *adj. P. p.* de *Enciumar.* Celoso, que tiene celos.

ENCIUMAR (*ci*ú) *v. r.* Encelarse, concebir celos de alguien.

ENCLAUSTRAMENTO *m.* Enclaustramiento. Clausura, retiro.

ENCLAUSTRAR *v. tr.* Enclaustrar (meter, encerrar en un claustro, hacer entrar en el monasterio). Ú. t. c. r. Clausurar, encerrar.

ENCLAUSURAÇÃO (*z*urasáum) *f.* Enclaustramiento; clausura.

ENCLAUSURAR (*z*u) *v. tr.* Lo mismo que ENCLAUSTRAR Ú. t. c. r. *v. r.* Retirarse, apartarse del trato de las gentes, encerrarse.

ENCLAVINHADO, DA (ña) *adj.* Entrelazado, cruzado, enclavijado (dícese de los dedos).

ENCLAVINHAR (ñar) *v. tr.* Entrelazar, cruzar, enclavijar (los dedos).

ÊNCLISE (énclize) *f. Gram.* Énclisis.
ENCLÍTICO, CA *adj.* Enclítico. *f.* Enclítica.
ENCLOACAR *v. tr.* Meter en una cloaca.
ENCOBARDAR *v. tr.* Acobardar, amedrentar, asustar, espantar. Ú. t. c. r.
ENCOBERTA (bèr) *f.* Encubierta. Disimulación. Escondrijo. Abrigo. Pretexto. *Às — s. m. adv.* Encubiertamente.
ENCOBERTADO *m. Zool.* Encubertado, armadillo.
ENCOBERTAMENTE (bèr) *adv. m.* Encubiertamente.
ENCOBERTAR *v. tr.* Encubrir. Lo mismo que ACOBERTAR.
ENCOBERTO, TA (bèr) *adj. P. p. irreg.* de *Encobrir.* Encubierto; disfrazado; cubierto, oculto
ENCOBRIDEIRA *f.* Encubridora.
ENCOBRIDOR, RA *adj.* Encubridor. Ú. t. c. s. m.
ENCOBRIDORA *f.* Lo mismo que ENCOBRIDEIRA.
ENCOBRIMENTO *m.* Encubrimiento.
ENCOBRIR *v. tr.* Encubrir, ocultar, disimular. Receptar.
ENCODEADO, DA *adj.* Encostrado.
ENCODEAMENTO *m.* Encostramiento.
ENCODEAR *v. tr.* Encostrar. Ú. t. c. intr. y r.
ENCOFAR *v. tr.* Ocultar.
ENCOFRAR *v. tr.* Meter o guardar en la caja de caudales.
ENCOIFADO, DA *adj.* Metido en cofia.
ENCOIFAR *v. tr.* Poner o meter la cofia.
ENCOIMAÇÃO (sáum) *f.* Acción y efecto de
ENCOIMAR *v. tr.* Lo mismo que ACOIMAR.
ENCOIRAÇADO, DA (sa) *adj. y s. m.* Lo mismo que ENCOURAÇADO.
ENCOIRAÇAR (sar) *v. tr.* Lo mismo que ENCOURAÇAR.
ENCOIRADO, DA *adj.* Lo mismo que ENCOURADO.
ENCOIRAR *v. tr.* Lo mismo que ENCOURAR.
ENCOITAR *v. tr. ant.* Acotar.
ENCOLAMENTO *m.* Encolamiento, encoladura.
ENCOLAR *v. tr.* Encolar, pegar algo con cola. Cubrir con cola.
ENCOLEIRAR *v. tr.* Acollarar (poner collar a un animal).
ENCOLERIZADO, DA (za) *adj. P. p.* de *Encolerizar.* Encolerizado, irritado, airado.
ENCOLERIZAR (zar) *v. tr.* Encolerizar, irritar mucho. Ú. t. c. r.
ENCOLETADO, DA *adj.* Que trae chaleco. Vestido con elegancia.
ENCOLHA (lla) *f.* Encogimiento, cortedad de ánimo.
ENCOLHEDELA (lledè) *f.* Lo mismo que ENCOLHIMENTO.
ENCOLHER (ller) *v. tr.* Encoger (retirar algo contrayéndolo). Encoger, acortar, achicar, estrechar, reducir. *v. intr.* Encoger. Encogerse, disminuirse, amenguarse. *v. r.* Encogerse, apocarse.
ENCOLHIDAMENTE (lli) *adv. m.* Encogida, apocadamente.
ENCOLHIDO, DA (lli) *adj. P. p.* de *Encolher.* Encogido. Encogido, apocado, tímido. Acortado.
ENCOLHIMENTO (lli) *m.* Encogimiento, acortamiento, achicamiento. Encogimiento, cortedad de ánimo.
ENCÓLPIO (còl) *m.* Encolpio.
ENCOLPITE *f. Pat.* Encolpitis.
ENCOMENDA *f.* Encomienda, encargo, comisión, recomandación. Hechizo.
ENCOMENDAÇÃO (sáum) *f.* Encomendamiento, encomienda. Recomendación.
ENCOMENDAMENTO *m.* Encomendamiento, encomienda.
ENCOMENDAR *v. tr.* Encomendar, encargar, confiar. Ú. t. c. r.
ENCOMENDEIRO *m.* Encomendero.
ENCOMIADOR, RA *adj.* Que encomia o elogia. Ú. t. c. s.
ENCOMIAR *v. tr.* Encomiar, elogiar encarecidamente, alabar.
ENCOMIASTA *m.* Encomiasta, panegirista.
ENCOMIÁSTICO, CA *adj.* Encomiástico, que encomia o contiene encomio.
ENCÔMIO (có) *m.* Encomio, alabanza, elogio encarecido.

ENCOMISSAR (sar) *v. intr.* Comisar. Ú. t. c. r.
ENCOMOROÇAR (sar) *v. tr.* Lo mismo que
ENCOMOROIÇAR (sar) *v. tr.* Encaramar. Amontonar.
ENCOMPRIDAR *v. tr.* Alargar; alongar; prolongar.
ENCONCHADO, DA (cha) *adj. P. p.* de *Enconchar.* Conchado. Metido en concha. Abrigado. Encogido; agachado; agazapado. Retirado, arrinconado.
ENCONCHAR (char) *v. tr.* Cubrir con conchas. *v. r.* Enconcharse, meterse en la concha. Apartarse, retirarse del trato de las gentes.
ENCONDAR *v. tr.* Hacer conde a alguien.
ENCONHACADO, DA (ña) *adj.* Embriagado con coñac.
ENCONHACAR-SE (ña) *v. r.* Embriagarse con coñac.
ENCONTEIRAR *v. tr. Port.* Poner contera a una cosa.
ENCONTRADA *f.* Lo mismo que ENCONTRÃO.
ENCONTRADIÇO, ÇA (so) *adj.* Encontradizo.
ENCONTRADO, DA *adj. P. p.* de *Encontrar.* Encontrado, opuesto, puesto enfrente. Hallado. Disputado, combatido.
ENCONTRADOIRO *m.* Lo mismo que
ENCONTRADOURO *m.* Lugar de cita o encuentro. Concurrencia.
ENCONTRÃO (tráum) *m.* Encontrón, empujón. Topetada. Encuentro, choque.
ENCONTRAR *v. tr.* Encontrar, hallar, dar con la persona o cosa que se busca. Descubrir, hallar, encontrar. *v. intr.* Encontrar, tropezar uno con otro. *v. r.* Hallarse, estar presente, encontrarse. Chocarse. *v. tr.* Oponer, discordar. Compensar, ajustar. *v. r.* Encontrarse, convenir, conformarse. Luchar, combatir, disputar.
ENCONTRÁVEL *adj.* Que se puede hallar. Encontradizo.
ENCONTRO *m.* Encuentro (choque; acto de encontrarse dos o más personas; oposición, contradición). Obstáculo. Lucha, combate, encuentro. Duelo, combate entre dos. Encontrón. Coyuntura, ocasión. Compensación (de deudas, de cuentas). Partido (competencia concertada entre los jugadores de ciertos juegos). *pl.* Encuentros.
ENCONTROADA *f.* Encontrón, empujón.
ENCONTROAR *v. tr.* Encontrar, topar, chocar. Ú. t. c. r.
ENCOQUINAR *v. tr.* Meter en la cocina. Ocultar, encubrir.
ENCOQUINHAR (ñar) *v. tr.* Lo mismo que ENCOQUINAR.
ENCORAJAMENTO (ja) *m.* Acto de encorajar, de infundir valor y coraje.
ENCORAJAR (jar) *v. tr.* Encorajar, alentar, animar, infundir valor y coraje.
ENCORCUNDAR *v. tr.* Gibar, jorobar. Ú. t. c. r.
ENCORDELADO, DA *adj.* Encordelado, atado con cordel.
ENCORDELAR *v. tr.* Encordelar, atar con cordeles.
ENCÓRDIO (còr) *m.* Incordio, bubón.
ENCORDOAÇÃO (sáum) *f.* Acto de encordar un instrumento músico.
ENCORDOADO, DA *adj.* Encordado. Encordonado. Enojado, enfadado.
ENCORDOADURA *f.* Encordadura.
ENCORDOAMENTO *m.* Lo mismo que ENCORDOAÇÃO.
ENCORDOAR *v. tr.* Encordar, poner cuerdas a un instrumento músico. Encordelar. Proveer de cuerdas un navio. *v. intr.* Seguir uno tras otro. *v. r.* Enojarse, enfadarse; desconfiar, picarse.
ENCORONHADO (ña) *adj.* Que tine culata. De figura de culata o cureña.
ENCORONHAR (ñar) *v. tr.* Poner la culata a un arma de fuego. Dar figura de culata o cureña.
ENCORPADO, DA *adj.* Corpulento. Que tiene cuerpo. Consistente, grueso, fuerte (dícese del paño, papel, etc.).
ENCORPADURA *f.* Lo mismo que
ENCORPAMENTO *m.* Espesor, cuerpo de un tejido, etc. Corpulencia.
ENCORPAR *v. tr.* Dar más cuerpo o espesor a alguna cosa. *v. intr.* Tomar cuerpo. Ú. t. c. r. Crecer, aumentar. Ú. t. c. r. *v. r.* Unirse, congregarse, incorporarse.

ENCORPORAÇÃO (sáum) *f.* Incorporación.
ENCORPORANTE *adj.* Que incorpora.
ENCORPORAR *v. tr.* Incorporar. Ú. t. c. r. *v. intr.* Tomar cuerpo; crecer; desarrollarse.
ENCORREADURA *f.* Correaje.
ENCORREAMENTO *m.* Acto de
ENCORREAR *v. tr.* Encorrear, ceñir y sujetar con correas. *v. intr.* Quedar coriáceo. Ú. t. c. r. Quedar correoso. Ú. t. c. r.
ENCORRILHAR (llar) *v. tr.* Encorralar.
ENCORRUGIR (jir) *v. tr.* Arrugar, abarquillar.
ENCORTELHAR (llar) *v. tr.* Encorralar.
ENCORTIÇADO, DA (sa) *adj. P. p.* de *Encortiçar.* Encorchado. Acorchado. Cortezudo.
ENCORTIÇAR (sar) *v. tr. Apic.* Encorchar. Acorchar. *v. intr.* Criar corteza un árbol. Ú. t. c. r.
ENCORTINAMENTO *m.* Acto de
ENCORTINAR *v. tr.* Encortinar, poner cortinas o adornar con ellas. *fig.* Encubrir, ocultar, disimular.
ENCORUJADO, DA (ja) *adj.* Triste, melancólico, ensimismado.
ENCORUJAR-SE (jar) *v. r.* Ocultar como las lenchuzas. Entristecer.
ENCOSCORADO, DA *adj.* Encrespado, rizado; arrugado; abarquillado.
ENCOSCORAMENTO *m.* Acción y efecto de *Encoscorar.*
ENCOSCORAR *v. tr.* Encrespar, rizar; arrugar; abarquillar.
ENCOSTA (còs) *f.* Cuesta, terreno en pendiente.
ENCOSTADO, DA *adj.* Arrimado, apoyado.
ENCOSTALAR *v. tr.* Ensacar, encorachar, encorar.
ENCOSTAMENTO *m.* Acción y efecto de *Encostar.*
ENCOSTÃO (táum) *m.* Indolente.
ENCOSTAR *v. tr.* Arrimar, apoyar, acostar. Ú. t. c. r. Acostar, aproximar. Inclinar, ladear.
ENCOSTES (còs) *m. pl. Arq.* Contrafuertes. *fig.* Protección.
ENCOSTO (cós) *m.* Apoyo, sostén. Respaldo. *fig.* Protección, arrimo, amparo.
ENCOUCHADO, DA (cha) *adj. Port.* Enclenque, entecado.
ENCOUCHAR (char) *v. tr.* Encorvar. Encoger; apocar. *v. r.* Acuclillarse.
ENCOURAÇADO, DA (sa) *adj.* Encorazado. Acorazado. *m.* Acorazado.
ENCOURAÇAR (sar) *v. tr.* Acorazar. Encorazar. Ú. t. c. r.
ENCOURADO, DA *adj.* Encorado.
ENCOURAR *v. tr.* Encorar.
ENCOVADO, DA *adj.* Encovado (metido en una cueva o hueco). Que presenta una concavidad. Oculto, escondido. Hundido (hablando de los ojos).
ENCOVAR *v. tr.* Encovar (meter algo en una cueva o hueco). Ú. t. c. r. Enterrar. Esconder, ocultar. *v. intr.* Lo mismo que EMBATUCAR.
ENCOVILAR *v. tr.* Meter en una cueva, encovar.
ENCRASSAR (sar) *v. tr.* Encrasar. Ú. t. c. r.
ENCRAVAÇÃO (sáum) *f.* Enclavación. *fig.* Mentira, bola, engaño.
ENCRAVADO, DA *adj. P. p.* de *Encravar.* Enclavado; clavado. Encajado. Se dice de una cuando, al crecer, viciosamente se introduce en la carne. Enclavado (aplícase al paraje que está encerrado dentro de otro). Dícese de la finca que no tiene servidumbre para la vía pública. Empotrado, embutido.
ENCRAVADURA *f.* Clavadura, enclavadura. Clavazón.
ENCRAVAMENTO *m.* Enclavación (acción de enclavar).
ENCRAVAR *v. tr.* Enclavar, clavar (fijar, asegurar con clavos, introducirios en una cosa). Enclavar (introducir hasta la carne algún clavo de la herradura). Clavar (introducir una cosa puntiaguda). Clavar, engastar. Empotrar; embutir; embeber. Clavar, encajar, engañar, embaucar.
ENCRAVELHAÇÃO (llasáum) *f.* Acción y efecto de
ENCRAVELHAR (llar) *v. tr.* Enclavijar (poner las clavijas a un instrumento). Lo mismo que ENTALAR. *v. r.* Endeudarse, empeñarse.

ENCRAVILHAÇÃO (llasáum) *f.* Lo mismo que ENCRAVELHAÇÃO.

ENCRAVILHAR (llar) *v. tr.* Lo mismo que EN-CRAVELHAR.

ENCRAVO *m.* Clavadura, enclavadura. *fig.* Dificultad, aprieto.

ENCRENCA *f.* Intriga; enredo. Desorden. Apuro, aprieto, dificultad.

ENCRENCADO, DA *adj.* Embarazoso; difícil; complicado; enredado.

ENCRENCAR *v. tr.* Embarazar, dificultar, complicar, enredar, embrollar. Impedir, encallar. Intrigar. *v. intr.* Desarreglarse, complicarse.

ENCRENQUEIRO, RA *adj.* Alborotador.

ENCRESPADO, DA *adj.* P. p. de *Encrespar.* Crespo, ensortijado, rizado. Encrespado. Crespo, irritado.

ENCRESPADOR *m.* Encrespador (instrumento para encrespar y rizar el pelo).

ENCRESPADURA *f.* Lo mismo que

ENCRESPAMENTO *m.* Encrespadura (acción de encrespar o rizar el pelo). Encrespamiento.

ENCRESPAR *v. tr.* Encrespar, ensortijar, rizar el pelo. Ú. t. c. r. Arrugar. *v. r.* Enardecerse, agitarse, encresparse. Encresparse (el mar).

ENCRISTADO, DA *adj.* P. p. de *Encristar-se.* Encrestado, ensoberbecido, engreído.

ENCRISTAR-SE *v. tr.* Encrestarse. *fig.* Ensoberbecerse.

ENCROSTADO, DA *adj.* P. p. de *Encrostar.* Encostrado.

ENCROSTAR *v. intr.* Encostrarse. Ú. t. c. r.

ENCRUADO, DA *adj.* P. p. de *Encruar.* Encrudecido.

ENCRUAMENTO *m.* Encrudecimiento.

ENCRUAR *v. tr.* Encrudecer, poner cruda una cosa. Ú. t. c. intr. Impedir la digestión. Encrudecer, irritar, exasperar. *v. intr.* Encruelecerse. Ú. t. c. r. Encarnizarse. Ú. t. c. r. *v. tr.* Lo mismo que CALEJAR.

ENCRUDELECER *v. intr.* Encruelecerse. Ú. t. c. r.

ENCRUDESCER *v. tr.* Agraviar, exasperar, encrudecer.

ENCRUECER *v. tr.* Lo mismo que ENCRUAR.

ENCRUELECER *v. intr.* Encruelecerse. Ú. t. c. r.

ENCRUENTAR *v. tr.* Lo mismo que ENCRUAR.

ENCRUZADA *(za) f.* Lo mismo que ENCRUZILHADA.

ENCRUZADO, DA *(za) adj.* P. p. de *Encruzar.* Cruzado.

ENCRUZAMENTO *(za) m.* Cruzamiento. Cruce.

ENCRUZAR *(zar) v. tr.* Cruzar, atravesar. Dar figura de cruz. *v. r.* Sentarse cruzando las piernas.

ENCRUZILHADA *(zilla) f.* Encrucijada.

ENCRUZILHAR *(zillar) v. tr.* Lo mismo que EN-CRUZAR.

ENCUBAÇÃO *(sáum) f.* Acción de encubar el vino.

ENCUBADO, DA *adj.* Encubado, metido en cuba. Envasado.

ENCUBAR *v. tr.* Encubar (echar el vino en las cubas). Envasar.

ENCUMEADA *f.* Lo mismo que CUMIADA.

ENCUMEADO, DA *adj.* Encumbrado.

ENCUMEAR *v. tr.* Encumbrar.

ENCURRALADO, DA *adj.* Encorralado. Acorralado, arrinconado (en sentido recto y figurado).

ENCURRALAMENTO *m.* Acorralamiento (en sentido propio y figurado).

ENCURRALAR *v. tr.* Encorralar, acorralar (meter en el corral). *fig.* Acorralar, arrinconar. Cercar.

ENCURTADO, DA *adj.* P. p. de *Encurtar.* Acortado; disminuído, reducido. Resumido.

ENCURTADOR, RA *adj.* Que acorta, disminuye, reduce o resume.

ENCURTADOURO *m. Port.* Lo mismo que ATALHO.

ENCURTAMENTO *m.* Acortamiento.

ENCURTAR *v. tr.* Acortar, disminuir, reducir; abreviar; resumir.

ENCURVAÇÃO *(sáum) f.* Lo mismo que ENCURVAMENTO.

ENCURVADO, DA *adj.* P. p. de *Encurvar.* Encorvado; torcido, combado. Encogido.

ENCURVADURA *f.* Encorvadura.

ENCURVAMENTO *m.* Encorvamiento. Corvadura, curvatura.

ENCURVAR *v. tr.* Encurvar, torcer, combar, doblar. Ú. t. c. intr. y r. *fig.* Humillar, doblegar.

ENDADELFO *(dèl) m.* Endadelfo.

ENDECHA *(cha) f.* Endecha (canción triste y lastimera).

ENDEFLUXADO, DA *adj.* Resfriado, constipado.

ENDEFLUXAR-SE *v. r.* Resfriarse, acatarrarse.

ENDEIXA *(cha) f.* Lo mismo que ENDECHA.

ENDEMIA *(mía) f. Med.* Endemia.

ENDEMICIDADE *f. Med.* Endemicidad.

ENDÊMICO, CA *(dé) adj.* Endémico.

ENDEMONIAÇÃO *(sáum) f.* Acción y efecto de endemoniar. Brujería.

ENDEMONIADO, DA *adj.* Lo mismo que

ENDEMONINHADO, DA *(ña) adj.* Endemoniado. Travieso. Endiablado. Furioso.

ENDEMONINHAMENTO *(ña) m.* Acción y efecto de endemoniar.

ENDEMONINHAR *(ñar) v. tr.* Endemoniar. *fig.* Endemoniar, irritar, enfurecer, encolerizar.

ENDENTAÇÃO *(sáum) f.* Endentamiento.

ENDENTADO, DA *adj. Blas.* Endentado. Engargantado, endentado, engranado.

ENDENTAR *v. tr.* Endentar, engargantar, engranar.

ENDENTECER *v. intr.* Endentecer (empezar a echar los dientes).

ENDEREÇAMENTO *(sa) m.* Acto de dirigir, de poner a una carta, fardo, caja, etc. las señas que indiquen a dónde y a quien se ha de enviar.

ENDEREÇAR *(sar) v. tr.* Dirigir (poner a una carta, fardo, caja, etc. las señas que indiquen a dónde y a quien se ha de enviar). Enderezar, dirigir, remitir, dedicar. *v. intr.* Enderezar, encaminarse, dirigirse.

ENDEREÇO *(réso) m.* Lo mismo que ENDE-REÇAMENTO. Dirección (señas escritas sobre una carta, caja, fardo o cualquier otro bulto, para indicar dónde y a quien se envía).

ENDERENÇAR *(sar) v. tr. ant.* Lo mismo que ENDEREÇAR.

ENDÉS *m.* Nidal (huevo que se deja en un lugar señalado para que la gallina acuda a poner allí).

ENDEUSADAMENTE *(za) adv. m.* Divinamente.

ENDEUSADO, DA *(za) adj.* P. p. de *Endeusar.* Endiosado, divinizado.

ENDEUSAMENTO *(za) m.* Endiosamiento.

ENDEUSAR *(zar) v. tr.* Endiosar. Ú. t. c. r.

ENDEZ *m.* Lo mismo que ENDÉS.

ENDIABRADAMENTE *adv. m.* Endiabladamente, diabólicamente.

ENDIABRADO, DA *adj.* Endiablado, endemoniado. Endiablado (perverso, dañino; feo). Diabólico, malo. Diabólico, enrevesado. Petulante.

ENDIABRAR *v. tr.* Endiablar, endemoniar. Ú. t. c. r. Encolerizar, irritar. *v. r.* Endiablarse, encolerizarse.

ENDINHEIRADO, DA *(ñei) adj.* Adinerado, rico, acaudalado.

ENDINHEIRAMENTO *(ñei) m.* Dineralada, dineral.

ENDINHEIRAR *(ñei) v. tr.* Llenar de dinero. *v. r.* Adinerarse.

ENDIREITADO, DA *adj.* P. p. de *Endireitar.* Enderezado; derecho. Empinado. Reparado; restablecido; arreglado.

ENDIREITAR *v. tr.* Enderezar (poner derecho lo que está torcido, inclinado o tendido). Ú. t. c. r. Enderezar, encaminar, dirigir. Aderezar, remendar, componer, arreglar, restaurar, reparar. *v. intr.* Enderezar (encaminarse en derechura).

ENDIVIDADO, DA *adj.* P. p. de *Endividar.* Endeudado.

ENDIVIDAR *v. tr.* Llenar de deudas. *v. r.* Endeudarse. Reconocerse obligado.

ENDOCÁRDIO *m. Anat.* Endocardio.

ENDOCARDITE *f. Pat.* Endocarditis.

ENDOCÁRPIO *m. Bot.* Lo mismo que

ENDOCARPO *m. Bot.* Endocarpio (capa interna del pericarpio).

ENDOCRÂNIO *(crá) m. Anat.* Endocraneo.

ENDÓCRINO, NA *(dò) adj.* Endocrino.

ENDOCRINOLOGIA *(jía) f.* Endocrinología.

ENDODERME *(dèr) m. Anat.* Endodermo.

ENDODIASCOPIA *(pía) f.* Endodiascopia.

ENDODONTITE *f. Pat.* Endodontitis.

ENDÓFITO, TA *(dò) adj. Bot.* Que vive en el interior de los tejidos vegetales. *m. Bot.* Endófito.

ENDOFLEBITE *f. Pat.* Endoflebitis.

ENDOGAMIA *(mía) f.* Endogamia.

ENDÓGAMO, MA *(dò) adj.* Endogámico. Ú. t. c. s.

ENDOGASTRITE *f. Pat.* Endogastritis.

ENDÓGENAS *(dòje) f. pl. Bot.* Monocotiledóneas.

ENDÓGENO, NA *(dòje) adj.* Endógeno.

ENDOIDAR *v. tr. e intr.* Lo mismo que

ENDOIDECER *v. tr.* Enloquecer, hacer perder el juicio a uno. *v. intr.* Enloquecer, volverse loco, perder el juicio.

ENDOIDECIMENTO *m.* Enloquecimiento.

ENDOLORIDO, DA *adj.* Dolorido.

ENDOMETRITE *f. Pat.* Endometritis.

ENDOMINGADO, DA *adj.* Endomingado, vestido con la ropa del domingo.

ENDOMINGAR-SE *v. r.* Endomingarse (ponerse la ropa del domingo).

ENDOPARASITO *(zí) m.* Endoparásito.

ENDOSCOPIA *(pía) f.* Endoscopia.

ENDOSCÓPIO *(cò) m.* Endoscopio.

ENDOSMÓMETRO *(mó) m.* Endosmómetro.

ENDOSMOSE *(mòze) f. Fís.* Endosmosis.

ENDOSMÓTICO, CA *(mò) adj.* Endosmótico.

ENDOSPERMA *(pèr) m. Bot.* Endospermo.

ENDOSPÉRMICO, CA *(pèr) adj.* Endospérmeo.

ENDOSSADO, DA *adj.* P. p. de *Endossar.* Endosado. *m.* Endosatario.

ENDOSSADOR, RA *(sa) adj.* Endosador. *m.* Endosante.

ENDOSSAMENTO *(sa) m.* Endosamiento.

ENDOSSANTE *(san) adj. y s. m.* Endosante.

ENDOSSAR *(sar) v. tr. Com.* Endosar, endorsar (ceder a favor de alguien un documento de crédito; *fig.* Trasladar a alguien, echar sobre él una carga, trabajo, etc.).

ENDOSSATÁRIO *(sa) m.* Endosatario.

ENDOSSE *(dóse) m.* Lo mismo que

ENDOSSO *(dóso) m.* Endoso; endose *(Amer.).*

ENDOTÉLIO *(tè) m. Anat.* Endotelio.

ENDOTÉRMICO, CA *(tèr) adj. Quím.* Endotérmico.

ENDOUDECER *v. tr. e intr.* Lo mismo que EN-DOIDECER.

ENDOUTRINAMENTO *m.* Acto de

ENDOUTRINAR *v. tr.* Lo mismo que DOUTRINAR.

ENDOVENOSO, SA *(nozo, òza) adj.* Que está en el interior de las venas. Que se aplica dentro de las venas.

ENDRÃO *(dráum) m. Bot.* Eneldo.

ENDRÉSSIA *(drèsia) f. Bot.* Endresia.

ENDRÍACO *m.* Lo mismo que

ENDRÍAGO *m.* Endriago.

ENDURAR *v. tr.* Endurar, endurecer.

ENDURECER *v. tr. intr. y r.* Endurecer (en todas las acepciones de esta voz).

ENDURECIMENTO *m.* Endurecimiento.

ENDURENTAR *v. tr.* Lo mismo que ENDURECER.

ENE *m.* Ene (nombre de la letra *n*).

ENEACÓRDIO *(còr) m.* Eneacordo, eneacordio.

ENEAGINIA *(jinía) f.* Calidad de eneagino.

ENEÁGINO, NA *(ji) adj.* Eneagino.

ENEAGONAL *adj.* Eneágono, eneagonal.

ENEÁGONO *m.* Eneágono.

ENEANDRIA *(dría) f.* Eneandria.

ENEANDRO, DRA *adj.* Eneantero, eneandro.

ENEANTERA *f.* Eneandria.

ENEAPÉTALO, LA *(pè) adj.* Que tiene nueve pétalos.

ENEASPERMO, MA *(pèr) adj.* Eneaspermo.

ENEASSÍLABO, BA *(sí) adj.* Eneasílabo.

ENEBRIAMENTO *m.* Embriaguez. Enajenamiento, transporte, embeleso.

ENEBRIANTE *adj.* Que embriaga, enajena o embelesa; delicioso.

ENEBRIAR *v. tr.* Embriagar. Embelesar, enajenar. Deleitar.

ENEBRIATIVO, VA *adj.* Lo mismo que ENE-BRIANTE.

ENEGRECEDOR, RA *adj.* Que ennegrece.

ENEGRECER *v. tr.* Ennegrecer. Ú. t. c. r. e intr.

ENEGRECIMENTO *m.* Ennegrecimiento.

ENEMA *m.* Enema. Ayuda, lavativa.

ÉNEO, A (é) *adj. poét.* Éneo, de bronce.

ENERGÉTICA (jè) *f. Fil.* Energetismo. Ciencia de la energía.

ENERGIA (jía) *f.* Energía, vigor, fuerza, virtud, eficacia, actividad; entereza de ánimo.

ENERGICAMENTE (nèrji) *adv. m.* Enérgicamente.

ENÉRGICO, CA (nèrji) *adj.* Enérgico.

ENERGIZAR (jizar) *v. tr.* Dar energía a.

ENERGÚMENO *m.* Energúmeno (persona endemoniada o furiosa, exaltada, alborotada).

ENERVAÇÃO (sáum) *f.* Enervación. Distribución de los nervios en el organismo.

ENERVADO, DA *adj.* Enervado, débil, flaco.

ENERVAMENTO *m.* Enervamiento, enervación.

ENERVANTE *adj.* Enervante, que enerva, debilita o quita las fuerzas.

ENERVAR *v. tr.* Enervar. Ú. t. c. r. *v. r.* Afeminarse.

ENERVE (nèr) *adj.* Flaco, débil, afeminado.

ENESGADO, DA *adj.* Nesgado.

ENESGAR *v. tr.* Nesgar. *v. intr.* Tomar figura de nesga.

ENÉTICO, CA (nè) *adj.* Enético, letal, mortal.

ENEVOADO, DA *adj. P. p. de Enevoar.* Nublado. Oscurecido. Oscuro, obscuro, confuso.

ENEVOAR *v. tr.* Nublar. Obscurecer, oscurecer. *v. r.* Nublarse.

ENFACEIRAR-SE *v. r.* Adornarse; emperejilarse; acicalarse, vestirse con elegancia.

ENFADADIÇO, ÇA (so) *adj.* Enfadadizo; irascible.

ENFADADO, DA *adj.* Enfadado, enojado; disgustado. Cansado.

ENFADAMENTO *m.* Enfado, enojo.

ENFADAR *v. tr.* Enfadar, enojar. Ú. t. c. r. *v. r.* Cansarse.

ENFADO *m.* Enfado, enojo. Cansancio.

ENFADONHAMENTE (ña) *adv. m.* Enfadosamente.

ENFADONHO, NHA (ño) *adj.* Enfadoso, molesto.

ENFADOSAMENTE (dòza) *adv. m.* Enfadosamente.

ENFADOSO, SA (dozo, òza) *adj.* Enfadoso, molesto.

ENFAIXADO, DA (cha) *adj. P. p. de Enfaixar.* Fajado, enfajado.

ENFAIXAR (char) *v. tr.* Fajar; enfajar (Amer.). Ú. t. c. r.

ENFANICAR-SE *v. r. fam.* Desmayarse, perder el uso de los sentidos.

ENFARADO, DA *adj. P. p. de Enfarar.* Fastidiado. Enfadado, disgustado.

ENFARAMENTO *m.* Fastidio. Enfado.

ENFARAR *v. tr.* Fastidiar. Ú. t. c. r. Fastidiar, enfadar, disgustar. Ú. t. c. r.

ENFARDADEIRA *f.* Enfardadora (máquina).

ENFARDADO, DA *adj.* Enfardado, enfardelado, empaquetado, embalado.

ENFARDADOR *m.* Enfardador.

ENFARDAMENTO *m.* Enfardadura.

ENFARDAR *v. tr.* Enfardar; embalar; empaquetar. Guardar.

ENFARDELAR *v. tr.* Enfardelar, enfardar.

ENFARINHADAMENTE (ña) *adv. m.* Disimulada, ambiguamente.

ENFARINHADELA (ñadè) *f. fam.* Acto de enharinar o empolvar.

ENFARINHADO, DA (ña) *adj.* Enharinado.

ENFARINHAR (ñar) *v. tr.* Enharinar. Ú. t. c. r. Lo mismo que ESFARELAR.

ENFARO *m.* Hastío, tedio o fastidio.

ENFAROAR *v. tr. Port.* Lo mismo que ENFARAR.

ENFAROSO, SA (rozo, òza) *adj.* Lo mismo que ENFARADO. Enfadoso, enojoso.

ENFARPELADO, DA *adj. P. p. de Enfarpelar.* Vestido con traje nuevo.

ENFARPELAR *v. tr.* Endomingar; vestir con traje nuevo. Ú. t. c. r.

ENFARRAPAR *v. tr. pop.* Vestir con harapos. Ú. t. c. r.

ENFARRUSCADO, DA *adj.* Tiznado; sucio; negro. Encapotado (el cielo).

ENFARRUSCAMENTO *m.* Encapotadura. Estado de nublado o encapotado (hablando del cielo).

ENFARRUSCAR *v. tr.* Tiznar o ennegrecer con el carbón. Ú. t. c. r. Ensuciar. Poner el rostro ceñudo y severo. *v. r.* Encapotarse (el cielo; poner el rostro ceñudo y severo).

ENFARTAÇÃO (sáum) *f.* Hartada, hartazgo. Infartación.

ENFARTADO, DA *adj.* Harto, lleno. Entupido, obstruído. Infartado.

ENFARTAMENTO *m.* Hartada, hartazgo. Infartación. Obstrucción.

ENFARTAR *v. tr.* Hartar, llenar. Entupir, obstruir. Infartar.

ENFARTE *m.* Hartada, hartazgo. Obstrucción. Infarte.

ENFASTIADAMENTE *adv. m.* Fastidiosamente; hastiosamente.

ENFASTIADIÇO, ÇA (so) *adj.* Hastioso. Fastidioso. Enfadoso, enojoso, importuno.

ENFASTIADO, DA *adj. P. p. de Enfastiar.* Fastidiado, enhastiado, hastiado; enojado, enfadado.

ENFASTIAMENTO *m.* Acto de

ENFASTIAR *v. tr.* Fastidiar, enhastiar, hastiar, enojar, enfadar, disgustar. Ú. t. c. r.

ENFASTIOSO, SA (ozo, òza) *adj.* Fastidioso, hastioso.

ENFATICAMENTE *adv. m.* Enfáticamente.

ENFÁTICO, CA *adj.* Enfático.

ENFATISMO *m.* Calidad de enfático.

ENFATIZAR (zar) *v. tr.* Decir o escribir con énfasis.

ENFATUAÇÃO (sáum) *f.* Infatuación.

ENFATUADAMENTE *adv. m.* Con infatuación.

ENFATUADO, DA *adj. P. p. de Enfatuar.* Infatuado.

ENFATUAMENTO *m.* Infatuación.

ENFATUAR *v. tr.* Infatuar, engreir. Ú. t. c. r.

ENFEAR *v. tr.* Afear.

ENFEBRAR *v. tr.* Producir fiebre.

ENFEDORENTADO, DA *adj.* Fétido, hediondo.

ENFEIRAR *v. tr.* Comprar en la feria. Ú. t. c. intr.

ENFEITADO, DA *adj. P. p. de Enfeitar.* Adornado, ataviado, afeitado, hermoseado, compuesto.

ENFEITADOR, RA *adj.* Que adorna, afeita, compone, endereza o hermosea.

ENFEITAR *v. tr.* Adornar, afeitar, componer, hermosear, embellecer, ataviar, acicalar. Ú. t. c. r. Pretextar, colorir.

ENFEITE *m.* Afeite, adorno, compostura, atavío, aderezo.

ENFEITIÇADO, DA (sa) *adj. P. p. de Enfeitiçar.* Hechizado. Encantado, embelesado, cautivado. Embrujado.

ENFEITIÇAMENTO (sa) *m.* Acción de hechizar. Embeleso. Embrujamiento.

ENFEITIÇAR (sar) *v. tr.* Hechizar. Embrujar. Hechizar, embelesar, cautivar, encantar.

ENFEIXADO, DA (cha) *adj. P. p. de Enfeixar.* Agavillado. Hacinado. Amanojado.

ENFEIXAMENTO (cha) *m.* Acción de agavillar. Amanojamiento. Hacinamiento.

ENFEIXAR (char) *v. tr.* Agavillar. Amanojar. Hacinar. Reunir, juntar.

ENFELPAR *v. tr.* Afelpar, enfelpar.

ENFELTRAR *v. tr.* Fieltrar. Cubrir con fieltro.

ENFENECER *v. intr.* Lo mismo que FENECER.

ENFERMAGEM (jem) *f.* Oficio de enfermero. Conjunto de enfermeros.

ENFERMAR *v. tr.* Enfermar, causar enfermedad. *v. intr.* Enfermar, contraer enfermedad.

ENFERMARIA (ría) *f.* Enfermería.

ENFERMEIRA *f.* Enfermera.

ENFERMEIRO *m.* Enfermero.

ENFERMIÇO, ÇA (sa) *adj.* Enfermizo, achacoso, enclenque.

ENFERMIDADE *f.* Enfermedad.

ENFERMO, MA (fér) *adj. y s.* Enfermo.

ENFERRUJADO, DA (ja) *adj.* Aherrumbrado, enmohecido. Cubierto de añublo; atizonado, arroyado.

ENFERRUJAR (jar) *v. tr.* Enmohecer. *v. intr.* Enmohecerse, aherrumbrarse. Arroyarse, atizonarse.

ENFERVECER-SE *v. r.* Enfervorizarse.

ENFESTA (fès) *f.* Lo mismo que CUMIADA.

ENFESTADO, DA *adj.* Doblado a lo largo, por en medio (dícese del paño). Ancho (hablando de paños).

ENFESTAR *v. tr.* Fastidiar, hastiar, disgustar.

ENFESTAR *v. tr.* Doblar el paño por en medio y a lo largo. Arrollar de esta manera el paño. Aumentar, añadir.

ENFESTOAR *v. tr.* Lo mismo que AFESTOAR.

ENFESTONAR *v. tr.* Adornar con festones.

ENFEUDAÇÃO (sáum) *f.* Enfeudación.

ENFEUDAR *v. tr.* Enfeudar. Sujetar, avasallar. *v. r.* Entregarse, quedar perteneciendo a una persona, partido, opinión, etc.

ENFEZADO, DA *adj. P. p. de Enfezar.* Raquítico, flaco, débil, canijo, enclenque, enfermizo, enteco, entecado, mal desarrollado. Enfadado, enojado; encolerizado.

ENFEZAMENTO (za) *m.* Enojo, enfado. Estado de *Enfezado*. Acto de

ENFEZAR (zar) *v. tr.* Causar heces. Encanijar. Impedir el desarrollo de una persona, animal o planta. Fastidiar, enojar, enfadar, irritar, encolerizar. *Bras. v. intr.* Divertirse mucho en los carnavales.

ENFEZINAR (zi) *v. tr.* Lo mismo que AZUCRINAR.

ENFIAÇÃO (sáum) *f.* Lo mismo que ENFIAMENTO.

ENFIADA *f.* Fila. Sarta. Hilera. Ensarte. Hilada.

ENFIADEIRA *f.* Ensartadora.

ENFIADO, DA *adj. P. p. de Enfiar.* Enfilado. Ensartado. Enhebrado. Pálido. Corrido, avergonzado. Ahilado. Dirigido, encaminado, enderezado.

ENFIADURA *f.* Hebra. Ensarte. Hilo. Ojo de la aguja. Lo mismo que

ENFIAMENTO *m.* Acto de enhebrar. Enfilamiento. Fila; hilera. Pasmo, susto, perturbación, palidez.

ENFIAR *v. tr.* Enfilar. Enhebrar. Ensartar. Atravesar, introducir. Vestir. Calzar. Ensartar, enhebrar, decir seguidamente muchas cosas. Correr, andar, seguir. Entrar. *Mil.* Enfilar, batir de flanco, de costado. Vencer. Beber (un vaso trás otro). *v. intr.* Enderezar, encaminarse rectamente para algún lugar.

ENFIEIRA *f.* Lo mismo que FIEIRA.

ENFILEIRADO, DA *adj. P. p. de Enfileirar.* Enfilado, puesto en fila o hilera.

ENFILEIRAMENTO *m.* Enfilamiento.

ENFILEIRAR *v. tr.* Enfilar, poner en fila o hilera, alinear. Ú. t. c. r.

ENFIM *adv.* En fin, por fin, finalmente, últimamente, al fin.

ENFISEMA (ze) *m. Pat.* Enfisema.

ENFISEMÁTICO, CA (ze) *adj.* Enfisematoso.

ENFISTULAR *v. tr.* Causar fístola. *v. r.* Enfistolarse.

ENFITAR *v. tr.* Encintar, adornar con cintas.

ENFITAR-SE *v. r.* Fijarse, mirar con atención.

ENFITEUSE (ze) *f.* Enfiteusis.

ENFITEUTA *m.* Enfiteuta.

ENFITEUTICAÇÃO (sáum) *f.* Cesión por enfiteusis.

ENFITEUTICAR *v. tr.* Ceder por enfiteusis.

ENFITÉUTICO, CA (téu) *adj.* Enfitéutico.

ENFIVELAMENTO *m.* Acto de enhebillar.

ENFIVELAR *v. tr.* Enhebillar. Adornar con hebillas.

ENFLORAR *v. tr.* Hacer florecer. *v. intr. y r.* Florecer.

ENFLOREAR *v. tr. e intr.* Lo mismo que

ENFLORESCER *v. tr. e intr.* Lo mismo que ENFLORAR.

ENFOBIAR *v. tr.* Emedrentar.

ENFOCAÇÃO (sáum) *f.* Enfoque.

ENFOCAR *v. tr. Fot.* Enfocar.

ENFOLHADO, DA (lla) *adj.* Cubierto de hojas.

ENFOLHAMENTO (lla) *m.* Acto de

ENFOLHAR (llar) *v. intr.* Cubrirse de hojas; echar hojas. Ú. t. c. r.

ENFOLHESCÊNCIA (llescén) *f. Bot.* Foliación, foliatura.

ENFORCADO, DA *adj. P. p. de Enforcar.* Ahorcado. Ú. t. c. s.

ENFORCAMENTO *m.* Ahorcadura, ahorcamiento.
ENFORCAR *v. tr.* Ahorcar. Ú. t. c. r. *v. r. fig.* Ahorcarse, hallarce en grave apuro.
ENFORJAR *(jar) v. tr.* Poner algo en la fragua.
ENFORMAÇÃO *(sáum) f.* Acto de ahormar.
ENFORMADO, DA *adj. P. p.* de *Enformar.* Ahormar.
ENFORMAR *v. tr.* Ahormar. Amoldar.
ENFORMOSAR *(zar) v. tr.* Lo mismo que
ENFORMOSEAR *(zear) v. tr.* Hermosear, embellecer.
ENFORNADO, DA *adj. P. p.* de *Enfornar.* Enhornado.
ENFORNAR *v. tr.* Enhornar, ahornar.
ENFORQUILHAR *(llar) v. tr.* Ahorquillar. *v. r.* Ahorcajarse.
ENFORTIR *v. tr.* Enfurtir.
ENFRANQUE *m. Art.* y *Of.* Enfranque.
ENFRANQUEAR *v. tr.* Hacer el enfranque.
ENFRAQUECEDOR, RA *adj.* Que debilita, que enflaquece o enerva.
ENFRAQUECER *v. tr.* Debilitar, enflaquecer, enervar. Ú. t. c. r. e intr.
ENFRAQUECIDO, DA *adj. P. p.* de *Enfraquecer.* Enflaquecido, flaco, debilitado, enervado.
ENFRAQUECIMENTO *m.* Enflaquecimiento; debilitación, debilitamiento.
ENFRAQUENTAR *v. tr.* Lo mismo que ENFRAQUECER.
ENFRASCADO, DA *adj.* Enfrascado, metido en frasco. Emborrachado. Instruído, sabedor de un asunto.
ENFRASCAMENTO *m.* Acto de enfrascar. Enfrascamiento.
ENFRASCAR *v. tr.* Enfrascar, echar algo en frascos. *v. r.* Emborracharse. Enfrascarse. Procurar saber o instruírse. Encarnizarse.
ENFRAXIA *(xía) f. Med.* Enfraxia.
ENFREADO, DA *adj. P. p.* de *Enfrear.* Enfrenado. Refrenado.
ENFREADOR, RA *adj.* Enfrenador. Refrenador. *m.* Enfrenador.
ENFREAMENTO *m.* Enfrenamiento. Refrenamiento.
ENFREAR *v. tr.* Enfrenar. Refrenar.
ENFRECHADURA *(cha) f. Mar.* Flechadura.
ENFRECHAR *(char) v. tr. Mar.* Poner los flechastes.
ENFRECHATE *(cha) m. Mar.* Flechaste.
ENFRENESIAR *(ziar) v. tr.* Causar frenesí, volver frenético. Ú. t. c. r.
ENFRENTAMENTO *m.* Acto de encarar, enfrentar o afrontar.
ENFRENTAR *v. tr.* Enfrentar, afrontar, poner frente a frente. Ú. t. c. intr. y r. Enfrontar. Afrontar, hacer frente. Arrostrar, resistir. Encarar.
ENFRESTADO, DA *adj.* Lleno de grietas o henduras.
ENFRESTAR *v. tr.* Hacer grietas.
ENFRIAR *v. tr.* Enfriar.
ENFROIXECER *(checer) v. tr.* Lo mismo que ENFROUXECER.
ENFRONDAR *v. tr.* Hacer frondoso.
ENFRONDECIDO, DA *adj.* Frondoso.
ENFRONHAR *(ñar) v. tr.* Enfundar (una almohada). Vestir o calzar apresuradamente. Revestir. Disimular, ocultar, encubrir. Instruir, informar; hacer sabedor. Ú. m. c. r. — *se en fidalguias.* Presumir de hidalgo.
ENFROUXECER *(checer) v. tr.* Aflojar.
ENFRUTECER *v. intr.* Fructificar.
ENFULIJAR *(jar) v. tr.* Enhollinar.
ENFUMAÇADO, DA *(sa) adj.* Humoso (dícese del lugar o sitio que contiene humo o donde el humo se esparce).
ENFUMAÇAR *(sar) v. tr.* Lo mismo que
ENFUMAR *v. tr.* Lo mismo que
ENFUMARAR *v. tr.* Ahumar, llenar de humo, poner humoso.
ENFUNAÇÃO *(sáum) f.* Presunción, presuntuosidade, vanagloria.
ENFUNADO, DA *adj. P. p.* de *Enfunar.* Hinchado (dícese de las velas). Presuntuoso, vanidoso, soberbio.

ENFUNAR *v. tr.* Llenar, henchir. Ú. t. c. r. Hinchar (el viento a las velas). Ú. t. c. r. *v. r.* Engreírse, ensoberbecerse.
ENFUNILADO, DA *adj.* Lo mismo que AFUNILADO.
ENFUNILAMENTO *m.* Acción y efecto de
ENFUNILAR *v. tr.* Lo mismo que AFUNILAR.
ENFUNISCAR-SE *v. r. Port.* Enfurruñarse.
ENFURECER *v. tr.* Enfurecer. Ú. t. c. intr. y r.
ENFURECIMENTO *m.* Enfurecimiento.
ENFURIADO, DA *adj.* Enfurecido, furioso.
ENFURIAR *v. tr.* Lo mismo que ENFURECER. Ú. t. c. intr. y r.
ENFURNAR *v. tr.* Encovar. *fig.* Encovar, guardar, encerrar. Lo mismo que ENCAFUAR.
ENFUSAR *(zar) v. tr.* Lo mismo que ENCALHAR.
ENFUSCA *f.* Escondite.
ENFUSCADO, DA *adj.* Oscurecido.
ENFUSCAR *v. tr.* Oscurecer. Ú. t. c. r. e intr.
ENGABELAÇÃO *(sáum) f.* Embaucamiento, embeleco.
ENGABELADOR, RA *adj.* Camelador. Embaucador, embelecador. Engolosinador.
ENGABELAMENTO *m.* Lo mismo que ENGABELAÇÃO.
ENGABELAR *v. tr.* Camelar. Embaucar, embelecar. Engolosinar. Engatusar, encantusar.
ENGABELO *(bé) m.* Lo mismo que ENGABELAÇÃO.
ENGAÇAR *(sar) v. tr.* Desterronar.
ENGAÇO *(so) m.* Escobajo. Bagazo. Rastrillo.
ENGADANHAR-SE *(ñar) v. tr.* Engarabitarse (los dedos, las manos). *fig.* Embarazarse.
ENGAIOLADO, DA *adj. P. p.* de *Engaiolar.* Enjaulado. *fig.* Enjaulado, encarcelado.
ENGAIOLAR *v. tr.* Enjaular. *fig. fam.* Enjaular, encarcelar.
ENGAJADO, DA *(ja) adj. P. p.* de *Engajar.* Contratado para servicio personal. Alistado (en la milicia).
ENGAJAMENTO *(ja) m.* Contrato. Alistamiento.
ENGAJAR *(jar) v. tr.* Contratar para servicio personal. *v. r.* Alistarse, sentar plaza en la milicia.
ENGALANADO, DA *adj. P. p.* de *Engalanar.* Engalanado, adornado.
ENGALANAR *v. tr.* Engalanar, adornar. Ú. t. c. r.
ENGALANEAR *v. tr.* Lo mismo que ENGALANAR.
ENGALAR *v. r. Equit.* Engallarse. Ú. t. c. tr. *fig.* Engallarse, ensoberbecerse.
ENGALFINHAR *(ñar) v. tr.* Introducir. Agarrar, asir. *v. r.* Agarrarse, asirse, reñir, contender de obra.
ENGALGAR *v. tr.* Engalgar (hacer que la liebre o el conejo sean perseguidos por el galgo).
ENGALHARDEAR *(llar) v. tr.* Lo mismo que ENGALHARDETAR.
ENGALHARDECER *(llar) v. tr.* Poner gallardo.
ENGALHARDETAR *(llar) v. tr.* Adornar con gallardetes. Embanderar.
ENGALHOPADO, DA *(llo) adj. P. p.* de *Engalhopar.* Engañado, burlado.
ENGALHOPAR *v. tr.* Engañar, burlar.
ENGALIAR-SE *v. r. Port.* Lo mismo que ENGALFINHAR (v. r.).
ENGALINHADO, DA *(ña) adj. P. p.* de *Engalinhar.* Infeliz, que tiene mala suerte.
ENGALINHAR *(ñar) v. tr. fam.* Lo mismo que ENCALISTAR.
ENGAMBELAÇÃO *(sáum) f.* Lo mismo que ENGABELAÇÃO.
ENGAMBELADOR, RA *adj.* Lo mismo que ENGABELADOR.
ENGAMBELAMENTO *m.* Lo mismo que ENGABELAMENTO.
ENGAMBELAR *v. r.* Lo mismo que ENGABELAR.
ENGAMBELO *(bé) m.* Lo mismo que ENGABÊLO.
ENGANADAMENTE *adv. m.* Engañada, equivocadamente.
ENGANADEIRO, RA *adj. fam.* Lo mismo que ENGANADOR.
ENGANADIÇO, ÇA *(so) adj.* Engañadizo.
ENGANADO, DA *adj. P. p.* de *Enganar.* Engañado. Seducido. Equivocado. Traicionado.
ENGANADOR, RA *adj.* Engañador.

ENGANAR *v. tr.* Engañar (hacer crer lo que no es cierto; entretener, distraer; producir ilusión de los sentidos alguna cosa). Seducir. Traicionar. *v. r.* Engañarse (rechazar la verdad, por agradar más el error; equivocarse).
ENGANA-VISTA *f.* Engañifa.
ENGANCHAR *(char) v. tr.* Enganchar (agarrar con gancho o colgar de él alguna cosa). Ú. t. c. r. Dar figura de gancho a alguna cosa.
ENGANCHE *(che) m.* Enganchamiento, enganche.
ENGANIDO, DA *adj. Port.* Aterido.
ENGANJENTO, TA *(jen) adj.* Engreído, infatuado. Lo mismo que RABUGENTO.
ENGANO *m.* Engaño, falta de verdad, trampa, fraude, embeleco.
ENGANOSAMENTE *(nòza) adv. m.* Engañosamente.
ENGANOSO, SA *(nozo, òza) adj.* Engañoso.
ENGAR *v. intr.* Acostumbrarse. Obstinarse.
ENGARAPAR *v. tr.* Lo mismo que ENGABELAR.
ENGARAVITADO, DA *adj.* Aterido.
ENGARAVITAR-SE *v. r.* Aterirse.
ENGARGANTAR *v. tr.* Engargantar (introducir algo por la garganta; meter el pie hasta la garganta en el estribo).
ENGARRAFADEIRA *f.* Embotelladora. Máquina para embotellar.
ENGARRAFADO, DA *adj. P. p.* de *Engarrafar.* Embotellado (en sentido recto y figurado).
ENGARRAFADOR, RA *adj.* Embotellador. Ú. t. c. s.
ENGARRAFAGEM *(jem) f.* Enbotellado, embotellamiento.
ENGARRAFAMENTO *m.* Embotellamiento, embotellado.
ENGARRAFAR *v. tr.* Embotellar. *fig.* Embotellar (encerrar a uno sin dejarle más salida que un solo punto pequeño).
ENGARUPAR-SE *v. r.* Montar en la grupa de la caballería.
ENGASGADO, DA *adj. P. p.* de *Engasgar.* Atragantado. Apretado, obstruido; atrampado. Corrido, avergonzado.
ENGASGALHADO, DA *(lla) adj.* Apretado, obstruido, embarazado.
ENGASGALHAR-SE *(llar) v. r. fam.* Agarrarse, asirse, reñir, contender de obra. Atragantarse.
ENGASGAMENTO *m.* Atragantamiento.
ENGASGAR *v. intr.* Atragantarse. *fig.* Atragantarse, cortarse o turbarse hablando. Ú. t. c. s. *v. r. fig.* Atramparse en alguna cosa. *v. tr.* Impedir de hablar.
ENGASGO *m.* Atragantamiento. Embarazo. Obstáculo. Obstrucción.
ENGASQUE *m.* Lo mismo que ENGASGO.
ENGASTADO, DA *adj. P. p.* de *Engastar.* Engastado, encajado, embutido.
ENGASTADOR, RA *adj.* Engastador. Ú. t. c. s.
ENGASTAMENTO *m.* Engastadura.
ENGASTAR *v. tr.* Engastar, encajar, embutir, enclavar.
ENGASTE *m.* Engaste, engastadura. Engaste (guarnición metálica que abraza lo que se engasta).
ENGASTOAR *v. tr.* Lo mismo que ENGASTAR.
ENGATADO, DA *adj. P. p.* de *Engatar.* Lañado, engrapado. Enganchado. Engatillado.
ENGATAR *v. tr.* Lañar; engrapar. Unir y asegurar con gatos de metal. Enganchar (las caballerías a un carruaje los vagones, etc.). Engatillar (sujetar con gatillos; unir por procedimiento del engatillado).
ENGATE *m.* Enganche. Laña, grapa. Grapón. Gancho.
ENGATILHADO, DA *(lla) adj. P. p.* de *Engatilhar.* Amartillado (hablando de un arma de fuego).
ENGATILHAR *(llar) v. tr.* Montar o amartillar (un arma de fuego). *fig.* Preparar, disponer.
ENGATINHAR *(ñar) v. intr.* Gatear, andar a gatas. Ser principiante en algún arte o ciencia.
ENGAVELADO, DA *adj. P. p.* de *Engavelar.* Engavillado, agavillado.
ENGAVELAR *v. tr.* Engavillar, agavillar.
ENGAVETAR *v. tr.* Encajonar, meter o guardar en cajón o gaveta.
ENGAXÓ *(cho) m.* Rastrillo.

ENGAZOPAÇÃO *(zo*pasáum*)* *f.* Engaño, fraude, burla.

ENGAZOPADO, DA *(zo)* *adj.* P. p. de *Engazopar.* Engañado, burlado.

ENGAZOPAMENTO *(zo)* *m.* Lo mismo que EN-GAZOPAÇÃO.

ENGAZOPAR *(zo)* *v. tr.* Engañar, burlar, embair, embaucar, engatusar, encantusar; confundir, embarazar.

ENGEITADO, DA *(jei)* *adv.* y *m.* Lo mismo que ENJEITADO.

ENGEITADOR, RA *(jei)* *adj.* Lo mismo que ENJEITADOR.

ENGEITAMENTO *(jei)* *m.* Lo mismo que ENJEITAMENTO.

ENGEITAR *(jei)* *v. tr.* Lo mismo que ENJEITAR.

ENGELHADO, DA *(jella)* *adj.* P. p. de *Engelhar.* Arrugado. Mustio, marchito. Embarazado, entrampado.

ENGELHAR *(jellar)* *v. tr.* Arrugar. Abarquillar. Marchitar, enmustiar. *v. intr.* Arrugarse. Ú. t. c. r. Marchitarse, enmustiarse, secarse.

ENGENDRAÇÃO *(jendrasáum)* *f.* Engendramiento. Ingeniatura. Acción de ingeniar.

ENGENDRADO, DA *(jen)* *adj.* P. p. de *Engendrar.* Engendrado. Ingeniado.

ENGENDRADOR, RA *(jen)* *adj.* Engendrador. Ingeniador.

ENGENDRAR *(jen)* *v. tr.* Engendrar, gerar. *fig.* Engendrar, producir, causar. Ingeniar.

ENGENDRO *(jen)* *m.* Origen, producción.

ENGENHADOR, RA *(jeña)* *adj.* Ingeniador.

ENGENHAR *(jeñar)* *v. tr.* Ingeniar, trazar ingeniosamente, idear, imaginar, inventar. Maquinar, urdir, tramar artificiosamente.

ENGENHARIA *(jeñaría)* *f.* Ingeniería.

ENGENHEIRAL *(jeñei)* *adj. despect.* Propio de ingeniero.

ENGENHEIRO *(jeñei)* *m.* Ingeniero.

ENGENHO *(jeño)* *m.* Ingenio. Ingenio, intuición, talento, inspiración. Invento. Ingenio (industria, habilidad, maña; máquina o artificio de guerra; persona dotada de ingenio; instrumento de encuadernador). Ingenio de azúcar. Fábrica de papel. *fam.* Ingenio, cualquier máquina o artificio mecánico.

ENGENHOCA *(jeñò)* *f. fam.* Máquina, maquinismo. Ardil, trampa. Pequeño ingenio de azúcar. Caña (aguardiente). Maquinismo de fácil invención. Cosa mal hecha o complicada.

ENGENHOSAMENTE *(jeñòza)* *adv. m.* Ingeniosamente.

ENGENHOSO, SA *(jeñozo, òza)* *adj.* Ingenioso.

ENGERIDO, DA *(je)* *adj.* P. p. de *Engerir-se.* Aterido.

ENGERIR-SE *(je)* *v. r.* Aterirse.

ENGERIZAR *(jerizar)* *v. tr.* Lo mismo que ENJERIZAR.

ENGEROCAR *(je)* *v. tr. fam.* Ingeniar, inventar.

ENGESSADOR, RA *(jesa)* *adj.* y *m.* Enyesador.

ENGESSADURA *(jesa)* *f.* Enyesadura.

ENGESSAR *(jesar)* *v. tr.* Enyesar, cubrir con yeso; blanquear con yeso.

ENGLOBADAMENTE *adv. m.* En globo.

ENGLOBAMENTO *m.* Acción y efecto de

ENGLOBAR *v. tr.* Incluir, juntar, considerar reunidas varias cosas en una sola; englobar *(neol.).*

ENGODADO, DA *adj.* P. p. de *Engodar.* Camelado; engañado; engatusado; Entruchado; embaucado.

ENGODADOR, RA *adj.* Embaucador; camelador; engatusador.

ENGODAMENTO *m.* Cebadura (acción de cebar para atraer). Engatusamiento; embaucamiento; embeleco.

ENGODAR *v. tr.* Cebar (para atraer). Camelar. Engatusar. Encantusar. Embaucar, embelecar. Engañar.

ENGODILHADO, DA *(lla)* *adj.* Que tiene grumos nudos. Enmarañado, enredado, embarazado.

ENGODILHAR *(llar)* *v. tr.* Llenar de grumos o nudos. *v. r.* Enmarañarse, embarazarse.

ENGODO *(gó)* *m.* Cebo (para cazar o pescar). Engaño, artificio. Adulación, zalamería. Lo mismo que CHAMARIZ.

ENGOIAR-SE *v. r. fam.* Enflaquecer, adelgazarse. Entristecer.

ENGOIO *m.* Tristeza. Enflaquecimiento.

ENGOLFAR *v. tr.* e *intr.* Engolfar. *v. r. fig.* Engolfarse. Atascarse, atollarse (en sentido propio y figurado).

ENGOLIÇÃO *(sáum)* *f.* Engullimiento. Acto de tragar.

ENGOLIDEIRAS *f. pl. fam.* Tragaderas, tragadero.

ENGOLIDOR, RA *adj.* Tragador. Engullidor.

ENGOLIR *v. tr.* Tragar (hacer que una cosa pase por el tragadero). Tragar, engullir. *fig.* Tragar.

ENGOMADARIA *(ría)* *f.* Establecimiento donde se almidona la ropa.

ENGOMADEIRA *f.* Planchadora.

ENGOMADELA *(dè)* *f.* Lo mismo que ENGOMADURA.

ENGOMADO, DA *adj. fig.* Almidonado. P. p. de *Engomar.* *m.* Conjunto de ropa almidonada. Planchado (conjunto de ropa planchada).

ENGOMADOR *adj.* Que almidona. *m.* Planchador.

ENGOMADURA *f.* Acción y efecto de almidonar. Planchado (Acción y efecto de planchar).

ENGOMAGEM *(jem)* *f.* Acción y efecto de almidonar. Encolamiento (de los vinos).

ENGOMAR *v. r.* Almidonar. Planchar. Encolar (clarificar con cola los vinos).

ENGONÇADO, DA *(sa)* *adj.* P. p. de *Engonçar.* Engoznado, que tiene goznes.

ENGONÇAR *(sar)* *v. tr.* Engoznar.

ENGONÇO *(so)* *m.* Gozne.

ENGONHA *(ña)* *f. Port.* Pereza.

ENGORDA *(gòr)* *f.* Engorde; cebadura. Engodadero. Invernadero.

ENGORDAMENTO *m.* Acción y efecto de

ENGORDAR *v. tr.* Engordar, cebar. *v. intr.* Engordar, ponerse gordo. Enriquecerse, engordar.

ENGORDE *(gòr)* *m.* Engorde.

ENGORDURAMENTO *m.* Engrasamiento, engrasación.

ENGORDURAR *v. tr.* Engrasar.

ENGORGITAR *(ji)* *v. tr.* Engullir, tragar con apresuramiento; tragar, comer vorazmente. Llenar, atascar, obstruir. Infartar. *v. intr.* Llenarse, hartarse, atracarse. Ú. t. c. r. Atramparse, cegarse. Ú. t. c. r. *fig.* Enfangarse.

ENGORLAR *v. tr.* Lo mismo que ENGROLAR.

ENGOROVINHADO, DA *(ña)* *adj.* Embarazado. Arrugado.

ENGORVILHAMENTO *(lla)* *m.* Lo mismo que ESGRUVINHAMENTO.

ENGRAÇADAMENTE *(sa)* *adv. m.* Graciosamente (con gracia).

ENGRAÇADO, DA *(sa)* *adj.* P. p. de *Engraçar.* Gracioso, divertido, chistoso, agudo.

ENGRAÇAMENTO *(sa)* *m.* Galantería, gracia, elegancia. Confianza.

ENGRAÇAR *(sa)* *v. tr.* Dar gracia o galantería; agraciar. Hacer gracioso, chistoso, agudo. Realzar. Congraciar. Ú. t. c. r. *v. intr.* Agradar, gustar, caer en gracia; simpatizar; ver con buenos ojos.

ENGRADADO, DA *adj.* P. p. de *Engradar.* Enrejado. De figura de reja. *m.* Caja enrejada.

ENGRADAMENTO *m.* Acción y efecto de

ENGRADAR *v. tr.* Enrejar, cercar con rejas o enrejador. *Carp.* Encajar, embeber.

ENGRADEAR *v. tr.* Lo mismo que ENGRADAR.

ENGRAECER *v. intr.* Granar.

ENGRAIXADELA *(chadè)* *f.* Lo mismo que ENGRAXADELA.

ENGRAIXADO, DA *(cha)* *adj.* Lo mismo que ENGRAXADO.

ENGRAIXADOR, RA *(cha)* *adj.* Lo mismo que ENGRAXADOR.

ENGRAIXAMENTO *(cha)* *m.* Lo mismo que ENGRAXAMENTO.

ENGRAIXAR *(cha)* *v. tr.* Lo mismo que ENGRAXAR.

ENGRAMBELAR *v. tr.* Lo mismo que ENGABELAR.

ENGRAMPADOR, RA *adj.* Embaucador, engañador.

ENGRAMPAR *v. tr.* Engañar, embaucar, burlar.

ENGRANDECEDOR, RA *adj.* Engrandecedor.

ENGRANDECER *v. tr.* Engrandecer (aumentar, agrandar; alabar, encomiar, ponderar; elevar a un alto cargo o dignidad). Ú. t. c. r.

ENGRANDECIMENTO *m.* Engrandecimiento.

ENGRANZAGEM *(zajem)* *f.* Lo mismo que

ENGRANZAMENTO *(za)* *m.* Acción y efecto de

ENGRANZAR *v. tr.* Engarzar. Ensartar. Eslabonar. Engranar. Enfilar. Endentar.

ENGRAVATADO, DA *adj.* Que trae la corbata puesta. Emperejilado; adornado.

ENGRAVATAR-SE *v. r.* Ponerse la corbata. Emperejilarse; acicalarse.

ENGRAVATIZAR-SE *(zar)* *v. r.* Lo mismo que ENGRAVATAR-SE.

ENGRAVECER *v. intr.* Engravecerse. Ú. t. c. r. *v. tr.* Engravecer; agravar.

ENGRAVITAR-SE *v. r.* Engarabitarse.

ENGRAXADELA *(chadè)* *f.* Acto de lustrar o engrasar el calzado. Ligera mano de grasa.

ENGRAXADO, DA *(cha)* *adj.* P. p. de *Engraxar.* Engrasado. Lustrado, limpio (hablando de botas y zapatos). Teñido de negro.

ENGRAXADOR, RA *(cha)* *adj.* Engrasador. *fig.* Adulador, zalamero. *m.* Limpiabotas.

ENGRAXAMENTO *(cha)* *m.* Engrasamiento, engrasación. Acción de limpiar o lustrar el calzado.

ENGRAXAR *(char)* *v. tr.* Engrasar. Limpiar, lustrar (el calzado). *fig.* Adular.

ENGRAXATARIA *(chataría)* *f.* Establecimiento donde trabajan los limpiabotas.

ENGRAXATE *(cha)* *m.* Limpiabotas.

ENGRAZAR *(zar)* *v. tr.* Lo mismo que ENGRANZAR.

ENGRAZULAR *(zu)* *v. tr. Port.* Engañar, burlar.

ENGRENAGEM *(jem)* *f.* Engranaje.

ENGRENAR *v. tr. Mec.* Engranar, endentar.

ENGRIMPAR-SE *v. tr.* Encumbrarse. Encaramarse.

ENGRIMPINAR-SE *v. r.* Lo mismo que

ENGRIMPONAR-SE *v. r.* Lo mismo que ENGRIMPAR-SE.

ENGRINALDAR *v. tr.* Enguirnaldar, adornar con guirnaldas.

ENGROLADO, DA *adj.* P. p. de *Engrolar.* Mal cocido o asado; casi crudo. Chapucero, chafallón; champurreado. Mal estudiado. Lo mismo que ENGAZOPADO.

ENGROLAR *v. tr.* Cocer o asar ligeramente. Chapucear, frangollar, chafallar. Mascar, mascullar. *v. intr.* Quedar mal cocido o asado. Ú. t. c. r.

ENGROSSA *(gròsa)* *adj.* Adulador. Ú. t. c. s. m.

ENGROSSADOR, RA *(sa)* *adj.* Que engruesa. *m.* Adulón, adulador.

ENGROSSAMENTO *(sa)* *m.* Engrosamiento. *fam.* Adulación.

ENGROSSAR *(sar)* *v. tr.* Engrosar, engruesar. Ú. t. c. r. Fertilizar. *fig.* Adular. *v. intr.* Engrosar; crecer, desarrollarse. Engordar, enriquecerse. Ú. t. c. r.

ENGROSSATIVAMENTE *(sa)* *adv. m.* Lisonjeramente, con lisonja. Exageradamente.

ENGROUVINHADO, DA *(ña)* *adj.* Lo mismo que ESGROUVINHADO.

ENGRUMAR *v. intr.* Engrumecerse. *v. tr.* Hacer grumos.

ENGRUNHIDO, DA *(ñi)* *adj.* Perezoso.

ENGUIA *(guía)* *f. Zool.* Anguila.

ENGUIÇADO, DA *(sa)* *adj.* P. p. de *Enguiçar.* Canijo, enclenque, raquítico. Atascado, embarazado. Que tiene mala suerte; que le han hecho mal de ojo. Desarreglado (hablando de maquinismos).

ENGUIÇADOR, RA *(sa)* *adj.* Azaroso. Que o el que hace mal de ojo. Ú. t. c. s. Que desarregla.

ENGUIÇAMENTO *(sa)* *m.* Acción y efecto de

ENGUIÇAR *(sar)* *v. tr.* Hacer mal de ojo. Encanijar; impedir el desarrollo. *v. intr.* Desarreglarse (un maquinismo).

ENGUIÇO *(so)* *m.* Mal de ojo. Azar, mala suerte. Niño canijo. Desarreglo (en un maquinismo). Lo mismo que EMPECILHO.

ENGUINAÇÃO *(sáum)* *f. fam.* Gana, deseo, tentación.

ENGUIRLANDADO, DA *adj.* Enguirnaldado.

ENGUIRLANDAR *v. tr.* Enguirnaldar.

ENGULHADO, DA *(lla)* *adj. fam.* P. p. de *Engulhar.* Nauseado.

ENGULHAMENTO *(lla)* *m.* Acción y efecto de

ENGULHAR *(llar)* *v. intr.* Nausear. Ú. t. c. r. Tener asco. Desear ardientemente.

ENGULHENTO, TA (llen) *adj.* Lo mismo que ENGULHOSO.

ENGULHO (llo) *m.* Basca, náuseas. Persona que causa asco. Gana, deseo, tentación.

ENGULHOSO, SA (llozo, òza) *adj.* Nauseante. Que causa asco.

ENGULOSINAR (zi) *v. tr.* Engolosinar.

ENÍCOLA *adj.* Enícola (que se ocupa en el comercio de vinos).

ENIGMA *m.* Enigma.

ENIGMAR *v. tr.* Enigmatizar.

ENIGMATICAMENTE *adv. m.* Enigmáticamente.

ENIGMÁTICO, CA *adj.* Enigmático.

ENIGMISTA *m.* Enigmatista.

ENJAEZAR (jaezar) *v. tr.* Enjaezar, poner los jaeces o arreos al caballo. Lo mismo que AJAEZAR.

ENJAMBRAR *v. intr.* Alabearse. *v. r.* Correrse, avergonzarse.

ENJANGAR (jan) *v. tr.* Formar una balsa.

ENJAULAR (jau) *v. tr.* Enjaular. *fig.* Enjaular, encarcelar.

ENJEITADO, DA (jei) *adj. P. p.* de *Enjeitar.* Expósito, abandonado. Ú. t. c. s. m. Recusado; reprobado; excusado; rehusado.

ENJEITADOR, RA (jei) *adj.* Que expone o abandona a un niño recién nacido. Que recusa; recusante.

ENJEITAMENTO (jei) *m.* Recusación; repulsa. Acto de exponer o abandonar a un niño recién nacido.

ENJEITAR (jei) *v. tr.* Recusar, no aceptar. Reprobar. Rehusar. Excusar. Exponer, abandonar a un niño recién nacido, para que alguien lo recoja.

ENJERINGONÇAR (jeringonsar) *v. tr. fam.* Ingeniar, planear, idear, imaginar.

ENJERIZAR-SE (jerizar) *v. r.* Enojarse, enfurruñarse.

ENJOADIÇO, ÇA (joadiso) *adj.* Nauseoso, propenso a náuseas; propenso a mareo.

ENJOADO, DA (joa) *adj. P. p.* de *Enjoar.* Nauseado. Mareado. Fastidiado, enojado, enfadado, hastiado. Aburrido, aburridor, cargante, fastidioso.

ENJOAMENTO (joa) *m.* Lo mismo que ENJÔO.

ENJOAR (joar) *v. intr.* Nausear. Ú. t. c. tr. Marearse. Ú. t. c. tr. *v. tr.* Fastidiar, enfadar, molestar, enojar, marear, hastiar, aburrir. Ú. t. c. r.

ENJOATIVO, VA (joa) *adj.* Nauseante, nauseabundo. Aburrido, aburridor, fastidioso, molesto.

ENJÔO (jóo) *m.* Náusea. Mareo. Aburrimiento, enojo, enfado, disgusto, repugnancia. Asco.

ENJOOSO, SA (joozo, joòza) *adj.* Lo mismo que ENJOATIVO.

ENJUGAMENTO (ju) *m.* Acción y efecto de

ENJUGAR (ju) *v. tr.* Enyugar, uncir.

ENLABIAR *v. tr.* Enlabiar, engatusar.

ENLABIRINTAR *v. tr.* Convertir en laberinto.

ENLABUZAR (zar) *v. tr.* Lo mismo que ENLAMBUZAR.

ENLAÇADO, DA (sa) *adj. P. p.* de *Enlaçar.* Enlazado, unido, trabado.

ENLAÇADOR, RA (sa) *adj. y s.* Enlazador.

ENLAÇADURA (sa) *f.* Enlazadura.

ENLAÇAMENTO (sa) *m.* Enlazamiento.

ENLAÇAR (sar) *v. tr.* Enlazar (en todas las acepciones de esta voz). Ú. t. c. r.

ENLACE *m.* Enlace (unión, conexión, trabazón, encadenamiento; parentesco; casamiento).

ENLACRAR *v. tr.* Dar a algo color de lacre.

ENLADEIRADO, DA *adj.* Que hace cuesta, pendiente.

ENLAIVAR *v. tr.* Ensuciar, mancillar.

ENLAMBUZAMENTO (za) *m.* Acción y efecto de

ENLAMBUZAR (zar) *v. tr.* Embadurnar, untar, ensuciar, engrasar. *Pint.* Embadurnar. *v. r.* aprender superficialmente.

ENLAMEADO, DA *adj.* Embarrado, enlodado, enlodazado.

ENLAMEAR *v. tr.* Embarrar, enlodar, enlodazar. Ú. t. c. r. Enlodar, manchar, envilecer, mancillar. Ú. t. c. r.

ENLAMINAR *v. tr.* Plaquear; planchar.

ENLANGUECEDOR, RA *adj.* Que enlanguidece.

ENLANGUECER *v. tr.* Enlanguidecer. *v. intr.* Languidecer.

ENLANGUECIMENTO *m.* Languidez, flaqueza, debilidad.

ENLAPADO, DA *adj.* Encovado. Encavado. Oculto, escondido.

ENLAPAR *v. tr.* Enlapar. Ocultar, esconder. *v. r.* Encavarse.

ENLATADO, DA *adj. P. p.* de *Enlatar.* Emparrado; emparrillado. Conservado en lata o bote de lata.

ENLATAR *v. tr.* Emparrar; emparrillar. Conservar o cerrar en lata o botes de lata.

ENLEADO, DA *adj. P. p.* de *Enlear.* Liado; ligado. Enmarañado, embarazado. Corrido, confuso, embarazado. Amedrentado, asustado. Apocado, tímido. Perplejo, irresoluto. Embelesado.

ENLEAMENTO *m.* Lo mismo que ENLEIO.

ENLEAR *v. tr.* Liar. Ligar. Enlazar. Enredar; enmarañar, embarazar. Ú. t. c. r. Contener, encerrar. Confundir, embarazar, correr, turbar. Ú. t. c. r. Embelesar, cautivar, encantar.

ENLEIO *m.* Acción y efecto de *Enlear.* Ligadura, atadura, lazo. Embarazo; duda; indecisión, irresolución. Perplejidad. Atractivo, encanto.

ENLERDAR *v. tr.* Enlerdar, entorpecer.

ENLEVAÇÃO (sáum) *f.* Elevamiento, elevación, arrobamiento, embelesamiento, embeleso.

ENLEVADO, DA *adj. P. p.* de *Enlevar.* Elevado, transportado, enajenado, embelesado, arrobado, extasiado.

ENLEVADOR, RA *adj.* Extasiador, embelesador, arrobador, elevador, enajenador.

ENLEVAMENTO *m.* Lo mismo que ENLEVAÇÃO.

ENLEVAR *v. intr.* Elevar, extasiar, arrobar, embelesar, enajenar, transportar. Ú. t. c. r.

ENLEVO (lé) *m.* Embeleso, arrobamiento, éxtasis. Encanto, cosa que encanta.

ENLHEAR (llear) *v. tr.* Lo mismo que ALHEAR.

ENLIÇADOR, RA (sa) *adj.* Enlizador.

ENLIÇAMENTO (sa) *m.* Enlizamiento.

ENLIÇAR (sar) *v. tr.* Enlizar. Tramar, tejer, urdir. Engañar, burlar.

ENLIÇO (so) *m.* Mala urdidura. Fraude, engaño.

ENLIVEDECER *v. intr.* Lividecer, ponerse lívido.

ENLOCAR *v. tr.* Lo mismo que ENCAFUAR.

ENLODAÇAR (sar) *v. tr.* Enlodazar.

ENLODAR *v. tr.* Lo mismo que ENLODAÇAR.

ENLOIÇAR (sar) *v. tr.* Lo mismo que ENLOUÇAR.

ENLOIRADO, DA *adj.* Lo mismo que ENLOURADO.

ENLOIRAR *v. tr.* Lo mismo que ENLOURAR.

ENLOIRECER *v. tr.* Lo mismo que ENLOURECER.

ENLOISADO, DA (za) *adj.* Lo mismo que ENLOUSADO.

ENLOISAR (zar) *v. tr.* Lo mismo que ENLOUSAR.

ENLOJAMENTO (ja) *m.* Acción y efecto de

ENLOJAR (jar) *v. tr.* Almacenar; meter en una tienda. Envasar.

ENLOUÇAR (sar) *v. tr.* Envasar.

ENLOUQUECEDOR, RA *adj.* Enloquecedor.

ENLOUQUECER *v. intr. y tr.* Enloquecer.

ENLOUQUECIMENTO *m.* Enloquecimiento.

ENLOURADO, DA *adj. P. p.* de *Enlourar.* Laureado, adornado o coronado con laureles. Enrubiado.

ENLOURAR *v. tr.* Laurear, adornar o coronar con laureles. Enrubiar.

ENLOURECER *v. tr.* Enrubiar. Amarillear.

ENLOUSADO, DA (za) *adj. P. p.* de *Enlousar.* Enlosado, alosado.

ENLOUSAMENTO (za) *m.* Acción y efecto de

ENLOUSAR (zar) *v. tr.* Enlosar, alosar. Engañar, burlar, trampear.

ENLUARADO, DA *adj.* Iluminado por el claro de luna.

ENLUTADO, DA *adj. P. p.* de *Enlutar.* Enlutado. Fúnebre, oscuro, tenebroso.

ENLUTAR *v. tr.* Enlutar, cubrir de luto. Ú. t. c. r. *fig.* Enlutar, obscurecer. Ú. t. c. r.

ENLUTECER *v. tr.* Lo mismo que ENLUTAR.

ENLUVADO, DA *adj. P. p.* de *Enluvarse.* Enguantado.

ENLUVAR-SE *v. r.* Enguantarse.

ENOBRECEDOR, RA *adj.* Ennoblecedor.

ENOBRECER *v. tr.* Ennoblecer. Ú. t. c. r.

ENOBRECIMENTO *m.* Ennoblecimiento.

ENODAR *v. tr.* Anudar.

ENODOADO, DA *adj. P. p.* de *Enodoar.* Manchado, ensuciado. Infamado, mancillado.

ENODOAR *v. tr.* Manchar, ensuciar. Ú. t. c. r. *fig.* Amancillar, mancillar, deslustrar, infamar. Ú. t. c. r.

ENÓFILO, LA (nò) *adj.* Enófilo.

ENOFOBIA (bía) *f.* Enofobia.

ENÓFOBO, BA (nò) *adj.* Enófobo.

ENÓFORA (nò) *f.* Lo mismo que

ENÓFORO (nò) *m.* Enoforo.

ENOFTALMIA (mía) *f. Pat.* Enoftalmía.

ENOITAR *v. intr.* Anochecer.

ENOJADAMENTE (ja) *adv. m.* Enojadamente. Fastidiosamente. Con asco.

ENOJADIÇO, ÇA (jadiso) *adj.* Enojadizo. Que facilmente nausea o se marea.

ENOJADO, DA (ja) *adj. P. p.* de *Enojar.* Enojado, enfadado, disgustado; hastiado, fastidiado. Aburrido. Nauseado. Mareado.

ENOJAMENTO (ja) *m.* Lo mismo que ENOJO.

ENOJAR (jar) *v. tr.* Causar náuseas. Causar asco. Enojar, enfadar, disgustar, aburrir. Ú. t. c. r. Fastidiar, enhastiar, hastiar. Ú. t. c. r. *v. r.* Nausear. Tener asco. Marearse. Aburrirse. Ofenderse, picarse, enfadarse. Lo mismo que ANOJAR. (v. r.).

ENOJO (nó) *m.* Asco. Náuseas. Enojo, enfado, disgusto. Fastidio, hastío. Luto, duelo. Tristeza.

ENOJOSO, SA (jozo, òza) *adj.* Enojoso, enfadoso. Fastidioso. Nauseante. Que causa asco.

ENOL (nòl) *m.* Enol.

ENÓLICO, CA (nò) *adj.* Enólico.

ENOLINA *f. Quím.* Enolina, ácido enólico.

ENOLISMO *m.* Embriaguez por el vino.

ENOLOGIA (jía) *f.* Enología.

ENOLOGISTA (jis) *m.* Enólogo.

ENOMANCIA (cía) *f.* Enomancia o enomancía.

ENOMEL (mèl) *m.* Enomel, vino melado.

ENOMETRIA (tría) *f.* Enometría.

ENOMÉTRICO, CA (mè) *adj.* Enométrico.

ENÔMETRO (nó) *m.* Enómetro.

ENORA (nò) *f. Mar.* Fogonadura.

ENORGULHECER (lle) *v. tr.* Lo mismo que ORGULHAR.

ENORME (nòr) *adj.* Enorme, desmedido, excesivo.

ENORMEMENTE (nòr) *adv. m.* Enormemente, con enormidad.

ENORMIDADE *f.* Enormidad (exceso, tamaño desmedido o descomunal; exceso de malicia o perversidad; cosa excesivamente disparatada o extravagante).

ENOSCÓPIO (cò) *m.* Enoscopio.

ENOSTOSE (tòze) *f. Med.* Enostosis.

ENOTERMO (tèr) *m.* Enotermo.

ENOURIÇAR (sar) *v. tr.* Lo mismo que OURIÇAR.

ENOUTAR *v. intr.* Anochecer.

ENOVAR *v. tr.* Innovar.

ENOVELADEIRA *f.* Devanadera.

ENOVELAR *v. tr.* Devanar. Ovillar. Enredar, enmarañar. *v. r.* Ovillarse.

ENQUADERNAR (cua) *v. tr.* Lo mismo que ENCADERNAR.

ENQUADRAÇÃO (cuadrasáum) *f.* Cuadratura. Acción y efecto de

ENQUADRAR (cua) *v. tr.* Encuadrar (meter en cuadro o marco; encajar, ajustar; encerrar, incluir). Cuadrar (dar figura de cuadro o de cuadrado).

ENQUADRILHAR-SE (cuadrillar) *v. tr.* Acuadrillarse.

ENQUANTO *conj.* Mientras. *adv. t.* Mientras, mientras tanto. *Por —. m. adv.* Por ahora.

ENQUEIJADO, DA (ja) *adj.* Cuajado, que puede servir para queso.

ENQUEIJAR (jar) *v. tr.* Cuajar para hacer queso.

ENQUEZILADO, DA (zi) *adj. P. p.* de *Enquezilar.*

ENQUEZILAMENTO (zi) *m.* Acción de

ENQUEZILAR (zi) *v. tr.* Lo mismo que QUEZILAR.

ENQUIMOSE (mòze) *f. Med.* Enquimosis.

ENQUISA (za) *f.* Encuesta.

ENQUISTADO, DA *adj. P. p.* de *Enquistar-se.* Enquistado.

ENQUISTAMENTO *m.* Enquistamiento.

ENQUISTAR-SE *v. r.* Enquistarse. *(Encistar-se es como debe decirse.)*

ENQUITAR *v. tr.* Impedir.

ENRABAR *v. tr.* Enrabar (un carro). Asir por el rabo.

ENRABICHADO, DA *(cha) adj. P. p.* de *Enrabichar.* Peinado en coleta. *fig.* Enamorado, apasionado.

ENRABICHAMENTO *(cha) m. fam.* Enamoramiento.

ENRABICHAR *(char) v. tr.* Peinar en forma de coleta. *v. r.* Enamorarse, apasionarse.

ENRADICADO, DA *adj.* Arraigado.

ENRAIADO, DA *adj.* Enrayado.

ENRAIAR *v. tr.* Enrayar.

ENRAIVADO, DA *adj.* Enrabiado, encolerizado.

ENRAIVAR *v. tr.* Enrabiar. *v. intr.* Enrabiarse.

ENRAIVECER *v. tr.* Enrabiar, encolerizar, enfurecer. *v. intr.* Enrabiarse, encolerizarse. Ú. t. c. r.

ENRAIVECIDO, DA *adj.* Encolerizado, enrabiado, rabioso.

ENRAIZADO, DA *(za) adj.* Arraigado.

ENRAIZAMENTO *(za) m.* Arraigo.

ENRAIZAR *(zar) v. tr. intr.* y *r.* Arraigar (en sentido recto y figurado).

ENRAMADA *f.* Enramada (adorno o cobertizo de ramas de árboles).

ENRAMALHAR *(llar) v. tr.* Enramar (adornar con ramas de árboles).

ENRAMALHETAR *(lle) v. tr.* Adornar con ramilletes. Formar un ramillete.

ENRAMAMENTO *m.* Acción y efecto de

ENRAMAR *v. tr.* Enramar (adornar o dar sombra a un sitio con ramaje). *v. intr.* Enramar (echar ramas un árbol).

ENRAMILHETAR *(lle) v. tr.* Lo mismo que ENRAMALHETAR.

ENRANÇAR *(sar) v. tr.* Enranciar. Ú. t. c. r.

ENRARECER *v. intr.* Enrarecerse. Ú. t. c. r.

ENRASCADA *f.* Aprieto, apuro, situación difícil.

ENRASCADELA *(dè) f. fam.* Lo mismo que ENRASCADA.

ENRASCADO, DA *adj. P. p.* de *Enrascar.* Enmarañado. Enredado, comprometido.

ENRASCADURA *f.* Enmarañamiento; enredo; embarazo; dificultad.

ENRASCAR *v. tr.* Enmarañar. Ú. t. c. r. Enredar. Engañar, armar celada. Embarazar, poner dificultades a alguien o alguna cosa. *v. r.* Enrocarse.

ENREDADEIRA *f. Bot.* Enredadera. Enredadora, chismosa.

ENREDADEIRO, RA *adj.* Enredador.

ENREDADIÇO, ÇA *(so) adj.* Fácil de enredarse.

ENREDADO, DA *adj. P. p.* de *Enredar.* Enredado, enmarañado; confundido; embrollado; embarazado.

ENREDADOR, RA *adj.* Enredador. Chismoso.

ENREDAMENTO *m.* Enredo.

ENREDAR *v. tr.* Enredar (prender con red; entretejer; enmarañar; mezclar; confundir; travesear; revolver; meter cisma, discordia, sembrar cizaña; mesclar en negocios difíciles). Ú. t. c. r. Embrollar. Embarazar.

ENREDEAR *v. tr.* Lo mismo que ENREDAR.

ENREDEIRO, RA *adj.* Enredador, chismoso.

ENREDIÇO, ÇA *(so) adj.* Que acostumbra enredar.

ENREDO *(ré) m.* Enredo, maraña, lío. Enredo (complicación en un negocio o lance; conjunto de los sucesos del drama o de la novela). Enredijo. Intriga. Enredo, mentira, chisme.

ENREGELADO, DA *(je) adj. P. p.* de *Enregelar.* Aterido. Congelado, helado.

ENREGELAMENTO *(je) m.* Congelación, resfriamiento.

ENREGELAR *(je) v. tr.* Aterir. Ú. t. c. r. Congelar, helar; resfriar. Ú. t. c. r.

ENRELVAR *v. tr.* Cubrir de cesped.

ENREMELADO, DA *adj.* Remellado.

ENRENQUEAR *v. tr.* Alienar, enfilar.

ENREPOLHAR-SE *(llar) v. r.* Repollar, repollarse.

ENRESINADO, DA *(zi) adj.* Untado con resina.

ENRESINAGEM *(jem) f.* Acto de

ENRESINAR *(zi) v. tr.* Untar con resina; dar de resina. Fregar con resina. *v. intr.* Cubrirse de resina. Ú. t. c. r. *v. r.* Endurecer; quedar con apariencia de resina.

ENRESMADO, DA *adj.* Dispuesto en resmas.

ENRESMAMENTO *m.* Acción y efecto de

ENRESMAR *v. tr.* Disponer el papel en resmas.

ENRESTADO, DA *adj. P. p.* de *Enrestar-se.* Saciado, harto, lleno.

ENRESTAR-SE *v. r.* Hartarse con restos o residuos.

ENRESTIAR *v. tr.* Enristrar (hacer ristras de ajos y cebollas).

ENREVESAR *(zar) v. tr.* Poner el revés. Dificultar, confundir, poner revesado u obscuro.

ENRIAR *v. tr.* Enriar (el lino).

ENRIÇADO, DA *(sa) adj. P. p.* de *Enriçar.* Enmarañado, enredado, embarazado. Encarnizado. Terco; pertinaz.

ENRICAR *v. tr.* Enriquecer. Ú. t. c. r.

ENRIÇAR *(sar) v. tr.* Enmarañar, enredar.

ENRIÇO *(so) m.* Maraña, lío, enredo.

ENRICONAR *v. tr.* Lo mismo que ARRINCONAR.

ENRIJAMENTO *(ja) m.* Acción y efecto de

ENRIJAR *(jar) v. tr.* Endurecer. Arreciar. Ú. t. c. intr. y *r.* Fortificar. Robustecer. Ú. t. c. intr. y *r.*

ENRIJECER *(je) v. tr.* Lo mismo que ENRIJAR.

ENRILHAR *(llar) v. tr.* Endurecer (la carne).

ENRIMAR *v. tr.* Arrimar; amontonar.

ENRINCONAR *v. tr.* Embretar.

ENRIPAMENTO *m.* Acto de

ENRIPAR *v. tr. Carp.* Enlistonar. Poner ripias.

ENRIQUE *m.* Enrique (antigua moneda española).

ENRIQUECER *v. tr.* Enriquecer. Ú. t. c. intr. y *r.*

ENRIQUECIMENTO *m.* Enriquecimiento.

ENRISTADO, DA *adj.* Enristrado (puesto en el ristre).

ENRISTAR *v. tr.* Enristrar (la lanza). *fig.* Enristrar (ir rectamente a una parte o acertar en una cosa difícil). Acometer, embestir.

ENRISTE *m.* Enristre (acto de enristrar la lanza).

ENRIXADO, DA *(cha) adj.* Desavenido, enemistado.

ENRIZAMENTO *(za) m. Mar.* Acto de

ENRIZAR *(zar) v. tr. Mar.* Arrizar, tomar rizos.

ENROBUSTECER *v. tr.* Robustecer, enrobustecer.

EMROBUSTECIMENTO *m.* Robustecimiento.

ENROCADO, DA *adj.* Rocoso, roqueño, lleno de rocas.

ENROCAMENTO *m.* Empedramiento, cimiento de algunas obras hidráulicas.

ENROCAR *v. tr.* Enrocar (enrollar en la rueca). Dar figura de rueca. Hacer pliegues; plegar. *v. r.* Enrocarse. *v. intr.* Enrocar (en el juego de ajedrez).

ENRODELADO, DA *adj.* Enrodelado, armado con rodela.

ENRODELAR *v. tr.* Enrodelar, cubrir, defender con la rodela. *v. r.* Lo mismo que ENCARACOLAR (v. r.).

ENRODILHA *(lla) f.* Enredijo, enredo.

ENRODILHADEIRA *(lla) f.* Enredadora, chismosa.

ENRODILHADEIRO, RA *(lla) adj. fam.* Lo mismo que ENRODILHADOR.

ENRODILHADO, DA *(lla) adj. P. p.* de *Enrodilhar.* Enmarañado, enredado. Enroscado.

ENRODILHADOR, RA *(lla) adj. fam.* Enredador, chismoso, embrollador.

ENRODILHAMENTO *(lla) m.* Acto de

ENRODILHAR *(llar) v. tr.* Torcer; enredar; enmarañar; enroscar. Engañar, burlar. *v. intr.* Chismear, enredar, intrigar.

ENROLA *(rò) f.* Acto de enrollar o arrollar. Contienda, discusión; riña.

ENROLADEIRA *f.* Máquina para arrollar o enrollar.

ENROLADO, DA *adj. P. p.* de *Enrolar.* Enrolado, arrollado. Envuelto. Arqueado, de figura de arco. Lo mismo que ENCAPELADO.

ENROLAMENTO *m.* Acto de arrollar o enrollar.

ENROLAR *v. tr.* Enrollar, arrollar; envolver. Ú. t. c. r. Empaquetar. Enroscar. *v. r.* Lo mismo que ENCAPELAR-SE.

ENROLHAR *(llar) v. tr.* Lo mismo que ARROLHAR.

ENROQUEAR *v. tr.* Enrocar (enrollar en la rueca).

ENROSCA *(ròs) f.* Peligro, riesgo; celada; dificultad, complicación, aprieto, apuro, conflicto.

ENROSCADO, DA *adj.* Enroscado. Enrollado, arrollado.

ENROSCAR *v. tr.* Enroscar. Ú. t. c. r. Retorcer, torcer. Ú. t. c. r. Enrollar, arrollar. Ú. t. c. r. *v. r.* Encogerse (de frio o de miedo) Doblarse, doblegarse.

ENROUPADO, DA *adj. P. p.* de *Enroupar.* Arropado; vestido; abrigado; agasajado.

ENROUPAMENTO *m.* Arropamiento.

ENROUPAR *v. tr.* Arropar; abrigar; agasajar. Ú. t. c. r.

ENROUQUECER *v. tr.* Enronquecer. Ú. t. c. intr. y r.

ENROUQUECIMENTO *m.* Enronquecimiento; ronquera.

ENROXAR-SE *(char) v. r.* Lo mismo que

ENROXECER-SE *v. r.* Lividecer. Ponerse violado, morado o cárdeno. Enrojecerse.

ENRUBECER *v. tr.* Enrojecer, enrojar. Enrubiar. *v. intr.* Encenderse, sonrojarse, enrojecerse, avergonzarse, ruborizarse. Colorear.

ENRUBECIDO, DA *adj. P. p.* de *Enrubecer.* Sonrojado, encendido, ruborizado; avergonzado. Enrojecido, rojo.

ENRUBECIMENTO *m.* Acto de enrojecerse o ruborizarse.

ENRUÇAR *(sar) v. tr.* Poner rucio. Ú. t. c. intr.

ENRUFAR *v. tr.* Erizar.

ENRUFAR-SE *v. r.* Lo mismo que ARRUFAR (v. r.).

ENRUGADO, DA *adj. P. p.* de *Enrugar.* Arrugado.

ENRUGADOR, RA *adj.* Que arruga.

ENRUGAMENTO *m.* Arrugamiento, arrugación.

ENRUGAR *v. tr.* Arrugar. Ú. t. c. r. Abarquillar. Ú. t. c. r.

ENRUSTIR *v. tr. Germ.* Ocultar, engañar, encubrir.

ENSABANADO, DA *adj. Taur.* Ensabanado.

ENSABOADELA *(dè) f.* Jabonadura, jabonado, enjabonamiento. Represión, reprimenda.

ENSABOADO, DA *adj. P. p.* de *Ensaboar.* Enjabonado, jabonado. *m.* Jabonado.

ENSABOADURA *f.* Jabonadura, enjabonadura. Jabonaduras.

ENSABOAMENTO *m.* Jabonadura, jabonado, enjabonamiento.

ENSABOAR *v. tr.* Jabonar, enjabonar. *fig.* Jabonar, dar a uno un jabón, castigar, reprender.

ENSABURRAR *v. tr.* Lastrar con piedra o arena las embarcaciones; saburrar (ant.). *v. r.* Llenarse de saburra.

ENSACA *f.* Ensacamiento.

ENSACADO, DA *adj. P. p.* de *Ensacar.* Ensacado.

ENSACADOR, RA *adj.* Ensacador. Ú. t. c. s.

ENSACAGEM *(jem) f.* Lo mismo que

ENSACAMENTO *m.* Ensacamiento.

ENSACAR *v. tr.* Ensacar.

ENSAIADO, DA *adj. P. p.* de *Ensaiar.* Ensayado; adiestrado; experimentado; repasado; estudiado.

ENSAIADOR, RA *adj.* Ensayador. Repetidor.

ENSAIAMENTO *m.* Lo mismo que ENSAIO.

ENSAIAR *v. tr.* Ensayar (probar, reconocer, experimentar; adiestrar; hacer prueba de una función antes de representarla; probar minerales o metales). Intentar, procurar. *v. r.* Ensayarse.

ENSAIBRAR *v. tr.* Enarenar.

ENSAIO *m.* Ensaye. Ensayo (en todas las acepciones de esta dicción).

ENSAÍSTA *m.* Ensaysta.

ENSALADA *f.* Lo mismo que SALADA.

ENSALMADOR *m.* Ensalmador (persona que hacía crer que curaba por ensalmo).

ENSALMAR *v. tr.* Ensalmar, curar con ensalmo.

ENSALMEIRO *m.* Lo mismo que ENSALMADOR.

ENSALMO *m.* Ensalmo. Brujería.

ENSALMOIRAR *v. tr.* Lo mismo que

ENSALMOURAR *v. tr.* Poner o conservar en salmuera.

ENSALSADA *f.* Lo mismo que SALSADA.

ENSALSICHAR *(char) v. tr.* Hacer salchicha de.

ENSAMARRADO, DA *adj.* Enzamarrado.

ENSAMARRAR *v. tr.* Enzamarrar.

ENSAMBENITADO, DA *adj. P. p.* de *Ensambenitar.* Ensanbenitado. Cubierto con el sanbenito.

ENSAMBENITAR *v. tr.* Ensanbenitar.

ENSAMBLADOR *m.* Ensamblador. Lo mismo que ENTALHADOR.

ENSAMBLADURA *f.* Ensambladura.

ENSAMBLAGEM *(jem) f.* Ensamblaje.

ENSAMBLAMENTO *m.* Ensambladura.

ENSAMBLAR *v. tr.* Ensamblar. Encajar. Lo mismo que ENTALHAR.

ENSANCHA *(cha) f.* Anchura. Ensanche (del vestido). Ú. m. en pl. Libertad. Resto, residuo. *Dar —s.* Dar ensanchas.

ENSANCHAR (char) *v. tr.* Ensanchar. Ú. t. c. r.
ENSANDALAR *v. tr.* Perfumar con sándalo.
ENSANDECER *v. tr.* Lo mismo que EMPAR-VOECER. Enloquecer. *v. intr.* Ensandecer.
ENSANGÜENTADO, DA (güen) *adj. P. p.* de *Ensanguentar.* Ensangrentado.
ENSANGÜENTAR (güen) *v. tr.* Ensangrentar. Ú. t. c. r.
ENSANGUINHAR (güiñar) *v. tr.* Lo mismo que ENSANGÜENTAR.
ENSAQUE *m.* Ensacamiento.
ENSARILHADO, DA (lla) *adj. P. p.* de *Ensarilhar.* Devanado. Enmarañado. Que forma pabellones (hablando de armas).
ENSARILHAMENTO (lla) *m.* Acción y efecto de
ENSARILHAR (llar) *v. tr.* Devanar. Enmarañar. Formar pabellones (con las armas). — *as armas.* Deponer las armas.
ENSARNECER *v. intr.* Ensarnecer; ensarnecerse (*Amer.*).
ENSAUDADO, DA *adj.* Que tiene *Saudade.*
ENSEADA *f.* Ensenada.
ENSEAR *v. tr.* Ensenar.
ENSEBADO, DA *adj. P. p.* de *Ensebar.* Ensebado; seboso.
ENSEBAMENTO *m.* Ensebadura, ensebamiento.
ENSEBAR *v. tr.* Ensebar. — *as canelas. fr. fig.* Huir.
ENSECAMENTO *m.* Varadura. Lo mismo que ESGOTAMENTO.
ENSECAR *v. tr. Mar.* Ensecar, varar. Lo mismo que ESGOTAR.
ENSEIO *m.* Ensenada. Sinuosidad, recodo, seno.
ENSEJAR (jar) *v. tr.* Aguardar la ocasión u oportunidad. Proporcionar, dar ocasión.
ENSEJO (jo) *m.* Oportunidad, ocasión, motivo.
ENSELADO, DA *adj.* Ensillado (que tiene el lomo hundido).
ENSEMENTAR *v. tr.* Sembrar.
ENSENHOREAR-SE (ño) *v. r.* Enseñorearse.
ENSILADO, DA *adj.* Ensilado, metido en el silo.
ENSILAGEM (jem) *f.* Ensilaje.
ENSILAR *v. tr. Agr.* Ensilar.
ENSIMESMAÇÃO (sáum) *f.* Ensimismamiento.
ENSIMESMADO, DA *adj.* Ensimismado; pensativo, cabizbajo.
ENSIMESMAMENTO *m.* Ensimismamiento.
ENSIMESMAR-SE *v. r.* Ensimismarse.
ENSINA *f. fam.* Lo mismo que ENSINADELA.
ENSINAÇÃO (sáum) *f.* Lo mismo que ENSINAMENTO.
ENSINADELA (dè) *f. fam.* Reprehensión. Experiencia costosa. Jabón, tunda, paliza.
ENSINADIÇO, ÇA (so) *adj.* Que está aprendiendo.
ENSINADO, DA *adj. P. p.* de *Ensinar.* Enseñado (bien o mal), educado, acostumbrado. Amaestrado, adiestrado. Instruído.
ENSINADOR, RA *adj. y s.* Enseñador. Amaestrador, adiestrador.
ENSINAMENTO *m.* Enseñanza. Educación, instrucción. Doctrina, precepto. Ejemplo, lección, experiencia.
ENSINANÇA (sa) *f.* Lo mismo que ENSINO.
ENSINANTE *adj.* Que enseña.
ENSINAR *v. tr.* Enseñar, instruir, educar. Amaestrar, adiestrar. Enseñar, dar advertencia, ejemplo o escarmiento. *p. us.* Enseñar, dar señal de una cosa.
ENSINO *m.* Enseñanza, sistema y método de dar instrucción. — *mútuo.* Enseñanza mutua. — *primário.* Enseñanza primaria, primera enseñaza. — *secundário.* Segunda enseñanza. — *superior.* Enseñanza superior.
ENSOADO, DA *adj.* Asoleado. Quemado, abrasado por el sol (hablando de frutas). Acorchado (dícese de algunas frutas).
ENSOAMENTO *m.* Acorchamiento. Insolación. Asoleo.
ENSOAR-SE *v. r.* Asolarse. Asolearse. Acorcharse.
ENSOBERBAR-SE v. r. Ensoberbecerse.
ENSOBERBECER *v. tr.* Ensoberbecer. Ú. t. c. r.
ENSOBRADAR *v. tr.* Lo mismo que ASSOBRADAR.
ENSOLARADO, DA *adj.* Asoleado, expuesto al sol.
ENSOLVAMENTO *m.* Azolvo.

ENSOLVAR *v. tr.* Azolvar un cañón.
ENSOMBRAMENTO *m.* Acto de
ENSOMBRAR *v. tr.* Ensombrecer. Ú. t. c. intr. y r. Asombrar, hacer sombra.
ENSOMBRECER *v. intr.* Ensombrecerse.
ENSOMBRO *m.* Cosa que asombra, que hace sombra. Protección.
ENSOPADEIRA *f.* Lo mismo que TERRINA.
ENSOPADO, DA *adj. P. p.* de *Ensopar.* Ensopado. Empapado. Guisado. *m.* Guisado, guiso.
ENSOPAR *v. tr.* Ensopar. Empapar. Guisar.
ENSOSSAR (sar) *v. tr.* Poner algo soso o insípido.
ENSOSSO (sóso) *adj.* Soso, insulso, insípido.
ENSOVACAR *v. intr.* Lo mismo que ENCAVACAR.
ENSUMAGRAR *v. tr.* Zumacar, adobar las pieles con zumaque.
ENSURDECEDOR, RA *adj.* Ensordecedor.
ENSURDECÊNCIA (cén) *f.* Sordera.
ENSURDECER *v. tr.* Ensordecer. Ú. t. c. intr.
ENSURDECIMENTO *m.* Ensordecimiento.
ENTABICAR *v. tr.* Tabicar.
ENTABLAMENTO *m.* Entablamento, cornisamento.
ENTABOCAR *v. tr.* Lo mismo que ENTALAR.
ENTABUADO, DA *adj. P. p.* de *Entabuar.* Entablado. Duro como tabla.
ENTABUAMENTO *m.* Entablamento, entabladura. Entablado.
ENTABUAR *v. tr.* Entablar. Entarimar. *v. r.* Endurecerse.
ENTABULAMENTO *m.* Entabladura, entablamento. Entablado.
ENTABULAR *v. tr.* Lo mismo que ENTABUAR. Entablar, disponer, preparar, emprender. Comenzar, empezar.
ENTAIPADO, DA *adj. P. p.* de *Entaipar.* Emparedado. Entapiado. Tapiado, cubierto o cerrado con tapias. *m.* Pared formada de tapias.
ENTAIPAR *v. tr.* Tapiar, cerrar con tapias. Emparedar. Entapiar. Encerrar, cerrar. Encarcelar.
ENTAIPAVA *f. Bras.* Pequeño salto de agua.
ENTALA *f.* Lo mismo que
ENTALAÇÃO (sáum) *f.* Entablillamiento, entablilladura. Aprieto, apuro, embarazo, conflicto.
ENTALADAMENTE *adv. m.* Con embarazo, apuro, aprieto o conflicto.
ENTALADELA (dè) *f.* Apuro, aprieto, conflito, embarazo, dificultad.
ENTALADO, DA *adj. P. p.* de *Entalar.* Entablillado. Apretado. Comprometido. Apurado, apretado, estrechado, acosado. Embarazado.
ENTALADURA *f.* Lo mismo que ENTALAÇÃO.
ENTALAR *v. tr.* Entablillar; entablar. Enclavar. Embarazar. Meter en pasaje estrecho. Apurar, acosar, estrechar, apretar. Ú. t. c. r. *v. r.* Comprometerse. *fam.* Endeudarse; entramparse.
ENTALECER *v. intr.* Entallecer.
ENTALEIGAR *v. tr.* Entalegar.
ENTALHA (lla) *f.* Entalla, entalladura, Obra de talla.
ENTALHADOR, RA (lla) *adj. y s.* Entallador.
ENTALHADURA (lla) *f.* Entalladura, entalla. Obra de talla; entallo.
ENTALHAMENTO (lla) *m.* Entallamiento.
ENTALHAR (llar) *v. tr.* Entallar, esculpir, grabar; hacer figuras de relieve o de talla. Ú. t. c. intr.
ENTALHE (lle) *m.* Entalladura, entalla. Talla. Muesca.
ENTALHO (llo) *m.* Entallo. Entalladura, entalla. Obra de talla. Talla.
ENTANGAMENTO *m.* Acción y efecto de
ENTANGAR *v. tr.* Vestir con taparrabo. Ú. t. c. r.
ENTANGUECER *v. intr.* Aterirse.
ENTANGUIDO, DA *adj. P. p.* de *Entanguir.* Aterido. Hierto. Canijo; enfermizo. Apocado, corto de ánimo.
ENTANGUIMENTO *m.* Aterimiento.
ENTANGUIR-SE *v. r.* Lo mismo que ENFEZAR (v. r.).
ENTANGUITADO, DA *adj.* Lo mismo que ENTANGUIDO.
ENTANHA *f.* Pejesapo.
ENTANTO *adv. t.* En tanto, entre tanto, entretanto, mientras. *No* — . *m. conj.* Todavía. *m.* Entretanto.

ENTÃO (táum) *adv. t.* Entonces. *adv. m.* Entonces, en tal caso, siendo así. *m.* Entonces. *interj.* ¡Cómo!
ENTAPETAR *v. tr.* Entapizar.
ENTAPIZAR *v. tr.* Lo mismo que BARRICAR.
ENTARDECER *v. intr.* Tardecer, atardecer.
ENTARRAXAR (char) *v. tr.* Atornillar.
ÉNTASE (éntaze) *f.* Éntasis.
ENTE *m.* Ente. — *de Deus.* Persona. — *de razão.* Ente de razón. — *humano.* El hombre. — *imaginário.* Ente de razón.
ENTEADO, DA *m. y f.* Entenado, da, alnado, da, hijastro, tra.
ENTEAR *v. tr.* Tejer. Entrelazar.
ENTECADO, DA *adj.* Enteco, entecado.
ENTECAR-SE *v. intr.* Quedar-se inmóvil, inmovilizarse.
ENTECER *v. tr.* Lo mismo que ENTRETECER.
ENTEDIAR *v. tr.* Fastidiar, aburrir, tediar. Ú. t. c. r.
ENTEDIOSO, SA (diozo, òza) *adj.* Tedioso, enfadoso.
ENTELEQUIA (quía) *f. Filos.* Entelequia.
ENTENA *f.* Lo mismo que ANTENA.
ENTENDEDOR, RA *adj.* Entendedor.
ENTENDER *v. tr. y r.* Entender (en todas las acepciones de esta voz).
ENTENDIDAMENTE *adv. m.* Entendidamente.
ENTENDIDO, DA *adj. P. p.* de *Entender.* Entendido, sabio, docto, perito, versado.
ENTENDIMENTO *m.* Entendimiento.
ENTENEBRADO, DA *adj.* Entenebrecido.
ENTENEBRAR-SE *v. r.* Entenebrecerse.
ENTENEBRECER *v. tr.* Entenebrecer, oscurecer, envolver en tinieblas. *v. intr.* Entenebrecerse. Ú. t. c. r.
ENTENEBRECIMENTO *m.* Entenebrecimiento.
ENTENRECER *v. tr.* Ablandar, enternecer. *v. intr.* Enternecerse, ablandarse.
ENTENUECER *v. tr.* Atenuar, poner tenue.
ENTERADÉNIO (dé) *m. Anat.* Enteradeno.
ENTERADENOGRAFIA (fía) *f. Med.* Enteradenografía.
ENTERADENOLOGIA (jía) *f.* Enteradenología.
ENTERALGIA (jía) *f.* Enteralgia.
ENTERANASTOMOSE (mòze) *f. Cir.* Enteranastomosis.
ENTERELCOSE (còze) *f. Pat.* Enterelcosis.
ENTERELESIA (zía) *f. Pat.* Enterelesia.
ENTEREMIA (mía) *f. Pat.* Enteremia.
ENTÉRICO, CA (tè) *adj.* Entérico, perteneciente o relativo a los intestinos.
ENTERITE *f. Pat.* Enteritis.
ENTERNECEDOR, RA *adj.* Enternecedor.
ENTERNECER *v. tr.* Enternecer, mover a ternura. Ú. t. c. r. *v. r.* Compadecerse.
ENTERNECIDAMENTE *adv. m.* Enternecidamente, con ternura.
ENTERNECIMENTO *m.* Enternecimiento; ternura.
ENTEROCELE (cè) *f. Pat.* Enterocele.
ENTERÓCLISE (ròclize) *f.* Enteroclisia.
ENTEROCOCO (còco) *m.* Enterococo.
ENTEROCOLITE *f. Pat.* Enterocolitis.
ENTEROFIMÍA (mía) *f. Pat.* Enterofimia.
ENTEROFLOGOSE (gòze) *f. Pat.* Enteroflogose, enteroflogía.
ENTEROLITÍASE (ze) *f. Pat.* Enterolitiasis.
ENTERÓLITO (rò) *m.* Enterolito.
ENTEROLOGIA (jía) *f.* Enterología.
ENTEROMALACIA (cía) *f. Pat.* Enteromalacia.
ENTEROMIÍASE (ze) *f. Pat.* Enteromiasis.
ENTEROPLEXIA (xía) *f. Pat.* Enteroplejia.
ENTEROPTOSE (tòze) *f. Pat.* Enteroptosis.
ENTERORRAFIA (fía) *f. Pat.* Enterorrafia.
ENTERORRAGIA (jía) *f. Pat.* Enterorragia.
ENTEROSCÓPIO (cò) *m.* Enteroscopio.
ENTEROSTENOSE (nòze) *f. Pat.* Enterostenosis.
ENTEROTOMIA (mía) *f.* Enterotomía.
ENTERRAÇÃO (sáum) *f.* Lo mismo que ENTERRAMENTO.
ENTERRADOR, RA *adj.* Enterrador. *m.* Enterrador, sepulturero.
ENTERRAMENTO *m.* Enterramiento, entierro.
ENTERRAR *v. tr.* Enterrar (poner bajo de tierra; dar sepultura a los muertos; clavar, meter, hundir).

ENTERRO (té) *m.* Entierro (acción de enterrar a los muertos; comitiva que acompaña al cadáver). Tesoro oculto, por lo común debajo de tierra; entierro *(Amer.)*.

ENTERTER *v. tr.* Lo mismo que ENTRETER.

ENTERTIMENTO *m.* Lo mismo que ENTRETENIMENTO.

ENTESADO, DA (*z*a) *adj. P. p.* de *Entesar.* Entesado. Atiesado. Tieso.

ENTESADURA (*z*a) *f.* Acción y efecto de entesar o atiesar.

ENTESAR (*z*ar) *v. tr.* Entesar; atiesar; entiesar. Enderezar, poner derecho o recto. Lo mismo que ENRIJAR. *v. r.* Encresparse. Arreciar (hablando del viento). Atiesarse. Enderezarse. Enhestarse. Hablar ásperamente; decir las cosas sin rebozo; hacer ir por el camino debido.

ENTESOAMENTO (*z*oa) *m.* Arrogancia.

ENTESOIRADOR, RA (*z*oi) *adj.* Lo mismo que ENTESOURADOR.

ENTESOIRAMENTO (*z*oi) *m.* Lo mismo que ENTESOURAMENTO.

ENTESOIRAR (*z*oi) *v. tr.* Lo mismo que ENTESOURAR.

ENTESOURADOR, RA (*z*ou) *adj.* Que atesora.

ENTESOURAMENTO (*z*ou) *m.* Atesoramiento.

ENTESOURAR (*z*ou) *v. tr.* Atesorar.

ENTESTADURA *f.* Acción y efecto de

ENTESTAR *v. tr.* Afrontar, enfrontar, enfrentar. Confinar, lindar. Arrostrar, afrontar. *Mar.* Entestar.

ENTIBECER *v. tr.* Lo mismo que ENTIBIAR.

ENTIBIAMENTO *m.* Entibiamiento. Tibieza.

ENTIBIAR *v. tr.* Entibiar, poner tibio un cuerpo. Ú. t. c. r. *fig.* Entibiar, templar, moderar. Ú. t. c. r.

ENTICA *f.* Provocación; cuchufleta.

ENTICADOR, RA *adj. y s.* Provocador.

ENTICANTE *adj.* Provocante.

ENTICAR *v. tr.* Provocar, irritar, estimular a uno con palabras u obras para que se enoje. *v. intr.* Altercar, disputar, contender. Ú. t. c. r. Enterciarse, obstinarse.

ENTIDADE *f.* Entidad.

ENTIJOLAMENTO (*jo*) *m.* Enladrilladura (acción de enladrillar).

ENTIJOLAR (*jo*) *v. tr.* Enladrillar. *v. intr.* Tomar la consistencia o el color del ladrillo.

ENTIJUCADO, DA (*ju*) *adj.* Embarrado.

ENTIJUCAR (*ju*) *v. tr.* Embarrar, enlodar.

ENTIMEMA *f. Fil.* Entimema.

ENTIPOSE (*pòze*) *f. Anat.* Entiposis.

ENTISICAR (*si*) *v. tr.* Poner tísico. *v. intr.* Contraer la tisis. Ú. t. c. r. *fig.* Enflaquecer.

ENTITATIVAMENTE *adv. m.* De modo entitativo.

ENTIVAÇÃO (*sáum*) *f.* Entablamento.

ENTIVAR *v. tr.* Entablar.

ENTLÁSIA (*zia*) *f. Cir.* Entlasia.

ENTOAÇÃO (*sáum*) *f. Mús.* Entonación.

ENTOADO, DA *adj. P. p.* de *Entoar.* Entonado, acorde, armónico.

ENTOADOR, RA *adj.* Entonador.

ENTOAMENTO *m.* Entonamiento.

ENTOAR *v. tr.* Entonar (empezar un canto para que sigan los demás). Entonar (cantar con sujeción al tono). Entonar (dar a la voz un tono determinado). *Pint.* Entonar. *v. intr.* Cantar; sonar.

ENTOCAIAR *v. intr.* Lo mismo que

ENTOCAR *v. tr.* Encovar. *v. r.* Encavarse.

ENTOFTALMIA (*mía*) *f. Pat.* Entoftalmia.

ENTOGAR-SE *v. r.* Vestirse la toga.

ENTOJADO, DA (*ja*) *adj.* Vanidoso; engreído.

ENTOJAR (*jar*) *v. tr.* Lo mismo que ENTOJAR.

ENTOJO (*tójo*) *m.* Lo mismo que ANTOJO.

ENTOLECER *v. intr.* Enloquecer. Entontecer.

ENTOLHAR (*llar*) *v. tr.* Lo mismo que ANTOJAR.

ENTOLHO (*tólo*) *m.* Lo mismo que ANTOJO.

ENTOMÓFAGO, GA (*mò*) *adj.* Entomófago.

ENTOMOFILIA (*lía*) *f. Bot.* Fecundación por los insectos.

ENTOMÓFILO, LA (*mò*) *adj. Bot.* Entomófilo.

ENTOMOLOGIA (*jía*) *f.* Entomología.

ENTOMOLOGISTA (*jis*) *m.* Entomologista.

ENTOMÓLOGO (*mò*) *m.* Entomólogo.

ENTONAÇÃO (*sáum*) *f.* Entono, arrogancia, presunción, entonación.

ENTONAR *v. tr.* Levantar, alzar con entono. *v. r.* Entonarse.

ENTONTECEDOR, RA *adj.* Que atonta, aturde, o atolondra. Que marea. Que entontece.

ENTONTECER *v. tr.* Atontar, aturdir, atolondrar. Ú. t. c. intr. *v. intr.* Marearse. *v. tr.* Entontecer. Ú. t. c. intr. y r.

ENTONTECIMENTO *m.* Atontamiento; aturdimiento; atolondramiento. Entontecimiento.

ENTOPE-ESTRADAS (*tó*) *m.* Bravucón; perdonavidas.

ENTOPTOSCOPIA (*pía*) *f.* Entoptoscopia.

ENTORNADO, DA *adj. P. p.* de *Entornar.* Derramado; vertido; esparcido. Echado a perder. Alterado. *Germ.* Borracho.

ENTORNADURA *f.* Derramamiento, derrame; efusión.

ENTORNAR *v. tr.* Volcar (trastornar una cosa para que se vierta lo contenido en ella). Ú. t. c. intr. Derramar, verter; desparramar, esparcir. Ú. t. c. r. Derramar, propalar, publicar, divulgar. Ú. t. c. r. Disipar. Beber de un trago. *v. r. fam.* Emborracharse. — *o caldo. fr. fam.* Trastornar el buen orden. Echar a perder por imprudencia.

ENTORPECEDOR, RA *adj.* Entorpecedor. Que entumece.

ENTORPECER *v. tr.* Entumecer, entorpecer. Ú. t. c. intr. y r. Entorpecer, turbar, obscurecer el entendimiento. Ú. t. c. r. Entorpecer, dificultar, retardar. Ú. t. c. r. *v. r.* Entumirse.

ENTORPECIMENTO *m.* Entorpecimiento. Entumecimiento; torpor.

ENTORROAR *v. tr.* Formar terrones.

ENTORSE (*tòrse*) *f.* Esguince, torcedura, distensión de una articulación.

ENTORTADURA *f.* Entortadura, torcedura.

ENTORTAR *v. tr.* Entortar, torcer, poner tuerto lo derecho. Ú. t. c. intr. y r. Torcer, encorvar. Torcer (desviar una cosa de su posición o dirección habitual). Ú. t. c. r. *v. r.* Torcerse (desviarse del camino recto). Ú. t. c. intr.

ENTORTILHADO, DA (*lla*) *adj.* Tuerto, torcido; encorvado.

ENTOUPEIRAR-SE *v. tr.* Entontecer. Ponerse debajo de tierra como el topo.

ENTOXICAÇÃO (*sáum*) *f.* Intoxicación.

ENTOXICANTE *adj.* Intoxicante.

ENTOXICAR *v. tr.* Intoxicar, envenenar. Ú. t. c. r.

ENTOZOÁRIO (*zoá*) *m. Zool.* Entozoario, entozoo.

ENTOZOOLOGIA (*zoolojía*) *f.* Entozoología.

ENTRADA *f.* Entrada (parte por donde se entra; acción de entrar; billete que sirve para entrar a presenciar un espectáculo; comienzo de una obra; facultad de entrar en un lugar; ángulo entrante que forma el pelo en cada sien; caudal que ingresa en una caja; comienzos del año, del mes, etc.). Importación. Puesta (en el juego). — *por saída.* Entrada por salida, visita corta. *pl.* Entrada (cualquiera de los principios de una comida). Entrada (producto de cada función).

ENTRADIÇO, ÇA (*so*) *adj.* Que entra mucho o muchas veces.

ENTRADO, DA *adj. P. p.* de *Entrar.* Entrado. Aplícase a la persona de edad provecta. Que es bien acogido. Entremetido; abusador. *fam.* Achispado.

ENTRADOTA (*dò*) *f. fam.* Mujer de edad provecta.

ENTRADOTE, TA (*dò*) *adj. fam.* Aplícase a la persona de edad provecta; entrado en la vejez.

ENTRAJADO, DA (*ja*) *adj.* Lo mismo que TRAJADO.

ENTRAJAMENTO (*ja*) *m.* Manera de trajarse; traje.

ENTRAJAR (*jar*) *v. tr.* Trajear. Ú. t. c. r. *v. r.* Vestirse.

ENTRAJE (*je*) *m.* Acto de vestirse o trajearse. Traje.

ENTRALE *m.* Relinga (de la red de pescar).

ENTRALHAÇÃO (*llasáum*) *f.* Conjunto de relingas de las redes de pescar.

ENTRALHADO, DA (*lla*) *adj. P. p.* de *Entralhar.* Provisto de relinga (hablando de redes de pesca o de velas).

ENTRALHAMENTO (*lla*) *m.* Acto de

ENTRALHAR (*llar*) *v. tr. Mar.* Coser o colocar la relinga. Colocar las relingas en una red de pescar. Tejer una red. Enredar, embarazar. *v. r.* Prenderse en la red (el pescado).

ENTRALHO (*llo*) *m.* Lo mismo que ENTRALE.

ENTRAMAR-SE *v. intr.* Mezclarse, confundirse.

ENTRANÇA *f. p. us.* Entrada; principio, comienzo.

ENTRANÇADO, DA (*sa*) *adj. P. p.* de *Entrançar.* Entrenzado; trenzado. Entrelazado, enlazado. *m.* Entrelazamiento.

ENTRANÇADOR, RA (*sa*) *adj.* Que entrenza, trenza o entrelaza.

ENTRANÇADURA (*sa*) *f.* Lo mismo que

ENTRANÇAMENTO (*sa*) *m.* Acción y efecto de trenzar o entrenzar. Entrelazamiento.

ENTRÂNCIA (*trán*) *f.* Lugar de orden de las cricunscripciones judiciales.

ENTRANHA (*ña*) *f.* Entraña (en todas las acepciones de esta voz). Ú. m. en pl.

ENTRANHADAMENTE (*ña*) *adj. m.* Entrañablemente; cordialmente. De lo interior.

ENTRANHADO, DA (*ña*) *adj. P. p.* de *Entranhar.* Entrañado. Clavado, enclavado. Arraigado. Íntimo. Dedicado.

ENTRANHAR (*ñar*) *v. tr.* Entrañar (en sentido recto y figurado). Ú. t. c. r.

ENTRANHÁVEL (*ña*) *adj.* Entrañable, afectuoso, íntimo.

ENTRANHAVELMENTE (*ña*) *adv. m.* Entrañablemente.

ENTRANQUEIRAR *v. tr.* Atrincherar, fortificar con empalizadas.

ENTRANTE *adj.* Entrante.

ENTRAR *v. intr. y tr.* Entrar (en todas las principales acepciones de este vocablo).

ENTRASTAMENTO *m.* Acción y efecto de

ENTRASTAR *v. tr.* Trastear (echar los trastes a la guitarra u otro instrumento semejante).

ENTRAVADOR, RA *adj.* Que traba.

ENTRAVAMENTO *m.* Lo mismo que ENTRAVE.

ENTRAVAR *v. tr.* Trabar, entrabar. Embarazar, estorbar; poner obstáculos.

ENTRAVE *m.* Traba. Obstáculo, estorbo, embarazo.

ENTRE *prep.* Entre.

ENTREABERTA (*bèr*) *f.* Acto de entreabrir. Intermedio.

ENTREABERTO, TA (*bèr*) *adj. P. p.* de *Entreabrir.* Entreabierto.

ENTREABRIR *v. tr.* Entreabrir (dejar, o abrir en medias, una cosa). Ú. t. c. intr. y r.

ENTREAMAR-SE *v. r.* Amarse recíprocamente.

ENTREAMEAÇADO, DA (*sa*) *adj.* Algo amenazado con la suerte de otros.

ENTREATO *v. tr.* Entreacto.

ENTREBATER *v. tr.* Entrechocar. Ú. t. c. r. *v. r.* Debatirse. Combatir.

ENTREBRANCO, CA *adj.* Lo mismo que ESBRANQUIÇADO.

ENTRECANA *f.* Entrecanal.

ENTRECASCA *f.* Entrecorteza, entrecasco.

ENTRECERRAR *v. tr.* Entornar (cerrar a medias).

ENTRECHADO, DA (*cha*) *adj.* Que tiene enredo o argumento (hablando de drama o novela).

ENTRECHAR (*char*) *v. tr.* Urdir, hacer el enredo de un drama o de una novela.

ENTRECHO (*cho*) *m.* Enredo, argumento (de un drama o de una novela).

ENTRECHOCAR (*cho*) *v. tr.* Entrechocar (chocar dos cosas una contra otra). Ú. t. c. r.

ENTRECHOQUE (*chò*) *m.* Entrechoque.

ENTRECOBERTA (*bèr*) *f. Mar.* Entrecubierta.

ENTRECOLÚNIO *m.* Entrecolunio, intercolumnio.

ENTRECONHECER (*ñe*) *v. tr.* Conocer imperfectamente; estar a punto de conocer. *v. r.* Conocerse, tener relaciones de amistad.

ENTRECORO (*có*) *m.* Entrecoro.

ENTRECORRER *v. intr.* Correr en el intermedio. Pasar entre cosas o personas. Suceder un hecho entre otros dos.

ENTRECORTADO, DA *adj. P. p.* de *Entrecortar.* Entrecortado (hablando de la voz o de la respiración).

ENTRECORTAR *v. tr.* Entrecortar. Entrecortar, interrumpir. *v. r.* Cruzarse.

ENTRECORTE (*còr*) *m. Arq.* Entrecorte (espacio comprendido entre dos bóvedas que tienen el mismo punto de apoyo).

ENTRECOSTO *m.* Solomillo, solomo.
ENTRECRUZAMENTO *(za) m.* Entrecruzamiento.
ENTRECRUZAR-SE *(zar) v. r.* Entrecruzarse.
ENTRECUTÂNEO, EA *(tá) adj.* Intercutáneo.
ENTREDEDO *m.* Región interdigital.
ENTREDENTES *adv. m.* Entre dientes.
ENTREDEVORAR-SE *v. r.* Eliminarse mutuamente.
ENTREDIA *(día) adv. m.* Durante el día.
ENTREDIZER *(zer) v. tr.* Decir para sí mismo.
ENTREDIZIMAR-SE *(zi) v. r.* Arruinarse recíprocamente.
ENTREDORMIDO, DA *adj.* Entredormido, dormido a medias, medio dormido.
ENTREESCOLHER *(ller) v. tr.* Escoger al acaso.
ENTREESCUTAR *v. tr.* Escuchar desde lejos y con intervalos.
ENTREFALA *f.* Entrevista.
ENTREFECHAR *(char) v. tr.* Cerrar poco a poco.
ENTREFIGURAR-SE *v. r.* Figurarse, parecerse.
ENTREFILO *m. Impr.* Entrefilete; suelto periodístico.
ENTREFINO, NA *adj.* Entrefino.
ENTREFOLHA *(fólla) f.* Entrehoja.
ENTREFOLHAR *(llar) v. intr.* Entremediar con hojas.
ENTREFOLHO *(fóllo) m.* Lo mismo que ESCANINHO.
ENTREFORRO *m.* Entreforro. Entrecorteza.
ENTREGA *(trè) f.* Entrega (acto de entregar). Cosa entregada.
ENTREGADOR, RA *adj.* Entregador. Ú. t. c. s. m. Repartidor.
ENTREGAR *m. tr.* Entregar (en todas las acepciones de esta voz). Ú. t. c. r.
ENTREGUE *(trè) adj. P. p.* de *Entregar.* Entregado, da.
ENTREINAMENTO *m.* Lo mismo que TREINAMENTO.
ENTRELAÇADO, DA *(sa) adj. P. p.* de *Entrelaçar.* Entrelazado.
ENTRELAÇAMENTO *(sa) m.* Entrelazamiento.
ENTRELAÇAR *(sar) v. tr.* Entrelazar.
ENTRELEMBRAR-SE *v. r.* Recordarse despacio.
ENTRELIGAR *v. tr.* Ligar mutuamente.
ENTRELINHA *(ña) f.* Interlineación. Entrerrenglonadura.
ENTRELINHAMENTO *(ña) m.* Acto de
ENTRELINHAR *(ñar) v. tr.* Entrerrenglonar; interlinear.
ENTRELÚNIO *m. Astr.* Interlunio.
ENTRELUZIR *(zir) v. intr.* Entrelucir.
ENTREMADURO, RA *adj.* Medio maduro.
ENTREMANHÃ *(ñán) f.* Crepúsculo matutino.
ENTREMATAR-SE *v. r.* Matarse recíprocamente.
ENTREMEADO, DA *adj. P. p.* de *Entremear.* Entremediado. Intercalado, alternado. Entrecortado.
ENTREMEAR *v. tr.* Entremediar, intercalar, interpolar.
ENTREMECHA *(mècha) f. Mar.* Entremiche.
ENTREMEIO, IA *adj.* Intermedio; entremedio *(Amer.). m.* Intermedio.
ENTREMENTE *adv. t.* Lo mismo que
ENTREMENTES *adv. t.* Mientras, entre tanto, entretanto.
ENTREMESA *(za) adv. t.* Durante la comida. *f.* Tiempo de una comida.
ENTREMESCLAR *v. tr.* Mezclar, entremezclar.
ENTREMETER *v. tr.* Entremeter. Ú. t. c. r.
ENTREMETIDO, DA *adj.* Entremetido.
ENTREMETIMENTO *m.* Entremetimiento.
ENTREMEZ *m.* Entremés (obra escénica jocosa).
ENTREMEZADA *(za) f.* Cosa ridícula.
ENTREMEZÃO *(záum) m.* Entremés grande.
ENTREMEZISTA *(zis) m.* Entremesista.
ENTREMISTURAR *v. tr.* Entremezclar.
ENTREMODILHÃO *(láum) m.* Entremodillón.
ENTREMONTANO, NA *adj.* Que está entre dos montes.
ENTREMONTE *m.* Valle.
ENTREMORDER-SE *v. r.* Morderse recíprocamente.

ENTREMOSTRAR *v. tr.* Mostrar, manifestar o enseñar algo a medias.
ENTRENÓ *(nò) m. Bot.* Entrenudo.
ENTRENOITE *adv. t.* Durante la noche.
ENTRENUBLADO, DA *adj.* Que está entre nubes. Medio nublado.
ENTREOLHAR-SE *(llar) v. r.* Mirarse unos a los otros.
ENTREOUVIR *v. tr.* Entreoír.
ENTREPANO *m.* Entrapaño.
ENTREPARAR *v. intr.* Parar, detenerse un poco.
ENTREPAUSA *(za) f.* Pausa intermedia.
ENTREPELADO, DA *adj. Vet.* Entrepelado.
ENTREPERNAS *(pèr) adv. m.* Entre una y otra pierna. *f. pl.* Entrepiernas.
ENTREPILASTRA *f.* Entrepilastra.
ENTREPONTE *f. Mar.* Entrepuentes, entrecubiertas.
ENTREPORTAS *(pòr) adv. m.* De puertas adentro. A la entrada de la casa.
ENTREPÓSITO *(pòzi) m.* Depósito, almacén.
ENTREPOSTO *m.* Lo mismo que ENTREPÓSITO.
ENTREPRENDER *v. tr.* Emprender. Interprender.
ENTREPRESA *(za) f.* Interpresa.
ENTREQUERER-SE *v. r.* Quererse mutuamente.
ENTRERREALIZADO, DA *(za) adj.* Casi realizado.
ENTRERRIANO, NA *adj. y s.* Entrerriano.
ENTRERRIENSE *adj. y s.* Entrerriano.
ENTRESCUTAR *v. tr.* Lo mismo que ENTREESCUTAR.
ENTRESILHADO, DA *(zilla) adj.* Trasijado, que está muy flaco.
ENTRESSACAR *(sa) v. tr.* Entresacar.
ENTRESSACHADO, DA *(sacha) adj. P. p.* de *Entressachar.* Interpolado, intercalado.
ENTRESSACHAMENTO *(sacha) m.* Acción y efecto de
ENTRESSACHAR *(sachar) v. tr.* Entremediar, interpolar, intercalar; entremezclar. *v. r.* Entremeterse.
ENTRESSEIO *(seio) m.* Cavidad, sinuosidad; intervalo; hueco.
ENTRESSEMEAR *(se) v. intr.* Entremediar, intercalar. Sembrar en medio. Lo mismo que SALPICAR.
ENTRESSENTIR *(sen) v. tr.* Sentir vagamente.
ENTRESSOLA *(sò) f.* Pieza que se pone entre la plantilla y la suela del calzado.
ENTRESSOLHO *(sòllo) m.* Entresuelo.
ENTRESSONHADO, DA *(soña) adj. P. p.* de *Entressonhar.* Soñado vagamente. Deseado de una manera vaga. Previsto confusamente.
ENTRESSONHAR *(soñar) v. tr.* Soñar vagamente. Imaginar. *v. intr.* Devanear.
ENTRESSONHO *(soño) m.* Acto de *Entressonhar.*
ENTRETALHADURA *(lla) f.* Entretalladura.
ENTRETALHAR *(llar) v. tr.* Entretallar.
ENTRETANTO *adv. t.* Entretanto, entre tanto, mientras. Ú. t. c. s. conj. Mientras. — *que. m. conjunt.* Mientras que.
ENTRETECEDOR, RA *adj.* Entretejedor.
ENTRETECEDURA *f.* Entretejedura.
ENTRETECER *v. tr.* Entretejer.
ENTRETECIMENTO *m.* Entretejimiento.
ENTRETELA *(tè) f.* Entretela.
ENTRETELAR *v. tr.* Entretelar, poner entretela a una prenda de vestir.
ENTRETEMPO *m.* Entretiempo. Tiempo intermedio.
ENTRETENIMENTO *m.* Entretenimiento.
ENTRETER *v. tr.* Entretener. Ú. t. c. r.
ENTRETIDAMENTE *adv. m.* Con entretenimiento. Distraídamente.
ENTRETIMENTO *m.* Entretenimiento.
ENTRETOCAR-SE *v. r.* Entrechocarse.
ENTRETORCER *v. tr.* Torcer, encorvar un poco.
ENTRETURBAR *v. tr.* Turbar ligeramente.
ENTREUNIR *v. tr.* Unir recíprocamente.
ENTREVAÇÃO *(sáum) f.* Tullimiento; baldadura; parálisis.
ENTREVADO, DA *adj. P. p.* de *Entrevar.* Paralítico, tullido, baldado. Ú. t. c. s.
ENTREVADO, DA *adj. P. p.* de *Entrevar.* Entenebrecido, oscuro, tenebroso.

ENTREVAMENTO *m.* Lo mismo que ENTREVAÇÃO.
ENTREVAR *v. tr.* Entenebrecer, entenebrar, obscurecer, envolver en tinieblas. Ú. t. c. r.
ENTREVAR *v. tr.* Tullir, baldar, paralizar. Ú. t. c. intr. y r.
ENTREVECER *v. intr.* Tullirse, baldarse, paralisarse. Ú. t. c. r.
ENTREVECER *v. tr.* Entenebrecer, obscurecer, envolver en tinieblas.
ENTREVECIMENTO *m.* Lo mismo que ENTREVAÇÃO.
ENTREVER *v. tr.* Entrever (ver confusamente algo). *v. r.* Entrevistarse.
ENTREVERAR *v. tr. Bras. merid.* Entreverar. Ú. t. c. r.
ENTREVERO *(vé) m. Bras. merid.* Entrevero.
ENTREVIA *(vía) f.* Entrevía.
ENTREVIGA *f.* Hueco entre las vigas de un piso.
ENTREVINDA *f.* Venida repentina o inesperada.
ENTREVIR *v. intr.* Intervenir.
ENTREVISTA *f.* Entrevista.
ENTREVISTAR *v. tr.* Entrevistar. Ú. t. c. r.
ENTRINCHEIRADO, DA *(chei) adj. P. p.* de *Entrincheirar.* Atrincherado.
ENTRINCHEIRAMENTO *(chei) m.* Atrincheramiento. *fig.* Excusa, efugio.
ENTRINCHEIRAR *(chei) v. tr.* Atrincherar. Ú. t. c. r.
ENTRISTECEDOR, RA *adj.* Entristecedor.
ENTRISTECER *v. tr.* Entristecer. *v. intr.* Entristecerse. Ú. t. c. r.
ENTRISTECIMENTO *m.* Entristecimiento.
ENTROÇAR *(sar) v. intr.* Alabarse.
ENTROIXAR *(char) v. tr.* Lo mismo que ENTROUXAR.
ENTROIXO *(cho) m.* Lo mismo que ENTROUXO.
ENTROMBAR-SE *v. r.* Torcer el gesto.
ENTRONAR *v. tr.* Entronizar, entronar.
ENTRONCADO, DA *adj. P. p.* de *Entroncar.* Corpulento; espaldudo. Entroncado.
ENTRONCAMENTO *m.* Articulación. Empalme (de ferrocarriles o carreteras). Entroncamiento, entronque.
ENTRONCAR *v. intr.* Entroncar (tener o contraer parentesco con un linaje o persona). Echar troncos los vegetales. Empalmar (ferrocarriles, carreteras, etc.).
ENTRONEAR *v. tr.* Entronar, entronizar.
ENTRONIZAÇÃO *(zasáum) f.* Entronización.
ENTRONIZAR *(zar) v. tr.* Entronizar, entronar. Ú. t. c. r. *fig.* Entronizar, ensalzar.
ENTRONIZÁVEL *(zá) adj.* Que puede ser entronizado.
ENTRONQUECER *v. intr.* Lo mismo que ENTRONCAR.
ENTRONQUECIDO, DA *adj. Bot.* Provisto de tronco.
ENTROPEÇAR *(sar) v. intr.* Lo mismo que TROPEÇAR.
ENTROPEÇO *(péso) m.* Lo mismo que TROPEÇO.
ENTROPIGAITADO, DA *adj.* Atolondrado, aturdido. Desorientado. Embriagado.
ENTROPIGAITAR *v. intr.* Atolondrarse, aturdirse, atontarse. Desorientarse. Lo mismo que ENCAVACAR.
ENTRÓPIO *(trò) m.* Lo mismo que
ENTRÓPION *(trò) m. Cir.* Entropión.
ENTRÓS *(tròs) f.* Lo mismo que
ENTROSA *(tròza) f.* Piñón, rueda dentada.
ENTROSAGEM *(zajem) f.* Lo mismo que
ENTROSAMENTO *(za) m.* Endentamiento; acción de engranar.
ENTROSAR *(zar) v. tr.* Engranar, endentar. Componer, ordenar, poner en orden y buena disposición una cosa. *v. intr.* Engranar.
ENTROUXAMENTO *(cha) m.* Acto de
ENTROUXAR *(char) v. tr.* Hacer lío (porción de ropa o de otras cosas atadas). Dar figura de lío. Empaquetar. Arreglar. Amontonar. *v. r.* Disfrazarse.
ENTROUXO *(cho) m.* Relleno exacto.
ENTROVISCADA *f.* Pesca en que se usa el turbit para atontar a los peces.

ENTROVISCAR *v. tr.* Envenenar, atontar (a los peces) con el turbit. *fig.* Enemistar. *v. r.* Anublarse. *fig.* Complicarse, enredarse.

ENTRUDADA *f.* Divertimiento de antruejo.

ENTRUDAL *adj.* Perteneciente o relativo al antruejo.

ENTRUDAR *v. intr.* Hacer burla, dar algún chasco o pega a alguien en tiempo de carnaval. Divertirse en tiempo de carnaval.

ENTRUDESCO, CA *adj.* Lo mismo que ESTRUDAL.

ENTRUDO *m.* Antruejo. Carnaval. Entrada.

ENTRUÍDO *m.* Lo mismo que ENTRUDO.

ENTRUJÃO, JONA (jáum, jona) *adj.* Charlatán, embaidor, embaucador; embustero. Intrigante, chismoso, enredador. Ú. t. c. s. *m.* Caballero de la industria.

ENTRUJAR (jar) *v. tr. fam.* Engañar, embair, embaucar.

ENTRUJICE (ji) *f.* Engaño, burla, embuste, embaucamiento.

ENTRUNFAR-SE *v. r.* Enojarse.

ENTUFADO, DA *adj.* Ampuloso, hinchado.

ENTUFAR *v. tr.* Hinchar. Ú. t. c. r. y en sentido fig.

ENTULHADO, DA (lla) *adj. P. p.* de *Entulhar.* Entrojado. Terraplenado. Lleno de escombros. Muy lleno. Harto.

ENTULHAMENTO (lla) *m.* Entrojamiento. Acción de llenar de escombros. Acción de terraplenar, de llenar de tierra un vacío o hueco.

ENTULHAR (llar) *v. tr.* Entrojar. Terraplenar. Llenar de escombros. Hartar, atracar. Ú. t. c. r. *v. r.* Llenarse.

ENTULHEIRA (llei) *f.* Escombrera (sitio donde se echan los escombros).

ENTULHO (llo) *m.* Escombro (desecho, broza y cascote). *fig.* Montón de cosas inútiles. Lo mismo que ENTULHAMENTO.

ENTUPECER *v. tr.* Embarazar, estorbar, enredar.

ENTUPIDO, DA *adj. P. p.* de *Entupir.* Entupido, atascado, obstruído, ciego (hablando de un conducto). Lo mismo que EMBATUCADO.

ENTUPIGAITAÇÃO (sáum) *f.* Embarazo, confusión, vergüenza.

ENTUPIGAITADO, DA *adj.* Corrido, embarazado, avergonzado, confuso.

ENTUPIGAITAR *v. tr.* Confundir, correr, avergonzar. *v. intr.* Callarse.

ENTUPIMENTO *m.* Atasco, obstrucción de un conducto.

ENTUPIR *v. tr.* Atascar, obstruir, entupir, cegar un conducto. Llenar de escombros. Hacer callar.

ENTURBAR *v. tr.* Lo mismo que ENTURVAR.

ENTURVAÇÃO (sáum) *f.* Enturbiamiento. Turbación.

ENTURVADO, DA *adj. P. p.* de *Enturvar.* Enturbiado; turbio.

ENTURVAR *v. tr.* Enturbiar (poner turbia alguna cosa). Ú. t. c. r. Turbar, perturbar; enturbiar. Embarazar. Entristecer. Asombrar.

ENTURVESCER *v. intr.* Enturbiarse.

ENTUSIASMADO, DA (zias) *adj. P. p.* de *Entusiasmar.* Entusiasmado; lleno de entusiasmo.

ENTUSIASMAR (zias) *v. tr.* Entusiasmar (infundir entusiasmo). Ú. t. c. intr. y r.

ENTUSIASMO (zias) *m.* Entusiasmo.

ENTUSIASTA (zias) *adj. y s.* Entusiasta.

ENTUSIASTICAMENTE (zias) *adv. m.* Entusiasmadamente.

ENTUSIÁSTICO, CA (ziás) *adj.* Entusiástico.

ENUBLAÇÃO (sáum) *f.* Acción y efecto de

ENUBLAR *v. tr.* Lo mismo que ANUVIAR.

ENUCLEAÇÃO (sáum) *f.* Enucleación.

ENUCLEADO, DA *adj. P. p.* de *Enuclear.* Simple, claro, corriente.

ENUCLEAR *v. tr.* Enuclear.

ÊNULA (é) *f.* Lo mismo que

ÊNULA-CAMPANA (é) *f. Bot.* Helenio, énula campana.

ENUMERAÇÃO (sáum) *f.* Enumeración.

ENUMERADAMENTE *adv. m.* Con enumeración.

ENUMERADOR, RA *adj.* Enumerador. Ú. t. c. s.

ENUMERAR *v. tr.* Enumerar.

ENUMERATIVO, VA *adj.* Enumerativo. Enumerador.

ENUMERÁVEL *adj.* Enumerable.

ENUNCIAÇÃO (sáum) *f.* Enunciación.

ENUNCIADO, DA *adj. P. p.* de *Enunciar.* Enunciado. *m.* Enunciado.

ENUNCIAR *v. tr.* Enunciar. *v. r.* Manifestarse.

ENUNCIATIVO, VA *adj.* Enunciativo.

ENURESE (rèze) *f.* Lo mismo que

ENURESIA (zía) *f. Pat.* Enuresis, enuresia.

ENUVIAR *v. tr.* Lo mismo que ANUVIAR.

ENVAIDAR *v. tr.* Envanecer. Ú. t. c. r.

ENVAIDECEDOR, RA *adj.* Envanecedor; lisonjero.

ENVAIDECER *v. tr.* Envanecer. Ú. t. c. r.

ENVAIDECIMENTO *m.* Envanecimiento.

ENVALAR *v. tr.* Atrincherar. Valladear.

ENVALENTONAR-SE *v. tr.* Envalentonarse, cobrar valentía, jactarse de valiente.

ENVANECER *v. tr.* Envanecer, infundir vanidad.

ENVASADURA (za) *f.* Apuntalamiento. Basada.

ENVASADURA (za) *f.* Envase (acción de envasar).

ENVASAMENTO (za) *m.* Embasamento, basa en que descansa el edificio; zócalo.

ENVASAR (zar) *v. tr.* Envasar (echar un líquido en vasijas. Embasar. Hacer un embasamento.

ENVASILHA (zilla) *f.* Lo mismo que ENVASILHAMENTO.

ENVASILHAÇÃO (zillasáum) *f.* Lo mismo que ENVASILHAMENTO.

ENVASILHADO, DA (zilla) *adj. P. p.* de *Envasilhar.* Envasado.

ENVASILHAGEM (zillajem) *f.* Lo mismo que

ENVASILHAMENTO (zilla) *m.* Envase (acción de envasar).

ENVASILHAR (zillar) *v. tr.* Envasar (echar un líquido en vasijas). Embotellar.

ENVELHACAR-SE (lla) *v. r.* Abellacarse, hacerse bellaco.

ENVELHECEDOR, RA (lle) *adj.* Que hace envejecer.

ENVELHECER (lle) *v. intr.* Envejecer. *v. tr.* Envejecer, aviejar, avejentar.

ENVELHECIDO, DA (lle) *adj. P. p.* de *Envelhecer.* Envejecido. Viejo. Decadente.

ENVELHECIMENTO (lle) *m.* Envejecimiento.

ENVELHENTAMENTO (llen) *m.* Acción y efecto de aviejar, avejentar o envejecer; envejecimiento.

ENVELHENTAR (llen) *v. tr.* Avejentar. Ú. t. c. r.

ENVELHIDO, DA (lli) *adj.* Envejecido.

ENVELOPE (lò) *m.* Sobre, sobrecarta.

ENVENENADO, DA *adj. P. p.* de *Envenenar.* Envenenado, emponzoñado. Venenoso. Que trae mala intención.

ENVENENADOR, RA *adj.* Envenenador.

ENVENENAMENTO *m.* Envenenamiento.

ENVENENAR *v. tr.* Envenenar, emponzoñar. Ú. t. c. r. *fig.* Envenenar, acriminar, interpretar torcidamente una cosa.

ENVERDECER *v. tr.* Poner verde. *v. intr.* Enverdecer, reverdecer, verdear. *fig.* Rejuvenecer.

ENVERDECIMENTO *m.* Acción de *Enverdecer.*

ENVERDEJAR (jar) *v. intr.* Lo mismo que ENVERDECER.

ENVEREDAMENTO *m.* Acto de dirigirse o encaminarse para algún lugar.

ENVEREDAR *v. tr.* Enveredar, encaminar. *v. intr.* Encaminarse, dirigirse para algún lugar.

ENVERGADO, DA *adj. P. p.* de *Envergar.* Envergado. Encorvado. Vestido.

ENVERGADURA *f. Mar.* Envergadura. *Zool.* Envergadura. *fig.* Capacidad, competencia, aptitud, idoneidad.

ENVERGAMENTO *m.* Acción de envergar una vela. Corvadura, curvatura. *Zool.* Envergadura.

ENVERGAR *v. tr. Mar.* Envergar. Encorvar. Ú. t. c. r. e intr. Vestir; lucir. — *a espinha.* fr. Morir.

ENVERGONHADO, DA (ña) *adj. P. p.* de *Envergonhar.* Avergonzado. Vergonzoso, pudibundo, pudoroso; que se avergüenza con facilidad. Humillado. Corrido. Vergonzante.

EVERGONHADOR, RA (ña) *adj.* Que avergüenza.

ENVERGONHAR (ñar) *v. tr.* Avergonzar. *v. r.* Avergonzarse.

ENVERGUE (vèr) *m. Mar.* Envergue. Ú. m. en pl.

ENVERMELHAR (llar) *v. tr. intr.* y *r.* Lo mismo que AVERMELHAR.

ENVERMELHECER (lle) *v. intr.* Enrojecer. Enrojecerse, sonrojarse.

ENVERNIZADO, DA (za) *adj. P. p.* de *Envernizar.* Barnizado.

ENVERNIZADOR (za) *m.* Barnizador.

ENVERNIZADURA (za) *f.* Lo mismo que

ENVERNIZAMENTO (za) *m.* Barnizadura, barnizado.

ENVERNIZAR (zar) *v. tr.* Barnizar, embarnizar, dar barniz.

ENVERRUGADO, DA *adj. P. p.* de *Enverrugar.* Averrugado. Arrugado.

ENVERRUGAR *v. tr.* Llenar de verrugas. *v. r.* Averrugarse. Agusanarse (hablando de frutas).

ENVÉS (vès) *m.* Lo mismo que INVÉS.

ENVESAR (zar) *v. tr.* Lo mismo que ENVIESAR. Lo mismo que ENVESSAR.

ENVESGAR *v. tr.* Poner bizco a alguno. Torcer los ojos.

ENVESSADAMENTE (sa) *adj.* Al revés.

ENVESSADO, DA (sa) *adj. P. p.* de *Envessar.* Vuelto del revés. Envesado.

ENVESSAR (sar) *v. tr.* Poner al revés. Invertir el orden de las cosas.

ENVESSO (véso) *m.* Lo mismo que AVESSO.

ENVIADO, DA *adj. P. p.* de *Enviar.* Enviado. *m.* Enviado.

ENVIAMENTO *m.* Envío (acción de enviar).

ENVIAR *v. tr.* Enviar, mandar, hacer ir o dirigirse, encaminar.

ENVIDAR *v. tr.* Envidar. Emplear con empeño. — *de falso.* Envidar en falso.

ENVIDE *m.* Envite.

ENVIDILHAR (llar) *v. tr.* Rodrigar, enrodrigonar.

ENVIDRAÇADO, DA (sa) *adj. P. p.* de *Envidraçar.* Que tiene vidrios o vidrieras. Cubierto o guarnecido de cristales. Empañado, opaco.

ENVIDRAÇAMENTO (sa) *m.* Acción y efecto de

ENVIDRAÇAR (sar) *v. tr.* Poner o guarnecer de vidrios, vidrieras o cristales. Vitrificar. *v. tr.* Vidriarse (los ojos).

ENVIÉS (ès) *m.* Lo mismo que VIÉS.

ENVIESADAMENTE (za) *adv. m.* Sesgadamente, sesgamente, al sesgo.

ENVIESADO, DA (za) *adj. P. p.* de *Enviesar.* Sesgo (torcido, cortado o situado oblícuamente).

ENVIESAR (zar) *v. tr.* Sesgar. Ú. t. c. r. *fig.* Dar mala dirección a una cosa. *v. r.* Seguir una cosa una mala dirección.

ENVIGAMENTO *m.* Envigado.

ENVIGAR *v. tr.* Envigar, asentar las vigas.

ENVIGORANTE *adj.* Vigorizador.

ENVIGORAR *v. tr.* Envigorizar, vigorizar.

ENVILECER *v. tr.* Envilecer. *v. r.* Envilecerse.

ENVILECIMENTO *m.* Envilecimiento.

ENVINAGRADO, DA *adj. P. p.* de *Envinagrar.* Avinagrado; envinagrado.

ENVINAGRAR *v. tr.* Envinagrar, avinagrar. *v. r.* Avinagrarse; agriarse. *fig.* Agriarse, irritarse. Emborracharse.

ENVINCILHADO, DA (lla) *adj. P. p.* de *Envincilhar.* Atado con vencejo. Enmarañado, enredado.

ENVINCILHAR (llar) *v. tr.* Atar con vencejo. Enmarañar, enredar.

ENVINHADO, DA (ña) *adj.* Envinado, mezclado con vino.

ENVIPERADO, DA *adj.* Rabioso. Ensañado como víbora.

ENVIPERAR *v. tr.* Ensañar como víbora. *v. r.* Irritarse, enfurecer como una víbora.

ENVIRA *f.* Lo mismo que EMBIRA.

ENVISCAÇÃO (sáum) *f.* Enviscamiento.

ENVISCAR *v. tr.* Enviscar, untar con liga las plantas para cazar los pájaros. *v. r.* Enviscarse. Ú. t. en sentido fig.

ENVISGAR *v. tr.* Lo mismo que ENVISCAR.

ENVIUVAR *v. intr.* Enviudar. *v. r.* Dejar viudo o viuda.

ENVOLAR-SE *v. r.* Lo mismo que EVOLAR-SE.

ENVOLTA (vòl) *f.* Confusión, desorden, mezcla.

ENVOLTA (vól) *f.* Faja, ligadura.

ENVOLTO, TA *adj. P. p.* de *Envolver.* Envuelto. Arrollado, enrollado. Empaquetado. Turbio (hablando del agua).

ENVOLTÓRIO (tò) *m.* Envoltura, envoltorio, envoltijo, lío, capa exterior de una cosa.

ENVOLTURA *f.* Envolvimiento. Envoltura (conjunto de ropas con que se envuelve una criatura).

ENVOLVEDOIRO *m.* Lo mismo que ENVOLVEDOURO.

ENVOLVEDOR, RA *adj.* Que envuelve. *m.* Intrigante, enredador.

ENVOLVEDOURO *m.* Envolturas (conjunto de ropas con que se envuelve a una criatura).

ENVOLVÊNCIA (vén) *f.* Acción de envolver o cercar.

ENVOLVENTE *adj.* Envolvente.

ENVOLVER *v. tr.* Envolver (cubrir una cosa, ciñéndola con alguna materia flexible). Empaquetar. Enrollar, arrolar. *fig.* Estrechar, acorralar, rodear a uno con argumentos. *Mil.* Envolver, acorralar, cercar. Enfajar. Cercar, rodear. Abrazar, ceñir, alcanzar. Revestir, cubrir con un revestimiento. Encerrar, contener. Embrollar, enredar. Complicar. Mezclar, confundir. *v. r.* Anublarse. Envolverse (mezclarse en una cosa; meterse entre otros). Entremeterse.

ENVOLVIMENTO *m.* Envolvimiento (acción de envolver).

ENXABIDO, DA (*cha*) *adj.* Lo mismo que DESENXABIDO.

ENXADA (*cha*) *f.* Azada.

ENXADADA (*cha*) *f.* Azadada, azadazo.

ENXADÃO (*cha*dáum) *m.* Azadón.

ENXADAR (*cha*) *v. tr.* Cavar con la azada. *v. intr.* Trabajar con la azada.

ENXADEIRO, RA (*cha*) *adj.* Perteneciente o relativo a la azada.

ENXADREZADO, DA (*cha*dreza) *adj.* Ajedrezado.

ENXADREZAR (*cha*drezar) *v. tr.* Dividir en cuadrados como un tablero de ajedrez.

ENXADRISMO (*cha*) *m.* La ciencia del ajedrez.

ENXADRISTA (*cha*) *m.* Ajedrezista.

ENXAGUADELA (*cha*guadè) *f.* Lo mismo que ENXAGUADURA.

ENXAGUADO, DA (*cha*) *adj. P. p.* de *Enxaguar.* Enjuagado.

ENXAGUADURA (*cha*) *f.* Enjuague, enjuagadura.

ENXAGUAR (*cha*) *v. tr.* Enjuagar.

ENXALMADURA (*cha*l) *f.* Enjalma. Acción de enjalmar.

ENXALMAR (*cha*l) *v. tr.* Enjalmar, aparejar una bestia con la enjalma.

ENXALMEIRO (*cha*l) *m.* Enjalmero.

ENXALMO (*cha*l) *m.* Enjalma.

ENXAMBRAMENTO (*cham*) *m.* Acto de

ENXAMBRAR (*cham*) *v. tr.* Enjugar ligeramente. Ú. t. c. r. e intr.

ENXAME (*chán*) *m.* Enjambre. *fig.* Enjambre, muchedumbre, multitud.

ENXAMEAÇÃO (*chán*measáum) *f.* Lo mismo que ENXAMEAMENTO.

ENXAMEAL (*chán*) *m.* Lo mismo que COLMEAL.

ENXAMEAMENTO (*chán*) *m.* Enjambrazón.

ENXAMEAR (*chán*) *v. tr.* Enjambrar. *v. intr.* Enjambrar. Ú. t. c. r. Salir en muchedumbre.

ENXAQUECA (*cha*) *f.* Jaqueca.

ENXAQUETADO, DA (*cha*) *adj. Blas.* Jaquelado.

ENXAQUETAR (*cha*) *v. tr.* Lo mismo que ENXADREZAR.

ENXÁRCIA (*chár*) *f.* Jarcia.

ENXARCIADO, DA (*char*) *adj.* Enjarciado.

ENXARCIAR (*char*) *v. tr.* Enjarciar.

ENXAROPAR (*cha*) *v. tr.* Jaropar, jaropear.

ENXECO (*chè*) *m.* Incomodidad, molestia; enjeco (*ant.*).

ENXEQUETADO, DA (*che*) *adj.* Lo mismo que ENXAQUETADO.

ENXERGA (*chér*) *f.* Jergón, jerga.

ENXERGÃO (*cher*gáum) *m.* Jergón. Jerga, tela gruesa y tosca.

ENXERGAR (*cher*) *v. tr.* Divisar, entrever, avistar, distinguir. Observar, ver, notar. Juzgar, considerar. Adivinar. Deducir.

ENXERIDO, DA (*che*) *adj. P. p.* de *Enxerir.* Inserto.

ENXERIR (*che*) *v. tr.* Injerir, insertar, inserir.

ENXERTA (*chèr*) *f. Agr.* Enjertación, injerto.

ENXERTADEIRA (*cher*) *f.* Navaja de enjertar.

ENXERTADO, DA (*cher*) *adj. P. p.* de *Enxertar.* Enjertado, injertado.

ENXERTADOR, RA (*cher*) *adj.* Que injerta. *m.* Injertador.

ENXERTADURA (*cher*) *f.* Enjertamiento, enjertación, injerto.

ENXERTAR (*cher*) *v. tr.* Enjertar, injertar. Injerir, insertar, inserir.

ENXERTIA (*cher*tía) *f.* Injertera. Lo mismo que ENXERTADURA.

ENXERTO (*cher*) *m.* Injerto (acción de injertar; planta injertada). — *de borbulha,* o *de gema.* Injerto de cañutillo.

ENXÓ (*chò*) *f. Carp.* Azuela.

ENXOFRA (*chò*) *f.* Lo mismo que

ENXOFRAÇÃO (*cho*frasáum) *f.* Lo mismo que ENXOFRAMENTO.

ENXOFRADEIRA (*cho*) *f.* Azufrador (aparato para azufrar las vides).

ENXOFRADO, DA (*cho*) *adj. P. p.* de *Enxofrar.* Azufrado; sulfuroso; de color de azufre. *fam.* Enojado, enfadado.

ENXOFRADOR, RA (*cho*) *adj.* Azufrador. *m.* Lo mismo que ENXOFRADEIRA.

ENXOFRAMENTO (*cho*) *m.* Azuframiento.

ENXOFRANTE (*cho*) *adj.* Que azufra.

ENXOFRAR (*cho*) *v. tr.* Azufrar. *fam.* Irritar. *v. r. fam.* Enojarse, enfadarse; desconfiar.

ENXOFRE (*chó*) *m.* Azufre.

ENXOFREIRA (*chò*) *f. Fís.* Azufrera.

ENXOFRENTO, TA (*cho*) *adj.* Azufroso.

ENXOGALHAR (*cho*gallar) *v. tr. Port.* Lo mismo que

ENXOGAR (*cho*) *v. tr. Port.* Enjugar.

ENXOMBRAR (*chom*) *v. tr.* Humedecer.

ENXOTA-CÃES (*chò*ta-cáens) *m.* Azotaperros.

ENXOTADOR, RA (*cho*) *adj.* Ahuyentador.

ENXOTADURA (*cho*) *f.* Ahuyentamiento.

ENXOTAMENTO (*cho*) *m.* Lo mismo que ENXOTADURA.

ENXOTAR (*cho*) *v. tr.* Ahuyentar. Expulsar, echar fuera, hacer salir.

ENXOVAL (*cho*) *m.* Ajuar. Canastilla (ropa que se prepara para el niño que ha de nacer).

ENXOVALHADAMENTE (*cho*valla) *adv. m.* Suciamente.

ENXOVALHADO, DA (*cho*valla) *adj. P. p.* de *Enxovalhar.* Sobajado, ajado. Sucio. Mancillado, manchado, denigrado. Desacreditado. Insultado.

ENXOVALHAMENTO (*cho*valla) *m.* Sobajadura, sobajamiento. Acto de

ENXOVALHAR (*cho*vallar) *v. tr.* Sobajar. Ú. t. c. r. Machucar, estrujar. Ú. t. c. r. Ajar. Ú. t. c. r. Mancillar, manchar, denigrar. Ú. t. c. r. Ensuciar. Ú. t. c. r. Deslustrar; desacreditar. Ú. t. c. r. Envilecer. Ú. t. c. r. Emporcar. Ú. t. c. r.

ENXOVALHO (*cho*vallo) *m.* Lo mismo que ENXOVALHAMENTO.

ENXOVAR (*cho*) *v. tr. ant.* Encarcelar.

ENXOVEDO (*cho*) *m. fam.* Tonto.

ENXOVIA (*cho*vía) *f.* Calabozo.

ENXUGA (*chu*) *f.* Lo mismo que ENXUGO.

ENXUGADOIRO (*chu*) *m.* Lo mismo que ENXUGADOURO.

ENXUGADOR, RA (*chu*) *adj.* Enjugador. *m.* Enjugador (utensilio para enjugar). Toalla.

ENXUGADOURO (*chu*) *m.* Enjugadero (lugar en que se enjuga o seca alguna cosa).

ENXUGAR (*chu*) *v. tr.* Enjugar. Ú. t. c. r. *v. r.* Desaparecer por evaporación. *fam.* Beber.

ENXUGO (*chu*) *m.* Acción y efecto de enjugar. Enjugado.

ENXUMBRAR (*chum*) *v. tr.* Lo mismo que ENXAMBRAR.

ENXÚNDIA (*chún*) *f.* Enjundia; unto.

ENXUNDIÁCEO, EA (*chu*n) *adj.* Enjundioso.

ENXUNDIAR (*chu*n) *v. tr.* Alimentar, engordar, cebar.

ENXUNDIOSO, SA (*chu*ndiozo, òza) *adj.* Enjundioso.

ENXURDAR-SE (*chu*r) *v. r.* Lo mismo que CHAFURDAR.

ENXURDEIRO (*chu*r) *m.* Atolladero, barral, lamazal, cenagal.

ENXURDO (*chu*r) *m.* Lo mismo que ENXURDEIRO.

ENXURRADA (*chu*) *f.* Avenida, arroyada, riada, corriente impetuosa de las aguas. Chorro de agua sucia o de inmundicies. *fig.* Copia, abundancia.

ENXURRAR (*chu*) *v. tr.* Alagar con corrientes impetuosas de agua de lluvia. *v. intr.* Formar la lluvia corrientes impetuosas de aguas; arroyarse.

ENXURREIRO (*chu*) *m.* Arroyada (hendedura que las corrientes de agua dejan en la tierra después de un chaparrón).

ENXURRIA (*chu*rría) *f.* Lo mismo que

ENXURRO (*chu*) *m.* Avenida, arroyada, riada; corriente impetuosa del agua de lluvia. Chorro de agua sucia o de inmundicies. *fig. despect.* Ralea.

ENXUTO, TA (*chu*) *adj. P. p.* de *Enxugar.* Enjuto. Que tiene poca o ninguna humedad. Seco (no lluvioso). Seco (de lágrimas). — *de carnes.* Enjuto, enjuto de carnes. *m.* Lugar donde no llueve. Abrigo contra un riesgo o peligro.

ENZAMPA (*zam*) *m.* Lo mismo que MAÇADOR.

ENZIMA (*zi*) *f. Quím.* Enzima.

ENZINHA (*zi*ña) *f.* Lo mismo que AZINHO.

ENZINHEIRA (*zi*ñei) *f.* Lo mismo que AZINHEIRA.

ENZOOTIA (*zoo*tía) *f. Vet.* Enzootía.

EOCENTE *adj.* Eoceno.

EOCÊNICO, CA (*cén*) *adj.* Eoceno.

EÕES (*cóens*) *m. pl.* Eones.

EÓLIO, IA (*ò*) *adj. y s.* Eólico, eolio. *m.* Eólico (dialecto eólico).

EOLÍPILA (*ò*) *f. Fís.* Eolipila.

EOSINA (*zi*) *f. Quím.* Eosina.

EOSINOFILIA (*zi*nofilía) *f.* Calidad de

EOSINÓFILO, LA (*zi*nò) *adj.* Eosinófilo.

EOSOTO (*zò*) *m. Farm.* Eosota, valerianato de creosota.

EPACTA *f.* Epacta.

EPACTAL *adj.* Perteneciente o relativo a la epacta.

EPANADIPLOSE (*plòze*) *f. Ret.* Epanadiplosis.

EPANÁFORA *f. Ret.* Anáfora, epanáfora.

EPANALEPSE (*lèp*) *f. Ret.* Epanalepsis.

EPANORTOSE (*òze*) *f. Ret.* Epanortosis.

EPARQUIA (*quía*) *f.* Eparquía.

EPÊNDIMA (*pén*) *m. Anat.* Epéndimo.

EPENDIMITE *f. Pat.* Ependimitis.

EPÊNTESE (*pénteze*) *f. Gram.* Epéntesis.

EPENTÉTICO, CA (*tè*) *adj.* Epentético.

EPIBLASTO *m. Bot.* Epiblasto.

EPICAMENTE (*è*) *adv. m.* Épicamente.

EPICARDIA (*día*) *f.* Epicardia.

EPICÁRDIO *m.* Epicardio.

EPICARDIOPATIA (*tía*) *f.* Epícardia.

EPICARPO *m. Bot.* Epicarpio.

EPICAULE *adj.* Epicaulo.

EPÍCEA *f.* Pino albar.

EPICÉDIO (*cè*) *m.* Epicedio.

EPICÉFALO (*cè*) *m.* Epicomo, epicéfalo.

EPICENO *adj. Gram.* Epiceno.

EPICENTRO *m. Geol.* Epicentro.

EPICICLO *m.* Epiciclo.

EPICICLÓIDE (*clòi*) *adj.* Epicicloide.

EPICISTITOMIA (*mía*) *f. Cir.* Epicistitomía, talla suprapubiana.

ÉPICO, CA (*è*) *adj.* Épico. *m.* Épico.

EPICOMIA (*mía*) *f.* Epicomía.

EPÍCOMO *m.* Epicomo.

EPICÔNDILO (*cón*) *m. Anat.* Epicóndilo.

EPICÓRIO (*cò*) *m. Anat.* Epicorion, caduca.

EPICRANIANO, NA *adj.* Lo mismo que

EPICRÂNICO, CA (*crá*) *adj.* Epicráneo.

EPICRÂNIO (*crá*) *m. Anat.* Epicráneo.

EPICRASE (*ze*) *f.* Epicrasis.

EPÍCRISE (*ze*) *f.* Epicrisis.

EPICÚREO, EA *adj.* Epicúreo. *m.* Epicúreo.

EPICUREU *adj.* Epicúreo.

EPICURISMO *m.* Epicureismo.

EPICURISTA *adj.* Epicúreo. *m.* Epicúreo.

EPIDEMIA (*mía*) *f.* Epidemia.

EPIDEMIAR *v. tr.* Contagiar, pegar.

EPIDEMICAMENTE *adv. m.* Epidémicamente.

EPIDEMICIDADE *f.* Epidemicidad.

EPIDÉMICO, CA (*dè*) *adj.* Epidémico.

EPIDEMIOLOGIA (*jía*) *f.* Epidemiología.

EPIDERME (*dèr*) *f.* Epidermis.

EPIDÉRMICO, CA (*dèr*) *adj.* Epidérmico.

EPIDERMINA *f. Farm.* Epidermina.

EPIDERMÓLISE (*mòlize*) *f. Pat.* Epidermólisis.

EPIDIASCÓPIO (cò) *m.* Epidiascopio.
EPIDIDIMITE *f. Pat.* Epididimitis.
EPIDÍDIMO *m. Anat.* Epidídimo.
EPÍDOTO *m. Miner.* Epidota, epidoto.
EPIDROMA *f.* Lo mismo que AFLUXO.
EPIFANIA (nía) *f.* Epifanía.
EPIFARINGE (je) *f. Zool.* Epifaringe.
EPIFENÓMENO (nó) *m. Pat.* Epifenómeno.
EPIFILO, LA *adj. Bot.* Epifilo.
EPÍFISE (ze) *f. Anat.* Epífisis.
EPIFITIA (tía) *f.* Epifitia.
EPÍFITO, TA *adj. Bot.* Epifito.
EPIFLEOSE (fleòze) *f. Bot. y Zool.* Epiflosa, epifleosa.
EPIFONEMA *m.* Epifonema.
EPIFONÉMICO, CA (né) *adj.* Perteneciente o relativo al epifonema.
EPÍFORA *f. Pat.* Epifora.
EPIFRAGMA *m.* Epifragma.
EPÍFRASE (ze) *f.* Epifrasis.
EPIGAMIA (mía) *f.* Epigamia.
EPIGASTRALGIA (jía) *f.* Epigastralgía.
EPIGÁSTRICO, CA *adj.* Epigástrico.
EPIGÁSTRIO *m.* Lo mismo que
EPIGASTRO *m. Anat.* Epigastrio.
EPIGASTROCELE (cè) *f. Pat.* Epigastrocele.
EPIGÉNESE (jéneze) *f.* Lo mismo que
EPIGENESIA (jenezía) *f.* Epigénesis.
EPIGENIA (jenía) *f. Miner.* Epigenia.
EPIGEU *adj. Bot.* Epigeo.
EPIGLOSSA (glòsa) *f.* Epiglosis.
EPIGLOTE (giò) *m. Anat.* Epiglotis.
EPIGLOTITE *f. Pat.* Epiglotitis.
EPIGRAFAR *v. tr.* Inscribir epígrafes.
EPÍGRAFE *f.* Epígrafe.
EPIGRAFIA (fía) *f.* Epigrafía.
EPIGRAFISTA *m.* Epigrafista.
EPIGRAMA *m.* Epigrama.
EPIGRAMAR *v. intr.* Epigramatizar.
EPIGRAMATICAMENTE *adv. m.* Epigramáticamente.
EPIGRAMÁTICO, CA *adj.* Epigramático.
EPIGRAMATIZAR *v. tr.* Dirigir epigramas a alguién.
EPIGRAMISTA *m.* Epigramatario, epigramista.
EPILAÇÃO (sáum) *f.* Depilación.
EPILEPSIA (sía) *f. Pat.* Epilepsia.
EPILÉTICO, CA (lèp) *adj.* Epiléptico. Ú. t. c. s.
EPILEPTÓIDE (tòi) *adj.* Epileptiforme.
EPILOGAÇÃO (sáum) *f.* Epilogación.
EPILOGAR *v. tr.* Epilogar, resumir, compendiar, recapitular.
EPÍLOGO *m.* Epílogo.
EPINÍCIO *m.* Epinício.
EPIPLEROSE (ròze) *f. Pat.* Epíplerosis.
EPÍPLOO *m. Anat.* Epiploon.
EPÍPLOON *m.* Lo mismo que EPÍPLOO.
EPIPLOPEXIA (xía) *f. Cir.* Epiploplexia.
EPÍPODE *m.* Lo mismo que
EPIPÓDIO (pò) *m. Zool.* Epipodio.
EPIPÓLASE (pòlaze) *f.* Epipolasis.
EPIQUÉIA (quèia) *f.* Epiqueya.
EPISCLERITE *f. Pat.* Episcleritis.
EPISCOPADO *m.* Episcopado.
EPISCOPAL *adj.* Episcopal.
EPISCÓPIO (cò) *m.* Episcopio.
EPISEMO (ze) *m.* Episemón.
EPISIOCELE (zuocè) *f. Pat.* Episocele.
EPISIORRAFIA (ziorrafía) *f. Cir.* Episiorrafia.
EPISODIAR (zo) *v. tr.* Adornar con episodios. Tratar como episodio.
EPISODICAMENTE (zò) *adv. m.* Episódicamente.
EPISÓDICO, CA (zò) *adj.* Episódico.
EPISÓDIO (zò) *m.* Episodio.
EPÍSPASE (ze) *f. Pat.* Epispasis.
EPISPERMA (pèr) *f. Bot.* Epispermo.
EPISPÓRIO (pò) *m. Bot.* Episporo.
EPISQUESE (quèze) *f. Pat.* Episquesis.
EPISTAÇÃO (sáum) *f.* Epistación.
EPISTAXE *f. Pat.* Epistaxis.
EPISTERNO (tèr) *m. Zool.* Episternón.
EPISTÍLIO *m. Arq.* Arquitrabe, epistilo.
EPÍSTOLA *f.* Epístola.
EPISTOLAR *adj.* Epistolar.
EPISTOLAR *v. tr.* Narrar en epístolas o cartas.
EPISTOLÁRIO, RIA *adj.* Epistolar. *m.* Epistolario.

EPISTOLARMENTE *adv. m.* En forma de epístola; por carta.
EPISTOLEIRO *m.* Epistolario. Lo mismo que EPISTOLÓGRAFO.
EPISTÓLICO, CA (tò) *adj.* Epistolar.
EPISTOLIZAR (zar) *v. intr.* Escribir epístolas.
EPISTOLOGRAFIA (fía) *f.* Epistolografía.
EPISTOLOGRÁFICO, CA *adj.* Perteneciente o relativo a la epistolografía.
EPISTOLÓGRAFO (lò) *m.* Epistológrafo.
EPÍSTOMA *f.* Epistomio, canilla, espita.
EPISTÔMIO (tó) *m.* Lo mismo que EPÍSTOMA.
EPÍSTROFE *f. Ret.* Epístrofe, conversión.
EPITÁFIO *m.* Epitafio.
EPITAFISTA *m.* Individuo que compone epitafios.
EPITALÂMICO, CA (lá) *adj.* Epitalámico.
EPITALÂMIO (lá) *m.* Epitalamio.
EPÍTASE (ze) *f.* Epítasis.
EPITÉLIO (tè) *m. Anat.* Epitelio.
EPITETAR *v. tr.* Dar epíteto a.
EPITÉTICO, CA (tè) *adj.* Perteneciente o relativo al epíteto.
EPÍTETO *m.* Epíteto.
EPITIFLITE *f. Pat.* Apendicitis.
EPITIMIA (mía) *f.* Epitimia, antojo.
EPITÓGIO (tòjio) *m.* Epitoga.
EPÍTOMA *m.* Epítema, epítima.
EPITOMAR *v. tr.* Epitomar (reducir a epítome; compendiar alguna obra).
EPÍTOME *m.* Epítome, resuman; compendio.
EPITRÓCLEA (trò) *f. Anat.* Epitróclea.
EPIZOÁRIO, RIA (zoá) *adj.* Epizoario. Ú. t. c. s.
EPIZÓICO, CA (zòi) *adj. Geol.* Epizoico.
EPIZOOTIA (zootía) *f.* Epizootia.
EPIZOÓTICO, CA (zoò) *adj.* Epizoótico.
ÉPOCA (è) *f.* Época. *Fazer —. fr.* Formar, o hacer época.
EPÓDICO, CA (pò) *adj.* Relativo al epodo.
EPODO (è) *m.* Epodo, epoda.
EPONÍMIA *f.* Eponimia.
EPÓNIMO, MA (pó) *adj.* Epónimo.
EPOPÉIA (pèia) *f.* Epopeya.
EPOPÉICO, CA (pèi) *adj.* Perteneciente o relativo a la epopeya. Heroico, grandioso, glorioso.
EPSILÃO (láum) *m.* Lo mismo que
EPSILO *m.* Epsilón.
EPULÃO (láum) *m.* Epulón.
EPÚLIDA *f.* Lo mismo que
EPÚLIDE *f. Pat.* Épulis.
EQUABILIDADE (cua) *f.* Uniformidad, igualdad.
EQUAÇÃO (cuasáum) *f. Álg.* Ecuación. — *de tempo.* Ecuación del tiempo.
EQUACIONAMENTO (cua) *m.* Acción y efecto de
EQUACIONAR (cua) *v. tr.* Hacer igual o proporcional.
EQUADOR (cua) *m.* Ecuador.
EQUÂNIME (cuán) *adj.* Ecuánime.
EQUANIMIDADE (cua) *f.* Ecuanimidad.
EQUANTE (cuan) *m.* Ecuante.
EQUATORIAL (cua) *adj.* Ecuatorial.
EQUATORIANO, NA (cua) *adj. y s.* Ecuatoriano.
EQUÁVEL (cuá) *adj.* Equitativo; recto; justo. Igual, uniforme.
EQUESTRE (cuès) *adj.* Ecuestre.
EQUEVO, VA (cuè) *adj.* Contemporáneo.
EQUIÂNGULO (cuían) *adj. Geom.* Equiángulo.
EQUIDADE (cuí) *f.* Equidad.
EQUÍDEO, DEA (cuí) *adj.* Equino, caballar.
EQUIDIFERENÇA (cuidiferensa) *f.* Equidiferencia.
EQUIDIFERENTE (cuí) *adj.* Equidiferente.
EQUIDILATADO, DA (cuí) *adj.* Equidilatado.
EQUIDISTÂNCIA (cuídistán) *f.* Equidistancia.
EQUIDISTANTE (cuí) *adj.* Equidistante.
EQUIDISTAR (cuí) *v. tr.* Equidistar. Ú. t. c. intr.
EQUILATERAL (cuí) *adj.* Lo mismo que
EQUILÁTERO, RA (cuí) *adj. Geom.* Equilátero.
EQUILIBRAÇÃO (sáum) *f.* Acción y efecto de equilibrar. Equilibrio.
EQUILIBRADO, DA *adj. P. p.* de *Equilibrar.* Equilibrado, ecuánime, sensato, prudente.
EQUILIBRAR *v. tr.* Equilibrar. Ú. t. c. r.
EQUILÍBRIO *m.* Equilibrio.
EQUILIBRISMO *m.* Equilibrismo.
EQUILIBRISTA *m.* Equilibrista.

EQUIMOSAR (zar) *v. tr.* Causar equimosis. *v. r.* Equimosarse.
EQUIMOSE (mòze) *f.* Equimosis.
EQUINO *m. Arq.* Equino.
EQUINO, NA (cuí) *adj.* Equino, caballar.
EQUINOCIAL *adj.* Equinoccial.
EQUINÓCIO (nò) *m.* Equinocio.
EQUINOCOCO (còco) *m.* Equinococo.
EQUINODERMES (dèr) *m. pl. Zool.* Equinodermos.
EQUINÓFORO, RA (nò) *adj.* Equinóforo.
EQUINOFTALMIA (mía) *adj. Pat.* Equinoftalmia.
EQUINÓIDES (nòi) *m. pl. Zool.* Equinoideos.
EQUIPAGEM (jem) *f.* Tripulación, equipaje. *p. us.* Equipaje (conjunto de cosas que se suelen llevar en los viajes). Bagage (equipaje militar).
EQUIPAMENTO *m.* Equipo.
EQUIPAR *v. tr.* Equipar.
EQUIPARAÇÃO (cuíparasáum) *f.* Equiparación. Equiparado.
EQUIPARADO, DA (cuí) *adj. P. p.* de *Equiparar.*
EQUIPARAR (cuí) *v. tr.* Equiparar. Ú. t. c. r.
EQUIPARÁVEL (cuí) *adj.* Equiparable.
EQUIPARÉNCIA (cuíparén) *f.* Equiparación.
EQUIPE *f.* Cuadrilla; cuadro; equipo; partido.
EQUÍPEDE (cuí) *adj.* Equípedo.
EQUIPENDÊNCIA (cuípendén) *f.* Igualdad; equilibrio.
EQUIPENDENTE (ciupenden) *adj.* Igual, equilibrado.
EQUIPO *m.* Lo mismo que EQUIPE.
EQUIPOLÊNCIA (equípolén) *f.* Equipolencia.
EQUIPOLENTE (cuí) *adj.* Equipolente.
EQUIPONDERÂNCIA (cuíponderán) *f.* Equiponderancia.
EQUIPONDERANTE (cuí) *adj.* Equiponderante.
EQUIPONDERAR (cuí) *v. intr.* Equiponderar. Ú. t. c. tr.
EQUISSETÁCEO, CEA (cuíse) *adj.* Equisetáceo. *f. pl. Bot.* Equisetáceas.
EQUISSONÂNCIA (cuísonán) *f.* Equisonancia.
EQUISSONANTE (cuíso) *adj.* Equisonante.
EQUÍSSONO, NO (cuíso) *adj.* Equísono.
EQUITAÇÃO (sáum) *f.* Equitación.
EQUITADOR *m.* Jinete; el que monta bien a caballo.
EQUITATIVO, VA (cuí) *adj.* Equitativo.
ÉQUITE (è) *m.* Jinete.
EQUIVALÊNCIA (cuívalén) *f.* Equivalencia.
EQUIVALENTE (cuí) *adj.* Equivalente.
EQUIVALER (cuí) *v. intr.* Equivaler. Ú. t. c. r.
EQUIVOCAÇÃO (sáum) *f.* Equivocación.
EQUIVOCADAMENTE *adv. m.* Equívocamente.
EQUIVOCAR *v. tr.* Equivocar. Engañar. *v. r.* Equivocarse.
EQUÍVOCO, CA *adj.* Equívoco. *m.* Equívoco; equivoco.
ERA (è) *f.* Era; temporada, tiempo, período, época, sazón.
ERÁCEO, CEA *adj.* Éneo, de bronce. Duro como el bronce.
ERADO, DA *adj.* Viejo, añoso. Gordo (hablando de bueyes).
ERÂNTEMO (rán) *m. Bot.* Erantemo, especie de acanto.
ERÁRIO *m.* Erario, tesoro público de una nación.
ÉREBO (è) *m.* Erebo, infierno, averno.
EREÇÃO (sáum) *f.* Erección.
ERÉCTIL (rè) *adj.* Eréctil.
ERECTILIDADE *f.* Erectilidad.
ERECTO, TA (rè) *adj.* Erecto, erguido, tieso, levantado, rígido.
EREMÍCOLA *m.* Lo mismo que
EREMITA *m.* Eremita, ermitaño.
EREMITÃO (táum) *m.* Ermitaño.
EREMITÉRIO (tè) *m.* Eremitorio.
EREMITICAMENTE *adv. m.* De manera eremítica.
EREMOFOBIA (bía) *f.* Eremofobia.
ERGASIOFOBIA (ziofobía) *f.* Ergasiofobia.
ERGASIOMANIA (ziomanía) *f.* Ergasiomanía.
ERGASMO *m. Pat.* Flujo de humores indicador de cierto estado de trabajo orgánico; ergasmo (*ant.*).
ERGASTULAR *v. tr.* Encarcelar.
ERGÁSTULO *m.* Ergástulo. Cárcel, calabozo.

ÉRGATA (èr) *f.* Cabrestante.
ÉRGIO (èrⁱio) *m. Fís.* Ergio, erg.
ERGO (èr) *conj. latina.* Ergo, por tanto, luego, pues.
ERGOFOBIA (bía) *f.* Ergofobia.
ERGOGÉNESE (jéneze) *f.* Ergogénesis.
ERGÓGRAFO (gò) *m. Med.* Ergógrafo.
ERGOMANIA (nía) *f.* Ergasiomanía.
ERGÔMETRO (gó) *m.* Ergómetro.
ERGOTISMO *m. Fil.* Ergotismo. *Pat.* Ergotismo.
ERGUER *v. tr.* Erguir, alzar, levantar, poner derecha alguna cosa. Elevar. Erigir, fundar, levantar, instituir, establecer. Construir, edificar. *v. r.* Levantarse. Revoltarse.
ERGUIDA *f.* Lo mismo que EMPA.
ERGUIDO, DA *adj. P. p.* de *Erguer.* Erguido. Levantado. Alto.
ERGUIMENTO *m.* Erguimiento.
ERICA *f. Bot.* Brezo, erica.
ERIÇADO, DA (sa) *adj.* Erizado.
ERIÇAR (sar) *v. tr.* Enrizar. Ú. t. c. r. Encrespar.
ERICE *f. Bot.* Brezo.
ERIGIR (jir) *v. tr.* Erigir, fundar, levantar, instituir, establecer; construir, edificar.
ERIL *adj.* Lo mismo que ÉREO.
ERINEU *m.* Erineo.
ERINOSE (nòze) *f.* Erinosis.
ERIOCALCITO *m. Miner.* Eriocalcita.
ERIOCARPADO, DA *adj.* Eriocarpo.
ERISIPELA (zipè) *f. Pat.* Erisipela.
ERISIPELAR (zi) *v. tr.* Erisipelar. *v. intr.* Erisipelarse.
ERISIPELOSO, SA (zipelozo, òza) *adj.* Erisipelatoso.
ERITEMA *m. Pat.* Eritema.
ERITRÓCITO (trò) *m.* Eritrocito.
ERITROCLOROPSIA (sía) *f. Pat.* Eritrocloropia.
ERITRODERMIA (mía) *f.* Eritrodermia.
ERITROFOBIA (bía) *f.* Eritrofobia.
ERITROSE (tròze) *f. Quím.* Eritrosa.
ERITRÓXILO, LA (trò) *adj.* Eritroxileo.
ERMAMENTO *m.* Despueble.
ERMAR *v. tr.* Yermar, despoblar. *v. intr.* Vivir en el yermo. *v. r.* Despoblarse.
ERMIDA *f.* Ermita.
ERMITA *m.* Lo mismo que EREMITA.
ERMITÁGIO (jio) *m.* Eremitorio.
ERMITANIA (nía) *f.* Vida de ermitaño.
ERMITANICE *f.* Calidad de ermitaño.
ERMITÃO (táum) *m.* Ermitaño. *Zool.* Ermitaño (especie de crustáceo marino).
ERMITÉRIO (tè) *m.* Ermitorio, eremitorio.
ERMITOA *f.* Ermitaña.
ERMO, MA (ér) *adj.* Yermo, inhabitado, inculto, desierto. *m.* Yermo, desierto.
ERODENTE *adj.* Corrosivo.
ERODER *v. tr.* Corroer poco a poco.
ERÓDIO (rò) *m. Bot.* Erodio.
EROSÃO (záum) *f.* Erosión.
EROSIVO, VA (zi) *adj.* Corrosivo.
EROTICAMENTE (rò) *adv. m.* Eróticamente.
ERÓTICAS (rò) *f. pl.* Erótica, poesía erótica.
ERÓTICO, CA (rò) *adj.* Erótico, amatório.
EROTISMO *m.* Erotismo.
EROTOFOBIA (bía) *f.* Erotofobia.
ERPE (èr) *adj.* Lo mismo que GABOLA.
ERRABUNDO, DA *adj.* Errabundo, errante, vagabundo.
ERRADA *f.* Acción de errar. Error. Encrucijada que hace errar el camino.
ERRADAMENTE *adv. m.* Erradamente (con error o equivocación).
ERRADICAÇÃO (sáum) *f.* Erradicación.
ERRADICANTE *adj.* Que erradica, que arranca de raíz.
ERRADICAR *v. tr.* Erradicar, desarraigar, arrancar de raíz.
ERRADICATIVO, VA *adj.* Que erradica. Que cura radicalmente.
ERRADIO, DIA (dío) *adj.* Erradizo, que anda errante. Desorientado. Descarriado.
ERRADO, DA *adj. P. p.* de *Errar.* Errado, que yerra. Culposo. Desorientado. Erróneo.
ERRANTE *adj.* Errante (que yerra; que anda vagando de aquí para allá, sin fijeza alguna).

ERRAR *v. tr.* Errar, equivocarse, engañarse, no acertar. Ú. t. c. intr. *v. intr.* Errar (andar vagando de una parte a otra; divagar el pensamiento, la imaginación, la atención, etc.).
ERRATA *f.* Errata (equivocación en un escrito o impreso).
ERRATIBILIDADE *f.* Calidad de errático.
ERRÁTICO, CA *adj.* Errático, errante, vagabundo. *Med.* Errático.
ERRÁTIL *adj.* Errátil, errático, errante.
ERRE (èrre) *m.* Ere, erre (nombre de la letra *r*, en su sonido suave o fuerte).
ERRIÇAMENTO (sa) *m.* Erizamiento.
ERRIÇAR (sar) *v. tr.* Erizar. Ú. t. c. r.
ERRO (é) *m.* Error; yerro; engaño; equivocación; culpa, defecto.
ERRONEAMENTE *adv. m.* Erróneamente.
ERRONEIDADE *f.* Calidad de
ERRÓNEO, NEA (rró) *adj.* Erróneo.
ERSE (èr) *adj.* Erso, sa.
ERUBESCÊNCIA (cén) *f.* Erubescencia.
ERUBESCER *v. intr.* Sonrojarse.
ERUCA *f.* Oruga.
ERUCTAÇÃO (sáum) *f.* Eructación, eructo.
ERUCTAR *v. intr.* Eructar.
ERUDIÇÃO (sáum) *f.* Erudición.
ERUDIR *v. tr.* Instruir, enseñar.
ERUDITAMENTE *adv. m.* Eruditamente, con erudición.
ERUDITÃO (táum) *m. fam.* El que presume de erudito.
ERUDITAR *v. intr.* Escribir sobre asuntos eruditos.
ERUDITO, TA *adj.* Erudito. Ú. t. c. s.
ERUGA *f.* Oruga.
ERUGINOSO, SA (jinozo, òza) *adj.* Eruginoso, ruginoso, mohoso.
ERÚPÇÃO (sáum) *f.* Erupción.
ERUPTIVO, VA *adj.* Eruptivo.
ERVA (èr) *f.* Hierba, yerba (cualquier planta pequeña, de tallo tierno, anual o bisanual a lo sumo). *Bras.* Mate, hierba mate; hierba *(Amer.).*
ERVAÇAL (sal) *f.* Herbazal.
ERVADO, DA *adj.* Lleno de hierba. Emponzoñado (con el zumo de yerba venenosa). Borracho.
ERVAGEM (jem) *f.* Herbaje.
ERVAL *m. Bras.* Hierbal, campo de hierba mate.
ERVANÁRIA *f.* Herbolario (tienda de plantas medicinales), herboristería.
ERVANÁRIO *m.* Herbolario (persona que recoge y vende plantas medicinales).
ERVANÇAL (sal) *m.* Garbanzal.
ERVANÇO (so) *m.* Garbanzo.
ERVAR *v. tr.* Envenenar, emponzoñar (saetas y otras armas) con el zumo de yerbas venenosas. *v. r.* Emponzoñarse con yerbas venenosas.
ERVÁRIO *m.* Herbario.
ERVATÁRIO *m.* Herbolario (persona que recoge y vende plantas medicinales), herborista.
ERVATEIRO *m.* Hierbatero *(Amer.),* el que se ocupa en hacer la recolección del mate y en prepararlo para el consumo.
ERVECER *v. intr.* Herbecer, comenzar a nacer la hierba.
ERVEIRO, RA *adj.* Perteneciente o relativo a la yerba.
ERVILHA (lla) *f.* Guisante.
ERVILHACA (lla) *f.* Arveja, algarroba.
ERVILHAL (llal) *m.* Guisantal.
ERVOSO, SA (vozo, òza) *adj.* Herboso.
ESBAFORIAR-SE *v. r.* Lo mismo que ESBAFORIR-SE.
ESBAFORIDO, DA *adj.* Jadeante, anheloso, que jadea por el cansancio. Apresurado.
ESBAFORIR-SE *v. r.* Jadear, anhelar.
ESBAGOAR *v. tr.* Desgranar.
ESBAMBEADO, DA *adj.* Lo mismo que BAMBO.
ESBAMBEAR *v. tr.* Lo mismo que BAMBEAR.
ESBAMBOAR-SE *v. r.* Contonearse.
ESBANDALHADO, DA (lla) *adj. P. p.* de *Esbandalhar.* Desbandado, desparramado. Desgarrado. Desarreglado. Harapiento, haraposo, andrajoso.
ESBANDALHAR (llar) *v. tr.* Desbandar, desparramar. Destrozar. *v. r.* Desbandarse, desparramarse en desorden. *v. r.* Desmoralizarse, corromperse.
ESBANJAR *v. tr.* Esparcir.
ESBANJADO, DA (ja) *adj. P. p.* de *Esbanjar.* Derrochador, disipador, malgastador. Arruinado.

ESBANJADOR, RA (ja) *adj. y s.* Derrochador, malgastador, disipador.
ESBANJAMENTO (ja) *m.* Derroche, malgasto, desperdicio, despilfarro.
ESBANJAR (jar) *v. tr.* Derrochar, malgastar, disipar, despilfarrar, desperdiciar.
ESBANJATÓRIO, RIA (jatò) *adj.* Que derrocha o malgasta; derrochador.
ESBARALHAR (llar) *v. tr.* Lo mismo que BARALHAR.
ESBARBAR *v. tr.* Desbarbar.
ESBARRANCADA *f.* Arroyada (surco que se forma en la tierra por las corrientes de agua).
ESBARRANCADO *m.* Lo mismo que ESBARRANCADA.
ESBARRÃO (rráum) *m.* Encontrón, empujón.
ESBARRAR *v. intr.* Chocarse, topar, encontrar. Topar (hallar casualmente o sin solicitud), tropezar, dar con una persona o cosa. Detenerse. Topar (tropezar o embarazarse en algo por algún obstáculo, dificultad, etc.). *v. tr.* Hacer chocarse, arrojar.
ESBARRIGADO, DA *adj.* Lo mismo que BOJUDO. Saliente, saltón.
ESBARRO *m.* Encontrón. Sofrenada. Acción y efecto de *Esbarrar.*
ESBARROCAMENTO *m.* Derrumbamiento. Desmoronamiento. Despeño.
ESBARROCAR-SE *v. r.* Derrumbarse; desmoronarse. Despeñarse. Ú. t. c. intr.
ESBARRONDADEIRO *m.* Despeñadero, precipicio.
ESBARRONDADO, DA *adj. P. p.* de *Esbarrondar.* Desmoronado; derrumbado. Dañado. Inutilizado, inútil.
ESBARRONDAMENTO *m.* Demoronamiento. Estrago. Despeño.
ESBARRONDAR *v. tr.* Romper, quebrar, arruinar. *v. intr.* Desmoronarse; derrumbarse. Ú. t. c. r. Despeñarse, precipitarse. Ú. t. c. r. *v. tr.* Causar estrago, inutilizar, dañar.
ESBARROTAR *v. intr.* Estar muy lleno.
ESBATER *v. tr. Pint.* Esbatimentar. Disminuir, minorar, atenuar.
ESBATIDO *m.* Esbatimento.
ESBATIMENTO *m.* Esbatimento.
ESBEATADO, DA *adj.* Deshilado.
ESBEATAR *v. tr.* Deshilar; deshilachar.
ESBELTAR *v. tr.* Hacer esbelto. Ú. t. c. r.
ESBELTEZ *f.* Esbeltez.
ESBELTEZA (za) *f.* Esbelteza.
ESBELTO, TA (bèl) *adj.* Esbelto, bien formado y de estatura airosa.
ESBILHOTAR (llo) *v. tr.* Lo mismo que BISBILHOTAR.
ESBILITADO, DA *adj.* Debilitado.
ESBILITAR *v. tr.* Debilitar.
ESBILOTADO, DA *adj.* Alocado.
ESBIRRO *m.* Esbirro, aguacil.
ESBOÇADO, DA (sa) *adj. P. p.* de *Esboçar.* Esbozado, bosquejado.
ESBOÇAR (sar) *v. tr.* Esbozar; bosquejar. Delinear; trazar. Lo mismo que ENTREMOSTRAR.
ESBOCETO *m.* Esbozo pequeño.
ESBOÇO (bóso) *m.* Esbozo; bosquejo.
ESBODEGAÇÃO (sáum) *f.* Acción y efecto de *Esbodegar.*
ESBODEGADO, DA *adj. P. p.* de *Esbodegar.* Flojo, blando. Borracho. Cansado. Sucio.
ESBODEGAR *v. tr.* Aflojar; ablandar. Cansar, fatigar. *v. r.* Lo mismo que DESMAZELAR-SE. Emborracharse. Enfadarse, enojarse. Dejarse ensuciar.
ESBOFADO, DA *adj.* Despulmonado, cansado, fatigado; jadeante por el cansancio.
ESBOFAMENTO *m.* Sofocación, cansancio, jadeo.
ESBOFAR *v. tr.* Cansar, fatigar, hacer jadear. *v. intr.* Despulmonarse, jadear, fatigarse.
ESBOFETEADOR, RA *adj. y s.* Abofeteador.
ESBOFETEAMENTO *m.* Abofeteamiento.
ESBOFETEAR *v. tr.* Abofetear.
ESBOFORIR *v. tr.* Lo mismo que ESBAFORIR.
ESBOICELAR *v. tr.* Descantillar.
ESBOMBARDEAR *v. tr.* Lo mismo que BOMBARDEAR.
ESBORCELAR *v. tr.* Lo mismo que
ESBORCINAR *v. tr.* Descantillar. Golpear.

ESBORDAR *v. tr.* Hacer desbordar.

ESBORDOAR *v. tr.* Bastonear, apalear.

ESBÓRNIA (bòr) *f.* Holgorio; borrachera; farra.

ESBORNIAR *v. intr.* Emborracharse en holgorios. Tomar parte en holgorios.

ESBOROAMENTO *m.* Desmoronamiento. Desterronamiento.

ESBOROAR *v. tr.* Desmoronar. Desterronar. *v. r.* Desmoronarse (en sentido recto y figurado).

ESBORÔO (rô) *m.* Lo mismo que ESBOROAMENTO.

ESBORRACHADO, DA (cha) *adj. P. p.* de *Esborrachar.* Aplastado, estrujado.

ESBORRACHAR (char) *v. tr.* Aplastar; estrujar. Ú. t. c. r.

ESBORRAR *v. tr.* Quitar las heces a un líquido. Desborrar. *v. intr.* Desbordar.

ESBORRIFAR *v. tr.* Lo mismo que BORRIFAR.

ESBORRIFO *m.* Lo mismo que BORRIFO.

ESBORRO (bó) *m.* Desbordamiento.

ESBOTENAR *v. tr.* Descantillar.

ESBRACEJAR (jar) *v. tr.* Lo mismo que BRACEJAR.

ESBRAGUILHADO, DA (lla) *adj. fam.* Esbraguetado.

ESBRANQUIÇADO, DA (sa) *adj.* Blanquecino, blanquizco, blancazo, blancuzco.

ESBRANQUIÇAR (sar) *v. tr.* Poner casi blanca una cosa; blanquear.

ESBRASEADO, DA (zea) *adj. P. p.* de *Esbrasear.* Abrasado. Encendido.

ESBRASEAMENTO (zea) *m.* Abrasamiento.

ESBRASEAR (zear) *v. tr.* Abrasar, reducir a brasa. Ú. t. c. r. Encender, incitar, inflamar, enardecer. *v. intr.* Encenderse, inflamarse. *v. r.* Encenderse, ruborizarse, sonrojarse.

ESBRAVEAR *v. intr.* Lo mismo que

ESBRAVECER *v. intr.* Enfurecerse. Vociferar, vocear, dar grandes voces.

ESBRAVEJAR (jar) *v. intr.* Lo mismo que ESBRAVECER. *v. tr.* Clamar, emitir la palabra con vehemencia.

ESBRUGAR *v. tr.* Lo mismo que ESBURGAR.

ESBUGALHADO, DA (lla) *adj.* Saltón (dícese de los ojos). Desencajado (aplícase a los ojos).

ESBUGALHAR (llar) *v. tr.* Quitar las agallas. Desencajar, abrir mucho (hablando de los ojos).

ESBULHADO, DA (lla) *adj. P. p.* de *Esbulhar.* Despojado, expoliado, desposeído.

ESBULHADOR, RA (lla) *adj.* Despojador, expoliador. Usurpador.

ESBULHAR *v. tr.* Robar. Despojar, expoliar, desposeer.

ESBULHO (lho) *m.* Desposeimiento; despojo; expoliación.

ESBURACADO, DA *adj.* Agujereado, lleno de agujeros; roto.

ESBURACAR *v. tr.* Agujerear. Ú. t. c. r. Horadar.

ESBURGAR *v. tr.* Descortezar; descascarar; descarnar; desosar, deshuesar.

ESBURNIR *v. tr. Bras.* Dar de mala gana.

ESCABECEAR *v. intr.* Lo mismo que CABECEAR.

ESCABECHE (bèche) *m.* Escabeche. *fig.* Disfraz, pretexto.

ESCABELA (bè) *f.* Pela, peladura.

ESCABELADO, DA *adj. P. p.* de *Escabelar.* Lo mismo que DESCABELADO.

ESCABELAR *v. tr.* Lo mismo que DESCABELAR. Ú. t. c. r.

ESCABELO *m.* Escabel (banquillo para apoyar los pies el que está sentado).

ESCABICHADOR, RA (cha) *adj. y s.* Escudriñador.

ESCABICHAR (char) *v. tr.* Escudriñar, desmenuzar.

ESCABIOSA (bióza) *f. Bot.* Escabiosa.

ESCABIOSE (bióze) *f. Med.* Sarna.

ESCABIOSO, SA (biozo, òza) *adj.* Escabioso, perteneciente o relativo a la sarna.

ESCABREAÇÃO (sáum) *f.* Enfurecimiento.

ESCABREADO, DA *adj. Bras.* Desconfiado; escarmentado.

ESCABREAR *v. intr.* Enfurecer, irritar; enfadar. Ú. t. c. intr. y r. *v. intr. Bras.* Desconfiar.

ESCABROSIDADE (zi) *f.* Escabrosidad (desigualdad, aspereza del terreno; dureza en el trato, carácter, estilo, etc.). *fig.* Dificultad.

ESCABROSO, SA (brozo, òza) *adj.* Escabroso, desigual, áspero, quebrado, lleno de tropiezos. Difícil. *fig.* Verde, libre, indecente.

ESCABUJAR (jar) *v. intr.* Patalear. Rebullirse convulsivamente. Bracear.

ESCABULHAR (llar) *v. tr.* Descortezar; descascarar. Escudriñar.

ESCABULHO (llo) *m.* Cáscara (que envuelve las semillas).

ESCACAR *v. tr.* Destrozar, romper, hacer pizcas de una cosa.

ESCACHAR (char) *v. tr.* Despachurrar, despanzurrar, estrujar, aplastar. Rajar, hender. Ensanchar. *fig.* Despachurrar, desconcertar, confundir a alguien.

ESCACHELADO, DA (che) *adj. Bras.* Envejecido, quebrado.

ESCACHOAR (choar) *v. intr.* Formar cachones (el agua). Borbotar, borbollar, berboritar, borbollonear.

ESCACHOLAR (cho) *v. tr.* Romper la cabeza (en sentido recto y figurado).

ESCACHÔO (chóo) *m.* Acto de *Escachoar.*

ESCADA *f.* Escalera. — *de caracol.* Escalera de caracol, o de husillo. — *de parafuso, em espiral,* o *torcida.* Escalera de caracol, o de husillo. — *de mão.* Escalera de mano, escala. — *de tesoura.* Escalera de tijera, o doble.

ESCADARIA (ría) *f.* Escalinata. Escaleras de un edificio.

ESCÁDEA *f.* Racimo de uvas, gajo.

ESCADEAR *v. tr.* Dar figura de escalera a alguna cosa.

ESCADEIRAR *v. tr.* Lo mismo que DESCADEIRAR.

ESCADÓRIO (dò) *m.* Lo mismo que ESCADARIA.

ESCAFANDRISTA *m.* Buzo.

ESCAFANDRIO *m.* Escafandra.

ESCAFEDER-SE *v. r. pop.* Huir apresuradamente; tomar, o coger, las de Villadiego.

ESCAFOCEFALIA (lía) *f.* Escafocefalia.

ESCALA *f.* Escalera, escala. Escalada (acción de escalar una plaza). Escala (graduación de un aparato o instrumento). *Mar.* Escala. *Mús.* Escala. *Mat.* Escala. Graduación. Tarea. *Em grande* —. *m. adv.* En grande escala, por mayor, en grueso, en montón. *Fazer* —. *fr.* Hacer escala, tocar el buque en algún puerto durante su viaje.

ESCALADA *f.* Escalada; escalamiento. *Port.* Escala, escalera de mano.

ESCALADOR, RA *adj. y s.* Escalador, que escala.

ESCALAFRIO (frío) *m.* Escalofrio. Lo mismo que CALAFRIO.

ESCALAMENTO *m.* Escalamiento.

ESCALÃO (láum) *m.* Escalón, peldaño. *Em* —. *m. adv.* En escalones.

ESCALAR *v. tr.* Escalar (entrar en un sitio valiéndose de escalas). Escalonar. Asolar, talar, destruir, arruinar. Robar, saquear. Trepar. Desollar. Alcanzar. Atarcar.

ESCALAVRADO, DA *adj. P. p.* de *Escalavrar.* Descalabrado. Lastimado; desollado. Arañado. Descantillado. Dañado, deteriorado, arruinado.

ESCALAVRADURA *f.* Descalabradura. Desolladura, desollón, lastimadura. Lo mismo que ESCALAVRAMENTO.

ESCALAVRAMENTO *m.* Acción y efecto de ESCALAVRAR.

ESCALAVRAR *v. tr.* Desollar, arañar. Descalabrar. Descantillar. Dañar, perjudicar, descalabrar. Deteriorar, arruinar; descomponer.

ESCALAVRO *m.* Descalabradura. Desollón. Descalabro, daño, perjuicio. Ruina, derroche.

ESCALDAÇÃO (sáum) *f.* Escaldadura.

ESCALDADELA (dè) *f.* Escaldadura. Escarmento. Reprimenda, reprensión.

ESCALDADIÇO, ÇA (so) *adj.* Que se escalda con facilidad. Muy impresionable.

ESCALDADO, DA *adj. P. p.* de *Escaldar.* Escaldado, escarmentado, receloso. Escocido.

ESCALDADOR, RA *adj.* Que escalda.

ESCALDADURA *f.* Escaldadura. Escarmento, castigo.

ESCALDANTE *adj.* Que escalda.

ESCALDÃO (dáum) *m.* Lo mismo que ESCALDADURA. Herida.

ESCALDAR *v. tr.* Escaldar (bañar con agua hirviendo). Abrasar, calentar mucho. *fig.* Escarmentar. *v. intr.* Escocerse. Abrasar. *v. intr.* Abrasarse. Escarmentarse.

ESCALEIRA *f.* Escalera. Escalón, peldaño.

ESCALENO *adj. Geom.* Escaleno.

ESCALER (lèr) *m.* Lancha. Chalupa de buque. Chinchorro.

ESCALETADO, DA *adj.* Muy flaco.

ESCALFADOR *m.* Escalfador (braserillo para calentar la comida).

ESCALFAR *v. tr.* Escalfar. Calentar en el escalfador.

ESCALFETA *f.* Chofeta, escalfeta.

ESCALIÇAR (sar) *v. tr.* Quitar la cal.

ESCALINATA *f.* Escalinata. Tramo de escalera.

ESCALMO *m. Mar.* Escálamo, escalmo.

ESCALONAR *v. tr.* Escalonar. Dar figura de escalera a una cosa.

ESCALÓNIA (ló) *f. Bot.* Chalote, cebolla escalonia.

ESCALPAÇÃO (sáum) *f.* Lo mismo que

ESCALPAMENTO *m.* Acción de

ESCALPAR *v. tr.* Escalpar (arrancar con instrumento cortante la piel de la cabeza).

ESCALPELAR *v. tr.* Cortar con el escalpelo. Disecar. Analisar profundamente; criticar.

ESCALPELIZAR (zar) *v. tr.* Lo mismo que ESCALPELAR.

ESCALPELO (pé) *m. Cir.* Escalpelo. *fig.* Crítica, disección.

ESCALPO *m.* Cuero cabelludo, pericráneo (que los índios arrancan como trofeo).

ESCALRICHADO, DA (cha) *adj.* Aguado, insípido.

ESCALVAÇÃO (sáum) *f.* Decalvación. Acción y efecto de *Escalvar.*

ESCALVADO, DA *adj. P. p.* de *Escalvar.* Calvo. Pelado, calvo, sin vegetación alguna. Descalvado.

ESCALVAR *v. tr.* Poner calvo. Decalvar. Talar, asolar los campos.

ESCAMA *f.* Escama.

ESCAMADO, DA *adj. P. p.* de *Escamar.* Escamado. Enojado, enfadado, aburrido. Que habla mal de todo.

ESCAMADURA *f.* Escamadura (acción de escamar).

ESCAMAGEM (jem) *f.* Escamado (obra labrada en figura de escamas). Tejido de escamas.

ESCAMALHOAR (lloar) *v. tr.* Hacer camellones o caballones. Ú. t. c. intr.

ESCAMAR *v. tr.* Escamar, quitar las escamas a los peces. *v. r.* Huir. *Germ.* Enfadarse.

ESCAMBADOR, RA *adj. y s.* Cambiador.

ESCAMBAR *v. tr.* Cambiar, trocar.

ESCAMBAR *v. intr.* Lo mismo que DESCAMBAR.

ESCAMBICHAR (char) *v. tr. Bras.* Lo mismo que DESCADEIRAR.

ESCAMBINHADO, DA (ña) *adj. Bras. nort.* Estrujado, reventado, aplastado.

ESCAMBO *m.* Cambio, trueque.

ESCAMEADO, DA *adj.* Escamado, escamoso.

ESCAMEL (mèl) *m.* Escamel.

ESCAMENTO, TA *adj.* Escamoso.

ESCAMÍFERO, RA *adj.* Escamoso.

ESCAMIFORME (fòr) *adj.* De figura do escama.

ESCAMÍGERO, RA (je) *adj.* Escamoso.

ESCAMISADA (za) *f.* Descamisada.

ESCAMISAR (zar) *v. tr.* Descamisar.

ESCAMÓNEA (mó) *f. Bot.* Escamonea.

ESCAMOSO, SA (mozo, òza) *adj.* Escamoso, escamado.

ESCAMOTAGEM (jem) *f.* Escamoteo.

ESCAMOTAR *v. tr.* Escamotar, escamotear (hacer desaparecer de la vista alguna cosa el prestidigitador; *fig.* Robar, quitar algo astuta y sutilmente).

ESCAMOTEAÇÃO (sáum) *f.* Escamoteo.

ESCAMOTEADELA (dè) *f.* Escamoteo.

ESCAMOTEADOR, RA *adj. y s.* Escamotador, escamoteador.

ESCAMOTEAR *v. tr.* Lo mismo que ESCAMOTAR.

ESCAMPADO, DA *adj. P. p.* de *Escampar.* Escampado, descampado. Desabrigado. Sereno, que escampó (hablando del tiempo).

ESCAMPAR *v. intr.* Escampar (cesar de llover). Serenar (el tiempo).

ESCAMPAR *v. intr.* Huir.

ESCAMUDO, DA *adj.* Escamoso, que tiene muchas escamas.

ESCAMUGIR *(jir) v. intr.* Escabullirse; huir.

ESCÁMULA (cá) *f.* Escama pequeña, escamilla.

ESCANADO, DA *adj.* Ducho, experimentado.

ESCANÇÃO (sáum) *m.* Escanciador, escanciano.

ESCANÇAR (sar) *v. tr.* Escanciar. *v. intr.* Tocar por suerte.

ESCÂNCARA (cán) *f.* Estado de lo que es manifiesto o patente. *Às —s. m. adv.* A la descubierta, al descubierto, sin rebozo.

ESCANCARADAMENTE *adv. m.* Abriendo de par en par. A la descubierta, al descubierto, sin rebozo; públicamente.

ESCANCARADO, DA *adj. P. p.* de *Escancarar.* Patente, manifiesto, claro. Abierto de par en par (hablando de una puerta). Esparrancado (Aplícase a aquellas cosas que están muy separadas o abiertas).

ESCANCARAR *v. tr.* Abrir de par en par. Manifestar, patentizar, enseñar. Franquear. *v. r.* Abrirse de par en par.

ESCANCEAR *v. tr.* Lo mismo que ESCANÇAR.

ESCANCELAR *v. tr. Bras.* Abrir mucho (los ojos, la boca, etc.).

ESCANCHAR *(char) v. tr.* Partir al medio. Ensanchar. *v. r.* Esparrancarse.

ESCANDALIZADOR, RA *(za) adj. y m.* Escandalizador.

ESCANDALIZANTE *(zan) adj.* Escandalizativo.

ESCANDALIZAR *(zar) v. tr.* Escandalizar, causar escándalo. Ú. t. c. r. Conturbar, alborotar. Ofender, causar susceptibilidad. *v. intr.* Hacer escándalo.

ESCANDALIZÁVEL *(zá) adj.* Fácil de escandalizarse.

ESCÂNDALO (cán) *m.* Escándalo. Escándalo, desenfreno, desvergüenza, mal ejemplo. *Pedra de —.* Piedra de, o del, escándalo.

ESCANDALOSAMENTE *(lòza) adv. m.* Escandalosamente.

ESCANDALOSO, SA *(lozo, òza) adj.* Escandaloso.

ESCÂNDEA (cán) *f.* Escanda.

ESCANDECÊNCIA *(cèn) f.* Excandecencia. Estreñimiento.

ESCANDECER *v. tr.* Abrasar, encandecer. Excandecer, irritar, encolerizar.

ESCANDINAVO, VA *adj. y s.* Escandinavo.

ESCÂNDIO (cán) *m. Quím.* Escandio.

ESCANDIR *v. tr.* Escandir, medir el verso. Pronunciar distintamente las sílabas de una palabra.

ESCANGALHADO, DA *adj. P. p.* de *Escangalhar.* Desarreglado, estropeado, destruido, deshecho, descompuesto; desquijarado, quebrado, roto.

ESCANGALHAR *(llar) v. tr.* Desarreglar, estropear, descomponer, destruir, deshacer; desquijarar; quebrar; romper. Ú. t. c. r.

ESCANGANHADEIRA *(ña) f. Agr.* Desgranadera.

ESCANGANHAR *(ñar) v. tr. Agr.* Desgranar; desracimar.

ESCANGANHO *(ño) m.* Desgrane.

ESCANHOAR *(ñoar) v. tr.* Descañonar (afeitar a contrapelo, para apurar mucho el rape de la barba). Ú. t. c. r.

ESCANIFRADO, DA *adj.* Descarnado, muy flaco.

ESCANIFRAR *v. tr.* Enflaquecer, poner muy flaco.

ESCANINHO *(ño) m.* División de una secretaria o de un cajón. Escondrijo. Rincón.

ESCANO *m.* Escabel.

ESCANSÃO *(sáum) f.* Escansión (medida de los versos).

ESCANTILHADO, DA *(lla) adj. Bras. Carp.* Descantillado.

ESCANTILHÃO *(lláum) m.* Escantillón, regla, plantilla o padrón que sirve para trazar líneas.

ENCANTILHAR *(llar) v. tr. Bras. Carp.* Descantillar.

ESCANZELADO, DA *(ze) adj.* Flaco, canijo.

ESCAPADA *f.* Escapada (acción de escapar o salir de prisa y ocultamente), escape.

ESCAPADELA *(dè) f.* Lo mismo que ESCAPADA. Desliz, resbalón, descuido. Liviandad, acción liviana.

ESCAPADIÇO, ÇA *(so) adj.* Que escapó.

ESCAPAMENTO *m.* Escapamiento, escapada, escape.

ESCAPAR *v. tr.* Escapar, librar, preservar. *v. intr.* Escapar (salir de un encierro, de un trabajo, o de un peligro). Ú. t. c. r. Escapar (salir de prisa y ocultamente). Ú. t. c. r.

ESCAPARATE *m.* Escaparate (armario con cristales y andenes). *fig.* Lo mismo que

ESCAPATÓRIA *(tò) f.* Escapatoria, pretexto, efugio, excusa.

ESCAPE *m.* Escape, escapada. Lo mismo que ESCAPO.

ESCAPELADA *f.* Acto de

ESCAPELAR *v. tr.* Deshojar, deshollejar.

ESCAPO *m.* Escape (pieza de algunas máquinas, que separándose deja obrar a un muelle o rueda que sujetaba).

ESCAPO, PA *adj.* Libre, salvo de peligro.

ESCAPULA *f.* Escapada, escape. Escapatoria, efugio, pretexto.

ESCÁPULA *f. Anat.* Escápula, omoplato. Escarpia.

ESCAPULAL *adj.* Lo mismo que

ESCAPULAR *adj.* Escapular, concerniente o relativo al omoplato.

ESCAPULÁRIO *m.* Escapulario.

ESCAPULIR *v. tr.* Dejar escapar, soltar. *v. intr.* Escaparse, escabullirse; escurrirse; huir. Ú. t. c. r.

ESCAQUEAR *v. tr.* Escaquear (dividir en escaques un tablero).

ESCAQUEIRAR *v. tr.* Lo mismo que ESCACAR.

ESCAQUES *m. pl. Blas.* Escaques. Escaques (casillas cuadradas de los juegos de tablero).

ESCARA *f. Cir.* Escara.

ESCARABEU *m.* Lo mismo que ESCARAVELHO.

ESCARABÍDEOS *m. pl. Zool.* Escarabídeos.

ESCARABOCHO *(cho) m.* Garabato, escarabajo.

ESCARAFUNCHAR *(char) v. tr.* Escarbar. Remover, revolver. *fig.* Escudriñar.

ESCARAMBADA *f.* Acto de

ESCARAMBAR-SE *v. r.* Gritarse, gritearse (la tierra).

ESCARAMUÇA *(sa) f.* Escaramuza.

ESCARAMUÇADA *(sa) f.* Escaramuza.

ESCARAMUÇADOR, RA *(sa) adj. y s.* Escaramuzador.

ESCARAMUÇAR *(sar) v. tr.* Escaramuzar.

ESCARAMUCEADA *f.* Lo mismo que

ESCARAMUCEIO *m.* Escaramuza.

ESCARAPELA *(pè) f.* Escarapela, riña, quimera.

ESCARAPELAR *v. tr.* Arañar, rasguñar. *v. intr.* Reñir, escarapelar. *v. r.* Lo mismo que ARREPELAR (v. r.).

ESCARAVELHAR *(llar) v. intr.* Escarabajear (moverse como un escarabajo).

ESCARAVELHO *(llo) m. Zool.* Escarabajo.

ESCARÇA *(sa) f. Vet.* Escarza.

ESCARÇAR *(sar) v. tr.* Escarzar, castrar las colmenas. Lo mismo que ESGARÇAR. *v. r. Vet.* Enfermar de escarza el caballo.

ESCARCAVELAR *v. tr. fam.* Abrir, desencajar, descoyuntar.

ESCARCEADA *f.* Escarceo.

ESCARCEADOR, RA *adj.* Que hace escarceos (hablando de caballos o yeguas). Ú. t. c. s. m.

ESCARCEAR *v. intr.* Hacer escarceos el caballo; escarcear (*Amer.*). Hacer escarceos (el viento, las corrientes).

ESCARCEIO *m.* Lo mismo que ESCARCEADA.

ESCARCÉU *(cèu) m.* Escarceo. Escarceos. *fam.* Exceso, exageración. Algazara.

ESCARCHA *(cha) f.* Escarche, escarcha (rocío nocturno helado). Escarchado (cierta labor de oro o plata).

ESCARCHAR *(char) v. tr.* Escarchar. Rizar, encrespar.

ESCARÇO *(so) m.* Escarzo, escarzadura, escarzamiento.

ESCARDAR *v. tr.* Lo mismo que

ESCARDEAR *v. tr.* Escardar, escardillar.

ESCARDILHAR *(llar) v. tr.* Escardillar.

ESCARDILHO *(llo) m.* Escarda (azada pequeña propia para escardar).

ESCARDUÇADOR, RA *(sa) adj. y s.* Cardador.

ESCARDUÇAR *(sar) v. tr.* Cardar, carduzar.

ESCARIADOR, RA *adj.* Escariador. *m.* Escariador (instrumento para escariar).

ESCARIAR *v. tr.* Escariar (agrandar con el escariador los agujeros hechos en piezas metálicas).

ESCARIFICAÇÃO *(sáum) f. Cir.* Escarificación.

ESCARIFICADOR, RA *adj.* Escarificador. *m. Cir. y Agr.* Escarificador.

ESCARIFICAR *v. tr.* Escarificar (labrar la tierra con el escarificador). Escarizar, carificar, sajar.

ESCARIOSO, SA *(riozo, òza) adj. Bot.* Escarioso.

ESCARLATA *f.* Lo mismo que

ESCARLATE *m.* Escarlate (color carmesí más bajo que el de la grana; tela de este color). Tinta bermeja. *adj.* Carmesí.

ESCARLATIM *m.* Escarlatina (tela).

ESCARLATINA *f.* Escarlatina (enfermedad).

ESCARMENTADO, DA *adj.* Escarmentado; experimentado; desengañado.

ESCARMENTAR *v. tr.* Escarmentar. *v. r.* Escarmentar.

ESCARMENTO *m.* Escarmiento.

ESCARNA *f.* Lo mismo que

ESCARNAÇÃO *(sáum) f.* Descarnadura. Descarnación.

ESCARNAR *v. tr.* Descarnar.

ESCARNECEDOR, RA *adj. y s.* Escarnecedor.

ESCARNECER *v. tr.* Escarnecer, hacer escarnio de alguien.

ESCARNECIMENTO *m.* Escarnecimiento.

ESCARNECÍVEL *adj.* Digno de escarnio.

ESCÁRNEO *m.* Lo mismo que ESCÁRNIO.

ESCARNICAÇÃO *(sáum) f.* Escarnecimiento.

ESCARNICADOR, RA *adj. y s.* Escarnecedor.

ESCARNICAR *v. tr.* Escarnecer.

ESCARNINHO, NHA *(ño) adj.* Escarnecedor.

ESCÁRNIO *m.* Escarnio, befa, burla que se hace con la intención de afrentar.

ESCARNIR *v. tr.* Escarnecer.

ESCAROLAR *v. tr.* Desgranar. *v. r.* Descubrirse, quitarse el sombrero.

ESCARÓTICO, CA *(rò) adj.* Escarótico, caterético.

ESCARPA *f.* Escarpa (declive áspero). *Fort.* Escarpa. Escarpadura, escarpe.

ESCARPADO, DA *adj.* Escarpado (aplícase a las alturas cuya subida o bajada es áspera, peligrosa, difícil o imposible).

ESCARPADURA *f.* Escarpa, escarpadura, escarpe.

ESCARPAMENTO *m.* Escarpadura, escarpa, escarpe.

ESCARPAR *v. tr.* Escarpar.

ESCARPELAR *v. tr.* Deshollejar.

ESCARPIM *m.* Escarpín.

ESCARRADEIRA *f.* Escupidera (recipiente propio para escupir en él).

ESCARRADO, DA *adj.* Escupido (hablando de semejanzas).

ESCARRADOR, RA *adj.* Escupidor. Que expectora.

ESCARRADURA *f.* Esputo. Escupida.

ESCARRANCHADO, DA *(cha) adj.* Esparrancado. Montado a horcajadas. Despatarrado.

ESCARRANCHAR *(char) v. tr.* Despatarrar, abrir excesivamente las piernas. *v. r.* Despatarrarse. Esparrancarse. Montar a horcajadas.

ESCARRAPACHAR *v. tr.* Lo mismo que ESCARRANCHAR. Ú. t. c. r. *v. r.* Despatarrarse, quedarse despatarrado, llenarse de asombro.

ESCARRAPIÇAR *(sar) v. tr.* Desenredar. Peinar.

ESCARRAPICHAR *(char) v. tr.* Lo mismo que ESCARRAPIÇAR.

ESCARRAR *v. tr.* Esputar, expectorar. Escupir.

ESCARRO *m.* Esputo.

ESCARVA *f.* Empalmadura. Encaje, muesca.

ESCARVAR *v. tr.* Escarbar.

ESCASCAR *v. tr.* Descascarar.

ESCASSAMENTE *(sa) adv. m.* Escasamente (difícilmente, apenas; con escasez).

ESCASSEADO, DA *(sea) adj.* Lo mismo que ESCASSO.

ESCASSEAMENTO *(sea) m.* Acción de escasear, de ir a menos algo.

ESCASSEAR *(sear) v. tr.* Escasear (dar poco). *v. intr.* Escascar, faltar, ir a menos algo.

ESCASSEZ *(sez) f.* Escasez, poquedad, falta de alguna cosa.

ESCASSEZA *(seza) f.* Lo mismo que ESCASSEZ.

ESCASSO, SSA (so) *adj.* Escaso (corto, poco, limitado; tacaño, cicatero, mezquino). Ú. t. c. s.

ESCATOLOGIA (*jí*a) *f.* Escatología.

ESCAVACAÇÃO (sáum) *f. Bras. nort.* Lo mismo que ESCAVAÇÃO.

ESCAVACADO, DA *adj.* Despedazado, destrozado; roto. Muy flaco. *Bras. nort.* Cavado, excavado.

ESCAVAÇÃO (sáum) *f.* Excavación.

ESCAVACAR *v. tr.* Depedazar, destrozar, romper. *Bras. nort.* Excavar, cavar. *Bras. nort.* Enfadarse.

ESCAVADOR, RA *adj. y s.* Excavador.

ESCAVAR *v. tr.* Excavar; cavar. *fig.* Cavar, escudriñar.

ESCAVEIRADO, DA *adj.* Descarnado; flaco. Muy flaco, parecido a una calavera.

ESCAVEIRAR *v. tr.* Enflaquecer; descarnar. Poner semejante a una calavera.

ESCLARECEDOR, RA *adj.* Esclarecedor.

ESCLARECER *v. tr.* Esclarecer (iluminar; aclarar; ilustrar; *intr.* Alborecer). Ú. t. c. r.

ESCLARECIDO, DA *adj.* Esclarecido, claro, ilustre, insigne.

ESCLARECIMENTO *m.* Esclarecimiento. Explicación. Aclaración.

ESCLAVÃO, VONA (váum) *adj. y s. m.* Esclavón, esclavónio.

ESCLAVÔNICO, CA (vó) *adj. y s.* Esclavonio.

ESCLAVÔNIO, NIA (vó) *adj. y s.* Esclavonio.

ESCLERATITE *f. Pat.* Esclerotitis.

ESCLERODERMIA (mía) *f. Pat.* Esclerodermia.

ESCLEROSAR (zar) *v. tr.* Poner escleroso. Ú. t. c. r.

ESCLEROSE (rôze) *f. Pat.* Esclerosis.

ESCLEROSO, SA (rozo, òza) *adj.* Escleroso.

ESCLERÓTICA (rò) *f. Anat.* Esclerótica.

ESCLEROTITE *f. Pat.* Esclerotitis.

ESCLUSA (za) *f.* Esclusa.

ESCOA *f. Mar.* Escoa. Ú. m. en pl.

ESCOAÇÃO (sáum) *f.* Escurrimiento.

ESCOADOURO *m.* Escurridero. Albañal. Sumidero.

ESCOADURA *f.* Escurrimiento. Escurriduras, escurrajas. Cantidad de líquido que escurrió.

ESCOALHA (lla) *f. fam.* Ralea.

ESCOAMENTO *m.* Escurrimiento.

ESCOAR *v. tr.* Escurrir, dejar escurrir un líquido. Ú. t. c. r. Agotar. *v. intr.* Transcurrir. Ú. t. c. r. *v. r.* Desaparecer; sumirse. Escurrirse, escabullirse. Lo mismo que COAR. Escolarse, colarse (pasar por paraje estrecho).

ESCOCÊS, CESA (cês, ceza) *adj. y s.* Escocés, sa.

ESCÓCIA (cò) *f.* Escocia (moldura cóncava).

ESCODA (cò) *f.* Escoda (instrumento de hierro a manera de martillo).

ESCODAR *v. tr.* Escodar (labrar las piedras con la escoda). Alisar las pieles para teñirlas.

ESCODEAR *v. tr.* Descortezar (el pan). Descascarar.

ESCOIMAR *v. tr.* Eximir de multa, castigo, censura, etc. Limpiar, purificar. *v. r.* Huir, escabullirse.

ESCOL (còl) *m.* La flor, la nata, lo escogido, lo selecto.

ESCOLA (cò) *f.* Escuela (en todas las acepciones de esta voz).

ESCOLADO, DA *adj. Bras.* Ducho, experimentado; astuto, sagaz.

ESCOLAR *adj.* Escolar. *m.* Escolar, estudiante, colegial, alumno. *f.* Colegiala, estudiante, alumna.

ESCOLÁSTICA *f.* Escolasticismo, escolástica.

ESCOLÁSTICO, CA (ló) *adj.* Escolástico. Ú. t. c. s.

ESCOLHA (lla) *f.* Escogimiento, escogido. Selección, elección. Discernimiento. Buen gusto. Lo que se escoge.

ESCOLHEDOR, RA (lle) *adj.* Escogedor. Ú. t. c. s.

ESCOLHER (ller) *v. tr.* Escoger. Elegir; preferir.

ESCOLHIDAMENTE (lli) *adv. m.* Escogidamente.

ESCOLHIDO, DA (lli) *adj. P. p.* de *Escolher.* Escogido, selecto; muy excelente o perfecto.

ESCOLHIMENTO (lli) *m.* Escogimiento.

ESCOLHO (còllo) *m.* Escollo. *fig.* Escollo, peligro, riesgo.

ESCOLIADOR *m.* Escoliador, escoliasta.

ESCOLIAR *v. tr.* Escoliar (poner escolios a un texto).

ESCOLIASTE *m.* Lo mismo que

ESCOLIASTES *m.* Escoliasta, escoliador.

ESCÓLIO (cò) *m.* Escolio (nota u observación explicativa de un texto).

ESCOLIOSE (liòze) *f. Pat.* Escoliosis.

ESCOLMAR *v. tr.* Lo mismo que DESCOLMAR.

ESCOLOPENDRA *f. Zool.* Cientopiés, escolopendra.

ESCOLOPÊNDRIO (pén) *m. Bot.* Lengua de ciervo, escolopendra.

ESCOLTA (còl) *f.* Escolta (tropa o barcos destinados a escoltar; persona o personas que acompañan a otra u otras).

ESCOLTAR *v. tr.* Escoltar (convoyar, conducir, resguardar; acompañar).

ESCOMBRO *m.* Escombro (desecho, cascote que queda de una demolición). Ruína. Ú. m. en pl.

ESCOMUNAL *adj.* Descomunal.

ESCONDEDOR *m.* El que esconde algo. Receptador.

ESCONDEDOURO *m.* Escondedero, escondite, escondrijo.

ESCONDEDURA *f.* Escondimiento.

ESCONDE-ESCONDE *m.* Escondite (juego de muchachos).

ESCONDER *v. tr.* Esconder, encubrir, ocultar. Ú. t. c. r. *fig.* Esconder, encerrar, incluir, contener en sí, entrañar algo.

ESCONDERELO (rè) *m.* Lo mismo que

ESCONDERIJO (jo) *m.* Escondrijo.

ESCONDIDAMENTE *adv. m.* Escondidamente, a escondidas, a escondidillas.

ESCONDIDAS *f. pl.* Escondite (juego de muchachos).

ESCONDIDO, DA *adj. P. p.* de *Esconder.* Escondido, encubierto, oculto.

ESCONDIMENTO *m.* Escondimiento.

ESCONJUNTAR (jun) *v. tr.* Lo mismo que DESCONJUNTAR.

ESCONJURAÇÃO (jurasáum) *f.* Lo mismo que ESCONJURO.

ESCONJURAR (ju) *v. tr.* Conjurar, juramentar. Maldecir. Conjurar, exorcizar. Conjurar (impedir, evitar, alejar un daño o peligro). *v. r.* Quejarse, lastimarse.

ESCONJURO (ju) *m.* Conjuro, exorcismo.

ESCONSO *m.* Esconce. Escondrijo. Desván. *adj.* Escondido, encubierto, oculto; obscuro.

ESCOPETA *f.* Escopeta.

ESCOPETARIA (ría) *f.* Escopetería (tropa armada de escopetas).

ESCOPETEAR *v. tr.* Tirar con escopeta. Ú. t. c. intr.

ESCOPETEIRO *m.* Escopetero.

ESCOPO *m.* Blanco, objeto o punto de mira; fin, intento, proyecto.

ESCOPRO *m.* Escoplo.

ESCORA (cò) *f.* Puntal, apoyo. *Mar.* Escora, puntal. *fig.* Apoyo, sostén, arrimo, amparo, protección. Celada, emboscada.

ESCORAMENTO *m.* Apuntalamiento. *Mar.* Escoraje.

ESCORAR *v. tr.* Apuntalar, sostener, apoyar. Ú. t. c. r. Acechar, estar en una celada o emboscada acechando a alguien. *Mar.* Escorar (apuntalar con escoras). *v. r.* Apoyarse, confiar; basarse, fundamentarse.

ESCORBUTO *m.* Escorbuto.

ESCORÇAR (sar) *v. tr. Pint.* Escorzar.

ESCORCHADO, DA (cha) *adj. P. p.* de *Escorchar.* Descortezado. Pelado. Descascarado. Desollado. Castrado (hablando de colmenas). Estropeado. Desarreglado. Desprovisto. Explotado, que pagó alguna cosa a precio exorbitante.

ESCORCHADOR, RA (cha) *adj. y s.* Desollador.

ESCORCHADURA (cha) *f.* Lo mismo que

ESCORCHAMENTO (cha) *m.* Desolladura. Castrazón (acción de castrar las colmenas).

ESCORCHANTE (chan) *adj.* Desollador. Exorbitante (hablando de precios).

ESCORCHAR (char) *v. tr.* Descortezar. Descascarar. Pelar. Desollar, escorchar. Castrar (las colmenas). Arañar, lastimar. Estropear. Desarreglar, deshacer, destruir, arruinar. Herir. Chapurrar, chapurrear un idioma. Desollar (causar a alguien grave daño físico o moral; hacer pagar las cosas a precio exorbitante).

ESCORCIONEIRA *f. Bot.* Escorzonera.

ESCORÇO (còrso) *m. Pint.* Escorzo.

ESCORÇOMELAR-SE (so) *v. r. pop.* Escabullirse.

ESCORÇONEIRA (so) *f.* Lo mismo que ESCORCIONEIRA.

ESCORDEÍNA *f. Quím.* Escordinina, escordeína.

ESCÓRDIO (còr) *m. Bot.* Escordio.

ESCÓRIA (cò) *f.* Escoria (de los metales). Escoria (lava esponjosa de los volcanes). *fig.* Escoria (cosa vil, desechada, despreciable). *fig.* Populacho (lo ínfimo de la plebe).

ESCORIAÇÃO (sáum) *f.* Excoriación, escoriación.

ESCORIAR *v. tr.* Excoriar. Limpiar, purificar. *v. r.* Excoriarse.

ESCORIFICAR *v. tr.* Limpiar, purificar. *Quím.* Escorificar.

ESCORIFICATÓRIO (tò) *m.* Escorificador.

ESCORJAR (jar) *v. tr.* Constreñir; torcer.

ESCORNADA *f.* Lo mismo que CORNADA.

ESCORNADO, DA *adj. P. p.* de *Escornar.* Acorneado, corneado. Despreciado. Ahuyentado.

ESCORNADOR, RA *adj.* Acorneador, corneador.

ESCORNAR *v. tr.* Acornear, cornear. Ú. t. c. intr.

ESCORNEADOR, RA *adj.* Acorneador.

ESCORNEAR *v. tr.* Acornear, cornear.

ESCORPENA *f.* Escorpina.

ESCORPIÃO (piáum) *m.* Escorpión, alacrán.

ESCORPIÓIDE (pòi) *adj.* Escorpioide.

ESCORRAÇADO, DA (sa) *adj. P. p.* de *Escorraçar.* Expulso con desprecio. Ahuyentado.

ESCORRAÇAR *v. tr.* Expulsar con desprecio. Ahuyentar.

ESCORRACHAR (char) *v. tr.* Robar.

ESCORRALHAS (llas) *f. pl.* Lo mismo que

ESCORRALHO (llo) *m.* Escurriduras, escurrimbres, escurrajas.

ESCORREDOIRO *m.* Lo mismo que

ESCORREDOURO *m.* Escurridero.

ESCORREDURA *f.* Lo mismo que ESCORRALHO.

ESCORREGADELA (dè) *f.* Deslizamiento; resbalón. Resbalón, desliz.

ESCORREGADIÇO, ÇA (so) *adj.* Deslizadero, resbaladero. Deslizadizo, resbaladizo. Escurridizo.

ESCORREGADIO, DIA (dío) *adj.* Lo mismo que ESCORREGADIÇO.

ESCORREGADOIRO *m.* Lo mismo que ESCORREGADOURO.

ESCORREGADOR, RA *adj.* Deslizadero. *fig.* Mentiroso.

ESCORREGADOURO *m.* Deslizadero, resbaladero.

ESCORREGADURA *f.* Lo mismo que

ESCORREGAMENTO *m.* Deslizamiento, desliz, resbalamiento, resbalón.

ESCORREGÃO (gáum) *m. fam.* Resbalón, desliz.

ESCORREGAR *v. intr.* Deslizar, resbalar; escurrir. Resbalar, incurrir en un desliz, deslizar. Deslizar (hablar u obrar descuidada e indeliberadamente).

ESCORREGÁVEL *adj.* Deslizable. Lo mismo que ESCORREGADIÇO.

ESCORREGO (rré) *m.* Lo mismo que ESCORREGADELA.

ESCORREITO, TA *adj.* Sano, entero. Escueto. Apurado, correcto.

ESCORRÊNCIA (rrén) *f.* Calidad de lo que escurre. Lo que escurre.

ESCORRER *v. tr.* Escurrir. *v. intr.* Escurrir. Deslizar, resbalar; escurrirse. — *em suor.* fr. Sudar mucho.

ESCORRIDO, DA *adj. P. p.* de *Escorrer.* Escurrido. Agotado. Escurrido, ajustado.

ESCORRIMENTO *m.* Escurrimiento.

ESCORROPICHADELA (chadè) *f.* Acto de

ESCORROPICHAR (char) *v. tr.* Agotar; beber, tragar hasta la última gota.

ESCORRUPICHAR (char) *v. tr. Bras.* Lo mismo que ESCORROPICHAR.

ESCORVA *f.* Cazoleta (de las armas de chispa). Mecha (de dichas armas).

ESCORVAR *v. tr.* Cebar (un arma de chispa).

ESCOTA (cò) *f. Mar.* Escota (cabo para cazar las velas).

ESCOTE (cò) *m.* Escote (cuota correspondiente a cada uno de un coste o gasto hecho entre varios).

ESCOTEIRA *f. Mar.* Escotera.

ESCOTEIRISMO *m.* Escultismo.

ESCOTEIRO, RA *adj.* Escotero (que camina sin carga ni estorbo alguno). Ú. t. c. s. *m.* Escultista.

ESCOTEL (tèl) *m. Mar.* Escotera.

ESCOTILHA (lla) *f. Mar.* Escotilla.

ESCOTILHÃO (lláum) *m.* Escotilla pequeña. *Mar.* Escotillón.

ESCOTISMO *m.* Escotismo (doctrina filosófica de Escoto). Escultismo.

ESCOTOFOBIA (bía) *f.* Escotofobia.

ESCÓTOMA (cò) *m.* Escotoma.

ESCOUÇAR (sar) *v. tr. e intr.* Lo mismo que **ESCOUCEAR** *v. intr.* Cocear (dar, tirar coces). Ú. t. c. tr.

ESCOUCINHADOR, RA (ña) *adj. y s.* Coceador.

ESCOUCINHAR (ñar) *v. intr.* Lo mismo que ESCOUCEAR.

ESCOUCINHATIVO, VA (ña) *adj.* Coceador.

ESCOUÇO (so) *m. Port.* Coceadura.

ESCOUVÉM *m.* Lo mismo que ESCOVÉM.

ESCOVA (cò) *f.* Lo mismo que ESCOVADELA.

ESCOVA (có) *f.* Cepillo (instrumento hecho con manojitos de cerdas, que sirve para quitar el polvo a los vestidos y para otros usos de limpieza: para los dientes, para las uñas, para la cabeza, para el sombrero, etc.).

ESCOVAÇÃO (sáum) *f.* Lo mismo que

ESCOVADELA (dè) *f.* Acepilladura, cepilladura (con cepillo de cerda). *fig.* Represión, reprimenda.

ESCOVADO, DA *adj. P. p.* de *Escovar.* Acepillado, cepillado (con cepillo de cerda). *fig.* Astuto, ducho, experimentado, vivo.

ESCOVADOR, RA *adj.* Que cepilla o acepilla (con cepillo de cerda).

ESCOVALHO (llo) *m.* Escoba para limpiar el horno.

ESCOVAR *v. tr.* Acepillar, cepillar (con cepillo de cerda). *fig.* Reprender, castigar. Pegar.

ESCOVEIRA *f.* Lo mismo que

ESCOVEIRO *m.* Sitio donde se guardan los cepillos de cerdas o escobillas.

ESCOVÉM *m. Mar.* Escobén.

ESCOVILHA (lla) *f.* Escobilla (escobita de cerdas para limpiar cosas delicadas; barreduras de oro y plata). Escobilleo, escobillado.

ESCOVILHAGEM (llajem) *f.* Escobilleo, escobillado.

ESCOVILHÃO (lláum) *m.* Escobillón.

ESCOVILHAR (llar) *v. tr.* Escobillar (limpiar con la escobilla, cepillar). Limpiar con apuro.

ESCOVILHEIRO (llei) *m.* El que aprovecha la escobilla o barreduras de oro y plata.

ESCOVINHA (ña) *f.* Cepillo pequeño (de cerdas). Cepillito. *Bot.* Azulejo, aciano menor. À —. *m. adv.* A lo quinto.

ESCRAMOUCADO, DA *adj.* Lo mismo que ESCALAVRADO.

ESCRAVAGEM (jem) *f.* Lo mismo que ESCRAVATURA.

ESCRAVARIA (ría) *f.* Esclavatura (conjunto de esclavos que poseía un ricacho).

ESCRAVATURA *f.* Esclavitud.

ESCRAVELHAR (llar) *v. intr.* Lo mismo que ESCARAVELHAR.

ESCRAVIDÃO (dáum) *f.* Esclavitud.

ESCRAVISMO *m.* Sistema de los esclavistas.

ESCRAVISTA *adj. y s.* Esclavista.

ESCRAVIZAÇÃO (zasáum) *f.* Acto de esclavizar.

ESCRAVIZADOR, RA (za) *adj.* Que esclaviza.

ESCRAVIZAR (zar) *v. tr.* Esclavizar. Ú. t. c. r.

ESCRAVO, VA *adj. y s.* Esclavo.

ESCREVEDOR *m.* Escribidor, mal escritor.

ESCREVENTE *m.* Escribiente.

ESCREVER *v. tr.* Escribir. *v. r.* Escribirse.

ESCREVINHADEIRO (ña) *m.* Lo mismo que

ESCREVINHADOR (ña) *m.* Escribidor, escritorzuelo, mal escritor.

ESCREVINHADURA (ña) *f.* Acto de escribir mal, de garrapatear, garabatear, o borronear.

ESCREVINHANTE (ñan) *m.* Lo mismo que ESCREVINHADOR.

ESCREVINHAR (ñar) *v. tr.* Escribir mal; garrapatear, garabatear, borronear.

ESCRIBA *m.* Escriba. *fam.* Escribidor, mal escritor.

ESCRÍNIO *m.* Escriño (cofrecillo propio para guardar joyas, papeles, etc.). Lo mismo que ESCRIVANINHA.

ESCRITA *f.* Escritura (acción o arte de escribir; escrito).

ESCRITO, TA *adj. P. p. irreg.* de *Escrever.* Escrito. *m.* Escrito.

ESCRITOR *m.* Escritor.

ESCRITÓRIO (tò) *m.* Escritorio (mueble). Escritorio (despacho, oficina).

ESCRITURA *f.* Escritura (instrumento público autorizado por notario; la Biblia. Ú. t. en pl.).

ESCRITURAÇÃO (sáum) *f.* Contabilidad, teneduria de libros.

ESCRITURAR *v. tr. For.* Escriturar.

ESCRITURÁRIO, RIA *adj.* Escriturario. *m.* Escribiente.

ESCRIVANIA (nía) *f.* Escribanía (oficio de escribano).

ESCRIVANINHA (ña) *f.* Escribanía (papelera o escritorio; recado de escribir colocado en un pie o platillo).

ESCRIVÃO (váum) *m.* Escribano.

ESCROBICULADO, DA *adj.* Escrobiculoso.

ESCRÓFULA (crò) *f. Pat.* Escrófula.

ESCROFULÁRIA *f. Bot.* Escrofularia.

ESCROFULOSE (lòze) *f. Pat.* Escrofulosis, escrofulismo.

ESCRÓPULO (crò) *m. Farm.* Escrúpulo (peso).

ESCROQUE (crò) *m. gal.* Estafador, petardista.

ESCROTO *m. Anat.* Escroto. *adj. Germ.* Bajo, ruín, vil; mal hecho, ordinario, basto.

ESCRUPULARIA (ría) *f.* Escrúpulos desmedidos.

ESCRUPULEAR *v. intr.* Escrupulizar.

ESCRUPULIZADOR, RA (za) *adj.* Escrupuloso (que causa escrúpulos).

ESCRUPULIZAR (zar) *v. tr.* Escrupulizar. Ú. t. c. intr.

ESCRÚPULO *m.* Escrúpulo (duda o recelo que inquieta la conciencia. Ú. m. en pl. Escrupulosidad.

ESCRUPULOSAMENTE (lòza) *adv. m.* Escrupulosamente.

ESCRUPULOSIDADE (zi) *f.* Escrupulosidad.

ESCRUPULOSO, SA (lozo, òza) *adj.* Escrupuloso (que tiene escrúpulos; exacto, minucioso).

ESCRUTAÇÃO (sáum) *f.* Investigación.

ESCRUTADOR, RA *adj.* Lo mismo que PERSCRUTADOR.

ESCRUTAR *v. tr.* Lo mismo que PERSCRUTAR.

ESCRUTÁVEL *adj.* Escrudiñable.

ESCRUTINAÇÃO (sáum) *f.* Escrutinio (acción de escrutar).

ESCRUTINADOR, RA *adj. y s.* Escrutador, escrutinador, examinador, censor.

ESCRUTINAR *v. tr.* Escrutar (reconocer, comprobar y computar los votos en una elección).

ESCRUTÍNIO *m.* Escrutinio.

ESCUDAR *v. tr.* Escudar, resguardar con el escudo. Ú. t. c. r. *fig.* Escudar, resguardar, defender, proteger. *v. r.* Escudarse, valerse de algún medio para salir de un riesgo o evitarlo.

ESCUDEIRAR *v. tr.* Escuderear.

ESCUDEIRÁTICO, CA *adj.* Escuderil.

ESCUDEIRICE *f.* Maneras propias del escudero.

ESCUDEIRIL *adj.* Escuderil.

ESCUDEIRO *m.* Escudero.

ESCUDELA (dè) *f.* Escudilla (vasija).

ESCUDELAR *v. tr.* Escudillar, verter en escudillas.

ESCUDETE *m.* Escudo pequeño, erudillo. Escudete (de la cerradura).

ESCUDO *m.* Escudo (arma defensiva; antigua moneda de oro; escudo de armas; amparo, defensa, protección). Yema (para injertar de escudete). Platillo (de la balanza). Moneda nacional portuguesa.

ESCUDRINHAR (ñar) *v. tr.* Lo mismo que ESQUADRINHAR.

ESCULÁPIO *m. fam.* Médico, galeno; esculapio (p. us.).

ESCULCA *m.* Espía, explorador.

ESCULHAMBAÇÃO (llambasáum) *f. pop.* Acto y efecto de

ESCULHAMBAR (llam) *v. tr. pop.* Desmoralizar. Desarreglar, deshacer, destruir. Apalear. Burlarse.

ESCULPIDOR *m.* Escultor.

ESCULPIR *v. tr.* Esculpir.

ESCULTAR *v. tr.* Esculturar, esculpir.

ESCULTOR *m.* Escultor.

ESCULTÓRIO, RIA (tò) *adj.* Escultórico, escultural.

ESCULTURA *f.* Escultura (arte de esculpir; obra de escultor).

ESCULTURAL *adj.* Escultural. Escultórico.

ESCULTURAR *v. tr.* Esculpir, esculturar.

ESCUMA *f.* Espuma. Espumajo, espumarajo. *fig.* Populacho. — *do mar.* Espuma del mar, silicato de magnesia hidratado.

ESCUMAÇÃO (sáum) *f.* Espumadura.

ESCUMADEIRA *f.* Espumadera.

ESCUMADO, DA *adj.* Escumado. *m.* Espuma.

ESCUMADOR, RA *adj.* Espumoso.

ESCUMALHA (lla) *f.* Escoria (de los metales). *fam.* El populacho.

ESCUMALHO (llo) *m.* Escoria (de los metales).

ESCUMANTE *adj.* Espumante.

ESCUMAR *v. tr.* Espumar. *v. intr.* Espumar. Espumajear. Espumarajear.

ESCUMARADA *f.* Espumaje, espumazón.

ESCUMILHA (lla) *f.* Espumilla (lienzo ralo). Perdigones (granos de plomo que forma la munición de caza).

ESCUMOSO, SA (mozo, òza) *adj.* Espumoso, espumeo, espumante.

ESCUNA *f. Mar.* Goleta, escuna.

ESCURAMENTE *adv. m.* Obscuramente, oscuramente.

ESCURAR *v. tr.* Lo mismo que ESCURECER.

ESCURAS (Às) *m. adv.* A obscuras, a oscuras.

ESCURECEDOR, RA *adj.* Que obscurece.

ESCURECER *v. tr.* Obscurecer, oscurecer. *v. intr.* Obscurecer, oscurecer. *v. r.* Obscurecerse, oscurecerse.

ESCURECÍVEL *adj.* Que se puede obscurecer u ocultar.

ESCUREJAR (jar) *v. intr.* Obscurecer, obscurecerse.

ESCURENTAR *v. tr.* Obscurecer, oscurecer.

ESCUREZA (za) *f.* Lo mismo que ESCURIDÃO.

ESCURIÇO, ÇA (so) *adj.* De color obscuro.

ESCURIDADE *f.* Obscuridad.

ESCURIDÃO (dáum) *f.* Obscuridad, oscuridad. Tinieblas. Obscuridad (falta de luz y conocimiento; falta de claridad en lo escrito o hablado). Ceguedad (del entendimiento). Ceguera, ceguedad. Obscuridad (densidad muy sombría). Tristeza, dolor. Negrura.

ESCURIDEZ *f.* Lo mismo que ESCURIDADE.

ESCURO, RA *adj.* Obscuro; oscuro (que carece de luz o claridad; dícese del color que casi llega a ser negro, y del que se contrapone a otro más claro de su misma clase; confuso, falto de claridad, poco inteligible; incierto, peligroso, temeroso). Oculto, misterioso. Empañado, deslustrado. Triste. Turbio. *m.* Obscuridad, oscuridad. Negrura. Lugar oculto. Às —as. *m. adv.* A obscuras, oscuras.

ESCUSA (za) *f.* Excusa. Exención.

ESCUSAÇÃO (zasáum) *f.* Excusación, excusa.

ESCUSADAMENTE (za) *adv. m.* Excusadamente, inútilmente, sin necesidad.

ESCUSADO, DA (za) *adj. P. p.* de *Escusar.* Excusado, libre, exento.

ESCUSADOR, RA (za) *adj.* Escusador. Ú. t. c. s. m.

ESCUSAMENTE (za) *adv. m.* Ocultamente, a escondidas.

ESCUSAR (zar) *v. tr.* Excusar, Ú. t. c. r.

ESCUSÁVEL (zá) *adj.* Excusable. Digno de excusa.

ESCUSO, SA (za) *adj.* Oculto, obscuro, escondido, secreto. Retirado, solitario.

ESCUTA *f.* Escucha (acción de escuchar; centinela). Sitio donde se escucha.

ESCUTADOR, RA *adj. y s.* Escuchador.

ESCUTAR *v. tr.* Escuchar, aplicar el oído, prestar atención. *v. intr.* Oír.

ESDRUXULAR (chu) *v. intr.* Esdrujulizar.

ESDRUXULEZ (chu) *f.* Lo mismo que

ESDRUXULICE (chu) *f.* Singularidad, extravagancia.

ESDRUXULIDADE (chu) *f.* Lo mismo que ESDRUXULICE.

ESDRUXULIZAR (chulizar) *v. tr.* Esdrujulizar.

ESDRÚXULO, LA (chu) *adj.* Esdrújulo. Ú. t. c. s. m. *fam.* Difícil, complicado, extravagante, singular. *m.* verso esdrújulo.

ESFACELAÇÃO (sáum) *f.* Lo mismo que
ESFACELAMENTO *m.* Esfacelación; esfacelo. Estrujamiento, estrujadura.
ESFACELAR *v. tr.* Esfacelar, causar esfacelo. Ú. t. c. r. Aplastar, estrujar. Desarreglar, deshacer, destruir. *v. r. fig.* Deshacerse, arruinarse (hablando de instituciones, privilegios, etc.).
ESFACELO (cé) *m.* Esfacelo, esfacelación. Ruína, destrucción.
ESFAGIASMO (jias) *m.* Esfagiasmo, pequeño mal.
ESFAIMADO, DA *adj.* Hambriento.
ESFAIMAR *v. tr.* Hambrear.
ESFALFADO, DA *adj.* Cansado, extenuado, agotado.
ESFALFAMENTO *m.* Cansancio; agotamiento. Aburrimiento.
ESFALFAR *v. tr.* Cansar, extenuar. Ú. t. c. r.
ESFANICADO, DA *adj.* Magro, flaco. Despedazado.
ESFANICAR *v. tr.* Despedazar; reduzir a añicos.
ESFAQUEADO, DA *adj.* Acuchilado.
ESFAQUEADOR, RA *adj.* Acuchillador. *m.* Acuchillador.
ESFAQUEAMENTO *m.* Cuchillada. Acción y efecto de
ESFAQUEAR *v. tr.* Acuchillar (herir, cortar o matar con el cuchillo). *v. r.* Acuchillarse (darse de cuchilladas).
ESFARELADO, DA *adj.* Reducido a afrecho. Reducido a polvo. Desmigajado. Despedazado; hecho añicos. Desmoronado.
ESFARELAMENTO *m.* Acción y efecto de
ESFARELAR *v. tr.* Reducir a afrecho; cerner. Desmigajar. Despedazar; reducir a añicos. Desmoronar; arruinar; destruir; deshacer. Ú. t. c. r.
ESFARINHAR (ñar) *v. tr.* Reduzir a harina. Reducir a polvo. Desmigajar. *v. r.* Deshacerse, desmoronarse, arruinarse.
ESFARPAR *v. tr.* Astillar. Deshilar.
ESFARPELAR *v. tr.* Lo mismo que ESFARPAR.
ESFARRAPADO, DA *adj. P. p.* de *Esfarrapar.* Harapiento, andrajoso, haraposo, desharrapado, guiñaposo. Desgarrado, roto.
ESFARRAPAMENTO *m.* Acción y efecto de
ESFARRAPAR *v. tr.* Desgarrar, rasgar, romper, hacer harapos; andrajos, jirones, o guiñapos. Convertir en harapos, rasgar, hacer jirones una prenda de vestir.
ESFARRIPAR *v. tr.* Deshebrar. *fig.* Desgreñar, despeinar.
ESFATIAR *v. tr.* Tajar (partir en tajadas).
ESFÊNIO (fé) *m. Miner.* Esfena, esfeno.
ESFENOBASILAR (zi) *adj. Anat.* Esfenobasilar.
ESFENOCEFALIA (lía) *f. Terat.* Esfenocefalia.
ESFENÓIDE (nói) *m. Anat.* Esfenoides.
ESFENOIDITE *f. Pat.* Esfenoiditis.
ESFENÓMETRO (nó) *m.* Esfenómetro.
ESFENÓTRIBO (nó) *m. Cír.* Esfenotribo.
ESFENOTRIPSIA (sía) *f. Cir.* Esfenotripsia.
ESFERA (fé) *f. Geom.* Esfera. *fig.* Esfera (clase, condición social; extensión de poder, de talento, de relación, etc.). — *armilar.* Esfera armilar. — *celeste.* Esfera celeste. — *de ação.* Esfera de actividad. — *terráquea,* o *terrestre.* Esfera terráquea, o terrestre.
ESFERESTESIA (zía) *f.* Esferestesia.
ESFERGULHAR (llar) *v. intr.* Lo mismo que ESFERVILHAR.
ESFERICAMENTE (fè) *adv. m.* Esféricamente.
ESFERICIDADE *f.* Esfericidad.
ESFÉRICO, CA (fè) *adj.* Esférico, esferal.
ESFERÓIDE (rói) *f. Geom.* Esferoide.
ESFERÓIDEO, DEA (rói) *adj.* Esferoídico; esferoidal.
ESFERÓLITO (rò) *m. Geol.* Esferolito.
ESFÉRULA (fè) *f.* Esfera pequeña. Gota.
ESFERVECER *v. intr.* Tornar efervecente.
ESFERVELHO (llo) *m.* Persona inquieta o traviesa.
ESFERVILHAÇÃO (llasáum) *f.* Acción y efecto de
ESFERVILHAR (llar) *v. intr.* Revolverse; escarabajear; moverse desordenadamente. *fig.* Hervir, abundar en.
ESFIAMPAR *v. tr.* Lo mismo que
ESFIAPAR *v. tr.* Lo mismo que

ESFIAR *v. tr.* Lo mismo que DESFIAR.
ESFIBRAR *v. tr.* Desfibrar.
ESFIGMÓGRAFO (mò) *m.* Esfigmógrafo.
ESFIGMOSCOPIA (pía) *f.* Esfigmoscopia, examen del pulso.
ESFÍNCTER *m. Anat.* Esfínter.
ESFINCTERALGIA (jía) *f. Pat.* Esfinteralgia.
ESFINGE (je) *f.* Esfinge (en todas las acepciones de esta voz).
ESFINGÉTICO, CA (jè) *adj.* Misterioso como la esfinge.
ESFÍNGICO, CA (ji) Esfíngido.
ESFINGÍDEOS (ji) *m. pl.* Lo mismo que
ESFINGÍNEOS (ji) *m. p. Zool.* Esfíngidas.
ESFLORAMENTO *m.* Lo mismo que DESFLORAMENTO.
ESFLORAR *v. tr.* Lo mismo que DESFLORAR.
ESFOGUEADO, DA *adj. P. p.* de *Esfoguear.* Ávido, ancioso, poco sufrido.
ESFOGUEAR *v. tr.* Lo mismo que AFOGUEAR-SE. Lo mismo que ATARANTAR (v. r.).
ESFOGUETEAR *v. tr.* Celebrar con cohetes. Tirar, hacer fuego contra. *fig.* Censurar desabridamente. *v. intr.* Lanzar cohetes.
ESFOIÇAR (sar) *v. tr.* Lo mismo que CEIFAR.
ESFOLA (fò) *f.* Desuello (acción de desollar).
ESFOLA-CARAS (fò) *m.* Lo mismo que BRIGÃO.
ESFOLADELA (dè) *f.* Desolladura. Desollón. *fig.* Engaño, trampa.
ESFOLADO, DA *adj. P. p.* de *Esfolar.* Desollado. Excoriado.
ESFOLADOR, RA *adj. y s.* Desollador.
ESFOLADURA *f.* Lo mismo que
ESFOLAMENTO *m.* Lo mismo que ESFOLADELA.
ESFOLAR *v. tr.* Desollar. Excoriar. Ú. t. c. r. *fig.* Desollar (causar a alguien grave daño físico o moral; hacer pagar las cosas a precio exorbitante).
ESFOLEGAR *v. intr.* Lo mismo que RESFOLEGAR.
ESFOLHA (fólla) *f.* Deshoja, deshojadura. Acción de deshollejar el maíz.
ESFOLHADA (lla) *f.* Lo mismo que ESFOLHA (2ª acep.).
ESFOLHADELA (lladè) *f.* Lo mismo que ESFOLHA (2ª acep.).
ESFOLHADOR, RA (lla) *adj.* Deshojador.
ESFOLHAR (llar) *v. tr.* Deshojar. Ú. t. c. r. Deshollejar el maíz.
ESFOLHEAR (llear) *v. tr.* Hojear (pasar ligeramente las hojas de un libro).
ESFOMEAÇÃO (sáum) *f.* Acción y efecto de hambrear.
ESFOMEADO, DA *adj. P. p.* de *Esfomear.* Hambriento, famélico.
ESFOMEAR *v. tr.* Hambrear, causar hambre.
ESFORÇADAMENTE (sa) *adv. m.* Esforzadamente.
ESFORÇADO, DA (sa) *adj. P. p.* de *Esforçar.* Esforzado, arrojado, animoso. Fuerte, vigoroso, robusto.
ESFORÇADOR, RA (sa) *adj.* Esforzador.
ESFORÇAR (sar) *v. tr.* Esforzar. *v. r.* Esforzarse.
ESFORÇO (fórso) *m.* Esfuerzo.
ESFRALDAR *v. tr.* Lo mismo que DESFRALDAR.
ESFRANGALHADO, DA (lla) *adj. P. p.* de *Esfrangalhar.* Reducido a harapos, jirones o guiñapos.
ESFRANGALHAR (llar) *v. tr.* Rasgar, reducir a harapos, jirones o guiñapos.
ESFREGA (frè) *f.* Fregadura, fregado, estregamiento, estregadura. *fig.* Represión, reprimenda *fig.* Molestia, pesadez, cansera, machaquería; fregado (*Amer.*). *fig.* Paliza.
ESFREGAÇÃO (sáum) *f.* Estregadura; fregadura, fregado, fregazón.
ESFREGADEIRA *f.* Fregona.
ESFREGADELA (dè) *f.* Lo mismo que ESFREGA.
ESFREGADO, DA *P. p.* de *Esfregar.* Fregado; estregado. Trabajo de fregar, fregado.
ESFREGADOR, RA *adj.* Que frega o estrega. *m.* Fregador, estropajo.
ESFREGADURA *f.* Fregadura. Estregadura.
ESFREGALHO (llo) *m.* Fregador, estropajo.

ESFREGAMENTO *m.* Fregamiento. Fregadura. Estregadura.
ESFREGANTE *adj.* Que frega.
ESFREGAR *v. tr.* Fregar. Estregar, frotar. Ú. t. c. r. *fig.* Pegar; apalear.
ESFRIADO, DA *adj. P. p.* de *Esfriar.* Enfriado. Entibado. Resfriado. Desanimado, desalentado.
ESFRIADOIRO *m.* Lo mismo que ESFRIADOURO.
ESFRIADOR, RA *adj.* Esfriador. *m.* Enfriadero, enfriador.
ESFRIADOURO, RA *m.* Enfriadero, enfriador.
ESFRIAMENTO *m.* Enfriamiento; resfriamiento.
ESFRIANTE *adj.* Resfriante.
ESFRIAR *v. intr.* Enfriar; resfriar. Ú. t. c. r. Enfriar, resfriar, entibiar, atenuar el ardor de una pasión. *v. intr.* Resfriar, empezar a hacer frío. Enfriarse (quedarse fría una persona).
ESFROLAR *v. tr.* Desollar; excoriar.
ESFUGENTAR *(jen) v. tr.* Lo mismo que
ESFUGIR (jir) *v. tr.* Ahuyentar.
ESFULINHAR (ñar) *v. tr.* Deshollinar.
ESFUMAÇAMENTO (sa) *m.* Lo mismo que
ESFUMAÇÃO (sáum) *f.* Esfumación. Acción y efecto de *Esfumar.*
ESFUMAÇAR (sar) *v. tr.* Ahumar (llenar de humo). Ennegrecer con humo.
ESFUMAR *v. tr.* Ahumar (poner negro como el humo). Oscurecer. *Pint.* Esfumar, esfuminar. *v. r.* Esfumarse, disiparse, desvanecerse.
ESFUMARAR *v. tr.* Ahumar (llenar de humo). Poner semejante al humo.
ESFUMEAR *v. intr.* Lo mismo que FUMEGAR.
ESFUMINHAMENTO (ña) *m. Pint.* Esfumación.
ESFUMINHAR (ñar) *v. tr. Pint.* Esfumar, esfuminar.
ESFUMINHO (ño) *m.* Esfumino.
ESFURACAR *v. tr.* Lo mismo que ESBURACAR.
ESFURGALHAR (llar) *v. tr.* Desmigajar.
ESFURIADO, DA *adj.* Furioso, furibundo, airado.
ESFUZIANTE (zian) *adj.* Silbante, sibiliante.
ESFUZIAR (ziar) *v. intr.* Silbar (dar o producir silbos o silbidos).
ESFUZILAR (zi) *v. intr.* Lo mismo que FUZILAR. Lo mismo que ESFUZIAR. Centellear.
ESFUZIO (zío) *m.* Silbo, silbido.
ESGAÇAMENTO (sa) *m.* Rasgadura.
ESGAÇAR (sar) *v. tr.* Lo mismo que ESGARÇAR.
ESGADANHAR (ñar) *v. tr.* Rasguñar, arañar.
ESGADELHAR (llar) *v. tr.* Lo mismo que ESGUEDELHAR.
ESGADUNHAR (ñar) *v. tr.* Lo mismo que ESGADANHAR.
ESGAIRE *m.* Lo mismo que ESGAR.
ESGAIVOTADO, DA *adj.* Lo mismo que ESGROUVIADO. Flaco, descarnado.
ESGALAMIDO, DA *adj.* Glotón.
ESGALGADO, DA *adj.* Flaco como un galgo.
ESGALGAR *v. tr.* Enflaquecer, adelgazar, poner flaco como un galgo.
ESGALGO, GA *adj.* Alto y delgado.
ESGALGUEIRADO, DA *adj.* Lo mismo que ESGALGADO.
ESGALHA (lla) *f.* Desgaje. Desgajadura. Conjunto de ramas desgajadas. Acción de desramar.
ESGALHADO, DA (lla) *adj. P. p.* de *Esgalhar.* Dividido en gajos. Dividido en ramas, ramificado. Desramado; desgajado.
ESGALHAR (llar) *v. tr.* Desgajar. Desramar. *v. intr.* Ramificarse. Ú. t. c. r.
ESGALHO (llo) *m.* Mogote (de gamos y venados). Lo mismo que ESGALHA. Ramificación. Vástago, renuevo.
ESGALOPADO, DA *adj.* Glotón.
ESGANA *f. fam.* Estrangulación. *fam.* Tos ferina. *fam.* Gana, hambre.
ESGANAÇÃO (sáum) *f. fam.* Estrangulación. *fam.* Afán por comer o ganar; angurria (*Amer.*).
ESGANADO, DA *adj. P. p.* de *Esganar.* Estrangulado. Angurriento, ansioso, afanoso. — *com fome.* Hambriento.
ESGANADURA *f.* Lo mismo que
ESGANAMENTO *m.* Lo mismo que ESGANAÇÃO.

ESGANAR *v. tr.* Estrangular. Apretar mucho, constreñir. *v. r.* Estrangularse, ahorcarse. Tener angurria por dinero; ser mezquino o avariento. Tener envidia, envidiar mucho.

ESGANIÇADO, DA (sa) *adj.* Chillón, agudo y desagradable (hablando de la voz, de sonidos).

ESGANIÇAMENTO (sa) *m.* Chillido. Acción de desgañitarse.

ESGANIÇAR (sar) *v. tr.* Chillar, chirriar. *v. intr.* Gañir, aullar a menudo. Ú. t. c. r. *v. r.* Desgañitarse, desgargantarse, desgañifarse.

ESGANIÇO (so) *m.* Acto de *Esganiçar.*

ESGANIR *v. intr.* Gañir.

ESGANITAR *v. intr.* Lo mismo que ESGANIÇAR.

ESGAR *m.* Gesto (expresión del rostro) Gesto (movimiento exagerado del rostro por hábito o enfermedad). Gesto, mueca.

ESGARADO, DA *adj.* Embriagado, borracho.

ESGARAFUNCHAR (char) *v. tr.* Escarbar, remover, buscando algo; escarbar, indagar.

ESGARAPATANA *f.* Lo mismo que ZARABATANA.

ESGARAR *v. intr. port.* Emborracharse.

ESGARATUJAR (jar) *v. tr.* Garabartear, carrapatear. Ú. t. c. intr.

ESGARAVATAÇÃO (sáum) *f.* Acción de *Esgaravatar.*

ESGARAVATADOR, RA *adj.* Escarbador. *m.* Escarbador. Escarbadientes. Escarbaorejas.

ESGARAVATAMENTO *m.* Acción y efecto de

ESGARAVATAR *v. tr.* Escarbar (remover la tierra como hacen con las patas algunos animales). Escarbar, limpiar con el escarbador. Escarbar (avivar la lumbre con la paleta). Escarbar, inquirir, indagar, averiguar.

ESGARÇADURA (sa) *f.* Rasgadura.

ESGARÇAR (sar) *v. tr.* Deshilar; deshilachar; rasgar. Deshacer. Ú. t. c. r. Rasgar, romper, desgarrar. *v. r.* Deshilarse.

ESGARGALAR *v. tr.* Despechugar.

ESGARGALHAR (llar) *v. intr.* Lo mismo que GARGALHAR.

ESGARRADO, DA *adj.* P. p. de *Esgarrar.* Extraviado, descarriado.

ESGARRÃO (rráum) *m.* Remolino. *adj.* Contrario (hablando de vientos que hacen la nave desgaritar).

ESGARRAR *v. intr. Mar.* Desgaritarse, desgaritar, perder el rumbo. Ú. t. c. r. *v. tr. Mar.* Hacer garrear. Descarriar. *v. r.* Descarriarse. Desgarrarse, separarse.

ESGATANHAR (ñar) *v. tr.* Lo mismo que AGATANHAR.

ESGAZEADO, DA (zea) *adj.* P. p. de *Esgazear.* Desmayado, bajo (hablando de colores), vuelto en redondo; fijo; desencajado; mui abierto (hablando de los ojos).

ESGAZEAR (zear) *v. tr.* Poner (los ojos en blanco). Revolver los ojos). Desvanecer, rebajar (hablando de colores).

ESGODA (gò) *f. fam.* Paliza.

ESGOELAR-SE *v. tr.* Desgañitarse, desgargantarse.

ESGOTADO, DA *adj.* P. p. de *Esgotar.* Agotado; achicado.

ESGOTADOIRO *m.* Lo mismo que ESGOTADOURO.

ESGOTADOR, RA *adj. y s.* Agotador; achicador.

ESGOTADOURO *m.* Albañal.

ESGOTADURA *f.* Agotadura, agotamiento; achicamiento, achicadura.

ESGOTAMENTO *m.* Lo mismo que ESGOTADURA. *fig.* Extenuación, debilitación; agotamiento.

ESGOTANTE *adj.* Agotante. Extenuante.

ESGOTAR *v. tr.* Agotar (extraer todo el líquido de un sítio). Achicar (extraer el agua de un dique, mina, embarcación, etc.) Enjugar, secar. Limpiar. Agotar, consumir, gastar, apurar. Cansar. *v. r.* Agotarse; extenuarse.

ESGOTÁVEL *adj.* Agotable.

ESGOTE (gò) *m.* Lo mismo que ESGOTADURA.

ESGOTO (gò) *m.* Lo mismo que ESGOTADURA. Albañal, sumidero; caño, vertedero.

ESGRAFITAR *v. tr.* Esgrafiar.

ESGRAFITO *m.* Grafio.

ESGRAVATAMENTO *m.* Acto de

ESGRAVATAR *v. tr.* Lo mismo que

ESGRAVATEAR *v. tr.* Lo mismo que ESGARAVATAR.

ESGRIMA *f.* Esgrima.

ESGRIMIDEIRO, RA *adj. y s..* Esgrimidor.

ESGRIMIDOR, RA *adj. y s.* Esgrimidor.

ESGRIMIDURA *f.* Esgrimidura.

ESGRIMIR *v. tr.* Esgrimir. Ú. t. c. intr.

ESGRIMISTA *m.* Esgrimista, esgrimidor.

ESGROUVIADO, DA *adj.* Desgarbado. Flaco y alto. Desgreñado.

ESGROUVAR *v. tr.* Desalinear.

ESGROUVINHADO, DA (ño) *adj.* Lo mismo que

ESGROVINHADO, DA (ña) *adj.* Lo mismo que ESGROUVIADO.

ESGUARDAR *v. tr.* Considerar, mirar con atención.

ESGUASAR (zar) *v. tr. ant.* Esguazar.

ESGUEDELHAR (llar) *v. tr.* Degreñar, despeinar. Ú. t. c. r.

ESGUEIRAR *v. tr.* Sustraer, quitar con destreza. *v. r.* Escurrirse, escabullirse, salir a hurtadillas, huir furtivamente.

ESGUELEPADO, DA *adj.* Roto.

ESGUELHA (lla) *f.* Oblicuidad, torcimiento, sesgo. *De —. m. adv.* Al sesgo, al través, oblícuamente. De soslayo, al soslayo, de costado.

ESGUELHADAMENTE (lla) *adv. m.* Sesgamente, sesgadamente, al sesgo.

ESGUELHADO, DA (lla) *adj.* Sesgo, torcido, soslayado, soslayo.

ESGUELHÃO (lláum) *m.* Lo mismo que ILHARGA.

ESGUELHAR (llar) *v. tr.* Sesgar, torcer a un lado; soslayar.

ESGUICHADA (cha) *f.* Lo mismo que

ESGUICHADELA (chadè) *f.* Chorro, surtidor. Surtido, surtimiento, chorreadura, chorreo.

ESGUICHAR (char) *v. tr.* Chorrear, surtir. *v. tr.* Arrojar, jeringar (un líquido).

ESGUICHE (che) *m.* Lo mismo que

ESGUICHO (cho) *m.* Chorro; surtido, surtidor. Jeringazo.

ESGUILHAR (llar) *v. tr.* Lo mismo que ESGUELHAR.

ESGUREJAR (jar) *v. tr.* Obscurecer, oscurecer.

ESGURIDO, DA *adj.* Hambriento.

ESLABÃO (báum) *m. Vet.* Eslabón.

ESLADROA *f.* Lo mismo que

ESLADROAMENTO *m.* Acto de

ESLADROAR *v. tr. Agr.* Deschuponar.

ESLAGARTADOR *m.* Descocador.

ESLAGARTAR *v. tr.* Descocar.

ESLÁVICO, CA *adj.* Eslavo.

ESLAVISMO *m.* Eslavismo, panslavismo.

ESLAVO, A *adj. y s.* Eslavo.

ESLAZEIRADO, DA (zei) *adj.* Hambriento.

ESLINGA *f. Mar.* Eslinga.

ESLINGAR *v. tr. Mar.* Eslingar (abrazar con eslingas).

ESMAECER *v. intr.* Debilitarse. Desmayar. Ú. t. c. r. Perder el color.

ESMAECIMENTO *m.* Descalcimiento.

ESMAGAÇÃO (sáum) *f.* Lo mismo que ESMAGADURA.

ESMAGADOR, RA *adj.* Aplastador. Pungente; punzante; aflictivo. Abrumador.

ESMAGADURA *f.* Aplastamiento.

ESMAGAGEM (jem) *f.* Aplastamiento.

ESMAGAMENTO *m.* Aplastamiento.

ESMAGAR *v. tr.* Aplastar. Reventar, estrujar. Machacar. Afligir. Abrumar. Aplastar, dejar confuso i sin saber qué decir. Triturar, desmenuzar.

ESMAGRIÇADO, DA (sa) *adj.* Flaco.

ESMAGRIÇAR-SE (sar) *v. tr.* Enflaquecerse.

ESMAIAR *v. tr.* Lo mismo que DESMAIAR.

ESMALTADO, DA *adj.* P. p. de *Esmaltar.* Esmaltado.

ESMALTADOR *m.* Esmaltador.

ESMALTAGEM (jem) *f.* Esmaltadura, esmaltado.

ESMALTAR *v. tr.* Esmaltar. Ú. t. c. r.

ESMALTE *m.* Esmalte (barniz vítreo; labor que se hace con el esmalte; color azul, óxido de cobalto esmaltín; lustre, esplendor, adorno; cualquiera de los colores o metales heráldicos; materia dura y blanca que cubre los dientes).

ESMALTINA *f. Miner.* Esmaltina.

ESMAMONAR *v. tr. Agr.* Deschuponar.

ESMANIADO, DA *adj.* Maníaco, alocado.

ESMANIAR *v. tr.* Tener manías. Obrar alocadamente, hacer cosas de loco.

ESMANJAR (jar) *v. tr.* Lo mismo que ESBANJAR.

ESMAR *v. tr.* Estimar, calcular.

ESMEAR *v. tr.* Dimidiar, dividir en mitades.

ESMECHAR (char) *v. tr.* Herir en la cabeza. Herir.

ESMENSURADO, DA *adj.* Desmedido, desmesurado.

ESMERADAMENTE *adv. m.* Esmeradamente.

ESMERADO, DA *adj.* Esmerado (hecho con esmero; que se esmera).

ESMERALDA *f.* Esmeralda.

ESMERALDEAR *v. tr.* Dar el color de esmeralda a alguna cosa.

ESMERALDINO, NA *adj.* Esmeraldino.

ESMERAR *v. tr.* Esmerar, pulir, ilustrar. *v. tr.* Esmerarse.

ESMERIL *m. Miner.* Esmeril. *Artill.* Esmeril.

ESMERILADOR *m.* Esmerilador.

ESMERILAR *v. r.* Esmerilar.

ESMERILHAÇÃO (llasáum) *f.* Esmerilado.

ESMERILHADOR (lla) *m.* Esmerilador.

ESMERILHAMENTO (lla) *m.* Esmerilado.

ESMERILHÃO (lláum) *m. Zool.* Esmerejón, azor.

ESMERILHAR (llar) *v. tr.* Esmerilar. *fig.* Pulir, perfeccionar. *v. r.* Esmerarse.

ESMERILHENTO, TA (llen) *adj.* Que esmerila. Esmerado.

ESMERIM *m.* Esmeril.

ESMERO (mé) *m.* Esmero, sumo cuidado y diligencia.

ESMETIAR *v. tr. Port.* Dimidiar.

ESMIGALHADO, DA (lla) *adj.* Desmigajado. Estrujado, reventado. Aplastado.

ESMIGALHADOR, RA (lla) *adj.* Desmigajador. Que estruja o revienta. Aplastador.

ESMIGALHADURA (lla) *f.* Acción de desmigajar. Estrujamiento. Aplastamiento.

ESMIGALHAR (llar) *v. tr.* Desmigar, desmigajar. Desmigajar, desmenuzar. Estrujar, reventar. Aplastar.

ESMIOLADO, DA *adj.* Lo mismo que DESMIOLADO.

ESMIOLAR *v. tr.* Lo mismo que DESMIOLAR.

ESMIRRADO, DA *adj.* Esmirriado, desmirriado, flaco, extenuado.

ESMIRRAR-SE *v. tr.* Marchitarse. *fam.* Escabullirse.

ESMIUÇADAMENTE (sa) *adv. m.* Menuda, minuciosamente.

ESMIUÇADO, DA (sa) *adj.* Desmenuzado.

ESMIUÇADOR, RA (sa) *adj.* Desmenuzador.

ESMIUÇAMENTO (sa) *m.* Desmenuzamiento. Menudeo.

ESMIUÇAR (sar) *v. tr.* Desmenuzar. Reducir a polvo. Demenuzar (examinar circunstanciadamente). Menudear (contar menudencias).

ESMIUDAMENTO *m.* Lo mismo que ESMIUÇAMENTO.

ESMIUDAR *v. tr.* Lo mismo que

ESMIUNÇAR (sar) *v. tr.* Lo mismo que ESMIUÇAR.

ESMO *m.* Estima, conjetura, cálculo. *A —. adv.* A la ventura, al azar. Sin atención; al montón.

ESMOCHAR (char) *v. tr.* Descornar. Desmochar.

ESMOER *v. intr.* Rumiar. *v. tr.* Triturar, machacar. Moler.

ESMOLA (mò) *f.* Limosna.

ESMOLADOR, RA *adj.* Limosnero, caritativo.

ESMOLAMBADO, DA *adj. Bras.* Lo mismo que ESFARRAPADO.

ESMOLAMBAR *v. intr. Bras.* Andar harapiento y andrajoso. Lo mismo que ACHINCALHAR.

ESMOLAR *v. tr.* Dar limosna. *v. intr.* Limosnear, mendigar, pordiosear.

ESMOLARIA (ría) *f.* Cargo u oficio de limosnero. Calidad de limosnero.

ESMOLEIRA *f.* Limosnera, escarcela.

ESMOLEIRO, RA *adj.* Limosnero, caritativo. *m.* Pordiosero, mendigo.

ESMOLENTO, TA *adj.* Limosnero, caritativo.

ESMOLER (lér) *m.* Limosnero (encargado de recoger y distribuir lismosnas) *adj.* Limosnero, caritativo. *Bras. pop.* Mendigo, pordiosero.

ESMONCAR *v. tr.* Sonar (la nariz). *v. r.* Sonarse.

ESMONDAR *v. tr.* Mondar. Corregir. Descascarar.

ESMORDAÇAR (sar) *v. tr.* Morder. Lo mismo que ABOCANHAR.

ESMORDICAR *v. tr.* Lo mismo que ESMORDAÇAR.

ESMORECER *v. tr.* Desalentar, desanimar. *fig.* Entibiar, enfriar. *v. intr.* Desanimarse, desalentarse. Desmayar, desfallecer. Extinguirse, acabarse. Apagarse.

ESMORECIDO, DA *adj.* Desanimado, desalentado.

ESMORECIMENTO *m.* Desaliento, desánimo. Desfallecimiento. Falta de ánimo, de luz, de brillo.

ESMORRAÇAR (sar) *v. tr.* Despabilar, despavesar.

ESMORRAR *v. tr.* Lo mismo que ESMORRAÇAR.

ESMOUÇAR *v. tr.* Descantillar.

ESMURRAÇAR (sar) *v. tr.* Lo mismo que

ESMURRAR *v. tr.* Dar puñadas o puñetazos a alguno o alguna cosa.

ESNOCAR *v. tr.* Lo mismo que ESGALHAR. Amputar.

ESNOGA (nó) *f.* Sinagoga.

ESOFAGIANO, NA (zofaji) *adj.* Esofágico.

ESOFAGISMO (zofajis) *m. Pat.* Esofagismo.

ESOFAGITE (zofaji) *f. Pat.* Esofagitis.

ESÔFAGO (zó) *m. Anat.* Esófago.

ESOTÉRICO, CA (zotè) *adj.* Esotérico.

ESPAÇADO, DA *adj.* Espaciado, separado. Lento, espacioso, tardo; despacioso. (*Amer.*).

ESPAÇAMENTO (sa) *m.* Esparcimiento, extensión, dilatación. Acto de espaciar; espaciado. (*Amer.*).

ESPAÇAR (sar) *v. tr.* Espaciar (poner espacio entre las cosas). Espaciar, extender, dilatar. Lo mismo que ADIAR. Ensanchar. Tardar.

ESPACEAR *v. tr.* Lo mismo que ESPAÇAR.

ESPACEJAR (jar) *v. tr. Impr.* Espaciar (separar las palabras, letras o líneas con espacios o regletas).

ESPACIAL *adj.* Perteneciente o relativo al espacio.

ESPAÇO (so) *m.* Espacio (continente de todos los objetos sensibles que coexisten; capacidad de terreno, sitio o lugar; transcurso de tiempo; tardanza, lentitud). *Impr.* Espacio. Aos —s. *m. adv.* De tiempo en tiempo. De —. *m. adv.* Despacio.

ESPAÇOSAMENTE (sóza) *adv. m.* Espaciosamente.

ESPAÇOSO, SA (sozo, óza) *adj.* Espacioso (ancho, dilatado, vasto; lento, pausado; despacioso, tardo).

ESPADA *f.* Espada. *m.* Espada (torero). *Zool.* Espada, pez espada. *Entre a — e a parede. loc, fig. fam.* Entre la espada y la pared.

ESPADACHIM (*chim*) *m.* Espadachín (el que sabe manejar bien la espada; el que se precia de valiente y es amigo de pendencias).

ESPADADA *f.* Tajo o golpe dado con espada.

ESPADAGÃO (gáum) *m. aum.* de *Espada.* Espadón, espada grande.

ESPADANA *f.* Espadañada. Golpe, borbollón, chorro, caudal, bocanada. Cola (el apéndice luminoso de los cometas). Llamarada. *Bot.* Espadaña.

ESPADANADO, DA *adj.* Que sale en forma de espadañadas (hablando de líquidos).

ESPADANAL *m.* Espadañal.

ESPADANAR *v. tr.* Tender o cubrir de espadañas. Dejar caer en borbollones o espadañadas. Arrojar, lanzar. *v. intr.* Surtir. Chorrear.

ESPADÂNEO, NEA (dá) *adj. Bot.* Ensiforme.

ESPADÃO (dáum) *m. aum.* de *Espada.* Espadón, espada grande.

ESPADAR *v. tr.* Lo mismo que ESPADELAR.

ESPADARTE *m. Zool.* Espadarte; pez espada.

ESPADAÚDO, DA *adj.* Espaldudo.

ESPADEIRADA *f.* Lo mismo que ESPALDEIRADA.

ESPADEIRAR v. tr. Lo mismo que ESPALDEIRAR.

ESPADEIRO *m.* Espadero.

ESPADELA (dè) *f.* Espadilla (instrumento de madera que se usa para espadar; pieza en figura de remo que hace oficio de timón). *Bras.* Orza (de las balsas).

ESPADELAR *v. tr.* Espadar (macerar y quebrantar con la espadilla el lino).

ESPADICE *f. Bot.* Espádice.

ESPADILHA (lla) *f.* Espadilla (as de espadas, en ciertos juegos).

ESPADIM *m.* Espadín.

ESPADISTA *m. Bras.* Espadachín (el que sabe manejar bien la espada).

ESPÁDUA *f.* Espalda. Espaldilla, omoplato.

ESPADUAR *v. tr.* Despaldar, despaldillar. Ú. t. c. intr. y r.

ESPAGÍRIA (jí) *f.* Espagírica.

ESPAIRECER *v. tr.* Distraer, divertir, entretener, recrear. *v. intr.* Esparcirse, espaciarse, recrearse, divertirse.

ESPAIRECIMENTO *m.* Recreo, entretenimiento, diversión, distracción.

ESPALDA *f. p. us.* Lo mismo que ESPÁDUA. Lo mismo que ESPALDAR.

ESPALDÃO (dáum) *m. Fort.* Espaldón.

ESPALDAR *m.* Respaldo, espaldar.

ESPALDEAR *v. tr. Mar.* Espaldear.

ESPALDEIRA *f.* Espaldera, espaldar.

ESPALDEIRADA *f.* Espaldarazo.

ESPALDEIRAR *v. tr. Bras.* Dar espaldarazos.

ESPALHA (lla) *m.* Hablador. Bullicioso.

ESPALHA-BRASAS (lla-brazas) *adj. Bras.* Bullicioso; bullanguero. Ú. t. c. s. m. Lo mismo que ESPALHAFATOSO.

ESPALHADA (lla) *f.* Despajadura, despajo. Lo mismo que ESPALHAFATO.

ESPALHADEIRA (lla) *f.* Despajadora

ESPALHADO, DA (lla) *adj. P. p.* de *Espalhar.* Despajado (separado de la paja). Esparcido. Divulgado, publicado. Disperso, diseminado. *m.* Lo mismo que ESPALHAFATO.

ESPALHADOR, RA (lla) *adj.* Esparciador. Despajador.

ESPALHAFATAR (lla) *v. intr.* Hacer bulla, alboroto o alharacas.

ESPALHAFATO (lla) *m.* Bulla; alboroto. Alharacas. Bullanga. Confusión. Desorden. Aspaviento, espaviento.

ESPALHAFATOSO, SA (llafatozo, òza) *adj.* Alharaquiento, aspaventoso, aspaventero. Bullanguero; bullicioso; alborotador. Chillón (hablando de colores muy vivos y mal combinados).

ESPALHAGAR (lla) *v. tr.* Despajar (el trigo).

ESPALHAMENTO (lla) *m.* Esparcimiento. Despajo, despajadura. Dispersión, diseminación. Divulgación, publicación.

ESPALHAR (llar) *v. tr.* Esparcir, separar, extender, derramar. Dispersar, diseminar. Esparcir, divulgar, publicar. Despajar. *v. intr.* Esparcirse, extenderse, derramarse.

ESPALMADO, DA *adj.* Plano, raso, liso como la palma de la mano. Laminado (hablando de metales).

ESPALMAR *v. tr.* Aplanar, allanar. Aplastar. Abrir. Dilatar.

ESPALTO *m. Pint.* Espalto.

ESPAMPARAR *v. tr.* Lo mismo que ESCANCARAR.

ESPANADOR *m.* Plumero (para quitar el polvo).

ESPANAR *v. tr.* Desempolvar. Desempolvar con el plumero.

ESPANCADOR, RA *adj.* Apaleador, que apalea. *m.* Bravucón.

ESPANCAMENTO *m.* Apaleamiento, apaleo, paliza.

ESPANCAR *v. tr.* Pegar, apalear, golpear, cascar, batir. Alejar, dispersar.

ESPANDONGADO, DA *adj. Bras.* Lo mismo que ESFRANGALHADO. Desaliñado.

ESPANDONGAMENTO *m. Bras.* Desaliño, deseaseo, descompostura.

ESPANDONGAR *v. tr. Bras.* Desaliñar. Desarreglar. Deshacer, destruir.

ESPANEJADO, DA (ja) *adj. P. p.* de *Espanejar.* Desempolvado (con el plumero)

ESPANEJAR (jar) *v. tr.* Desempolvar (con el plumero)

ESPANHOL, NHOLA (ñól, ñóla) *adj. y s.* Español. *m.* Español, castellano (lengua española).

ESPANHOLADA (ño) *f.* Españolada. Fanfarronada.

ESPANHOLAR (ño) *v. tr.* Españolar.

ESPANHOLISMO (ño) *m.* Españolismo.

ESPANHOLIZAR (ñolizar) *v. tr.* Españolizar, castellanizar. Ú. t. c. r.

ESPANQUEAR *v. tr. Port.* Lo mismo que ESPANCAR.

ESPANTADÃO, DONA (dáum) *adj.* Simplón, simple.

ESPANTADIÇO, ÇA (so) *adj.* Espantadizo.

ESPANTADO, DA *adj. P. p.* de *Espantar.* Espantado; asustado. Pasmado, maravillado.

ESPANTALHO (llo) *m.* Espantajo.

ESPANTA-LOBOS (ló) *m. Bot.* Espantalobos.

ESPANTA-PATRULHAS (llas) *m.* Perdonavidas.

ESPANTAR *v. tr.* Espantar, asustar, atemorizar. Ú. t. c. r. Espantar, ojear, ahuyentar. *v. intr.* Espantarse, asombrarse, maravillarse. Ú. t. c. r.

ESPANTÁVEL *adj.* Espantable, espantoso.

ESPANTO *m.* Espanto, terror, asombro. Susto. Pasmo, admiración. Sorpresa.

ESPANTOSAMENTE (tòza) *adv. m.* Espantosamente.

ESPANTOSO, SA (ozo, óza) *adj.* Espantoso (que causa espanto; maravilloso, pasmoso).

ESPAPAÇADO, DA (sa) *adj. P. p.* de *Espapaçar.* Blando como gachas. Hecho gachas. Desgraciado, falto de gracia, sin salero.

ESPAPAÇAR (sar) *v. tr.* Extender como gachas; reducir a gachas. Ú. t. c. r. Poner blando, ablandar. Ú. t. c. r.

ESPAPARRADO, DA *adj. Port.* Lo mismo que ESPAPAÇADO.

ESPARADRAPEIRO *m.* Esparadrapero.

ESPARADRAPO *m. Farm.* Esparadrapo.

ESPARAVÃO (váum) *m. Vet.* Esparaván.

ESPARAVEL (vèl) *m.* Esparavel (especie de red). *Alb.* Esparavel.

ESPARCEL (cèl) *m.* Bajo, bajío. Escollo.

ESPARCETA *f.* Lo mismo que

ESPARCETO *m.* Pipirigallo, esparceta.

ESPARGER (jer) *v. tr. Port.* Lo mismo que ESPARGIR.

ESPARGIDO, DA (ji) *adj. P. p.* de *Espargir.* Esparcido; derramado.

ESPARGIMENTO (ji) *m.* Esparcimiento. Desparrame.

ESPARGIR (jir) *v. tr.* Esparcir, derramar; separar, extender; divulgar, publicar, dispersar, diseminar. Ú. t. c. r.

ESPARGO *m. Bot.* Espárrago.

ESPARGOSE (gòze) *f. Pat.* Espargosis.

ESPARGUEIRA *f.* Esparraguera (campo destinado a criar espárragos).

ESPARRA *f.* Acto de limpiar las vides.

ESPARRACHAR (*char*) *v. tr.* Estrujar, reventar, aplastar. Ú. t. c. r.

ESPARRAGÃO (gáum) *m.* Esparragón.

ESPARRAGUEIRA *f.* Lo mismo que ESPARGUEIRA.

ESPARRAMADO, DA *adj. P. p.* de *Esparramr.* Desparramado, esparramado; esparcido.

ESPARRAMAR *v. tr.* Desparramar, esparramar; esparcir, extender, diseminar por el suelo. Ú. t. c. r. Aplastar. *v. r.* Caer.

ESPARRAME *m.* Desparramamiento, desparramo. Desorden, desbarajuste, desconcierto, desbaratamiento; desparramo (*Amer.*). Dipersión. Escándalo. Aparto, ostentación.

ESPARRAMO *m.* Desparramamiento; esparcimiento. Lo mismo que DESPARRAME.

ESPARRAR *v. tr.* Quitar las hojas a la vides, limpiarlas.

ESPÁRREGADO, DA *adj.* Esparragado.

ESPARREGAR *v. tr.* Esparragar.

ESPARRELA (rrè) *f.* Lazo, trampa, cepo, armadijo. Engaño, trampa, emboscada. *Mar.* Espadilla.

ESPARRIMAR *v. tr.* Lo mismo que ESPARRAMAR.

ESPARRINHAR (ñar) *v. tr.* Lo mismo que ESPARGIR.

ESPARSO, SA *adj.* Esparcido; diseminado; desparramado. Suelto, disperso. Vulgarizado.

ESPARTAL *m.* Espartizal, espartal.

ESPARTANO, NA *adj. y s.* Espartano.

ESPARTÃO (táum) *m.* Retama. Tejido de esparto.

ESPARTARIA (ría) *f.* Espartería.

ESPARTEÍNA *f. Quím.* Esparteína.

ESPARTEIRA *f.* Esparto.

ESPARTEIRO *m.* Espartero.

ESPARTEJAR (jar) *v. tr.* Lo mismo que ESQUARTEJAR.

ESPARTÍACO, CA *adj.* Espartano.

ESPARTILHADO, DA (lla) *adj.* Ceñido con corsé. *fig.* Elegante.

ESPARTILHAR (llar) *v. tr.* Ceñir o apretar con el corsé.

ESPARTILHEIRA (llei) *f.* Corsetera.

ESPARTILHEIRO (llei) *m.* Corsetero.

ESPARTILHO (llo) *m.* Corsé.

ESPARTO *m. bot.* Esparto.

ESPARVÃO (váum) *m. Vet.* Esparaván.

ESPARVOADO, DA *adj.* Lo mismo que

ESPARVONADO, DA *adj. Vet.* Que tiene esparaván.

ESPARZIDO, DA (zi) *adj.* Lo mismo que ESPARGIDO.

ESPARZIR (zir) *v. tr.* Lo mismo que ESPARGIR.

ESPASMAR *v. tr.* Pasmar, causar espasmo o pasmo.

ESPASMO *m.* Espasmo. Lo mismo que ARROUBAMENTO.

ESPASMODICAMENTE (mò) *adv. m.* Espasmódicamente.

ESPASMÓDICO, CA (mò) *adj.* Espasmódico.

ESPASMOFILIA (lía) *f. Pat.* Espasmofilia.

ESPASMOLOGIA (jía) *f. Pat.* Espasmología.

ESPATA *f. Bot.* Espata.

ESPATIFADO, DA *adj. P. p.* de *Espatifar.* Despedazado, hecho pedazos, hecho añicos; roto. Disipado, derrochado.

ESPATIFAR *v. tr. fam.* Despedazar, hacer pedazos o añicos. Disipar, derrochar. Deshacer.

ESPATO *m. Miner.* Espato.

ESPÁTULA *f.* Espátula (de pintor, de vaciador, de farmacéutico, etc.).

ESPATULADO, DA *adj.* Espatulado (de forma de espátula).

ESPATULAMENTO *m.* Acto de

ESPATULAR *v. tr.* Mezclar con la espátula.

ESPATULETA *f.* Espátula pequeña.

ESPAVENTADO, DA *adj.* Asustado, espantado, amedrentado; aspaventado.

ESPAVENTAR *v. tr.* Asustar, espantar, amedrentar. *v. r.* Aspaventar, aspaventarse, asustarse, espantarse.

ESPAVENTO *m.* Espanto, susto, horror, pavor. Aspaviento. Ostentación, aparato, lujo, pompa.

ESPAVENTOSO, SA (tozo, òza) *adj.* Aspaventero, aspaventoso. Que espanta, que asusta.

ESPAVORECER *v. tr. y r.* Lo mismo que ESPAVORIR.

ESPAVORIDO, DA *adj.* Despavorido, espavorido.

ESPAVORIR *v. tr.* Asustar, amedrentar, espantar. *v. r.* Despavorirse.

ESPAVORIZAR (zar) *v. tr. y r.* Lo mismo que ESPAVORIR.

ESPECADO, DA *adj.* Apuntalado. Derecho, empinado.

ESPECAR *v. tr.* Apuntalar. Ú. t. c. intr. *Mar.* Escorar (apuntalar con escoras).

ESPECIAL *adj.* Especial.

ESPECIALIDADE *f.* Especialidad.

ESPECIALISTA *m.* Especialista.

ESPECIALIZAÇÃO (zasáum) *f.* Especialización.

ESPECIALIZAR (zar) *v. tr.* Especializar. *v. r.* Especializarse.

ESPECIARIA (ría) *f.* Especia (substancia con que se sazonan los manjares). Ú. m. en pl. Especiería (conjunto de especias).

ESPÉCIE (pè) *f.* Especie (condición, calidad, naturaleza, carácter; conjunto de caracteres comunes que sirven para establecer la semejanza entre los individuos; grupo de individuos dotados de caracteres esenciales comunes; apariencia; caso espe-

cial). Dulce de almendras. *Com.* Dinero. Especia. Especie (frutos o géneros). *pl.* Dinero, moneda sonante. —*s eucarísticas.* Especies sacramentales. *Causar —, fr.* Causar extrañeza, sorprender. *Em —. m. adv.* En especie.

ESPECIEIRO *m.* Especiero.

ESPECIFICAÇÃO (sáum) *f.* Especificación.

ESPECIFICAR *v. tr.* Especificar, determinar, explicar algo con individualidad.

ESPECIFICATIVO, VA *adj.* Especificativo, especificador.

ESPECIFICÁVEL *adj.* Especificable.

ESPECÍFICO, CA *adj.* Específico. *m.* Específico.

ESPECILHO (llo) *m.* Especillo, sonda, estilete.

ESPECIOSAMENTE (ciòza) *adv. m.* Especiosamente, con apariencia de verdad.

ESPECIOSIDADE (zi) *f.* Especiosidad.

ESPECIOSO, SA (ciozo, òza) *adj.* Especioso (hermoso, bello, perfecto; aparente, falaz, engañoso).

ESPECTADOR *m.* Espectador.

ESPECTÁVEL *adj.* Muy notable; insigne, respectable; espectable (*Amer. chil*).

ESPECTRAL *adj. Fis.* Espectral.

ESPECTRO (pè) *m.* Espectro, fantasma. *Ópt.* Espectro.

ESPECTROMETRIA (tría) *f. Fís.* Espectrometría.

ESPECTRÔMETRO (tró) *m.* Espectrómetro.

ESPECTROSCOPIA (pía) *f.* Espectroscopia.

ESPECTROSCÓPICO, CA (cò) *adj.* Espectroscópico.

ESPECTROSCÓPIO (cò) *m.* Espectroscopio.

ESPECULAÇÃO (sáum) *f.* Especulación.

ESPECULADOR, RA *adj. y s.* Especulador.

ESPECULAR *adj.* Perteneciente o relativo al espejo.

ESPECULAR *v. tr.* Especular, mirar, reconocer y examinar con atención. Especular, meditar, contemplar, reflexionar. *v. intr.* Comerciar, traficar, especular.

ESPECULATIVO, VA *adj.* Especulativo (apto para especular; teórico; muy pensativo).

ESPÉCULO (pè) *m. Cir.* Espéculo.

ESPEDAÇAR (sar) *v. tr.* Lo mismo que DESPEDAÇAR.

ESPEDREGAR *v. tr.* Desempedrar.

ESPELHAÇÃO (llasáum) *f.* Lo mismo que ESPELHAMENTO.

ESPELHADO, DA (lla) *adj.* Espejado, claro, terso, limpio como un espejo; que refleja la luz.

ESPELHAMENTO (lla) *m.* Acción y efecto de

ESPELHAR (llar) *v. tr.* Poner claro, terso o limpio como un espejo; pulir, limpiar, ascicalar. Reflejar como un espejo. *v. r.* Mirarse en el espejo. Reflejarse.

ESPELHARIA (llaría) *f.* Espejería.

ESPELHEIRO (llei) *m.* Espejero.

ESPELHO (llo) *m.* Espejo. *fig.* Espejo, modelo, dechado.

ESPELOTEADO, DA *adj. Bras.* Lo mismo que ESTOUVADO.

ESPELOTEAMENTO *m. Bras.* Lo mismo que ESTOUVAMENTO.

ESPELTA (pèl) *f.* Espelta (cierta variedad de escanda).

ESPELUNCA *f.* Espelunca, cueva, gruta, caverna obscura. Lugar muy sucio. Casa sucia adonde se juega.

ESPENICAR *v. tr.* Desplumar. *v. r.* Arreglarse las plumas con el pico las aves. *fig.* Ataviarse, adornarse; emperejilarse.

ESPEQUE (pè) *m.* Puntal. *Artill.* Espeque. *fig.* Apoyo, amparo, arrimo.

ESPERA (pè) *f.* Espera (acción de esperar; plazo señalado por el juez para ejecutar algo; puesto para cazar; cierto cañón antiguo). Celada, emboscada.

ESPERA-MARIDO (pè) *m. Bras.* Cierto dulce hecho de huevos y azúcar quemado.

ESPERADO, DA *adj. P. p.* de *Esperar.* Esperado; deseado. Previsto. Probable.

ESPERADOURO *m.* Espera, aguardadero.

ESPERANÇA (sa) *f.* Esperanza.

ESPERANÇADO, DA (sa) *adj. P. p.* de *Esperançar.* Esperanzado (que tiene esperanza de lograr algo).

ESPERANÇAR (sar) *v. tr.* Esperanzar, dar esperanza. *v. r.* Tener esperanza.

ESPERANÇOSO, SA (sozo, òza) *adj.* Esperanzoso, lleno de esperanza.

ESPERANTISTA *m.* Esperantista.

ESPERANTO *m.* Esperanto.

ESPERAR *v. tr.* Esperar (confiar, tener esperanza de lograr algo; creer que ha de ocurrir algo; permanecer en lugar adonde se cree que ha de ir alguien o en donde se supone que ha de suceder algo). Ú. t. c. r. intr.

ESPERÁVEL *adj.* Que se puede esperar. Probable.

ESPERDIÇADOR (sa) *m.* Desperdiciador, derrochador, disipador, gastador.

ESPERDIÇAR (sar) *v. tr.* Lo mismo que DESPERDIÇAR.

ESPERDÍCIO *m.* Lo mismo que DESPERDÍCIO.

ESPERMA (pèr) *m.* Esperma, semen, licor seminal.

ESPERMACETE (cè) *m.* Esperma de ballena, espermaceti.

ESPERMÁFITOS *m. pl. Bot.* Fanerógamos.

ESPERMATIZAR (zar) *v. tr.* Fecundar con la esperma.

ESPERMATOGRAFIA (fía) *f.* Espermatografía.

ESPERMATOLOGIA (jía) *f.* Espermatología.

ESPERMATORRÉIA (rrèia) *f. Pat.* Espermatorrea.

ESPERMATOZÓIDE (zòi) *m. Fisiol.* Espermatozoide, espermatozoo, espermatozoario.

ESPERNEAR *v. intr.* Patalear.

ESPERNEGAR *v. intr.* Patalear. *v. tr.* Tenderse uno a lo largo.

ESPERTADOR, RA *adj.* Despertador.

ESPERTALHÃO (lláum) *m.* Hombre muy astuto; embustero.

ESPERTAMENTO *m.* Despertamiento.

ESPERTAR *v. tr.* Despertar, mover, excitar; avivar, despabilar. Despertar, cortar el sueño. Ú. t. c. r. e intr. *v. r.* Animarse.

ESPERTEZA (za) *v.* Viveza, previsión, conocimiento, advertencia; presteza, diligencia, actividad. Viveza (dicho agudo e ingenioso).

ESPERTINA *f.* Insomnio, desvelo.

ESPERTINAR *v. tr.* Causar insomnio. *v. intr.* Tener insomnio.

ESPERTO, TA (pèr) *adj. P. p.* de *Espertar.* Despierto. Despierto, vivo, astuto, avispado.

ESPESSAR (sar) *v. tr.* Espesar, condensar, poner espeso lo líquido. *v. r.* Espesarse.

ESPESSIDÃO (sidáum) *f.* Lo mismo que ESPESSURA.

ESPESSO, SSA (péso) *adj.* Espeso, denso, condensado, trabado. Grueso, macizo.

ESPESSURA (su) *f.* Espesura (calidad de espeso; terreno muy poblado de árboles). Obscuridad. Espesor (grueso de un cuerpo).

ESPETACULAR *adj.* Espectacular.

ESPETÁCULO *m.* Espectáculo.

ESPETACULOSO, SA (lozo, òza) *adj.* Espectacular, vistoso.

ESPETADA *f.* Acción de espetar. Golpe dado con el asador. Sarta de cosas para asar en el asador.

ESPETADELA (dè) *f.* Lo mismo que ESPETADA. Lo mismo que ENTALAÇÃO.

ESPETADO, DA *adj. P. p.* de *Espetar.* Espetado. Espetado, tieso.

ESPETANÇO (so) *m.* Lo mismo que ESPETADELA.

ESPETAR *v. tr.* Espetar (meter alguna cosa en un instrumento puntiagudo; atravesarla con él). Horadar, taladrar. Clavar. *v. r.* Clavarse. Atravesarse. Herirse.

ESPETO (pé) *m.* Asador.

ESPEVITADEIRA *f.* Despabiladeras.

ESPEVITADO, DA *adj. P. p.* de *Espevitar.* Despabilado, despavesado. *fig.* Despabilado, vivo, despejado, astuto. Petulante, presuntuoso.

ESPEVITADOR, RA *adj.* Despabilador. *m.* Despabilador. Despabiladeras.

ESPEVITAR *v. tr.* Despabilar, despavesar. *v. r. fig.* Afectarse, mostrarse afectado. Enfadarse, enojarse.

ESPEZINHADO, DA (ziña) *adj. P. p.* de *Espezinhar.* Pisoteado; humillado, oprimido, despreciado, vejado, afligido.

ESPEZINHADOR, RA (ziña) *adj.* Que pisotea; que humilla, oprime, veja o aflige.

ESPEZINHAMENTO (ziña) *m.* Pisoteo.

ESPEZINHAR (ziñar) *v. tr.* Pisotear. *fig.* Pisotear, humillar, vejar, oprimir, afligir.

ESPIA (pía) *m. y f.* Espía. *m. Mar.* Espía (cabo que sirve para espiar).

ESPIANTAR *v. intr. Bras.* Huir, escaparse, escabullirse.

ESPIÃO (piáum) *m.* Espión, espía.

ESPIAR *v. r.* Acechar, espiar, observar y escuchar con disimulo lo que ocurre. *v. intr. Mar.* Espiar (halar de un cabo firme para acercar la vane a un punto fijo).

ESPICAÇADO, DA (sa) *adj. P. p* de *Espicaçar.* Picoteado (por las aves). Herido por un instrumento puntiagudo, pinchado, acribillado. *fig.* Atormentado, acribillado, afligido.

ESPICAÇAR (sar) *v. tr.* Picotear (golpear o herir con el pico las aves). Pinchar; acribillar. *fig.* Atormentar, acribillar, afligir.

ESPICHA (cha) *f.* Sarta de peces menudos. *Vela de —. Mar.* Cuchillo.

ESPICHAR (char) *v. tr.* Ensartar (el pescado). Clavar espitas. Lo mismo que ESTENDER. *v. intr. fam.* Morir.

ESPÍCHE (che) *m.* Espita. Lo mismo que FURADOR.

ESPICHO (cho) *m. fig.* Hombre alto y flaco.

ESPICIFORME (fòr) *adj.* Espiciforme, de forma de espiga.

ESPICILÉGIO (lèjio) *m.* Florilegio, specilegio.

ESPICULADO, DA *adj.* Lo mismo que ESPICIFORME.

ESPICULAR *v. tr.* Aguzar, dar forma de espiga.

ESPIGA *f.* Espiga (de una planta, de un instrumento, de un madero). Respigón, padrastro. *fig.* Clavo, molestia, gravamen, daño.

ESPÍGADO, DA *adj.* Espigado. *fig.* Espigado, alto, crecido de cuerpo.

ESPIGAITADO, DA *adj. Bras.* Achispado.

ESPIGAME *m.* Copia de espigas.

ESPIGÃO (gáum) *m.* Espiga grande. Espigón (aguijón; punta de un instrumento puntiagudo; cerro alto y puntiagudo: macizo saliente construído a la orilla de un río o en la costa del mar). Respigón, padrastro.

ESPIGAR *v. tr.* Engañar, dañar, burlar, perjudicar. *v. intr.* Espigar o echar espigas los panes. *v. r.* Espigarse, crecer mucho una persona. Perjudicarse, comprometerse.

ESPIGOSO, SA (gozo, òza) *adj.* Que tiene espigas. Espiciforme. Que tiene respigones o padrastros.

ESPIGUEIRO *m.* Sitio adonde se guardan las espigas.

ESPIGUETA *f.* Espiguilla (cualquiera de las espigas pequeñas que forman la principal en ciertas plantas).

ESPIGUILHA (lla) *f.* Espiguilla (cinta o fleco con picos).

ESPIM *adj.* Espinoso *m.* Espín. *Porco —.* Puerco espín.

ESPINAFRAÇÃO (sáum) *f. Bras.* Acto de

ESPINAFRAR *v. tr. Bras.* Ridiculizar; desmoralizar; descomponer; reprender; censurar; vituperar.

ESPINAFRE *m. Bot.* Espinaca.

ESPINAL *adj.* Espinal (perteneciente o relativo a la espina o espinazo).

ESPINÇA (sa) *f.* Pinzas. Acto de

ESPINÇAR (sar) *v. tr.* Tundir. Quitar con las pinzas.

ESPINEL (nèl) *m.* Lo mismo que ESPINHEL.

ESPINELA (nè) *f. Miner.* Espinela (rubí de color rojo encendido). Espinelano.

ESPÍNEO, NEA *adj.* Espíneo.

ESPINESCENTE *adj.* Espinescente.

ESPINETA *f. Mús.* Espineta.

ESPINGARDA *f.* Espingarda. Fusil. Escopeta.

ESPINGARDADA *f.* Tiro de espingarda.

ESPINGARDÃO (dáum) *m.* Espingarda (cañón intermedio entre el flaconete y la pieza de sitio). Arcabuz.

ESPINGARDARIA (ría) *f.* Espingardería.

ESPINGARDEIRO *m.* Espingardero.

ESPINGOLADO, DA *adj. Bras. Pernambuco.* Dícese de la persona alta y desgarbada.

ESPINHA (ña) *fig. Anat.* Vértebra. Espina, espinazo. Espina (de los peces). Barro, grano. *fig.* Persona muy flaca. *fig.* Espina. *fig.* Dificultad.

ESPINHAÇO (ñaso) *m. Anat.* Espinazo, espina dorsal, espina. *fam.* Las espaldas. Cordillera. Lomo (del caballo).

ESPINHADO, DA (ña) *adj.* Espinado, punzado con espina. Picado, ofendido, irritado. Enfadadizo.

ESPINHAL (ñal) *adj.* Lo mismo que ESPINAL.

ESPINHAL (ñal) *m.* Espinar.

ESPINHEIRA (ñei) *f.* Lo mismo que ESPINHEIRO.

ESPINHEIRAL (ñei) *m.* Espinar.

ESPINHEIRO (ñei) *m. Bot.* Espinera, espino.

ESPINHEL (ñel) *m. Bras. Pesca.* Espinel (palangre de ramales cortos y cordel grueso).

ESPINHELA (ñe) *f.* Nombre vulgar del apéndice xifoides. *fam.* Cualquiera enfermedad debilitante. *— caída. fam.* Dolor en el apéndice xifoides.

ESPINHENTO, TA (ñen) *adj.* Lo mismo que ESPINHOSO.

ESPINHETA (ñe) *f. Mús.* Espineta.

ESPINHO (ño) *m.* Espina (púa de ciertas plantas). Púa córnea de ciertos animales como el puerco espino. Planta espinosa. *fig.* Espina. *fig.* Dificultad, aprieto, apuro, conflicto.

ESPINHO (ño) *adj.* Espino (adj. que se aplica al puerco espín).

ESPINHOSO, SA (ñozo, òza) *adj.* Espinoso, que tiene espinas. Espinoso, árduo, difícil. Que tiene barros o granos en la cara.

ESPINICADO, DA *adj.* Emperejilado.

ESPINICAR-SE *v. r.* Emperejilarse.

ESPINIFORME (fór) *adj.* Espiniforme, de forma de espina.

ESPINILHO (llo) *m.* Espinillo.

ESPINOSISMO (zis) *m.* Espinosismo.

ESPINOSISTA (zis) *adj. y s.* Espinosista.

ESPINOTEADO, DA *adj. Bras.* Liviano, inconsiderado.

ESPINOTEAR *v. intr.* Respingar, dar respingos. Lo mismo que BRAVEJAR y BARAFUSTAR.

ESPIOLHAR (llar) *v. tr.* Despiojar. *fig.* Escudriñar.

ESPIONAGEM (jem) *f.* Espionaje.

ESPIONAR *v. tr.* Espionar, espiar.

ESPIAR *v. intr.* Surtir, salir en chorro.

ESPIRA *f.* Espira, espiral, vuelta de hélice o de espiral.

ESPIRAL *adj.* Espiral. *f.* Espiral.

ESPIRALADO, DA *adj.* Espiral.

ESPIRAR *v. tr.* Espirar, soplar. Espirar, exhalar. *v. intr.* Estar vivo.

ESPIREMA *m. Biol.* Espirema.

ESPIRILO *m. Bacteriol.* Espirilo.

ESPIRILOSE (lòze) *f. Pat.* Espirilosis.

ESPÍRITA *adj. y m. y f.* Espiritista.

ESPIRITAR *v. tr.* Espiritar, endemoniar. Ú. t. c. r. *fig. fam.* Espiritar, irritar, agitar. Ú. t. c. r.

ESPIRITEIRA *f. Bras.* Vasija adonde se pone el alcohol vínico o espíritu de vino, para quemarlo.

ESPIRITISMO *m.* Espiritismo.

ESPIRITISTA *adj. y s.* Lo mismo que ESPÍRITA.

ESPÍRITO *m.* Espíritu (en todas las acepciones de esta voz). *— de vinho.* Espíritu de vino, alcohol vínico.

ESPIRITUAL *adj.* Espiritual.

ESPIRITUALIDADE *f.* Espiritualidad.

ESPIRITUALISMO *m.* Espiritualismo.

ESPIRITUALISTA *adj. y s.* Espiritualista.

ESPIRITUALIZAÇÃO (zasáum) *f.* Espiritualización.

ESPIRITUALIZAR (zar) *v. tr.* Espiritualizar. Ú. t. c. r.

ESPIRITUOSAMENTE (tuòza) *adv. m.* Aguda, graciosa. Ingeniosamente.

ESPIRITUOSO, SA (tuozo, òza) *adj.* Espiritoso, espirituoso. Gracioso, agudo, ingenioso, vivo.

ESPIRÓIDE (rói) *adj.* Espiroideo, espiroidal.

ESPIROQUETA *m. Bacteriol.* Espiroqueto.

ESPIRRADEIRA *f. Bot.* Oleandro.

ESPIRRADOR, RA *adj.* Estornudador.

ESPIRRAR *v. intr.* Estornudar. *v. tr.* Arrojar, despedir, lanzar. Lo mismo que ESGUICHAR.

ESPIRRO *m.* Estornudo.

ESPLANADA *f.* Explanada.

ESPLÂNCNICO, CA (plán) *adj.* Esplácnico.

ESPLANCNOGRAFIA (fía) *f. Anat.* Esplacnografía.

ESPLANCNOGRÁFICO, CA *adj.* Relativo a la esplacnografía.

ESPLANCNOLOGIA (jía) *f. Anat.* Esplacnologia.

ESPLANCNOTOMIA (mía) *f. Anat.* Esplacnotomía.

ESPLANDECER *v. intr.* Lo mismo que ESPLENDER.

ESPLENALGIA (jía) *f. Pat.* Esplenalgia.

ESPLENÁLGICO, CA (ji) *adj.* Relativo o perteneciente a la esplenalgia.

ESPLENDECÊNCIA (cén) *f.* Lo mismo que RESPLANDECÊNCIA.

ESPLENDENTE *adj.* Esplendente, resplandeciente, brillante.

ESPLENDER *v. intr.* Resplandecer, esplender, brillar.

ESPLENDIDEZ *f.* Esplendor, replandor, brillo. Esplendidez, magnificencia.

ESPLÊNDIDO, DA (plén) *adj.* Espléndido, magnífico, ostentoso. Espléndido, resplandeciente, brillante.

ESPLENDOR *m.* Esplendor, resplendor, brillo. Esplendor, lustre, nobreza. Esplendidez, magnificencia.

ESPLENDOROSO, SA (rozo, òza) *adj.* Esplendoroso.

ESPLENECTOMIA (mía) *f. Cir.* Esplenectomía.

ESPLENÉTICO, CA (nè) *adj.* Esplénico.

ESPLÉNICO, CA (plé) *adj.* Esplénico.

ESPLÊNIO (plé) *m. Anat.* Esplenio.

ESPLENITE *f. Pat.* Esplenitis.

ESPLENOCELE (cè) *f. Pat.* Esplenocele.

ESPLENOGRAFIA (fía) *f.* Esplenografía.

ESPLENÓIDE (nòi) *adj.* Esplenoideo.

ESPLENOLOGIA (jía) *f.* Esplenología.

ESPLENOMEGALIA (lía) *f. Pat.* Esplenomegalia.

ESPLENOPATIA (tía) *f.* Esplenopatía.

ESPLENOTOMIA (mía) *f.* Esplenotomía.

ESPOAR *v. tr.* Desempolvar. Cribar por segunda vez (la harina).

ESPOJADOURO (ja) *m.* Revolcadero.

ESPOJAR (ja) *v. tr.* Revolcar. *v. r.* Revolcarse.

ESPOJEIRO (jei) *m.* Lo mismo que ESPOJADOURO.

ESPOLETA *f.* Espoleta (aparato que sirve de detonador).

ESPOLETAR *v. tr.* Colocar la espoleta a una bomba, granada, etc.

ESPOLETEAR *v. intr. Bras.* Entontecer, atontarse.

ESPOLIAÇÃO (sáum) *f.* Espoliación.

ESPOLIADO, DA *adj. P. p.* de *Espoliar.* Expoliado, despojado.

ESPOLIADOR, RA *adj. y s.* Expoliador.

ESPOLIANTE *adj.* Que expolia, expoliador.

ESPOLIAR *v. tr.* Expoliar, despojar con violencia o con iniquidad.

ESPOLIM *m.* Espolín (lanzadera pequeña).

ESPOLINAR *v. tr.* Espolinar (tejer con espolín).

ESPOLINHAR-SE (ñar) *v. r.* Revolcarse.

ESPÓLIO (pò) *m.* Espolio. Despojo.

ESPONDEU *m.* Espondeo.

ESPONDÍLICO, CA *adj.* Espondíleo.

ESPONDILITE *f. Pat.* Espondilitis.

ESPÔNDILO (pón) *m. Anat.* Espóndil, espóndilo, vértebra.

ESPONJA (ja) *f. Zool.* Esponja. Esponja (substancia esponjosa). *fig.* Esponja. *fig.* Borrachín.

ESPONJEIRA (jei) *f.* Esponjera.

ESPONJOSIDADE (joz) *f.* Esponjosidad.

ESPONJOSO, SA (jozo, òza) *adj.* Esponjoso.

ESPONSAIS *m. pl.* Esponsales.

ESPONSÁLIAS *f. pl.* Esponsales.

ESPONSALÍCIO, CIA *adj.* Esponsalicio.

ESPONTANEAMENTE *adv. m.* Espontanea, voluntariamente.

ESPONTANEIDADE *f.* Espontaneidad.

ESPONTÂNEO, NEA (tá) *adj.* Espontáneo, voluntario.

ESPONTAR *v. tr.* Despuntar (quitar la punta).

ESPORA (pó) *f.* Espuela. *fig.* Espuela, estímulo, incitativo. *Bot.* Espuela.

ESPORÃO *f.* Espolazo.

ESPORADICAMENTE *adv. m.* Esporádicamente.

ESPORACIDADE *f.* Esporacidad.

ESPORÁDICO, CA *adj.* Esporádico. Raro, acidental.

ESPORÂNGIO (ránjio) *m. Bot.* Esporangio.

ESPORÃO (ráum) *m.* Espolón (de algunas aves). *Arq.* Espolón, machón saliente de una pared, contrafuerte. *Mar.* Espolón.

ESPORAR *v. tr.* Lo mismo que

ESPOREAR *v. r.* Espolear. *fig.* Espolear, avivar, incitar, estimular.

ESPOREIRA *f. Bot.* Espuela.

ESPORIM *m.* Espolín (espuela pequeña).

ESPORO (pò) *m. Bot.* Espora, esporo.

ESPOROGÓNIO (gó) *m. Bot.* Esporogonio, esporangio.

ESPORTA (pòr) *f.* Espuerta.

ESPORTE (pór) *m.* Deporte.

ESPORTELA (té) *f.* Esportilla.

ESPORTIVO, VA *adj.* Deportivo.

ESPÓRTULA (por) *f.* Óbolo; limosna.

ESPORTULAR *v. tr.* Dar limosna.

ESPOSA (póza) *f.* Esposa, mujer casada, respecto de su marido.

ESPOSADO, DA (za) *adj.* Esposado, desposado, casado.

ESPOSAR (zar) *v. tr.* Desposar. *fig.* Defender, cuidar, sostener; adoptar.

ESPOSO (pózo) *m.* Esposo, marido.

ESPOSÓRIO (zó) *m.* Esponsales, desposorio.

ESPOSTEJADO, DA (ja) *adj. P. p. de Espostejar.* Dividido en tajadas. Descuartizado.

ESPOSTEJAR (jar) *v. tr.* Dividir en tajadas. Descuartizar.

ESPRAIADO, DA *adj.* Explayado, ensanchado. Desbordado. Esparcido.

ESPRAIAMENTO *m.* Explayamiento. Desbordamiento. Prolijidad.

ESPRAIAR *v. tr.* Echar, lanzar, arrojar a la playa. Derramar. Esplayar. Ú .t.c.r. Esparcir. Dilatar, ensanchar. *v. intr.* Dejar la playa al descubierto. *v. r.* Desbordarse.

ESPREGUIÇADEIRA (sa) *f.* Otomana, camilla para dormir la siesta.

ESPREGUIÇAMENTO (sa) *m.* Desperezo, esperezo.

ESPREGUIÇAR (sar) *v. tr.* Desperezar, quitar la pereza. *v. r.* Desperezarse, esperezarse. Bostezar.

ESPREITA *f.* Acecho. À —. *m. adv.* Al, o en, acecho.

ESPREITADELA (dè) *f.* Acecho.

ESPREITADOR, RA *adj.* y *s.* Acechador.

ESPREITAR *v. tr.* Acechar, observar, atisbar cautelosamente. Espiar. *v. r.* Observarse.

ESPREMEDOR *m.* Exprimidera, exprimidero.

ESPREMEDURA *f.* Acción y efecto de

ESPREMER *v. tr.* Exprimir; estrujar. *fig.* Oprimir. *v. r.* Apretarse, comprimirse.

ESPREMIDO, DA *adj. P. p. de Espremer.* Exprimido; estrujado. Apretado, comprimido.

ESPUMA *f.* Espuma.

ESPUMADEIRA *f.* Espumadera.

ESPUMAR *v. intr.* y *tr.* Lo mismo que ESCUMAR.

ESPUMARADA *f.* Espumaje, espumazón.

ESPUMEJAR (ja) *v. intr.* Espumar, echar espuma. *fig.* Echar uno espumarajos por la boca, estar muy encolerizado.

ESPUMOSO, SA (mozo, òza) *adj.* Espumoso, espúmeo.

ESPÚRIO, RIA *adj.* Espúreo, espurio, bastardo. *fig.* Espúreo, espurio, falso, adulterado, que degenera de su origen.

ESPUTAÇÃO (sáum) *f.* Expectoración, esputación.

ESPUTAR *v. intr.* Expectorar, esputar. *v. tr.* Escupir.

ESPUTO *m.* Esputo. Lo mismo que ESPUTAÇÃO.

ESQUADRA (cua) *f.* Escuadra (de buques de guerra). Escuadra (de soldados). Lo mismo que ESQUADRO.

ESQUADRÃO (cuadráum) *m. Mil.* Escuadrón. *fig.* Multitud.

ESQUADRAR (cua) *v. tr.* Escuadrar (labrar o disponer algo a escuadra). *Mil.* Escuadronar).

ESQUADREJAMENTO (cuadreja) *m.* Acción y efecto de

ESQUADREJAR (cuadrejar) *v. tr.* Escuadrar (labrar algo a escuadra).

ESQUADRIA (cuadría) *f.* Escuadría. Lo mismo que ESQUADRO. Piedra labrada.

ESQUADRIAR (cua) *v. tr.* Lo mismo que ESQUADRAR.

ESQUADRILHA (cuadrilla) *f.* Escuadrilla.

ESQUADRILHAR (cuadrillar) *v. tr.* Derrengar. Ú. t. c. r.

ESQUADRINHADOR, RA (cuadriña) *adj.* Escudriñador. Averiguador.

ESQUADRINHAMENTO (escuadriña) *m.* Escudriñamiento. Averiguación, búsqueda.

ESQUADRINHAR (cuadriñar) *v. tr.* Escudriñar; averiguar, buscar, investigar, inquirir.

ESQUADRO (cua) *m.* Esquadra (instumento de dibujo). *Em —. m. adv.* A escuadra.

ESQUALIDEZ (cua) *f.* Escualidez.

ESQUÁLIDO, DA (cuá) *adj.* Escuálido (sucio, asqueroso; flaco, extenuado, macilento).

ESQUALO (cua) *m.* Escualo. Tiburón.

ESQUARTEJADO, DA (cuarteja) *adj. P. p. de Esquartejar.* Descuartizado.

ESQUARTEJAMENTO (cuarteja) *m.* Descuartizamiento.

ESQUARTEJAR (cuartejar) *v. tr.* Descuartizar. Destrozar, despedazar.

ESQUARTELAR (cuar) *v. tr. Blas.* Acuartelar.

ESQUECEDIÇO, ÇA (so) *adj.* Olvidadizo (que con facilidad se olvida de las cosas).

ESQUECER *v. tr.* Olvidar (perder la memoria de una cosa; dejar el cariño que antes se tenía) *v. intr.* y *r.* Olvidarse.

ESQUECIDO, DA *adj. P. p. de Esquecer.* Olvidado. Olvidadizo.

ESQUECIMENTO *m.* Olvido.

ESQUELETO *m.* Esqueleto (armazón ósea del cuerpo de los vertebrados; armazón de cualquiera otra cosa; *fig.* individuo muy flaco). Lo mismo que MADEIRAMENTO. *fig.* Esbozo.

ESQUEMA *m.* Esquema.

ESQUENTAÇÃO (sáum) *f.* Calentamiento (acción de calentar). Enardecimiento, acaloramiento. Calor muy intenso. *fig.* Discusión acalorada. Lo mismo que RIXA.

ESQUENTADA *f.* La hora de más calor.

ESQUENTADO, DA *adj. P. p. de Esquentar.* Calentado. Lo mismo que ENCALMADO. *fig.* Encendido, irritado, excitado.

ESQUENTADOR *m.* Calentador.

ESQUENTAMENTO *m.* Calentamiento. *pop.* Gonorrea.

ESQUENTAR *v. tr.* Calentar. Ú. t. c. r. Acalorar. Irritar. *v. r.* Lo mismo que ENCALMAR (v.r.) *fig.* calentarse, acalorarse, enfervorizarse en la disputa o porfía, encenderse.

ESQUERDA *f.* Izquierda (mano izquierda; grupo político que sustenta opiniones más radicales en todos los órdenes).

ESQUERDISTA *adj.* y *s. m.* Partidario de las izquierdas; radical, extremista.

ESQUERDO, DA *adj.* Izquierdo (dícese de la mano contraria a la derecha; aplícase a lo que cae, se halla o mira hacia la mano izquierda). Izquierdo; zurdo. *fig.* Izquierdo, torcido, no recto o derecho. Lo mismo que DESAJEITADO.

ESQUIFE *m.* Ataúd, féretro. Esquife (bote de dos proas).

ESQUILO *m. Zool.* Ardilla.

ESQUIMAU *m.* Esquimal.

ESQUIMÓ (mó) *m.* Esquimal.

ESQUINA *f.* Esquina, arista, ángulo saliente, principalmente de un edificio. *Dobrar a —. fr.* Doblar la esquina, doblar la calle.

ESQUINADO, DA *adj. P. p. de Esquinar.* Esquinado, que tiene esquinas.

ESQUINAR *v. tr.* Esquinar, dar forma de esquina. *v. r.* Emborracharse.

ESQUIPAÇÃO (sáum) *f. Mar.* Esquifazón.

ESQUIPAMENTO *m. Mar.* Esquifazón.

ESQUIPAR *v. tr. Mar.* Esquifar, armar, equipar. *v. r. fig.* Adornarse.

ESQUÍROLA *f.* Esquirla.

ESQUIVA *f.* Esguince (ademán de hurtar el cuerpo para evitar un golpe).

ESQUIVANÇA (sa) *f.* Esquivez. Desdén; desprecio; desamor. Repugnancia. Excusa, recusación.

ESQUIVAR *v. tr.* Esquivar, evitar, rehuir, eludir, rehusar. *v. r.* Esquivarse, desdeñarse, excusarse de hacer algo.

ESQUIVO, VA *adj.* Esquivo, huraño, áspero, desdeñoso.

ESQUIZOFRENIA (zofrénia) *f. Pat.* Esquizofrenia.

ESQUIZOFRÉNICO, CA (zofré) *adj.* y *s.* Esquizofrénico.

ESQUIZÓIDE (zói) *adj.* Esquizoideo.

ESSA (èsa) *adj.* y *pron. demostr. f.* Esa. *f.* Catafalco.

ESSE (ése) *adj.* y *Pron. demostr. m.* Ese.

ESSE (èse) *m.* Ese (nombre de la letra *s.*).

ESSÊNCIA (sén) *f.* Esencia.

ESSENCIAL (sen) *adj.* Esencial.

ESSENCIALIDADE (sen) *f.* Esencialidad.

ESSENCIALMENTE (sen) *adv. m.* Esencialmente.

ESTA (ès) *adj.* y *pron. demostr. f.* Esta.

ESTABANADO, DA *adj.* Extravagante, loco, alocado. Voluble, ligero, inconstante. Temerario, inconsiderado, atolondrado, precipitado, irreflexivo.

ESTABELECEDOR, RA *adj.* y *s.* Establecedor.

ESTABELECER *v. tr.* Establecer, fundar, instituir, estatuir, erigir; ordenar, decretar. *v. r.* Establecerse, avecindarse.

ESTABELECIDO, DA *adj. P. p. de Estabelecer.* Establecido. Que tiene establecimiento comercial o industrial.

ESTABELECIMENTO *m.* Establecimiento.

ESTABILIDADE *f.* Estabilidad.

ESTABILIZAÇÃO (zasáum) *f.* Estabilización.

ESTABILIZAR (zar) *v. tr. Bras.* Estabilizar. Establecer.

ESTABULAÇÃO (sáum) *f.* Estabulación (cría de los ganados en establos).

ESTABULAR *v. tr.* Estabular. *adj.* Perteneciente o relativo al establo.

ESTÁBULO *m.* Establo.

ESTACA *f.* Estaca (palo redondo, con punta para poder clavarlo en alguna parte; rama verde que se planta).

ESTACADA *f.* Estacada.

ESTAÇÃO (sáum) *f.* Estación (en todas las acepciones de esta voz).

ESTACAR *v. tr.* Plantar estacas. Estacar, señalar con estacas. Amparar, apoyar. *v. intr.* Estacarse, quedarse tieso y quieto. Detenerse, parar súbitamente.

ESTACARIA (ría) *f.* Estacada, estacado. Cantidad grande de estacas.

ESTACIONAL *adj.* Estacional.

ESTACIONAMENTO *m.* Estacionamiento. Acción y efecto de

ESTACIONAR *v. tr.* Permanecer, hacer estación. Estacionar. *v. intr.* Estacionarse, estacarse, quedarse estacionario.

ESTACIONÁRIO, RIA *adj.* Estacionario.

ESTADA *f.* Estada (mansión, detención, demora que se hace en un lugar o paraje). Estancia, permanencia.

ESTADÃO (dáum) *m.* Lujo, fausto, magnificencia.

ESTADEAR *v. tr.* Ostentar (hacer gala de grandeza, lucimiento y boato). *v. r.* Alardear. Ensoberbecerse.

ESTADIA (día) *f. mar.* y *Com.* Estadía. *Bras.* Estancia, permanencia; estadía (*Amer.*).

ESTÁDIO *m.* Estadio (medida; lugar público donde se celebran juegos deportivos). Período, época. Estado, estación.

ESTADISTA *m.* Estadista (persona versada en negocios de Estado, o en política).

ESTADÍSTICA *f.* Ciencia de los negocios de Estado. Lo mismo que ESTATÍSTICA.

ESTADO *m.* Estado. *— maior. Mil.* Estado mayor. *Mudar de —.* Mudar de estado, o tomar estado. *— interessante.* Preñez.

ESTADUAL *adj. Bras.* Perteneciente o relativo a uno de los Estados de la federación brasileña.

ESTADUNIDENSE *adj.* y *s.* Estadounidense, estatunidense, estadunidense.

ESTAFA *f.* Fadiga, cansancio. Faena, trabajo penoso. Molestia; cansera.

ESTAFAMENTO *m.* Lo mismo que ESTAFA.

ESTAFANTE *adj.* Fatigoso, fatigante. Molesto.

ESTAFAR *v. tr.* Fatigar, cansar. Molestar. Atormentar. Apalear. *v. intr.* Fatigarse, cansarse.

ESTAFERMO *m.* Estafermo. *fig.* Estafermo (persona parada y como embobada). Lo mismo que ESPANTALHO. Lo mismo que EMPECILHO.

ESTAFETA *m.* Estafeta (correo que va a caballo). Estafetero.

ESTÁGIO (*jio*) *m.* Aprendizaje. Situación transitoria de preparación.

ESTAGNAÇÃO (*sáum*) *f.* Estancamiento, estagnación. *fig.* Estagnación, paralización de los negocios.

ESTAGNADO, DA *adj. P. p.* de *Estagnar.* Estancado (detenido en su curso). Parado. Inactivo, inerte.

ESTAGNAR *v. tr.* Estancar (detener el curso de algo). Ú. t. c. r. Estancar, paralizar. Ú. t. c. r.

ESTAI *m. Mar.* Estay.

ESTALACTITE *f.* Estalactita.

ESTALAGEM (*jem*) *f.* Posada, fonda, mesón, hostería.

ESTALAGMITE *f.* Estalagmita.

ESTALAJADEIRO (*ja*) *m.* Hostelero, posadero, mesonero.

ESTALÃO (*láum*) *m.* Marco, patrón.

ESTALAR *v. tr.* Romper, quebrantar, hender. *v. intr.* Estallar (reventar una cosa de golpe y con ruido). Crujir; restallar; estallar. *fig.* Estallar (sobrevenir violentamente algo). Saltar, reventar, volar.

ESTALEIRO *m.* Astillero.

ESTALEJAR (*jar*) *v. tr.* Hacer restallar o crujir. *v. intr.* Restallar, crujir, estallar.

ESTALIDO *m.* Estallido. Estrépido. Ruido pequeño.

ESTALO *m.* Estallido, estallo; crujido.

ESTAME *m.* Estambre (hilo de lana). *Bot.* Estambre.

ESTAMENHA (*ña*) *f.* Estameña.

ESTAMPA *f.* Estampa (efigie, figura, imagen impresa; figura de una persona o animal; imprenta, impresión).

ESTAMPAGEM (*jem*) *f.* Estampado, estampación.

ESTAMPAR *v. tr.* Estampar. Ú. t. c. r. *fig.* Imprimir, grabar (en el espíritu).

ESTAMPARIA (*ría*) *f.* Estampería.

ESTAMPEIRO *m.* Estampero.

ESTAMPIDO *m.* Estampido. Cañonazo.

ESTAMPILHA (*lla*) *f.* Estampilla. *Bras.* Sello fiscal; estampilla (*Amer.*).

ESTAMPILHAR (*llar*) *v. tr.* Estampillar. Sellar (con sello fiscal).

ESTANCAMENTO *m.* Estancación, estancamiento.

ESTANCAR *v. tr.* Estancar (detener el curso de algo) Ú. t. c. r. e intr. Estancar (restringir o quitar la venta libre de las cosas).

ESTÂNCIA (*tán*) *f.* Estancia, permanencia. Estancia, mansión, habitación, asiento, residencia en un lugar. Estancia, aposento, cuarto, sala. Paraje. Lo mismo que ANCORADOURO. Estancia, estrofa. Fortín. *Bras.* Estancia, hacienda de campo.

ESTANCIAR *v. intr.* Morar, residir. Alojarse.

ESTANCIEIRO *m. Bras.* Estanciero, hacendado.

ESTANDARTE *m.* Estandarte.

ESTANHADO, DA (*ña*) *adj. P. p.* de *Estanhar.* Estañado.

ESTANHADURA (*ña*) *f.* Lo mismo que

ESTANHAMENTO (*ña*) *m.* Estañadura, estañado.

ESTANHAR (*ñar*) *v. tr.* Estañar.

ESTANHO (*ño*) *m.* Estaño.

ESTANQUE *m.* Estancamiento, estancación. *adj.* Estanco. Estancado (detenido en su curso). Lo mismo que ESVAZIADO.

ESTANTE *f.* Estante (armario con anaqueles o entrepaños). Facístol. Atril.

ESTAPAFÚRDIO, DIA *adj.* Extravagante, irregular, extraño, ridículo, excéntrico, raro.

ESTAQUEAÇÃO (*sáum*) *f.* Lo mismo que

ESTAQUEAMENTO *m. Bras.* Estaqueo, estaqueada, paliza, vapuleo.

ESTAQUEAR *v. tr. Bras.* Estirar un cuero entre estacas; estaquear (*Amer.*). Estirar un hombre entre cuatro estacas; estaquear (*Amer.*). Estacar (plantar o poner estacas).

ESTAQUEIO *m. Bras. merid.* Estaqueo.

ESTAR *v. intr.* Estar (existir, hallarse en determinado lugar, situación, condición o modo de ser). (Con ciertas peposiciones y complementos toma este verbo todas aquellas significaciones que tiene en castellano).

ESTARDALHAÇO (*llaso*) *m.* Boato, ostentación. Estruendo. Lo mismo que ESPALHAFATO.

ESTARRECER *v. tr.* Amedrentar, atemorizar; espantar, asustar; aterrar. Ú. t. c. r. *v. intr. y r.* Despavorirse, aterrarse.

ESTARRECIDO, DA *adj. P. p.* de *Estarrecer.* Amedrentado, asustado, espantado. Despavorido.

ESTASE (*ze*) *f. Pat.* Estasis.

ESTATAL *adj.* Perteneciente o relativo al Estado.

ESTATELADO, DA *adj. P. p.* de *Estatelar.* Inmóvil como una estatua. Estirado, extendido; tendido en el suelo.

ESTATELAMENTO *m.* Acción y efecto de

ESTATELAR *v. tr.* Echar al suelo; hacer caer. Tender el suelo. Atontar, atolondrar, pasmar. Ú. t. c. r. *v. r.* Caer extendido en el suelo. Quedarse hecho una estatua.

ESTÁTICO, CA *adj.* Estático.

ESTATÍSTICA *adj.* Estadístico.

ESTÁTUA *f.* Estatua.

ESTATUÁRIA (*ría*) *f.* Colección de estatuas.

ESTATUÁRIO *m.* Estatuario (el que hace estatuas). *adj.* Estatuario.

ESTATUCIONAL *adj.* Estatutario.

ESTATUETA *f.* Estatua pequeña.

ESTATUIR *v. tr.* Estatuir, establecer, ordenar, instituir, determinar.

ESTATURA *f.* Estatura (altura de una persona).

ESTATUTO *m.* Estatuto.

ESTAVANADO, DA *adj.* Alocado, imprudente. Casquivano.

ESTÁVEL *adj.* Estable, durable, firme, permanente.

ESTE (*és*) *adj. y pron. demostr. m.* Este (*pl. Estes*).

ESTE (*ès*) *m.* Este, oriente (punto cardinal).

ESTEAR *v. tr.* Apuntalar. Apoyar. Amparar, proteger.

ESTEARINA *f. Quím.* Estearina.

ESTEFANOTES (*nó*) *m. Bot.* Estefanotes.

ESTEIO *m.* Puntal (para sostener). *fig.* Apoyo, fundamento, puntal, *fig.* Sostén, amparo.

ESTEIRA *f.* Estera (tejido de esparto, juncos, palma, etc). Estela (señal que deja en el agua la embarcación que navega). *fig.* Señal, indicio. *fig.* Ejemplo. *fig.* Dirección, rumbo. *fig.* Norma, regla.

ESTEIRADO, DA *adj.* Esterado (cubierto con esteras).

ESTEIRAR *v. tr.* Esterar (cubrir con esteras). Lo mismo que ATAPETAR. *v. intr.* Seguir la embarcación algún rumbo.

ESTELA (*tè*) *f.* Estela (monumento).

ESTELIONATÁRIO *m.* El que comete estelionato.

ESTELIONATO *m.* Estelionato.

ESTELO (*tè*) *m. Bot.* Estela.

ESTEMA *f.* Corona; guirnalda. Estema, árbol genealógico.

ESTENDAL *m.* Tendedero, colgadero, tendalero. Tendal (conjunto de cosas tendidas).

ESTENDEDOURO *m.* Tendedero, tendalero, colgadero, tendal.

ESTENDER *v. tr.* Extender (aumentar; desenvolver; desarrollar; estirar, ampliar). Ú. t. c. r. Tender, echar, deponer. *v. r.* Extenderse (ocupar cierto terreno los campos, pueblos, etc.; narrar o explicar dilatada y copiosamente alguna cosa; propagarse, difundirse; llegar a influir). *v. intr.* Dilatarse, extenderse.

ESTENDÍVEL *adj.* Estensible.

ESTENOGRAFAR *v. tr.* Estenografiar.

ESTENOGRAFIA (*fía*) *f.* Estenografía.

ESTENÓGRAFO, FA (*nó*) *m. y f.* Estenógrafo, fa.

ESTENTOR *m.* Persona que tiene una voz estentórea o retumbante.

ESTEPE (*tè*) *f.* Estepa (erial llano y muy extenso).

ESTERCADA *f.* Estercoladura.

ESTERCADO, DA *adj. P. p.* de *Estercar.* Estercolado; abonado.

ESTERCAR *v. tr.* Estercolar, beneficiar las tierras con estiércol. *v. intr.* Estercolar.

ESTERCO (*tér*) *m.* Estiércol.

ESTERE (*tè*) *m.* Estéreo (medida para leñas).

ESTEREOGRAFIA (*fía*) *f.* Estereografía.

ESTEROTIPAGEM (*jem*) *f.* Acción de estereotipar.

ESTEREOTIPIA (*pía*) *f.* Estereotipia.

ESTEREÓTIPO (*ò*) *m.* Plancha estereotípica, estereotipo.

ESTÉRIL (*tè*) *adj.* Estéril.

ESTERILIDADE *f.* Esterelidad.

ESTERELIZAÇÃO (*zasáum*) *f.* Esterelización.

ESTERELIZAR (*zar*) *v. tr.* Esterilizar.

ESTERLINO, NA *adj.* Esterlina. *m.* Libra esterlina.

ESTERNO (*tèr*) *m. Anat.* Esternón.

ESTERQUEIRO, RA *m. y f.* Estercolar, estercolero.

ESTERQUILÍNIO *m.* Esterquilinio, muladar, estercolero.

ESTERTOR *m.* Estertor.

ESTESIA (*zía*) *f. Fisiol.* Estesia.

ESTETA (*tè*) *m. y f.* Esteta (persona que posee o estudia la ciencia de la estética).

ESTÉTICA (*tè*) *f.* Estética.

ESTÉTICO, CA (*tè*) *adj.* Estético.

ESTEVA (*tè*) *f.* Esteva (del arado). *Bot.* Esteba.

ESTIADA *f.* Lo mismo que

ESTIAGEM (*jem*) *f.* Estiaje. Falta de lluvia. Tiempo sereno después del lluvioso. El tiempo seco, la seca.

ESTIAR *v. intr.* Dejar de llover. Serenar el tiempo, escampar.

ESTIBORDO (*bòr*) *m. Mar.* Estribor.

ESTICAR *v. tr.* Extender, retesar, estirar. — *o pernil. fr. fam.* Estirar la pata, morir.

ESTÍGMA *m.* Estigma (en todas las acepciones de esta voz).

ESTIGMATIZAR (*zar*) *v. tr.* Estigmatizar (en todas las acepciones de este vocablo).

ESTILA *f.* Lo mismo que ESTILHA.

ESTILAR *v. tr.* Destilar.

ESTILETE *m.* Estilete.

ESTILHA (*lla*) *f.* Astilla.

ESTILHAÇAR (*llasar*) *v. tr.* Despedazar; hacer astillas, astillar; destrozar. *v. r.* Despedazarse, romperse, destrozarse.

ESTILHAÇO (*llaso*) *m.* Astillazo; astilla, astillón. Pedazo, fragmento.

ESTILHAR (*llar*) *v. tr.* Estillar *v. r.* Despedazarse, destrozarse, romperse.

ESTILINGUE *m. Bras.* Lo mismo que BODOQUE.

ESTILISTA *m.* Estilista.

ESTILIZAÇÃO (*zasáum*) *f.* Acción y efecto de estilizar.

ESTILO *m.* Estilo (en todas las principales acepciones de esta voz).

ESTIMA *f. Mar.* Estima. Lo mismo que

ESTIMAÇÃO (*sáum*) *f.* Estimación, estima, aprecio, amor, cariño. Estimación, aprecio y valor que se da a una cosa.

ESTIMAR *v. tr.* Estimar, hacer valuar, tasar. Estimar, hacer aprecio y estimación de alguien o de algo. Ú. t. c. r. Congratularse por alguna cosa.

ESTIMATIVA *f.* Estimativa. Estimación, aprecio.

ESTIMÁVEL *adj.* Estimable.

ESTIMULAÇÃO (*sáum*) *f.* Acción y efecto de estimular. Estímulo.

ESTIMULAR *v. tr.* Estimular, aguijonear, punzar. *fig.* Estimular, incitar, excitar. *v. r.* Ofenderse, picarse.

ESTIO (*tío*) *m.* Estío; verano. *adj.* Estival, perteneciente al estío.

ESTIOLAMENTO *m.* Acción y efecto de

ESTIOLAR *v. tr.* Debilitar, enflaquecer. Ú. t. c. r. *v. intr.* Perder (la planta) el color por falta de luz. Ú. t. c. r. *v. r. fig.* Debilitarse, enflaquecerse, marchitarse, enmustiarse; desfallecer; enervarse.

ESTIPÊNDIO (*pèn*) *m.* Estipendio, paga, sueldo, remuneración.

ESTIPULAÇÃO (*sáum*) *f.* Estipulación.

ESTIPULAR *v. tr.* Estipular, contratar, convenir, hacer contrato verbal, concertar, acordar. *adj. Bot.* Perteneciente o relativo a las estípulas.

ESTIRADA *f.* Lo mismo que ESTIRÃO.

ESTIRADO, DA adj. P. p. de Estirar. Estirado, alargado, dilatado, extenso. Tendido a lo largo. Molesto, pesado. Prolijo, largo con exceso.

ESTIRÃO (ráum) m. Caminata (trayecto largo que hay que recorrer). Estirón.

ESTIRAR v. tr. Estirar, alargar, dilatar, extender, hacer que una cosa dé de sí. Lo mismo que ESTICAR. Enfilar, alinear. Tender a lo largo. v. r. Tenderse. Echarse. Humillarse.

ESTIRPE f. Estirpe (raíz y tronco de uma familia o linaje).

ESTIVA f. Mar. Estiba. Enrejado de madera.

ESTIVAÇÃO (sáum) f. Mar. Estibación, arrumaje.

ESTIVADOR m. Estibador.

ESTIVAGEM (jem) f. Mar. Estibación, arrumaje.

ESTIVAL adj. Estival. Lo mismo que CALMOSO.

ESTIVAR v. tr. Mar. Estibar, arrumar.

ESTO (ès) m. Calor grande. Ardor. Pasión. Creciente, llena, crecida. Ruido. Ondulación ruidosa. Lo mismo que PREAMAR.

ESTOCADA f. Estocada.

ESTOFA (tó) f. Paño, tejido, lienzo; estofa. fig. Estofa, laya, condición, calidad.

ESTOFADO, DA adj. P. p. de Estofar. Estofado, acolchado.

ESTOFADOR m. Estofador (persona que estofa lienzos); acolchador.

ESTOFAR v. tr. Estofar (lienzos); acolchar. Lo mismo que CHUMAÇAR. Hacer que tome cuerpo (un tejido).

ESTOFO (tó) m. Tejido, paño, lienzo, estofa. Material para acolchar o estofar. Entretela. Lo mismo que CHUMAÇO.

ESTOICISMO m. Estoicidad. Estolcismo.

ESTÓICO, CA (tòi) adj. Estoico (relativo al estoicismo; partidario de esta escuela; fig. impasible, austero; insensible, indiferente).

ESTOJAR (jar) v. tr. Guardar en estuche.

ESTOJO (tójo) m. Estuche (caja a propósito para guardar ciertos objetos).

ESTOLA (tò) f. Estola (ornamento consistente en una banda que el sacerdote se pone al cuello).

ESTOLHO (llo) m. Bot. Estolón.

ESTÓLIDO, DA (tò) adj. Estólido, estúpido. Disparatado, despropositado.

ESTOMACAL adj. Estomacal (relativo al estómago; útil para esta víscera).

ESTOMAGADO, DA adj. P. p. de Estomagar. Estomagado, enojado, fastiado. Ofendido. Irritado, encolerizado. Escandalizado.

ESTOMAGAR v. r. Estomagar, fastidiar. Irritar, encolerizar. Escandalizar. v. r. Ofenderse, picarse.

ESTÔMAGO (tò) m. Estómago. fig. Resolución, disposición, carácter sufrido.

ESTONTEADO, DA adj. P. p. de Estontear. Aturdido, atolondrado. Lo mismo que ESTREMUNHADO.

ESTONTEAMENTO m. Aturdimiento, perturbación.

ESTONTEANTE adj. Que aturde, atolondra, marea o perturba.

ESTONTEAR v. tr. Aturdir, atolondrar. Ú. t. c. r. Marear. Ú. t. c. r. Perturbar. Ú. t. c. r.

ESTOPA (tó) f. Estopa.

ESTOPADA f. Estopada (porción o manojo de estopa). Bras. fig. Molestia, cosa enfadosa; cansera; asnería.

ESTOPAR v. tr. Estopear. adj. Dícese del clavo llamado estoperol.

ESTOPETAR v. tr. Lo mismo que DESPENTEAR.

ESTOPIM m. Estopín.

ESTOQUE (tò) m. Estoque.

ESTOQUE (tò) m. Com. Surtido de mercancías, mercancías almacenadas.

ESTORCEGÃO (gáum) m. Pellizco grande. Torcijón retorcimiento.

ESTORCER v. tr. Torcer violentamente v. intr. Torcerse, torcer (desviarse una cosa de la dirección que llevaba). v. r. Contorcerse.

ESTORE m. Estor.

ESTORNAR v. r. Com. Cargar, dar salida, transponer un artículo de una cuenta a otra. Anular un contrato.

ESTORNINHO (ño) m. Zool. Estornino.

ESTORNO (tór) m. Com. Rectificación de una cuenta que tuvo salida o fué cargada indebidamente.

ESTORRICAR v. tr. Secar demasiado; tostar. v. intr. Casi quemarse, secarse demasiado.

ESTORROAR v. tr. Destorronar.

ESTORTEGAR v. tr. Torcer. Pellizcar.

ESTORVA (tòr) f. Acto de estorbar.

ESTORVADOR, RA adj. Estorbador.

ESTORVAMENTO m. Lo mismo que ESTORVO.

ESTORVAR v. tr. Estorbar, embarazar.

ESTORVO (tòr) m. Estorbo.

ESTOURA f. Ruido de cosas que revientan al mismo tiempo. fam. Tunda, paliza.

ESTOURADO, DA adj. Que reventó o estalló con estruendo. Reventado. Casquivano, alocado. Turbulento, alborotador.

ESTOURAR v. tr. Hacer estallar o reventar una cosa de golpe y con estruendo. v. intr. Estallar. Reventar. Lo mismo que EXPLODIR. Lo mismo que RIBOMBAR.— de riso. Morirse de risa.

ESTOURA-VERGAS (vér) m. Alborotapueblos. Lo mismo que VALDEVINOS.

ESTOURAZ adj. Ruidoso.

ESTOURO m. Estampido. Estruendo. Estallo. Detonación. Bras. Represión, reprimenda.

ESTOUVADO, DA adj. Atolondrado, demasiado vivo, imprudente. Casquivano, alegre, o ligero, de cascos. Travieso.

ESTOUVAMENTO m. Calidad de Estouvado.

ESTRÁBICO, CA adj. Estrábico, bisojo, bizco.

ESTRABULEGA adj. Bras. Derrochador, gastador. Casquivano. Alborotador. Travieso. Imprudente. Insensato, tonto.

ESTRAÇALHAR (sallar) v. tr. Bras. Despedazar, destrozar.

ESTRADA f. Estrada, camino. — de ferro. Ferrocarril.

ESTRADAR v. tr. Construir una estrada o camino. Guarnecer de estrados.

ESTRADO m. Estrado. Tarima.

ESTRAGADO, DA adj. P. p. de Estragar. Estragado, viciado, corrompido. Desarreglado. Arruinado, damnificado. Disipado. Deteriorado.

ESTRAGÃO (gáum) m. Bot. Estragón.

ESTRAGAR v. tr. Estragar, viciar, corromper. Ú. t. c. r. Causar estrago. Dañar, danificar, perjudicar. Arruinar, deshacer; desarreglar. Ú. t. c. r. Desperdiciar.

ESTRAGO m. Estrago, daño, perjuicio, destrucción, ruina. Desarreglo, desconcierto. Derroche. Desperdicio. Disipación. Corrupción. Deterioro, deterioración.

ESTRALAR v. intr. Lo mismo que

ESTRALEJAR (jar) v. intr. Restallar, estallar.

ESTRANGEIRADA (jei) adj. despect. Muchedunbre de extranjeros.

ESTRANGEIRADO, DA (jei) adj. Que tiene modales o costumbres de extranjero.

ESTRANGEIRICE (jei) f. Extranjerismo (afición desmedida a lo extranjero).

ESTRANGEIRISMO (jei) m. Lo mismo que ESTRANGEIRICE. Extranjerismo (vocablo, frase o giro procedente de lengua extranjera).

ESTRANGEIRO, RA (jei) adj. y s. Extranjero.

ESTRANGULAÇÃO (sáum) f. Estrangulación.

ESTRANGULAR v. tr. Estrangular Ú. t. c. r.

ESTRANHADO, DA (ña) adj. de Estranhar. Que se estrañó. fam. Apocado, tímido, encogido, corto de ánimo.

ESTRANHAMENTE (ña) adv. m. Estrañamente.

ESTRANHAMENTO (ña) m. Estrañamiento.

ESTRANHÃO, NHONA (ñáum, ñona) adj. Huraño, esquivo. Corto de ánimo, encogido.

ESTRANHAR (ñar) v. tr. Extrañar (ver u oír algo con extrañeza). Extrañar, afear o reprender. Censurar. Espantar. v. r. Extrañarse.

ESTRANHÁVEL (ña) adj. Que causa extrañeza.

ESTRANHEZA (ñeza) f. Extrañeza (singularidad, rareza; desavenencia, desvío, desamistad; admiración, asombro, sorpresa, novedad).

ESTRANHO, NHA (ño, ña) adj. Extraño (extranjero; raro, singular; extravagante; ajeno a la naturaleza de una cosa).

ESTRANJA (ja) f. Países extranjeros, lo extranjero. m. Bras. Extranjero. Da —. loc. fam. De extranjía.

ESTRATAGEMA (je) m. Estratagema, ardid, treta.

ESTRATÉGIA (tèjia) f. Estrategia.

ESTRATÉGICO, CA (tèji) adj. Estratégico. Ú. t. c. s.

ESTRATEGISTA (jis) m. Estratégico, estratego.

ESTRATIFICAÇÃO (sáum) f. Estratificación.

ESTRATIFICAR v. tr. Estratificar. Ú. m. c. r.

ESTRATO m. Geol. Estrato (capa de un terreno sedimentario). Meteor. Estrato (nube en forma de faja).

ESTREANTE adj. y s. Debutante, que se estrena.

ESTREAR v. tr. Estrenar. Debutar. v. r. Estrenarse.

ESTREBARIA (ría) f. Caballeriza, cuadra.

ESTREBUCHAMENTO (cha) m. Pataleo, contorsión, convulsión.

ESTREBUCHAR (char) v. intr. Rebullirse, revolverse, contorcerse, patalear, agitarse convulsivamente.

ESTRÉIA (treia) f. Estreno; debut (voz francesa).

ESTREITAMENTE adv. m. Estrechamente.

ESTREITAMENTO m. Estrechamiento.

ESTREITAR v. tr. Estrechar. v. intr. y r. Estrecharse (ceñirse; apretarse, unirse estrechamente).

ESTREITEZA (za) f. Estrechez. Estrechura.

ESTREITO, TA adj. Estrecho. m. Geogr. Estrecho.

ESTREITURA f. Estrechura.

ESTRELA (tré) f. Estrella. — do mar. Estrellamar. Ver as —s. tr. fig. Ver uno las estrellas, sentir un dolor muy vivo.

ESTRELADEIRA f. Estrelladera.

ESTRELADO, DA adj. P. p. de Estrelar. Estrellado (lleno o salpicado de estrellas; dícese del huevo frito). Sembrado, cuajado.

ESTRELAR v. tr. Llenar de estrellas. Estrellar (freír los huevos). v. intr. Brillar, centellar. v. r. Llenarse de estrellas. Adornarse.

ESTRELEIRO, RA adj. Estrellero.

ESTRELEJAR (jar) v. intr. Empezar (el cielo) a llenarse de estrellas.

ESTRELINHA (ña) f. Estrelluela. Asterisco.

ESTREMA f. Límite, marco, mojonera.

ESTREMADO, DA adj. Amojonado.

ESTREMADURA f. Límite, confín, raya, término.

ESTREMAR v. tr. Amojonar. Separar, apartar. Dividir, distinguir. Escoger.

ESTREME adj. Puro, sin mezcla, genuino.

ESTREMEÇÃO (sáum) m. Estremecimiento. Temblor. Convulsión. Escalofrío. Lo mismo que ABALO.

ESTREMECER v. tr. Estremecer, conmover, hacer temblar. v, intr. Estremecerse. Ú. t. c. intr. Amar mucho.

ESTREMECIDO, DA adj. P. p. de Estremecer. Muy amado. Asustado, amedrentado. Que se estrañó. Estremecido.

ESTREMECIMENTO m. Estremecimiento.

ESTREMENHO, NHA (ño, ña) adj. y s. Extremeño.

ESTREMUNHADO, DA (ña) adj P. p. de

ESTREMUNHAR (ñar) v. tr. Despertar de repente a uno. v. intr. Despertar de repente, quedando atontado por el sueño. v. r. Desorientarse. Atontarse.

ESTRÊNUO, NUA (tré) adj. Estrenuo, fuerte, esforzado, valeroso, ágil.

ESTREPADA f. Herida hecha con un estrepe.

ESTREPAR v. tr. Guarnecer con espinas, púas de hierro o abrojos. v. r. Herirse con estrepe. Bras. Salirse mal.

ESTREPE (trè) m. Espina, púa de hierro, abrojo. Bras. Fig. Mujer flaca y fea.

ESTREPITAR v. intr. Hacer estrépito.

ESTRÉPITO (trè) m. Estrépito, estruendo, ruido grande. Tumulto. Ostentación, boato, pompa. Lo mismo que TROPEL.

ESTREPOLIA (lía) f. Bras. Ruido, desorden, bullanga.

ESTRIA (tría) f. Estría, mediacaña.

ESTRIAMENTO m. Acanaladura; estría.

ESTRIAR v. tr. Estriar. Acanalar.

ESTRIBAR v. tr. Estribar (en sentido propio y figurado). Ú. t. c. r.

ESTRIBEIRA *f.* Estribo (pieza de la montura: escalón de los carruajes). *Perder as —s. fr. fam.* Perder los estribos, desbarrar, disparatar; impacientarse, irritarse.
ESTRIBEIRO *m.* Escudero.
ESTRIBILHO (llo) *m.* Estribillo.
ESTRIBO *m.* Estribo (pieza de la montura; escalón de los carruajes; pieza de hierro que sirve de grapa o abrazadera; uno de los huesecillos del oído medio; macizo de fábrica que sostiene una bóveda; contrafuerte, machón saliente).
ESTRIDÊNCIA (dén) *f.* Estridencia; estridor.
ESTRIDENTE *adj.* Estridente, agudo, chirriante.
ESTRIDOR *m.* Estridor. Silbo, silbido.
ESTRIDULAÇÃO (sáum) *f.* Sonido chirriante; estridor.
ESTRIDULANTE *adj.* Estridente. Estriduloso.
ESTRIDULAR *v. intr.* Chirriar.
ESTRÍDULO, LA *adj.* Estridente, chirriante.
ESTRIGA *f.* Copo de lino que se pone en la rueca.
ESTRIGADO, DA *adj.* Separado en copo (el lino). Fino, asedado.
ESTRIGAR *v. tr.* Separar el lino en copos. Asedar.
ESTRIGE (je) *f.* Hechicera, bruja.
ESTRILAR *v. intr. Bras. fam.* Vociferar, vocear, encolerizarse, enfadarse.
ESTRILO *m. Bras. fam.* Lo mismo que ZANGA.
ESTRIPAÇÃO (sáum) *f.* Destripamiento.
ESTRIPAR *v. tr.* Destripar. Despachurrar.
ESTRO (ès) *m.* Estro (inspiración poética o artística).
ESTROFE (trò) *f.* Estrofa.
ESTRÓINA *adj. y s.* Extravagante. Lo mismo que DOIDIVANAS. Derrochador, disipador, malgastador.
ESTROINAR *v. intr.* Hacer extravagancias; vivir disipadamente.
ESTROINICE *f.* Extravagancia, loucura. Disipación, derroche.
ESTROMA *f. Bot.* Estromo. *Biol.* Estroma.
ESTRONCAMENTO *m.* Acción y efecto de
ESTRONCAR *v. tr.* Lo mismo que DESTRONCAR.
ESTRÔNCIO (trón) *m. Miner.* Estroncio.
ESTRONDAR *v. intr.* Lo mismo que ESTRONDEAR.
ESTRONDEANTE *adj.* Estruendoso.
ESTRONDEAR *v. intr.* Hacer estruendo. Vociferar, vocear.
ESTRONDO *m.* Estruendo. *fig.* Estruendo, confusión, zambra, bullicio. *fig.* Estruendo, aparato, fausto, pompa.
ESTRONDOSO, SA (dozo, òza) *adj.* Estruendoso.
ESTROPALHO (llo) *m.* Estropajo (en sentido recto).
ESTROPEADA *f.* Lo mismo que TROPEL.
ESTROPIADO, DA *adj. P. p.* de *Estropiar.* Estropeado; lisiado. Maltratado, deteriorado. Mutildo.
ESTROPIAR *v. tr.* Estropear, lisiar. Maltratar, deteriorar. Mutilar. *fig.* Desfigurar.
ESTROPO *m.* Estrobo.
ESTRUGIR (jir) *v. tr.* Atronar. Hacer estruendo. *v. intr.* Lo mismo que ESTRONDEAR.
ESTRUMAÇÃO (sáum) *f.* Abono, estercoladura.
ESTRUMAR *v. tr.* Abonar, estercolar, beneficiar las tierras.
ESTRUME *m.* Estiércol, abono.
ESTRUMEIRA *f.* Estercolero, estercolar. Esterquilinio, muladar.
ESTRUTURA *f.* Estructura.
ESTUAÇÃO (sáum) *f.* Agitación, ardor. Calor grande. Náuseas.
ESTUAR *v. intr.* Hervir. Agitarse. Estar muy caliente.
ESTUÁRIO *m.* Estuario, estero.
ESTUCADOR *m.* Estuquista, estucador.
ESTUCAR *v. tr.* Estucar (dar con estuco). *v. intr.* Trabajar con estuco.
ESTUDADO, DA *adj. P. p.* de *Estudar.* Fingido, afectado, amanerado; estudiado. (*gal.*).
ESTUDANTAÇO (so) *m. fam.* Estudiantazo.
ESTUDANTADA *f.* Muchedumbre de estudiantes. Divertimiento propio de estudiantes.
ESTUDANTE *m.* Estudiante.
ESTUDANTINA *f.* Estudiantina.
ESTUDAR *v. tr.* Estudiar Ú. t. c. intr.

ESTÚDIO *m.* Estudio (habitación o aposento).
ESTUDO *m.* Estudio (aplicación del entendimiento y trabajo intelectual empleado para aprender una ciencia o arte; trabajo, investigación, disquisición, disertación, tratado, ensayo; trozos de música o muestras de pintura o de dibujo).
ESTUFA *f.* Estufa.
ESTUFADEIRA *f.* Estufador (vasija en que se estofa la carne).
ESTUFADO, DA *adj. P. p.* de *Estufar.* Metido en estufa; que secó en estufa. *m.* Estofado (guisado hecho a fuego lento y con la olla bien tapada).
ESTUFAR *v. tr.* Meter o calentar en estufa. Estofar (hacer el guiso llamado estofado).
ESTUGAR *v. tr.* Apresurar, acelerar (el paso).
ESTULTÍCIA *f.* Estulticia, necedad, sandez, tontería.
ESTULTO, TA *adj.* Estulto, necio, sandio, tonto.
ESTUPEFAÇÃO (sáum) *f. Med.* Entumecimiento, entorpecimiento. *fig.* Estupefacción, pasmo, estupor, asombro grande.
ESTUPEFACIENTE *adj.* Estupefaciente; narcótico, soporífero.
ESTUPEFATO, TA *adj.* Estupefacto, atónito, asombrado, pasmado. Lo mismo que ENTORPECIDO.
ESTUPEFAZER (zer) *v. tr.* Pasmar, asombrar, poner estupefacto. Lo mismo que
ESTUPEFICAR *v. tr.* Lo mismo que ENTORPECER.
ESTUPENDO, DA *adj.* Estupendo, asombroso, pasmoso, admirable.
ESTUPIDEZ *f.* Estupidez. *Bras.* Grosería, descortesía.
ESTUPIDIFICAR *v. tr.* Lo mismo que EMBRUTECER. Poner estúpido. *v. intr.* Volverse estúpido. Lo mismo que BESTIFICAR-SE.
ESTÚPIDO, DA *adj. y s.* Estúpido, torpe. *Bras.* Grosero, descortés.
ESTUPOR *m. Med.* Estupor. *fig.* Estupor, pasmo, asombro. *fam.* Parálisis. *f.* Persona muy fea o de mala traza.
ESTUPORADO, DA *adj. P. p.* de *Estuporar.* Acometido de estupor. Que es muy feo o de mala traza. Arruinado, estragado.
ESTUPORAR *v. tr.* Hacer caer en estupor. Asombrar, pasmar, espantar. *v. r.* Estragarse, arruinarse, corromperse. Volverse despreciable.
ESTUPRAR *v. tr.* Estuprar (violar a una doncella).
ESTUPRO *m.* Estupro.
ESTUQUE *m.* Estuco.
ESTÚRDIA *f.* Travesura, extravagancia; picardía.
ESTÚRDIO, DIA *adj.* Extravagante; derrochador; liviano, ligero. *Bras. Minas Gerais* y *S. Paulo.* Extraordinario.
ESTURJÃO (jáum) *m. Zool.* Esturión.
ESTURRAR *v. tr.* Lo mismo que
ESTURRICAR *v. tr.* Lo mismo que ESTORRICAR.
ESVAECER *v. tr.* Lo mismo que DESVANECER. Borrar, destruir. Apagar. Disipar. Envanecer, engreír. *v. intr.* Desmayarse (perder el uso de los sentidos). Desmayar (perder el valor o el ánimo). *v. r.* Disiparse, desaparecer, apagarse, desvanecerse.
ESVAECIMENTO *m.* Descaecimiento. Decaimiento. Desánimo. Desmayo. Debilidad.
ESVAIR *v. tr.* Evaporar, disipar, desvanecer. *v. r.* Deshacerse, desaparecer, escurrirse. Transcurrir, pasar rápidamente. Desmayarse; desfallecer. Descolorarse. Agotarse.
ESVANECER *v. tr. intr.* y *r.* Lo mismo que ESVAECER.
ESVAZIAMENTO (zia) *m.* Vaciamiento (acción de vaciar, de dejar vacía alguna vasija u otra cosa).
ESVAZIAR (ziar) *v. tr.* Vaciar (dejar vacía alguna vasija u otra cosa). Ú. t. c. r.
ESVERDEADO, DA *adj.* Verdoso.
ESVERDEAR *v. tr.* Poner de color verde. *v. intr.* Verdear, verdeguear.
ESVERDINHADO, DA (ña) *adj.* De color verde claro, tirante a verde.
ESVISCERAR *v. tr.* Destripar. Esviscerar.
ESVOAÇAR (sar) *v. intr.* Volitar, revolear. Ú. t. c. r.
ESVURMAR *v. tr.* Exprimir, apretar (hablando de pústulas o tumores). *fig.* Poner al descubierto y criticar (pasiones o defectos de alguien).

ETAPA *f. Mil.* Etapa, ración. *gal.* Etapa (sítio en que pernocta la tropa quando marcha). *gal.* Distancia entre dos etapas. *gal.* Paso, progresso.
ÉTER (è) *m. poét.* Éter, cielo, firmamento. *Fís.* y *Quím.* Éter.
ETÉREO, REA (tè) *adj.* Etéreo.
ETEREFICAÇÃO (sáum) *f.* Eterificación.
ETERIFICAR *v. tr. Quím.* Eterificar.
ETERIZAÇÃO (sáum) *f.* Eterización.
ETERIZAR (zar) *v. tr. Med.* y *Quím.* Eterizar. Ú. t. c. r. *v. r.* Desvanecerse, desaparecer.
ETERNIDADE *f.* Eternidad.
ETERNIZAR (zar) *v. tr.* Eternizar, perpetuar. Ú. t. c. r.
ETERNO, NA (tèr) *adj.* Eterno.
ETILO *m. Quím.* Etilo.
ÉTIMO (è) *m.* Etimología. Vocablo de origen inmediata de otro.
ETIMOLOGIA (jía) *f.* Etimología.
ETIOLOGIA (jía) *f.* Etiología.
ETÍOPE *adj. y s. com.* Etíope, etiopio.
ETIQUETA *f.* Etiqueta (ceremonial en las casas reales y en los actos públicos solemnes; ceremonia en el trato de la vida privada). *Com. gal.* Marbete; etiqueta (*gal.*).
ETNOGRAFIA (fía) *f.* Etnografía.
ETNOLOGIA (jía) *f.* Etnología.
ETRUSCO, CA *adj. y s.* Etrusco. Etrusco (lengua).
EU *Pron. pers.* de primera persona en *gén. m. o. f.* y en *núm. sing.* Yo. *m.* El yo.
EUCALIPTO *m. Bot.* Eucalipto.
EUCARISTIA (tía) *f.* Eucaristía.
EUFÊMICO, CA (fè) *adj.* Adonde hay eufemismo.
EUFEMISMO *m.* Eufemismo.
EUFONIA (nía) *f.* Eufonía.
EUFÔNICO, CA (fó) *adj.* Eufónico.
EUFORIA (ría) *f.* Euforia.
EUGENIA (jenía) *f.* Eugenismo.
EUGÊNIA (je) *f. Bot.* Eugenia.
EUNUCO *m.* Eunuco.
EUROPEIZAÇÃO (zasáum) *f.* Europeización.
EUROPEIZAR (zar) *v. tr.* Europeizar. Ú. t. c. r.
EUROPEU, PÉIA (pèi) *adj. y s.* Europeo.
EUTANÁSIA (zia) *f. Med.* Eutanasia.
EVACUAÇÃO (sáum) *f.* Evacuación.
EVACUAR *v. tr.* Evacuar (expeler humores o excrementos el organismo) *Mil.* Evacuar.
EVADIR *v. tr.* Evadir (evitar un daño inminente; eludir diestramente una dicultad.) Ú. t. c. r. *v. r.* Evadirse, fugarse, huir, escaparse.
EVANESCENTE *adj.* Desvaneciente.
EVANGELHO (jéllo) *m.* Evangelio.
EVANGÉLICO, CA (jè) *adj.* Evangélico.
EVANGELISTA (je) *m.* Evangelista. *Bras.* Protestante.
EVANGELIZAÇÃO (jelizasáum) *f.* Evangelización.
EVANGELIZADOR, RA (jeliza) *adj. y s.* Evangelizador.
EVANGELIZAR (jelizar) *v. tr.* Evangelizar, predicar la fe de Cristo.
EVAPORAÇÃO (sáum) *f.* Evaporación.
EVAPORAR *v. tr.* Evaporar *v. impr.* Evaporizar, vaporizar, evaporarse. *v. r.* Evaporarse, evaporizarse, vaporizarse.
EVAPORÁVEL *adj.* Evaporable.
EVAPORIZAR (zar) *v. tr.* Lo mismo que EVAPORAR.
EVASÃO (záum) *f.* Evasión, efugio, salida; fuga, huída.
EVASIVA (zi) *f.* Evasiva, evasión, efugio, salida.
EVASIVO, VA (zi) *adj.* Evasivo.
EVECÇÃO (sáum) *f. Astr.* Evección.
EVENTO *m.* Evento, acontecimiento, sucesso. Eventualidad, evento, contingencia.
EVENTRAÇÃO (sáum) *f. Pat.* Eventración.
EVENTRAR *v. tr.* Destripar, desbarrigar.
EVENTUAL *adj.* Eventual (sujeto a evento o contingencia; aplícase a ciertos emolumentos).
EVENTUALIDADE *f.* Eventualidad, evento, contingencia, acaso.
EVERSÃO (sáum) *f.* Eversión.
EVERTER *v. tr.* Destruir, devastar; trastornar.
EVICÇÃO (sáum) *f. For.* Evicción.

EVIDÊNCIA (dén) *f.* Evidencia, certeza clara. *Em —. loc.* Que está de punta, que sobresale en su línea, que goza de celebridad.

EVIDENCIAR *v. tr.* Evidenciar. Ú. t. c. r.

EVIDENTE *adj.* Evidente, claro, patente, manifiesto, cierto, indudable.

EVISCERAÇÃO (sáum) *f.* Evisceración.

EVISCERAR *v. tr.* Eviscerar. Destripar; desbarrigar.

EVITAÇÃO (sáum) *f.* Acto de evitar.

EVITAR *v. tr.* Evitar, precaver, prevenir, impedir que suceda algo. Evitar, librarse cautamente de un daño, perjuicio o de un lance peligroso. Evitar, excusar, eludir, huir de algo. Evitar, rehuir el trato de alguien.

EVITÁVEL *adj.* Evitable.

EVITERNO, NA (tèr) *adj.* Eviterno.

EVO (èvo) *m.* Evo.

EVOCAÇÃO (sáum) *f.* Evocación.

EVOCAR *v. tr.* Evocar (a los espíritus, a los muertos). Evocar (traer algún recuerdo a la memoria).

EVOCATIVO, VA *adj.* Evocador.

EVOCÁVEL *adj.* Evocable.

EVOÉ! (è) *interj.* ¡Evohé!

EVOLAR-SE *v. r.* Evaporarse, desaparecer. Volar. Volatilizarse.

EVOLUÇÃO (sáum) *f.* Evolución (desarrollo y cambio de estado de las cosas; movimiento, maniobra de tropas, buques, etc; cualquier movimiento, cambio o transformación).

EVOLUCIONAR *v. tr.* Modificar, transformar, alterar. *v. intr.* Evolucionar (hacer evoluciones). Evolucionar, desenvolverse, desarrollarse los organismos o las cosas, pasando de un estado a otro.

EVOLUCIONISMO *m.* Evolucionismo.

EVOLUCIONISTA *adj. y s. com.* Evolucionista.

EVOLUIR *v. tr.* Lo mismo que EVOLUCIONAR.

EVOLUTIVO, VA *adj.* Evolutivo.

EVOLVER *v. intr. y r.* Lo mismo que EVOLUCIONAR.

EVULSÃO (sáum) *f. Med.* Evulsión, avulsión.

EXABUNDANTE *adj.* Muy abundante.

EXAÇÃO (zasáum) *f.* Exacción.

EXACERBAÇÃO (zacerbasáum) *f.* Exacerbación.

EXACERBAR (eza) *v. tr.* Exacerbar, irritar, encolerizar. Ú. t. c. r. *Med.* Exacerbar, agravar una dolencia. Ú. t. c. r. Agravar. Ú. t. c. r.

EXAGERAÇÃO (zajerasáum) *f.* Exageración.

EXAGERADO, DA (zaje) *adj. P. p.* de *Exagerar.* Exagerado. Exagerador.

EXAGERAR (zaje) *v. tr.* Exagerar, encarecer, dar proporciones excesivas a lo que se dice o hace. Ú. t. c. intr. y r.

EXAGERO (zaje) *m.* Exageración.

EXALAÇÃO (ezalasáum) *f.* Exhalación, vapor, vaho.

EXALANTE (za) *adj.* Que exhala, exhalador.

EXALAR (za) *v. tr.* Exhalar (depedir gases o vapores; lanzar suspiros, quejas, etc.). *v. r.* Evaporarse.

EXALÇAMENTO (zalsa) *m.* Ensalzamiento. Exaltamiento, exaltación.

EXALTAÇÃO (zaltasáum) *f.* Exaltación (en todas las acepciones de esta voz).

EXALTADO, DA (zal) *adj. P. p.* de *Exaltar.* Exaltado. Exaltado, avanzado, radical.

EXALTAR (zal) *v. tr.* Exaltar, elevar, engrandecer, ensalzar, encumbrar; realzar, encomiar, celebrar. Irritar, encolerizar. *v. r.* Exaltarse, dejarse arrebatar de una pasión. Irritarse, encolerizarse.

EXAME (za) *m.* Examen.

EXAMINADOR (za) *m.* Examinador.

EXAMINANDO (za) *m.* Examinando.

EXAMINAR (za) *v. tr.* Examinar, inquirir, indagar, registrar, reconocer, probar la suficiencia, escudriñar.

EXARAR (za) *v. tr.* Grabar. Abrir. Registrar, señalar, anotar. Consignar por escrito. Escribir. Labrar.

EXASPERAÇÃO (zasperasáum) *f.* Exasperación.

EXASPERADOR, RA (zas) *adj.* Exasperador.

EXASPERAR (zas) *v. tr.* Exasperar, exacerbar, irritar, encolerizar. Ú. t. c. r.

EXASPERO (zaspé) *m.* Exasperación.

EXATIDÃO (zatidáum) *f.* Exactitud.

EXATIFICAR (za) *v. tr.* Tornar exacto.

EXATO, TA (za) *adj.* Exacto, puntual, fiel y cabal.

EXATOR (za) *m.* Exactor, recaudador de tributos.

EXAURIR (ezau) *v. tr.* Agotar completamente. Hacer secar. Gastar, disipar completamente. Empobrecer. *v. r.* Agotarse, cansarse, extenuarse, debilitarse, enflaquecerse.

EXAURÍVEL(ezau) *adj.* Que se puede agotar completamente.

EXAUSTÃO (ezaustáum) *f.* Agotamiento.

EXAUSTAR (ezaus) *v. tr.* Lo mismo que EXAURIR.

EXAUSTIVO, VA (ezaus) *adj.* Que agota, que sirve para agotar; agotador, consumidor.

EXAUSTO, TA (ezaus) *adj.* Exhausto, completamente agotado.

EXAUSTOR (ezaus) *m.* Aparato para renovar el aire de un recinto.

EXERDAÇÃO (ezardasáum) *f.* Exheredación.

EXERDAR (ezer) *v. tr.* Exheredar, desheredar.

EXAUTORAÇÃO (zautorasáum) *f.* Lo mismo que DESAUTORAÇÃO.

EXAUTORAR (zau) *v. tr.* Lo mismo que DESAUTORAR.

EXCARCERAR (es) *v. tr.* Excarcelar.

EXCEÇÃO (escesáum) *f.* Excepción.

EXCECIONAR (es) *v. tr. For.* Excepcionar (poner excepciones).

EXCEDENTE (es) *adj.* Excedente.

EXCEDER (es) *v. tr.* Exceder. *v. r.* Excederse.

EXCEDÍVEL (es) *adj.* Que se puede excerderse.

EXCELÊNCIA (escelén) *f.* Excelencia (superior calidad o bondad; tratamiento). *Por —. m. adv.* Por excelencia.

EXCELENTE (es) *adj.* Excelente.

EXCELER (es) *v. intr.* Descollar.

EXCELSITUDE (es) *f.* Excelsitud.

EXCELSO, SA (es) *adj.* Excelso.

EXCENTRICIDADE (es) *f. Geom.* Excentricidad. *fig.* Excentricidad, rareza, extravagancia.

EXCÊNTRICO, CA (escén) *adj.* Excéntrico, raro, extravagante.

EXCEPCIONAL (es) *adj.* Excepcional, que forma excepción.

EXCETO (escè) *prep.* Excepto, a excepción de, fuera de, salvo, menos.

EXCETUAR (es) *v. tr.* Exeptuar. Ú. t. c. r. *For.* Excepcionar, poner excepciones.

EXCISÃO (escizáum) *f. Cir.* Excisión.

EXCISAR (escizar) *v. tr. Cir.* Cortar, amputar, hacer excisión.

EXCITABILIDADE (es) *f.* Excitabilidad.

EXCITAÇÃO (escitasáum) *f.* Excitación.

EXCITADOR, RA (es) *adj.* Excitador. *m. Fís.* Excitador.

EXCITAMENTO (es) *m.* Excitación.

EXCITANTE (es) *adj.* Excitante. Ú. t. c. s. m.

EXCITAR (es) *v. tr.* Excitar, mover, incitar, estimular, provocar. Ú. t. c. r.

EXCITÁVEL (es) *adj.* Excitable.

EXCLAMAÇÃO (esclamasáum) *f.* Exclamación. Admiración (!) (En portugués no se usa el principio de admiración —¡).

EXCLAMAR (es) *v. intr.* Exclamar. Ú. t. c. tr.

EXCLAMATIVO, VA (es) *adj.* Exclamativo.

EXCLAMATÓRIO, RIA (esclamató) *adj.* Exclamatorio.

EXCLUIR (es) *v. tr.* Excluir; descartar, rechazar, negar. Ú. t. c. r.

EXCLUSÃO (escluzáum) *f.* Exclusión.

EXCLUSIVA (escluzi) *f.* Exclusiva. Exclusión.

EXCLUSIVAMENTE (escluzi) *adv. m.* Exclusivamente.

EXCLUSIVE (escluzi) *adv. m.* Exclusive.

EXCLUSIVIDADE (escluzi) *f.* Exclusividad.

EXCLUSIVISMO (escluzi) *m.* Exclusivismo.

EXCLUSIVISTA (escluzi) *adj.y s. com.* Exclusivista.

EXCLUSIVO, VA (escluzi) *adj.* Exclusivo.

EXCLUSO, SA (escluzo) *adj. P. p. irreg.* de *Excluir.* Excluso.

EXCOGITAÇÃO (escojitasáum) *f.* Cogitasión, meditación, reflexión.

EXCOGITAR (escoji) *v. tr.* Excogitar. Reflexionar, meditar.

EXCOGITÁVEL (escoji) *adj.* Excogitable.

EXCOMUNGADO, DA (es) *adj. P. p.* de *Excomungar.* Excomulgado. *fig. fam.* Excomulgado, indigno, endiablado.

EXCOMUNGAR (es) *v. tr.* Excomulgar. Lo mismo que ESCONJURAR.

EXCOMUNHÃO (escomuñáum) *f.* Excomunión.

EXCORIAR (es) *v. tr.* Lo mismo que ESCORIAR.

EXCREÇÃO (escresáum) *f.* Excreción.

EXCREMENTO (es) *m.* Excremento.

EXCRESCÊNCIA (escrescén) *f.* Excrecencia.

EXCRETAR (es) *v. intr.* Excretar.

EXCRETO (escrè) *m.* Excreta.

EXCRETOR, RA (es) *adj.* Lo mismo que EXCRETÓRIO, RIA (escretó) *adj.* Excretorio.

EXCRUCIANTE (es) *adj.* Lo mismo que CRUCIANTE.

EXCRUCIAR (es) *v. tr.* Afligir mucho, atormentar.

EXCURSÃO (escursáum) *f.* Excursión, correría. Digresión.

EXCURSIONISTA (es) *com.* Excursionista.

EXCUSA (escuza) *f.* Lo mismo que ESCUSA.

EXCUSAR (escuzar) *v. tr.* Lo mismo que ESCUSAR.

EXCUSSÃO (escusáum) *f. For.* Excusión.

EXCUTIR (es) *v. tr. For.* Ejecutar.

EXECRAÇÃO (ezecrasáum) *f.* Execración.

EXECRADOR, RA (eze) *adj.* Execrador.

EXECRANDO, DO (eze) *adj.* Execrando, execrable.

EXECRAR (eze) *v. tr.* Execrar, aborrecer, vituperar.

EXECRÁVEL (eze) *adj.* Execrable.

EXECUÇÃO (ezecusáum) *f.* Ejecución. *For.* Ejecución.

EXECUTADO, DA (eze) *adj. P. p.* de *Executar.* Ejecutado. Ajusticiado.

EXECUTAR (eze) *v. tr.* Ejecutar (hacer, efetuar, poner por obra; ajusticiar; desenpeñar con arte; obrigar a pagar judicialmente una deuda).

EXECUTÁVEL (eze) *adj.* Ejecutable.

EXECUTIVO, VA (eze) *adj.* Ejecutivo *m.* Poder ejecutivo.

EXECUTOR, RA (eze) *adj.* Ejecutor. *m.* Ejecutor de la justicia; verdugo. *For.* Ejecutor.

EXECUTORIA (ezecutória) *f.* Ejecutoria.

EXECUTÓRIO, RIA (ezecutó) *adj.* Ejecutorio.

EXEGESE (exejèze) *f.* Exégesis.

EXEGETA (exejè) *m.* Exegeta.

EXEGÉTICA (exejè) *f.* Exégesis (de la Sagrada Escritura).

EXEMPÇÃO (ezempsáum) *f.* Lo mismo que ISENÇÃO.

EXEMPLAR (ezem) *adj.* Ejemplar. *m.* Ejemplar.

EXEMPLARIDADE (ezem) *adj.* Ejemplaridad.

EXEMPLÁRIO (ezem) *m.* Libro compuesto de casos o ejemplos.

EXEMPLIFICAÇÃO (ezemplificasáum) *f.* Ejemplificación.

EXEMPLIFICAR (ezem) *v. tr.* Ejemplificar. Ejemplarizar. Dar ejemplo.

EXEMPLIFICATIVO, VA (ezem) *adj.* Que ejemplifica.

EXEMPLO (ezem) *m.* Ejemplo (en todas las acepciones de esta voz). *Por —. m. adv.* Por ejemplo. *Sem —. m. adv.* Sin ejemplar, sin ejemplo.

EXEMPTAR (ezem) *v. tr.* Lo mismo que ISENTAR.

EXEMPTO, TA (ezem) *adj.* Lo mismo que ISENTO.

EXÉQUIAS (ezè) *f.* Exequias, honras funerales.

EXEQÜIBILIDADE (ezequi) *f.* Calidad de exequible.

EXEQÜÍVEL (ezequí) *adj.* Exequible, que se puede hacer, conseguir o llevar a efecto.

EXERCER (ezer) *v. tr.* Ejercer, practicar, desempeñar, cumplir. Ejersitar.

EXERCÍCIO (ezer) *m.* Ejercicio.

EXERCITAÇÃO (ezercitasáum) *f.* Ejercitación. Ejercicio. Uso.

EXERCITADOR, RA (ezer) *adj. y s.* Ejercitador.

EXERCITANTE (ezer) *adj.* Ejercitante. *m.* Ejercitante.

EXERCITAR (ezer) *v. tr.* Ejercitar. Ú. t. c. r. Ejercer. Adiestrar.

EXÉRCITO (ezèr) *m.* Ejército.

EXÉRESE (exerèze) *f. Cir.* Exéresis.

EXFOLIAÇÃO (es) *f.* Exfoliación.

EXIBIÇÃO (ezibisáum) *f.* Exhibición.

EXIBICIONISMO (*ezi*) *m.* Exhibicionismo.
EXIBICIONISTA (*ezi*) *adj.* y *s. com.* Exhibicionista.
EXIBIR (*ezi*) *v. tr.* Exhibir, presentar, mostrar, enseñar, manifestar.
EXICIAL (*ezi*) *adj.* Mortal, letal, mortífero.
EXÍCIO (*ezi*) *m.* Muerte, destrucción, ruina.
EXIGÊNCIA (*ezijén*) *f.* Exigencia. Instancia. Exacción, cobro.
EXIGENTE (*ezijen*) *adj.* Exigente. Ú. t. c. s.
EXIGIR (*ezijir*) *v. tr.* Exigir, cobrar. Exigir, demandar con imperio. Exigir, pedir, necesitar alguna cosa, algún requisito.
EXIGÍVEL (*eziji*) *adj.* Exigible.
EXIGUIDADE (*ezigui*) *f.* Exiguidad.
EXÍGUO, GUA (*ezi*) *adj.* Exiguo, insuficiente, escaso, corto, pequeño.
EXILADO, DA (*ezi*) *adj. P. p.* de *Exilar.* Desterrado, deportado, expatriado. Ú. t. c. s. m.
EXILAR (*ezi*) *v. tr.* Desterrar, deportar, expatriar. Ú. t. c. r.
EXÍLIO (*ezi*) *m.* Destierro.
EXÍMIO, MIA (*ezí*) *adj.* Eximio, muy excelente.
EXIMIR (*ezi*) *v. tr.* Eximir (librar, desembarazar de un cargo u obligación) Ú. t. c. r.
EXISTÊNCIA (*ezistén*) *f.* Existencia. *pl.* Existencias (cosas almacenadas, dispuestas para su venta o empleo).
EXISTENCIAL (*ezis*) *adj.* Perteneciente o relativo a la existencia.
EXISTENTE (*ezis*) *adj.* Existente.
EXISTIR (*ezis*) *v. intr.* Existir (tener ser real una cosa; vivir, subsistir; hacer).
ÊXITO (*ézi*) *m.* Éxito (fin y resultado de un asunto). Buen éxito, buena salida.
ÊXODO (*ézo*) *m.* Éxodo. Salida. Éxodo, peregrinación de un pueblo emigrante. Éxodo, exodio.
EXONERAÇÃO (*ezonerasáum*) *f.* Exoneración. Dimisión.
EXONERAR (*ezo*) *v. tr.* Exonerar, aliviar, descargar. Ú. t. c. r. Dimitir. Ú. t. c. r.
EXORBITÂNCIA (*ezorbitán*) *f.* Exorbitancia.
EXORBITANTE (*ezor*) *adj.* Exorbitante; excesivo.
EXORBITAR (*ezor*) *v. tr.* Quitar de los límites de la medida, del camino. *v. intr.* Salir fuera de la órbita, de los límites, de la medida, del camino, etc. Apartarse, separarse, desviarse.
EXORCISMAR (*ezor*) *v. tr.* Exorcizar.
EXORCISMO (*ezor*) *m.* Exorcismo, conjuro.
EXORCISTA (*ezor*) *com.* Exorcista.
EXORDIAR (*ezor*) *v. tr.* Hacer el exordio de un discurso, dar comienzo a éste. *v. intr.* Empezar a hablar.
EXÓRDIO (*ezòr*) *m.* Exordio, principio, introducción, preámbulo.
EXORNAÇÃO (*ezornasáum*) *f.* Exornación.
EXORNAR (*ezor*) *v. tr.* Exornar, adornar, engalanar, hermosear, amenizar, embellecer. Ú. t. c. r.
EXORTAÇÃO (*ezortasáum*) *f.* Exhortación (acción de exhortar; sermón breve).
EXORTADOR, RA (*ezor*) *adj.* y *s.* Exhortador.
EXORTAR (*ezor*) *v. tr.* Exhortar (inducir, mover, persuadir con razones y ruegos).
EXORTATIVO, VA (*ezor*) *adj.* Lo mismo que
EXORTATÓRIO, RIA (*ezortatò*) *adj.* Exhortatorio.
EXOSMOSE (*exosmòze*) *f. Fís.* Exosmosis.
EXOTÉRICO, CA (*exotè*) *adj.* Exotérico, común, público, que no es esotérico.
EXÓTICO, CA (*ezó*) *adj.* Exótico, extranjero. Extravagante.
EXPANDIR (*es*) *v. tr.* Extender, dilatar, difundir. Ú. t. c. r. *v. r.* Expansionarse; Expandirse (*ant.* Hoy se conserva este uso en la América española).
EXPANSÃO (*espansáum*) *f. Fís.* Expansión. Expansión, diversión, esparcimiento del ánimo, comunicación, franqueza, espontaneidad, desahogo.
EXPANSIBILIDADE (*es*) *f.* Expansibilidad.
EXPANSÍVEL (*es*) *adj.* Expansible.
EXPANSIVO, VA (*es*) *adj.* Expansivo. *fig.* Expansivo, afable, comunicativo.
EXPATRIAÇÃO (*espatriasáum*) *f.* Expatriación.
EXPATRIAR (*es*) *v. tr.* Expatriar, desterrar; deportar. Ú. t. c. r.
EXPECTAÇÃO (*espectasáum*) *f.* Expectación.
EXPECTADOR (*es*) *m.* El que tiene la expectativa.
EXPECTANTE (*es*) *adj.* Expectante.

EXPECTATIVA (*es*) *f.* Expectativa.
EXPECTÁVEL (*es*) *adj.* Expectable, espectable.
EXPECTORAÇÃO (*espectorasáum*) *f.* Expectoración.
EXPECTORAR (*es*) *v. tr.* Expectorar.
EXPEDIÇÃO (*espedisáum*) *f.* Expedición (en todas las acepciones de esta voz).
EXPEDICIONÁRIO *m.* Espedicionário.
EXPEDICIONEIRO (*es*) *m.* Expedicionero.
EXPEDIDOR, RA (*es*) *adj.* y *s.* Expedidor.
EXPEDIÊNCIA (*espedién*) *f.* Expedición, actividad, desembarazo, presteza, facilidad, expediente.
EXPEDIENTE (*es*) *m.* Expediente (conjunto de documentos relativos a un asunto; medio, partido, arbitrio; razón, motivo, pretexto; curso en los negocios). Horario de trabajo de las oficinas públicas. *adj.* Que expide.
EXPEDIR (*es*) *v. tr.* Expedir (en todas las acepciones de esta voz).
EXPEDITIVO, VA (*es*) *adj.* Expeditivo.
EXPEDITO, TA (*es*) *adj.* Expedito, desembarazado, despejado.
EXPELIR (*es*) *v. tr.* Expeler, arrojar, echar, lanzar, despedir, expulsar.
EXPENDER (*es*) *v. tr.* Expender, hacer expensa o gasto. Exponer menudamente.
EXPENSAS (*es*) *f. pl.* Expensas, costas, gastos. A —. *m. adv.* A expensas, a costa, por cuenta, a cargo.
EXPERIÊNCIA (*esperién*) *f.* Experiencia. Experimento.
EXPERIENTE (*es*) *adj.* Experimentado, que tiene experiencia, práctico, ducho.
EXPERIMENTA (*es*) *f.* Lo mismo que
EXPERIMENTAÇÃO (*esperimentasáum*) *f.* Experimentación.
EXPERIMENTADO, DA (*es*) *adj. P. p.* de *Experimentar.* Experimentado.
EXPERIMENTAL (*es*) *adj.* Experimental.
EXPERIMENTAR (*es*) *v. tr.* Experimentar (probar; notar, observar en sí una cosa). Tentar, intentar.
EXPERIMENTÁVEL (*es*) *adj.* Que se puede experimentar.
EXPERIMENTO (*es*) *m.* Experimento.
EXPERTO, TA (*espèr*) *adj.* Experto, experimentado, práctico, ducho. *m.* Experto, perito.
EXPIAÇÃO (*espiasáum*) *f.* Expiación.
EXPIAR (*es*) *v. tr.* Expiar. Ú. t. c. r.
EXPIATÓRIO, RIA (*espiatò*) *adj.* Expiatorio.
EXPIÁVEL (*es*) *adj.* Expiable.
EXPILAÇÃO (*espilasáum*) *f.* Expilación.
EXPILAR (*es*) *v. tr.* Expilar, robar, despojar.
EXPIRAÇÃO (*espirasáum*) *f.* Espiración. Expiración. *fig.* Terminación de un plazo.
EXPIRAR (*es*) *v. tr.* Espirar, tomar aliento, alentar. Respirar. *v. intr.* Expirar, morir, cesar de vivir. *fig.* Acabarse, llegar a su término, fenecer una cosa. *fig.* Vencer un plazo.
EXPLANAÇÃO (*esplanasáum*) *f.* Explanación, explicación.
EXPLANAR (*es*) *v. tr.* Explanar, aclarar, declarar, explicar.
EXPLANATÓRIO, RIA (*esplanató*) *adj.* Explicativo.
EXPLETIVA (*es*) *f.* Voz expletiva.
EXPLETIVO, VA (*es*) *adj.* Expletivo.
EXPLICAÇÃO (*esplicasáum*) *f.* Explicación.
EXPLICADOR, RA (*es*) *adj.* Explicador. *m.* Explicador, repetidor.
EXPLICAR (*es*) *v. tr.* Explicar, declarar, manifestar, exponer en forma clara, enseñar. Expresar. *v. r.* Expresarse. Justificarse. *fam.* Pagar, dar dinero.
EXPLICATIVO, VA (*es*) *adj.* Explicativo.
EXPLICÁVEL (*es*) *adj.* Explicable.
EXPLÍCITO, TA (*es*) *adj.* Explícito.
EXPLODIR (*es*) *v. intr.* Estallar, reventar con explosión; volar. Vociferar, vocear.
EXPLORAÇÃO (*esplorasáum*) *f.* Exploración. Explotación.
EXPLORADOR, RA (*es*) *adj.* y *s.* Explotador. Explorador.
EXPLORAR (*es*) *v. tr.* Explorar, reconocer, registrar, inquirir, indagar, averiguar. Explotar (una mina, un negocio, una industria, una circunstancia, una persona, etc.).

EXPLORATÓRIO, RIA (*esplorató*) *adj.* Exploratorio. *m.* Exploratorio.
EXPLORÁVEL (*es*) *adj.* Explotable. Explorable.
EXPLOSÃO (*esplosáum*) *f.* Explosión.
EXPLOSÍVEL (*esplozí*) *adj.* Explosible.
EXPLOSIVO, VA (*esplozi*) *adj.* Explosivo. *m. Quím.* Explosivo.
EXPOENTE (*es*) *m. Mat.* Exponente. *fig. Bras.* Luminar, prócer.
EXPONENCIAL (*es*) *adj.* Exponencial.
EXPOR (*es*) *v. tr.* Exponer (poner de manifiesto, declarar; arriesgar, aventurar; dejar abandonado en un paraje público a un niño recién nacido). *v. tr.* Exponerse, arriesgarse, aventurarse.
EXPORTAÇÃO (*esportasáum*) *f.* Exportación.
EXPORTADOR, RA (*es*) *adj.* y *s. m.* Exportador.
EXPORTAR (*es*) *v. tr.* Exportar.
EXPORTÁVEL (*es*) *adj.* Exportable.
EXPOSIÇÃO (*espozisáum*) *f.* Exposición (en todas las acepciones de esta dicción).
EXPOSITIVO, VA (*espozi*) *adj.* Expositivo.
EXPOSITOR (*espozi*) *m.* Expositor.
EXPOSTO, POSTA (*espós, espòs*) *adj. P. p. irreg.* de *Expor.* Expuesto. *m.* y *f.* Expósito, ta.
EXPOSTULAÇÃO (*espostulasáum*) *f.* Súplica, ruego. Reclamación.
EXPRESSÃO (*espresáum*) *f.* Expresión (en todas las acepciones de esta voz).
EXPRESSAR (*espresar*) *v. tr.* Expresar, decir, manifestar distintamente. *v.r.* Expresarse.
EXPRESSIONISMO (*espresio*) *m.* Expresionismo.
EXPRESSIVIDADE (*espresi*) *f.* Calidad de expresivo.
EXPRESSIVO, VA (*espresí*) *adj.* Expresivo.
EXPRESSO, SSA (*esprèsso, sa*) *adj.* Expreso. *m.* Expreso, tren expreso.
EXPRIMIR (*es*) *v. tr.* Expresar, exprimir, manifestar. Ú. t. c. r.
EXPRIMÍVEL (*es*) *adj.* Que se puede expresar.
EXPROBRAÇÃO (*esprobrasáum*) *f.* Reproche, vituperación. Represión, reprimenda. Censura, crítica.
EXPROBRAR (*es*) *v. tr.* Vituperar, desaprobar, censurar, criticar, reprender.
EXPROPRIAÇÃO (*espropriasáum*) *f.* Expropiación.
EXPROPRIADOR, RA (*es*) *adj.* y *s. m.* Expropiador.
EXPROPRIAR (*es*) *v. tr.* Expropiar, desposeer legalmente.
EXPUGNAÇÃO (*espugnasáum*) *f.* Acto de expugnar.
EXPUGNAR (*es*) *v. tr.* Expugnar.
EXPUGNÁVEL (*es*) *adj.* Expugnable.
EXPULSÃO (*expulsáum*) *v. tr.* Expulsión.
EXPULSAR (*es*) *v. tr.* Expulsar, expeler, despedir, arrojar, echar fuera.
EXPULSIVO, VA (*es*) *adj. P. p. irreg.* de *Expulsar.* Expulso.
EXPUNÇÃO (*expunsáum*) *f.* Acto de
EXPUNGIR (*espunjir*) *v. tr.* Borrar lo escrito. Limpiar. Librar. Descargar, eximir.
EXPURGAÇÃO (*espurgasáum*) *f.* Expurgación.
EXPURGAR (*es*) *v. tr.* Expurgar.
EXPURGATÓRIO, RIA (*espurgatò*) *adj.* Expurgatorio.
EXPURGO (*es*) *m. Bras.* Expurgo, expurgación.
EXQUISITÃO (*esquizitáum*) *m. Bras.* Individuo extravagante y huraño.
EXQUISITICE (*esquizi*) *f.* Extravagancia, rareza. Mamarracho.
EXQUISITO (*esquizi*) *adj.* Raro, extraño. Extravagante. Huraño; original. *Bras.* Feo, de mala apariencia. *m.* Yermo.
EXSUAR (*exuar*) *v. tr.* e *intr.* Lo mismo que EXUDAR.
EXSUÇÃO (*exucsáum*) *f.* Exucción.
EXSUDAÇÃO (*exudasáum*) *f.* Exudación.
EXSUDAR (*exudar*) *v. intr.* Exudar. Ú. t. c. r.
EXSUDATO (*exudato*) *m.* Exudado.
EXSURGIR (*esurjir*) *v. intr.* Erguirse, levantarse.
ÊXTASE (*éstaze*) *m.* Éxtasis, éstasi, arrobamiento, embeleso. *Med.* Éstasis.

EXTASIADO, DA (estazia) *adj. P. p.* de *Extasiar.* Extasiado, enajenado, arrobado, embelezado.

EXTASIAR (estaziar) *v. tr.* Enajenar, arrobar, embelezar. *v. r.* Extasiarse, arrobarse, enajenarse, embelezarse.

EXTÁTICO, CA (es) *adj.* Extático. Pasmado.

EXTEMPORANEIDADE (es) *f.* Extemporaneidad.

EXTEMPORÂNEO, NEA (estemporá) *adj.* Extemporaneo, inoportuno.

EXTENSÃO (estensáum) *f.* Extensión.

EXTENSIBILIDADE (es) *f.* Extensibilidad.

EXTENSÍVEL (es) *adj.* Extensible.

EXTENSIVO, VA (es) *adj.* Extensivo.

EXTENSOR, RA (es) *adj.* Extensor.

EXTENUAÇÃO (estenuasáum) *f.* Extenuación.

EXTENUANTE (es) *adj.* Extenuativo.

EXTENUAR (es) *v. tr.* Extenuar, debilitar. Ú. t. c. r.

EXTERIOR (es) *adj.* Exterior. Ú. t. c. s. m. *m.* Exterior, aspecto, traza.

EXTERIORIDADE (es) *f.* Exterioridad. *pl.* Exterioridades.

EXTERIORIZAR (exteriorizar) *v. tr.* Exteriorizar, manifestar, descubrir, exponer, presentar, declarar. Ú. t. c. r.

EXTERMINAÇÃO (esterminasáum) *f.* Exterminio; exterminación (*gal*).

EXTERMINADOR, RA (es) *adj y s.* Que extermina. Que destruye.

EXTERMINAR (es) *v. tr.* Exterminar, desterrar. Exterminar, destruir, aniquilar.

EXTERMÍNIO (es) *m.* Exterminio (destierro; destrucción; mortandad).

EXTERNAR (es) *v. tr.* Exteriorizar, manifestar.

EXTERNATO (es) *m.* Externado (colegio para alumnos externos).

EXTERNO, NA (estèr) *adj.* Externo. *Aluno —* Alumno externo.

EXTERRITORIALIDADE (es) *f.* Extraterritorialidad, exterritorialidad.

EXTINÇÃO (estinsáum) *f.* Extinción.

EXTINGUIR (es) *v. tr.* Extinguir, apagar (en sentido recto y figurado). Ú. t. c. r.

EXTINGUÍVEL (es) *adj.* Extinguible.

EXTINTO, TA (es) *adj. P. p. irreg.* de *Extinguir.* Extinto. Extinto (dícese del volcán apagado). Extinto, difunto, finado, muerto. Ú. t. c. s.

EXTINTOR, RA (es) *adj.* Que extingue. *m.* Extintor.

EXTIRPAÇÃO (estirpasáum) *f.* Extirpación.

EXTIRPADOR, RA (es) *adj.* Extirpador. *m. Agr.* Extirpador.

EXTIRPAR (es) *v. tr.* Extirpar, desarraigar.

EXTIRPÁVEL (es) *adj.* Extirpable.

EXTORÇÃO (es) *v. tr.* Torcer con fuerza. Agitar en torbelino. *intr.* Torcer (cambiar de dirección) *v. r.* Contorcerse, torcerse.

EXTORCIONÁRIO, RIA (es) *adj. y s. m.* El que practica extorsión.

EXTORQUIR (es) *v. tr.* Extorsionar, arrancar, arrebatar, ursurpar, tomar a viva fuerza; robar.

EXTORSO (ès) *m.* Extorsión.

EXTRA (ès) *com.* Persona que hace un servicio extraordinario o suplementario.

EXTRAÇÃO (estrasáum) *f.* Extracción (acto de extraer; acto de sacar los números del bombo en un sorteo; origen, linaje).

EXTRADIÇÃO (estradisáum) *f.* Extradición.

EXTRADITAR (es) *v. tr.* Entregar un reo al gobierno de su país, que lo reclama.

EXTRA-HUMANO, NA (es) *adj.* Sobre-humano.

EXTRAIR (es) *v. tr.* Extraer (en todas las acepciones de esta voz).

EXTRAÍVEL (es) *adj.* Que se puede extraer.

EXTRANATURAL (es) *adj.* Sobrenatural.

EXTRAORDINÁRIO, RIA (es) *adj.* Extraordinario (que traspassa el límite de lo ordinario, que sale fuera de lo común) *m.* Gasto extraordinario. Extraordinario (plato añadido a la comida ordinaria).

EXTRAPASSAR (estrapasar) *v. tr.* Traspasar, exceder.

EXTRATAR (es) *v. tr.* Extratar. Resumir.

EXTRATERRENO, NA (es) *adj.* De fuera de la tierra.

EXTRATIVO, VA (es) *adj.* Extractivo.

EXTRATO (es) *m.* Extracto.

EXTRATOR (es) *m.* Extractor.

EXTRAVAGÂNCIA (estravagán) *f.* Extravagancia (desareglo, irregularidad en ideas y acciones).

EXTRAVAGANTE (es) *adj.* Iregular, raro, extraño, que se aparta del orden común. Ú. t. c. s. Disipador, derrochador, malgastador. Ú. t. c. s.

EXTRAVAGAR (es) *v. tr.* Portarse extravagantemente, apartarse (una cosa o persona) del orden común.

EXTRAVAZAMENTO (estravaza) *m.* Extravasación.

EXTRAVAZAR (estravazar) *v. tr.* Hacer extravasarse. *v. intr.* y *r.* Extravasarse.

EXTRAVIADO, DA (es) *adj. P. p.* de *Estraviar.* Extraviado, descaminado, descarriado.

EXTRAVIAR (es) *v. tr.* Extraviar, descaminar; descarriar. *v. r.* Extraviarse (no hallarse una cosa en su lugar y ignorarse dónde está). Extraviarse, descarriarse.

EXTRAVIO (estravío) *m.* Extravío (acción de extraviar) *fig.* Extravío, desorden, desarreglo en los costumbres. *fig.* Descarrío; descamino.

EXTREMADO, DA (es) *adj.* Extremado (muy excelente en su línea). Insigne, distinguido.

EXTREMAMENTE (es) *adv. m.* Extremamente.

EXTREMAR (es) *v. tr.* Extremar. Exaltar, ensalzar. *v. r.* Extremarse, esmerarse. Distinguirse; descollar.

EXTREMA-UNÇÃO (estrema-unsáum) *f.* Extremaunción.

EXTREMÁVEL (es) *adj.* Que se puede extremar o exaltar.

EXTREMIDADE (es) *f.* Extremidad (parte extrema, punta, fin de una cosa; lo último a que puede llegar alguna cosa). *fig.* Miseria extrema. *pl.* Extremidades (cabeza, pies, manos y cola de los animales; pies y manos del hombre).

EXTREMISMO (es) *m.* Radicalismo.

ESTREMISTA (es) *adj. y s. m.* Extremista.

EXTREMO, MA (es) *adj.* Extremo, último, final; sumo, excesivo; distante. *m.* Extremo (parte primera o última, principio o fin de una cosa). Extremidad. *pl.* Afecto, cariño excesivo.

EXTREMOSO, SA (estremozo, òza) *adj.* Extremoso; muy cariñoso.

EXTRÍNSECO, CA (es) *adj.* Extrínseco, externo, accidental.

EXTRUSÃO (estruzáum) *f.* Expulsión.

EXU (echú) *m. Bras.* Nombre de un fetiche que representa una de las potencias contrarias al hombre; demonio, diablo.

EXUBERÂNCIA (ezuberán) *f.* Exuberancia, suma abundancia o plenitud.

EXUBERANTE (ezu) *adj.* Exuberante, muy abundante y copioso. *fig.* Lleno. *fig.* Vivo, despierto, animado. Lleno de vida o de salud.

EXUBERAR (ezu) *v. tr.* Manifestar exuberancia de. *v. intr.* Rebosar, abundar con extremo, superabundar.

ÉXUL (ézul) *adj.* Expatriado, desterrado. Ú. t. c. s. m.

EXULCERAÇÃO (ezulcerasáum) *f.* Exulceración.

ÊXULE (ézu) *adj.* Lo mismo que ÉXUL.

EXULTAÇÃO (ezultasáum) *f.* Exultación, viva demostración de júbilo.

EXULTANTE (ezul) *adj.* Que exulta, alegre.

EXULTAR (ezul) *v. intr.* Exultar, alegrarse, alborozarse.

EXUMAÇÃO (ezumasáum) *f.* Exhumación.

EXUMAR (ezu) *v. tr.* Exhumar (en todas las acepciones de este vocablo).

F (èfe) *m.* Sexta letra y cuarta consonante del abecedario portugués. *Quím.* F (símbolo del hierro).

FÁ *m. Mús.* Fa (cuarta nota de la escala musical).

FÃ *com.* Aficionado.

FABORDÃO (dáum) *m. Mús.* Fabordón. *fig.* Desazón, insipidez.

FÁBRICA *f.* Fábrica (lugar donde se fabrica algo; renta de las iglesias que se destina para los gastos del culto; acto de fabricar; edificio).

FABRICAÇÃO (sáum) *f.* Fabricación, fábrica, acción de fabricar.

FABRICÁVEL *adj.* Que se puede fabricar.

FABRICO *m.* Fábrica (acción de fabricar). Arte o trabajo de fabricar. Producto de una fábrica.

FABRIL *adj.* Fabril (perteneciente a las fábricas o a sus operarios).

FABRIQUEIRO *m.* Fabriquero (de las iglesias).

FÁBULA *f.* Fábula (en todas las acepciones de esta voz).

FABULAÇÃO (sáum) *f.* Fábula, relación mentirosa. Fábula, mentira. Romance. Moral o enseñanza útil de una fábula.

FABULAR *v. tr.* Narrar en forma de fábula. Inventar, fingir. *v. intr.* Mentir, contar fábulas. Hacer historia fabulosa.

FABULÁRIO *m.* Fabulario, repertorio de fábulas.

FABULISTA *m.* Fabulista (el que compone o escribe fábulas).

FABULIZAR (zar) *v. intr.* Lo mismo que FABULAR.

FABULOSO, SA (lozo, òza) *adj.* Fabuloso, falso, de pura invención; extraordinario, excesivo, increíble.

FACA *f.* Cuchillo. Faca (cuchillo corvo). Cuchilla.

FACADA *f.* Cuchillada (golpe de cuchillo; herida que resulta). *fig.* Sorpresa dolorosa. *fig.* Sablazo (acto de sacar dinero a uno).

FACADISTA *m. Bras.* Sablista, sableador.

FACALHÃO (lláum) *m. aum.* de *Faca.* Cuchillazo, cuchillón.

FAÇANHA (saña) *f.* Hazaña.

FAÇANHEIRO, RA (sañei) *adj.* Hazañoso. Valentón.

FAÇANHOSO, SA (sañozo, òza) *adj.* Hazañoso. Admirable.

FAÇANHUDO, DA (sañu) *adj.* Hazañoso. Valentón. Facineroso.

FACÃO (cáum) *m.* Lo mismo que FACALHÃO. Faca (cualquier cuchillo de grandes dimensiones). Machete.

FACÇÃO (facsáum) *f.* Facción, parcialidad, bando. Facción, acción de guerra. Partido político. Facción, parcialidad de gente amotinada, pandilla.

FACCIONAR *v. tr.* Amotinar, dividir en facciones.

FACCIONÁRIO, RIA *adj.* Faccionario. Faccioso. Ú. t. c. s. m.

FACCIOSIDADE *f.* Calidad de faccioso.

FACCIOSISMO (zis) *m.* Lo mismo que FACCIOSIDADE.

FACCIOSO, SA (ozo, òza) *adj.* Faccioso. Ú. t. c. s. m. Parcial, secuaz, sectario.

FACE *f.* Faz, rostro o cara. Faz, vista o lado de una cosa. Haz, cara, rostro. Cara, fachada, frente y superficie de alguna cosa. Cara, has (del paño o de qualquiera tela y de otras cosas, y especialmente la opuesta al envés. Cara, semblante. *Geom.* Cara. *pl.* Mejillas. À — *de. m. adv.* Ante, delante de. *Em — de m. adv.* A vista, en faz. Ante, delante de, frente. *Fazer* —. Hacer frente, oponerse, arrostrar. — *a* —. *m. adv.* Faz a faz; cara a cara; frente a frente.

FACEAR *v. tr.* Labrar o hacer caras, lados o facetas a un cuerpo. Escuadrar. *v. intr.* Enfrentar, afrontar, estar una cosa frente a otra.

FACÉCIA (cè) *f.* Chiste, donaire; facecia (*desus.*).

FACECIOSO, SA (ciozo, òza) *adj.* Que encierra en sí chiste o donaire.

FACEIRA *f.* Carne del hocico del buey. Carrillos gordos.

FACEIRAR *v. intr. Bras.* Ostentar elegancia (en la ropa o en los modales), lucirse.

FACEIRICE *f. Bras.* Aire o aspecto presuntuoso. Coquetería (afectación y estudio en los modales y adornos para mejor agradar). Currutaquería. Ostentación de elegancia.

FACEIRO, RA *adj.* Currutaco. Lechuguino (que se compone mucho). *adj. f.* Coqueta.

FACETA *f.* Faceta (cara o lado de un poliedro, especialmente de las piedras preciosas talladas; *fig.* cada uno de los apectos de un asunto).

FACETAR *v. tr.* Labrar en facetas. Abrillantar (piedras preciosas) Lo mismo que APRIMORAR.

FACETEAR *v. intr.* Chancear, gastar chanzas o bromas; bromear.

FACETO, TA *adj.* Chistoso. faceto (*des.* Ú. en Méjico).

FACHA (cha) *f.* Hacha. Cara, facha.

FACHADA (cha) *f.* Fachada (de un edificio). Fachada (portada de un libro). *fig.* Facha, cara, semblante.

FACHEIRO (chei) *m.* Hachero (candelero o blandón para el hacha). *ant.* Hombre armado de hacha.

FACHO (cho) *m.* Hacho. Hachón. Antorcha. Faro.

FACIAL *adj.* Facial (perteneciente al rostro).

FACIES *m.* Apariencia; aspecto.

FÁCIL *adj.* Fácil (en todas las acepciones de esta voz). *Bras.* Fácil, frágil, liviana (aplicado a la mujer). *adv. m.* Fácil, fácilmente.

FACILIDADE *f.* Facilidad.

FACÍLIMO, MA *adj. sup.* de *Fácil.* Facilísimo.

FACILITAÇÃO (sáum) *f.* Facilitación.

FACILITAR *v. tr.* Facilitar (hacer fácil o posible la ejecución de una cosa: proporcionar, entregar. *v. r.* Disponerse, ofrecerse. Adiestrarse.

FACILMENTE *adv. m.* Fácilmente.

FACÍNORA *m.* Facineroso. *adj.* Facineroso.

FACINOROSO, SA (rozo, òza) *adj.* Facineroso. *m.* Facineroso.

FACISTOL (tòl) *m.* Facistol. Faldistorio.

FAÇOILA (soi) *f. fam.* Cara ancha y grosera.

FAC-SIMILAR *v. tr.* Imprimir en facsímile. *adj.* Facsimilar.

FAC-SÍMILE *m.* Facsímile.

FACTÓTUM (tò) *m.* Factotum.

FAÇUDO, DA (su) *adj.* Mofletudo.

FACULDADE *f.* Facultad (en todas las acepciones de este vocablo).

FACULTAR *v. tr.* Facultar. Facilitar, proporcionar.

FACULTATIVO, VA *adj.* Facultativo. *m.* Facultativo (medico o cirujano).

FACUNDIA *f.* Facundia, soltura de palabra.

FACUNDO, DA *adj.* Facundo. Hablador.

FADA *f.* Hada. Fada, maga, hechicera, hada.

FADADO, DA *adj. P. p.* de *Fadar.* Hadado. Predestinado.

FADAR *v. tr.* Hadar (determinar el hado una cosa; pronosticar lo que está dispuesto por los hados).

FADÁRIO *m.* Hado, destino, suerte. *fig.* Cruz, pena.

FADIGA *f.* Fatiga, cansancio. Fatiga, trabajo excesivo; faena.

FADIGAR *v. tr.* Fatigar.

FADIGOSO, SA (gozo, òza) *adj.* Fatigoso (que ocasiona fatiga). Fatigoso, fatigado, cansado.

FADISTA *m. y f.* Persona que toca o canta fados. Bullanguero.

FADO *m.* Hado, destino, suerte. Fado (música popular portuguesa).

FAETONTE *m.* Faetón (especie de coche).

FAGOTE (gò) *m. Mús.* Fagot, fagote.

FAGUEIRO, RA *adj.* Cariñoso, acariciador. Ameno, apacible, agradable.

FAGULHA (lla) *f.* Chispa, centella.

FAGULHAR (llar) *v. intr.* Chispear, echar chispas. Centellear, centellar.

FAIA *f. Bot.* Haya.

FAIAL *m.* Hayal, hayedo.

FAIANÇA (sa) *f.* Loza, mayólica.

FAINA (fán-ina) *f.* Faena, quehacer, trabajo, labor, ocupación, tarea. Tarea, afán.

FAISÃO (záum) *m. Zool.* Faisán.

FAÍSCA (fa-ís-ca) *f.* Chispa; centella. Chispa eléctrica. Todo lo que se puede comparar a una chispa. Pepita de oro.

FAISCAÇÃO (faíscasáum) *f.* Acto de *Faiscar.*

FAISCADOR (faís) *m.* El que en las minas busca pepitas de oro.

FAISCANTE (faís) *adj.* Chispeante. Centelleante.

FAISCAR (faís) *v. intr.* Echar chispas. Chispear. Ú. t. c. tr. Chispear, centellear, centellar. Chispear, relucir o brillar mucho. Deslumbrar. Buscar diamantes o pepitas de oro.

FAISQUEIRA (faís) *f.* Terreno donde se encuentran pepitas de oro o diamantes.

FAISQUEIRO (faís) *m.* Lo mismo que FAISCADOR.

FAIXA (cha) *f.* Faja. Banda, lista, faja. Faja (cualquiera lista mucho más larga que ancha). Lengua, tira (de tierra). *Arq.* Faja. *Blas.* Faja. Venda. *pl.* Mantillas; fajero.

FAIXAR (char) *v. tr.* Fajar (rodear, ceñir o envolver con faja o venda).

FALA *f.* Habla (facultad de hablar; acción de hablar; idioma, lenguaje, dialecto; razonamiento, oración, arenga. Palabra, voz, vocablo. Dicho, frase. Diálogo. Estlo. À —. *m. adv.* Al habla.

FALÁCIA *f.* Falacia.

FALACIOSO, SA (ciozo, òza) *adj.* Hablador, charlatán. Falaz.

FALADA *f.* Lo mismo que FALÁCIA. Murmuración.

FALADEIRA *f.* Habladora; murmuradora; chismera.

FALADO, DA *adj. P. p.* de *Falar.* Hablado. Famoso.

FALADOR, RA *adj.* Hablador, parlanchín, hablanchín. *m.* Hablador, chismero, murmurador.

FALANGE (je) f. Falange (cuerpo de infantería pesada; cuerpo de tropas numeroso). *Anat.* Falange.

FALANGETA (je) f. *Anat.* Falangeta (tercer falange de los dedos).

FALANGINHA (jiña) f. *Anat.* Falangina (segunda falange de los dedos).

FALANTE adj. Hablante. *Bem* —. Bien hablado.

FALAR v. tr. Hablar, decir. v. intr. Hablar, articular, proferir palabras para darse a entender. Hablar, conversar. Hablar, tratar, convenir, concertar. Ú. t. c. r. Hablar, expresarse de un u otro modo, hablar bien o mal. Hablar bien o mal (con los advs. *bem* e *mal*). (con prep. *de*). Hablar de, razonar, tratar. Hablar, dirigir la palabra a una persona. Hablar, murmurar, criticar. Hablar, rogar, interceder por uno. Hablar (tratar algo por escrito; explicarse o darse a entender por medio distinto del de la palabra). v. r. Hablarse, comunicarse, tratarse.

FALÁRICA f. Falárica.

FALARIO (río) m. Lo mismo que

FALATÓRIO (tò) m. Habladuría, hablilla. Chismes, cuentos.

FALAZ adj. Falaz, engañoso.

FALBALÁ m. Faralá, falbalá.

FALCA f. *Mar.* Falca. Torno de madera.

FALCADO, DA adj. Falcado (que tiene forma de hoz).

FALCÃO (cáum) m. *Zool.* Halcón. Falcón (antiguo cañón de artillería).

FALCASSA (sa) f. *Mar.* Hilo de vela para falcacear.

FALCASSAR (sar) v. tr. Falcacear, falcazar.

FALCATO, TA adj. Armado de hoz. Falcado (que tiene forma de hoz).

FALCATRUA f. Ardid, engaño, trampa, estafa, fraude.

FALCATRUAR v. tr. Engañar, estafar, fraudar.

FALCOAR v. tr. Perseguir (la caza) con halcones.

FALCOARIA (ría) f. Halconería.

FALCOEIRO m. Halconero (el que cuidaba de los halcones de la cetrería o volatería).

FALDA f. Falda (de los montes o sierras).

FALECER v. intr. Fallecer, morir. Fallecer, faltar. Carecer, necesitar de una cosa. Engañar. Lo mismo que FALHAR.

FALECIDO, DA adj. P. p. de *Falecer*. Fallecido, muerto, difunto. Ú. t. c. s. Falto. Fallo.

FALECIMENTO m. Fallecimiento, muerte. Falta, carencia, escasez.

FALÊNCIA (lén) f. *Com.* Quiebra (acción y efecto de quebrar). Insolvencia. Falta, mengua, carencia, escasez. Lo mismo que FALHA.

FALHA (lla) f. Quiebra (rotura o abertura de una cosa por alguna parte). Raja, hendedura, hendidura, grieta. Defecto, falta, imperfección. Paja (en los metales o piedras preciosas). Fragmento.

FALHADO, DA (lla) adj. P. p. de *Falhar*. Hendido, rajado.

FALHAR (llar) v. tr. Rajar, hender. Faltar. v. intr. Fallar, frustrarse, faltar. Quebrarse, interrumpirse. Errar, no acertar. Falsear. Malograrse. Tener defectos, faltas o imperfecciones. Faltar, cometer falta: no cumplir. Hablar de menos. Estar fallo (en el juego). Fallir (fallecer, faltar; acabar; errar).

FALHO, LHA (llo) adj. Falto. Defectuoso, imperfecto. Rajado, hendido. Fallo.

FALIBILIDADE f. Falibilidad.

FALIDO, DA adj. Quebrado, insolvente. Ú. t. c. s. m. Fallido, frustado. Lo mismo que FALHO. Fallido, quebrado, sin crédito. Vano; huero.

FALIMENTO m. Falta, escasez, mengua. Yerro, error, falta.

FALIR v. intr. *Com.* Quebrar; fallir (amer. venez.) Fallir, fallecer, faltar, acabarse.

FALÍVEL adj. Falíble.

FALO m. Falo.

FALQUEADOR m. Desbastador (el que desbasta la madera).

FALQUEAR v. tr. Desbastar (la madera) Escuadrar con hacha.

FALQUEJADOR (ja) m. Lo mismo que FALQUEADOR.

FALQUEJAR (jar) v. tr. Lo mismo que FALQUEAR.

FALQUEJO (jo) m. Acto de *Falquejar;* desbaste.

FALRIPAS f. pl. Lo mismo que FARRIPAS.

FALSA f. *Mús.* Falsa.

FALSA-POSIÇÃO (zisáum) f. *Arit.* Falsa posición.

FALSAR v. tr. Falsear, falsificar. Faltar, engañar. v. intr. Falsear, flaquear. Decir falsedades. Lo mismo que FALHAR. Desafinar, desentonar.

FALSA-RÉDEA (rè) f. Falsarrienda.

FALSÁRIO m. Falsario, falsificador.

FALSEAMENTO m. Falseamiento.

FALSEAR v. tr. Falsear, falsificar. Falsear, romper o penetrar (las armas). Lo mismo que FALSAR. Frustar, faltar, engañar. Desvirtuar. Torcer (interpretar mal). Faltar, no cumplir. v. intr. Desatinar, desentonar. Tropezar. Producir voz de falsete.

FALSETE m. *Mús.* Falsete.

FALSETEAR v. intr. Hablar o cantar de falsete.

FALSIDADE f. Falsedad. Falsía, deslealtad, doblez.

FALSIFICAÇÃO (sáum) f. Falsificación.

FALSIFICADOR, RA adj. y s. Falsificador.

FALSIFICAR v. tr. Falsificar, falsear.

FALSIFICÁVEL adj. Que se puede falsificar.

FALSO, SA adj. Falso (en todas las acepciones de esta voz). *Em* —. m. adv. De falso, en falso. En falso (sin la debida seguridad y resistencia). Lo mismo que VÃO. (Em).

FALTA f. Falta (en todas las acepciones de esta voz).

FALTAR v. intr. Faltar (en todas las acepciones de este vocablo).

FALTO, TA adj. Falto.

FALUA (lúa) f. *Mar.* Falúa.

FALUCHO (cho) m. *Mar.* Falucho.

FAMA f. Fama, reputación, gloria, renombre; noticia o voz pública.

FAMÉLICO, CA (mè) adj. Famélico, hambriento.

FAMIGERADO, DA (je) adj. Famoso, célebre, renombrado.

FAMÍLIA f. Familia (en todas las acepciones de esta voz).

FAMILIAL adj. Familiar (perteneciente o relativo a la familia).

FAMILIAR adj. Familiar (perteneciente o relativo a la familia; sabido, conocido, en que se tiene mucha práctica; llano, sencillo, sin etiqueta ni ceremonia; natural, sencillo, corriente, usual). m. Familiar (el que tiene trato de confianza con alguien; cualquiera de las personas que viven bajo la autoridad del cabeza de familia; criado). *Tornar-se* —. Hacerse familiar, familiarizarse, acostumbrarse, habituarse.

FAMILIARIDADE f. Familiaridad (confianza y llaneza en el trato).

FAMILIARIZAR (zar) v. tr. Familiarizar. v. r. Familiarizarse, hacerse familiar.

FAMINTO, TA adj. Hambriento.

FAMOSO, SA (mozo, òza) adj. Famoso, célebre, renombrado. Notable, extraordinario, famoso, que llama la atención por alguna circunstancia.

FAMULENTO, TA adj. Hambriento. Codicioso. Voraz.

FÂMULO (fá) m. Fámulo, criado.

FANAL m. Fanal, farol grande. *fig.* Dirección, guía, norte.

FANAR v. tr. Amputar. Cortar. v. r. Marchitarse; ajarse; enmustiarse.

FANÁTICO, CA adj. Fanático. Ú. t. c. s.

FANATISMO m. Fanatismo.

FANATIZAR (zar) v. tr. Fanatizar. Ú. t. c. r.

FANCARIA (ría) f. Lancería. *Obra de* —. Chapucería (obra hecha con tosquedad o imperfección).

FANDANGO m. Fandango.

FANDANGUEAR v. intr. *Bras.* Bailar el fandango. Fandanguear, jaranear.

FANDANGUEIRO, RA adj. y s. Fandanguero.

FANFA m. fam. Fanfarrón, baladrón.

FANFÁ (fán) f. *Bot.* Mejorana.

FANFARRA f. *Mus.* Fanfarria. Charanga. Fanfarria, bravata, baladronada.

FANFARRADA f. Fanfarronada.

FANFARRÃO, RRÃ (rráum, rrán) f. Fanfarrón, baladrón, jactancioso. Ú. t. c. s. m.

FANFARREAR v. intr. Fanfarronear, fanfarrear, baladronar.

FANFARRIA (rría) f. Fanfarria, jactancia, bravata, baladronada.

FANFARRICE f. Fanfarronería.

FANFARRONADA f. Fanfarronada, baladronada.

FANFARRONAR v. intr. Fanfarronear, fanfarrear.

FANFARRONICE f. Fanfarronería.

FANGA f. Fanega (medida de capacidad para áridos).

FANHA (ña) m. Gangoso.

FANHO, NHA (ño, ña) adj. Lo mismo que FANHOSO.

FANHOSAMENTE (ñóza) adv. m. Gangosamente, con gangueo.

FANHOSEAR (ñozear) v. intr. Ganguear.

FANHOSO, SA (ñozo,ñòza) adj. Gangoso. Ú. t. c. s.

FANICO m. Desmayo. Lo mismo que CHILIQUE. Fragmento, añico, triza, pizca. Lucro pequeño.

FANIQUITO m. Ataque de nervios, accidente histérico.

FANQUEIRO m. Lencero.

FANTASIA (zía) f. Fantasía. *Bras.* Disfraz.

FANTASIADOR, RA (zia) adj. Fantaseador. Ú. t. c. s.

FANTASIAR (ziar) v. intr. Fantasear, dar rienda suelta a la imaginación. v. tr. Imaginar algo fantástico. v. r. Disfrazarse.

FANTASIOSO, SA (ziozo, òza) adj. Fantástico, imaginario. Que tiene facilidad en imaginar o fantasear.

FANTASISTA (zis) adj. y s. Que tiene fantasía.

FANTASMA m. Fantasma, visión. Fantasma, espantajo. fam. Persona muy flaca.

FANTASMAGORIA (ría) f. Fantasmagoría. *fig.* Fantasmagoría.

FANTOCHADA (cha) f. Muchedumbre de títeres. Fantochada, titeretada.

FANTOCHE (tòche) m. Títere, fantoche. *fig.* Títere (persona que obra bajo la autoridad de otra).

FAQUEAR v. tr. Lo mismo que ESFAQUEAR. *Bras. merid.* Sablear, dar sablazos, sacar dinero a uno.

FAQUEIRO m. Cuchillera. Juego de cubiertos.

FAQUINHA (ña) f. dim. de *Faca*. Cuchillejo. *Bras.* Faca; machete.

FAQUIR m. Faquir.

FAQUISTA m. Acuchillador. *Bras. merid.* Sablista.

FARAD m. *Fís.* Faradio.

FARADIZAÇÃO (zasáum) f. *Terap.* Faradización.

FARADIZAR (zar) v. tr. *Terap.* Faradizar.

FARÂNDULA (rán) f. Farándola. Farándula.

FARANDULAGEM (jem) f. Farándula.

FARAÓ (ò) m. Faraón.

FARDA f. Uniforme. Librea. *fig.* La vida militar.

FARDADO, DA adj. P. p. de *Fardar*. Vestido de uniforme.

FARDAGEM (jem) f. Fardaje, fardería.

FARDALHÃO (lláum) m. Uniforme aparatoso.

FARDAMENTO m. Uniforme. Tipo de uniformes.

FARDÃO (dáum) m. *Bras.* Uniforme aparatoso o chillón. Vestido simbólico de los miembros de la Academia de Letras del Brasil.

FARDAR v. tr. Vestir de uniforme. Proveer de uniforme. v. r. Vestirse de uniforme.

FARDEL (dèl) m. Fardel, talega. Lo mismo que FARNEL.

FARDELAGEM (jem) f. Fardaje. Fardería. Equipaje.

FARDETA f. Uniforme de servicio.

FARDETE m. Fardelejo.

FARDO m. Farda. Fardo. *fig.* Carga, cuidados y aflicciones del ánimo.

FAREJAR (jar) v. tr. Husmear, olfatear. Ventear (tomar algunos animales el viento con el olfato). Oler (percibir los olores). *fig.* Husmear, olfatear, oler, ventear, indagar, averiguar. *fig.* Oler (conocer o adivinar una cosa que se juzgaba oculta). *fig.* Oler (inquirir lo que hacen otros para aprovecharse de ello con algún fin).

FAREJO (jo) m. Olfato, husmeo, viento.

FARELÁCEO, CEA adj. De la naturaleza del salvado o semejante a él.

FARELADA f. Lo mismo que

FARELAGEM (jem) f. Cantidad de salvado o afrecho. Friolera, cosas insignificantes.

FARELENTO, TA adj. Abundante en afrecho o salvado. Que produce salvado o afrecho. Que se parece al afrecho o salvado.

FARELHÃO (lláum) m. Farallón, farellón.

FARELICE f. Fanfarronada.

FARELO (rè) *m.* Afrecho, salvado. Aserrín. *fig.* Friolera, cosa de poca importancia o valor.

FARFALHA (lla) *f.* Lo mismo que FARFALHADA. *fig.* Farfatonada. *pl.* Limaduras, limalla. Viruta. *fig.* Frioleras, bagatelas.

FARFALHADA (lla) *f.* Rozamiento, susurro (ruido que hacen las hojas cuando se agitan); ruido como el que producen las virutas al moverlas alguien o el viento; cualquier ruido semejante. *fig.* Bagatela, friolera. Farfantonada. Fanfarronada. *fam.* Cosa de farfullador.

FARFALHADOR, RA (lla) *adj.* Lo mismo que

FARFALHÃO, LHONA (lláum, llona) *adj.* Farfallón, farfullero, farfullador, chapucero. Mentiroso. Farfantón. Parlanchín, hablanchín. Chillón (hablando de colores o adornos).

FARFALHAR (llar) *v. intr.* Susurrar (hacer una serie de sonidos rapidos y suaves, como los de las hojas, de las sedas, de la viruta, etc.). Farfullar. Decir farfantonadas. Hacer ostentación.

FARFALHERIA (llei) *f.* Lo mismo que FARFALHADA.

FARFALHEIRO, RA (llei) *adj.* Chillón, demasiado vivo o vistoso. Lo mismo que

FARFALHENTO, TA (llen) *adj.* Susurrante (hablando de hojas, sedas, viruta, etc.). Lo mismo que FARFALHADOR.

FARFALHICE (lli) *f.* Lo mismo que BAZÓFIA. Farfantonada. Ostentación de adornos chillones.

FARFALHO (llo) *m.* Acto de *Farfalhar;* susurro, rozamiento.

FARFALHUDO, DA (llu) *adj.* Vistoso, chillón; emperejilado; campanudo, retumbante.

FARINÁCEO, CEA *adj.* Farináceo (de la naturaleza de la harina o semejante a ella), harinoso.

FARINAR *v. r.* Reducir a harina.

FARINGE (je) *f.* Faringe.

FARINHA (ña) *f.* Harina.

FARINHEIRA (ñei) *f.* Harinera (mujer que vende harina) *Bras.* Vasija con harina de la raíz de mandioca que se pone a la mesa.

FARINHEIRO (ñei) *m.* Harinero (el que comercia en harina) *adj.* Harinoso. Harinero.

FARINHENTO, TA (ñen) *adj.* Farináceo. Harinero. Harinoso.

FARINHOSO, SA (ñozo, òza) *adj.* Lo mismo que FARINHENTO.

FARINHUDO (ñu) *adj.* Lo mismo que FARINHENTO.

FARISCAR *v. tr. e intr.* Lo mismo que FAREJAR.

FARISCO *m.* Lo mismo que FAREJO.

FARISEU (zeu) *m.* Fariseo (en sentido recto y figurado).

FARMACÊUTICO, CA (cêu) *adj.* Farmacéutico. *m.* Farmacéutico, boticario.

FARMÁCIA *f.* Farmacia.

FARMACOLOGIA (jía) *f.* Farmacología.

FARNEL (nèl) *m.* Fardel, talega o saco con provisiones. Equipaje de los viajeros. Merienda que se lleva en viaje. Provisión de alimentos.

FARO *m.* Viento (olfato de ciertos animales). *fig.* Olfato (sagacidad para descubrir o entender lo que está disimulado o encubierto). Olor (*p. ext.*). *fig.* Señal, indicio.

FAROFA (rò) *f. Bras.* Harina de mandioca tostada con manteca o grasa. *fig.* Jactancia; bravata; pretensión.

FAROFEIRO, RA *adj. y s. Bras.* Jactancioso, fanfarrón, presuntuoso, presumido.

FAROFIA (rò) *f.* Jactancia, bravata; pretensión.

FAROL (ròl) *m.* Faro. *fig.* Lo que da luz y sirve de guía. Farol. *Bras.* Anillo con brillante demasiado grande. *Bras. fam.* Farol, fachenda, papelón.

FAROLEIRO *m.* Farolero (el que cuida de un faro).

FAROLETE *m.* Farol pequeño.

FARPA *f.* Farpa (punta cortada al canto de una cosa, como las de banderas y estandartes). Punta (del anzuelo, de la saeta, etc.). Rejón (barra de hierro cortante que remata en punta). Banderilla (de los toreros). Rasgón, rasgadura. Jirón. Astilla.

FARPADO, DA *adj.* Que remata en punta. Farpado. Barbado, armado con lenguetas o púas. Ahorquillado, bifurcado. *Arame —.* Alambre de púas.

FARPÃO (páum) *m.* Arpón.

FARPAR *v. tr.* Banderillear. Armar de puntas o dientes. Cortar en punta. Lo mismo que ESFARRAPAR.

FARPEAR *v. tr.* Banderillear.

FARPELA (pè) *f.* Gancho (de las agujas de gancho). *fam.* Ropas de uso, traje, vestido, vestuario.

FARRA *f. Bras.* Jarana, parranda, juerga; farra (*Amer.*).

FARRAGEM (jem) *f.* Fárrago.

FARRANCHO (cho) *m.* Junta de personas que van a divertirse.

FARRAPÃO (páum) *m.* Desharrapado, haraposo, harapiento, andrajoso. Guiñapo, jirón, Guiñapo (persona sucia, rota y andrajosa).

FARRAPAR *v. tr.* Lo mismo que ESFARRAPAR.

FARRAPARIA (ría) *f.* Cantidad de harapos, guiñapos o jirones.

FARRAPO *m.* Harapo, guiñapo, jirón, andrajo. *Bras.* Nombre a principio despreciativo y ahora honroso que tienen los revolucionarios del levante de 1835 en el Río Grande del Sur.

FARREAR *v. intr. Bras.* Andar de jarana, parranda o juerga; farrear. (*Amer.*).

FARRICOCO *m. Port.* Penitente (en las procesiones de Portugal). Sacamuertos.

FARRIPAS *f. pl.* Cabellos raros y más o menos largos.

FARRISTA *m. Bras.* Jaranero, juerguista, parrandero, parrandista; farrista (*Amer.*).

FARROUPILHA *com.* Lo mismo que FARRAPÃO. *Bras.* Lo mismo que FARRAPO (acep. bras.).

FARRUSCA *f.* Mancha de tizne o cosa semejante. *fam.* Espada vieja y herrumbrosa.

FARRUSCO, CÁ *adj.* Sucio de carbón, tiznado. Negro, oscuro.

FARSA *f.* Farsa (en todas las acepciones de esta voz).

FARSADA *f.* Farsa. Payasada.

FARSANTE *adj. y s.* Farsante.

FARSISTA *adj. y s.* Farsante.

FARTAÇÃO (sáum) *f.* Lo mismo que ENFARTAMENTO.

FARTADELA (dè) *f.* Hartada; hartazgo.

FARTAMENTE *adv. m.* Harto.

FARTAR *v. tr.* Hartar (saciar el apetito de comer o de beber). Ú. t. c. r. e intr. *fig.* Hartar, satisfacer. *fig.* Hartar, fastidiar, cansar.

FARTÁVEL *adj.* Saciable.

FARTO, TA *adj.* P. p. irreg. de *Fartar.* Harto. *fig.* Harto, bastante o sobrado. Harto, fastidiado, cansado.

FARTUM *m.* Hedor, mal olor, hediondez; rancio, rancidez, cochambre.

FARTURA *f.* Hartura (repleción de alimento; abundancia, copia; logro cabal de un deseo o apetito).

FASCES *m. pl.* Fasces.

FASCICULAÇÃO (sáum) *f. Anat.* Faciculación.

FASCÍCULO *m.* Fascículo (brazado; folleto). *Bot.* Fascículo. Haz, gavilla.

FASCINAÇÃO (sáum) *f.* Fascinación, aojo. *fig.* Fascinación, embeleco, seducción, engaño, encanto.

FASCINANTE *adj.* Fascinante.

FASCINAR *v. tr.* Fascinar, aojar. *fig.* Fascinar, engañar, seducir, embelecar, encantar, alucinar, ofuscar.

FASCÍNIO *m.* Fascinación, aojo. *fig.* Encanto, seducción, fascinación.

FASCISMO *m.* Fascismo.

FASCISTA *adj. y s.* Fascista.

FASE (ze) *f. Astr.* Fase. *fig.* Fase (cualquiera de los diversos aspectos o cambios de un fenómeno, negocio, etc.).

FASQUIA (quía) *f. Carp.* Lata; listón.

FASQUIAR *v. tr.* Hacer latas o listones. Construir con latas o listones.

FASTIDIOSO, SA (ozo, òza) *adj.* Fastidioso, enojoso, molesto, importuno, que cansa o hastía. Hastioso.

FASTIENTO, TA *adj.* Hastioso. Fastioso. Lo mismo que RABUGENTO.

FASTÍGIO (tijio) *m.* Fastigio (en todas las acepciones de esta voz).

FASTIGIOSO, SA (jiozo, òza) *adj.* Que está en la cumbre o fastigio.

FASTIO (tío) *m.* Fastidio. Hastío. *fig.* Enfado, enojo, disgusto, molestia, fastidio.

FASTO, TA *adj.* Fasto. Fasto, memorable, venturoso, feliz. *m.* Fasto, fausto, pompa, ostentación.

FASTOSO, SA (tozo, òza) *adj.* Fastuoso, fastoso.

FATAL *adj.* Fatal.

FATALIDADE *f.* Fatalidad.

FATALISMO *m.* Fatalismo.

FATALISTA *adj. y s.* Fatalista.

FATEIRO, RA *adj.* Relativo a las ropas de uso, o que sirve para guardalas. *m. Bras.* Tripicallero.

FATEIXA (cha) *f.* Garabato. Arpeo. Especie de ancla.

FATIA (tía) *f.* Tajada. Rebanada.

FATIAR *v. tr.* Cortar en tajadas o rebanadas.

FATÍCIO, CIA *adj.* Facticio.

FATÍDICO, CA *adj.* Fatídico. Siniestro, infeliz, funesto.

FATIGAMENTO *m.* Lo mismo que FADIGA.

FATIGANTE *adj.* Fatigoso, que causa fatiga.

FATIGAR *v. tr.* Fatigar, cansar. *v. r.* Fatigarse, cansarse.

FATIOTA (ò) *f. fam.* Traje, vestido, ropa.

FATÍVEL *adj.* Factible, hacedero.

FATO *m.* Ropa, vestido, vestuario, traje. Hato (porción de ganado).

FATO *m.* Hecho, acto, acción, obra. Hecho, suceso. Hecho (asunto o materia de que se trata). *De —. m. adv.* De hecho, efectivamente, en efecto.

FATOR *m.* El que hace una cosa, hacedor. *Mat.* Factor.

FATORIAL *m. Mat.* Factorial

FÁTUO, TUA *adj.* Fatuo (falto de razón o entendimiento; lleno de presunción o vanidad infundada y ridicula). Ú. t. c. s. *Fogo —.* Fuego fatuo.

FATURA *f. Com.* Factura (cuenta detallada de las mercaderías comprendidas en una venta o remesa). Factura, hechura.

FATURAR *v. tr. Com.* Facturar.

FAUCE *f.* Fauces. Ú. t. en pl.

FAÚLHA *f.* Lo mismo que FAGULHA.

FAUNA *f.* Fauna.

FAUNO *m. Mitol.* Fauno.

FAVA *f. Bot.* Haba (planta y fruto). *Mandar às —s. fr. fig.* Despedir a un importuno. *— preta.* Voto contrario. *—s contadas.* Cosa cierta y infalible.

FAVAL *m.* Habar, habal.

FAVEIRA *f. Bot. Bras.* Nombre que se da a diversas plantas que se parecen en algo a la haba. Haba (la planta).

FAVELA (vè) *f. Bras.* Barrio bajo, de gentes escuálidas.

FAVILA *f.* Pavesa. Ceniza, favila.

FAVO *m.* Panal (de miel).

FAVONEAR *v. tr.* Favorecer, proteger, amparar, proteger.

FAVÔNIO (vô) *m.* Favonio, céfiro. *adj.* Favorable, propicio.

FAVOR *m.* Favor. Carta. Condición favorable.

FAVORÁVEL *adj.* Favorable.

FAVORECER *v. tr.* Favorecer, ayudar, amparar, socorrer, apoyar un intento, empresa o opinión; dar o hacer un favor *v. r.* Favorecerse de, acogerse a, valerse de.

FAVORITO, TA *adj.* Favorito. *m. y f.* Favorito (persona que priva con un rey o personaje).

FAXA (cha) *f.* Lo mismo que FAIXA.

FAXINA (chi) *f. Fort.* Fajina. Fajina, leña lijera para encender. Faena, fajina. Servicio de limpieza en los cuarteles). *Bras.* Dehesa cercana a un bosque.

FAXINAL (chi) *m. Bras.* Lo mismo que FAXINA (acep. bras.).

FAXINAR (chi) *v. tr.* Hacer o colocar las fajinas. Amonojar. Fajar. Hacer la limpieza de los cuarteles.

FAXINEIRO (chi) *m.* El que hace la limpieza de los cuarteles.

FAZEDOR, RA (ze) *m. y f.* Hacedor. Autor.

FAZENDA (zen) *f.* Hacienda (finca rústica; conjunto de bienes; tesoro público; Ministerio de Hacienda). Estancia. (*Amer.*). Granja, tierra de cultivo. Mercadería, mercancía. Paño, tela, lienzo. *fig.* Estofa, calidad.

FAZENDÁRIO, RIA (zen) *adj.* Financiero, relativo a la hacienda pública.

FAZENDEIRO (zen) *m. Bras.* Estanciero; hacendado (*Amer.*).

FAZENDOLA (dò) *f.* Hacienda o estancia pequeña.

FAZER (zer) *v. tr.* Hacer (en todas las acepciones de esta voz).

FAZIMENTO (zi) *m.* Acción de hacer; hacimiento (*ant.*).

FAZÍVEL (zi) *adj.* Hacedero, factible.

FAZ-TUDO *m.* Factotum (el que desempeña diversos oficios).

FÉ (fè) *f.* Fe. *Artigo de —.* Artículo de fe. *Dar —. fr.* Dar fe (los notarios, etc.). *Dar — de. fr.* Ver, notar. *A —. m. adv.* A fe, en verdad. *Fazer —. fr.* Hacer fe. *De boa —.* A la buena fe, con ingenuidad y sencillez. De buena fe, con verdad y sinceridad. *De má —. m. adv.* De mala fe, com malicia o engaño.

FEALDADE *f.* Fealdad.

FEBRA *f.* Hebra, fibra.

FEBRÃO (bráum) *m.* Fiebre intensa.

FEBRE (fè) *f.* Fiebre, calentura. *— amarela.* Fiebre amarilla. *Subir a —. fr.* Recargar la fiebre.

FEBRICITANTE *adj.* Febricitante, febril, calenturiento. *fig.* Febril, ardoroso, violento, apasionado.

FEBRICITAR *v. intr.* Tener calentura o fiebre. Estar febril o febricitante.

FEBRÍCULA *f.* Fiebre ligera.

FEBRÍFUGO, GA *adj.* Febrífugo. Ú. t. c. s. m.

FEBRIL *adj.* Febril, perteneciente a la fiebre. Febril, febricitante, calenturiento. *fig.* Febril, ardoroso, inquieto, desasosegado; apasionado.

FECAL *adj.* Fecal.

FECHADO, DA (*ch*a) *adj.* P. p. de *Fechar.* Cerrado. Clausurado. Encerrado. Cercado. *fig.* Reservado, cerrado.

FECHADURA (*ch*a) *f.* Cerradura (mecanismo que sirve para cerrar puertas, arcas, cajones, tapas de cofres, etc.).

FECHAMENTO (*ch*a) *m.* Cerramiento, cerradura, acción de cerrar. Lo mismo que ENCERRAMENTO. Cierre, cierro. Clave de bóveda.

FECHAR (*ch*ar) *v. tr.* Cerrar (impedir que una cosa pueda verse por de dentro; hacer que una cosa deje de tener entrada o salida; encajar una puerta en su marco; poner una puerta delante de lo que estaba abierto; correr el pestillo o cerrojo, echar la llave, enganchar la aldaba, etc.; hacer entrar en su hueco los cajones de un mueble; ocultar una cosa; volver a unir las partes separadas de un todo; encoger, doblar o plegar una cosa que estaba extendida; hacer que desaparezca una abertura; pegar un sobre, paquete o cubierta de modo que no se pueda ver lo que contengan; cesar en las tareas, ejercicios o negocios propios de una corporación o establecimiento). *fig.* Cerrar (poner término a ciertas cosas; ir detrás o ser el último de una fila). *v. intr.* Cerrar, cerrarse, o poderse cerrar. Cerrarse, cicatrizarse las heridas o llagas. *— se em copas. fr. fig.* Enojarse, no decir palabra, cautelarse.

FECHARIA (*ch*aría) *f.* Conjunto de piezas que sirven para disparar las armas de fuego.

FECHO (fécho) *m.* Pestillo, cerrojo, aldaba y todo lo que sirve para cerrar. *fig.* Remate, conclusión, acabamiento. *pl.* Lo mismo que FECHARIA.

FÉCULA (fè) *f.* Fécula.

FECULENTO, TA *adj.* Feculento (que contiene fécula; que tiene heces).

FECUNDAÇÃO (sáum) *f.* Fecundación.

FECUNDAR *v. tr.* Fecundar, fecundizar. Fertilizar. *fig.* Desarrollar. *v. intr.* Concebir, quedar preñada la hembra.

FECUNDEZ *f.* Lo mismo que

FECUNDIDADE *f.* Fecundidad.

FECUNDO, DA *adj.* Fecundo. Fecundo, fértil, copioso. Ingenioso.

FEDEGOSO, SA (gozo, òza) *adj.* Hediondo, que arroja de sí hedor. *m. Bot.* Hediondo. *Bras.* Nombre que se da a diversas leguminosas semejantes al hediondo.

FEDELHICE (lli) *f.* Dicho o hecho de

FEDELHO (llo) *m.* Mocoso (aplícase al niño atrevido o malmandado, y también al mozo poco advertido). Mocosuelo. Lo mismo que CRIANÇOLA.

FEDENTINA *f.* Hediondez, hedor, mal olor.

FEDER *v. intr.* Heder. *fig.* Heder, enfadar, cansar, ser intolerable.

FEDERAÇÃO (sáum) *f.* Federación.

FEDERAL *adj.* Federal. Federativo. Federalista.

FEDERALISMO *m.* Federalismo.

FEDERAR *v. tr.* Federar, confederar.

FEDOR *m.* Hedor.

FEDORENTO, TA *adj.* Hediondo, fétido, que arroja hedor.

FEÉRICO, CA (è) *adj. gal.* Feérico, maravilloso, encantador, fantástico, propio de los cuentos de hadas (*gal.*).

FEIJÃO (jáum) *f.* Fríjol, frísol, habichuela, judía, alubia; poroto (*Amer.*).

FEIJOADA (joa) *f.* Plato abundante de judías, fríjoles o habichuelas.

FEIJOAL (joal) *m.* Campo sembrado de judías o fríjoles.

FEIJOEIRO (joei) *m. Bot.* Habichuela, fríjol, frísol, judía, alubia (la planta).

FEIO, A *adj.* Feo.

FEIOSO, SA (ozo, òza) *adj.* Muy feo.

FEIRA *f.* Feria (mercado en días señalados, sitio en que tiene lugar este mercado). Nombre complementario de cada uno de los días de la semana; exepto el sábado y domingo; feria. *Segunda-feira,* lunes; *terça-feira,* martes; *quarta-feira,* miércoles; *quinta-feira,* jueves, *sexta-feira,* viernes.

FEIRANTE *m.* Feriante.

FEIRAR *v. tr.* Feriar, comprar o vender en la feria. Ú.t.c. intr.

FEITIÇARIA (saría) *f.* Hechicería; hechizo.

FEITICEIRA *f.* Hechicera. Bruja. Mujer hechicera (la que por su hermosura cautiva la voluntad de las gentes).

FEITICIEIRO, RA *adj.* Hechicero, gracioso, hermoso, encantador, que cautiva. *m.* Hechicero. Brujo.

FEITICISMO *m.* Fetichismo; fetiquismo (*Amer.*).

FEITIÇO (so) *m.* Hechizo (cosa superticiosa para el logro de determinados fines). Amuleto. *fig.* Hechizo (persona o cosa que arrebata o embeleza).

FEITIO (tío) *m.* Hechura, forma. Hechura (dinero que se paga al maestro u oficial por hacer una obra). *fig.* Carácter.

FEITO, TA *adj.* P. p. irreg. de *Fazer.* Hecho. Hecho, perfecto, maduro. Hecho (respuesta afirmativa para conceder o aceptar lo que se pide o propone). *m.* Hecho (acción u obra). Empresa. Hazaña. *adv. m. Bras.* Como. *— de armas.* Hecho de armas.

FEITOR *m.* Administrador, factor, intendente, gerente. Hacedor (de una hacienda). Fabricante. Capataz.

FEITORIA (ría) *f.* Factoría (establecimiento de comercio) Factoría (encargo del factor). Encargo del hacedor de una hacienda.

FEITURA *f.* Hechura (acción de hacer). Hechura, obra, trabajo.

FEIXE (*ch*e) *m.* Haz. Manojo. Gavilla. *fig.* Puñado.

FEL (fèl) *m.* Hiel (en sentido recto y figurado).

FELÁ *m.* Campesino egipcio, felá.

FELDSPATO *m.* Feldespato, feldspato.

FELICIDADE *f.* Felicidad.

FELICITAÇÃO (sáum) *f.* Felicitación *pl.* Lo mismo que PARABÉNS.

FELICITAR *v. tr.* Felicitar, cumplimentar. Ú. t. c. r. Hacer feliz.

FELINO, NA *adj.* Felino. *fig.* Fingido.

FELIZ *adj.* Feliz. Feliz, oportuno, acertado, eficaz.

FELIZARDO (zar) *m.* Individuo muy dichoso o feliz.

FELIZMENTE *adv. m.* Felizmente.

FELONIA (nía) *f.* Felonía, deslealtad, traición, acción fea.

FELPA *f.* Pelo (de los tejidos, de las plantas). Vello, pelo. Felpa (tejido).

FELPADO, DA *adj.* Lo mismo que FELPUDO.

FELPO *m.* Lo mismo que FELPA.

FELPUDO, DA *adj.* Afelpado, felposo, felpudo.

FELTRAGEM (jem) *f.* Acción de fieltrar.

FELTRAR *v. tr.* Fieltrar.

FELTRO *m.* Fieltro.

FÊMEA. *f.* Hembra.

FEMEAL *adj.* Femenil. Relativo o perteneciente a la hembra.

FEMEEIRO, RA *adj.* Mujeriego. Ú. t. c. s. m. *m.* Agregado de prostitutas.

FEMENTIDO, DA *adj.* Fementido, desleal, falto de fe y palabra.

FEMÍNEO, NEA *adj.* Femenino, femenil.

FEMINIDADE *f.* Feminidad, femineidad.

FEMINIL *adj.* Femenil.

FEMINILIDADE *f.* Carácter propio de la mujer; calidad de femenino.

FEMININO, NA *adj.* Femenino, femenil. *Gram.* Femenino. Ú. t. c. s. m.

FEMINISMO *m.* Feminismo.

FEMINISTA *adj.* Feminista. Ú. t. c. s.

FEMINIZAR (zar) *v. tr.* Afeminar. Ú. t. c. r.

FEMORAL *adj. Anat.* Femoral.

FÊMUR (fé) *m. Anat.* Fémur.

FEMURAL *adj.* Femoral.

FENAÇÃO (sáum) *f. Agr.* Henaje.

FENATO *m. Quím.* Fenato.

FENDA *f.* Fenda (grieta al hilo en la madera). Grieta. Hendedura, hendidura. Raja, abertura, hendedura o quiebra de una cosa.

FENDEDOR, RA *adj.* Hendedor.

FENDELEIRA *f.* Cuña de hierro para rajar o hender.

FENDENTE *adj.* Hendiente.

FENDER *v. tr.* Hender; rajar. Ú. t. c. r. Dividir, separar. Ú. t. c. r. *fig.* Hender (atravesar o cortar un fluído o líquido); surcar. *v. r.* Henderse. Grietearse, gretarse. Rajarse.

FENDIMENTO *m.* Hendedura, hendidura.

FENECER *v. intr.* Fenecer, morir, fallecer; acabar. Marchitarse.

FENECIMENTO *m.* Fenecimiento.

FENESTRAL *adj.* Perteneciente o relativo a la ventana.

FENIANO *m.* Feniano. Ú. t. c. adj.

FENÍCIO, CIA *adj. y s.* Fenicio.

FÊNICO, CA (fé) *adj. Quím.* Fénico.

FÊNIX (féniz) *f.* Fénix. *Astr.* Fénix.

FENO *m.* Heno. *— grego.* Fenogreco, alholva.

FENOL (nòl) *m.* Fenol.

FENOMENAL *adj.* Fenomenal.

FENOMENALIDADE *f.* Fenomenalidad.

FENÔMENO (nó) *m.* Fenómeno.

FENOMENOLOGIA (jía) *f.* Fenomenología.

FERA (fè) *f.* Fiera. *fig.* Fiera, persona cruel e inhumana.

FERACIDADE *f.* Feracidad.

FERAL *adj.* Fúnebre; triste, funesto.

FERAZ *adj.* Feraz, fértil, fecundo, copioso de frutos.

FÉRETRO (fè) *m.* Féretro.

FEREZA (za) *f.* Fiereza, ferocidad.

FÉRIA (fè) *f.* Feria (día de semana). Feria (descanso y suspensión del trabajo). Jornal (de los obreros). *pl.* Vacaciones.

FERIADO, DA *adj.* Feriado. *m.* Día feriado.

FERIAL *adj.* Ferial.

FERIAR *v. intr.* Feriar, descansar y suspender el trabajo por uno o más días, tener vacaciones.

FERIDA *f.* Herida (rotura hecha en las carnes con un instrumento). Llaga. *fig.* Herida (ofensa, agravio, lo que aflige y atormenta el ánimo.).

FERIDADE *f.* Fiereza, ferocidad.

FERIDENTO, TA *adj.* Que tiene llagas.

FERIDO, DA *adj.* P. p. de *Ferir.* Herido. *m.* Herido. *Mal —.* Mal herido, gravemente herido.

FERIMENTO *m.* Herida (rotura hecha en las carnes con un instrumento). Herida (golpe de las armas al herir con ellas). Acción y efecto de herir.

FERINO, NA *adj.* Ferino, cruel, feroz, inhumano. *Língua —a.* Lengua de escorpión, lengua de víbora.

FERIR *v. tr.* Herir (en todas las acepciones de esta voz). Ú. t. c. r.

FERMENTAÇÃO (sáum) *f.* Fermentación.

FERMENTAR *v. tr.* Fermentar. *v. intr.* Fermentar. Leudar.

FERMENTÁVEL *adj.* Fermentable.

FERMENTO *m.* Fermento. Levadura.

FERO, RA (fè) *adj.* Fiero, duro, cruel, feroz, inhumano, agreste. Sano. Vigoroso, fuerte.

FEROCIDADE *f.* Ferocidad.

FEROZ (ròz) *adj.* Feroz, fiero, cruel, inhumano; que indica ferocidad.

FERRA (fè) *f.* Herradero (acción y efecto de marcar con hierro los ganados). Pala de hierro para sacar brasas.

FERRÃ (rráŋ) *f.* Herrén.

FERRABRÁS *m.* Fierabrás. Fanfarrón, bravucón.

FERRADO, DA *adj. P. p.* de *Ferrar.* Herrado. Ferrado *m.* Herrada (cubo de madera más ancho por la base que por la boca). Alhorre, meconio.

FERRADOR *m.* Herrador. *Bras.* Lo mismo que ARAPONGA.

FERRADURA *f.* Herradura (de las caballerías).

FERRAGEIRO (jei) *m.* Ferretero (tendero de ferretería).

FERRAGEM (jem) *f.* Herraje, herraj. Cerrajería (tienda). Herraje (conjunto de herraduras). Ferretería.

FERRAGISTA (jis) *m. Bras.* Lo mismo que FERRAGEIRO.

FERRAMENTA *f.* Herramienta.

FERRÃO (rráum) *m.* Aguijón. Herrón. Punta de hierro.

FERRAR *v. tr.* Herrar, ferrar (guarnecer de hierro un artefato). Herrar (ajustar y clavar las herraduras a las caballerías). Herretear. Herrar (marcar con un hierro encendido). *Mar.* Aferrar, recoger una vela. Clavar. Morder. Dar, tirar, pegar, arrojar. Cerrar, embestir. *v. intr. Mar.* Aferrar, anclar, echar el ancla.

FERRARIA (ría) *f.* Herrería. Cerrajería (tienda). Cantidad de hierro. Ferretería.

FERREGIAL (jial) *m.* Herrenal.

FERREIRO *m.* Herrero. *Bras.* Lo mismo que ARAPONGA.

FERRENHO, NHA (ño, ña) *adj.* Férreo. *fig.* Férreo, duro, fuerte, tenaz. *fig.* Terco. *fig.* Fiero, cruel.

FÉRREO, RREA (fè) *adj.* Férreo. Ferrizo.

FERRETA *f.* Hierro o púa del trompo o peón.

FERRETE *m.* Ferrete (punzón de hierro para marcar). *fig.* Mácula, estigmas, mancha infamante.

FERRETEAR *v. tr.* Ferretear, herrar. *fig.* Punzar, afligir.

FERRETOADA *f.* Lo mismo que FERROADA.

FERRETOAR *v. tr.* Lo mismo que AGUILHOAR.

FÉRRICO, CA (fè) *adj.* Férrico.

FERRÍFERO, RA *adj. Miner.* Ferrífero.

FERRIFICAÇÃO (sáum) *f.* Ferrificación.

FERRINHOS (fèrrìnos) *m. pl. Mús.* Triángulo.

FERRO (fèrro) *m.* Hierro, ferro. *Mar.* Ferro, áncora, ancla. *fam.* Plancha (para planchar). *p.* Hierros (prisiones de hierro). — *de engomar.* Plancha (para planchar). — *velho.* Ropavejero.

FERROADA *f.* Aguijonada, aguijonazo. *fig.* Puntada (dolor fuerte y agudo). *fig.* Censura, crítica.

FERROAR *v. tr.* Aguijonear, aguijar.

FERROLHAR (llar) *v. tr.* Lo mismo que AFERROLHAR.

FERROLHO (llo) *m.* Cerrojo.

FERROSO, SA (rrozo, òza) *adj. Quím.* Ferroso.

FERROVIA *f.* Ferrocarril.

FERROVIÁRIO, RIA *adj.* Ferroviario; ferrocarrilero (*Amer.*). Ú. t. c. s. m.

FERRUGEM (jem) *f.* Herrumbre, orín, herrín. *Bot.* Tizón, añublo, roya.

FERRUGENTO, TA (jen) *adj.* Herrumbroso.

FERRUGÍNEO, NEA (jí) *adj.* Ferrugíneo, ferruginoso.

FERRUGINOSIDADE (jinozi) *f.* Ferruginosidad.

FERRUGINOSO, SA (jinozo, òza) *adj.* Ferruginoso.

FÉRTIL (fèr) *adj.* Fértil.

FERTILIDADE *f.* Fertilidad.

FERTILIZAÇÃO (zasáum) *f.* Fertilización.

FERTILIZANTE (zan) *adj.* Fertilizante, fertilizador. *m.* Abono.

FERTILIZAR (zar) *v. tr.* Fertilizar, fecundizar.

FERTILIZÁVEL (za) *adj.* Fertilizable.

FÉRULA (fè) *f.* Férula, cañaheja. Férula, palmatoria.

FERVEDOURO *m.* Hervidero (movimiento y ruido que hacen los líquidos cuando hierven). *fig.* Hervidero (muchedumbre o copia de personas o animales).

FERVENTAR *v. tr.* Lo mismo que AFERVENTAR.

FERVENTE *adj.* Herviente, hirviente. *fig.* Ferviente, fervoroso.

FERVER *v. intr.* Hervir. Borbotear. *fig.* Hervir.

FERVESCENTE *adj.* Lo mismo que FERVENTE.

FÉRVIDO, DA (fèr) *adj.* Caliente; muy caliente. *fig.* Férvido, ardiente, fervoroso.

FERVILHAR (llar) *v. intr.* Hervir. *fig.* Hervir en, abundar.

FERVO *m. Bras. merid.* Gresta, reyerta.

FERVOR *m.* Hervor (acción y efecto de hervir; *fig.* fogosidad, inquietud y viveza de la juventud). *fig.* Fervor (celo religioso ardiente y entusiástico; suma eficacia con que se hace algo). Ahinco, vehemencia. Ardor, animosidad.

FERVOROSO, SA (rozo, òza) *adj.* Fervoroso; hervoroso; férvido, ardiente, vehemente.

FERVURA *f.* Hervor, ebullición. *Levantar a* —. *fr.* Alzar, o levantar, el hervor.

FESCENINO, NA *adj.* Fescenino (dícese de versos satíricos y obcenos). *fig.* Obsceno, licencioso. *fig.* Licencioso (hablando de escritos).

FESTA (fès) *f.* Fiesta (día de gran solemnidad religiosa o civil; regocijo, diversión; agasajo, caricia, halago). *fam.* Tarea, cansera, trabajo muy arduo. *pl.* Fiestas, halago, caricias. Ferias (dádivas y obsequios). *Boas* —*s.* expr. para felicitar por Navidad o Año Nuevo.

FESTANÇA (sa) *f.* Fiesta ruidosa; holgorio.

FESTÃO (táum) *m.* Festón, guirnalda. Lo mismo que RAMALHETE.

FESTAR *v. intr. Bras.* Hacer fiestas; bailar, divertirse.

FESTEIRO, RA *adj.* Festejador. *m.* Festero.

FESTEJADOR, RA (ja) *adj.* Festejador; que hace fiesta. Ú. t. c. s.

FESTEJAR (jar) *v. tr.* Hacer una fiesta en homenaje de alguien; celebrar, conmemorar. Festejar, obsequiar, agasajar.

FESTEJO (jo) *m.* Fiesta. Fiestas (halagos). Festejo, agasajo, obsequio, galanteo.

FESTIM *m.* Festín.

FESTIVAL *adj.* Lo mismo que FESTIVO. *m.* Festival, gran fiesta.

FESTIVIDADE *f.* Festividad, fiesta, solemnidad.

FESTIVO, VA *adj.* Festivo, alegre, regocijado, solemne.

FESTO, TA (fès) *adj.* Lo mismo que FESTIVO.

FESTO (fés) *m.* Anchura de un paño.

FESTOAR *v. tr.* Festonar, festonear.

FETICHE (che) *m. gal.* Fetiche.

FETICHISMO (chis) *m. gal.* Fetichismo; fetiquismo (*Amer.*).

FETICHISTA (chis) *adj. y s.* Fetichista; fetiquista. (*Amer.*).

FÉTIDO, DA (fè) *adj.* Fétido, hediondo, que arroja hedor.

FETO (fè) *m.* Feto. *Bot.* Helecho.

FEUDAL *adj.* Feudal.

FEUDALISMO *m.* Feudalismo.

FEUDATÁRIO, RIA *adj.* Feudatario. Ú. t. c. s.

FEUDO *m.* Feudo.

FEVEREIRO *m.* Febrero (segundo mes del año).

FEZ *m.* Fez (gorro que usan los árabes, turcos y marroquíes).

FEZES (fèzes) *f. pl.* Hez, heces (parte del líquido que se deposita en el fondo de las vasijas; *fig.* lo más vil y despreciable de cualquiera clase). Heces (excrementos).

FIAÇÃO (sáum) *f.* Hilandería. Hilado (acción y efecto de hilar). Hilandero (paraje donde se hila).

FIACRE *m.* Coche de plaza; fiacre. (*gal.*).

FIADA *f.* Hilada, hilera. Sarta. Enfilada, crujía. Hilado (serie horizontal de ladrillos y piedras).

FIADEIRA *f.* Hilandera, hiladora.

FIADEIRO *m.* Hilandero, hilador.

FIADILHO (llo) *m.* Hiladillo. Cadarzo (seda basta de los capullos enredados).

FIADO, DA *adj. P. p.* de *Fiar.* Hilado. Fiado (vendido al fiado). *m.* Hilado (porción de liño, cáñamo, seda, algodón, lana, etc., reducida a hilo). *adv. m.* Fiado, al fiado (sin dar o percibir en el acto lo que ha de pagar o recibir).

FIADOR *m.* Fiador (persona que responde por otra en una obligación). Fiador, correa, pieza con que se afirma y sujeta una cosa.

FIADORIA (ría) *f.* Fianza.

FIADURA *f.* Hilandería, filatura.

FIAMBRE *m.* Fiambre.

FIANÇA (sa) *f.* Fianza; caución.

FIANDEIRA *f.* Hilandera.

FIANDEIRO *m.* Hilandero.

FIAPO *m.* Hilete, hilo pequeño; hebra; pelo. *Tirar um* —. *fr. fig. Bras.* Echar una mirada.

FIAR *v. tr.* Hilar, reducir a hilo. Urdir. Fiar (asegurar uno el cumplimiento de la obligación de otra persona, respondiendo por ella; vender sin tomar el precio de contado; confiar a alguien alguna cosa; dar algo en confianza a una persona). Afianzar, asegurar. *v. intr.* Fiar, confiar, esperar. *v. r.* Fiar, confiar, fiarse.

FIASCO *m.* Fiasco, mal éxito, fracaso, chasco, decepción.

FIÁVEL *adj.* Fiable. Que se puede hilar.

FIBRA *f.* Fibra, filamento. Hebra. *fig.* Fibra, vigor, robustez.

FIBRILA *f.* Fibrilla, fibrila.

FIBRILHA (lla) *f.* Lo mismo que FIBRILA.

FIBRINA *f. Quím.* Fibrina.

FIBRINO, NA *adj.* Perteneciente o relativo a fibras.

FIBROMA *m. Pat.* Fibroma.

FIBROSO, SA (brozo, òza) *adj.* Fibroso.

FIBULAÇÃO (sáum) *f.* Infibulación.

FICADA *f.* Estancia, parada, permanencia.

FICAR *v. intr.* Quedar (estar, detenerse, permanecer, subsistir, restar parte de una cosa; cesar, acabar; convenir). — *com.* Quedarse con. — *para.* Quedar por; tocar, caber. *v. r.* Quedarse, parar, detenerse. *Em que ficamos? expr. fam.* ¿En qué quedamos? — *limpo. fr. fig.* Quedar uno limpio, quedar enteramente sin dinero. — *às escuras. fr.* Quedarse uno a obscuras, no comprender. — *gelado. fr.* Quedarse uno yerto, asustarse en grado sumo. *Não* —*nada a dever a. fr.* No quedar a deber nada a uno. — *a neném. fr. fig. fam.* Quedarse uno limpio, sin dinero. —*atrás.* Quedarse uno atrás. —*a ver navios fr.* Ser burlado, no conseguir lo que se deseaba; perder uno lo que tenía. — *de tanga.* Perder uno todo lo que tenía. — *em branco. fr.* Quedarse en blanco, o in albis. — *em jejum. fr. fig.* No comprender. —*fulo. fr.* Encolerizarse. — *na mão.* Ser engañado; perder uno lo que tenía. — *para tia.* Quedar, o quedarse, una para tía, quedarse sin casar una mujer.

FICÇÃO (sáum) *f.* Ficción.

FICHA (cha) *f.* Ficha (pieza con que en el juego se señalan los tantos y se representa el dinero efectivo). Cédula, papeleta (pedazo de cartón o papel para escribir, para tomar anotaciones, etc.).

FICHAR (char) *v. tr.* Anotar en cédulas o papeletas. Catalogar de esta manera.

FICHÁRIO (chá) *m.* Catálogo, archivo.

FICHU (chú) *m.* Fichú; toquilla (*gal.* usado en algunas partes de América).

FICTÍCIO, CIA *adj.* Ficticio, fingido, falso, fabuloso; hechizo.

FIDALGA *f.* Hidalga.

FIDALGAL *adj.* Hidalgo, perteneciente a un hidalgo.

FIDALGO *m.* Hidalgo. *adj.* Hidalgo. *fam.* Que no trabaja.

FIDALGOTE (gò) *m.* Hidalguete, hidalguejo, hidalgüelo.

FIDALGUEIRO, RA *adj. y s.* Palaciego, cortesano, áulico.

FIDALGUIA (guía) *f.* Hidalguía, hidalguez. *fig.* Hidalguía, generosidad y nobleza del ánimo.

FIDALGUICE *f.* Hidalguía.

FIDEDIGNIDADE *f.* Calidad de fidedigno.

FIDEDIGNO, NA *adj.* Fidedigno (digno de fe y de crédito).

FIDEICOMISSÁRIO (sa) *m. For.* Fideicomisario.

FIDEICOMISSO (so) *m. For.* Fideicomiso.

FIDEICOMISSÓRIO, RIA (sò) *adj.* Fideicomisario (que pertenece o atañe al fideicomiso).

FIDELIDADE *f.* Fidelidad (lealtad; exactitud, puntualidad).

FIDÉUS (dèus) *m. pl.* Fideos.

FIDÚCIA *f.* Confianza, fe.

FIDUCIAL *adj.* Que atañe a la confianza o fe.

FIDUCIÁRIO, RIA *adj.* Lo mismo que FIDUCIAL. *For.* Fiduciario. *m.* Fideicomisario.

FIEIRA *f.* Hilera (instrumento para reducir a hilo los metales). Hilera (orden o formación en línea de cosas o personas). Lo mismo que FIADA. Vena, filón metálico. Alineación, alineamiento.

FIEL (èl) *adj.* Fiel, que guarda fe; exacto, verdadero. *m.* Fiel (el encargado de que se cumplan ciertas cosas anejas al servicio público; la aguja de las balanzas y romanas). *pl.* Fieles, cristianos, católicos.

FÍFIA *f.* Sonido destemplado.

FIGA *f.* Higa (dije que ponen a los niños; acción que se ejecuta con la mano, cerrando el puño y mostrando el pulgar por entre el índice y el cordial). *Fazer —s. Fr.* Dar higas.

FIGADAL *adj.* Perteneciente o relativo al hígado, hepático. *fig.* íntimo, muy profundo; intenso.

FÍGADO *m. Anat.* Hígado. *fig.* Hígado, ánimo, valentía. *Maus —s. expr.* Malos hígados.

FÍGARO *m.* Fígaro, barbero.

FIGLE *m.* Figle (instrumento músico de viento).

FIGO *m.* Higo.

FIGUEIRA *f. Bot.* Higuera. — *do-inferno.* Higuera del diablo, o del infierno.

FIGUEIRAL *m.* Higueral.

FIGUEIREDO *m.* Higueral.

FIGULINO, NA *adj.* Figulino, hecho de barro. *fig.* Blando, dócil.

FIGURA *f.* Figura (forma exterior de cada cuerpo; rostro, cara; estatua o pintura; dibujo del cuerpo humano; cosa que representa o significa otra; cada uno de los naipes que representan personas; mudanza en el baile; personaje). *Geom.* y *Gram.* Figura. *Fazer — fr.* Hacer figura (tener autoridad y representación, o quererlo aparentar). — *de proa.* Figurón, o mascarón, de proa.

FIGURAÇÃO (sáum) *f.* Figuración. Figura.

FIGURADO, DA *adj. P. p.* de *Figurar.* Figurado (en todas las acepciones de esta voz).

FIGURANTE *m.* y *f.* Figurante.

FIGURÃO (ráum) *m.* Figurón. Ostentación, acción de hacer figura.

FIGURAR *v. tr.* Figurar (representar por medio de la pintura, escultura o dibujo; trazer la figura de una cosa; aparentar, suponer, simular). *v. intr.* Figurar (formar parte de algún número de personas o cosas; hacer figura).

FIGURILHA (lla) *f.* Figurilla (persona pequeña y ridícula).

FIGURINO *m.* Figurín (modelo para los trajes y adornos de moda). Catálogo de modas. *fig.* Figurín, lechugino, gomoso. *fig.* Modelo, patrón.

FILA *f.* Fila (orden de personas situadas en hilera). *Cão de —.* Mastín. *Em —. adv. m.* En fila (en línea recta o en ala).

FILAÇA (sa) *f.* Hilaza, hilado.

FILAME *m. Mar.* Bitadura.

FILAMENTAR *adj.* Filamentoso.

FILAMENTO *m.* Filamento, fibra, hilillo.

FILANDRAS *f. pl.* Hilos. Filandrias. Hilos volantes que rondan por el aire; babas del diablo. Barbas o hierbas marinas que se agarran a la quilla de las embarcaciones.

FILANTE *adj.* y *m. Bras.* Pedigüeño, pedigón. Gorrón, gorrista.

FILANTROPIA (pía) *f.* Filantropía.

FILANTROPO, PA (trò) *adj.* y *s.* Filántropo.

FILÃO (làum) *m. Min.* Filón, vena. *fig.* Filón, vena, manantial.

FILAR *v. tr.* Agarrar, prender. *Mar.* Filar. Asir, asegurar la presa. *Bras.* Pedir, no comprar, andar de gorra. *v. r.* Agarrarse.

FILARMÓNICA (mó) *f.* Sociedad musical. Música.

FILÁSTICA *f. Mar.* Filástica.

FILATELIA (lía) *f.* Filatelia.

FILÁUCIA *f.* Egoísmo, amor propio; vanidad; presunción.

FILÉ (lè) *m.* Solomillo, filete.

FILEIRA *f.* Hilera, fila, ala, línea. *pl.* La vida militar.

FILETE (lé) *m.* Hilete, hilo pequeño. *Arq.* Filete. Filete (remate de hilo a orilla de algunas ropas; espiral saliente del tornillo). *Anat.* y *Impr.* Filete.

FILETE (lè) *m.* Solomillo, filete.

FILHA (lla) *f.* Hija.

FILHAÇÃO (llasáum) *f.* Filiación.

FILHAR (llar) *v. tr.* Prohijar. *v. intr.* Echar retoños o hijuelos las plantas, brotar.

FILHARADA (lla) *f.* Gran número de hijos.

FILHEIRO, RA (llei) *adj.* Fecundo, que tiene muchos hijos. Que es muy amigo de sus hijos.

FILHENTO, TA (lien) *adj.* Lo mismo que FILHEIRO.

FILHINHO, NHA (lliño) *m.* y *f. dim.* de *Filho* y *Filha.* Hijuelo, la.

FILHO (llo) *m.* Hijo. Hijuelo, retoño, renuevo de las plantas.

FILHÓ (llò) *m.* Buñuelo.

FILHOTE (llò) *m.* Natural (de una región, ciudad o país). *Bras.* Hijuelo; cachorro; cría. *fig.* Ahijado, (persona especialmente favorecida de otra).

FILHOTISMO (llo) *m. Bras.* Favoritismo; nepotismo.

FILIAÇÃO (sáum) *f.* Filiación.

FILIAR *v. tr.* Prohijar. Filiar. Afiliar, asociar. *v. r.* Filiarse, afiliarse. Provenir, proceder, originarse, nacer.

FILIGRANA *f.* Filigrana (obra hecha de hilos de oro o plata; marcha transparente del papel; *fig.* cosa delicada y pulida).

FILIGRANAR *v. intr.* Hacer filigrana.

FILÍPICA *f.* Filípica, invectiva, censura acre y violenta.

FILIPINO, NA *adj.* y *s.* Filipino.

FILISTEU *m.* Filisteu.

FILMAGEM (jem) *f.* Filmación.

FILMAR *v. tr.* Filmar (tomar vistas cinematográficas para una cinta).

FILME *m.* Cinta, película, film.

FILÓ (lò) *m.* Tul (tejido que forma malla, generalmente en octágonos).

FILOGENIA (jenía) *f.* Filogenia.

FILOLOGIA (jía) *f.* Filología.

FILOLOGISTA (jís) *m.* Filólogo.

FILÓLOGO (lò) *m.* Filólogo.

FILOSOFAL (zo) *adj.* Filosófico. Filosofal. *Pedra —.* Piedra filosofal.

FILOSOFAR (zo) *v. intr.* Filosofar, filosofear.

FILOSOFIA (zofía) *f.* Filosofía.

FILOSOFICE (zo) *f.* Filosofismo, falsa filosofía; calidad de quien filosofa ridículamente.

FILOSÓFICO, CA (zó) *adj.* Filosófico.

FILOSOFISMO (zo) *m.* Filosofismo.

FILÓSOFO, FA (lòzo) *adj.* Filósofo, filosófico. Filósofo, afilosofado. *m.* Filósofo. *fam.* Persona extravagante.

FILOTAXIA (xía) *f. Bot.* Filotaxia.

FILOXERA (xè) *f.* Filoxera.

FILTRAÇÃO (sáum) *f.* Filtración.

FILTRAMENTO *m.* Filtración.

FILTRAR *v. tr.* Filtrar Ú. t. c. r. Colar. Ú. t. c. r. Instilar, infundir. Ú. t. c. r.

FILTRÁVEL *adj.* Filtrable.

FILTREIRO *m.* Lo mismo que

FILTRO *m.* Filtro (utensilio para clarificar líquidos). Filtro (brebaje para conciliar el amor de una persona).

FILÚSTRIA (tría) *f. Bras. nort.* Baladronada; hazaña.

FIM *m.* Fin (término, remate, conclusión, consumación; límite, objeto, motivo, móvil). *Pôr —. fr.* Dar fin, acabar. *Sem —. loc. fig.* Sin fin, sin número.

FIMBRADO, DA *adj.* Lo mismo que FIMBRIADO.

FÍMBRIA *f.* Fimbria, orilla. Fleco. Orla.

FIMBRIADO, DA *adj.* Fimbriado, franjeado.

FIMOSE (mòze) *f. Med.* Fimosis.

FINADO, DA *adj. P. p.* de *Finar.* Finado. *m.* Finado, difunto, muerto.

FINAL *adj.* Final. *m.* Final, fin.

FINALIDADE *f.* Finalidad, fin, motivo, móvil de una acción.

FINALISTA *m.* y *f. Fil.* Finalista. Finalista (en los deportes).

FINALIZAÇÃO (zasáum) *f.* Finalización.

FINALIZAR (zar) *v. tr.* Finalizar, concluir, terminar, dar fin o remate. *v. intr.* Finalizar, concluirse, acabarse algo. Ú. t. c. r.

FINAMENTO *m.* Finamiento, fallecimiento; muerte.

FINANÇAS (sas) *f. pl.* Finanzas, hacienda, negocios, asuntos económicos.

FINANCEIRO, RA *adj.* Financiero, rentístico. *m.* Hacendista, financiero.

FINANCIAL *adj.* Financiero.

FINANCIAR *v. tr.* Costear (sufragar el gasto o la costa de algo).

FINANCISTA *m.* Hacendista, financiero.

FINAR *v. intr.* Finar, morir, fallecer; finalizar, acabarse. Ú. t. c. r. *v. r.* Lo mismo que DEFINHAR. Finarse (despepitarse por algo). Finar, morir.

FINCA *f.* Puntal.

FINCA-PÉ (pè) *m.* Hincapié.

FINCAR *v. tr.* Hincar, introducir, clavar. *v. r.* Plantarse. Obstinarse.

FINDAR *v. tr.* Finalizar, concluir, acabar, terminar. *v. intr.* Finalizar, concluirse, acabarse; morir.

FINDÁVEL *adj.* Acabable.

FINDO, DA *adj. P. p.* de *Findar.* Finalizado, acabado, terminado, concluido; transcurrido.

FINÊS, ESA (nés, neza) *adj.* y *s.* Finés.

FINEZA (za) *f.* Fineza (pureza, finura y bondad de una cosa; manifestación de amor y benevolencia; obsequio, regalo). Primor, delicadeza.

FINGIDO, DA (ji) *adj. P. p.* de *Fingir.* Fingido, simulado, falso, ficticio, hechizo, fabuloso; disimulado, hipócrita. Ú. t. c. s.

FINGIMENTO (ji) *m.* Fingimiento, simulación, engaño, hipocresía. Fábula, ficción.

FINGIR (jir) *v. tr.* Fingir, simular, aparentar. Ú. t. c. r. Fingir, dar existencia ideal a lo que no existe. Remedar, imitar, contrahacer. *v. intr.* Ser hipócrita o disimulado.

FINITO, TA *adj.* Finito. *m.* Lo finito.

FINO, NA *adj.* Fino (delicado, primoroso, de buena calidad; delgado, sutil; de facciones delicadas y esbelto; bien educado; urbano, cortés; astuto, sagaz). Afilado.

FINÓRIO, RIA (nò) *adj.* Fino, astuto, sagaz, ladino, taimado, mañero, Ú. t. c. s.

FINTA *f.* Finta (antiguo tributo). *Esgr.* Amago. Gambeta, esguince.

FINTAR *v. tr.* Establecer una finta. Amagar. *Bras.* Lo mismo que CALOTEAR. *v. r.* Contribuir espontáneamente.

FINURA *f.* Finura, fineza. Delgadez. Astucia, ardid.

FIO *m.* Filo, hilo (corte de un arma blanca o de otro instrumento cortante; línea que divide una cosa en dos partes). Hilo (hebra que se forma retorciendo una materia textil; alambra que se saca de los metales con la hilera; hebra de telaraña o del capullo del gusano de seda; *fig.* chorro muy delgado de un líquido; continuación o serie del discurso y de otras cosas). Bramante. Hila, hilacha. Cable elétrico. *A —. m. adv.* A hilo, sin interrupción. — *de vela. Mar.* Hilo de velas. *Estar por um — fr. fig.* Colgar, o pender, en un hilo. — *a —. m. adv.* Hilo a hilo. *Cortar o —. fr. fig.* Cortar el hilo, interrumpir. *Retomar o —. fr. fig.* Tomar el hilo, continuar el discurso o conversación.

FIORDE (òr) *m.* Fiordo.

FIRMA *f.* Firma (nombre que una persona pone al pie de un escrito). Firma, razón social, casa de comercio).

FIRMAÇÃO (sáum) *f.* Afirmación, acción de afirmar, de dar solidez y firmeza.

FIRMAL *m.* Firmal. Timbre, sello. Relicario. *pl.* Puntas del cabestro.

FIRMAMENTO *m.* Firmamento, la bóveda celeste. *fig.* Apoyo, fundamento o cimiento de una cosa.

FIRMAR *v. r.* Afirmar, asegurar, dar solidez y firmeza. Confirmar, ratificar, corroborar. Afirmar, asegurar, sostener. Contratar, pactar. Afianzar. Sancionar, autorizar; autenticar. *v. intr.* Estribar, apoyarse. *v. r.* Afirmarse, apoyarse. Firmarse.

FIRME *adj.* Firme, estable, fuerte, sólido, seguro. *fig.* firme, entero, constante, sereno. Terco, temoso, porfiado. *Terra —.* Tierra firme. *m.* Terreno alto al que no llegan las crecientes.

FIRMEMENTE *adv. m.* Firmemente; firme.

FIRMEZA (za) *f.* Firmeza, estabilidad, fortaleza, seguridad, solidez. *fig.* Firmeza, entereza, constancia, fuerza moral.

FISCAL *adj.* Fiscal. *m.* Fiscal. Inspector.

FISCALIZAÇÃO (zasáum) *f.* Fiscalización.
FISCALIZAR (zar) *v. tr.* Fiscalizar. Fiscalizar, sindicar. Censurar. Examinar, *v. intr.* Fiscalizar, oficiar de fiscal.
FISCO *m.* Fisco, tesoro público.
FISGA *f.* Fisga (arpón para pescar). Abertura estrecha y pequeña. Lo mismo que FENDA.
FISGADA *f.* Punzada (dolor agudo, repentino y pasajero).
FISGAR *v. tr.* Fisgar (pescar con fisga). Detener, prender, agarrar, atrapar. *fig.* Husmear, coger al vuelo una noticia u otra cosa.
FISGO *m. Bras.* Punta del anzuelo.
FÍSICA (zi) *f.* Física.
FÍSICO, CA (zi) *adj.* Físico. *m.* Físico (el que profesa la física). *m. ant.* Físico, médico.
FISIOGRAFIA (ziografía) *f.* Fisiografía.
FISIOLOGIA (ziolojia) *adj.* Fisiología.
FISIOLOGISTA (ziolojis) *m.* Fisiologista, fisiólogo.
FISIÓLOGO (zio) *m.* Fisiólogo.
FISIONOMIA (zionomia) *f.* Fisonomía, fisionomía.
FISIONÓMICO, CA (zionó) *adj.* Fisonómico.
FISIONOMISTA (zio) *m.* Fisonomista, fisónomo.
FISIOTERAPIA (zioterapía) *f.* Fisioterapia.
FISÓIDE (zói) *adj.* Fisoideo.
FISSIFLORO, RA (sifló) *adj. Bot.* Fisifoliado.
FÍSSIL (sil) *adj.* Físil.
FISSIPARIDADE (si) *f. Embriol.* Fisiparidad.
FISSÍPARO, RA (sí) *adj.* Fisíparo.
FISSÍPEDE (sí) *adj.* Fisípedo, da.
FISSIRROSTROS (si) *m. pl. Zool.* Fisirrostros.
FISSURA (su) *f.* Fisura. *Min.* Hendedura, fisura.
FISSURAÇÃO (surasáum) *f.* Fisuración.
FÍSTULA *f. Cir.* Fístula.
FISTULADO, DA *adj.* Fistuloso.
FISTULAR *adj.* Fistular. *v. tr.* Fistular, afistular.
FITA *f.* Cinta (tejido largo y angosto que sirve para atar, ceñir o adornar). *Arq.* Cinta, filete. *Blas.* Cinta, divisa; banda. Cinta, película, film. Bulla, alboroto; alharaca. Engaño, mentira.
FITAR *v. tr.* Fijar, clavar los ojos, mirar con atención. Ú. t. c. r. Levantar o aguzar (hablando de las orejas).
FITARIA (ría) *f.* Cintería (conjunto de cintas).
FITERIA *f.* Mujer alharaquienta.
FITEIRO *m.* Cintero (el que hace o vende cintas) *Bras. adj.* Alhara, quiento. Ú. t. c. s. Mentiroso.
FITILHO (llo) *m.* Cintillo. Ribete. Cinta muy estrecha.
FITO, TA *adj. P. p. irreg.* de *Fitar.* Fijo, clavado (hablando de la mirada o de los ojos). Fijo, hincado. *m.* Hito, blanco. Hito (juego). *fig.* Blanco, designio, intención, intento, fin, objecto, móvil.
FITOLOGIA (jía) *f.* Fitología, botánica.
FIUZA (za) *f.* Confianza, fe. Esperanza.
FIVELA (vè) *f.* Hebilla.
FIVELÃO (láum) *m.* Hebillón.
FIVELETA *f.* Hebilleta.
FIXA *f.* Parte del gozne o bisagra que embebe en la pared. Especie de estaca usada en agrimensura.
FIXAÇÃO (sáum) *f.* Fijación.
FIXADO, DA *adj. P. p.* de *Fixar.* Fijado, fijo.
FIXADOR, RA *adj.* Fijador. *m. Fot.* y *Pint.* Fijador.
FIXAMENTE *adv. m.* Fijamente.
FIXAR *v. tr.* Fijar, hincar, clavar, asegurar. Fijar, hacer fijo o estable. Fijar, determinar, limitar, precisar, señalar. Fijar, dirigir o aplicar intensamente. *v. r.* Fijarse, mirarse. Fijarse, determinarse. Establecerse.
FIXATIVO, VA *adj. y s. m.* Lo mismo que FIXADOR.
FIXE (che) *adj. pop.* Fijo, firme.
FIXIDADE *f.* Fijeza.
FIXIDEZ *f.* Fijeza, firmeza, seguridad.
FIXO, XA *adj. P. p. irreg.* de *Fixar.* Fijo, fijado. Fijo, estable, firme, seguro, permanente, inmutable, invariable. Fijo, hincado, clavado, asegurado.
FLABELAÇÃO (sáum) *f.* Flabelación.
FLABELAR *adj.* Flabelar. *v. tr.* Agitar (con el abanico o flabelo) el aire. Ú. t. c. intr.
FLABELO (bè) *m.* Abanico. Flabelo.
FLACIDEZ *f. Med.* Flaccidez. Flojedad. Languidez.
FLÁCIDO, DA *adj.* Fláccido, flaco, flojo, endeble. Flojo, blando, sin elasticidad.

FLAGELAÇÃO (jelasáum) *f.* Flagelación.
FLAGELADOS (jè) *m. pl. Zool.* Flagelados.
FLAGELAR (je) *v. tr.* Flagelar, azotar (en sentido recto y figurado). Torturar, atormentar. Afligir. Enfadar, molestar. *v. r.* Mortificarse.
FLAGELO (jè) *m.* Flagelo (azote, látigo; órgano locomotor de algunos infusorios; *fig.* azote, plaga, calamidad; *fig.* persona que flagela).
FLAGICIAR (ji) *v. tr.* Infamar, desacreditar, denigrar.
FLAGÍCIO (jí) *m.* Delito atroz; ignominia.
FLAGRÂNCIA (grán) *f.* Flagrancia.
FLAGRANTE *adj.* Flagrante (que flagra). Flagrante (que se está ejecutando). *Em —. m. adv.* En flagrante.
FLAMA *f.* Flama, llama. *fig.* Llama, ardor.
FLAMANTE *adj.* Llamante, que arroja llamas. Flamante, brillante, resplandeciente.
FLAMBAR *v. tr.* Chamuscar para desinfectar.
FLAMEAR *v. tr. e intr.* Lo mismo que FLAMEJAR.
FLAMEJANTE (jan) *f.* Llameante. Flamante, resplandeciente.
FLAMEJAR (jar) *v. tr.* Llamear, echar llamas. Flamear, despedir llamas.
FLAMENGO, GA *adj. y s.* Flamenco, natural de Flandres. *m. Zool.* Flamenco.
FLAMINGO *m. Zool.* Flamenco.
FLÂMULA (flá) *f.* Flámula, grímpola. Llama pequeña.
FLANAR *v. intr. gal.* Flanear. Holgar, gandulear. Callejear.
FLANCO *m.* Flanco (costado o lado de un cuerpo, de un ejército, etc.).
FLANELA (né) *f.* Franela.
FLANQUEAR *v. tr.* Flanquear.
FLATO *m.* Flato.
FLATULÊNCIA (lén) *f.* Flatulencia. Flatosidad. Histerismo.
FLATULENTO, TA *adj.* Flatulento, flatoso, flatuoso.
FLATUOSIDADE (zi) *f.* Flatosidad.
FLAUTA *f.* Flauta. *Bras. fam.* Haraganería. *Bras.* Chanza, broma, vaya, burla, chasco.
FLAUTADO, DA *adj.* Atiplado; aflautado (Amer.).
FLAUTAR *v. tr.* Flautear. Atiplar, aflautar. *v. intr.* Flautear.
FLAUTEAR *v. intr.* Flautear (tocar la flauta). *v. tr.* Flautear, abemolar, suavizar. *Bras.* Chancear, chasquear, burlarse, bromear.
FLAUTEIO *m. Bras.* Broma, chanza, chasco, burla.
FLAUTIM *m.* Flautín.
FLAUTISTA *m. y f.* Flautista, flauta.
FLAVO, VA *adj.* Flavo, leonado, de color de miel, rubio obscuro.
FLÉBIL (flé) *adj.* Flébil, triste, lastimoso.
FLEBITE *f. Pat.* Flebitis.
FLECHA (flècha) *f.* Flecha, saeta.
FLECHADA (cha) *f.* Flechazo.
FLECHAR (char) *v. tr.* Flechar. *Bras.* Marcha flechado.
FLECHEIRO (chei) *m.* Flechero, arquero.
FLECHILHA (chilla) *f. Bras. Bot.* Flechilla.
FLECTIR *v. tr.* Doblar, encorvar, hacer flexión.
FLEGMÃO (máum) *m.* Flemón.
FLEIMÃO (máum) *m.* Lo mismo que FLEGMÃO.
FLERTAR *v. intr.* Flirtear, galantear, coquetear.
FLERTE *m.* Flirt, coqueteo, galanteo.
FLETE (flè) *m. Bras. merid.* Caballo bueno, ligero, flete (amer. argent.).
FLEUMA *amb.* Flema (uno de los humores del cuerpo humano, según los antiguos). *f.* Flema, tardanza, cachaza, pachorra.
FLEUMÁTICO, CA *adj.* Flemático (perteneciente a la flema). Flemático, cachazudo, calmoso, tardo, pachorrudo, pachorrento.
FLEXÃO (xáum) *f.* Flexión (acción de doblar o encorvar). *Gram.* Flexión.
FLEXIBILIDADE *f.* Flexibilidad.
FLEXIBILIZAR (zar) *v. tr.* Volver flexible.
FLEXIONAL *adj.* Flexional.
FLEXIONAR *v. tr. Gram.* Flexionar.
FLEXÍVEL *adj.* Flexible.
FLEXOR, RA *adj.* Flexor. *m.* Músculo flexor.
FLEXÓRIO (xó) *m. Anat.* Músculo flexor.
FLEXUOSIDADE (zi) *f.* Flexuosidad.

FLEXUOSO, SA (xuozo, òza) *adj.* Flexuoso. Tortuoso.
FLEXURA *f.* Flexura. Flexibilidad. Flojedad. Contoneo.
FLIBUSTEIRO *m.* Filibustero.
FLOCADO, DA *adj.* Coposo. Floqueado.
FLOCO (fló) *m.* Copo (de lana, algodón, etc.) Copo (de nieve). Copo, grumo. Vello.
FLOCOSO, SA (cozo, òza) *adj.* Coposo, dispuesto en copos.
FLOR *f. Bot.* Flor. *Quím.* Flor. Flor, nata del vino. Flor (del cuero). Flor, entereza virginal. Flor, lo más escogido de una cosa. *pl.* Flores (del discurso). *À — d'água. m. adv.* A flor de agua. *À — da terra. m. adv.* A flor da tierra. *À — de. m. adv.* A la superficie de. *Em —. m. adv.* En flor.
FLORA (fló) *f.* Flora (conjunto de las plantas de un país o comarca; obra que trata de ella).
FLORAÇÃO (sáum) *f.* Floración, florescencia.
FLORADA *f.* Dulce de azahar. Dulce de huevos en forma de flores.
FLORAIS *m. pl.* Florales.
FLORAL *adj.* Floral.
FLORÃO (ráum) *m.* Florón.
FLORAR *v. intr. Bras. nort.* Florar.
FLOREADO, DA *adj. P. p.* de *Florear.* Floreado. Florido. Adornado, aderezado.
FLOREAR *v. tr.* Florear, adornar con flores. Hacer producir flores. Florear (la espada). Blandir (un arma blanca).
FLOREIO *m.* Flores, adorno. *Esgr.* Floreo.
FLOREIRA *f.* Florera, florista. Florero (vaso para poner flores).
FLOREIRO *m.* Florero, florista, Florero (vaso para poner flores).
FLOREJAR (jar) *v. intr.* Florecer. *v. tr.* Florear, adornar con flores.
FLORENTE *adj.* Florido. Floreciente.
FLORENTINO, NA *adj. y s.* Florentino.
FLÓREO, REA (fló) *adj.* De flores. Floreciente. Floreado (adornado de flores).
FLORESCÊNCIA (cén) *f. Bot.* Florescencia, eflorescencia.
FLORESCENTE *adj.* Floreciente. *fig.* Floreciente, próspero.
FLORESCER *v. intr.* Florecer. *fig.* Florecer, prosperar. *fig.* Florecer (existir una persona o cosa insigne en un tiempo determinado).
FLORESTA (rès) *f.* Floresta. Bosque. Matorral. Espesura. *fig.* Maraña, matorral, zarzal.
FLORESTAL *adj.* Florestal.
FLORETE *m.* Florete.
FLORETEAR *v. tr.* Floretear, adornar con flores, florear. *v. intr.* Esgrimir.
FLORICULTOR *m.* Floricultor.
FLORICULTURA *f.* Floricultura.
FLORIDO, DA *adj. P. p.* de *Florir.* Florecido. Florido.
FLÓRIDO, DA (fló) *adj.* Floreado. Florido, brillante, adornado.
FLORILÉGIO (lèjio) *m.* Florilegio, colección de trozos literarios escogidos.
FLORIM *m.* Florín (moneda).
FLORIR *v. intr.* Florecer. *v. tr.* Florear, floretear. *fig.* Florear, adornar.
FLORISTA *m. y f.* Florista, florero, ra.
FLORITURA *f. Mús.* Fioritura.
FLUÊNCIA (én) *f.* Calidad de fluente. Abundancia, clareza del estilo, facundia, fluidez.
FLUENTE *adj.* Fluente, fluyente. *fig.* Flúido, corriente, fácil, facundo (hablando del estilo).
FLUIDEZ *f.* Fluidez.
FLUIDIFICAÇÃO (sáum) *f.* Fluidificación.
FLUIDIFICAR *v. tr.* Fluidificar. Ú. t. c. r.
FLUIDIFICÁVEL *adj.* Fluidificable.
FLUIDO, DA (flui) *adj.* Fluente. Flúido. *m.* Flúido.
FLUIR *v. intr.* Fluir (correr un líquido).
FLUMINENSE *adj.* Fluvial. *adj. y s.* Fluminense (natural del Estado del Río de Janeiro).
FLÚOR *m.* Flúor.
FLUORSCÊNCIA (cén) *f.* Fluorescencia.
FLUORESCENTE *adj.* Fluorescente.
FLUORETO *m. Quím.* Fluoruro.
FLUORITA *f. Miner.* Fluorita.

FLUTUABILIDADE *f.* Flotabilidad.
FLUTUAÇÃO (sáum) *f.* Fluctuación. Flotación.
FLUTUADOR, RA *adj.* Flotador. *m.* Flotador.
FLUTUANTE *adj.* Flotante, que flota. Flotante (dícese de la costilla que tiene su extremo libre; aplícase a la deuda pública no consolidada). Fluctuante, que fluctúa.
FLUTUAR *v. intr.* Flotar (sobrenadar, sostenerse en la superfície de un líquido) Flotar (ondear en el aire) Fluctuar (vacilar sobre las aguas un cuerpo agitado por ellas; *fig.* titubear; oscilar).
FLUTUÁVEL *adj.* Flotable. Navegable.
FLUVIAL *adj.* Fluvial.
FLUVIÔMETRO (vió) *m. Hidrog.* Fluviógrafo, fluviómetro.
FLUX (fluz) *m.* Lo mismo que FLUXO. A —. *m. adv.* A chorros, copiosa, abundantemente.
FLUXÃO (xáum) *f.* Fluxión. Flujo. Aflujo.
FLUXIBILIDADE *f.* Fluxibilidad.
FLUXIONÁRIO, RIA *adj.* Perteneciente o relativo al flujo o la fluxón.
FLUXÍVEL *adj.* Fluxible.
FLUXO *m.* Flujo (movimiento de las cosas flúidas; movimiento de ascenso de la marea). *Quím.* Flujo. *adj.* Flúido; mutable; pasagero. — *branco.* Flujo blanco. — *de riso.* Flujo de risa, carcajada prolongada. — *de sangue.* Flujo de sangre, hemorragia abundante. — *de ventre.* Flujo de vientre, despeño, diarrea.
FOBIA (bía) *f.* Fobia, aversión apasionada, temor morboso.
FOCA (fò) *f. Zool.* Foca. *m.* Avariento. *Bras.* Periodista novato.
FOCAL *adj.* Focal (perteneciente al foco o concerniente a él).
FOCALIZAR (zar) *v. tr.* Enfocar.
FOCAR *v. tr.* Enfocar.
FOÇAR (sar) *v. tr.* Lo mismo que FOSSAR.
FOCINHADA (ña) *f.* Hocicada; trompada.
FOCINHAR (ñar) *v. intr.* y *tr.* Lo mismo que AFOCINHAR.
FOCINHEIRA (ñei) *f.* Jeta (hocico del cerdo). Hocico. Muserola. Bozal que se pone a los perros; hociquera (*amer. per.*).
FOCINHO (ño) *m.* Hocico. *fig. fam.* Hocico, rostro, cara. *fig.* Hocico (gesto de enojo y desagrado). — *de tenca. Anat.* Hocico de tenca.
FOCINHUDO, DA (ñu) *adj.* Hocicón, hocicudo, jetudo.
FOCO (fó) *m. Fís.* y *Geom.* Foco. *fig.* Foco (lugar que es o se supone ser centro activo de alguna cosa).
FOFA (fó) *f.* Fofa (música y danza).
FOFAR *v. tr.* Formar bollos (en los vestidos) Ú. t. c. r. Lo mismo que AFOFAR.
FOFICE *f.* Calidad de fofo; molicie, blandura.
FOFO, FA *adj.* Fofo, abofellado, hueco, blando, esponjoso, poco consistente.
FOGACHO (cho) *m.* Fogata, fuego que levanta llama. Llama pequeña. *fig.* Bochorno, sonrojo; sofoco.
FOGAGEM (jem) *f.* Fuego, erupción de la piel; fogaje (*Amer.*).
FOGÃO (gáum) *m.* Fogón, hogar (de las cocinas). Fogón (oído de las armas de fuego).
FOGAREIRO *m.* Cocinilla, infiernillo; reverbero. (*Amer.*).
FOGARÉU (rèu) *m.* Fogata. Hoguera. Fogarada, llamarada. Fogaril.
FOGO *m.* Fuego. Fuego, incendio. Fuego (efecto de disparar las armas de fuego). *fig.* Fuego, hogar. *fig.* Fuego, amor. — *de artifício.* Fuegos artificiales (cohetes y otras invenciones de pólvora). — *de palha.* Entusiasmo pasajero. — *de Santelmo.* Fuego de San Telmo. — *de Santo Antão.* Fuego de San Antón, o de San Marcial. — *de vistas.* Fuego artificiales. — *do ar.* Cohete. — *fátuo.* Fuego fatuo. —*s de Bengala.* Fuegos artificiales. A — *lento m. adv.* A fuego lento, o manso. *Fazer* —. Hacer fuego. *Atear* —. Pegar fuego, incendiar. — ¡Fuego! *A ferro e* —. *m. adv.* A fuego y hierro, a fuego y sanfre, a sangre y fuego. *Brincar com* —. *fr. fig.* Jugar fuego.
FOGOSIDADE (zi) *f.* Fogosidad, ardimiento, impetuosidad, viveza.

FOGOSO, SA (gozo, òza) *adj.* Fogoso, ardiente, impetuoso, demasiado vivo.
FOGUEAR *v. tr.* Quemar, echar fuego. Lo mismo que AFOGUEAR.
FOGUEIRA *f.* Hoguera. Llamarada, fogarada.
FOGUEIRO *m.* Fogonero.
FOGUETADA *f.* Estruendo de muchos cohetes. *fig.* Represión.
FOGUETÃO (táum) *m.* Especie de cohete.
FOGUETE *m.* Cohete.
FOGUETEAR *v. intr.* Arrojar o quemar cohetes.
FOGUETEIRO *m.* Cohetero.
FOGUISTA *m. Bras.* Fogonero.
FOIÇADA (sa) *f.* Hosada.
FOIÇAR (sar) *v. tr.* Segar. Guadañar.
FOICE *f.* Hoz (instrumento para segar). *A talho de* —. *m. adv.* A propósito.
FOICIFORME (fòr) *adj.* Falciforme (que tiene forma de hoz).
FOICINHA, NHO (ñã, ño) *f.* y *m.* Hoz pequeña, hocecilla. Hocino.
FOJO (jo) *m.* Hoya, concavidad, hondonada. Hoya (hoyo en que se arremolinan las aguas). Hoya, cuenca de un río.
FOLCLORE (lò) *m.* Folklore.
FOLCLÓRICO, CA (lò) *adj.* Folklórico.
FOLCLORISTA *m.* Folklorista.
FOLE (fò) *m.* Fuelle.
FÔLEGO (fò) *m.* Huelgo, aliento, respiración; resuello. Descanso. Aliento, ánimo. *Sem* —. *m. adv.* Sin aliento. *Tomar* —. *fr.* Tomar huelgo (parar un poco para descansar).
FOLEIRO *m.* Follero.
FOLGA (fòl) *f.* Huelga, huelgo (espacio vacío que queda entre dos piezas). Huelga, holgura, regocijo. Holgura, anchura. Holganza, descanso. Huelga (espacio de tiempo que uno está sin trabajar).
FOLGADAMENTE *adv. m.* Holgadamente.
FOLGADO, DA *adj.* P. p. de *Folgar.* Holgado (desocupado; ancho y sobrado para lo que ha de contener; que esta desempeñado en la hacienda y le sobra algo).
FOLGANÇA (sa) *f.* Holganza (descanso, reposo; ociosidad; placer; contento, regocijo, diversión). Holgorio.
FOLGAR *v. tr.* Ensanchar, soltar, poner holgado, dar huelga o huelgo, aflojar, desapretar. *v. intr.* Holgar (descansar, estar ocioso; alegrarse de una cosa). Holgarse, divertirse.
FOLGAZÃO, ZÁ (záum, zán) *adj.* Alegre, divertido, juguetón, amigo de holgar; chancero, burlón. *ant.* Holgazán.
FOLGUEDO *m.* Holganza, diversión. Holgorio.
FOLHA (fólla) *f.* Hoja (de las plantas; de los libros; lámina; laminilla; cuchilla de las armas blancas y herramientas; cada una de las que se suele dividir la masa; cada una de las partes que se abren y se cierran, hablando de puertas, ventanas, biombos, etc.; pétalo; mitad de cada una de las partes principales que se compone un vestido; porción de tierra labrantía que se siembra un año y se deja descansar). Periódico, diario, publicación. — *de Flandres.* Hoja de Flandres, hojalata.
FOLHADA (lla) *f.* Hojarasca (conjunto de las hojas que han caído de los árboles). Follaje.
FOLHADO, DA (lla) *adj.* P. p. de *Folhar.* Follado, que tiene hojas. Lleno de hojas. De forma de hoja, foliforme. Hojaldrado. Follado (formado o compuesto en hoja). *m.* Follaje. Hojaldre.
FOLHAGEM (llajem) *f.* Follaje (conjunto de hojas de las plantas; adorno de cogollos). Nombre popular dados a las plantas que tienen hojas de color.
FOLHAME (lla) *m.* Follaje (conjunto de hojas de los árboles).
FOLHAR (llar) *v. tr.* Follar (formar o componer algo en hojas). Hacer criar hojas. Batir hoja. Hojaldrar. *v.intr.* Echar hoja las plantas. Ú. t. c. r.
FOLHARADA (lla) *f.* Hojarasca (cantidad de hojas).
FOLHEADO, DA (llea) *adj.* P. p. de *Folhear.* Chapeado con láminas o hojas de madera. Que tiene hojas, follado, adornado o compuesto en hojas. *m.* Hoja o chapa de madera empleada em mueblería.

FOLHEAR (llear) *v. tr.* Hojear (mover las hojas de un libro; pasarlas, leyendo de prisa algunos pasajes). Chapear con hojas de madera. Dividir en hojas. Proveer de hojas.
FOLHECA (llè) *f.* Copos de nieve.
FOLHEDO (lle) *m.* Hojarasca (hojas caídas de los árboles). Follaje.
FOLHEIO (leio) *m.* Acto de hojear (libros).
FOLHELHO (llello) *m.* Hollejo.
FOLHENTO, TA (llen) *adj.* Hojoso, hojudo. Copado, coposo.
FOLHETA (lle) *f.* Hojuela (de oro, plata u otro metal).
FOLHETARIA (lletaría) *f.* Follaje (adornos). Colección de folhetos.
FOLHETEAR (lle) *v. tr.* Dividir en hojas. Colocar hojuelas de metal. Engastar. Chapear (con hojas de madera).
FOLHETIM (lle) *m.* Folletín.
FOLHETINISTA (lle) *m.* y *f.* Folletinista.
FOLHETINÍSTICO, CA (lle) *adj.* Folletinesco.
FOLHETISTA (lle) *m.* Folletista.
FOLHETO (lle) *m.* Folleto.
FOLHINHA (lliña) *f. dim.* de *Folha.* Hojuela, hojita. Calendario, almanaque.
FOLHO (fóllo) *m.* Falbalá, varalá, volante. Excrecencia en el casco de las bestias. Lo mismo que FOLHOSO (m.).
FOLHOSO, SA (llozo, òza) *adj.* Hojoso, hojudo. *m. Zool.* Libro, omaso (tercera cavidad del estómago de los rumiantes).
FOLHUDO, DA (llu) *adj.* Hojudo.
FOLIA (lía) *f.* Folías. Divertimiento ruidoso, holgorio, jarana, parranda.
FOLIAÇÃO (sáum) *f. Bot.* Foliación, foliatura.
FOLIADO, DA *adj. Bot.* Foliado. Cubierto de hojas de metal. Follado (hecho de hojas).
FOLIÃO (lláum) *m.* Farsante, comediante, histrión. Burlón, juguetón. El que se divierte en los juegos carnavalescos.
FOLIAR *v. intr.* Andar de holgorio, de parranda, jaranear. Brincar, saltar. Divertirse. *adj.* Foliar (relativo a las hojas).
FOLÍCULO *m. Anat.* y *Bot.* Folículo. Hollejo. Fuelle pequeño. Laminilla, hoja pequeña.
FÓLIO (fò) *m.* Folio (de libro, legajo o cuaderno). Libro de folio. *In- —. expr.* En folio.
FOLÍOLO *m. Bot.* Foliolo, hojuela.
FOME *f.* Hambre (en todas las acepciones de esta voz).
FOMENTAÇÃO (sáum) *f. Med.* Fomentación.
FOMENTADOR, RA *adj.* Fomentador. Ú. t. c. s. *m.* Fomentador, fautor.
FOMENTAR *v. tr.* Fomentar (en todas las acepciones de esta voz).
FOMENTO *m.* Fomento (en todas sus acepciones).
FONA *f.* Lo mismo que AZÁFAMA. Chispa. *m.* y *f.* Avariento, mezquino. *m.* Individuo afeminado. *Unhas de* —. *m.* Avaro, mezquino.
FONAÇÃO (sáum) *f.* Fonación.
FONE *m. Bras.* Auricular (receptor teléfono). *Bras.* Teléfono.
FONEMA *m. Filol.* Fonema.
FONÉTICA (nè) *f.* Fonética.
FONÉTICO, CA (nè) *adj.* Fonético.
FONFOM *m.* Sonido de la bocina de un automóvil.
FONFONAR *v. intr.* Bocinar.
FONICE *f.* Avaricia, mezquindad.
FÔNICO, CA (fò) *adj.* Fónico.
FONOGRAFIA (fía) *f.* Fonografía.
FONÓGRAFO (nò) *m.* Fonógrafo.
FONOMETRIA (tria) *f.* Fonometría.
FONTAINHA (ña) *f.* Fontecilla, fuentezuela.
FONTAL *adj.* Fontal; fontanal.
FONTANÁRIO, RIA *adj.* Fontanero, fontanal, fontal.
FONTANELA (nè) *f. Anat.* Fontanela.
FONTE *f.* Fuente, manantial. *fig.* Fuente, principio, origen, fundamento. Fuente (aparato con que se hace salir el agua en los jardines, plazas, casas, etc.). *Anat.* Sien.
FORA (fò) *adv. l.* Fuera (en la parte exterior). Afuera (fuera del sitio en que uno está; en lugar público o en la parte exterior). *prep.* Además de, fuera de. Excepto, salvo. — *de mão. expr.*

Distante, lejano, difícil. — *de si. expr.* Fuera de si. — *de horas. m. adv.* Tarde, fuera de hora, a deshoras, a deshora, intempestivamente. *Dar o —. fr. fam.* Marcharse, irse. Huir. Dejar a uno plantado.

FORAGIDO, DA (*ji*) *adj.* Forajido. Ú. t. c. s. Expatriado. Ú. t. c. s. Emigrado. Ú. t. c. s.

FORAGIR-SE (*jir*) *v. r.* Expatriarse. Emigrar. Esconderse, huir de la justicia.

FORAL *m.* Carta forera.

FORAME *m.* Agujero, orificio; foramen (*Amer.*). Cueva.

FORÂNEO, NEA (rá) *adj.* Foráneo, forastero, extraño.

FORASTEIRO, RA *adj. y s.* Forastero.

FORCA *f.* Horca.

FORÇA (fórsa) *f.* Fuerza (en todas sus acepciones). *À —. m. adv.* A la fuerza, por fuerza, violentamente. *À — de. m. adv.* A la fuerza de. *Por — de. m. adv.* Por fuerza de, necesaria, indudablemente. Fatalmente. *Por — de. m. adv.* En fuerza de, a causa de. *Ser — que. loc.* Ser fuerza, ser necesario o forzoso. *À viva —. m. adv.* A viva fuerza. *— maior.* Fuerza mayor.

FORCADA *f.* Punto de bifurcación.

FORCADO *m. Agr.* Horquilla.

FORÇADO, DA (sa) *adj. P. p.* de *Forçar.* Forzado, ocupado por fuerza. Forzoso, inexcusable. *m.* Galeote, penado, presidiario, forzado.

FORÇADOR, RA (sa) *adj.* Forzador. *m.* Forzador.

FORÇADURA *f.* Horcadura.

FORÇAMENTO (sa) *m.* Forzamiento.

FORÇANTE (san) *adj.* Que fuerza o violenta.

FORÇÃO (sáum) *m.* Lo mismo que ESPEQUE.

FORÇAR *v. tr.* Revolver con la horquilla.

FORÇAR (sar) *v. tr.* Forzar (hacer fuerza o violencia para lograr algo; entrar, sojuzgar, tomar a fuerza de armas; violar a una mujer, apoderarse por fuerza de una cosa; *fig.* obligar a que se ejecute algo). *v. r.* Dominarse, obligarse.

FORCEJAR (jar) *v. intr.* Esforzarse, empeñarse. Forcejar, forcejear; hacer fuerza. *v. r.* Dominarse, obligarse.

FORCEJO (jo) *m.* Forcejeo, forcejo.

FÓRCEPS (fòr) *m. Cir.* Fórceps.

FORÇOSAMENTE (sóza) *adv. m.* Forzosamente, por fuerza, necesariamente.

FORÇOSO, SA (sozo, òza) *adj.* Forzoso. Forzudo. Violento, contra derecho y razón.

FOREIRO, RA *adj.* Forero. *m.* Forero (el que paga a foro).

FORENSE *adj.* Forense (relativo al foro).

FORFALHA (lla) *f.* Migaja (del pan).

FÓRFEX (fòrfez) *m.* Lo mismo que

FÓRFICE (fòr) *m. Cir.* Pinzas.

FORJA (fòrja) *f.* Forja. Fragua. Ferrería. Herrería.

FORJADOR, RA (ja) *adj.* Forjador. Ú. t. c. s.

FORJADURA (ja) *f.* Lo mismo que

FORJAMENTO (ja) *m.* Forja, forjadura, forjación (acción de forjar).

FORJAR (jar) *v. tr.* Forjar, fraguar. *fig.* Forjar, inventar, fingir, fraguar. Fraguar (idear y trazar la disposición de alguna cosa). Falsificar.

FORJICAR (ji) *v. tr.* Forjar, fraguar, inventar, fingir.

FORMA (fòr) *f.* Forma (figura exterior de la materia; expresión de una potencialidad; fórmula y modo o manera de proceder; modo de expresar las ideas; molde, modelo; estado). *De —. m. adv.* De forma, de modo o manera. *Em —. m. adv.* En forma. En debida forma. En toda forma.

FÔRMA (fór) *f.* Horma (molde con que se forma una cosa; para hacer zapatos, para formar la copa de los sombreros, etc). Lo mismo que cincho. *Impr.* Caja. *Impr.* Forma. *Letra de —.* Letra de forma.

FORMAÇÃO (sáum) *f.* Formación. *Geol. y Mil.* Formación.

FORMAL *adj.* Formal (en todas sus acepciones).

FORMALIDADE *f.* Formalidad.

FORMALISMO *m.* Formalismo.

FORMALISTA *adj.* Formalista Ú. t. c. s.

FORMALIZADO, DA (za) *adj. P. p.* de *Formalizar.* Formalizado.

FORMALIZAR (zar) *v. tr.* Formalizar. *v. r.* Formalizarse.

FORMÃO (máum) *m.* Formón.

FORMAR *v. tr.* Formar (dar forma a una cosa; juntar y congregar diferentes cosas o personas; componer un todo varias personas o cosas; poner en orden la tropa). Formar, criar, educar, adiestrar, enseñar. Facilitar a uno lo que necesita para tomar el grado de bachiller o doctor. *v. intr. Mil.* Estar en la formación. *v. r.* Formarse, desarrollarse. Tomar el grado de bachiller o doctor, doctorarse.

FORMARIA (ria) *f.* Conjunto de hormas de sombrerero o de zapatero.

FORMATO *m.* Forma, formato. Tamaño, dimensiones.

FORMATURA *f.* Formación (acción de formar). *Mil.* Formación. Doctoramiento.

FORMEIRO *m.* Hormero.

FORMIATO *m. Quim.* Formiato.

FORMICAÇÃO (sáum) *f. Med.* Formicación, hormigueo.

FORMICANTE *adj. Med.* Formicante (dícese del pulso).

FORMICIDA *m. Bras.* Preparado químico para la destrucción de hormigas.

FORMICO, CA (fórica) *m. Quím.* Fórmico. *Aldeído —.* Aldehido fórmico, formol.

FORMICULAR *adj.* Formicular (perteneciente o relativo a la hormiga).

FORMIDANDO, DA *adj.* Formidable, muy temible. Formidable, muy grande en su línea.

FORMIDÁVEL *adj.* Formidable.

FORMIDOLOSO, SA (lozo, òza) *adj.* Formidoloso. Formidable.

FORMIGA *f.* Hormiga.

FORMIGAMENTO *m.* Hormigueo. Hormigueamiento.

FORMIGANTE *adj.* Hormigante.

FORMIGÃO (gáum) *m.* Hormiga grande. Hormigón (mezcla de piedras menudas y mortero de cal y arena).

FORMIGAR *v. intr.* Hormiguear. *fig.* Hormiguear, bullir (moverse una multitud de gente o animales).

FORMIGUEIRO *m.* Hormiguero (lugar donde se crían las hormigas; *fig.* lugar donde bulle mucha gente). Hormigueo; comezón. Hormiguilla, cosquilleo, picazón, prurito.

FORMIGUEJAR (jar) *v. intr.* Hormiguear, bullir (una multitud de gente o animales). Hormiguear (experimentar alguna parte del cuerpo cierta sensación molesta).

FORMIGUILHO (llo) *m.* Hormiguillo (enfermedad que da a las caballerías).

FORMIGUINHA (ña) *f. dím.* de *Formiga.* Hormiguilla, hormigüela.

FORMILHÃO (lláum) *m.* Hormillón, formillón.

FORMILHO (llo) *m.* Formillón.

FORMISTA *m.* Hormero.

FORMOL (mól) *m. Quím.* Formol.

FORMOSEAR (zear) *v. tr.* Lo mismo que AFORMOSEAR.

FORMOSENTAR (zen) *v. tr.* Lo mismo que AFORMOSENTAR.

FORMOSO, SA (mozo, òza) *adj.* Hermoso.

FORMOSURA (fòr) *f.* Hermosura.

FÓRMULA (fòr) *f.* Fórmula. *Sagrada —.* Hostia consagrada, pan eucarístico.

FORMULAÇÃO (sáum) *f.* Formulación.

FORMULAR *v. tr.* Formular. *v. r.* Formarse.

FORMULÁRIO *m.* Formulario.

FORNADA *f.* Hornada. *fig.* Hornada.

FORNALHA (lia) *f.* Fogón (lugar donde se echa el combustible, en las calderas de las máquinas de vapor). Hornaza. Horno.

FORNALHEIRO (llei) *m.* Fogonero.

FORNEAR *v. intr.* Hornear.

FORNECEDOR, RA *adj. y m.* Proveedor.

FORNECER *v. tr.* Proveer, dotar. abastecer, surtir. Dar, proporcionar, facilitar, suministrar. *v. r.* Proveerse, abastecerse.

FORNECIMENTO *m.* Provisión, abastecimiento; abasto; bastimento.

FORNEIRO *m.* Hornero. *Bras.* Hornero (pájaro).

FORNEJAR (jar) *v. intr.* Hornear.

FORNICAÇÃO (sáum) *f.* Fornicación.

FORNICAR *v. intr.* Fornicar.

FORNIDO, DA *adj.* Fornido (robusto y fuerte).

FORNILHO (llo) *m.* Hornillo.

FORNIR *v. tr.* Arreciar, fortalecer. Lo mismo que ABASTECER.

FORNO *m.* Horno.

FORO (fò) *m.* Foro.

FORO (fò) *m.* Fuero (jurisdición, poder; privilegio, exención). *fig. fam.* Fuero, arrogancia, presunción. Ú. m. en pl. *pl.* Fueros. — *íntimo.* Fuero íntimo, interior, o de la conciencia.

FORQUEADURA *f.* Bifurcación; horcadura.

FORQUEAR *v. tr.* Ahorquillar; bifurcar.

FORQUETA *f.* Horqueta: horcón. Horca (palo).

FORQUILHA (llar) *v. tr.* Ahorquilla.

FORQUILHOSO, SA (llozo, òza) *adj.* Ahorquillado.

FORRA (fó) *f. Mar.* Faja o banda que refuerza a los rizos; precinta.

FORRA (fò) *f. fam.* Lo mismo que DESFORRA. *Tirar a —. fr. fam.* Lo mismo que DESFORRAR-SE.

FORRADO, DA *adj. P. p.* de *Forrar.* Forrado, aforrado. Precintado.

FORRAGEAL (jeal) *m.* Herrenal, herrén.

FORRAGEAR (jear) *v. tr.* Forragear (segar el forraje). Asolar, talar, devastar.

FORRAGEM (jem) *f.* Forraje.

FORRAR *v. tr.* Forrar, aforrar (poner forro, cobrir con funda o forro). Lo mismo que ALFORRIAR. *v. r.* Vestirse, arroparse. Lo mismo que DESAFORRAR-SE. Hurtarse, esquivarse.

FORRETA *m. y f.* Roñoso, mezquino, avariento, mezquino.

FORRO (fó) *m.* Forro. *Mar.* Forro. *adj.* Horro.

FORROBODÓ (dó) *m. Bras.* Holgorio; comilona.

FORTALECER *v. tr.* Fortalecer, fortificar. Corroborar, dar fuerza. *v. r.* Fortalecerse, robustecerse.

FORTALECIMENTO *m.* Fortalecimiento.

FORTALEZA (za) *f.* Fortaleza (en todas sus acepciones).

FORTE (fór) *adj.* Fuerte (en todas las acepciones de esta voz). *m.* Fuerte, fortaleza. Fuerte (aquello en que uno es aficionado o en lo cual sobresale). *Mús.* Fuerte. *adv. m.* Fuerte, fuertemente.

FORTEMENTE (fòr) *adv. m.* Fuertemente.

FORTIDÃO (dáum) *f.* Fortaleza, fuerza, vigor.

FORTIFICAÇÃO (sáum) *f.* Fortificación.

FORTIFICADO, DA *adj. P. p.* de *Fortificar.* Fortificado, que tiene fortificaciones.

FORTIFICANTE *adj. Med.* Fortificante. *m.* Tónico.

FORTIFICAR *v. tr.* Fortificar. *v. r.* Fortificarse.

FORTIM *m.* Fortín.

FORTUITO, TA *adj.* Fortuito, casual, imprevisto, inopinado.

FORTUNA *f.* Fortuna, suerte, hado, azar, ventura. Fortuna, hacienda, capital, riqueza.

FORTUNOSO, SA (nozo, òza) *adj.* Afortunado, venturoso, feliz.

FÓRUM (fò) *m.* Lo mismo que FORO.

FOSCA (fós) *f.* Lo mismo que FOSQUINHA.

FOSCO, CA *adj.* Hosco, fosco. Fosco, fusco, obscuro. Empañado. Cobarde.

FOSFATO *m. Quím.,* Fosfato.

FOSFORAR *v. tr. Quím.* Fosforar, combinar con fósforo.

FOSFOREAR *v. intr.* Fosforescer, fosforecer.

FOSFOREIRA *f.* Fosforera.

FOSFOREIRO *m.* Fosforero.

FOSFOREJANTE (jan) *adj.* Fosforescente.

FOSFOREJAR (jar) *v. intr.* Lo mismo que FOSFOREAR.

FOSFORESCÊNCIA (cén) *f.* Fosforescencia, fosforeo.

FOSFORESCENTE *adj.* Fosforescente.

FOSFORECER *v. intr.* Fosforescer.

FOSFÓRICO, CA (fó) *adj.* Fosfórico. *Bras.* Ignorante. *Bras.* De baja calidad.

FOSFORIZAÇÃO (zasáum) *f.* Fosforización.

FOSFORIZAR (zar) *v. tr. Quím.* Fosfatar. Volver fosfórico.

FÓSFORO (fòs) *m. Quím.* Fósforo. Fósforo, cerilla. *Germ.* Persona sin importancia. *Bras.* Ignorante. Ú. t. c. adj.

FOSQUINHA (fosquiña) *f.* Arrumaco. Amenaza. Insulto. Disfraz, disimulación. Monada, monería, juguete. Provocación. *Fazer —s. fr.* Provocar, irritar para que se enoje.

FOSSA (fòsa) *f.* Fosa, sepultura, hoyo. Foso, hoyo, cueva. *Anat.* Fosa.
FOSSADO (sa) *m.* Foso. Hozadura.
FOSSADOR, RA (sa) *adj.* Hozador.
FOSSAR (sar) *v. tr.* Hozar, hocicar. Cavar. *fig.* Lo mismo que BISBILHOTAR.
FOSSÁRIO (sá) *m.* Osario. Cementerio. *Ecles.* Fosario.
FÓSSIL (fòsil) *adj.* Fósil. *m.* Fósil.
FOSSILIZAÇÃO (silizasáum) *f.* Fosilización.
FOSSILIZAR (silizar) *v. tr.* Convertir en fósil. Petrificar. *v. r.* Fosilizarse.
FOSSO (fóso) *m.* Foso. Zanja. Cuneta.
FOTELÉTRICO, CA (lè) *adj.* *Fís.* Fotoelétrico.
FOTO *m.* Foto, fotografía.
FOTOCROMIA (mía) *f.* Fotocromía.
FOTOFOBIA (bía) *f.* Fotofobia.
FOTOGÊNICO, CA (je) *adj.* Fotogénico.
FOTOGRAFAR *v. tr.* Fotografiar.
FOTOGRAFIA (fía) *f.* Fotografía.
FOTÓGRAFO (tò) *m.* Fotógrafo.
FOTOGRAVURA *f.* Fotograbado.
FOTOMETRIA (tría) *f.* Fotometría.
FOTOSFERA (fè) *f.* *Astr.* Fotosfera.
FOTOSSÍNTESE (sínteze) *f.* Fotosíntesis.
FOTOTIPAR *v. tr.* Lo mismo que FOTOTIPIAR.
FOTOTIPIA (pía) *f.* Fototipia.
FOTOTIPIAR *v. tr.* Reproducir por medio de la fototipia.
FOTOTIPO *m.* Clisé.
FOTOZINCOGRAFIA (zincografía) *f.* Fotocincografía.
FOUCE *f.* Lo mismo que FOICE.
FOUVEIRO, RA *adj.* Leonado, rubio.
FOZ (fòz) *f.* Embocadura (de um río).
FRACALHÃO, LHONA (lláum, llona) *adj.* Muy flaco o flojo; miedoso, cobarde. Ú. t. c. s.
FRACAMENTE *adv. m.* Flaca, débil, floja, endeblemente.
FRAÇÃO (sáum) *f.* Fracción.
FRACASSAR (sar) *v. tr.* Hacer pedazos alguna cosa, hacer fracasar. *v. intr.* Fracasar, frustrarse, salir mal, tener mal éxito.
FRACASSO (so) *m.* Fracaso. *fig.* Fracaso, mal éxito.
FRACIONAMENTO *m.* Fraccionamiento.
FRACIONAR *v. tr.* Fraccionar. *v. r.* Dividirse.
FRACIONÁRIO, RIA *adj.* Fraccionario.
FRACO, CA *adj.* Flaco, flojo, débil, endeble, sin fuerza, sin vigor para resistir, de débil voluntad. *m.* Flaco (defecto moral, debilidad o afición predominante).
FRADAÇO (so) *m.* Frailote.
FRADALHADA (lla) *f.* Frailería.
FRADALHÃO (lláum) *m.* Frailote. Frailuco.
FRADARIA (ría) *f.* Lo mismmo que FADALHADA.
FRADAR-SE *v. r.* Enfrailarse.
FRADE *m.* Fraile, religioso. Fraile (mogote de piedra).
FRADEIRO, RA *adj.* Frailero (muy apasioando por los frailes).
FRADEJAR (jar) *v. intr.* Intrigar, enredar como fraile.
FRADESCO, CA *adj.* Frailesco, frailengo, fraileño, frailero.
FRADICE *f.* Frailada.
FRADINHO (ño) *m.* Especie de habichuelas o judías.
FRAGA *f.* Fraga, breñal.
FRAGAL *adj.* Fragoso, lleno de breñas. *m.* Lo mismo que FRAGUEDO.
FRAGALHO (llo) *m.* Lo mismo que FRANGALHO.
FRAGATA *f.* *Mar.* Fragata. *Zool.* Rabihorcado, fragata.
FRAGATIM *m.* Lo mismo que BERGANTIM.
FRÁGIL (jil) *adj.* Frágil, qubradizo. *fig.* Frágil, perecedero, caduco; que peca fácilmente por no saber dominar sus pasiones.
FRAGILIDADE (ji) *f.* Fragilidad.
FRAGMENTAÇÃO (sáum) *f.* Fragmentación.
FRAGMENTAR *v. tr.* Fragmentar. Ú. t. c. r.
FRAGMENTÁRIO, RIA *adj.* Fragmentario.
FRAGMENTO *m.* Fragmento, parte, porción, pedazo, trozo, añico.

FRAGOR *m.* Fragor, ruido, estruendo.
FRAGOROSO, SA (rozo, òza) *adj.* Fragoroso, fragoso, ruidoso, estrepitoso.
FRAGOSIDADE (zi) *f.* Fragosidad.
FRAGOSO, SA (gozo, òza) *adj.* Fragoso, lleno de breñas.
FRAGRÂNCIA (grán) *f.* Fragancia.
FRAGRANTE *adj.* Fragante.
FRÁGUA *f.* Fragua, forja. Lo mismo que FORNALHA.
FRAGUAR *v. tr.* Forjar, fraguar. *fig.* Amargar, causar aflicción.
FRAGUEDO *m.* Breñal, peñascal. Peñasco.
FRAGUEIRO, RA *adj.* Que anda por fragas y breñales. Que tiene una vida llena de trabajos. Incansable; rude, áspero; independiente.
FRAGURA *f.* Fragosidad, fragura.
FRALDA *f.* Falda, faldón, halda. Falda (de los montes). Pañal. Saya. — *do mar.* Orilla del mar, la playa.
FRALDEIRO, RA *adj.* Lo mismo que FRALDIQUEIRO.
FRALDEJAR (jar) *v. intr.* Andar por la falda de un monte. Enseñar las enaguas al caminar.
FRALDELIM *m.* Faldellín. Saya; enagua.
FRALDIQUEIRO, RA *adj.* Faldero (en todas las acepciones de esta voz).
FRAMBOESA (za) *f.* Frambuesa.
FRAMBOESEIRO, RA (zei) *m.* y *f.* *Bot.* Frambueso.
FRANCALETE *m.* Francalete (correa que lleva una hebilla en un extremo).
FRANÇAS *f. pl.* Ramas (las más altas) de un árbol.
FRANCELA (cé) *f.* Lo mismo que QUEIJEIRA.
FRANCELHO (llo) *m.* Mesa empleada en la fabricación del queso. El que tiene exagerada afición a las cosas francesas, o abusa de galicismos en su lenguaje.
FRANCÊS, CESA (cés, ceza) *adj.* y *s.* Francés. *m.* Francés (lengua francesa). À —. *m. adv.* A la francesa.
FRANCESEAR (zear) *v. intr.* Chapurrar el francés.
FRANCESIA (zía) *f.* Franchutería.
FRANCESISMO (zis) *m.* Lo mismo que FRANCESIA. Galicismo, francesismo.
FRANCHADO, DA (cha) *adj.* *Blas.* Dividido en frange (el escudo).
FRANCHINOTE (chinó) *m.* Franchute, franchote. Lo mismo que PERALVILHO.
FRÂNCICA (frán) *f.* Segur.
FRANCISCANO, NA *adj.* y *s.* Franciscano. *f.* Orden de San Francisco.
FRANCO, CA *adj.* Franco (en todas sus acepciones).
FRANCÓFILO, LA (cò) *adj.* y *s.* Francófilo, amigo de los franceses.
FRANCÓFOBO, BA (cò) *adj.* y *s.* Enemigo de los franceses.
FRANDULAGEM (jem) *f.* Fruslería. Farándula.
FRANGA *f.* Polla.
FRANGALHAR (llar) *v. tr.* Lo mismo que ESFRANGALHAR.
FRANGALHO (llo) *m.* Arambel, guiñapo; harapo, andrajo, jirón.
FRANGALHONA (llo) *f.* Mujer andrajosa o desaliñada.
FRANGANITO *m.* Polluelo. Pollito.
FRANGANOTE (nò) *m.* Muchacho, pollo.
FRANGÃO (gáum) *m.* Pollo.
FRANGER (jer) *v. tr.* Frangir, partir en pedazos. Lo mismo que FRANZIR.
FRANGIBILIDADE (ji) *f.* Frangibilidad.
FRANGIR (jir) *v. tr.* Lo mismo que FRANZIR.
FRANGÍVEL (ji) *adj.* Frangible.
FRANGO, GA *m.* Pollo. *fig.* Pollo, muchacho, persona de poca edad.
FRANGOLHO (llo) *m.* Frangollo.
FRANGOTE (gò) *m.* Polluelo. *fig.* Pollo, muchachuelo.
FRANGUINHA (ña) *f.* Polluela.
FRANGUINHO (ño) *m.* Polluelo.
FRANJA (ja) *f.* Franja. Fleco. Flecos (cabello recortado que las mujeres se dejan a veces sobre la frente) (*Amer.*).
FRANJADO, DA (ja) *adj.* Guarnecido de franjas o flecos.

FRANJAR (jar) *v. tr.* Franjear, franjar, guarnecer con flecos. Lo mismo que ARREBICAR.
FRANQUEAR *v. tr.* Franquear (en todas las acepciones de esta voz).
FRANQUEÁVEL *adj.* Franqueable.
FRANQUEIRO, RA *adj.* *Bras.* Dícese del ganado bovino que tiene cuernos muy largos. *m. Bras.* Buey que tiene los cuernos muy largos.
FRANQUEZA (za) *f.* Franqueza.
FRANQUIA (quía) *f.* Franquicia. Acción de franquear. Sello de correo. Franquía.
FRANQUISQUE *m.* Segur.
FRANZIDO, DA (zi) *adj.* P. p. de *Franzir.* Fruncido. *m.* Frunce, fruncido.
FRANZIMENTO (zi) *m.* Fruncimiento (acción de fruncir).
FRANZINO, NA (zi) *adj.* Cenceño, flaco, delgado, débil; tenue, delicado.
FRANZIR (zir) *v. tr.* Fruncir.
FRAQUE *m.* Frac, fraque.
FRAQUEAR *v. intr.* Lo mismo que
FRAQUEJAR (jar) *v. intr.* Flaquear, debilitarse, perder la fuerza o energía. *fig.* Flaquear, decaer de ánimo, aflojar, ceder.
FRAQUETE *adj.* Algo flojo, débil o flaco.
FRAQUEZA (za) *f.* Flaqueza (extenuación; falta de fuerzas; fragilidad, debilidad, desliz).
FRASCARIA (ría) *f.* Cantidad de frascos. *fig.* Calidad de
FRASCÁRIO, RIA *adj. fam.* Libertino, disoluto.
FRASCO *m.* Frasco (vasija; su contenido).
FRASE (ze) *f.* Frase. — *feita.* Frase hecha. *Fazer* — s. *fr. fam.* Gastar frases.
FRASEADO, DA *adj.* P. p. de *Frasear.* Dispuesto en frases. *m.* Frase (modo peculiar de expresión).
FRASEAR (zear) *v. tr.* Frasear, formar frases.
FRASEOLOGIA (zeolojía) *f.* Fraseología.
FRASQUEIRA *f.* Frasquera.
FRASQUEIRO, RA *adj.* Lo mismo que FRASCÁRIO.
FRATERNAL *adj.* Fraternal, propio de hermanos.
FRATERNIDADE *f.* Fraternidad. Hermandad.
FRATERNIZAÇÃO (zasáum) *f.* Acción y efecto de
FRATERNIZAR (zar) *v. intr.* Fraternizar (unirse fraternalmente, tratarse como hermanos; simpatizar) *v. tr.* Unir con amistad íntima.
FRATERNO, NA (tèr) *adj.* Fraterno.
FRATRICIDA *adj.* y *s. m.* Fratricida.
FRATRICÍDIO *m.* Fratricidio.
FRATURA *f.* Fractura. *geol.* Fractura.
FRATURAR *v. tr.* Fracturar.
FRAUDAÇÃO (sáum) *f.* Defraudación.
FRAUDADOR, RA *adj.* y *s.* Defraudador.
FRAUDAR *v. tr.* Defraudar; cometer fraude, engañar.
FRAUDÁVEL *adj.* Susceptible de fraude.
FRAUDE *f.* Fraude, engaño, dolo. Contravención. Contrabando.
FRAUDENTO, TA *adj.* Lo mismo que FRAUDULENTO.
FRAUDULENTO, TA *adj.* Fraudulento, engañoso, falaz.
FRAUDULOSO, SA (lozo, òza) *adj.* Lo mismo que FRAUDULENTO.
FRAUTA *f.* Lo mismo que FLAUTA.
FRAUTEIRO *m.* Flautista, flauta.
FRECHA (frècha) *f.* Lo mismo que FLECHA.
FRECHADA (cha) *f.* Lo mismo que FLECHADA.
FRECHAL (chal) *m.* *Carp.* Viga (del techo).
FRECHAR (char) *v. tr.* Lo mismo que FLECHAR.
FRECHARIA (charía) *f.* Lo mismo que FLECHARIA.
FRECHEIRA (chei) *f.* Flechera; saetera.
FRECHEIRO (chei) *m.* Lo mismo que FLECHEIRO.
FREEIRO *m.* Frenero.
FREGE (frèje) *m.* *Bras.* Gresca (trapatiesta, zipezape; bulla, jarana). *Bras.* Pulpería; tasca, taberna; fonda.
FREGE-MOSCAS (frèje) *m. Bras.* Pulpería; tasca, taberna; fonda.
FREGISTA (jis) *adj. Bras.* Lo mismo que BADERNEIRO. *m. Bras.* Pulpero, tabernero, fondista; dueño de un *Frege-moscas.*
FREGUÊS (gués) *m.* Parroquiano, feligrés. Parroquiano, cliente. *Bras.* Individuo, sujeto, persona.

FREGUESIA (zia) *f.* Feligresía. Parroquia (territorio). Parroquia (conjunto de personas que acuden a surtirse de una misma tienda, que se sirven del mismo zapatero, del mismo sastre, etc.).
FREI *m.* Fray.
FREIMÃO (máum) *m.* Flemón.
FREIO *m.* Freno (en todas sus acepciones).
FREIRA *f.* Monja, religiosa.
FREIRE *m.* Fraile.
FREIRIA (ría) *f.* Monasterio o orden de monjas.
FREIRICE *f.* Modales o actos propios de monja.
FREIRINHA (ña) *f. dim.* de *Freira*. Monjita. Novicia.
FREIXAL (*ch*al) *m.* Fresneda.
FREIXO (*ch*o) *m. Bot.* Fresno.
FREMEBUNDO, DA *adj.* Temblante, tremente, trémulo, agitado.
FREMENTE *adj.* Lo mismo que FREMEBUNDO.
FREMIR *v. intr.* Bramar. Temblar. Estremecerse. Hacer un ruido sordo. Murmurar. Conmoverse.
FRÊMITO (fré) *f.* Fremito. Estremecimiento. Vibración. Susurro. Temblor.
FRENAÇÃO (sáum) *f.* Enfrenamiento.
FRENAR *v. tr.* Enfrenar, frenar. *fig.* Refrenar.
FRENESI (zí) *m.* Frenesí, vesania. Frenesí (violenta exaltación del ánimo).
FRENÉTICO, CA (nè) *adj.* Frenético.
FRÊNICO, CA (frè) *adj.* Frénico.
FRENOLOGIA (jía) *f.* Frenología.
FRENOLOGISTA (jis) *m.* Frenologista.
FRENÓLOGO (nò) *m.* Frenólogo.
FRENOPATIA (tía) *f.* Frenopatía.
FRENTE *f.* Frente, fachada, cara. Frente, anverso, cara. Frente, cara, rostro. Vanguardia. Delantera. Frente (parte delantera de cualquier cosa). *Mil.* Frente. *Em —. m. adv.* Frente, en frente, enfrente; delante. *À —. m. adv.* Adelante, delante de. *fazer —. fr.* Hacer cara, hacer frente, oponerse, resistir. *— a —. m. adv.* Cara a cara, frente a frente.
FREQUÊNCIA (cuén) *f.* Frecuencia.
FREQÜENTAÇÃO (cuentasáum) *f.* Frecuentación.
FREQÜENTADOR, RA (cuen) *adj. y s.* Frecuentador.
FREQÜENTAR (cuen) *v. tr.* Frecuentar.
FREQÜENTATIVO, VA (cuen) *adj. Gram.* Frecuentativo.
FREQÜENTE (cuen) *adj.* Frecuente.
FREQÜENTEMENTE (cuen) *adv. m.* Frecuentemente.
FRESCA *f.* Fresco, fresca (frío moderado y agradable; frescura). *À —. m. adv.* En trajes ligeros.
FRESCATA *f.* Caminata, paseo por el campo. *À —. m. adv.* En trajes ligeros.
FRESCO, CA *adj.* Fresco (moderadamente frío, reciente, acabado de hacer, de coger, de suceder, etc.; dícese del viento; rollizo y de buen color). Vigoroso; lozano; fuerte, robusto. *m.* Fresco, fresca, frescura. *Pint.* Fresco.
FRESCOR *m.* Frescor, frescura, fresco.
FRESE (frèze) *f.* Avellanador; fresa (gal.).
FRESQUIDÃO (dáum) *f.* Frescor, frescura.
FRESSURA (su) *f.* Asadura (conjunto de las entrañas del animal; hígado y bofes); achura (*Amer.*).
FRESSUREIRO (su) *m.* Hombre que vende asaduras.
FRESTA (frès) *f.* Lumbrera; ventana estrecha y alta. Hendidura, hendedura. Grieta. Resquicio, o cualquiera otra hendedura pequeña. Portillo.
FRESTADO, DA *adj.* Que tiene *Frestas*.
FRETADO, DA *adj. P. p.* de *Fretar.* Fletado.
FRETADOR *m.* Fletador.
FRETAGEM (jem) *f.* Fletamento (acción de fletar). *Com.* Fletamento.
FRETAMENTO *m.* Fletamento (acción de fletar).
FRETAR *v. tr.* Fletar. Cargar.
FRETE (frè) *m.* Flete. Carga, cargamento. Transporte.
FRETEJAR (jar) *v. intr.* Esportear.
FRETENIR *v. intr.* Cantar (la cigarra).
FREVO *m. Bras. Pernamb.* y *Alag.* Holgorio, bulla, concurrencia numerosa de gente que baila y canta en el carnaval. Música y baile para tal fiesta.
FRIABILIDADE *f.* Friabilidad.
FRIAGEM (*j*em) *f.* Frialdad, frío atmosférico.

FRIALDADE *f.* Frialdad.
FRIAMENTE *adv. m.* Fríamente.
FRIÁVEL *adj.* Friable, que se desmenuza con facilidad.
FRICÇÃO (sáum) *f.* Fricción. Friega. Fricación.
FRICCIONAR *v. tr.* Friccionar, fregar, estregar, refregar.
FRIEIRA *f.* Sabañón; friera.
FRIEZA (za) *f.* Frialdad. Frigidez.
FRIGIDEIRA (ji) *f.* Sartén.
FRIGIDEZ (ji) *f.* Frigidez; frialdad.
FRÍGIDO, DA (ji) *adj.* Frío, frígido. Helado.
FRÍGIO, GIA (jio) *adj. y s.* Frigio. *Barrete —.* Gorro frigio.
FRIGIR (jir) *v. r.* Freír. *fig.* Freír, mortificar, encocorar. *fig.* Pedir con frecuencia e importunidad, molestar. *No — dos ovos. loc. adv. fig. fam.* Al freír de los huevos.
FRIGORÍFERO, RA *adj.* Frigorífico que produce enfriamiento. *m.* Frigorífero. Aparato frigorífico.
FRIGORIFICAR *v. intr.* Producir el frío. *v. tr.* Poner en el frigorífero para conservar (alimentos).
FRIGORÍFICO, CA *adj.* Frigorífico. *m.* Frigorífero, frigorífico. Aparato frigorífico.
FRINCHA (cha) *f.* Lo mismo que FENDA.
FRINGILÍDEOS (ji) *m. pl. Zool.* Fringílidos.
FRIO, A *adj.* Frío. *m.* Frío. Frialdad, frieza. *A —. m. adv.* Fríamente.
FRIOLEIRA *f.* Friolera. Necedad, asnería.
FRIORENTO, TA *adj.* Friolento.
FRISA (za) *f.* Frisa (tela de lana). *Mar.* Frisa. Friso.
FRISADO, DA (za) *adj. P. p.* de *Frisar.* Rizado, encrespado. Frisado. *m.* Pelo rizado.
FRISADOR (za) *m.* Encrespador (instrumento para encrespar o rizar el pelo). Frisador.
FRISAGEM (za) *f.* Rizamiento. Frizaje.
FRISANTE (zan) *adj.* Peremptorio, decisivo, terminante, concluyente.
FRISAR (zar) *v. tr.* Encrespar, rizar. Frisar (un tejido). Poner frisos. *fig.* Subrayar, recalcar, acentuar. Resaltar. *v. intr.* Asemejarse. Frisar, acercarse, rayar.
FRISO (zo) *m. Arq.* Friso.
FRITA *f.* Frita (cocción de materias para fabricar el vidrio; tiempo que dura esta operación). Fritura, fritada.
FRITADA *f.* Fritada, fritura.
FRITALHADA (lla) *f.* Fritura abundante pero mal hecha.
FRITAR *v. intr.* Freír.
FRITO, TA *adj. P. p. irreg.* de *Frigir* y *Fritar.* Frito. *m.* Frito, fritura.
FRITURA *f.* Fritura, fritada.
FRIURA *f.* Frialdad.
FRIVOLIDADE *f.* Frivolidad.
FRÍVOLO, LA *adj.* Frívolo, ligero, inconstante, insubstancial, fútil, baladí, de poca monta.
FROCADURA *f.* Flocadura (guarnición de flecos).
FROCO (frò) *m.* Fleco. Copo (de materia textil; de nieve).
FRONDAR *v. intr. Bras.* Lo mismo que FRONDEJAR.
FRONDE *f.* Frondas, fronda, ramaje, copa.
FRONDEAR *v. intr.* Lo mismo que FRONDEJAR.
FRONDEJANTE (jan) *adj.* Frondoso.
FRONDEJAR (jar) *v. intr.* Frondosearse. *v. tr.* Frondosear.
FRONDENTE *adj.* Frondoso; copado, coposo.
FRONDESCÊNCIA (cén) *f.* Frondescencia.
FRONDESCER *v. intr.* Frondosearse.
FRONDOSIDADE (zi) *f.* Frondosidad.
FRONDOSO, SA (dozo, òza) *adj.* Frondoso, coposo, copado.
FRONHA (ña) *f.* Funda (de almohada).
FRONTAL *adj.* Frontal. *m. Anat.* Frontal. Frontal (paramento).
FRONTALEIRA *f.* Frontalera (de altar).
FRONTÃO (táum) *f. Arq.* Frontón. *Bras.* Frontón (edificio o lugar propio para jugar a la pelota).
FRONTARIA (ría) *f.* Fachada, delantera de un edificio, frontispicio.
FRONTE *f.* Frente (parte superior de la cara, comprendida entre una y otra sien). Fachada, frente, frontispicio, delantera de un edificio. Cabeza.

FRONTEIRA *f.* Frontera.
FRONTEIRIÇO, ÇA (so) *adj.* Fronterizo (que esta en la frontera).
FRONTEIRO, RA *adj.* Frontero, situado enfrente. Fronterizo, que está enfrente de alguna cosa.
FRONTISPÍCIO *m.* Frontispicio (fachada de un edificio; portada de un libro). *fig.* Frontispicio, cara, rostro.
FROTA (frò) *f.* Flota.
FROUXEL (*ch*èl) *m.* Flojel (pelusilla o plumón fino de las aves).
FROUXEZA (cheza) *f.* Flojedad.
FROUXIDÃO (dáum) *f.* Flojedad.
FROUXO, XA (*ch*o) *adj.* Flojo. *m.* Flujo. *— de riso.* Flujo de risa.
FRUFRU *m.* Susurro (de las hojas, de las sedas, etc.).
FRUGAL *adj.* Frugal, parco en comer y beber. Que se alimenta de frutas. *fig.* Moderado, templado.
FRUGALIDADE *f.* Frugalidad.
FRUGÍFERO, RA (ji) *adj.* Frugífero.
FRUGÍVORO, RA (ji) *adj.* Frugívoro.
FRUIÇÃO (sáum) *f.* Fruición, goce.
FRUIR *v. intr.* Disfrutar. *v. tr.*
FRUMENTAÇÃO (sáum) *f.* Frumentación.
FRUSTO, TA *adj. Arq.* Frusto, frustro.
FRUSTRAÇÃO (sáum) *f.* Frustración.
FRUSTRAR *v. tr.* Frustrar. *v. r.* Frustrarse.
FRUTA *f.* Fruta (fruto comestible).
FRUTEAR *v. intr.* Fructificar. Dar fruto.
FRUTEIRA *f.* Frutero (plato para servir la fruta). Árbol frutal. Frutera (vendedora de frutas).
FRUTEIRO, RA *adj.* Frutal. Fructífero. *m.* Frutero (vendedor de frutas; plato para servir la fruta).
FRUTESCÊNCIA (cén) *f. Bot.* Fructificación.
FRUTESCENTE *adj. Bot.* Frutescente.
FRUTICOSO, SA (cozo, òza) *adj. Bot.* Frutescente.
FRUTICULTOR *m.* Cultivador de árboles frutales.
FRUTICULTURA *f.* Cultura de árboles frutales.
FRUTÍFERO, RA *adj.* Fructífero, que produce fruto. Frutal.
FRUTIFICAÇÃO (sáum) *f.* Fructificación.
FRUTIFICAR *v. tr.* Fructificar. *fig.* Fructificar (producir utilidad una cosa).
FRUTO *m.* Fruto (en todas sus acepciones).
FRUTUÁRIO, RIA *adj.* Fructuario. Fértil, fecundo; provechoso; fructífero.
FRUTUOSO, SA (tuozo, òza) *adj.* Fructuoso.
FUBÁ *m.* Harina de maíz o de arroz.
FUBECA (bè) *f. Bras.* Zurra. Derrota.
FUBECAR *v. intr. Bras.* Zurrar. Derrotar.
FUÇA (sa) *f. fam.* Hocico (cara; las narices).
FÚCSIA *f. Bot.* Fucsia.
FUEIRO *m.* Adral; estandorio.
FUGA *f.* Huída, escape, fuga. Fuga, salida, escape accidental de un fluído. *Mús.* Fuga.
FUGACIDADE *f.* Fugacidad.
FUGAR *v. tr. Mús.* Componer fugas. Poner en fuga, ahuyentar. *v. r.* Huir, escaparse.
FUGAZ *adj.* Fugaz, muy poco duradero, que desaparece con rapidez.
FÚGIDA (ji) *f.* Huída, fuga, escape.
FUGIDIÇO, ÇA (jidiso, sa) *adj.* Lo mismo que
FUGIDIO, DIA (jidío) *adj.* Huidizo. *poét.* Fúgido. Fugaz. Esquivo. Fugitivo (que pasa muy aprisa).
FUGIR *v. intr.* Huir. *v. r.* Huir, escaparse, escabullirse. *v. tr.* Huir, evitar.
FUGITIVO, VA (ji) *adj.* Fugitivo (que huye). Ú. *t. c. s.*
FUINHA (ña) *f. Bot.* Garduña, fuina. *m.* y *f.* Persona avarienta. Persona muy flaca. Persona chismosa. *pl.* Persona flaca y mezquina.
FUJÃO, JONA (jáum, jona) *adj.* Dícese del que acostumbra huir.
FULA *f.* Prisa. Ampolla. Copia, cantidad. Fula (operación de sombrerería). *Etnol.* Fula. *adj. Bras.* Furioso, encolerizado. Fulo, la. (*Amer.*).
FULANO *m.* Fulano.
FULCRO *m. Mec.* y *Bot.* Fulcro.
FULGÊNCIA (jén) *f.* Fulgencia, fulgor.
FULGENTE (jen) *adj.* Fulgente, brillante, resplandeciente, esplendente.
FÚLGIDO, DA (ji) *adj.* Fúlgido, fulgente, resplandeciente.
FULGIR (jir) *v. intr.* Fulgir, brillar, resplandecer.

FULGOR *m.* Fulgor, resplandor, brillo propio.
FULGURAÇÃO (sáum) *f.* Fulguración.
FULGURÂNCIA (rán) *f.* Calidad de fulgurante.
FULGURANTE *adj.* Fulgurante, que fulgura. *Med.* Fulgurante.
FULGURAR *v. intr.* Fulgurar, brillar, resplandecer, despedir rayos luminosos.
FULGURITE *f. Miner.* Fulgurita.
FULHEIRA (llei) *f.* Fullería (trampa cometida en el juego).
FULHEIRO, RA (llei) *adj. y s.* Fullero (dícese de quen hace fullería o trampas en el juego).
FÚLIGEM (jem) *f.* Hollín.
FULIGINOSO, SA (jinozo, òza) *adj.* Fuliginoso (semejante al hollín; denegrido, tiznado, obscurecido).
FULMINAÇÃO (sáum) *f.* Fulminación.
FULMINANTE *adj.* Fulminante. *m.* Fulminante
FULMINAR *v. tr.* Fulminar (en todas sus acepciones).
FULMINATO *m. Quím.* Fulminato.
FULO, LA *adj. Bras.* Fulo (que cambia de color por fuerte pásion del ánimo) (*Amer.*). — *de raiva.* Fulo de rabia. (*Amer.*), muy rabioso o encolerizado.
FULVO, VA *adj.* Leonado, aleonado, rubio obscuro.
FUMAÇA (sa) *f.* Humaza, humazo, humareda, humarada, humarazo. Fumada (porción de humo que se fuma de una vez). *fig.* Humo, vanidad, presunción, altivez. *Bras.* Humo.
FUMACEIRA *f.* Humaza, humareda, humarazo.
FUMADA *f.* Ahumada, humada. Fumada (porción de humo que se fuma de una vez).
FUMADOR, RA *adj. y s.* Fumador (que fuma habitualmente).
FUMAGEM (jem) *f.* Ahumadura.
FUMANTE *adj.* Fumante. *m.* Fumador.
FUMAR *v. intr.* Fumar (aspirar y arrojar el humo del tabaco). Ú. t. c. tr. Ahumear. Humear. *Salão de* —. Fumadero.
FUMARADA *f.* Humarada, humareda, fumarada.
FUMARAR *v. intr.* Humear.
FUMARENTO, TA *adj.* Humoso (que echa de sí humo).
FUMÁRIA *f. Bot.* Fumaria.
FUMAROLA (rò) *f.* Fumarola.
FUMÁVEL *adj.* Fumable.
FUMEAR *v. intr.* Lo mismo que FUMEGAR.
FUMEGANTE *adj.* Humeante.
FUMEGAR *v. intr.* Humear (arrojar humo; hechar de sí un vaho o vapor que se parece al humo). *v. tr.* Exhalar.
FUMEIRO *m.* Humero (cañón de chiminea). Humarada, humareda. Habitación en que se ahuma las carnes; humero (*prov. de Salamanca*). *Carne de* —. Carne ahumada.
FUMIGAÇÃO (sáum) *f.* Fumigación.
FUMIGAR *v. tr.* Fumigar. Sahumar.
FUMIGATÓRIO, RIA (tó) *adj.* Fumigatorio. *m.* Fumigación.
FUMISTA *m.* Fumador.
FUMO *m.* Humo. tabaco; tabaco de humo. Faja de gasa negra (señal de luto) *fig.* Humo, vanidad, presunción, altivez.
FUMOSIDADE (zi) *f.* Humosidad, fumosidad.
FUMOSO, SA (mozo, òza) *adj.* Humoso. *fig.* Vanidoso.
FUNAMBULESCO, CA *adj.* Funambulesco. *fig.* Extravagante.
FUNÂMBULO (náum) *m.* Volatinero, funámbulo.
FUNÇANATA (sa) *f.* Holgorio, jarana, parranda; comilona, comilitona.
FUNÇÃO (sáum) *f.* Función (en todas sus acepciones).
FUNCHAL (*ch*al) *m.* Hinojal.
FUNCHO (*ch*o) *m.* Hinojo (planta umbelífera).
FUNCIONAL *adj.* Funcional.
FUNCIONALISMO *m.* La clase de los funcionarios o empleados públicos.
FUNCIONAMENTO *m.* Funcionamiento.
FUNCIONAR *v. intr.* Funcionar.
FUNCIONÁRIO *m.* Funcionario, empleado público. Empleado, dependiente.

FUNDA *f.* Honda. Braga, braguero (aparato para contener las quebraduras).
FUNDAÇÃO (sáum) *f.* Fundación. Cimiento. Dotación o renta con que se funda alguna cosa. Establecimiento o instituto fundado con esta dotación.
FUNDADO, DA *adj. P. p.* de *Fundar.* Fundado. Basado, apoyado, fundamentado.
FUNDADOR, RA *adj. y s.* Fundador.
FUNDAGEM (jem) *f.* Heces, sedimento, poso.
FUNDAMENTADO, DA *adj. P. p.* de *Fundamentar.* Fundamentado, basado, apoyado.
FUNDAMENTAL *adj.* Fundamental.
FUNDAMENTAR *v. tr.* Fundamentar. *fig.* Fundamentar, fundar, basar, apoyar. Ú. t. c. r.
FUNDAMENTE *adv. m.* Hondamente. Profundamente.
FUNDAMENTO *m.* Fundamento, principio, base, o cimiento de un edificio. Fundamento (razón o motivo principal en que se basa una cosa; raíz, principio, origen).
FUNDÃO (dáum) *m. Bras.* Yermo, terreno inhabitado y lejano. Hondón (lugar profundo rodeado de terrenos más altos).
FUNDAR *v. tr.* Fundar (edificar, construir; erigir, instituir; establecer, crear; apoyar, basar; cifrar, hacer consistir algo en una cosa) *v. r.* Fundarse.
FUNDEADO, DA *adj. P. p.* de *Fundear. Mar.* Fundeado, ancorado, anclado.
FUNDEAR *v. intr. Mar.* Fondear, dar fondo.
FUNDEIRO, RA *adj.* Que está en el hondo, o más abajo de otros. *m.* Fabricante de hondas o bragueros. Hondero, fundibulario.
FUNDIBULÁRIO *m.* Fundibulario, hondero.
FUNDÍBULO *m.* Fundíbulo.
FUNDIÇÃO (sáum) *f.* Fundición (acción de fundir; fábrica en que se funden metales).
FUNDIDOR *m.* Fundidor.
FUNDILHOS (llos) *m., pl.* Fondillos. Ú. t. c. sing.
FUNDIR *v. tr.* Fundir. Ú. t. c. r. Vaciar (echar en un molde metal derretido para formar un objeto). Derrochar, disipar. *v. r.* Fundirse, unirse, aunarse intereses, ideas, etc. Fundirse, derretirse, liquidarse. *fig.* Arruinarse; fundirse (*Amer.*).
FUNDISMO *m.* Borra (de la lana).
FUNDÍVEL *adj.* Fundible.
FUNDO, DA *adj.* Hondo (que tíene profundidad; dícese del terreno que está más bajo que todo lo circundante; intenso, extremado; profundo, alto, recóndito). Profundo (que tiene el fondo distante de la boca de la cavidad; más cavado que lo regular; que pentra mucho o vá hasta dentro). *Bras.* Ignorante. *m.* Fondo. Hondo. Hondura, profundidad. Fondo, caudal, patrimonio, hacienda, bienes. *fig.* Fondo (lo esencial de una cosa; caudal de sabiduría, de virtud, etc.). *pl.* Fondos, caudales, dinero. —*s públicos.* Fondos públicos. *A* —. *m. adv.* A fondo, entera y perfectamente. Profundamente. *Dar* —. Dar fondo, fondear. *adv. m.* Hondamente; profundamente.
FUNDURA *f.* Hondura, profundidad. *Bras. fam.* Inhabilidad, ignorancia.
FÚNEBRE *adj.* Fúnebre.
FUNERAL *adj.* Funeral. *m.* Funeral. Ú. t. en pl. *Em* —. *m. adv.* A la funerala.
FUNESTO, TA (nès) *adj.* Funesto, aciago; triste y desgraciado.
FUNGAR *v. tr.* Sorber por las narices. Tomar (hablando del rapé). Refunfuñar, rezongar, gruñir, Ú. t. c. intr. Olfatear rápidamente. *v. intr.* Sorberse los mocos. Lloriquear, gimotear.
FUNGÍVEL (jí) *adj.* Fungible.
FUNGO *m. Bot.* Hongo. *Med.* Fungo (excrecencia carnosa que sale en la piel o en ciertas membranas).
FUNGOSIDADE (zi) *f.* Fungosidad.
FUNGOSO, SA (gozo, òza) *adj.* Fungoso.
FUNICULAR *adj.* Funicular. Ú. t. c. s. *m.* Funicular.
FUNIL *m.* Embudo (instrumento).
FUNILARIA (ría) *f.* Hojalatería.
FUNILEIRO *m.* Hojalatero. Fabricante de embudos.
FURA-BOLOS (bò) *m. Bras.* Buscavidas (persona curiosa que se entromete en averiguar las vidas ajenas); entremetido.
FURA-BOLOS *m. fam.* El dedo índice.
FURACÃO (cáum) *m.* Huracán.

FURADO, DA *adj. P. p.* de *Furar.* Horadado, agujereado; perforado.
FURADOR *m.* Punzón (instrumento para abrir ojetes y para otros usos).
FURÃO (ráum) *m. Zool.* Hurón. *fig.* Hurón (persona averiguadora) *adj. Bras.* Diligente, trabajador; desenvuelto, desembarazado, expedito.
FURA-PAREDES *m.* Persona desenvuelta o expedita.
FURAR *v. tr.* Horadar, agujerear. Perforar. Penetrar. Atravesar. *v. intr.* Abrirse paso.
FURA-VIDAS *m. y f.* Buscavidas (persona diligente en buscarse el modo de vivir).
FURDUNÇO (so) *m. Bras.* Bullanga. Holgorio.
FURGÃO (gáum) *m.* Furgón.
FÚRIA *f.* Fúria, cólera, ira, rabia. *fig.* Furia. *pl. Mit.* Furias.
FURIBUNDO, DA *adj.* Furibundo, airado, colérico.
FURIOSO, SA (ozo, òza) *adj.* Furioso, airado, colérico; loco, peligroso; violento, terrible.
FURNA *f.* Caverna, gruta, cueva, hoya, subterraneo.
FURO *m.* Agujero. Perforación. Ojo, abertura. Hoyo.
FUROAR *v. tr.* Huronear, averiguar, escudriñar, procurar saber.
FURRIEL (rrièl) *m.* Furriel.
FURTACOR *adj.* Tornasolado, cambiante. *m.* Tornasol, cambiante, reflejo, viso.
FURTADELA (dè) *f.* Esguince (ademán de hurtar y torcer el cuerpo). *Ás* —*s. m. adv.* A hurtadillas, a hurto, a furto, furtivamente.
FURTADO, DA *adj. P. p.* de *Furtar.* Hurtado; robado.
FURTA-FOGO *m.* Lucero oculto. *Lanterna de* —. Linterna sorda, o flamenca.
FURTA-PASSO (so) *m. Equit.* Portante. *A* —. *m. adv.* Cautelosamente.
FURTAR *v. tr.* Hurtar Ú. t. c. intr. Hurtar, desviar, apartar. *v. r.* Furtarse, desviarse, ocultarse.
FURTIVO, VA *adj.* Furtivo, oculto.
FURTO *m.* Hurto (acción de hurtar; cosa hurtada). *A* —. *m. adv.* A hurto, a furto, a hurtadillas.
FURÚNCULO *m.* Furúnculo, divieso.
FURUNCULOSE (lòze) *f.* Furunculosis.
FURUNCULOSO, SA (lozo, òza) *adj.* Furunculoso, propenso a diviesos. Lleno de diviesos.
FUSA (za) *f. Mús.* Fusa.
FUSADA (za) *f.* Husada.
FUSÃO (záum) *f.* Fusión. *fig.* Fusión, unión.
FUSCO, CA *adj.* Fusco, obscuro. Hosco (del color de los indios y mulatos). *m. Bras.* — - —. El anochecer.
FUSEIRO (zei) *m.* Fabricante de husos.
FUSELADO, DA (se) *adj.* Fusiforme. Fuselado, fusado.
FUSELAGEM (zelaje) *f.* Fuselaje.
FUSIBILIDADE (zi) *f.* Fusibilidad.
FÚSIL (zil) *adj.* Fúsil, fusible.
FUSÍVEL (zi) *adj.* Fusible.
FUSSAR (sar) *v. intr.* Lo mismo que FOSSAR.
FUSTÃO (táum) *m.* Fustán, fustaño.
FUSTE *m. Arq.* Fuste. *Bot.* Fuste. Fuste, vara, palo.
FUSTIGAÇÃO (sáum) *f.* Fustigación, azotamiento.
FUSTIGAR *v. tr.* Fustigar, azotar.
FUTEBOL (bòl) *m.* Fútbol.
FÚTIL *adj.* Fútil, de poca entidad, frívolo.
FUTILIDADE *f.* Futileza, futilidad.
FUTILIZAR (zar) *v. intr.* Decir cosas fútiles, tratar de futilezas. *v. tr.* Querer volver fútil, tratar con poca importancia.
FUTRICA *f.* Lo mismo que BAIUCA. Trebejos, cachivaches. *Bras. fig.* Entremo, trama, intriga. *m. Bras.* Sujeto sin importancia.
FUTRICAR *v. tr.* Rebajar, depreciar. Revolver. Enredar, intrigar. Entremeterse. Negociar, hacer trampas.
FUTURA *f. Bras.* Futura, novia, prometida.
FUTURAÇÃO (sáum) *f.* Conjetura, suposición. Acción de *Futurar.*
FUTURAMENTE *adv. m.* De futuro.
FUTURAR *v. tr.* Suponer, conjeturar, imaginar, figurarse. *v. intr.* Pronosticar.
FUTURIÇÃO (sáum) *f.* Existencia de lo que está por venir. Futuro, la vida futura.
FUTURIDADE *f.* Calidad de la cosa futura. Futuro (tiempo futuro, porvenir).

FUTURISMO *m.* Futurismo.

FUTURISTA *adj.* y *s.* Futurista.

FUTURO, RA *adj.* Futuro, venidero, acaecedero. *m. Gram.* Futuro. Futuro, porvenir. *fam.* Futuro, novio, prometido.

FUTUROSO, SA (rozo, òza) *adj.* Que tiene un buen futuro; prometedor, de buen aguero.

FUXICAR (*ch*i) *v. tr.* Lo mismo que AMARROTAR. *Bras.* Enredar, intrigar, embrollar. Chismear, murmurar. Frangollar, chapucear. Hilvanar.

FUXICO (*ch*i) *m. Bras.* Enredo, intriga, embrollo. Chisme, cuento.

FUZIL (*zi*l) *m.* Fusil (arma de fuego). Relámpago. Eslabón (de cadena; hierro acerado con que se saca fuego del pedernal). *fig.* Lazo, unión.

FUZILAÇÃO (*zi*lasáum) *f.* Fusilamiento. Chispa que salta del pedernal.

FUZILADA (*zi*) *f.* Fusilazo. Relámpagos lejanos.

FUZILADO, DA (*zi*) *adj. P. p.* de *Fuzilar.* Fusilado.

FUZILAMENTO (*zi*) *m.* Fusilamiento.

FUZILAR (*zi*) *v. tr.* Fusilar. Relampaguear. *fig.* Relampaguear (arrojar luz o brillar mucho con algunas intermisiones. Dícese frecuentemente de los ojos).

FUZILARIA (zilaría) *f.* Fusilcría, fusilazos.

FUZILEIRO (*zi*) *m.* Fusilero. — *naval.* Soldado de marina.

FUZILHÃO (zilláum) *m.* Clavillo (de hebilla).

FUZUÊ (zuè) *m. Bras.* Barullo, bulla, bullanga, camorra, contienda.

G (je) *m.* Sétima letra y quinta consonante del abecedario portugués.

GABAÇÃO (sáum) *f.* Alabanza, elogio. Alabanza, alabamiento, jactancia (acción de alabarse o jactarse).

GABADOR, RA *adj.* Alabador. Alabancero, lisonjero, adulador.

GABAMENTO *m.* Lo mismo que GABAÇÃO.

GABÃO (báum) *m.* Gabán.

GABAR *v. tr.* Alabar, elogiar, celebrar con palavras. Jactar. Lisonjear, adular. *v. r.* Alabarse, jactarse, vanagloriarse.

GABARDINE *f.* Gabardina, sobretodo de tela impermeabilizada.

GABARITO *m.* Gálibo. *Mar.* Plantilla, gálibo. Plantilla (tabla o plancha que sirve de patrón).

GABAROLA (rò) *m.* y *f.* Lo mismo que

GABAROLAS (rò) *m.* y *f.* Jactansioso, alabanciero.

GABARRA *f. Mar.* Gabarra (embarcación de vela).

GABARRO *m. Vet.* Gabarro, tumor en el casco de las caballerías.

GABIÃO (biáum) *m. Fort.* Gavión. Cestón, canasto.

GABINETE *m.* Gabinete (aposento; ministerio). Despacho; escritorio.

GABOLA (bò) *m.* y *f.* Lo mismo que

GABOLAS (bò) *m.* y *f.* Lo mismo que GABAROLAS.

GABOLICE *f.* Jactancia; alabanza (acción de alabarse).

GACHETA (che) *f.* Lo mismo que GAXETA.

GADANHA (ña) *f.* Guadaña. Cacillo, chucharón.

GADANHEIRA (ñei) *f.* Segadora (máquina).

GADANHO (ño) *m.* Garra (de ave de rapiña) Uña. Rastrillo. *pl. Germ.* Las manos.

GADARIA (ría) *f. Bras.* Ganadería (copia de ganado).

GADELHA (lla) *f.* Lo mismo que GUEDELHA.

GADELHUDO, DA (llu) *adj.* Lo mismo que GUEDELHUDO.

GADO *m.* Ganado.

GAFA *f.* Gafedad. Roña. Sarna de ciertos animales.

GAFANHOTO (ño) *m.* Langosta (insecto).

GAFE *f.* Torpeza; acto o palabra cursi.

GAFEIRA *f.* Gafeda. Roña. Sarna de algunos animales. *ant.* Lepra.

GAFEIRENTO, TA *adj.* Lo mismo que

GAFEIROSO, SA (rozo, òza) *adj.* Lo mismo que

GAFENTO, TA *adj.* Gafo (que padece gafedad). Roñoso, sarnoso.

GAFO, FA *adj.* Lo mismo que GAFEIRENTO. *fig.* Dañado, perverso, torcido. *m.* Lo mismo que GAFEIRA.

GAFORINA *f.* Greña, greñas (cabellera revuelta) Melena. Copete.

GAFORINHA (ña) *f. Bras.* Cabellera de negro.

GAGÁ *adj. gal.* Chocho, caduco, decrépito.

GAGO, GA *adj.* Tartamudo. Ú. t. c. s.

GAGUEIRA *f.* Tardamudez.

GAGUEJAR (jar) *v. tr.* Tartamudear. Ú. t. c. tr.

GAGUEZ *f.* Lo mismo que

GAGUICE *f.* Tartamudez.

GAIATADA *f.* Granujada, tunantería, tunantada, pillada, pillería. Travesura de muchachos, picardía. Conjunto de pilluelos, granujas o tunantes.

GAIATAR *v. intr.* Granujear; pillear; tunantear.

GAIATICE *f.* Lo mismo que GAIATADA (1ª y 2ª aceps.).

GAIATO, TA *adj.* Pícaro, malicioso, alegre; travieso. *m.* Pícaro, pilluelo, granuja; tunante.

GAIO, IA *adj.* Gayo, alegre, vistoso. *Verde* —. Verde claro. *m.* Grajo.

GAIOLA (ò) *f.* Jaula; gayola (para animales pequeños). *m. Bras.* Barco vapor que navega en el Amazonas.

GAIOLEIRO *m.* Fabricante o vendedor de jaulas para animales pequeños.

GAITA *f.* Gaita. *Bras. merid.* Acordeón. *Bras. Minas Gerais.* Chasco, burla. *Bras. Rio de Janeiro. fam.* Plata, dinero. — *de foles.* Cornamusa; gaita gallega.

GAITADA *f.* Sonido de gaíta. *Bras.* Carcajada.

GAITEAR *v. intr.* Tocar la gaita. *v. tr.* Tocar en la gaita, ejecutar. *fig.* Tocar mal.

GAITEIRO, RA *adj.* Gaitero, ridículo, alegre, excesivamente chistoso. *m.* Gaitero (persona que toca la gaita).

GAIVAGEM (jem) *f.* Zanja para avenamiento.

GAIVAR *v. tr.* Avenar, drenar, abrir zanjas.

GAIVOTA (vò) *f. Zool.* Gaviota.

GAJEIRO (jei) *m. Mar.* Gaviero.

GAJO, JA *adj.* Bribón, pícaro. *m.* Tipo, sujeto, tío, individuo.

GALA *f.* Gala, vestido rico, vistoso y lucido. Pompa, lucimiento. Fiesta nacional. Ostentación, jactancia. *De* —. *loc.* De gala.

GALA *f.* Galladura.

GALÃ (lán) *m.* Galán (actor; hombre de buena presencia; el que galantea a una mujer).

GALACRISTA *f. Bot.* Gallocresta.

GALACTITA *f.* Galactite, galactites, galactita.

GALACTOSE (tòze) *f. Físiol.* Galactosis.

GALADURA *f.* Galladura. Acción de gallar o gallear (cubrir el gallo a las gallinas).

GALANEAR *v. intr.* Vestirse galanamente.

GALANICE *f.* Galanura, gala, donaire, gracia, gentileza, elegancia.

GALANTARIA (ría) *f.* Galantería. Galanteo.

GALANTE *adj.* Galano. Galante.

GALANTEADOR, RA *adj.* Galanteador. Ú. t. c. s.

GALANTEAR *v. tr.* Galantear; cortejar.

GALANTEIO *m.* Galanteo.

GALANTINA *f.* Galantina.

GALÃO (láum) *m.* Galón (cinta de seda, o de hilo de oro o plata, que se aplica a una prenda como guarnición o adorno). *Mil.* Galón. *Mar.* Galón. Galón (medida inglesa para líquidos).

GALÁPAGO *m. Vet.* Galápago (enfermedad que suelen padecer las bestias en la parte delantera del casco).

GALAR *v. tr.* Gallar, gallear (cubrir el gallo a las gallinas).

GALARDÃO (dáum) *m.* Galardón, premio o recompensa.

GALARDOAR *v. tr.* Galardonar, premiar o recompensar.

GALARIM *m.* El doble de una puesta (en el juego). Gallarín. La cumbre. Opulencia, grandeza.

GALÁXIA *f. Astr.* Galaxia, vía láctea.

GALDROPE (drò) *m. Mar.* Galdrope.

GALÉ (lè) *f.* Galea, galera (embarcación). *Impr.* Galera. *m.* Galeote. *pl.* Galeras (pena de servir remando en las galeras). Forzados, penados.

GALEÃO (leáum) *m. Mar.* Galeón (bajel grande de vela). *Impr.* Galera grande.

GALEAR *v. intr.* Vestirse galanamente. *Mar.* Balancearse.

GALEGA *f. Bot.* Galeta.

GALEGADA *f.* Gallegada (multitud de gallegos). *Bras. Despect.* Multitud de portugueses. *Bras.* Acción propia de gallegos o portugueses (gallegada).

GALEGO, GA *adj.* y *s.* Gallego (natural de Galícia). *Bras. despect.* Portugués (natural de Portugal; portugués que se traslada al Brasil).

GALENA *f.* Galena (sulfuro natural de plomo).

GALENITA *f.* Lo mismo que GALENA.

GALENO *m. fam.* Galeno, médico.

GALEOTA (ò) *f.* Galeota (galera menor). *Bras.* Especie de embarcación del Amazonas.

GALEOTE (ò) *m.* Galeota. Galeote (remador forzado en las galeras).

GALERA (lè) *f.* Galera (embarcación). *Min.* Galera; horno.

GALERIA (ría) *f.* Gelería (pieza larga y espaciosa, adornada de mucha ventanas, o sotenida por pilares; corredor decubierto o con vidrieras; colección de pinturas; camino subterráneo que se hace en las minas; paraíso de los teatros; público que concurre al paraíso de los teatros).

GALÉS, ESA (lés, leza) *adj* y *s.* Galés, sa.

GALGA *f.* Galga (hembra del galgo). Galga (volandera o muela del molino de aceite).

GALGAR *v. tr.* Transponer, trasponer. Saltar. Trepar, subir a un lugar alto (en sentido recto y fig.).

GALGO *m.* Galgo, perro galgo. *adj. Bras. merid.* Hambriento.

GALHA (lla) *f.* Agalla.

GALHADA (lla) *f.* Las astas o cuernos de los rumiantes. *Bras.* Ramada, ramaje de los árboles.

GALHADURA (lla) *f.* Lo mismo que GALHADA (1ª acep.).

GALHARDA (llar) *f.* Gallarda (danza).

GALHARDETE (llar) *m.* Gallardete.

GALHARDIA (llardía) *f.* Gallardía (bizzarría, desenfado, garbo y apostura; esfuerzo, arresto, valor).

GALHETA (lle) *f.* Vinagrera.

GALHETEIRO (lle) *m.* Vinagreras, angarillas.

GALHO (llo) *m.* Rama de los árboles. Cuerno o asta de los rumiantes.

GALHOFA (llò) *f.* Broma, burla, vaya. Chanza. Holgorio.

GALHOFAR (llo) *v. intr.* Divertirse ruidosamente. Burlarse, dar vaya; chancear, gastar chanzas o bromas.

GALHOFEIRO, RA (llo) *adj.* Chancero (aficionado a gastar chanzas o bromas). Ú. t. c. s.

GALHUDO, DA (llu) *adj.* Que tiene ramas, ramoso. Que tiene astas largas.

GALICIPARLA *m.* Galiparlista, galiparlante.

GALICISMO *m.* Galicismo.

GALICISTA *m.* Galicista. Galiparlista.

GÁLICO, CA *adj.* y *s.* Gálico. *m.* Gálico, sífilis.

GALILEU, LÉIA (lèi) *adj.* y *s.* Galileo, ea.

GALIMATIAS (tías) *m.* Galimatías.

GALINÁCEO, EA *adj.* Gallináceo, galináceo.

GALINHA (ña) *f.* Gallina. *com.* *fig.* Gallina (persona cobarde).

GALINHEIRO (ñei) *m.* Gallinero (persona que trata de gallinas). Gallinero (lugar donde las aves de corral se crían y se recogen a dormir). Galería, paraíso (de los teatros).

GALINHOLA (ñò) *f.* Chocha, gallineta, becada.

GALIPARLA *f.* Galiparlista, galicista.

GALIPÓDIO (pò) *m.* Galipote.

GALO *m.* Gallo (ave). Gallo (pez marino). *fig.* Gallo (hombre fuerte, valiente; el que todo lo manda o lo quiere mandar). *fam.* Chichón (bulto producido por un golpe). *adj.* Galo (natural de la Galia). U. t. c. s. *Missa do* —. Misa del gallo.

GALOCHA (lècha) *f.* Chanclo (zapato de goma en que entra el pie calzado). Galocha.

GALOCRISTA *f. Bot.* Gallocresta.

GALONAR *v. tr.* Galonear (adornar con galones).

GALOPADA *f.* Galopada (carrera del caballo que sale a galope).

GALOPANTE *adj.* Galopante, que galopa. Galopante (dícese de la tisis aguda que termina en breve tiempo por la muerte).

GALOPAR *v. intr.* Galopar (ir a galope una cabalgadura; montar la cabalgadura que va a galope).

GALOPE (lò) *m. Equit.* Galope. Galop (danza húngara y su música); galopa (*Amer.*).

GALOPEAR *v. intr.* Galopear, galopar.

GALOPIM *m.* Galopín. Galopillo.

GALPÃO (páum) *m, Bras.* Cobertizo, barraca, tinglado; galpón (*Amer.*).

GALRÃO, RA (ráum, rán) *adj.* u *s.* Parlanchín, hablanchín, hablador.

GALRAR *v. intr.* Parlar. Baladronear.

GALVÂNICO, CA (vá) *adj. Fís.* Galvánico.

GALVANISMO *m. Fís.* Galvanismo.

GALVANIZAÇÃO (zasáum) *f.* Galvanización.

GALVANIZAR (zar) *v. tr.* Galvanizar. *fig.* Electrizar; exaltar, inflamar el ánimo. *fig.* Reanimar, dar vida.

GALVANOGRAFIA (fía) *f. Fís.* Galvanografía.

GAMA *f.* Gamma (tercera letra del alfabeto griego. *Mus.* Gama. *Ópt.* y *Pint.* Gama (serie gradual de colores). *fig.* Serie de ideas, teorías, etc.

GAMADA *adj.* Gammada (cruz).

GAMÃO (máum) *m.* Chaquete (juego). *Bot.* Gamón.

GAMARRA *f.* Gamarra (correa que va de la cincha a la muserola).

GAMBÁ *m. Zool.* Didelfo; zarigüeya.

GAMBETA *f.Bras.* Esguince, gambeta (*Amer.*).

GAMBETEAR *v. intr. Bras.* Hacer esguince. Gambetear (*Amer.*).

GAMBETEIRO, RA *adj.Bras.* Gambetero. (*Amer.*).

GÁMBIA (gám) *f. pop.* Pierna. *Dar às* —*s. fr.* Tomar las Villadiego.

GAMBIARRA *f.* Rampa superior de luces (en el palco escénico).

GAMBITO *m.* Gambito (lance del ajedrez).

GAMBOA *f.* Gamboa (variedad de membrillo).

GAMBOEIRO *m. Bot.* Gamboa (variedad de membrillero).

GAMELA (mè) *f.* Gamella, hortera, cuenca.

GAMELADA *f.* Gamellada (lo que cabe en una gamella).

GAMELEIRA *f. Bot.* Gameleira (árbol de Brasil).

GAMENHO, NHA (ño, ña) *adj.* Lechuguino. Ú. t. c. s.

GAMETA *m.* Gameta, gameto.

GAMETO *m.* Lo mismo que GAMETA.

GAMO *m. Zool.* Gamo.

GANA *f.* Gana, apetito. Hambre. Daseo de hacer mal.

GANÂNCIA (nán) *f.* Ganancia ilícita. Ambición de ganar. Ganancia, provecho. Usura, ganancia (fruto que se saca de una cosa, especialmente cuando es excesivo).

GANANCIOSO, SA (ozo, òza) *adj.* Ganancioso, usurero, que obtiene lucro desmedido.

GANCHEADO, DA (chea) *adj.* Ganchudo (de figura de gancho).

GANCHO (cho) *m.* Gancho (instrumento corvo y puntiagudo, propio para prender o colgar cosas). Garabato.

GANCHOSO, SA (chozo, òza) *adj.* Ganchoso (que tiene gancho o es semejante a él).

GANDAIA *f.* Busca de las basuras. Tuna, tunería, holgazanería, gandaya, brida. *À* —. *loc.* A la gandaya. *fig.* A la buena de Dios.

GANDAIAR *v. intr.* Buscar alguna cosa entre las basuras. Tunar, holgazanear, andar a la gandaya.

GANDULAR *v. intr.* Gandulear, holgazanear, vagabundear.

GANDULO, LA *adj. Bras.* Gandul.

GANGA *f. Min.* Ganga. Tejido de algodón de India.

GÂNGLIO (gán) *m. Anat.* Ganglio. Ganglión.

GANGLIONAR *adj.* Ganglionar.

GANGORRA *f. Bras.* Juego de muchachos que consiste en balancearse sobre una tabla apoyada en su centro. Esta tabla.

GANGOSA (góza) *f.* Rinofaringitis.

GANGRENA *f.* Gangrena.

GANGRENAR *v. tr.* Producir gangrena. Corromper, echar a perder, dañar. *v. r.* Gangrenarse. *v. intr.* Gangrenarse.

GANGRENOSO, SA (nozo, òza) *adj.* Gangrenoso. Que tiene gangrena.

GANHADOR, RA (ña) *adj.* Ganador, que gana. Ú. t. c. s. *m.* Trabajador, mozo de cordel, ganapán.

GANHANÇA (ñansa) *f. pop.* Ganancia.

GANHÃO (ñáum) *m.* Mozo de cordel, trabajador, obrero, ganapán.

GANHA-PÃO (ña-paum) *m.* Trabajo, medio de subsistencia.

GANHA-PERDE (ña-pèr) *m.* Ganapierde.

GANHAR (ñar) *v. tr.* Ganar (en todas las acepciones de esta voz).

GANHÁVEL (ña) *adj.* Ganable.

GANHO (ño) *m.* Ganancia, lucro, provecho, utilidad, lo que se gana.

GANIDO *m.* Gañido (aullido del perro cuando se queja).

GANIR *v. intr.* Gañir (aullar el perro cuando se queja).

GANJA (ja) *f. Bras.* Vanidad, presunción.

GANSÃO (sáum) *m. Bras.* Lo mismo que GUARÁ.

GANZÁ (za) *m. Bras.* Instrumento músico compuesto de una caja de hojalata con mango y llena de piedritas.

GARABULHA (lla) *f.* Garbullo, confusión. Lo mismo que GARATUJA. *m.* Enredador, intrigante.

GARABULHAR (llar) *v. tr.* Lo mismo que GARATUJAR.

GARAFUNHO (ño) *m.* Lo mismo que GARATUJA.

GARAGE (je) *f. gal.* Cochera de automóviles; garaje, garage. (*gal.*).

GARAGISTA (jis) *m. Bras.* Proprietario de un garaje o cochera de automóviles.

GARANÇA (sa) *f. Bot.* Granza, rubia (planta tintórea).

GARANÇAR (sar) *v. tr.* Teñir con rubia o granza.

GARANCEIRA *f.* Rubial.

GARANHÃO (ñáum) *m.* Garañón. *fig.* Hombre mujeriego; garañón (*Amer.*).

GARANTE *m.* Garante, fiador.

GARANTIA (tía) *f.* Garantía. Causión; fianza.

GARANTIDAMENTE *adv. m.* Garantizadamente.

GARANTIDO, DA *adj. P. p.* de *Garantir.* Garantizado, garantido.

GARANTIDOR, RA *adj.* Garantizador.

GARANTIR *v. tr.* Garantizar, garantir. Afianzar. Afirmar, asegurar.

GARAPA *f. Bras.* Aguamiel. Refresco de frutas. Jugo de la caña. Cualquier líquido que se pone a fermentar. Jugo de la caña de azúcar.

GARATUJA (ja) *f.* Lo mismo que ESGAR. Gabarato, escarabajo; garrapato. Ú. m. en pl.

GARATUJAR (jar) *v. intr.* Garabatear, garrapatear, hacer garrapatos. Ú. t. c. tr.

GARAVANÇO (so) *m.* Horquilla (para limpiar el trigo en la era).

GRAVATO *m.* Garabato, gancho, garfio.

GARAVETO *m.* Lo mismo que GRAVETO.

GARAVUNHA (ña) *f.* Lo mismo que GARATUJA.

GARBO *m.* Garbo (gallardía, gentileza, aire, buen porte; gracia; donaire; bizarría, desprendimiento).

GARBOSIDADE (zi) *f.* Calidad de garboso; garbo, gallardía.

GARBOSO, SA (bozo, òza) *adj.* Garboso, gentil, gallardo, airoso, de buen porte.

GARÇA (sa) *f. Zool.* Garza.

GARÇÃO (sáum) *m.* Mozo de café o restaurante.

GARCEIRO, RA *adj.* Garcero.

GARÇO, ÇA (so, sa) *adj.* Garzo.

GARÇON (son) *m.* (palabra francesa) Lo mismo que GARÇÃO.

GARÇOTA (sò) *f. Zool.* Garzota. Garceta.

GARDÉNIA (dé) *f.* Gardenia (planta y flor).

GARE *f. gal.* Estación; andén.

GARFADA *f.* Lo que se coge de una vez con el tenedor.

GARFAR *v. tr.* Revolver con la horca o horquilla. Pinchar con el garfio. Mecer con el tenedor. Garfear.

GARFO *m.* Tenedor (utensilio de mesa). Horca, horquilla. Garfio. Injerto de coronilla.

GARGALHADA (lla) *f.* Cacajada.

GARGALHADEAR (lla) *v. intr.* Lo mismo que GARGALHAR.

GARGALHAR (llar) *v. intr.* Dar carcajadas, reír a carcajadas.

GARGALHEIRA (llei) *f.* Collar (aro metálico que se ponía al cuello de los esclavos. Collar (que se pone a los perros).

GARGALHO (llo) *m.* Gargajo.

GARGALO *m.* Cuello (parte superior y más estrecha de una vasija).

GARGANTA *f. Anat.* Garganta (parte anterior del cuello; fauces; angostura de montes, ríos, etc.). *m. Bras.* Fanfarrón. Ú. t. c. adj.

GARGANTÃO, TONA (táum) *adj.* y *s.* Comilón, glotón, tragón.

GARGANTEAÇÃO (sáum) *f.* Garganteo.

GARGANTEADO, DA *adj. P. p.* de *Gargantear.* Garganteado; que hace quiebros o gorgoritos. *m.* Quiebro, gorgorito. *m.* Quiebro, gorgorito; garganteo.

GARGANTEAR *v. intr.* Gargantear (cantar haciendo quiebros o gorgoritos).

GARGANTEIO *m.* Garganteo, quiebro, gorgorito.

GARGANTILHA (lla) *f.* Gargantilla.

GARGANTUA (gán) *m.* Glotón, comilón, tragón. Gargantúa.

GARGAREJAR (jar) *v. tr.* Gargarizar.

GARGAREJO (jo) *m.* Gárgara.

GÁRGULA *f.* Gárgola.

GARIMPAGEM (jem) *f.* Acción de

GARIMPAR *v. intr. Bras.* Buscar diamantes y oro en el cascajo; buscar metales y piedras preciosas. *ant.* Buscar diamantes furtivamente.

GARIMPEIRO *m. Bras.* El que busca metales y piedras preciosas. El que busca diamantes y oro en el cascajo. Trabajador en las minas de diamantes. *ant.* El que buscaba diamantes furtivamente.

GARIMPO *m. Bras.* Mina de diamantes. Sitio donde se encuentra. Nombre que se daba a la explotación furtiva del diamante y del oro. Sitio donde están las minas de oro y de diamantes.

GARLINDÉU (dèu) *m. Mar.* Motón, garrucha de madera.

GARLOPA (lò) *f. Carp.* Garlopa.

GARNACHA (cha) *f.* Garnacha (vestidura talar).

GARNACHO (cho) *m.* Lo mismo que GABÃO.

GAROA *f. Bras.* Llovizna.

GAROAR *v. intr. Bras.* Lloviznar.

GAROTADA *f.* Pillada, bribonada. Muchachada. Granujería.

GAROTAR *v. intr.* Gandulear, holgazanear, tunar, pillear.

GAROTO *m.* Pillo. Granuja. Niño, muchacho. Galopín. *adj.* Travieso; pillo.

GAROUPA *f.* Nombre que se da a distintas especies de peces.

GARRA *f.* Garra (de las bestias o aves de rapiña). *fig.* Uñas; dedos; manos; garra.

GARRAFA *f. Bot.* Botella. — *de Leyde.* Botella de Leiden.

GARRAFADA *f.* Botella (el líquido que una botella puede contener). Botellazo.

GARRAFAL *adj.* De figura de botella. Muy grande, exorbitante, garrafal (dícese de la letra grande y muy legible).

GARRAFÃO (fáum) *m. aum.* de *Garrafa.* Botellón, garrafón. Damajuana.

GARRAFARIA (ría) *f.* Calidad de botellas. Lo mismo que

GARRAFEIRA *f.* Frasquera.

GARRANCHO (cho) *m.* Rama torcida de árbol. Lo mismo que GRAVETO. Garrancho. Garabato, garrapato, escarabajo (rasgo y letra mal formados). *Vet.* Enfermedad en los cascos de las bestias.

GARRANCHOSO, SA (chozo, òza) *adj.* Garrapatoso. Torcido.

GARRANO *m.* Jaca (caballo). *fig.* Bellaco.

GARRÃO (rráum) *m. Bras. merid.* Garrón (extremo de la pata de los cuadrúpedos). Calcañar.

GARRAR *v. intr. Mar.* Garrar, garrear.

GARRIDICE *f.* Gallardía, galantería, elegancia, coquetería.

GARRIDISMO *m.* Lo mismo que GARRIDICE.

GARRIDO, DA *adj.* Garrido, galano. Galante, gallardo, apuesto. Afectado en sus adornos, lechuguino. Alegre.

GARRO, RRA *adj.* Leproso; sarnoso. *m.* Lo mismo que SARRO.

GARROCHA (rrocha) *f.* Garrocha.

GARROCHADA (cha) *f.* Garrochazo, garrochada.

GARROCHAR (char) *v. tr.* Agarrochar, garrochear.

GARROTAR *v. tr.* Agarrotar, dar garrote.

GARROTE (rrò) *m.* Garrote.

GARROTILHO (llo) *m.* Garrotillo.

GARRUCHA (cha) *f.* Garruncha, polea. *Mar.* Garrucho. *Bras.* Trabuco (arma de fuego).

GARRULAR *v. intr.* Charlar, parlar.

GARRULICE *f.* Garrulería, charla, parla, palabrería, charlatanería. Garrulidad.

GÁRRULO, LA *adj.* y *s.* Gárrulo.

GARRUNCHO (cho) *m. Mar.* Garrucho.

GARUA *f. Bras.* Lo mismo que GAROA.

GARUAR *v. intr. Bras.* Lo mismo que GAROAR.

GARUPA *f.* Grupa. Grupera.

GÁS *m.* Gas.

GASCÃO, CÃ (cáum, cán) *adj.* y *s.* Gascón.

GASEIFICAÇÃO (zeificasáum) *f.* Gasificación.

GASEIFICAR (zeí) *v. tr.* Gasificar. Ú. t. c. r.

GASEIFICÁVEL (zeí) *adj.* Gasificable.

GASEIFORME (zeifòr) *adj.* Gaseiforme, gasiforme.

GASGANETE *m.* Lo mismo que GASNETE.

GASNATE *m.* Lo mismo que

GASNETE *m.* Gaznate, garguero, garganta.

GASOGÉNIO (sojé) *m.* Gasógeno (aparato para obtener gases).

GASOLIÑA (zo) *f.* Gasolina; nafta (*Amer.*).

GASÓMETRO (zó) *m.* Gasómetro.

GASOSA (zóza) *f.* Gaseosa (bebida).

GASOSO, SA (zozo, òza) *adj.* Gaseoso.

GASPARINHO (ño) *m. Bras.* Lo mismo que

GASPARINO *m. Bras.* Quinto, fracción (de billete de lotería).

GÁSPEA *f.* Pala (del zapato).

GASTADOR, RA *adj.* Gastador, que gasta; derrochador.

GASTAR *v. tr.* Gastar. *v. r.* Gastarse.

GASTÁVEL *adj.* Gastable.

GASTO *m.* Gasto.

GASTRALGIA (jía) *f.* Gastralgia, gasteralgia.

GATRONOMIA (mía) *f.* Gastronomía.

GRASTRÔNOMO (tró) *m.* Gastrónomo.

GATA *f.* Gata (hembra del gato) *Mar.* Mesana (vela que va entre el juanete de mesana y la vela de mesana).

GATAFUNHAR (ñar) *v. tr.* Lo mismo que GARATUJAR.

GATAFUNHO (ño) *m.* Lo mismo que GARATUJA.

GATARIA (ría) *f.* Gatería, concurrencia de gatos.

GATARRÃO (rráum) *m. aum.* de *Gato.*

GATAS (DE) *m. adv.* A gatas (en cuatro pies). A —. *m. adv. Bras. merid.* Apenas; a gatas. (*argent.*).

GATÁZIO (zio) *m.* Garra, uñas, dedos, la mano.

GATEADO, DA *adj. Bras.* Gateado.

GATEAR *v. tr.* Unir con grapas o gatos. *v. intr.* Gatear, andar a gatas.

GATEIRA *f.* Gatera.

GATEIRO, RA *adj.* Que es amigo de gatos. Ú. t. c. s.

GATILHO (llo) *m.* Gatillo, disparador (de las armas de fuego).

GATIMANHOS (ños) *m. pl.* Gestos, monerías.

GATIMONHA (ña) *f. Bras.* Lo mismo que GATIMONHOS.

GATIMÓNIAS (mó) *f. pl.* Lo mismo que GATIMONHOS.

GATINHA (ña) *f. dim.* de *Gata.* De —*s. m. adv.* A gatas, en cuatro pies.

GATO *m.* Gato. Grapa, gato. *Mar.* Garfio. *Fazer — sapato de alguém fr.* Burlarse de alguno, tratarle con desprecio.

GATORRO *m.* Lo mismo que GATARRÃO.

GATUM *adj.* Gatuno, gatesco.

GATUNAGEM (jem) *f.* Partida de ladrones; vida de rateros. Estafa, trampa; robo.

GATUNAR *v. intr.* Robar; hurtar.

GATUNICE *f.* Acción propia de ladrón o ratero. Robo; hurto.

GATUNO, NA *adj.* y *s.* Ladrón, ratero.

GATURAMO *m. Bras.* Nombre común de varios pájaros tanágridos.

GAUCHADA (gaúchá*da*) *f. Bras.* Multitud de gauchos. Gauchada, hazaña propia de gauchos (*Amer.*).

GAUCHAR (gaúchár) *v. intr. Bras.* Practicar el gaucho sus costumbres; gauchar. (*Amer.*).

GAUCHESCO, CA (gaúchésco) *adj. Bras.* Gauchesco.

GAÚCHO (gaúcho) *m. Bras.* Gaucho (campesino del Río de la Plata y del sur del Brasil) *adj.* y *s.* Natural del Estado del Río Grande del Sur (Brasil).

GAUDÉRIO (dè) *adj.* Gaucho, vagabundo (hablando de perros). Holgazán, vagabundo. *m.* Holgorio.

GÁUDIO *m.* Gozo, alegría, regocijo.

GAULÊS, ESA (lés, leza) *adj.* y *s.* Galo, natural de la Galia.

GÁVEA *f. Mar.* Gavia. Cofa.

GAVETA *f.* Cajón (de un mueble).

GAVIÃO (viáum) *m.* Gavilán (ave rapaz).

GAVIETE *m. Mar.* Gaviete.

GAVINHA (ña) *f. Bot.* Zarcillo. Ú. t. en pl.

GAVOTA (vó) *f.* Gavota (baile).

GAXETA (che) *f. Mar.* Tomador (gajeta larga con que se acaban de aforrar las velas. Gajeta para distintos usos).

GAZA (za) *f.* Lo mismo que

GAZE (ze) *f.* Gala (tela de seda o hilo muy clara y sutil).

GAZEAR (zear) *v. intr.* Cantar (la garza, la golondrina). Hacer novillos, dejar uno de asistir a alguna parte contra lo debido, y principalmente faltar a la escuela o al trabajo por ir a divertirse.

GAZEIO (zei) *m.* Acción de hacer novillos. Canto de la garza, o de la golondrina.

GAZELA (zè) *f. Zool.* Gacela.

GAZETA (ze) *f.* Gaceta (periódico, publicación periódica). Falta a la aula.

GAZETEIRO (ze) *m. despect.* Periodista. Gacetero.

GAZETILHA (zetilla) *f.* Gacetilla, cetín.

GAZETILHISTA (zetillis) *m.* Gacetillero.

GAZOLA (zó) *f.* Lo mismo que ALCARAVÃO.

GAZUA (zúa) *f.* Ganzúa.

GEADA (jea) *f.* Escarcha, helada blanca, helada.

GEAR (jear) *v. intr.* Escarchar; helar. *v. tr.* Helar, congelar.

GEBA (jé) *f.* Corcova, joroba, giba.

GEBO, BA (jé) *adj.* Gibado, corcovado, jorobado, giboso. *m.* Sujeto andrajoso.

GEBOSO, SA (jebozo, òza) *adj.* Lo mismo que GEBO.

GEENA (jee) *f.* Gehena, el infierno, el averno.

GEIRA (jei) *f.* Fanega de tierra, fanegada.

GÊISER (jeizer) *m.* Géiser.

GELADA (je) *f.* Helada, escarcha; rocío.

GELADEIRA (je) *f.* Heladera.

GELADO, DA (je) *adj. P. p.* de *Gelar.* Helado. Helado (muy frío; sobrecogido, pasmado; frío, esquivo, desdeñoso) *m.* Helado (bebida congelada). Helado, sorbete. *Bras.* Refresco.

GELADOR, RA (je) *adj.* Helador.

GELAR (je) *v. tr.* Helar, congelar. *v. intr.* Helar, helarse. *v. r.* Helarse. *intr.* y *r.* Helarse (ponerse yerta o muy fría una cosa o persona).

GELATINA (je) *f.* Gelatina.

GELATINOSO, SA (jelatinozo, òza) *adj.* Gelatinoso.

GELÉIA (jelèia) *f.* Jalea.

GELEIRA (je) *f.* Helero. Heladora.

GELEIRO (je) *m. Bras.* Fabricante o vendedor de hielo.

GÉLIDO, DA (jè) *adj.* Gélido, helado o muy frío.

GELO (jé) *m.* Hielo. *fig.* Hielo, frialdad en los afectos.

GELOSIA (jelozía) *f.* Celosía.

GEMA (je) *f.* Yema, gema (de las plantas). Yema (del huevo). Gema (cualquiera piedra preciosa) — *do dedo.* Yema del dedo. *Sal —.* Sal pedrés, o piedra, sal gema.

GEMAÇÃO (jemasáum) *f. Bot.* Gemación.

GEMADA (je) *f.* Yema (dulce). Yema mejida.

GEMAR (je) *v. tr.* Preparar con yemas de huevo. Injertar con yemas. *v. intr. Bot.* Gemificar, desarrollarse los abollones en las plantas.

GEMEBUNDO, DA (je) *adj.* Gemebundo, gemidor, que gime.

GEMEDOR, RA (je) *adj.* Gemidor, que gime.

GEMELHICAR (jemell) *v. intr.* Lo mismo que GEMICAR.

GEMELOS (jemèlos) *adj.* y *m. pl. Anat.* Gémelos (hablando de los músculos que concurren al movimiento de la pierna). Ú. t. c. s. m.

GEMENTE (je) *adj.* Gemidor, que gime.

GÊMEO, EA (jé) *adj.* Mellizo, gemelo. Ú. t. c. s. Gemelo (suele desirse de los elementos iguales que, apareados, cooperan a un fin). Gemelo (dícese de cada uno de los músculos que concurren al movimiento de la pierna). Ú. t. c. s. m. *pl.* Gemelos, géminis (signo del Zodíaco).

GEMER (je) *v. intr.* Gemir, quejarse.

GEMICAR (je) *v. intr.* Gimotear.

GEMIDO (je) *m.* Gemido, quejido.

GEMINAÇÃO (jeminasáum) *f.* Geminación. *Gram.* Acción de

GEMINAR (je) *v. intr.* Doblar (letras consonantes).

GÊMINO, NA (je) *adj.* Geminado, gemíneo.

GEMIPARIDADE (je) *f.* Gemiparidad.

GENCIANA (jen) *f. Bot.* Genciana.

GENDARMARIA (jendarmaria) *f.* Gendarmería.

GENDARME (jen) *m.* Gendarme.

GENEALOGIA (jenealojía) *f.* Genealogía.

GENEALÓGICO, CA (jenealójico) *adj.* Genealógico. *Árvore —a.* Árbol genealógico.

GENEBRA (jenè) *f.* Ginebra (bebida).

GENBRÉS, ESA (jenebrés, breza) *adj.* y *s.* Ginebrés, ginebrino.

GENEBRINO, NA (je) *adj.* y *s.* Ginebrino, ginebrés.

GENERAL (je) *m.* General (jefe superior de un ejército). — *de brigada.* General de brigada. — *de divisão.* General de división.

GENERALA (je) *f.* Generala (mujer del general; toque militar).

GENERALADO (je) *m.* Generalato.

GENERALÍCIO, CIA (je) *adj. Bras.* Perteneciente o relativo al general de um ejército.

GENERALIDADE (je) *f.* Generalidad.

GENERALÍSSIMO (jeneralísimo) *m.* Generalísimo.

GENERALIZAÇÃO (jeneralizasáum) *f.* Generalización.

GENERALIZAR (jeneralizar) *v. tr.* Generalizar. *v. r.* Hacerse general o común; propagarse.

GENERALIZÁVEL (jeneralizável) *adj.* Generalizable.

GENÉRICO, CA (jenè) *adj.* Genérico, común a muchas especies.

GÉNERO (je) *m.* Género (en todas las acecpciones de esta voz). *pl.* Géneros, mercancías, provisiones.

GENEROSIDADE (jenerozi) *f.* Generosidad, largueza, liberalidad; magnanimidad.

GENEROSO, SA (jenerozo, òza) *adj.* Generoso (magnánimo, liberal), dadivoso; dícese del vino fuerte, añejo y mejor elaborado que el común).

GÊNESE (jeneze) *f.* Génesis, producción, engendramiento, origen.

GENESÍACO, CA (jenezía) *adj.* Genesíaco.

GENÉSICO, CA (jenèzi) *adj.* Genésico

GÊNESIS (jé) *f.* Lo mismo que GÊNESE. *m.* Génesis (primer libro del Pentateuco de Moisés).

GENÉTICA (jenè) *f.* Genética.

GENGIBIRRA (jenji) *f. Bras.* Bebida hecha con jengibre.

GENGIBRE (jenji) *f. Bot.* Jengibre.

GENGIVA (jenji) *f.* Encía, gingiva.

GENGIVAL (jenji) *adj.* Gingival, perteneciente a las encías.

GENGIVITE (jenji) *f. Pat.* Encivitis, gingivitis.

GENIAL (je) *adj.* Genial, propio del genio.

GENIALIDADE (je) *f.* Genialidad.

GENICULAÇÃO (jeniculasáum) *f.* Geniculación (curvatura en forma de rodilla doblada).

GÊNIO (je) *m.* Genio (en todas las acepciones de esta voz).

GENIOSO, SA (jeniozo, òza) *adj.* Colérico, iracundo, de mal genio, rabioso, genioso. *(Amer.).*

GENITAL (je) *adj.* Genital, que sirve para la generación.

GENITIVO (je) *m. Gram.* Genitivo.

GENITOR (je) *m.* El que engendra, el padre.

GENITURA (je) *f.* Generación; origen.

GENOVÊS, ESA (jenovés, veza) *adj. y s.* Genovés.

GENRO (jen) *m.* Yerno.

GENTAÇA (jentasa) *f.* Lo mismo que

GENTALHA (jentalla) *f.* Gentualla, gentecilla, populacho.

GENTE (jen) *f.* Gente (en todas sus acepciones).

GENTIL (jen) *adj.* Gentil, gallardo, galán, gracioso. Gentil, noble, hidalgo, aristócrata. Urbano, cortés.

GENTILEZA (jentileza) *f.* Gentileza, urbanidad, cortesía; gallardía, bizarría; nobleza.

GENTIL-HOMEM (jentilomem) *m.* Gentilhombre.

GENTÍLICO, CA (jen) *adj.* Gentilicio; gentílico.

GENTILISMO (jen) *m.* Gentilidad, gentilismo.

GENTINHA (jentiña) *f.* Lo mismo que GENTALHA.

GENTIO (jentío) *m.* Gentil, idólatra, pagano. *fam.* Gentío (concurrencia de mucha gente en un sitio). *adj.* Gentil, idólatra, pagano.

GENUFLECTIR (je) *v. intr.* Doblar la rodilla, arrodilarse.

GENUFLEXÃO (jenuflexáum) *f.* Genufléxión (acción de arrodillarse o prosternarse).

GENUFLEXO, XA (jenuflè) *adj.* Arrodillado, prosternado.

GENUFEXÓRIO (jenuflexório) *m.* Reclinatorio, genuflexorio.

GENUÍNO, NA (jenúí) *adj.* Genuino, puro, natural, legítimo.

GEODÉSIA (jeodèzia) *f.* Geodesia.

GEOGRAFIA (jeografía) *f.* Geografía.

GEOGRÁFICO, CA (jeogràfi) *adj.* Geográfico.

GEÓGRAFO (jeò) *m.* Geógrafo.

GEOLOGIA (jcología) *f.* Geología.

GEOLÓGICO, CA (jeolòji) *adj.* Geológico.

GEÓLOGO (jeò) *m.* Geólogo.

GEÔMETRA (jeò) *m.* Geómetra.

GEOMETRAL (jeo) *adj.* Geometral, geométrico.

GEOMETRIA (jeometría) *f.* Geometría.

GEOMÉTRICO, CA (jeom) *adj.* Geométrico.

GEORAMA (jeo) *m.* Georama.

GEÓRGICA (jeòrjica) *f.* Geórgica. Ú. m. en pl.

GEÓRGICO, CA (jeòrji) *adj. y s.* Georgiano.

GERAÇÃO (jerasáum) *f.* Generación.

GERADOR, RA *adj.* Generador. *m.* Generador (caldera de las máquinas de vapor).

GERAL (je) *adj.* General, común.; frecuente, usual. *m.* General (el superior de una orden religiosa). *Em —. m. adv.* En general, por lo general.

GERÂNIO (jerá) *m. Bot.* Geranio.

GERAR (je) *v. tr.* Engendrar, producir. Desarrollar. *v. intr. y r.* Desarrollarse, engendrarse, nacer, formarse.

GERATRIZ (je) *adj.* Generadora, generatriz. *f.* La que engendra, la madre.

GERÊNCIA (jerén) *f.* Gerencia. Administración.

GERENTE (je) *m. Com.* Gerente. Ú. t. c. adj.

GERGELIM (jerje) *m. Bot.* Sésamo. Gergelino (especie de aceite que los indios sacan del sésamo).

GERIR (je) *v. tr.* Administrar, dirigir.

GERMANAR (jer) *v. tr.* lo mismo que IRMANAR.

GERMÂNICO, CA (ermá) *adj.* Germánico (perteneciente a la Germania; perteneciente o relativo a la Alemanha). Ú. t. c. s.

GERMANIZAÇÃO (jermanizasáum) *f.* Germanización.

GERMANIZAR (jermanizar) *v. tr.* Germanizar. *v. r.* Germanizarse.

GERMANO, NA (jer) *adj.* Germano, germánico. Germano (dícese del que es hermano de otro por parte de padre y madre). *fig.* Genuino.

GERMANÓFILO, LA (jermanò) *adj. y s.* Germanófilo (amigo o partidario de los alemanes).

GERME (jèr) *m.* Germen. Germen, principio, origen.

GERMICIDA (jer) *adj.* Que mata a gérmenes. Ú. t. c. s.

GERMINAÇÃO (jerminasáum) *f.* Germinación.

GERMINAL (jer) *adj.* Germinal. *m.* Germinal (séptimo mes del calendario republicano francés).

GERMINAR (jer) *v. intr.* Germinar (brotar, nacer las plantas; *fig.* brotar y desarrollarse ideias, sentimientos, etc.).

GERÚNDIO (je) *m. Gram.* Gerundio.

GESSAL (jesal) *m.* Yesar, yesal, cantera de yeso.

GESSAR (jesar) *v. tr.* Enyesar, enlucir; estucar, dar con estuco.

GESSEIRA (jesei) *f.* Yesera, yesar, yesal.

GESSEIRO (jesei) *m.* Yesero.

GESSO (jéso) *m.* Yeso.

GESTA (jès) *f.* Hechos señalados, hazañas, gesta *(ant.).*

GESTAÇÃO (jestasáum) *f.* Gestación.

GESTANTE (jes) *adj.* En estado de gestación.

GESTÃO (jestáum) *f.* Gerencia; administración; acción de *Gerir.*

GESTATÓRIO, RIA (jestatò) *adj.* Gestatorio.

GESTICULAÇÃO (jesticulasáum) *f.* Gesticulación.

GESTICULAR (jes) *v. intr.* Gesticular, hacer gestos. Hacer ademanes.

GESTO (jès) *m.* Ademán, movimiento. Gesto, expresión del rostro o semblante. Gesto, rostro, semblante. *fig.* Rasgo (acción gallarda y notable en cualquier concepto).

GESTOR (jes) *m.* Gestor, gestionador, agente; gerente.

GIBA (ji) *f.* Giba, corcova, joroba.

GIBÃO (jibáum) *m.* Jubón. *Zool.* Gibón.

GIBELINO, NA (ji) *adj. y s.* Gibelino.

GIBOSIDADE (jibozi) *f. Pat.* Gibosidad.

GIBOSO, SA (jibozo, òza) *adj.* Giboso, gibado, corcovado, jorobado.

GIESTA (jilès) *f. Bot.* Retama, hiniesta.

GIESTAL (jies) *m.* Retamar, retamal.

GIGA (ji) *f.* Giga (baile y música). Banasta.

GIGANTE (ji) *m.* Gigante. *adj.* Gigante, gigantesco.

GIGANTESCO, CA (ji) *adj.* Gigantesco, gigánteo.

GILBARBEIRA (jil) *f. Bot.* Brusco.

GILETE (jilè) *f. Bras.* Hoja de afeitar.

GILVAZ (jil) *m.* Chirlo (tajo en el rostro y cicatriz que deja).

GIM (jim) *m.* Ginebra (bebida).

GIMBRA *f.Bras.* Moneda, plata, dinero.

GINANDRIA (jinandría) *f. Bot.* Ginandria.

GINASIAL (jinazial) *adj.* Perteneciente o relativo al GINÁSIO.

GINÁSIO (jinázio) *m.* Gimnasio (sitio público destinado a ejercicios corporales; local destinado a la enseñanza).

GINASTA (ji) *m. y f.* Gimnasta.

GINÁSTICA (ji) *f.* Gimnasia.

GINÁSTICO, CA (ji) *adj.* Gimnástico.

GINECEU (ji) *m.* Gineceo. *Bot.* Gineceo.

GINECOLOGIA (jinecolojía) *f.* Ginecologia.

GINECOLÓGICO, CA (jenecolój) *adj.* Ginecológico.

GINCOLOGISTA (jinecolojis) *m.* Ginecologista, genecólogo.

GINETA (ji) *f.* Jineta (arte de montar a caballo).

GINETAÇO (jinetaso) *m. Bras. merid.* Jinetazo *(Amer.);* muy buen jinete.

GINETADO, DA (ji) *adj.* Montado a la jineta.

GINETE (ji) *m.* Jinete (caballo castizo y generozo). *ant.* Jinete (antiguo soldado de caballería). *Bras. merid.* Jinete el que es diestro en la equitación.

GINETEAR (ji) *v. intr. Bras.* Hacer empinarse el caballo. Montar como buen jinete. Embritarse el caballo.

GINGA (jin) *f.* Remo propio para singar.

GINGAÇÃO (jingasáum) *f.* Bamboneo, bamboleo. Contoneo.

GINGANTE (jin) *adj.* Que bambolea; que se contonea.

GINGAR (jin) *v. intr.* Bambonear, bambonearse, bambolear, bombolearse. Contonearse. *Mar.* Cinglar, cingar, singar.

GINGIBIRRA (jinji) *f.* Cerveza de jengibre. *Bras.* Aguardiente de caña, caña.

GINJA (jinja) *f.* Guinda (fruto del guindo).

GINJAL (jinjal) *m.* Guindalera, guindaleda.

GINJEIRA (jinjei) *f. Bot.* Guindo, guindal.

GINJINHA (jinjiña) *f.* Aguardiente de guindas.

GINOBLASTO, TA (ji) *adj. Bot.* Gimnoblasteo.

GINOCARPO, PA (ji) *adj.* Gimnocarpo.

GINOCAULE (ji) *adj. Bot.* Gimnocaulo, la.

GINOCÉFALO (jinocè) *m. Zool.* Gimnocéfalo.

GINODERMO, MA (jinodèr) *adj. Zool.* Gimnodermo.

GINODONTE (ji) *adj. Zool.* Gimnodonto.

GINOFOBIA (jinofobía) *f.* Gimnofobia.

GINÓGINO, NA (jinójí) *adj. Bot.* Gimnógino.

GINOSPERMAS (jinospèr) *f. pl. Bot.* Gimnospérmeas, gimnospermas.

GINOSPÉRMICO, CA (jinospèr) *adj.* Lo mismo que

GINOSPERMO, MA (jinospèr) *adj. Bot.* Gimnospérmeo, gimnospermo.

GINURO (ji) *m. Zool.* Gimnuro.

GÍPSEO, EA *adj.* Hecho de yeso.

GIRA (ji) *f.* Giro (acción de girar). *adj. Bras.* Alocado, loco. Ú. t. c. s.

GIRAÇÃO (jirasáum) *f.* Giración (revolución en círculo).

GIRADOR, RA (ji) *adj.* Que gira o se mueve circularmente. *m.* Lo que hace girar o dar vueltas.

GIRAFA (ji) *f. Zool.* Jirafa. Persona alta y desgarbada.

GIRÂNDOLA (jirán) *f.* Girándula (rueda giratoria de cohetes).

GIRAR (ji) *v. intr.* Girar, dar vueltas, moverse circularmente. Ú. t. c. tr.

GIRASSOL (jirasòl) *m.* Girasol.

GIRATÓRIO, RIA (jiratò) *adj.* Giratorio, que gira o da vueltas.

GÍRIA (ji) *f.* Caló, germanía, jerga.

GIRICE (ji) *f. Bras.* Locura.

GIRINO (ji) *m.* Renacuajo.

GIRO (ji) *m.* Giro, movimiento circular; revolución, rotación. Rodeo (manera de decir una cosa). *fam.* Vuelta, paseo.

GIRONDINO, NA (ji) *adj. y s.* Girondino.

GIROSCÓPIO (jiroscó) *m.* Giroscopio.

GIZ (jiz) *m.* Tiza (arcilla blanca que se usa para escribir en los encerados; compuesto de yeso y greda que se usa en el juego de billar para untar la suela de los tacos).

GIZAR (jizar) *v. tr.* Escribir con tiza. *fig.* Planear, trazar.

GLABRO, BRA *adj.* Lampiño. Glabro.

GLACIAL *adj.* Glacial, helado, muy frío.

GLACIAR *m.* Helero, glaciar.

GLACIÁRIO, RIA *adj.* Glaciario.

GALDIADOR *m.* Gladiador, gladiator.

GLÁDIO *m.* Espada; puñal. *fig.* El poder, la fuerza.

GLANDÍOLO *m. Bot.* Gladiolo.

GLANDE *f.* Bellota. Grande, bálano.

GLÂNDULA (glán) *f. Anat.* Glándula.

GLANDULAÇÃO (sáum) *f.* Glandulación.

GLANDULAR *adj.* Glandular (propio de las glándulas).

GLAUCO, CA *adj.* Clauco, verde claro.

GLEBA (glè) *f.* Gleba, terrón. *Servo da —.* Siervo de la gleba.

GLENÓIDE (nòi) *adj.* Glenoideo.

GLICERINA *f.* Glicerina.

GLICOGÉNICO, CA (jé) *adj.* Glicogénico.

GLICOGÉNIO (jè) *m.* Glicógeno.

GLICÓGENO, NA (cóje) *adj.* Glucógeno, glicógeno.

GLICOL (cól) *m. Quím.* Glicol.

GLICOSE (cóze) *f.* Glucosa, glicosa.

GLOBAL *adj.* Global, general, total.

GLOBO *m.* Globo, esfera, cuerpo esférico. Globo, la Tierra. — *terráqueo*, o *terrestre*. Globo teráqueo, o terrestre. *Em* —. *m. adv.* En globo, por mayor.

GLOBOSIDADE (*zi*) *f.* Globosidad, esfericidad.

GLOBOSO, SA (*bozo, òza*) *adj.* Globoso, que tiene forma de globo.

GLÓBULO (*glò*) *m.* Glóbulo (*dim.* de *Globo*; corpúsculo esférico). *Fisiol.* Glóbulo.

GLOBULOSO, SA (*lozo, òza*) *adj.* Globuloso.

GLOMERAR *v. tr.* Lo mismo que AGLOMERAR.

GLOMÉRULO (*mè*) *m. Bot.* Glomérula, glomérulo.

GLÓRIA (*glò*) *f.* Gloria (en todas las principales acepciones de esta voz).

GLORIAR *v. intr.* Gloriar, enaltecer, glorificar. *v. r.* Glorificarse, alabarse, jactarse. Cubrirse de gloria.

GLORIFICAÇÃO (*sáum*) *f.* Glorificación.

GLORIFICAR *v. tr.* Glorificar, gloriar, hacer glorioso. *v. r.* Cubrirse de gloria.

GLORIFICÁVEL *adj.* Glorificable.

GLORÍOLA *f.* Fama inmerecida. Gloria sacada de cosas pequeñas.

GLORIOSO, SA (*riozo, òza*) *adj.* Glorioso, lleno de gloria.

GLOSA (*glòza*) *f.* Glosa.

GLOSADOR, RA (*za*) *adj.* Glosador. Ú. t. c. s.

GLOSAR (*zar*) *v. tr.* Glosar, hacer glosar. Comentar, explicar, desarrollar, interpretar.

GLOSSALGIA (*saljia*) *f.* Lo mismo que

GLOSSALGITE (*salji*) *f. Pat.* Glosalgia.

GLOSSANTRAZ (*san*) *m.* Glosántrax, glosantrace.

GLOSSÁRIO (*sá*) *m.* Glosario.

GLOSSARISTA (*sa*) *m.* Autor de glosarios.

GLOSSIANO, NA (*sia*) *adj. Med.* Glosiano, relativo a la lengua.

GLÓSSICO, CA (*glòsi*) *adj.* Lo mismo que GLOSSIANO.

GLOSSITE (*si*) *f. Pat.* Glositis.

GLOSSOGRAFIA (*sografía*) *f.* Glosografía.

GLOSSÓGRAFO (*só*) *m.* Glosógrafo.

GLOSSÓIDE (*sòi*) *adj.* Glosoideo.

GLOSSOLOGIA (*solojia*) *f.* Glosología, lingüística.

GLOSSOTOMIA (*sotomía*) *f.* Glosotomía.

GLOTE (*glò*) *f. Anat.* Glotis (abertura u orificio superior de la laringe).

GLÓTICA (*glò*) *f.* Glotología.

GLÓTICO, CA (*glò*) *adj.* Glótico (perteneciente a la lengua; relativo a la glotis).

GLUCÍNIO *m.* Glucio, glucinio.

GLUGLU *m.* Onomatopeya que imita la voz del pavo y sonido de un líquido que sale de una vasija de cuello estrecho.

GLUTÃO, TONA (*táum*) *adj. y s.* Glotón.

GLÚTEN *m.* Gluten.

GLÚTEO, EA *adj.* Glúteo, relativo a la nalga.

GLUTINAR *v. tr.* Aglutinar, glutinar.

GLUTINOSO, SA (*nozo, òza*) *adj.* Glutinoso.

GNOMO *m.* Gnomo.

GNOSE (*gnòze*) *f.* Gnosis.

GNOSTICISMO *m.* Gnosticismo.

GNÓSTICO, CA (*gnòs*) *adj. y s.* Gnóstico.

GNU *m. Zool.* Gnú.

GODO, DA (*gò*) *adj. y s.* Godo.

GOELA (*goè*) *f.* Gola, garganta; fauces.

GOELAR *v. intr.* Gritar; desgañitarse.

GOGO (*gò*) *m.* Pepita (enfermedad de las gallinas).

GOGOSO, SA (*gozo, òza*) *adj.* Pepitoso (que padece pepita).

GOIABA *f.* Guayaba (fruto del guayabo).

GOIABADA *f.* Dulce hecho con guayaba.

GOIABAL *m. Bras.* Guayabal, tierra poblada de guayabos.

GOIÁBEIRA *f. Bot.* Guayabo.

GOIACA *f. Bras.* Lo mismo que GUAIACA.

GOIACUÍCA (*cuí*) *f. Bras.* Lo mismo que CUÍCA.

GOIANO, NA *adj. y m.* Natural del Estado de Goyaz (Brasil).

GOIVA *f.* Gubia (especie de formón).

GOIVADURA *f.* Escopladura hecha con la gubia.

GOIVAR *v. tr.* Cortar con la gubia. *fig.* Herir mucho.

GOIVEIRO *m.* Alhelí (la planta).

GOIVETE *m.* Gubia pequeña.

GOIVO *m.* Alhelí (flor).

GOL (*gòl*) *m.* Gol (en el juego de fútbol). Portería, meta (en el mismo juego).

GOLA (*gò*) *f.* Cuello (parte de los vestidos). Cuello (parte de la camisa). *Arq.* Gola. *Fort.* Gola. Gorjal (pieza de la armadura antigua).

GOLADA *f.* Gola (canal para los buques en ciertos puertos o ríos). Lo mismo que GOLE.

GOLE (*gò*) *m.* Trago; bocanada, *pl. Blas.* Gules, goles.

GOLELHA (*lla*) *f.* Esófago.

GOLETA *f.* Lo mismo que ANGRA. Lo mismo que GOLADA. *Mar.* Goleta.

GOLFADA *f.* Chorro. Bocanada. Vómito. Gargantada, gorgozada. Borbotón.

GÓLFAO (*gòlfáum*) *m. Bot.* Lo mismo que AGUAPÉ.

GOLFAR *v. tr.* Chorrear. Arrojar de golpe por una abertura; vomitar. *v. intr.* Chorrear; surtir.

GOLFE *m. Dep.* Golf.

GOLFEJAR (*jar*) *v. tr.* Chorrear o vomitar a menudo.

GOLFINHO (*ño*) *m.* Delfín, golfín.

GOLFO *m. Geogr.* Golfo.

GÓLGOTA (*gól*) *m. fig.* Calvario.

GOLILHA (*lla*) *f.* Golilla, alzacuello. Argolla (pena).

GOLO *m.* Lo mismo que GOL.

GOLPADA *f.* Golpazo.

GOLPE (*gòl*) *m.* Golpe, encuentro, choque violento. Golpe, desgracia súbita, infortunio. Lance (en diversos juegos). Herida, contusión. Tajo, cortadura. Trago. *De* —. *m. adv.* Súbitamente. *De um* —. *m. adv.* De un golpe. *Aparar o* —. *fr.* Parar el golpe.

GOLPEADO, DA *adj. P. p.* de *Golpear.* Golpeado. Herido.

GOLPEAR *v. tr.* Golpear, herir a golpes; tajar. *fig.* Afligir, acongojar.

GOMA *f.* Goma (substancia viscosa que fluye de algunos árboles y después de seca es soluble en el agua). *Med.* Goma. *Bras.* Almidón. — *arábica.* Goma arábica.

GOMAR *v. tr.* Lo mismo que ENGOMAR. *v. intr.* Brotar, abotonar.

GOMEIRO *m.* Vendedor de goma para pegar.

GOMOSO, SA (*mozo, òza*) *adj.* Gomoso; viscoso.

GÔNDOLA (*gón*) *f.* Góndola.

GONDOLEIRO *m.* Gondolero.

GONFALÃO (*láum*) *m.* Confalón, gonfalón.

GONFALONEIRO *m.* Confalonier, gonfalonier, confaloniero, gonfaloniero.

GONGO *m.* Gong, gongo, gongom.

GONGÓRICO, CA (*gò*) *adj.* Gongorino, gongórico, culterano.

GONGORISMO *m.* Gongorismo, culteranismo.

GONGORIZAR *v. intr.* Gongorizar, escribir a lo gongorino. *v. tr.* Hacer gongorino.

GORAR *v. tr.* Malograr, frustar, inutilizar. *v. intr.* y *r.* Frustrarse, malograrse, abortar. Quedarse huero (el huevo).

GORDACHO, CHA (*cho*) *adj. y s. aum.* de *Gordo. Bras.* Gordote.

GORDAÇO, ÇA (*so*) *adj. y s.* Lo mismo que

GORDALHAÇO, ÇA (*llaso*) *adj. y s.* Lo mismo que

GORDALHÃO, LHONA (*lláum, llona*) *adj. y s.* Lo mismo que

GORDALHUDO, DA (*llu*) *adj. y s.* Lo mismo que

GORDALHUFO, FA (*llu*) *adj. y s.* Lo mismo que

GORDANCHUDO, DA (*chu*) *adj. y s.* Lo mismo que

GORDÃO, ONA (*dáum*) *adj. y s. aum.* de *Gordo.* Gordote, gordinflón, gordiflón.

GORDINHO, NHA (*ño*) *adj. y s. dim.* de *Gordo.* Gordillo, gordito, gordezuelo.

GORDO, DA *adj.* Gordo. Ú. t. c. s.

GORDUCHO, CHA (*cho*) *adj. y s. aum.* de *Gordo.* Gordote.

GORDURA *f.* Gordura (grasa; corpulencia).

GORDURENTO, TA *adj.* Graso, mantecoso, gordo.

GORGOLÃO (*láum*) *m.* Borbotón. Gorgoteo.

GORGOLAR *v. intr.* Borbollar, borbotar. Lo mismo que GORGOLEJAR.

GORGOLEJANTE (*jan*) *adj.* Que produce al beber el ruido de quien gargariza.

GORGOLEJAR (*jar*) *v. intr.* Borbotar, borbollar. Producir el ruido que se hace gargarizando.

GORGOLEJO (*jo*) *m.* Borbollón, borbotón. Gorgorotada.

GORGOLHÃO (*lláum*) *m.* Lo mismo que GORGOLÃO.

GORGOLHAR (*llar*) *v. intr.* Lo mismo que GORGOLAR.

GORGOMILOS *m. pl. fam.* Traguero, garganta, gola.

GORGONA (*gòr*) *f. Mil.* Gorgona. *fig.* Mujer despreciable.

GORGÔNIA (*gò*) *f. Zool.* Gorgonia.

GORGORÃO (*ráum*) *m.* Gorgorán.

GORGULHO (*llo*) *m.* Gorgojo (insecto).

GORILA *m.* Gorila (mono antropomorfo).

GORJA (*gòrja*) *f.* Garganta, gorja. *Mentir pela* —. *fr.* Mentir descocadamente.

GORJAL (*jal*) *m.* Gorjal, gola.

GORJEADOR, RA (*jea*) *adj.* Que gorjea; que gorgoritea.

GORJEAR (*jear*) *v. intr.* Gorjear; gorgoritear. Gorjear (hablando de los pájaros).

GORJEIO (*jeio*) *m.* Quiebro, gorgorito, gorjeo, trinado.

GORJEIRA (*jei*) *f.* Gorguera (cuello de lienzo piegado y alechugado).

GORJETA (*je*) *f.* Propina (gratificación pequeña con que se recompensa un servicio eventual).

GORNE (*gòr*) *m. Mar.* Cajera.

GORNIR *v. tr. Mar.* Guarnir.

GORO, RA (*gó*) *adj.* Huero.

GORRA *f.* Gorro; gorra. Lo mismo que CARAPUÇA.

GORRO *m.* Gorro; gorra.

GOSMA (*gós*) *f.* Pepita (de las gallinas). *Vet.* Muermo.

GOSMENTO, TA *adj.* Viscoso. Pepitoso (que padece pepita).

GOSTAR *v. intr.* Gustar, complacerse en una cosa. Querer, amar. *v. tr.* Gustar, sentir en el paladar el sabor de las cosas. Gustar, experimentar, probar.

GOSTÁVEL *adj.* Gustoso. Agradable, apacible. Amable.

GOSTO (*gós*) *m.* Gusto (sentido corporal; sabor de las cosas; placer, deleite, voluntad, arbitrio, facultad de apreciar la belleza; modo que cada cual tiene de apreciar las cosas).

GOSTOSAMENTE (*tòza*) *adv. m.* Gustosamente, con gusto.

GOSTOSO, SA (*tozo, òza*) *adj.* Gustoso, sabroso; grato, divertido, placentero.

GOSTOSURA (*za*) *f. Bras.* Gusto o placer muy grande.

GOTA *f.* Gota (partícula esférica de un líquido; enfermedad en las articulaciones). —*a* —. *m. adv.* Gota a gota, por gotas; poco a poco.

GOTEAR *v. intr.* Lo mismo que GOTEJAR.

GOTEIRA *f.* Gotera.

GOTEJAMENTO (*ja*) *m.* Goteo.

GOTEJANTE (*jan*) *adj.* Que gotea.

GOTEJAR (*jar*) *v. intr.* Gotear, caer gota a gota algún líquido. *v. tr.* Gotear; dejar caer gota a gota.

GÓTICO, CA (*gò*) *adj.* Gótico (perteneciente a los godos, ojival; dícese de cierta letra y columna).

GOTO *m.* Glotis. *Dar no* —. Sofocar. *fig.* Agradar, gustar.

GOTOSO, SA (*tozo, òza*) *adj.* Gotoso, que padece gota. Ú. t. c. s.

GOVERNAÇÃO (*sáum*) *f.* Gobernación.

GOVERNADO, DA *adj. P. p.* de *Governar.* Gobernado. Gobernoso.

GOVERNADOR, RA *adj.* Gobernador. *m.* Gobernador. *f.* Gobernadora.

GOVERNAMENTAL *adj.* Gubernamental.

GOVERNANÇA (*sa*) *f.* Gobernación, gobierno.

GOVERNANTA *f.* Aya, institutriz; gobernanta (*Amer.*).

GOVERNANTE *adj.* Gobernante. *m.* Gobernante. *f.* Lo mismo que GOVERNANTA.

GOVERNAR *v. tr.* Gobernar, mandar, regir. Ú. t. c. intr. Gobernar, guiar, dirigir. Ú. t. c. r. *v. intr.* Gobernar (obedecer la nave al timón).

GOVERNATIVO, VA *adj*. Gubernativo, gobernativo.

GOVERNÁVEL *adj*. Gobernable.

GOVERNISTA *adj*. Gubernamental (respetuoso para con el gobierno o partidario de él).

GOVERNO (vér) *m*. Gobierno (en todas las acepciones de esta voz).

GOZADO, DA (za) *P. p*. de *Gozar. adj. Bras.* Chistoso, gracioso, agradable.

GOZAR (zar) *v. tr.* Gozar. Ú. t. c. intr. con la prep. *de. v. intr.* Gozar, sentir placer o deleite. *Bras.* Reirse uno de lo que pasa a otro.

GOZO (gózo) *m*. Gozo, goce, placer, deleite. *Bras.* Motivo de risa.

GOZOSO, SA (zozo, òza) *adj*. Gozoso.

GRÁ (grán) *adj*. (apócope de *Grande*. Ú. únicamente en singular, antepuesto al substantivo). Gran.

GRAAL *m*. Lo mismo que GRAL.

GRAÇA (sa) *f*. Gracia (en todas las acepciones de esta voz). *De —*. De gracia, gratuitamente. *Estar nas —s de. fr.* Caer en gracia. *—s a. m. adv.* Gracia a, merced a.

GRACEJADOR, RA (ja) *adj*. Chanceo, chistoso, gracioso, amigo de decir gracejos.

GRACEJAR (jar) *v. intr.* Gracejear, gracejar, chancear.

GRACEJO (jo) *m*. Gracejo, gracia, chiste, chanza; broma, burla.

GRACETA *f*. Lo mismo que GRACEJO.

GRÁCIL *adj*. Grácil, sutil, delgado, menudo.

GRACIOSAMENTE (òza) *adv. m.* Graciosamente (con gracia; de gracia).

GRACIOSIDADE (zi) *f*. Graciosidad.

GRACIOSO, SA (zo, òza) *adj*. Gracioso, que tiene gracia o atractivo. *m*. Gracioso.

GRAÇOLA (sò) *f*. Chanza pesada. *m*. Chancero.

GRAÇOLAR (so) *v. intr.* Decir chanzas pesadas.

GRÁ-CRUZ (gran) *f*. Gran cruz (dignidad superior en ciertas órdenes).

GRADA *f*. Grada (instrumento agrícola).

GRADAÇÃO (sáum) *f*. Graduación.

GRADADOR *m. Agr.* Gradador. Lo mismo que GRADA.

GRADADURA *f*. Lo mismo que

GRADAGEM (jem) *f*. Gradeo (allanadura de la tierra con la grada).

GRADAR *v. tr.* Gradar, allanar con la grada la tierra arada. Lo mismo que GRADEAR. *v. intr.* Desarrollarse, hacerse grande.

GRADARIA (ría) *f*. Enrejado largo; verja.

GRADATIVAMENTE *adv. m.* Gradualmente, de grado en grado, por grados.

GRADATIVO, VA *adj*. Gradual.

GRADE *f*. Reja. Grada, reja de un convento. Verja. Grada (para allanar la tierra). Enrejado. Rejado.

GRADEAR *v. tr.* Enrejar. Gradar (la tierra).

GRADECER *v. intr.* Desarrollarse.

GRADEIRA *f*. Monja que vigila la reja o grada de un convento.

GRADIENTE *m*. Gradiente.

GRADIL *m. Bras.* Cerca enrejada de un jardín.

GRADIM *m*. Gradina (cincel dentado que usan los escultores).

GRADO, DA *adj*. Granado, lleno de grano (la espiga). Lo mismo que GRAÚDO. Desarrollado, grande. Granado, principal, ilustre, notable. *m*. Grado (voluntad, gusto). Sólo tiene uso en las expresiones como las que siguen. *De bom —. m. adv.* De buen grado, o de grado. *De mal —. m. adv.* De mal grado, sin voluntad, a disgusto. *Mau — meu. m. adv.* Mal de mi grado. *Mau — seu. m. adv.* Mal de su grado. *Geom.* Grado.

GRADUAÇÃO (sáum) *f*. Graduación, acción de graduar. Graduación, clase, categoría.

GRADUADO, DA *adj. P. p.* de *Graduar*. Graduado, dividido en grados. *Mil.* Graduado. Doctorado, que tiene un grado académico, graduado.

GRADUAL *adj*. Gradual.

GRADUAMENTO *m*. Graduación.

GRADUANDO *m. Bras.* Doctorando, graduando.

GRADUAR *v. tr.* Graduar (dar a alguna cosa el grado que le corresponde; conceder algún grado en la carrera militar; dar algún grado universitario. Ú. t. c. r; señalar los grados en que se divide alguna cosa).

GRAFAR *v. tr.* Escribir una palavra, con respecto a su grafia.

GRAFIA (fia) *f*. Grafía, ortografía.

GRÁFICO, CA *adj*. Gráfico. Ú. t. c. s.

GRÁ-FINO (gran) *m. Bras.* Individuo rico, aristócrata y de buen gusto, o que presume de serlo. (Tómase generalmente en la mala parte).

GRAFITE *f. Min.* Grafito.

GRAFOLOGIA (jía) Grafología.

GRAFÓLOGO (fó) *m*. Grafólogo.

GRAFÔMETRO (fò) *m*. Grafómetro.

GRAINHA (íña) *f*. La semilla de la uva y del tomate.

GRAIXA (cha) *f*. Lo mismo que GRAXA.

GRAL *m*. Mortero, almirez.

GRALHA (lla) *f*. Grajo (ave). *fig.* Grajo (persona charlatana).

GRALHAR (llar) *v. intr.* Grajear, graznar o chillar los grajos. *fig.* Charlar, parlotear, parlar.

GRAMA *f*. Gramo (unidad ponderal del sistema métrico decimal). *Bot.* Grama. Nombre de varias plantas gramíneas. Césped.

GRAMADEIRA *f*. Gramilla (para agramar el lino).

GRAMADO, DA *adj. P. p.* de *Gramar*. Agramado. *m. Bras.* Gramal; césped.

GRAMAR *v. tr.* Agramar, espadar (el lino). *fig. fam.* Tragar, soportar. *Bras.* Cubrir con césped. *v. intr. Bras.* Someterse, soportar.

GRAMÁTICA *f*. Gramática.

GRAMATICAL *adj*. Gramatical.

GRAMATICÃO (cáum) *m*. Gramaticón.

GRAMATICAR *v. intr.* Gramatiquear.

GRAMÁTICO, CA *adj*. Gramático.

GRAMATICOLOGIA (jía) *f*. Gramaticología.

GRAMATIQUICE *f*. Gramatiquería.

GRAMÍNEO, EA *adj*. Gramíneo. *f. pl. Bot.* Gramíneas.

GRAMINHO (ño) *m*. Gramil.

GRAMITA *f. Miner.* Gramito.

GRAMPA *f. Mar.* Grapa, grampa.

GRAMPO *m*. Gato (instrumento). Alfiler, horquilla (para asegurar el pelo).

GRANADA *f*. Granada (proyectil). *— de mão.* Granada de mano.

GRANADEIRO *m*. Granadero.

GRANADINA *f*. Granadina (tela).

GRANADINO, NA *adj. y s.* Granadino (natural de Granada).

GRANALHA (lla) *f*. Granalla.

GRANAR *v. tr.* Granear. *v. intr.* Granar (irse llenando el grano en la espiga).

GRANDALHÃO, LHONA (lláum, llona) *adj*. Grandullón, grandillón; grandullón (*Amer.*).

GRANDÃO, DONA (dáum) *adj. aum.* de *Grande*. Grandote.

GRANDE *adj*. Grande. *m*. Grande. *À —. m. adv.* En grande, con fausto. *Em —, adv.* En grande, por mayor, en conjunto.

GRANDEZA (za) *f*. Grandeza (en todas las acepciones de esta voz).

GRANDILOQUÊNCIA (cuén) *f*. Grandilocuencia.

GRANDILOQÜENTE (cuen) *adj*. Grandilocuente.

GRANDÍLOQUO, UA (cuo) *adj*. Grandílocuo.

GRANDIOSIDADE (zi) *f*. Grandiosidad.

GRANDIOSO, SA (diozo, òza) *adj*. Grandioso.

GRANDOTE (dò) *adj. Bras.* Algo grande.

GRANEL (nèl) *m*. Granero. *A —. m. adv.* A granel, de montón, en abundancia.

GRANIDOR *m. Impr.* Graneador (instrumento de grabador).

GRANIR *v. tr. Impr.* Granear. Limpiar (la piedra litográfica).

GRANITA *f*. Muelle, bolilla. Excremento de algunos animales.

GRANITAR *v. tr.* Granear (convertir en grano); reducir a bolillas.

GRANITO *m*. Granito (roca).

GRANÍTICO, SA (tozo, òza) *adj*. Granítico.

GRANÍVORO, RA *adj*. Granívoro.

GRANIZADA (za) *f*. Granizada (copia de granizo que cae de una vez). Ú. t. en sentido fig.

GRANIZAR (zar) *v. intr.* Granizar.

GRANIZO (zo) *m*. Granizo (agua congelada que desciende con violencia de las nubes, en granos más o menos gruesos).

GRANJA (ja) *f*. Granja, hacienda de campo.

GRANJEAR (jear) *v. tr.* Granjear, obtener ganancia o lucro. *fig.* Granjear, captar.

GRANJEIRO (jei) *m*. Granjero.

GRANOSO, SA (nozo, òza) *adj*. Granoso.

GRANULAÇÃO (sáum) *f*. Granulación. Granaje, graneo.

GRANULADO, DA *adj*. Granoso, granulado.

GRANULAGEM (jem) *f*. Granaje, graneo.

GRANULAR *v. tr.* Granular. Granear, granar (la pólvora).

GRÂNULO (grán) *m*. Gránulo (dim. de grano). Gránulo (bolita de algún medicamento).

GRANULOSO, SA (lozo, òza) *adj*. Granoso. Granulado.

GRÃO (gráum) *m*. Grano (semilla y fruto de las mieses; parte menuda de una cosa; partecilla que se percibe en la masa de algunos cuerpos, como la arena; dozava parte del tomín). *— de bico.* Garbanzo.

GRÃO (gráum) *adj*. Apócope de *Grande*. Gran.

GRÃO-MESTRE (gráum-mès) *m*. Gran maestre.

GRAPA *f. Vet.* Grapa *Bras.* Aguardiente de uva; grapa (*argent.*).

GRAPELIM *m*. Lo mismo que GRAVETO.

GRASNADA *f*. Graznido.

GRASNADELA (dè) *f*. Graznido.

GRASNADOR, RA *adj*. Graznador.

GRASNAR *v. intr.* Graznar. Graznear. *v. tr. fig.* Decir graznando.

GRASNIDO *m*. Lo mismo que

GRASNO *m*. Graznido.

GRASSAR (sar) *v. intr.* Propagarse (hablando de enfermedades); propalarse (hablando de noticias).

GRASSENTO, TA (sen) *adj*. Grasiento, pringoso.

GRASSITAR (si) *v. intr.* Graznar (el pato).

GRASSO, SSA (so) *adj*. Graso, pingüe, gordo.

GRATIDÃO (dáum) *f*. Gratitud.

GRATIFICAÇÃO (sáum) *f*. Gratificación.

GRATIFICAR *v. tr.* Gratificar.

GRÁTIS *adv. m.* Gratis, graciosamente, de balde.

GRATO, TA *adj*. Agradecido; reconocido; grato (*Amer.*). Grato, agradable, placentero.

GRATUIDADE *f*. Calidad de gratuito; gratuidad (*chil.*).

GRATUITO, TA (túi) *adj*. Gratuito, de gracia, de balde. Gratuito, arbitrario, infundado.

GRAU *m*. Grado (de parentesco; título de doctor, de bachiller, etc.; unidad de medida en la escala de varios instrumentos). *Geom.* Grado. *For.* Grado. *Alg.* Grado. *Gram.* Grado. *fig.* Grado; gradación. *Em alto —. m. adv.* En sumo grado.

GRAÚDO, DA *adj*. Granado. Grande; desarrollado. Grande, principal, ilustre. Ú. t. c. s. m.

GRAÚLHO (llo) *m*. Granuja (simiente de las uvas).

GRAÚNA *f. Bras.* Ave del Brasil, de plumaje negro.

GRAVAÇÃO (sáum) *f*. Grabadura, grabado. Gravamen. Agravio.

GRAVADOR *m*. Grabador.

GRAVAME *m*. Gravamen.

GRAVANÇO (so) *m*. Garbanzo.

GRAVAR *v. tr.* Grabar. Gravar, imponer una carga o gravamen. *fig.* Grabar, fijar una idea, un sentimiento, etc. Ú. t. c. r.

GRAVATA *f*. Corbata.

GRAVATÁ *m*. Planta bromeliácea del Brasil. Caraguatá. (*Amer.*).

GRAVATARIA (ría) *f*. Corbatería.

GRAVATEIRO *m*. Corbatero.

GRAVATINHA (ña) *f*. Corbatín.

GRAVE *adj*. Grave (que pesa; de mucha importancia; formal, serio, árduo, difícil; dicese del sonido hueco y bajo). *Ort. y Pros.* Grave.

GRAVETAR *v. intr.* Hacer leña menuda, coger astillas.

GRAVETO *m*. Astilla, leña menuda.

GRAVIDAÇÃO (sáum) *f*. Gravidez, preñez, embarazo.

GRAVIDADE *f. Fís.* Gravedad. Gravedad, circunspección, formalidad; enormidad; grandeza, importancia.

GRAVIDAR *v. tr.* Embarazar, empreñar.

GRAVIDEZ *f.* Preñez, embarazo, gravidez.

GRÁVIDO, DA *adj.* Cargado, lleno, grávido. Preñada, encinta.

GRAVITAÇÃO (sáum) *f. Fís.* Gravitación.

GRAVITAR *v. intr.* Gravitar.

GRAVOSO, SA (vozo, òza) *adj.* Gravoso, costoso. Gravoso, molesto, pesado.

GRAVURA *f.* Grabado. Grabadura.

GRAXA (*ch*a) *f.* Grasa. Betún (para lustrar el calzado).

GRAXO, XA (*cho*) *adj.* Graso, pingüe, mantecoso, pringoso, oleoso.

GRAZINAR (zi) *v. intr.* Refunfuñar. Parlar, charlar; vocear.

GRECIZAR (zar) *v. tr.* Grecizar.

GREDA (gré) *f.* Greda.

GREGA *f.* Greca (adorno arquitectónico).

GRECAL *adj.* Gregal. Greciano, griego. *m.* Gregal (viento) Ú. t. c. adj.

GREGÁRIO, RIA *adj.* Gregario.

GREGO, GA *adj. y s.* Griego, greco.

GREGORIANO, NA *adj.* Gregoriano.

GREI *f.* Grey.

GRELADA *f. Bras. pop.* Mirada.

GRELAR *v. intr.* Echar pimpollos las plantas. Entallecer. Espigarse. *v. tr.* Echar miradas a una mujer. Atisbar, acechar, espiar.

GRELHA (lla) *f.* Parrilla, parrillas (para asar o tostar; armazón de hierro en el hogar de los hornos, etc.).

GRELHADO, DA (lla) *adj. P. p.* de *Grelhar*. Emparrillado, asado en las parrillas.

GRELHAR (llar) *v. tr.* Emparrillar (asar o tostar en las parrillas).

GRELO (gré) *m. Bot.* Pimpollo. Tallo que echan las semillas.

GRÊMIO (gré) *m.* Gremio (regazo; unión de fieles; reunión, corporación, cuerpo, asociación de individuos de un mismo ramo).

GRENHA (ña) *f.* Greña (cabellera revuelta y en desorden). *fig.* Espesura (de árboles).

GRENHUDO, DA (ñu) *adj. Bras.* Greñudo.

GRÉS (grés) *m. Geol.* Gres.

GRETA *f.* Grieta, raja, hendedura.

GRETADO, DA *adj. P. p.* de *Gretar*. Grietado.

GRETADURA *f.* Grieta (en la piel). Acción de

GRETAR *v. tr.* Abrir grietas. *v. intr.* Grietarse, abrirse grietas, hendirse. Ú. t. c. r.´

GREVE (grè) *f.* Huelga (de operarios).

GREVISTA *m.* Huelguista.

GRIFAR *v. tr.* Imprimir en letra grifa, itálico o bastarda. Rayar, subrayar. Poner grifo el cabello.

GRIFO *m.* Grifo (animal fabuloso). *fig.* Enigma, cuestión embarazosa. Letra grifa. *adj.* Grifo, itálico, bastardo.

GRILHÃO (lláum) *m.* Cadena. Grillete. *pl.* Grillos (que se ponen a los presos a los pies).

GRILHETA (lle) *f.* Grillete. *m.* Galeote (penado).

GRILHÕES (lóens) *m. pl.* Grillos.

GRILO *m.* Grillo (insecto). *Bras. pop.* Guardia civil, policía. *Bras.* Terreno cuyo título de propiedad es falso.

GRIMPA *f.* Veleta. Cresta; cumbre. Grímpola. *Levantar a —. fr. fig.* Alzar, o levantar, uno la cresta.

GRIMPAR *v. intr.* Acometer. Subirse.

GRINALDA *f.* Guirnalda, guirlanda.

GRINDÉLIA (dè) *f. Bot.* Grindelia.

GRINGADA *f. Bras.* Muchedumbre de gringos o extranjeros. Gringada (*Amer.*), acción propia de gringos.

GRINGALHADA (lla) *f. Bras.* Lo mismo que GRINGADA, 1ª acep.

GRINGO *m. Bras.* Extranjero; gringo (*Amer.*).

GRIPADO, DA *adj. Bras. P. p.* de *Gripar-se*. Que padece gripe.

GRIPAL *adj.* Gripal.

GRIPAR-SE *v. intr.* Padecer gripe, contraer esta enfermedad.

GRIPE *f. Pat.* Gripe.

GRIS *adj.* Gris, ceniciento.

GRISALHO, LHA (zallo) *adj.* Gris, entrecano (hablando del pelo).

GRISU (zú) *m. Min.* Mofeta; grisú (*gal.*).

GRITA *f.* Grita, gritería, algazara, bulla.

GRITADEIRA *f.* Mujer grítona.

GRITALHÃO, LHONA (lláum) *adj.* Gritón. Ú. t. c. s.

GRITÃO, TONA (táum) *adj. fam.* Lo mismo que GRITALHÃO.

GRITAR *v. intr.* Gritar, dar gritos. *v. tr.* Gritar, decir a grandes voces.

GRITARIA (ría) *f.* Gritería, grita, bulla, algazara.

GRITO *m.* Grito.

GROENLANDÊS, ESA (dés, deza) *adj. y s.* Groenlandés.

GROGUE (grò) *m.* Grog.

GROSA (grò) *f.* Gruesa (número de doce docenas). Lima (para maderas).

GROSAR (zar) *v. tr.* Limar (la madera).

GROSELHA (zèlla) *f.* Grosella.

GROSELHEIRA (zellei) *f. Bot.* Grosellero.

GROSSARIA (saría) *f.* Tejido basto (de lino o algodón). Lo mismo que GROSSERIA. Grosería, tosquedad.

GROSSEIRÃO, RONA (seiráum) *adj.* Grosero, basto, tosco, ordinario. Muy grosero o descortés. Ú. t. c. s.

GROSSEIRO, RA (sei) *adj.* Grosero, basto, tosco, ordinario. Grosero, descortés. Ú. t. c. s.

GROSSERIA (sería) *f.* Grosería, descortesía, falta de urbanidad o de respeto).

GROSSO, SA (groso, gròsa) *adj.* Grueso, corpulento, abultado, grande. Grosero, basto, ordinario. Fuerte; de mucho espesor.

GROSSURA (su) *f.* Espesor, grueso, grosor.

GROTA (grò) *f.* Abertura que en la margen de un río hacen las avenidas. *Bras.* Barranco.

GROTÃO (táum) *m. Bras.* Cañón, barranco.

GROTESCO, CA *adj.* Grotesco, ridículo, extravagante; grosero, de mal gusto. *m. pl. Arq. y Pint.* Grutesco.

GROU *m. Zool.* Grulla (ave zancuda).

GRUA (grúa) *f.* Grulla (ave zancuda). Grua (especie de cabria). *Mar.* Muñonera, grúa.

GRUDADO, DA *adj. P. p.* de *Grudar*. Engrudado, pegado, encolado.

GRUDADOR, RA *adj.* Engrudador, pegador.

GRUDADURA *f.* Engrudamiento; encolamiento, encoladura).

GRUDE *m.* Engrudado, cola para pegar.

GRUEIRO, RA *adj.* Grullero.

GRULHA (lla) *m y f.* Hablador, parlanchín, grajo.

GRULHAR (llar) *v. intr.* Parlar, charlar.

GRUMAR *v. intr.* Agrumarse, agranularse, hacerse grumos o cuajarones. Ú. t. c. tr.

GRUMECER *v. intr. y tr.* Lo mismo que GRUMAR.

GRUMETE *m.* Grumete.

GRUMO *m.* Grumo, cuajarón.

GRUMOSO, SA (mozo, òza) *adj.* Grumoso, lleno de grumos o cuajarones.

GRUNHIDELA (ñidè) *f.* Gruñimiento.

GRUNHIDO (ñi) *m.* Gruñido (voz del cerdo).

GRUNHIDOR, RA (ñi) *adj.* Gruñidor, que gruñe.

GRUNHIR (ñir) *v. intr.* Gruñir. *fig.* Gruñir, rezongar. Ú. t. c. tr.

GRUPAMENTO *m.* Lo mismo que AGRUPAMENTO.

GRUPAR *v. tr.* Lo mismo que AGRUPAR.

GRUPELHO (llo) *m. despect.* Grupo, corrillo de personas.

GRUPO *m.* Grupo.

GRUTA *f.* Gruta.

GRUTESCO, CA *adj.* Grotesco, ridículo, extravagante. *m. pl. Arq. y Pint.* Grutesco.

GUACHO, CHA (cho) *adj. Bras. merid.* Dícese del animal que no ha sido criado por su madre; guacho (*Amer.*).

GUAÇU (sú) *adj.* (palabra tupí-guaraní usada en el Brasil). Grande.

GUAIABA *f. Bras.* Lo mismo que GOIABA.

GUAIACA *f. Bras.* Guayaca (*Amer.*).

GUAIAÇO *m. Bot.* Guayaco.

GUAIPÉ (pè) *m. Bras.* Lo mismo que

GUAIPECA (pè) *m. Bras.* Perro pequeño.

GUAIPEVA (pè) *m. Bras.* Lo mismo que GUAIPECA.

GUALDROPE (drò) *m. Mar.* Guardín (del timón).

GUAMPA *f. Bras.* Asta, cuerno; guampa (*Amer.*). Vaso rústico de cuerno; guampa (*Amer.*).

GUAMPADA *f. Bras.* Cornada (golpe con el cuerno).

GUAMPEAR *v. tr.* Acornear. Lazar el animal por los cuernos.

GUAMPUDO, DA *adj. Bras.* Cornudo, que tiene cuernos.

GUANACO *m.* Guanaco (cuadrúpedo rumiante).

GUANO *m.* Guano (substancia formada de las deyecciones de las aves).

GUÂNTE *m.* Manopla, guantelete (de la armadura antígua).

GUAPO, PA *adj.* Guapo, animoso, resuelto, intrépido, arrojado. Guapo, bien parecido.

GUARÁ *m. Zool.* Flamenco (ave palmípeda).

GUARANÁ *m. Bot.* Paulinia o guaraná. Paulinia, guaraná (pasta preparada com semillas de esta planta) *Bras.* Bebida hecha con paulinia.

GUARANI *adj. y s.* Guaraní. *m.* Guaraní (lengua guaraní).

GUARDA *f.* Guarda (persona encargada de guardar alguna cosa; acción de guardar; observancia de un mandato; hoja de papel que se pone al principio y fin de los libros). Guardia (defensa, custodia, amparo, protección; conjunto de gente armada que defiende una persona o un puesto; *Esgr.* modo de estar en defensa; cuerpo de tropa). *m.* Guardia (individuo perteneciente a dicho cuerpo); vigilante, policía. *f.* Guarnición de la espada.

GUARDA-ARNÊS (nés) *m.* Guadarnés.

GUARDA-BARREIRA *m.* Guardia fiscal en las puertas de una ciudad.

GUARDA-BRAÇO (so) *m.* Guardabrazo (pieza de la armadura).

GUARDA-CANCELA (cè) *m. Bras.* Guardabarrera (persona encargada de cuidar de un paso a nivel, en las líneas férreas).

GUARDA-CHAVES (*ch*a) *m.* Guardagujas, guardaagujas.

GUARDA-CHUVA (*ch*u) *m.* Paraguas.

GUARDA-COMIDA *m.* Fiambrera; guardacomidas (*Amer.*).

GUARDA-COSTAS (còs) *m. Mar.* Guardacostas.

GUARDADOR, RA *adj.* Guardador. Ú. t. c. s.

GUARDA-FATO *m.* Guardarropa, armario para guardar la ropa.

GUARDA-FIO *m.* Persona encargada del cuidado de las líneas telegráficas o telefónicas.

GUARDA-FOGO *m.* Guardafuegos.

GUARDA-FREIO *m.* Guardafrenos.

GUARDA-JÓIAS (jói) *m.* Guardajoyas. Joyero, estuche para guardar joyas o alhajas; alhajera (*Amer.*).

GUARDA-LAMA *m.* Guardabarros, guardalodos, salvabarros, alero del carruaje.

GUARDA-LEME *m.* Guardatimón.

GUARDA-LINHA (ña) *m.* Persona encargada de cuidar las líneas en los ferrocarríles.

GUARDA-LIVROS *m.* Tenedor de libros.

GUARDA-LOUÇA (sa) *m.* Aparador; guardavajilla; armario, alacena.

GUARDA-MÃO (máum) *m.* Guardamanos.

GUARDAMENTO *m.* Guarda (acción de guardar).

GUARDA-MÓVEIS (mò) *m. Bras.* Guardamuebles.

GUARDANAPO *m.* Servilleta.

GUARDA-PÓ (pò) *m.* Guadapolvo.

GUARDA-PORTÃO (táum) *m.* Portero.

GUARDA-PRATAS *m.* Guardavajilla.

GUARDAR *v. tr.* Guardar (cuidar, custodiar; observar, cumplir, acatar; conservar, retener; no gastar; preservar de riesgo o daño; (*fig*) tener, observar. *v. r.* Guardarse, precaverse de un peligro o daño.

GUARDA-ROUPA *m.* Guardarropa, ropero, armario para guardar la ropa.

GUARDA-SOL (sòl) *m.* Quitasol, guardasol.

GUARDA-VENTO *m.* Guardavientos. Biombo, antepuerta, mampara.

GUARDA-VESTIDOS *m.* Guardarropa, armario para guardar vestidos.

GUARDIÃO (diáum) *m.* Guardián. *Bras.* Arquero (en el juego del fútbol).

GUARDIM *m. Mar.* Guardín.

GUARIDA *f.* Guarida (cueva o espesura donde se refugian los animales; lugar de amparo o refugio).

GUARITA *f.* Garita.

GUARNECER *v. tr.* Guarnecer (en todas las acepciones de esta voz).

GUARNECIMENTO *m.* Acción de guarnecer.

GUARNIÇÃO (sáum) *f.* Guarnición (adorno en los vestidos, colgaduras, etc.; defensa en la empuñadura de la espada; tropa que guarnece una plaza fuerte o un buque de guerra).

GUASCA *f. Bras. merid.* Guasca (*Amer.*). Tira o ramal de cuero que sirve de rienda, látigo, etc. *m.* Aldeano, campesino. Lo mismo que CAIPIRA.

GUASCAÇO (so) *m. Bras. merid.* Latigazo; guascazo. (*Amer.*).

GUASQUEAR *v. tr. Bras. merid.* Dar latigazos; guasquear (*Amer.*).

GUDE *m. Bras.* Juego de bolitas.

GUEDELHA (lla) *f.* Guedeja, cabellera larga; greña.

GUEDELHUDO, DA (llu) *adj.* Guedejudo, guedejoso.

GUELA (guè) *f.* Lo mismo que GOELA.

GUELFO, FA (guèl) *adj.* y *s.* Guelfo.

GUELRA (guèl) *f.* Branquias, agallas. Ú. m. en pl.

GUENZO, ZA (zo) *adj. Bras. nort.* Enclenque. Muy flaco. Enfermo. Flojo, poco firme, bamboneante.

GUERRA (guè) *f.* Guerra.

GUERREIRO, RA *adj.* y *s.* Guerrero.

GUERRILHA (lla) *f.* Guerrilla.

GUERRILHAR (llar) *v. intr.* Guerrillear.

GUERRILHEIRO (llei) *m.* Guerrillero.

GUIA (guía) *f.* Guía (en todas las principales acepciones de este vocablo).

GUIÃO (guiáum) *m.* Guión, estandarte, pendón. *Mús.* Guilón.

GUICHÉ (ché) *m. gal.* Ventanilla (de los despachos de bancos, correos y otras oficinas).

GUIDÃO (dáum) *m.* Lo mismo que

GUIDOM *m.* Manubrio (de bicicletas o motocicletas).

GUILHERME (llèr) *m. Carp.* Guillame.

GUILHOTINA (llo) *f.* Guillotina (máquina para decapitar a los reos, máquina para cortar papel).

GUILHOTINADO (llo) *m.* El que fué guillotinado.

GUILHOTINAR (llo) *v. intr.* Guillotinar.

GUINA *f.* Gana, apetito. Lo mismo que

GUINADA *f. Mar.* Guinada. Huida que da el caballo.

GUINAR *v. intr. Mar.* Guiñar. *v. tr.* Guiñar; volver rápidamente.

GUINCHAR (char) *v. intr.* Chillar, dar chillidos.

GUINCHO (cho) *m.* Cillido, sonido agudo. Guindaste. Cabria. Especie de molinete.

GUINDA *f. Mar.* Guindaleza. Guinda.

GUINDASTE *m.* Guindaste. Cabria.

GUINÉ (nè) *f. Bot. Bras.* Guinea (hierba medicinal y forrajera).

GUINÉU (nèu) *m.* Guinea (moneda).

GUISA (za) *f.* Modo, manera, semejanza; guisa. Á — de. m. adv. A guisa, a modo, de tal suerte, en tal manera.

GUISADO (za) *m.* Guisado, guiso.

GUISAR (zar) *v. tr.* Guisar.

GUITA *f.* Guita (cuerda delgada de cáñamo); bramante. *Bras. Germ.* Dinero, plata. *Bras. merid.* Vigilante.

GUITARRA *f.* Guitarra.

GUITARREAR *v. intr.* Guitarrear. *v. tr.* Cantar al sonido de la guitarra.

GUITARREIRO *m.* Guitarrero. Guitarrista.

GUITARRISTA *m.* Guitarrista.

GUIZO (zo) *m.* Cascabel.

GULA *f.* Gula, exceso, intemperancia, falta de moderación en la comida o bebida; apetito desordenado. Lo mismo que GULODICE.

GULODICE *f.* Golosina.

GULOSAR (zar) *v. intr.* Golosinar, golosinear, golosear, golosmear, gulusmear.

GULOSEIMA (zei) *f.* Lo mismo que

GULOSICE (zi) *f.* Golosina.

GULOSO, SA (lozo, òza) *adj.* y *s.* Goloso; guloso.

GUME *m.* Filo, corte. *fig.* Agudeza, perspicacia, penetración de ingenio.

GURI, RIA (ría) *m.* y *f. Bras.* Niño, pibe, niña, pebeta.

GURIZADA (za) *f. Bras.* Muchachada, multitud de niños.

GURUPÉS (pès) *m. Mar.* Bauprés.

GUSA (za) *f. Min.* Goa. *Ferro* —. Hierro colado.

GUSTAÇÃO (sáum) *f.* Gusto (sentido). Gustadura.

GUTA *f.* Gutapercha (goma). —*percha. Bot.* Gutapercha (planta).

GUTURAL *f.* Gutural.

GUZLA *f.* Guzla (instrumento músico).

H (agá) *m.* Octava letra y sexta consonante del abecedario portugués. Precedida de una *l,* suena como *ll* en castellano y precedida de una *n* tiene el sonido de la *ñ* española. Tal como en castellano, no es consonante aspirada. Su nombre es *agá.*

HABANERA *f.* Habanera (baile y música).

HÁBIL *adj.* Hábil.

HABILIDADE *f.* Habilidad.

HABILIDOSAMENTE (dòza) *adv. m.* Hábilmente.

HABILIDOSO, SA (dozo, òza) *adj.* Habilidoso.

HABILITAÇÃO (sáum) *f.* Habilitación, acción de habilitar. Habilidad, capacidad, aptitud. *For.* Capacidad legal.

HABILITADO, DA *adj. P .p.* de *Habilitar.* Habilitado, capaz, apto, competente. Autorizado.

HABILITAR *v. tr.* Habilitar, hacer hábil, apto o capaz. *For.* Habilitar. *v. r.* Habilitarse.

HABITABILIDADE *f.* Habitabilidad.

HABITAÇÃO (sáum) *f.* Morada, domicilio, edificio, casa, habitación. Habitación (acción de habitar).

HABITÁCULO *m.* Habitáculo. Habitación pequeña.

HABITANTE *adj.* y *m.* y *f.* Habitante.

HABITAR *v. tr.* Habitar, vivir, morar en un lugar o casa.

HABITÁVEL *adj.* Habitable.

HÁBITO *m.* Hábito (costumbre, uso; traje de los religiosos; insignias de algunas órdenes militares; facilidad que se adquiere por la larga práctica en un mismo ejercicio).

HABITUAL *adj.* Habitual.

HABITUAR *v. tr.* Habituar, acostumbrar. Ú. t. c. r.

HAGIOGRAFIA (jiografía) *f.* Hagiografía.

HAITIANO, NA *adj.* y *s.* Haitiano.

HÁLITO *m.* Aliento, hálito. Vapor, vaho, hálito. Soplo suave del aire; hálito (*poét.*). Mau —. Mal aliento.

HALITOSE (tóze) *f.* Halitosis.

HALO *m.* Halo, corona lunar o solar, halón. Corona, aureola.

HALOGÊNEO, NEA (jé) *adj. Quím.* Halógeno.

HALOGÊNICO, CA (jé) *adj. Quím.* Halogénico.

HALÓIDE (lòi) *adj. Quím.* Haloideo.

HALTERE (tè) *m.* Halterio, haltera.

HAMADRÍA (dría) *f.* Hamadría, díade, hamadríada.

HAMADRÍADE *f.* Hamadríada, hamadríade, díade.

HAMBURGUÊS, ESA (gués, gueza) *adj.* y *s.* Hamburgués.

HANGAR *m. Av.* Hangar, jangar.

HANOVERIANO, NA *adj.* y *s.* Hannoveriano.

HANSA *f.* Ansa, hansa (antigua confederación de ciudades alemanas).

HANSEÁTICO, CA *adj.* Anseático, hanseático.

HAPLOLOGIA (jía) *f. Gram.* Haplología.

HARAQUIRÍ *m.* Procedimiento japonés de suicidio por medio del desentrañamiento.

HARÉM (rém) *m.* Harén.

HARMONIA (nía) *f.* Armonía, harmonía.

HARMÔNICA (mó) *f.* Armónica, harmónica.

HARMÓNICO, CA (mó) *adj.* Armónico, harmónico.

HARMÔNIO (mó) *m.* Armónio, harmónio.

HARMONIOSO, SA (ozo, òza) *adj.* Armonioso, harmonioso.

HARMONISTA *m.* Armonista.

HARMONIZAR (zar) *v. tr.* Armonizar, harmonizar. Ú. t. c. r. e intr.

HARPA *f.* Arpa, harpa.

HARPAGÃO (gáum) *m.* Avaro.

HARPEAR *v. intr.* Tocar en la arpa. *v. intr.* Tocar arpa.

HÁRPIA (pía) *f. Mit.* Arpía. *fig. fam.* Arpía (mujer de muy mala condición, o muy fea y flaca).

HARPISTA *m.* Arpista (tocador de arpa).

HARTO, TA *adj.* Fuerte, robusto. *adv. c.* Harto, bastante, sobrado.

HASTA *f.* Asta, lanza. — *pública.* Almoneda, subasta, puja.

HASTE *f.* Asta, astil (palo de la bandera; mango). *Bot.* Bohordo de las flores y frutos). *Bot.* Tallo. Asta, cuerno.

HASTEAR *v. tr.* Enarbolar (bandera u otra cosa semejante). Ú. t. c. r. Izar. Alzar en la punta de un asta o astil.

HASTIL *m.* Astil.

HASTILHA (lla) *f. dim.* de *Haste.* Asta o astil pequeño. Astilla.

HAURIR *v. tr.* Agotar. Beber, aspirar, sorber.

HAURÍVEL *adj.* Que se puede agotar, aspirar, beber o sorber.

HAUSTO *m.* Trago; sorbo.

HAVAIANO, NA *adj.* Hauaiano, hawaiano.

HAVANA *m.* Habano (cigarro puro).

HAVANÊS, ESA (nés, neza) *adj.* Habanero.

HAVER *m.* Haber, hacienda, caudal, bienes. Ú. m. en pl. *Com.* Haber.

HAVER *v. tr.* Haber, poseer, tener. Haber (verbo auxillar para la conjugación de tiempos compuestos de otros verbos). *v. impers.* Haber, acaecer, ocurrir, sobrevenir. Haber, verificarse, efectuarse. Haber, existir. Haber, hacer tanto o cuanto tiempo. *v. r.* Haberse, portarse, conducirse, proceder bien o mal.

HAXIXE (*chiche*) *m.* Hachich, haxix.

HEBDÔMADA (dó) *f.* Hebdómada, semana.

HEBDOMADÁRIO, RIA *adj.* Hebdomadario, semanal. *m.* Semanario (periódico que se publica semanalmente).

HEBRÁICO, CA *adj.* Hebraico, hebreo. *m.* Hebreo (lengua de los hebreos).

HEBRAIZAR (zar) *v. intr.* Conocer la lengua hebrea. Hebraizar.

HEBREU, BRÉIA (brèia) *adj.* y *s.* Hebreo.

HECATOMBE *f.* Hecatombe. *fig.* Hecatombe, matanza, carnicería. *fig.* Desastre, siniestro, destrucción fortuita.

HECTARE *m.* Hectárea.

HÉCTICA (èc) *f.* Hectiquez, tisis, fiebre héctica.

HÉCTICO, CA (èc) *adj.* Héctico. *m.* Héctico, tísico.

HECTOLITRO *m.* Hectolitro.

HECTÔMETRO (tó) *m.* Hectómetro.

HEDIONDAMENTE *adv. m.* Suciamente, obscenamente, repugnantemente, asquerosamente.

HEDIONDEZ *f.* Calidad de

HEDIONDO, DA *adj. fig.* Sucio, inmundo, asqueroso, obsceno, repugnante, sórdido; hediondo (en sentido fig.).

HÉGIRA (èji) *f.* Héjira. *fig.* Huída.

HELEBORISMO *m. Med.* Eleborismo.

HELEBORIZAR (zar) *v. tr.* Eleborizar.

HELÉBORO (lè) *m. Bot.* Eléboro.

HELÉNICO, CA (lé) *adj.* Helénico, griego.

HELENISMO *m.* Helenismo.

HELENIZAR (zar) *v. tr.* Helenizar. *v. intr.* Dedicarse al estudio del griego.

HELENO, NA *adj.* y *s.* Heleno, griego.

HELIÂNTEO, TEA (llán) *adj.* Heliantáceo.

HELIANTO *m. Bot.* Helianto, girasol.

HÉLICE (è) *f. Geom.* Hélice. *Mar.* Hélice. *Av.* Hélice.

HELICOIDAL *adj.* Helicoidal.

HELICÓIDE (cói) *m. Geom.* Helicoide.

HELICÓPTERO (cóp) *m. Av.* Helicóptero (aparato de aviación).

HÉLIO (è) *m.* Helio.

HELIOGRAFIA (fía) *f.* Heliografía.

HELIOTRÓPIO (trò) *m. Bot.* Heliotropo.

HÉLIX (è) *m. Anat.* Hélix (repliegue del pabellón de la oreja).

HELMINTO *m.* Helminto.

HELVÉCIO, CIA (vè) *adj.* y *s.* Helvecio.

HEMÁCIA *f. Anat.* y *Fisiol.* Hematia.

HEMATITA *f. Min.* Hematites.

HEMATÓIDE (tòi) *adj.* Hematoideo.

HEMATOMA *m. Pat.* Hematoma.

HEMATOPOESE (poèze) *f.* Hematopoyesis.

HEMATOSE (tòze) *f.* Hematosis.

HEMATOZOÁRIO (zoá) *m.* Hematozoario.

HEMATÚRIA *f. Pat.* Hematuria.

HEMICICLO *m.* Hemiciclo.

HEMICRÂNIA (crá) *f.* Hemicránea, hemicrania.

HEMIEDRO (miè) *m.* Cristal hemiedro.

HEMIPLEGIA (jía) *f. Pat.* Hemiplejía.

HEMIPLÉGICO, CA (plèji) *adj.* Hemiplégico. Ú. t. c. s.

HEMISFÉRICO, CA (fè) *adj.* Hemisférico.

HEMISFÉRIO (fè) *m.* Hemisferio.

HEMISFERÓIDE (ròi) *adj.* Hemisferoideo.

HEMISTÍQUIO *m.* Hemistiquio.

HEMÓDIA (mò) *f. pat.* Hemodia.

HEMOFILIA (lía) *f. Pat.* Hemofilia.

HEMOGLOBINA *f.* Hemoglobina.

HEMÓLISE (mòlize) *f.* Hemolisis.

HEMOPTISE (ze) *f. Pat.* Hemoptisis.

HEMORRAGIA (jía) *f.* Hemorragia.

HEMORRÁGICO, CA (ji) *adj.* Hemorrágico.

HEMORROIDAL *adj.* Hemorroidal.

HEMORROIDÁRIO, RIA *adj.* Hemorroidario. Ú. t. c. s.

HEMORRÓIDAS (rròi) *f. pl. Pat.* Hemorroida, hemorroide, almorrana.

HEMORRÓIDES (rròi) *f. pl.* Lo mismo que HEMORRÓIDAS.

HEMORROIDOSO, SA (dozo, òza) *adj.* Lo mismo que HEMORROIDÁRIO.

HEMOSPASIA (zía) *f. Terap.* Hemospasia.

HEMOSTASE (ze) *f.* Hemóstasis.

HEMOSTÁTICO, CA *adj.* Hemostático.

HENA *f. Bot.* Alheña.

HENDECÁGONO, NA *adj.* Endecágono. Ú. t. c. s.

HENDECASSÍLABO, BA (sí) *adj.* Endecasílabo. Ú. t. c. s.

HEPÁTICO, CA *adj.* Hepático.
HEPATITE *f. Pat.* Hepatitis.
HEPATIZAÇÃO (zasáum) *f.* Hepatización.
HEPATIZAR-SE (zar) *v. r.* Hepatizarse.
HEPTÁGONO, NA *adj.* Heptágono. Ú. t. c. s. m.
HEPTÂMETRO, TRA (tánme) *adj.* Heptámetro. Ú. t. c. s. m.
HEPTASSÉPALO, LA (sè) *adj.* Heptapétalo.
HEPTASSÍLABO, BA (sí) *adj.* Heptasílabo. Ú. t. c. s.
HERA (è) *f.* Hiedra, yedra.
HERÁLDICA *f.* Blasón, heráldica.
HERÁLDICO, CA *adj.* Heráldico (perteneciente al blasón y a los cultivadores de esta ciencia).
HERALDO *m. Anat.* Lo mismo que ARAUTO.
HERANÇA (sa) *f.* Herencia. — *jacente.* Herencia yacente.
HERBANÁRIO *m.* Herbolario (persona que recoge y vende plantas medicinales, tienda de plantas medicinales).
HERBÁRIO *m.* Herbario (colección de hierbas y plantas secas).
HERBÍVORO, RA *adj.* Herbívoro.
HERBOLÁRIO *m.* Herbolario (persona que recogre y vende plantas medicinales).
HERBÓREO, REA (bò) *adj.* Herbáceo.
HERBORISTA *m.* Herbolario (persona que recoge y vende plantas medicinales); herborista (*gal.*).
HERBORIZAÇÃO (zasáum) *f.* Herborización.
HERBORIZAR (zar) *v. intr. Bot.* Herborizar.
HERBOSO, SA (boza, òza) *adj.* Herboso.
HERCÚLEO, LEA *adj.* Hercúleo.
HERDADE *f.* Heredad, heredamiento, finca rural, hacienda de campo.
HERDAR *v. tr.* Heredar.
HERDEIRO *m.* Heredero.
HEREDITARIEDADE *f.* Herencia (inclinaciones, propiedades o temperamentos que se heredan). Calidad de hereditario.
HEREDITÁRIO, RIA *adj.* Hereditario.
HEREGE (rèje) *adj.* Hereje.
HERESIA (zía) *f.* Herejía.
HERESIARCA (ziar) *m.* Heresiarca.
HERÉTICO, CA (rè) *adj.* Herético. *m.* Hereje.
HERIL *adj.* Señorial (propio del señor, con relación al esclavo).
HERMA (èr) *f.* Herma.
HERMAFRODITO *adj., m.* y *f.* Hermafrodito. Hermafrodita.
HERMES (èr) *m.* Hermes, herma.
HERMÉTICO, CA (mè) *adj.* Hermético.
HÉRNIA (èr) *f. Pat.* Hernia.
HERNIÁRIO, RIA *adj.* Herniário, hernioso.
HERNIOSO, SA (ozo, òza) *adj.* Hernioso. Ú. t. c. s.
HERÓI (ròi) *m.* Héroe.
HEROICIDADE *f.* Heroicidad; heroísmo.
HERÓICO, CA (ròi) *adj.* Heroico.
HERÓI-CÓMICO, CA (ròi-có) *adj.* Heroico-cómico.
HEROIFICAR *v. tr.* Calificar de heroe, glorificar, ensalzar, exaltar.
HEROÍNA *f.* Heroína. *Quím.* Heroína, éter diacético de la morfina.
HEROÍSMO *m.* Heroísmo.
HERPES (èr) *m. pl.* Herpe.
HERTZIANO, NA (zia) *adj. Fís.* Herziano, hertziano.
HESITAÇÃO (zitasáum) *f.* Hesitación, duda, perplejidad.
HESITANTE (zi) *adj.* Dudoso, incierto, perplejo, vacilante, titubeante.
HESITAR *v. intr.* Vacilar, dudar, estar perplejo, titubear; hesitar (*p. us.*).
HETAIRA *f.* Hetaira.
HETERA (tè) *f.* Hetera, hetaira.
HETERIA (ría) *f.* Hetería, hetairía.
HETERÓCLITO, TA (rò) *adj.* Heteróclito.
HETERODOXIA (xía) *f.* Heterodoxia.
HETERODOXO, XA (dò) *adj.* Heterodoxo.
HETEROGAMIA (mía) *f.* Heterogamia.
HETEROGÂMICO, CA (gá) *adj.* Heterógamo.
HETEROGENEIDADE (je) *f.* Heterojeneidad.
HETEROGÉNEO, NEA (je) *adj.* Heterogéneo.
HETERÓIDE (ròi) *adj.* Heteroideo, ea.

HETEROPLASTIA (tía) *f. Pat.* Heteroplasia, heteroplastia. *Cir.* Heteroplatia.
HETERÓTROPO, PA (rò) *adj.* Heterótropo.
HEXACÓRDIO (còr) *m. Mús.* Hexacordio (instrumento). *Mús.* Hexacorde (escala para canto llano).
HEXAÉDRICO (xaè) *adj.* Hexaédrico.
HEXAEDRO (xaè) *m.* Hexaedro.
HEXAGONAL *adj.* Hexagonal.
HEXÁGONO *m.* Hexágono. *adj.* Hexágono, hexagonal.
HEXÂMETRO, TRA (xá) *adj.* Hexámetro. Ú. t. c. s.
HEXAPÉTALO, LA (pè) *adj.* Hexapétalo, de seis pétalos.
HEXÁPODE *adj.* Hexápodo, da.
HEXASSÉPALO, LA (sè) *adj.* Hexasépalo.
HEXASSÍLABO, BA (sí) *adj.* hexasílabo.
HEXÁSTILO *m. Arq.* Hexástilo.
HÍADE *f. Astr.* Híadas, híades.
HIALINO, NA *adj.* Hialino. *Quartzo* —. Cuarzo hialino, cristal de roca.
HIALITE *f. Miner.* Hialita.
HIALITO *m.* Hialita (variedad de cristal negro que se fabrica en Bohemia).
HIANTE *adj.* Abierto, hendido. Que tiene la boca abierta. *poét.* Hiante. *fig.* Hambriento.
HIATO *m. Gram.* Hiato. *Anat.* Hiato.
HIBERNAÇÃO (sáum) *f.* Hibernación.
HIBERNÁCULO *m. Bot.* Hibernáculo. Invernáculo.
HIBERNAL *adj.* Hibernal, perteneciente al invierno.
HIBERNAR *v. intr.* Estar, caer en hibernación.
HIBERNO, NA (bèr) *adj.* Hibernizo, hibernal.
HIBISCO *m. Bot.* Hibisco.
HIBRIDAÇÃO (sáum) *f.* Hibridación.
HIBRIDEZ *f.* Hibridez, hibridismo.
HIBRIDISMO *m.* Hibridismo.
HÍBRIDO, DA *adj.* Híbrido.
HIDRA *f.* Hidra.
HIDRARGÍRIA (jí) *f.* Hidrargiria.
HIDRARGÍRIO (jí) *m.* Hidrargiro, hidrargirio.
HIDRARGIROSE (jiròse) *f. Terap.* Hidrargirosis.
HIDRATAÇÃO (sáum) *f.* Hidratación.
HIDRATAR *v. tr.* Hidratar. Ú. t. c. r.
HIDRATÁVEL *adj.* Hidratable.
HIDRATO *m. Quím.* Hidrato.
HIDRÁULICA *f.* Hidráulica.
HIDRÁULICO, CA *adj.* Hidráulico.
HIDRETO *m. Quím.* Hidruro.
HÍDRICO, CA *adj.* Hídrico.
HIDROAVIÃO (viáum) *m. Av.* Hidroavión, hidroaeroplano.
HIDROCARBONETO *m. Quím.* Hidrocarburo.
HIDROCEFALIA (lía) *f.* Hidrocefalia, hidrocéfalo.
HIDROCÉFALO, LA (cè) *adj.* Hidrocéfalo.
HIDROCELE (cè) *f. Pat.* Hidrocele
HIDRÓFILO, LA (drò) *adj.* Hidrófilo. *Algodão* —. Algodón hidrófilo.
HIDRÓFITO (drò) *m. Bot.* Hidrofita.
HIDROFOBIA (bía) *f.* Hidrofobia (horror al agua; rabia, enfermedad del perro y de otros animales).
HIDRÓFOBO, BA (drò) *adj.* Hidrófobo; rabioso.
HIDROGENAÇÃO (jenasáum) *f.* Hidrogenación.
HIDROGENADO, DA (je) *adj.* Hidrogenado.
HIDROGENAR (je) *v. tr.* Hidrogenar.
HIDROGÉNIO (jé) *m. Quím.* Hidrógeno.
HIDROGRAFIA (fía) *f.* Hidrografía.
HIDROGRÁFICO, CA *adj.* Hidrográfico.
HIDRÓGRAFO (drò) *m.* Hidrógrafo.
HIDRÓIDES (dròi) *m. pl. Zool.* Hidroides.
HIDROLATO *m.* Hidrolado. Hidrolato.
HIDRÓLISE (dròlize) *f.* Hidrólisis.
HIDROMEDUSA (za) *f.* Hidromedusa. *pl. Zool.* Hidromedusas.
HIDROMEL (mèl) *m.* Aguamiel, hidromel.
HIDROMETRIA (tría) *f.* Hidrometría.
HIDRÓMETRO (dró) *m.* Hidrómetro.
HIDRÓPICO, CA (drò) *adj.* Hidrópico. Ú. t. c. s.
HIDROPISIA (zía) *f. Pat.* Hidropesía.
HIDROPLANO *m.* Hidroplano. Hidroaeroplano, hidroplano, hidroavión.
HIDROSSULFATO (sul) *m.* Hidrosulfato, sulfhidrato.
HIDROSSULFITO (sul) *m.* Hidrosulfito.
HIDROSSULFÚRICO, CA (sul) *adj.* Sulfhídrico, hidrosulfúrico.

HIDROSSULFUROSO, SA (sulfurozo, òza) *adj.* Hidrosulfuroso.
HIDROSTÁTICA *f.* Hidrostática.
HIDRÓSTATO (dròs) *m.* Balanza hidrostática. Hidrostato.
HIDROTECNIA (nía) *f.* Hidrotecnia.
HIDROTERAPIA (pía) *f.* Hidropatía, hidroterapia.
HIDRÚRIA *f.* Hidruria.
HIEMAÇÃO (sáum) *f. Bot.* Hiemación.
HIEMAL *adj.* Hiemal, perteneciente o realtivo ao invierno.
HIENA *f. Zool.* Hiena.
HIERARQUIA (quía) *f.* Jerarquía.
HIERÁRQUICO, CA *adj.* Jerárquico.
HIERARQUIZAÇÃO (zasáum) *f.* Acción y efecto de
HIERARQUIZAR (zar) *v. tr.* Organizar según el orden jerárquico.
HIERÁTICA *f.* Papel hierático.
HIERÁTICO, CA *adj.* Hierático, religioso, sagrado.
HIEROFANTE *m.* Hirofanta, hierofante.
HIEROGLÍFICO, CA *adj.* Jeroglífico, hieroglífico.
HIERÓGLIFO *m.* Jeroglífico, hieroglífico.
HIEROGRAFIA (fía) *f.* Hierografía, historia de las religiones.
HIEROLOGIA (jía) *f.* Hierología, estudio de las religiones.
HIEROSOLIMITA (zo) *adj.* y *s.* Hierosolimitano, natural de Jerusalén.
HIEROSOLIMITANO, NA (zo) *adj.* y *s.* Lo mismo que HIEROSOLIMITA.
HÍFEN *m. Gram.* Guión (signo ortográfico, consistente en una rayita horizontal (-)).
HIGIDEZ (ji) *f.* Estado de salud, de lo que es sano o fisiológico.
HÍGIDO, DA (ji) *adj.* Hígido, sano, fisiológico.
HIGIENE (jie) *f.* Higiene.
HIGIÉNICO, CA (jié) *adj.* Higiénico.
HIGIENISTA (jie) *m.* Higienista, el que se dedica al estudio de la higiene.
HIGROMA *m. Pat.* Higroma.
HIGROMETRIA (tría) *f.* Higrometría.
HIGRÓMETRO (gró) *m.* Higrómetro.
HÍLARE *adj.* Alegre, risueño.
HILARIANTE *adj.* Que causa risa, regocijante. *Quím.* Hilarante.
HILARIDADE *f.* Hilaridad.
HILARIZAR (zar) *v. tr.* Causar hilaridad, provocar la risa.
HILO *m. Bot.* y *Anat.* Hilo.
HÍMEN *m. Anat.* Himen.
HIMENEU *m.* Himeneo, boda, casamiento.
HIMENÓPTERO, RA (nòp) *adj.* Himenóptero. *m. pl. Zool.* Himenópteros.
HINÁRIO *m.* Himnario, colección de himnos.
HINDÍ *m.* Lo mismo que HINDUSTANÍ.
HINDU *adj. , m.* f. Hindú, indio.
HINDUSTANÍ *m.* Hindui, indui (idioma del Indostán).
HINISTA *m.* Himnista.
HINO *m.* Himno.
HINOGRAFIA (fía) *f.* Himnología.
HINÓGRAFO (nò) *m.* Himnólogo.
HINOLOGIA (jía) *f.* Himnología.
HINOLÓGICO, CA (lòji) *adj.* Himnológico.
HINÓLOGO (nò) *m.* Himnólogo.
HIÓIDE (òi) *m. Anat.* Hiodes, hueso hioideo.
HIÓIDEO, EA (òi) *adj.* Hioideo.
HIPÁLAGE (je) *f.* Hipálage.
HÍPANTO *m. Bot.* Hipanto.
HIPÉRBATON (pèr) *m. Gram.* Hipérbaton.
HIPÉRBOLE (pèr) *f. Geom.* Hipérbola. *Ret.* Hipérbole.
HIPERBÓLICO, CA (bò) *adj.* Hiperbólico.
HIPERBOLÓIDE (lòi) *m. Geom.* Hiperboloide.
HIPERCRISE (ze) *f. Med.* Hipercrisis, crisis violenta.
HIPERMÉTROPE (mè) *adj. Pat.* Hipermétrope. Ú. t. c. s.
HIPERMETROPIA (pía) *f. Pat.* Hipermetropía.
HIPERPLASIA (zía) *f. Pat.* Hiperplasia.
HIPERTOFIA (fía) *f.* Hipertofía.
HIPERTROFIAR *v. tr.* Producir hipertrofía. *v. r.* Hipertrofiarse.

HIPIATRIA (tría) *f.* Hipiatria, hipiátrica, veterinaria.

HÍPICO, CA *adj.* Hípico, perteneciente al caballo.

HIPÍSMO *m.* Deporte de carreras de caballos.

HIPNOSE (noze) *f.* Hipnosis, hipnosia.

HIPNÓTICO, CA (nò) *adj.* Hipnótico, perteneciente al hipnotismo.

HIPNOTISMO *m.* Hipnotismo.

HIPNOTIZADOR (za) *m.* Hipnotizador.

HIPNOTIZAR (zar) *v. tr.* Hipnotizar (provocar el sueño hipnótico).

HIPNOTIZÁVEL (za) *adj.* Hipnotizable.

HIPOCAMPO *m.* *Zool.* Hipocampo, caballo marino. *Mit.* Hipocampo.

HIPOCLORITO *m.* *Quím.* Hipoclorito.

HIPOCLOROSO, SA (rozo, òza) *adj.* *Quím.* Hipocloroso.

HIPOCONDRIA (dría) *f.* *Pat.* Hipocondría.

HIPOCONDRÍACO, CA *adj.* Hipocondriaco. Ú. t. c. s.

HIPOCÔNDRIO (cón) *m.* *Anat.* Hipocondrio.

HIPOCRISIA (zía) *f.* Hipocresía, fingimiento.

HIPÓCRITA (pò) *adj.* y *s.* Hipócrita.

HIPODÉRMICO, CA (dèr) *adj.* Hipodérmico.

HIPÓDROMO (pò) *m.* Hipódromo.

HIPÓFISE (pòfize) *f.* *Anat.* Hipófisis.

HIPOFOSFATO *m.* *Quím.* Hipofosfato.

HIPOFOSFITO *m.* *Quím.* Hipofosfito.

HIPOFOSFÓRICO, CA (fò) *adj.* *Quím.* Hipofosfórico.

HIPOFOSFOROSO, SA (rozo, òza) *adj.* *Quím.* Hipofosforoso.

HIPOGÁSTRIO *m.* *Anat.* Hipogastrio.

HIPOGEU (jeu) *m.* Hipogeo, cripta.

HIPOGLOSSO, SSA (gloso, òsa) *adj.* Hipogloso *m.* *Anat.* Hipoglosis.

HIPOSSULFATO (sul) *m.* *Quím.* Hiposulfato.

HIPOSSULFÚRICO, CA (sul) *adj.* *Quím.* Hiposulfúrico.

HIPOSSULFUROSO, SA (sulfurozo, òza) *adj. Quím.* Hiposulfuroso.

HIPÓSTASE (pòstaze) *f.* *Teol.* Hipóstasis.

HIPOTECA (tè) *f.* Hipoteca.

HIPOTECAR *v. tr.* Hipotecar.

HIPOTECÁRIO, RIA *adj.* Hipotecario.

HIPOTENSÃO (sáum) *f.* Hipotensión.

HOPOTENUSA (za) *f.* *Geom.* Hipotenusa.

HIPÓTESE (pòteze) *f.* Hipótesis.

HIPOTÉTICO, CA (tè) *adj.* Hipotético.

HIPOZÓICO, CA (zòi) *adj.* *Miner.* Hipozoico.

HIRSUTO, TA *adj.* Hirsuto (duro, cerdozo, erizado, hablando del pelo).

HIRTEZA (za) *f.* Rigidez.

HIRTO, TA *adj.* Yerto, tieso, rígido. Lo mismo que HIRSUTO.

HISPÂNICO, CA (pá) *adj.* Hispánico, español.

HISPANISMO *m.* Hispanismo.

HISPANISTA *m.* Hispanista.

HISPANO-AMERICANO, NA *adj.* Hispanoamericano.

HISPIDAR-SE *v. r.* Erizarse, hacer híspido.

HÍSPIDO, DA *adj.* Híspido, hirsuto.

HISSOPADA (so) *f.* Hisopada.

HISSOPAR (so) *v. tr.* Hisopear.

HISSOPE (sò) *m.* Hisopo (para rociar con agua bendita).

HISSOPO (só) *m.* *Bot.* Hisopo (planta labiada muy olorosa).

HISTERIA (ría) *f.* *Pat.* Histericismo, histerismo, histeria.

HISTÉRICO, CA (tè) *adj.* Histérico.

HISTOLOGIA (jía) *f.* Histologia.

HISTÓRIA (tò) *f.* Historia (relato verídico de los hechos memorables; conjunto de estos mismos hechos; obra histórica; *fig.* relación de cualquier suceso; *fig.* fábula, cuento, ficción). *fig. fam. pl.* Historias, cuentos, chisme, enredo.

HISTÓRICO, CA (tò) *adj.* Histórico.

HISTORIENTO, TA *adj.* *Bras.* Puntilloso; exigente.

HISTORIETA *f.* Historieta (fábula, cuento, narración breve).

HISTORÍOLA *f.* Lo mismo que HISTORIETA.

HISTORIOLOGIA (jía) *f.* Historiología.

HISTRIÃO (triáum) *m.* Histrión, payaso, bufón, juglar.

HODIERNO, NA (dièr) *adj.* De hoy. Moderno, reciente.

HOJE (je) *adv. t.* Hoy. *De — para amanhã. m. adv.* De hoy a mañana. *De — em diante. m. adv.* De hoy en adelante, de hoy más. *— em dia. m. adv.* Hoy día, en nuestros dias, en nuetros tiempos.

HOLANDA *f.* Holanda (lienzo muy fino análogo a la batista).

HOLANDÉS, ESA (dés, deza) *adj.* y *s.* Holandés.

HOLANDILHA (lla) *f.* Holandeta, holandilla (lienzo).

HOLOCAUSTO *m.* Holocausto. *fig.* Holocausto, sacrificio (acto de abnegación).

HOLOFOTE (fò) *m.* Holofote. Fanal.

HOLÔMETRO (ló) *m.* Holómetro.

HOMBRIDADE *f.* Hombradía.

HOMEM *m.* Hombre.

HOMENAGEAR (jear) *v. tr.* Prestar, rendir homenaje.

HOMENAGEM (jem) *f.* Homenaje..

HOMENZARRÃO (zarráum) *m. aum.* de *Homem.* Hombrón.

HOMENZINHO (ziño) *m. dim.* de *Homem.* Hombrezuelo, hombrecillo. Hombruco.

HOMEOPATA (pá) *m.* Homeópata.

HOMEOPATIA (tía) *f.* Homeopatía.

HOMEOPÁTICO, CA (pá) *adj.* Homeopático.

HOMICIDA *adj.* Homicida (que causa la muerte de una persona). Ú. t. c. s.

HOMICÍDIO *m.* Homicidio (muerte que una persona da a otra).

HOMÍLIA *f.* Homilia. *pl.* Homilias.

HOMIZIADO, DA (zia) *adj. P. p.* de *Homiziar-se.* Oculto, huído de la acción de la justicia; refugiado.

HOMIZIAR-SE (ziar) *v. r.* Refugiarse, ocultarse, huir a la acción de la justicia.

HOMÍZIO (zio) *m.* Acción y efecto de *Homiziarse.* Escondite, encondrijo; refugio.

HOMÓFONO, NA (mò) *adj. Gram.* Homófono.

HOMOGENEIDADE (je) *f.* Homogéneidad.

HOMOGÉNEO, EA (jé) *adj.* Homogéneo.

HOMÓGRAFO, FA (mò) *adj. Gram.* Homógrafo. Ú. t. c. s.

HOMOLOGAÇÃO (sáum) *f.* Homologación.

HOMOLOGAR *v. tr.* Homologar.

HOMÓLOGO, GA (mò) *adj. Geom. Lóg.* y *Quím.* Homólogo.

HOMÓNIMO, MA (mó) *adj. Gram.* Homónimo. Ú. t. c. s.

HOMOSSEXUAL (se) *adj.* Homosexual. Ú. t. c. s.

HOMOSSEXUALISMO (se) *m.* Homosexualidad.

HOMÚNCULO *m.* Homúnculo. Hombruco. Enano.

HONESTAR *v. tr.* Honrar, honestar. Cohonestar, honestar.

HONESTIDADE *f.* Honestidad.

HONESTO, TA (nès) *adj.* Honesto, decente, decoroso; honrado.

HONOR *m.* Lo mismo que HONRA.

HONORABILIADADE *f.* Honorabilidad.

HONORÁRIO, RIA *adj.* Honorario. *m. pl.* Honorario, honorarios, estipendio, sueldo de honor.

HONORÍFICO, CA *adj.* Honorífico, que da honor.

HONRA *f.* Honor (virtud que induce a cumplir todos los deberes; gloria o buena reputación; honestidad y recato en las mujeres; obsequio, aplauso, fama, celebridad; dignidad, cargo, empleo). Honra (estima y respeto de la dignidad propia; buena fama o reputación; demostración de aprecio, pudor, recato y honestidad en las mujeres). *pl.* Honores. *— fúnebre.* Honras.

HONRADEZ *f.* Honradez, probidad.

HONRADO, DA *adj.* Honrado; honesto.

HONRAR *v. tr.* Honrar (respetar, acatar a una persona; enaltecer su mérito o premiarlo). *v. r.* Tener en aprecio, considerar como un honor.

HONRARIA *f.* Honores, honras.

HONROSO, SA (rozo, òza) *adj.* Honroso, que da honra; decente, decoroso.

HORA (ò) *f.* Hora (cualquiera de las veinte y cuatro partes del día natural; tiempo o momento oportuno para una cosa). *pl.* Horas (devocionario que contiene el oficio de Nuestra Señora y otros rezos). *Dar —s. frs.* Dar la hora, sonar el reloj las campanadas que la marcan. *Marcar —. frs.* Dar hora, senalar tiempo para una cosa. *Na — H. m.*

adv. fam. A la hora horada. *À última —. m. adv.* A última hora. *A —s mortas. m. adv.* muy de noche, noche avanzada, en el silencio de la noche.

HORÁRIO, RIA *adj.* Horario (perteneciente o relativo a las horas). *m.* Horario (cuadro indicador de las horas en que deben ejecutarse determinados actos).

HORDA (òr) *f.* Horda (tropa de salvajes nómadas).

HORIZONTAL (zon) *adj.* Horizontal. *f.* Horizontal (línea horizontal). *fig.* Ramera.

HORIZONTALIDADE (zon) *f.* Horizontalidad.

HORIZONTE (zon) *m.* Horizonte.

HORMÔNIO (mó) *m.* Hormón.

HORNBLENDA *f.* *Miner.* Hornablenda, hornblenda.

HOROGRAFIA (fía) *f.* Horografía.

HOROSCOPAR *v. intr.* Lo mismo que HOROSCOPIZAR.

HOROSCÓPIO (có) *m.* Lo mismo que HORÓSCOPO.

HOROSCOPIZAR (zar) *v. intr.* Hacer horóscopos.

HORÓSCOPO (rós) *m.* Horóscopo.

HORRENDO, DA *adj.* Horrendo (que causa horror o espanto).

HORRENTE *adj.* Horrendo, espantoso, que da miedo.

HÓRRIDO, DA (ó) *adj.* Hórrido, horrendo, espantoso.

HORRÍFICO, CA *adj.* Hórrido, espantoso, horrendo.

HORRIPILAÇÃO (sáum) *f.* Horripilación.

HORRIPILANTE *adj.* Horripilante. Espeluznante.

HORRIPILAR *v. tr.* Horripilar; espeluznar. *v. r.* Horripilarse; espeluznarse.

HORRÍSSONO, NA (so) *adj.* Horrísono.

HORRÍVEL *adj.* Horrible.

HORRIVELMENTE *adv. m.* Horriblemente.

HORROR *m.* Horror.

HORRORIZAR (zar) *v. tr.* Horrorizar. *v. r.* Horrorizarse.

HORROROSO, SA (rozo, òza) *adj.* Horroroso (que causa horror; *fam.* muy feo).

HORTA (òr) *f.* Huerta.

HORTALIÇA (sa) *f.* Hortaliza (verduras y demás plantas hortenses).

HORTELÁ (lán) *f.* *Bot.* Hierbabuena (la que se emplea en condimentos). *— pimenta.* Menta.

HORTELÃO (láum) *m.* Hortelano (persona que cuida y cultiva huertas).

HORTELOA (lóa) *f.* Hortelana (mujer del hortelano).

HORTENSE *adj.* Hortense.

HORTÊNCIA (tén) *f.* *Bot.* Hortensia.

HORTÍCOLA *adj.* Hortícola.

HORTICULTOR *m.* Horticultor.

HORTICULTURA *f.* Horticultura.

HORTO *m.* Huerto.

HOSANA (za) *m.* Hosanna.

HÓSPEDA (òs) *f.* Huéspeda. Mesonera. Hospedera.

HOSPEDAGEM (jem) *f.* Hospedaje. Hospitalidad.

HOSPEDAR *v. tr.* Hospedar. Ú. t. c. r.

HOSPEDARIA (ría) *f.* Hospedería, hostería, posada.

HOSPEDÁVEL *adj.* Hospedable.

HÓSPEDE (òs) *m.* Huésped.

HOSPEDEIRO, RA *adj.* Hospitalero. *m.* y *f.* Hospedero, posadero, mesonero.

HOSPÍCIO *m.* Manicomio, hospital de locos. Hospicio (albergue para peregrinos y pobres).

HOSPITAL *m.* Hospital. *— de sangue.* Hospital de la sangre.

HOSPITALAR *adj.* Perteneciente o relativo al hospital.

HOSPITALEIRO, RA *adj.* Hospitalario, caritativo. *m.* Hospitalero.

HOSPITALIDADE *f.* Hospitalidad.

HOSPITALIZAÇÃO (zasáum) *f.* Hospitalización, acción de

HOSPITALIZAR (zar) *v. tr.* Admitir en un hospital; hospitalizar (*Amer.*).

HOSTE (òs) *f.* Hueste.

HÓSTIA (òs) *f.* Hostia.

HOSTIÁRIO *m.* Hostiario.

HOSTIL *adj.* Hostil, contrario, enemigo, opuesto.

HOSTILIDADE *f.* Hostilidad (calidad de hostil; acto hostil; agresión, fuerza armada que constituye de hecho el estado de guerra).

HOSTILIZAR (zar) *v. tr.* Hostilizar (acometer, molestar, hacer daño a enemigos). Ú. t. c. r.

HOTEL (tèl) *m.* Hotel.

HOTELEIRO *m.* Hotelero.

HOTENTOTE (tò) *adj. y s.* Hotentote, ta.

HUGUENOTE (nò) *adj.* Hugonote, ta.

HULHA (lla) *f.* Hulla.

HULHEIRA (llei) *f.* Hullera (mina de hulla).

HUMANAL *adj.* Humano.

HUMANAR *v. tr.* Humanar (hacer a alguien humano y afable). *v. r.* Humanarse.

HUMANIDADE *f.* Humanidad.

HUMANISMO *m.* Humanismo.

HUMANISTA *m.* Humanista.

HUMANITÁRIO, RIA *adj.* Humanitario.

HUMANIZAÇÃO (zasáum) *f.* Humanización.

HUMANIZAR (zar) *v. tr.* Humanizar, humanar. *v r.* Humanizarse, humanarse.

HUMANO, NA *adj.* Humano.

HUMILDADE *f.* Humildad.

HUMILDAR *v. tr.* Humillar, abatir. Ú. t. c. r

HUMILDE *adj.* Humilde.

HUMILDOSO, SA (dozo, òza) *adj.* Humilde.

HUMILHAÇÃO (llasáum) *f.* Humillación.

HUMILHANTE (llan) *adj.* Humillante; degradante, denigrante; depresivo.

HUMILHAR (llar) *v. tr.* Humillar. *v. r.* Humillarse.

HUMILIAÇÃO (sáum) *f.* Lo mismo que HUMILHAÇÃO.

HUMILIANTE *adj.* Lo mismo que HUMILHANTE.

HUMO *m.* Humus, mantillo.

HUMOR *m.* Humor (cualquiera líquido del organismo animal). *fig.* Humor, genio, índole, condición, carácter. *fig.* Humor, jovialidad, agudeza, ingenio. *fig.* Humor, buena disposición de ánimo para hacer algo. —*aquoso.* Humor ácueo. —*vítreo.* Humor vítreo. *Bom* —. Buen humor. *Mau* —. Mal humor.

HUMORADO, DA *adj.* Humorado. *Bem* —. Bien humorado. *Mal* —. Mal humorado.

HUMORAL *adj.* Humoral (perteneciente o relativo a los humores).

HUMORISMO *m.* Humorismo.

HUMORISTA *m.* Humorista.

HUMORÍSTICO, CA *adj.* Humorístico; jovial, jocoso.

HUMOROSO, SA (rozo, òza) *adj.* Humoroso.

HUMOSO, SA (mozo, òza) *adj.* Que tiene humus o mantillo.

HÚMUS *m.* Humus, mantillo (abono).

HÚNGARO, RA *adj. y s.* Húngaro.

HUNO, NA *adj. y s.* Huno. *m. pl.* Hunos.

HURI *f.* Hurí.

HURRA! *interj.* ¡Hurra!

HUSSAR (sar) *m.* Lo mismo que

HUSSARDO (sar) *m.* Húsar.

HUSSITA (si) *m.* Husita.

I *m.* Novena letra y tercera vocal del abecedario portugués.

IAIÁ *f. Bras.* Tratamiento familiar que daban los esclavos a las niñas y señoritas.

IÂMBICO, CA (iám) *adj.* Yámbico.

IAMBO *m.* Yambo.

IARA *f. Bras.* Mujer fantástica, sirena de los ríos y lagos.

IATE *m.* Yate (embarcación de gala o de recreo).

IÁTRICO, CA *adj.* Yátrico.

IATROQUÍMICA *f.* Yatroquímica, quimiatría.

IATROQUÍMICO, CA *adj.* Yatroquímico.

IBÉRICO, CA (bè) *adj.* Ibérico.

IBERO, RA (bè) *adj. y s.* Ibero, íbero.

ÍBIS *amb.* Ibis.

IÇÁ (sá) *f. Bras.* Lo mismo que SAÚVA.

IÇAR (sar) *v. tr.* Izar.

ÍCARO *m. fig.* Ícaro.

ICNOGRAFIA (fía) *f. Arq.* Icnografía.

ÍCONE *m.* Icón, ícono.

ICONOCLASMO *m.* Iconoclasia.

ICONOCLASTA *adj.* Iconoclasta. Ú. t. c. s.

ICONOGRAFIA (fía) *f.* Iconografía.

ICONÓGRAFO (nò) *m.* Iconógrafo.

ICONOLOGIA (jía) *f.* Iconología.

ICONÓLOGO (nò) *m.* Iconólogo.

ICOR (cór) *m. Cir.* Icor.

ICOSAEDRO (zaè) *m. Geom.* Icosaedro.

ICOSANDRIA (zandría) *f.* Icosandria.

ICTERÍCIA *f. Med.* Ictericia.

ICTÉRICO, CA (tè) *adj.* Ictérico. Ú. t. c. s.

ICTIOGRAFIA (fía) *f.* Ictiografía.

ICTIÓIDE (òi) *adj.* Ictioideo.

ICTIOL (tiòl) *m. Terap.* Ictiol.

ICTIOLOGIA (jía) *f.* Ictiología.

ICTIÓLOGO (tiò) *m.* Ictiólogo.

ICTIOSAURO (zau) *m. Paleont.* Ictiosauro.

ICTIOSE (òze) *f. Med.* Ictiosis.

IDA *f.* Ida (acto de ir de un sitio a otro). Partida, salida (acción de partir o salir).

IDADE *f.* Edad.

IDÁLICO, CA *adj.* Idalio.

IDEAÇÃO (sáum) *f. Filos.* Ideación (formación de las ideas).

IDEAL *adj.* Ideal. *m.* Ideal.

IDEALIDADE *f.* Idealidad.

IDEALISMO *m.* Idealismo.

IDEALISTA *adj. y s.* Idealista.

IDEALÍSTICO, CA *adj.* Idealista, relativo al idealismo.

IDEALIZAÇÃO (zasáum) *f.* Idealización.

IDEALIZADOR, RA (za) *adj.* Idealizador. Ú. t. c. s.

IDEALIZAR (zar) *v. tr.* Idealizar. Imaginar. Idear.

IDEAR *v. tr.* Idear (inventar o disponer alguna cosa).

IDEÁVEL *adj.* Que se puede idear.

IDÉIA (idèia) *f.* Idea.

IDÊNTICO, CA (dén) *adj.* Idéntico.

IDENTIDADE *f.* Identidad.

IDENTIFICAÇÃO (sáum) *f.* Identificación.

IDENTIFICAR *v. tr.* Identificar. Ú. t. c. r.

IDENTIFICÁVEL *adj.* Identificable.

IDEOGRAFIA (fía) *f.* Ideografía.

IDEOGRAMA *m.* Ideograma.

IDEOLOGIA (jía) *f.* Ideología.

IDEOLÓGICO, CA (lòji) *adj.* Ideológico.

IDEÓLOGO (deò) *m.* Ideólogo.

IDÍLICO, CA *adj.* Idílico; tierno, delicado, amoroso.

IDÍLIO *m.* Idílio.

IDIOMA *m.* Idioma (lengua de un pueblo o nación).

IDIOMÁTICO, CA *adj.* Idiomático.

IDIOSSINCRASIA (sincrazia) *f.* Idiosincrasia.

IDIOSSINCRÁSICO, CA (sincrázi) *adj.* Idiosincrásico.

IDIOTA (diò) *adj.* Idiota, imbécil, estúpido, falto de inteligencia. Ú. t. c. s.

IDIOTIA (tía) *f.* Idiotez.

IDIOTICE *f.* Idiotez, imbecilidad. Asnería, tontería.

IDIÓTICO, CA (diò) *adj.* Idiótico (relativo al idiotismo). Relativo al idiota e imbécil).

IDIOTISMO *m. Gram.* Idiotismo. Idiotismo, idiotez.

IDIOTIZAR (zar) *v. tr.* Poner idiota o alelado.

IDÓLATRA (dò) *adj. y s.* Idólatra.

IDOLATRAR *v. tr.* Idolatrar (adorar ídolos; amar con pasión o exceso a una persona o cosa).

IDOLATRIA (tría) *f.* Idolatría.

ÍDOLO *m.* Ídolo (figura de una divinidad a que se da culto; *fig.* persona o cosa amada con pasión o exceso).

IDONEIDADE *f.* Idoneidad.

IDÓNEO, EA (dó) *adj.* Idóneo.

IDOS *m. pl.* Idus.

IDOSO, SA (dozo, òza) *adj.* De mucha edad, muy viejo, viejo.

IDUMEU, MÉIA (mèia) *adj. y s.* Idumeo.

IEMANJÁ (já) *f. Bras.* Divinidad del mar o de las aguas.

IGAÇABA (sa) *f. Bras.* Tinaja para agua. *Bras.* Urna funeral de los indios.

IGARA *f. Bras.* Embarcación; canoa; bote.

IGARAPÉ (pè) *m. Bras. Amazonas.* Canal muy estrecho entre dos islas, o entre una isla y la tierra firme.

IGARITÉ (tè) *f. Bras. Amazonas.* Barco de un solo mastro.

IGNARO, RA *adj.* Ignaro, ignorante: estúpido.

ÍGNEO, EA *adj.* Igneo, de fuego.

IGNESCÊNCIA (cén) *f.* Ignescencia.

IGNIÇÃO (sáum) *f.* Ignición.

IGNIFICAÇÃO (sáum) *f.* Combustión.

IGNÍVOMO, MA *adj.* Ignívomo.

IGNIZAR-SE (zar) *v. r.* Encenderse.

IGNÓBIL (nò) *adj.* Innoble. Bajo, despreciable, vil, torpe, indigno.

IGNOMÍNIA *f.* Ignominia, afrenta, infamia, deshonra pública.

IGNOMINIOSO, SA (niozo, òza) *adj.* Ignominioso.

IGNORADO, DA *adj. P. p.* de *Ignorar.* Ignorado, desconocido.

IGNORÂNCIA (rán) *f.* Ignorancia.

IGNORANTÃO, TONA (táum) *adj. fam.* Ignorantón, muy ignorante. Ú. t. c. s. Dícese del ignorante que presume de sabio. Ú. t. c. s.

IGNORANTE *adj.* Ignorante. Ú. t. c. s.

IGNORAR *v. tr.* Ignorar.

IGNOTO, TA (nò) *adj.* Ignoto (no conocido).

IGREJA (já) *f.* Iglesia.

IGREJÁRIO (já) *m.* Iglesia pequeña. Lo mismo que ERMIDA. Iglesiario.

IGREJEIRO, RA (jei) *adj.* Propio de las iglesias. *m.* Mojigato, beatorro.

IGREJINHA (jiña) *f. dim.* de *Igreja.* Iglesieta. *fig.* Conspiración, trama. *fig.* Grupo de personas que solo tratan de sus fines y para ello hacen enredos.

IGREJOLA (jó) *f. dim.* de *Igreja.* Iglesieta, iglesia pequeña o insignificante.

IGREJÓRIO (jò) *m.* Lo mismo que IGREJOLA.

IGUAL *adj.* Igual. *m.* Igual (persona de la misma clase o condición que otra).

IGUALAÇÃO (sáum) *f.* Igualación (acción de igualar).

IGUALADOR, RA *adj. y s.* Igualador.

IGUALAMENTO *m.* Igualamiento, igualación. Igualdad.

IGUALAR *v. tr.* Igualar (poner una cosa o persona al igual con otra, hacerla igual a ella). Ú. t. c. r. Igualar, allanar. *v. intr.* Igualar (ser igual).

IGUALDADE *f.* Igualdad. *Mat.* Igualdad.

IGUALHA (lla) *f.* Identidad de condición en la sociedad; clase.

IGUALITÁRIO, RIA *adj.* Igualitario.

IGUANO *m.* Iguana (reptil).

IGUARIA (ría) *f.* Manjar exquisito.

ILAÇÃO (sáum) *f.* Ilación.

ILAQUEAR *v. tr.* Enredar, engañar. *v. intr.* Caer en la red, sucumbir a la tentación.

ILATIVO, VA *adj.* Ilativo.

ILEGAL *adj.* Ilegal.

ILEGALIDADE *f.* Ilegalidad.

ILEGITIMIDADE (ji) *f.* Ilegitimidad.

ILEGÍTIMO, MA (jí) *adj.* Ilegítimo. Bastardo.

ILEGÍVEL (jí) *adj.* Ilegible; ileíble (*Amer.*).

ÍLEO *m. Med.* Vólvulo, íleo. *Anat.* Ileon.

ILESO, SA (lèzo) *adj.* Ileso (que no ha recibido daño).

ILETRADO, DA *adj.* Iletrado, indocto.

ILHA (lla) *f.* Isla.

ILHADO, DA (lla) *adj. P. p.* de *Ilhar.* Aislado.

ILHAL (llal) *m.* Ijar, ijada (del caballo).

ILHAR (llar) *v. tr.* Aislar. *v. r.* Aislarse.

ILHARGA (llar) *f.* Ijar, ijada.

ILHÉU, LHOA (ilèu, lloa) *adj.* Isleño. Ú. t. c. s.

ILHÓ (llo) *m.* Ojete.

ILHOA (lloa) *f.* Isleña (mujer natural de las islas).

ILHOTA (llò) *f. dim.* de *Ilha.* Isleta. Islote.

ILÍACO, CA *m. Anat.* Hueso innominado o ilíaco.

ILIBAÇÃO (sáum) *f.* Rehabilitación, justificación, purificación.

ILIBADAMENTE *adv. m.* Ilibadamente, con pureza, sin mancha.

ILIBADO, DA *adj. P. p.* de *Ilibar.* Ilibato, intacto, puro inmaculado, sin mancha. Rehabilitado, purificado.

ILIBAR *v. tr.* Rehabilitar, purificar, justificar.

ILÍCITO, TA *adj.* Ilícito.

ILIMITADO, DA *adj.* Ilimitado.

ÍLIO *m. Anat.* Ilion.

ILÓGICO, CA (lòji) *adj.* Ilógico.

ILOTA (lò) *m.* Ilota.

ILUDIR *v. tr.* Burlar, iludir, engañar. Frustrar. Burlarse. *v. r.* Engañarse, ilusionarse.

ILUDÍVEL *adj.* Que puede engañar o entrañar error.

ILUMINAÇÃO (sáum) *f.* Iluminación (acción de iluminar; copia de luces; especie de pintura). Alumbrado.

ILUMINADO, DA *adj. P. p.* de *Iluminar.* Iluminado, alumbrado. Iluminado (afiliado a cierta secta heréctica). Ú. t. c. s. *fig.* Inspirado. Ú. t. c. s. *fig.* Ilustre, preclaro, esclarecido.

ILUMINADOR, RA *adj.* Iluminador. *m.* Iluminador.

ILUMINAR *v. tr.* Iluminar, alumbrar, bañar de luz. Iluminar (dar color a las figuras, letras, etc.). *fig.* Iluminar (ilustrar el entendimiento con conocimientos). *v. r.* Llenarse de luz. Alegrarse.

ILUMINATIVO, VA *adj.* Iluminativo.

ILUMINISTA *m.* Iluminista, iluminado.

ILUMINURA *f. Pint.* Iluminación.

ILUSÃO (zasáum) *f.* Ilusión.

ILUSIONISMO (zio) *m.* Prestidigitación.

ILUSIONISTA (zio) *m.* Prestidigitador, jugador de manos; ilusionista (gal).

ILUSIVO, VA (zi) *adj.* Ilusivo, engañoso, falso, aparente.

ILUSO, SA (zo) *adj.* Iluso, engañado, seducido.

ILUSÓRIO, RIA (zó) *adj.* Ilusorio, falaz, capaz de engañar.

ILUSTRAÇÃO (sáum) *f.* Ilustración (acción de ilustrar; grabado, estampa de un libro). Cultura, instrucción.

ILUSTRADO, DA *adj. P. p.* de *Ilustrar.* Ilustrado (muy instruído; que tiene ilustraciones o estampas).

ILUSTRADOR, RA *adj. y s.* Ilustrador.

ILUSTRAR *v. tr.* Ilustrar (en todas las acepciones de esta voz). Ú. t. c. r.

ILUSTRE *adj.* Ilustre (de esclarecido linaje o abolengo; célebre, insigne).

ÍMÃ (íma*n*) *m.* Imán.

IMACULADA *f.* Inmaculada, Purísima (la Virgem María).

IMACULADO, DA *adj.* Inmaculado.

IMACULÁVEL *adj.* Impecable.

IMAGEM (jem) *f.* Imagem (figura, representación, semejanza; estatua, efigie o pintura de un santo). *Fís. Fisiol.* y *Ret.* Imagem.

IMAGINAÇÃO (jinasáum) *f.* Imaginación.

IMAGINAR (ji) *v. tr.* Imaginar, presumir, conjeturar, sospechar. Creer, estar persuadido. *v. r.* Imaginar (v. n.), representar idealmente una cosa, crerla en la imaginación.

IMAGINÁRIA (jinária) *f.* Imaginería.

IMAGINÁRIO, RIA (ji) *adj.* Imaginario.

IMAGINATIVA (ji) *f.* Imaginativa (facultad de imaginar).

IMAGINOSO, SA (jinozo, òza) *adj.* Imaginario, fantástico, fabuloso. Que posee una imaginación fértil.

IMANAR *v. tr.* Imanar, magnetizar. Ú. t. c. r.

IMANE *adj.* Grandísimo, enorme, inmenso, muy grande. *fig.* Feroz, cruel.

IMANÊNCIA (ném) *f.* Inmanencia.

IMANENTE *adj.* Inmanente.

IMANIZAÇÃO (zasáum) *f.* Imantación.

IMANIZAR (zar) *v. tr.* Lo mismo que IMANAR.

IMARCESCÍVEL *adj.* Inmarcesible, inmarchitable.

IMATERIAL *adj.* Inmaterial.

IMATERIALIDADE *f.* Inmaterialidad.

IMATURIDADE *f.* Calidad de inmaturo.

IMATURO, RA *adj.* Inmaturo (que no está maduro o en sazón).

IMBÉ (bé) *m. Bras.* Lo mismo que

IMBÉ (bè) *m. Bras.* Especie de bejuco.

IMBECIL (cíl) *adj. y s.* Imbécil, escaso de razón.

IMBECILIDADE *f.* Imbecilidad, alelamiento, tontería, escasez de razón.

IMBECILIZAR (zar) *v. tr.* Volver imbécil, alelar. Ú. t. c. r.

IMBELE (bè) *adj.* Imbele (débil, sin resistencia, incapaz de combatir, de defenderse).

IMBERBE (bèr) *adj.* Imberbe; barbilampiño.

IMBIBIÇÃO (sáum) *f.* Imbibición.

IMBICAR *v. tr. Bras.* Encaminar. *Bras.* Aportar. *Bras.* Lo mismo que ABICAR.

IMBIRA *f. Bras.* Lo mismo que EMBIRA.

IMBRICAÇÃO (sáum) *f.* Imbricación.

IMBRICAR *v. tr.* Disponer con imbricación.

IMBUIR *v. tr.* Imbuir, persuadir, infundir.

IMEDIAÇÃO (sáum) *f.* Inmediación (calidad de inmediato). *pl.* Inmediaciones, contorno (territorio que rodea un lugar o población).

IMEDIATAMENTE *adv. m.* Inmediatamente.

IMEDIATAR *v. intr. Bras.* Servir en un buque como contramaestre.

IMEDIATISMO *m.* Norma de proceder sin ambages o rodeos.

IMEDIATO, TA *adj.* Inmediato. *m.* Segundo (el que sigue en jerarquía al jefe o principal). *Mar.* Contramaestre.

IMEDICÁVEL *adj.* Inmedicable.

IMEMORÁVEL *adj.* Inmemorable.

IMEMORIAL *adj.* Inmemorial.

IMENSIDADE *f.* Inmensidad.

IMENSIDÃO (dáum) *f.* Inmensidad. Vastedad.

IMENSO, SA *adj.* Inmenso.

IMENSURABILIDADE *f.* Inmensurabilidad.

IMENSURÁVEL *adj.* Inmensurable.

IMERECIDO, DA *adj.* Inmerecido.

IMERGENTE (jen) *adj.* Inmergente.

IMERGIR (jir) *v. tr.* Inmergir, zambullir.

IMÉRITO, TA (mè) *adj.* Inmérito, inmerecido, injusto.

IMERSÃO (sáum) *f.* Inmersión.

IMERSÍVEL *adj.* Que se puede inmergir o zambullir.

IMERSIVO, VA *adj.* Inmersivo.

IMERSO, SA (mèr) *adj.* Inmergido.

IMERSOR, RA *adj.* Que hace inmergir.

IMIGO, GA *adj. y s ant.* Lo mismo que INIMIGO.

IMIGRAÇÃO (sáum) *f.* Imigración.

IMIGRADO, DA *adj. P. p.* de *Imigrar.* Inmigrado. Ú. t. c. s.

IMIGRANTE *adj.* Inmigrante. Ú. t. c. s.

IMIGRAR *v. intr.* Inmigrar.

IMIGRATÓRIO, RIA (tò) *adj.* Inmigratorio.

IMINÊNCIA (ném) *f.* Inminencia.

IMINENTE *adj.* Inminente.

IMISCÍVEL *adj.* Inmiscible.

IMISCUIR-SE *v. tr. Bras.* Inmiscuirse, mezclarse o entreterse en asuntos ajenos.

IMISERICÓRDIA (zericòr) *f.* Inmisericordia.

IMISERICORDIOSO, SA (zericordiozo, òza) *adj.* Impiadoso; deshumano, inhumano.

IMISSÃO (sáum) *f.* Inmisión.

IMITAÇÃO (sáum) *f.* Imitación. Remedo.

IMITADOR, RA *adj. y s.* Imitador; remedador.

IMITAR *v. tr.* Imitar. Remedar.

IMITATIVO, VA *adj.* Imitativo.

IMITÁVEL *adj.* Imitable; remedable.

IMITIR *v. tr.* Encerrar, meter una cosa dentro de otra, hacerla entrar.

IMO, MA *adj.* Íntimo.

IMOBILIÁRIO, RIA *adj.* Inmobiliario.

IMOBILIDADE *f.* Inmovilidade.

IMOBILIZAÇÃO (zasáum) *f.* Inmovilización.

IMOBILIZADOR, RA (za) *adj.* Que inmoviliza.

IMOBILIZAR (zar) *v. tr.* Inmovilizar. Ú. t. c. r.

IMODERAÇÃO (sáum) *f.* Inmoderación.

IMODERADO, DA *adj.* Inmoderado, falto de moderación.

IMODÉSTIA (dès) *f.* Inmodestía.

IMODESTO, TA (dès) *adj.* Inmodesto.

IMÓDICO, CA (mò) *adj.* Inmódico, excesivo, inmoderado.

IMODIFICÁVEL *adj.* Inmodificable.

IMOLAÇÃO (sáum) *f.* Inmolación.

IMOLAR *v. tr.* Inmolar, sacrificar. *v. r. fig.* Inmolarse, sacrificarse.

IMORAL *adj.* Inmoral.

IMORALIDADE *f.* Inmoralidad.

IMORIGERADO, DA (je) *adj.* Inmorigerado.

IMORREDOURO, RA *adj.* Imperecedero, inmortal, eterno, que no perece.

IMORTAL *adj.* Inmortal.

IMORTALIDADE *f.* Inmortalidad.

IMORTALIZAÇÃO (zasáum) *f.* Acción y efecto de inmortalizar.

IMORTALIZAR (zar) *v. tr.* Inmortalizar. Ú. t. c. r.

IMOTO, TA (mò) *adj.* Inmoto, inmóvil.

IMÓVEL (mò) *adj.* Inmóvil, inmoble. Inmueble (dícese de los bienes raíces o sitios). Ú. t. c. s.

IMPACIÊNCIA (cién) *f.* Impaciencia.

IMPACIENTAR *v. tr.* Impacientar. Ú. t. c. r.

IMPACIENTE *adj.* Impaciente.

IMPACTO, TA *adj.* Impactado.

IMPAGÁVEL *adj.* Impagable. Inapreciable. Ridículo; muy gracioso. Precioso, chistoso, festivo.

IMPALPABILIDADE *f.* Impalpabilidad.

IMPALPÁVEL *adj.* Impalpable.

IMPALUDISMO *m. Med.* Paludismo, impaludismo.

IMPAR *v. tr.* Hipar (despedir hipos; fatigarse mucho, respirar con dificultad). Quedar harto de comer o beber. *fig.* Hincharse, engreírse.

ÍMPAR *adj.* Impar (que no tiene par o igual).

IMPARCIAL *adj.* Imparcial.

IMPARCIALIDADE *f.* Imparcialidad.

IMPARISSILÁBICO, CA (si) *adj.* Imparisilábico.

IMPARISSÍLABO, BA (sí) *adj.* Imparisílabo. Ú. t. c. s.m.

IMPARTÍVEL *adj.* Impartible.

IMPASSE (se) *m. gal. fig.* Atolladero, atascadero (estorbo o embarazo que impide la continuación de un proyecto, empresa, pretensión, etc.); callejón sin salida. Estado de la empresa, pretensión o proyecto que se encuentran en un atacadero.

IMPASSIBILIDADE (si) *f.* Impasibilidad.

IMPASSIBILIZAR (sibiliz ar) *v. tr.* Volver impasible. Ú. t.c.s.

IMPASSÍVEL (sí) *adj.* Impasible.

IMPASSIVELMENTE (si) *adv. m.* Impasiblemente.

IMPATRIÓTICO, CA (triò) *adj.* Falto de patriotismo.

IMPAVIDEZ *f.* Impavidez (denuedo, valor y serenidad ante los peligros).

IMPÁVIDO, DA *adj.* Impávido, sereno ante el peligro, impertérrito.

IMPECABILIDADE *f.* Impecabilidad.

IMPECÁVEL *adj.* Impecable (incapaz de pecar). Impecable (neol.), perfecto, sin mancha ni defecto.

IMPEDIÇÃO (sáum) *f.* Impedimento.

IMPEDIDOR, RA *adj.* Impeditivo.

IMPEDIÊNCIA (dién) *f.* Calidad de impediente.

IMPEDIMENTO *m.* Impedimiento.

IMPEDIR *v. tr.* Impedir, estorbar, embarazar, impossibilitar una acción.

IMPELENTE *adj.* Impelente, que impele.

IMPELIR *v. tr.* Impeler, enpujar. *fig.* Impeler, estimular, incitar, mover.

INPENDENTE *adj.* Inminente.

IMPENDER *v. tr.* Estar inminente. *v. intr.* Cumplir.

IMPENETRABILIDADE *f.* Impenetrabilidad.

IMPENETRÁVEL *adj.* Impenetrable.

IMPENETRAVELMENTE *adv. m.* Impenetrablemente.

IMPENITÊNCIA (tén) *f.* Impenitencia.

IMPENITENTE *adj.* Impenitente. Ú. t. c. s..

IMPENSADO, DA *adj.* Impensado, imprevisto.

IMPENSÁVEL *adj.* Que no se puede suponer o pensar.

IMPERADOR *m.* Emperador. (f. Emperatriz).

IMPERANTE *adj.* Imperante, reinante, dominante.

IMPERAR *v. intr.* Imperar (ejercer el imperio o dignidad imperial; mandar, regir, dominar).

IMPERATIVO, VA *adj.* Imperativo. *m. Gram.* Imperativo.

IMPERATRIZ *f.* Emperatriz.

IMPERCEPTIBILIDADE *f.* Imperceptibilidad.

IMPERCEPTÍVEL *adj.* Imperceptible.

IMPERCEPTIVELMENTE *adv. m.* Imperceptiblemente.

IMPERDÍVEL *adj.* Imperdible (que no se puede perder).

IMPERDOÁVEL *adj.* Imperdonable.

IMPERECEDOURO, RA *adj.* Imperecedero.

IMPERECÍVEL *adj.* Imperecedero.

IMPERFECTIBILIDADE *f.* Imperfectibilidad.

IMPERFECTÍVEL *adj.* Imperfectible.

IMPERFEIÇÃO (sáum) *f.* Imperfección.

IMPERFEIÇOAR (soar) *v. tr.* Quitar la perfección, poner imperfecto; imperfeccionar (chil.).

IMPERFEITAMENTE *adv. m.* Imperfectamente.

IMPERFEITO, TA *adj.* Imperfecto.

IMPERFURAÇÃO (sáum) *f. Med.* Imperforación.

IMPERFURADO, DA *adj.* Imperforado.

IMPERIAL *adj.* Imperial (que pertenece al imperio o la dignidad de emperador).

IMPERIALISMO *m.* Imperialismo.

IMPERÍCIA *f.* Imperícia (falta de pericia o habilidad).

IMPÉRIO (pè) *m.* Imperio (en todas las principales acepciones de esta voz).

IMPERIOSO, SA (riozo, òza) *adj.* Imperioso (que manda com império; que lleva consigo exigencia o necesidad).

IMPERMEABILIDADE *f.* Impermeabilidad.

IMPERMEABILIZAÇÃO (zasáum) *f.* Impermeabilización.

IMPERMEABILIZAR (zar) *v. tr.* Impermeabilizar.

IMPERMEÁVEL *adj.* Impermeable (impenetrable a los flúidos) *m.* Impermeable (sobretodo de tejido impermeable).

IMPERSCRUTÁVEL *adj.* Imperscrutable, inescrutable.

IMPERSONALIDADE *f.* Impersonalidad.

IMPERTÉRRITO, TA (tè) *adj.* Impertérrito (que no se intimida, sereno ante el peligro).

IMPERTINÊNCIA (nén) *f.* Impertinencia, nimiedad. Impertinencia, importunidad enfadosa.

IMPERTINENTE *adj.* Impertinente (que no viene al caso; exigente, nimiamente escrupuloso; importuno).

IMPERTURBÁVEL *adj.* Imperturbable.

IMPERTURBAVELMENTE *adv. m.* Imperturbablemente.

IMPÉRVIO, VIA (pèr) *adj.* Inacesible, impenetrable.

IMPESSOAL (soal) *adj.* Impersonal. *Gram.* Impersonal (aplícase al verbo que sólo se emplea en el modo infinitivo y en la tercera persona de singular de cada uno de los tiempos de los demás modos).

IMPESSOALMENTE (ssoal) *adv. m.* Impersonalmente.

IMPETIGEM (jem) *f.* Lo mismo que

IMPETIGO *m. Med.* Impetigo, impétigo.

ÍMPETO *m.* Ímpetu (fuerza, arrebato o violencia). Empuje (brío, arranque, resolución).

IMPETRA (pè) *f.* Impetra, licencia, facultad, permiso. *Ecles.* Impetra.

IMPETRAÇÃO (sáum) *f.* Impetración.

IMPETRAR *v. tr.* Impetrar, solicitar.

IMPETUOSIDADE (zi) *f.* Impetuosidad, ímpetu; empuje.

IMPETUOSO, SA (ozo, òza) *adj.* Impetuoso, violento, arrebatado, precipitado.

IMPIEDADE *f.* Impiedad (falta de piedad; cueldad).

IMPIEDOSO, SA (dozo, òza) *adj.* Impiadoso, impiedoso, impío; cruel, deshumano, inhumano.

IMPIGEM (jem) *f.* Salpullido, sarpullido (erupción en el cutís).

IMPINGIDELA (jidé) *f.* Acción y efecto de

IMPINGIR (jir) *v. tr.* Encajar (hacer tomar o recibir una cosa, engañado o causando molestia al que toma o recibe). Aplicar, pegar, dar con fuerza. Hacer creer, acreditar por fuerza alguna cosa.

ÍMPIO, A (ím) *adj.* Impío.

IMPLACÁVEL *adj.* Implacable.

IMPLANTAÇÃO (sáum) *f.* Implantación.

IMPLANTAR *v. tr.* Implantar, plantear (establecer sistemas, instituciones, reformas, etc.; ingerir, introducir una cosa en otra).

IMPLANTE *m.* Implantación.

IMPLEMENTO *m.* Instrumento, medios, aprestos, petrechos (lo que es indispensable para hacer alguna cosa). Ejecución.

IMPLEXO, XA (plè) *adj.* Implexo. Entrelazado, enredado.

IMPLICAÇÃO (sáum) *f.* Implicación. Lo mismo que

IMPLICÂNCIA (cán) *f.* Tirria, mala voluntad, ojeriza.

IMPLICANTE *adj.* Implicante. Molesto, importuno.

IMPLICAR *v. tr.* Implicar, enredar, embrollar, envolver, enlazar. Jorobar, molestar, importunar, hacer rabiar. *v. r.* Implicarse.

IMPLÍCITO, TA *adj.* Implícito.

IMPLORAÇÃO (sáum) *f.* Imploración, ruego, plegaria, súplica.

IMPLORAR *v. tr.* Implorar, suplicar.

IMPLORÁVEL *adj.* Implorable.

IMPLUME *adj.* Implume (que no tiene plumas).

IMPOLIDEZ *f.* Descortesia, falta de urbanidad, indelicadeza, incivilidad, impolítica.

IMPOLIDO, DA *adj.* Descortés, incivil, grosero, indelicado, falto de urbanidad, impolítico.

IMPOLUTO, TA *adj.* Impoluto, limpio, inmaculado.

IMPONDERÁVEL *adj.* Imponderable.

IMPONDERAVELMENTE *adv. m.* Imponderablemente.

IMPONÊNCIA (nén) *f.* Calidad de imponente, grandeza, majestad; imponencia (*chil.*).

IMPONENTE *adj.* Imponente. Altivo, altanero. Magnífico, grande, majestoso.

IMPÔR *v. tr.* Imponer. Ú. t. c. r.

IMPORTAÇÃO (sáum) *f.* Importación.

IMPORTADOR, RA *adj.* y *s.* Importador.

IMPORTÂNCIA (tán) *f.* Importancia (calidad de lo que es importante o de mucha entidad; representación o autoridad de una persona; total, importe o montante de una cuenta). Cuantía, coste. Cuantía, suma de dinero.

IMPORTANTE *adj.* Importante (que importa; que tiene importancia, entidad o interés).

IMPORTAR *v. tr.* Importar (valer tal o cual cantidad una cosa; llevar consigo). *Com.* Importar (introducir en un país mercaderías extranjeras). *v. intr.* Importar (convenir, interesar, ser de mucha entidad).

IMPORTÁVEL *adj.* Importable.

IMPORTE (pòr) *m.* Importe, coste, importancia, cantidad de dinero que vale una cosa.

IMPORTUNAÇÃO (sáum) *f.* Importunación.

IMPORTUNADOR, RA *adj.* Importuno, molesto, fastidioso, cargoso.

IMPORTUNAR *v. tr.* Importunar, molestar, enfadar, fastidiar.

IMPORTUNO, NA *adj.* Importuno, molesto, fastidioso, impertinente.

IMPOSIÇÃO (zisáum) *f.* Imposición (acción de imponer; carga, tributo, gabela, obligación).

IMPOSSIBILIDADE (si) *v. tr.* Impossibilidad.

IMPOSSÍVEL (si) *adj.* Imposible, no posible, muy difícil; insufrible, inaguantable. *m.* Imposible.

IMPOSTA (pòs) *f. Arq.* Imposta.

IMPOSTAÇÃO (sáum) *f.* Acción de

IMPOSTAR *v. tr.* Soltar correctamente (la voz).

IMPOSTO, TA (pósto, pòsta) *adj. P. p.* de *Impor.* Impuesto. *m.* Impuesto, tributo, carga, gabela.

IMPOSTOR, RA *adj.* y *s.* Impostor.

IMPOSTURA *f.* Impostura, fingimiento, engaño, embuste; imputación falsa.

IMPOSTURAR *v. intr.* Ser impostor; proceder con impostura.

IMPOTÁVEL *adj.* Impotable.

IMPOTÊNCIA (tèn) *f.* Impotente. Ú. t. c. s.

IMPRATICABILIDADE *f.* Impracticabilidad.

IMPRATICÁVEL *adj.* Impracticable.

IMPRECAÇÃO (sáum) *f.* Imprecación.

IMPRECAR *v. tr.* Imprecar. Ú. t. c. intr.

IMPRECUAÇÃO (sáum) *f.* Imprecaución.

IMPRECISÃO (zasáum) *f.* Imprecisión, vaguedad.

IMPRECISO, SA (zo) *adj.* Impreciso.

IMPREGNAÇÃO (sáum) *f.* Impregnación.

IMPREGNAR *v. tr.* Impregnar. *fig.* Penetrar, empapar. Ú. t. c. r.

IMPREMEDITAÇÃO (sáum) *f.* Impremeditación.

IMPRENSA *f.* Imprenta (arte de imprimir libros, etc.; taller donde se imprime). Prensa (máquina de imprimir). *fig.* Imprenta, prensa. *fig.* Prensa (conjunto de las publicaciones periódicas y especialmente las diarias).

IMPRENSADOR, RA *adj.* Prensador. Ú. t. c. s.

IMPRENSADURA *f.* Prensadura. Impresión.

IMPRENSAR *v. tr.* Imprimir, estampar. Prensar. Estrujar, apretar como una prensa.

IMPRESCINDÍVEL *adj.* Imprescindible.

IMPRESSÃO (sáum) *f.* Impresión (acción de imprimir; señal que una cosa deja en otra, apretándola; efecto que causa en un cuerpo, otro extraño; movimiento que las cosas causan en el ánimo; visión o estudio rápido y fugaz de una cosa).

IMPRESSIONABILIDADE (sio) *f.* Impresionabilidad.

IMPRESSIONANTE (sio) *adj.* Impresionante.

IMPRESSIONAR (sio) *v. tr.* Impresionar. Ú. t. c. r. *Fot.* Impresionar.

IMPRESSIONISMO (sio) *m.* Impresionismo.

IMPRESSIONISTA *adj.* y *s.* Impresionista.

IMPRESSIVO, VA (si) *adj. Fisiol.* Impresivo. Impresionante (que excita la admiración o la emoción o que atrae la atención).

IMPRESSO, SSA (prèso) *adj. P. p. irreg.* de *Imprimir.* Impreso. *m.* Impreso (obra impresa).

IMPRESSOR, RA (sor) *adj.* Que imprime. *m.* Impresor.

IMPRESTÁVEL *adj.* Inservible; inútil, sin valor. *m. fam.* Haragán.

IMPRETERÍVEL *adj.* Inaplazable.

IMPRETERIVELMENTE *adv. m.* Puntualmente, rigurosamente, en el plazo determinado.

IMPREVIDÊNCIA (dén) *f.* Imprevisión.

IMPREVIDENTE *adj.* Imprevisor.

IMPREVISÃO (záum) *f.* Imprevisión.

IMPREVISÍVEL (zi) *adj.* Imprevisible.

IMPREVISTAMENTE *adv. m.* Inopinadamente, sin previsión.

IMPRIMAÇÃO (sáum) *f.* Lo mismo que

IMPRIMADURA *f. Pint.* Imprimación.

IMPRIMAR *v. tr. Pint.* Imprimar.

IMPRIMIR *v. tr.* Imprimir, estampar. *fig.* Imprimir (fijar en el ánimo algún afecto o idea). Imprimir, comunicar, transmitir).

IMPROBABILIDADE *f.* Improbabilidad.

IMPROBIDADE *f.* Improbidad.

IMPROCEDÊNCIA (dén) *f.* Improcedencia.

IMPROCEDENTE *adj.* Improcedente.

IMPRODUTÍVEL *adj.* Improductible.

IMPRODUTIVIDADE *f.* Improductividad.

IMPRODUTIVO, VA *adj.* Improductivo.

IMPROFÍCUO, CUA *adj.* Inútil, no provechoso.

IMPROPÉRIO (pè) *m.* Improperio, denuesto.

IMPRÓPRIO, PRIA (prò) *adj.* Impropio. *Mat.* Impropio.

IMPRORROGABILIDADE *f.* Calidad de

IMPRORROGÁVEL *adj.* Improrrogable.

IMPROVÁVEL *adj.* Improbable.

IMPROVAVELMENTE *adv. m.* Improbablemente.

IMPROVISAÇÃO (zasáum) *f.* Improvisación. Ú. t. c. s.

IMPROVISADOR, RA (za) *adj.* Improvisador. Ú. t. c. s.

IMPROVISAR (zar) *v. tr.* Improvisar. *v. r.* Arrogarse.

IMPROVISO (zo) *m.* Improviso. *De —. m. adv.* Al, o de, improviso.

IMPRUDÊNCIA (dén) *f.* Imprudencia.

IMPRUDENTE *adj.* y *s.* Imprudente.

IMPÚBERE *adj.* y *s.* Impúber, impúbero.

IMPUDÊNCIA (dén) *f.* Impudencia, descaro, desfachatez, decoco, desvergüenza.

IMPUDENTE *adj.* Impudente, desvegonzado, descarado, descocado.

IMPUDICÍCIA (cí) *f.* Impudicicia, impudor, deshonestidad.

IMPUDICO, CA (dí) *adj.* Impúdico.

IMPUDOR *m.* Impudor.

IMPUGNAÇÃO (sáum) *f.* Impugnación.

IMPUGNAR *v. tr.* Impugnar.

IMPUGNÁVEL *adj.* Impugnable.

IMPULSÃO (sáum) *f.* Impulsión, impulso.

IMPULSAR *v. tr.* Impeler, impulsar.

IMPULSIONAR *v. tr.* Impeler, impulsar. *fig.* Impeler, estimular.

IMPULSIVIDADE *f.* Impulsividad.

IMPULSIVO, VA *adj.* Impulsivo; vehemente, súbito.

IMPULSO *m.* Impulso (acción de impeler o impulsar). Impulso, fuerza, empuje, presión ocasional.

IMPUNE *adj.* Impune, que queda sin castigo.

IMPUNIDADE *f.* Impunidad.

IMPUREZA (za) *f.* Impureza.

IMPURIDADE *f.* Impureza

IMPURO, RA *adj.* Impuro.

IMPUTAÇÃO (sáum) *f.* Imputación.

IMPUTADOR, RA *adj.* Imputador. Ú. t. c. s..

IMPUTAR *v. tr.* Imputar (atribuir a alguien un hecho). Lo mismo que ASSACAR.

IMPUTÁVEL *adj.* Imputable.

IMUDÁVEL *adj.* Inmudable, inmutable.

IMUNDÍCIE (dí) *f.* Inmundicia, suciedad, porquería, basura. *fig.* Inmundicia, impureza, vicio, deshonestidad.

IMUNDO, DA *adj.* Inmundo, sucio, puerco, asqueroso. Inmundo, maligno. *fig.* Inmundo, impuro.

IMUNE *adj.* Inmune (exento; libre; que no es atacado por ciertas enfermedades).

IMUNIDADE *f.* Inmunidad.

IMUNIZAÇÃO (zasáum) *f.* Inmunización.

IMUNIZADOR, RA (za) *adj.* Inmunizador.

IMUNIZAR (zar) *v. tr.* Inmunizar.

IMUTABILIDADE *f.* Inmutabilidad.

IMUTAÇÃO (sáum) *f.* Inmutación.

IMUTAR *v. tr.* Inmutar (alterar o variar algo).

IMUTÁVEL *adj.* Inmutable.

INABALÁVEL *adj.* Inmoble, que no se puede mover o alterar. *fig.* Fijo, firme, constante. *fig.* Inexorable. *fig.* Intrépido, valeroso.

INÁBIL (iná) *adj.* Inhábil.

INABILIDADE (ina) *f.* Inhabilidad.

INABILITAÇÃO (inhabilitasáum) *f.* Inhabilitación.

INABILITAR (ina) *v. tr.* Inhabilitar, incapacitar. Inhabilitar, imposibilitar. Ú. t. c. r.

INABILITADO, DA (ina) *adj.* Inhabilitado.

INABITÁVEL (ina) *adj.* Inhabitable.

INABORDÁVEL *adj.* Inabordable.

INACABADO, DA *adj.* Inacabado (no acabado).

INACABÁVEL *adj.* Inacabable.

INAÇÃO (sáum) *f.* Inacción (carencia de acción o movimiento; ociosidad, inercia).

INACEITÁVEL *adj.* Inaceptable.

INACESSIBILIDADE (si) *f.* Inaccesibilidad.

INACESSÍVEL (si) *adj.* Inaccesible.

INACLIMÁVEL *adj.* Inaclimatable.

INACREDITÁVEL *adj.* Increible.

INACUSÁVEL (za) *adj.* Inacusable.

INADAPTÁVEL *adj.* Inadaptable.

INADATÁVEL *adj.* Lo mismo que INADAPTÁVEL.

INADEQUADO, DA (cua) *adj.* Inadecuado.

INADIÁVEL *adj.* Inaplazable, improrrgable.

INADMISSÃO (sáum) *f.* Inadmisión.

INADMISSÍVEL (sí) *adj.* Inadmisible.

INADVERTÊNCIA (tén) *f.* Inadvertencia, desatención, desconcierto, desliz reparable.

INADVERTIDO, DA *adj.* Inadvertido.

INAFIANÇÁVEL (sá) *adj.* Que no puede ser afianzado o garantizado.

INALAÇÃO (inalasáum) *f.* Inhalación.

INALADOR, RA (ina) *adj.* Inhalador (aparato para efectuar inhalaciones).

INALANTE (ina) *adj.* Que inhala, inhalante.

INALAR (ina) *v. tr.* Inhalar.

INALIENABILIDADE *f.* Inalienabilidad.

INALIENADO, DA *adj.* Inalienado, no enajenado.

INALIENÁVEL *adj.* Inalienable.

INALTERABILIDADE *f.* Inalterabilidad.

INALTERADO, DA *adj.* Inalterado.

INALTERÁVEL *adj.* Inalterable.

INAMISSÍVEL (sí) *adj.* Inamisible (que no puede perderse).

INAMOLGÁVEL *adj.* Que no se puede abollar. *fig.* Inalterable, inexorable, firme.

INAMOVIBILIDADE *f.* Inamovibilidad.

INAMOVÍVEL *adj.* Inamovible.

INANE *adj.* Inane, vano, fútil, inútil, baladí.

INANIÇÃO (sáum) *f. Med.* Inanición.

INANIDADE *f.* Inania, inanidad.

INANIMADO, DA *adj.* Inanimado.

INÂNIME (ná) *adj.* Inanimado; inánime (*p. us.*).

INAPELÁVEL *adj.* Inapelable.

INAPETÊNCIA (tén) *f.* Inapetencia, falta de apetito.

INAPLICADO, DA *adj.* Inaplicado, desaplicado.

INAPLICÁVEL *adj.* Inaplicable.

INAPRECIÁVEL *adj.* Inapreciable.

INAPROVEITÁVEL *adj.* Inaprovechable.

INAPTIDÃO (dáum) *f.* Ineptitud, inaptitud.

INAPTO, TA *adj.* Inepto; inapto (*Amer.*).

INARMONIA (inarmónia) *f.* Desarmonía, carencia de armonía.

INARMÔNICO, CA (inarmó) *adj.* Inarmónico.

INARMONIOSO, SA (inarmoniozo, òza) *adj.* Inarmónico.

INARRÁVEL *adj.* Inenarrable, inefable.

INARTICULÁVEL *adj.* Inarticulable.

INASSIMILÁVEL (si) *adj.* Inasimilable.

INATACÁVEL *adj.* Inatacable. Incontestable.

INATENDÍVEL *adj.* Inatendible.

INATINGÍVEL (jí) *adj.* Inalcanzable.

INATIVIDADE *f.* Inactividad. Jubilación (estado del empleado jubilado).

INATIVO, VA *adj.* Inactivo; ocioso, inerte. Jubilado (hablado de funcionarios civiles).

INATO, TA *adj.* Innato, conntural.

INATURÁVEL *adj.* Insoportable.

INAUDITO, TA *adj.* Inaudito (no oído jamás; raro, extraño).

INAUDÍVEL *adj.* Inaudible.

INAUGURAÇÃO (sáum) *f.* Inauguración.

INAUGURAL *adj.* Inaugural (que pertenece o es relativo a la inauguración).

INAUGURAR *v. tr.* Inaugurar. *v. tr.* Estrenarse.

INCA *adj.* Incaico. *m.* Inca.

INCABÍVEL *adj.* Despropositado.

INCALCULÁVEL *adj.* Incalculable.

INCANDESCÊNCIA (cén) *f.* Incandescencia.

INCANSÁVEL *adj.* Incansable (incapaz de cansarse; muy activo o laborioso).

INCAPACIDADE *f.* Incapacidad.

INCAPACITAR *v. tr.* Incapacitar, inhabilitar.

INCAPACITÁVEL *adj.* Que no se puede capacitar o habilitar.

INCAPAZ *adj.* Incapaz.

INÇAR (sar) *v. intr.* Enjambrar (multiplicar o producir en abundancia, principalmente insectos y otros animales dañosos). *v. tr. fig.* Llenar de (úsase en sentido malo).

INCARNAR *v. tr.* Lo mismo que ENCARNAR.

INCAUTO, TA *adj.* Incauto.

INCENDER *v. tr.* Encender. *v. r.* Encenderse.

INCENDIAR *v. tr.* Incendiar. Ú. t. c. r.

INCENDIMENTO *m.* Encendimiento.

INCÊNDIO (cén) *m.* Incendio.

INCENSAÇÃO (sáum) *f.* Incensación.

INCENSADELA (dè) *f.* Incensación. *fig.* Incensada, adulación, lisonja.

INCENSAR *v. tr.* Incensar. *fig.* Incensar, lisonjear, adular.

INCENSÁRIO *m.* Incensario (instrumento para incensar).

INCENSO *m.* Incienso.

INCENSÓRIO (sò) *m.* Incensario.

INCENTIVAR *v. tr.* Incentivar, estimular, espolear, excitar.

INCENTIVO *m.* Incentivo (lo que incita, mueve, excita o impulsa a una cosa).

INCERTEZA (sa) *f.* Incertidumbre, duda.

INCERTO, TA (cèr) *adj.* Incierto (no cierto; inconstante, inseguro; ignorado, desconocido).

INCESSANTE (san) *adj.* Incesante, que no cesa, continuo, incesable.

INCESSÍVEL (sí) *adj.* Incesible.

INCESTAR *v. intr.* Cometer incesto.

INCESTO (cès) *m.* Incesto. *adj.* Bajo, deshonesto.

INCESTUOSO, SA (ozo, òza) *adj.* Incestuoso. Ú. t. c. s.

INCHAÇÃO (chasáum) *f.* Hinchazón. Anasarca, hidropesía. *fig. fam.* Hinchazón, vanidad, presunción, fatuidad.

INCHAÇO (chaso) *m.* Lo mismo que

INCHAMENTO (cha) *m. fam.* Lo mismo que INCHAÇÃO.

INCHADO, DA (cha) *adj. P. p.* de *Inchar.* Hinchado, vano, presumido, tonto. Hinchado, hiperbólico, afectado (hablando del estilo).

INCHAR (char) *v. tr.* Hinchar (aumentar el volumen de una cosa). Ú. t. c. r. *v. intr.* y *r.* Hincharse (abultarse una parte del cuerpo). Hincharse, envanecerse, engreírse, infatuarse.

INCHUME (chu) *m. Bras.* Hinchazón, tumor.

INCIDÊNCIA (dén) *f.* Incidencia.

INCIDENTE *adj.* Incidente, que sobreviene en el curso de un assunto. *m.* Incidente.

INCIDIR *v. tr.* Atenuar (hablando de enfermedades). *v. intr.* Incidir, incurrir.

INCINERAÇÃO (sáum) *f.* Incineración.

INCINERAR *v. tr.* Incinerar (reducir algo a cenizas).

INCIPIENTE *adj.* Incipiente, que conmienza.

INCIRCUNSCRITÍVEL *adj.* Incircunscritible.

INCIRCUNSCRITO, TA *adj.* Incircunscripto.

INCISÃO (zàum) *f.* Incisión.

INCISAR (zar) *v. tr. Cir.* Hacer incisión en, cortar.

INCISIVO, VA (zi) *adj.* Incisivo. Ú.c.s. Hablando de los dientes. Incisivo, punzante, mordaz.

INCISO, SA (zo) *adj.* Lo mismo que

INCISÓRIO, RIA (zò) *adj.* Incisorio.

INCITAÇÃO (sáum) *f.* Incitación. Incitamiento, incitamento.

INCITAMENTO *m.* Incitamiento, incitamento.

INCITAR *v. tr.* Incitar, estimular, mover, excitar. *v. r.* Excitarse; airarse.

INCITÁVEL *adj.* Incitable.

INCIVIL *adj.* Incivil, descortés.

INCIVILIDADE *f.* Incivilidad, descortesía.

INCIVILIZÁVEL (zá) *adj.* Incivilizable.

INCLASSIFICÁVEL (si) *adj.* Inclasificable.

INCLEMÊNCIA (mén) *f.* Inclemencia (falta de clemencia; rigor, aspereza de la estación).

INCLEMENTE *adj.* Inclemente (falto de clemencia; rigoroso).

INCLINAÇÃO (sáum) *f.* Inclinación (acción de inclinar; reverencia hecha con la cabeza o con el cuerpo; *fig.* amor, tendencia, afecto, propensión, querencia). *Geom., Fís.* y *Astr.* Inclinación.

INCLINADO, DA *adj. P. p.* de *Inclinar.* Inclinado. *fig.* Inclinado, persuadido, impulsado, movido; propenso.

INCLINAR *v. tr.* Inclinar (desviar una cosa de su posición perpendicular). Ú. t. c. r. *fig.* Inclinar, impulsar, mover, persuadir. *v. r.* Inclinarse, tender, propender.

ÍNCLITO, TA *adj.* Inclito, ilustre, preclaro, insigne, esclarecido, afamado.

INCLUIR *v. tr.* Incluir (poner, encerrar, comprender una cosa dentro de otra). Incluir. Contener una cosa a otra).

INCLUSÃO (záum) *f.* Inclusión.

INCLUSIVE (zi) *adv. m.* Inclusive, inclusivamente.

INCLUSIVO, VA (zi) *adj.* Inclusivo.

INCLUSO, SA (zo) *adj.* Incluso.

INCOAÇÃO (sáum) *f.* Incoación.

INCOAGULÁVEL *adj.* Incoagulable.

INCOATIVO, VA *adj.* Incoativo.

INCOBRÁVEL *adj.* Incobrable.

INCOERCÍVEL *adj.* Incoercible.

INCOERÊNCIA (rén) *f.* Incoherencia.

INCOERENTE *adj.* Incoherente.

INCOESÃO (záum) *f.* Incoesión.

INCOGITÁVEL (ji) *adj.* Incalculable, impensable.

INCÓGNITA (cò) *f. Mat.* Incógnita. *fig.* Incógnita (causa o razón oculta de un hecho).

INCÓGNITO, TA (cò) *adj.* Incógnito. *Viajar —.* Viajar de incógnito.

INCOGNOSCÍVEL *adj.* Incognoscible.

ÍNCOLA *m.* Íncola, habitante, morador.

INCOLOR *adj.* Incoloro (que no tiene color).

INCÓLUME (cò) *adj.* Incólume, sano, sin lesión.

INCOMBUSTÍVEL *adj.* Incombustible.

INCOMENSURABILIDADE *f.* Inconmensurabilidad.

INCOMENSURÁVEL *adj.* Inconmensurable.

INCOMODAR *v. tr.* Incomodar (causar incomodidad, enfado o molestia). Ú. t. c. r.

INCOMODATIVO, VA *adj.* Incomodador, molesto, enfadoso.

INCOMODIDADE *f.* Incomodidad.

INCÓMODO, DA (có) *adj.* Incómodo (que incomoda; falto de comodidad). *m.* Incómodo, incomodidad.

INCOMPARÁVEL *adj.* Incomparable.

INCOMPARAVELMENTE *adj.* Incomparablemente.

INCOMPASSÍVEL (sí) *adj.* Incompasivo, incompasible.

INCOMPATIBILIDADE *f.* Incompatibilidad.

INCOMPATIBILIZAR (zar) *v. tr.* Tornar incompatible. *v. r.* Tornarse incompatible o irreconciliable.

INCOMPATÍVEL *adj.* Incompatible.

INCOMPENSÁVEL *adj.* Incompensable.

INCOMPETÊNCIA (tén) *f.* Incompetencia.

INCOMPLETO, TA (plè) *adj.* Incompleto.

INCOMPLEXO, XA (plè) *adj.* Incompleto, incomplexo. *Arit.* Incomplejo.

INCOMPORTÁVEL *adj.* Incomportable.

INCOMPREENDIDO, DA *adj.* No comprendido, no entendido.

INCOMPREENSÃO (sáum) *f.* Incomprensión.
INCOMPREENSIBILIDADE *f.* Incomprehensibilidad.
INCOMPREENSÍVEL *adj.* Incomprensible, incomprehensible.
INCOMPRESSIBILIDADE (si) *f.* Incompresibilidad.
INCOMPRESSÍVEL (sí) *adj.* Incompresible.
INCOMUNICABILIDADE *f.* Incomunicabilidad.
INCOMUNICÁVEL *adj.* Incomunicable.
INCOMUTABILIDADE *f.* Inconmutabilidad.
INCOMUTÁVEL *adj.* Inconmutable.
INCONCEBÍVEL *adj.* Inconcebible.
INCONCILIAÇÃO (sáum) *f.* Inconciliabilidad.
INCONCILIÁVEL *adj.* Inconciliable.
INCONCLUSO, SA (so) *adj.* Inconcluso (no concluído).
INCONCORDÁVEL *adj.* Inconciliable.
INCONCUSSO, SSA (so) *adj.* Inconcuso, cierto, firme.
INCONDICIONADO, DA *adj.* Cierto, absoluto, incondicional.
INCONDICIONAL *adj.* Incondicional.
INCONEXÃO (xáum) *f.* Inconexión (falta de trabazón, conexión, relación o enlace).
INCONEXO, XA (nè) *adj.* Inconexo.
INCONFESSADO, DA (sa) *adj.* Oculto, disimulado, que no fué confesado.
INCONFESSÁVEL (sá) *adj.* Inconfesable.
INCONFESSO, SSA (fèso) *adj.* Inconfeso.
INCONFIDÊNCIA (dén) *f.* Inconfidencia, desconfianza. Infidelidad, deslealtad. (— *Mineira. Bras.* Movimiento patriótico acaudillado por el *Tiradentes* con el fin de declarar la independencia del Brasil en el año de 1792.)
INCONFIDENTE *adj.* Inconfidente. *m. Bras.* Nombre dado a los ciudadanos que tuvieron parte en la *Inconfidência Mineira.*
INCONFUNDÍVEL *adj.* Inconfundible.
INCONGELÁVEL (je) *adj.* Incongelable.
INCONGRUÊNCIA (én) *f.* Incongruencia.
INCONGRUENTE *adj.* Incongruente.
INCÔNGRUO, GRUA (cón) *adj.* Incongruo, incongruente.
INCONHO, NHA (ño, ña) *adj.* Pegado o unido a otro (hablando de frutos).
INCONQUISTÁVEL *adj.* Inconquistable.
INCONSCIÊNCIA (cién) *f.* Inconsciencia.
INCONSCIENTE *adj.* Inconsciente.
INCONSEQUÊNCIA (cuén) *f.* Inconsecuencia.
INCONSEQUENTE (cuen) *adj.* Inconsecuente.
INCONSEQUENTEMENTE (cuen) *adj. m.* Inconsecuentemente.
INCONSIDERAÇÃO (sáum) *f.* Inconsideración.
INCONSIDERADO, DA *adj.* Inconsiderado, inadvertido; imprudente.
INCONSISTÊNCIA (tén) *f.* Inconsistencia.
INCONSISTENTE *adj.* Inconsistente.
INCONSOLÁVEL *adj.* Inconsolable.
INCONSTÂNCIA (tán) *f.* Inconstancia.
INCONSTANTE *adj.* Inconstante, versátil, ligero.
INCONSTITUCIONAL *adj.* Inconstitucional.
INCONSÚTIL *adj.* Inconsútil.
INCONTÁVEL *adj.* Incontable.
INCONTENTÁVEL *adj.* Difícil de contentarse; insaciable.
INCONTESTÁVEL *adj.* Incontestable, irrefutable.
INCONTINÊNCIA (nén) *f.* Incontinencia.
INCONTINENTE *adj.* Incontinente.
INCONTINENTI *adv. m.* Incontinenti, al instante, sin dilación, sin demora.
INCONTRASTÁVEL *adj.* Incontrastable.
INCONTROVERSO, SA (vèr) *adj.* Incontrovertible, indiscutible, incontestable, irrefutable.
INCONVENIÊNCIA (én) *f.* Inconveniencia (desconveniencia, incomodidad; despropósito).
INCONVENIENTE *adj.* Inconveniente. *m.* Inconveniente, obstáculo, dificultad, embarazo, impedimento, daño o perjuicio que lleva consigo la ejecución de una cosa.
INCOORDENAÇÃO (sáum) *f.* Incoordinación.
INCORPORAÇÃO (sáum) *f.* Incorporación.
INCORPORAR *v. tr.* Incorporar, agregar, juntar, unir dos o más cosas para que formem una sola. *v. r.* Incorporarse, agregarse, unirse, asociarse. *v. intr.* Echar cuerpo.

INCORPÓREO, REA (pò) *adj.* Incorpóreo.
INCORPOREAÇÃO (sáum) *f.* Incorrección.
INCORRER *v. intr.* Incurrir, caer en error, culpa, etc. (Construyese con la preposición *em* y un substantivo). Incurrir, causar, atraerse.
INCORRETO, TA (rrè) *adj.* Incorrecto.
INCORRIGIBILIDADE (ji) *f.* Incorrigibilidad.
INCORRIGÍVEL (ji) *adj.* Incorregible.
INCORRUPTÍVEL *adj.* Incorruptible.
INCREDIBILIDADE *f.* Incredibilidad.
INCREDULIDADE *f.* Incredulidad.
INCRÉDULO, LA (crè) *adj.* Incrédulo. Ú. t. c. s.
INCREMENTAR *v. tr.* Incrementar. Desarrollar.
INCREMENTO *m.* Incremento.
INCREPAÇÃO (sáum) *f.* Increpación.
INCREPAR (créu) *v. tr.* Increpar. Acusar.
INCRÉU *m.* Incrédulo.
INCRIMINAÇÃO (sáum) *f.* Incriminación.
INCRIMINAR *v. tr.* Incriminar, acriminar.
INCRITICÁVEL *adj.* Incriticable.
INCRÍVEL *adj.* Increíble.
INCRUENTO, TA *adj.* Incruento (no sangriento).
INCRUSTAÇÃO (sáum) *f.* Incrustación.
INCRUSTAR *v. tr.* Incrustar, embutir. Incrustar (cubrir una superficie con una capa o costra dura).
INCUBAÇÃO (sáum) *f.* Incubación. *Med.* Incubación.
INCUBADOR, RA *adj.* Incubador.
INCUBADORA *f.* Incubadora.
INCUBAR *v. tr.* Incubar, empollar.
ÍNCUBO *m.* Íncubo.
INCUDE *f.* Yunque.
INCULCA *f.* Acción y efecto de inculcar, de infundir en el ánimo de alguien una idea. Averiguación, pesquisa, búsqueda.
INCULCADEIRA *f.* Lo mismo que ALCOVITEIRA.
INCULCADOR, RA *adj.* Inculcador.
INCULCAR *v. tr.* Inculcar, imbuir, infundir en el ánimo. Demostrar.
INCULPAÇÃO (sáum) *f.* Inculpación.
INCULPAR *v. tr.* Inculpar, culpar, acusar. Ú. t. c. r.
INCULPÁVEL *adj.* Inculpable.
INCULPOSO, SA (pozo, òza) *adj.* Inculpado, que no tiene culpa.
INCULTIVÁVEL *adj.* Incultivable.
INCULTO, TA *adj.* Inculto (no cultivado; de modales rústicos; grosero, desaliñado; que está falto de adorno o de cuidado).
INCULTURA *f.* Incultura (falta de cultivo o de cultura).
INCUMBÊNCIA (bén) *f.* Incumbencia, obligación, competencia.
INCUMBIR *v. intr.* Incumbir (competer a uno, estar a su cargo alguna cosa) *v. r.* Encargarse.
INCUNÁBULO *m.* Incunable.
INCURÁVEL *adj.* Incurable.
INCÚRIA *f.* Incuria, desidia, negligencia, falta de cuidado.
INCURIOSO, SA (ozo, òza) *adj.* Incurioso (que tiene incuria, que es negligente).
INCURSÃO (sáum) *f.* Incurrimiento (acción de incurrir). Incursión, correría.
INCURSO, SA *adj.* Incurso. *m.* Incursión, correría. Acometimiento.
INCURTIR *v. tr.* Inculcar, imbuir, infundir.
INDA *adv.* Lo mismo que AINDA.
INDAGAÇÃO (sáum) *f.* Indagación.
INDAGAR *v. tr.* Indagar, inquirir, buscar, averiguar, investigar. Escudriñar.
INDÉBITO, TA (dè) *adj.* Indebido, ilícito.
INDECÊNCIA (cén) *f.* Indecencia.
INDECENTE *adj.* Indecente.
INDECIFRÁVEL *adj.* Indecifrable.
INDECISÃO (záum) *f.* Indecisión, irresolución.
INDECISO, SA (zo) *adj.* Indeciso, irresoluto; dudoso, indeterminado.
INDECLARÁVEL *adj.* Indeclarable.
INDECLINÁVEL *adj.* Indeclinable.
INDECOMPONÍVEL *adj.* Indescomponible.
INDECOROSO, SA (rozo, òza) *adj.* Indecoroso (que no tiene decoro).
INDEFECTÍVEL *adj.* Indefectible.
INDEFENSÁVEL *adj.* Indefensable, indefendible.
INDEFENSÍVEL *adj.* Indefensible.
INDEFESO, SA *adj.* Indefenso.

INDEFERIDO, DA *adj.* Denegado.
INDEFERIMENTO *m.* Acción y efecto de
INDEFERIR *v. tr.* Denegar (hablando de pedidos, demandas o solicitaciones).
INDEFERÍVEL *adj.* Que no se puede conceder.
INDEFESO, SA (zo) *adj.* Indefenso.
INDEFESSO, SSA (fèso) *adj.* Incansable, laborioso.
INDEFINIDO, DA *adj.* Indefinido.
INDEFINITO, TA *adj.* Indefinito.
INDEFINÍVEL *adj.* Indefinible.
INDEISCÊNCIA (cén) *f. Bot.* Indehiscencia.
INDEISCENTE *adj. Bot.* Indehiscente.
INDELÉVEL (lè) *adj.* Indeleble, imborrable.
INDELEVELMENTE (lè) *adv. m.* Indelebemente.
INDELIBERAÇÃO (sáum) *f.* Indeliberación.
INDELIBERADO, DA *adj.* Indeliberado (que se ha hecho sin deliberación ni reflexión). Irresoluto, indeciso.
INDELICADEZA (za) *f.* Indelicadeza. Descortesía, incivilidad, grosería.
INDELICADO, DA *adj.* Indelicado. Grosero, incivil, descortés.
INDEMONSTRÁVEL *adj.* Indemonstrable.
INDENE *adj.* Indemne.
INDENIDADE *f.* Indemnidad.
INDENIZAÇÃO (zasáum) *f.* Indemnización.
INDENIZADOR, RA (za) *adj.* Indemnizador. Ú. t. c. s.
INDENIZAR (zar) *v. tr.* Indemnizar. Ú. t. c. r.
INDENIZÁVEL (zá) *adj.* Indemnizable.
INDEPENDÊNCIA (dén) *f.* Independencia (falta de dependencia; libertad; entereza de carácter).
INDEPENDENTE *adj.* Independiente.
INDEPENDENTEMENTE *adv. m.* Independientemente.
INDESATÁVEL (za) *adj.* Indisoluble (que no puede ser desatado).
INDESCRITÍVEL *adj.* Indescriptible, indescribible.
INDESCULPÁVEL *adj.* Indisculpable; inexcusable.
INDESCULPAVELMENTE *adv. m.* Indisculpablemente.
INDESEJÁVEL (zejá) *adj.* Que nos es deseable; poco deseable. Ú. t. c. s.
INDESTRUTIBILIDADE *f.* Indestructibilidad.
INDESTRUTÍVEL *adj.* Indestructible.
INDETERMINAÇÃO (sáum) *f.* Indeterminación.
INDETERMINADO, DA *adj.* Indeterminado.
INDETERMINAR *v. tr.* Volver indeterminado.
INDETERMINÁVEL *adj.* Indeterminable.
INDEVASSÁVEL (sá) *adj.* Que no se puede ver o invandir.
INDEVIDAMENTE *adv. m.* Indebidamente.
INDEVIDO, DA *adj.* Indebido.
INDEVOÇÃO (sáum) *f.* Indevoción.
INDEX *m.* Lo mismo que ÍNDICE. Índex, índice expurgatorio. *adj.* índice (dícese del segundo dedo de la mano). Ú. t. c. s. *Pôr no* — . *fr. fig.* Señalar como peligroso.
INDEZ *m.* Nidal (huevo que se deja en um paraje señalado para que la gallina acuda a poner allí).
INDIADA *f. Bras.* Multitud de indios; indiada *(Amer.) Bras. Río Gr. del Sur.* Multitud de gauchos, gauchaje *(arg).*
INDIANISMO *m.* Idiotismo del lenguaje indio. *Bras.* Literatura inspirada en las costumbres del indio americano o brasileño.
INDIANISTA *adj. Bras.* Perteneciente o relativo al *Indianismo. m.* Indianista (persona que cultiva la lengua y la literatura de la Índia). *m. Bras.* Escritor que cultiva el *Indianismo.*
INDIANO, NA (vèn) *adj. y m.* Indio, hindú.
INDICAÇÃO (sáum) *f.* Indicación.
INDICADOR, RA *adj.* Indicador. Índice (hablando del segundo dedo de la mano) *m.* Indicador, dedo índice. Indicador (nombre de varios aparejos).
INDICÇÃO (sáum) *f.* Indicción.
INDICAR *v. tr.* Indicar, señalar, dar a entender, significar. Indicar, advertir, enseñar, aconsejar, guiar.
INDICATIVO, VA *adj.* Indicativo. *Gram.* Indicativo. Ú. t. c. s.
ÍNDICE *m.* Índice, lista, enumeración, catálogo. Índice, manecilla, aguja u otro elemento indicador de un instrumento graduado.

INDICIADO m. Indiciado (persona sospechosa de haber cometido un delito).

INDICIAR v. tr. Indiciar (dar indicios o señales de alguna cosa). Acusar.

INDÍCIO m. Indicio, índice, señal.

INDIFERENÇA (sa) f. Indiferencia.

INDIFERENTE adj. Indiferente.

INDÍGENA (je) adj. Indígena (originario del país). Ú. t. c. s.

INDIGENTE (jen) adj. Indigente. Ú. t. c. s.

INDIGERÍVEL (je) adj. Indigerible.

INDIGESTÃO (jestáum) f. Indigestión.

INDIGESTO, TA (jès) adj. Indigesto (que no se digiere o se digiere difícilmente; confuso, sin orden; duro, áspero, intratable).

INDIGITADO, DA (ji) P. p. de

INDIGITAR (ji) v. tr. Indicar, señalar, marcar, designar. Proponer. Dar, considerar.

INDIGNAÇÃO (sáum) f. Indignación, enoje, ira, enfado.

INDIGNADO, DA adj. P. p. de Indignar-se. Indignado, enojado, airado, enfadado, disgustado.

INDIGNAR v. tr. Indignar, irritar, enojar. Ú. t. c. r.

INDIGNIDADE f. Indignidad.

INDIGNO, NA adj. Indigno (que no tiene mérito, que no es proprio o digno de alguien; vil, ruin).

ÍNDIGO m. Índigo, añil.

ÍNDIO, DIA adj. y s. Indio (natural de la Índia; dícese de los antiguos pobladores de América).

INDIRETAMENTE (rè) adv. m. Indirectamente.

INDIRETA (rè) f. Bras. Indirecta, alusión.

INDIRETO, TA (rè) adj. Indirecto.

INDIRIGÍVEL (jí) adj. Indirigible.

INDISCERNÍVEL adj. Indiscernible.

INDISCIPLINA f. Indisciplina. Alboroto; revolución, levante.

INDISCIPLINAR v. tr. Hacer faltar a la disciplina, causar alboroto. v. r. Indisciplinarse.

INDISCIPLINÁVEL adj. Indisciplinable.

INDISCREÇÃO (sáum) f. Lo mismo que INDISCRIÇÃO.

INDISCRETO, TA (crè) adj. Indiscreto. Ú. t. c. s.

INDISCRIÇÃO (sáum) f. Indiscreción.

INDISCRIMINADO, DA adj. Indistinto; indiscriminado (Amer.).

INDISCRIMINÁVEL adj. Que no se puede discriminar; indiscernible, imperceptible.

INDISCUTÍVEL adj. Indiscutible.

INDISFARÇÁVEL (sá) adj. Que no se puede disfrazer, disimular u ocultar.

INDISPENSÁVEL adj. Indispensable.

INDISPONÍVEL adj. Indisponible.

INDISPOR v. tr. Indisponer (privar de la preparación o disposición conveniente). Ú. t. c. r. Indisponer, malquistar, enemistar. Ú. t. c. r. Indisponer, alterar la salud, causar indisposición. v. r. Indisponerse (experimentar indisposición).

INDISPOSIÇÃO (sáum) f. Indisposición (falta de disposición o preparación; alteración de la salud).

INDISPOSTO, TA (posto, pòsta) adj. P.p. de Indispor. Indispuesto (que se siente algo enfermo o con alteración en la salud).

INDISPUTÁVEL adj. Indisputable.

INDISSIMULÁVEL (si) adj. Inocultable; que no se puede disimular.

INDISSOLUBILIDADE (so) f. Indisolubilidad.

INDISSOLUÇÃO (solusáum) f. Estado de lo que no es disuelto.

INDISSOLÚVEL (so) adj. Indisoluble.

INDISTINGUÍVEL adj. Indistinguible.

INDISTINTO, TA adj. Indistinto.

INDITOSAMENTE (tòza) adj. Desdichadamente, desgraciadamente.

INDITOSO, SA (tozo, òza) adj. Desdichado, desgraciado, infeliz.

INDIVIDUAÇÃO (sáum) f. Individuación.

INDIVIDUAL adj. Individual (que se refiere al individuo; peculiar, propio y característico de una cosa; que sirve sólo para un individuo).

INDIVIDUALIDADE f. Individualidad.

INDIVIDUALISMO m. Individualismo.

INDIVIDUALISTA adj. Individualista. Ú. t. c. s.

INDIVIDUALIZAÇÃO (zasáum) f. Individualización.

INDIVIDUALIZAR (zar) v. tr. Individuar, individualizar. Ú. t. c. r.

INDIVÍDUO, DUA adj. Individuo, indivisible. m. Individuo (qualquier ser organizado respecto a su espécie; persona de clase o corporación). fam. Indivíduo (persona indeterminada).

INDIVISÃO (záum) f. Indivisión.

INDIVISIBILIDADE (zi) f. Indivisibilidad.

INDIVISÍVEL (zi) adj. Indivisible.

INDIVISO, SA (zo) adj. Indiviso.

INDIZÍVEL (zí) adj. Indecible. Inefable.

INDÓCIL (dó) adj. Indócil.

INDOCILIDADE f. Indocilidad.

INDOCILIZAR (zar) v. tr. Hacer indócil, hacer perder la docilidad.

INDO-EUROPEU, PÉIA (pèia) adj. Indoeuropeo. Ú. t. c. s.

INDO-GERMÂNICO, CA (jermá) adj. Indogermánico.

ÍNDOLE f. Índole, condición, inclinación, carácter, natural de cada uno.

INDOLÊNCIA (lén) f. Indolencia, negligencia, pereza. Indolencia, insensibilidad, apatía.

INDOLENTE adj. Indolente, que no se duele, insensible; flojo, perezoso, apático; negligente.

INDOLOR adj. Indoloro (que no causa dolor).

INDOMÁVEL adj. Indomable.

INDOMESTICÁVEL adj. Indomesticable.

INDOMÉSTICO, CA (mès) adj. Indoméstico.

INDÔMITO, TA (dó) adj. Indomado (que no está domado; que no puede ser domado; difícil de contener, sujetar a reprimir).

INDOUTAMENTE adv. m. Indoctamente.

INDOUTO, TA adj. Indocto.

INDU adj. y s. Hindú, indio.

INDUBITADO, DA adj. Cierto, que no admite duda; indubitado (ant. Úsase hoy en lenguaje forense).

INDUBITÁVEL adj. Indubitable.

INDUBITAVELMENTE adv. m. Indubitablemente.

INDUÇÃO (sáum) f. Inducción.

INDULGÊNCIA (jén) f. Indulgencia.

INDULGENCIAR (jen) v. tr. Indulgenciar. Tratar con indulgencia.

INDULGENTE (jen) adj. Indulgente.

INDULTAR v. tr. Indultar, perdonar, eximir.

INDULTÁRIO m. Indultario.

INDULTO m. Indulto, gracia.

INDUMENTÁRIA f. Indumentaria, vestido, traje. Indumentaria (estudio de las vestiduras usadas en todas las épocas).

INDUMENTO m. Vestidura; indumento (ant. Suele usarse hoy en lenguaje literario).

INDURAÇÃO (sáum) f. Endurecimiento. Med. Induración.

INDÚSTRIA f. Industria (en todas las acepciones de esta voz). Cavalheiro de — Caballero de industria, o de la industria. De — m. adv. De industria, de intento, de propósito, adrede.

INDUSTRIAL adj. Industrial. m. Industrial.

INDUSTRALISMO m. Industralismo.

INDUSTRIALISTA adj. Industrialista. m. Industrialista (partidario del industrialismo).

INDUSTRIALIZAÇÃO (zasáum) f. Industrialización.

INDUSTRIALIZAR (zar) v. tr. Industrializar.

INDUSTRIAR v. tr. Industriar, instruir, enseñar. Ú. t. c. r.

INDUSTRIOSO, SA (ozo, òza) adj. Industrioso (que obra con industria o maña; que se hace con industria o habilidad).

INDUTIVO, VA adj. Inductivo.

INDUTOR, RA adj. Inductor. m. Electr. Inductor.

INDUTO, TA adj. Fís. Inducido. m. Lo mismo que INDUMENTO.

INDUZIDOR, RA (zi) adj. Inducidor.

INDUZIMENTO (zi) m. Inducimiento, inducción (acción de inducir).

INDUZIR (zir) v. tr. Inducir (instigar, mover, persuadir, incitar. Causar, ocasionar. Fís. Inducir. Deducir.

INEBRIAR v. tr. Embriagar, emborrachar. fig. Embelesar, enajenar.

INÉDITO, TA (nè) adj. Inédito (que está escrito y no publicado). fig. Inédito, inaudito, extraordinario.

INEFABILIDADE f. Inefabilidad.

INEFÁVEL adj. Inefable.

INEFICÁCIA f. Ineficacia (carencia de eficacia).

INEFICAZ adj. Ineficaz.

INEFICIENTE adj. Que no es eficiente, sin eficiencia.

INEGÁVEL adj. Innegable.

INEGAVELMENTE adv. m. Innegablemente.

INEGOCIÁVEL adj. Innegociable.

INELEGÂNCIA (gán) f. Inelegancia (carencia de elegancia).

INELEGANTE adj. Inelegante.

INELEGIBILIDADE (ji) f. Calidad de inelegible.

INELEGÍVEL (jí) adj. Inelegíble.

INELUTÁVEL adj. Ineluctable, fatal, inevitable.

INENARRÁVEL adj. Inenarrable, inefable.

INÉPCIA (nè) f. Ineptitud, inhabilidad, incapacidad. Inepcia, necedad, majadería.

INEPTIDÃO (dáum) f. Ineptitud.

INEPTO, TA (nè) adj. Inepto (que no es apto; necio, incapaz).

INEQUÍVOCO, CA adj. Inequívoco.

INÉRCIA (nèr) f. Inercia, flojedad, desidia, pereza, inacción. Mec. Inercia.

INERÊNCIA (rén) f. Inherencia.

INERENTE adj. Inherente.

INERIR v. intr. Ser inherente.

INERME (nèr) adj. Inerme (que está sin armas, que no tiene medios de defensa).

INERTE (nèr) adj. Inerte, inactivo, ineficaz, inútil. Inerte, flojo, perezoso, desidioso.

INERVAÇÃO (sáum) f. Fisiol. Inervación.

INERVAR v. tr. Fisiol. Inervar.

INESCRUPULOSO, SA (lozo, òza) adj. Inescrupuloso.

INESCRUTÁVEL adj. Inescrutable.

INESCUSÁVEL adj. Inexcusable.

INESGOTÁVEL adj. Inagotable.

INESGOTAVELMENTE adv. m. Inagotablemente.

INESPERADO, DA adj. Inesperado.

INESTENDÍVEL adj. Inextensible.

INESTIMÁVEL adj. Inestimable.

INEVITÁVEL adj. Inevitable.

INEVITAVELMENTE adv. m. Inevitablemente.

INEXATAMENTE (za) adv. m. Inexactamente.

INEXATIDÃO (zatidáum) f. Inexactitud.

INEXATO, TA (za) adj. Inexacto.

INEXAUSTO, TA (nezaus) adj. Inexhausto.

INEXCITÁVEL (nes) adj. Inexitable.

INEXECUTÁVEL (neze) adj. Inejecutable.

INEXEQUIBILIDADE (zecui) f. Calidad de inejecutable; imposibilidad.

INEXEQUÍVEL (zecuí) adj. Inejecutable.

INEXIGÍVEL (ziji) adj. Inexigible.

INEXISTÊNCIA (zistén) f. Inexistencia.

INEXISTENTE (zis) adj. Inexistente.

INEXORABILIDADE (zo) f. Inexorabilidad.

INEXORÁVEL (zo) adj. Inexorable.

INEXORAVELMENTE (zo) adv. m. Inexorablemente.

INEXPERIÊNCIA (inesperién) f. Inexperiencia.

INEXPERIENTE (nes) adj. Inexperto (que no tiene experiencia).

INEXPIÁVEL (nes) adj. Inexpiable.

INEXPLICÁVEL (nes) adj. Inexplicable.

INEXPLORADO, DA (nes) adj. Inexplorado. Inexplotado.

INEXPLORÁVEL (nes) adj. Inexplorable. Inexplotable.

INEXPRESSIVO, VA (nespresi) adj. Inexpressivo.

INEXPRIMÍVEL (nes) adj. Inexpresable.

INEXPUGNABILIDADE (nes) f. Calidad de

INEXPUGNÁVEL (nes) adj. Inexpugnable.

INEXTENSÃO (nestensáum) f. Falta de extensión. Calidad de

INEXTENSO, SA (nes) adj. Inextenso.

INEXTERMINÁVEL (nes) adj. Inexterminable.

INEXTINGUÍVEL (nes) adj. Inextinguible.

INEXTIRPÁVEL (nes) adj. Inextirpable.

INEXTRICÁVEL (nes) adj. Inextricable.

INFALIBILIDADE f. Infalibilidad.

INFALÍVEL adj. Infalible.

INFALIVELMENTE adv. m. Infaliblemente.

INFALSIFICÁVEL adj. Infalsificable.

INFAMAÇÃO (sáum) f. Infamación.

INFAMADOR, RA adj. Infamador.

INFAMANTE adj. Infamante.

INFAMAR *v. tr.* Infamar, denigrar, deshonrar, desacreditar.

INFAMATÓRIO, RIA (tò) *adj.* Infamatorio.

INFAME *adj.* Infame (que no disfruta de honra, crédito y estimación). Infame, malo, despreciable, ignominioso.

INFÂMIA (fá) *f.* Infamia, deshonra, descrédito, ignominia. Infamia, bajeza, maldad, vileza.

INFANÇÃO (sáum) *m.* Infanzón.

INFÂNCIA (fán) *f.* Infancia; niñez.

INFANDO, DA *adj.* Infando, torpe, nefando.

INFANTA *f.* Infanta (mujer del infante; hija legítima del rey que no era inmediata sucesora del reino).

INFANTADO *m.* Infantado; infantazgo *(ant.)*.

INFANTARIA (ría) *f.* Infantería.

INFANTE *m.* Infante, soldado de a pie. Infante, niño. Infante (hijo legítimo del rey que no era inmediato sucesor del reino) *adj.* Niño, infantil.

INFANTICIDA *adj.* Infanticida. Ú. t. c. s.

INFANTICÍDIO *m.* Infanticidio.

INFANTIL *adj.* Infantil.

INFANTILIDADE *f.* Lo mismo que CRIANÇADA.

INFARTO *m. Med.* Infarto, hinchazón, obstrucción o tumor que padece algún órgano.

INFATIGÁVEL *adj.* Infatigable, incansable.

INFATÍVEL *adj.* Irrealizable, no factible.

INFAUSTO, TA *adj.* Infausto, infeliz, desgraciado, infortunado.

INFECÇÃO (sáum) *f.* Lo mismo que

INFECÇÃO *f.* Infección.

INFECCIONADO, DA *adj.* Infeccionado, inficionado.

INFECCIONAR *v. tr.* Infeccionar, inficionar. Ú. t. c. r.

INFECCIOSO, SA (ozo, òza) *adj.* Infeccioso.

INFECUNDO, DA *adj.* Infecundo.

INFELICIDADE *f.* Infelicidad, desgracia, desdicha, suerte adversa, desventura.

INFELICITAR *v. tr.* Hacer infeliz. Ú. t. c. r.

INFELIZ *adv.* Infeliz, desgraciado, desafortunado, desdichado.

INFELIZMENTE *adv. m.* Infelizmente.

INFENSO, SA *adj.* Enemigo, contrario.

INFERÊNCIA (rén) *f.* Inferencia, ilación, consecuencia.

INFERIOR *adj.* Inferior.

INFERIORIDADE *f.* Inferioridad.

INFERIORIZAR (zar) *v. tr.* Volver inferior.

INFERIR *v. tr.* Inferir, inducir, sacar consecuencia, deducir.

INFERNAL *adj.* Infernal.

INFERNAR *v. tr.* Infernar (ocasionar a alguien la pena del infierno) *fig.* Infernar, irritar, enfadar, inquietar, perturbar.

INFERNEIRA *f.* Infierno (gran alboroto, discordia, ruido grande).

INFERNIZAR (zar) *v. tr.* Lo mismo que INFERNAR. Ú. t. c. r.

INFERNO (fèr) *m.* Infierno (en todas las acepciones de esta voz).

ÍNFERO, RA *adj.* Ínfero; inferior.

INFÉRTIL (fèr) *adj.* Estéril.

INFERTILIZAR (zar) *v. tr.* Esterelizar.

INFESTAÇÃO (sáum) *f.* Infestación.

INFESTAR *v. tr.* Infestar (en todas las acepciones de esta voz).

INFESTO, TA (fès) *adj.* Dañoso, nocivo, perjudicial; infesto *(poet.)*.

INFETANTE *adj.* Infectante.

INFETAR *v. tr.* Infectar, infeccionar, inficionar.

INFETUOSO, SA (ozo, òza) *adj.* Infectivo, infeccioso.

INFIBULAÇÃO (sáum) *f.* Infibulación.

INFIBULAR *v. tr.* Infibular.

INFICIONAÇÃO (sáum) *f.* Infección. Inficcionamiento.

INFICIONAR *v. tr.* Infeccionar, inficionar. Ú. t. c. r.

INFIDELIDADE *f.* Infidelidad.

INFIEL (èl) *adj.* Infiel.

INFILTRAÇÃO (sáum) *f.* Infiltración.

INFILTRAR *v. tr.* Infiltrar. Ú. t. c. r.

ÍNFIMO, MA *adj.* Ínfimo.

INFINDÁVEL *adj.* Interminable. Permanente.

INFINDO, DA *adj.* Infinito, sin fin.

INFINIDADE *f.* Infinidad.

INFINITESIMAL (zi) *adj.* Infinitesimal.

INFINITÉSIMO, MA (tèzi) *adj.* Infinitésimo.

INFINITIVO, VA *adj. Gram.* Infinitivo. Ú. t. c. s..

INFINITO, TA *adj.* Infinito. *Gram.* Infinitivo. Ú. t. c. s.. *m.* Infinito.

INFLAÇÃO (sáum) *f.* Inflación (acción de inflar). *fig.* Inflación, engreimiento. Inflación (excesiva emisión de billetes de banco).

INFLACIONISTA *adj.* Partidario de la inflación (excesiva emisión de billetes de banco). Ú. t. c. s.

INFLAMAÇÃO (sáum) *f.* Inflamación (acción de inflamar, de encender algo). Inflamación (alteración patológica).

INFLAMAR *v. tr.* Inflamar (encender algo levantando llama). Ú. t. c. r. *fig.* Inflamar (enardecer las pasiones). Inflamarse (producirse inflamación o hinchazón dolorosa).

INFLAMATÓRIO, RIA (tò) *adj.* Inflamatorio. Inflamativo.

INFLAMÁVEL *adj.* Inflamable.

INFLAR *v. tr.* Inflar (rellenar, hinchar una cosa con alguna substancia gaseosa). Ú. t. c. r. *fig.* Inflar, engreír, envanecer, ensoberbecer. Ú. t. c. r.

INFLETIR *v. tr.* Causar inflexión.

INFLEXÃO (xáum) *f.* Inflexión.

INFLEXIBILIDADE *f.* Inflexibilidad.

INFLEXÍVEL *adj.* Inflexible.

INFLEXIVELMENTE *adv. m.* Inflexiblemente.

INFLIÇÃO (sáum) *f.* Inflicción.

INFLIGIR (jir) *v. tr.* Infligir, imponer penas o castigos.

INFLORAR *v. tr.* Florear. *v. tr.* Florecer.

INFLORESCÊNCIA (cén) *f. Bot.* Inflorescencia.

INFLUENÇA (sa) *f.* Lo mismo que INFLUENZA.

INFLUÊNCIA (én) *f.* Influencia (acción de influir; poder, valimiento, autoridad, ascendiente; acción que ejercen los astros sobre los hombres). *Fís.* Influencia.

INFLUENTE *adj.* Influente, influyente.

INFLUENZA (za) *f. Pat.* Influenza, gripe.

INFLUIÇÃO (sáum) *f.* Influencia (acción de influir).

INFLUÍDO, DA *adj.* Entusiasmado.

INFLUIDOR, RA *adj.* Influente, influyente.

INFLUIR *v. tr.* Influir (causar ciertos efectos unas cosas sobre otras; fig. ejercer ascendiente, predominio o fuerza moral sobre alguien; *fig.* contribuir al éxito de un negocio; *fig.* inspirar la divinidad algún don a las almas). *v. r.* Entusiasmarse.

INFLUXO *m.* Influjo, influencia. Influjo, flujo (movimiento de ascenso de la marea).

INFORMAÇÃO (sáum) *f.* Información.

INFORMADOR, RA *adj.* Informador. Ú. t. c. s.

INFORMANTE *adj.* Informante. *m.* Informante.

INFORMAR *v. tr.* Informar (enterar, dar noticia de alguna cosa). Ú. t. c. r. *v. intr.* Formarse. *For.* Informar.

INFORME (fòr) *adj.* Informe. *m.* Informe; información.

INFORMIDADE *f.* Informidad (calidad de informe).

INFORTIFICÁVEL *adj.* Infortificable.

INFORTUNA *f.* Infortuna (influencia adversa de los astros). Infortunio.

INFORTUNADO, DA *adj.* Infortunado, desafortunado, desdichado, desgraciado, infeliz, desventurado.

INFORTUNAR *v. tr.* Lo mismo que INFELICITAR.

INFORTÚNIO *m.* Infortunio (mala suerte, fortuna adversa; estado o situación de una persona infortunada).

INFORTUNOSO, SA (nozo, óza) *adj.* Infortunado, desafortunado.

INFRAÇÃO (sáum) *f.* Infracción.

INFRA-ESCRITO, TA *adj.* Infrascrito, infrascripto.

INFRA-ESTRUTURA *f.* Infraestructura.

INFRA-JURÁSSICO, CA (jurási) *adj.* Infrajurásico.

INFRANGÍVEL (jí) *adj.* Infrangible.

INFRA-OITAVA *f.* Infraoctava.

INFRATOR, RA *adj.* Infractor, transgresor.

INFRENE *adj.* Desenfrenado.

INFREQÜENTE (cuen) *adj.* Infrecuente.

INFRINGIR (jir) *v. tr.* Infringir, quebrantar, violar, transgredir.

INFRINGÍVEL (jí) *adj.* Que puede infringirse.

INFRUTIFERAMENTE *adv. m.* Infructuosamente.

INFRUTÍFERO, RA *adj.* Infructífero (que no da fruto o producto; que no es provechoso ni útil).

INFRUTUOSO, SÁ (ozo, òza) *adj.* Infructuoso, ineficaz. Infructífero.

INFUNDADO, DA *adj.* Infundado (que no tiene fundamento racional).

INFUNDIR *v. tr.* Infundir (inspirar; causar en el ánimo un sentimiento o afecto). Poner una substancia en un licor por cierto tiempo). *v. r.* Introducirse.

INFUSÃO (záum) *f.* Infusión. *Farm.* Infusión.

INFUSAR (zar) *v. intr. Bras.* Empobrecer, empobrecerse. Entremparse, empeñarse, llenarse de deudas.

INFUSÍVEL (zí) *adj.* Infusible (que no se puede fundir o derretir).

INFUSO (zo) *m. Farm.* Producto de una infusión. *adj.* Infuso.

INFUSÓRIOS (zó) *m. pl.* Infusorios.

INGÁ *m. Bot. Bras.* Guamo; ingá (*Amer.*).

INGAZEIRA (zei) *f. Bot. Bras.* Lo mismo que INGÁ.

INGÊNITO, TA (jé) *adj.* Ingénito (no engendrado; que es connatural).

INGENTE (jen) *adj.* Ingente (que es muy grande).

INGENUIDADE (je) *f.* Ingenuidad, buena fé, candor.

INGÊNUO, NUA (jé) *adj.* Ingenuo, sincero, real, candoroso, sin doblez ni disimulo.

INGERÊNCIA (jerén) *f.* Injerencia.

INGERIR (je) *v. tr.* Injerir.

INGESTÃO (jestáum) *f.* Ingestión.

INGLÊS, ESA (glés, gleza) *adj. y s.* Inglés. *m.* Inglés (lengua inglesa).

INGLESADA (za) *f. Bras.* Multitud de ingleses.

INGLESAR (zar) *v. tr.* Inglesar. Ú. t. c. r.

INGLÓRIO, RIA (glò) *adj.* Inglorioso.

INGLORIOSO, SA (ozo, òza) *adj.* Lo mismo que INGLÓRIO.

INGOVERNÁVEL *adj.* Ingobernable.

INGRATÃO (táum) *m.* Hombre muy ingrato.

INGRATIDÃO (dáum) *f.* Ingratitud, desagradecimiento.

INGRATO, TA *adj.* Ingrato (desagradecido; áspero, desaplacible, desagradable; dícese de lo que no corresponde al trabajo que cuesta). Ú. t. c. s.

INGREDIENTE *m.* Ingrediente (substancia que entra con otras en un compuesto).

ÍNGREME *adj.* Empinado, encarpado, difícel de subir.

INGRESSAR (sar) *v. tr.* Ingresar, entrar, pasar de fuera a dentro; entrar a formar parte de una corporación; abrazar una profesión.

INGRESSO (grèso) *m.* Ingreso, entrada (acción de entrar y espacio por donde se entra). Comienzo. Ingreso (cantidad que entra en poder de uno). *Bras.* Billete (tarjeta que da derecho a ocupar asiento en alguna parte).

ÍNGUA *f.* Bubón, incordio (tumor de ciertas glándulas).

INGUINAL *adj.* Inguinal, inguinario (que pertenece o es relativo a las ingles).

INGURGITAÇÃO (jitasáum) *f. Med.* Ingurgitación.

INGURGITAMENTO (ji) *m.* Ingurgitación. Lo mismo que ENFARTAMENTO.

INGURGITAR (ji) *v. tr.* Ingurgitar, engullir, tragar. *v. intr.* Lo mismo que INTUMESCER. *v. r. fig.* Atollarse, atascarse.

INHACA (ña) *f. Bras.* Lo mismo que BODUM.

INHAME (ñaʌme) *m. Bot.* Ñame.

INHAPA (ña) *f. Bras.* Adehala, añadidura; ñapa, yapa. (*Amer.*).

INHATO, TA (ña) *adj. Bras.* Chato (de nariz casi llana y como aplastada), ñato (*Amer.*).

INIBIÇÃO (sáum) *f.* Inhibición.

INIBITIVO, VA *adj.* Inhibitorio.

INIBITÓRIA (tò) *f.* Inhibitoria, dificultad, embarazo.

INIBITÓRIO, RIA (tò) *adj.* inhibitorio.

INICIAÇÃO (sáum) *f.* Iniciación.

INICIADO *m.* Neófito, el que fué iniciado en un misterio.

INICIADOR, RA *adj.* Iniciador. Ú. t. c. s.

INICIAL *adj.* Inicial (que pertenece o es relativo al origen o principio de las cosas). Inicial (dícese de la primera letra de cada palabra, verso, capítulo, etc.). Ú. t. c. s. f.

INICIAR *v. tr.* Iniciar, empezar. Iniciar (instituir a alguien en un misterio o cosa secreta). Ú. t. c. r. Informar, enterar).

INICIATIVA *f.* Iniciativa.

INÍCIO *m.* Comienzo, principio.

INIGUALÁVEL *adj.* Inimitable.

INILUDÍVEL *adj.* Ineludible.

INIMAGINÁVEL (ji) *adj.* Inimaginable.

INIMIGO, GA *adj.* Enemigo. Ú. t. c. s.

INIMISTAR *v. tr.* Enemistar. Ú. t. c. r.

INIMITÁVEL *adj.* Inimitable.

INIMIZADE (za) *f.* Enemistad.

INIMIZAR (zar) *v. tr.* Enemistar. Ú. t. c. r.

ININTELIGÍVEL (ji) *adj.* Ininteligible.

ININTERRUPÇÃO (sáum) *f.* Falta de interrupción, continuidad.

ININTERRUPTAMENTE *adv. m.* Ininterrumpidamente.

ININTERRUPTO, TA *adj.* Ininterrumpido.

ÍNIO *m. Anat.* Inio, inion, occipucio.

INIQÜIDADE (cui) *f.* Iniquidad.

INÍQUO, QUA (cuo) *adj.* Inicuo.

INJEÇÃO (jesáum) *f.* Inyección (acción de inyectar; substancia que se inyecta).

INJETAR (je) *v. tr.* Inyectar.

INJETOR (je) *m.* Inyector. *adj.* Inyectador.

INJUCUNDO, DA (ju) *adj.* No jocundo, triste, desazonado.

INJUNÇÃO (sáum) *f.* Imposición, obligación impuesta. Mandamiento, prescripción, orden.

INJUNGIR (junjir) *v. tr.* Obligar, imponer, mandar.

INJUNTIVO, VA (jun) *adj.* Imperativo.

INJÚRIA (jú) *f.* Injuria, afrenta, agravio, ultraje.

INJURIANTE (ju) *adj.* Injurioso. Injuriante.

INJURIAR (ju) *v. tr.* Injuriar, ultrajar, afrentar, agraviar, denostar. Injuriar, dañar, menoscabar, perjudicar.

INJURIOSO, SA (juirozo, òza) *adj.* Injurioso.

INJUSTAMENTE (jus) *adv. m.* Injustamente.

INJUSTIÇA (justisa) *f.* Injusticia.

INJUSTIFICÁVEL (jus) *adj.* Injustificable.

INJUSTO, TA *adj.* Injusto.

INOBEDIÊNCIA (dién) *f.* Inobediencia.

INOBEDIENTE *adj.* Inobediente.

INOBSERVÂNCIA (ván) *f.* Inobservancia.

INOBSERVÁVEL *adj.* Inobservable.

INOCÊNCIA (cén) *f.* Inocencia.

INOCENTE *adj.* Inocente (en todas las acepciones de esta voz). Ú. t. c. s.

INOCUIDADE *f.* Innocuidad.

INOCULAÇÃO (sáum) *f.* Inoculación.

INOCULAR *v. tr.* Inocular.

INOCULÁVEL *adj.* Inoculable.

INÓCUO, CUA (nò) *adj.* Innocuo.

INODORO, RA (dò) *adj.* Inodoro (que no despide de olor).

INOFENSIVO, VA *adj.* Inofensivo.

INOLVIDÁVEL *adj.* Inolvidable.

INOMINADO, DA *adj.* Innominado.

INOMINÁVEL *adj.* Innominable.

INOPERANTE *adj.* Ineficaz.

INÓPIA (nò) *f.* Inopia, indigencia, escasez, penuria, pobreza.

INOPINADO, DA *adj.* Inopinado.

INOPINÁVEL *adj.* Inopinable.

INOPINO, NA *adj.* Inopinado. *De —. m. adv.* Inopinadamente.

INOPORTUNIDADE *f.* Inoportunidad.

INOPORTUNO, NA *adj.* Inoportuno.

INORGÂNICO, CA (gá) *adj.* Inorgánico.

INORGANIZADO, DA (za) *adj.* Inorganizado.

INOSPITALEIRO, RA (inos) *adj.* Inhospitalario.

INOSPITALIDADE (inos) *f.* Inhospitalidad.

INÓSPITO, TA (inòs) *adj.* Inhospitalario (que no ofrece seguridad, acogida ni abrigo), inhospital, inhospitable.

INOVAÇÃO (sáum) *f.* Innovación.

INOVADOR, RA *adj.* Innovador.

INOVAR *v. tr.* Innovar.

INOXIDÁVEL *adj.* Inoxidable.

INQUALIFICÁVEL (cua) *adj.* Incalificable.

INQUEBRANTÁVEL *adj.* Inquebrantable.

INQUÉRITO (què) *m.* Inquisición (acción de inquirir). Encuesta, indagación, averiguación, pesquisa. Interrogatório. Examen.

INQUESTIONÁVEL (ques) *adj.* Incuestionable.

INQUIETAÇÃO (sáum) *f.* Inquietud.

INQUIETADOR, RA *adj.* Inquietador.

INQUIETANTE *adj.* Inquietante.

INQUIETAR *v. tr.* Inquietar. Ú. t. c. r.

INQUIETO, TA (è) *adj.* Inquieto (bullicioso; desazonado).

INQUILINATO *m.* Inquilinato (arriendo o alquiler de una cosa o habitación; derecho del inquilino en la casa que ha tomado en arriendo).

INQUILINO *m.* Inquilino.

INQUINAÇÃO (sáum) *f.* Inquinamento, infección.

INQUINAR *v. tr.* Inquinar, manchar, contagiar, inficionar.

INQUIRIÇÃO (sáum) *f.* Inquisición (acción de inquirir). Encuesta, averiguación.

INQUISIÇÃO (zisáum) *f.* Inquisición (acción de inquirir). Inquisición (antiguo tribunal eclesiástico).

INQUISIDOR (zi) *m.* Inquisidor (juez eclesiástico).

INQUISITORIAL (zi) *adj.* Inquisitorial.

INSACIÁVEL *adj.* Insaciable.

INSALIVAÇÃO (sáum) *f.* Insalivación.

INSALIVAR *v. tr.* Insalivar (mezclar los alimentos con la saliva en la cavidad bucal).

INSALUBRE *adj.* Insalubre (malsano, dañoso a la salud).

INSANÁVEL *adj.* Insanable, incurable.

INSÂNIA (sá) *f.* Insania, locura, demencia.

INSANIDADE *f.* Insanidad, insensatez.

INSANO, NA *adj.* Insano, loco, demente. *fig.* Costoso, ingente.

INSATURÁVEL *adj.* Insaturable.

INSCREVER *v. tr.* Inscribir, grabar letreros. Escribir. Inscribir (asentar el nombre de una persona en una lista, registro, matrícula, etc.). *Geom.* Inscribir.

INSCRIÇÃO (sáum) *f.* Inscripción (acción de inscribir). Inscripción (asiento de los títulos nominativos en el libro de la deuda pública).

INSCRITO, TA *adj.* Inscripto, inscrito.

INSCULPIR *v. tr.* Insculpir, esculpir. Grabar.

INSEDUZÍVEL (zí) *adj.* Que no se deja seducir.

INSEGURANÇA (sa) *adj.* Inseguridad.

INSEGURO, RA *adj.* Inseguro.

INSENSATEZ *f.* Insensatez, necedad.

INSENSATO, TA *adj.* Insensato, tonto, necio, fatuo. Ú. t. c. s.

INSENSIBILIDADE *f.* Insensibilidad.

INSENSIBILIZAR (zar) *v. tr.* Insensibilizar. Ú. t. c. r.

INSENSÍVEL *adj.* Insensible.

INSENSIVELMENTE *adv. m.* Insensiblemente.

INSEPARÁVEL *adj.* Inseparable.

INSEPULTO, TA *adj.* Insepulto.

INSERÇÃO (sáum) *f.* Inserción.

INSERIR *v. tr.* Inserir (insertar; injerir; injertar).

INSERTO, TA (sèr) *P. p. irreg. de Inserir.* Inserto. *adj.* Injerto.

INSERVÍVEL *adj.* Inservible.

INSETICIDA *adj.* Insecticida. Ú. t. c. s.

INSETÍFERO, RA *adj.* Insectífero.

INSETÍFUGO, GA *adj.* Insectífugo.

INSETÍVORO, RA *adj.* Insectívoro.

INSETO (sè) *m.* Insecto.

INSETOLOGIA (jia) *f.* Insectología, entomología.

INSETOLOGISTA (jis) *m.* Insectólogo, entomólogo.

INSÍDIA *f.* Insidia, asechanza. Perfidia.

INSIDIAR *v. tr.* Insidiar (poner insidias).

INSIDIOSO, SA (ozo, òza) *adj.* Insidioso. Pérfido.

INSIGNE *adj.* Insigne, célebre, distinguido, famoso, esclarecido.

INSÍGNIA *f.* Insignia.

INSIGNIFICÂNCIA (cán) *f.* Insignificancia.

INSIGNIFICANTE *adj.* Insignificante.

INSINCERIDADE *f.* Insinceridad.

INSINCERO, RA (cè) *adj.* Insincero, simulado, doble.

INSINUAÇÃO (sáum) *f.* Insinuación.

INSINUANTE *adj.* Insinuante. Lo mismo que CATIVANTE.

INSINUAR *v. tr.* Insinuar. *v. r.* Insinuarse.

INSIPIDEZ *f.* Insipidez.

INSÍPIDO, DA *adj.* Insípido.

INSIPIÊNCIA (pién) *f.* Insipiencia.

INSIPIENTE *adj.* Insipiente.

INSISTÊNCIA (tén) *f.* Insistencia (instancia y porfía sobre alguna cosa).

INSISTENTE *adj.* Insistente; obstinado, terco.

INSISTIR *v. tr.* Insistir, instar, persistir. *v. tr.* Insistir, obstinarse, porfiar.

INSOCIABILIDADE *f.* Insociabilidad.

INSOCIAL *adj.* Insocial.

INSOCIÁVEL *adj.* Insociable; huraño, intratable, insocial.

INSOFISMÁVEL *adj.* Que no admite sofisma.

INSOFRIDO, DA *adj.* Impaciente, que no es sufrido. Inquieto.

INSOFRÍVEL *adj.* Insufrible.

INSOLAÇÃO (sáum) *f.* Insolación.

INSOLAR *v. tr.* Insolar. *v. intr.* Insolarse; asolearse.

INSOLÊNCIA (lén) *f.* Insolencia (acto insólito; descaro, atrevimiento, desverguanza).

INSOLENTE *adj.* Insolente, orgulloso, arrogante, soberbio, desvergonzado, que comete insolencias).

INSÓLITO, TA (sò) *adj.* Insólito.

INSOLÚVEL *adj.* Insoluble.

INSOLVABILIDADE *f.* Insolvencia.

INSOLVÁVEL *adj.* Insolvente.

INSOLVENTE *adj.* y *m.* Insolvente.

INSOLVÍVEL *adj.* Que no puede ser pagado, insoluble.

INSONDÁVEL *adj.* Insondable.

INSONE *adj.* Insomne.

INSÔNIA (sò) *f.* Insomnio.

INSONOLÊNCIA (lén) *f.* Insomnio.

INSONORO (nó) *adj.* Insonoro.

INSONTE *adj.* Inocente, sin culpa.

INSOPITÁVEL *adj.* Irrefrenable.

INSOSSAR (sar) *v. tr.* Poner sosa alguna cosa.

INSOSSO, SSA (soso, sosa) *adj.* Soso, desabrido; insulso, insípido.

INSPEÇÃO (sáum) *f.* Inspección.

INSPECIONAR *v. tr.* Inspeccionar.

INSPETAR *v. r.* Inspeccionar.

INSPETOR *m.* Inspector.

INSPETORIA (ría) *f. Bras.* Inspectorado. Inspección, inspectoria (*Amer.*). Cargo y oficina de inspector.

INSPIRAÇÃO (sáum) *f.* Inspiración (en sentido recto y figurado).

INSPIRAR *v. tr.* Inspirar, aspirar. *fig.* Inspirar, infundir. *v. r.* Inspirarse.

INSTABILIDADE *f.* Instabilidad.

INSTALAÇÃO (sáum) *f.* Instalación.

INSTALAR *v. tr.* Instalar. Ú. t. c. r. Instalar, colocar, poner, situar, *v. r.* Establecerse, alojarse, aposentarse.

INSTÂNCIA (tán) *f.* Instancia. *For.* Instancia.

INSTANTÂNEO, NEA (tá) *adj.* Instantáneo. *m.* Instantánea.

INSTANTE *adj.* Instante *m.* Instante, segundo (parte brevísima de tiempo).

INSTAR *v. tr.* Instar. *v. intr.* Instar.

INSTAURAÇÃO (sáum) *f.* Instauración.

INSTAURAR *v. tr.* Instaurar. Establecer.

INSTÁVEL *adj.* Instable.

INSTIGAÇÃO (sáum) *f.* Instigación.

INSTIGAR *v. tr.* Instigar, impulsar, incitar, inducir.

INSTILAÇÃO (sáum) *f.* Instilación.

INSTILAR *v. tr.* Instilar (echar gota a gota un líquido). *fig.* Instilar, infundir, infiltrar en el ánimo.

INSTINTIVO, VA *adj.* Instintivo.

INSTINTO *f.* Instinto.

INSTITUIÇÃO (sáum) *f.* Institución.

INSTITUIDOR, RA *adj.* Instituidor. Ú. t. c. s.

INSTITUIR *v. tr.* Instituir, fundar; establecer, crear algo. Instituir, enseñar, instruir, educar.

INSTITUTAS *f. pl.* Instituta.

INSTITUTO *m.* Instituto, constitución, regla, estatuto. Instituto, corporación.

INSTRUÇÃO (sáum) *f.* Instrucción.

INSTRUÍDO, DA *adj.* Instruido, culto, ilustrado.

INSTRUIR *v. tr.* Instruir (enseñar, doctrinar; informar, enterar). Ú. t. c. r. Instruir (formalizar un proceso).

INSTRUMENTAÇÃO (sáum) f. Instrumentación.

INSTRUMENTAL *adj.* Instrumental. *m.* Conjunto de instrumentos músicos.

INSTRUMENTO *m.* Instrumento (útil o herramienta; aquello de que nos valemos para hacer algo; escritura o documento con que se prueba alguna cosa; lo que sirve de medio para lograr un fin; instrumento músico). — *musical.* Instrumento músico. — *de corda.* Instrumento de cuerda. — *de vento.* Instrumento de soplo.

INSTRUTIVAMENTE *adv. m.* Instructivamente.

INSTRUTIVO, VA *adj.* Instructivo.

INSTRUTOR, RA *adj.* Instructor. Ú. t. c. s.

INSUBMERGÍVEL (ji) *adj.* Lo mismo que

INSUBMERSÍVEL *adj.* Insumergible.

INSUBMISSÃO (sáum) f. Carencia de submisión. Calidad de

INSUBMISSO, SSA (so) *adj.* Insumiso.

INSUBORDINAÇÃO (sáum) f. Insubordinación.

INSUBORDINADO, DA *adj.* Insubordinado. Ú. t. c. s. *P. p.* de

INSUBORDINAR *v. tr.* Insubordinar. Ú. t. c. r.

INSUBORDINÁVEL *adj.* Insubordinable.

INSUBORNÁVEL *adj.* No sobornable.

INSUBSISTÊNCIA (zistén) f. Insubsistencia.

INSUBSISTENTE (zis) *adj.* Insubsistente.

INSUBSTANCIAL *adj.* Insustancial, insubstancial.

INSUBSTITUÍVEL *adj.* Insustituíble, insubstituíble.

INSUCESSO (cèso) *m.* Mal éxito.

INSUFICIÊNCIA (én) f. Insuficiencia.

INSUFICIENTE (én) *adj.* Insuficiente.

INSUFLAÇÃO (sáum) f. *Med.* Insuflación. Insinuación.

INSUFLADOR, RA *adj.* Insuflador. *fig.* Que infunde o induce. *m.* Insuflador.

INSUFLAR *v. tr.* Insuflar. *fig.* Incitar, infundir, infiltrar, instilar.

ÍNSULA f. Ínsula, isla

INSULAÇÃO (sáum) f. Insulación. Aislamiento.

INSULANO, NA *adj. y m.* Insulano, isleño, insular.

INSULAR *v. tr.* Aislar. Ú. t. c. r.

INSULAR *adj. y m.* Lo mismo que INSULANO.

INSULINA f. *Med.* Insulina.

INSULSO, SA *adj.* Insulso, insípido.

INSULTAR *v. tr.* Insultar, ofender, injuriar, afrentar.

INSULTO *m.* Insulto, injuria, afrenta. *Med.* Insulto, acidente.

INSULTUOSO, SA (ozo, òza) *adj.* Insultante (aplícase a los dichos o hechos con que se insulta, escarnece o vilipendia).

INSUPERÁVEL *adj.* Insuperable.

INSUPORTÁVEL *adj.* Insoportable.

INSUPORTAVELMENTE *adv. m.* Insoportablemente.

INSURGENTE (jen) *adj.* Insurgente, insurrecto. Ú. t. c. s.

INSURGIR (jir) *v. r.* Insurrecionar, sublevar. *v. r.* Insurrecionarse, sublevarse.

INSURRECIONADO, DA *adj.* Lo mismo que INSURGENTE.

INSURRECIONAL *adj.* Insurreccional.

INSURRECIONAR *v. tr.* Lo mismo que INSURGIR. Ú. t. c. r.

INSURREIÇÃO (sáum) f. Insurrección, levantamiento, motín, sublevación, rebelión.

INSURRETO, TA (rrè) *adj.* Insurrecto. Ú. t. c. s.

INSUSPEIÇÃO (sáum) f. Carencia de sospecha.

INSUSPEITO, TA *adj.* No sospecho. Imparcial, recto.

INSUSTENTÁVEL *adj.* Insostenible.

INTACTO, TA *adj.* Intacto.

INTANGIBILIDADE (ji) f. Intangibilidad.

INTANGÍVEL (jí) *adj.* Intangible.

ÍNTEGRA f. Totalidad. *Na* — *m. adv.* Integralmente (entera, total, completa o cabalmente).

INTEGRAÇÃO (sáum) f. Integración.

INTEGRAL *adj.* Integral. *Mat.* Integral.

INTEGRANTE *adj.* Integrante, integral.

INTEGRAR *v. tr.* Integrar, dar integridad a un todo. *Mat.* Integrar. *v. r.* Completarse.

INTEGRÁVEL *adj.* Integrable.

INTEGRIDADE f. Integridad. Pureza. Entereza. Rectitud.

ÍNTEGRO, GRA *adj.* Íntegro, completo, entero. *fig.* Íntegro, probo, honrado, recto, desinteresado.

INTEIRAR *v. tr.* Enterar, informar. Completar, integrar. *v. r.* Enterarse, darse cuenta, informarse.

INTEIREZA (za) f. Entereza.

INTEIRIÇADO, DA (sa) *adj.* Yerto, tieso, rígido. Aterido.

INTEIRIÇAR (sar) *v. tr.* Volver yerto, tieso, rígido. Atiesar. Ú. t. c. s.. Aterir. Ú. t. c. r.

INTEIRIÇO, ÇA (so, sa) *adj.* Enterizo, entero (que es de una pieza).

INTEIRO, RA *adj.* Entero (cabal, completo, íntegro; no castrado; recto, justo; constante, firme; incorrupto). *m. Arit.* Entero. Ú. t. c. s. *Por* —. *m. adv.* Por entero, enteramente.

INTELECTO (lècto) *m.* Intelecto, entendimiento, mente, inteligencia.

INTELECTUAL *adj.* Intelectual. *m.* Intelectual (persona que se dedica de preferencia al cultivo de las ciencias y letras).

INTELECTUALIDADE f. Intelectualidad.

INTELECTUALIZAR (zar) *v. tr.* Poner algo entre las cosas intelectuales.

INTELIGÊNCIA (jén) f. Inteligencia (potencia intelectiva; sentido en que se puede tomar una expresión; trato y correspondencia secreta).

INTELIGENTE (jen) *adj.* Inteligente. Ú. t. c. s.

INTELIGIBILIDADE (ji) f. Inteligibilidad.

INTELIGÍVEL (ji) *adj.* Inteligible.

INTEMERATO, TA *adj.* Inviolado, puro, incorrupto; intemerado (*ant.*). Lo mismo que INTIMORATO.

INTEMPERANÇA (sa) f. Intemperancia.

INTEMPERAR *v. tr.* Lo mismo que DESTEMPERAR.

INTEMPÉRIE (pè) f. Intemperie (destemplanza del tiempo). *À* —. *m. adv.* A la intemperie, al raso, a cielo descubierto.

INTEMPESTIVAMENTE *adv. m.* Intempestivamente, fuera de tiempo y sazón.

INTEMPESTIVO, VA *adj.* Intempestivo, fuera de tiempo y sazón, inoportuno.

INTENÇÃO (sáum) f. Intención.

INTENCIONADO, DA *adj.* Intencionado. (Suele usarse con los adverbios *bem* (bien) *y mal* (mal).

INTENCIONAL *adj.* Intencional.

INTENCIONALMENTE *adv. m.* Intencionalmente.

INTENCIONÁVEL *adj.* Intencional.

INTENDÊNCIA (dén) f. Intendencia.

INTENDENTE *m.* Intendente.

INTENDER *v. tr.* Lo mismo que SUPERINTENDER.

INTENSÃO (sáum) f. Intensión, intensidad.

INTENSIDADE f. Intensidad.

INTENSIFICAÇÃO (sáum) f. Acción y efecto de intensar o intensificar.

INTENSIFICAR *v. tr.* Intensar, intensificar. Ú. t. c. r.

INTENSIVO, VA *adj.* Intensivo, intenso.

INTENSO, SA *adj.* Intenso.

INTENTAR *v. tr.* Intentar. Lo mismo que TENTAR.

INTENTO *m.* Intento (intención, propósito, designio; cosa intentada).

INTENTONA f. Intentona (intento temerario). Rebelión, sublevación.

INTERCALAÇÃO (sáum) f. Intercalación.

INTERCALAR *v. tr.* Intercalar, interponer, ingerir. Ú. t. c. r.

INTERCÂMBIO (cám) *m.* Intercambio

INTERCEDER *v. tr.* Interceder, mediar por otro.

INTERCEPÇÃO (sáum) f. Intercepción, interceptación.

INTERCEPTAR *v. tr.* Interceptar (interrumpir, cortar, obstruir; apoderarse de una cosa antes que llegue a su destino; detener una cosa en su camino).

INTERCESSÃO (sáum) f. Intercesión.

INTERCESSOR, SSORA (sor, sora) *adj.* Intercesor.

INTERCISO, SA (zo) *adj.* Interciso.

INTERCOLÚNIO *m.* Intercolumnio.

INTERCONTINENTAL *adj.* Intercontinental.

INTERCORRÊNCIA (rrén) f. Intercurrencia.

INTERCORRENTE *adj.* Intercurrente.

INTERCOSTAL *adj. Anat.* Intercostal.

INTERDEPENDÊNCIA (dén) f. Correlación, dependencia mutua.

INTERDIÇÃO (sáum) f. Interdicción. Entredicho.

INTERDITAR *v. tr.* Poner entredicho; interdecir, prohibir, vedar.

INTERDITO, TA *adj.* Interdicto. *m.* Entredicho, interdicción.

INTERDIZER (zer) *v. tr.* Interdecir, prohibir, vedar. Poner entredicho. Entredecir (*ant.*).

INTERESSADO, DA (sa) *adj. P. p.* de *Interessar.* Interesado. *m. Com.* Interesado.

INTERESSANTE (san) *adj.* Interesante (que interesa o es digno de interés). *Estado* —. Preñez.

INTERESSAR (sar) *v. tr.* Interesar. *v. r.* Interesarse; interesar (*v. intr.*).

INTERESSE (rése) *m.* Interés (provecho, beneficio, ganancia, utilidad; valor intrínseco de una cosa; lucro o producto del capital; tendencia o inclinación del ánimo hacia una persona o cosa). *pl.* Intereses, bienes de fortuna.

INTERESSEIRAMENTE (sei) *adv. m.* Interesadamente.

INTERESSEIRO, RA (sei) *adj.* Interesado (que se deja dominar por el interés o afán de lucro). Ú. t. c. s.

INTERESTADUAL *adj.* Entre dos estados de la misma unión política.

INTERFERÊNCIA (rén) f. Interferencia.

INTERFERENTE *adj.* Interferente.

INTERFERIR *v. tr.* Intervenir. *v. intr.* Interferir.

ÍNTERIM *m.* Intermédio. Ínterin. *Nesse* —. *m. adv.* Ínterin, entretanto, mientras.

INTERINIDADE f. Interinidad, ínterin.

INTERINO, NA *adj.* Interino. Provisional.

INTERIOR *adj.* Interior. *m.* Interior.

INTERIORIDADE f. Interioridad.

INTERJACENTE (ja) *adj.* Interyacente.

INTERJECIONAL (je) *adj.* Interjectivo.

INTERJEIÇÃO (jeisáum) f. *Gram.* Interjección.

INTERJETIVO, VA (je) *adj.* Interjectivo.

INTERLINEAR *adj.* Interlineal.

INTERLOCUÇÃO (sáum) f. Interlocución.

INTERLOCUTOR *m.* Interlocutor.

INTERMEDIAR *v. intr.* Intermediar, mediar o estar una cosa entre otras.

INTERMEDIÁRIO, RIA *adj.* Intermediário. Ú. t. c. s.

INTERMÉDIO, DIA (mè) *adj.* Intermedio. *m.* Intermedio (intervalo entre dos tiempo o acciones; diligencia de una persona para conseguir un fin). Intermediario.

INTERMINÁVEL *adj.* Interminable.

INTÉRMINO, NA (tèr) *adj.* Interminable.

INTERMISSÃO (sáum) f. Intermisión.

INTERMITÊNCIA (tén) f. Intermitencia.

INTERMITENTE *adj.* Intermitente.

INTERMITIR *v. intr.* Interrumpirse.

INTERNAÇÃO (sáum) f. Internación.

INTERNACIONAL *adj.* Internacional.

INTERNACIONALISTA *adj.* Internacionalista. Ú. t. c. s.

INTERNACIONALIZAÇÃO (zasáum) f. Acción y efecto de

INTERNACIONALIZAR (zar) *v. tr.* Dar carácter internacional a una cosa o persona. Ú. t. c. r.

INTERNADO, DA *adj. P. p.* de *Internar.* Internado (en un asilo, casa de curación, etc) Ú. t. c. s.

INTERNAMENTO *m.* Internación.

INTERNAR *v. tr.* Internar (conducir o llevar tierra adentro a una persona o cosa). Ú. t. c. r. Internar (hacer que otro ingrese en un asilo, casa de curación, etc.). Introducir, hacer penetrar. *v. r.* Internarse.

INTERNATO *m.* Internato (estado del alumno interno en un colegio; conjunto de alumnos internos) Colegio de alumnos internos.

INTERNO, NA (tèr) *adj.* Interno, interior. Interno (dícese de los alumnos que viven dentro de un establecimiento de enseñanza). Ú. t. c. s. Interno (aplícase a los alumnos de medicina que viven en los hospitales y están encargados de los servicios propios de su carrera). Ú. t. c. s. *Mat.* Interno (dícese de dos ángulos formados interiormente por dos líneas paralelas y una secante).

INTERPELAÇÃO (sáum) *f.* Interpelación. *Polít.* Interpelación.

INTERPELADOR, RA *adj.* Interpelante. Ú. t. c. s.

INTERPELAR *v. tr.* Interpelar.

INTERPENETRAÇÃO (sáum) *f.* Interpenetración.

INTERPENETRAR *v. tr.* Penetrar mutuamente.

INTERPLANETÁRIO, RIA *adj.* Interplanetario.

INTERPOLAÇÃO (sáum) *f.* Interpolación.

INTERPOLAR *v. tr.* Interpolar. *adj.* Interpolar.

INTERPOR *v. tr.* Interponer (poner, colocar una cosa entre otras). Ú. t. c. r. Interponer (poner a alguien por medianero o intercessor) Ú. t. c. r. *For.* Interponer (formalizar algún recurso legal por medio de un pedimento).

INTERPOSIÇÃO (zisáum) *f.* Interposición.

INTERPOSTO, TA (posto, pòsta) *adj. P. p.* de *Interpor.* Interpuesto. *m.* Lo mismo que ENTRE-POSTO.

INTERPRETAÇÃO (sáum) *f.* Interpretación.

INTERPRETAR *v. tr.* Interpretar (en todas las acepciones de esta voz).

INTÉRPRETÁVEL *adj. m.* Interpretable.

INTÉRPRETE (tèr) *m.* Intérprete.

INTERREGNO *m.* Interregno.

INTERROGAÇÃO (sáum) *f.* Interrogación, pregunta. *Gram.* Interrogación (signo ortográfico (?) que, en portugués, se pone sólo al fin de las preguntas o frases interrogativas).

INTERROGADOR, RA *adj.* Interrogador. Ú. t. c. s.

INTERROGANTE *adj.* Interrogante.

INTERROGAR *v. tr.* Interrogar, preguntar.

INTERROGATIVO, VA *adj.* Interrogativo.

INTERROGATÓRIO (tò) *m.* Interrogatorio.

INTERROMPER *v. tr.* Interrumpir, suspender, parar, impedir o estorbar la continuación de una cosa. Ú. t. c. r.

INTERRUPÇÃO (sáum) *f.* Interrupción.

INTERRUPTO, TA *adj.* Interrumpido.

INTERRUPTOR, RA *adj.* Interruptor (que interrumpe). Ú. t. c. s. *m.* Interruptor (aparato que sirve para interrumpir una corriente eléctrica).

INTERSEÇÃO (sáum) *f. Geom.* Intersección.

INTERSTÍCIO (tí) *m.* Intersticio.

INTERTROPICAL *adj.* Intertropical.

INTERURBANO, NA *adj.* Relativo a lo que ocurre dentro de los límites de una misma ciudad. *Bras.* Comunicación telefónica entre dos ciudades.

INTERVALAR *v. tr.* Disponer con intervalos. *adj.* Puesto en un intervalo.

INTERVENÇÃO (sáum) *f.* Intervención, intercesión. *Polít.* Intervención.

INTERVENIENTE *adj.* Interventor, intervenidor (que interviene). *m.* Medianero.

INTERVENTIVO, VA *adj.* Interventivo.

INTERVENTOR, RA *adj.* Interventor, intervenidor. Ú. t. c. s. *m. Bras.* Interventor (en una provincia).

INTERVERSÃO (sáum) *f.* Interversión, trastorno, desorden.

INTERVERTER *v. tr.* Intervertir.

INTERVINDO, DA *P. p.* de *Intervir.* Intervenido.

INTERVIR *v. intr.* Intervenir (tener o tomar parte en un asunto; interponer uno su autoridad; mediar, interceder, rogar por alguien; sobrevenir, acaecer).

INTESTADO, DA *adj. For.* Intestado (que fallece sin haber testado). Ú. t. c. s.

INTESTINAL *adj.* Intestinal.

INTESTINO, NA *adj.* Intestino, interno, interior; civil, doméstico. *m. Anat.* Intestino. Ú. m. en pl.

INTICAR *v. intr. Bras.* Provocar (irritar o estimular a uno con palabras u obras para que se enoje).

INTIMAÇÃO (sáum) *f.* Intimación.

INTIMAR *v. tr.* Intimar (notificar, hacer saber algo con autoridad).

INTIMATIVA *f.* Aseveración formal.

INTIMIDAÇÃO (sáum) *f.* Intimidación.

INTIMIDADE *f.* Intimidad (calidad de íntimo; amistad íntima).

INTIMIDAR *v. tr.* Intimidar, causar miedo. *v. r.* Amedrentarse.

ÍNTIMO, MA *adj.* Íntimo. Ú. t. c. s. *m.* Intimidad (calidad de íntimo; punto de una cosa).

INTIMORATO, TA *adj.* Intrépido, que no tiene miedo.

INTITULAÇÃO (sáum) *f.* Intitulación.

INTITULAR *v. tr.* Intitular. Ú. t. c. r.

INTOJADO, DA (ja) *adj. Bras.* Ensimismado.

INTOLERÂNCIA (rán) *f.* Intolerancia.

INTOLERANTE *adj.* Intolerante. Ú. t. c. s.

INTOLERÁVEL *adj.* Intolerable.

INTOLERAVELMENTE *adv. m.* Intolerablemente.

INTONAÇÃO (sáum) *f.* Lo mismo que ENTOAÇÃO.

INTONSO, SA *adj.* Intonso (que no tiene el pelo cortado).

INTORÇÃO (sáum) *f. Bot.* Intorsión.

INTOXICAÇÃO (sáum) *f.* Intoxicación.

INTOXICAR *v. tr.* Intoxicar, envenenar, emponzoñar.

INTRADUZÍVEL (zí) *adj.* Intraducible.

INTRAGÁVEL *adj.* Que no se puede tragar.

INTRAMUSCULAR *adj.* Intramuscular.

INTRANQÜILIDADE (cui) *f.* Intranquilidad.

INTRANQÜILO, LA (cui) *adj.* Intranquilo.

INTRANSFERÍVEL *adj.* Intransferible.

INTRANSIGÊNCIA (zijén) *f.* Intransigencia.

INTRANSIGENTE (zijen) *adj.* Intransigente.

INTRANSITÁVEL (zi) *adj.* Intransitable.

INTRANSITIVO, VA (zi) *adj. Gram.* Intransitivo.

INTRANSMISSÍVEL (sí) *adj.* Intransmisible.

INTRANSPONÍVEL *adj.* Insuperable. Que no se puede pasar o transponer. Intraspasable.

INTRANSPORTÁVEL *adj.* Intransportable.

INTRATÁVEL *adj.* Intratable. *fig.* Intratable, insociable.

INTRAVENOSO, SA (nozo, òza) *adj.* Intravenoso.

INTREPIDEZ *f.* Intrepidez, arrojo, esfuerzo, valor.

INTRÉPIDO, DA (trè) *adj.* Intrépido, arrojado, valeroso.

INTRICAR *v. tr.* Intrincar, enredar, embrollar. Ú. t. c. r.

INTRIGA *f.* Intriga (maquinación secreta; enredo, embrollo).

INTRIGALHADA (lla) *f.* Conjunto de intrigas, embrollo.

INTRIGANTE *adj.* Intrigante. Ú. t. c. s.

INTRIGAR *v. tr.* Enredar, embrollar. *v.intr.* Intrigar. *v. r.* Intrigarse (tener viva curiosidad por una cosa).

INTRIGUISTA *adj.* Intrigante. Ú. t. c. s.

INTRINCADO, DA *adj.* Intrincado, enmarañado, espeso, obscuro, embrollado.

INTRÍNSECO, CA *adj.* Intrínseco (interior, interno; íntimo, esencial).

INTRODUÇÃO (sáum) *f.* Introducción.

INTRODUTIVO, VA (zi) *adj.* Introductivo.

INTRODUTOR, RA *adj.* Introductor. Ú. t. c. s.

INTRODUTÓRIO, RIA (tò) *adj.* Introdutorio.

INTRODUZIR (zir) *v. tr.* Introducir. Ú. t. c. r.

INTRÓITO (tròi) *m.* Introito.

INTROMETER *v. tr.* Introducir, entremeter. Ú. t. c. r. *v. r.* Entremeterse.

INTROMETIDO, DA *adj. P. p.* de *Intrometer.* Entremetido (que tiene costumbre de meterse donde no le llaman). Ú. t. c. s.

INTROMETIMENTO *m.* Intromisión. Entremetimiento.

INTROMISSÃO (sáum) *f.* Intromisión.

INTROSPECÇÃO (pecsáum) *f.* Introspección.

INTROVERSÃO (sáum) *f.* Introversión.

INTROVERTIDO, DA *adj.* Introverso.

INTRUGIR (jir) *v. tr.* Percibir, comprender. *pop.* Lo mismo que INTRUJAR.

INTRUJÃO, JONA (jáum, jona) *adj.* Embustero, embaucador, trapacero, trapacista. Ú. t. c. s.

INTRUJAR (jar) *v. tr.* Embustear. *v. intr.* Trapacear, trapazar, embaucar.

INTRUJICE (ji) *f.* Embuste. Embustería, engaño, burla. Trapaza.

INTRUSÃO (zaúm) *f.* Intrusión.

INTRUSO, SA (zo, za) *adj.* Intruso; entremetido. Ú. t. c. s.

INTUIÇÃO (sáum) *f.* Intuición.

INTUITIVO, VA (tui) *adj.* Intuitivo.

INTUITO (tui) *m.* Fin, objeto, intento, designio, intención, propósito, blanco, mira.

INTUMESCÊNCIA (cén) *f.* Intumescencia, hinchazón.

INTUMESCER *v. intr.* Hincharse. *v. tr.* Hinchar. Llenar. Inflar. Hacer crecer. *v. intr.* Enorgullecerse. Ú. t. c. r. Inflarse, ensoberbecerse, engreírse. Ú. t. c. r.

INTUMESCIMENTO *m.* Hinchamiento.

INTUMESCENTE *adj.* Intumescente, que va hinchándose.

INTURGESCÊNCIA (jescén) *f.* Turgencia.

INTURGESCENTE (jes) *adj.* Turgente.

INTURGESCER (jes) *v. tr., intr. y r.* Volver o volverse turgente; hinchar, hincharse.

INÚBIA *f. Bras. poét.* Trompa de guerra de los indios brasileños.

INULTRAPASSÁVEL (sá) *adj.* Intraspasable.

INUMAÇÃO (sáum) *f.* Inhumación.

INUMANO, NA (inu) *adj.* Inhumano.

INUMAR *v. tr.* Inhumar.

INUMERABILIDADE *f.* Innumerabilidad.

INUMERÁVEL *adj.* Innumerable.

INÚMERO, RA *adj.* Innúmero, innumerable.

INUNDAÇÃO (sáum) *f.* Inundación.

INUNDAR *v. tr.* Inundar. Ú. t. c. r.

INUSITADO, DA (zi) *adj.* Inusitado.

INÚTIL *adj.* Inútil.

INUTILIDADE *f.* Inutilidad.

INUTILIZAR (zar) *v. tr.* Inutilizar. Ú. t. c. r.

INUTILIZÁVEL (zá) *adj.* Inútil, que no se puede utilizar.

INUTILMENTE *adv. m.* Inútilmente.

INVADEÁVEL *adj.* Invadeable.

INVADIR *v. tr.* Invadir (entrar violentamente en una parte). *fig.* Invadir (llenar, ocupar).

INVAGINAÇÃO (jinasáum) *f.* Invaginación.

INVAGINAR (ji) *v. tr. Cir.* Invaginar.

INVALIDAÇÃO (sáum) *f.* Invalidación.

INVALIDADE *f.* Nulidad.

INVALIDAR *v. tr.* Invalidar, anular. *v. r.* Tullirse.

INVALIDEZ *f.* Invalidez. Tullimiento.

INVÁLIDO, DA *adj.* Inválido, falto de fuerza o vigor. Ú. t. c. s. Tullido. Ú. t. c. s. *fig.* Inválido, nulo.

INVARIABILIDADE *f.* Invariabilidad.

INVARIÁVEL *adj.* Invariable.

INVARIAVELMENTE *adv. m.* Invariablemente.

INVASÃO (záum) *f.* Invasión.

INVASIVO, VA (zi) *adj.* Invasivo.

INVASOR, RA (zor) *adj.* Invasor. Ú. t. c. s.

INVECTIVA *f.* Invectiva, invección.

INVECTIVAR *v. tr.* Invectivar (*neol.* fulminar invectivas contra alguna persona o cosa).

INVECTIVO, VA *adj.* Injurioso.

INVEJA (vèja) *f.* Envidia (tristeza, pesar o disgusto del bien ajeno).

INVEJAR (já) *v. tr.* Envidiar.

INVEJÁVEL (já) *adj.* Envidiable.

INVEJOSAMENTE (jòza) *adv. m.* Con envidia.

INVEJOSO, SA (jozo, jòza) *adj.* Envidioso. Ú. t. c. s.

INVENÇÃO (sáum) *f.* Invención (acción de inventar; cosa inventada; hallazgo, acción de hallar, engaño, ficción). — *da Santa Cruz.* Invención de la Santa Cruz.

INVENCIONEIRO, RA *adj.* Invencionero, embustero, mentiroso, trapacista, engañador. Ú. t. c. s.

INVENCIONICE *f.* Invención, engaño, ficción, embuste, mentira, enredo.

INVENCÍVEL *adj.* Invencible.

INVENCIVELMENTE *adv. m.* Invenciblemente.

INVENDÁVEL *adj.* Lo mismo que

INVENDÍVEL *adj.* Invendible.

INVENTAR *v. tr.* (en todas las acepciones de esta voz).

INVENTARIAÇÃO (sáum) *f.* Acción de inventariar.

INVENTARIANTE *adj.* Que hace inventario. *m.* Persona cuyos bienes son inventariados.

INVENTÁRIO *m.* Inventario.

INVENTIVA *f.* Inventiva (faculdad para inventar). Invento, invención.

INVENTIVO, VA *adj.* Inventivo.

INVENTO *m.* Invento, invención (cosa inventada).

INVENTOR, RA *adj.* Inventor. Ú. t. c. s.

INVERNAÇÃO (sáum) *f. Bras.* Invernada (*Amer.*), acción de invernar el ganado.

INVERNADA *f.* Invernada (estación de invierno). *Bras.* Invernada (*Amer.* nombre con que se designan los extensos potreros destinados al engorde del ganado vacuno; época del engorde de ganado).

INVERNADOR *m. Bras. Río Gr. del Sur.* Invernador (el que tiene ganado de invernar).

INVERNADOURO *m.* Invernadero (lugar propio para pasar el invierno). Invernadero, invernáculo (para proteger las plantas contra el frío).

INVERNAL *adj.* Invernal.

INVERNAR *v. tr.* Invernar (pasar el invierno en una parte). *v. intr.* Invernar (ser tiempo de invierno). *Bras.* Invernar (*Amer.* encerrar el ganado vacuno en las invernadas).

INVERNIA (nía) *f.* Invierno riguroso, invernada.

INVERNISTA *m. Bras. Río Gr. del Sur.* Lo mismo que INVERNADOR.

INVERNO (vèr) *m.* Invierno.

INVERNOSO, SA (nozo, óza) *adj.* Invernoso, invernal.

INVEROSSÍMIL (sí) *adj.* Inverisímil, inverosímil.

INVEROSSIMILHANÇA (simillansa) *f.* Inverisimilitud, inverosimilitud).

INVEROSSIMILMENTE (si) *adv. m.* Inverisímilmente, inverosímilmente.

INVERSÃO (sáum) *f.* Inversión.

INVERSO, SA (vèr) *adj.* Inverso. *m.* Contrario, revés. Ao —. *m. adv.* A, o por la, inversa.

INVERSOR, RA *adj.* Inversor. *Fís.* Inversor.

INVERTEBRADO, DA *adj.* Invertebrado. *m. p. Zool.* Invertebrados.

INVERTER *v. tr.* Invertir (alterar, trastornar; gastar, emplear el dinero). Cambiar. Ú. t. c. r.

INVÉS (vès) *m.* Envés, revés. Ao —. Ao revés.

INVESTIDA *f.* Embestida, arremetida, acometida, acometimiento, embestidura.

INVESTIDURA *f.* Investidura (acción de investir; carácter que se adquiere con la toma de posesión de ciertos cargos).

INVESTIGAÇÃO (sáum) *f.* Investigación, averiguación.

INVESTIGADOR, RA *adj.* Investigador, averiguador. *m. Bras.* Agente de policía secreta.

INVESTIGAR *v. tr.* Investigar, indagar, averiguar.

INVESTIGÁVEL *adj.* Investigable.

INVESTIMENTO *m.* Lo mismo que INVESTIDURA. Investimento, inversión (de dinero).

INVESTIR *v. tr.* Embestir, acometer, arremeter. Investir (conferir algún cargo o dignidad). *v. intr.* Arremeter, embestir.

INVETERADO, DA *adj.* Inveterado, antiguo, viejo, arraigado.

INVETERAR *v. tr.* Envejecer. *fig.* Introducir, imponer, establecer, firmar. Arraigar, establecer, fijar. *v. tr.* Arraigarse, arraigar.

INVICTO, TA *adj.* Invicto, no vencido, siempre victorioso.

INVIDAR *v. tr.* Lo mismo que ENVIDAR.

ÍNVIDO, DA *adj.* Envidioso, ínvido.

INVIGILÂNCIA (jilán) *f.* Falta de vigilancia, descuido.

ÍNVIO, VIA *adj.* Intransitable, áspero. Que no tiene caminos.

INVIOLABILIDADE *f.* Inviolabilidad.

INVIOLÁVEL *adj.* Inviolable.

INVISIBILIDADE (zi) *f.* Invisibilidad.

INVISÍVEL (zi) *adj.* Invisible.

INVISIVELMENTE (zi) *adv. m.* Invisiblemente.

INVOCAÇÃO (sáum) *f.* Invocación.

INVOCAR *v. tr.* Invocar.

INVOCATIVO, VA *adj.* Invocatorio.

INVOCATÓRIA (cò) *f.* Invocación.

INVOCÁVEL *adj.* Invocable.

INVOLUÇÃO (sáum) *f.* Involución.

INVÓLUCRO (vò) *m.* Envoltorio. Envoltura. *Bot.* Invólucro.

INVOLUNTARIAMENTE *adv. m.* Involuntariamente.

INVOLUNTÁRIO, RIA *adj.* Involuntario.

INVULGAR *adj.* No vulgar, raro.

INVULNERÁVEL *adj.* Invulnerable.

INZONEIRO, RA (zo) *adj. Bras.* Lo mismo que MEXERIQUEIRO.

IODADO, DA *adj.* Yodado, iodado.

IODAR *v. tr.* Cubrir o mezclar con yodo.

IODATO *m. Quím.* Yodato.

IODETO *m. Quím.* Yoduro, ioduro.

IÓDICO, CA (ò) *adj.* Yódico.

IODISMO *m.* Yodismo.

IODO *m.* Yodo, iodo.

IODOFÓRMIO (fòr) *m.* Yodoformo, iodoformo.

IOGA (ò) *f.* Yoga (especie de contemplación entre los indios).

IOGUE (ò) *m.* Yogi.

IOIÔ (ó) *m. Bras.* Tratamiento que daban los esclavos a sus señores. Juguete de muchachos.

IOLE (ò) *f. Mar.* Yola.

ÍON *m. Quím.* Ion.

IONIZAÇÃO (zasáum) *f.* Ionización.

IONONA *f. Quím.* Yonona.

IOTA (ò) *m.* Iota (*f.*), letra griega correspondiente a la *i* de nuestro abecedario y del abecedario portugués.

IPÉ (pè) *m. Bot. Bras.* Ipé. — *-branco.* Ipé blanco. — *-bóia.* Ipé blanco. — *-una.* Tecoma ipé.

IPECA (pè) *f. Bras.* Ipeca, ipecacuana.

IPECACUANHA (ña) *f.* Ipecacuana.

IR *v. intr.* Ir (en todas las acepciones de esta voz). Ú. t. c. r.

IRA *f.* Ira, cólera.

IRACUNDO, DA *adj.* Iracundo.

IRADO, DA *adj.* Airado, encolerizado.

IRAR *v. tr.* Airar, encolerizar, irritar, enojar. Ú. t. c. r.

IRASCIBILIDADE *f.* Irascibilidad.

IRASCÍVEL *adj.* Irascible.

IRIANTE *adj.* Irisado.

IRIAR *v. tr.* Irisar. Matizar.

IRIDESCÊNCIA (cén) *f.* Iridiscencia; iridescencia.

IRIDESCENTE *adj.* Iridiscente, iridescente.

IRÍDIO *m.* Iridio.

IRIDITE *f.* Iriditis, iritis.

ÍRIS *m.* Iris. *f. Anat.* Iris. Iris, opalo noble. *Arco —.* Arco celeste, iris.

IRISAÇÃO (zasáum) *f.* Irisación.

IRISAR (zar) *v. tr.* Lo mismo que IRIAR.

IRITE *f.* Iritis.

IRLANDÊS, SA (dés, deza) *adj. y s.* Irlandés.

IRMÃ (mán) *f.* Hermana.

IRMÃMENTE (mánmen) *adv. m.* Fraternalmente, hermanablemente.

IRMANAR *v. tr.* Hermanar (hacer a uno hermano espiritual de otro). Ú. t. c. r. Parear, unir una cosa con otra, formando pareja, hermanar (*Amer.*). Hermanar (unir, uniformar). Ú. t. c. r.

IRMANDADE *f.* Hermandad (parentesco entre hermanos). Hermandad, cofradía.

IRMÃO, MÃ (máum, mán) *m. y f.* Hermano, na.

IRONIA (nía) *f.* Ironía.

IRÓNICO, CA (ró) *adj.* Irónico.

IRONISTA *m.* Ironista.

IRONIZAR (zar) *v. intr.* Ironizar. Ú. t. c. tr.

IROQUÊS (qués, queza) *adj. y m.* Iroqués.

IROSO, SA (rozo, óza) *adj.* Iracundo.

IRRA! *Interj.* ¡Caracoles!

IRRACIONAL *adj.* Irracional.

IRRACIONALIDADE *f.* Irracionalidad.

IRRACIONÁVEL *adj.* Irracionable.

IRRADIAÇÃO (sáum) *f.* Irradiación.

IRRADIAR *v. tr.* Irradiar.

IRREAL *adj.* Irreal.

IRREALIDADE *f.* Irrealidad.

IRREALIZÁVEL (zá) *adj.* Irrealizable.

IRRECONCILIÁVEL *adj.* Irreconciliable.

IRRECONHECÍVEL (ñe) *adj.* Que no se puede reconocer; cambiado, alterado.

IRRECOBRÍVEL *adj.* Que no es recurrible; inapelable.

IRRECUPERÁVEL *adj.* Irrecuperable.

IRRECUSÁVEL (zá) *adj.* Irrecusable.

IRREDENTO, TA *adj.* Irredento (no redimido).

IRREDIMÍVEL *adj.* Irredimible.

IRREDUTIBILIDADE *f.* Irreducibilidad, irreductibilidad.

IRREDUTÍVEL *adj.* Irreducible, irreductible.

IRREDUZÍVEL (zí) *adj.* Irreducible.

IRREFLETIDAMENTE *adj. m.* Irreflexivamente.

IRREFLETIDO, DA *adj.* Irreflexivo (que no reflexiona; aplícase a lo que se hace o dice sin reflexionar).

IRREFLEXÃO (xáum) *f.* Irreflexión.

IRREFLEXIVO, VA *adj.* Lo mismo que IRREFLETIDO.

IRREFRAGÁVEL *adj.* Irrefragable.

IRREFRANGÍVEL (jí) *adj.* Irrefrangible.

IRREFREÁVEL *adj.* Irrefrenable.

IRREFUTADO, DA *adj.* No refutado o rebatido.

IRREFUTÁVEL *adj.* Irrefutable.

IRREGENERÁVEL (je) *adj.* Irregenerable.

IRREGRESÍVEL (sí) *adj.* No regresivo.

IRREGULAR *adj.* Irregular.

IRREGULARIDADE *f.* Irregularidad.

IRRELIGIÃO (jiáum) *f.* Irreligión.

IRRELIGIOSIDADE (jiozi) *f.* Irreligiosidad.

IRREMEDIÁVEL *adj.* Irremediable.

IRREMEDIAVELMENTE *adv. m.* Irremediablemente.

IRREMISSÍVEL (sí) *adj.* Irremisible.

IRREMITENTE *adj.* No remitente.

IRREMÍVEL *adj.* Irredimible.

IRREMOVÍVEL *adj.* Inamovible.

IRREMUNERÁVEL *adj.* Que no se puede remunerar.

IRREPARABILIDADE *f.* Calidad de

IRREPARÁVEL *adj.* Irreparable.

IRREPLICÁVEL *adj.* Irreplicable.

IRREPREENSIBILIDADE *f.* Calidad de irreprensible.

IRREPREENSÍVEL *adj.* Irreprensible. Perfecto, delicado, cabal.

IRREPREENSIVELMENTE *adv. m.* Irreprensiblemente.

IRREPRESENTÁVEL (zen) *adj.* Irrepresentable.

IRREPRIMÍVEL *adj.* Irreprimible.

IRREPROCHÁVEL (chá) *adj.* Irreprochable.

IRRIQUIETO, TA (quiè) *adj.* Inquieto, incesante, continuo; irriquieto (*des.*).

IRRESISTÊNCIA (zistén) *f.* Falta de resistencia.

IRRESISTENTE (zis) *adj.* No resistente.

IRRESISTÍVEL (zis) *adj.* Irresistible.

IRRESOLUÇÃO (zolusáum) *f.* Irresolución.

IRRESOLUTO, TA (zo) *adj.* Irresoluto.

IRRESOLÚVEL (zo) *adj.* Irresoluble.

IRRESPIRÁVEL *adj.* Irrespirable.

IRRESPONDÍVEL *adj.* Inconstestable, irrefutable, irreplicable.

IRRESPONSABILIDADE *f.* Irresponsabilidad.

IRRESPONSÁVEL *adj.* Irresponsable.

IRRESTRINGÍVEL (jí) *adj.* Irrestringible.

IRRESTRITO, TA *adj.* Ilimitado, amplio.

IRRETORQUÍVEL *adj.* Lo mismo que IRRESPONDÍVEL.

IRRETRATÁVEL *adj.* Irretratable; irretractable (*p. us.*).

IRRETROATIVIDADE *f.* Calidad de lo que no es retroactivo.

IRREVERÊNCIA (rén) *f.* Irreverencia.

IRREVERENCIOSO, SA (ozo, òza) *adj.* Irreverente. Ú. t. c. s.

IRREVERENTE *adj.* Irreverente.

IRREVOCABILIDADE *f.* Lo mismo que IRREVOGABILIDADE.

IRREVOCÁVEL *adj.* Lo mismo que IRREVOGÁVEL.

IRREVOGABILIDADE *f.* Irrevocabilidad.

IRREVOGÁVEL *adj.* Irrevocable.

IRREVOGAVELMENTE *adv. m.* Irrevocablemente.

IRRIGAÇÃO (sáum) *f. Med.* Irrigación. *Agr.* Riego, irrigación.

IRRIGADOR, RA *adj.* Irrigador. *m. Med.* Irrigador. *Agr.* Regadera.

IRRIGAR *v. tr. Med.* Irrigar. *Agr.* Regar, irrigar.

IRRIGATÓRIO, RIA (tò) *adj.* Propio para regar o irrigar.

IRRIGÁVEL *adj.* Irrigable.

IRRISÃO (záum) *f.* Irrisión, burla, mofa. *fam.* Irrisión, (la propia persona o cosa que es objeto de risa).

IRRISOR, RA (zor) *adj.* Escarnecedor.

IRRISÓRIO, RIA (zò) *adj.* Irrisorio (que mueve a risa y burla; insignificante, ridículo.

IRRITABILIDADE *f.* Irritabilidad.

IRRITAÇÃO (sáum) *f.* Irritación.

IRRITAMENTO *m.* Irritamiento, irritación.

IRRITANTE *adj.* Irritante. *m. Fisiol* y *Terap.* Irritante.

IRRITAR *v. tr.* Irritar, airar, encolerizar, enojar. Ú. t. c. r. *Med.* Irritar. Ú. t. c. r.

IRRITÁVEL *adj.* Irritable.

IRROGAÇÃO (sáum) *f.* Irrogación.

IRROGAR *v. tr.* Irrogar.

IRROMPER *v. intr.* Irrumpir.

IRRUPÇÃO (sáum) *f.* Irrupción.

ISAGOGE (zagòje) *f.* Isagoje, introducción, exordio.

ISBA *f.* Isba.

ISCA *f.* Cebo (comida que se da a un animal para atraerlo), carnada. *fig.* Anzuelo, atractivo, aliciente. Yesca. *fig.* Yesca, incentivo. *Coc.* Hígado.

ISCAR *v. tr.* Cebar (poner cebo en el anzuelo). *fig.* Lo mismo que ENGODAR. Contaminar. *Bras.* Azuzar (incitar a los perros para que acometan).

ISENÇÃO (zensáum) *f.* Exención.

ISENTAR (zen) *v. tr.* Exentar, exencionar.

ISENTO, TA (zen) *adj.* Exento, exencionario; libre, desembarazado.

ISLÃ (lán) *m.* Islam, islamismo.

ISLAME *m.* Lo mismo que

ISLAMISMO *m.* Islamismo, mahometismo, islam.

ISLAMITA *m.* y *f.* Islamita.

ISLAMÍTICO, CA *adj.* Islamita.

ISLANDÊS, ESA (dés, deza) *adj.* y *m.* Islandés.

ISLÃO (láum) *m.* Islam.

ISLENHO, NHA (ño, ña) *adj.* Isleño.

ISOBÁRICO, CA (zo) *adj.* Isobrico.

ISÓBARO, RA (zò) *adj.* Isóbaro.

ISOCROMIA (zocromía) *f.* Isocromía.

ISOCRONISMO (zo) *m.* Isocronismo.

ISÓCRONO, NA (zò) *adj.* Isocrono, isocrónico.

ISODONTE (zo) *m.* Isodonte.

ISÓFILO, LA (zofí) *adj. Bot.* Isófilo.

ISOGAMIA (zogamía) *f.* Isogamia.

ISÓGONO, NA (zò) *adj.* Isógono.

ISOLAÇÃO (zolasáum) *f.* Aislamiento.

ISOLADAMENTE (zo) *adv. m.* Aisladamente. Separadamente.

ISOLADO, DA (zo) *adj. P. p.* de *Isolar.* Aislado, sólo, solitário, apartado, retirado. Separado.

ISOLADOR, RA (zo) *adj.* Aislador. *m. Fís.* Aislador.

ISOLAMENTO (zo) *m.* Aislamiento. Separación. Soledad.

ISOLANTE (zo) *adj.* Aislador.

ISOMÉRICO, CA (zomè) *adj.* Relativo al

ISOMERISMO (zo) *m.* Isomerismo. Isomería.

ISÓMERO, RA (zò) *adj.* Isómero.

ISOMÉTRICO, CA (zomè) *adj.* Isométrico.

ISOMORFO, FA (somòr) *adj.* Isomorfo.

ISÓNOMO, MA (zó) *adj.* Isónomo.

ISOPATIA (zopatía) *f.* Isopatía.

ISOPÉTALO, LA (zopè) *adj.* Isopétalo.

ISÓPODO (zò) *adj.* Isópodo.

ISÓSCELES (zòs) *adj. Geom.* Isósceles.

ISOSMOSE (zosmòze) *f.* Equlibrio de soluciones con la misma presión osmótica.

ISOTÉRMICO, CA (zotèr) *adj.* Isotermal, isotérmico.

ISQUEIRO *m. Bras.* Encendedor (aparato mecánico que sirve para encender). Yesquero, esquero.

ÍSQUIO *m. Anat.* Isquion.

ISRAELITA *adj.* y *s.* Israelita, hebreo, judío.

ISSO (iso) *pron. dem.* Eso.

ITA *f. Bras.* Piedra.

ITABIRITO *m. Miner.* Itabirita.

ITACOLUMITO *m. Miner.* Itacolumita.

ITALIANIZAR (zar) *v. tr.* Italianizar. Ú. t. c. r.

ITALIANO, NA *adj.* y *s.* Italiano. *m.* Italiano (lengua italiana).

ITÁLICO, CA *adj.* Itálico. *m.* Itálico, bastardilla.

ÍTALO *adj.* Ítalo.

ITAOCA (ò) *f. Bras.* Lo mismo que FURNA.

ITARARÉ (rè) *m. Bras.* Río subterráneo.

ITEM *adv. m.* Item (del mismo modo). *m.* Artículo (de un reglamento, argumento, etc.).

ITERAÇÃO (sáum) *f.* Iteración.

ITERAR *v. tr.* Iterar, repetir.

ITERATIVO, VA *adj.* Iterativo.

ITINERANTE *adj.* Que viaja.

ITINERÁRIO, RIA *adj.* Itinerario. *m.* Itinerario.

ITORORÓ (rò) *m. Bras.* Cascada pequeña.

IUCA *f. Bot.* Yuca.

IUÇÁ (sà) *f. Bras.* Comezón; picazón.

IXORA (xò) *f. Bot.* Ixora.

J (jòta) *m.* Décima letra y séptima consonante del abecedario portugués. Su nombre es *jota* y no tiene el sonido del español; su pronunciación requiere la viva voz, como la *j* francesa.

JÁ (já) *adv. t.* Ya (en tiempo pasado; actualmente, en el tiempo presente, haciendo relación al pasado; finalmente, últimamente, luego, en seguida inmediatamente. Ú. t. c. conj. distributiva. Ya...ya... — *que. m. conj. cond.* Ya que.

JABOTÍ (ja) *m. Bras.* Jabotí (nombre vulgar brasileño de una especie de tortuga terrestre). *Bot.* Erisma calcaratum (árbol).

JABOTICABA (ja) *f. Bras.* Jaboticaba (nombre que se da en el Brasil al fruto comestible de varias especies de plantas mirtáceas).

JABOTICABAL (ja) *m. Bras.* Terreno plantado de jaboticabas.

JABOTICABEIRA (ja) *f. Bras.* Jaboticaba (nombre común que se da en el Brasil a varias especies de plantas mirtáceas).

JABURU (ja) *m. Zool. Bras.* Jabirú (ave zancuda del Brasil). *Bras.* Pequeña ruleta con figuras numeradas de animales.

JACA (ja) *f. Bras.* Jaca (fruto pulposo de la jaca, planta uricácea originaria de las Indias Ocidentales y de la cual se conocen en el Brasil algunas variedades).

JACÁ (ja) *m. Bras.* Especie de cesto.

JAÇA (jasa) *f.* Tacha, defecto, falta, mancha. Jardín, mancha.

JACAMIM (ja) *m. Bras.* Jacamar.

JACAMINCÁ (ja) *f. Bot. Bras.* Jacaminca.

JACARANDÁ (ja) *m. Bot. Bras.* Jacarandá (*voz brasileña*); nombre que suele darse al abey macho y a su madera.

JACARÉ (jacarè) *m. Zool.* Caimán; jacaré (*Amer.*), yacaré (*Amer.*).

JACATIRICA (ja) *f. Bras.* Lo mismo que JAGUATIRICA.

JACENTE (ja) *adj.* Yacente.

JACÍ (ja) *m. Bras.* Especie de palma.

JACINTO (ja) *m. Bot.* Jacinto.

JACOBINISMO (ja) *m.* Jacobinismo. Radicalismo.

JACOBINO, NA (ja) *adj.* Jacobino. Ú. t. c. s. *Bras.* Xenófobo. Ú. t. c. s.

JÁ-COMEÇA (já-comesa) *m. Bras.* Comezón, picazón. Sarna.

JACTAÇÃO (jactasáum) *f. Pat.* Jactación.

JACTÂNCIA (jactán) *f.* Jactancia.

JACTANCIOSIDADE (jactanciozi) *f.* Jactancia. Carácter de jactancioso.

JACTANCIOSO, SA (jactanciozo, òza) *adj.* Jactancioso.

JACTAR-SE (ja) *v. r.* Jactarse, alabarse.

JACTO (ja) *m.* Tiro (el movimiento de una cosa arrojada con violencia), lanzamiento, golpe. Chorro (golpe de agua o de otro líquido que sale por una parte estrecha con alguna fuerza). *De um* —. *adv.* De un golpe, de una sola vez. — *de luz.* Destello.

JACU (ja) *m. Zool. Bras.* Yacú (*Amer.*).

JACUÍ (ja) *m. Bras.* Yacú pequeño.

JACULAÇÃO (jaculasáum) *f.* Jaculación.

JACULAR (ja) *v. tr.* Tirar, lanzar, arrojar. Lo mismo que EJACULAR.

JACULATÓRIA (jaculatò) *f.* Jaculatoria (oración breve).

JACULATÓRIO, RIA (jaculatò) *adj.* Jaculatorio.

JADE (ja) *m. Miner.* Jade.

JAEZ (ja) *m.* Jaez (que se pone a las caballerías). *fig.* Jaez, calidad, especie.

JAGUANÉ (jaguanè) *adj. Bras.* Yaguané (*Amer.*), dícese del animal, sea vacuno o caballar, que tiene el pescuezo y costillares de color diferente al del lomo, barriga y parte de las ancas. Ú. t. c. s. *m. Bras.* Nombre de un perrito salvaje.

JAGUAR (j) *m. Zool.* Jaguar.

JAGUARAPINIMA (ija) *f. Bras.* Lo mismo que JAGUARETÊ.

JAGUARÉ (jaguarè) *m. Bras.* Lo mismo que YAGUANÉ.

JAGUARETÊ (jaguaretè) *m. Bras.* Yaguareté (*Amer.*).

JAGUATIRICA (ja) *f. Bras.* Mamífero carnicero (*Felis pardalis chibigouazou*).

JAGUNÇO (jagunso) *m. Bras.* Lo mismo que CANGACEIRO.

JALAPA (ja) *f. Bot.* Jalapa.

JALAPÃO (jalapáum) *m. Bras.* Jalapa.

JALDE (jal) *adj.* Lo mismo que JALNE.

JALECA (jalé) *f.* Chaqueta.

JALECO (jalè) *m.* Jaleco.

JALNE (jal) *adj.* Jalde, jaldo.

JAMAIS (ja) *adv. t.* Jamás.

JAMBA (jam) *f. Bras.* Jamba (*arq.*).

JAMBEIRO (jam) *m. Bot.* Yambo (árbol mirtáceo).

JÂMBICO, CA (jám) *adj.* Yámbico.

JAMBO (jam) *m. Bot.* Yambo (árbol mirtáceo). Pomarrosa (fruto del yambo).

JAMEGÃO (jamegáum) *m. Bras. fam.* Firma, rúbrica.

JANDAIA (jan) *f. Bras.* Especie de periquito.

JANEIRINHO, NHA (janeiriño) *adj.* Relativo al mes de enero.

JANEIRO (ja) *m.* Enero (primer mes del año). *pl. fig.* (años de edad).

JANELA (janè) *f.* Ventana.

JANELAR (jan) *v. intr.* Ventanear (asomarse a menudo a la ventana).

JANELEIRA (ja) *adj. y s.* Ventanera (dícese de la mujer aficionada a asomarse a la ventana).

JANELEIRO, RA (ja) *adj.* Ventanero. Ú. t. c. s.

JANGADA (jan) *f. Mar.* Jangada, balsa, armadía. *Bras.* Jangada (balsa de popa y proa cuadradas, usada en el Brasil, y compuesta de troncos de árbol fuertemente unidos. Lleva una vela latina.)

JANGADEIRO (jan) *m. Bras.* Patrón de una jangada.

JANGALAMARTE (jan) *m. Bras. Pernanb.* Lo mismo que

JANGALAMASTE (jan) *m. Bras. Pernanb.* Lo mismo que GANGORRA.

JANÍZARO (janíza) *m.* Jenízaro.

JANOTA (janò) *adj.* Elegante (aplícase a la persona que viste con todo rigor de la moda). Ú. t. c. s. Lo mismo que PERALTA.

JANOTADA (ja) *f.* Conjunto de elegantes. Lo mismo que JANOTICE.

JANOTAR (ja) *v. intr.* Ser elegante, vestirse con todo el rigor de la moda.

JANOTARIA (janotaría) *f.* Lo mismo que JANOTADA.

JANOTICE (ja) *f.* Calidad y costumbres de elegante. Lo mismo que GARRIDICE.

JANOTISMO (ja) *m.* Excesivo rigor en vestir según la moda.

JANSENISMO (jan) *m.* Jansenismo.

JANSENISTA (jan) *adj. y s.* Jansenista.

JANTA (jan) *f. fam. Bras.* Cena (comida que se toma por la noche).

JANTAR (jan) *m.* Cena (acción de cenar). Cena (comida que se toma por la noche). Comida. *v. intr.* Cenar. Ú. t. c. tr.

JANTARÃO (jantaráum) *m.* Comida, regalo. Banquete, comida.

JAPA (ja) *f. Bras. Río Gr. del Sur.* Adehala, propina. Yapa (*Amer.*), regalo que hace el vendedor al comprador al despachar la compra.

JAPIM (ja) *m. Bras.* Lo mismo que XEXÉU.

JAPONA (ja) *f.* Chaquetón.

JAPONÊS, ESA (japonés, neza) *adj. y s.* Japonés, japón.

JAPONIZAR (japonizar) *v. tr.* Dar forma o costumbres japonesas a una cosa o persona.

JAQUEIRA (ja) *f. Bot.* Jaca (planta urticácea).

JAQUEIRAL (ja) *m.* Terreno plantado de jacas.

JAQUETA (ja) *f.* Chaqueta.

JAQUETÃO (jaquetáum) *m.* Chaquetón.

JARARACA (ja) *f. Zool. Bras.* Jararaca (especie de víbora del Brasil, muy venenosa); crótalo. *Bot.* Jararaca (planta gramínea).

JARARACUÇU (ja...sú) *f. Bras.* Especie de jararaca o crótalo.

JARDA (jar) *f.* Yarda (medida inglesa de longitud, que equivale a 91 centímetros).

JARDIM (jar) *m.* Jardín (terreno en que se cultivan plantas de adorno).

JARDINAGEM (jardinjen) *f.* Jardinería; jardinaje (*gal.* usado en Chile).

JARDINAR (jar) *v. tr.* Cultivar un jardín. *v. intr.* Dedicarse a la jardinería.

JARDINEIRA (jar) *f.* Jardinera (mujer del jardinero). Jardinera (mueble dispuesto para colocar en él plantas de adorno). Manera de guisar ciertos manjares, adórnalos con legumbres. *Bras.* Jardinera (coche de cuatro rodas y cuatro asientos).

JARDINEIRO (jar) *m.* Jardinero.

JARGÃO (jargáum) *m.* Jerga, jeringonza, germanía.

JARRA (ja) *f.* Jarra (vasija). *Mar.* Jarra.

JARRÃO (jarráum) *m.* Jarrón.

JARRETAR (ja) *v. tr.* Desjarretar. *fig.* Desjarretar, debilitar, enervar, desanimar.

JARRETE (ja) *m.* Jarrete (la corva de la pierna del hombre). Jarrete, corvejón (la corva de la pierna de los animales).

JARRETEIRA (ja) *f.* Jarretera (liga provista de hebilla). Jarretera (orden militar instituida por Eduardo III de Inglaterra).

JARRO (ja) *m.* Jarro (vasija). *Bot.* Jaro, aro.

JASMIM (jas) *m. Bot.* Jazmim (la planta y su flor).

JASMINÁCEO, CEA (jas) *adj.* Jazmináceo.

JASMINEIRO (jas) *m.* Jasmín (la planta).
JASMÍNEO, NEA (jas) *adj.* Jazmíneo.
JASPE (jas) *m. Miner.* Jaspe.
JASPEADO, DA (jas) *adj. P. p.* de *Jaspear.* Jaspeado (salpicado o veteado de pintas).
JASPEAR (jas) *v. tr.* Jaspear (pintar imitando el jaspe).
JATAÍ (ja) *m. Bras. Bot.* Yatay (especie de palmera).
JATI (ja) *f. Bras.* Especie de abeja.
JAU *adj. y s. m.* Javanés.
JAÚ (jaú) *m. Bras.* Pez fisóstomo de agua dulce (*Tachysurus hersbergi*).
JAULA (jau) *f.* Jaula (para las fieras). Jaula (para encerrar pájaros).
JAVALI (ja) *m.* Jabalí.
JAVALINA (ja) *f.* Jabalina (hembra del jabalí).
JAVANÊS, ESA (javanés, eza) *adj. y s.* Javanés.
JAVARDO (ja) *m.* Jabalí. *fig.* Hombre grosero.
JAVRADEIRA (ja) *f.* Jabladera, argallera.
JAVRAR (ja) *v. tr.* Enjablar.
JAVRE (ja) *m.* Jable.
JAZER (jazer) *v. intr.* Yacer (estar echada una persona; estar un cadáver en la sepultura; existir de algún modo o estar en algún sitio una persona o cosa). *m.* Lo mismo que
JAZIDA (jazi) *f.* Yacija. Acto de yacer. *fig.* Quietud. *Bras.* Yacimiento.
JAZIGO (jazi) *m.* Sepultura, bóveda, yacija. Yacimiento.
JECA (jè) *adj. y m. Bras.* Hombre rústico, campesino. — *tatu.* Nombre y símbolo del campesino brasileño.
JEITO (jei) *m.* Manera, modo. Sesgo (médio término que se toma en un asunto dudoso o difícil; curso o rumbo que toma un negocio). *Com* —. *m. adv.* Perfectamente; hábilmente.
JEITOSAMENTE (jeitòza) *adv. m.* Diestra, hábil, convenientemente.
JEITOSO, SA (jeiòzo, òza) *adj.* Hábil, diestro. Donairoso. Bien parecido, que tiene buena figura.
JEJUADOR, RA (jejua) *adj. y s.* Ayunador.
JEJUAR (jejuar) *v. intr.* Ayunar. *fig.* Estar en ayunas (no tener noticia o idea de alguna cosa).
JEJUM (jejum) *m.* Ayuno. *Em* —. *adv.* En ayunas, en ayuno (sin haberse desayunado). *fig.* En ayunas, en ayuno, ayunamente, a secas, sin noticia.
JEJUNO, NA (jeju) *adj.* Ayuno.
JEJUNO (jeju) *m. Anat.* Yeyuno.
JENIPAPEIRO (je) *m. Bot. Bras.* Jenipa, jagua.
JENIPAPO (je) *m. Bras.* Fruto de la genipa o jagua; genipapo (*Amer.*).
JEREBITA (je) *f. Bras.* Aguardiente de caña.
JEREMIADA (je) *f.* Jeremiada (lamentación exagerada).
JEREMIAR (je) *v. intr.* Lloriquear; decir jeremiadas.
JERICO (je) *m.* Borrico.
JERIGONÇA (jerigonsa) *f.* Jerigonza, caló. Lo mismo que ENGENHOCA.
JERIMU (je) *m. Bras. Nort.* Lo mismo que ABÓBORA.
JERIMUZEIRO (jerimuzei) *m. Bras. Nort.* Lo mismo que ABOBOREIRA.
JERINGONÇA (jeringonsa) *f.* Lo mismo que JERIGONÇA.
JÉRSEI (jèr) *m.* Jersey, estambre.
JESUÍTA (zuí) *m.* Jesuíta.
JESUÍTICO, CA (jezuí) *adj.* Jesuítico.
JESUITISMO (jezuí) *m.* Jesuitismo.
JIBI (ji) *m. Bras.* Niño negro.
JIBÓIA (jibòi) *f. Bras.* Boa (serpiente).
JIBOIAR (ji) *v. intr. Bras.* Digerir despacio lo que se ha comido glotamente.
JIMBO (jim) *m. Bras. Germ.* Plata, moneda, dinero.
JINGOÍSMO (jin) *m.* Jingoísmo.
JINGOÍSTA (jin) *adj. y s.* Jingoísta.
JIPIOCA (jipiò) *f.* Lo mismo que
JIPOOCA (jipoò) *f. Bras.* Especie de bejuco.
JIRAU (ji) *m. Bras.* Especie de estrado. Especie de cama.
JIU-JITSU (jiu-ji) *m.* Lo mismo que JUJUTSU.
JOÁ (joá) *m. Bras.* Fruto del *Joazeiro*.

JOALHEIRO (joallei) *m.* Joyero (el que labra o vende joyas).
JOALHERIA (joallería) *f.* Joyería.
JOANETE (joa) *m. Mar.* Juanete. *Med.* Juanete.
JOANINHA (joaniña) *f.* Nombre vulgar de varios insectos coleópteros; coquitas de San Antón. Nombre vulgar de algunos peces. *Bras.* Imperdible.
JOANINO, NA (joa) *adj.* Relativo a Juan o Juana.
JOÃO-DE-BARRO (joáum) *m. Zool. Bras.* Hornero.
JOÃO-FERNANDES (joáum) *m.* Lo mismo que JOÃO-NINGUÉM.
JOÃO-GALAMARTE (joáum) *m. Bras.* Lo mismo que GANGORRA.
JOÃO-GRANDE (joáum) *m. Zool. Bras.* Ave zancuda del Brasil (*Ardea sacoi*).
JOÃO-NINGUÉM (joáum) *m.* Hombre sin importancia. Don Nadie.
JOAZEIRO (joazei) *m. Bot. Bras.* Árbol ramnáceo del Brasil (*Zizyphus joazeiro*).
JOÇA (jòsa) *f. Bras.* Cosa complicada, mala, extraña o poco conocida. Cualquier objeto.
JOCOSAMENTE (jocòza) *adv. m.* Jocosamente, con jocosidad.
JOCO-SÉRIO, RIA (joco-sè) *adj.* jocoserio.
JOCOSIDADE (jocozi) *f.* Jocosidad, calidad de jocoso; chiste, gracia, donaire, agudeza.
JOCOSO, SA (jocozo, òza) *adj.* Jocoso, gracioso, alegre, chistoso, festivo.
JOEIRA (joei) *f.* Criba, harnero.
JOEIRAMENTO (joei) *m.* Criado, acribadura, aecho.
JOEIRAR (joei) *v. tr.* Cribar, aechar; harnear (*Amer.*).
JOEIREIRO, RA (joei) *m.* Aechador. Cribero.
JOELHADA (joella) *f.* Rodillazo, rodillada.
JOELHEIRA (joellei) *f.* Rodillera.
JOELHEIRO, RA (jollei) *adj.* Rodillero. Que llega hasta las rodillas.
JOELHO (joello) *m.* Rodilla, hinojo. Ú. m. en pl. *De* —*s. m. adv.* De rodillas, de hinojos.
JOGADA (jo) *f.* Jugada (acción de jugar y lance de juego resultante de esta acción).
JOGADOR, RA (jo) *adj. y s.* Jugador.
JOGAR (jo) *v. tr.* Jugar (llevar a cabo una partida de juego; hacer uso de las cartas; perder al juego; arriesgar, aventurar; manejar bien las armas). *v. intr.* Jugar (tomar parte en algún juego; hacer una jogada; entrar, comprometerse a ganar en ciertos juegos de naipes; ponerse en movimiento, funcionar una cosa compuesta de piezas; hacer juego, corresponderse de cosas; hacer algo por diversión, travesear, retozar). *v. r.* Arrojarse, tirarse. Jugarse.
JOGATA (jo) *f.* Jugada; partida de juego.
JOGATINA (jo) *f.* Juego (vicio de jugar).
JOGO (jò) *m.* Juego (en todas las acepciones de esta voz).
JOGRAL (jo) *m.* Juglar.
JOGUE (jò) *m.* Lo mismo que IÓGUI.
JOGUETE (jo) *m.* Juguete, chanza, burla. Juguete (persona o cosa sometida a la acción de una fuerza).
JOIA (jòia) *f.* Joya, alhaja. *fig.* Joya (persona o cosa de mucha valía). Premio, regalo. Dinero que paga el que entra en una sociedad.
JOIO (joi) *m. Bot.* Cizaña, joyo.
JÔNICO, CA (jo) *adj.* Jónico.
JÔNIO, NIA (jó) *adj. y s.* Jonio, jónico.
JÓQUEI (jò) *m.* Yoquey; jockey (voz inglesa).
JORNADA (jor) *f.* Jornada. Jornal (estipendio de un día de trabajo); jornada (*gal.* usado en Chile).
JORNADEAR (jor) *v. intr.* Hacer jornadas, hacer viaje a jornadas; viajar.
JORNAL (jor) *m.* Jornal (estipendio o retribución de un día de trabajo). Diario periódico. Diario (relación de sucessos narrados día por día).
JORNALECO (jornalè) *m.* Diario sin importancia o despreciable.
JORNALEIRO (jor) *m.* Jornalero, persona que trabaja a jornal. Niño que vende diarios; canillita (*argent.*).
JORNALEIRO, RA (jor) *adj.* Diario.
JORNALISMO (jor) *m.* Periodismo.
JORNALISTA (jor) *m.* Periodista.

JORRAR (jo) *v. intr.* Chorrear (salir un líquido formando chorro); borbotear.
JORRO (jo) *m.* Chorro.
JOTA (jò) *f.* Jota (baile y música) *m.* Jota (nombre de la letra *j*).
JOULE (ju) *m. Fís.* Julio (unidad de medida del trabajo eléctrico).
JOVEM (jo) *adj.* Joven, que tiene poca edad. Ú. t. c. s.
JOVIAL (jo) *adj.* Jovial, alegre, placentero, festivo.
JOVIALIDADE (jo) *f.* Jovialidad (alegría y buen humor).
JOVIALIZAR (jovializar) *v. tr.* Alegrar. *v. intr.* Presentarse jovialmente, ser jovial.
JOVIALMENTE (jo) *adv. m.* Jovialmente, con jovialidad.
JUBA (ju) *f.* Melena, crín de león.
JUBADO, DA (ju) *adj.* Melenudo (que tiene melena o crín de león).
JUBILAÇÃO (jubilasáum) *f.* Jubilación. Júbilo, viva alegría.
JUBILAR (ju) *v. tr.* Regocijar, alegrar, causa júbilo. Jubilar (a un funcionario civil). *v. intr.* Jubilar, regocijarse. *v. r.* Regocijarse, alegrarse, jubilar. Jubilarse (un funcionario civil).
JUBILEU (ju) *m.* Jubileo.
JUBILOSO, SA (jubilozo, òza) *adj.* Jubiloso, lleno de júbilo.
JUÇANA (jusa) *f. Bras.* Lazo (para casar pájaros).
JUCUNDIDADE (ju) *f.* Alegría, buen humor, apacibilidad.
JUCUNDO, DA (ju) *adj.* Alegre, plancetero, plácido.
JUDAICO, CA (ju) *adj.* Judaico.
JUDAÍSMO (ju) *m.* Judaísmo.
JUDAIZANTE (judaízan) *adj. y s.* Judaizante.
JUDAIZAR (zar) *v. intr.* Judaizar.
JUDAS (ju) *m. fig.* Judas, traidor. *fig.* Judas (muñeco de paja que por la Semana Santa se suele poner en la calle para quemarlo después). *Bras.* Hombre mal vestido, mamarracho.
JUDEU, DIA (ju) *adj. y s.* Judío. *fig.* Judío, avaro, usurero.
JUDEU-ALEMÃO (judeu-alemáum) *m.* Judeoalemán (idioma).
JUDIAR (ju) *v. intr.* Judaizar. Burlarse. Atormentar, hacer judiadas.
JUDIARIA (judiaría) *f.* Judería (barrio de los judíos). Judiada (acción de judíos; acción cruel e inhumana). Chanza, burla.
JUDICATIVO, VA (ju) *adj.* Lo mismo que
JUDICATÓRIO, RIA (judicatò) *adj.* Que juzga o que puede juzgar; judicativo (ant.).
JUDICATURA (ju) *f.* Judicatura.
JUDICIAL (ju) *adj.* Judicial.
JUDICIAR (ju) *v. intr.* Decidir judicialmente.
JUDICIÁRIO, RIA (ju) *adj.* Judiciario.
JUDICIOSAMENTE (judiciòza) *adv. m.* Juiciosamente.
JUDICIOSO, SA (judiciozo, òza) *adj.* Juicioso.
JUGADA (ju) *f.* Yugada (extensión de terreno laborable que puede arar una yunta de bueyes en un día).
JUGAL (ju) *adj.* Matrimonial.
JUGO (ju) *m.* Yugo (instrumento con que se uncen formando yunta las bestias de labor). *fig.* Yugo (ley y dominio que sujeta y obliga a obedecer; cosa peada, prisión o atadura).
JUGULAR (ju) *adj. Anat.* Yugular. Ú. t. c. s. *v. tr.* Yugular (una enfermedad). Sofocar, dominar, sujetar, someter.
JUIZ (juíz) *m.* Juez.
JUÍZA (juíza) *f.* Mujer del juez. Mujer que ejerce las funciones de juez.
JUIZADO, DA (ju) *m.* Juzgado; judicatura.
JUÍZO (juízo) *m.* Juicio (facultad anímica; estado de la sana razón; opinión, dictamen, parecer; *fig.* seso, asiento, cordura; *for.* conocimiento de una causa, en que el juez ha de sentenciar). Juzgado. Judicatura. *Dar volta ao* —. *fr.* Enloquecer. — *final.* Juicio final o universal.
JUJUBA (juju) *f. Bras. Bot.* Yuyuba, azufaifa. Azufaifo (la planta).
JUJUTSU (jujú) *m.* Sistema japonés de lucha corporal.
JULAVENTO (ju) *m. Mar.* Sotavento.
JULGADO, DA (julgado) *adj. P. p.* de *Julgar.* Juzgado. *m.* Juzgado. Judicatura.

JULGADOR *(j*ul*) m.* Juzgador, juez.

JULGAMENTO *(j*ul*) m.* Juicio. Sentencia. Acción de juzgar.

JULGAR *(j*ul*) v. tr.* Juzgar (deliberar y sentenciar como juez o árbitro). Juzgar (persuadirse de una cosa, formar dictamen). Creer, imaginar, figurarse. *Fil.* Juzgar.

JULHO *(j*ullo*) m.* Julio (séptimo mes del año).

JULIANA *(j*u*) adj.* Dícese del caldo o de la sopa hecha con muchas verduras, legumbres y hortalizas.

JULIANO, NA *(j*u*) adj.* Juliano.

JUMENTA *(j*u*) f.* Jumenta, asna, burra.

JUMENTADA *(j*u*) f.* Asnería, tontería.

JUMENTAL *(j*u*) adj.* Jumentil, jumental.

JUMENTO *(j*u*) m.* Jumento, asno, burro. *fig.* Asno, ignorante.

JUNÇA *(j*unsa*) f. Bot.* Juncia.

JUNCADA *(j*un*) f.* Cantidad grande de juncos (plantas).

JUNCAL *(j*un*) m.* Juncar.

JUNÇÃO *(j*unsáum*) f.* Acción de juntar, unión, reunión. Juntura.

JUNCAR *(j*un*) v. tr.* Tender de juncos. *fig.* Cubrir de hojas o flores. *fig.* Cubrir de. Lo mismo que ESPALHAR.

JUNCO *(j*un*) m. Bot.* Junco. *Mar.* Junco.

JUNGIR *(j*unj*ir*) v. tr.* Uncir, yuncir. *fig.* Sujetar, someter.

JUNHO *(j*uño*) m.* Junio (sexto mes del año).

JÚNIOR *(j*u*) adj.* Más mozo, más joven que otro. Menos antiguo. Junior.

JUNQUEIRA *(j*un*) f. Bras.* Variedad de ganado vacuno muy fuerte.

JUNQUILHO *(j*unquillo*) m. Bot.* Junquillo.

JUNTA *(j*un*) f.* Yunta (par de bestias de labor). Junta (asamblea). Junta (conjunto formado por la agregación de varias cosas). Junta, juntura (parte en que se unen dos cosas). *Arq.* Junta. Juntura, articulación. Juntura (punto en que se juntan y unen dos o más cosas). — *diretiva.* Junta diretiva. — *governativa.* Junta guber-nativa.

JUNTAMENTE *(j*un*) adv. m.* Juntamente (con unión, compañía o concurrencia; *adv. t.* a un mismo tiempo).

JUNTAR *(j*un*) v. tr.* Juntar (unir, agregar, yuxtaponer). Juntar (reunir, congregar). Ú. t. c. r. Juntar (acopiar, amontonar, acumular). Lo mismo que AJUNTAR.

JUNTEIRA *(j*un*) f. Carp.* Juntera.

JUNTO, TA *(j*un*) adj.* Junto, unido, contiguo, próximo, cercano. — *a.* o *de. adv. m.* Junto a, cercar de. *adv. m.* Junto, juntamente.

JUNTURA *(j*un*) f.* Juntura. Lo mismo que JUNÇÃO.

JÚPITER *(j*ú*) m. Astr.* Júpiter.

JURA *(j*u*) f.* Jura, juramento. Juramento, voto, reniego, terno, blasfemia.

JURADO, DA *(j*u*) adj. P. p.* de *Jurar.* Jurado (dícese del enemigo que tiene hecho firme propósito de serlo). *m.* Jurado (individuo que hace parte del tribunal popular que determina la cuestión de hecho).

JURAMENTAR *(j*u*) v. tr.* Juramentar.

JURAMENTO *(j*u*) m.* Juramento, jura.

JURAR *(j*u*) v. tr.* Jurar (afirmar o negar alguna cosa poniendo a Dios como testigo; reconocer o someterse con juramento a preceptos o autoridades). *v. intr.* Jurar (echar votos, reniegos, ternos o blasfemias).

JURÁSSICO, CA *(j*urási*) adj. Geol.* Jurásico.

JUREMA *(j*u*) f. Bras.* Nombre común a varios árboles leguminosos del Brasil.

JÚRI *(j*ú*) m.* Jurado (tribunal popular que determina la cuestión de hecho).

JURIDICAMENTE *(j*u*) adv. m.* Jurídicamente.

JURÍDICO, CA *(j*u*) adj.* Jurídico.

JURISCONSULTO *(j*u*) m.* Jurisconsulto.

JURISDIÇÃO *(j*urisdisáum*) f.* Jurisdicción.

JURISDICIONAL *(j*u*) adj.* Jurisdiccional.

JURISPRUDÊNCIA *(j*urispruden*) f.* Jurisprudencia.

JURISTA *(j*u*) m.* Jurista (persona que estudia o ejerce la ciencia del derecho), jurisconsulto.

JURITÍ *(j*u*) f. Bras.* Nombre común a varias aves del Brasil.

JURO *(j*u*) m.* Interés, premio (del capital). Juro (derecho perpetuo de propiedad).

JURUPARI *(j*u*) m. Bras.* El demonio de los indios del Brasil.

JUS *(j*us*) m.* Derecho. *Fazer — a. fr.* Tener derecho; merecer.

JUSANTE *(j*uzan*) m.* Bajamar. *A —. m. adv.* Hacia la parte donde baja la marea.

JUSTA *(j*us*) f.* Justa (combate singular; torneo; *fig.* Certamen).

JUSTADOR *(j*us*) m.* Justador (el que justa o lidia). Ajustador.

JUSTALINEAR *(j*us*) adj.* Yuxtalineal.

JUSTAPOR *(j*us*) v. tr.* Yuxtaponer. Ú. t. c. r.

JUSTAPOSIÇÃO *(j*ustapozisáum*) f.* Yuxtaposición.

JUSTAPOSTO, TA *(j*ustaposto, pòsta*) adj.* Yuxtapuesto.

JUSTAR *(j*us*) v. intr.* Justar (pelear en las justas). *v. tr.* Lo mismo que AJUSTAR. Emplear, asalariar.

JUSTEZA *(j*usteza*) f.* Precisión, exactitud. Igualdad o correspondencia exacta de una cosa. Calidad de justo.

JUSTIÇA *(j*ustisa*) f.* Justicia.

JUSTIÇADO, DA *(j*ustisa*) adj.* Ajusticiado. Ú. t. c. s.

JUSTIÇAR *(j*ustisar*) v. tr.* Ajusticiar.

JUSTICEIRAMENTE *(j*us*) adv. m.* Justicieramente.

JUSTICEIRO, RA *(j*us*) adj.* Justiciero.

JUSTICIOSO, SA *(j*usticiozo, òza*) adj.* Justiciero.

JUSTIFICAÇÃO *(j*ustificasáum*) f.* Justificación.

JUSTIFICADOR, RA *(j*us*) adj.* Justificador. Ú. t. c. s.

JUSTIFICAR *(j*us*) v. tr.* Justificar. *v. r.* Justificarse.

JUSTIFICATIVO, VA *(j*us*) adj.* Justificativo.

JUSTIFICÁVEL *(j*us*) adj.* Justificable.

JUSTILHO *(j*ustillo*) m.* Justillo.

JUSTO, TA *(j*us*) adj.* Justo (que obra según, justicia y razón; conforme o arreglado a justicia y razón; que vive según la ley de Dios. Ú. t. c. s.; exacto, cabal, sin exceso ni defecto). *A —a. m. adv.* Al justo.

JUSTURA *(j*us*) f.* Acción de unir o juntar una cosa.

JUTA *(j*u*) f.* Yute.

JUVENIL *(j*u*) adj.* Juvenil. Joven, mozo.

JUVENILIDADE *(j*u*) f.* Juventude.

K *(ca) m.* Esta letra no pertenece al abecedario portugués, y sólo se usa en raros vocablos de procedencia extranjera y algunas abreviaturas de uso internacional. *Quím.* K (símbolo del potasio).

KAISER *(z*er) *m.* Kaiser (voz alemana); emperador.
KAKÍ *m.* Lo mismo que CAQUÍ.
KANTISMO *m.* Kantismo.

KANTISTA *adj.* y *s.* Kantista, kantiano.
KEPLERIANO, NA *adj.* Referente al astrónomo Kepler.
KNUT *m.* Knut (voz rusa).

L (èle) *m.* Undécima letra y octava consonante del abecedario portugués.

LA *pron.* La. *Gram.* Acusativo del pronombre personal de tercera persona en género femenino y número singular. No se puede usar como sufijo y sólo se emplea en las formas verbales terminadas en *r, s,* o *z,* después de los pronombres *nos* y *vos* y del adverbio *eis.*

LÁ *adv. 1.* Allá. *Gram.* Tiene significación más vaga que *alí* (allí), por lo qual admite ciertos grados de comparación; y, además, se usa para significar lejanía. *m. Mús.* La (sexta nota de la escala musical).

LÃ (lán) *f.* Lana (pelo de las ovejas y carneros y de algunos otros animales; tela de lana). Vello, pelusilla de algunas plantas.

LABAREDA *f.* Llamarada, llama, flama.

LÁBARO *m.* Lábaro. Pendón. Bandera.

LABELO (bè) *m. Bot.* y *Zool.* Labelo.

LABÉU (béu) *m.* Labe, labeo, mancha, tilde, tacha, nota denigrativa.

LÁBIA *f.* Labia (afluencia, locuacidad persuasiva). Astucia, maña.

LABIADO, DA *adj.* Labiado. Labelado. *f. pl. Bot.* Labiadas.

LABIAL *adj.* Labial.

LÁBIO *m.* Labio. *fig.* Labio, borde de alguna cosa.

LABIRÍNTICO, CA *adj.* Laberíntico.

LABIRINTO *m.* Laberinto.

LABOR *m.* Labor, trabajo (acción de trabajar y obra hecha). Lo mismo que LAVOR.

LABORAÇÃO (sáum) *f.* Labor, trabajo, actividad, ejercicio.

LABORÃO (ráum) *m. Bras. nort.* Lo mismo que TRABALHEIRA.

LABORAR *v. intr.* Laborar. *v. tr. Mar.* Laborear. *v. tr.* Laborar, trabajar.

LABORATÓRIO (tò) *m.* Laboratorio.

LABORIOSIDADE (zi) *f.* Laboriosidad (aplicación o afición al trabajo).

LABORIOSO, SA (ozo, òza) *adj.* Laborioso, trabajoso, penoso. Laborioso, trabajador, inclinado al trabajo.

LABORISTA *adj.* y *s. Polít.* Laborista.

LABRADORITA *f. Miner.* Labradorita.

LABREGO, GA *adj.* Rústico, aldeano; grosero, zopenco. Ú. t. c. s. *m.* Labriego, labrador rústico, trabajador del campo.

LABRO *m. Zool.* Labro.

LABRUSCO, CA *adj.* Grosero, ignorante, zopenco, rudo. Silvestre, inculto.

LABUTA *f.* Tráfago (conjunto de negocios, ocupaciones o faenas que ocasionan mucha fatiga o molestia). Faena, trabajo, labor, trabajo penoso, afán.

LABUTAÇÃO (sáum) *f.* Lo mismo que LABUTA. Acción de

LABUTAR *v. intr.* Afanar, afanarse. Afanar, afanarse (dar pasos, hacer diligencias para lograr algo).

LABUZAR (zar) *v. tr.* Lo mismo que LAMBUZAR.

LACA *f.* Laca (barniz, resina).

LAÇAÇO (saso) *m. Bras. Río Gr. del Sur.* Latigazo. Golpe con el lazo.

LAÇADA (sa) *f.* Lazada (nudo que puede ser desatado con facilidad; lazo, nudo de cintas que sirve de adorno).

LAÇADOR (sa) *m. Bras. Río Gr. del Sur.* Laceador *(Amer.).*

LACAIADA *f.* Conjunto de lacayos. Acción lacayuna.

LACAIO *m.* Lacayo, criado de librea.

LAÇAR *(*sar*) v. tr.* Lazar, coger, apretar, sujetar con lazo. Enlazar. Atar, atacar. Lacear (poner lazos por adorno; atar con lazos; coger con el lazo los animales). *v. r.* Ahorcarse.

LAÇARADA (sa) *f.* Lazos (conjunto de lazos para adorno). Lo mismo que

LAÇARIA (sa) *f.* Lazo (adorno arquitectónico). Cintas enlazadas. Florón.

LAÇAROTES (saró) *m. pl.* Cantidad grande de lazos o adornos chillones. Lazos (cintas enlazadas para sujetar o adornar el pelo).

LACEDEMÔNIO, NIA (mó) *adj.* y *s.* Lacedemonio.

LACEIRA *f. Bras.* Lo mismo que LATADA.

LACERAÇÃO (sáum) *f.* Laceración.

LACERAR *v. tr.* Lacerar, herir, golpear, magullar. Ú. t. c. r. Lo mismo que DILACERAR-SE. *v. r.* Romperse, rasgarse.

LACETE *m. dim.* de *Laço.* Lazo pequeño.

LAÇO (so) *m.* Lazo, lazada, nudo. Lazada, lazo (de cintas, de adorno). Lazo (nudo corredizo para cazar). Lazo (cuerda para coger y derribar animales). Lazo, ardid, asechanza. Lazo, vínculo, obligación. *Cair no —. fr. fig.* Caer en el lazo.

LACÔNICO, CA (có) *adj.* Lacónico, conciso, breve, compendioso.

LACÔNIO, NIA (có) *adj.* y *s.* Laconio, lacón.

LACONISMO *m.* Laconismo.

LACONIZAR (zar) *v. tr.* Hacer lacónico, conciso, breve. *v. intr.* Hablar poco.

LACRAIA *f. Bras. Zool.* Ciempiés. *Bras.* Nombre común a varias especies de miriápodos.

LACRAR *v. tr.* Lacrar, lacrear (cerrar o sellar con lacre).

LACRAU *m.* Alacrán.

LACRE *m.* Lacre. *Bot.* Lacre.

LACREAR *v. tr.* Lacrar, lacrear. Adornar con lacre; poner algo color de lacre.

LACRIMAÇÃO (sáum) *f.* Llanto. Lagrimeo.

LACRIMAL *adj.* Lacrimal. *m. Anat.* Lagrimar, lacrimal.

LACRIMANTE *adj.* Lagrimoso.

LACRIMATÓRIO, RIA (tò) *adj.* Lacrimatorio. Ú. t. c. s.

LACRIMÁVEL *adj.* Lagrimable.

LACRIMEJAR *(jar) v. intr.* y *tr.* Lo mismo que LAGRIMEJAR.

LACRIMÓGENEO, NEA (jé) *adj.* Que hace lagrimear.

LACRIMOSO, SA (mozo, òza) *adj.* Lagrimoso; lacrimoso.

LACTAÇÃO (sáum) *f.* Lactación.

LACTANTE *adj.* Lactante.

LACTAR *v. tr.* Lactar, amamantar. *v. intr.* Lactar, alimentarse con leche.

LACTÁRIO, RIA *adj.* Lactario, lácteo. *m.* Lactario.

LACTASE (ze) *f. Quím.* Lactasa.

LACTENTE *adj.* Lactante. Ú. t. c. s.

LÁCTEO, TEA *adj.* Lácteo.

LACTESCÊNCIA (cén) *f.* Lactescencia.

LACTESCENTE *adj.* Lactescente.

LACTICÍNIO *m.* Lacticinio.

LÁCTICO, CA *adj.* Láctico.

LACTÍFERO, RA *adj.* Lactífero.

LACTÓMETRO (tó) *m.* Lactómetro, galactómetro.

LACTOSE (tòze) *f.* Lactina, lactosa.

LACUNA *f.* Laguna (hueco en blanco, en lo manuscrito o impreso; vacío o solución de continuidad en un conjunto o serie). *Anat.* Laguna.

LACUNAR *adj.* Que tiene lagunas o huecos.

LACUNOSO, SA (nozo, òza) *adj.* Lo mismo que LACUNAR.

LACUSTRE *adj.* Lacustre.

LADAINHA (daíña) *f.* Letanía (rogativa). *fig.* Letanía, lista, retahila de nombres, enumeración fastidiosa.

LÁDANO *m.* Ládano (substancia resinosa).

LADEAMENTO *m.* Ladeamiento, ladeo.

LADEAR *v. tr.* Ladear (inclinar, torcer o hechar alguna cosa hacia un lado). Ú. t. c. r. Ladear, ir al lado, acompañar. *fig.* Ladear, declinar, torcer.

LADEIRA *f.* Declivio, pendiente, ladera, declive, rampa, cuesta.

LADEIRENTO, TA *adj.* Lo mismo que LADEIROSO.

LADEIRO, RA *adj.* Ladero, lateral.

LADEIROSO, SA (rozo, òza) *adj.* Montuoso; que tiene cuestas, pendientes o laderas.

LADINICE *f.* Calidad o acto de

LADINO, NA *adj.* Ladino, astuto, taimado, pícaro, sagaz.

LADO *m.* Lado (en todas sus acepciones).

LADRA *adj.* y *s. f.* Ladrona.

LADRADO *m. fam.* Ladrido. *fig.* Ladrido, murmuración.

LADRÃO, DRA, DROA, DRONA (dráum) *adj.* Ladrón, na. Ú. m. c. s. *m.* Ladrón (cortadura o portillo por donde sale el agua); válvula. *Agr.* Chupón.

LADRAR *v. intr.* Ladrar (el perro) *fig.* Ladrar, amenazar. *fig.* Desgañitarse.

LADRAVÃO (váum) *m.* Lo mismo que

LADRAVAZ *m. aum.* de *Ladrão.* Ladronazo, gran ladrón. *adj.* Ladrón, ladronesco.

LADRIDO *m.* Ladrido (voz del perro cuando ladra).

LADRILHADO, DA (lla) *adj. P. p.* de *Ladrilhar.* Ladrillado.

LADRILHADOR (lla) *m.* Enladrillador, ladrillador.

LADRILHAR (llar) *v. tr.* y *intr.* Enladrillar, ladrillar.

LADRILHEIRO (llei) *m.* Ladrillero.

LADRO, DRA *adj.* Ladrón, na. *m.* Ladrido.

LADROAÇO (so) *m.* Lo mismo que LADRAVAZ.

LADROAGEM (jem) *f.* Ladronería. Ladronera.

LADROEIRA *f.* Lo mismo que LADROAGEM.

LADROEIRO *m. Agr.* Chupón.

LADROÍCE *f.* Lo mismo que LADROAGEM.

LAGALHÉ (llè) *m. fam.* Lo mismo que JOÃO-NINGUÉM.

LAGAR *m.* Lagar.

LAGARADA *f.* Lagarada.
LAGARAGEM (*jem*) *f.* Conjunto de trabajos hechos en un lagar. Cantidad de fruta que se da al lagarero. por su trabajo.
LAGAREIRO *m.* Lagarero.
LAGARIÇA (*sa*) *f.* Lagarejo.
LAGARIÇO, ÇA (*so*) *adj.* Propio del lagar.
LAGARTÃ *f.* Oruga.
LAGARTEAR *v. intr. Bras.* Calentarse al sol (una persona), tomar el sol.
LAGARTEIRO, RA *adj.* Astuto, sagaz, pícaro, taimado, lagarto.
LAGARTINHO (*ño*) *m.* Lagartijo.
LAGARTIXA (*ticha*) *f.* Lagartija.
LAGARTO *m. Zool.* Lagarto. *Anat.* Lagarto (músculo del brazo). *Dizer cobras e —s de uma pessoa. fr.* Hablar mal de una persona.
LAGE (*je*) *f.* Lo mismo que LAJE.
LAGO *m.* Lago.
LAGOA (*góa*) *f.* Laguna, lago pequeño. Charco. Pantano. Lagunajo, lagunazo. Charca.
LAGOÃO (*goáum*) *m. Bras.* Laguna grande en el curso de un río o ría.
LAGOEIRO *m.* Lagunajo, lagunazo. Depósito de aguas llovedizas.
LAGOSTA *f. Zool.* Langosta (crustáceo).
LAGOSTIM *m. Zool.* Langostín (crustáceo).
LÁGRIMA *f.* Lágrima.
LAGRIMAL *adj. y s. m.* Lo mismo que LACRIMAL.
LAGRIMEJAR (*jar*) *v. intr.* Lagrimear. *v. tr.* Llorar.
LAGUNA *f.* Laguna (el agua tranquila dentro de un atolón; agua poco profunda, como en la desembocadura de algunos ríos).
LAIA *f.* Laya, calidad, clase, género, especie, ralea. *À — de. m. adv.* A manera, como, semejantemente.
LAICAL *adj.* Laical, laico.
LAICIDADE *f.* Laicismo; laicidad *(Amer.).*
LAICIFICAR *v. tr.* Lo mismo que
LAICIZAR (*zar*) *v. tr.* Laicizar; laicalizar *(Amer.),* secularizar.
LAICO, CA *adj.* Laico, lego; secular.
LAIS *m. Mar.* Penol (extremo de las vergas).
LAIVAR *v. tr.* Manchar, ensuciar.
LAIVO *m.* Mancha ligera, pinta, señal. *pl. fig.* Conocimientos superficiales. Vestigios, indicios.
LAJA (*ja*) *f.* Lo mismo que
LAJE (*je*) *f.* Laja, lancha, losa. Laja (bajo de piedra estratiforme).
LÁJEA (*jea*) *f.* Lo mismo que LAJE.
LAJEADO (*jea*) *m.* Ensolado, losado. *Bras.* Arroyo o riachuelo que corre por un suelo de piedra estratiforme.
LAJEADOR (*jea*) *m.* El que tiene por oficio enlosar pisos; enlosador *(Amer.).*
LAJEAMENTO (*jea*) *m.* Enlosado (pavimento de losas y acción de enlosar).
LAJEAR (*jear*) *v. tr.* Enlosar, losar.
LAJEDO (*je*) *m.* Enlosado, losado.
LAMA *f.* Lama (cieno). Barro, lodo. Llama (animal). *m.* Lama (sacerdote budista de los tártaros del Tibet).
LAMAÇAL (*sal*) *m.* Lamedal, lodazal, cenagal.
LAMACEIRA *f.* Lo mismo que LAMAÇAL.
LAMACEIRO *m.* Lo mismo que LAMAÇAL.
LAMACENTO, TA *adj.* Lodoso, cenagoso.
LAMARÃO (*ráum*) *m.* Lodazal, lamedal.
LAMBADA *f.* Palo, garrotazo, golpe, tabanazo, trancazo.
LAMBAIO *m. Mar.* Especie de escoba o estropajo.
LAMBANÇA (*sa*) *f.* Cosa que se puede comer o lamer. *Bras.* Altercación. *Bras.* Ruido, barulho, confusión, desorden. *Bras.* Enredo, intriga, chisme, hablilla, chismería. *Bras.* Jactancia. *Bras.* Mentira.
LAMBANCEAR *v. intr. Bras.* Chismear; enredar, intrigar.
LAMBANCEIRO, RA *adj. Bras.* Chismero, chismoso, soplón, murmurador, enredador; adulador, charlatán. Ú. t. c. s.
LAMBÃO, ONA (*báum*) *adj.* Glotón, comilón, tragón; goloso. Ú. t. c. s. *fig.* Tonto, lelo. Chapucero.

LAMBARÃO (*ráum*) *m. Bras.* Lo mismo que LAMBUZÃO.
LAMBARAR *v. intr.* Golosinar, golosinear.
LAMBARAZ *m.* Lo mismo que
LAMBAREIRO, RA *adj.* Glotón, tragón. Ú. t. c. s. Goloso, golosón, lamerón, lambistón. Ú. t. c. s. Lo mismo que CHOCALHEIRO.
LAMBARI *m. Bras.* Mojarra (pez pequeño, de las aguas dulces).
LAMBARICE *f.* Lo mismo que GULODICE.
LAMBAZ *adj.* Lo mismo que LAMBÃO. *m. Mar.* Lampazo (estropajo de filástica; manojo o borlón de filástica).
LAMBDACISMO *m.* Lambdacismo.
LAMBEDOR, RA *adj.* Lamedor. *Bras. fig.* Dícese de la persona adulona, servil, rastrera; lambedor *(Amer.).* Ú. t. c. s.
LAMBEDURA *f.* Lamedura.
LAMBEIRO, RA *adj.* Lamedor. Lo mismo que LAMBAREIRO.
LAMBEL (*bèl*) *m. Blas.* Lambel.
LAMBER *v. tr.* Lamer. Ú. t. c. r. *fig.* Lamer (tocar alguna cosa con suavidad y blandura). Relamer (componer demasiadamente una cosa). *v. r.* Relamerse. *fig.* Relamerse (gloriarse de lo que se ha ejecutado, mostrando el gusto de haberlo hecho).
LAMBETA *adj. Bras.* Soplón, chismoso. Adulón; lambedor *(Amer.).*
LAMBIÇÃO (*sáum*) *f. Bras.* Lamedor (lisonja o halago afectado). Adulación.
LAMBIDA *f.* Lo mismo que
LAMBIDELA (*dè*) *f.* Lamedura (acción de lamer). Lamedor, lisonja; adulación. Lo mismo que GORGETA.
LAMBIDO, DA *adj. P. p.* de *Lamber.* Relamido.
LAMBISCAR *v. tr.* Pellizcar (comer a migajas). Ú. t. c. intr.
LAMBISCARIA (*ría*) *f. Bras.* Golosina.
LAMBISCO *m.* Bocado, migaja. Pizca.
LAMBISGÓIA (*gòia*) *f.* Alcahueta. Mujer pizpireta y despreciable. *m. y f.* Persona entremetida o insignificante.
LAMBREQUINADO, DA *adj.* Adornado con
LAMBREQUINS *m. pl. Blas.* Lambrequines.
LAMBRIL *m.* Lo mismo que
LAMBRIM *m.* Lo mismo que
LAMBRIS *m. pl. Arq.* Artesón, artesonado.
LAMBRISAMENTO (*za*) *m. Bras.* Acción de
LAMBRISAR (*zar*) *v. tr. Bras. Arq.* Artesonar.
LAMBUJAR (*jar*) *v. intr.* Lo mismo que LAMBARAR.
LAMBUJEIRO, RA (*jei*) *adj.* Golosón, laminero, lambistón, lamerón. Ú. t. c. s.
LAMBUJEM (*jem*) *f.* Golosina. Escamocho (de comida o bebida). *fig.* Pequeño provecho, lucro, utilidad o ganancia. *Bras.* Ventaja (ganancia anticipada que un jugador concede a otro para compensar la superioridad que él se atribuye).
LAMBUZADA (*za*) *f.* Cosa que ensucia. Pringón. Untadura, untamiento, untura. Lamedura.
LAMBUZADELA (*zadè*) *f.* Lamedura. Pringón, mancha. *fig.* Conocimiento superficial, barniz.
LAMBUZÃO, ZONA (*záum, zona*) *adj. Bras.* Desaseado.
LAMBUZAR (*zar*) *v. tr.* Ensuciar, emporcar; pringar, manchar con pringue. *v. r.* Ensuciar-se, pringarse (al comer).
LAMECHA (*mècha*) *adj.* Bragazas. Ú. t. c. s. Baboso (exageradamente rendido con personas del otro sexo); babón, enamoradizo, amartelado. Ú. t. c. s.
LAMEIRA Lo mismo que LAMEIRO.
LAMEIRÃO (*ráum*) *m. aum.* de
LAMEIRO *m.* Lamedal, cenagal, lodazal; pantano; charca.
LAMELA (*mè*) *f.* Lamela, laminilla.
LAMELAÇÃO (*sáum*) *f.* Disposición en lamelas o laminillas.
LAMELADO, DA *adj.* Lamelar.
LAMELAR *v. tr.* Laminar. Guarnecer con lamelas e laminillas. *adj.* Lamelar.
LAMENTAÇÃO (*sáum*) *f.* Lamentación, queja.
LAMENTAR *v. tr.* Lamentar, deplorar. Ú. t. c. intr. y r.
LAMENTÁVEL *adj.* Lamentable.

LAMENTAVELMENTE *adj.* Lamentablemente.
LAMENTO *m.* Lamento, lamentación, queja dolorosa. Quejido.
LAMENTOSO, SA (*tozo, òza*) *adj.* Lamentoso (que se lamenta o prorrumpe en lamentos y quejas). Lamentoso, lamentable, triste, deplorable.
LÂMINA (*lá*) *f.* Lámina (plancha metálica delgada; plancha metálica grabada para la estampación). *fig.* Lámina, plancha, hoja o chapa delgada. *Bot.* Lámina.
LAMINAÇÃO (*sáum*) *f.* Laminación.
LAMINADOR, RA *adj.* Laminador. Ú. t. c. s. *m.* Laminador (instrumento que se usa para tirar láminas).
LAMINAGEM (*jem*) *f.* Laminación.
LAMINAR *v. tr.* Laminar. *adj.* Laminar; lamelar; laminoso.
LAMINOSO, SA (*nozo, òza*) *adj.* Laminoso. Lamelar, laminar.
LAMIRÉ (*rè*) *m.* Lo mismo que DIAPASÃO.
LAMOSO, SA (*mozo, òza*) *adj.* Limoso, lodoso.
LAMPA *f.* Seda de China. *Levar as —s a alguém. fr.* Llevar ventaja a uno, aventajarsele, vencerlo.
LÂMPADA (*lám*) *f.* Lámpara. *— de segurança.* Lámpara de seguridad, o de los mineros.
LAMPADÁRIO *m.* Araña, candelabro. Lamparín. Lampadario (sacerdote que tiene el encargo de cuidar del alumbrado del templo).
LAMPADEIRO *m.* Lamparero.
LAMPADEJAR (*jar*) *v. intr.* Lo mismo que BRUXOLEAR.
LAMPANA *f. fam.* Mentira, bola. *fam. fig.* Bofetón.
LAMPARINA *f.* Lamparilla, mariposa. *fig. fam.* Linternazo, bofetón.
LAMPEIRO, RA *adj.* Tempranero. Atrevido, entremetido. Apresurado.
LAMPEJANTE (*jan*) *adj.* Centelleante.
LAMPEJAR (*jar*) *v. intr.* Centellear, brillear, chispear, relampaguear.
LAMPEJO (*jo*) *m.* Centelleo. Chispa. *fig.* Relámpago (cualquier fuego o resplandor repentino). *fig.* Relámpago (especia viva y pronta).
LAMPIÃO (*piáum*) *m.* Lampión, farol.
LAMPINHO, NHA (*ño*) *adj.* Lampiño (que no tiene barba).
LAMPO, PA *adj.* Tempranero.
LAMPRÉIA *f.* Lamprea.
LAMÚRIA *f.* Lamentación, queja; quejumbre, lloriqueo.
LAMURIANTE *adj.* Quejumbroso, lamentoso.
LAMURIAR *v. intr.* Lamentarse, quejarse, lloriquear.
LANAR *adj.* Lanar. Lanoso, lanudo.
LANÇA (*sa*) *f.* Lanza (arma; timón de coche; soldado armado de lanza).
LANÇA-CHAMAS (*sacha*) *m.* Lanzallama, lanza-llamas.
LANÇAÇO (*saso*) *m.* Lo mismo que LANÇADA.
LANÇADA (*sa*) *f.* Lanzada, lanzazo.
LANÇADEIRA (*sa*) *f.* Lanzadera.
LANÇADIÇO, ÇA (*sadiso*) *adj.* Despreciable.
LANÇADO (*sa*) *m.* Vómito (lo que se vomita).
LANÇADOR, RA (*sa*) *adj.* Lanzador. Ú. t. c. s. *m.* Postor.
LANÇADURA (*sa*) *f.* Lanzamiento (acción de lanzar, echar o arrojar algo).
LANÇAMENTO (*sa*) *m.* Lanzamiento (acción de lanzar, echar o arrojar algo). Asiento, asentamiento (anotación de una cosa por escrito). *Bot.* Vástago, renuevo (de los árboles), botón, yema. Puja, subasta. Botadura (acción de echar al agua un buque). *Mar.* Lanzamiento. Asiento (acción de asentar un material en obra). Cubrición.
LANÇA-PERFUME (*sa*) *m. Bras.* Pomo (frasco de esencia que se usa en el carnabal).
LANÇAR (*sar*) *v. tr.* Lanzar, echar, arrojar. Ú. t. c. r. Lanzar, vomitar. Asentar, anotar. Publicar. Lanzar, soltar, dar libertad. Dar. Echar, exhalar. Echar, brotar, arrojar, lanzar. Echar (animales para que procreen). Echar, imponer, cargar. Echar, atribuir, imputar. Echar, hacer, formar. Echar, prevenir. Echar (suertes). *v. intr.* Producir, ocasionar. Sembrar. Vomitar. Pujar. Derribar. *v. r.* Echarse, arrojarse, lanzarse. Desaguar (desembocar un río en el mar, en un lago o en otro río).

LANÇA-TORPEDO (sa) *m.* Lanzatorpedos.

LANCE *m.* Lance (acción de lanzar, echar o arrojar). Lance (trance apurado u ocasión crítica; suceso señalado, situación interesante, en el drama, en la novela, etc.; acidente notable en el juego). Lance apretado, caso apretado.

LANCEADA *f. Bras. Pará.* Pesca con red barredera.

LANCEADOR *m.* Alanceador.

LANCEAR *v. tr.* Alancear, lancear, dar lanzadas. *fig.* Afligir, acongojar, torturar, acribillar.

LANCEIRO *m.* Lancero (soldado armado de lanza; el que hace lanzas). *pl.* Lanceros (cierto baile).

LANCEOLADO, DA *adj. Bot.* Lanceolado.

LANCEOLAR *adj.* Lo mismo que LANCEO-LADO.

LANCETA *f. Cir.* Lanceta.

LANCETADA *f.* Lancetazo, lancetada.

LANCETAR *v. tr.* Dar lancetadas, golpear con la lanceta.

LANCHA (*cha*) *f.* Lancha (barco pequeño, sin cubierta, provisto de motor). Lancha (embarcación que llevan los buques para su servicio). *Bras. fig. fam.* Chancleta.

LANCHADA (*cha*) *f.* Lanchada (carga que lleva la lancha).

LANCHÃO (*cháum*) *m.* Lanchón.

LANCHE (*che*) *m.* Refección ligera, piscolabis, refrigerio, tentempié; lunch (*voz inglesa*).

LANCIL *m.* Lancha (piedra lisa plana y delgada).

LANCINANTE *adj.* Lancinante; desgarrador.

LANCINAR *v. tr.* Lancinar, desgarrar, punzar.

LANÇO (so) *m.* Lance (acción de lanzar, echar o arrojar). Lance (acción de echar la red de pesca; pesca que se saca). Puja (en una almoneda). Lienzo (de pared). Tramo (de escada). Extensión, anchura (de un muro, de un foso, etc.). Serie de cosas.

LANDA *f. Geol.* Landa. Lo mismo que CHAR-NECA.

LANDE *f.* Bellota, glande. (Lande *ant.* Ú. aún en Asturias y Álava). *pl.* Landas (ciertas tierras de Francia).

LANDÓ (dó) *m.* Landó (coche).

LANGANHO (ño) *m. Bras. Alag.* Nombre vulgar de un celenterio de la clase de las hidromedusas. *fig.* Cosa muelle y asquerosa. Lo mismo que PELANCA.

LANGOR *m.* Languidez.

LANGOROSO, SA (rozo, òza) *adj.* Lánguido.

LANGUENTO, TA *adj.* Enclenque, enfermizo, achacoso; endeble.

LANGUESCER *v. intr.* Languidecer.

LANGUIDEZ *f.* Languidez, languideza.

LÂNGUIDO, DA (lángüi) *adj.* Lánguido.

LANGUINHENTO, TA (ñen) *adj.* Pegajoso, blando, muelle.

LANGUIR *v. intr.* Languidecer.

LANHAR (ñar) *v. tr.* Golpear, herir, maltratar. Estropear. *fig.* Mortificar, torturar, afligir.

LANHO (ño) *m.* Golpe de instrumento cortante.

LANÍGERO, RA (*je*) *adj.* Lanar. Lanífero. *Hist. Nat.* Lanígero.

LANOSIDADE (*zi*) *f.* Lanosidad, pelusa. Calidad de lanudo.

LANOSO, SA (nozo, òza) *adj.* Lanudo, lanoso.

LANSQUENETE (*nè*) *m.* Lansquenete.

LANTÂNIO (tá) *m. Quím.* Lantano.

LANTERNA (tèr) *f.* Linterna (farol manual). *Arq.* Linterna (torrecilla con ventanas que sirve de remate a las cúpulas). — *furta-fogo.* Linterna sorda. — *mágica.* Linterna mágica.

LANTERNEIRO *m.* Linternero.

LANTERNIM *m. Mec.* Linterna. Lumbrera.

LANUDO, DA *adj.* Lanudo, lanoso.

LANUGEM (jem) *f.* Lanosidad, pelusa. Bozo. Vello. Vello, pelusilla.

LANZUDO, DA (zu) *adj.* Lanudo, lanoso. *fig.* Rústico, tosco, grosero; lanudo (*amer. venez.*).

LAPA *f.* Gruta, peña cóncava en forma de cueva. Lapa (molusco gasterópodo).

LAPANTANA *adj.* Simplón, simple, mentecato. Ú. t. c. s. m. y f.

LAPÃO (páum) *adj. y s. m.* Laponio, lapón. Lo mismo que LAPUZ.

LAPARÃO (ráum) *m.* Lamparón.

LÁPARO *m.* Gazapo (conejo nuevo).

LAPAROTOMIA (mía) *f. Cir.* Laparotomía.

LAPELA (pè) *f.* Solapa (de una prenda de vestir). *Uma flor à* —. Una flor en el ojal.

LÁPIDA *f.* Lo mismo que LÁPIDE.

LAPIDAÇÃO (sáum) *f.* Lapidación, apedreamiento. Acción y efecto de labrar piedras preciosas, de abrillantarlas. *fig.* Educación.

LAPIDAR *v. tr.* Lapidar, apedrear (matar a pedradas). Labrar (piedras preciosas), abrillantar. *fig.* Abrillantar, dar más valor o lucimiento a una cosa, pulir. *fig.* Educar; perfeccionar. *adj.* Lapidario (que pertenece o se refiere a las inscripciones de las lápidas. *fig.* Perfecto, artístico.

LAPIDÁRIO, RIA *adj.* Lapidario. *m.* Lapidario (el que se dedica a labrar piedras preciosas).

LÁPIDE *f.* Lápida. Losa, sepulcro, piedra sepulcral.

LAPIDIFICAÇÃO (sáum) *f.* Lapidificación.

LAPIDIFICAR *v. tr. Quím.* Lapidificar (convertir en piedra). Ú. t. c. r.

LAPIDOSO, SA (dozo, òza) *adj.* Lapidoso, lapídeo.

LÁPIS *m.* Lápiz. — *de cor.* Lápiz de color. *(pl. Lápis).*

LAPISADA (za) *f.* Acción de lapizar; trazo a lápiz.

LÁPIS-LAZÚLI (zú) *m. Min.* Lapislazuli.

LAPÔNIO, NIA (pó) *adj.* Labriego, aldeano, rústico. Laponio.

LAPSO *m.* Lapso (curso de un espacio de tiempo). Lapso, lapsus (caída en una culpa o error). *adj.* Lapso (dícese de quien ha caído en alguna culpa o error).

LAPUZ *adj.* Palurdo, grosero, tosco, aldeano, rústico.

LAQUEAÇÃO (sáum) *f.* Acción y efecto de laquear o barnizar con laca. *Cir.* Ligadura de una arteria.

LAQUEAR *v. tr. Cir.* Ligar una arteria. *Bras.* Laquear, barnizar con laca. *m.* Lo mismo que SOBRECÉU.

LAR *m.* Hogar, lar, fogón. *fig.* Hogar, lares (la propia casa u hogar). *Fig.* Hogar, patria, tierra, terruño. *pl. Mit.* Lares (dioses domésticos).

LARACHA (*cha*) *f.* Lo mismo que CHALAÇA. *m.* Chancero, gracioso.

LARADA *f.* Ceniza del hogar.

LARANJA (*ja*) *f.* Naranja (fruto del naranjo). *fig.* Media naranja (persona que se adata a los gustos y al genio de otra); persona simple o sin importancia. *adj.* Anaranjado, naranjado. — *amarga, da terra,* o *azeda.* Naranja agria. — *da China.* Naranja china. — *cravo. Bras.* Naranja mandarina, o tangerina (dícese también *tangerina* y *mexeriqueira*).

LARANJADA (*ja*) *f.* Naranjada (agua de naranja).

LARANJAL (jal) *m.* Naranjal.

LARANJEIRA (jei) *f. Bot.* Naranjo, naranjero.

LARANJEIRO (jei) *m. Bras. São Paulo.* Plantador de naranjos. Naranjero (vendedor de naranjas).

LARANJINHA (jiña) *f. dim. de Laranja.* Naranjita, naranjilla. Naranjillo.

LARAPIAR *v. tr.* Ratear (hurtar con suma habilidad cosas pequeñas); hurtar.

LARÁPIO *m.* Ratero, ladrón.

LARDEADEIRA *f.* Mechera, aguja mechera.

LARDEAR *v. tr.* Mechar. *fig.* Entremediar, intercalar, interponer.

LARDO *m.* Lardo (lo gordo del tocino). Mecha (lonjilla de tocino para mechar la carne y otras viandas). *fig.* Condimento. *fig.* Adorno.

LARÉ (rè) *m. Andar ao* —. *fr.* Vagabundear, andar ocioso, vivir de huelga.

LAREIRA *f.* La piedra del hogar; lar, hogar. Chimenea (hogar situado en un hueco abierto en la pared y guarnecido de un marco), chimenea francesa. *fig.* Hogar, lares.

LAREIRO, RA *adj.* Relativo al hogar o a la chimenea.

LARGA *f.* Acción y efecto de largar. *fig.* Largueza. *fig.* Libertad. *fig.* Huelga. *À* —. *m. adv.* Largamente, con anchura, holgadamente. Con largueza, con generosidad o liberalidad. *Dar* —*s. fr.* Dar largas. Libertar, dejar que exista o se manifieste.

LARGADA *f.* Acción de largar.

LARGADO, DA *adj. Bras. P. p.* de *Largar.* Abandonado; despreciado. Dícese del caballo que se

deja por indomable o del que hace mucho tiempo que no se monta. *fig.* Alborotador, pendenciero; indomable.

LARGAR *v. tr.* Largar, soltar, dejar libre. Largar, aflojar. *Mar.* Largar, desplegar. Lanzar, arrojar. Dejar, conceder. *v. intr.* Hacerse a lo largo. Largarse, irse. *v. r.* Echarse, quedarse. Largarse, soltarse. Apartarse.

LARGO, GA *adj.* Ancho (que tiene anchura). *fig.* Largo, ancho, amplio, espacioso, dilatado, extenso; liberal, generoso, dadivoso; copioso, abundante. *m.* Anchura (latitud, dimensión perpendicular a la longitud). *Mús.* Largo. Mar larga, mar ancha, alta mar. *adv.* Largo, anchamente.

LARGUEADOR, RA *adj.* Pródigo, disipador, gastador, manirroto.

LARGUEAR *v. tr.* Prodigar, disipar, gastar con exceso. Ú. t. c. intr.

LARGUEZA (za) *f.* Lo mismo que LARGURA. Largueza, liberalidad, generosidad. *fig.* Anchura, libertad, soltura, desahogo.

LARGURA *f.* Anchura (latitud perpendicular a la longitud).

LARINGE (je) *f. Anat.* Laringe.

LARINGITE (ji) *f. Med.* Laringitis.

LARVA *f.* Larva (insecto que no ha sufrido aún su primera transformación, y tiene el cuerpo anuloso, blando, prolongado y cilíndrico). Oruga.

LARVADO, DA *adj.* Larvado, disfrazado, cubierto.

LARVAL *adj.* Larval (que pertenece o se refiere a la larva).

LASCA *f.* Lasca (pedazo chico y delgado que se desprende de una piedra). Astilla (fragmento de la madera, piedra, etc., que se labra o se quiebra). Lonja. Tajada.

LASCADO, DA *adj.* Destrozado, roto, que está hecho lascas o astillas.

LASCAR *v. tr.* Rajar; hacer en lascas o astillas. *v. intr.* Rajarse. Romperse. Astillar. *v. r.* Rajarse, henderse.

LASCÍVIA *f.* Lascivia, sensualidad, lujuria.

LASCIVO, VA *adj.* Lascivo, sensual. Lascivo, juguetón, alegre, errático.

LASSIDÃO (sidáum) *f.* Lasitud.

LASSITUDE (si) *f.* Lasitud.

LASSO, SSA (so) *adj.* Laso (desfallecido, cansado, exhausto de fuerzas, flojo y macilento). Disoluto, licencioso.

LÁSTIMA *f.* Lástima, compasión. *Dor.* Lástima (lamento, expresión lastimera). Cosa o persona inútil.

LASTIMADO, DA *adj. Bras. Río Gr. del Sur.* Lastimado, herido.

LASTIMADURA *f. Bras. Río Gr. del Sur.* Lastimadura (acción de herir o hacer daño).

LASTIMAR *v. tr.* Lastimar, compadecer. Lastimarse, dolerse. *v. r.* Lastimarse, quejarse, lamentarse. *Bras. Río Gr. del Sur.* Lastimarse, herirse.

LASTIMÁVEL *adj.* Lastimativo. Lastimoso. Deplorable, lamentable, digno de lástima.

LASTIMOSAMENTE (mòza) *adv. m.* Lastimeramente; lastimativamente.

LASTIMOSO, SA (mozo, òza) *adj.* Lastimoso. Lloroso. Lastimero.

LASTRAÇÃO (sáum) *f.* Lastraje. Balastaje.

LASTRADOR, RA *adj.* Lastrador. Que tende el balasto, que balasta.

LASTRAGEM (jem) *f. Bras.* Balastaje.

LASTRAMENTO *m.* Lastraje. Balastaje.

LASTRAR *v. tr.* Lastrar. Balastar.

LASTREAMENTO *m. Bras.* Balastaje.

LASTRO *m. Mar.* Lastre. *Bras.* Balasto.

LATA *f.* Lata, hoja de lata, hojalata. Lata, bote de lata. Lata, tabla en que se aseguran las tejas. *Bras. vulg.* Rostro, cara, facha.

LATADA *f.* Emparrado, glorieta, enramada.

LATAGÃO (gáum) *m.* Hombre muy alto y fuerte.

LATÃO (táum) *m. Quím.* Latón (aleación de cobre y cinc).

LATEGADA *f.* Latigazo.

LÁTEGO *m.* Látigo.

LATEJANTE (jan) *adj.* Palpitante, pulsatil.

LATEJAR (jar) *v. intr.* Palpitar, latir, pulsar.

LATEJO (jo) *m.* Palpitación, latido, pulsación.

LATENTE *adj.* Latente.
LATER *v. intr.* Estar latente u oculto. Latir (dar latidos el corazón y las arterias).
LATERAL *adj.* Lateral.
LÁTEX *m.* Lo mismo que
LÁTICE *m.* Látex (jugo lechoso de ciertas plantas).
LATIDO *m.* Latido, ladrido (del perro). *fig.* Remordimiento.
LATIFUNDIÁRIO, RIA *adj.* Latifundista. Ú. t. c. s.
LATIFÚNDIO *m.* Latifundio.
LATIM *m.* Latín. *Baixo* —. Bajo latín.
LATINADA *f.* Latinajo.
LATINAR *v. intr.* Latinar (hablar o escribir en lengua latina).
LATINICE *f.* Latinajo.
LATINIDADE *f.* Latinidad.
LATINISMO *m.* Latinismo.
LATINISTA *m.* y *f.* Latinista.
LATINIZAR (zar) *v. tr.* Latinizar. *v. intr.* Latinear, latinizar.
LATINO, NA *adj.* Latino. Ú. t. c. s.
LATINÓRIO (nò) *m.* Latinajo.
LATIR *v. intr.* Latir, ladrar (el perro). *p. us.* Latir (el corazón, las arterias).
LATITUDE *f. Geogr.* Latitud. *fig.* Anchura, latitud.
LATO, TA *adj.* Lato, dilatado, amplio, extenso. *fig.* Lato (dícese del sentido que por extensión suele darse a las palabras).
LATOARIA (ría) *f.* Hojalatería.
LATOEIRO *m.* Hojalatero.
LATRINA *f.* Letrina, retrete, excusado.
LATRINÁRIO, RIA *adj.* Que se refiere a letrinas. *fig.* Sórdido, inmundo, sucio.
LATRINEIRO *m.* El que limpia las letrinas.
LATROCÍNIO *m.* Latrocinio, hurto.
LAUDA *f.* Página (de un libro).
LÁUDANO *m. Farm.* Láudano.
LAUDATÍCIO, CIA *adj.* Lo mismo que
LAUDATIVO, VA *adj.* Laudatorio.
LAUDATÓRIO, RIA (tò) *adj.* Laudatorio.
LAUDÁVEL *adj.* Laudable.
LAUDÉMIO (dé) *m. For.* Laudemio.
LAUDO *m.* Laudo, fallo.
LÁUREA *f.* Láurea (corona de laurel). Premio, laurel, corona, honor, triunfo.
LAUREAR *v. tr.* Laurear, coronar con laurel. *fig.* Laurear, premiar, honrar, enaltecer.
LAUREIO *m.* Acto de laurear.
LAUREL (rèl) *m.* Láurea (corona de laurel). *fig.* Laurel, honor, premio, triunfo, corona.
LAURÉOLA (rè) *f.* Lauréola, auréola. Lo mismo que LAUREL.
LAUTO, TA *adj.* Lauto, espléndido, opulento.
LAVA *f.* Lava (materias en fusión que arrojan los volcanes). Lo mismo que LAVAGEM. *fig.* Llama; fuego. *fig.* Torrente, corriente.
LAVABO *m.* Lavabo (mesa con jofaína). Lavamanos. Lavatorio (ceremonia de lavarse el sacerdote los dedos, en la misa).
LAVAÇÃO (sáum) *f.* Lavación, lavadura, loción.
LAVADARIA (ría) *f.* Lo mismo que LAVANDERIA.
LAVADEIRA *f.* Lavandera. Lavadora (instrumento). Lavandera, aguzanieves.
LAVADELA (dè) *f.* Lavamiento ligero.
LAVADOURO *m.* Lavadero (sitio en que se lava).
LAVADURA *f.* Lavadura (acción de lavar; lavazas).
LAVAGEM (jem) *f.* Lavadura, lavamiento, lavado. Lavaje. Lavadura, lavazas.
LAVAMENTO *m.* Lavamiento, lavadura, lavado.
LAVANDARIA (ría) *f.* Lo mismo que LAVANDERIA.
LAVANDEIRA *f.* Lavandera (mujer que se dedica a lavar la ropa). Lavandera, aguzanieves. Lo mismo que BORRELHO.
LAVANDERIA (ría) *f. Bras.* Establecimiento de lavado de ropa; lavandería (*Amer.*).
LAVA-PÉS (pès) *m.* Lavatorio (ceremonia que consiste en lavar los piés a doce pobres).
LAVA-PRATOS *m. Bras.* Lavaplatos (planta); lo mismo que FEDEGOSO.
LAVAR *v. tr.* Lavar (limpiar con algún líquido). Ú. t. c. r. Lavar, purificar. Lavar (metales).

LAVÁTICO, CA *adj.* Lo mismo que
LAVATIVO, VA *adj.* Que sirve para ayuda, clister o lavativa.
LAVATÓRIO (tò) *m.* Lavado (mesa con jofaína); lavatorio (*Amer.*). Lavatorio (acción de lavar). Purificación.
LAVOR *m.* Labor (trabajo; acción de trabajar y obra hecha). Labor (adorno tejido, esmaltado, esculpido, etc., en alguna cosa). Labor (obra de costura, bordado, etc.) Labor, labranza.
LAVORAR *v. tr.* Laborear, labrar, trabajar alguna cosa.
LAVOSO, SA (vozo, òza) *adj.* Perteneciente o relativo a la lava de los volcanes.
LAVOURA *f.* Labranza, labor, cultivo de la tierra, agricultura. Labrado (campo labrado).
LAVRA *f.* Labor, aradura; arada, labor del campo. Laboreo (de minas). Cultivo, cultura. Producción, fabricación. Labranza, labor. Acción de labrar.
LAVRADA *f.* Lo mismo que LAVRA.
LAVRADEIRA *f.* Labradora. Labradera.
LAVRADEIRO, RA *adj.* De labranza (hablando de animales).
LAVRADIO, DIA (dío) *adj.* Labrantío, labradío. *m.* Lo mismo que LAVOURA.
LAVRADO, DA *adj.* Labrado (dícese de los tejidos y otros géneros que tienen alguna labor, que no son lisos). *P. p.* de *Labrar.* Labrado; arado. *m.* Escrito. Labor (obra de costura, bordado).
LAVRADOR *m.* Labrador (hombre que posee tierras y las cultiva); arador, labrador, que ara.
LAVRAGEM (jem) *f.* Labra (de maderas). Labranza. Agricultura. Labor.
LAVRAMENTO *m.* Labranza. Hechura de las monedas.
LAVRAR *v. tr.* Labrar, cultivar la tierra. Arar, labrar. Labrar (trabajar una materia haciéndola cambiar de estado o de forma). Labrar (hacer labores de manos). Labrar, hacer, causar, promover. Escribir. Grabar. Propalarse. Desarrollarse.
LAXAÇÃO (chasáum) *f.* Lo mismo que LASSIDÃO.
LAXANTE (chan) *adj.* Laxante, que laxa. Laxante; purgante. Ú. t. c. s.
LAXAR (char) *v. tr.* Laxar, aflojar, ablandar.
LAXATIVO, VA (cha) *adj.* Laxativo. Ú. t. c. s.
LAXIDÃO (chidáum) *f.* Laxitud. Lo mismo que LASSIDÃO.
LAXO, XA (cho) *adj.* Laxo, flojo.
LAZÃO, ZÃ (záum, zán) *adj.* Lo mismo que ALAZÃO.
LAZARENTO, TA (za) *adj.* Lazarino, lazaroso. Ú. t. c. s. Pustulento.
LAZARETO (za) *m.* Lazareto (lugar de cuarentena). *ant.* Lazareto (hospital de leprosos).
LAZARISTA (za) *m.* Lazarista.
LÁZARO (za) *m.* Leproso, lazarino.
LAZEIRA (zei) *f.* Miseria. Lepra. Desgracia. *pop.* Hambre.
LAZEIRENTO, TA (ze) *adj.* Lazarino. *pop.* Hambriento.
LAZER (zer) *m.* Ocio.
LAZÚLI (zú) *f.* Lo mismo que
LAZULITA (zu) *f.* Lapislázuli, lazulita.
LEAL *adj.* Leal.
LEALDADE *f.* Lealtad.
LEÃO (leáum) *m.* León. *fig.* León (hombre audaz, imperioso y arrojado).
LEBRACHO (cho) *m.* Lebrato, lebratón.
LEBRÃO (bráum) *m.* Lebrato. Liebre (macho).
LEBRE (lè) *f.* Liebre.
LEBRÉ (brè) *m.* Perro de presa.
LEBREIRO, RA *adj.* Lebrero.
LEBREL (brèl) *m.* Lo mismo que
LEBRÉU (brèu) *m.* Lebrel; lebrero.
LECHEGUANA (che) *f.* Lo mismo que
LECHIGUANA (chi) *f. Bras. Río Gr. del Sur.* Especie de avispa; lechiguana (*Amer.*).
LECIONAR *v. tr.* Dar lecciones, enseñar, instruir.
LECIONÁRIO *m.* Leccionario.
LECIONISTA *m.* Leccionista.
LEDICE *f.* Alegría, placer, contentamiento.
LEDO, DA *adj.* Ledo, alegre, gozoso, plácido.
LEDOR, RA *adj.* Lector. Ú. t. c. s.

LEGAÇÃO (sáum) *f.* Legación, legacía. Legación (cargo y poderes que da un gobierno a un individuo para que lo represente cerca del gobierno de otro país; personal de una legación; oficina del legado).
LEGACIA (cía) *f.* Legacía.
LEGADO *m.* Legado (representante de una potestad cerca de otra). Legado, manda.
LEGAL *adj.* Legal.
LEGALIDADE *f.* Legalidad.
LEGALISTA *adj.* y *s.* Legalista.
LEGALIZAÇÃO (zasáum) *f.* Legalización.
LEGALIZAR (zar) *v. tr.* Legalizar.
LEGAR *v. tr.* Legar (dar a alguien una manda en testamento). Legar (enviar a alguien en calidad de legado). Legar, dejar, transmitir.
LEGATÁRIO *m.* Legatario.
LEGENDA (jen) *f.* Legenda (historia de la vida de un santo), leyenda. Leyenda, inscripción. Rótulo. Letrero.
LEGENDÁRIO, RIA (jen) *adj.* Leyendario, legendario. *m.* Legendario (libro en que se refieren vidas de santos).
LEGIÃO (jiáum) *f.* Legión.
LEGIONÁRIO, RIA (jio) *adj.* Legionario. *m.* Legionario.
LEGISLAÇÃO (jislasáum) *f.* Legislación.
LEGISLADOR, RA (jis) *adj.* Legislador. Ú. t. c. s.
LEGISLAR (jis) *v. intr.* Legislar (dictar o establecer leyes). Ú. t. c. s.
LEGISLATIVO, VA *adj.* Legislativo. Legislador.
LEGISLATÓRIO, RIA (tòrio) *adj.* Legislativo.
LEGISLATURA (jis) *f.* Legislatura.
LEGISLÁVEL (jis) *adj.* Legislable.
LEGISTA (jis) *m.* Legista.
LEGÍTIMA (jí) *f. For.* Legítima (parte de la herencia que la ley signa a determinados herederos).
LEGITIMAÇÃO (jitimasáum) *f.* Legitimación.
LEGITIMAR (ji) *v. tr.* Legitimar (hacer legítimo al hijo que no lo era). Legitimar; legalizar.
LEGITIMIDADE (ji) *f.* Legitimidad.
LEGITIMISMO (ji) *m.* Legitimismo.
LEGITIMISTA (ji) *adj.* Legitimista. Ú. t. c. s.
LEGÍTIMO, MA (jí) *adj.* Legítimo (que es conforme a las leyes; cierto, verdadero y genuino (dícese del hijo nacido de legítimo matrimonio).
LEGÍVEL (jí) *adj.* Legible, leíble.
LEGRA (lè) *f. Cir.* Legra.
LEGRAÇÃO (sáum) *f.* Legradura, legración.
LEGRAR *v. tr. Cir.* Legrar (raer con la legra la superficie de los huesos).
LÉGUA (lè) *f.* Legua (la brasileña es equivalente a 6.600 metros). — *de beiço. Bras.* Indicación vaga hecha con el labio inferior por los campesinos para significar alguna distancia, que es siempre más que una legua. — *marítima*, marítima, o de veinte al grado. Legua marina, marítima, o de veinte al grado. — *de sesmaria. Bras.* Legua brasileña (6.600 metros).
LEGUELHÉ (llè) *m. Bras.* Lo mismo que JOÃO-NINGUÉM.
LEGULEIO *m.* Rábula, abogado charlatán.
LEGUME *m.* Legumbre. *Bras.* Legumbre (por ext. hortaliza).
LEGUMINOSA (nòza) *f. Bot.* Leguminosa. *pl.* Legu-minosas.
LEGUMINOSO, SA (ozo, òza) *adj.* Leguminoso.
LEI *f.* Ley (en todas las acepciones de esta voz).
LEICENÇO (so) *m.* Furúnculo.
LEIGAL *adj.* Laical.
LEIGO, GA *adj.* Lego (que no ha recibido órdenes sagradas). Ú. t. c. s. Lego, indocto. *m.* Lego (religioso).
LEIGUICE *f.* Dicho de lego, de indocto.
LEILÃO (láum) *m.* Almoneda, subasta, puja, remates.
LEILOAR *v. tr.* Almonedear, almonedar.
LEILOEIRO *m.* Subastador, pregonero.
LEIRA *f.* Cuadro (de jardín). Lo mismo que GEIRA. Caballón (lomo de tierra arada que queda entre surco y surco; el que se hace en las huertas para plantar hortalizas).
LEIRÃO (ráum) *m. Bras.* Caballón grande.
LEIRAR *v. tr.* Dividir una huerta o jardín en cuadros.
LEITÃO (táum) *m.* Lechón, cochinillo de leche. *(fem. Leitoa.)*

LEITAR *adj.* Lechoso. *v. intr.* Llenarse de leche o zumo lechal.

LEITARIA (ría) *f.* Lechería.

LEITE *m.* Leche.

LEITEGADA *f. fam.* Lechigada.

LEITEIRA *f.* Lechera (vendedora de leche). Lechera (vasija para guardar o servir la leche).

LEITEIRO, RA *adj.* Lechero (que contiene leche o posee alguna de las propiedades de esta substancia; dícese de las hembras de los animales, cuya leche se utiliza). *m.* Lechero (vendedor de leche).

LEITELHO (llo) *m.* Leche desnatada.

LEITENTO, TA *adj.* Lechoso. De color de leche.

LEITERIA (ría) *f.* Lechería.

LEITO *m.* Lecho (cama con sus colchones y ropa). Le-cho (madre de río, suelo por donde corren sus aguas).

LEITOA *f.* Lechona (hembra del lechón).

LEITOADA *f.* Lechigada (de lechones).

LEITOR, RA *adj.* Lector (que lee). Ú. t. c. s. *m.* Lector (de las comunidades religiosas).

LEITORADO *m.* Lectorado. Lectoría.

LEITOSO, SA (tozo, ôza) *adj.* Lechoso.

LEITURA *f.* Lectura (acción de leer; cosa leída; lección, inteligencia de un texto).

LEIVA *f.* Surco (del arado). Caballón (lomo de tierra entre surco y surco). Lo mismo que GLEBA. Terrón, mogote. Césped, tepe.

LEIXAR (char) *v. tr. ant.* Dejar.

LEMA *m. Mat.* Lema. Lema, letra, mote.

LEMBRADIÇO, ÇA (so) *adj.* Que tiene buena memoria.

LEMBRADO, DA *adj.* P. p. de *Lembrar.* Memorable. Recordado.

LEMBRADOR, RA *adj.* Que acuerda o recuerda; recordador.

LEMBRANÇA (sa) *f.* Recordación. Recuerdo. Membrete. Memoria, reminiscencia. Idea, inspiración, ocurrencia. *pl.* Recuerdos.

LEMBRAR *v. tr.* Acordar (recordar a uno alguna cosa), recordar (traer a la memoria alguna cosa). *v. intr.* Recordar, acordarse. *v. r.* Acordarse, recordarse.

LEME *m. Mar.* Timón. *fig.* Timón, gobierno.

LÊMURES (lé) *m. pl.* Lémures, fantasmas, duendes. *Zool.* Lemúridos.

LEMURIANO, NA *adj.* Perteneciente o relativo a los lémures o lemúridos. *m. pl.* Lemúridos.

LENA *f.* Alcahueta, celestina.

LENÇARIA (saría) *f.* Pañolería (conjunto de pañuelos; comercio o tienda de pañuelos). Lencería (conjunto de lienzos, de telas de lino).

LENÇO (so) *m.* Pañuelo. Lienzo (pañuelo propio para limpiar las narices). — *de bolso.* Pañuelo de bolsillo, o de mano. — *de pescoço.* Pañoleta (de mujer); bufanda (de hombre).

LENÇOL (sòl) *m.* Sábana (para cubir la cama). Mortaja. — *d'água,* o *freático.* Depósito de agua en el subsuelo. *Estar,* o *meter-se, em maus lençóis, fr. fig.* Verse en calzas prietas.

LENDA *f.* Legenda, leyenda. *fig.* Cuento. *fig.* Cuento, mentira, bola.

LENDÁRIO, RIA *adj.* Legendario, leyendario.

LÊNDEA (lén) *f.* Liendre (huevecillo del piojo).

LENDEOSO, SA (deozo, ôza) *adj.* Que tiene liendres.

LENGA-LENGA *f.* Enumeración fastidiosa. Discurso fastidioso. Palabrería.

LENHA (ña) *f.* Leña.

LENHADOR (ña) *m.* Leñador.

LENHAR (ñar) *v. intr.* Hacer o cortar leña. *(prov. Ar.* Leñar).

LENHATEIRO (ña) *m. Bras.* Leñatero, leñador.

LENHEIRA (ñei) *f. Bras.* Lugar de donde se saca leña.

LENHEIRO (ñei) *m.* Leñador, leñatero. *Bras.* Leñero, leñera.

LENHIFICAR (ñi) *v. tr.* Leñificar. Ú. t. c. r.

LENHITE (ñi) *f. Miner.* Leñita, lignita.

LENHO (ño) *m.* Leño. *fig.* y *poét.* Leño, nave, embarcación. *Santo* —. La Santa Cruz.

LENHOSO, SA (ñozo, ôza) *adj.* Leñoso.

LENIDADE *f.* Lenidad, suavidad, blandura.

LENIÊNCIA (nién) *f.* Lo mismo que LENIDADE.

LENIENTE *adj.* Leniente; lenitivo.

LENIFICAR *v. tr.* Lenificar, suavizar, ablandar.

LENIMENTO *m.* Linimento, linimiento.

LENIR *v. tr.* Lenificar, suavizar, ablandar.

LENITIVO, VA *adj.* Lenitivo. *m.* Lenitivo (medio para mitigar las penas y sufrimientos morales).

LENOCÍNIO *m.* Lenocinio, alcahuetería.

LENTAR *v. tr.* Ablandar, humedecer. *v. intr.* Reblandecerse, lentecer. Transpirar ligeramente.

LENTE *f.* Lente (cristal cóncavo o convexo, que se usa en muchos instrumentos ópticos). *m.* Professor de una facultad, catedrático.

LENTEJAR *(jar) v. intr.* Lo mismo que LENTAR.

LENTEJOULA (jou) *f.* Lentejuela (laminilla de metal, para adorno).

LENTEJOULAR (jou) *v. tr.* Adornar con lentejuelas.

LENTESCENTE *adj.* Húmedo; pegajoso; glutinoso, lento.

LENTESCER *v. tr. e intr.* Lo mismo que LENTAR.

LENTEZA (za) *f.* Lo mismo que LENTIDÃO.

LENTÍCULA *f.* Lentezuela.

LENTICULAR *adj.* Lenticular.

LENTIDÃO (dáum) *f.* Lentitud, tardanza.

LENTILHA (lla) *f. Bot.* Lenteja. — *d'água.* Lenteja acuática, o de agua.

LENTISCAL *m.* Lentiscar, lentiscal.

LENTISCO *m. Bot.* Lentisco.

LENTO, TA *adj.* Lento, tardo, espacioso, pausado. Ligeramente húmedo. Perezoso. Lento, poco vigoroso.

LENTOR *m.* Lo mismo que LENTIDÃO.

LENTURA *f.* Humedad ligera. Lo mismo que ORVALHO. Lentitud.

LEOA *f.* Leona (hembra del león). *fig.* Leona (mujer audaz, imperiosa y arrojada).

LEONADO, DA *adj.* Leonado, rubio obscuro.

LEONEIRA *f.* Leonera (sitio donde están encerrados los leones).

LEONÊS, ESA (nés, neza) *adj.* y *s.* Leonés.

LEONINO, NA *adj.* Leonino. *For.* Leonino. *Poet.* Leonino. *Face* —*a.* Leontiasis.

LEONTÍASE (ze) *f. Pat.* Leontiasis.

LEOPARDO *m.* Leopardo. *fig.* La nación inglesa.

LÉPIDO, DA (lè) *adj.* Placentero, alegre, risueño. Chancero. Ligero, pronto.

LEPIDÓPTEROS (dòp) *m. pl. Zool.* Lepidópteros.

LEPORINO, NA *adj.* Leporino (dícese comúnmente del labio superior cuando está hendido).

LEPRA *f.* Lepra.

LEPROSARIA *(zaría) f.* Leprosería (hospital de leprosos).

LEPROSÁRIO *(zá) m. Bras.* Lo mismo que LEPROSARIA.

LEPROSO, SA (prozo, ôza) *adj.* Leproso. Ú. t. c. s.

LEQUE (lè) *m.* Abanico.

LER *v. tr.* Leer (en todas las acepciones de esta voz).

LERDÁÇO, ÇA (so) *adj.* Embobado, pesado. Lerdo, torpe, tardo.

LERDEAR *v. intr. Bras.* Perder tiempo, tardar.

LERDEZA (za) *f.* Lo mismo que

LERDICE *f.* Pesadez, lentitud, tardanza.

LERDO, DA (lèr) *adj.* Lerdo, pesado, torpe, tardo en andar (suele aplicarse a las bestias). Lerdo (tardo y torpe para entender o hacer algo). Pesado, embobado.

LÉRIA (lè) *f.* Palabrería. Chanza, broma. Mentira, bola, patraña. Labia, maña.

LÉS (lès) *m.* Voz que sólo se usa en la expr. *de* — *a* —. *m. adv.* De lado a lado.

LESADO, DA (za) *adj.* P. p. de *Lesar.* Lisiado. Lesionado. Perjudicado, dañado. Leso, lastimado.

LESANTE (zan) *adj.* Lesivo.

LESÃO (záum) *f.* Lesión (daño corporal; daño, perjuicio, menoscabo, detrimento; daño doloso).

LESAR (zar) *v. tr.* Lesionar. Perjudicar, dañar. Lisiar.

LESBIANISMO *m.* Lesbianismo, safismo, tribadismo.

LÉSBICO, CA (lès) *adj.* Lo mismo que

LÉSBIO, BIA (lès) *adj.* Lesbio, lesbiano. Ú. t. c. s.

LESIVO, VA (zi) *adj.* Lesivo.

LESMA *f.* Babosa (molusco gasterópodo). *fig.* Persona pesada y tarda.

LESMAR *v. intr. Bras.* Caminar o hacer las cosas muy despacio, como una babosa.

LESO, SA (lèzo, lèza) *adj.* Leso, lastimado, dañado.

LESTE (lès) *m.* Leste, este, oriente, levante (punto cardinal). Este (viento que sopla de la parte de Oriente).

LESTO, TA (lès) *adj.* Pronto, vivo, desembarazado, activo, ágil, ligero, expedito.

LETAL *adj.* Mortífero, mortal; letal *(poét.).*

LETALIDADE *f.* Letalidad.

LETÃO, TONA (táum) *adj.* y *s.* Letón.

LETARGIA (jía) *f. Med.* Letargo. Letargía africana. *fig.* Letargo, modorra, insensibilidad.

LETARGIAR *(jiar) v. tr.* Aletargar.

LETÁRGICO, CA (ji) *adj.* Letárgico.

LETARGO *m. Med.* Letargo. *fig.* Letargo, modorra, insensibilidad, abstracción.

LETÍCIA *f.* Alegría, gozo, deleite, placer. *Astr.* Leticia.

LÉTICO (lè) *m.* Letón (lengua hablada en Letonia).

LETIFICAR *v. tr.* Letificar, alegrar, regocijar, animar.

LETIVO, VA *adj.* Lectivo (dícese del tiempo y días que se destinan para dar lección en los establecimientos docentes).

LETRA *f.* Letra (cualquiera de los signos del abecedario; forma de la letra; carácter de imprenta; letra de cambio; letra de guarismo, guarismo; conjunto de las palabras del canto, en la música; sentido propio de un texto). Carta, misiva. *pl.* Letras (los diversos ramos del saber humano). *Belas* —*s.* Bellas, o buenas, letras, literatura. — *de forma.* Letra de molde, letra de imprenta. — *de cambio. Com.* Letra de cambio. — *dominical.* Letra dominical. *Letra redonda.* Letra de imprenta. — *de imprensa.* Letra de imprenta. — *morta. fig.* Letra muerta (escrito en que se previene algo que ya no se cumple o no tiene efecto). *À* — *. m. adv.* A la letra, literalmente, según la significación natural de las palabras. A la letra, sin añadir ni quitar nada. *Protestar uma* —. *fr. Com.* Protestar una letra. *Primeiras* —*s.* Primeras letras.

LETRADETE *adj.* Algo letrado.

LETRADICE *f.* Dicho vano, proferido con presunción. Lo mismo que BACHARELICE.

LETRADO, DA *adj.* Letrado, sabio, instruído. Ú. t. c. s. Literato. Ú. t. c. s. *m.* Jurisconsulto.

LETREIRO *m.* Letrero, inscripción, título, rótulo.

LÉU (lèu) *m.* Tiempo, ocasión, ocio. *Ao* —. *m. adv.* A la buena de Dios, inconsideradamente. *Andar com a cabeça ao* —. *fr.* Ir con la cabeza descubierta.

LEUCÓCITO (có) *m.* Leucocito.

LEUCORRÉIA (rréia) *f. Med.* Leucorrea, flujo blanco, flores blancas.

LEVA (lè) *f.* Leva, recluta de gente para el servicio militar. *Mar.* Leva. Escolta (de presos o de militares). Lo mismo que MAGOTE. *Mar.* Levada.

LEVADA *f.* Llevada (acción y efecto de levar). *Bras.* Elevación, prominencia (del terreno). Canaliza.

LEVADIÇA (sa) *f.* Puente levadizo.

LEVADIÇO, ÇA (so, sa) *adj.* Levadizo. Móvil. Lo mismo que MOVEDIÇO.

LEVADO, DA *adj.* Indócil, indisciplinado; travieso. P. p. de *Levar.*

LEVADOR, RA *adj.* Portador, conductor. Levador. Llevador.

LEVA-E-TRAZ (lè) *m. Bras.* Intrigante, enredador, chismoso.

LEVANTADA *f.* Levantamiento (acción de levantar). Levantada (acción de levantarse, de dejar la cama el que estaba acostado). Ú. en América.

LEVANTADO, DA *adj.* P. p. de *Levantar.* Levantado, elevado.

LEVANTADOR, RA *adj.* Levantador, que levanta. Ú. t. c. s. Levantador, amotinador, revoltoso, sedicioso. Ú. t. c. s.

LEVANTADURA *f.* Lo mismo que

LEVANTAMENTO *m.* Levantamiento (acción de levantar). Levantamiento, sedición, motín, alboroto. Levantamiento, elevación, sublimidad. Levantamiento, ajuste de cuentas. Estadística, censo.

LEVANTAR *v. tr.* Levantar, alzar, elevar. Levantar (colocar verticalmente lo tendido o inclinado). Ú. t. c. r. Levantar, construir, edificar. Levantar (dirigir hacia arriba la mirada, los ojos, la puntería, etc.). Levantar (quitar una cosa del lugar

donde está). Levantar (abandonar un lugar, recogiendo lo que en él hay). Levantar (mover, ahuyentar la caza). *fig.* Levantar (aumentar, subir, dar mayor incremento a una cosa). Levantar, rebelar, sublevar. Ú. t. c. r. Levantar, engrandecer, ensalzar. Levantar (impulsar hacia cosas altas). Levantar, esforzar, vigorizar. Levantar, alzar (la voz). Levantar (hacer que cesen ciertas penas o vejámenes impuestos por la autoridad competente). Levantar, reclutar, alistar, hacer gente para el ejército. Levantar, ocasionar, formar, mover. Levantar, atribuir, imputar una cosa falsa. *v. r.* Incorporarse. Levantarse, sobresalir. Levantarse (dejar la cama el que estaba acostado o enfermo).

LEVANTE *m.* Levante, oriente (punto cardinal). Levante (países de la parte oriental del Mediterráneo. Levantamiento, seducción, motín, alboroto. *De —. m. adv.* De levante (en disposición de hacer un viaje o mudanza). Sin persistencia, sin constancia. Con aspaviento. Desasosegadamente, con desasosiego.

LEVÁNTICO, CA (ván) *adj.* Lo mismo que
LEVANTINO, NA *adj.* Levantino, levantisco. Ú. t. c. s.

LEVANTO *m.* Acción de levantar la caza.

LEVAR *v. tr.* Llevar, conducir, transportar. Llevar, cortar, separar. Quitar. Llevar, inducir, persuadir. Llevar, constar, pasar (con nombres que signifiquen tiempo). Llevar (traer puesto el vestido, la ropa, etc., o en los bolsillos dinero, papeles u otras cosas). Llevar, lograr, conseguir. Llevar, guiar, indicar, dirigir. *Mar.* Levar. *v. intr. fam.* Recibir castigo. *— adiante uma coisa. fr.* Llevar uno adelante una cosa. *— a mal. fr.* Enojarse, disgustarse. *— a melhor. fr.* Llevar lo mejor, ir consiguiendo ventaja, en lucha o competencia. *— e trazer. fr.* Llevar y traer, andar en chismes y cuentos.

LEVE (lè) *adj.* Leve, ligero, liviano, de poco peso. *fig.* Leve (de poca importancia, entidad o consideración). *De,* o *ao de —. m. adv.* Ligeramente; levemente. Sutilmente. Superficialmente. Livianamente.

LEVEDAÇÃO (sáum) *f.* Fermentación.

LEVEDADO, DA *adj. P. p.* de *Levedar.* Leudo, fermentado con levadura.

LEVEDAR *v. tr.* Leudar. *v. intr.* Leudarse.

LÉVEDO, DA (lé) *adj.* Lo mismo que LEVEDADO. *m.* Levadura.

LEVEDURA *f.* Levadura.

LEVEMENTE (lè) *adv. m.* Levemente, ligeramente, blandamente, suavemente.

LEVES (lè) *m. pl.* Livianos (bofes, pulmones).

LEVEZA (za) *f.* Levedad (calidad de leve; inconstancia, ligereza; veleidad. Liviandad.

LEVIANDADE *f.* Liviandad (acción liviana; calidad de liviano, ligero, etc.).

LEVIANO, NA *adj.* Liviano, ligero, inconstante, indiscreto, inconsecuente. *Bras.* Liviano (de poco peso).

LEVIATÃ (tán) *m.* Leviatán.

LEVIDADE *f.* Lo mismo que LEVEZA.

LEVIDÃO (dáum) *f. p. us.* Lo mismo que LEVEZA. *fig.* Lo mismo que LEVIANDADE.

LEVIGAÇÃO (sáum) *f.* Levigación.

LEVITA *m.* Levita (sacerdote de la tribu de Leví). Levita (prenda de vestir).

LEVITAÇÃO (sáum) *f.* Aligeramiento, suspensión o levantamiento de cuerpos pesados sin medios físicos.

LEVITAR-SE *v. r.* Aligerarse, alzarse o subir contra la acción de la gravedad y sin medios físicos.

LEVULOSE (lòze) *f. Quím.* Levulosa.

LÉXICO (lè) *m.* Léxico, diccionario.

LEXICOGRAFIA (fía) *f.* Lexicografía.

LEXICÓGRAFO (cò) *m.* Lexicógrafo.

LEXICOLOGIA (jía) *f.* Lexicología.

LÉXICON (Lè) *m.* Lexicón, léxico, diccionario.

LHAMA (lla) *f.* Lama (tela de oro o plata muy brillante solamente por la haz). *Zool.* Llama (mamífero rumiante).

LHANEZA (llaneza) *f.* Llaneza, sencillez, moderación o familiaridad en el trato. Sinceridad, buena fe. Lo mismo que LISURA.

LHANO, NA (lla) *adj.* Llano, accesible, sencillo, sin presunción. Llano, sencillo, sin ornato (hablando del estilo). Sincero, de buena fe. Amable. Franco. *m. pl.* Llanuras; llanos (grandes llanuras de Venezuela y Colombia), *(Amer.).*

LHANURA (lla) *f.* Lo mismo que LHANEZA. Llanura (campo igual y dilatado).

LHE (lle) *pron. pers.* Le, a él, a ella (dativo del pronombre personal de tercera persona en género masculino o femenino y número singular).

LHO, LHA (llo, lla) *contracç. de LHE (pron. pers.)* y *O (pron. determ.).*

LIA (lía) *f.* Lía, lías, heces, sedimento.

LIAÇA (sa) *f.* Manojo, haz, legajo. Liaza (conjuntos de lías.)

LIAME *m.* Lazo, ligadura, atadura. *Mar.* Ligazón.

LIANA *f.* Bejuco; liana *(gal.).*

LIAR *v. tr.* Lo mismo que LIGAR.

LIBAÇÃO (sáum) *f.* Libación.

LIBAR *v. tr.* Libar (chupar suavemente un jugo; hacer la libación). Ú. t. c. intr.

LIBELINHA (bèliña) *f.* Libélula, caballito del diablo.

LIBELO (bè) *m.* Librito, libro pequeño. Libelo, escrito denigrante. *For.* Libelo.

LIBÉLULA (bè) *f.* Libélula, caballito del diablo.

LIBERAÇÃO (sáum) *f.* Liberación (acción de poner en libertad). Liberación, quitanza.

LIBERAL *adj.* Liberal, dadivoso, generoso. Liberal (dícese del arte que requiere el ejercicio del entendimiento). Liberal (partidario de la libertad política de los Estados). Ú. t. c. s.

LIBERALIDADE *f.* Liberalidad, generosidad; desinterés, desprendimiento.

LIBERALISMO *m.* Liberalismo.

LIBERALISTA *adj.* Liberal (en el orden político). Ú. t. c. s.

LIBERALIZAR (zar) *v. tr.* Prodigar.

LIBERAR *v. tr.* Libertar. Finiquitar, saldar una cuenta.

LIBERATIVO, VA *adj.* Libertador.

LIBERATÓRIO, RIA (tò) *adj.* Relativo a la liberación o quitanza.

LIBERDADE *f.* Libertad (en todas las acepciones de esta voz).

LIBERTAÇÃO (sáum) *f.* Liberación.

LIBERTADOR, RA *adj.* Libertador. Ú. t. c. s.

LIBERTAR *v. tr.* Libertar (poner en libertad; eximir, librar, preservar). Ú. t. c. r.

LIBERTÁRIO, RIA *adj.* Libertario.

LIBERTINAGEM (jem) *f.* Libertinaje, desenfreno, licencia, disolución, crápula.

LIBERTINO, NA *adj.* Libertino, disoluto, licencioso, crapuloso, disipado. Incrédulo.

LIBERTISTA *m.* Partidario de la doctrina del libre albedrío.

LIBERTO, TA (bèr) *adj.* Libertado, manumiso. Libertado, libre, sin freno. *P. p. irreg.* de *Libertar. m.* Liberto (esclavo manumiso).

LÍBICO, CA *adj.* Líbico. Libio. Ú. t. c. s.

LIBIDINOSO, SA (nozo, òza) *adj.* Libidinoso, lujurioso, lascivo. Ú. t. c. s.

LIBIDO *f. Psic.* Libido.

LÍBIO, BIA *adj.* y *s.* Libio.

LÍBITO *m.* Gusto, capricho, voluntad.

LIBRA *f.* Libra (peso de 460 gramos). Libra (moneda de diverso valor según los países). Libra esterlina. *Astr.* Libra (signo del Zodíaco; constelación zodiacal). *— esterlina.* Libra esterlina.

LIBRAÇÃO (sáum) *f.* Libración.

LIBRAR *v. tr.* Equilibrar, balancear. *fig.* Fundar, basar, apoyar. Ú. t. c. r. *v. r.* Cernerse (las aves). Sostenerse. Lo mismo que PAIRAR.

LIBRÉ (brè) *f.* Librea.

LIBRETISTA *m.* Libretista.

LIBRETO *m.* Libreto.

LIÇA (sa) *f.* Liza (campo dispuesto para la lid; la misma lid). Lid, lucha, combate, pelea.

LIÇÃO (sáum) *f.* Lección (en todas las acepciones de esta voz).

LICE *f.* Lo mismo que LIÇA.

LICENÇA (sa) *f.* Licencia, permiso, venia, autorización. Licencia (libertad abusiva). Licencia, desenfreno, disolución.

LICENCIADO, DA *adj. P. p.* de *Licenciar.* Licenciado, dado por libre. *m.* Licenciado.

LICENCIAMENTO *m.* Licenciamiento (acción de licenciar).

LICENCIAR *v. tr.* Licenciar, dar licencia. Licenciar, graduar, conferir el grado de licenciado. Permitir. Licenciar (dar la licencia a los soldados). *v. r.* Licenciarse. Despedirse.

LICENCIATURA *f.* Licenciatura, licenciamiento.

LICENCIOSAMENTE (cióza) *adv. m.* Licenciosamente.

LICENCIOSIDADE (zi) *f.* Licenciosidad.

LICENCIOSO, SA (ciozo, òza) *adj.* Licencioso, libre, disoluto.

LICEU *m.* Liceo.

LICHIGUANA *(chi) f.* Lo mismo que LECHEGUANA.

LICITAÇÃO (sáum) *f.* Licitación.

LICITADOR, RA *adj.* Que licita. *m.* Licitador.

LICITANTE *adj.* Que licita. *m.* Licitante.

LICITAR *v. tr.* Licitar (ofrecer precio por una cosa que se vende en subasta o almoneda). *v. intr.* Subastar.

LÍCITO, TA *adj.* Lícito, justo, legal, legítimo.

LIÇO (so) *m.* Lizo.

LICOR *m.* Licor (bebida espiritosa o alcohólica). Licor (cuerpo líquido).

LICOREIRO *m.* Licorera (utensilio).

LICORISTA *m.* Licorero, licorista (persona que hace o vende licores).

LICTOR *m.* Lictor.

LIDA *f.* Faena, trabajo, fatiga, tráfago, pena, afán, obra laboriosa. Lidia. *fam.* Lectura (acción de leer); leida *(Amer.).*

LIDADOR, RA *adj.* Que lidia. Trabajador. *m.* Lidiador.

LIDAR *v. intr.* Lidiar, luchar, combatir, pelear. Lidiar (correr toros). Trabajar mucho, fatigarse, atarearse. Tratar con (personas o cosas). Esforzarse.

LIDE *f.* Lo mismo que LIDA. Lidia. Lid, combate, pelea. Lid, disputa, discusión.

LÍDER *m.* Guía, conductor, jefe, caudillo; leader, líder.

LIDERANÇA (sa) *f.* Dirección.

LIDIMAR *v. tr.* Legitimar.

LÍDIMO, MA *adj.* Legítimo, auténtico, verídico.

LIDO, DA *adj. P. p.* de *Ler.* Leído, erudito.

LIENITE *f.* Lienitis.

LIGA *f.* Liga (cinta con que se aseguran las medias). Liga, unión, mezcla. Liga, aleación. Liga, confederación. Liga (cantidad de cobre mezclada con el oro o plata de las monedas o alhajas. Ligazón, unión, trabazón, enlace. Alianza. *Bras. Río Gr. del Sur.* Suerte feliz (en el juego, en los amores, etc.). Lo mismo que LIGAÇÃO.

LIGAÇÃO (sáum) *f.* Ligación (acción de ligar). Ligación, liga, unión, mezcla. Conexión, coherencia. Amistad. Lazo, vínculo, unión. Relación. Concubinato. Relaciones afectivas o amorosas.

LIGADURA *f.* Ligadura, cinta con que se aprieta. Liga, venda, faja. Ligación. Ligamento. *Mús.* Ligadura. Lo mismo que ATILHO.

LIGAME *m.* Ligación. Lazo. Conexión, relación. Ligamen.

LIGAMENTO *m.* Ligación (acción de ligar). Ligadura. *Zool.* Ligamento. Mezcla.

LIGAR *v. tr.* Ligar, atar. Ligar, alear, mezclar metales. Ligar, unir, enlazar. Unir, allar. Mezclar. Ligar, obligar. Ú. t. c. r. *v. intr.* Ligarse, unirse, confederarse, aliarse. Juntarse.

LIGEIRA (jei) *f.* Levedad, ligereza. Facilidad.

LIGEIREZA (jeireza) *f.* Ligereza, presteza, prontitud, agilidad. Ligereza, levedad. *fig.* Ligereza, inconstancia, volubilidad; liviandad.

LIGEIRICE (jei) *f.* Lo mismo que LIGEIREZA.

LIGEIRO, RA (jei) *adj.* Ligero, liviano, leve, de poco peso. Ligero, ágil, veloz, presto, pronto. Ligero, de poca importancia. Ligero, inconstante, voluble, voltario, versátil. *À —a. m. adv.* A la ligera, sin aparato.

LÍGNEO, NEA *adj.* Leñoso.

LIGNIFICAÇÃO (sáum) *f.* Lignificación, leñificación.

LIGNIFICAR-SE *v. r.* Lignificarse, leñificarse.

LIGNITO *m.* Lignito, lignita.

LILÁ *m.* Lo mismo que

LILÁS *m.* Lila (arbusto oleáceo; flor de este arbusto; color morado claro).

LILIÁCEO, CEA *adj. Bot.* Liliáceo. *f. pl.* Liliáceas.

LILIPUTIANO, NA *adj.* Liliputiense. Ú. t. c. s.

LIMA *f.* Lima (instrumento para desgastar y alisar metales). Lima (fruto del limero).

LIMADOR, RA *adj.* Limador, que lima. Ú. t. c. s.

LIMADURA *f.* Limadura (acción de limar).

LIMAGEM *(jem) f.* Limadura (acción de limar). Limación.

LIMALHA (lla) *f.* Limalla, limaduras.

LIMÃO (máum) *m.* Limón (fruto del limonero).

LIMAR *v. tr.* Limar (desgastar o alisar un cuerpo con la lima; corregir, pulir una obra).

LIMATÃO (táum) *m.* Lima larga, ancha y plana. Limatón. Limazo.

LIMBO *m.* Limbo, borde de una cosa. Limbo (lugar donde las almas de los santos, patriarcas y niños muertos sin bautismo esperaban la redención del género humano). *Bot.* Limbo, lámina.

LIMEIRO *m.* Limero, lima (árbol auranciáceo, cuyo fruto es la lima).

LIMIAR *m.* Umbral (en la puerta o entrada de una casa). *fig.* Umbral (paso primero y principal o entrada de cualquier cosa).

LIMINAR *adj.* Preliminar. Liminar, liminal. *m.* Umbral, limen.

LIMITAÇÃO (sáum) *f.* Limitación.

LIMITAR *v. tr.* Limitar (poner límites; restriñir, acortar, ceñir; determinar, fijar). *v. r.* Limitarse, restriñirse.

LIMITATIVO, VA *adj.* Limitativo (que limita o restringe).

LIMITE (mí) *m.* Límite, término, confín, lindero, frontera. *fig.* Límite, fin, término.

LIMÍTROFE *adj.* Limítrofe (dícese de los territorios que confinan entre sí).

LIMO *m.* Limo, cieno, fango; barro, lodo.

LIMOAL *m.* Limonar (terreno plantado de limoneros).

LIMOEIRO *m.* Limonero, limón (árbol auranciáceo, cuyo fruto es el limón).

LIMONADA *f.* Limonada (bebida de jugo de limón, agua y azúcar). — *purgativa.* Limonada purgante.

LIMONITE *f. Miner.* Limonita.

LIMOSIDADE (zi) *f.* Limosidad (calidad de limoso).

LIMOSO, SA (mozo, òza) *adj.* Limoso (lleno de limo, lodo o cieno).

LIMOTE (mò) *m.* Lima triangular (instrumento).

LIMPA *f.* Limpia, limpieza, limpiadura. *Bras. nort.* Lo mismo que MONDA.

LIMPAÇÃO (sáum) *f.* Lo mismo que

LIMPADELA (dè) *f.* Limpia, limpieza, limpadura.

LIMPADOR, RA *adj.* Limpiador. Ú. t. c. s.

LIMPADURA *f.* Limpiadura, limpieza. *pl.* Limpiaduras (desperdicios o basura de las cosas que se limpian). Residuos de alimentos.

LIMPA-MATO *m.* Especie de víbora.

LIMPAMENTO *m.* Limpiamiento, limpieza.

LIMPA-PASTO *m. Bras.* Especie de víbora.

LIMPA-PÉS (pès) *m. Bras.* Limpiabarros.

LIMPA-PRATOS *m. Bras.* Comilón, glotón.

LIMPAR *v. tr.* Limpiar (quitar la suciedad de alguna cosa). Ú. t. c. r. *fig.* Limpiar, purificar. *fig.* Limpiar (echar de un sitio a quienes causan perjuicio). *fig.* Limpiar (quitar a los árboles las ramitas superiores). *fig.* Limpiar (hurtar, quitar o robar a alguien una cosa). *v. intr.* Despejarse (el cielo).

LIMPA-TRILHOS (llos) *m. Bras.* Rastrillo (de una locomotora).

LIMPEZA (za) *f.* Limpieza (calidad de limpio; acción de limpiar). *fig.* Limpieza, pureza, castidad. *fig.* Limpieza (precisión, suma agilidad en hacer ciertas cosas).

LIMPIDEZ *f.* Limpidez. Brillo. Pureza. Serenidad. Nitidez.

LÍMPIDO, DA *adj.* Nítido, terso, claro, puro, resplandeciente; límpido (*poét.*).

LIMPO, PA *adj.* Limpio (en todas las acepciones de esta voz).

LIMUSINE (zi) *f.* Limousine (*voz francesa*).

LINCE *m.* Lince (animal felino). *Vista de* —. Vista, mirada lince.

LINCHAMENTO (*cha*) *m.* Linchamiento.

LINCHAR (*cha*r) *v. tr.* Linchar.

LIDA *f.* Lo mismo que LINDE.

LINDAR *v. tr.* Confinar, limitar. *v. intr.* Lindar.

LINDE *m.* Linde, término, lindera, confín; línea divisoria de dos fincas o heredades. Mojón.

LINDEIRA *f.* Dintel.

LINDEIRO, RA *adj.* Lindero, limítrofe.

LINDEZA (za) *f.* Lindeza. Hermosura. Gracia. Primor.

LINDO, DA *adj.* Lindo, hermoso, bello, grato a la vista; agradable.

LINEAL *adj.* Lineal, linear.

LINEAMENTO *m.* Lineamiento, delineación.

LINEAR *adj.* Lineal.

LÍNEO, NEA *adj.* Lineo, lináceo.

LINFA *f.* Linfa (humor acuoso que circula por los vasos linfáticos). *poét.* Linfa, el agua.

LINFAGITE (ji) *f. Pat.* Linfagitis; Linfitis.

LINFÁTICO, CA *adj. Med.* Linfático.

LINFATISMO *m. Med.* Linfatismo.

LINGA *f. Mar.* Eslinga.

LINGADA *f.* Porción o peso que de una vez levanta el cabrestante o pescante; lingada (*Amer.*); peso que levanta la eslinga.

LINGAR *v. tr.* Eslingar.

LINGOTE (gò) *m.* Lingote (barra de metal en bruto).

LINGOTEIRA *f.* Lingotera (molde para vaciar los lingotes).

LÍNGUA *f.* Lengua (órgano). Lengua, lenguaje, idioma. Lengua, lengüeta. *m.* Lengua, intérprete. *Com* — *de palmo. m. adv.* De mala gana. — *comprida.* Largo de lengua, lingüilargo. — *de-boi.* Lengua de buey (planta borragínea). — *de-mulata.* Pez del Brasil. — *de-tejú.* Planta borragínea del Brasl. — *de trapo.* Lengua de estropajo, persona balbuciente. — *de vaca.* Buglosa, lenguaza. — *geral. Bras.* El idioma tupí-guaraní. — *mãe.* Lengua madre, o matriz. — *materna.* Lengua materna. — *morta.* Lengua muerta. — *de terra.* Lengua de tierra. — *viperina.* Lengua de escorpión, de hacha, de sierpe, de víbora, serpentina, o viperina, persona mordaz, murmuradora y maldiciente. *Meia* —. Media lengua (persona que pronuncia con imperfección por impedimento de la lengua; la misma pronunciación imperfecta). *Más* —*s.* Malas lenguas (el común de los murmuradores y calumniadores).

LINGUADO *m.* Lenguado (pez). Tira de papel. *adj. Blas.* Lingudo.

LINGUAGEM (jem) *f.* Lenguaje.

LINGUAJAR (*jar*) *v. intr.* Hablar.

LINGUAL *adj.* Lingual (perteneciente a la lengua).

LINGUARÁ *m. Bras.* Lengua, intérprete.

LINGUARADO, DA *adj. p. us.* Lo mismo que LINGUARUDO. Ú. t. c. s.

LINGUARÃO, RONA (ráum) *adj.* Lo mismo que LINGUARUDO. Ú. t. c. s.

LINGUARAZ *adj.* Lo mismo que LINGUARUDO. Ú. t. c. s.

LINGUAREIRO, RA *adj.* Lo mismo que LINGARUDO. Ú. t. c. s.

LINGUARUDO, DA *adj.* Deslenguado, lenguatón, lenguaraz, lenguaz, lengudo, hablador, charlatán, murmurador; lengüeta (*amer. merid.*); lenguón (*en Méjico*).

LINGUEIRÃO (ráum) *m.* Lengua muy grande.

LINGUETA (güe) *f.* Lengüeta (en todas las principales acepciones de esta voz).

LINGUIÇA (güisa) *f.* Longaniza (embutido angosto de carne de cerdo picada y adobada). Chorizo.

LINGUISTA (güis) *m.* Lingüista.

LINGUÍSTICA (güis) *f.* Lingüística.

LINGUÍSTICO, CA (güis) *adj.* Lingüístico.

LINHA (ña) *f.* Línea (extensión considerada en una sola dimensión, la lonjitud; medida longitudinal de doce puntos; raya, renglón; línea equinoccial, ecuador terrestre; camino, vía, clase, género, especie; linaje; término, límite, confín; formación de la tropa en orden de batalha; serie de personas enlazadas por parentesco; vía terrestre, marítima o aérea). Hilo (para coser). Sedal, liña (*Amer.*). Veta. Bramante, cordel. Hilera, fila. *fig.* Norma, regla. *fig.* Dirección. *fig.* Rumbo. *fig.* Curso, camino. *fig.* Método, plan. *fig.* Especialidad, conocimientos. *pop.* Mirada. *pl. fig.* Renglones. Contornos, apariencias. — *de água.*

Línea de agua, línea de flotación. — *de tiro.* Línea de mira. — *do vento. Mar.* Línea del viento. — *mestra.* Línea maestra. — *quebrada.* Línea quebrada. — *reta.* Línea recta. —*s telefônicas.* Línea telefónica. —*s telegráficas.* Línea telegráfica. *Tropa de* —. Tropa de línea. *Navio de* —. Navío de línea.

LINHAÇA (ñasa) *f.* Linaza (simiente del lino).

LINHADA (ña) *f. Bras.* Sedal; Liña (*Amer.*). Lanze de anzuelo. *Bras. pop.* Mirada.

LINHAGEM (ñajem) *f.* Tejido grosero de lino. Linaje (ascendencia o descendencia de una persona o familia). *fig.* Linaje (clase o condición de alguna cosa).

LINHAGISTA (ñajis) *m.* Linajista.

LINHAL (ñal) *m.* Linar (terreno sembrado de lino).

LINHEIRA (ñei) *f.* Liencera. Mujer que trata en tejidos de lino.

LINHEIRO, RA (ñei) *adj. Bras.* Recto, derecho. Aliñado. *m.* Liencero. Comerciante en hilos.

LINHO (ño) *m.* Lino (planta; tela de lino).

LINHÓ (ñò) *m.* Lo mismo que

LINHOL (ñòl) *m.* Hilo (para coser calzados).

LINHOSO, SA (ñozo, ñòza) *adj.* Parecido al lino; propio de él.

LINIFÍCIO *m.* Arte de trabajar el lino. Artefacto de lino.

LINIMENTO *m.* Linimento, linimiento.

LINÓLEO (nò) *m.* Linóleo.

LINOTIPIA (pía) *f.* Linotipia (arte de componer con la linotipia).

LINOTIPISTA *m.* Linotipista.

LINOTIPO *m.* Linotipia (máquina de componer).

LIO (lío) *m.* Haz, manojo. Lo mismo que ATILHO.

LIONÊS, ESA (nés, neza) *adj. y s.* Lionés.

LIOZ (liòz) *adj.* Dícese de la piedra calcárea. Ú. t. c. s.

LIPASE (ze) *f. Quím.* Lipasa.

LIPES *adj.* Dícese de la lipes, o piedra lipes (sulfato de cobre, vitriolo azul).

LIPOGRAMA *m.* Lipogramacia, lipograma.

LIPÓIDE (pòi) *adj.* Lipoideo. *m.* Lipoide.

LIPOMA *f. Pat.* Lipoma (tumor de tejido adiposo).

LIPOMATOSO, SA (tozo, òza) *adj.* Lipomatoso.

LIPOSO, SA (pozo, òza) *adj.* Remellado (que tiene mella).

LIQUAÇÃO (cuasáum) *f.* Licuación.

LIQUEFAÇÃO (sáum) *f.* Licuefacción.

LIQUEFATIVO, VA *adj.* Licuefactivo.

LIQUEFAZER (zer) *v. tr.* Licuefacer, licuar. Ú. t. c. r.

LIQUEFEITO, TA *adj. P. p.* de *Liquefazer.* Licuefacto.

LÍQUEN *m.* Liquen.

LIQUESCER *v. tr.* Licuefacer, licuar. Ú. t. c. r.

LIQUIDAÇÃO (cuidasáum) *f.* Liquidación (acción de liquidar, en las acepciones comerciales). Finiquito. Liquidación (venta de géneros con grand rebaja de precios). Liquidación (ajuste final de cuentas de una entidad comercial que cesa en los negocios).

LIQUIDADOR, RA (cui) *adj.* Liquidador. Ú. t. c. s.

LIQUIDAR (cui) *v. tr.* Liquidar (hacer el ajuste de una cuenta). *fig.* Liquidar (poner término a una cosa o a un estado de cosas). Hacer liquidación, o venta de géneros con gran rebaja de precios. *v. intr.* Liquidar (hacer el ajuste final de cuentas una entidad comercial que cesa en los negocios).

LIQUIDÁVEL *adj.* Liquidable.

LIQUIDEZ *f.* Liquidez (calidad de líquido).

LIQUIDIFICAÇÃO (sáum) *f.* Liquidificación.

LIQUIDIFICANTE *adj.* Liquidificador.

LIQUIDIFICAR *v. tr.* Liquidificar, liquidar, licuar, licuefacer. Ú. t. c. r.

LIQUIDIFICÁVEL *adj.* Liquidificable.

LÍQUIDO, DA (cui) *adj.* Líquido (hablando del estado de los cuerpos; dícese del saldo de cuantía cierta que resulta de la comparación del cargo con la data; aplícase a ciertas consonantes. Neto. *m.* Líquido, licor.

LIRA *f.* Lira (instrumento músico; *fig.* numen, estro, inspiración de un poeta). Lira (moneda italiana). *Astr.* Lira (pequeña constelación boreal).

LIRIAL *adj.* Lilial. *m. Bras.* Terreno sembrado de lirios.

LÍRICA *f.* Lírica (poesía lírica).

LÍRICO, CA *adj.* Lírico. *m.* Lírico. (poeta lírico).
LÍRIO *m.* Lirio. — *convale.* Muguete, lirio de los valles. — *d'água.* Lirio de agua. — *do-vale.* Muguete, lirio de los valles. — *roxo.* Lirio cárdeno.
LIRISMO *m.* Lirismo. Sentimentalismo.
LIS *m.* Lis, lirio. *Blas.* Lis, flor de lis.
LISBOANO, NA *adj.* y *s.* Lo mismo que
LISBOÉS, ESA (boés, eza) *adj.* y *s.* Lo mismo que
LISBOETA *adj.* y *m.* y *f.* Lisbonés.
LISBONÉS, ESA (nés, eza) *adj.* y *s.* Lo mismo que LISBOETA.
LISBONINO, NA *adj.* y *s.* Lo mismo que LISBOETA.
LISO, SA (zo) *adj.* Liso, igual, sin aspereza. Liso (sin adorno; que no es labrado). Liso, llano, sencillo (en el trato). *Bras. Germ.* Sin dinero.
LISOL (zòl) *m. Quím.* Lisol.
LISONJA (zonja) *f.* Lisonja, alabanza afectada, adulación.
LISONJARIA (zonjaría) *f.* Lisonja. Costumbre de lisonjear.
LISONJEADOR, RA (zonjea) *adj.* Lisonjeador, lisonjero. Ú. t. c. s.
LISONJEAR (zonjear) *v. tr.* Lisonjear (adular; dar motivo de engreimiento o envanecimiento). Ú. t. c. r. *fig.* Lisonjear, deleitar, gustar, agradar.
LISONJEIRAMENTE (zonjei) *adv. m.* Lisongeramente.
LISONJEIRO, RA (zonjei) *adj.* Lisonjero (que lisonjea). Ú. t. c. s. Lisonjero (que agrada y deleita). Satisfactorio.
LISTA *f.* Lista, tira (faja estrecha y larga). Lista (señal larga y estrecha o línea de color en un cuerpo cualquiera). Lista, catálogo. Minuta, lista de una comida.
LISTÃO (táum) *m.* Listón. *Carp.* Listón.
LISTEL (tèl) *m. Arq.* Listón, listel.
LISTRA *f.* Lista (señal larga y estrecha o línea de color en un cuerpo cualquiera).
LISTRADO, DA *adj.* Listado.
LISTRÃO (tráum) *m. aum.* de *Listra.* Lista grande.
LISTRAR *v. tr.* Guarnecer, adornar con listas. Rayar. *fig.* Lo mismo que ENTREMEAR.
LISURA (zu) *f.* Lisura (igualdad y lustre de una superficie). *fig.* Lisura, sencillez, llaneza, sinceridad. *fig.* Honradez, buena fe.
LITANIA (nía) *f.* Letanía.
LITEIRA *f.* Litera (antiguo vehículo).
LITEIREIRO *m.* Literero.
LITERAL *adj.* Literal (conforme a la letra del texto, o al sentido propio de las palabras; dícese de la traducción que se ajusta, palabra por palabra, al texto orignal).
LITERÁRIO, RIA *adj.* Literario.
LITERATELHO (llo) *m. despect.* Literato.
LITERATICE *f. despect.* Mala literatura. Manía literaria.
LITERATO *m.* Literato.
LITERATURA *f.* Literatura.
LITÍASE (ze) *f.* Litiasis, mal de piedra.
LITIGANTE *adj.* Litigante. Ú. t. c. s.
LITIGAR *v. tr.* Litigar, pleitear, disputar en juicio. *fig.* Litigar, contender, altercar. *v. intr.* Tener pleitos o litigios.
LITIGÁVEL *adj.* Contestable.
LITÍGIO (jio) *m.* Litigio, pleito, disputa en juicio. *fig.* Litigio, altercación, contienda.
LITIGIOSO, SA (jiozo, òza) *adj.* Litigioso.
LÍTIO *m.* Litio.
LITOGENESIA (jenezía) *f.* Litogénesis (formación de cálculos).
LITOGRAFAR *v. tr.* Litografiar.
LITOGRAFIA (fía) *f.* Litografía.
LITOGRÁFICO, CA *adj.* Litográfico.
LITÓGRAFO (tò) *m.* Litógrafo.
LITÓIDE (tòi) *adj.* Litoideo, litoide.
LITOLOGIA (jía) *f.* Litología.
LITÔMETRO (tó) *m.* Litómetro.
LITORAL *adj.* Litoral. *m.* Litoral (costa de un mar; zona marítima de un territorio).
LITORÂNEO, NEA (rá) *adj.* Litoral.
LITÓREO, REA (tò) *adj. poét.* Litoral.
LITOSFERA (fè) *f.* Litosfera.
LITOSPERMO (pèr) *m. Bot.* Litospermo.

LITOTES (tò) *m. pl. Ret.* Litote.
LITÓXILO (tò) *m.* Litoxilo.
LITRO *m.* Litro (unidad de capacidad del sistema métrico decimal). Botella de litro.
LITUANO, NA *adj.* y *s.* Lituano. *m.* Lituano (lengua).
LITURGIA (jía) *f.* Liturgia.
LITÚRGICO, CA (ji) *adj.* Litúrgico.
LITURGISTA (jis) *m.* Liturgista (persona versada en liturgia).
LÍVEL (vèl) *m.* Lo mismo que NIVEL.
LIVELAR *v. tr.* Lo mismo que NIVELAR.
LIVIDEZ *f.* Lividez. Palidez.
LÍVIDO, DA *adj.* Lívido. Pálido.
LIVOR *m.* Lividez. Palidez. Livor.
LIVRAMENTO *m.* Libramiento. Liberación. Rescate.
LIVRANÇA (sa) *f.* Libración. Libranza (orden de pago).
LIVRAR *v. tr.* Librar (sacar o preservar a alguien de un mal o peligro). Ú. t. c. r. Libertar, eximir. *v. r.* Escapar.
LIVRARIA (ría) *f.* Librería (tienda de libros). Librería, biblioteca.
LIVRE *adj.* Libre (que tiene libertad; que no es esclavo; que no está preso; licencioso, desenfrenado; atrevido, que se toma libertades; exento, dispensado; soltero; independiente; exento de un daño, cuidado o peligro; aplícase al verso suelto).
LIVRECO (vrè) *m. despect.* Librejo, libraco.
LIVREIRO *m.* Librero.
LIVREMENTE *adv. m.* Libremente.
LIVRETE *m.* Libreta. Librillo.
LIVRILHO (llo) *m.* Librillo (cuadernito de papel de fumar). *Bot.* Líber.
LIVRO *m.* Libro. *Zool.* Librillo, libro.
LIVRÓRIO (vrò) *m. despect.* Libraco, libracho. Librazo.
LIXA (cha) *f.* Lija (pez selacio). Lija (piel seca de este pez o de otro selacio, que sirve para alisar). Lija, papel de lija.
LIXADOR, RA (cha) *adj.* Que lija, que alisa con lija. Ú. t. c. s.
LIXAR (char) *v. tr.* Lijar (alisar algo con lija).
LIXEIRA (chei) *v. Bras.* Nombre común a varias plantas de corteza áspera.
LIXEIRO (chei) *m. Bras.* Basurero (el que saca la basura).
LIXÍVIA (chí) *f.* Lejía.
LIXIVIAÇÃO (chiviasáum) *f.* Lixiviación.
LIXIVIADOR (chi) *m.* Lixiviador (aparato de lixiviación).
LIXIVIAR (chi) *v. tr.* Lixiviar. Colar (meter en lejía).
LIXO (cho) *m.* Inmundicia y polvo (que se recoje barriendo). *fig.* Suciedad, inmundicia.
LIXOSO, SA (chozo, chòza) *adj.* Sucio, inmundo, que tiene basura; basuriento *(Amer.).*
LÓ (Forma ant. del art. deter. en género masculino y número sing.) El. *pron.* (Acusativo del pron. personal de tercera persona en género masculino y número sing., usado después de las formas verbales terminadas en r, o z, y después de los pronombres *nos* y *vos).*
LÓ (lò) *m. Mar. Lof. Meter de* —. *Mar.* Orzar. *Pão-de* —. Bollo ligero y esponjoso, bizcochuelo.
LOA *f. Teatr.* Loa. Loa (acción de loar). Elogio, loa. *fam.* Mentira, bola. *fam.* Habladuría.
LOBA (lò) *f.* Tumor.
LÔBA (lò) *f.* Loba (hembra del lobo). Loba (sotana).
LOBACHO (cho) *m.* Lobezno, lobato.
LOBADO, DA *adj.* Lobado, lobulado.
LOBAL *adj.* Lobular, lobulado.
LOBÃO *m. Veter.* Lobado.
LOBATO *m.* Lobato, lobezno.
LOBAZ *m. aum.* de *Lobo.* Lobo grande.
LOBEIRO, RA *adj.* Lobuno.
LOBINHO (ño) *m.* Lobanillo, lupia. *Bras.* Escultista con menos de diez años.
LOBISOMEM *m.* Duende, trasgo. Persona que, según la leyenda supersticiosa de la edad media, se convertía en lobo y devoraba a otras personas.
LOBO (lò) *m.* Lobo, lóbulo. Lóbulo, perilla de la oreja.

LOBO (ló) *m. Zool.* Lobo.
LÓBREGO, GA (ló) *adj.* Lóbrego, obscuro, sombrío, tenebroso; melancólico, triste.
LOBRIGAR *v. tr.* Entrever; ver a lo lejos; ver con dificultad; ver por casualidad. *fig.* Entender, conocer.
LOBULAR *adj.* Lobulado, lobular.
LÓBULO (lò) *m.* Lóbulo.
LOBULOSO, SA (ozo, òza) *adj.* Lobuloso.
LOBUNO, NA *adj. Bras. Río Gr. del Sur.* Lobuno.
LOCAÇÃO (sáum) *f.* Locación, arrendamiento. Alquiler. *Bras.* Colocación, instalación, ubicación.
LOCADOR *m.* Arrendador. Alquilador.
LOCATÁRIO *m.* Arrendatario; locatario *(Amer.).*
LOCATIVO, VA *adj.* Locativo.
LOCO *m. Bras.* Locro *(Amer.).*
LOCOMOÇÃO (sáum) *f.* Locomoción.
LOCOMOTIVA *f.* Locomotora.
LOCOMOTIVIDADE *f.* Locomotividad.
LOCOMOTIVO, VA *adj.* Locomotivo, locomotor.
LOCOMOTOR, RA *adj.* Locomotor.
LOCOMOTRIZ *adj. f.* Locomotriz.
LOCOMÓVEL (mò) *adj.* Locomóvil. *m.* Locomóvil.
LOCOMOVER-SE *v. r.* Trasladarse.
LOCUÇÃO (sáum) *f.* Locución (manera de hablar o de expresarse; frase; modo). — *adverbial.* Modo adverbial. — *conjuntiva.* Modo conjuntivo.
LOCUPLETAR *v. tr.* Enriquecer. Saciar, hartar, satisfacer algo en exceso. *v. r.* Enriquecer, enriquecerse. Llenarse, hartarse, saciarse.
LOCUSTA *f.* Lo mismo que GAFANHOTO.
LOCUTOR *m.* Locutor (persona que habla en los aparatos radiotelefónicos).
LOCUTÓRIO (tò) *m.* Locutorio (en las cárceles y conventos).
LODAÇAL (sal) *m.* Lodazal, barrizal, lodazar.
LODACENTO, TA *adj.* Lodoso.
LODEIRA *f.* Lo mismo que LAMEIRO.
LODEIRO *m.* Lo mismo que ATOLEIRO.
LODO *m.* Lodo, barro, fango.
LODOSO, SA (dozo, dòza) *adj.* Lodoso.
LOENDRO *m. Bot.* Adelfa, baladre.
LOGARITMO *m. Mat.* Logaritmo.
LÓGICA (lòji) *f.* Lógica.
LÓGICO, CA (lòji) *adj.* Lógico.
LOGÍSTICA (jís) *f. Mil.* Logística.
LOGO (lò) *adv. t.* Luego, prontamente, sin dilación, en seguida, sin demora. Luego, después, más tarde. *conj. ilat.* Luego. Desde —. *m. adv.* Desde entonces, desde aquel momeno. — *que.* *expr.* Luego como, luego que, así que, tan pronto como.
LOGOGRIFO *m.* Logogrifo.
LOGOMAQUIA (quía) *f.* Logomaquia.
LOGRAÇÃO (sáum) *f.* Engaño, ardid, trampa.
LOGRADEIRA *adj.* y *s.f.* Engañadora; trapacera, trapacista.
LOGRADOR, RA *adj.* y *s.* Engañador, trapacero, trapacista.
LOGRADOURO *m.* Paseo público. Pasto público para el ganado.
LOGRAMENTO *m.* Logramiento, logro, consecución.
LOGRÃO (gráum) *m.* Trapalón, embustero.
LOGRAR *v. tr.* Lograr, obtener, conseguir, alcanzar. Lograr, gozar, disfrutar. Poseer, aprovechar. Engañar. Sacar logro o lucro. *v. intr.* Lograrse (llegar a su perfección una cosa).
LOGREIRO, RA *adj.* Lo mismo que MANHOSO.
LOGRO (ló) *m.* Logro, consecución. Engaño, ardid, burla, trampa. Logro (acción de lograr). *ant.* Logro, lucro.
LOIOLA (iò) *m. despect.* Hipócrita; jesuíta.
LOJA (lòja) *f.* Tienda (casa donde se venden al público artículos de comercio). Logia (de francmasones). Piso bajo de una casa.
LOJISTA (jis) *m.* y *f.* Tendero (persona que tiene tienda, que vende por menor).
LOMBA *f.* Loma (altura pequeña y larga). *Bras.* Pereza, indolencia.
LOMBADA *f.* Loma muy larga; lomad *(ant.* Hoy tiene uso en el Río de la Plata; lomaje *(chil.).* Lomo (de un libro).
LOMBAL *adj.* Lo mismo que

LOMBAR *adj.* Lumbar (perteneciente o relativo a los lomos y caderas).

LOMBEAR-SE *v. r. Bras. Río Gr. del Sur.* Lomear.

LOMBEIRA *f. Bras.* Pereza, indolencia; cansancio.

LOMBEIRO, RA *adj.* Lo mismo que LOMBAL. Piel del lomo de los animales.

LOMBELO (bè) *m.* Nombre vulgar de un músculo del ganado vacuno que corresponde al pequeño psoas en el hombre.

LOMBILHEIRO (llei) *m. Bras. Río Gr. del Sur.* Lomillero (*Amer.*).

LOMBILHO (llo) *m. Bras. Río Gr. del Sur.* Lomillo (pieza del recado de montar, *Amer.*).

LOMBINHO (ño) *m. Bras.* Solomillo. Lomo (del cerdo).

LOMBO *m.* Lomo (parte central y inferior de la espalda; todo el espinazo de los cuadrúpedos). Lomo (del cerdo). Solomillo. Lomo (de un libro). Loma. *Derrear os —s.* Deslomar, derrengar.

LOMBRICAL *adj.* Lumbrical.

LOMBRICÓIDE (còi) *adj.* Lumbricoideo.

LOMBRIGUEIRA *f. Bot.* Hierba lombriguera, lombriguera; lombricera (*mejic.*).

LOMBROSIANO, NA (zia) *adj.* Dícese de los criminales, según la doctrina de Lombroso.

LOMBUDO, DA *adj.* Lomudo.

LONA *f.* Lona (tela fuerte y muy tupida). Harpillera.

LONCA *f. Bras. Río Gr. del Sur.* Lonja (cuero descarnado y pelado; *Amer.*).

LONDRIÑO, NA *adj.* Londinense, londonense. Ú. t. c. s.

LONGAL *adj.* Dilatado, largo.

LONGAMENTE *adv. m.* Largamente (por largo tiempo).

LONGAMIRA *f.* Anteojo de larga vista.

LONGÂNIME (gá) *adj.* Lo mismo que LONGÂNIMO.

LONGANIMIDADE *f.* Longanimidad.

LONGÂNIMO, MA (gá) *adj.* Longánimo, magnánimo, firme y constante.

LONGARINA *f.* Larguero.

LONGE (je) *adv. l.* Lejos. *m. pl. fig.* Lejos, apariencia, semejanza, vislumbre de una cosa. *Pint.* Lejos. *Ao — m. adv.* A lo lejos. *De —.* De lejos, desde lejos. *De — em —. m. adv.* De tiempo en tiempo, de cuando en cuando. *adj.* Lejano, distante, apartado.

LONGEVIDADE (je) *f.* Longevidad, larga vida.

LONGEVO, VA (jè) *adj.* Longevo, muy anciano, muy viejo, de mucha edad.

LONGÍNQUO, QUA (jíncuo) *adj.* Longincuo, distante, lejano, apartado.

LONGITUDE (ji) *f. Geogr.* Longitud (distancia de un lugar al primer meridiano, contada por grados en el Ecuador). Distancia.

LONGO, GA (gʌ) *adj.* Largo, luengo. Largo, prolijo. Duradero. *Ao — de. m. adv.* A lo largo (según la longitud de una cosa).

LONGUIDÃO (dáum) *f.* Largura, largor, longitud.

LONGURA *f.* Largura, largor, longitud. *fig.* Demora, tardanza, dilación.

LONJURA (ju) *f.* Lejanía (distancia grande entre dos sitios).

LONTRA *f.* Nutria, lutria.

LOQUACIDADE (cua) *f.* Locuacidad.

LOQUAZ *adj.* Locuaz.

LOQUELA (cuè) *f.* Locuela. Locuacidad.

LOQUETE *m.* Cerrojo. Candado.

LORDAÇO, ÇA (so) *adj. Bras. Ceará.* Rico, opulento.

LORDE (lòr) *m.* Lord.

LORDOSE (dòze) *f. Patol.* Lordosis.

LORIGA *f.* Loriga (armadura defensiva).

LORO (lò) *m.* Acción (correa del estribo).

LOROTA (rò) *f. Bras.* Mentira, bola, patraña.

LOROTAGEM (jem) *f. Bras.* Mentiras; jactancia.

LOROTAR *v. intr.* Mentir, decir patrañas.

LOROTEIRO, RA *adj. Bras.* Mentiroso, embustero, patrañero. Ú. t. c. s.

LORPA *adj.* Necio, tonto; lelo. Grosero. Imbécil, mentecato, alelado. Lo mismo que BOÇAL. Ú. t. c. s. m. y f.

LORPICE *f.* Imbecilidad; necedad; tontería.

LOSANGO (zan) *m.* Rombo. *Blas.* Losange.

LOSNA (lòs) *f.* Ajenjo común.

LOTAÇÃO (sáum) *f.* Tasación. Presupuesto. Cabida (espacio o capacidad de una cosa). *— de um navio.* Tonelaje, arqueo. Acción de *Lotar.*

LOTADOR *m.* Tasador.

LOTAR *v. tr.* Lotear (dividir en lotes una cosa), *Amer.* Tasar. Mezclar (vinos). Calcular. Lo mismo que SORTEAR.

LOTARIA (ría) *f.* Lo mismo que LOTERIA.

LOTE (lò) *m.* Lote (cualquiera de las partes de un todo que se ha de distribuir entre varias personas). Calidad. Arqueo, tonelaje. Bando, tropa. Solar de terreno.

LOTEAR *v. tr. Bras.* Lotear (*Amer.*: dividir en lotes un bien inmueble a fin de venderlo o para distribuir entre varias personas).

LOTERIA (ría) *f.* Lotería (juego público en el cual se otorgan premios a billetes sacados a la suerte). Lotería (juego casero. Lo mismo que VÍSPORA).

LOTÉRICO, CA (tè) *adj.* Lotérico (relativo a la lotería).

LOTO (lò) *m.* Lotería (juego casero con noventa números puestos en cartones).

LÓTUS (lò) *m.* Loto (planta y flor).

LOUÇA (sa) *f.* Loza (barro fino, cocido y barnizado de que se hacen platos, tazas y otras piezas de vajilla; conjunto de estos objetos o piezas de vajilla de una casa).

LOUÇAINHA (saíña) *f.* Ornatos. Vestidos de gala. Adorno.

LOUCAMENTE *adv. m.* Locamente.

LOUÇANIA (sanía) *f.* Lozanía (viveza y gallardía). Garbo. Elegancia.

LOUÇÃO, ÇÃ (sáum, sán) *adj.* Lozano, gallardo, airoso.

LOUÇARIA (saría) *f.* Alfar; locería (*Amer.*).

LOUCEIRA *f.* Locera (mujer que vende loza). Lo mismo que GUARDA-LOUÇA.

LOUCEIRO *m.* Locero. Alfarero. Armario para loza.

LOUCO, CA *adj.* Loco. Ú. t. c. s.

LOUCURA *f.* Locura (privación de la razón). Locura (desacierto, disparate, acción inconsiderada o imprudente).

LOUQUEJAR (jar) *v. intr.* Loquear (decir o hacer locuras, proceder como un loco).

LOUQUICE *f.* Locura.

LOURA *f.* Rubia, blonda. *fam.* Libra esterlina. Conejera (madriguera de conejos).

LOURECER *v. tr. y intr.* Lo mismo que LOUREJAR.

LOUREIRA *f.* Mujer seductora. Coqueta.

LOUREIRAL *m.* Lauredal.

LOUREIRO *m.* Laurel (planta).

LOUREJAR (jar) *v. intr.* Amarillecer. Enrubiarse. Ponerse blondo. Ú. t. c. tr.

LOURO *m.* Laurel (planta). *fam.* Loro, papagayo. *pl.* Laureles, laurel, corona, honor, triunfo, premio. *adj.* Blondo, rubio. *— cereja.* Laurel cerezo, o real, lauroceraso.

LOUSA (za) *f.* Losa (piedra plana y poco gruesa). Pizarra. Losa, sepulcro, sepultura. Pizarra (para escribir).

LOUVA-A-DEUS *m.* Mantis, rezadora (insecto).

LOUVAÇÃO (sáum) *f.* Loor. Loa. Alabanza.

LOUVADO *m.* Árbitro. Perito, experto.

LOUVADOR, RA *adj.* Loador, alabador. Ú. t. c. s.

LOUVAMENTO *m.* Lo mismo que LOUVAÇÃO.

LOUVAMINHA (ña) *f.* Adulación, lisonja, alabanza afectada.

LOUVAMINHAR (ñar) *v. tr.* Adular. Lisonjear.

LOUVAMINHEIRO, RA (ñei) *adj.* Adulador; lisonjeador, lisonjero.

LOUVAR *v. tr.* Loar, elogiar, celebrar. Aprobar una cosa, darla por buena. Enaltecer, ensalzar, encomiar, alabar mucho. *v. r.* Alabarse, enaltecerse, jactarse. *— -se em alguém.* Confiarse, fiarse, dar credito a la opinión o juicio de alguien.

LOUVÁVEL *adj.* Loable.

LOUVAVELMENTE *adv. m.* Loablemente.

LOUVOR *m.* Loor.

LUA *f.* Luna (astro, satélite de la Tierra). Luna (satélite). Mes lunar. Creciente. *— de mel.* La luna de miel. *— cheia.* Luna llena. *— nova.* Luna nueva.

LUAR *m.* Claro de luna.

LUBRICAR *v. tr.* Lubricar (hacer lúbrica o resbaladiza alguna cosa). Purgar. Lubrificar.

LUBRICIDADE *f.* Lubricidad.

LÚBRICO, CA *adj.* Lúbrico, resbaladizo. *fig.* Lúbrico, libidinoso.

LUBRIFICAÇÃO (sáum) *f.* Lubricación, lubrificación.

LUBRIFICANTE *adj.* Lubricante, lubrificante. Ú. t. c. s.

LUBRIFICAR *v. tr.* Lubricar, lubrificar.

LUCARNA *f.* Tragaluz.

LUCERNA (cèr) *f.* Lámpara, candela, lamparilla, linterna.

LUCIDAMENTE *adv. m.* Lúcidamente.

LUCIDAR *v. tr.* Calcar (un dibujo).

LUCIDEZ *f.* Lucidez.

LÚCIDO, DA *adj.* Lúcido, luciente. Lúcido, claro en el razonamento. Cuerdo.

LÚCIFER *m.* Lucifer. *Astr.* Lucífero.

LUCILAÇÃO (sáum) *f.* Acción de

LUCILAR *v. intr.* Lo mismo que

LUCILUZIR (zir) *v. intr. Bras.* Brillar con luz trémula.

LUCRAR *v. tr.* Lucrar, lograr, ganar, conseguir. *v. intr.* Lucrarse, sacar provecho o utilidad de una cosa.

LUCRATIVAMENTE *adv. m.* Lucrativamente.

LUCRATIVO, VA *adj.* Lucrativo; provechoso.

LUCRO *m.* Lucro, ganancia, provecho, logro. *—s e perdas. Com.* Ganancias y pérdidas, lucros y daños.

LUCROSO, SA (crozo, òza) *adj.* Lucroso; lucrativo.

LUCUBRAÇÃO (sáum) *f.* Lucubración.

LUCUBRAR *v. intr.* Lucubrar (trabajar intelectualmente velando).

LUCULENTO, TA *adj. poét.* Lúcido, luciente, brillante.

LUDIÃO (diáum) *m.* Lo mismo que LÚDIO.

LUDIBRIAR *v. tr.* Ridiculizar, burlar; escarnecer. Engañar, embaucar, embelecar.

LUDÍBRIO *m.* Ludibrio, burla, escarnio, mofa. Desprecio.

LUDIBRIOSO, SA (ozo, òza) *adj.* Escarnecedor.

LÚDIO *m.* Ludión (aparato de física).

LUDO, A *m.* Parcheesi; ludo (*Amer.*).

LUDREIRO *m.* Lodazal. Charco. Barrizal.

LÚDRICO, CA *adj.* Ridículo.

LUES *f.* Lúe; sífilis.

LUÉTICO, CA (è) *adj.* Luético.

LUFA *f.* Ventarrón. *fig.* Afán; prisa; barahunda.

LUFADA *f.* Ráfaga (movimiento violento del aire; soplo de viento). *fig.* Gran cantidad. *Às —s. m. adv.* Intermitentemente.

LUFA-LUFA *f.* Barahunda, prisa. Batahola.

LUFAR *v. intr.* Soplar con violencia el viento.

LUGAR *m.* Lugar (porción de espacio). Lugar, sitio, paraje. Lugar, ciudad, villa, pueblo, aldea. Lugar, tiempo, ocasión. Lugar, puesto, empleo, ministerio. Lugar, pasaje. Lugar, causa, motivo, ocasión. *— comum.* Lugares comunes, expresiones triviales. *— -tenente.* lugarteniente. *Em — de. m. adv.* En lugar de, en vez de. *Em primeiro —. m. adv.* En primer lugar.

LUGAREJO (jo) *m.* Lugarejo, lugarote, lugarete.

LUGRE *m.* Lugre (barco pequeño con tres palos).

LÚGUBRE *adj.* Lúgubre, funesto, triste, melancólico, luctuoso.

LUGUBREMENTE *adv. m.* Lúgubremente.

LUGUBRIDADE *f.* Calidad de lúgubre.

LUÍS *m.* Luis (moneda de oro francesa).

LULA *f.* Jibia, sepia (molusco).

LUMBAGEM (jem) *f.* Lo mismo que

LUMBAGO *m.* Lumbago (dolor reumático en la región lumbar).

LUMBRICAL *adj.* Lumbrical (de figura de lombriz).

LUMBRICIDA *adj.* Que mata lombrices intestinales. Ú. t. c. s.

LUME *m.* Lumbre (materia combustible encendida); fuego. Lumbre (luz natural o artificial). Lumbre, esplendor, claridad. *Dar a —. fr.* Dar a luz (publicar una obra). *— de água.* Lumbre del agua, superficie del agua.

LUMIEIRA *f.* Lumbrera (cuerpo luminoso). Lumbrera (abertura en el techo de una habitación). Lo mismo que FOGARÉU.

LUMINAR *adj.* Luminoso, que despide luz. *m.* Luminar (cualquier astro luminoso). Luminar, lumbrera, persona insigne.

LUMINÁRIA *f.* Luminaria, luminarias.

LUMINOSIDÁDE *(z*i) *f.* Luminosidad.

LUMINOSO, SA (nozo, òza) *adj.* Luminoso.

LUNAÇÃO (sáum) *f.* Lunación.

LUNANCO, CA *adj. Bras. Río Gr. del Sur.* Lunanco.

LUNAR *adj.* Lunar (perteneciente o relativo a la luna). *m.* Lunar (mancha natural en el cutis).

LUNÁTICO, CA *adj.* Lunático. Ú. t. c. s.

LUNDU *m. Bras.* Baile y música de origen africano.

LUNDUM *m. Bras.* Mal humor.

LUNETA *f.* Luneta (cristal pequeño de los anteojos). Anteojo. Anteojo de larga vista. Lumbrera, tragaluz.

LÚNULA *f. Anat.* Lúnula.

LUNULADO, DA *adj.* Lo mismo que

LUNULAR *adj.* Lunado.

LUPA *f.* Lente (cristal óptico). Lo mismo que LÚPIA.

LUPANAR *m.* Lupanar, mancebía, casa de prostitutas.

LUPERCAIS *f. pl.* Lupercales.

LÚPIA *f.* Lobanillo, lupia.

LUPINO, NA *adj.* Lupino.

LUPINOSE (nòze) *f.* Lupinosis, latirismo.

LÚPULO *m.* Lúpulo.

LÚPUS *f. Patol.* Lupus (enfermedad cutánea).

LURA *f.* Conejera (madriguera de conejos).

LÚRIDO, DA *adj.* Lúrido, luridoso.

LUSCO, CA *adj.* Tuerto, bizco. *m.* Úsase en la expr. *Entre — e fusco. m. adv.* Entre dos luces, al anochecer, al amanecer, a la hora del crepúsculo.

LUSCO-FUSCO *m.* La hora crepuscular.

LUSÍADA (zía) *adj.* Lusitano, portugués. Ú. t. c. s.

LUSISMO (zis) *m.* Lo mismo que LUSITANISMO.

LUSITÂNICO, CA (zitá) *adj.* Lusitano.

LUSITANISMO (zi) *m.* Lusitanismo.

LUSITANO, NA (zi) *adj. y s.* Lusitano, portugués.

LUSO, SA (zo) *adj. y s.* Luso, lusitano.

LUSTRAÇÃO (sáum) *f.* Lustración.

LUSTRADELA (dè) *f.* Pulimento (acción y efecto de pulir). Lustrado.

LUSTRADOR, RA *adj.* Lustrador. *m.* Limpiabotas.

LUSTRAL *adj.* Lustral. *Água —.* Agua lustral.

LUSTRAR *v. tr.* Lustrar, bruñir; pulir. Barnizar. Alumbrar, iluminar. *v. intr.* Brillar, lucir.

LUSTRE *m.* Lustre, brillo. *fig.* Lustre, esplendor, fama, gloria. Lustro (araña de alumbrado).

LUSTRILHO (llo) *m.* Lustrina (tela lustrosa de mucho brillo).

LUSTRINA *f.* Lustrina.

LUSTRINO, NA *adj.* Lustroso.

LUSTRO *m.* Lustro (espacio de cinco años). Pulimento.

LUSTROSO, SA (trozo, òza) *adj.* Lustroso.

LUTA *f.* Lucha (en todas las acepciones de esta voz).

LUTADOR *m.* Luchador.

LUTAR *v. intr.* Luchar (en todas las acepciones de este vocablo).

LUTERANISMO *m.* Luteranismo.

LUTERANO, NA *adj. y s.* Luterano.

LUTO *m.* Luto, duelo. Luto (signo exterior de duelo por la pérdida de una persona). *Art. y Of.* Luten. *Meio —.* Medio luto. *Aliviar o —. fr.* Aliviar el luto.

LUTULÊNCIA (lén) *f.* Lodo.

LUTULENTO, TA *adj.* Lodoso.

LUTUOSAMENTE (òza) *adv. m.* Luctuosamente.

LUTUOSO, SA (o, òza) *adj.* Lutoso, luctuoso.

LUVA *f.* Guante. *pl.* Guantes (agasajo o gratificación). *Atirar a —.* Arrojar el guante, desafiar. *Levantar a —.* Recoger el guante, aceptar un desafío.

LUVARIA (ría) *f. Bras.* Guantería.

LUVEIRO *m.* Guantero.

LUXAÇÃO (ch*asáum) *f.* Luxación, dislocación de algún hueso.

LUXAR (ch*ar) *v. tr.* Desencajar, dislocar, desconyuntar (hueso). *v. intr.* Ostentar lujo.

LUXEMBURGUÊS, GUESA (ch*emburgués, gueza) *adj. y s.* Luxemburgués.

LUXENTO, TA (ch*en) *adj. Bras.* Puntilloso.

LUXO (ch*o) *m.* Lujo.

LUXUOSAMENTE (ch*uòza) *adv. m.* Lujosamente.

LUXUOSIDADE (ch*uozi) *f.* Calidad de lujoso.

LUXUOSO, SA (ch*uozo, òza) *adj.* Lujoso.

LUXÚRIA (ch*ú) *f.* Lujuria. Lozanía (verdor y frondosidad en las plantas).

LUXURIANTE (ch*u) *adj.* Lujuriante, lujurioso. Lujuriante (muy lozano y que tiene excesiva abundancia).

LUXURIAR (ch*u) *v. intr.* Lujuriar. Lo mismo que VICEJAR.

LUXURIOSAMENTE (ch*uriòza) *adv. m.* Injuriosamente.

LUXURIOSO, SA (ch*uriozo, òza) *adj.* Lujurioso.

LUZ *f.* Luz (en todas las acepciones de esta voz). *pl. fig.* Luces, ilustración, cultura. *Dar à —.* Dar a luz (parir la mujer). *Dar —.* Dar luz (alumbrar el cuerpo luminoso).

LUZEIRO (zeiro) *m.* Lucero, astro, estrella. Lucero, luz, brillo, esplendor. Luminar, lumbrera (persona insigne). Lucero (el planeta Venus). *pl. poét.* Luceros (ojos).

LUZE-LUZE (ze-luze) *m. pop.* Luciérnaga.

LUZENTE (zen) *adj.* Luciente.

LUZERNA (zèr) *f.* Lucerna, lámpara. Lo mismo que ALFAFA.

LÚZIDIO, DIA (zidío, día) *adj.* Lúcido, brillante; nítido; pulido; lustroso.

LUZIDO, DA (zi) *adj.* Lucido, pomposo.

LUZILUZIR (ziluzir) *v. intr. Bras.* Lo mismo que TREMELUZIR.

LUZIMENTO (zi) *m.* Lucimiento.

LUZIR (zir) *v. intr.* Lucir, brillar, resplandecer. Lucir (corresponder el provecho al trabajo que se ejecuta para obtenerlo). Lucir (mostrar, ostentar alguna cosa). *v. tr.* Lucir (iluminar, comunicar luz y claridad). (No se usa como recíproco).

M (eme) *m.* Décimotercia letra y novena consonante del abecedario portugués. M (mil en la numeración romana).

MA *contrac.* Me la (*Gram.* Contracción de los pronombres *me* y *a*).

MÁ *adj.* Mala. — *-criação.* Mala crianza; malcriadez (*Amer.*). Grosería.

MACA *f.* Hamaca. Camilla (para conducir enfermos y heridos).

MAÇÁ (sa) *f.* Maza (arma antigua). Clava. Maza (para machacar el lino). Mazo. Maza, pisón.

MAÇÁ (sán) *f.* Manzana (fruto). Manzana (pomo de la espada). — *do rosto.* Pómulo.

MACABRO, BRA *adj.* Macabro.

MACACA *f.* Mona. Macaca.

MACACÃO (cáum) *m. Bras.* Blusa y pantalón de una sola pieza y con botonadura desde el cuello hasta el entrepiernas; mameluco (*Amer.*). *Bras.* Taimado. *aum.* de *Macaco.* Mono grande.

MACACARIA (ría) *f.* Multitud de monos. Lo mismo que MACAQUICE.

MACACO *m. Zool.* Mono. Macaco. Martinete (máquina para clavar estacas). Gato, cric (máquina compuesta de un engranaje de piñón y cremallera, para levantar pesos). *fig.* Mono (persona que gesticula de un modo semejante al de los monos). *fig.* Mono (*Amer.*), persona que remeda otra o que la imita en sus acciones o dichos. *adj. Bras.* Pícaro, taimado. — *-velho. Bras.* Zorro (hombre muy taimado y astuto).

MAÇADA (sa) *f.* Mazada (golpe de maza o mazo). Paliza. Trapaza. Lata, tabarra (discurso fastidioso, charla prolija e impertinente). Trabajo fastidioso. Machaquería.

MACADAME *m.* Macadán, macadam.

MACADAMIZAÇÃO (zasáum) *f.* Acción de

MACADAMIZAR (zar) *v. tr.* Pavimentar con macadán; macadamizar (*Amer.*).

MAÇADOR, RA (sa) *adj.* Que trabaja con el mazo. Machacador, marceador. *fig.* Machacón; importuno, pesado, molesto, impertinente, fastidioso, gravoso; cargoso (*Amer.*). Ú. t. c. s.

MAÇADURA (sa) *f.* Maceo. Contusión. Presión, frotación. Lo mismo que

MAÇAGEM (sajem) *f.* Maceración (del lino).

MACAIO, IA *adj. Bras. São Paulo.* Malo, inservible, gastado, echado a perder por el uso.

MACAMBÚZIO, ZIA (zio, zia) *adj.* Triste, taciturno, apesadumbrado.

MAÇANETA (sa) *f.* Botón, gorrón (manecilla o bola para tirar de una puerta y cerrarla).

MACANJO, JA (jo) *adj. Germ.* Bellaco. Ú. t. c. s. m.

MACANUDO, DA *adj. Bras. Río Gr. del Sur.* Extraordinario, excelente, superior; macanudo (*Amer.*).

MAÇÃO (sáum) *m.* Mazo grande; machote. Francmasón.

MAÇAPÃO (sapáum) *m.* Mazapán.

MAÇAQUEADOR, RA *adj.* Imitador, remedador. Ú. t. c. s.

MACAQUEAR *v. tr.* Remedar como los monos. Remedar, imitar ridículamente.

MACAQUEIRO, RA *adj.* Monesco. *m. Bras. Bot.* Guarea, yamo.

MACAQUICE *f.* Monería, monada. Acción y efecto de *Macaquear.* Lisonja. Monerías.

MACAQUINHO-DE-BAMBÁ (ño) *m. Bras.* Caballito del diablo.

MAÇAR (sar) *v. tr.* Macear. Machacar. Moler (en un almirez). *Fig.* Macear, machacar, majar, fastidiar, aburrir, importunar, molestar, cansar, cargar, incomodar, enfadar. *v. intr.* Ser fastidiosa y pesada una persona.

MAÇARÉU (rèu) *m. Bras. Amaz.* Lo mismo que PORORÓCA.

MAÇARICO (sa) *m.* Soplete (instrumento). *Bras.* Nombre común de varias aves. Alción. Chorlito.

MAÇAROCA (sarò) *f.* Mazorca, husada. Mazorca del maíz. Panoja. Haz. *Bras.* Maraña (enredo de los hilos o del cabello).

MACARRÃO (rráum) *m.* Macarrón (pasta alimenticia de harina de trigo). *Mar.* Macarrón.

MACARRÔNICO, CA (rró) *adj.* Macarrónico. *Latim* —. Macarronea.

MACAXEIRA (chei) *f. Bras. nort.* Lo mismo que AIPIM.

MACEDÔNICO, CA (dó) *adj.* Macedónico, macedonio (perteneciente o relativo a Macedonia).

MACEDÔNIO, NIA (dó) *adj.* y *s.* Macedonio (natural de Macedonia).

MACEGA (cè) *f.* Maleza (copia de malas hierbas nacidas en un sembrado).

MACEGAL *m. Bras.* Malezal (*Amer.*).

MACEGOSO, SA (gozo, òza) *adj.* Lleno de maleza.

MACEIRO *m.* Macero.

MACELA (cè) *f.* Manzanilla (hierba compuesta).

MACERAÇÃO (sáum) *f.* Maceración.

MACERADO, DA *adj. fig.* Macilento, flaco, descolorido.

MACERAMENTO *m.* Maceramiento, maceración.

MACERAR *v. tr.* Macerar (ablandar una cosa estrujándola, golpeándola o manteniéndola sumergida en un líquido). *fig.* Macerar (mortificar la carne con penitencias). Ú. t. c. r.

MACETA *f.* Mazo (martillo de madera). Maceta (especie de mazo). *adj.* Maceta (dícese del caballo o yegua que tiene nudos en las rodillas y pies), *Amer.*

MACETAR *v. tr.* Macear (golpear con el mazo).

MACETE *m.* Mazo (martillo de madera). — *de cartas.* Mazo de naipes.

MACHACAZ (cha) *m.* Hombre corpulento y desgarbado. *adj.* Pícaro, taimado, astuto, ladino. Ú. t. c. s. m.

MACHADA (cha) *f.* Hacha pequeña, hachuela.

MACHADADA (cha) *f.* Hachazo.

MACHADAR (cha) *v. intr.* Hachar, hachear (dar golpes de hacha).

MACHADINHA (chadiña) *f.* Hachuela. Macheta.

MACHADO (cha) *m.* Hacha (herramienta cortante). Machado (hacha para cortar madera).

MACHÃO (cháum) *m. fam.* Marimacho (mujer de aspecto y acciones de hombre). Lo mismo que MACHONA. Macho, mulo.

MACHARRÃO (charráum) *m.* Macho grande.

MACHEADO, DA (chea) *adj.* Tableado (hablando de prendas de vestir).

MACHEAR (chear) *v. tr.* Tablear (hacer tablas en la ropa). Padrear (ejercer el macho de los animales las funciones de la generación).

MACHETE (che) *m.* Machete (arma). Machete (especie de guitarra).

MACHIAL (chial) *m.* Machial (monte poblado de arbustos que se aprovecha para el ganado).

MACHIAR (chiar) *v. intr.* Secarse, esterilizarse, enmustiarse (una planta).

MACHINHO (chiño) *m. Bras.* Quartilla (del caballo). Cerneja.

MACHIO (chío) *m.* Cubrición, cubrimiento.

MÁCHIO, CHIA (chio) *adj.* Lo mismo que CHOCHO.

MACHO (cho) *m.* Macho (animal del sexo masculino). Macho, mulo. Tabla (en la ropa). Macho (parte del corchete que se engancha en la hembra). Macho (pieza que encaja o entra en otra). Macho del timón. *adj.* Masculino. *pop.* Macho, fuerte, robusto, varonil.

MACHOA (choa) *f.* Lo mismo que

MACHONA (cho) *f.* Marimacho.

MACHORRA (cho) *adj.* Machorra (hembra estéril).

MACHUCA (chu) *f.* Lo mismo que

MACHUCAÇÃO (chucasáum) *f.* Machucamiento, machucadura. Lo mismo que AMOLGADELA.

MACHUCADOR, RA (chu) *adj.* Machucador.

MACHUCADURA (chu) *f.* Lo mismo que MACHUCAÇÃO.

MACHUCAR (chu) *v. tr.* Machucar, herir, golpear, magullar una cosa. Lo mismo que AMARFANHAR. Triturar, moler. Machacar. Trillar. Desmigajar. Despedazar, destrozar. *pop.* Lastimar, herir, causar daño. Aplastar. Abollar.

MACHUCHO, CHA (chucho) *adj.* Taimado, astuto, pícaro. Ú. t. c. s.

MACIÇO, ÇA (so, sa) *adj.* Macizo, sólido, firme, relleno. *m.* Macizo (grupo espeso de árboles). *Geol.* Formación eruptiva. Montañas agrupadas alrededor de una cumbre principal.

MACIEIRA *f.* Manzano.

MACIEZ *f.* Lo mismo que

MACIEZA (za) *f.* Blandura, suavidad al tacto.

MACILÊNCIA (lén) *f.* Calidad o aspecto de

MACILENTO, TA *adj.* Macilento, flaco, descolorido, pálido, triste.

MACIO, CIA (cío, cía) *adj.* Blando, suave, tierno (al tacto). Liso, igual (sin aspereza). Agradable, apacible. Blando, suave, dulce, agradable. Suave (hablando de la voz).

MACIOTA (ciò) *f. Bras.* Sólo se usa en la expr. *Na* —. Con blandura, suavemente.

MAÇO (so) *m.* Mazo (martillo de madera). Maceta (martillo de cantero). Mazo, manojo. Mazo, lío.

MAÇOM (són) *m.* Francmasón, masón.

MAÇONARIA (sonaría) *f.* Francmasonería, masonería. *ant.* Mazonería.

MACONHA (ña) *f. Bras. Bot.* Pango, palguín (*Amer.*). Mariguana (*mexic.*).

MAÇÔNICO, CA (só) *adj.* Francmasónico, masónico.

MAÇORRAL (so) *adj.* Lo mismo que MAZORRAL.

MACOTA (cò) *adj. Bras.* Extraordinario, excelente, macanudo, de muy buena calidad, grande, superior. *m. Bras.* Hombre principal. *f. Bras.* Mala suerte. *Bras.* Lepra.

MACRÓBIO, BIA (crò) *adj. y s.* Macrobio, que vive largo tiempo.

MACROCÉFALO, LA (cè) *adj.* Macrocéfalo. Ú. t. c. s.

MACRÓCOMO, MA (crò) *adj.* Macrócomo, que tiene cabellos largos.

MACROCOSMO (còs) *m.* Macrocosmo. El universo.

MACRURO, RA *adj. Hist. Nat.* Macruro. *m. pl. Zool.* Macruros.

MACUCA *f.* Macuco (arbusto parecido al peral). *Bras.* Lo mismo que

MACUCO *m. Bras.* Nombre común a varias aves del género llamado tinamú.

MAÇUDO, DA (su) *adj.* De figura de maza. Grueso, abultado, grande. Luengo, largo, cargante, pesado, prolijo. Machacón.

MÁCULA *f.* Mácula, mancha. *fig.* Mácula (cosa que deslustra, afea y desdora).

MACULADO, DA *adj.* Manchado, maculado.

MACULAR *v. tr.* Manchar. Ensuciar. *fig.* Manchar, deslustrar.

MACULÁVEL *adj.* Manchadizo. Que se puede manchar.

MACUMBA *f. Bras.* Fetichismo; fetiquismo (*Amer.*), ceremonia fetichista.

MACUMBEIRO, RA *m. y f.* Fetichista; fetiquista (*Amer.*).

MADAGASCARENSE *adj. y s.* Malgache.

MADAMA *f.* Madama, señora. *pop.* Esposa. *pop.* Patrona.

MADAPOLÃO (láum) *m.* Madapolán (cierto percal).

MADEFAÇÃO (sáum) *f.* Madefacción.

MADEFICAR *v. tr.* Madefactar, madeficar.

MADEIRA *f.* Madera. Madera (vino).

MADEIRAMENTO *m.* Maderaje. Enmaderamiento.

MADEIRAR *v. tr.* Enmaderar.

MADEIREIRO *m. Bras.* Maderero (el que comercia o trata en maderas).

MADEIRO *m.* Madero. Cruz.

MADEIXA (cha) *f.* Madeja (manojo de hilo recogido en vueltas iguales). *fig.* Madeja (mata de pelo).

MÁDIDO, DA *adj.* Húmedo.

MADONA *f.* Madona.

MADORNA (dòr) *f.* Lo mismo que

MADORRA *f.* Lo mismo que MODORRA.

MADRAÇARIA (saría) *f.* Haraganería, holgazanería.

MADRACEAR *v. intr.* Haraganear, holgazanear.

MADRACICE *f.* Lo mismo que MADRAÇARIA.

MADRAÇO, ÇA (so, sa) *adj.* Holgazán, haragán. Ú. t. c. s.

MADRASTA *f.* Madrastra.

MADRASTO *m. Bras.* Madapolán.

MADRE *f.* Madre (título de las religiosas); monja. Madre, matriz, útero. Madre (de un río o arroyo). Madre (madero principal de una embarcación, máquina, etc.).

MADREPÉROLA (pè) *f.* Madreperla, nácar.

MADRÉPORA (drè) *f. Hist. Nat.* Madrépora.

MADRESSILVA (sil) *f.* Madreselva.

MADRIGAL *m.* Madrigal.

MADRIGALESCO, CA *adj.* Madrigalesco; madrigálico.

MADRIGALIZAR (zar) *v. intr.* Hacer madrigales.

MADRILENO, NA *adj. y s.* Madrileño, madrideño.

MADRILENSE *adj. y s.* Madrileño, madrideño.

MADRILÊS, LESA (lés, leza) *adj. y s.* Madrileño, madrideño.

MADRINHA (ña) *f.* Madrina (mujer). *Bras.* Madrina (yegua que sirve de guía a una manada de ganado caballar). *fig.* Madrina (la que favorece ou protege a alguien).

MADRUGADA *f.* Madrugada (alba; acción de madrugar).

MADRUGADOR, RA *adj.* Madrugador. Ú. t. c. s.

MADRUGAR *v. intr.* Madrugar (levantarse muy temprano). *fig.* Madrugar (anticiparse).

MADURAÇÃO (sáum) *f.* Maduración.

MADURAR *v. tr.* Madurar (dar madurez o sazón a los frutos; *fig.* preparar una idea, un proyecto, etc.). *v. intr.* Madurar (ir sazonándose los frutos; *fig.* erecer en edad, juicio y sensatez). Lo mismo que AMADURECER (*más usado*).

MADURECER *v. tr. e intr.* Lo mismo que MADURAR.

MADUREIRO *m.* Maduradero.

MADUREZ *f. p. us.* Lo mismo que

MADUREZA (za) *f.* Madurez (sazón de los frutos). *fig.* Madurez (buen juicio, prudencia, sensatez).

MADURO, RA *adj.* Maduro (en todas las acepciones de esta voz).

MÃE (máin) *f.* Madre (hembra que ha parido, respecto de sus hijos). *fig.* Madre (causa, origen, raíz de una cosa).

MÃE-BENTA (máin) *f. Bras.* Cierto bollo amasado con huevos.

MÃE-D'ÁGUA (máin) *f. Bras.* Ser fantástico, especie de sirena de los ríos.

MAESTRIA (tría) *f.* Lo mismo que MESTRIA.

MAESTRINA *f.* Maestra (música compositora).

MAESTRO (ès) *m.* Maestro (músico compositor).

MAFAMÉTICO, CA (mè) *adj.* Mahometano. Ú. t. c. s.

MAFARRICO *m.* El diablo.

MAGA *f.* Maga (mujer que ejerce la magia).

MAGANÃO (náum) *adj. y m.* Pillo, pillastrón, pícaro, bribón, tunante; divertido, festivo, alegre.

MAGANO, NA *adj.* Alegre, festivo, gracioso. Ú. t. c. s.* Pillo, tuno, astuto.

MAGAREFE (rè) *m.* Matarife.

MAGAZINE (zi) *m.* Revista (publicación periódica).

MAGIA (jía) *f.* Magia. *fig.* Magia, encanto, atractivo extraordinario, hechizo.

MAGIAR (jiar) *adj. y s.* Magiar; húngaro.

MÁGICA (ji) *f.* Mágica, magia. Mágica (mujer que ejerce la magia). *fig.* Magia, encanto, hechizo.

MÁGICO, CA (ji) *adj.* Mágico (perteneciente o relativo a la magia). *fig.* Mágico, maravilloso, extraordinario, estupendo. *m.* Mágico (el que ejerce la magia).

MAGINAR (ji) *v. intr. Bras. pop.* Imaginar, suponer, pensar.

MAGISTÉRIO (jistè) *m.* Magisterio (ejercicio de la profesión de maestro; conjunto de los maestros de un país, provincia, etc.).

MAGISTRADO (jis) *m.* Magistrado. Juez.

MAGISTRAL (jis) *adj.* Magistral (perteneciente o relativo al maestro o al magisterio). *fig.* Magistral (que se ejecuta con maestría), notable, perfecto, extraordinario. *fig.* Magistral, afectado, pedantesco, presuntuoso. *Em tom —. m. adv.* En tono magistral.

MAGISTRATURA (jis) *f.* Magistratura.

MAGNANIMIDADE *f.* Magnanimidad.

MAGNÂNIMO, MA (ná) *adj.* Magnánimo, generoso.

MAGNATA *m.* Magnata (persona principal, muy acaudalada y poderosa).

MAGNESIANO, NA (zia) *adj.* Magnesiano (que tiene magnesia).

MAGNÉSIO (nè) *m. Quím.* Magnesio.

MAGNESITA (zi) *f.* Magnesita (espuma de mar).

MAGNESITE (zi) *f.* Lo mismo que MAGNESITA.

MAGNETE (nè) *m.* Magneto, imán.

MAGNÉTICO, CA (nè) *adj.* Magnético.

MAGNETISMO *m.* Magnetismo.

MAGNETIZAÇÃO (zasáum) *f.* Magnetización.

MAGNETIZADOR, RA (za) *m. y f.* Magnetizador.

MAGNETIZAR (zar) *v. tr.* Magnetizar. *fig.* Magnetizar, atraer, dominar una persona.

MAGNETIZÁVEL (zá) *adj.* Magnetizable.

MAGNETO (nè) *m. Tecnol.* Magneto.

MAGNIFICAÇÃO (sáum) *f.* Magnificación.

MAGNIFICAR *v. tr.* Magnificar, engrandecer, alabar, ensalzar. Magnificar, aumentar, agrandar.

MAGNIFICÊNCIA (cén) *f.* Magnificencia (liberalidad, esplendidez; ostantación, grandeza).

MAGNIFICENTE *adj.* Magnífico, grandioso, espléndido, excelente, admirable; magnificente (*neol.*).

MAGNÍFICO, CA *adj.* Magnífico, grandioso, espléndido, suntuoso, excelente, admirable; liberal.

MAGNITUDE *f.* Magnitud, tamaño, grandor.

MAGNO, NA *adj.* Magno. Grande, importante, principal.

MAGNÓLIA (nò) *f. Bot.* Magnolia.

MAGO *m.* Mago (sacerdote de la religión de Zoroastro). Mago, mágico. *adj. fig.* Mágico, maravilhoso, encantador.

MÁGOA *f.* Cardenal, equimosis, contusión. *fig.* Pena, disgusto, aflicción, congoja.

MAGOAR *v. tr.* Herir, contundir. Afligir. Ofender, hacer daño; injuriar de palabra. Disgustar. *v. r.* Herirse, lastimarse. Enfadarse, enojarse. Afligirse, disgustarse.

MAGOTE (gò) *m.* Montón. Multitud, muchedumbre.

MAGRETE *adj. fam.* Flacucho, de pocas carnes.

MAGREZA (za) *f.* Flacura (calidad de flaco). Magrez. *fig.* Escasez, pobreza.

MAGRICELA (cè) *adj. y m. y f.* Lo mismo que MAGRIZELA.

MAGRIÇO (so) *m.* Quijote. *adj. pop.* Lo mismo que

MAGRIZELA (zè) *adj.* Flacucho, de pocas carnes.

MAGRO, GRA *adj.* Flaco, delgado, seco, de pocas carnes, magro, enjuto.

MAIO *m.* Mayo (quinto mes del año).

MAIÔ (ió) *m. Bras.* Traje de baño.

MAIÓLICA (iò) *f.* Mayólica.

MAIONESE (nèze) *f.* Mayonesa (salsa mahonesa; plato aderezado con ella). *Molho de —.* Salsa mahonesa.

MAIOR (iòr) *adj.* Mayor, más grande. *m. pl.* Abuelos, antepasados de una persona.

MAIORAL *m.* Capataz, mayoral. Jefe, superior. Mayoral (pastor principal).

MAIORANTA *f.* Mayorana, mejorana.

MAIORIA (ría) *f.* Mayoría (mayor número, mayor parte), mayoridad.

MAIORIDADE *f.* Mayoría, mayor edad, mayoridad.

MAIORMENTE (iòr) *adv. m.* Lo mismo que MORMENTE.

MAIORQUINO, NA *adj. y s.* Mallorquín.

MAIOZINHO, NHA (ziño, ña) *adj.* Perteneciente o relativo al mes de mayo.

MAIS *adv.* Más (comp. que indica exceso, aumento o superioridad, ya expresa, ya sobrentendida; indica aumento indeterminado de cantidad expresa; también denota idea de preferencia). *m.* Más. *Mat.* Más (signo de la suma: +). *Por — que. m. adv.* Por más que. *Sem — nem menos. m. adv.* Sin más ni más, sin reparo, precipitadamente, sin motivo. *— hoje, — amanhã. m. adv.* Mas tarde o más temprano, alguna vez, al cabo.

MAISENA (ze) *f.* Maicena; maizena (*Amer.*).

MAIÚSCULO, LA *adj.* Mayúsculo. Ú. t. c. s. f.

MAJESTADE (jes) *f.* Majestad.

MAJESTÁTICO, CA (jes) *adj.* Majestático.

MAJESTOSO, SA (jestozo, òza) *adj.* Majestuoso, majestoso.

MAJÓLICA (jò) *f.* Lo mismo que MAIÓLICA.

MAJOR (jòr) *m. Mil.* Mayor; comandante.

MAJORAÇÃO (jorasáum) *f. Bras.* Aumento. Gravamen.

MAJORANA (jo) *f. Bras.* Mejorana.

MAJORAR (jo) *v. tr.* Aumentar. Gravar, cargar.

MAJORIA (joría) *f. Mil.* Dignidad de mayor.

MAL *m.* Mal (negación del bien; enfermedad, dolencia; daño, perjuicio, ofensa; desgracia, calamidad). *— caduco.* Mal de corazón, o mal caduco, epilepsia. *— da terra.* Lo mismo que ANCILOSTOMÍASE. *— de cuia.* Lepra. *— de embigo* (*pop.*). Mal de los siete días. *— de França.* Mal francés, gálico. *— de gota.* Epilepsia. *— de Lázaro.* Mal de San Lázaro. Lepra. *—de sete dias.* Mal de los siete días. *— do vado.* Tétano. *— elefantino.* Elefancía. *— ruim.* Gota (enfermedad).

MAL *adv. m.* Mal (contrariamente a lo debido; desacertadamente; impropiamente; infelizmente; difícilmente; insuficientemente o poco). *conj.* Luego como, luego que, así que, tan pronto como. *— -. adv. m.* Así así, tal cual, medianamente. *De — a pior. m. adv.* De mal en peor.

MALA *f.* Valija. Maleta. Baúl, cofre. Mala (de correo). *Fazer a —. fr. fam.* Hacer uno la maleta.

MALABAR *adj. y m.* Malabar. *Jogos —es.* Juegos malabares.

MALABARISMO *m.* Escamoteo; malabar (*Amer.*), juegos malabares.

MALABARISTA *m.* y *f.* Malabarista, prestidigitador, escamoteador.

MALACA *f. Bras. S. Paulo.* Enfermedad, dolencia.

MALACACHETA (*che*) *f. Bras.* Mica (mineral).

MALACAFENTO, TA *adj. Bras.* Enfermizo.

MALACARA *adj. Bras. Río Gr. del Sur.* Dícese del caballo o yegua que tiene una lista blanca en la cabeza desde la frente al hocico; malacara (*amer. argent.*). Ú. t. c. s. m.

MALÁCIA *f. Med.* Malacia.

MALÁCIO, CIA *adj.* Relativo o parecido a la malacia.

MAL-ACONSELHADO, DA (*lla*) *adj.* Malaconsejado.

MAL-AFORTUNADO, DA *adj.* Desdichado, desgraciado.

MÁLAGA *m.* Málaga (vino de Málaga).

MAL-AGRADECIDO, DA *adj.* Desagradecido; malagradecido (*Amer.*).

MALAGUENHA (*ña*) *f.* Malagueña (aire popular de la provincia de Málaga).

MALAGUENHO, NHA (*ño, ña*) *adj.* y *s.* Malagueño.

MALAGUETA *f.* Malagueta (especia). Especie de pimienta.

MALAIO, IA *adj.* y *s.* Malayo.

MAL-AJAMBRADO, DA (*jam*) *adj. Bras.* Desgarbado. Mal vestido. Feo. Malo.

MAL-AJEITADO, DA (*jei*) *adj.* Desordenado.

MAL-AMANHADO, DA (*ña*) *adj.* Mal arreglado. Mal vestido. Grosero, imperfecto. Chapucero (hecho con tosquedad e imperfección).

MALANDANTE *adj.* Malandante, desafortunado, infeliz. *ant.* Salteador de caminos.

MALANDRAGEM (*jem*) *f.* Conjunto de malandrines, de bellacos y holgazanes; pillería. Lo mismo que MALANDRICE.

MALANDRAR *v. intr.* Holgazanear; pillear; tunantear, tunar; atorrar (*amer. argent.*); bellaguear. Flanear, andar vago.

MALANDRICE *f.* Tunantería, tunantada; pillería, pillada. Holgazanería. Gitanería. Bellaquería. Granujería. Haraganería.

MALANDRIM *m. pop.* Malandrín, bellaco. Ladrón, estafador. Haragán, holgazán.

MALANDRINO, NA *adj.* Malandrín, bellaco. *m.* Lo mismo que MALANDRIM.

MALANDRO *m.* Tunante, pillo, pícaro, bribón, granuja, bellaco, malandrín, atorrante (*amer. argent.*), gitano, haragán, holgazán, vagabundo. Ú. t. c. adj.

MALAQUITA *f. Miner.* Malaquita.

MALAR *m. Anat.* Pómulo, malar. *adj.* Malar (relativo a la mejilla).

MALÁRIA *f. Pat.* Malaria.

MAL-AVINDO, DA *adj.* Malavenido, mal avenido, desavenido, enemistado.

MALAXAR (*char*) *v. tr.* Amasar una substancia para ponerla blanda.

MALBARATADOR, RA *adj.* Malbaratador, malgastador, disipador, derrochador. Ú. t. c. s.

MALBARATAR *v. tr.* Malbaratar, malgastar, derrochar, disipar.

MALBARATO *m.* Malbarato, despilfarro, derroche, prodigalidad, disipación.

MAL-CHEIROSO, SA (*cheirozo, òza*) *adj.* Maloliente.

MALCONTENTE *adj.* Malcontento, disgustado, descontento.

MALCRIADO, DA *adj.* Malcriado, mal educado, descortés, grosero, incivil.

MALDADE *f.* Malicia, maldad (calidad de malo). Maldad (acción injusta y mala). Malicia (inclinación a lo malo). Malicia, perversidad.

MALDIÇÃO (*sáum*) *f.* Maldición.

MALDITO, TA *adj.* Maldito (perverso, mal intencionado; condenado por la justicia divina; de mala calidad, ruin). Maldecido.

MALDITOSO, SA (*tozo, òza*) *adj.* Desdichado, desafortunado, infortunado, infeliz.

MALDIZENTE (*zen*) *adj.* Maldiciente, detrator, difamador. Ú. t. c. s.

MALDIZER (*zer*) *v. tr.* Maldecir, echar maldiciones. *v. intr.* Maldecir (hablar mal de alguien, denigrándole).

MALDOSAMENTE (*dòza*) *adv. m.* Maliciosamente, con maldad, con malicia.

MALDOSO, SA (*dozo, òza*) *adj.* Malicioso (que contiene o lleva malicia o maldad); malévolo.

MALEABILIDADE *f.* Maleabilidad.

MALEÁCEO, CEA *adj.* Maleáceo, maleiforme.

MALEAR *v. tr.* Extender en láminas (el metal). *fig.* Ablandar.

MALEÁVEL *adj.* Maleable. Dúctil. *fig.* Acomodadizo. *fig.* Dócil.

MALEDICÊNCIA (*cén*) *f.* Maledicencia (acción de maldecir, de murmurar, de hablar mal de alguien).

MALEFICÊNCIA (*cén*) *f.* Maleficencia (costumbre de hacer mal).

MALEFÍCIO *m.* Maleficio (daño causado por arte de hechicería, hechizo).

MALÉFICO, CA (*lè*) *adj.* Maléfico. Daños, perjudicial, nocivo.

MALEIRO *m.* Maletero (persona que hace o vende maletas).

MALEITA *f.* Malaria. Ú. m. en pl.

MALEITOSO, SA (*ozo, òza*) *adj.* Que padece malaria.

MAL-ENJORCADO, DA (*jor*) *adj. Bras.* Mal vestido; mal arreglado.

MALÉOLO (*lè-o*) *m. Anat.* Tobillo, maléolo.

MALETA *f.* Maleta (para llevar ropas u otros efectos).

MALEVOLÊNCIA (*lèn*) *f.* Malevolencia, mala voluntad, ojeriza, inquina.

MALEVOLENTE *adj.* Malévolo; malevolente (*amer. chil.*).

MALÉVOLO, LA (*lè*) *adj.* Malévolo; malevo (*amer. argent.*).

MALFADADO, DA *adj.* Malhadado, infeliz, desgraciado, desdichado, desafortunado, desventurado.

MALFADAR *v. tr.* Vaticinar mala suerte. Desgraciar.

MALFALANTE *adj.* Lo mismo que MALDIZENTE.

MALFAZEJO, JA (*zejo*) *adj.* Maléfico, malévolo, maligno. Dañoso, nocivo. Ú. t. c. s.

MALFAZENTE (*zen*) *adj.* Que obra mal. Lo mismo que MALFAZEJO.

MALFAZER (*zer*) *v. intr.* Dañar, perjudicar, obrar mal; malfacer (*ant.*).

MALFEITO, TA *adj.* Malhecho, contrahecho (de cuerpo). Mal ejecutado, imperfecto; chapucero. *m.* Malhecho.

MALFEITOR, RA *adj.* Malhechor. Ú. t. c. s.

MALFEITORIA (*ría*) *f.* Malhecho. Maleficio. Delito.

MALFERIR *v. tr.* Malherir, herir gravemente.

MALGASTAR *v. tr.* Malgastar, malbaratar, derrochar, disipar, despilfarrar, desperdiciar.

MALGAXE (*che*) *adj.* y *s.* Malgache, malgacho.

MALGOVERNAR *v. tr.* Desgobernar, gobernar mal. *Mar.* Desgobernar. Gastar uno más de lo que tiene.

MALGRADO *m.* Malevolencia; mala voluntad; mala gana. *prep.* A pesar.

MALHA (*lla*) *f.* Malla (de la red; tejido de pequeños eslabones metálicos; cualquiera de los eslabones de este tejido; cualquier tejido análogo al de la malla de la red). Pinta, mancha, lunar (hablando de animales). Punto de media. Tejo (pedazo redondo de metal que sirve para jugar). Hito (juego). Trilla (acción de trillar). *fam.* Tunda, paliza.

MALHADA (*lla*) *f.* Majada (sitio donde se recogen de noche el ganado y los pastores). Hato de gado lanar; majada (*Amer.*). Golpe dado con el mallo o mazo. Acción de martillar, majar o machacar. *Bras. Amaz.* Tabacal pequeño. *Bras. Bahia.* Arboleda donde se abriga el ganado.

MALHADEIRO, RA (*lla*) *adj.* Estúpido, grosero; bronco. *m.* Instrumento para machacar o majar; mallo, mazo, martillo. Golpeadero (parte donde se golpea mucho).

MALHADO, DA (*lla*) *adj.* Manchado (hablando de animales). *m. Bras.* Arbusto del Brasil.

MALHADOR (*lla*) *m.* Majador. Herrero. Trillador.

MALHADOURO (*lla*) *m.* Era (lugar donde se trillan las mieses).

MALHAL (*llal*) *m.* Viga tranversal del lagar. Ú. m. en pl.

MALHÃO (*lláum*) *m.* Bola jugada por alto. Lo mismo que MALHAL.

MALHAR (*llar*) *v. tr.* Majar, machacar, martillar, golpear. Trillar (la mies). Golpear, pegar. Contundir, magullar. *fig.* Burlarse de. — *em ferro frio. fr. fig.* Majar, machacar o martillar, en hierro frío.

MALHETAR (*lle*) *v. tr.* Enmalletar. Hacer una muesca.

MALHETE (*lle*) *m.* Muesca. Maceta; mazo pequeño.

MALHO (*llo*) *m.* Mallo, mazo. Martillo. Matraca.

MALÍCIA *f.* Malicia (solapa, disimulo con que se hace o dice algo, ocultando la verdadera intención). Malicia (inclinación a lo malo). Malicia (interpretación siniestra y maliciosa que se da a las cosas). Malicia (penetración, sutileza).

MALICIAR *v. tr.* Torcer, interpretar mal, dar diverso y siniestro sentido. Maliciar, presumir con malicia. Hacer mal juicio de.

MALICIOSAMENTE (*òza*) *adv. m.* Maliciosamente.

MALICIOSO, SA (*ozo, òza*) *adj.* Malicioso (que interpreta siniestramente las cosas o las echa a mala parte). Ú. t. c. s. Astuto, sagaz.

MALIGNO, NA *adj.* Maligno. Dañoso, nocivo, perjudicial.

MALMEQUER (*quèr*) *m.* Margarita (planta compuesta, de hojas festoneadas, y flores de centro amarillo y circunferencia blanca).

MALNASCIDO, DA *adj.* De baja condición. Desdichado, nacido con mala suerte.

MALOCA (*lò*) *f. Bras.* Aldea de indios. Cabaña de indios; toldo (*amer. argent.*).

MALOGRADO, DA *adj.* Malogrado.

MALOGRAR *v. tr.* Malograr, perder, desaprovechar, desperdiciar. *v. r.* Malograrse.

MALOGRO (*ló*) *m.* Malogro, malogramiento.

MALQUERENÇA (*sa*) *f.* Malquerencia, mala voluntad, ojeriza, antipatía.

MALQUERENTE *adj.* Que quiere mal o tine mala voluntad a otro; malqueriente (*ant.*).

MALQUERER *v. tr.* Malquerer (tener mala voluntad a una persona o cosa).

MALQUISTAR *v. tr.* Malquistar, enemistar. Ú. t. c. r.

MALQUISTO, TA *adj.* Malquisto, enemistado.

MALROUPIDO, DA *adj.* Maltrapillo.

MALSÃO, SÃ (*sáum, sán*) *adj.* Malsano (nocivo para la salud; enfermizo).

MALSIM *m.* Empleado de aduana. Malsín. Espía.

MALSINAÇÃO (*sáum*) *f.* Denuncia, acción de descubrir lo que se quería ocultar. Malicia (interpretación siniestra). Calumnia. Censura.

MALSINAR *v. tr.* Denunciar como espía. Maliciar (interpretar siniestramente una cosa). Calumniar. Censurar. Maldecir.

MALSOANTE *adj.* Malsonante.

MALTA *f.* Pandilla, cuadrilla. Lo mismo que MALANDRAGEM. Grupo de jornaleros errantes. Tuna. *Andar à —. fr.* Correr uno la tuna, tunar, tunantear, tunear, andar vagando en vida holgazana y libre.

MALTAGEM (*jem*) *f.* Preparo de la malta, acción de preparar la malta.

MALTAR *v. tr.* Preparar la malta.

MALTE *m.* Malta (para fabricar cerveza).

MALTÊS, ESA (*tés, teza*) *adj.* y *s.* Maltés. *m.* Caballero de Malta.

MALTRAPILHO, LHA (*llo*) *adj.* Maltrapillo, andrajoso. Ú. t. c. s.

MALTRATAR *v. tr.* Maltratar, tratar mal de palabra u obra. Maltratar, menoscabar.

MALTREITO, TA *adj.* Maltrecho, maltratado, malparado.

MALTUSIANISMO (*zia*) *m.* Maltusianismo.

MALTUSIANO, NA (*zia*) *adj.* Maltusiano. Ú. t. c. s.

MALUCAR *v. intr.* Decir locuras y tonterías.

MALUCO, CA *adj.* Loco. Ú. t. c. s. Extravagante.

MALUQUEIRA *f.* Lo mismo que

MALUQUICE *f.* Locura, manía. Extravagancia.

MALVA *f. Bot.* Malva.

MALVÁCEO, CEA *adj.* Malváceo. *f. pl.* Malváceas.

MALVADEZ *f.* Lo mismo que

MALVADEZA (*za*) *f.* Maldad, perversidad, malicia.

MALVADO, DA *adj.* Malvado, muy malo, perverso; malévolo. Ú. t. c. s.

MALVAÍSCO *m.* Malvavisco; malvavisca *(amer. chil.).*

MALVAR *m.* Malvar (sitio poblado de malvas).

MALVARISCO *m.* Lo mismo que MALVAÍSCO.

MALVASIA *(zía) f.* Malvasía (uva muy dulce y fragante).

MALVERSAÇÃO *(sáum) f.* Malversación, peculado.

MALVERSAR *v. tr.* Malversar.

MAVISTO, TA *adj.* Mal considerado. Odiado. Sospecho.

MAMA *f.* Teta, mama.

MAMÃ *(mán) f.* Mama, mamá (voz equivalente a madre, usada principalmente por los niños).

MAMADEIRA *f.* Biberón; mamadera *(amer, peruan. urug. argent. chil. ecuad.).*

MAMADURA *f.* Mamada (tiempo que dura la lactancia de una criatura).

MAMÃE *(máen) f. Bras.* Lo mismo que MAMÃ.

MAMÃO, ONA *(máum) adj.* Mamón (que aun mama; que mama mucho o más tiempo del regular). Ú. t. c. s. *m.* Papaya. Papayo. Chupón, mamón (vástago que arrojan los árboles en el tronco).

MAMAR *v. tr.* Mamar (chupar la leche de los pechos). *fig.* Mamar, obtener, lograr, alcanzar. *fig. fam.* Extorsionar.

MAMARRACHO *(cho) m.* Mamarrachista; pintamonas, pintor de escasa habilidad.

MAMATA *f. Bras.* Ventaja, sueldo que se disfruta sin merecimientos, provecho obtenido sin esfuerzo; mamandurria *(Amer.).*

MAMBEMBE *adj. Bras.* Grosero, mediocre, inferior, chapucero.

MAMBIRA *m.* y *f. Bras. Río Gr. del Sur.* Lo mismo que CAIPIRA.

MAMBIRADA *f. Bras. Río Gr. del Sur.* Lo mismo que CAIPIRADA.

MAMELÃO *(láum) m.* Lo mismo que MAMILO.

MAMELUCO *m.* Mameluco (soldado de una milicia que tuvieron los soldanes de Egipto). *Bras.* Mestizo de raza blanca con indígena; mameluco *(Amer.). pl. Bras.* Nombre que se da a los mestizos de portugueses e indios tupis; mamelucos *(Amer.).*

MAMÍFERO, RA *adj.* Mamífero. Ú. t. c. s. *m. pl. Zool.* Mamíferos.

MAMILAR *adj.* Mamiliforme. Perteneciente o relativo a la mamila.

MAMILO *m.* Mamila (parte principal de la mama de la hembra sin entrar el pezón; tetilla del hombre).

MAMILOSO, SA *(lozo, òza) adj.* Mamiliforme.

MAMINHA *(ña) f.* Lo mismo que MAMILO.

MAMOEIRO *m. Bot.* Papayo.

MAMONA *f. Bot.* Ricino.

MAMONEIRA *f.* Lo mismo que MAMONA.

MAMONEIRO *m.* Lo mismo que MAMONA.

MAMPOSTA *(pòs) f.* Tropas de reserva. *De —. m. adv.* De propósito, deliberadamente.

MAMUDO, DA *adj.* Tetudo.

MAMUJAR *(jar) v. intr.* Mamujar (mamar como sin gana, dejando a cada momento el pecho).

MANA *f. fam.* Hermana.

MANÁ *m.* Maná (rocío milagroso que Dios envió como alimento a los israelitas; substancia gomosa que se usa como purgante). *Bot.* Especie de fresno que produce el maná.

MANACÁ *m. Bras. Bot.* Nombre que se da a varias especies de plantas solanáceas del género brunfelsia, especialmente a la *B. hompeana,* de flores azuladas. Es la flor nacional del Brasil, y también recibe los nombres de *jeratataca* y *primavera.*

MANADA *f.* Manada. *Bras. Río Gr. del Sur.* Tropilla de yeguas; manada *(Amer.).*

MANANCIAL *m.* Manantial, nacimiento de aguas. *fig.* Manantial, origen y principio de una cosa.

MANANTE *adj.* Manante, manantial, que mana.

MANANTIAL *m. Bras. Río Gr. del Sur.* Lo mismo que ATOLEIRO.

MANAR *v. tr.* Manar (brotar de alguna parte un líquido). Ú. t. c. intr.

MANATA *m.* Bellaco; ladrón.

MANCADA *f. Bras. fam.* Error, lapso, engaño, barbaridad (acto o dicho necio o temerario).

MANCAL *m. Mec.* Chumacera, cojinete. Quicio.

MANCAR *v. tr.* Mancar (lisiar, herir en las manos). Ú. t. c. r. Lo mismo que ALEIJAR. *v. intr.* Cojear, claudicar. *ant.* Mancar, faltar. *Bras.* Faltar. Lo mismo que FALHAR.

MANCARRÃO, RRONA *(rráum) adj. Bras. Río Gr. del Sur.* Matalón; mancarron *(Amer.).*

MANCEBA *(bía) f.* Manceba, concubina, querida.

MANCEBIA *(bía) f.* Mancebía.

MANCEBO *m.* Mancebo, mozo muy joven.

MANCENILHA *(lla) f.* Manzanilla (hierba).

MANCENILHEIRA *(llei) f.* Lo mismo que MANCENILHA.

MANCHA *(cha) f.* Mancha (de suciedad, de color, de terreno, de plantas). *fig.* Mancha, deshonra, mancilla, desdoro. *Astr.* Mancha, mácula. *Vet.* Mancha. *Bras.* Enfermedad del tabaco.

MANCHADO, DA *(cha) adj.* Manchado.

MANCHÃO *(cháum) m. Bras.* Mancha (del terreno).

MANCHAR *(char) v. tr.* Manchar, ensuciar. Ú. t. c. r. *fig.* Manchar, deslustrar, designar, empañar, mancillar.

MANCHU *(chú) adj.* y *s.* Manchú (natural de la Manchuria).

MANCINELA *(nè) f.* Lo mismo que MANCENILHA.

MANCO, CA *adj.* Manco. Cojo. *fig.* Manco, defectuoso, falto de. *m.* Manco. Cojo.

MANCOMUNAÇÃO *(sáum) f.* Mancomunidad. *fig.* Ajuste ilícito. Acto de contraer obligación de mancomún.

MANCOMUNADO, DA *adj.* Unido de mancomún; mancomunado; combinado.

MANCOMUNAR *v. tr.* Mancomunar. Ú. t. c. r.

MANDA *f.* Llamada (en los impresos). *ant.* Manda, legado.

MANDAÇAIA *(sáia) f. Bras.* Especie de abeja.

MANDACHUVA *(chu) m. Bras. fam.* Magnate (persona principal, muy ilustre y poderosa).

MANDADEIRO *m.* Demandadero, mandadero.

MANDADO *m.* Mandado, orden, precepto, mandamiento. Acto de mandar. Mandato. Mandado, comissión, encargo. Recado, mensaje, diligencia. *adj.* Mandado. Ú. con los advs. *bem* o *mal.*

MANDAMENTO *m.* Mandamiento.

MANDANTE *adj.* Mandante, que manda. *For.* Mandante.

MANDÃO, DONA *(dáum) adj.* Mandón. Ú. t. c. s.

MANDAR *v. tr.* Mandar (ordenar; imponer un precepto; enviar; encargar, encomendar). Resolver, determinar. Mandar, ofrecer. Arrojar, tirar, lanzar. *v. intr.* Mandar, gobernar, regir. *— em testamento.* Mandar (donar algo en testamento, legar). *— bugiar.* Despedir con desprecio.

MANDARIM *m.* Mandarín.

MANDARINA *f.* Mandarina (especie de naranja).

MANDARINADO *m.* Mandarinato.

MANDAROVÁ *m. Bras.* Lo mismo que MARANDOVÁ.

MANDATÁRIO *m.* Mandatario.

MANDATO *m.* Mandato. Mandado. Mandato (ceremonia del lavatorio).

MANDCHU *(chú) adj.* y *s.* Lo mismo que MANCHU.

MANDÊ *(dé) adj.* y *s.* Mandinga (raza).

MANDI *m. Bras.* Especie de bagre; mandí *(Amer.).* Nombre que dan en el Brasil a varias especies de peces.

MANDÍBULA *f.* Mandíbula, quijada.

MANDIBULAR *adj.* Mandibular.

MANDIL *m.* Mandil (de cocinero). Estropajo.

MANDILEIRO *m. Bras.* Lo mismo que MANDRIÃO.

MANDINGA *adj.* y *s.* Mandinga (individuo de una raza negra de África). *Bras. f.* Encantamiento, brujería; mandinga *(Amer.).*

MANDINGAR *v. tr. Bras.* Hechizar, encantar, embrujar.

MANDINGARIA *(ría) f. Bras.* Brujería, hechicería.

MANDINGUEIRO *m. Bras.* Hechicero, brujo.

MANDIOCA *(diò) f. Bras.* Mandioca (planta). *Farinha de —.* Mandioca (harina extraída de la raíz de esta planta).

MANDIOCAL *m. Bras.* Sitio poblado de mandiocas.

MANDO *m.* Mando, autoridad. Lo mismo que COMANDO. Derecho. Lo mismo que ARBÍTRIO.

MANDOLA *(dò) f.* Lo mismo que

MANDOLINA *f.* Mandolina (instrumento músico).

MANDONISMO *m. Bras.* Prepotencia, tiranía; costumbre de mandar.

MANDRAÇA *(sa) f. Bras.* Hechizo; mandinga *(Amer.).*

MANDRÁGORA *f. Bot.* Mandrágora.

MANDRANICE *f.* Lo mismo que MANDRIICE.

MANDRAQUICE *f. Bras.* Brujería, hechicería.

MÂNDRIA *(mán) f.* Pereza, haraganería.

MANDRIÃO, ONA *(driáum) adj.* Perezoso, holgazán, haragán; mandria.

MANDRIAR *v. intr.* Haraganear, holgazanear.

MANDRIICE *f.* Pereza, haraganería.

MANDRIL *m.* Mandril (mono). *Mec.* Mandril.

MANDUBI *m. Bras.* Especie de bagre; mandubí, mandí. *(Amer.).*

MANDUCAÇÃO *(sáum) f.* Manducación.

MANDUCAR *v. intr.* Manducar, comer, tomar alimento. Ú. t. c. tr.

MANDURUVÁ *f. Bras.* Oruga que ataca las plantaciones de tabaco.

MANEIA *f. Bras.* Manea, maniota.

MANEIO *m.* Manejo (acción de manejar). Labor, trabajo manual. Administración de caudales.

MANEIRA *f.* Manera, modo y forma de hacer algo. Manera (porte y modales de una persona). Ú. m. en pl. *Bras.* y *prov. port.* Manera (abertura lateral en las sayas). *A — m. adv.* A la manera, a semejanza. A manera, como, semejantemente. *De —.* De manera, por manera, de forma, de modo, de suerte.

MANEIRISMO *m.* Manerismo, amaneramiento.

MANEIRISTA *m.* Manerista.

MANEIRO, RA *adj.* Manejable; manuable; portátil.

MANEIROSO, SA *(rozo, òza) adj.* Amable. Que tiene buenas maneras o modales. Hábil. Amanerado.

MANEJAR *(jar) v. tr.* Manejar (usar o traer algo entre las manos). *fig.* Manejar, dirigir, gobernar.

MANEJO *(jo) m.* Manejo (acción de manejar). *fig.* Manejo (dirección y gobierno de un negocio). *pl.* Manejos (medio ilícito, artería, intriga, ardid).

MANENTE *adj.* Permanente.

MANEQUIM *m.* Maniquí (para pintores, estudiantes, sastres, modistas, etc.). *fig.* Maniquí (persona apocada a quien cualquiera impone su voluntad).

MANES *m. pl.* Manes (sombras o almas de los muertos).

MANGA *f.* Manga (parte de una prenda de vestir; tela dispuesta en forma cónica que sirve para colar líquidos; partida de bombas o bocas de riego; partida de gente armada). Mango (fruto). *Em —s de camisa. loc. adv.* En mangas de camisa. *— de água.* Manga, manga de agua. *—s perdidas.* Mangas perdidas (las abiertas y pendientes del hombro). *Ter pano para —s. fr.* Tener abundancia de una cosa.

MANGABEIRA *f. Bras.* Mangaba.

MANGAÇÃO *(sáum) f.* Lo mismo que CAÇOADA.

MANGANÊS *(nés) m.* Manganeso.

MANGANÉSIO *(nèzio) m.* Manganeso.

MANGANGAVA *f. Bras.* Mangangá (nombre guaraní de un abejón).

MANGÃO *(gáum) m.* Manga muy grande. *adj.* Burlador.

MANGAR *v. tr.* Burlarse, chancear. Ú. t. c. intr.

MANGO *m.* La parte más corta del mayal.

MANGOLAR *v. intr. Bras.* Lo mismo que MANDRIAR.

MANGONA *f.* Pereza; indolencia. *m.* Perezoso.

MANGONAR *v. intr.* Lo mismo que MANDRIAR.

MANGONEAR *v. intr.* Lo mismo que MANDRIAR.

MANGRULHO *(llo) m. Bras.* Atalaya; mangrullo *(Amer.). Bras.* Baliza que indica un bajío.

MANGUAL *m.* Mayal.

MANGUE *m. Bras.* Mangle (arbusto rizóforeo). *Bras.* Terreno pantanoso a la orilla de los lagos y desembocaduras de los ríos.

MANGUEAR *v. tr. Bras.* Manguear (*Amer.*: perseguir y rodear con cautela el ganado). Manguear (atraer artificialmente una persona al término que se desea, *Amer.*).

MANGUEIRA *f.* Manga (de bomba, de boca de riego). Mango (árbol teribintáceo). *Bras. Río Gr. del Sur.* Corral grande para el ganado; manguera (*Amer.*).

MANGUEIRAL *m.* Sitio poblado de mangos (árboles terebintáceos).

MANGUITO *m.* Manguito (media manga de punto). *ant.* Manguito (rollo de piel para llevar abrigadas las manos). Mitón.

MANHA (ña) *f.* Maña (destreza, habilidad; artificio, astucia; hábito, costumbre). *Bras.* Dengue (impertinencia de niños que lloran fácilmente). Lo mismo que BIRRA. Resabio, defecto.

MANHÃ (ñán) *f.* Mañana (tiempo comprendido entre el amanecer y el mediodía; tiempo comprendido entre la medianoche y el mediodía). *adj. t.* De mañana, por la mañana. *De —. m. adv.* De mañana.

MANHEIRAR (ñei) *v. intr. Bras.* Usar un animal de maña para no dejarse cazar; mañerear (*Amer.*).

MANHEIRO, RA (ñei) *adj. Bras.* Receloso, esquivo, huraño; mañero (*Amer.*). Lo mismo que MANHOSO.

MANHO, NHA (ño, ña) *adj. ant.* Maño (*ant.*: grande).

MANHOSO, SA (ñoso, ñòza) *adj.* Mañoso, mañero, sagaz, astuto, hábil. Mañoro (*Amer.*: que tiene algún resabio o defecto).

MANIA (nía) *f.* Manía.

MANÍACO, CA *adj.* Maníaco, enajenado. Ú. t. c. s.

MANIATAR *v. tr.* Maniatar, manear. Ú. t. c. r.

MANIÇOBA (sò) *f. Bras.* Hoja de la mandioca.

MANICÔMIO (có) *m.* Manicomio, casa de locos.

MANÍCULA *f.* Medio guante de cuero que usan los zapateros. *Bras.* Manubrio.

MANICURO, RA *m. y f.* Manicuro, ra.

MANICURTO, TA *adj.* Manicorto, poco dadivoso. Ú. t. c. s.

MANIETAR *v. tr.* Lo mismo que MANIATAR.

MANIFESTAÇÃO (sáum) *f.* Manifestación (acción de manifestar; demostración pública y colectiva).

MANIFESTANTE *m.* Manifestante (persona que toma parte en una manifestación).

MANIFESTAR *v. tr.* Manifestar, declarar, mostrar, dar a conocer. Ú. t. c. r. Manifestar, descubrir, hacer notorio, poner a la vista. Ú. t. c. r.

MANIFESTO, TA (fès) *adj.* Manifiesto, patente, notorio, claro. *m.* Manifiesto (escrito en que se manifiesta una cosa; declaración de cargamento de un buque).

MANILHA (lla) *f.* Manilla (aro de adorno para la muñeca; aro de hierro con que se aprisiona la muñeca). Eslabón de cadena. Caño de barro cocido. Manilla (juego de naipes). *Mar.* Grillete (aro de hierro con um perno).

MANILHAR (llar) *v. tr.* Colocar caños de barro cocido. Afianzar con grilletes.

MANILHEIRO (llei) *m.* El que hace caños de barro cocido. Jugador de manilla.

MANINHEZ (néz) *f.* Mañería, esterilidad.

MANINHO, NHA (ño, ña) *adj.* Estéril. Inculto. Muerto sin sucesión legítima.

MANIOTA (niò) *f.* Maniota, manea.

MANIPANSO *m.* Ídolo africano. Fetiche. *fig.* Persona muy gorda.

MANIPULAÇÃO (sáum) *f.* Manipulación.

MANIPULADOR, RA *adj.* Manipulador. Ú. t. c. s.

MANIPULAR *v. tr.* Manipular (operar con las manos; *fig.* manejar algún negocio); manipulear (*amer. chil.*).

MANÍPULO *m.* Puñado. Manípulo (que usa el sacerdote). Manojo.

MANIQUEÍSMO *m.* Maniqueísmo.

MANIQUEU, QUÉIA (quèia) *adj. y s.* Maniqueo, ea.

MANIRROTO, TA *adj.* Manirroto, demasiado liberal, derrochador. Ú. t. c. s.

MANIVELA (vè) *f.* Manubrio, cigüeña, manivela, manija.

MANIVELAR *v. intr.* Hacer girar el manubrio. *fig.* Agenciar.

MANJAR (jar) *m.* Manjar (cualquier comestible). Manjar exquisito. *fig.* Manjar (recreo que vigoriza el espíritu). *v. tr. Bras.* Comer. *Germ.* Observar, acechar, espiar; comprender, ver.

MANJEDOURA (je) *f.* Pesebre (especie de cajón donde comen las bestias).

MANJERICÃO (jericáum) *m. Bot.* Albahaca.

MANJERICO (je) *m.* Lo mismo que MANJE-RICÃO.

MANJERONA (je) *f. Bot.* Mejorana.

MANJOLA (jò) *f.* Lo mismo que MANGUAL.

MANO *m. fam.* Hermano. Amigo, compañero; mano (*amer. mej.*).

MANOBRA (nò) *f.* Maniobra (en todas las acepciones de esta voz).

MANOBRAR *v. intr.* Maniobrar, hacer maniobras. *v. tr.* Agenciar. Manejar, manipular. Ejecutar movimientos. *fig.* Intrigar, tramar.

MANOBREIRO *m.* Manobrista. *Bras.* Guardagujas (en los ferrocarriles).

MANOBRISTA *m.* Maniobrista.

MANOJO (jo) *m. p. us.* Manojo.

MANOLHO (llo) *m.* Lo mismo que MANOJO.

MANÔMETRO (nó) *m.* Manómetro.

MANOPLA (nò) *f.* Manopla (pieza de la armadura que cubría la mano). Manopla (látigo de los cocheros montados). *fig.* Manota, manaza.

MANOTAÇO (so) *m. Bras. Río Gr. del Sur.* Manotada, manotazo.

MANQUEIRA *f.* Manquedad, manquera. *fig.* Falta, defecto, manquedad. Cojera, claudicación.

MANQUEJANTE (jan) *adj.* Que claudica o cojea; que manquea.

MANQUEJAR (jar) *v. intr.* Cojear (dejar de ser recto a veces).

MANQUETEAR *v. intr. Bras.* Lo mismo que MANQUEJAR.

MANSÃO (sáum) *f.* Mansión (detención, estancia; morada, albergue). Casa solariega.

MANSARDA *f. gal.* Buharda; mansarda (*amer. chil.*).

MANSARRÃO, RRONA (rráum) *adj.* Mansejón. Pachorrudo.

MANSIDÃO (dáum) *f.* Mansedumbre.

MANSO, SA *adj.* Manso (benigno, suave; dícese de los animales que no son bravos; *fig.* Apacible, sosegado).

MANSUETUDE *f.* Mansedumbre; mansuetud (*ant.*).

MANTA *f.* Manta (prenda suelta de lana o algodón; cubierta para abrigo de las caballerías. Mantón; manta (*amer. cub.*). Bufanda. — *de toucinho.* Lonja de tocino. — *de bacelo.* Surco (para plantar la vid).

MANTEAR *v. tr.* Mantear (hacer saltar a una persona sobre una manta, de cuyos bordes tiran varias personas). *fig.* Importunar, machacar.

MANTEIGA *f.* Manteca (substancia grasa y oleosa de ciertos productos animales, como la de la leche, o de ciertos frutos). Variedad de judías. *fam.* Lo mismo que LÁBIA. *Como* —. *expr. fig.* Como manteca, muy blando y suave.

MANTEIGOSO, SA (gozo, òza) *adj.* Mantecoso.

MANTEIGUEIRA *f.* Mantequera, mantequero (vasija en que se sirve la manteca).

MANTEIGUENTO, TA *adj.* Mantecoso.

MANTEIGUEIRO *m.* Mantequero (el que hace o vende manteca).

MANTEINHO, NHA *adj.* Mantero.

MANTEL (tèl) *m.* Mantel (de la mesa de comer o del altar).

MANTELETE *m.* Mantelete (de los prelados). Manteleta (que usan las mujeres).

MANTENÇA (sa) *f.* Sustento; mantenencia (*ant.*). Manutención, mantenencia (*ant.*).

MANTENEDOR, RA *adj.* Defensor. Mantenedor (de un torneo, justa, etc.). Mantenedor, que mantiene o sustenta.

MANTER *v. tr.* Mantener, sustentar, alimentar, proveer del alimento necesario. Ú. t. c. r. Mantener (conservar una cosa en su ser o estado). Ú. t. c. r. Mantener, sostener. Mantener, defender. *v. r.* Mantenerse, fomentarse, alimentarse.

MANTEÚDO, DA *adj.* Lo mismo que

MANTIDO, DA *adj.* P. p. de *Manter.* Concubina.

MANTIDO, DA *adj.* P. p. de *Manter.* Mantenido.

MANTILHA (lla) *f.* Mantilla (prenda guarnecida de tul o de encaje que usan las mujeres para cubrirse la cabeza).

MANTIMENTO *m.* Mantenimiento, manjar, alimento. Mantenencia, sustento, víveres. Mantenimiento (efecto de mantener o sustentar). Manutención.

MANTISSA (sa) *f. Mat.* Mantisa (fracción decimal de un logaritmo).

MANTO *m.* Manto (prenda suelta a modo de capa; mantilla grande sin guarnición; especie de capa; vestidura talar de ceremonia. *fig.* Manto (lo que encubre una cosa).

MANUAL *adj.* Manual (que se ejecuta o hace con las manos; manuable). *m.* Manual (libro).

MANUELINO, NA *adj.* Manuelino (dícese de cierto estilo arquitectónico portugués).

MANUFATOR, RA *adj.* Manufacturero. *m.* Fabricante, manufacturero.

MANUFATURA *f.* Manufactura (obra hecha o fabricada; fábrica).

MANUFATURAR *v. tr.* Manufacturar, fabricar, hacer.

MANUFATUREIRO, RA *adj.* Manufacturero.

MANUMISSÃO (sáum) *f.* Manumisión.

MANUMISSO, SSA (so) *adj.* Manumiso, horro, libre.

MANUMISSOR (sor) *m.* Manumisor.

MANUMITIR *v. tr.* Manumitir, dar libertad al esclavo.

MANUSCREVER *v. tr.* Manuscribir, escribir a mano.

MANUSCRITO, TA *adj.* Manuscrito, escrito a mano. *m.* Manuscrito (papel o libro escrito a mano).

MANUSEAÇÃO (zeasáum) *f.* Manoseo.

MANUSEAMENTO (zea) *m.* Manoseo.

MANUSEAR (zear) *v. tr.* Manosear.

MANUSEIO (zeio) *m.* Manoseo.

MANUTENÇÃO (sáum) *f.* Manutención. Mantenimiento.

MANZORRA (zo) *f.* Manota, manaza.

MÃO (áum) *f.* Mano (parte del cuerpo humano que comprende desde la muñeca hasta la extremidad de los dedos). Mano (cualquiera de los dos piés delanteros de los cuadrúpedos). Mano (pata cortada de las reses de carnicería). Mano (lado hacia donde cae alguna cosa). Mano (capa de color, barniz, etc. que se da a alguna cosa). Mano (cardas unidas para cardar el paño). Mano, majadero (instrumento para moler o desmenuzar). Mano, manecilla, saetilla (del reloj). Garra del ave de rapiña. Mango (parte por donde se ase con la mano um instrumento o utensilio). Mano (lance entero de varios juegos). Mano (el primero en orden de los que juegan). Conjunto de cinco objetos de una misma clase. *fig.* Mano (vez o vuelta en una labor material; medio para hacer o alcanzar una cosa; persona que ejecuta una cosa; la mujer pretendida por esposa; habilidad, destreza; poder, imperio, autoridad, mando; patrocinio, favor; auxilio, socorro; — *amiga.* Protector. — *certa,* o *certeira.* Mano certera. — *cheia.* Puñado, manojo. *fig.* Buena calidad. — *de gato.* Ciertos afeites, como el polvo y el colorete. — *de Judas.* Mano de Judas (especie de matacandelas). — *de obra.* Mano de obra, manos (trabajo manual que se emplea para hacer una obra). Lo que cuesta este trabajo. — *de papel.* Conjunto de cinco cuadernillos de papel (25 pliegos). — *de pilão.* Mano del almirez. — *do canto.* Escala. — *furada.* Manirroto, persona muy pródiga. — *leve. fam.* Manos largas. *fam. fig.* Ladrón. — *mole.* Persona apocada. — *morta. For.* Manos muertas. — *pelada. Zool.* Mapache; mapachín (*Amer.*). — *pendente.* Soborno. — *por baixo,* — *por cima, m. adv.* Cautelosamente, con precaución. — *por —. m. adv.* Uno contra uno. Mano a mano, con familiaridad y confianza. — *-posta.* Prevención, reserva. Combinación, acuerdo. — *-quadra.* Mano abierta, mano apalmada. — *s largas.* Persona generosa. — *s rotas.* Manirroto, derrochador. — *-tenente,* o — *-tente.* Quemarropa. *Abrir — de. fr. fig.* Abrir mano de, renunciar a. *À — . m. adv.* A la mano, cerca, fácil de entender o de conseguir. — *. m. adv.* A mano, con la mano. *Apertar a —*

fr. Apretar la mano. *Atar as —s. fr.* Atar las manos, impedir que se haga alguna cosa. *Como tirar com a —. m. adv. fig.* Como con la mano, como por la mano, con grand facilidad y ligereza. *Com a — na massa. m. adv. fig.* Con las manos en la masa, en el acto de estar haciendo alguna cosa. *Com as —s vazias. m. adv. fig.* Con las manos vacías, sin lograr lo que pretendía. *Com — de ferro. m. adv. fig.* Con mano pesada, con dureza y rigor. *Dar a —.* Alargar la mano, dar la mano, amparar. *De — em —. m. adv. fig.* De mano en mano, de una persona en otra. *De primeira —. m. adv. fig.* De primera mano. *Lançar — de. fr.* Apoderarse; recurrir a, emplear ciertos medios; meter la mano en. *Mudar de —s. fr.* Mudar de manos, pasar una cosa de una persona a otra. *Provar a —. fr.* Probar la mano. *Ter em —s. fr.* Tener o traer en manos (una cosa).

MAOMETANO, NA *adj.* y *s.* Mahometano.

MAOMETISMO *m.* Mahometismo, secta de Mahoma.

MÁOZUDO, DA (máumzu) *adj.* Que tiene las manos muy grandes.

MAPA *m. Geogr.* Mapa. Lista, catálogo. *— -mundi.* Mapamundi.

MAQUEIRA *f. Bras. Amaz.* Hamaca.

MAQUIA (quía) *f.* Maquila. *fig.* Dinero, suma de dinero.

MAQUIAR *v. tr.* Maquilar (cobrar la maquila, medirla). Maquilear *(amer. chil).*

MAQUIAVÉLICE *f.* Maquiavelismo (modo de proceder astuta y pérfidamente).

MAQUIAVÉLICO, CA (vè) *adj.* Maquiavélico.

MAQUIAVELISMO *m.* Maquiavelismo (doctrina de Maquiavelo; modo de proceder astuta y pérfidamente).

MAQUIAVELISTA *adj.* Maquiavelista. Ú. t. c. s.

MAQUIAVELIZAR (zar) *v. intr.* Proceder con maquiavelismo.

MAQUILHAGEM (llajem) *f.* Maquillaje.

MAQUILHAR (llar) *v. tr.* Maquillar. Ú. t. c. r.

MÁQUINA *f.* Máquina (en todas las acepciones de esta voz). *— a vapor.* Máquina de vapor. *— pneumática.* Máquina neumática.

MAQUINAÇÃO (sáum) *f.* Maquinación, trama, intriga, asechanza, maquinamiento.

MAQUINADOR, RA *adj.* Maquinador. Ú. t. c. s.

MAQUINAL *adj.* Maquinal (perteneciente o relativo a la máquina; dícese de los actos y movimientos indeliberados).

MAQUINALMENTE *adv. m.* Maquinalmente (de una manera maquinal; involuntaria o indeliberadamente).

MAQUINAR *v. tr.* Maquinar (urdir, tramar).

MAQUINÁRIA *f.* Maquinaria (conjunto de máquinas para un fin.

MAQUINETA *f.* Sagrario, tabernáculo (sitio donde se guarda a Cristo sacramentado).

MAQUINISMO *m.* Maquinismo. Maquinaria, mecánica (aparato o resorte interior de un artefacto).

MAQUINISTA *m.* Maquinista (persona que invienta, fábrica o gobierna máquinas).

MAR *m.* Mar. *fig.* Mar (gran abundancia de una cosa). *— Alto.* Alta mar, mar ancha o larga. *— banzeiro.* Mar tendida. *— chão.* Mar tendida. *— de leite.* Mar en leche. *— de rosas.* Mar tendida; mar bonanza. *— Período de felicidad. — encapelado.* Mar alborotado o bravo. *— interior.* Mar cerrada. *— largo.* Mar ancha, o larga, alta mar. *— picado.* Mar bravo. *Fazer-se ao —. fr.* Hacerse a la mar.

MARÁ *m. Zool.* Mara (mamífero roedor). *Bras. Mar.* Botador.

MARABÁ *m. Bras.* Hijo de índio y blanco.

MARABU *m. Zool.* Marabú. Marabut, marabuto.

MARACÁ *m. Bras.* Maracá (instrumento músico de los guaraníes); maraca *(Amer, colomb. y venez.).*

MARACATU *m. Bras. Pernamb.* Comparsa que baila al ritmo de instrumentos de percusión.

MARACHÃO (cháum) *m.* Lo mismo que RESTINGA.

MARACOTÃO (táum) *m.* Melocotón.

MARACOTEIRO *m.* Melocotonero.

MARACUJÁ (já) *m. Bras.* Pasionaria; burucuyá *(amer. plat.)* (la flor).

MARACUJAZEIRO (jazei) *m. Bras.* Pasionaria (la planta); burucuyá *(Amer. plat.).*

MARAFONA *f.* Muñeca (de trapo). Prostituta.

MARAGATO *m. Bras.* Persona que tomó parte en una revolución que hubo en el Río Grande del Sur, en 1893.

MARAJÁ (já) *m.* Maharajá. *(f. Marraní).*

MARAJOARA (joá) *adj.* De la isla de Marajó. Natural o habitante de esta isla. Ú. t. c. s.

MARAMBAIA *m. Bras.* Marino que prefiere vivier en tierra. *Bras.* Marino enamorado.

MARANDOVÁ *m. Bras.* Oruga (larva de ciertas mariposas).

MARANHA (ña) *f.* Maraña, maleza. Maraña (desperdicio de los capullos de seda que se emplean en tejidos de inferior calidad). Maraña (enredos de los hilos del cabello). *fig.* Maraña (embuste que enreda un negocio). *fig.* Astucia.

MARANHÃO (ñáum) *m.* Bola, mentira, patraña, noticia fabulosa. Uno de los Estados del Brasil. *Bras.* Ave del Brasil.

MARANHAR (ñar) *v. tr.* Lo mismo que EMARANHAR. Ú. t. c. r.

MARANHENSE (ñen) *adj.* y *s.* Natural o habitante de Maranhão, uno de los Estados del Brasil.

MARANHO (ño) *m.* Lío de tripas.

MARANHOSO, SA (ñozo, ñòza) *adj.* Marañoso, marañero; marañento *(Amer.).*

MARASMAR *v. tr.* Causar marasmo o apatía. *v. intr.* Caer en marasmo o apatía.

MARASMÁTICO, CA *adj.* Marasmático. Apático.

MARASMO *m.* Marasmo, suspensión, paralización, atonía, apatía, impasibilidad del ánimo, dejadez, indolencia.

MARASQUINO *m.* Marrasquino.

MARATRO *m.* Lo mismo que FUNCHO.

MARAU *m.* Lo mismo que MARIOLA.

MARAVALHAS (llas) *f. pl.* Virutas. *fig.* Zarandajas (cosas menudas y de poco valor).

MARAVEDI *m.* Lo mismo que

MARAVEDIL *m.* Maravedí (antigua moneda española).

MARAVILHA (lla) *f.* Maravilla (suceso extraordinario; admiración; planta compuesta). *Às mil —s. m. adv.* A las mil maravillas.

MARAVILHADOR (lla) *adj.* Que maravilla. Ú. t. c. s.

MARAVILHAR (lla) *v. tr.* Maravillar, admirar. Ú. t. c. r.

MARAVILHOSO, SA (llozo, llòza) *adj.* Maravilloso.

MARCA *f.* Marca (acción de marcar; instrumento con que se marca una cosa; señal hecha en una cosa o persona. Sello. Señal. Firma. Categoría. Cuño, troquel. Cardenal (en la piel). Límite. Tanto (unidad de cuenta en muchos juegos). *De — maior expr. fig.* De más de marca, de marca mayor.

MARCAÇÃO (sáum) *f.* Marcación. Marca (acción de marcar). *Bras.* Lo mismo que FERRA.

MARCADO, DA *adj.* Marcado. Marcado, singular, señalado.

MARCADOR, RA *adj.* Marcador. *m.* Marcador.

MARCANTE *adj.* Que marca.

MARCAR *v. tr.* Marcar (señalar, poner alguna marca; bordar en la ropa iniciales). Herrar, marcar con un hierro candente. *Bras. Dep.* Marcar. *Mús.* Marcar. *— passo. Mil.* Marcar el paso. No adelantar en un negocio.

MARCASSITA (si) *f. Miner.* Marcasita.

MARCELA (cè) *f.* Lo mismo que MACELA.

MARCENARIA (ría) *f.* Ebanistería; mueblería (taller en que se hacen muebles).

MARCENEIRO *m.* Ebanista; mueblista, mueblero (persona que construye muebles).

MARCESCÊNCIA (cén) *f. Bot.* Marcescencia.

MARCESCENTE *adj.* Marcescente.

MARCESCÍVEL *adj.* Marcesible, marcescible.

MARCHA (cha) *f.* Marcha (acción de marchar). Marcha (regularidad con que funciona una cosa). *Mús.* Marcha. *fig.* Progreso, adelanto. *A —s forçadas. m. adv.* A marchas forzadas.

MARCHANTE (chan) *m.* Carnicero.

MARCHAR (char) *v. tr.* Marchar (andar, caminar; funcionar; *fig.* seguir su curso una cosa o desen-

volverse con regularidad; caminar la tropa con cierto orden y compás). *v. intr. Bras.* Pagar una cuenta; contribuir con algo.

MARCHE-MARCHE (che...che) *m.* Marcha forzada.

MARCHETA (che) *f.* Lo mismo que MARCHETE.

MARCHETADO, DA (che) *adj.* Taraceado, marquetado.

MARCHETAR (che) *v. tr.* Taracear, marquetar.

MARCHETARIA (chetaría) *f.* Taracea, taraceado, marquetería; ebanistería.

MARCHETE (che) *m.* Cada uno de los pedazos de madera, nacar, concha, etc. con que se taracea alguna cosa.

MARCHETEIRO (che) *m.* Ebanista.

MARCIAL *adj.* Marcial.

MARCIANO, NA *adj.* Marcial.

MÁRCIO, CIA *adj.* Marcial.

MARÇO (so) *m.* Marzo (tercer mes del año).

MARCO *m.* Marco (moneda alemana; peso de 230 gramos). Mojón. Lindero, linde, límite, confín.

MARÉ (rè) *f.* Marea (movimiento de ascenso y descenso de las aguas del mar). *fig.* Oportunidad, sazón. *— cheia.* Lo mismo que PREAMAR. *— vazia.* Lo mismo que BAIXAMAR.

MAREAÇÃO (sáum) *f.* Mareaje (arte de marear).

MAREADO, DA *adj.* Mareado.

MAREAGEM (jem) *f.* Mareaje (arte de marear; aparejo de un buque; rumbo, derrotero).

MAREANTE *adj.* Mareante. *m.* Navegante, marino.

MAREAR *v. tr.* Marear (gobernar una embarcación). Lo mismo que DESLUSTRAR. Hacer marearse o desazonarse uno. *v. intr.* Navegar. *v. r.* Orientarse. *Agulha de —.* Aguja de marear, o de bitácora, brújula náutica. *Carta de —.* Carta de marear.

MARECHAL (chal) *m.* Mariscal.

MARECHALA (cha) *f.* Mariscala.

MARECHALADO (cha) *m.* Lo mismo que

MARECHALATO (cha) *m.* Mariscalía, mariscalato.

MARÉGRAFO (rè) *m.* Mareógrafo, marégrafo.

MAREIRO, RA *adj.* Marero (que sopla de la parte del mar). Ú. t. c. s.

MAREJADA (ja) *f.* Marejada. Mareta (movimiento de las olas del mar cuando empiezan a agitarse, o a sosegarse. Lo mismo que MARULHO.

MAREJAR (jar) *v. intr.* Brotar, gotear, rezumar.

MAREMOTO (mò) *m.* Maremoto (concusión o sacudimiento del mar).

MARESIA (zía) *f.* Olor del mar en la playa. Marejada.

MARETA *f.* Mareta.

MARFADO, DA *adj.* Enfadado, aburrido. Rabioso.

MARFAR *v. tr.* Ofender; disgustar, enfadar, aburrir.

MARFIM *m.* Marfil (de los incisivos de los elefantes; parte dura de los dientes). Los incisivos del elefante. *— vegetal.* Marfil vegetal.

MARGA *f.* Marga (roca que sirve para abonar los terrenos).

MARGAGEM (jem) *f.* El acto de abonar con marga los terrenos.

MARGAR *v. tr.* Margar (abonar con marga los terrenos).

MARGARIDA *f.* Margarita (planta y flor).

MARGARINA *f. Quím.* Margarina.

MARGARITA *f.* Margarita (perla; caracol marino). Margarita (planta y flor).

MARGEAR (jear) *v. tr.* Marginar, margenar (hacer o dejar márgenes en el papel u otra cosa; festonear; dar bordadas).

MARGEM (jem) *f.* Margen, orilla, borde. Margen (espacio en blanco a los lados de una página manuscrita o impresa). *Dar —. fr. fig.* Dar margen, dar ocasión o motivo. *Lançar, o deitar à —. fr. fig.* Despreciar, no aprovechar.

MARGINADO, DA (ji) *adj.* Marginado (que tiene reborde). Escrito al margen.

MARGINAL (ji) *adj.* Marginal (perteneciente o relativo al margen; que está al margen).

MARGINAR (ji) *v. tr.* Lo mismo que MARGEAR.

MARGOSO, SA (gozo, òza) *adj.* Margoso (que contiene marga).

MARGRAVE *m.* Margrave (título que ostentaban algunos príncipes alemanes).

MARGRAVIADO *m.* Margraviato.

MARGUEIRA *f.* Marguera (cantera o veta de marga; lugar donde hay marga depositada).

MARGUEIRO *m.* Marguero (peón que saca la marga).

MARIBONDO *m. Bras.* Avispón. Especie de avispa.

MARICÃO (cáum) *m.* Lo mismo que

MARICAS *m.* Marica (hombre afeminado y apocado).

MARIDAGEM (jem) *f.* Maridaje.

MARIDANÇA (sa) *f.* Maridaje; maridanza *(Extr.).*

MARIDAR *v. tr.* e *intr.* Maridar, casar. *fig.* Maridar, unir, enlazar.

MARIDO *m.* Marido (hombre casado, con respecto a su esposa).

MARIGUI *m. Bras.* Nombre de un mosquito.

MARIMACHO (cho) *m.* Marimacho.

MARIMBA *f.* Marimba (especie de tímpano o xilofón; *Amer.).*

MARIMBAR *v. intr. Bras.* Tocar la marimba.

MARIMBAU *m. Bras.* Cierto pez de mar.

MARIMBONDO *m. Bras.* Lo mismo que MARIBONDO.

MARIMONDA *m.* Especie de mono; marimonda *(amer. colomb. venez. y peruan.);* marimono *(amer. boliv.).*

MARINHA (ña) *f.* Marina (tierra lindante con el mar). Marina (conjunto de los buques de un Estado). Marina (pintura que representa el mar). Marina (arte o profesión de navegar). Lo mismo que SALINA. — *de guerra.* Marina de guerra. — *mercante.* Marina mercante.

MARINHAGEM (ñajem) *f.* Marinaje (ejercicio de la marinería; conjunto de los marineros, marinería).

MARINHAR (ñar) *v. tr.* Marinar (tripular una embarcación). *v. intr.* Marinear.

MARINHARESCO, CA (ña) *adj.* Marineresco.

MARINHARIA (ñaría) *f.* Lo mismo que

MARINHEIRARIA (ñeiraría) *f.* Marinería, marina, marinaje.

MARINHEIRO, RA (ñei) *adj.* Marinero. *m.* Marinero, marino, hombre de mar.

MARINHO, NHA (ño) *adj.* Marino, marítimo (perteneciente o relativo al mar).

MARIOLA (riò) *m.* Mozo de cordel, o de cuerda. Granuja, pillo, tuno. Ú. t. c. s.

MARIOLAGEM (jem) *f.* Tunantada.

MARIOLAR *v. intr.* Trabajar como mozo de cordel. Lo mismo que MALANDREAR.

MARIONETE (nè) *f.* Marioneta, títere.

MARIPOSA (za) *f.* Polilla. Mariposa (nocturna y sin color); cigeno.

MARISCAR *v. tr.* Mariscar (coger mariscos). *Bras.* Pescar; cazar. Escarbar. — *no seco.* Cazar. — *na água.* Pescar.

MARISCO *m.* Marisco.

MARISMA *f.* Marisma.

MARISTA *adj.* y *s.* Marista.

MARITAL *adj.* Marital.

MARÍTIMO, MA *adj.* Marítimo, marino. *m. Bras.* Marino, marinero.

MARLOTA (lò) *f.* Marlota (prenda del traje morisco).

MARLOTAR *v. tr.* Lo mismo que AMARROTAR.

MARMANJO (jo) *m.* Hombre adulto. Paleto, patán.

MARMELADA *f.* Mermelada (de membrillos).

MARMELEIRAL *m.* Membrillar.

MARMELEIRO *m.* Membrillero, membrillo (arbusto). *Bras.* Marmaleiro.

MARMELO (mè) *m.* Membrillo (fruto). Membrillo (planta).

MARMITA *f.* Marmita.

MARMOARIA (ría) *f.* Marmolería.

MARMORÁRIO, RIA *adj.* Marmóreo. *m.* Marmolista.

MÁRMORE *m.* Mármol.

MARMOREAR *v. tr.* Marmolear.

MARMOREIRA *f.* Cantera de mármol.

MARMOREIRO *m.* Marmolista.

MARMÓREO, REA (mò) *adj.* Marmóreo, marmoleño.

MARMORISTA *m.* Marmolista.

MARMORIZAÇÃO (zasáum) *f.* Acción de

MARMORIZAR (zar) *v. tr.* Transformar en mármol.

MARMOTA (mò) *f.* Marmota (mamífero roedor).

MARNOTA (nò) *f.* Marisma. Terreno alagadizo.

MARNOTEIRO *m.* Lo mismo que

MARNOTO *m.* Salinero.

MARO *m.* Maro (planta labiada).

MAROLA (rò) *f. Bras.* Mareta. Marejada.

MAROLO *m.* Melojo, marojo.

MAROMA *f.* Maroma (cuerda o suega gruesa).

MAROMBA *f.* Balancín (de volatinero). *Bras. fig.* Apuro, aprieto.

MAROMBAR *v. intr. Bras.* Maromear.

MAROMBEIRO, RA *adj. Bras.* Maromero, disimulado.

MAROSCA (ròs) *f.* Trapaza. Ardid. Engaño, trampa.

MAROTAGEM (jem) *f.* Lo mismo que MAROTEIRA.

MAROTEAR *v. intr.* Tunantear, tunear, pillear.

MAROTEIRA *f.* Bribonada, picardía, pillería, pillada, tunantada. Pillería (gavilla de pillos).

MAROTO, TA *adj.* Malicioso, vivo, libre. Pillo, pícaro, bribón, tuno, tunante. Ú. t. c. s.

MAROUÇO (so) *m.* Marejada.

MARQUÊS (qués) *m.* Marqués.

MARQUESA (za) *f.* Marquesa (mujer o viuda del marqués). Especie de canapé.

MARQUESADO (za) *m.* Marquesado.

MARQUESINHA (ziña) *f.* Marquesina, marquesa (de la tienda de campaña).

MARQUESITA (zi) *f. Miner.* Marcasita, marquesita.

MARRA *f.* Almádana, marra, mazo de picapedrero. Marra (en las viñas y olivares). Sacho, escardillo. Marro, juego de niños.

MARRÃ (rrán) *f.* Marreneta, cochinilla.

MARRACO *m.* Azadón.

MARRADA *f.* Topetada (golpe que dan con la cabeza, los toros, los carneros, etc.).

MARRAFA *f.* Rizos de cabello sobre la frente y a los lados. Cada una de las mitades en que se divide el pelo.

MARRALHEIRO, RA (llei) *adj.* Terco. Mañero, astuto.

MARRALHICE (lli) *f.* Terquedad. Astucia, maña.

MARRANO *m.* Marrano, hombre súcio. Ú. t. c. adj. Persona descomulgada.

MARRÃO (rráum) *m.* Marranillo que ya no teta. Marra, almádana. *adj. Bras. Río Gr. del Sur.* Cimarrón (que huye al campo y se hace montaraz; *Amer.).*

MARRAR *v. intr.* Topetar (dar con la cabeza los carneros y otros animales cornudos). *fig.* Topetar, topar.

MARRAXO (cho) *m.* Marrajo, tiburón. Gato viejo. *adj.* Marrajo (hablando del toro).

MARRECA (rrè) *f. Zool. Bras.* Especie de ánade, pato.

MARRECÃO (cáum) *m. Zool. Bras.* Especie de ánade salvaje.

MARRECO (rrè) *m.* Especie de pato.

MARRETA *f.* Mazo pequeño.

MARRETADA *f.* Mazazo, mazada.

MARROAZ *adj.* Temoso, porfiado, terco, obstinado.

MARROEIRO *m. Bras.* Lo mismo que MARRUEIRO.

MARROM *adj.* Marrón, de color de castaña (es galicismo).

MARROQUIM *m.* Marroquí, tafilete.

MARROQUINAR *v. tr.* Tafiletear.

MARROQUINO, NA *adj.* y *s.* Marroquí, marroquín.

MARROXO (cho) *m.* Desecho, resto, sobra.

MARRUÁ *m. Bras.* Novillo Montaraz. *fig.* Persona tonta, boba. Estudiante de primer año.

MARRUEIRO *m. Bras. Ceará.* Domador de toros.

MARSELHÊS, ESA (llés, eza) *adj.* y *s.* Marsellés.

MARSELHESA (lleza) *f.* Marsellesa (himno nacional francés).

MARSUPIAL *adj.* Marsupial, didelfo. *m. pl. Zool.* Marsupiales, didelfos.

MARSÚPIO *m.* Bolsa de los didelfos.

MARTA *f. Zool.* Marta (mamífero carnicero). Marta (piel de este animal).

MARTE *m. Astr. Mit.* Marte.

MARTELADA *f.* Martillada, martillazo.

MARTELADOR, RA *adj.* Martillador, martillador.

MARTELAGEM (jem) *f.* Martilleo (acción de martillar).

MARTELAR *v. tr.* e *intr.* Martillar, martillear. Machacar, importunar.

MARTELETE *m.* Martillejo. Espuela morisca.

MARTELINHO (tèliño) *m. dim.* de *Martelo.* Martillejo.

MARTELO (tè) *m.* Martillo (herramienta). Macillo (de piano). *Anat.* Martillo (huesecillo del oído). *Zool.* Pez martillo. Antigua medida de líquidos equivalente a 0,165 litros.

MARTILHAR (llar) *v. tr. Bras. Río Gr. del Sur.* Amartillar.

MARTIM-CHACHÁ (chachá) *m. Bras.* Lo mismo que

MARTIM-GRANDE *m. Bras.* Lo mismo que

MARTIM-PESCADOR *m. Zool.* Martín pescador, martín del río.

MARTINETE *m. Zool.* Martinete.

MÁRTIR *m.* Mártir.

MARTÍRIO *m.* Martirio (muerte o tormentos padecidos por un ideal o otra causa). *fig.* Martirio (cualquier trabajo largo y penoso).

MARTIRIZAR (zar) *v. tr.* Martirizar, atormentar. *fig.* Martirizar, afligir, atormentar. Ú. t. c. r.

MARTIROLÓGIO (lòjio) *m.* Martirologio.

MARTITA *f. Miner.* Martita.

MARUJA (ja) *f.* Lo mismo que MARINHAGEM.

MARUJADA (ja) *f.* Lo mismo que MARINHAGEM.

MARUJO (jo) *m.* Marino, marinero.

MARULHADA (lla) *f.* Marejada. *fig.* Marejada, alboroto.

MARULHAR (llar) *v. intr.* Marullear. Ú. t. c. r. Agitarse el mar.

MARULHEIRO, RA (llei) *adj.* Que causa maretas (hablando del viento).

MARULHO (llo) *m.* Lo mismo que MARULHADA.

MARXISMO (xis) *m.* Marxismo.

MARXISTA (xis) *adj.* y *s.* Marxista.

MARZOCO (zo) *m.* Lo mismo que BUFÃO.

MAS *conj. advers.* Pero, mas, todavía. Sino. *m.* Dificultad, obstáculo, defecto. *Nem — nem meio —. expr.* con la cual no se admite disculpas o explicaciones. — *antes.* Al contrario.

MASCAR *v. tr.* Mascar. *fig.* Mascar, mascullar, hablar, entre dientes.

MÁSCARA *f.* Máscara (para el rostro). Antifaz. *fig.* Fisonomía. *fig.* Máscara, pretexto, disfraz. *m.* y *f.* Máscara, persona enmascarada.

MASCARADA *f.* Mascarada (fiesta o sarão de máscaras).

MASCARADO, DA *adj.* Enmascarado, disfrazado. *Bras.* Dícese del caballo que tiene una lista blanca en la cabeza desde la frente al hocico; malacara *(Amer.).*

MASCARÃO (ráum) *m.* Mascarón (adorno arquitectónico).

MASCARAR *v. tr.* Enmascarar, disfrazar; ocultar. Ú. t. c. r.

MASCARILHA (lla) *f.* Mascarilla, antifaz.

MASCARRA *f.* Mancha de carbón, de hollín, etc. *fig.* Mancha, deshonra.

MASCATARIA (ría) *f. Bras.* Profesión de

MASCATE *m. Bras.* Vendedor ambulante.

MASCATEAR *v. intr. Bras.* Ejercer la profesión de vendedor ambulante. *v. tr.* Vender por la calle.

MASCAVADO *adj.* Mascabado (dícese del azúcar).

MASCAVAR *v. tr.* Separar y envasar el azúcar mascabado. *fig.* Menoscabar, deteriorar; adulterar, falsificar.

MASCAVINHO (ño) *m.* Azúcar algo mejor que el mascabado.

MASCAVO *adj.* Lo mismo que MASCAVADO.

MASCOTAR *v. tr.* Machacar. Mascar, mascullar.

MASCOTE (cò) *f.* Mascota; fetiche, amuleto.

MASCOTO *m.* Mazo, martillo grande.

MASCULINIDADE *f.* Masculinidad.

MASCULINO, NA *adj.* Masculino. *fig.* Masculino, varonil, enérgico.

MÁSCULO, LA *adj.* Masculino, varonil, enérgico.

MASMORRA *f.* Calabozo, cárcel subterránea.

MASSA (sa) *f.* Masa (mezcla que resulta de incorporar un líquido con una materia pulverizada). Masa (de harina). Masa, conjunto, volumen. Masa popular. *fig.* Masa (totalidad de bienes o de otra cosa; conjunto de algunas cosas; genio). *Fís.* Masa. Lo mismo que ARGAMASSA. *pl. fig. fam.* Dinero. *Na — do sangue. loc. adv.* En la masa de la sangre.

MASSACRAR (sa) *v. tr. gal.* Asasinar, matar; masacrar *(amer. chil.). fig.* Machacar, importunar.

MASSACRE (sa) *f. gal.* Matanza, mortandad, destrozo.

MASSAGADA (sa) *f. fam.* Gran confusión o mezcla de cosas, lío.

MASSAGEM (sajem) *f.* Masaje.

MASSAGISTA (sajis) *m.* y *f.* Masajista.

MASSAME (sa) *m.* Cordaje, jarcia.

MASSAMORDA (sa) *f.* Mazamora; calandraca.

MASSAPÉ (sapé) *m. Bras.* Lo mismo que

MASSAPÉ (sapè) *m. Bras.* Tierra negra y arcillosa.

MASSEIRA (sei) *f.* Masera (artesa usada para amasar).

MASSETER (setèr) *m. Anat.* Masetero.

MASSUDO, DA (su) *adj.* Grueso, encorpado. Pesado, importuno.

MASTARÉU (rèu) *m. Mar.* Mastelero.

MÁSTICA *f.* Mástique, almáciga.

MASTICATÓRIO, RIA (tò) *adj.* Masticatorio. Ú. t. c. s. m.

MASTIGAÇÃO (sáum) *f.* Masticación.

MASTIGAR *v. tr.* Mascar, mastigar. *fig.* Masticar, rumiar, pensar, meditar. Mascar, mascullar, hablar entre dientes. Ú. t. c. intr.

MASTIM *m.* Mastín, perro mastín. *fam.* Vigilante, agente de policía.

MASTIQUE *m.* Lo mismo que MÁSTICA.

MASTITE *f. Patol.* Mastitis.

MASTODONTE *m.* Mastodonte.

MASTÓIDE (tòi) *adj.* Lo mismo que

MASTÓIDEO (tòi) *adj. Anat.* Mastoidal, mastoideo.

MASTREAÇÃO (sáum) *f. Mar.* Arboladura.

MASTREAR *v. tr. Mar.* Arbolar.

MASTRO *m.* Mástil, palo, árbol de una embarcación. Palo (de bandera). *— do traquete.* Trinquete. *— da mesena,* o *da gata.* Mesana. *— grande.* Palo mayor.

MASTRUÇO (so) *m. Bot.* Mastuerzo.

MASTURBAÇÃO (sáum) *f.* Masturbación.

MASTURBAR-SE *v. r.* Mastubarse. Ú. t. c. tr.

MATA *f.* Bosque, monte. Mata (porción de terreno poblado de árboles de una misma especie). Mato, matorral. *— virgem. Bras.* Maraña, matorral, zarzal, espesura, selva.

MATA-BICHO (cho) *m. Bras.* Trago (de aguardiente u otra bebida espiritosa). *Germ.* Propina.

MATA-BORRÃO (rráum) *m.* Papel secante.

MATACÃO (cáum) *m.* Matacán (piedra de ripio que se puede coger con la mano). Matacán (composición ponzoñosa que sirve para matar los perros). *Bot.* Matalobos, anapelo, casco de Júpiter. *fig.* Tajada, pedazo grande.

MATA-CAVALO *m. Bot.* Planta solanácea del Brasil *(Solanum ciliatum).*

MATA-COBRA (cò) *m.* Cachiporra.

MATADOR, RA *adj.* Matador, que mata. Ú. t. c. s. *m.* Matador, espada (torero).

MATADOURO *m.* Matadero. Matanza, destrozo.

MATADURA *f.* Matadura (herida o rozadura que causa al aparejo a las bestias).

MATAGAL *m.* Zarbal, espesura, matorral.

MATAGOSO, SA (gozo, òza) *adj.* Matoso.

MATALOTAGEM (jem) *f.* Matalotaje.

MATALOTE (lò) *m.* Marino, marinero. Matalote (buque inmediatamente anterior o posterior a los que forman una columna).

MATAMBRE *m. Bras. Río Gr. del Sur.* Matambre *(Amer.* Lonja de carne que se saca de entre el cuero y el costillar, en los animales vacunos).

MATA-MOUROS *m.* Matamoros, matasiete, perdonavidas.

MATANÇA (sa) *f.* Matanza (acción de matar). Matanza, carnicería.

MATA-OLHO (llo) *m. Bot. Bras.* Mataojo *(Amer.).*

MATA-PASTO *m. Bot. Bras.* Mata leguminosa.

MATA-PIOLHOS (llos) *m. pop.* Dedo pulgar.

MATAR *v. tr.* Matar (quitar la vida). Ú. t. c. r. Matar, apagar. Matar (herir la bestia por ludirle el aparejo). Ú. t. c. r. *fig.* Matar, molestar, desazonar. *fig.* Extinguir, aniquilar. *v. r.* Matarse (quitarse la vida). Matarse, acongojarse, afligirse. Matarse, trabajar con afán y ahinco. *— o tempo. fr. fig.* Engañar el tiempo, matar el tiempo. *Ficar a —. fr. fig.* Cuadrar (agradar o convenir una cosa con el intento o deseo).

MATA-RATOS *adj.* Que sirve para matar ratones. *m.* Veneno para matar ratones. *fam.* Vino, cigarrillo o puro de ínfima calidad.

MATARIA (ría) *f. Bras.* Bosque, espesura; zarzal, matorral.

MATE *m.* Mate (lance del ajedrez). Mate, hierba del Paraguay. Mate (infusión de las hojas de esta planta; estas mismas hojas). *adj.* Mate, amortiguado, falto de brilho.

MATEAR *v. intr. Bras. Río Gr. del Sur.* Matear (tomar mate; *amer. merid.).*

MATEIRO *m.* Guardabosque. *Bras.* Hierbatero. *Bras.* Baqueano. *Bras.* Lo mismo que CAIPIRA.

MATEJAR (jar) *v. intr.* Cortar leña en el mato. Andar por el mato.

MATEMÁTICA *f.* Matemática.

MATEMÁTICO, CA *adj.* Matemático. *m.* Matemático.

MATÉRIA (tè) *f.* Materia (en todas las acepciones de esta voz). *— -prima.* Materia prima, primera materia.

MATERIAL *adj.* Material. *m.* Material (ingrediente; materia necesaria para una obra; conjunto de cosas necesarias para desempeñar un servicio).

MATERIALÃO, LONA (láum) *adj. despect.* Material, grosero, opuesto a lo espiritual. Ú. t. c. s.

MATERIALIDADE *f.* Materialidad.

MATERIALISMO *m.* Materialismo.

MATERIALISTA *m.* y *f.* Materialista.

MATERIALIZAÇÃO (zasáum) *f.* Acción de

MATERIALIZAR (zar) *v. tr.* Materializar. Realizar. *v. r.* Materializarse. Realizarse.

MATERNAL *adj.* Maternal, materno.

MATERNIDADE *f.* Maternidad (estado de madre). Maternidad (tratamiento que dan a las superioras en algunas órdenes religiosas). Maternidad, casa de maternidad.

MATERNO, NA (tèr) *adj.* Materno.

MATILHA (lla) *f.* Jauría.

MATINADA *f.* Madrugada, mañada. Canto de maitines. Ruido; cencerrada.

MATINAL *adj.* Matutinal, matinal.

MATINAR *v. intr.* Madrugar. Cantar maitines.

MATINAS *f. pl.* Maitines.

MATINÉ (né) *f. gal.* Matiné (función o espetáculo público que se celebra por la tarde; *gal.).*

MATIZ *m.* Matiz (unión de los colores, mezclados con proporción; cualquiera de las gradaciones de un color; carácter peculiar de algunas cosas).

MATIZAÇÃO (zasáum) *f.* Acción de

MATIZAR (zar) *v. tr.* Matizar (casar diversas colores con grata proporción; dar algún matiz a un color). *v. r.* Mostrar una cosa colores distintos.

MATO *m.* Mato, matorral. Espesura, zarzal. *Bras.* Campo (opuesto a la ciudad). *Bras. Ser —.* Existir una cosa en gran copia. *— -grosso. Bras.* Espesura, zarzal.

MATO-GROSSENSE (sen) *adj.* y *s.* Natural o perteneciente al Mato Grosso, província brasileña.

MATOSO, SA (tozo, òza) *adj.* Matoso.

MATRACA *f.* Matraca. *fig.* Matraca, burla, chasco.

MATRACOLEJAR (jar) *v. intr. Bras.* Sonar como matraca.

MATRAQUEAR *v. intr.* Matraquear, hacer ruido con la matraca. *fig.* Matraquear, dar matraca.

MATRAZ *m.* Matraz.

MATREIRO, RA *adj.* Matrero, astuto, diestro, experimentado, ducho. *Bras. Río Gr. del Sur.* Suspicaz, receloso; matrero *(Amer.).*

MATRIARCADO *m.* Matriarcado.

MATRIARCAL *adj.* Matriarcal.

MATRICÁRIA *f. Bot.* Matricaria.

MATRICIDA *m.* y *f.* Matricida.

MATRICÍDIO *m.* Matricidio.

MATRÍCULA *f.* Matrícula. Matriculación.

MATRICULADO, DA *adj.* Matriculado. *fam.* Ducho, experimentado, astuto.

MATRICULAR *v. tr.* Matricular. Ú. t. c. r.

MATRIMONIAL *adj.* Matrimonial.

MATRIMONIAR *v. tr.* Casar.

MATRIMÔNIO (mó) *m.* Matrimonio, casamiento.

MATRIZ *f.* Matriz, útero. Matriz (molde en que se funden cualesquiera objetos de metal, principalmente las letras para imprimir, cuños, etc. Fuente, origen, madre. Casa central (opuesta a sucursal). *adj.* Matriz, principal, materna, generadora.

MATROCA (trò) *f.* Ú. sólo en el m. adv. *À —.* al acaso, a buena de Dios.

MATRONA *f.* Matrona (madre de familia, noble y virtuosa). *fam.* Virago. Mujerona; matronaza.

MATRONAÇA (sa) *f.* Matronaza.

MATRONAL *adj.* Matronal.

MATULA *f.* Pandillaje, pandilla. Lo mismo que MALTA. *Bras.* Lo mismo que FARNEL.

MATULAGEM (jem) *f.* Pillería, pillada.

MATULÃO (láum) *m.* Pillo, tunante; holgazán, haragán. Lo mismo que RAPAGÃO.

MATUNGO *m. Bras.* Matalón; matungo *(Amer.).*

MATURAÇÃO (sáum) *f.* Maduración.

MATURADO, DA *adj.* Maduro, que está en sazón.

MATURAR *v. tr.* Madurar. *v. intr.* Madurar (ir sazonándose los frutos). *fig.* Madurar (crecer en edad, juicio y sensatez).

MATURATIVO, VA *adj.* Madurativo.

MATURESCÊNCIA (cén) *f.* Madurez.

MATURIDADE *f.* Madurez. *fig.* Madurez; edad madura.

MATURRANGADA *f. Bras. Río Gr. del Sur.* Acción própia de maturrango; Conjunto de maturrangos.

MATURRANGAR *v. intr.* Lo mismo que MATURRANGUEAR.

MATURRANGO *m. Bras. Río Gr. del Sur.* Maturrango (mal jinete).

MATURRANGUEAR *v. intr. Bras. Río Gr. del Sur.* Montar a caballo como un maturrango; ser mal jinete.

MATURRENGO *m.* Lo mismo que MATURRANGO.

MATUSALÉM (zalém) *m.* Matusalém, hombre de mucha edad.

MATUSALÉNICO, CA (zalé) *adj.* Matusaleno.

MATUTAR *v. intr.* Meditar, pensar, rumiar, masticar. *v. tr.* Planear, trazar; procurar, pretender.

MATUTICE *f. Bras.* Rusticidad, tosquedad; acción propia del hombre del campo.

MATUTO *m. Bras.* Rústico, hombre del campo. *adj.* Rústico, tosco, grosero, aldeano.

MAU, MÁ *adj.* Malo, mala (en todas las acepciones de esta voz). Ú. t. c. s.

MAUNÇA (sa) *f.* Lo mismo que MANCHEIA.

MAURÉSCO, CA *adj.* Morisco.

MAURITÂNIA (tá) *f. Bot.* Clavel de roca.

MAURITANO, NA *adj.* y *s.* Mauritano.

MAURO, RA *adj.* Moro; mauro (desus.).

MAUSOLÉU (zolèu) *m.* Mausoleo, mausoleo.

MAVIOSIDADE (zi) *f.* Dulzura, ternura, suavidad, amabilidad.

MAVIOSO, SA (viozo, òza) *adj.* Dulce, tierno, agradable, delicado.

MAVÓRCIO, CIA (vòr) *adj. Poét.* Mavorcio.

MAVÓRTICO, CA (vòr) *adj.* Lo mismo que MAVÓRCIO.

MAXAMBOMBA (cham) *f. Bras.* Antiguo vagón con asientos encima de la cubierta. *Bras.* Vagoneta.

MAXILA (xi) *adj.* Quijada, mandíbula. Mentón, barbilla.

MAXILAR (xi) *adj.* Maxilar. *m.* Maxilar, hueso maxilar.

MÁXIMA (si) *f.* Máxima, proposición, regla. Máxima, sentencia, apotegma. *Mús.* Máxima.

MAXIMALISMO (xi) *m.* Bolcheviquismo.

MÁXIME (xi) *adj. m.* Máxime, principalmente.

MÁXIMO, MA (si) *adj.* Máximo (sup. de *Grande). — divisor comum. Arit.* Máximo divisor común.

MÁXIMUM (xi) *m.* Máximum, máximo (límite superior de una cosa).

MAXIXAR (chichar) *v. intr. Bras.* Bailar el *maxixe.*

MAXIXE (chiche) *m. Bras.* Baile brasileño y su música.

MAXIXEIRO (chichei) *m. Bras.* El que baila el *maxixe. Bras. Bot.* Planta cucurbitácea del Brasil *(cucumis anguria).*

MAZANZA (zanza) adj. Bras. Perezoso, indolente, flojo, descuidado, negligente. Lo mismo que DESAJEITADO.

MAZELA (zè) f. Llaga, herida. Matadura. fam. Enfermedad. fig. Mancha, mancilla.

MAZELENTO, TA (ze) adj. Llagado, lleno de heridas. Achacoso.

MAZOMBO (zom) m. Bras. Individuo nacido en el Brasil, de padres portugueses. adj. fig. Lo mismo que MACAMBÚZIO.

MAZOQUISMO (zo) m. Masoquismo.

MAZOQUISTA (zo) com. Masoquista.

MAZORCA (zòr) f. Bras. Desorden, tumulto, alboroto, motín. Mazorca (Amer.).

MAZORQUEIRO, RA (zor) adj. y s. Mazorquero. (amer.); Alborotador.

MAZORRAL (zo) adj. Mazorral, grosero, rudo, tosco.

MAZORRO, RA (zo) adj. Mazorral, grosero, rudo, tosco. Perezoso, flojo.

MAZURCA (zur) f. Mazurca; polca.

ME pron. (Dativo o acusativo del pronombre personal de primera persona en género masculino o femenino y número singular) Me.

MEAÇÃO (sáum) f. Acción de dividir en dos partes iguales. Mitad.

MEADA f. Madeja (manojo de hilo recogido en vueltas iguales). fig. Embrollo, lío. O fio da —. Hilo, continuación o serie de una cosa enredada.

MEADEIRA f. Bras. Máquina para hacer madejas de hilo.

MEADO, DA adj. Mediado, que llegó a la mitad. Dividido al medio. m. Medio, mitad.

MEALHA (lla) f. Meaja (moneda antigua).

MEALHEIRO (llei) m. Hucha, peculio, chorro. Alcancía. adj. Que da poco lucro, que consta de sumas insignificantes.

MEANDRO m. Meandro, recoveco, sinuosidad. fig. Enredo, embrollo, complicación.

MEANTE adj. Mediante, que media.

MEÃO, Ã (meáum, meán) adj. Mediano (intermedio en classe, calidad, tamaño, etc.). Mediano (casi malo y aun malo del todo).

MEAR v. tr. Dividir por el medio. v. intr. Mediar, llegar a la mitad; estar una cosa entre otras.

MEATO m. Meato.

MECÂNICA (cá) f. Mecánica.

MECÂNICO, CA (cá) adj. Mecánico. m. Mecánico (el que profesa la mecánica; el que maneja y arregla las máquinas).

MECANISMO m. Mecanismo.

MECANIZAÇÃO (zasáum) f. Bras. Acción de tornar mecánico.

MECANOTERAPIA (pía) f. Mecanoterapia.

MEÇAS (mèsas) f. pl. Medición. Comparación. Pedir —. fr. Exigir satisfaciones; creerse superior; no temer comparaciones.

MECÊ (cé) pron. pers. Bras. pop. Lo mismo que VOSSEMECÊ.

MECENAS m. fig. Mecenas (persona que protege los hombres de letras).

MECHA (mècha) f. Mecha (cuerda combustible). Cir. Mecha. Mecha, mechón (porción de pelo, hilos, hebras, etc.).

MECHAR (char) f. Echar fuego a una mecha.

MECÔNIO (có) m. Meconio, alhorre.

MEDA (mè) f. Hacina; almiar; meda (prov. Gal.).

MEDALHA (lla) f. Medalla.

MEDALHÃO (lláum) m. Medallón. fig. Figurón. fig. Persona poderosa.

MEDALHAR (llar) v. tr. Grabar una medalla. Conferir una medalla.

MEDALHEIRO (llei) m. Medallista. Medallero (mueble).

MEDALHISTA (llis) m. Medallista.

MEDÃO (MEdáum) m. Médano, duna. Lo mismo que MEDO.

MÉDIA (mè) f. Mat. Media. Promedio, término medio. Bras. Taza de café con leche, pan y manteca.

MEDIAÇÃO (sáum) f. Mediación, intercesión, interposición, tercería.

MEDIADOR, RA adj. Mediador, medianero, tercero. Ú. t. c. s.

MEDIAL adj. Medial (hablando de consonantes).

MEDIANEIRO, RA adj. y s. Lo mismo que MEDIADOR.

MEDIANIA (nía) f. Medianía, término medio. fig. Moderación.

MEDIANO, NA adj. Mediano.

MEDIANTE adj. Mediante (que media). prep. Mediante, por medio de, en atención, por razón, a cambio de (adv. m.).

MEDIAR v. tr. Dividir al medio. v. intr. Mediar, interceder, interponerse. Mediar, transcurrir. Mediar, ocurrir entremedias una cosa.

MEDIATAMENTE adj. m. y t. Mediatamente.

MEDIATÁRIO, RIA adj. y s. Lo mismo que MEDIADOR.

MEDIATO, TA adj. Mediato.

MÉDICA (mè) f. Médica.

MEDICAÇÃO (sáum) f. Medicación.

MEDICAR v. tr. Medicinar. Ú. t. c. r.

MEDICASTRO m. Medicastro, médico indocto; curandero.

MEDICATIVO, VA adj. Medicamentoso.

MEDICÁVEL adj. Medicable, medicinable.

MEDICINA f. Medicina.

MEDICINAL adj. Medicinal.

MEDICINAR v. tr. Medicinar. Ú. t. c. r.

MÉDICO (mè) m. Médico. adj. Médico (perteneciente a la medicina). Médico (perteneciente a la Media o a los medos).

MEDIDA f. Medida (estimación de una cantidad; lo que sirve para medir; acción de medir; proporción, correspondencia; disposición, prevención, ú m. en pl.; cordura, prudencia; número y clase de sílabas de un verso. À — que. m. adv. A medida que, al paso que. Encher as —s. Satisfacer enteramente.

MEDIDAMENTE adj. m. Medidamente.

MEDIDOR, RA adj. Medidor, que mide. Ú. t. c. s. m. Contador; medidor (Amer.).

MEDIEVAL adj. Medioeval, medieval.

MEDIEVO, VA (èvo) adj. Medieval.

MÉDIO, DIA (mè) adj. Medio (que está en el medio); mediano.

MEDÍOCRE adj. Mediocre, mediano.

MEDIOCRIDADE f. Mediocridad.

MEDIR v. tr. medir. fig. Medir, igualar, comparar. Ú. t. c. r.

MEDITABUNDO, DA adj. Meditabundo.

MEDITAÇÃO (sáum) f. Meditación.

MEDITADOR, RA adj. Meditador.

MEDITAR v. tr. Meditar. v. intr. Pensar, reflexionar.. m. Meditación.

MEDITATIVO, VA adj. Meditativo. Meditabundo.

MEDITERRÂNEO, EA (rrá) adj. Mediterráneo.

MÉDIUM (mè) m. Médium, medio.

MEDIUNIDADE f. Calidad de médium.

MEDO, DA (mè) adj. y s. Medo.

MEDO (mé) m. Miedo.

MEDONHAMENTE (ña) adj. m. Horriblemente.

MEDONHO, NHA (ño) adj. Pavoroso, horrible, medroso, que infunde miedo. fam. Muy feo.

MEDRA (mè) f. Medra, aumento, medro. Lo mismo que CRESCIMENTO.

MEDRANÇA (sa) f. Lo mismo que MEDRA.

MEDRAR v. tr. Medrar, mejorar. Desarrollar, hacer crescer. v. intr. Medrar, crecer. Desarrollarse. Mejorar de fortuna, medrar.

MEDRONHAL (ñal) m. Madroñal, madroñero.

MEDRONHEIRO (ñei) m. Bot. Madroño, madroñera.

MEDRONHO (ño) m. Madroño (fruto).

MEDROSAMENTE (dròza) adj. m. Medrosamente.

MEDROSO, SA (drozo, òza) adj. Medroso, cobarde, temeroso, pusilánime, miedoso. Medroso, que infunde miedo.

MEDULA f. Medula. — espinhal. Medula espinal.

MEDULAR adj. Medular.

MEDULOSO, SA (lozo, òza) adj. Meduloso.

MEDUSA (za) f. Medusa. fig. Mujer fea.

MEEIRO, RA (èi) adj. Que ha de dividirse al medio. m. El que va a medias con otro.

MEFISTOFÉLICO, CA (fè) adj. Mefistofélico; satánico, infernal.

MEFÍSTICO, CA adj. Mefítico, hediondo.

MEGAFONE m. Megáfono.

MEGALÍTICO, CA adj. Megalítico.

MEGALOMANIA (nía) f. Megalomanía.

MEGALOMANÍACO, CA adj. Megalomaníaco. Ú. t. c. s.

MEGALÓMANO, NA (ló) adj. Megalómano. Ú. t. c. s.

MEGALOSÁURIO (zau) m. Megalosaurio.

MEGÁMETRO (gá) m. Megámetro.

MEGASCÓPIO (cò) m. Megascopio.

MEGATÉRIO (tè) m. Megaterio.

MEGERA (jè) f. Fiera, arpía, mujer malvada y fea.

MEIA f. Media (calzado de punto que cubre el pie y la pierna). Calcetín; (media corta, media media) (Amer.). — curta, o de homem. Calcetín. adj. f. Media.

MEIA-ÁGUA f. Techo cuya superficie tiene una sola inclinación para la caída de las aguas; mediagua (amer. chil.).

MEIA-CANA f. Mediacaña (moldura).

MEIA-CANHA (ña) f. Bras. Río Gr. del Sur. Mediacaña (baile americano), Amer.

MEIA-COROA f. Mediacorona.

MEIA-DIREITA m. Fut. Ala derecha.

MEIA-ESQUERDA f. Fut. Ala izquierda.

MEIA-IDADE f. Edad Media.

MEIA-LARANJA (ja) f. Medianaranja. Bras. Colina baja y redondeada.

MEIA-LONA f. Tejido basto de lino.

MEIA-LUA f. Creciente, media luna.

MEIA-NAU f. Medio del buque, media nave.

MEIA-NOITE f. Medianoche.

MEIAS f. pl. Medias. adj. Medias (hablando de paredes). A —, m. adv. A medias.

MEIA-TINTA f. Mediatinta.

MEIGAMENTE adj. m. Dulce, suave, cariñosamente.

MEIGO, GA adj. Afable, cariñoso, tierno, suave, bondadoso, agradable, dulce en la conversación y el trato, afectuoso, amable.

MEIGUICE f. Dulzura, ternura, amabilidad.

MEIMENDRO m. Bot. Beleño.

MEIMINHO (ño) m. El dedo meñique.

MEIO m. Medio (parte que en una cosa equidista de sua extremos; corte o sesgo que se toma en un negocio; diligencia, acto o arte para lograr alguna cosa; elemento en que existe o se mueve un ser; fig. esfera social de una persona). Arit. Medio. pl. Medios (caudal, rentas o hacienda de una persona). adj. Medio. adv. m. Medio, no del todo, no enteramente, no por completo.

MEIO-DIA m. Mediodía.

MEIRINHADO (ña) m. Alguacilazgo.

MEIRINHO (ño) m. Alguacil. adj. Merino.

MEL (mèl) m. Miel. — virgem. Miel virgen. — de pau. Miel silvestre. — rosado. Miel rosado.

MELA (mè) f. Mella. Calvicie. Tizón.

MELACEIRO m. Vendedor de melaza o melote.

MELAÇO (so) m. Melaza, melote.

MELADO, DA adj. Melado (que tiene color de miel). Bras. Melado (dícese de la caballería de color blanco o moro, de pelo con visos como la miel de abejas). m. Melado (zumo de la caña de azúcar concentrado al fuego).

MELADURA f. Meladura (melado preparado para hacer el azúcar).

MELAGASTRO, TRA adj. Zool. Melagastro.

MELANCIA (cía) f. Sandía (planta y fruto).

MELANCIAL m. Sandiar.

MELANCIEIRA f. Sandía (planta).

MELANCOLIA (lía) f. Melancolía.

MELANCÓLICO, CA (cò) adj. Melancólico.

MELANCOLIZAR (zar) v. tr. Melancolizar. Ú. t. c. r.

MELANÉSIO, SIA (nèzio) adj. y s. Melanesio.

MELANIA (nía) f. Muer, muaré.

MELANISMO m. Melanismo, melanodermia.

MELANITE f. Miner. Melanita.

MELANOCARPO, PA adj. Melanocárpeo.

MELANODERMIA (mía) f. Melanismo, melanodermia.

MELANOSE (nòze) f. Patol. Melanosis.

MELANTÉRIA (tè) f. Melanteria, melanterita.

MELÃO (láum) m. Melón (planta y fruto).

MELAR v. tr. Enmelar. v. intr. Añublar, atizonar.

MELCOCHADO (cha) m. Seda tornasolada.

MELEANTE m. Lo mismo que MELIANTE.

MELECA (lè) *f. Bras.* Moco.

MELEIRO *m.* Melero.

MELENA *f.* Melena, cabello colgante. Lo mismo que GADELHA.

MÉLEO, EA (mè) *adj.* Méleo. Melifluo.

MELGAÇO, ÇA (so, sa) *adj. Bras. nort.* Rubio.

MELGUÉIRA *f.* Colmena. *fam.* Dinero que se tiene escondido. Lo mismo que MAMATA.

MELHARUCO (lla) *m.* Lo mismo que ABELHARUCO.

MELHOR (llòr) *adj.* Mejor. *adj. m.* Mejor. *m.* Lo mejor. *Levar a* — *fr.* Ganar, vencer.

MELHORA (llò) *f.* Mejora. Mejoría.

MELHORADOR, RA (llo) *adj.* Que mejora.

MELHORAMENTO (llo) *m.* Mejoramiento.

MELHORAR (llo) *v. tr.* Mejorar. *v. intr.* Mejorar. *v. r.* Mejorarse.

MELHORIA (lloría) *f.* Mejoría.

MELHORMENTE (llòr) *adj. m.* Mejor.

MELIÁCEO, CEA *adj.* Meliáceo. *f. pl. Bot.* Meliáceas.

MELIANTÁCEAS *f. pl. Bot.* Meliánteas.

MELIANTE *m.* Tunante, vagabundo, pillo. Maleante.

MÉLICO, CA (mè) *adj.* Mélico, melodioso. *Quím.* Mélico.

MELIEIRO, RA *adj.* Meloso, blando, suave, dulce.

MELÍFERO, RA *adj.* Melífero.

MELIFICAÇÃO (sáum) *f.* Melificación.

MELIFICAR *v. intr.* Melificar. *v. tr.* Enmelar.

MELÍFICO, CA *adj.* melífico, melífero.

MELIFLUIDADE *f.* melifluencia, melifluidad.

MELÍFLUO, FLUA *adj.* Melifluo.

MELINDRAR *v. tr.* Ofender. Ú. t. c. r. Melindrizar, melindrear.

MELINDRE *m.* Melindre (afectada y nimia delicadeza en expresión y ademanes). Susceptibilidad. Melindre (fruta de sartén).

MELINDRICE *f. Bras.* Calidad de melindroso.

MELINDROSO, SA (ozo, òza) *adj.* Melindroso. Ú. t. c. s.

MELISSA (sa) *f.* Toronjil, melisa.

MELOAL *m.* Melonar.

MELODIA (día) *f.* Melodía.

MELODIAR *v. intr.* Cantar melodiosamente.

MELÓDICO, CA (lò) *adj.* Melódico.

MELODIOSAMENTE (òza) *adv. m.* Melodiosamente.

MELODIOSO, SA (diozo, òza) *adj.* Melodioso.

MELODIZAR (zar) *v. tr.* Hacer melodioso.

MELODRAMA *m.* Melodrama.

MELODRAMÁTICO, CA *adj.* Melodramático.

MELOMANIA (nía) *f.* Melomanía.

MELOMANÍACO, CA *adj.* Melomaníaco. Ú. t. c. s.

MELÔMANO, NA (ló) *adj.* Melómano, melomaníaco. Ú. t. c. s.

MELOPÉIA (pèia) *f.* Melopeya, melopea.

MELOSAMENTE (lòza) *adv. m.* Melosamente.

MELOSO, SA (lozo, òza) *adj.* Meloso.

MELRO (mèl) *m.* Mirlo. *fig.* Hombre astuto.

MEMBRANA *f.* Membrana.

MEMBRANOSO, SA (nozo, òza) *adj.* Membranoso.

MEMBRÂNULA (brá) *f.* Membranela.

MEMBRO *m.* Miembro (extremidad del hombre o de los animales; individuo de una comunidad; parte de un todo). *Arit.* y *Mat.* Miembro. *pop.* Miembro (órgano sexual masculino).

MEMBRUDO, DA *adj.* Membrudo, fornido, fuerte, vigoroso, de miembros robustos.

MEMÊNTO *m.* Memento (parte de la misa). Membrete, memoria, apunte, anotación, minuta. Librito de memorias, memorandum.

MEMORANDO, DA *adj.* Memorando, memorable. *m.* Memorandum. *Bras.* Héroe.

MEMORANDUM *m.* Memorandum.

MEMORAR *v. tr.* Memorar, recordar alguna cosa. Conmemorar.

MEMORATIVO, VA *adj.* Memorativo, conmemorativo.

MEMORÁVEL *adj.* Memorable.

MEMÓRIA (mò) *f.* Memoria (facultad anímica; recuerdo; monumento que perpetúa el recuerdo de una cosa; relación, exposición; disertación escrita). *pl.* Memorias (relato de sucesos particulares). *De* —. *adv.* De memoria.

MEMORIAL *m.* Memorial (libro o cuaderno de notas o apuntes). Memorias. Recuerdo. Memorial (escrito en que se pide una merced o gracia). *adj.* Memorable.

MEMORIALISTA *m.* Memorialista. Autor de memorias.

MEMORIÃO (riáum) *m. fig.* Memorión.

MEMORIAR *v. tr.* Escribir una memoria o relación de hechos o motivos.

MEMORIOSO, SA (riozo, òza) *adj.* Memorioso (que tiene buena memoria).

MEMORISTA *com.* Autor de memorias.

MEMORIZAÇÃO (zasáum) *f.* Acción de

MEMORIZAR (zar) *v. tr.* Conservar la memoria de una cosa. Traer a la memoria, acordar.

MEMOROSO, SA (rozo, òza) *adj.* Memorable.

MENAGEM (jem) *f.* Homenaje. Prisión bajo palabra. *Torre de* —. La torre principal de una fortaleza.

MENÇÃO (sáum) *f.* Mención. — *honrosa.* Mención honorífica. *Fazer* — *fr.* Hacer mención.

MENCIONAR *v. tr.* Mencionar, hacer mención, nombrar, referir, recordar.

MENDACE *adj.* Mendaz, mentiroso.

MENDACIDADE *f.* Mendacidad.

MENDAZ *adj.* Mendaz, mentiroso.

MENDICÂNCIA (cán) *f.* Mendicidad, mendicación, mendiguez.

MENDICANTE *adj.* Mendicante, mendigante. Ú. t. c. s.

MENDICIDADE *f.* Mendicidad, mendiguez, mendicación.

MENDIGAÇÃO (sáum) *f.* Mendicación, mendicidad.

MENDIGAR *v. tr.* Mendigar, pedir limosna. *fig.* Mendigar, solicitar algún favor con importuna insistencia. *v. intr.* Pordiosear.

MENDIGO *m.* Mendigo. Pordiosero.

MENDINHO (ño) *m.* El dedo meñique.

MENDUBI *m. Bras.* Lo mismo que

MENDUBIM *m. Bras.* Lo mismo que

MENDUÍ *m. Bras.* Maní, cacahuete.

MENEADOR, RA *adj.* Meneador.

MENEAMENTO *m.* Meneo (acción de menear).

MENEAR *v. tr.* Menear (agitar una cosa, moverla de una parte a otra). Ú. t. c. r. Menear, manejar, dirigir, gobernar.

MENEIO (jem) *m.* Meneo. Gesto. Ademán. *fig.* Maquinación, enredo. Mano de obra, manos. Preparo. Manera de vivir.

MENESTREL (trèl) *m.* Trovador, ministril.

MENHIR *m.* Menhir.

MENINA *f.* Niña. — *do olho.* Pupila, niña del ojo, niña. *Abóbora* —. Especie de calabaza.

MENINEIRO, RA *adj.* Niño (que obra con poca reflexión y advertencia). Niñero. Pueril.

MENINGES (jes) *f. pl. Anat.* Meninges.

MENINGITE (ji) *f. Patol.* Meningitis.

MENINGOSE (gòze) *f.* Meningosis.

MENINICE *f.* Niñez.

MENINO *m.* Niño.

MENISCO *m.* Menisco (vidrio cóncavoconvexo). *Anat.* Menisco.

MENOPAUSA (za) *f.* Menopausia.

MENOR (nòr) *adj.* Menor. *m. For.* Menor. *pl.* Pormenores. *Roupas* —*es.* Ropa interior, ropa blanca. *Frade* —. Menor (religioso franciscano). *Por* — *m. adv.* Por menor, menudamente, al menudo.

MENORIDADE *f.* Menoría, menor edad, minoridad.

MENORITA *m.* Menor, minorita, religioso franciscano.

MENORRAGIA (jía) *f.* Menorragia.

MENORRÉIA (rrèia) *f.* Menorrea.

MENOS *adv. comp.* Menos. *prep.* Menos, recepto, salvo. *(adv. m.)* Menos. *A* —. *m. adv.* De menos (denotando falta de número, peso o medida). *A* — *que. m. adv.* A menos que, a no ser que. *Ao* —. Al menos, a lo menos, por lo menos. *Pelo* —. *m. adv.* Por lo menos.

MENOSCABAR *v. tr.* Menoscabar, disminuir, acortar. *fig.* Menoscabar, deteriorar, mancillar; despreciar.

MENOSCABO *m.* Menoscabo. Desprecio.

MENOSPREÇAR (sar) *v. tr.* Lo mismo que MENOSPREZAR.

MENOSPREÇO (so) *m.* Lo mismo que MENOSPREZO.

MENOSPREZADOR, RA (za) *adj.* Menospreciador.

MENOSPREZAR (zar) *v. tr.* Menospreciar.

MENOSPREZÍVEL (zí) *adj.* Menospreciable.

MENOSPREZO (prézo) *m.* Menosprecio.

MENSAGEIRO, RA (jei) *adj.* Mensajero. *m.* Mensajero (persona que lleva un mensaje a otra).

MENSAGEM (jem) *f.* Mensaje (recado oral; comunicación oficial; comunicación política o social).

MENSAL *adj.* Mensual.

MENSALIDADE *f.* Mensualidad.

MENSÁRIO *m. neol.* Publicación mensual.

MENSTRUAÇÃO (sáum) *f.* Menstruación.

MÊNSTRUO (méns) *m.* Menstruo.

MENSUAL *m. Bras. Río Gr. del Sur.* Trabajador mensual.

MENSURABILIDADE *f.* Mensurabilidad.

MENSURAÇÃO (sáum) *f.* Mensuración, medición.

MENSURAR *v. tr.* Mensurar, medir.

MENSURÁVEL *adj.* Mensurable, que se puede medir.

MENTA *f.* Hierbabuena, menta.

MENTADO, DA *adj.* Mentado, renombrado.

MENTAL *adj.* Mental.

MENTALIDADE *f.* Mentalidad.

MENTALMENTE *adj. m.* Mentalmente.

MENTÁRIO *m.* Inventario.

MENTASTRE *m.* Mastranzo, mentastro.

MENTASTRO *m.* Lo mismo que MENTASTRE.

MENTE *f.* Mente (facultad intelectual del alma; entendimiento, inteligencia; intención, pensamiento, designio). *De boa* —. *m. adv.* De buen grado, de buena voluntad, de buena gana. *De má* —. *adv.* De mal grado, de mala gana.

MENTECAPTO, TA *adj.* Mentecato. Ú. t. c. s.

MENTIDO, DA *adj.* Mentido, mentiroso, falaz, engañoso.

MENTIR *v. intr.* Mentir. Mentir, fingir, disfrazar. *v. tr.* Mentir (faltar a lo prometido o convenido).

MENTIRA *f.* Mentira.

MENTIROLA (rò) *f.* Mentirilla.

MENTIROSO, SA (rozo, òza) *adj.* Mentiroso. Ú. t. c. s.

MENTO *m.* Mentón. Lo mismo que CIMALHA.

MENTOL (tòl) *m. Quím.* Mentol.

MENTOLADO, DA *adj.* Que contiene mentol.

MENTOR *m.* Mentor, guía, consejero.

MENTRUZ *m. Bras. nort.* Lo mismo que MASTRUÇO.

MEQUETREFE (trè) *m.* Mequetrefe.

MERAMENTE (mè) *adv. m.* Meramente, simplemente, puramente.

MERCA (mèr) *f.* Merca, compra.

MERCADEJAR (jar) *v. intr.* Mercadear, traficar. Ú. t. c. tr.

MERCADINHO (ño) *m. Bras. Río Gr. del Sur.* Lo mismo que QUITANDA.

MERCADO *m.* Mercado (en todas las acepciones de esta voz).

MERCADOR *m.* Mercader.

MERCADORIA (ría) *f.* Mercancía, mercaduría, mercadería.

MERCANCIA (cía) *f.* Lo mismo que MERCADORIA.

MERCANCIAR *v. intr.* Mercadear; comerciar.

MERCANTIL *adj.* Mercantil.

MERCANTILAGEM (jem) *f.* Mercantilismo.

MERCANTILIDADE *f.* Calidad de mercantil.

MERCANTILISMO *m.* Mercantilismo.

MERCAR *v. tr.* Mercar, comprar para vender.

MERCÁVEL *adj.* Que se puede comprar y vender.

MERCÊ (cé) *f.* Merced, premio, dádiva, gracia, galardón, recompensa, beneficio. Merced (voluntad o arbitrio de uno). Merced (tratamiento de cortesía). *Vossa* —. Vuestra Merced. — *de. m. adv.* Merced a, gracias a, por intervención de. *À* — *de. m. adv.* A merced de.

MERCEARIA (ría) *f.* Mercería. Especiería.

MERCEEIRO *m.* Mercero.

MERCENÁRIO, RIA *adj.* Mercenario. Ú. t. c. s.

MERCENARISMO *m.* Espíritu mercenario.
MERCURIAL *adj.* Mercurial. *f. Bot.* Mercurial.
MERCÚRIO *m.* Mercurio, azogue. *Astr.* Mercurio.
MERDA (mèr) *f.* Mierda.
MERECEDOR, RA *adj.* Merecedor.
MERECER *v. tr.* Merecer. *v. intr.* Merecer.
MERECIDO, DA *adj.* Merecido, debido, justo.
MERECIMENTO *m.* Merecimiento, merito.
MERENCÓRIO, RIA (cò) *adj.* Melancólico.
MERENDA *f.* Merienda.
MERENDAR *v. tr.* y *intr.* Merendar.
MERENGUE *m.* Merengue (dulce hecho con claras de huevo y azúcar).
MERENGUE *m.* Lo mismo que MERENGUE.
MERETRICIAR-SE *v. r.* Meretricar, prostituirse.
MERETRÍCIO, CIA *adj.* Meretricio. *m.* Prostitución.
MERETRIZ *f.* Meretriz, ramera.
MERGULHADOR (lla) *m.* Buzo. Pescador de perlas.
MERGULHÃO (lláum) *m.* Mugrón. *Zool.* Somorgujo.
MERGULHAR (llar) *v. tr.* Sumergir, zambullir. Ú. t. c. r. e intr. Amugronar, ataquizar. *v. r.* Lo mismo que ENGOLGAR-SE.
MERGULHIA (llía) *f.* Acción de amugronar o ataquizar las vides.
MERGULHO (llo) *m.* Zambullida, zambullidura.
MERIDIANA *f. Astr.* Meridiana, línea meridiana.
MERIDIANO, NA *adj.* Meridiano. *m.* Meridiano.
MERÍDIO, DIA *adj.* Meridional.
MERIDIONAL *adj.* Meridional.
MERINAQUE *f.* Miriñaque.
MERINO, NA *adj.* Merino. *m.* Merino (tejido).
MERINÓ (nò) *m. Bras.* Merino (tejido).
MERITÍ *f. Bot.* Especie de palma *(mauricia flexuosa).*
MERITÍSSIMO, MA (si) *adj.* Meritísimo.
MÉRITO (mè) *m.* Mérito, merecimiento.
MERITORIAMENTE (tò) *adj. m.* Meritoriamente.
MERITÓRIO, RIA (tò) *adj.* Meritorio.
MERLÃO (láum) *m.* Merlón.
MERLIM *m. Mar.* Merlín (cabo alquitranado).
MERMA (mèr) *f. Bras.* Merma.
MERMAR *v. tr.* e intr. *Bras. Río Gr. del Sur.* Mermar.
MERO, RA (mè) *adj.* Mero, puro, simple y sin mezcla. *m. Zool.* Mero.
MEROLOGIA (jía) *f.* Merología.
MEROVÍNGIO, GIA (jio) *adj.* Merovingio.
MÊS (més) *m.* Mes. — *lunar.* Mes lunar.
MESA (za) *f.* Mesa.
MESADA (za) *f.* Mesada.
MESÁRIO (zá) *m.* Miembro de la mesa de una corporación.
MESCLA (mès) *f.* Mezcla, mixtura. Mexcla (de colores). Mezcla (tejido).
MESCLAR *v. tr.* Mezclar.
MESENTÉRIO (zentè) *m.* Mesenterio, redaño.
MESENTERITE (zen) *f.* Mesenteritis.
MESETA (ze) *f.* Meseta, mesa.
MESMERIANO, NA *adj.* Mesmeriano. Ú. t. c. s.
MESMERISMO *m.* Mesmerismo.
MESMÍSSIMO, MA (si) *adj.* Que es perfectamente el mismo, absolutamente idéntico.
MESMO, MA *adj.* Mismo. *m.* Lo mismo que *adv. m.* Exactamente. — *que.* Aun, todavía. *Assim* —. Mismo, asimismo.
MESNADA *f. ant.* Mesnada.
MESNADARIA (ría) *f.* Mesnadería.
MESNADEIRO *m.* Mesnadero.
MESOCÁRPIO (zo) *m.* Mesocarpio.
MESÓCLISE (zò) *f.* Lo mismo que TMESE.
MESOCRACIA (zocracía) *f.* Mesocracia.
MESOCRÂNIO (zocrá) *m.* Mesocráneo.
MESODERMA (zodèr) *f.* Mesodermo.
MESOFILO (zo) *m.* Mesofilo.
MESÓFITO (zò) *m.* Mesófito.
MESÓFRIO (zò) *m.* Mesofrión.
MESOGÁSTRIO (zo) *m.* Mesogastrio.
MESOLOGIA (zolojía) *f.* Mesología.
MESOPOTÂMIA (zopotá) *f.* Mesopotamia.
MESORRÍNIO, NIA (zo) *adj.* Mesorrino.
MESOTÓRAX (tò) *m.* Mesotórax.
MESOZÓICO, CA (zozòi) *adj.* Mesozoico.
MESQUINHAR (ñar) *v. tr.* Recusar por mezquindad, regatear, tacañear, miserear, escatimar.

MESQUINHARIA (ñaría) *f.* Mesquindad, roñería, tacañería.
MESQUINHEZ (ñez) *f.* Lo mismo que MESQUINHARIA.
MESQUINHO, NHA (ño, ña) *adj.* y *s.* Mezquino, miserable, tacaño. Necesitado, pobre, infeliz. Mezquino, pequeño.
MESQUITA *f.* Mesquita.
MESSALINA (sa) *f. fig.* Mesalina.
MESSE (mèse) *f.* Mies, cosecha, siega.
MESSIÂNICO, CA (siá) *adj.* Mesiánico.
MESSIAS (sí17as) *m.* Mesías.
MESSIDOR (si) *m.* Mesidor.
MESTIÇAGEM (sajem) *f.* Cruzamiento; mestización.
MESTIÇAMENTO (sa) *m.* Mestización.
MESTIÇAR-SE (sar) *v. r.* Cruzarse las castas o individuos.
MESTIÇO, ÇA (so, sa) *adj.* Mestizo. Ú. t. c. s.
MESTRA (mès) *f.* Maestra.
MESTRAÇO (so) *m.* Maestro (persona muy hábil en su oficio).
MESTRADO *m.* Maestrazgo.
MESTRAL *m.* Maestral.
MESTRANÇA (sa) *f.* Maestranza (conjunto de talleres y oficinas de guerra).
MESTRE (mès) *m.* Maestro (el que enseña una arte, ciencia u oficio; el que es práctico o entendido en una materia). *Mar.* Maestre. Maestre (superior de un orden militar). *adj.* Maestro (dícese de la abeja maesa, machiega o reina). — *de cerimônias.* Maestro de ceremonias. — *-sala.* Maestro de ceremonias.
MESTREAR *v. intr. Bras.* Hablar como maestro.
MESTRIA (tría) *f.* Maestría, habilidad, conocimiento, superioridad.
MESURA (zu) *f.* Mesura (reverencia, cortesía; comedimiento, moderación).
MESURADO, DA (zu) *adj.* Mirado, comedido; templado, moderado.
MESURAR (zu) *v. tr.* Hacer mesuras, saludar. *v. r.* Mesurarse.
MESUREIRO, RA (zu) *adj.* Halagador, cumplimentero, afectado.
MESURICE (zu) *f.* Mesura afectada; lisonja.
META (mè) *f.* Meta, término, fin; límite. Lo mismo que BALIZA.
METÁBOLE *f. Ret.* Metábola.
METABÓLICO, CA (bò) *adj.* Metabólico.
METABOLISMO *m.* Metabolismo.
METACÁRPICO, CA *adj.* Metacárpeo, metacarpiano.
METACARPO *m. Anat.* Metacarpo.
METACENTRO *m.* Metacentro.
METADE *f.* Mitad. *Cara-* —. Cara mitad, consorte, mujer.
METAFASE (ze) *f. Biol.* Metafase.
METAFÍSICA (zi) *f.* Metafísica.
METAFÍSICO, CA (zi) *adj.* Metafísico. *com.* Metafísico.
METAFÔNICO, CA (fó) *adj.* Metáfono.
METÁFORA *f.* Metáfora.
METAFORICAMENTE (fò) *adj. m.* Metafóricamente.
METAFÓRICO, CA (fò) *adj.* Metafórico.
METAFORISTA *com.* Metaforista.
METAFORIZAR (zar) *v. tr.* Metaforizar.
METÁFRASE (ze) *f.* Metafrasis.
METAGÊNESE (jéneze) *f.* Metagénesis.
METAGENÉTICO, CA (jenè) *adj.* Metagenésico.
METAGOGE (gòje) *f. Ret.* Metagoge.
METAGRAMA *m.* Metaplasmo, metagrama.
METAL *m.* Metal. Metal (azófar o latón). Metálico, dinero. *fig.* Metal (timbre de la voz). *pl.* Metales (instrumentos músicos).
METALEPSE (lèpze) *f. Ret.* Metalepsis.
METALÉPSIA (lèpsia) *f. Quím.* Metalepsia.
METALESCÊNCIA (cén) *f.* Metalescencia.
METALESCENTE *adj.* Metalescente.
METÁLICO, CA *adj.* Metálico.
METALIFICAÇÃO (sáum) *f.* Metalificación.
METALINO, NA *adj.* Metálico, de metal.
METALIZAÇÃO (zasáum) *f.* Metalización.
METALIZAR (zar) *v. tr.* Metalizar.
METALOGRAFIA (fía) *f.* Metalografía.
METALÓIDE (lòi) *m.* Metaloide.

METALURGIA (jía) *f.* Metalurgia, metálica.
METALÚRGICO, CA (ji) *adj.* Metalúrgico. *m.* Metalúrgico, metalurgista.
METALURGISTA (jis) *m.* Metalúrgico, metalurgista.
METÂMERO (tá) *m.* Metámero.
METAMÓRFICO, CA (mòr) *adj.* Metamórfico.
METAMORFISMO *m.* Metamorfismo.
METAMORFOSE (fòze) *f.* Metamorfosis, metamorfosi.
METAMORFOSEAR (zear) *v. tr.* Metamorfosear, transformar. Ú. t. c. r.
METÂNIO (tá) *m. Quím.* Metano.
METAPLASMA *f. Bot.* Metaplasma. Lo mismo que
METAPLASMO *m. Gram.* Metaplasmo.
METAPSÍQUICA *f.* Metapsíquica.
METAPSÍQUICO, CA *adj.* Metapsíquico.
METÁSTASE (ze) *f.* Metástasis.
METASTERNO (tèr) *m.* Metasternón.
METATARSO *m. Anat.* Metatarso.
METÁTESE (ze) *f. Gram.* Metátesis.
METATIPIA (pía) *f.* Metatipia.
METAZOÁRIO *m.* Metazoario.
METAZÓICO, CA (zòi) *adj. Geol.* Metazoico.
METEDIÇO, ÇA (so, sa) *adj.* Entremetido.
METEMPSICOSE (còze) *f.* Metempsicosis, metempsícosis.
METEÓRICO, CA (teò) *adj.* Meteórico.
METEORISMO *m.* Meteorismo.
METEORITO *m.* Meteorito, aerolito.
METEORIZAR (zar) *v. tr.* Meteorizar. *v. r.* Meteorizarse (padecer meteorismo).
METEORO (teò) *m.* Meteoro.
METEORÓLITO (rò) *m.* Aerolito, meteorito.
METEOROLOGIA (jía) *f.* Meteorología.
METEOROLÓGICO, CA (lòji) *adj.* Meteorológico.
METEOROLOGISTA (jis) *m.* Meteorologista.
METEORONOMIA (mía) *f.* Meteoronomía.
METEOROSCÓPIO (cò) *m.* Meteoroscopio.
METER *v. tr.* Meter, introducir, poner. Aplicar. Meter, gastar, invertir. Sumergir, zambullir. Meter, estrechar, apretar. Meter, inducir, mover. *v. r.* Meterse (introducirse en una parte sin ser llamado). Meterse (dejarse llevar con pasión de una cosa). (Con la prep. *a)* Meterse a, aparentar o afectar alguna condición o estado. — *num chinelo. fr.* Aventajar. — *na cabeça.* Decorar, aprender de coro. Sugerir, inducir. — *a ronca.* Murmurar, hablar mal, criticar. — *a cara.* Meterse, entrar, arrostrar-se, arrojarse. — *as botas (em alguém). fr. fig. Bras.* Hablar mal de alguien).
METICULOSAMENTE (lòza) *adj. m.* Escrupulosamente. Meticulosamente.
METICULOSIDADE (zi) *f.* Escrupulosidad. Meticulosidad.
METICULOSO, SA (lozo, òza) *adj.* Escrupuloso. Meticuloso.
METIDO, DA *adj.* Entremetido.
METÓDICO, CA (tò) *adj.* Metódico.
METODISMO *m.* Metodismo.
METODISTA *adj.* y *s.* Metodista.
METODIZAR (zar) *v. tr.* Metodizar.
MÉTODO (mè) *m.* Método (en todas lass acepciones de esta voz).
METODOLOGIA (jía) *f.* Metodología.
METODOLÓGICO, CA (lòji) *adj.* Metodológico.
METOMANIA (nía) *f.* Metomanía.
METONÍMIA *f. Ret.* Metonimia.
METONÍMICO, CA *adj.* Metonímico.
METONOMÁSIA (zia) *f.* Metonomasia.
MÉTOPA (mè) *f.* Métopa.
METOPAGIA (jía) *f.* Metopagía.
MÉTOPE (mè) *f.* Lo mismo que MÉTOPA.
METÓPIO (tò) *m. Anat.* Metopión.
METRALHA (lla) *f.* Metralla.
METRALHADA (lla) *f.* Metrallazo.
METRALHADOR, RA (lla) *adj.* Ametrallador. Ú. t. c. s.
METRALHADORA (lla) *f.* Ametralladora.
METRALHAR (llar) *v. tr.* Ametrallar.
MÉTRICA (mè) *f.* Métrica.
MÉTRICO, CA (mè) *adj.* Métrico. *Sistema* —. Sistema métrico.

METRIFICAÇÃO (sáum) *f.* Metrificación.
METRIFICAR *v. tr.* Metrificar. Ú. t. c. intr.
METRITE *f. Patol.* Metritis.
METRO (mè) *m.* Metro (medida del verso; unidade de longitud, base del sistema métrico decimal). — *cúbico.* Metro cúbico. — *quadrado.* Metro cuadrado.
METRÔ (trô) *m.* Metro, metropolitano, tranvía subterráneo.
METROCELE (cè) *f. Cir.* Metrocele.
METROLOGIA (jía) *f.* Metrología.
METROMANIA (nía) *f.* Metromanía.
METRÔNOMO (trô) *m.* Metrónomo, metrómetro.
METRÓPOLE (trò) *f.* Metrópoli.
METROPOLITA *m.* Arzobispo, metropolitano.
METROPOLITANO, NA *adj.* Metropolitano. *m.* Metropolitano, metro, tranvía subterráneo. Metropolitano (arzobispo).
METROPTOSE (tòze) *f.* Metroptosis.
METRORRAGIA (jía) *f.* Metrorragia.
METROTOMIA (mía) *f.* Metrotomía.
MEU, MINHA, MEUS, MINHAS (ña, ñas) *pron. poses.* Mio, mía, mios, mías. *adj. poses.* Mi, mis. (Cualquiera de las formas portuguesas se emplea antepuesta al nombre). *Os meus.* Los míos, los parientes de la persona que habla.
MEXEDIÇO, ÇA (chediso) *adj.* Mecedor, movedizo. Inquieto.
MEXEDOR, RA (che) *adj.* Mecedor, movedor. *m. fig.* Enredador.
MEXEDURA (che) *f.* Mecedura.
MEXER (cher) *v. tr.* Mover. Mecer (un líquido). Agitar. Tocar. Quitar de su lugar. *v. intr.* Mecerse, moverse, agitarse. *v. r.* Mecerse, agitarse. Apresurarse, ejecutar algo. — *com.* Molestar, bromear. — *os pausinhos.* Componérselas, arreglárselas.
MEXERICA (che) *f. Bras.* Lo mismo que TANGERINA.
MEXERICAR (che) *v. tr.* Chismear, traer y llevar chismes; picotear, parlotear; chismorrear.
MEXERICO (che) *m.* Chisme.
MEXERIQUEIRO, RA (che) *adj.* Chismoso, chismero. Ú. t. c. s. *m.* Alcahueta.
MEXICANO, NA (chi) *adj.* y *s.* Mejicano.
MEXIDA (chi) *f.* Desorden, confusión, desarreglo, embrollo, lío.
MEXIDO, DA (chi) *adj.* Agitado, mecido; perturbado, revuelto. *m.* Dulce echo de pan, miel y azúcar. Bamboleo, bamboneo. Chisme, embrollo.
MEXILHÃO (chilláum) *m.* Almeja; mejillón.
MEZANINO (za) *m.* Entresuelo.
MEZENA (ze) *f. Mar.* Mesana (vela). *Mastro de —. Mar.* Mesana (mástil).
MEZINHA (mèziña) *f.* Líquido para ayuda o clister. *fam.* Remedio casero.
MEZINHAR (ziñar) *v. tr.* Medicinar, dar remedios caseros al enfermo.
MEZINHEIRO (zeñei) *m.* El que prepara remedios caseros. Curandero. El que acostumbra medicinarse con remedios caseros.
MEZINHICE (ziñi) *f.* Remedio casero. Medicina de curandero.
MI *m. Mús.* Mi.
MIADA *f.* Maullido de muchos gatos.
MIADELA (dè) *f.* Maullido, maúllo.
MIADO *m.* Maullido, maúllo.
MIADURA *f.* Lo mismo que MIADA.
MIALGIA (jía) *f.* Mialgia.
MIAR *v. intr.* Maullar, dar maullidos el gato.
MIASMA *m.* Miasma. Ú. m. en pl.
MIASMÁTICO, CA *adj.* Miasmático.
MIAU *m.* Miau (onomatopeya de la voz del gato); maullido.
MICA *f.* Mica (mineral). Mica (hembra del mico). Migaja (porción pequeña y menuda de cualquier cosa).
MICÁCEO, CEA *adj.* Micáceo.
MICADO *m.* Micado (soberano del Japón).
MICANTE *adj.* Brillante.
MICÇÃO (sáum) *f.* Micción (acción de mear).
MICÉLIO (cè) *m.* Micelio.
MICHA (cha) *f.* Mollete (pan).
MICO *m.* Mico (especie de mono).

MICODERMA (dèr) *m.* Micodermo.
MICOLOGIA (jía) *f.* Micología.
MICOSE (cò) *f.* Micosis.
MICÓTICO, CA (cò) *adj.* Micótico.
MICROBIAL *adj.* Micróbico, microbiano.
MICROBIANO, NA *adj.* Microbiano, micróbico.
MICROBICIDA *adj.* y *s. m.* Microbicida.
MICROBIOLOGIA (jía) *f.* Microbiología.
MICROBIOLOGISTA (jis) *m.* Microbiólogo, microbiologista.
MICROCEFALIA (lía) *f.* Microcefalia.
MICROCOCO (còco) *m.* Micrococo.
MICROCÓSMICO, CA (còs) *adj.* Microcósmico.
MICROCOSMO (còs) *m.* Microcosmo.
MICRÓFITA (cró) *f.* Micrófito.
MICRÓFITO (cró) *m.* Lo mismo que MICRÓFITA.
MICROFONE (fó) *m.* Micrófono.
MICROFONIA (nía) *f.* Microfonía, debilidad de la voz.
MICRÓFONO, NO (cró) *adj.* Microfónico (que padece microfonía o debilidad de la voz).
MICROGLOSSO, SSA (so, sa) *adj.* Microgloso.
MICROGRAFIA (fía) *f.* Micrografía.
MICRÓLITO (cró) *m.* Microlito.
MICROLOGIA (jía) *f.* Micrología.
MICRÔMEGO (cró) *m.* Micrómego.
MICRÔMERO (cró) *m.* Micrómero.
MICROMETRIA (tría) *f.* Micrometría.
MICRÔMETRO (cró) *m.* Micrómetro.
MICROMICETOS (cè) *m. pl. Bot.* Micromicetos.
MICROMILÍMETRO *m.* Micromilímetro, micra, micrón.
MÍCRON *m.* Micra, micrón, micromilímetro.
MICRÔNIO (cró) *m.* Lo mismo que MICRON.
MICROORGANISMO *m.* Microorganismo.
MICROPÉTALO, LA (pè) *adj.* Micropétalo.
MICROPILA (cró) *f.* Micrópilo.
MICROPSIA (sía) *f.* Micropsia, micropia.
MICRÓPTERO, RA (cró) *adj.* Micróptero.
MICROSCOPIA (pía) *f.* Microscopia.
MICROSCÓPICO, CA (cò) *adj.* Microscópico.
MICROSCÓPIO (cò) *m.* Microscopio.
MICROSCOPISTA *m.* Microscopista.
MICROSSOMATIA (somatía) *f.* Microsomía.
MICROSSOMÁTICO, CA (so) *adj.* Microsomo.
MICRÓSSOMO, MA (cròso) *adj.* Microsomo.
MICRÓSTOMO, MA (cròs) *adj.* Micróstomo.
MICRÓTOMO (cró) *m.* Micrótomo.
MICROZOÁRIO (zoá) *m.* Microzoario.
MICUIM *m. Bras.* Nombre que se da a arácnidos muy pequeños, principalmente a las larvas de certa especie de garrapatas.
MIGA *f.* Miga, migaja (porción pequeña y menuda de qualquier cosa). Miga, migaja (de pan). *pl.* Migas (manjar hecho con pan).
MIGALHA (lla) *f.* Migaja, miga (porción menuda de cualquier cosa). Migaja (nada o casi nada). *pl.* Migajas (las del pan que caen de la mesa o quedan en ella). Migajas, desperdicios, sobras.
MIGALHAR (llar) *v. tr.* Lo mismo que ESMIGALHAR.
MIGALHEIRO, RA (llei) *adj.* Mezquino, miserable, escaso, avaro. Ú. t. c. s. Minucioso.
MIGALHICE (lli) *f.* Insignificancia, bagatela, pequeñez, cosa de poca entidad.
MIGAR *v. tr.* Desmenuzar (el pan). Desmenuzar.
MIGRAÇÃO (sáum) *f.* Migración.
MIGRATÓRIO, RIA (tò) *adj.* Migratorio.
MIITE *f. Patol.* Miitis.
MIJAÇÃO (jacáum) *m. Bras.* Especie de hongo.
MIJADA (ja) *f.* Meada (porción de orina expelida de una vez).
MIJADEIRO (ja) *m.* Meadero. Orinal.
MIJADELA (jadè) *f.* Meada (sitio que moja o señal que hace la orina en alguna parte).
MIJÃO, JONA (jáum, jona) *adj.* Méon. Ú. t. c. s.
MIJAR (jar) *v. intr.* Mear, orinar. Ú. t. c. tr. y r.
MIJO (jo) *m.* Orina, meados, orines.
MIL *adj.* Mil. *m.* Mil.
MIL-EM-RAMA *f. Bot.* Milenrama.
MIL-RÉIS (rèis) *m.* Milréis (antigua moneda brasileña y portuguesa de mil reis).
MILAGRE *m.* Milagro.
MILAGREIRO, RA *adj.* Milagrero; milagroso.
MILAGROSAMENTE (gròza) *adv. m.* Milagrosamente.

MILAGROSO, SA (grozo, òza) *adj.* Milagroso.
MILANÊS, NESA (nés, neza) *adj.* y *s.* Milanés.
MÍLDIO *m.* Lo mismo que
MILDIÚ *m.* Mildeu.
MILENÁRIO, RIA *adj.* Milenario. *m.* Lo mismo que
MILÊNIO (lé) *m.* Milenario (espacio de mil años).
MILÉSIMA (lèzi) *f.* Milésima (milésima parte de la unidad).
MILÉSIMO, MA (lèzi) *adj.* Milésimo. Ú. t. c. s.
MILHA (lla) *f.* Milla (medida itinerária).
MILHAFRE (lla) *m.* Milano (ave rapaz).
MILHAGEM (llajem) *f. Bras.* Longitud en millas, quilometraje, recorrido.
MILHAL (llal) *m.* Maizal.
MILHÃO (lláum) *m.* Millón.
MILHAR (llar) *m.* Millar (conjunto de mil unidades). *pl.* Millares (número grande indeterminado).
MILHARADA (lla) *f.* Maizal. Gran cantidad de maíz.
MILHARAL (lla) *m.* Maizal.
MILHEIRAL (llei) *m.* Maizal; mijo.
MILHEIRO (llei) *m.* Millar.
MILHO (llo) *m.* Maíz. *Germ.* Plata, dinero.
MILIAR *adj.* Miliar (del tamaño de un grano de mijo o maíz). *Med.* Miliar.
MILIAR *adj.* Miliar (hablando de mojón, columna, piedra, etc.)
MILIARE *m.* Miliárea.
MILÍCIA *f.* Milicia. — *celeste.* Milicia, coro de los ángeles.
MILICIANO, NA *adj.* y *s.* Miliciano.
MILICO *m. Bras. Río Gr. del Sur.* Militar, soldado.
MILIGRAMA *m.* Miligramo.
MILILITRO *m.* Mililitro.
MILÍMETRO *m.* Milímetro.
MILIONÁRIO, RIA *adj.* y *s.* Millonario.
MILIONÉSIMA (nèzi) *f.* Millonésimo.
MILIONÉSIMO, MA (nèzi) *adj.* Millonésimo. Ú. t. c. s.
MILÍPEDE *m.* Milípedo, miriápodo.
MILITÂNCIA (sa) *f.* Milicia (vida, profesión militar).
MILITANTE *adj.* Militante.
MILITAR *adj.* Militar. *m.* Militar.
MILITAR *v. intr.* Militar (servir en la guerra o profesar la milicia). *fig.* Militar (concurrir en una cosa, alguna circunstancia particular).
MILITARISMO *m.* Militarismo.
MILITARISTA *adj.* y *s.* Militarista.
MILITARIZAÇÃO (zasáum) *f.* Militarización.
MILITARIZAR (zar) *v. tr.* Militarizar. Ú. t. c. r.
MILONGA *f. Bras. Río Gr. del Sur.* Milonga (Amer. tonada popular). Jarana. *pl.* Chismes, cuentos.
MILONGUEIRO *m. Bras. Río Gr. del Sur.* Milonguero (Amer. el que canmilongas). Hombre astuto.
MILORDE (lòr) *m.* Milord (tratamiento británico). *pl.* Milores.
MIM *pron.* Mi (forma del pronombre personal de primera persona, masculino o femenino, singular, que se usa en los casos oblicuos y siempre con preposición).
MIMALHICE (lli) *f.* Calidad o acción propia de persona mimosa.
MIMALHO, LHA (llo, lla) *adj.* Mimoso, regalón, consentido, mimado. Ú. t. c. s.
MIMANÇO, ÇA (so, sa) *adj.* y *s.* Lo mismo que MIMALHO.
MIMAR *v. tr.* Mimar, acariciar, halagar. Mimar (tratar a alguien con excesivo regalo o condescendencia). Expresar por medio de gestos o ademanes.
MIMEÓGRAFO (meò) *m.* Mimeógrafo.
MIMESE (mèze) *f. Ret.* Mimesis.
MIMETISMO *m.* Mimetismo.
MÍMICA *f.* Mímica.
MIMICAR *v. intr.* y *tr. Bras.* Expresar por medio de gestos o ademanes.
MÍMICO, CA *adj.* Mímico.
MIMO *m.* Mimo, caricia, halago. Mimo (regalo o excesiva condescendencia). Mimo (farsante). Regalo, brindis, don, presente. Cosa delicada que se hace un regalo. Trabajo o cosa exquisita; primor. — *de Venus.* Hibisco.
MIMOSA (mòza) *f. Bot.* Mimosa. — *pudica.* Mimosa vergonzosa, o púdica.

MIMOSÁCEAS (zá) f. pl. Bot. Mimoseas.
MIMOSEAR (zear) v. tr. Mimar, acariciar, halagar, tratar con excesiva condescendencia. Regalar, obsequiar. v. r. fig. Decirse insultos.
MIMOSO, SA (mozo, òza) adj. Mimoso, regalón, delicado. Exquisito. Querido, favorito.
MINA f. Mina, criadero (de algún mineral). Mina (excavación para extraer algún mineral). Mina (paso o camino subterráneo). Mina (antigua moneda griega). Mar. Mina. Mil. Mina. fig. Mina (aquelo que abunda en cosas estimables o útiles). *Negro* —. Negro del grupo sudanés.
MINADOR, RA adj. Minador. Ú. t. c. s.
MINADOURO m. Bras. Manantial.
MINAR v. tr. Minar (hacer minas o excavaciones). *Mil.* Minar (hacer minas para volar algo).
MINARETE m. Alminar; minarete (gal.).
MINDINHO (ño) m. fam. El dedo meñique.
MINDUBA f. Bras. Caña, aguardiente.
MINEIRA f. Mina, criadero, minero.
MINEIRO, RA adj. Minero. adj. y s. Natural de la provincia brasileña de Minas Gerais. m. Minero (hombre que trabaja en las minas).
MINERAÇÃO (sáum) f. Mineraje; minería.
MINERAL adj. Mineral. m. Mineral.
MINERALIZAÇÃO (zasáum) f. Mineralización.
MINERALIZADOR, RA (za) adj. Mineralizador.
MINERALIZAR v. tr. Mineralizar. v. intr. Mineralizarse.
MINERALIZÁVEL (zá) adj. Mineralizable.
MINERALOGIA (jía) f. Mineralogía.
MINERALOGISTA (jis) m. Mineralogista.
MINERALURGIA (jía) f. Mineralurgia.
MINERAR v. tr. Explotar una mina. v. intr. Trabajar en las minas.
MINÉRIO (nè) m. Mineral.
MINGAU m. Gachas. fig. Papa.
MÍNGUA f. Mengua (falta, defecto; pobreza, escasez, carencia).
MINGUADAMENTE adj. m. Menguadamente.
MINGUADO, DA adj. Menguado, falto, desproveído; disminuído.
MINGUAMENTO m. Menguamiento, mengua.
MINGUANTE adj. Menguante. m. Menguante (la luna). fig. Menguante, decadencia.
MINGUAR v. intr. Menguar (disminuirse o irse consumiendo alguna cosa). v. tr. Amenguar, menguar.
MINHA (ña) pron. — Ver MEU.
MINHOCA (ño) f. Lombriz (de la tierra); Miñosa (prov. españ.).
MINHOCAÇU (ñocasú) m. Bras. Lo mismo que MINHOCÃO.
MINHOCAL (ño) m. Bras. Terreno pantanoso en invierno y muy seco en verano.
MINHOCÃO (ñocáum) m. Bras. Lombriz grande (de tierra). Animal fabuloso.
MINHOTEIRA (ño) f. Pequeño puente de tablas.
MINHOTO, TA (ño, ñò) adj. y m. Natural del Minho (provincia portuguesa); relativo o perteneciente a esta provincia.
MINIATURA f. Miniatura.
MINIATURAR v. tr. Pintar miniaturas. fig. Narrar menudamente.
MINIATURISTA m. Miniaturista.
MÍNIMA f. Mínima. Mús. Mínima.
MÍNIMO, MA adj. Mínimo. m. Mínimo. El dedo meñique.
MÍNIO m. Quím. Minio.
MINISTERIAL adj. Ministerial.
MINISTÉRIO (tè) m. Ministerio, oficio, ocupación. Ministerio (gobierno del Estado; departamento del gobierno; edificio en que se halla instalado; cuerpo de ministro).
MINISTRA f. Ministra (esposa del ministro). Medianera, mediadora.
MENISTRADOR, RA adj. Ministrador.
MINISTRAL adj. Ministral.
MINISTRANTE adj. Ministrante.
MINISTRAR v. tr. Ministrar, ejercer un oficio o ministerio. Administrar, dar, suministrar.
MINISTRO m. Ministro. — de Deus. Ministro de Dios. *Primeiro* —. Primer ministro.
MINORAÇÃO (sáum) f. Minoración.
MINORAR v. tr. Minorar, disminuir, acortar, reducir a menos. fig. Ablandar, atenuar, suavizar.
MINORATIVO, VA adj. Minorativo. m. Minorativo.

MINORIA (ría) f. Minoría (opuesto a mayoría).
MINORQUINO, NA adj. y s. Menorquín.
MINUANO m. Bras. Río Gr. del Sur. Pampero (viento). — sujo. Pampero sucio, o espurio. pl. Minuanes.
MINÚCIA f. Minucia, menudencia. Pormenor, detalle.
MINUCIOSAMENTE (cióza) adj. m. Minuciosamente.
MINUCIOSO, SA (ozo, òza) adj. Minucioso.
MINUDÊNCIA (dén) f. Menudencia, minucia, pormenor.
MINUDENCIOSO, SA (ozo, òza) adj. Minucioso.
MINUETE m. Lo mismo que
MINUETO m. Minué, minuete.
MINÚSCULO, LA adj. Minúsculo.
MINUTA f. Minuta (borrador original de cualquier documento; apuntación, anotación). Plato preparado en el momento.
MINUTAR v. tr. Minutar.
MINUTEIRO m. Minutero.
MINUTO, TA adj. Minuto, menudo. m. Minuto (cada una de las sesenta partes de un grado de círculo; cada una de las sesenta partes iguales de la hora).
MIO (mío) m. Maullido, maúllo.
MIOCÁRDIO m. Miocardio.
MIOCARDITE f. Patol. Miocarditis.
MIOCELE (cè) f. Patol. Miocele.
MIOCENO, NA adj. Geol. Mioceno.
MIODINIA (cè) f. Miodinia.
MIOGRAFIA (fía) f. Miografía.
MIÓGRAFO (miò) m. Miógrafo.
MIÓIDE (ói) adj. Mioideo.
MIOLADA f. Guisado de sesos.
MIOLEIRA f. Meollos, sesos. fig. Meollo, juicio, cordura, sesos.
MIOLO m. Miga (del pan). Meollo, seso. Meollo, medula. fig. Meollo (substancia, fondo de una cosa). fig. Meollo, cordura, juicio, sesos.
MIOLOGIA (jía) f. Miología.
MIOLOSO, SA (lozo, òza) adj. Lo mismo que
MIOLUDO, DA adj. Meolludo, que tiene meollo.
MIOMALÁCIA f. Patol. Miomalacia.
MÍOPE (mío) adj. y s. Miope.
MIOPIA (pía) f. Miopia.
MIOPRAGIA (jía) f. Miopragia.
MIOSE (miòze) f. Med. Miosis.
MIOSOTIS (zò) m. Raspilla, miosota, miosotis.
MIÓTICO, CA (miò) adj. Miótico.
MIOTOMIA (mía) f. Miotomía.
MIOTÔMICO, CA (tó) adj. Miotómico.
MIÓTOMO (miò) m. Miotomo.
MIQUEAR v. tr. Bras. Empobrecer, arruinar.
MIQUELETE m. Miguelete, miquelete.
MIRA f. Mira (pieza para dirigir visuales). Puntería. Acción de apuntar (un arma). fig. Mira, intención, propósito, designio.
MIRABELA (bè) f. Bot. Mirabel.
MIRABOLANTE adj. Ridículo, chillón. Lo mismo que ESPALHAFATOSO.
MIRACULOSAMENTE (lòza) adj. m. Milagrosamente.
MIRACULOSO, SA (lozo, òza) adj. Milagroso.
MIRADOURO m. Mirador. Alminar.
MIRAGEM (jem) f. Espejismo, miraje.
MIRAMAR m. Mirador hacia el mar.
MIRANTE m. Mirador.
MIRÃO (ráum) m. Mirón.
MIRAR v. tr. Mirar (fijar la vista en alguna persona o cosa. Es verbo menos usado que *olhar*, cuya significación es la misma). Apuntar (un arma). Observar. Lo mismo que ESPREITAR. Mirar (estar colocada una cosa enfrente de otra). fig. Mirar (tener un fin). v. r. Mirarse (al espejo).
MIRÍADE (rí) f. Miríade (conjunto de diez mil unidades). fig. Miríada (muchedumbre innúmera).
MIRIÁGRAMA m. Miriagramo.
MIRIALITRO m. Mirialitro.
MIRIÂMETRO (á) m. Miriámetro.
MIRIÁPODE adj. Mirápodo, miriápodo. m. pl. Miriópodos, miriápodos.
MIRIFICAR v. tr. Mirificar, enaltecer, ensalzar.
MIRÍFICO, CA adj. Mirífico, admirable, maravilhoso, asombroso.
MIRIM adj. Bras. Pequeño.

MIRMIDÃO (dáum) m. Mozo de cocina, pinche.
MIRONE m. Mirón.
MIRRA m. fam. Lo mismo que MAGRIZELA. fig. Mezquino, avaro. Mirra (planta y gomorresina).
MIRRADO, DA adj. Flaco, muy delgado. Seco, sin jugo.
MIRRAR v. tr. Desecar. Consumir. Enflaquecer. v. r. Secarse, consumirse.
MIRTÁCEAS f. pl. Bot. Mirtáceas.
MIRTO m. Mirto, arrayán. Lo mismo que MURTA.
MIRTOSO, SA (tozo, òza) adj. Que tiene mirto o arrayán.
MISANTROPIA (zantropía) f. Misantropía.
MISANTROPO (zan) m. Misántropo.
MISCELÂNEA (lá) f. Miscelánea, mezcla. Miscelánea (escrito). fig. Desorden, confusión.
MISCIBILIDADE f. Miscibilidad.
MISCÍVEL adj. Miscible, mezclable.
MISCRAR v. tr. Mezclar.
MISERAÇÃO (ze) f. Miseración, misericordia, compasión.
MISERANDO, DA (ze) adj. Miserando (digno de miseración).
MISERAR (ze) v. tr. Hacer miserable. Desgraciar. v. r. Lastimarse, quejarse.
MISERÁVEL (ze) adj. Miserable, desdichado, desgraciado, infeliz. Miserable, abatido, acobardado. Avariento, tacaño, mezquino.
MISERAVELMENTE (ze) adj. m. Miserablemente.
MISERERE (zerè) m. Miserere.
MISÉRIA (zè) f. Miseria, desgracia, infortunio. Miseria, estrechez, escasez, penuria. Miseria, avaricia, mezquindad, acañería.
MISERICÓRDIA (zericòr) f. Misericordia. *Obra de* —. Obra de misericordia. *Tiro de* —. Golpe de gracia.
MISERICORDIOSAMENTE (diòza) adj. m. Misericordiosamente.
MISERICORDIOSO, SA (diozo, òza) adj. Misericordioso.
MÍSERO, RA (ze) adj. Mísero, miserable.
MISOFOBIA (zofobía) f. Misofobia.
MISÓFOBO, BA (zò) adj. Que padece misofobia.
MISOGAMIA (zogamía) f. Misogamia.
MISÓGAMO, MA (zò) adj. y s. Misógamo.
MISOGINIA (zojinía) f. Misoginia.
MISÓGINO (zòji) adj. Misógino.
MISONEISMO (zoneís) m. Misoneísmo.
MISONEÍSTA (zo) adj. y s. Misoneísta.
MISSA (sa) f. Misa. — do galo. Misa del gallo. — das almas. Misa de difuntos. — de corpo presente. Misa de cuerpo presente. — calada, baixa, rezada, particular o chã. Misa privada o rezada. — nova. Misa nova. — seca. Misa en seco. *Ajudar a* —. Ayuda a misa. *Cantar* —. Cantar misa. *Dizer* —. Decir misa. *Não saber (alguém) da* — *a metade*. fr. No saber (uno) de la misa la media (ignorar una cosa o no poder dar razón de ella). *Ouvir* —. Oír misa.
MISSAGRA (sa) f. Lo mismo que BISAGRA. Lo mismo que GARLINDÉU.
MISSAL (sal) m. Misal (libro misal). *Impr.* Misal.
MISSANGA (san) f. Mostacilla, cuentas muy menudas. Lo mismo que BUGIGANGAS.
MISSÃO (sáum) f. Misión (acto de enviar; peregrinación que hacen los religiosos predicando el Evangelio; sermón predicado en una peregrinación evangélica; comisión; comisión que el gobierno encarga a un diplomático o agente especial).
MISSEIRO, RA (sei) adj. fam. Misero (aficionado a oír muchas misas).
MÍSSIL (sil) adj. Arrojadizo.
MISSIONAR (sio) v. intr. Misionar.
MISSIONÁRIO (sio) m. Misionero, misionario.
MISSIONEIRO (sio) m. Misionero. adj. Bras. Misionero (natural de las antiguas Misiones). Ú. t. c. s.
MISSIVA (si) f. Misiva, carta.
MISSIVISTA (si) m. Bras. Persona que escribe misivas.
MISSIVO, VA (si) adj. Misivo.
MISTER (tèr) m. Menester, falta, necesidad. Menester, ministerio, ejercicio, empleo.

MISTÉRIO (tè) *m.* Misterio.

MISTERIOSAMENTE (òza) *adj. m.* Misteriosamente.

MISTERIOSO, SA (ozo, òza) *adj.* Misterioso.

MÍSTICA *f.* Mística.

MISTICISMO *m.* Misticismo.

MÍSTICO, CA *adj.* Místico. Ú. t. c. s.

MÍSTICO, CA *adj. p. us.* Mixto, misto.

MISTIFICAÇÃO (sáum) *f.* Mixtificación, mistificación.

MISTIFICADO, DA *adj.* Engañado, embaucado.

MISTIFICADOR, RA *adj.* Que mixtifica, que engaña. Ú. t. c. s.

MISTIFICAR *v. tr.* Mixtificar, mistificar, engañar, embaucar.

MISTIFÓRIO (fò) *m.* Mixtifori, mistifori, embrollo, mescolanza.

MISTO, TA *adj.* Mixto, misto, mezclado.

MISTRAL *m.* Minstral, mistral, maestral (viento).

MISTURA *f.* Mixtura, mezcla, mistura.

MISTURADA *f.* Mescolanza, mezcla, mixtifori.

MISTURADO, DA *adj.* Mezclado, mixturado.

MISTURAR *v. tr.* Mezclar, mixturar. Ú. t. c. r.

MISTURÁVEL *adj.* Mezclable.

MÍSULA *f. Arq.* Ménsula.

MITENE *f.* Mitón.

MÍTICO, CA *adj.* Mítico.

MITIGAÇÃO (sáum) *f.* Mitigación.

MITIGADOR, RA *adj. y s.* Mitigador.

MITIGAR *v. tr.* Mitigar, moderar, aplacar, suavizar, atenuar. Ú. t. c. r.

MITIGÁVEL *adj.* Mitigable.

MITO *m.* Mito (fábula, ficción, tradición). *fig.* Mito, cosa inverosímil.

MITOLOGIA (*j*ía) *f.* Mitología.

MITOLÓGICO, CA (lòji) *adj.* Mitológico.

MITOMANIA (nía) *f.* Mitomanía.

MITOSE (tòze) *f. Biol.* Mitosis.

MITRA *f.* Mitra.

MITRADO, DA *adj.* Mitrado.

MITRAL *adj. Fisiol.* Mitral.

MITRIDATISMO *m.* Mitridatismo.

MIUÇA (sa) *f.* Pedazo o trozo pequeño de una cosa que se rompe; menuzo. *pl.* Diezmos eclesiásticos pagados en géneros menudos.

MIUÇALHA (salla) *f.* Conjunto de cosas menudas y de poca entidad. Nonada. Trozo pequeño, menuzo, fragmento. Gente menuda.

MIUÇALHO (sallo) *m. p. us.* Lo mismo que MIUÇALHA.

MIUDAGEM (*j*em) *f. Bras.* Ganado menudo.

MIUDAMENTE *adv. m.* Menudamente.

MIUDE (A) *m. adv.* Lo mismo que MIUDO (A).

MIUDEAR *v. tr.* Menudear (contar y referir las cosas menudamente).

MIUDEZA (za) *f.* Menudencia (cosa de poco aprecio y estimación). Menudencia (escrupulosidad, exactitud). Mezquindad, tacañería. *pl.* Minucias. Lo mismo que BUGIGANGA. *Bras.* Lo mismo que QUINQUILHARIA.

MIUDO, DA *adj.* Menudo, minuto, pequeño, chico, delgado. Menudo, despreciable, de poca importancia. Menudo, plebeyo, bulgar. Menudo (hablando de dinero). *A —. m. adv.* A menudo, muchas veces, frecuentemente.

MIUNÇA (sa) *f.* Lo mismo que MIUÇA.

MIXÓRDIA (chòr) *f.* Desorden, confusión, miscelánea, mescolanza, mixtifori.

MNEMÓNICA (mó) *f.* Mnemónica, mnemotécnica.

MNEMÓNICO, CA (mó) *adj.* Mnemónico, mnemotécnico.

MNEMONIZAÇÃO (zasáum) *f.* Acto de

MNEMONIZAR (zar) *v. tr.* Hacer mnemotécnico.

MNEMONIZÁVEL (zár) *adj.* Que puede auxiliar a la memoria.

MO *contr.* de los pronombres *me* y *o.* Me lo.

MÓ (mò) *f.* Muela (piedra del molino). Muela (piedra para afilar). Masa grande. Gran cantidad de una cosa.

MOAFA *f. Bras.* Borrachera.

MOAGEM (*j*em) *f.* Moledura, molienda, molimiento (acción de moler).

MÓBIL (mò) *adj.* Móvil, moble.

MOBILADOR, RA *adj. y s.* Que amuebla.

MOBILAR *v. tr. Bras.* Amueblar.

MOBILHAR (llar) *v. tr. Bras.* Amueblar.

MOBÍLIA *f.* Moblaje, mobiliario, mueblaje.

MOBILIAR *v. tr. Bras.* Amueblar.

MOBILIÁRIO, RIA *adj. For.* Mobiliario, mueble. *m.* Mobiliario, mueblaje, moblaje.

MOBILIDADE *f.* Movilidad.

MOBILIZAÇÃO (zasáum) *f.* Movilización.

MOBILIZAR (zar) *v. tr.* Movilizar.

MOBILIZÁVEL (zá) *adj.* Que se puede movilizar.

MOCA (mò) *f.* Moka, moca, (café). *fam.* Cachiporra.

MOÇA (sa) *f.* Joven (mujer joven). Señorita. Moza (manceba).

MOCADA *f.* Cachiporrazo.

MOÇADA (sa) *f. Bras.* Grupo de jóvenes.

MOCAMBEIRO *m. Bras.* Lo mismo que QUILOMBOLA. *adj.* Que vive en chozas o barrios bajos.

MOCAMBO *m. Bras.* Lo mismo que QUILOMBO. Choza, casucha de un barrio bajo.

MOÇÃO (sáum) *f.* Moción (acción de moverse o ser movido). Moción (inclinación del ánimo). Moción (proposición hecha en una junta o assemblea).

MOÇAR (sar) *v. tr. Bras.* Desvirgar, desflorar.

MOÇÁRABE (sá) *adj. y s.* Mozárabe.

MOCETÃO *m.* Mocetón.

MOCETONA *f.* Mocetona.

MOCHADURA (cha) *f.* Desmoche, desmocha, desmochadura.

MOCHAR (char) *v. tr.* Desmochar. *v. intr. Bras.* Engañar. Faltar a la palabra.

MOCHETA (che) *f. Arq.* Mocheta.

MOCHILA (chi) *f.* Mochila (de soldado); morral. *fig.* Joroba.

MOCHO (cho) *m. Zool.* Mochuelo; buho.

MOCHO, CHA (cho, cha) *adj.* Mocho (falto de astas).

MOCIDADE *f.* Juventud (edad). Juventud (conjunto de jóvenes). Mocedad.

MOCÓ (có) *m. Bras. Alag.* Hechizo, amuleto.

MOCÔ (cò) *m. Bras. Amaz.* Lo mismo que MOCÔ. *Bras.* Morral, zurrón. *Bras.* Pequeño roedor. *Bras.* Especie de algodonero.

MOÇO, ÇA (so, sa) *adj.* Mozo, joven. Ú. t. c. s. *— de recados.* Mozo de cordel.

MOÇOILA (soi) *f.* Muchacha, mozuela.

MOCOTÓ (tò) *m.* Piés de buey o vaca (crudos o guisados). *Bras.* Planta acantácea.

MODA (mò) *f.* Moda.

MODAL *adj.* Modal (perteneciente o relativo al modo, o que lo incluye).

MODALIDADE *f.* Modalidad.

MODELAÇÃO (sáum) *f.* Modelado (acción de modelar).

MODELADOR, RA *adj.* Modelador. Ú. t. c. s.

MODELAGEM (*j*em) *f.* Modelado.

MODELAR *v. tr.* Modelar. *v. r.* Modelarse.

MODELO (dé) *m.* Modelo (en todas las acepciones de esta voz).

MODERAÇÃO (sáum) *f.* Moderación; cordura, sensatez, templanza.

MODERADO, DA *adj.* Moderado, templado.

MODERADOR, RA *adj. y s.* Moderador.

MODERANTE *adj.* Moderante, que modera.

MODERANTISMO *m.* Moderantismo.

MODERAR *v. tr.* Moderar, templar, atenuar, arreglar, contener, impedir el exceso. *v. r.* Moderarse.

MODERATIVO, VA *adj.* Moderativo.

MODERÁVEL *adj.* Que se puede moderar.

MODERNICE *f.* Modernismo (afición desmedida a lo moderno).

MODERNISMO *m.* Modernismo.

MODERNISTA *adj. y s.* Modernista.

MODERNIZAÇÃO (zasáum) *f.* Modernización.

MODERNIZAR (zar) *v. tr.* Modernizar. Ú. t. c. r.

MODERNO, NA (dèr) *adj.* Moderno (en todas las acepciones de esta voz).

MODESTAMENTE (dès) *adv. m.* Modestamente.

MODÉSTIA (dès) *f.* Modestia.

MODESTO, TA (dès) *adj.* Modesto.

MODICAMENTE (mò) *adv. m.* Módicamente.

MODICAR *v. tr.* Moderar.

MODICIDADE *f.* Modicidad.

MÓDICO, CA (mò) *adj.* Módico, moderado, limitado, reducido.

MODIFICAÇÃO (sáum) *f.* Modificación.

MODIFICADOR, RA *adj.* Modificador. Ú. t. c. s.

MODIFICAR *v. tr.* Modificar. Ú. t. c. r.

MODIFICÁVEL *adj.* Modificable.

MODILHÃO (lláum) *m. Arq.* Modillón.

MODILHAR (llar) *v. intr.* Cantar canciones ligeras.

MODILHO (llo) *m.* Canción ligera.

MODINHA (mòdiña) *f. Bras.* Romanza, canción.

MODISMO *m.* Modismo.

MODISTA *f.* Modista.

MODO (mò) *m.* Modo, forma, manera. *Gram.* Modo. *Mús.* Modo. *pl.* Modales. *De —. m. adv.* De modo, de manera.

MODORRA *f.* Modorra (sueño muy pesado). *Vet.* Modorra. Indolencia.

MODORRAL *adj.* Que causa modorra.

MODORRAR *v. tr.* Modorrar (causar modorra). Atolondrar. *v. r.* Estar o caer en modorra.

MODORRENTO, TA *adj.* Modorro.

MODULAÇÃO (sáum) *f.* Modulación.

MODULAR *v. tr.* Cantar, tocar. *v. intr.* Modular.

MÓDULO (mò) *m.* Módulo, modulación; requiebro. Módulo (unidad de medida).

MOEDA (moè) *f.* Moneda. *— corriente.* Moneda corriente. *— divisionária.* Moneda divisional. *— imaginária,* o *de cálculo.* Moneda imaginaria. *Pagar na mesma —.* Pagar en la misma moneda (ejecutar una acción por correspondencia o venganza de otra).

MOEDAGEM (*j*em) *f.* Amonedación.

MOEDEIRA *f.* Moledera (instrumento). *fam.* Moledera, cansera.

MOEDEIRO *m.* Monedero.

MOEDELA (dè) *f. fam.* Tunda, paliza.

MOEDOR, RA *adj.* Moledor. Ú. t. c. s.

MOEDURA *f.* Moledura, molienda, molimiento.

MOEGA (moè) *f.* Tolva de molino.

MOELA (moè) *f.* Molleja (estómago muscular de las aves).

MOENDA *f.* Molienda, molino. Muela (del molino). Moledura, molienda. Moledor (en los ingenios de azúcar).

MOENDEIRO *m.* Moledor, molero.

MOER *v. tr.* Moler (quebrantar un cuerpo hasta hacerle polvo). *fig.* Moler, cansar, fatigar. *fig.* Moler, molestar. Repetir. Apretar. *intr.* Trabajar el molino, moler. *v. r.* Molerse, cansarse, fatigarse. Afligirse, acongojarse.

MOFA (mò) *f.* Mofa, burla, escarnio, mofadura.

MOFADOR, RA *adj.* Mofador. Ú. t. c. s.

MOFAR *v. r.* Mofar, hacer mofa. Ú. t. c. intr. Enmohecer, enmohecerse. Ú. t. c. r. e intr.

MOFATRA *f.* Mohatra, fraude, engaño, trapaza.

MOFATRÃO (tráum) *m.* Mohatrón, mohatrero.

MOFENTO, TA *adj.* Mohoso. *fig.* Funesto, aciago.

MOFETA *f.* Mofeta (gas).

MOFINA *f.* Infelicidad, mala suerte. Mujer infeliz. *fig.* Mezquindad, tacañería. *Bras.* Artículo anónimo e infamante.

MOFINO, NA *adj. y s.* Mohino, triste, disgustado, melancólico. Infeliz, desgraciado. Mezquino, avariento. Lo mismo que ACANHADO.

MOFO *m.* Moho. Vaho.

MOFOSO, SA (fozo, òza) *adj.* Mofoso.

MOFUMBAR *v. tr. Bras.* Esconder, encubrir, ocultar.

MOGANGA *adj.* Especie de calabaza o zapallo. Ú. t. c. s.

MOGIGANGA (ji) *f.* Mojiganga. Lo mismo que BUGIGANGA. *pl.* Gestos.

MOGNO (mò) *m.* Lo mismo que

MÓGONO (mò) *m.* Caoba.

MOICANOS *m. pl.* Mohicanos.

MOINHO (moíño) *m.* Molino. *— de vento.* Molino de viento.

MOIO *m.* Moyo (medida).

MOITA *f.* Mata; manigua, maleza. *—! interj.* ¡Silencio!

MOITÃO (táum) *m.* Motón.

MOLA (mò) *f.* Muelle, resorte. *fig.* Resorte (medio para un fin). *— real.* Muelle real.

MOLADA *f.* Molada. Vaciadura de las piedras de afilar.

MOLAGEM (*j*em) *f.* Moho. Lo mismo que BORLA. Ventaja gratuita. *De —. m. adv.* De gorra, de balde, a costa ajena.

MOLAMBENTO, TA *adj. Bras.* Roto, harapiento, haraposo, andrajoso.

MOLAMBO *m. Bras.* Harapo, andrajo, girón.

MOLAMBUDO, DA *adj. Bras.* Lo mismo que MOLAMBENTO.

MOLANCAS *adj.* Lo mismo que

MOLANQUEIRÃO, RONA (ráum) *adj.* Lo mismo que

MOLANQUEIRO, RA *adj.* Muelle, perezoso, flojo.

MOLAR *adj.* Molar (apto para moler). Blando, muelle. Molar (dícese de los dientes posteriores a los caninos). Ú. t. c. s.

MOLARIFORME (fòr) *adj.* Molariforme.

MOLARINHA (ña) *f. Bot.* Fumaria.

MOLASSO (so) *f.* Molasa.

MOLDAÇÃO (sáum) *f.* Amoldamiento. Moldado (acción de moldar). Moldeado.

MOLDADO *m.* Moldado (obra de moldura).

MOLDADOR, RA *adj.* Amoldador. Moldeador.

MOLDAGEM (jem) *f.* Moldeado.

MOLDAR *v. tr.* Moldar. Amoldar. Moldurar. Moldear. *v. tr.* Amoldarse.

MOLDE (mòl) *m.* Molde. Modelo. *fig.* Molde, modelo. *De —. m. adv.* De molde, a propósito.

MOLDURA *f.* Moldura. Marco (de un cuadro).

MOLDURAGEM (jem) *f.* Molduraje.

MOLDURAR *v. tr.* Moldurar. Lo mismo que EMOLDURAR.

MOLDUREIRO *m.* Moldurero. Carpintero que hace marcos para cuadros.

MOLE (mò) *f.* Mole (cosa muy abultada o corpulenta), masa grande, volumen enorme.

MOLE (mò) *adj.* Muelle, delicado, blando, suave. Perezoso, flojo. *— e —. m. adv.* Poco a poco, despacio. *— Ovos —s.* Huevos en confitura.

MOLECA (lè) *f. Bras.* Muchacha negra, negrita.

MOLECADA *f. Bras.* Grupo de negritos. Granujería (conjunto de granujas). Lo mismo que

MOLECAGEM (jem) *f. Bras.* Granujería, granuja.

MOLECAR *v. intr. Bras.* Proceder como granuja, hacer granujerías.

MOLECÓRIO (cò) *m. Bras.* Granujería (conjunto de granujas).

MOLECOTE (cò) *m. Bras.* Negrito corpulento.

MOLÉCULA (lè) *f.* Molécula.

MOLECULAR *adj.* Molecular.

MOLEIRA *f.* Molinera. Mollera, fontanela.

MOLEIRÃO, RONA (ráum) *adj. Bras.* Muy indolente; perezoso; pusilánime; flojo. Ú. t. c. s.

MOLEIRO *m.* Molinero.

MOLEJA (ja) *f.* Molleja (apéndice carnoso).

MOLENGA *adj.* Muelle, flojo, perezoso, afeminado, pusilánime. Ú. t. c. s.

MOLENGÃO (gáum) *m.* Lo mismo que MOLEIRÃO.

MOLENGAR *v. intr.* Andar como perezoso.

MOLEQUE (lè) *m. Bras.* Muchacho negro, negrito. Granuja, pillo. *Pé de —. Bras.* Dulze de azúcar y maní.

MOLEQUEAR *v. intr. Bras.* Lo mismo que MOLECAR.

MOLESTADOR, RA *adj.* Molestador. Ú. t. c. s.

MOLESTAMENTO *m.* Molestia, enfado. Acción de molestar.

MOLESTAR *v. tr.* Molestar, enfadar, fastidiar.

MOLÉSTIA (lès) *f.* Enfermedad. Molestia, enfado, fastidio; desazón física o moral.

MOLESTO, TA (lès) *adj.* Molesto; molestoso (*Amer.* y *And.*).

MOLETA *f.* Moleta (piedra para moler colores, etc.).

MOLEZA (za) *f.* Molicie, blandura, suavidad. Flojedad, desidia. Languidez. Blandura (calidad de blando o muelle).

MOLHA (mòlla) *f.* Lo mismo que MOLHADELA.

MOLHADA (lla) *f.* Gran cantidad de haces o manojos.

MOLHADELA (lladè) *f.* Mojadura, mojada.

MOLHADO, DA (lla) *adj.* Mojado. *pl. Bras.* Líquidos (opuesto a áridos). *Secos e —s.* Líquidos y áridos.

MOLHADURA (lla) *f.* Mojadura, mojada. *fig.* Propina.

MOLHAMENTO (lla) *m.* Mojadura, mojada.

MOLHAR (llar) *v. tr.* Mojar. Ú. t. c. r.

MOLHE (mòlle) *m.* Muelle (obra construída a la orilla del mar o de un río para el embarque y desembarque).

MOLHEIRA (llei) *f.* Salsera (vasija en que se sirve salsa).

MOLHE-MOLHE (mòlle-mòlle) *m.* Llovizna.

MOLHO (mòllo) *m.* Haz, hacina; manojo.

MOLHO (móllo) *m.* Salsa. *fig. Germ.* Salero, gracia, donaire.

MOLIANA *f.* Reprensión, reprehensión.

MOLIBDENO *m.* Molibdeno.

MOLIÇÃO (sáum) *f.* Esfuerzo muy grande para lograr un fin.

MOLÍCIA *f.* Lo mismo que

MOLÍCIE *f.* Molicie (blandura; afición al regalo, al ocio y a las comodidades).

MOLIÇO (so) *m.* Abono de limo.

MOLIFICAÇÃO (sáum) *f.* Molificación.

MOLIFICANTE *adj.* Molificativo.

MOLIFICAR *v. tr.* Molificar, ablandar, suavizar, templar. Ú. t. c. r.

MOLIFICÁVEL *adj.* Molificable.

MOLIME *m.* Molimen.

MOLINETE *m.* Molinete.

MOLINHA (ña) *f.* Llovizna.

MOLINHAR (ñar) *v. tr.* Moler poco a poco. *v. intr.* Funcionar el molino. Lloviznar.

MOLINHEIRA (ñei) *f.* Molino grande. Llovizna.

MOLINHEIRO (ñei) *m.* Llovizna.

MOLINILHO (llo) *m.* Molinillo.

MOLINISMO *m.* Molinismo.

MOLINOTE (nò) *m.* Molienda (de azúcar).

MOLONGÓ (gò) *adj.* y *s. Bras. nort.* Enfermizo. Perezoso. Mohíno.

MOLOSSO (so) *f.* Perro moloso, moloso. *fig.* Perdonavidas, bravucón.

MOLUGEM (jem) *f.* Soldadura, suelda.

MOLÚRIA *f.* Lo mismo que MOLEZA.

MOLUSCO *adj.* Molusco. *pl. Zool.* Moluscos.

MOMENTANEAMENTE (tá) *adv. m.* Momentáneamente.

MOMENTÂNEO, NEA *adj.* Momentáneo.

MOMENTO *m.* Momento. *A cada —. m. adv.* Cada momento, a cada momento.

MOMENTOSO, SA (tozo, òza) *adj.* Importante, grave.

MOMICES *f. pl.* Momería.

MOMO *m.* Momería. Momo (gesto, figura, acción burlesca).

MONA *f.* Mona (hembra del mono). *pop.* Mona, borrachera, embriaguez. *fam.* Lo mismo que AMUO. Muñeca de trapo.

MONACAL *adj.* Monacal.

MONACATO *m.* Monacato.

MONADA *f.* Monada. Momería, momo.

MÔNADA (mó) *f.* Lo mismo que

MÔNADE *f.* Mónada.

MONÂNDRICO, CA (nán) *adj.* Monándrico, monandro.

MONANTERO, RA (tè) *adj.* Monantero.

MONANTO, TA *adj.* Monanto.

MONARCA *m.* Monarca.

MONARQUIA (quía) *f.* Monarquía.

MONÁRQUICO, CA *adj.* Monárquico.

MONARQUISMO *m.* Monarquismo.

MONARQUISTA *adj.* Monárquico. Ú. t. c. s.

MONÁSTICO, CA *adj.* Monástico, monacal.

MONÇÃO (sáum) *f.* Monzón. *fig.* Ocasión oportuna. *Bras.* Lo mismo que BANDEIRA (en su acepción brasileña).

MONCAR *v. intr.* Mocar, sonar (limpiar los mocos).

MONCO *m.* Moco (humor viscoso).

MONCOSO, SA (cozo, òza) *adj.* Mocoso (que tiene muchos mocos). *fig.* Mocoso, despreciable.

MONDA *f.* Escardadura, escarda. Mondadura, monda.

MONDADOR, RA *adj.* y *s.* Escardador. Mondador.

MONDADURA *f.* Mondadura, monda. Escarda, escardadura.

MONDAR *v. tr.* Escardar. Mondar. *fig.* Limpiar, purificar.

MONDÉ (dè) *m. Bras.* Lo mismo que

MONDÉU (dèu) *m. Bras.* Lo mismo que MUNDÉU.

MONDONGA *f.* Mondonga (criada o mujer rústica y zafia).

MONDONGO *m.* Mondongo.

MONDONGUEIRO *m.* Mondonguero.

MONDRONGO *m. Bras.* Apodo que dan a los portugueses. *Bras. fam.* Lo mismo que MOLEIRÃO.

MONÉCIA (nè) *f. Bot.* Monecia.

MONERA (nè) *f.* Monera.

MONETA (nè) *f. Mar.* Boneta.

MONETÁRIO, RIA *adj.* Monetario.

MONETE *m.* Lo mismo que GADELHA. Rizo (de pelo).

MONETIZAR (zar) *v. tr.* Monetizar. Amonedar, monetizar.

MONGE (je) *m.* Monje.

MONGOL (gòl) *adj.* y *s.* Mogol, mongol. *pl.* (*Mongóis*) Mogoles.

MONGÓLICO, CA (gò) *adj.* Mogólico, mongólico.

MONHA (ña) *f.* Moña (de torero). Moña (adorno que se pone en la divisa de los toros). Moña, muñeca (maniquí para trajes de mujer).

MONHO (ño) *m.* Moño (lazo de cintas; atado que se hace con el cabello).

MONISMO *m.* Monismo.

MONITOR *m.* Monitor (el que avisa, advierte o amonesta). *Mar.* Monitor.

MONITORIA (ría) *f.* Monitorio, monitoria, advertencia. *fam.* Reprensión.

MONJOLO (jo) *m. Bras.* Lo mismo que MUNJOLO.

MONOCARPO, PA *adj.* Monocárpeo.

MONOCEFALIA (lía) *f.* Monocefalia.

MONOCÉFALO, LA (cè) *adj.* Monocéfalo.

MONOCELULAR *adj.* Monocelular.

MONOCERONTE *m.* Monocerote, unicornio, monoceronte.

MONOCICLO *m.* Monociclo.

MONOCLAMÍDEO, DEA *adj.* Monoclamideo. *pl. Bot.* Monoclamideas.

MONOCLÍNICO, CA *adj.* Monoclínico.

MONÓCLINO, NA (nò) *adj. Bot.* Monoclino, hermafrodita.

MONOCÓRDIO (còr) *m.* Monocordio.

MONOCOTILEDÓNEO, NEA (dó) *adj.* Monocotiledón. *pl. Bot.* Monocotiledóneas.

MONÓCULO, LA (nò) *adj.* Monóculo. *m.* Monóculo (lente para un solo ojo).

MONODÁCTILO, LA (dèl) *adj.* Monodáctilo.

MONODELFO, FA (dèl) *adj.* Monodelfo.

MONÓDIA (nò) *f.* Monodía.

MONODIAR *v. intr.* Cantar monodías.

MONÓDICO, CA (nò) *adj.* Monódico.

MONODONTE *adj.* Monodonte.

MONOFILO *adj.* Monofilo.

MONOFISISMO (zis) *adj.* Monofisismo.

MONOFISITA (zi) *com.* Monofisita.

MONÓFITO, TA (nò) *adj.* Monofito.

MONOFOBIA (bía) *f.* Monofobia.

MONOGAMIA (mía) *f.* Monogamia.

MONOGÁMICO, CA (gá) *adj.* Monogámico.

MONÓGAMO, MA (nò) *adj.* y *s.* Monógamo.

MONOGÁSTRICO, CA *adj.* Monogástrico.

MONOGENÉSICO, CA (jenèzi) *adj.* Monogenésico.

MONOGENIA (jenía) *f.* Monogénesis. Monogenia.

MONOGÊNICO, CA (jé) *adj.* Monogénico.

MONOGÊNIO, NA (jé) *adj.* Monogénico.

MONOGENISMO (je) *m.* Monogenismo.

MONÓGINO, NA (nòji) *adj.* Monogino.

MONOGRAFIA (fía) *f.* Monografía.

MONÓGRAFO (nò) *m.* Monógrafo.

MONOGRAMA *m.* Monograma, cifra.

MONÓICO, CA (nòi) *adj.* Monoico.

MONOLÍTICO, CA *adj.* Monolítico.

MONÓLITO (nò) *m.* Monolito.

MONOLOGAR *v. intr.* Monologar.

MONÓLOGO (nò) *m.* Monólogo, soliloquio.

MONOMANIA (nía) *f.* Monomanía.

MONOMANÍACO, CA *adj.* y *s.* Monomaníaco, monomaniático.

MONÔMERO (nó) *m.* Monómero.

MONOMETALISMO *m.* Monometalismo.

MONOMÉTRICO, CA (mè) *adj.* Monométrico.

MONÔMETRO (nó) *m.* Monómetro.

MONÔMIO (nó) *m. Álg.* Monomio.

MONOPÉTALO, LA (pè) *adj.* Monopétalo.

MONOPLANO m. Monoplano.
MONOPLEGIA (jía) f. Monoplejía.
MONOPODIA (día) f. Monopodia.
MONÓPODO, DA (nò) adj. Monópodo.
MONOPÓLIO (pò) m. Monopolio.
MONOPOLISTA m. Monopolista.
MONOPOLIZAÇÃO (zasáum) f. Monopolización.
MONOPOLIZADOR, RA (za) adj. y s. Monopolizador.
MONOPOLIZAR (zar) v. tr. Monopolizar.
MONÓSPORO, RA (nòs) adj. Monospóreo.
MONOSSÉPALO, LA (sè) adj. Monosépalo.
MONOSSILÁBICO, CA (si) adj. Monosilábico.
MONOSSÍLABO, BA (sí) adj. Monosílabo. Ú. t. c. s.
MONOSSOMO, MA (so) adj. Monósomo.
MONÓSTILO, LA (nòs) adj. Monostileo.
MONÓSTROFE (nòs) f. Monóstrofe.
MONOTÉICO, CA (tèi) adj. Monoteico, monoteísta.
MONOTEÍSMO m. Monoteísmo.
MONOTEÍSTA adj. y s. Monoteísta.
MONOTIPO m. Impr. Monotipia (máquina de componer).
MONÓTIPO (nò) adj. Monotipo.
MONOTONAMENTE (nò) adj. m. Monótonamente.
MONOTONIA (nía) f. Monotonía.
MONÓTONO, NA (nò) adj. Monótono.
MONOVALENTE adj. Quím. Monovalente, univalente.
MONÓXILO, LA (nòxi) adj. Monoxilo.
MONOZÓICO, CA (zòi) adj. Monozoico.
MONROÍSMO m. Doctrina de Monroe.
MONSENHOR (ñor) m. Monseñor.
MONSENHORADO (ño) m. Dignidad de monseñor.
MONSTRENGO m. Lo mismo que MOSTRENGO.
MONSTRO m. Monstruo.
MONSTRUOSAMENTE (òza) adv. m. Monstruosamente.
MONSTRUOSIDADE (zi) f. Monstruosidad.
MONTRUOSO, SA (ozo, òza) adj. Monstruoso.
MONTA f. Monta (suma de varias partidas; valor, calidad y estimación intrínseca de una cosa). Monta, acaballadero.
MONTADA f. Monta (acción de montar). Montada, desveno. Montura, cabalgadura.
MONTADO, DA adj. Montado. m. Encinal (donde se engordan los cerdos). Monte (donde pasta el ganado).
MONTAGEM (jem) f. Montaje (de un aparato o máquina). Monta, montadura.
MONTANHA (ña) f. Montaña, monte.
MONTANHEIRA (ñei) f. Encinal(donde se engordan los cerdos).
MONTANHÊS, ESA (ñés, ñeza) adj. Montañés. Ú. t. c. s.
MONTANHESCO, CA (ñes) adj. Montaraz.
MONTANHOSO, SA (ñozo, ñòza) adj. Montañoso.
MONTANO, NA adj. Montano.
MONTANTE m. Montante (espada). Suma, importe. adj. Montente.
MONTÃO (táum) m. Montón. Aos montões. m. adv. A montones.
MONTAR v. tr. Montar, acaballar. Montar, subir, importar. Montar, armar las piezas de cualquier aparato o máquina. Establecer, fundar. Montar, engastar. Mar. Montar. v. intr. Montar (ponerse o subirse encima de una cosa; subir en un caballo o otra cabalgadura). Ú. t. c. r. Montar, cabalgar. fig. Montar, ser una cosa de importancia o entidad.
MONTARAZ adj. Montaraz. m. Guardamonte.
MONTARIA (ría) f. Montería. Oficio de montero. Coto. Remonta.
MONTE m. Monte (grande elevación natural del terreno). Montón. Alquería. Monte, bosque. Monte (juego de envite y azar). Conjunto de los bienes de una herencia. — de socorro. Monte de piedad. Aos —s. m. adv. A montones.
MONTEADA f. Montería, cacería.
MONTEADOR m. Monteador, montero.
MONTEAR v. tr. Montear. Ú. t. c. intr.

MONTÉIA (tèia) f. Arq. Montea.
MONTEIRA f. Montera (prenda para abrigo de la cabeza). Montera, cazadora.
MONTEIRIA (ría) f. Oficio de montero.
MONTEIRO m. Montero.
MONTENEGRINO, NA adj. y s. Montenegrino.
MONTEPIO (pío) m. Montepío.
MONTÊS, ESA (tés, eza) adj. Montés.
MONTESINHO, NHA (ziño, ña) adj. Lo mismo que MONTESINO, NA (zi) adj. Montesino, montés.
MONTEVIDEANO, NA adj. y s. Montevideano.
MONTÍCOLA adj. Montícola.
MONTÍCULO m. Montículo.
MONTOEIRA f. Bras. Montón.
MONTRA f. Escaparate (de una tienda).
MONTUOSO, SA (ozo, òza) adj. Montuoso, montañoso.
MONTUREIRO m. Trapero.
MONTURO m. Muladar.
MONUMENTAL adj. Monumental.
MONUMENTO m. Monumento.
MOR (mòr) adj. Síncope de maior: mayor.
MORA (mò) f. Mora, dilación, tardanza.
MORABITINO m. Maravedí.
MORABITO m. Morabito (anacoreta mahometano).
MORÁCEO, CEA adj. Móreo, moráceo. f. pl. Móreas.
MORADA f. Morada.
MORADIA (día) f. Morada, residencia.
MORADO, DA adj. Morado.
MORADOR, RA adj. Morador. Ú. t. c. s. m. Vecino (de un pueblo).
MORAL f. Moral (ciencia que trata de la bondad o malicia de las acciones humanas). m. Moral (conjunto de facultades del espíritu). adj. Moral.
MORALIDADE f. Moralidad.
MORALISTA adj. y s. Moralista.
MORALIZAÇÃO (zasáum) f. Moralización.
MORALIZADOR, RA (za) adj. Moralizador. Ú. t. c. s.
MORALIZAR (zar) v. tr. Moralizar. Ú. t. c. r. v. intr. Moralizar.
MORALMENTE adv. m. Moralmente.
MORANGA adj. Casta de uva portuguesa. Ú. t. c. s. f.
MORANGAL m. Fresal.
MORANGO m. Fresa (fruto). Fresa (planta).
MORANGUEIRO m. Fresa, fresera (planta). Fresero (vendedor de fresa).
MORANGUINHO (ño) m. Bras. Fresa (fruto).
MORAR v. intr. Vivir, morar, habitar, residir.
MORATÓRIA (tò) f. Moratoria.
MORATÓRIO, RIA (tò) adj. Dilatorio.
MORBIDEZ f. Morbidez (estado o condición de enfermedad). Morbidez (calidad de muelle, delicado, suave o blando).
MORBIDEZA (za) f. Lo mismo que MORBIDEZ.
MÓRBIDO, DA (mòr) adj. Mórbido (que padece enfermedad o la ocasiona). Mórbido (blando, muelle, suave, delicado).
MORBO (mòr) m. Morbo, enfermedad.
MORBOSO, SA (bozo, òza) adj. Morboso, mórbido.
MORCEGAR v. tr. Bras. Explotar, sacar ventaja de algo.
MORCEGO m. Murciélago.
MORCELA (cè) f. Morcilla.
MORCILHA (lla) f. Bras. Río Gr. del Sur. Morcilla.
MORDAÇA (sa) f. Mordaza.
MORDACIDADE f. Mordacidad.
MORDAZ adj. Mordaz.
MORDEDELA (dedè) f. Mordiscón, mordisco, mordedura.
MORDEDOR, RA adj. Mordedor. Ú. t. c. s. fam. Bras. Sableador, sablista. Ú. t. c. s.
MORDEDURA f. Mordedura (acción de morder; efecto o daño causado con ella). fam. Bras. Sablazo (acto de sacar dinero a uno).
MORDENTE adj. Mordiente, que muerde. m. Mordiente (substancia para fijar los colores y otras cosas). Impr. Mordante. Mús. Trinado.
MORDER v. tr. Morder (clavar los dientes en alguna cosa). Morder, mordicar. Morder (hacer presa una cosa en otra). Morder, desgastar, gastar poco a poco. fig. Morder, criticar, satirizar. fam. Bras. Morder, engañar, estafar (Amer.). Sablear, dar sablazos.

MORDEXIM (chim) m. Cólera-morbo.
MORDICAÇÃO (sáum) f. Mordicación. Picazón, prurito.
MORDICANTE adj. Mordicante, mordiente.
MORDICAR v. tr. Mordicar, morder. Mordicar, picar, pinchar. Mordiscar.
MORDICATIVO, VA adj. Mordicativo, mordicante.
MORDIDA f. Bras. Mordedura (acción de morder y efecto causado con ella). fam. Engaño, estafa, mordida (Amer.). Sablazo (acto de sacar dinero a uno).
MORDIDELA (dè) f. Lo mismo que MORDEDELA.
MORDIMENTO m. Mordimiento, mordedura. fig. Remordimiento.
MORDISCAR v. tr. Lo mismo que MORDICAR.
MORDOMADO m. Mayordomía.
MORDOMAR v. tr. Mayordomear.
MORDOMIA (mía) f. Mayordomía.
MORDOMO m. Mayordomo.
MORÉIA (rèia) f. Morena (pez).
MOREIRA m. Especie de morera.
MORENA f. Morena (montón de piedras formado en el borde de un helero).
MORENO, NA adj. Moreno. Ú. t. c. s.
MORFÉIA (fèia) f. Lepra.
MORFÉTICO, CA (fè) adj. Leproso. Ú. t. c. s. Mórfico (perteneciente a Morfeo).
MORFINA f. Morfina.
MORFINISMO m. Morfinismo.
MORFINIZAR-SE (zar) v. r. Morfinizarse.
MORFINOMANIA (nía) f. Morfinomanía.
MORFINÔMANO, NA (nó) adj. Morfinómano, morfinomaníaco. Ú. t. c. s.
MORFOGENIA (jenía) f. Morfogénesis, morfogenia.
MORFOGÊNICO, CA (jé) adj. Morfogénico.
MORFOLOGIA (jía) f. Morfología.
MORFOLÓGICO, CA (lòji) adj. Morfológico.
MORFOSE (fòze) f. Morfosis.
MORFOZOÁRIO, RIA (zoá) adj. Morfozoario.
MORGADA f. Mayorazga.
MORGADETE m. Mayorazguete, mayorazgüelo.
MORGADIO (dío) m. Mayorazgo (conjunto de bienes vinculados). adj. Concerniente al mayorazgo.
MORGADO m. Maryorazgo (institución; conjunto de bienes vinculados; persona que lo posee).
MORGANÁTICO, CA adj. Morganático.
MORGUE (mòr) f. gal. Morgue.
MORIBUNDO, DA adj. Moribundo. Ú. t. c. s.
MORIGERAÇÃO (jerasáum) f. Morigeración, templanza, moderación.
MORIGERADO, DA (je) adj. Morigerado.
MORIGERADOR, RA (je) adj. Morigerador.
MORIGERAR (je) v. tr. Morigerar, moderar, templar, refrenar los excesos. Ú. t. c. r.
MORIM m. Brabante (lienzo). Madapolán.
MORINGA f. Bras. Río Gr. del Sur. Botijo.
MORINGUÉ f. Bras. Lo mismo que MORINGA.
MORMACEIRA f. Tiempo bochornoso.
MORMACENTO, TA adj. Bochornoso. Muermoso.
MORMAÇO (so) m. Bochorno (calor sofocante, por lo común en horas de calma).
MORMENTE (mòrMEN) adv. m. Mayormente, principalmente, con especialidad.
MORMO m. Vet. Muermo.
MÓRMON (mòr) m. Mormón.
MORMONISMO m. Mormonismo.
MORMOSO, SA (mozo, òza) adj. Muermoso.
MORNANÇA (sa) f. Bras. nort. Tardanza, demora, lentitud.
MORNAR v. tr. Lo mismo que AMORNAR. v. intr. Bras. nort. Tardarse.
MORNIDÃO (dáum) f. Tibieza (calidad de tibio, entre caliente y frio).
MORNO, NA (morno, mòrna) adj. Tibio, templado (entre caliente y frio). fig. Tibio, flojo.
MOROSAMENTE (ròza) adv. m. Morosamente.
MOROSIDADE (zi) f. Morosidad, lentitud, demora, tardanza, dilación.
MOROSO, SA (rozo, òza) adj. Moroso. Tardo, detenido.
MORRAÇA (sa) f. Fango, lodo, cieno.

MORRÃO (rráum) *m. Mar.* Morrón. Grano que se pudre antes de madurar.

MORRARIA (ría) *f.* Conjunto de montes e colinas.

MORREDIÇO, ÇA (so, sa) *adj.* Mortecino, flaco, debil, que va a apagarse; muriente.

MORREDOR, RA *adj.* Lo mismo que

MORREDOURO, RA *adj.* Perecedero. Mortecino. Mortal. *m.* Lugar morboso donde se muere la gente.

MORRENTE *adj.* Muriente, bajo, apagado, sin vigor.

MORRER *v. intr.* Morir, morirse (en todas las acepciones de esta voz).

MORRIÃO (rriáum) *m.* Morrión.

MORRINHA (ña) *f. Vet.* Morriña, comalia. *fig.* Morriña, tristeza. *Bras.* Hedor propio de un animal o de una persona.

MORRINHENTO, TA (ñen) *adj.* Morriñoso (que tiene morriña). Morriñoso, enteco, raquítico, enfermo. *Bras.* Lo mismo que FEDORENTO.

MORRO *m.* Otero, colina, monte pequeño.

MORROTE (rrò) *m. Bras.* Colina pequeña.

MORRUDO, DA *adj. Bras.* Fornido, vigoroso; morrudo (*amer. argent.*).

MORSA (mòr) *f. Zool.* Morsa.

MORSEGÃO (gáum) *f.* Mordedura, dentada. Pellizco.

MORSEGAR *v. tr.* Mordicar, mordiscar. Arrancar con los dientes.

MORSO *m.* Mordedura.

MORTADELA (dè) *f.* Mortadela.

MORTAGEM (jem) *f.* Muesca, mortaja.

MORTAL *adj.* Mortal. *m.* Mortal.

MORTALHA (lla) *f.* Mortaja (ropaje con que se viste el cadaver). Papel del cigarrillo; mortaja (*Amer.*).

MORTALIDADE *f.* Mortalidad.

MORTANDADE *f.* Mortandad. Mortalidad.

MORTE (mòr) *f.* Muerte (en todas las acepciones de esta voz).

MORTEIRADA *f.* Morterada.

MORTEIRO *m.* Mortero.

MORTICÍNIO *m.* Mortandad, matanza, destrozo, carnicería.

MORTIÇO, ÇA (so) *adj.* Muriente, bajo, apagado, sin vigor.

MORTÍFERO, RA *adj.* Mortífero.

MORTIFICAÇÃO (sáum) *f.* Mortificación.

MORTIFICADOR, RA *adj.* Mortificador.

MORTIFICANTE *adj.* Mortificante.

MORTIFICAR *v. tr.* Mortificar (privar de vitalidad; castigar, macerar el cuerpo; afligir, molestar, apesadumbrar). Ú. t. c. r.

MORTIFICATIVO, VA *adj.* Mortificativo, mortificante.

MORTO, TA (morto, mòrta) *P. p. irreg.* de *Morrer.* *adj.* Muerto (en todas las acepciones de esta voz). Ú. t. c. s.

MORTÓRIO (tò) *m.* Mortuorio.

MORTUALHA (lla) *f.* Montón de cadáveres. Exequias.

MORUBIXABA (cha) *m. Bras.* Lo mismo que MURUBIXABA.

MÓRULA (mò) *f.* Demora o dilación muy breve; mórula (*ant.*).

MORZELO, LA (ze) *adj.* Morcillo. *m.* Caballo morcillo.

MOSAICISTA (zai) *m.* Mosaísta.

MOSAICO, CA (zai) *adj.* Mosaico (perteneciente o relativo a Moisés; dícese de la obra taraceada de piedras). *m.* Mosaico.

MOSCA *f.* Mosca (insecto). *fig. fam.* Mosca (persona molesta). Mosca (pelo que nace al hombre entre el labio inferior y la barba). *—* *morta. fig. fam.* Persona indolente. *Andar às —s. fr. fig.* Estar vago u ocupado en cosas de poca entidad. *Estar às —s. fr. fig.* Dícese del sitio poco frecuentado. *Comer —. fr. fig. Bras.* Ser engañado; no comprender una cosa; no verla u sentirla.

MOSCADEIRA *f. Bot.* Mirística; moscadero (*amer. guat.*).

MOSCADEIRO *m.* Mosqueador (instrumento para ahuyentar las moscas).

MOSCADO, DA *adj.* Que huele a almizcle; aromático.

MOSCÃO (cáum) *m.* Moscón (mosca grande). *fig. fam.* Persona tonta.

MOSCAR *v. intr.* y *r.* Mosquearse, huir de las moscas, ahuyentarlas. *fig.* Alejarse, apartarse, irse; mosquearse (*amer. chil.*).

MOSCARDO *m.* Moscarda. Moscardón. Moscón.

MOSCARIA (ría) *f. fam.* Hervidero de moscas; mosquero (*Amer.*).

MOSCATEL (èl) *adj.* Moscatel (uva y vino). Ú. t. c. s.

MOSCÓVIA (cò) *f.* Cuero curtido muy suave; moscovia (*amer. cub.*).

MOSCOVITA *adj.* y *s.* Moscovita.

MOSLÉM (lém) *m.* Lo mismo que

MOSLEME *m.* Musulmán, mahometano.

MOSLÉMICO, CA (lé) *adj.* Mahometano, musulmán.

MOSQUEADO, DA *adj.* Mosqueado, sembrado de pintas.

MOSQUEAR *v. tr.* Salpicar con pintas. *v. intr. Bras.* Mosquearse el ganado.

MOSQUEDO *m.* Lo mismo que MOSCARIA.

MOSQUEIRO *m.* Hervidero de moscas, lugar donde hay muchas moscas. Mosquero, mosqueador (instrumento para ahuyentar las moscas).

MOSQUETAÇO (so) *m.* Mosquetazo.

MOSQUETADA *f.* Mosquetazo.

MOSQUETÃO (táum) *m.* Mosquetón (carabina pequeña). Mosquetón (anilla que se abre y cierra mediante un muelle).

MOSQUETARIA (ría) *f.* Mosquetería (fuego de mosquetes; tropa de mosqueteros).

MOSQUETE *m.* Mosquete (antigua arma de fuego).

MOSQUETEAR *v. intr.* y *tr.* Dar tiros de mosquete.

MOSQUETEIRO *m.* Mosquetero.

MOSQUITADA *f.* Muchedumbre de mosquitos.

MOSQUITEIRO *m.* Mosquitero (colgadura de cama de gasa o tul para impedir el acceso de los mosquitos).

MOSQUITO *m.* Mosquito. *Bras.* Diamante muy pequeño. *Mata-—. Bras.* Persona que trabaja en la destrucción de las larvas de los mosquitos.

MOSSA (mòsa) *f.* Muesca. Marca, abolladura; impresión que deja un golpe. *fig.* Impresión moral.

MOSSEGAR (se) *v. intr.* Lo mismo que MORSEGAR.

MOSSORÓ (sorò) *m. Bras. Paraíba.* Viento que sopla del norte.

MOSTAÇO (so) *m.* Gran cantidad de mosto.

MOSTÁRABE *adj.* y *s.* Lo mismo que MOÇÁRABE.

MOSTARDA *f.* Mostaza (semilla de esta planta).

MOSTARDAL *m.* Mostazal.

MOSTARDEIRA *f.* Mostaza (planta). Mostacera, mostacero.

MOSTEIRO *m.* Monasterio, convento, taza. Mostacero, mostacera.

MOSTEIRO *m.* Monasterio, convento.

MOSTO *m.* Mosto.

MOSTRA (mòs) *f.* Muestra, señal, indicio, demostración, prueba. Acción de mostrar. Muestra, ademán, porte, apostura. *pl.* Gestos; apariencias; muestras. *Dar —s. fr.* Hacer muestra, manifestar.

MOSTRADOR, RA *adj.* Mostrador, que muestra. Mostrador (dícese del dedo índice). *m.* Mostrador (esfera de reloj; mesa o tablero de las tiendas).

MOSTRAR *v. tr.* Mostrar, enseñar, manifestar, exponer, explicar, dar a conocer, hacer patente, dar a entender. Probar, demostrar. *v. r.* Mostrarse (portarse; darse a conocer).

MOSTRENGO *m.* Mostrenco (individuo muy gordo, feo y pesado). Mostrenco (individuo que no tiene domicilio ni oficio conocido).

MOSTRUÁRIO *m. Bras.* Muestra (de mercaderías). Escaparate (de tienda). Mostrador (de tienda).

MOTA (mò) *f.* Mota (ribazo con que se detiene el agua). *Bras. Río Gr. del Sur.* Lo mismo que JAPA.

MOTE (mò) *m.* Mote (sentencia breve que incluye un secreto). Mote, emblema, divisa. Tema. Mote, apodo.

MOTEJADOR, RA (ja) *adj.* y *s.* Motejador.

MOTEJAR (jar) *v. tr.* Motejar, zaherir, burlarse. Ú. t. c. intr.

MOTEJO (j) *m.* Chiste; mote, dicho pesado; burla, escarnio.

MOTETE *m.* Motete, apodo, baldón, denuesto. *Mús.* Motete.

MOTILIDADE *f.* Motilidad, movilidad.

MOTIM *m.* Motín. Ruido, alboroto.

MOTINAÇÃO (sáum) *f.* Lo mismo que AMOTINAÇÃO.

MOTIVAÇÃO (sáum) *f.* Acción de motivar. Exposición de motivos o causas.

MOTIVAR *v. tr.* Motivar.

MOTIVO *m.* Motivo, causa, razón. *adj.* Motivo, que mueve. *Por — de. m. adv.* Con motivo de.

MOTO (mò) *m.* Mote (sentencia que llevaban como empresa los antiguos caballeros). Movimiento.

MOTOCICLETA (clè) *f.* Motocicleta.

MOTOCICLISTA *m.* Motociclista.

MOTOCICLO *m.* Motocicleta, motociclo.

MOTOR, RA *adj.* Motor, que produce movimiento. *m.* Motor.

MOTOREIRO *m. Bras.* Lo mismo que MOTORNEIRO.

MOTÓRIO, RIA (tò) *adj.* Motivo, que tiene movimiento.

MOTORISTA *m. Bras.* Motorista. *Bras.* Chofer.

MOTORNEIRO *m. Bras.* Tranviero, tranviario.

MOTRICIDADE *f.* Motricidad.

MOTRIZ *adj.* Motriz, motora.

MOTU (mò) *m.* Lo mismo que MOTO. — -*próprio.* Espontaneidad, voluntad propia. *De — -próprio. m. adv.* Motu proprio.

MOUCARRÃO (rráum) *adj.* Muy sordo.

MOUCHÃO (cháum) *m.* Islote (en un río).

MOUCO, CA *adj.* Muy sordo, sordastro.

MOUQUICE *f.* Lo mismo que

MOUQUIDÃO (dáum) *f.* Sordera, sordez.

MOURAMA *f.* Morisma (multitud de moros). Tierra de los moros. Los moros.

MOURÃO (ráum) *m.* Estaca, rodrigón.

MOURARIA (ria) *f.* Morería (barrio de moros).

MOUREJADO, DA (ja) *adj.* Ganado a fuerza de mucho trabajo.

MOUREJAR (jar) *v. intr.* y *tr.* Trabajar, mucho, lidiar, afanarse.

MOUREJO (jo) *m. Bras.* Trabajo afanoso, lidia.

MOURESCO, CA *adj.* Morisco, moruno.

MOURISCO, CA *adj.* Morisco, moruno.

MOURISMA *f.* Lo mismo que MOURAMA.

MOURO, RA *adj.* Moro. Morisco, moruno. *m.* Moro.

MOUTA *f.* Lo mismo que MOITA.

MOUTÃO (táum) *m.* Motón.

MOVEDIÇO, ÇA (so, sa) *adj.* Movedizo (fácil de moverse; inseguro, no firme; tornadizo).

MOVEDOR, RA *adj.* Movedor, mover.

MÓVEL (mò) *adj.* Móvil, movible. Mueble (hablando de bienes). *m.* Mueble.

MOVELARIA (ría) *f. Bras.* Mueblería.

MOVELEIRO *m. Bras.* Mueblero.

MOVENTE *adj.* Moviente.

MOVER *v. tr.* Mover (hacer que un cuerpo pase de un lugar a otro). Ú. t. c. r. Mover, menear una cosa. Mover, inducir, causar, ocasionar. Mover, alterar, conmover. Mover, excitar. *v. intr.* Echar a andar, irse. *v. r.* Dirigirse, marchar hacia. Ca-minar.

MOVIDO, DA *adj.* Movido; ocasionado, causado.

MOVIMENTAÇÃO (sáum) *f.* Movimiento. Acción de mover.

MOVIMENTADO, DA *adj.* Activo. Frecuentado.

MOVIMENTAR *v. tr.* Mover. Animar. Dar movimiento.

MOVIMENTO *m.* Movimiento (en todas las acepciones de esta voz).

MÓVITO (mò) *m.* Malparto.

MOVÍVEL *adj.* Movible.

MOXAMA (cha) *f.* Mojama.

MOXAMAR (cha) *v. tr.* Ahumar.

MOXAMEIRO (cha) *m.* El que hace o vende mojama.

MOXINIFADA (chi) *f.* Lo mismo que MISTIFÓRIO.

MOZETA (che) *f.* Muceta.

MU *m.* Mulo.

MUAMBA *f. Bras.* Robo, fraude. Trapaza. Robo de mercancías. Contrabando.

MUAMBEIRO m. El que roba mercaderías de los buques, que hace trapazas o pasa contrabando.

MUAR adj. Mular. m. Mulo o mula.

MUCAMA f. Bras. Servienta, criada; mucama (Amer.).

MUCILAGEM (jem) f. Mucilago.

MUCILAGINOSO, SA (jinozo, òza) adj. Mucilaginoso.

MUCINA f. Mucina. Mucosina.

MUCO m. Moco.

MUCOSA (còza) f. Anat. Mucosa.

MUCOSIDADE (zi) f. Mucosidad.

MUCOSO, SA (cozo, òza) adj. Mucoso.

MUCRO m. Mucrón.

MUCRONADO, DA adj. Mucronato.

MUCUACHEIRO (chei) m. Bras. Ceará. Ladrón de ganado.

MUCUFA m. Bras. nort. Cobarde.

MUCUIM m. Bras. Lo mismo que MICUIM.

MUÇULMANISMO (sul) m. Mahometismo.

MUÇULMANO, NA (sul) adj. y s. Musulmán, mahometano.

MUÇULMI (sul) m. Bras. Bahia. Negro mahometano.

MUÇUM (sum) m. Bras. Especie de anguila.

MUÇUMBAGEM (jem) f. Bras. Lo mismo que CACARÉUS.

MUCUMBÚ m. Bras. Pernamb. Petrechos, enseres.

MUCURANA f. Lo mismo que MUQUIRANA.

MUÇURANA (su) f. Bras. Especie de serpiente no venenosa.

MUDA f. Muda (acción de mudar). Muda (de ropa). Parada, posta (de caballos). Muda (mujer que no puede hablar). Muda (tiempo o acto de mudar las aves sus plumas). Mudanza. Muda (de la voz). Planta para trasplante.

MUDADIÇO, ÇA (so, sa) adj. Mudable; mudadizo.

MUDADO, DA adj. Distinto; cambiado.

MUDADOR, RA adj. Que muda. m. Parada, posta.

MUDANÇA (sa) f. Mudanza (acción de mudar; traslación de domicilio; inconstancia, cambio de afectos).

MUDAR v. tr. Mudar (transportar; alterar; reformar; remover; cambiar; soltar la epidermis; efectuar la muda de la pluma; variar; quitar una cosa y poner otra; trasladar el domicilio). Ú. t. c. r.

MUDÁVEL adj. Mudable.

MUDÉJAR (dèjar) adj. Mudéjar.

MUDEZ f. Mudez.

MUDEZA (za) f. Mudez.

MUDO, DA adj. Mudo. Ú. t. c. s.

MUEZIM (zim) m. Muecín, almuecín.

MUFTI m. Muftí.

MUGANGA f. Bras. Gestos. Momería.

MOGANGUEAR v. intr. Bras. Momear, hacer momos.

MUGANGUEIRO, RA adj. Bras. Momero. Ú. t. c. s.

MUGANGUICE f. Lo mismo que MUGANGA.

MUGIDO (ji) m. Mugido, mu.

MUGIR (jir) v. intr. Mugir. Bramar.

MUI adv. Apócop. de Muito. Muy.

MUITO, TA adj. Mucho. adv. c. Muy; mucho.

MULA f. Mula (hembra del mulo). pop. Tumor en la ingle.

MULADA f. Bras. Mulada (hato de ganado mular; recua de mulas).

MULADAR m. Muladar (sitio en que se echa el estiércol o basura).

MULADEIRO m. Mulero, mozo de mulas.

MULATA f. Mulata.

MULATINHA (ña) f. Bras. Especie de abeja.

MULATINHO (ño) m. Bras. Especie de judías.

MULATO, TA adj. Mulato. Ú. t. c. s.

MULETA f. Muleta (para afirmarse al andar). Muleta, muletilla (de torero). fig. Muleta (cosa que ayuda a mantener otra). Mar. Muleta (embarcación).

MULETADA f. Muletada, mulada (hato de ganado mular). Muletazo.

MULETEIRO m. Muletero, mozo de mulas.

MULHER (llèr) f. Mujer.

MULHERAÇA (llerasa) f. Mujerona.

MULHERADA (lle) f. Bras. Lo mismo que MULHERIO.

MULHERAME (lle) m. Bras. Lo mismo que MULHERIO.

MULHERÃO (lleráum) m. Mujerona.

MULHERENGO, GA (lle) adj. Mujeriego. Ú. t. c. s. Afeminado.

MULHERICO, CA (lle) adj. Afeminado.

MULHERIGO, GA (lle) adj. Lo mismo que MULHERICO.

MULHERIL (lle) adj. Mujeril. Mujeriego. Afeminado.

MULHERINHA (llèriña) f. Mujerzuela, mujercilla.

MULHERIO (llerío) m. Mujerío, mujeriego.

MULHERZINHA (llèrziña) f. Lo mismo que MULHERINHA.

MULIADO, DA adj. Monstruoso. Híbrido. Contrario a lo que conviene.

MULITA f. Bras. Mulita (especie de armadillo). fam. Engaño. Passar —. fr. fig. fam. Engañar.

MULO m. Mulo.

MULSO m. Hidromiel.

MULTA f. Multa.

MULTAR v. tr. Multar.

MULTICELULAR adj. Multicelular.

MULTICOR adj. Multicolor de muchos colores.

MULTIDÃO (dáum) f. Multitud, muchedumbre, número considerable. Multitud, masa popular; vulgo, plebe.

MULTIFÁRIO, RIA adj. Multiforme.

MULTIFLORO, RA (flò) adj. Multifloro.

MULTIFOLIADO, DA adj. Multifolio.

MULTIFORME (fòr) adj. Multiforme.

MULTÍMODO, DA adj. Multiforme.

MULTÍPARA adj. y s. Multípara.

MULTIPARIDADE f. Multiparidad.

MULTIPLICAÇÃO (sáum) f. Multiplicación.

MULTIPLICADOR, RA adj. Multiplicador. m. Mat. Multiplicador.

MULTIPLICANDO adj. Multiplicando. Ú. t. c. s.

MULTIPLICAR v. tr. Multiplicar. Ú. t. c. r.

MULTIPLICATIVO, VA adj. Multiplicativo.

MULTIPLICÁVEL adj. Multiplicable.

MULTÍPLICE adj. Multíplice, múltiple.

MULTIPLICIDADE f. Multiplicidad.

MÚLTIPLO, PLA adj. Múltiple. Mat. Múltiplo. Ú. t. c. s.

MULTIPONTUADO, DA adj. Mosqueado.

MULTISSECULAR (se) adj. Que tiene muchos siglos.

MULTÍSSONO, NA (so) adj. Que produce muchos o distintos sonidos.

MULTÍVAGO, GA adj. Lo mismo que VAGABUNDO.

MULTIVALVE adj. Multivalvo.

MULUNDU m. Bras. Baile de negros.

MULUNGU m. Bras. Lo mismo que CORTICEIRA.

MUMBANDA f. Bras. Pernamb. Mucama; esclava favorita.

MUMBICA m. Bras. Ternero flaco.

MUMBUCA f. Bras. Especie de abeja.

MÚMIA f. Momia. fig. Momia, persona muy seca.

MUMIFICAÇÃO (sáum) f. Momificación.

MUMIFICAR v. tr. Momoficar. Ú. t. c. r.

MUMIFICÁVEL adj. Que se puede momificar.

MUMUCA com. Bras. Lo mismo que PAPÃO.

MUNÁ (nán) f. Bras. nort. Yegua.

MUNDALIDADE f. Mundanalidad, mundanería.

MUNDANA f. Mundana, mujer mundana.

MUNDANAL adj. Mundanal, mundano.

MUNDANALIDADE f. Mundanalidad, mundanería.

MUNDANISMO m. Mundanismo.

MUNDANO, NA adj. Mundano, mundanal, mundanesco.

MUNDÃO (dáum) m. Bras. Gran extensión de tierra. Bras. nort. Sitio lejano.

MUNDARÉU (rèu) m. Lo mismo que MUNDÃO. Gran cantidad, muchedumbre.

MUNDÉ (dè) m. Bras. Trampa (para cazar). fig. Cualquier cosa a punto de derrubarse. Cair no —. fr. fig. Caer en la trampa, caer en el lazo.

MUNDÉU (dèu) m. Bras. Lo mismo que MUNDÉ. Cantidad grande, gran copia.

MUNDIAL adj. Universal; mundial (neol.).

MUNDIALMENTE adv. m. Universalmente; mundialmente (neol.).

MUNDIAR v. tr. Bras. Amaz. Encantar.

MUNDIÇA f. Piojillo (de aves de corral). Bras. Bahia. Lo mismo que RALÉ.

MUNDICE f. Lo mismo que

MUNDÍCIA f. Lo mismo que

MUNDÍCIE f. Mundicia, limpieza.

MUNDIFICAÇÃO (sáum) f. Mundificación.

MUNDIFICAR v. tr. Mundificar, limpiar, purificar.

MUNDO m. Mundo (conjunto de todas las cosas creadas; la tierra; genero humano; sociedad humana; parte de la sociedad humana caracterizada por alguna cualidad; vida secular). Bras. Gran cantidad. O outro —. El otro mundo. Meio —. loc. fig. fam. Medio mundo, mucha gente. Correr —. Rodar mundo. Vir ao —. Venir al mundo, nacer. Ver —. Ver mundo, viajar por varias tierras. Do outro —. loc. fig. fam. Bras. Excelente, notable, de muy buena cualidad, lindo, bello.

MUNDRUNGA f. Bras. nort. Hechizo.

MUNDRUNGO m. Bras. Paraíba. Rocín.

MUNDRUNGUEIRO m. Bras. nort. Hechicero, brujo.

MUNGANGA f. Bras. Momería.

MUNGIDA (ji) f. Lo mismo que

MUNGIDURA (ji) f. Ordeño.

MUNGIR (jir) v. tr. Ordeñar. fig. Explotar, sacar, provecho; estrujar.

MUNGUNZÁ (zá) m. Lo mismo que

MUNGUZÁ (zá) m. Bras. Manjar hecho con maíz, leche y azúcar.

MUNHÃO (ñáum) m. Artill. Muñón.

MUNHECA (ñè) f. Muñeca (parte del cuerpo en donde se articula la mano con el brazo).

MUNHECAR (ñe) v. tr. Bras. Germ. Agarrar, asir.

MUNHONEIRA (ño) f. Artill. Muñonera.

MUNIÇÃO (sáum) f. Munición. Pão de —. Pan de munición.

MUNÍCIO m. Pan de munición.

MUNICIONAMENTO m. Municionamiento.

MUNICIONAR v. tr. Municionar.

MUNICIONÁRIO m. Municionero, proveedor.

MUNICIPAL adj. Municipal.

MUNICIPALIDADE f. Municipalidad. Municipio. Ayuntamiento. Casa consistorial.

MUNÍCIPE m. Munícipe, vecino de un municipio.

MUNICÍPIO m. MUNICÍPIO; ayuntamiento.

MUNIFICÊNCIA (cén) f. Munificencia, generosidad, liberalidad.

MUNIFICENTE adj. Munificente, munífico, generoso.

MUNÍFICO, CA adj. Munífico, munificente, generoso.

MUNIR v. tr. Proveer de lo necesario. Ú. t. c. r. Municionar. v. r. Proveerse, prevenirse, armarse. — -se de paciência. Revestirse de paciencia.

MUNJOLO (jo) m. Bras. Máquina tosca para pilar el maíz. Bras. Novillo.

MUNUS m. Lo mismo que ENCARGO.

MUQUE m. Bras. fam. Músculo, fuerza muscular. A —. m. adv. A fuerza, violentamente.

MUQUECAR-SE v. r. Bras. Acuclillarse, ponerse en cuclillas.

MUQUIRANA f. Bras. Piojo de los vestidos.

MURADAL m. Sitio lleno de escombros.

MURAL adj. Mural.

MURALHA (lla) f. Muralla.

MURAMENTO m. Acción de murar. Fortificación.

MURAR v. tr. Murar. v. r. Fortificarse. fig. Defenderse. Prevenirse.

MURÇA (sa) f. Muceta (de canónigo).

MURCHA (cha) f. Lo mismo que MURCHIDÃO.

MURCHAR (char) v. tr. Marchitar, ajar. Desmejorar. Secar. v. r. Marchitarse, ajarse, secarse. Ú. t. c. intr.

MURCHECER (che) v. tr. Lo mismo que EMURCHECER. Ú. t. c. intr.

MURCHIDÃO (chidáum) f. Marchitez, marchitamiento.

MURCHO, CHA (chocha) adj. Marchito, marchitado. Mústio, marchito, triste.

MURCHOSO, SA (chozo, chòza) adj. Marcescente.

MUREIRA f. Lo mismo que ESTERQUEIRA.

MURIÁTICO, CA adj. Muriático.

MURIATO m. Muriato, chlorhidrato.

MURICI *f.* Planta del Brasil.
MURIQUI *m. Bras.* Especie de mono.
MURITI *m. Bras.* Lo mismo que BURITI.
MURIXABA (*ch*a) *f. Bras. nort.* Ramera.
MURMULHAR (llar) *v. intr.* Murmullar, murmurar (las hojas de los árboles).
MURMULHO (llo) *m.* Murmullo, murmurio (de las aguas y las hojas de los árboles).
MURMUR *m.* Murmullo, murmurio (de la corriente de las aguas).
MURMURAÇÃO (sáum) *f.* Murmuración. Murmurio.
MURMURADOR, RA *adj.* Murmurador.
MURMURAR *v. intr.* Murmurar, murmullar. Ú. t. c. tr. Murmujear.
MURMURATIVO, VA *adj.* Murmurante.
MURMUREJAR (jar) *v. intr.* Murmurar, murmullar.
MURMURINHO (ño) *m.* Murmureo.
MURMÚRIO *m.* Murmurio, murmullo.
MÚRMURO, RA *adj.* Murmullante.
MURMUROSO, SA (rozo, òza) *adj.* Murmullante; murmurante.
MURO *m.* Muro.
MURRAÇA (sa) *f.* Puñada, puñetazo.
MURRIÃO (rriáum) *m.* Lo mismo que MORRIÃO.
MURRO *m.* Puñetazo, puñada.
MURTA *f.* Murta, arrayán.
MURTAL *m.* Murtal, arrayanal, murtela, murtera.
MURTEIRA *f.* Lo mismo que
MURTEIRO *m.* Murta, arrayán.
MURTINHO (ño) *m.* Murtón (fruto del arrayán).
MURUBIXABA (*ch*a) *m. Bras.* Cacique.
MURUGEM (jem) *f.* Yerba pajarera.
MURUNDU *m. Bras.* Montón. Montículo.
MURUNGU *m. Bras.* Lo mismo que MULUNGU.
MURURU *m. Bras.* Achaque.
MURUTI *m. Bras.* Lo mismo que BURITI.
MURUTIZEIRO (*z*ei) *m. Bras.* Lo mismo que BURITIZEIRO.
MURUTUCU *m. Bras.* Lechuza.
MUSA (*z*a) *f.* Musa.
MUSÁCEO, CEA (*z*á) *adj.* Musáceo. *f. pl.* Musáceas.

MUSAL (*z*al) *adj.* Perteneciente a las musas.
MUSCARDINA *f.* Muscardina.
MUSCÍCOLA *adj.* Muscícola, que se cria en el musgo.
MUSCÍVORO, RA *adj.* Muscívoro.
MUSCOSO, SA (cozo, òza) *adj.* Musgoso.
MUSCULAÇÃO (sáum) *f.* Musculación.
MUSCULADO, DA *adj.* Que tiene músculos.
MUSCULAR *adj.* Muscular.
MUSCULATURA *f.* Musculatura.
MUSCULINA *f.* Musculina, sintonina.
MÚSCULO *m.* Músculo.
MUSCULOSIDADE (*z*i) *f.* Musculatura.
MUSCULOSO, SA (lozo, òza) *adj.* Musculoso.
MUSEU (*z*eu) *m.* Museo.
MUSGO *m.* Musgo.
MUSGOSO, SA (gozo, *z*a) *adj.* Musgoso.
MUSGUENTO, TA *adj.* Musgoso.
MÚSICA (*z*i) *f.* Música.
MUSICAL (*z*i) *adj.* Musical.
MUSICALIDADE (*z*i) *f.* Musicalidad.
MUSICAR (*z*i) *v. intr.* Cantar. Tocar (un instrumento músico). Lo mismo que TRAUTEAR. Convertir en música.
MUSICATA (*z*i) *f. fam.* Lo mismo que FANFARRA.
MÚSICO, CA (*z*i) *adj.* Músico, musical. *m.* Músico.
MUSICOGRAFIA (*z*icografía) *f.* Musicografía.
MUSICÓGRAFO (*z*icò) *m.* Musicógrafo.
MUSICOMANIA (*z*icomanía) *f.* Musicomanía, melomanía.
MUSICÓMANO, NA (*z*icó) *adj. y s.* Musicómano, melómano.
MUSIQUEAR (*z*i) *v. intr.* Lo mismo que MUSICAR.
MUSIQUETA (*z*i) *f.* Música mala.
MUSIQUIM (*z*i) *m.* Músico ambulante. Músico malo.
MUSMÊ (mé) *f.* Musmé.
MUSSELINA (se) *f.* Muselina.
MUSSITAÇÃO (sitasáum) *f.* Musitación.
MUSSITAR (si) *v. intr.* Musitar, murmurar o hablar entre dientes. Ú. t. c. tr.
MUSSUM (sum) *m.* Lo mismo que MUÇUM.

MUSSUMÊ (sumé) *f.* Musmé.
MUSSUNGA (sun) *m. Bras.* Pellizco.
MUSSUNGÃO (sungáum) *m. Bras.* Pellizco.
MUSTELÍDEO, DEA *adj.* Mustelino. *m. pl. Zool.* Mustélidos, mustélidas.
MUTABILIDADE *f.* Mutabilidad.
MUTAÇÃO (sáum) *f.* Mutación.
MUTACISMO *m.* Mutacismo (mudanza; destemple de la estación).
MUTANGE (je) *adj. y s.* Cobarde.
MUTATÓRIO, RIA (tò) *adj.* Que muda.
MUTÁVEL *adj.* Mudable.
MÚTICO, CA *adj.* Lo mismo que GLABRO.
MUTILAÇÃO (sáum) *f.* Mutilación, mutilamiento.
MUTILADO, DA *adj.* Mutilado, mútilo, descabalado, incompleto. Estropeado.
MUTILADOR, RA *adj.* Mutilador.
MUTILAR *v. tr.* Mutilar (en todas las acepciones de esta voz) Ú. t. c. r.
MUTIRÃO (ráum) *m.* Lo mismo que MUXIRÃO.
MUTIRUM *m.* Lo mismo que MUXIRÃO.
MUTISMO *m.* Mutismo. Mudez.
MUTUAÇÃO (sáum) *f.* Préstamo; correspondencia recíproca. Permuta, cambio. Mutualismo.
MUTUALIDADE *f.* Mutualidad.
MUTUALISMO *m.* Mutualismo.
MUTUALISTA *m.* Mutualista.
MUTUAMENTE *adv. m.* Mutuamente, mutualmente.
MUTUANTE *m.* Mutuante.
MUTUAR *v. tr.* Permutar, cambiar. Dar a préstamo.
MUTUÁRIO *m.* Mutuatario, mutuario.
MUTUCA *f. Bras.* Tábano (insecto).
MÚTULO *m. Arq.* Mútulo.
MUXIBA (*ch*i) *f. Bras.* Carne magra para los perros. Piel flácida.
MUXICÃO (*ch*icáum) *m. Bras.* Empujón. Pellizco.
MUXIRÃ (*ch*irán) *m.* Lo mismo que
MUXIRÃO (*ch*iráum) *m. Bras.* Auxilio gratuito que se prestan los campesinos, reuniéndose y trabajando en provecho de uno de ellos.
MUXOXO (*ch*och*o*) *m. Bras.* Gesto de desprecio.

N (ene) *m.* Décimotercia letra del abecedario portugués, y décima de sus consonantes.

NA Contracc. de la prep. *em* y del art. *a.* En la *(pl. Nas.* En las.). Forma enclítica del pronombre *la (a)* en seguida a un verbo terminado en sonido nasal: *levam-NA,* llévanla.

NABABESCO, CA *adj.* Propio de nababo.

NABABO *m.* Nabab, nababo.

NABADA *f.* Guisado de nabos.

NABAL *m.* Nabar, nabal.

NABIÇA (sa) *f.* Nabiza.

NACA *f. Bras.* Lo mismo que

NACADA *f.* Pedazo. Trozo. Tajada.

NAÇÃO (sáum) *f.* Nación.

NÁCAR *m.* Nácar.

NACARADO, DA *adj.* Nacarado.

NACARAR *v. tr.* Adornar con nácar. Poner nacarado.

NACARINO, NA *adj.* Nacarino, nacáreo.

NACELA (cè) *f. Arq.* Nacela.

NACIONAL *adj.* Nacional.

NACIONALIDADE *f.* Nacionalidad.

NACIONALISMO *m.* Nacionalismo.

NACIONALISTA *adj.* Nacionalista. Ú. t. c. s.

NACIONALIZAÇÃO (zasáum) *f.* Nacionalización.

NACIONALIZAR (zar) *v. tr.* Nacionalizar, naturalizar. Ú. t. c. r.

NACO *m.* Pedazo; tajada; trozo.

NACRITO *m. Geol.* Nacrita.

NADA *m.* Nada. *adv. n.* Nada, de nengún modo. *Como quem não quer —. fr. fig. fam.* Como quien no dice nada.

NADADEIRA *f.* Lo mismo que BARBATANA.

NADADOR, RA *adj.* Nadador. Ú. t. c. s.

NADADURA *f.* Nadadura (acción de nadar).

NADAR *v. intr.* Nadar (en todas las acepciones de esta voz).

NÁDEGA *f.* Nalga. Ú. m. en pl.

NADEGADA *f.* Nalgada (golpe con las nalgas).

NADEGUDO, DA *adj.* Nalgudo.

NADEGUEIRO, RA *adj.* Perteneciente o relativo a las nalgas.

NADINHA (ña) *m.* Casi nada; muy poco.

NADIR *m. Astr.* Nadir.

NADÍVEL *adj.* Nativo.

NADO *m.* Nadadura, natación.

NADO, DA *adj.* Nacido.

NAFTA *f.* Nafta.

NAFTALINA *f.* Naftalina.

NAFTOL (tòl) *m.* Naftol.

NAGÁ (gán) *m.* Lo mismo que

NAGÃO (gáun) *m. Bras.* Antiguo revólver de caballería.

NAIA *f.* Náyade.

NÁIADA *f.* Náyade.

NÁIADE *f.* Náyade.

NAIPE *m.* Palo (color de los naipes). *fig.* Cualidad, condición.

NAJA (ja) *f.* Naja.

NALGA *f. p. us.* Nalga.

NAMBÍ *m. Bras.* Oreja.

NAMORAÇÃO (sáum) *f.* Lo mismo que NAMORO.

NAMORADA *f.* Enamorada, dulce amiga; amante, la mujer a quien se corteja o galantea. *adj.* Enamorada.

NAMORADEIRA *f.* Coqueta.

NAMORADEIRO, RA *adj.* Galanteador, cortejador, enamorador. Ú. t. c. s.

NAMORADIÇO, ÇA (so, sa) *adj.* Enamoradizo.

NAMORADO, DA *adj.* Galanteado, cortejado. *m.* Galán, galanteador; enamorado.

NAMORADOR, RA *adj.* Galanteador, cortejador, enamorador.

NAMORAR *v. tr.* Enamorar, decir amores o requiebros, cortejar, galantear. Seducir, atraer, cautivar. *v. r.* Enamorarse.

NAMORICAR *v. intr.* y *tr.* Lo mismo que NAMORISCAR.

NAMORICO *m.* Galanteo por pasatiempo.

NAMORISCAR *v. intr.* y *tr.* Enamorar a menudo, galantear, cortejar.

NAMORISCO *m.* Lo mismo que NAMORICO.

NAMORO (mó) *m.* Galanteo, corte, coquetería.

NANA *f.* Nana (canto con que se arrulla a los niños). *Fazer —. fr.* Arrullar a los niños.

NANAR *v. intr.* Dormir (el niño).

NANDAIA *f. Bras.* Lo mismo que GANDAIA.

NANICO, CA *adj.* Corto, pequeño, que tiene figura de enano.

NANISMO *m.* Nanismo.

NANOCEFALIA (lía) *f.* Nanocefalia.

NANOCORMIA (mia) *f.* Nanocormia.

NANOMELIA (lía) *f.* Nanomelia.

NANQUIM *m.* Mahóm; nanquím *(Amer.).* Tinta china.

NANZUQUE (zu) *m.* Tela blanca de algodón; mansú *(amer. cub.),* nanzú *(amer. chil.).*

NÃO (náum) *adv. n.* No.

NÃO-OBSTANTE (náum) *m. adv.* No obstante.

NÃO-TE-ESQUEÇAS-DE-MIM (náumtesquesasdemín) *m.* Lo mismo que MIOSOTIS.

NAPÉIA (pìa) *f.* Napea.

NAPEIRO, RA *adj.* Dormilón.

NAPELO (pè) *m.* Anapelo, napelo.

NAPEVA (pè) *adj.* De piernas cortas (hablando de aves).

NAPIFORME (fòr) *adj.* Napáceo.

NAPOLEÃO (leáum) *m.* Napoleón (moneda francesa).

NAPOLEÔNICO, CA (leó) *adj.* Napoleónico.

NAPOLÊS, ESA (lés, eza) *adj.* y *s.* Napolitano.

NAPOLITANO, NA *adj.* y *s.* Napolitano.

NARANDIBA *f. Bras.* Naranjal.

NARCEÍNA *f.* Narceína.

NARCEJA (ja) *f.* Becacina, becada.

NARCEJÃO (jáum) *m.* Especie de becacina.

NARCISAMENTO (za) *m.* Acción de

NARCISAR-SE (zar) *v. r.* Enamorarse de si mismo. Envanecerse.

NARCISISMO (zis) *m.* Narcisismo.

NARCISO (zo) *m. Bot.* Narciso.

NARCOSE (còze) *f.* Narcosis.

NARCÓTICO, CA (cò) *adj.* Narcótico. *m.* Narcótico.

NARCOTINA *f.* Narcotina.

NARCOTISMO *m.* Narcotismo.

NARCOTIZAÇÃO (zasáum) *f.* Narcotización.

NARCOTIZADOR, RA (za) *adj. Bras.* Narcotizador. Ú. t. c. s.

NARCOTIZAR (zar) *v. tr.* Narcotizar. Ú. t. c. r.

NARDINO, NA *adj.* Nardino.

NARDO *m.* Nardo, espinacardo, nardo índico. Nardo (antigua confección aromática).

NARGUILÉ (lè) *m.* Nargulle.

NARIGADA *f.* Narigada (porción de polvo de tabaco que se toma de una vez por las narices). Golpe con las narices.

NARIGANGA *f.* Narigón (aum. de *Nariz).*

NARIGÃO (gáum) *m.* Lo mismo que NARIGANGA.

NARIGUDO, DA *adj.* Narigudo, narigón. Ú. t. c. s.

NARINA *f.* Nariz (cualquiera de los dos orificios de la nariz).

NARIZ *m.* Nariz (órgano olfatorio externo). — *aquilino.* Nariz aguileña. — *arrebitado.* Nariz respingona, respingada o roma. — *chato.* Narices remachadas.

NARRAÇÃO (sáum) *f.* Narración.

NARRADO *m.* Narración.

NARRADOR, RA *adj.* Narrador Ú. t. c. s.

NARRAR *v. tr.* Narrar, contar, referir, relatar.

NARRATIVA *f.* Narrativa, narración.

NARRATIVO, VA *adj.* Narrativo, narratorio.

NASAL (zal) *adj.* Nasal.

NASALAÇÃO (zalasáum) *f.* Nasalización.

NASALAR (za) *v. tr.* Lo mismo que NASALIZAR.

NASALIDADE (za) *f.* Cualidad de nasal.

NASALIZAÇÃO (zalizasáum) *f.* Nasalización.

NASALIZAR (zalizar) *v. tr.* Nasalizar.

NASCEDIÇO, ÇA (so, sa) *adj.* Nativo, natural; que va naciendo.

NASCEDOURO *m.* Nacedero.

NASCENÇA (sa) *f.* Nacimiento. *De —. m. adv.* De nacimiento.

NASCENTE *adj.* Naciente.

NASCER *v. intr.* Nacer.

NASCIDA *f.* Nacencia, landre, nacida.

NASCIDIÇO, ÇA (so, sa) *adj.* Nativo, natural.

NASCIDO, DA *adj.* Nacido. *m.* Lo mismo que NASCIDA.

NASCIMENTO *m.* Nacimiento.

NASCITURO, RA *adj.* Engendrado pero no nacido. Ú. t. c. s.

NASCÍVEL *adj.* Que puede nacer.

NASICÓRNEO (zicòr) *m.* Nasicornio.

NASÓCULOS (zó) *m. pl. Bras. neol.* Quevedos.

NASSA (sa) *f.* Nasa (artificio de pesca).

NASSADA (sa) *f.* Conjunto de nasas. El pescado que trae la nasa.

NASTRO *m.* Cinta muy angosta de hilo o algodón.

NATA *f.* (de la leche). Nata (substancia espesa que sobrenada en algunos licores). *fig.* Nata (lo principal en cualquier línea).

NATAÇÃO (sáum) *f.* Natación.

NATADO, DA *adj.* Cenagoso, lodoso.

NATAL *adj.* Natal. *m.* Natal, día del nacimiento. Navidad.

NATALÍCIO, CIA *adj.* Natalicio.

NATALIDADE *f.* Natalidad.

NATÁTIL *adj.* Natátil.

NATATÓRIO, RIA (tò) *adj.* Natatorio. *m.* Acuario.

NATEIRADO, DA *adj.* Lo mismo que NATADO.

NATEIRO *m.* Lodo, limo, cieno.

NATENTO, TA *adj.* Lo mismo que NATADO.

NATIVIDADE *f.* Navidad, natividad.

NATIVO, VA *adj.* Nativo, natural, nacido, innato.
NATO, TA *adj.* Nato. Nacido. Innato.
NATRÃO (tráum) *m.* Natrón.
NÁTRIO *m. ant.* Sodio.
NATRO *m.* Natrón.
NATURA *f. poét.* Natura, naturaleza.
NATURAL *adj.* Natural.
NATURALIDADE *f.* Naturalidad (en todas las acepciones de esta voz).
NATURALISMO *m.* Naturalismo.
NATURALISTA *com.* Naturalista.
NATURALÍSTICO, CA *adj.* Naturalista.
NATURALIZAÇÃO (zasáum) *f.* Naturalización.
NATURALIZADO, DA (za) *adj.* Naturalizado.
NATURALIZAR (zar) *v. tr.* Naturalizar. Ú. t. c. r.
NATURALIZÁVEL (zá) *adj.* Que puede naturalizarse.
NATURALMENTE *adv. m.* Naturalmente (consecuentemente, probablemente; con naturalidad; por naturaleza; según las leyes naturales).
NATUREZA (za) *f.* Naturaleza (esencia de los seres; estado natural del hombre; conjunto de las cosas existentes; principio universal de las operaciones naturales; virtud o calidad de las cosas; fuerza natural; origen que uno tiene según el país o lugar en que ha nacido; natural, índole, genio, complexión, temperamento; especie, género, clase). — *morta. Pint.* Naturaleza muerta.
NATURISMO *m.* Naturismo, naturalismo.
NATURISTA *adj. y s.* Naturista.
NAU *f.* Nao, nave.
NAUFRAGAR *v. intr.* Naufragar, zozobrar. *fig.* Naufragar (salir mal cualquier negocio).
NAUFRÁGIO (jio) *m.* Naufragio.
NÁUFRAGO, GA *adj.* Náufrago. *m.* Náufrago.
NAUFRAGOSO, SA (gozo, òza) *adj.* Que causa naufragios.
NAUMAQUIA (quía) *f.* Naumaquia.
NAUMÁQUICO, CA *adj.* Naumaquiario.
NAUSCOPIA (pía) *f.* Nauscopia.
NAUSCÓPIO (cò) *m.* Nauscopio.
NÁUSEA (zea) *f.* Náusea. Ú. m. en pl. Mareo. *fig.* Náusea, asco.
NAUSEABUNDO, DA (zea) *adj.* Nauseabundo, nauseoso.
NAUSEADO, DA (zea) *adj.* Nauseado; mareado.
NAUSEANTE (zean) *adj.* Nauseante, nauseoso.
NAUSEAR (zear) *v. tr.* Marear. *v. intr.* Nausear. Ú. t. c. r.
NAUSEATIVO, VA (zea) *adj.* Nauseativo, nauseabundo.
NAUSEENTO, TA (zeen) *adj.* Nauseabundo (propenso a náuseas).
NAUSEOSO, SA (zeozo, òza) *adj.* Nauseoso, nauseabundo.
NAUTA *m.* Nauta, hombre de mar.
NÁUTICA *f.* Náutica (ciencia o arte de navegar).
NÁUTICO, CA *adj.* Náutico.
NÁUTILO *m.* Nautilo (molusco cefalópodo).
NAUTILÓIDE (lòi) *adj.* Nautilóideo.
NAVA *f.* Nava (llanura entre montañas).
NAVAL *adj.* Naval.
NAVALHA (lla) *f.* Navaja. Navaja de afeitar.
NAVALHADA (lla) *f.* Navajada, navajazo.
NAVALHÃO (lláum) *m.* Navajón.
NAVALHAR (llar) *v. tr.* Navajear, dar navajadas.
NAVALHISTA (llis) *m.* El que da navajadas.
NAVARRÊS, ESA (rrés, eza) *adj. y s.* Navarro.
NAVARRO, RRA *adj. y s.* Navarro.
NAVE *f. Arq.* Nave. *ant.* Nave, barco.
NAVEGABILIDADE *f.* Calidad de navegable.
NAVEGAÇÃO (sáum) *f.* Navegación.
NAVEGADOR, RA *adj.* Navegador. Ú. t. c. s.
NAVEGAR *v. intr.* Navegar. Ú. t. c. tr.
NAVEGÁVEL *adj.* Navegable.
NAVETA *f.* Naveta (vaso). Nave pequeña. Lanzadera.
NAVÍCULA *f.* Navícula.
NAVICULAR *adj.* Navicular, naviforme.
NAVIO (vío) *m.* Navío, buque. — *mercante.* Navío mercante.
NAZARENO, NA (za) *m.* Nazareno. Ú. t. c. s. *m.* El Nazareno, Jesucristo.
NAZÍ (zí) *adj. y s.* Nazi.
NAZISMO (zis) *m.* Nacionalsocialismo.

NAZISTA (zis) *adj.* Nacionalsocialista. Ú. t. c. s.
NEBLINA *f.* Neblina (niebla espesa y baja). Niebla. Tinieblas, sombra. *Bras. nort.* Llovizna.
NEBLINAR *v. intr. Bras.* Garuar, lloviznar; neblinear *(Amer.).*
NEBRINA *f.* Lo mismo que NEBLINA.
NEBULENTO, TA *adj.* Nebuloso.
NEBULOSA (lòza) *f. Astr.* Nebulosa.
NEBULOSIDADE (zi) *f.* Nebulosidad.
NEBULOSO, SA (lozo, òza) *adj.* Nebuloso.
NECEAR *v. intr.* Necear (decir necedades).
NECEDADE *f.* Necedad (dicho o hecho necio; calidad de necio).
NECESSÁRIA (sá) *f. fam.* Necesaria, letrina, lugar común, excusado.
NECESSARIAMENTE (sa) *adv. m.* Necesariamente.
NECESSÁRIO, RIA (sá) *adj.* Necesario, preciso, forzoso, inevitable; indispensable para un fin.
NECESSIDADE (si) *f.* Necesidad (en todas las acepciones de esta voz).
NECESSITADO, DA (se) *adj.* Necesitado, falto de lo necesario. Ú. t. c. s.
NECESSITAR (si) *v. tr.* Necesitar (obligar, precisar a hacer algo). *v. intr.* Necesitar (tener necesidad de una persona o cosa). Ú. t. c. tr con la prep. *de.*
NECROBIOSE (bìòze) *f.* Necrobiosis.
NECRODULIA (lía) *f.* Necrodulía.
NECROFAGIA (jía) *f.* Necrofagia.
NECRÓFAGO, GA (crò) *adj.* Necrófago. Ú. t. c. s.
NECROFILIA (lía) *f.* Necrofilia.
NECRÓFILO (crò) *m.* El que padece necrofilia.
NECROFOBIA (bía) *f.* Necrofobia.
NECRÓFOBO, BA (crò) *adj.* Que teme a los muertos.
NECRÓLATRA (crò) *adj.* Necrólatra. Ú. t. c. s.
NECROLATRIA (tría) *f.* Necrolatría.
NECROLOGIA (jía) *f.* Necrología (noticia o biografía de una persona muerta; lista o noticia de muertos).
NECROLÓGICO, CA (lòji) *adj.* Necrológico.
NECROLÓGIO (lòjio) *m.* Lo mismo que NECROLOGIA.
NECROMANCIA (cía) *f.* Necromancia, nigromancia, necromancía, nigromancía.
NECROMANTE *com.* Nigromante.
NECROMÂNTICO, CA (mán) *adj.* Nigromántico.
NECRÓPOLE (crò) *f.* Necrópolis.
NECRÓPSIA (crò) *f.* Necropsia, necroscopia, autopsia.
NECROSAR (zar) *v. tr.* Necrosificar.
NECROSE (cròze) *f.* Necrosis.
NECROTÉRIO (tè) *m. Bras.* Morgue.
NÉCTAR (nèctar) *m. Mit.* Néctar. *fig.* Néctar, cualquier licor exquisito.
NECTÁREO, REA *adj.* Nectáreo, nectarino.
NECTÁRIO *m. Bot.* Nectario.
NÉCTICO, CA (nèc) *adj.* Néctico.
NECTON *m.* Necton.
NEDIEZ *f.* Calidad de
NÉDIO, DIA (nè) *adj.* Rollizo, gordo, regordete, lleno, bien cebado, de piel brillante.
NEERLANDÊS, ESA (dés, eza) *adj. y s.* Neerlandés.
NEFANDO, DA *adj.* Nefando, indigno, torpe, repugnante. Nefario.
NEFÁRIO, RIA *adj.* Nefando. Nefario.
NEFAS (Voz que forma parte del modo adverbial *por fas e por* —). Nefas. *Por fas e por* —. *m. adv.* Por fas o por nefas, justa o injustamente, a todo trance.
NEFASTO, TA *adj.* Nefasto, ominoso, triste, funesto.
NEFELIBATA *adj.* Que vive en las nubes. *fig.* Poeta o escritor alambicado. Ú. t. c. s.
NEFELIBÁTICO, CA *adj.* Relativo a *nefelibata.*
NEFELIBATISMO *m.* Calidade de *nefelibata.*
NEFÉLIO (fè) *m.* Nefelión.
NEFELITA *f. Miner.* Nefelinita.
NEFRALGIA (jía) *f.* Nefralgia.
NEFRITE *f. Med.* Nefritis.
NEFRÍTICO, CA *adj.* Nefrítico. Ú. t. c. s.
NEFRÓIDE (fròi) *adj.* Que tiene la forma de un riñón.
NEFRÓLOGA (jía) *f.* Nefrología.
NEFROSE (fròze) *f. Pat.* Nefrosis.
NEGA (nè) *f.* Negación. Inaptitud.

NEGABELHA (lla) *f. Bot.* Coclearia.
NEGAÇA (sa) *f.* Añagaza, señuelo. Esguince (para evitar un golpe). *fig.* Añagaza (artificio para atraer con engaño). Provocación.
NEGAÇÃO (sáum) *f.* Negación (acción de negar). Negación (carencia total de una cosa). Inaptitud, incapacidad. Denegación, negación, negativa.
NEGACEADOR, RA *adj.* Lo mismo que NEGACEIRO. Ú. t. c. s.
NEGACEAR *v. tr.* Engañar o atraer con añagazas, cebar. Provocar. Hacer arrumacos. Esquivar, negar. Ú. t. c. intr.
NEGACEIRO, RA *adj.* Engañador, que engaña con añagazas o señuelos. Ú. t. c. s.
NEGADOR, RA *adj.* Negador, que niega. Ú. t. c. s.
NEGAMENTO *m.* Lo mismo que NEGAÇÃO.
NEGAR *v. tr.* Negar (decir que no es cierto; no conceder lo que se pide; prohibir, vedar, impedir; no confesar el reo el delito que se le imputa; desdeñar, esquivar, no reconocer como propia una cosa; ocultar, disimular. *v. r.* Negarse (excusarse; no recibir uno a quien va buscarle).
NEGATIVA *f.* Negativa, negación, denegación. Negativa, repulsa.
NEGATIVAMENTE *adv. m.* Negativamente.
NEGATIVIDADE *f. Fís.* Negatividad.
NEGATIVISMO *m.* Negativismo.
NEGATIVO, VA *adj.* Negativo. *Fís. y Mat.* Negativo.
NEGATÓRIO, RIA (tò) *adj.* Negativo; denegatorio.
NEGÁVEL *adj.* Negable.
NEGLIGENCIA (jén) *f.* Negligencia, descuido, omiso, falto de aplicación. Pereza, dejadez.
NEGLIGENCIAR (jen) *v. tr.* Descuidar, omitir, ser negligente en algo.
NEGLIGENTE (jen) *adj.* Negligente, descuidado, omiso, falto de aplicación. Perezoso, dejado. Flojo.
NEGLIGENTEMENTE (jen) *adv. m.* Negligentemente, con negligencia o descuido.
NEGO (négo) *m. Bras.* Negro (como tratamiento cariñoso).
NEGOCIAÇÃO (sáum) *f.* Negociación.
NEGOCIADOR, RA *adj.* Negociador. Ú. t. c. s.
NEGOCIANTE *m.* Negociante, comerciante.
NEGOCIAR *v. tr. e intr.* Negociar (tratar, comerciar, traficar; traspasar, ceder o endosar un efecto comercial; tratar o conducir algún asunto, procurando su resolución más favorable; ventilar diplomáticamente un asunto internacional).
NEGOCIARRÃO (rráum) *m. fam.* Negocio redondo.
NEGOCIATA *f.* Negocio en que hay engaño, negocio ilícito.
NEGOCIÁVEL *adj.* Negociable.
NEGÓCIO (gò) *m.* Negocio, dependencia, pretención, tratado o agencia. Negocio, negociación. Negocio, comercio, tráfico. Negocio, asunto. Contrato, ajuste. *Bras.* Cosa, objeto. *Bras.* Tienda; negocio *(Amer.).*
NEGOCIOSO, SA (ozo, òza) *adj.* Negocioso, diligente y cuidadoso de sus negocios.
NEGOCISTA *adj. Bras.* Amigo de negocios ilícitos. Ú. t. c. s.
NEGRA *f.* Negra (mujer negra).
NEGRADA *f. Bras.* Conjunto de negros; negrada *(amer. cub.).*
NEGRAL *adj.* Negral, que tira a negro.
NEGRALHADA (lla) *f.* Lo mismo que
NEGRARIA (ría) *f.* Negrería.
NEGREGADO, DA *adj.* Negregueado, negro, desdichado, desgraciado, fatal. Negregueado, triste, siniestro.
NEGREGOSO, SA (gozo, òza) *adj.* Muy negro.
NEGREIRO, RA *adj.* Negrero (dedicado a la trata de negros). Ú. t. c. s.
NEGREJANTE (jan) *adj.* Que negrea.
NEGREJAR (jar) *v. intr.* Negrear (mostrar negrura alguna cosa); negrecer, negrecerse.
NEGRIDÃO (dáum) *f.* Negror, negrura.
NEGRILHO, LHA (llo, lla) *adj.* Negrillo, negrito. Ú. t. c. s.
NEGRINHA (ña) *f. Bot.* Yerba que nace entre el trigo.
NEGRINHO (ño) *m.* Negrito, negrillo.
NEGRITA *f.* Lo mismo que

NEGRITO *m.* Negrilla (letra especial gruesa, que resalta en el texto).

NEGRO, GRA *adj.* Negro (de color absolutamente obscuro). Negro (que tiene la piel de color negro). Ú. t. c. s. Negro, muy triste y melancólico; infeliz, infausto. *m.* Negro; esclavo.

NEGRÓFILO, LA (grò) *adj.* Negrófilo. Ú. t. c. s.

NEGRÓIDE (gròi) *adj.* Negroideo.

NEGROR *m.* Negror, negrura.

NEGRUME *m.* Negrura, negror. Obscuridad, tiempo obscuro. Tinieblas. *fig.* Tristeza.

NEGUS (nè) *m.* Negus (título del emperador de Abisinia).

NELA (nè) *contracc.* de la *prep. em* con el *pron. ela.* En ella.

NELE (né) *contracc.* de la *prep. em* con el *pron. ele.* En él; en ello.

NEM *conj. copulat.* Ni.

NEMATÓIDES (tòi) *m. pl. Zool.* Nemátodos.

NEMBO *m.* Macizo de fábrica.

NEMEU, MÉIA (mèia) *adj.* Nemeo. Ú. t. c. s.

NEMÓLITO (mò) *m. Miner.* Nemolita.

NEMORAL *adj. poét.* Nemoroso, cubierto de bosques.

NEMOROSO, SA (rozo, òza) *adj.* Lo mismo que NEMORAL.

NENÉ (nené) *m. Bras.* Nene (niño pequeñito).

NENÉ (nenè) *m. Port.* Nene (niño pequeñito).

NENEN (nén) *m. Bras.* Lo mismo que NENÉ.

NENHENHEM (neñeñén) *m.* Refubuño.

NENHUM, MA (ñum) *adj.* Ninguno, ni uno solo. *pron indef.* Ningún, ninguno, ninguna.

NENHUMAMENTE (ñu) *adv. m.* De ninguna manera.

NENHURES (ñu) *adv.* En ninguna parte.

NÉNIA (né) *f.* Nenia.

NENÚFAR *m. Bot.* Nenúfar.

NEOCALEDÓNIO, NIA (nèocaledónio) *adj. y s.* Neocaledonio.

NEOCATOLICISMO (nèo) *m.* Neocatolicismo.

NEOCATÓLICO, CA (nèocatólico) *adj.* Neocatólico. Ú. t. c. s.

NEOCRITICISMO (nèo) *m.* Neokantismo.

NEÓFITO (néo) *m.* Neófito (persona recién convertida a una religión; persona que recientemente ha adotado una opinión, creencia, etc.). Lo mismo que NOVATO.

NEOFOBIA (nèofobía) *f.* Neofobia.

NEOFORMAÇÃO (nèoformasáum) *m.* Neoformación, neoplasia.

NEOGREGO, GA (nèo) *adj.* Neogriego.

NEOKANTISMO (nèo) *m.* Neokantismo.

NEOLATINO, NA (nèo) *adj.* Neolatino.

NEOLÍTICO, CA (nèo) *adj.* Neolítico. *Idade —a.* Edad neolítica.

NEOLOGIA (jía) *f.* Neología.

NEOLÓGICO, CA (nèolòjico) *adj.* Neológico.

NEOLOGISMO (nèolojis) *m.* Neologismo.

NEOMÉNIA (nèomé) *f.* Neomenia, novilunio.

NEON *m.* Lo mismo que

NEÓNIO (neónio) *m. Quím.* Neón.

NEOPLASIA (nèoplazía) *f. Patol.* Neoplasia, neoplasma.

NEOPLASMA (nèo) *m. Patol.* Neplasma, neoplasia.

NEOPLATÔNICO, CA (nèoplatónico) *adj.* Neoplatónico. Ú. t. c. s.

NEOPLATONISMO (nèo) *m.* Neoplatonicismo, neoplatonismo.

NEORAMA (nèo) *m.* Neorama.

NEOZÓICO, CA (nèozòico) *adj. Geol.* Neozoico.

NEPENTES *f. Bot.* Nepento. Nepento (bebida mágica, remedio fabuloso contra la tristeza y los infortunios).

NEPOTE (pò) *m.* Nepote (pariente y privado del Papa).

NEPOTISMO *m.* Nepotismo.

NEQUÍCIA *f.* Nequicia, maldad, perversidad.

NEREIDA *f. Mit.* Nereida.

NEREIDE *f. Mit.* Nereida.

NERIS (nèris) *adv. fam. Bras.* Nada. — *de* —. *m. adv.* Absolutamente nada.

NERONIANO, NA *adj.* Neroniano.

NERVAÇÃO (sáum) *f. Bot.* Nervado.

NERVADO, DA *adj. Bot.* Nervado.

NERVAL *adj. Anat.* Nerval.

NÉRVEO, VEA (nèr) *adj.* Nérveo.

NERVINO, NA *adj.* Nérveo. Nervino (que tonifica a los nervios). Ú. t. c. s.

NERVO *m. Anat.* Nervio. *Bot.* Nervio, fuerza, vigor. *Arq.* Nervio.

NERVOSAMENTE (vòza) *adv. m.* Nerviosamente.

NERVOSIDADE (zi) *f.* Nerviosidad, nervosidad.

NERVOSISMO (zis) *m. Med.* Nervosismo.

NERVOSO, SA (vozo, òza) *adj.* Nervioso, nervoso. *m. Med.* Histerismo.

NERVUDO, DA *adj.* Nervudo. *fig.* Nervudo, fuerte, robusto.

NÉRVULO (nèr) *m.* Nérvulo.

NERVURA *f. Bot.* Nervura. *Arq.* Nervadura.

NESCIDADE *f.* Necedad.

NÉSCIO, CIA (nèscio) *adj.* Necio. Ú. t. c. s.

NESGA *f.* Nesga. *fig.* Pequeña porción de terreno.

NÊSPERA (nés) *f.* Níspola.

NESPEREIRA *f.* Níspero, néspera.

NESSA (nèssa) *contracc.* de la *prep. em* con el *pron.* o *adj. essa.* En esa.

NESSE (nésse) *contrac.* de la *prep. em* con el *pron.* o *adj. esse.* En ese; en eso.

NESTA (nèsta) *contracc.* de la *prep. em* con el *pron.* o *adj.* esta. En esta.

NESTE (néste) *contracc.* de la *prep. em* con el *pron.* o *adj. este.* En este; en esto.

NETO, TA (nè) *m.* y *f.* Nieto, nieta.

NETUNIANO, NA *adj.* Neptuniano.

NETÚNIO, NIA *adj.* Neptúnico.

NETUNO *m. Astr.* y *Mit.* Neptuno.

NEUMA *f. Mús.* Neuma.

NEURAL *adj.* Nerval.

NEURALGIA (jía) *f. Med.* Neuralgia.

NEURÁLGICO, CA (ji) *adj.* Neurálgico.

NEURASTENIA (nía) *f. Med.* Neurastenia.

NEURASTÉNICO, CA (té) *adj.* Neurasténico. Ú. t. c. s.

NÉURICO, CA (néu) *adj.* Nervioso, nervoso.

NEURITE *f. Patol.* Neuritis.

NEUROGENIA (jenía) *f.* Neurogénesis.

NEUROGRAFIA (fía) *f.* Neurografía.

NEUROLOGIA (jía) *f.* Neurología.

NEUROLOGISTA (jis) *m.* Neurólogo, neurópata.

NEUROMA *m. Med.* Neuroma.

NEURÓNIO (ró) *m. Histol.* Neurona.

NEUROPARALISIA (zía) *f. Pat.* Neuroparálisis.

NEUROPATA (PA) *adj.* Neurópata, neurótico. Ú. t. c. s.

NEUROPATIA (tía) *f. Med.* Neuropatía, neurosis.

NEUROPATOLOGIA (jía) *f. Med.* Neuropatología.

NEUROPIRA *f. Med.* Neuropira (fiebre nerviosa).

NEURÓPTEROS (ròp) *m. pl. Zool.* Neurópteros.

NEUROSE (ròze) *f. Med.* Neurosis.

NEURÓTICO, CA (rò) *adj.* Neurótico, neurópata. Ú. t. c. s.

NEUROTOMIA (mía) *Med.* y *Cir.* Neurotomía.

NEUTRAL *adj.* Neutral.

NEUTRALIDADE *f.* Neutralidad.

NEUTRALIZAÇÃO (zasáum) *f.* Neutralización.

NEUTRALIZADOR, RA (za) *adj.* Neutralizador.

NEUTRALIZAR (zar) *v. tr.* Neutralizar. Ú. t. c. r.

NEUTRO, TRA *adj.* Neutral. *Quím. Gram.* y *Zool.* Neutro.

NEUTRÓFILO, LA (trò) *adj. Histol.* Neutrófilo.

NEUTROPENIA (nía) *f.* Neutropenia.

NEVADA *f.* Nevada (acción de nevar; nevasca).

NEVADO, DA *adj.* Nevado (cubierto de nieve; blanco como la nieve).

NEVAR *v. intr.* Nevar (caer nieve). *v. tr.* Cubrir de nieve. *v. intr.* Lo mismo que BRANQUEJAR. Ú. t. c. tr.

NEVASCA *f.* Nevasca, ventisca.

NEVE (nè) *f.* Nieve. *fig.* Nieve, suma blancura de alguna cosa. *fig.* Frialdad. *fig.* Canas.

NEVISCAR *v. tr.* Neviscar (nevar poco o ligeramente).

NEVO (nè) *m. Med.* Nevo (mancha natural de la piel).

NÉVOA (nè) *f.* Niebla (confusión y obscuridad). Niebla (nube más o menos densa en contacto con la tierra). Niebla, nube (mancha blanquecina en el ojo).

NEVOAÇA (sa) *f.* Lo mismo que NEVOEIRO.

NEVOADO, DA *adj.* Nebuloso.

NEVOAR-SE *v. r.* Cubrirse de niebla, anublarse.

NEVOEIRO *m.* Neblina, niebla espesa.

NEVOENTO, TA *adj.* Nebuloso, brumoso; confuso, vago.

NEVOSO, SA (vozo, òza) *adj.* Nevoso. Lo mismo que NEVOENTO.

NEVRALGIA (jía) *f.* Neuralgia.

NEVRILEMA *m.* Neurilema.

NEVRITE *f. Patol.* Neuritis.

NEVROLOGIA (jía) *f.* Neurología.

NEVRÓPATA (PA) *adj.* Neurópata, neurótico. Ú. t. c. s.

NEVROPATIA (tía) *f. Med.* Neuropatía.

NEVRÓPTEROS (vròp) *m. pl. Zool.* Neurópteros.

NEVROSE (vròze) *f. Med.* Neurosis.

NEWTONIANO, NA (niu) *adj.* Neutoniano, newtoniano. Ú. t. c. s.

NEXO (nèxo) *m.* Nexo, nudo, unión, vínculo. Conexión.

NHANDU (ñandú) *m.* Ñandú.

NHANHÁ (ñañán) *f. Bras.* Lo mismo que IAIÁ.

NHEENGATU (ñeengatú) *m.* Tupí (lengua).

NICA *f.* Insignificancia. Impertinencia. Puerilidad, niñería.

NICAR *v. tr.* Picar (las aves).

NICENO, NA *adj.* Niceno.

NICHO (cho) *m.* Nicho. *fig.* Nicho, puesto, empleo.

NICLES *adv. Germ.* Nada, ninguna cosa.

NICO *m. Bras.* Lo mismo que MICO.

NICÓTICO, CA (còti) *adj.* Nicótico.

NICOTINA *f. Quím.* Nicotina.

NICOTINISMO *m.* Nicotismo, nicotinismo.

NICOTINO, NA *adj.* Nicotínico.

NICTAÇÃO (sáum) *f.* Nictación, parpadeo.

NICTAGINÁCEAS (ji) *f. pl. Bot.* Nictagíneas.

NICTAGÍNEO, NEA (jí) *adj.* Nictagíneo.

NICTOFOBIA (bía) *f.* Nictofobia.

NIDIFICAÇÃO (sáum) *f.* Acto de

NIDIFICAR *v. intr.* Nidificar (hacer nidos las aves).

NIGELA (jè) *f.* Niel.

NIGELADOR (je) *m.* El que niela.

NIGELAGEM (jelajem) *f.* Arte de nielar.

NIGELAR (je) *v. tr.* Nielar (adornar con nieles).

NIGÉRRIMO, MA (jè) *adj.* Muy negro.

NÍGOA *f.* Nigua (insecto).

NIGROMANCIA (mán) *f.* Nigromancía.

NIILISMO (nii) *m.* Nihilismo.

NIILISTA (nii) *adj.* Nihilista. Ú. t. c. s.

NIMBADO, DA *adj.* Nimbado.

NIMBAR *v. tr.* Nimbar (rodear con un nimbo o aureola).

NIMBO *m.* Nimbo, aureola. *Meteor.* NIMBO.

NIMBOSO, SA (bozo, òza) *adj.* Cubierto de nimbos (el cielo).

NIMIEDADE *f.* Nimiedad, prolijidad, demasía.

NÍMIO, MIA *adj.* Nimio, prolijo, demasiado.

NINA *f.* Lo mismo que ARRUELA. Niña.

NINAR *v. tr.* Hacer nana, arrullar a los niños. *v. intr.* Dormir.

NINFA *f. Mit.* Ninfa. *Zool.* Ninfa. *Anat.* Ninfa.

NINFÉIA (fèia) *f.* Ninfea, nenúfar.

NINFÓMANA (fó) *adj.* Ninfómana, ninfomaníaca. Ú. t. c. s.

NINFOMANIA (nía) *f.* Ninfomanía.

NINFOMANÍACA *adj.* Ninfomaníaca, ninfómana. Ú. t. c. s.

NINFOSE (fòze) *f. Zool.* Ninfosis.

NINGUÉM *pron. indef.* Nadie, ninguno (ninguna persona).

NINHADA (ña) *f.* Nidada (conjunto de los pajarillos de un nido). Cría (conjunto de hijos que tienen de un parto, o en un nido, los animales). *fig. fam.* Gran número de hijos.

NINHARIA (ñaría) *f.* Niñería, bagatela, cosa de poca substancia.

NINHEGO, GA (ñe) *adj.* Cojido del nido.

NINHO (ño) *m.* Nido (de las aves). Nido (cavidad donde procrean diversos animales). Nidal, nido. Nidal (lugar que una persona frecuenta, o en donde oculta alto). *fig.* Nido, domicilio, patria. *fig.* Nido (lugar de reunión de mala gente). *fig.* Nido (lugar originario de ciertas cosas inmateriales).

NIÓBICO, CA (niò) *adj. Quím.* Nióbico.
NIÓBIO (niò) *m. Quím.* Niobio.
NIPÔNICO, CA (pó) *adj.* Nipón, japonés. Ú. t. c. s.
NÍQUEL *m.* Níquel. *Bras.* Moneda divisional de níquel.
NIQUELADO, DA *adj.* Niquelado.
NIQUELAGEM (jem) *f.* Niquelado, niqueladura (acción y efecto de niquelar).
NIQUELAR *v. tr.* Niquelar.
NIQUENTO, TA *adj.* Escrupuloso, impertinente, que se preocupa con menudencias.
NIRVANA *m.* Nirvana.
NISSO (niso) Contracc. de la prep. *em* con el pron. *isso.* En eso, en ello.
NISTO Contracc. de la prep. *em* con el pron. *isto.* En esto, en ello.
NITENTE *adj.* Luciente, brillante, reluciente; nítido.
NITIDAMENTE *adv. m.* Nítidamente, claramente.
NITIDEZ *f.* Nitidez.
NÍTIDO, DA *adj.* Nítido, limpio, puro, neto, claro, resplandeciente.
NITRADO, DA *adj. Quím.* Nitrado, nitrogenado.
NITRATO *m. Quím.* Nitrato.
NITREIRA *f.* Nitral; nitrera (*Amer.*).
NÍTRICO, CA *adj.* Nítrico.
NITRIDO *m.* Relinchido, relincho (del caballo).
NITRIFICAÇÃO (sáum) *f.* Nitrificación.
NITRIFICAR *v. tr.* Transformar en nitrato. Cubrir de nitro. *v. r.* Nitrificarse.
NITRIR *v. intr.* Relinchar.
NITRITO *m. Quím.* Nitrito.
NITRO *m.* Nitro (nitrato potásico, salitre).
NITROBENZINA (zi) *f.* Nitrobencina.
NITROCELULOSE (lòze) *f.* Nitrocelulosa.
NITROGÊNIO (jé) *m.* Nitrógeno.
NITROGLICERINA *f.* Nitroglicerina.
NITRÔMETRO (tró) *m.* Nitrómetro.
NITROSIDADE (zi) *f.* Nitrosidad.
NITROSO, SA (trozo, òza) *adj.* Nitroso.
NÍVEL (vèl) (Ú. más la pronuncia: *nível*). *m.* Nivel (intrumento para averiguar la diferencia de altura entre dos puntos; horizontalidad; altura que alcanza la superficie de un líquido; *fig.* altura que una cosa alcanza o está colocada). *Ao —. m. adv.* A nivel. A cordel.
NIVELAÇÃO (sáum) *f.* Nivelación.
NIVELADOR, RA *adj.* Nivelador. Ú. t. c. s.
NIVELAMENTO *m.* Nivelación.
NIVELAR *v. tr.* Nivelar (operar con el nivel; poner horizontal un plano; equilibrar, poner a igual algura; *fig.* igualar dos cosas). *v. r.* Igualarse.
NÍVEO, VEA *adj.* Níveo.
NIVOSO, SA (vozo, òza) *adj.* Nivoso, nevoso. *m.* Nivoso.
NO Contracc. de la prep. *em* y del art. *o.* En el, en lo. (*pl. Nos.* En los.) Forma enclítica del pronombre *lo* (*o*) en seguida a un verbo terminado en sonido nasal: *levam-no,* llévanlo. Forma del pron. *nos* antes de *lo, la, los, las.*
NÓ (nò) *m.* Nudo (lazo). Nudo (de las plantas). Nudo (de los huesos). *fig.* Nudo, principal dificultad en una materia. *fig.* Nudo, unión, lazo, vínculo. *Mar.* Nudo (1/120 de la milla; refiriéndose a la velocidad de una nave; trayecto de navegación que se mide con nudos). *— cego.* Nudo ciego (el muy apretado o enredado). *— górdio.* Nudo gordiano. *— na garganta.* Nudo en la garganta (impedimento que se siente en ella; congoja o aflicción grande que impide de hablar).
NOA (nóa) *f. Rel.* Nona (hora canónica).
NOBILIÁRIO, RIA *adj.* Nobiliario. *m.* Nobiliario (libro nobiliario).
NOBILIARQUIA (quía) *f.* Nobiliario.
NOBILITAÇÃO (sáum) *f.* Ennoblecimiento.
NOBILITANTE *adj.* Ennoblecedor.
NOBILITAR *v. tr.* Ennoblecer. Ú. t. c. r.
NOBRE (nò) *adj.* Noble, ilustre, generoso. Noble, principal, excelente. Noble, que pertenece a una clase social privilegiada. Ú. t. c. s. Noble, singular, particular o aventajado en su especie. Noble, honroso, estimable.

NOBREZA (za) *f.* Nobleza (calidad de noble; conjunto de los nobles de un Estado). Nobleza (tela de seda).
NOÇÃO (sáum) *f.* Noción (conocimiento o idea que se tiene de una cosa). Noción (conocimiento elemental). Ú. m. en pl.
NOCAUTE *m. Dep.* Nocaut.
NOCENTE *adj.* Nocente, que daña.
NOCIONAL *adj.* Nocional.
NOCIVAMENTE *adv. m.* Nocivamente, con daño o perjuicio.
NOCIVIDADE *f.* Nocividad.
NOCIVO, VA *adj.* Nocivo, dañoso, ofensivo, perjudicial.
NOCTAMBULAÇÃO (sáum) *f.* Noctambulación, noctambulismo.
NOCTAMBULISMO *m.* Noctambulismo, noctambulación.
NOCTÂMBULO, LA (tám) *adj.* Noctámbulo, noctívago, nocherniego. Ú. t. c. s.
NOCTÍGENO, NA (je) *adj. poét.* Noctífero.
NOCTILUCA *f.* La luna. *Zool.* Noctiluca.
NOCTILUCO *m. Zool.* Noctiluca.
NOCTÍVAGO, GA *adj.* Noctívago. Ú. t. c. s.
NOCTÍVOLO, LA *adj.* Que vuela durante la noche.
NODAL *adj.* Nodal.
NODO (nò) *m. Astr.* Nodo. *Fís.* Nodo. *Med.* Nodo (tumor duro y pequeño en las articulaciones).
NÓDOA (nò) *f.* Mancha. *fig.* Mácula, estigma, mancha, cosa que deslustra y desdora.
NODOSIDADE (zi) *f.* Nudosidad.
NODOSO, SA (dozo, òza) *adj.* Nudoso.
NÓDULO (nò) *m.* Nódulo. Nudo pequeño.
NOGADA *f.* Flor del nogal. Nogada. Dulce de nueces.
NOGADO *m.* Dulce de nueces; nuégado.
NOGAL *m.* Nogueral.
NOGUEIRA *f. Bot.* Nogal, noguera. Nogal (madera de este árbol).
NOGUEIRADO, DA *adj.* Noguerado (aplícase al color pardo obscuro, como el del nogal).
NOGUEIRAL *m.* Nogueral.
NOITADA *f.* Trasnochada. Noche, espacio de una noche. Vigilia, insomnio.
NOITE *f.* Noche. *fig.* Noche, confusión, obscuridad, tristeza. *Meia —.* Medianoche. *Ontem à —. m. adv.* Anoche, ayer noche. *Boa —.* Buenas noches (saludo). *Do dia para a —. m. adv.* De la noche a la mañana. *Fazer-se —. fr.* Hacerse de noche, anochecer. *— e dia. expr. fig.* Noche y día (siempre, continuamente). *Passar a — em claro. fr. fig.* Pasar de claro en claro, o en claro, la noche.
NOITECER *v. intr.* Anochecer.
NOITIBÓ (bò) *m.* Lo mismo que CURIANGO. *fig.* Persona nocherniega.
NOITINHA (ña) *f.* Crepúsculo vespertino, el anochecer.
NOIVA *f.* Novia, prometida. Novia, recién casada.
NOIVADO *m.* Noviazgo.
NOIVAR *v. intr.* Comprometerse (para casarse). Para el tiempo del noviazgo. Cortejar la persona con quien se va casar.
NOIVO *m.* Novio.
NOJADO, DA (ja) *adj.* Lo mismo que ANOJADO.
NOJENTO, TA (jen) *adj.* Hastioso, repugnante. Enojoso. Asqueroso.
NOJO (jo) *m.* Náusea. Asco. Hastío, repugnancia, tedio, disgusto, fastidio. *Estar de —. fr.* Estar de duelo.
NOJOSAMENTE (jòza) *adv. m.* Con repugnancia; hastiadamente.
NOJOSO, SA (jozo, jòza) *adj.* Lo mismo que NOJENTO. Vestido de luto.
NOLIÇÃO (sáum) *f.* Nolición.
NO-LO, NO-LA Contracc. de los pronombres *nos* y *lo* o *la.*
NOMA *f. Patol.* Noma.
NÔMADA (nó) *adj.* Lo mismo que
NÔMADE (nó) *adj.* Nómada, nómade. Ú. t. c. s.
NOMADISMO *m.* Nomadismo.
NOME *m.* Nombre (palabra que se da a un objeto; título de una cosa; fama, opinión, reputación; autoridad, poder, virtud; apodo). *Gram.* Nombre. *— de batismo.* Nombre de pila. *— próprio.* Nombre propio. *— -feio.* Palabrota. *Sem —.* Innominable.

NOMEAÇÃO (sáum) *f.* Nombramiento. Título de nombramiento.
NOMEADA *f.* Nombradía, fama, reputación, nombre.
NOMEADAMENTE *adv. m.* Nombradamente.
NOMEADO, DA *adj.* Nombrado. Nominado.
NOMEADOR, RA *adj.* Nominador. Ú. t. c. s.
NOMEANTE *adj. y s.* Nominante.
NOMEAR *v. tr.* Nombrar (decir el nombre de una persona o cosa; hacer mención particular de una persona o cosa; señalar, designar, nominar a alguien para un cargo u otra cosa).
NOMENCLADOR *m.* Nomenclador. El que establece la nomenclatura de una ciencia), nomenclator.
NOMENCLATURA *f.* Nomenclatura, nómina, lista, catálogo. Nomenclatura (conjunto de las voces técnicas de un arte o ciencia).
NÓMINA (nó) *f.* Nómina (reliquia en que estaban escritos nombres de santos).
NOMINAÇÃO (sáum) *f.* Nominación.
NOMINAL *adj.* Nominal. *Com.* Nominativo.
NOMINALISMO *m.* Nominalismo.
NOMINALISTA *adj.* Nominalista. Ú. t. c. s.
NOMINATA *f.* Nómina, lista de nombres.
NOMINATIVO *m. Gram.* Nominativo.
NOMOGRAFIA (fía) *f.* Nomografía.
NOMOLOGIA (jía) *f.* Nomología.
NONA *f.* Monja. Nona (hora). *adj.* Nona, novena.
NONADA *f.* Nonada, friolera.
NONAGENÁRIO, RIA (je) *adj.* Nonagenario. Ú. t. c. s.
NONAGÉSIMO, MA (jèzi) *adj.* Nonagésimo. Ú. t. c. s.
NONATO *m. Bras.* Ternero nonato; tapichí, vacaray (*Amer.*).
NONES *adj.* Non, impar. Ú. t. c. s.
NONGENTÉSIMO, MA (tèzi) *adj.* Noningentésimo. Ú. t. c. s.
NONINGENTÉSIMO, MA (tèzi) *adj.* Noningentésimo. Ú. t. c. s.
NÔNIO (nó) *m.* Nonio (instrumento matemático).
NONO, NA *adj.* Noveno, nono.
NOOLOGIA (jía) *f.* Noología.
NOPAL *m.* Nopal (planta cáctea).
NORA (nò) *f.* Noria (máquina para elevar el agua; pozo de que se saca agua con esta máquina). Nuera (respecto de una persona, mujer de su hijo).
NORÇA (nòrsa) *f.* Nueza.
NORDESTE (dès) *m.* Nordeste (punto del horizonte y viento).
NORDESTEAR *v. intr. Mar.* Nordestear (declinar la brújula hacia el Este).
NORDÉSTEO, TEA (dès) *adj.* Que viene del Nordeste.
NORDESTINO, NA *adj. Bras.* Natural del Nordeste brasileño. Ú. t. c. s.
NÓRDICO, CA (nòr) *adj.* Norteño. *m.* Nórdico (idioma).
NORMA (nòr) *f.* Norma, pauta, regla, modelo, ejemplo.
NORMAL *adj.* Normal. *Geom.* Normal, que sirve de norma o regla.
NORMALIDADE *f.* Normalidad.
NORMALISTA *com.* Normalista. Ú. t. c. s.
NORMALIZAÇÃO (zasáum) *f.* Normalización.
NORMALIZAR (zar) *v. tr.* Normalizar. Ú. t. c. r.
NORMANDO, DA *adj. y s.* Normando, normano.
NORMATIVO, VA *adj.* Normativo, normal, que sirve de norma o regla.
NOR-NORDESTE (nòrnordèste) *m.* Nornordeste (punto del horizonte y viento).
NOR-NOROESTE (nòrnoroèste) *m.* Nornoroeste, nornoroeste (punto del horizonte y viento).
NOROESTE (ès) *m.* Norueste, noroeste (punto del horizonte y viento).
NOROESTEAR *v. intr. Mar.* Noruestear, noroestear (declinar la brújula hacia el Noroeste).
NORRENO, NA *adj.* Noruego. *m.* Norteño.
NORTADA *f.* Nortada (viento norte fresco).
NORTE (nòr) *m.* Norte (punto de la esfera celeste que cae del lado del polo árctico; punto cardinal; viento; estrella polar). *fig.* Norte, dirección, guía.
NORTEADOR, RA *adj.* Guía, director, conductor, orientador.

NORTEAMENTO *m.* Acción y efecto de nortear. Orientación, dirección.

NORTE-AMERICANO, NA (nòr) *adj. y s.* Norteamericano.

NORTEAR *v. tr.* Nortear (observar el Norte para el rumbo). *fig.* Dirigir, orientar, encaminar, conducir una cosa hacia un fin determinado. *v. intr.* Nortear (declinar la brújula hacia el Norte). *v. r.* Orientarse.

NORTISTA *adj. y s. Bras.* Norteño.

NORUEGUÊS, ESA (gués, gueza) *adj. y s.* Noruego. *m.* Noruego (lengua noruega).

NOS Ver NO. *pron. pers.* en dat. y acus. del pl. Nos.

NÓS (nòs) *pron. pers.* Nosostros.

NOSOCOMIAL (zo) *adj.* Nosocomial.

NOSOCÔMIO (zocó) *m.* Nosocomio, hospital.

NOSOFOBIA (zofobía) *f.* Nosofobia.

NOSÓFOBO, BA (zò) *adj.* Nosófobo. Ú. t. c. s.

NOSOGENIA (zojenía) *f.* Nosogenia.

NOSOGRAFIA (zografía) *f.* Nosografía.

NOSOLOGIA (zolojía) *f.* Nosología.

NOSOLÓGICO (zolòjico) *adj.* Nosológico. Ú. t. c. s.

NOSOMANIA (zomanía) *f.* Nosomanía.

NOSOMANÍACO (zo) *adj.* Nosomaníaco.

NOSSA-AMIZADE (sa-amiza) *f. Bras. Rio de Janeiro. Germ.* Tratamiento que se da a las personas íntimas entre los hombres del pueblo.

NOSSO, SA (nòsso, nòsa) *adj. y pron. pos.* Nuestro, tra.

NOSTALGIA (jía) *f.* Nostalgia.

NOSTÁLGICO, CA (ji) *adj.* Nostálgico.

NOTA (nò) *f.* Anotación, notación. Nota (señal, marca; reparo, observación en las márgenes de un libro; advertencia, explicación; fama, concepto, reputación; apunte breve de alguna cosa; comunicación diplomática). *Mús.* Nota. Tono, voz. Billete de banco.

NOTABILIDADE *f.* Notabilidad. Persona notable.

NOTABILIZAR (zar) *v. tr.* Celebrar. *v. r.* Hacerse notable o famoso.

NOTAÇÃO (sáum) *f.* Notación, anotación. Notación (sistema de signos convencionales).

NOTADO, DA *adj.* Notado, señalado. Notable.

NOTADOR, RA *adj.* Anotador. Ú. t. c. s.

NOTALGIA (jía) *f. Patol.* Notalgia.

NOTAR *v. tr.* Notar, marcar, señalar. Notar, reparar, advertir, observar. Notar, apuntar. Notar, poner notas. Anotar. Notar, censurar, reprender.

NOTARIADO *m.* Notaría. Notariado. Notariato.

NOTARIAL *adj.* Notarial.

NOTÁRIO *m.* Notario.

NOTÁVEL *adj.* Notable. *pl.* Notables.

NOTAVELMENTE *adv. m.* Notablemente.

NOTÍCIA *f.* Noticia, suceso que se comunica. Noticia, noción. Anotación, nota, apunte.

NOTICIADOR, RA *adj.* Noticiero. Ú. t. c. s.

NOTICIAR *v. tr.* Noticiar.

NOTICIÁRIO *m.* Conjunto de noticias de un periódico; gacetilla.

NOTICIARISTA *com.* Noticiero (de los periódicos).

NOTICIOSO, SA (ozo, òza) *adj.* Noticioso.

NOTIFICAÇÃO (sáum) *f.* Notificación.

NOTIFICAR *v. tr.* Notificar.

NOTIFICATIVO, VA *adj.* Notificativo.

NOTIFICATÓRIO, RIA (tò) *adj.* Notificativo.

NOTO (nò) *m.* Noto, Austro, Sur.

NOTOCÓRDIO (còr) *m. Embriol.* Notocuerda.

NOTORIAMENTE (tò) *adv. m.* Notoriamente.

NOTORIEDADE *f.* Notoriedad.

NOTÓRIO, RIA (tò) *adj.* Notorio, publicado y sabido de todos.

NÓTULA (nò) *f.* Nota pequeña; breve comentario.

NOTURNAL *adj.* Nocturnal.

NOTURNO, NA *adj.* Nocturno. *Mús.* Nocturno. *pl. Bot. y Zool.* Nocturnos.

NOVA (nò) *f.* Nueva, noticia.

NOVAÇÃO (sáum) *f.* Novación.

NOVADOR *m.* Novador. *m.* Noticiero.

NOVAMENTE (nò) *adv. m.* Nuevamente, de nuevo, otra vez.

NOVATO, TA *adj.* Novato, nuevo, principiante, novicio. *m.* Lo mismo que CALOURO.

NOVE (nò) *adj.* Nueve. *m.* Nueve.

NOVECENTOS, TA (nò) *adj.* Novecientos. *m.* Novecientos.

NOVEDIO (dío) *m.* Lo mismo que REBENTO. *adj.* Nuevo, de pocos años.

NOVEL (vèl) *adj.* Novel, nuevo, principiante, inexperto.

NOVELA (vè) *f.* Novela (obra literaria). *fig.* Novela, ficción, patraña, cuento.

NOVELAR *v. intr.* Novelar, componer novelas.

NOVELEIRO, RA *adj.* Novelero, amigo de novedades. *m.* Novelista.

NOVELESCO, CA *adj.* Novelesco.

NOVELISTA *m.* Novelista.

NOVELO *m.* Ovillo. *fig.* Ovillo, cosa enredada. *fig.* Embrollo, enredo.

NOVEMBRO *m.* Noviembre (noveno mes del año).

NOVENA *f.* Novena. Novenario.

NOVENÁRIO *m.* Novena (libro).

NOVENO, NA *adj.* Noveno (dícese del noveno día de una enfermedad). *p. us.* Noveno, novo.

NOVENTA *adj.* Noventa. *m.* Noventa.

NOVICIADO *m.* Noviciado (tiempo de prueba en las religiones; régimen de los novicios).

NOVICIAR *v. intr.* Practicar el noviciado. Estrenarse.

NOVICIARIA (ría) *f.* Noviciado (casa de los novicios).

NOVIÇO (so) *m.* Novicio. *adj.* Novicio, novato, nuevo, novel, principiante.

NOVIDADE *f.* Novedad.

NOVIDADEIRO, RA *adj.* Novelero; novedoso (Amer.).

NOVILATINO, NA *adj.* Neolatino.

NOVILHA (lla) *f.* Novilla.

NOVILHO (llo) *m.* Novillo.

NOVILUNAR *adj.* Novilunar.

NOVILÚNIO *m.* Novilunio, luna nueva.

NOVÍSSIMO (si) *adj.* Novísimo.

NOVO, VA (novo, nòva) *adj.* Nuevo (en todas las acepciones de esta voz). Ú. t. c. s. *De —. m. adv.* De nuevo, otra vez.

NÓXIO, XIA (nòxio) *adj.* Nocivo.

NOZ (nòz) *f.* Nuez (fruto del nogal). — *moscada.* Nuez moscada, fruto de especia. — *-vômica.* Nuez vómica.

NOZILHÃO (zilláum) *m. pop.* Tumor; hinchazón.

NU, NUA (nú, núa) *adj.* Desnudo, nudo.

NUAMENTE (núa) *adv. m.* Desnudamente, nudamente.

NUANÇA (sa) *f. gal.* Matiz.

NUANCE *f. gal.* Matiz.

NUBÉCULA (bè) *f. Patol.* Nubécula, nube (en el ojo).

NUBENTE *adj. y s.* Novio, via.

NÚBIL *adj.* Núbil.

NUBILIDADE *f.* Nubilidad.

NUBILOSO, SA (lozo, òza) *adj. poét.* Nubiloso, nubloso.

NÚBIO, BIA *adj. y s.* Nubiense, nubio.

NUBLADO, DA *adj.* Nublado, nubloso, nuboso, nublo.

NUCA *f.* Nuca.

NUCAL *adj.* Perteneciente o relativo a la nuca.

NUCELA (cè) *f.* Núcula.

NUCIFORME (fòr) *adj.* Nuciforme (que tiene forma de nuez).

NUCLEAL *adj.* Lo mismo que

NUCLEAR *adj.* Nuclear. Nucleado. Nucleario.

NUCLEÍNA *f. Quím.* Nucleina.

NÚCLEO *m.* Núcleo (almendra de los frutos de cáscara dura; hueso de las frutas). *fig.* Núcleo (elemento primordial al cual se agregan otros para formar un todo; parte o punto central de alguna cosa). *Astr.* Núcleo.

NUCLEOBRÂNQUIOS (brán) *m. pl. Zool.* Nucleobranquiados, nucleobranquios, heterópodos.

NUCLÉOLO (clè) *m.* Nucléolo.

NUDAÇÃO (sáum) *f.* Nudez, desnudez. Desnudamiento.

NUDEZ *f.* Desnudez, nudez.

NUDISTA *com.* Persona aficionada a la desnudez.

NUGA *f.* Nugación, frivolidad, insubstancialidad, tontería, friolera.

NUGÁ *m.* Turrón.

NUGAÇÃO (sáum) *f.* Nugación.

NUGACIDADE *f.* Lo mismo que NUGA.

NUGATIVO, VA *adj.* Nugatorio.

NUGATÓRIO, RIA (tò) *adj.* Nugatorio.

NULIDADE *f.* Nulidad (calidad de nulo; vicio que anula el valor de una cosa; Incapacidad, ineptitud; persona inepta).

NULIFICAR *v. tr.* Lo mismo que ANULAR.

NULO, LA *adj.* Nulo, incapaz, inepto. Nulo (falto de valor legal).

NUM, NUMA Contracc. de la prep. *em* con el art. *um* o *uma*. En uno, en una.

NUMÁRIA *f.* Numismática.

NUME *m.* Numen.

NÚMENO *m. Fil.* Noúmeno.

NUMERAÇÃO (sáum) *f.* Numeración.

NUMERADOR, RA *adj.* Numerador, que numera. *m.* Numerador (instrumento). *Arit.* Numerador.

NUMERAL *adj.* Numeral.

NUMERAR *v. tr.* Numerar.

NUMERÁRIO, RIA *adj.* Numerario. *m.* Numerario, moneda acuñada, dinero efectivo.

NUMERÁVEL *adj.* Numerable.

NUMERICAMENTE (mè) *adv. m.* Numéricamente.

NUMÉRICO, CA (mè) *adj.* Numérico.

NÚMERO *m.* Número (en todas las acepciones de esta voz).

NUMEROSAMENTE (ròza) *adv. m.* Numerosamente.

NUMEROSIDADE (zi) *f.* Numerosidad.

NUMEROSO, SA (rozo, òza) *adj.* Numeroso.

NÚMIDA *adj. y s.* Númida, numídico.

NUMISMA *m.* Numisma (moneda acuñada).

NUMISMATA *com.* Numismático.

NUMISMÁTICA *f.* Numismática.

NUNCA *adv. t.* Nunca.

NUNCIATURA *f.* Nunciatura.

NÚNCIO *m.* Nuncio.

NUNCUPAÇÃO (sáum) *f.* Institución de herederos en presencia de testigos.

NUNCUPATÓRIO, RIA (tò) *adj.* Nuncupatorio.

NUNES *adj.* Non, impar. *m.* non.

NUPCIAL *adj.* Nupcial.

NÚPCIAS *f. pl.* Nupcias, boda.

NUTAÇÃO (sáum) *f.* Nutación.

NUTANTE *adj.* Oscilante.

NUTAR *v. intr.* Oscilar.

NUTO *m.* Señal de anuencia con la cabeza.

NÚTRIA *f. Bras.* Nutria.

NUTRIÇÃO (sáum) *f.* Nutrición.

NUTRIDO, DA *adj.* Nutrido, lleno, abundante. *Mil.* Nutrido.

NUTRIDOR, RA *adj.* Nutritivo.

NUTRIENTE *adj.* Nutritivo.

NUTRIMENTAL *adj.* Nutrimental.

NUTRIMENTO *m.* Nutrimento.

NUTRIR *v. tr.* Nutrir. Ú. t. c. r.

NUTRITÍCIO, IA *adj.* Nutricio.

NUTRÍTICO, CA *adj.* Nutricio.

NUTRITIVO, VA *adj.* Nutritivo.

NUTRIZ *f.* Nodriza, nutriz.

NUVEM (núven) *f.* Nube (en todas las acepciones de esta voz). *fig.* Nube, disturbio o disgusto pasagero. *Por nas —ns. fr. fig.* Levantar hasta, o poner sobre, las nubes (una persona o cosa), alabarla, encarecerla.

NUVIOSO, SA (ozo, òza) *adj.* Nuboso, nubloso.

O (ò) *m.* Décimocuarta letra y cuarta vocal del abecedario portugués.

O *art. def. m. sing.* El. (*f. A.* la. *pl, Os, As,* los, las.). Lo (como art. neutro). *pron. acus. de terc. pers.* Lo (*f. A,* la. *pl. Os, As,* los, las.). En seguida a verbos terminados en sonido nasal, la forma de este pronombre es *lo, la: levá-lo, levá-la:* llevarlo, llevarla.

Ó! *interj.* !O! !Oh!

OÁSIS (zis) *m.* Oasis.

OBCECAÇÃO (sáum) *f.* Obcecación, ceguedad, ofuscación tenaz. *fig.* Terquedad, obstinación, obcecación.

OBCECADO, DA *adj.* Obcecado, ofuscado, ciego.

OBCECAR *v. tr.* Obcecar, cegar, ofuscar. Ú. t. c. r. *v. r. fig.* Obstinarse.

OBDUCTO, TA *adj.* Cubierto, cerrado, tapado, oculto.

OBDURAÇÃO (sáum) *f.* Obduración, terquedad.

OBDURAR *v. tr.* Obcecar. Lo mismo que ENDURECER. *v. r.* Obstinarse.

OBEDECER *v. tr.* Obedecer.

OBEDIÊNCIA (dién) *f.* Obediencia. *Prestar —.* Rendir obediencia.

OBEDIENTE *adj.* Obediente.

OBEDIENTEMENTE *adv. m.* Obedientemente.

OBÉLIO (bè) *m. Anat.* Obelión.

OBELISCO *m.* Obelisco.

OBERADO, DA *adj.* Endeudado.

OBERAR *v. tr.* Endeudar. *v. r.* Endeudarse.

OBESIDADE (zi) *f.* Obesidad.

OBESO, SA (bèzo) *adj.* Obeso, excesivamente gordo.

ÓBICE (ò) *m.* Óbice, obstáculo, impedimento.

ÓBITO (ò) *m.* Óbito, fallecimiento, defunción.

OBITUÁRIO *m.* Obituario.

OBJEÇÃO (jesáum) *f.* Objeción.

OBJETAR (je) *v. tr.* Objetar.

OBJETIVA (je) *f.* Objetivo (lente situada en la parte de un instrumento que está dirigida a los objetos).

OBJETIVAÇÃO (jetivasáum) *f.* Objetivación.

OBJETIVAR (je) *v. tr.* Objetivar.

OBJETIVIDADE (je) *f.* Objetividad.

OBJETIVO, VA (je) *adj.* Objetivo (perteneciente o concerniente al objeto). *Gram.* Directo (dícese del complemento). *m.* Objetivo, objeto, fin, intento.

OBJETO (jè) *m.* Objeto (cualquier cosa que afecta a los sentidos; aquello que sirve de materia al ejercicio del entendimiento; término o fin de los actos humanos; fin, intento, propósito).

OBJURGAÇÃO (jurgasáum) *f.* Censura, represión.

OBJURGADO, DA (jur) *adj.* Censurado, apostrofado.

OBJURGAR (jur) *v. tr.* Censurar, reprender, apostrofar.

OBJURGATÓRIA (jurgatò) *f.* Censura, represión, apóstrofe.

OBJURGATÓRIO, RIA (jurgatò) *adj.* Concerniente a la censura.

OBLAÇÃO (sáum) *f.* Oblación.

OBLATA *f.* Oblata.

OBLIQUAMENTE (cua) *adj. m.* Oblicuamente.

OBLIQUAR (cuar) *v. tr.* Oblicuar.

OBLIQUIDADE (cui) *f.* Obliquidad.

OBLÍQUO, QUA (cuo, cua) *adj.* Oblicuo. *Geom. y Gram.* Oblicuo.

OBLITERAÇÃO (sáum) *f.* Obliteración.

OBLITERADO, DA *adj.* Obliterado. Olvidado.

OBLITERAR *v. tr.* Obliterar. Ú. t. c. r. *v. r. fig.* Quedar olvidado.

OBLÍVIO *m.* Olvido.

OBLONGO, GA *adj.* Oblongo.

OBNÓXIO, XIA (nò) *adj.* Expuesto a riesgo o contingencia. Servil. Nefasto.

OBNUBILAÇÃO (sáum) *f. Patol.* Obnubilación.

OBNUBILAR *v. tr.* Obnubilar, obscurecer, anublar.

OBOÉ (è) *m.* Oboe (instrumento músico).

OBOÍSTA *m.* Oboe (persona que toca el oboe).

ÓBOLO (ò) *m.* Óbolo (moneda griega). *fig.* Óbolo, cantidad exigua con que se contribuye para un fin. *fig.* Limosna.

OBOVAL *adj.* Obovoide.

OBRA (ò) *f.* Obra (cosa producida por un agente; cualquier producción intelectual; libro o libros que contienen un trabajo literario completo; edificio en construcción; compostura en un edificio; medio, virtud, poder; labor del artesano; acción moral); *— de. m. adv.* Casi, cerca de, *— de caridade.* Obra de caridad, buena obra, la que se hace en bien del prójimo. *— grossa.* Obra sin arte. *— s mortas. Mar.* Obra muerta. *— -prima.* Obra maestra. *—s vivas. Mar.* Obra viva, fondo. *Mão de —.* Ver MÃO. *Fazer —.* fr. Obrar, exonerar el vientre.

OBRADOR, RA *adj.* Obrador, que obra.

OBRAGEM (jem) *f.* Obraje, manufactura; labor, trabajo.

OBRAR *v. tr.* Obrar (hacer, ejecutar; producir efecto una causa; construir, edificar, fabricar). *v. intr.* Obrar, defecar. Proceder. Trabajar.

OBRÉIA *f.* Oblea.

OBREIRA *f.* Obrera. Abeja obrera.

OBREIRO, RA *adj.* Obrero, que trabaja. *m.* Obrero.

OB-REPÇÃO (sáum) *f.* Obrepción.

OB-REPTÍCIO, CIA *adj.* Obrepticio.

OBRIGA *f.* Lo mismo que

OBRIGAÇÃO (sáum) *f.* Obligación (en todas las acepciones de esta voz).

OBRIGACIONISTA *com.* Obligacionista.

OBRIGADO, DA *adj.* Obligado, constreñido, forzado; necesario, indispensable. *—.* Gracias. *Muito —* o *obrigada* (según sea hombre o mujer la persona que agradece): muchas gracias.

OBRIGAR *v. tr.* Obligar, compeler. *v. r.* Obligarse, comprometerse.

OBRIGATÁRIO *m.* Obligacionista.

OBRIGATORIAMENTE (tò) *adv. m.* Obligatoriamente.

OBRIGATORIEDADE *f.* Calidad de obligatorio.

OBRIGATÓRIO, RIA (tò) *adj.* Obligatorio.

OB-ROGAÇÃO (sáum) *f.* Revocación.

OB-ROGAR *v. tr.* Revocar.

OBSCENAMENTE *adv. m.* Obcenamente.

OBSCENIDADE *f.* Obscenidad.

OBSCENO, NA *adj.* Obsceno.

OBSCURAMENTE *adv. m.* Obscuramente, oscuramente. Confusamente. Modestamente.

OBSCURANTISMO *m.* Obscurantismo, oscurantismo.

OBSCURANTISTA *adj.* Obscurantista, oscurantista. Ú. t. c. s.

OBSCURANTIZAR (zar) *v. tr.* Llevar, al obscurantismo.

OBSCURECER *v. tr.* Obscurecer, oscurecer (privar de luz; disminuir el esplendor de una cosa; ofuscar la razón; dificultar la inteligencia de los conceptos). *v. intr.* Obscurecer. *v. r.* Obscurecerse. Olvidarse.

OBSCURECIDO, DA *adj. P. p.* de *Obscurecer. v. r.* Obscurecerse. Olvidarse. Obscuro, oscuro, poco conocido. Olvidado, apagado.

OBSCURECIMENTO *m.* Obscurecimiento, oscurecimiento.

OBSCURIDADE *f.* Obscuridad oscuridad (falta de luz). Obscuridad, oscuridad (humildad de condición social).

OBSCURO, RA *adj.* Obscuro, oscuro (falto de luz). *fig.* Obscuro (confuso, poco inteligible; de humilde condición; poco conocido).

OBSECRAÇÃO (sáum) *f.* Obsecración, ruego, instancia.

OBSECRAR *v. tr.* Obsecrar, rogar, pedir, invocar, suplicar.

OBSEDANTE *adj. gal. Bras.* Obsesivo.

OBSEDAR *v. tr. gal. Bras.* Obseder, obsesionar.

OBSEDIANTE *adj. Bras.* Obsesivo.

OBSEDIAR *v. tr. Bras.* Obseder, obsesionar.

OBSEQUENTE (cuen) *adj.* Obsecuente, obediente, sumiso. Favorable.

OBSEQUIADOR, RA (se) *adj.* Obsequiador. Ú. t. c. s.

OBSEQUIAR (ze) *v. tr.* Obsequiar (agasajar con atenciones, regalos, etc.). Regalar. Cautivar.

OBSÉQUIO (zè) *m.* Obsequio (acción de obsequiar; regalo, dádiva, agasajo). Favor, beneficio, atención, servicio.

OBSEQUIOSAMENTE (zequiòsa) *adv. m.* Obsequiosamente.

OBSEQUIOSIDADE (zequiozi) *f.* Obsequiosidad, rendimiento, deferencia.

OBSEQUIOSO, SA (zequiozo, òza) *adj.* Obsequioso, cortesano, rendido, galante, servicial.

OBSERVAÇÃO (sáum) *f.* Observación.

OBSERVADOR, RA *adj.* Observador. Ú. t. c. s.

OBSERVÂNCIA (ván) *f.* Observancia (cumplimiento puntual de lo ordenado o preceptuado).

OBSERVANTE *adj.* y *s.* Observante.

OBSERVAR *v. tr.* Observar (examinar con atención; cumplir puntualmente; advertir, reparar; atisbar; contemplar). *v. r.* Comedirse.

OBSERVATÓRIO (tò) *m.* Observatorio.

OBSERVÁVEL *adj.* Observable.

OBSESSÃO (sáum) *f.* Obsesión.

OBSESSIVO, VA (si) *adj. Bras.* Obsesivo.

OBSESSOR, RA (sor) *adj.* Obsesivo.

OBSESSO, SA (sèso, sèsa) *adj.* Obseso.

OBSIDENTE *adj.* Obsesivo.

OBSIDIANA *f. Miner.* Obsidiana.

OBSIDIAR *v. tr.* Poner sitio. *fig.* Molestar, importunar.

OBSOLETISMO *m. Bras.* Calidad de anticuado o poco usado.

OBSOLETO, TA (lè) *adj.* Anticuado, poco usado.
OBSTACULIZAR (*z*ar) *v. tr. Bras.* Obstruir, poner obstáculo. Obstaculizar (*barbarismo*).
OBSTÁCULO *m.* Obstáculo, impedimento, estorbo, embarazo, inconveniente.
OBSTÂNCIA (tán) *f. Bras.* Obstáculo, dificultad, objeción.
OBSTANTE *adj.* Obstante, que obsta. *Não* —. *m. adv.* No obstante, sin embargo.
OBSTAR *v. intr.* Obstar, estorbar, impedir, contradecir, oponerse.
OBSTÉTRICA (tè) *f.* Obstetricia.
OBSTETRÍCIA *f.* Obstetricia.
OBSTÉTRICO, CA (tè) *adj.* Obstétrico.
OBSTINAÇÃO (sáum) *f.* Obstinación, pertinacia, tenacidad, porfía, terquedad.
OBSTINADAMENTE *adv. m.* Obstinadamente, tercamente, porfiadamente.
OBSTINADO, DA *adj.* Obstinado, terco, porfiado.
OBSTINAR *v. tr.* Hacer obstinado. *v. r.* Obstinarse, porfiar.
OBSTIPAÇÃO (sáum) *f. Patol.* Obstipación.
OBSTRINGIR (*j*ir) *v. tr.* Apretar mucho. Obligar. Constreñir.
OBSTRITO, TA *adj.* Obligado, constreñido.
OBSTRUÇÃO (sáum) *f.* Obstrucción.
OBSTRUCIONISMO *m. Bras.* Obstruccionismo.
OBSTRUCIONISTA *m. Bras.* Obstruccionista.
OBSTRUIR *v. tr.* Obstruir. Ú. t. c. r.
OBSTRUTIVO, VA *adj.* Obstructivo.
OBSTRUTOR, RA *adj.* obstructor.
OBSTUPEFAÇÃO (sáum) *f.* Estupefacción, pasmo, estupor.
OBSTUPEFATO, TA *adj.* Estupefacto, atónito, pasmado.
OBSTÚPIDO, DA *adj.* Atónito, pasmado.
OBSUTURAL *adj.* Obsutural.
OBTEMPERAÇÃO (sáum) *f.* Acción de obtemperar.
OBTEMPERAR *v. tr.* Obtemperar, obedecer, acatar, asentir. Decir con humildad; ponderar.
OBTENÇÃO (sáum) *f.* Obtención, logro.
OBTENÍVEL *adj. Bras.* Que se puede obtener o lograr.
OBTENTOR, RA *adj.* Que obtiene. *m.* Obtentor.
OBTER *v. tr.* Obtener, conseguir, lograr, alcanzar.
OBTESTAR *v. tr.* Tomar por testigo. Suplicar, rogar, pedir.
OBTIDO, DA *adj. P. p.* de *Obter.* Obtenido, logrado, alcanzado, conseguido.
OBTUNDIR *v. tr.* Lo mismo que CONTUNDIR.
OBTURAÇÃO (sáum) *f.* Obturación.
OBTURADOR, RA *adj.* Obturador. Ú. t. c. s.
OBTURAR *v. tr.* Obturar, cerrar, tapar, obstruir.
OBTUSAMENTE (za) *adv. m.* Obtusamente.
OBTUSÂNGULO (zán) *adj. Geom.* Obtusángulo.
OBTUSÃO (záum) *f.* Obtusidad (calidad de obtuso). Obtusión (torpeza intelectual o sensitiva).
OBTUSIDADE (zi) *f.* Obtusidad.
OBTUSO, SA (zo, za) *adj.* Obtuso, romo, sin punta. *fig.* Obtuso, torpe, poco inteligente, tardo de comprensión. *Geom.* Obtuso (dícese del ángulo mayor que el recto).
OBUMBRAÇÃO (sáum) *f.* Lo mismo que OBUMBRAMENTO.
OBUMBRADO, DA *adj.* Nublado, entoldado. Obscuro, sombreado. Disfrazado, oculto.
OBUMBRAMENTO *m.* Oscurecimiento.
OBUMBRAR *v. tr.* Anublar, nublar, entoldar. Oscurecer. Sombrear. Disfrazar, ocultar. *v. r.* Anublarse, entoldarse. Oscurecerse.
OBUS *m.* Obús.
OBUSEIRO (zei) *adj.* Obusero. Ú. t. c. s.
OBVENÇÃO (sáum) *f.* Obvención.
OBVIAR *v. tr.* Obviar (apartar, evitar, quitar obstáculos). *v. intr.* Obviar, obstar, estorbar, oponerse.
ÓBVIO, VIA (òbvio) *adj.* Obvio (que está delante de los ojos). *fig.* Obvio, muy claro o fácil.
OC (òc) *m.* Oc. *Língua de* —. Lengua de oc.
OCA (òca) *f.* Oca (juego). Oca (planta). Cabaña de indios.
OCAR *v. tr.* Ahuecar. Socavar.
OCARINA *f.* Ocarina (instrumento músico de barro).

OCARINISTA *com.* Ocarinista.
OCASIÃO (ziáum) *f.* Ocasión (oportunidad de tiempo o lugar para hacer algo). Ocasión, causa, motivo. Ocasión, encuentro, coyuntura, oportunidad, sazón. *Negócio de* —. Negocio ventajoso.
OCASIONAL (zio) *adj.* Ocasional, que causa. Ocasional, accidental.
OCASIONALMENTE (zio) *adv. m.* Ocasionalmente (por ocasión, accidente o contingencia).
OCASIONAR (zio) *v. tr.* Ocasionar (ser causa o motivo de una cosa; dar lugar u ocasión para que ocurra). *v. r. Acaecer.* Proporcionarse.
OCASO (zo) *m.* Ocaso (puesta del Sol o de otro astro). Ocaso, occidente, poniente. *fig.* Ocaso, decadencia, acabamiento.
OCCIPÍCIO *m. Anat.* Occipucio.
OCCIPITAL *adj.* Occipital.
OCCIPÚCIO *m. Anat.* Occipucio.
OCEÂNICO, CA (ceáni) *adj.* Oceanico.
OCEÂNIDES (ceáni) *f. pl.* Oceánidas.
OCEANO *m.* Oceano.
OCEANOGRAFIA (fía) *f.* Oceanografía.
OCELADO, DA *adj. Hist. Nat.* Ocelado (que tiene muchos ojos o agujerillos).
OCELO (cè) *m. Zool.* Ocelo. Ojo, agujerillo.
OCIDENTAL *adj.* Occidental.
OCIDENTALIZAR (*z*ar) *v. tr.* Adaptar a la civilización del Occidente. Ú. t. c. r.
OCIDENTE *m.* Occidente.
OCÍDUO, DUA *adj. poét.* Occiduo.
ÓCIMO (ò) *m.* Albahaca.
ÓCIO (òcio) *m.* Ocio, ociosidad, cesación del trabajo, reposo, descanso, inacción, holganza. Pereza.
OCIOSAMENTE (cióza) *adv. m.* Ociosamente (sin ocupación; sin provecho ni utilidad).
OCIOSIDADE (zi) *f.* Ociosidad.
OCIOSO, SA (ciozo, òza) *adj.* Ocioso (que está sin trabajar; que no tiene uso; desocupado; que no tiene nada que hacer; inútil, sin provecho, insubstancial). Ú. t. c. s.
OCLOCRACIA (cía) *f.* Oclocracia.
OCLUSÃO (záum) *f.* Oclusión.
OCLUSIVO, VA (zi) *adj.* Oclusivo.
OCLUSO, SA (zo) *adj.* Ocluído, cerrado, atascado.
OCO, CA *adj.* Hueco, vacío, cóncavo. *fig.* Hueco, presumido, hinchado, vano. *fig.* Fútil, baladí. *m. Bras.* Hueco (en la tierra).
OCORRÊNCIA (rrén) *f.* Ocurrencia, encuentro, ocasión, suceso fortuito.
OCORRENTE *adj.* Ocurrente, que ocurre. Convergente.
OCORRER *v. intr.* Ocurrir, acaecer, suceder. Ocurrir (caer en un mismo día). Ocurrir (acudir de pronto a la mente). Ocurrir, acudir, concurrir.
OCRA (ò) *f.* Ocre.
OCRÁCEO, CEA *adj.* Ocreáceo.
OCRE (ò) *m.* Ocre.
OCTÃ (tán) *f.* Lo mismo que OCTANA.
OCTAÉDRICO, CA (taè) *adj.* Octaédrico.
OCTAEDRO (taè) *m. Geom.* Octaedro.
OCTANA *f.* Octana (fiebre intermitente que recidiva cada ocho días). Ú. t. c. s.
OCTANGULAR *adj.* Octogonal, octagonal.
OCTINGENTÉSIMO, MA (jentèzi) *adj.* Octingentésimo. Ú. t. c. s.
OCTOGENÁRIO, RIA (je) *adj.* Octogenario. Ú. t. c. s.
OCTOGÉSIMO, MA (jèzi) *adj.* Octogésimo. Ú. t. c. s.
OCTOGONAL *adj.* Octogonal, octagonal.
OCTÓGONO (tò) *adj.* Octógono, octágono. *m.* Octágono, octógono.
OCTOSSILÁBICO, CA (si) *adj.* Octosílabo, octosilábico.
OCTOSSÍLABO, BA (sí) *adj.* Octosílabo, octosilábico. *m.* Octosílabo (verso octosilábico).
OCTUPLICAR *v. tr.* Octuplicar (multiplicar por ocho).
ÓCTUPLO, PLA (òc) *adj.* Óctuple, óctuplo.
OCULAR *adj.* Ocular, perteneciente o relativo a los ojos. *m.* Ocular (lente).
OCULARMENTE *adv. m.* Ocularmente.

OCULISTA *m.* Oculista. Ú. t. c. adj.
OCULÍSTICA *f. Med.* Oculística, oftalmología.
ÓCULO (ò) *m.* Anteojo (instrumento óptico para ver objetos lejanos). *pl.* Anteojos, lentes, gafas. — *de alcance.* Anteojo de larga vista. *Ver por um* —. *fr. fig. fam.* No ver, no recibir lo prometido.
OCULOSO, SA (lozo, òza) *adj.* Oculado, ocelado.
OCULTAÇÃO (sáum) *f.* Ocultación.
OCULTAMENTE *adv. m.* Ocultamente.
OCULTAR *v. tr.* Ocultar, esconder, tapar, encubrir. Ú. t. c. r. Ocultar (callar alguna cosa, disfrazar la verdad).
OCULTAS *f. pl. Às* —. *m. adv.* Ocultamente, de oculto; en oculto, en secreto, con sigilo.
OCULTISMO *m.* Ocultimos.
OCULTISTA *adj.* Ocultista. *m.* Ocultista.
OCULTO, TA *adj.* Oculto, escondido, encubierto, ignorado. *Às* —*as. m. adv.* Ver OCULTAS.
OCUPAÇÃO (sáum) *f.* Ocupación (acción de ocupar). Ocupación, trabajo, cuidado, tarea. Ocupación, empleo, oficio, cargo.
OCUPADOR, RA *adj.* Ocupador. Ú. t. c. s.
OCUPANTE *adj.* Ocupante. Ú. t. c. s.
OCUPAR *v. tr.* Ocupar (tomar posesión de alguna cosa; obtener, disfrutar de un empleo, cargo, etc.; llenar un lugar vacío; habitar una casa; dar trabajo u tarea; estorbar, embarazar a alguien; llamar la atención de uno). *v. r.* Ocuparse (emplearse en un trabajo; discurrir sobre un assunto).
ODALISCA *f.* Odalisca.
ODE (ò) *f.* Oda.
ODEÃO (deáum) *m.* Odeón.
ODIAR *v. tr.* Odiar, tener odio. Enemistar, indisponer.
ODIENTO, TA *adj.* Odioso.
ODIOSAMENTE (dìoza) *adv. m.* Odiosamente (con odio; de un modo merecedor de odio).
ODIOSIDADE (zi) *f.* Odiosidad (calidad de odioso; aversión debida a causa determinada).
ODIOSO, SA (diozo, òza) *adj.* Odioso.
ODISSÉIA (sèia) *f. fig.* Odisea (viaje lleno de aventuras extraordinarias; serie de acontecimientos extraños y varios).
ODÔMETRO (dó) *m.* Hodómetro, odómetro.
ODONTALGIA (jía) *f.* Odontalgia.
ODONTÍASE (ze) *f.* Odontiasis, dentición.
ODONTITE *f.* Odontitis.
ODONTOGENIA (jenía) *f.* Odontogenia.
ODONTÓIDE (òi) *adj.* Odontoideo.
ODONTÓIDEO, DEA (tòi) *adj.* Odontoideo.
ODONTÓLITA (tò) *f.* Odontolito, sarro.
ODONTOLOGIA (jía) *f.* Odontología.
ODONTOLÓGICO, CA (lòji) *adj.* Odontológico.
ODONTOLOGISTA (jis) *m.* Odontólogo.
ODONTOMA *m. Patol.* Odontoma.
ODONTORRAGIA (jía) *f.* Odontorragia.
ODOR *m.* Olor. Perfume. Ver CHEIRO.
ODORANTE *adj.* Odorante, oloroso, fragante.
ODORÍFERO, RA *adj.* Odorífero, fragante, oloroso.
ODORÍFICO, CA *adj.* Odorífico, que produce olor. Oloroso, fragante.
ODOROSO, SA (rozo, òza) *adj.* Oloroso, fragante, odorante.
ODRE (ò) *m.* Odre (cuero para contener líquidos). *fig.* Odre, persona borracha. *fig.* Persona muy gorda.
ODREIRO *m.* Odrero.
OÉS-NORDESTE (oès-nordèste) *m.* Oes-nordeste (punto cardinal Y viento).
OÉS-NOROESTE (oès-noroèste) *m.* Oes-norueste (punto cardinal y viento).
OÉS-SUDOESTE (oès-sudoèste) *m.* Oes-sudoeste, oessudueste (punto cardinal y viento).
OESTE (oèste) *m.* Oeste (punto cardinal y viento).
OFEGANTE *adj.* Jadeante.
OFEGAR *v. intr.* Jadear.
OFEGO (fé) *m.* Jadeo.
OFEGOSO, SA (gozo, òza) *adj.* Jadeante.
OFEGUENTO, TA *adj.* Jadeante.
OFENDER *v. tr.* Ofender, herir, maltratar, hacer daño físicamente. Ofender, injuriar, denostar. Ofender, fastidiar, enojar. *v. r.* Ofenderse, picarse, enfadarse, resentirse.
OFENDÍCULO *m.* Tropiezo, dificultad.
OFENDIDO, DA *adj.* Ofendido. Ú. t. c. s.

OFENSIVA *f.* Ofensiva.
OFENSIVAMENTE *adv. m.* Ofensivamente (con daño, perjuicio, ofensa o agravio).
OFENSIVO, VA *adj.* Ofensivo.
OFENSO, SA *adj.* Ofendido.
OFENSOR, RA *adj.* Ofensor. Ú. t. c. s.
OFERECEDOR, RA *adj.* Ofrecedor; oferente, oferente. Ú. t. c. s.
OFERECER *v. tr.* Ofrecer, presentar y dar alguna cosa. Ofrecer, manifestar, mostrar, poner patente. Ofrecer, dedicar; consagrar. *v. intr.* Ofrecerse. *v. r.* Ofrecerse (acudir a la imaginación una cosa; entregarse a otro; querer, desear, pretender, buscar).
OFERECIMENTO *m.* Ofrecimiento.
OFERENDA *f.* Ofrenda.
OFERENDAR *v. tr.* Ofrendar.
OFERENTE *adj.* Ofreciente, oferente. Ú. t. c. s.
OFERTA (fèr) *f.* Oferta. Ofrenda. Don, promesa. *Com.* Oferta.
OFERTAR *v. tr.* Ofrecer. Ofrendar. *v. r.* Ofrecerse.
OFERTÓRIO (tò) *m.* Ofertorio.
OFÍASE (ze) *f. Patol.* Ofiasis.
OFICIAL *adj.* Oficial (aplícase a lo que es de oficio y privado). *m.* Oficial (obrero o artesano que trabaja en un oficio). Oficial (el que ha terminado el aprendizaje). Oficial (militar desde segundo teniente en adelante). Oficial (empleado desde amanuense en adelante). Oficial (grado de algunas órdenes militares).
OFICIALATO *m.* Oficialía. Cargo o dignidad de oficial de ejército.
OFICIALIDADE *f.* Oficialidad (conjunto de oficiales de ejército).
OFICIALISMO *m. despect.* Los empleados de las oficinas públicas. *Bras.* Oficialidad (carácter de cosa oficial).
OFICIALIZAÇÃO (zasáum) *f.* Acto que da carácter oficial a las instituciones privadas.
OFICIALIZAR (zar) *v. tr.* Dar carácter oficial a una cosa.
OFICIALMENTE *adv. m.* Oficialmente.
OFICIAR *v. intr.* Oficiar (celebrar la misa). *v. tr.* Oficiar (ayudar a cantar las misas). Oficiar (comunicar una cosa oficialmente o por escrito).
OFICINA *f.* Oficina (sitio donde se trabaja una cosa). Oficina, laboratorio. Obrador. Taller. *fig.* Oficina (parte donde se fragua una cosa no material).
OFICINAL *adj.* Oficinal.
OFÍCIO *m.* Oficio (ocupación habitual; profesión de algún arte mecánica; función propia de alguna cosa; comunicación escrita referente a los asuntos del servicio público; rezo diario de los eclesiásticos). *pl.* Diligencias. Bons —s. Buenos oficios, diligencias en pro de otro. — *divino.* Oficio divino; la misa.
OFICIOSAMENTE (ciòza) *adv. m.* Oficiosamente.
OFICIOSIDADE (zi) *f.* Oficiosidad.
OFICIOSO, SA (ciozo, òza) *adj.* Oficioso.
OFÍCLIDE *m.* Oficleido (instrumento músico de viento).
OFÍDICO, CA *adj.* Ofidio.
OFÍDIO, DIA *adj.* Ofidio. *m. pl. Zool.* Ofidios.
OFIDISMO *m.* Ofidismo.
OFIOLOGIA (jía) *f.* Ofiología.
OFIOLATRIA (tría) *f.* Ofiolatría.
OFIÓLITO (fiò) *m. Miner.* Serpentina.
OFIOLOGIA (jía) *f.* Ofiologia.
OFIOMANCIA (cía) *f.* Ofiomancia, ofiomancía.
OFITO *m. Geol.* Ofita.
OFIÚCO *m. Astr.* Ofiuco, serpentario.
OFIURÓIDES (ròi) *m. pl. Zool.* Ofiúridos, ofiurídeos.
ÓFRIO (ò) *m. Anat.* Ofrio (punto de la sutura frontal).
OFTALGIA (jía) *f.* Oftalmalgia.
OFTALMIA (mía) *f.* Oftalmía.
OFTÁLMICO, CA *adj.* Oftálmico.
OFTALMOLOGIA (jía) *f.* Oftalmología.
OFTALMOLÓGICO, CA (lò) *adj.* Oftalmológico.
OFTALMOLGISTA (jis) *m.* Oftalmólogo.
OFTALMOMALACIA (cía) *f.* Oftalmomalacia.
OFTALMÔMETRO (mó) *m.* Oftalmómetro.
OFTALMOPLEGIA (jía) *f.* Oftalmoplegía.

OFTALMOPLÊGICO, CA (plèji) *adj.* Oftalmoplético.
OFTALMORRAGIA (jía) *f.* Oftalmorragia.
OFTALMOSCÓPIO (cò) *m.* Oftalmoscopio.
OFTALMOTOMIA (mía) *f.* Oftalmotomía.
OFTALMOXISTRO (xis) *m.* Oftalmoxistro.
OFUSCAÇÃO (sáum) *f.* Ofuscación, ofuscamiento.
OFUSCAR *v. tr.* Ofuscar, deslumbrar, turbar la vista. Ofuscar, obscurecer, hacer sombra. *fig.* Ofuscar, obscurecer la razón, trastornar, confundir las ideas, alucinar. Ú. t. c. r.
OGIVA (ji) *f. Arq.* Ojiva.
OGIVAL (ji) *adj.* Ojival, de forma de ojiva. *Estilo —. Arq.* Estilo ojival.
OGRA (ò) *f.* Hembra del ogro.
OGRO (ò) *m.* Ogro.
OGUM *m. Bras.* El Marte de los fetiquistas negros.
OH! *interj.* !Oh! (de asombro, pena, alegría, o de algún otro movimiento del ánimo).
OÍDIO *m.* Oídio, oidium.
OÍL *m.* Oíl. *Língua de —.* Lengua de oíl.
OITANTE *m.* Octante (instrumento astronómico).
OITÃO (táum) *m.* Lo mismo que OUTÃO.
OITAVA *f.* Ochava, octava parte de un todo. Ochava, octava religiosa. Octava (combinación métrica de ocho versos). *Mús.* Octava.
OITAVADO, DA *adj.* Ochavado.
OITAVAR *v. tr.* Ochavar (dar figura ochavada a alguna cosa). *v. intr. Mús.* Octavar.
OITAVÁRIO *m.* Octavario (fiesta que se hace en una octava).
OITAVO, VA *adj.* Octavo. Ú. t. c. s.
OITENTA *adj. y s.* Ochenta. *Ou oito ou —. fr. fig.* Todo o nada.
OITENTÃO, TONA (táum) *adj.* Ochentón, octogenario. Ú. t. c. s.
OITI (tí) *m. Bot.* Árbol del Brasil (*Moquilea tomentosa*).
OITIBÓ (bò) *m. Bras. Ceará.* Lo mismo que CURIANGO.
OITICICA *f. Bot.* Árbol del Brasil (*Licania rigida*).
OITO *adj. y s.* Ocho. *Ou — ou oitenta. fr. fig.* Todo o nada.
OITOCENTOS, TAS *adj.* Ochocientos.
OJERIZA (jeriza) *f.* Ojeriza, enojo, rencor, mala voluntad.
OJERIZAR (jerizar) *v. intr.* Sentir ojeriza o aversión contra alguna persona; antipatizar (*Amer.*).
OLÁ! *interj.* !Hola!
OLAEIRA *f.* Lo mismo que
OLAIA *f.* Arbol de Judas, ciclamor.
OLARIA (ría) *f.* Ollería. Alfarería.
OLÉ! (lè) *interj.* !Hola! !Ole!
OLEÁCEO, CEA *adj.* Oleáceo. *f. pl. Bot.* Oleáceas.
OLEADO, DA *adj.* Oleoso. *m.* Hule (tela impermeable, pintada al óleo y barnizada).
OLEAGÍNEO, NEA (jí) *adj.* Perteneciente al olivo. Oleaginoso.
OLEAGINOSO, SA (jinozo, òza) *adj.* Oleaginoso.
OLEAR *v. tr.* Aceitar, echar aceite.
OLEENTO, TA *adj.* Oleoso.
OLÉICO, CA (lèi) *adj.* Oleico.
OLEÍNA *f. Quím.* Oleína.
OLEIRO *m.* Alfarero.
OLENTE *adj.* Oloroso, fragante; oliente.
ÓLEO (òleo) *m.* Óleo, aceite. Óleo (aceite consagrado). Ú. m. en pl. *A —. m. adv. Pint.* Al óleo. *Os santos —s.* Los santos óleos.
OLEOGRAFIA (fía) *f.* Oleografía.
OLEOGRAVURA *f.* Oleograbado.
OLEOLADO *m.* Oleolato.
OLEÓLICO, CA (ò) *adj.* Oleólico.
OLEÔMETRO (léo) *m.* Oleómetro.
OLEONA *f. Quím.* Oleona.
OLEOSIDADE (zi) *f.* Oleosidad.
OLEOSO, SA (leozo, òza) *adj.* Oleoso, aceitoso.
OLFAÇÃO (sáum) *f.* Olfacción (acto de oler). Uso del olfato.
OLFATIVO, VA *adj.* Olfativo.
OLFATO *m.* Olfato. Lo mismo que FARO.
OLGA (òl) *f.* Lo mismo que LEIRA.
OLHA (ólla) *f.* Olla (guiso). *fig.* Olla de grillos.
OLHADA (lla) *f.* Mirada; ojeada.
OLHADELA (lladè) *f.* Ojeada, mirada.

OLHADO, DA (lla) *adj.* Mirado, visto (merecedor de buen o mal concepto). Ú. con los adverbios *bem* ou *mal. m.* Aojo, hechizo. *Mau —.* Mal de ojo, aojo, hechizo.
OLHADOR, RA (lla) *adj.* Mirador, que mira. Ú. t. c. s.
OLHAL (llal) *m. Arq.* Vano; abertura de un arco.
OLHALVA (llal) *f.* Tierra que produce dos veces al año.
OLHALVO, VA (llal) *adj.* Dícese del caballo que tiene una mancha blanca alrededor de los ojos. *m.* Lo mismo que OLHALVA.
OLHAR (llar) *v. tr.* Mirar (fijar la vista y la atención en un objeto). Mirar (tener un fin). Mirar, observar. Mirar, atender, estimar. Mirar (estar colocada una cosa enfrente de otra). *fig.* Mirar, pensar, considerar, tener en cuenta. *fig.* Mirar, cuidar, atender, amparar, defender. *v. r.* Mirarse. *m.* Mirada (modo de mirar).
OLHEIRAS (llei) *f. pl.* Ojeras.
OLHEIRO (llei) *m.* Celador; vigilante. Capataz (el que vigila y gobierna a cierto número de obreros). Manantial, ojo.
OLHENTO, TA (llen) *adj.* Que tiene ojos o agujeros.
OLHETE (lle) *m.* Ojal, ojete, agujero.
OLHIAGUDO, DA (lli) *adj.* De mirada aguda.
OLHIBRANCO, CA (lli) *adj.* Ojiblanco.
OLHINEGRO, GRA (lli) *adj.* Ojinegro.
OLHIPRETO, TA (lli) *adj.* Ojinegro.
OLHIRRIDENTE (lli) *adj.* Ojialegre.
OLHIZAINO, NA (llizai) *adj.* Ojituerto, bisojo.
OLHIZARCO, CA (llizar) *adj.* Ojizarco.
OLHO (ollo) *m.* Ojo (órgano de la vista; agujero; anillo de las herramientas; cuidado y atención que se pone en una cosa; cualquiera de las oquedades que tienen las cosas esponjosas). Mirada (modo de mirar). Renuevo, retoño. *Impr.* Ojo. *— da rua.* Calle, lugar indeterminado adonde se manda a alguien, expulsándolo. *— de água, d'água.* Ojo, manantial. *— de boi.* Lumbrera. *Bras.* Timbre postal brasileño de 1843. *Bot.* Ojo de buey. *— de cão. Bot.* Ojo de perro. *A —s vistos. m. adv.* A ojos vistas, visiblemente, claramente, patentemente.
OLHUDO, DA (llu) *adj.* Que tiene ojos grandes. Que tiene ojos de besugo.
OLIFANTE *m.* Olifán.
OLIGARCA *m.* Oligarca.
OLIGARQUIA (quía) *f.* Oligarquía.
OLIGÁRQUICO, CA *adj.* Oligárquico.
OLIGOBLENIA (nía) *f. Med.* Oligoblenia.
OLIGOCENO *adj. Geol.* Oligoceno. Ú. t. c. s.
OLIGURESIA (zía) *f.* Oliguria.
OLIGÚRIA *f.* Oliguria.
OLIMPÍADA *f.* Olimpíada.
OLÍMPICO, CA *adj.* Olímpico (perteneciente o relativo al Olimpo, a la ciudad de Olimpia, o a los juegos publicos que se celebraban en esta ciudad). *fig.* Olímpico, soberbio, altanero; soberano, supremo, sumo.
OLIMPO *m.* Olimpo.
OLIVA *f.* (olivo; aceituna).
OLIVAL *m.* Olivar.
OLIVAR *adj.* Olivar (de forma de oliva).
OLIVEDO *m.* Olivar.
OLIVEIRA *f.* Olivo, olivera.
OLIVEIRAL *m.* Olivar.
OLIVITA *f. Miner.* Olivino, olivina.
OLMEDAL *m.* Olmedo, olmeda.
OLMEDO *m.* Olmedo, olmeda.
OLMEIRO *m.* Olmo.
OLMO *m.* Olmo.
OLOR *m. poét.* Olor, fragancia.
OLOROSO, SA (rozo, òza) *adj.* Oloroso, fragante.
OLVIDAR *v. tr.* Olvidar. Ú. t. c. r. (El verbo *Esquecer* tiene mayor uso).
OLVIDO *m.* Olvido.
OMAGRA *f. Patol.* Omagra.
OMALGIA (jía) *f.* Omalgia.
OMBREAR *v. tr.* Hombrear; llevar a cuestas. *v. intr.* Hombrear (igualarse con otro u otros en alguna cosa), hombrearse.
OMBREIRA *f.* Hombrera (de los vestidos). Umbral (paso principal o entrada). Puerta. Entrada. Jamba.

OMBRO *m.* Hombro. *fig.* Fuerza. *Dar de —s, o encolher os —s. fr. fig.* Encoger los hombros. *— a —. m. adv.* Hombro a hombro.

ÔMEGA (ó) *m.* Omega.

OMELETA *f.* Tortilla.

OMINAR *v. tr.* Ominar; agorar, presagiar.

OMINOSO, SA (nozo, òza) *adj.* Ominoso, abominable, azaroso.

ÔMIO (ó) *m. Fís.* Ohm.

OMISSÃO (sáum) *f.* Omisión.

OMISSO, SA (so, sa) *adj.* Omiso, flojo, negligente, descuidado.

OMITIR *v. tr.* Omitir (dejar de hacer alguna cosa; pasar (algo en silencio).

OMÓFAGO, GA (mò) *adj.* Omófago.

OMOPLATA *f.* Omoplato.

ONAGRO *m.* Onagro, asno silvestre. Onagro (antigua arma de guerra).

ONANISMO *m.* Onanismo, masturbación.

ONANISTA *adj.* Masturbador. Ú. t. c. s.

ONANIZAR-SE (zar) *v. r.* Masturbarse.

ONÇA (sa) *f. Zoo.* Onza. Onza (peso). Onza (moneda). *Bras. adj.* Valiente, fuerte. *Do tempo da —. fr. fig. Bras.* Muy viejo o antiguo.

ONCEIRO *m. Bras.* Perro cazador de onzas.

ONDAS *f.* Onda, ola. Ola (de calor, de frio, etc.). Onda, undulación. *Fís.* Onda. *Ir na —. fr. fig.* No resistir; ser engañado; acompañar la voluntad de otros.

ONDADA *f.* Oleaje.

ONDE *adv. m.* Donde. *De —. m. adv.* De donde, de lo cual, por lo cual, por cuya razón. *De — em —. m. adv.* De cuando en cuando, de tiempo en tiempo, algunas veces. *— quer que, m. adv.* Dondequiera.

ONDEADO, DA *adj.* Ondulado, ondeado.

ONDEANTE *adj.* Ondeante, ondulante.

ONDEAR *v. intr.* Ondear, ondular. Ú. t. c. r.

ONDINA *f.* Ondina (ninfa de las aguas).

ONDÔMETRO (dó) *m.* Ondómetro.

ONDULAÇÃO (sáum) *f.* Ondulación; ondeo; undulación.

ONDULADO, DA *adj.* Ondulado, ondeado.

ONDULANTE *adj.* Ondulante, ondeante.

ONDULAR *y. intr.* Ondular, ondear.

ONDULATÓRIO, RIA (tò) *adj.* Ondulatorio.

ONDULOSO, SA (lozo, òza) *adj.* Ondoso.

ONERADO, DA *adj.* Sobrecargado, cargado, pesado, que incluye un gravamen.

ONERAR *v. tr.* Cargar, pesar, gravar, incluir un gravamen o desembolso. Ú. t. c. r.

ONEROSAMENTE (ròza) *adv. m.* Onerosamente.

ONEROSO, SA (rozo, òza) *adj.* Oneroso, gravoso, pesado, molesto, que supone o incluye algun gravamen o desembolso.

ONFACITA *f.* Onfacita.

ONFALITE *f. Med.* Onfalitis.

ONFALOSSITO (sí) *m.* Onfalósito.

ÔNIBUS (ó) *m.* Ómnibus. Autobus.

ONICIÊNCIA (cién) *f.* Omnisciencia.

ONICIENTE *adj.* Omnisciente.

ONIFORME (fòr) *adj.* Omniforme.

ONIMODAMENTE *adv. m.* Omnímodamente.

ONÍMODO, DA *adj.* Omnímodo.

ONIPOTÊNCIA (tén) *f.* Omnipotencia.

ONIPOTENTE *adj.* Omnipotente.

ONIPOTENTEMENTE *adv. m.* Omnipotentemente.

ONÍRICO, CA *adj.* Onírico.

ONIRISMO *m.* Onirismo.

ONIROMANCIA (cía) *f.* Oniromancia, oniromancía.

ONÍVORO, RA *adj.* Omnívoro.

ÔNIX (ó) *m.* Ónice, ónix.

ONIXE (xe) *f. Med.* Onixis.

ONOFRITA *f. Miner.* Onofrita.

ONOMÁSTICA *f.* Lista onomástica.

ONOMÁSTICO, CA *adj.* Onomástico. *m.* Lista onomástica.

ONOMATOPAICO, CA *adj.* Onomatopéyico.

ONOMATOPÉIA (pèia) *f.* Onomatopeya.

ONOMATOPEICO, CA *adj.* Onomatopéyico.

ONTEM *adv. t.* Ayer.

ONTOGÉNESE (jéneze) *f.* Ontogenia, ontogénesis.

ONTOGENIA (jenía) *f.* Ontogenia.

ONTOGONIA (nía) *f.* Ontogonia.

ONTOLOGIA (jía) *f.* Ontología.

ÔNUS *m.* Peso, carga; encargo; gravamen; desembolso.

ONUSTO, TA *adj.* Cargado, pesado; oneroso.

ONZE (ze) *adj. y s.* Once. Once (equipo de jugadores de futbol).

ONZENA (ze) *f.* Interés de once por ciento. *fig.* Usura; juro excesivo.

ONZENAR (ze) *v. intr.* Usurear. Lo mismo que INTRIGAR.

ONZENÁRIO, RIA (ze) *adj.* Usurario. *m.* Usurero.

ONZENEIRO, RA (ze) *adj.* Usurario. *m.* Usurero.

ONZENICE (ze) *f.* Chisme, enredo, embrollo.

ONZENO, NA (ze) *adj.* Onceno.

OOGÔNIO (gó) *m. Bot.* Oogonio.

OOLÍTICO, CA *adj. Geol.* Oolítico.

OÓLITO (ò) *m. Miner.* Oolita, oolito.

OOLOGIA (jía) *f.* Oología.

OOSFERA (fè) *f. Bot.* Oosfera.

OÓSPORO (ò) *m.* Oospora.

OPA (ò) *f.* Capa (vestido de los hermanos de algunas cofradías). Lo mismo que PÂNDEGA. *Irmão da —. Bras.* Borrachín, borracho.

OPACIDADE *f.* Opacidad.

OPACO, CA *adj.* Opaco (que no es diáfano); sombrío, obscuro.

OPADO, DA *adj.* Opado, hinchado.

OPALA *f.* Ópalo.

OPALANDA *f.* Vestidura talar.

OPALESCÊNCIA (cén) *f.* Opalescencia.

OPALESCENTE *adj.* Opalescente, opalino.

OPALINO, NA *adj.* Opalino, opalescente.

OPALIZAR (zar) *v tr.* Dar color de ópalo a alguna cosa. Ú. t. c. r.

OPAR *v. tr.* Hinchar.

OPÇÃO (sáum) *f.* Opción.

ÓPERA (ò) *f.* Ópera.

OPERAÇÃO (sáum) *f.* Operación.

OPERADOR, RA *adj.* Operador. Ú. t. c. s.

OPERANTE *adj.* Operante.

OPERAR *v. tr. Cir.* Operar. Ejecutar, producir, obrar. *v. intr.* Operar, obrar una cosa. *Com.* Operar.

OPERARIADO *m.* Proletariado.

OPERÁRIO *m.* Obrero, operario.

OPERATIVO, VA *adj.* Operativo, operante.

OPERATÓRIO, RIA (tò) *adj.* Operatorio.

OPERÁVEL *adj.* Operable.

OPERCULADO, DA *adj.* Operculado.

OPERCULAR *adj.* Opercular.

OPÉRCULO (pèr) *m.* Opérculo.

OPERETA *f.* Opereta.

OPEROSIDADE (zi) *f.* Calidad de

OPEROSO, SA (rozo, òza) *adj.* Operoso, costoso, trabajoso. Activo, productivo.

OPIÁCEO, CEA *adj.* Opiáceo.

OPIADO, DA *adj.* Opiado.

OPIAR *v. tr.* Mezclar o componer con opio.

OPIATO *m.* Opiata, opiato.

OPILAÇÃO (sáum) *f.* Opilación, obstrucción. *Bras.* Anquilostomiasis.

OPILADO, DA *adj. Bras.* Enfermo de anquilostomiasis. Ú. t. c. s.

OPILAR *v. tr.* Obstruir (dícese del hígado y de otros órganos). *v. r.* Contraer la anquilostomiasis.

OPILÊNCIA (lén) *f.* Epilepsia.

OPIMO, MA *adj.* Opimo, rico, fértil, copioso, abundante.

OPINANTE *adj.* Opinante. Ú. t. c. s.

OPINAR *v. intr.* Opinar (formar o expresar parecer o dictamen acerca de una cosa). Ú. t. c. tr.

OPINATIVO, VA *adj.* Opinable.

OPINÁVEL *adj.* Opinable.

OPINIÃO (niáum) *f.* Opinión. *— pública.* Opinión pública.

OPINIÁTICO, CA *adj.* Terco en su opinión; obstinado por orgullo.

OPINIOSO, SA (ozo, òza) *adj. Bras.* Lo mismo que OPINIÁTICO.

ÓPIO (ò) *m.* Opio.

OPIOFAGIA (jía) *f.* Opiofagía, opiofagismo.

OPIOMANIA (nía) *f.* Opiomanía.

OPIOMANÍACO, CA *adj.* Opiomaníaco, opiômano. Ú. t. c. s.

OPIPARAMENTE *adv. m.* Opíparamente.

OPÍPARO, RA *adj.* Opíparo (abundante y espléndido).

OPÍSTIO *m. Anat.* Opistión.

OPISTOCIFOSE (fòze) *f. Patol.* Opistocifosis, cifosis.

OPISTOGRAFIA (fía) *f.* Calidad de

OPISTÓGRAFO, FA (tò) *adj.* Opistográfico.

OPISTÓTONO (tò) *m. Patol.* Opistótonos.

OPOENTE *adj.* Oponente, contrario, que se opone. Ú. t. c. s.

OPONENTE *adj.* Lo mismo que OPOENTE.

OPOPÂNACE (pána) *m.* Opopónaco, opopánace.

OPOR *v. tr.* Oponer (en todas las acepciones de esta voz). *v. r.* Oponerse.

OPORTUNAMENTE *adv. m.* Oportunamente.

OPORTUNIDADE *f.* Oportunidad, sazón, conveniencia.

OPORTUNISMO *m.* Oportunismo.

OPORTUNISTA *adj. y s.* Oportunista.

OPOSIÇÃO (zisáum) *f.* Oposición (en todas las acepciones de esta voz).

OPOSICIONISMO (zi) *m.* Sistema oposicionista.

OPOSICIONISTA (zi) *adj. y s.* Oposicionista.

OPOSITIVO, VA (zi) *adj.* Opuesto, que incluye oposición.

OPOSITOR, RA (zi) *adj. y s.* Opositor.

OPOSTAMENTE (pòs) *adv. m.* Opuestamente.

OPOSTO, TA (pos, pòs) *adj. P. p.* de *Opor.* Opuesto, enemigo, contrario, adversario.

OPOTERAPIA (pía) *f.* Opoterapia.

OPRESSÃO (sáum) *f.* Opresión.

OPRESSIVAMENTE (si) *adv. m.* Opresivamente.

OPRESSIVO, VA (si) *adj.* Opresivo.

OPRESSO, SSA (prèso, sa) *adj.* Opreso, oprimido.

OPRESSOR, RA (sor) *adj. y s.* Opresor.

OPRIMIDO, DA *adj.* Oprimido, afligido. *m.* Persona oprimida.

OPRIMIR *v. tr.* Oprimir, ejercer presión; sujetar, violentar, obligar.

OPRÓBRIO (prò) *m.* Oprobio, vilipendio, afrenta, deshonra, ignominia.

OPROBRIOSAMENTE (briòza) *adv. m.* Oprobiosamente.

OPROBRIOSO, SA (briozo, òza) *adj.* Oprobioso.

OPSONINA *f.* Opsonina.

OPTAR *v. tr.* Optar, escoger, elegir una cosa entre dos o más.

OPTATIVO, VA *adj.* Optativo. *Gram.* Optativo. Ú. t. c. s.

OPUGNAÇÃO (sáum) *f.* Opugnación.

OPUGNADOR *m.* Opugnador.

OPUGNAR *v. tr.* Opugnar, oponerse con violencia; contradecir, refutar, rechazar.

OPULÊNCIA (lén) *f.* Opulencia, abundancia, sobra de riquezas; sobreabundancia.

OPULENTAMENTE *adv. m.* Opulentamente.

OPULENTAR *v. tr.* Volver opulento. Ú. t. c. r.

OPULENTO, TA *adj.* Opulento.

OPÚNCIA *f. Bot.* Opuncia, nopal.

OPÚSCULO *m.* Opúsculo, folleto breve.

ORA (ò) *conj. distrib.* Ora, ahora. *adv. t.* Ahora, en el tiempo actual. *— pois. m. adv.* Ahora bien, esto supuesto o sentado. *Por —. m. adv.* Por ahora, por lo pronto. *—! Interj.* que exprime duda, desprecio o impaciencia.

ORAÇÃO (sáum) *f.* Oración, discurso. Oración, rezo, súplica, deprecación. *Gram.* Oración.

ORACIONAL *adj. Gram.* Oracional.

ORAÇOEIRO (soei) *m. ant.* Oracional (libro de oraciones).

ORACULAR *adj.* Oracular. *v. intr.* Hablar como oráculo.

ORÁCULO *m.* Oráculo.

ORADOR *m.* Orador.

ORAGO *m.* Patrono (de una iglesia o capilla).

ORAL *adj.* Oral (expresado verbalmente). Bucal.

ORALMENTE *adv. m.* Oralmente.

ORANGISTA (jis) *adj. y s.* Orangista.

ORANGOTANGO *m. Zool.* Orangután.

ORAR *v. intr.* Orar (pronunciar algún discurso, hablar en publico). Orar, rezar, hacer oración a Dios. *v. tr.* Orar, rogar.

ORATE *m.* Orate, demente, loco.

ORATÓRIA (tò) *f.* Oratoria.

ORATÓRIO (tò) *m.* Oratorio (lugar destinado para orar; congregación de presbíteros; composición dramática y música sobre asunto sagrado). Capilleta. *adj.* Oratorio.

ORBE (òr) *m.* Orbe, redondez. Orbe, esfera terrestre o celeste. Orbe, mundo, universo.

ORBÍCOLA *adj.* Orbícola.

ORBICULAR *adj.* Orbicular, circular, redondo.

ÓRBITA (òr) *f. Astr.* Órbita. *Anat.* Órbita, cuenca del ojo. *fig.* Esfera, círculo, límite.

ORBITÁRIO, RIA *adj.* Orbital, orbitario.

ORÇA (òrsa) *f. Mar.* Orza (acción de orzar). Cálculo, valuación, estimulación.

ORÇADO, DA (sa) *adj.* Calculado, estimado, valorado, valuado.

ORÇAMENTAL (sa) *adj.* Lo mismo que

ORÇAMENTÁRIO, RIA (sa) *adj.* Perteneciente o relativo al presupuesto.

ORÇAMENTO (sa) *m.* Presupuesto (cómputo anticipado del coste de una obra o de los gastos de un estado).

ORÇAR (sar) *v. tr.* Presuponer (formar el cómputo anticipado de los gastos o ingresos). Calcular, valorar, estimar, valuar. *v. intr. Mar.* Orzar. Alacanzar, llegar a, igualar, tener aproximadamente, acercarse.

ORCHATA (*ch*a) *f.* Horchata.

ORCO *m. poét.* Orco, el infierno.

ORDÁLIO *m.* Ordalias, juicios de Dios.

ORDEIRAMENTE *adv. m.* Ordenadamente, pacíficamente, sin alboroto, compuestamente.

ORDEIRO, RA *adj.* Amigo del orden; pacífico; conservador.

ORDEM (òr) *f.* Orden (disposición sistemática de las cosas; concierto, armonía; regla, método en la ejecución o disposición de las cosas; serie o sucesión de estas; sacramento por el cual reciben su consagración los ministros de la iglesia; instituto religioso; sistema de arquitetura; división de las clases y familias de animales). (*m*). Orden (mandato; institutos civiles o militares creados para premiar las personas beneméritas; coro de espíritus angélicos). (*f.*)

ORDENAÇÃO (sáum) *f.* Ordenación (disposición, medida; acción de ordenar; mandato, orden, precepto). Ley, reglamento.

ORDENADA *f. Geom.* Ordenada.

ORDENADO, DA *adj. P. p.* de *Ordenar.* Ordenado. *m.* Salario, sueldo, paga, estipendio.

ORDENADOR, RA *adj.* Ordenador. Ú. t. c. s.

ORDENAMENTO *m.* Ordenamiento, ordenanza.

ORDENANÇA (sa) *f.* Ordenanza, método, orden. Ordenanza (conjunto de reglas o preceptos). Ordenanza (soldado que está a las órdenes de un oficial).

ORDENAR *v. tr.* Ordenar (poner en orden; mandar que se haga una cosa; conferir las ordenes sagradas). *v. r.* Ordenarse (recibir las órdenes sagradas). Ponerse en orden; disponerse.

ORDENÁVEL *adj.* Ordenable.

ORDENHA (ña) *f.* Ordeño.

ORDENHAR (ñar) *v. tr.* Ordeñar (extraer la leche de la ubre).

ORDINAL *adj. Arit. y Gram.* Ordinal.

ORDINANDO *m.* Ordenando (el que se dispone a recibir las órdenes sagradas).

ORDINÁRIA *f.* Ordinario (gasto diario de una casa).

ORDINARIAMENTE *adv. m.* Ordinariamente.

ORDINÁRIO, RIA *adj.* Ordinário (común, regular, frecuente, usual, habitual; plebeyo, bajo, vulgar; falto de distinción en su línea; aplícase al juez que conoce de las causas en primera instancia).

ORDINARISMO *m. Bras.* Bajeza, falta de carácter.

ORÉADE (rè) *f. Mit.* Oréada, oréade.

OREAR *v. tr. Bras.* Orear (dar en alguna cosa el aire, secándola o quitándole algún olor). *v. intr.* Orearse.

OREGÃO (gáum) *m. Bot.* Orégano.

ORELHA (lla) *f. Anat.* Oreja. Oreja (del zapato; de algunas herramientas). *pl.* Orejeras (del arado). *Torcer as —s. fr. fig.* Arrepentirse. *De —s baixas. m. adv. fig.* Con las orejas caídas, o gachas.

ORELHADO, DA (lla) *adj.* Orejado.

ORELHANO, NA (lla) *adj. Bras. merid.* Orejano.

ORELHÃO (lláum) *m.* Orejón, tirón de orejas.

ORELHAR (llar) *v. tr. Bras. merid.* Coger el animal por una oreja para que lo monte el domador.

ORELHEIRA (llei) *f.* Orejas de los animales, principalmente las del cerdo.

ORELHUDO, DA (llu) *adj.* Orejudo (que tiene las orejas muy largas). *Bras. merid.* Orejano. *fig.* Terco, obstinado; estúpido. *m.* Orejudo (murciélago).

OREOGNOSIA (zía) *f.* Orognosia.

OREOGNÓSTICO, CA (nòs) *adj.* Orognóstico.

OREOGRAFIA (fía) *f.* Orografía, oreografía.

OREOGRÁFICO, CA *adj.* Orográfico, oreográfico.

OREXIA (xía) *f.* Orexia.

ÓRFÃ (ÒRfán) *f.* Huérfana.

ORFANADO *m.* Orfanato, orfanatorio.

ORFANAR *v. tr.* Hacer huérfano. Quitar, privar.

ORFANATO *m.* Orfanato, orfanatorio.

ORFANDADE *f.* Orfandad.

ÓRFÃO, FÃ (ÒRfáum, ÒRfán) *adj.* Huérfano. Ú. t. c. s.

ORFEÃO (feáum) *m.* Orfeón (sociedad de cantantes en coro; instrumento).

ORFÉICO, CA *adj.* Musical.

ORFEÔNICO, CA (feó) *adj.* Orfeónico.

ORGANDI *m.* Organdí.

ORGANEIRO *m.* Organero.

ORGANICAMENTE *adv. m.* Orgánicamente.

ORGANICISMO *m.* Organicismo.

ORGÂNICO, CA (gá) *adj.* Orgánico (en todas las acepciones de esta voz).

ORGANISMO *m.* Organismo.

ORGANISTA *m.* Organista.

ORGANIZAÇÃO (zasáum) *f.* Organización.

ORGANIZADO, DA (za) *adj.* Organizado, orgánico. *Biol.* Organizado.

ORGANIZADOR, RA (za) *adj.* Organizador. Ú. t. c. s.

ORGANIZAR (zar) *v. tr.* Organizar, disponer, arreglar, establecer, instituir. Ú. t. c. r.

ORGANIZÁVEL (zá) *adj.* Organizable.

ORGANOGENESIA (jenezía) *f.* Organogenia.

ORGANOGENÉSICO, CA (jenèzi) *adj.* Organogénico.

ORGANOGENIA (jenía) *f.* Organogenía.

ORGANOGÊNICO, CA (jé) *adj.* Organogénico.

ORGANOGRAFIA (fía) *f.* Organografía.

ORGANOLÉPTICO, CA (lèp) *adj.* Organoléptico.

ORGANOPATIA (tía) *f.* Organopatismo, organopatía.

ORGANOPLASTIA (tía) *f.* Organoplastia.

ORGANOSCOPIA (pía) *f.* Organoscopia.

ÓRGÃO (ÒRgáum) *m.* Órgano (instrumento músico). Órgano (cualquiera de las partes del cuerpo animal o vegetal que ejerce una función). *fig.* Órgano (medio que pone en comunicación dos cosas). *fig.* Órgano (persona o cosa que sirve para la ejecución de un acto). *fig.* Periódico.

ORGASMO *m.* Orgasmo.

ORGÁSTICO, CA *adj.* Orgástico.

ORGIA (jía) *f.* Orgía. *Bras. pop.* Jarana, holgorio.

ORGÍACO, CA (jía) *adj.* Orgiástico.

ORGULHAR (llar) *v. tr.* Enorgullecer, llenar de orgullo, ensoberbecer, engreír. *v. r.* Enorgullecerse, engreírse, ensoberbecerse, cobrar orgullo.

ORGULHO (llo) *m.* Orgullo, arrogancia, vanidad, engreimiento, exceso de amor propio.

ORGULHOSAMENTE (llòza) *adv. m.* Orgullosamente.

ORGULHOSO, SA (ozo, òza) *adj.* Orgulloso. Ú. t. c. s.

ORICALCO *m.* Auricalco.

ORIENTAÇÃO (sáum) *f.* Orientación.

ORIENTADOR, RA *adj.* Orientador. Ú. t. c. s.

ORIENTAL *adj.* Oriental.

ORIENTALISMO *m.* Orientalismo.

ORIENTALISTA *m.* Orientalista.

ORIENTAR *v. tr.* Orientar (en todas las acepciones de esta voz). Ú. t. c. s.

ORIENTE *m.* Oriente (punto cardinal: brillo especial de las perlas; el Asia). *Grande —*. Gran Oriente.

ORIFÍCIO *m.* Orificio, abertura, agujero, boca.

ORIFLAMA *f.* Oriflama.

ORIFORME (fòr) *adj.* Oriforme (que tiene forma de boca).

ORIGEM (jem) *f.* Origen (principio, manantial, causa, raíz; patria, cuna, país; ascendencia, familia; motivo o causa moral).

ORIGINAL (ji) *adj.* Original.

ORIGINALIDADE (ji) *f.* Originalidad.

ORIGINALMENTE (ji) *adv. m.* Originalmente.

ORIGINAR (ji) *v. tr.* Originar. *v. r.* Originarse.

ORIGINÁRIO, RIA (ji) *adj.* Originario.

ORIGMA *m.* Origma.

ORILHA (lla) *f.* Orilla, borde.

ÓRION (ò) *m. Astr.* Orión.

ORIUNDO, DA *adj.* Oriundo, originario.

ORIXÁ (chá) *m. Bras.* Divinidad del culto fetiquista.

ORLA (òr) *f.* Orla, orilla, borde (de los paños, vestidos, etc.). Borde. *Blas.* Orla. Lo mismo que BEIRA.

ORLADURA *f.* Orladura, orla.

ORLAR *v. tr.* Orlar. Lo mismo que DEBRUAR.

ORLEANÊS, ESA (nés, neza) *adj.* Orleanés. Ú. t. c. s.

ORLEANISTA *adj. y s.* Orleanista.

ORNADOR, RA *adj.* Ornador. Ú. t. c. s.

ORNAMENTAÇÃO (sáum) *f.* Ornamentación.

ORNAMENTAL *adj.* Ornamental.

ORNAMENTAR *v. tr.* Ornamentar, ornar, adornar.

ORNAMENTO *m.* Ornamento, adorno, ornato, atavío.

ORNAR *v. tr.* Ornar, adornar. Ú. t. c. r.

ORNATO *m.* Ornato, ornamento; adorno.

ORNEAR *v. intr.* Rebuznar.

ORNEIO *m.* Rebuzno.

ORNEJADOR, RA (*j*a) *adj.* Rebuznador.

ORNEJAR (jar) *v. intr.* Rebuznar.

ORNEJO (jo) *m.* Rebuzno.

ORNIS *m.* Ornis (especie de muselina).

ORNITOLOGIA (jía) *f.* Ornitología.

ORNITOLOGISTA (jis) *m.* Ornitólogo.

ORNITOMANCIA (cía) *f.* Ornitomancia, ornitomancía.

ORNITORRINCO *m. Zool.* Ornitorrinco.

OROGNOSIA (zía) *f.* Orognosia.

OROGRAFIA (fía) *f.* Orografía.

OROGRÁFICO, CA *adj.* Orográfico.

OROLOGIA (jía) *f.* Orología. Orognosia.

ORONETA *f.* Oroneta.

ORQUESTRA (qués) *f.* Orquesta.

ORQUESTRAÇÃO (sáum) *f.* Orquestación.

ORQUESTRAL *adj.* Orquestal.

ORQUESTRAR *v. tr.* Orquestar, instrumentar. *v. r.* Armonizar, estar en armonía.

ORQUÍDEA *f.* Orquídea.

ORQUIDEÁCEO, CEA *adj.* Orquídeo. *f. pl. Bot.* Orquídeas.

ORQUIOCELE (cè) *f.* Orquiocele.

ORQUITE *f.* Orquitis.

ORTIGA *f.* Ortiga. Lo mismo que URTIGA.

ORTIGÃO (gáum) *m.* Lo mismo que URTIGÃO.

ORTIGAR *v. tr.* Lo mismo que URTIGAR.

ORTIVO, VA *adj.* Ortivo.

ORTO *m.* Orto, salida, nacimiento de un astro.

ORTOCLASE (ze) *f. Miner.* Ortoclasa.

ORTODOXIA (xía) *f.* Ortodoxia.

ORTODOXO, XA (dòxo) *adj.* Ortodoxo.

ORTODROMIA (mía) *f.* Ortodromia.

ORTOÉPIA (è) *f. Gram.* Ortología.

ORTOÉPICO, CA (è) *adj.* Ortológico.

ORTÓGNATO (tò) *m.* Ortognato.

ORTOGONAL *adj.* Ortogonal.

ORTOGRAFAR *v. tr.* Ortografiar.

ORTOGRAFIA (fía) *f.* Ortografía.

ORTOGRÁFICO, CA *adj.* Ortográfico.

ORTOPEDIA (día) *f.* Ortopedia.

ORTOPÉDICO, CA (pè) *adj.* Ortopédico.

ORTOPEDISTA *m.* Ortopedista.

ORTÓPTERO (tòp) *adj. Zool.* Ortóptero. *m. pl.* Ortópteros.

ORTORRÔMBICO, CA (rróm) *adj.* Ortorrómbico.

ORTÓSIA (tòzia) *f.* Ortosa.

ORTÓSIO (tòzio) *m.* Ortosa.

ORVALHADA (lla) *f.* Rocío matinal. Formación del rocío.

ORVALHAR (llar) *v. tr.* Rociar, mojar con rocío. Rociar, esparcir en menudas gotas. *v. intr.* Rociar (caer sobre la tierra el rocío). Rociar, lloviznar. Mojarse.

ORVALHO (llo) *m.* Rocío, relente, sereno.

ORVALHOSO, SA (llozo, òza) *adj.* Que tiene rocío, lleno de rocío, cubierto de rocío.

OSCILAÇÃO (sáum) *f.* Oscilación.

OSCILANTE *adj.* Oscilante.

OSCILAR *v. intr.* Oscilar. Ú. t. c. tr.

OSCILATÓRIO, RIA (tò) *adj.* Oscilatorio.

OSCITAÇÃO (sáum) *f. Med.* Oscitación, bostezo.

OSCITAR *v. intr. Med.* Bostezar.

OSCO, CA *adj.* y *s.* Osco. *m.* Osco (lengua osca). *adj.* Lo mismo que EMBUÇADO.

OSCULAÇÃO (sáum) *f.* Beso, acto de besar. *Mat.* Osculación.

OSCULADOR, RA *adj.* Que besa. *Mat.* Osculador, triz.

OSCULAR *v. tr.* Besar.

OSCULATÓRIO, RIA (tò) *adj.* Relativo al ósculo. *m.* Portapaz.

ÓSCULO (òs) *m.* Ósculo, beso.

OSMANDÍ *m.* Lengua turca.

OSMANLÍ *adj.* y Is. Otomano, osmanlí.

ÓSMICO, CA (òs) *adj.* Ósmico.

ÓSMIO (òs) *m. Quím.* Osmio.

OSMOLOGIA (jía) *f.* Osmología (tratado de los olores).

OSMÔMETRO (mó) *m.* Osmómetro.

OSMOSE (mòze) *f.* Osmosis.

OSMÓTICO, CA (mò) *adj.* Osmótico.

OSSADA (sa) *f.* Osambre, osamenta. Osar, osario.

OSSAMA (sa) *f. Bras.* Lo mismo que OSSADA.

OSSAMENTA (sa) *f.* Osamenta, esqueleto.

OSSARIA (saría) *f.* Osario, montón de huesos.

OSSÁRIO (sá) *m.* Osario, osar.

OSSATURA (sa) *f.* Osamenta, esqueleto.

OSSEÍNA (se) *f. Quím.* Oseína.

ÓSSEO, SSEA (òseo, sea) *adj.* Óseo, de hueso.

OSSIÂNICO, CA (siá) *adj.* Osiánico.

OSSÍCULO (sí) *m.* Huecesillo.

OSSIFICAÇÃO (sificasáum) *f.* Osificación.

OSSIFICAR (si) *v. tr.* Convertir en hueso. *v. r.* Osificarse.

OSSIFLUENTE (si) *adj.* Osifluente.

OSSÍVORO, RA (sí) *adj.* Osívoro.

OSSO (oso) *m.* Hueso. *fig.* Dificultad.

OSSUÁRIO (suá) *m.* Osar, osario.

OSSUDO, DA (su) *adj.* Huesudo, osudo.

OSTAGA *f. Mar.* Ostaga.

OSTEALGIA (jía) *f.* Ostealgia.

OSTEÍNA *f. Quím.* Osteína, oseína.

OSTEÍTE *f.* Osteítis.

OSTENSÃO (sáum) *f.* Ostensión; ostentación.

OSTENSIVAMENTE *adv. m.* Ostensiblemente.

OSTENSIVO, VA *adj.* Ostensivo; ostensible.

OSTENSOR, RA *adj.* Ostensivo, que muestra. Ú. t. c. s.

OSTENSÓRIO, RIA (sò) *adj.* Ostensibo. *m. Rel.* Custodia.

OSTENTAÇÃO (sáum) *f.* Ostentación (acción y efecto de ostentar; vanagloria, jactancia).

OSTENTADOR, RA *adj.* Ostentador. Ú. t. c. s.

OSTENTAR *v. tr.* Ostentar (mostrar, hacer patente una cosa; hacer gala de grandeza y lucimiento).

OSTENTATIVO, VA *adj.* Ostentativo.

OSTENTOSAMENTE (tòza) *adv. m.* Ostentosamente.

OSTENTOSO, SA (tozo, òza) *adj.* Ostentoso.

OSTEOBLASTO *m.* Osteoblasto.

OSTEOCELE (cè) *f.* Osteocele.

OSTEODERMO, MA (dèr) *adj.* Osteodermo. *m. pl. Zool.* Osteodermos.

OSTEOGÊNESE (jéneze) *f.* Osteogénesis, osteogenia.

OSTEOGENÉTICO, CA (jenè) *adj.* Osteogénico.

OSTEOGENIA (jenía) *f.* Osteogenia.

OSTEOGRAFIA (fía) *f.* Osteografía.

OSTEÓLITO (teò) *m.* Osteolito.

OSTEOLOGIA (jía) *f.* Osteología.

OSTEOMA *m.* Osteoma.

OSTEOMALACIA (cía) *f.* Osteomalacia.

OSTEÔMETO (teó) *m.* Parte ósea del metámero.

OSTEOMETRIA (tría) *f.* Osteometría.

OSTEOMIELITE *f.* Osteomielitis.

OSTEONECROSE (cròze) *f.* Osteonecrosis.

OSTEOPLASTIA (tía) *f.* Osteoplastia.

OSTEOSE (teòze) *f.* Osteosis.

OSTEOSSARCOMA (sar) *m.* Osteosarcoma.

OSTEOTOMIA (mía) *f.* Osteotomía.

OSTEOZOÁRIO, RIA (zoá) *adj.* Osteozoario, vertebrado.

OSTIARATO *m.* Ostiarado.

OSTIÁRIO *m.* Ostiario.

OSTIOLADO, DA *adj.* Ostiólico.

OSTÍOLO *m. Hist. Nat.* Ostíolo.

OSTRA *f.* Ostra.

OSTRACISMO *m.* Ostracismo

OSTRACISTA *m.* Partidario del ostracismo.

OSTRACITA *f.* Ostracita.

OSTRACODÓS (cò) *m. pl. Zool.* Ostracodos.

OSTRACOLOGIA (jía) *f.* Ostracologia.

OSTRARIA (ría) *f.* Ostrero, ostral.

OSTREICULTOR *m.* Ostricultor, ostreicultor.

OSTREICULTURA *f.* Ostricultura, ostreicultura.

OSTREIRO *m.* Ostrero (vendedor de ostras).

OSTRINO, NA *adj.* Purpúreo.

OSTRO *m.* Ostro, púrpura.

OSTROGODO, DA *adj.* y *s.* Ostrogodo.

OTALGIA (jía) *f.* Otalgia.

OTÁRIO *m. Bras.* Tonto, necio; otario *(amer. argent.).*

ÓTICA (ò) *f.* Óptica.

ÓTICO, CA (ò) *adj.* Óptico.

OTIMAMENTE (ò) *adv. m.* Óptimamente.

OTIMISMO *m.* Optimismo.

OTIMISTA *adj.* Optimista. Ú. t. c. s.

ÓTIMO, MA (ò) *adj.* Óptimo, sumamente bueno.

OTITE *f.* Otitis.

OTOLOGIA (jía) *f.* Otología.

OTOMANA *f.* Otomana (especie de canapé). Especie de tela; otomano *(amer. cub.).*

OTOMANO, NA *adj.* y *s.* Otomano, turco.

OTOSE (tòze) *f.* Otosis.

OU *conj. disyunt.* O.

OUÇA (sa) *f.* Clavija del timón del carro. Oído.

OURA *f.* Vértigo.

OURELA (rè) *f.* Orla, borde, orilla. Orillo.

OURELO (rè) *m.* Orillo.

OURIÇADA (sa) *adj.* Erizo.

OURIÇAR (sar) *v. tr.* Erizar. *v. tr.* Erizarse.

OURIÇO (so) *m. Zool.* Erizo. Erizo, zurrón (de la castaña). — *-cacheiro. Zool.* Erizo.

OURINGUE *m. Mar.* Orinque.

OURINQUE *m. Mar.* Orinque.

OURIPEL (pèl) *m.* Lo mismo que OUROPEL.

OURIVES *m.* Orífice, orfebre. Platero (que trabaja en oro o plata).

OURIVESARIA (zaría) *f.* Orfebrería. Platería (tienda o labrador de platero).

OURO *m.* Oro (metal). Oro (moneda, dinero). *pl.* Oros (cualquiera de los naipes de este palo). — *fio. m. adv.* Exactamente, en proporción exacta. — *-negro. Bras.* Caucho, goma.

OUROPEL (pèl) *m.* Oropel (lámina de latón que imita al oro). *fig.* Oropel (cosa de poco valor y mucha apariencia).

OUSADAMENTE (za) *adv. m.* Osadamente, atrevidamente.

OUSADIA (zadía) *f.* Osadía, atrevimiento, audacia, resolución.

OUSADO, DA (za) *adj.* Osado, atrevido, audaz.

OUSAR (zar) *v. intr.* Osar, atreverse. Ú. t. c. tr.

OUSIO (zío) *m.* Osadía, atrevimiento.

OUTÃO (táum) *m.* Pared lateral de una casa. Medianería (pared).

OUTAR *v. tr.* Lo mismo que JOEIRAR.

OUTEIRO *m.* Otero, cerro, colina.

OUTIVA *f.* Oído, audición. *De —. m. adv.* De coro, de memoria. De oído; por oír decir.

OUTO *m.* Granzas del trigo.

OUTONADA *f.* Otoñada.

OUTONAL *adj.* Otoñal, otoñizo.

OUTONAR *v. intr.* Otoñar.

OUTONIÇO, ÇA (so, sa) *adj.* Otoñizo, otoñal.

OUTONO, NO *m.* Otoño.

OUTORGA (tòr) *f.* Otorgamiento.

OUTORGANTE *adj.* Otorgante. Ú. t. c. s.

OUTORGAR *v. tr.* Otorgar.

OUTREM *pron. indef.* Otro, otros, el prójimo.

OUTRO, TRA *adj.* Otro. Ú. t. c. s. *pron. indef. pl.* Otros, otras personas.

OUTRORA (trò) *adv. t.* Otrora, en otro tiempo.

OUTROSSIM (sín) *adv.* Otrosí, demás de esto, además.

OUTROTANTO *m.* La misma cantidad, otro tanto, la misma cosa.

OUTUBRISTA *adj. Bras.* Relativo a la revolución de Octubre de 1930.

OUTUBRO *m.* Octubre (décimo mes del año).

OUVIDO *m.* Oído (sentido; aparato de la audición; orificio de la recámara de algunas armas de fuego). Buen oído (para la música). *Ao —. m. adv.* Al oído. *Ao pé do —. m. adv.* Al oído. *Aguçar,* o *apurar, o —. fr. fig.* Aguzar los oídos, aguzar las orejas. *Dar —s. fr.* Dar oídos, dar crédito. *De —. m. adv. Mús.* De oído. *Fazer —s de mercador. fr. fig.* Hacer oídos de mercader, hacerce sordo. *Não dar —s. fr. fig.* Negar los oídos, no dar oídos.

OUVIDOR *m.* Oidor (el que oye). Oidor (antiguo ministro togado de justicia).

OUVIDORIA (ría) *f.* Oidoría.

OUVINTE *m.* Oyente (el que oye). Oyente (asistente a una aula, no matriculado como alumno).

OUVIR *v. tr.* Oír (percibir los sonidos; atender los ruegos; hacerse uno cargo de aquello de que le hablan; admitir la autoridad peticiones, razonamientos o pruebas de las partes, antes de resolver).

OVA (ò) *f.* Hueva. *Uma —! Bras.* Interj. pop. que exprime protesta violenta.

OVAÇÃO (sáum) *f.* Ovación.

OVACIONAR *v. tr.* Ovacionar, tributar una ovación.

OVADO, DA *adj.* Ovado, ovalado, oval.

OVAL *adj.* Oval, ovalado, ovado; aovado. *f. Geom.* Óvalo.

ÓVALO (ò) *m. Arq.* Óvolo (adorno).

OVANTE *adj.* Ovante, victorioso, triunfante.

OVAR *v. intr.* Aovar, ovar.

OVARIANO, NA *adj.* Ovárico.

OVARIECTOMIA (mía) *f.* Ovariotomía.

OVÁRIO *m. Bot.* y *Zool.* Ovario.

OVARIOCELE (cè) *f.* Ovariocele.

OVARIOTOMIA (mía) *f.* Ovariotomía.

OVEIRO *m.* Ovario de las aves. Huevera. *adj. Bras.* Overo.

OVELHA (lla) *f.* Oveja.

OVELHEIRO, RA (llei) *adj.* Ovejero, que cuida de las ovejas. Ú. t. c. s.

OVELHUM (llun) *adj.* Ovejuno.

OVÉM (vén) *m. Mar.* Obenque.

OVIÁRIO *m.* Ovil, redil, aprisco.

OVIDUTO *m. Anat.* Oviducto.

OVIFORME (fòr) *adj.* Oviforme, aovado.

OVIL *m.* Ovil, redil, aprisco.

OVINO, NA *adj.* Ovino, ovejuno.

OVIPARIDADE *f.* Oviparismo.

OVÍPARO, RA *adj.* Ovíparo.

OVISSACO (sa) *m. Anat.* Ovisaco.

OVÍVORO, RA *adj.* Ovívoro.

OVO *m.* Huevo. *— estrelado,* o *frito.* Huevo estrellado. *— gorado.* Huevo guero. *—s passados.* Huevos pasados por agua. *Fios de —s.* Huevos hilados. *—s mexidos,* huevos mejidos. Huevos revueltos.

OVÓIDE (vòi) *adj.* Ovoide, ovoideo, aovado, oval.

OVOLOGIA (jía) *f.* Ovología.

OVOVIVÍPARO, RA *adj.* Ovovivíparo.

OVULADO, DA *adj.* Que tiene óvulo.

OVULAR *adj.* Ovular.

OVULIFORME (fòr) *adj.* Ovuliforme.

ÓVULO (ò) *m. Hist. Nat.* Óvulo.

OXÁCIDO (xá) *m. Quím.* Oxácido.

OXALATO (xa) *m. Quím.* Oxalato.

OXÁLICO, CA (xá) *adj. Quím.* Oxálico.

OXALIDÁCEAS (xa) *f. pl.* Oxalidáceas, oxalideas.

OXALÚRIA (xa) *f.* Oxaluria.

OXALÚRICO, CA (xa) *adj. Quím.* Oxalúrico.

OXEOL (xeòl) *m.* Oxeleo.

OXEÓLEO (xeò) *m.* Oxeleo.

OXIBASE (xibaze) *f. Quím.* Oxibase.

OXIDABILIDADE (xi) *f.* Calidade de oxidable.

OXIDAÇÃO (xidasáum) *f.* Oxidación.

OXIDAR (xi) *v. tr.* Oxidar. Ú. t. c. r.

OXIDASE (xidaze) *f. Quím.* Oxidasa.

OXIDÁVEL (xi) *adj.* Oxidable.

ÓXIDO (òxi) *m. Quím.* Óxido.
OXIDRÍLIO (xi) *m.* Lo mismo que
OXIDRILO (xi) *m. Quím.* Oxhidrilo, oxidrilo.
OXIDULADO, DA (xi) *adj.* Ligeramente oxidado.
OXIGENAÇÃO (xijenasáum) *f.* Oxigenación.
OXIGENADO, DA (xije) *adj.* Oxigenado.
OXIGENAR (xije) *v. tr. Quím.* Oxigenar. Ú. t. c. r.
OXIGÊNIO (xijénio) *m. Quím.* Oxígeno.
OXÍGONO, NA (xi) *adj. Geom.* Oxigonio.
OXIMEL (ximèl) *m.* Ojimiel, ojimel, oximiel, oximel.

OXIMETRIA (ximetría) *f.* Oximetría.
OXÍTONO, NA (xí) *adj. Gram.* Oxítono. *Gram.* Agudo.
OXIURO (xiú) *m.* Oxiuro.
OXONIANO, NA (xo) *adj. y s.* Oxfordiense.
OXOSSI (chossí) *m. Bras.* Divinidad de los cazadores en el culto fetiquista.
OXUM (ochum) *m. Bras.* Divindad de las aguas en el culto fetiquista.
OZENA (ze) *f.* Ocena.
OZOCERITE (zo) *f. Miner.* Ozocerita.

OZONA (zo) *m.* Ozono.
OZONE (so) *m.* Ozono.
OZÔNIO (zó) *m.* Ozono.
OZONIZAÇÃO (zonizasáum) *f.* Ozonización.
OZONIZADOR (zoniza) *m.* Ozonador, ozonizador.
OZONIZAR (zonizar) *v. tr.* Ozonar, ozonizar.
OZONOMETRIA (zonometría) *f.* Ozonometría.
OZONOSCÓPIO (zonoscò) *m.* Ozonoscopio.

P (pe) *m.* Décimoquinta letra del abecedario portugués y undécima de sus consonantes.

PÁ *f.* Pala (instrumento). Pala (parte ancha del remo).

PABOLA (bò) *adj. Bras. Ceará.* Mentiroso.

PABULAGEM (jem) *f. Bras.* Fatuidad, presunción, vanidad infundada y ridícula. *Bras.* Jactancia, fanfarronada.

PABULAR *v. intr. Bras.* Fanfarronear; decir fatuidades.

PÁBULO *m.* Pábulo, pasto, comida, alimento. *fig.* Pábulo (sustento en las cosas inmateriales). *Bras.* Jactancioso, mentiroso.

PACA *f. Zool.* Paca. *adj.* Tonto, necio; otario *(amer. argent.).*

PACATEZ *f.* Pacatez, pacatería.

PACATO, TA *adj.* Pacato. Ú. t. c. s.

PACAU *m.* Antiguo juego de naipes.

PACEIRO, RA *adj.* Cortesano. Ú. t. c. s.

PACHOLA *(chò) m.* Perezoso, holgazán. Chancero. Lo mismo que PATUSCO. *Bras.* Vanidoso, orgulloso, engreído. *Bras.* Jactancioso, fanfarrón. *Bras.* Elegante.

PANCHOLAR *(cho) v. intr.* Vivir como *Pachola.*

PACHOLICE *(cho) f.* Chanza. Jactancia.

PANCHOLISMO *(cho) m.* Lo mismo que PACHOLICE.

PACHORRA *(cho) f.* Cachaza, flema, pachorra.

PACHORRENTO, TA *(cho) adj.* Pachorrudo, pachorrento, cachazudo.

PACHOUCHADA *(choucha) f.* Tontería, necedad.

PACHULÍ *(chu) m.* Pachulí.

PACIÊNCIA *(cién) f.* Paciencia.. Solitario (juego).

PACIENCIOSO, SÁ *(ciozo, òza) adj.* Pacienzudo.

PACIENTAR *v. intr. Bras.* Ser paciente; tener paciencia.

PACIENTE *adj.* Paciente, pacienzudo. *m.* Paciente.

PACIENTEMENTE *adv. m.* Pacientemente, pacienzudamente.

PACIFICAÇÃO *(sáum) f.* Pacificación.

PACIFICADOR, RA *adj.* Pacificador. Ú. t. c. s.

PACIFICAR *v. tr.* Pacificar. Ú. t. c. r.

PACIFICIDADE *f. Bras.* Calidad de pacífico.

PACÍFICO, CA *adj.* Pacífico, sosegado, tranquilo.

PACIFISMO *m.* Pacifismo, pacifismo.

PACIFISTA *adj. y s.* Pacifista.

PAÇO *(so) m.* Palacio (del soberano, del obispo). La corte. Los cortesanos.

PACOBA *(cò) f. Bras.* Banana, plátano.

PACOBAL *m. Bras.* Terreno poblado de bananos.

PACOBEIRA *f. Bras.* Banano.

PAÇOCA *(sò) f. Bras.* Castaña tostada y molida. *Bras.* Carne asada y deshilada, con harina de mandioca.

PACOLÉ *(lè) m. Bras.* Especie de algodonero.

PACOTILHA *(lla) f.* Pacotilla.

PACOTILHEIRO *(llei) m. Bras.* Pacotillero *(Amer.).*

PACOVA *(cò) f. Bras.* Banana.

PACOVAL *m. Bras.* Terreno poblado de bananos.

PACOVEIRA *f. Bras.* Banano.

PACÓVIO, VIA *(cò) adj.* Estúpido, tonto, simplón, simple. Ú. t. c. s.

PACTÁRIO, RIA *adj.* Que hace pactos. Ú. t. c. s.

PACTO *m.* Pacto, concierto, convenio.

PACTUANTE *adj.* Lo mismo que PACTUÁRIO.

PACTUAR *v. tr.* Pactar.

PACTUÁRIO, RIA *adj.* Que hace pactos. Ú. t. c. s.

PACÚ *m. Bras.* Pacú (pez grande de agua dulce; *Amer.).*

PACUERA *(cuè) f. Bras.* Asadura (del buey, del cerdo y del carnero). *Bater a —. fr. fig. Bras.* Morir, acabarse.

PADA *f.* Pan pequeño. Cantidad muy reducida de una cosa.

PADARIA *(ría) f.* Panadería.

PADECER *v. tr.* Padecer (en todas las acepciones de esta voz).

PADECIMENTO *m.* Padecimiento.

PADEIRO *m.* Panadero.

PADEJADOR *(ja) m.* Panadero. El que trabaja con la pala. *adj.* Que panadea. Que revuelve con la pala.

PADEJAR *(jar) v. intr.* Panadear. *v. tr.* Revolver con la pala.

PADEJO *(jo) m.* Panadeo. Acción de revolver con la pala. Panadería (oficio de panadero).

PADIEIRA *f.* Dintel (de puerta o ventana).

PADIOLA *(diò) f.* Parihuela, camilla (para heridos).

PADIOLEIRO *m. Bras.* Camillero.

PADRALHADA *(lla) f. despect.* Clerecía, cleriguicia; conjunto de curas.

PADRÃO *(dráum) m.* Padrón, patrón, modelo, dechado. Padrón (columna o pilar con alguna inscripción conmemorativa). Mojón. Título auténtico. Tipo, modelo, plantilla. Dibujo (de las telas estampadas).

PADRARIA *(ría) f.* Lo mismo que PADRALHADA.

PADRAR-SE *v. r.* Meterse fraile, ordenarse.

PADRASTO *m.* Padrastro.

PADRE *m.* Cura, sacerdote.

PADRE-CURA *m.* Cura, párroco.

PADREAÇÃO *(sáum) f.* Cubrición.

PADREADOR *m.* Animal que padrea.

PADREAR *v. intr.* Padrear, cubrir.

PADRECO *(drè) m. despect.* Cura.

PADRE-NOSSO *(nòsso) m.* Padrenuestro, padre nuestro.

PADRE-SANTO *m.* El Papa.

PADRESCO, CA *adj. despect.* Relativo a los curas.

PADRINHO *(ño) m.* Padrino.

PADROADO *m. Ecles.* Patronato, patronazgo.

PADROEIRA *f.* Patrona (santa titular de una iglesia).

PADROEIRO *m.* Patrón (santo titular de una iglesia).

PADRONIZAÇÃO *(zasáum) f.* Acción de uniformar o normalizar.

PADRONIZAR *(zar) v. tr.* Servir de patrón, padrón o modelo. Uniformar, normalizar.

PAGA *f.* Paga (acción de pagar algo). Pago (satisfacción o recompensa). Paga, sueldo. *Em —. m. adv.* En pago.

PAGADOR, RA *adj.* Pagador. Ú. t. c. s.

PAGADORIA *(ría) f.* Pagaduría.

PAGAMENTO *m.* Paga, pagamento, pagamiento, pago.

PAGANAIS *f. pl.* Paganales, paganalias.

PAGANISMO *m.* Paganismo, gentilismo.

PAGANIZAR *(zar) v. tr.* Paganizar. *v. intr.* Paganizar.

PAGANTE *adj.* Dícese de la persona que paga. Ú. t. c. s. *m. fam.* Pagano.

PAGÃO, GÃ *(gáum, gãn) adj.* Pagano. Ú. t. c. s.

PAGAR *v. tr.* Pagar (dar, satisfacer uno a otro lo que le debe; satisfacer el delito, falta o yerro; corresponder a un beneficio).

PAGÁVEL *adj.* Pagadero, pagable.

PAGÉ *(jè) m. Bras.* Nombre que se da al jefe espiritual de los indios brasileños.

PAGELANÇA *(jelansa) f. Bras.* Hechizo.

PAGEM *(jem) m.* Lo mismo que PAJEM.

PAGIÇO, ÇA *(jiso, sa) adj.* Pajizo.

PÁGINA *(ji) f.* Página.

PAGINAÇÃO *(jinasáum) f.* Paginación.

PAGINADOR *(ji) m.* El que pagina un libro o periódico.

PAGINAR *(ji) v. tr.* Paginar.

PAGO, GA *P. p. irreg.* de *Pagar.* Pagado. *adj.* Pago (aplícase a aquela persona a quien se ha pagado). *fig.* Vengado. *m.* Pago, paga. *Bras. merid.* Lugar donde vive una persona; pago *(Amer.).*

PAGODE *(gò) m.* Pagoda. Jarana, holgorio, diversión.

PAGODEAR *v. intr.* Correrla, divertirse en grande, andar en francachelas.

PAGODEIRA *f. Germ.* Francachela, holgorio, diversión, jarana.

PAGODICE *f.* Lo mismo que PAGODEIRA.

PAI *m.* Padre (varón o macho que ha engendrado hijos; primera persona de la Santísima Trinidad; *fig.* autor o inventor de una cosa; el que ha creado o adelantado mucho una ciencia o facultad). *— de família.* Padre de familia, o de familias. *— adotivo.* Padre adoptivo. *— de santo. Bras.* Hechicero, brujo. *— de terreiro. Bras.* Hechicero, brujo. *— espiritual.* Padre espiritual. *— dos pobres. fig.* Padre de pobres. *— da pátria.* Padre de la patria, o de su patria. *—-nosso.* Padre nuestro (oración).

PAÍBA *adj. Bras. Amaz.* Inhábil, incapaz.

PAIÉ *(iè) m. Bras.* Lo mismo que PAGÉ.

PAINA *f. Bras.* Especie de algodón que producen ciertos árboles bombaceos, lana vegetal. Fruto de la *paineira.*

PAINÇA *(ínsa) f.* Paja del panizo.

PAINÇADA *(insá) f.* Cantidad grande de panizo.

PAINÇO *(ínso) m.* Panizo.

PAINEIRA *f. Bras.* Árbol del Brasil. *(Chorisia Speciosa).*

PAINEL *(nèl) m.* Panel, painel. Cuadro, pintura, lienzo. *fig.* Espectáculo.

PAIO *m.* Embuchado. *adj. y s. Bras.* Tonto, necio.

PAIOL *(iòl) m.* Pañol. *— da pólvora.* Santabárbara. *Bras.* Silo; granero.

PAIOLEIRO *m. Mar.* Pañolero.

PAIRAR *v. intr. Mar.* Pairar, estar al pairo. Cernerse. Amenazar, estar próximo a. *v. tr.* Parar, sostener, aguantar.

PAIRO *m. Mar.* Pairo.

PAÍS *m.* País, región, comarca, territorio, nación, patria. País, paisaje.

PAISAGEM *(za) f.* Paisaje.

PAISAGISTA *(za/is) m.* Paisajista, paisista.

PAISANADA *(za) f.* Paisanaje (conjunto de paisanos, de los que no son militares).

PAISANO, NA (za) *adj.* Paisano (que es del mismo lugar que otro). *m.* Paisano (el que no es militar).

PAIXÃO (*cháum*) *f.* Pasión (en todas las acepciones de esta voz). Cólera.

PAIXONITE (cho) *f. Bras. fam. despect.* Pasión amorosa.

PAJEM (jem) *m.* Paje.

PALA *f.* Pala (asiento metálico en que el lapidario engasta las piedras). Palia, hijuela (para cubrir el cáliz). Pala (del zapato). Ala (de gorra, de morrión, etc.), Visera. *Bras. merid.* Poncho. *Blas.* Pal, palo.

PALACETE *m.* Palacete.

PALACIANO, NA *adj.* Palaciego, palaciano. *m.* Palaciego, cortesano.

PALÁCIO *m.* Palacio.

PALADAR *m.* Paladar, cielo de la boca. *fig.* Paladar (sabor; gusto).

PALADIM *m.* Paladín, paladino.

PALADINO *m.* Paladino, paladín. *adj.* Paladino, público, manifiesto y patente.

PALÁDIO *m.* Paladión (cosa en que estriba la seguridad y defensa de algo; estatua de Palas). *Quím.* Paladio.

PALAFITA *f.* Palafito.

PALAFRÉM (frém) *m.* Palafrén.

PALAFRENEIRO *m.* Palafrenero.

PALAGONITA *f. Miner.* Palagonita.

PALAMALHAR (llar) *m.* Palamallo.

PALAMENTA *f. Mar.* Palamenta.

PALANCA *f.* Palanca (fortín de estacas y tierra). Estaca. *p. us.* Palanca (instrumento).

PALANCO *m. Mar.* Palanquín.

PALANFRÓRIO (frò) *m.* Palabrería, palabreo.

PALANGANA *f.* Plato grande. Artesa para servir asados.

PALANQUE *m.* Palanque.

PALANQUEAR *v. tr. Bras. merid.* Palanquear (Amer.).

PALANQUETA *f. Artill.* Palanqueta.

PALANQUIM (quím) *m.* Palanquín (litera).

PALATAL *adj.* Paladial, palatal.

PALATINA *f.* Palatina (adorno de pieles).

PALATINADO *m.* Palatinado.

PALATINAL *adj.* Palatal, paladial, palatino.

PALATINO, NA *adj.* Palatino, palatal, paladial. Palatino (del palacio). *m.* Palatino. *Eleitor —.* Elector palatino.

PALATIZAÇÃO (zasáum) *f.* Acción de palatizar.

PALATIZAR (zar) *v. tr.* Palatizar.

PALATO *m.* Paladar, cielo de la boca.

PALATO-FARÍNGEO (jeo) *adj.* Palatofaríngeo.

PALATO-LABIAL *adj.* Palatolabial.

PALATO-LINGUAL *adj.* Palatogloso.

PÁLAVI *m.* Pelvis.

PALAVRA *f.* Palabra. *— de honra.* Palavra de honor. *Sob —. m. adv.* Bajo su palabra, sobre su palabra.

PALAVRADA *f.* Palabrada, pala rota.

PALAVRÃO (vráum) *m.* Palabrota. Palabrón (palabra notable o disforme).

PALAVREADO *m.* Palabrería, palabreo.

PALAVREADOR, RA *adj.* Palabrero, palabrón. Ú. t. c. s.

PALAVREAR *v. intr.* Parlotear, charlar, palabrear.

PALAVRÓRIO (vrò) *m.* Palabrería, palabreo.

PALAVROSO, SA (vrozo, òza) *adj.* Palabrero.

PALCO *m.* Escenario, tablado. *fig.* Teatro.

PÁLEA *f.* Palia, hijuela (para cubrir el cáliz).

PALEAR *v. tr. p. us.* Manifestar, publicar. *Bras. merid.* Revolver con la pala.

PALEIO *m. Bras.* Chanza, burla.

PALEJAR (jar) *v. intr. Bras.* Palider, ponerse pálido.

PALENTE *adj. poét.* Pálido.

PALEOARQUEOLOGIA (jia) *f.* Paleoarqueología.

PALEOFITOLOGIA (jía) *f.* Paleofitología.

PALEOGÊNEO, NEA (jé) *adj. Geol.* Paleoceno.

PALEOGEOGRAFIA (jeografía) *f.* Paleogeografía.

PALEOGRAFIA (fía) *f.* Paleografía.

PALEÓGRAFO (leò) *m.* Paleógrafo.

PALÉOLA (lèo) *f. Bot.* Paléola.

PALEOLÍTICO, CA *adj.* Paleolítico.

PALEOLOGIA (jía) *f.* Paleología.

PALEÓLOGO (leò) *m.* Paleólogo.

PALEONTOGRAFIA (fía) *f.* Paleontografía.

PALEONTOLOGIA (jía) *f.* Paleontología.

PALEONTOLÓGICO, CA (lòji) *adj.* Paleontológico.

PALEONTÓLOGO (tò) *m.* Paleontólogo.

PALEOTÉRIO (tè) *m.* Paleoterio.

PALEOZÓICO, CA (zòi) *adj.* Paleozoico.

PALEOZOOLOGIA (zoolojía) *f.* Paleozoología.

PALERMA (lèr) *adj.* Estúpido, necio, tonto, idiota. Ú. t. c. s.

PALERMAR *v. intr Bras.* Proceder como estúpido.

PALERMICE *f.* Tontería, necedad.

PALESCÊNCIA (cén) *f.* Palescencia.

PALESTESIA (zía) *f.* Palestesia.

PALESTRA (lès) *f.* Conversación, charla. Palestra (lugar donde se lidia; lucha).

PALESTRADOR, RA *adj.* Conversador. Ú. t. c. s.

PALESTRANTE *m.* Conversador.

PALESTRAR *v. intr.* Conversar, charlar, hablar.

PALESTRINIANO, NA *adj.* Palestriniano.

PALESTRITA *m.* Palestrita.

PALETA *f.* Paleta (de pintor). *Bras.* Paleta, paletilla. *adj. Bras.* Aguafiestas; intruso.

PALETÓ (tò) *m.* Saco (prenda de vestir).

PALHA (lla) *f.* Paja. *fig.* Paja (cosa futil).

PALHABOTE (llabò) *m. Mar.* Especie de goleta.

PALHAÇADA (llasa) *f.* Paysada.

PALHAÇO (llaso) *m.* Payaso. *adj.* Pajizo.

PALHADA (lla) *f.* Pajada.

PALHAGEM (llajem) *f.* Montón de paja.

PALHAL (llal) *m.* Choza.

PALHAR (llar) *m.* Choza.

PALHARESCO, CA (lla) *adj.* Pajizo, hecho de paja.

PALHEGAL (lle) *m.* Sitio abundante en paja.

PALHEIRÃO (lleiráum) *m.* Pajar grande. Persona que habla confusamente. Libraco obscuro.

PALHEIREIRO (llei) *m.* Pajero. Persona que vende asientos de paja para sillas.

PALHEIRO (llei) *m.* Pajar. *Bras. merid.* Pajilla. *Bras.. nort.* Los intestinos.

PALHETA (lle) *f.* Paleta (de pintor). Pala, raqueta. *Mús.* Caña, lengüeta. *Bras.* Canotier (sombrero).

PALHETADA (lle) *f.* Sonido producido con la caña o lengüeta. Paletada (golpe dado con la paleta). *fig.* Instante. *Em duas —s. m. adv. fig.* En dos paletas, en dos paletadas, en un instante.

PALHETÃO (lletáum) *m.* Paletón (parte de la llave).

PALHETE (llè) *adj.* Pajizo, de color de paja. Clarete (dícese del vino). *m.* Paletón.

PALHIÇO (lliso) *m.* Paja menuda. *adj.* Pajizo, hecho de paja.

PALHINHA (lliña) *f.* Paja muy menuda; pajuz (prov. Ar.). Pajilla (cigarrillo liado en una hoja de papel de maíz) dim de PALHA, pajilla, pajita, pajica. *Bras.* Canotier (sombrero).

PALHOÇA (llòsa) *f.* Choza.

PALHOTA (llò) *f.* Lo mismo que PALHOÇA.

PÁLI *m.* Pali.

PALIAÇÃO (sáum) *f.* Paliación.

PALIAR *v. tr.* Paliar, encubrir, disimular, cohonestar. Paliar, mitigar, atenuar.

PALIATIVO, VA *adj.* Paliativo. Ú. t. c. s. m.

PALIÇADA (sa) *f.* Palizada. Palenque.

PALIDEZ *f.* Palidez.

PÁLIDO, DA (li) *adj.* Pálido, macilento, descolorido. *fig.* Pálido, desanimado, falto de expresión, viveza y colorido.

PALIMPSESTO (sès) *m.* Palimpsesto.

PALINGENESIA (jenezía) *f.* Palingenesia.

PALINGENÉSICO, CA (jenèzi) *adj.* Palingenético, palingenésico.

PALINÓDIA (nò) *f.* Palinodia.

PALINURO *m. poét.* Piloto, guía.

PÁLIO *m.* Palio (dosel; insignia pontifical).

PALISSANDRA (san) *f.* Jacarandá. Palisandro.

PALITAR *v. tr.* Mondar, escarbar (los dientes). Ú. t. c. intr.

PALITEIRO *m.* Palillero (vendedor de palillos o mondadientes). Palillero (caja para guardar los palillos o mondadientes; objeto con muchos agujeritos para colocar en ellos los palillos o mondadientes).

PALITO *m.* Palillo, mondadientes, escarbadientes. *fig.* Persona muy flaca. *pop.* Cerilla.

PALIURO *m. Bot.* Amor de hortelano, paliuro.

PALMA *f.* Palma (hoje de la palmera; palmera; parte inferior y cóncava de la mano; parte inferior del casco de las caballerías). *fig.* Palma, gloria, triunfo; victoria del martir contra las potestades infernales. *pl.* Palma, triunfo. Palmas, palmadas de aplauso. *— Cristi. Bras.* Ricino. *— de Santa Rita.* Gladiolo; palma *(amer. mej.). — de São José.* Azucena.

PALMÁCEAS *f. pl. Bot.* Palmáceas.

PALMADA *f.* Palmada (golpe que se da con la palma de la mano).

PALMAR *adj.* Palmar (perteneciente o relativo a la palma de la mano o al palmo). *fig.* Palmar, claro, palmario, patente, manifiesto. *m.* Palmar, palmeral.

PALMATOADA *f.* Palmetazo (golpe dado con la palmeta).

PALMATOAR *v. tr.* Dar palmetazos.

PALMATÓRIA (tò) *f.* Palmeta, palmatoria. Palmatoria (candelero bajo).

PALMATORIAR *v. tr. Bras.* Dar palmetazos.

PALMEAR *v. tr.* Palmear, palmotear. *Bras.* Recurrir detenidamente, palmo a palmo. Asir.

PALMEIRA *f.* Palmera, palma.

PALMEIRAL *f.* Palmar, palmeral.

PALMEIRIM *m.* Palmero, peregrino.

PALMEIRO *m.* Palmero, peregrino.

PALMEJAR (jar) *v. tr.* Lo mismo que PALMEAR. *m. Mar.* Palmejar.

PALMETA *f.* Plantilla, palmilla (del zapato). Espátula.

PÁLMICO, CA *adj. Quím.* Pálmico.

PALMIFORME (fòr) *adj.* Palmiforme.

PALMILHA (lla) *f.* Palmilla, plantilla (del zapato). Soleta (de la media o calcetín).

PALMILHADEIRA (lla) *f.* Remendona de medias o calcetines.

PALMILHAR (llar) *v. tr.* Plantillar. Recurrir a pie. *v. intr.* Andar a pie.

PALMINA *f. Quím.* Palmina.

PALMÍPEDE *adj.* Palmípedo.

PALMITAL *m.* Sitio poblado de palmitos.

PALMITESO, SA (zo, za) *adj.* Palmitieso.

PALMÍTICO, CA *adj. Quím.* Palmítico.

PALMITINA *f. Quím.* Palmitina, margarina.

PALMITIQUEIRA *f.* Palmito (planta).

PALMITO *m.* Palma (hoja de palmera). Palmito (planta). Palmito (tallo comestible de esta planta).

PALMO *m.* Palmo (medida). *— a —. m. adv.* Palmo a palmo.

PALOMA *f. Mar.* Paloma.

PALOMADURA *f. Mar.* Palomadura.

PALOMAR *m.* Hilo palomar. *v. tr.* Coser una vela con hilo palomar.

PALOMBA *f.* Relinga de la vela de estay.

PALOMBETA *f. Bras.* Palometa (pez).

PALONÇO, ÇA (so, sa) *adj.* Idiota, tonto, imbécil. Ú. t. c. s.

PALOR *m.* Palidez, palor.

PALPAÇÃO (sáum) *f.* Palpación, palpamiento. *Med.* Palpación.

PALPADELA (dè) *f.* Lo mismo que APALPADELA.

PALPAR *v. tr.* Lo mismo que APALPAR.

PALPÁVEL *adj.* Palpable.

PALPAVELMENTE *adv. m.* Palpablemente.

PÁLPEBRA *f.* Párpado, pálpebra.

PALPEBRAL *adj.* Palpebral (perteneciente a los párpados).

PALPITAÇÃO (sáum) *f.* Palpitación (acción de palpitar; movimiento interior de algunas partes del cuerpo; latido del corazón, sensible e incómodo).

PALPITANTE *adj.* Palpitante (que palpita; que conmueve y agita los ánimos).

PALPITAR *v. intr.* Palpitar. *v. tr.* Suponer, presentir, barruntar. *v. intr.* Decir uno lo que presente, o presentar una opinión infundada.

PALPITE *m.* Palpitación. *fig.* Presentimiento, sospecha; barrunto, previsión; pálpito *(amer. argent.). Bras.* Dicho de persona entremetida.

PALPITEIRO, RA *adj.* Que es amigo de manifestar previsiones, barruntos o pálpitos. Ú. t. c. s.

PALPO *m.* Palpo.

PALRA *f.* Parla, charla. Locuacidad. Parleta.

PALRADEIRO, RA *adj.* Lo mismo que PAL-REIRO.

PALRADOR, RA *adj.* Palrador, hablador, charlatán, parlón, parlanchín, parlantín.

PALRAR *v. intr.* Parlar, charlar, hablar, parlotear.

PALRARIA (ría) *f.* Parloteo, parleta, parla, charla.

PALREAR *v. intr.* Lo mismo que PALRAR.

PALREIRO, RA *adj.* Parlador, hablador, charlatán, parlón, parlanchín, parlantín.

PALRICE *f.* Lo mismo que PALRARIA.

PALUDAMENTO *m.* Paludamento.

PALUDE *m.* Laguna, paúl.

PALUDIAL *adj.* Palúdico (perteneciente a laguna o pantano).

PALUDÍCOLA *adj.* Paludícola.

PALUDISMO *m.* Paludismo.

PALUDOSO, SA (ozo, òza) *adj.* Paludoso.

PALURDICE *f.* Calidad de

PALÚRDIO, DIA *adj.* Palurdo, tosco, grosero, rústico; estúpido. Ú. t. c. s.

PALUSTRE *adj.* Palustre, paludoso. Palúdico.

PAMONHA (ña) *f. Bras.* Locro de choclo. *fig.* Tonto, necio, idiota, lelo. Persona tonta y desgarbada.

PAMPA *adj.* Pampa (*Amer.* dícese del animal caballar o mular de cabeza blanca y cuerpo de color). *m. Bras.* Pampa (grande llanura de la América del Sur).

PÂMPANO (pám) *m.* Pámpana, pámpano (hoja de la vida). Pámpano (sarmiento tierno).

PAMPANOSO, SA (nozo, òza) *adj.* Pampanoso.

PAMPEANO, NA *adj.* Pampeano, pampero (*Amer.*).

PAMPEIRO *m. Bras.* Pampero (viento).

PAMPILHO (llo) *m.* Aquijada.

PANABÁSIO (zio) *m.* Panabasa.

PANACA *adj. y s.* Simplón.

PANACÉIA (cèia) *f.* Panacea.

PANACÚ *m. Bras.* Cesto.

PANADO, DA *adj.* Panado.

PANADURA *f.* Eje de la molienda de caña de azúcar.

PANAL *m.* Panal (de miel). Paño para envolver el pan. Pañal.

PANAMÁ *m.* Panamá (sombrero).

PANAMENSE *adj. y s.* Panameño.

PAN-AMERICANISMO *m.* Panamericanismo.

PAN-AMERICANO, NA *adj.* Panamericano.

PANARIA (ría) *f.* Granero.

PANARÍCIO *m.* Panadizo, panarizo.

PANARIZ *m.* Panadizo, panarizo.

PANASCAL *m.* Pastizal.

PANASCO *m.* Hierba de pasto (*Pastinaça silvestris*).

PANASQUEIRA *f.* Pastizal.

PANASQUEIRO *m.* Lo mismo que PANASCO. Pastizal. *adj.* Dícese de la persona de modales y trajes groseros.

PANATENÉIAS (nèias) *f. pl.* Panateneas.

PANCA *f.* Palanca de madera. — em —s. *fr. fig.* Andar muy atareado. *Dar* —. *fr. fig.* Descollar, sobresalir.

PANÇA (sa) *f.* Panza, barriga, vientre. Panza (primer estómago de los rumiantes).

PANCADA *f.* Golpe, choque. Porrazo, topetazo. Palpitación, latido. *fig.* Presentimiento. *fam.* Manía, locura. *Bras.* Chaparrón. — *do mar. Bras. Ceará.* Playa. *m.* Maníaco. *adj.* Maníaco. *adj.* Grosero, violento, tosco.

PANÇADA (sa) *f. fam.* Panzada, hartazgo. Panzada (golpe que se da con la panza).

PANCADÃO (dáum) *m. Bras. fam.* Mujer hermosa y corpulenta.

PANCADARIA (ría) *f.* Golpes, porrazos. Redoblante.

PANCÁRPIA *f.* Pancarpia.

PANCRÁCIO *m.* Simplón, necio, tonto.

PÂNCREAS (pán) *m. Anat.* Páncreas.

PANCREÁTICO, CA *adj.* Pancreático.

PANCREATITE *f.* Pancreatitis.

PANCRESTO (crès) *m.* Panacea, pancresto.

PANÇUDO, DA (su) *adj.* Panzudo, panzón.

PANDARECOS (rè) *m. pl. Bras.* Lo mismo que ESTILHA.

PANDEAR *v. tr.* Pandear.

PANDECTAS (dèc) *f. pl.* Pandectas.

PÂNDEGA (pán) *f.* Francachela, fiesta, holgorio, jarana. Comilona. Holgazanería alegre y ruidosa.

PANDEGAR *v. intr.* Andar en francachelas.

PÂNDEGO, GA (pán) *adj.* Amigo de fiestas, de francachelas; divertido, chistoso. Ú. t. c. s.

PANDEIREIRO *m.* Panderetero (persona que toca el pandero; persona que hace o vende panderos).

PANDEIRETA *f.* Pandereta.

PANDEIRO *m.* Pandero.

PANDEMIA (mía) *f.* Pandemia.

PANDÊMICO, CA (dé) *adj.* Pandémico.

PANDEMÔNIO (mó) *m. fig.* Pandemónium.

PANDICULAÇÃO (sáum) *f.* Desperezo, pandiculación.

PANDILHA (lla) *f.* Pandilla (conjunto de personas que se unen para perjudicar a otras). *m.* Pandillero, pandillista.

PANDILHAR (llar) *v. intr.* Vivir como pandillero. Holgazanear.

PANDILHEIRO (llei) *m.* Pandillero, pandillista.

PANDO, DA *adj.* Hinchado, lleno. Pando. Ancho, abierto.

PANDORA *f.* Pandola (instrumento músico). *Mit.* Pandora. *Boceta de* —. Caja de Pandora, origen de todos los males.

PANDORCA (dòr) *f.* Lo mismo que

PANDORGA (dòr) *f.* Música destemplada. Pandorga (mujer muy gorda, o dejada y floja) *Bras.* Cometa, pandorga. *m.* Necio, tonto, idiota, imbécil.

PANDULHO (llo) *m.* Bandullo, vientre, panza. Lastre de las redes.

PANE *f. gal. Dep.* Pana, pane.

PANEGIRICAL (ji) *adj.* Lo mismo que

PANEGÍRICO, CA (jí) *adj.* Panegírico, laudatorio, encomiástico. *m.* Panegírico.

PANEIRO *m.* Panero, canasta. *Mar.* Bancaza.

PANEJAMENTO (ja) *m. Pint.* Ropaje, paños. Acción y efecto de

PANEJAR (jar) *v. tr.* Pintar el ropaje de una figura. *v. intr. Mar.* Flamear.

PANELA (nè) *f.* Cazuela; cacerola; olla (vasija). *Germ.* Nalgas. *Bras.* Hormiguero. Olla (remolino que forman las aguas de un río en ciertos parajes).

PANELADA *f.* Lo que contiene una olla, cazuela o cacerola. Gran cantidad de ollas o cazuelas.

PANELINHA (nèlliña) *f. fig. pop.* Pandilla (conjunto de personas poco decentes que se unen para perjudicar a otras). Intriga. Lo mismo que IGREJINHA (en sentido fig.).

PANEMA *adj. Bras.* Infeliz en la caza o pesca. Infeliz, desdichado. Encantado. Lo mismo que MOLEIRÃO.

PANFLETÁRIO *m.* Libelista; panfletista (*Amer.*).

PANFLETISTA *m.* Lo mismo que PANFLETÁRIO.

PANFLETO (flè) *m.* Libelo; panfleto (*Amer.*).

PANGAIO *m.* Lo mismo que MANDRIÃO.

PANGARÉ (rè) *m. Bras.* Caballo pangaré.

PANGERMANISMO (jer) *m.* Pangermanismo.

PANGERMANISTA (jer) *adj. y s.* Pangermanista.

PANGOLIM *m. Zool.* Pangolín.

PAN-HELÊNICO, CA (lé) *adj.* Panhelénico.

PAN-HELENISMO *m.* Panhelenismo.

PÂNICO, CA (pá) *adj.* Pánico. Ú. t. c. s.

PANICONOGRAFIA (fía) *f.* Paniconografía.

PANÍCULA *f. Bot.* Panoja, panícula.

PANICULADO, DA *adj.* Paniculado.

PANICULAR *adj.* Panicular.

PANICULITE *f.* Paniculitis.

PANÍCULO *m. Anat.* Panículo.

PANIFICAÇÃO (sáum) *f.* Panificación.

PANIFICADOR *m.* Panificador.

PANIFICAR *v. tr.* Panificar, panadear.

PANIGUADO, DA *adj.* Apaniguado, paniaguado.

PANINHO (ño) *m.* Tejido fino de algodón. Trapo; cualquier pedazo de tela, paño.

PANLÉXICO (lèxi) *m.* Panléxico.

PANO *m.* Paño (cualquier tela). Paño, vela del navío. Paño (mancha que obscurece el color natural de la piel). Paño (en el ojo). Paño (cualquier trozo de tela destinado para usos domésticos). Lienzo de pared. —*s quentes. fig.* Paños calientes (remedios paliativos e ineficaces). *A todo* —. *m. adv.* A todo trance.

PANOFTALMITE *f. Patol.* Panoftalmia, oftalmitis.

PANÓPLIA (nò) *f.* Panoplia.

PANORAMA *m.* Panorama (vista pintada en el interior de un cilindro hueco). Panorama, vista de un horizonte muy extenso, paisaje.

PANORÂMICO, CA (rá) *adj.* Panorámico.

PANQUECA (què) *f.* Panqué, panqueque. Especie de tortilla.

PÂNRIA (pán) *f. pop.* Lo mismo que MANDRIICE.

PANRIAR *v. intr.* Lo mismo que MANDRIAR.

PANSLAVISMO *m.* Paneslavismo.

PANSLAVISTA *adj.* Paneslavista. Ú. t. c. s.

PANSOFIA (zofía) *f.* Pansofía, ciencia universal.

PANSPERMIA (mía) *f.* Panspermia.

PANSPERMISTA *m.* Panspermista.

PANTAFAÇUDO, DA (su) *adj.* Mofletudo. *fig.* Monstruoso, ridículamente exótico, extraño, extravagante.

PANTAGRUÉLICO, CA (è) *adj.* Relativo a Pantagruel. *fig.* Comilón, glotón.

PANTAGRUELISMO *m.* Especie de epicureísmo.

PANTALHA (lla) *f.* Pantalla.

PANTANA *f. fam.* Ruina, perdición. *Dar em* —. *fr. fam.* Arruinarse.

PANTANAL *m.* Pantanal, terreno pantanoso.

PÂNTANO (PÁN) *m.* Pantano (terreno anegadizo y cenagoso).

PANTANOSO, SA (nozo, òza) *adj.* Pantanoso.

PANTEÃO (teáum) *m.* Panteón.

PANTEAR *v. tr.* Burlarse de. *v. intr.* Decir futilidades.

PANTEÍSMO *m.* Panteísmo.

PANTEÍSTA *adj.* Panteísta. Ú. t. c. s.

PANTERA (tè) *f. Zool.* Pantera.

PANTOFAGIA (jía) *f.* Pantofagia.

PANTOFOBIA (bía) *f.* Pantofobia.

PANTOGAMIA (mía) *f.* Pantogamia.

PANTOGRAFIA (fía) *f.* Pantografía.

PANTÓGRAFO (tò) *m.* Pantógrafo.

PANTÔMETRO (tò) *m.* Pantómetra, pantómetro.

PANTOMIMA *f.* Pantomima.

PANTOMIMAR *v. intr.* Hacer pantomimas.

PANTOMIMEIRO *m.* Pantomimo.

PANTOMÍMICO, CA *adj.* Pantomímico.

PANTOMINA *f.* Pantomima. *fam.* Embuste, engaño.

PANTOMINEIRO *m.* Pantomimo. *fam.* Embustero.

PANTUFA *f.* Pantufla, pantuflo. *fig.* Pandorga, mujer muy gorda y dejada. Mujer grosera y emperejilada.

PANTUFO *m.* Pantuflo, pantufla. *fam.* Hombre muy gordo o barrigón.

PANTURRA *f.* Panza, vientre abultado. *fig.* Soberbia, vanidad.

PANTURRILHA (lla) *f.* Pantorrilla.

PÃO (páum) *m.* Pan (porción de masa de harina y agua, fermentada y cosida). Panes (trigos, centenos, cebadas, etc.). *fig.* Pan (todo aquello que sirve para el sustento diario). *fig.* Pan, trigo. — *de ló.* Lo mismo que LÓ.

PÃOZEIRO (páumzei) *m. Bras. nort.* Panadero.

PAPA *m.* Papa. Sumo Pontífice. *f.* Papas, puches, gachas, sopas blandas. *Bras. Río Gr. del Sur.* Papa, patata.

PAPÁ *m.* Papá, papa (padre).

PAPA-ARROZ *m. Bras.* Nombre que se da a varios pájaros fringílidos.

PAPACONHA (ña) *f. Bras. pop.* Lo mismo que IPECACUANHA.

PAPADA *f.* Papada (abultamiento carnoso entre la barba y el cuello).

PAPADO *m.* Papado (dignidad de Papa, y tiempo que dura).

PAPAEIRA *f. Bot.* Papayo.

PAPA-FIGO *m. Mar.* Papahigo, papafigo. *Zool.* Papafigo, papahigo.

PAPAFINA *adj.* Sabroso, exquisito. *m.* Hombre ridículo.

PAPAGAIAL *adj.* Perteneciente o relativo al papagayo.

PAPAGAIAR *v. intr.* Lo mismo que PAPAGUEAR.

PAPAGAIO *m.* Papagayo, loro. Cometa, pandorga; papagayo (*amer. cub.*). *Bot.* Papagayo (planta aroidea del Brasil). —*! Bras.* Interj. que exprime espanto.

PAPA-GENTE (jen) *com.* Antropófago. Bu, coco, papón. Fantasma.

PAPAGUEADOR, RA *adj.* Hablanchín, parlanchín, charlatán; que sabe las cosas de coro y sin comprenderlas. Ú. t. c. s.

PAPAGUEAR *v. intr.* Parlar, charlar, parlotear.

PAPAI *m. Bras.* Papá, papa (padre).

PAPAIA *f.* Papayo. Papaya.

PAPAÍNA *f. Quím.* Papaína.

PAPA-JANTARES (jan) *m.* Parásito, gorrón, el que come a costa ajena.

PAPAL *adj.* Papal (perteneciente o concerniente al Papa).

PAPALINO, NA *adj.* Papalino, papal. *m.* Papalino (antiguo soldado del Papa).

PAPALVICE *f.* Tontería, necedad.

PAPALVO *m.* Papanatas, papahuevos, simplón.

PAPA-MISSAS (sas) *com.* Beato, beatuco.

PAPA-MOSCAS *m.* Papamoscas, (pajarillo). Alguacil (araña). *fig.* Papamoscas, papa-natas.

PAPANÇA (sa) *f.* Comilona.

PAPANGÚ *m. Bras. nort.* Lo mismo que MOLEIRÃO.

PAPA-NOVENAS *f.* Beata, beatuca.

PAPÃO (páum) *m.* Bu, coco, papón (fantasma para asustar a los niños). Fantasma.

PAPA-OVO *m. Bras.* Especie de víbora.

PAPA-PEIXE (che) *m.* Martín pescador.

PAPA-PINTO *m. Bras.* Serpiente no venenosa (*Drymarchon corais*).

PAPAR *v. intr.* Papar, comer. *fig.* Tragar (creer fácilmente las cosas). *fig.* Tragar, atrapar; absorber, consumir.

PAPARICAR *v. intr.* Lo mismo que LAMBISCAR.

PAPARICOS *m. pl.* Cariños, mimos, halagos.

PAPARRETA *adj.* Lo mismo que PAPARROTÃO.

PAPARRIBA *adv. m.* Panza arriba.

PAPARROTADA *f.* Lo mismo que

PAPARROTAGEM (jem) *f.* Comida para cerdos. *fig.* Impostura, embuste; jactancia.

PAPARROTÃO, TONA (táum) *adj.* Necio y presumido; paparruta (*amer. chil.*). Jactancioso, impostor, embustero. Ú. t. c. s.

PAPARROTICE *f.* Lo mismo que PAPARROTAGEM.

PAPA-SANTOS *m.* Beato, beatuco.

PAPATA *f. Bras.* Lo mismo que MAMATA.

PAPÁVEL *adj.* Papable.

PAPA-VENTO *m.* Camaleón.

PAPAVERÁCEO, CEA *adj.* Papaveráceo. *f. pl. Bot.* Papaveráceas.

PAPAVERINA *f. Quím.* Papaverina.

PAPAZ *m.* Papaz.

PAPAZANA (za) *f.* Comilona, francachela.

PAPEAR *v. intr.* Parlar, parlotear, charlar.

PAPEIRA *f. Bras. nort.* Parotiditis. *Bras. merid.* Paperas, lamparones. Lo mismo que BOCIO.

PAPEIRO, RA *adj. Bras.* Que padece de paperas; paperiento (*amer. chil.*).

PAPEL (pèl) *m.* Papel. *fig.* Papel (documento o manuscrito de cualquier clase; parte de la obra dramática correspondiente a cada actor; personaje representado por el actor; carácter con que se interviene en los asuntos). *pl.* Papeles (documentos en que se acredita el estado civil de una persona). — *assetinado*, — *chupão*. Papel satinado. — *de embrulho*. Papel secante. — *de seda*. Papel de culebrilla. — *gessado*. Papel cuché. — *moeda*. Papel moneda. — *pardo*. Papel de estraza.

PAPELADA *f.* Papelada (conjunto de papeles escritos de documentos); papelaría, papelera.

PAPELAGEM (jem) *f.* Lo mismo que PAPELADA.

PAPELÃO (láum) *m.* Cartón, papelón. *fig.* Papelón (que ostenta lo que no es). *Bras.* Desacierto o error por el cual la persona que lo comete queda en ridículo; papelón (*amer. argent.*).

PAPELARIA (ría) *f.* Papelaría (tienda de papel).

PAPELEIRA *f.* Papelera (mueble).

PAPELEIRO, RA *adj.* Papelero (perteneciente o relativo al papel). *m.* Papelero (persona que fabrica o vende papel).

PAPELEJO (jo) *m. despect.* Papelucho, papelote.

PAPELETA *f.* Papeleta, cédula.

PAPELETE *m.* Papelito.

PAPELICO *m. despect.* Papelucho, papelote.

PAPELIÇO (so) *m.* Papeleta, cucurrucho de papel.

PAPELINHO (pèliño) *m.* Papelito.

PAPELISMO *m. Bras.* Sistema financiero que pratica abundantes emisiones de papel moneda.

PAPELISTA *adj.* Partidario del *papelismo*. Ú. t. c. s. *m.* Papelista (el que maneja papeles y entiende de ellos). Archivista.

PAPELÓRIO (lò) *m.* Papelaria, papelada (conjunto de papeles esparcidos y desordenados). *Bras.* Lo mismo que PAPELÃO (*Bras.*).

PAPELOTE (lò) *m.* Papillote.

PAPELUCHO (cho) *m. despect.* Papelucho, papelote. Papelón (papel escrito que se desprecia por inútil).

PAPELZINHO (pèlziño) *m.* Papelito.

PAPILA *f.* Papila.

PAPILAR *adj.* Papilar.

PAPILIONÁCEO, CEA *adj. Bot.* Papilionáceo, amariposado. *f. pl.* Papilionáceas.

PAPILOMA *m. Patol.* Papiloma.

PAPILOMATOSE (tòze) *f. Patol.* Papilomatosis.

PAPÍREO, REA *adj.* Relativo al papiro.

PAPIRÍFERO, RA *adj.* Papirífero.

PAPIRO *m.* Papiro (planta). Papiro (lámina sacada de esta planta, y que utilizaban los antiguos para escribir).

PAPIRONGA *f. Bras.* Engaño, burla.

PAPISA (za) *f.* Papisa, mujer-papa.

PAPISMO *m.* Papismo.

PAPISTA *adj.* Papista. Ú. t. c. s.

PAPO *m.* Papo (parte carnosa y abultada que tiene el animal entre la barba y el cuello). Papo, buche de las aves. Papo (trozo de tela ahuecada en los trajes acuchillados). *pop.* Panza, estómago. *Bras.* Fanfarronada, fanfarronería; soberbía; jactancia. Paperas. Bater —. *Germ.* Parlar, parlotear, charlar, conversar.

PAPOCAR *v. intr. Bras. nort.* Lo mismo que PIPOCAR.

PAPOCO *m. Bras. nort.* Lo mismo que PIPOCO.

PAPOLA *f.* Amapola, adormidera.

PAPUA *adj. y s.* Papú.

PAPUDO, DA *adj.* Papudo.

PÁPULA *f.* Pápula.

PAPULOSO, SA (lozo, òza) *adj.* Papuloso.

PAQUEBOTE (bò) *m.* Paquebot, paquebote.

PAQUETE *m.* Paquete, paquebote, buque. *Bras. pop.* Menstruación. *adj.* Paquete, bien compuesto.

PAQUIDERMA (dèr) *adj.* Paquidermo. Ú. t. c. s. *m. pl.* Paquidermos.

PAQUIDÉRMICO, CA (dèr) *adj.* Paquidérmico.

PAQUIFE *m.* Cimera del yelmo.

PAQUÍMETRO *m.* Paquímetro.

PAQUINHA (ña) *f.* Especie de grillo.

PAQUIPLEURIS *m. Patol.* Paquipleuritis.

PAR *adj.* Par, igual, semejante. *Arit.* Par. *m.* Par (conjunto de dos cosas de una especie). Par (conjunto de dos bestias de labranza). Par (título de alta dignidad en algunos países). Pareja (compañero o compañera de baile). Pareja (macho y hembra). *Ao* —. *m. adv.* A la par, al par. *A* —. *m. adv.* A par (cerca de una cosa). A par (con semejanza o igualdad). Enterado. *Aos* —*es.* A pares, de dos en dos. *De* — *em* —. *adv.* De par en par, completamente abiertas (las puertas o ventanas). *Sem* —. *expr. fig.* Sin par, singular, que no tiene igual.

PARA *prep.* Para. (Indica el fin, término u objeto de una acción; denota el tiempo en que se ha de ejecutar una cosa; determina el uso que conviene dar a una cosa; expresa la relación de una cosa a otra; denota la particularidad de la persona; con algunos nombres suple el verbo *comprar*). Para, hacia (en dirección a un lugar). Para, por, a fin de. — *que. m. adv. conjunt.* Para qué.

PARÁBASE (ze) *f.* Parábasis.

PARABÉM (bém) *m.* Parabien, felicitación, enhorabuena. Ú. m. en pl.

PARABLASTO, TA *adj.* Parablasto.

PARÁBOLA *f. Geom.* Parábola. Parábola (narración alegórica).

PARABÓLICAMENTE (bò) *adv. m.* Parabólicamente.

PARABÓLICO, CA (bò) *adj.* Parabólico.

PARABOLISMO *m.* Carácter parabólico.

PARABOLÓIDE (lòi) *m. Geom.* Paraboloide.

PARABRISA (za) *m.* Parabrisas, parabrisa, guardabrisa.

PARACELSISMO *m.* Paracelsismo.

PARACELSISTA *m.* Paracelsista.

PARACENTESE (tèze) *f. Cir.* Paracentesis.

PARACHOQUE (chò) *m.* Parachoques.

PARACIESIA (zía) *f. Obst.* Paraciesia.

PARÁCLASE (ze) *f. Geol.* Paraclasa, falla.

PARACLETO (clè) *m.* Paráclito, Paracleto.

PARACOROLA (rò) *f. Bot.* Paracorola.

PARADA *f.* Parada (acción de parar; lugar donde se para; fin de un movimiento; suspensión, pausa; dinero que en el juego se arriesga a una sola suerte). *Mil.* Parada. *Esgr.* Parada, quite. *fig.* Ostentación, boato. *Bras.* Fanfarronada. Pequeña estación del ferrocarril.

PARADEAR *v. intr. Bras.* Fanfarronear.

PARADEIRO *m.* Paradero.

PARADIGMA *m.* Paradigma, ejemplo, tipo, modelo.

PARADIGMAL *adj.* Relativo al paradigma.

PARADISÍACO, CA (zía) *adj.* Paradisíaco.

PARADO, DA *adj.* Parado, sin movimiento. Parado, flojo, remiso, poco activo. *Bras.* Derecho, en pie; parado (*Amer.*).

PARADOXAL (xal) *adj.* Paradójico, paradojo.

PARADOXALMENTE (xal) *adv. m.* Paradójicamente.

PARADOXAR (xar) *v. intr.* Decir paradojas.

PARADOXO (dòxo) *m.* Paradoja.

PARAENSE *adj. y s.* Natural o habitante del Pará (Estado del Brasil).

PARAFERNAIS *adj. pl. For.* Parafernales.

PARAFIMOSE (mòze) *f. Patol.* Parafimosis.

PARAFINA *f. Quím.* Parafina.

PARÁFISE (ze) *f. Bot.* Paráfisa, parafisis.

PARA-FOGO *m.* Pantalla (mampara que se coloca delante de las chimeneas). Parafuego.

PARÁFRASE (ze) *f.* Paráfrasis.

PARAFRASEAR (zear) *v. tr.* Parafrasear.

PARAFRASTE *m.* Parafraste.

PARAFUSADOR, RA (za) *adj.* Atornillador, que atornilla. *fig.* Pensativo, inquiridor, meditabundo.

PARAFUSAR (zar) *v. tr.* Atornillar. *v. intr. fig.* Meditar, cavilar. Ú. t. c. tr.

PARAFUSO (zo) *m.* Tornillo.

PARAGÃO (gáum) *m.* Paragón, parangón.

PARAGEM (jem) *f.* Paraje, sitio, lugar. Parada, paradero. Para (acción de parar).

PARAGOGE (gòje) *f. Gram.* Paragoge.

PARAGÓGICO, CA (gòji) *adj.* Paragógico.

PARAGONAR *v. tr.* Parangonar, paragonar.

PARÁGRAFO *m.* Párrafo; parágrafo (p. us.).

PARAGUAIANO, NA *adj. y s.* Paraguayano.

PARAGUAIO, IA *adj. y s.* Paraguayo.

PARAGUATÁ (tán) *m. Bras.* Paraguatán.

PARAÍBA *f.* Árbol del Brasil (*Simaruba parahyba*).

PARAIBANO, NA *adj. y s.* Natural o habitante de Paraíba (Parahyba, Estado del Brasil).

PARAÍSO (zo) *m.* Paraíso. — *terreno.* Paraíso terrenal.

PARALÁCTICO, CA *adj.* Paraláctico.

PARALALIA (lía) *f. Med.* Paralalia.

PARA-LAMA *m.* Guardabarros, alero.

PARALAMPSIA (sía) *f. Patol.* Paralampsia, variedad de albugo.

PARALAXE (xe) *f. Astr.* Paralaje, paralaxi.

PARALDEÍDO *m. Quím.* Paraaldehido.

PARALELA (lè) *f.* Línea paralela. *pl.* Paralelas (aparato de gimnasia).

PARALELEPÍPEDO *m.* Paralelepípedo. *Bras.* Paralelepípedo de piedra empleado en el empedrado.

PARALELISMO *m.* Paralelismo.

PARALELO, LA (lè) *adj.* Paralelo. *m. Geom.* Paralelo. *fig.* Paralelo, cotejo.

PARALELOGRÂMICO, CA (grá) *adj.* Paralelogramático.

PARALELOGRAMO *m. Geom.* Paralelogramo.

PARALIPÔMENOS (pó) *m.* Paralipómenos.

PARALIPSE *f. Ret.* Paralipse.

PARALISAÇÃO (zasáum) *f.* Paralización.

PARALISAR (zar) *v. tr.* Paralizar (causar parálisis). Ú. t. c. r. Paralizar, detener, impedir o entorpecer una acción o movimiento. Ú. t. c. intr. y r.

PARALISIA (zía) *f.* Parálisis.

PARALITICAR *v. intr.* Paraliticarse, paralizarse.

PARALÍTICO, CA *adj.* Paralítico, enfermo de parálisis. Ú. t. c. s.

PARALOGISMO (jis) *m.* Paralogismo.

PARA-LUZ *m.* Pantalla.

PARAMAGNÉTICO, CA (nè) *adj.* Paramagnético.

PARAMAGNETISMO *m.* Paramagnetismo.

PARAMENTAR *v. tr.* Paramentar, adornar, ataviar. Ú. t. c. r. *v. r.* Vestirse los paramentos sacerdotales.

PARAMENTEIRO *m.* Sastre que hace paramentos sacerdotales.

PARAMENTO *m.* Paramento, adorno, atavío. *Arq.* Paramento (cada una de las dos caras de una pared). Paramento sacerdotal.

PARAMÉTRICO, CA (mè) *adj.* Paramétrico.

PARAMÉTRIO (mè) *m.* Parametrio.

PARÂMETRO (rá) *m.* Parámetro.

PARAMIMIA (mía) *f.* Paramimia.

PARAMNÉSIA (zía) *f.* Paramnesia.

PÁRAMO *m.* Páramo.

PARANÁ *m. Bras.* Brazo de río. Canal de comunicación entre dos ríos.

PARANAENSE *adj.* *y s.* Perteneciente o natural del Paraná (Estado del Brasil).

PARANÇA (sa) *f.* Parada (acción de parar). Huelga, descanso.

PARANÉIA (nèia) *f.* Paranoya.

PARANÉICO, CA (nèi) *adj.* Paranoico.

PARANGONA *f. Impr.* Parangona.

PARANINFAR *v. tr.* Apadrinar.

PARANINFO *m.* Paraninfo (padrinho de boda). Paraninfo (en una universidad).

PARANOIA (nòia) *f. Patol.* Paranoya.

PARANÓICO (nòi) *adj.* Paranoico.

PARANOMÁSIA (zia) *f.* Paranomasia.

PARAPEITAR *v. tr.* Formar un parapeto.

PARAPEITO *m.* Parapeto.

PARAPLEGIA (jía) *f.* Paraplegía.

PARAPLEURISIA (zía) *f. Pat.* Parapleuresia, pleurodinia.

PARAPLEXIA (xía) *f. Med.* Paraplexia (paraplejía; parálisis).

PARÁPODES *m. pl.* Parápodos.

PÁRA-QUEDAS (què) *m.* Paracaídas.

PARAQUEDISTA *m.* Paracaídista.

PARAR *v. intr.* Parar (cesar en el movimiento o en la acción; llegar a un término o fin; recaer en alguien una cosa que ha pasado antes por otros; convertirse una cosa en otra diferente de la que se esperaba; habitar, hospedarse). *v. tr.* Parar (detener un movimiento o acción; arriesgar dinero a una suerte de juego). Poner en pie; parar *(Amer.)*. Ú. t. c. r. *v. r.* Pararse, parar.

PÁRA-RAIOS *m.* Pararrayos.

PARASANGA (zan) *f.* Parasanga.

PARASITA (zí) *m. y f.* Lo mismo que PARASITO.

PARASITAR (zi) *v. intr.* Vivir como parásito. Ú. t. c. r.

PARASITÁRIO, RIA (zi) *adj.* Parasitario.

PARASITEAR (zi) *v. intr.* Lo mismo que PARA-SITAR.

PARASITICIDA (zi) *adj.* Parasiticida. Ú. t. c. s.

PARASÍTICO, CA (zí) *adj.* Parasítico.

PARASITISMO (zi) *m.* Parasitismo.

PARASITO, TA (zí) *adj.* Parásito. Ú. t. c. s. Orquídea. Parásito. Parásito (persona que se arrima a alguna otra para vivir a costa suya).

PARASITOLOGIA (zitolojía) *f.* Parasitología.

PARA-SOL (sòl) *m.* Quitasol, parasol.

PARASSELENE (se) *f. Meteor.* Paraselene.

PARASSÍFILIS (sí) *f. Patol.* Parasífilis.

PARASSIFILÍTICO, CA (si) *adj.* Parasifilítico.

PARATI *m. Bras.* Caña, cachaza, aguardiente.

PARATIFO *m. Patol.* Paratifus.

PARATIREÓIDE (òi) *adj.* Paratiroideo. *f.* Paratiroides.

PARAU *m.* Parao.

PARA-VENTO *m.* Lo mismo que GUARDA-VENTO.

PARAZÔNIO (zó) *m.* Parazonio.

PARCA *f.* Parca.

PARCEIRADA *f. Bras.* Conjunto de aparceros.

PARCEIRO, RA *adj.* Parejo, igual, semejante. *m.* Aparcero. Compañero. Partícipe, copartícipe. Aparcero. Parcionero. Socio.

PARCEL (cèl) *m.* Bajo, bajío. Escollo. Arrecife.

PARCELA (cè) *f.* Parcela, partícula, parte pequeña de una cosa. Partida (cada uno de los artículos y cantidades parciales que contiene una cuenta). Cada una de las cantidades que forman una suma.

PARCELADAMENTE *adv. m.* Por partes.

PARCELADO, DA *adj.* Lleno de bajíos o escollos. Dividido en partes o partecillas. *P. p.* de

PARCELAR *v. tr.* Dividir en partes o partecillas. *adj.* Hecho o dividido en partes o partecillas.

PARCERIA (ría) *f.* Aparcería; sociedad, asociación.

PARCHE (che) *m.* Parche (que se aplica a una herida o parte enferma del cuerpo).

PARCIAL *adj.* Parcial (relativo a una parte del todo; no cabal, no completo; que juzga o procede con parcialidad). Parcial (que sigue el partido de otro). Ú. t. c. s. *Indulgência —.* Indulgencia parcial.

PARCIALIDADE *f.* Parcialidad.

PARCIALIZAR (zar) *v. tr.* Volver parcial. *v. r.* Seguir el partido de alguien.

PARCIALMENTE *adv. m.* Parcialmente.

PARCIÁRIO *m.* Parciario, aparcero.

PARCIMÔNIA (mó) *f.* Parsimonia (morigeración; templanza; moderación en los gastos).

PARCIMONIOSAMENTE (niòza) *adv. m.* Parsimoniosamente, parsimoniosamente.

PARCIMONIOSO, SA (ozo, òza) *adj.* Parsimónico, parsimonioso.

PARCO, CA *adj.* Parco, moderado, corto, sobrio.

PARDACENTO, TA *adj.* Pardusco, pardejón.

PARDAÇO, ÇA (so) *adj.* Pardejón; pardusco.

PARDAL *m.* Pardillo, pardal, gorrión.

PARDALADA *f.* Conjunto de pardillos.

PARDALEJA (ja) *f.* Lo mismo que

PARDALOCA (lò) *f.* Pardilla (hembra del pardillo).

PARDAVASCO, CA *adj.* Dícese del mestizo hijo de mulato y negra. Ú. t. c. s.

PARDELHAS! (llas) *interj.* ¡Pardiez!

PARDENTO, TA *adj.* Pardusco, pardejón.

PARDÊS! (dés) *interj.* ¡Pardiez!

PARDEUS! *interj.* ¡Pardiez!

PARDIEIRO *m.* Casa muy vieja; edificio en ruínas; casucha.

PARDILHO, LHA (llo, lla) *adj.* Pardusco. *m.* Pardilo (paño).

PARDO, DA *adj.* Pardo (color). *m.* Mulato; pardo *(Amer.)*.

PARDOCA (dò) *f.* Pardilla (hembra del pardal).

PÁREA *f.* Regla para medir la altura de las pipas. *pl.* Pares, parias, placenta. Parias (tributo).

PAREADOR *m.* Medidor de pipas y toneles. *adj.* Pareador.

PAREAR *v. tr.* Parear, juntar o igualar dos cosas, formar parejas. Medir pipas y toneles.

PARECENÇA (sa) *f.* Parecido, parecencia, semejanza.

PARECENTE *adj.* Pareciente, parecido.

PARECER *v. intr.* Parecer, opinar, creer. Parecer, tener determinado aspecto o apariencia. Afigurarse. *v. r.* Parecerse. *v. r.* Parecerse, asemejarse. *Segundo parece. m. adv.* A lo que parece, al parecer. *m.* Parecer, opinión, sentir, juicio, dictamen, consejo.

PARECIDO, DA *adj.* Parecido, semejante. (Ú. con la prep. *com.*)

PARECIS *m. pl.* Parecís (indígenas del Estado de Mato Grosso, en el Brasil).

PARÉCTASE (rèctaze) *f. Gram.* Parectasis.

PAREDÃO (dáum) *m.* Paredón (aum. de pared). Murallón. Muro.

PAREDE *f.* Pared. Huelga (paro colectivo en el trabajo).

PAREDISMO *m. Bras.* Sistema de huelgas.

PAREDISTA *m.* Huelguista.

PAREDRO (rè) *m.* Director. Consejero. *Bras.* Persona importante.

PAREGORIA (ría) *f.* Paregoria.

PAREGÓRICO, CA (gò) *adj. Terap.* Paregórico, anodino.

PARELHA (lla) *f.* Par, pareja (hablando de caballerías). Pareja, par (conjunto de dos personas o cosas semejantes o correlativas). Parejas (puntos iguales que salen de una tirada, en el juego de los dados).

PARELHEIRO (llei) *m. Bras.* Caballo adiestrado en la carrera; parejero *(Amer.)*.

PARELHO, LHA (llo, lla) *adj.* Parejo, igual, semejante. Parejo, liso, llano.

PARÉLIO (rè) *m. Meteor.* Parhelio.

PARÊMIA (ré) *f.* Paremia, refrán, proverbio.

PAREMIOLOGIA (jía) *f.* Paremiología.

PARENCÉFALO (cè) *m. Anat.* Cerebelo, parencéfalo.

PARÊNESE (réneze) *f.* Parénesis.

PARÊNQUIMA (rén) *m.* Parénquima.

PARENQUIMATOSO, SA (tozo, òza) *adj.* Parenquimatoso.

PARENTA *f.* Parienta.

PARENTAL *adj.* Parental (perteneciente o relativo a los padres).

PARENTA, TA *adj.* Pariente. Ú. t. c. s.

PARENTEAR *v. intr.* Tener parentesco.

PARENTEIRO, RA *adj.* Que es amigo o protector de parientes.

PARENTELA (tè) *f.* Parentela (conjunto de todo género de parientes).

PARENTESCO *m.* Parentesco. *fig.* Parentesco, unión, vínculo, conexión.

PARÊNTESE (rénteze) *m.* Paréntesis (oración o frase incidental; signo ortográfico ( )). *Entre —s. expr. fig.* Entre paréntesis.

PARENTÉTICO, CA (tè) *adj.* Relativo al paréntesis.

PÁREO *m.* Carrera. Premio.

PARERGO (rèr) *m.* Parergon.

PARESIA (zía) *f. Med.* Paresia.

PARESTESIA (zía) *f. med.* Parestesia.

PARGA *f.* Montón de paja. Lo mismo que PILHA.

PARGO *m. Zool.* Pagro, pargo.

PÁRIA *m.* Paria (persona de la casta ínfima de la Índia). *fig.* Paria (persona excluída de las ventajas que disfrutan las demás).

PARIAMBO *m.* Pariambo, pirriquio.

PARIATO *m.* Dignidad de par.

PARIÇÃO (sáum) *f.* Parición (tiempo de parir el ganado). Parto (acción de parir).

PARICÍS *m. pl.* Lo mismo que PARECIS.

PARIDADE *f.* Paridad.

PARIETAL *adj.* Parietal (perteneciente a la pared). *m. Anat.* Parietal.

PARIETÁRIA *f. Bot.* Parietaria.

PARIETÁRIO, RIA *adj.* Parietal.

PARIETINA *f. Quím.* Parietina, ácido úsnico.

PARIFORME (fòr) *adj.* Que tiene la misma forma.

PARIR *v. tr.* Parir. Ú. t. c. intr.

PARISIENSE (zien) *adj. y s.* Parisiense.

PARISSÍLABO, BA (sí) *adj.* Parisílabo.

PARLA *f.* Parla, charla.

PARLAMENTAÇÃO (sáum) *f.* Acción de parlamentar.

PARLAMENTAR *adj.* Parlamentario, parlamental. *v. intr.* Parlamentar (conferenciar; tratar de ajustes o convenios; discutir condiciones o capitulaciones).

PARLAMENTÁRIO, RIA *adj.* Parlamentario, parlamental. *m.* Parlamentario (persona que va a parlamentar).

PARLAMENTARISMO *m.* Parlamentarismo.

PARLAMENTARISTA *m.* Partidario del parlamentarismo.

PARLAMENTEAR *v. intr.* Lo mismo que PAR-LAMENTAR.

PARLAMENTO *m.* Parlamento.

PARLAPATÃO (táum) *m.* Impostor, mentiroso, parlanchín, fanfarrón, embustero. Paparote, bobalicón.

PARLAPATEAR *v. intr.* Parlotear. Fanfarronear, jactarse, vanagloriarse.

PARLAPATICE *f.* Fanfarronería; parlanchinería; fanfarronada; embuste, mentira.

PARLAPATÓRIO (tò) *m. Bras.* Parlanchinería.

PARLAR *v. intr.* Parlar, charlar.

PARLATÓRIO (tò) *m.* Parlatorio, locutorio. Habladuría.

PARLENDA *f.* Palabrería. Parla, charla.

PARLENGA *f.* Lo mismo que PARLENDA.

PARMA *f.* Parma (escudo romano).

PARMESÃO, SÃ (záum, zán) *adj.* Parmesano. Ú. t. c. s. Parmesano (queso).

PARNAÍBA f. Bras. Cuchillo de punta muy aguzada.

PARNASIANISMO (zia) m. Doctrina de los parnasianos.

PARNASIANO, NA (sia) adj. Parnasiano.

PARNASO (zo) m. Parnaso.

PAROARA m. Bras. Cardenal (pájaro).

PÁROCO m. Párroco, cura.

PARÓDIA (rò) f. Parodia.

PARODIAR v. tr. Parodiar.

PARODISTA m. Parodista.

PAROL (ròl) m. Bras. Pesebre.

PAROLA (rò) f. Parola (labia, verbosidad; charla). Habladuría.

PAROLADOR, RA adj. Lo mismo que PAROLEIRO.

PAROLAGEM (jem) f. Parlería, habladuría, charla.

PAROLAMENTO m. Acto de

PAROLAR v. intr. Parlotear, chariar, hablar mucho e insubstancialmente.

PAROLEIRA f. Lo mismo que PAROLA.

PAROLEIRO, RA adj. Parolero, charlatán, parlanchín. Ú. t. c. s.

PAROLICE f. Lo mismo que PAROLA.

PARONÍMIA f. Paronimia.

PARONÍMICO, CA adj. Paronímico. Parónimo.

PARÓNIMO, MA (ró) adj. Parónimo. Ú. t. c. s.

PARONÍQUIA f. Paroniquia (planta). Paroniquia (panadizo).

PARONOMÁSIA (zia) f. Paronomasia.

PAROPSIA (sía) f. Anat. Paropsia.

PARÓQUIA (rò) f. Parroquia (territorio que está bajo la jurisdicción espiritual del cura de almas).

PAROQUIAL adj. Parroquial.

PAROQUIANO, NA adj. Parroquiano (perteneciente a una parroquia). Ú. t. c. s.

PAROQUIAR v. tr. Administrar como párroco.

PAROSMIA (mía) f. Patol. Parosmia.

PARÓTICO, CA (rò) adj. Que está cerca de la oreja.

PARÓTIDA (rò) f. Parótida.

PAROTIDIANO, NA adj. Parotideo.

PAROTIDITE f. Patol. Parotiditis.

PAROUVELA (vè) f. Palabrería.

PAROUVELAR v. intr. Parlotear, parlar, charlar.

PAROXÍSMICO, CA (xís) adj. Paroxísmico.

PAROXISMO (xis) m. Med. Paroxismo. fig. Paroxismo, exaltación extrema.

PAROXÍSTICO, CA (xís) adj. Paroxíntico, paroxístico, paroxismal.

PAROXÍTONO, NA (xí) adj. Gram. Paroxítono, grave, llano.

PÁRPADO m. p. us. Párpado.

PARQUE m. Parque.

PARQUETE (què) m. Taracea; parquet (gal.).

PARRA f. Pámpano, hoja de la vid. Parra, vid.

PARRADO, DA adj. En forma de emparrado.

PARRAFAR v. tr. Dividir en párrafos.

PARRANA adj. Mal vestido, maltrapillo. Retardatario. m. Pelagatos.

PARRAR-SE v. r. Cubrirse de pámpanos. Parrar. Propagarse.

PARREIRA f. Parra (vid, particularmente la que se levanta y extiende mucho en vástago). Parral (conjunto de parras sostenidas con alguna armazón).

PARREIRAL m. Parral, emparrado; conjunto de parras.

PARRÉSIA (rrèzia) f. Ret. Parresia.

PARRICIDA m. Parricida.

PARRICÍDIO m. Parricidio.

PARRILHA (lla) adj. Sarmentoso. f. Especie de paño grosero.

PARRUDO, DA adj. Rastrero, bajo (hablando de vegetales). Bajo y grueso (hablando de personas).

PARSE adj. Parsi. Ú. t. c. s. m. Parsi (idioma de los parsis).

PARSISMO m. Parsismo (religión de los parsis).

PARTA adj. Parto (natural de Partia). Ú. t. c. s.

PARTASANA (za) f. Partesana.

PARTE f. Parte (porción de un todo; cantidad determinada de un agregado numeroso; porción que se da o se toca a uno en un reparto; sitio, paraje, lugar; división de una obra; litigante; facción,

secta, bandería; lado a que uno se inclina o se opone en cuestión, riña o pendencia; papel representado por un actor; comunicación; aviso a la autoridad). pop. Pacto, combinación. pl. Partes, prendas, dotes, cualidades. Partes (órganos de la generación). Bras. Mañas. Puntillos. A —. m. adv. Aparte, separadamente. Dar —. fr. Dar parte (noticiar, dar cuenta a uno de lo que ha sucedido; dar aviso a la autoridad). De minha —. m. adv. Por mi parte, de mi parte. De — a —. m. adv. De parte a parte (de una persona o de un partido a otro). De — de. m. adv. De parte de (en nombre o de orden de). Em —. m. adv. En parte, no enteramente. Em certas —s. m. adv. A partes, a trechos, en partes. Fazer a — de alguém. fr. Hacer las partes de uno (ejecutar una cosa por él o en su nombre); imitarlo. Não tomar — em uma coisa. fr. No ser parte en una cosa. Por de — uma coisa fr. Omitir una cosa, guardarla, reservarla. Tomar — em uma coisa. fr. Tener parte en una cosa, tomar parte en ella.

PARTEIRA f. Partera, comadrona.

PARTEIRO m. Partero, comadrón. Ú. t. c. adj. adj. Bras. Puntilloso.

PARTEJAMENTO (ja) m. Parto (acto de parir). Acto de partear.

PARTEJAR (jar) v. tr. Partear (asistir el médico o la comadrona a la parturienta). v. intr. Parir.

PARTEJO (jo) m. Lo mismo que PARTEJAMENTO. Oficio de comadrona.

PARTENOGÉNESE (jénese) f. Partenogénesis.

PARTENOGENÉTICO, CA (jenè) adj. Partenogenésico, partenogenético.

PARTENOLOGIA (jía) f. Partenología.

PARTÉNOPE (té) m. Astr. Parténope.

PARTENOPEU, PÉIA (pèia) adj. y s. Partenopeo.

PARTIÇÃO (sáum) f. Partición.

PARTICIPAÇÃO (sáum) f. Participación (acción de participar, de tener parte en). Participación, aviso, parte, comunicación, noticia.

PARTICIPADOR, RA adj. Participante.

PARTICIPANTE adj. Participante.

PARTICIPAR v. tr. Participar, dar parte, comunicar. v. intr. Participar, tener parte en una cosa.

PARTICIPÁVEL adj. Participable.

PARTÍCIPE adj. Partícipe, particionero. Ú. t. c. s.

PARTICÍPIO m. Gram. Participio. — presente. Participio activo o de presente. — passado. Participio pasivo o de pretérito.

PÁRTICO, CA adj. Pártico.

PARTÍCULA f. Partícula (parte pequeña). Gram. Partícula.

PARTICULAR adj. Particular, propio, peculiar, privativo. Particular, especial, extraordinario. Particular, singular, individual. Secreto, separado, apartado. m. Particular (punto de que se trata). Particular (individuo que no ejerce funciones públicas); cualquier individuo. pl. Pormenores, particularidades.

PARTICULARIDADE f. Particularidad.

PARTICULARIZAÇÃO (zasáum) f. Acción y efecto de particularizar.

PARTICULARIZADOR, RA (za) adj. Que particulariza.

PARTICULARIZAR (zar) v. tr. Particularizar. v. r. Particularizarse.

PARTIDA f. Partida (acción de partir; qualquiera de los artículos y cantidades de una cuenta; porción de un género comercial; guerrilla de tropa ligera; número de manos de un juego necesarias para ganar o perder definitivamente). —s dobradas. Com. Partida doble. Pregar uma —. fr. Jugar una mala partida.

PARTIDÃO (dáum) m. fam. Buen casamiento. Buena colocación o empleo.

PARTIDÁRIO, RIA adj. Partidario. Ú. t. c. s.

PARTIDO, DA adj. Partido, hendido, rajado. Roto. m. Partido (parcialidad, bando, coligación entre los que siguen una misma opinión o interés). Partido, provecho, ventaja, conveniencia. Partido (ventaja en el juego). Partido (en ciertos juegos, competencia concertada entre los jugadores). Partido (medio propio para lograr una cosa).

PARTIDOR m. Partidor (persona que reparte o divide una cosa). Partidor, divisor.

PARTILHA (lla) f. Partija, partición (de hacienda, herencia, etc).

PARTILHAR (llar) v. tr. Partir, repartir; dar, distribuir, dividir. v. intr. Participar, tener parte en una cosa.

PARTIMENTO m. Partimento, partimiento, partición. División. Partida, salida.

PARTIR v. tr. Partir (dividir en partes). Partir (dividir en partes). Partir (hender, rajar). Romper. Repartir, partir, distribuir. Separar, apartar. v. intr. Partir (ponerse en camino, empezar a caminar, salir dc un punto para ir a otro). Partir (tomar un antecedente como base para un razonamiento o cómputo). v. r. Romperse, quebrantarse. Henderse, rajarse. Alejarse. Marcharse. Partir (ponerse en camino).

PARTISTA adj. Bras. Puntilloso; exigente, caprichoso; difícil de contentarse.

PARTITIVO, VA adj. Gram. Partitivo.

PARTITURA f. Partitura.

PARTÍVEL adj. Partible.

PARTO m. Parto (acto de parir). fig. Parto (cualquiera producción física; producción del entendimiento; cosa que se espera que ocurra o sea de importancia). O — da montanha, fig. El parto de los montes.

PARTURIÇÃO (sáum) f. Parturición, parto.

PARTURIENTE adj. y s. f. Parturienta, parturiente.

PARÚLIA f. Med. Párulis.

PARVA f. Parvedad, parva (corta ración alimenticia que se toma por la mañana en los dias de ayuno).

PARVAJOLA (jí) m. Imbécil, necio.

PARVALHÃO (lláum) m. Lo mismo que PARVAJOLA.

PARVIDADE f. Parvedad, pequeñez, poquedad. Parvulez, niñería. necedad.

PARVO, VA adj. Imbécil, idiota, tonto, necio. Ú. t. c. s. Parvo, pequeño.

PÁRVOA adj. f. Tonta, necia. Ú. t. c. s.

PARVOEJAR (jar) v. intr. Tontear (hacer o decir tonterías).

PARVOIÇADA (sa) f. Tontería, tontedad, tontera, necedad.

PARVOÍCE f. Tontería, necedad. Locura.

PARVULEZ f. Lo mismo que

PARVULEZA (za) f. Tontería, necedad. Parvulez, niñería.

PÁRVULO, LA adj. Párvulo, parvo, pequeño. m. Párvulo, niño, pequeño. ant. Tonto, necio; párvulo, fácil de engañar.

PASCACICE f. Tontería, simplicidad, necedad.

PASCÁCIO m. Tonto, necio, simple, simplón.

PASCAL adj. Pascual.

PASCENTAR v. tr. Apacentar.

PASCER v. tr. Pacer, apacentar. Ú. t. c. intr. Deleitar.

PASCIGO m. Pasto, pasturaje.

PÁSCOA f. Pascua.

PASCOAL adj. Pascual.

PASCOAR v. intr. Celebrar la pascua.

PASCOELA (coè) f. Pascuilla.

PASMACEIRA f. Pasmo (admiración estúpida; embelesamiento. Lo mismo que MARASMO.

PASMADO, DA adj. Pasmado, estupefacto, admirado, asombrado.

PASMAR v. tr. Pasmar (asombrar con extremo). Ú. t. c. intr. y r.

PASMO m. Pasmo (admiración y asombro extremados). Desfallecimiento, desmayo. adj. Bras. Pasmado, admirado, estupefacto, asombrado.

PASMOSAMENTE (mòza) adv. m. Pasmosamente, de pasmo.

PASMOSO, SA (mozo, òza) adj. Pasmoso (que causa pasmo o grande admiración y asombro).

PASPALHÃO (lláum) m. Tonto, bobo, necio. Ú. t. c. adj.

PASPALHICE (lli) f. Tontería, necedad.

PASPALHO (llo) m. Tonto, necio. Espantajo. Persona inútil.

PASQUIM m. Pasquín.

PASQUINADA f. Pasquinada.

PASQUINAGEM (jem) f. Costumbre de pasquinero. Pasquinada.

PASQUINAR v. tr. Pasquinar, satirizar con pasquines. Ú. t. c. intr.

PASQUINEIRO m. Pasquinero. Ú. t. c. adj.

PASSA (sa) f. Pasa (de uva o de otras frutas).

PASSACALE (sa) *f. Mús.* Pasacalle.

PASSA-CULPAS (sa) *m.* Persona muy indulgente.

PASSADA (sa) *f.* Paso, zancada. *pl.* Pasos (diligencias).

PASSADEIRA (sa) *f.* Pasadera (cualquiera de las piedras que se ponen para atravesar a pie enjuto charcos, arroyos, etc.). *Mar.* Pasadera, meollar. *Mil.* Pasabalas. Pasador (sortija que se usa para sujeción y adorno de la corbata). Alfombra (para escaleras y pasillos). *Bras.* Maquina de planchar.

PASSADIÇO, ÇA (sadiso) *adj.* Pasadero, transitorio, perecedero. *m.* Pasadizo, corredor, pasillo. Acera (de la calle). *Bras.* Puente.

PASSADIO (sadío) *m.* Alimento, comida habitual. Pasada, pasadía.

PASSADISTA (sa) *m.* Persona apegada al pasado y a las cosas antiguas, persona rancia.

PASSADO, DA (sa) *adj.* Pasado (dícese de la fruta echada a perder, del guisado demasiado cocido, etc.). Seco al sol. Desconcertado, turbado. Pasado, que pasó. *m.* Pasado (tiempo que pasó). *pl.* Pasados, antepasados.

PASSADOR, RA (sa) *adj.* Pasador, que pasa o hace pasar. *m.* Pasador, coladero. *Mar.* Pasador. Picaporte; pasador. Lo mismo que NOVELEIRO.

PASSADOURO (sa) *m.* Pasaje (sitio por donde se pasa).

PASSAGEIRO, RA (sajei) *adj.* Pasajero (que pasa o va de camino). Ú. t. c. s. Pasajero, transitorio, perecedero, pasadero.

PASSAGEM (sajem) *f.* Pasaje (acto de pasar de una parte a otra; lugar por donde se pasa; precio del billete en los viajes, y también el mismo billete; estrecho entre dos islas o entre una isla y un continente; paso público entre dos calles; trozo de un libro, escrito o discurso; texto de un autor). Paso, lance, suceso. Caso, ocasión, coyuntura. *De —. m. adv.* De paso.

PASSAMANAR (sa) *v. tr.* Pasamanar.

PASSAMANARIA (samanaría) *f.* Pasamanería.

PASSAMANEIRO (sa) *m.* Pasamanero.

PASSAMANES (sa) *m. pl.* Pasamanos, pasamanes.

PASSAMENTO (sa) *m.* Muerte, fallecimiento.

PASSANTE (san) *adj.* Pasante, que pasa. Excente. *m.* Transeúnte.

PASSA-PÉ (sapè) *m.* Paspié.

PASSAPORTE (sapòr) *m.* Pasaporte.

PASSAR (sar) *v. tr.* Pasar (llevar, conducir, transportar, trasladar de una parte a otra). Pasar (mudar, trasladar a uno de un lugar o de una clase a otros). Pasar (ir más allá de). Pasar (penetrar, traspasar). Planchar. Pasar (exceder, aventajar, superar). Pasar (transferir, trasladar). Pasar (llevar una cosa por encima de otra, de modo que la vaya tocando). Pasar (introducir una cosa por el hueco de otra). Pasar, cerner. Pasar (no poner reparo). Sufrir, pasar, llevar. Pasar (desecar al sol). Pasar (recorrer la lección). Pasar (callar, omitir). Pasar, colar un líquido. Traspasar, quebrantar. Pasar (bien o mal). Expedir (un auto o decreto). *v. intr.* Pasar (extenderse, comunicarse, contagiarse alguna cosa). Pasar (tener lo necesario para vivir). Pasar (no entrar, en ciertos juegos). Pasar (mover-se de una parte a otra). Pasar (proceder a ejecutar una acción). Pasar, morir. Pasar, vivir, tener salud. Pasar (durar aquellas cosas que se podrían gastar). *fig.* Pasar (ofrecerse a la imaginación una cosa). Pasar (tener reputación o concepto de). Pasar (no necesitar alguna cosa). Pasar (ocurrir, acontecer, suceder). Pasarse (empezar a pudrir las frutas). *v. r.* Pasarse (mudar de partido o ponerse en la parte opuesta). Desertar. Pasar (ocurrir, acontecer, suceder). Encaminarse, dirigirse. Pasarse (perderse la ocasión o tiempo de que sea eficaz una cosa). *— a ferro.* Planchar. *— por cima. fr.* Pasar por encima.

PASSARADA (sa) *f.* Pajarería.

PASSARÃO (saráum) *m.* Pajarote, pajarraco.

PASSAREDO (sa) *m.* Lo mismo que PASSA-RADA.

PASSAREIRA (sa) *f.* Pajarera.

PASSARINHA (sariña) *f.* Bazo (de los animales). *Bras. Bater a — a alguém. fr. fig.* Tener uno algún presentimiento.

PASSARINHADA (sariña) *f.* Lo mismo que PAS-SARADA. *Bras.* Corcovo o brinco que da una caballería espantadiza.

PASSARINHAGEM (sariñajem) *f.* Caza de pájaros.

PASSARINHÃO (sariñáum) *m. Bras.* Lo mismo que PASSARINHADA (acep. bras.).

PASSARINHAR (sariñar) *v. intr.* Pajarear (cazar pájaros). Pajarear (andar holgazaneando). *Bras.* Espantarse una caballería; pajarear (Amer.).

PASSARINHEIRO, RA (sariñei) *adj. Bras.* Espantadizo, asombradizo; pajarero (Amer.). *m.* Pajarero (individuo dedicado a la caza, cría o venta de pájaros).

PASSARINHO (sariño) *m.* Pajarito (dim. de Pájaro).

PÁSSARO (sa) *m.* Pájaro (nombre genérico de las aves, y más particularmente de las pequeñas). *fig. pop.* Pájaro (hombre astuto y cauteloso).

PASSAROLA (saró) *f.* Pajarote, pajarraco. *Bras.* Nombre dado al aeróstato inventado por Bartolomeu Lourenço de Gusmão.

PASSAROLO (saró) *m.* Pajarraco.

PASSATEMPO (sa) *m.* Pasatiempo, diversión, distracción, entretenimiento.

PASSAVANTE (sa) *m.* Persevante.

PASSÁVEL (sá) *adj.* Pasable, pasadero.

PASSAVELMENTE (sà) *adv. m.* Pasaderamente, pasablemente, medianamente.

PASSAVOLANTE (sa) *m.* Pasavolante (antigua culebrina).

PASSE (se) *m.* Pase (permiso, licencia) para penetrar en un local; licencia para viajar gratuitamente, etc.). *Taurom.* Pase. *pl.* Pases (movimientos con que el hipnotizador somete a su influencia a una persona).

PASSEADOR, RA (sea) *adj.* Paseante, paseador.

PASSEADOURO (sea) *m.* Paseadero, paseo.

PASSEANTE (sean) *adj.* Paseante. Ú. t. c. s.

PASSEAR (sear) *v. intr.* Pasear. Dar pases. Dar pasos. *v. r.* Pasear, hacer pasear.

PASSEATA (sea) *f.* Paseata, paseo. *Bras.* Paseo (acción de ir con pompa o séquito por determinada carrera).

PASSEIO (seio) *m.* Paseo (acción de pasear; sitio público destinado para pasearse; distancia corta). Acera de la calle.

PASSEIRA (sei) *f.* Pasera (lugar donde se ponen a desecar las frutas).

PASSEIRO, RA (sei) *adj.* Pasero (enseñado al paso). *fig.* Tardo, pausado o perezoso.

PASSENTO, TA (sen) *adj.* Poroso, esponjoso, que bebe.

PASSE-PASSE (se-pase) *m.* Prestidigitación.

PASSIBILIDADE (si) *f.* Pasibilidad.

PASSIFLORA (siflò) *f. Bot.* Pasiflora, pasionaria.

PASSIFLORÁCEO, CEA (si) *adj.* Pasiflóreo, pasiflóreo. *f. pl.* Pasifloreas, pasifloráceas.

PASSILARGO, GA (si) *adj.* Pasilargo.

PÁSSIM (pásim) *adj. lat.* Pássim, aquí y allí, en una y otra parte, en lugares diversos.

PASSIONAL (sio) *adv.* Pasional. *m.* Pasionario (libro de canto propio para cantar la Pasión en Semana Santa).

PASSIONÁRIO (sio) *m.* Lo mismo que PAS-SIONAL.

PASSIONEIRO (sio) *m.* Lo mismo que PAS-SIONAL.

PASSIVA (si) *f. Gram.* Pasiva, voz pasiva.

PASSIVAR (si) *v. tr.* Dar significación pasiva a un verbo.

PASSÍVEL (sí) *adj.* Pasible. Susceptible (capaz de recibir modificación o impresión).

PASSIVIDADE (si) *f.* Pasividad.

PASSIVO, VA (si) *adj.* Pasivo.

PASSO (so) *m.* Paso (movimiento de un pie hacia adelante). Paso (espacio que comprende um paso). Paso (movimiento con que camina una caballería). Paso, pasaje (lugar por donde se pasa). Paso (diligencia que se hace en solicitud de una cosa). Ú. m. en pl. Paso (lance o suceso digno de reparo). Paso (mudanza que se hace en los bailes). Paso (movimiento seguido que un anda un ser animado). Camino. Paso (estrecho de mar). Paso (cualquiera de los sucesos de la Pasión de Cristo). Paso, situación, caso, negocio. Paso de la hélice. *adv. m.* Despacio. Paso, en voz baja, quedo. *adj.* Desecado. *A cada —. m. adv.* A cada paso (repetida, continuada, frecuentemente, a menudo). *A dois —s. m. adv. fig.* A dos pasos, a corta distancia. *Ao — que, loc. fig.* Al paso que, al mismo tiempo, a la vez. *Apertar o —. fr. fam.* Apretar el paso, alargar el paso, avivar el paso, andar o ir de prisa. *A —s largos. m. adv.* A paso largo, a paso tirado, precipitadamente, de prisa. *A poucos —s. m. adv.* A pocos pasos, a poca distancia. *Dar um mau —. fr. fig.* Andar en malos pasos, tener mala conducta las mujeres. *Dar —s. fr. fig.* Dar pasos, gestionar. *Marcar —. Mil.* Marcar el paso. *Nesse —. m. adv. fig.* A ese paso, según eso, de ese modo. *— a —. m. adv.* Paso a paso, poco a poco, despacio o por grados. Paso ante paso, paso entre paso, lentamente, poco a poco.

PASTA *f.* Pasta (masa de una o más cosas machacadas; porción de metal fundido y sin labrar). Cartera (para guardar papeles, dibujos, documentos, etc.). *fig.* Cartera (empleo de ministro; ejercicio de las funciones propias de cada ministerio). *Ministro sem —.* Ministro sin cartera.

PASTAGEM (jem) *f.* Pasto, pastura (sitio en que pasta el ganado); pastal, pastizal (Amer.). Pasto, pastura (hierba que pacen los animales).

PASTAR *v. intr.* Pastar (pacer los ganados la hierba del campo). *v. tr.* Pastar (llevar el ganado al pasto).

PASTEIRO *m. Bras.* Persona que vende pasto; pastero (Amer.).

PASTEJAR (jar) *v. intr.* Pastar (pacer los ganados la hierba del campo). *Bras.* Lo mismo que PAS-TOREAR.

PASTEL (tèl) *m.* Pastel (masa de harina y manteca cocida al pastel; lapiz propio para esta pintura). *Impr.* Pastel (conjunto de líneas o planas desordenadas). *fig. fam.* Pastel (convenio secreto con malos fines). *fig. fam.* Persona perezosa o indolente. *fig.* Confusión, embrollo.

PASTELÃO (láum) *m.* Pastelón.

PASTELARIA (ría) *f.* Pastelería.

PASTELEIRO *m.* Pastelero (persona que hace o vende pasteles).

PASTELISTA *m.* Pastelista.

PASTEURIZAÇÃO (zasáum) *f.* Pasterización, pasteurización.

PASTEURIZADEIRA (za) *f. Bras.* Lo mismo que PASTEURIZADOR.

PASTEURIZADOR (za) *m.* Pasterizador, pasteurizador (aparato para pasterizar).

PASTEURIZAR (zar) *v. tr.* Pasterizar, pasteurizar.

PASTIÇAL *m. Bras. Río Gr. del Sur.* Pasto; pastizal (Amer.).

PASTICHE (che) *m.* Copia, plagio, imitación.

PASTILHA (lla) *f.* Pastilla.

PASTILHEIRO (llei) *m. Bras.* Pastillero (recipiente o caja para pastillas).

PASTINHA (ña) *f. Bras.* Cierto peinado.

PASTIO (tío) *m. Pasto, pastura, pastoreo.

PASTO *m.* Pasto (hierba que el ganado pace en el campo). Pasto (lugar donde pasta el ganado). Pasto (cualquier cosa que sirve para el sustento del animal). *fig.* Pasto (materia que sirve a la actividad de los agentes que consumen las cosas). *— espiritual.* Pasto espiritual. *Casa de —.* Restaurante de ínfima calidad. *Vinho de —.* Vino de pasto.

PASTOR *m.* Pastor (persona que cuida del ganado). Pastor (prelado que tiene súbditos y obligación de cuidar de ellos). Pastor protestante. *Bras.* Caballo padre.

PASTORAL *adj.* Pastoral, pastoril. Pastoral (perteneciente a los prelados). Pastoral (drama bucólico). Pastoral, carta pastoral.

PASTORAR *v. tr.* Lo mismo que PASTOREAR. *Bras. nort.* Acechar, atisbar; pastorear (amer. colomb.).

PASTOREAÇÃO (sáum) *f.* Pastoreo.

PASTOREAR *v. tr.* Pastorear. *fig.* Gobernar, guiar, conducir, dirigir.

PASTOREIO *m.* Pastoría. Pastoreo.

PASTOREJAR (jar) *v. tr. Bras.* Pastorear.

PASTOREJO (jo) *m.* Pastoreo. Pasto, pastura (sitio en que pasta el ganado).

PASTORELA (rè) *f.* Pastorela. Égloga.

PASTORÍCIO, CIA *adj.* Pastoricio, pastoril.

PASTORIL *adj.* Pastoril.

PASTORIZAR (zar) *v. tr.* Pasterizar.

PASTOSO, SA (tozo, òza) *adj.* Pastoso (semejante a la masa). Pastoso (hablando de la voz). Viscoso, pegajoso, glutinoso.

PASTRANO, NA *adj.* Rústico, grosero. Ú. t. c. s.

PATA *f.* Pata (hembra del pato). Pata (pie y pierna de los animales; pie o base de una cosa). *Mar.* Brazo (del ancla). *pop.* Pie grande. *fam.* Pata (pierna, pie). *A* —. *m. adv.* A pata, a pie. *De quatro* — *s. m. adv.* A cuatro patas, a gatas. — *d'água. Bras.* Biguá. — *de vaca. Bot. Bras.* Árbol leguminoso *(Bauhinia fortificata)*. — *choca.* Mujer rechoncha. Mozo de sacristía.

PATACA *f.* Pataca (antigua moneda de plata).

PATAÇÃO (cáum) *m.* Patacón (moneda antigua).

PATACHO (cho) *m. Mar.* Patache; patache *(amer. argent.)*.

PATACO *m.* Lo mismo que PATACÃO. *fig.* Patán, pataco.

PATAÇO (so) *m. Bras. merid.* Patada. Coz.

PATACOADA *f.* Jactancia; ostentación vana. Disparate. Patochada.

PATACUDO, DA *adj. Bras.* Rico, acaudalado.

PATADA *f.* Patada (golpe con el pie o con la pata). *fig.* Tontería, necedad.

PATAGÃO, GONA (gáum) *adj.* y *s.* Patagón.

PATAGÔNIO, NIA (gó) *adj. s.* Patagón.

PATALEAR *v. intr. Bras. merid.* Patalear (agitar las piernas o patas con violencia).

PATAMAL *m.* Lo mismo que

PATAMAR *m.* Meseta (de una escalera); descansillo.

PATAMAZ *m.* Santurrón.

PATÃO (táum) *m.* Especie de zueco.

PATAQUEIRO, RA *adj.* Muy barato; ordinario. Que arriesga poco dinero al juego.

PATARATA *f.* Patarata (demostración afectada y ridícula). Mentira, jactancia.

PATARATAR *v. intr.* Lo mismo que

PATARATEAR *v. intr.* Decir pataratas.

PATARATEIRO, RA *adj.* Pataratero.

PATARATICE *f.* Patarata, acción o dicho de pataratero.

PATARÉU (rèu) *m.* Lo mismo que PATAMAR.

PATARRÁS *m. Mar.* Patarraez.

PATATIVA *f. Bras. Zool.* Pájaro fringílido del Brasil *(Spermophila plambea). fig.* Persona parlanchina.

PATAU *m.* Patán.

PATAVINA *f. fam.* Cosa ninguna, nada.

PATAVINO, NA *adj.* y *s.* Patavino (de Padua).

PATCHULI (chu) *m.* Pachulí.

PATEADA *f.* Pateadura, pateamiento.

PATEADURA *f.* Pateadura, pateamiento.

PATEAR *v. tr.* Patear. *v. intr.* Patear, patalear.

PATEGO, GA *adj.* Tonto, necio. Patán.

PATEIRO *m.* Cuidador de patos.

PATEJAR (jar) *v. intr.* Lo mismo que PATINHAR.

PATELA (tè) *f.* Rótula de la rodilla.

PATELHA (lla) *f.* La parte inferior del timón.

PÁTENA *f.* Patena (platillo para la hostia, en la misa).

PATENTE *adj.* Patente, manifiesto, visible, claro, perceptible. *f.* Patente (título para el goce de un empleo o privilegio). Patente (expedida por una cofradía). Patente de invención. *fig.* Puesto, grado (militar). *Bras. merid.* Inodoro, excusado.

PATENTEAR *v. tr.* Patentizar, manifestar. *v. r.* Evidenciarse, enseñarse, mostrarse.

PATENTEMENTE *adv. m.* Patentemente, visiblemente, claramente, de un modo manifiesto.

PÁTERA *f.* Pátera.

PATERNAL *adj.* Paternal.

PATERNIDADE *f.* Paternidad (calidad de padre). Paternidad (tratamiento que se da a algunos religiosos).

PATERNO, NA (tèr) *adj.* Paterno (perteneciente o relativo al padre).

PATESCA *f.* Motón. *Roda* —. Rueda maciza.

PATETA (tè) *com.* Tonto, necio; loco, idiota, imbécil; bendito, persona de pocos alcances.

PATETAR *v. intr.* Lo mismo que

PATETEAR *v. intr.* Decir tonterías o necedades, hacer-las. Titubear (sentir perplejidad en algún punto o materia).

PATETICAMENTE (tè) *adv. m.* Patéticamente.

PATETICE *f.* Tontería, necedad.

PATÉTICO, CA (tè) *adj.* Patético.

PATI *m. Bras.* Patí (pez grande de los ríos). *Amer.*

PATIBULAR *adj.* Patibulario. *Cara* —. Fisonomía partibularia.

PATÍBULO *m.* Patíbulo.

PATIFARIA (ría) *f.* Pillada, bribonada, tunantada, picardía.

PATIFE *adj.* Pillo, pícaro, bribón, tunante, tuno.

PATILHA (lla) *f.* Hilo de plata u oro. La parte posterior de la silla de montar.

PATIM *m.* Meseta de escalera (pequeña). Patín (aparato que se ajusta al calzado para poder deslizarse sobre el hielo o sobre una superficie dura y plana).

PÁTINA *f.* Pátina.

PATINAÇÃO (sáum) *f.* Patinación. Patinadero.

PATINADOR, RA *adj.* Patinador. Ú. t. c. s.

PATINAGEM (jem) *f.* Patinación.

PATINAR *v. intr.* Patinar (deslizarse con patines).

PATINHAR (ñar) *v. intr.* Chapalear, chapotear. Patinar (dar vueltas las ruedas de un carruaje sin avanzar).

PATINHO (ño) *m.* Patito (dim. de *Pato*). *fig.* Tonto, necio; otario.

PÁTIO *m.* Patio (espacio cerrado y descubierto en las casas).

PATÍVEL *adj.* Pasadero, llevadero, tolerable.

PATO *m.* Pato; ánade. *pop.* Lo mismo que PARVO. *Pagar o* —. *fr. fig.* Sufrir las consecuencias, pagar los gastos. — *bravo.* Pato salvaje. — *marino.* Pájaro bobo, pingüino.

PATOÁ *m.* Jerga. Cada uno de los dialectos franceses.

PATOFOBIA (bía) *f.* Patofobia.

PATOGÉNESE (jéneze) *f.* Patogenesia, patogenia.

PATOGENÉTICO, CA (jenè) *adj.* Patogénico, patógeno.

PATOGENIA (jenía) *f.* Patogenia.

PATOGÉNICO, CA (jé) *adj.* Patogénico, patógeno.

PATOGNOMÔNICO, CA (mó) *adj.* Patognómico, patognomónico.

PATOLA (tò) *f.* Pinza (de los cangrejos). *Bras. Germ.* Mano. *adj.* Tonto, necio, idiota.

PATOLOGIA (jía) *f.* Patologia.

PATOLÓGICO, CA (lòji) *adj.* Patológico.

PATOLOGISTA (jis) *m.* Patólogo.

PATOTA (tò) *f. Bras.* Lo mismo que BATOTA.

PATOTEIRO *m. Bras.* Lo mismo que BATOTEIRO.

PATRANHA (ña) *f.* Patraña, mentira, bola, noticia fabulosa.

PATRANHADA (ña) *f.* Serie de patrañas.

PATRANHEIRO, RA (ñei) *adj.* Patrañero. Ú. t. c. s.

PATRÃO (tráum) *m.* Patrón, dueno, señor. Patrón (de una embarcación). Patrón, protector.

PÁTRIA *f.* Patria.

PATRIARCA *m.* Patriarca.

PATRIARCADO *m.* Patriarcal.

PATRIARCAL *adj.* Patriarcal. Patriarcal, patriarcado (territorio de la jurisdición de un patriarca).

PATRÍCIA *f. Bras. nort.* Caña, aguardiente.

PATRICIADO *m.* Patriciado.

PATRICIATO *m.* Patriciado.

PATRÍCIO, CIA *adj.* Patricio. Ú. t. c. s. *m.* Compatricio, compatriota. Ú. t. c. adj.

PATRIMONIADO, DA *adj.* Que tiene o herdó patrimonio.

PATRIMONIAL *adj.* Patrimonial.

PATRIMÓNIO (mó) *m.* Patrimonio (conjunto de bienes heredados de los padres o abuelos). *fig.* Patrimonio (conjunto de bienes que una persona posee).

PÁTRIO, TRIA *adj.* Patrio. — *poder.* Patria potestad.

PATRIOTA (triò) *com.* Patriota.

PATRIOTADA *f.* Patriotería.

PATRIOTEIRO, RA *adj.* Patriotero. Ú. t. c. s.

PATRIOTICAMENTE *adv. m.* Patrioticamente.

PATRIÓTICO, CA (ò) *adj.* Patriótico.

PATRIOTISMO *m.* Patriotismo.

PATRÍSTICA *f.* Patrística.

PATRIZAR (zar) *v. intr.* Ser buen patriota, servir a la patria.

PATROA *f.* Patrona (mujer del patrón; dueña de la casa).

PATROCINADOR, RA *adj.* Patrocinador. Ú. t. c. s.

PATROCINAR *v. tr.* Patrocinar, defender, amparar, favorecer.

PATROCÍNIO *m.* Patrocinio amparo, protección, favor.

PATRONA *f.* Patrona (santa titular de una iglesia).

PATRONADO *m.* Lo mismo que PATRONATO.

PATRONAGEM (jcm) *f.* Patrocinio.

PATRONAL *adj.* Patronal.

PATRONATO *m.* Patronazgo, patronato. Patrocinio. Patronato (función de una obra pía).

PATRONEAR *v. tr.* Patrocinar, proteger, servir de patrona. Patronear. Dirigir como patrón. *v. intr.* Condescender con arrogancia; echárselas de patrón.

PATRONÍMICO, CA *adj.* Patronímico.

PATRONO *m.* Patrono, patrón, defensor, poseedor de un patronato, dueño de un esclavo. Patrón, patrono (de una iglesia). Abogado.

PATRULHA (lla) *f.* Patrulla.

PATRULHAR (llar) *v. intr.* Patrullar. Ú. t. c. s.

PATUÁ *m.* Jerga, dialecto. Lo mismo que PATOÁ. *Bras.* Cesta de paja.

PATUDO, DA *adj.* Patudo.

PATULÉIA (lèia) *f.* Patulea. Plebe, populacho.

PÁTULO, LA *adj.* Patente, abierto.

PATUSCADA *f.* Francachela, comilona. Lo mismo que PÂNDEGA.

PATUSCAR *v. intr.* Lo mismo que PANDEGAR.

PATUSCO, CA *adj.* Lo mismo que PÂNDEGO.

PAU *m.* Palo (trozo de madera más largo que grueso). Palo, madera (parte leñosa de los árboles). Barra. Cayado, bastón. Ripia. Vara (palo largo y delgado). Pastilla. Viga. *fig.* Palos (golpes dados con un palo). *Bras.* Reprobación en un examen. *Bras. nort.* Cualquier árbol. — *com formiga. Bras. nort.* Cosa o situación difícil, apuro, aprieto. *Pé de* —. Árbol. *pl.* Bastos (uno de los cuatro palos de la baraja). *adj. Bras.* Fastidioso, aburrido, pesado, molesto, enfadoso. *Levar* —. *fr. fig.* Ser uno reprobado en los exámenes. — *brasil.* Palo, palo del Brasil. — *campeche.* Palo campeche, o de Campeche. — *d'água.* Árbol del Brasil *(Vochysia thyrsoidea). fig.* Borrachín. — *de cabeleira. Bras.* Medianero entre enamorados; alcahueta. — *de fumo. Bras. despect.* Negro. — *de sebo.* Cucaña. — *ferro. Bras.* Árbol leguminoso de madera durísima. — *furado. Bras. fig.* Fuzil, arma de fuego. — *marfim.* Marfil vegetal. — *preto.* Ébano. — *rosado.* Palo del Brasil.

PAUL *m.* Paúl (sitio pantanoso).

PAULADA *f.* Palo (golpe dado con un palo).

PAULATINAMENTE *adv. m.* Paulatinamente.

PAULATINO, NA *adj.* Paulatino, que obra despacio o con lentitud.

PAULIFICAÇÃO (sáum) *f. Bras.* Lo mismo que

PAULIFICÂNCIA (cán) *f. Bras.* Fastidio, pesadez, molestia, aburrimiento.

PAULIFICANTE *adj.* Pesado, molesto, importuno, fastidioso.

PAULIFICAR *v. intr.* Molestar, fastidiar, importunar, cargar, aburrir. Ú. t. c. tr.

PAULINA *f.* Paulina (carta de excomunión). *fam.* Maldición.

PAULISTA *adj.* Paulista (natural de San Pablo, Estado del Brasil). Ú. t. c. s.

PAULISTANO, NA *adj.* Paulista (natural de San Pablo, ciudad del Brasil). Ú. t. c. s.

PAUPERISMO *m.* Pauperismo.

PAUSA (za) *f.* Pausa, interrupción breve. Pausa, lentitud, tardanza. *Mús.* Pausa.

PAUSADAMENTE (za) *adv. m.* Pausadamente, pausado.

PAUSADO, DA (za) *adj.* Pausado.

PAUSAR (zar) *v. intr.* Pausar, interrumpir, retardar. Ú. t. c. r.

PAUTA *f.* Pauta, raya (en el papel). Papel pautado. Pauta, falsilla. *fig.* Pauta, norma. *fig.* Pauta, dechado, modelo. Pautado, pentagram. Tarifa, tabla, catálogo; lista.

PAUTADO, DA *adj.* Pautado. Regular; metódico.

PAUTAL *adj.* Perteneciente a la tarifa.

PAUTAR *v. tr.* Pautar (rayar el papel con la pauta). *fig.* Pautar (dar reglas o determinar el modo de ejecutar una acción). Metodizar, arreglar, regular, regularizar, ajustar. *v. r.* (con la prep. *por*) Tener como pauta de su conducta.

PAUZINHO (ziño) *m.* Palito, palico, palillo (dim. de Palo). *pl. fam.* Chisme. *Mexer, o tocar, os —s. fr. fig.* Enredar. V. CAMA (Fazer a). Emplear los medios necesarios al buen éxito de un negocio.

PAVANA *f.* Pavana. *Bras.* Palmeta, palmatoria.

PAVÃO (váum) *m.* Pavo real, pavón.

PAVEIA *f.* Gavilla.

PAVÊS (vés) *m.* Pavés. *Mar.* Cada uno de los paveses o escudos que formaban una empavesada.

PAVESADA (za) *f.* Empavesada, pavesada.

PAVESADA, DA (za) *adj.* Empavesado, armado de paveses.

PAVESADURA (za) *f.* Empavesada.

PAVESAR (zar) *v. tr.* Empavesar.

PAVILHÃO (lláum) *m.* Pabellón (tienda de campaña). Pabellón (colgadura de una cama, trono o altar). Pabellón, bandera nacional. Pabellón (ensanche con que termina la boca de algunos instrumentos de viento). Pabellón (edificio, por lo común aislado, pero que forma parte de otro). Pabellón (nación a que pertenecen las naves mercantes). Pabellón de la oreja.

PAVIMENTAÇÃO (sáum) *f.* Pavimentación.

PAVIMENTAR *v. tr.* Pavimentar, solar.

PAVIMENTO *m.* Pavimento, suelo. Piso, suelo (hablando de los diferentes órdenes de cuartos o viviendas en que se divide la altura de una casa).

PAVIO (vío) *m.* Pabilo. *De fio a —. m. adv.* De cabo a rabo, de cabo a cabo, del principio al fin.

PAVOA (vóa) *f.* Pava real.

PAVONAÇO, ÇA (so, sa) *adj.* Pavonado, azulado obscuro.

PAVONADA *f.* Acto de enderezar el pavo real su cola de plumas. *fig.* Pavonadana, ostentación, pompa, boato. *fig.* Jactancia.

PAVONEAR *v. tr.* Adornar mucho. *v. intr.* Pavonear (hacer alarde, gala o vana ostentación de alguna cosa). Ú. t. c. r.

PAVOR *m.* Pavor, pavura, espanto, temor.

PAVOROSAMENTE (ròza) *adv. m.* Pavorosamente.

PAVOROSO, SA (rozo, òza) *adj.* Pavoroso.

PAVULAGEM (jem) *f. Bras. Amaz.* Fanfarronería; fanfarronada.

PÁVULO *m. Bras. Amaz.* Fanfarrón.

PAVUNA *f. Bras.* Ravina.

PAXÁ (chá) *m.* Bajá.

PAZ *f.* Paz.

PAZADA (za) *f.* Palada (porción que la pala puede coger de una vez).

PAZEAR (zear) *v. intr.* Establecer la paz y armonía.

PAZIGUAR (zi) *v. tr.* Lo mismo que APÁZIGUAR.

PÉ (pè) *m. Anat.* Pie. Pata. Pie (base de una cosa). Pie, pozo, hez, sedimento. Pie, tallo de la planta, tronco de árbol, el mismo árbol. Pie (parte que cubre el pie en las medias, calcetas y botas). Pie (parte de que se compone y con que se mide un verso). Pie (el ultimo de orden de los que juegam). Pie (medida de longitud usada en muchos países). Pie (ocasión o motivo para hacerse una cosa). Pie (parte sobre que se forma una cosa). Pie (de un mueble). Estado de un negocio. Pie (parte final de un escrito; espacio en blanco que queda en la parte inferior del papel). Pie (parte opuesta a la cabecera de una cosa). *— -coxinho.* Acto de andar con un solo pie. *— d'água.* Chaparrón. *— de alferes.* Coquetería, coqueteo, corte, cortejo. *— de altar.* Pie de altar (los emolumentos que se dan al sacerdote). *— de amigo. Bras.* Especie de maniota con que se atan las manos y un pie de una bestia. *— de árvore. Bras. nort.* (pie (árbol joven). *— de boi.* Persona muy aficionada a lo antiguo. *Bras.* Persona que trabaja mucho. *— de cabra.* Pie de cabra (palanca hendida por un extremo). *— de chumbo.* Soldado de infantería. Trafagón. *— de gallo.* Pata de gallo (arrugas en el ángulo externo de cada ojo). *— de galo. Bot.* Lúpulo. *— de meia.* Ahorros, peculio. *— de moleque. Bras.* Dulce de azúcar con maní. *— de pato. Bras.* El Diablo. *— de poeira. Bras.* Persona de baja condición. *— de vento.* Golpe de aire, ráfaga. Huracán; torbellino. *— -direito.*

Altura de una habitación, desde el techo al piso. *— -frio. Bras.* Persona infeliz en el juego. Persona cobarde, pusilánime. *— - —. Bras.* Cojo. *— -rapado. Bras.* Persona de baja condición, persona humilde y pobretona. *Andar num — só. fr. fig. fam.* Andar uno en un pie, o en un pie como grulla, o como las grullas. *Ao — m. adv.* Al pie, cercano, próximo, inmediato a una cosa. *Ao — da letra. m. adv.* Al pie de la letra, a la letra, puntual y exactamente. *A —. m. adv.* A pie. *A — enxuto. m. adv.* A pie enjuto. *A — firme. m. adv.* A pie firme, firmemente, con seguridad. *A — quedo. m. adv.* A pie quedo, sin moverse los pies, sin andar; sin trabajo o diligencia propia. *A sete —s. m. adv.* Corriendo, aprisa. *Com —s de lã. m. adv.* A hurtadillas, disimuladamente, andando sin hacer ruido. *Com um — na sepultura. m. adv. fig. fam.* Con un pie en el hoyo, con un pie en la sepultura; cercano a la muerte, por vejez o enfermedad. *Dar —. fr. fig.* Dar pie, ofrecer ocasión o motivo para una cosa. *De —. m. adv.* De pie, de pies, en pie. *De — atrás. m. adv.* Con desconfianza, con prevención o reserva. *De quatro —s. m. adv.* A cuatro pies, a gatas. *Deixar (alguém) a —. fr. fig.* Dejar (a uno) a pie, dejarle desacomodado. *Do — para a mão. expr. fig.* Del pie a la mano, de un instante para otro. *Dos —s à cabeça. m. adv.* De pies a cabeza, enteramente. *Em bom —. m. adv.* En buen pie, en buen orden, en el orden debido. *Em —. m. adv.* En pie (levantado ya de la cama; erguido o afirmado sobre los pies). *Em — de guerra. loc. adv.* En pie de guerra. *Entrar com o — direito. fr. fig.* Entrar con pie derecho, entrar con buen pie, entrar con el pie derecho. *Estar com o — no estribo. fr. fig.* Estar uno con el pie nel estribo, estar dispuesto y próximo a hacer un viaje. *Estar em — (uma cousa). fr. fig.* Estar en pie (una cosa), permanecer, durar, existir. *Fazer — atrás. fr. fig. fam.* Echar el pie atrás. Volverse; huir. *Fazer — de alferes. fr. fig.* Cortejar, galantear. *Ir aos —s. fr. fig. fam.* Defecar. *Lançar-se aos —s (de alguém). fr. fig.* Echarse a los pies (de uno). *Meter os —s, o — (nalguma cousa). fr. fig.* Dar por el pie (a una cosa), derribarla o destruirla del todo. *Mais velho do que andar a —. expr. fig.* Más viejo que andar a pie, más viejo que la sarna, muy viejo y antiguo. *Não chegar aos —s. (de alguém). fr. fig.* No llegarle (a uno) al pie, no llegarle a la suela del zapato, ser muy inferior a él en alguna prenda o habilidad. *Não por os —s (em alguma parte). fr. fig. fam.* No poner los pies (en una parte). *Negar a —s juntos. fr. fig.* Negar obstinadamente. *Pasar o — (a alguém). fr. fig.* Echar el pie adelante (a uno), aventajarle, abandonarle, excederle; engañarle. *— ante —. m. adv.* Pie ante pie, paso a paso. Con pies de plomo, despacio, con cautela y prudencia. *Peito do —. m. adv.* Empeine. *— por —. m. adv.* Pie ante pie. *Perder —. fr. fig.* Perder pie (no encontrar el fondo en el agua; confundirse en el discurso). *Por o — em terra. fr.* Echar pie a tierra. *Sem — nem cabeça. fr. fig. fam.* Sin pies ni cabeza, sin orden ni concierto. *Sola do —. fr. fig.* Planta (del pie). *Ter (alguém) bom —. fr. fig.* Tener (uno) muchos pies, o buenos pies, tener agilidad y ligereza en el caminar. *Tomar —. fr. fig.* Hacer pie (hallar fondo en que sentar los pies, sin necesidad de nadar). *Um — lá e outro cá!* Fr. con que a uno se le dice que vaya y vuelva aprisa.

PEÃ (peán) *m.* Peán, canción, himno, cántico.

PEAÇA (sa) *f.* Correa que prende al buey al yugo.

PEAGEIRO (jei) *m.* Pejaero.

PEAGEM (jem) *f.* Peaje.

PEAL *m.* Peal, escarpín.

PEALAÇÃO (sáum) *f. Bras. Río Gr. del Sur.* Pial (acción de pialar).

PEALADOR *m. Bras. Río Gr. del Sur.* Pialador, el que piala (amer. argent.).

PEALAR *v. tr. Bras. Río Gr. del Sur.* Apealar, pialar (amer. argent.), enlazar de las patas un animal. *fig.* Engañar.

PEALO *m. Bras.* Pial, piale (amer. argent.), acción y efecto de pialar.

PEANHA (ña) *f.* Peana, peaña.

PEANHO (ño) *m. Mar.* Quilla y parte inferior de un buque.

PEÃO (peáum) *m.* Peón (el que marcha a pie; infante, soldado de infantaria; pieza del ajedrez). *Bras.* Peón (Amer.), el que trabaja en una hacienda, al mando de un capataz).

PEAR *v. tr.* Atar con la maniota. *fig.* Estorbar, impedir, embarazar, trabar.

PEÇA (pèsa) *f.* Pieza (trozo o parte de una cosa; moneda; alhaja, instrumento o mueble trabajados artísticamente; cualquiera de las partes de un artefacto; porción, cantidad de tela que fabrica de una vez; sala, cuarto, aposento; animal de caza o pesca; obra dramática; figura de madera, marfil, etc., que sirve para jugar a las damas, al ajedrez y otros juegos; composición musical; figura del escudo; con calificativo encomiástico, cosa sobresaliente). Pieza de artillería, cañón. *fig.* Engaño, trampa; chasco, logro. *fig.* Linda pieza, buena pieza (persona muy astuta, bellaca o de mala condición). *Pregar uma — (a alguém). fr. fig.* Jugar (a uno) una mala pasada.

PECADILHO (llo) *m.* Pecadillo (pecado leve o venial).

PECADO *m.* Pecado.

PECADOR, RA *adj.* Pecador. Ú. t. c. s.

PECAMINOSAMENTE (nòza) *adv. m.* Pecaminosamente.

PECAMINOSO, NA (nozo, òza) *adj.* Pecaminoso.

PECANTE *adj.* Pecante (que peca; que excede en su línea).

PECAR *v. intr.* No madurar, marchitarse, secarse, frustrarse.

PECAR *v. intr.* Pecar (quebrantar a la ley de Dios; faltar a lo que es debido y justo; faltar a las reglas en cualquier línea; dejarse llevar de alguna afición; dar motivo para un castigo).

PECARI *m.* Pecarí, pecari, saíno (Amer.).

PECÁVEL *adj.* Pecable.

PECHA (pècha) *f.* Falta, defecto, vicio; mancha, mácula.

PECHADA (cha) *f. Bras.* Choque de dos jinetes viniendo en sentido opuesto; pechada (amer. argent.). *Bras.* Choque, encuentro, golpe. *Bras. fig.* Petardo, estafa; sablazo.

PECHADOR (cha) *m. Bras.* Petardista; pechador (Amer.).

PECHAR (char) *v. tr. Bras.* Chocar, encontrarse violentamente. Ú. t. c. r. *fig.* Dar sablazos; pechar (amer. argent.).

PECHBLENDA *f. Miner.* Pechurana, pechblenda.

PECHINCHA (chincha) *f.* Ganga (cosa apreciable que se adquiere a poca costa o con poco trabajo). Lucro o provecho inesperado o no merecido.

PECHINCHAR (chinchar) *v. tr.* Obtener ganga, ganar sin esperar o merecer. Ú. t. c. intr. Comprar muy barato. Regatear.

PECHINCHEIRO, RA (chinchei) *adj.* El que anda buscando gangas. Ú. t. c. s. Regatero, regatón, que regatea mucho. Ú. t. c. s.

PECHISBEQUE (chisbè) *m.* Similor.

PECHOSO, SA (chozo, òza) *adj.* Puntilloso. Escrupuloso.

PECIOLADO, DA *adj. Bot.* Peciolado.

PECIOLAR *adj. Bot.* Peciolar.

PECÍOLO *m. Bot.* Pecíolo (pezón de la hoja).

PECO *m.* Mal que da a los árboles. V. DEFINHAMENTO. *adj.* Marchito, seco, que no maduró. *fig.* Necio, tonto.

PEÇONHA (soña) *f.* Ponzoña, veneno.

PEÇONHENTAMENTE (soñem) *adv. m.* Ponzoñosamente.

PEÇONHENTO, TA (soñen) *adj.* Ponzoñoso.

PÉCORA (pè) *f.* Ramera.

PÉCTICO, CA (pè) *adj. Quím.* Péctico.

PECTINA *f. Quím.* Pectina.

PECTÍNEO, NEA *adj.* Pectíneo (perteneciente o relativo al peine).

PECTINIBRÂNQUIO, QUIA (brán) *adj.* Perteneciente al suborden de los pectinibranquios. *m. pl. Zool.* Pectinibranquios.

PECTINICÓRNEO, NEA (còr) *adj. Hist. Nat.* Que tiene cuernos o antenas pectiniformes.

PECTORAL *adj.* Lo mismo que PEITORAL.

PECUÁRIA *f.* Ganadería (crianza, granjería o tráfico de ganados).

PECUÁRIO, RIA *adj.* Pecuario, perteneciente al ganado. *m.* Ganadero.

PECULADOR *m.* Malversador (que comete malversación o peculado).

PECULATÁRIO *m.* Oficial acusado de peculado.

PECULATO *m.* Peculado.

PECULIAR *adj.* Peculiar, propio, característico, privativo de cada persona o cosa.

PECULIARIDADE *f.* Peculiaridad.

PECULIARMENTE *adv. m.* Peculiarmente, propiamente, especialmente, particularmente.

PECÚLIO *m.* Peculio (hacienda, caudal, bienes). Peculio (dinero, caudal).

PECÚNIA *f.* Pecunia, moneda, dinero.

PECUNIÁRIO, RIA *adj.* Pecuniario.

PECUNIOSO, SA (niozo, òza) *adj.* Adinerado, acaudalado.

PEDACINHO (ciño) *m. dim.* de *Pedaço.* Pedazuelo.

PEDAÇO (so) *m.* Pedazo (parte, porción de alguna cosa). Rato (espacio de tiempo). *Bras. pop.* Mujer hermosa. *Fazer em —s uma coisa. fr.* Despedazar, hacer pedazos una cosa.

PEDÁGIO (jio) *m.* Peaje, pedaje.

PEDAGOGIA (jía) *f.* Pedagogía.

PEDAGÓGICO, CA (gòji) *adj.* Pedagógico.

PEDAGOGO *m.* Pedagogo.

PEDAL *m.* Pedal (palanca que mueve un mecanismo apoyandose en ella el pie). *Mús.* Pedal.

PEDALADA *f.* Cada impulso dado al pedal.

PEDALAGEM (jem) *f.* Pedaleo.

PEDALAR *v. intr.* Pedalear. Ú. t. c. tr.

PEDALEIRO *m.* Eje y mecanismo de los pedales de una bicicleta.

PEDALIÁCEAS *f. Bot.* Pedalíneas.

PEDÂNEO, NEA (dá) *adj.* Pedáneo.

PEDANTARIA (ría) *f.* Pedantería, pedantismo.

PEDANTE *adj.* Pedante. Ú. t. c. s.

PEDANTEAR *v. intr.* Pedantear (hacer vano alarde de erudición).

PEDANTESCO, CA *adj.* Pedantesco.

PEDANTISMO *m.* Pedantismo, pedantería.

PEDERASTA *m.* Pederasta.

PEDERASTIA (tía) *f.* Pederastia.

PEDERNAL *adj.* Pedernalino, pétreo. *m.* Vena de piedra, roca. Pedernal.

PEDERNEIRA *f.* Pedernal, sílife.

PEDESTAL *m.* Pedestal. *fig.* Pedestal, fundamento.

PEDESTRE (dès) *adj.* Pedestre. *fig.* Pedestre, llano, bajo. *m.* Peatón, peón.

PEDESTREMENTE (dès) *adv. m.* A pie.

PEDIATRA *m.* Pediátrico (médico).

PEDIATRIA (tría) *f.* Pediatría.

PEDIÁTRICO, CA *adj.* Pediátrico.

PEDIÇÃO (sáum) *f. ant.* Petición, pedición.

PEDICELADO, DA *adj.* Pedicelado.

PEDICELO (cè) *m. Hist. Nat.* Pedicelo, pedúnculo.

PEDÍCULO *m.* Pedículo, pedúnculo.

PEDICURO *m.* Pedicuro, callista.

PEDIDA *f.* La carta que se pide en el juego de la treinta y una.

PEDIDO *m.* Pedido, petición, acción de pedir. Pedido (nota de artículos que se piden a un establecimiento comercial). Ruego, súplica.

PEDIDOR, RA *adj.* Pedidor. Ú. t. c. s. Peticionario. Ú. t. c. s. Lo mismo que PEDINTE.

PEDIFORME (fòr) *adj.* Pediforme.

PEDIGOLHO (llo) *m.* Lo mismo que **PEDIGONHO** (ño) *m.* Pedigüeño, pedigón.

PEDILÚVIO *m.* Pediluvio.

PEDIMENTO *m.* Pedimento, petición, ruego, súplica.

PEDINCHA (cha) *f.* Acción de pedigüeñar. Guitonería.

PEDINCHÃO, CHONA (cháum, chona) *adj. y s.* Pedigüeño.

PEDINCHAR (char) *v. intr.* Pedigüeñar. Ú. t. c. tr.

PEDINCHICE (chi) *f. Bras.* Hábito de pedigüeñar.

PEDINTÃO (táum) *m.* Pedigüeño; pedilón (*amer. venez.*).

PEDINTE *adj.* Pedidor, peticionario. Ú. t. c. s. Mendicante. *m.* Mendigo.

PEDIOSO, SA (diozo, òza) *adj.* Pedio (relativo al pie).

PEDIR *v. tr.* Pedir (rogar, solicitar, demandar). Pedir (limosna). Pedir (poner precio a la mercancía el vendedor). Pedir (requerir una cosa, exigirla. Pedir (querer, desear, apetecer). Pedir (cartas en el juego). Pedir (por esposa). *v. intr.* Orar (hacer oración a Dios).

PEDITÓRIO (tò) *m.* Colecta de limosnas. Acción de pedir instantemente.

PEDO (AL) *m. adv. Bras. Río Gr. del Sur.* Inutilmente, en balde; al pedo (*amer. argent.*).

PEDOLOGIA (jía) *f.* Pedología.

PEDÔMETRO (dó) *m.* Pedómetro.

PEDOTROFIA (fía) *f.* Pedotrofia.

PEDRA (pè) *f.* Piedra (substancia mineral, sólida, que no es terrosa ni de aspecto metálico). Pizarra (en que se escribe). Pizarra, encerado (cuadro de hule o lienzo barnizado que se usa en las escuelas). Piedra (piedra labrada con alguna inscripción). Piedra (pedernal de las armas de chispa). Piedra, cálculo (concreción que se encuentra en algunas partes del cuerpo). Piedra, granizo grueso. Piedra, lápida. Pieza (para jugar a las damas, al ajedrez y otros juegos). Piedra, muela, rueda de molino. Terrón (de sal, de azúcar, etc.). Piedra preciosa. *Carvão de —.* Carbón de piedra. *— angular. fig.* Piedra angular, base, fundamento. *— das amazonas.* Piedra de la luna, de las Amazonas, del labrador o del sol. *— de fogo.* Piedra de chispa, piedra de lumbre, pedernal. *— de toque.* Piedra de toque. *— de raio.* Piedra de rayo. *— do lagar; — do moinho.* Muela, piedra, rueda de molino. *— filosofal.* Piedra filosofal. *— ímã.* Piedra imán, imán. *— infernal.* Piedra infernal, nitrato de plata. *— lipes.* Piedra lipis, vitriolo azul. *— -pomes.* Piedra pómez. *—s. Bras. Río Gr. del Sur.* Boleadoras. *— -sabão.* Esteatita; jabón de sastre. *— -ume.* Piedra alumbre, alumbre. *— verde.* Piedra del sol, de la luna, de las Amazonas. *Atirar a primeira —. fr.* Echar la primera piedra. *Não deixar,* o *ficar, — sobre —. fr.* No dejar, o quedar, piedra sobre piedra. *— que muito rola não cria limo. fr.* Piedra movediza nunca moho la cobija. *Ser de — e cal uma coisa. fr.* Ser una cosa de cal y canto.

PEDRADA *f.* Pedrada (acción de arrojar la piedra; golpe dado con la piedra; señal que deja). *fig.* Pedrada; insulto.

PEDRADO, DA *adj.* Empedrado. De color de piedra; salpicado de blanco y negro.

PEDRAL *adj.* Pétreo.

PEDRANCEIRA *f.* Montón de piedras; pedregal.

PEDRARIA (ría) *f.* Pedrería. Joyas. Piedras sacadas de la cantera.

PEDREGAL *m.* Pedregal, pedriscal; pedrejón (*Amer.*).

PEDREGOSO, SA (gozo, òza) *adj.* Pedregoso (cubierto de piedras), pedrizo.

PEDREGULHENTO, TA (llen) *adj.* Pedregoso, pedrizo, cubierto de pedrisco. *Bras.* Guijarroso.

PEDREGULHO (llo) *m.* Pedrejón. *Bras.* Conjunto o multitud de guijarros; pedrisco; pedrizal.

PEDREIRA *f.* Pedrera, cantera.

PEDREIRO *m.* Pedrero, cantero. Albañil. Pedrero (antigua pieza de artillería). *Ornit.* Avión (especie de vencejo).

PEDRENTO, TA *adj.* Lo mismo que PEDRÊS. Petro.

PEDRÊS (drés) *adj.* De color de piedra; salpicado de blanco y negro.

PEDRINHA (pèdriña) *f. dim.* de *Pedra.* Piedrezuela, piedrecita, piedrecilla, piedrita.

PEDRISCO *m.* Pedrisco, granizo, pedrisca.

PEDROSO, SA (drozo, òza) *adj.* Pedregoso.

PEDROUÇO (so) *m.* Montón de piedras, pedrizal.

PEDUNCULADO, DA *adj. Hist. Nat.* Pedunculado.

PEDUNCULAR *adj.* Peduncular.

PEDÚNCULO *m.* Pedúnculo, pezón. *Zool.* Pedúnculo (pieza de sostén que une dos partes).

PEDUNCULOSO, SA (ozo, òza) *adj.* Pedunculado.

PEGA (pè) *f.* Cogedura, asimiento (acción de coger o asir). *Taur.* Acto de agarrar el toro por el rabo o por los cuernos. Asa, mango. *m.* Agarrada, altercado, pendencia, riña; agarrón (*Amer.*).

PEGA (pé) *f.* Urraca, pega. *fig.* Mujer charlatana, cascante.

PEGADA (pègada) *f.* Pisada, huella del pie. *fig.* Pista, vestigio, indicio.

PEGADIÇO, ÇA (so, sa) *adj.* Pegadizo, pegajoso, viscoso, glutinoso. Pegadizo, pegajoso, contagioso. *fig.* Fastidioso, pesado, molesto, enfadoso.

PEGADILHA (lla) *f.* Pendencia, altercación. Pretexto para altercación o riña, asidero.

PEGADO, DA *adj.* Pegado, unido. Junto, contiguo, próximo. Continuo, seguido. Vecino, cercano, inmediato.

PEGADOR, RA *adj.* Cogedor, que coge o agarra. *m.* Rémora.

PEGADOURO *m.* Asidero, mango, asa.

PEGADURA *f.* Cogedura, asimiento.

PEGAGENTO, TA (jen) *adj. Bras. nord.* Lo mismo que

PEGAJOSO, SA (jozo, jòza) *adj.* Pegajoso, pegadizo; glutinoso; contagioso. *fig.* Fastidioso, pesado, molesto, enfadoso.

PEGAMASSA (sa) *f. Bot.* Bardana.

PEGAMASSO (so) *m.* Masa de engrudo. *fig.* Hombre enfadoso.

PEGANHENTO, TA (ñen) *adj.* Lo mismo que PEGAJOSO.

PEGÃO (gaúm) *m.* Machón, pilar de puente.

PEGAR *v. tr.* Pegar, adherir, conglutinar, encolar. Pegar, unir, juntar. Pegar, contagiar. Asir, agarrar, coger. *v. intr.* Pegar, asir, prender, agarrar, echar raíces. Pegar (hacer impresión en el ánimo alguna cosa; caer bien, ser oportuna una cosa). Pegar (estar una cosa contigua a otra). *v. r.* Pegar (unirse naturalmente una cosa a otra). Pegarse (un guiso). Pegarse (aficionarse o inclinarse mucho a una cosa). Pegarse, comunicarse.

PEGAS *m.* Rábula.

PÉGASO (pègazo) *m. Astr.* Pegaso. *Mit.* Pegaso.

PEGATIVO, VA *adj. Bras.* Pegadizo, pegajoso, contagioso.

PEGMATITO *m. Geol.* Pegmatita.

PEGO *m.* La parte más honda de un río, lago, etc. *fig.* Abismo, sumidero, vorágine. Piélago.

PEGUEIRO *m.* Peguero (persona que saca o fabrica la pez).

PEGUENHENTO, TA (ñen) *adj.* Lo mismo que

PEGUENTO, TA *adj.* Pegadizo, pegajoso, glutinoso, viscoso.

PEGUILHA (lla) *f.* Comienzo de altercación. Dicho provocante.

PEGUILHAR (llar) *v. intr.* Provocar altercación, contienda, riña o disputa.

PEGUILHENTO, TA (llen) *adj.* Que es aficionado a provocar contiendas.

PEGUILHO (llo) *m.* Engrudo, cola o qualquier pasta pegajosa. Asidero, pretexto para contienda. Obstáculo.

PEGUINHAR (ñar) *v. tr.* Lo mismo que ESPEZINHAR. *v. intr.* Provocar, irritar.

PEGULHO (llo) *m.* Peculio.

PEGURAL *adj.* Pastoril, pastoral.

PEGUREIRO *m.* Pastor (de ganado). *Bras.* Perro de ganado.

PEIA *f.* Traba, maniota. *fig.* Traba, estorbo, obstáculo.

PEIDAR *v. intr.* Peer.

PEIDO *m.* Pedo.

PEIDORREIRO, RA *adj.* Pedorrero.

PEITA *f.* Pecho, pecha (tributo antiguo). Soborno.

PEITADA *f. Bras.* Pechada (golpe dado con el pecho).

PEITAR *v. tr.* Sobornar. Pechar (imponer pecho o tributo).

PEITAVENTO *adv. m.* Con el pecho contra el viento.

PEITEIRA *f. Bras.* Pechera (que se pone a las bestias de tiro).

PEITEIRO, RA *adj.* Sobornador.

PEITILHO (llo) *m.* Pechera (parte de la camisa que cubre el pecho; paño con que se abriga el pecho).

PEITO *m.* Pecho (parte del cuerpo humano en cuya cavidad se contienen el corazón y los pulmones; lo exterior de esta parte). Pechera (de la camisa). Pecho, mama. *fig.* Pecho, interior del hombre; valor, ánimo. *fig.* Pecho (calidad de la voz o su duración). *Arma.* Peto (armadura del pecho). *— do pé.* Empeine (del pie). *A descoberto. adv.* A pecho descubierto. *Dar o — fr.* Dar el pecho, dar de mamar. *Tomar alguém a — uma coisa. fr.* Tomar uno a pechos una cosa.

PEITORAL *adj.* Pectoral (perteneciente al pecho o concerniente a él). Pectoral (útil para el pecho). Ú. t. c. s. m. *m.* Pechera (que se pone a las bestias de tiro). Pretal, petral. Pectoral, racional.

PEITORIL *m.* Parapeto.

PEITUDO, DA *adj.* De pecho grande o fuerte. Dícese de la mujer que tiene pechos muy grandes. *Bras.* Valiente, animoso.

PEIXADA (*cha*) *f.* Plato de pescado.

PEIXÃO (*cháum*) *m. aum.* de *Peixe.* *pop.* Mujer hermosa o de buenas formas.

PEIXE (*che*) *m. Zool.* Pez, peje. Pescado (pez comestible sacado del agua). Pez (pescado de río). — *-agulha.* Aguja (pez). — *anjo.* Peje ángel, angelote. — *aranha.* Peje araña. — *-boi. Bras.* Manatí, pejebuey, pejemuller, pejejudío, pez mujer. — *elétrico. Bras.* Gimnoto. *-espada.* Pez espada. — *gato.* Gato (pez). — *-lua.* Pez luna. — *-martelo.* Pez martillo. — *-mulher.* Peje mujer, manatí. — *-rei.* Pejerrey. — *-sapo.* Pejesapo. — *serra.* Priste, pez sierra. Espadarte, pez espada. — *voador.* Pez volante, volador. *pl. Astr.* Peces, piscis.

PEIXEIRO (*chei*) *m.* Pescadero.

PEIXELIM (*che*) *m.* Morralla; truchuela (pescado menudo).

PEIXOTA (*chò*) *f.* Pescada, merluza.

PEIXOTE (*chó*) *m.* Pescado, entre menudo y grande.

PEJADO, DA (*ja*) *adj.* Preñado, cargado, lleno, henchido, repleto. Encinta, embarazada, preñada. Vergonzoso; púdico; avergonzado.

PEJAMENTO (*ja*) *m.* Embarazo, estorbo, obstáculo. Acción y efecto de PEJAR.

PEJAR (*jar*) *v. tr.* Llenar, cargar, henchir; sobrecargar. Estorbar, embarazar. *v. intr.* Embarazarse, concebir, quedarse preñada la hembra. Avergonzar, causar vergüenza a alguien. *v. r.* Avergonzarse, sentir vergüenza. Estorbarse. Encogerse (*fig.*).

PEJO (*jo*) *m.* Pudor, vergüenza, modestia. Cortedad, encogimiento, poquedad de ánimo.

PEJORAR (*jo*) *v. tr.* Despreciar, desairar. Depreciar, disminuir. Rebajar. Empeorar.

PEJORATIVO, VA (*jo*) *adj.* Despreciativo, despectivo. *Gram.* Despectivo.

PEJOSO, SA (*jozo, òza*) *adj.* Corto, tímido, encogido; avergonzado.

PELA (*pé*) Contracc. de la prep. *por* y el art. *a.* Por la.

PELA (*pè*) *f.* Pelota (bola pequeña de lana o pelote; juego que se hace con ella). Pela, peladura.

PELADA *f.* Peladera, alopecia.

PELADOR *m.* Pelador.

PELADURA *f.* Peladura, pela.

PELAGEM (*jem*) *f.* Pelaje (naturaleza y calidad del pelo que tiene un animal).

PELÁGICO, CA (*ji*) *adj.* Pelágico.

PÉLAGO (*pè*) *m.* Piélago.

PELAGOSCOPIA (*pía*) *f.* Pelagoscopia.

PELAGOSCÓPIO (*cò*) *m.* Pelagoscopio.

PELAGRA *f. Pat.* Pelagra, pelagia.

PELAGROSO, SA (*grozo, òza*) *adj.* Pelagroso.

PELAME *m.* Pelambre (porción de pieles que se apelambran). Pellejería (conjunto de pieles). Lo mismo que COURAMA.

PELANCA *f.* Lo mismo que

PELANGA *f.* Piel flácida y pendiente.

PELANGANA *f.* Lo mismo que PELANGA.

PELAR *v. tr.* Pelar (cortar, arrancar, quitar o raer el pelo). Ú. t. c. r. Pelar (quitar la piel, la película o la corteza a una cosa). *fig.* Pelar (quitar con engaño los bienes a otro). *v. r.* Quedar sin la piel. *fig.* Pirrarse por una cosa.

PELARGÔNIO (*gó*) *m. Bot.* Pelargonio.

PELARIA (*ría*) *f.* Pelambre. Pelletería, pellejería.

PELÁSGICO, CA (*ji*) *adj.* Pelásgico.

PELASGOS *m. pl.* Pelasgos.

PELE (*pè*) *f.* Piel (tegumento que cubre todo el cuerpo del animal). Piel, cuero. Piel, odre. Piel (membrana exterior que cubre la pulpa de algunas frutas).

PELECHAR (*char*) *v. intr. Bras. merid.* Pelechar (echar pelo el animal). Cambiar de pelo el animal.

PELEGA *f. Bras.* Billet (cédula de dinero).

PELEGO *m.* Pellejo, zalea. Pellón (*amer. argent.*): cuero lanudo que va sobre la montura de la caballería.

PELEIA *f. Bras. Río Gr. del Sur.* Pelea, riña, contienda, reyerta. Pelea, combate, lucha.

PELEIRO *m.* Peletero.

PELEJA (*ja*) *f.* Pelea, batalla, combate, lucha.

PELEJADOR, RA (*ja*) *adj.* Peleador. Ú. t. c. s.

PELEJAR (*jar*) *v. intr.* Pelear, batallar, combatir. *fig.* Pelear (oponerse unas cosas a otras). Pelearse, desavenirse.

PELERINE *f. gal.* Pelerina.

PELES-VERMELHAS (*pè...llas*) *m. pl. Etnogr.* Pieles rojas.

PELHANCA (*llan*) *f.* Lo mismo que PELANGA.

PELIAGUDO, DA *adj. Bras. Río Gr. del Sur.* Peliagudo, que presenta mucha dificultad o peligro.

PELICA *f.* Cabritilla; pellica.

PELIÇA (*sa*) *f.* Pelliza.

PELICANO *m.* Pelícano. *Cir.* Pelícano.

PELICO *m.* Pellico, zamarra de pastor.

PELÍCULA *f.* Película (piel sutil; hollejo). Película (cinta cinematográfica).

PELICULAR *adj.* Pelicular.

PELINHO (*ño*) *m.* Pelillo.

PELINTRA *m.* y *f.* Pelón, na (persona falta de bienes de fortuna). Persona mal trajeada que presume de elegante. *adj.* Pobre y presumido. Andrajoso. Mezquino, avariento, miserable. *Bras.* Acicalado, elegante, bien trajeado. Lo mismo que PERALTA.

PELINTRICE *f.* Mezquindad, avaricia. Acto propio de PELINTRA.

PELIQUEIRO *m.* Pelliquero.

PELITRAPO *m.* Maltrapillo.

PELO Contracc. de la prep. *por* y el art. *o.* Por el. Por ello.

PELO (*pé*) *m.* Pelo (cabello; plumón; vello o pellejo de algunas frutas; brizna o raspilla de la pluma de escribir; hebra delgada; pelo de un tejido; capa, color de la piel de las caballerías y otros animales). A —. *m. adv.* A pelo, al pelo, a tiempo, a propósito, a deseo. *Ir ao — de alguém. fr.* Pegar, maltratar a uno dándole golpes. *Em —. m. adv.* En pelo, desnudamente. *Bras.* En pelo, sin ningún aparejo (hablando de caballerías).

PELOSO, SA (*ozo, òza*) *adj.* Peloso.

PELOTA (*lò*) *f.* Pelota (bola pequeña; bolilla; bala de plomo, piedra o hierro; balón de futbol). *Bras.* Pelota (batea de piel de vaca que usan en América para cruzar los ríos).

PELOTÃO (*táum*) *m. aum.* de *Pelota.* Pelotón. *Mil.* Pelotón.

PELOTICA *f.* Juego de manos. Bolilla que sirve para este juego.

PELOTIQUEIRO *m.* Escamoteador, jugador de manos.

PELOURINHO (*ño*) *m.* Picota (rollo, poste o columna donde se exponían los reos a la vergüenza).

PELOURO *m. ant.* Bala grande de cañón.

PELTA (*pèl*) *f.* Pelta.

PELÚCIA *f.* Felpa (tejido que tiene pelo por la haz).

PELUDEAR *v. intr. Bras. merid.* Peludear (*Amer.*): atollarse un vehículo en camino de tierra blanda; pelear para sacarlo.

PELUDO, DA *adj.* Peludo, que tiene mucho pelo. *m. Bras.* Tatuejo, armadillo; peludo (*Amer.*).

PELUGEM (*jem*) *f.* Vello, conjunto de pelos.

PELUGINOSO, SA (*jinozo, jinòza*) *adj.* Velloso.

PELVE (*pèl*) *f. Anat.* Pelvis.

PÉLVICO, CA (*pèl*) *adj.* Pelviano, pélvico.

PELVIMETRIA (*tría*) *f.* Pelvimetría.

PELVÍMETRO *m.* Pelvímetro.

PÉLVIS *f.* Lo mismo que PELVE.

PENA *f.* Pena (castigo legal; cuidado, aflicción, pesadumbre; dificultad, trabajo; dolor, tormento corporal). Lástima (enternecimiento y compasión que excitan los males de otro; cualquiera cosa que cause disgusto, aunque sea ligero). Pluma (cada una de las piezas de que está cubierto el cuerpo de las aves; conjunto de plumas; instrumento de metal que sirve para escribir; pluma de ave que sirve para escribir; pluma que sirve para adorno; *fig.* escritor; estilo del escritor; profesión de escritor). *Mar.* Pena. *Ao correr da —. m. adv.* Al correr de la pluma, a vuela pluma.

PENAÇÃO (*sáum*) *f.* Padecimiento.

PENÁCEO, CEA *adj. Bot.* Pinado.

PENACHO (*cho*) *m.* Penacho (copete de plumas; adorno de plumas). Cresta. *fig.* Penacho.

PENADA *f.* Plumada (acción de escribir alguna cosa corta o breve; golpe de pluma; plumada de tinta).

PENADO, DA *adj.* Penado, penoso; que padece. *Alma —a.* Alma en pena.

PENAL *adj.* Penal.

PENALIDADE *f.* Penalidad (sanción que la ley penal impone a sus preceptos; pena, castigo).

PENALIZAR (*zar*) *v. tr.* Causar pena o lástima. *v. r.* Lastimarse, compadecerse, dolerse del mal de uno.

PENÃO (*náum*) *m.* Gallardete. Pendón.

PENAR *v. intr.* Penar (padecer, sufrir un dolor o pena; padecer las penas del purgatorio; agonizar mucho tiempo). *v. tr.* Causar pena, aflicción o congoja. *v. r.* Penarse, afligirse, acongojarse, apesararse.

PENATES *m. pl.* Penates. *fig.* El hogar.

PENATILOBADO, DA *adj.* Penatilobulado.

PENCA *f.* Penca (hoje carnosa de algunas plantas). *Bras.* Racimo. *burl.* Narigón.

PENCUDO, DA *adj.* Narigón, nariguedo, narizón.

PENDÃO (*dáum*) *m.* Pendón, bandera, estandarte. Pendón (vástago o brote del tronco principal). Panoja del maíz.

PENDÊNCIA (*dén*) *f.* Pendencia, contienda, riña, disputa. Pendencia, litispendencia.

PENDENCIADOR, RA *adj.* Pendenciador, pendenciero. Ú. t. c. s.

PENDENCIAR *v. intr.* Pendenciar, reñir, contender, tener pendencias y disputas.

PENDENGA *f. Bras.* Pendencia, riña.

PENDENTE *adj.* Pendiente (que pende; que está por resolverse o terminarse). *m.* Pendiente, pinjante.

PENDER *v. intr.* Pender (estar alguna cosa colgada, inclinada o suspendida). Pender, depender. Propender, tender.

PENDERICALHO (*llo*) *m.* Lo mismo que

PENDERUCALHO (*llo*) *m.* Colgajo. Arapiezo, pingajo.

PENDOADO, DA *adj. Bras.* Dícese del maíz que echó panoja.

PENDOAR *v. intr. Bras.* Echar panoja el maíz.

PENDOR *m.* Pendiente, declive, cuesta, inclinación. Inclinación, propensión, tendencia.

PÊNDULA (*pén*) *f.* Péndola (reloj).

PENDULAR *adj.* Pendular.

PÊNDULO, LA (*pén*) *adj.* Péndulo, pendiente, que pende. *m. Mec.* Péndulo.

PENDURA *f.* Colgamiento (acción y efecto de colgar). Cuelga; colgajo; lo que está colgado.

PENDURADO, DA *adj.* Colgado, suspenso, pendiente.

PENDURAR *v. tr.* Colgar, suspender, poner una cosa pendiente de otra. *v. r.* Estar colgado o pendiente. Depender.

PENDURICALHO (*llo*) *m.* Colgajo, pendiente, pinjante.

PENEDIA (*día*) *f.* Peñascal.

PENEDIO (*dío*) *m.* Lo mismo que PENEDIA.

PENEDO *m.* Peña, peñasco.

PENEIRA *f.* Cedazo; tamiz.

PENEIRAÇÃO (*sáum*) *f.* Cernido, cernidura, tamización.

PENEIRADA *f.* Cernidura, lo que se cierne de una sola vez.

PENEIRADOR, RA *adj.* Cernedor, tamizador.

PENEIRAMENTO *m.* Lo mismo que PENEIRAÇÃO.

PENEIRAR *v. tr.* Tamizar, cerner, cernir. *v. r.* Cernerse (menearse moviendo el cuerpo como quien cierne). *v. intr.* Cerner (llover suave y menudo). Cernerse (las aves).

PENEIREIRO *m.* Cedacero.

PENEIRO *m.* Torno (para cerner harina).

PENEJAR (*jar*) *v. tr.* Escribir. Dibujar con pluma.

PENETRA (*nè*) *m.* y *f.* Entremetido, insolente, atrevido. *Bras. pop.* Persona que va a una fiesta o espectáculo sin ser invitada.

PENETRABILIDADE *f.* Penetrabilidad.

PENETRAÇÃO (sáum) *f.* Penetración (acción de penetrar). Penetración (inteligencia cabal de una cosa difícil o intrincada). Penetración (sagacidad, agudeza, perspicacia).

PENETRADOR, RA *adj.* Penetrante. Penetrador.

PENETRAIS *m. pl.* Penetral, penetrales (parte recóndita de una cosa).

PENETRANTE *adj.* Penetrante (que penetra; profundo, hondo, que penetra mucho; elevado, alto, agudo).

PENETRAR *v. tr.* Penetrar (en todas las acepciones de esta voz).

PENETRATIVO, VA *adj.* Penetrativo.

PENETRÁVEL *adj.* Penetrable.

PÊNFIGO (pén) *m. Med.* Pénfigo.

PENGÓ (gò) *m. Bras. nort.* Maltrapillo. Cojo.

PENHA (ña) *f.* Peña.

PENHASCAL (ñas) *m.* Peñascal.

PENHASCO (ñas) *m.* Peñasco.

PENHASCOSO, SA (ñascozo, ñascòza) *adj.* Peñascoso.

PENHASQUEIRA (ñas) *f.* Peñascal; peñasqueria (*amer. chil.*).

PENHOR (ñor) *m.* Prenda (cosa que se da o se toma en garantía de una deuda o de otra obligación; lo que se da o hace en señal o prueba de una cosa). *Casa de —es. Bras.* Casa de empeños, casa de préstamos.

PENHORA (ñò) *f. For.* Embargo, secuestro de bienes.

PENHORADO, DA (ño) *adj.* Embargado, secuestrado. Empeñado, pignorado. *fig.* Reconocido, agradecido.

PENHORANTE (ño) *adj.* Que embarga o secuestra. Que mueve a agradecimiento, que atrae gratitud.

PENHORAR (ño) *v. tr.* Pignorar, empeñar. Embargar, secuestrar. Cautivar, imponer gratitud. *v. r.* Mostrarse reconocido.

PENICAR *v. tr.* Lo mismo que PINICAR.

PENICO *m. fam.* Bacín, orinal.

PENIFORME (fòr) *adj.* Penniforme.

PENINERVADO, DA *adj.* Penninervado.

PENÍNSULA *f.* Península.

PENINSULAR *adj.* Peninsular. Ú. t. c. s.

PÊNIS *m.* Pene, miembro viril.

PENISCAR *v. intr.* Comer poco, sin apetito.

PENISCO *m.* Semilla de pino silvestre.

PENITÊNCIA (tén) *f.* Penitencia (en todas las acepciones de esta voz).

PENITENCIAL *adj.* Penitencial.

PENITENCIAR *v. tr.* Penitenciar, imponer penitencia. *v. r.* Arrepentirse.

PENITENCIÁRIA *f.* Penitenciaria (tribunal eclesiástico de Roma). Penitenciaria (establecimiento penal).

PENITENCIÁRIO, RIA *adj.* Penitenciario, penitencial. *m.* Penitenciario (cardenal que preside el tribunal de la penitenciaria en Roma). Penitenciario (presbítero que tiene la obligación de confesar en una iglesia determinada). Penado.

PENITENCIEIRO *m.* Penitenciario (cardenal miembro del tribunal de la penitenciaria de Roma).

PENITENTE *adj.* Penitente. *m. y f.* Penitente.

PENO, NA *adj.* Peno, cartaginés. Ú. t. c. s.

PENOL (nòl) *m. Mar.* Penol.

PENOSA (nòza) *f. Bras. germ.* Gallina.

PENOSAMENTE (nòza) *adv. m.* Penosamente, penadamente.

PENOSO, SA (nozo, nòza) *adj.* Penoso, trabajoso, difícil.

PENSADO, DA *p. p.* de *Pensar*. De *Caso —. m. adv.* De pensado, de propósito, con premeditación.

PENSADOR, RA *adj.* Pensador. *m.* Pensador.

PENSAMENTAR *v. intr. ant.* Lo mismo que PENSAR.

PENSAMENTO *m.* Pensamiento.

PENSANTE *adj.* Pensante.

PENSÃO (sáum) *f.* Pensión (renta anual impuesta sobre una finca; cantidad anual que se da a alguien por méritos, servicios o por merced). *Bras.* Pensión (pupilaje, casa de huéspedes, y precio del hospedaje).

PENSAR *v. intr.* Pensar (imaginar, discurrir, considerar; meditar, reflexionar; suponer; formar el propósito de hacer alguna cosa). Pensar (echar pienso a los animales). Curar (las heridas). *m.* Pensamiento.

PENSATIVAMENTE *adv. m.* Pensativamente.

PENSATIVO, VA *adj.* Pensativo.

PÊNSIL (pén) *adj.* Pensil, pendiente, colgado en el aire. *Ponte —.* Puente colgante.

PENSIONAR *v. tr.* Pensionar (imponer o conceder pensión).

PENSIONÁRIO, RIA *adj.* Relativo a pensión. *m.* Lo mismo que PENSIONISTA.

PENSIONATO *m.* Pensionado (lugar en que se alojan los alumnos internos de un colegio).

PENSIONEIRO, RA *adj.* Pensionario. Ú. t. c. adj.

PENSIONISTA *m.* Pensionista (persona que cobra una pensión; persona que está en un colegio o casa particular y paga pensión por manutención y enseñanza).

PENSO *m.* Pienso (alimento que se da al ganado). Trato que se da a una criatura, especialmente en orden a la comida, vestido, etc. Acción de tratar a los animales.

PENTACARPO, PA *adj. Bot.* Pentacarpo.

PENTACÓRDIO (còr) *m.* Pentacordio, pentacórdeo.

PENTAEDRO (aèdro) *m. Geom.* Pentaedro.

PENTAGONAL *adj.* Pentagonal.

PENTÁGONO *m. Geom.* Pentágono.

PENTAGRAMA *m.* Pentagrama.

PENTÂMERO, RA (tá) *adj.* Pentámero. *m. pl. Zool.* Pentámeros.

PENTÂMETRO (tá) *m.* Pentámetro.

PENTÁPOLE *f.* Pentápolis.

PENTARQUIA (quía) *f.* Pentarquía.

PENTASSÍLABO, BA (si) *adj.* Pentasílabo.

PENTASTILO *m.* Pentástilo.

PENTATEUCO *m.* Pentateuco.

PENTATLO *m.* Pentatlo.

PENTE *m.* Peine (para arreglar el cabello). Peine (carda, instrumento para preparar la lana). Pubis.

PENTEADEIRA *f. Bras.* Tocador; peinadora (*Amer.*).

PENTEADELA (dè) *f.* Peinadura ligera.

PENTEADO *m.* Peinado.

PENTEADOR, RA *adj.* Peinador. *m.* Peinador (toalla o bata para peinarse).

PENTEADURA *f.* Peinadura.

PENTEAR *v. tr.* Peinar. Ú. t. c. r.

PENTECOSTES (còs) *m.* Pentecostés.

PENTEEIRO *m.* Peinero.

PENUDO, DA *adj.* Plumoso.

PENUGEM (jem) *f.* Plumón. Pelusa, vello (de algunas frutas y plantas). Bozo. Flojel, pelusa (del paño). Flojel (de las aves).

PENUGENTO, TA (jen) *adj.* Velloso, cubierto de pelusilla; cubierto de flojel, de plumón.

PENUJAR (jar) *v. intr.* Empezar a cubrirse de vello o pelusilla.

PENÚLTIMO, MA *adj.* Penúltimo. Ú. t. c. s.

PENUMBRA *f.* Penumbra. *Astr.* Penumbra. Media luz. *fig.* Oscuridad.

PENUMBRAR *v. intr.* Causar penumbra, oscurecer.

PENUMBROSO, SA (brozo, òza) *adj.* Sombrío.

PENÚRIA *f.* Penuria, escasez. Miseria, estrechez, pobreza.

PENURIOSO, SA (riozo, òza) *adj.* Que sufre penuria.

PEONADA *f. Bras. merid.* Peonada (*Amer.*): conjunto de peones de una finca, peonaje.

PEONAGEM (jem) *f.* Peonaje (conjunto de peones o soldados de infantería; conjunto de peones o jornaleros que trabajan en una obra).

PEÔNIA (péo) *f. Bot.* Peonia, saltaojos.

PEOR (òr) *adj.* Lo mismo que PIOR.

PEORA (ò) *f.* Peoría. Lo mismo que

PEORAMENTO *m.* Empeoramiento.

PEORAR *v. tr.* Empeorar. *v. intr.* Empeorar, empeorarse.

PEORIA (ría) *f.* Empeoramiento. Peoría (calidad de peor).

PEORMENTE (òr) *adv. m.* Peormente, peor.

PEPINAL *m.* Pepinar.

PEPINAR *v. tr. Bras.* Cortar en menudos trozos; agujerear. *v. intr.* Comer despacio; comer poco.

PEPINEIRA *f.* Pepinar. Pepino (planta). *fam.* Fiesta de personas que comen y beben alegremente. *fam.* Ganga; ganancia inesperada.

PEPINEIRO *m.* Pepino (planta).

PEPINO *m.* Pepino (fruto).

PEPITA *f.* Pepita (de metal).

PEPLO (pè) *m.* Peplo.

PEPSIA (sía) *f.* Digestión; pepsia (*ant.*).

PEPSINA *f. Quím.* Pepsina.

PÉPTICO, CA (pè) *adj.* Péptico.

PEPTONA *f.* Peptona.

PEPTONURIA *f.* Peptonuria.

PEQUENA *f. Bras. fam.* Muchacha, mozuela, moza, joven. *Bras. fam.* Enamorada, dulce amiga. Querida, amante.

PEQUENADA *f.* Muchachada, muchachería (muchedumbre de muchachos, niños o chicos), chiquillería. Muchos hijos.

PEQUENEZ *f.* Pequeñez (calidad de pequeño; infancia, corta edad; cosa de poco momento, de leve importancia; mezquindad, bajeza de ánimo).

PEQUENEZA (za) *f.* Lo mismo que PEQUENEZ.

PEQUENINO, NA *adj.* Pequeñuelo (dim. de pequeño). *m.* Niño, pequeñuelo. V. PEQUENINOTE.

PEQUENINOTE, TA (nò) *adj.* Pequeñuelo, chicuelo; chiquirritín, chiquitín. Ú. t. c. s.

PEQUENITO, TA *adj.* Lo mismo que PEQUENINO.

PEQUENO, NA *adj.* Pequeño, chico, de poco tamaño. Pequeño, corto, limitado. Pequeño, chico, de muy corta edad. *fig.* Pequeño, bajo, abatido, humilde. *fig.* Pequeño, corto, breve o de poca importancia, aunque no sea corpóreo. *m.* Niño, chico.

PEQUERRUCHO, CHA (cha) *adj.* Lo mismo que PEQUENINO. *m.* Chicuelo.

PEQUETITO, TA *adj. Bras.* Lo mismo que PEQUENINO.

PEQUÍ *m. Bras. Bot.* Cariocar.

PEQUIÁ *m. Bras. Bot.* Cariocar.

PEQUIAGRA *f. Patol.* Pequiagra.

PEQUICE *f.* Tontería, sandez, disparate, estupidez. Terquedad.

PEQUIZEIRO (zei) *m. Bras. Bot.* Cariocar.

PER *prep. ant.* Por. *De — si. m. adv.* De por sí, separadamente.

PÊRA *f.* Pera (fruto de peral). Pera (pelo que se deja crecer en la punta de la barba).

PERADA *f.* Perada (conserva de pera rallada). Dulce de peras.

PERAGRAÇÃO (sáum) *f. Astr.* Revolución de un astro.

PERAL *adj.* Parecido o relativo a pera. *m.* Peraleda.

PERALTA *m. y f.* Pisaverde. Petimetre. Extravagante, calavera, perdulario. Vagabundo, haragán.

PERALTAR *v. intr.* Lo mismo que

PERALTEAR *v. intr.* Haraganear. Tener vida de petimetre o pisaverde.

PERALTICE *f.* Calidad de PERALTA.

PERALTISMO *m. Bras.* Haraganería. Lo mismo que PERALTICE.

PERALVILHAR (llar) *v. intr.* Lo mismo que PERALTEAR.

PERALVILHICE (lli) *f.* Lo mismo que PERALTICE.

PERALVILHO (llo) *m.* Lo mismo que PERALTA.

PERAMBEIRA *f. Bras.* Precipicio, despeñadero, abismo, barranco.

PERAMBULAÇÃO (sáum) *f. Bras.* Acción de

PERAMBULAR *v. intr. Bras.* Pasear, andar por diversión y sin rumbo; vagar, vaguear.

PERANTE *prep.* Ante, delante de, en presencia de, a vista de.

PERAU *m. Bras.* Lo mismo que PEGO.

PERCA (pèr) *f. pop.* Daño, perjuicio. Lo mismo que PERDA.

PERCA (pér) *f.* Perca (pez).

PERCAL *m.* Percal.

PERCALÇO (so) *m.* Percance (utilidad, gaje, provecho eventual). Percance (contratiempo, daño, perjuicio). *—s do ofício.* Percances del oficio, gajes del oficio.

PERCALE *m.* Lo mismo que PERCAL.

PERCALINA *f.* Percalina.

PERCEBER *v. tr.* Percibir (comprender, conocer; recibir por los sentidos las impresiones del objeto; recibir dinero, renta, etc.).

PERCEBIMENTO *m.* Apercibimiento, percebimiento, Percibo.

PERCEBÍVEL *adj.* Perceptible; percibidero.

PERCENTAGEM (jem) *f.* Percentaje.

PERCEPÇÃO (sáum) *f.* Percepción.

PERCEPTIBILIDADE *f.* Perceptibilidad.

PERCEPTÍVEL *adj.* Perceptible.

PERCEPTIVELMENTE *adv. m.* Perceptiblemente.

PERCEPTIVO, VA *adj.* Perceptivo.

PERCEVEJO (jo) *m.* Chinche (insecto). Chince (clavito que sirve para asegurar el papel al tablero en que se dibuja).

PERCHA (pèrcha) *f.* Pértiga (vara larga). *Mar.* Moldura que sirve de adorno a la proa.

PERCLORATO *m. Quím.* Perclorato.

PERCLORETO *m. Quím.* Percloruro.

PERCLÓRICO, CA (clò) *adj.* Perclórico.

PERCLUSO, SA (zo, za) *adj.* Percluso (que no puede ejecutar movimiento alguno).

PERCORRER *v. tr.* Recorrer (ir o transitar por un espacio o lugar; registrar, mirar cuidadosamente, andando de una parte a otra; repasar ligeramente un escrito). Explorar (reconocer, registrar, inquirir o averiguar una cosa o lugar).

PERCUCIENTE *adj.* Percuciente.

PERCURSO *m.* Recorrido (espacio que recorre o debe recorrer una persona o cosa). Trayecto (espacio que recorre o puede recorrerse de un punto a otro; acción de recorrerlo).

PERCUSSÃO (sáum) *f.* Percusión.

PERCUSSOR, RA (sor) *adj.* Percuciente, que hiere o golpea. *m.* Percusor, percutor. Percusor (el que hiere).

PERCUTIDOR, RA *adj. y s.* Lo mismo que PERCUSSOR.

PERCUTIR *v. tr.* Percutir, golpear, dar repetidos golpes.

PERDA *f.* Pérdida (privación de lo que se poseía; daño, menoscabo que sufre una cosa; cosa perdida). *Lucros e —s.* Pérdidas y ganancias.

PERDÃO (dáum) *m.* Perdón.

PERDER *v. tr.* Perder (dejar de tener algo que se poseía). *tr.* Perder (desperdiciar o malgastar una cosa). Perder (no lograr lo que se desea o ama). Perder (ocasionar daño a las cosas). Perder (faltar a la obligación de ciertas cosas). *v. intr.* Perder (decaer del concepto en que se estaba). Desmerecer (perder una cosa parte de su mérito o valor). Desmerecer (ser una cosa inferior a otra con la cual se compara). *v. r.* Perderse (no hallar camino ni salida en algún lugar). *fig.* Perderse (no hallar modo de salir de una dificultad). *fig.* Perderse (conturbarse, arrebatarse, obsecarse). *fig.* Perderse (entregarse a los vicios). *fig.* Perderse (borrarse la ilación de un discurso). Perderse (no aprovecharse o aplicarse mal una cosa). *fig.* Perderse (naufragar, irse a pique). *fig.* Perderse (dejar de tener uso o estimación las cosas). *fig.* Perderse (padecer un daño o ruina moral o material). *Deitar,* o *por, a —. fr.* Echar a perder (deteriorar una cosa material; inutilizarla). Echar a perder (malograr un negocio por no manejarlo bien). Echar a perder (pervertir a uno).

PERDIÇÃO (sáum) *f.* Perdición (en todas las acepciones de esta voz).

PERDIDA *f.* Mujer perdida. Lo mismo que PERDA.

PERDIDAMENTE *adv. m.* Perdidamente, con exceso, con vehemencia, inconsideradamente; inútilmente, sin provecho.

PERDIDIÇO, ÇA (so, sa) *adj.* Perdidizo.

PERDIDO, DA *p. p.* de *Perder. adj.* Perdido (que no lleva rumbo; dícese de la manga abierta y pendiente del ombro; aplícase a la mujer de mala vida). — *por (uma pessoa). fr.* Perdido por (una persona), muy enamorado de ella. — *por (una cosa). fr.* Perdido por (una cosa), muy aficionado a ella. *Ser (alguém) um —. fr.* Ser (uno) un perdido, ser hombre sin crédito ni estimación.

PERDIGÃO (gáum) *m.* Perdigón (perdiz macho).

PERDIGOTO *m.* Perdigón (pollo de la perdiz). Gargajo o saliva que se echa al hablar. *Bras. Goiaz.* Perdigón (munición de caza).

PERDIGUEIRO, RA *adj.* Perdiguero. Ú. t. c. s. *Cão —.* Perro perdiguero.

PERDIMENTO *m.* Perdimiento, perdición, pérdida.

PERDÍVEL *adj.* Perdible.

PERDIZ *f.* Perdiz.

PERDOADOR, RA *adj.* Perdonador. Ú. t. c. s.

PERDOAR *v. tr.* Perdonar (en todas las acepciones de esta voz).

PERDOÁVEL *adj.* Perdonable.

PERDULÁRIO, RIA *adj.* Perdulário. Ú. t. c. s. Derrochador, malgastador, malbaratador. Ú. t. c. s.

PERDURAÇÃO (sáum) *f.* Duración. Larga duración.

PERDURAR *v. intr.* Perdurar, subsistir, mantenerse, durar mucho.

PERDURÁVEL *adj.* Perdurable.

PERDURAVELMENTE *adv. m.* Perdurablemente.

PEREBA (rè) *f. Bras.* Postema; llaga; pústula; sarna.

PEREBENTO, TA *adj. Bras.* Lleno de postemas, llagas, o sarna. Ú. t. c. s.

PERECEDOR, RA *adj.* Perecedor, perecedero.

PERECEDOURO, RA *adj.* Perecedero.

PERECER *v. intr.* Perecer, acabar, fenecer, dejar de ser.

PERECIMENTO *m.* Perecimiento.

PERECÍVEL *adj.* Perecedero.

PEREGRINAÇÃO (sáum) *f.* Peregrinación.

PEREGRINADOR, RA *adj. y s. m. y f.* Peregrinante, peregrino.

PEREGRINANTE *adj. y s. m. y f.* Peregrinante, peregrino.

PEREGRINAR *v. intr.* Peregrinar.

PEREGRINISMO *m. Gram.* Extranjerismo.

PEREGRINO, NA *adj. y s. m. y f.* Peregrino.

PEREIRA *f. Bot.* Peral.

PEREIRAL *m.* Peraleda.

PEREIRO *m.* Variedad de manzano.

PEREMPÇÃO (sáum) *f. For.* Prescripción, caducidad.

PEREMPTO, TA *adj. For.* Prescrito, prescripto, anulado, extinto por caducidad.

PEREMPTORIAMENTE *adv. m.* Perentoriamente.

PEREMPTÓRIO, RIA (tò) *adj.* Perentorio, concluyente, decisivo, terminante; urgente, apremiante.

PERENAL *adj.* Perenal, perennal, perene, perenne.

PERENE *adj.* Perene, perenne.

PERENEMENTE *adv. m. y t.* Perennalmente, perennemente.

PERENIDADE *f.* Perennidad, perpetuidad.

PERENIZAR (zar) *v. tr.* Perennizar.

PEREQUÉ (qué) *m. Bras. merid.* Discusión, contienda, riña.

PERERECA (rerè) *f. Bras.* Rana arbórea, rana de San Antonio. *adj. y s. m. y f. Bras.* Persona o animal de pequeña estatura y muy vivo.

PERERECAR *v. intr. Bras.* Andar sin rumbo volviéndose para uno y otro lado. Desorientarse. Embarazarse, confudirse. Saltar el peón al bailar.

PERERECO (rè) *m. Bras.* Brega, riña, pendencia.

PERERENTO, TA *adj. Bras.* Lo mismo que PEDRÊS.

PERFAZER (zer) *v. tr.* Completar, concluir, acabar de hacer; cumplir, ejecutar. Hacer (componer un número o cantidad). Perfeccionar.

PERFAZIMENTO (zi) *m.* Acabamiento, conclusión.

PERFECTIBILIDADE *f.* Perfectibilidad.

PERFECTÍVEL *adj.* Perfectible.

PERFECTIVO, VA *adj.* Perfectivo.

PERFEIÇÃO (sáum) *f.* Perfección.

PERFEIÇOAR (soar) *v. tr.* Lo mismo que APERFEIÇOAR.

PERFEITAMENTE *adv. m.* Perfectamente.

PERFEITO, TA *adj.* Perfecto. *Arit.* Perfecto. *Gram.* Perfecto.

PERFICIENTE *adj.* Perficiente.

PERFIDAMENTE *adv. m.* Pérfidamente.

PERFÍDIA *f.* Perfidia, deslealtad, traición, quebrantamiento de la fe debida.

PÉRFIDO, DA (pèr) *adj.* Pérfido, desleal, infiel, traidor.

PERFIL *f.* Perfil (postura en que sólo se ve una de las dos mitades laterales del cuerpo). *Pint.* Perfil. *Arq.* Perfil. Pequeña biografía. Acción de alinearse la tropa.

PERFILAR *v. tr.* Perfilar (sacar los perfiles a una cosa). Alinear. Comparar, cotejar, parangonar. *v. r.* Perfilarse, aderezarse, componerse. Alinearse (la tropa).

PERFILHAÇÃO (llasáum) *f.* Prohijamiento, prohijación, adopción.

PERFILHADOR, RA (lla) *adj.* Prohijador. Ú. t. c. s.

PERFILHAMENTO (lla) *m.* Prohijamiento.

PERFILHAR (llar) *v. tr.* Prohijar, adoptar. *fig.* Prohijar (acoger como propias las opiniones o doctrinas ajenas). *v. intr. Bot.* Echar renuevos.

PERFOLHADA (lla) *f. Bot.* Perfoliata, perfoliada.

PERFOLIAÇÃO (sáum) *f. Bot.* Acción o efecto de volverse perfoliado.

PERFOLIADO, DA *adj. Bot.* Perfoliado.

PERFULGÊNCIA (jén) *f.* Resplandor, resplandecimiento.

PERFULGENTE, TE (jen) *adj.* Muy resplandeciente.

PERFUMADO, DA *adj.* Perfumado; oloroso.

PERFUMADOR, RA *adj.* Perfumador. *m.* Perfumador, perfumadero.

PERFUMAR *v. tr.* Perfumar, sahumar, aromatizar, perfumear. Ú. t. c. r.

PERFUMARIA (ría) *f.* Perfumería (lugar donde se preparan perfumes; arte de fabricar perfumes; conjunto de productos y materias de esta industria). *Bras. burl.* Bebida sin alcohol.

PERFUME *m.* Perfume.

PERFUMISTA *f.* Perfumero, perfumista.

PERFUMOSO, SA (mozo, òza) *adj.* Oloroso.

PERFUNCTORIAMENTE *adv. m.* Perfunctoriamente.

PERFUNCTÓRIO, RIA (tò) *adj.* Perfunctorio.

PERFURAÇÃO (sáum) *f.* Perforación, horadación.

PERFURADOR, RA *adj.* Perforador; horadador. Ú. t. c. s.

PERFURANTE *adj.* Perforante.

PERFURAR *v. tr.* Perforar, horadar.

PERFURATRIZ *f.* Perforatriz, perforadora.

PERGAMINÁCEO, CEA *adj.* Lo mismo que PERGAMINHÁCEO, CEA *adj.* Pergamíneo.

PERGAMINHARIA (ñaría) *f.* Pergaminería.

PERGAMINHEIRO (ñei) *m.* Pergaminero.

PERGAMINHO (ño) *m.* Pergamino.

PÉRGOLA (pèr) *f.* Pérgula.

PERGUNTA *f.* Pregunta.

PERGUNTADOR, RA *adj.* Preguntador. Ú. t. c. s.

PERGUNTANTE *adj.* Preguntante.

PERGUNTAR *v. tr.* Preguntar. Ú. t. c. intr.

PERI *m.* Peri (hada de la mitología pérsica).

PERIÂNDRICO, CA (án) *adj.* Periándrico.

PERIANTO *m. Bot.* Perianto.

PERÍBOLO *m. Arq.* Períbolo.

PERICARDIÁRIO, RIA *adj.* Pericárdico.

PERICARDINO, NA *adj.* Pericárdico.

PERICÁRDIO *m.* Pericardio.

PERICARDITE *f. Med.* Pericarditis.

PERICARPIAL *adj.* Pericárpico.

PERICÁRPICO, CA *adj.* Pericárpico.

PERICARPO *m. Bot.* Pericarpio.

PERÍCIA *f.* Pericia (sabiduría, práctica, experiencia y habilidad en alguna materia).

PERICIAL *adj.* Pericial.

PERICISTITE *f. Med.* Pericistitis.

PERICLINITA *f. Miner.* Periclina.

PERICLINO *m. Bot.* Periclinanto.

PERICLITANTE *adj.* Que está en peligro. Que está en duda o hesitación.

PERICLITAR *v. intr.* Periclitar, estar en peligro, peligrar. Vacilar, dudar, hesitar.

PERICÔNDRIO (cón) *m. Anat.* Pericondrio.

PERICONDRITE *f. Med.* Pericondritis.

PERICRÂNIO (crá) *m.* Pericráneo.

PERIDIDIMITE *f. Mes.* Perididimitis.

PERIDÍDIMO *m. Anat.* Perididimo.

PERÍDIO *m. Bot.* Peridio.

PERIDOTO *m. Miner.* Peridoto.

PERÍDROMO m. Arq. Perídromo.

PERIECOS m. pl. Periecos.

PERIÉLIO (è) m. Astr. Perihelio.

PERIFERIA (ría) f. Periferia, circunferencia, contorno de una figura curvilínea.

PERIFÉRICO, CA (fé) adj. Periférico.

PERÍFRASE (ze) f. Perífrasis, perífrasi, circunlocución.

PERIFRASEAR (zear) v. tr. Explicar las cosas por medio de perífrasis.

PERIFRÁSTICO, CA adj. Perifrástico.

PERIGALHO (llo) m. Perigallo (pellejo que pende de la barba o de la garganta por mucha vejez o suma flacura). Mar. Perigallo.

PERIGAR v. intr. Peligrar.

PERIGEU (jeu) m. Astr. Perigeo.

PERIGINO (ji) m. Bot. Periginio.

PERIGO m. Peligro. Correr —. fr. Correr peligro.

PERIGÔNIO (gó) m. Bot. Perigonio.

PERIGOSAMENTE (gòza) adv. m. Peligrosamente.

PERIGOSO, SA (gozo, òza) adj. Peligroso.

PERILHA (lla) f. Perilla (adorno en forma de pera).

PERIMETRIA (tría) f. Perimetría.

PERIMÉTRICO, CA (mè) adj. Perimétrico.

PERÍMETRO m. Perímetro, ámbito; contorno de una figura.

PERIMIR v. tr. For. Prescribir, anular, extinguir.

PERIMÍSIO (zio) m. Anat. Perimisio.

PERINEAL adj. Perineal.

PERINEFRITE f. Med. Perinefritis.

PERÍNEO m. Anat. Perineo.

PERINEOCELE (cè) f. Cir. Perineocele.

PERINEURO m. Anat. Perineuro.

PERIODICAMENTE adv. m. Periódicamente.

PERIODICIDADE f. Periodicidad.

PERIODICISTA m. p. us. Periodista.

PERIÓDICO, CA (riò) adj. Periódico (que guarda período señalado). m. Periódico (aplícase al impreso que se publica periódicamente).

PERIODISMO m. Periodismo.

PERIODISTA m. Periodista (Ú. más el vocablo jornalista).

PERIODIZAÇÃO (zasáum) f. Acción y efecto de

PERIODIZAR (zar) v. tr. Dividir en períodos. Exponer por períodos o párrafos.

PERÍODO m. Período (tiempo que una cosa tarda en volver al estado que tenía al principio; tiempo determinado de la duración de una cosa; menstruación). Arit. Período. Cronol. Período. Gram. Período (conjunto de oraciones que enlazadas entre sí, forman sentido cabal). Med. Período.

PERIODONTITE f. Med. Periodontitis.

PERIOFTALMIA (mía) f. Perioftalmía.

PERIÓSSEO (òseo) m. Anat. Periostio, periósteo.

PERIOSTAL adj. Perióstico.

PERIÓSTEO (tò) m. Anat. Periostio, periósteo.

PERIOSTEÓFITO (ò) m. Patol. Periostiofito.

PERIOSTEOTOMIA (mía) f. Cir. Periostiotomía.

PERIOSTITE f. Patol. Periostitis.

PERIÓSTOSE (tòze) f. Patol. Periostiosis.

PERIÓSTRACO, CA (ò) adj. Periostraco.

PERIOVULAR adj. Periovular.

PERIPATÉTICO, CA (tè) adj. Peripatético (que sigue la filosofía de Aristóteles; perteneciente o relativo a esta filosofía). fig. fam. Peripatético (ridículo o extravagante en sus dictámenes).

PERÍPATO m. Peripato.

PERIPÉCIA (pè) f. Peripecia.

PÉRIPLO (pè) Periplo (circunnavegación; obra en que se cuenta un viaje de circunnavegación).

PERIPNEUMONIA (nía) f. Patol. Perineumonía, peripneumonía, pulmonía.

PERIPNEUMÓNICO, CA (mó) adj. Perineumónico.

PERIPROCTITE f. Patol. Periproctitis.

PERÍPTERO m. Arq. Períptero.

PERIQUITAR v. intr. Bras. Caminar con los pies hacia dentro.

PERIQUITO m. Bras. Periquito, perico (papagayo americano).

PERÍSCIOS m. pl. Periscios.

PERISCÓPICO, CA (cò) adj. Periscópico.

PERISCÓPIO (cò) m. Periscopio.

PERISPERMA (pèr) m. Bot. Perispermo, albumen.

PERISPÉRMICO, CA (pèr) adj. Perispérmico.

PERISSÍSTOLE (sís) f. Fisiol. Perisístole.

PERISSISTÓLICO, CA (sistò) adj. Perisistólico.

PERISSODÁCTILOS (so) m. pl. Zool. Perisodáctilos.

PERISSOLOGIA (solojía) f. Perisología.

PERISTALSE f. Fisiol. Peristalsis, peristaltismo.

PERISTÁLTICO, CA adj. Peristáltico.

PERISTALTISMO m. Fisiol. Peristaltismo, peristalsis.

PERÍSTASE (ze) f. Ret. Perístasis.

PERISTILO m. Peristilo.

PERÍSTOLE f. Fisiol. Perístole.

PERÍSTOMA m. Bot. Peristoma.

PERITAGEM (jem) f. neol. Peritaje.

PERITÉCIO (tè) m. Bot. Peritecio.

PERITIFLITE f. Patol. Peritiflitis.

PERITO, TA adj. Perito (sabio, experto, hábil, práctico en una materia). Ú. t. c. s.

PERITONEAL adj. Peritoneal.

PERITONEU m. Lo mismo que

PERITÔNIO (tó) m. Anat. Peritoneo.

PERITONITE f. Patol. Peritonitis.

PERITURO, RA adj. Perecedero; pereciente.

PERJURAR (ju) v. tr. Perjurar, jurar en falso. v. intr. Perjurarse.

PERJÚRIO (jú) m. Perjurio (delito de jurar en falso; acción de perjurarse).

PERJURO, RA (ju) adj. Perjuro. Ú. t. c. s.

PERLAR v. tr. Dar figura de perla a alguna cosa. Aljofarar.

PERLAVAR v. tr. Lavar cabalmente; purificar.

PARLENGA f. fam. Lo mismo que PARLENDA.

PERLÍFERO, RA adj. Perlero; que produce perlas.

PERLONGA f. Dilación, tardanza.

PERLONGAR v. tr. Perlongar, ir navegando a lo largo de una costa. Demorar, dilatar, retardar, prolongar.

PERLUSTRAÇÃO (sáum) f. Acción de Perlustrar.

PERLUSTRADOR, RA adj. Que recorre examinando.

PERLUSTRAR v. tr. Recorrer observando o examinando, recorrer con la vista. Lo mismo que PERCORRER.

PERLUXIDADE (xi) f. Prolijidad.

PERLUXO, XA (xo, xa) adj. Prolijo.

PERMANECENTE adj. Permaneciente, permanente.

PERMANÊNCIA (nén) f. Permanencia, duración firme, estabilidad, inmutabilidad, permansión.

PERMANENTE adj. Permanente, firme, estable. f. Bras. Billete que da derecho permanente para entrar u ocupar asiento en alguna parte o para viajar en un vehículo cualquiera.

PERMANENTEMENTE adv. m. Permanentemente.

PERMANECER v. tr. y intr. Permanecer (mantenerse sin mutación en un mismo lugar, estado o calidad).

PERMEABILIDADE f. Permeabilidad.

PERMEAR v. tr. Penetrar. Horadar. Atravesar. Agujerear. v. intr. Sobrevenir. Lo mismo que ENTREMEAR.

PERMEÁVEL adj. Permeable.

PERMEIO m. Ú. sólo en el m. adv. de —: en medio, entre, de por medio. Meter-se de —. fr. Promediar, interponerse. Entremeterse.

PERMIANO, NA adj. Geol. Pérmico. Permíaco, pérmico (relativo al gobierno ruso de Perm o a los permios). Ú. t. c. s. m. Permíaco, permio (lengua de los permios).

PERMISSÃO (sáum) f. Permisión (acción de permitir). Permiso. Ret. Permisión.

PERMISSÍVEL (sí) adj. Permisible.

PERMISSIVO, VA (si) adj. Permisivo.

PERMISTÃO (táum) f. Permistión, mezcla.

PERMISTO, TA adj. Mezclado.

PERMITIR v. tr. Permitir (dar consentimiento o licencia; no impedir lo que se puede evitar; conceder una cosa como si fuera verdadera). Ú. t. c. r.

PERMOCARBÓNICO, CA (bó) adj. Permocarbonífero.

PERMUTA f. Permuta.

PERMUTABILIDADE f. Permutabilidad.

PERMUTAÇÃO (sáum) f. Permutación.

PERMUTADOR, RA adj. Permutador.

PERMUTAR v. tr. Permutar, trocar, cambiar.

PERMUTÁVEL adj. Permutable.

PERNA f. Pierna (parte del animal que está entre el pie y la rodilla, y también se dice comprendiendo además el muslo). Pierna, muslo (en los quadrupedos y aves). Pierna (del compás). Pierna (trazo que en algunas letras va de arriba abajo). Pierna (pieza que con otra compone un todo). Rama, ramificación. Zanca (del asnado). À — solta. m. adv. A pierna suelta, o tendida; gozando una cosa con quietud y sin cuidado. Barriga da —. Pantorrilla. Com uma — às costas. loc. fam. Con mucha facilidad. Cortar as —s (a alguém). fr. fig. fam. Cortar (a uno) las piernas, impossibilitarle para una cosa. Dar à —. fr. Andar aprisa. De — tendida o estendida. fr. Ociosamente, sin ocupación o ejercicio. De —s para o ar. m. adv. Patas arriba, al revés, o vuelto lo de abajo hacia arriba. fig. fam. Patas arriba (expr. Con que se da a entender el desconcierto o transtorno de una cosa). Em —s. m. adv. En piernas (con las piernas desnudas). Estar de —s abertas. loc. fig. fam. con que se da a entender que uno está dispuesto a servir a otro en lo que es lícito o ilícito. Estender, ou estirar, as —s. fr. Estirar, o extender, las piernas; pasear. Meter —s. fr. Coger las de Villadiego. Pasar a — a alguém. fr. Echar (a uno) la pierna encima, excederle o sobrepujarle. — de carneiro. Pierna de carnero. —s de pau. Zancos.

PERNAÇA (sa) f. pop. aum. de Perna. Pernaza.

PERNADA f. Pernada (golpe que se da con la pierna). Pernada (derecho de). Paso largo. Mar. Pernada. Brazo, rama de árbol. Bras. Pequeño brazo de río.

PERNALTAS m. pl. Zool. Zancudas.

PERNALTEIRO, RA adj. Lo mismo que

PERNALTO, TA adj. Zancudo. Pernilargo.

PERNALTUDO, DA adj. Lo mismo que PERNALTO.

PERNAMBUCANA f. Bras. Cuchillo de punta aguda.

PERNAMBUCANO, NA adj. Pernambucano, natural de Pernambuco (Estado del Brasil). Ú. t. c. s.

PERNAME m. Bras. Lo mismo que PERNAÇA.

PERNEAR v. intr. Pernear (mover violentamente las piernas). Saltar, brincar. Lo mismo que ESPERNEAR.

PERNEGUDO, DA adj. Bras. Pernilargo.

PERNEIRA f. Veter. Enfermedad que ataca las piernas del ganado vacuno. pl. Bras. Polainas (de cuero).

PERNEJAR (jar) v. intr. Lo mismo que PERNEAR.

PERNETA f. dim. de Perna. Perneta. m. y f. Bras. Cojo, coja (persona a quien falta una pierna o un pie, o tiene perdido el uso de cualquiera de estos miembros).

PERNETEAR v. intr. Bras. Golpear mucho con las patas.

PERNIBAMBO, BA adj. Bras. Que tiene las piernas flojas.

PERNICIE f. Destrucción, estrago, perjuicio, ruina; pernicie (ant.).

PERNICIOSAMENTE (cìòza) adv. m. Perniciosamente, perjudicialmente, con grave perjuicio o daño.

PERNICIOSO, SA (ciozo, òza) adj. Pernicioso, muy dañoso, perjudicial.

PERNIGRANDE adj. Pernilargo.

PERNIL m. Pernil (del cerdo). Pierna flaca. Esticar o —. fr. pop. Morir.

PERNILONGO, GA adj. Pernilargo. m. Ave zancuda. Bras. Zancudo (especie de mosquito).

PERNO (pèr) m. Perno.

PERNOITA f. Pernoctación.

PERNOITAMENTO m. Pernoctamiento.

PERNOITAR v. intr. Pernoctar.

PERNOITE m. Bras. Pernoctación; pernoctamiento.

PERNOSTICAMENTE adv. m. Pedantescamente.

PERNOSTICISMO m. Pedantería; culteranismo.

PERNÓSTICO, CA (nòs) adj. Bras. Pedante; presumido; culterano; sentencioso.

PERNUDO, DA adj. Que tiene piernas grandes.

PERO *m. Bras.* Pero (cierto manzano de fruto más largo que grueso). *Bras.* Nombre que daban los indios a los portugueses.
PEROBA (rò) *f. Bot. Bras.* Árbol del Brasil *(Aspidosperma polyneuron).*
PEROBAL *m. Bras.* Sitio poblado de *perobas.*
PEROBEAÇÃO (sáum) *f. Bras. germ.* Importunación, molestia.
PEROBEAR *v. tr. Bras. germ.* Importunar, molestar.
PEROBEIRA *f. Bras.* Lo mismo que PEROBA.
PÉROLA (pè) *f.* Perla. *fig.* Perla (persona de excelentes prendas, o cosa exquisita en su línea.
PEROLEIRA *f.* Perol propio para guardar aceitunas.
PEROLÍFERO, RA *adj.* Perlero.
PEROLINO, NA *adj.* Perlino.
PEROLIZAR (zar) *v. tr.* Dar color o figura de perla a una cosa.
PERONEAL *adj.* Peróneo.
PERÓNEO (ró) *m. Anat.* Peroné.
PERONEU *m. Anat.* Peroné.
PERORAÇÃO (sáum) *f. Ret.* Peroración.
PERORAR *v. intr.* Terminar un discurso. Perorar. *fam.* Perorar (hablar en estilo oratorio). Perorar (pedir con instancia).
PEROXIDAR (xi) *v. tr. Quím.* Peroxidar (oxidar en el mayor grado posible).
PERÓXIDO (ròxi) *m. Quím.* Peróxido.
PERPASSAR (sar) *v. tr.* Pasar por o cerca de alguna cosa; ir más allá de un punto determinado. Postergar. *v. intr.* Moverse. Transcurrir, pasar, correr. Rozar (tocar ligeramente).
PERPASSÁVEL (sá) *adj.* Pasadero, tolerable, pasable.
PERPENDICULAR *adj. Geom.* Perpendicular. Ú. t. c. s.
PERPENDICULARIDADE *f.* Perpendicularidad.
PERPENDICULARMENTE *adv. m.* Perpendicularmente.
PERPENDÍCULO *m.* Perpendículo, plomada.
PERPETRAÇÃO (sáum) *f.* Perpetración.
PERPETRADOR, RA *adj.* Perpetrador. Ú. t. c. s.
PERPETRAR *v. tr.* Perpetrar, cometer, consumar un delito o culpa grave.
PERPÉTUA (pè) *f. Bot.* Perpetua (planta y flor).
PERPETUAÇÃO (sáum) *f.* Perpetuación.
PERPETUADOR, RA *adj.* Perpetuador. Ú. t. c. s.
PERPETUAMENTE *adv. m.* Perpetuamente.
PERPETUAMENTO *m.* Perpetuación.
PERPETUIDADE *f.* Perpetuidad.
PERPÉTUO, TUA (pè) *adj.* Perpetuo.
PERPIANHO (ño) *m.* Perpiaño (piedra que atraviesa toda la pared).
PERPLEXAMENTE (plèxa) *adv. m.* Perplejamente.
PERPLEXÃO (sáum) *f.* Perplejidad.
PERPLEXIDADE (xi) *f.* Perplejidad.
PERPLEXIDEZ (xi) *f.* Perplejidez.
PERPLEXO, XA (plèxo) *adj.* Perplejo.
PERPONTE *m.* Lo mismo que
PERPONTO *m.* Perpunte.
PERPUNTO *m.* Perpunte.
PERQUIRIÇÃO (sáum) *f.* Perquisición.
PERQUIRIDOR, RA *adj.* Perquisidor. Ú. t. c. s.
PERQUIRIR *v. tr.* Perquirir, investigar, buscar con cuidado y diligencia.
PERQUISIÇÃO (zisáum) *f.* Perquisición.
PERQUISIDOR, RA (zi) *adj.* Perquisidor. Ú. t. c. s.
PERQUISITIVO, VA (zi) *adj.* Perquisitivo.
PERRA *f.* Perra (hembra del perro).
PERRARIA (ría) *f.* Lo mismo que PIRRAÇA.
PERREIRO *m.* Azotaperros.
PERRENGUE *adj. Bras.* Flojo, inútil, ruin. Perrengue, terco. Desmedrado.
PERRENGUEAR *v. intr. Bras.* Andar algo enfermo; desmedrar.
PERRICE *f.* Pertinacia, obstinación, terquedad. Lo mismo que PIRRAÇA.
PERRO *m. p. us.* Perro.
PERRO, RA *adj.* Perro, tenaz. Pertinaz, obstinado, terco. Envarado, entorpecido, torpe, embotado, que funciona con dificultad o fricción.
PERSA (pèr) *adj.* Persa (natural de Persia). Ú. t. c. s. *m.* Persa (idioma persa).
PERSCRUTAÇÃO (sáum) *f.* Indagación, pesquisa, escudriñamiento.

PERSCRUTADOR, RA *adj.* Perscrutador, indagador, escudriñador.
PERSCRUTAR *v. tr.* Perscrutar, indagar, escudriñar, registrar con cuidado.
PERSCRUTÁVEL *adj.* Perscrutable, escrudriñable.
PERSECUÇÃO (sáum) *f.* Persecución.
PERSECUTÓRIO, RIA (tò) *adj.* Persecutorio.
PERSEGUIÇÃO (sáum) *f.* Persecución; perseguimiento.
PERSEGUIDOR, RA *adj.* Perseguidor. Ú. t. c. s.
PERSEGUIR *v. tr.* Perseguir (seguir al que está huyendo, para darle alcance; buscar a uno en todas partes, importunándole; molestar, dar que padecer, procurar hacer el daño posible a alguien; solicitar con instancia o molestia).
PERSENTIR *v. tr.* Sentir hondamente.
PÉRSEO, SEA (pèr) *adj.* Pérsico, persiano, persa.
PERSEVÃO (váum) *m.* Pesebrón.
PERSEVERANÇA (sa) *f.* Perseverancia (firmeza y constancia en los propósitos y resoluciones; duración permanente de una cosa), persistencia.
PERSEVERANTE *adj.* Perseverante, persistente.
PERSEVERANTEMENTE *adv. m.* Perseverantemente.
PERSEVERAR *v. intr.* Perseverar, persistir.
PERSIANA *f.* Persiana (celosía formada de tablillas movibles).
PERSIANO, NA *adj.* Persiano, persa.
PERSICÁRIA *f. Bot.* Persicaria, duraznillo.
PÉRSICO, CA (pèr) *adj.* Pérsico, persa.
PERSIGAL *m.* Lo mismo que POCILGA.
PERSIGNAÇÃO (sáum) *f.* Santiguada, santiguamiento.
PERSIGNAR-SE *v. r.* Santiguarse, persignarse.
PÉRSIO, SIA (pèr) *adj.* Pérsico, persa.
PERSISTÊNCIA (tén) *f.* Persistencia, perseverancia, constancia.
PERSISTENTE *adj.* Persistente, perseverante, constante.
PERSISTENTEMENTE *adv. m.* Persistentemente, perseverantemente, constantemente.
PERSISTIR *v. intr.* Persistir, perseverar, permanecer, mantenerse firme, durar mucho tiempo.
PERSOLVER *v. tr.* Pagar enteramente.
PERSONADO, DA *adj. Bot.* Personada.
PERSONAGEM (jem) *m. y f.* Personaje (individuo de alta distinción; cualquiera de los seres humanos, sobrenaturales o simbólicos que toman parte en una obra literaria).
PERSONA-GRATA *f.* Persona grata.
PERSONALIDADE *f.* Personalidad (diferencia individual que distingue a cada persona de las demás). Personalidad (dicho o escrito ofensivo para determinadas personas). *For.* Personalidad. Persona. Personaje.
PERSONALISMO *m.* Personalismo, egoísmo; prurito de personalizarlo todo.
PERSONALIZAÇÃO (zasáum) *f.* Personalización.
PERSONALIZAR (zar) *v. tr.* Personificar. Personalizar (usar como personales algunos verbos impersonales). Personalizar, personificar (incurrir en personalidad o dichos ofensivos).
PERSONALIZÁVEL (zá) *adj.* Personalizable.
PERSONIFICAÇÃO (sáum) *f.* Personificación.
PERSONIFICAR *v. tr.* Personificar (atribuir a las cosas acciones y cualidades propias del ser animado y corpóreo). Personificar (representar determinada persona un suceso, sistema, opinión, etc.).
PERSPECTIVA *f.* Perspectiva.
PERSPECTIVAÇÃO (sáum) *f.* Acción y efecto de
PERSPECTIVAR *v. tr.* Poner en perspectiva.
PERSPICÁCIA *f.* Perspicacia, perspicacidad.
PERSPICAZ *adj.* Perspicaz.
PERSPICAZMENTE *adv. m.* Perspicazmente.
PERSPICUIDADE *f.* Perspicuidad.
PERSPÍCUO, CUA *adj.* Perspicuo, claro, terso, transparente.
PERSPIRAÇÃO (sáum) *f.* Perspiración.
PERSPIRAR *v. intr.* Perspirar, transpirar insensiblemente.
PERSPIRATÓRIO, RIA (tò) *adj.* Perspiratorio.
PERSTRIÇÃO (sáum) *f. Cir.* Perstricción.
PERSUADIÇÃO (sáum) *f. p. us.* Lo mismo que PERSUASÃO.
PERSUADIMENTO *m.* Persuasión.

PERSUADIR *v. tr.* Persuadir, convencer, inducir, aconsejar. Ú. t. c. r.
PERSUADÍVEL *adj.* Persuasible.
PERSUASÃO (záum) *f.* Persuasión.
PERSUASIVA (zi) *f.* Persuasiva (virtud o eficacia para persuadir).
PERSUASIVAMENTE (za) *adv. m.* Persuasivamente.
PERSUASÍVEL (zí) *adj.* Persuasible.
PERSUASIVO, VA (zi) *adj.* Persuasivo.
PERSUASOR, RA (zor) *adj.* Persuasor. Ú. t. c. s.
PERSUASÓRIA (zò) *f.* Motivo o razón que persuade.
PERSUASÓRIO, RIA (zò) *adj.* Persuador.
PERTENÇA (sa) *f.* Pertenencia (acción o derecho de propriedad que una persona tiene sobre una cosa; término sujeto al dominio o la jurisdicción de una persona). Pertenencia (cosa accesoria a la principal, y que entra con ella en la propiedad).
PERTENCE *m.* Lo mismo que PERTENÇA. *pl.* Pertenencias, accesorios, dependencias.
PERTENCENTE *adj.* Perteneciente.
PERTENCER *v. tr.* Pertenecer (tocar a uno alguna cosa, o ser suya, o serle debida; ser del cargo u obligación de uno; referirse, hacer relación una cosa a otra, o ser parte de ella).
PÉRTIGA (pèr) *f.* Lo mismo que
PÉRTIGO (pèr) *m.* Pértiga, vara larga. Pértigo, lanza del carro.
PERTINÁCIA *f.* Pertinacia, obstinación, terquedad. Pertinacia, tenacidad.
PERTINAZ *adj.* Pertinaz, obstinado, terco. Pertinaz, duradero, persistente.
PERTINAZMENTE *adv. m.* Pertinazmente.
PERTINÊNCIA (nén) *f.* Pertinencia (calidad de pertinente). Lo mismo que PERTENÇA.
PERTINENTE *adj.* Pertinente, perteneciente, relativo; que viene a propósito o al caso; concerniente.
PERTINENTEMENTE *adv. m.* Pertinentemente.
PERTO *adj. l. y t.* Cerca, próximamente. — *de. m. adv.* Cerca de, aproximadamente, con corta diferencia, poco menos de. *De* — *m. adv.* De cerca, a corta distancia. *adj.* Cercano, próximo. *m. pl. Pint.* Cercas.
PERTURBAÇÃO (sáum) *f.* Perturbación.
PERTURBADOR, RA *adj.* Perturbador.
PERTURBADORAMENTE *adv. m.* Perturbadoramente.
PERTURBAR *v. tr.* Perturbar. Ú. t. c. r.
PERU *m. Zool.* Pavo. *Bras. germ.* Mirón (el que, sin jugar, presencia una partida de juego).
PERUA *f. Zool.* Pava. *pop.* Borrachera. *Bras. pop.* Ramera.
PERUANO, NA *adj. y s.* Peruano, peruviano.
PERUAR *v. intr. Bras.* Mirar a un juego, presenciarlo sin jugar. Requebrar.
PERUCA *f.* Peluca (cabellera postiza).
PERUSINO, NA (zi) *adj. y s.* Perusino (natural de Perusa).
PERUVIANO, NA *adj. y s.* Peruviano, peruano.
PERVAGAR *v. tr.* Recorrer, cruzar, o atravesar en muchas direcciones. *v. intr.* Andar en rumbo.
PERVENCER *v. tr.* Vencer enteramente.
PERVERSAMENTE (vèr) *adv. m.* Perversamente.
PERVERSÃO (sáum) *f.* Perversión.
PERVERSIDADE *f.* Perversidad; corrupción; suma maldad.
PERVERSO, SA (vèr) *adj.* Perverso, sumamente malo, depravado.
PERVERSOR, RA *adj.* Pervertidor. Ú. t. c. s.
PERVERTEDOR, RA *adj.* Pervertidor. Ú. t. c. s.
PERVERTER *v. tr.* Pervertir, trastornar, viciar. Ú. t. c. r.
PERVERTIDO, DA *adj.* Perverso. Ú. t. c. s.
PERVICÁCIA *f.* Pertinacia.
PERVICAZ *adj.* Pertinaz.
PERVÍGIL (jil) *m.* El que no duerme.
PERVIGÍLIA (jí) *f.* Pervigilio.
PERVINCA *f. Bot.* Pervinca.
PÉRVIO, VIA (pèr) *adj.* Pervio, permeable, accesible, abierto.
PESADA (za) *f.* Pesada (lo que se pesa de una vez).

PESADAMENTE (za) *adv. m.* Pesadamente.
PESADÃO, DONA (zadáum) *adj.* Muy pesado. Pesado, tardo o muy lento.
PESADELO (za) *m.* Pesadilla (opresión durante el sueño; ensueño angustioso). *fig.* Pesadilla (preocupación grave y continua que en el ánimo causa alguna cosa). *fig.* Persona molesta.
PESADO, DA (za) *adj.* Pesado (que pesa mucho; dícese del sueño intenso, profundo; cargado de humores, vapores, etc.; tardo o muy lento; obeso; molesto, impertinente, enfadoso; ofensivo, sensible; duro, áspero, fuerte, violento; insufrible; dañoso). *Bras. pop.* Infeliz, que tiene mala suerte.
PESADOR, RA (za) *adj.* Pesador.
PESADUME (za) *m.* Pesadumbre, pesantez, pesadez, peso. Pesadumbre, molestia, desazón; disgusto; pesar.
PESAGEM (zajem) *f.* Acción de pesar. Recinto donde se pesan los jinetes en las carreras de caballos.
PESA-LEITE (pèza) *m.* Galactómetro.
PESA-LICOR (pèza) *m.* Pesalicores.
PÉSAME (péza) *m.* Pésame. Ú. en pl.
PESAR (zar) *v. tr.* Pesar (determinar el peso por medio de una balanza). Pesar (examinar con atención las razones de una cosa). *v. intr.* Pesar (tener peso; tener mucho peso). Pesar (tener estimación o valor una cosa). Pesar (causar arrepentimiento o dolor alguna cosa mal hecha). *v. r.* Pesarse.
PESAR (zar) *m.* Pesar (sentimiento que molesta el ánimo; cosa que causa disgusto; arrepentimiento o dolor de las cosas mal hechas).
PESAROSAMENTE (ròza) *adv. m.* Con pesar.
PESAROSO, SA (rozo, òza) *adj.* Pesaroso, dolido, apesadumbrado; arrepentido; que tiene pesadumbre, dolor o sentimiento.
PESCA (pès) *f.* Pesca (acción de pescar; oficio y arte de pescar; lo que se ha pescado).
PESCADA *f.* Pescada, merluza.
PESCADARIA (ría) *f.* Pescadería.
PESCADINHA (ña) *f.* Pescadilla.
PESCADO *m.* Pescado (pez comestible sacado del agua). — *real.* Lenguado.
PESCADOR, RA *adj.* Pescador. *m.* Pescador.
PESCANÇO (so) *m.* Acto de mirar los naipes de otro jugador.
PESCAR *v. tr.* Pescar (en todas las acepciones de esta voz).
PESCARIA (ría) *f.* Pesca, pesquería (oficio o ejercicio de los pescadores). Pescadería. Industria pesquera.
PESCAZ *m.* Pescuño.
PESCOÇADA (sa) *f.* Pescozada, pescozón.
PESCOÇÃO (sáum) *m.* Pescozón, pescozada. Bofetón.
PESCOCINHO (ño) *m. dim.* de *Pescoço*. Cuello (de los vestidos).
PESCOÇO (so) *m.* Pescuezo, cuello. *ext.* Gollete, cuello (de algunas vasijas).
PESCOÇUDO, DA (su) *adj.* Pescozudo.
PESCOTAPA *m. Bras.* Pescozón, pescozada.
PESEBRE (zè) *m.* Pesebre (cajón donde comen las bestias).
PESGA *f.* Empegadura.
PESGAR *v. tr.* Empegar.
PESO (pêzo) *m.* Peso, pesantez. Peso (el que legalmente debe tener una cosa). Pesa (pieza de determinado peso usada en la balanza). Pesa (pieza más o menos pesada que sirve de contrapeso en algunas suspensiones o para dar movimiento a ciertos relojes). Peso (fuerza de gravitación ejercida sobre la materia). Peso (el de la pesa o pesas necesarias para equilibrar un cuerpo en la balanza). Peso (peso duro). Peso (moneda de varias repúblicas sudamericanas). *fig.* Peso (entidad, importancia; estima, ponderación, detenimiento; carga o gravamen; fuerza y eficacia de las cosas inmateriales; cargazón, pesadez o abundancia de humores en una parte del cuerpo). *Bras. pop. fig.* Mala suerte, infelicidad. — *bruto.* Peso bruto. — *líquido.* Peso neto. — *atómico. Quím.* Peso atómico. — *específico. Fís.* Peso específico. —

ouro. Peso oro. *De* —. *loc.* De peso (hablando de persona judiciosa y sensata, o de cosa de mucha entidad). *Em* —. *m. adv.* En peso, enteramente, del todo. *A* — *de ouro*, o *de dinheiro. m. adv. fig.* A peso de oro o de dinero, a precio muy subido.
PESPEGAR *v. tr.* Encasquetar, encajar. Pegar, dar, asestar.
PESPEGO (pé) *m.* Estorbo, obstáculo, embarazo.
PESPONTAR *v. tr.* Pespuntar, pespuntear. Picarse, preciarse de, presumir.
PESPONTEADO, DA *adj. fig.* Acicalado, elegante. *P. p.* de *Pespontear*.
PESPONTEAR *v. tr.* Lo mismo que PESPONTAR.
PESPONTO *m.* Pespunte.
PESQUEIRA *f.* Pesquera, pesquería.
PESQUEIRO *m.* Pesquería, pesquera.
PESQUISA (za) *f.* Pesquisa, indagación, investigación, búsqueda.
PESQUISADOR, RA (za) *adj.* Pesquisidor. Ú. t. c. s. Investigador. Ú. t. c. s.
PESQUISAR (zar) *v. tr.* Pesquisar, investigar, indagar, inquirir.
PESSÁRIO (sá) *m.* Pesario.
PESSEGADA (se) *f.* Mermelada de melocotones.
PÉSSEGO (pése) *m.* Melocotón (en la Argentina: durazno).
PESSEGUEIRO (se) *m. Bot.* Melocotonero (en la Argentina: duraznero, durazno).
PESSIMAMENTE (si) *adv. m.* Pésimamente.
PESSIMISMO (si) *m.* Pesimismo.
PESSIMISTA (si) *adj. y s. m. y f.* Pesimista.
PÉSSIMO, MA (pèsi) *adj. sup.* de *Mau.* Pésimo.
PESSOA (pesoa) *f.* Persona. *Gram.* Persona. *Teol.* Persona. — *jurídica. For.* Persona jurídica o social. *Primeira* —. *Gram.* Primera persona (la que habla de sí misma en el discurso). *Segunda* —. *Gram.* Segunda persona (aquella a quien se dirige el que habla). *Terceira* —. *Gram.* Tercera persona (la persona o cosa de que se habla). Tercero (persona que media entre otras). *Em* —. *m. adv.* En persona, estando presente, por sí mismo.
PESSOAL (pesoal) *adj.* Personal. *m.* Personal (conjunto de personas pertenecientes a una clase, corporación o dependencia).
PESSOALIDADE (pesoa) *f.* Personalidad.
PESSOALIZAR (pesoalizar) *v. tr.* Lo mismo que PERSONIFICAR.
PESSOALIZÁVEL (pesoaliza) *adj.* Personalizable.
PESSOALMENTE (pesoal) *adv. m.* Personalmente, en persona.
PESSUELOS (pesue) *m. pl. Bras. merid.* Alforjas.
PESTANA *f.* Pestaña (cada uno de los pelos que hay en los bordes de los párpados). Pestaña (adorno angosto que se pone al canto de las telas o vestidos). Pestaña (parte saliente y angosto en el borde de alguna cosa). *Mús.* Ceja. *Queimar as* —*s. fr. fig.* Quemarse las cejas, estudiar mucho.
PESTANEAR *v. intr.* Lo mismo que PESTANEJAR.
PESTANEJANTE (jan) *adj.* Que pestañea.
PESTANEJAR (jar) *v. intr.* Pestañear. *Sem* —. *fr. fig.* Sin pestañear (denotando la suma atención con que se está mirando una cosa, o la serenidad con que se arrostra un peligro inesperado).
PESTANEJO (jo) *m.* Pestañeo.
PESTANUDO, DA *adj.* Pestañoso (que tiene grandes pestañas).
PESTE (pès) *f.* Peste (enfermedad contagiosa que causa gran mortandad; mal olor; cualquiera cosa mala o de mala calidad en su línea; corrupción de las costumbres). *fig. fam.* Persona mala o que tiene mal humor. — *bubônica.* Peste bubónica. levantina.
PESTEAR *v. tr.* Lo mismo que EMPESTAR. *v. intr. Bras.* Ser atacado de peste un animal.
PESTÍFERO, RA *adj.* Pestífero.
PESTILENÇA (sa) *f.* Lo mismo que
PESTILÊNCIA (lén) *f.* Pestilencia, peste.
PESTILENCIAL *adj.* Pestilencial, pestífero.
PESTILENCIOSO, SA (ozo, òza) *adj.* Pestilencioso.
PESTILENTE *adj.* Pestilencial, pestífero, pestilente.

PESTILENTO, TA *adj.* Pestilencial, pestilente, pestífero.
PESTILO *m.* Pestillo.
PESTOSO, SA (ozo, òza) *adj.* Que enfermó de peste. Ú. t. c. s. Que enfermó de peste bubónica. Ú. t. c. s.
PETA *f.* Mentira, embuste, bola. *Zool.* Calamar. Mancha en el ojo del caballo. Hacheta.
PÉTALA (pè) *f.* Pétalo.
PETALADO, DA *adj. Bot.* Petalado.
PETALHADA (lla) *f. Bras.* Muchas mentiras o embustes.
PETALIFORME (fòr) *adj. Bot.* Petaliforme.
PETALINO, NA *adj.* Relativo a pétalo; petaliforme.
PÉTALO (pè) *m. p. us.* Pétalo.
PETALÓIDE (lòi) *adj.* Petalóideo.
PETAR *v. intr.* Mentir, decir embustes.
PETARDAR *v. tr.* Lo mismo que
PETARDEAR *v. tr.* Petardear.
PETARDO *m. Mil.* Petardo. Bomba
PETEAR *v. intr.* Mentir, decir embustes.
PETECA (tè) *f. Bras.* Volante, rehilete (zoquetilo con plumas que se lanza con la palma de la mano). *fig.* Juguete (persona a que uno mueve y maneja a su arbitrio).
PETECADA *f. Bras.* Golpe dado con el volante o rehilete.
PETECAR *v. tr. Bras.* Emperejilar.
PETEIRO, RA *adj.* Mentiroso, embustero. Ú. t. c. s.
PETELECA (lè) *f. Bras.* Bofetón.
PETELECO (lè) *m. Bras.* Capirote, papirote.
PETEMA *m. Bras.* Tabaco.
PETEQUEAR *v. intr. Bras.* Jugar al volante o rehilete.
PETÉQUIA (tè) *f. Med.* Petequia.
PETEQUIAL *adj.* Petequial.
PETIÇADA (sa) *f. Bras. Río Gr. del Sur.* Piara de caballos de poca alzada.
PETIÇÃO (sáum) *f.* Petición (acción de pedir). *For.* Petición, pedimento.
PETICEGO, GA (cè) *adj.* Miope. Ú. t. c. s.
PETICIONAR *v. intr.* Hacer una petición, pedir.
PETICIONÁRIO, RIA *adj.* Peticionario. Ú. t. c. s.
PETIÇO (so) *m. Bras. merid.* Caballo de poca alza; petiso (*amer. argent.*).
PETIÇOTE (sò) *m. Bras. dim.* de *Petiço*.
PETIMA *f. Bras.* Tabaco.
PETIMETRE (mè) *m.* Petimetre. Ú. t. c. adj.
PETINGA *f.* Sardina pequeña. Morralla, pescado menudo; pescado que sirve de cebo.
PETINHO (ño) *m. Zool.* Especie de tordo (*Turdus iliacus*).
PETINTAL *m.* Despensero (a bordo de un buque). Calafate.
PETIPÉ (pè) *m.* Regla, escala geométrica.
PETISCA *f.* Juego que consiste en tirar con piedras a una moneda hasta acertar en ella.
PETISCADOR, RA *adj.* Que acostumbra picar los manjares. Ú. t. c. s.
PETISCAR *v. intr.* Picar (tomar una ligera porción de un manjar o cosa comestible). Picar, saboreando o probando a un manjar. Probar. Picar (tener ligeros conocimientos de una materia). Comer manjares sabrosos o golosinas. *v. tr.* Herir el pedernal con el eslabón. Comer sin apetito.
PETISCO *m.* Manjar apetitoso, golosina, comida sabrosa. Eslabón (hierro para sacar fuego del pedernal). *fam.* Persona ridícula.
PETISQUEIRA *f. pop.* Golosina.
PETISQUEIRO *m. Bras.* Lo mismo que PETISQUEIRA.
PETISQUICE *f.* Pedantería, acción propia de una persona ridículamente presumida.
PETISSECO, CA (se) *adj. pop.* Mustio.
PETITÓRIO, RIA (tò) *adj.* Petitorio.
PETIZ *adj. fam.* Pequeño. *m.* Niño.
PETO, TA *adj.* Bizco, bisojo. Importuno, molesto, pesado; machacón, cargoso. *m.* Hacheto.
PETRARQUESCO, CA *adj.* Petrarquesco.
PETRARQUISTA *adj.* Petrarquista. Ú. t. c. s.
PETRECHAR (char) *v. tr.* Pertrechar (abastecer y prover de pertrechos). *fig.* Pertrechar (preparar lo necesario para un fin). Ú. t. c. r. Lo mismo que APETRECHAR.

PETRECHOS (*chos*) *m. pl.* Pertrechos (municiones, armas, etc. necesarios para un ejército o esquadra). *p. ext.* Pertrechos (instrumentos necesarios para cualquiera cosa).

PÉTREO, TREA (pè) *adj.* Pétreo.

PETRIFICAÇÃO (sáum) *f.* Petrificación.

PETRIFICADOR, RA *adj.* Petrificante, petrífico.

PETRIFICAR *v. tr.* Petrificar. Ú. t. c. s.

PETROGNOSIA (zía) *f.* Petrognosia.

PETROGRAFIA (fía) *f.* Petrografía.

PETROGRÁFICO, CA *adj.* Petrográfico.

PETROLARIA (ría) *f.* Refinería de petróleo.

PETROLEIRO, RA *adj.* Petrolero (perteneciente o relativo al petróleo). Petrolero (dícese de la persona que sistemáticamente incendia o quiere incendiar por medio del petróleo). Ú. t. c. s. Petrolero (que profesa ideas disolventes. Ú. t. c. s.

PETRÓLEO (trò) *m.* Petróleo.

PETROLÍFERO, RA *adj.* Petrolífero.

PETROLINA *f.* Petrolina (variedad de parafina del petróleo).

PETRÓPOLIS *m. Bras. germ.* Bastón grueso.

PETROPOLITANO, NA *adj.* Natural de Petrópolis, ciudad del Brasil.

PETROSO, SA (trozo, òza) *adj.* Petroso.

PETULÂNCIA (lân) *f.* Petulancia, insolencia, osadía, atrevimiento, descaro. Petulancia, fatuidad, presunción vana y ridícula.

PETULANTE *adj.* Petulante, insolente, atrevido, descarado. Ú. t. c. s.

PETULANTEMENTE *adv. m.* Petulantemente.

PETUM *m. Bras. Bot.* Tabaco.

PETUMA *m. Bras.* Lo mismo que PETUM.

PETÚNIA *f. Bot.* Petunia.

PEUCÉDANO (cè) *m.* Servato, peucédano.

PEÚGA *f.* Calcetín. Ú. más en pl.

PEUGADA *f.* Pisada, rastro, vestigio, huella.

PEVIDE *f.* Pepita (simiente de algunas frutas, como el melón, la pera, la manzana, etc.). Pepita (enfermedad que las gallinas suelen tener en la lengua). Defecto del que no puede pronunciar la letra r. Masa de harina igual que una pepita de melón. Pábilo, pabilo.

PAVIDOSO, SA (dozo, òza) *adj.* Que tiene pepitas (simientes).

PEVITADA *f.* Bebida hecha con pepitas machacadas.

PEXOTADA (*cho*) *f.* Novatada (especialmente en un juego cualquiera).

PEXOTE (*chò*) *f.* Novato, novício, principiante. Persona que no sabe jugar o juega mal.

PEZ *m.* Pez (substancia resinosa).

PEZANHO, NHA (zaño, ña) *adj.* Lo mismo que PEZANHO.

PEZUDO, DA (*z*u) *adj.* Patudo (que tiene grandes pies).

PEZUNHO (zuño) *m.* Pesuña, peruña (del cerdo). *burl.* Pie grande.

PIA *f.* Pila (pieza cóncava donde se echa el agua para varios usos). Pila (de las iglesias para administrar el sacramento del bautismo). — *batismal.* Pila bautismal, pila.

PIÁ (piá) *m. Bras.* Jovencito indio o mestizo.

PIABA *f. Bras.* Pez del Brasil (*Leporinus copelandi*).

PIABANHA (ña) *f. Bras.* Pez del Brasil (*Megalobrycon piabanha*).

PIABINHA (ña) *f. Bras.* Pez del Brasil (*Brycon striatus*).

PIABUÇU *m. Bras.* Pez del Brasil (*Piabus dentatus*).

PIAÇÁ (sá) *f. Bras.* Lo mismo que PIAÇAVA.

PIAÇABA (sa) *f. Bras.* Lo mismo que PIAÇAVA.

PIAÇABAL (sa) *m. Bras.* Sitio poblado de *piaçabas*.

PIAÇAVA *f. Bras.* Nombre de dos palmas (*Attalen furnifera* y *Leopoldinia piassaba*) empleadas en la fabricación de escobas.

PIADA *f.* Piada (acción o modo de piar). Lo mismo que PIEIRA. Dicho divertido, chiste. Alusión maliciosa; chanza.

PIADINHA *f. pop. dim.* de *Piada.* Indirecta, alusión maliciosa.

PIADISTA *adj.* Malicioso, chistoso, chancero. Ú. t. c. s.

PIADO *m.* Pío (voz que forma el pollo de cualquier ave). Lo mismo que PIEIRA.

PIAGA *m. Bras.* Lo mismo que PAGÉ.

PIALAR *v. tr. Bras.* Lo mismo que PEALAR.

PIALO *m. Bras.* Lo mismo que PEALO.

PIA-MÁTER *f. Anat.* Piamáter.

PIANÇAR (sar) *v. tr.* (Ú. con la prep. *por*). Perecerse, desear o apetecer con ansia una cosa.

PIANINO *m.* Piano vertical pequeño.

PIANÍSSIMO (si) *adv. m. Mús.* Pianísimo, muy dulcemente.

PIANISTA *m. y f.* Pianista.

PIANÍSTICO, CA *adj.* Pianístico.

PIANO *m.* Piano (instrumento músico). — *-armário.* Piano vertical — *de cauda.* Piano de cola. — *de meia cauda.* Piano de media cola. — *-forte.* Pianoforte, piano. *adv. m.* Piano, dulcemente.

PIANOLA (nò) *f.* Pianola.

PIÃO (piáum) *m.* Peón, peonza, trompo.

PIAR *v. intr.* Piar. Ú. t. c. tr.

PIARA *f.* Piara, manada.

PIAREMIA (mía) *f. Fisiol.* Piaremia.

PIASTRA *f.* Piastra.

PIAUIENSE *adj.* Natural del Piauí (Estado del Brasil). Ú. t. c. s.

PIAVA *f. Bras.* Lo mismo que PIABA.

PIAZADA (za) *f. Bras.* Muchedumbre de jovencitos indios o mestizos.

PICAÇO, ÇA (so, sa) *adj. Bras.* Aplícase a la caballería patiblanca o malacara que tiene el pelo oscuro.

PICADA *f.* Pinchazo, punzada. Picada. Picadura. Picada, picotazo. *Bras.* Senda estrecha abierta en un monte; picada (amer. argent.).

PICADÃO (dáum) *m. Bras. aum.* de *Picada* (senda estrecha abierta en un monte).

PICADEIRA *f.* Pico (herramienta de cantero). Pico (instrumento agrícola). Zapapico. Hierro de picar piedras de molino.

PICADEIRO *m.* Picadero (sitio donde los picadores doman y adiestran los caballos). *Mar.* Picadero.

PICADELA (dè) *f.* Punzada, pinchazo. Picada, picadura.

PICADINHO, NHA (ño, ña) *adj. pop.* Que se ofende fácilmente. *m.* Picadillo, picado, guisado (guiso de carne picada). — *à baiana.* Picadillo con mucha pimienta; picante (Amer.).

PICADO, DA *adj.* Picado (que está labrado com picaduras). Agitado, picado (el mar). Picado, ofendido, enojado, agraviado. *Bras.* Picado (que empezó a avinagrarse). *m.* Lo mismo que PICADINHO.

PICADOR, RA *adj.* Picador. *m.* Picador (el que doma y adiestra caballos; torero de a caballo). Picador (el que abre picadas o sendas estrechas en el monte).

PICADURA *f.* Picadura, picada. Picada, punzada, pinchazo.

PICAFLOR *m.* Pájaro mosca, picaflor.

PICA-FUMO *m. Bras.* Cortaplumas. *Bras.* Avariento, avaro. Ú. t. c. adj.

PICANA *f. Bras. Río Gr. del Sur.* Aguijada; picana (Amer.).

PICANEAR *v. tr.* Aguijar; picanear (herir con la picana (Amer.).

PICANHA (ña) *f. Bras. Río Gr. del Sur.* Anca del animal vacuno. Carne de esta parte.

PICANTE *adj.* Picante (que pica; acre, acerbo; dícese de la palabra que hiere; acerbo, mordaz; libre, picaresco).

PICÃO (cáum) *m.* Pico (herramienta de cantero). Pico (instrumento agrícola). Aguijón (punta de la aguijada). Piqueta, zapapico. *Bras. Bot.* Planta (compuesta (*Bidens pillosus*).

PICAPAU *m. Bras. Zool.* Picamaderos, pico, pico barreno, pájaro carpintero. Escopeta antigua de boca de embudo.

PICA-PEIXE (*che*) *m.* Martín pescador, martín del río. *Mar.* Moco (del bauprés).

PICAR *v. tr.* Picar, punzar (herir ligeramente con instrumento punzante). Ú. t. c. r. Picar (herir el picador al toro). Picar, punzar (hablando de aves, insectos y ciertos reptiles). Picar, cortar, partir (dividir en pedazos muy pequeños). Picar (tomar las aves los alimentos con el pico). Picar (morder los peces el cebo del anzuelo). Picar (causar escozor o comezón en el cuerpo). Picar (enardecer el paladar alguna cosa excitante). Ú. t. c. intr. Picar,

aguijerear. Picar (golpear con el pico las piedras o las paredes). Picar (restablecer) las asperezas de la muela de molino). *fig.* Picar, mover, excitar, estimular, incitar. Ú. t. c. r. *fig.* Picar, enojar, provocar, enfadar. Picar (Amer.: cortar con el machete bejucos y otros vegetales para abrir paso por un bosque). *Mús.* Picar. *v. intr.* Picar (escocer alguna parte del cuerpo). Picar (calentar mucho el sol). Picar, espolear. *v. r.* Picarse, empezar a avinagrarse, comenzar a echarse a perder alguna cosa. Picarse (el mar). *fig.* Picarse, ofenderse, enojarse. Picarse, preciarse, jactarse, vanagloriarse.

PICARÇO, ÇA (so, sa) *adj. Bras.* Lo mismo que PICAÇO.

PICARDIA (día) *f.* Picardía.

PICARDO, DA *adj.* Picardo. Ú. t. c. s.

PICARESCO, CA *adj.* Picaresco.

PICARETA *f.* Pico (herramienta de cantero). Pico (instrumento agrícola). Zapapico, piqueta. *Bras. Minas Gerais* y *Río Gr. del Sur.* Canotier (sombrero).

PICARIA (ría) *f.* Picadero. Oficio de picador.

PÍCARO, RA *adj.* Pícaro. Ú. t. c. s.

PICAROTO *m.* Cumbre; vértice.

PIÇARRA (sa) *f.* Pizarra (roca). Pizarral.

PIÇARRAL (sa) *m.* Pizarral.

PIÇARRO, RRA *adj. Bras. Ceará.* Famoso, célebre.

PIÇARRO (sa) *m.* Lo mismo que PIÇARRA.

PIÇARROSO, SA (ozo, òza) *adj.* Pizarroso (que abunda en pizarras).

PICATOSTE (tòs) *m.* Picatoste.

PICENTINO, NA *adj.* Picentino. Ú. t. c. s.

PÍCEO, CEA *adj.* Píceo (de pez o parecido a ella).

PICHE (*che*) *m.* Brea líquida, alquitrán, pez destilada.

PICHEL (chèl) *m.* Pichel.

PICHELARIA (chelaría) *f.* Pichelería.

PICHELEIRO (che) *m.* Pichelero.

PICHO (cho) *m.* Pichel. Vaso de barro pequeño.

POCHORRA (cho) *f.* Pichel con pico.

PICLES *m. pl.* Encurtidos, pepinillos.

PICNÍDIO *m. Bot.* Picnidio.

PICNÓSTILO (nòs) *m. Arq.* Picnóstilo.

PICO *m.* Pico (punta que sobresale en cualquiera superficie). Pico, montaña. Pico (cúspide aguda de una montaña). Espina. Pizca (porción mínima de una cosa). *fig.* Acidez; gusto agrio. Pique, resentimiento. Malicia.

PICOTA (cò) *f.* Picota (para castigo). *Mar.* Picota.

PICOTAGEM (jem) *f. Bras.* Acción y efecto de

PICOTAR *v. tr. Bras.* Picar, aguijerear.

PICOTE (cò) *m.* Picote (tela áspera o basta). Puntilla.

PICOTÉ (té) *m. Bras. fam.* Capirote.

PICOTO *m.* Cumbre, vértice. Pirámide geodésica.

PÍCRICO, CA *adj. Quím.* Pícrico.

PICTOGRAFIA (fía) *f.* Pictografía.

PICTOGRÁFICO, CA *adj.* Pictográfico.

PICTORIAL *adj.* Pictórico.

PICTÓRICO, CA (tò) *adj.* Pictórico.

PICTURAL *adj.* Pintoresco.

PICUÁ *m. Bras.* Canasto, canasta o canastillo. *pl. Bras.* Trebejos, trastos, muebles.

PICUAR *v. tr. Bras.* Guardar en canasto. *fig.* Atesorar.

PICUETA *f. Bras.* Lo mismo que PICUINHA.

PICUÍ *m. Bras.* Paloma.

PICUINHA (ña) *f.* Dicho picante, indirecta, alusión satírica. Los primeros píos del ave.

PICUM *m. Bras. Ceará.* Cumbre.

PICUMÃ (mán) *m. Bras.* Hollín.

PIDÃO, DONA (dáum) *adj. Bras.* Lo mismo que PIDONHO.

PIDONHO, NHA (ño, ña) *adj.* Pidón, pedigüeño. Ú. t. c. s.

PIEDADE *f.* Piedad.

PIEDOSAMENTE (dòza) *adv. m.* Piadosamente (con misericórdia, lástima y piedad; según la piedad cristiana).

PIEDOSO, SA (dozo, òza) *adj.* Piadoso, benigno, misericordioso. Piadoso, religioso, devoto.

PIEGAS (è) *m. y f.* Pelele; persona ridículamente sentimental. *adj.* Ridículo, que afecta sensibilidad ridícula o exagerada.

PIEGUICE *f.* Sentimentalismo excesivo o afectado.

PIEIRA *f.* Ronquera, sonido de la respiración de los enfermos.

PIELA (è) *f. pop.* Borrachera, mona, embriaguez.

PIELITE *f. Med.* Pielitis.

PIEMIA (mía) *f. Med.* Piohemia, piemia.

PIEMONTÉS, ESA (és, eza) *adj.* Piamontés. Ú. t. c. s.

PIERRETE *f.* Mujer vestida como el Pierrot.

PIERRÔ (ró) *m.* Pierrot (máscara vestida como este personaje).

PIETISMO *m.* Pietismo.

PIETISTA *adj.* Pietista. Ú. t. c. s.

PIEZÔMETRO (zô) *m.* Piezómetro.

PÍFANO *m.* Pífano.

PIFÃO (fáum) *m. pop.* Mona, borrachera, embriaguez.

PÍFARO *m.* Pífano.

PÍFIO, FIA *adj. pop.* Bajo, grosero, vil, ordinário.

PIFRE *m.* Pífano.

PIGARÇO, ÇA (so, sa) *adj. Bras.* Lo mismo que PICAÇO.

PIGARRA *f. Bras.* Pepita (enfermedad de las gallinas).

PIGARRAR *v. intr.* Lo mismo que

PIGARREAR *v. intr.* Carraspear. Toser con carraspera.

PIGARRENTO, TA *adj.* Carrasposo.

PIGARRO *m.* Carraspera.

PIGARROSO, SA (ozo, ôza) *adj.* Carrasposo.

PIGMENTAÇÃO (sáum) *f.* Pigmentación.

PIGMENTADO, DA *adj.* Pigmentado.

PIGMENTAR *v. tr.* Colorar por medio de un pigmento.

PIGMENTÁRIO, RIA *adj.* Pigmentario.

PIGMENTO *m. Anat.* y *Fisiol.* Pigmento.

PIGMEU, MÉIA (mèi) *adj.* Pigmeo. Ú. t. c. s.

PIGNORATÍCIO, CIA *adj.* Pignoraticio.

PIGÓSTILO *m. Zool.* Pigóstilo.

PINA *f. Quím.* Plina.

PIJAMA (ja) *m.* Pijama.

PILADO, DA *adj.* Pilado, descascarado, pisado.

PILADOR, RA *adj.* Que pila, pisa o machaca.

PILÃO (láum) *m.* Pilón (pesa de la romana). Mano del almírez. *Bras.* Mortero, pilón, almírez de madera.

PILAR *v. tr.* Pilar, descascarar. Pisar, majar, machacar. *m.* Pilar, pilastra. Pilar, hito, mojón. *fig.* Pilar, columna.

PILARETE *m. dim.* de *Pilar.* Pilarejo.

PILASTRA *f.* Pilastra.

PILCHA (cha) *f. Bras. merid.* Prenda.

PILECA (è) *f. pop.* Rocín, caballejo.

PILECADO, DA *adj. Bras.* Borracho.

PÍLEO *m.* Píleo.

PILEQUE (è) *m. Bras.* Mona, borrachera.

PILHA (lla) *f.* Pila, montón, rimero, hacina. *Fís.* Pila. Pillaje, hurto, robo.

PILHAGEM (llajem) *f.* Pillaje, hurto, robo, rapiña. Pillaje, saqueo, botín.

PILHANTE (llan) *adj.* Pillador, ladrón. Ú. t. c. s.

PILHAR (llar) *v. tr.* Pillar, hurtar, robar, apoderarse de una cosa con violencia. Pillar, coger, agarrar una cosa. Pillar, coger, sorprender a uno en un descuido. *v. r.* Sorprenderse uno en tal o cual parte. Darse cuenta uno de que se encuentra en determinado sitio.

PILHEIRA (llei) *f.* Lugar donde hay cosas empiladas.

PILHEIRO (llei) *m.* Depósito de agua para cualquier servicio.

PILHÉRIA (llè) *f.* Chiste, broma, jocosidad, gracejo, gracia; chufa.

PILHERIAR (llè) *v. intr.* y *tr.* Gracejar, decir chistes, chancear, bromear; chufar.

PILHERICAMENTE (llè) *adv. m.* Chistosamente.

PILHÉRICO, CA (llè) *adj. Bras.* Chistoso, jocoso; irónico.

PILHETA (lle) *f.* Lo mismo que GAMELA.

PILÍFERO, RA *adj.* Pilífero.

PILIFORME (fôr) *adj.* Piliforme.

PILO *m.* Pilo (especie de venablo).

PILOADA *f.* Golpe dado con la mano del almírez.

PILOCARPINA *f. Quím.* Pilocarpina.

PILÓIA (lò) *f. Bras. germ.* Lo mismo que CACHAÇA.

PILONE *m.* Pilón (portada de los antiguos templos egipcios).

PILORADA *f. Bras. nort.* Lo mismo que CACETADA.

PILÓRICO, CA (lò) *adj.* Pilórico.

PILORO (lò) *m. Anat.* Píloro.

PILORRIZA (za) *f. Bot.* Pilorriza.

PILOSELA (zè) *f. Bot.* Velosilla.

PILOSIDADE (zi) *f.* Calidad de peludo o piloso.

PILOSO, SA (ozo, ôza) *adj.* Piloso, peludo.

PILOTA (lò) *f.* Cansancio que siente el que ha caminado mucho.

PILOTAGEM (jem) *f.* Pilotaje.

PILOTAR *v. tr.* Pilotar, dirigir (buque, automóvil, aeroplano, etc.).

PILOTEAR *v. tr.* Pilotear, pilotar.

PILOTO *m.* Piloto. *fig.* Piloto, guía.

PILOURA *f. Bras. nort.* Locura. Síncope.

PILRETE *m.* Hombrezuelo.

PILRITEIRO *m.* Pirlitero, majuelo.

PILRITO *m.* Fruto del majuelo.

PÍLULA *f.* Píldora. *fig.* Píldora (mala noticia). *Dourar a* —. *fr. fig.* Dorar la píldora, paliar una mala nueva.

PILULADOR *m.* Pildorero.

PILULAR *adj.* Pipular.

PILULEIRO *m. Bras.* Pildorero.

PILUNGO *m. Bras. merid.* Rocín, caballejo.

PIMELOSE (lòze) *f. Med.* Pimelosis.

PIMENTA *f.* Pimienta (planta y fruto). — *malagueta.* Malagueta. — *do reino.* Pimentero. Pimienta negra.

PIMENTAL *m.* Pimental.

PIMENTÃO (táum) *m.* Pimiento (planta y fruto). Pimentón (polvo). *Pó de* —. Pimentón (polvo).

PIMENTEIRA *f.* Pimienta (planta). Pimentero (vasija).

PIMENTEIRO *m.* Pimiento (planta).

PIMPÃO, PONA (páum) *adj.* Jactancioso; valentón; arrogante. Ú. t. c. s. Petimetre.

PIMPAR *v. intr.* Ostentar, figurar. Regalarse, darse buena vida. Pompear. Holgarse, divertirse.

PIMPINELA (nè) *f. Bot.* Pimpinela.

PIMPOLHO (llo) *m.* Pimpollo, vástago, renuevo, tallo. *fig.* Pimpollo (niño, mozalbete).

PIM-POM *m.* Ping-pong.

PIMPONAMENTE *adv. m.* Arrogantemente. Regaladamente.

PIMPONICE *f.* Actos y modales de PIMPÃO.

PINA *f.* Pina (de rueda).

PINAÇA (sa) *f.* Pinaza.

PINACOTECA (tè) *f.* Pinacoteca.

PINÁCULO *m.* Pináculo (parte más alta de un edificio). *fig.* Pináculo (parte más sublime de una cosa).

PINÁSIO (zio) *m.* Bastidor (de ventana).

PINATÍFIDO, DA *adj. Bot.* Pinatífido.

PINÇA (sa) *f.* Pinzas (instrumentos; órganos aprehensores de ciertos animales). Ú. más en pl.

PINÇÃO (sáum) *m.* Lo mismo que PINÇOTE.

PÍNCARO *m.* Lo mismo que PINÁCULO. Cumbre, pico de una cosa.

PINCEL (cèl) *m.* Pincel. *fig.* Pincel (modo de pintar; persona que pinta).

PINCELADA *f.* Pincelada.

PINCELAGEM (jem) *f.* Pincelada.

PINCELAR *v. tr.* Pincelar.

PINCELEIRO *m.* Pincelero (persona que hace pinceles; caja en que se guardan los pinceles).

PINCHAR (char) *v. tr.* Empujar. Hacer saltar. Derribar, echar al suelo. Tirar, lanzar. *v. intr.* Brincar, saltar, cabriolar.

PINCHO (cho) *m.* Brinco, salto, cabriola. Alfiler de corbata.

PINÇOTE (sò) *m. Mar.* Pinzote.

PINDÁ *f. adj.* PINDAÍBA.

PINDÁ *m. Bras.* Anzuelo.

PINDAÍBA *f. Bras.* Falta de dinero. Soga de paja del cocotero. Planta del Brasil (*Xylopia muricata*).

PINDAÍVA *f. Bras.* Lo mismo que PINDAÍBA.

PINDÁRICO, CA *adj.* Pindárico.

PINDARISMO *m.* Pindarismo.

PINDARISTA *adj.* Pindarista. Ú. t. c. s.

PINDARIZAR (zar) *v. intr.* Pindarizar.

PINDOBA (dò) *f. Bras.* Especie de palma (*Attalea compta*).

PINDONGA *f. Bras.* Mujer callejera.

PINDONGAR *v. intr. Bras.* Callejear (la mujer).

PINDORAMA *m. Bras.* País de las palmas (nombre dado al Brasil).

PÍNEO, NEA *adj.* De pino.

PINGA *f.* Gota, pinta. *pop.* Vino. Trago. Caña, cachaza, aguardiente. *m.* Hombre sin plata.

PINGAÇO (so) *m. Bras. merid.* Pingo (*amer. argent.:* caballo vivo y corredor).

PINGADEIRA *f.* Grasera. *fig.* Chorrillo (acción continua de recibir una cosa). *pop.* Gonorrea.

PINGADO, DA *adj.* Salpicado, goteado. *Bras.* Dícese del café al que se pone un poco de leche. *Gato* —. Sepulturero, sacamuertos.

PINGA-FOGO *m. Bras.* Valentón.

PINGALIM *m.* Látigo largo y delgado.

PINGANTE *adj.* Que gotea.

PINGAR *v. intr.* Gotear (caer un líquido gota a gota). Gotear, lloviznar. Salpicar. Echar gotas. Echar algo poco a poco.

PINGENTE *m.* Pinjante, pendiente (joya). *adj.* BERLOQUE. *Bras.* Pasajero que va en el estribo de un tranvía.

PINGO *m.* Gota, pinta. Salpicón de grasa. Grasa. Moco. *Bras. merid.* Pingo (*amer. argent.* caballo vivo y corredor).

PINGOSO, SA (ozo, ôza) *adj.* Que gotea. Pingüe, craso, grasiento.

PINGUE *adj.* Pingüe, craso, gordo, grasiento. *fig.* Pingüe, abundante, copioso, fértil, profícuo. Salpicón de grasa.

PINGUELA (guè) *f.* Armadijo para cazar pájaros. *Bras.* Puentecito hecho con una tabla, pontón.

PINGUE-PONGUE *m.* Ping-pong.

PINGÜIM (güim) *m.* Alca, pájaro bobo.

PINGURUTO *m. Bras. nort.* Pico, cumbre.

PINHA (ña) *f.* Piña (fruto del pino). Piña (conjunto de personas o cosas estrechamente unidas). *Bras.* Anona (fruto).

PINHAL (ñal) *m.* Pinar.

PINHÃO (ñáum) *m.* Piñón (simiente del pino; almendra comestible de la semilla del piño piñorero).

PINHEIRA (ñei) *f. Bras. Bot.* Anona.

PINHEIRAL (ñei) *m. Bras.* Pinar.

PINHEIRO *m. Bot.* Pino. *Bras.* Araucaria.

PINHIFORME (ñi) *adj.* Piniforme.

PINHO (ño) *m.* Pino (madera). Pino (planta). *Bras. pop.* Guitarra.

PINHOADA (ñoa) *f.* Piñonata.

PINHOELA (ñoè) *f.* Piñuela.

PINICADA *f. Bras.* Lo mismo que

PINICÃO (cáum) *m. Bras.* Pellizco.

PINICAR *v. tr. Bras.* Pellizcar. Picar, picotar.

PINO *m.* Clavillo de madera. El punto más alto. *A* — *. m. adv.* En pino, en pie, derecho.

PINOGUAÇU (sú) *m. Bras.* Lo mismo que MAMOEIRO.

PINÓIA (nòia) *f.* Mujer elegante y de mala vida. *Bras.* Cosa de poca entidad. Engaño, trampa.

PINOTE (nò) *m.* Bote, salto, respingo; coz.

PINOTEAR *v. intr.* Respingar; dar botes.

PINTA *f.* Pinta, mancha, señal pequeña. Pinta (señal o aspecto que permite apreciar la calidad de las personas o cosas). Pinta (medida). Polluela.

PINTADA *f.* Pintada, gallina de Guinea.

PINTADO, DA *adj.* Pintado (que tiene pintas), pintojo. *P. p.* de *Pintar.*

PINTAINHO (iño) *m.* Polluelo.

PINTALEGRETE *adj.* y *s. m.* Lo mismo que CASQUILHO.

PINTALGADO, DA *adj.* Salpicado, pintado, matizado. Pintorreado.

PINTALGAR *v. tr.* Pintorrear. Matizar, pintar de varios colores.

PINTAMONOS *m.* Pintamonas.

PINTÃO (táum) *m.* Polluelo algo grande, casi pollo. Lo mismo que CASQUILHO.

PINTAR *v. tr., intr.* y *r.* Pintar (en todas las acepciones de esta voz).

PINTASSILGO (sil) *m. Zool.* Jilguero, pintacilgo.

PINTARROXO (cho) *m. Zool.* Pardillo, pintarrojo.

PINTEIRO *m. Bras.* Jaula para polluelos.

PINTO m. Polluelo, pollito. Pinta (un octavo de galón). *germ.* Chiquilín; niño.

PINTOR m. Pintor.

PINTURA f. Pintura.

PIO m. Pío (voz que forma el pollo de cualquier ave).

PIO, PIA adj. Pío, devoto, piadoso, misericordioso.

PIOCA (piò) m. *Bras.* Lo mismo que CAIPIRA.

PIODERMITE f. *Med.* Piodermatitis.

PIOEMIA (mía) f. *Med.* Piohemia.

PIOGÉNICO, CA (jé) adj. Piogénico.

PIOLA (ò) f. *Bras. Río Gr. del Sur.* Bramante; piola *(amer. argent.).*

PIOLHADA (lla) f. Piojería.

PIOLHARIA (llaría) f. Piojería (abundancia de piojos).

PIOLHEIRA (llei) f. Lo mismo que PIOLHARIA. *Bot.* Hierba piojenta, hierba piojera, estafigrasia. *fig.* Habitación muy sucia o miserable.

PIOLHENTO, TA (llen) adj. Piojoso.

PIOLHO (llo) m. Piojo. Piojillo. *Como — em costura. fr. fig.* Como piojos en costura, con mucha estrechez y apretura.

PIONEIRO m. Explorador. *fig.* Precursor.

PIOR adv. m. comp. de *Mal.* Peor. adj. comp. de *Mau.* Peor.

PIORRA f. Peonza.

PIORRÉIA (rréia) f. Piorrea.

PIPA f. Pipa, tonel, barrica para vino y otros líquidos.

PIPAROTE (rò) m. Papirote, capirote.

PIPERÁCEAS f. pl. *Bot.* Piperáceas.

PIPERÁCEO, CEA adj. Piperáceo.

PIPERADIZINA (zi) f. *Quím.* Piperina.

PIPERINA f. *Quím.* Piperina.

PIPETA f. Pipeta.

PIPI m. *Bras.* Pipí. *Fazer —.* Hacer pipí, orinar (el niño).

PIPIA f. Pipiritaña. *Voz de —.* Voz de falsete.

PIPIAR v. intr. Pipiar (dar voces las aves pequeñas); piar. m. El piar de las aves.

PIPILAR v. intr. Pipiar, piar (las aves). m. El piar de las aves.

PIPILO m. El piar de las aves.

PIPITAR v. intr. Lo mismo que PIPIAR.

PIPO m. Pipote.

PIPOCA (pò) f. *Bras.* Roseta, flor de maíz.

PIPOCAR v. intr. Estalar, dar chasquidos; reventar con chasquidos. Borbotar, borbollonear, borbollar.

PIPOCO m. *Bras. nort.* Contienda, disputa, altercación, desorden.

PIPOQUEAMENTO m. *Bras. merid.* Acción de *Pipocar.* Chasquido, estallido.

PIPOQUEAR v. intr. *Bras. merid.* Lo mismo que PIPOCAR.

PIQUE m. Pica (lanza antigua). Sabor agrio. Pique, resentimiento, enojo, disgusto (motivado generalmente por alguna discusión o disputa). *A — . m. adv.* A pique, cerca, a punto. A plomo, verticalmente, a pique. *A — de m. adv.* A pique, a riesgo. *Ir a —. fr. Mar.* Irse a pique, hundirse. *Por a —. fr.* Echar a pique.

PIQUEIRO m. *Taur.* Picador, piquero. Piquero (soldado que iba armado con la pica).

PIQUENIQUE m. Picnic, comida a escote.

PIQUETA f. Pilote.

PIQUETAR v. tr. Clavar (pilotes).

PIQUETE m. *Mil.* Piquete.

PIQUÍ m. *Bras.* Lo mismo que PEQUÍ.

PIQUIÁ m. *Bras.* Lo mismo que PEQUIÁ.

PIQUIRA adj. *Bras.* Pequeño, menudo (hablando de caballerías y de pescados). Ú. t. c. s. m. *fig.* Hombre insignificante.

PIRA f. *Bras. Amaz.* Sarna.

PIRA f. Pira (hoguera en que se quemaban los cadáveres y las víctimas de los sacrificios).

PIRAJÁ (já) m. *Bras.* Chaparrón tropical.

PIRAJUBA (ju) f. *Bras.* Dorado (pez).

PIRAMIDAL adj. Piramidal.

PIRÂMIDE (rá) f. *Geom.* Pirámide.

PIRÂMIDO (rá) m. *Terap.* Piramidón.

PIRAMIDONA f. Lo mismo que PIRÂMIDO.

PIRANGA adj. *Bras.* Pobre; mezquino. Ú. t. c. s. m. Barro rojo.

PIRANGAR v. intr. *pop.* Mendigar, pedir limosna.

PIRANGUEIRO, RA adj. Ridículo. Vil, bajo.

PIRANHA (ña) f. *Bras. Zool.* Piraña.

PIRÃO (ráum) m. *Bras.* Gachas de harina de mandioca; pirón *(amer. argent.).*

PIRAQUARA m. *Bras.* Lo mismo que CAIPIRA.

PIRAQUERA (què) f. *Bras. Amaz.* Pesquería nocturna.

PIRAR v. intr. y r. *pop.* Zafarse, huirse.

PIRARUCU m. *Bras. Zool.* Arapaima.

PIRATA m. y f. Pirata (ladrón que roba por los mares). *Por ext.* Ladrón. *Bras.* Seductor. Hombre atrevido. Tunante, pícaro, bellaco.

PIRATAGEM (jem) f. Piratería.

PIRATARIA (ría) f. Piratería.

PIRATEAR v. intr. Piratear. v. tr. Robar como pirata.

PIRÁTICO, CA adj. Pirático, pirata.

PIRATININGANO, NA adj. Natural de São Paulo (San Pablo, Estado del Brasil).

PIRELIÔMETRO (lió) m. Pirheliómetro.

PIRENÁICO, CA adj. Pirenaico.

PIRENEU, NÉIA (nèia) adj. Pirenaico.

PIRÊNIO (ré) m. *Quím.* Pireno.

PIRENÓIDE (nòi) adj. Pirenoide.

PIRENTO, TA adj. *Bras. nort.* Sarnoso.

PIRÉTICO, CA (rè) adj. Pirético.

PIRETOLOGIA (jía) f. Piretología.

PIRETOLÓGICO, CA (lòji) adj. Piretológico.

PIRETRO (rè) m. *Bot.* Pelitre, piretro.

PIREXIA (xía) f. *Med.* Pirexia.

PIRI m. *Bras. Bot.* Especie de junco.

PÍRICO, CA adj. Pírico.

PIRÍFORA f. *Bras.* Luciérnaga.

PIRIFORME (fòr) adj. Piriforme.

PIRILÂMPICO, CA (lâm) adj. Fosforecente.

PIRILAMPO m. Luciérnaga.

PIRIPIRI m. *Bras.* Lo mismo que

PIRIQUITETE adj. *Bras. nort.* Bien trajeado.

PIRIRICA adj. *Bras.* Áspero. Lo mismo que PERERECA. m. *Bras. Amaz.* Cascada.

PIRITA f. Pirita.

PIRITE f. Pirita.

PIRITÍFERO, RA adj. Piritoso.

PIRITIFORME (fòr) adj. Que tiene forma de pirita.

PIRITOSO, SA (tozo, òza) adj. Piritoso.

PIRIZAL (zal) m. *Bras.* Juncal, juncar.

PIROBALÍSTICA f. Pirobalística.

PIROCA (rò) adj. *Bras. Amaz.* Calvo. *Bras. nort.* Avariento.

PIROCAR v. intr. *Bras.* Encalvecer.

PIROFOBIA (bía) f. Pirofobia.

PIRÓFORO (rò) m. Piróforo. adj. Inflamable.

PIROGA (rò) f. Piragua (embarcación).

PIROGÁLICO, CA adj. *Quím.* Pirogállico.

PIROGÊNEO, NEA (jé) adj. Pirogéneo.

PIROGÊNESE (jèneze) f. Pirogénesis.

PIROGÊNICO, CA (jé) adj. Pirógeno.

PIROGRAVURA f. Pirograbado.

PIROLÁCEAS f. pl. *Bot.* Piroláceas.

PIRÓLATRA (rò) m. Pirólatra.

PIROLATRIA (tría) f. Pirolatría.

PIROLOGIA (jía) f. Pirología.

PIROMETRIA (tría) f. Pirometría.

PIROMÉTRICO, CA (mè) adj. Pirométrico.

PIRÔMETRO (rò) m. Pirómetro.

PIRONOMIA (mía) f. Pironomía.

PIROPO m. Piropo, carbúnculo. El color rojo del fuego.

PIRÓSCAFO (ròs) m. Piróscafo, buque de vapor.

PIROSCÓPIO (cò) m. Piróscopo, piroscopio.

PIROSE (ròze) f. *Patol.* Pirosis.

PIROTECNIA (nía) f. Pirotecnia.

PIROTÉCNICO, CA (tè) adj. Pirotécnico. m. Pirotécnico.

PIRÓTICO, CA (ro) adj. *Med.* Pirótico, cáustico.

PIROXÊNIO (xé) m. *Miner.* Piroxeno, piroxena.

PIROXILA (xi) f. *Quím.* Piróxilo.

PIROXILINA (xi) f. Piroxilina, pólvora de algodón.

PIRRAÇA (sa) f. Jugarreta, chasco, zumba. Cosa hecha de propósito para contrariar a uno. Desaire; afrenta, desconsideración.

PIRRAÇAR (sar) v. intr. Contrariar de propósito. Chasquear. Afrentar, desairar.

PIRRACEIRO, RA adj. Amigo de jugarretas; que contraría de propósito. Ú. t. c. s.

PIRRALHADA (lla) f. *Bras.* Chiquillería.

PIRRALHO (llo) m. *Bras.* y *prov. port.* Chiquillo.

PÍRRICA f. Pírrica, danza pírrica.

PIRRÍQUIO m. Pirriquio.

PIRRONICE f. Terquedad. Obstinación por desaire.

PIRRÔNICO, CA (rò) adj. Pirrónico, escéptico. Terco, obstinado.

PIRRONISMO m. Pirronismo, escepticismo *fam.* Terquedad.

PÍRTIGA f. Pértigo (lanza del carro).

PÍRTIGO m. Palo más largo del mayal.

PIRUETA f. Pirueta, cabriola. *Equit.* Pirueta.

PIRUETAR v. intr. Piruetear.

PIRULITO m. *Bras.* Chupete de miel.

PISA (za) f. Pisa (acción de pisar). Pisa, tunda, zurra.

PISADA (za) f. Pisada, huella que deja el pie en el suelo. Pisada (acción de pisar, de sentar el pie sobre alguna cosa). Pisada, guisante.

PISADELA (zadè) f. Pisada (acción de pisar).

PISADO, DA (za) adj. Lastimado. Contundido. *P. p.* de *Pisar.*

PISADOR, RA (za) adj. Pisador.

PISADURA (za) f. Pisada, pisadura, huella que deja el pie en la tierra. Contusión.

PISA-FLORES (za) m. Pisaverde.

PISA-MANSINHO, NHA (za-mansiño, ña) adj. Mañoso, mañero, sagaz, astuto. Ú. t. c. s.

PISANO, NA (za) adj. Pisano. Ú. t. c. s.

PISÃO (záum) m. Batán. Lo mismo que PINÇOTE. Pisada, pistón.

PISÃO, SÃ (záum, zán) adj. Pisano. Ú. t. c. s.

PISAR (zar) v. tr. Pisar (poner, sentar el pie sobre una cosa). Pisar (apretar o estrujar una cosa con los pies o a golpes de pisón o maza). Calcar. Machacar. Contundir; lastimar. *fig.* Pisar, hollar, infringir, conculcar. *fig.* Pisar, pisotear, humillar, maltratar. *fig.* Repisar (recomendar ahincadamente una cosa a la memoria). Recorrer. Atravesar, pasar. v. intr. Andar, caminar. *Não — em ramo verde. fr. fig.* Ser cauteloso y prudente.

PISA-VERDE (za) m. Pisaverde.

PISCA f. Pizca (porción muy pequeña de una cosa). Polvo. Chispa.

PISCAÇÃO (sáum) f. *p. us.* Lo mismo que

PISCADELA (dè) f. Guiñada, guiñadura (acción de guiñar los ojos).

PISCADO m. *Bras.* Lo mismo que PISCADELA.

PISCAMENTO m. Lo mismo que PISCADELA.

PISCA-PISCA m. *fam.* Individuo que parpadea constantemente.

PISCAR v. tr. Guiñar (los ojos). Pestañear guiñado. Parpadear.

PISCATIVO, VA adj. Piscatorio.

PISCATÓRIA (tò) f. Piscatoria, égloga piscatoria.

PISCATÓRIO, RIA (tò) adj. Piscatorio.

PÍSCEO, CEA adj. Relativo a los peces.

PISCES m. pl. *Astr.* Piscis.

PISCICULTOR m. Piscicultor.

PISCICULTURA f. Piscicultura.

PISCIFORME (fòr) adj. Pisciforme, de figura de pez.

PISCINA f. Piscina (estanque propio para tener pesca). Piscina (estanque para baños). Pila bautismal.

PISCINAL adj. Piscinal.

PISCÍVORO, RA adj. Piscívoro.

PISCO, CA adj. Que guiña los ojos; que parpadea. Entreabierto (los ojos).

PISCOSO, SA (ozo, òza) adj. Abundante en peces.

PISGAR-SE v. r. Zafarse, huirse.

PISIFORME (zifòr) adj. Pisiforme (que tiene la forma y el volumen de un guisante).

PISO (zo) m. Modo de pisar o andar. Piso (suelo de cualquier habitación). Piso, pavimento, superficie de un terreno. Piso, alto.

PISOADOR (zoa) m. Batanero.

PISOAGEM (zoajem) f. Lo mismo que

PISOAMENTO (zoa) m. Acción de

PISOAR (zoar) v. tr. Batanar, abatanar el paño.

PISOEIRO (zoei) m. Batanero.

PISOLÍTICO, CA (zo) adj. *Miner.* Pisolítico.

PISOTEAR (zo) v. tr. *Bras. merid.* Pisotear, pisar. *fig.* Pisar, pisotear, humillar.

PISQUEIRO, RA adj. Que guiña los ojos.

PISSASFALTO (sas) m. Pisasfalto.

PISSITAR (si) *v. intr.* Soltar la voz el estornino.
PISTA *f.* Pista, huella, rastro. Pista (sitio por donde corren los caballos en los picaderos, circos e hipódromos). Pista (sitio dedicado a las carreras en los velódromos). *fig.* Pista.
PISTACHA (cha) *f.* Lo mismo que PISTÁCIA.
PISTACHE (che) *f.* Lo mismo que
PISTACHO (cho) *m.* Pistacho, alfóncigo (el fruto).
PISTÁCIA *f. Bot.* Pistachero, alfóncigo (la planta).
PISTÃO (táum) *m. gal.* Émbolo, pistón. Corneta de llaves; pistón *(Amer.).*
PISTILAR *adj.* Pistilar.
PISTILO *m. Bot.* Pistilo.
PISTILOSO, SA (lozo, òza) *adj. Bot.* Pistilífero.
PISTOLA (tò) *f.* Pistola. — *automática.* Pistola automática.
PISTOLAÇO (so) *m. Bras.* Lo mismo que
PISTOLADA *f.* Pistoletazo.
PISTOLÃO (láum) *m. Bras.* Protección o protector para conseguir alguna cosa.
PISTOLETA *f.* Pistolete.
PITA *f. Bot.* Pita (planta). Pita (hillo de esta planta).
PITADA *f.* Polvo, pulgarada (porción de cualquier substancia pulverulenta que se puede tomar de una vez con las yemas del pulgar e índice). Pizca.
PITADEAR *v. intr.* Tomar pulgaradas de tabaco.
PITADINHA (ña) *f. dim. de Pitada.*
PITADOR *m. Bras.* Fumador.
PITAGÓRICO, CA (gò) *adj.* Pitagórico.
PITAGORISMO *m.* Pitagorismo.
PITAGORISTA *m.* Pitagórico.
PITANÇA (sa) *f.* Pitanza.
PITANCEIRO *m.* Pitancero.
PITANGA *f. Bras.* Pitanga (el fruto).
PITANGUEIRA *f. Bras. Bot.* Pitanga (la planta).
PITAR *v. intr.* Fumar; pitar *(Amer.).* Pipar, fumar en pipa.
PITEIRA *f. Bot.* Pita (la planta). *Bras.* Boquilla (para el cigarrillo).
PITEIREIRO *m. pop.* Borrachín.
PITÉU (tèu) *m.* Lo mismo que PETISCO.
PÍTIA *f.* Pitia, pitonisa.
PITIÁTICO, CA *adj.* Pitiático.
PITIATISMO *m.* Pitiatismo.
PÍTICO, CA *adj.* Pítico, pitio.
PITINGA *adj. Bras.* Blanco.
PITIRÍASE (ze) *f. Med.* Pitiríasis.
PITO *m. Bras.* Pipa de fumar; pito *(amer. merid.). fam.* Reprensión. *Passar a — . fr.* Reprender.
PITOCO, CA *adj. Bras. merid.* Rabón, rabicorto.
PITOMBA *f. Bras.* Bofetón.
PÍTON *m.* Pitón.
PITÔNICO, CA (tó) *adj.* Pitónico.
PITONISA (za) *f.* Pitonisa, pitia.
PITORESCAMENTE *adv. m.* Pintorescamente.
PITORESCO, CA *adj.* Pintoresco.
PITORRA *f.* Peón, peonza pequeña. *m. y f.* Persona baja y gorda.
PITOSGA (ós) *adj. pop.* Miope. *m. y f.* Persona que parpadea constantemente.
PITUBA *m. Bras.* Ladrón de caballos.
PITUIM *m. Bras.* Lo mismo que BODUM.
PITUÍTA *f.* Pituita.
PITUITÁRIA *f. Anat.* Pituitaria.
PITUITÁRIO, RIA *adj.* Pituitario.
PITUITOSO, SA (ozo, òza) *adj.* Pituitoso (que abunda en pituita).
PITURA *f. Bras.* Tabaco.
PIUM *m. Bras. nort.* Especie de mosquito.
PIÚRIA *f. Patol.* Piuria.
PIVERADA *f.* Pebre (salsa).
PIVETE (vè) *m.* Pebete (pasta para quemar hecha de polvos aromáticos). *Bras. Río de Janeiro.* Pilluelo; niño ladrón.
PIVETEIRO *m.* Pebetero.
PIVOTANTE *adj. Bot.* Pivotante. *f.* Raiz pivotante.
PIXAIM (chaím) *adj. y f.* Lo mismo que CARA-PINHA.
PIXÉ (chè) *m. Bras. nort.* Mal olor.
PÍXIDE (xi) *f.* Píxide.
PIXÍDIO (xí) *m.* Pixidio.
PIXILINGA (chi) *f. Bras.* Piojillo (de gallina).
PIXIRICA (chi) *f. Bras.* Planta del Brasil *(Clidemia hirta).*

PIXIRICUÇU (chiricusú) *m. Bras.* Planta del Brasil. *(Melastoma tacoari).*
PIXUNA (chu) *f. Bras.* Especie de ratón.
PIXURUM (chu) *m. Bras. Río Gr. del Sur.* Lo mismo que MUXIRÃO.
PIZICATO (zi) *m.* Pizzicato.
PLACA *f.* Placa (insignia). Plancha (pedazo de metal llano y delgado). *Anat.* Placa. Lámina, chapa. Chapa, chapeta (mancha de color encendido en las mejillas).
PLACABILIDADE *f.* Placabilidad.
PLACAR *v. tr.* Aplacar.
PLACAR *m.* Placa (insignia).
PLACÁVEL *adj.* Placable, aplacable.
PLACENTA *f. Anat.* Placenta.
PLACENTAÇÃO (sáum) *f. Bot.* Placentación.
PLACENTÁRIO, RIA *adj.* Placentario. *m. pl. Zool.* Placentarios.
PLACIDAMENTE *adv. m.* Plácidamente.
PLACIDEZ *f.* Placidez.
PLÁCIDO, DA *adj.* Plácido, quieto, sosegado, tranquilo; grato, apacible.
PLÁCITO *m.* Plácito, opinión, parecer, sentencia. Aprobación.
PLACÓIDE (cò) *m.* Placóideo.
PLAGA *f. poét.* Plaga, clima, país, región.
PLAGIADOR (jia) *m.* Plagiario.
PLAGIAR (jiar) *v. tr.* Plagiar.
PLAGIÁRIO (jiá) *m.* Plagiario.
PLAGIATO (jia) *m.* Lo mismo que
PLÁGIO (jio) *m.* Plagio.
PLAGIOCÉFALO, LA (jiocè) *adj.* Plagiocéfalo.
PLAGIÓSTOMOS (jiòs) *m. pl. Zool.* Plagióstomos.
PLAINA *f.* Cepillo (de carpintero).
PLAINO *m.* Llanura, planicie, llano.
PLANA *f.* Orden, categoría, clase, rango.
PLANADOR *m.* Planador (aeroplano sin motor).
PLANÁLTICO, CA *adj. Geogr.* Que tiene mesetas.
PLANALTO *m.* Altiplano, meseta.
PLANAMENTE *adv. m.* Claramente. Llanamente.
PLANAR *v. intr. Av.* Planear.
PLANCHA (cha) *f.* Lo mismo que PRANCHA.
PLANCHADA (cha) *f. Bras. Río Gr. del Sur.* Acción de plancharse la cabalgadura.
PLANCHAR (char) *v. intr. Bras.* Lo mismo que
PLANCHEAR *v. intr. Bras. Río Gr. del Sur.* Plancharse *(amer.* caer de lado la cabalgadura).
PLÂNCTON (plán) *m.* Plancton.
PLANEAR *v. tr.* Lo mismo que PLANEJAR.
PLANEJAMENTO (ja) *m. neol.* Plan, planeamiento.
PLANEJAR (jar) *v. tr.* Planear, trazar, formar planes; hacer o forjar planes. Intentar.
PLANETA (né) *f. Astr.* Planeta.
PLANETA (nè) *f. Liturg.* Planeta.
PLANETÁRIO, RIA *adj.* Planetario.
PLANEZA (za) *f.* Llanura (calidad de llano). Planicie, llanura.
PLANGÊNCIA (jén) *f.* Calidad de
PLANGENTE (jen) *adj.* Plañidero, lloroso.
PLANGENTEMENTE (jen) *adv. m.* Llorosamente; tristemente.
PLANGER (jer) *v. intr.* Plañir. Tocar a muerto (una campana).
PLANICE *f.* Lo mismo que
PLANÍCIE *f.* Planicie, llano, llanura.
PLANIFICAÇÃO (sáum) *f.* Lo mismo que PLA-NEJAMENTO.
PLANIFICAR *v. tr.* Planear, trazar planes.
PLANIFÓLIO, LIA (fò) *adj.* Planifoliado.
PLANIFORME (fòr) *adj.* Planiforme.
PLANIGLOBO *m.* Planisferio.
PLANIMETRIA (tría) *f.* Planimetría.
PLANIMÉTRICO, CA (mè) *adj.* Planimétrico.
PLANÍMETRO *m.* Planímetro.
PLANISFÉRIO (fè) *m.* Planisferio.
PLANISTA *m.* Planista.
PLANO, NA *adj.* Llano, plano, liso, sin altos ni bajos. Llano, allanado, conforme. *fig.* Plano, claro, evidente. *m.* Plan, intento, proyecto. Plan, plano topográfico. *Geom., Topogr., Mec.:* Plano.
PLANTA *f.* Planta (vegetal). Planta (parte inferior del pie). Planta, plantilla (plano reducido de una obra). Planta (diseño o idea que se hace para la formación de una cosa).

PLANTAÇÃO (sáum) *f.* Plantación (acción de plantar; conjunto de los vegetales plantados en un terreno).
PLANTADOR, RA *adj.* Plantador. *Ú. t. c. s.*
PLANTAGINÁCEAS (ji) *f. pl. Bot.* Plantagináceas.
PLANTÃO (táum) *m. Mil.* Plantón. Servicio nocturno (en farmacias, periódicos, hospitales, etc.)
PLANTAR *v. tr.* Plantar (meter en tierra una planta; poblar de vegetales un terreno; hincar). Plantar, fundar, establecer. *v. r.* Plantarse (ponerse de pie firme en un sitio). — *uma figueira. fr. fig. Bras.* Caerse.
PLANTAR *adj.* Plantar.
PLANTÍGRADO, DA *adj.* Plantígrado. *m. pl. Zool.* Plantígrados.
PLANTIO (tío) *m.* Plantío, plantación.
PLÂNTULA (plán) *f.* Plántula.
PLANURA *f.* Llano, llanura, planicie. Meseta, altiplano.
PLAQUÊ (qué) *m. gal.* Plaqué.
PLAQUETA *f. Histol.* Plaqueta.
PLASMA *m.* Plasma.
PLASMAR *v. tr.* Plasmar.
PLÁSMASE (ze) *f.* Plasmasa.
PLASMÁTICO, CA *adj.* Plasmático.
PLASMÓDIO (mò) *m. Biol.* Plasmodio.
PLASTA *m. y f. Bras. Río Gr. del Sur.* Persona inútil.
PLÁSTICA *f.* Plástica (arte de plasmar). Cirugía plástica. Conformación general del cuerpo humano, figura.
PLASTICAMENTE *adv. m.* Plásticamente.
PLASTICIDADE *f.* Plasticidad.
PLÁSTICO, CA *adj.* Plástico (perteneciente a la plástica; dúctil, blando, fácil de modelar; formativo). *fig.* Plástico (hablando del estilo).
PLASTIDIO *m.* Plastidio, plástido.
PLASTÍDULO *m.* Plástido, plastidio.
PLASTRÃO (tráum) *m.* Plastrón (corbata).
PLATAFORMA (fòr) *f.* Plataforma (tablero horizontal y elevado sobre el suelo). Plataforma (vagón descubierto). Plataforma (de un tranvía). *Fort.* Plataforma. Placa giratoria. *Bras.* Programa de gobierno de un candidato; plataforma *(amer. argent.).*
PLATANÁCEO, CEA *adj.* Platanáceo. *f. pl.* Platanáceas, platáneas.
PLÁTANO *m. Bot.* Plátano (árbol platáneo).
PLATÉIA (tèia) *f.* Platea, patio (sala del teatro).
PLATELMINTO, TA *adj.* Platelminto. *m. pl. Zool.* Platelmintos.
PLATENSE *adj.* Rioplatense. *Ú. t. c. s.*
PLATIBANDA *f. Arq.* Platabanda.
PLATICEFALIA (lía) *f.* Platicefalia.
PLATICÉFALO, LA (cè) *adj.* Platicéfalo.
PLATINA *f.* Platino (metal). Platina (parte del microscopio). Charretera de metal blanco (divisa militar).
PLATINAGEM (jem) *f.* Platinado.
PLATINAR *v. tr.* Platinar.
PLATINO, NA *adj.* Rioplatense. *Ú. t. c. s.*
PLATINOTIPIA (pía) *f. Fot.* Platinotipia.
PLATIRRÍNIA *f.* Platirrinia.
PLATIRRÍNICO, CA *adj.* Lo mismo que
PLATIRRÍNIO, NEA *adj.* Platirrino.
PLATIRRINO *m.* Platirrino.
PLATIRROSTRO, TRA *adj.* Platirrostro.
PLATONICAMENTE (tó) *adv. m.* Platónicamente.
PLATÔNICO, CA (tó) *adj.* Platónico (que sigue la doctrina de Platón; desinteresado). *Ú. t. c. s.*
PLATONISMO *m.* Platonismo.
PLAUSIBILIDADE (zi) *f.* Plausibilidad.
PLAUSÍVEL (zí) *adj.* Plausible (merecedor de aplauso; admisible).
PLAUSIVELMENTE (zi) *adv. m.* Plausiblemente.
PLAUSTRO *m. poét.* Plaustro; carro.
PLEBE (plè) *f.* Plebe, populacho.
PLEBEIAMENTE (bè) *adv. m.* Plebeyamente.
PLEBEIDADE *f.* Lo mismo que
PLEBEÍSMO *m.* Plebeyismo.
PLEBEIZAR (zar) *v. tr. Bras.* Tornar plebeyo.
PLEBEU, BÉIA (bè) *adj.* Plebeyo.
PLEBISCITÁRIO *adj.* Plebiscitario.
PLEBISCITO *m.* Plebiscito.
PLECTOGNATOS *m. pl. Zool.* Plectognatos.

PLECTRO (plè) *m.* Plectro.
PLÉIADA (plé) *f. Astr.* Pléyade. Pléyade (reunión de siete personas ilustres).
PLÉIADE (plé) *f.* Lo mismo que PLÉIADA.
PLEISTOCENO, NA *adj. Geol.* Pleistoceno. Ú. t. c. s.
PLEITEADOR, RA *adj.* Pleiteador.
PLEITEANTE *adj.* Pleiteante. Ú. t. c. s.
PLEITEAR *v. tr.* Pleitear, litigar, contender judicialmente. Disputar. *v. intr.* Rivalizar, competir. Disputar.
PLEITO *m.* Pleito, contienda, litigio judicial. Pleito, discusión, disputa.
PLENAMENTE *adv. m.* Plenamente (llena e enteramente; por completo), plenariamente.
PLENÁRIO, RIA *adj.* Plenario (lleno, entero, cumplido, cabal; dícese de la indulgencia por la cual se perdona toda la pena). *m. Bras.* Jurado (tribunal). *Bras.* Pleno (reunión general de una corporación).
PLENIFICAR *v. tr.* Rellenar, completar; hacer pleno.
PLENILUNAR *adj.* Plenilunar.
PLENILÚNIO *m.* Plenilunio, luna llena.
PLENIPOTÉNCIA (tém) *f.* Plenipotencia.
PLENIPOTENCIÁRIO, RIA *adj.* Plenipotenciario. Ú. t. c. s.
PLENIRROSTRO, TRA *adj.* Plenirrostro.
PLENITUDE *f.* Plenitud.
PLENO, NA *adj.* Pleno, lleno. Plenario, lleno, entero, cumplido, cabal.
PLEONASMO *m. Gram.* Pleonasmo.
PLEONASTICAMENTE *adv. m.* Pleonasticamente.
PLEONÁSTICO, CA *adj.* Pleonástico.
PLEORAMA *m. Fís.* Pleorama.
PLEROSE (ròze) *f.* Plerosis.
PLERÓTICO, CA (rò) *adj.* Plerótico.
PLESIOSSAURO (ziosau) *m.* Plesiosauro, plesiosaurio.
PLESSIMETRIA (simetría) *f.* Plesimetría. Pleximetría.
PLESSIMÉTRICO, CA (simè) *adj.* Plesimétrico, pleximétrico.
PLESSÍMETRO (sí) *m.* Plesímetro, pleximetro.
PLETORA (tò) *f. Med.* Plétora. *fig.* Plétora (abundancia excesiva en cualquier cosa).
PLETÓRICO, CA (tò) *adj.* Pletórico.
PLEURA *f. Anat.* Pleura.
PLEURÍS *f.* Lo mismo que
PLEURISSA (zía) *f. Med.* Pleuresia, pleuritis.
PLEURITE *f. Med.* Pleuritis, pleuresía.
PLEURÍTICO, CA *adj.* Pleurítico.
PLEUROCELE (cè) *f. Patol.* Pleurocele.
PLEURODINIA (nía) *f. Med.* Pleurodinia.
PLEURODÍNICO, CA *adj.* Pleurodínico.
PLEURODISCAL *adj. Bot.* Pleurodiscal.
PLEURONECTOS (nè) *m. pl. Zool.* Pleuronéctidos.
PLEUROPNEUMONIA (nía) *f. Med.* Pleuroneumonía, pleuropneumonía.
PLÉVIA (plè) *f. Bras. Río Gr. del Sur.* Mala gente.
PLEXO (plèxo) *m. Anat.* Plexo. — *solar.* Plexo solar.
PLICA *f.* Acento agudo.
PLICAR *v. tr.* Poner el acento agudo. Lo mismo que PREGUEAR.
PLICATURA *f.* Lo mismo que PREGA.
PLINTO *m. Arq.* Plinto.
PLIOCÉNICO, CA (cé) *adj.* Lo mismo que
PLIOCENO, NA *adj. Geol.* Plioceno. Ú. t. c. s.
PLISTOCENO, NA *adj.* Pleistoceno. Ú. t. c. s.
PLUMA *f.* Pluma (de las aves). Pluma (de escribir). Penacho. Pluma (adorno).
PLUMACEIRO *m.* Plumajero.
PLUMACHO (cho) *m.* Lo mismo que
PLUMAÇO (so) *m.* Plumaje (penacho de plumas). Lo mismo que
PLUMAGEM (jem) *f.* Plumaje (conjunto de plumas del ave). Plumaje, penacho de plumas.
PLUMÃO (máum) *m.* Penacho de plumas, plumaje.
PLUMBAGINA (ji) *f.* Plombagina, Plumbajina.
PLUMBAGINÁCEO, CEA (ji) *adj.* Plumbagináceo, plumbagíneo. *f. pl. Bot.* Plumbagíneas.
PLUMBEAR *v. tr.* Dar color de plomo a una cosa.
PLÚMBEO, BEA *adj.* Plúmbeo, de plomo; de color de plomo.

PLÚMBICO, CA *adj. Quím.* Plúmbico.
PLUMBÍFERO, RA *adj.* Plumbífero.
PLUMBOSO, SA (bozo, òza) *adj.* Plumboso. Plúmbeo.
PLUMEIRO *m.* Plumaje, pechado de plumas, plumero de morrión, casco, etc.
PLÚMEO, MEA *adj. poét.* Plúmeo.
PLUMILHA (lla) *f.* Pluma (para adorno).
PLUMISTA *m.* Plumista.
PLUMITIVO *m. desp.* Periodista.
PLUMOSO, SA (mozo, òza) *adj.* Plumoso.
PLÚMULA *f. Bot.* Plúmula.
PLURAL *adj.* Plural. Ú. t. c. s.
PLURALIDADE *f.* Pluralidad.
PLURALIZAÇÃO (zasáum) *f.* Acción de
PLURALIZAR (zar) *v. tr.* Pluralizar.
PLURICELULAR *adj.* Multicelular.
PLURIFLORO, RA (flò) *adj.* Pluríforo.
PLURILOBULADO, DA *adj.* Multilobulado.
PLURIPARTIDO, DA *adj.* Pluripartido.
PLURISSECULAR (se) *adj.* Que tiene muchos siglos.
PLURIVALVO, VA *adj.* Multivalvo.
PLÚTEO *m. Arq.* Plúteo.
PLUTOCRACIA (cía) *f.* Plutocracia.
PLUTOCRATA (crá) *m.* Plutócrata.
PLUTOCRÁTICO, CA *adj.* Plutocrático.
PLUTÔNICO, CA (tó) *adj. Geol.* Plutónico, plutoniano.
PLUTÔNIO, NIA (tó) *adj.* Plutoniano.
PLUTONISMO *m.* Plutonismo.
PLUTONISTA *adj.* Plutonista. Ú. t. c. s.
PLUTONOMIA (mía) *f.* Economía política.
PLUVIAL *adj.* Pluvial (concerniente a la lluvia). Llovedizo. *m.* Pluvial, capa pluvial.
PLUVIÁTIL *adj.* Pluviátil, pluvial.
PLUVIÔMETRO (ó) *m.* Pluviómetro, plvímetro.
PLUVIOSO, SA (viozo, òza) *adj. poét.* Pluvioso, lluvioso. *m.* Pluvioso (quinto mes del calendario republicano francés).
PNEU *m.* Neumático (de los automóviles).
PNEUMA *m. Med. ant.* Neuma.
PNEUMÁTICA *f.* Neumática.
PNEUMÁTICO, CA *adj.* Neumático. *m.* Neumático (tubo de caucho que se pone como llanta en las ruedas de muchos vehículos). *Máquina —a.* Máquina neumática.
PNEUMATOLOGIA (jía) *f.* Neumatología.
PNEUMATOLÓGICO, CA (lòji) *adj.* Neumatológico.
PNEUMATOSE (tòze) *f.* Neumatosis.
PNEUMECTOMIA (mía) *f.* Neumectomía.
PNEUMOBRÂNQUIO, QUIA (brán) *adj. Zool.* Neumobránquio, dipnoo. *m. pl.* Neumobránquios.
PNEUMOCELE (cè) *f. Patol.* Neumocele.
PNEUMOCOCIA (cía) *f. Patol.* Neumococia.
PNEUMOCOCO (còco) *m. Bacteriol.* Neumococo.
PNEUMOCONIOSE (òze) *f. Patol.* Neumoconiosis.
PNEUMOGÁSTRICO, CA *adj.* Neumogástrico.
PNEUMOLITÍASE (ze) *adj.* Neumolitiasis.
PNEUMOLOGIA (jía) *f.* Neumología.
PNEUMONALGIA (jía) *f.* Neumonalgia.
PNEUMONIA (nía) *f. Med.* Neumonía, pulmonía.
PNEUMÔNICO, CA (mó) *adj.* Neumónico.
PNEUMOPERICÁRDIO *m. Patol.* Neumopericardio.
PNEUMOPLEURISIA (zía) *f. Patol.* Neumopleuresía.
PNEUMORRAGIA (jía) *f. Patol.* Neumorragia.
PNEUMOTOMIA (mía) *f. Cir.* Neumotomía.
PNEUMOTÓRAX (tò) *m.* Neumotórax.
PÓ (pó) *m.* Polvo. Polvareda. Polvillo. *pl.* Polvos (los de almidón, arroz, harina, etc.). — *de arroz.* Polvo de arroz.
POA *f. Mar.* Poa.
POAÇU (sú) *m. Bras. nort.* Tela de algodón.
POAIA *f. Bras.* Lo mismo que IPECACUANHA.
POALHA (lla) *f.* Polvareda (ligera).
POBRE (pò) *adj.* Pobre (necesitado, menesteroso). Ú. t. c. s. Pobre (escaso o falto de alguna cosa para su complemento). *fig.* Pobre, humilde, modesto, insignificante. *fig.* Pobre, infeliz, desdichado y triste. *fig.* Pobre, pacífico, sensillo y bonachón, corto de ánimo y espíritu. *m.* Pobre, mendigo.

POBREMENTE (pò) *adv. m.* Pobremente.
POBRETÃO, TONA (táum) *adj.* Pobretón. Ú. t. c. s.
POBRETE *adj.* Pobrete. Ú. t. c. s.
POBREZA (za) *f.* Pobreza. Pobretería.
POÇA (pósa) *f.* Poza (charca o concavidad en que hay agua detenida).
POÇÃO (sáum) *f.* Poción.
POCEIRO *m.* Cesto (para lavar la lana). Pocero.
POCEMA *f. Bras.* Vocería, gritería, vocerío.
POCILGA *f.* Pocilga.
POÇO (so) *m.* Pozo (hoyo que se hace en la tierra para encontrar agua; hoyo profundo aunque esté seco. *Min.* Pozo. *Mar.* Pozo.
POÇOCA (sò) *f. Bras. nort.* Mentira, embuste.
POCULIFORME (fòr) *adj.* Poculiforme.
PODA (pò) *f.* Poda (acción de podar). Poda, podazón.
PODADEIRA *f.* Podadera.
PODADOR, RA *adj.* Podador. Ú. t. c. s.
PODADURA *f.* Poda.
PODAGRA *f. Med.* Podagra.
PODAGRÁRIA *f. Bot.* Podagraria.
PODÁGRICO, CA *adj.* Podágrico.
PODAL *adj.* Relativo al pie.
PODÃO (dáum) *m.* Podón. Podadera. *fig.* Persona inhábil.
PODAR *v. tr.* Podar. *fig.* Desbastar.
PODENGO *m.* Perro podenco.
PODER *v. tr.* Poder (tener expedita la potencia o facultad de hacer una cosa). Poder (tener facilidad, tiempo o lugar de hacer algo). *A mais não — . m. adv.* A más no poder, todo lo posible.
PODER *m.* Poder (dominio, imperio, facultad para mandar o hacer algo). Poder (fuerzas de un Estado). Poder (fuerza, capacidad, posibilidad, poderío). Gran cantidad. *pl. fig.* Poderes (facultades, autorización para ejecutar alguna cosa). — *absoluto.* Poder arbitrario, poder absoluto. — *executivo.* Poder ejecutivo. — *legislativo.* Poder legislativo. — *judiciario* o *judicial.* Poder judicial.
PODERIO (rió) *m.* Poderío, poder, señorío, imperio. Poderío, potestad, jurisdición. Poderío (fuerza grande).
PODEROSAMENTE (ròza) *adv. m.* Poderosamente.
PODEROSO, SA (ozo, òza) *adj.* Poderoso (que tiene poder; opulento, acaudalado; grande, magnífico en su línea; activo, eficaz).
PODESTADE *f.* Podestá.
PÓDICE (pò) *m.* Ano.
PODOA *f.* Podadera.
PODOCARPO *m. Bot.* Podocarpo.
PODÔMETRO (dò) *m.* Podómetro, cuentapasos.
PODOSPERMA (pèr) *m.* Podospermo, podosperma.
PODRE *adj.* Podrido, putrefacto, corrompido. *m.* La parte podrida de alguna cosa. *pl. fig.* Vicios, defectos, manchas, mancillas.
PODREDOURO *m.* Podridero, pudridero. Muladar.
PODRICALHO (llo) *m.* Cosa podrida.
PODRIDA *f.* Olla podrida.
PODRIDÃO (dáum) *f.* Podredumbre. Podrición, pudrición, podredura, putrefacción, corrupción.
PODRIGUEIRA *f.* Pudridero.
PODRURA *f. Bras. Pernamb.* Persona enojosa.
POEDEIRA *adj.* Ponedera (hablando de aves).
POEIRA *f.* Polvo (tierra seca que se levanta en el aire). Polvareda. *adj. Bras.* Dícese del cinematógrafo de ínfima categoría. Ú. t. c. s. Breguero, breguista. *Pé de —. Bras.* Hombre de baja condición, tuno.
POEIRADA *f.* Polvareda; nube de polvo.
POEIRENTO, TA *adj.* Polvoriento.
POEJO (jo) *m. Bot.* Poleo.
POEMA *m.* Poema.
POEMETO *m. dim.* de *Poema.*
POENTE *m.* Poniente, occidente, oeste. *adj.* Que pone.
POENTO, TA *adj.* Polvoriento.
POESIA (zía) *f.* Poesia (en todas las acepciones de esta voz).
POETA (è) *m.* Poeta.
POETAÇO (so) *m.* Poetastro, mal poeta.

POETAGEM (jem) *f. Bras. Minas Gerais.* Locuacidad.

POETAR *v. intr.* Poetizar.

POETASTRO *m.* Poetastro, mal poeta.

POÉTICA (è) *f.* Poética, poesía.

POETICAMENTE *adv. m.* Poéticamente.

POÉTICO, CA (è) *adj.* Poético.

POETIFICAR *v. intr.* Poetizar (componer obras poéticas). *v. tr.* Poetizar (embellecer con el encanto de la poesía).

POETISA (za) *f.* Poetisa.

POETISMO *m.* Los poetas.

POETIZAR (zar) *v. intr.* y *tr.* Lo mismo que POETIFICAR.

POGONÍASE (ze) *f.* Pogoniasis.

POGONÓFORO, RA (nò) *adj.* Pogonóforo.

POIA *f.* Poya (derecho que se paga en pan, en el horno común). Pan grande y llano.

POIAL *m.* Poyo, poyal (banco de piedra). Lugar donde se pone alguna cosa.

POIAR *v. tr.* Colocar, asentar, disponer, poner. *v. intr.* Apoyarse para subir. Subir.

POIDEIRA *f.* Substancia para pulir.

POÍDO, DA *adj.* Gastado por el roce; raído.

POIDOURO *m.* Pulidero, pulidor.

POIO *m.* Lo mismo que POIAL.

POIR *v. tr.* Pulir. Gastar por el roce, raer.

POIS *conj. caus.* Pues. *conj. cont.* Pues. *conj. ilat.* Pues. Pues (empléase a principio de cláusula, ya para apoyarla, ya para esforzar lo que en ella se dice). — que. *m. conj. condic.* y *caus.* Pues que.

POJA (ja) *f. Mar.* Punta inferior de una vela.

POJANTE (jan) *adj.* Que navega con viento favorable.

POJAR (jar) *v. tr.* Aportar. Desembarcar. *v. intr.* Hincharse (abultarse una parte del cuerpo).

POJO (jo) *m.* Desembarcadero. Poyal, poyo.

POLA *ant.* Lo mismo que PELA.

POLA (pó) *f.* Rama, vástago.

POLA (pò) *f.* Zurra, soba.

POLACA *f. Mús.* Polonesa. *Mar.* Polacra.

POLACIÚRIA *f. Patol.* Polaciuria.

POLACO, CA *adj.* Polaco, polonés. Ú. t. c. s. *m.* Polaco (lengua de los polacos).

POLAINAS *f. pl.* Polainas.

POLAR *adj.* Polar.

POLARIDADE *f. Fís.* Polaridad.

POLARÍMETRO *m. Fís.* Polarímetro.

POLARIZAÇÃO (zasáum) *f. Fís.* Polarización.

POLARIZADOR, RA (za) *adj.* Polarizador. Ú. t. c. s.

POLARIZAR (zar) *v. tr. Fís.* Polarizar.

POLCA (pò) *f.* Polca (danza).

POLCAR *v. intr.* Polcar (bailar la polca).

PÔLDER (pól) *m.* Polder.

POLDRA *f.* Potranca, potra.

POLDRIL *m.* Poltril.

POLDRO *m.* Potro (caballo nuevo).

POLÉ (lè) *f.* Polea, garrucha. Potro (instrumento de suplicio). *Dar tratos de* —. Maltratar.

POLEA *m.* Paria.

POLEAME *m. Mar.* Poleame.

POLEAR *v. tr.* Maltratar.

POLEEIRO *m.* Fabricante de poleas.

POLEGADA *f.* Pulgada.

POLEGAR *adj.* Pulgar. Ú. t. c. s.

POLEIRO *m.* Palo o vara donde se suben a dormir las gallinas. Gallinero. Cañita (en las jaulas). *Bras.* Gallinero, paraíso de los teatros. *fig.* Posición elevada; autoridad; gobierno.

POLEMARCO *m.* Polemarca.

POLÊMICA (lé) *f.* Polémica.

POLEMICAR *v. intr.* Lo mismo que POLEMIZAR.

POLÊMICO, CA (lé) *adj.* Polémico.

POLEMISTA *adj.* Polémico. *m.* y *f.* Polemista.

POLEMIZAR (zar) *v. intr. Bras.* Sostener polémicas.

POLEMONIÁCEAS *f. pl. Bot.* Polemoniáceas.

PÓLEN (pò) *m.* Polen. *Pl. Pólenes* o *pólens.*

POLENTA *f.* Polenta (puches o gachas de harina de maíz).

PÓLEX (pòlecs) *m.* Pólice, pulgar. *Pl. Pólices.*

POLHA (lla) *f.* Polla.

POLHASTRO (llas) *m.* Pollastro (pollo algo crecido). *fig.* Pollastro (hombre taimado y astuto), pollo. Lo mismo que RAPAGÃO.

POLIA (lía) *f.* Polea.

POLIADÉLFIA (dèl) *f. Bot.* Poliadelfia.

POLIADELFO, FA (dél) *adj.* Poliadelfo.

POLIANDRA *adj.* Poliándrica (hablando de mujer). Ú. t. c. s. f.

POLIANDRIA (dría) *f.* Poliandria (practica social que permite a la mujer tener varios maridos a la vez). *Bot.* Poliandria.

POLIÂNDRICO, CA (án) *adj.* Poliándrico.

POLIANDRO, DRA *adj. Bot.* Poliandro.

POLIANTÉIA (tèia) *f.* Poliantea.

POLIANTO, TA *adj. Bot.* Polianto.

POLIARQUIA (quía) *f.* Poliarquía.

POLICÁRPICO, CA *adj. Bot.* Policarpiano, policárpico.

POLICARPO, PA *adj. Bot.* Policárpico.

PÓLICE (pò) *m. ant.* Lo mismo que PÓLEX.

POLICÊNTRICO, CA (cén) *adj.* Policéntrico.

POLICHINELO (chinè) *m.* Pulchinela, polichinela.

POLÍCIA (lí) *m.* Policía (orden público y seguridad de los ciudadanos). Policía (cuerpo encargado de vigilar por el mantenimiento del orden público). Policía, cortesía, urbanidad. *m.* Policía, agente de policía.

POLICIADO, DA *adj.* Civilizado, culto. Vigilado por la policía.

POLICIAL *adj.* Concerniente a la policía. *m.* Agente de policía, vigilante.

POLICIAMENTO *m.* Acción y efecto de

POLICIAR *v. tr.* Establecer la policía, civilizar. Vigilar. Contener, refrenar. Ú. t. c. r.

POLICITAÇÃO (sáum) *f.* Policitación.

POLICITEMIA (mía) *f. Patol.* Policetemia.

POLÍCLADO, DA *adj. Bot.* Políclado.

POLICLÍNICA *f.* Policlínica, consultorio.

POLICOLIA (lía) *f.* Policolia.

POLICÓRDIO (còr) *m. Mús.* Policordo.

POLICORIA (ría) *f. Med.* Policoria.

POLICOTILEDÔNEO, NEA (dó) *adj. Bot.* Policotiledóneo.

POLICRESTO, TA (crès) *adj. Med.* Policresto.

POLICRÓICO, CA (crói) *adj. Miner.* Policroico.

POLICROÍSMO *m. Miner.* Policroísmo.

POLICROÍTA *f.* Policroita.

POLICROMÁTICO, CA *adj.* Policromático.

POLICROMIA (mía) *f.* Policromía. Policromotipografía.

POLÍCROMO, MA *adj.* Policromo.

POLÍCROTO, TA *adj.* Polícroto.

POLIDACTILIA (lía) *f.* Polidactilia.

POLIDÁCTILO, LA *adj.* Polidáctilo.

POLIDAMENTE *adv. m.* Cortésmente.

POLIDÁTILO, LA *adj.* polidáctilo.

POLIDEMONISMO *m.* Polidemonismo.

POLIDEZ *f.* Pulidez. Urbanidad, buena crianza, cortesía.

POLIDIPSIA (sía) *f.* Polidipsia.

POLIDO, DA *adj.* Pulido. Cortês, urbano. Civilizado.

POLIDOR, RA *adj.* Pulidor. *m.* Pulidor.

POLIDURA *f.* Pulimento.

POLIÉDRICO, CA (è) *adj.* Poliédrico.

POLIEDRO (è) *m. Geom.* Poliedro.

POLIEMIA (mía) *f.* Poliemia.

POLIFAGIA (jia) *f.* Polifagia.

POLÍFAGO, GA *adj.* Polífago.

POLIFARMÁCIA *f.* Polifarmacia.

POLIFÁSICO, CA (zi) *adj.* Polifáseo, polifásico.

POLIFEMO *m. Zool.* Polifemo.

POLIFILIA (lía) *f. Bot.* Polifilia.

POLIFILO, LA *adj. Bot.* Polifíleo, polifilo.

POLÍFITO, TA *adj. Bot.* Polifito.

POLIFONIA (nía) *f. Mús.* Polifonía.

POLIFÔNICO, CA (fó) *adj.* Polifónico.

POLÍGALA *f. Bot.* Polígala.

POLIGALÁCEO, CEA *adj.* Poligáleo, poligaláceo. *f. pl. Bot.* Poligáleas, poligaláceas.

POLIGÁLICO, CA *adj. Quím.* Poligálico.

POLIGAMIA (mía) *f.* Poligamia.

POLIGÂMICO, CA (gá) *adj.* Poligámico.

POLÍGAMO, MA *adj.* Polígamo. Ú. t. c. s. m.

POLIGARQUIA (quía) *f.* Poliarquía, poligarquía.

POLIGÁSTRICO, CA *adj.* Poligástrico, poligastro.

POLIGASTRO, TRA *adj.* Poligastro.

POLIGENISMO (je) *m.* Poligenismo.

POLIGENISTA (je) *m.* y *f.* Poligenista.

POLÍGENO, NA (je) *adj.* Poligénico.

POLIGINIA (jinía) *f.* poligenia.

POLÍGINO, NA (ji) *adj.* Polígamo.

POLIGLOTA (glò) *adj.* Poligloto (versado en varias lenguas). Ú. t. c. s.

POLIGLÓTICO, CA (glò) *adj.* Poligloto (que está escrito en varias lenguas).

POLIGLOTISMO *m.* Calidad de poligloto.

POLIGONÁCEAS *f. pl. Bot.* Poligonáceas.

POLIGONAL *adj. Geom.* Poligonal.

POLÍGONO *m. Geom.* Polígono. *adj.* Polígono, poligonal.

POLIGRAFIA (fía) *f.* Poligrafía.

POLÍGRAFO *m.* Polígrafo.

POLILHA (lla) *f.* Polvo menudo. *Zool.* Especie de polilla.

POLIMATIA (tía) *f.* Polimatia.

POLIMÁTICO, CA *adj.* Polimático.

POLIMENTO *m.* Pulimento, brunido, lustre. Charol.

POLÍMERE *adj. Quím.* Polimérico, polímero.

POLIMERIA (ría) *f. Quím.* Polimería.

POLIMERISMO *m. Terat.* Polimerismo.

POLIMIGNITA *f. Miner.* Polimignita.

POLÍMNIA *f.* Polimnia.

POLIMORFIA (fía) *f.* Polimorfismo.

POLIMÓRFICO, CA (mòr) *adj.* Polimorfo.

POLIMORFISMO *m.* Polimorfismo.

POLIMORFO, FA (mòr) *adj.* Polimorfo.

POLINÉSIO, SIA (nèzio) *adj.* Polinesio. Ú. t. c. s.

POLINEURITE *f. Patol.* Polineuritis.

POLÍNICO, CA *adj. Bot.* Polínico.

POLINÍFERO, RA *adj.* Que contiene polen.

POLÍNIO *m. Bot.* Polinia.

POLINIZAÇÃO (zasáum) *f. Bot.* Polinización.

POLINIZAR (zar) *v. tr.* Hacer la polinización.

POLINÔMIO (nó) *m. Mat.* Polinomio.

PÓLIO (pò) *m. Bot.* Zamarrilla, polio.

POLIOMIELITE *f. Patol.* Poliomielitis.

POLIOPIA (pía) *f. Med.* Poliopsia, poliopia.

POLIORAMA *m. Fís.* Poliorama.

POLIORCÉTICA (cè) *f. Mil.* Poliorcética.

POLIORQUIDIA (día) *f. Patol.* Poliorquidia.

POLIOSE (liòze) *f. Med.* Poliosis.

POLIPEIRO *m.* Polipero.

POLIPÉTALO, LA (pè) *adj.* Polipétalo.

POLIPIFORME (fòr) *adj.* Polipiforme.

PÓLIPO (pò) *m. Med.* Pólipo (excrecencia que nace en las membranas mucosas). Pólipo (animálculo gelatinoso).

POLIPODIÁCEAS *f. pl. Bot.* Polipodiáceas.

POLIPÓDIO, DIA (pò) *adj.* Polípodo.

POLIPOSO, SA (pozo, òza) *adj.* Poliposo.

POLIPTOTO (tò) *m.* Poliptoton.

POLIQUETAS *m. pl.* Poliquetos, poliquetas.

POLIR *v. tr.* Pulir, pulimentar. Bruñir, lustrar. Pulir, perfeccionar. Civilizar. Pulir (quitar a uno la rusticidad instruyéndole en el trato civil y cortesano). Ú. t. c. r.

POLIRRIZO, ZA (zo) *adj.* Polirrizo.

POLISPERMO, MA (pèr) *adj. Bot.* Polispermo.

POLÍSPORO, RA *adj. Bot.* Polísporo.

POLISSIALIA (sialía) *f.* Polisialia.

POLISSILÁBICO, CA (si) *adj.* Polisilábico, polisílabo.

POLISSÍLABO (sí) *m.* Polisílabo.

POLISSÍNDETO (sín) *m. Ret.* Polisíndeton.

POLITÉCNICA (tè) *f.* Escuela politécnica.

POLITÉCNICO, CA (tè) *adj.* Politécnico.

POLITÉICO, CA (tèi) *adj.* Concerniente al politeísmo, politeísta.

POLITEÍSMO *m.* Politeísmo.

POLITEÍSTA *adj.* Politeísta. Ú. t. c. s.

POLÍTICA *f.* Política (arte de gobernar; cortesía y buen modo de portarse; arte o traza con que se conduce un asunto; habilidad para lograr un fin, gramática parda).

POLITICAGEM (jem) *f.* Politiquería. Politiquilla. Los politicastros.

POLITICALHA (lla) *f.* Lo mismo que POLITICAGEM.

POLITICAMENTE *adv. m.* Políticamente.

POLITICÃO (cáum) *m. pop.* Politicón (que muestra exagerada afición a la política), político importante.

POLITICAR *v. intr.* Politiquear (hablar de política).

POLÍTICO, CA *adj.* Político (perteneciente a la política o concerniente a ella). Político, cortés, urbano. Astuto, taimado, sagaz. Político (versado en las cosas del gobierno y negocios del Estado). Ú. t. c. s. Político (aplicado a los nombres de parentesco denota el de afinidad).

POLITIQUEIRO *m.* Politiquero.

POLITIQUETE *m.* Politiquillo.

POLITIQUICE *f.* Politiquería. Politiquilla.

POLITROFIA (fía) *f. Med.* Politrofia.

POLIÚRIA *f. Med.* Poliuria.

POLIÚRICO, CA *adj.* Poliúrico.

POLIXENO (xe) *m. Miner.* Polixeno.

POLMAÇO (so) *m. Bras. nort.* Niebla muy cerrada.

POLMÃO (máum) *m. pop.* Tumor, hinchazón. *pop.* Pulmón.

POLME (pól) *m.* Masa un poco líquida.

POLO (pò) *m.* Polo (extremo del eje de rotación de una esfera). *fig.* Polo (aquello en que se triba una cosa y sirve como de fundamento a otra). *Fís.* Polo. *Geom.* Polo. — *ártico ou boreal.* Polo ártico o boreal. — *antártico ou austral.* Polo antártico o austral. — *magnético.* Polo magnético. *De — a —. m. adv. fig.* De polo a polo.

POLO (pò) *m.* Polo (especie de juego de pelota, que se juega a caballo).

POLOGRAFIA (fía) *f.* Polografía.

POLONÊS, NESA (nés, neza) *adj.* Polaco, polonés, Ú. t. c. s.

POLONESA (za) *f.* Polonesa (prenda de vestir). *Mús.* Polonesa.

POLÔNIO, NIA (ló) *adj.* Lo mismo que POLONÊS. *m. Quím.* Polonio.

POLONIZAR (zar) *v. tr.* Hacer tomar carácter polaco.

POLPA *f.* Pulpa (parte mollar de las carnes). Polpa, carne (parte mollar de la fruta). *fig.* Importancia; autoridad personal. *Quím. y Farm.* Pulpa.

POLPAÇÃO (sáum) *f. Quím. y Farm.* Pulpación.

POLPOSO, SA (pozo, òza) *adj.* Pulposo.

POLPUDO, DA *adj.* Pulposo. *fig.* Jugoso, provechoso.

POLTRÃO, TRONA (tráum) *adj.* Cobarde, pusilánime, collón, poltrón, flojo. Ú. t. c. s.

POLTRONA *f.* Poltrona, silla poltrona. *Bras.* Butaca, luneta (localidad en el teatro).

POLTRONARIA (ría) *f.* Cobardía; poltronería.

POLTRONEAR *v. intr.* Conducirse cobardemente. *v. r.* Recortarse en una silla poltrona.

POLUÇÃO (sáum) *f.* Polución. Lo mismo que POLUIÇÃO.

POLUIÇÃO (sáum) *f.* Profanación. Corrupción.

POLUIR *v. tr.* Profanar, manchar. Ensuciar. Corromper, estragar, viciar, pervertir. *v. r.* Deshonrarse.

POLUÍVEL *adj.* Profanable. Corruptible.

POLUTO, TA *adj.* Poluto, manchado, contaminado, sucio, inmundo.

POLVADEIRA *f. Bras. Río Gr. del Sur.* Polvareda. *adj.* Valiente; arrogante.

POLVARINHO (ño) *m.* Lo mismo que POLVORINHO.

POLVILHAÇÃO (llasáum) *f.* Polvoreamiento.

POLVILHAR (llar) *v. tr.* Polvorear. Empolvar.

POLVILHO (llo) *m.* Polvillo (polvo menudo). Almidón que se saca de la raíz de la mandioca. *Bras.* Tapioca. *pl.* Polvos.

POLVO *m. Zool.* Pulpo.

PÓLVORA (pòl) *f.* Pólvora (mezcla explosiva de salitre, azufre y carbón). *Bras.* Especie de mosquito. *Descobrir a —. fr. fig.* No haber uno inventado la pólvora.

POLVORADA *f.* Explosión, humo de pólvora.

POLVORENTO, TA *adj.* Polvoriento.

POLVORIM *m.* Polvorín (pólvora muy menuda).

POLVORINHO (ño) *m.* Polvorín, cebador.

POLVOROSA (ròza) *f. pop.* Confusión, desarreglo, barahunda, batahola.

POLVOROSO, SA (rozo, òza) *adj.* Polvoriento, polvoroso.

POMA *f.* Teta, mama. Poma, bola.

POMADA *f.* Pomada. *Bras.* Presunción, presuntuosidad. *Bras.* Mentira, embuste.

POMADISTA *m. y f. Bras.* Presuntuoso, pedante. *Bras.* Mentiroso, embustero.

POMAR *m.* Pomar.

POMAREIRO *m.* Persona que cuida de un pomar.

POMBA *f. Zool.* Paloma. *fig.* Paloma (persona de genio sosegado, apacible y bondadoso). *Bras.* Vasija de cobre empleada en los ingenios de azúcar. — *trocal. Bras.* Paloma torcaz. — *sem fel.* Paloma (persona de genio pacífico y bondadoso).

POMBAL *f.* Palomar.

POMBALINO, NA *adj.* Concerniente al primer Marqués de Pombal, o a su tiempo.

POMBEAR *v. intr. Bras.* Ejercer el oficio de *Pombeiro. v. tr.* Perseguir; observar cautelosamente; bombear (amer. argent.): acechar.

POMBEIRA *f. Bras.* Ancla.

POMBEIRAR *v. intr. y tr. Bras.* Lo mismo que POMBEAR.

POMBEIRO *m.* Nombre dado al que atraviesa el interior de una región lejana comerciando con los indígenas. *Bras.* Palomero (persona que compra y vende palomas). *Bras. nort.* Espía a servicio de la policía.

POMBINHA (ña) *f. dim.* de *Pomba.* Palomita.

POMBINHO (ño) *m. dim.* de *Pombo.* Palomino.

POMBO *m. Zool.* Palomo (macho de la paloma).

POMBOCA (bò) *adj.* Poltrón, flojo. Ú. t. c. s.

POMICULTOR *m.* Pomicultor.

POMICULTURA *f.* Pomicultura.

POMÍFERO, RA *adj.* Pomífero. Frutal.

POMO *m.* Pomo, fruto. *poét.* Teta, pecho.

POMOLOGIA (jía) *f.* Pomología.

POMOLÓGICO, CA (lòji) *m.* Pomológico.

POMÓLOGO (mò) *m.* Pomòlogo.

POMONA *f. Mit.* Pomona.

POMPA *f.* Pompa, fausto, magnificencia. Pompa, ostentación. Pompa (acompañamiento suntuoso y de gran aparato).

POMPEANTE *adj.* Que pompea.

POMPEAR *v. intr.* Pompear. Ú. t. c. tr.

POMPOM *m.* Borla. Cisne (amer. argent. plumerillo con que se alza el polvo de arroz para componer el cutis).

POMPOSAMENTE (pòza) *adv. m.* Pomposamente, pompáticamente.

POMPOSO, SA (pozo, òza) *adj.* Pomposo, ostentoso, magnífico, fastuoso. Pomposo, hueco, hinchado.

PÔMULO (pó) *m.* Pómulo (hueso de cualquiera de las mejillas).

PONÇÃO (sáum) *m.* Lo mismo que PUNÇÃO.

PONCHADA (cha) *f. Bras. Río Gr. del Sur.* Porción, cantidad de alguna cosa; ponchada (amer. argent.).

PONCHE (che) *m.* Ponche (bebida). Lo mismo que

PONCHO (cho) *m. Bras. Río Gr. del Sur.* Poncho (capote de monte). — *pala.* Poncho ligero. *Sacudir o —. fr. fig.* Ofender, afrentar, desafiar. *Forrar o —. fr. fig.* Ganar mucho provecho de una cosa. *Pisar o —. fr. fig.* Pisar el poncho a uno, ofenderle para trabar lucha con él.

PONDERABILIDADE *f.* Ponderabilidad.

PONDERAÇÃO (sáum) *f.* Ponderación, atención, cuidado, peso y medida con que se dice o hace algo. Ponderación (acción de pesar una cosa). Prudencia, consideración. Ponderosidad.

PONDERADAMENTE *adv. m.* Ponderadamente. Ponderosamente.

PONDERADO, DA *adj.* Ponderoso, grave, circunspecto, prudente y bien considerado.

PONDERADOR, RA *adj.* Ponderador. Ú. t. c. s.

PONDERAL *adj.* Ponderal.

PONDERAR *v. tr.* Ponderar, pesar (determinar el peso de una cosa). Ponderar, pesar (examinar con atención o considerar con prudencia las razones de una cosa). Exponer, observar. Alegar. Pensar, meditar, reflexionar.

PONDERATIVO, VA *adj.* Ponderativo.

PONDERÁVEL *adj.* Ponderable.

PONDEROSAMENTE (ròza) *adv. m.* Ponderosamente; ponderadamente.

PONDEROSO, SA (rozo, òza) *adj.* Ponderoso, pesado. *fig.* Digno de atención, importante, convincente.

PONDRA *f.* Lo mismo que ALPONDRAS.

PÔNEI (pó) *m.* Haca, caballito, jaco.

PONENTE *adj. y s.* Lo mismo que POENTE.

PONHAR (ñar) *v. tr. Bras. pop.* Lo mismo que PÔR.

PONTA *f.* Punta (extremo agudo de una arma u otro instrumento con que se puede herir). Punta (extremo de una cosa). Punta, colilla. Punta, asta. Punta (lengua de tierra baja y de poca extensión que penetra en el mar). *Bras.* Punta (pequeña porción de ganado). *fig.* Punta (algo, un poco de alguna cualidad). *Estar de — com alguém. fr. fig. fam.* Estar de punta con otro, estar encontrado o reñido con él. *Ter uma coisa na — da língua. fr. fig.* Tener uno una cosa en la punta de la lengua, estar a punto de decirla, estar a punto de acordarse de una cosa y no dar en ella. *Estar na —. fr. fig.* Distinguirse, frecuentar la mejor sociedad. *Tomar o trazer de —. fr. fig.* Estar uno de punta con otro; contrariarle de propósito. *Na — da unha. m. adv.* Aprisa, rápidamente. *Andar na — fr. fig.* Ponerse de punta en blanco, vestirse con el mayor esmero. *Fazer uma —. fr. fig.* Desempeñar un papel secundario. *pl.* Cabeceras (puntos de origen de un río). *Desport.* Delanteros.

PONTAÇO (so) *m. Bras.* Puntazo.

PONTADA *f.* Funzada (dolor agudo). Punzada (herida o picada de punta).

PONTADO, DA *adj.* Hilvanado.

PONTAL *m. Mar.* Punta. Puntal (prominencia de un terreno que viene a formar punta).

PONTALETE *m. Arq.* Puntal.

PONTÃO (táum) *m.* Puntal, apoyo. Pontón (barco chato que sirve para pasar los ríos o construir puentes. Pontón (puente de maderos). Punta de un bosque que se adelanta sobre el campo.

PONTAPÉ (pè) *m.* Puntapié.

PONTAPEAR *v. tr.* Dar puntapiés.

PONTAR *v. tr.* Poner los puentes a un buque. Lo mismo que APONTAR. *v. intr.* Apuntar (en la representación escénica).

PONTARELO (rè) *m.* Puntada grande y mal hecha (hablando de costura).

PONTARIA (ría) *f.* Puntería (acción de apuntar una arma). Puntería (destreza del tirador para dar en el blanco). *por ext.* Blanco.

PONTE *f.* Puente (fábrica que se construye sobre los ríos, fosos y otros sitios para poder pasarlos). *Mar.* Puente, cubierta. — *levadiça.* Puente levadizo. — *pênsil.* Puente colgante.

PONTEAR *v. tr.* Puntear (marcar, señalar con puntos). Puntear, coser, dar puntadas. Hilvanar. Puntear (la guitarra u otro instrumento semejante). *v. intr. Bras. merid.* Ir adelante.

PONTEDERIÁCEAS *f. pl. Bot.* Pontederiáceas.

PONTEIRA *f.* Contera (pieza de metal que se pone en extremo opuesto al puño del bastón, paraguas, sombrilla, vaina de la espada y otros objetos). Extremidad postiza de una boquilla de fumar. Boquilla (de fumar).

PONTEIRO *m.* Puntero (palito, vara con que se señala una cosa para llamar la atención sobre ella). Puntero (herramienta de cantero). Plectro. Mano, manecilla (saetilla del reloj). *Bras.* Delantero. *Mar.* Puntero (que hace bien la puntería con una arma).

PONTEL (tèl) *m.* Puntel.

PONTIAGUDO, DA *adj.* Puntiagudo.

PÔNTICO, CA (pón) *adj.* Póntico. Ú. t. c. s.

PONTÍCULA *f. dim.* de *Ponte.* Puentecilla, puentezuela.

PONTIFICADO *m.* Pontificado.

PONTIFICAL *adj.* Pontifical. *m.* Pontifical (libro que contiene las ceremonias pontificias y episcopales). Pontifical (conjunto de ornamentos que sirven al obispo para celebrar los oficios divinos).

PONTIFICANTE *adj.* Que pontifica. Ú. t. c. s.

PONTIFICAR *v. intr.* Pontificar; hablar o escribir con autoridad; dictar leyes. Enseñar, doctrinar.

PONTÍFICE *m.* Pontífice.

PONTIFÍCIO, CIA *adj.* Pontificio.

PONTILHA (lla) *f.* Punta muy aguda. Galón estrecho (de oro o plata). Puntilla (especie de encaje). *Taur.* Puntilla.

PONTILHÃO (lláum) *m.* Puentezuela.

PONTILHAR (llar) *v. tr.* Puntear (señalar con puntos). Puntear (dibujar o grabar con puntos).

PONTILHEIRO (llei) *m. Taur.* Puntillero, cachetero.

PONTILHOSO, SA (llozo, llòza) *adj.* Puntilloso.

PONTINHA (ña) *f. dim.* de *Ponta.* Puntita. Cosa de poca cantidad. Poca cosa. Lo mismo que RIXA. Pique, quisquilla. *Da —. loc. Bras. pop.* Muy bueno en su línea.

PONTINHO (ño) *m. dim.* de *Ponto.* Puntito. *pl.* Puntos suspensivos.

PONTO *m.* Punto (señal). Punto, puntada (en las obras de costura). Punto (lazadilla, nudito de que se forma el tejido de las medias elásticas, etc.). Punto (cada una de las diversas maneras de trabar y enlazar entre sí los hilos que forman ciertas telas). Punto (medida longitudinal). Punto (medida tipográfica). Punto, sitio, lugar. Punto (paraje público donde se situan los coches para alquilarlos). Punto (valor que tiene cada una de las cartas de la baraja o de las caras del dado). Punto (valor convencional que se atribuye a las cartas de la baraja en ciertos juegos). Punto (unidad de tanteo, en algunos juegos y otros ejercicios, como exámenes, oposiciones, etc.). Punto (el que apunta contra el banquero en algunos juegos de azar). Punto (cosa muy corta, parte mínima de una cosa). Punto (la menor cosa, la parte más pequeña o la circunstancia más menuda de una cosa). Punto, instante, momento, porción pequeñísima de tiempo. Punto, ocasión oportuna, momento favorable. Punto (cada una de las questiones sacadas a suerte en los exámenes). Punto (cada uno de los asuntos de que se trata en un discurso, conferencia, etc.). Punto (parte o cuestión de una ciencia). Punto (lo substancial o principal en un asunto). Punto (fin o intento de cualquier acción). Punto (estado actual de cualquier especie o negocio). Punto (estado perfecto que llega a tomar cualquier cosa que se elabora en el fuego). Punto (extremo o grado a que pueden llegar las buenas o malas cualidades morales). *Cir.* Punto. *Geom.* Punto. *Mar.* Punto. *Ortogr.* Punto (nota ortográfica que se pone sobre la *i* y la *j*). *Ortogr.* Punto (signo ortográfico (.) con que se indica el fin del sentido gramatical y lógico de un período o de una sola oración). *— cardeal.* Punto cardinal. *— central.* Punto céntrico, centro. *— de apoio. Mec.* Punto de apoyo. *— de bala.* Punto de caramelo (concentración que se da al almíbar por medio de la cocción). *— de honra.* Punto de honra, pundonor. *— de observação.* Punto de observación. *— de partida.* Punto de partida. *— de vista.* Punto de vista (cada uno de los aspectos que se pueden considerar en un asunto). *— final. Ortogr.* Punto final. *— de interrogação. Ortogr.* Punto interrogante, interrogación. *— e vírgula. Ortogr.* Punto y coma (;). *— s. Ortogr.* Dos puntos (:). *A —. m. adv.* A punto, al punto. *Dar —. fr. fig.* Resultar bien. *Em —. m. adv.* En punto, sin sobra ni falta. *Estar a — de. fr.* Estar a, o en, punto de. *Fazer —. fr.* Dar punto, hacer punto. *Até certo —. loc. adv.* Hasta cierto punto, no del todo, en alguna manera. *Por os —s nos ii. fr. fig.* Poner los puntos sobre las íes. Ponerle los puntos a una cosa. *— por —. m. adv. fig.* Punto por punto.

PONTOADA *f.* Punzada (herida o picada de punta).

PONTOAR *v. tr.* Puntear (marcar o señalar con puntos). Lo mismo que APONTOAR.

PONTONEIRO *m. Mil.* Pontonero.

PONTOSO, SA (tozo, òza) *adj.* Puntilloso, puntoso.

PONTUAÇÃO (sáum) *f.* Puntuación.

PONTUADO, DA *adj.* Señalado con puntos; punteado.

PONTUAL *adj.* Puntual.

PONTUALIDADE *f.* Puntualidad.

PONTUALMENTE *adv. m.* Puntualmente.

PONTUAR *v. tr.* Puntuar. Ú. t. c. intr.

PONTUDO, DA *adj.* Puntoso, agudo, que tiene punta. *fig.* Escabroso. *fig.* Agresivo.

POPA (pó) *f. Mar.* Popa.

POPOCAR *v. intr. Bras.* Lo mismo que PIPOCAR.

POPULAÇA (sa) *f.* Populazo, populacho.

POPULAÇÃO (sáum) *f.* Población (número de habitantes de un pueblo, provincia, nación, etc.).

POPULACHO (cho) *m.* Populacho, populazo.

POPULAR *adj.* Popular. Ú. t. c. s.

POPULARIDADE *f.* Popularidad.

POPULÁRIO *m. Bras.* Folklore.

POPULARIZAÇÃO (zasáum) *f.* Popularización.

POPULARIZAR (zar) *v. tr.* Popularizar. Ú. t. c. r.

POPULARIZÁVEL (zá) *adj.* Popularizable.

POPULEÃO (leáum) *m.* Populeón.

POPULISTA *adj.* Que es amigo del pueblo. Dícese de algunos romances que describen cariñosamente la vida del pueblo.

POPULOSO, SA (lozo, òza) *adj.* Populoso.

PÔQUER (pó) *m.* Poker.

POR *prep.* Por (en calidad de; a favor, o en defesa de alguien o de algo; en lugar de; en juicio, u opinión, de; en orden a, o acerca de; denota la causa; indica el medio de ejecución de una cosa; denota el modo de ejecutar una cosa; indica el precio o cuantía; úsase también para deducciones proporcionales; empléase para comparaciones; con los nombres de lugar, denota tránsito por ellos; con los nombres de tiempo, determina este; con algunos nombres denota que se da o reparte con igualdad una cosa; suele usarse con la significación de la prep. *sem;* suple a veces la significación del verbo *trazer;* con algunos infinitivos, *para;* con otros infinitivos, denota la acción futura de estos mismos verbos). *— enquanto. m. adv.* Por ahora, por lo pronto, por de pronto, por al pronto. *— onde. m. adv.* Por donde, por lo cual. *— ora. m. adv.* Por ahora, por de, o el, o lo, pronto. *— que. m. conjunt. final.* Por que, para que. *— que? m. conjunt.* ? Por qué, por cual razón o motivo?

PÔR (por) *v. tr.* Poner, colocar, situar. Poner, preparar, prevenir una cosa para algún fin. Ú. t. c. r. Poner, contar, determinar. Poner, suponer, dar por sentado. Poner, apostar. Poner, estrechar, reducir, precisar a una persona a que haga una cosa. Poner, dejar una cosa al arbitrio de otro. Poner, escribir lo que otro dicta. Poner, aplicar, adaptar, acomodar. Poner, aplicar nombres. Poner, trabajar para un fin. Poner, exponer, arriesgar. Ú. t. c. r. Poner, añadir algo a la narración. Poner, no sacar la puesta el jugador. Poner (soltar el huevo la ave). Poner (maltratar de obra o de palabra). Poner (con la prep. *em* y ciertos nombres, equivale a los verbos a que estos nombres corresponden: *— em dúvida,* poner en duda, dudar). Poner (con la prep. *de* y algunos nombres, valerse para un fin de lo que el nombre significa: *— de medianeiro,* poner por medianeiro). Poner, ocasionar, causar. Poner, establecer, mandar. *v. r.* Ponerse, vestirse, ataviarse. Ponerse (ocultarse los astros debajo del horizonte). Ponerse (comenzar a ejecutar una acción. *v. intr.* Poner (huevos).

PORACÁ *f. Bras.* Cesto grande para pesquería.

PORACÉ (cè) *m. Bras.* Danza de los indios.

PORANDUBA *f. Bras.* Historia, noticia, relación.

PORÃO (ráum) *m. Mar.* Bodega. Sótano (pieza subterránea entre los cimientos de un edificio).

PORAQUÉ (qué) *m. Bras. Zool.* Gimnoto.

PORCA (pòr) *f.* Puerca (hembra del puerco). Tuerca. *fig.* Puerca (mujer desaliñada y sucia).

PORCADA *f.* Manada de puercos. Lo mismo que PORCARIA.

PORCALHÃO, LHONA (lláum, llona) *adj.* Porcallón, puerco (sucio, desidioso, desaliñado; grosero, sin crianza; ruin, venal, interesado). Ú. t. c. s. Chapucero. Ú. t. c. s.

PORCAMENTE (pòr) *adv. m.* Puercamente.

PORÇÃO (sáum) *f.* Porción.

PORCARIA (ría) *f.* Porquería, inmundicia, suciedad, basura. Porquería, acción sucia o indecente. Porquería, grosería. Chapucería.

PORCARIÇO (so) *m.* Porquerizo, porquero.

PORCELANA *f.* Porcelana.

PORCELANITA *f.* Porcelanita.

PORCINO, NA *adj.* Porcino, porcuno.

PORCIONÁRIO *m.* Porcionero, partícipe.

PORCIONISTA *m.* Porcionista.

PORCIÚNCULA *f.* Porciúncula. Pequeña porción.

PORCO *m.* Puerco, cerdo. *fig.* Puerco (hombre sucio). *adj.* Puerco, sucio; ruin, interedado, venal. Chapucero. Ú. t. c. s. *— montês.* Puerco montés, jabalí. *— -espím, ou espinho.* Puerco espín o espino.

POREJAR (jar) *v. tr.* Verter, destilar por los poros. Ú. t. c. intr.

PORÉM *conj.* Pero, mas, con todo, todavía, no obstante, sin embargo, aun.

PORFIA (fía) *f.* Porfía, disputa. Constancia, ahinco. Porfía, terquedad, instancia. *À —. m. adv.* A porfía, con emulación, a cual más, a competencia.

PORFIADAMENTE *adv. m.* Porfiadamente.

PORFIADO, DA *adj.* Porfiado, terco, obstinado. Ú. t. c. s.

PORFIADOR, RA *adj.* Porfiador. Ú. t. c. s.

PORFIAR *v. intr.* Porfiar (disputar con tenacidad y obstinación). Porfiar (instar repetidamente y con tenacidad para el logro de una cosa). Porfiar (perseverar en una acción para lograr un intento).

PÓRFIDO (pòr) *m.* Pórfido, pórfiro.

PORFIOSAMENTE (òza) *adv. m.* Porfiadamente.

PORFIOSO, SA (fiozo, òza) *adj.* Porfiado.

PORFÍRICO, CA *adj.* Porfídico, porfírico.

PORFIRIZAÇÃO (zasáum) *f.* Porfidización, porfirización.

PORFIRIZAR (zar) *v. tr.* Porfidizar, porfirizar.

PÓRFIRO (pòr) *m.* Pórfido, pórfiro.

PORFIRÓIDE (ròi) *adj.* Porfidoideo, porfiroideo.

PORÍCIDA *f. Bot.* Poricida.

PORÍFEROS *m. pl.* Espongiarios.

PORMENOR (nòr) *m.* Pormenor. Ú. m. en pl.

PORMENORIZAÇÃO (zasáum) *f.* Acción y efecto de pormenorizar.

PORMENORIZADAMENTE (za) *adv. m.* Menudamente, circunstanciadamente.

PORMENORIZAR (zar) *v. tr.* Pormenorizar, circunstanciar, particularizar, detallar.

PORNÉIA (nèia) *f.* Libertinaje.

PORNO *m.* Clavo grande para buques.

PORNOCRACIA (cía) *f.* Pornocracia.

PORNOCRÁTICO, CA *adj.* Pornocrático.

PORNOGRAFIA (fía) *f.* Pornografía.

PORNOGRAFICAMENTE *adv. m.* Pornográficamente.

PORNOGRÁFICO, CA *adj.* Pornográfico.

PORNÓGRAFO (nò) *m.* Pornógrafo.

PORO *m.* Poro.

POROCELE (cè) *f. Med.* Porocele.

PORONGO *m. Bras.* Porongo (*Amer.:* calabaza silvestre oblonga). Lo mismo que CUIA.

POROROCA (rorò) *f. Bras.* Macareo, pororoca.

POROROCAR *v. intr. Bras.* Hacer macareos (los ríos).

POROSIDADE (zi) *f.* Porosidad.

POROSO, SA (rozo, òza) *adj.* Poroso.

PORQUANTO *conj. caus.* Por cuanto, visto que.

PORQUE *conj. caus.* Porque.

PORQUÊ (qué) *m.* Porqué, causa, razón, motivo.

PORQUEIRA *f.* Porqueriza, pocilga. Porquería. Porquera, porqueriza.

PORQUEIRO *m.* Porquero, porquerizo. *adj.* Porquero; porcuno.

PORQUINHO (ño) *m. dim.* de *Porco.* Porquezuelo. Lechón. *— da Índia.* Conejillo de Indias.

PORRÁCEO, CEA *adj.* Porráceo, de color verdinegro, parecido al del puerro.

PORRADA *f. pop.* Porrada, porrazo. *Bras.* Cantidad grande.

PORRAL *m.* Porral (terreno plantado de puerros).

PORRÃO (rráum) *m.* Porrón, botijo.

PORRE (pò) *m. Bras.* Borrachera, mona.

PORRETADA *f.* Porrazo, porrada.

PORRETE *m.* Porra, cachiporra.

PORRIGEM (jem) *f.* Pórrigo, tiña.

PORRIGINOSO, SA (jinozo, jinòza) *adj.* Porriginoso.

PÔRRISTA *m. Bras.* Borrachín.

PORRO *m. Bot.* Puerro.

PORTA (pòr) *f.* Puerta. *Sublime —.* Puerta Sublime Porta. *Às —s. m. adv.* A las puertas.

PORTA-BANDEIRA (pòr) *m. Mil.* Abanderado. Portabandera (bandolera donde se mete el regatón del asta de la bandera).

PORTA-CARTAS (pòr) *m.* Portacartas, bolsa, cartera.

PORTA-CÁUSTICO (pòr) *m. Cir.* Portacáustico.

PORTA-CAUTÉRIO (pòr...tè) *m. Cir.* Portacáustico.

PORTA-CHAPÉUS (pòrta-*cha*pèus) *m.* Sombrerera (caja para guardar el sombrero). Percha.

PORTA-CLAVINA (pòr) *f.* Portacarabina.

PORTA-COCHEIRA (pòr...*chei*) *f.* Puerta cochera.

PORTA-COLO (pòr...cò) *m.* Cartera escolar. Lo mismo que PROTOCOLO.

PORTADA *f.* Portada (de un edificio). Portada (de un libro). *fig.* Portada, frontispicio.

PORTADOR, RA *adj.* Portador, que lleva o trae algo. Ú. t. c. s. *m. Com.* Portador.

PORTA-ENXERTO (pòr...*cher*) *m. Agr.* Rama sobre que se injerta.

PORTA-ESTANDARTE (pòr) *m.* Portaestandarte.

PORTAGEIRO (jei) *m.* Portazguero.

PORTAGEM (jem) *f.* Portazgo, portaje.

PORTA-JÓIAS (pòr...jòias) *m.* Joyero (estuche para guardar joyas).

PORTAL *m.* Portal, pórtico. Portal, zaguán.

PORTA-LANTERNA (pòr...tèr) *m.* Soporte de metal que sirve para sostener el farol de una bicicleta.

PORTA-LÁPIS (pòr) *m.* Portalápiz.

PORTALÓ (pòrtalò) *m. Mar.* Portalón.

PORTA-MAÇA (pòr...sa) *m.* Macero.

PORTA-MACHADO (pòr...*cha*) *m.* Hachero; gastador. Zapador.

PORTA-MARMITA (pòr) *m.* Pieza donde se transportan las marmitas con el rancho para los soldados.

PORTA-MITRA (pòr) *m.* Eclesiástico que lleva la mitra en algunas procesiones.

PORTA-NOVAS (pòr...nò) *m.* Portanuevas. Chismero.

PORTANTE *adj.* Que lleva o trae.

PORTANTO *conj.* Por tanto, por lo que, en atención a lo cual. Por lo tanto, por consiguiente.

PORTÃO (táum) *m.* Portón.

PORTA-PAZ (pòr) *m.* Portapaz.

PORTA-PENAS (pòr) *m.* Portaplumas.

PORTA-PNEUMÁTICO (pòr) *m.* Portaneumático, portarrueda.

PORTAR *v. tr.* Llevar. *v. intr.* Aportar. *v. r.* Portarse, comportarse. — *por fé.* Certificar.

PORTARIA (ría) *f.* Portería (pieza destinada para el portero en el zaguán de los edificios). Atrio de un convento. Portada, porta. Documento firmado por un ministro en nombre del Gobierno.

PORTA-SEIOS (pòr) *m.* Sostén (prenda de vestir para ceñir el pecho).

PORTÁTIL *adj.* Portátil.

PORTA-TOALHAS (pòr...llas) *m. Bras.* Percha para toallas.

PORTA-VOZ (pòr...vòz) *m.* Potavoz, bocina. *fig.* El que habla por otros.

PORTE (pòr) *m.* Porte, porteo (acción de portear). Porte (precio que se paga por llevar una cosa de un lugar a otro). Porte (modo de portarse ou conducirse). Porte (aspecto de una persona). Porte, capacidad. Franqueo.

PORTEAR *v. tr.* Franquear (pagar en sellos el servicio postal).

PORTEIRA *f.* Portera. *Bras.* Tranquera (especie de portada para entrar y salir en las haciendas del campo).

PORTEIRO *m.* Portero.

PORTELA (tè) *f.* Portal.

PORTENHO, NHA (ño, ña) *adj. Bras.* Porteño, bonaerense. Ú. t. c. s.

PORTENTO *m.* Portento, prodigio. Persona de extraordinaria inteligencia.

PORTENTOSAMENTE (tòza) *adv. m.* Portentosamente.

PORTENTOSO, SA (tozo, òza) *adj.* Portentoso, singular, extraordinario, prodigioso.

PÓRTICO (pòr) *m.* Pórtico. Portada.

PORTILHA (lla) *f.* Saetera.

PORTILHO (llo) *m. dim.* de *Porta.* Portezuela.

PORTINHOLA (ño) *f.* Portezuela (puerta de carruaje). Portezuela (cartera o adorno que cubre el bolsillo). Braguette. *Mar.* Porta.

PORTO (pór) *m.* Puerto. *fig.* Puerto, asilo, amparo, refugio.

PORTUÁRIO, RIA *adj.* Portuario, perteneciente o relativo al puerto.

PORTUENSE *adj.* Portuense (natural de Oporto). Ú. t. c. s.

PORTUGUÊS, GUESA (gué, gueza) *adj.* Portugués. Ú. t. c. s. *m.* Portugués (lengua portuguesa).

PORTUGUESISMO (zis) *m. Gram.* Portuguesismo.

PORTULACA *f. Bot.* Verdolaga, portulaca.

PORTULACÁCEAS *f. pl. Bot.* Portulacáceas.

PORTULANO *m.* Portunalano.

PORTUOSO, SA (ozo, òza) *adj.* Que tiene muchos puertos.

PORUCA *f. Bras.* Especie de cedazo.

PORVENTURA *adv. m.* Por ventura, acaso, quizá, tal vez. Por casualidad.

PORVINDOURO, RA *adj.* Venidero. *m. pl.* Venideros, sucesores.

PORVIR *m.* Porvenir.

PÓS (pòs) *prep.* Lo mismo que APÓS.

POSAR (zar) *v. intr.* Posar (servir de modelo a pintores o escultores).

POSCÉNIO (cé) *m.* Poscenio.

POSDATA *f.* Posfecha (fecha posterior a la verdadera).

POSDATAR *v. tr.* Poner posfecha a una carta o documento.

POSDILUVIANO, NA *adj.* Postdiluviano.

POSE (póze) *f. gal.* Postura, actitud de la persona que sirve de modelo; pose *(gal.). fig. fam.* Pose, actitud afectada, empaque, prosopopeya.

POSESCRITO, TA (zes) *adj.* Escrito después. *m.* Posdata (lo que se añade a una carta ya firmada).

POSFÁCIO *m.* Advertencia que se pone al final de un libro.

POSIÇÃO (zisáum) *f.* Posición, postura. Posición, categoria o situación social. Posición, situación, disposición. *Mil.* Posición.

POSITIVAMENTE (zi) *adv. m.* Positivamente.

POSITIVAR (zi) *v. tr.* Hacer positivo; efectuar, llevar a efecto.

POSITIVIDADE (zi) *f. Fís.* Positividad.

POSITIVISMO (zi) *m.* Positivismo.

POSITIVISTA (zi) *adj.* Positivista. Ú. t. c. s.

POSITIVO, VA (zi) *adj.* Positivo.

POSMERIDIANO, NA *adj.* Posmeridiano.

POSOLOGIA (zolojía) *f. Med.* Posología.

POSOLÓGICO, CA (zolòji) *adj.* Posológico.

POSPASTO *m.* Lo mismo que SOBREMESA.

POSPELO (A) *m. adj.* A pospelo, a contrapelo.

POSPERNA (pèr) *f.* Pospierna, muslo (en las caballerías).

POSPONTAR *v. tr.* Pespuntar.

POSPONTO *m.* Pespunte.

POSPOR *v. tr.* Posponer (poner a una persona o cosa después de otra). Posponer (tener en menos una persona o cosa). Postergar.

POSPOSIÇÃO (zisáum) *f.* Posposición. Postergación.

POSPOSITIVO, VA (zi) *adj.* Pospositivo.

POSPOSTO, TA (pòsta) *adj.* Pospuesto. Postergado.

POSSANÇA (sansa) *f. p. us.* Potencia. Poder. Valentía. Vigor.

POSSANTE (san) *adj.* Poderoso, potente, fuerte, pujante, robusto.

POSSE (pòsse) *f.* Posesión (acto de poseer). *pl.* Medios, bienes.

POSSEIRO, RA (sei) *adj. For.* Partícipe (a nombre de quien está una propriedad indivisible). Ú. t. c. s.

POSSESSÃO (sessáum) *f.* Posesión (acto de poseer). Posesión (cosa poseída). Posesión (apoderamiento del espíritu del hombre por otro espíritu). Colonia.

POSSESSIVO, VA (sesi) *adj.* Posesivo (que denota posesión). *Gram.* Posesivo. Ú. t. c. s.

POSSESSO, SSA (sèso, sèsa) *adj.* Poseído, poseso. Ú. t. c. s.

POSSESSOR, SSORA (sesor, sesora) *adj.* Posesor. Ú. t. c. s.

POSSESSÓRIO, RIA (sesò) *adj.* Posesorio. *m.* Juicio posesorio.

POSSIBILIDADE (si) *f.* Posibilidad.

POSSIBILITAR (si) *v. tr.* Posibilitar.

POSSÍVEL (sí) *adj.* Posible.

POSSIVELMENTE (sí) *adv. m.* Posiblemente; probablemente.

POSSUCA (su) *m. Bras.* Gorrista; pedigueño. Ú. t. c. adj.

POSSUIDOR, RA (sui) *adj.* Poseedor. Ú. t. c. s.

POSSUIR (suir) *v. tr.* Poseer. *v. r.* Poseerse.

POSSUQUEADOR, RA (su) *adj. Bras.* Lo mismo que POSSUCA. Ú. t. c. s.

POSSUQUEAR (su) *v. tr. Bras. merid.* Pedir prestado, no comprar; andar de gorra.

POSTA (pòs) *f.* Posta (tajada o pedazo de carne, de pescado, etc.) Posta (conjunto de caballerías apostadas en los caminos para que, mudando los tiros, los correos y otras personas caminen con toda diligencia). Correo. Posta (casa donde están las postas). *fam.* Empleo provechoso.

POSTAL *adj.* Postal. *m.* Tarjeta postal, postal.

POSTAR *v. tr.* Apostar (poner gente o caballerías en un lugar con algún fin). Ú. t. c. r. Colocar, poner, disponer. Poner (carta en el correo). *v. r.* Ponerse en un lugar, permanecer en él.

POSTE (pòs) *m.* Poste (madero, piedra, pilar o columna que se coloca verticalmente para apoyo o señal). Picota (poste donde se exponían los reos a la verguenza).

POSTEIRO *m. Bras.* Guarda del ganado.

POSTEJAR (jar) *v. tr.* Cortar en postas o tajadas.

POSTEMA *m.* Postema.

POSTEMÃO (máum) *m.* Postemero.

POSTEMEIRO *m.* Postemero.

POSTERGAÇÃO (sáum) *f.* Postergación.

POSTERGAR *v. tr.* Postergar.

POSTERIDADE *f.* Posteridad.

POSTERIOR *adj.* Posterior.

POSTERIORIDADE *f.* Posterioridad.

PÓSTERO, RA (pòs) *adj.* Futuro, venidero. *m. pl.* Posteridad, los descendientes.

POSTESCRITO *m.* Posdata, post scriptum.

POSTIÇO, ÇA (so, sa) *adj.* Postizo.

POSTIGO *m.* Postigo (puerta chica abierta en otra mayor). Postigo (cada una de las puertecillas que hay en las ventanas o puertaventanas).

POSTILA *f.* Lo mismo que APOSTILA. Cuaderno manuscrito de lecciones.

POSTILAR *v. tr.* Lo mismo que APOSTILAR.

POSTILHÃO (lláum) *m.* Postillón.

POSTIMÁRIA *f.* Término, fin.

POSTIMEIRO, RA *adj. ant.* Postrero, postrimer, postrimero.

POSTITE *f. Med.* Postitis.

POSTO, POSTA (pós, pòs) *adj.* Puesto. Bem — Bien puesto. Mal — Mal puesto. *m.* Puesto (sitio que ocupa una cosa). Puesto (lugar señalado para la ejecución de una cosa). Puesto (tiendecilla en que se vende al por menor). Puesto, empleo, dignidad, oficio, ministerio. *Mil.* Puesto. —. *m. conjunt. advers.* Puesto que, aunque. *m. conjunt. causal.* Puesto que, pues.

POSTÔNICO, CA (tó) *adj.* Postónico.

POSTRE (pòs) *m.* Postre (comida). Ú. t. en pl. Lo mismo que SOBREMESA.

POSTREIRO, RA *adj.* Postrero, postrimero.

POSTREMEIRO, RA *adj. ant.* Lo mismo que POSTREMO, MA.

POSTREMO, MA *adj.* Postrero, postrimero.

POSTRÍDIO *m.* El día siguiente.

POSTULAÇÃO (sáum) *f.* Postulación.

POSTULADO *m.* Postulado. Princípio.

POSTULANTE *m.* Postulante. Ú. t. c. s.

POSTULAR *v. tr.* Postular, solicitar, pedir, pretender. Pedir con instancia. Requerir, demandar.

POSTUMAMENTE *adv. m.* Póstumamente.

PÓSTUMEIRO, RA *adj. ant.* Postrimero.

PÓSTUMO, MA (pòs) *adj.* Póstumo.

POSTURA *f.* Postura, actitud, figura, situación en que está colocada una persona o cosa. Afeites, cosméticos. Postura (huevos del ave; acción de ponerlos). Decreto municipal.

POSTUREIRO *m.* Vendedor de afeites.

POTABA *f. Bras. nort.* Regalo, dádiva.

POTAMOFOBIA (bía) *r. Patol.* Potamofobia.

POTAMÓFOBO (mò) *m.* El que padece potamofobia.

POTAMOGRAFIA (fía) *f.* Potamografía.

POTAMOLOGIA (jía) *f.* Potamología.

POTASSA (sa) *f. Quím.* Potasa.

POTÁSSIO (sio) *m.* Potasio.

POTÁVEL *adj.* Potable (que se puede beber).
POTE (pò) *m.* Pote.
POTÉIA (tèia) *f. Quím.* Potea.
POTÉNCIA (tén) *f.* Potencia (en todas las acepciones de esta voz).
POTENCIAÇÃO (sáum) *f. Mat.* Potenciación.
POTENCIAL *adj.* Potencial. *Fís.* Potencial. Ú. t. c. s. m.
POTENCIALIDADE *f.* Potencialidad.
POTENCIALMENTE *adv. m.* Potencialmente.
POTENCIAR *v. tr. Mat.* Elevar a una potencia.
POTENTADO *m.* Potentado.
POTENTE *adj.* Potente.
POTENTÉIA (tèia) *adj. Blas.* Potenzada.
POTENTILHA (lla) *f. Bot.* Potentila.
POTERNA (tèr) *f. Fort.* Poterna.
POTESTADE *f.* Potestad.
POTI *m. Bras.* Lo mismo que CAMARÃO.
POTICI *m. Bras.* Abundancia, muchedumbre.
POTIRÃO (ráum) *m. Bras.* Lo mismo que MUXIRÃO.
POTOCA (tò) *f. Bras.* Mentira, patraña, embuste.
POTOCAR *v. intr. Bras.* Mentir, contar patrañas.
POTOQUEIRO, RA *adj.* Patrañero, mentiroso. Ú. t. c. s.
POTOQUISTA *m. Bras.* Lo mismo que POTOQUEIRO.
POTOSI (zí) *m. fig.* Potosí, riqueza extraordinaria.
POTOSINO, NA (zi) *adj.* Potosino. Ú. t. c. s.
POTRA *f.* Potra (yegua nueva). *pop.* Potra, hernia. *Ter —. fr. fig. fam. Bras. merid.* Tener potra uno, ser dichoso.
POTRADA *f. Bras. merid.* Potrada.
POTRANCA *f. Bras. merid.* Potranca.
POTRANCO *m. Bras.* Potro de dos años.
POTRARIA (ría) *f. Bras. merid.* Potrada.
POTREAÇÃO (sáum) *f. Bras. merid.* Acción de potrear, de domar potros.
POTREADA *f.* Lo mismo que POTREAÇÃO.
POTREAR *v. tr. Bras. merid.* Domar potros; potrear *(Amer.).* Desafiar. *v. r.* Airarse.
POTRECO (trè) *m. dim. de Potro.* Potrillo.
POTREIRO *m. Bras. merid.* Vendedor de potros. Potrero *(amer. argent.* subdivisión o parcela dentro de una finca rústica, a fin de tener separada una clase de hacienda de otra).
POTRIL *m.* Potril.
POTRILHO (llo) *m. Bras. merid. dim de Potro.* Potrillo.
POTRO *m.* Potro (caballo hasta los cuatro años). Potro (aparato de tormento).
POTROSO, SA (trozo, òza) *adj.* Potroso, hernioso.
POTRUDO, DA *adj. Bras. merid.* Potroso, dichoso, afortunado.
POUCACHINHO (chin) *adj. c.* Poco muy poco. *m. dim. de Pouco.* Poquito.
POUCADINHO, NHA (ño, ña) *adj. dim. de Pouco.* Poquito. Poquito. adj. c. Poquito.
POUCA-VERGONHA (ña) *f.* Desverguenza. Pillería, picardía.
POUCO, CA *adj.* Poco. *m.* Poco. *adj. c.* Poco. — *a — . m. adv.* Poco a poco, a poquito. — *e —. m. adv.* A poquito, poco a poco.
POUCOCHINHO, NHA (chiño, ña) *adj. dim. de Pouco.* Poquito. *adj. c.* Poquito.
POUPA *f.* Moño, copete, penacho. Moño (atado que se hace con el cabello para llevarlo recogido). *Zoo.* Abubilla. Lo mismo que POUPANÇA.
POUPADO, DA *adj.* Económico, parco en gastar, ahorrado.
POUPADOR, RA *adj.* Ahorrador. Ú. t. c. s.
POUPANÇA (sa) *f.* Economía. *fam.* Mezquindad.
POUPAR *v. tr.* Economizar, ahorrar. Ahorrar, evitar trabajos, riesgos, dificultades, etc. Ú. t. c. r. *v. intr.* Vivir económicamente.
POUPUDO, DA *adj.* Moñudo.
POUQUIDADE *f.* Lo mismo que
POUQUIDÃO (dáum) *f.* Poquedad, escasez, cortedad. Poquedad (corta porción o cantidad de una cosa). Poquedad (cosa de ningún valor o de poca entidad).
POUQUINHO (ño) *m.* Poquito.
POUSA (za) *f.* Acción de posar. Descansadero.

POUSADA (za) *f.* Posada (casa propia de cada uno, donde habita). Posada, mesón. Posada, hospedaje. Acción y efecto de posar.
POUSADIA (zadía) *f.* Lo mismo que APOSENTADORIA. Lo mismo que POUSADA.
POUSAR (zar) *v. tr.* Poner, colocar. Depositar (colocar algo en un sitio temporalmente). Asentar (poner algo de modo que esté firme). Fitar (los ojos). *v. intr.* Posar (alojarse en una posada o casa particular). Pernoctar. Posar (las aves), asentarse. Morar, habitar. Asentarse, situar, estar firme en un lugar. *v. r.* Posar, alojarse, hospedarse. Pernoctar. Acogerse, guarecerse. Posarse, depositarse.
POUSIO, SIA (zío, zía) *adj.* Inculto, no plantado, temporalmente. *m.* Descanso que se da al terreno que se deja uno o dos años sin sembrar.
POUSO (zo) *m.* Lugar donde se posa. Muela de molino.
POUTA *f.* Potala.
POUTAR *v. intr.* Anclar, fondear con potala.
POVARÉU (rèu) *m.* Gentío, muchedumbre.
POVILÉU (lèu) *m.* Lo mismo que POVOLÉU.
POVO *m.* Pueblo, población. Pueblo (población pequeña). Pueblo (conjunto de personas de un lugar, región o país). Pueblo (gente común y humilde de una población). Gentío, muchedumbre, turba. Plebe estado llano.
PÓVOA (pò) *f.* Pueblo (población pequeña).
POVOAÇÃO (sáum) *f.* Población, pueblo. Población (vecinos de un pueblo). Población (acción y efecto de poblar).
POVOADO *m.* Poblado, pueblo, lugar, población pequeña.
POVOADOR, RA *adj.* Poblador. Ú. t. c. s.
POVOAMENTO *m.* Población (acción y efecto de poblar).
POVOAR *v. tr.* Poblar (fundar uno o más pueblos). Poblar (ocupar con gente un sitio para que habite o trabaje en él). Poblar (por ext. se dice de animales y cosas). Poblar (procrear mucho). *fig.* Adornar, llenar, enriquecer, proveer. *v. r.* Poblarse (hablando de los árboles y otras cosas capaces de aumento, recibirlo en gran cantidad).
POVOLÉU (lèu) *m.* Populacho, populazo. Plebe.
POZOLANA (zo) *f.* Puzolana.
POZOLÂNICO, CA (zolá) *adj.* Relativo a la puzolana.
POZOLITO (zo) *m.* Variedad de puzolana.
PRAÇA (sa) *f.* Plaza (sitio espacioso dentro de poblado). Plaza, feria, mercado. Plaza (recinto fortificado con muros, baluartes, etc.). Plaza (población comercial de importancia). Almoneda, subasta, remates. Plaza de toros. Plaza (asiento para servir de soldado). Soldado (militar sin graduación), soldado raso. Alarde, ostentación, gala. Plaza (gremio o reunión de negociantes de una plaza de comercio). Plaza, espacio, sitio, lugar. *Carro de —.* Coche de alquiler. *Fazer — de. fr.* Alardear, hacer alarde, ostentación o gala de alguna cosa. *Assentar —. fr.* Alistarse como soldado. *Por em —. fr.* Vender en almoneda.
PRACEAR *v. tr.* Almonedear, almonedar.
PRACEIRO, RA *adj.* Placero (perteneciente a la plaza o propio de ella); público.
PRACEJAR (jar) *v. tr.* Alardear (hacer alarde, ostentación o gala de alguna cosa).
PRACIANO, NA *adj. Bras.* Metropolitano. Ú. t. c. s.
PRACINHA (ña) *m. Bras.* Soldado de la Fuerza Expedicionaria Brasileña.
PRACISTA *m. Bras.* Vendedor de una casa de comercio en determinada plaza o ciudad. *Bras.* Campesino que ha frecuentado la ciudad y tiene alguna educación.
PRADARIA (ría) *f.* Pradería, pradera.
PRADO *m.* Prado, pradera. *Bras.* Hipódromo.
PRADOSO, SA (dozo, òza) *adj.* Praderoso.
PRAGA *f.* Plaga (calamidad grande que aflige a un pueblo). Plaga (daño grave o enfermedad que sobreviene a una persona). *fig.* Plaga (cualquier infortunio, trabajo, pesar o contratiempo). *fig.* Plaga (copia de una cosa nociva; dícese de las que no lo son). Maldición, juramento, imprecación, anatema. *Bras.* Maleza.
PRAGAL *f.* Gándara (tierra baja llena de maleza).
PRAGANA *f.* Barba de las espigas.

PRAGANOSO, SA (ozo, òza) *adj.* Que tiene barbas (hablando de espigas).
PRAGMÁTICA *f.* Pragmática.
PRAGMÁTICO, CA *adj.* Pragmático.
PRAGUEDO *m.* Cantidad de plagas.
PRAGUEJADOR, RA (ja) *adj.* Jurador, que echa votos y reniegos. Ú. t. c. s. Que echa maldiciones. Ú. t. c. s.
PRAGUEJAMENTO (ja) *m.* Acción de jurar, de echar votos y reniegos. Acción de echar maldiciones.
PRAGUEJAR (jar) *v. intr.* Jurar, echar votos y reniegos. Maldecir, echar maldiciones. *v. intr.* Llenarse un terreno de maleza o de plagas.
PRAGUENTO, TA *adj.* Maldiciente.
PRAIA *f.* Playa.
PRAIANO *m. Bras.* Ribereño.
PRAIEIRO *m. Bras.* Lo mismo que PRAIANO. *Bras.* Rebelde de la Revolución de Pernambuco de 1848.
PRAIRIAL *m.* Pradial (noveno mes del calendario republicano francés).
PRALINA *f.* Almendra confitada.
PRANCHA (cha) *f.* Tablón. Plano (ancho de la hoja de cualquier instrumento cortante). *gal.* Lámina (estampa). *De —. m. adv.* De plano.
PRANCHADA (cha) *f.* Cintarazo (espadada que se da de plano).
PRANCHÃO (cháum) *m. aum. de Prancha.* Tablón.
PRANCHAR (char) *v. tr. Bras.* Cintarear, dar cintarazos. *Bras.* Lo mismo que
PRANCHEAR (chear) *v. intr. Bras.* Caer de lado.
PRANCHETA (che) *f.* Plancheta.
PRANTARIA (ría) *f. Bras. merid.* Lloro copioso, llanto.
PRANTEADEIRA *f.* Lo mismo que CARPIDEIRA.
PRANTEADOR, RA *adj.* Que llora, solloza o gime.
PRANTEAR *v. intr.* Lloar, plañir. *v. tr.* Lamentar, llorar. *v. r.* Lamentarse, quejarse.
PRANTINA *f. Bras. nort.* Lloro copioso, llanto.
PRANTO *m.* Llanto, lloro.
PRASINO (zi) *m.* Lo mismo que
PRÁSIO (zio) *m.* Prasio.
PRATA *f.* Plata (metal precioso). *fig.* Plata (lo que es de valor y utilidad en cualquier tiempo). —. Plata (moneda de plata; moneda de metal).
PRATADA *f.* Plato lleno de comida.
PRATALHADA (lla) *f.* Porción de comida que llena a un plano.
PRATALHAZ (llaz) *m. aum. de Prato.* Platonazo.
PRATARIA (ría) *f.* Cantidad de platos. Conjunto de objetos de plata.
PRATARRAZ *m.* Lo mismo que PRATALHAZ.
PRATEAÇÃO (sáum) *f.* Plateadura (acción de platear).
PRATEADO, DA *adj.* Plateado (bañado de plata; de color de plata).
PRATEADOR *m.* Plateador.
PRATEAR *v. tr.* Platear (dar o cubrir de plata algún objeto).
PRATEIRA *f.* Armario donde se guardan los objetos de plata.
PRATEIRO *m.* Platero.
PRATEL (tèl) *m.* Platillo, plato pequeño.
PRATELEIRA *f.* Anaquel. Vasar.
PRATENSE *adj.* Que nace en los prados.
PRÁTICA *f.* Practica (ejercicio de un arte o facultad). Práctica (destreza adquirida con este ejercicio). Práctica, uso, costumbre, estilo. Práctica (método que cada cual observa en sus operaciones). Práctica (ejercicio durante algún tiempo bajo la dirección de un maestro). Práctica (aplicación de una idea o doctrina; contraste experimental de una teoría). Plática, conversación. Plática (razonamiento que hacen los predicadores).
PRATICABILIDADE *f.* Calidade de practicable.
PRATICAGEM (jem) *f.* Practicaje.
PRATICANTE *adj.* Practicante. Ú. t. c. s.
PRATICAR *v. tr.* Practicar. Platicar.
PRATICÁVEL *adj.* Practicable.
PRÁTICO, CA *adj.* Práctico. *m. Mar.* Práctico. *Bras.* El que ejerce una profesión liberal sin diploma.
PRATICULTOR *m.* Praticultor.
PRATICULTURA *f.* Praticultura.

PRATILHEIRO (llei) *m.* Músico que toca los platillos.

PRATINHO (ño) *m. dim.* de *Prato.* Platillo. *fig.* Platillo (objeto de murmuración y crítica).

PRATO *m.* Plato (vasija para servir los manjares). Plato, platillo (de la balanza). Plato (manjar que sirve en los platos). Plato (manjar preparado para ser comido). *fig.* Plato, platillo (objeto de murmuración y crítica). *pl.* Platillos (instrumento de percusión). *adj.* Llano, chato.

PRAVIDADE *f.* Pravedad, iniquidad, maldad, perversidad.

PRAVO, VA *adj.* Pravo, perverso, malvado.

PRAXE (*che*) *f.* Práctica, costumbre, uso. Práctica judicial.

PRAXISTA (*chis*) *adj.* Que es versado en las prácticas y principalmente en la práctica judicial. Ú. t. c. s.

PRAZENTE (zen) *adj.* Placentero, apacible.

PRAZENTEAR (zen) *m. v. tr.* Lo mismo que BAJULAR. Lo mismo que GRACEJAR.

PRAZENTEIO (zen) *m.* Acción de lisonjear. Lisonja.

PRAZENTEIRO, RA (zen) *adj.* Placentero, agradable, apacible, alegre. Divertido, regocijado.

PRAZER (zer) *v. tr.* Placer, agradar, dar gusto. Lo mismo que APRAZER y COMPRAZER.

PRAZER (zer) *m.* Placer, contento del ánimo; diversión, entretenimiento.

PRAZEROSO, SA (zerozo, zeròza) *adj. Bras.* Alegre, placentero.

PRAZIMENTO (zi) *m.* Agrado, gusto, voluntad.

PRAZO (zo) *m.* Plazo.

PRÉ (près) *m.* Prest (haber diario que se da a los soldados).

PREÁ *f. Bras.* Especie de roedor subungulado muy parecido al conejillo de Indias.

PREADAMITA *m.* y *f.* Preadamita.

PREALEGAR *v. tr.* Alegar anticipadamente.

PREAMAR *f.* Pleamar.

PREAMBULAR *adj.* Relativo al preámbulo. *v. tr.* Hacer el preámbulo.

PREÂMBULO (âm) *m.* Preámbulo, exordio, prefación.

PREANUNCIAÇÃO (sáum) *f.* Acción de

PREANUNCIAR *v. tr.* Anunciar anticipadamente.

PREAR *v. tr.* Apresar, aprisionar. Apresar, pillar, robar, saquear.

PREBENDA *f.* Prebenda. *fig.* Prebenda (oficio o empleo lucrativo y poco trabajoso).

PREBENDADO *m.* Prebendado. Ú. t. c. adj.

PREBENDAR *v. tr.* Prebendar.

PREBENDARIA (ría) *f.* Cargo de prebendado.

PREBENDEIRO *m.* Rematante de prebendas.

PREBOSTADO *m.* Prebostazgo.

PREBOSTAL *adj.* Prebostal.

PREBOSTE (bós) *m.* Preboste.

PRECAÇÃO (sáum) *f.* Deprecación; súplica.

PRECANTAR *v. tr.* Vaticinar en versos.

PRECARIAMENTE *adv. m.* Precariamente.

PRECARIEDADE *f. Bras.* Calidad de precario.

PREÇÁRIO (sa) *m.* Lista de precios (poca estabilidad o duración). *For.* Precario.

PRECÁRIO (sa) *m.* Lista de precios.

PRECATADO, DA *adj.* Precavido, previdente, cauto, prudente.

PRECATAR *v. tr.* Precaver, prevenir. Ú. t. c. r. Lo mismo que ACAUTELAR.

PRECATÓRIA (tò) *f. For.* Suplicatoria, suplicatorio, carta suplicatoria.

PRECATÓRIO, RIA (tò) *adj.* Suplicatorio.

PRECAUÇÃO (sáum) *f.* Precaución, reserva, cautela, prudencia, prevención.

PRECAUCIONAR-SE *v. r.* Precaucionarse, precaverse, prevenirse, guardarse.

PRECAUTELAR *v. tr.* Precautelar, prevenir.

PRECAUTÓRIO, RIA (tò) *adj.* Precautorio.

PRECAVER *v. tr.* Precaver, prevenir. Ú. t. c. r.

PRECE (prè) *f.* Oración, rezo. Súplica, ruego. Plegaria. Preces.

PRECEDÊNCIA (dén) *f.* Precedencia.

PRECEDENTE *adj.* Precedente. *m.* Precedente, antecedente.

PRECEDER *v. tr.* Preceder (ir delante; anteceder o estar antepuesto; tener preferencia, primacía o superioridad).

PRECEITO *m.* Precepto.

PRECEITUAR *v. tr.* Preceptuar.

PRECEPTIVAMENTE *adv. m.* Preceptivamente.

PRECEPTIVO, VA *adj.* Preceptivo.

PRECEPTOR *m.* Preceptor.

PRECEPTORAL *adj.* Preceptoril.

PRECES (prè) *m. pl. Rel.* Preces.

PRECESSÃO (sáum) *f.* Precesión. Precedencia. Antecedencia. — *dos equinócios. Astr.* Precesión de los equinoccios.

PRECIÊNCIA *f.* Presciencia.

PRECIENTE *adj.* Dotado de presciencia. *fig.* Precavido, previsor.

PRECINGIR (jir) *v. tr.* Ceñir. Estrechar. Cercar. Encerrar.

PRECINTA *f.* Precinta, precinto.

PRECINTAR *v. tr.* Precintar.

PRECINTO *m.* Precinto, precinta.

PRECIOSAMENTE (òza) *adv. m.* Preciosamente. Cultamente (con afectación).

PRECIOSIDADE (zi) *f.* Preciosidad.

PRECIOSISMO (zis) *m.* Culteranismo.

PRECIOSO, SA (ozo, òza) *adj.* Precioso. *fig.* Presumido. *fig.* Culterano, afectado; remilgado.

PRECIPÍCIO *m.* Precipitadero, precipicio.

PRECIPITAÇÃO (sáum) *f.* Precipitación.

PRECIPITADAMENTE *adv. m.* Precipitadamente.

PRECIPITADO, DA *adj.* Precipitado, atropellado, precipitoso, atronado, inconsiderado. *m. Quím.* Precipitado.

PRECIPITANTE *adj.* Precipitante. *m. Quím.* Precipitante.

PRECIPITAR *v. tr.* Precipitar, despeñar. Ú. t. c. r. Precipitar, atropellar, acelerar. Ú. t. c. r. *Quím.* Precipitar.

PRECIPITE *adj.* Precípite.

PRECIPITOSO, SA (tozo, tòza) *adj.* Precipitoso (pendiente y arriegado para precipitarse). *fig.* Precipitado, precipitoso.

PRECIPUAMENTE *adv. m.* Precipuamente, principalmente.

PRECÍPUO, PUA *adj.* Precípuo, señalado, principal.

PRECISADO, DA (za) *adj.* Necesitado, pobre, falto.

PRECISAMENTE (za) *adv. m.* Precisamente.

PRECISÃO (sáum) *f.* Precisión, determinación, exactitud, puntualidad. Falta, necesidad, privación.

PRECISAR (zar) *v. tr.* Precisar, fijar o determinar de modo preciso. Necesitar. Ú. t. c. r. *v. intr.* Sufrir necesidad, necesitar, tener necesidad.

PRECISO, SA (zo) *adj.* Preciso, necesario, indispensable. Preciso, puntual, fijo, exacto, cierto, determinado. Preciso, distinto, claro y formal. Preciso, conciso.

PRECITADO, DA *adj.* Precitado.

PRECLARAMENTE *adv. m.* Preclaramente.

PRECLARO, RA *adj.* Preclaro, esclarecido, ilustre, famoso.

PREÇO (so) *m.* Precio (valor pecuniario en que se estima una cosa; premio; estimación, importancia; esfuerzo, pérdida o sufrimiento que sirve de medio para conseguir una cosa).

PRECOCE (cò) *adj.* Precoz.

PRECOCIDADE *f.* Precocidad.

PRECOGITAR (ji) *v. tr.* Premeditar.

PRECÓGNITO, TA (cò) *adj.* Previsto.

PRECOLOMBIANO, NA *adj.* Precolombiano.

PRECONCEBER *v. tr.* Preconcebir.

PRECONCEBIDO, DA *adj.* Preconcebido.

PRECONCEITO *m.* Preocupación (idea preconcebida). Prejuicio (juicio anticipado).

PRECONÍCIO *m. Bras.* Reclamo, propaganda.

PRECONIZAÇÃO (zasáum) *f.* Preconización.

PRECONIZADOR, RA (za) *adj.* Preconizador. Ú. t. c. s.

PRECONIZAR (zar) *v. tr.* Preconizar.

PRECORDIAL *adj.* Precordial.

PRECURSOR, RA *adj.* Precursor.

PREDADOR *m.* Predator.

PREDATÓRIO, RIA (tò) *adj.* Predator.

PREDECESSOR (sor) *m.* Predecesor, antecesor.

PREDEFINIÇÃO (sáum) *f.* Predefinición.

PREDEFINIR *v. tr.* Predefinir.

PREDESTINAÇÃO (sáum) *f.* Predestinación.

PREDESTINADO, DA *adj.* Predestinado. Ú. t. c. s.

PREDESTINAR *v. tr.* Predestinar.

PREDETERMINAÇÃO (sáum) *f.* Predeterminación.

PREDETERMINANTE *adj.* Predeterminante.

PREDETERMINAR *v. tr.* Predeterminar.

PREDIAL *adj.* Predial.

PRÉDICA (rpè) *f.* Prédica, sermón, plática.

PREDICAÇÃO (sáum) *f.* Predicación.

PREDICADO *m. Lóg.* Predicado. *Gram.* Atributo. Prenda, cualidad, don.

PREDICAL *adj.* Relativo a la prédica.

PREDICAMENTAL *adj.* Predicamental.

PREDICAMENTAR *v. tr.* Clasificar, calificar.

PREDICAMENTO *m. Lóg.* Predicamento. Predicamento, dignidad, grado de estimación.

PREDICANTE *adj.* Predicante. Ú. t. c. s.

PREDICAR *v. tr.* Predicar, pronunciar un sermón. Predicar, amonestar.

PREDICATIVO, VA *adj.* Predicativo. *Gram.* Calificativo.

PREDICATÓRIO, RIA (tò) *adj.* Encomiástico.

PREDILEÇÃO (sáum) *f.* Predilección, preferencia.

PREDILETAMENTE (lè) *adv. m.* Predilectamente.

PREDILETO, TA (lè) *adj.* Predilecto, preferido.

PRÉDIO (prè) *m.* Predio, heredad, hacienda, finca. Predio rústico. Predio urbano. Edificio.

PREDISPONÊNCIA (nén) *f.* Predisposición (acción y efecto de predisponer).

PREDISPONENTE *adj.* Predisponente.

PREDISPOR *v. tr.* Predisponer, disponer anticipadamente. Ú. t. c. s.

PREDITO, TA *adj.* Predicho.

PREDIZER (zer) *v. tr.* Predecir.

PREDOMINAÇÃO (sáum) *f.* Predominación.

PREDOMINADOR, RA *adj.* Predominante.

PREDOMINÂNCIA (nán) *f.* Predominancia.

PREDOMINANTE *adj.* Predominante.

PREDOMINAR *v. intr.* Predominar, prevalecer, preponderar.

PREDOMÍNIO *m.* Predominio, imperio, poder, ascendiente, superioridad, influjo.

PREEMINÊNCIA (nén) *f.* Preeminencia, preferencia, privilegio, ventaja, superioridad.

PREEMINENTE *adj.* Preeminente.

PREEMPÇÃO (sáum) *f.* Preferencia en la compra. Compra anticipada.

PREENCHER (cher) *v. tr.* Cumplir, satisfacer, desempeñar. Ocupar. Completar. Llenar, rellenar.

PREENCHIMENTO (chi) *m.* Acción y efecto de *Preencher.*

PREENSÃO (sáum) *f.* Prehensión, prensión.

PREÊNSIL *adj.* Prensil, prehensil.

PREESTABELECER *v. tr.* Preestablecer.

PREEXCELÊNCIA (escelén) *f.* Preexelencia, excelencia suma.

PREEXCELENTE (esce) *adj.* Preexelente.

PREEXCELSO, SA (escèl) *adj.* Preexcelso.

PREEXISTÊNCIA (zistén) *f.* Preexistencia.

PREEXISTENTE (ezis) *adj.* Preexistente.

PREEXISTIR (ezis) *v. intr.* Preexistir.

PREFAÇÃO (sáum) *f.* Prefación.

PREFACIADOR *m.* Autor de un prefacio.

PREFACIAR *v. tr.* Escribir un prefacio.

PREFÁCIO *m.* Prefacio, prefación, prólogo. Prefacio (parte de la misa).

PREFEITO *m.* Prefecto (título que los romanos daban a diversos jefes militares o civiles). Prefecto (presidente de una comunidad religiosa). Prefecto (persona que tiene a su cargo el cuidado de que se desempeñen bien ciertos cargos). *Bras.* Alcaide, corregidor (el magistrado principal de una ciudad).

PREFEITURA *f.* Prefectura. *Bras.* Alcaldía.

PREFERÊNCIA (rén) *f.* Preferencia (primacía que una persona o cosa tiene sobre otra). Preferencia, predilección.

PREFERENCIAL *adj.* Que tiene preferencia.

PREFERENTE *adj.* Preferente. Ú. t. c. s.

PREFERENTEMENTE *adv. m.* Preferentemente.

PREFERIDO, DA *adj.* Predilecto.

PREFERIR *v. tr.* Preferir, dar la preferencia.

PREFERÍVEL *adj.* Preferible.

PREFERIVELMENTE *adv. m.* Preferiblemente.

PREFIGURAÇÃO (sáum) *f.* Prefiguración.
PREFIGURAR *v. tr.* Prefigurar. *v. r.* Parecerse, asemejarse. Representarse.
PREFINIR *v. tr.* Prefinir.
PREFIXAÇÃO (xasáum) *f.* Acción y efecto de prefijar.
PREFIXAR (xar) *v. tr.* Prefijar (señalar o fijar anticipadamente alguna cosa).
PREFIXO, XA (xo, xa) *adj.* Prefijo. *Gram.* Prefijo. Ú. t. c. s. m.
PREFLORAÇÃO (sáum) *f. Bot.* Prefloración.
PREFOLIAÇÃO (sáum) *f. Bot.* Prefoliación.
PREFULGENTE (jen) *adj.* Prefulgente, muy resplandeciente y lúcido.
PREFULGIR (jir) *v. intr.* Resplandecer.
PREGA (prè) *f.* Pliegue, doblez, arruga.
PREGAÇÃO (sáum) *f.* Predicación, prédica, sermón. *fig. fam.* Sermón, amonestación, reprensión. Discurso enfadoso.
PREGADEIRA *f.* Acerico (almohalilla en que se clavan agujas y alfileres).
PREGADOR, RA *adj.* Clavador. *m.* Predicador. *m.* Broche. *adj. Bras. merid.* Mentiroso. Ú. t. c. s.
PREGADURA *f.* Clavazón.
PREGAGEM (jem) *f.* Clavamiento.
PREGALHAS (llas) *f. pl.* Plegarias, súplicas, preces.
PREGÃO (gáum) *m.* Pregón.
PREGAR *v. tr.* Clavar (asegurar con clavo). Pregar, fijar, parar, poner. Clavar, asegurar, afianzar. Pregar, coser. Prender (con alfileres). Lo mismo que PREGUEAR. Pregonar. Clavar (introducir en un cuerpo una cosa puntiaguda). Predicar. Aconsejar. Inculcar, imbuir, infundir. Vociferar, vocear. Vociferar, pregonar jactanciosamente. Hacer caer. Arrastrar. Conducir. Lanzar. *v. r.* Plantarse. *v. intr.* Predicar. *Bras.* Emborracharse. Mentir. Empacarse. Interrumpir cualquier tarea por estar muy cansado.
PREGARETAS *f. pl.* Dominicanas (religiosas).
PREGARIA (ría) *f.* Clavazón. Fábrica de clavos.
PREGO (prè) *m.* Clavo (pieza de hierro con cabeza y punta, que sirve para fijarla en alguna parte, o para asegurar una cosa a otra). Alfiler grande. Clavo (para herraduras). *pop.* Casa de empeños. *Bras.* Mentira, bola, patraña. Mona, borrachera. Especie de mono. Cansancio. *Carta de —.* Carta cerrada que el comandante de un buque sólo abre en alta mar y en la qual se determina lo que debe hacer. *Por no —.* Empeñar. *Dar o —. fr. fig. Bras.* Interrumpir cualquier trabajo por estar muy cansado.
PREGOAMENTO *m.* Pregón. Acción y efecto de
PREGOEIRO *m.* Pregonero.
PREGRESSO, SSA (grèso, grèsa) *adj.* Sucedido anteriormente.
PREGUEADEIRA *f.* Lo mismo que
PREGUEADOR *m.* Plegador (instrumento con que se pliega).
PREGUEAR *v. tr.* Plegar (hacer pliegues). Lo mismo que FRANZIR.
PREGUEIRO *m.* El que hace o vende clavos.
PREGUIÇA (sa) *f.* Pereza. *Zool.* Perezoso.
PREGUIÇAR (sar) *v. intr.* Hacer perezosamente las cosas; ser perezoso.
PREGUICEIRA *f.* Recostadero.
PREGUICEIRO, RA *adj.* Perezoso. *m. Bras.* Camilla.
PREGUICENTO, TA *adj. Bras. nort.* Lo mismo que PREGUIÇOSO.
PREGUIÇOSAMENTE (sòza) *adv. m.* Perezosamente.
PREGUIÇOSO, SA (ozo, òza) *adj.* Perezoso.
PREGUSTAÇÃO (sáum) *f.* Pregustación.
PREGUSTAR *v. intr.* Pregustar.
PRÉ-HISTÓRIA (tò) *f.* Prehistoria.
PRÉ-HISTÓRICO, CA (rò) *adj.* Prehistórico.
PREIA *f.* Lo mismo que PRESA.
PRÉ-INCAICO, CA *adj.* Preincásico.
PREITEAR *v. tr.* Rendir homenaje.
PREITEJAR (jar) *v. tr.* Lo mismo que PREITEAR.
PREITO *m.* Homenaje. Vasallaje.
PREJUDICADO, DÁ (ju) *adj.* Perjudicado, dañado, menoscabado.

PREJUDICADOR, RA (ju) *adj.* Perjudicador. Ú. t. c. s.
PREJUDICAR (ju) *v. tr.* Perjudicar. Ú. t. c. r.
PREJUDICIAL (ju) *adj.* Perjudicial.
PREJUÍZO (juízo) *m.* Perjuicio. Prejuicio. *Sem* —. *m. adv.* Sin perjuicio, dejando a salvo.
PREJULGAR (jul) *v. tr.* Prejuzgar.
PRELAÇÃO (sáum) *f.* Prelación.
PRELACIAL *adj.* Prelaticio.
PRELACIAR *v. intr.* Ejercer la prelacía.
PRELADA *f.* Prelada.
PRELADIA (día) *f.* Prelacía.
PRELADO *m.* Prelado.
PRELATÍCIO, CIA *adj.* Prelaticio.
PRELATURA *f.* Prelatura, prelacía.
PRELAZIA (zía) *f.* Prelacía, prelatura.
PRELEÇÃO (sáum) *f.* Lección, disertación de cátedra.
PRELECIONADOR *m.* Profesor, maestro.
PRELECIONAR *v. intr.* Discurrir en la cátedra, disertar, dar lecciones.
PRELEGADO *m.* Legado que se debe dar antes de la repartición de la herencia.
PRELETOR *m.* Lo mismo que PRELECIONADOR.
PRELEVAR *v. intr.* Lo mismo que SOBRELEVAR.
PRELIBAÇÃO (sáum) *f.* Acción y efecto de
PRELIBAR *v. tr.* Pregustar.
PERLIMINAR *adj.* Preliminar. Ú. t. c. s. m.
PRELIMINARMENTE *adv. m.* Preliminarmente.
PRÉLIO (prè) *m.* Batalla, lucha, combate, pelea.
PRELO (prè) *m. Tip.* Prensa. *Dar ao —.* Dar a la prensa.
PRELUCIDAÇÃO (sáum) *f.* Elucidación preliminar.
PRELÚCIDO, DA *adj.* Prefulgente.
PRELUDIAR *v. tr.* Preludiar. Ú. t. c. intr.
PRELÚDIO *m.* Preludio (lo que sirve de preparación a alguna cosa). *Mús.* Preludio.
PRELUZIR (zir) *v. intr.* Prelucir. Resplandecer mucho.
PREMA *f.* Apremio, fuerza, coacción. Opresión.
PREMAR *v. tr.* Apremiar.
PREMATURAÇÃO (sáum) *f.* Precocidad. Calidad o condición de prematuro.
PREMATURAMENTE *adv. m.* Prematuramente.
PREMATURAR *v. tr. Bras.* Anticipar, efectuar antes de tiempo.
PREMATURIDADE *f.* Lo mismo que PREMATURAÇÃO.
PREMATURO, RA *adj.* Prematuro.
PREMEDEIRA *f.* Cárcola, premidera.
PREMEDITAÇÃO (sáum) *f.* Premeditación.
PREMEDITADAMENTE *adv. m.* Premeditadamente.
PREMEDITAR *v. tr.* Premeditar.
PREMÊNCIA (mén) *f. Bras.* Apremio (de tiempo). Urgencia. Premura.
PREMENTE *adj.* Apremiante. Urgente. Comprimente, compresor.
PREMER *v. tr.* Comprimir, apretar, oprimir. Calcar. Estrechar. Exprimir.
PREMIADOR, RA *adj.* Premiador. Ú. t. c. s.
PREMIAR *v. tr.* Premiar, remunerar, galardonear.
PRÉMIO (pré) *m.* Premio, galardón, recompensa. *Bras.* Premio, interés.
PREMIR *v. tr.* Lo mismo que PREMER.
PREMISSA (sa) *f. Lóg.* Premisa.
PREMOÇÃO (sáum) *f.* Premoción.
PREMONITÓRIO, RIA (tò) *adj.* Premonitório.
PREMONSTRATENSE *m.* Premostratense, premonstratense.
PREMUNIR *v. tr.* Precaver, prevenir.
PRENDA *f.* Regalo, dádiva. Prenda, cualidad, don. *pl.* Juego de prendas.
PRENDADO, DA *adj.* Que es persona de prendas.
PRENDAR *v. tr.* Regalar. Dotar.
PRENDER *v. tr.* Prender (asir, agarrar, sujetar una cosa). Prender (privar de la libertad). Prender (ganar la voluntad y agrado a uno). Ú. t. c. r. Prender (hacer presa una cosa en otra). Ú. t. c. r. Atraer, cautivar. Ligar, enlazar. Prender (comunicar su virtud una cosa a otra). Prender, arraigar.
PRENHE (ñe) *adj.* Preñado, lleno, cargado. Preñada, encinta.

PRENHEZ (ñez) *f.* Preñez, preñado.
PRENOÇÃO (sáum) *f.* Prenoción.
PRENOME *m.* Prenombre; nombre de pila.
PRENOTAR *v. tr.* Prenotar.
PRENSA *f.* Prensa (máquina para comprimir). *p. us.* Prensa (máquina de imprimir).
PRENSAGEM (jem) *f.* Prensadura.
PRENSAR *v. tr.* Prensar. Comprimir, apretar.
PRENSEIRO *m.* Prensero (*Amer.*).
PRENUNCIAÇÃO (sáum) *f.* Prenunciación.
PRENUNCIADOR, RA *adj.* Prenunciador. Ú. t. c. s.
PRENUNCIAR *v. tr.* Prenunciar.
PRENUNCIATIVO, VA *adj.* Prenunciativo.
PRENÚNCIO *m.* Prenuncio.
PREOCUPAÇÃO (sáum) *f.* Preocupación (en todas las acepciones de esta voz).
PREOCUPADAMENTE *adv. m.* Preocupadamente.
PREOCUPANTE *adj.* Que preocupa.
PREOCUPAR *v. tr.* Preocupar. *v. r.* Preocuparse.
PREOPINANTE *adj.* Preopinante.
PREOPINAR *v. tr.* Preopinar.
PREORDENAÇÃO (sáum) *f.* Preordinación.
PREORDENAR *v. tr.* Preordinar.
PREPARAÇÃO (sáum) *f.* Preparación, preparamento, preparamiento. Preparación, preparado, confección.
PREPARADO *m.* Preparado, preparación, confección.
PREPARADOR, RA *adj.* Preparador. Ú. t. c. s.
PREPARAMENTO *m.* Preparación, preparamiento, preparamento.
PREPARAR *v. tr.* Preparar (en todas las acepciones de esta voz). *v. r.* Prepararse, aprestarse.
PREPARATIVO, VA *adj.* Preparativo.
PREPARATORIAMENTE *adv. m.* Preparatoriamente.
PREPARATÓRIO, RIA (tò) *adj.* Preparatorio. *m. pl.* Estudios previos necesarios a la admisión en un curso superior.
PREPARO *m.* Preparación, preparamiento, preparamento. *Bras.* Cultura, competencia. *pl. Bras. merid.* Recado (*Amer.* conjunto de piezas que componen la montura de un hombre de campo).
PREPONDERÂNCIA (rán) *f.* Preponderancia.
PREPONDERANTE *adj.* Preponderante.
PREPONDERANTEMENTE *adv. m.* Preponderantemente.
PREPONDERAR *v. intr.* Preponderar (pesar más una cosa respecto de otra). *fig.* Preponderar (prevalecer una cosa sobre otra; ejercer una persona influjo dominante o decisivo).
PREPONENTE *adj.* Que prepone, que antepone. Ú. t. c. s.
PREPOR *v. tr.* Preponer, anteponer, preferir.
PREPOSIÇÃO (zisáum) *f.* Acción y efecto de proponer. *Gram.* Preposición.
PREPOSITIVO, VA *adj.* Prepositivo.
PREPÓSITO (pòzi) *m.* Prepósito. V. PROPÓSITO.
PREPOSITURA (zi) *f.* Prepositura (dignidad o cargo de prepôsito).
PREPOSTERAÇÃO (sáum) *f.* Preposteración.
PREPOSTERAMENTE *adv. m.* Prepósteramente.
PREPOSTERAR *v. tr.* Preposterar (trastrocar el orden de algunas cosas).
PREPOSTERIDADE *f.* Calidade de prepóstero.
PREPÓSTERO, RA (pòs) *adj.* Prepóstero, trastrocado, hecho al revés y sin orden.
PREPOSTO, POSTA (pós, pòs) *adj.* Prepuesto, antepuesto. *m.* Institor, factor.
PREPOTÊNCIA (tén) *f.* Prepotencia. Despotismo.
PREPOTENTE *adj.* Prepotente. Despótico.
PREPUCIAL *adj.* Prepucial.
PREPÚCIO *m.* Prepucio.
PRÉ-RAFAELISMO *m.* Prerrafaelismo.
PRÉ-RAFAELITA *adj. y s.* Prerrafaelita.
PRERROGATIVA *f.* Prerrogativa.
PRESA (préza) *f.* Presa (acción de prender o tomar una cosa). Presa (cosa apresada o robada). Presa (cualquiera de los colmillos de algunos animales). Presa (uña del ave de rapiña). Diente canino. *Lus.* Presa, acequia. Presa, prisionera, mujer encarcelada.
PRESAR (zar) *v. tr.* Lo mismo que APRESAR.

PRESBIOPIA (pía) *f.* Presbicia, presbiopía.

PRÉSBITA (près) *adj.* Présbita, présbite. Ú. t. c. s.

PRESBITERADO *m.* Presbiterado, presbiterato.

PRESBITERAL *adj.* Presbiteral.

PRESBITERANISMO *m.* Presbiterianismo.

PRESBITERANO, NA *adj.* Presbiteriano. Ú. t. c. s.

PRESBITERATO *m.* Presbiterato, presbiterado.

PRESBITÉRIO (tè) *m.* Presbiterio (área del altar mayor hasta el pie de las gradas que dan acceso a él). Iglesia parroquial. Casa del párroco.

PRESBITIA (tía) *f.* Presbicia, presbiopía.

PRESBITISMO *m.* Lo mismo que PRESBITIA.

PRESCINDIR *v. intr.* Prescindir.

PRESCREVER *v. tr.* Prescribir (señalar, ordenar, determinar una cosa). Recetar. *v. intr. For.* Prescribir.

PRESCRIÇÃO (sáum) *f.* Prescripción. Precepto. Indicación. Receta (del médico). *For.* Prescripción.

PRESCRITÍVEL *adj.* Prescriptible.

PRESCRITO, TA *adj.* Prescripto, prescrito. *P. p. irreg. de Prescrever.*

PRESENÇA (zensa) *f.* Presencia (acto de estar una persona o cosa en un sitio). Presencia (figura, aspecto y disposición del cuerpo). — *de espírito.* Presencia de ánimo.

PRESENCIAL (zen) *adj.* Presencial.

PRESENCIAR (zen) *v. tr.* Presenciar. Observar. Ver.

PRESENTAÇÃO (zentasáum) *f.* Lo mismo que APRESENTAÇÃO.

PRESENTÂNEO, NEA (zentá) *adj.* Eficaz, de efecto imediato.

PRESENTAR (zen) *v. tr.* Lo mismo que APRESENTAR.

PRESENTE (zen) *adj.* Presente (que está en presencia de uno o que concurre con él en un lugar). Ú. t. c. s. Presente, actual (hablando del tiempo). *Gram.* Presente. Ú. t. c. s. *m.* Actualidad, tiempo presente. Presente, don, regalo, dádiva.

PRESENTEADOR, RA (zen) *adj.* Regalador. Ú. t. c. s.

PRESENTEAR (zen) *v. tr.* Regalar (dar a una persona alguna cosa en calidad de obsequio o presente). Brindar.

PRESENTEMENTE (zen) *adv. m.* Presentemente, al presente.

PRESEPADA (ze) *f. Bras. nort.* Fanfarronada.

PRESEPE (zè) *m.* Lo mismo que PRESÉPIO.

PRESEPEIRO (ze) *m. Bras.* Fanfarrón.

PRESÉPIO (zè) *m.* Pesebre, presepio (cajón donde comen las bestias). Establo, presepio. Nacimiento (representación del nacimiento de Jesucristo).

PRESEPISTA (ze) *m.* Persona que tenía parte en una representación del Nacimiento.

PRESERVAÇÃO (zervasáum) *f.* Preservación.

PRESERVADOR, RA (zer) *adj.* Preservador. Ú. t. c. s.

PRESERVAR (zer) *v. tr.* Preservar. Ú. t. c. r.

PRESERVATIVO, VA (zer) *adj.* Preservativo. Ú. t. c. s. *m.* Preservativo, condón.

PRESIDÊNCIA (zidén) *f.* Presidencia (dignidad o cargo de presidente; acción de presidir; sitio que ocupa el presidente; tiempo que dura el cargo).

PRESIDENCIAL (zi) *adj.* Presidencial.

PRESIDENTA (zi) *f. neol.* Presidenta.

PRESIDENTE (zi) *adj.* Presidente, que preside. *m.* Presidente.

PRESIDIAR (zi) *v. tr.* Presidiar.

PRESIDIÁRIO, RIA (zi) *adj.* Relativo al presidio. *m.* Presidiario.

PRESÍDIO (zí) *m.* Presidio (guarnición militar). Presidio (lugar donde sufren su condena los penados).

PRESIDIR (zi) *v. tr.* Presidir (ocupar en primer puesto en una junta, asamblea, consejo o tribunal, acto o empresa; ser su cabeza). Presidir, predominar (tener una cosa principal influjo).

PRESIGANGA (zi) *f.* Pontón (buque que sirve de prisión).

PRESIGO (zi) *m.* Lo que se come con pan. Jamón; tocino.

PRESILHA (zilla) *f.* Presilla (cordón, en forma de lazo, con que se prende o asegura una cosa).

PRESO, PRESA (prézo, préza) *adj. P. p. de Prender.* Preso. Preso, encarcelado. *m.* Preso, prisionero.

PRESSA (prèsa) *f.* Prisa, prontitud, rapidez. Urgencia. Barahúnda, batahola. Apresuramiento. *Às — s. m. adv.* A prisa, aprisa.

PRESSAGIADOR, RA (sajia) *adj.* Presagioso, présago. Ú. t. c. s.

PRESSAGIAR (sajiar) *v. tr.* Presagiar.

PRESSAGIOSO, SA (sajiozo, sajiòza) *adj.* Presagioso.

PRESSAGO, GA (sá) *adj.* Présago, presago.

PRESSÃO (sáum) *f.* Presión (acción y efecto de apretar o comprimir). *fig.* Coacción. *Bras.* Corchete (broche metálico compuesto de macho y hembra).

PRESSENTIDO, DA (sen) *adj.* Presentido, previsto.

PRESSENTIMENTO (sen) *m.* Presentimiento.

PRESSENTIR (sen) *v. tr.* Presentir, prever, presagiar. Presentir (sentir una cosa antes que suceda).

PRESSUPOR (su) *v. tr.* Presuponer.

PRESSUPOSIÇÃO (supozisáum) *f.* Presuposición (suposición previa). Presuposición, presupuesto.

PRESSUPOSTO, TA (supos, supòs) *adj.* Presupuesto. *m.* Presupuesto, presuposición. Presupuesto, pretexto. Proyecto.

PRESSUROSO, SA (surozo, suròza) *adj.* Presuroso. Impaciente, que tiene mucha prisa.

PRESTAÇÃO (sáum) *f.* Prestación (acción y efecto de prestar). Prestación (cosa o servicio exigido por una autoridad o convenido en un pacto). Pago por plazos. Cuota, cota. Plazo (cada parte de una cantidad pagadera en dos o más veces). *m. Bras.* Persona que vende mercaderías a plazos.

PRESTACIONAR *v. tr. p. us.* Pagar por plazos. Dar como prestación.

PRESTADIO, DIA (dío, día) *adj.* Servicial. Útil, provechoso, prestante, excelente. Servidero.

PRESTADOR, RA *adj.* Prestador. Prestante, excelente. Servidero.

PRESTAMENTO *m.* Prestación (acción y efecto de prestar).

PRESTAMISTA *m.* Prestamista. *Bras.* Persona que vende mercaderías a plazos.

PRESTANÇA (sa) *f.* Lo mismo que

PRESTÂNCIA (tán) *f.* Prestancia, excelencia.

PRESTANTE *adj.* Prestante, excelente. Servicial. Servidero.

PRESTAR *v. tr.* Prestar, dar, comunicar. Lo mismo que EMPRESTAR. *For.* Prestar. *v. intr.* Prestar, aprovechar, ser útil o conveniente para la consecución de un intento. *v. r.* Prestarse, ofrecerse, allanarse, avenirse a una cosa.

PRESTATIVO, VA *adj.* Servicial. Servidero. Prestante, excelente.

PRESTÁVEL *adj.* Que presta o puede prestar, útil. Servicial. Servidero. Prestante, excelente.

PRESTE *m. ant.* Preste, sacerdote. *adj. y adv.* Lo mismo que PRESTES.

PRESTEMENTE (près) *adm. m.* Prestamente, prontamente, de presto.

PRESTES (près) *adj.* Presto, pronto, diligente, ligero en la ejecución de una cosa. Presto, aparejado, pronto, preparado o dispuesto para ejecutar una cosa o para un fin. *adv. t.* Presto, luego, al instante, con gran prontitud y brevedad, prestamente, de presto.

PRESTEZA (za) *f.* Presteza.

PRESTIDIGITAÇÃO (jitasáum) *f.* Prestidigitación.

PRESTIDIGITADOR (ji) *m.* Prestidigitador, jugador de manos.

PRESTIGIAÇÃO (jiasáum) *f.* Arte del prestigiador. Lo mismo que BRUXARIA.

PRESTIGIADOR (jia) *m.* Prestigiador. Prestigitador, jugador de manos.

PRESTIGIAR (jiar) *v. tr.* Hacer prestigioso, dar influencia o ascendiente.

PRESTÍGIO (jio) *m.* Prestigio (fascinación mágica; ilusión con que los prestigiadores embaucan a la gente). Prestigio (influencia, ascendiente, autoridad de que goza una persona).

PRESTIGIOSO, SA (jiozo, jiòza) *adj.* Prestigioso, que tiene prestígio o influencia.

PRESTIMANEAR *v. tr.* Lograr o robar una cosa como jugador de manos.

PRESTÍMANO *m.* Jugador de manos, prestidigitador.

PRÉSTIMO (près) *m.* Mérito, utilidad, capacidade, calidad de provechoso. Servicialismo.

PRESTIMONIAL *adj.* Lo mismo que

PRESTIMONIÁRIO, RIA *adj.* Relativo a la prestamera.

PRESTIMÔNIO (mó) *m.* Prestamera, préstamo, prestimonio.

PRESTIMOSO, SA (mozo, òza) *adj.* Servidero, útil. Servicial. Prestante, excelente.

PRESTÍSSIMO, MA (prèstisimo) *adv. m.* En compás muy vivo y animado.

PRÉSTITO (près) *m.* Procesión. Comitiva. Acompañamiento. Marcha solemne.

PRESTO (près) *adv. m.* En compás vivo y animado. *adj.* Presto, pronto, diligente, ligero.

PRESUMIDO, DA (zu) *adj.* Presumido, vano, fatuo, jactancioso. Ú. t. c. s.

PRESUMIDOR, RA (zu) *adj.* Que presume. Ú. t. c. s.

PRESUMIR (zu) *v. tr.* Presumir, sospechar, juzgar por indicios o señales, suponer, presuponer. *v. intr.* Presumir, jactarse, vanagloriarse. Ú. t. c. r.

PRESUMÍVEL (zu) *adj.* Presumible.

PRESUNÇÃO (sáum) *f.* Presunción (acción de presumir). Presunción, presuntuosidad, arrogancia, vanagloria.

PRESUNÇOSAMENTE (zunsòza) *adv. m.* Presuntuosamente.

PRESUNÇOSO, SA (zunsozo, zunsòza) *adj.* Presuntuoso, presumido.

PRESUNTIVAMENTE (zun) *adv. m.* Presuntivamente.

PRESUNTIVO, VA (zun) *adj.* Presuntivo.

PRESUNTO (zun) *m.* Jamón.

PRESÚRIA (zu) *f.* Acequia, presa. Reivindicación o reconquista a mano armada.

PRETA *f.* Negra (mujer).

PRETALHADA (lla) *f. despect.* Muchudumbre de negros; negrada *(amer. cub.)*

PRETALHÃO (lláum) *m.* Negro corpulento.

PRETARIA (ría) *f.* Lo mismo que PRETALHADA.

PRETEJAR (jar) *v. intr. Bras.* Negrecer, ponerse negro. *Bras.* Estar lleno de (gente en la calle, frutas en los árboles, etc.).

PRETENDEDOR, RA *adj.* Pretensor. Ú. t. c. s.

PRETENDENTE *adj.* Pretendiente. Ú. t. c. s.

PRETENDER *v. tr.* Pretender (solicitar una cosa; procurar, intentar). *v. r.* Presumir.

PRETENSÃO (sáum) *f.* Pretensión, solicitación, petición. Pretensión (derecho que uno cree tener sobre una cosa). Presuntuosidad, presunción. *pl.* Pretensiones.

PRETENSIOSAMENTE (siò) *adv. m.* Presuntuosamente.

PRETENSIOSO, SA (siozo, òza) *adj.* Presuntuoso, presumido. Afectado.

PRETENSO, SA *adj.* Pretenso, imaginado, supuesto, presumido, tenido en opinión.

PRETENSOR, RA *adj.* Pretensor. Ú. t. c. s.

PRETERIÇÃO (sáum) *f.* Preterición.

PRETERIR *v. tr.* Preterir (hacer caso omiso de alguna cosa o persona). *For.* Preterir.

PRETÉRITO, TA (tè) *adj.* Pretérito. Ú. t. c. s.

PRETERÍVEL *adj.* Preterible.

PRETERMISSÃO (sáum) *f.* Pretermisión.

PRETERMITIR *v. tr.* Pretermitir, preterir, omitir, pasar por alto.

PRETERNATURAL *adj.* Preternatural.

PRETEXTA (tès) *f.* Pretexta. Ú. t. c. adj.

PRETEXTAR (tes) *v. tr.* Pretextar, utilizar como pretexto.

PRETEXTO (tes) *m.* Pretexto.

PRETIDÃO (dáum) *f.* Negror, negrura.

PRETINHO, NHA (ño) *adj. dim. de Preto.* Negrito. Ú. t. c. s.

PRETO, TA *adj.* Negro (de color totalmente obscuro). Ú. t. c. s. Negro (aplícase a la persona que tiene la piel de color negro). Ú. t. c. s. Negro, moreno (que no tiene la blancura que le es propia). Negro, obscuro, obscurecido, sombrío, deslucido. *Bras. fig.* Difícil, peligroso. *m.* Negro (el color negro). Negro (hombre de color negro). *Por o — no branco. fr. fig.* Escribir; declarar por escrito.

PRETOR *m.* Pretor. *Bras.* Juez de alzada inferior a la del juez de primera instancia.
PRETORIA (ría) *f.* Pretoria, pretura. *Bras.* Jurisdición del *pretor.*
PRETORIANO, NA *adj.* Pretoriano, pretorial, pretorio. Pretoriano (dícese de los soldados de la guardia de los antiguos emperadores romanos). Ú. t. c. s.
PRETÓRIO (tò) *m.* Pretorio. Tribunal.
PRETUME *m.* *Bras.* Obscuridad. Negror, negrura.
PREVALECENTE *adj.* Prevaleciente.
PREVALECER *v. intr.* Prevalecer, predominar, descollar, sobresalir, aventajar; tener una persona preeminencia o superioridad entre otras. *v. r.* Prevalecerse, servirse, aprovecharse. Ensoberbecerse.
PREVALÊNCIA (lén) *f.* Superioridad, calidad de prevaleciente.
PREVARICAÇÃO (sáum) *f.* Prevaricación.
PREVARICADOR, RA *adj.* Prevaricador. Ú. t. c. s.
PREVARICAR *v. intr.* Prevaricar. *v. tr.* Prevaricar. Pervertir.
PREVENÇÃO (sáum) *f.* Prevención (acción de prevenir). Prevención (preparación y disposición que se hace para evitar un riesgo o para otro fin). Prevención (concepto desfavorable que se tiene de una persona o cosa). Premeditación.
PREVENIDAMENTE *adv. m.* Prevenidamente.
PREVENIDO, DA *adj.* Prevenido, preparado, dispuesto. Prevenido, provisto. Prevenido, advertido, cuidadoso.
PREVENIENTE *adj.* Preveniente. Que llega antes.
PREVENIR *v. tr.* Prevenir, disponer, preparar anticipadamente. Prevenir, prever. Prevenir, evitar, precaver. Prevenir, advertir, avisar. Prevenir (imbuir, impresionar el ánimo de uno, induciéndole a prejuzgar personas o cosas). *v. r.* Prevenirse.
PREVENTIVAMENTE *adv. m.* Preventivamente.
PREVENTIVO, VA *adj.* Preventivo.
PREVENTO, TA *adj.* Prevenido.
PREVENTÓRIO (tò) *m.* Establecimiento donde se cuida preventivamente de los enfermos.
PREVER *v. tr.* Prever. Ú. t. c. intr.
PREVIAMENTE *adv. m.* Previamente.
PREVIDÊNCIA (dén) *f.* Previsión, prevención, precaución.
PREVIDENTE *adj.* Previsor; precavido.
PREVIDENTEMENTE *adv. m.* Previsoramente.
PRÉVIO, VIA (prè) *adj.* Previo.
PREVISÃO (záum) *f.* Previsión.
PREVISIBILIDADE (zi) *f.* Calidad de previsible.
PREVISÍVEL (zí) *adj.* Previsible.
PREVISOR, RA (zor, zora) *adj. Bras.* Lo mismo que PREVIDENTE.
PREVISTO, TA *adj.* Previsto.
PREZADO, DA (za) *adj.* Estimado, querido, apreciable. Aseado, curioso.
PREZADOR, RA (za) *adj.* Apreciador, que aprecia, que estima.
PREZAR (zar) *v. tr.* Preciar, apreciar, estimar. *v. r.* Preciarse.
PREZÁVEL (zá) *adj.* Apreciable, estimable.
PRIAPISMO *m. Med.* Priapismo.
PRIMA *f.* Prima (hora canónica). Prima (cuerda primera en algunos instrumentos músicos). Prima (hija del tío o tía de una persona respecto de esta).
PRIMACIAL *adj.* Primacial.
PRIMACIALMENTE *adv. m.* Principalmente.
PRIMADO *m.* Primado.
PRIMAGEM (jem) *f.* Abono del tanto por ciento que se concede al capitán del navío.
PRIMAR *v. tr.* Ser el primero. Tener la primacía. Sobresalir, descollar.
PRIMARIAMENTE *adv. m.* Primariamente.
PRIMÁRIO, RIA *adj.* Primario, principal, primero. Primario (dícese de las escuelas de primera enseñanza).
PRIMATAS *m. pl. Zool.* Primates.
PRIMATES *m. pl.* Lo mismo que PRIMATAS.
PRIMAVERA (vè) *f.* Primavera (estación del año). *Bot.* Primavera. *fig.* Primavera (tiempo de mayor lozanía). *pl.* Abriles (años de edad).

PRIMAVERAL *adj.* Primaveral.
PRIMAVERAR *v. intr.* Pasar la primavera, gozar esta estación.
PRIMAVERIL *adj.* Primaveral.
PRIMAVERO, RA (vè) *adj.* Primaveral.
PRIMAZIA (zía) *f.* Primacía (superioridad, excelencia de una cosa). Primacía (dignidad de primado). *por ext.* Rivalidad.
PRIMEIRA *f.* Primera (juego de naipes). *À* —. *m. adv.* A primera vista.
PRIMEIRAMENTE *adv. t* y *ord.* Primeramente
PRIMEIRO, RA *adj.* Primero, primer. *adv. t.* Primero, primeramente. *De* —. *m. adv.* De primeiro, antes o al principio.
PRIMEVO, VA (mè) *adj.* Primitivo (*ant.* primevo).
PRIMÍCIAS *f. pl.* Primicias.
PRIMIGÉNIO, NIA (jé) *adj.* Lo mismo que
PRIMÍGENO, NA (je) *adj.* Primigenio.
PRIMINA *f.* Primina.
PRIMÍPARA *adj.* Primípara.
PRIMITIVA *f. fam.* Origen, principio.
PRIMITIVAMENTE *adv. m.* Primitivamente.
PRIMITIVO, VA *adj.* Primitivo.
PRIMO, MA *adj.* Primo, primero. Primo, primoroso, excelente. *Arit.* Primo. *m.* y *f.* Primo, ma (hijo o hija de su tío o tía respecto de una persona). — *irmão.* Primo hermano, o carnal. — *segundo.* Primo segundo. *Matéria* —a. Materia prima o bruta. *Obra* —. Obra prima. *adv. m.* Primo, en primer lugar.
PRIMOGÉNITO, TA (jé) *adj.* Primogénito. Ú. t. c. s.
PRIMOGENITURA (je) *f.* Primogenitura.
PRIMOPONENDO, DA *adj.* Que se debe anteponer.
PRIMOR *m.* Primor.
PRIMORDIAL *adj.* Primordial, primitivo, primero.
PRIMORDIALMENTE *adv. m.* Primordialmente.
PRIMÓRDIO (mòr) *m.* Primordio.
PRIMOROSAMENTE (ròza) *adv. m.* Primorosamente.
PRIMOROSO, SA (rozo, òza) *adj.* Primoroso, excelente, delicado, esmerado, perfecto.
PRÍMULA *f. Bot.* Prímula, primavera.
PRIMULÁCEAS *f. pl. Bot.* Primuláceas.
PRIMULINA *f. Quím.* Primulina.
PRÍNCEPS *adj.* Príncipe (dícese de la primera edición de un libro cuando de él se han hecho varias).
PRINCESA (za) *f.* Princesa.
PRINCIPADO *m.* Principado (título o dignidad de príncipe; territorio sobre que recae este título). *pl. Teol.* Principados.
PRINCIPAL *adj.* Principal. *m.* Principal.
PRINCIPALIDADE *f.* Principalidad.
PRINCIPALMENTE *adv. m.* Principalmente.
PRÍNCIPE *m.* Príncipe.
PRINCIPELHO (llo) *m. despect.* Príncipe.
PRINCIPESCAMENTE *adv. m.* Principescamente.
PRINCIPESCO, CA *adj.* Principesco.
PRINCIPIADOR, RA *adj.* Principiador. Ú. t. c. s.
PRINCIPIANTE *adj.* Principiante. Ú. t. c. s.
PRINCIPIAR *v. tr.* Principiar, comenzar.
PRINCIPÍCULO *m.* Lo mismo que PRINCIPELHO.
PRINCÍPIO *m.* Principio, comienzo. Principio (punto considerado como primero en una extensión). Principio, basa, origen, fundamento, razón fundamental. Principio (cada una de las primeras verdades por donde se comienza a estudiar una facultad). Principio (cualquiera cosa que entra con otra en la composición de un cuerpo). *pl.* Primicias. — *de contradição.* Principio de contradicción. *Ao* — *m. adv.* Al principio. *Do* — *ao fim m. adv.* Del principio al fin, enteramente. *Em* —. *m. adv.* En principio.
PRIOR *m.* Prior.
PRIORADO *m.* Priorato, priorazgo.
PRIORAL *adj.* Prioral.
PRIORATO *m.* Lo mismo que PRIORADO.
PRIORESA (za) *f.* Priora.
PRIORIDADE *f.* Prioridad.
PRIOSTE (òs) *m.* Prioste.
PRISÃO (sáum) *f.* Prisión (acción de prender). Prisión, carcel. *fig.* Prisión (cualquier cosa que ata

o detiene físicamente). *fig.* Prisión (lo que une estrechamente las voluntades y afectos). — *de ventre.* Estreñimiento.
PRISCA *f. Bras.* Colilla.
PRISCADOR, RA *adj. Bras. merid.* Brincador.
PRISCAR *v. intr. Bras. merid.* Brincar, dar brincos.
PRISCILIANISMO *m.* Priscilianismo.
PRISCILIANISTA *adj.* Priscilianista. Ú. t. c. s.
PRISCILIANO, NA *adj.* Prisciliano. Ú. t. c. s.
PRISCO, CA *adj. poét.* Prístino, antiguo. *m. Bras. merid.* Brinco, salto.
PRISIONEIRO *m.* Prisionero.
PRISMA *m. Geom.* Prisma. *fig.* Punto de vista.
PRISMÁTICO, CA *adj.* Prismático.
PRISMATIZAÇÃO (zasáum) *f.* Prismatización.
PRISMATIZADO, DA (za) *adj.* Prismatizado, dispuesto en prisma.
PRISMATÓIDE (tòi) *adj.* Prismatoideo.
PRÍSTINO, NA *adj. poét.* Prístino.
PRÍTANE *m.* Pritano.
PRITANEU *m.* Pritaneo.
PRIVAÇÃO (sáum) *f.* Privación.
PRIVADA *f.* Privada, letrina.
PRIVADAMENTE *adv. m.* Privadamente.
PRIVADO, DA *adj.* Privado. *m.* Privado.
PRIVANÇA (sa) *f.* Privanza.
PRIVAR *v. tr.* Privar, despojar. Privar, destituir. Privar, quitar, suspender. *v. intr.* Privar (tener privanza). *v. r.* Privarse.
PRIVATIVAMENTE *adv. m.* Privativamente.
PRIVATIVO, VA *adj.* Privativo.
PRIVILEGIADAMENTE (jia) *adv. m.* Privilegiadamente.
PRIVILEGIADO, DA (jia) *adj.* Privilegiado.
PRIVILÉGIO (lèjio) *m.* Privilegio.
PRÓ (prò) *adv. m.* En pro, en favor. *m.* Pro, provecho. Ventaja. *Os* —*s e os contras. expr.* El pro y el contra.
PROA *f.* Proa. *fig.* Soberbia, vanidad, presunción, presuntuosidad.
PROAR *v. tr.* Lo mismo que APROAR.
PROBABILIDADE *f.* Probabilidad.
PROBABILISMO *m.* Probabilismo.
PROBABILISTA *adj.* Probabilista. Ú. t. c. s.
PROBANTE *adj.* Probativo, probatorio.
PROBÁTICO, CA *adj.* Probático.
PROBATÓRIO, RIA (tò) *adj.* Probatorio.
PROBIDADE *f.* Probidad.
PROBLEMA *m.* Problema.
PROBLEMATICAMENTE *adv. m.* Problemáticamente.
PROBLEMÁTICO, CA *adj.* Problemático.
PROBLEMATIZAR (zar) *v. tr.* Hacer problemático, poner en duda.
PROBO, BA *adj.* Probo, que tiene probidad.
PROBÓSCIDA (bòs) *f.* Lo mismo que
PROBÓSCIDE (bòs) *f.* Proboscidio.
PROBOSCÍDEO, DEA *adj.* Proboscidio. *m. pl. Zool.* Proboscidios.
PROCACIDADE *f.* Procacidad, desvergüenza, descaro, atrevimiento.
PROCAZ *adj.* Procaz, desvergonzado, atrevido, insolente, descarado.
PROCEDÊNCIA (den) *f.* Procedencia (origen, principio de donde nace o se deriva una cosa). Procedencia (punto de salida o escala de un barco, de otros vehículos y aun personas). Procedencia (conformidad con la moral, la razón o el derecho). *For.* Procedencia.
PROCEDENTE *adj.* Procedente (que procede; conforme a derecho o conveniencia).
PROCEDER *v. intr.* Proceder (seguirse, nacer u originarse una cosa de otra). Proceder, portarse, conducirse. Proceder (pasar a ejecutar una cosa a que precedieron algunas diligencias). Proceder (continuar en la ejecución de algunas cosas que piden trato sucesivo). Proceder (ser conforme a razón, derecho o conveniencia). Formar proceso. *m.* Proceder (modo de portarse o conducirse).
PROCEDIMENTO *m.* Procedimiento. Proceder.
PROCELA (cè) *f.* Procela, temporal, borrasca, tormenta.
PROCELÁRIA *f. Zool.* Procelario, petrel.
PROCELOSO, SA (lozo, òza) *adj.* Proceloso, borrascoso, tempestuoso.

PRÓCER (prò) *m.* Prócer.
PROCERIDADE *f. ant.* Proceridad.
PRÓCERO, RA (prò) *adj.* Prócero, procero, prócer, alto, elevado, eminente.
PROCESSAMENTO (sa) *m.* Procesamiento.
PROCESSÃO (sáum) *f.* Procesión, procedencia.
PROCESSAR (sar) *v. tr. For.* Procesar. Verificar, conferir (documentos). Organizar. Procesar (formar autos y procesos).
PROCESSIONAL (sio) *adj.* Procesional.
PROCESSIONALMENTE (sio) *adv. m.* Procesionalmente.
PROCESSIONÁRIO (sio) *m.* Procesionario, libro procesionario.
PROCESSO (cèso) *m.* Proceso, progreso. Proceso (causa criminal). Proceso (agregado de los autos y demás escritos de una causa civil o criminal). Procedimiento (modo de proceder judicialmente). Procedimiento (método de hacer algunas cosas). Técnica (conjunto de procedimientos).
PROCESSUAL (sual) *adj. neol.* Procesal.
PROCESSUALISTA (sua) *m.* Jurista especializado en
PROCESSUALÍSTICA (sua) *f.* Teoría del proceso judicial.
PROCIDÊNCIA (dén) *f. Med.* Procidencia, prolapso.
PROCISSÃO (sáum) *f.* Procesión (acto de ir marchando ordenadamente muchas personas con algún fin público y solemne).
PROCLAMA *m.* Proclama (amonestación de los que han de casarse). Lo mismo que
PROCLAMAÇÃO (sáum) *f.* Proclamación.
PROCLAMADOR, RA *adj.* Proclamador. Ú. t. c. s.
PROCLAMAR *v. tr.* Proclamar.
PRÓCLISE (pròclize) *f. Gram.* Proclisis.
PROCLÍTICO, CA *adj. Gram.* Proclítico.
PROCLIVE *adj.* Proclive.
PROCLIVIDADE *f.* Proclividad.
PROCÔNSUL (côn) *m.* Procónsul.
PROCONSULADO *m.* Proconsulado.
PROCRASTINAÇÃO (sáum) *f.* Lo mismo que ADIAMENTO.
PROCRASTINAR *v. tr.* Lo mismo que ADIAR.
PROCRIAÇÃO (sáum) *f.* Procreación.
PROCRIADOR, RA *adj.* Procreador. Ú. t. c. s.
PROCRIAR *v. tr.* Procrear, engendrar. *v. intr.* Germinar, multiplicarse.
PROCTITE *f. Patol.* Proctitis.
PROCUMBIR *v. intr.* Tenderse muerto. Caer hacia adelante. Prosternarse, postrarse.
PROCURA *f.* Busca, buscada, búsqueda. Indagación, inquisición, averiguación, investigación, pesquisa. Esfuerzo, conato, empeño. Rebusca. *Com.* Demanda.
PROCURAÇÃO (sáum) *f.* Procuración, procura (poder que una persona da a otra para que haga alguna cosa en su nombre). Instrumento de procuración.
PROCURADEIRA *f.* Mujer indagadora.
PROCURADOR, RA *adj.* Buscador. Indagador. *m.* Procurador.
PROCURADORIA (ría) *f.* Procuraduría.
PROCURAR *v. tr.* Buscar (hacer diligencias para hallar o encontrar alguna persona o cosa). Procurar (hacer diligencias para lograr alguna cosa). Indagar, investigar, pesquisar, averiguar, inquirir, escudriñar. Escoger. Tratar de. *v. intr.* Preguntar. Procurar (ejercer el cargo de procurador). Lograr, obtener, conseguir. Agenciar. Proporcionar (poner las cosas en disposición para lo que se desea).
PROCURATÓRIO, RIA (tò) *adj.* Relativo o perteneciente a la procuración.
PRODIAGNÓSTICO (nòs) *m.* Prodiagnosis.
PRODIÇÃO (sáum) *f.* Prodición.
PRODIGALIDADE *f.* Prodigalidad, derroche, despilfarro, disipación. Prodigalidad, copia, abundancia.
PRODIGALIZADOR, RA (za) *adj.* Prodigador. Ú. t. c. s.
PRODIGALIZAR (zar) *v. tr.* Prodigalizar, prodigar, derrochar, despilfarrar, disipar, dilapidar. Prodigar, prodigalizar, dar con profusión y abundancia.

PRODIGAMENTE *adv. m.* Pródigamente.
PRODIGAR *v. tr.* Lo mismo que PRODIGALIZAR.
PRODÍGIO (jio) *m.* Prodigio (suceso extraño que sobrepasa los términos regulares de la naturaleza; cosa rara o primorosa; milagro).
PRODIGIOSAMENTE (jiòza) *adv. m.* Prodigiosamente.
PRODIGIOSO, SA (jiozo, òza) *adj.* Prodigioso, maravilloso. Prodigioso, excelente, primoroso.
PRÓDIGO, GA (prò) *adj.* Pródigo, derrochador, disipador. Ú. t. c. s. Pródigo, muy liberal y dadivoso.
PRÓDITO, TA (prò) *adj.* Traicionado.
PRODITOR *m.* Traidor.
PRODITÓRIO, RIA (tò) *adj.* Que incluye traición o pertenece a ella; *(ant.* proditorio).
PRODRÔMICO, CA (dró) *adj.* Prodrómico. Preliminar, que sirve de preámbulo o proemio.
PRÓDROMO (prò) *m. Med.* Pródromo. Preámbulo, proemio, preliminar. Ú. m. en pl. *fig.* Precursor.
PRODUÇÃO (sáum) *f.* Producción.
PRODUCENTE *adj.* Producente, produciente.
PRODUTIBILIDADE *f.* Producibilidad.
PRODUTIVAMENTE *adv. m.* Productivamente.
PRODUTÍVEL *adj.* Producible. Productible.
PRODUTIVIDADE *f.* Productividad.
PRODUTIVO, VA *adj.* Productivo.
PRODUTO *m.* Producto (cosa producida). Producto (caudal que se obtiene de una cosa). *Mat.* Producto. — *químico. Quím.* Producto químico.
PRODUTOR, RA *adj.* Productor. Ú. t. c. s.
PRODUZIR (zir) *v. tr.* Producir, engendrar, procriar. Producir (dar fruto los terrenos, plantas, etc.). Producir (redituar interés o beneficio anual una cosa). Producir, originar, ocasionar. Producir, fabricar, elaborar. Producir, presentar razones, etc.
PRODUZÍVEL (zí) *adj.* Poductible. Producible.
PROEIRO *m. Mar.* Proel.
PROEJAR (jar) *v. intr.* Proejar. Lo mismo que APROAR.
PROEMIAL *adj.* Proemial.
PROEMIAR *v. tr.* Hacer un proemio.
PROEMINAR *v. intr. neol.* Sobresalir, descollar.
PROÊMIO (é) *m.* Proemio, prefacio.
PROEZA (za) *f.* Proeza, hazaña, acción valerosa. *irón.* Hecho indigno.
PROFANAÇÃO (sáum) *f.* Profanación.
PROFANADOR, RA *adj.* Profanador. Ú. t. c. s.
PROFANAMENTE *adv. m.* Profanamente.
PROFANAR *v. tr.* Profanar (tratar sin respeto una cosa sagrada, o aplicarla a usos profanos). *fig.* Profanar, deslucir, deshonrar, prostituir cosas respetables, hacer uso indigno de ellas.
PROFANIDADE *f.* Profanidad.
PROFANO, NA *adj.* Profano (que no es sagrado; irreverente; aficionado a las cosas mundanas; desconocedor de una materia, o falto de autoridad en ella). Ú. t. c. s.
PROFECIA (cía) *f.* Profecía.
PROFECTÍCIO, CIA *adj. For.* Profecticio.
PROFERIR *v. tr.* Proferir. Decretar, publicar.
PROFESSAR (sar) *v. tr.* Profesar (enseñar una ciencia o arte). Profesar (ejercer una ciencia, arte, oficio, etc.). Preconizar. *v. intr.* Profesar (ingresar en una orden religiosa). Profesar (ejercer una cosa con inclinación voluntaria y continuación en ella). Profesar, creer, confesar (una doctrina, un principio). Profesar (amistad, odio, etc.). Prometer, jurar.
PROFESSO, SSA (fèso, fèsa) *adj.* Profeso. Ú. t. c. s. Adiestrado, perito. Ú. t. c. s.
PROFESSOR (sor) *m.* Profesor, maestro.
PROFESSORA (so) *f.* Profesora, maestra.
PROFESSORADO (so) *m.* Professorado (cargo de profesor; cuerpo de profesores).
PROFESSORAL (so) *adj.* Profesoral.
PROFETA (fè) *m.* Profeta.
PROFETAR *v. tr.* Profetizar.
PROFETICAMENTE *adv. m.* Proféticamente.
PROFÉTICO, CA (fè) *adj.* Profético.
PROFETISMO *m.* Profetismo.
PROFETISTA *adj.* Relativo al profetismo. Profético (que concierne al profeta).
PROFETIZADOR, RA (za) *adj.* Profetizador. Ú. t. c. s.

PROFETIZAR (zar) *v. tr.* Profetizar. Ú. t. c. intr.
PROFICIÊNCIA (cién) *f.* Calidad de proficuo. Competencia. Ventaja. Perfección (en algun conocimiento).
PROFICIENTE *adj.* Proficuo, provechoso. Proficiente. Hábil, capaz, diestro. Que tiene perfecto conocimiento de alguna cosa.
PROFICUIDADE *f.* Ventaja. Utilidad. Calidad de proficuo.
PROFÍCUO, CUA *adj.* Proficuo, provechoso.
PROFILATICAMENTE *adv. m.* Profilácticamente.
PROFILÁTICO, CA *adj.* Profiláctico.
PROFILAXIA (xía) *f. Med.* Profiláctica, higiene. *Med.* Profilaxis.
PROFISSÃO (sáum) *f.* Profesión (acción de profesar). Profesión, oficio, empleo.
PROFISSIONAL (sio) *adj.* Profesional. Ú. t. c. s.
PROFITENTE *adj.* Profesante.
PROFLIGAÇÃO (sáum) *f.* Destrucción, derrota. Corrupción, perversión.
PROFLIGADOR, RA *adj.* Que vence, destruye, corrompe o perverte. Ú. t. c. s.
PROFLIGAR *v. tr.* Vencer, derrotar, destruir, desbaratar. Corromper, pervertir. Combatir, buscar destruir con argumentos.
PRÓFUGO, GA (prò) *adj.* Prófugo, fugitivo. Ú. t. c. s.
PROFUNDADOR, RA *adj.* Que profundiza.
PROFUNDAMENTE *adv. m.* Profundamente; hondamente.
PROFUNDAR *v. tr.* Profundizar, profundar (cavar una cosa para hacerla más honda). Profundizar, profundar (examinar y penetrar una cosa para llegar a su perfecto conocimiento). Ahondar (introducir una cosa muy dentro de otra). Ahondar, escudriñar. *v. r.* Ahondarse.
PROFUNDAS *f. pl. fam.* El infierno. *fam.* Profundidad; la parte más honda; profundo.
PROFUNDEZ *f.* Lo mismo que PROFUNDIDADE.
PROFUNDEZA (za) *f.* Lo mismo que
PROFUNDIDADE *f.* Profundidad, hondura. *Geom.* Profundidad (calidad de profundo).
PROFUNDO, DA *adj.* Profundo, muy hondo. Profundo (extendido a lo largo, o que tiene gran fondo). Profundo (que penetra mucho). *fig.* Profundo (intenso, muy vivo y eficaz). *fig.* Profundo (difícil de comprender). *fig.* Profundo (extenso, vasto, que penetra o ahonda mucho). *fig.* Profundo (aplícase a la persona cuyo conocimiento ahonda o penetra mucho). *fig.* Profundo (muy humilde).
PROFUNDURA *f.* Lo mismo que PROFUNDIDADE.
PROFUSAMENTE (za) *adv. m.* Profusamente.
PROFUSÃO (záum) *f.* Profusión, copia, abundancia excesiva.
PROFUSO, SA (zo, za) *adj.* Profuso, abundante, copioso, pródigo.
PROGÊNIE (jé) *f.* Progenie. Progenitura.
PROGÉNITO, TA (jé) *adj. poét.* Descendiente. Ú. t. c. s.
PROGENITOR (je) *m.* Progenitor.
PROGENITURA (je) *f.* Progenitura, progenie.
PROGNATA (prò) *adj.* Prognato.
PROGNATISMO *m.* Prognatismo.
PROGNATO, TA (prò) *adj.* Lo mismo que PRÓGNATA.
PROGNOSTICAR *v. tr.* Pronosticar.
PROGNÓSTICO (nòs) *m.* Pronóstico.
PROGRAMA *m.* Programa.
PROGRAMAÇÃO (sáum) *f.* Acto de establecer un programa.
PROGREDIMENTO *m.* Progreso (acción de ir hacia adelante). Progresión.
PROGREDIR *v. intr.* Avanzar, ir hacia adelante. Progresar. Desarrollarse, adelantarse.
PROGRESSÃO (sáum) *f.* Progresión. *Mat.* Progresión.
PROGRESSISTA (si) *adj.* Progresista.
PROGRESSIVAMENTE (si) *adv. m.* Progresivamente.
PROGRESSIVO, VA (si) *adj.* Progresivo.

PROGRESSO (grèso) *m.* Progreso (acción de ir hacia adelante). Progreso, adelantamiento, aumento, perfeccionamiento, mejora.

PRÓ-HOMEM (prò) *m.* Prohombre.

PROIBIÇÃO (sáum) *f.* Prohibición.

PROIBICIONISMO *m.* Carácter de prohibición.

PROIBICIONISTA *adj.* Prohibicionista. Ú. t. c. s.

PROIBIDO, DA *adj.* Prohibido.

PROIBIDOR, RA *adj.* Prohibente. Ú. t. c. s.

PROIBIR *v. tr.* Prohibir, vedar, impedir.

PROIBITIVO, VA *adj.* Prohibitivo.

PROIBITÓRIO, RIA (tò) *adj.* Prohibitorio.

PROIZ *m. Mar.* Próiz, proíz.

PROJEÇÃO (jesáum) *f.* Proyección (acción y efecto de proyectar). Proyección (imagem proyectada). *Geom.* Proyección. Proyectura.

PROJETAÇÃO (jetasáum) *f.* Lo mismo que PROJEÇÃO.

PROJETAR (je) *v. tr.* Proyectar (lanzar, arrojar). Proyectar (trazar, idear, proponer el plan y los medios para la ejecución de una cosa). Lo mismo que PLANEAR. Proyectar (hacer visible sobre una superficie la figura o la sombra de un cuerpo). *v. r.* Proyectarse, arrojarse.

PROJÉTIL (jè) *adj.* y *m.* Lo mismo que

PROJETIL (je) *adj.* Arrojadizo. *m.* Proyectil.

PROJETISTA (je) *m.* y *f.* Proyectista.

PROJETIVAMENTE (je) *adv. m.* Proyectivamente.

PROJETIVO, VA (je) *adj. Geom.* Proyecto.

PROJETO (jè) *m.* Proyecto (planta para la ejecución de una cosa). Proyecto, designio. Proyecto (conjunto de escritos, cálculos y dibujos que se hacen para dar idea de como ha de ser una obra).

PROJETOR (je) *m.* Proyector.

PROJETURA (je) *f.* Proyectura.

PROL (pròl) *m. Poe. ant.* Lo mismo que PROLE. *Homem de* —. Noble. Hombre distinguido, artista, escritor, etc. *De* —. De importancia, que descuella. *Em* — *m. adv.* En pro.

PROLAÇÃO (sáum) *f.* Acto de proferir o pronunciar. Prolongación. Emplazamiento.

PROLAPSO *m. Med.* Prolapso.

PROLE (prò) *f.* Prole, linaje, hijos, descendencia.

PROLEGÓMENOS (gó) *m. pl.* Prolegómeno, prolegómenos.

PROLEPSE (lèpze) *f. Ret.* Prolepsis, anticipación.

PROLÉPTICO, CA (lè) *adj.* Proléptico.

PROLETARIADO *m.* Proletariado.

PROLETÁRIO, RIA *adj.* Proletario. Ú. t. c. s.

PROLFAÇA (pròlfasa) *m.* Lo mismo que PARABÉM.

PROLIFERAÇÃO (sáum) *f. Biol.* Proliferación. *Bot.* Prolificación, proliferación.

PROLIFERAR *v. intr.* Multiplicarse, reproducirse.

PROLÍFERO, RA *adj.* Prolífico; proliferante.

PROLIFICAÇÃO (sáum) *f.* Proliferación.

PROLIFICAR *v. intr.* Multiplicarse, reproducirse.

PROLÍFICO, CA *adj.* Prolífico.

PROLÍGERO, RA (je) *adj.* Prolígero.

PROLIXAMENTE (xa) *adv. m.* Prolijamente.

PROLIXIDADE (xi) *f.* Prolijidad.

PROLIXO, XA *adj.* Prolijo.

PROLOGAR *v. tr.* Prologar.

PRÓLOGO (prò) *m.* Prólogo.

PROLONGA *f. Art.* Prolonga. Lo mismo que

PROLONGAÇÃO (sáum) *f.* Prolongación.

PROLONGADO, DA *adj.* Prolongado.

PROLONGAMENTO *m.* Prolongamiento.

PROLONGAR *v. tr.* Prolongar, alargar, dilatar. Ú. t. c. r. Prolongar (hacer que una cosa dure más tiempo que lo regular). Ú. t. c. r.

PROLONGO *m.* Alero.

PROLOQUIAL *adj.* Sentencioso.

PROLÓQUIO (lò) *m.* Proloquio, sentencia, proposición.

PROMANAR *v. intr.* Promanar, provenir.

PROMESSA (mèsa) *f.* Promesa (manifestación del propósito de dar o hacer alguna cosa). Promesa (ofrecimiento piadoso que se hace a Dios o a sus santos). *fig.* Promesa, augurio, indicio, señal.

PROMETEDOR, RA *adj.* Prometedor. Ú. t. c. s.

PROMETER *v. tr.* Prometer (obligarse a dar o hacer alguna cosa). Prometer, asegurar, afirmar,

aseverar. *v. intr.* Prometer (dar buenas muestras de sí para lo venidero). *v. r.* Prometerse.

PROMETIDA *f.* Prometida, futura, novia.

PROMETIDO, DA *adj.* Prometido. *m.* Prometido, futuro, novio.

PROMETIMENTO *m.* Prometimiento, ofrecimiento, promesa.

PROMISCUIDADE *f.* Promiscuidad.

PROMÍSCUO, CUA *adj.* Promiscuo.

PROMISSÃO (sáum) *f.* Promisión, promesa. *Terra da* —. Tierra de Promisión.

PROMISSIVO, VA (si) *adj.* Promisorio.

PROMISSOR, RA (sor, sora) *adj.* Prometedor. Promisorio. Prometiente.

PROMISSÓRIA (sò) *f.* Pagaré.

PROMISSÓRIO, RIA (sò) *adj.* Lo mismo que PROMISSIVO.

PROMITENTE *adj.* Prometiente; prometedor. Ú. t. c. s.

PROMOÇÃO (sáum) *f.* Promoción.

PROMONTÓRIO (tò) *m.* Promontorio, cabo en forma de montaña.

PROMOTOR, RA *adj.* Promotor. Ú. t. c. s. *m. For.* Fiscal.

PROMOTORIA (ría) *f.* Promotoría. Fiscalía.

PROMOVEDOR, RA *adj.* Promovedor, promotor. Ú. t. c. s.

PROMOVER *v. tr.* Promover (adelantar, dar impulso a una cosa). Promover (elevar una persona a una dignidad o empleo).

PROMULGAÇÃO (sáum) *f.* Promulgación.

PROMULGADOR, RA *adj.* Promulgador. Ú. t. c. s.

PROMULGAR *v. tr.* Promulgar.

PRONAÇÃO (sáum) *f. Anat.* Pronación.

PRONADOR, RA *adj. Anat.* Pronador.

PRONO, NA *adj. poét.* Doblado hacia adelante. *fig.* Prono (muy inclinado a una cosa).

PRONOME *m. Gram.* Pronombre.

PRONTAMENTE *adv.* Prontamente.

PRONTIDÃO (dáum) *f.* Prontitud, presteza, celeridad. Prontitud, viveza de ingenio o imaginación. *Bras. Río de Janeiro.* Lo mismo que PLANTÃO.

PRONTIFICAR *v. tr.* Aprontar. Ofrecer. Ministrar, suministrar. *v. r.* Ofrecerse, declararse pronto a hacer algo.

PRONTO, TA *adj.* Acabado, terminado. Pronto, veloz, ligero. Pronto, dispuesto, aparejado para ejecución de una cosa. *Bras.* Sin dinero. Ú. t. c. s. *adv. t.* Pronto, presto, prontamente. *Num* —. *m. adv.* Pronto, prontamente.

PRONTUÁRIO *m.* Prontuario.

PRÓNUBO, BA (prò) *adj. poét.* Concerniente al novio, o la novia.

PRONÚNCIA *f. For.* Pronunciamiento.

PRONUNCIAMENTO *m.* Pronunciamiento. Pronunciación.

PRONUNCIAR *v. tr.* Pronunciar (emitir y articular sonidos para hablar). Pronunciar, determinar, resolver. Ú. t. c. r. *For.* Pronunciar. *v. r.* Pronunciarse, levantarse, sublevarse.

PRONÚNCIO *m.* Pronuncio.

PROPAGAÇÃO (sáum) *f.* Propagación.

PROPAGADOR, RA *adj.* Propagador. Ú. t. c. s.

PROPAGANDA *f.* Propaganda.

PROPAGANDISTA *m.* y *f.* Propagandista.

PROPAGAR *v. tr.* Propagar, multiplicar por generación. Ú. t. c. r. Propagar, extender, dilatar, aumentar una cosa. Ú. t. c. r. Propagar, difundir, propalar. *v. r.* Comunicarse.

PROPAGATIVO, VA *adj.* Propagativo.

PROPÁGULO *m. Bot.* Propágina, propágulo.

PROPALAR *v. tr.* Propalar, difundir.

PROPAROXÍTONO, NA (xí) *adj.* Proparoxítono, esdrújulo. Ú. t. c. s.

PROPATIA (tía) *f. Med.* Propatía.

PROPEDÊUTICA (déu) *f.* Propedéutica.

PROPEDÊUTICO, CA (déu) *adj.* Propedéutico.

PROPELIR *v. tr.* Impeler; arrojar.

PROPENDENTE *adj.* Que propende.

PROPENDER *v. intr.* Propender, inclinarse.

PROPENSÃO (sáum) *f.* Propensión.

PROPENSO, SA *adj.* Propenso.

PROPICIAÇÃO (sáum) *f.* Propiciación.

PROPICIADOR, RA *adj.* Propiciador. Ú. t. c. s.

PROPICIAMENTE *adv. m.* Propiciamente.

PROPICIAR *v. tr.* Propiciar.

PROPICIATÓRIO, RIA (to) *adj.* Propiciatorio.

PROPÍCIO, CIA *adj.* Propício, benigno, favorable.

PROPILEU *m.* Propileo.

PROPINA *f.* Propina.

PROPINAÇÃO (sáum) *f.* Propinación.

PROPINADOR, RA *adj.* Que propina. Ú. t. c. s.

PROPINAR *v. tr.* Propinar.

PROPINQÜIDADE (cui) *f.* Propincuidad.

PROPÍNQUO, QUA (cuo, cua) *adj.* Propincuo, allegado, cercano, próximo.

PRÓPOLE (prò) *f.* Propóleos.

PROPONENTE *adj.* Proponedor. Ú. t. c. s. Proponente.

PROPOR *v. tr.* Proponer (exponer a alguien una cosa para su conocimiento o para inducirle a adotarla). Proponer (hacer propósito de ejecutar o no una cosa). Ú. t. c. r. Proponer (hacer una propuesta). Proponer (presentar los argumentos en pro y en contra).

PROPORÇÃO (sáum) *f.* Proporción (en todas las acepciones de esta voz).

PROPORCIONADAMENTE *adv. m.* Proporcionadamente.

PROPORCIONADO, DA *adj.* Proporcionado, regular, que guarda proporción.

PROPORCIONAL *adj.* Proporcional.

PROPORCIONALIDADE *f.* Proporcionalidad.

PROPORCIONALMENTE *adv. m.* Proporcionalmente.

PROPORCIONAR *v. tr.* Proporcionar (ordenar una cosa con la debida correspondencia en sus partes). Proporcionar (poner en disposición las cosas a fin de conseguir lo que se desea; poner a disposición de uno lo que necesita o le conviene). Ú. t. c. r.

PROPORCIONÁVEL *adj.* Proporcinable.

PROPOSIÇÃO (zisáum) *f.* Proposición (en todas las acepciones de esta voz).

PROPOSITADAMENTE (zi) *adv. m.* Propositadamente.

PROPOSITADO, DA (zi) *adj.* Hecho de propósito, determinado, deliberado.

PROPOSITAL (zi) *adj.* Lo mismo que PROPOSITADO.

PROPÓSITO (pòzi) *m.* Propósito, intención. Propósito, objeto. Propósito (materia de que se trata). *A* —. *m. adv.* A propósito. *De* —. *m. adv.* De propósito, deliberadamente. *Fora de* —. *m. adv.* Fuera de propósito, sin venir al caso.

PROPOSTA (pòs) *f.* Propuesta.

PROPOSTO, POSTA (pós, pòs) *adj.* Propuesto.

PREOPRETOR *m.* Propretor.

PROPRIADOR *m.* Oficial que trabaja en la propiacha.

PROPRIAGEM (jem) *f.* Propiacha.

PROPRIAMENTE *adv. m.* Propiamente.

PROPRIEDADE *f.* Propiedad (en todas las acepciones de esta voz).

PROPRIETÁRIO, RIA *adj.* Proprietario. Ú. t. c. s.

PRÓPRIO, PRIA (prò) *adj.* Propio (perteneciente a una persona en propiedad). Propio, característico (peculiar de cada uno). Propio, conveniente, adecuado (a propósito para un fin). Propio, natural (no postizo o accidental). Propio (inseparable de la esencia y naturaleza de las cosas). Ú. t. c. s. *Gram.* Propio (dícese del nombre que distingue una persona o cosa de las demás de su especie o clase). *m.* Propio (persona que se envia expresamente con carta o recado). —*s nacionais.* Propiedades de la nación. *Amor* —. Amor propio.

PROPTOMA *m.* Lo mismo que

PROPTOSE (tóze) *f. Med.* Proptoma.

PROPUGNÁCULO *m.* Propugnáculo.

PROPUGNADOR, RA *adj.* Propugnador. Ú. t. c. s.

PROPUGNAR *v. tr.* Propugnar, defender, amapar, proteger.

PROPULSÃO (sáum) *f.* Propulsión (acción de propulsar o impeler hacia adelante).

PROPULSAR *v. tr.* Propulsar (impeler hacia adelante). Propulsar, repulsar.

PROPULSIVO, VA *adj.* Lo mismo que

PROPULSOR, RA *adj.* Propulsor. Ú. t. c. s.

PRORROGAÇÃO (sáum) *f.* Prorrogación, prórroga.

PRORROGAR *v. tr.* Prorrogar (continuar, dilatar, proseguir, dilatar una cosa por un tiempo señalado). Prorrogar, aplazar, suspender.

PRORROGATIVO, VA *adj.* Prorrogativo.

PRORROGÁVEL *adj.* Prorrogable.

PRORROMPER *v. tr.* Prorrumpir (salir un cosa impetuosamente). *v. intr.* Manifestarse repentinamente.

PROSA (pròza) *f.* Prosa (forma natural del lenguaje). Prosa, secuencia (en la misa). *fig.* Prosa (aspecto de las cosas que se oponen al ideal y a la perfección de ellas). *fam.* Soberbia, jactancia, vanidad. *fam.* Labia (afluencia, locuacidad persuasiva). *Bras. adj.* Fanfarrón, engreído, parlanchín. Ú. t. c. s.

PROSADOR, RA (za) *m.* y *f.* Prosista, prosador.

PROSAICAMENTE (zai) *adv. m.* Prosaicamente.

PROSAICO, CA (zai) *adj.* Prosaico (concerniente a la prosa) *fig.* Prosaico (falto de idealidad o elevación, insulso, vulgar).

PROSAÍSTA (zaís) *m. Bras.* Lo mismo que PROSADOR.

PROSÁPIA (zá) *f.* Prosapia, ascendencia, linaje. Soberbia, jactancia, vanidad.

PROSAR (zar) *v. intr.* Escribir en prosa. *Bras.* Conversar, hablar, platicar.

PROSCÊNIO (cé) *m.* Proscenio.

PROSCREVER *v. tr.* Proscribir (echar a uno del territorio de su patria). Proscribir, excluir (prohibir el uso de una cosa).

PROSCRIÇÃO (sáum) *f.* Proscripción.

PROSCRITO, TA *adj.* Proscrito, proscripto. Ú. t. c. s.

PROSCRITOR, RA *adj.* Proscriptor. Ú. t. c. s.

PROSEADOR, RA (zea) *adj. Bras.* Conversador.

PROSEAR (zear) *v. intr. Bras.* Conversar, hablar, platicar. Hablar mucho. *v. r.* Lo mismo que NAMORAR.

PROSELITISMO (ze) *m.* Proselitismo.

PROSÉLITO (zé) *m.* Prosélito (gentil o sectario convertido a la religión católica). *fig.* Prosélito (partidario que se gana para una facción, parcialidad o doctrina).

PROSÊNQUIMA (zên) *m. Bot.* y *Zool.* Prosénquima.

PROSISTA (zis) *m.* y *f.* Prosista. *adj. Bras.* Hablador, parlanchín; embustero. Ú. t. c. s.

PROSÓDIA (zò) *f. Gram.* Prosodia.

PROSÓDICO, CA (zò) *adj.* Prosódico.

PROSOPALGIA (zopaljía) *f. Med.* Prosopalgia.

PROSOPLEGIA (zoplejía) *f. Med.* Prosodiplejía.

PROSOPOGRAFIA (zopografía) *f.* Prosopografía.

PROSOPOPÉIA (zopopèia) *f. Ret.* Prosopopeya. *fig.* Discurso ampuloso. *Bras. nort.* Prosopopeya, entono, presunción.

PROSPERAMENTE *adv. m.* Prósperamente.

PROSPERAR *v. intr.* Prosperar (tener prosperidad). *v. tr.* Prosperar (ocasionar prosperidad).

PROSPERIDADE *f.* Prosperidad.

PRÓSPERO, RA (pròs) *adj.* Próspero, favorable, venturoso.

PROSPECTIVO, VA *adj.* Que hace ver adelante o ver lejos.

PROSPETO (pè) *m.* Prospecto (anuncio o exposición breve). Aspecto.

PROSSECUÇÃO (secusáum) *f.* Prosecución (acción de proseguir).

PROSSEGUIÇÃO (seguisáum) *f.* Lo mismo que PROSSECUÇÃO.

PROSSEGUIDOR, RA (se) *adj.* Continuador, que prosigue. Ú. t. c. s.

PROSSEGUIMENTO (se) *m.* Proseguimiento, prosecución.

PROSSEGUIR (se) *v. tr.* Proseguir, seguir, continuar, llevar adelante lo comenzado. *v. intr.* Ir adelante.

PROSSÍMIOS (sí) *m. pl. Zool.* Prosimios.

PROSTAFÉRESE (fèreze) *f. Astr.* Prostaféresis.

PRÓSTATA (pròs) *f. Anat.* Próstata.

PROSTATALGIA (jía) *f.* Prostatalgia.

PROSTATECTOMIA (mía) *f. Cir.* Prostatectomía.

PROSTÁTICO, CA *adj.* Prostático.

PROSTATITE *f. Med.* Prostatitis.

PROSTERNAÇÃO (sáum) *f.* Prosternación.

PROSTERNAR *v. tr.* Prostrar. *v. r.* Prosternarse, prostrarse.

PROSTIBULAR *adj.* Prostibulario.

PROSTÍBULO *m.* Prostíbulo, mancebía, casa de prostituición.

PRÓSTILO (pròs) *m. Arq.* Templo próstilo.

PROSTILO *m.* Lo mismo que PRÓSTILO.

PROSTITUIÇÃO (sáum) *f.* Prostitución.

PROSTITUIDOR, RA *adj.* Que o el que prostituye. Ú. t. c. s.

PROSTITUIR *v. tr.* Prostituir. *v. r.* Prostituirse.

PROSTITUÍVEL *adj.* Que puede prostituirse.

PROSTITUTA *f.* Prostituta, ramera.

PROSTRAÇÃO (sáum) *f.* Postración.

PROSTRAR *v. tr.* Postrar, rendir, humillar, abatir, derribar. Ú. t. c. r. Postrar, debilitar. Ú. t. c. s. *v. r.* Postrarse, prosternarse (hincarse de rodillas en señal de respecto, humildad, veneración o súplica).

PROTAGONISTA *m.* y *f.* Protagonista.

PROTARGOL (gòl) *m. Farm.* Protargol.

PRÓTASE (pròtaze) *f.* Protasis.

PROTÁTICO, CA *adj.* Protático.

PROTEÁCEAS *f. pl. Bot.* Proteáceas.

PROTEÇÃO (sáum) *f.* Protección.

PROTENCIONISMO *m.* Proteccionismo.

PROTECIONISTA *adj.* y *s. m.* y *f.* Proteccionista.

PROTEGEDOR, RA (je) *adj.* Protector. Ú. t. c. s.

PROTEGER (jer) *v. tr.* Proteger, amparar, auxiliar, favorecer, defender.

PROTEGIDO, DA (ji) *adj.* Que recibe protección. *m.* Protegido, favorito, ahijado.

PROTÉICO, CA *adj. Quím.* Proteico.

PROTEIFORME (fòr) *adj.* Proteiforme.

PROTEÍNA *f. Quím.* Proteína.

PROTELAÇÃO (sáum) *f.* Prorrogación, prorroga. Aplazamiento. Dilación, demora.

PROTELADOR, RA *adj.* Que demora o retarda; prorrogador.

PROTELAR *v. tr.* Demorar, retardar, dilatar; aplazar; prorrogar.

PROTELATÓRIO, RIA (tò) *adj.* Prorrogativo.

PROTERÂNTEO, EA (rân) *adj. Bot.* Proteranto.

PROTERÓGLIFAS (rò) *f. pl. Zool.* Proteroglifos.

PROTERVAMENTE (tèr) *adv. m.* Protervamente.

PROTÉRVIA (tèr) *f.* Protervia, protervidad. Impudencia, desvergüenza, descaro, insolencia.

PROTERVO, VA (tèr) *adj.* Protervo. Impudente, desvergonzado, descarado, insolente, atrevido.

PRÓTESE (pròteze) *f. Cir.* Prótesis. *Gram.* Prótesis.

PROTESTAÇÃO (sáum) *f.* Protestación, protesta.

PROTESTANTE *adj.* Protestante. Ú. t. c. s.

PROTESTANTISMO *m.* Protestantismo.

PROTESTAR *v. tr.* Protestar (declarar el ánimo que uno tiene en orden a ejecutar una cosa). Protestar (asegurar con ahínco). Protestar (negar la validez de un acto) Ú. t. c. intr. Protestar (declarar una persona la religión o creencia que profesa). *Com.* Protestar (hacer el protesto de una letra de cambio).

PROTESTATIVO, VA *adj.* Protestativo.

PROTESTATÓRIO, RIA (tò) *adj.* Que encierra protesto.

PROTESTO (tès) *m.* Protesta, protestación, protesto. *Com.* Protesto.

PROTÉTICO, CA (tè) *adj.* Protético.

PROTETOR, RA *adj.* Protector. Ú. t. c. s.

PROTETORADO *m.* Protectorado.

PROTETÓRIO, RIA (tò) *adj.* Protectorio.

PROTEU *m. fig.* Proteo (hombre que cambia frecuentemente de opiniones y afectos).

PROTISTA *m. Biol.* Protista.

PROTOCOLAR *adj.* Protocolar. *v. tr.* Protocolizar, protocolar.

PROTOCOLO (cò) *m.* Protocolo (conjunto de actas; serie ordenada de escrituras matrices). Protoçolo, regla ceremonial.

PROTÓFITAS (tò) *m. pl. Bot.* Protófito.

PROTOFONIA (nía) *f. Bras.* Abertura.

PROTO-HISTÓRIA (tò) *f.* Protohistoria.

PROTO-HISTÓRICO, CA (tò) *adj.* Protohistórico.

PROTOMÁRTIR *m.* Protomártir. *Bras.* Tiradentes (héroe de la independencia del Brasil).

PROTOMEDICATO *m.* Protomedicato.

PROTOMÉDICO (mè) *m.* Protomédico.

PRÓTON *m. Fís.* Protón.

PROTONAUTA *m.* Protonauta.

PROTONEMA *m. Bot.* Protonema.

PROTONOTARIADO *m.* Protonotaría.

PROTONOTÁRIO *m.* Protonotario.

PROTOPATIA (tía) *f. Med.* Protopatía.

PROTOPLASMA *m. Hist. Nat.* Protoplasma, protoplasto.

PROTOPLASMÁTICO, CA *adj.* Lo mismo que PROTOPLÁSMICO, CA.

PROTOPLÁSMICO, CA *adj.* Protoplásmico, protoplasmático.

PROTÓRAX (tò) *m. Hist. Nat.* Protórax.

PROTOTÍPICO, CA *adj.* Prototípico.

PROTÓTIPO (tò) *m.* Prototipo.

PROTÓXIDO (tòxi) *m. Quím.* Protóxido.

PROTOZOÁRIOS (zoá) *m. pl. Zool.* Protozoarios.

PROTRAIMENTO *m.* Demora, dilación.

PROTRAIR *v. tr.* Prolongar, demorar, dilatar; aplazar.

PROTRUSÃO (záum) *f. Patol.* Protrusión.

PROTUBERÂNCIA (rân) *f.* Protuberancia.

PROTUBERANTE *adj.* Protuberante.

PROTUTELA (tè) *f.* Protutoría.

PROTUTOR *m.* Protutor.

PROVA (prò) *f.* Prueba (acción de probar). Prueba, testimonio, argumento. Prueba, indicio, seña, muestra. Prueba, ensayo, experiencia. Prueba (cantidad pequeña de un género comestible, que se destina para examinar si es bueno o malo). *Arit.* Prueba. *For.* Prueba. *Impr.* Prueba. Probanza.

PROVAÇÃO (sáum) *f.* Probación (de los novicios). Prueba, trance, situación difícil o penosa.

PROVADAMENTE *adv. m.* Evidentemente, con prueba.

PROVADO, DA *adj.* Probado (que está acreditado por la experiencia).

PROVADOR, RA *adj.* Probador. Ú. t. c. s.

PROVADURA *f.* Lo mismo que PROVAÇÃO. Probadura.

PROVANÇA (sa) *f.* Probanza. Lo mismo que PROVA.

PROVAR *v. tr.* Probar (examinar y experimentar las cualidades de personas o cosas). Probar (examinar si una cosa tiene la medida o proporción a que se debe ajustarse). Probar (justificar y hacer patente la verdad de una cosa). Probar (gustar un manjar o líquido).

PROVARÁ *m.* Artículo (de un libelo).

PROVÁVEL *adj.* Probable (verosímil, que se puede probar; que es muy fácil que suceda).

PROVAVELMENTE *adv. m.* Probablemente.

PROVECTO, TA (vèc) *adj.* Provecto (antiguo, adelantado, o que ha aprovechado en una cosa). Provecto, maduro, entrado en días.

PROVEDOR *m.* Proveedor, provisor.

PROVEDORIA (ría) *f.* Proveduría; provisoría.

PROVEITO *m.* Provecho, beneficio, utilidad. Provecho, adelanto, aprovechamiento. Ventaja.

PROVEITOSAMENTE (tòza) *adv. m.* Provechosamente.

PROVEITOSO, SA (tozo, òza) *adj.* Provechoso.

PROVENÇAL (sal) *adj.* Provenzal. Ú. t.c.s *m.* Provenzal (lengua de provenzal).

PROVENÇALÊSCO, CA (sa) *adj.* Provenzal.

PROVENÇALISMO (sa) *m.* Provenzalismo.

PROVENÇALISTA *m.* y *f.* Provenzalista.

PROVENIÊNCIA (nién) *f.* Procedencia, origen.

PROVENIENTE *adj.* Proveniente.

PROVENTO *m.* Provento, producto, renta. *pl.* Provechos, gajes.

PROVER *v. tr.* Proveer (prevenir; preparar, disponer, resolver un asunto; conferir; suministrar lo necesario; dictar un auto judicial). *v. r.* Proveerse. *v. intr.* Tomar providencias.

PROVERBIAL *adj.* Proverbial (relativo al proverbio). Proverbial (muy notorio o sabido).

PROVÉRBIO (vèr) *m.* Proverbio, sentencia, adagio, refrán. Proverbio (obra dramática).

PROVETA *f.* Probeta.

PROVIDÊNCIA (dén) *f.* Providencia (preparación o prevención que se hace para el logro de un fin). Providencia (disposición que se toma para atenuar o remediar las consecuencias de un hecho). Providencia, Dios, Ser Supremo.

PROVIDENCIAL *adj.* Providencial.

PROVIDENCIALISMO *m.* Providencialismo.
PROVIDENCIALISTA *m* y *f.* Providencialista.
PROVIDENCIALMENTE *adv. m.* Providencialmente.
PROVIDENCIAR *v. tr.* Providenciar. Ú. t. c. intr.
PROVIDENTE *adj.* Providente, avisado, prevenido. Providente, próvido, prevenido, diligente.
PRÓVIDO, DA (prò) *adj.* Lo mismo que PROVIDENTE.
PROVIDO, DA *adj.* Proveído, provisto, prevenido; lleno.
PROVIMENTO *m.* Proveimiento. Nombramiento.
PROVÍNCIA *f.* Provincia.
PROVINCIAL *adj.* Provincial. *m.* Provincial.
PROVINCIALADO *m.* Lo mismo que PROVINCIALATO.
PROVINCIALATO *m.* Provincialato.
PROVINCIALISMO *m.* Lo mismo que PROVINCIANISMO.
PROVINCIANISMO *m. Gram.* Provincialismo. Provincialismo (predilección que se da a los usos de la provincia en que se ha nacido).
PROVINCIANO, NA *adj.* Provinciano, provincial. Ú. t. c. s.
PROVINDO, DA *adj.* Provenido, originario, proveniente.
PROVIR *v. intr.* Provenir.
PROVISÃO (záum) *f.* Provisión, proveimiento. Provisión (prevención de mantenimientos y otras cosas). Provisión (mantenimientos o cosas que se tienen prontas para un fin). Ú. m. en pl. Provisión (despacho de algunos tribunales). Provisión, providencia, disposición. Diploma de nombramiento.
PROVISIONAL (zio) *adj.* Provisional, provisorio. Concerniente a la provisión.
PROVISIONAR (zio) *v. tr.* Lo mismo que APROVISIONAR.
PROVISOR, RA (zor) *adj.* Proveedor. *m.* Provisor (juez diocesano).
PROVISORADO (zo) *m.* Provisorato, provisoría.
PROVISORIAMENTE (zò) *adv. m.* Provisionalmente, interinamente, provisoriamente.
PROVISÓRIO, RIA (sò) *adj.* Provisional, interino, provisório. *m. Bras.* Soldado de la milicia provincial.
PROVOCAÇÃO (sáum) *f.* Provocación.
PROVOCADOR, RA (zor) *adj.* Provocador. Ú. t. c. s.
PROVOCANTE *adj.* Provocante, provocador, provocativo.
PROVOCAR *v. tr.* Provocar (incitar a uno a que haga algo). Provocar (irritar a uno para que se enoje). Provocar, mover, incitar, Provocar, facilitar, ayudar. *v. intr.* Hacer provocaciones.
PROVOCATIVO, VA *adj.* Provocativo.
PROVOCATÓRIO, RIA (tò) *adj.* Provocatorio.
PROXENETA (che) *m* y *f.* Proxeneta, alcahuete.
PROXENÉTICO, CA (chenè) *adj.* Proxenético.
PROXENETISMO (che) *m.* Proxenetismo.
PROXIMAMENTE (pròsi) *adv. m.* Próximamente.
PROXIMIDADE (si) *f.* Proximidad (calidad de próximo o cercano). Proximidad, cercanía. Ú. m. en pl.
PRÓXIMO, MA (pròsi) *adj.* Próximo, cercano, inmediato, contíguo. *m.* Prójimo.
PRUDÊNCIA (dén) *f.* Prudencia (virtud cardinal; cordura, templanza, moderación; discernimiento, circunspección, sensatez, buen juicio).
PRUDENCIAL *adj.* Prudencial.
PRUDENCIAR *v.* Aconsejar prudencia. *v. intr.* Tener prudencia, ser prudente.
PRUDENTE *adj.* Prudente.
PRUDENTEMENTE *adv. m.* Prudentemente.
PRUÍDO *m.* Lo mismo que PRURIDO.
PRUÍNA *f. Bot.* Pruína.
PRUINOSO, SA (nozo, òza) *adj.* Cubierto de pruína.
PRUIR *v. intr.* y *tr.* Lo mismo que PRURIR.
PRUMADA *f.* Línea vertical del plomo.
PRUMAR *v. intr. Mar.* Sondar.
PRUMO *m.* Plomada, plomo. Plomada, sonda. *fig.* Prudencia, tino. A —. *m. adv.* A plomo.
PRURIDO *m.* Prurito, comezón, picazón. *fig.* Prurito, deseo persistente y excesivo.
PRURIENTE *adj.* Pruriginoso.
PRURIGEM (jem) *f. Med.* Prurigo.

PRURIGINOSO, SA (nozo, òza) *adj.* Pruriginoso.
PRURIGO *m.* Lo mismo que PRURIGEM.
PRURIR *v. tr.* Agradar, lisonjear, estimular. Causar comezón. *v. intr.* Causar prurito.
PRUSSIANISMO (sia) *m.* Prusianismo.
PRUSSIANO, NA (sia) *adj.* Prusiano. Ú. t. c. s.
PRUSSIATO (sia) *m. Quím.* Prusiato.
PRÚSSICO, CA (si) *adj. Quím.* Prúsico, cianhídrico.
PSAMITO *m. Geol.* Samita, psamita.
PSELISMO *m. Patol.* Pselismo.
PSEUDARTROSE (tròze) *f.* Seudartrosis.
PSEUDESTESIA (zía) *f. Med.* Seudestesia.
PSEUDOMORFOSE (fòze) *f. Miner.* Seudomorfosis.
PSEUDONOMIA *f.* Seudonimio.
PSEUDÓNIMO (dó) *m.* Seudónimo.
PSEUDÓPODE (dò) *m.* Seudópodo.
PSEUDO-TOPÁZIO (zio) *m.* Seudotopacio.
PSICANÁLISE (ze) *f.* Psicoanálisis.
PSICANALISTA *m.* y *f.* Psicoanalista.
PSICASTENIA (nía) *f. Patol.* Psicastenia.
PSICHÉ (chè) *f. Bras.* Tocador (mueble).
PSICODINAMISMO *m.* Psicodinámica.
PSICOGENIA (jenía) *f.* Psicogénesis, psicogenia.
PSICOGÉNICO, CA (jé) *adj.* Psicógeno, psicogénico.
PSICOGNOSIA (zía) *f.* Psicognosis.
PSICÓGRAFO (cò) *m.* Psicógrafo.
PSICOLOGIA (jía) *f.* Psicología.
PSICOLOGICAMENTE (ji) *adv. m.* Psicológicamente.
PSICOLÓGICO, CA (lòji) *adj.* Psicológico.
PSICOLOGISMO (jis) *m.* Psicologismo.
PSICOLOGISTA (jis) *m.* y *f.* Psicologista.
PSICÓLOGO (cò) *m.* Psicólogo.
PSICOMETRIA (tría) *f.* Psicometría.
PSICÓMETRO (có) *m.* Psicómetro.
PSICOMOTOR, RA *adj.* Psicomotor.
PSICONEUROSE (ròze) *f.* Psiconeurosis.
PSICOPATA (pá) *m.* y *f.* Psicópata. Ú. t. c. adj.
PSICOPATIA (tía) *f.* Psicopatía.
PSICOPÁTICO, CA *adj.* Concerniente a la psicopatía.
PSICOPATOLOGIA (jía) *f.* Psicopatología.
PSICOSE (còze) *f. Med.* Psicosis.
PSICOTÉCNICA (tè) *f.* Psicotecnia.
PSICOTERAPIA (pía) *f.* Psicoterapia, psicoterapéutica.
PSICROMETRIA (tría) *f.* Psicrometría.
PSICROMÉTRICO, CA (mè) *adj.* Psicrométrico.
PSICRÓMETRO (cró) *m.* Psicrómetro.
PSILOMELANITA *f. Miner.* Psilomelano.
PSIQUE *f.* Psique, psiquis, el alma.
PSIQUIATRA *m.* Psiquiatra.
PSIQUIATRIA (tría) *f. Med.* Psiquiatría.
PSIQUIÁTRICO, CA *adj.* Psiquiátrico.
PSÍQUICO, CA *adj.* Psíquico.
PSIQUISMO *m.* Psiquismo.
PSITACÍDEOS *m. pl. Zool.* Psitácidos.
PSITACISMO *m.* Psitacismo. Verborrea, verbosidad.
PSITACOSE (cò) *f. Patol.* Psitacosis.
PSIU! *interj.* !Chito!
PSOAS *m. Anat.* Psoas.
PSOÍTE *f. Patol.* Psoítis.
PTÁRMICO, CA *adj.* Ptármico, estornutatorio.
PTERIGINA (ji) *f. Bot.* Pterigina.
PTERÍGIO (jio) *m. Cir.* Pterigion.
PTERIGOÍDEO, DEA *adj.* Pterigoideo.
PTERIGOTOS *m. pl. Zool.* Pterigógenos.
PTÉRIO (tè) *m. Anat.* Pterión.
PTERODÁTILO, LA *adj.* Pterodáctilo. *m.* Pterodáctilo.
PTERÓPODE (rò) *adj.* Pterópodo.
PTIALAGOGO, GA *adj.* Ptialagogo.
PTIALINA *f. Quím.* Ptialina.
PTIALISMO *m.* Ptialismo.
PTILOSE (lòze) *f. Med.* Ptilosis.
PTOLEMAICO, CA *adj.* Ptolemaico.
PTOMAÍNA *f. Quím.* Ptomaína, ptomaína.
PTOSE (tò) *f. Med.* Ptosis.
PUA *f.* Pua (cuerpo delgado, rígido y puntiagudo). Punta (de la espuela). Espacio entre las puas de una carda. Extremidad del barreno. Berbiquí.
PUBERDADE *f.* Pubertad.

PÚBERE *adj.* Púber, púbero.
PUBES *f.* Pubis, pubes.
PUBESCÊNCIA (cén) *f.* Pubescencia, pubertad.
PUBESCENTE *adj.* Pubescente.
PUBESCER *v. intr.* Pubescer. *m.* Pubertad.
PUBIANO, NA *adj.* Pubiano.
PÚBICO, CA *adj.* Púbico.
PÚBIS *f. Anat.* Pubis, pubes.
PUBLICAÇÃO (sáum) *f.* Publicación (acción de publicar). Publicación (obra literaria o artística publicada).
PUBLICADOR, RA *adj.* Publicador. Ú. t. c. s.
PUBLICAMENTE *adv. m.* Públicamente.
PUBLICANO *m.* Publicano.
PUBLICAR *v. tr.* Publicar (hacer pública y notoria una cosa; hacer manifiesta al público una cosa). Publicar (revelar o decir lo secreto u oculto). Publicar (difundir por medio de la imprenta u otro procedimiento gráfico). *v. r.* Manifestarse, declararse, hacerse conocer.
PUBLICIDADE *f.* Publicidad (calidad o estado de público). Publicidad (conjunto de medios que se emplean para divulgar noticias). Propaganda.
PUBLICISMO *m.* Profesión de publicistas. Conjunto de publicistas.
PUBLICISTA *m.* y *f.* Publicista (persona versada en derecho público). Publicista (persona que escribe para el público).
PÚBLICO, CA *adj.* Público, notorio, patente, manifiesto, sabido. Público, vulgar, común y notado de todos. Público (contrapuesto a privado). Público (perteneciente a todo el pueblo). *m.* Público (conjunto de las personas que tienen las mismas aficiones o concurren al mismo lugar). *m.* Público (conjunto de las personas que asistem a un espetáculo o solemnidad cualquiera).
PUÇÁ (sá) *m. Bras.* Fruto del PUÇAZEIRO.
PUÇANGA (san) *f. Bras. nort.* Remedio casero.
PÚCARA *f.* Lo mismo que PÚCARO.
PÚCARO *m.* Puchero (vasija) *ant.* Póculo. Jarro.
PUÇAZEIRO (sazei) *m. Bras.* Planta del Brasil (*Rawolfia bahiensis*).
PUCELA (cè) *f. ant. gal.* Doncella (pucela, *ant.*).
PUCUMÃ (mán) *f. Bras.* Lo mismo que PICUMÃ.
PUDENDO, DA *adj.* Público, vergonzoso. Pudendo (dícese de las partes de la generación).
PUDENTE *adj.* Púdico, pudoroso.
PUDIBUNDO, DA *adj.* Pudibundo, pudoroso.
PUDICAMENTE *adv. m.* Púdicamente.
PUDICÍCIA *f.* Pudicicia.
PUDICO, CA (dí) *adj.* Púdico, honesto, casto, pudoroso.
PUDIM *m.* Budín, pudín. *Geol.* Pudinga, almendrilla, conglomerado.
PUDINGUE *m. Geol.* Lo mismo que PUDIM.
PUDOR *m.* Pudor, honestidad, recato, Pundonor.
PUDOROSO, SA (rozo, òza) *adj. neol.* Pudoroso.
PUERÍCIA *f.* Puericia.
PUERICULTURA *f.* Puericultura.
PUERIL *adj.* Pueril (perteneciente o relativo a la puericia). *fig.* Pueril, fútil, infundado, trivial.
PUERILIDADE *f.* Puerilidad (calidad de pueril; hecho o dicho propio de niño). *fig.* Puerilidad (cosa fútil o de poca entidad).
PUERILIZAR-SE (zar) *v. r.* Hacerse pueril.
PUERILMENTE *adv. m.* Puerilmente.
PUÉRPERA (èr) *adj.* y *s. f.* Parturienta; puérpera.
PUERPERAL *adj.* Puerperal.
PUERPÉRIO (pé) *m.* Puerperio.
PUF! *interj.* ¡Puf! (denota molestia, repugnancia, cansancio o asco).
PÚGIL (pújil) *adj.* Que es amigo de pugilatos. *m.* Púgil, pugilista.
PUGILATO (ji) *m.* Pugilato (pelea o contienda a puñadas) *fig.* Pugilato (disputa en que se extrema la porfía).
PUGILISMO (ji) *m.* Pugilismo.
PUGILISTA (ji) *m.* y *f.* Pugilista.
PUGILO (ji) *m.* Puñado. Lo mismo que MAGOTE.
PUGNA *f.* Pugna, batalla, contienda, pelea. Pugnal (oposición entre personas o cosas).
PUGNACIDADE *f.* Pugnacidad.
PUGNADOR, RA *adj.* Pugnante.
PUGNAR *v. intr.* Pugnar, batallar, contender, pelear. Pugnar (solicitar, procurar algo con ahinco y eficacia). Pugnar, instar por el logro de una cosa.

PUJANÇA (jansa) *f.* Pujanza.
PUJANTE (jan) *adj.* Pujante. Poderoso, robusto. Denodado.
PUJANTEMENTE (jan) *adv. m.* Pujantemente.
PUJAR (jar) *v. tr. e intr.* Aventajar, exceder.
PULADINHO (ño) *m. Bras.* Danza popular de origen africano, especie de zamba.
PULADOR, RA *adj.* Saltador.
PULAR *v. intr.* Saltar, dar saltos. Brincar, dar brincos. Agitarse. Lo mismo que PULULAR. Pulsar, latir con violencia. Hervir. *v. tr.* Saltar por encima de una cosa o al otro lado de una cosa.
PULCRITUDE *f. poét.* Pulcritud.
PULCRO, CRA *adj. poét.* Pulcro.
PULGA *f.* Pulga.
PULGÃO (gáum) *m.* Pulgón.
PULGO *m.* Macho de la pulga.
PULGUEDO *m.* Pulguera, pulguerío; pulguero (*Amer.*).
PULGUENTO, TA *adj.* Pulgoso; pulguiento (*Amer.*).
PULHA (lla) *f.* Pulla (dicho indecente u obsceno). Mentira, patraña, bola. *m.* Belitre, pícaro. *adj.* Belitre, pícaro, ruin de malas costumbres. Vil, indecente. Dejado, descuidado en el traje, fachoso.
PULHAMENTE (lla) *adv. m.* Pícaramente.
PULHICE (lli) *f.* Picardía (acción baja, ruindad, vileza, engaño; bellaquería; intención deshonesta).
PULMÃO (máum) *m.* Pulmón.
PULMONAR *adj.* Pulmonar.
PULMONÁRIA *f. Bot.* Pulmonaria.
PULO *m.* Salto (acción y efecto de saltar). Brinco. *Dar —s de contente. fr. fig.* Saltar de contento. *Em dois —s. m. adv.* En un salto, con prontitud, rápidamente.
PULPEIRO *m. Bras. merid.* Pulpero (*Amer.* persona que tiene pulpería).
PULPERIA (ría) *f. Bras. merid.* Pulpería (*Amer.*).
PULPITE *f. Patol.* Pulpitis.
PÚLPITO *m.* Púlpito.
PULQUÉRRIMO, MA (què) *adj. sup. de Pulcro.* Pulquérrimo.
PULSAÇÃO (sáum) *f.* Pulsación.
PULSAR *v. tr.* Pulsar, tocar, golpear. *v. intr.* Pulsar, latir.
PULSÁTIL *adj.* Pulsátil, pulsativo.
PULSATILA *f. Bot.* Pulsatila.
PULSATIVO, VA *adj.* Pulsativo.
PULSEAR *v. intr.* Pulsear (probar dos personas quien de ellas tiene más fuerza en el pulso). *v. tr.* Pulsar (reconocer el estado del pulso). Pulsar, tantear.
PULSERIA *f.* Pulsera, manilla (para adornar las muñecas).
PULSÍMETRO *m. Med.* Esfigmómetro, pulsímetro.
PULSO *m.* Pulso (latido de las arterias). Pulso (parte de la muñeca donde se siente el latido de la arteria). Pulso (seguridad en la mano para hacer algo con acierto). *fig.* Pulso (tiento o cuidado en un negocio) *Tomar o —. fr.* Tomar el pulso, pulsar (reconocer el estado del pulso) *fr. fig.* Pulsar, tantear, tomar el pulso.
PULTÁCEO, CEA *adj.* Pultáceo.
PULULÂNCIA (lán) *f.* Pululación.
PULULANTE *adj.* Pululante.
PULULAR *v. intr.* Pulular (comenzar a echar renuevos una planta). Pulular, abundar (multiplicarse rápidamente). *fig.* Pulular (abundar y bullir en un sitio personas o cosas). Ú. t. c. tr.

PULVERÁCEO, CEA *adj.* Polvoriento, pulverulento.
PULVÉREO, REA (vè) *adj.* Relativo al polvo. Pulverizado.
PULVERESCÊNCIA (cén) *f. Bot.* Pulverescencia.
PULVERIZAÇÃO (zasáum) *f.* Pulverización.
PULVERIZADOR (za) *m.* Pulverizador.
PULVERIZAR (zar) *v. tr.* Pulverizar (reducir a polvo una cosa; reducir a partículas muy tenues un líquido). Ú. t. c. r.
PULVEROSO, SA (rozo, òza) *adj.* Polvoriento.
PULVERULÊNCIA (lén) *f.* Pulverulencia.
PULVERULENTO, TA *adj.* Pulverulento, polvoriento.
PUM! *interj.* ¡Pum! (voz que expresa ruido, golpe o explosión).
PUMA *m.* Puma (*f.*). (En América este nombre se usa como masculino).
PUNA *f.* Puna. (*Amer.* tierra alta, cercana a la cordillera de los Andes).
PUNÇÃO (sáum) *f.* Punzandura, punzada. *Cir.* Punción. *m.* Punzón (instrumento de abrir objetos). Punzón, buril. Punzón (instrumento para abrir matrices para la imprenta).
PUNÇAR (sar) *v. tr.* Abrir con el punzón.
PUNCETA *f.* Especie de punzón.
PUNCIONAR *v. tr.* Puncionar, practicar una punción.
PUNDONOR *m.* Pundonor.
PUNDONOROSAMENTE (ròza) *adv. m.* Pundonorosamente.
PUNDONOROSO, SA (rozo, òza) *adj.* Pundonoroso.
PUNGA *adj. Bras.* Ordinarlo (falto de distinción en su línea). El que llega por ultimo en las carreras. *m. Bras.* Persona robada por el *punguista*. (V. PUNGUISTA).
PUNGENTE (jen) *adj.* Pungente, punzante.
PUNGIMENTO (ji) *m.* Pungimiento.
PUNGIR (jir) *v. tr.* Pungir, punzar. *fig.* Pungir (herir las pasiones, el ánimo o el corazón). *v. intr.* Apuntar (comenzar a manifestarse algo).
PUNGITIVO, VA (ji) *adj.* Pungitivo.
PUNGUEAR *v. tr. Bras. pop.* Robar en las calles.
PUNGUISTA *m. Bras. pop.* Persona ratera o ladrona de objetos o dinero, especialmente en las calles; punguista (*amer. argent.*).
PUNHADA (ña) *f.* Puñada, puñetazo.
PUNHADO (ña) *m.* Puñado. *Aos —s. m. adv.* A puñados, abundantemente.
PUNHAL (ñal) *m.* Puñal.
PUNHALADA (ña) *f.* Puñalada.
PUNHETE (ñe) *m.* Lo mismo que MITENE.
PUNHO (ño) *m.* (mano cerrada). Puño (de las mangas). Puño (adorno de encaje o tela fina, propio para la muñeca). Puño, mango, enpuñadura. *Mar.* Puño. Pulso. *De —s fechados. m. adv.* A puño cerrado. *De próprio —. m. adv.* De propio puño, de mano propia.
PUNIBILIDADE *f.* Calidad de punible.
PUNIÇÃO (sáum) *f.* Punición, castigo.
PUNÍCEO, CEA *adj.* Morado.
PÚNICO, CA *adj.* Púnico, cartaginés.
PUNIDOR, RA *adj.* Castigador. Ú. t. c. s.
PUNIR *v. tr.* Castigar (imponer un castigo).
PUNITIVO, VA *adj.* Punitivo.
PUNÍVEL *adj.* Punible.
PUNTURA *f.* Puntura. *pl. Impr.* Punturas.
PUPA *f.* Ninfa, dormida.

PUPILA *f. Anat.* Pupila (abertura en la parte media del iris), niña del ojo. Pupila (huérfana, respecto de su tutor). Educanda, alumna.
PUPILAGEM (jem) *f.* Pupilaje (condición o estado del pupilo o de la pupila). Tiempo que dura la educación de un alumno o de una alumna.
PUPILAR *adj.* Pupilar (perteneciente al pupilo, o concerniente a él). Pupilar (perteneciente a la pupila o niña del ojo).
PUPILO *m.* Pupilo. Educando, alumno.
PURACÉ (cé) *m. Bras.* Lo mismo que PORACÉ.
PURAMENTE *adv. m.* Puramente (con pureza; meramente).
PURAQUÊ (qué) *m. Bras.* Lo mismo que PORAQUÊ.
PURÉ (ré) *m.* Puré, purea.
PURÉIA (rèia) *f.* Purea, puré.
PUREZA (za) *f.* Pureza.
PURGA *f.* Purga, purgante.
PURGAÇÃO (sáum) *f.* Purgación (acto de purgar o purgarse). Purgación, moco o pus. Blenorragia. supuración.
PURGANTE *adj.* Purgante. *m.* Purga, purgante.
PURGAR *v. tr.* Purgar, limpiar, purificar. Purgar (satisfacer con una pena alguna culpa o delito). Purgar (padecer el alma las penas del purgatório). Purgar (dar al enfermo el medicamento conveniente para descargar el vientre). Ú. t. c. r. Purgar, expiar. *v. intr.* Purgar (evacuar un humor). *v. r.* Pugarse (libertarse uno de aquello que le causa perjuicio o gravamen).
PURGATIVO, VA *adj.* Purgativo. *m.* Purga, purgante.
PURGATÓRIO, RIA (tò) *adj.* Purgatorio, purgativo. *m.* Purgatorio.
PURI *m. Bras.* Especie de mandioca. Mestizo de indio.
PURIDADE *f. Ant.* Puridad, pureza. Puridad, secreto. *À —. m. adv.* En puridad, en secreto.
PURIFICAÇÃO (sáum) *f.* Purificación (acción de purificar). Purificación (fiesta religiosa). Purificación, lavatorio (ceremonia religiosa).
PURIFICADOR, RA *adj.* Purificador, purificadero. *m.* Purificador (lienzo con que el sacerdote se limpia los dedos en el altar; lienzo con que se enjuga el cáliz en la misa).
PURIFICANTE *adj.* Purificante, purificativo.
PURIFICAR *v. tr.* Purificar (en todas las acepciones de esta voz). Ú. t. c. r.
PURIFICATIVO, VA *adj.* Purificativo.
PURIFICATÓRIO, RIA (tò) *adj.* Purificatorio.
PURIFORME (fòr) *adj. Med.* Puriforme (que tiene la apariencia de pus).
PURINA *f. Quím.* Purina.
PURISMO *m.* Purismo.
PURISTA *adj. y m. y f.* Purista.
PURITANISMO *m.* Puritanismo (doctrina de los puritanos). Puritanismo (escrupulosidad exagerada en la conducta).
PURITANO, NA *adj.* Puritano (sectario del puritanismo). Ú. t. c. s. Puritano (que tiene o afecta tener principios muy severos). Ú. t. c. s.
PURO, RA *adj.* Puro (en todas las acepciones de esta voz).
PÚRPURA *f.* Púrpura (molusco, tinte; tela). Púrpura (dignidad imperial, real, consular, cardenalicia, etc.).

PURPURADO, DA *adj.* Elevado a la dignidad de cardenal.

PURPURAR *v. tr.* Purpurar (teñir de púrpura). Purpurar (vestir de ella). Elevar a la dignidade de cardenal.

PURPUREAR *v. tr.* Purpurear (teñir de púrpura) *v. intr.* Purpurear. *v. r.* Sonrojarse.

PURPUREJAR (jar) *v. tr.* Purpurar (teñir de púrpura). *v. intr.* Purpurear.

PÚRPÚREO, REA *adj.* Purpúreo.

PURPÚRICO, CA *adj. Quím.* Purpúrico.

PURPURINA *f.* Purpurina.

PURPURINO, NA *adj.* Purpurino, purpúreo.

PURPURIZAR (zar) *v. intr.* y *r.* Lo mismo que PURPUREAR.

PÚRPURO, RA *adj.* Purpúreo.

PURULÊNCIA (lén) *f.* Purulencia.

PURULENTO, TA *adj.* Purulento.

PURUPURU *f. Bras. Patol.* Purupuru.

PUS *m.* Pus.

PUSEÍSMO (zeís) *m.* Puseísmo, tactarianismo.

PUSEÍSTA (zeís) *adj.* y *s. m.* y *f.* Tactariano, puseísta.

PUSILÂNIME (zilá) *adj.* y *s. m.* y *f.* Pulsilánime.

PUSILANIMIDADE (zi) *f.* Pulsilanimidad.

PÚSTULA *f. Med.* Pústula.

PUSTULADO, DA *adj.* Lo mismo que

PUSTULENTO, TA *adj.* Pustuloso.

PUTA *f.* Puta, ramera.

PUTATIVAMENTE *adv. m.* Putativamente.

PUTATIVO, VA *adj.* Putativo.

PUTEAL *m.* Brocal.

PUTIRÃO (ráum) *m. Bras.* Lo mismo que MUXIRÃO.

PUTIROM *m. Bras.* Lo mismo que MUXIRÃO.

PUTIRUM *m. Bras.* Lo mismo que MUXIRÃO.

PUTREDINOSO, SA (nozo, òza) *adj.* Putrefacto, podrido, corrompido.

PUTREFAÇÃO (sáum) *f.* Purtrefacción; podredumbre; corrupción.

PUTREFACIENTE *adj.* Putrefactivo.

PUTREFATIVO, VA *adj.* Putrefactivo.

PUTREFATO, TA *adj.* Putrefacto, podrido, corrompido.

PUTREFATÓRIO, RIA (tò) *adj.* Putrefactivo.

PUTREFAZER (zer) *v. tr.* Pudrir. *v. intr.* Pudrirse. *v. r.* Pudrirse.

PUTREFEITO, TA *adj.* Putrefacto, podrido, corrompido.

PUTRESCÊNCIA (cén) *f.* Putrescencia, putridez.

PUTRESCENTE *adj.* Putrescente.

PUTRESCIBILIDADE *f.* Calidad de putrescible.

PUTRESCÍVEL *adj.* Putrecible.

PÚTRIDO, DA *adj.* Pútrido, podrido, corrompido.

PUTRIFICAR *v. intr.* y *tr.* Lo mismo que PUTREFAZER.

PUVI *m. Bras.* Lo mismo que GATURANO.

PUXA (cha) *m. Bras.* Adulador, adulón.

PUXÁ (cha) *m. Bras.* Asma.

PUXADA (cha) *f.* Tirada, tracción (acción y efecto de tirar. Arrastre, arrastramiento. *Bras.* Caminata (trayecto largo que hay que recorrer. La carta que se juega siendo mano. *Bras.* Cobertizo, tinglado.

PUXADEIRA (cha) *f.* Tirador, asidero.

PUXADO, DA (cha) *adj.* Estirado, tieso. Tenso. Esmerado, afectado. Alambicado, apurado, refinado, no obvio. *fam.* Muy elevado, caro (hablando del precio). *Bras.* Extenuativo, agotador, que produce cansacio. *m. Bras.* Tinglado, cobertijo.

PUXADOR (cha) *m.* Tirador, asidero.

PUXANTE (chan) *adj.* Tirante. *fig.* Picante.

PUXÃO (cháum) *m.* Tirón. Empellón, empujón. Empuje.

PUXAR (char) *v. tr.* Tirar (hacer fuerza para traer hacia sí o para llevar tras sí). Empujar. Tirar, estirar, extender. Tirar, atraer. Arrastrar. Sacar, extraer, arrancar. Atraer, provocar, suscitar, incitar, estimular. Jugar el primer naipe. *v. intr.* Traer. Tender, propender. *Bras.* Salir, parecerse, asemejar (dícese de los hijos respecto de sus padres). *v. intr.* Tirar (atraer por virtud natural). Tirar (producir el tiro o corriente de aire). Tirar (atraer una persona o cosa la voluntad y el afecto de otra persona). Tirar (poner los medios por lo común disimuladamente, para lograr algo). Tirar, imitar, parecerse, asemejarse (especialmente los colores). Chupar, absorber. Aspirar, inspirar. Cortar mucho, ser caro. *v. r.* Trajearse esmeradamente.

PUXA-SACOS (cha) *m. Bras. pop.* Adulón, adulador vil.

PUXATIVO, VA (cha) *adj.* Lo mismo que PUXANTE.

PUXANTE (cha) *adj.* Picante, exitante. *m.* Pujavante.

PUXEIRA (chei) *f. Bras.* Asma. *Bras.* Lo mismo que DEFLUXO.

PUXIRÃO (chi) *m. Bras. merid.* Lo mismo que MUXIRÃO.

PUXIRUM (chi) *m. Bras.* Lo mismo que MUXIRÃO.

PUXO (cho) *m.* Pujo, tenesmo.

Q *m.* Décimosexta letra y duodécima consonante del abecedario portugués. Su nombre es *qué*.

QUACRE (cua) *m.* y *f.* Cuáquero, cuáquera.

QUADERNA (cuadèr) *f.* Cuaderna (parejas de cuatro en el juego de tablas) Cuatro (cara del dado con los cuatro pontos). *Blas.* Pieza cuadrada.

QUADERNADO, DA (cua) *adj. Bot.* Cuadrifloro.

QUADERNAL (cua) *m.* Cuadernal.

QUADRA (cua) *f.* Cuadra (sala cuadrada). Serie de cuatro números en el juego del loto. Conjunto de cuatro cosas. Cuatro (naipe). Cuarteto (combinación métrica). Cuarta (medida). *Bras.* Extensión de una calle de esquina a esquina; cuadra (*Amer.*). Cancha. *Bras. merid.* Manzana de casa; cuadra (*Amer.*). *fig.* Edad. *fig.* Época, ocasión, estación. — *quadrada.* Medida de superficie equivalente a 17.424 metros cuadrados. — *de sesmaria.* Medida equivalente a 50 de estas cuadras.

QUADRADO, DA (cua) *adj.* Cuadrado. *m. Arit.* y *adj.* Cuadrado. Cuadrado (figura quadrada). Cuadrado (de las camisas). Plaza. *Mil.* Cuadro (formación). *adj. Bras.* Ignorante, estúpido, torpe; grosero.

QUADRADOR, RA (cua) *adj.* Que cuadra, que hace cuadros o cuadrados. Ú. t. c. s.

QUADRADURA (cua) *f.* Lo mismo que QUADRATURA.

QUADRAGENÁRIO, RIA (cua...je) *adj.* Quadragenario. Ú. t. c. s.

QUADRAGÉSIMA (cua...jèzi) *f.* Cuarentena (tiempo de cuarenta días). *ant.* Lo mismo que QUARESMA.

QUADRAGESIMAL (cua...jezi) *adj.* Cuadragesimal.

QUADRAGÉSIMO, MA (cua...jèzi) *adj.* Cuadragésimo. Ú. t. c. s.

QUADRANGULADO, DA (cua) *adj.* Cuadrangular.

QUADRANGULAR (cua) *adj.* Cuadrangular, cuadrángulo.

QUADRÂNGULO (cuadrán) *m.* Cuadrángulo, cuadrilátero.

QUADRANTE (cua) *m. Mar.* Cuadrante. *Geom.* Cuadrante. *Gnom.* Cuadrante, reloj solar. Mostrador (de reloj).

QUADRAR (cua) *v. tr.* Cuadrar (dar a una cosa figura de cuadro o cuadrado). *Álg.* y *Arit.* Cuadrar. *Bras. merid.* Cuadrarse. *v. intr.* Cuadrar (conformarse o ajustarse a una cosa con otra). Cuadrar (agradar o convenir una cosa con el intento o deseo).

QUADRARÃO (cuadraráum) *m.* Cuarterón (mestizo).

QUADRÁTICO, CA (cua) *adj.* Cuadrático.

QUADRATIM (cua) *m. Impr.* Cuadratín, cuadrado.

QUADRATRIZ (cua) *f. Geom.* Cuadratriz. Ú. t. c. adj.

QUADRATURA (cua) *f.* Cuadratura (acción y efecto de cuadrar una figura). *Geom.* Cuadratura. *Astr.* Cuadratura. Pintura de ornatos arquitetónicos.

QUADRATURISTA *m.* y *f.* Persona que pinta ornatos arquitectónicos.

QUADRELA (cuadré) *f.* Muro, pared.

QUADRILADO, DA (cua) *adj.* Que tiene cuatro alas.

QUADRIBÁSICO, CA (cua...zi) *adj. Quím.* Tetrabásico.

QUADRICAPSULAR (cua) *adj. Bot.* Cuadricapsular.

QUADRÍCULA (cua) *f.* Cuadrícula.

QUADRICULADO, DA (cua) *adj.* Quadriculado, quadricular.

QUADRICULAR (cua) *adj.* Quadricular. *v. r.* Cuadricular.

QUADRÍCULO (cua) *m.* Cuadrícula.

QUADRIENAL (cua) *adj.* Cuadrienal.

QUADRIÊNIO (cuadrié) *m.* Cuadrienio.

QUADRIFENDIDO, DA (cua) *adj.* Lo mismo que

QUADRÍFIDO, DA (cua) *adj.* Cuadrífido.

QUADRIFLÓREO, REA (cua...flò) *adj.* Cuadrifloro.

QUADRIFOLIADO, DA (cua) *adj.* Cuadrifoliado.

QUADRIFÓLIO, LIA (cua...fò) *adj.* Cruadrifollado. *m.* Planta del Brasil. (*Zornia tenuifolia*).

QUADRIFORME (cua...fòr) *adj.* Cuadriforme.

QUADRIGA (cua) *f.* Cuadriga.

QUADRIGARIO (cua) *m.* Cuadriguero.

QUADRIGÊMEO, MEA (cua...jé) *adj.* Lo mismo que

QUADRIGÊMINO, NA (cua...jé) *adj. Anat.* Cuadrigémino.

QUADRIL (cua) *m.* Cuadril, anca. Cuadril, cadera.

QUADRILATERAL (cua) *adj.* Lo mismo que

QUADRILÁTERO, RA (cua) *adj.* Cuadrilátero. *m. Geom.* Cuadrilátero.

QUADRILHA (cuadrilla) *f.* Cuadrilla (baile de salón). Cuadrilla (de cañas, torneos, etc.). Cuadrilla (de ladrones, de malhechores). Lo mismo que ESQUADRILHA. Jauría. Muchedumbre. *pop.* Canalla, pandilla.

QUADRILHEIRO (cuadrillei) *m.* Cuadrillero. Pandillero. Salteador. Alguacil.

QUADRILOBADO, DA (cua) *adj.* Lo mismo que

QUADRILOBULADO, DA (cua) *adj.* Cuadrilobulado.

QUADRILOCULADO, DA (cua) *adj.* Lo mismo que

QUADRILOCULAR (cua) *adj.* Cuadrilocular.

QUADRILONGO, GA (cua) *adj.* Cuadrilongo, rectangular. *m.* Cuadrilongo.

QUADRIMESTRAL (cua) *adj.* Cuatrimestre, cuadrimestre.

QUADRIMESTRE (cuadrimès) *m.* Cuatrimestre, cuadrimestre.

QUADRINGENTENÁRIO (cuadrinjen) *m.* Cuarto centenario.

QUADRINGENTÉSIMO, MA (cuadrinjentèzimo) *adj.* Cuadringentésimo. Ú. t. c. s.

QUADRINÔMIO (cuadrinó) *m. Mat.* Cuadrinomio.

QUADRIPARTIÇÃO (cua...sáum) *f.* Cuadripartición.

QUADRIPARTIDO, DA (cua) *adj.* Cuadripartido.

QUADRIPARTITO, TA (cua) *adj.* Cuadripartido.

QUADRIPÉTALO, LA (cuadripè) *adj. Bot.* Cuadripétalo.

QUADRIRREME (cua) *f. Mar.* Cuadrirremo.

QUADRISSILÁBICO, CA (cuadrisi) *adj.* Cuadrisílabo.

QUADRISSÍLABO, BA (quadris) *adj.* Cuadrisílabo. Ú. t. c. s. m.

QUADRIVALVE (cua) *adj.* Cuadrivalvo.

QUADRÍVIO (cua) *m.* Cuadrivio (sitio donde se juntan cuatro caminos). Quadrivio (en la Edad Media, conjunto de las cuatro artes matemáticas).

QUADRO (cua) *m.* Quadro, cuadrado. Quadro (obra pictórica). Quadro, marco. Pizzarra (en que se escribe). Encercado, cuadro, pizzarra. Cuadro (en la representación teatral). Cuadro (descripción por escrito o de palabra, de un espetáculo o suceso). Cuadro, retángulo. *fig.* Cuadro (espetáculo de la naturaleza, o agrupación de personas o cosas que es capaz de mover el ánimo). Cuadro (conjunto de los jefes, oficiales, sargentos y cabos de un batallón o regimiento). Nómina (lista o catálogo de nombres de personas o cosas). Nómina (relación de los individuos que en una oficina pública o particular han de percibir haberes). Tablilla, lista. Descripción por menudo.

QUADRUM (cua) *m. angl.* Lo mismo que QUADRARÃO.

QUADRÚMANO, NA (cua) *adj.* Cuadrúmano, cuadrumano. *m. pl. Zool.* Cuadrúmanos, quadrumanos.

QUADRUPEDANTE (cua) *adj. poét.* Cuadrupedante.

QUADRÚPEDE (cua) *adj.* Cuadrúpedo, cuadrúpede. Ú. t. c. s. *fig.* Ignorante, torpe, estúpido. Ú. t. c. s.

QUADRUPLICAÇÃO (cua...sáum) *f.* Cuadruplicación.

QUADRUPLICADO, DA (cua) *adj.* Cuadruplicado.

QUADRUPLICAR (cua) *v. tr.* Cuadriplicar, cuadruplicar. *v. intr.* y *r.* Hacerse cuatro veces más grande.

QUÁDRUPLO, PLA (cuá) *adj.* Cuádruple, cuádruplo. Ú. t. c. s.

QUAIS (cuais) *pron. relat. pl.* de *Qual.*

QUAISQUER *pron. indet. pl.* de *Qualquer.* Cualesquiera, cualesquier.

QUAL (cual) *pron. relat. sing. m.* y *f.* y que en *pl.* hace *quais.* Cual. *Gram.* Construyese con el artículo determinado en todas sus formas; *o —, a —, os quais, as quais,* el cual, la cual, los cuales, las cuales. *Gram.* En las frases de sentido dubitativo o interrogativo no se emplea con acento como en español: *Qual? ?Cual?* Cual (denotando idea de semejanza). *conj.* Como. *interj.* !Qué! (con sentido negativo)

QUALIDADE (cua) *f.* Cualidad (circunstancia o caráter que distingue a las personas o cosas). Calidad, cualidad (manera de ser de una persona o cosa). Calidad (condición, requisito). Calidad (nobleza del linaje). Calidad (estado de una persona y demás circunstancias que se requieren para un cargo o dignidad) *pl.* Calidades (prendas del ánimo).

QUALIFICAÇÃO (cua...sáum) *f.* Calificación (acto y efecto de calificar). Inscripción en los registros electorales.

QUALIFICADAMENTE (cua) *adv. m.* Calificadamente.

QUALIFICADO, DA (cua) *adj.* Calificado (de importancia, merito o respecto; que reune todos los requisitos necesarios). Inscripto en los registros electorales. Idóneo, apto, competente.

QUALIFICADOR, RA (cua) *adj.* Calificativo, que califica. *m.* Calificador (el que califica).

QUALIFICAR (cua) *v. tr.* Calificar (apreciar las calidades o meritos de una persona o cosa). *fig.* Calificar, ennoblecer, ilustrar, acreditar. Inscribir a uno en los registros electorales. Ú. t. c. r. Clasificar. Modificar atribuyendo calidades. Hacer apto o idóneo para alguna ocupación o empleo. *v. r.* Prepararse, llenar los requisitos.

QUALIFICATIVO, VA (cua) *adj.* Calificativo, que califica. *Gram.* Calificativo.

QUALIFICÁVEL (cua) *adj.* Calificable.

QUALITATIVO, VA (cua) *adj.* Cualitativo.

QUALQUER (cualquèr) *pron. indet.* Cualquiera, cualquier. *Pl.* Quaisquer.

QUAMANHO (cuamáño) *adj.* Cuamaño. (*ant.*).

QUANDO (cuan) *adv. t.* ?Cuando. (*Gram.* En las frases de sentido dubitativo o interrogativo no se emplea con acento como en español: —? Cuando?). Cuando, en caso de que, sí. *conj. advrs.* Cuando, aunque. *conj. cont.* Cuando, puesto que. *conj. distr.* Cuando. De — em —. *m. adv.* De cuando en cuando, algunas veces, de tiempo en tiempo. *De —a —. m. adv.* De cuando en cuando. *De vez em —. m. adv.* ?De cuando en cuando, algunas veces, de tiempo en tiempo. *Desde —?* De cuándo acá? (expr. de extrañeza frente a alguna cosa que está o sucede fuera de lo regular o acostumbrado.) — *muito. m. adv.* Cuando mucho, cuando más, a lo más, a lo sumo. *Senão —. m. adv.* De repente, de súbito, de pronto.

QUANTA (cuan) *m. Teoria dos —.* Teoría de los quanta.

QUANTIA (cuantía) *f.* Cuantía, cuantidad, suma.

QUANTIDADE (cuan) *f.* Cantidad, cuantidad (en todas las acepciones de esta voz).

QUANTIFICAR (cuan) *v. tr.* Cuantiar.

QUANTIOSO, SA (cuantiozo, òza) *adj.* Cuantioso.

QUANTITATIVAMENTE (cuan) *adv. m.* Relativamente a la cantidad; de manera cantitativa.

QUANTITATIVO, VA (cuan) *adj.* Cantitativo.

QUANTO, TA (cun) *adj.* Cuanto (que incluye cantidad indeterminada; todo lo que). (*Gram.* En sentido ponderativo, no toma acentuación como en español: —! ¡Cuánto! *adv. c.* Cuanto. Cuanto (correlativo de *tanto*, tanto). *Gram.* En sentido dubitativo o interrogativo, no se emplea con acento como en español: —? ¿Cuánto? — *a. m. adv.* Cuanto a, en cuanto a, por lo que toca o corresponde a. — *antes. m. adv.* Cuanto antes, cuanto más antes. — *mais. m. adv. y conjunt.* Cuanto más.

QUÃO (cuám) *adv. c.* Cuan, cuanto. Cuan (correlativo de *tão*, tan). *Gram.* En sentido ponderativo, no toma acentuación como en español: —! ¡Cuán!

QUARADOR (cua) *m. Bras.* Lo mismo que CORADOURO.

QUARAR (cua) *v. intr. Bras.* Lo mismo que CORAR, 2ª acep.

QUARÇO (cuarso) *m.* Lo mismo que QUARZO.

QUARENTA (cua) *adj.* Cuarenta. *m.* Cuarenta.

QUARENTÃO, TONA (cuarentáum) *adj. y s.* Cuarentón, na.

QUARENTENA (cua) *f.* Cuarentena (conjunto de cuarenta unidades). Cuarentena (tiempo de cuarenta días). Cuarentena, cuaresma. Cuarentena (tiempo que pasan en el lazareto los que vienen de lugares infectos o sospechosos de epidemia). *fig. fam.* Cuarentena (suspensión del crédito).

QUARENTONA (cua) *adj. y s. f.* Cuarentona.

QUARESMA (cuarès) *f.* Cuaresma. *Bras.* Especie de cocotero. *Bras.* Nombre de varias plantas melastomatáceas, género *Tibouchina*.

QUARESMAL (cua) *adj.* Cuaresmal.

QUARESMAR (cua) *v. intr.* Observar cuaresma.

QUARESMEIRA (cua) *f. Bras.* Lo mismo que QUARESMA, 2ª y 3ª acep.

QUARÓ (cuarò) *m. Bras.* Planta del Brasil (*Galphimia brasiliensis*).

QUARTA *f.* Cuarta (cada una de las cuatro partes iguales en que se divide un todo). *Mar.* Cuarta. *Mús.* Cuarta. Lo mismo que BILHA. Abreviatura de QUARTA-FEIRA.

QUARTÃ (cuartán) *f.* Cuartana (fiebre intermitente cuyos accesos se repiten de cuatro en cuatro días). Ú. t. c. adj.

QUARTADO, DA (cuar) *adj.* Dividido en cuatro; formado de cuatro.

QUARTA-FEIRA (cuar) *f.* Miércoles.

QUARTALUDO, DA (cuar) *adj.* Quartilludo.

QUARTANÁRIO, RIA (cuar) *adj.* Cuartanario, cuartanal (que padece cuartanas). Ú. t. c. s.

QUARTANISTA (cuar) *m. y f.* Estudiante del cuarto año de un curso o facultad.

QUARTÃO (cuartáum) *m.* Cuartán (medida) *m. Bras.* Cuartago (caballo de mediano cuerpo)

QUARTAU (cuar) *m. Bras.* Cuartago (caballo de mediano cuerpo)

QUARTEADO, DA (cuar) *adj.* Cuarteado. Cuartelado. Robusto (hablando de caballerías).

QUARTEAR (cuar) *v. tr.* Cuartear (dividir un cosa en cuatro partes). Adornar con cuatro colores. *Taurom.* Cuartear. *Bras.* Río Gr. del Sur. Cuartear (amer. argent.: tirar de un carruaje mediante una cuarta o guía).

QUARTEIO (cuar) *m. Taurom.* Cuarteo.

QUARTEIRÃO (cuar) *m.* Cuarterón, cuarta. Cuarta parte de cien. Manzana de casas (*Amer.*: cuadra).

QUARTEIRO (cuar) *m.* La cuarta parte de un moyo.

QUARTEJAR (cuartejar) *v. tr.* Cuartear (dividir en cuatro).- Lo mismo que ESQUARTEJAR.

QUARTEL (cuar) *m.* Cuartel, cuarta. *Mil.* Cuartel. *Blas.* Cuartel. *Mar.* Cuartel. *fig.* Casa, domicilio, abrigo. *fig.* Época, período. — *-mestre.* Cuartel maestre, maestre general.

QUARTELA (cuartè) *f.* Cuartilla (parte que media entre los menudillos y la corona del casco de las caballerías). *Arq.* Ménsula.

QUARTELADA (cua) *f.* Cuartelada (pronunciamiento militar**).**

QUARTELEIRO (cuar) *m. Mil.* Cuartelero.

QUARTERÃO, RONA (cuarteráum) *adj.* Cuarterón. Ú. t. c. s.

QUARTETO (cuar) *m.* Cuarteto (estrofa de cuatro versos). *Mùs.* Cuarteto (composición para cuatro voces, o para cuatro instrumentos; conjunto de estas cuatro voces o instrumentos).

QUARTILHO (cuartillo) *m.* Cuartillo (medida de líquidos equivalente a 0,6655 litros).

QUARTINHA (cuartiña) *f. Bras. nort.* Cántaro.

QUARTINHEIRO (cuartiñei) *m. Bras. Bahia.* Mueble donde se ponen los cántaros (*quartinhas*).

QUARTINHO (cuartiño) *m. ant.* Mil doscientos reis (la cuarta parte de la antigua moneda portuguesa de cuatro ochocientos reis). Cuartito (habitación pequeña).

QUARTO, TA (cuar) *adj.* Cuarto (que sigue en orden al tercero; cada una de las cuatro partes iguales en que se divide un todo). Ú. t. c. s. m. *m.* Dormitorio. Cuarto, habitación, aposento. Cuarto (tiempo que está de centinela o vigilando cada uno de los de tropa). Cuarto (cada una de las cuatro partes de que se decompone o en que se divide una cosa, como un vestido, la hora, el cuerpo de los criminales (cuando se descuartizaba para ponerlos en sitios públicos), el cuerpo de los cuadrúpedos, etc.). Lo mismo que PLANTÃO. Cuarto (abertura en las partes laterales de los cascos de las caballerías) *pl.* Quartos (miembros del cuerpo del animal). Ancas. Nalgas. — *de costura.* Cuarto de costura. — *dianteiro.* Cuarto delantero. — *da Lua.* Cuarto de Luna. — *crescente.* Cuarto creciente. — *minguante.* Cuarto menguante. — *traseiro.* Cuarto trasero.

QUARTOLA (cuartò) *f.* Cuarterola (barril que hace la cuarta parte de un tonel).

QUÁRTZICO, CA (cuárzi) *adj.* Cuarzoso.

QUARTZÍFERO, RA (cuarzí) *adj.* Cuarcífero.

QUARTZITA (cuarzi) *f. Geol.* Cuarcita.

QUARTZO (cuarzo) *m.* Cuarzo.

QUARTZOSO, SA (cuarzozo, zòza) *adj.* Cuarzoso.

QUASE (cuaze) *adv. c.* Casi, cerca de, aproximadamente, con pequeña diferencia, por poco.

QUASE-CONTRATO (cuaze) *m.* Cuasicontrato, casicontrato.

QUASE-DELITO (cuaze) *m.* Cuasidelito.

QUASI (cuazi) *adv. c.* Lo mismo que QUASE.

QUASIMODAL (cuazi) *adj. Bras.* Lo mismo que

QUASIMODESCO, CA (cuazi) *adj. Bras.* Monstruoso, horrible, muy feo (de Quasimodo, personaje de la novela de Víctor Hugo, *Nuestra Señora de París*).

QUASÍMODO (cuazí) *m.* Quasimodo, domingo de Quasimodo. *adj. Bras.* Lo mismo que QUASI-MODESCO.

QUASSAÇÃO (cuasasáum) *f. Farm.* Trituración de raíces y cáscaras.

QUÁSSIA (cuási) *f. Bot.* Cuasia.

QUATERNADO, DA (cua) *adj. Bot.* Cuaternado.

QUATERNÁRIO, RIA (cua) *adj.* Cuaternario. Ú. t. c. s.

QUATERNIDADE (cua) *f.* Cuaternidad.

QUATERNO, NA (cua) *adj.* Cuaterno.

QUATI (cuatí) *m. Zool.* Coatí, cuatí.

QUATIAIPÉ (cua...pè) *m. Bras. Pernamb.* Lo mismo que CAXINGUELÊ.

QUATORZE (catorze) *adj. y s.* Lo mismo que CATORZE.

QUATRALVO, VA (cua) *adj.* Cuatralbo.

QUATRIDUANO, NA (cua) *adj.* Cuatriduano, cuatridiano, cuatridial.

QUATRÍDUO (cua) *m.* Cuatriduo (espacio de cuatro días).

QUATRIÊNIO (cuatrié) *m. Bras.* Cuadrienio, cuatrienio.

QUATRILIÃO (cuatriliáum) *m.* Cuatrillón.

QUATRIM (cua) *m.* Cuatrín.

QUATRINCA (cua) *f.* Cuatrinca.

QUATRO (cua) *adj.* Cuatro. *m.* Cuatro. — *olhos.* Cuatro ojos (persona que trae anteojos). *O diabo a —.* Barahunda, batahola.

QUATROCENTISTA (cua) *adj.* Cuatrocentista.

QUATROCENTOS, TAS (cua) *adj.* Cuatrocientos. *m.* Cuatrocientos.

QUATROLHO, LHA (cuatrollo, lla) *adj. Bras.* Que tiene las cejas blancas.

QUATRUMANO (cua) *m. Bras. Bahia.* Lo mismo que MATUTO.

QUE *pron. relat.* Que (el, la, lo cual; los, las, cuales). *Gram.* Puede construirse con el artículo indeterminado en todas sus formas. Qué (?qué cosa?). *conj. copulat.* Que. *conj. comparat.* Que. *Gram.* Ú. en vez de la copulativa *e* (y), pero denotando en cierto modo sentido adversativo. *Gram.* Ú. igualmente como conj. causal, equivaliendo a *porque* (porque) o *pois* (pues). *Gram.* Haciendo oficio de conj. disyuntiva, equivale a *ou* (o), *que* (ya) o otra semejante. *conj. ilativa.* Que. *conj. final.* Que, para que. *Gram.* Con el adv. *não* (no) pospuesto forma un modo de decir equivalente a *sem que* (sin que). *adv. c.* Cuan, cuanto, qué de. *interj.* de sentido negativo y ponderativo. !Que! *Sem — nem porque. loc. adv.* Sin qué ni para, o por qué.

QUÊ (qué) *m.* Alguna cosa, cualquier cosa. Dificultad, embarazo, complicación. Cu (nombre de la letra *Q*.).

QUEBA (què) *adj. Bras. Goiaz.* Antiguo; viejo.

QUEBRA (què) *f.* Quiebra, rotura. Quiebra, pérdida o menoscabo de una cosa. *Com.* Quiebra; falencia (*Amer.*). Desfalco, falta, disminución. Declive, cuesta, pendiente. Quebrantamiento, violación, omisión, infracción. Rompimiento, interrupción. Pliegue; doblez. Yapa. Quebranto de moneda.

QUEBRA-CABEÇA (què...sa) *m. y f.* Rompecabezas (problema o acertijo de dificel solución). Rompecabezas (juego de paciencia).

QUEBRACHAL (*chal*) *m. Bras. Mato Grosso.* Quebrachal.

QUEBRANCHO (*cho*) *m. Bot. Bras.* Quebracho, jabí.

QUEBRA-COSTELA (què...tè) *m. Bras.* Abrazo muy fuerte.

QUEBRADA *f.* Quiebra, quebrada (hendedura de la tierra en los montes, o la que causan las demasiadas lluvias). Declive, cuesta, pendiente.

QUEBRADAMENTE *adv. m.* Repentinamente, de improviso.
QUEBRADEIRA *f.* Quebrantamiento, quebranto, descaecimiento, desaliento, falta de fuerza. Lo mismo que QUEBRA-CABEÇA. *Bras.* Falta de dinero.
QUEBRADELA (dè) *f.* Quebradura, quiebra, quebrantamiento, rompimiento, rompedura.
QUEBRADIÇO, ÇA (so, sa) *adj.* Quebradizo. Quebrable. *fig.* Quebradizo, frágil, débil.
QUEBRADO *m.* Quiebra, quebrada (en el terreno). Cuesta, pendiente. *Arit.* Quebrado. *pl. Bras.* Cambio, dinero menudo. *adj.* Quebrado (que ha hecho quiebra o bancarrota). Quebrado (que padece herniada o quebradura). Quebrado, quebrantado, debilitado. Quebrado (dícese del terreno desigual, tortuoso, con altos y bajos). *Arit.* Quebrado (dícese del número que expresa una o varias partes alícuotas de la unidad). *Geom.* Quebrada (línea que sin ser recta está compuesta de varias rectas). *Bras.* Pobre, sin dinero.
QUEBRADOR, RA *adj.* Quebrador; rompedor. Ú. t. c. s.
QUEBRADURA *f.* Quebradura, hendedura, rotura. Quebradura, hernia.
QUEBRA-ESQUINAS (què) *m. pop.* Ocioso galanteador y callejero; rompepoyos.
QUEBRA-LOUÇAS (què...sas) *m.* Lo mismo que DESASTRADO.
QUEBRA-LUZ (què) *m.* Pantalla.
QUEBRA-MAR (què) *m.* Rompeolas.
QUEBRAMENTO *m.* Quebramiento, quebrantamiento. Quiebra, rotura. Lo mismo que QUEBREIRA.
QUEBRA-NOZES (quèbra-nòzes) *m.* Cascanueces, quebrantanueces (instrumento para partir nueces). Quebrantanueces, cascanueces (pájaro dentirrostro).
QUEBRANTADO, DA *adj.* Quebrado, quebrantado, debilitado.
QUEBRANTADOR, RA *adj.* Quebrantador.
QUEBRANTAMENTO *m.* Quebrantamiento (acción y efecto de quebrantar o quebrantarse). Quebrantamiento, quebranto, descaecimiento, desaliento, falta de fuerza.
QUEBRANTAR *v. tr.* Quebrantar, quebrar, romper. Quebrantar, quebrar (violar una ley, palabra u obligación). Quebrantar (disminuir las fuerzas o el brío; suavizar o templar el exceso de una cosa). Quebrantar, molestar, causar pesadumbre o desabrimiento. *v. r.* Quebrantarse. Perder el ánimo.
QUEBRANTO *m.* Quebrantamiento, quebranto, descaecimiento, desaliento, falta de fuerza. Mal de ojo.
QUEBRA-PEDRA (què...pè) *f. Bot.* Quebrantapiedras.
QUEBRA-QUEIXO (què...cho) *m. pop.* Puro de ínfima calidad.
QUEBRAR *v. tr.* Quebrar, quebrantar, romper. Quebrar, doblar, torcer. Quebrar (interrumpir o estorbar la continuación de una cosa material). Quebrar, templar, suavizar, moderar la fuerza. Quebrar (vencer una dificultad material u opresión). Quebrantar, debilitar. Quebrar, quebrantar, violar, infringir. Amansar, domar. Quebrantar, inducir o mover con ardid, industria o porfía; persuadir. Quebrantar, anular. *v. intr.* Quebrar-se, romperse. Quebrantarse, debilitarse (formársele hernia a uno) Quebrar (hacer quiebra o bancarrota). Empobrecer (venir a estado de pobreza una persona). *v. r.* Quebrarse, romperse. Partirse, henderse. Quebrantarse.
QUEBREIRA *f. pop.* Quebrantamiento, quebranto, descaecimiento, desaliento. *Bras.* Falta de dinero.
QUEBRO (què) *m.* Quiebro esguince que se hace con el cuerpo, como quebrándole por la cintura. *Taur.* Quiebro. *Mús.* Quiebro.
QUECÉ (cè) *m. Bras. nort.* Lo mismo que
QUECÉ (cè) *m. Bras.* Cuchillo pequeño y sin punta.
QUÉCHUA (què*ch*ua) *m.* Lo mismo que QUÍCHUA.
QUEDA (què) *f.* Caída (acción y efecto de caer). *fig.* Caída, culpa. Caída, declinación, declive.

Propensión, tendencia. Pecado, falta. Decaimiento, decadencia, ruina. — *d'água.* Salto de agua, cascada.
QUEDAÇO (so) *m. Bras.* Caída desde muy alto.
QUEDAR *v. intr. y r.* Quedar, quedarse (detenerse, estar quedo o quieto). Quedar, permanecer, subsistir.
QUEDIVA *m.* Kedive, jedive.
QUEDO, DA (què) *adj.* Quedo, quieto. — *a* —. *m. adv.* De quedo, quedo a quedo, poco a poco, despacio.
QUEFAZER (zer) *m.* Quehacer, ocupación, negocio. Ú. m. en pl.
QUEFIR *m.* Quefir.
QUEIJADA (ja) *f.* Quesadilla.
QUEIJADEIRA (ja) *f.* Mujer que hace o vende quesadillas.
QUEIJADEIRO, RA (ja) *adj.* Concerniente a la quesadilla. *m.* Hombre que hace o vende quesadillas.
QUEIJADILHO (jadilho) *m. Bot.* Primavera.
QUEIJAR (jar) *v. intr.* Quesear (hacer quesos).
QUEIJARIA (jaría) *f.* Quesera, quesería (lugar o sitio donde se fabrican quesos).
QUEIJEIRA (jei) *f.* Quesera (mujer que hace o vende quesos). Quesera, quesería. Lo mismo que QUEIJADEIRA.
QUEIJEIRO (jei) *m.* Quesero. *Bras. Goiaz.* Lo mismo que CAIPIRA.
QUEIJO (jo) *m.* Queso.
QUEIJOSO, SA (jozo, òza) *adj.* Quesero, caseoso.
QUEIMA *f.* Quema (acción y efecto de quemar o quemarse). Quema, incendio, fuego, ustión. *Bras.* Liquidación, quemazón (venta de géneros con gran rebaja de precios). *À — roupa. m. adv.* A quemarropa, a quema tipo.
QUEIMAÇÃO (sáum) *f.* Quema, quemazón. *fig.* Enfadamiento, enfado; cosa enfadosa.
QUEIMADA *f.* Quemada, quemado (rodal de monte consumido por el fuego). Quema del rastrojo en el campo; sitio donde se hace la quema.
QUEIMADEIRO *m.* Quemadero.
QUEIMADO, DA *adj.* Quemado, incendiado, carbonizado, tostado. Quemado, oscuro, negro. *Bras.* Enojado, enfadado, irritado. *m.* Quemado (cosa quemado o que quema). Olor a quemado.
QUEIMADOR, RA *adj.* Quemador. Ú. t. c. s.
QUEIMADURA *f.* Quemadura (descomposición de un tejido orgánico producida por el fuego o por alguna substancia corrosiva). Quemadura (enfermedad de los vegetales ocasionada por cambios bruscos de temperatura). Quemadura, tizón (honguillo parásito de los cereales).
QUEIMANTE *adj.* Quemante, que quema. Picante, ardiente.
QUEIMAR *v. tr.* Quemar (abrasar o consumir con fuego). Quemar (calentar con mucha actividad). Quemar (malbaratar, destruir o vender una cosa a menos de su justo precio). Tostar, ennegrecer. Abrasar, quemar (secar al excesivo calor o frío una planta o parte de ella). Herir o matar a balazos; balear. (*Amer.*). *v. intr.* Quemar (estar demasiadamente caliente una cosa). Quemar, causar quemaduras. Abrasarse. *Bras.* Tirar con arma de fuego. *v. r.* Quemarse, padecer quemaduras. Quemarse, abrasarse (las plantas). Quemarse, incendiarse. Marchitarse, secarse, abrasarse. *Bras.* Quemarse, impacientarse, desazonarse. — *campo. Bras. merid.* Mentir mucho.
QUEIMO *m.* Picor, ardor. Quemazón, calor excesivo.
QUEIMOR *m.* Lo mismo que QUEIMO.
QUEIMOSO, SA (mozo, òza) *adj.* Quemajoso. Quemante.
QUEIXA (cha) *f.* Queja (expresión de dolor, pena o sentimiento). Queja, resentimiento, desazón, disgusto, enojo. Queja, querella. Ofensa, injuria. *Dar —. fr.* Quejarse, querellarse.
QUEIXADA (cha) *f. Anat.* Quijada, quijal. *m. Bras.* Puerco montés.
QUEIXAL (cha*l*) *adj.* Mentoniano. *m.* Quijal, quijar, muela, diente molar.
QUEIXAR-SE (char) *v. r.* Quejarse (manifestar la queja o resentimiento que se tiene de alguien). Quejarse, querellarse (presentar querella contra una persona). Lamentarse, lastimarse, quejarse.

QUEIXEIRO (chei) *adj.* Cordal.
QUEIXO (cho) *m.* Quijada inferior. Mentón, barbilla. *pl.* La cara.
QUEIXOSAMENTE (chòza) *adv. m.* Quejosamente.
QUEIXOSO, SA (chozo, òza) *adj.* Quejoso. Querellante. Ú. t. c. s. Ofendido, resentido. Quejicoso, quejilloso.
QUEIXUDO, DA (chu) *adj.* Quijarudo.
QUEIXUME (chu) *m.* Quejumbre, queja, quejido.
QUEJANDO, DA (jan) *adj.* Cual, que tal, semejante, de la misma clase o calidad.
QUELA (què) *f.* Garra, pinza.
QUELHA (lla) *f.* Lo mismo que CALHA. Callejuela angosta.
QUELÍCERA *f. Zool.* Quelícero.
QUELÍFERO, RA *adj. Zool.* Que tiene pinzas. *m.* Quelífero.
QUELÔNIO, NIA (ló) *adj.* Quelonio. *m. pl. Zool.* Quelonios.
QUELONITA *f.* Tortuga petrificada.
QUELONÓFAGO, GA (nò) *adj.* Quelonófago.
QUELONOGRAFIA (fía) *f.* Quelonografía.
QUELONÓGRAFO (nò) *m.* Quelonógrafo.
QUEM *pron. relat.* Que tiene sola forma para los dos géneros masculino y femenino, y para el pl. Quien, quienes. *Gram.* Suele referirse más a personas do que a cosas, y no puede construirse con el artículo. *pron. indet.* Quien, la persona que. *Gram.* Cuando se emplea repetido, como en español, equivale a *uns* e *outros*, unos y otros. — *quer.* Quienquiera.
QUEMOSE (mòze) *f. Med.* Quemosis.
QUENGA *f. Bras. nort.* Ramera.
QUENGADA *f. Bras. nort.* Trampa, trapaza, fraude, engaño.
QUENJO (jo) *m. Bras.* Cabeza, talento, inteligencia. Hombre astuto.
QUENOPODIÁCEAS *f. pl. Bot.* Salsoláceas, quenopodiáceas.
QUENOPÓDIO (pò) *m. Bot.* Quenopodio.
QUENTÃO (táum) *m. Bras.* Aguardiente de caña con jengibre.
QUENTAR *v. tr.* Lo mismo que AQUENTAR.
QUENTE *adj.* Caliente (que tiene calor). Caliente, acalorado, vivo. Caliente, cálido, caluroso, vivo, ardiente. *m.* Lugar caliente; la cama. *Panos —s.* Paños calientes; remedios paliativos e ineficaces, diligencias que se aplican para templar el rigor con que se ha de proceder en una materia.
QUENTURA *f.* Calor.
QUÉPI (què) *m.* Quepis (gorra que es prenda del uniforme militar en algunos países).
QUER (quèr) *conj. distr.* Ya, ora bien.
QUERA (cuè) *adj. Bras.* Valiente, animoso.
QUERCINA *f. Quím.* Quercita, quercina.
QUERELA (rè) *f.* Querella, queja (acusación ante juez o tribunal). Querella, discordia, pendencia. Querella, queja (reclamación que los herederos hacen ante juez). *poét.* Querella, queja (expresión de dolor, pena o sentimiento).
QUERELADO *m.* Persona contra quien uno presentó querella.
QUERELADOR, RA *adj.* Querellador. Ú. t. c. s.
QUERELANTE *adj.* Querellante. Ú. t. c. s.
QUERELAR *v. intr.* Querellarse, quejar (presentar querella contra uno) *v. r.* Querellarse, quejarse (expresar con la voz el dolor o pena que se siente; manifestar uno el resentimiento que tiene otro).
QUERELOSO, SA (lozo, òza) *adj.* Querelloso, quejoso.
QUERENA *f. Mar.* Carena. *pop.* Rumbo, dirección.
QUERENAR *v. tr. Mar.* Carenar.
QUERENÇA (sa) *f.* Querencia (acción de querer bien). Voluntad. Querencia (sitio al que ciertos animales tienen costumbre de acudir).
QUERÊNCIA (rén) *f. Bras. merid.* Querencia (inclinación del hombre y principalmente de ciertos animales a volver al sitio en que se han criado o tienen costumbre de acudir; ese mismo sitio).
QUERENÇOSO, SA (sozo, òza) *adj.* Querencioso. Afectuoso, benévolo.

QUARENDÃO, DONA (dáum) *adj. Bras. merid.* Muy cariñoso; querendón (*Amer.*). Enamorador.

QUERENTE *adj.* Queriente.

QUERER *v. tr.* Querer (desear, apetecer; tener voluntad o determinación de ejecutar una cosa; amar, tener cariño o inclinación a una persona o cosa; resolver, determinar; pretender, intentar, procurar; ser conveniente una cosa a otra; aceptar el convite; dar uno acasión para que se ejecute algo contra él; permitir, consentir, tolerar; convenir uno con otro en un intento). *v. intr.* Querer (manifestar la voluntad) *v. r.* Quererse, amarse, desearse. *Como quer que. loc adv.* Como quiera que, de cualquier modo, de este o el otro modo. *Onde quer que. loc. adv.* Dondequiera, donde quiera que. *Queira ou não queira. expr. adv.* Que quiera, que no quiera. *— bem.* Querer bien *dizer.* Querer decir, significar. *Sem —. m. adv.* Sin querer, sin intención, inadvertidamente.

QUERER *m.* Voluntad. Querer, cariño, amor. Intención.

QUERIDO, DA *adj.* Querido, amado. *m.* y *f.* Persona querida, bien amado, bien amada.

QUERIMA *f. anat.* Lo mismo que

QUERIMÔNIA (mó) *f. Ant.* Queja, querella.

QUERMES (quèr) *m.* Agallita formada por el quermes. *Farm.* Quermes.

QUERMESSE (mèse) *f.* Queremese.

QUERO-QUERO (què...què) *m. Bras.* Tero, teruteru, terotero, güerequeque (*Amer.*).

QUEROSENE (ze) *m.* Petróleo; kerosén, kerosene, querosene, querosín, queroseina. (*Amer.*).

QUÉRQUERA (quèr) *f. Med.* Quérquera.

QUERÚBICO, CA *adj.* Querúbico.

QUERUBIM *m.* Querubín.

QUERUBÍNICO, CA *adj.* Querúbico.

QUÉRULO, LA (qué) *adj. poét.* Quejoso, lamentoso.

QUESITO (zi) *m.* Cuestión, pregunta a que se debe responder. Lo mismo que REQUISITO.

QUESTÃO (cuestáum) *f.* Cuestión, pregunta. Cuestión, riña, disputa, pendencia, gresca. Cuestión (oposición de razones que exigem detenido estudio en la resolución de un asunto). *Mat.* Cuestión, problema.

QUESTIONADOR, RA (cues) *adj.* Cuestionador.

QUESTIONAR (cues) *v. tr.* Cuestionar, controvertir, discutir un ponto dudoso. *v. intr.* Altercar, discutir, disputar. Hacer cuestión.

QUESTIONÁRIO (cues) *m.* Cuestionario.

QUESTIONÁVEL (cues) *adj.* Cuestionable.

QUESTIÚNCULA (cues) *f. dim. de Questão.* Cuestion insignificante o fútil.

QUESTOR (cues) *m.* Cuestor.

QUESTÓRIO, RIA (cuestò) *adj.* Concerniente o relativo a la cuestión.

QUESTUÁRIO, RUA *adj.* Cuestuario. Ú. t. c. s.

QUESTUOSO, SA (ozo, òza) *adj.* Cuestoso.

QUESTURA (cues) *f.* Cuestura.

QUETÓPODE (tò) *adj.* Quetópodo. *m. pl. Zool.* Quetópodos.

QUEZILA (zi) *f.* Antipatía, repugnancia, aversión, asco. Enemistad.

QUEZILAR (zi) *v. tr.* Enfadar, importunar, enojar, disgustar. *v. intr.* y *r.* Enfadarse, enojarse, disgustarse, desazonarse.

QUEZILENTO, TA (zi) *adj.* Aborrecible, repugnante, asqueroso. Inclinado a enfadarse o enojarse.

QUEZÍLIA (zí) *f.* Lo mismo que QUEZILA.

QUIABEIRO *m. Bras. Bot.* Quingombó, quibombo (la planta).

QUIABO *m. Bras. Bot.* Quingombó, quibombo (el fruto).

QUIASMA *m. Anat.* Quiasma. *Gram.* Contaminación sintática.

QUIASTRO *m.* Quiastra (vendaje en forma de X).

QUIBA *adj. Bras.* Fuerte; robusto. *pl.* Testículos.

QUIBANDAR *v. tr. Bras.* Cerner con el

QUIBANDO *m. Bras.* Especie de cedazo.

QUIBEBE (bèbe) *m. Bras.* Papa de calabaza o zapallo.

QUIBOMBÔ (bó) *m. Bras.* Lo mismo que QUIABO.

QUIBUNGO *m. Bras. Minas Gerais.* Baile de negros.

QUIÇÁ (sá) *adj.* Quizá.

QUIÇABA (sa) *f. Bras.* Lo mismo que IGAÇABA.

QUICHAÇA (chasa) *f. Bras.* Terquedad.

QUICHILIGANGUE (chi) *m. Bras.* Bagatela, cosa de poca entidad.

QUÍNCHUA (chua) *adj.* Quichua Ú. t. c. s. *m.* Quichua (lengua de los quinchuas).

QUÍCIO *m.* Quicio.

QUÍDAM *m. Bras.* Quídam (sujeto despreciable y de poco valer). Quídam (sujeto a quien se designa indeterminadamente).

QÜIDIDADE *f.* Quididad.

QÜIDIDATIVO, VA *adj.* Quididativo.

QUIESCENTE *adj.* Quiescente. que descansa, que está en reposo.

QUIETAÇÃO (sáum) *f.* Quitación, quietud, sosiego, reposo, tranquilidad.

QUIETAMENTE (quiè) *adv. m.* Quietamente, tranquilamente.

QUIETAR *v. tr.* Quietar, aquietar.

QUIETISMO *m.* Quietismo.

QUIETISTA *adj.* y *s. m.* y *f.* Quitista.

QUIETO, TA (quiè) *adj.* Quieto, quedo, inmóvil; pacífico; sosegado.

QUIETUDE *f.* Quietud (falta de movimiento). *fig.* Quietud, sosiego, reposo, paz, descanso, tranquilidad.

QUIGOMBÓ (bó) *m. Bras.* Lo mismo que QUIABO.

QUIJILA (ji) *f.* Lo mismo que QUEZILA.

QUILATAÇÃO (sáum) *f.* Quilatación.

QUILATAR *v. tr.* Quilatar, aquilatar.

QUILATE *m.* Quilate (unidad de peso para las perlas y piedras preciosas; cada una de las veinticuatroavas partes en peso de oro puro que contiene culquier aleacion de este metal). *fig.* Quilate (grado de perfección en culquier cosa no material).

QUILATEIRA *f.* Quilatera.

QUILGRAMENTO *m. Bras. Amaz.* Peso de una res en kilogramos.

QUILHA (lla) *f. Mar.* Quilla. *Mar.* Carena.

QUILHAR (llar) *v. tr. Mar.* Asentar la quilla. *m. Mar.* Clavazón para las cuadernas.

QUILÍADA *f.* Lo mismo que

QUILÍADE *f.* Kiliada, millar.

QUILIARCA *m.* Quiliarca.

QUILIARQUIA (quía) *f.* Quiliarquía.

QUILÍFERO, RA *adj.* Quilífero.

QUILIFICAÇÃO (sáum) *f.* Quilificación.

QUILIFICAR *v. tr.* Quilificar.

QUILIFICATIVO, VA *adj.* Quilificativo.

QUILIÓGONO (liò) *m. Geom.* Killógono, quilógono.

QUILO *m. Fisiol.* Quilo. Kilo, quilo, kilogramo.

QUILOGNATOS *m. pl. Zool.* Quilognatos.

QUILOGRAMA *m.* Kilogramo, quilogramo.

QUILOGRÁMETRO (grá) *m.* Kilográmetro, quilográmetro.

QUILOLITRO *m.* Kilolitro, quilolitro.

QUILOLOGIA (jía) *f.* Quilología.

QUILOMBO *m. Bras.* Choza en el bosque donde se refugiaban los negros fugitivos.

QUILOMBOLA (bò) *m. Bras.* Negro fugitivo refugiado en *quilombo* o choza en el bosque.

QUILOMETRAGEM (jem) *f.* Kilometraje (*neol. amer.*).

QUILOMETRAR *v. tr.* Medir o marcar por kilómetros.

QUILOMÉTRICO, CA (mè) *adj.* Kilométrico, quilométrico.

QUILÓMETRO (ló) *im.* Kilómetro, quilómetro.

QUILOPLASTIA (tía) *f. Cir.* Quiloplastia.

QUILÓPODES (ló) *m. pl. Zool.* Quilópodos.

QUILOSE (lòze) *f.* Quilosis, quilificación.

QUILOSO, SA (lozo, òza) *adj.* Quiloso.

QUILOVATE *m. Electr.* Kilovatio.

QUILOVÁTIO *m.* Lo mismo que QUILOVATE.

QUILÚRIA *f. Med.* Quiluria.

QUIMÃO (máum) *m.* Quimono.

QUIMBEMBE *m. Bras. nort.* Choza. *pl. Bras. nort.* Lo mismo que CARÉUS y BERLIQUES.

QUIMBEMBEQUES (bè) *m. pl. Bras. nort.* Lo mismo que BERLIQUES.

QUIMERA (mè) *f.* Quimera (monstruo fabuloso; aquello que uno se imagina como posible y verdadero, no siéndolo).

QUIMÉRICO, CA (mè) *adj.* Quimérico, fabuloso.

QUIMERISTA *m.* y *f.* Quimerista (amigo de ficciones y de cosas imaginarias o quiméricas).

QUIMERIZAR (zar) *v. intr.* Quimerizar, fingir quimeras.

QUIMIATRIA (tría) *f.* Quimiatria.

QUÍMICA *f.* Química.

QUIMICAMENTE *adv. m.* Químicamente.

QUÍMICO, CA *adj.* Químico. *m.* Químico.

QUIMIFICAÇÃO (sáum) *f.* Quimificación.

QUIMIFICAR *v. tr.* Quimificar.

QUIMIOTAXIA (xía) *f.* Quimiotaxis.

QUIMISMO *m.* Quimismo.

QUIMITIPIA (pía) *f.* Quimitipia.

QUIMO *m.* Quimo.

QUIMONO *m.* Quimono (túnica usada en el Japón por los dos sexos; especie de bata de mujer muy parecida al quimono).

QUINA *f.* Quinterna, quinterno, quina. Quina (corteza del quino). Quino. Esquina. Cada uno de los cinco escudos de las armas de Portugal. Quinina. Quina (dos cinco en algunos juegos de dados). *pl.* Quinas (armas de Portugal).

QUINADO, DA *adj.* Quinado (preparado con quina).

QUINANTE *adj. Blas.* Que tiene escudos grabados.

QUINA-QUINA *f.* Lo mismo que QUÍNQUINA.

QUINAR *v. intr.* Preparar con quina. hacer quinternas en el juego del loto.

QUINÁRIO, RIA *adj.* Quinario. Ú. t. c. s.

QUINAU *m.* Quinao; corrección, enmienda. *Dar —.* Corregir.

QUINCHA (cha) *f. Bras. merid.* Techo de quincha.

QUINCHAR (char) *v. tr. Bras. merid.* Quinchar (*Amer.*).

QUINCÔNCIO (cón) *m. gal.* Lo mismo que

QUINCUNCE *m.* Quincunce.

QUINCUNCIAL *adj.* Quincuncial.

QÜINDECÁGONO (cuin) *m.* Quindecágono, pentedecágono.

QÜINDÊNIO (cuindé) *m.* Quindenio.

QUINDIM *m.* Requiebro, donaire, gracia. Gesto gracioso. *Bras.* Dulce hecho de yema de huevo, coco y azúcar.

QÜINGENTÉSIMO, MA (cuinjentèzi) *adj.* Quingentésimo. Ú. t. c.s

QÜINGOMBÓ (bó) *m. Bras.* Lo mismo que QUIABO.

QUINHÃO (ñáum) *m.* Quiñón (parte que uno tiene con otros en una cosa productiva). Partija, partición. *fig.* Suerte, destino.

QUINHENTISMO (ñen) *m.* Estilo de los escritores quinientistas.

QUINHENTISTA (ñen) *adj.* Quinientista. *m.* Escritor quinientista.

QUINHENTOS, TAS (ñen) *adj.* Quinientos. *m.* Quinientos.

QUINHOAR (ñoar) *v. tr.* Lo mismo que AQUINHOAR.

QUINHOEIRO (ñoei) *m.* Socio, copropietario.

QUÍMICO, CA *adj. Quím.* Químico.

QUININA *f. Quím.* Quinina.

QUINÍNICO, CA *adj. Quím.* Quinínico.

QUININO *m. Quím.* Sulfato de quinina.

QUINISMO *m. Med.* Quinismo.

QUINO *m.* Juego de loto.

QÜINQUAGENÁRIO, RIA (cuincuaje) *adj.* Quincuagenario. *m.* Quincuagenario, ciencuentón.

QÜINQUAGÉSIMA (cuincuajézi) *f.* Quincuagésima.

QÜINQUAGÉSIMO, MA (cuincuajézi) Quincuagésimo. Ú. t. c. s.

QÜINQÜEDENTADO, DA (cuincue) *adj.* Quinquedentado.

QÜINQÜEFOLIADO, DA (cuincue) *adj. Bot.* Quinquedigitado.

QÜINQÜENAL (cuincue) *adj.* Quinquenal.

QÜINQÜÉNIO (cuincue) *m.* Quinquenio.

QÜINQÜERRENE (cuincue) *f.* Quinquerreme.

QÜINQÜEVALVE (cuincue) *adj.* Quinquevalvo.

QÜINQÜEVALVULAR (cuincue) *adj.* Quinquevalvo.

QÜINQÜEVIRADO (cuincue) *m.* Lo mismo que

QÜINQÜEVIRATO (cuincue) *m.* Quinquevirato.

QÜINQÜÉVIRO (cuincuè) *m.* Quinqueviro.

QÜINQÜÍDIO (cuincuí) *m.* Tiempo de cinco días.

QUINQUILHARIAS (llarías) *f.* Quincallas. Quinquillería. Bagatelas.

QUINQUILHEIRO (llei) *m.* Quincallero, quinquillero.

QUINQUINA *f.* Quina (corteza del quino; quinquina (*gal*).

QUINTA *f.* Quinta (casa de campo), quintana. Finca rústica. Hacienda, casería, caserío. Número de cinco. *Mús.* Quinta. Abreviatura de QUINTA-FEIRA.

QUINTÁ (tán) *adj.* Dícese de la calentura que entra con frío de cinco en cinco dias.

QUINTA-ESSÊNCIA (sén) *f.* Quintaesencia.

QUINTA-FEIRA *f.* Jueves.

QUINTAL *m.* Quinta pequeña. Corral, patio (sitio cerrado y descubierto en las casas). Quintal (peso de cuatro arrobas). Huerto o jardín pequeño contiguo a una casa. — *métrico*. Quintal métrico (peso de cien kilogramos).

QUINTALADA *f.* Peso muy grande. Conjunto de corrales o patios.

QUINTALÃO (láum) *m. aum.* de *Quintal*. Patio o corral grande.

QUINTALEJO (jo) *m. dim.* de *Quinta*. Patio o corral pequeño. Peso de medio quintal.

QUINTANISTA *m.* y *f.* Estudiante del quinto año de un curso o facultad.

QUINTÃO (táum) *m.* Quinta grande

QUINTAR *v. tr.* Quintar (sacar uno de cinco). Repartir por cinco. Sacar la quinta parte de una cosa.

QUINTEIRA *f.* Mujer del operador o del quintero.

QUINTEIRO *m.* Aperador. Quintero.

QUINTETO *m. Mús.* Quinteto (composición para cinco voces o instrumentos; conjunto de estas cinco voces o instrumentos). Lo mismo que

QUINTILHA (lla) *f.* Quinto (que sigue en orden al o a lo cuatro). Quinto (aplícase a cualquiera de las cinco partes iguales de un todo). Ú. t. c. s. Quinto (derecho de veinte por ciento). Quinto (antiguo derecho). *pl. pop.* El infierno.

QUINTUPLICAÇÃO (sáum) *f.* Quintuplicación.

QUINTUPLICAR *v. tr.* Quintuplicar. Ú. t. c. r.

QUÍNTUPLO, PLA *adj.* Quíntuplo. Ú. t. c. s. m.

QUINZE (ze) *adj.* Quince. *m.* Quince.

QUINZENA (ze) *f.* Quincena (espacio de quince días; paga que se percibe cada quince dias). Especie de levita corta y ancha.

QUINZENAL (ze) *adj.* Quincenal.

QUINZENALMENTE (ze) *adv. m.* Quincenalmente.

QUINZENÁRIO (ze) *m.* Publicación quincenal o quincenaria.

QUIOSQUE (quiòs) *m.* Quiosco (templo de estilo oriental que un jardín sirve para descansar o para recrear la vista; pabellón pequeño para vender periódicos, flores, etc. en los sitios publicos).

QUIOSQUEIRO *m. Bras.* Propietario de un quiosco.

QUIPÁ (pàn) *f. Bras.* Lo mismo que COCEIRA.

QUIPO *m.* Quipo, quipos.

QUIPROQUÓ (cuó) *m.* Quid pro quo, error o equivocación consistente en tomar una persona o cosa por otra.

QUIRAGRA *f.* Quiragra (cota de las manos).

QUIRANA *f. Bras. Amaz.* Piojo.

QUIRERA (rè) *f. Bras.* La parte más gruesa de cualquier substancia pulverizada y que no pasa en el cedazo. *Bras.* Maíz quebrantado para los pollos y pájaros.

QUIRINA *f. Bras.* Especie de tucán (*Rhamphastus erythorhynchus*).

QUIRI-QUIRI *m. Bras.* Especie de carancho (*Tinnunculus sparnerius cinnamominus*).

QUIRIRI *m. Bras.* Silencio nocturno.

QUIRITA *f. Miner.* Quirita.

QUIRITE *m.* Quirite, ciudadano romano.

QUIROGRAFÁRIO, RIA *adj.* Quirografario.

QUIRÓGRAFO (rò) *m.* Quirógrafo.

QUIROLOGIA (jía) *f.* Quirología.

QUIROLÓGICO, CA (lòji) *adj.* Quirologico.

QUIROMANCIA (cía) *f.* Quiromancia, quiromancía.

QUIROMANTE *m.* y *f.* Quiromántico, ca.

QUIROMÂNTICO, CA (mán) *adj.* Quiromántico.

QUIRONOMIA (mia) *f.* Quironomia.

QUIRONÓMICO, CA (nó) *adj.* Quironómico.

QUIRÔNOMO (rò) *m.* Quirónomo.

QUIRÓPTERO, RA (rò) *adj.* Quiróptero. *m. pl. Zool.* Quirópteros.

QUIROSCOPIA (pía) *f.* Lo mismo que QUIROMANCIA.

QUISTO, TA *P. p. irreg. ant.* de *Querer.* Quisto, ta. (como en español, tiene uso con los adverbios *bem* y *mal*, bien o mal).

QUISTO *m.* Quisto.

QUITAÇÃO (sáum) *f.* Quitanza, finiquito, recibo o carta de pago. Quita, quitación.

QUITADOR, RA *adj.* Quitador.

QUITANDA *f.* Casa de negocio. *Bras.* Tienda donde se vende verduras, carbón, frutas y objetos de barro. *Bras.* Pastelería casera. *Bras.* Bandeja de madera con géneros.

QUITANDAR *v. intr. Bras.* Ejercer el oficio de QUITANDEIRO.

QUITANDEIRA *f. Bras.* Dueña de una QUITANDA. Mujer sin educación. Regatera.

QUITANDEIRO *m. Bras.* Dueño de una QUITANDA. Verdulero.

QUITAR *v. tr.* Desempeñar, quitar. Quitar (libertar o desembarazar uno de una obligación). Perdonar. Evitar. Perder. Dejar. Desobligar. *v. r.* Librarse, quitarse. Divorsiarse.

QUITE *adj.* Quito, libre, exento. Desobligado, pagado. Desquitado.

QUITI *m. Bras. nort.* Lo mismo que CACETE.

QUITINA *f. Hist. Nat.* Quitina.

QUITINOSO, SA (nozo, òza) *adj.* Quitinoso.

QUITUTE *m. Bras.* Lo mismo que ACEPIPE.

QUITUTEIRA *f. Bras.* Dueña de casa que sabe hacer manjares exquisitos.

QUIXOTADA (cho) *f.* Quijotada.

QUIXOTESCAMENTE (cho) *adv. m.* Quijotescamente.

QUIXOTESCO, CA (cho) *f.* Quijotesco.

QUIXOTICE (cho) *f.* Quijotería.

QUIXOTISMO (cho) *m.* Quijotismo.

QUIZILA (zi) *f.* Lo mismo que QUEZILA.

QUIZÍLIA (zí) *f.* Lo mismo que QUEZILA.

QUOCIENTE *m. Arit.* y *Alg.* Cociente, cuociente.

QUOTA (cuó) *f.* Cuota. Lo mismo que COTA.

QUOTIDIANAMENTE *adv. m.* Cotidianamente.

QUOTIDIANO, NA *adj.* Cotidiano, cuotidiano.

QUOTILIQUÊ (qué) *m.* Sujeto despreciable o de poco valor. Bagatela.

QUOTIZAÇÃO (sáum) *f.* Cotización.

QUOTIZAR (zar) *v. tr.* Cotizar. Escotar, contribuir con cotas. Ú. t. c. r.

R *m.* Décimoséptima letra y décimotercia consonante del abecedario portugués. Tiene dos sonidos; uno suave que se representa con una sola *r* (como en *cara, febre, flor*), y otro fuerte, que se expresa también con *r* sencilla a principio de vocablo y cuando va precedida de *b* que no forme sílada, o de *l, n* o *s* (como en *rato, subrogação, falripas, enraizar, israelita*), y con dos *rr* en todos los demás casos (como en *terra, barro, morro*). Su nombre es *èrre* para los dos sonidos, suave y fuerte; y cuando éste último se expresa dos *rr*, es, al contrario de lo que ocurre en español, divisible en la escritura: *ter-ra, bar-ro, mor-ro*. Abreviatura de *réu* y *reprovação*.

RÁ (rán) *f. Zool.* Rana.

RABAÇA (sa) *f. Bot.* Berrera, berraza. *fig.* Persona desgarbada.

RABAÇAL (sal) *m.* Sitio poblado de berreras.

RABADA *f.* Rabadilla (de las aves). Coleta, trenza de pelo. La cola del pescado. Rabada (cuarto trasero de las reses muertas). Rabadilla (extremidad del espinazo). Cola de buey o de puerco. *fig.* Los últimos en una carrera.

RABADÃO (dáum) *m.* Rabadán.

RABADELA (dè) *f.* Rabadilla (de las aves). La cola del pescado. Rabadilla (extremidad del espinazo).

RABADILHA (lla) *f.* Lo mismo que RABADELA.

RABADO, DA *adj.* Que tiene rabo o cola.

RABALVO, VA *adj.* Rabicano, colicano.

RABANADA *f.* Rebanada de pan mojada en leche, rebozada con huevo y frita. Rabotada (golpe dado con el rabo). Racha de viento.

RABANETE *m. Bot.* Rabanillo (especie de rábano).

RÁBANO *m. Bot.* Rábano.

RABÃO, BONA (báum) *adj.* Rabón. *m.* Rábano.

RABAZ *adj.* Arrebatador.

RABDÓIDE (dòi) *adj.* Rabdoide.

RABDOÍDEO, DEA *adj.* Rabdoide.

RABDOLOGIA (jía) *f.* Rabdología.

RABDOMANCIA (cía) *f.* Rabdomancia, rabdomancía.

RABDOMANTE *m.* y *f.* Rabdomántico, ca.

RABDOMÂNTICO, CA (mán) *adj.* Rabdomántico.

RABEADOR, RA *adj.* Coleador, que rabea, que menea mucho el rabo.

RABEADURA *f.* Rabeo (acción de rabear). *fig.* Inquietud, desasosiego.

RABEAR *v. intr.* Rabear, colear (menar el rabo un animal). Moverse continuamente. Menearse. Bambonearse. Guiar el arado por la esteva.

RABECA (bè) *f.* Violín. Caballete que sirve de sostén para el taco en ciertos lances del juego de billar. *Tocar —. fr. fig.* Hablar mal de una persona ausente.

RABECADA (bè) *f. fam.* Toque de violín. *fig.* Reprensión.

RABECÃO (cáum) *m.* Contrabajo (instrumento músico) *Bras.* Carro que sirve para transportar cadáveres.

RABEIRA *f.* Rabera (lo que queda sin apurar después de aventado y acribado el grano). Lo mismo que RASTO. Cola del vestido. Barbas (de las espigas) *Bras.* Rabera (parte posterior de una cosa). *Bras.* Parte posterior de un veículo.

RABEJAR (jar) *v. tr. Taur.* Colear (sujetar la res por la cola). *v. intr.* Arrastrar la cola del vestido por el suelo.

RABELAICO, CA *adj.* Lo mismo que

RABELESIANO, NA (zia) *adj.* Propio de Rabelais o semejante al estilo de este escritor. Picante, picaresco.

RABELO *m.* Lo mismo que RABIÇA.

RABEQUISTA *m.* y *f.* Violinista.

RÁBIA *f.* Rabia, hidrofobia.

RABIAR *v. intr.* Rabiar, impacientarse, enojarse, encolerizarse.

RABIÇA (sa) *f.* Mancera, esteva.

RABICANO, NA *adj. Bras. merid.* Lo mismo que

RABICÃO (cáum) *adj.* Rabicano, rabicán, colicano.

RABICHA (cha) *f.* Rabera (parte posterior de una cosa).

RABICHO (cho) *m.* Coleta; trenza de cabello. Baticola, grupera, ataharre. Retranca. *Bras.* Amor, pasión, cariño.

RÁBICO, CA *adj.* Rabico.

RABICÓ *adj. Bras. São Paulo.* Rabón.

RABICURTO, TA *adj.* Rabicorto.

RÁBIDO, DA *adj.* Rábido, rabioso.

RABIFURCADO, DA *adj.* Que tiene el rabo bifurcado.

RABIGO, GA *adj.* Coleador. *fig.* Vivo, activo, buscavidas.

RABILONGO, GA *adj.* Rabilargo.

RABINICE *f.* Impertinencia, mal humor, rabieta, rabisca.

RABÍNICO, CA *adj.* Rabínico.

RABINISMO *m.* Rabinismo.

RABINO, NA *adj.* Travieso, inquieto, impertinente, turbulento.

RABINO *m.* Rabino, rabí.

RABIOSO, SA (biozo, òza) *adj.* Rabioso, rábio.

RABIOSQUE (biós) *m. pop.* Nalgas.

RABIOSTE (biòs) *m. pop.* Nalgas.

RABIOTE (biò) *m. pop.* Nalgas.

RABIPRETO, TA *adj.* Que tiene el rabo negro.

RABISCA *f.* Lo mismo que GARATUJA.

RABISCADOR *adj.* y *s.* Garrapateador. *fam.* Escritorzuelo.

RABISCAR *v. intr.* Lo mismo que GARATUJAR.

RABISCO *m.* Lo mismo que GARATUJA.

RABISSECO, CA (se) *adj.* Estéril.

RABISTECO (tè) *m. fam.* Nalgas de los niños.

RABISTEQUE (te) *f. fam.* Nalgas de los niños.

RABO *m.* Rabo, cola. Cola (conjunto de plumas que tienen las aves en la rabadilla). *pop.* Nalgas. Mango de algunos instrumentos. Rabo (cualquier cosa que cuelga como una cola). *De cabo a —.* De punta a punta, del principio al fin. *— de palha. fig.* Mancha en la reputación.

RABOLEVA (lè) *f.* Rabo (cola de papel que se cuelga subrepticiamente en la falda de alguno).

RABONA *f. burl.* Casaca. Frac de faldas cortas.

RABONAR *v. tr. Bras. merid.* Desrabar, desrabotar; rabotear, rabonar (*prov. Sal.*).

RABOSO, SA (bozo, òza) *adj.* Rabudo.

RABOTAR *v. tr. Carp.* Acepillar.

RABOTE (bò) *m. Carp.* Cepillo grande.

RABUDO, DA *adj.* Rabudo. Que tiene cola muy grande (hablando de los vestidos).

RABUGEM (jem) *f.* Sarna perruna. *fig.* Impertinencia, mal humor; rableta, rabisca.

RABUGENTO, TA (jem) *adj.* Sarnoso (dícese de los perros). *fig.* Impertinente, enfadoso, regañón, de mal humor; díscolo.

RABUGICE (ji) *f.* Impertinencia, mal humor. Impertinencia de viejo achacoso.

RABUJADO, DA (ja) *adj.* Dicho a regaña dientes.

RABUJAR (jar) *v. intr.* Regañar, reñir, reprender; estar de mal humor. Lloriquear (los niños).

RÁBULA *m.* Rábula. Charlatán. *Bras.* Abogado de secano; picapleitos.

RABULÃO (láum) *m. aum.* de *Rábula.* Fanfarrón.

RABULAR *v. tr.* Proceder como rábula. Ejercer el oficio de abogado sin haber cursado la jurisprudencia.

RABULARIA (ría) *f.* Charlatanería. Sofistería; chicana (*Amer.*). Fanfarronería, fanfarronada.

RABULICE *f.* Acto propio de rábula. Sofistería, chicana. (*Amer.*).

RABULISTA (*Amer.*) *adj.* Chicanero (*Amer.* que es amigo de chicanas o sofisterías), embrollador. Charlatán. Ú. t. c. s.

RAÇA (sa) *f.* Raza (casta o calidad del origen o linaje). Raza (cada uno de los grupos en que se subdividen algunas especies zoológicas). *fig.* Raza (calidad de algunas cosas). Clase, casta. Raza (grieta en el casco de las caballerías). Raza (rayo de luz que penetra por una abertura). *A — humana.* El género humano. *—s humanas.* Razas humanas. *Ser de má —. fr.* Ser de mala índole.

RAÇÃO (sáum) *f.* Ración.

RACÊMICO, CA (cé) *adj. Quím.* Racémico.

RACEMO *m.* Lo mismo que RACIMO.

RACEMOSO, SA (mozo, òza) *adj.* Lo mismo que RACIMOSO.

RACHA (cha) *f.* Raja, racha, hendedura, grieta. Raja, astilla (de un leño).

RACHADEIRA (cha) *f.* Rajadera.

RACHADO, DA (cha) *adj.* Rajado, hendido.

RACHADOR, RA (cha) *adj.* y *s.* Rajador.

RACHADURA (cha) *f.* Raja, hendedura, grieta.

RACHAR (char) *v. tr.* Rajar (dividir en rajas). Rajar, hender, partir. Ú. t. c. r. Ofender, maltratar de palabra. *Bras.* Dividir algo a medias. *v. intr.* y *r.* Rajarse, henderse, partirse.

RACIAL *adj.* Étnico; racial; racial (*barb.*).

RACIMADO, DA *adj.* Arracimado, racimado.

RACIMÍFERO, RA *adj. poét.* Que produce racimos.

RACIMO *m.* Racimo (de uvas). Racimo (de otras frutas).

RACIMOSO, SA (mozo, òza) *adj.* Racimoso.

RACIOCINAÇÃO (sáum) *f.* Raciocinación.

RACIOCINADOR, RA *adj.* Raciocinador. Ú. t. c. s.

RACIOCINAR *v. intr.* Raciocinar.

RACIOCINATIVO, VA *adj.* Concerniente al raciocinio.

RACIOCÍNIO *m.* Raciocinio (facultad de raciocinar; raciocinación; argumento, razonamiento).

RACIONABILIDADE *f.* Racionabilidad.

RACIONAL *adj.* Racional (que pertenece o concerne a la razón; arreglado a ella). Racional (dotado de razón). Ú. t. c. s. *Mat.* Racional.

RACIONALIDADE *f.* Racionalidad.

RACIONALISMO *m.* Racionalismo.
RACIONALISTA *adj. y s.* Racionalista.
RACIONALIZAÇÃO (zasáum) *f.* Acción y efecto de
RACIONALIZAR (zar) *v. tr.* Arreglar a la razón.
RACIONALMENTE *adv. m.* Racionalmente.
RACIONAMENTO *m.* Racionamiento.
RACIONAR *v. tr.* Racionar.
RACIONÁVEL *adj.* Razonable; racional.
RAÇOEIRO, RA *adj.* Racionista, que recibe una ración. Que da una ración.
RACONTO *m.* Narrativa, narración.
RADIAÇÃO (sáum) *f.* Radiación.
RADIADO, DA *adj.* Radiado. *m. pl. Zool.* Radiados.
RADIADOR *m.* Radiador (aparato para aumentar la superficie de radiación de un tubo; aparato de calefacción; aparato de automovil).
RADIAL *adj. Geom. y Zool.* Radial. *Coroa* —. Corona radial.
RADIANO *m. Mat.* Radián.
RADIANTE *adj. Fís.* Radiante. *fig.* Radiante, brillante, resplandeciente. *fig.* Radiante, alegre, satisfecho.
RADIAR *v. intr. Fís.* Radiar. Brillar, resplandecer, centellear.
RADIÁRIOS *m. pl. Zool.* Radiados.
RADICAÇÃO (sáum) *f.* Radicación.
RADICADO, DA *adj.* Radicado, arraigado; inveterado.
RADICAL *adj.* Radical (perteneciente a la raíz o concerniente a ella) *fig.* Radical, fundamental, de raíz. Radical (partidario de reformas extremas). Ú. t. c. s. *Bot.* Radical. *Gram.* Radical. *Mat.* Radical. Ú. t. c. s. m. *m. Quím.* Radical.
RADICALISMO *m.* Radicalismo.
RADICALISTA *adj.* Radical (partidario de reformas extremas). Ú. t. c. s.
RADICALMENTE *adv. m.* Radicalmente, de raíz, fundamentalmente.
RADICANTE *adj.* Que radica.
RADICAR *v. tr.* Radicar, arraigar. Ú. t. c. intr. y r.
RADICELA (cè) *f. Bot.* Radicela.
RADICÍCOLA *f. Bot. y Zool.* Radicícola.
RADICIFORME (fòr) *adj.* Radiciforme.
RADÍCOLA *adj.* Lo mismo que RADICÍCOLA.
RADICOSO, SA (cozo, òza) *adj.* Que tiene muchas raíces.
RADÍCULA *f. Bot.* Radícula, rejo.
RADICULADO, DA *adj.* Que tiene raíces o radículas.
RADICULAR *adj.* Radicular, radiculario.
RÁDIO *m. Zool.* Radio (hueso contiguo al cúbito). *Quím.* Radio. Radio, radiotelefonía. Radiorreceptor.
RADIOATIVIDADE *f. Fís.* Radiactividad, radioactividad.
RADIOATIVO, VA *adj.* Radiactivo, radioactivo.
RADIOCONDUTOR *m. Elect.* Radiocondutor.
RADIODERMITE *f. Patol.* Radiodermitis, radiodermatitis.
RADIODIAGNÓSTICO (nòs) *m. Med.* Radiodiagnosis.
RADIODIFUNDIR *v. tr.* Radiodifundir.
RADIODIFUSÃO (záum) *f.* Radiodifusión.
RADIOFAROL (ròl) *m.* Radiofaro.
RADIOFONIA (nía) *f.* Radiofonía.
RADIOFÔNICO, CA (fó) *adj.* Radiofónico.
RADIOFÔNIO (fó) *m. Fís.* Radiófono.
RADIOGONIOMETRIA (tría) *f.* Radiogoniometría.
RADIOGONIOMÉTRICO, CA (mè) *adj.* Radiogoniométrico.
RADIOGONIÔMETRO (nió) *m.* Radiogoniómetro.
RADIOGRAFAR *v. tr.* Radiografar, radigrafar. Radiotelegrafiar.
RADIOGRAFIA (fía) *f.* Radiografía, radigrafia. Radiotelegrafía.
RADIOGRÁFICO, CA *adj.* Radiográfico, radigráfico.
RADIOGRAMA *m.* Radiograma. Radiotelegrama.
RADIOLÁRIOS *m. pl. Zool.* Radiolarios.

RADIOLOGIA (jía) *f. Med.* Radiología.
RADIOLÓGICO, CA (lòji) *adj.* Radiológico.
RADIOLOGISTA (jis) *m.* Radiologista.
RADIOMETRIA (tría) *f.* Radiometría.
RADIÔMETRO (dió) *m. Astr. y Fís.* Radiómetro.
RADIOPALMAR *adj.* Radiopalmar.
RADIOSCOPIA (pía) *f. Fís. y Met.* Radioscopia.
RADIOSCÓPIO (cò) *m.* Radioscopio.
RADIOSO, SA (diozo, òza) *adj.* Radioso. *fig.* Radiante, alegre, satisfecho; bello.
RADIOTÉCNICA (tè) *f.* Radiotecnia, radiotécnica.
RADIOTÉCNICO, CA (tèc) *adj.* Radiotécnico.
RADIOTELEFONEMA *m.* Radiotelefonema.
RADIOTELEFONIA (nía) *f.* Radiotelefonía.
RADIOTELEFÔNICAMENTE *adv. m.* Radiotelefónicamente.
RADIOTELEFÔNICO, CA (fó) *adj.* Radiotelefónico.
RADIOTELEGRAFAR *v. tr.* Radiotelegrafiar.
RADIOTELEGRAFIA (fía) *f.* Radiotelegrafía.
RADIOTELEGRÁFICO, CA *adj.* Radiotelegráfico.
RADIOTELEGRAFISTA *m.* Radiotelegrafista.
RADIOTERAPIA (pía) *f.* Radioterapia, radioterapéutica.
RADIOTERÁPICO, CA *adj.* Radioterápico.
RADIOUVINTE *m.* Radioyente, radioescucha.
RADIUM *m. Quím.* Radio.
RAFA *f. pop.* Hambre; necesidad.
RAFADO, DA *adj.* Raído, gastado, muy usado.
RAFAELESCO, CA *adj.* Rafaelesco.
RAFAELITA *m.* Pintor rafaelesco.
RAFAR *v. tr.* Gastar, usar hasta ver-se los hilos (hablando de paños). *v. r.* Raerse.
RAFEIRO, RA *adj.* Dogo, alano. Ú. t. c. s.
RÁFIA *f. Bot.* Rafia.
RÁFIDE *f. Bot.* Rafidio.
RAGOÍDEO, DEA *adj.* Ragoideo.
RAGU *m. Bras.* Ragú.
RAIA *f.* Raya (señal larga y estrecha en un cuerpo cualquiera). Raya, término, confín, frontera. Raya (término que se pone a una cosa, así en lo físico como en lo moral). Raya, estría. Rasgo. Línea (de la palma de la mano). *Zool.* Raya. *Passar as* —*s. fr. fig.* Pasar de la raya, o de raya, propasarse. *Tocar as* —*s. fr. fig.* Tocar en los términos o límites de una cosa inmaterial.
RAIADO, DA *adj.* Rayado, listado, estriado. Mezelado.
RAIAR *v. intr.* Radiar. Centellear. Rayar, amanecer, alborear (con las voces *madrugada, dia, luz, sol*). Estriar. Rayar, tirar o hacer rayas. Rayar, confinar, tocar en los términos.
RAIGOTA (gò) *f.* Radícula. Raíz de la uña.
RAINETA *f.* Lo mismo que PERERECA.
RAINHA (íña) *f.* Reina.
RAIO *m.* Rayo (línea de radiación). Rayo (línea de luz procedente de un cuerpo luminoso, y particularmente del sol). Rayo (de una rueda). Rayo (chispa eléctrica producida por descarga entre dos nubes o entre una nube y la tierra). *Geom.* Radio. *fig.* Rayo (cosa que actúa con gran fuerza o eficacia). Rayo (persona muy viva de ingenio, o pronta y ligera en acciones). Rayo (estrago, infortunio o castigo repentino). Persona turbulenta. Vislumbre, indicio, señal. — *s* X o *de Roentgen.* Rayos X, Roentgen, o de Roentgen.
RAIVA *f.* Rabia, hidrofobia. Rabia, ira, enojo. Odio, aversión. Furor.
RAIVAR *v. intr.* Rabiar, encolerizarse, enrabiarse. Rabiar por. Enfurecerse. *v. tr.* Amenazar.
RAIVECER *v. intr.* Lo mismo que RAIVAR.
RAIVEJAR (jar) *v. intr.* Lo mismo que RAIVAR.
RAIVENTO, TA *adj.* Rabioso, furioso, colérico.
RAIVOSAMENTE (vòza) *adv. m.* Rabiosamente.
RAIVOSO, SA (vozo, òza) *adj.* Rabioso, colérico, airado, furioso.
RAIZ *f. Bot., Álg., Arit. y Gram.* Raíz. *fig.* Raíz (origen o principio de que procede una cosa; parte oculta de la cual procede lo que está manifiesto). *Bens de* —. Bienes raíces. — *quadrada. Álg. y Art.* Raíz cuadrada. — *cúbica. Alg. y Arit.* Raíz cúbica.

RAIZADA (za) *f.* Lo mismo que
RAIZAME (za) *m.* Raigambre.
RAIZEIRO (zei) *m. Bras.* Curandero que trata sus enfermos con raíces de ciertas plantas.
RAJA (ja) *f.* Raya, lista, estría.
RAJADA (ja) *f.* Ráfaga, racha.
RAJADO, DA (ja) *adj.* Rayado, estriado, listado.
RAJAR (jar) *v. tr.* Rayar, estriar.
RALA *f.* Lo mismo que ROLÃO. Estertor.
RALAÇÃO (sáum) *f.* Disgusto, aflición, fastidio, tormento. Acción y efecto de rallar.
RALADOR *m.* Rallador.
RALADURA *f.* Ralladura. Acción de rallar.
RALAR *v. tr.* Rallar (desmenuzar una cosa con el rallador). Rallar, molestar, fastidiar, importunar; afligir, atormentar, inquietar. Ú. t. c. r. *v. intr.* Lo mismo que COAXAR.
RALÉ (lè) *f.* Escoria de la sociedad; ralea *(despect.) ant.* Ralea, casta.
RALEADURA *f.* Raleamiento.
RALEAMENTO *m.* Raleamiento.
RALEAR *v. tr.* Hacer rala una cosa. *v. intr.* Ralear. *v. r.* Ralear.
RALEIRA *f.* Parte de un sembrado donde las plantas secaron o no medran. *fig.* Escasez.
RALEIRO *m.* Lo mismo que RALEIRA.
RALENTAR *v. tr.* Lo mismo que RALEAR.
RALHAÇÃO (llasáum) *f.* Reñidura, regaño, repasata.
RALHADOR, RA (lla) *adj.* Reñidor; regañón. Ú. t. c. s.
RALHÃO, LHOA (lláum, llona) *adj.* Regañón. Ú. t. c. s.
RALHAR (llar) *v. intr.* Reñir, regañar, reprender, corregir con rigor o amenaza. Enojarse, enfadarse.
RALHO (llo) *m.* Lo mismo que RALHAÇÃO.
RALO, LA *adj.* Ralo. Raro. Criba. Rallo (chapa con agujeros que tiene varios usos).
RALO *m.* Rallo, rallador. Rejilla.
RAMA *f.* Ramada, ramaje. Rama (cada una de las partes que nacen del tronco o tallo principal de la planta). *Impr.* Rama. *Algodão em* —. Algodón en rama. *Em* —. *m. adv.* Superficialmente, sin profundizar. *Cera em* —. Cera virgem.
RAMADA (dán) *m.* Lo mismo que ramada. Cobertizo, toldo, galpón; ramada *(Amer.)*.
RAMADA *f.* Ramada, ramaje.
RAMADÃO (dáum) *m.* Ramadán.
RAMADO, DA *adj.* Ramoso.
RAMAGEM (jem) *f.* Ramaje, ramada. Ramaje, fronda, follaje, enramada.
RAMAL *m.* Ramal (parte de que arranca una línea principal). Ramal (de las cuerdas, sogas, pleitas y trenzas). Ramal, ramificación, rama.
RAMALHADA (lla) *f.* Ramiza, ramojo. Murmureo del viento en las hojas.
RAMALHAR (llar) *v. intr.* Murmurar (el viento en las hojas).
RAMALHETE (lle) *m.* Ramillete (de flores). Ramillete (de especies exquisitas).
RAMALHETEIRA (lle) *f.* Ramilletera.
RAMALHO (llo) *m.* Ramo (rama cortada del árbol).
RAMALHOSO, SA (llozo, òza) *adj.* Lo mismo que
RAMALHUDO, DA (llu) *adj.* Ramoso. Que murmurea (hablando de hojas). *fig.* Que tiene muchas palabras y pocas ideas.
RAMARIA (ría) *f.* Ramaje.
RAMEIRA *f.* Ramera.
RAMEIRO, RA *adj.* Que anda de rama en rama.
RANELA (mè) *f.* Lo mismo que REMELA.
RÂMEO, MEA (rá) *adj.* Rameo.
RAMERRÃO (rráum) *m.* Repetición fastidiosa. *fig.* Rutina.
RAMIFICAÇÃO (sáum) *f.* Ramificación.
RAMIFICADO, DA *adj.* Ramificado,
RAMIFICAR *v. tr.* Dividir en ramas alguna cosa. *v. tr.* Dividir en ramas alguna cosa. *v.* Ramificarse. Propagarse.
RAMIFLORO, RA (flò) *adj.* Ramifloro.
RAMIFORME (fòr) *adj.* Ramiforme.
RAMILHETE (lle) *m.* Lo mismo que RAMALHETE.
RAMILHO (llo) *m. dim.* de *Ramo.* Ramito.
RAMNÁCEAS *f. pl. Bot.* Rámneas, ramnáceas.

RAMO *m.* Rama (subdivisión del tallo principal de la planta). Ramo (rama de segundo orden). Ramo (rama cortada del árbol). Ramo (conjunto o manojo de flores, ramos, hierbas, etc., natural o artificial). *fig.* Rama (serie de personas que traen su origen de un mismo tronco). Rama (parte secundaria de una cosa). Ramo (cada una de las partes en que se divide una ciencia, arte, industria, etc.). Ramo (enfermedad incipiente). *Domingo de —s.* Domingo de Ramos.

RAMOSIDADE (zi) *f.* Calidad de ramoso, copia de ramos.

RAMOSO, SA (mozo, òza) *adj.* Ramoso.

RAMPA *f.* Rampa (plano inclinado). Cuesta, pendiente.

RAMPANTE *adj. Blas.* Rampante.

RAMPEAR *v. tr.* Cortar un terreno en pendiente.

RAMUDO, DA *adj.* Ramoso. Denso.

RAMÚSCULO *m. dim.* de *Ramo.* Ramito.

RANÇADO, DA (sa) *adj.* Lo mismo que RANÇOSO.

RANÇAR (sar) *v. intr.* Enranciarse, ranciarse.

RANCESCER *v. intr.* Lo mismo que RANÇAR.

RANCHADA (cha) *f. aum.* de *Rancho.* Muchedumbre.

RANCHÃO (cháum) *m. Bras. Goiaz.* Rancho, choza.

RANCHARIA (charía) *f. Bras. Río Gr. del Sur.* Ranchería, rancherío.

RANCHEIRA (chei) *f. Bras.* Ranchera (*Amer.* cierta danza argentina).

RANCHEIRO (chei) *m.* Ranchero (el que guisa el rancho).

RANCHEL (chèl) *m. dím.* de *Rancho.*

RANCHERIA (chería) *f.* Lo mismo que RANCHARIA.

RANCHO (cho) *m.* Rancho (reunión de personas para algún objeto). Rancho (comida hecha para muchos en común). *Mar.* Rancho. *Bras.* Rancho, choza; casucha.

RÂNCIDO, DA (rán) *adj.* Lo mismo que RANÇOSO.

RÂNCIO, CIA (rán) *adj.* Lo mismo que RANÇOSO.

RÂNÇO, ÇA (so) *adj.* Lo mismo que RANÇOSO. *m.* Rancio, rancidez, ranciedad. Moho. Lo mismo que BAFIO.

RANCOR *m.* Rencor.

RANCOROSAMENTE (ròza) *adv. m.* Rencorosamente.

RANCOROSO, SA (rozo, òza) *adj.* Rencoroso.

RANÇOSO, SA (sozo, òza) *adj.* Rancio. *fig.* Rancio, antiguo, viejo. Insípido. Prolijo.

RANFASTÍDIOS *m. pl. Zool.* Ranfástidos.

RANGEDOR, RA (je) *adj.* Crujidero. Rechinoso, rechinador.

RANGENTE (jem) *adj.* Crujiente.

RANGER (jer) *v. intr.* Crujir; rechinar.

RANGIDO (ji) *m.* Crujido (efecto de crujir); rechino, rechinamiento, rechinido.

RANGÍFER (ji) *m.* Rangífero, rengífero.

RANHAR (ñar) *v. tr.* Lo mismo que ARRANHAR.

RANHENTO, TA (ñen) *adj. pop.* Lo mismo que RANHOSO.

RANHETA (ñe) *m. Bras.* Regañón, reñidor.

RANHO (ño) *m. pop.* Moco (de la nariz).

RANHOSO, SA (ñozo, ñòza) *adj.* Mocoso (que tiene las narices llenas de moco).

RANHURA (ñu) *f. gal.* Ranura, muesca.

RANÍDEOS *m. pl. Zool.* Ránidos.

RANILHA (lla) *f.* Ranilla (parte del casco de las caballerías).

RÂNULA (rá) *f. Med.* Ránula.

RANUNCULÁCEAS *f. pl. Bot.* Ranunculáceas.

RANÚNCULO *m. Bot.* Ranúnculo.

RANZINZA (zinza) *adj. Bras.* Terco; impertinente, de mal humor; regañón.

RANZINZAR (zinzar) *v. intr.* Mostrarse terco o de mal humor.

RAPA *f.* Perinola (peonza pequeña cuyo cuerpo es un prisma de cuatro caras y sirve para jugar a interés). *m. fam.* Comilón.

RAPACE *adj.* Rapaz.

RAPACIDADE *f.* Rapacidad, rapacería.

RAPA-COCO *f. Bras.* Lo mismo que

RAPA-CUIA *f. Bras.* Especie de rana pequeña.

RAPADEIRA *f.* Raspador.

RAPADELA (dè) *f.* Rapadura (acción de rapar).

RAPADO, DA *adj.* Rapado. Raspado. Cortado al rape.

RAPADOR *m. Bras. nort.* Campo que ya no tiene pasto o lo tiene muy poco.

RAPADOURO *m. Bras.* Lo mismo que RAPADOR.

RAPADURA *f.* Rapadura (acción de rapar) *Bras.* Rapadura, panela, raspadura, chancaca (*Amer.* dulce que se fabrica com miel de caña: azúcar mascabado en panes prismáticos).

RAPAGÃO (gáum) *m.* Mocetón.

RAPANTE *adj.* Rapante. Raspante. *Blas.* Rapante.

RAPÃO (páum) *m.* Estercolero (mozo que recoge el estiércol). Raspador.

RAPAPÉ (pè) *m.* Reverencia exagerada que se hace arrastrando el pie. Cortesía exagerada. *pl.* Lisonjas, adulaciones.

RAPAR *v. tr.* Rapar, afeitar (raer con la navaja la barba, etc.) Rapar (cortar el pelo al rape). Raspar (raer ligeramente). Arrebañar, recoger; amontonar poco a poco. *pop.* Limpiar, ganar. Rascar. Rallar. Rapar, hurtar, robar. *v. intr.* Encarbar. *v. r.* Afeitarse; cortarse el pelo.

RAPARIGA *f.* Mozuela. Muchacha. Rapaza. *Bras. nort.* Querida; ramera.

RAPARIGAÇA (sa) *f.* Mocetona. Mozallona.

RAPARIGADA *f. pop.* Rancho de muchachas o mozuelas.

RAPARIGUEIRO, RA *adj. y s. m. Bras. nort.* Mujeriego.

RAPATÁCEAS *f. pl. Bot.* Rapatáceas.

RAPAZ *adj.* Lo mismo que RAPACE. *m.* Muchacho. Mozuelo, mozalbete.

RAPAZELHO (zello) *m.* Lo mismo que

RAPAZETE (ze) *m.* Muchachuelo, chicuelo, rapazuelo. *despect.* Mocoso.

RAPAZIADA (zia) *f.* Muchachería. Muchachada, rapazada (acción propia de muchachos).

RAPAZINHO (ziño) *m. dim.* de *Rapaz.* Rapazuelo, muchachuelo.

RAPAZIO (zío) *m.* Muchachería.

RAPAZOLA (zò) *m.* Mozalbete, mozuelo. *fig.* Hombre que hace muchachadas.

RAPAZOTE (zò) *m.* Lo mismo que RAPAZETE.

RAPÉ (pè) *m.* Rapé, tabaco en polvo.

RAPIDAMENTE *adv. m.* Rápidamente.

RAPIDEZ *f.* Rapidez, velocidad, celeridad.

RÁPIDO, DA *adj.* Rápido, pronto, veloz. *adv. m.* Pronto, presto, rápidamente. Momentáneo, instantáneo. Expreso, express (hablando de trenes). Ú. t. c. s *m . Bras.* Rabión, rápido. Expreso (correo extraordinario). Mensajería (empresa).

RAPINA *f.* Rapiña (robo, expoliación, saqueo hecho con violencia). *Ave de —.* Ave rapaz, ave de rapiña.

RAPINADOR, RA *adj.* Rapiñador. Ú. t. c. s.

RAPINAGEM (jem) *f.* Conjunto de robos o extorsiones. Hábito de rapiñar. Calidad de rapiñador.

RAPINANTE *adj.* Rapiñador.

RAPINAR *v. tr.* Rapiñar, robar, hurtar.

RAPINHAR (ñar) *v. tr.* Lo mismo que RAPINAR.

RAPIOCA (piò) *f. pop.* Lo mismo que PÂNDEGA.

RAPOSA (za) *f. Zool.* Raposa, zorra. *fig.* Zorra, raposa (persona astuta y solapada).

RAPOSEAR (zear) *v. tr. Bras. São Paulo.* Reprobar en examen.

RAPOSEIRA (zei) *f.* Sueño tranquilo. Borrachera.

RAPOSEIRO, RA (zei) *adj.* Zorrero, astuto, capcioso, matrero, disimulado. Ú. t. c. s. Raposero, raposuno, raposino.

RAPOSIA (zia) *f.* Lo mismo que

RAPOSICE (zi) *f.* Zorrería, raposía, raposería, artería, matrería, astucia, disimulo.

RAPOSINHAR (ñar) *v. intr.* Raposear (usar de tretas, ardides o trampas como la raposa).

RAPOSINHO (ziño) *m. dim.* de *Raposo.* Zorruelo. Mal olor. Lo mismo que CATINGA.

RAPOSINO, NA (zi) *adj.* Raposino, raposero, roposuno, zorruno, zorrero.

RAPOSO (zo) *m. Zool.* Raposo, zorro. *fig.* Zorro, raposo (hombre taimado y astuto).

RAPSÓDIA (zò) *f.* Rapsodia.

RAPSÓDICO, CA (zò) *adj.* Concerniente a la rapsodia.

RAPSODISTA (zo) *m. y f.* Rapsodista.

RAPSODO (zo) *m.* Rapsoda.

RAPTAR *v. tr.* Raptar.

RAPTO *m.* Rapto, impulso, arrebato. Rapto (de mujer). Rapto, extasis, arrobamiento. Rapto, robo. Rapiña.

RAPTO, RAPTA *adj.* Rápido, arrebatado.

RAPTOR, RA *adj.* Raptor. Ú. t. c. s. m.

RAQUE *m.* Lo mismo que RAQUIS.

RAQUETA *f.* Raqueta (aro con mango y cubierto de red que se utiliza como pala en varios juegos).

RAQUIALGIA (jia) *f. Med.* Raquialgia.

RAQUIANESTESIA (zía) *f. Cír.* Raqueanestesia.

RAQUICENTESE (tèze) *f. Cir.* Raquicentesis, punción lumbar.

RAQUIDIANO, NA *adj. Anat.* Raquídeo, raquidiano.

RAQUIS *n Anat.* Raquis. *Bot.* Raquis.

RAQUÍTICO, CA *adj. Med.* Raquítico. Raquítico, exiguo, mezquino, desmedrado, endeble.

RAQUITISMO *m. Med.* Raquitis, raquitismo.

RARAMENTE *adv.* Raramente, rara vez, por excepción.

RAREAR *v. tr.* Enrarecer (hacer menos denso un cuerpo). Hacer rala una cosa. *v. intr.* Realear. Enrarecer, enrarecerse (hacerse escasa o rara una cosa).

RAREFAÇÃO (sáum) *f.* Rarefacción.

RAREFACIENTE *adj.* Que puede rarefacerse.

RAREFATIVO, VA *adj.* Rarificativo.

RAREFATO, TA *adj.* Rarefacto.

RAREFATOR, RA *adj.* Rarificante, rarificativo.

RAREFAZER (zer) *v. tr.* Rarefacer, enrarecer, rarificar. *v. r.* Rarefacerse, enrarecerse, rarificarse.

RAREFEITO, TA *adj.* Rarefacto.

RAREZA (za) *f.* Rareza, raridad (calidad de raro).

RARIDADE *f.* Rareza, cosa rara.

RARO, RA *adj.* Raro (poca densidad; extraordinario, poco común: escaso, singular en su especie; sobresallente en su línea; extravagante).

RÁS *m.* Tapiz fabricado en Arrás. *Água —.* Aguarrás.

RASA (za) *f.* Medida antigua equivalente a medio almud. Rasero. *Cap.* Rasera. El precio más bajo. *For.* Tasa para determinada cantidad de líneas manuscritas de una página. *fig.* Descrédito.

RASADURA (za) *f.* Rasadura.

RASAMENTE (za) *adv. m.* Rasamente.

RASANTE (za) *adj.* Rasante.

RASAR (zar) *v. tr.* Rasar (igual con el rasero). Rasar, arrasar (llenar de líquido una vasija hasta el borde) Ú. t. c. r. Rasar (pasar rozando). Ú. t. c. r. Rasar (pasar rozando o tocando ligeramente un cuerpo con otro) Arrasar, igualar, allanar. *v. r.* Rasarse, arrasarse. Transbordar, trasbordar.

RASCA *f.* Red para pescar a la rastra. Embarcación pequeña con dos palos. *pop.* Beneficio, quiñón. *Bras.* Borrachera; rasca (*amer. chil y colomb*).

RASCADEIRA *f. Bras. merid.* Almohaza, rascadera.

RASCADOR *m.* Rascador, rascadera.

RASCÂNCIA (cán) *f.* Calidad de rascón o áspero al paladar.

RASCANTE *m.* Lo mismo que CARRASCÃO. *adj.* Rascón (áspero al paladar).

RASCÃO (cáum) *m.* Vagabundo, holgazán. *ant.* Paje.

RASCAR *v. tr.* Rascar (refregar, frotar la piel fuertemente con las uñas o con otra cosa aguda o áspera). Ú. t. c. r. Raspar. Rascar (limpiar algo con rascador o rasqueta).

RASCOA *f. ant.* Aya. Ramera. Cocinera.

RASCOLNITA *adj.* Rascolnista. Ú. t. c. s.

RASCUNHAR (ñar) *v. tr.* Rasguñar, rascuñar (dibujar en apuntamiento o tanteo). Minutar, hacer el borrador. Esbozar, bosquejar.

RASCUNHO (ño) *m.* Rascuño, rasguño (dibujo en apuntamiento o tanteo). Minuta, borrador. Esbozo, bosquejo.

RASEIRO, RA (zei) *adj.* Bajo (poco profundo). Chato, achatado. Rasado, igualado con rasero.

RASGADELA (dè) *f.* Lo mismo que RASGÃO.

RASGADO, DA *adj.* Roto, desgarrado, rasgado. Rasgado, grande (hablando de ojos, ventanas o bocas). *Bras.* Franco, liberal. Derrochador. Despachado, desfachatado. Desembarazado, despejado; desenvuelto. *m. Bras.* Rasgueo, rasgueado.

RASGADURA *f.* Rasgadura, rompimiento, rotura (acción de rasgar o romper). Rotura, rompimiento, hendedura, abertura.

RASGAMENTO *m.* Lo mismo que RASGADURA.

RASGÃO (gáum) *m.* Rasgado, rasgón, rotura de una tela, rasgadura.

RASGAR *v. tr.* Rasgar, romper (desgarrar cosas poco consistentes, como tejidos, pieles, papel, etc.). Desgarrar. Romper, herir. Romper, roturar. Horadar, abrir, agujerear. Hender. Romper, gastar, destrosar. Ensanchar. Romper, separar, cortar, arrancar. Disipar. *v. intr.* Romper (hablando de un astro, de la luz, etc.). Romperse. Henderse. Desgarrarse. Destrozarse. Ensancharse. Afligirse, atormentarse.

RASGO *m.* Lo mismo que RASGÃO. Fenda; grieta, hendedura. Rasgo (expresión feliz; pensamiento expresado con ingenio o viveza; acción gallarda y notable en cualquier línea).

RASO, SA (zo) *adj.* Raso, plano, liso, llano. Rastrero. Rapado, rasado. Cortado a cercén. Bajo (poco profundo). Raso (que carece de un título que le distinga en su clase). Común, ordinário. *m.* Raso, campo raso. Llanura, llano. Raso (tela de seda lustrosa).

RASOURA (zou) *f.* Rasero. *Carp.* Rasera.

RASOURAR (zou) *v. tr.* Rasar (igualar con el rasero). Igualar (tener a una persona o cosa en la misma opinión que a otra).

RASPA *f.* Raspadura (lo que se quita raspando). Lo mismo que

RASPADEIRA *f.* Raspador (instrumento).

RASPADELA (dè) *f.* Lo mismo que RASPAGEM.

RASPADURA *f.* Raspadura (lo que se quita raspando). Ú. m. en pl. Lo mismo que

RASPAGEM (jem) *f.* Raspadura, raspamiento (acción de raspar).

RASPÃO (páum) *m.* Arañazo, araño. Excoriación. Desolladura; raspón (*amer. hond.*). De —. *m. adv.* Oblicuamente.

RASPAR *v. tr.* Raspar (raer ligeramente alguna cosa). Raspar, rasar (pasar rozando ligeramente). Rascar (limpiar algo con rascador o rasqueta.). Arañar. Raer. Restregar, estregar, fregar. Lo mismo que RAPAR. *v. r.* Huir, retirarse.

RASPILHA (lla) *f.* Raspador (instrumento de tonelero).

RASQUETA *f. Mar.* Rasqueta.

RASQUETEAR *v. tr. Bras. merid.* Rascar con la almohaza.

RASTEAR *v. intr. y tr.* Lo mismo que RASTEJAR.

RASTEIRA *f.* Zancadilla.

RASTEIRO, RA *adj.* Rastrero (que va arrastrando). Rastrero (que va por el aire, pero a ras del suelo). *Bot.* Rastrero. *fig.* Rastrero, bajo, vil, ruin, despreciable.

RASTEJADOR, RA (ja) *adj.* Rastrero (que busca la caza por el rastro). Rastreador.

RASTEJANTE (jan) *adj.* Rastrero. Rastreador.

RASTEJAR (jar) *v. tr.* Rastrear (seguir el rastro de una cosa o buscarla por él). Rastrear (inquirir, indagar algo, discurriendo por indicios o conjeturas). *v. intr.* Arrastrarse, ratear (ir de un punto a otro rozando con el cuerpo en el suelo). *fig.* Arrastrarse, humillarse vilmente.

RASTEJO (jo) *m.* Arrastramiento (acción de arrastrarse). Acción de rastrear, de seguir el rastro.

RASTILHO (llo) *m.* Reguero de pólvora.

RASTO *m.* Rastro, rastra, señal, vestigio, indicio. De —*s. m. adv.* A la rastra, a rastra, a rastras.

RASTREAR *v. intr. y tr.* Lo mismo que RASTEJAR.

RASTRILHO (llo) *m. ant.* Rastro, rastra, rastrillo. *Bras. merid.* Rastrillo (rastro con mango).

RASTRO *m.* Lo mismo que RASTO.

RASURA (zu) *f.* Rasura, raedura (parte menuda que se rae de alguna cosa). Borradura (acción de borrar, de hacer desaparecer lo escrito con tinta, lápiz, etc.).

RATA *f.* Ratona (hembra del ratón). Rata (hembra del rato). Lo mismo que RATAZANA. *fig.* Fiasco.

RATADA *f.* Nido de ratones o de ratas. Lo mismo que RATICE.

RATAFIA (fia) *f.* Ratafía.

RATÃO (táum) *m.* Rata. *aum.* de Rato. — do banhado. *Bras.* Mamífero roedor del género octodonte (*Myocastor coypus*). *adj.* Gracioso, chistoso; excéntrico, extravagante.

RATAPLÁ (plán) *m.* Rataplán (voz onomatopéyica con que se imita el sonido del tambor).

RATAR *v. tr.* Roer. Ratonar (en tono festivo, suele decirse de las personas).

RATARIA (ría) *f.* Multitud de ratas o ratones.

RATAZANA (za) *f.* Rata.

RATEAÇÃO (sáum) *f.* Lo mismo que RATEIO.

RATEAR *v. tr.* Ratear (distribuir proporcionadamente).

RATEIO *m.* Rateo, prorrateo.

RATEIRO, RA *adj.* Ratonero.

RATICE *f.* Excentricidad, extravagancia. Dicho gracioso.

RATIFICAÇÃO (sáum) *f.* Ratificación.

RATIFICAR *v. tr.* Ratificar. Ú. t. c. r.

RATIFICÁVEL *adj.* Ratificable.

RATINHAR (ñar) *v. tr.* Regatear exageradamente. *v. intr.* Ahorrar o economizar en las cosas más insignificantes.

RATINHEIRO, RA (ñei) *adj.* Ratonero, ratonesco. Que ahorra o economiza mucho.

RATINHO (ño) *m. dim.* de Rato. Ratoncito. Diente de niño.

RATÍVORO, RA *adj.* Que come ratones.

RATO *m.* Ratón.

RATOEIRA *f.* Ratonera (trampa en que se cazan los ratones). *Cair na* —. *fr. fig.* Caer uno en la ratonera, caer en el lazo.

RATONA *f.* Rata.

RATONEIRO *m.* Ratero, ladrón.

RATONICE *f.* Raterice (hurto de cosas de poca entidad). Ladronería.

RAUCÍSSONO, NA (so) *adj.* Rauco, ronco.

RAVINA *f. gal.* Barranca, quebrada, hondonada.

RAVIÓLI (òis) *m. pl.* Ravioles.

RAZÃO (záum) *f.* Razón (facultad de discurrir; acto de discurrir el entendimiento; palabras o frases con que se expresa el discurso). Razón (argumento o demostración que se aduce en apoyo de alguna cosa). Razón, motivo, causa. Razón, cuenta, relación, cómputo. *Mat.* Razón. Razón (derecho para proceder u obrar). Razón, noticia. *m. Com.* Libro mayor. *À* — *de. m. adv.* A razón de. *Em* — *de. m. adv.* En razón a, o de. *Dar* — *a alguém. fr.* Dar la razón a uno, concederle lo que dice. — *de estado.* Razón de estado. — *social. Com.* Razón social (nombre y firma por los cuales es conocida una compañía mercantil de forma colectiva o comanditaria). *Trabar-se de razões com alguém. fr.* Atravesar razones, trabarse palabras. — *de cabo de esquadra. fig. fam.* Razón de pie de banco, la que es conocidamente disparatada o inaplicable al caso.

RAZIA (zia) *f.* Razzia, algara, correría.

RAZOADAMENTE (zoa) *adv. m.* Razonablemente.

RAZOADO, DA (zoa) *adj.* Razonado. Razonado, razonamiento.

RAZOAMENTO (zoa) *m.* Razonamiento (acción de razonar).

RAZOAR (zoar) *v. tr.* Lo mismo que ARRAZOAR.

RAZOÁVEL (zoá) *adj.* Razonable (justo, arreglado conforme a la razón). Razonable, regular, bastante bueno. Considerable, de alguna importancia. Moderado.

RAZOAVELMENTE (zoá) *adv. m.* Razonablemente (según razón, con arreglo a ella, de un modo razonable). Razonablemente (regularmente, más que medianamente).

RÉ (rè) *f.* Reo (mujer que ha delinquido); rea (p. u. en español). *m.* Re (segunda nota de la escala musical). *f. Mar.* Popa. Cola (la parte o extremidad posterior de cualquier cosa). *A* —. *m. adv.* Atrás. Hacia la popa. *Marcha à* —. Reculada, cía, movimiento de retrocesso.

REABASTECER *v. tr.* Volver a proveer o abastecer.

REABASTECIMENTO *m.* Nuevo abastecimiento, segunda provisión.

REABERTURA *f.* Reapertura.

REABILITAÇÃO (sáum) *f.* Rehabilitación.

REABILITAR *v. tr.* Rehabilitar. Ú. t. c. r.

REABITAR *v. tr.* Volver a habitar.

REABRIR *v. tr.* Reabrir. Ú. t. c. r.

REABSORÇÃO (sáum) *f.* Reabsorción.

REABSORVER *v. tr.* Reabsorber.

REAÇÃO (sáum) *f.* Reacción (acción que resiste o se opone a otra acción). Reacción (tendencia tradicionalista en lo político). *Mec., Med., Quím.* Reacción.

REACENDER *v. tr.* Volver a encender. *fig.* Estimular; activar; desarrollar. *v. r.* Reanimarse.

REACIONÁRIO, RIA *adj.* Reaccionario. Ú. t. c. s.

REACOMODAR *v. tr.* Volver a acomodar.

REACUSAÇÃO (zasáum) *f.* Recriminación.

REACUSAR (zar) *v. tr.* Recriminar. Volver a acusar.

READMISSÃO (sáum) *f.* Readmisión.

READMITIR *v. tr.* Readmitir.

READQUIRIR *v. tr.* Recobrar, recuperar, volver a adquirir.

REAFIRMAR *v. tr.* Reafirmar.

REAGENTE (jen) *adj.* Reactivo, reactor. *m. Quím.* Reactivo.

REAGIR (jir) *v. intr.* Ejercer reacción, producirla. Reaccionar. Rechazar. Oponerse, luchar. Resistir.

REAGRADECER *v. tr.* Reagradecer.

REAGRAVAÇÃO (sáum) *f.* Reagravación.

REAGRAVAR *v. tr.* Reagravar. Ú. t. c. r.

REAJUSTAMENTO (jus) *m.* Acción de

REAJUSTAR (jus) *v. tr.* Ajustar de nuevo.

REAL *adj.* Real (perteneciente o relativo al rey o a la realeza). Real (que tiene existencia verdadera y efectiva). *m.* Real (antigua moneda nacional del Brasil). Real (antigua moneda portuguesa). Lo real.

REALÇAMENTO (sa) *m.* Lo mismo que REALCE.

REALÇAR (sar) *v. tr.* Realzar (elevar una cosa más de lo que estaba antes). Realzar, ilustrar, ensalzar, engrandecer. Ú. t. c. r.

REALCE *m.* Realce, relieve. Realce, lustre, esplendor, grandeza, aumento de valor o mérito.

REALEGRAR *v. tr.* Alegrar mucho, volver a alegrar. *v. r.* Realegrarse.

REALEJO (jo) *m.* Organillo, realejo.

REALENGO, GA *adj.* Realengo (que pertenece a la corona). Real, regio.

REALEZA (za) *f.* Realeza (dignidad real, soberanía, majestad). *fig.* Magnificencia, grandeza.

REALIDADE *f.* Realidad.

REALISMO *m.* Realismo (doctrina filosófica; doctrina artística y literaria).

REALISTA *adj.* Realista (partidario de la doctrina filosófica o artística del realismo). Ú. t. c. s. Realista (perteneciente o relativo a la doctrina filosófica o artística del realismo). Realista (partidario de la doctrina política del realismo o de la monarquía pura o absoluta). Ú. t. c. s.

REALÍSTICO, CA *adj.* Real, realista (perteneciente o relativo a la doctrina filosófica o artística del realismo).

REALIZAÇÃO (zasáum) *f.* Realización.

REALIZAR (zar) *v. tr.* Realizar (efectuar, hacer real y efectiva alguna cosa). Ú. t. c. r. *Com.* Realizar (vender, convertir en dinero). *v. r.* Realizarse. Efectuarse, tener efecto, verificarse, suceder.

REALIZÁVEL (zá) *adj.* Realizable.

REALMENTE *adv. m.* Realmente, efectivamente, en realidad.

REAMANHECER (ñe) *v. intr.* Volver a amanecer. *fig.* Rejuvenecer, remozar.

REANIMAÇÃO (sáum) *f.* Reanimación.

REANIMADOR, RA *adj.* Reanimador.

REANIMAR *v. tr.* Reanimar, confortar, restablecer las fuerzas; infundir ánimo. Ú. t. c. r. *v. intr.* Reanimarse.

REAPARECER *v. intr.* Reaparecer (volver a aparecer).

REAPARIÇÃO (sáum) *f.* Reaparición.

REAQUISIÇÃO (zisáum) *f.* Segunda adquisición. Recuperación, recobro.

REAQUISTAR *v. tr.* Lo mismo que READQUIRIR. Reconquistar.

REASSUMIR (su) *v. tr.* Reasumir (volver a tomar lo que antes se tenía o se había dejado). Recuperar; recobrar.

REASSUNÇÃO (sunsáum) *f.* Reasunción.

REATA *f.* Reata (soga que une dos o más caballerías para que vayan en hilera). *pl.* Vueltas (de un cable, soga, cuerda, etc.)

REATADURAS *f. pl. Mar.* Reata (conjunto de vueltas espirales que se dan a un palo o a un cable con otro cabo).

REATAMENTO *m.* Reanudamiento. Reatamiento.

REATAR *v. tr.* Reatar (volver a atar; atar apretadamente). Reanudar, renovar (proseguir lo que estaba interrumpido).

REATE *m.* Lo mismo que REATA.

REATIVO, VA *adj.* Reactivo. *m. Quím.* Reactivo.

REATO *m.* Reato.

REAVER *v. tr.* Recuperar, recobrar, volver a tener.

REAVIAR *v. tr.* Hacer volver al camino. Orientar, encaminar. Guiar de nuevo. *v. r.* Volver a orientarse.

REAVISAR (zar) *v. tr.* Volver a avisar.

REAVISO (zo) *m.* Segundo aviso. Acción de *Reavisar.*

REAVIVAR *v. tr.* Reavivar.

REBAIXA (cha) *f.* Rebaja, descuento.

REBAIXADO, DA (cha) *adj.* Rebajado, humillado, abatido.

REBAIXAMENTO (cha) *m.* Rebajamiento. *fig.* Envilecimiento, bajeza.

REBAIXAR (char) *v. tr.* Rebajar (hacer más baja una cosa; disminuir, desfalcar, quitar algo de ella). Bajar, disminuir. Rebajar, abajar, humillar, abatir. Ú. t. c. r. Degradar, deshonrar. Ú. t. c. r. Abatir, deprimir, envilecer. Ú. t. c. r.

REBAIXO (cho) *m.* Lo mismo que REBAIXAMENTO. Rebajo. Peldaño.

REBALSAR *v. tr.* Rebalsar. Ú. t. c. r. *v. r.* Estancarse, rebalsarse. Volverse pantanoso.

REBANHADA (ña) *f.* Rebaño grande. *fig.* Multitud de gente.

REBANHAR (ñar) *v. tr.* Lo mismo que ARREBAÑAR.

REBANHIO, NHIA (ñío, ñía) *adj.* Rebañego.

REBANHO (ño) *m.* Rebaño (hato grande de ganado). *fig.* Rebaño (congregación de los fieles respecto de sus pastores espirituales).

REBARBA *f.* Rebaba, resalto. Chatón (de un anillo). Reborde.

REBARBAR *v. tr.* Quitar las rebabas de una cosa.

REBARBATIVO, VA *adj.* Que tiene papada. *fig.* Rudo; enfurruñado, torvo; irritante; despacible, desagradable.

REBATE *m.* Rebato (convocación de los vecinos de uno o más pueblos para defenderse de un peligro). Rebato (alarma ocasionada por un acontecimiento repentino). *Mil.* Rebato (acometimiento repentino). Rebatimiento. *fig.* Barrunto, sospecha. Inspiración, ocurrencia. Terror. *Tocar a —. fr.* Tocar a rebato. — *falso.* Noticia falsa.

REBATEDOR, RA *adj.* Que rebate. Ú. t. c. s. *m.* Usurero.

REBATER *v. tr.* Rebatir (volver a batir). Rebatir, rechazar, contrarrestar. *Esgr.* Rebatir. Resistir, rechazar, repeler. *fig.* Refrenar, contener, reprimir. Combatir (una enfermedad). Rebatir (rebajar de una suma una cantidad que no debió comprenderse en ella). Rebatir, impugnar, refutar. Desmentir. Prestar con usura. Revitar. Remanchar. Doblar batiendo.

REBATIDO, DA *adj.* Rebatido, rebajado. Revitado, remachado. Recalcado, muy batido. Doblado. Descontado.

REBATIMENTO *m.* Rebatimiento. Descuento.

REBATINHA (ña) *f.* Arrebatiña, rebatiña. Cosa muy disputada. *Às —s. m. adv.* A la marchanta.

REBATISMO *m.* Rebautismo.

REBATIZAR (zar) *v. tr.* Rebautizar.

REBATO *m.* Peldaño. Solera.

REBECA (bè) *f.* Lo mismo que RABECA.

REBELÃO (láum) *adj.* Rebelón. *fig.* Obstinado, terco, testarudo.

REBELAR *v. tr.* Volver rebelde. *v. r.* Rebelarse, sublevarse, levantarse, indisciplinarse. *fig.* Rebelarse, oponer resistencia.

REBELDE (bèl) *adj.* Rebelde (que se rebela, subleva o indisciplina). Ú. t. c. s. Rebelde, indócil, duro, tenaz. Desertor. Ú. t. c. s. *fig.* Difícil de curarse. *fig.* Rebelde (dícese de la voluntad que no cede, y de las pasiones que resisten a la razón).

REBELDIA (día) *f.* Rebeldía.

REVELIÃO (liáum) *f.* Rebelión.

REBELIONAR *v. tr.* Ocasionar una rebelión.

REBÉM *m.* Rebenque (látigo de cuero que se usaba para castigar a los galeotes).

REBENCAÇO (so) *m. Bras. Río Gr. del Sur.* Rebencazo (golpe que se da con el rebenque).

REBENCADA *f. Bras. Río Gr. del Sur.* Lo mismo que REBENCAÇO.

REBENQUE *m. Bras.* Látigo pequeño; rebenque *(Amer.).*

REBENQUEADOR *m. Bras. Río Gr. del Sur.* El que pega con el rebenque. El que castiga mucho. Lo que encende la pasión, que embruja, que encanta.

REBENQUEAR *v. tr. Bras. Río Gr. del Sur.* Pegar con el rebenque; rebenquear *(vulgar. amer.).*

REBENTAÇÃO (sáum) *f.* Reventazón (de las olas del mar). Reventazón, reventón.

REBENTÃO (táum) *m.* Revueno, vástago que nace cerca de la raíz. *fig.* Vástago, descendiente. Reventón (cuesta muy pendiente).

REBENTAR *v. intr.* Reventar (abrirse una cosa por impulso interior). Reventar (las olas del mar). Brotar, nacer o salir con ímpetu. *fig.* Reventar (tener ansia o deseo vehemente de una cosa). Desabrochar, echar renuevos. Nacer, germinar. Reventar (trabajar con ahinco). *v. tr.* Reventar (deshacer o desbaratar una cosa aplastándola con violencia). Reventar (hacer enfermar o morir el caballo por exceso en la carrera). Reventar (fatigar mucho a uno por exceso de trabajo). Ú. t. c. r. *v. r.* Reventarse. Romperse. Destrozarse.

REBENTINA *f.* Lo mismo que

REVENTINHA (ña) *f.* Rabieta.

REBENTO *m.* Renuevo, vástago. *fig.* Vástago, descendiente. *fig.* Producto.

REBENTONA *f. Bras. merid.* Negocio grave y dudoso que está próximo a decidirse. Rebelión.

REBIQUE *m.* Lo mismo que ARREBIQUE.

REBITAR *v. tr.* Lo mismo que ARREBITAR.

REBITE *m.* Remache. Roblón.

REBO *m.* Callao, guijarro.

REBOANTE *adj.* Retumbante, resonante.

REBOAR *v. intr.* Retumbar, resonar. Repercutir, repercudir (producir eco el sonido).

REBOCADO, DA *adj.* Revocado, cubierto de revoque. Remolcado.

REBOCADOR *adj.* Que revoca las paredes. *m.* Revocador (obrero que revoca las casas). *adj.* Remolcador (que sirve para remolcar). *m.* Remolcador (embarcación).

REBOCADURA *f.* Remolque (acción y efecto de remolcar). Revocadura, revoque (acción y efecto de revocar).

REBOCAR *v. tr.* Revocar, enlucir las paredes. Remolcar.

REBOCO (bó) *m.* Revoque, revoco (capa o mezcla de cal y arena u otro material con que se revoca).

REBOJO (jo) *m. Bras.* Remolino (del viento). Remolino (del agua). Sudoeste (viento).

REBOLADA *f. Bras.* Mata. Manigua.

REBOLADO *m.* Contoneo; bamboleo.

REBOLÃO (láum) *m.* Fanfarrón. Ú. t. c. adj.

REBOLAR *v. tr.* Arrollar (llevar rodando). Bambonear, bambolear. *v. intr. y r.* Rodar, voltear por el suelo. Contonearse. Bambolearse. Revolcarse.

REBOLARIA (ría) *f.* Fanfarronería.

REBOLCAR *v. tr.* Rollar, arrollar. Echar a rodar. *v. r.* Rebolcarse. Rodar, voltear.

REBOLDROSA (dròza) *f. Bras.* Lo mismo que REBORDOSA.

REBOLEAR *v. tr. Bras. merid.* Rodar, girar. *v. r.* Bambolearse. Contonearse. Revolverse.

REBOLEIRA *f.* La parte más densa de una mata. Lo que queda en la caja de la piedra de afilar. Mata.

REBOLEIRO *m.* Mata. Cencerro grande.

REBOLIÇAR (sar) *v. intr. Bras.* Moverse, agitarse, revolverse.

REBOLIÇO (so) *m.* Alboroto, desorden, tumulto. Rebujina, bullicio. Confusión.

REBOLIR *v. intr. Bras.* Andar aprisa. Rodar, girar. Revolverse. *v. r.* Bambonearse.

REBOLO (bó) *m.* Amoladera, muela, piedra para afilar.

REBOLQUEAR-SE *v. r. Bras. Río Gr. del Sur.* Revolcarse.

REBOLUDO, DA *adj.* Grueso y de forma redondeada.

REBOMBAR *v. intr.* Lo mismo que RIBOMBAR.

REBOMBO *m.* Lo mismo que RIBOMBO.

REBÔO (bóo) *m.* Retumbo.

REBOQUE (bò) *m.* Remolque (acción y efecto de remolcar). Remolque (cabo o cuerda para remolcar). Remolque (cosa que se lleva remolcada). *A — m. adv.* A remolque. *Dar —. fr.* Dar remolque.

REBOQUEAR *v. tr.* Remolcar.

REBORDAGEM (jem) *f.* Daño o perjuicio que sufre una embarcación que fue abordada. Indenización paga por este daño.

REBORDÃO (dáum) *m.* Silvestre (hablando de vegetales).

REBORDAR *v. tr.* Bordar despacio. Volver a bordar.

REBORDO (bór) *m.* Reborde.

REBORDOSA (dòza) *f. Bras.* Alboroto. Reprensión. Enfermedad grave. Situación desagradable; aprieto.

REBORQUIADA *f. Bras. Río Gr. del Sur.* Lo mismo que PIALO.

REBOTALHO (llo) *m.* Deshecho, desperdicio, escoria. *fig.* Zupia, escoria.

REBOTAR *v. tr.* Embotar (engrosar el filo). *v. r.* Aburrirse.

REBOTE (bò) *m. Bras.* Rebote.

REBOTO, BOTA (bó) *adj.* Embotado. Aburrido. Rudo.

REBRAMAR *v. intr.* Rebombar. Retumbar. Rebramar.

REBRILHANTE (llan) *adj.* Resplandeciente, muy brillante, esplendoroso, que rebrilla.

REBRILHAR (llar) *v. intr.* Resplandecer; rebrillar.

REBRILHO (llo) *m.* Esplandor, esplendor.

REBROTAR *v. intr.* Volver a brotar.

REBUÇADO, DA (sa) *adj.* Rebozado. Embozado, disfrazado, envuelto, oculto. Caramelo.

REBUÇAR (sar) *v. tr.* Embozar (cubrir el rostro por la parte inferior hasta las narices o los ojos). Ú. t. c. r. Rebozar (cubrir casi todo el rostro con la capa o manto). Ú. t. c. r. *fig.* Embozar, disfrazar, ocultar. *v. r.* Embozarse. Rebozarse. Disfrazarse, ocultarse.

REBUÇO (so) *m.* Embozo (de la capa). Solapa. *fig.* Embozo. Rebozo, simulación, pretexto.

REBULIR *v. tr.* Rebullir. Lo mismo que RETOCAR.

REBUSCA *f.* Rebusca, rebuscamiento.

REBUSCADO, DA *adj.* Rebuscado. *fig.* Muy esmerado, afectado.

REBUSCAR *v. tr.* Rebuscar (buscar con excesivo cuidado). Rebuscar (recoger el fruto que queda en el campo después de la recolección). Aprimorar, ataviar excesivamente.

REBUSNAR *v. intr. p. us.* Lo mismo que ZURRAR.

RECACAU *m. Bras.* Desorden, confusión, bullicio, alboroto.

RECACHO (cho) *m.* Aplomo. Postura elegante y airosa.

RECADISTA *m. y f.* Recadista, recadero, recadera.

RECADO *m.* Recado (mensaje verbal que se envía a alguien). *fam.* Reprehensión. *pl.* Cumplimientos, expresiones afectuosas. *Bras. Río Gr. del Sur.* Recado *(amer. merid.:* conjunto de piezas que componen la montura de un hombre de campo).

RECAÍDA *f.* Recaída.

RECAIDIÇO, ÇA (so, sa) *adj.* Propenso a recaer.

RECAIMENTO *m.* Recaída.

RECAIR *v. intr.* Recaer (volver a caer). Recaer (caer nuevamente enfermo de la misma dolencia el que estaba convaleciendo o había recobrado ya la salud). Recaer, reincidir (en los vicios, errores, etc.). Recaer (venir a caer o parar en uno o sobre uno beneficios o gravámenes).

RECALAR v. intr. Recalar. (Ú. sólo quando se habla de buques negreros).
RECALCADAMENTE adv. m. Recalcadamente.
RECALCADO, DA adj. Recalcado, muy apretado. Concentrado, reprimido.
RECALCADOR, RA adj. Que recalca.
RECALMENTO f. Recalcadura, recalcamiento.
RECALCAR v. tr. Recalcar (apretar mucho una cosa con otra o sobre otra). fig. Recalcar (las palabras). Concentrar, reunir. Reprimir, refrenar, comprimir, contener.
RECALCITRAÇÃO (sáum) f. Acción de recalcitrar. Resistencia tenaz.
RECALCITRANTE adj. Recalcitrante, terco, reacio, reincidente, obstinado en la resistencia.
RECALCITRAR v. intr. Recalcitrar (resistir con tenacidad). Obstinarse, desobedecer. Revoltarse, rebelarse. Replicar (responder como repugnando lo que se dice o manda).
RECALDEAR v. tr. Volver a caldear o mezclar.
RECALMÃO (máum) m. Recalmón.
RECALQUE m. Recalcamiento, recalcadura.
RECAMADO, DA adj. Recamado. Adornado, matizado. Lleno, cubierto, abundante.
RECAMADOR m. Recamador.
RECAMADURA f. Recamadura. Recamado, recamo.
RECAMAR v. tr. Recamar (bordar de realce). Bordar. Adornar. fig. Revestir, cubrir, llenar de. v. r. Llenarse, cubrirse, revestirse.
RECÁMARA (cá) f. Recámara (cuarto situado detrás de la cámara. Recámara (repuesto de alhajas o muebles de una casa principal).
RECAMBIAR v. tr. Com. Recambiar. Volver a mandar o enviar. Devolver (lo que no se quiere aceptar).
RECÂMBIO (câm) m. Recambio (acción de recambiar).
RECAMO m. Recamo, recamado. fig. Adorno.
RECANTAÇÃO (sáum) f. Recantación, recanto.
RECANTAR v. tr. Recantar (volver a cantar). v. r. Recantarse, desdecirse, retractarse.
RECANTO m. Rincón, escondrijo o lugar retirado. fig. Lugar oculto y secreto. Lo mismo que ESCANINHO.
RECAPITULAÇÃO (sáum) f. Recapitulación.
RECAPITULAR v. tr. Recapitular.
RECAPTURAR v. tr. Represar, volver a tomar.
RECASAR (zar) v. tr. e intr. Volver a casar o casarse.
RECATADAMENTE adv. m. Recatadamente.
RECATADO, DA adj. Recatado, circunspecto, prudente, cauto. Recatado, honesto, modesto (dícese principalmente de las mujeres).
RECATAR v. tr. Recatar, rebuscar. Recatar, encubrir, disimular, ocultar. Ú. t. c. r. v. intr. Resguardarse. Vivir recatadamente.
RECATIVAR v. tr. Volver a cautivar.
RECATO m. Recato, honestidad, modestia, compostura. Recato, cautela, prudencia, reserva. Escondrijo.
RECAVAR v. tr. Recavar.
RECAVÉM m. La parte posterior de un carro.
RECEADO, DA adj. Temido.
RECEAR v. tr. Recelar, temer, desconfiar, sospechar. v. intr. Temer. v. r. Recelarse.
RECEBEDOR, RA adj. Recibidor. Ú. t. c. s.
RECEBEDORIA (ría) f. Receptoría.
RECEBER v. tr. Recibir, tomar, aceptar. Recibir, percibir (entregarse o encargarse de una cosa). Recibir, sustentar, sostener (un cuerpo a otro). Recibir (padecer uno el daño que le hacen o que le viene casualmente). Recibir, admitir, acoger, aceptar, aprobar una cosa. Recibir (admitir dentro de sí una cosa a otra). Recibir (admitir visitas). Recibir (salir al encuentro de alguien para darle la bienvenida, acompañarle, etc.). Recibir (esperar o hacer frente al que acomete, para resistirle). v. intr. Dar recepciones, recibir o admitir las visitas. v. r. Casarse.
RECEBIMENTO m. Recibimiento, recepción (acción de recibir). Recenptoría.
RECEIO m. Recelo (acción de recelar). Recelo, temor, sospecha.

RECEITA f. Receta (prescripción facultativa; nota escrita de ella). Receta (nota en que se indican los componentes de una cosa, y se enseña a hacerla). Ingresos, sumas o cantidades recibidas.
RECEITANTE adj. Recetante.
RECEITAR v. tr. e intr. Recetar.
RECEITÁRIO m. Recetario (conjunto de recetas puestas en un alambre).
RECEITUÁRIO m. Recetario (conjunto de recetas). Recetario, farmacopea, formulario de recetas.
RECÉM-NASCIDO, DA adj. Recién nacido.
RECÉM-VINDO, DA adj. Recién llegado.
RECENDENTE adj. Trascendente (hablando de olores).
RECENDER v. intr. Trascender (exhalar olor vivo y subido). Ú. t. c. r. Oler.
RECENSÃO (sáum) f. Lo mismo que RECENSEAMENTO.
RECENSEADO, DA adj. Empadronado.
RECENSEADOR m. Empadronador.
RECENSEAMENTO m. Apadronamiento, padrón.
RECENSEAR v. tr. Empadronar.
RECENSEIO m. Empadronamiento.
RECENTAL adj. Recental. Ú. t. c. s.
RECENTE adj. Reciente.
RECENTEMENTE adv. t. Recientemente.
RECEOSAMENTE (òza) adv. m. Recelosamente.
RECEOSO, SA (ozo, òza) adj. Receloso.
RECEPÇÃO (sáum) f. Recepción (en todas las acepciones de esta voz).
RECEPTAÇÃO (sáum) f. Acción y efecto de receptar.
RECEPTACULAR adj. Bot. Receptacular.
RECEPTÁCULO m. Receptáculo (cavidad que contiene alguna substancia; asilo, refugio). Bot. Receptáculo.
RECEPTADOR, RA adj. For. Receptador. Ú. t. c. s.
RECEPTAR v. tr. For. Receptar.
RECEPTIBILIDADE f. Receptibilidad.
RECEPTÍVEL adj. Receptible.
RECEPTIVIDADE f. Receptividad.
RECEPTIVO, VA adj. Receptivo.
RECEPTOR, RA adj. Receptor, recibidor. Ú. t. c. s. Receptador. m. Receptor (aparato para recibir señales eléctricas, telegráficas, telefónicas o radiotelefónicas).
RECESSO (cèso) m. Retiro (lugar apartado). Esconce.
RECHÃ (chán) f. Meseta. Llanura, planicie.
RECHAÇAR (chasar) v. tr. Rechazar (resistir un cuerpo a otro, forzándole a retroceder). fig. Rechazar (resistir al enemigo, obligandole a ceder). fig. Rechazar, contradecir, impugnar, refutar, desestimar, no aceptar.
RECHAÇO (chaso) m. Rechazo.
RECHÃO (chá) m. Lo mismo que RECHÃ.
RECHÃO (cháum) m. Lo mismo que RECHÃ.
RECHEADO, DA (chea) adj. Relleno (hablando de manjares). Mechado. Relleno (muy lleno). Lleno, repleto. m. Relleno (picadillo de carne, hierbas, especias, etc. con que se llena ciertos manjares).
RECHEADURA (chea) f. Relleno (acción y efecto de rellenar o rellenarse).
RECHEAR (chear) v. tr. Rellenar (llenar o henchir mucho). Rellenar (hablando de manjares); mechar. fig. Llenar, cargar, colmar abundantemente. fig. Enriquecer. v. r. fig. Enriquecerse.
RECHEGO (che) m. Escondrijo, lugar apartado. Abrigo donde se oculta el cazador.
RECHEIO (cheio) m. Relleno (acción y efecto de rellenar o rellenarse). Relleno (picadillo de carne, hierbas, especias, etc. con que se llena ciertos manjares).
RECHIAR (chiar) v. intr. Chirriar mucho.
RECHINANTE (chi) adj. Rechinante.
RECHINAR (chi) v. intr. Rechinar.
RECHINO (chi) m. Rechinido, rechino.
RECHONCHUDO, DA (chonchu) adj. Rechoncho.
RECIÁRIO m. Reciario.
RECIBO m. Recibo (resguardo firmado en que se declara haber recibido dinero u otra cosa).
RECIDIVA f. Med. Recidiva.
RECIDIVO, VA adj. Que recidiva, reincidente.
RECIFE m. Arrecife (banco o bajo formado por rocas o poliperos, casi a flor de agua).

RECIFOSO, SA (ozo, òza) adj. Que tiene arrecifes.
RECINGIR (jir) v. tr. Receñir.
RECINTO m. Recinto (espacio comprendido dentro de determinados límites). Santuario.
RÉCIPE (rè) m. Récipe, receta (prescripción facultativa).
RECIPIENDÁRIO, RIA m. y f. Recipiendario, ria. Ú. t. c. adj.
RECIPIENTE adj. Recipiente (que recibe). m. Recipiente, receptáculo (cavidad en que se contiene o pude contenerse alguna substancia). Recipiente (campana de vidrio de la máquina neumática).
RECIPROCAMENTE adv. m. Recíprocamente.
RECIPROCAR v. tr. Reciprocar Ú. t. c. r.
RECIPROCIDADE f. Reciprocidad.
RECÍPROCO, CA adj. Recíproco.
RÉCITA (rè) f. Representación teatral. Recital de declamación.
RECITAÇÃO (sáum) f. Recitación.
RECITADO, DA adj. Recitado; declamado. m. Mús. Lo mismo que RECITATIVO.
RECITADOR, RA adj. y s. Recitador.
RECITAL m. Recital.
RECITAR v. tr. Recitar.
RECITATIVO m. Mús. Recitado.
RECLAMAÇÃO (sáum) f. Reclamación.
RECLAMADOR, RA adj. y s. Reclamador.
RECLAMANTE adj. Reclamante. Ú. t. c. s.
RECLAMAR v. intr. Reclamar (en todas las acepciones de esta voz).
RECLAMÁVEL adj. Reclamable.
RECLAMO m. Reclamación. Reclamo (ave enseñada a atraer otras aves de su especie; instrumento con que se imita la voz de las aves para atraerlas). Reclamo (voz con que se llama a alguien). Reclamo, llamada (en impresos o manuscritos). Reclamo, anuncio. Publicidad, propaganda.
RECLINAÇÃO (sáum) f. Reclinación, reclinamiento.
RECLINADAMENTE adv. m. Reclinadamente.
RECLINAR v. tr. Reclinar. Ú. t. c. r.
RECLINATÓRIO (tò) m. Reclinatorio.
RECLUSÃO (záum) f. Reclusión (encierro voluntario o forzado; lugar en que está recluso). Reclusión (pena de prisión por el Código).
RECLUSO, SA (zo, za) adj. Recluso. Clausurado, encerrado. m. Recluso.
RECOBRAMENTO m. Recobramiento, recobro.
RECOBRAR v. tr. Recobrar (volver a adquirir lo que antes se tenía). v. r. Recobrarse, repararse de un daño recibido. Recobrarse, resarcirse, desquitarse, reintegrarse de lo perdido. Recobrarse (de alguna enfermedad).
RECOBRÁVEL adj. Recobrable.
RECOBRIR v. tr. Recubir (volver a cubrir). Ú. t. c. r. Recubrir, retejar.
RECOBRO (có) m. Recobro.
RECOCTO, TA adj. Recocho.
RECOGNIÇÃO (sáum) f. Reconocimiento (acción de reconocer).
RECOGNITIVO, VA adj. Propio para reconocer o averiguar una cosa.
RECOLETO, TA adj. Recoleto.
RECOLHA (lla) f. Recogimiento (acción de recoger).
RECOLHEDOR, RA (lle) adj. Recogedor.
RECOLHER (ller) v. tr. Recoger, guardar, poner en cobro. Recoger (volver a coger, coger de nuevo una cosa). Recoger (hacer la cosecha de los frutos). Recoger, juntar, congregar, reunir. Recoger, acoger, dar asilo. Recoger, encerrar a uno por demente. Recoger (suspender el curso de una cosa para emendarla o anularla). Recoger, encoger, estrechar. v. intr. Recoger (retirarse a casa). Volver, regresar. Recogerse (retirarse o acogerse a un lugar). Recogerse (retirarse a dormir o descansar). Recogerse (separarse de la demasiada comunicación y comercio de las gentes). Recogerse, ceñirse, moderarse en los gastos. Recogerse (para la meditación o contemplación). Cesar, desaparecer (hablando de erupciones cutáneas). Toque de —. Toque de retreta.
RECOLHIDA (lli) f. Recogida (acción de recoger). Recogida (religiosa).

RECOLHIDO, DA (lli) *adj.* Recogido (que tiene recogimiento; que vive retirado en convento). Ú. t. c. s. Concentrado, poco expansivo.

RECOLIIIMENTO (lli) *m.* Recogimiento (acción de recoger o recogerse). Recogimiento (casa de recogidas). Honestidad, recato. Meditación.

RECOLHO (llo) *m.* Recogimiento, recogida. Respiración fuerte.

RECOLONIZAÇÃO (zasáum) *f.* Acción y efecto de

RECOLONIZAR (zar) *v. tr.* Volver a colonizar.

RECOMEÇAR (sar) *v. tr.* Recomenzar. Ú. t. c. intr.

RECOMENDAÇÃO (sáum) *f.* Recomendación. *pl.* Cumplimientos, palabras afectuosas.

RECOMENDADO, DA *adj.* Recomendado, que se recomienda, recomendante. *m.* Protegido (la persona que se recomienda a otra o que otra recomienda).

RECOMENDAR *v. tr.* Recomendar (encargar, pedir, rogar u ordenar algo a una persona, respecto de otra o de alguna cosa). Recomendar (hablar por uno elogiándole). Recomendar (hacer recomendable a uno). Ú. t. c. r. Enviar saludos o cumplimientos.

RECOMENDATÓRIO (tò) *adj.* Recomendatório, recomendatorio.

RECOMENDÁVEL *adj.* Recomendable.

RECOMPENSA *f.* Recompensa (acción de recompensar; cosa que sirve para recompensar).

RECOMPENSAÇÃO (sáum) *f.* Recompensación, recompensa.

RECOMPENSADOR, RA *adj.* Remunerador.

RECOMPENSAR *v. tr.* Recompensar, compensar, resarcir, indenizar. Ú. t. c. r. Recompensar (remunerar un servicio; premiar un beneficio, favor o mérito).

RECOMPENSÁVEL *adj.* Recompensable.

RECOMPOR *v. tr.* Recomponer, reparar. Restablecer. Reconciliar. *v. r.* Recomponerse. Restablecerse. Reconciliarse.

RECOMPOSIÇÃO (sáum) *f.* Recomposición.

RECOMPOSTO, TA (posto, pòsta) *P. p.* de *Recompor.* Recompuesto.

RECÔNCAVO (cón) *m.* Concavidad. Antro. Gruta entre peñas.

RECONCENTRAÇÃO (sáum) *f.* Recontración, reconcentramiento.

RECONCENTRADO, DA *adj.* Reconcentrado.

RECONCENTRAR *v. tr.* Reconcentrar. Ú. t. c. r.

RECONCILIAÇÃO (sáum) *f.* Reconciliación.

RECONCILIADOR, RA *adj.* Reconciliador. Ú. t. c. s.

RECONCILIAR *v. tr.* Reconciliar (en todas las acepciones de esta voz). Ú. t. c. r.

RECONCILIATÓRIO, RIA (tò) *adj.* Que puede o sirve para reconciliar, reconciliador.

RECONCILIÁVEL *adj.* Reconciliable.

RECÔNDITO, TA (cón) *adj.* Recóndito. *m.* Escondrijo.

RECONDITÓRIO (tò) *m.* Lugar recóndito, escondrijo.

RECONDUÇÃO (sáum) *f.* Reconducción. Acción y efecto de

RECONDUZIR (zir) *v. tr.* Devolver, volver. Volver a conducir. Reconducir, prorrogar. Nombrar de nuevo para un cargo, empleo u otra cosa. Reelegir.

RECONFORTANTE *adj.* Confortante; confortativo. Ú. t. c. s.

RECONFORTAR *v. tr.* Confortar, fortalecer, reanimar. Ú. t. c. r.

RECONFORTO (fór) *m.* Confortación, conforte.

RECONGRAÇAR (sar) *v. tr.* Reconciliar.

RECONHECER (ñe) *v. tr.* Volver a conocer. Reconocer (examinar con cuidado a una persona o cosa para enterarse de su identidad, naturaleza y circunstancias). Reconocer (registrar, mirar o examinar una cosa por todos sus lados para formar de ella juicio justo y cabal). Reconocer (registrar una cosa para enterarse bien de su contenido). Reconocer (en política internacional, aceptar un nuevo estado de cosas). Reconocer (examinar de cerca un campamento, fortificación o posición militar del enemigo). Reconocer (confesar de un modo notorio la dependencia o subordinación en que se está respecto de otro).

Reconocer (confesar la obligación de gratitud que se debe a alguien por sus beneficios o favores). Reconocer, consignar, advertir, contemplar. Reconocer (dar uno por suya, confesar que es legítima, una obligación en que suena su nombre; como firma, conocimiento, pagaré, etc.). Reconocer (distinguir, recordar, a una persona cuya fisonomía se tenía ya olvidada). Reconocer (conceder a uno la relación de parentesco que tiene con el que hace este reconocimiento). Reconocer (acatar como legítima la autoridad o superioridad de alguien). *v. r.* Reconocerse (confesarse culpable de alguna cosa). Reconocerse (tenerse uno a sí propio por lo que es en realidad).

RECONHECIDAMENTE (ñe) *adv. m.* Reconocidamente.

RECONHECIDO, DA (ñe) *adj.* Reconocido, grato.

RECONHECIMENTO (ñe) *m.* Reconocimiento (acción de reconocer). Reconocimiento, gratitud.

RECONHECÍVEL (ñe) *adj.* Reconocible.

RECONQUISTA *f.* Reconquista.

RECONQUISTAR *v. tr.* Reconquistar.

RECONSIDERAÇÃO (sáum) *f.* Acción de

RECONSIDERAR *v. tr.* Considerar de nuevo; reconsiderar (*Amer.*). *v. intr.* Reflexionar, reflejar. Arrepentirse. Desdecirse. Pensar mejor. Tomar nueva resolución.

RECONSTITUIÇÃO (sáum) *f.* Reconstituición.

RECONSTITUINTE *adj.* Reconstituyente, que reconstituye. *Med.* Ú. t. c. s. m.

RECONSTITUIR *v. tr.* Reconstituir (volver a constituir; constituir de nuevo). Ú. t. c. r. *Med.* Reconstituir. Ú. t. c. r.

RECONSTRUIR *v. tr.* Reconstruir. Ú. t. c. intr.

RECONTAR *v. tr.* Recontar (volver a contar; contar de nuevo). Recontar, referir, relatar.

RECONTENTE *adj.* Recontento.

RECONTRO *m.* Recuentro, reencuentro (choque de tropas enemigas en corto número). Lucha. Reencuentro (encuentro de dos cosas que se chocan).

RECONVENÇÃO (sáum) *f.* Reconvención.

RECONVIR *v. tr.* Reconvenir.

RECOPILAÇÃO (sáum) *f.* Recopilación.

RECOPILADOR, RA *adj.* Recopilador. Ú. t. c. s.

RECOPILAR *v. tr.* Recopilar.

RECORDAÇÃO (sáum) *f.* Recordación (acción de recordar). Recordación, recuerdo (memoria que se hace de alguna cosa). Recuerdo (cosa que se regala en testimonio de buen afecto).

RECORDADOR, RA *adj.* Recordador.

RECORDAR *v. tr.* Recordar (traer alguna cosa a la memoria). Ú. t. c. intr. Recordar (excitar a uno a que tenga presente una cosa que no debe descuidar). *v. r.* Recordarse.

RECORDATIVO, VA *adj.* Recordativo.

RECORDATÓRIO, RIA (tò) *adj.* Recordatorio.

RECORDE (còr) *m. Desport.* Record.

RECORDISTA *m. y f.* Persona que detiene un record.

RECORDO (cór) *m. p. us.* Lo mismo que RECORDAÇÃO.

RECO-RECO (rè...rrè) *m.* Carraca.

RECORRENTE *adj.* Recurrente. Ú. t. c. s.

RECORRER *v. intr.* Recurrir (acudir a un juez o autoridad con una demanda o petición). Recurrir, recorrerse (acogerse al favor de alguien o usar de medios especiales para un fin). Recurrir (entablar recurso contra una resolución). *v. tr.* Recorrer (registrar cuidadosamente para averiguar o hallar algo). Escudriñar, investigar. Evocar. Recorrer, ir, transitar. *Impr.* Recorrer.

RECORRIDO *m. For.* Recurrido.

RECORRÍVEL *adj. Bras. For.* Recurrible.

RECORTADO, DA *adj.* Recortado.

RECORTAR *v. tr.* Recortar (cortar lo sobrante en una cosa; cortar en figura el papel u otra cosa; señalar los perfiles de una figura). Entremediar, intercalar, interpolar. *v. r.* Enseñarse, mostrarse, imitando figuras recortadas.

RECORTE (còr) *m.* Recortadura, recorte (acción de recortar). *Impr.* Recorte. *pl.* Recortes (porciones sobrantes que se cortan de una cosa).

RECORTILHA (lla) *f.* Instrumento para recortar. Pintadera, carretilla.

RECOSER (zer) *v. tr.* Recoser (volver a coser; coser de nuevo; zurcir o remendar).

RECOSTA (còs) *f. Bras. Río Gr. del Sur.* Lo mismo que ENCOSTA.

RECOSTAR *v. tr.* Recostar, reclinar; inclinar. Ú. t. c. r.

RECOSTO (cós) *m.* Recostadero. Reclinatorio. *Bras.* Cuesta, pendiente.

RECOUTAR *v. tr.* Recocer (los metales).

RECOUTO, TA *adj.* Recocido (hablando de metales).

RÉCOVA (rè) *f.* Lo mismo que RÉCUA.

RECOVA *f.* Lo mismo que

RECOVAGEM (jem) *f.* Transporte de mercaderías en bestias de carga. Precio de este transporte. Contrato por el cual uno se obliga a transportar determinadas cosas. Arriería. Trajinería.

RECOVAR *v. tr.* Trajinar. Trajinar con bestias de carga. *v. intr.* Ejercer el oficio de arriero o trajinero.

RECOVEIRA *f.* Palo en que los vendedores de pescado cuelgan sus cestos.

RECOVEIRO *m.* Arriero. Trajinero.

RECOZER (zer) *v. tr.* Recocer.

RECOZIDO, DA (zi) *adj.* Recocho, recocido.

RECRAVAR *v. tr.* Volver a clavar. Ú. t. c. r.

RECREAÇÃO (sáum) *f.* Recreación, recreo.

RECREAR *v. tr.* Recrear, divertir, distraer, entretener, deleitar. Ú. t. c. r.

RECREATIVO, VA *adj.* Recreativo.

RECREIO *m.* Recreo, recreación (acción de recrear o recrearse). Recreo (sitio propio y dispuesto para diversión).

RECREMENTÍCIO, CIA *adj. Fisiol.* Recrementicio.

RECREMENTO *m. Fisiol.* Recremento.

RECRESCÊNCIA (cén) *f.* Recrecimiento.

RECRESCENTE *adj.* Recreciente.

RECRESCER *v. intr.* Recrecer, aumentar, acrescentar. Volver a crecer. *v. r.* Recrecer (volver a ocurrir u ofrecerse de nuevo una cosa). Crecer.

RECRESCIMENTO *m.* Recrecimiento.

RECRESTAR *v. tr.* Requemar, resquemar.

RECRIAR *v. tr.* Recriar.

RECRIMINAÇÃO (sáum) *f.* Recriminación.

RECRIMINADOR, RA *adj.* Recriminador. Ú. t. c. s.

RECRIMINAR *v. tr.* Recriminar. *v. r.* Acriminarse, recriminarse.

RECRIMINATÓRIO, RIA (tò) *adj.* Recriminatorio.

RECRÚ *adj.* Muy crudo.

RECRUDESCÊNCIA (cén) *f.* Recrudescencia.

RECRUDESCENTE *adj.* Recrudescente.

RECRUDESCER *v. intr.* Recrudecer, recrudecerse.

RECRUDESCIMENTO *m.* Recrudecimiento.

RECRUTA *m.* Recluta (el que sienta plaza de soldado; mozo alistado por sorteo para el servicio militar). Recluta (soldado muy bisoño). *fig.* Persona bisoña.

RECRUTADOR, RA *adj.* Reclutador.

RECRUTAMENTO *m.* Reclutamiento, recluta.

RECRUTAR *v. tr.* Reclutar (alistar reclutas). *Bras. Río Gr. del Sur.* Reunir el ganado disperso por los campos; reclutar (*Amer.*).

RECRUZAR (zar) *v. tr.* Recruzar.

RÉCUA (rè) *f.* Recua (conjunto de animales de carga). Manada de caballerías. *fig.* Caterva, canalla.

RECÚA *f.* Lo mismo que RECUO.

RECUADA *f.* Lo mismo que RECUO.

RECUAMENTO *m.* Reculamiento, reculada.

RECUAR *v. intr.* Recular, cejar, retroceder, volver hacia atrás. *fig.* Recular (ceder uno de su opinión, parecer o dictamen). Recular (caminar hacia trás, retraerse a reculones). *v. tr.* Hacer recular.

RECUDIAR *v. tr.* Considerar, pensar profundamente.

RECUMBIR *v. intr.* Estar arrimado.

RECUNHAR (ñar) *v. tr.* Acuñar de nuevo.

RECUO (cúo) *m.* Reculada, reculación, reculamiento, reculón. Retroceso (de un arma de fuego).

RECUPERAÇÃO (sáum) *f.* Recuperación.

RECUPERADOR, RA *adj.* Recuperador. Ú. t. c. s.

RECUPERAR *v. tr.* Recuperar, recobrar. *v. r.* Recuperarse, recobrarse.

RECUPERATIVO, VA *adj.* Recuperativo.

RECUPERATÓRIO, RIA (tò) *adj.* Recuperativo.

RECUPERÁVEL *adj.* Recuperable.

RECURSO *m.* Recurso (acción y efecto de recurrir). *For.* Recurso, apelación. *pl.* Recursos, bienes, medios de vida. *fig.* Recursos, expedientes, arbitrios, medios especiales para triunfar en una cosa.

RECURVADO, DA *adj.* Recorvado, corvo, torcido; encorvado; doblado.

RECURVAR *v. tr.* Recorvar, encorvar. *v. r.* Recorvarse, encorvarse.

RECURVO, VA *adj.* Recorvo, corvo, torcido.

RECUSA (za) *f.* Negativa, recusación, denegación. Respuesta negativa.

RECUSAÇÃO (zasáum) *f.* Recusación.

RECUSADOR, RA (za) *adj.* Que recusa. Ú. t. c. s.

RECUSANTE (zan) *adj.* Recusante.

RECUSAR (zar) *v. tr.* Recusar, rechazar, no admitir. Rehusar, excusar (no querer o no aceptar una cosa). *For.* Recusar. Denegar, no dar. Resistir. Negar. *v. r.* Rehusarse. Oponerse. Recusarse.

RECUSATIVO, VA (za) *adj.* Recusativo.

RECUSÁVEL (zá) *adj.* Recusable.

REDAÇÃO (sáum) *f.* Redación (acción de redactar; lugar donde se redacta; conjunto de redactores de una publicación periódica).

REDADA *f.* Redada (lance de red).

REDAR *v. intr.* Redar (echar la red al agua). *v. tr. e intr.* Volver a dar.

REDARGÜIÇÃO (güisáum) *f.* Redargución.

REDARGÜIR (güir) *v. tr.* Redargüir. Recriminar. Replicar.

REDATOR *m.* Redactor.

REDE (ré) *f.* Red (para pescar o cazar). Red (labor o tejido de mallas). Red, redecilla (prenda para recoger el pelo y adornar la cabeza). Red, verja, reja. *fig.* Red, ardid, engaño. *fig.* Red (conjunto sistemático de caños o conducciones, de hilos conductores, de vías de comunicación, de agencias y servicios para un fin). *fig.* Red (conjunto y trabazón de cosas que obran en favor o en contra de un fin). *Bras.* Hamaca. — *de arrasto.* Red barredera, de jornal, o de jorro.

RÉDEA (rè) *f.* Rienda. Ú. m. en pl. *fig.* Riendas, gobierno, dirección de una cosa.

REDEIRO *m.* Redero (persona que hace redes).

REDEMOINHAR (ñar) *v. intr.* Lo mismo que REMOINHAR.

REDENÇÃO (sáum) *f.* Redención.

REDENTOR, RA *adj.* Redentor. Ú. t. c. s. *m.* Redentor, Jesucristo.

REDENTORISTA *m.* Redentorista.

REDESCENDER *v. intr.* Volver a bajar; bayar de nuevo.

REDESCONTAR *v. tr.* Hacer redescuento.

REDESCONTO *m.* Redescuento.

REDIBIÇÃO (sáum) *f.* Redhibición.

REDIBIR *v. tr.* Redhibir.

REDIBITÓRIO, RIA (tò) *adj.* Redhibitorio.

REDIGIR (jir) *v. tr.* Redactar.

REDIL *m.* Redil, aprisco.

REDIMIR *v. tr. intr.* y *r.* Lo mismo que REMIR.

REDIMÍVEL *adj.* Redimible.

REDINGOTE (gò) *m.* Redingote.

REDINTEGRAR *v. tr.* Lo mismo que REINTEGRAR.

REDISTRIBUIR *v. tr.* Volver a distribuir.

RÉDITO (rè) *m.* Rédito.

REDIVIVO, VA *adj.* Redivivo, aparecido, resucitado.

REDIZER (zer) *v. tr. e intr.* Redecir.

REDOBRADO, DA *adj.* Redoblado, reduplicado. Cuadruplicado; cuádruple.

REDOBRAMENTO *m.* Redoblamiento, redobladura, redoble.

REDOBRAR *v. tr.* Redoblar, aumentar. Redoblar, repetir, reiterar. Cuadruplicar. *v. intr.* Aumentar, redoblar. Doblar (las campanas). *v. r.* Aumentarse.

REDOBRE (dò) *adj.* Redoblado, reduplicado. *fig.* Doble, simulado, artificioso. *fig.* Falso, bellaco. *m.* Trino. Redoble. *fig.* Doblez, astucia.

REDOBRO (dó) *m.* Cuádruplo. Redoblamiento, redoble, redobladura.

REDOLENTE *adj. poét.* Oloroso.

REDOMA *f.* Redoma.

REDOMÃO (máum) *m. Bras. Río Gr. del Sur.* Redomón (*Amer.:* caballería no domada por completo).

REDONDAMENTE *adv. m.* Redondamente (en circunferencia; rotundamente, absolutamente).

REDONDEAR *v. tr.* Redondear.

REDONDEL (dèl) *m. Taur.* Redondel. Redondel (especie de capa).

REDONDELA (dè) *f.* Lo mismo que RODELA.

REDONDEZA (za) *f.* Redondez (calidad de redondo; circuito de una figura curva; superfície de un cuerpo redondo). Alrededores, cercanías, contornos.

REDONDIL *adj.* Redondillo, redondo.

REDONDILHA (lla) *f.* Redondilla.

REDONDO, DA *adj.* Redondo (de figura circular; de figura esférica). Redondo (dícese de la letra derecha y circular). Redondo (aplícase al número que solo contiene unidades numerales completas). *fig.* Rechoncho.

REDOPIO (pío) *m.* Lo mismo que RODOPIO.

REDOR (dòr) *m.* Rededor, contorno. *Ao —. m. adv.* Al rededor, alrededor. *Em —. m. adv.* En rededor, alrededor.

REDUÇÃO (sáum) *f.* Reducción.

REDUCENTE *adj.* Reductivo.

REDUNDÂNCIA (dán) *f.* Redundancia.

REDUNDANTE *adj.* Redundante, excesivo.

REDUNDANTEMENTE *adv. m.* Redundantemente.

REDUNDAR *v. intr.* Redundar, rebosar (salierse alguna cosa de sus bordes por excesiva abundancia). Redundar (resultar una cosa en beneficio o daño de alguien).

REDUPLICAÇÃO (sáum) *f.* Reduplicación.

REDUPLICAR *v. tr.* Reduplicar.

REDUPLICATIVO, VA *adj.* Reduplicativo.

REDUTIBILIDADE *f.* Calidad de reducible o reductible.

REDUTÍVEL *adj.* Reducible, reductible.

REDUTIVO, VA *adj.* Reductivo.

REDUTO *m.* Reducto.

REDUTOR, RA *adj.* Reductor. Ú. t. c. s. *m. Cir.* Reductor.

REDUZIDAMENTE (zi) *adv. m.* Reducidamente.

REDUZIR (zir) *v. tr.* Reducir, disminuir, acortar, amenguar, minorar; estrechar, ceñir. Reducir (convertir una cosa en otra equivalente). Reducir (resumir brevemente). Reduzir (dividir algo en partes menudas). Reducir (hacer pasar un cuerpo de un estado a otro). Reducir (comprender o incluir bajo de cierto número o cantidad). Reducir (persuadir o atraer con razones). Reducir (sujetar a la obediencia los insubordinados). *Cir.* Reducir. *Mat.* Reducir. *Pint.* Reducir. *Quím.* Reducir. *v. r.* Reducirse (moderarse, arreglarse en el modo de vivir o en el porte). Reducirse (resolverse por graves motivos a hacer una cosa).

REDUZÍVEL (zí) *adj.* Reducible, reductible.

REEDIÇÃO (sáum) *f.* Reimpresión, nueva edición.

REEDIFICAÇÃO (sáum) *f.* Reedificación.

REEDIFICADOR, RA *adj.* Reedificador. Ú. t. c. s.

REEDIFICAR *v. tr.* Reedificar.

REEDITAR *v. tr.* Reeditar.

REEDUCAR *v. tr. Bras.* Perfeccionar la educación de uno.

REELEGER (jer) *v. tr.* Reelegir.

REELEGÍVEL (jí) *adj.* Reelegible.

REELEIÇÃO (sáum) *f.* Reelección.

REELEITO, TA *adj.* Reelecto.

REELETÔMETRO (tó) *m. Fís.* Reelectrómetro.

REEMBARCAR *v. intr.* Reembarcarse. *v. tr.* Reembarcar.

REEMBARQUE *m.* Reembarco, reembarque.

REEMBOLSAR *v. tr.* Reembolsar. *v. r.* Reembolsarse.

REEMBOLSO *m.* Reembolso.

REEMPOSSAR (sar) *v. tr.* Reintegrar en la posesión; volver a dar posesión.

REEMPREGAR *v. tr.* Volver a emplear.

REENCARNAÇÃO (sáum) *f.* Reencarnación.

REENCARNAR *v. intr.* Reencarnar, reencarnarse.

REENCHER (cher) *v. tr.* Rehenchir. Ú. t. c. r. Rellenar. Ú. t. c. r.

REENCHIMENTO (chi) *m.* Rehenchimiento. Relleno (acción de rellenar).

REENCONTRAR *v. tr.* Volver a encontrar. Ú. t. c. r.

REENCONTRO *m.* Acción y efecto de *Reencontrar.* Reencuentro.

REENGAJAR-SE (jar) *v. r. Mil.* Reengancharse.

REENLAÇAR (zar) *v. tr.* Volver a enlazar.

REENLACE *m.* Nuevo enlace.

REENTRÂNCIA (trán) *f.* Calidad de reentrante. Ángulo reentrante.

REENTRANTE *adj.* Reentrante.

REENTRAR *v. tr.* Reentrar. *v. intr.* Recogerse, volver a casa.

REENVIAR *v. tr.* Reenviar.

REENVIDAR *v. tr.* Reenvidar. Lo mismo que REVIDAR.

REESCREVER *v. tr.* Reescribir.

REEXPEDIÇÃO (espedisáum) *f.* Reexpedición.

REEXPEDIR (reès) *v. tr.* Reexpedir.

REEXPORTAÇÃO (rees...sáum) *f.* Reexportación.

REEXPORTAR (rees) *v. tr.* Reexportar.

REFALSADO, DA *adj.* Refalsado, falso, engañoso, desleal, hipócrita.

REFALSAMENTO *m.* Engaño, traición; falsedad.

REFALSEAR *v. tr.* Engañar, traicionar.

REFAZEDOR, RA (ze) *adj.* Restaurador.

REFAZER (zer) *v. tr.* Rehacer (volver a hacer lo que se había deshecho). Rehacer, reponer, reparar, restablecer. Ú. t. c. r. *v. r.* Rehacerse, reforzarse, fortalecerse, tomar nuevo brío. Rehacerse, serenarse, dominar una emoción.

REFAZIMENTO (zi) *m.* Rehacimiento.

REFECE (fè) *adj.* Rahez, vil, bajo, despreciable. Fácil.

REFECER *v. intr.* Lo mismo que ARREFECER.

REFEGA (fè) *f.* Lo mismo que REFREGA.

REFEGADO, DA *adj.* Plegado, que tiene pliegues.

REFEGAR *v. tr.* Plegar, hacer pliegues.

REFEGO *m.* Pliegue (en una prenda de vestir, para adornarla o acortarla).

REFEIÇÃO (sáum) *f.* Refección, refacción (alimento moderado que se toma para reparar las fuerzas). Comida (alimento que se toma habitualmente a una o otra hora del día o de la noche). Refección, refacción, restauración.

REFEITO, TA *adj.* Rehecho, restablecido, restaurado, repuesto.

REFEITÓRIO (tò) *m.* Refectorio.

REFÉM *m.* Rehén.

REFENDER *v. tr.* Volver a hender. Rehender (hender mucho). Labrar en reliebe.

REFENDIMENTO *m.* Rehendimiento. Escultura en alto relieve.

REFERÊNCIA (rén) *f.* Referencia, narración, relato, referimiento. Referencia, remisión. Referencia, relación, dependencia, referimiento. *pl.* Referencias (informe que acerca de la probidad, solvencia u otras cualidades de tercero, da una persona a otra).

REFERENDA *f.* Referendación.

REFERENDAR *v. tr.* Refrendar.

REFERENDÁRIO *m.* Refrendario.

REFERENTE *adj.* Referente.

REFERIDO, DA *adj.* Referido, ya mencionado, sobredicho.

REFERIMENTO *m.* Referimiento, referencia, narración, relato.

REFERIR *v. tr.* Referir, relatar, contar. Alegar, citar. Referir, dirigir, encaminar una cosa a un fin determinado. Referir. *v. r.* Atribuir. Referir, aludir. *v. r.* Referirse, relacionarse. Referirse, remitirse.

REFERMENTAR *v. tr.* Volver a fermentar.

REFERTA (fè) *f. ant.* Reyerta, contienda, altercación, disputa.

REFERTO, TA (fèr) *adj. p. us.* Abundante, lleno, colmado.

REFERVER *v. intr.* Rehervir. Rehervirse, fermentarse. *fig.* Rehervir, enardecerse, encenderse. Recrudecer, recrecer. Borbotar, borbollonear, borboritar. *v. tr.* Rehervir.

REFESTELAR-SE *v. r.* Holgar, divertirse. Tenderse. Repantigarse, repanchigarse. Complacerse.

REFESTELO *m.* Holganza, placer, diversión.

REFETIVO, VA *adj.* Confortante, fortificante.

REFETÓRIO, RIA (tò) *adj.* Lo mismo que REFETIVO.

REFEZ *adj.* Lo mismo que REFECE. *De —. m. adv.* Fácilmente.

REFIAR *v. tr.* Rehilar.

REFILADOR, RA *adj.* Que muerde (hablando de perros).

REFILÃO (láum) *adj.* Lo mismo que REFILADOR. Ú. t. c. s. *De —. m. adv. Bras. merid.* De refilón, de pasada, de soslayo.

REFILAR *v. intr.* Morder en el que muerde o quiere morder (hablando de perros). *fig.* Resistir, recalcitrar.

REFILHAR (llar) *v. intr.* Retoñar, retoñecer; echar vástagos. *fig.* Generalizarse, difundirse, propagarse.

REFINAÇÃO (sáum) *f.* Refinación, refinadura, refino. Refinería. *fig.* Sutileza (dicho o concepto excesivamente agudo).

REFINADO, DA *adj.* Refinado, sobresaliente, primoroso. Refinado, astuto, malicioso. Completo. Demasiado sutil.

REFINADOR *m.* Refinador.

REFINADURA *f.* Refinadura, refinación, refino.

REFINAMENTO *m.* Refinadura, refinación, refino. *fig.* Refinamiento, esmero, ensañamiento. Refinamiento (lo sumo en los goces y deleites materiales).

REFINAR *v. tr.* Refinar (hacer más fina o más pura una cosa, separando las heces y materias heterogéneas o groseras). *fig.* Refinar, perfeccionar. Sutilizar, discurrir con demasiada sutileza. *v. r.* Perfeccionarse. Pulirse, hacerse demasiado delicado o afectado.

REFINARIA (ría) *f.* Refinería.

REFINCAR *v. tr.* Hincar o clavar con fuerza.

REFLADA *f. Bras.* Sablazo (golpe dado con sable).

REFLE (rè) *m.* Especie de bocacha. *Bras.* Sable (arma).

REFLETIDAMENTE *adv. m.* Reflexivamente, pensadamente.

REFLETIDO, DA *adj.* Reflejado. Reflexivo (acostumbrado a hablar y a obrar con reflexión).

REFLETIR *v. tr.* Reflejar, reflectar. Reflejar (manifestar o hacer patente una cosa). Repercudir. *v. intr.* Reflejar, reflectar. Reflexionar, reflejar (considerar, nueva o detenidamente una cosa). *v. r. fig.* Reflejarse (dejarse ver una cosa en otra). Repercudirse. Recaer (venir a caer o parar en).

REFLETIVO, VA *adj.* Reflexivo (que refleja o reflecta). Reflexivo (acostumbrado a obrar o hablar con reflexión).

REFLETOR, RA *adj.* Reflector. Ú. t. c. s. *m. Fís.* Reflector.

REFLEXÃO (xáum) *f.* Reflexión (acción y efecto de reflejar o reflejarse). *Fís.* Reflexión. Reflexión, consideración, prudencia, detenimiento.

REFLEXIBILIDADE *f.* Reflexibilidad.

REFLEXIONAR *v. intr.* Reflexionar, reflejar (considerar nueva o detenidamente una cosa). Ú. t. c. tr.

REFLEXÍVEL *adj.* Reflexible.

REFLEXIVO, VA *adj.* Reflexivo (que refleja o reflecta). Reflexivo (acostumbrado a obrar o hablar con reflexión). Comunicativo. *Gram.* Reflexivo, reflejo.

REFLEXO, XA (flè) *adj.* Reflejo (que ha sido reflejado). *Gram.* Reflejo, Reflexivo. *Fisiol.* Reflejo. Ú. t. c. s. *m.* Reflejo (luz reflejada). Reflejo, representación, imagen, muestra.

REFLORESCÊNCIA (cén) *f.* Calidad de

REFLORESCENTE *adj.* Que reflorece.

REFLORESCER *v. intr.* Reflorecer (volver a florecer los campos o a echar flores las plantas). *fig.* Reflorecer (recobrar una cosa inmaterial el lustre y estimación que tuvo). *v. tr.* Hacer reflorecer; reanimar.

REFLORESCIDO, DA *adj.* Reflorecido.

REFLORESCIMENTO *m.* Acción y efecto de reflorescer.

REFLORIDO, DA *adj.* Reflorecido.

REFLORIR *v. intr.* Lo mismo que REFLORESCER.

REFLUENTE *adj.* Refluente.

REFLUIR *v. intr.* Refluir.

RÉFLUO, FLUA (rè) *adj.* Refluente.

REFLUXO *m.* Reflujo.

REFOCILAMENTO *m.* Refocilación, refocilo.

REFOCILANTE *adj.* Refocilante.

REFOCILAR *v. tr.* Refocilar, recrear, alegrar. Restaurar, reforzar, animar, alentar, rehacer. *v. r.* Refocilarse, recrearse, alegrarse. Lo mismo que REFESTELAR-SE.

REFOGADO, DA *adj.* Rehogado. *m.* Salsa para rehogar. Manjar rehogado.

REFOGAR *v. tr.* Rehogar.

REFOLGO *m.* Descanso.

REFOLHADO, DA (lla) *adj.* Envuelto en hojas. Follado, afollado. *fig.* Disimulado, doble.

REFOLHAMENTO (lla) *m.* Lo mismo que REFOLHO.

REFOLHAR (llar) *v. tr.* Envolver en hoja. Afollar, follar. *fig.* Encubrir, disfrazar, disimular.

REFOLHO (llo) *m.* Volante sobrepuesto a otro. Doblez, pliegue. *fig.* Fingimiento, simulación, engaño.

REFOLHUDO, DA (llu) *adj.* Que tiene pliegues o volantes sobrepuestos. Ramoso.

REFORÇADAMENTE (sa) *adv. m.* Con refuerzo.

REFORÇADO, DA (sa) *adj.* Reforzado (que tiene refuerzo). Fuerte robusto.

REFORÇAR (sar) *v. tr.* Reforzar (añadir nuevas fuerzas a una cosa; hacerla más fuerte). Reforzar, fortalecer, reparar, restaurar. Reforzar, animar, dar aliento. Ú. t. c. r.

REFORÇO (fórso) *m.* Refuerzo.

REFORMA (fòr) *f.* Reforma, reformación. Reforma (lo que se propone, proyecta, o ejecuta como innovación o mejora en una cosa). Reforma (religión reformada). Jubilación.

REFORMAÇÃO (sáum) *f.* Reformación, reforma.

REFORMADO *adj.* Reformado, retirado, jubilado. Reformado (hablando de religión). *m.* Retirado (militar reformado o jubilado).

REFORMADOR, RA *adj.* Reformador. Ú. t. c. s.

REFORMAR *v. tr.* Reformar (volver a formar). Reformar, reparar, restablecer. Reformar, arreglar, corregir, poner en orden. Reformar, jubilar. Ú. t. c. r. Reformar (restituir una orden religiosa u otro cuerpo a su primitiva disciplina). *v. r.* Reformarse, enmendarse, corregirse. Jubilarse.

REFORMATIVO, VA *adj.* Reformativo.

REFORMATÓRIO, RIA (tò) *adj.* Reformatorio. *m.* Reformatorio.

REFORMÁVEL *adj.* Reformable.

REFORMISTA *adj.* Reformista. Ú. t. c. s.

REFRAÇÃO (sáum) *f. Fís.* Refracción.

REFRANGENTE (jen) *adj.* Refringente.

REFRANGER (jer) *v. tr.* Refringir, refractar. Ú. t. c. r.

REFRANGIBILIDADE (ji) *f.* Refrangibilidad.

REFRANGÍVEL (jí) *adj.* Refrangible.

REFRANZEAR (zear) *v. intr.* Lo mismo que GRACEJAR.

REFRÃO (fráum) *m.* Refrán, proverbio. Estribillo.

REFRATAR *v. tr. Fís.* Refractar. Ú. t. c. r.

REFRATÁRIO, RIA *adj.* Refractario (dícese de quien rehusa cumplir alguna promesa u obligación). Refractario, rebelde, reacio, opuesto. *Fís.* y *Quím.* Refractario.

REFRATIVO, VA *adj.* Refractivo.

REFRATO, TA *adj.* Refractado.

REFRATOR, RA *adj.* Refractivo.

REFREADO, DA *adj.* Refrenado, moderado, comedido.

REFREADOR, RA *adj.* Que refrena.

REFREAMENTO *m.* Refrenamiento.

REFREAR *v. tr.* Refrenar (sujetar y reducir el caballo con el freno). Refrenar, contener, reprimir, reportar, corregir. Ú. t. c. r.

REFREÁVEL *adj.* Refrenable.

REFREGA (frè) *f.* Refriega, reencuentro, combate, pelea.

REFREGAR *v. intr.* Luchar, pelear, combatir.

REFREIO *m.* Refrenamiento. *fig.* Freno (sujeción que se pone a uno para moderar sus acciones).

REFRÉM *m.* Lo mismo que REFRÃO.

REFRESCAMENTO *m.* Refrescadura.

REFRESCANTE *adj.* Refrescante, refrigerante.

REFRESCAR *v. tr.* Refrescar (moderar, disminuir el calor de una cosa). Refrescar, refrigerar. Refrescar (renovar, recordar una acción, un sentimiento, etc.). *v. intr.* Refrescar (moderarse el calor del aire). Refrescar (tomar fuerzas o aliento). *v. r.* Refrigerarse, refrescarse.

REFRESCO *m.* Refresco, refrescamiento, refrigerio. Refresco (bebida fría o atemperante).

REFRIGERAÇÃO (jerasáum) *f.* Refrigeración.

REFRIGERADOR, RA (je) *adj.* Refrigerador. *m.* Refrigerador, heladora.

REFRIGERANTE (je) *adj.* Refrigerante. Ú. t. c. s. Refresco (bebida).

REFRIGERAR (je) *v. tr.* Refrigerar, refrescar. Ú. t. c. r.

REFRIGERATIVO, VA (je) *adj.* Refrigerativo.

REFRIGÉRIO (jè) *m.* Refrigerio (alivio que se siente con lo fresco; consuelo).

REFRINGÊNCIA (jén) *f.* Refringencia, refractividad.

REFRINGENTE *adj.* Refringente.

REFUGADO, DA *adj.* Desechado. Rehusado. Despreciado.

REFUGADOR, RA *adj.* Que desecha o rehusa.

REFUGAR *v. tr.* Desechar; rehusar. Lo mismo que REJEITAR.

REFUGIADO, DA *adj.* Refugiado. Emigrado; refugiado (*gal.*).

REFUGIAR-SE (jiar) *v. r.* Refugiarse.

REFÚGIO (jio) *m.* Refugio, asilo, acogida, amparo. Refresco (bebida fría o atemperante).

REFUGIR (jir) *v. tr.* Rehuir, evitar, apartarse de. *v. intr.* Rehuir, rehuirse. Retroceder.

REFUGO *m.* Desecho, desperdicio, zupia, resto, despojo.

REFULGÊNCIA (jén) *f.* Refulgencia.

REFULGENTE (jen) *adj.* Refulgente.

REFULGIR (jir) *v. intr.* Refulgir, resplandecer.

REFUNDAR *v. tr.* Ahondar, profundar; profundizar.

REFUNDIÇÃO (sáum) *f.* Refundición.

REFUNDIR *v. tr.* Refundir. *fig.* Refundir, reformar. *v. intr.* Reunirse, concentrar-se. *v. r.* Refundirse. Fundirse. Derretirse.

REFUSAR (zar) *v. tr.* Lo mismo que RECUSAR.

REFUTAÇÃO (sáum) *f.* Refutación.

REFUTAR *v. tr.* Refutar, rebatir (impugnar con pruebas o argumentos). Desmentir, negar. Rehusar.

REFUTATÓRIO, RIA (tò) *adj.* Refutatorio.

REFUTÁVEL *adj.* Refutable.

REGA (rè) *f.* Riego (acción de regar). *pop.* Lluvia.

REGABOFE (bò) *m.* Francachela; fiesta, regosijo, holgorio, diversión en grande.

REGAÇAR (sar) *v. tr.* Lo mismo que ARREGAÇAR.

REGAÇO (so) *m.* Regazo (enfaldo o seno que hace la falda desde la cintura hasta la rodilla; parte del cuerpo donde se forma ese enfaldo; cosa que recibe en sí a otra, dándole amparo o consuelo).

REGADEIRA *f.* Reguera, regadera. Lo mismo que ENXURRADA.

REGADIO, DIA (dío, día) *adj.* Regadío. *m.* Riego (acción de regar).

REGADOR, RA *adj.* Regador (que riega). Ú. t. c. s. *m.* Regadera (vasija propia para regar).

REGADURA *f.* Regadura, riego.

REGALADAMENTE *adv. m.* Regaladamente.

REGALADO, DA *adj.* Regalado, placentero, deleitoso, grato. Regalado (tratado con regalo). *adv. m.* Regaladamente, regalonamente.

REGALADOR, RA *adj.* Regalador. Regalado, placentero, deleitoso.

REGALÃO, LONA (láum) *adj.* Regalón. Regalado, placentero, deleitoso. *m.* Acción de regalarse, de tratarse bien. Regalo, conveniencia, comodidad, bienestar.

REGALAR *v. tr.* Regalar, recrear, deleitar. Regalar, halagar. Regalar (dar en calidad de obsequio, presente). *v. r.* Regalarse, deleitarse, recrearse. Regalarse, tratarse bien. Alegrarse.

REGALARDOAR *v. tr.* Volver a galardonar.

REGALENGO, GA *adj.* Realengo.

REGALIA (lía) *f.* Regalía.

REGALISTA *adj.* Regalista. Ú. t. c. s.

REGALO *m.* Regalo (gusto, complacencia que se recibe de alguna cosa). Regalo, dádiva, don, presente, obsequio. Regalo, comodidad, conveniencia, bienestar. Manguito (rollo de piel para abrigar las manos).

REGALONA *f.* Mujer regalona.

REGALÓRIO (lò) *m.* Regalo, gusto, bienestar. Lo mismo que PÂNDEGA.

REGANHAR (ñar) *v. tr.* Volver a ganar o adquirir.

REGAR *v. tr.* Regar.

REGATA *f. Mar.* Regata.

REGATÃO, TOA (táum) *adj.* Regatón, regatero. Ú. t. c. s.

REGATAR *v. tr.* Regatear, regatonear (vender por menor).

REGATEADOR, RA *adj.* Regateador, regatón, regatero.

REGATEAR *v. tr.* Regatear (discutir el vendedor y el comprador el precio de una cosa). Escatimar. Dar con reluctancia. Regatear (escasear la ejecución de una cosa o rehusar hacerla). *v. intr.* Altercar.

REGATEIO *m.* Regateio (acción de regatear).

REGATEIRA *f.* Regatona, regatera. Mujer grosera.

REGATEIRO *m.* Regatón, regatero.

REGATIA (tía) *f.* Regatonería, regatería.

REGATO *m.* Regajo, arroyuelo.

REGEDOR, RA (je) *adj.* Regidor (que rije). Ú. t. c. s. *m.* Regidor.

REGEDORIA (jedoría) *f.* Regiduría, regidoría.

REGELADO, DA (je) *adj.* Congelado.

REGELADOR, RA (je) *adj.* Congelador.

REGELAR (je) *v. tr.* Congelar. *v. intr.* Congelarse.

REGÉLIDO, DA (jè) *adj.* Gélido.

REGELO (jé) *m.* Congelamiento, congelación. *fig.* Hielo (frialdad en los afectos).

REGÊNCIA (jén) *f.* Regencia (acción de regir; cargo de regente; gobierno de un Estado durante la menor edad, ausencia o incapacidad del legítimo soberano). *Gram.* Régimen.

REGENCIAL (jen) *adj.* Relativo o perteneciente a la regencia.

REGENERAÇÃO (jenerasáum) *f.* Regeneración.

REGENERADOR, RA (je) *adj.* Regenerador.

REGENERAR (je) *v. tr.* Regenerar, restablecer, reconstituir, restaurar una cosa que degeneró. Ú. t. c. r.

REGENERATIVO, VA (je) *adj.* Regenerativo.

REGENERÁVEL (je) *adj.* Regenerable.

REGENTAR *v. tr.* Regir. Regentar.

REGENTE (jen) *adj.* Regente (que rige o gobierna). *m.* Regente.

REGER (jer) *v. tr.* Regir, gobernar, mandar. Ú. t. c. r. Regir, guiar, dirigir, conducir. *Gram.* Regir. *v. intr.* Regir (estar vigente).

REGERAR (je) *v. tr.* Lo mismo que REGENERAR.

RÉGIA (rèjia) *f.* Palacio real.

REGIAMENTE (jia) *adv. m.* Regiamente, suntuosamente.

REGIÃO (jiám) *f.* Región (en todas las acepciones de esta voz).

REGICIDA (ji) *adj. y s.* Regicida.

REGICÍDIO (ji) *m.* Regicidio.

REGIME (jí) *m.* Régimen (modo de gobernarse o regirse en una cosa). *Gram.* Régimen. Régimen (constituciones, reglamentos o prácticas de un gobierno o de sus dependencias). *Med.* Régimen. Régimen, sistema, regla.

REGIMEN (jí) *m.* Lo mismo que REGIME.

REGIMENTAL (ji) *adj.* Concerniente al regimiento.

REGIMENTAR (ji) *adj.* Lo mismo que REGIMENTAL. Reglamentado.

REGIMENTO (ji) *m.* Regimiento (acción y efecto de regir o regirse). *Mil.* Regimiento. Reglamento. Régimen. *fig.* Gran número de personas.

RÉGIO, GIA (rèjio, jia) *adj.* Regio, real. *Água —a.* Agua regia.

REGIONAL (jio) *adj.* Regional.

REGIONALISMO (jio) *m.* Regionalismo.

REGIONALISTA (jio) *adj. y s.* Regionalista.

REGIRAR (ji) *v. tr.* Hacer girar. *v. intr.* Lo mismo que REMOINHAR.

REGIRO (ji) *m.* Acción y efecto de *Regirar.* Lo mismo que RODEIO.

REGISTAR (jis) *v. tr.* Lo mismo que REGISTRAR.

REGISTO (jis) *m.* Lo mismo que REGISTRO.

REGISTRADO, DA *adj.* Registrado. Patenteado. Certificado. Ú. t. c. s.

REGISTRADOR, RA (jis) *adj.* Registrador.

REGISTRAR (jis) *v. tr.* Registrar, anotar, señalar. Registrar (copiar en los libros de registro). Registrar (poner de manifiesto géneros o bienes para su examen y anotación). Certificar (una carta). *v. r.* Registrarse (presentarse y matricularse).

REGISTRO *m.* Registro (acto de registrar). Registro (de reloj). Registro (de alcantarillas, cañerías y pozos). Registro, matrícula. Registro, protocolo. Registro (oficina en donde se registra). Registro (pieza del órgano). Registro (cad género de voces del órgano). Registro (asiento de lo que se registra). Certificado (de carta o paquete). Llave de fuente. Imagen de santo que sirve de registro en libro de misa. — *civil.* Registro civil.

REGISTRO *m. Bras. Río. Gr. del Sur.* Almacén que vende al por mayor; registro (*amer. argent.*).

REGO (ré) *m.* Reguero, canal. Surco. Raya (señal resultante en la cabeza de dividir los cabellos con el peine, echando a cada lado una parte de ellos).

REGOLIZ *m.* Orozuz, regaliz, regaliza.

REGORJEAR (jear) *v. intr.* Gorjear mucho.

REGORJEIO (jeio) *m.* Trino, quiebro.

REGOUGAR *v. tr.* Refunfuñar. Gruñir (hablando de personas). *v. intr.* Chillar (la zorra).

REGOUGO *m.* Refunfuñadura, refunfuño. Chillido (de la zorra).

REGOZIJADOR (zija) *adj.* Regocijador.

REGOZIJANTE (zijan) *adj.* Regocijado, gozoso, contento.

REGOZIJAR (zijar) *v. tr.* Regocijar, alegrar, causar gusto o placer. *v. r.* Regocijarse.

REGOZIJO (zijo) *m.* Regocijo.

REGRA (rè) *f.* Regla, ley, precepto, estatuto. Regla, razón, medida, norma. Regla, manera de hacer. Regla, moderación, medida, tasa. Regla (instrumento para trazar líneas rectas). Regla, pauta. Regla, orden inmutable. *Mat.* Regla. *pl.* Menstruación, regla.

REGRADAMENTE *adv. m.* Regladamente.

REGRADO, DA *adj.* Reglado, templado, parco, moderado. Reglado; rayado. *fig.* Sensato, prudente.

REGRAR *v. tr.* Reglar (tirar líneas o rayas con una regla o de otro modo); Reglar (medir, componer, ajustar o sujetar a regla las acciones). *v. r.* Reglarse, medirse, templarse, ajustarse, sujetarse, reducirse, reformarse, moderarse.

REGRESSÃO (sáum) *f.* Regresión, retrocesión. Vuelta, regreso.

REGRESSAR (sar) *v. intr.* Regresar, volver.

REGRESSIVO, VA (si) *adj.* Regresivo.

REGRESSO, SSA (grèso, sa) *adj.* Regresivo. *m.* Regreso.

REGRETA *f. Impr.* Regleta.

RÉGUA (rè) *f.* Regla (instrumento que sirve para trazar líneas rectas).

REGUEIRA *f.* Reguera, reguero (canal para conducir el agua). Reguero (corriente, arroyuelo).

REGUEIRO *m.* Lo mismo que REGUEIRA.

REGUINGAR *v. tr.* Replicar, redargüir.

REGULAÇÃO (sáum) *f.* Regulación.

REGULADO, DA *adj.* Regulado, sujeto a la regla.

REGULADOR, RA *adj.* Regulador. *m.* Regulador.

REGULAMENTAÇÃO (sáum) *f.* Reglamentación.

REGULAMENTAR *adj.* Reglamentario.

REGULAMENTAR *v. tr.* Reglamentar (sujetar a reglamento).

REGULAMENTÁRIO, RIA *adj.* Reglamentario.

REGULAMENTO *m.* Reglamento.

REGULAR *v. tr.* Regular (medir, ajustar o computar una cosa). Reglamentar. Regular (ajustar, reglar, ordenar una cosa). Regularizar. *v. intr.* Estar conforme; servir de regla. Costar, tener,

ocurrir, como término medio. Andar bien (una máquina, un reloj). *v. r.* Reglarse.

REGULAR *adj.* Regular (ajustado y conforme a regla). Regular, ajustado, medido, arreglado (en las acciones y modo de vivir). Regular, mediano. Regular (que vive bajo una regla o instituto religioso). Ú. t. c. s. *Geom.* Regular. *Gram.* Regular. *Clero —.* Clero regular. *Verbo —.* Verbo regular.

REGULARIDADE Regularidad.

REGULARIZAÇÃO (zasáum) *f.* Regularización.

REGULARIZAR (zar) *v. tr.* Regularizar, regular, ajustar, reglar o poner en orden una cosa. Reglamentar.

REGULARMENTE *adv. m.* Regularmente.

RÉGULO (rè) *m.* Régulo (dominante o señor de un estado pequeño). *Astr.* Régulo.

REGURGITAÇÃO (sáum) *f.* Regurgitación.

REGURGITAR (ji) *v. intr.* Regurgitar. Ú. t. c. tr. Estar muy lleno, desbordarse.

REAVER *v. tr.* Recuperar, recobrar, volver a tener.

REI *m.* Rey (monarca, príncipe soberano de un reino). Rey (pieza principal del juego de ajedrez). Rey (carta duodécima de cada palo de la baraja, que tiene pintada la figura de un rey). *fig.* Rey (hombre, animal o cosa del género masculino que por su excelencia sobresale de los demás de su clase). *—s magos.* Reys magos. *Aqui del- —!* ¡Aqui del rey! *— morto, — posto. refr.* A rey muerto, rey puesto.

REIMA *f.* Lo mismo que REUMA. *Bras. nort.* Lo mismo que RONHA.

REIMOSO, SA (ozo, òza) *adj.* Reumático. *Bras. nort.* Que produze comezón; que hace mal a la sangre. Que tiene mal genio. Lo mismo que BRIGÃO.

REIMPRESSÃO (sáum) *f.* Reimpresión.

REIMPRESSO, SSA (prèso, prèsa) *adj.* Reimpreso.

REIMPRIMIR *v. tr.* Reimprimir.

REINAÇÃO (sáum) *f. pop.* Lo mismo que PÂNDEGA. *Bras.* Travesura.

REINADIO, DIA (dío) *adj.* Holgazán, divertido.

REINADO *m.* Reinado (tiempo durante el cual rige o gobierna un rey o reina). *fig.* Reinado, autoridad, influencia.

REINADOR, RA *adj. Bras.* Travieso.

REINANTE *adj.* Reinante. *m.* Reinador.

REINAR *v. intr.* Reinar (regir o gobernar en calidad de rey o príncipe soberano). Reinar, dominar, tener predominio o ejercer influjo una cosa sobre otra. *fig.* Reinar (prevalecer o persistir una cosa).

REINCIDÊNCIA (dén) *f.* Reincidencia.

REINCIDENTE *adj.* Reincidente.

REINCIDIR *v. intr.* Reincidir (volver a caer o incurrir de nuevo en un error, falta o delito).

REINCORPORAÇÃO (sáum) *f.* Reincorporación.

REINCORPORAR *v. tr.* Reincorporar. Ú. t. c. r.

REINFLAMAR *v. tr.* Volver a inflamar o encender. Ú. t. c. r.

REINFUNDIR *v. tr.* Volver a infundir.

REINGRESSAR (sar) *v. tr.* Reingresar.

REINGRESSO (grèso) *m.* Reingreso.

REINICIAR *v. tr.* Volver a empezar.

REINÍCOLA *adj.* Regnícola. *m.* Regnícola.

REINO *m.* Reino (territorio regido o gobernado por un rey). *Hist. Nat.* Reino (cualquiera de los tres grandes grupos en que se considera divididos todos los seres naturales). — *animal.* Reino animal. — *vegetal.* Reino vegetal. — *mineral.* Reino mineral.

REINOL (nòl) *adj.* Regnícola. Ú. t. c. s.

REINSCREVER *v. tr.* Reinscribir.

REINSTALAÇÃO (sáum) *f.* Reinstalación.

REINSTALAR *v. tr.* Reinstalar.

REINTITUIR *v. tr.* Volver a instituir, restablecer.

REINTEGRAÇÃO (sáum) *f.* Reintegración.

REINTEGRAR *v. tr.* Reintegrar. *v. r.* Reintegrarse.

REINTEGRO *m.* Reintegración, reintegro.

REINVIDAR *v. tr.* Reenvidar (envidar sobre lo envidado). Reenvidar (volver a invitar, provocar). *v. intr.* Replicar. Desquitarse; desforzarse. Pagar una ofensa con otra mayor.

REIRA *f.* Dolor en la parte posterior del cuerpo. Diarrea.

RÉIS (rèis) *m. pl.* Reis (plural de *real,* en la acepción de moneda portuguesa).
REITERAÇÃO (sáum) *f.* Reiteración.
REITERADAMENTE *adv. m.* Reiteradamente.
REITERAR *v. tr.* Reiterar.
REITERATIVO, VA *adj.* Reiterativo.
REITERÁVEL *adj.* Reiterable.
REITOR *m.* Rector, regente. Rector (superior de una comunidad o colegio). Rector (superior de una universidad).
REITORADO *m.* Rectorado (oficio del rector; tiempo que se ejerce).
REITORIA (ría) *f.* Rectoría (oficio o jurisdicción del rector; oficina del rector).
REIÚNA (ú) *f. Bras.* Botines usados por los soldados.
REIÚNO, NA (ú) *adj. Bras. merid.* Fornecido por el Estado (dícese de todo lo que pertenece al uniforme del soldado). *fig.* Malo, ruin, despreciable, bajo. *m.* Ganado que pertenece al Estado o no tiene dueño. Rocín (caballo de mal aspecto).
REIVINDICAÇÃO (sáum) *f.* Reivindicación.
REIVINDICAR *v. tr.* Reivindicar. Reclamar, tentar recuperar.
REIXA (cha) *f.* Reja. Tabla pequeña. Barrita de hierro.
REIZETE (ze) *m. despect.* Reyezuelo; régulo.
REJEIÇÃO (jeisáum) *f.* Recusación. Rechazo. Excusa, excusación. Desaprobación.
REJEITAR (je) *v. tr.* Echar fuera. Desechar, deponer, apartar de si. Desechar, expeler, arrojar. Vomitar, lanzar. Recusar. Rehusar. Despreciar. Negarse. Oponerse. Alejar. Rechazar.
REJEITÁVEL (jei) *adj.* Que se puede o debe desechar o rehusar; no aceptable.
REJUBILAÇÃO (jubilasáum) *f.* Regocijo, júbilo, viva alegría. Acción y efecto de
REJUBILAR (ju) *v. tr.* Alegrar, regocijar. *v. r.* Jubilar, alegrarse, regocijarse.
REJÚBILO (ju) *m.* Lo mismo que REJUBILAÇÃO.
REJURAR (ju) *v. tr.* Volver a jurar; jurar de nuevo.
REJUVENESCER (ju) *v. tr.* Rejuvenezcer. *v. intr.* y *r.* Rejuvenecerse.
REJUVENESCIMENTO (ju) *m.* Rejuvenecimiento.
RELA *f.* Especie de rana. Lo mismo que PERERECA. Lazo (para cazar pájaros).
RELAÇÃO (sáum) *f.* Relación, relato (acción de referir o referirse). Relación, conexión, correspondencia (enlace entre dos o más cosas). Relación, comunicación, vínculo, trato (comunicación entre dos o más personas). *Ú. m. en pl. For.* Relación. Lista, catálogo. Relación de parentesco. *Gram.* Relación. Tribunal de segunda instancia. *pl.* Relaciones (de parentesco, de amistad, amorosas, comerciales, etc.).
RELACIONADO, DA *adj.* Relacionado (que tiene muchas relaciones).
RELACIONAR *v. tr.* Relacionar (hacer relación de un hecho). Relacionar (poner en relación personas o cosas). *Ú. t. c. r.* Relatar, referir. Alistar, enrolar.
RELACRAR *v. tr.* Volver a lacrar.
RELAMBER *v. tr.* Relamer (volver a lamer, lamer de nuevo). *Ú. t. c. r.*
RELAMBÓRIO, RIA (bò) *adj. Bras. merid.* Que no tiene gracia o interés.
RELAMPADEJAR (jar) *v. intr.* Lo mismo que RELAMPAGUEAR.
RELÂMPAGO (láum) *m.* Relámpago.
RELAMPAGUEANTE *adj.* Relampagueante.
RELAMPAGUEAR *v. intr.* Relampaguear.
RELAMPEANTE *adj.* Relampagueante.
RELAMPEAR *v. intr.* Relampaguear.
RELAMPEJANTE (jan) *adj.* Relampagueante.
RELAMPEJAR (jar) *v. intr.* Relampaguear.
RELANÇAR (sar) *v. tr.* Lo mismo que RELANCEAR.
RELANCE *m.* Relance. Ojeada, mirada rápida, golpe de vista. *De —. m. adv.* Momentáneamente, rápidamente.
RELANCEAR *v. tr.* Dirigir o volver rápidamente (la mirada, los ojos, la vista). Mirar rápidamente, ojear, mirar de prisa. *m.* Ojeada, mirada rápida, golpe de vista.

RELANCINA (De) *m. adv. Bras. Río Gr. del Sur.* De relance; de relancina *(amer. merid.).* Rápidamente, momentáneamente.
RELAPSÃO (sáum) *f.* Reincidencia.
RELAPSIA (sía) *f.* Reincidencia.
RELAPSO, SA *adj.* Relapso. *Ú. t. c. s.*
RELAR *v. tr.* Lo mismo que RALAR.
RELASSO, SSA (so, sa) *adj.* Lo mismo que RELAXO.
RELATAR *v. intr.* Relatar, referir, contar, narrar. *For.* Relatar.
RELATIVAMENTE *adv. m.* Relativamente.
RELATIVIDADE *f.* Relatividad.
RELATIVISMO *m.* Relativismo.
RELATIVO, VA *adj.* Relativo (en todas las acepciones de esta voz).
RELATO *m.* Relato, relación, narración, cuento.
RELATOR *m.* Relator.
RELATÓRIO (tò) *m.* Relación, informe, descripción, exposición, información, parecer.
RELAXAÇÃO (chasáum) *f.* Relajación, relajamiento.
RELAXADAMENTE (cha) *adv. m.* Relajadamente.
RELAXADO, DA (cha) *adj.* Relajado, viciado, estragado. Relapso. Relajado, flojo, blando. Negligente, descuidado. Desmazalado, flojo, caído, dejado.
RELAXADOR, RA (cha) *adj.* Relajador. *Ú. t. c. s.*
RELAXAMENTO (cha) *m.* Relajamiento, relajación.
RELAXAR (char) *v. tr.* Relajar, aflojar, laxar, suavizar, ablandar. *Ú. t. c. r. fig.* Relajar (hacer menos rigurosa la observancia de una ley, precepto, o regla). *Ú. t. c. r.* Relajar (relevar un voto u obligación). *v. r.* Relajarse, laxarse (una parte del cuerpo). Relajarse, viciarse, estragarse (en las costumbres). Descuidarse. Lo mismo que DESMAZELAR-SE. *v. intr.* Aflojar. Lo mismo que ENFRAQUECER.
RELAXE (che) *m.* Relajamiento, relajación.
RELAXO, XA (cho, cha) *adj.* Relajado, viciado, estragado. Negligente, descuidado. Desmazalado, caído, dejado.
RELEGAR *v. tr.* Relegar, desterrar. Relegar, arrinconar. Despreciar.
RELEIXAR (char) *v. tr. Bras.* Relajar, relevar.
RELEIXO (cho) *m.* Relej, relej. Lo mismo que BERMA.
RELEMBRANÇA (sa) *f.* Recordación, recuerdo.
RELEMBRAR *v. tr.* Recordar. *Ú. t. c. r.*
RELENTAR *v. tr.* Reblandecer. Volver lento. Humedecer. *v. intr.* Relentecer, lentecer, reblandecerse. Rociar (caer rocío). Formarse el relente. *v. r.* Cubrirse de relente. Reblandecerse con el relente.
RELENTO *m.* Relente (humedad de la atmósfera en la noche).
RELER *v. tr.* Releer.
RELES (rè) *adj.* Despreciable, ordinario, grosero, bajo, vil.
RELEVADO, DA *adj.* Relevado (que tiene relieve). Relevado, perdonado, excusado. Relevado, relevante, sobresaliente, excelente.
RELEVADOR *m.* Relevador.
RELEVAMENTO *m.* Relevación (acción de relevar). Relevación (alivio de una carga o de una obligación; exención). Relevadura, relieve.
RELEVÂNCIA (ván) *f.* Importancia; calidad de relevante. Relieve.
RELEVANTE *adj.* Relevante, relevado, sobresaliente, excelente. *m.* Lo relevante.
RELEVAR *v. tr.* Relevar (hacer una cosa de relieve). Relevar, librar, absolver, perdonar, excusar. Consentir, permitir. *v. intr.* Importar, ser conveniente o necesario. *v. r.* Sobresalir, descollar, distinguirse.
RELEVÁVEL *adj.* Que se puede relevar o perdonar.
RELEVO (lé) *m.* Relieve (labor o figura que resalta sobre el plano). *Pint.* y *Esc.* Relieve. *fig.* Relieve, mérito, renombre. *fig.* Distinción, realce. *Alto —.* Alto, o todo, relieve. *Baixo —.* Bajo relieve. *Meio —.* Medio relieve. *Por em —. fr. fig.* Poner en evidencia, realzar.
RELHA (lla) *f.* Reja (del arado).

RELHAÇO (llaso) *m. Bras. merid.* Lo mismo que
RELHADA (lla) *f. Bras.* Latigazo.
RELHEIRA (llei) *f.* Carril (huella de las ruedas de un carro o coche).
RELHO (réllo) *m.* Látigo, azote.
RELHOTA (llò) *f.* Lo mismo que
RELHOTE (llò) *m. dim. de Relho.* Latiguillo.
RELICÁRIO *m.* Relicario.
RELICITAÇÃO *f.* Nueva licitación.
RELICITAR *v. tr.* Volver a licitar.
RELIGAR *v. tr.* Religar (volver a ligar o atar). Religar (ceñir más estrechamente).
RELIGIÃO (jiáum) *f.* Religión (en todas las acepciones).
RELIGIONÁRIO (jio) *m.* Religionario.
RELIGIOSAMENTE (jiòza) *adv. m.* Religiosamente (con religión). Religiosamente (puntual y exatamente).
RELIGIOSIDADE (jiozi) *f.* Religiosidad.
RELIGIOSO, SA (jiozo, jiòza) *adj.* Religioso. *m.* Religioso.
RELIMAR *v. tr.* Relimar (volver a limar).
RELINCHAR (char) *v. intr.* Relinchar.
RELINCHO (cho) *m.* Relinchido, relincho.
RELINGA *f. Mar.* Relinga.
RELINGAR *v. tr. Mar.* Relingar (colocar la relinga). *v. intr. Mar.* Relingar (izar una vela hasta poner tensas las relingas de caída).
RELÍQUIA *f.* Reliquia (de un santo). *fig.* Reliquia (vestigio de cosas pasadas). *pl.* Restos mortales.
RELÓGIO (lòjio) *m.* Reloj. *Bras.* Contador (de agua, de gas, de electricidad). *— de sol.* Reloj de sol, reloj solar.
RELOJOARIA (joaría) *f.* Relojería.
RELOJOEIRO (joei) *m.* Relojero.
RELOUCADO, DA *adj.* Muy loco.
RELUTAÇÃO (sáum) *f.* Lo mismo que
RELUTÂNCIA (tán) *f.* Repugnancia, desgana, mala gana. Resistencia, oposición. Aversión, renitencia. *Com — m. adv.* De mala gana.
RELUTANTE *adj.* Relutante, reacio, opuesto. Renitente. Repugnante, que no quiere o no tiene ganas. No dispuesto a ceder; que obra con repugnancia.
RELUTAR *v. intr.* Reluchar. Resistir. Tener repugnancia. Oponerse.
RELUZENTE (zen) *adj.* Reluciente.
RELUZIR (zir) *v. intr.* Relucir.
RELVA (rèl) *f.* Césped (hierba tupida y menuda que cubre el suelo).
RELVADO *m.* Prado, terrano cubierto de césped.
RELVAR *v. tr.* Encespedar. *v. intr.* Lo mismo que RELVEJAR.
RELVEDO *m.* Lo mismo que RELVADO.
RELVEJAR (jar) *v. intr.* Cubrirse de césped.
RELVOSO, SA (ozo, òza) *adj.* Cubierto de césped.
REMADA *f.* Remadura. Golpe dado con el remo.
REMADOR, RA *adj.* y *s.* Remador.
REMADURA *f.* Remadura.
REMANCHÃO, CHONA (cháum, chona) *adj.* Remolón, pesado, tardo, perezoso. *Ú. t. c. s.*
REMANCHAR (char) *v. tr.* Hacer el borde una vasija con el mazo. *v. intr.* Tardar. Ir pasando, tardar mucho en llegar a alguna parte o en conseguir algún fin. Haraganear, perder el tiempo, tardar. *v. r.* Ser cachazudo.
REMANCHEAR (chear) *v. intr.* y *tr.* Lo mismo que REMANCHAR.
REMANCHO (cho) *m.* Cachaza, lentitud, pachorra, pereza, tardanza.
REMANDIOLA (diò) *f. Bras. Pernamb.* Contratiempo.
REMANESCENTE *adj.* Remaneciente, remanente. *m.* Remanente.
REMANESCER *v. intr.* Remanecer.
REMANGAR *v. intr.* y *r.* Lo mismo que ARREMANGAR.
REMANISCAR *v. intr. Bras.* Hacer un movimiento rápido e inesperado.
REMANSADO, DA *adj.* Pacífico. *fig.* Pachorrudo, tardo, cachazudo.
REMANSAR-SE *v. r.* Remansarse.

REMANSEAR *v. intr.* Remansarse. Estar tranquilo y sosegado. *v. r.* Volverse pachorrudo, tardo o cachazudo.

REMANSO *m.* Remanso (detención de la corriente de una cosa líquida). Descanso, sosiego. Remanso, pachorra, flema, lentitud. *Bras.* Remolino (del agua).

REMANSOSO, SA (sozo, sòza) *adj.* Lo mismo que REMANSADO.

REMAR *v. intr.* Remar. Ú. t. c. tr. *fig.* Remar (trabajar con fatiga continua y afanosamente en una cosa). — *contra a maré. fr. fig.* Oponerse inútilmente.

REMASCAR *v. tr.* Rumiar. Volver a mascar.

REMASTIGAR *v. tr.* Volver a masticar o mascar. Rumiar.

REMATAÇÃO (sáum) *f.* Lo mismo que ARREMATAÇÃO.

REMATADAMENTE *adv. m.* Rematadamente.

REMATADO, DA *adj.* Rematado, concluido, acabado, terminado. Rematado (aplícase a quien se halla en tan mal estado que no tiene remedio, o parece no tenerlo).

REMATADOR, RA *adj.* Rematador, que remata. *m.* Subastador; rematador (*amer. argent.*).

REMATAR *v. tr.* Rematar, concluir, finalizar, acabar, terminar. Rematar (afianzar la última puntada). *v. intr.* Rematar, terminar, fenecer. *v. r.* Rematarse, perderse, tener fin.

REMATE *m.* Remate, fin, cabo, extremidad, término, conclusión. *Arq.* Remate. *fig.* Auge, apogeo, cúmulo. *Em* —. *m. adv.* Por remate.

REMEDAR *v. tr.* Lo mismo que ARREMEDAR.

REMEDIADO, DA *adj.* Que tiene lo necesario para vivir, que posee algunos medios de subsistencia. Remediado, reparado.

REMEDIADOR, RA *adj.* Remediador.

REMEDIAR *v. tr.* Remediar (reparar un daño, ponerle remedio; socorrer una necesidad; librar, apartar del peligro; evitar que se haga alguna cosa dañosa o perjudicial). Proveer, abastecer. *v. r.* Proveerse de lo necesario.

REMEDIÁVEL *adj.* Remediable.

REMEDIÇÃO (sáum) *f.* Remedición.

REMÉDIO (mè) *m.* Remedio (medio para evitar un daño; emienda, corrección; recurso, refugio; medicamento). — *caseiro.* Remedio casero. — *heróico.* Remedio heroico (el de acción muy eficaz). *fig.* Remedio heroico (medio extraordinario).

REMEDIR *v. tr.* Remedir.

REMEDO (mé) *m.* Lo mismo que ARREMEDO.

REMEIRO, RA *adj.* Que posee remos. *m.* Remero, remador.

REMELA (mè) *f.* Legaña, lagaña.

REMELADO, DA *adj.* Legañoso, lagañoso.

REMELÃO, LONA (láum) *adj.* Legañoso, lagañoso. Ú. t. c. s.

REMELAR *v. intr.* Volverse legañoso. Criar legañas.

REMELEIRO, RA *adj.* Lo mismo que REMELOSO.

REMELEIXO (cho) *m. Bras. nort.* Contoneo.

REMELENTO, TA *adj.* Lo mismo que REMELOSO.

REMELGADO, DA *adj.* Remellado, remellón.

REMELOSO, SA (ozo, òza) *adj.* Legañoso, lagañoso.

REMEMBRANÇA (sa) *f. ant.* Remembranza, recuerdo, memoria.

REMEMBRAR *v. intr. ant.* Remembrar, recordar.

REMEMORAÇÃO (sáum) *f.* Rememoración.

REMEMORAR *v. tr.* Rememorar.

REMEMORATIVO, VA *adj.* Rememorativo.

REMEMORO, RA (mé) *adj. poét.* Rememorativo.

REMENDADO, DA *adj.* Remendado (que tiene manchas como recortadas). Remendado, enmendado, reparado, compuesto.

REMENDÃO, DONA (dáum) *adj.* Remendón (que se dedica a remendar o componer). *m.* Remendón (zapatero remendón). *adj.* Chapucero (que trabaja con chapucería). Ú. t. c. s.

REMENDAR *v. tr.* Remendar (reforzar con remiendo; corregir, enmendar; componer).

REMENDEIRA *f.* Remendona.

REMENICAR *v. intr.* Replicar, redargüir.

REMENSE *adj.* Remense (natural de Reims). Ú. t. c. s.

REMERCEAR *v. tr.* Agradecer.

REMERECER *v. tr.* Merecer mucho; merecer más de lo que le tocó.

REMESSA (mèsa) *f.* Remesa, remisión, envío.

REMESSÃO (sáum) *m.* Lo mismo que ARREMESSÃO.

REMESSAR (sar) *v. tr.* Lo mismo que ARREMESSAR.

REMESSO, SSA (so, sa) *adj.* Arrojadijo. *m.* Lo mismo que ARREMESSO.

REMETENTE *adj.* Remitente. Ú. t. c. s.

REMETER *v. tr.* Remitir, enviar, mandar. *Com.* Remesar. Remitir, dejar, diferir, aplazar, dilatar. Arremeter, acometer. *v. intr.* Arremeterse, arrojarse. *v. r.* Remitirse (atenerse a lo dicho o a lo que ha de decirse por uno mismo o por otra persona). Remitirse (al arbitrio de otro o a la resolución de una cosa).

REMETIDA *f.* Lo mismo que ARREMETIDA.

REMETIMENTO *m.* Lo mismo que ARREMETIMENTO.

REMEXER (cher) *v. tr.* Remecer. Ú. t. c. r. Agitar, menear; remecer (*Amer.*). Ú. t. c. r. Mezclar. Revolver.

REMEXIDO, DA (zi) *adj.* Remecido; mezclado; agitado. *fig.* Bullicioso, inquieto.

REMIDO, DA *adj.* Redimido, rescatado.

REMIDOR, RA *adj.* Redentor. Ú. t. c. s.

RÉMIGE (rémije) *adj. poét.* Que rema. *f.* Lo mismo que

REMÍGIO (jio) *m. Zool.* Remera, rémige. *fig.* Vuelo.

REMIGRAÇÃO (sáum) *f.* Repatriación.

REMIGRADO, DA *adj.* Repatriado.

REMIGRAR *v. intr.* Repatriar, repatriarse.

REMINAR-SE *v. r. Bras. Ceará.* Rebelarse, levantarse, sublevarse.

REMINISCÊNCIA (cén) *f.* Reminiscencia.

REMIR *v. tr.* Redimir, rescatar. Remitir, perdonar. Redimir (volver a comprar o adquirir lo que se había poseído). Redimir, liberar, desempeñar. Redimir, librar mediante pago. *v. r.* Redimirse. Rehabilitarse.

REMIRAR *v. tr.* Remirar.

REMISSA (sa) *f.* Repuesta (en el tresillo). *fig.* Dilación, aplazamiento.

REMISSAMENTE (sa) *adv. m.* Remisamente.

REMISSÃO (sáum) *f.* Remisión (acción de remitir); perdón. Remisión (en un escrito).

REMISSÍVEL (sí) *adj.* Remisible.

REMISSIVO, VA (si) *adj.* Remisivo.

REMISSO, SSA (so, sa) *adj.* Remiso, flojo, dejado, tardo.

REMISSÓRIO, RIA (sò) *adj.* Remisorio.

REMITÊNCIA (tén) *f. Med.* Remitencia. Remitencia, remisión, perdón.

REMITENTE *adj.* Remitente.

REMITIR *v. tr.* Remitir, perdonar. Restituir, volver, devolver. *v. intr.* Remitir, ceder, perder la intensidad.

REMÍVEL *adj.* Redimible.

REMO *m.* Remo.

REMOÇADO, DA (sa) *adj.* Remozado, rejuvenecido.

REMOÇÃO (sáum) *f.* Remoción.

REMOCAR *v. tr.* Censurar con remoques.

REMOÇAR (sar) *v. tr.* Remozar, rejuvenecer. *v. intr. y r.* Remozar, rejuvenecerse, rejuvenecer.

REMODELAÇÃO (sáum) *f.* Nuevo modelado. Reforma.

REMODELADOR, RA *adj.* Que reforma, renueva o vuelve a modelar. Ú. t. c. s.

REMODELAR *v. tr.* Reformar, renovar. Volver a modelar, modelar de nuevo.

REMOEDURA *f.* Remolimiento.

REMOELA (è) *f.* Lo mismo que PIRRAÇA.

REMOER *v. tr.* Remoler. Rumiar. Volver a moler o pisar. *fig.* Rumiar (considerar despacio). *v. r.* Remorderse, inquietarse. Enfadarse, afligirse. Enrabiarse.

REMOINHAR (ñar) *v. tr.* Remolinear (mover en forma de remolino alguna cosa). *v. intr.* Remolinar, remolinarse (formar remolinos alguna cosa). Remolinar, arremolinarse.

REMOINHO (íño) *m.* Remolino (del agua, humo, polvo, aire, etc.; del pelo). *fig.* Remolino, confusión.

REMOINHOSO, SA (ñozo, ñòza) *adj.* Que hace remolinos. Remolinante.

REMOLAR *m.* Remolar (carpintero que hace remos).

REMOLHAR (llar) *v. tr.* Remojar, empapar. Volver a mojar.

REMOLHO (móllo) *m.* Remojo.

REMONDAGEM (jem) *f.* Acción de

REMONDAR *v. tr.* Remondar.

REMONTA *f. Mil.* Remonta.

REMONTADO, DA *adj.* Encumbrado, levado. Alejado, apartado. Remontado, compuesto.

REMONTAR *v. tr.* Remontar, encumbrar, elevar. Remontar (proveer de nuevos caballos a la tropa). Remontar (botas, sillas, de montar, etc.). Remendar, enmendar. *fig.* Remontar, elevar, encumbrar, exaltar, sublimar. Ú. t. c. r. Volver (al pasado lejado). Ir a buscar el origen o la data. *v. r.* Remontarse, elevarse (en el vuelo).

REMONTE *m.* Remonte, remontamiento. Remonta (compostura).

REMOQUE (mò) *m.* Remoque (palabra o dicho picante).

REMOQUEADOR, RA *adj.* Que dice remoques.

REMOQUEAR *v. intr.* Decir remoques.

REMORA *f.* Rémora (cosa que detiene, embarca o suspende).

RÉMORA (ré) *f. Zool.* Rémora a (pez).

REMORADO, DA *adj.* Retardado.

REMORDAZ *adj.* Excesivamente mordaz.

REMORDER *v. tr.* Remorder (morder reiteradamente; volver a morder). *fig.* Remorder (inquietar, alterar, desasosegar interiormente una cosa; punzar un escrúpulo). Ú. t. c. r. Insistir. *v. r.* Remorderse. Impacientarse. Enrabiarse.

REMORDIMENTO *m.* Acción y efecto de remorder o remorderse.

REMOROSO, SA (ozo, òza) *adj.* Lo mismo que REMORADO.

REMORSO (mòr) *m.* Remordimiento.

REMOTAMENTE (mò) *adv. m.* Remotamente.

REMOTO, TA *adj.* Remoto, distante, apartado.

REMOVER *v. tr.* Remover. Ú. t. c. r. Remover, amover.

REMOVIMENTO *m.* Removimiento.

REMOVÍVEL *adj.* Amovíble.

REMUDAR *v. tr.* Volver a mudar; mudar de nuevo. Remudar.

REMUGIR (jir) *v. intr.* Volver a mugir. Mugir muchas veces.

REMUNERAÇÃO (sáum) *f.* Remuneración (acción de remunerar; lo que sirve para remunerar).

REMUNERADOR, RA *adj.* Remunerador.

REMUNERAR *v. tr.* Remunerar, recompensar, retribuir, premiar, galardonar.

REMUNERATIVO, VA *adj.* Remunerativo.

REMUNERATÓRIO (tò) *adj.* Remuneratorio.

REMUNERÁVEL *adj.* Remunerable.

REMUNEROSO, SA (ozo, òza) *adj.* Remuneratorio.

REMURMURAR *v. intr.* Volver a murmurar. Murmurar repetidamente.

REMURMÚRIO *m.* Murmureo (murmurio continuado).

RENA *f. Zool.* Reno, rangífero.

RENAL *adj.* Renal.

RENANO, NA *adj.* Renano.

RENASCENÇA (sa) *f.* Renacimiento (acción de renacer). *Hist.* Renacimiento.

RENASCENTE *adj.* Renaciente.

RENASCER *v. intr.* Renacer.

RENASCIMENTO *m.* Lo mismo que RENASCENÇA.

RENAVEGAR *v. intr. y tr.* Navegar de nuevo. Volver navegando.

RENDA *f.* Encaje; randa. Renta. Arrendamiento.

RENDADO, DA *adj.* Guarnecido de encajes. Randado. *m.* Conjunto de encajes de una prenda de vestir. Labor imitando encaje.

RENDAR *v. tr.* Lo mismo que ARRENDAR. Guarnecer de encajes o de randas. *v. intr.* Pagar renta.

RENDARIA (ría) *f.* Arte de hacer encajes o randas.

RENDEIRA f. Encajera, randera. Rentera.
RENDEIRO m. Encajero. Rentero.
RENDER v. tr. Rendir, vencer, sujetar (obligar a las tropas enemigas a que se entreguen). Ú. t. c. r. Rendir (entregar, hacer pasar una cosa al cuidado o vigilancia de otro). Rendir, rentar (dar fruto o utilidad). Rendir (gracias, etc.) Rendir, dar, entregar. v. intr. Rendir (dar rédito). Rendirse, romperse, rajarse, henderse. Quebrarse, relajarse (formársele a uno hernia). *Bras. nort.* Durar. v. r. Rendirse, entregarse, sujetarse. Rendirse, cansarse, fatigarse.
RENDIÇÃO (sáum) f. Rendición (acción y efecto de rendir o rendirse).
RENDIDAMENTE adv. m. Rendidamente.
RENDIDO, DA adj. Rendido, vencido. Rendido, sumiso. Contemplativo. Quebrado, herniado, hernioso.
RENDILHA (lla) f. Puntilla (encaje muy angosto hecho en puntas). Espiguilla (cinta o fleco con picos).
RENDILHADO, DA (lla) adj. Randado. Recortado. Adornado con puntillas. Delicadamente adornado.
RENDILHAR (llar) v. tr. Adornar con puntillas. Recortar. Adornar imitando encaje o randa.
RENDIMENTO m. Rendimiento, rendición. Rendimiento, renta. Quebradura, hernia. Ofrecimiento. Rédito.
RENDOSAMENTE (dòza) adv. m. Provechosamente.
RENDOSO, SA (ozo, òza) adj. Rentoso, provechoso, productivo.
RENEGADA f. Tresillo, renegado.
RENEGADO, DA adj. Renegado. Ú. t. c. s.
RENEGADOR, RA adj. Que reniega, que apostata. *ant.* Renegador.
RENEGAR v. tr. Renegar, detestar, abominar. Desmentir. Traicionar. Despreciar. Abjurar. v. intr. Renegar, apostatar.
RENETE m. Pujavante.
RENGA f. pop. Lo mismo que RENQUE.
RENGALHO (llo) m. Red sin labor. Tejido propio para hacer bordados.
RENGO m. Tejido ralo propio para bordados. adj. *Bras.* Renco, cojo. Ú. t. c. s.
RENGUE m. y adj. Lo mismo que RENGO.
RENGUEAR v. intr. *Bras.* Renquear; renguear *(Amer.)*.
RENHIDEIRO (ñi) m. *Bras.* Reñidero (sitio destinado a la riña de gallos).
RENHIDO, DA (ñi) adj. Reñido, encarnizado.
RENHIMENTO (ñi) m. Pelea, porfía, riña.
RENHIR v. tr. Reñir (batallas, combates, desafío, etc.). Reñir, contender, disputar, altercar. v. intr. Reñir, pelear, luchar, combatir.
RENIFORME (fòr) adj. Reniforme.
RENITÊNCIA (tén) f. Renitencia. Obstinación, terquedad.
RENITENTE adj. Renitente. Terco, obstinado.
RENITIR v. intr. Resistir, oponerse. Persistir. Obstinarse.
RENOMADO, DA adj. gal. Renombrado.
RENOME m. Renombre, fama, celebridad.
RENOVA (nò) f. Lo mismo que RENOVO.
RENOVAÇÃO (sáum) f. Renovación.
RENOVADOR, RA adj. Renovador. Ú. t. c. s.
RENOVAMENTO m. Renovación.
RENOVAR v. tr. Renovar (hacer que una cosa quede como nueva). Ú. t. c. r. Renovar (restablecer una cosa interrumpida). Ú. t. c. r. Renovar, remudar, reemplazar una cosa. Renovar (trocar una cosa vieja, o que ya ha servido, por otra nueva). v. r. Renovarse. Remozarse, rejuvenecer, rejuvenecerse. Repetirse. v. intr. Retoñar, echar retoños, renuevos o vástagos.
RENOVO (nó) m. Renuevo, vástago. fig. Vástago, descendencia.
RENQUE m. Ringlera, fila, línea, ringle, hilera, serie; renque (prov. Ál.).
RENTAR v. tr. Alardear.
RENTE adj. Próximo, inmediato, contiguo, unido. fam. Asiduo, frecuente. Que está ras con ras. adv. m. De raíz. Cercén, a cercén. A ras. Ras con ras.
RENTEADO, DA adj. Cortado muy corto, cortado por la raíz.

RENTEAR v. tr. Cortar de raíz, muy corto, o a cercén.
RENTURA f. Buena puntería.
RENUIR v. tr. Renunciar. Rehusar.
RENÚNCIA f. Renuncia.
RENUNCIAÇÃO (sáum) f. Renunciación.
RENUNCIANTE adj. Renunciante. Ú. t. c. s.
RENUNCIAR v. tr. Renunciar.
RENUNCIATÓRIO (tò) m. Renunciatario.
RENUNCIÁVEL adj. Renunciable.
RENUTRIR v. tr. Volver a nutrir. v. intr. Volver a nutrirse.
RENZILHA (zilla) f. pop. Lo mismo que REZINGA.
REOCUPAÇÃO (sáum) f. Acción y efecto de
REOCUPAR v. tr. Ocupar de nuevo, volver a ocupar. Retomar. Reconquistar.
REÓFORO (ò) m. Fís. Reóforo.
REÓMETRO (ó) m. Fís. Reómetro.
REORDENAÇÃO (sáum) f. Acción y efecto de
REORDENAR v. tr. Volver a ordenar, a poner en orden o a mandar. Volver a ordenarse.
REORGANIZAÇÃO (zasáum) f. Reorganización.
REORGANIZADOR, RA (za) adj. Reorganizador. Ú. t. c. s.
REORGANIZAR (zar) v. tr. Reorganizar. Ú. t. c. r.
REÓSTATO (òs) m. Fís. Reóstato.
REÓTOMO (ò) m. Fís. Reótomo.
REOTROPISMO m. Reotaxis, reotropismo.
REPA (rè) f. Pelo muy raro (de la cabeza o de la barba).
REPAGAR v. tr. Repagar (pagar mucho o en demasía). Pagar de nuevo.
REPANHAR (ñar) v. tr. Lo mismo que ARREPANHAR.
REPARAÇÃO (sáum) f. Reparación (acción de reparar). Reparación, desagravio.
REPARADEIRA f. Reparadora (mujer que propende a notar defectos nimios), reparona.
REPARADOR, RA adj. Reparador (que repara, compone o mejora una cosa).
REPARAR v. tr. Reparar, componer, arreglar, restaurar. Reparar, enmendar, corregir. Reparar, mirar cuidadosamente, notar, advertir. Reparar, remediar. Reparar, desagraviar. Reparar, restablecer las fuerzas. Indenizar. Abrigarse.
REPARATÓRIO (tò) adj. Reparativo.
REPARÁVEL adj. Reparable.
REPARO m. Reparo, restauración, compostura. Reparo, advertencia, nota, observación. Reparo, defensa, resguardo. Art. Cureña. Trinchera.
REPARTIÇÃO (sáum) f. Repartición, repartimiento (acción de repartir). Oficina (departamento donde trabajan los empleados públicos). Negociado (cada una de las dependencias que, en una organización administrativa, está destinada para despachar determinadas clases de asuntos). fam. Compartimiento.
REPARTIDEIRA f. Repartidora (mujer que reparte o distribuye). Pailita con dos asas y pico de jarro, que se usa en los ingenios; repartidera (amer. cub.).
REPARTIDOR, RA adj. Repartidor (que reparte o distribuye). Ú. t. c. s. f. Lo mismo que REPARTIDEIRA (2ª acep.).
REPARTIMENTO m. Compartimiento; compartimento (Amer.). Cuarto, división de una casa.
REPARTIR v. tr. Repartir (distribuir una cosa entre varios; cargar una contribución por partes). v. r. Dividirse. Ramificarse. Propagarse.
REPARTITIVO, VA adj. Que sirve para repartir.
REPARTÍVEL adj. Repartible.
REPASSADA (sa) f. Bras. Lo mismo que REPASSE.
REPASSADO, DA (sa) adj. Impregnado, lleno.
REPASSADOR (sa) m. Bras. merid. Domador.
REPASSAR (sar) v. tr. Repasar (volver a pasar). Empapar. Repasar (volver a mirar o examinar una cosa). Repasar (volver a explicar la lección). Repasar (reconocer o leer muy por encima). Repasar (recapacitar lo que se tiene en la memoria, recorrer lo estudiado). Volver a planchar. fig. Impregnar, penetrar, llenar. v. intr. Repasarse. Embeberse, empaparse.
REPASSE m. Bras. merid. Cada una de las veces que un potro fue montado para domarse. Última cosecha del algodón.

REPASTAR v. tr. Repastar (volver a dar pasto al ganado). v. intr. Repastarse, cebarse, alimentarse. v. r. Banquetearse. Complacerse. Comer abundantemente. Deleitarse.
REPASTO m. Repasto (pasto añadido al ordinario). Banquete. Refección.
REPATANAR-SE v. tr. Lo mismo que REPETENAR-SE.
REPATRIAÇÃO (sáum) f. Repatriación.
REPATRIADO, DA adj. Repatriado.
REPATRIAR v. tr. Repatriar.
REPECHAR (char) v. tr. Bras. merid. Repechar (subir por un repecho).
REPECHO (pécho) m. Bras. merid. Repecho (cuesta bastante pendiente pero corta).
REPELÃO (láum) m. Empellón. Encontrón, encontronazo. Asalto, ataque.
REPELAR v. tr. Lo mismo que ARREPELAR.
REPELENTE adj. Repelente. fig. Asqueroso, repulsivo; repelente (amer. argent.).
REPELIDO m. Lo mismo que REPELÃO.
REPELIR v. tr. Repeler (arrojar o echar de sí con violencia alguna cosa). Repeler, rechazar contradecir, impugnar. Expulsar. Rehusar.
REPELO (pé) m. Violencia. Empellón. Encontrón.
REPENICAR v. tr. Repiquetear. Ú. t. c. intr.
REPENSAR v. tr. Repensar. Ú. t. c. intr.
REPENTE m. Repente (movimiento súbito). Dicho repentino y agudo. De —. m. adv. Repente, de repente, de pronto, repentinamente.
REPENTINAMENTE adv. m. Repentinamente, de repente, de pronto.
REPENTINO, NA adj. Repentino, pronto, impensado, imprevisto.
REPENTISTA m. y f. Repentista, improvisador. Ú. t. c. adj.
REPERCUSSÃO (sáum) f. Repercusión.
REPERCUSSIVO, VA (si) adj. Repercusivo.
REPERCUTIR v. tr. Repercutir, repercudir. Ú. t. c. r.
REPERTÓRIO (tò) m. Repertorio.
REPES (rè) m. Reps.
REPESAR (zar) v. tr. Repesar. fig. Examinar detenidamente.
REPESO, SA (zo, za) adj. Arrepentido. m. Repeso.
REPETENAR-SE v. r. Repantigarse, repanchigarse. Lo mismo que REFOCILAR-SE.
REPETÊNCIA (tén) f. Repetición.
REPETENTE adj. Repetidor (que repite). m. y f. Estudiante de una clase que ya tenía cursado.
REPETIÇÃO (sáum) f. Repetición.
REPETIDAMENTE adv. m. Repetidamente.
REPETIDOR, RA adj. Repetidor (que repite). m. Repetidor (el que repasa a otro la lección explicada por el maestro).
REPETIR v. tr. Repetir. Ú. t. c. r.
REPICAGEM (jem) f. Trasplante. Repique (acción de repicar).
REPICAPONTO (De) m. adv. De repicapunto, de rechupete.
REPICAR v. tr. Repicar (picar mucho, picar de nuevo). Trasplantar. Repiquetear. v. intr. Repicar (campanas).
REPIMPADAMENTE adv. m. Hartamente; cómodamente.
REPIMPADO, DA adj. Repantigado. Repapilado, harto.
REPIMPAR v. tr. Hartar, llenar. v. r. Repantigarse, repanchigarse. Repapilarse, hartarse.
REPINCHAR (char) v. intr. Salpicar (el fango). Resaltar.
REPINTAR v. tr. Repintar. Impr. Repintar.
REPIQUE m. Repique (de las campanas). Retrueque (en el juego de billar). Rebato, alarma.
REPIQUETE m. Repecho, cuesta, pendiente. Repiqueteo (de campanas). Viento inconstante. Bras. Sequía sin graves perjuicios. Repiquete (bordada corta).
REPISA f. Acción y efecto de *Repisar.*
REPISADO, DA (za) adj. Repisado. Repetido.
REPISAR v. tr. Repisar (volver a pisar). Repetir. Repetir enfadosamente. Repisar (encomendar con ahinco una cosa a la memoria). Insistir. Hablar insistentemente.

REPLANTA f. Replantación.
REPLANTAÇÃO (sáum) f. Replantación.
REPLANTAR v. tr. Replantar (volver a plantar). Replantar, trasplantar.
REPLEÇÃO (sáum) f. Repleción.
REPLETAR v. tr. p. us. Repletar, rellenar, colmar, llenar mucho.
REPLETO, TA (plè) adj. Repleto, muy lleno. Harto.
RÉPLICA (rè) f. Réplica.
REPLICAÇÃO (sáum) f. Réplica.
REPLICADOR, RA adj. Replicador. Ú. t. c. s.
REPLICAR v. tr. Replicar. v. intr. Replicar.
REPOLEGAR v. tr. Repulgar (hacer repulgos).
REPOLEGO (lé) m. Repulgo (en una tela). Repulgo (en pasteles o empadas).
REPOLHAL (llal) m. Sitio plantado de repollos. adj. Concerniente al repollo.
REPOLHAR v. intr. Repollar, repollarse.
REPOLHINHO (lliño) m. dim. de Repolho. Repolluelo.
REPOLHO (póllo) m. Repollo (planta). Repollo (grumo o cabeza que forman algunas plantas).
REPOLHUDO, DA (llu) adj. Repolludo (que forma repollo, hablando de algunas plantas; de figura de repollo). fig. Repolludo, rechoncho.
REPOLTREAR-SE v. r. Holgar, divertirse. Tenderse. Repantigarse, repanchigarse. Complacerse.
REPONTA f. Punta nueva, punta que vuelve a aparecer. Bras. Repunte (de la marea).
REPONTAR v. intr. Asomar, aparecer; repuntar (amer. colomb.). Reaparecer. Amanecer. Recalcitrar. Repuntar (la marea). Responder ásperamente. Atacar volvéndose. Bras. Volver a crecer um río o un arroyo que decrecía; repuntar (amer. merid.). Bras. Río Gr. del Sur. Reunir los animales que están dispersos en un campo; repuntar (amer. merid.).
REPONTE m. Bras. Río. Gr. del Sur. Acción de reunir los animales dispersos; repunte (amer. merid.).
REPOR v. tr. Reponer (volver a poner). Reponer (reemplazar lo que falta o lo que se extraió de alguna parte). Reponer, replicar, oponer. v. r. Reponerse (recobrar la salud o los bienes). Reponerse, serenarse, tranquilizarse.
REPORTAÇÃO (sáum) f. Reportación. Reportamiento.
REPORTADO, DA adj. Reportado, moderado.
REPORTAGEM (jem) f. Reportaje.
REPORTAMENTO m. Reportamiento.
REPORTAR v. tr. Reportar, moderar, reprimir, refrenar. Ú. t. c. r. Atribuir, referir, dar como causa. Volver para trás, volver. Retraer (traer o llevar). v. r. Reportarse, moderarse. Referirse.
REPÓRTER (pòr) m. Reportero, repórter, noticiero.
REPOSIÇÃO (zisáum) f. Reposición.
REPOSITÓRIO (zitò) m. Repositório, depósito.
REPOSTA (pòs) f. Repuesta (en el tresillo).
REPOSTADA f. Repuesta áspera y descortés; respostada (amer. hond. colomb. y guat.).
REPOSTARIA (ría) f. Repostería (sitio donde se guarda la plata y lo demás perteneciente al servicio de mesa). Repostería (oficina donde se hacen dulces).
REPOSTE (pòs) m. Casa para guardar muebles. Muebles.
REPOSTEIRO m. Repostero (paño). Cortina. Repostero (el que antiguamente estaba encargado del orden y custodia de los objetos pertenecientes a un ramo de servicio, en los palacios de los reyes y señores).
REPOTREAR-SE v. r. Repantigarse, repanchigarse.
REPOUSADAMENTE (za) adv. m. Reposadamente.
REPOUSAR (zar) v. tr. Reposar, descansar. v. intr. Reposar, descansar. Reposar (descansar durmiendo). Reposar, yacer, estar enterrado, reposarse. Reposarse, posarse.
REPOUSO (zo) m. Reposo, descanso. Sosiego, tranquilidade.
REPOVOAR v. tr. Repobrar. Ú. t. c. r.
REPREENDEDOR, RA adj. Represnor.

REPREENDER v. tr. Reprender, reprehender.
REPREENSÃO (sáum) f. Reprensión, reprehensión.
REPREENSÍVEL adj. Reprensible, reprehensible.
REPREENSIVO, VA adj. Lo mismo que
REPREENSOR, RA adj. Reprensor.
REPREGAR v. tr. Volver a clavar. Adornar con clavos.
REPREGO (prè) m. Acción de Repregar.
REPRESA (préza) f. Represa (acción de represar). Represa, detención, estancación. Presa, acequia. Represión. Repisa. Ménsula.
REPRESADO, DA (za) adj. Represado, estancado, detenido, suspenso.
REPRESADURA (za) f. Represa (acción de represar). Represalia.
REPRESÁLIA (zá) f. Represalia.
REPRESAR (zar) v. tr. Represar, detener, estancar. Ú. t. c. r. Represar, detener, contener, reprimir. Ú. t. c. r. Represar (recobrar lo que había sido apresado). Embargar, estorvar.
REPRESENTAÇÃO (zentasáum) f. Representación (en todas las acepciones de esta voz).
REPRESENTADOR (zen) m. Representador, representante.
REPRESENTANTE (zen) adj. Representante. Ú. t. c. s.
REPRESENTAR (zen) v. tr. Representar (en todas las acepciones de esta voz).
REPRESENTATIVO, VA (zen) adj. Representativo.
REPRESENTÁVEL (zen) adj. Representable.
REPRESENTEAR (zen) v. intr. Regalar, retribuyendo un regalo.
REPRESO, SA (prézo, za) adj. Represado. Preso otra vez.
REPRESSÃO (sáum) f. Represión (acción de reprimir).
REPRESSIVO, VA (si) adj. Represivo.
REPRESSOR, RA (sor) adj. Represor. Ú. t. c. s.
REPRESSÓRIO, RIA (sò) adj. Represivo.
REPRIMENDA f. Reprimenda, reprensión.
REPRIMIR v. tr. Reprimir, contener, refrenar, moderar. Ú. t. c. r.
REPRIMÍVEL adj. Que se puede o debe reprimir.
RÉPROBO, BA (rè) adj. Réprobo.
REPROCHAR (char) v. tr. Reprochar, reconvenir, censurar, echar en cara.
REPROCHE (pròche) m. Reproche.
REPRODUÇÃO (sáum) f. Reproducción.
REPRODUTÍVEL adj. Reproductible.
REPRODUTIVO, VA adj. Reproductivo.
REPRODUTOR, RA adj. Reproductor. Ú. t. c. s.
REPRODUZIR (zir) v. tr. Reproducir. Ú. t. c. r.
REPRODUZÍVEL (zí) adj. Reproductible.
REPROFUNDAR v. tr. Volver a profundar o a ahondar.
REPROMETER v. tr. Volver a prometer.
REPROMISSÃO (sáum) f. Repromisión.
REPROVAÇÃO (sáum) f. Reprobación.
REPROVADAMENTE adv. m. Reprobadamente.
REPROVADO, DA adj. Reprobado; censurado; no aprobado.
REPROVADOR, RA adj. Reprobador.
REPROVAR v. tr. Reprobar.
REPROVÁVEL adj. Reprobable.
REPRUIR v. intr. y tr. Lo mismo que
REPRURIR v. intr. y tr. Causar prurito.
REPTAÇÃO (sáum) f. Reptación. Reto, provocación al duelo o desafío.
REPTADOR adj. Retador. Ú. t. c. s.
REPTAR v. tr. Retar, desafiar, provocar, acusar de alevosía. v. intr. Reptar (caminar rozando la tierra con el vientre).
RÉPTEIS (rè) m. pl. Zool. Reptiles.
RÉPTIL (rè) adj. Reptil. m. Reptil.
REPÚBLICA f. República.
REPUBLICANISMO m. Republicanismo.
REPUBLICANIZAR (zar) v. tr. Volver republicano; convertir en república. Ú. t. c. r.
REPUBLICANO, NA adj. Republicano. Ú. t. c. s.
REPÚBLICO, CA adj. Republicano. m. Repúblico.
REPUDIANTE adj. Que repudia. Ú. t. c. s.
REPUDIAR v. tr. Repudiar (repeler la esposa). Repudiar, renunciar, abandonar.
REPUDIÁVEL adj. Repudiable.

REPÚDIO m. Repudio, repudiación.
REPUGNÂNCIA (nán) f. Repugnancia.
REPUGNANTE adj. Repugnante.
REPUGNANTEMENTE adv. m. Repugnantemente.
REPUGNAR v. tr. Repugnar. Ú. t. c. intr.
REPULSA f. Repulsa, repulsión.
REPULSÃO (sáum) f. Repulsión, repulsa.
REPULSAR v. tr. Repulsar, repeler.
REPULSIVO, VA adj. Repulsivo.
REPULSO, SA adj. Repulsado. m. Repulsión, repulsa.
REPULSOR, RA adj. Que repulsa.
REPULULAÇÃO (sáum) f. Repululación.
REPULULAR v. intr. Repulular.
REPURGAÇÃO (sáum) f. Acción y efecto de
REPURGAR v. tr. Repurgar.
REPURIFICAÇÃO (sáum) f. Nueva purificación.
REPURIFICAR v. tr. Volver a purificar.
REPUTAÇÃO (sáum) f. Reputación, fama, renombre.
REPUTAR v. tr. Reputar.
REPUXADO, DA (cha) adj. Tirante. Empujado para trás.
REPUXÃO (cháum) m. Empuje, empujón. Estirón.
REPUXAR (char) v. tr. Empujar hacia trás; estirar, extender mucho. v. intr. Surtir, brotar.
REPUXO (cho) m. Surtidor (chorro de agua). Retroceso, rebufo. Reculada. Acción de Repuxar. Herramientar para repujar. Lo mismo que BOTA-RÉU.
REQUEBRADO, DA adj. Requebrador.
REQUEBRADOR, RA adj. Requebrador. Ú. t. c. s.
REQUEBRAR v. tr. Requebrar, piropear, echar flores, lisonjear a una mujer. v. r. Contonearse. Ú. t. c. tr.
REQUEBRO (què) m. Requiebro (expresión con que se requiebra). Contoneo. Quiebro, trino.
REQUEIJÃO (jáum) m. Requesón.
REQUEIMAÇÃO (sáum) f. Resquemo, requemazón, requemamiento.
REQUEIMADO, DA adj. Requemado.
REQUEIMAR v. tr. Requemar, resquemar. v. r. Requemarse.
REQUEIMO m. Resquemo.
REQUENTADO, DA adj. Recalentado.
REQUENTÃO (táum) m. Bras. Café con aguardiente de caña o con coñac.
REQUENTAR v. tr. Recalentar. v. r. Recalentarse.
REQUEREDOR, RA adj. Lo mismo que
REQUERENTE adj. y s. Peticionário. Requeriente. Demandante. Requirente.
REQUERER v. tr. Demandar, requerir, solicitar (pedir alguna cosa como de derecho). Ú. t. c. intr. For. Demandar. Requerir, necesitar, exigir (haber menester o hallar indispensable). Requerir, solicitar (pretender amorosamente a una mujer). Merecer, ser digno de una cosa.
REQUERIMENTO m. Petición, pedimento, demanda, requisición. Requerimiento (acción y efecto de requerir).
REQUESTA (quès) f. Pelea, riña. Galanteo, cortejo.
REQUESTADO, DA P. p. de
REQUESTAR v. tr. Cortejar, galantear, enamorar, requerir de amores. Instar, invitar con instancia. Solicitar, pretender.
REQUESTO (quès) m. Lo mismo que REQUESTA.
RÉQUIE (rè) m. Lo mismo que
RÉQUIEM (rè) m. Réquiem. Mús. Réquiem. Missa de —. Misa de réquiem.
REQUIETO, TA (è) adj. Muy quieto o quedo.
REQUITUDE f. Quietud extrema.
REQUIFE m. Ribete para dornar.
REQUIFIFE m. Bras. Adorno. Ú. m. en pl.
REQUINTA f. Requinto (clarinete pequeño y de tono agudo). Requinto (guitarrillo).
REQUINTADAMENTE adv. m. Exquisitamente, primorosamente.
REQUINTADO, DA adj. Exquisito, primoroso, refinado (muy distinguido o perfeccionado en cualquier especie). Afectado.
REQUINTAR v. tr. Refinar, perfeccionar. Sutilizar. Requintar, aventajar, sobrepujar. Volver exquisito. Elevar, sublimar. Quintaesenciar, apurar, refinar,

alambicar. Aprimar. *v. intr.* Esmerarse, extremarse. Volverse primoroso o exquisito. Pulirse (hacerse demasiado delicado o afectado).

REQUINTE *m.* Quintaesencia, refinamiento. La mayor perfección. Exceso. Esmero o afectación en el estilo o compostura.

REQUISIÇÃO (zisáum) *f.* Requisición, instancia, pretensión, solicitación, intimación. Requisición (recuento e embargo de personas, animales o cosas que para el servicio militar suele hacerse en tiempo de guerra).

REQUISITAR (zi) *v. tr.* Requisar, requisicionar.

REQUISITO (zi) *m.* Requisito (condición necesaria para una cosa).

REQUISITÓRIO (zitò) *m.* Requisitorio.

RÉS (rés) *f.* Res (cualquier animal cuadrúpedo de algunas especies domésticas). (Como en algunas partes de América, en el Brasil solo se entiende animal de ganado vacuno).

RÉS (rès) *adj.* Raso. Lo mismo que RENTE. *adv.* A ras. *A — de. m. adv.* A raiz de. Ras con ras, ras en ras.

RESBORDO (bòr) *m. Mar.* Tronera, porta (de batería). *Mar.* Paradura.

RESCALDADO, DA *adj.* Escaldado, escarmentado. Muy escaldado, rescaldado. Ducho, experimentado, avezado.

RESCALDAMENTO *m.* Nueva escaldadura.

RESCALDAR *v. tr.* Rescaldar, escaldar. Volver a escaldar.

RESCALDEIRO *m.* Brasero. Prato con rescoldo.

RESCALDO *m.* Rescoldo. Prato con rescoldo. Acto de echar agua a las cenizas de un incendio. Cenizas echadas por un volcán.

RESCENDER *v. intr.* y *tr.* Lo mismo que RECENDER.

RESCINDIR *v. tr.* Rescindir, deshacer, anular, invalidar.

RESCINDÍVEL *adj.* Rescindible.

RESCISÃO (záum) *f.* Rescisión.

RESCISÓRIO, RIA (zò) *adj.* Rescisorio.

RESCREVER *v. tr.* Reescribir.

RESCRIÇÃO (sáum) *f.* Mandato de pago; cheque.

RESCRITO *m.* Rescripto.

RÉS-DO-CHÃO (rès-do-*cháum*) *m.* Piso, cuarto bajo.

RESEDÁ (ze) *m. Bot.* Reseda.

RESEDÁCEO, CEA (ze) *adj. Bot.* Resedáceo. *f. pl.* Resedáceas.

RESENHA (zeña) *f.* Reseña (narración sucinta). Descripción, enumeración. Cuenta (acción de contar).

RESENHAR (zeñar) *v. tr.* Reseñar.

RESENHO (zeño) *m.* Reseña (notas de las señales más notables y distintivas del cuerpo de un animal).

RESERVA (zèr) *f.* Reserva (guarda de una cosa o prevención que se hace de ella para algún fin). Reserva, reservación, excepción. Reserva, prevención (cautela para no descubrir algo). *Mil.* Reserva. *Bras.* Corral; piquete *(Amer.). Sem —. m. adv.* Sin reserva, abiertamente.

RESERVAÇÃO (zervasáum) *f.* Reservación, reserva, reservamiento.

RESERVADAMENTE *adv. m.* Reservadamente, sigilosamente.

RESERVADO, DA *adj.* Reservado, discreto, circunspecto. Rencoroso. Oculto, íntimo. Callado.

RESERVADOR, RA (zer) *adj.* Que reserva.

RESERVAR (zer) *v. tr.* Reservar (guardar una cosa, o hacer prevención de ella para cuando sea necesaria). Reservar (aplazar para otra ocasión). Reservar, exceptuar, dispensar. Reservar (retener para algún fin algo de lo que se distribuye). Reservar (retener o no comunicar una cosa). Reservar, encubrir, ocultar, callar algo. *v. r.* Reservarse (conservarse para mejor ocasión). Reservarse, cautelarse.

RESERVATIVO, VA *adj.* Reservativo. *m.* Depósito de agua. Repositorio, depósito.

RESERVO (sér) *m. Bras. Alagoas.* Prado cerrado.

RESFOLEGADOURO *m.* Respiradero.

RESFOLEGAR *v. intr.* Respirar, resollar.

RESFÔLEGO (fó) *m.* Resuello, aliento, respiración, huelgo.

RESFOLGAR *v. intr.* Respirar, resollar.

RESFOLGO (fól) *m.* Huelgo, aliento, resuello, respiración.

RESFRIADO *m.* Resfriado, resfrío. *Bras. Minas Gerais* y *Bahia.* Capa de tierra que cubre un suelo de piedra estratiforme.

RESFRIADOR, RA *adj.* Resfriador. *m.* Enfriadera.

RESFRIADOURO *m.* Enfriadero. Enfriadera.

RESFRIAMENTO *m.* Resfriamento, enfriamiento. Resfriado, resfrío.

RESFRIAR *v. tr.* Resfriar, enfriar. *fig.* Enfriar, entibiar el ardor o fervor. *v. intr.* y *r.* Resfriarse, entibiarse. Resfriarse (contraer resfriado). Resfriarse, enfriarse (ponerse fría una cosa).

RESGATADOR, RA *adj.* Rescatador. Ú. t. c. s.

RESGATAR *v. tr.* Rescatar. *v. r.* Rescatarse.

RESGATÁVEL *adj.* Rescatable, redimible.

RESGATE *m.* Rescate (acción de rescatar; dinero o cosa con que se rescata).

RESGUARDAR *v. tr.* Resguardar, defender, reparar. Cumplir, observar. Abrigar. Proteger, vigilar. *v. r.* Resguardarse, cautelarse, precaverse. Abrigarse.

RESGUARDO *m.* Resguardo, defensa, reparo. Cautela, cuidado, precaución. Dieta. Pudor, modestia. Secreto. Escrúpulo. Decoro.

RESIDÊNCIA (zidén) *f.* Residencia, morada, domicilio.

RESIDENTE (zi) *adj.* Residente. *m.* Residente (ministro diplomático).

RESIDIR (zi) *v. intr.* Residir, morar, vivir, habitar. *fig.* Residir (estar en una persona cualquier cosa inmaterial). Consistir.

RESIDUAL (zi) *adj.* Residual (relativo a un residuo).

RESÍDUO, DUA (zi) *adj.* Residual (que queda). *m.* Residuo (lo que queda de un cuerpo por combustión, evaporación u otra causa).

RESIGNAÇÃO (zignasáum) *f.* Resignación, conformidad, tolerancia y sufrimiento en las adversidades. Resigna, resignación (acción de resignar o resignarse).

RESIGNADAMENTE (zi) *adv. m.* Resignadamente.

RESIGNADO, DA (zi) *adj.* Resignado, conformado.

RESIGNANTE (zi) *adj.* Resignante. Ú. t. c. s.

RESIGNAR (zi) *v. tr.* Resignar, renunciar, entregar. *v. r.* Resignarse, sujetarse, condescender.

RESIGNATÁRIO (zi) *m.* Resignatario.

RESIGNÁVEL (zi) *adj.* Que se puede resignar.

RESILIR (zi) *v. tr.* Rescindir.

RESINA (zi) *f.* Resina.

RESINADO, DA (zi) *adj.* Resinoso (que tiene resina).

RESINAGEM (zinájem) *f.* Resinación.

RESINAR (zi) *v. tr.* Resinar. Mezclar con resina.

RESINENTO, TA (zi) *adj.* Lo mismo que RESINOSO.

RESINÍFERO, RA (zi) *adj.* Resinífero.

RESINIFICAR (zi) *v. tr.* Convertir en resina.

RESINIFORME (zinifòr) *adj.* Resiniforme.

RESINOSO, SA (zinozo, zinòza) *adj.* Resinoso (que tiene o destila resina; que participe de la naturaleza o de las cualidades de la resina).

RESISTÊNCIA (zistén) *f.* Resistencia (acción de resistir). *Mec.* Resistencia. *fig.* Resistencia, renuencia en hacer alguna cosa. *fig.* Embarazo, dificultad, oposición.

RESISTENTE (zis) *adj.* Resistente; resistidor. Sólido, fuerte.

RESISTIR (zis) *v. tr.* Resistir, tolerar, aguantar, sufrir. Resistir, repeler, contrarrestar. Resistir, rechazar, repugnar, contradecir. *v. intr.* Resistir, oponerse. Durar, subsistir, conservarse. *v. r.* Resistirse, resistir, oponerse.

RESISTÍVEL (zis) *adj.* Resistible.

RESLUMBRAR *v. intr.* Traslucirse.

RESMA *f.* Resma (veinte manos de papel, 500 pliegues).

RESMELENGO, GA *adj. Bras. nort.* Lo mismo que RESMUNGÃO.

RESMONEAR *v. intr.* Lo mismo que RESMUNGAR.

RESMUNGÃO, GONA (gáum) *adj.* Rezongón, rezongador, refunfuñador. Ú. t. c. s.

RESMUNGAR *v. intr.* Rezongar, refunfuñar. Ú. t. c. tr.

RESMUNGO *m. Bras.* Rezongo, refunfuño.

RESMUNINHAR (ñar) *v. intr.* Lo mismo que RESMUNGAR.

RESOLUÇÃO (zolução) *f.* Resolución (acción de resolver). Resolución, ánimo, arresto, valor. Resolución, actividad, prontitud, viveza. Resolución, decreto, providencia, auto, fallo de la autoridad gubernativa. Designio, propósito.

RESOLUTAMENTE (zo) *adv. m.* Resueltamente; resolutivamente, resolutoriamente.

RESOLUTIVO, VA (zo) *adj.* Resolutivo. *m. Med.* Resolutivo.

RESOLUTO, TA (zo) *adj.* Resuelto, resoluto, audaz, arrojado.

RESOLUTÓRIO, RIA (zolutò) *adj.* Resolutorio. Resolutivo.

RESOLÚVEL (zo) *adj.* Resoluble.

RESOLVENTE (zol) *adj.* Resolvente. Ú. t. c. s. *m.* Resolutivo.

RESOLVER (zol) *v. tr.* Resolver, disolver (las partículas de un cuerpo). Ú. t. c. r. Resolver (tomar determinación fija y decisiva). Resolver (desatar una dificultad o dar solución a una duda). Resolver (hallar la solución de un problema). Resolver (dividir un compuesto en sus partes o elementos). *Fís.* y *Med.* Resolver (hacer disiparse, desvanecerse o evaporarse una cosa). Ú. t. c. r. Resolver, decidir, deliberar, determinar. *v. r.* Resolverse (arrestarse a decir o hacer una cosa). *Med.* Resolverse. Resolverse, reducirse (venir a parar una cosa en otra).

RESOLVIDO, DA (zol) *adj.* Resuelto, resoluto. *P. p. de Resolver.* Resuelto.

RESOLVÍVEL (zol) *adj.* Resoluble.

RESPALDAR *v. tr.* Allanar, alisar. Solfear. *m.* Respaldo, respaldar, espaldar (de silla, banco, u otro asiento).

RESPALDO *m.* Alisadura, allanamiento. Respaldo, respaldar, espaldar (de silla, banco u otro asiento).

RESPANÇADURA (sa) *f.* Acción y efecto de

RESPANÇAR (sar) *v. tr.* Raspar o raer lo escrito.

RESPE (rès) *m.* Reprimenda, represión.

RESPECTIVAMENTE *adv. m.* Respectivamente, respective.

RESPECTIVO, VA *adj.* Respectivo.

RESPEITABILIDADE *f.* Respectabilidad.

RESPEITADO, DA *adj.* Respectado. *P. p. de Respeitar.*

RESPEITADOR, RA *adj.* Respetador.

RESPEITAR *v. intr.* Respectar, respetar, tocar, pertenecer, atañer. *v. tr.* Respetar, tener respeto. *v. r.* Imponerse al respeto.

RESPEITÁVEL *adj.* Respetable (digno de respeto; serio, importante, considerable).

RESPEITAVELMENTE *adv. m.* De un modo respetable.

RESPEITO *m.* Respeto, obsequio, veneración, acatamiento. Respeto, miramiento, consideración, atención, causa o motivo particular. Respecto, razón (relación o proporción de una cosa a otra). *pl.* Cumplidos, saludos. *A — de,* o *com — a. m. adv.* Con respecto a, respecto a, respecto de. *Dizer — tr.* Respectar, atañer, tocar.

RESPEITOSAMENTE (tòza) *adv. m.* Respetuosamente; respetosamente *(desus).*

RESPEITOSO, SA (ozo, òza) *adj.* Respetuoso; respetoso *(desus).*

RESPIGA *f.* Acción de respigar o espigar.

RESPIGADEIRA *f.* Espigadera, espigadora, respigadora. Ú. t. c. adj. f.

RESPIGADOR, RA *adj.* Espigador, respigador. Ú. t. c. s.

RESPIGADURA *f.* Acción y efecto de respigar o espigar.

RESPIGÃO (sáum) *m.* Respigón, padrastro.

RESPIGAR *v. tr.* e *intr.* Respigar, espigar (coger las espigas que han quedado en el rastrojo). *fig.* Compilar.

RESPINGADOR, RA *adj.* Respingón, respingoso.

RESPINGÃO, GONA (gáum) *adj.* Respingón, respingoso. Ú. t. c. s.

RESPINGAR *v. intr.* Respingar (sacudirse la bestia). *fig.* Respingar, rezongar. Chispear, chisporrotear. Salpicar, resaltar (el agua).

RESPINGO *m.* Respingo (de la bestia). Salpicadura, salpicón.
RESPIRABILIDADE *f.* Respirabilidad.
RESPIRAÇÃO (sáum) *f.* Respiración.
RESPIRADOR, RA *adj.* Respirador.
RESPIRADOURO *m.* Respiradero (lumbrera; abertura por donde sale el aire; ventosa o abertura que se hace en algunas cosas para dar paso al aire).
RESPIRAMENTO *m.* Respiración.
RESPIRAR *v. intr.* Respirar (en todas las acepciones de esta voz).
RESPIRATÓRIO, RIA (tò) *adj.* Respiratorio.
RESPIRÁVEL *adj.* Respirable.
RESPIRO *m.* Respiro, respiración. Respiradero. *fig.* Respiro, prórroga. Respiro, alivio.
RESPLANDECÊNCIA (cén) *f.* Resplandecencia.
RESPLANDECENTE *adj.* Resplandeciente.
RESPLANDECER *v. intr.* Resplandecer.
RESPLANDOR *m.* Lo mismo que RESPLENDOR.
RESPLENDECER *v. intr.* Resplandecer.
RESPLENDÊNCIA (dén) *f.* Resplandecencia.
RESPLENDENTE *adj.* Resplandeciente; resplendente (*p. us.*).
RESPLENDOR *m.* Resplandor. *fig.* Resplandor, esplendor, lucimiento.
RESPLENDOROSO, SA (ozo, òza) *adj.* Resplandeciente.
RESPONDÃO, DONA (dáum) *adj.* Respondón. Ú. t. c. s.
RESPONDEDOR, RA *adj.* Respondedor. Ú. t. c. s. Respondón, Ú. t. c. s.
RESPONDÊNCIA (dén) *f.* Correspondencia, relación.
RESPONDENTE *adj.* Respondiente.
RESPONDER *v. tr.* Contestar, responder (a lo que se pregunta, se habla o se escribe). Responder (contestar a un llamamiento). Responder (contestar a una comunicación. Responder (satisfacer al argumento, duda o demanda). Responder (replicar a un alegato). *v. intr.* Responder, contestar. Responder (replicar, ser respondón). Responder; responsabilizarse (*Amer.*). Responder (asegurar una cosa como garantizando la verdad de ella). Responder, corresponder (guardar porporción). *v. r.* Corresponderse.
RESPONSABILIDADE *f.* Responsabilidad.
RESPONSABILIZAR (zar) *v. tr.* Hacer responsable. *v. r.* Responder (hacerse responsable); responsabilizarse (*amer. argent.*).
RESPONSAR *v. tr.* Responsar (decir responsos). *fig.* Murmurar (conversar en perjuicio de un ausente).
RESPONSÁVEL *adj.* Responsable.
RESPONSIVO, VA *adj.* Responsivo.
RESPONSO *m.* Responso. *fig. fam.* Murmuración. Represión, reprimenda.
RESPONSÓRIO (sò) *m.* Responsorio.
RESPOSTA (pòs) *f.* Respuesta (contestación a la pregunta; satisfacción a la duda o dificultad). Respuesta, réplica. Respuesta, refutación. Respuesta (contestación a una comunicación).
RESPOSTADA *f.* Respuesta áspera y descortés; repostada (*amer. hond. guat. y colomb.*).
RESQUÍCIO *m.* Residuo. Fragmento. Resquicio (cualquier hendedura pequeña). Vestigio.
RESSABER (sa) *v. tr.* Saber perfectamente. *v. intr.* Tener sabor muy fuerte. Saber (tener sapidez una cosa). Tener sabor semejante a.
RESSABIADO, DA (sa) *adj.* Escarmentado, escaldado. Resabiado, resentido. Matrero. Desconfiado.
RESSABIAR (sa) *v. intr.* y *r.* Resabiarse, resentirse. Escarmentarse.
RESSABIDO, DA (sa) *adj.* Resabido.
RESSACA (sa) *f.* Resaca (movimiento de las olas). Flujo y reflujo. Puerto formado por la pleamar. *fig.* Inconstancia. *Bras. pop.* Desazón que deja la embriaguez.
RESSACAR (sa) *v. tr.* Hacer resaca de una letra de cambio.
RESSAIBO (sai) *m.* Resabio (gusto o sabor desagradable que deja una cosa). Resabio, vicio, mala

costumbre. *fig.* Vestigio. *fig.* Resentimiento. *fig.* Maña (de las bestias).
RESSAIR (saír) *v. intr.* Sobresalir, resaltar. Resalir. Volver a salir.
RESSALTAR (sal) *v. tr.* Resaltar, sobresalir. Realzar. *v. intr.* Resaltar, rebotar. *fig.* Resaltar, sobresalir, distinguirse, descollar.
RESSALTO (sal) *m.* Resalto. Resalte. Rebote. Relive.
RESSALVA (sal) *f.* Reserva. Cláusula. Resguardo, seguridad. Excepción, reserva. Certificado de exención del servicio militar. Salvedad (razonamiento que se emplea como excusa, descargo, limitación o cortapisa de lo que se va a decir o hacer). Salvedad (nota por la cual se salva una enmienda en un documento).
RESSALVAR (sal) *v. tr.* Salvar (poner al fin de la escritura o instrumento una nota para que valga lo enmendado o añadido entre renglones o para que no valga lo borrado). Salvar, exceptuar, reservar. Resguardar. Salvar, librar (de un riesgo o peligro). Exentar. *v. r.* Excusarse.
RESSAQUE (sa) *m. Com.* Resaca (de una letra de cambio).
RESSARCIMENTO (sar) *m.* Resarcimiento.
RESSARCIR (sar) *v. intr.* y *r.* Resarcir, resarcirse.
RESSAUDAR (sau) *v. tr.* Resaludar. Volver a saludar.
RESSEÇÃO (sesáum) *f. Cir.* Resección.
RESSECAR (se) *v. tr.* Resecar. Ú. t. c. r.
RESSECO, SSECA (seco, seca) *adj.* Reseco. Resequido.
RESSEGAR (se) *v. tr.* Resegar.
RESSEGURAR (se) *v. tr.* Reasegurar (volver a asegurar). Reasegurar (hacer un contrato de reaseguro).
RESSEGURO (se) *m.* Reaseguro. Contraseguro.
RESSELAR (se) *v. tr.* Resellar.
RESSEMEADURA (se) *f.* Acción de resembrar.
RESSEMEAR (se) *v. tr.* Resembrar.
RESSENTIDO, DA (sen) *adj.* Resentido, ofendido, disgustado. *fig. pop.* Picado.
RESSENTIMENTO (sen) *m.* Resentimiento.
RESSENTIR (sen) *v. tr.* Volver a sentir. *v. r.* Resentirse, ofenderse, enojarse, apesadumbrarse.
RESSEQUIDO, DA (se) *adj.* Resequido.
RESSEQUIR (se) *v. tr.* Resecar. Volver resequido; poner seca alguna cosa.
RESSERENAR (se) *v. tr.* Volver a serenar. *v. r.* Volver a serenarse.
RESSERENO, NA (se) *adj.* Muy sereno o tranquilo. Tranquilizado, serenado.
RESSERVIR (ser) *v. tr.* Volver a servir.
RESSICAÇÃO (sicasáum) *f.* Acción y efecto de
RESSICAR (si) *v. tr.* Secar, resecar. Ú. t. c. r.
RESSOANTE (soan) *adj.* Resonante.
RESSOAR (soar) *v. tr.* Entonar. Repercudir. *fig.* Cantar; tocar. *v. intr.* Resonar (sonar por repercusión o sonar mucho). Retumbar.
RESSOBRAR (so) *v. intr.* Resobrar.
RESSOLANA (so) *f. Bras. Río Gr. del Sur.* Resol.
RESSOLTO, TA (sol) *adj.* Resuelto, disuelto.
RESSONÂNCIA (sonán) *f.* Resonancia (en todas las acepciones de esta voz).
RESSONANTE (so) *adj.* Resonante.
RESSONAR (so) *v. tr.* Lo mismo que RESSOAR. *v. intr.* Resollar, roncar, resoplar.
RESSOPRAR (so) *v. tr.* Volver a soplar.
RESSORÇÃO (sorsáum) *f.* Resorción.
RESSORVER (sor) *v. tr.* Resorber.
RESSUDAÇÃO (sudasáum) *f.* Resudación, resudamiento.
RESSUDAR (su) *v. tr.* Resudar. Rescalar, rezumar.
RESSULCAR (sul) *v. tr.* Volver a surcar.
RESSUMAÇÃO (sumasáum) *f.* Rezumamiento.
RESSUMAR (su) *v. tr.* e *intr.* Lo mismo que
RESSUMBRAR (sum) *v. tr.* y *intr.* Gotear, resudar, rezumarse. *fig.* Manifestarse, revelarse.
RESSUNÇÃO (sunsáum) *f.* Reasunción.
RESSUNTA (sun) *f.ant.* Resunción, resumen; resunta (*desus.*).
RESSUPINAR (su) *v. tr.* Poner en supinación.
RESSUPINO, NA (su) *adj.* Supino.
RESSURGIMENTO (surʃi) *m.* Resurgimiento.
RESSURGIR (surʃir) *v. intr.* Resurgir (surgir de nuevo, volver a aparecer). Resucitar.

RESSURREIÇÃO (surreisáum) *f.* Resurrección.
RESSURTIR (sur) *v. intr.* Surgir, aparecer. Resurtir. Elevarse con ímpetu.
RESSUSCITADOR, RA (sus) *adj.* Resucitador. Ú. t. c. s.
RESSUSCITAR (sus) *v. tr.* Resucitar. *v. intr.* Resucitar.
RESTABELECER *v. tr.* Restablecer. Ú. t. c. r.
RESTABELECIDO, DA *adj.* Restablecido.
RESTABELECIMENTO *m.* Restablecimiento (acción de restablecer o restablecerse).
RESTAGNAÇÃO (sáum) *f.* Lo mismo que ESTAGNAÇÃO.
RESTAMPA *f.* Acción de
RESTAMPAR *v. tr.* Restampar, reimprimir.
RESTANTE *adj.* Restante. *m.* Restante, residuo, resto. Lo demás.
RESTAR *v. intr.* Restar, faltar, sobrar, quedar demás. Quedar, subsistir, permanecer, restar parte de una cosa. Deber, quedar debiendo. Faltar (para hacerse, o para completar un todo). *fig.* Sobrevivir. Persistir.
RESTAURAÇÃO (sáum) *f.* Restauración.
RESTAURADOR, RA *adj.* Restaurador. Ú. t. c. s.
RESTAURANTE *adj.* Restaurante (que restaura). *m.* Restaurante (establecimiento donde se sirven comidas).
RESTAURAR *v. tr.* Restaurar. *v. r.* Restablecer.
RESTAURATIVO, VA *adj.* Restaurativo.
RESTAURÁVEL *adj.* Que se puede restaurar.
RESTE (rès) *m.* Lo mismo que RISTE.
RESTELAR *v. tr.* Rastrillar (el lino).
RESTELO (té) *m.* Rastrillo (para el lino).
RESTEVA (tè) *f.* Lo mismo que RESTOLHO.
RÉSTIA (rès) *f.* Ristra (de ajos, de cebollas). Rayo (de luz).
RESTIÁCEO, CEA *adj. Bot.* Restiáceo. *f. pl. Bot.* Restiáceas.
RESTIFORME (fòr) *adj.* Restiforme.
RESTILAÇÃO (sáum) *f.* Nueva destilación.
RESTILAR *v. tr.* Volver a destilar.
RESTILO *m.* Aguardiente.
RESTINGA *f.* Restinga (punta de arena o piedra que se prolonga bajo el agua, a poca profundidad). *Bras.* Bosque o matorral estrecho y largo al margen de un río o arroyo.
RESTINGUIR *v. tr.* Volver a extinguir.
RÉSTIO (rès) *m. Bot.* Restio.
RESTITUIÇÃO (sáum) *f.* Restitución.
RESTITUIDOR, RA *adj.* Restituidor. Ú. t. c. r.
RESTITUIR *v. tr.* Restituir. *v. r.* Recuperar lo perdido.
RESTITUITÓRIO, RIA (tò) *adj.* Restitutorio.
RESTITUÍVEL *adj.* Restituible.
RESTO (rès) *m.* Resto, residuo, sobra (parte que queda de un todo). *Álg* y *Arit.* Residuo, resto. *pl.* Restos mortales.
RESTOLHADA (lla) *f.* Rastrojera, rastrojo. *fig.* Ruido.
RESTOLHAL (llal) *m.* Rastrojera, rastrojo; rastrojal (*amer. ecuad.*).
RESTOLHAR (llar) *v. tr.* Lo mismo que RESPIGAR. Restrojar. Andar rebuscando entre los rastrojos; restrojear (*prov.*).
RESTOLHO (tóllo) *m.* Rastrojo.
RESTRIBAR *v. intr.* Restribar. Resistir.
RESTRIÇÃO (sáum) *f.* Restricción.
RESTRINGÊNCIA (jen) *f.* Calidad de restringente.
RESTRINGENTE (jen) *adj.* Restringente. Ú. t. c. s.
RESTRINGIR (jir) *v. tr.* Restringir, ceñir, limitar, circunscribir, reducir. Restringir, restriñir, astringir.
RESTRINGÍVEL (jí) *adj.* Restringible.
RESTRITIVAMENTE *adv. m.* Restrictivamente.
RESTRITIVO, VA *adj.* Restrictivo.
RESTRITO, TA *adj.* Restricto, limitado, restringido, circunscrito, ceñido o preciso.
RESTRUGIR (jir) *v. intr.* Retumbar. Repercudir. Lo mismo que ESTRUGIR.
RESULTA (zul) *f.* Resulta, efecto, consecuencia.
RESULTADO (zul) *m.* Resultado, efecto, consecuencia.
RESULTÂNCIA (tan) *f.* Resultancia, resultado.
RESULTANTE *adj.* Resultante. *f. Mec.* Resultante.
RESULTAR *v. intr.* Resultar.

RESUMIDAMENTE (zu) adv. m. Resumidamente.

RESUMIDOR, RA (zu) adj. Que resume.

RESUMIR v. tr. Resumir. Ú. t. c. r.

RESUMO (zu) m. Resumen. Em —. m. adv. En resumen.

RESVALADEIRO m. Lo mismo que RESVALA-DOURO.

RESVALADIÇO, ÇA (so, sa) adj. Resbaladizo, resbaloso, resbaladero.

RESVALADIO, DIA (dío, día) adj. Resbaladizo, resbaloso, resbaladero.

RESVALADOURO m. Resbaladero (sitio resbaladizo).

RESVALADURA f. Resbaladura. Resbalamiento, resbalón.

RESVALAR v. tr. Hacer resbalar. v. intr. Resbalar, resbalarse.

RESVALO m. Resbalón. Declive.

RESVÉS (rès-vès) adj. y adv. m. Lo mismo que RENTE.

RETA (rè) f. Recta (línea recta).

RETÁBULO m. Retablo.

RETACO, CA adj. Bras. merid. Bajo y fornido.

RETAGUARDA f. Retaguardia.

RETAL adj. Anat. Rectal.

RETALHADO, DA (llado) adj. Retajado. Retazado. Golpeado. Cortado, dividido; lleno de cortes. fig. Apuñalado, acuchillado. Bras. Río Gr. del Sur. Retajado (tratandose de caballos). Ú. t. c. s. m.

RETALHADURA (lla) f. Retajamiento. Acción de retazar. Corte, cortadura. Cuchillada.

RETALHAR (llar) v. tr. Retazar (hacer piezas o pedazos de una cosa). Retajar (cortar en redondo alguna cosa). Golpear. Dividir. Surcar. Apuñalar, acuchillar, herir. Recortar. Vender al por menor. fig. Despedazar. Bras. Retajar (tratándose de caballos).

RETALHEIRO (llei) m. Comerciante al por menor, tendero, lojista, revendedor. Ú. t. c. adj.

RETALHO (llo) m. Retal, retazo. Menudeo. fig. Fragmento. pl. Recortes, recortaduras. A —. m. adv. Al por menor. A retazos, fragmentariamente.

RETALIAÇÃO (sáum) f. Represalia; retaliación (amer. venez.).

RETALIAR v. tr. e intr. Desquitarse, vengarse, usar de represalias. Talionar.

RETAMA f. Bot. Retama.

RETAMENTE (rè) adv. m. Rectamente, con rectitud.

RETANCHAR (char) v. tr. Substituir una cepa por otra. Cortar un vástago para que salga con más fuerza.

RETANCHOA (choa) f. Acción de Retanchar.

RETANGULAR adj. Rectangular.

RETANGULARIDADE f. Calidad de rectangular.

RETÂNGULO, LA (tán) adj. Rectángulo. m. Geom. Rectángulo.

RETARDAÇÃO (sáum) f. Retardación.

RETARDADOR, RA adj. Retardador. Ú. t. c. s.

RETARDAMENTO m. Retardo, retardación.

RETARDÃO (dáum) adj. Tardo, remolón. Lo mismo que PACHORRENTO.

RETARDAR v. tr. Retardar, diferir, detener, retrasar, dilatar. Ú. t. c. r. Ú. t. c. intr.

RETARDATÁRIO, RIA adj. Retardatario, atrasado, retrasado, remolón.

RETARDATIVO, VA adj. Retardativo.

RETARDE m. Bras. Retardo.

RETELHADURA f. Retejo.

RETELHAR (llar) v. tr. Retejar.

RETÉM m. Retén, repuesto.

RETEMPERAR v. tr. Templar de nuevo. fig. Robustecer, fortificar, avigorar, fortalecer. Ú. t. c. r. fig. Amejorar.

RETENÇÃO (sáum) f. Retención, retenimiento. Retentiva, memoria. Detención, dilación, tardanza, demora. Detención, arresto. Med. Retención. Retención, detención, reserva, conservación.

RETENIDA f. Mar. Retenida.

RETENTIVA f. Retentiva, memoria.

RETENTIVO, VA adj. Retentivo.

RETENTOR, RA adj. Retenedor. Ú. t. c. s.

RETER v. tr. Asir, agarrar, asegurar. Retener, conservar, guardar en sí. Retener (en la memoria).

Retener (conservar el cargo o empleo). Retener, suspender. Retener (imponer prisión preventiva). Detener, contener, impedir, refrenar. Mantener. v. r. Detenerse. Quedarse, parar. Contenerse. Refrenarse.

RETESADO, DA (za) adj. Atesado, tenso, tirante. Yerto, rígido.

RETESAR (zar) v. tr. Atiesar. Ú. t. c. r. Estirar, extender. Ú. t. c. r. v. r. Endurecerse.

RETESIA (zía) f. Disputa, riña, pendencia.

RETESIAR (ziar) v. intr. Reñir, altercar.

RETESO, TESA (tézo, téza) adj. Lo mismo que RETESADO.

RETICÊNCIA (cén) f. Reticencia (efecto de decir alguna cosa incompletamente, dando a entender, con intención, que se oculta o se calla algo que de-biera decirse). pl. Ortogr. Puntos suspensivos. (...)

RETICENTE (cén) adj. Reticente.

RETICENTEMENTE adv. m. Con reticencia.

RÉTICO, CA (rè) adj. Rético. m. Rético (idioma).

RETÍCULA f. Lo mismo que RETÍCULO.

RETICULAÇÃO (sáum) f. Estado de reticulado o reticular.

RETICULADO, DA adj. Reticulado, reticular.

RETICULAR adj. Reticular, reticulado.

RETÍCULO m. (lladu) Redecilla (red pequeña). Retículo (tejido filamentoso de las plantas). Retículo (conjunto de hilos cruzados o paralelos en el foco de ciertos instrumentos ópticos). Retículo, redecilla (segunda de las cuatro divisiones del estómago de los rumiantes). Cuadrícula.

RETIDÃO (dáum) f. Rectitud, derechura. fig. Rectitud (calidad de recto o justo; recta razón o conocimiento de nuestros deberes; exactitud o justificación en los actos u operaciones).

RETIFICAÇÃO (sáum) f. Rectificación.

RETIFICADO, DA adj. Rectificado (depurado por una nueva destilación). Corregido, enmendado. Rectificado (p. p. de Rectificar).

RETIFICADOR, RA adj. Rectificador. m. Rectificador (alambique especial).

RETIFICAR v. tr. Rectificar (reducir una cosa a la exactitud debida). Rectificar (procurar una persona reducir a la conveniente exactitud los dichos y hechos que se le atribuyen). Geom. Rectificar. Quím. Rectificar. Corregir, enmendar. v. r. Rectificarse.

RETIFICATIVO, VA adj. Rectificativo.

RETIFICÁVEL adj. Rectificable.

RETIFORME (fòr) adj. Retiforme (que tiene forma de red).

RETILINEAMENTE adv. m. Rectilíneamente.

RETILÍNEO, NEA adj. Rectilíneo.

RETINA f. Anat. Retina.

RETINÁCULO m. Bot. Retináculo.

RETINGIR (jir) v. tr. Reteñir.

RETINIANO, NA adj. Retiniano, retinal.

RETÍNICO, CA adj. Retiniano, retinal.

RETINIR v. intr. Retiñir; resonar. Ú. t. c. r.

RETINITE f. Med. Retinitis.

RETINTIM m. Retinte, retintín.

RETINTO, TA adj. Retinto (de color muy obscuro). Retinto (p. p. irreg. de Reteñir).

RETIRAÇÃO (sáum) f. Impr. Retiración.

RETIRADA f. Retirada (acción y efecto de retirar o retirarse). Mil. Retirada. Retiro, retirada (sitio apartado del trato social).

RETIRADAMENTE adv. m. Retiradamente.

RETIRADO, DA adj. Retirado, distante, apartado, desviado.

RETIRAMENTO m. Retiramiento, retiro.

RETIRANTE m. Bras. Campesino que se retira de las regiones donde hay sequias muy prolongadas.

RETIRAR v. tr. Retirar, apartar, separar, desviar. Ú. t. c. r. Privar, quitar. Lucrar, obtener, sacar. Retraer. Impr. Retirar. Recoger. Sacar de. v. intr. Retirarse, irse. v. r. Retirarse.

RETIRO m. Retiro (sitio apartado del trato social). Retiro (ejercicio piadoso). Retirada.

RETITE f. Med. Rectitis.

RETITUDE f. p. us. Lo mismo que RETIDÃO.

RETO, TA (rè) adj. Recto, derecho. fig. Recto, justo. Geom. Recto. Zool. Recto (última porción del intestino grueso).

RETOCADOR, RA adj. Retocador.

RETOCAR v. tr. Retocar (volver a tocar). Pint. Retocar. Enmendar, corregir. Retocar (dar la última mano a una obra cualquiera).

RETOMAR v. tr. Volver a tomar. Recobrar. Reanudar. Reconquistar.

RETOQUE (tò) m. Retoque (última mano que se da a una obra; compostura de un ligero deterioro).

RETOR m. Retórico.

RETORCEDURA f. Retorcedura, retorcimiento.

RETORCER v. tr. Retorcer (torcer mucho una cosa). Retornar (volver a torcer una cosa). v. r. Retorcerse. Tergiversar. Lo mismo que CONTORCER-SE.

RETORCIDO, DA adj. Retorcido. Afectado, muy emerado (hablando del estilo). Lo mismo que ARREVESADO.

RETÓRICA (tò) f. Retórica.

RETORICAMENTE adv. m. Retóricamente. Retoricadamente.

RETÓRICO, CA (tò) adj. Retórico. m. Retórico.

RETORNAMENTO m. Retornamiento, retorno.

RETORNAR v. tr. Retornar, devolver, restituir. v. intr. Retornar, regresar.

RETORNELO (nè) m. Mús. Retornelo.

RETORNO (tòr) m. Retorno (acción de retornar). Retorno, paga, recompensa. Retorno, cambio, permuta, truque.

RETORQUIR v. tr. e intr. Retorcer, redargüir (convertir el argumento contra el que lo hace). Replicar.

RETORSÃO (sáum) f. Retorsión. Desagravio.

RETORTA (tòr) f. Retorta (vasija propia para operaciones químicas).

RETOUÇA (sa) f. Lo mismo que BALOUÇO.

RETOUCAR v. tr. Volver a tocar o peinar. Ú. t. c. r.

RETOUÇAR (sar) v. intr. y r. Retozar, travesear (tratándose de personas). Pastar (los animales). Lo mismo que ESPOJARSE.

RETOVAR v. tr. Bras. merid. Retobar.

RETOVO (tó) m. Bras. merid. Forro de cuero; retobo (prov.).

RETRAÇÃO (sáum) f. Retracción.

RETRAÇAR (zar) v. tr. Volver a trazar. Retazar, retajar, cortar en pedazos.

RETRAÇO (so) m. Fragmento de paja cortada.

RETRAÍDO, DA adj. Retraído (poco comunicativo, que gusta de la soledad).

RETRAIMENTO m. Retraimiento.

RETRAIR v. tr. Traer o llevar hacia atrás. Contraer, apretar; encoger. Ú. t. c. r. fig. Ocultar. fig. Impedir. v. r. Retraerse, retirarse, retroceder. Retraerse (hacer vida retirada). Retractarse.

RETRANCA f. Retranca (ataharre que llevan las bestias de tiro). Mar. Botavara.

RETRANSIR v. tr. Traspasar, pasar, atravesar, penetrar.

RETRATAÇÃO (sáum) f. Retractación.

RETRATADO, DA adj. Retratado. Retractado.

RETRATADOR m. Retratador.

RETRATAR v. tr. Retratar (copiar la figura de una persona o cosa). Ú. t. c. r. fig. Retratar, imitar, parecerse, asemejarse. fig. Manifestar. fig. Representar, describir. v. r. Retractarse, retratarse, desdecirse, revocar lo dicho.

RETRATIBILIDADE f. Retractibilidad.

RETRÁTIL adj. Retráctil.

RETRATISTA m. y f. Retratista.

RETRATIVO, VA adj. Retráctil.

RETRATO m. Retrato (pintura, dibujo, grabado, fotografía o efigie que representa determinada persona o cosa; descripción de la figura o carácter de una persona). fig. Retrato (lo que se parece o asemeja a una cosa).

RETRAVAR v. tr. Volver a empezar.

RETRETA f. Mil. Revista. Retrete, letrina. Bras. Especie de serenata militar; retrete (Amer.).

RETRETE m. Retrete, letrina. Retrete (pequeño aposento destinado para retirarse). Retiro.

RETRIBUIÇÃO (sáum) f. Retribución.

RETRIBUIDOR, RA adj. Retribuyente.

RETRIBUIR v. tr. Retribuir, recompensar, pagar, remunerar. Responder, corresponder.

RETRILHAR (llar) v. tr. Retrillar. Lo mismo que REPISAR.

RETRINCADO, DA adj. Disimulado. Malicioso.

RETRINCAR v. tr. Retorcer (interpretar sinistramente alguna cosa). Ú. t. c. intr. Volver a trincar. v. intr. Murmurar.

RETRO (rè) adv. Atrás. m. La primera página de una hoja.

RETROAÇÃO (sáum) f. Retroacción.

RETROAGIR (jir) v. intr. Hacer retroceder, obrar sobre lo pasado, obrar retroactivamente.

RETROAR v. intr. Retronar.

RETROATIVAMENTE adv. m. Retroactivamente.

RETROATIVIDADE f. Retroactividad.

RETROATIVO, VA adj. Retroactivo.

RETROCARGA f. Acción de cargar por la culata o recámara.

RETROCEDENTE adj. Que retrocede.

RETROCEDER v. intr. Retroceder, retrogradar.

RETROCEDIMENTO m. Retrocesión, retroceso (acción de retroceder).

RETROCESSÃO (sáum) f. Retrocesión, retroceso. For. Retrocesión.

RETROCESSIVO, VA (si) adj. Retrocesivo.

RETROCESSO (ceso) m. Retroceso. Retirada. Reculada.

RETROFLEXÃO (xáum) f. Retroflexión.

RETROGRADAÇÃO (sáum) f. Retrogradación. Retrocesión, retroceso.

RETROGRADAR v. intr. Retrogradar, retroceder. Astr. Retrogradar. v. tr. Hacer retroceder o retrogradar.

RETRÓGRADO, da (trò) adj. Astr. Retrógrado. Retrógrado, que retrograda. fig. Retrógrado (partidario de instituciones pretéritas). Ú. t. c. s.

RETRÓS (tròs) m. Torzal (cordoncillo delgado de seda que se emplea para coser y bordar).

RETROSARIA (zaría) f. Pasamanería (tienda).

RETROSEIRO (zei) m. Vendedor de torzal. Pasamanero (vendedor de pasamanes, franjas, torzales, etc.).

RETROSPECÇÃO (csáum) f. Lo mismo que RETROSPECTO.

RETROSPECTIVAMENTE adv. m. Restrospectivamente.

RETROSPECTIVO, VA adj. Retrospectivo.

RETROSPECTO (pec) m. Consideración de cosas passadas. Mirada retrospectiva.

RETROSSEGUIR (se) v. intr. Retroceder, retrogradar.

RETROTRAIR v. tr. Retrotraer. Hacer retroceder. v. intr. Retraerse. v. r. Retroceder. Recular.

RETROVENDA f. Retrovendición, retroventa.

RETROVENDER v. tr. Retrovender.

RETROVENDIÇÃO (sáum) f. Retrovendición, retroventa.

RETROVERSÃO (sáum) f. Retroversión.

RETROVERTER v. tr. Lo mismo que RETROTRAIR.

RETRUCAR v. tr. e intr. Retrucar (envidar en contra sobre el primer envite). Replicar, redargüir, retorquir, responder.

RETRUQUE m. Retruque, retruco (de la bola de billar).

RETUMBÂNCIA (bán) f. Calidad de

RETUMBANTE adj. Retumbante, que retumba. fig. Retumbante, ostentoso, pomposo.

RETUMBAR v. intr. Retumbar.

RETUMBO m. Retumbo. Lo mismo que RETUMBÂNCIA.

RETUNDIR v. tr. Moderar, reprimir, templar.

RÉU, RÉ (rèu, rè) adj. Reo, rea (criminoso, culpado). m. Reo.

REUCLINIANO, NA adj. Reucliniano.

REUMA f. Med. Reuma, corrimiento (fluxión de humores).

REUMATALGIA (jía) f. Reumatalgia, dolor reumático.

REUMÁTICO, CA adj. Reumático. Ú. t. c. s.

REUMATISMAL adj. Reumático.

REUMATISMO m. Med. Reumatismo, reuma.

REUMOSO, SA (ozo, òza) adj. Que tiene reuma o fluxión de humores.

REUNIÃO (niáum) f. Reunión.

REUNIR v. tr. Reunir (volver a unir). Ú. t. c. r. Reunir, congregar, juntar, agrupar, amontonar. Ú. t. c. r.

REÚNO, NA adj. Bras. Lo mismo que REIUNO.

REVACINAÇÃO (sáum) f. Revacunación.

REVACINAR v. tr. Revacunar. Ú. t. c. r.

REVALIDAÇÃO (sáum) f. Revalidación.

REVALIDAR v. tr. Revalidar, ratificar, confirmar una cosa.

REVEDOR m. Revisor, reveedor.

REVEL (vèl) adj. Rebelde, rebelado. For. Rebelde (que no comparece en juicio dentro del término de la citación del juez).

REVELAÇÃO (sáum) f. Revelación (acción de revelar; manifestación de una verdad secreta u oculta; manifestación divina).

REVELADOR, RA adj. Revelador. Ú. t. c. s. m. Fot. Revelador.

REVELAR v. tr. Revelar, manifestar. Fot. Revelar.

REVELHO, LHA (vèlho, lla) adj. Reviejo (muy viejo).

REVELHUSCO, CA (llus) adj. Algo viejo.

REVELIA (lía) f. For. Rebeldía (omisión del reu o actor rebelde que no comparece en juicio). À —. m. adv. For. En rebeldía. Sin la presencia del reo o auctor. Deixar um negocio correr à —. Descuidarse de un negocio.

REVELIM m. Fort. Revellín.

REVENDA f. Reventa.

REVENDÃO, DONA (dáum) adj. Revendón, revendedor. Ú. t. c. s.

REVENDEDOR, RA adj. Revendedor. Ú. t. c. s.

REVENDER v. tr. Revender.

REVENDIÇÃO (sáum) f. Reventa.

REVENDILHÃO (lláum) adj. y s. Lo mismo que REVENDÃO.

REVENDÍVEL adj. Que se puede revender.

REVENERAR v. tr. Revenerar. Venerar mucho.

REVER v. tr. Rever (volver a ver). Rever (examinar atentamente una cosa). Pesar, considerar, examinar. Corregir (pruebas). Revelar. Verter. v. intr. Rezumarse. Resudar. Propalarse; publicarse. v. r. Volver a mirarse. Mirarse (en el espejo). Compacerse.

REVERBERAÇÃO (sáum) f. Reverberación.

REVERBERANTE adj. Reverberante.

REVERBERAR y. tr. Reverberar. Ú. t. c. tr.

REVERBERATÓRIO, RIA (tò) adj. Reverberante.

REVÉRBERO (vèr) m. Reverbero, reverberación. Reverbero (cuerpo bruñido en que la luz reverbera). Reverbero (farol).

REVERDECER v. tr. Reverdecer. v. intr. Reverdecer. fig. Reverdecer (renovarse o tomar nuevo vigor y lozanía).

REVERDEJAR (jar) v. intr. Verdear mucho.

REVERÊNCIA (rén) f. Reverencia (respeto, veneración). Reverencia (inclinación del cuerpo en señal de este respeto). Reverencia (título o tratamiento que se da a los religiosos).

REVERENCIADOR, RA adj. Reverenciador.

REVERENCIAL adj. Reverencial.

REVERENCIAR v. tr. Reverenciar, respetar, venerar.

REVERENCIOSAMENTE (òza) adv. m. Reverencialmente.

REVERENCIOSO, SA (ozo, òza) adj. Reverente.

REVERENDAÇO (so) m. pop. Cura gordo.

REVERENDAS f. pl. Reverendas.

REVERENDÍSSIMA (si) f. Reverendísima.

REVERENDÍSSIMO (si) m. Reverendísimo.

REVERENDO, DA adj. Reverendo. Reverendo.

REVERENTE adj. Reverente.

REVERENTEMENTE adv. m. Reverentemente.

REVERIFICAÇÃO (sáum) f. Nueva o segunda verificación.

REVERIFICAR v. tr. Volver a verificar.

REVERSAL adj. Que asegura una promesa precedente. Que responde a otra (carta).

REVERSÃO (sáum) f. Reversión.

REVERSAR v. tr. e intr. Lo mismo que ARREVESSAR.

REVERSIBILIDADE f. Reversibilidad.

REVERSÍVEL adj. Reversible. Que admite posición o dirección opuesta; de dos caras.

REVERSIVO, VA adj. Reversible. Que admite posición o dirección opuesta; de dos caras.

REVERSO, SA (vèr) adj. Reverso, inverso, vuelto al revés. fig. Malo, de mal carácter. m. Revés, reverso (espalda o parte opuesta de una cosa). Reverso (de las monedas).

REVERTER v. intr. Regresar, volver. Retroceder. Redundar, resultar. Revertir (volver una cosa a la propiedad de su primitivo dueño). Convertirse.

REVERTÍVEL adj. Revertible.

REVÉS (vès) m. Revés, reverso (espalda o parte opuesta de una cosa). Revés (golpe dado con la mano vuelta). fig. Revés, infortunio, desgracia, contratiempo. Ao —. m. adv. Al revés.

REVESSA (vèsa) f. Mar. Revesa, reveza.

REVESSAR (sar) v. intr. y tr. Lo mismo que ARREVESSAR.

REVESSO, SSA (véso, sa) adj. Reverso, inverso, vuelto al revés. fig. Torcido.

REVESTIMENTO m. Revestimiento (capa que resguarda o adorna una superficie). Acción y efecto de

REVESTIR v. tr. Revestir (vestir una ropa sobre otra). Ú. t. c. r. Revestir (cubrir con un revestimiento). Adornar, ataviar, paramentar. fig. Colorear (dar alguna razón aparente). Llenar o rodear de. v. r. Revestirse, vestirse. Cubrirse. Revestirse, imbuirse. Aparentar. Imitar.

REVEZADAMENTE (za) adv. m. Alternadamente.

REVEZADOR, RA (za) adj. Substituto. Ú. t. c. s.

REVEZAMENTO (za) m. Revezo (acción de revezar).

REVEZAR (zar) v. tr. Revezar, reemplazar, relevar, substituir a otro, hacer sus veces. v. r. Alternarse. Substituirse alternativamente.

REVIÇAR (sar) v. intr. Volver a lozanear.

REVIDAR v. tr. Reenvidar. v. intr. Objetar, responder, contestar. Contradecir. Pagar una ofensa con otra mayor.

REVIDE m. Lo mismo que

REVIDO m. Reenvite.

REVIGORAR v. tr. Robustecer, avigorar. Ú. t. c. r.

REVIMENTO m. Rezumamiento.

REVINDA f. Regreso, vuelta.

REVIR v. intr. Regresar, volver. Bras. Rezumarse.

REVIRAMENTO m. Acción y efecto de Revirar.

REVIRÃO (ráum) m. Revirón.

REVIRAR v. intr. Volver al revés. Revolver (dar vuelta entera a una cosa). Revirar, torcer (desviar una cosa de su posición normal). v. intr. Volverse. Acometer, perseguir.

REVIRAVOLTA (vòl) f. Pirueta, voltereta. Movimiento circular, giro. fig. Revuelta (mudanza de parecer). fig. Transformación. fig. Subversión.

REVIRETE m. Lo mismo que REPOSTADA.

REVISÃO (záum) f. Revisión.

REVISAR (zar) v. tr. Revisar, rever. Corregir (pruebas).

REVISOR (zor) m. Revisor. Corrector (de pruebas). adj. Revisor.

REVISÓRIO, RIA (zò) adj. Concerniente a la revisión.

REVISTA f. Revista, inspección. Revista (publicación periódica). Mil. Revista. Teatr. Revista.

REVISTAR v. tr. Revistar, pasar revista. Registrar, examinar.

REVISTO, TA adj. Revisto, revisado. Corregido, enmendado.

REVIVER v. intr. Revivir, resucitar. Revivir (volver en sí). fig. Revivir (renovarse una cosa). v. tr. Recordar, revivificar, vivificar, reavivar.

REVIVESCENTE adj. Reviviscente.

REVIVESCER v. intr. y tr. Lo mismo que REVIVER.

REVIVIFICAÇÃO (sáum) f. Revivificación.

REVIVIFICAR v. tr. Revivificar, vivificar, avivar.

REVOADA f. Revuelo. Bando de aves que revuelan. fig. Ocasión, oportunidad.

REVOAR v. intr. Revolar (dar segundo vuelo). Revolar, revolotear.

REVOCAÇÃO (sáum) f. Revocación, anulación.

REVOCAR v. tr. Revocar, anular. Evocar. Volver a lamar. Mandar volver.

REVOCATÓRIO, RIA (tò) adj. Revocatorio.

REVOCÁVEL adj. Revocable.

REVOCAVELMENTE adv. m. Revocablemente.

REVOGABILIDADE f. Revocabilidad.

REVOGAÇÃO (sáum) *f.* Revocación, anulación.
REVOGADOR, RA *adj.* Revocatorio.
REVOGANTE *adj.* Revocante.
REVOGAR *v. tr.* Revocar, anular.
REVOGATIVO, VA *adj.* Lo mismo que
REVOGATÓRIO, RIA (tò) *adj.* Revocatorio.
REVOGÁVEL *adj.* Revocable.
REVOGAVELMENTE *adv. m.* Revocablemente.
REVOLCAR *v. tr.* Lo mismo que REBOLCAR.
REVOLITAR *v. intr.* Revolotear.
REVOLTA (vòl) *f.* Revuelta, revolución, alboroto, motín, sedición. *fig.* Indignación.
REVOLTADO, DA *adj.* Revoltoso, sedicioso. Indignado.
REVOLTADOR, RA *adj.* Alborotador, revolucionario.
REVOLTANTE *adj.* Que subleva. Asqueroso. Repugnante. Indigno.
REVOLTÃO (táum) *m.* Movimiento desordenado.
REVOLTAR *v. tr.* Sublevar, insurreccionar, levantar, alzar. *fig.* Perturbar, agitar. *fig.* Sublevar (excitar indignación, promover sentimiento de protesta). Volver, revolver, retorcer. Volver de nuevo. *v. intr.* Sublevar, indignar, excitar indignación. *v. r.* Rebelarse, alzarse, sublevarse, levantarse, insurreccionarse.
REVOLTEAR *v. tr.* Revoltear (dar muchas vueltas). Revolver. *v. r.* Revolverse.
REVOLTO, VOLTA (vól.) *adj.* Revuelto. Torcido, tuerto. Agitado, movido. Turbulento, revuelto. Revuelto, tempestuoso.
REVOLTOSO, SA (ozo, òza) *adj.* Revoltoso, sedicioso, alborotador, rebelde. Ú. t. c. s.
REVOLUÇÃO (sáum) *f.* Revolución (acción de revolver o revolverse). Revolución, sedición, alboroto, inquietud. Revolución (cambio violento en las instituiciones políticas de un país). *fig.* Revolución (mudanza en el estado o gobierno de las cosas). *Astr.* Revolución.
REVOLUCIONADO, DA *adj.* Revolucionado. Lo mismo que REVOLTADO.
REVOLUCIONAMENTO *m.* Acción y efecto de
REVOLUCIONAR *v. tr.* Lo mismo que REVOLTAR. Revolucionar (causar una revolución o transformación radical en cualquier género).
REVOLUCIONARIAMENTE *adv. m.* Revolucionariamente.
REVOLUCIONÁRIO, RIA *adj.* Revolucionario. Ú. t. c. s.
REVOLUTEANTE *adj.* Que revolotea o revoltea.
REVOLUTEAR *v. intr.* Revolverse. Revoltear. Revolotear. Lo mismo que ESVOAÇAR. *m.* Revoloteo.
REVOLUTO, TA *adj.* Revuelto, agitado.
REVOLVEDOR, RA *adj.* Revolvedor.
REVOLVER *v. tr.* Revolver (menear de un lado a otro, alderredor, o de arriba a bajo, alguna cosa). Mezclar. Registrar, escudriñar. Revolver, inquietar, enredar, perturbar, mover sediciones, causar disturbios. Revolver (dar vuelta entera a una cosa). *v. intr.* Revolverse. Volverse. *v. r.* Agitarse. Revolverse. Girar.
REVÓLVER (vòl) *m.* Revólver.
REVOLVIDO, DA *adj.* Revuelto, movido, agitado.
REVOLVIMENTO *m.* Revolvimiento, revolución (acción y efecto de revolver o revolverse).
REVÔO (vóo) *m.* Revuelo.
RÉVORA (rè) *f.* Pubertad.
REVULSÃO (sáum) *f. Med.* Revulsión.
REVULSAR *v. tr. Med.* Producir la revulsión.
REVULSIVO, VA *adj. Med.* Revulsivo. Ú. t. c. s. m.
REVULSOR *m. Med.* Revulsor.
REVULSÓRIO, RIA (sò) *adj. Med.* Revulsorio, revulsivo.
REZA (rèza) *f.* Rezo, rezado. Oración.
REZADOR, RA (za) *adj.* Rezador (que reza mucho). Ú. t. c. s. m. *Bras.* Curandero.
REZAR (zar) *v. tr. e intr.* Rezar, orar. Rezar (leer, decir, recitar el oficio divino o las horas canónicas). Rogar, suplicar, implorar. Rezar (decir o decirse en un escrito). Rezar, gruñir, refunfuñar.
REZINGA (zin) *f.* Rezongo, refunfuño, gruñido.
REZINGÃO, GONA (zingáum) *adj.* Rezongón. Ú. t. c. s.
REZINGAR (zin) *v. intr.* Refunfuñar, rezongar, gruñir.

REZINGUEIRO, RA (zin) *adj.* Lo mismo que REZINGÃO. Ú. t. c. s.
RIA (ría) *f.* Ría, estero o brazo de río propio para la navegación.
RIACHÃO (cháum) *m. Bras. aum.* de
RIACHO (cho) *m.* Riacho, riachuelo.
RIBA *f.* Riba, ribazo. Ribera, orilla (de río). Lo mismo que RIBANCEIRA. *pop.* V. CIMA.
RIBADA *f.* Ribazo largo.
RIBALDARIA (ría) *f.* Ribaldería.
RIBALDIA (día) *f.* Ribaldería.
RIBALDO, DA *adj.* Ribaldo, pícaro, bribón, bellaco. Ú. t. c. s.
RIBALTA *f.* Candilejas, línea de luces en el proscenio del teatro. *fig.* El teatro, la vida teatral.
RIBAMAR *m.* Riba, ribera (orilla del mar).
RIBANCEIRA *f.* Ribazo a la orilla de un río.
RIBEIRA *f.* Ribera (tierra próxima a los ríos). Riego (acción de regar). Río pequeño.
RIBEIRADA *f.* Arroyada (crecida de un arroyo). *fig.* Arroyo (afluencia o corriente de cualquier cosa líquida).
RIBEIRÃO (ráum) *m. Bras.* Terreno propio para labrar las minas de diamante. Riacho algo ancho.
RIBEIRINHAS (ñas) *f. pl.* Zancudas.
RIBEIRINHO, NHA (ño, ña) *adj.* Ribereño. *m.* Mozo de fletes.
RIBEIRO *m.* Riacho, riachuelo. Regajo, gajo, regato, arroyuelo.
RIBETE *m.* Ribete (cinta con que se refuerza el borde u orilla del vestido, calzado, etc.). Cairel. Regajo, arroyuelo.
RIBOMBAR *v. intr.* Ribombar, retumbar.
RIBOMBO *m.* Rimbombo, rimbombe, retumbo.
RICAÇO, ÇA (so, sa) *adj.* Ricazo. *m.* Ricacho.
RICA-DONA *f.* Ricadueña (señora, hija o mujer de ricohombre).
RICAMENTE *adv. m.* Ricamente (con riqueza y abundancia).
RICANHO, NHA (ño, ña) *adj. pop.* Rico y avariento. Ú. t. c. s.
RIÇAR (sar) *v. tr.* Rizar (el pelo). *v. intr.* Lo mismo que ERRIÇAR y ARREPIAR.
RÍCINO *m. Bot.* Rícino. *Óleo de* —. Aceite de rícino.
RICO, CA *adj.* Rico, adinerado, acaudalado. Ú. t. c. s. Rico, abundante, opulento y pingüe. Rico (muy bueno o excelente en su línea). Rico (aplícase a las personas como expresión de cariño).
RICOCHETAR *v. intr.* Lo mismo que RICOCHETEAR.
RICOCHETE (che) *m.* Rebote. *fig.* Retroceso, reculada. *fam.* Remolque.
RICOCHETEAR *v. intr.* Rebotar.
RICO-HOMEM *m.* Ricohombre.
RICTO *m.* Rictus (contracción de los labios semejante a la sonrisa).
RICTUS *m.* Lo mismo que RICTO.
RIDENTE *adj.* Riente, risueño, alegre. *fig.* Florido.
RIDICULAMENTE *adv. m.* Ridículamente.
RIDICULARIA (ría) *f.* Ridiculez (dicho o hecho irregular o extravagante). Bagatela, friolera, fruslería.
RIDICULARIZAR (zar) *v. tr.* Ridiculizar.
RIDICULIZAR (zar) *v. tr.* Lo mismo que RIDICULARIZAR.
RIDÍCULO, LA *adj.* Ridículo (que mueve a risa por su rareza o extravagancia). Ridículo, escaso, corto, mezquino. Ridículo, extraño, irregular, extravagante. *m.* Ridículo.
RIFA *f.* Rifa (sorteo).
RIFADA *f.* Serie de naipes del mismo palo.
RIFADOR *m.* Rifador. Ú. t. c. adj.
RIFÃO (fáum) *m.* Refrán, proverbio.
RIFAR *v. tr.* Rifar (efectuar el juego de la rifa o sorteo de una cosa entre varios).
RIFLE *m.* Rifle.
RIGIDAMENTE (ji) *adv. m.* Rígidamente.
RIGIDEZ (ji) *f.* Rigidez.
RÍGIDO, DA (ji) *adj.* Rígido, inflexible. Duro. Tieso.
RIGODÃO (dáum) *m.* Rigodón.
RIGOR *m.* Rigor (nimia y escrupulosa severidad). Rigidez. Rigor (aspereza, dureza o acrimonia en el genio o en el trato). Rigor (último término a que pueden llegar las cosas). Rigor (intensión, vehe-

mencia). Rigor (propiedad y precisión). *A* —. *m. adv.* En rigor, en realidad, estrictamente.
RIGORISMO *m.* Rigorismo.
RIGORISTA *adj.* y *s.* Rigorista.
RIGOROSAMENTE (ròza) *adv. m.* Rigorosamente, rigurosamente.
RIGOROSIDADE (zi) *f.* Rigurosidad.
RIGOROSO, SA (ozo, òza) *adj.* Riguroso, rigoroso (áspero y acre; muy severo y cruel; estrecho, austero, rígido; extremado, duro de soportar).
RIJAMENTE (ja) *adv. m.* Rígidamente. Reciamente, de recio.
RIJEZA (jeza) *f.* Rigidez. Dureza. Rigor. Fuerza, vigor, fortaleza.
RIJO, JA (jo, ja) *adj.* Recio, fuerte, robusto. Rígido. Duro. Recio, áspero. Recio, duro, grave, difícil de soportar, riguroso. *m.* Lo principal. La mayor parte. *adv. m.* Recio, de recio, recialmente.
RILHADOR, RA (lla) *adj.* Roedor.
RILHADURA (lla) *f.* Roedura (acción de roer).
RILHAR (llar) *v. tr.* Roer. Tascar. Crujir (los dientes).
RILHEIRA (llei) *f.* Crisol.
RIM *m.* Riñón. *(pl. Rins). pl.* La región lumbar.
RIMA *f.* Rima (consonancia, asonancia). Rima, rimero. Rima, hendedura, abertura, fisura. *pl.* Rima (composición poética).
RIMADOR, RA *adj.* Rimador. Ú. t. c. s.
RIMANCE *m. ant.* Romance (idioma derivado del latín). Romance (composición poética escrita en romance).
RIMAR *v. tr.* Rimar. *v. intr.* Rimar.
RIMÁRIO *m.* Conjunto de rimas o composiciones poéticas.
RIMBOMBAR *v. intr.* Lo mismo que RIBOMBAR.
RIMBOMBO *m.* Lo mismo que RIBOMBO.
RIMOSO, SA (ozo, òza) *adj.* Que tiene rimas o hendeduras.
RÍMULA *f.* Rimula.
RINALGIA (jía) *f. Med.* Rinalgia.
RINÁLGICO, CA (ji) *adj.* Rinálgico.
RINCÃO (cáum) *m. Bras.* Porción de campo cerrado naturalmente por matorrales o ríos. Lo mismo que RECANTO.
RINCHADA (cha) *f. pop.* Carcajada.
RINCHAR (char) *v. intr.* Relinchar.
RINCHO (cho) *m.* Relincho.
RINGIR (jir) *v. intr. y tr.* Lo mismo que RANGER y RILHAR.
RINGUE *m. Desport.* Ring, recinto, redondel, liza, circuito.
RINHA (ña) *f. Bras.* Riña de gallos.
RINHADEIRA (ña) *f. Bras.* Lo mismo que
RINHADEIRO (ña) *m. Bras.* Reñidero (sitio destinado a la riña de gallos).
RINHAR (ñar) *v. intr. Bras.* Reñir (los gallos).
RINITE *f. Med.* Renitis.
RINOBRONQUITE *f.* Rinobronquitis.
RINOCEFALIA (lía) *f. Terat.* Rinocefalia.
RINOCÉFALO (cè) *m. Terat.* Rinocéfalo.
RINOCERONTE *m. Zool.* Rinoceronte.
RINOCLISE (ze) *f.* Rinocleisis.
RINOFIMA *f.* Rinofima.
RINOFONIA (nía) *f.* Rinofonía.
RINOLALIA (lía) *f.* Rinolalia.
RINOLITÍASE (ze) *f.* Rinolitiasis.
RINÓLITO (nò) *m.* Rinolito.
RINOLIFO (nò) *m. Zool.* Rinólofo.
RINOLOGIA (jía) *f.* Rinología.
RINOLÓGICO, CA (lòji) *adj.* Concerniente a la rinología.
RINOLOGISTA (jis) *m.* Lo mismo que
RINÓLOGO (nò) *m.* Rinólogo.
RINONECROSE (cròze) *f.* Rinocerosis.
RINOPLASTIA (tía) *f.* Rinoplastia.
RINOPLÁSTICO, CA *adj.* Rinoplástico.
RINOPTIA (ptía) *f.* Rinoptia.
RINORRAFIA (fía) *f.* Rinorrafia.
RINORRAGIA (jía) *f.* Rinorragia.
RINORRÉIA (rrèia) *f.* Rinorrea.
RINOSCOPIA (pía) *f.* Rinoscopia.
RINOSCÓPICO, CA (cò) *adj.* Rinoscópico.
RINOSSALPINGITE (sal...ji) *f.* Rinosalpingitis.
RINOSTOGNOSE (gnòze) *f.* Rinostognosis.

RINOTOMIA (mía) *f.* Rinotomía.
RINOTRIQUIA (quía) *f.* Rinotriquia.
RIO (río) *m.* Río.
RIO-GRANDENSE DO NORTE (nòr) *adj.* Natural del Rio Grande do Norte, provincia del Brasil. Ú. t. c. s.
RIO-GRANDENSE DO SUL *adj.* Riograndense. Ú. t. c. s.
RIPA *f.* Ripia. Lata, listón. Acción de *Ripar.*
RIPADA *f.* Lo mismo que CACETADA. *Bras.* Trago de aguardiente.
RIPADO, DA *adj.* Enrejado (hecho de latas o listones). Enlistonado.
RIPAL *adj.* Aplícase al clavo propio para clavar latas o listones.
RIPANÇO (so) *m.* Rastrillo (para limpiar el lino). Rastro, rastrillo (con mango).
RIPAR *v. tr.* Enlatar (cubrir con latas la armazón del techo). Enlistonar. Rastrillar (el lino). Rastrillar (limpiar con el rastrillo). *Bras.* Censurar, criticar.
RIPIADO, DA *adj.* Guijoso, cascajoso.
RIPÍCOLA *adj.* Ribereño.
RÍPIO *m.* Ripio (cascajo que se utiliza para rellenar). Cascajo. Ripio (in verso).
RIPOSTAR *v. tr.* Replicar. *v. intr. Esgr.* Reparar y dar la estocada al mismo tiempo.
RIQUEZA (za) *f.* Riqueza (abundancia de bienes caudales, haciendas. etc.).
RIR *v. intr.* Reír. Ú. t. c. r. *v. tr.* Reír, hacer burla o zumba.
RISADA (za) *f.* Risada, risotada, carcajada.
RISCA (cha) *f.* Línea. Surco. Raya (en el pelo). À — *m. adv.* Puntualmente, a rigor, exactamente, al pie de la letra.
RISCADO, DA *adj.* Rayado. Borrado con rayas. Listado. *m.* Rayadillo; riscadillo (*Amer.*). *Entender do — fr. fig. Bras.* Conocer a fondo una materia.
RISCADOR, RA *adj.* Rayador.
RISCADURA *f.* Lo mismo que
RISCAMENTO *m.* Acción y efecto de rayar.
RISCAR *v. tr.* Rayar (hacer rayas). Rayar (borrar con rayas lo escrito). Marcar, determinar. Trazar. Expulsar de un gremio, etc. *v. intr.* Perder la amistad de alguien. Provocar. Reñir, disputar, contender.
RISCO *m.* Trazo, raya, línea. Dibujo. Trazado. Plano. Riesgo, peligro. *pop.* Navajazo, navajada. *Correr o — fr.* Correr riesgo.
RISCOSO, SA (ozo, òza) *adj.* Arriesgado.
RISIBILIDADE (zi) *f.* Risibilidad.
RISÍVEL (zí) *adj.* Risible.
RISIVELMENTE (zí) *adv. m.* Risiblemente.
RISO (za) *m.* Risa.
RISONHAMENTE (zoña) *adv. m.* Risueñamente.
RISONHO, NHA (zoño) *adj.* Risueño (que muestra o manifesta risa en el semblante). *fig.* Risueño, propicio, favorable.
RISOTA (zò) *f.* Risotada, risada. Riso de buela.
RISOTE (zò) *adj. y s.* El que ríe de una cosa respetable.
RISPIDAMENTE *adv. m.* Ásperamente, rigurosamente, austeramente, rígidamente.
RISPIDEZ *f.* Aspereza, severidad, rigidez.
RÍSPIDO, DA *adj.* Ríspido, áspero, riguroso, rígido.
RISTE *m.* Ristre (donde se afianzaba la lanza).
RITMADO, DA *adj.* Cadenciado, cadencioso. Compasado. Que tien ritmo.
RITMAR *v. tr.* Dar cadencia o ritmo.
RÍTMICA *f.* Rítmica.
RÍTMICO, CA *adj.* Rítmico. Cadenciado, cadencioso. Compasado.
RITMO *m.* Ritmo.
RITMOPÉIA (pèia) *f.* Ritmopea.
RITO *m.* Rito, ceremonia.
RÍTON *m.* Ritón.
RITORNELO (nè) *m.* Ritornelo.
RITUAL *adj.* Ritual. *m.* Ritual.
RITUALISMO *m.* Ritualismo.
RITUALISTA *m.* Ritualista.
RITUALÍSTICO, CA *adj.* Concerniente al ritualismo, propio de ritualista.
RITUALMENTE *adv. m.* Conforme al rito.
RIVAL *m.* Rival, competidor. Ú. t. c. adj.

RIVALIDADE *f.* Rivalidad.
RIVALIZAR (zar) *v. intr.* Rivalizar, competir. Tener celos. Igualar. *v. r.* Rivalizar.
RIVALIZÁVEL (zá) *adj.* Que admite competidor o rival.
RIXA (cha) *f.* Rija, riña, pendencia, alboroto, cuestión, quimera, reyerta, contienda, altercado.
RIADOR, RA (cha) *adj.* Reñidor, pendenciero, quimerista, camorrista, rijoso, rijador. Ú. t. c. s.
RIXAR (char) *v. intr.* Reñir, disputar, altercar, pelear, luchar a golpes.
RIXOSO, SA (chozo, chòza) *adj.* Lo mismo que RIXADUR. Ú. t. c. s.
RIZADURA (za) *f. Mar.* Acción y efecto de arrizar o tomar rizos.
RIZES (zes) *m. pl. Mar.* Rizos. *Colher os —.* Tomar rizos, arrizar.
RIZOBLASTO (zo) *m. Bot.* Embrión rizoblasto.
RIZOBOLÁCEO, CEA (zo) *adj.* Rizobóleo.
RIZÓBOLO (zò) *m. Bot.* Rizóbolo, cariocar.
RIZOCÁRPICO, CA (zo) *adj.* Rizocárpeo. Rizocárpico.
RIZÓFAGO, GA (zò) *adj.* Rizófago.
RIZÓFILO, LA (zò) *adj.* Rizófilo.
RIZOFILO, LA (zo) *adj.* Rizófilo.
RIZOFORÁCEO, CEA (zo) *adj.* Rizofóreo. *f. pl. Bot.* Rizofóreas.
RIZÓFORO, RA (zò) *adj.* Rizóforo.
RIZOGRAFIA (zografía) *f.* Rizografía.
RIZOGRÁFICO, CA (zo) *adj.* Rizográfico.
RIZÓIDE (zói) *m.* Rizoide.
RIZOMA (zo) *m. Bot.* Rizoma.
RIZOMORFO, FA (zomòr) *adj.* Rizomorfo.
RIZÓPODE (zò) *m.* Rizópodo.
RIZOSPERMO, MA (zospèr) *adj.* Rizospermo.
ROAZ *adj.* Roedor. Destructor, destruidor. *m.* Lo mismo que TONINHA.
ROBALO *m.* Robalo, róbalo. Robaliza.
ROBLE (rò) *m.* Lo mismo que CARVALHO.
ROBLEDO *m.* Robledo, robleda, robledal.
ROBORAÇÃO (sáum) *f.* Roboración.
ROBORANTE *adj.* Roborante.
ROBORAR *v. tr.* Roborar (dar fuerza, vigor). Roborar, confirmar, corroborar.
ROBORATIVO, VA *adj.* Roborativo.
ROBOREDO *m.* Lo mismo que ROBLEDO.
ROBORIZAR (zar) *v. tr.* Lo mismo que ROBORAR.
ROBUSTAMENTE *v. intr.* Robustamente.
ROBUSTECEDOR, RA *adj.* Robustecedor.
ROBUSTECER *v. tr.* Robustecer. Ú. t. c. r.
ROBUSTEZ *f.* Robustez, robusteza.
ROBUSTEZA (za) *f.* Robusteza, robustez.
ROBUSTIDÃO (dáum) *f.* Robustez, robusteza.
ROBUSTO, TA *adj.* Robusto, fuerte, vigoroso, recio, firme. Robusto (que tiene fuertes miembros y firme salud).
ROCA (rò) *f.* Rueca (para hilar). Roca, peñasco.
ROÇA (ròsa) *f.* Roce, rozamiento, rozadura. Roza (acción de rozar la tierra). Roza, rocha (tierra rozada y limpia de malezas, pronta para sembrar en ella). *Bras.* Tierra de labor. *Bras.* Sitio poblado de mandiocas. *Bras.* El campo (por oposición a la ciudad).
ROCADA *f.* Rocada.
ROÇADA (sa) *f.* Roza (acción de rozar la tierra). Roza (tierra rozada).
ROÇADELA (sadè) *f.* Roce, rozadura, rozamiento.
ROÇADO (sa) *m.* Roza, rocha (tierra rozada). Sitio plantado en medio del matorral. *Bras.* Terreno poblado de mandiocas.
ROÇADOR, RA (sa) *adj.* Rozador.
ROÇADOURA (sa) *f.* Rozadera.
ROÇADURA (sa) *f.* Rozadura, rozamiento, roce.
ROÇAGANTE (sa) *adj.* Rozagante.
ROÇAGAR (sa) *v. tr.* Arrastrar. Rozar (pasar frotando ligeramente).
ROÇAGEM (sajem) *f. Bras.* Lo mismo que ROÇADO.
ROÇAL *adj.* Duro como piedra. *m.* Rocalla, abalorio grueso. Collar de perlas o de cuentas.
ROCALHA (lla) *f.* Rocalla. Lo mismo que ROCAL.
ROÇAMENTO (sa) *m.* Rozamiento, roce, rozadura.

ROCAR *v. intr.* Enrocar (en el juego de ajedrez).
ROÇAR (sar) *v. tr.* Rozar (limpiar las terras de malezas). Rozar (cortar los animales con los dientes la hierba para comerla. Rozar (raer la superficie de una cosa). Rozar (pasar una cosa tocando o frotando ligeramente la superficie de otra). Fregar, restregar. Resbalar.
ROCAZ *adj.* Que nace entre rocas.
ROCEGA (cè) *f. Mar.* Rastreo. *Mar.* Rastra.
ROCEGAR *v. tr. Mar.* Rastrear.
ROCEIRO *m.* Rozador. *Bras.* Pequeño labrador. Lo mismo que CAIPIRA.
ROCHA (ròcha) *f.* Roca (piedra muy dura y sólida). Roca, peñasco. *fig.* Roca (cosa muy dura, firme y constante).
ROCHAZ (chaz) *adj.* Que nace entre rocas.
ROCHEDO (che) *m.* Peñasco, roca escarpada. Roca. Costa acantilada. *Anat.* Peñasco.
ROCHINA (chi) *f. Bras.* Especie de mandioca.
ROCHOSO, SA (chozo, chòza) *adj.* Rochoso, roqueño. Peñascoso.
ROCIADA *f.* Rociada, rocío.
ROCIAR *v. intr.* Rociar (caer el rocío). *v. tr.* Rociar (esparcir en menudas gotas un líquido).
ROCIM *m.* Rocín, rocino.
ROCINANTE *m.* Rocinante, rocín, matalón.
ROCINHA (ña) *f.* Chacarita.
ROCIO (cío) *m.* Rocío.
ROCIOSO, SA (ozo, òza) *adj.* Que tiene rocío.
ROCLÓ (clò) *m.* Roclo.
ROCOCÓ *m.* Rococó. *m.* Estilo rococó.
RODA (rò) *f.* Rueda (máquina elemental, de figura circular y de poco gruesco relativamente a su radio, que puede girar sobre un eje). *Mar.* Roda. *Mar.* Rueda del timón. *Anat.* Rótula. Corro, rueda (juego de niñas). Vuelta, círculo. Torno, vuelta, giro, movimiento circular o rodeo. Torno (de los conventos de monjas). Torno (de las casas de expósitos). Torno (armazón giratoria que se ajusta al hueco de una pared y sirve para pasar objetos de una parte a otra). Globo (esfera usada en los sorteos de loterías). Vuelta (acción o expresión áspera y sensible). Rueda (tajada circular de ciertas frutas). Tarazón, rueda. Mancha circular (en el pelo de los caballos). Rueda (del pavo). Ronda (distribución de algunas cosas a personas reunidas en corro). Rueda (suplicio antiguo). *fig.* Rueda, círculo, corro (de personas o cosas). *fig.* Casa de expósitos. *fig.* Lotería. *fig.* Clase, jerarquía, condición social. *fig.* Espacio, transcurso de tiempo. *— catarina.* Rueda catalina, rueda de Santa Catalina (en los relojes). *— da fortuna.* Rueda de la fortuna (inconstancia y poca estabilidad de las cosas humanas, en lo próspero y en lo adverso). *— d'água.* Rueda del molino. *— de encontro.* Lo mismo que *Rueda catarina. — de fogo.* Sol (rueda de fuegos artificiales). *— dentada.* Rueda dentada. *— dum moitão.* Roldana. *— do leme.* Rueda del timón. *— hidráulica.* Rueda hidráulica. *— viva. fig.* Movimiento continuo; agitación; barahunda; inquietud. *Alta —.* La alta clase, el gran mundo. *Anda-me a cabeça à —. fr. fig.* Se me va la cabeza. *Andar a —. br. s.* Correr (la lotería). *Andar a —. fr.* Girar, dar vueltas; rodear. Rodear, dar vueltas alrededor de una cosa. *Andar numa — viva. fr. fig.* Moverse continuadamente; andar de aquí para allí; trabajar aprisa; tener mucho trabajo o muchas y duraderas penas. *À —. m. adv.* En torno, a torno, alrededor. *Brincar de —.* Jugar al corro. *De —. m. adv.* Lo mismo que *À roda. Em —. m. adv.* Lo mismo que *À roda. Em — viva m. adv.* Continuamente, sin detenerse; aprisa. *Fazer a — a alguém. fr. fig.* Galantear, requebrar, cortejar. *Meter na —. fr.* Exponer (abandonar a un niño recién nacido en la casa de expósitos). *Na — do ano.* En el transcurso del año; todo el año. *Peixe —.* Rueda (pez). *Trazer alguém numa — viva. fr. fig.* Traer a uno ocupado con prisa alrededor de sí). *Untar as —s. fr. fig.* Sobornar, untar.
RODADA *f. Bras.* Rodada (*Amer.*: acción de rodar o caer el caballo). Ronda (distribución de algunas cosas a personas reunidas en corro). Acción de recibir mal a uno.
RODADO, DA *adj.* Enrodado. Transcurrido. *m.* Vuelo (del vestido). Rodaje.

RODADOR, RA *adj. Bras. merid.* Rodador (*Amer.:* que rueda o cae, hablando de caballos).

RODAGEM *(jem) f.* Rodaje (conjunto de ruedas). Lo mismo que RODADA, 1ª acep. Fábrica de ruedas. *Estrada de* —. *Bras.* Camino carretero o carretil, camino de ruedas, carretera.

RODAMENTO *m. Bras.* Remolino.

RODAMONTADA *f.* Rodomontada, rodomontada, baladronada, fanfarronada.

RODANTE *adj.* Rodante.

RODAPÉ *(pè) m.* Rodapié (paramento con que se rodean las camas. Rodapié, friso (faja en la parte inferior de las paredes). Rodapié (de los balcones). *Bras.* Folletín (novela, artículo literario u otro trabajo cualquiera, generalmente extenso, que se inserta en la parte inferior de las planas de los periódicos).

RODAQUE *m.* Vetuario de hombre.

RODAR *v. tr.* Volver, rodear, girar (dar vuelta o vueltas a una cosa). Rodear (cercar una cosa). Rodear (andar alrededor). Enrodar (imponer el suplicio de la rueda). Rastrillar (juntar con el rastrillo o rastro). *v. intr.* Rodar (dar vueltas un cuerpo alrededor de su eje). Rodar (moverse algo por medio de ruedas). Rodar (caer dando vueltas). *Bras.* Rodar *(Amer.* caer hacia adelante el caballo al correr). *m.* Decurso, transcurso.

RODEAMENTO *m.* Rodeo (acción de rodear). Giro, vuelta.

RODEAR *v. intr.* Rodear (andar alrededor). Rodear, cercar. Rodear (ir por camino más largo que el ordinario). *fig.* Rodear (emplear circunloquios para decir una cosa). *v. tr.* Rodear (poner algo alrededor de una cosa). *v. r.* Cercarse, acompañarse. *m.* Rodeo (acción de rodear).

RODEIO *m.* Rodeo (acción de rodear). *fig.* Rodeo (dilación, tardanza en hacer o en el modo de hacer algo). *fig.* Rodeo, circunloquio. *fig.* Rodeo (escape, efugio para disimular o eludir alguna cosa). *Bras.* Rodeo (reconocimiento de un ganado para contar las cabezas que hay el él; lugar donde se hace este reconocimiento).

RODEIRA *f.* Tornera (monja destinada para servir en el torno). Rodera, carril. Camino carretil, carretera.

RODEIRO *m.* Eje de un carro. Eje. Conjunto de dos ruedas con su eje. *Maço* —. Mazo de carretero.

RODELA *(dè) f.* Rodela, escudo. *Anat.* Rótula. Rueda pequeña. Rueda (tajada de algunas frutas).

RODELEIRO *m. Mil.* Rodelero. Ú. t. c. adj.

RODELO *(de) m.* Remiendo de un zapato.

RODETA *f.* Rueda pequeña, rodezuela.

RODETE *m.* Carrete (para devanar). Rodezuela. *Bras.* Rastrillo pequeño.

RODILHA *(lla) f.* Rodilla (paño basto que sirve para limpiar). *fig.* Persona despreciable.

RODILHAR *(llar) v. tr.* Lo mismo que ENRODILHAR.

RODILHO *(llo) m.* Rodilla (paño basto que sirve para limpiar). Trapo.

RODILHUDO, DA *(llu) adj. Bras. merid.* Rodilludo (que tiene abultadas das rodillas).

RÓDIO *(rò) m.* Rodio (metal).

RODÍZIO *(zio) m.* Rodezno. Sucesión, escala de trabajo.

RODO *(ró) m.* Rastro, rastrillo. *A* —. *m. adv.* En gran cantidad, a montones.

RODODENDRO *m. Bot.* Rododendro.

RODOMEL *(mèl) m.* Rodomiel, miel rosad.

RODOPELO *m.* Remolino (porción de pelo retorcido en redondo, en alguna parte del cuerpo del animal). *A* —. *m. adv.* Al redopelo.

RODOPIAR *v. intr.* Remolinar, remolinear. Girar mucho. Revolotear.

RODOPIO *(pío) m.* Remolino. Revoloteo.

RODOUÇA *(sa) f.* Lo mismo que RODILHA.

RODOVIA *(vía) f. Bras.* Camino carretil, camino carretero, carretera.

RODOVIÁRIO, RIA *adj.* Relativo o concerniente a la carretera.

RODRIGÃO *(sáum) m.* Rodrigón.

ROEDOR, RA *adj.* Roedor. Ú. t. c. s. *Zool.* Roedor. Ú. t. c. s. *m. pl. Zool.* Roedores.

ROEDURA *f.* Roedura (acción de roer).

ROEL *(è) m.* Lo mismo que ARRUELA.

ROENTGEN *m. Raios de* —. Rayos Röntgen.

ROENTGENOLOGIA *(jía) f.* Röntgenología.

ROENTGENTERAPIA *(pía) f.* Röntgenorapia.

ROER *v. tr.* Roer (descantillar; quitar poco a poco la carne pegada a un hueso). *fig.* Roer (gastar parte de un caudal poco a poco). *fig.* Roer, molestar, punzar, atormentar interiormente.

ROFO, FA *adj.* Áspero, arrugado, rugoso. *m.* Ruga, arruga.

ROGAÇÕES *f. pl.* Rogaciones (letanías en procesiones públicas).

ROGADO, DA *adj.* Rogado.

ROGADOR, RA *adj.* Rogador. Medianero (que media e intercede). Ú. t. c. s.

ROGAR *v. tr.* Rogar (pedir algo por gracia; instar con súplica).

ROGATIVA *f.* Rogativa. Ruego, rogación.

ROGATIVO, VA *adj.* Rogativo.

ROGATÓRIA *(tò) f.* Rogativa.

ROGATÓRIO, RIA *(tò) adj.* Rogatorio.

ROGO *(ró) m.* Ruego. Plegaria.

ROJADOR, RA *(ja) adj.* Que arrastra.

ROJÃO *(jáum) m.* Rejon. *Bras.* Cohete.

ROJAR *(jar) v. tr.* Arrastrar. Arrojar, lanzar. Rozar (pasar frotando). *v. intr.* y *r.* Arrastrarse.

ROJO *(jo) m.* Arrastre.

ROL *(ròl) m.* Rol, lista, nómina.

ROLA *(ró) f.* Tórtola.

ROLADO *adj.* Encrespado (hablando del mar).

ROLAGEM *(jem) f.* Acción de allanar la tierra con el rodillo.

ROLAMENTO *m.* Manga de eje, cojinete, soporte. *Mar.* Balance.

ROLANTE *adj.* Rodante, girante.

ROLÃO *(láum) m.* Rodillo (cilindro de madera que se hace rodar por el suelo para llevar o arrastrar cosas de mucho peso). Rollón, acemite. Ola larga y creciente. *adj.* Ordinario, bajo, basto.

ROLAR *v. tr.* Rodar (hacer dar vuelta o vueltas a una cosa). *v. intr.* Rodar, girar. Arrullar (las palomas y tórtolas). *v. r.* Encresparse (las aguas). Remolinar. Lo mismo que REBOLAR-SE.

ROLDANA *f.* Polea, garrucha.

ROLDÃO *(dáum) m.* Precipitación, atropello, confusión. *De* —. *m. adv.* De rondón.

ROLEIRO, RA *adj.* Que rueda o gira. Encrespado (hablando del mar).

ROLETA *f.* Ruleta (juego de azar).

ROLETE *m.* Rollete (rollo pequeño). *ant.* Rodete (de pelo). Entrenudo (de la caña).

ROLHA *(rolla) f.* Tapón (de corcho, cristal, madera, etc.). Tapón de corcho. *pop.* Pícaro, tunante. *fig.* Imposición de silencio.

ROLHADO, DA *(lla) adj.* Tapado con tapón o corcho.

ROLHADOR *(lla) m.* Aparato para tapar botellas con corcho.

ROLHAR *(llar) v. tr.* Tapar botellas con corchos o tapones.

ROLHEIRO *(llei) m.* Taponero, corchero.

ROLHO, ROLHA *(ròllo, ròlla) adj.* Rechoncho.

ROLIÇO, ÇA *(so, sa) adj.* Rollizo, redondo, en forma de rollo. Rolizo, robusto, grueso.

ROLINHA *(ña) f.* Tórtola.

ROLO *(ró) m.* Rollo (cosa de figura cilíndrica). Rodillo, rulo (cilindro muy pesado de piedra o hierro que se hace rodar para allanar la tierra). *Impr.* Rollo. Rollo (de pastelero). Fardo, bulto. Paquete (lío, envoltorio). Rollo (porción en rollada de papel). Remolino. Pabilo de cera. Rollizo (madero en rollo). Bucle, rizo, tirabuzón, mechón de pelo que tiene forma redonda o de sortija; rulo (*Amer.*). Tórtolo (macho de la tórtola). *fig.* Muchedumbre. *Bras.* Barullo, desorden, alboroto.

ROMÃ *(mán) f.* Granada (fruto del granado).

ROMAGEM *(jem) f.* Romería, romeraje.

ROMAICO, CA *adj.* Romaico. Ú. t. c. s. *m.*

ROMANA *f.* Romana (balanza).

ROMANÇA *(sa) f.* Romanza.

ROMANCE *m.* Romance (idioma). Romance (livro de caballerías). Romance, novela. Romance (composición métrica; composición poética escrita en romance). Romanza. *adj.* Romanche, romántico. Ú. t. c. s. *m.*

ROMANCEAR *v. tr.* Romancear (traduzir al romance). Romanizar. *v. intr.* Escribir romances. Novelar (componer o escribir novelas). Novelar (contar cuentos y patrañas).

ROMANCEIRO *m.* Romancero (colección de romances).

ROMANCHE *(che) m.* Romanche (idioma).

ROMANCISMO *m.* Romanticismo (propensión a lo sentimental).

ROMANCISTA *m.* Romancista (el que escribía en romance). Romancista (autor de romances). Novelista.

ROMANESCAMENTE *adv. m.* De un modo romanesco.

ROMANESCO, CA *adj.* Romanesco, romancesco, novelesco. Romántico, sentimental.

ROMÁNICO, CA *(mán) adj. Arq.* Románico. Romance (dícese de las lenguas modernas derivadas del latín).

ROMANISTA *m.* Romanista (persona que profesa el derecho romano). Romanista (persona que está versada en las lenguas romances).

ROMANIZAR *(zar) v. tr.* Romanizar.

ROMANIZÁVEL *(zá) adj.* Que se puede adaptar a las lenguas romances.

ROMANO, NA *adj.* Romano. Ú. t. c. s.

ROMANTICAMENTE *adv. m.* De un modo romántico.

ROMANTICISMO *m.* Lo mismo que ROMANTISMO.

ROMÂNTICO, CA *(mán) adj.* Romántico (perteneciente o relativo al romanticismo; partidario de esta escuela literaria). Romántico, sentimental, generoso, fantástico. *m.* Lo romántico.

ROMANTISMO *m.* Romanticismo (escuela literaria). Romanticismo (propensión a lo sentimental; generoso y fantástico).

ROMANTIZAR *(zar) v. tr.* Hacer romántico. *v. intr.* Novelar.

ROMANZEIRA *(zei) f.* Granado.

ROMANZEIRAL *(zei) m.* Granadal.

ROMARIA *(ría) f.* Romería.

RÔMBICO, CA *(róm) adj.* Rómbico, rombal.

ROMBO *m. Geom.* Rombo. Abertura, agujero, portillo. Desfalco. Lo mismo que ARROMBAMENTO. *adj.* Romo, obtuso, sin punta.

ROMBOÉDRICO, CA *(è) adj.* De figura de romboedro.

ROMBOEDRO *(è) m. Geom.* Romboedro.

ROMBOIDAL *adj.* Romboidal.

ROMBÓIDE *(bòi) m.* Romboide. *adj.* Romboideo.

ROMEIRA *f.* Romera, peregrina. *Bot.* Granado. Especie de manteleta.

ROMEIRAL *m.* Granadal.

ROMEIRO *m.* Romero, peregrino.

ROMENO, NA *adj.* Rumano. Ú. t. c. s. *m.* Rumano (lengua rumana).

ROMPANTE *adj.* Arrogante, orgulloso. *m. pop.* Ímpetu, furia, repente. Orgullo, altivez.

ROMPÃO *(páum) m.* Ramplón (de herradura).

ROMPEDEIRA *f.* Rompedera (puntero que se emplea para abrir agujeros en el hierro caliente). Tajadera, cortafrío.

ROMPEDOR, RA *adj.* Rompedor.

ROMPEDURA *f.* Rompedura, rompimiento, rotura. Lo mismo que RASGÃO.

ROMPENTE *adj.* Rompiente. Arrogante, altibo. *Blas.* Rampante.

ROMPER *v. tr.* Romper, quebrar. Romper, gastar, destrozar. Romper, surcar, hender. Romper, quebrantar (la observancia de la ley, precepto u obligación). Romper (interrumpir la continuidad de algo inmaterial). Lo mismo que RASGAR. Romper, desbaratar, rendir. Romper, penetrar, horadar. Deshacer, disipar. Romper, roturar, arar. Romper, empezar. *v. intr.* Arremeter, acometer. Arrojarse, arremeter. Embestir. Romper, empezar (tener principio una cosa). Romper, prorrumpir, brotar. Rayar (el día, la mañana, etc.). *v. r.* Romperse, quebrantarse. Despedazarse. *m.* Rotura, rompedura, rompimiento.

ROMPIDO, DA *adj.* Rompido, roto.

ROMPIMENTO *m.* Rompimiento (acción de romper o romperse). Rotura, rompimiento, abertura, quiebra. Rompimiento, desavenencia, riña.

RONCA *f.* Acción de roncar. Ronca (amenaza jactanciosa). Roncón (de la gaita gallega). Especie de arpeo. *Meter a* —. *fr. fig. Bras.* Murmurar, hablar mal de uno.

RONCADEIRA *adj.* Roncadora (que ronca).

RONCADURA *f.* Acción de roncar. Vejiga llena de aire que revienta con estruendo.

RONCAR *v. intr.* Roncar (hacer ruido bronco con el resuello durante el sueño). Resollar (respirar con algún ruido). Hacer estruendo. Retumbar. Echar roncas.

RONCARIA (ría) *f.* Acción de roncar. Ronca, amenaza jactanciosa.

RONÇARIA (saría) *f.* Roncería, tardanza, lentitud.

RONCEAR *v. intr.* Roncear.

RONCEIRAMENTE *adv. m.* Con roncería, de un modo roncero.

RONCEIRISMO *m.* Calidad de roncero. Indolencia. Sistema opuesto al progreso o adelanto.

RONCEIRO, RA *adj.* Roncero, tardo y perezoso en ejecutar una cosa. *Mar.* Roncero.

RONCICE *f.* Costumbre de roncear.

RONCO *m.* Acción de roncar. Ronquido (sonido bronco que se hace roncando). Ronco (sonido bronco en general). Gruñido (voz del cerdo). Gruñido (voz de algunos animales cuando amenazan). Ronca, amenaza jactanciosa. *adj. ant.* Lo mismo que ROUCO.

RONCOLHO (llo) *adj.* Mal castrado. Que tiene un solo testículo.

RONDA *f.* Ronda (acción de rondar). Ronda (grupo de personas que rondan). Corro, rueda (conjunto de personas que bailan en círculo).

RONDANTE *m.* Rondador.

RONDÃO (dáum) *m.* Lo mismo que ROLDÃO.

RONDAR *v. intr.* Rondar (andar de noche vigilando una población). *Mil.* Rondar. Rondar (andar paseando). *v. tr.* Rondar (dar vueltas alrededor de una cosa). Rondar (andar alrededor de uno o siguiéndole para lograr algo de él). Rondar, amargar (estar próximo a sobrevenir).

RONDEAR *v. intr. y tr.* Lo mismo que RONDAR.

RONDÓ (dò) *m. Mús.* Rondó.

RONGÓ (gò) *f. Bras. nort.* Ramera. Ú. t. c. adj.

RONHA (ña) *f.* Roña (sarna del ganado lanar). Roña, astucia, sagacidad, maña.

RONHENTO, TA (ñen) *adj.* Lo mismo que

RONHOSO, NHOSA (ñoso, ñòsa) *adj.* Roñoso (que padece roña). Mañero, malicioso, astuto.

RONQUEAR *v. tr.* Limpiar el atún.

RONQUEIRA *f.* Ronquera, ronquez.

RONQUEJAR (jar) *v. tr.* Roncar. *v. intr.* Ronquear.

RONQUENHO, NHA (ño, ña) *adj.* Ronco (que tiene ronquera).

RONQUIDÃO (dáum) *f.* Ronquez, ronquera. Lo mismo que

RONQUIDO *m.* Ronquido (del caballo).

RONROM *m.* Ronroneo (del gato).

RONRONAR *v. intr.* Ronronear.

ROPALÓCERO, PA (lò) *adj.* Ropalócero. *m. pl.* Ropalóceros.

ROQUE (rò) *m.* Roque (torre del juego del ajedrez). Enroque (acción y efecto de enrocar en el juego del ajedrez). *Sem rei nem* —. *fr. fig.* Sin gobierno.

ROQUEIRO, RA *adj.* Roquero (perteneciente o relativo a las rocas o edificado sobre ellas). *Castelo* —. Castillo roquero.

ROQUERROQUE (rò...rrò) *m.* Roedura (acción de roer). Onomatopeya de la roedura.

ROQUETE *m.* Roquete (sobrepelliz cerrada y con mangas cortas).

ROR *m. pop.* Gran cantidad, multitud.

RORANTE *adj. poét.* Rorante (*p. us.:* cubierto de rocío o que destila gotas de rocío).

ROREJANTE (jan) *adj. poét.* Aljofarado. Que rocia o aljofara.

ROREJAR (jar) *v. tr.* Aljofarar, rociar. *v. intr.* Rezumarse, recalarse, redusar.

RÓRIDO, DA (rò) *adj. poét.* Rociado (humedecido con rocío).

RORÍFERO, RA *adj. poét.* Lo mismo que RORANTE.

ROSA (ròza) *f.* Rosa (flor del rosal). *Arq.* Rosetón, rosa. *Mús.* Rosa. — *de jericó.* Rosa de Jericó. — *dos ventos.* Rosa de los vientos, rosa náutica. *Diamante* —. Rosa (diamante rosa). *adj.* De color de rosa, rosado.

ROSAÇA (zasa) *f. Arq.* Rosetón, rosa.

ROSÁCEA (za) *f.* Lo mismo que ROSAÇA. *f. pl. Bot.* Rosáceas.

ROSÁCEO, CEA (za) *adj.* Rosáceo.

ROSADO, DA (za) *adj.* Rosado, de color de rosa. Rosado (compuesto de rosas). *Mel* —. Miel rosada.

ROSAL (zal) *m.* Rosaleda, rosedal.

ROSALGAR (zal) *m.* Arsénico rojo. *adj. Bras.* Rubio.

ROSÁRIO (zá) *m.* Rosario (rezo). Rosario (sarta de cuentas que sirve para rezar ordenadamente). *fig.* Rosario, sarta, serie de sucesos, etc.

ROSBIFE *m.* Rosbif (carne de vaca soasada).

ROSCA *f.* Rosca (del tornillo). Rosca (cualquier cosa redonda y rolliza que, cerrándose, forma un círculo u óvalo, dejando en medio un espacio vacío). Rosca (pan o bollo de esta forma). *m. y f.* Persona astuta. Rosquillo (larva). *pop.* Borrachera, mona.

ROSCAR *v. tr.* Rosquear. Lo mismo que APARAFUSAR.

RÓSCIDO, DA (ròs) *adj.* Rociado (humedecido con rocío).

ROSEIRA (zei) *f.* Rosal.

ROSEIRAL (zei) *m.* Rosaleda, rosedal, rosalera.

ROSEIRISTA (zei) *m.* El que cultiva rosales.

ROSELITA (ze) *f.* Roselita.

RÓSEO, SEA (ròzeo, zea) *adj.* Róseo, rosado, de color de rosa.

ROSÉOLA (zèo) *f. Med.* Roséola.

ROSETA (ze) *f.* Roseta (rosa pequeña). Rosa (lazo de cinta o cosa análoga, en forma de rosa). Rodaja (estrella de la espuela).

ROSETE (ze) *adj.* Algo rosado.

ROSICLER (ziclèr) *m.* Rosicler (plata roja). Collar de perlas. Rosicler (color). Mina de plata roja o rosicler.

ROSILHO, LHA (zillo, lla) *adj.* Rosillo (hablando de caballerías).

ROSMANINHAL (ñal) *m.* Romeral.

ROSMANINHO (ño) *m.* Romero.

ROSNADELA (dè) *f.* Lo mismo que

ROSNADURA *f.* Regaño (gruñido entre dientes). Regañamiento. Murmuración, refunfuñadura, refunfuño.

ROSNAR *v. intr.* Regañar (el perro). Refunfuñar, gruñir, murmurar.

ROSQUILHA (lla) *f.* Rosquilla (rosca pequeña de masa). Rosquete (de masa).

ROSQUILHO (llo) *m.* Lo mismo que ROSQUILHA.

ROSQUINHA (ña) *f.* Rosquilla (larva que se enrosca al menor peligro). Lo mismo que ROSQUILHA.

ROSSIO (sío) *m.* Plaza ancha. Roza que sirve de plaza.

ROSTIR *v. tr. pop.* Maltratar, pegar en el rostro a alguno. *Bras.* Rozar, raer, fregar.

ROSTO *m.* Cara, rostro. Cara, semblante. Cara, anverso (en las monedas y medallas). Fisonomía, rostro. Apariencia, aspecto, presencia. Portada (de un libro). *De* —. *m. adv.* De cara, de frente. *Fazer* —. *fr.* Hacer cara, hacer frente. *Deitar, lançar em* —. *fr.* Echar a cara, dar a cara. *Torcer o* —. *fr.* Torcer el rostro, torcer la boca.

ROSTRADO, DA *adj.* Rostrado.

ROSTRAL *adj.* Rostral, rostrado.

ROSTRIFORME (fòr) *adj.* Rostriforme.

ROSTRO *m.* Rostro (pico de las aves). *Mar.* Rostro (espolón de la nave). Tribuna en que arengaban los oradores romanos.

ROTA (rò) *f.* Rota, derrota, rumbo. Rota, derrota (vencimiento completo de tropas enemigas). Rota (tribunal de la corte romana). *Bot.* Roten. *Em* — *batida. m. adv.* De rota batida, con total pérdida y destrucción.

ROTAÇÃO (sáum) *f.* Rotación (acción y efecto de rodar). *Mec.* Rotación. *Agr.* Rotación de cultivo.

ROTÁCEO, CEA *adj.* Rotáceo (en forma de rueda).

ROTACISMO *m.* Rotacismo.

ROTADOR, RA *adj. Anat.* Rotador. Ú. t. c. s. m. *Zool.* Rotador (dícese de ciertos infusorios). Ú. t. c. s. Que hace ruedas.

ROTANTE *adj.* Rotante.

ROTAR *v. intr.* Rodar, rotar.

ROTARIANO, NA *adj.* Rotario. Ú. t. c. s.

ROTATIVA *f.* Rotativa (máquina tipográfica).

ROTATIVO, VA *adj.* Rotativo. *f.* Rotativa (máquina tipográfica). *m.* Rotativo (periódico impreso en máquina rotativa).

ROTATÓRIO, RIA (tò) *adj.* Rotatorio. *m. Zool.* Rotador (infusorio).

ROTEAR *v. tr.* Roturar, romper, arar. Marear (una embarcación). Empajar (sillas) con rota. *v. intr. Mar.* Navegar.

ROTEARIA (ría) *f.* Labranza (de las tierras).

ROTEIRO *m.* Derrotero. *fig.* Derrotero, camino, rumbo. *fig.* Norma, regla, reglamento.

ROTEJAR-SE (jar) *v. r.* Propagarse, propalarse.

ROTÍFERO, RA *adj. Zool.* Rotífero. Que tiene ruedas.

ROTIFORME (fòr) *adj.* Rotiforme.

ROTIM *m. Bot.* Roten, rota.

ROTINA *f.* Rutina.

ROTINEIRA *f.* Rutina.

ROTINEIRO, RA *adj.* Rutinario, rutinero. Ú. t. c. s.

ROTO, TA (ró) *adj.* Roto. *m.* Roto, andrajoso.

ROTOGRAVURA *f.* Rotograbado.

RÓTULA (rò) *f. Anat.* Rótula. Celosía.

ROTULAR *v. tr.* Rotular (poner rótulo a una cosa). *adj.* Rotular (perteneciente a la rótula).

ROTULIANO, NA *adj.* Rotuliano, rotular.

RÓTULO (rò) *m.* Rótulo (que se pone a una cosa). Marbete. Reja, rallo (de las puertas).

ROTUNDA *f.* Rotonda, rotunda.

ROTUNDIDADE *f.* Rotundidad.

ROTUNDIFÓLIO, LIA (fò) *adj.* Rotundifoliado.

ROTUNDO, DA *adj.* Rotundo, redondo. Rechoncho.

ROTURA *f.* Lo mismo que RUPTURA.

ROUBADO, DA *adj.* Robado.

ROUBALHEIRA (llei) *f. fam.* Robo importante o escandaloso. Robo de valores del Estado.

ROUBAR *v. tr.* Robar (tomar para sí lo ajeno con violencia o engaño). Robar (sacar a una mujer violentamente o con engaño de la patria potestad). Robar (en ciertos juegos, tomar el monte o de la baceta igual número de naipes que los descartados). *v. r.* Huirse, escaparse.

ROUBO *m.* Robo (acción de robar; cosa robada).

ROUCAMENTE *adv. m.* Con ronquedad.

ROUCO, CA *adj.* Ronco (que tiene o padece ronquera). Ronco (aplícase también a la voz o sonido áspero y bronco).

ROUFENHAR (ñar) *v. intr.* Ganguear.

ROUFENHO, NHA (ño, ña) *adj.* Gangoso. Ronco.

ROUPA *f.* Ropa (todo género de tela que sirve para el uso o adorno de las personas o cosas). Ropa (cualquier prenda de vestir). Ropa, vestidura. — *branca.* Ropa blanca. — *feita.* Ropa hecha (la que se hace sin medidas de persona determinada). — *velha. Bras.* Ropa vieja (manjar). *À queima.* — *m. adv.* A quema ropa.

ROUPAGEM (jem) *f.* Ropaje (vestido o ornato exterior del cuerpo). Ropaje (vestidura larga, vistosa y de autoridad). Ropaje (conjunto de ropas). *fig.* Ropaje (forma, modo de expresión, lenguaje). *Escult. y Pint.* Paños.

ROUPÃO (páum) *m.* Ropón (ropalarga que regularmente se pone suelta sobre los demás vestidos).

ROUPAR *v. tr.* Lo mismo que ENROUPAR.

ROUPARIA (ría) *f.* Ropería (habitación donde se guarda y dispone la ropa de los individuos de una colectividad). Ropaje (conjunto de ropas).

ROUPAVELHEIRO (llei) *m.* Ropavejero.

ROUPEIRO *m.* Ropero (persona destinada a cuidar de la ropa de una colectividad).

ROUPETA *f.* Sotana. *fig. despect.* Cura, eclesiástico.

ROUPIDO, DA *adj.* Que está vestido, que tiene ropas.

ROUPINHA (ña) *f.* Ropilla. *dim.* de *Roupa.*

ROUQUEJAR (jar) v. intr. Ronquear. Bramar. Rugir.

ROUQUENHO, NHA (ño, ña) adj. Algo ronco. Gangoso.

ROUQUICE f. Lo mismo que

ROUQUIDÃO (dáum) f. Ronquera.

ROUQUIDO m. Ronquera. Ronquido.

ROUXINOL (chinòl) m. Ruiseñor.

ROXEADO, DA (chea) adj. Amoratado, violado, cárdeno.

ROXEAR (chear) v. tr. Amoratar, purpurar, dar el color violado. v. intr. Asemejarse al color violado. Mostrar color violado una cosa.

ROXO, XA (cho) adj. Violado. m. Violado.

RUA f. Calle.

RUANTE adj. Blas. Ruante.

RUÃO (ruáum) adj. Roano.

RUBEFAÇÃO (sáum) f. Rubefacción.

RUBEFACIENTE adj. Rubefaciente.

RUBENTE adj. Rojo. Rúbeo.

RUBÉOLA (bèo) f. Med. Rubéola.

RUBESCENTE adj. Rubescente.

RUBI m. Rubí.

RUBIÁCEO, CEA adj. Rubiáceo. f. pl. Bot. Rubiáceas.

RUBICANO adj. Lo mismo que

RUBICÃO (cáum) adj. Rubicán.

RUBICUNDO, DA adj. Rubicundo.

RUBIDEZ f. Rubicundez. Rubor.

RUBÍDIO m. Quím. Rubídio.

RÚBIDO, DA adj. poét. Rojo.

RUBIFICAÇÃO (sáum) f. Rubificación.

RUBIFICANTE adj. Que rubifica.

RUBIFICAR v. tr. Rubificar.

RUBIGINOSO, SA (ozo, òza) adj. Rubiginoso.

RUBIM m. Rubí.

RUBLO m. Rublo (moneda rusa).

RUBO m. Zarza.

RUBOR m. Rubor (color encarnado (muy vivo o subido). Rubor (color que con la vergüenza sube al rostro). fig. Rubor, empacho, vergüenza, timidez, modestia.

RUBORESCER v. tr. y r. Lo mismo que RUBORIZAR.

RUBORIZAÇÃO (zasáum) f. Acción y efecto de ruborizarse.

RUBORIZADAMENTE (za) adv. m. Ruborosamente.

RUBORIZADO, DA (za) adj. Ruborizado (rojo de vergüenza).

RUBORIZAR (zar) v. tr. Sonrojar, sonrojear. Volver rubro o rojo. v. r. Ruborizarse, sonrojarse, sonrojearse.

RUBRICA (brí) f. Almagre. Rúbrica (rasgo o conjunto de rasgos que como parte de la firma pone cada cual despúes de nombre o título, y a veces solo, es decir, sin el nombre o título). Rúbrica, epígrafe, título. Rúbrica (de las ceremonias de la Iglesia).

RUBRICADOR, RA adj. Rubricante.

RUBRICAR v. tr. Rubricar.

RUBRICISTA m. y f. Rubriquista.

RUBRO, BRA adj. Rubro, encarnado, rojo.

RUÇO, ÇA (so, sa) adj. Rucio. Pardusco, pardejón. Entrecano, ceniciento. Descolorado.

RUDE adj. Rudo, tosco, sin pulimento. Rudo, descortés, áspero, grosero. Riguroso, violento, impetuoso. Rudo (para aprender o percibir).

RUDEMENTE adv. m. Rudamente.

RUDEZ f. Lo mismo que

RUDEZA (za) f. Rudeza.

RUDIMENTAR adj. Rudimental, rudimentario.

RUDIMENTO m. Rudimento. pl. Rudimentos.

RUDO, DA adj. Lo mismo que RUDE.

RUELA (è) f. Calleja, callejuela. Callejón, calleja.

RUFADOR, RA adj. Que redobla en el tambor. Que hace pliegues o repulgos.

RUFAR v. tr. Repulgar, plegar. v. intr. Redoblar (en el tambor). Ú. t. c. tr.

RUFIANESCO, CA adj. Rufianesco.

RUFIÃO (fiáum) m. Rufián.

RUFIAR v. tr. Rufianear.

RUFICARPO, PA adj. Ruficarpo.

RÚFIO m. Rufián.

RUFLAR v. intr. Moverse alguna cosa tremolando en el aire. Flamear. Revolotear.

RUFO m. Redoble (toque de tambor vivo y sostenido a modo de trino). Repulgo, pliegue, doblez. adj. poét. Rufo, rubio.

RUGA f. Arruga, ruga.

RUGAR v. tr. Arrugar, rugar. Ú. t. c. r.

RUGE-RUGE (je...je) m. Frufrú (roce de los vestidos, ruido de las telas de seda y otras cosas de análoga resistencia).

RUGIDO (ji) m. Rugido (voz del león). Rugido, bramido.

RUGIDOR, RA (ji) adj. Rugidor.

RUGIENTE (jien) adj. Rugiente.

RUGIR (jir) v. intr. Rugir (bramar el león). Bramar. Resonar. v. tr. Rozar, arrastrar por el suelo con ruido.

RUGOSO, SA (ozo, òza) adj. Rugoso, arrugado.

RUIBARBO m. Ruibarbo.

RUÍDO m. Ruido (en todas las acepciones de esta voz).

RUIDOSAMENTE (dòza) adv. m. Ruidosamente.

RUIDOSO, SA (ozo, òza) adj. Ruidoso.

RUIM adj. Ruin, bajo, vil, despreciable. Ruin, malo. Corrompido, podrido.

RUÍNA f. Ruina (en todas las acepciones de esta voz).

RUINARIA (ría) f. Ruinas (restos de edificios arruinados).

RUINDADE f. Ruindad.

RUINOSAMENTE (nòza) adv. m. Ruinosamente.

RUINOSO, SA (ozo, òza) adj. Ruinoso.

RUINZEIRA (zei) f. Bras. centr. Desazón.

RUIR v. intr. Desmoronarse, derrumbarse.

RUIVA f. Bot. Rubia.

RUIVACENTO, TA adj. Algo rubio.

RUIVO, VA adj. Rubio. m. Rubio (pez).

RULO m. Lo mismo que ARRULHO.

RUM m. Ron.

RUMA f. Rimero, rima, montón; ruma (Amer.).

RUMAR v. intr. Rumbear. Tomar un rumbo o dirección; rumbear (Amer.).

RÚMEN m. Rumen, panza (primer estomago de los rumiantes).

RUMINAÇÃO (sáum) f. Rumia, rumiadura.

RUMIADOURO m. Estómago de los rumiantes.

RUMINANTE adj. Rumiante. Ú. t. c. s. m. pl. Zool. Rumiantes.

RUMINAR v. tr. Rumiar (masticar nuevamente ciertos animales). fig. Rumiar (considerar despacio y pensar con madurez una cosa).

RUMO m. Rumbo (de la nave; de la rosa náutica). Rumbo, camino, dirección.

RUMOR m. Rumor (ruido confuso de voces; ruido sordo o confuso y continuado). Rumor (voz que corre entre el público).

RUMOREJANTE (jan) adj. Susurrante.

RUMOREJAR (jar) v. intr. Producir rumor. Susurrar. v. r. Runrunearse, sonarse, susurrarse (correr un rumor o voz); rumorearse, rumorarse (Amer.).

RUMOREJO (jo) m. Susurro, susurrido; murmurio.

RUMOROSAMENTE (ròza) adj. Rumorosamente. Ruidosamente.

RUMOROSO, SA (ozo, òza) adj. Rumoroso. Ruidoso.

RUNAS f. pl. Runas (caracteres de la escritura de los antiguos escandinavos).

RÚNICO, CA adj. Rúnico.

RUPESTRE (pès) adj. Rupestre.

RUPIA (pía) f. Rupia (moneda oriental).

RÚPIA f. Med. Rupia.

RUPÍCOLA adj. Rupícola.

RÚPTIL adj. Quebradizo; rompedero.

RUPTURA f. Rompimiento, rotura (acción de romper o romperse). Ruptura, rompimiento, desavenencia. Cir. Rotura, ruptura.

RURAL adj. Rural.

RURALIZAR (zar) v. tr. Adaptar a las costumbres de la vida rural. Ú. t. c. r.

RURÍCOLA adj. Que vive en el campo; agricultor.

RUSGA f. Riña, contienda, barullo, desorden. Desavenencia, enfado, atufo.

RUSSIFICAR (si) v. tr. Rusificar.

RUSSO, SSA (so, sa) adj. Ruso. Ú. t. c. s. m. Ruso (lengua rusa).

RUSTICAMENTE adv. m. Rústicamente.

RUSTICAR v. intr. Rusticar.

RUSTICIDADE f. Rusticidad.

RÚSTICO, CA adj. Rústico (perteneciente o relativo al campo). Rústico, tosco, grosero. m. Rústico (hombre del campo).

RUSTIDOR m. Bras. Escondrijo.

RUSTIR v. tr. Bras. pop. Engañar.

RUTABAGA f. Rutabaya.

RUTÁCEO, CEA adj. Rutáceo. f. pl. Bot. Rutáceas.

RUTÉNIO (té) m. Miner. Rutenio.

RUTENO, NA adj. Ruteno. Ú. t. c. s. m. pl. Rutenos.

RUTILAÇÃO (sáum) f. Resplandor.

RUTILÂNCIA (lán) f. Resplandor.

RUTILANTE adj. Rutilante.

RUTILAR v. intr. Rutilar, brillar, resplandecer.

RUTILITA f. Miner. Rutilita.

RÚTILO, LA adj. Rútilo, resplandeciente.

RUTINA f. Quím. Rutina.

RUVINHOSO, SA (ñozo, ñòza) adj. Herrumbroso. Carcomido. fig. Caprichoso, caprichudo. De mal humor.

S

SS *m.* Décimoctava letra y décimo cuarta consonante del abecedario portugués. Su nombre es *èse*. Tiene dos sonidos: al principio de dicción o cuando le precede o sigue una consonante, suena como en castellano (*seda, sempre, cassa, massa*); entre dos vocales, y en algunos vocablos compuestos de los prefijos *ob, sub* y *per*, tiene un sonido suave y algo silbante como la *z* francesa, que requiere la viva voz (*casa, mesa, asa, obsequiar, subsistir, persistir*). *Quím.* S (símbolo del azufre).

SÁ (sán) *adj. f.* Sana.

SABADEADOR, RA *adj.* Sabadario, sabatario. Ú. t. c. s.

SABADEAR *v. intr.* Sabatizar.

SÁBADO *m.* Sábado (séptimo y último día de la semana). — *de aleluia.* Sábado santo, sábado de gloria.

SABÃO (báum) *m.* Jabón. *fig.* Reprimenda, represión. *Passar um — a alguém. fr. fig.* Dar a uno un jabón, o una jabonadura, reprenderle ásperamente.

SABÁTICO, CA *adj.* Sabático.

SABATINA *f.* Sabatina (oficio divino propio del sábado; lección que los estudiantes suelen dar al sábado; ejercicio literario).

SABATINAR *v. tr.* Recapitular. *v. intr.* Discutir menuda y cavilosamente.

SABATINO, NA *adj.* Sabatino (perteneciente al sábado). Perteneciente o relativo a la sabatina.

SABATISMO *m.* Sabatismo.

SABATISTA *f.* Sabatista.

SABATIZAR (zar) *v. intr.* Sabatizar.

SABEDOR, RA *adj.* Sabedor. *m.* Sabio.

SABEDORIA (ría) *f.* Sabeduría.

SABEÍSMO *m.* Sabeísmo.

SABEÍSTA *m.* Lo mismo que

SABEÍTA *m.* Sabeo.

SABELIANISMO *m.* Sabelianismo.

SABELIANO *m.* Sabeliano.

SABENÇA (sa) *f. pop.* Sabiduría, sapiencia.

SABENDAS (A) *m. adv. ant.* A sabiendas.

SABER *v. tr.* Saber (conocer una cosa o tener noticia de ella; ser docto en alguna cosa; tener habilidad para una cosa o estar instruído y diestro en un arte o facultad). Saber (tener sapidez una cosa). Ú. por lo común con nombre regido de la prep. *a.* Saber, conocer el camino. *A —. m. adv.* A saber. *O — não ocupa lugar. proverb.* El saber no ocupa lugar. *Não — de que se trata. fr.* No saber uno lo que se pesca. *Não — alguém o que tem. fr. fam.* No saber uno lo que tiene (fr. con que se pondera el gran caudal de una persona). *Não — alguém a quantas anda. fr.* No saber uno por donde anda, o se anda. *Não sei de quantos.* No sé quantos (fr. que usa en vez de "fulano" para calificar persona indeterminada). *Não sei que.* No sé qué (algo que no se acierta explicar). Ú. m. con el artículo *um.* — *alguém a quantas anda. fr. fig.* Saber uno cuantas son cinco. *E que sei eu.* Y que sé yo! (fr. complementaria para no proseguir una enumeración, etc.; y muchos más, y muchas cosas más).

SABER *m.* Saber, sabiduría.

SABERETE *m.* Poco saber, conocimiento superficial, tintura. Maña, astucia. *adj.* y *s. m. Bras.* Sabihondo.

SABIÁ *m. Bras.* Nombre por el cual se designan generalmente los pájaros dentirrostros de la familia de los túrdidos. Boquera (excoriación en los extremos de la boca). — *-barranco.* (Turdus leucomelas). — *branco.* (Turdus amaurochalinus). — *cavalo* (Turdus rufiventris). — *-cica.* Especie de papayo (Lipaugus plumbeus). — *-coleira.* (Turdus albicolis). — *da lapa.* (Turdus crotopeza). — *da praia.* (Mimus lividus). — *do campo, o do sertão.* (Mimus saturninus). — *gongá.* (Turdus rufiventris). — *-guaçú* (Donacobius atricapillus). — *-laranjeira,* o *-piranga.* (Turdus rufiventris). — *-pirí.* (Mimus lividus). — *-poca.* (Turdus crotopeza). — *-ponga.* (Turdus rufiventris). — *-preta, -preto* o *-una.* (Merula flavipes). — *-verdadeira.* (Turdus rufiventris).

SABIAMENTE *adv. m.* Sabiamente.

SABICHÁ (chán) *f.* Sabihonda.

SABICHÃO, CHÁ, CHONA (cháum, chán, chona) *adj.* Sabihondo, sabihondazo. Ú. t. c. s. Sabidillo. Ú. t. c. s.

SABICHOSO, CHOSA (chozo, chòza) *adj.* Dícese de quien emplea mal lo que sabe.

SABIDAMENTE *adv. m.* Conocidamente.

SABIDAS (às) *m. adv.* A sabiendas.

SABIDO, DA *adj.* Sabido (que sabe o entiende mucho). Sabidillo. Sabedor. Consabido. Circunspecto. Astuto.

SABINA *f. Bot.* Sabina.

SABINO, NA *adj.* Sabino, rosillo (que tiene el pelo mezclado de blanco, negro y castaño).

SÁBIO, BIA *adj.* Sabio. *m.* Sabio.

SABÍVEL *adj.* Conocible.

SABLE *m. Blas.* Sable (color heráldico que en la pintura se representa por el negro).

SABOARIA (ría) *f.* Jabonería.

SABOEIRO *m.* Jabonero. *Bras.* Jabonera (planta).

SABOGA (bò) *f.* Sábalo, alosa.

SABOIANO, NA *adj.* Saboyano. Ú. t. c. s.

SABONEIRA *f.* Lo mismo que SABONETEIRA.

SABONETE *m.* Jabonete, jaboneta, jabón de olor, jabón de tocador, jaboncillo.

SABONETEIRA *f.* Jabonera (cajita para el jabón).

SABOR *m.* Sabor, gusto. *fig.* Carácter; índole; especie; género; manera; forma; naturaleza. *fig.* Capricho, voluntad, talante. *A —. m. adv.* A sabor, al gusto.

SABOREAR *v. tr.* Saborear (dar sabor o gusto a las cosas). Saborear (percibir con espacio y con deleite el sabor de una cosa). Saborear (apreciar con detenimiento y delectación una cosa grata). *v. r.* Saborearse. Sabrosearse.

SABORIDO, DA *adj.* Lo mismo que SABOROSO.

SABOROSAMENTE (ròza) *adv. m.* Sabrosamente.

SABOROSO, SA (ozo, òza) *adj.* Sabroso. *fig.* Sabroso, delicioso, gustoso, deleitable.

SABORRA *f.* Lo mismo que SABURRA.

SABOTAGEM (jem) *f.* Sabotaje, saboteo.

SABOTAR *v. tr.* Sabotear.

SABRE *m.* Sable (arma blanca).

SABUGAL *m.* Sabucal, sabugal.

SABUGAR *v. tr. Bras. Ceará.* Azotar.

SABUGO *m. Bot.* Saúco, sabuco. Meollo del saúco. Raíz (de las uñas). Saúco (del casco). Mazorca de maíz (sin granos). Medula de un cuerno. Raíz de la cola.

SABUGUEIRINHO (ño) *m.* Lo mismo que

SABUGUEIRINHO DO CAMPO *m. Bot. Bras.* Planta medicinal *(Barreria centranthoides).*

SABUGUEIRO *m. Bot.* Saúco, sabuco.

SABUJAR (jar) *v. tr.* Adular, halagar, lisonjear.

SABUJICE (ji) *f.* Servilismo. Adulación, zalamería.

SABUJO (jo) *m.* Sabueso. *fig.* Adulador, persona servil.

SABULOSO, SA (ozo, òza) *adj.* Sabuloso.

SABURRA *f.* Saburra.

SABURRAR *v. tr.* Lastrar con arena una embarcación.

SABURRENTO, TA *adj.* Lo mismo que

SABURROSO, SA (ozo, òza) *adj.* Saburroso.

SACA *f.* Saca (acción de sacar). Saca (costal grande).

SACA-BOCADO *m.* Sacabocados.

SACA-BUCHA (cha) *m.* Sacatrapos. *f.* Sacabuche (instrumento músico a modo de trompeta). *fig.* Maña, astucia, artería.

SACACA *f. Bras. Amaz.* Lo mismo que FEITIÇARIA.

SACADA *f.* Saca (acción de sacar). *Arq.* Salidizo. Balcón (ventana grande con barandilla, abierta desde el suelo de la habitación; nombre que se da a esta barandilla). Bote, salto, corcovo (del caballo). *Pesc.* Sacada (especie de red). Saca o saco llenos.

SACADELA (dè) *f.* Saca (acción de sacar). Empujón. Tirada, tirón.

SACADO *m. Com.* Librado.

SACADOR *m. Com.* Librador. *adj.* Sacador (que saca).

SACA-FILAÇA (sa) *f.* Sacafilásticas.

SACALÃO (láum) *m.* Tirada, tirón. Empujón.

SACA-MOLAS (mó) *m.* Botador (que usan los dentistas). Sacamuelas. Mal dentista.

SACANA *adj.* y *m.* y *f. Bras.* Persona sin carácter; pícaro; bribón. Burlón.

SACA-NABO *m.* Sacanabo.

SACANAGEM (jem) *f. Bras.* Picardía; bribonada. Burla.

SACÃO (cáum) *m.* Sato, bote, corcovo (del caballo). Empujón, tirón. Lo mismo que SAFANÃO.

SACAR *v. tr.* Sacar, extraer, arrancar. Tirar (atraer hacia sí con violencia). Tirar, quitar, sacar, arrancar. *Com.* Librar, girar.

SACARATO *m. Quím.* Sacarato.

SACARIA (ría) *f.* Saquería (conjunto de sacos).

SACARÍFERO, RA *adj.* Sacarífero.

SACARIFICAÇÃO (sáum) *f.* Sacarificación.

SACARIFICAR *v. tr.* Sacarificar.

SACARIFICÁVEL *adj.* Sacarificable.

SACARÍMETRO *m.* Sacarímetro.

SACARINA *f. Quím.* Sacarina.

SACARINO, NA *adj.* Sacarino.

SACARITA *f. Miner.* Sacarita.

SACARÓIDE (rói) *adj.* Sacaróideo.

SACA-ROLHAS (llas) *m.* Sacacorchos, tirabuzón.
SACAROSE (ròze) *f. Quím.* Sacarosa.
SACAROSO, SA (ozo, òza) *adj. Quím.* Sacaroso.
SACA-TRAPO *m.* Sacatrapos.
SACELIFORME (fòr) *adj.* Saceliforme.
SACERDÓCIO (dò) *m.* Sacerdocio.
SACERDOTAL *adj.* Sacerdotal.
SACERDOTE (dò) *m.* Sacerdote.
SACERDOTISA (za) *f.* Sacerdotisa.
SACHA (cha) *f.* Lo mismo que SACHADURA. *prov. port.* Lo mismo que ENXADA.
SACHADOR, RA (cha) *adj. y s.* Sachador, escardador. *m.* Lo mismo que SACHOLA.
SACHADURA (cha) *f.* Sacha (escarda de la tierra).
SACHAR (char) *v. tr.* Sachar, escardar la tierra.
SACHO (cho) *m.* Sacho (instrumento en figura de azadón). Escardillo; escarda.
SACHOLA (cho) *f.* Escarda.
SACHOLADA (cho) *f.* Golpe dado con la escarda.
SACHOLAR (cho) *v. tr.* Sachar, escardar.
SACÍ *m. Bras.* Duende que se representa en figura de un negrito cojo.
SACIADO, DA *adj.* Saciado, acio, harto.
SACIAR *v. tr.* Saciar, hartar, satisfacer. Ú. t. c. r.
SACIÁVEL *adj.* Saciable.
SACIEDADE *f.* Saciedad, hartura. Hastío. Aburrimiento, fastidio, tedio.
SACO *m.* Saco, costal. Saco (lo contenido en un saco). Saco (vestidura de paño burdo). Saco de noche. Abofellado, fofo. *pop.* Persona rechoncha y desgarbada. *ant.* Saco, saqueo. *Bras.* Saco (bahía o ensenada de boca estrecha). *fig.* Saco (cualquier cosa que en sí incluye otras muchas).
SACOLA (cò) *f.* Especie de alforja. *por. ext.* Bolsillo.
SACOLEJAR (jar) *v. tr.* Sacudir, menear con fuerza, agitar o mover rápida o violentamente alguna cosa, hacer bambolear o bambonear. Ú. t. c. r.
SACOLEJO (jo) *m.* Sacudimiento, sacudida.
SACRA (/ *Sacra.
SACRAMENTADO, DA *adj.* Sacramentado. Ú. t. c. s.
SACRAMENTAL *adj.* Sacramental.
SACRAMENTÁRIO *m.* Sacramentario.
SACRAMENTO *m.* Sacramento.
SACRÁRIO *m.* Sagrario.
SACRE *m.* Sacre (antigua pieza de artillería).
SACRIFICADOR, RA *adj. y s.* Sacrificador.
SACRIFICAL *adj.* Sacrificatorio.
SACRIFICANTE *adj. y s.* Sacrificante.
SACRIFICAR *v. tr.* Sacrificar (hacer sacrificios; ofrecer alguna cosa en sacrificio a la divinidad). Despreciar, descurar. *fig.* Sacrificar (poner a alguien en grave riesgo o trabajo, abandonarle a muerte, destrucción o daño, en aras de un fin que se estima más importante). *v. r.* Sacrificarse (ofrecerse a Dios). *fig.* Sacrificarse (someterse voluntariamente a una cosa violenta o repugnante).
SACRIFICATIVO, VA *adj.* Lo mismo que
SACRIFICATÓRIO, RIA (tò) *adj.* Sacrificatorio.
SACRIFICÁVEL *adj.* Sacrificable.
SACRIFÍCIO *m.* Sacrificio (en todas las acepciones de esta voz).
SACRILEGAMENTE *adv. m.* Sacrílegamente.
SACRILÉGIO (lèjio) *m.* Sacrilegio.
SACRÍLEGO, GA *adj.* Sacrílego.
SACRIPANTA *adj. y s.* Ranacuajo (hombrecillo despreciable).
SACRIPANTE *adj. y s.* Lo mismo que SACRIPANTA.
SACRISTA *m. fam.* Sacristán.
SACRISTÃ (tán) *f.* Sacristana.
SACRISTANIA (nía) *f.* Sacristanía.
SACRISTÃO (táum) *m.* Sacristán.
SACRISTIA (tía) *f.* Sacristía.
SACRO, CRA *adj.* Sacro, sagrado. *Anat.* Sacro (referente a la región en que está situado el hueso sacro). *m.* Sacro, hueso sacro.
SACROSSANTAMENTE (san) *adv. m.* Sacrosantamente.
SACROSSANTO, TA (san) *adj.* Sacrosanto.
SACUDIDA *f.* Sacudida, sacudimiento.
SACUDIDAMENTE *adv. m.* Sacudidamente.

SACUDIDELA (dè) *f.* Sacudida, sacudimiento. Sacudidura ligera. *fam.* Tunda poco rigurosa.
SACUDIDO, DA *adj.* Sacudido, desenfadado, resuelto. Sacudido, áspero, indócil, intratable. *Bras.* Esbelto, gallardo, airoso. Fuerte y desenfadado. *Bras. merid.* Valiente. Trabajador.
SACUDIDOR, RA *adj.* Sacudidor. Ú. t. c. s.
SACUDIDURA *f.* Sacudida, sacudimiento. Sacudidura.
SACUDIR *v. tr.* Sacudir (menear con violencia una cosa a un lado y a otro; golpear violentamente una cosa para quitarle el povo y limpiarla; golpear, dar golpes; arrojar una cosa o apartarla de sí con violencia). *v. r.* Sacudirse. Bambolearse. Contonearse. Temblar. Huir. Librarse.
SACULAR *adj.* Sacular.
SACULIFORME (fòr) *adj.* Saculiforme.
SÁCULO *m.* Sáculo (saco pequeño). *Anat.* Sáculo.
SADIAMENTE (día) *adv. m.* Sanamente, saludablemente, vigorosamente.
SÁDICO, CA *adj.* Sádico. Ú. t. c. s.
SADIO, DIA (dío, día) *adj.* Sano (libre de enfermedades o achaques). Saludable.
SADISMO *m.* Sadismo.
SADISTA *adj. y s.* Sádico.
SADUCEÍSMO *m.* Saduceísmo.
SADUCEU, CÉIA (cèia) *adj. y s.* Saduceo.
SAFA! *interj.* ¡Puf! (manifiesta asco o desagrado). ¡Cáspita! (manifiesta admiración o extrañeza). ¡Zape! (indicio de temer algún riesgo o ponderarle).
SAFADEZA (za) *f. Bras.* Pillada, pillería, tunantada, granujada. Acciones obscenas. Vileza.
SAFADICE *f. Bras.* Lo mismo que SAFADEZA.
SAFADO, DA *adj.* Gastado (disminuído, borrado con el uso). *pop.* Desvergonzado. *Bras.* Pornográfico, obsceno, inmoral. Indignado, colérico. Zafado (*amer., and, can. y gal.:* descarado, atrevido).
SAFANÃO (náum) *m.* Tirón. Empujón. Sacudidura. Zafada. *pop.* Bofetón.
SAFAR *v. tr.* Quitar, sacar para fuera, tirar. Desembarazar. *Mar.* Zafar. Quitar, hurtar. *v. r.* Zafarse, escaparse o esconderse para evitar un riesgo.
SÁFARA *f.* Terreno estéril. Peñasco.
SAFARDANA *m.* Pillo, tunante, granuja, pícaro.
SAFARIA (ría) *adj.* Zafarí (tratándose de granada).
SÁFARO, RA *adj.* Estéril, inculto, infecundo, infructuoso, infructífero. Apartado, distante. Agreste.
SAFA-SAFA *f. Mar.* Zafarrancho.
SAFENA *f.* Safena.
SÁFICO, CA *adj.* Sáfico.
SAFIO (fío) *m.* Congrio.
SAFIRA *f.* Zafiro.
SAFISMO *m.* Safismo.
SAFO, FA *adj.* Zafo.
SAFÕES (foens) *m. pl.* Zahones.
SAFRA *f.* Cosecha. Zafra (cosecha de la caña dulce). *Quím.* Safre. Yunque con una sola punta.
SAFREJAR (jar) *v. tr. Bras.* Explotar un ingenio de azúcar. Producir aguardiente de caña.
SAGA *f.* Saga, hechicera, bruja. Saga (leyenda poética o tradición heroica y mitológica, principalmente de la antigua Escandinavia). Retaguardia.
SAGACIDADE *f.* Sagacidad.
SAGAZ *adj.* Sagaz, ladino, astuto.
SAGAZMENTE *adv. m.* Sagazmente, astutamente.
SAGINAR (ji) *v. tr.* Cebar, engordar.
SAGITADO, DA (ji) *adj. Bot.* Sagitado.
SAGITAL (ji) *adj.* Sagital (que tiene figura de saeta). *Zool.* Sagital.
SAGITÁRIA (ji) *f. Bot.* Sagitaria.
SAGITÁRIO, RIA (ji) *adj.* Armado de saeta. *m.* Sagitario, saetero. *Astron.* Sagitario.
SAGITÍFERO, RA (ji) *adj.* Sagitífero.
SAGITIFOLIADO, DA (ji) *adj. Bot.* Sagitifoliado.
SAGO *m. ant.* Sago, sayo.
SAGRAÇÃO (sáum) *f.* Consagración.
SAGRADAMENTE *adv. m.* Sagradamente.
SAGRADO, DA *adj.* Sagrado.
SAGRAR *v. tr.* Consagrar.
SAGU *m.* Sagú (fécula amilácea).

SAGUÃO (guáum) *m.* Zaguán.
SAGUEIRO *m. Bot.* Sagú (la planta).
SAGUÍ *m. Bras.* Pequeño mono de la familia *Hapálidae.* Tití.
SAGUIM *m.* Lo mismo que SAGUÍ.
SAÍ *m.* Bonzo. Especie de mono; saí (*Amer.*).
SAIA *f.* Saya, falda; pollera (*amer. argent.*). — *de baixo, Bras.* Enagua. *Rabo de —. Bras.* Mujer.
SAIAL *m.* Sayal. Sayo.
SAIBO *m.* Sabor, gusto.
SAIBRAMENTO *m.* Balastaje.
SAIBRÃO (bráum) *m.* Terreno arenoso propio para ciertos plantíos.
SAIBRAR *v. tr.* Balastar.
SAIBRO *m.* Balasto. Lo mismo que SABLE. Sablón.
SAIBROSO, SA (ozo, òza) *adj.* Que tiene sablón.
SAÍDA *f.* Salida (acción de salir). Salida (parte por donde se sale de un lugar). Salida (venta de los géneros). Salida (partida de data o de descargo en la contabilidad). *fig.* Salida, escapatoria, efugio, pretexto. *fig.* Salidad (medio con que se vence un argumento, dificultad o riesgo). *fig.* Salida (fin o término de un asunto). *fig. fam.* Salida, ocurrencia (dicho agudo que acude a la imaginación).
SAÍDO, DA *adj.* Salido (que sobresale). Salida (aplícase a las hembras de algunos animales cuando propenden al coito). *Bras. pop.* Entremetido. Ú. t. c. s.
SAÍDOR, RA *adj.* Que sale. Salidero (aficionado a salir).
SAIETA *f.* Sayalete.
SAIMEL (mèl) *m.* La primera dovela de un arco.
SAIMENTO *m.* Salida (acción de salir). Acompañamiento fúnebre.
SAINETE *m.* Sainete (para los halcones). Sainete, bocadillo gustoso. Sainete (sabor delicioso de un manjar). Sainete (lo que realza el mérito de una cosa, ya agradable). Sainete (pieza dramática de asunto jocoso, de carácter popular).
SAIO *m.* Sayo.
SAIOTE (ìò) *m.* Sayete.
SAIR *v. intr.* Salir, salirse (pasar de la parte de adentro a la de afuera). Salir (partir de un lugar a otro). Salir (desembarazarse de algún lugar estrecho, perigoso o molesto). Salir (aparecer, manifestarse, descubrirse). Salir, nacer, brotar. Salir (tratándose de manchas: quitarse, borrarse, desaparecer). Salir (sobresalir: estar una cosa más alta o más afuera que otra). Salir (descubrir uno índole, idoneidad o aprovechamiento). Salir (nacer, proceder, traer su origen una cosa de otra). Salir (ser uno el primero que juega). Salir (darse al público). Salir (decir o hacer una cosa inesperada o intempestiva). Salir (importar: costar una cosa que se compra). Salir (con la prep. *com,* con, y algunos nombres, lograr o conseguir lo que los nombres significan). Salir (venir a ser, quedar). Salir (tener buen o mal éxito). Salir (parecerse, asemejarse; dícese más comúnmente de los hijos respecto de sus padres). Salir (apartarse, separarse de una cosa o faltar a ella en lo regular o debido). Ú. t. c. r. Salir (ser elegido o sacado por suerte o votación). Salir (ir a parar, tener salida a un punto determinado). Salirse (derramarse por una rendija o rotura el contenido de una vasija o receptáculo). Salir (en algunos juegos, hacer los tantos o las jugadas para ganar).
SAL *m.* (cloruro de sodio). *Quím.* Sal (cuerpo que resulta de la substitución del hidrógeno de un ácido por radicales básicos). *fig.* Sal, gracia, garbo, gentileza. *fig.* Sal, agudeza, ingenio, chiste en el habla. — *ático.* Sal ático, aticismo. — *geme.* Sal gema, de compás, pedrés, o de piedra.
SALA *f.* Sala (pieza principal de una casa; aposento muy grande). *Fazer —.* Recibir y entretener visitas. Lisonjear.
SALABÓRDIA (bòr) *f. pop.* Lo mismo que SENSABORIA. Conversación sin gracia.
SALÁCIA *f.* Libertinaje.
SALACIDADE *f.* Salacidad.
SALADA *f.* Ensalada.
SALADEIRA *f.* Ensaladera.
SALADEIRIL *adj. Bras. merid.* Saladeril.
SALADEIRISTA *m. Bras. merid.* Propietario de un saladero.

SALADEIRO *m. Bras. merid.* Saladero.

SALAFRÁRIO *m. pop.* Hombre despreciable, vil, bajo o inmoral.

SALAMALEQUE (lè) *m.* Zalema. Zalamería.

SALAMANDRA *f.* Salamandra (batracio). Salamandra (ser fantástico). Salamanquesa.

SALAMANQUENSE *adj. y s.* Salamantino, salamanqués.

SALAMANQUINO, NA *adj. y s.* Salamanquino, salmantino.

SALMANTICENSE *adj. y s.* Salmantino, salamanqués.

SALAMÂNTICO, CA (mán) *adj. y s.* Salmantino, salamanqués.

SALAME *m.* Salchicha, embutido.

SALAMIM *m.* Lo mismo que CELAMIM.

SALÃO (láum) *m.* Salón (aum. de sala). Salón (reunión habitual, en una morada, de personas distinguidas).

SALARIADO *m.* Salariado.

SALÁRIO *m.* Salario.

SALAZ *adj.* Salaz.

SALCHICHA (chicha) *f.* Salchicha.

SALCHICHÃO (chicháum) *m.* Salchichón.

SALCHICHARIA (chicharía) *f.* Salchichería.

SALCHICHEIRO *m.* Salchichero.

SALDAR *v. tr.* Saldar (liquidar una cuenta por completo, satisfaciendo el alcance o reciviendo el sobrante que resulta). — *contas.* Desquitarse, tomar satisfacción o despique.

SALDO *m.* Saldo (remate o finiquito de cuentas). Saldo (cantidad que en la liquidación de cuentas resulta a favor o en contra de uno). Saldo (resto de mercancías que el fabricante o comerciante vende a bajo precio para deshacerse de ellas). *fig.* Venganza, desquite.

SALEIRO *m.* Salero (vaso para servir la sal en la mesa). Salinero. Punta de los cuernos del venado cuando nacen.

SALEMA *f. Zool.* Salpa, salema.

SALESIANO, NA (zia) *adj.* Salesiano. Ú. t. c. s.

SALETA *f. dim.* de *Sala.* Saleta.

SALGA *f.* Saladura. Salazón.

SALGAÇÃO (sáum) *f.* Salazón. Brujería, hechizo.

SALGADAMENTE *adv. m.* Saladamente.

SALGADO, DA *adj.* Salado (dícese de los manjares que tienen más sal de la necesaria). Caro, costoso; salado *(amer. merid.). fig.* Salado, gracioso, agudo, chistoso. *fig.* Picante. *m. pl.* Terrenos salados.

SALGADURA *f.* Saladura.

SALGAR *v. tr.* Salar (curar con sal carnes o pescados para conservarlos; sazonar con sal un manjar; echar más sal de la necesaria). Hacer hechizos con sal.

SALGUEIRAL *m.* Salceda, salcedo.

SALGUEIRO *m.* Sauce, salce, salguera, salguero.

SALICILATO *m. Quím.* Salicilato.

SALICÍLICO, CA *adj. Quím.* Salicílico.

SALICÍNEO, NEA *adj.* Salicíneo.

SÁLICO, CA *adj.* Sálico. *Lei —a.* Ley sálica.

SALICULTURA *f.* Cultura de salinas.

SALIÊNCIA (lién) *f.* Saliente, salida (parte que sobresale en alguna cosa). Resalto.

SALIENTAR *v. tr.* Hacer o volver saliente. Hacer bien visible. *v. r.* Sobresalir, descollar, resaltar, distinguirse.

SALIENTE *adj.* Saliente (que sale). Salidizo, salido. Distinto, notable.

SALÍFERO, RA *adj.* Salífero, salino.

SALIFICAÇÃO (sáum) *f.* Salificación.

SALIFICAR *v. tr.* Salificar.

SALIFICÁVEL *adj.* Salificable.

SALINA *f.* Salina (mina de sal; establecimiento donde se beneficia la sal de las aguas del mar o de manantiales salados).

SALINAÇÃO (sáum) *f.* Salificación.

SALINAGEM (jem) *f.* Salificación.

SALINAR *v. tr.* Salificar.

SALINÁVEL *adj.* Salificable.

SALINEIRO, RA *adj.* Salinero. Salinero.

SALINIDADE *f.* Salinidad.

SALINO, NA *adj.* Salino.

SALINÔMETRO (nó) *m.* Salinómetro.

SÁLIOS *m. pl.* Salios.

SALITRAÇÃO (sáum) *f.* Acción y efecto de *Salitrar.*

SALITRADO, DA *adj.* Salitrado.

SALITRAL *m.* Salitral.

SALITRAR *v. tr.* Mezclar o componer con salitre. Transformar en salitre.

SALITRARIA (ría) *f.* Salitrrería.

SALITRE *m.* Salitre, nitro.

SALITREIRA *f.* Salitral.

SALITREIRO, RA *adj.* Salitrero. *m.* Salitrero.

SALITRIZAÇÃO (zasáum) *f.* Acción y efecto de

SALITRIZAR *v. tr.* Transformar en salitre. Mezclar o componer con salitre.

SALITROSO, SA (ozo, òza) *adj.* Salitroso.

SALIVA *f.* Saliva.

SALIVAÇÃO (sáum) *f.* Salivación.

SALIVAL *adj.* Salival.

SALIVANTE *adj.* Salivatorio.

SALIVAR *adj.* Salival.

SALIVAR *v. tr.* Salivar.

SALIVOSO, SA (ozo, òza) *adj.* Salivoso.

SALMANTICENSE *adj.* Salmanticense, salmantino. Ú. t. c. s.

SALMANTINO, NA *adj.* Salmantino. Ú. t. c. s.

SALMÃO (máum) *m. Zool.* Salmón.

SALMEAR *v. intr.* Salmear, salmodiar. Salmodiar (cantar algo con cadencia monótona).

SÁLMICO, CA *adj.* Perteneciente o relativo a los salmos.

SALMILHADO, DA (lla) *adj. Bras.* Lo mismo que PINTALGADO.

SALMISTA *m. y f.* Salmista. *m.* Salmista (el real profeta David).

SALMO *m.* Salmo.

SALMODIA (día) *f.* Salmodia (canto que se usa para los salmos). *fig.* Salmodia (canto monótono, falto de gracia o expresión).

SALMODIAR *v. intr. y tr.* Salmodiar, salmear.

SALMOEIRO *m.* Vaso para la salmuera.

SALMONADO, DA *adj.* Salmonado.

SALMONEJO (jo) *m.* Lo mismo que

SALMONETE *m. Zool.* Salmonete.

SALMONÍDEOS *m. pl. Zool.* Salmónidos.

SALMOURA *f.* Salmuera (agua cargada de sal; agua que destilan las cosas saladas). Vaso para la salmuera.

SALMOURAR *v. tr.* Poner en salmuera.

SALOBRE *adj.* Lo mismo que

SALOBRO, BRA *adj.* Salobre (que por su naturaleza tiene sabor de sal). *Água —a.* Agua salobre.

SALOIADA *f.* Aldeanismo. Multitud de aldeanos.

SALOIICE *f.* Aldeanismo.

SALOIO, IA *adj.* Aldeano de los arrabales de Lisboa. Ú. t. c. s. *fig.* Aldeano, aldeaniego, rústico.

SALOMÔNICO, CA (mó) *adj.* Salomónico.

SALOQUININA *f. Quím.* Salicilquinina, saloquinina.

SALPA *f. Zool.* Salpa.

SALPICADO, DA *adj.* Salpicado. Ligeramente polvoreado de sal. Manchado; monteado.

SALPICADOR, RA *adj.* Que salpica.

SALPICADURA *f.* Salpicadura, salpicón.

SALPICÃO (cáum) *m.* Salpicón (fiambre).

SALPICAR *v. tr.* Salar. Salpicar, rociar, esparcir en gotas. *fig.* Salpicar (esparcir varias cosas como rociando algo con ellas). *fig.* Salpicar (pasar de unas cosas a otra, dejándose u omitiéndose algunas de ellas). Manchar con agua, lodo o suciedad. Difamar, desacreditar. Abigarrar, salpicar de manchitas. Motear. Espolvorear con sal.

SALPICO *m.* Salpicadura, salpicón. Manchita, mácula. Grano de sal. Tacha, defecto, mancha en la reputación.

SALPIMENTA *f.* Salpimienta. *adj.* Blanco y ceniciento.

SALPIMENTAR *v. tr.* Salpimentar (adobar con sal y pimienta alguna cosa). Maltratar de palabra.

SALPINGITE (ji) *f. Patol.* Salpingitis.

SALPRESAR (zar) *v. tr.* Salar ligeramente. Salpresar.

SALPRESO, SA (zo, za) *adj.* Salpreso.

SALSA *f. Bot.* Perejil.

SALSADA *f.* Confusión, enredo, embrollo, mezcla de cosas diferentes.

SALSAPARRILHA (lla) *f.* Zarzaparrilla.

SALSEIRA *f.* Salsera (vasija propia para servir la salsa).

SALSEIRADA *f.* Aguacero.

SALSEIRO *m.* Chaparrón, aguacero. *Bras.* Confusión, reyerta, quimera.

SALSICHA (cha) *f.* Salchicha.

SALSICHARIA (charía) *f.* Salchichería.

SALSICHEIRO (chei) *m.* Salchichero.

SALSO, SA *adj.* Salado (tratándose del mar o de aguas).

SALSUGEM (jem) *f.* Salsedumbre. Salumbre. Lodo que contiene substancias salinas. Impetigo (exantema crónico).

SALSUGINOSO, SA (jinozo, òza) *adj.* Salitroso.

SALTADA *f.* Salto grande. Saltación (acción de saltar). Ataque, embestida. Robo, asalto. Correría. Salteamiento.

SALTADO, DA *adj.* Saltón, saltado (dícese de algunas cosas, como los ojos, los dientes, etc., que sobresalen más de lo regular, y parece que se salen de su sitio). Salidizo, salido, saliente.

SALTADOR, RA *adj.* Saltador.

SALTANTE *adj.* Saltante.

SALTÃO (táum) *adj.* Saltón (que anda a saltos, o salta mucho). Ú. t. c. s. *m.* Saltamontes, saltón.

SALTA-POCINHAS (ñas) *m.* Pisaverde.

SALTAR *v. intr.* Saltar (levantarse del suelo con impulso para dejarse caer en algún sitio). Saltar (arrojarse, lanzarse desde una altura para caer de pie). Saltar (moverse una cosa levantándose con vilencia). Saltar (salir un líquido impetuosamente hacia arriba). Saltar (desprenderse una cosa de donde estaba unida). *fig.* Saltar (resaltar, sobresalir, hacerse reparable una cosa). *v. tr.* Saltar (salvar o franquear de un salto un espacio). Saltar (pasar de una cosa a otra sin orden ni continuidad). *fig.* Saltar (omitir parte de un escrito al leerlo o copiarlo). Saltear, asaltar, embestir, acometer.

SALTA-REGRA (rè) *m.* Saltarregla, falsa escuadra.

SALTERLO, LA (rè) *adj.* Saltador. *m.* Saltarel, saltarelo (cierto baile).

SALTARICAR *v. intr.* Salticar. Dar pequeños saltos.

SALTARILHAR (llar) *v. intr.* Lo mismo que SALTARICAR.

SALTARINHAR (ñar) *v. intr.* Lo mismo que SALTARICAR.

SALTATRIZ *adj. y m. s. f.* Saltatriz.

SALTEADO, DA *adj.* Sobresaltado. Salteado, asaltado. Cogido de improviso. Interrumpido, no continuo o sucesivo. *adv. fam.* Por salto (fuera del orden regular).

SALTEADOR *m.* Salteador. Ú. t. c. adj.

SALTEAMENTO *m.* Lo mismo que SALTEADA.

SALTEAR *v. tr.* Saltear (salir o robar en los despoblados o caminos). Saltear, asaltar, embestir, acometer. Saltear (comenzar a hacer una cosa y dejarla empezada para pasar a otras). *fig.* Saltear (sorprender el ánimo con alguna impresión fuerte). *v. r.* Sobresaltarse, sorprenderse. *v. intr.* Ser salteador.

SALTEIRO *m.* Fabricante de tacones.

SALTÉRIO (tè) *m.* Salterio (libro de la Sagrada Escritura). Salterio (instrumento músico). *Zool.* Libro (tercera cavidad del estómago de los rumiantes).

SALTÍGRADO, DA *adj.* Saltígrado.

SALTIMBANCO *m.* Saltabanco, saltaembancos, saltaembanco.

SALTITANTE *adj.* Que anda dando saltitos. Inquieto, bullicioso.

SALTITAR *v. intr.* Saltar ligeramente, brincar, cabriolar. Ser inconstante. Saltar (de un asunto a otro).

SALTO *m.* Salto (acción y efecto de saltar). Brinco. Salto (de agua). Salto (espacio comprendido entre el punto de donde se salta y aquel a que se llega). Salto (transito desproporcionado de una cosa a otra, sin tocar los medios, o algunos de ellos). Tacón (de zapato). Salto (al leer o copiar un escrito). Salto (ascenso a punto más alto que el inmediato superior). Rebote. Asalto, pillaje, robo, botín. *Mar.* Salto (pequeña porción de cabo que se arría o salta). *Aos —s. m. adv.* A saltos (dando saltos, o saltando de una cosa en otra). *Dar um —. Mar.* Saltar (un cabo).

SALUBRE *adj.* Salubre, saludable.

SALUBRIDADE *f.* Salubridad.

SALUBRIFICAR *v. tr.* Sanear (dar condiciones de salubridad).

SALUDADOR *m.* Saludador, curandero.

SALUDAR *v. tr.* Saludar (usar de ciertas imprecaciones y fórmulas para curar alguna enfermedad).

SALUTAR *adj.* Saludable (que sirve para conservar o restablecer la salud). *fig.* Saludable (provechoso para un fin y en especial para bien del espíritu).

SALUTARMENTE *adv. m.* Saludablemente.

SALUTÍFERO, RA *adj.* Salutífero.

SALVA *f.* Salva (saludo hecho con disparos de armas de fuego). Salvilla, salva (bandeja). *Bot.* Salvia. Reserva, excusa. — *de palmas.* Salva de aplausos.

SALVAÇÃO (sáum) *f.* Salvación. Salutación, saludo.

SALVÁDEGO *m.* Derecho de salvamento.

SALVADOR, RA *adj.* Salvador. *m.* Salvador, Jesucristo.

SALVADOS *m. pl.* Los objetos que se salvaran de un incendio o naufragio.

SALVAGUARDA *f.* Salvaguardia, salvoconducto. Salvaguardia, amparo, custodia, garantía. Reserva, condición, cautela.

SALVAGUARDAR *v. tr.* Defender, guardar, poner a salvo; Salvaguardar (*Amer.*). Lo mismo que RESSALVAR.

SALVAMENTO *m.* Salvamento, salvamiento (acción de salvar o salvarse). Salvamento (sitio en que uno se pone a salvo de un peligro). Seguridad.

SALVANTE *adj.* Salvante (que salva). *prep.* Salvo, excepto, a excepción de, menos, fuera de; salvante (*fam.*).

SALVAR *v. tr.* Salvar, librar, poner a salvo. Ú. t. c. r. Salvar (dar Dios la gloria eterna). Saludar. Hacer la salva con artillería. Salvar (pasar por encima o muy cerca de una cosa sin tocarla). Salvar, exceptuar, escluir, dejar aparte. *v. r.* Salvarse (alcanzar la gloria eterna, ir al cielo). *Salve-se quem puder.* Sálvese el que pueda.

SALVATELA (tè) *f. Anat.* Salvatela. Ú. t. c. adj.

SALVATÉRIO 9tè) *m.* Salvamento. Excusa, efugio, recurso.

SALVATORIANO, NA *adj.* Salvadoreño. Ú. t. c. s.

SALVÁVEL *adj.* Salvable.

SALVA-VIDAS *m.* Salvavidas.

SALVE! *interj.* ¡Salve!

SALVE-RAINHA (íña) *f.* Salve (una de las oraciones con que se saluda y ruega a la Virgen Santa María).

SALVETA *f. Bot.* Salvia.

SALVÍNIA *f. Bot.* Salvinia.

SALVO, VA *adj.* Salvo, ileso, indemne, librado de un riesgo o peligro. Salvo, exceptuado, omitido. *prep.* Salvo, excepto (*adv. m.*). *A* —. *m. adv.* A salvo (sin detrimento o menoscabo, fuera de peligro). *Em* —. *m. adv.* En lugar seguro.

SALVO-CONDUTO *m.* Salvoconducto.

SAMAMBAIA *f. Bras.* Nombre por el que se designan las plantas polipodiáceas.

SÁMARA (sá) *f. Bot.* Sámara.

SAMARÍDIO *m. Bot.* Samaridio. Ú. t. c. adj.

SAMÁRIO *m. Quím.* Samario.

SAMARITANO, NA *adj.* y *m. s.* Samaritano.

SAMARRA *f.* Zamarra (prenda de vestir). Zamarra (piel de carnero).

SAMBA *m. Bras.* Baile popular brasileño y música que le es propia. (La voz *zamba,* empleada en La República Argentina, designa un baile distinto del *samba* brasileño).

SAMBADOR, RA *adj.* Que baila el *samba.* Ú. t. c. s.

SAMBAMBAIA *f. Bras.* Lo mismo que SAMAMBAIA.

SAMBAR *v. intr. Bras.* Bailar el *samba.*

SAMBARCA *f.* Zambarco (correa que ciñe el pecho de las caballerías de tiro). Faja con que las mujeres ceñían el pecho.

SAMBARCO *m.* Chancleta.

SAMBENITAR *v. tr.* Sambenitar, ensambenitar.

SAMBENITO *m.* Sambenito.

SAMBERNARDO *m.* Perro del monte San Bernardo.

SAMBIQUEIRA *f. Bras. merid.* Lo mismo que

SAMBIQUIRA *f. Bras. merid.* Obispillo, rabadilla de las aves.

SAMBISTA *m. Bras.* Persona que compone *sambas.*

SAMBLAR *v. tr.* Ensamblar.

SAMBURÁ *m. Bras.* Especie de cesto. *Um cesto e um* —. Gran cantidad.

SÁMENTE (sán) *adv. m.* Sanamente.

SAMEXUGA (*ch*u) *f. Bras.* Lo mismo que SANGUESSUGA.

SÂMIO, MIA (sá) *adj.* Samio. Ú. t. c. s.

SAMNITA *adj.* y *s.* Samnita, samnite.

SAMO *m.* Alburno, albura. Entrecasco, entrecorteza.

SAMOUCO *m.* Costra que tiene la piedra cuando sale de la cantera.

SAMOVAR *m.* Samovar.

SAMPAR *v. tr. Bras. merid.* Tirar, arrojar. Zampar.

SAMURAI *m.* Samuray.

SANAR *v. tr.* Sanar, curar. *fig.* Curar (remediar un mal).

SANATIVO, VA *adj.* Sanativo.

SANATÓRIO (tò) *m.* Sanatorio.

SANÁVEL *adj.* Sanable.

SANCADILHA (lla) *f.* Zancadilla. Cuña.

SANÇÃO (sáum) *f.* Sanción (en todas las acepciones de esta voz).

SANCARRÃO (rráum) *m. aum.* de *Sanco.* Zanca muy larga. Zancarrón (hombre de mala figura). *adj.* Desgarbado; feo; ignorante.

SANCIONADO, DA *adj.* Sancionado, autorizado, aprobado, confirmado.

SANCIONAR *v. tr.* Sancionar, autorizar, aprobar, confirmar.

SANCO *m.* Zanca (pierna de las aves). *fig.* Zanca (pierna del hombre cuando es larga y delgada).

SANDÁLIA *f.* Sandalia (calzado). Abarca.

SÁNDALO (sán) *m. Bot.* Sándalo. Sándalo (leño oloroso de este árbol).

SANDÁRACA *f.* Sandáraca (resina). Rejalgar, sandáraca.

SANDEJAR (jar) *v. intr.* Disparatar, decir sandeces o necedades.

SANDEU, DIA (día) *adj.* Necio, tonto, sandio. Ú. t. c. s.

SANDICE *f.* Necedad, tontería, sandez, despropósito, simpleza.

SANDIO, DIA (dío, día) *adj.* Propio de sandio. Disparatado, despropositado. Sandio, necio, tonto.

SANDUICHE (che) *m.* Emparedado, sandwich.

SANEADOR, RA *adj.* Que sanea.

SANEAMENTO *m.* Saneamiento.

SANEAR *v. tr.* Sanear (dar condiciones de salubridad). Sanear (asegurar el reparo del daño o perjuicio). Sanear, reparar, remediar. Sanar, curar. Reconciliar. *v. r.* Reconciliarse.

SANEÁVEL *adj.* Saneable.

SANEDRIM *m.* Sanedrín.

SANEFA (nè) *f.* Cenefa.

SANFENO *m. Bot.* Mielga, pipirigallo.

SANFONA *f.* Zanfonia. *Bras.* Acordeón.

SANFONINA *f.* Acordeón pequeño. Tocador de zanfonía.

SANFONINAR *v. intr.* Tocar zanfonía. Arañar (tañer mal un instrumento de cuerdas). *pop.* Importunar. Repetir, repisar.

SANGA *f. Bras.* Arroyada; zanja (*Amer.*). Orificio por donde entra en la red el pescado.

SANGADO, DA *adj. Bras.* Lo mismo que ENFEZADO.

SANGRADEIRA *f.* Especie de tábano.

SANGRADO, DA *adj.* Sangrado. *por ext.* Herido. *fig.* Desangrado, agotado, exhausto.

SANGRADOR *m.* Sangrador (el que sangra). Ú. t. c. adj. *Bras.* Lo mismo que

SANGRADOURO *m.* Sangradura, sangría (parte interior del brazo opuesta al codo). Sangradura (salida que se da a las aguas de un río, canal o acequia). *Bras.* Zanja para el desagüe. *Bras. merid.* Canal natural entre dos lagunas o entre una laguna y un río.

SANGRADURA *f.* Sangría (acción y efecto de sangrar).

SANGRAR *v. tr.* Sangrar (abrir una vena y dejar salir determinada cantidad de sangre). *fig.* Sangrar (dar salida a un líquido en todo o en parte, abriendo conducto por donde corra). Sangrar, resinar. Desangrar, agotar. *Impr.* Sangrar. Dejar, abandonar. Pedir dinero prestado sin intención de pagarlo. *v. intr.* Sangrar (arrojar sangre). *v. r.* Sangrarse (hacerse dar una sangría).

SANGRENTAMENTE *adv. m.* Sangrientamente.

SANGRENTO, TA *adj.* Sangriento.

SANGRIA (gría) *f.* Sangría (acción y efecto de sangrar). Sangradura (sisura de la vena). Sangría (extracción o hurto de una cosa que se hace por pequeñas partes). Sangría (bebida refrigerante). — *desatada. Bras.* Cosa que exige atención inmediata.

SANGUE *m.* Sangre. *fig.* Sangre, linaje, parentesco. — *azul.* Sangre azul, sangre noble. — *frio.* Sangre fría, serenidad, tranquilidad del ánimo. *A* — *frio. m. adv.* A sangre fría, con premeditación y cálculo. *Fazer* —. *fr.* Hacer sangre, causar una herida leve de dond sale sangre. *Lavar com* —. *fr. fig.* Lavar con sangre, derramar la del enemigo en satisfacción de un agravio. — *ruim.* Mala sangre. *Ter* — *de barata. Bras.* Tener uno sangre de horchata.

SANGUEIRA *f.* Abundancia de sangre derramada. Sangre que corre de los animales muertos.

SANGUEIRO *m. Bras.* Lo mismo que SANGUEIRA.

SANGUENTO, TA *adj.* Sangriento.

SANGUESSUGA (su) *f.* Sanguijuela. *fig.* Sanguijuela (persona que va poco a poco sacando uno el dinero, alhajas y otras cosas).

SANGUÍFERO, RA *adj.* Sanguífero.

SANGUIFICAÇÃO (sáum) *f. Fisiol.* Sanguificación.

SANGUIFICAR *v. tr.* Sanguificar.

SANGUIFICATIVO, VA *adj.* Que sanguifica.

SANGUÍFICO, CA *adj.* Que sanguifica.

SANGUINA *f. Miner.* Sanguina.

SANGUINÁRIA *f. Bot.* Sanguinaria mayor, centinodia.

SANGUINARIAMENTE *adv. m.* Sanguinariamente.

SANGUINÁRIO, RIA *adj.* Sanguinario, feroz, cruel, vengativo, que se goza en derramar sangre.

SANGUÍNEA *f.* Lo mismo que SANGUINÁRIA. Sanguina.

SANGUÍNEO, NEA *adj.* Sanguíneo (de sangre; que contiene sangre o abunda en ella; aplícase a la complexión en que predomina la sangre; de color de sangre; perteneciente o relativo a la sangre).

SANGUINHEIRO (ñei) *m. Bot.* Frángula nigra.

SANGUINHO (ño) *m. Bot.* Sanguiñuelo, cornejo. Purificador (lienzo con que el sacerdote se limpia los dedos en el altar).

SANGUINIDADE *f.* Consanguinidad.

SANGUINO, NA *adj.* Sanguíneo, sanguino.

SANGUINOLÊNCIA (lén) *f.* Sanguinolencia.

SANGUINOLENTO, TA *adj.* Sanguinolento, sangriento, sanguinario.

SANGUINOSO, SA (ozo, òza) *adj.* Sanguinoso, sanguinario. Sanguinoso (que participa de la naturaleza de la sangre).

SANGUISSEDENTO, TA (se) *adj. poét.* Sanguinario, sangriento.

SANHA (ña) *f.* Saña, furor, enojo ciego. Saña, rencor.

SANHOSO, SA (ñozo, ñòza) *adj.* Sañudo, sañoso.

SANHUDAMENTE (ñu) *adv. m.* Sañudamente, sañosamente.

SANHUDO, DA (ñu) *adj.* Sañudo, sañoso.

SANÍCULA *f. Bot.* Sanícula.

SANIDADE *f.* Sanidad. (calidad de sano). Sanidad, salubridad.

SÂNIE (sa) *f.* Sanies, sanie, icor.

SANIFICAR *v. tr.* Sanear (dar condiciones de salubridad).

SANIOSO, SA (ozo, òza) *adj.* Sanioso, icoroso.

SANITÁRIO, RIA *adj.* Sanitario. *m.* Sanitario. *Cordão* —. Cordón sanitario.

SANJA (ja) *f.* Zanja.

SANJAR (jar) *v. tr.* Zanjar.

SANJOANENSE (joa) *adj.* y *s.* Sanjuanense (natural de São João d'El Rei, ciudad del Brasil).

SANJOANESCO, CA (joa) *adj. Bras.* Sanjuanero, sanjuañeño, sanjuaniego (perteneciente o relativo a San Juan).

SANLUQUENO, NA *adj.* y *s.* Sanluqueño.

SANSADORNINHO, NHÁ (ño, ña) *adj.* Bellaco; disimulado. Ú. t. c. s.

SANSCRÍTICO, CA *adj.* Perteneciente o relativo al idioma sánscrito.

SANSCRITISMO *m.* Sanscritismo.

SANSCRITISTA *m.* Sanscritista.

SÁNSCRITO, TA (sáns) *adj.* Sánscrito. *m.* Sánscrito.

SANSIMONISMO *m.* Sansimonismo.

SANSIMONISTA *m.* Sansimoniano.

SANTA *f.* Santa (mujer canonizada; mujer virtuosa).

SANTA-FÉ (fè) *f. Bras. Bot.* Paja brava; paja de Santa Fé.

SANTAFEZAL (zal) *m. Bras.* Pajal, pajonal (de paja brava).

SANTALÁCEAS *f. pl. Bot.* Santaláceas.

SANTAMENTE *adv. m.* Santamente.

SANTÃO (táum) *m.* Santón (hombre hipócrita).

SANTARRÃO, RRONA (rráum) *adj.* Santurrón, gazmoño, santulón (*Amer.*) Ú. t. c. s.

SANTEIRO, RA *adj.* Santero. Devoto. Escultor o vendedor de imágines de santos.

SANTELMO (tèl) *m.* Santelmo, fuego de San-telmo.

SANTIAGUÊS, ESA (gués, gueza) *adj.* Santiagués (de Santiago de Compostela). Ú. t. c. s.

SANTIAMÉM *m.* Santiamén.

SANTIDADE *f.* Santidad (calidad de santo). Santidad (tratamiento honorífico que se da al Papa).

SANTIFICAÇÃO (sáum) *f.* Santificación.

SANTIFICADO, DA *adj.* Santificado.

SANTIFICADOR, RA *adj.* Santificador.

SANTIFICANTE *adj.* Santificante.

SANTIFICAR *v. tr.* Santificar. *v. r.* Santificarse.

SANTIFICÁVEL *adj.* Santificable.

SANTIGAR *v. tr.* Santiguar. Ú. t. c. r.

SANTILÃO (láum) *m. pop.* Santurrón.

SANTIMÓNIA (mó) *f.* Santimonia, santidad.

SANTIMONIAL *adj.* Devoto.

SANTÍSSIMO, MA (si) *adj. sup.* de *Santo.* Santísimo. *m.* El Santísimo, Cristo en la Eucaristía.

SANTO, TA *adj.* Santo (perfecto y libre de toda culpa; dícese de la persona a quien la Iglesia declara tal). Ú. t. c. s. Santo, sagrado, inviolable. Santo (aplícase a la persona de especial virtud y ejemplo). Ú. t. c. s. Santo (dícese de lo que está especialmente dedicado o consagrado a Dios). Santo (dícese de los días de la semana santa). Santo (aplícase a algunas cosas que tienen singular virtud para la curación de algunas enfermedades). *m.* Santo (imagen de un santo). *Semana —a.* Semana Santa. *Terra —a.* Tierra Santa. — *Ofício.* Santo Oficio. — *Padre.* Santo Padre. *Espírito —.* Espíritu Santo. *Dar o — e a senha. fr.* Dar el santo. *Despir um — para vestir outro. fr. fig.* Desnudar un santo para vestir otro.

SANTOLA (tò) *f.* Especie de cangrejo (*Mithrax hispidus*).

SANTOLINA *f. Bot.* Abrótano, santolina.

SANTOR *m. Blas.* Sotuer, cruz o aspa de San Andrés.

SANTORAL *m.* Santoral.

SANTÓRIO (tó) *m. pop.* Pan bendito.

SANTORO (tó) *m.* Lo mismo que SANTÓRIO.

SANTUÁRIO *m.* Santuario, sancta. Sagrario.

SANZALA (za) *f. Bras.* Lo mismo que SENZALA.

SÃO, SÃ (sáum, sán) *adj.* Sano (que goza de completa salud). Sano, seguro. Sano, saludable. Sano (que no tiene daño o corrupción, tratándose de vegetales o de cosas pertenecientes a ellos). *fig.* Sano, recto, saludable. *fig.* Sano, sincero, bien intencionado. *fig.* Sano, entero, no estropeado. — *e salvo. loc.* Sano y salvo, sin lesión ni riesgo. *m. apoc.* de *Santo.* San (Ú. cuando el nombre del santo empieza por consonante).

SAPA *f.* Zapa. *Trabalho de —.* Trabajo de zapa.

SAPADOR *m.* Zapador.

SAPAL *m.* Pantano.

SAPAR *v. intr.* Zapar.

SAPATA *f.* Zapata (especie de calzado). *Arq.* Zapata. Zapatilla (de los instrumentos músicos).

SAPATADA *f.* Zapatazo (golpe dado con un zapato).

SAPATÃO (táum) *m.* Zapato grande.

SAPATARIA (ría) *f.* Zapatería.

SAPATEADO *m.* Zapateado (baile).

SAPATEAR *v. intr.* Zapatear (golpear con el zapato; dar golpes en el suelo con los pies calzados). Zapatearse (tenerse firme con alguno o resistirle animosamente riñendo o disputando). Zapatear (bailar en el zapateado).

SAPATEIRA *f.* Zapatera (mujer del zapatero; la que se queda sin hacer bazas o tantos en el juego).

SAPATEIRO *m.* Zapatero (el que por oficio hace zapatos o los vende). Zapatero (el que se queda sin hacer bazas o tantos en el juego). *Ficar —.* Quedarse zapatero (en el juego).

SAPATETA (tè) *f.* Zapateta. Chinela, zapatilla.

SAPATILHA (lla) *f.* Zapatilla (de los instrumentos músicos).

SAPATILHO (llo) *m. Mar.* Guardacabo.

SAPATINHO (ño) *m. dim.* de *Sapato.* Planta del Brasil.

SAPATO *m.* Zapato. — *de defunto.* Promesa incierta. *Cada um sabe onde lhe aperta o —. fr. fig.* Cada uno sabe donde le aprieta el zapato, cada uno sabe bien lo que le conviene.

SAPATORRA *f.* Zapato grosero, chancleta.

SAPATRANCA *f.* Lo mismo que SAPATORRA.

SAPÉ (pè) *m. Bras. Bot.* Sapé (*Amer.*).

SAPECA (pè) *f.* Sapeca (moneda de China). Represión, reprimenda. *Bras.* Chamuscación. Paliza, tunda, zurra. Lo mismo que MAÇADA. *adj. Bras.* Coqueta, desenvuelta; pizpireta.

SAPECAÇÃO (sáum) *f. Bras.* Chamusca, chamusquina.

SAPECAR *v. tr. Bras.* Chamuscar. *Bras.* Tirar, arrojar, pegar. *v. intr. Bras.* Divertirse, holgazanear. Coquetear.

SAPEZAL (zal) *m. Bras.* Terreno poblado de sapé. Tierra estéril.

SAPEZEIRO (zei) *m. Bras.* Lo mismo que SAPE-ZAL.

SAPICUÁ *m. Bras.* Saco.

SÁPIDO, DA *adj.* Sápido.

SAPIÊNCIA (pien) *f.* Sapiencia, sabiduría.

SAPIENTE *adj.* Sapiente.

SAPINDÁCEAS *f. pl. Bot.* Sapindáceas.

SAPINHO (ño) *m. dim.* de *Sapo.* Sapillo. Sapillo, ránula. Ú. m. en pl.

SAPO *m.* Sapo.

SAPONÁCEO, CEA *adj.* Saponáceo, jabonoso.

SAPONÁRIO, RIA *adj.* Saponado.

SAPONIFICAÇÃO (sáum) *f.* Saponificación.

SAPONIFICAR *v. tr.* Saponificar.

SAPONIFICÁVEL *adj.* Saponificable.

SAPONIFORME (fòr) *adj.* Que se parece al jabón.

SAPORÍFERO, RA *adj.* Saporífero.

SAPORÍFICO, CA *adj.* Saporífico.

SAPOTA (pò) *f. Bras.* Zapotillo, chico zapote.

SAPOTÁCEAS *f. pl. Bot.* Sapotáceas.

SAPOTI *m. Bras.* Zapote (el fruto).

SAPOTIZEIRO (zei) *m. Bras.* Zapote (el árbol).

SAPREMA *f. Bras.* Alzaprima.

SAPREMAR *v. tr. Bras.* Alzaprimar.

SAPRÓFAGO, GA (pró) *adj.* Saprófago.

SAPRÓFILO, LA (pró) *adj.* Saprófilo.

SAPRÓFITA (prò) *m.* Saprófito.

SAPUCAIA *f. Bras. Bot.* Sapucaya (*Amer.*).

SAQUE *m.* Saqueo, saqueamiento. Saque (acción de sacar en algunos juegos). Saca (acción de sacar). *Com.* Libranza, giro.

SAQUEADOR, RA *adj.* Saqueador. Ú.t.c.s

SAQUEAR *v. tr.* Saquear, robar.

SAQUEIO *m.* Saqueo.

SAQUETE *m. dim.* de *Saco.* Saquete.

SAQUINHO (ño) *m.* Lo mismo que SAQUETE. *Artill.* Saquete.

SAQUITEL (tèl) *m.* Lo mismo que SAQUETE.

SARÁ (rán) *m. Bras.* Lo mismo que SARANDI.

SARABANDA *f.* Zarabanda (danza) *fig.* Censura, represión, reprimenda.

SARABANDEAR *v. tr.* Bailar la zarabanda. Bailar.

SARABATANA *f.* Lo mismo que BUZINA y PORTA-VOZ. *Bras.* Cerbatana (instrumento hacho de carrizo que constituye una especie de arma de caza entre los indios de América).

SARABULHENTO, TA (llen) *adj.* Áspero, escabroso, lleno de asperezas. *pop.* Postilloso.

SARABULHO (llo) *m.* Aspereza en la superficie de la loza. *pop.* Postilla.

SARABULHOSO, SA (llozo, llòza) *adj.* Lo mismo que SARABULHENTO.

SARACOTE (có) *m.* Lo mismo que SARACO-TEIO.

SARACOTEADOR, RA *adj.* Que se contonea.

SARACOTEAR *v. intr.* Contonearse, zarandarse, bambonearse. Ú. t. c. r. y tr.

SARACOTEIO *m.* Contoneo; zarandeo; bamboneo.

SARACURA *f. Bras.* Planta bignoniácea (*Bignonia histela*). *Bras.* Nombre que se da a varios rascones o pollas de agua, y especialmente al *Aramides plumbea*.

SARACUTINGA *f. Bras.* Especie de hormiga.

SARADO, DA *adj.* Curado, sano. *Bras.* Valiente. Goloso. Comilón.

SARAGOÇA (gòsa) *f.* Tejido basto de lana.

SARAGOÇANO, NA (sa) *adj.* Zaragozano. Ú. t. c. s.

SARAIVA *f.* Granizo. *fig.* Granizo, granizada (multitud de cosas que caen o se manifiestan continuada y abundantemente).

SARAIVADA *f.* Granizada (copia de granizo que cae de una vez). Granizo. *fig.* Descarga.

SARAIVAR *v. tr.* Granizar. *v. tr. fig.* Granizar.

SARAMPÃO (páum) *m.* Ataque de sarampión.

SARAMPELO *m.* Sarampión benigno.

SARAMPO *m.* Sarampión. — *alemão.* Rubéola.

SARANDA *adj.* y *s. m. Bras.* Holgazán.

SARANDAGEM (jem) *f. Bras.* Holgazanería.

SARANDALHAS (llas) *f. pl.* Zarandajas. Virutas.

SARANDALHOS (llos) *m. pl.* Lo mismo que SARANDALHAS.

SARANDEAR *v. intr. Bras.* Contonearse, zarandear.

SARANDI *m. Bras.* Sarandí (*Amer.*).

SARANDIZAL (zal) *m. Bras.* Terreno poblado de sarandíes.

SARANGA *adj.* Lo mismo que

SARANGO, GA *adj.* Tonto, necio, simple.

SARANZAL (zal) *m. Bras.* Lo mismo que SARANDIZAL.

SARAPANEL *m.* Arco abatido.

SARAPANTÃO (táum) *adj. pop.* Lo mismo que SARAPINTADO.

SARAPANTAR *v. tr.* Espantar. Atolondrar. Atarantar.

SARAPATEL (tèl) *m.* Guisado, hecho de hígado de cerdo, sangre, etc. *fig.* Confusión. *fig.* Barbulla.

SARAPINTADO, DA *adj.* Abigarrado. Pintorreado.

SARAPINTAR *v. tr.* Abigarrar. Pintorrear.

SARAR *v. tr.* Curar, sanar. *v. intr.* Curarse, recobrar la salud.

SARARÁ *adj. Bras.* Mulato un tanto rubio. Ú. t. c. s. Albino. Ú. t. c. s.

SARAU *m.* Sarao.

SARÇA (sa) *f.* Zarza.

SARÇAL (sal) *m.* Zarzal.

SARCASMO *m.* Sarcasmo.

SARCASTICAMENTE *adv. m.* Sarcásticamente.

SARCÁSTICO, CA *adj.* Sarcástico.

SARCEIRO *m. Bras.* Lo mismo que SALSEIRO.

SARCEPIPLOCELE (céle) *f.* Sarcoepiplocele.

SARCÍDIO *m.* Sarcidia, verruga, carúncula.

SÁRCINA *f. Quím.* Sarcina.

SARCITE *f. Miner.* Sacitis.

SARCOCELE (cè) *f. Cir.* Sarcocele.

SARCOCOLA (cocò) *f.* Sarcocola (goma medicinal).

SARCOCOLEIRA *f. Bot.* Sarcocola.

SARCOCOLINA *f. Quím.* Sarcocolina.

SARCODE (cò) *f.* Sarcoda.
SARCODERMA (dèr) *m.* Sarcodermo.
SARCÓDICO, CA (cò) *adj.* Sarcódico.
SARCOFAGIA (jía) *f.* Sarcofagía.
SARCÓFAGO (cò) *m.* Sarcófago.
SARCOÍDEO, DEA (còi) *adj.* Sarcoideo.
SARCOLEMA *m.* Sarcolema, miolema.
SARCÓLITO (cò) *m.* Sarcolito.
SARCOLOGIA (jía) *f.* Sarcología.
SARCOMA *m.* Sarcoma.
SARCOMATOSE (tòze) *f.* Sarcomatosis.
SARCOMATOSO, SA (ozo, òza) *adj.* Sarcomatoideo.
SARCÓNFALO (cón) *m.* Sarconfalocele.
SARCOPIÓIDE (pòi) *adj.* Sarcopioideo.
SARCOPLASTO *m.* Sarcoblasto, sarcoplasto.
SARCOPTA (còp) *m.* Sarcopto.
SARCOSE (còze) *f.* Sarcosis.
SARÇOSO, SA (sozo, sòza) *adj.* Zarzoso.
SARCOSPERMO, MA (pèr) *adj.* Sarcospermo.
SARCOSTEOSE (teòze) *f.* Sarcostosis.
SARCÓTICO, CA (cò) *adj.* Sarcótico.
SARDA *f.* Sarda, caballa (pez). Peca.
SARDANAPALESCO, CA *adj.* Sardanapalesco.
SARDANISCA *f.* Lagartija.
SARDANITA *f. Bras.* Lo mismo que SARDANISCA.
SARDENTO, TA *adj.* Pecoso.
SARDINHA (ña) *f.* Sardina.
SARDINHEIRA (ñei) *f.* Sardinal (red para pescar sardinas). Sardinera (mujer que vende sardinas).
SARDINHEIRO (ñei) *m.* Sardinero (hombre que vende sardinas). Sardinero.
SÁRDIO *m.* Sardio, sardo.
SARDO, DA *adj.* Pecoso. Sardo (natural de Cerdeña). Ú. t. c. s.
SARDÓNIA (dò) *f. Bot.* Sardonia.
SARDÓNICA (dò) *f.* Sardónice, sardónnica.
SARDÓNICO, CA (dó) *adj.* Sardónico, sardesco, sardonia (tratándose de risa).
SARDOSO, SA (dò) *adj.* Pecoso.
SARGAÇO (so) *m. Bot.* Sargazo.
SARGENTEAR (jèm) *v. intr.* Sargentear. Contonearse, zarandear.
SARGENTO (jen) *m. Mil.* Sargento.
SARGO *m.* Sargo (pez).
SARIGUÉ (guè) *m.* Lo mismo que
SARIGUÉIA (guéia) *f.* Zarigüeya.
SARILHAR (llar) *v. tr.* Lo mismo que ENSARILHAR.
SARILHO (llo) *m.* Argadillo, devanadera. Pabellón (de fusiles). Movimiento giratorio de la barra fija o en el trapecio. *Bras.* Rueda dentada. *fig.* Agitación; barahunda; inquietud. *fig.* Confusión, desorden.
SARJA (ja) *f.* Saja, sajadura. Sarga (tela).
SARJADEIRA (ja) *f. Bras.* Lo mismo que
SARJADOR (ja) *m.* Sajador, sangrador; escarificador.
SARJADURA (ja) *f.* Sajadura.
SARJAR *v. tr.* Sajar.
SARJETA (je) *f.* Arroyo (de la calle). Sargueta.
SARMENTÍCIO, CIA *adj.* Sarmenticio.
SARMENTO *m.* Sarmiento.
SARMENTOSO, SA (ozo, òza) *adj.* Sarmentoso.
SARNA *f.* Sarna.
SARNENTO, TA *adj.* Sarnoso.
SARNOSO, SA (ozo, òza) *adj.* Sarnoso.
SARPAR *v. intr. Mar.* Zarpar.
SARRABULHADA (lla) *f.* Lo mismo que MISTIFÓRIO.
SARRABULHO (llo) *m.* Lo mismo que SARRAPATEL. *fig.* Confusión, desorden.
SARRACENO, NA *adj.* Sarraceno. Ú. t. c. s.
SARRAFAÇAL (sal) *m.* Chapucero (persona que trabaja chapuceramente).
SARRAFAÇAR (sar) *v. intr.* Cortar con un instrumento malo. Aserar mal. Chafallar, chapucear, frangollar. *v. tr.* Sajar.
SARRAFÃO (fáum) *m.* Vigueta, viga pequeña.
SARRAFAR *v. intr.* Lo mismo que SARRAFAÇAR.
SARRAFASCADA *f. Bras. nort.* Lo mismo que SALSEIRO.

SARRAFO *m.* Lata, listón. Lo mismo que RIPA.
SARRAFUSCA *f. pop.* Barbulla.
SARRÃO (rráum) *m.* Zurrón.
SARRENTO, TA *adj.* Sarroso.
SARRIDO *m.* Sarrillo.
SARRO *m.* Sarro.
SARTA *f.* Sarta, sartal. *Mar.* Jarcia.
SARUGA *f.* Artista (del trigo).
SASSAFRAZ (sasa) *m. Bras.* Sasafrás.
SASSÂNIDA (sasá) *adj.* Sasánida.
SATÁ (tán) *m.* Satán.
SATANAZ *m.* Satanás.
SATÁNICO, CA (tá) *adj.* Satánico.
SATANISMO *m.* Satanismo.
SATÉLITE (tè) *m. Astron.* Satélite. *fig.* Satélite (persona o cosa que depende de otra o la sigue y acompaña siempre, y experimenta todas sus vicisitudes).
SÁTIRA *f.* Sátira (composición poética; dicho agudo, picante y mordaz).
SATIRIÃO (riáum) *m. Bot.* Satirión.
SATIRÍASE (ze) *f. Med.* Satiriasis.
SATIRICAMENTE *adv. m.* Satíricamente.
SATÍRICO, CA *adj.* Satírico (perteneciente a la sátira; relativo al sátiro).
SATIRISTA *m. y f.* Satírico (escritor que cultiva la sátira).
SATIRIZAR (zar) *v. tr.* Satirizar, zaherir, motejar. *v. intr.* Satirizar (escribir sátiras).
SÁTIRO *m. Mit.* Sátiro. *fig. fam.* Sátiro (hombre lascivo).
SATISDAÇÃO (sáum) *f. ant.* Satisdación, fianza, caución, garantía.
SOTISDAR *v. intr.* Dar fianza.
SATISFAÇÃO (sáum) *f.* Satisfacción (acción y efecto de sastifacer o satisfacerse). Satisfacción (razón, acción o modo con que se sosiega y responde eternamente a una queja, sentimiento o razón contraria). Satisfacción, contento (cumplimiento del deseo o gusto). Satisfacción, recompensa, reparación (por algún delito, agravio o injuria). Pago (de una deuda o cuenta). *pl.* Satisfacciones, explicaciones.
SATISFATORIAMENTE *adv. m.* Satisfactoriamente.
SATISFATÓRIA, RIA (tò) *adj.* Satisfactorio.
SATISFAZER (zer) *v. tr.* Satisfacer (pagar lo que se debe; hacer una obra expiatoria; apaciguar las pasiones; deshacer un agravio u ofensa; sosegar o atender una queja o un sentimiento; saciar un apetito, pasión, etc.; resolver una duda o dificultad; premiar con equidad los méritos). *v. r.* Satisfacerse (vengarse de un agravio; volver por su honor el ofendido; convencerse con una eficaz razón de la duda o queja formada).
SATISFEITO, TA *adj.* Satisfecho, complacido, contento. Harto, saciado.
SATIVO, VA *adj.* Sativo.
SÁTRAPA *m.* Sátrapa.
SATRAPEAR *v. intr. neol.* Governar despóticamente; presumir de gran señor.
SATRAPIA (pía) *f.* Satrapía.
SATURABILIDADE *f.* Saturabilidad.
SATURAÇÃO (sáum) *f.* Saturación.
SATURADO, DA *adj.* Saturado. *fig.* Harto, repleto.
SATURADOR, RA *adj.* Saturativo. *m.* Instrumento para saturar.
SARTURANTE *adj.* Que satura, saturativo.
SATURAR *v. tr.* Saturar, saciar, hartar. *Quím.* Saturar. Ú. t. c. r.
SATURÁVEL *adj.* Saturable.
SATURNAL *adj.* Saturnal, saturnio. *f.* Saturnal, orgía. Ú. m. en pl.
SATURNINO, NA *adj.* Saturnino (de genio triste y taciturno). *Quím.* Saturnino (perteneciente al plomo o concerniente a él).
SATURNISMO *m. Med.* Saturnismo.
SAUAÇU (sú) *m. Bras.* Especie de mono.
SAÚBA *f. Bras.* Lo mismo que SAÚVA.
SAÚCO *m.* Saúco (segunda tapa de los cascos de los pies del caballo).
SAUDAÇÃO (sáum) *f.* Saludo (acción de saludar). Salutación, saludación. — *angélica.* Salutación angélica.

SAUDADE *f.* Añoranza, soledad (pesar y melancolía que se sienten por la ausencia, muerte o pérdida de una persona o cosa). Dulce recuerdo. *Bot.* Escabiosa. *pl.* Recuerdos (expresiones de amistad o cariño). *Ter* —*s. fr.* Echar de menos. Añorar (recordar con pena la ausencia, privación o pérdida de persona o cosa muy querida). *Deixar* —*s. fr.* Ser añorada o echada de menos una cosa o persona. *Matar as* —. Volver a ver una persona o sitio muy querida o estimado. *Dar* —*s.* Enviar recuerdos o saludos a alguien.
SAUDADOR, RA *adj.* Saludador.
SAUDANTE *adj.* Que saluda, saludador.
SAUDAR *v. tr.* Saludar. Felicitar. *m.* Saludación, salutación. Saludes (actos y expresiones corteses).
SAUDÁVEL *adj.* Saludable (que sirve para conservar o restablecer la salud). Saludable, provechoso para un fin.
SAUDAVELMENTE *adv. m.* Saludablemente.
SAÚDE *f.* Salud (estado en que el ser órganico ejerce normalmente sus funcciones). Brindis. *Beber á* — *de alguém. fr.* Beber a la salud de uno, brindar a su salud. *Vender* —. *fr. fig.* Vender, o verter, salud uno (ser muy robusto o parecer que lo es).
SAUDOSAMENTE (dòza) *adv. m.* Con *Saudade.*
SAUDOSISMO (zis) *m.* Tendencia para alabar el tiempo pasado.
SAUDOSISTA (zis) *adj.* Partidario del *Saudosismo.* Ú. t. c. s.
SAUDOSO, SA (ozo, òza) *adj.* Soledoso, pesaroso, que siente o inspira *Saudade.*
SAUÍ *m.* Lo mismo que SAGUI.
SAUIM *m. Bras.* Lo mismo que SAGUI.
SÁURIO, RIA *adj.* Saurio. *m. pl. Zool.* Saurios.
SAÚVA *f. Bras.* Especie de hormiga.
SAUVEIRO (saú) *m. Bras.* Hormigueiro (de *Saúvas*).
SAVANA *f.* Sabana (llanura muy dilatada, de fondo chato). Barquero que tripula este barco.
SÁVEL (vèl) *m.* Sábalo.
SAVELHA (lla) *f.* Sabaleta (pez).
SAXÃO (xáum) *adj.* Sajón (dícese del individuo de un pueblo de raza germánica que habitada antiguamente en la desenbocadura del Elba y parte del cual se estableció en Inglaterra). Ú. t. c. s.
SAXÁTIL *adj.* Saxátil.
SÁXEO, XEA *adj.* Sáxeo. Pedregoso.
SAXÍCOLA *adj.* Saxátil.
SAXÍFRAGA *f. Bot.* Saxífraga, saxifragia.
SAXIFRAGÁCEO, CEA *adj. Bot.* Saxifragáceo. *m. pl. Bot.* Saxifragácea.
SAXÍFRAGO, GA *adj.* Que rompe piedras.
SAXOFONE (fó) *m.* Saxófono.
SAXÓNIO, NIA (xó) *adj.* Sajón (natural de Sajonia). Ú. t. c. s.
SAXOSO, SA (xozo, xòza) *adj.* Pedregoso.
SAZÃO (záum) *f.* Sazón, ocasión, coyuntura, tiempo oportuno. Estación (del año).
SAZONADO, DA (zo) *adj.* Sazonado, maduro. *fig.* Maduro, experiente.
SAZONAR (zo) *v. tr.* Sazonar, madurar. Ú. t. c. intr. y r.
SAZONÁVEL (zo) *adj.* Que puede madurar. Productivo.
SE *pron. Se. Gram.* Es la forma reflexiva del pronombre personal de tercera persona. Ú. en dativo y acusativo en ambos géneros y números y, como en español, no admite preposición. Puede usarse proclítico o enclítico. Sirve además para formar oraciones impersonales y de pasiva. *conj. Si. Gram.* Es la conj. con que se denota condición o suposición en virtud de la cual un concepto depende de otro o de otros. A veces denota aseveración terminante. Otras veces denota circunstancia dudosa o no resuelta o averiguada. *Como se. comp.* Como si.
SÉ (sè) *f.* Sede, diócesis. *Santa* —. Santa Sede.
SEARA *f.* Campo sembrado. Panes (los trigos, centenos, cebadas, etc. desde que nacen hasta que se siegan). Mies (planta madura de cuyas semillas se hace el pan). Mies (tiempo de la siega y cosecha de granos). *fig.* Mies. *fig.* Gremio, asociación, partido, conjunto numeroso.

SEAREIRO *m.* Meseguero.

SEBA *f.* Abono formado de plantas marítimas.

SEBÁCEO, CEA *adj.* Sebáceo.

SEBASTIANISTA *adj.* Dícese de los que creían en la vuelta de D. Sebastián, rey de Portugal que murió peleando contra los moros en la batalla de Alcazarquivir. Ú. t. c. s. *fig.* Retrógrado, partidario de instituiciones pretéritas. *Bras.* Dícese de los que continuaron monarquistas después de la proclamación de la República. Ú. t. c. s.

SEBE (sè) *f.* Sebe.

SEBEIRO *m. Mar.* Sabero. Vendedor de sebo.

SEBENTA *f.* Nombre que dan los estudiantes en Coimbra a las lecciones o explicaciones impresas litográficamente.

SEBENTEIRO, RA *adj.* Que escribe *Sebentas* o las imprime. Ú.t.c.s

SEBENTICE *f.* Porquería. Calidad de seboso o sucio.

SEBENTO, TA *adj.* Seboso, untado de sebo o grasa. Sucio de grasa.

SEBO *m.* Sebo (grasa sólida de los animales). Sebo (cualquier gordura). *Bras.* Enamoramiento. Librería de viejo.

SEBORRÉIA (rrèia) *f. Med.* Seborrea, seborragia.

SEBORRÉICO, CA (rrèi) *adj.* Seborreico.

SEBOSO (so) *adj.* Seboso. Sebáceo. Grasiento. *Bras.* Sucio, puerco.

SEBRUNO, NA *adj. Bras.* Cervuno (tratándose del color del caballo o yegua que es intermedio entre el obscuro y zaino).

SECA (sè) *f.* Secatura, insulsez, fastidio, aburrimiento. Machaquería. Lata, tabarra. Secamiento.

SECA (sé) *f.* Sequía, seca.

SECAÇÃO (sáum) *f.* Secamiento.

SECADOURO *m.* Secadero.

SECAGEM (jèm) *f.* Secamiento.

SECAMENTE *adv. m.* Secamente (con pocas palabras, de un modo escueto). Secamente (con aspereza, sin atención ni urbanidad).

SECANTE *adj. Geom.* y *Trig.* Secante. Ú. t. c. s. f. *Pint.* Secante. Ú. t. c. s. m. Importuno, enfadoso, machacón, cargoso. Ú. t. c. s. Secatón.

SEÇÃO (sáum) *f.* Lo mismo que SECÇÃO.

SECAR *v. tr.* Secar, candar, aburrir, majar, machacar, fastidiar.

SECAR *v. tr.* Secar (extraer la humedad de un cuerpo mojado; ir consumiendo el humor o jugo de los cuerpos). Marchitar. *v. intr.* y *r.* Secarse, enjugarse. Secarse, marchitarse (una planta). Secarse, enflaquecer.

SECARRÃO, RRONA (rráum) *adj.* Secarrón (suele decirse del carácter).

SECATIVO, VA *adj.* Secante, desecativo.

SECÇÃO (secsáum) *f.* Sección, cortadura (acción de cortar). Sección (cualquiera de las partes en que se divide o considera dividido un todo). *Geom.* Sección.

SECCIONAL *adj.* Perteneciente o relativo a la sección.

SECCIONAR *v. tr.* Seccionar, cortar. Seccionar, fraccionar, dividir en secciones.

SECESSÃO (sáum) *f.* Secesión.

SÉCIA (sè) *f.* Lo mismo que SESTRO.

SÉCIO, CIA (sè) *adj.* Presuntuoso, coquetón. Ú. t. c. s.

SECIONAL *adj.* Lo mismo que SECCIONAL.

SECIONAR *v. tr.* Lo mismo que SECCIONAR.

SECO, CA (sé) *adj.* Seco (que carece de jugo o humedad). Seco (falta de agua, tratándose de los manantiales, ríos, arroyos, lagos, etc.). Seco (aplícase a los guisos en que se prolonga la cocción hasta que quedan sin caldo). Seco (falto de verdor o lozanía, tratándose de plantas). Seco, muerto (hablando de plantas). Seco (aplícase a las frutas de cáscara dura, y también a aquelas a las cuales se quita la humedad excessiva para que se conserven). Seco, flaco, de muy pocas carnes. Seco (dícese del tiempo en que no llueve). *fig.* Seco, áspero, poco cariñoso, desabrido en el modo o en el trato. *fig.* Seco, riguroso, estricto, sin contemplaciones ni rodeos. *fig.* Seco, árido, estéril, falto de amenidad. Seco, áspero (tratándose de sonidos). Seco (dícese del golpe fuerte, rápido y que no resuena). *pl. Bras.* Áridos. *A pau —. Mar.* A

palo seco. *Em —. m. adv.* En seco (fuera del agua o de un lugar húmedo). *Estar — por. fr. Bras.* Estar muy deseoso de.

SECREÇÃO (sáum) *f.* Secreción.

SECRETA (cré) *f.* Secreta (examen presenciado sólo por los doctores de la facultad). Secreta, letrina. Secreta (oración). *m.* Agente de la policía secreta.

SECRETAMENTE (crè) *adv. m.* Secretamente, en secreto.

SECRETAR *v. tr.* Lo mismo que SEGREDAR.

SECRETARIA (ría) *f.* Secretaría.

SECRETÁRIA *f.* Secretaria. Papelera (mueble).

SECRETARIADO *m.* Secretaría (cargo de secretario). Secretariado.

SECRETARIAR *v. intr.* Ejercer el cargo de secretario. Ú. t. c. tr.

SECRETÁRIO *m.* Secretario. Ministro, secretario. Papelera (mueble).

SECRETO, TA (crè) *adj.* Secreto, oculto, ignorado, escondido. *Voto —.* Voto secreto. *Policia —a.* Policía secreta. *Porta —a.* Puerta secreta.

SECRETOR, RA *adj.* Secretor.

SECRETÓRIO, RIA (tò) *adj.* Secretorio.

SECTÁRIO, RIA *adj.* Sectario, sectador; secuaz. Ú. t. c. s.

SECTARISMO *m.* Sectarismo.

SÉCTIL (sè) *adj.* Séctil.

SECTOR *m.* Lo mismo que SETOR.

SECULAR *adj.* Secular, seglar, lego. Ú. t. c. s. Secular (que dura un siglo o desde hace siglos; que se repite, se hace o sucede cada siglo).

SECULARIDADE *f.* Seglaridad.

SECULARIZAÇÃO (zasáum) *f.* Secularización.

SECULARIZAR (zar) *v. tr.* Secularizar. Ú. t. c. r.

SÉCULO *m.* Siglo (espacio de cien años). Siglo (na vida común y política).

SECUNDAR *v. tr.* Secundar, ayudar, cooperar, favorecer. *Bras.* Responder, repetir.

SECUNDARIAMENTE *adv. m.* Secundariamente.

SECUNDÁRIO, RIA *adj.* Secundario.

SECUNDINA *f. Bot.* Secundina.

SECUNDÍPARA *adj.* Secundípara.

SECUNDO *adv. (lat.)* Em segundo lugar.

SECUNDOGÉNITO, TA (jé) *adj.* Segundogénito. Ú. t. c. s.

SECURA *f.* Secura, sequedad (calidad de seco). Sequedad (dicho, expresión o ademán áspero y duro). Sed. *Bras. pop.* Deseo ardiente.

SECURIFORME (fòr) *adj.* Securiforme.

SEDA (sé) *f.* Seda (hebra, hilo y tela). *pl.* Sedas, cerdas de ciertos animales. *Bicho da —.* Gusano de seda.

SEDAÇÃO (sáum) *f.* Sedación, apaciguamiento.

SEDAL *adj.* Anal (perteneciente o relativo al ano).

SEDALHA (lla) *f.* Sedal (hilo a que se ata el anzuelo, de la caña de pescar).

SEDALINA *f.* Sedalina (tejido).

SEDAR *v. tr.* Sedar, apaciguar, sosegar, mitigar, calmar.

SEDATIVO, VA *adj.* Sedativo, sedante.

SEDE (sè) *f.* Sede, diócesis. Sede (capital de una diócesis). Sede, asiento, jurisdicción. Centro. Paradero. Sede, silla pontificial. Sitio, posición, paraje o lugar en que se halla situada alguna cosa. Casa central.

SEDE (sé) *f.* Sed. (gana y necesidad de beber). *fig.* Sed (necesidad de agua o humedad). *fig.* Sede, apetito, deseo ardiente. *fig. pop.* Deseo de venganza.

SEDEAR *v. tr.* Sedear (limpiar joyas con la sedera).

SEDEIRO *m.* Sedadera.

SEDELA (dè) *f.* Lo mismo que SEDALHA.

SEDENHO (ño) *m. Cir.* Sedal. *Bras.* La cola de las reses. *adj.* Sedaño, que tiene sedas o cerdas.

SEDENTARIAMENTE *adv. m.* Sedentariamente.

SEDENTÁRIO, RIA *adj.* Sedentario.

SEDENTO, TA *adj.* Sediento.

SEDESTRE (dès) *adj.* Sedente.

SEDEÚDO, DA *adj.* Sedoso.

SEDIÇÃO (sáum) *f.* Sedición, tumulto, motín, alzamiento.

SEDICIOSAMENTE (ciòza) *adv. m.* Sediciosamente.

SEDICIOSO, SA (ozo, òza) *adj.* Sedicioso. Ú. t. c. s.

SEDÍGERO, RA (je) *adj.* Que produce seda.

SEDIMENTAÇÃO (sáum) *f.* Sedimentación.

SEDIMENTAR *adj.* Sedimentario.

SEDIMENTAR *v. intr.* Sedimentarse.

SEDIMENTÁRIO, RIA *adj.* Sedimentario.

SEDIMENTO *m.* Sedimento.

SEDIMENTOSO, SA (ozo, òza) *adj.* Sedimentoso.

SEDOSO, SA (ozo, óza) *adj.* Sedoso.

SEDUÇÃO (sáum) *f.* Seducción. *fig.* Encanto.

SEDUTOR, RA *adj.* Seductor. Ú. t. c. s.

SEDUTORAMENTE *adv. m.* Seductoramente.

SEDUZIMENTO (zi) *m.* Seducción.

SEDUZIR (zir) *v. tr.* Seducir (engañar con astucia y artería; persuadir; inducir con maña al mal). *fig.* Seducir, cautivar el ánimo.

SEDUZÍVEL *adj.* Seducible.

SEGA (sè) *f.* Siega.

SEGADA *f.* Segada, siega.

SEGADEIRA *f.* Segadera (hoz para segar). Segadora (la que siega).

SEGADOR, RA *adj.* Que siega. *m.* Segador (sujito que siega).

SEGADOURO, NA *adj.* Segadero, segable.

SEGADURA *f.* Segada, siega.

SEGAR *v. tr.* Segar.

SEGE (sèje) *f.* Coche de dos ruedas. Carruaje, coche.

SEGETAL (je) *adj.* Que crece entre las mieses.

SEGMENTAÇÃO (sáum) *f.* Segmentación.

SEGMENTAR *v. tr.* Segmentar. Ú. t. c. r.

SEGMENTAR *adj.* Dividido en segmentos.

SEGMENTÁRIO, RIA *adj.* Formado de segmentos.

SEGMENTO *m.* Segmento (parte cortada de una cosa). *Geom.* Segmento.

SEGREDAR *v. intr.* Secretear. *v. tr.* Decir en secreto, murmurar, susurrar.

SEGREDEIRO, RA *adj.* Secretista (que habla mucho en secreto).

SEGREDISTA *m.* y *f.* Secretista.

SEGREDO (gré) *m.* Secreto (lo que cuidadosamente se tiene reservado y oculto). Secreto, reserva, sigilo. Secreto (conocimiento que exclusivamente alguno posee de la virtud o propiedad de una cosa útil en medicina o en otra ciencia, arte u oficio). Secreto, misterio. Secreto (escondrijo que suelen tener algunos muebles). Secreto (mecanismo oculto en algunas cerraduras) *Em —.* En secreto, secretamente.

SEGREGAÇÃO (sáum) *f.* Segregación.

SEGREGAR *v. tr.* Segregar, separar. Segregar, secretar.

SEGREGATÍCIO, CIA *adj.* Segregativo. Segregante.

SEGREGATIVO, VA *adj.* Segregativo. *Gram.* Partitivo.

SEGUIDA *f.* Seguida, seguimiento (acción de seguir o seguirse). *Em —. m. adv.* A continuación. De seguida en seguida.

SEGUIDAMENTE *adv. m.* Seguidamente.

SEGUIDILHA (lla) *f.* Seguidilla.

SEGUIDILHEIRO (llei) *m.* El que baila seguidillas.

SEGUIDINHO (ño) *adv. m. Bras. merid.* Frecuentemente.

SEGUIDO, DA *adj.* Seguido, continuo, sucesivo. *adv. m. fam.* Frecuentemente.

SEGUIDOR, RA *adj.* Seguidor (que sigue a una persona o cosa). Ú. t. c. s.

SEGUIMENTO *m.* Seguimiento, seguida (acción de seguir, seguirse). Continuación. Consecuencia, resultado. *Mar.* Estropada

SEGUINTE *adj.* Seguiente, inmediato, subsequente. Seguiente, ulterior, posterior.

SEGUIR *v. tr.* Seguir (ir después o atrás de una persona o cosa; ir en busca de ella; dirigirse, caminar hacia ella). Seguir (continuar en lo empezado). Seguir (ir en compañía de alguien). Seguir (profesar una ciencia, arte o estado). Seguir (manejar un asunto o pleito, haciendo las diligencias necesarias para llevarlo a término). Seguir (ser del dictamen o parcialidad de una

persona). Seguir, perseguir, acosar. Seguir (hacer una cosa imitando el ejemplo que ha dado otro). Seguir (dirigir una cosa sin apartarse del camino o método propio). *v. intr.* y *r.* Seguirse (inferirse una cosa de otra que la antecede). Seguirse (suceder una cosa a otra por orden, turno o número).

SEGUNDA *f. Impr.* Segunda prueba. *Mús.* Segunda. Lo mismo que

SEGUNDA-FEIRA *f.* Lunes (segundo día de la semana).

SEGUNDANISTA *m.*y *f.* Estudiante del segundo año de clase.

SEGUNDAR *v. tr.* Lo mismo que SECUNDAR.

SEGUNDEIRO, NA *adj.* Secundario, segundario. *m.* Segundero (del reloj).

SEGUNDO, DA *adj.* Segundo (que sigue en orden a lo primero). Secundario, segundario. Otro. Semejante, rival. *m.* Segundo (persona que sigue en jerarquía al jefe o principal). *m.* Segundo (de tiempo). Segundo (de círculo). *prep.* Según, con-forme, con arreglo a. Segundo, de la misma suer-te o manera que. *adv. m.* Secundariamente, se-gundariamente, en segundo lugar.

SEGUNDO-GÉNITO, TA *(je) adj.* Segundogé-nito.

SEGURA *f.* Doladera. Segura.

SEGURAÇÃO *(sáum) f.* Seguridad, seguro.

SEGURADO, DA *adj.* Asegurado (aplicase a quien ha contratado un seguro). Ú. t. c. s.

SEGURADOR, RA *adj.* Asegurador. Ú. t. c. s.

SEGURAMENTE *adv. m.* Seguramente.

SEGURANÇA *(sa) f.* Seguridad (calidad de segu-ro). Seguridad, fianza, obligación, caución, garantía. Seguro, seguridad, certeza, confianza. Seguridad (condición de ciertos mecanismos que aseguran el buen funcionamiento de alguna cosa).

SEGURAR *v. tr.* Asegurar (dar firmeza de alguna cosa material). Ú. t. c. r. Prender. Amparar, apo-yar. Asir, agarrar. Ú. t. c. r. Asegurar, afirmar. Asegurar (poner en lugar seguro) . Asegurar (pre-servar o resguardar del daño). Asegurar (garantir algo con hipoteca o prenda). Asegurar (celebrar el contrato de seguro). Ú. t. c. r. Tener, contener. Tener, asir o mantener, asida una cosa.

SEGURÁVEL *adj.* Que puede ser asegurado.

SEGURE *f.* Segura (de los lictores romanos).

SEGURELHA *(lla) f. Bot.* Serrátula.

SEGUREZA *(za) f. p. us.* Lo mismo que SEGU-RANÇA.

SEGURIDADE *f. p. us.* Lo mismo que SEGU-RANÇA.

SEGURO, RA *adj.* Seguro (libre y exento de ries-go o daño). Seguro, firme, constante, sólido. Seguro, cierto, indubitable. Seguro, desespreveni-do, ajeno de sospecha. *fam.* Avariento. *m.* Seguro, seguridad, certeza. Seguro (sitio libre de todo peligro). Seguro (contrato con que se aseguran las cosas que corren algún riesgo). Seguridad, fianza, garantía. Seguro, salvoconducto. — *de vida.* Seguro sobre la vida.

SEIO *m.* Seno (concavidad que forma una cosa encorvada). Seno, pecho, teta. Seno (espacio que queda entre el vestido y el pecho). Seno (parte interna de alguna cosa). *Anat.* Seno. *Mar.* Seno (de cabo o de vela). Seno, matriz. Seno, golfo.

SEIRA *f.* Sera.

SEIS *adj.* Seis. *m.* Seis.

SEISCENTOS, TAS *adj.* Seiscientos, tas. *m.* Seiscentos.

SEISDOBRO, BRA *adj.* Séxtuplo. Ú. t. c. s. m.

SEITA *f.* Secta.

SEIVA *f.* Savia (jugo que nutre las plantas). *fig.* Savia, energía, elemento vivificador.

SEIVOSO, SA *(ozo, òza) adj.* Que tiene savia.

SEIXADA *(cha) f.* Guijarrazo.

SEIXAL *(chal) m.* Guijarral.

SEIXO *(cho) m.* Guijarro.

SELA *(sè) f.* Silla de montar.

SELADO, DA *adj.* Sellado. Ensillado (que está con la silla de montar). *Bras.* Ensillado (que tiene el lomo hundido).

SELADOR, RA *adj.* Sellador. Ú. t. c. s. Que ensil-la. Ú. t. c. s.

SELADOURO *m.* Ensilladura (parte en que se pone la silla a las bestias).

SELADURA *f.* Ensilladura, ensillamiento (acción de ensillar).

SELAGÃO *(gáum) m.* Silla de montar que sólo tiene un pequeño arzón delantero.

SELAGEM *(jem) f.* Selladura. Estampillado.

SELÁQUIO, QUIA *adj.* Selacio. *m. pl. Zool.* Selacios.

SELAR *v. tr.* Ensillar. Sellar, timbrar (imprimir, estampar el sello). Estampillar. Sellar, cerrar, tapar, cubrir. Sellar (poner fin a una cosa). Sellar (poner el sello, timbre o estampilla). Confirmar. *v. intr.* Encovarse, doblarse. *v. r.* Ceder, rendirse, sujetarse. Mancharse.

SELARIA *(ría) f.* Guarnicionería, talabartería.

SELEÇÃO *(sáum) f.* Selección. — *natural.* Selec-ción natural.

SELECIONADOR, RA *adj.* Que separa o elige.

SELECIONAR *v. tr.* Separar, eleger, escoger; seleccionar *(barb).*

SELEIRO *m.* Guarnicionero, talabartero. *adj.* Que se tiene bien en la silla de montar. Que ya sopor-ta la silla de montar.

SELÊNICO, CA *(lé) adj.* Selénico. Lunar (perte-neciente a la luna).

SELÉNIO *(lé) m.* Selenio.

SELENITA *m.* y *f.* Selenita (habitante de la luna). *f.* Selenito.

SELENITE *f.* Lo mismo que

SELENITO *m.* Selenita, espejuelo, yeso cristali-zado.

SELENITOSO, SA *(ozo, òza) adj.* Selenitoso.

SELENOGRAFIA *(fía) f.* Selenografía.

SELOGRÁFICO, CA *adj.* Selenográfico.

SELENÓGRAFO *(nò) m.* Selenógrafo.

SELENOSE *(nòze) f.* Selenosis.

SELETA *(lè) f.* Selectas, analectas, florilegio.

SELETAMENTE *(lè) adv. m.* Selectamente.

SELETAR *v. tr. neol.* Elegir, separar, escoger.

SELETIVO, VA *adj.* Concerniente a la selección; que escoge.

SELETO, TA *(lè) adj.* Selecto.

SELFINDUÇÃO *(sáum) f. Fís.* Autoinducción, selfinducción.

SELHA *(lla) f.* Cuba.

SELIM *m.* Sillín (de montar).

SELO *(sè) m.* Sello (utensilio de metal que sirve para estampar las armas, divisas o cifras en él gra-badas). Sello (lo que queda impreso y señalado con este utensilio). Sello (disco de metal o de cera que, estampado con un sello, se unía, pendiente de hilos, cintos o correas, a ciertos documentos de importancia). Sello (para ciertos documentos y para cartas). Lo mismo que CARIMBO y SINE-TE. *fig.* Sello (carácter distintivo comunicado a una cosa). — *de Salomão.* Sello de Salomón (planta).

SELOTE *(lò) m.* Sillín (de montar).

SELVA *(sèl) f.* Selva.

SELVAGEM *(jem) adj.* Salvaje, silvestre (hablan-do de plantas). Salvaje (aplícase al animal que no es doméstico). Salvaje, montuoso, áspero, inculto (tratándose de terreno). Salvaje (natural de algu-nos países que carecen de cultura y sistema de gobierno). Ú. t. c. s. Salvaje, rudo, terco. Ú. t. c. s.

SELVAGERIA *(jería) f.* Lo mismo que SELVAJA-RIA.

SELVAGÍNEO, NEA *(jí) adj.* Selvático.

SELVAJARIA *(jaría) f.* Salvajería, salvajada. Salvajismo. Selvatiquez.

SELVÁTICO, CA *adj.* Selvático.

SELVATIQUEZA *(za) f. ant.* Lo mismo que SEL-VAJARIA.

SELVÍCOLA *m.* Salvaje.

SELVOSO, SA *(ozo, òza) adj.* Selvoso.

SEM *prep.* Sin.

SEMAFÓRICO, CA *(fó) adj.* Semafórico.

SEMÁFORO *m.* Semáforo.

SEMANA *f.* Semana. — *santa.* Semana santa, mayor o grande.

SEMANAL *adj.* Semanal.

SEMANALMENTE *adj. m.* Semanalmente.

SEMANÁRIO, RIA *adj.* Semanario, semanal. *m.* Semanario (periódico que se publica semanal-mente).

SEMÂNTICA *(mán) f.* Semántica.

SEMÂNTICO, CA *adj.* Semántico.

SEMASIOLOGIA *(ziolojía) f.* Semasiología.

SEMATOLOGIA *(jía) f.* Semasiología.

SEMBLANTE *m.* Semblante, cara, rostro. *fig.* Semblante, apariencia.

SEM-CERIMÔNIA *(mó) f.* Falta de cerimonia. Descortesía. Desprendimiento de los preceptos de la etiqueta.

SÊMEA *(sé) f.* Salvado. Afrecho menudo. Flor de la harina.

SEMEAÇÃO *(sáum) f.* Sembradura, siembra.

SEMEADA *f.* Sembrado, sementera.

SEMEADOR, RA *adj.* Sembrador. Ú. t. c. s. *f.* Sembradera.

SEMEADURA *f.* Sembradura, siembra. Sem-brado.

SEMEAR *v. tr.* Sembrar (en todas las acepciones de esta voz).

SEMEÁVEL *adj.* Sembradío.

SEMELHANÇA *(llansa) f.* Semejanza (calidad de semejante). Semejanza, analogía, semeja. Símil, comparación, semejanza.

SEMELHANTE *(llan) adj.* Semejante.

SEMELHANTEMENTE *(llan) adv. m.* Semejan-temente.

SEMELHAR *(llar) v. intr.* y *r.* Semejar. *v. tr.* Seme-jarse.

SEMELHÁVEL *(llá) adj.* Semejable.

SÊMEN *(sé) m.* Semen, semilla, simiente. Semen (substancia que los animales del sexo masculino tienen para la generación).

SEMENTAL *adj.* Semental (perteneciente o relati-vo a la siembra o sementera). Semental (hablando de animales que se destinan a padrear).

SEMENTAR *v. tr.* Sementar, sembrar. *Bras.* Fornecer semillas.

SEMENTE *f.* Semilla, simiente. *fig.* Semila, ori-gen. *Não ficar para* — . *fr. fig. fam.* No haber de quedar uno para simiente de rábanos (haber de morir).

SEMENTEIRA *f.* Siembra, sembradura, semente-ra. Sementera (tiempo en que se suele sembrar). Sementera, sembrado, tierra sembrada. *fig.* Semillero, origen.

SEMENTEIRO, RA *adj.* Sembrador. Ú. t. c. s.

SEMESTRAL *adj.* Semestral.

SEMESTRALMENTE *adv. m.* Semestralmente.

SEMESTRE *(mès) m.* Semestre. *adj.* Semestre, semestral.

SEM-FIM *m.* Sinfín, infinidad, sinnúmero. *adj.* Innumerable. Infinito (muy numeroso, grande y excesivo en cualquier línea).

SEMIÂNIMO, NA *(miá) adj.* Semidifunto. Exá-nime.

SEMIANUAL *adj.* Semestral.

SEMIANULAR *adj.* Semianular.

SEMIBÁRBARO, RA *adj.* Semibárbaro.

SEMIBREVE *(brè) f. Mús.* Semibreve.

SEMICAPRO *m.* Semicabrón, semicapro.

SEMICILÍNDRICO, CA *adj.* Semicilíndrico.

SEMICIRCULAR *adj.* Semicircular.

SEMICÍRCULO *m.* Semicírculo.

SEMICOLCHEIA *f. Mús.* Semicorchea.

SEMICONSOANTE *f.* Semiconsoante.

SEMICÚPIO *m. Med.* Semicupio.

SEMIDEFUNTO, TA *adj.* Semidifunto.

SEMIDÉIA *(déia) f.* Semidea, semidiosa.

SEMIDEIRO *m.* Lo mismo que ATALHO.

SEMIDEUS *m.* Semidiós.

SEMIDEUSA *(za) f.* Semidiosa.

SEMIDIÁFANO, NA *adj.* semidiáfano.

SEMIDIÂMETRO *(diá) m.* Semidiámetro.

SEMIDISCO *m.* Mitad de un disco.

SEMIDÍTONO *m. Mús.* Semidítono.

SEMIDIVINDADE *f.* Carácter de semidiós.

SEMIDIVINO, NA *adj.* Casi divino.

SEMIDOBRADO, DA *adj.* Medio doblado.

SEMIDOUTO, TA *adj.* Dícese del individuo de mediana instrucción.

SEMIDÚPLEX *adj.* Semidoble.

SEMI-ESFERA *(fè) f.* Semiesfera.

SEMI-ESFÉRICO, CA *(fé) adj.* Semiesférico.

SEMIFENDIDO, DA *adj.* Dividido en dos seg-mentos.

SEMIFLÓSCULO *(flòs) m.* Semiflósculo.

SEMIFLOSCULOSO, SA (ozo, òza) *adj.* Semiflosculoso.
SEMIFLUIDO, DA *adj.* Semiflúido.
SEMIFUSA (za) *f. Mús.* Semifusa.
SEMIGASTO, TA *adj.* Algo gastado.
SEMIGOLA (gò) *f.* Semigola.
SEMI-HOMEN *m.* Semihombre.
SEMILUNAR *adj.* Semilunar.
SEMILÚNIO *m.* Semilunio.
SEMIMORTO, TA (morto, mòrta) *adj.* Semidifunto, medio muerto. Exámine, agotado.
SEMINAÇÃO (sáum) *f.* Seminación.
SEMINAL *adj.* Seminal.
SEMINÁRIO *m.* Seminario, semillero (de plantas). Seminario conciliar. *adj.* Seminal.
SEMINARISTA *m.* Seminarista.
SEMINARÍSTICO, CA *adj.* Concerniente al seminarista.
SEMINÍFERO, RA *adj.* Seminífero.
SEMÍNIMA *f. Mús.* Semínima.
SEMINU, NUA *adj.* Medio desnudo.
SEMINUDEZ *f.* Desnudez incompleta.
SEMÍNULA *f.* Pequeña semilla. Esporo, espora.
SEMINULÍFERO, RA *adj.* Que tiene pequeñas semillas o esporas.
SEMÍNULO *m.* Pequeña semilla. Esporo, espora.
SEMI-OFICIAL *adj.* Casi oficial.
SEMI-OFICIOSO, SA (ozo, òza) *adj.* Casi oficioso.
SEMIOGRAFIA (fía) *f.* Semiografía.
SEMIOGRÁFICO, CA *adj.* Concerniente a la semiografía.
SEMIOLOGIA (jía) *f.* Semiología, semiótica.
SEMIOLÓGICO, CA (lòji) *adj.* Semiológico, sintomatológico.
SEMIÓTICA (ò) *f.* Semiótica.
SEMIPEDAL *adj.* Semipedal.
SEMIPLENO, NA *adj.* Semipleno.
SEMIPOETA (poè) *m.* Semipoeta, mal poeta.
SEMIPOPULAR *adj.* Algo popular.
SEMIPROVA (prò) *f.* Semiprobanza.
SEMIPÚTIDO, DA *adj.* Medio pudrido.
SEMI-RETA (rè) *f.* Semirrecta.
SEMI-RETO, TA (rè) *adj.* Semirrecto.
SEMI-ROTO, TA (rrò) *adj.* Medio roto.
SEMI-RACIONAL *adj.* Muy estúpido o tonto.
SEMI-SELVAGEM (jem) *adj.* Semibárbaro. Medio o casi salvaje.
SEMISSÁBIO, BIA (sá) *adj.* Semisabio.
SEMITA *adj. y s.* Semita.
SEMÍTICO, CA *adj.* Semítico.
SEMITISMO *m.* Carácter de semítico.
SEMITOM *m. Mús.* Semitono.
SEMITRANSPARENTE *adj.* Semitransparente.
SEMÍVIRO *m.* Hombre imperfecto. Eunuco.
SEMIVIVO, VA *adj.* Semivivo.
SEMIVOGAL *f.* Semivocal.
SEMI-JUSTIÇA (justisa) *f.* Injusticia.
SEM-NOME *adj.* Anónimo. *m. Bras.* Hecho que no se puede calificar.
SEMNOPITECO (tè) *m. Zool.* Semnopiteco.
SEM-NÚMERO *m.* Sinnúmero.
SÊMOLA (sé) *f.* Sémola.
SEMOLINA *f.* Lo mismo que SÊMOLA.
SEMOSTRAÇÃO (sáum) *f. Bras. São Paulo.* Vanidad, afectación.
SEMOTO, TA (mò) *adj.* Apartado, distante, lejano.
SEMOVENTE *adj.* Semoviente, semovente. *m. pl.* Semovientes.
SEM-PAR *adj.* Sin par, singular, único, sin segundo.
SEMPITERNAMENTE (tèr) *adv. m.* Sempiternamente.
SEMPITERNO, NA (tèr) *adj.* Sempiterno, eterno.
SEMPRE *adv. t.* Siempre (en todo o en cualquier tiempo). Siempre (en todo caso o cuando menos). *Para —. m. adv.* Para siempre. *— que. m. conjunt. condic.* Siempre que, con tal que.
SEMPRE-NOIVA *f.* Sanguinaria mayor.
SEMPRE-VIVA *f.* Siempreviva, perpetua amarilla.
SEM-RAZÃO (záum) *f.* Sinrazón.
SEM-SAL *adj.* Insulso, sin sal.
SEM-SEGUNDO, DA *adj.* Sin segundo, sin par, único, singular.
SEM-TERMO *adj.* Interminable.

SEM-TIR-TE-NEM-GUAR-TE *m. adv.* De pronto, de súbito, de repente, sin aviso.
SEM-VERGONHA (ña) *f.* Desvergüenza. *adj. Bras.* Sinvergüenza.
SENA *f.* Sena. *Bot.* Sen.
SENÁCULO *m.* Cenáculo.
SENADO *m.* Senado.
SENADOR *m.* Senador.
SENAL *adj.* Designativo del diamante en bruto y muy pequeño.
SENÃO (náum) *conj. advers.* sino. *— quando. m. adv.* De pronto, de repente. *— que.* Sino que, solamente, tan sólo.
SENÃO (náum) *m.* Pero, defecto, lunar, mancha. *prep.* Excepto, a excepción de, fuera de.
SENÁRIO *m.* Senario (compuesto de seis elementos, unidades o guarismos).
SENATORIA (ría) *f. Bras.* Senaduría.
SENATORIAL *adj.* Senatorial.
SENATÓRIO, RIA (tò) *adj.* Senatorio.
SENATRIZ *m.* Mujer del senador.
SENATUS-CONSULTO *m.* Senadoconsulto.
SENCIENTE *adj.* Sensible, sensorio.
SENDA *f.* Senda, sendero, camino. *fig.* Rutina, práctica.
SENDEIRO, RA *adj.* Rocín, matalón.
SENDOS, DAS *adj. ant.* Sendos.
SENE *m. Bot.* Sene.
SENECTO, TA *adj. ant.* Viejo, antiguo.
SENECTUDE *f.* Senectud.
SENEGALÊS, LESA (lés, leza) *adj.* Senegalense, senegalés. Ú. t. c. s.
SENEGALESCO, CA *adj.* Senegalense.
SENESCAL *m.* Senescal.
SENESCALIA (lía) *f.* Senescalía.
SENGAR *v. tr. Bras.* Zarandar, cerner.
SENHA (ña) *f.* Seña. Señal. *Mil.* Seña. Ademán. Recibo. Contraseña (en los teatros, círculos, etc). *pl.* Señas (de una persona). *Falar por —s. fr.* Hablar uno por señas, darse a entender por medio de ademanes. *Fazer —s fr.* Hacer señas (indicar uno con gestos o ademanes lo que piensa o quiere).
SENHOR (ñor) *m.* Señor (dueño de una cosa que tiene dominio y propiedad en ella). Señor, Dios. Señor, Jesus. Señor (poseedor de estados y lugares con dominio y jurisdicción). Señor, amo. Señor (término de cortesía que se aplica a cualquier hombre). Usted. *Casa do —.* Casa del Señor. *Dia do Senhor.* Día del Señor. *Ministro do —.* Ministro del Señor. *— de baraço e cutelo* Señor de horca y cuchillo. *— dos exércitos.* Señor de los ejércitos, Dios. *— de si.* Señor de sí, dueño de sí mismo. *Grão —.* Gran señor. *Descansar na paz do —.* Descansar o reposar, en el Señor; morir. *Ninguém pode servir a dois —es. prov.* Ninguno puede servir a dos señores. *Nosso —.* Nuestro Señor, Jesucristo. *Ficar — da situação,* o *do campo. fr.* Quedar uno señor del campo.
SENHORA (ño) *f.* Señora (mujer del señor). Señora, ama. Señora, (término de cortesía que se aplica a la mujer casada o viuda). Señora, mujer, esposa. *Nossa —.* Nuestra Señora, la Virgen María.
SENHORAÇA (ñorasa) *f. burl.* Señorona.
SENHORAÇO (ñoraso) *m. burl.* Señorón.
SENHOREADOR, RA (ño) *adj.* Señoreador.
SENHOREAR (ño) *v. tr.* Señorear. *v. r.* Señorearse, apoderarse.
SENHORIA (ñoría) *f.* Señoría (tratamiento). Señoría, señorío (dominio o mando sobre una cosa). Propietaria de una casa respecto de sus inquilinos. *Vossa —.* Vuestra señoría, usía.
SENHORIAGEM (ñoriajem) *f.* Señoreaje.
SENHORIAL (ño) *adj.* Señoreal, señoril. Señoreal, majestuoso, noble.
SENHORIL (ño) *adj.* Señoril. Señoreal, majestuoso, noble.
SENHORINA (ña) *f. Bras.* Señorita (término de cortesía que se aplica a la mujer soltera).
SENHORIO (ñorío) *m.* Señorío (dominio o mando de una cosa). Señorío (territorio perteneciente al señor; dignidad de señor). *fig.* Señorío (dominio y libertad en obrar). Propietario de una casa respecto de sus inquilinos.

SENHORITA (ño) *f.* Mujer de pequeña estatura. Lo mismo que SENHORINA.
SENIL *adj.* Senil.
SENILIDADE *f.* Senilidad.
SÊNIOR (sé) *adj. lat.* Más viejo o antiguo. *m.* Desportista que ya ha ganado primeros premios.
SENO *m. Trig.* Seno.
SENONIANO, NA *adj. Geol.* Senoniense.
SENSABOR *adj.* Desabrido, insípido. Soso, sin gracia. *m. y f.* Persona sosa o sín gracia.
SENSABORÃO, RONA (ráum) *adj. y s.* Lo mismo que SENSABOR.
SENSABORIA (ría) *f.* Sinsabor, desabor. *fam.* Sinsabor, pesar, desazón, pesadumbre.
SENSAÇÃO (sáum) *f.* Sensación (impresión que las cosas producen en el alma por medio de los sentidos). Sensación (emoción producida en al ánimo por un suceso o noticia de importancia).
SENSACIONAL *adj.* Sensacional.
SENSACIONALISMO *m.* Sensacionalismo.
SENSATAMENTE *adv. m.* Sensatamente.
SENSATEZ *f.* Sensatez.
SENSATO, TA *adj.* Sensato, prudente, cuerdo, juicioso.
SENSIBILIDADE *f.* Sensibilidad.
SENSIBILIZADOR, RA (za) *adj.* Sensibilizador.
SENSIBILIZANTE (zan) *adj.* Sensibilizador, que sensibiliza.
SENSIBILIZAR (zar) *v. tr.* Sensibilizar (hacer sensible). Sensibilizar, impresionar, enternecer. Ú. t. c. r.
SENSIFICAR *v. tr.* Sensibilizar (hacer sensible).
SENSITIVA *f. Bot.* Sensitiva.
SENSITIVO, VA *adj.* Sensitivo.
SENSÍVEL *adj.* Sensible (en todas las acepciones de esta voz).
SENSIVELMENTE *adv. m.* Sensiblemente.
SENSIVO, VA *adj.* Sensitivo.
SENSO *m.* Sentido. Seso, prudencia, madurez, juicio. Sentido, entendimiento, razón. Raciocinio. Circuspección. Dirección. *Bom —* Sentido común.
SENSORIAL *adj.* Sensorial, sensorio.
SENSÓRIO, RIA (sò) *adj.* Sensorio. *m.* Sensorio.
SENSUAL *adj.* Sensual, sensitivo. Sensual (dícese de los goces y deleites de los sentidos, y aplícase también a las cosas que los incitan o satisfacen, y quien es aficionado a ellos; perteneciente o relativo al apetito carnal).
SENSUALIDADE *f.* Sensualidad (calidad de sensual o sensitivo). Sensualidad, sensualismo (propensión a los placeres de los sentidos).
SENSUALISMO *m.* Sensualismo (doctrina filosófica). Sensualidad, sensualismo (propensión a los placeres de los sentidos).
SENSUALISTA *m. y f.* Sensualista.
SENSUALIZAR (zar) *v. tr.* Incitar a los placeres de los sentidos; volver sensual.
SENSUALMENTE *adv. m.* Sensualmente.
SENTAR *v. tr.* Sentar, asentar. Ú. t. c. r. Lo mismo que ASSENTAR.
SENTENÇA (sa) *f.* Sentencia, parecer, juicio, dictamen. Sentencia (dicho o frase que encierra una doctrina o moralidad). Sentencia (resolución del juez en una causa).
SENTENCIADO, DA *adj.* Condenado por sentencia. *m.* Penado.
SENTENCIADOR, RA *adj.* Sentenciador. Ú. t. c. s.
SENTENCIAR *v. tr.* Sentenciar (dictar sentencia). Sentenciar (expresar el parecer que decide una disputa).
SENTENCIOSAMENTE (òza) *adv. m.* Sentenciosamente.
SENTENCIOSO, SA (ozo, òza) *adj.* Sentencioso.
SENTIDO, DA *adj.* Sentido (que incluye o explica un sentimiento). Triste, pesaroso. Ofendido. *m.* Sentido (cualquiera de las aptitudes del alma propias para percibir, por medio de ciertos órganos corporales, las impresiones de los objetos externos). Sentido, entendimiento, razón, discernimiento. Sentido (modo de entender una cosa o juicio que se hace de ella). Sentido (conocimiento y cuidado con que se hacen algunas cosas). Sentido (razón de ser, finalidad). Sentido (significación cabal de una proposición o cláusula).

Sentido, significado, acepción (de una palabra). Sentido, interpretación. Sentido común. Dirección, rumbo.

SENTIMENTAL *adj.* Sentimental.

SENTIMENTALIDADE *f.* Sentimentalismo.

SENTIMENTALISMO *m.* Sentimentalismo.

SENTIMENTALISTA *adj. y s.* Sentimentalista.

SENTIMENTALIZAR (zar) *v. tr.* Volver sentimental.

SENTIMENTALMENTE *adv. m.* Sentimentalmente.

SENTIMENTO *m.* Sentimiento (acción y efecto de sentir o sentirse). Sentimiento (impresión que causan en el alma las cosas espirituales). Sentimiento (estado del ánimo afligido por un suceso triste o doloroso). Sensibilidad.

SENTINA *f. Mar.* Sentina. Letrina *fig.* Sentina (lugar lleno de inmundicias y mal olor). *fig.* Sentina (lugar en que abundan los vicios); persona viciosa.

SENTINELA (né) *f. Mil.* Centinela. *fig.* Centinela (persona que está en observación de alguna cosa). Atalaya (cualquier eminencia donde se descubre mucho espacio de tierra).

SENTIR *v. tr.* Sentir (experimentar sensaciones, producidas por causas externas o internas). Sentir (percibir por medio de los sentidos). Sentir, oír. Sentir (experimentar una impresión, placer o dolor espiritual o corporal). Sentir, presentir, barruntar. Comprender. Sentir, lamentar (tener por dolorosa y mala una cosa). Resentirse (tener sentimiento, pesar o enojo por una cosa). Sentir, juzgar, opinar (formar parecer o dictamen). Reconocer. Sentirse (formar queja una persona de alguna cosa). *v. intr.* Sentir (tener sensibilidad física o moral). Sufrir. *v. r.* Sentirse, reconocerse, considerarse. Resentirse. Sentirse (formar queja una persona de alguna cosa). Ofenderse. *m.* Sentir, opinión, parecer, dictamen. Sentir, sentimiento.

SENVERGONHA (ña) *m. y f. Bras.* Sinvergüenza, pícaro, bridón.

SENVERGONHICE (ñi) *f. Bras.* Sinvergüencería, desfachatez, falta de vergüenza, desvergüenza.

SENZALA (za) *f. Bras.* Conjunto de chozas donde habitaban los esclavos.

SÉPALO (sè) *m. Bot.* Sépalo.

SEPALÓIDE (lòi) *adj. Bot.* Sepaloideo.

SEPARAÇÃO (sáum) *f.* Separación.

SEPARADAMENTE *adv. m.* Separadamente.

SEPARADO, DA *adj.* Separado. Aislado. *Em —. m. adv.* Por separado, separadamente.

SEPARADOR, RA *adj.* Separador. *m.* Desnatadora.

SEPARAR *v. tr.* Separar (apartar a una persona o cosa de otra; ponerla fuera de su contato o proximidad). Ú. t. c. r. Separar, apartar, distinguir unas cosas de otras. Poner a parte. *v. r.* Separarse, apartarse. Alejarse. Divorciarse.

SEPARATA *f.* Publicación, en libro u opúsculo, de artículos publicados en periódicos o revistas.

SEPARATISMO *m.* Separatismo.

SEPARATISTA *adj.* Separatista. Ú. t. c. s.

SEPARATIVO, VA *adj.* Separativo.

SEPARATÓRIO, RIA (tò) *adj.* Separatorio, separativo. *m. Quím.* Separación.

SEPARÁVEL *adj.* Separable.

SÉPIA (sè) *f.* Sepia (materia colorante que se extrae de la jibia).

SEPSIA (sía) *f.* Sepsia, putrefacción.

SEPTETO *m. Mús.* Septeto (composición para siete instrumentos; conjunto de estos siete instrumentos o voces).

SEPTICEMIA (mía) *f.* Septicemia.

SEPTICÉMICO, CA (cé) *adj.* Septicémico.

SEPTICIDA *adj. Bot.* Septicida.

SÉPTICO, CA (cè) *adj.* Séptico.

SEPTÍFERO, RA *adj.* Septífero.

SEPTÍFRAGO, GA *adj. Bot.* Septífrago.

SEPTO (sé) *m. Anat.* Septum.

SEPTÔMETRO (tó) *m.* Septómetro.

SEPTUOR (sè) *m.* Lo mismo que SEPTETO.

SEPULCRAL *adj.* Sepulcral.

SEPULCRALMENTE *adv. m.* Sepulcralmente.

SEPULCRÁRIO *m.* Cementerio.

SEPULCRO *m.* Sepulcro, sepultura, tumba, túmulo.

SEPULTADOR, RA *adj.* Sepultador. Ú. t. c. s.

SEPULTANTE *adj.* Que sepulta.

SEPULTAR *v. tr.* Sepultar, enterrar.

SEPULTO, TA *adj.* Sepulto.

SEPULTURA *f.* Sepultura (acción de sepultar). Sepultura, sepulcro. Sepultura (hoyo). *Dar —.* Dar sepultura, sepultar, enterrar a un difunto.

SEPULTUREIRO *m.* Sepulturero.

SEQUANO, NA (cua) *adj.* Secuano. Ú. t. c. s.

SEQUAZ (cuaz) *adj.* Secuaz. Ú. t. c. s. Sectario. Ú. t. c. s.

SEQUEIRO, RA *adj.* Sequeroso. *m.* Sequero, secadero. Sequero, secano.

SEQÜELA (cué) *f.* Secuela, conseqüencia, resulta. Seguimiento (acción de seguir). Serie de cosas. Bando. Lo mismo que SÚCIA.

SEQÜÊNCIA (cuén) *f.* Seguimiento. Continuación. Serie. Secuencia (especie de himno religioso). Escala (sucesión ordenada de cosas). Escalerilla (en ciertos juegos).

SEQÜENTE (cuen) *adj.* Siguiente.

SEQUER (quèr) *adv. c. y m.* Siquiera, siquier, por lo menos, tan sólo.

SEQÜESTRAÇÃO (cuestrasáum) *f.* Secuestración, secuestro.

SEQÜESTRADOR, RA (cues) *adj.* Secuestrador. Ú. t. c. s.

SEQÜESTRAR (cues) *v. tr.* Secuestrar (en todas las acepciones de esta voz).

SEQÜESTRÁVEL (cues) *adj.* Secuestrable.

SEQÜESTRO (cuès) *m.* Secuestro, secuestración. Secuestro (bienes secuestrados). *Cir.* Secuestro.

SEQUIDÃO (dáum) *f.* Sequedad, secura.

SEQUILHO (llo) *m.* Sequillo.

SEQUIOSAMENTE (òza) *adv. m.* Con sed. Ansiosamente, ardientemente.

SEQUIOSO, SA (ozo, òza) *adj.* Sediento. Seco, sequeroso.

SÉQUITO (sè) *m.* Séquito, acompañamiento, comitiva.

SEQUÓIA (cuó) *f. Bot.* Sequoia.

SER *m.* Ser, esencia, naturaleza. Ser, ente.

SER *v. subst.* Ser. *v. intr.* Ser, haber, existir. Ser, servir, aprovechar o conducir para una cosa. Ser (estar en un lugar o situación). Ser, suceder, acontecer. Ser (pertenecer a la posesión o dominio de uno). Ser (formar parte de una corporación o comunidad). Ser, corresponder, tocar. Ser (tener principio, origen o naturaleza, hablando de los lugares o países). Ser (sirve para afirmar o negar en lo que se dice o pretente). Ser (junto con substantivos, adjetivos o participios tener los empleos, cargos, profesiones, condiciones, etc., que aquellas palabras significan).

SERAFICAMENTE *adv. m.* Seráficamente.

SERÁFICO, CA *adj.* Seráfico.

SERAFIM *m.* Serafín (espíritu bienaventurado superior). *fig.* Serafín (persona de rara hermosura).

SERAFINA *f.* Serafina (tela de lana).

SERÃO (ráum) *m.* Velada (trabajo nocturno). Velada, tertulia. Sarao.

SERAPILHEIRA (llei) *f.* Harpillera, arpillera.

SEREIA *f. Mit.* Sirena. *Fís. y Mar.* Sirena.

SERELEPE (lè) *adj. Bras.* Vivo, pronto, agudo, bullicioso. Pizpireta. *m.* Lo mismo que CAXINGUELÊ.

SERENA *f.* Serena (composición poética que los trovadores solían cantar de noche).

SERENADA *f.* Lo mismo que SERENATA.

SERENAMENTE *adv. m.* Serenamente.

SERENAR *v. tr.* Serenar, sosegar, aclarar, calmar. Ú. t. c. r. Serenar, templar, moderar, apaciguar. Ú. t. c. r. *v. intr.* Bailar. Serenarse. Lloviznar. *v. r.* Serenarse, calmarse, aclararse, templarse.

SERENATA *f.* Serenata (música en la calle y durante la noche para festejar a una persona). Serenata (composición musical).

SERENIDADE *f.* Serenidad.

SERENÍSSIMO, MA (si) *adj. sup.* de *Sereno.* Serenísimo.

SERENO, NA *adj.* Sereno, claro, despojado. Sereno, apacible, sosegado, tranquilo. *m.* Sereno (humedad de la atmósfera durante la noche). Sereno (persona encargada de rondar y vigilar durante la noche). Relente. *Bras.* Llovizna. Conjunto de espectadores de una fiesta doméstica que se quedan afuera.

SERESMA *f.* Mujer vieja y fea. *m.* Lo mismo que PASPALHÃO.

SERESTA (rès) *f. Bras.* Serenta.

SERESTEIRO *m. Bras.* Serenatero.

SERGIPANO, NA (ji) *adj.* Natural de Sergipe, uno de los Estados del Brasil. Ú. t. c. s.

SERIAÇÃO (sáum) *f.* Serie, conjunto. Clasificación. Acción de disponer en series.

SERIAL *adj.* Serial.

SERIAMENTE *adv. m.* Seriamente.

SERIAR *v. tr.* Ordenar, clasificar, disponer en series.

SERIÁRIO, RIA *adj.* Relativo a una serie.

SERIBOLO *m. Bras. nort.* Confusión. Barullo. Batahola.

SERÍCEO, CEA *adj.* Sérico.

SERICÍCOLA *adj.* Sericícola. *m.* Sericicultor.

SERICICULTOR *m.* Sericicultor.

SIRICICULTURA *f.* Sericicultura.

SERICÍGENO, NA (je) *adj.* Sericígeno.

SÉRICO, CA (sè) *adj.* Sérico.

SÉRIE (sè) *f.* Serie (conjunto de cosas que guardan relación entre sí). *Mat.* Serie. *Quím.* Serie.

SERIEDADE *f.* Seriedad. Gravedad. Circunspección.

SERIGAITA *f.* Lo mismo que SIRIGAITA.

SERIGOTE (gò) *m. Bras. merid.* Especie de lomillo; sirigote (*amer. argent*).

SERIGUEIRO *m.* Pasamanero.

SERIGUILHA (lla) *f.* Tela de lana basta.

SERINGA *f.* Jeringa.

SERINGAÇÃO (sáum) *f.* Jeringación, jeringazo.

SERINGADA *f.* Jeringazo, jeringación (acto de jeringar; líquido arrojado con la jeringa).

SERINGADELA (dè) *f.* Lo mismo que SERINGADA.

SERINGADOR, RA *adj.* Jeringador.

SERINGAL *m. Bras.* Sitio poblado de heveas, cauchal (*Amer.*). *Bras. Amazonas.* Finca al margen de un río.

SERINGALISTA *m. Bras.* Propietario de un sitio poblado de heveas.

SERINGAR *v. tr.* Jeringar. *pop.* Jeringar, importunar.

SERINGATÓRIO, RIA (tò) *adj.* Relativo a la jeringa. *m.* Líquido que se inyeta con la jeringa.

SERINGUEIRA *f. Bras.* Hevea, árbol del caucho, hevé, hevea del Brasil.

SERINGUEIRO *m.* Cauchero.

SÉRIO, RIA (sè) *adj.* Serio, grave, sentado, formal, circunspecto. Serio, severo. Serio, verdadero, sincero, sin engaño. Serio, grave, importante. Serio (contrapuesto a jocoso) *A —. m. adv.* Seriamente, con seriedad.

SERMÃO (máum) *m.* Sermón.

SERMONÁRIO *m.* Sermonario.

SEROAR *v. intr.* Velar (trabajar de noche).

SERÓDIO, DA (rò) *adj.* Serondo, tardío.

SEROSIDADE (zi) *f.* Serosidad.

SEROSO, SA (ozo, òza) *adj.* Seroso.

SEROTERAPIA (pía) *f.* Seroterapia, sueroterapia.

SEROTERÁPICO, CA *adj.* Seroterápico.

SERPÃO (páum) *m. Bot.* Serpol.

SERPE (sèr) *f. poét.* Sierpe, serpiente.

SERPEANTE *adj.* Serpeante.

SERPEAR *v. intr.* Serpear, serpentear.

SERPEJANTE (jan) *adj.* Serpeante.

SERPEJAR (jar) *v. intr.* Serpear, serpentear.

SERPENTANTE *adj.* Serpeante.

SERPENTÃO (táum) *m.* Serpentón (instrumento músico).

SERPENTAR *v. intr.* Serpear, serpentear.

SERPENTÁRIA *f. Bot.* Serpentaria, dragontea. *Astron.* Serpentario.

SERPENTÁRIO *m.* Serpentario (ave rapaz). *Astron.* Serpentario. *Bras.* Sitio donde se crían serpientes para estudios científicos.

SERPENTE *f.* Serpiente. Culebra. *fig.* Serpiente (el demonio) *fig.* Víbora.

SERPENTEANTE adj. Serpeante.

SERPENTEAR v. intr. Serpear, serpentear.

SERPENTÍFERO, RA adj. poét. Serpentífero.

SERPENTIFORME (fòr) adj. De figura de serpiente.

SERPENTINA f. Araña (candelabro de varios brazos). Serpentín (tubo enroscado de los alambiques). Serpentín (antigua pieza de artillería). Serpentaria, dragontea. Bras. Serpentina (tira o cinta de papel que se arrojan unas personas a otras en días de carnaval).

SERPENTINO, NA adj. Serpentino.

SERPIGINOSO, SA (jinozo, òza) adj. Med. Serpiginoso.

SERPILHO (llo) m. Lo mismo que SERPÃO.

SERRA (sè) f. Sierra (herramienta para aserrar). Sierra (cordillera de montes o peñascos cortados). Sierra (pez sierra). Cordillera poco extensa; sierra (amer. argent.). Bras. Ir, o subir, à —. fr. fig. Ofenderse, picarse, enfadarse.

SERRABULHO (llo) m. Lo mismo que SARRABULHO.

SERRAÇÃO (sáum) f. Aserradura. Acción de aserrar.

SERRADELA (dè) f. Lo mismo que SERRAÇÃO. Bot. Serradella.

SERRADIÇO, ÇA (so, sa) adj. Serradizo, aserradizo.

SERRADOR, RA adj. Serrador, aserrador. Ú. t. c. s. m. Serrucho grande.

SERRAGEM (jen) f. Aserradura. Aserrín.

SERRALHA (lla) f. Bot. Cerraja.

SERRALHAR (llar) v. intr. Cerrajear. v. tr. Trabajar como los cerrajeros.

SERRALHARIA (llaría) f. Cerrajería.

SERRALHEIRO (llei) m. Cerrajero.

SERRALHO (llo) m. Serrallo.

SERRANA f. Serrana (mujer).

SERRANIA (nía) f. Serranía (espacio que se compone de montañas y sierras).

SERRANICE f. Serranada.

SERRANILHA (lla) f. Serranilla.

SERRANO, NA adj. Serrano, serraniego. Ú. t. c. s.

SERRÃO (rraúm) m. Serrano.

SERRAR v. tr. Aserrar, serrar.

SERRARIA (ría) f. Aserrería. Aserradero.

SERRÁTIL adj. Serrátil.

SERRAZINA (zi) f. Importunación, majadería. adj. Majadero, importuno. Ú. t. c. s. m.

SERRAZINAR (zi) v. intr. Importunar, majadear.

SERREADO, DA adj. Aserrado (que se asemeja a la sierra).

SERREAR v. tr. Dar figura de sierra.

SÉRREO, RREA (sè) adj. De figura de sierra. Serraniego, rústico.

SERRETA f. Serreta (sierra pequeña).

SERRIL adj. Serrano, serraniego, rústico. Cerril.

SERRILHA (lla) f. Cordoncillo (de las monedas). Serreta (para las caballerías). Borde dentado de cualquier cosa.

SERRILHADO, DA (lla) adj. Dentado. Que tiene cordoncillo.

SERRILHADOR (lla) m. Cerrilla (instrumento para cerrillar la moneda).

SERRILHAR (llar) v. tr. Cerrillar. Dentar.

SERRINO, NA adj. Serrino.

SERRO m. Lo mismo que ESPINHAÇO.

SERROTA (rrò) f. Bras. Lo mismo que SERROTE.

SERROTAR v. tr. Bras. Aserrar con serrucho; serruchar (amer. argent); aserruchar (amer. chil). Aserrar mal.

SERROTE (rrò) Serrucho; serrote (amer. m. mej). Bras. Serrezuela, pequeña sierra o cordillera.

SERTÃ (tán) f. Sartén.

SERTANEJO, JA (jo) adj. Perteneciente al Sertão. Inculto; silvestre; rude. m. Habitante del Sertão.

SERTANISTA m. Bras. Lo mismo que BANDEIRANTE. Persona que conoce al Sertão.

SERTÃO (táum) m. Lugar inculto, apartado del mar o de las poblaciones. Selva en el interior de un continente. — bruto. Bras. Sertão totalmente deshabitado.

SÉRUM (sè) m. Suero.

SERVA (sèr) f. Sierva, esclava. Criada, sirvienta.

SERVENTE adj. Sirviente. m. Sirviente. f. Sirvienta.

SERVENTIA (tía) f. Utilidad, uso, empleo, servicio, aplicación. Prestancia. Servidumbre. Trabajo de sirviente. Lo mismo que PASSADIÇO.

SERVENTUÁRIO m. Suplente. Funcionario, empleado público.

SERVIÇAL (sal) adj. Servicial.

SERVIÇALMENTE (sal) adv. m. Servicialmente.

SERVIÇO (so) m. Servicio (acción de servir). Servicio (lo que se hace en provecho de alguien por atención o amistad). Servicio (utilidad que resulta uno de lo que otro hace en atención suya). Servicio (cubierto que se pone a cada comensal). Servicio (conjunto de vasija para servir la comida, café, té, etc.). Servicio (organización y personal destinados a cuidar intereses o satisfacer necesidades del público o de alguna entidad). Servicio, función, ejercicio, trabajo. Ecles. Servicio. Servicio (vaso que sirve para excrementos mayores). — militar. Servicio militar, servicio. Pasaje.

SERVIDÃO (dáum) f. Servidumbre (estado de siervo). Fot. Servidumbre. Camino que pasa por una finca particular, y que utilizan los habitantes de otras fincas. Sujeción, dependencia.

SERVIDIÇO, ÇA (so, sa) adj. Lo mismo que SEDIÇO.

SERVIDO, DA adj. Servido (traído a medio gastar). Ser —. fr. Servirse, dignarse.

SERVIDOR, RA adj. Servidero. Servicial. m. Servidor. Serviente. Servidor (nombre que por cortesía se da una persona a sí misma respecto de otra). Funcionario, empleado público.

SERVIENTE adj. For. Sujeto a servidumbre.

SERVIL adj. Servil.

SERVILHA (lla) f. Barco sardinero.

SERVILHEIRO (llei) m. Sardinero.

SERVILHETA (lle) f. Sirvienta, criada.

SERVILISMO m. Servilismo.

SERVILMENTE adv. m. Servilmente.

SÉRVIO, VIA (sèr) adj. Servio. Ú. t. c. s.

SERVIOLA (ò) f. Mar. Serviola.

SERVIR v. intr. Servir (estar al servicio de otro). Servir (estar empleado en la ejecución de una cosa por mandato de otro). Servir. Servir (estar sujeto a otro por cualquier motivo). Servir (ser una cosa a propósito para determinado fin). Servir (hacer las veces de otro en un oficio u ocupación). Servir, aprovechar, valer (ser de uso o utilidad). Servir (ser soldado en activo). Servir (en el juego de la baraja). Servir, restar, sacar. v. tr. Servir (dar culto o adoración). Servir, obsequiar (hacer una cosa en favor, beneficio o utilidad de uno). Servir (hacer plato o llenar el vaso o la copa al que va comer o beber). Ú. t. c. r. v. r. Servirse (querer o tener a bien hacer alguna cosa). Servirse (valerse de una cosa para el uso propio de ella).

SERVÍVEL adj. noel. Servible.

SERVO, VA (sér) adj. Servil (perteneciente o relativo a los siervos). m. Siervo, esclavo. Criado, servidor. — de Deus. Siervo de Dios. — da gleba. Siervo de la gleba.

SERZIDEIRA (zi) f. Zurcidera, zurcidora.

SERZIDOR, RA (zi) adj. Zurcidor.

SERZIDURA (zi) f. Zurcido, zurcidura (acción y efecto de zurcir). Zurcido, zurcidura (unión o costura de las cosas zurcidas).

SERZIR (zir) v. tr. Zurcir.

SÉSAMO (sèza) m. Bot. Sésamo, alegría.

SESAMÓIDEO, DEA (mòi) adj. Sesamoideo, sesamoide.

SESGO, GA adj. Sesgo, torcido, oblicuo.

SESMA f. ant. Sexma (sexta parte de una cosa).

SESMAR v. tr. Dividir la tierra en sesmarias.

SESMARIA (ría) f. Terreno inculto o abandonado que los reyes de Portugal concedían a quienes deseasen cultivarlo. Bras. Antigua medida agraria que hoy sólo se usa en el Estado del Río Grande del Sur. légua de —. Medida de superfície equivalente a 6.600 metros.

SESMEIRO m. Persona que recibía una Sesmaria.

SESMO m. Terreno dividido en Sesmarias.

SESQUIÁLTERA f. Mús. Sesquiáltera.

SESQUIPEDAL adj. Sesquipedal (de pie y medio de longitud) f. Sesquipedal (muy largo o desmesurado).

SESSÃO (sáum) f. Sesión, junta, reunión. Conferencia, consulta, sesión. Bras. Función (de teatro o cinema).

SESSAR v. tr. Bras. Cerner.

SESSENTA (sen) adj. y s. Sesenta. — avos. Sesentavo, va.

SÉSSIL (sésil) adj. Bot. Sesil.

SESSO (so) m. po. Nalgas.

SESTA (sès) f. Siesta (tiempo después de mediodía en que hace más calor; sueño que se toma después de comer).

SESTEADA f. Bras. merid. Sesteo. Sesteadero.

SESTEAR v. intr. Sestear (el ganado). Sestear (dormir durante la siesta).

SESTÉRCIO (tèr) m. Sestercio.

SESTRO, TRA (sès) adj. Izquierdo, siniestro. fig. Siniestro, funesto. m. Siniestro (vicio resabio, maña, propensión o inclinación a lo malo o dañada costumbre que tiene hombre o la bestia). Ú. m. en pl. Suerte, destino.

SESTROSO, SA (ozo, òza) adj. Mañoso, que tiene siniestros.

SETA (sè) f. Saeta, flecha. Saeta, saetilla (manecilla del reloj). Astron. Saeta.

SETÁCEO, CEA adj. Setáceo.

SETADA f. Saetada, saetazo.

SETE (sè) adj. y s. Siete. — em rama. Sieteenrama, tormentilla — e meio. Siete y media (juego). Pintar o — fr. fig. Travesear.

SETEAR v. tr. Asaetear, saetar.

SETECENTOS, TAS adj. Setecientos. m. Setecientos.

SETEIRA f. Saetera.

SETEIRO m. Saetero.

SETEMBRO m. Septiembre, setiembre.

SETEMESINHO, NHA (ziñi, ziña) adj. Sietemesino. Ú. t. c. s.

SETENA f. Septena, setena.

SETENAL adj. Sieteñal.

SETENÁRIO, RIA adj. Septenario, setenario.

SETENFOLIADO, DA adj. Septifolio.

SETÉNIO (té) m. Septenio.

SETENO, NA adj. Septeno, séptimo.

SETENTA adj. y s. m. Setenta. — avos. Setentavo.

SETENTRIÃO (triáum) m. Septentrión, norte.

SETENTRIONAL adj. Septentrional.

SETIA (tía) f. Canal de madera de algunos ingenios.

SETIAL m. Sitial.

SETICOLOR adj. Que tiene siete colores.

SETICORDE (còr) adj. De siete cuerdas.

SETÍFERO, RA adj. Setífero, setígero.

SETIFORME (fòr) adj. Setiforme.

SETÍGERO, RA (je) adj. Setífero, setígero.

SÉTIMA (sè) f. Mús. Séptima. Séptima (en juego de cartas).

SETIMINO m. Lo mismo que SEPTUOR.

SÉTIMO, MA (sè) adj. Séptimo, sétimo. Ú. t. c. s.

SETIGENTÉSIMO, MA (jentèzi) adj. Septigentésimo. Ú. t. c. s.

SETISSÍLABO, BA (sí) adj. Heptasílabo, septisílabo. Ú. t. c. s.

SETOR m. Geom. Sector. fig. Sector (parte determinada de una clase, de una colectividad, etc.).

SETOURA f. Hoz para segar el heno.

SETUAGENÁRIO, RIA (je) adj. Septuagenario. Ú. t. c. s.

SETUAGÉSIMA (jèzi) f. Septuagésima.

SETUAGÉSIMO, MA (jèzi) adj. Septuagésimo. Ú. t. c. s.

SETUPLICAR v. tr. Septuplicar.

SÉTUPLO, PLA adj. Séptuplo. m. Séptuplo.

SEU, SUA pron. pos. Suyo, su. Suya, su. (En español úsase su, en ambos géneros, antes de substantivo). pl. Seus, suas. Sus, suyos, suyas. m. pl. Los suyos (personas propias y unidas a otra por parentesco, amistad, sevidumbre, etc.). Sair-se com a sua. fr. Salirse con la suya. De seu. m. adv. Se suyo. O seu e o alheio. loc. fig. fam. Lo suyo y el ajeno. Fazer das suas. fr. Hacer uno de las suyas.

SEU *m. fam.* Seó (*apóc.* de seor, que es *sínc.* de señor). *fam.* So (se usa solamente seguido de nombres despectivos con los cuales se increpa alguna persona y sirve para reforzar la significación de aquellos).

SEVANDIJA (ja) *m.* y *f.* Sabandija. *fig.* Sabandija, persona despreciable.

SEVANDIJAR-SE (jar) *v. r.* Volverse despreciable, rebajarse, aviltarse.

SEVERAMENTE (vè) *adv. m.* Severamente.

SEVERIDADE *f.* Severidad.

SEVERO, RA (vè) *adj.* Severo.

SEVICIA *f.* Sevicia, crueldad excesiva. Maltrato, maltratamiento.

SEVICIAR *v. tr.* Maltratar.

SEVÍCIAS *f. pl.* Lo mismo que SEVÍCIA.

SEVILHANA (lla) *f.* Sevillanas. Especie de azeituna. Especie de navaja.

SEVILHANO, NA (lla) *adj.* Sevillano. Ú. t. c. s.

SEVO, VA (sè) *adj.* Cruel, deshumano.

SEXAGENÁRIO, RIA (je) *adj.* Sexagenario. Ú. t. c. s.

SEXAGÉSIMA (jèzi) *f.* Sexagésima.

SEXAGÉSIMO, MA (jèzi) *adj.* Sexagésimo. Ú. t. c. s.

SEXANGULADO, DA *adj.* Sexagonal.

SEXANGULAR *adj.* Sexagonal.

SEXÂNGULO, LA (xán) *adj.* Sexángulo, sexagonal, hexagonal.

SEXCENTÉSIMO, MA (tèzi) *adj.* Sexcentésimo. Ú. t. c. s.

SEXDIGITAL (gi) *adj.* Hexadáctilo.

SEXDIGITÁRIO, RIA (ji) *adj.* Hexadáctilo.

SEXÉNIO (xé) *m.* Sexenio (tiempo que dura seis años).

SEXO (sé) *m.* Sexo. — *forte.* Sexo fuerte o feo. *Belo* —. Bello sexo o sexo débil.

SEXTA (ses) *f. Mús.* Sexta. Sexta (hora). Lo mismo que

SEXTA-FEIRA (ses) *f.* Viernes. — *santa.* Viernes santo.

SEXTANTE (ses) *m.* Sextante (instrumento).

SEXTAVADO, DA (ses) *adj.* Hexagonal, sextavado.

SEXTAVAR (ses) *v. tr.* Sextavar.

SEXTETO (ses) *m. Mús.* Sexteto (composisión para seis instrumentos o voces; conjunto de estos seis instrumentos o voces).

SEXTIL (ses) *adj. Astron.* Sextil.

SEXTILHA (sestilla) *f.* Sextilla.

SEXTINA (ses) *f.* Sextina.

SEXTO, TA (ses) *adj.* Sexto. Ú. t. c. s.

SEXTUOR (sés) *m.* Lo mismo que SEXTETO.

SÉXTUPLO, PLA (sés) *adj.* Séxtuplo. Ú. t. c. s.

SEXUAL (xual) *adj.* Sexual.

SEXUALIDADE (xua) *f.* Sexualidad.

SEXUALISMO (xua) *m.* Estado de sexual.

SEZÃO (záum) *f.* Malaria (fiebre intermitente producida por los efluvios palúdicos).

SEZÕES (zoens) *f. pl. de Sezão.*

SEZONÁTICO, CA (zo) *adj.* Malárico; palúdico.

SI *pron.* Sí. (Es la forma reflexiva del pronombre personal de tercera persona. Se emplea en los casos oblicuos de la declinación en ambos géneros y números, y lleva constantemente preposición. Cuando ésta es *com*, se dice *consigo*, exactamente como en español. *Por* —. *m. adv.* De por sí. *Senhor de* —. Señor de sí.

SI *m. Mús.* si.

SIÁ *f. Bras.* Lo mismo que SINHÁ.

SIALAGOGO, GA *adj. Med.* Sialagogo. Ú. t. c. s.

SIALISMO *m.* Sialismo.

SIALORRÉIA (rréia) *f. Med.* Sialorrea.

SIAMÊS, MESA (mès, meza) *adj.* Siamés. Ú. t. c. r.

SIBA *f.* Jibia (molusco).

SIBARISMO *m.* Sibarismo.

SIBARITA *adj.* y *s.* Sibarita.

SIBARITICAMENTE *adv. m.* Sibariticamente.

SIBARÍTICO, CA *adj.* Sebarítico.

SIBARITISMO *m.* Sibaritismo.

SIBILA *f.* Sibila. *fam.* Bruja.

SIBILAÇÃO (sáum) *f.* Silbido. *Med.* Sibilación.

SIBILANTE *adj.* Silbante. Sibilante. (*poét.*).

SIBILAR *v. intr.* Silbar (dar o producir silbos o silbidos). Silbar (agitar el aire, y herir una cosa con violencia, de que resulta un sonido como o silbo).

SIBILINO, NA *adj.* Sibilino (perteneciente a la sibila). *fig.* Sibilino, misterioso, obscuro.

SIBILO *m.* Silbo. Silbido. Sibilación.

SICA *f.* Sica.

SICAMBRO, BRA *adj.* Sicambros. Ú. t. c. s.

SICÁRIO *m.* Sicario, asesino asalariado.

SICATIVO, VA *adj* Sicativo, secante.

SICILIANO, NA *adj.* Siciliano. Ú. t. c. s.

SICO *m. Bras.* Lo mismo que BICHO-DE-PÉ.

SICÓFAGO, GA (cò) *adj.* Que se alimenta de higos.

SICOFANTA *m.* y *f.* Sicofanta, sicofante, impostor, calumniador.

SICOFANTISMO *m.* Carácter de sicofante.

SICOMANCIA (cía) *f.* Sicomancia, sicomancía.

SICÔMORO (có) *m. Bot.* Sicómoro (higuera egipcia). Sicómoro (platano falso).

SÍCONE *m.* Lo mismo que

SÍCONO *m. Bot.* Siconio, sicono.

SICOSE (còze) *f. Med.* Sicosis.

SICRANO *m.* Zutano.

SICUPIRA *f. Bras. Bot.* Sicopira (*Amer.*).

SIDERAÇÃO (sáum) *f. Astrol.* Sideración. *Med.* Sideración.

SIDERAL *adj.* Sideral, sidéreo.

SIDERAR *v. tr.* Fulminar, producir siderácion. *fig.* Atolondrar.

SIDÉREO, REA (dè) *adj.* Sidéreo.

SIDÉRICO, CA (dè) *adj.* Sidérico, sidéreo.

SIDERISMO *m.* Siderismo (culto de los astros).

SIDERITA *f. Bot.* Siderita. *Miner.* Siderita.

SIDEROGRAFIA (fía) *f.* Siderografía.

SIDEROLÍTICO, CA *adj.* Siderolítico.

SIDEROMANCIA (cía) *f.* Sideromancia, sideromancía.

SIDEROSCÓPIO (cò) *m. Fís.* Sideroscopio.

SIDEROSE (ròze) *f. Miner.* Siderosa. *Med.* Siderosis.

SIDERÓSTATO (ròs) *m. Astron.* Siderostato.

SIDEROTECNIA (nía) *f.* Siderotecnia, siderurgia.

SIDERURGIA (jía) *f.* Siderurgia.

SIDERÚRGICO, CA (ji) *adj.* Siderúrgico.

SIENITO *m. Miner.* Sienita.

SIFÃO (fáum) *m.* Sifón.

SIFILICÔMIO (có) *m.* Sifilomio, sifilicomio.

SIFÍLIDE *f. Med.* Sifilide.

SIFILIGRAFIA (fía) *f. Med.* Sifilografía. Sifiligrafía.

SIFILIGRÁFICO, CA *adj.* Sifilográfico, sifiligráfico.

SIFILÍGRAFO *m.* Sifilógrafo.

SÍFILIS *f. Med.* Sífilis.

SIFILÍTICO, CA *adj.* Sifilítico. Ú. t. c. s.

SIFILIZAÇÃO (zasáum) *f.* Acción y efecto de

SIFILIZAR (zar) *v. tr.* Transmitir la sífilis.

SIFILOGRAFIA (fía) *f.* Sifilografía.

SIFILOGRÁFICO, CA *adj.* Sifilográfico.

SIFILOMA *m. Patol.* Sifiloma.

SIFONÁPTEROS *m. pl. Zool.* Sifonados.

SIFONÓFOROS (nò) *m. pl. Zool.* Sifonóforos.

SIFONÓIDE (nòi) *adj.* De figura de sifón.

SIGILAÇÃO (jilasáum) *f.* Sigilación.

SIGILAR (ji) *v. tr.* Sigilar, sellar (imprimir con sello).

SIGILO (ji) *m.* Sigilo, secreto. *ant.* Sigilo, sello.

SIGILOSAMENTE (jilòza) *adv. m.* Sigilosamente.

SIGILOSO, SA (jilozo, òza) *adj.* Sigiloso.

SIGLA *f.* Sigla.

SIGMA *f.* Sigma (décimoctava letra del alfabeto griego).

SIGMATISMO *m.* Sigmatismo.

SIGMÓIDE (mòi) *adj.* Sigmoideo.

SIGMOIDITE *f. Med.* Sigmoiditis.

SIGNATÁRIO, RIA *adj.* Firmante, signatario. Ú. t. c. s.

SIGNIFICAÇÃO (sáum) *f.* Significación (acción de significar; sentido de una palabra o frase; objeto que se significa; representación, valor, importancia).

SIGNIFICADO *m.* Significado, significación.

SIGNIFICANTE *adj.* Significante.

SIGNIFICAR *v. tr.* Significar (ser una cosa representación o indicio de otra diferente; ser una palabra o una frase signo o representación de una idea o de una cosa material; hacer, saber, manifestar una cosa). *v. intr.* Significar, representar, valer, tener importancia.

SIGNIFICATIVAMENTE *adv. m.* Significativamente.

SIGNIFICATIVO, VA *adj.* Significativo.

SIGNO *m. Astron.* Signo.

SÍLABA *f.* Sílaba.

SÍLABO *m.* Sílabo.

SILAGEM (jem) *f. Agric.* Ensilaje.

SILENCIAR *v. tr.* Acallar, imponer silencio; silenciar (*Amer.*). Callar, pasar en silencio; silenciar (*Amer.*). *v. intr.* Callarse.

SILÊNCIO (lèn) *m.* Silencio.

SILENCIOSAMENTE (òza) *adv. m.* Silenciosamente.

SILENCIOSO, SA (ozo, òza) *adj.* Silencioso.

SILENTE *adj.* Silente, silencioso, sosegado, tranquilo.

SILEPSE (lèpze) *f. Gram.* Silepsis.

SILÉPTICO, CA (lè) *adj.* Siléptico.

SILESIANO, NA (zia) *adj.* Silesio, silesiano. Ú. t. c. s.

SÍLEX *m.* Sílex, pedernal.

SÍLFIDE *f.* Sílfide.

SILFO *m.* Silfo.

SILHA (lla) *f.* Piedra que sirve de basis a una colmena. Serie de colmenas, colmenar.

SILHAL (llal) *m.* Colmenar.

SILHÃO (lláum) *m.* Sillón (silla de montar propia para señoras). Obra hecha en medio del foso alrededor de una plaza fuerte.

SILHAR (llar) *m.* Sillar (piedra). Lo mismo que SILHA.

SILHARIA (llaría) *f.* Sillería (fábrica hecha de sillares).

SILHUETA (llue) *f. gal.* Sillueta.

SÍLICA *f. Quím.* Sílice.

SILICATO *m. Quím.* Silicato.

SÍLICE *m.* Lo mismo que SÍLEX.

SILÍCICO, CA *adj. Quím.* Silícico.

SILICÍCOLA *adj. Bot.* Silicícola.

SILÍCIO *m. Quím.* Silicio.

SILICIOSO, SA (ozo, òza) *adj.* Silícico.

SÍLIQUA (cua) *f. Bot.* Silicua.

SILIQUOSO, SA (cuozo, cuòza) *adj.* Silicuoso.

SILO *m. Agric.* Silo.

SILOGISMO (jis) *m.* Silogismo.

SILOGISTICAMENTE (jis) *adv. m.* Silogísticamente.

SILOGÍSTICO, CA (jís) *adj.* Silogístico.

SILOGIZAR (jizar) *v. tr.* Silogizar.

SILURIANO, NA *adj.* Silúrico, siluriano. Ú. t. c. s.

SILURÍDEOS *m. pl. Zool.* Silúridos.

SILUROS *m. pl.* Siluros.

SILVA *f.* Silva (de materias escritas). Silva (combinación métrica). *Bot.* Zarza.

SILVADO *m.* Zarzal.

SILVÃO (váum) *m.* Especie de zarza.

SILVAR *v. intr.* Lo mismo que SIBILAR.

SILVÁTICO, CA *adj.* Silvático, selvático.

SILVEDO *m.* Zarzal.

SILVEIRA *f.* Zarza. Zarzal. *Bras.* Carne guisada con huevos revueltos.

SILVESTRE (vès) *adj.* Silvestre.

SILVICULTOR *m.* Silvicultor.

SILVICULTURA *f.* Silvicultura.

SILVO *m.* Silbo. Silbido.

SILVOSO, SA (ozo, òza) *adj.* Silvoso, selvoso.

SIM *adv. afirm.* Sí. *m.* Sí, consentimiento, permiso. *Pelo* — *e pelo não. loc.* Por sí o por no. *Pois* —. *expr. irón.* Pues sí.

SIMÃO (máum) *m. pop.* Mono.

SIMARUBÁCEAS *f. pl. Bot.* Simarubáceas.

SIMBIOSE (òze) *f. Hist. Nat.* Simbiosis.

SIMBLÉFARO (blè) *m. Cir.* Simblefaron.

SIMBOLICAMENTE *adv. m.* Simbólicamente.

SIMBÓLICO, CA (bò) *adj.* Simbólico.

SIMBOLISMO *m.* Simbolismo.

SIMBOLISTA *adj.* Simbolista. Ú. t. c. s.

SIMBOLÍSTICO, CA *adj.* Perteneciente o relativo a los simbolitas.

SIMBOLIZAÇÃO (zasáum) *f.* Simbolización.

SIMBOLIZAR (zar) *v. tr.* Simbolizar. *v. intr.* Escribir o hablar simbólicamente.

SIMBOLIZÁVEL (zá) *adj.* Simbolizable.

SÍMBOLO *m.* Símbolo.
SIMBOLOGIA (*jía*) *f.* Simbología.
SIMETRIA (*tría*) *f.* Simetría.
SIMETRICAMENTE *adv. m.* Simétricamente.
SIMÉTRICO, CA (*mè*) *adj.* Simétrico.
SIMIESCO, CA *adj.* Simiesco.
SÍMIL *adj. poét.* Semejante, parecido; símil. (*p. us.*). *m.* Símil.
SIMILAR *adj.* Similar. *m.* Objeto similar.
SIMILARIDADE *f.* Semejanza, analogía, calidad de similar.
SÍMILE *m.* Símil.
SIMILITUDE *f.* Similitud, semejanza.
SIMILITUDINÁRIO, RIA *adj.* Similitudinario.
SÍMIO *m.* Símio, mono. *adj.* Simiesco.
SIMONIA (*nía*) *f.* Simonía.
SIMONÍACO, CA *adj.* Simoníaco.
SIMPATIA (*tía*) *f.* Simpatía (inclinación en una persona respecto de los sentimientos de otra). Simpatía (relación de actividad de algunos órganos que no tienen conexión directa entre sí).
SIMPATICAMENTE *adv. m.* Simpáticamente.
SIMPÁTICO, CA *adj.* Simpático (que inspira simpatía). Simpático (dícese de una tinta). *Sistema nervoso —. Anat.* Gran simpático.
SIMPATISTA *m.* Simpatista.
SIMPATIZANTE (*zan*) *adj.* Que simpatiza.
SIMPATIZAR (*zar*) *v. intr.* Simpatizar (sentir simpatía). Simpatizar (congeniar dos personas).
SIMPLACHEIRÃO, RONA (*ráum*) *adj.* Simplón, sandio, necio. Ú. t. c. s.
SIMPLES *adj.* Simple (puro, que no tiene composición ni mezcla). Simple, sencillo (tratándose de cosas que pueden ser dobles). *fig.* Simple, manso, apacible, ingenuo, incauto. Ú. t. c. s. *fig.* Simple, necio, bobo. Ú. t. c. s. *Gram.* Simple. *pl.* Armazón de madera para construir una bóveda.
SIMPLESMENTE *adv. m.* Simplesmente (con simpleza o sencillez). Simplesmente, absolutamente (sin ninguna condición).
SIMPLEZA (*za*) *f.* Lo mismo que SIMPLICIDADE.
SÍMPLICES *m. pl.* Simple (cualquiera substancia que entra en la composición de un medicamento).
SIMPLICIDADE *f.* Simplicidad, sencillez. Simpleza, bobería, necedad. Simpleza, rusticidad, grosería.
SIMPLISTA *m.* Simplicista, simplista.
SIMPLIFICAÇÃO (*sáum*) *f.* Simplificación.
SIMPLIFICADOR, RA *adj.* Simplificador.
SIMPLIFICAR *v. tr.* Simplificar.
SIMPLISMO *m.* Simplez.
SIMPLÍSSIMO, MA (*si*) *adj. sup* de *Simples.* Simplísimo.
SIMPLISTA *adj.* Simplista (que simplifica o tiende a simplificar); simple. Ú. t. c. s.
SIMPLÓRIO, RIA (*plò*) *adj.* Simplón, simplote, simple, incauto, necio. Ú. t. c. s.
SIMPTOSE (*tòze*) *f.* Simptosis.
SIMULAÇÃO (*sáum*) *f.* Simulación.
SIMULACRO *m.* Simulacro, imagen. *Mil.* Simulacro. Espectro, fantasma. Semejanza, apariencia, imitación. Remedo.
SIMULADAMENTE *adv. m.* Simuladamente.
SIMULADO, DA *adj.* Simulado, fingido.
SIMULADOR, RA *adj.* Simulador. Ú. t. c. s.
SIMULAR *v. tr.* Simular. Imitar. Disfrazar. Disimular.
SIMULATÓRIO, RIA (*tò*) *adj.* Que encierra simulación.
SIMULCADÊNCIA (*dén*) *f.* Simulcadencia.
SIMULTANEAMENTE *adv. m.* Simultáneamente.
SIMULTANEIDADE *f.* Simultaneidad.
SIMULTÂNEO, NEA (*tá*) *adj.* Simultáneo.
SIMUM *m.* Simún.
SINA *f.* Bandera, estandarte. *fam.* Suerte, hado, destino.
SINAGOGA (*gò*) *f.* Sinagoga.
SINAL *m.* Señal (en todas las acepciones de esta voz). *— da cruz.* Señal de la cruz. *Em —. m. adv.* En señal, en prueba. *Nem —. m. adv.* Ni señal. *Pelo —. fam.* Señal de la cruz.
SINALAGMÁTICO, CA *adj.* Sinalagmático.
SINALAR *v. tr.* Lo mismo que ASSINALAR.
SINALEFA (*lè*) *f. gram.* Sinalefa.

SINALEIRA *f. Bras.* Poste de señales.
SINALEIRO *m.* Guardavía. Marino que hace señales en los buques.
SINALIZAÇÃO (*zasáum*) *f.* Señalamiento.
SINALIZAR (*zar*) *v. tr.* Señalar.
SINANTÉREO, REA (*tè*) *adj.* Sinantéreo.
SINANTÉRICO, CA (*tè*) *adj.* Sinantérico.
SINÁPICO, CA *adj.* Sinápico.
SINAPISMO *m.* Sinapismo.
SINAPIZAR (*zar*) *v. tr.* Componer con mostaza.
SINARTROSE (*tròze*) *f. Anat.* Sinartrosis.
SINA-SINA *f. Bot. Bras. merid.* Árbol leguminoso (*Parkinsonia aculeata*).
SINCARPO *m. Bot.* Sincarpio.
SINCEIRAL *m.* Salceda, salcedo.
SINCEIRO *m.* Salce, sauce.
SINCERAMENTE (*cé*) *adv. m.* Sinceramente.
SINCERIDADE *f.* Sinceridad.
SINCERO, RA (*cè*) *adj.* Sincero.
SINCIPTAL *adj.* Perteneciente o relativo al sincipucio.
SINCIPÚCIO *m.* Sincipucio, coronilla, el vértice de la cabeza.
SINCLINAL *adj. Geol.* Sinclinal.
SÍNCLISE (*ze*) *f. Gram.* Empleo del pronombre *sinclítico.*
SINCLÍTICO, CA *adj. Gram.* Dícese del pronombre que se intercala en una palabra.
SINCLITISMO *m.* Conjunto de reglas acerca del empleo del pronombre *sinclítico.*
SINCONDROSE (*dròze*) *f. Ant.* Sincondrosis.
SÍNCOPA *f. Mús.* Síncopa.
SINCOPAL *adj.* Sincopal.
SINCOPAR *v. tr. Gram.* y *Mús.* Sincopar.
SÍNCOPE *f. Med.* Síncope. *Gram. Mús.* Síncopa.
SINCRANIANO, NA *adj.* Sincraniano.
SINCRETISMO *m.* Sincretismo.
SINCRETISTA *adj.* Sincretista. Ú. t. c. s.
SÍNCRISE *f.* Sincrasis.
SINCRONICAMENTE *adv. m.* Sincrónicamente.
SINCRÓNICO, CA (*cró*) *adj.* Sincrónico, síncrono.
SINCRONISMO *m.* Sincronismo.
SINCRONISTA *adj.* Que emplea el método sincrónico. Ú. t. c. s.
SINCRONIZAR (*zar*) *v. tr.* Exponer, escribir o narrar sincrónicamente. Adaptar al tiempo oportuno, combinar acciones para el mismo tiempo.
SÍNCRONO, NA *adj.* Síncrono.
SINDÁCTILO, LA *adj.* Sindáctilo.
SINDÉRESE (*dèreze*) *f.* Sindéresis.
SINDESMOGRAFIA (*fía*) *f.* Sindesmografía.
SINDESMOLOGIA (*jía*) *f.* Sindesmología.
SINDESMOSE (*mòze*) *f.* Sindesmosis.
SINDESMOTOMIA (*mía*) *f.* Sindesmotomía.
SINDESMOTÔNICO, CA (*tó*) *adj.* Concerniente a la sindesmotomía.
SINDICAÇÃO (*sáum*) *f.* Averiguación, investigación, inquisición.
SINDICAL *adj.* Sindical.
SINDICALISMO *m.* Sindicalismo.
SINDICALISTA *adj.* Sindicalista. Ú. t. c. s.
SINDICALIZAR (*zar*) *v. tr.* Sindicar (organizar en sindicato). Ú. t. c. r. *v. r.* Sindicarse (entrar en un sindicato).
SINDICÂNCIA (*cán*) *f.* Averiguación, investigación, inquisición.
SINDICANTE *adj.* Que averigua, indaga, investiga o inquiere. Ú. t. c. s. *m.* Síndico.
SINDICAR *v. tr.* Averiguar, investigar inquirir, indagar. Sindicar (organizar en sindicato). *v. intr.* Informarse, averiguar.
SINDICATO *m.* Sindicato (agrupación formada para la defensa de intereses económicos e políticos comunes a todos los asociados). Sindicatura. Sindicato.
SINDICATÓRIO, RIA (*tò*) *adj.* Sindical (concerniente al sindicato).
SÍNDICO *m.* Síndico.
SÍNDROME *m. Med.* Síndrome.
SINECURA *f.* Sinecura.
SINECURISMO *m.* Sistema de gobierno que se apoya en las sinecuras que distribuye.
SINECURISTA *m.* y *f.* Persona que tiene una sinecura.
SINEDRIM *m.* Sanedrín.

SINÉDRIO (*nè*) *m.* Sanedrín.
SINEIRA *f.* Campanario. Campanera.
SINEIRO *m.* Campanero (el que tiene por oficio tocar las campanas).
SINEQUIA (*quía*) *f. Med.* Sinequia.
SINÉRESE (*nèreze*) *f.* Sinéresis.
SINERGIA (*jía*) *f.* Sinergia.
SINÉRGICO, CA (*nèrji*) *adj.* Concerniente a la sinergia.
SINESTESIA (*zía*) *f.* Sinestesia.
SINETA *f.* Campanilla.
SINETAR *v. tr.* Sellar (marcar con el sello).
SINETE *m.* Sello (utensilio).
SÍNFISE (*ze*) *f. Hist. Nat.* Sínfisis.
SINFISIANO, NA (*zia*) *adj.* Sinfisiano.
SINFISIÁRIO, RIA (*ziá*) *adj.* Sinfisiano.
SINFÍSIO, SIA (*zio, zia*) *adj.* Sinfisiano.
SINFISIOTOMIA (*ziotomía*) *f. Cir.* Sinfisiotomía.
SINFISIOTÔMICO, CA (*ziotó*) *adj.* Concerniente a la sinfisiotomía.
SÍNFITO *m. Bot.* Sínfito, consuelda.
SINFONIA (*nía*) *f.* Sinfonía.
SINFÓNICO, CA (*fó*) *adj.* Sinfónico.
SINFONISTA *m.* y *s.* Sinfonista.
SINGALÊS, LESA (*lés, leza*) *adj.* Ciangalés. Ú. t. c. s.
SINGELAMENTE (*jè*) *adv. m.* Sencillamente.
SINGELEZ (*je*) *f.* Lo mismo que
SINGELEZA (*za*) *f.* Sencillez.
SINGELO, LA (*jè*) *adj.* Sencillo (simple; que carece de ostentación; ingenuo; sin doblez).
SINGÉNESE (*jéneze*) *f.* Singénesis.
SINGENESISTA (*jénezis*) *m.* y *f.* Singenesista.
SINGRADURA (*î*) *f. Mar.* Singladura.
SÍNGRAFO *m.* Síngrafo.
SINGRAR *v. intr.* Singlar. Velejar.
SINGULAR *adj.* Singular, único, solo. *fig.* Singular, extraordinario, raro, excelente. *m. Gram.* Singular.
SINGULARIDADE *f.* Singularidad.
SINGULARIZAR (*zar*) *v. tr.* Singularizar. *v. r.* Singularizarse (distinguirse, particularizarse o apartarse del común).
SINGULARMENTE *adv. m.* Singularmente.
SINGULTO *m. poét.* Singulto, sollozo.
SINGULTOSO, SA (*ozo, òza*) *adj. poét.* Singultoso.
SINHÁ (*ña*) *f. Bras.* Ña (*Amer.*), doña, señora (tratamiento que los esclavos daban a las señoras). *— moça.* Hija de la señora, señorita.
SINHAZINHA (*ziña*) *f.* Señorita (tratamiento que los esclavos daban a la hija de la señora).
SINHÔ (*nó*) *m. Bras.* Ño, señor (tratamiento que los esclavos daban al señor).
SINISTRA *f.* Siniestra, izquierda (mano izquierda).
SINISTRADO, DA *adj.* Siniestrado.
SINISTRAMENTE *adv. m.* Siniestramente.
SINISTRAR *v. intr.* Perderse o sufrir siniestro (la cosa asegurada).
SINISTRO, TRA *adj.* Siniestro, izquierdo. Siniestro, avieso y mal intencionado. Siniestro, infeliz, funesto, aciago. *m.* Siniestro (avería grave, destrucción fortuita o pérdida importante que sufren las personas o las cosas, por muerte, incendio, naufragio, etc.).
SINO *m.* Campana.
SINOBLE (*nò*) *adj.* y *s.* Lo mismo que SINOPLA.
SÍNOCO, CA *adj. Med.* Sínoco.
SINODAL *adj.* Sinodal.
SINODÁTICO, CA (*á*) *adj.* Sinodático.
SINÓDICO, CA (*nò*) *adj.* Sinódico.
SÍNODO *m.* Sínodo, concilio, junta.
SINOLOGIA (*jía*) *f.* Sinología.
SINOLÓGICO, CA (*lòjico*) *adj.* Sinológico.
SINÓLOGO, GA (*nò*) *adj.* Sinológico. *m.* Sinólogo.
SINONÍMIA *f.* Sinonimia.
SINONÍMICA *f.* Sinonimia. Empleo de sinónimos.
SINONIMIZAR (*zar*) *v. tr.* Volver sinónimo.
SINÔNIMO, MA (*nò*) *adj.* Sinónimo. Ú. t. c. s. m.
SINOPLA (*nò*) *adj. Blas.* Sinope, sinoble. Ú. t. c. s.
SINOPSE (*nòpze*) *f.* Sinopsis.
SINÓPTICO, CA (*nò*) *adj.* Sinóptico.

SINOSTEOTOMIA (mía) *f.* Sinosteotomía.
SINÓSTOSE (nòstoze) *f.* Sinostosis.
SINÓVIA (nò) *f.* Sinovia.
SINOVIAL *adj.* Sinovial.
SINOVITE *f. Patol.* Sinovitis.
SINTAGMA *m. Bibliogr.* Sintagma.
SINTÁTICO, CA *adj. Gram.* Sintáctico.
SINTAXE (xe) *f. Gram.* Sintaxis.
SÍNTESE (ze) *f.* Síntesis.
SINTETICAMENTE *adv. m.* Sintéticamente.
SINTÉTICO, CA (tè) *adj.* Sintético (relativo a la síntesis; que pasa de las partes al todo; obtenido por procedimiento industrial).
SINTETIZAR (zar) *v. tr.* Sintetizar.
SINTETIZÁVEL (zá) *adj.* Sintetizable.
SINTOMA (tò) *m.* Síntoma.
SINTOMÁTICO, CA *adj.* Sintomático.
SINTOMATOLOGIA (jía) *f.* Sintomatología.
SINTONIA (nía) *f.* Sintonía.
SINTONINA *f. Quím.* Sintonina.
SINTONIZAÇÃO (zasáum) *f.* Sintonización.
SINTONIZAR *v. tr.* Sintonizar.
SINUELO *m. Bras. Río Gr. del Sur.* Señuelo (*Amer.*); cabestro, hablando de animales.
SINUOSIDADE (zi) *f.* Sinuosidad.
SINUOSO, SA (ozo, òza) *adj.* Sinuoso.
SIONISMO *m.* Sionismo.
SIONISTA *adj.* Sionista. Ú. t. c. s.
SIRACUSANO, NA (za) *adj.* Siracusano. Ú. t. c. s.
SIRE *m.* Sire (tratamiento).
SIRENA *f.* Lo mismo que SEREIA.
SIRENE *f. pop.* Lo mismo que SEREIA (2ª ACEP.).
SIRÉNICO, CA (ré) *adj. poét.* Concerniente a las sirenas mitológicas.
SIRENÍDEOS *m. pl. Zool.* Sirénidos.
SIRÉNIOS (ré) *m. pl. Zool.* Sirenios.
SIRGA *f. Mar.* Sirga.
SIRGAGEM (jem) *f. Mar.* Acción de sirgar.
SIRGAR *v. tr. Mar.* Sirgar.
SIRGARIA (ría) *f.* Tienda donde se venden sírgas.
SIRGIDEIRA (jí) *f.* Cabo para jarcia.
SIRGUEIRO *m.* Lo mismo que SERIGUEIRO.
SIRGUILHA (lla) *f.* Lo mismo que SERIGUILHA.
SIRI *m. Bras.* Especie de cangrejo marino.
SIRÍACO, CA *adj.* Siríaco. Ú. t. c. s.
SIRIGAITA *f.* Mujer pizpireta.
SIRIGOTE (gò) *m. Bras.* Lo mismo que SERIGOTE.
SIRINGE (je) *f. Zool.* Siringe.
SÍRIO *m. Astron.* Sirio.
SÍRIO, RIA *adj.* Sirio, siríaco. Ú. t. c. s.
SIRIRICA *f. Bras.* Especie de anzuelo.
SIROCO *m.* Siroco.
SIRTES *f. pl.* Sirtes.
SISA (za) *f.* Sisa (antiguo impuesto).
SISAL (zal) *m. Bot.* Agave, pita; sisal (*Amer.*). Cuerda hecha de sisal.
SISAR (zar) *v. tr.* Imponer la sisa (antiguo impuesto). Sisar (cometer la sisa o hurto en las compras).
SISEIRO (zei) *m.* Sisero.
SÍSMICO, CA *adj.* Sísmico.
SISMÓGRAFO (mó) *m.* Sismógrafo.
SISMOLOGIA (jía) *f.* Sismología.
SISMOLÓGICO, CA (lòji) *adj.* Sismológico.
SISMÔMETRO (mó) *m.* Sismómetro.
SISO (zo) *m.* Juicio, prudencia, entendimiento.
SISSARCOSE (sarcòze) *f.* Sisarcosis.
SISTÁLTICO, CA *adj.* Sistáltico, Sistóltico.
SISTEMA *m.* Sistema.
SISTEMÁTICA *f.* Sistemática.
SISTEMATICAMENTE *adv. m.* Sistemáticamente.
SISTEMÁTICO, CA *adj.* Sistemático.
SISTEMATIZAÇÃO (zasáum) *f.* Sistematización.
SISTEMATIZAR (zar) *v. tr.* Sistematizar.
SISTEMATOLOGIA (jía) *f.* Sistematología.
SÍSTILO *m.* Edificio sístilo.
SISTOLAR *adj.* Sistólico, sistáltico.
SÍSTOLE *f. Zool.* Sístole. *Gram.* Sístole.
SISTÓLICO, CA (tò) *adj.* Sistólico.
SISTRO *m.* Sistro.

SISUDAMENTE (za) *adv. m.* Sesudamente. Seriamente.
SISUDEZ (zu) *f.* Sesudez, sensatez, circunspección. Seriedad, gravedad.
SISUDEZA (zudeza) *f.* Lo mismo que SISUDEZ.
SISUDO, DA (zu) *adj.* Sesudo, prudente, sensato. Grave, circunspecto, serio.
SITIADO, DA *adj.* Sitiado. Ú. t. c. s.
SITIADOR, RA *adj.* Sitiador. Ú. t. c. s.
SITIAL *m.* Lo mismo que SETIAL.
SITIANTE *adj.* Sitiador (que sitia o cerca una plaza o fortaleza). Ú. t. c. s. *m. Bras.* Chacarero (dueño de una chácara o granja).
SITIAR *v. tr.* Sitiar, cercar (una plaza o fortaleza). Sitiar, cercar (acorralar a uno para cogerle).
SÍTIO *m.* Sitio, lugar, paraje. Sitio (acción y efecto de sitiar). *Bras.* Casería; sitio (*amer. cub.*). Granja, chácara, finca rústica. Campo (por oposición a la ciudad).
SITIOCA (ò) *f. Bras. dim.* de *sitio* (4ª acep.).
SITIOFOBIA (bía) *f.* Sitiofobia.
SITIOLOGIA (jía) *f.* Sitiología.
SITO, TA *adj.* Sito, situado, fundado. *m.* Lo mismo que BOLOR.
SITÓFAGO, GA (tò) *adj.* Sitófago.
SITUAÇÃO (sáum) *f.* Situación (acción de situar; posición, colocación, disposición; estado o constituición de las cosas y personas). *Bras.* Lo mismo que SÍTIO (4ª acep.).
SITUACIONISMO *m. Bras.* Partido político que está en el poder.
SITUACIONISTA *adj.* Perteneciente o relativo al *Situacionismo*. Partidario del *Situacionismo*. Ú. t. c. s.
SITUANTE *m. Bras.* Lo mismo que SITIANTE (2ª acep.).
SITUAR *v. tr.* Situar, poner, colocar. Ú. t. c. r.
SIXTINA (sis) *f.* Capilla sixtina.
SIZA (za) *f.* Lo mismo que SISA.
SIZÍGIA (zijia) *f.* Zizigia.
SIZÍGIO (zigio) *m.* Lo mismo que SIZÍGIA.
SÓ (sò) *adj.* Solo (único; que está sin otra cosa; sin compañía; que no tiene quien le ampare). Solidario, desamparado, desierto. Solitario, retirado. Ú. t. c. s. *adv. m.* Sólo, solamente. *A* —*s. m. adv.* A solas.
SOABRIR *v. tr.* Entreabrir.
SOADA *f.* Tono de una canción. Rumor. Fama. Ruido. Acción y efecto de sonar.
SOADO, DA *adj.* Sonado, divulgado.
SOALHA (lla) *f.* Sonaja (de pandereta).
SOALHADO (lla) *m.* Soladura (material que sirve para solar). Lo mismo que SOALHO.
SOALHAR (llar) *v. tr.* Solar (revistir el suelo con algún material). Lo mismo que ASSOALHAR. Agitar las sonajas de un instrumento.
SOALHEIRA (llei) *f.* Solazo. Solanera. Solana.
SOALHEIRO, RA (llei) *adj.* Resolano. Expuesto al sol. *m.* Solanera (paraje expuesto a los rayos solares); resolano. Reunión de ociosos en un sitio resolano.
SOALHO (llo) *m.* Entarimado (suelo). Piso, suelo.
SOANTE *adj.* Sonante, que suena.
SOAR *v. intr.* Sonar (hacer o causar ruido una cosa; tener una letra valor tónico; tener una cosa viso de algo). Sonar, susurrarse, esparcirse rumores de una cosa. *v. tr.* Sonar, tocar, tañer. Dar (sonar el reloj las campanadas correspondientes a la hora). Celebrar, cantar.
SOB *prep.* Bajo, debajo de; so (*p. us.*).
SOBA (sò) *m.* Régulo. Jefe de una tribu africana.
SOBALÇAR (sar) *v. tr.* Alzar mucho. Exaltar.
SOBARBADA *f.* Sobarba, muserola. Sobarbada.
SOBCOLOR *prep.* Lo mismo que
SOBCOR *prep.* Socolor, so color, bajo pretexto.
SOBEIRA *f.* Hilera de tejas que se pone bajo el alero del tejado.
SOBEJAMENTE (ja) *adv. m.* Sobradamente.
SOBEJAR (jar) *v. intr.* Sobrar, superabundar, exceder.
SOBEJIDÃO (jidáum) *f.* Sobra, exceso, demasía, superabundancia. Profusión, derrama. Inmensidad.
SOBEJO, JA (jo, ja) *adj.* Sobrado, excesivo. Considerable, inmenso, innumerable, sobreabundante. *adv. m.* Sobradamente, excesivamente, sobreabundantemente. *m. pl.* Sobras, restos.

SOBERANA *f.* Soberana.
SOBERANAMENTE *adv. m.* Soberanamente.
SOBERANIA (nìa) *f.* Soberanía.
SOBERANIZAR (zar) *v. tr.* Volver soberano. Exaltar, ensalzar.
SOBERANO, NA *adj.* Soberano. *m.* Soberano.
SOBERBA *f.* Soberbia.
SOBERBAMENTE *adv. m.* Soberbiamente.
SOBERBÃO, BONA (báum) *adj.* Muy soberbio.
SOBERBETE *m.* Algo soberbio.
SOBERBIA *f.* Soberbia exagerada. Soberbia.
SOBERBO, BA *adj.* Soberbio, soberbioso (alto, elevado; fuerte o excesivo; altivo, arrogante; que tiene soberbia).
SOBERBOSO, SA (ozo, òza) *adj pop.* Soberbioso (que tiene soberbia).
SOBERNAL *m.* Exceso de trabajo.
SOBESTAR *v. intr.* Estar abajo, ser inferior.
SOBNEGAR *v. tr.* Lo mismo que SONEGAR.
SOB-PÉ (pè) *m.* Lo mismo que SOPÉ.
SOBPOR *v. tr.* Poner debajo.
SOBRA (sò) *f.* Sobra, exceso, demasía. *pl.* sobras. Desperdicios, sobras, desechos. *De* —*. m. adv.* De sobra (con abundancia, com exceso; por demás, sin necesidad).
SOBRAÇAR (sar) *v. tr.* Doblar o recoger una cosa debajo del brazo.
SOBRADAR *v. tr.* Sobradar. Solar.
SOBRADO, DA *adj.* Sobrado, demasiado. *m.* Sobrado, desván. Entarido (suelo).
SOBRAL *m.* Sobral (monte poblado de alcornoques).
SOBRANÇARIA (saría) *f.* Altanería, soberbia, orgullo, arrogancia, presunción, altivez. Prominencia. Desdén, desprecio. Lo mismo que SOBRECENHO.
SOBRANCEAR *v. intr.* Exceder, estar prominente. Poner arriba. *v. tr.* Sobreponer.
SOBRANCEIRAMENTE *adv. m.* Con prominencia, soberbia, orgullo o altanería.
SOBRANCEIRO, RA *adj.* Prominente; superior, soberbio, orgulloso, altanero, arrogante. Que descuella o sobresale. Altivo, desdeñoso. *adv. m.* Lo mismo que SOBRANCEIRAMENTE.
SOBRANCELHA (lla) *f.* Ceja.
SOBRANCEIRA (ría) *f.* Lo mismo que SOBRANCARIA.
SOBRAR *v. intr.* y *tr.* Sobrar (exceder, pasar de lo justo o necesario; haber más de lo necesario para un fín; estar de más, estar de sobra; quedar, restar).
SOBRASAR (zar) *v. tr.* Sobrasar.
SOBRE (só) *prep.* Sobre, encima. Sobre, acerca de. Sobre, además de. Sobre (cerca de otra cosa, com más altura que ella y dominándola). Sobre (en prenda de una cosa). Sobre, a, hacia. Sobre (precedida y seguida de un mismo substantivo, denota ideia de reiteración o acumulación).
SOBREABUNDAR *v. intr.* Sobreabundar.
SOBREAGUADO, DA *adj.* Cubierto de agua.
SOBREARCO *m.* Sobrearco.
SOBREAVISO (zo) *m.* Prevención, precaución. Aviso anticipado. *Estar de* —*. fr.* Estar prevenido.
SOBRECANA *f. Veter.* Sobrecaña.
SOBRECARGA *f.* Sobrecarga.
SOBRECARREGAR *v. tr.* Sobrecargar.
SOBRECARTA *f.* Sobre, sobrecarta. Segunda carta. Sobrescrito.
SOBRECASACA (za) *f.* Levita.
SOBRECELESTE (lès) *adj.* Sobrecelestial
SOBRECENHO (ño) *m.* Sobrecejo, ceño (fruncimiento de la frente y cejas). Sobreceño (ceño muy sañudo).
SOBRECÉU (céu) *m.* Sobrecielo. Lo mismo que DOSSEL.
SOBRECEVADEIRA *f. Mar.* Sobrecebadera.
SOBRECHEGAR (che) *v. intr.* y *tr.* Sobrevenir, acaecer; venir de improviso.
SOBRECHEIO, CHEIA (cheio, cheia) *adj.* Sobrelleno. Relleno, muy lleno.
SOBRECINCHA (cha) *f. Bras. merd.* Sobrecincha, sobrecincho.
SOBRECLAUSTRA *f.* Sobreclaustra.
SOBRECLAUSTRO *m.* Sobreclaustro.
SOBRECOBERTA (bèr) *f.* Sobrecubierta.
SOBRECOSER (zer) *v. tr.* Sobrecoser.

SOBRECOSTELHAR (llar) *m. Bras. merid.* Jerguilla; sobrescotilla (*Amer.*).

SOBRECOSTILHAR (llar) *m.* Lo mismo que SOBRECOSTELHAR.

SOBRECOSTURA *f.* Sobrecostura.

SOBREDENTE *m.* Sobrediente.

SOBREDITO, TA *adj.* Sobredito.

SOBREDIVINO, NA *adj.* Más que divino.

SOBREDOURADO, DA *adj.* Sobredorado.

SOBREDOURAR *v. tr.* Sobredorar.

SOBREEMINÊNCIA (nén) *f.* Sobreeminencia.

SOBREEMINENTE *adj.* Sobreeminente.

SOBREENTENDER *v. tr.* Lo mismo que SUPERINTENDER.

SOBREERGUER *v. tr.* Sobrealzar.

SOBREESTAR *v. tr.* Lo mismo que SOBRESTAR.

SOBREEXALTAR (zal) *v. tr.* Exaltar excesivamente.

SOBREEXCEDENTE (esce) *adj.* Sobrexcedente.

SOBREEXCEDER (esce) *v. tr.* Sobrexceder.

SOBREEXCELÊNCIA (esce) *f.* Calidad de

SOBREEXCELENTE (esce) *adj.* Muy excelente.

SOBREEXCITAÇÃO (escitasáum) *f.* Sobreexcitación.

SOBREEXCITAR (esci) *v. tr.* Sobreexcitar

SOBREFACE *f. Fort.* Sobrefaz.

SOBREGATA *f. Mar.* Sobregata.

SOBREGATINHA (ña) *f. Mar.* Vela cuadrada que se largaba sobre la sobregata y su verga.

SOBREGOVERNO *m.* Gobierno supremo.

SOBREIRAL *m.* Sobral.

SOBREIRO *m.* Alcornoque.

SOBREJOANETE (joa) *m. Mar.* Sobrejuanete (vela y verga).

SOBRÉLEITO *m. Arq.* Sobrelecho.

SOBRELEVAR *v. tr.* Poner más alto, elevar; pasar arriba de. Vender. Soportar, sufrir. Levantar del suelo. *v. intr.* Descollar, sobresalir. Ú. t. c. r.

SOBRELOJA (lòja) *f.* Entresuelo (piso de una casa situado entre el bajo y el principal).

SOBREMANERA *adv. m.* Sobremanera, sobre manera.

SOBREMANHÃ (ñan) *f.* Fin de la mañana.

SOBREMARAVILHAR (llar) *v. tr.* Maravilhar excesivamente.

SOBREMESA (za) *f.* Postre, sobrecomida.

SOBREMODO (mò) *adv. m.* Sobremodo, sobre modo.

SOBREMUNHONEIRAS (ño) *f. pl. Artill.* Sobremuñoneras.

SOBRENADANTE *adj.* Flotante, que sobrenada.

SOBRENADAR *v. intr.* Sobrenadar, flotar.

SOBRENATURAL *adj.* Sobrenatural. *m.* Lo sobrenatural.

SOBRENATURALIDADE *f.* Calidad de sobrenatural.

SOBRENOME m. Sobrenombre.

SOBRENOMEAR *v. tr.* Sobrenombrar.

SOBRENUMERÁVEL *adj.* Innumerable.

SOBREOLHAR (llar) *v. tr.* Mirar con desprecio.

SOBREOLHO (óllo) *m.* Lo mismo que SOBROLHO.

SOBREOSSO (so) *m.* Sobrehueso.

SOBREPARTO *m.* Sobreparto.

SOBREPÉ (pé) *m.* Sobrepié.

SOBREPELIZ *f.* Sobrepelliz.

SOBREPENSADO, DA *adj.* Muy pensado. *adv. m.* De propósito, de caso pensado.

SOBREPENSAR *v. intr.* y *tr.* Pensar maduramente.

SOBREPESO (zo) *m.* Sobrecarga, sobrepeso. Lo mismo que CONTRAPESO.

SOBREPOR *v. tr.* Sobreponer. *v. r.* Sobreponerse.

SOBREPORTA (pòr) *f.* Sobrepuerta.

SOBREPOSIÇÃO (zisáum) *f.* Sobreposición, superposición.

SOBREPOSSE (pòse) *adv. m.* Demasiadamente, por demás, sobradamente, de sobra. Sin gusto o interés. De mala gana.

SOBREPOSTO, TA (posto, pòsta) *adj.* Sobrepuesto. *m.* Adorno que se sobrepone a un vestido.

SOBREPUJAMENTO (ja) *m.* Sobrepujamiento.

SOBREPUJANÇA (jansa) *f.* Sobrepujanza.

SOBREPUJANTE (jan) *adj.* Sobrepujante.

SOBREPUJANTEMENTE (jan) *adv. m.* Sobrepujantemente.

SOBREPUJAR (jar) *v. tr.* Sobrepujar, exceder. Aventajar. *v. intr.* Sobresalir, descollar.

SOBREQUILHA (lla) *f. Mar.* Sobrequilla.

SOBRERRESTAR *v. intr.* y *tr.* Restar. Sobrevivir.

SOBRERROLDA (rról) *f.* Lo mismo que SOBRERRONDA.

SOBRERROLDAR *v. tr.* Lo mismo que SOBRERRONDAR.

SOBRERRONDA *f.* Sobrerronda, contrarronda.

SOBRERRONDAR *v. tr.* Hacer la contrarronda.

SOBRERROSADO (za) *adj.* Tirante a color de rosa.

SOBRESCREVER *v. tr.* Sobrescribir.

SOBRESCRITAR *v. tr.* Lo mismo que SOBRESCREVER.

SOBRESCRITO, TA *adj.* Sobrescrito. *m.* Sobrescrito.

SOBRESPERAR *v. intr.* y *tr.* Esperar mucho; tener mucha esperanza.

SOBRESSAIA (sá) *f.* Segunda enagua.

SOBRESSAIR (saír) *v. intr.* Sobresalir, exceder, sobrepujar, superar. Estar saliente. Resaltar (sobresalir en parte un cuerpo de otro), resalir. Descollar, sobresalir. Sobresaltar (venirse a los ojos una cosa).

SOBRESSALENTE (sa) *adj.* Sobresaliente. Resaltante. Lo mismo que SOBRESSELENTE.

SOBRESSALTADAMENTE (sal) *adv. m.* Sobresaltadamente.

SOBRESSALTADO, DA (sal) *adj.* Sobresaltado.

SOBRESSALTAR *v. tr.* Sobresaltar (saltar, venir y acometer de improviso; asustar, turbar). *v. r.* Sobresaltarse, turbarse, asustarse.

SOBRESSALTEAR (sal) *v. tr.* Sobresaltear.

SOBRESSALTO (sal) *m.* Sobresalto (sensación producida por un acontecimiento súbito o repentino; temor o susto repentino).

SOBRESSARAR (sa) *v. intr.* Sobresanar.

SOBRESSATURAÇÃO (saturasáum) *f.* Sobresaturación.

SOBRESSATURAR (sa) *v. tr.* Reducir al estado de sobresaturación.

SOBRESSELENTE *adj.* Sobresaliente. Excedente, sobrante. Que está de repuesto. *De —. m. adv.* De repuesto, de reserva.

SOBRESSEMEAR (se) *v. tr.* Sobresembrar.

SOBRESSER (ser) *v. intr.* Sobreseer. Lo mismo que SOBRESTAR.

SOBRESSINAL (si) *m.* Sobreseñal.

SOBRESSOLAR (so) *v. tr.* Sobresolar.

SOBRESUBSTANCIAL (sub) *adj.* Supersubstancial, sobresubstancial.

SOBRESTANTE *adj.* Inminente. Que está encima. *m.* Sobrestante, capataz.

SOBRESTAR *v. intr.* Sobreseer (desistir de una pretensión o empeño). Parar, cesar, no continuar. Detenerse. Abstenerse. Estar encima. Estar inminente.

SOBRETARDE *f.* Sobretarde.

SOBRETAXA (cha) *f.* Tasa adicional.

SOBRETECER *v. tr.* Sobretejer.

SOBRETEIMA *f.* Grande terquedad. *adv. m.* Pertinazmente.

SOBRETERRESTRE (rrès) *adj.* Que está encima de la tierra; terrestre.

SOBRETUDO *m.* Sobretudo. *adv. m.* Sobretodo, sobre todo.

SOBREUMANO, NA *adj.* Sobrehumano.

SOBREVENTO *m.* Sobreviento, sobrevienta. *fig.* Suceso inesperado.

SOBREVESTE (vès) *f.* Sobrevesta, sobreveste.

SOBREVIGIAR (jiar) *v. tr.* Lo mismo que SUPERINTENDER.

SOBREVENIDO, DA *adj.* Que sobrevino.

SOBREVIR *v. intr.* Sobrevenir (acaecer o suceder una cosa además o después de otra; venir improvisadamente).

SOBREVIRTUDE *f.* Velo que las monjas traen sobe la toca.

SOBREVIVÊNCIA (vèn) *f.* Estado de sobreviviente.

SOBREVIVENTE *adj.* Sobreviviente. Ú. t. c. s.

SOBREVIVER *v. intr.* Sobrevivir.

SOBREVIVO, VA *adj.* Sobreviviente. Ú. t. c. s.

SOBREVOAR *v. tr.* Volar arriba de, pasar colando (sobre determinado sitio).

SOBREVÔO (vóo) *m.* Acción y efecto de *Sobrevoar.*

SOBRIAMENTE *adv. m.* Sobriamente.

SOBRIEDADE *f.* Sobriedad.

SOBRINHO (ño) *m.* Sobrino.

SÓBRIO, BRIA (sò) *adj.* Sobrio.

SOBROLHO (llo) *m.* Ceja.

SOBROSSO (so) *m. Bras. nort.* Miedo. Recelo. Obstáculo.

SOCADO, DA *adj.* Calcado, apretado. Aplastado. Pilado. Pisado. Que llevó puñadas. *Bras.* Bajo y gordo. Metido, escondido.

SOCADURA *f.* Sobadura, soba. Recalcadura. Pisadura.

SOCAIRO *m. Mar.* Socaire (en la fr. "tomar socaire"). Abrigo natural, falda de una montaña. Correa que sirve para sostener el carro en las bajadas. *Ao —. m. adv.* Al abrigo, a la sombra.

SOCALCAR *v. tr.* Recalcar, apretar. Pisar. Amasar, sobar. Hacer calzadas o arrecifes (caminos). Hacer escalones en una cuesta.

SOCALCO *m.* Calzada, arrecife (caminos). Parte allanada de un terreno. Especie de escalón en una cuesta.

SOCAPA *f.* Pretexto, disfraz. Maña, artería. *À —. m. adv.* A socapa, a hurtadillas.

SOCAR *v. tr.* Sobar. Dar puñadas, abofetear. Rellenar, henchir, atestar. Recalcar, calcar, comprimir, apretar, estrujar. Pisar. Pilar. Machacar. Aplastar. Amasar.

SOCARRÃO (rráum) *adj.* Socarrón, talmado; bellaco. Ú. t. c. s.

SOCATA *f.* Lo mismo que SUCATA.

SOCAVA *f.* Subterráneo. Socavón.

SOCAVADO *m.* Escombro (lo que se quita descombrando).

SOCAVÃO (váum) *m. Bras. merid.* Escondrijo, abrigo. Socavón. Lugar apartado.

SOCAVAR *v. tr.* Socavar. Ú. t. c. intr.

SOCIABILIDADE *f.* Sociabilidad.

SOCIABILIZAR (zar) *v. tr.* Hacer sociable.

SOCIAL *adj.* Social.

SOCIALISMO *m.* Socialismo.

SOCIALISTA *adj.* Socialista. Ú. t. c. s.

SOCIALIZAÇÃO (zasáum) *f.* Socialización.

SOCIALIZAR (zar) *v. tr.* Socializar.

SOCIÁVEL *adj.* Sociable.

SOCIEDADE *f.* Sociedad.

SOCIETÁRIO, RIA *adj.* Social, societario. *m.* Socio.

SÓCIO (só) *m.* Socio, *adj.* Afiliado, asociado.

SOCIOCRACIA (cía) *f. Bras.* Gobierno social.

SOCIOLOGIA (jía) *f.* Sociología.

SOCIOLOGICAMENTE (ji) *adv. m.* Sociológicamente.

SOCIOLÓGICO, CA (lòji) *adj.* Sociológico.

SOCIÓLOGO (ciò) *m.* Sociólogo.

SOCO (só) *m.* Puñada; soco (amer. chil).

SOCO (sò) *m.* Zueco. *Arq.* Zócalo.

SOCÓ (cò) *m. Bras.* Nombre de varias aves ardeidas.

SOÇOBRO (só) *m.* Zozobra.

SOÇOLOR *adv. m.* Lo mismo que SOBCOLOR.

SOCORRER *v. tr.* Socorrer, ayudar, auxiliar. *v. r.* Acogerse, refugiarse. Recurrir. Valerse.

SOCORRIMENTO *m.* Lo mismo que

SOCORRO *m.* Socorro (acción de socorrer; cosa con que se socorre).

SOCRÁTICO, CA *adj.* Socrático.

SODA (sò) *f. Quím.* Soda, sosa. Soda (bebida). *Bot.* Sosa, barrilla.

SODALÍCIO *m.* Cofradía, hermandad (sociedad de personas que viven en común).

SÓDICO, CA (sò) *adj.* Relativo a la sosa o soda.

SÓDIO (sò) *m. Quím.* Sodio.

SODOMIA (mía) *f.* Sodomía.

SODÔMICO, CA (dó) *adj.* Sodomítico.

SODOMITA *m.* y *f.* Sodomita.

SODOMÍTICO, CA *adj.* Sodomítico.

SOER *v. intr.* Soler, acostumbrar.

SOERGUER *v. tr.* Soalzar.

SOEZ *adj.* Soez, bajo, grosero, indigno, vil.

SOFÁ *m*. Sofá.
SOFISMA *m*. Sofisma.
SOFISMAR *v. tr*. Sofisticar. Ú. t. c. intr.
SOFISTA *m*. y *f*. Sofista.
SOFISTARIA (ría) *f*. Sofistería.
SOFISTICAÇÃO (sáum) *f*. Sofisticación.
SOFISTICAR *v. intr*. Sofisticar. Ú. t. c. s.
SOFISTICARIA *f*. Sofistería.
SOFÍSTICO, CA *adj*. Sofístico.
SOFITO *m*. Arq. Sofito.
SOFLAGRANTE (NO) *m. adv. Bras*. En flagrante.
SOFOMANIA (nía) *f*. Sofomanía.
SOFÓMANO, NA (fó) *adj*, Sofómano. Ú. t. c. s.
SOFREADA *f*. Sofrenada, sofrenazo.
SOFREADURA *f*. Lo mismo que SOFREADA.
SOFREAMENTO *m*. Lo mismo que SOFREA-DA.
SOFREAR *v. tr*. Sofrenar (tirando de las redias). *fig*. Sofrenar, refrenar. *v. r*. Refrenarse, contenerse.
SOFREDOR, RA *adj*. Sufridor Ú. t. c. s.
SOFREGAMENTE (só) *adv. m*. Vorazmente. Anciosamente. Vehementemente. Impacientemente.
SÔFREGO, GA (só) *adj*. Voraz. Ávido, ancioso, impaciente, insufrido, deseoso. Ambicioso.
SOFREGUIDÃO (dáum) *f*. Voracidad. Ansia. Gula. Codicia. Avidez. Ambición. Impaciencia.
SOFRENAÇO (so) *m. Bras. merid*. Sofrenazo.
SOFRENADA *f. Bras. merid*. Sofrenada.
SOFRENÃO (náum) *m. Bras. merdi*. Sofrenazo.
SOFRENAR *v. tr. Bras. merid*. Lo mismo que SOFREAR.
SOFRER *v. tr*. Sufrir, padecer. Sufrir, sostener, resistir. Sufrir, tolerar, aguantar. Sufrir, permitir. *v. intr*. Sufrir, padecer. *v. r*. Contenerse, reprimirse.
SOFRIDO, DA *adj*. Sufrido, que sufre con paciencia.
SOFRIMENTO *m*. Sufrimiento, padecimiento, dolor, pena. Sufrimiento, paciencia, conformidad, tolerancia.
SOFRÍVEL *adj*. Sufrible.
SOGA (só) *f*. Soga (cuerda de esparto).
SOGAR *v. tr*. Prender con soga.
SOGRA (sò) *f*. Suegra.
SOGRO (só) *m*. Suegro.
SOÍDO *m*. Sonido, son.
SOL (sòl) *m*. Sol (astro). Sol (luz, calor o influjo de este astro). *fig*. Sol, día. Solazo. *Mús*. Sol. — *posto*. Crepúsculo de la tarde. *De* — *a* —. *m. adv*. De sol a sol. *Ao* — *posto*. Al sol puesto. *Tomar* — *fr*. Tomar el sol (ponerse en parte adecuada para gozar de él). *Trabalhar de* — *a sol. fr*. Campear del sol a la sombra. *O* — *nasce para todos. ref*. Cuando el sol sale, para todos sale.
SOLA (sò) *f*. Suela (del calzado). Planta (del pie). Suela (cuero vacuno curtido). *Meia* —. Media suela (en el calzado).
SOLAMA *f. Bras*. Solazo.
SOLANÁCEAS *f. pl. Bras*. Solanáceas.
SOLANCAR *v. intr. Bras*. Trabajar con ahinco.
SOLANDRE *m*. Lo mismo que ESPARAVÃO.
SOLÃO (láum) *m. Bras*. Terreno arenoso o lodoso. Solazo.
SOLAPA *f*. Cueva oculta. *pop*. Astucia, ardid; socarronería. *À* —. *m. adv*. A solapo, ocultamente, a escondidas.
SOLAPADAMENTE *adv. m*. Solapadamente.
SOLAPADO, DA *adj*. Solapado, taimado, disimulado. Oculto. Excavado.
SOLAPAR *v. tr*. Excavar. Minar. Socavar. Arruinar. Ocultar, encobrir. *fig*. Solapar, disfrazar, ocultar. *v. r*. Ocultarse.
SOLAR *adj*. Solar (perteneciente o relativo a al sol). *m*. Solar, casa solar, casa solariega. *tr*. Solar (echar suelas al calzado). *v. intr*. Hacer solo (en el juego). *Mùs*. Ejecutar un solo.
SOLARENGO, GA *adj*. Solariego.
SOLÁRIO *m*. Solana (corredor o estancia que se destina para tomar el sol). Solario, cuadrante, reloj de sol (en Roma antigua).
SOLÁU *m*. Antiguo romance acompañado por música.

SOLAVANCO *m*. Tumbo (vaivén violento). Traqueteo.
SOLAZ *m*. Solaz, esparcimiento, recreo. *adj*. Solazoso.
SOLDA (sòl) *f*. Soldadura, suelda. *Bot*. Consuelda, suelda. — *autógena*. Soldadura autógena.
SOLDADA *f*. Soldada, suelo, salario, paga, estipendio.
SOLDADEIRO, RA *adj*. Soldadero.
SOLDADESCA *f*. Soldadesca (conjunto de soldados; tropa indisciplinada).
SOLDADESCO, CA *adj*. Soldadesco.
SOLDADO *m*. Soldado (el que sirve en la milicia; militar sin graduación, soldado raso). *fig*. Soldado, partidario, servidor.
SOLDADOR *m*. Soldador (el que tiene por oficio soldar; instrumento para soldar).
SOLDADURA *f*. Soldadura (acción de soldar). Lugar donde se suelda.
SOLDAGEM (jem) *f*. Lo mismo que SOLDADURA.
SOLDÃO (dáum) *m. ant*. (hoy se dice *sultão*). Soldán.
SOLDAR *v. tr*. Soldar. *v. intr*. y *r*. Soldarse, unirse.
SOLDO (sól) *m*. Sueldo, salario, estipendio.
SOLECISMO *m*. Solecismo. *p. ext*. Falta, error.
SOLECISTA *adj*. Que comete solecismo. Ú. t. c. s.
SOLEDADE *f*. Soledad (carencia de campañía; lugar desierto).
SOLEIRA *f*. Umbral, quicio (de una puerta). Solera. Estribo (de carruaje). Correa (de las espuelas).
SOLENE *adj*. Solemne.
SOLENEMENTE *adv. m*. Solemnemente.
SOLENIDADE *f*. Solemnidad.
SOLENIZAÇÃO (zasáum) *f*. Solemnización.
SOLENIZADOR, RA (za) *adj*. Solemnizador. Ú. t. c. s.
SOLENIZAR (zar) *v. tr*. Solemnizar.
SOLENÓIDE (nòi) *m. Fís*. Solenoide.
SOLÉRCIA (lèr) *f*. Solercia. Socarronería.
SOLERTE (lèr) *adj*. y *s*. Solerte, sagaz, astuto. Socarrón.
SOLETA *f*. Lo mismo que PALMILHA.
SOLETRAÇÃO (sáum) *f*. Deletreo (procedimiento para enseñar a leer).
SOLETRADOR, RA *adj*. Deletreador. Ú. t. c. s.
SOLETRAR *v. tr*. Deletrar. Descifrar. Adivinar, leer mal.
SOLEVANTAR *v. tr*. Solevantar. Ú. t. c. r.
SOLEVAR *v. tr*. Solevar, solevantar. Ú. t. c. r.
SOLFA (sòl) *f. Mús*. Solfa.
SOLFAR *f. Mús*. Solfear.
SOLFATARA *f*. Solfatara.
SOLFEJAR (jar) *v. tr. Mús*. Solfear. Ú. t. c. intr.
SOLFEJO (jo) *m*. Solfeo.
SOLFERINO, NA *adj. Bras. merid*. Morado, rojizo; solferino (*amer. merid*,).
SOLFISTA *m*. y *f*. Solfista.
SOLHA (lla) *f*. Sollo (pez).
SOLHAR (llar) *v. tr*. Lo mismo que SOALHAR.
SOLHO (sóllo) *m*. Lo mismo que SOALHO.
SOLICITAÇÃO (sáum) *f*. Solicitación. Solicitud (memoria en que se pide alguna cosa).
SOLICITADOR, RA *adj*. Solicitador. Ú. t. c. s.
SOLICITAMENTE *adv. m*. Solícitamente.
SOLICITANTE *adj*. Solicitante. Ú. t. c. s.
SOLICITAR *v. tr*. Solicitar (pretender, pedir o buscar con diligencia; hacer diligencias o gestiones para realizar algún negocio; requerir amores).
SOLICITÁVEL *adj*. Solicitable.
SOLÍCITO, TA *adj*. Solícito, diligente, cuidadoso.
SOLICITUDE *f*. Solicitud, diligencia o instancia cuidadosa.
SOLIDAMENTE *adv. m*. Sólidamente.
SOLIDÃO (dáum) *f*. Soledad (carencia de compañía; lugar desierto).
SOLIDAR *v. tr*. Solidar, consolidar, confirmar.
SOLIDARIAMENTE *adv. m*. Solidariamente.
SOLIDARIEDADE *f*. Solidaridad.
SOLIDÁRIO, RIA *adj*. Solidario.
SOLIDARIZAR (zar) *v. tr*. Solidarizar. Ú. t. c. r.
SOLIDÉU (dèu) *m*. Solideo.
SOLIDEZ *f*. Solidez.
SOLIDIFICAÇÃO (sáum) *f*. Solidificación.
SOLIDIFICAR *v. tr*. Solidificar. Ú. t. c. r. Solidar. Ú. t. c. r.

SÓLIDO, DA (sò) *adj*. Sólido (firme, macizo, fuerte, denso, consistente; firme, verdadero, establecido). *m*. Sólido. *Geom*. Sólido.
SOLIDÔNIA (dó) *f. Bras. Bot*. Planta nictagínea (*Boerchavia paniculata*).
SOLILÓQUIO (lò) *m*. Soliloquio.
SOLIMÃO (máum) *m. pop*. Solimán, sublimado corrosivo.
SOLINA *f. Bras*. Solazo.
SOLINHAR (ñar) *v. tr*. Escantillar, labrar a escantillón.
SÓLIO (sò) *m*. Solio. Solio pontificio.
SOLÍPEDE *adj*. Solípedo. Ú. t. c. s.
SOLISTA *m*. y *f. Mús*. Solista.
SOLITÁRIA *f*. Solitaria, tenia. Collar para adorno, semejante a una solitaria o tenia.
SOLITARIAMENTE *adv. m*. Solitariamente.
SOLITÁRIO, RIA *adj*. Solitario (solo; desamparado; desierto; retirado, aficionado a la soledad). *m*. Solitario, ermitaño. Solitario (diamante grueso que se engasta solo en una joya).
SÓLITO, TA (só) *adj*. Sólito (acostumbrado, que se hace de ordinario).
SOLITO, TA *adj. Bras. merid*. Solo (sin compañía).
SOLO (só) *m*. Suelo (superficie de la tierra; sítio de un edificio; territorio, piso). Solo (juego de naipes). *Mús*. Solo.
SOLSTICIAL *adj*. Solsticial.
SOLSTÍCIO *m*. Solsticio.
SOLTA (sól) *f*. Suelta (acción y efecto de soltar). Suelta (maniota para caballerías). *A* —. *m. adv*. Sueltamente, con soltura, libremente.
SOLTADOR, RA *adj*. Soltador. Ú. t. c. s.
SOLTAR *v. tr*. Soltar, desatar, desligar, descerñir. Soltar (dar libertad a la persona detenida o presa). Ú. t. c. r. Soltar (desasir lo que se tenía sujeto). Soltar, romper (prorrumpir en una señal de afecto interior). Soltar, decir (manifestar algo con palabras). Soltar (dar salida a lo que estaba confinado o detenido). Lanzar, arrojar, echar de sí. Dar, aplicar, pegar. *v. intr*. Soltarse a andar, ponerse a camino. *v. r*. Soltarse, desatarse. Soltarse (adquirir expedición y agilidad en una cosa: abandonar el expedición y agilidad en una cosa; abandonar el encogimiento, dándose a la desenvoltura; empezar a hacer algunas cosas). Relajarse.
SOLTEIRA *adj*. y *f*. Soltera, célibe.
SOLTEIRÃ, RONA (ráum) *adj*. Solterón, solterona. Ú. t. c. s.
SOLTEIRO *adj*. y *s. m*. Solteiro, célibe.
SOLTO, TA (sól) *adj*. Suelto (poco compacto, disgregado; fácil, corriente; expedito, ágil, hábil; separado, que no hace juego con otra cosa; sin rima).
SOLTURA *f*. Soltura (acción de soltar; libertad acordada por el juez a los presos; libertad, disolución, desgarro; desenvoltura; solución. Despeño, diarrea; soltura (*amer. colomb*.).
SOLUBILIDADE *f*. Solubilidad.
SOLUBILIZAR (zar) *v. tr*. Volver soluble.
SOLUÇADO, DA (sa) *adj*. Acompañado o interrumpido de sollozos.
SOLUÇANTE (san) *adj*. Sollozante.
SOLUÇÃO (sáum) *f*. Solución (acción de disolver; explicación, satisfación; desenlace; paga, satisfación). *Farm*. Solución. *Mat*. Solución. — *de continuidade*. Solución de continuidad.
SOLUÇAR (sar) *v. intr*. Sollozar. Hipar.
SOLUCIONAR *v. tr*. Resolver, solucionar.
SOLUÇO (so) *m*. Sollozo. Hipo.
SOLUÇOSO, SA (sozo, *sò*za) *adj*. Sollozante.
SOLUTIVO, VA *adj*. Solutivo, laxante. Ú. t. c. s.
SOLUTO, TA *adj*. Suelto, disuelto. *m*. Soluto.
SOLÚVEL *adj*. Soluble.
SOLVABILIDADE *f. gal*. Lo mismo que SOLVÊNCIA.
SOLVÁVEL *adj. gal*. Lo mismo que SOLVÍVEL.
SOLVÊNCIA (vén) *f*. Solvencia (acción de solventar; calidad de solvente).
SOLVENTE *adj*. Solvente.
SOLVER *v. tr*. Solver, resolver. Solventar (arreglar cuentas pagando lo que se debe).
SOLVIBILIDADE *f*. Solvencia.
SOLVÍVEL *adj*. Solvente.

SOM *m.* Sonido. Ruido. Son, tenor, modo, manera. *Sem tom nem* — *fr.* Sin ton ni son, sin ton y sin son.

SOMA *m.* Soma, cuerpo.

SOMA *f.* Suma (agregado de muchas cosas; acción de sumar). *Mat.* Suma.

SOMALIS *m. pl.* Somalis.

SOMAR *v. tr.* Sumar.

SOMÁTICO, CA *adj.* Somático.

SOMATOLOGIA (*jía*) *f.* Somatología.

SOMATÓRIO (*tó*) *m.* Suma general. Totalidad.

SOMBRA *f.* Sombra (obscuridad; falta de luz; proyección obscura; imagen obscura; espectro, aparición). *fig.* Sombra (asilo, amparo, defensa; obscuridad; mácula, defecto; apariencia, semejante). *À* — *m. adv.* A la sombra. *Nem por* — *s. fr. fig.* Ni por sombra. *Fazer* — *fr.* Hacer sombra (impedir la luz; impedir una a otro sobresaltar y lucir).

SOMBRAL *m.* Sombrajo. Lugar sombrío.

SOMBREADO, DA *adj.* Sombreado. *m. Pint.* Sombreado.

SOMBREAR *v. tr.* Sombrear, asombrar, dar sombra. *Pint.* Sombrear.

SOMBREIREIRO *m.* Sombrerero.

SOMBREIRO *m.* Sombrero de alas largas. Lo que sombrea o da sombra.

SOMBREJAR (*jar*) *v. tr.* Sombrear, asombrar.

SOMBRINHA (*ña*) *f.* Sombrilla quitasol. Sombra chinesca.

SOMBRIO, BRIA (*brío, bría*) *adj.* Sombrío (de poca luz; tétrico, melancólico). Sombrático, sombrátil.

SOMBROSO, SA (*brozo, òza*) *adj.* Sombroso, sombrío.

SOMENOS *adj.* Bajo, inferior, ordinario.

SOMENTE *adv. m.* Sólo, solamente.

SOMITICARIA (*ría*) *f.* Avaricia, mezquindad.

SOMÍTICO, CA *adj.* Mezquino, avaro, miserable. Ridículo.

SONANBÚLICO, CA *adj.* Própio de somnámbulo.

SONAMBULISMO *m.* Somnambulismo, somnanbulancia.

SONÂMBULO, LA (*nán*) *adj.* Somnámbulo. Ú. t. c. s.

SONÂNCIA (*nán*) *f.* Sonancia, sonoridad. Música. Melodía.

SONANTE *adj.* Sonante, sonante (que suena). Sonante (dícese de la moneda metálica).

SONATA *f. Mús.* Sonata.

SONATA *f.* Lo mismo que SONECA.

SONATINA *f. Mús.* Sonatina.

SONDA *f. Cir.* Sonda, algalía. Sonda, tienta. *Mar.* Sonda. Sonda (barrena). Resultado del sondeo. Sonda, sondeo (acción de sondar o sondear). *fig.* Averiguación.

SONDADOR, RA *adj.* Que suenda o sondea. Ú. t. c. s.

SONDAGEM (*jem*) *f.* Sonda, sondeo (acción de sondar o sondear).

SONDAR *v. tr.* Sondar, sondear (echar el agua en escandallo para averiguar la profundidad; averiguar la naturaleza del terreno con una sonda; inquirir, rastrear, averiguar, explorar con disímulo; introducir por algunos conductos algunos instrumentos quirúrgicos).

SONDAREZA (*za*) *f. Mar.* Sondaleza.

SONDÁVEL *adj.* Sondable.

SONECA (*nè*) *f. fam.* Soñolencia, soñera, somnolencia. Sueño (tiempo que se pasa dormiendo).

SONECA (*nè*) *f.* Lo mismo que

SONEGAÇÃO (*sáum*) *f.* Ocultación, substracción; escondimiento, encubrimiento.

SONEGADAMENTE *adv. m.* Ocultamente, a escondidas.

SONEGADOR, RA *adj.* Que oculta, substrae, disimula o no manifiesta; ocultador, encubridor.

SONEGAMENTO *m.* Lo mismo que SONEGAÇÃO.

SONEGAR *v. tr.* Ocultar, esconder, disimular, substraer, no manifestar. *v. r.* Eximirse al cumplimiento de una orden).

SONEIRA *f. fam.* Soñera.

SONETAR *v. intr.* Lo mismo que

SONETEAR *v. intr.* Sonetear.

SONETILHO (*llo*) *m.* Sonetillo (soneto de versos de ocho o menos sílabas).

SONETISTA *m. y f.* Sonetista.

SONETO (*né*) *m.* Soneto.

SONGAMONGA *m. y f.* Persona sosa.

SONHADOR, RA (*ña*) *adj.* Soñador, Ú. t. c. s.

SONHAR (*ñar*) *v. intr.* Soñar (representarse en la fantasía especies o sucessos mientras dormimos). Ú. t. c. tr. *fig.* Soñar (dicurrir fantásticamente y dar por cierto y seguro lo que no lo es; anhelar persistentemente una cosa).

SONHO (*ño*) *m.* Sueño (acto de representarse en la fantasía de uno; mientras duerme, sucesos o especies; estos mismos sucesos o especies que se representan). Ensueño, sueño, ilusión, fantasía. Sueño, deseo, esperanza, anhelo.

SONÍPEDE *adj. poét.* Sonípede. Ú. t. c. s.

SONO *m.* Sueño (acto de dormir; gana de dormir). — *eterno.* Sueño eterno (la muerte). — *pesado.* Sueño pesado. *Cair de* — *fr.* Caerse uno de sueño. *Dormir a* — *solto. fr.* Dormir uno a sueño suelto.

SONOLÊNCIA *f.* Somnolencia, soñolencia.

SONOLENTO, TA *adj.* Soñoliento, somnolento.

SONÔMETRO (*nó*) *m.* Sonómetro.

SONORAMENTE (*nó*) *adv. m.* Sonoramente.

SONORIDADE *f.* Sonoridad.

SONORIZAÇÃO (*zasáum*) *f.* Acción y efecto de

SONORIZAR (*zar*) *v. tr.* Sonorizar. *v. intr.* Sonar.

SONORO, RA (*nò*) *adj.* Sonoro.

SONOROSO, SA (*ozo, òza*) *adj.* Sonoroso.

SONSA *f.* Lo mismo que

SONSICE *f.* Socarronería.

SONSO, SA *adj.* Socarrón. Ú. t. c. s.

SONSONETE *m.* Sonsonete (tonillo que denota desprecio o ironía).

SOPA *f.* Sopa. *adj. Bras.* Fácil.

SOPAPEAR *v. tr.* Sopapear, dar sopapos.

SOPAPO *m.* Bofetada. Sopapo. Puñetazo.

SOPÉ (*pè*) *m.* Falda (de los montes o sierras).

SOPEAMENTO *m.* Acción y efecto de

SOPEAR *v. tr.* Sopear, pisar, hollar (poner los pies sobre una cosa). *fig.* Sopear, supeditar, dominar. *fig.* Refrenar, contener.

SOPEIRA *f.* Sopera.

SOPEIRO, RA *adj.* Concerniente a la sopa. Sopero (hablando de platos). *m.* Gorrista, gorrón (el que come a costa ajena).

SOPESAR (*zar*) *v. tr.* Sopesar. Contrapesar, equilibrar. *fig.* Ponderar, pesar (considerar las razones de una cosa). *v. r.* Equilibrarse.

SOPESO (*pézo*) *m.* Acción y efecto de *Sopesar.*

SOPETÃO (*táum*) *m. Bras.* Lo mismo que SUPETÃO.

SOPETARRA *f. fam.* Sopón (aum. de Sopa).

SOPETEAR *v. tr.* Sopetear (mojar muchas veces el pan en el caldo de un guisado). *fig.* Gozar, disfrutar.

SOPIAR *v. tr.* Bautizar (en casa).

SOPISTA *m. y f.* Persona que gusta mucho de sopa.

SOPITADO, DA *adj.* Adormecido. Soñolento. Afeminado.

SOPITAR *v. tr.* Adormecer. Calmar, sosegar. Sopear, dominar, vencer. Refrenar, contener. Afeminar.

SOPITO, TA *adj.* Lo mismo que SOPITADO.

SOPONTADURA *f.* Sopuntación.

SOPONTAR *v. tr.* Sopuntar.

SOPOR *m.* Sopor.

SOPORADO, DA *adj.* Soporoso (que padece sopor).

SOPORATIVO, VA *adj.* Soporífero. *fig.* Fastidioso. *m.* Soporífero.

SOPORÍFERO, RA *adj.* Lo mismo que SOPORATIVO.

SOPORÍFICO, CA *adj.* Soporífico. *fig.* Fastidioso.

SOPORIZAR (*zar*) *v. tr.* Adormecer.

SOPOROSO, SA (*ozo, òza*) *adj.* Soporoso.

SOPORTAL *m.* Soportal.

SOPRANISTA *m.* Soprano (hombre castrado).

SOPRANO *m.* Soprano, típle. *m. y f.* Soprano (persona que tiene voz de soprano).

SOPRAR *v. tr.* Soplar (apartar con el viento alguna cosa). Soplar, hinchar, inflar. Soplar, apuntar (sugerir a uno lo que debe decir). Soplar (en el juego de damas y otros). *v. intr.* Soplar (despedir aire con violencia por la boca). Ú. t. c. r. Soplar (correr el viento, haciendose sentir).

SOPRESAR (*zar*) *v. tr.* Apresar (tomar por fuerza). Embair, embaucar.

SOPRILHO (*llo*) *m.* Soplillo (cierta tela de seda muy ligera).

SOPRO (*só*) *m.* Soplo, soplido. *fig.* Soplo (aviso que se da en secreto y con cautela). *fig.* Inspiración. Sonido. *Instrumentos de* —. Instrumentos de viento.

SOQUE (*sò*) *m. Bras.* Acción de pilar el grano.

SOQUEAR *v. tr.* Dar puñadas, abofetear.

SOQUEIRA *f.* Raíces de la caña cortada que quedan la tierra.

SOQUEIXAR (*char*) *v. tr.* Atar por debajo del mentón.

SOQUEIXO (*cho*) *m.* Vuelta dada por debajo de la quijada con cualquier atadura.

SOQUETE *m.* Puñada que se da con poca fuerza. Atacador (instrumento para atacar los cañones de artillería).

SOQUETEAR *v. tr.* Atacar (un cañón de artillería con el atacador). Dar puñadas.

SOR *m.* Sor, seor (síncopa de señor).

SORAR *v. tr.* Desuerar. Convertir en suero.

SORDÍCIA *f.* Sordidez.

SORDÍCIE *f.* Sordidez.

SORDIDAMENTE *adv. m.* Sórdidamente.

SORDIDEZ *f.* Sordidez.

SORDIDEZA (*za*) *f.* Sordidez.

SÓRDIDO, DA (*sór*) *adj.* Sórdido, sucio. *fig.* Sórdido, impuro, indecente. *fig.* Sórdido, mezquino, avariento.

SORETE *m. Bras. merid.* Sorete (*amer. merid.*).

SORGO *m. Bot.* Sorgo, zahína.

SORITES *m. Lóg.* Sorites.

SORNA (*sór*) *f.* Sorna, lentitud, tardanza. *adj.* Perezoso, indolente. Ú. t. c. s. Fastidioso, enfadoso.

SORNAR *v. intr.* Hacer las cosas con sorna.

SORO (*sò*) *m. Bot.* Soro.

SORO (*só*) *m.* Suero.

SOROCABANO, NA *adj.* Natural de Sorocaba, ciudad del Brasil. Ú. t. c. s.

SOROLOGIA (*jía*) *f.* Serología.

SOROLÓGICO, CA (*lòji*) *adj.* Serológico.

SORONGA *adj.* Tonto.

SÓROR (*sò*) *f.* Sóror, sor.

SOROSO, SA (*ozo, òza*) *adj.* Seroso.

SOROTERAPIA (*pía*) *f.* Sueroterapia, seroterapia.

SOROTERÁPICO, CA *adj.* Seroterápico.

SORRABAR *v. tr.* Lo mismo que BAJULAR.

SORRATE (De) *m. adv.* Lo mismo que

SORRATEIRAMENTE *adv. m.* Furtivamente, a escondidas.

SORRATEIRO, RA *adj.* Mañero, astuto.

SORRELFA (*rrèl*) *f.* Disimulación para engañar, maña. *m. y f.* Persona mañera o matrera. Persona mezquina o varienta. *À* —. *m. adv.* Furtivamente, disimuladamente.

SORRIDENTE *adj.* Sonriente, risueño, sonrisueño.

SORRIR *v. intr.* Sonreír. *v. r.* Sonreírse.

SORRISO (*zo*) *m.* Sonrisa, sonriso.

SORTE (*sòr*) *f.* Suerte (encadenamiento casual de los sucesos; suerte favorable; hado, sina; fortuna; casualidad; casualidad a que se fía una resolución; lo que ocurre o puede ocurrir y ser favorable o adverso a personas o cosas; estado, condición; medio para adivinar lo porvenir; género o especie de una cosa; modo de hacer una cosa).

SORTEADO, DA *adj.* Sorteado, sacado por suerte. Surtido, variado. *m. Bras.* Recluta, persona quintada para el servicio militar.

SORTEADOR, RA *adj.* Sorteador. Ú. t. c. s. Quintador.

SORTEAMENTO *m.* Sorteamiento.

SORTEAR *v. tr.* Sortear (personas o cosas). *Mil.* Quintar. Lo mismo que RIFAR.

SORTEIO *m.* Sorteo. — *militar.* Reclutamiento, quinta.

SORTILÉGIO (*lèjio*) *m.* Sortilegio.

SORTÍLEGO, GA *adj.* Sortílego. Ú. t. c. s.

SORTILHA (*lla*) *f.* Sortija para hacer sortilegios.

SORTIMENTO *m.* Surtimiento, surtido (acción de surtir y conjunto de cosas que sirven para surtir).

SORTIR *v. tr.* Surtir, proveer. Variar, mezclar, combinar. *v. r.* Surtirse. Caber por suerte.

SORUMBÁTICO, CA *adj.* Cabizbajo, taciturno, triste, sombrío.

SORVA *f. Bras.* Níspero, níspola (fruto del níspero).

SORVADO, DA *adj.* Pasado, casi podrido.

SORVALHADA (lla) *f.* Gran cantidad de frutas caídas por el suelo.

SORVAR *v. intr. y r.* Pasarse, empezar a pudrir las frutas.

SORVEDOURO *m.* Remolino de las aguas. Vorágine. Sumidero. Abismo, precipicio.

SORVEDURA *f.* Lo mismo que SORVO.

SORVER *v. tr.* Sorber (beber aspirando, atraer hacia dentro de sí algunas cosas; absorber, tragar).

SORVETARIA (ría) *f. Bras.* Lo mismo que SORVETERIA.

SORVETE *m.* Sorbete.

SORVETEIRA *f.* Sorbetera.

SORVETEIRO *m. Bras.* Vendedor de sorbetes.

SORVETERIA (ría) *f. Bras.* Casa donde se venden sorbetes.

SORVO *m.* Sorbo. Trago.

SÓSIA (sòzia) *m.* Sosia.

SOSLAIO *m.* Oblicuidad. *De —. m. adv.* De soslayo, al soslayo.

SÓSSEGA (sè) *f.* Sosiega, sosiego. Sueño.

SOSSEGADAMENTE (se) *adv. m.* Sosegadamente.

SOSSEGADO, DA (se) *adj.* Sosegado, quieto, pacífico, manso, tranquilo.

SOSSEGADOR, RA (se) *adj.* Sosegador. Ú. t. c. s.

SOSSEGAR (se) *v. tr.* Sosegar, calmar, aplacar, aquietar, apaciguar. Ú. t. c. r. Sosegar, serenar el ánimo. Ú. t. c. r. *v. intr.* Sosegar, reposar, descansar, aquietarse, calmarse. Sosegar, dormir, reposar, descansar.

SOSSEGO (sé) *m.* Sosiego, quietud, serenidad, tranquilidad.

SOSSO, SSA (so, sa) *adj.* Dícese de la piedra que, sin argamasa, entra en la construcción de una pared.

SOSSOBRA (sò) *f.* Lo mismo que SOSSOBRO.

SOSSOBRAR *v. intr.* Zozobrar (perderse, irse a pique). Ú. t. c. tr. *fig.* Zozobrar, afligirse.

SOSSOBRO (só) *m.* Zozobra.

SOSTENIDO *m. Mús.* Sostenido.

SOTA (sò) *f.* Sola (naipe). Mujer astuta. Huelga, descanso. *m.* Sotacochero, sota.

SOTAINA *f.* Sotana (vestidura talar).

SÓTÃO (sòtáum) *m.* Buhardilla, guardilla, desván. *Ter macaquinhos no —. fr. fig. fam.* Ser loco o alocado.

SOTAQUE *m.* Acento (particulares inflexiones de voz que se distingue cada nación o provincia en el modo de hablar). Remoque.

SOTAVENTEAR *v. tr. Mar.* Volver para sotavento (la nave). *v. intr.* Sotaventearse, sotaventarse. Ú. t. c. r.

SOTAVENTO *m. Mar.* Sotavento.

SOTÉIA (téia) *f.* Lo mismo que AÇOTÉIA.

SOTEROPOLITANO, NA *adj.* Natural de Salvador, ciudad del Brasil. Ú. t. c. s.

SOTERRAÇÃO (sáum) *f.* Soterramiento.

SOTERRAMENTO *m.* Soterramiento.

SOTERRÂNEO, NEA (rrá) *adj.* Subterráneo.

SOTERRAR *v. tr.* Soterrar, enterrar.

SOTOCAPITÃO (táum) *m. Mar.* Contramaestre.

SOTOMINISTRO *m.* Sotoministro.

SOTOPOR *v. tr.* Poner debajo. Posponer, preterir. Omitir.

SOTOPOSTO, TA (posto, pòsta) *adj.* Puesto debajo.

SOTRANCÃO (cáum) *adj.* Disimulado.

SOTRANCAR *v. tr.* Lo mismo que ABARCAR.

SOTRECA *m. y f. Bras. merid.* Plepa; sotreta (*amer. merid.*).

SOTURNAMENTE *adv. m.* Lúgubremente. De modo taciturno.

SOTURNIDADE *f.* Calidad de lúgubre. Taciturnidad.

SOTURNO, NA *adj.* Taciturno, triste, apesadumbrado, silencioso. Lúgubre, triste, funesto, melancólico.

SOUTO *m.* Castañeda, castañar. Soto.

SOVA (sò) *f.* Soba (acción de sobar). Soba, aporreamiento, azotaina, zurra.

SOVACO *m.* Sobaco.

SOVADO, DA *adj.* Sobado.

SOVAQUEIRA *f. Bras.* Sobaço. Sudor en el sobaco.

SOVAQUINHO (ño) *m.* Olor que despide el sobaco.

SOVAR *v. tr.* Sobar (manosear repetidamente una cosa para ablandarla o suavizarla). Moler. Pisar. *fig.* Sobar (castigar dando golpes).

SOVELA (vè) *f.* Lezna (instrumento de zapatero).

SOVERAL *m.* Lo mismo que SOBRAL.

SOVEREIRO *m.* Lo mismo que SOBREIRO.

SOVERTER *v. tr. ant.* Subvertir. *Bras.* Soterrar; hacer desaparecer. Ú. t. c. r.

SOVIÉTICO, CA (vié) *adj.* Soviético.

SOVIETS *m.* Soviet.

SOVINA *f.* Torno de madera. *adj.* Mezquino, avariento. Ú. t. c. s.

SOVINADA *f.* Remoque.

SOVINARIA (ría) *f.* Lo mismo que

SOVINICE *f.* Mezquindad, avaricia.

SOZINHO, NHA (ziño, ziña) *adj.* Solo, solito.

SPINOSISMO *m.* Espinosismo.

SUA *fem. de seu.* (veer este vocablo).

SUADO, DA *adj.* Sudado, sudoso, lleno de sudor, sudoroso. *fig.* Adquirido con mucho trabajo.

SUADOR, RA *adj.* Sudador. Ú. t. c. s.

SUADOURO *m.* Acción y efecto de sudar. Sudación. Sudadero (que se pone a las cabalgaduras). Sudorífico.

SUÃO (suáum) *adj.* Dícese del viento cálido que sopla del sur. Ú. t. c. s. m.

SUAR *v. intr.* Sudar (exhalar y expeler el sudor). Ú. t. c. tr. Sudar (destilar agua algunas cosas impregnadas de humedad). *v. tr.* Sudar (empapar en sudor). *fig.* Adquirir con mucho trabajo, sudar para lograr algo. Sudar (trabajar con fatiga y desvelo).

SUARDA *f.* Juarda, suarda.

SUARENTO, TA *adj.* Sudoso, sudoroso.

SUASIVO, VA (zi) *adj.* Lo mismo que

SUASÓRIO, RIA (zò) *adj.* Suasorio.

SUÁSTICA *f.* Svástica.

SUAVE *adj.* Suave (liso y blando al tacto; blando, dulce, grato a los sentidos, tranquilo, quieto, manso; dócil, apacible).

SUAVEMENTE *adv. m.* Suavemente.

SUAVIDADE *f.* Suavidad.

SUAVIZAÇÃO (zasáum) *f.* Suavización.

SUAVIZAR (zar) *v. tr.* Suavizar, templar, moderar. Ú. t. c. r.

SUBAFLUENTE *m.* Subafluente.

SUBAGUDO, DA *adj.* Subagudo.

SUBALTERNAÇÃO (sáum) *f.* Estado de subalterno. Acción y efecto de subalternar.

SUBALTERNADO, DA *adj.* Subalterno.

SUBALTERNAR *v. tr.* Subalternar.

SUBALTERNIDADE *f.* Estado de subalterno.

SUBALTERNO, NA (tèr) *adj.* Subalterno. *m.* Subalterno.

SUBARRENDAMENTO *m.* Subarrendamiento.

SUBARRENDAR *v. tr.* Subarrendar.

SUBARRENDATÁRIO *m.* Subarrendatario.

SUBCHEFE (chè) *m.* Subjefe.

SUBCINERÍCIO, CIA *adj.* Subcinericio.

SUBCLASSE (se) *f.* Subclase.

SUBCLAVICULAR *adj.* Subclavio.

SUBCONSCIÊNCIA (cién) *f.* Subconsciencia.

SUBCONSCIENTE *adj.* Subconsciente. *m.* Subconsciencia.

SUBCOSTAL *adj.* Subcostal.

SUBCUTÂNEO, NEA (tá) *adj.* Subcutáneo.

SUBDELEGAÇÃO (sáum) *f.* Subdelegación.

SUBDELEGADO, DA *m.* Subdelegado.

SUBDELEGANTE *adj.* Subdelegante.

SUBDELEGAR *v. tr.* Subdelegar.

SUBDELÍRIO *m.* Subdelirio.

SUBDIACONATO *m.* Subdiaconado.

SUBDIÁCONO *m.* Subdiácono.

SUBDIALETO (lè) *m.* División de dialecto.

SUBDIREÇÃO (sáum) *f.* Subdirección.

SUBDIRETOR *m.* Subdirector.

SUBDIVIDIDO, DA *adj.* Subdividido.

SUBDIVIDIR *v. tr.* Subdividir. Ú. t. c. r.

SUBDIVISÃO (záum) *f.* Subdivisión.

SUBDIVISIONÁRIO, RIA (zio) *adj.* Concerniente a la subdivisión.

SUBDIVISÍVEL (zi) *adj.* Subdivisible.

SUBDOMINANTE *f. Mús.* Subdominante.

SUBEMPRAZAMENTO (za) *m.* Acción y efecto de

SUBEMPRAZAR (zar) *v. tr.* Subarrendar con enfiteusis.

SUBENFITEUSE (ze) *f.* Lo mismo que SUBEMPRAZAMENTO.

SUBENFITEUTICAR *v. tr.* Lo mismo que SUBEMPRAZAR.

SUBENTENDER *v. tr.* Subentender, sobrentender. Ú. t. c. r.

SUBENTENDIDO, DA *adj.* Subentendido, sobrentendido.

SUBERIZAÇÃO (zasáum) *f.* Suberificación.

SUBEROSO, SA (ozo, òza) *adj.* Suberoso.

SUBESCAPULAR *adj.* Subscapular, subescapular.

SUBESTRUTURA *f.* Infraestrutura.

SUBFAMÍLIA *f.* Subfamilia.

SUBGÊNERO (jé) *m.* Subgénero.

SUBIDA *f.* Subida (acción de subir; sitio en declive).

SUBIDAMENTE *adv. m.* En alto grado, saltamente, elevadamente.

SUBIDO, DA *adj.* Subido (lo más fino y acendrado en su especie; muy elevado; muy excesivo). Sublime; pomposo.

SUBIMENTO *m.* Subimiento, subida. Exceso, demasía. Aumento, crecimiento.

SUBINFLAMAÇÃO (sáum) *f.* Subinflamación.

SUBINTE *adj.* Subiente.

SUBINTENDÊNCIA (dén) *f.* Subintendencia.

SUBINTENDENTE *m.* Subintendente.

SUBIR *v. intr.* Subir (pasar de un lugar a otro más alto; cabalgar, montar; crecer en altura ciertas cosas; importar una cuenta; ascender en dignidad o empleo; agravarse (la fiebre, etc); elevar la voz o sonido de un instrumento desde un tono o otro más agudo. *v. tr.* Subir (recorrer yendo hacia arriba, remontar; trasladar a una persona o cosa de un lugar a otro más alto, subirse; hacer más alta una cosa o irla aumentando hacia arriba; encarecer, dar más precio a las cosas).

SUBITAMENTE *adv. m.* Súbitamente, súbito, de súbito.

SUBITÂNEO, NEA (tá) *adj.* Subitáneo.

SÚBITAS (A) *m. adv.* De súbito.

SÚBITO, TA *adj.* Súbito. *adv. m.* Súbito, súbitamente, de súbito. *De —. m. adv.* De súbito.

SUBJACENTE (ja) *adj.* Subyacente.

SUBJETIVAÇÃO (je...sáum) *f.* Acción y efecto de *Subjetivar.*

SUBJETIVAMENTE (je) *adv. m.* Subjetivamente.

SUBJETIVAR (je) *v. tr.* Volver o considerar subjetivo.

SUBJETIVIDADE (je) *f.* Subjetividad.

SUBJETIVISMO (je) *m.* Subjetivismo.

SUBJETIVISTA (je) *adj.* Subjetivista.

SUBJETIVO, VA (je) *adj.* Subjetivo.

SUBJUGAÇÃO (jugasáum) *f.* Subyugación.

SUBJUGADOR, RA (ju) *adj.* Subyugador. Ú. t. c. s.

SUBJUGANTE (ju) *adj.* Que subyuga, subyugador.

SUBJUGAR (ju) *v. tr.* Subyugar, sojuzgar, avasallar, dominar. Ú. t. c. r.

SUBJUNÇÃO (junsáum) *f.* Unión o juntura inmediata.

SUBJUNTIVA (jun) *f. Gram.* La segunda vocal de un diptongo.

SUBJUNTIVO, VA (jun) *adj.* Sunbjuntivo. Subordinado. *Gram.* Subjuntivo.

SUBLEVAÇÃO (sáum) *f.* Sublevación, sublevamiento.

SUBLEVADOR, RA *adj.* Sublevador. Ú. t. c. s.

SUBLEVAR *v. tr.* Sublevar. Ú. t. c. r.

SUBLIMAÇÃO (sáum) *f.* Sublimación.

SUBLIMADO, DA *adj.* Sublimado. *m. Quím.* Sublimado. *— corrosivo.* Sublimado corrosivo.

SUBLIMAR *v. tr.* Sublimar. Ú. t. c. r.

SUBLIMATÓRIO, RIA (tò) *adj.* Sublimatorio.

SUBLIMÁVEL *adj.* Que puede sublimarse.

SUBLIME *adj.* Sublime, excelso, eminente, elevado. *m.* Lo sublime.
SUBLIMEMENTE *adv. m.* Sublimemente.
SUBLIMIDADE *f.* Sublimidad.
SUBLINEAR *adj.* Interlinear.
SUBLINGUAL *adj.* Sublingual.
SUBLINHA (ña) *f.* Raya (que señala una letra, palabra o frase).
SUBLINHAR *v. tr.* Subrayar.
SUBLOCAÇÃO (sáum) *f.* Subarriendo; traspaso.
SUBLOCADOR *m.* Subarrendador.
SUBLOCAR *v. tr.* Subarrendar, traspasar.
SUBLOCATÁRIO *m.* Subarrendatario.
SUBLUNAR *adj.* Sublunar.
SUBMARINO, NA *adj.* Submarino. *m.* Submarino.
SUBMAXILAR (xi) *adj.* Submaxilar.
SUBMENTAL *adj.* Submental.
SUBMERGIR (jir) *v. tr.* Sumergir. Ú. t. c. r.
SUBMERGÍVEL (jí) *adj.* Sumergible, submersible.
SUBMERSÃO (sáum) *f.* Submersión, sumersión.
SUBMETER *v. tr.* Someter, sujetar; subordinar. Ú. t. c. r.
SUBMINISTRAÇÃO (sáum) *f.* Subministración, suministración, suministro.
SUBMINISTRADOR, RA *adj.* Subministrador, suministrador. Ú. t. c. s.
SUBMINISTRAR *v. tr.* Subministrar, suministrar.
SUBMISSAMENTE (sa) *adv. m.* Sumisamente.
SUBMISSÃO (sáum) *f.* Sumisión.
SUBMISSO, SSA (so, sa) *adj.* Sumiso.
SUBMÚLTIPLO, PLA *adj.* Submúltiplo. Ú. t. c. s.
SUBNUTRIÇÃO (sáum) *f.* Subalimentación.
SUBNUTRIR *v. tr.* Alimentar insuficientemente.
SUBOCCIPITAL *adj.* Suborbitario.
SUBORDEM (ò) *f.* Suborden.
SUBORDINAÇÃO (sáum) *f.* Subordinación.
SUBORDINADA *f. Gram.* Subordinada (oración subordinada).
SUBORDINADAMENTE *adv. m.* Subordinadamente.
SUBORDINADO, DA *adj.* Subordinado. Ú. t. c. s.
SUBORDINANTE *adj.* Que subordina.
SUBORDINAR *v. tr.* Subordinar. Ú. t. c. r.
SUBORNAÇÃO (sáum) *f.* Subornación, soborno.
SUBORNADOR, RA *adj.* Sobornador. Ú. t. c. s.
SUBORNAMENTO *m.* Sobornación, soborno.
SUBORNAR *v. tr.* Sobornar.
SUBORNÁVEL *adj.* Que puede sobornarse.
SUBORNO (bòr) *m.* Soborno (acción de sobornar; dádiva con que se soborna).
SUBPOLAR *adj.* Subpolar.
SUBPOR *v. tr.* Lo mismo que SOTOPOR.
SUBPREFEITO *m.* Subprefecto.
SUBPREFEITURA *f.* Subprefectura.
SUB-REPÇÃO (rrepsáum) *f.* Subrepción.
SUB-REPTICIAMENTE (rre) *adv. m.* Subrepticiamente.
SUB-REPTÍCIO (rre) *adj.* Subrepticio.
SUB-ROGAÇÃO (rrogasáum) *f.* Subrogación.
SUB-ROGANTE (rro) *adj.* Subrogativo.
SUB-ROGAR (rro) *v. tr.* Subrogar.
SUB-ROGATÓRIO, RIA (rrogatò) *adj.* Subrogativo.
SUBSCREVER *v. tr.* Subscribir (firmar un escrito; convenir con el dictamen o parecer de alguien). Subscribirse (obligarse una persona a contribuir con otras para el pago de una cantidad para algún fin; abonarse para recibir alguna publicación periódica o libros). *v. r.* Firmarse.
SUBSCRIÇÃO (sáum) *f.* Subscripción.
SUBSCRITAR *v. tr.* Sobrescribir. Subscribir, firmar.
SUBSCRITOR, RA *adj.* Subscriptor.
SUBSECÇÃO (sáum) *f.* División de una sección.
SUBSECIVO, VA *adj.* Sobrante, excesivo, secundario.
SUBSECUTIVO, VA *adj.* Consecutivo.
SUBSEGUINTE *adj.* Subsiguiente.
SUBSEGUIR *v. tr.* Subseguir.
SUBSENTIDO *m.* Segunda intención.
SUBSEQUÊNCIA (cuen) *f.* Continuación, seguimiento.
SUBSEQUENTE (cuen) *adj.* Subsecuente, subsiguiente.

SUBSERVIÊNCIA (vién) *f.* Servilismo; subordinación.
SUBSERVIENTE *adj.* Subordinado, subalterno, inferior. Servil, obsequioso.
SUBSIDIADO, DA (zi) *adj.* Que recibe subsidio o auxilio. Ú. t. c. s.
SUBSIDIAR (zi) *v. tr.* Subvencionar, conceder subsidio o auxilio. Ayudar, asistir.
SUBSIDIARIAMENTE (zi) *adv. m.* Subsidiariamente.
SUBSIDIÁRIO, RIA (zi) *adj.* Subsidiario. Auxiliar, que ayuda.
SUBSÍDIO (zi) *m.* Subsidio (auxilio, socorro; contribución). Subvención. *Bras.* Paga de los diputados y senadores. *pl.* Elementos, contribución, apuntes.
SUBSINUOSO, SA (ozo, òza) *adj.* Algo sinuoso.
SUBSISTÊNCIA (zistén) *f.* Subsistencia (estabilidad de las cosas; conjunto de medios necesarios para vivir o subsistir; complemento último de la subsistancia).
SUBSISTENTE (zis) *adj.* Subsistente.
SUBSISTIR (zis) *v. intr.* Subsistir (permanecer, durar, conservarse una cosa; existir, vivir, pasar y mantener la vida).
SUBSOLO (sò) *m.* Subsuelo.
SUBSTABELECER *v. tr.* Subrogar.
SUBSTABELECIMENTO *m.* Subrogación, subrogamiento.
SUBSTÂNCIA (tán) *f.* Substancia, sustancia (en todas las acepciones de esta voz). *Em —. m. adv.* En substancia, en compendio, en resumen.
SUBSTANCIADO, DA *adj.* Substanciado, sustanciado, compendiado, resumido, extractado.
SUBSTANCIAL *adj.* Substancial, sustancial.
SUBSTANCIALIZAR (zar) *v. tr.* Considerar como substancia, volver en substancia.
SUBSTANCIALMENTE *adv. m.* Substancialmente, sustancialmente.
SUBSTANCIAR *v. tr.* Substanciar, sustanciar, compendiar, extractar. Alimentar con sustancia. Fortificar, fortalecer. Reforzar.
SUBSTANCIOSO, SA (ozo, òza) *adj.* Substancioso, sustancioso (que tiene substancia o jugo nutritivo; que tiene enjundia, valor o importancia).
SUBSTANTIFICAR *v. tr.* Dar forma concreta a algo; concretar.
SUBSTANTIVAÇÃO (sáum) *f. Gram.* Acción de substantivar.
SUBSTANTIVAMENTE *adv. m.* Substantivamente.
SUBSTANTIVAR *v. tr. Gram.* Substantivar, sustantivar.
SUBSTANTIVO, VA *adj.* Substantivo, sustantivo. *m. Gram.* Substantivo, sustantivo.
SUBSTITUIÇÃO (sáum) *f.* Substitución.
SUBSTITUINTE *adj.* Substituto. Ú. t. c. s.
SUBSTITUIR *v. tr.* Substituir. Ú. t. c. r.
SUBSTITUTIVO, VA *adj.* Substitutivo.
SUBSTITUTO, TA *adj.* Substituto. Ú. t. c. s.
SUBSTRATO *m.* Substrato.
SUBSTRUÇÃO (sáum) *f.* Substrucción.
SUBSULTAR *v. tr. Poét.* Saltar muchas veces.
SUBTENDER *v. tr. Geom.* Subtender. Tender por debajo.
SUBTENSA *f. Geom.* Subtensa (cuerda de un arco).
SUBTERFÚGIO (jio) *m.* Subterfugio, efugio, pretexto, escapatoria, excusa fingida.
SUBTERFUGIR (gir) *v. intr.* Usar de subterfugios.
SUBTERRANEAMENTE (rrá) *adv. m.* Subterráneamente.
SUBTERRÂNEO, NEA (rrá) *adj.* Subterráneo. *m.* Subterráneo.
SUBTÉRREO, RREA (tè) *adj.* Subterráneo.
SUBTÍTULO *m.* Subtítulo.
SUBTRAÇÃO (sáum) *f.* Subtracción, sustración, resta. Robo. Supresión, privación.
SUBTRAIR *v. tr. Mat.* Substraer, sustraer, restar. Substraer, sustraer, separar, extraer. Hurtar, robar. Esconder, ocultar, separar. Disminuir. Quitar, sacar. *v. r.* Huir, escaparse.
SUBSTRATIVO, VA *adj.* Concerniente a la substracción. *m.* Substraendo.

SUBULADO, DA *adj.* Subulado.
SUBURBANO, NA *adj.* Suburbano, aledaño.
SUBÚRBIO *m.* Suburbio, arrabal.
SUBVENÇÃO (sáum) *f.* Subvención.
SUBVENCIONAL *adj.* Relativo a la subvención.
SUBVENCIONAR *v. tr.* Subvencionar.
SUBVERSÃO (sáum) *f.* Subversión.
SUBVERSIVO, VA *adj.* Subversivo.
SUBVERSOR, RA *adj.* Subversor. Ú. t. c. s.
SUBVERTEDOR, RA *adj.* Subversor. Ú. t. c. s.
SUBVERTER *v. tr.* Subvertir, trastornar, revolver, desordenar, destruir (suele usarse en sentido moral). Pervertir. Somergir. Hacer zozobrar.
SUCATA *f. Bras.* Hierro en recortes, hierro viejo. Establecimiento que vende este hierro.
SUCÇÃO (sáum) *f.* Succión (acto de chupar).
SUCEDÂNEO, NEA (dá) *adj.* Sucedáneo. Ú. t. c. s.
SUCEDER *v. intr.* Suceder, acontecer. Suceder (entrar una persona o cosa en lugar de otra o seguirse a ella). Suceder (heredar los bienes de uno por su muerte). *v. r.* Suceder, seguirse.
SUCEDIDO *m.* Sucedido, suceso, acontecimiento.
SUCEDIMENTO *m.* Sucesión. Suceso.
SUCESSÃO (sáum) *f.* Sucesión.
SUCESSIVAMENTE (si) *adv. m.* Sucesivamente.
SUCESSÍVEL (sí) *adj.* Sucesible.
SUCESSIVO, VA (si) *adj.* Sucessivo.
SUCESSO (cèso) *m.* Suceso, acontecimiento, cosa que sucede, hecho que se efetúa. Suceso, éxito, resultado de un negocio, etc. Parto. *gat.* Buen éxito.
SUCESSOR, RA (sor, sora) *adj.* Sucesor. Ú. t. c. s.
SUCESSÓRIO, RIA (sò) *adj.* Sucesorio.
SÚCIA *f.* Pandilla, cuadrilla; banda de tunantes; taifa (reunión de gente de mala vida).
SUCIAR *v. intr.* Tunantear, tunear.
SUCINO *m.* Succino.
SUCINTAMENTE *adv. m.* Sucintamente.
SUCINTO, TA *adj.* Sucinto, breve, compendioso.
SÚCIO *m.* Tunante, pillo, pícaro, bribón.
SUCO *m.* Jugo, suco, zumo. *fig.* Jugo (lo provechoso, útil e substancial de cualquiera cosa). *Bras. pop.* Cualquiera cosa exquisita.
SUCOSO, SA (ozo, òza) *adj.* Jugoso, sucoso.
SÚCUBO, BA *adj.* Que se pone o echa debajo. Súcubo. Ú. t. c. s.
SUCULÊNCIA (lén) *f.* Jugosidad, suculencia.
SUCULENTAMENTE *adv. m.* Suculentamente.
SUCULENTO, TA *adj.* Suculento, jugoso.
SUCUMBIDO, DA *adj.* Desanimado, desalentado.
SUCUMBIR *v. intr.* Sucumbir, ceder, rendirse, someterse, darse por vencido. Sucumbir, morir, perecer.
SUCUPIRA *f. Bot. Bras.* Nombre de dos árboles del Brasil (*Bowdichia nitida* y *B. virgilioides*).
SUCURI *f. Bras.* Especie de víbora (*Eunectes murinus*).
SUCURSAL *adj.* Sucursal. Ú. t. c. s.f.
SUCUTUBA *adj. Bras.* Jugoso, exquisito.
SUDAÇÃO (sáum) *f.* Sudación.
SUDÂMINA (dá) *f.* Sudamina, sudamen.
SUDÁRIO *m.* Sudario (lienzo que cubre el rostro de los difuntos). Sudario, sudadero. Santo Sudario. Mortaja.
SUDATÓRIO, RIA (tò) *adj.* Sudatorio, sudorífico.
SUDESTE (dès) *m.* Sudeste, sueste.
SÚDITO, TA *adj.* Subdito. Ú. t. c. s.
SUDOESTE (ès) *m.* Sudoeste (punto del horizonte; viento que sopra de esta parte).
SUDORÍFERO, RA *adj.* Sudorífero. Ú. t. c. s.
SUDORÍFICO, CA *adj.* Sudorífico. Ú. t. c. s.
SUDORÍPARO, RA *adj. Anat.* Sudoríparo.
SUDRA *f.* Zudra, sudra.
SUECO, CA (è) *adj.* Sueco. Ú. t. c. s.
SUEIRA *f. Bras.* Lo mismo que TRABALHEIRA.
SUESTE (ès) *m.* Sudeste, sueste (punto del horizonte; viento que sopla de esta parte).
SUETO *m.* Asueto. Descanso, huelga.
SUFICIÊNCIA (cién) *f.* Suficiencia.
SUFICIENTE *adj.* Suficiente (bastante para lo que se necesita; apto, idóneo, que sirve para el caso).
SUFICIENTEMENTE *adv. m.* Suficientemente.
SUFISMO *m.* Sufismo, sofismo.

SUFIXO (xo) *m. Gram.* Sufijo.
SUFOCAÇÃO (sáum) *f.* Sofocación, sufocación.
SUFOCADOR, RA *adj.* Sofocador, sufocador.
SUFOCANTE *adj.* Sofocante, sufocante.
SUFOCAR *v. tr.* Sofocar, sufocar (ahogar, impedir la respiración; apagar oprimir, dominar, extinguir). *v. intr.* Sofocarse. Ú. t. c. r.
SUFOCATIVO, VA *adj.* Sofocante, sufocante.
SUFRAGÂNEO, NEA (gá) *adj.* Sufragáneo.
SUFRAGAR *v. tr.* Sufragar, ayudar, favorecer, proteger, socorrer. Orar por los difuntos. Pedir con sufragios u oraciones. Aplicar (limosnas, obras buenas, etc.).
SUFRÁGIO (jio) *m.* Sufragio, voto. Sufragio, ayuda, favor, protección. Sufragio (obra buena aplicada por las ánimas del purgatorio). Adhesión. Oración por los defuntos. — *universal.* Sufragio universal.
SUFRAGISTA (jis) *adj. y s.* Sufragista, votante. Partidario del sufragio universal. *f.* Sufragista.
SUFUMIGAÇÃO (sáum) *f.* Sufumigación.
SUFUMIGAR *v. tr.* Aplicar la sufumigación.
SUFUMÍGIO (jio) *m.* Sufumigación.
SUFUSÃO (sáum) *f.* Sufusión.
SUGAÇÃO (sáum) *f.* Succión, chupadura.
SUGADOR, RA *adj.* Chupador. Ú. t. c. s.
SUGAR *v. tr.* Chupar (sacar o atraer con los labios el jugo o substancia de alguna cosa). Chupar, absorver. Chupar (ir quitando la hacienda de uno con pretextos y engaños).
SUGERIR (je) *v. tr.* Sugerir.
SUGESTÃO (jestáum) *v. tr.* Sugestionar. Ú. t. c. r.
SUGESTIONÁVEL (jes) *adj.* Sugestionable.
SUGESTIVAMENTE (jes) *adv. m.* Sugestivamente.
SUGESTIVO, VA (jes) *adj.* Sugestivo.
SUGESTO (jès) *m.* Sugesto.
SUGILAÇÃO (sáum) *f. Med.* Sugilación.
SUÍÇA (isa) *f.* Patillas.
SUICIDA *m. y f.* Suicida. *adj. fig.* Suicida.
SUICIDAR-SE *v. r.* Suicidarse.
SUICÍDIO *m.* Suicidio.
SUÍÇO, ÇA (íso, ísa). *adj.* Suizo (natural de Suiza). Ú. t. c. s.
SUINO, NA (íno) *adj.* Porcuno. *m.* Puerco, cerdo.
SUÍTE (í) *f. Mús.* Suite. *m. Bras.* Dar o —. *fr. pop.* Irse marcharse.
SUJAMENTE (ja) *adv. m.* Suciamente.
SUJAR (jar) *v. tr.* Ensuciar, emporcar, manchar, poner sucio. Ú. t. c. r. Ensuciar, manchar, amancillar, deslucir, empañar. *v. intr.* Defecar. *v. r.* Ensuciarse (ciscarse en la cama, en los calzones, etc.). Ensuciarse (dejarse sobornar, venderse, etc).
SUJEIÇÃO (jeisáum) *f.* Sujeción.
SUJEIRA (jei) *f.* Suciedad, inmundicia, porquería. *fig.* Suciedad (dicho o hecho sucio).
SUJEITA (jei) *f.* Sujeta (mujer innominada).
SUJEITADOR, RA (jei) *adj.* Sujetador. Ú. t. c. s.
SUJEITAR (jei) *v. tr.* Sujetar (someter al dominio o mando de alguien). Ú. t. c. r. Sujetar, afirmar, asegurar o contener algo con la fuerza. Fijar.
SUJEITO, TA (jei) *adj.* Sujeto (sometido; expuesto o propenso a una cosa). Sujeto (persona innominada). *Gram. Fil. y Lóg.* Sujeto.
SUJIDADE (ji) *f.* Sucidad (calidad de sucio). Excremento. Basura.
SUJIGAR (ji) *v. tr. Bras. nort.* Subyugar.
SUJO, JA (jo, ja) *adj.* Sucio (que tiene manchas o impurezas; que se ensucia fácilmente; que está manchado con pecados o con imperfecciones; deshonesto, obsceno; dícese del color confuso y entrapado; con infección, imperfección, imperfección o impureza; nublado). *Bras.* Desmoralizado, sin crédito. *m. Bras.* El diablo.
SUL *m.* Sur, sud (punto del horizonte; viento que sopla de esta parte; punto o lugar de la tierra o de la esfera celeste que, comparado con otro, cae del lado del polo antártico respecto de él). *Bras.* Sur (parte del Brasil desde el Estado de Espírtu Santo hasta el Estado del Rio Grande del Sur).
SULA *f. Bot.* Sulla.

SULÃO (láum) *m. Bras. nort.* Sul (viento).
SULAVENTEAR *v. intr.* Lo mismo que SOTA-VENTEAR.
SULAVENTO *m.* Lo mismo que SOTAVENTO.
SULCAR *v. tr.* Surcar (hacer surcos en la tierra el labrador; hacer el algunas partes rayas parecidas a los surcos; ir por un flúido, rompiendolo o cortándolo).
SULCO *m.* Surco.
SULEIRO, RA *adj. y s. Bras.* Lo mismo que SULISTA.
SULFÁCIDO *m. Quím.* Sulfácido.
SULFATAGEM (jem) *f.* Acto de
SULFATAR *v. tr.* Sulfatar (las vides etc.).
SULFATIZAÇÃO (zasáum) *f.* Acción y efecto de
SULFATIZAR *v. tr.* Convertir en sulfato.
SULFATO *m. Quím.* Sulfato.
SULFETO *m. Quím.* Sulfuro.
SULFIDRATO *m. Quím.* Sulfhidrato.
SULFÍDRICO, CA *adj.* Sulfhídrico.
SULFITO *m. Quím.* Sulfito.
SÚLFUR *m.* Azufre.
SULFURAÇÃO (sáum) *f.* Acción de sulfurar.
SULFURADO, DA *adj.* Sulfurado.
SULFURAR *v. tr.* Sulfurar.
SULFÚREO, REA *adj.* Sulfúreo.
SULFÚRICO, CA *adj.* Sulfúreo. *Quím.* Sulfúrico.
SULFURINO, NA *adj.* Del color del azufre.
SULFUROSO, SA (ozo, òza) *adj.* Sulfuroso, sulfúreo. *Quím.* Sulfuroso.
SULINO, NA *adj. y s. Bras.* Lo mismo que
SULISTA *adj. Bras.* Perteneciente o relativo al sur del Brasil; natural de esta parte. Ú. t. c. s.
SULTANA *f.* Sultana (mujer del sultán).
SULTANADO *m.* Sultanado, sultanía.
SULTÃO (táum) *m.* Sultán. Soldán.
SULVENTO *m.* Sur (viento).
SUMA *f.* Suma (lo más substancial de una cosa). Resumen. Suma (recopilación de todas las partes de una ciencia). *Em* —. *m. adv.* En suma, en resumen.
SUMACA *f. Mar.* Sumaca.
SUMAGRAR *v. tr.* Zumacar.
SUMAGRE *m.* Zumaque.
SUMANTA *f. Bras. merid.* Tunda, soba, zurra.
SUMARÉ (ré) *m. Bras.* Especie de orquídea.
SUMARENTO, TA *adj.* Zumoso, suculento, jugoso.
SUMARIAMENTE *adv. m.* Sumáriamente.
SUMARIAR *v. tr.* Resumir, compendiar. *For.* Sumariar.
SUMÁRIO, RIA *adj.* Sumario, breve, sucinto, compendiado. *m.* Sumario, resumen, suma. *For.* Sumario.
SUMAÚNA *f. Bras.* Lo mismo que
SUMAUMEIRA *f. Bras.* Árbol de Brasil (*Ceiba pentandra*).
SUMIÇÃO (sáum) *f.* Lo mismo que
SUMIÇO (so) *m.* Desaparecimiento; descamino.
SUMIDADE *f.* Sumidad.
SUMIDIÇO, ÇA (so, sa) *adj.* Que desaparece fácilmente, que se sume.
SUMIDO, DA *adj.* Desaparecido. Flojo. Fraco. Apartado, lejano. Que mal se oye, indistinto.
SUMIDOURO *m.* Sumidero. Lo mismo que SAR-JETA.
SUMIDURA *f.* Lo mismo que SUMIÇO.
SUMILHER (llèr) *m.* Sumiller.
SUMIR *v. tr.* Hacer (hundir en la tierra o en el agua) Ú. t. c. r. Sumir, sumergir, abismar, hundir. Ú. t. c. r. *v. r.* Ocultarse. Desaparecer. Extinguirse. Apagarse. Perderse. Huir.
SUMISTA *m. y f.* Sumista.
SUMO *m.* Zumo, jugo, suco.
SUMO, SUMA *adj.* Suma, supremo, muy grande, enorme.
SUMOSO, SA (ozo, óza) *adj.* Zumoso, zumiento, suculento, jugoso.
SÚMULA *f.* Epítome. *pl.* Súmulas.
SUMULISTA *m. y f.* Sumulista.
SUNA *f.* Zuna.
SUNÇÃO (sáum) *f.* Sunción.
SUNGA *f. Bras.* Especie de calzones para niños. Calzones para baños de mar.
SUNGAR *v. tr. Bras.* Alzar la pretina (de los calzones, enaguas, etc.). Alzar, suspender (cualquiera

cosa que está más bajo de lo que debiera estar). Sorber el moco para no dejarlo caer.
SUNITA *m.* Zunita.
SUNTUÁRIO, RIA *adj.* Suntuario.
SUNTUOSAMENTE (ò) *adv. m.* Suntuosamente.
SUNTUOSIDADE (zi) *f.* Suntuosidad.
SUNTUOSO, SA (ozo, òza) *adj.* Suntuoso.
SUOR (òr) *m.* Sudor. *fig.* Sudor (trabajo, desvelo y fatiga).
SUPEDÂNEO (dá) *m.* Supedáneo, peana. *fig.* Base, fundamento.
SUPEDITAR *v. tr.* Proveer, suministrar, dar, supeditar. (*amer. chil*).
SUPERABUNDÂNCIA (dán) *f.* Superabundancia.
SUPERABUNDANTE *adj.* Superabundante.
SUPERABUNDANTEMENTE *adv. m.* Superabundantemente.
SUPERABUNDAR *v. intr.* Superabundandar.
SUPERALIMENTAÇÃO (sáum) *f.* Superalimentación.
SUPERALIMENTAR *v. tr.* Superalimentar.
SUPERANTE *adj.* Superante.
SUPERAQUECER *v. tr.* Calentar excesivamente.
SUPERAQUECIMENTO *m.* Acción y efecto de SUPERAQUECER.
SUPERAR *v. tr.* Superar, sobrepujar, vencer.
SUPERÁVEL *adj.* Superable.
SUPERCILIAR *adj. Anat.* Superciliar.
SUPERCÍLIO *m.* Ceja.
SUPERCILIOSO, SA (ozo, òza) *adj.* Cejudo. Ceñudo. Severo, austero, rígido.
SUPERCIVILIZADO, DA (za) *adj.* Excesivamente civilizado.
SUPEREMINÊNCIA (nén) *f.* Supereminencia.
SUPEREMINENTE *adj.* Supereminente.
SUPEREXALTADO, DA (zalta) *adj.* Excesivamente exaltado.
SUPEREXCITAR (resci) *v. tr.* Sobreexcitar.
SUPERFETAÇÃO (sáum) *f. Med.* Superfetación. *fig.* Cosa que se añade inútilmente a otra; excrecencia superflua.
SUPERFICIAL *adj.* Superficial (perteneciente o concerniente a la superficie; que está o se queda en la superficie; aparente, falto de solidez y substancia; frívolo, ligero, sin fundamento).
SUPERFICIALIDADE *f.* Superficialidad.
SUPERFICIALMENTE *adv. m.* Superficialmente.
SUPERFÍCIE *f.* Superficie.
SUPERFLUAMENTE (pèr) *adv. m.* Superfluamente.
SUPÉRFLUO, FLUA *adj.* Superfluo. *m.* Lo superfluo.
SUPER-HOMEM *m.* Superhombre.
SUPERINTENDÊNCIA (dén) *f.* Superintendencia.
SUPERINTENDENTE *m.* Superintendente. Ú. t. c. adj.
SUPERINTENDER *v. intr. y s.* Tener o ejercer la superintendencia, dirigir, vigilar, celar.
SUPERIOR *adj.* Superior. *m.* Superior.
SUPERIORA *f.* Superiora.
SUPERIORATO *m.* Superiorato.
SUPERIORIDADE *f.* Superioridad.
SUPERIORMENTE *adv. m.* Superiormente.
SUPERLATIVAMENTE *adv. m.* Superlativamente.
SUPERLATIVAR *v. tr.* Volver o hacer superlativo.
SUPERLATIVO, VA *adj.* Superlativo. *m. Gram.* Superlativo.
SUPERLOTAR *v. tr.* Exceder la cabida de una cosa; especialmente de vehículos o teatros.
SUPERNAL *adj.* Superno.
SUPERNO, NA (pèr) *adj.* Superno.
SÚPERO, RA *adj.* Súpero. Superior. Supremo.
SUPEROVARIADO, DA *adj.* Superovariado.
SUPERPOPULAÇÃO (sáum) *f.* Exceso de población.
SUPERPOR *v. tr.* Superponer. Ú. t. c. r.
SUPERPOSIÇÃO (zisáum) *f.* Superposición.
SUPERPRODUÇÃO (sáum) *f.* Superproducción.
SUPERREALISMO *m.* Suprarrealismo.
SUPERSENSÍVEL *adj.* Suprasensible.
SUPERSTIÇÃO (sáum) *f.* Superstición.
SUPERSTICIOSAMENTE (ciòza) *adv. m.* Supersticiosamente.

SUPERSTICIOCIDADE (zi) *f.* Calidad de supersticioso.

SUPERSTICIOSO, SA (ozo, òza) *adj.* Supersticioso. Ú. t. c. s.

SUPÉRSTITE (pèrs) *adj.* Supérstite, superviviente.

SUPERSUBSTANCIAL *adj.* Supersubstancial.

SUPERVACÂNEO, NEA (cá) *adj.* Supervacáneo, superfluo.

SUPERVÁCUO, CUA *adj.* Supervacáneo, superfluo.

SUPERVENÇÃO (sáum) *f.* Supervención, superveniencia.

SUPERVENIENTE *adj.* Superveniente.

SUPERVIVÊNCIA (vén) *f.* Supervivencia.

SUPERVIVENTE *adj.* Superviviente, sobreviviente. Ú. t. c. s.

SUPETÃO (táum) *m. De —. m. adv.* De sopetón, de repente, de improviso, pronto y impensadamente.

SUPIMPA *adj. Bras.* Óptimo.

SUPINAÇÃO (sáum) *f. Anat.* y *Fisiol.* Supinación.

SUPINADOR *adj. Anat.* Supinador. Ú. t. c. s.

SUPINO, NA *adj.* Supino (que está boca arriba, necio, estólido). *m.* Supino.

SUPLANTAÇÃO (sáum) *f.* Suplantación.

SUPLANTADOR, RA *adj.* Suplantador.

SUPLANTAR *v. tr.* Pisar, hollar. Derribar. Vencer. Sobrepujar. Suplantar (ocupar el lugar o puesto de otro).

SUPLEMENTAR *adj.* Suplemental, suplementario. *Geom.* Suplementario.

SUPLEMENTO *m.* Suplemento (parte que se agrega a un todo para completarlo y suplir la falta que tenía; hoja extraordinaria de un periódico u otra publicación).

SUPLÊNCIA (plén) *f.* Suplencia.

SUPLENTE *adj.* Suplente. Ú. t. c. s.

SUPLETIVO, VA *adj.* Lo mismo que

SUPLETÓRIO, RIA (tò) *adj.* Supletorio.

SÚPLICA *f.* Súplica, suplicación. Ruego. Plegaria.

SUPLICAÇÃO (sáum) *f.* Suplicación, súplica.

SUPLICADO, DA *adj.* Suplicado. *For.* Suplicado.

SUPLICANTE *adj.* Suplicante. Ú. t. c. s.

SUPLICAR *v. tr.* Suplicar, rogar, pedir. *For.* Suplicar.

SUPLICATÓRIO, RIA (tò) *adj.* Suplicatorio.

SÚPLICE *adj.* Suplicante; humilde.

SUPLICIADO, DA *adj.* Ajusticiado.

SUPLICIAR *v. tr.* Supliciar. Ajusticiar.

SUPLÍCIO *m.* Suplicio (pena corporal, lesión o muerte infligida como castigo; grave tormento o dolor). *pl.* Disciplinas.

SUPOR *v. tr.* Suponer (dar como asentada una cosa; fingir una cosa; traer consigo, importar).

SUPORTAR *v. tr.* Soportar, suportar, sostener. Soportar, sufrir, tolerar.

SUPORTÁVEL *adj.* Soportable.

SUPOSIÇÃO (zisáum) *f.* Suposición.

SUPOSTÍCIO, CIA (zi) *adj.* Supositicio, fingido, supuesto.

SUPOSITIVO, VA (zi) *adj.* Supositivo.

SUPOSITÓRIO (tò) *m. Med.* Supositorio, cala.

SUPOSTO, TA (pos, pòs) *adj.* Supuesto, conjeturado; ficticio, fingido. *m.* Supuesto. — *que. m. conj.* Supuesto que, puesto que, siendo así, ya que.

SUPRACITADO, DA *adj.* Supradicho, susodicho, arriba citado.

SUPRADITO, TA *adj.* Supradicho, susodicho, sobredicho.

SUPRANATURAL *adj.* Sobrenatural.

SUPRANATURALISMO *m.* Sobrenaturalismo.

SUPRANATURALISTA *adj.* y *s.* Partidareo del sobrenaturalismo.

SUPRANUMERADO, DA *adj.* Arriba numerado.

SUPRANUMERÁRIO, RIA *adj.* Que pasa del número establecido. Ú. t. c. s.

SUPRARREALISMO *m.* Suprarrealismo.

SUPRARRENAL *adj.* Suprarrenal.

SUPRASSENSÍVEL *adj.* Suprasensible.

SUPRASSUMO (su) *m.* Lo sumo, el colmo.

SUPRATERRÂNEO, NEA (rrá) *adj.* Que esta arriba de la tierra. Relativo a la superficie de la tierra.

SUPREMACIA (cía) *f.* Supremacía.

SUPREMAMENTE *adv. m.* Supremamente.

SUPREMO, MA *adj.* Supremo (altísimo; que no tiene superior; dícese del tribunal de cuyas sentencias no hay apelación a otro; último). *m. fam.* Supremo Tribunal.

SUPRESSÃO (sáum) *f.* Supresión.

SUPRESSIVO, VA (si) *adj.* Supresivo.

SUPRESSÓRIO, RIA (sò) *adj.* Supresivo.

SUPRIDOR, RA *adj.* y *s.* Suplidor. Proveedor, surtidor.

SUPRIMENTO *m.* Suplemento (acción de suplir). Préstamo, empréstito. Auxilio.

SUPRIMIDO, DA *adj.* Supreso.

SUPRIMIR *v. tr.* Suprimir (hacer cesar; hacer desaparecer; omitir, callar).

SUPRIR *v. tr.* Suplir (integrar lo que faltaba; ponerse en lugar de alguien; haver las veces de). Proveer, surtir. Sostener.

SUPRÍVEL *adj.* Que se puede suplir.

SUPUPARA *f. Bras.* Aguardiente.

SUPURAÇÃO (sáum) *f.* Supuración.

SUPURANTE *adj.* Supurante.

SUPURAR *v. tr.* Supurar, que supura.

SUPURATIVO, VA *adj.* Supurativo, supurante.

SUPURATÓRIO, RIA (tò) *adj.* Supuratorio.

SUPUTAÇÃO (sáum) *f.* Suputación, cómputo, cálculo.

SUPUTAR *v. tr.* Suputar, computar, calcular.

SURDAMENTE *adv. m.* Sordamente.

SURDEAR *v. intr.* Fingirse de sordo.

SURDEZ *f.* Sordera, sordedad.

SURDINA *f.* Sordina.

SURDIR *v. intr.* Surtir, surgir (el agua). Alzarse, manifestarse, aparecer. Resultar, salir. Ir adelante la nave, navegando.

SURDO, DA *adj.* Sordo (que no oye u oye imperfectamente; callado, silencioso y sin ruido; que suena poco o sin timbre claro, insensible, indócil). *Gram.* Sordo.

SURDO-MUDEZ *f.* Sordomudez.

SURDO-MUDO, DA *adj.* Sordomudo. Ú. t. c. s.

SURGIDOURO (ji) *m.* Surgidero (paraje donde fondean las embarcaciones).

SURGIR (jir) *v. intr.* Aparecer, manifestarse. Nacer. Venir, llegar. Surgir, brotar, surtir. Surgir (dar fondo la nave). Ocurrir. Recordarse. Pasar (el tiempo). Acordar, despertar.

SURPREENDENTE *adj.* Sorprendente.

SURPREENDENTEMENTE *adv. m.* Sorprendentemente.

SURPREENDER *v. intr.* Sorprender (coger desprevenido; suspender o maravillar con algo imprevisto, raro o extraordinario, Ú. t. c. r.; descubrir lo que otro ocultaba o disimulaba).

SURPRESA (préza) *f.* Sorpresa. *Caixa de —s.* Caja de sorpresa.

SURPRESAR (zar) *v. tr.* Lo mismo que SURPREENDER.

SURPRESO, SA (prézo, za) *adj.* Sorprendido.

SURRA *f.* Zurra, tunda, soba.

SURRADO, DA *adj.* Raído, gastado por el uso. Zurrado, castigado, tundeado.

SURRADOR, RA *adj.* Zurrador. Ú. t. c. s.

SURRAMENTO *m.* Zurra (acción de zurrar las pieles; acción de zurrar o castigar con azotes o golpes).

SURRÃO (rráum) *m.* Zurrón (bolsa de cuero). Persona muy sucia. Ropa sucia y gastada.

SURRAR *v. tr.* Zurrar (las pieles). Zurrar, tundear. *v. r.* Gastarse, raerse (por el uso o roce).

SURRELFA (rrèl) *f.* Lo mismo que SORRELFA.

SURRIADA *f.* Descarga de artillería. Rechifla.

SURRIBA *f.* Acción y efecto de

SURRIBAR *v. tr. Agr.* Mullir.

SURRIOLA (rriò) *f. Mar.* Tangón.

SURRIPIAR *v. tr.* Hurtar, levar furtivamente.

SURRIPILHAR (llar) *v. tr.* Lo mismo que SURRIPIAR.

SURTIDA *f.* Surtida. *Fort.* Surtida.

SURTIR *v. tr.* Tener como resultado, resultar, ocasionar. Surtir efecto. Surtir, proveer. — *efeito.* Surtir efecto (dar una medida, un remedio, un consejo, etc., el resultado que se deseaba).

SURTO, TA *adj.* Surto, fondeado. *m. fig.* Vuelo alto, ambición; desarrollo progresivo.

SURUBA *adj. Bras.* Buono, fuerte, excelente, óptimo.

SURUCUCU *f. Bras.* Especie de vibora (*Lachesis mutus*).

SURURU *m.* Alboroto, motín, asonada, desorden, tumulto, barullo. Riña, gresca, reyerta, quimera.

SUS! *Interj.* !Sus!

SUSCETIBILIDADE *f.* Susceptibilidad.

SUSCETIBILIZAR (zar) *v. tr.* Picar, enojar, enfadar, ofender ligeramente. *v. r.* Picarse, ofenderse, resentirse, agraviarse.

SUSCETÍVEL *adj.* Susceptible (que puede recibir modificación o impresión; quiquilloso, picajoso, fácil de agraviarse).

SUSCITAÇÃO (sáum) *f.* Suscitación.

SUSCITADOR, RA *adj.* Que suscita.

SUSCITAR *v. tr.* Suscitar, levantar, promover, causar, provocar.

SUSCITÁVEL *adj.* Que se puede suscitar.

SUSERANIA (zeranía) *f.* Dominio eminente (hablando de los feudos).

SUSERANO (ze) *m.* Señor feudal, el que tiene feudatarios.

SUSPEIÇÃO (sáum) *f.* Sospecha (acción de sospechar). Desconfianza.

SUSPEITA *f.* Sospecha. Desconfianza. Barrunto. Suposición.

SUSPEITADOR, RA *adj.* Sospechoso (que sospecha).

SUSPEITAR *v. tr.* Sospechar (imaginar, juzgar por conjeturas, fundadas en aparencias o indicios). *v. intr.* Sospechar, desconfiar, recelar de alguien.

SUSPEITO, TA *adj.* Sospechoso (que da motivo para sospechar). *m.* Sospecho (sujeto de conducta sospechosa).

SUSPEITOSAMENTE (tòza) *adv. m.* Sospechosamente.

SUSPENDER *v. tr.* Suspender (levantar, colgar en alto una cosa o detenerla en el aire); detener o parar temporalmente una acción u obra; privar temporalmente del sueldo o empleo a alguién). *v. r.* Colgarse. Admirarse, maravilharse, embelesarse. Pararse. Interrumpirse.

SUSPENSÃO (sáum) *f.* Suspensión (acción de suspender). *Med. Mús.* y *Ret.* Suspensión. — *Cardan,* suspensión de Cardán.

SUSPENSIVO, VA *adj.* Suspensivo.

SUSPENSO, SA *adj.* Suspenso, suspendido, colgado. Suspenso, admirado, perplejo.

SUSPENSÓRIO, RIA (sò) *adj.* Suspensorio. *m.* Suspensorio (vendaje para sostener el escroto). *pl.* Tirantes (para sostener el pantalón).

SUSPICAZ *adj.* Suspicaz.

SUSPIRADO, DA *adj.* Suspirado (deseado con ansia o con afán).

SUSPIRAR *v. intr.* Suspirar (dar suspiros). *v. tr.* Suspirar (desear con ansia o con afán, anhelar una cosa). Ú. con la prep. *por.*

SUSPIRO *m.* Suspiro (aspiración prolongada, seguida de una espiración, con que se manifiesta, pena, ansia, o deseo; cierto dulce hecho de azúcar y clara de huevo). Sonido dulce y melancólico. Murmurio (ruido blando y apacible). *Bot.* Perpetua. Suspirón.

SUSPIROSO, SA (ozo, òza) *adj.* Suspirón. Suspirado, deseado.

SUSSUESTE (suès) *m.* Sursueste, sudsudeste (punto del horizonte; viento que sopla de esta parte).

SUSSURRANTE (su) *adj.* Susurrante.

SUSSURRAR (su) *v. intr.* Susurrar (hablar quedo). Susurrar, murmurar (el aire, el arroyo, etc.). Secretear, susurrar.

SUSSURRO (su) *m.* Susurro, murmullo, murmurio.

SUSTANÇA (sa) *f. Bras.* Vigor, fuerza, substancia, sustancia.

SUSTÂNCIA (tán) *f. Bras.* Lo mismo que SUSTANÇA.

SUSTAR *v. tr.* Parar, hacer parar, interrumpir. *v. intr.* v. r. Parar, cesar, no continuar. Detenerse. Sobreseer. Suspender.

SUSTATÓRIO, RIA (tò) *adj.* Suspensivo.

SUSTENTAÇÃO (sáum) *f.* Sustentación (acción de sustentar, sustentáculo). Sustento, alimento.

SUSTENTÁCULO *m.* Sustentáculo, apoyo, sostén.
SUSTENTADOR, RA *adj.* Sustentador. Ú. t. c. s. Sostenedor.
SUSTENTANTE *adj.* Sustentante.
SUSTENTAR *v. tr.* Sustentar, mantener, sostener (proveer de alimentos; sostener un peso u otra cosa; defender, princípios, conclusiones, etc.). Ú. t. c. r. Sustener (dar a alguien lo que necesita para su sustento).

SUSTENTÁVEL *adj.* Sustentable.
SUSTENTO *m.* Sustento. Sostén. Sustentación.
SUSTER *v. tr.* Sostener, sustentar, soportar. Ú. t. c. r. Refrenar, moderar, calmar. Ú. t. c. r.
SUSTIMENTO *m.* Sostenimiento.
SUSTINENTE *adj.* Sosteniente.
SUSTO *m.* Susto.
SUTA *f.* Cartabón.
SUTACHE (*che*) *f.* Sutás.
SUTIL *adj.* Sutil (delgado, fino, tenue; agudo, perspicaz, ingenioso).

SUTILEZA (*za*) *f.* Sutileza.
SUTILIDADE *f.* Sutilidad.
SUTILIZAÇÃO (*zasáum*) *f.* Acción y efecto de
SUTILIZAR (*zar*) *v. tr.* Sutilizar (adelgazar, atenuar; extraer la parte más sutil de algunas substancias; pulir, perfeccionar). *v. intr.* Sutilizar (discurrir con sutileza).
SUTURA *f. Bot. Zool.* y *Cir.* Sutura.
SUTURAL *adj.* Sutural.
SUTURAR *v. tr. Cir.* Hacer una sutura, coser (los labios de una herida).

T Décima nona letra del abecedario portugués, y décimoquinta de sus consonantes. Su nombre es *te*.

TÁ! *interj.* ¡Tate!

TABA *f. Bras.* Aldea de indios. *Bras. Río Gr. del Sur.* Lo mismo que TABA.

TABACADA *f. Bras.* Bofetada. Bofetón.

TABACAL *m.* Tabacal. *adj.* Tabacalero.

TABACARIA (ría) *f.* Tabaquería.

TABACO *m. Bot.* Tabaco.

TABAGISMO (jis) *m.* Tabaquismo.

TABAQUEAR *v. intr.* y *tr.* Tomar tabaco, fumar.

TABAQUEIRA *f.* Tabaquera.

TABAQUEIRO, RA *adj.* Tabaquero. Ú. t. c. s.

TABAQUISTA *m.* Tabaquista (persona que toma mucho tabaco).

TABARDILHA (lla) *f.* Tabardo pequeño.

TABARDO *m.* Tabardo (especie de capote de paño tosco).

TABARÉU (réu) *m.* Soldado bisoño. *fig.* El que poco sabe de su oficio. *Bras.* Rústico, hombre del campo.

TABAROA *f.* Rústica, mujer del campo.

TABATINGA *f. Bras.* Arcilla blanca.

TABATINGAL *m. Bras.* Terreno arcilloso.

TABEFE (bè) *m.* Leche con huevos y azúcar. Suero de leche cuajada. *pop.* Bofetón; puñada; sopapo.

TABELA (bè) *f.* Tablilla (tabla en que se exponen al público listas, avisos o noticias; trozo de baranda de las mesas de billar comprendido entre dos troneras). Tabla, índice, lista. *De —. m. adv.* Por tabla, por tablilla.

TABELAR *adj.* Relativo a la tablilla. De figura de tablilla. *v. tr.* Establecer un precio fijo publicado en una tablilla.

TABELIADO *m.* Notariado; notariato.

TABELIÃO (liáum) *m.* Notario.

TABELIAR *v. intr.* Ejercer la profesión de notario.

TABELIOA *adj.* Propia de notario. *Letra —.* Letra de notario. *f.* Mujer del notario.

TABELIONADO *m.* Lo mismo que

TABELIONATO *m.* Notariado; notariato.

TABERNA (bèr) *f.* Taberna.

TABERNÁCULO *m.* Tabernáculo.

TABERNÁRIO, RIA *adj.* Tabernario. *m.* Lo mismo que

TABERNEIRO *m.* Tabernero.

TABES *f. Med.* Tabes.

TABESCENTE *adj.* Tabescente.

TABÉTICO, CA (bè) *adj.* Lo mismo que TÁBIDO.

TABI *m.* Tabí.

TABICA *f. Mar.* Regala. Cuña que se pone a un madero para asserrarlo con más facilidad. *Bras.* Cualquiera planta de tallo delgado. Tabica. *fig.* Persona muy flaca.

TABICAR *v. tr.* Tábido. Tabético.

TABIQUE *m.* Tabique (pared delgada que suele servir para la división de los aposentos). *Anat.* Tabique.

TABIZAR (zar) *v. tr.* Adornar con tabí.

TABLA *f.* Chapa. *adj.* Tabla (hablando de diamante).

TABLADA *f. Bras. Rio Gr. del Sur.* Tablada (*amer. merid.*).

TABLADO *m.* Tablado (suelo formado de tablas; uelo de tablas formado en alto sobre una armazón; pavimento del escenario de un teatro).

TABLILHA (lla) *f.* Tabilla (de la mesa de billar). *fig.* Medio indirecto.

TABOCA (bò) *f. Bras.* Bambú. *fig.* Lazo, engaño, trampa. *Bras. Bahía.* Pulpéria.

TABOCAL *m. Bras.* Bambudal.

TABOQUEAR *v. tr. Bras.* Engañar, trampear.

TABOQUEIRO, RA *adj. Bras.* Tramposo, trampista. Carero (que vende caro). *m.* Pulpero.

TABU *m.* Tabú.

TÁBUA *f. Bras. Bot.* Enea.

TÁBUA *f.* Tabla (pieza de madera, plana, poco gruesa, y más larga que ancha, tablilla; lista, índice; cuadro para cálculos). Mesa de juego; tablero, tabla. Mapa, carta. *fig. Bras.* Engaño. *pl.* Tablas (de la ley) *—. rasa.* Tabla rasa.

TABUADA *f.* Tabla (cuadro de numeros dispuestos en forma adecuada para facilitar el cálculo). Tabla (de tierra).

TABUADO *m.* Tablado (suelo formado de tablas).

TABUAL *m. Bras.* Eneal.

TABUÃO (buáum) *m.* Tablón.

TABUINHA (ña) *f. dim.* de *Tábua*. Tablilla, tableta.

TÁBULA *f.* Pieza (para jugar a las damas y otros juegos).

TABULADO *m.* Enrejado de tablas. Tablado (suelo formado de tablas). Tablado (de teatro) improvisado.

TABULÃO (láum) *m.* Mesa de platero.

TABULAR *v. tr.* Tablear.

TABULEIRO *m.* Tablero (para jugar al ajedrez, a las damas y a otros juegos; tablar). Meseta (de escalera). *Bras.* Meseta.

TABULETA *f.* Tablilla, muestra, letrero.

TABURNO *m.* Peldaño. Supedáneo.

TAÇA (sa) *f.* Copa.

TACADA *f.* Tacada (en el billar). Ganancia de una suma importante. Suceso imprevisto, golpe. *Bras.* Sablazo (acto de saca dinero a uno). *De uma —. m. adv. fig.* De un golpe, de una sola vez, en una sola acción.

TACANHAMENTE (ña) *adv. m.* Tacañamente.

TACANHARIA (ñaría) *f.* Tacañería, miseria, ruindad, roñería, mezquindad.

TACANHEAR (ñear) *v. intr.* Tacañear.

TACANHICE (ñi) *f.* Lo mismo que TACANHARIA.

TACANHO, NHA (ño, ña) *adj.* Tacaño, mezquino, miserable, ruin. Limitado, corto de ingenio.

TACANIÇA (sa) *f.* Parte del tejado que cubre los lados de un edificio.

TACÃO (cáum) *m.* Tacón (del calzado). *adj.* Lo mismo que TACANHO.

TACAPE *m.* Clava de los indios.

TACAR *v. tr. Bras.* Tirar, pegar, arrojar. Blandir (un arma, etc.). Meter, poner, prender.

TACEIRA *f.* Escaparate donde los plateros exponen las copas; copera.

TACHA (cha) *f.* Lo mismo que BROCHA. Tachuela. *fig.* Tacha, mancha, nota, defecto, imperfección.

TACHADA (cha) *f.* Lo que contiene una paila llena.

TACHADOR, RA (cha) *adj.* Tachador. Ú. t. c.s

TACHÃO (cháum) *m.* Tachón (tachuela grande). Tacha, mancha, nota. *aum.* de *Tacho.* Paila grande.

TACHAR (char) *v. tr.* Tachar (poner tacha en una cosa); culpar, censurar, notar.

TACHIM (chín) *m.* Capa de cuero o caja para resguardar un libro.

TACHO (cho) *m.* Paila; tacho (*amer. merid.*).

TACHONAR (cho) *v. tr.* Tachonar (clavetear con tachones). Mezclar. Esmaltar. Lo mismo que MALHAR.

TACITAMENTE *adv. m.* Tácitamente (sin declaración expresa, secretamente).

TÁCITO, TA *adj.* Tácito (callado, silencioso; que se sobrentiende, supone o infiere; que se entendiende puesto, aunque no consignado expresamente).

TACITURNIDADE *f.* Taciturnidad.

TACITURNO, NA *adj.* Taciturno, callado, silencioso, triste, melancólico, apesumbrado.

TACO *m.* Taco (para jugar billar; trozo de madera que se encaja en algún hueco; cilindro con que se aprieta la carga de un arma de fuego). *adj. Bras. merid.* Valiente. Muy experimentado en cualquier línea.

TACUARA *f. Bras.* Tacuara (especie de bambú; *amer. merid.*).

TACUARAL (cua) *m.* Tacuaral.

TACUARI *m. Bras. Bot.* Planta gramínea (*Panicum horizontale*).

TAÇUÍRA (suí) *f. Bras.* Hormiga pequeña, tacurú (*amer. merid.*).

TACURÚ *m. Bras.* Tacurú (*amer. merid.*; hormiguero hecho por una hormiga negra y pequeña).

TACURUZAL (zal) *m.* Tacuruzal.

TAEL (èl) *m.* Tael (moneda china).

TAFETÁ *m.* Tafetán.

TAFIÁ *m. Bras.* Aguardiente de caña.

TAFUL *adj.* Elegante, coquetón. *m.* Petimetre, currutaco, elegante, lechuguino. Tahur.

TAFULAR *v. intr.* Tahurear. Vestirse a moda, ser elegante, lechuguino o petimetre.

TAFULARIA (ría) *f.* Tahurería. Reunión de petimetres. Vida de petimetres.

TAFULHAR (llar) *v. tr.* Lo mismo que ATAFULHAR.

TAFULICE *f.* Lo mismo que TAFULARIA.

TAFULO, LA *adj.* Lo mismo que TAFUL.

TAGAL *adj.* De las Islas Filipinas, filipino.

TAGANTADA *f.* Azotazo.

TAGANTAR *v. tr.* Azotar.

TAGANTE *m.* Azote.

TAGANTEAR *v. tr.* Azotar.

TAGARELA (rè) *adj.* Hablador, parlanchín, indiscreto, gárrulo, charlante. Ú. t. c. s.

TAGARELAR *v. intr.* Charlar, parlar (hablar mucho y sin sustancia). Ser indiscreto; chismear.

TAGARELICE *f.* Parlería, hablilla. Charladuría, chalatanería, garrulería.

TÁGICO, CA (ji) *adj. Poét.* Perteneciente o relativo al río Tajo, tágide.

TÁGIDE *f.* Ninfa tágide.

TAGMA *m.* Tagma.

TAIFA *f.* Soldados y marinos que durante el combate guarnecen el castillo de proa. *Bras.* Conjunto de los mozos de servicio de los barcos.

TAIFEIRO *m.* Cada uno de los soldados o marineros que durante el combate guarnecen el castillo de proa. *Bras.* Mozo de servicio de un barco.

TAIMADO, DA *adj.* Taimado.

TAINHA (ña) *f.* Mújol.

TAIOBA (iò) *f. Bras.* Arón, aro, pie de becerro. *Rio de Janeiro.* Tranvía de segunda clase. *Bras. nort. pop.* Nalgas.

TAIOBAL *m. Bras.* Sitio poblado de aros.

TAIPA *f.* Tapia. Tabique.

TAIPAL *m.* Tapia.

TAIPÃO (páum) *m.* Tapia.

TAIPAR *v. tr.* Tapiar (cerrar con tapias).

TAIPEIRO *m.* Tapiador.

TAIS *pl.* de TAL.

TAITA *m. Bras. merid.* Bravucón.

TAITETU *m. Bras.* Lo mismo que CAETETU.

TAIUIÁ *m. Bras. Bot.* Tayuyá.

TAJUJÁ (jujá) *m. Bras.* Lo mismo que TAIUIÁ.

TAJURÁ (ju) *m. Bras.* Lo mismo que TINHORÃO.

TAL *adj.* Tal (aplícase a las cosas indefinidamente, para determinar en ellas lo que por su correlativo se denota; igual, semejante, de la misma forma o figura; tanto o tan grande; úsase para determinar lo que está especificado y suele repetirse para dar más fuerza a la expresión; eso o cosa tal; alguno; poco conocido del que habla). *m. Bras.* Persona que descuella en cualquier línea. — *qual.* Tal cual. *Um — de. expr. despect.* Un tal.

TALA *f.* Tala (acción y efecto de talar). Tablilla (para entablillar miembros rotos). *fig. pl.* Apuros, dificultades, aprietos.

TALABARTARIA (ría) *f. Bras. merid.* Talabartería.

TALABARTE *m.* Talabarte.

TALABARTEIRO *m. Bras. merid.* Talabartero, guarnicionero.

TALADOR, RA *adj.* Talador.

TALAGADA *f. Bras.* Trago de aguardiente.

TALAGARÇA (sa) *f.* Cañamazo (para bordar).

TALAMBOR *m.* Secreto (cerradura).

TALAMENTO *m.* Tala (acción y efecto de talar).

TALÂMICO, CA (lá) *adj.* Talámico.

TÁLAMO *m.* Tálamo (lecho de los desposados). *Bot. y Anat.* Tálamo.

TALANTE *m.* Talante, voluntad, gusto. Talante (manera de ejecutar una cosa).

TALÃO (láum) *m.* Talón (del calzado; del pie). *Arq.* Talón. Libro talonario. Talón (libranza cortada de un libro talonario).

TALAR *v. tr.* Talar, destruir, arruinar, asolar.

TALAR *adj.* Talar. *m. pl.* Talares.

TALASSIA (sía) *f.* Mareo.

TALÁSSICO, CA (si) *adj.* Perteneciente o relativo al mar.

TALASSIÓFITO (siò) *m.* Talasiófito.

TALASSOFOBIA (sofobía) *f.* Talasofobia.

TALASSÓFOBO (sò) *m.* El que padece talasofobia.

TALASSÔMETRO (só) *m.* Talasómetro.

TÁLCICO, CA *adj.* Tálcico.

TALCO *m. Miner.* Talco.

TALCOSO, SA (ozo, òza) *adj.* Talcoso.

TALEIGA *f.* Talega (costal; lo que se lleva en él).

TALEIGADA *f.* Talegada.

TALEIGO *m.* Talego (saco largo y estrecho).

TALENTO *m.* Talento (moneda imaginaria de la antigua Grecia; conjunto de dones del hombre; entendimiento, inteligencia).

TALENTOSO, SA (ozo, òza) *adj.* Talentoso, talentudo.

TÁLER *m.* Tálero, táler.

TALHA (lla) *f.* Corte. Talla, escultura. Entalla, entalladura. Entalla, cotana. Talla, mano (en los juegos). Alcarraza. Aparejo (sistema de poleas propio para levantar grandes pesos). *Cir.* Talha. Tara, tarja. Número, mano. *Mar.* Cabo con que se asegura el timón. Medida para leña. *Mar.* Talla.

TALHADA (lla) *f.* Tajada. Rebanada. Pedazo, trozo.

TALHADEIRA (lla) *f.* Cortafrío, tajadera.

TALHADIA (lladía) *f.* Tallar.

TALHADO, DA (lla) *adj.* Tajado. Tallado. Adaptado, ajustado, propio para un fin, apto, a propósito para algo, conveniente, aprestado. — *a pique.* Tajado (aplícase a la costa o roca cortada verticalmente). *m. Bras.* Costa tajada.

TALHADOR, RA (lla) *adj.* Tajador. *Ú. t. c. s.* Entallador. Plato trinchero. Cuchilla de carnicero. Cortador, carnicero, tajante.

TALHADURA (lla) *f.* Entalladura, talladura. Tajadura.

TALHAFRIO (llafrío) *m.* Cortafrío.

TALHAMAR (lla) *m. Mar.* Tajamar. *Arq.* Tajamar.

TALHAMENTO (lla) *m.* Lo mismo que TALHADURA.

TALHANTE (llan) *adj.* Tallante. Tajante. Lo mismo que TALHAMAR.

TALHÃO (lláum) *m.* Tabla, tablar. Alcarraza grande.

TALHAR (llar) *v. tr.* Tajar, cortar. Tallar, grabar. Tallar (hacer obras de talla). Cortar, hender. Entallar. Cortar, partir, trinchar. Cortar (dar la forma conveniente a las piezas de que se ha de componer una prenda de vestir). Surcar, hender. Ajustar, conformar, acomodar. Partir, repartir, dividir, dar a cada uno su parte. Preparar, disponer, aprestar. Adaptar, proporcionar, disponer. Predisponer. Predestinar. Hacer imitando. *v. intr.* Cortarse, cuajarse (la leche). Tallar (en los juegos de banca). Cortar (la tela para hacer prendas de vestir). *v. r.* Abrirse, partirse, rajarse, henderse. Cuajarse (la leche).

TALHARIM (lla) *m.* Tallarín, tallarines.

TALHE (lle) *m.* Talle (disposición o proporción del cuerpo humano). Talla (estatura del hombre). Forma, figura, aspecto (de personas o cosas).

TALHER (llèr) *m.* Cubierto (cuchara, tenedor y cuchillo).

TALHINHA (lliña) *f. Mar.* Talla pequeña.

TALHO (llo) *m.* Talladura, entalladura. Tajadura, tajamiento. Tajo, corte. Tajo (trozo de madera que sirve para partir y picar la carne). Carnicería. *Vir a —, ou a — de foice. fr. fig.* Venir a propósito.

TALIÃO (lliáum) *m.* Talión. *Pena de —.* Pena del talión.

TALIM *m.* Tahalí.

TALINGA *f. Mar.* Cable.

TALINGADURA *f. Mar.* Entaligadura.

TALINGAR *v. tr. Mar.* Entalingar.

TÁLIO *m.* Talio.

TALIONAR *v. tr.* Talionar.

TALIONATO *m.* Pena del talión.

TALISCA *f.* Grieta. Astilla.

TALISMÃ (mán) *m.* Tasliman (figura u objeto a que se atribuyen virtudes portentosas).

TALISMÂNICO, CA (má) *adj.* Perteneciente o relativo al talismán.

TALITRO *m.* Capirote.

TALMUDE *m.* Talmud.

TALMÚDICO, CA *adj.* Talmúdico.

TALMUDISTA *m.* Talmudista.

TALO *m.* Tallo. Pecíolo (pezón de la hoja). Talo (de los vegetales inferiores). Aro, arón, pie de becerro. Fuste.

TALOCHA (lòcha) *f. Alb.* Esparavel.

TALÓFITOS (lò) *m. pl. Bot.* Talofitas.

TALOSO, SA (ozo, òza) *adj.* Que tiene tallo; perteneciente o relativo al tallo.

TALUDAMENTO *m. Bras.* Acción de TALUDAR.

TALUDÃO (dáum) *m.* Individuo talludo.

TALUDAR *v. tr. Bras.* Hacer talud al paramento de un muro o de un terreno.

TALUDE *m.* Talud.

TALUDO, DA *adj.* Talludo (que ha hechado tallo grande; crecido y alto, hablándose de muchachos; dícese de quien va pasando de la juventud).

TALVEZ *adv.* de duda. Quizá, quizás, tal vez.

TAMANCA *f.* Zueca. *Ú. m. en pl.*

TAMANCAR *v. tr. Bras.* Lo mismo que ATAMANCAR.

TAMANCO *m.* Zueco. *Ú. m. en pl.*

TAMANCUDO, DA *adj. Bras.* Bajo, grosero, rústico.

TAMANDUÁ *m. Zool.* Tamanduá, tamandoa; oso hormiguero.

TAMANHÃ, NHONA (ñáum, ñona) *adj.* De gran tamaño, corpulento, membrudo.

TAMANHINHO, NHA (ñiño, ñiña) *adj.* Tamañuelo.

TAMANHO, NHA (ño, ña) *adj. comparat.* Tamaño (tan grande). *m.* Tamaño, volumen, extensión, altura, dimensiones de una cosa.

TAMANQUEAR *v. intr.* Andar de zuecos. Hacer ruido al andar con zuecos.

TAMANQUEIRO *m.* Fabricante de zuecos.

TÂMARA (tá) *f.* Dátil.

TAMAREIRA *f.* Datilera, palmera datilera.

TAMARGA *f.* Taray, tamarisco.

TAMARGAL *m.* Tarayal.

TAMARI *m. Bras.* Lo mismo que SAGUI.

TAMARICÁCEAS *f. pl. Bot.* Tamariscíneas.

TAMARINDAL *m.* Sitio poblado de tamarindos.

TAMARINDEIRO *m.* Tamarindo (árbol).

TAMARINDO *m.* Tamarindo (árbol; su fruto).

TAMARINEIRA *f.* Lo mismo que

TAMARINEIRO *m.* Tamarindo (árbol).

TAMARINHEIRO (ñei) *m.* Tamarindo (árbol).

TAMBEIRO, RA *adj. Bras. merid.* Manso; tambero (*amer. merid.*).

TAMBÉM *adv. m.* También, igualmente, asimismo, del mismo modo, además.

TAMBO *m.* Fiesta de boda. Mesa pequeña. *Bras. merid.* Lechería con establo para las vacas; tambo (*amer. merd.*).

TAMBOR *m.* Tambor (instrumento músico; el que toca tambor; cilindro metálico para varios fines; tímpano del oído). — *mor.* Tambor mayor.

TAMBORETE *m.* Taburete.

TAMBORIL *m.* Tamboril (tambor pequeño). Tamboril (pez).

TAMBORILADA *f.* Toque de tambor o tamboril.

TAMBORILAR *v. intr.* Tabalear, tamborear (hacer son golpeando con los dedos).

TAMBORILEIRO *m.* Tamborilero.

TAMBORILETE *m.* Tamborilete (*dim.* de *Tamboril*).

TAMBORIM *m.* Tamborino, tamboril.

TAMIÇA (sa) *f.* Soguilla de esparto.

TAMIL *m.* Tamul, tamil (lengua).

TAMIS *m.* Tamisa. Tamiz (cedazo muy tupido).

TAMISAÇÃO (zasáum) *f.* Tamización.

TAMISAR (zar) *v. tr.* Tamizar.

TAMOEIRO *m.* Correa que asegura los bueyes al yugo.

TAMOIOS *m. pl. Bras.* Tribu de indios tupís.

TAMPA *f.* Tapa (pieza que cubre y cierra por la parte superior las cajas, cofres, o cosas semejantes).

TAMPADO, DA *adj. Bras.* Tapado.

TAMPÃO (páum) *m.* Tapón (para toneles). Tapa. *Cir.* Tapón.

TAMPONAMENTO *m. Cir.* Taponamiento.

TAMPONAR *v. tr. Cir.* Taponar.

TAMUL *m.* Tamul, tamil (lengua).

TANACETO (ce) *m. Bot.* Hierba lombriguera, tanaceto.

TANADO, DA *adj.* Trigueño. Castaño.

TANAGRA *m. Escul.* Tanagra.

TANAGRÍDEOS *m. pl. Zool.* Tanágridos.

TANAJURA (ju) *f. Bras.* Hembra de la SAÚVA. Hormiga de alas.

TANASIA (zia) *f. Bot.* Herba lombriguera, tanaceto.

TANATOFOBIA (bía) *f.* Tanatofobia.

TANATOLOGIA (jía) *f.* Tanatología.

TANCHAGEM (chajem) *f. Bot.* Llantén.

TANCHÃO (cháum) *m.* Estaca (rama o palo verde sin raíces que se planta para que se haga árbol). Rodrigón.

TANCHAR (char) *v. tr.* Rodrigar. Plantar estacas.

TANCHEIRA (chei) *f.* Lo mismo que

TANCHOEIRA (choei) *f.* Lo mismo que TANCHÃO.

TANDEM *m.* Tándem.

TANGA *f.* Taparrabo. *Estar, ou ficar, de —. fr. fig. bras.* Estar o quedar, sin dinero; encontrarse sin medios para hacer algo.

TANGAPEMA *f. Bras.* Clava de los indios.

TANGAR *v. tr.* Cubrir con taparrabo. *Bras.* Tanguear (bailar el tango).

TANGEDOR, RA (je) *adj.* Tañedor. Ú. t. c. s. Arreador (que arrea las bestias). Ú. t. c.s

TANGEDOURAS (je) *f. pl.* Lo mismo que

TANGEDOUROS (je) *m. pl.* Piezas de madera que sostienen el fuelle de una fragua.

TANGEFOLE (jefò) *m.* El que sopla con el fuelle.

TANGÊNCIA (jen) *f.* Tangencia.

TANGENCIAL (jen) *adj.* Tangencial.

TANGENCIALMENTE (jen) *adv. m.* Tangencialmente.

TANGENCIAR (jen) *v. tr.* Tocar, tañer (tratar superficialmente una materia). Seguir la tangente de. Atañer, tocar.

TANGENTE (jen) *adj.* Tañente. *f. Geom.* Tangente. *fig. fam.* Tabla de salvación.

TANGER (jer) *v. tr.* Tañer, tocar (un instrumento músico). Arrear (estimular las bestias para que sigan caminando, o para que aviven el paso). Dar al fuelle. *v. intr.* Sonar. Atañer, corresponder, tocar o pertenecer.

TANGERINA (je) *f.* Naranja mandarina o tangerina.

TANGERINEIRA (je) *f.* Naranjo mandarino.

TANGÍVEL (jí) *adj.* Tangible, palpable, sensíble.

TANGO *m.* Tango.

TANGUEIRO, RA *adj.* Perteneciente o relativo al taparrabo. *m.* Taparrabo.

TANGUISTA *m.* Tanguista.

TÂNICO, CA (tá) *adj.* Tánico.

TANINO *m. Quím.* Tanino.

TANINOSO, SA (ozo, òza) *adj.* Tánico.

TANJÃO (jáum) *adj.* Perezoso. Ú. t. c. s.

TANOA *f.* Lo mismo que TANOARIA.

TANOAR *v. intr.* Ejercer el oficio de tonelero.

TANOARIA (ría) *f.* Tonelería (oficio del tonelero; taller del tonelero).

TANOEIRO *m.* Tonelero. Lo mismo que PERE-RECA.

TANQUE *m.* Estanque, cisterna; tanque (*Amer.*) *Mar.* Tanque. *Mil.* Tanque (carro de assalto).

TANSO, SA *adj.* Lo mismo que PALERMA.

TANTÃ (tán) *m.* Batintín, tantán. *adj. Bras.* Desequilibrado, alocado. Tonto, necio.

TANTÁLICO, CA *adj.* Tantálico.

TANTALITE *f. Miner.* Tantalita.

TÂNTALO (tán) *m.* Tantalio, tántalo (metal).

TANTAS-FOLHAS (llas) *m. pl. Bras.* Lo mismo que FOLHOSO.

TANTO, TA *adj.* Tanto (aplícase a la cantidad, número o porción de una cosa indeterminada; úsase como correlativo de *quanto,* cuanto; tan grande o muy grande; úsase como demonstrativo, y en este caso equivale a *isso, tal,* eso, tal). *m.* Tanto (cantidad cierta o número determinado de una cosa). Otro tanto, lo mismo, cosa igual. Duplo. *pl.* Tantos (número que se ignora o no se quiere expresar). *adv. m.* Tanto, de tal modo, en tal grado. *adv. c.* Tanto, hasta al punto, tal cantidad. As tantas. Las tantas (cualquier hora avanzada del día o de la noche). *Nem — nem tão pouco. fr.* Ni tanto ni tan poco. *Outro —. loc.* Otro tanto, lo mismo, igual cosa. *A —. m. adv.* Al tanto, por el tanto (úsase en las compras y ventas). *— mais que. m. adv. y conjunt.* Tanto más que, con tanto mayor motivo que. *— que. m. adv.* Tanto que, luego que. *— s outros.* Tantos otros, otros muchos. *Um —. expr.* Algún tanto, algo, un poco. *—... quanto.* Tanto... cuanto.

TÃO (táum) *adv. c.* Tan, tanto. *— ... quão, o quanto.* Tan... cuan. *—... como.* Tan...como. *— pouco. adv. neg.* Tampouco.

TAOÍSMO *m.* Taoísmo.

TAOÍSTA *adj. y s.* Taoísta.

TAPA *f.* Tapa (cubierta córnea que rodea el casco de las caballerías. Tapabocas (del cañón). Bofetada. *fig.* Tapaboca (rarón, dicho o acción con que a uno se le corta la palabra).

TAPABOCA *m.* Tapaboca (golpe dado en la boca con la mano abierta). Bufanda, tapaboca, tapabocas.

TAPADA *f.* Cercado, parque.

TAPADO, DA *adj.* Tonto, necio, ignorante, estúpido, torpe. Tapado (p. p. de Tapar).

TAPADOR, RA *adj.* Tapador. *m.* Tapador, tapa, padera.

TAPADOURO *m.* Tapa, tapadero.

TAPADURA *f.* Tapadura, tapamiento. Tapa, tapadero. Lo mismo que TAPUME.

TAPAJÓS (jós) *m. pl. Bras.* Tribu de indios que habita la cuenca del río Tapajoz.

TAPAMENTO *m.* Tapamiento, tapadura.

TAPAOLHOS (òllos) *m.* Bofetada en los ojos.

TAPAR *v. tr.* Tapar (cubrir lo que está descubierto; cerrar lo que está abierto, cubrir o abrigar con ropa u otra defensa, Ú. t. c. r.; encubrir, disimular, callar).

TAPEAÇÃO (sáum) *f. Bras.* Engaño, trampa, embuste, fraude.

TAPEADOR *m.Bras.* Embustero, tramposo, defraudador.

TAPEAR *v. tr. Bras.* Engañar, trampear, embaucar, embair, cometer fraude.

TAPEJARA (ja) *m. Bras.* Baquiano; baqueano (*Amer.*); conocedor práctico de los caminos, senderos, trochas y atajos.

TAPERA (pè) *f. Bras.* Tapera (*Amer.*: ruinas de un pueblo; vivienda ruinosa y abandonada).

TAPERÁ *f. Bras.* Especie de golondrina.

TAPES *m. pl. Bras.* Antigua tribu de indios del Río Grande del Sur.

TAPESSAR (sar) *v. tr.* Entapizar, tapizar.

TAPESSARIA (saría) *f.* Tapiz. Tapicería.

TAPESSEIRO (sei) *m.* Tapicero.

TAPETAR *v. tr.* Tapetar. Tapizar, entapizar.

TAPETE (pé) *m.* Tapete, alfombra. Tapiz.

TAPIGO *m.* Lo mismo que TAPUME.

TAPIÍRA *f. Bras.* Lo mismo que ANTA.

TAPIJARA (ja) *m.* Lo mismo que TAPEJARA.

TAPIOCA (ò) *f. Bras.* Tapioca.

TAPIOCANO *m.* Lo mismo que CAIPIRA.

TAPIR *m. Zool.* Tapir.

TAPIRI *m.* Choza, cabaña.

TAPIXI (chí) *m. Bras. Río Gr. del Sur.* Ternero nonato; tapichí, vacaray (*amer.merid.*).

TAPIZ *m.* Lo mismo que TAPETE.

TAPIZAR (zar) *v. tr.* Tapizar, entapizar.

TAPONA *f.* Bofetón.

TAPSIA (sía) *f. Bot.* Tapsia.

TAPUA *m. Bras.* Especie de mono.

TAPUIAS *m. pl. Bras.* Tapuyas.

TAPUJACA (ja) *m. Bras.* Lo mismo que JABU-RU.

TAPULHAR (llar) *v. tr.* Tapar.

TAPULHO (llo) *m.* Tapador, tapa, tapón.

TAPUME *m.* Cerca, cercado; vallado. Tabique. Seto.

TAQUARA (cua) *f. Bras.* Lo mismo que TACUA-RA.

TAQUARAL (cua) *m. Bras.* Lo mismo que TA-CUARAL.

TAQUARI (cua) *m. Bras.* Lo mismo que TACUA-RI.

TAQUARIÇO, CA (so, sa) *adj. Bras.* Flaco, delgado.

TAQUARUÇU (cuarusú) *m. Bras.* Tacuarusú (*Amer.:* Tacuara grande).

TAQUEÔMETRO (ò) *m.* Taqueómetro.

TAQUICARDIA (día) *f.* Taquicardia.

TAQUICÁRDICO, CA *adj.* Taquicárdico.

TAQUIGRAFAR *v. tr.* Taquigrafar.

TAQUIGRAFIA (fía) *f.* Taquigrafía.

TAQUIGRÁFICO, CA *adj.* Taquigráfico.

TAQUÍGRAFO *m.* taquígrafo.

TAQUIMETRIA (tría) *f.* Taquimetría.

TAQUIMÉTRICO, CA (mè) *adj.* Taquimétrico.

TAQUÍMETRO *m.* Taquímetro.

TAQUIPNÉIA (nèia) *f.* Taquipnea.

TARA *f.* Tara (peso que se rebaja en las mercancías por razón de la vasija, caja o envoltura en que están cerradas). Tara, tacha, defecto.

TARADO, DA *adj.* Tarado (persona que tiene taras).

TARALHÃO (lláum) *m.* Entremetido.

TARAMELA (mè) *f.* Tarabilla (de molino; de puerta o ventana). Tarabila (persona que habla mucho). *dar á —.* Parlar, charlar.

TARAMELAGEM (jem) *f. Bras.* Lo mismo que TAGARELA.

TARAMELAR *v. intr.* Lo mismo que

TARAMELEAR *v. intr.* Parlar, charlar. *v. tr.* Decir, pronunciar.

TARANTELA (tè) *f.* Tarantela.

TARANTISMO *m.* Tarantismo.

TARÂNTULA (rán) *f.* Tarántula.

TARAR *v. tr.* Rebajar la tara. Marcar la tara.

TARASCA *f.* Tarasca (figura monstruosa que se saca durante la procesión del Corpus). *fig.* Tarasca (mujer fea, de genio áspero, desenvuelta y mala).

TARASCO, CA *adj.* Áspero, desenvuelto. Lo mismo que ARISCO.

TARAXACO (cha) *m. Bot.* Diente de león.

TARDADA *f.* Tardanza, demora, detención.

TARDADOR, RA *adj.* Tardador. Ú. t. c. s.

TARDAMENTE *adv. m.* Tardamente.

TARDAMENTO *m.* Lo mismo que

TARDANÇA (sa) *f.* Tardanza, demora, detención, lentitud.

TARDAR *v. intr.* Tardar, detenerse, gastar mucho tiempo, demorarse, retratarse, no llegar oportunamente. Ú. t. c. tr. y r.

TARDE *f.* Tarde. *adv. t.* tarde. *Boa —.* Buenas tardes. *— piaste. expr.* Tarde piache.

TARDEZA (za) *f.* Tardanza, lentitud.

TARDEZINHA (ziña) *f. fam.* Tardecica, cerca del anochecer.

TARDIAMENTE *adv. m.* Tardíamente.

TARDIGRADO, DA *adj.* Tardígrado.

TARDINHA (ña) *f.* Tardecica, tardecilla, cerca del anochecer.

TARDIO, DIA (dío, día) *adj.* Tardío.

TARDO, DA *adj.* Tardo.

TARDONHO, NHA (ño, ña) *adj.* Lo mismo que TARDINHEIRO.

TAREAR *v. tr. Bras.* Equilibrar la carga (en una bestia).

TARECADA *f.* Lo mismo que TRAQUINADA. *Bras.* Lo mismo que

TARECAGEM (jem) *f. Bras.* Lo mismo que

TARECAMA *f. Bras.* Cachivaches, trebejos, trastos.

TARECO (rè) *m.* Lo mismo que TRAQUINAS. *Bras.* Cachivache, trebejo. Trasto, mueble.

TAREFA (rè) *f.* Tarea.

TAREFEIRO *m.* Persona ajustada por tareas.

TAREGA (rè) *m.* Tendero de muebles viejos.

TAREIA *f.* Zurra, tunda, soba.

TARELAR *v. intr.* Lo mismo que TAGARELAR.

TARELICE *f.* Lo mismo que TAGARELICE.

TARELO (ré) *m.* Parlanchín, charlatán.

TARENTINO, NA *adj. y s.* Tarentino.

TARGANA *f.* Mújol.

TARIFA *f.* Tarifa.

TARIFAR *v. tr.* Tarifar (aplicar una tarifa).

TARIFÁRIO, RIA *adj.* Arancelario.

TARIMA *f.* Lo mismo que

TARIMBA *f.* Tarima. *fig.* Vida de soldado.

TARIMBAR *v. intr.* Ser soldado.

TARIMBEIRO, RA *adj.* Que duerme en tarima. Grosero, incivil.

TARJA (ja) *f.* Tarja (escudo antiguo). Tarjeta (adorno). Guarnición, florón, ribete, borde. Orla. marco. Orla negra que rodea una tarjeta de luto.

TARJADO, DA (ja) *adj.* Orlado. Orlado de negro. *Cartão —.* Tarjeta de luto.

TARJAR (jar) *v. tr.* Orlar.

TARJETA (je) *f. dim.* de *Tarja.*

TARLATANA *f.* Tarlatana.

TAROUCO, CA *adj.* Estúpido, idiota; chocho.

TAROUQUICE *f.* Estupidez.

TARRAÇO (so) *m.* Tarro grande.

TARRADA *f.* Tarrada (cantidad que una vez cabe en un tarro).

TARRAFA *f.* Red pequeña para pescar.

TARRAFAR *v. tr.* Redar, echar la red.

TARRAFEAR *v. intr.* Lo mismo que TARRAFAR.

TARRAGA *f.* Tárraga (baile español).

TARRAXA (cha) *f.* Terraja. Tornillo.

TARRAXAR (char) *v. tr.* Lo mismo que ATARRA-XAR.

TARRAXO (cho) *m.* Tornillo. Clavo.

TARRO *m.* Tarro.

TARSALGIA (jía) f. Tarsalgia.
TARSIANO, NA adj. Tarsiano.
TÁRSICO, CA adj. Tarsiano.
TARSO m. Anat. Tarso.
TÁRTAGO m. Tártago.
TARTAMELAR v. intr. Lo mismo que
TARTAMELEAR v. intr. Lo mismo que TARTA-MUDEAR.
TARTAMELO (mè) m. Lo mismo que TARTA-MUDO.
TARTAMUDEAR v. intr. Tartamudear.
TARTAMUDEZ f. Tartamudez.
TARTAMUDO, DA adj. Tartamudo. Ú. t. c. s.
TARTANA f. Tartana (embarcación).
TARTARATO m. Quím. Tartrato.
TARTAREAR v. intr. Tartamudear.
TARTÁREO, REA adj. Tartáreo.
TARTÁRICO, CA adj. Tártrico, tartárico.
TARTARIZAR (zar) v. tr. Farm. Tartarizar.
TÁRTARO m. poét. Tártaro, el infierno. Quím. Tártaro (tartrato, ácido de potasio). Tártaro, sarro (en los dientes).
TARTAROSO, SA (ozo, òza) adj. Tartaroso.
TARTARUGA f. Tortuga.
TARTUFO m. Tartufo, hipócrita santurrón.
TARUCA f. Zool. Taruga.
TARUGA f. Lo mismo que TARUCA.
TASCA f. Tasca (garito mal afamado; taberna). Acción y efecto de tascar o espadar.
TASCADEIRA f. Tascadora.
TASCAR v. tr. Tascar, espadar, espadillar. Tascar (el freno).
TASCO m. Tasco, agramiza. Tasca, taberna.
TASQUEIRO m. Tabernero. Gariteiro.
TASQUINHA (ña) f. Espadilla (instrumento para espadar).
TASQUINHAR (ñar) v. tr. Espadar, espadillar, tascar. Mascar, mascullar, ronzar.
TASSALHO (sallo) m. Tasajo (trozo cortado en cualquier carne). Trozo o pedazo grande.
TATÁ m. Papa; tata. (Amer.).
TATALAR v. intr. Bras. Chasquear, dar chasquidos o estallidos. Tartalear. Aletear. m. Aleteo.
TATARANETO (nè) m. Tataranieto.
TATARANHAR (ñar) v. intr. Tartamudear; encogerse.
TATARAVÔ, VÓ (vó, vò). m. y f. Tatarabuelo.
TATE! interj. !Tate! !Cuidado!
TATEANTE adj. Que palpa; que anda a tientas.
TATEAR v. tr. Palpar (tocar una cosa para reconocerla por el sentido del tacto). Palpar, tentar manosear. Palpar (andar a tientas). Tentar, sondear.
TATEÁVEL adj. Palpable.
TATIBITATE adj. y s. Tartamudo.
TÁTICA f. Táctica.
TATICAMENTE adv. m. Tácticamente.
TÁTICO, CA adj. Táctico. m. Táctico.
TATICOGRAFIA (fía) f. Tacticografía.
TÁTIL adj. Táctil.
TATISMO m. Hist. Tactismo.
TATO m. Tacto (sentido). fig. Tacto, tino, habilidad.
TATU m. Zool. Bras. Armadillo; tatú (Amer.).
TATUAGEM (jem) f. Tatuaje.
TATUAR v. tr. Tatuar.
TATURA f. Tacto (acción de tocar o palpar).
TAUÍSMO m. Taoísmo.
TAUÍSTA adj. y s. Taoísta.
TAUMATURGIA (jía) f. Taumaturgia.
TAUMATÚRGICO, CA (ji) adj. Taumatúrgico.
TAUMATURGO m. Taumaturgo.
TAURA adj. Bras. Río Gr. del Sur. Valiente, fuerte.
TÁUREO, REA adj. poét. Táurico.
TAURIFORME (fòr) adj. De figura de toro.
TAURINO, NA adj. Taurino.
TAUROMAQUIA (quía) f. Tauromaquia.
TAUROMÁQUICO, CA adj. Tauromáquico.
TAUTOCRONISMO m. Isocronismo, taurocronismo.
TAUTÓCRONO, NA (tò) adj. Isócrono, tautócrono.
TAUTOFONIA (nía) f. Tautofonia.

TAUTOFÔNICO, CA (fó) adj. Tautófono.
TAUTOGRAMA m. Tautograma.
TAUTOLOGIA (jía) f. Tautología.
TAUTOLÓGICO, CA (lòji) adj. Tautológico.
TAUTOMERIA (ría) f. Tautomeria.
TAUTOMETRIA (tría) f. Tautometría.
TAUTOSSILÁBICO, CA (si) adj. Que incluye
TAUTOSSILABISMO (si) m. Repetición de la misma sílaba.
TAUXIA (chía) f. Ataujía, taujía.
TAUXIADO, DA (chia) adj. Ataujiado.
TAUXIAR (chiar) v. tr. Hacer autojías. Embutir. v. intr. Sonrojarse.
TAVA f. Bras. Río Gr. del Sur. Taba.
TAVANÉS, NESA (nés, neza) adj. Lo mismo que ESTAVANADO.
TAVÃO (váum) m. Lo mismo que MOSCARDO.
TAVERNA (vèr) f. Taberna.
TÁVOLA f. ant. Mesa. — redonda. Mesa redonda.
TAXA (cha) f. Impuesto, tributo. Tasa (precio fijo puesto por la autoridad a las cosas vendibles).
TAXAÇÃO (chasáum) f. Tasación, tasa.
TAXADOR, RA (cha) adj. Tasador. Ú. t. c. s.
TAXAR (char) v. tr. Tasar. Tributar. Tachar, censurar, notar.
TAXATIVAMENTE (cha) adv. m. Taxativamente.
TAXATIVO, VA (cha) adv. m. Taxativo.
TAXI (xi) m. Bras. Taxi, taxímetro (automóvil de alquiler que lleva taxímetro).
TAXIDERMIA (xidermía) f. Taxidermia.
TAXIDÉRMICO, CA (xidèr) adj. Perteneciente o relativo a la taxidermia.
TAXIDERMISTA m. Taxidermista.
TAXÍMETRO m. Taxímetro (aparato; automóvil que lleva taxímetro).
TAXINOMIA (xinomía) f. Taxonomía.
TAXINÔMICO, CA (xinó) adj. Taxonómico.
TAXOLOGIA (xología) f. Taxología.
TAXOLÓGICO, CA (xolòji) adj. Taxológico.
TAYLORISMO m. Taylorismo.
TCHECO, CA (chè) adj. Checo, tcheco. Ú. t. c. s.
TCHEQUE (chè) adj. Checo, tcheque. Ú. t. c. s.
TE pron. Te (dativo o acusativo del pron. personal de segunda persona en género masculino o femenino y número singular).
TE. m. Te (nombre de la letra T). Regla en figura de T.
TÉ (tè) prep. aféresis de ATÉ.
TEADA f. Tela (de paño). Lo mismo que LENÇARIA. Textura, tejedura.
TEAGEM (jem) f. Tela, tejido. Tela, membrana.
TEAR m. Telar.
TEATINO, NA adj. Teatino. Ú. t. c. s.
TEATRAL adj. Teatral.
TEATRALIDADE f. Teatralidad.
TEATRALMENTE adv. m. Teatralmente.
TEATRO m. Teatro. fig. Teatro (lugar en que ocurren sucesos notables).
TEBAICO, CA adj. Tebaico. Extrato —. Extrato tebaico.
TEBAIDA f. Tebaida, desierto, soledad.
TEBANO, NA adj. Tebano. Ú. t. c. s.
TECA (tè) f. Bot. Teca (célula madre en cuyo interior se forman las esporas de los hongos ascomicetos). Teca (árbol verbenáceo).
TECEDEIRA f. Tejedera, tejedora. fig. Tejedora (Amer.: mujer intrigante).
TECEDURA f. Tejedura (acción de tejer). Tejedura, textura.
TECELAGEM (jem) f. Tejeduría (arte de tejer). Tejedura.
TECELÃO (láum) m. Tejedor.
TECER v. tr. Tejer (formar la tela con la trama y urdimbre; entrelazar hilos, cordones, etc.; formar ciertos animales sus telas y capullos; componer, ordenar metódicamente alguna cosa; discurrir, maquinar, urdir, tramar; cruzar o mezclar ordenadamente ciertas cosas).
TECIDO, DA adj. Tejido. m. Tejido, textura. Tejido (cosa tejida). Hist. Nat. Tejido.
TECLA (tè) f. Tecla (de piano, órgano, etc.; de máquina de escribir, componer, etc.). fig. Tecla.
TECLADO m. Teclado.
TÉCNICA (téc) f. Técnica.
TECNICAMENTE (tèc) adv. m. Técnicamente.
TECNICISMO m. Tecnicismo.
TÉCNICO, CA (tèc) adj. Técnico. m. Técnico.

TECNOLOGIA (jía) f. Tecnología.
TECNOLÓGICO, CA (lòji) adj. Tecnológico.
TEDEUM m. Tedéum.
TÉDIO (tè) m. Tedio, fastidio, aburrimiento.
TEDIOSAMENTE (dòza) adv. m. Tediosamente.
TEDIOSO, SA (ozo, òza) adj. Tedioso, fastidioso.
TEFE-TEFE (tè...tè) m. Latido (del corazón).
TEFROMANCIA (cía) f. Teframancía.
TEGÃO (gáum) m. Lo mismo que TREMONHA.
TEGMEN m. Bot. Tegmen.
TEGUMENTAR adj. Tegumentario.
TEGUMENTO m. Bot. y Zool. Tegumento.
TEIA f. Tela (de lana, seda, lino u otra materia). Textura, tejedura, tejido. Tela, intriga, enredo. Estructura, organismo, fabricación. Telaraña. Lo mismo que COTÃO. Hacha, antorcha. — de aranha. Telarãna.
TEIFORME (fòr) adj. Teiforme. Infusão —. Infusión teiforme.
TEIGA f. Especie de cesto de paja.
TEIMA f. Tema, porfía, obstinación, contumacia, terquedad, terqueza, pertinacia.
TEIMAR v. intr. Obstinarse, insistir, porfiar. Ú. t. c. tr.
TEIMOSAMENTE (mòza) adv. m. Tercamente, obstinadamente.
TEIMOSIA (zía) f. Temosidad, terquedad, obstinación, porfía.
TEIMOSICE (zi) f. Lo mismo que TEIMOSIA.
TEIMOSO, SA (ozo, òza) adj. Temoso, terco, obstinado, porfiado, testarudo.
TEÍNA f. Quím. Teína.
TEIRÓ (ró) m. Clavija del arado. fig. Terquedad. Bras. lo mismo que BIRRA. Duda, desconfianza.
TEÍSMO m. Teísmo.
TEÍSTA adj. Teísta. Ú. t. c. s.
TEIXO (cho) m. Tejo (árbol).
TEJADILHO (jadilho) m. Tejadillo (cubierta de la caja de un coche).
TELA (tè) f. Tela, tejido. Tela metálica. Lienzo (tela para pintura). Lienzo, cuadro, pintura. Tela, asunto, materia. Pantalla (de cinematógrafo). El cine.
TELAGARÇA (sa) f. Lo mismo que TALAGARÇA.
TELALGIA (jía) f. Patol. Telalgia.
TELAMONE m. Arq. Telamón, atlante.
TELANGECTASIA (jectazía) f. pat. Telangiectasis.
TELÃO (láum) m. Telón.
TELEDINÂMICO, CA (ná) adj. Teledinámico.
TELEFONADA f. Telefonema.
TELEFONAR v. intr. y tr. Telefonear, telefonar.
TELEFONE (fó) f. Teléfono.
TELEFONIA (nía) f. Telefonía.
TELEFONICAMENTE adv. m. Telefónicamente.
TELEFÔNICO, CA (fó) adj. Telefónico.
TELEFONISTA m. y f. Telefonista.
TELEFOTO m. Teléfoto.
TELEFOTOGRAFIA (fía) f. Telefotografía.
TELEGA f. Telega.
TELEGRAFAR v. tr. Telegrafiar.
TELEGRAFIA (fía) f. Telegrafía.
TELEGRAFICAMENTE adv. m. Telegráficamente.
TELEGRÁFICO, CA adj. Telegráfico.
TELEGRAFISTA m. y f. Telegrafista.
TELÉGRAFO (lè) m. Telégrafo.
TELEGRAMA m. Telegrama.
TELEMETRIA (tría) f. Telemetría.
TELEMÉTRICO, CA (mè) adj. Telemétrico.
TELÊMETRO (lé) m. Telémetro.
TELEOLOGIA (jía) f. Teleología.
TELEOLÓGICO, CA (lòji) adj. Teleológico.
TELEÓSTEOS (òs) m. pl. Zool. Teleósteos.
TELEPATIA (tía) f. Telepatía.
TELEPATICAMENTE adv. m. Telepáticamente.
TELEPÁTICO, CA adj. Telepático.
TELESCÓPICO, CA (cò) adj. Telescópico.
TELESCÓPIO (cò) m. Telescopio.
TELEVISÃO (záum) f. Televisión.
TELHA (lla) f. Teja. fig. Manía. — vã. Teja vana. Ter uma — de menos. fr. fig. Faltarle a uno un tornillo, tener poco seso.
TELHADO (lla) m. Tejado. — de vidro. fig. Tejado de vidrio.

TELHADOR (lla) *m.* El que teja.

TELHADURA (lla) *f.* Tejar. Acción de tejar.

TELHAL (llal) *m.* Tejar. Horno para coser tejas.

TELHÃO (lláum) *m.* Teja grande.

TELHAR (llar) *v. tr.* Tejar (cubrir de tejas).

TELHEIRA (llei) *f.* Tejar, tejera.

TELHEIRO (llei) *m.* Tejero. Cobertizo.

TELHICE (lli) *f. fig.* Manía.

TELHO (llo) *m.* Tapa de barro. Pedazo de teja.

TELHUDO, DA (llu) *adj.* Maníaco.

TELILHA (lla) *f.* Tela delgada.

TELINTAR *v. intr.* Lo mismo que TILINTAR.

TELITE *f. Patol.* Telitis.

TELITOQUIA (quía) *f. Biol.* Telitoquia.

TELIZ *m.* Telliz, caparazón.

TELÓFASE (ze) *f.* Telofase.

TELURÍDRICO, CA *adj. Quím* Telurhídrico.

TELÚRICO, CA *adj.* Telúrico (relativo a la tierra). *Quím.* Telúrico.

TELURÍFERO, RA *adj.* Telurífero.

TELÚRIO *m.* Telurio.

TELURISMO *m.* Telurismo.

TEMA *m.* Tema (de discurso, lección, etc., asunto, materia). *Mús.* y *Gram.* Tema.

TEMÃO (máum) *m.* Timón (del arado). Timón, pértigo. *Mar.* Timón. *fig.* Timón, dirección, gobierno.

TEMÁTICO, CA *adj. Gram.* Temático.

TEMBA *m. Bras.* El diablo.

TEMBÉ (bè) *m. Bras.* Despeñadero.

TEMBLAR *v. tr. Bras.* Templar (los instrumentos músicos).

TEMENTE *adj.* Temiente.

TEMER *v. tr.* Temer (tener a una persona o cosa por objeto de temor; sospechar, recelar; fundadamente). *v. r.* Temer (sentir temor o miedo).

TEMERARIAMENTE *adv. m.* Temerariamente.

TEMERÁRIO, RIA *adj.* Temerario (arrojado; inconsiderado, imprudente; sin fundamento o motivo).

TEMERIDADE *f.* Temeridad.

TEMPÃO (páum) *m.* Tiempo (largo espacio de tiempo).

TÊMPERA (tém) *f.* Temple (de los metales). Templadura. *fig.* Temple (calidad o estado del genio o índole). *A —. m. adv. Pint.* Al temple.

TEMPERADAMENTE *adv. m.* Templadamente, temperadamente.

TEMPERADO, DA *adj.* Templado (hablando de metales). Adobado, guisado, sazonado, condimentado (hablando de manjares). Templado (entre frío y caliente). Templado (hablando de instrumentos músicos). Templado, moderado, contenido, comedido. Agradable, apacible. Delicado. Templado (hablando del halcón). *Zona —a. Geogr.* Zona templada. *Sistema —. Mús.* Temperamento.

TEMPERADOR, RA *adj.* Templador.

TEMPERAMENTO *m.* Temperamento (constituición peculiar de cada individuo). *Mús.* Temperamento. Templadura.

TEMPERANÇA (sa) *f.* Templanza, temperancia.

TEMPERANTE *adj.* Temperante. Abstemio. Moderado.

TEMPERAR *v. tr.* Adobar, guisar, sazonar, condimentar. Templar, moderar, suavizar. Templar (moderar la temperatura de un líquido). Templar (metales). Templar (instrumentos músicos). Atemperar, temperar, templar. *Cetr.* Templar. *fig.* Templar (mezclar una cosa con otra para moderar o suavizar su actividad). Fortalecer. *v. r.* Templarse, contenerse, moderarse.

TEMPERATURA *f.* Temperatura, temperie (de la atmosfera). Temperatura (grado de calor en los cuerpos). Fiebre. *fig.* Situación, estado moral.

TEMPÉRIE (pè) *f.* Temperie, temperatura.

TEMPERILHA (lla) *f.* Cosa que atempera.

TEMPERILHO (llo) *m.* Adobo mal preparado.

TEMPERO (pé) *m.* Adobo, condimento. *fig.* Medio de ajustar y concluir un negocio. Remedio, paliativo. Tempero, temperatura, temperie, temple.

TEMPESTADE *f.* Tempestad.

TEMPESTEAR *v. tr.* Maltratar, perseguir; agitar. *v. intr.* Hacer ruido como de tempestad.

TEMPESTIVAMENTE *adv. m.* Tempestivamente.

TEMPESTIVO, VA *adj.* Tempestivo, oportuno.

TEMPESTUAR *v. intr.* Agitarse. Hacer estruendo. Enfurecerse.

TEMPESTUOSIDADE (zi) *f.* Calidad de

TEMPESTUOSO, SA (ozo, òza) *adj.* Tempestuoso.

TEMPLÁRIO *m.* Templario.

TEMPLO *m.* Templo.

TEMPO *m.* Tiempo (duración de los seres sujetos a mutación; parte de esta duración; época en que sucede o sucedió alguna cosa; estación del año; edad de una persona o animal; duración de una cosa desde que empezó a existir; ocasión, oportunidad o coyuntura de hacer algo; largo espacio de tiempo; cualquiera de los actos en que divide la ejecución de algunas cosas; estado atmosférico). *Gram.* Tiempo. *Mús.* Tiempo. *— composto. Gram.* Tiempo compuesto. *— futuro. Gram.* Tiempo futuro. *— imemorial.* Tiempo inmemorial. *— presente. Gram.* Tiempo presente. *— passado* o *pretérito. Gram.* Tiempo pretérito. *— sideral. Astr.* Tiempo sidéreo. *— simples. Gram.* Tiempo simple. *Meio —.* Medio tiempo (tiempo que se interpone y pasa entre un suceso y otro). *— s heróicos.* Tiempos heroicos. *Abrir o —. fr. fig.* Abrir el tiempo (empezar a serenarse el tiempo). *Adaptar-se ao seu —. fr.* Acomodarse uno al tiempo. *A —. m. adv.* A tiempo. *A um —. m. adv.* A un tiempo, simultáneamente. *Com o —. m. adv.* Andando el tiempo, más adelante, en el transcurso del tiempo. *Com —. m. adv.* Con tiempo, anticipadamente. *Dar — ao —. fr.* Dar tiempo al tiempo (esperar la oportunidad o coyuntura de una cosa). *De —. expr.* De tiempo (que ha estado en el claustro materno el tiempo necesario para ser viable). *De —s em —s. m. adv.* De tiempo en tiempo; a tiempos, de cuando en cuando. *Nos bons —s. loc. adv.* En los buenos tiempos (cuando uno era joven o estaba boyante). *No — do Onça. loc. adv. fam. Bras.* En tiempo de Maricastaña, en tiempo del rey Perico (en tiempo muy antiguo). *No — do rei velho. fr. fam.* En tiempo del rey Perico. *No — dos Afonsinhos. loc. adv.* En el tiempo de Maricastaña. *Fora de —. m. adv.* Fuera de tiempo, intempestivamente. *Ganhar —. fr. fig.* Ganar tiempo (hacer de modo que el tiempo que transcurra aproveche al intento de acelerar o retardar algo). *Fazer —. fr.* Hacer tiempo (entretenerse esperando el momento oportuno para algo). *Matar o —. fr. fig.* Matar uno el tiempo, engañar uno el tiempo (ocoparse en algo para que el tiempo se le haga más corto). *Perder —. fr.* Perder uno el tiempo (trabajar en vano; no aprovecharse del tiempo).

TEMPORADA *f.* Temporada.

TEMPORAL *adj.* Temporal. *m.* Temporal, tempertad, tormenta. *Poder —.* Poder temporal.

TEMPORALIDADE *f.* Temporalidad.

TEMPORALIZAR *v. tr.* Temporalizar.

TEMPORANEIDADE *f.* Calida de temporáneo.

TEMPORÂNEO, NEA (ra) *adj.* Temporáneo, temporario.

TEMPORÃO, RÃ (ráum, rán) *adj.* Tempranal, temprano (anticipado, adelantado, anterior al tiempo regular o acostumbrado).

TEMPORÁRIO, RIA *adj.* Temporario, temporal.

TÊMPORAS (tém) *f. pl.* Témporas, las sienes.

TEMPORIZAÇÃO (zasáum) *f.* Contemporización.

TEMPORIZADOR, RA (za) *adj.* Contemporizador.

TEMPORIZAMENTO (za) *m.* Contemporización.

TEMPORIZAR (zar) *v. tr.* Temporizar, contemporizar. Retardar, demorar.

TEMULÊNCIA (lén) *f.* Temulencia.

TEMULENTO, TA *adj.* Temulento, borracho, embriagado.

TENACIDADE *f.* Tenacidad.

TENALGIA (jía) *f. Patol.* Tenalgia.

TENALHA (lla) *f. Fort.* Tenallón.

TÊNAR *m. Anat.* Tenar.

TENAZ *adj.* Tenaz (que se pega, ase o prende a una cosa fuertemente: que opone mucha resistencia a romperse o deformarse; obstinado, terco, firme, porfiado, pertinaz). *f.* Tenaza.

TENAZMENTE *adv. m.* Tenazmente.

TENÇA (sa) *f.* Pensión (dada en remuneración de servicios). *ant.* Tención (acción de tener).

TENÇÃO (sáum) *f.* Intención, propósito, designio, intento. Devoción. Tensón (composición poética provenzal). Voto escrito de um juez. División de un escudo. Riña, pelea. *Fazer —. fr.* Formar un designio.

TENCIONAR *v. tr.* Intentar, provectar, pretender (tener ánimo o designio de ejecutar alguna cosa).

TENCIONÁRIO *m.* Pensionista (el que recibe una pensión).

TENDA *f.* Tienda, tienda de campaña. Tienda (casa donde se venden artículos de comercio).

TENDAL *m.* Tendal, toldo. Tendedero, tendal.

TENDÃO (dáum) *m.* Tendón. *— de Aquiles.* Tendón de Aquiles.

TENDEDEIRA *f.* Tablero (para el pan).

TENDEIRO *m.* Tendero.

TENDÊNCIA (dén) *f.* Tendencia, inclinación, propensión. Intención. Disposición.

TENDENCIOSO, SA (ozo, òza) *adj.* Tendencioso.

TENDENTE *adj.* Tendente (que tiende o se dirige o propende a un fin).

TENDER *v. tr.* Tender, propender, dirigirse, tirar a, inclinarse, disponerse. Lo mismo que ESTENDER.

TENDER (tén) *m.* Ténder.

TENDILHA (lla) *f.* Tendezuela.

TENDILHÃO (láum) *m.* Tienda de campaña.

TENDINHA (ña) *f. Bras.* Tenducha.

TENDINOSO, SA (ozo, òza) *adj.* Tendinoso.

TENDOLA (dò) *f.* Tenducha.

TENEBRÁRIO *m.* Tenebrario.

TENEBROSAMENTE (bròza) *adv. m.* Tenebrosamente.

TENEBROSIDADE (zi) *f.* Tenebrosidad.

TENEBROSO, SA (ozo, òza) *adj.* Tenebroso (cubierto de tinieblas, obscuro) *fig.* Horrible. *fig.* Criminoso.

TENÊNCIA (nén) *f.* Tenencia (cargo de teniente). *pop. Bras.* Cautela, prudencia; moderación. *Tomar — de. fr. pop. Bras.* Observar, examinar prudentemente.

TENENTE *m.* Teniente. *Primeiro —.* Primer teniente. *Segundo —.* Segundo teniente. *— coronel.* Teniente coronel. *À mão —. m. adv.* A quema ropa.

TENESMO *m.* Tenesmo, pujo.

TENESMÒDICO, CA (mò) *adj.* Tenésmico.

TÊNIA (té) *f.* Tenia (helminto intestinal).

TENÍASE (ze) *f. Med.* Teniasis.

TENÍFUGO, GA *adj. Med.* Tenífugo. Ú. t. c. s.

TÊNIS *m. Dep.* Tenis.

TENISTA *m.* y *f.* Persona que juega al tenis.

TENOR *m. Mús.* Tenor (voz media entre la de contralto y la de barítono; persona que tiene esta voz).

TENORINO *m.* Tenorino.

TENOSSINITE (si) *f. Patol.* Tenosinovitis.

TENOTOMIA (mía) *f.* Tenotomía.

TENREIRO, RA *adj.* Lo mismo que

TENRO, RA *adj.* Tierno, blando, muelle. Tierno (dícese de la edad de la niñez). Tierno, delicado. Tierno, reciente.

TENRURA *f.* Terneza, ternura.

TENSÃO (sáum) *f.* Tensión.

TENSE *f.* Tensón.

TENSIVO, VA *adj.* Tensivo.

TENSO, SA *adj.* Tenso, tieso, estirado, tirante.

TENSOR, RA *adj.* Tensor.

TENTA *f. Cir.* Tienta.

TENTAÇÃO (sáum) *f.* Tentación.

TENTACULADO, DA *adj.* Tentaculado.

TENTACULAR *adj.* Tentacular.

TENTACULÍFERO, RA *adj.* Tentaculífero.

TENTÁCULO *m.* Tentáculo.

TENTADOR, RA *adj.* Tentador. *m.* Tentador (el demonio).

TENTAME *m.* Lo mismo que

TENTÂMEN *m.* Tentativa, ensayo.

TENTAMENTO *m.* Tentación. Tentativa.

TENTANTE *adj.* Tentativo.

TENTAR *v. tr.* Tentar, instigar, inducir, estimular. Tentar, probar, examinar, experimentar, tantear. Tentar, intentar. Procurar, emprender, intentar. Tentar (becerros).

TENTATIVA *f.* Tentativa.

TENTATIVO, VA *adj.* Tentativo.

TENTE *adj.* À mão —. *m. adv.* A quema ropa.

TENTEAR *v. tr.* Tantear, examinar, explorar. Tentar (reconocer con la tienta). Tentear, sondear. Tantear (señalar los tantos). Tentar, probar. Paliar, entretener.

TENTEIO *m.* Tanteo.

TENTILHÃO (lláim) *m.* Pinzón.

TENTO *m.* Tiento, prudencia, tino, miramiento, cordura. Tanto (para señalar los puntos ganados en ciertos juegos). *Pint.* Tiento. *pop.* Tiento, golpe. *Bras.* Tiempo (*amer. merid.:* tira delgada de cuero).

TENTÓRIO (tò) *m.* Tienda de campaña.

TÊNUE (té) *adj.* Tenue, delicado, débil, delgado, sutil.

TENUEMENTE *adv. m.* Tenuemente.

TENUIDADE *f.* Tenuidad.

TENUIRROSTRO *adj.* Tenuirrostro.

TEOBROMINA *f. Quím.* Teobromina.

TEOCRACIA (cía) *f.* Teocracia.

TEOCRATA (crá) *m. y f.* Teócrata.

TEOCRÁTICO, CA *adj.* Teocrático.

TEOCRATIZAR (zar) *v. tr.* Someter a un poder teocrático.

TEODICÉIA (céia) *f.* Teodicea (teología natural).

TEODOLITO *m.* Teodolito.

TEOFANIA (nía) *f.* Teofania.

TEOGONIA (nía) *f.* Teogonía.

TEOGÓNICO, CA (gó) *adj.* Teogónico.

TEOLOGAL *adj.* Teologal.

TEOLOGIA (jía) *f.* Teología.

TEOLOGICAMENTE (ji) *adv. m.* Teológicamente.

TEOLÓGICO, CA (lòji) *adj.* Teológico.

TEOLOGISMO (jis) *m.* Teologismo.

TEOLOGIZAR (jizar) *v. tr.* Teologizar.

TEÓLOGO, GA (ò) *m.* Teólogo, teologal. *m.* Teólogo.

TEOMANCIA (cía) *f.* Teomancia, teomancía.

TEOMANIA (nía) *f.* Teomanía.

TEOMANÍACO, CA *adj.* Teomaníaco. Ú. t. c. s.

TEOR *m.* Tenor (constitución u orden de una cosa; contenido literal de un escrito; índole particular).

TEOREMA *m.* Teorema.

TEORÉTICO, CA (rè) *adj.* Teorético.

TEORIA (ría) *f.* Teoría (conocimiento especulativo puramente racional; serie de las leyes que sirven para relacionar un orden de fenómenos; procesión religiosa entre los antiguos griegos; diputación que los griegos enviaban a Delfos y a Delos).

TEÓRICA (ò) *f.* Teórica, teoría.

TEORICAMENTE *adv. m.* Teóricamente.

TEÓRICO, CA (ò) *adj.* Teórico. *m.* Teorizante. Teórico.

TEORISTA *m.* Teórico.

TEORIZAR (zar) *v. tr.* Teorizar.

TEOSOFIA (zofía) *f.* Teosofía.

TEOSÓFICO, CA (zò) *adj.* Teosófico.

TEOSOFISMO (zo) *m.* Teosofía.

TEÓSOFO (òzo) *m.* Teósofo.

TEPE (tè) *m.* Tepe.

TEPIDAMENTE *adv. m.* Tibiamente.

TEPIDEZ *f.* Tibieza.

TÉPIDO, DA (tè) *adj.* Tibio, templado. *fig.* Tibio, flojo.

TEPOR *m.* Tibieza.

TER *v. tr.* Tener (asir; poseer; haber; gozar; mantener, sostener; contener, comprender en sí; detener, parar; hospedar o recibir en su casa; poseer, dominar; poseer, estar adornado de alguna cualidad; haber de hacer precisamente una cosa o de ocuparse de ella; juzgar, reputar y entender). Ser poseído, dominado o dirigido. *v. r.* Tenerse (mantenerse, sostenerse; detenerse; tenerse por). Tener que. — *que.* Tener que. — *mão.* Tenerse, detenerse. *Ir — com alguém. fr.* Ir a encontrarse con alguien. — *que ver.* Tener que ver (tener conexión). — *em.* Tener en (estimar, apreciar).

TERAPEUTA *m.* Terapeuta.

TERAPÊUTICA (péu) *f.* Terapéutica.

TERAPÊUTICO, CA (péu) *adj.* Terapéutico.

TERAPIA (pía) *f.* Terapéutica.

TERATOGENIA (jenía) *f.* Teratogenia.

TERATOGÊNICO, CA (jé) *adj.* Teratógeno.

TERATOLOGIA (já) *f.* Teratología.

TERATOLOGICAMENTE (ji) *adv. m.* Teratológicamente.

TERATOLÓGICO, CA (lòji) *adj.* Teratológico.

TERATOMA *m.* Teratoma.

TERATOSCOPIA (pía) *f.* Teratoscopia.

TÉRBIO (tèr) *m.* Terbio.

TERÇA (sa) *adj.* Tercia, tercera. — *-feira.* Martes. *f.* Tercia, tercio (la tercera parte de cualquier cosa). Tercia (hora romana; una de las horas del oficio divino). *Mús.* Tercera. Lo mismo que TERÇA-FEIRA.

TERÇÃ (sán) *adj. y s. f.* Terciana.

TERÇADO (sa) *m.* Terciado (especie de espada).

TERÇADOR, RA (sa) *adj.* Terciador. Ú. t. c. s. Medianero, tercero.

TERÇA-FEIRA (sa) *f.* Martes.

TERÇÃO (sáum) *m. Agr.* Vástago que se deja al podar.

TERÇAR *v. tr.* Mezclar tres cosas. Terciar (dividir una cosa en tres partes). Terciar (poner una cosa al sesgo). Terciar (interponerse como mediador). Atravesar, cruzar. Pelear, luchar.

TERCEIRA *adj.* Tercera, tercia. *f. Mús.* Tercera. Tercera, alcahueta.

TERCEIRAMENTE *adv. m.* Terceramente.

TERCEIRO, RA *adj.* Tercero (que sigue en orden al segundo; que media entre dos o más personas). Ú. t. c. s. *m.* Tercero (persona que no es ninguna de las que intervienen en un negocio o trato). Tercero, alcahuete. Tercero (religioso de la tercera orden).

TERCENÁRIO *m.* Heredero de la tercera parte de una herencia.

TERCETO *m.* Terceto (combinación de tres versos). *Mús.* Terceto.

TERCIARÃO (ráum) *m.* Arco terciario.

TERCIÁRIO, RIA *adj.* Terciario, tercero. *Geol.* Terciario. Ú. t. c. s. m.

TERCIODÉCIMO, MA (dè) *adj.* Décimotercio.

TERCIONÁRIO, RIA *adj.* Tercianario. Ú. t. c. s.

TERCIOPELO *m.* Terciopelo.

TERÇO, ÇA (so, sa) *adj.* Tercio, tercero. *m.* Tercio (tercera parte de cualquier cosa) *Mil.* Tercio. *Mar.* Tercio. Tercio (del rosario).

TERÇOL (sòl) *m.* Orzuelo (divieso que nace en el borde de uno de los párpados).

TEREBINTÁCEO, CEA *adj.* Terebintáceo. *f. pl. Bot.* Terebintáceas.

TEREBINTENO *m. Quím.* Terebenteno.

TEREBINTINA *f.* Terebintina, trementina.

TEREBINTINAR *v. tr.* Mezclar con trementina.

TEREBINTO *m.* Terebinto.

TEREBRANTE *adj. Med.* Terebrante.

TEREBRAR *v. tr. p. us.* Terebrar, horadar, perforar.

TERÉM-TERÉM (rén) *m. Bras.* Lo mismo que QUERO-QUERO.

TERÉNS *m. pl. Bras.* Trastos, cachivaches.

TERES *m. pl.* Haberes, bienes.

TERGAL *adj.* Tergal.

TERGIVERSAÇÃO (jiversasáum) *f.* Tergiversación.

TERGIVERSADOR, RA (ji) *adj.* Tergiversador.

TERGIVERSAR (ji) *v. intr.* Tergiversar.

TERGO (tér) *m.* Tergo, dorso, espalda.

TERIACAL *adj.* Triacal, teriacal.

TERIAGA *f.* Triaca, teriaga.

TERMAL *adj.* Termal.

TERMALIDADE *f.* Calidad de termal.

TERMAS (tèr) *f. pl.* Termas, caldas (baños de aguas minerales calientes). Termas (baños públicos de los antiguos romanos).

TERMIATRIA (tría) *f.* Termiatria.

TÉRMICO, CA (tèr) *adj.* Térmico.

TERMIDOR *m.* Termidor.

TERMIDORIANO, NA *adj.* Termidoriano.

TERMINAÇÃO (sáum) *f.* Terminación (acción de terminar). *Gram.* Terminación.

TERMINAL *adj.* Terminal, final, último.

TERMINANTE *adj.* Terminante, claro, preciso, concluyente.

TERMINANTEMENTE *adv. m.* Terminantemente.

TERMINAR *v. tr.* Terminar, acabar. Ú. t. c. intr. Demarcar, delimitar. *v. r.* Terminarse, acabarse.

TERMINATIVO, VA *adj.* Terminativo.

TÉRMINO (tèr) *m.* Término (último punto hasta donde puede llegar una cosa). Término, mojón. Término, límite. Término, fin.

TERMINOLOGIA (jía) *f.* Terminología.

TERMINOLÓGICO, CA (lòji) *adj.* Terminológico.

TÉRMITA (tèr) *f.* Lo mismo que

TÉRMITE (tèr) *f.* Termes.

TERMO (tèr) *m.* Termos (vasija para conservar la temperatura de las substancias que en ellas se ponen).

TERMO (tér) *m.* Término (ultimo punto hasta donde llega, alcanza o se extiende una cosa; ultimo instante de la duración de una cosa). Término, mojón, límite. Término, objeto, fin. Término (hora, día o punto preciso de hacer una cosa). Término, palabra, vocablo. Término (estado o situación de una persona o cosa). Manera, forma. Playa. Tenor (constitución u orden de una cosa). Área, espacio. Lo mismo que CIRCUNVIZINHANÇA. *Gram., Lóg., Mat.* Término. Término (de un distrito judicial). *pl.* Términos (forma o modo de portarse o hablar). *Meio* —. Término medio, medio término. *Meios* —*s.* Medios términos, rodeo. *Em bons* —*s. loc. adv.* En buenos términos. *Em* —*s precisos. loc. adv.* En propios términos. *Levar a* —. *fr.* Llevar a término, llevar a cabo. *Pôr* — *a. fr.* Poner término a (una cosa), hacer que acabe, que cese.

TERMOBARÔMETRO (ró) *m.* Termobarómetro.

TERMOCAUTÉRIO (tè) *m.* Termocauterio.

TERMOCROSE (cròze) *f. Fís.* Termocrosis.

TERMODINÂMICA (ná) *f.* Termodinámica.

TERMODINÂMICO, CA (ná) *adj.* Termodinámico.

TERMOELETRICIDADE *f. Fís.* Termoeletricidad.

TERMOÉLETRICO, CA (lè) *adj.* Termoeléctrico.

TERMOESTESIA (zía) *f.* Termoestesia.

TERMOGÊNESE (jéneze) *f.* Termogénesis.

TERMÓGRAFO (mò) *m.* Termógrafo.

TERMOLOGIA (jía) *m.* Termología.

TERMOLÓGICO, CA (lòjico) *adj.* Termológico.

TERMOMAGNÉTICO, CA (nè) *adj.* Termomag-nético.

TERMOMAGNETISMO *m. Fís.* Termomagnetismo.

TERMOMANÔMETRO (nó) *m. Fís.* Termomanómetro.

TERMOMETRIA (tría) *f.* Termometría.

TERMOMÉTRICO, CA (mè) *adj.* Termométrico.

TERMÔMETRO (mó) *m.* Termómetro.

TERMOMULTIPLICADOR *m. Fís.* Termomultiplicador.

TERMOQUÍMICA *f.* Termoquímica.

TERMOQUÍMICO, CA *adj.* Termoquímico.

TERMOSCOPIA (pía) *f.* Termoscopia.

TERMOSCÓPICO, CA (cò) *adj.* Termoscópico.

TERMOSCÓPIO (cò) *m. Fís.* Termoscopio.

TERMOSSIFÃO (sifáum) *m.* Termosifón.

TERNADO, DA *adj. Bot.* Ternado.

TERNAMENTE (tèr) *adv. m.* Tiernamente.

TERNÁRIO, RIA *adj.* Ternario (compuesto de tres). *Mús.* Ternario.

TERNEIRADA *f. Bras. merid.* Lo mismo que

TERNEIRAGEM (jem) *f. Bras. merid.* Terneraje (*Amer.:* conjunto de terneros).

TERNEIRO *m. Bras. merid.* Ternero.

TERNO, NA (tèr) *adj.* Tierno, afectuoso, cariñoso, amable. Tierno, blando, delicado.

TERNO (tèr) *m.* Terno (conjunto de tres cosas de una especie). Terno (traje de hombre compuesto de tres prendas: pantalón, chaleco y chaqueta). Terno (suerte de tres números en la lotería).

TERNSTREMIÁCEAS *f. pl. Bot.* Ternstremiáceas.

TERNURA *f.* Ternura, afecto, cariño, dulzura, amabilidad.

TERPINA *f. Quím. y Farm.* Terpina.

TERRA (tè) *f.* Tierra (planeta que habitamos; parte superficial de este planeta que no es ocupada por el mar). Tierra (materia inorgánica de que se compone el suelo natural). Tierra , suelo, piso. Tierra (terreno dedicado a cultivo). Tierra, patria. Tierra, país, región. Tierra (conjunto de pobladores de un territorio). — *a —. m. adv.* Tierra a tierra, costeando. *fig.* Cortamente, con escasés de ideas. — *cota.* Terracota, barro cocido. Terracota (obra de arte ejecutada en barro cocido). — *de planta. Bras.* Tierra (terreno dedicado a cultivo). — *firme.* Tierra firme, continente. — *da Promissão.* Tierra de Promisión. — *Santa.* Tierra Santa. — *negra. Bras.* Mantillo. Tierra negra. — *vegetal. Bras.* Tierra vegetal. *Como —. loc. adv. fig.* Como tierra, con abundancia. *Deitar por —. fr. fig.* Echar por tierra, destruir, arruinar. *Cada — com seu uso, cada roca com seu fuso. ref.* En cada tierra su uso, y en cada casa, su costumbre. *Na — dos cegos, quem tem um olho é rei. ref.* En tierra de ciegos, el tuerto es rey.

TERRAÇO (so) *m.* Terraza, terrado.

TERRADO *m.* Terrado, terraza.

TERRAL *adj.* Terral. Ú. t. c. s.

TERRAMOTO (mò) *m.* Lo mismo que TERREMOTO.

TERRÃO (rráum) *m.* Lo mismo que TORRÃO.

TERRAPLENAGEM (jem) *f.* Terraplenamiento.

TERRAPLENAR *v. tr.* Terraplenar.

TERRAPLENO *m.* Terraplén, terrapleno.

TERRÁQUEO, QUEA *adj.* Terráqueo.

TERREAL *adj.* Terrenal, terreno; mundano. Terrestre.

TERREIRO *m.* Plaza (espacio de tierra amplio y plano). Terrado, terraza. Era.

TERREMOTO (mò) *m.* Terremoto.

TERRENAL *adj.* Terrenal.

TERRENHO, NHA (ño,ña) *adj.* Terrenal, terreno.

TERRENO, NA *adj.* Terreno, terrenal. Terreno, terrestre. *m.* Terreno (espacio de tierra). *fig.* Terreno (campo de acción o esfera propia de una persona o cosa). *fig.* Terreno (orden de materias o de ideas de que se trata).

TÉRRENTO, TA *adj.* Terroso.

TÉRREO, RREA (tè) *adj.* Térreo.

TERRESTRE (rrès) *adj.* Terrestre.

TERRIBILIDADE *f.* Terribilidad, terribleza.

TERRIÇO (so) *m.* Tierra vegetal.

TERRÍCOLA *m. y f.* Terrícola. Ú. t. c. adj.

TERRIFICANTE *adj.* Terrífico.

TERRIFICAR *v. tr.* Amedrentar.

TERRÍFICO, CA *adj.* Terrífico.

TERRÍGENO, NA (je) *adj.* Terrígeno.

TERRINA *f.* Terrizo, barreño, lebrillo.

TERRIOLA (ò) *f.* Poblacho.

TERRÍSSONO, NA (so) *adj.* Terrífico por el estruendo que hace.

TERRITORIAL *adj.* Territorial.

TERRITORIALIDADE *f.* Territorialidad.

TERRITÓRIO (tò) *m.* Territorio (de una nación, provincia, etc.; término que comprende una jurisdicción, cometido oficial, etc.).

TERRÍVEL *adj.* Terrible.

TERRIVELMENTE *adv. m.* Terriblemente.

TERROR *m.* Terror, miedo, espanto, pavor.

TERRORISMO *m.* Terrorismo.

TERRORISTA *adj.* Terrorista. Ú. t. c. s.

TERRORIZAR (zar) *v. tr.* Lo mismo que ATERRORIZAR.

TERROSO, SA (rrozo, òza) *adj.* Terroso.

TERRULENTO, TA *adj.* Terroso. Bajo, vil.

TERSO, SA *adj.* Terso, limpio. Terso, fácil, puro, fluido (hablando del lenguaje o estilo).

TERTÚLIA *f.* Tertulia (reunión de personas para conversar o pasar agradablemente el tiempo).

TESAMENTE (za) *adv. m.* Tiesamente.

TESÃO (záum) *m.* Tesón. Tiesura. Empuje, ímpetu. *pop.* Ardor sexual.

TESAR (zar) *v. tr.* Lo mismo que ENTESAR.

TESE (tèze) *f.* Tesis. *Em —. m. adv.* De manera general, con generalidad.

TESO, SA (tèzo, za) *adj.* Tieso, tenso, tirante. Tieso, duro, sólido, rígido. *fig.* Tieso, estirado

(afectadamente grave). *fig.* Tieso, terco (inflexible em el propio dictamen u opinión). *adv. m.* Tieso, reciamente, fuertemente, firmemente.

TESOURA (zou) *f.* Tijera (instrumento para cortar, compuesto de dos hojas de acero). Tijera (nombre de algunas cosas compuestas de dos piezas cruzadas que giran alrededor de un eje). *fig.* Tijera (persona que murmura). Tijeras (de un carro). *Bras.* Cuchillo (de una tejumbre). Ave del Brasil (*Muscivora tyrannus*).

TESOURADA (zou) *f.* Tijeretada, tijerada, tijeretazo.

TESOURAR (zou) *v. tr.* Tijeretear (dar cortes con las tijeras). *fig.* Murmurar.

TESOURARIA (zouraría) *f.* Tesorería (cargo de tesorero; despacho del tesorero). Erario.

TESOUREIRO (zou) *m.* Tesorero.

TESOURINHA (zouriña) *f.* Tijereta (dim. de Tijera). Tijereta (de las vides). Ave del Brasil (*Phybatura flavirostris*).

TESOURO (zou) *m.* Tesoro (cantidad de dinero, valores u objetos preciosos, reunida y guardada; abundancia de caudal y dinero, guardado y conservado). Tesoro, erario. *fig.* Tesoro (persona o cosa de mucho precio o muy dignas de estimación). *fig.* Tesoro (nombre dado a ciertos diccionarios o antologías).

TESSÁLICO, CA (sá) *adj.* Tesálico. Ú. t. c. s.

TESSÁLIO, LIA (sa) *adj.* Tesalio. Ú. t. c. s.

TÉSSALO, LA (tèsa) *adj.* Tésalo. Ú. t. c. s.

TESSALONICENSE (sa) *adj.* Tesalonicense, tesalónico. Ú. t. c. s.

TESSELA (si) *f.* Tesela.

TESSITURA (si) *f. Mús.* Tesitura. *fig.* Tesitura, actitud o disposición del ánimo. *fig.* Contextura.

TESTA (tès) *f.* Frente (parte superior del rostro, comprendida entre las sienes, y desde las cejas hasta el cuero cabelludo). *Mar.* Relinga de palo, relinga o grátil de proa. Testa, frente, parte anterior de algunas cosas. — *coroada.* Testa coronada. — *de ferro.* Testaferro, testa de ferro.

TESTÁCEO, CEA *adj.* Testáceo. Ú. t. c s

TESTAÇUDO, DA (su) *adj.* Lo mismo que TESTUDO.

TESTADA *f.* Testarada, testada (golpe dado con la testa). Parte de la calle frente a una finca. *fig.* Error; tontería. *Varrer sua —. fr. fig.* Justificarse.

TESTADOR, RA *m. y f.* Testador, ra. Ú. t. c adj.

TESTAMENTAL *adj.* Testamentario.

TESTAMENTARIA (ría) *f.* Testamentaría.

TESTAMENTÁRIO, RIA *adj.* Testamentario. *m.* Heredero por testamento.

TESTAMENTEIRO *m.* Testamentario (persona encargada de cumplir la voluntad del testador).

TESTAMENTO *m.* Testamento. — *místico.* Testamento cerrado. — *ológrafo.* Testamento ológrafo. *Velho —.* Viejo Testamento. *Novo —.* Nuevo Testamento.

TESTANTE *m.* Testador.

TESTAR *v. intr.* Testamentar, dejar en testamento. *v. tr.* Atestiguar. *v. intr.* Testar (hacer testamento). Atestiguar.

TESTAVILHAR (llar) *v. tr. Bras. Río Gr. del Sur.* Lo mismo que TROPEÇAR.

TESTE (tès) *m.* Prueba, toque, exames.

TESTEIRA *f.* Testera (frente de una cosa). Testera (adorno para la frente de las caballerías). Cabecera (de mesa, caja, etc.).

TESTEMUNHA (ña) *f.* Testigo.

TESTEMUNHADOR, RA (ña) *adj.* Testificador. Ú. t. c. s.

TESTEMUNHAL (ñal) *adj.* Testimonial.

TESTEMUNHAR (ñar) *v. tr.* Testimoniar, atestiguar, afirmar como testigo. Enseñar, revelar, manifestar. Testificar. Ver, verificar, presenciar, asistir, estar presente.

TESTEMUNHÁVEL (ñá) *adj.* Testimoniable.

TESTEMUNHO (ño) *m. For.* Testimonio. Testimonio, prueba.

TESTICONDO, DA *adj.* Testicondo.

TESTICULAR *adj.* Testicular.

TESTÍCULO *m.* Testículo, teste.

TESTICULOSO, SA (lozo, òza) *adj.* Testicular.

TESTIFICAÇÃO (sáum) *f.* Testificación.

TESTIFICADOR, RA *adj.* Testificador. Ú. t. c. s.

TESTIFICANTE *adj.* Testificante.

TESTIFICAR *v. tr.* Testificar.

TESTIGO *m. ant.* Testigo. Lo mismo que TESTEMUNHA.

TESTILHA (lla) *f.* Disputa, riña.

TESTILHAR (llar) *v. intr.* Disputar, altercar, reñir.

TESTILHO (llo) *m.* Testera de caja o cajón.

TESTO, TA (tès) *adj.* Tieso, firme, animoso; que no admite bromas.

TESTO (tés) *m.* Tiesto (de una vasija de barro). Testuz, frente. Tapadera (de barro).

TESTUDO, DA *adj.* Frontudo. *fig.* Testarudo, terco.

TESURA (zu) *f.* Tiesura, tesura. Vanidad, orgullo.

TETA (té) *f.* Teta.

TETA (tè) *m.* Theta (octava letra del alfabeto griego).

TETANIA (nía) *f.* Tetania.

TETÂNICO, CA (tá) *adj.* Tetánico.

TETANIFORME (fòr) *adj.* Tetaniforme.

TETANIZAR (zar) *v. tr. Med.* Tetanizar.

TÉTANO (tè) *m. med.* Tétanos, tétano.

TETÉIA (tèia) *f.* Lo mismo que BERLOQUE. *Bras.* Persona o cosa que tiene mucha gracia. Dije.

TETÉU (tèu) *m. Bras.* Lo mismo que QUEROQUERO.

TÉTIS *m. Astr.* Tetis.

TETO (tè) *m.* Techo (parte interior y superior de un edificio, que lo cubre y cierra). *fig.* Techo, casa, hogar.

TETÔNICA (tó) *f. Geol.* Tectónica.

TETRACÓRDIO (còr) *m.* Tetracordio.

TETRADINAMIA (mía) *f. Bot.* Tetradinamia.

TETRAÉDRICO, CA (è) *adj.* Tetraédrico.

TETRAEDRO (èdro) *m. Geom.* Tetraedro.

TETRAGONAL *adj.* Tetragonal.

TETRÁGONO *m. Geom.* Tetrágono.

TETRAGRAMA *m.* Tetragrama.

TETRALOGIA (jía) *f.* Tetralogía.

TETRÂMERO, RA (trá) *adj.* Tetrámero.

TETRANDRIA (dría) *f. Bot.* Tetrandría.

TETRANDRO, RA *adj.* Tetrandro.

TETRANETO (nè) *m.* Hijo del tataranieto, cuarto nieto.

TETRAPÉTALO, LA (pè) *adj.* Tetrapétalo.

TETRÁPODE *adj.* Tetrápodo.

TETRARCA *m.* Tetrarca.

TETRARCADO *m.* Tetrarquía (dignidad de tetrarca).

TETRARQUIA (quía) *f.* Tetrarquía (dignidad de tetrarca; territorio de su jurisdicción; tiempo que dura su gobierno).

TETRASSÍLABO, BA (sí) *adj.* Tetrasílabo. Ú. t. c. s. m.

TETRÁSTILO *m.* Tetrástilo.

TETRAVÔ, VÓ (vó, vò) *m. y f.* Padre o madre del tatarabuelo o tatarabuela.

TETRICAMENTE *adv. m.* Tétricamente.

TETRICIDADE *f.* Calidad de tétrico.

TÉTRICO, CA (tè) *adj.* Tétrico, triste, sombrío.

TETRO, TRA *adj.* Negro, obscuro, manchado. Sombrío, horrible, tétrico.

TETUDA *adj.* Tetuda.

TEU, TUA, TEUS, TUAS *pron. pos.* Tuyo, tuya, tuyos, tuyas. Tu, tus.

TÊUCRIO (téu) *m. Bot.* Téucrio.

TEÚDO, DA *adj.* Tenido. Ú. en la loc. *teúda e manteúda:* tenida y mantenida.

TEURGIA (jía) *f.* Teurgia.

TEÚRGICO, CA (ji) *adj.* Teúrgico.

TEURGISTA (jis) *m.* Lo mismo que

TEURGO *m.* Teurgo.

TEUTO, TA *adj.* Teuto, teutónico.

TEUTÕES (tóins) *m. pl.* Teutones.

TEUTÔNICO, CA (tó) *adj.* Teutónico (perteneciente a los teutones; dícese de una orden militar de Alemania).

TÊXTIL (téstil) *adj.* Textil.

TEXTO (tés) *m.* Texto.

TEXTUAL (tes) *adj.* Textual.

TEXTUALMENTE (tes) *adv. m.* Textualmente.

TEXTUÁRIO (tes) *m.* Texto (libro de texto sin comentarios).

TEXTURA (tes) *f.* Textura (disposición y orden de los hilos en un tejido; operación de tejer; estructura). *Hist.* Textura.

TEXUGO (chu) *m. Zool.* Tejón.

TEZ *f.* Tex, cutiz.

TI *pron.* Ti (forma del pron. pers. de segunda pers. del singular, común a los casos genit., dat. acusat. y ablat.).

TIA (tía) *f.* Tía. — -*avó.* Tía abuela.

TÍADE *f.* Bacante.

TIANHA (ña) *f. Bras.* Terquedad.

TIAPORANGA *f. Bras.* Borrachera.

TIARA *f.* Tiara.

TIBETANO, NA *adj.* Tibetano. Ú. t. c. s.

TÍBIA *f.* Tibia (hueso mayor y principal de la pierna). Tibia, flauta.

TIBIAL *adj.* Tibial.

TIBIAMENTE *adv. m.* Tibiamente.

TIBIEZ *f.* Lo mismo que

TIBIEZA (za) *f.* Tibieza.

TÍBIO, BIA *adj.* Tibio (templado, ni caliente ni frío; flojo).

TIBORNA (bòr) *f.* Lo mismo que

TIBÓRNEA (bòr) *f.* Tostón (trozo de pan tostado empapado en aceite nuevo). *fig.* Lo mismo que MIXÓRDIA.

TIBORNICE *f. fam.* Lo mismo que MIXÓRDIA.

TIBUNGAR *v. intr. Bras. nort.* Lo mismo que MERGULHAR.

TIBUNGO *m. Bras. nort.* Lo mismo que MERGULHO.

TIÇÃO (sáum) *f.* Tizón (palo a medio quemar). *fig.* Persona muy morena. Negro. El diablo.

TICO *m. Bras.* Brizna.

TIÇOADA (soa) *f.* Tizonada, tizonazo.

TIÇOEIRO *m.* Atizador.

TIÇONADO, DA (so) *adj.* Lo mismo que CHAMUSCADO. Manchado de negro.

TICO-TICO *m.* Pájaro del Brasil (*Brachyspiza capensis*).

TICUARA *f. Bras.* Harina con agua.

TICUNA *f. Bras.* Lo mismo que CURARE.

TIDO, DA *adj.* Tenido, poseído, juzgado, reputado (*p. p.* de *Ter*).

TIETÊ (té) *m.* Ave del Brasil (*Euphonia pectoralis*).

TÍFICO, CA *adj.* Tífico.

TIFLITE *f. Patol.* Tiflitis.

TIFLÓGRAFO (flò) *m.* Tiflógrafo.

TIFLOLOGIA (jía) *f.* Tiflología.

TIFO *m. Patol.* Tifo, tifus.

TIFÓIDE (fòi) *adj.* Tifoideo. *Febre —.* Fiebre tifoidea.

TIFOSO, SA (fozo, òza) *adj.* Tifoso. Tifoideo.

TIGELA (jè) *f.* Tazón, cuenca. *De meia —.* *fig.* Muy mediocre.

TIGRADO, DA *adj.* Atigrado.

TIGRE *m. Zool.* Tigre. *fig.* Tigre (persona cruel y sanguinaria).

TIGRINO, NA *adj.* Atigrado. Sanguinario como el tigre.

TIJOLEIRO (jo) *m.* Ladrillero.

TIJOLO (jo) *m.* Ladrillo.

TIJUCA (ju) *f. Bras.* Lo mismo que TIJUCO.

TIJUCADA (ju) *f. Bras.* Lo mismo que

TIJUCAL (ju) *m. Bras.* Atolladero, atascadero; tremedal, lodazal.

TIJUCO (ju) *m. Bras.* Tremedal. Atolladero. Lodazal. Lodo.

TIJUQUEIRA (ju) *f. Bras.* Lo mismo que TIJUCAL.

TIL *m.* Tilde (~).

TÍLBURI *m.* Tílburi.

TILHA (lla) *f. Mar.* Cubierta.

TÍLIA *f. Bot.* Tilo.

TILIÁCEAS *f. pl. Bot.* Tiliáceas.

TILINTAR *v. intr.* Tilintear, tintinar. *v. tr.* Hacer tilintear.

TILOMA *m.* Tiloma, callo, callosidad.

TILOSE (lòze) *f.* Tilosis.

TIMÃO (máum) *m.* Lo mismo que TEMÃO.

TIMBALE *m.* Timbal.

TIMBALEIRO *m.* Timbalero.

TIMBAÚBA *f.* Árbol del Brasil (*Stryphnodendron guianense*).

TIMBÉ (bè) *m.* Árbol del Brasil (*Atelaia Glazioviana*).

TIMBÓ (bò) *m. Bras.* Timbó.

TIMBRAGEM (jem) *f.* Acción de timbrar.

TIMBRAR *v. tr.* Timbrar. — *em.* Preciarse, jactarse. Lo mismo que CAPRICHAR.

TIMBRE *m.* Timbre (insignia que se pone sobre el escudo heráldico). Timbre, sello. *fig.* Honra, honor, orgullo legítimo. Timbre (modo característico de sonar una voz o un instrumento músico).

TIMBROSO, SA (brozo, òza) *adj.* Pundonoroso.

TIMELEÁCEAS *f. pl. Bot.* Timeleáceas.

TÍMICO, CA *adj.* Tímico.

TIMIDAMENTE *adv. m.* Tímidamente.

TIMIDEZ *f.* Timidez.

TÍMIDO, DA *adj.* Tímido.

TIMO *m. Anat.* Timo. *Bot.* Timo, tomillo.

TIMOCRACIA (cía) *f.* Timocracia.

TIMOCRATA (crá) *m.* Timócrata.

TIMOCRÁTICO, CA *adj.* Timocrático.

TIMOL (mòl) *m. Quím.* Timol.

TIMONEIRO *m.* Timonel, timonero.

TIMORATO, TA *adj.* Timorato.

TIMPANAL *adj.* Timpanal.

TIMPÂNICO, CA (pá) *adj.* Timpánico.

TIMPANILHO (llo) *m. Impr.* Timpanillo.

TIMPANISMO *m. Med.* Timpanismo.

TIMPANITE *f. Med.* Timpanitis.

TIMPANÍTICO, CA *adj.* Timpanítico.

TIMPANIZAR (zar) *v. tr.* Hacer timpanizarse.

TÍMPANO *m. Anat.* Tímpano. *Arq.* Tímpano, témpano. Témpano, timbal. *Impr.* Tímpano. *pl.* Oídos.

TINA *f.* Tina, tinaja.

TINADA *f.* Tinaja (líquid que cabe en una tina o tinaja).

TINALHA (lla) *f.* Tinajuela para vino.

TINCAL *m. Miner.* Tincal.

TINCALEIRA *f.* Vasija en que los plateros echan el tincal.

TINÇÃO (sáum) *f.* Teñidura.

TINCAR *m.* Lo mismo que TINCAL.

TINELEIRO *m.* Tinelero.

TINELO (nè) *m.* Tinelo.

TINETA *f. fam.* Manía.

TINGIDOR, RA (ji) *adj.* Teñidor. Ú. t. c. s.

TINGIDURA (ji) *f.* Teñidura, tintura, tinte.

TINGIR (jir) *v. tr.* Teñir. Ú. t. c. r.

TINHA (ña) *f. Med.* Tiña.

TINHORÃO (ñoráum) *m. Bras. Bot.* Papagayo.

TINHOSO, SA (ñozo, ñòza) *adj.* Tiñoso (que padece tiña). Ú. t. c. s. *Cão —.* El diablo. *m.* El diablo.

FINIDEIRA *adj. fem.* de *Tinidor. f. Bras. merid.* Aprieto, apuro.

TINIDO *m.* Retintín, retinte.

TINIDOR, RA *adj.* Que retiñe.

TINIR *v. intr.* Retiñir. Tintinar. Temblar de frío o de miedo. Zumbar (los oídos). Sentir mucha hambre. *Estar, o ficar, a —.* *fr.* Estar o quedarse sin dinero.

TINO *m.* Tino, juicio, cordura. Acierto, tino, destreza. Tino (hábito o facilidad de acertar o tientas con las cosas que se buscan). Tiento, prudencia. Tiento (ejercicio del tacto). *Perder o —.* *fr.* Desatinar, perder el tino.

TINOTE (nò) *m.* Tinajuela.

TINTA *f.* Tinta (para escribir, teñir, pintar, etc.). *pl.* Tintas, matizes. Tintura (noción superficial y leve de una facultad o ciencia). — *de imprensa.* Tinta de imprenta. — *simpática.* Tinta simpática. *Meias —s. fig. fam.* Medias tintas.

TINTEIRO *m.* Tintero (vas en que se pone la tinta para escribir). *Impr.* Tintero. *Ficar uma cousa no —. fr. fig.* Dejar, o dejarse, uno, o quedársele a uno, en el tintero una cosa: olvidarla u omitirla.

TINTIM-POR-TINTIM *loc. adv.* Punto por punto, menudamente, circunstanciadamente, con distinción y menudencia.

TINTINÁBULO *m.* Campanilla, timbre.

TINTINAR *v. intr.* Tintinar, tintinear.

TINTO, TA (*p. p. irreg.* de *Tingir*). Tinto. *adj.* Manchado, sucio. Tinto (hablando de la uva que tine negro el zumo o del vino de color obscuro).

TINTORIAL *adj.* Lo mismo que

TINTÓRIO, RIA (tò) *adj.* Tintóreo.

TINTURA *f.* Tintura, tinte (acción de teñir, y color con que se tiñe). *Farm.* Tintura. *fig.* Tintura (noción superficial, ligero conocimiento de una facultad o ciencia).

TINTURARIA (ría) *f.* Tintorería (oficio de tintorero). Tintorería (tinte: casa donde se tiñen telas u otras cosas).

TINTUREIRA *f.* Tintorera. *Zool.* Tintorera.

TINTUREIRO *m.* Tintorero. *Bras. R. de Janeiro.* Carro policial.

TIO (tío) *m.* Tío (hermano del padre o de la madre de una persona, respecto de ésta). — *-avô.* Tío abuelo.

TIORBA (ò) *f.* Tiorba.

TIORGA (ò) *f. Bras. merid.* Borrachera, mona.

TIPA *f. despect.* Tipa. *Bot.* Tipa.

TIPICAMENTE *adv. m.* Típicamente.

TÍPICO, CA *adj.* Típico.

TIPLE *f.* Tiple (las más aguda de las voces humanas).

TIPO *m.* Tipo, modelo, ejemplar. Tipo (letra o carácter de imprenta; cualquiera de las diversas clases de esta letra). *Hist. Nat.* Tipo. *despect.* Tipo (persona extraña y singular).

TIPOCROMIA (mía) *f.* Tipocromía.

TIPOGRAFAR *v. tr.* Reproducir tipográficamente; imprimir.

TIPOGRAFIA (fía) *f.* Tipografía (arte de imprimir y taller donde se imprime).

TIPOGRAFICAMENTE *adv. m.* Tipográficamente.

TIPOGRÁFICO, CA *adj.* Tipográfico.

TIPÓGRAFO (pò) *m.* Tipógrafo (operario que profesa la tipografía).

TIPÓIA (ò) *f.* Palanquín de red. Red pequeña. Coche viejo. *Bras.* Cabestrillo (banda o aparado pendiente del hombro para sostener la mano o el brazo lastimados).

TIPÓLITA (pò) *f. Miner.* Tipolita.

TIQUE-TAQUE *m.* Tictac (ruido acompasado del escape de un reloj).

TIQUINHO (ño) *m. Bras.* Brizna.

TIRA *f.* Tira (pedazo largo y estrecho de cualquier cosa delgada, como papel, tela, cuero, etc.). Cinta. Lista. *m. Bras. pop.* Agente de policía.

TIRABRAGAL *m.* Tirabraguero. Grupera.

TIRACOLO (cò) *m.* Tiracol, tiracuello, tahalí. *A —. m. adv.* Al hombro, por el ombro, pendiente del hombro.

TIRADA *f.* Tirada (distancia entre dos lugares). Tirada (serie de cosas que se dicen o escriben de un tirón). Salida, ocurrencia. Exportación. Tirada, caminata. Tirada (acción de tirar). Saca. Samiento. *De uma —. m. adv.* De una tirada, de un tirón, de una vez.

TIRADEIRAS *f. pl. Bras.* Tirantes (que se ponen a las bestias de tiro).

TIRADELA (dè) *f.* Acción de *Tirar.*

TIRADOR *m.* Tirador, asidero. Tirador, cordón. Tirador, presista. Tirador (el que tira). *Bras. merid.* Tirador (*Amer.:* cinturón de cuero del gaucho). Sacador.

TIRADOURA *f.* Timón (de carro o arado).

TIRADURA *f.* Acción y efecto de *Tirar.*

TIRAFUNDO *m.* Tirafondo.

TIRAGEM (jem) *f. Impr.* Tirada (acción de imprimir; número de ejemplares de una edición; lo que se tira en determinado tiempo). Tiro (corriente de aire que produce el fuego de un hogar).

TIRA-LINHAS (ñas) *m.* Tiralíneas.

TIRAMOLAR *v. tr. Mar.* Tiramollar.

TIRANA *f. Bras.* Tirana (cierta canción). *Bras. M. Gerais.* Azada. *fam.* Mujer cruel.

TIRANETE *m.* Tiranuelo.

TIRANIA (nía) *f.* Tiranía, tiranidad.

TIRANICAMENTE *adv. m.* Tiránicamente.

TIRANICIDA *m. y f.* Tiranicida.

TIRANICÍDIO *m.* Tiranicidio.

TIRÂNICO, CA (rá) *adj.* Tiránico.

TIRANIZADOR, RA (za) *adj.* Tirano, que tiraniza. Ú. t. c. s.

TIRANIZAR (zar) *v. tr.* Tiranizar.

TIRANO, NA *adj.* Tirano. *m.* Tirano.

TIRA-NÓDOAS (nò) *m.* Quitamanchas, sacamanchas.

TIRANTE *adj.* Tirante, que tira. Tirante, tenso. *m. Arq.* Tirante. Tirante (correa por medio de la cual las bestias de tiro arrastran un carruaje o un artefacto). *Bras.* Biela (de una locomotora). *prep.* Salvante, excepto, salvo.

TIRÃO (ráum) *m.* Tirón (acción de tirar con fuerza o violencia). Tirón, estirón. Tirada, caminata. Aprendiz.

TIRAPÉ (pè) *m.* Tirapié.

TIRA-PROSA (pròza) *m. Bras.* Hombre valiente.

TIRAR *v. tr.* Tirar (traer hacia sí). Tirar, arrastrar, llevar tras sí (hablando de caballerías, tractores, etc.). Sacar, extraer, arrancar. Tirar de (disponerse a hacer uso de una cosa). Tirar, devengar, adquirir, ganar. Tirar, arrojar, lanzar. Tirar (hacer líneas). Quitar, despojar. Sacar, hacer salir, apartar, desviar, quitar. Sacar (conocer, descubrir, hallar por señales e indicios); deducir. Sacar (ganar por suerte una cosa). Sacar, exceptuar, excluir. Sacar, quitar (manchas, etc.). Sacar, desenvainar. Librar, sacar de. Quitar, derogar. Quitar, hurtar. Restar, disminuir. *v. intr.* Tirar, asemejarse (dícese especialmente de los colores). Tirar (disparar un arma). *v. r.* Quitarse, irse. Apartarse, alejarse.

TIRA-TEIMAS *m. fam.* Argumento decisivo. Diccionario.

TIREÓIDE (ò) *adj.* Tiroides. *f. Anat.* Tiroides.

TIREÓIDEO, DEA (ò) *adj.* Tiroideo.

TIREOIDEU (ò) *adj.* Tiroideo.

TIREOIDITE *f. Patol.* Tiroiditis.

TIRETE *m.* Lo mismo que HIFEN.

TÍRIO, RIA *adj.* Tirio. Ú. t. c. s.

TIRIRICA *f.* Planta del Brasil *(Seleria tenacissima). Bras. adj.* Encolerizado, enfadado, enojado.

TIRITANA *f.* Tiritaña.

TIRITANTE *adj.* Que tirita o tiembla de frío.

TIRITAR *v. intr.* Tiritar (temblar de frío).

TIRO *m.* Tiro (acción de tirar o arrojar). Tiro (disparo de un arma de fuego y estampido que produce). Tiro (alcance de un arma arrojadiza). Tiro (cantidad de munición que constituye la carga de un arma de fuego). Tiro (lugar donde se tira al blanco). Tiro, tirante (correa que asida a las guarniciones de las caballerías sirve para tirar del carruaje). Tiro (conjunto de caballerías que tiran de un carruaje). *fig.* Tiro, indirecta. — *de guerra. Bras.* Escuela militar para los que quieren obtener el certificado de reservista sin entrar en la milicia. *Sair o — pela culatra. fr. fig. fam.* Salir el tiro por la culata.

TIRO *m.* Púrpura.

TIROCÍNIO *m.* Tirocinio.

TIROLÊS, LESA (lés, leza) *adj.* Tirolés. Ú. t. c. s.

TIROTEAR *v. tr.* Tirotear. *v. intr.* Tirotearse.

TIROTEIO *m.* Tiroteo.

TIRSO *m.* Tirso (cetro de Baco). *Bot.* Tirso.

TIRTE *m.* Sem — *nem guarte.* Sin aviso.

TISANA (za) *f.* Tisana.

TISANUROS (za) *m. pl. Zool.* Tisanuros.

TÍSICA (zi) *f.* Tisis.

TÍSICO, CA (zi) *adj.* Tísico. Ú. t. c. s.

TISIOLOGIA (ziolojía) *f.* Tisiología.

TISIÓLOGO (ziò) *m.* Especialista en tisiología.

TISNA *f.* Tizna.

TISNADO, DA *adj.* Tiznado.

TISNADURA *f.* Tiznadura.

TISNAR *v. tr.* Tiznar. *v. r.* Tiznarse. *fig.* Tiznarse, deslustrarse.

TISNE *m.* Tizne.

TITÃ (tán) *m.* Titán.

TITÂNICO, CA (tá) *adj.* Titánico.

TITÂNIO (tá) *m.* Titanio.

TITELA (tè) *f.* Pechuga del ave. *fig.* Cosa preciosa o la parte más preciosa de una cosa.

TÍTERE *m.* Títere.

TITEREAR *v. intr.* Moverse como un títere. Hacer mover los títeres.

TITEREIRO *m.* Titerero.

TITERITEIRO *m.* Titiritero.

TITICA *f. Bras.* Excremento de ave. *fig.* Cosa despreciable.

TITICAR *v. tr. Bras.* Lo mismo que CUTUCAR.

TITILAÇÃO (sáum) *f.* Titilación.

TITILANTE *adj.* Titilante.

TITILAR *v. intr.* Titilar.

TITÍMALO *m. Bot.* Titímalo, lechetrezno.

TITIO (tío) *m. Bras. infant.* Tío.

TITUBAR *v. intr. p. us.* Lo mismo que TITUBEAR.

TITUBEAÇÃO (sáum) *f.* Titubación, titubeo, vacilación.

TITUBEANTE *adj.* Titubante, titubeante.

TITUBEAR *v. intr.* Titubear, titubar (oscilar, tambalearse; tropezar al pronunciar las palabras; dudar, vacilar, estar perplejo).

TITULADO, DA *adj.* Fundado en títulos.

TITULAR *v. tr.* Titular (poner título o nombre a una cosa). Lo mismo que INTITULAR. Registrar.

TITULAR *adj.* Titular. Titulado.

TÍTULO *m.* Título (palabra o frase con que se enuncia el asunto de una obra científica, literaria o artística, de una parte o sección de ella, de un escrito cualquiera, etc.). Título (inscripción con que se indica el contenido, destino u objeto de una cosa). Título (renombre con que se conoce una persona por sus cualidades o acciones). Título, causa, razón, motivo, pretexto. Título (origen o fundamento jurídico de un derecho u obligación; demonstración auténtica del mismo; demonstración auténtica del derecho con que se posee una hacienda o bienes). Título (testimonio o instrumento dado para ejercer un empleo, dignidad o profesión). Título (dignidad nobiliaria). Título (documento que representa deuda pública o valor comercial). — *ao portador.* Título al portador. *A — de. m. adv.* A título (con pretexto, motivo o causa).

TLIM *m.* Tilín (sonido de la campanilla).

TLINTAR *v. intr.* Tilintear.

TMESE (tmèze) *f. Gram.* Tmesis.

TOA *f.* Sirga; toa *(Amer.).* Remolque. *A —. m. adv.* Al acaso, a la ventura, sin saber cómo o por donde. *Mulher a —.* Meretriz, ramera.

TOADA *f.* Tono, sonido. Rumor. Tonada. Tono, modo, manera. Entonación.

TOADILHA (lla) *f.* Tonadilla.

TOALHA (lla) *f.* Toalla.

TOALHEIRO (llei) *m.* Toallero.

TOALHETE (lle) *m. ant.* Toalleta, servilleta.

TOALHINHA (lliña) *f.* Toalleta *(dim. de Toalha).*

TOANTE *adj.* Sonante. Consonante (hablando de rimas).

TOAR *v. intr.* Sonar. Tronar. Convenir. Quedar bien.

TOBOGÃ (gán) *m.* Tobogán.

TOCA (tò) *f.* Madriguera, cuevecilla, cueva. Escondite, rincón. *fig.* Madriguera, refugio. *fig.* Casucha, habitación miserable.

TOCADELA (dè) *f.* Tocamiento. *fam.* Tocata.

TOCADO, DA *adj. fig.* Algo borracho.

TOCADOR, RA *adj.* Tocador (que toca, y especialmente que tañe un instrumento músico). Ú. t. c. s. *Bras.* Lo mismo que ALMOCREVE.

TOCADURA *f.* Tocamiento. *Veter.* Alcanzadura.

TOCAIA *f. Bras.* Lo mismo que EMBOSCADA. *Bras. merid.* Tocaya (mujer que tiene el mismo nombre que otra).

TOCAIAR *v. tr. Bras.* Acechar.

TOCAIO *m. Bras.* Tocayo. Ú. t. c. adj.

TOCA-LAPIS (tò) *m.* Portalápiz.

TOCAMENTO *m.* Tocamiento.

TOCANTE *adj.* Tocante (que toca). Relativo, concerniente. Conmovedor, enternecedor. *No — a. loc. adv.* Tocante a, por lo que atañe a, respecto de.

TOCAR *v. tr.* Tocar, palpar. Tocar (llegar a una cosa con la mano). Tocar (hacer sonar, según arte, un instrumento). Tocar (avisar, con campana u otro instrumento). *fig.* Conmover, enternecer. *fig.* Tocar, estimular, inspirar, persuadir. Tocar (tropezar ligeramente dos cosas). Tocar (acercar una cosa, a otra, ponerla en contacto con ella, para que le comunique alguna virtud). Tocar (ensayar un metal en la piedra de toque). *fig.* Tocar (haber llegado la hora de hacer alguna cosa). *v. intr.* Tocar (pertenecer por algún derecho o título). Tocar (arribar de paso a un lugar). Tocar (pertenecer parte de una cosa que se reparte entre varios, o les es común). Tocar (caer en suerte una cosa). *v. r.* Tocar (estar una

cosa en contacto con otra). Ofenderse, picarse. Empezar a pudrirse (las frutas). *pop.* Emborracharse un tanto.

TOCATA *f.* Serenata. *Mús.* Tocata.

TOCHA (tòcha) *f.* Hachón. Hacha (vela de cera, grande y gruesa). *fig.* Luz, brillo.

TOCHEIRA (chei) *f.* Lo mismo que

TOCHEIRO (chei) *m.* Hachero (candelero o blandón que sirve para poner el hacha).

TOCO (tó) *m.* Cepa, tocón. Lo mismo que COTO.

TOCOLOGIA (jía) *f.* Obstetricia.

TOCOLÓGICO, CA (lòji) *adj.* Obstétrico.

TOCÓLOGO (cò) *m.* Partero, comadrón.

TODAVIA (vía) *conj.* Todavía, con todo eso, no obstante, sin embargo.

TODO, TODA *adj.* Todo (que se toma o se comprende enteramente). Todo (equivalente a todos, cuando seguido de un substantivo en singular y sin artículo). Todo, cada. Todo, cualquier. *m.* Todo. *De —. m. adv.* Del todo, enteramente. *De — em —. m. adv.* De todo en todo, entera y absolutamente. *A —. m. adv.* A todo, a lo sumo, cuanto puede ser en su línea.

TODO-PODEROSO (zo) *adj.* Todopoderoso. Ú. t. c. s.

TOESA (éza) *f.* Toesa.

TOFO *m. Med.* Tofo. *Geol.* Lo mismo que TUFO.

TOGA (tò) *f.* Toga.

TOGADO, DA *adj.* Togado. Ú. t. c. s.

TOJAL (jal) *m.* Tojal.

TOJEIRO (jei) *m.* El que mete tojo en el horno.

TOJO (jo) *m. Bot.* Tojo.

TOLA *f. pop.* La cabeza, los sesos.

TOLAMENTE *adv. m.* Tontamente, estúpidamente.

TOLANO *m. Veter.* Tolano.

TOLAZ *adj.* Muy tonto o necio.

TOLDA (tòl) *f.* Toldo, entalamadura. Toldo, pabellón. Entoldamiento. Alcázar de la nave. Acción de enmohecerse el vino.

TOLDAR *v. tr.* Entoldar (cubrir con toldos). Encubrir. Anublar. Obscurecer. Lo mismo que TURVAR. *v. r.* Entoldarse (el cielo). Cubrirse, obscurecerse. Lo mismo que TURVAR-SE.

TOLDO (tól) *m.* Toldo, entalamadura. Poldo, pabellón. Alcázar de la nave. Toldo *(Amer.:* choza de indios).

TOLEDANA *f.* Espada fabricada en Toledo.

TOLEDANO, NA *adj.* Toledano. Ú. t. c. s.

TOLEIMA *f.* Tontería, necedad.

TOLEIRÃO, RONA (ráum) *adj. aum.* de *Tolo.* Tontón.

TOLEJAR (jar) *v. intr.* Tontear (decir o hacer tonterías).

TOLERABILIDADE *f.* Calidad de tolerable.

TOLERADA *f.* Meretriz.

TOLERÂNCIA (rán) *f.* Tolerancia.

TOLERANTE *adj.* Tolerante.

TOLERANTEMENTE *adv. m.* Con tolerancia.

TOLERANTISMO *m.* Tolerantismo.

TOLERAR *v. tr.* Tolerar, sufrir, soportar, llevar con paciencia. Tolerar, disimular (dejar pasar algunas cosas que no son lícitas, sin autorizarlas de un modo expreso).

TOLERÁVEL *adj.* Tolerable.

TOLERAVELMENTE *adv. m.* Tolerablemente.

TOLETE *m.* Tolete, escálamo.

TOLETEIRA *f.* Escalamera, chumacera.

TOLHEDURA (lle) *f. Cetr.* Tullidura.

TOLHEITA (llei) *f.* Embarazo, dificultad.

TOLHER (ller) *v. tr.* Impedir, estorbar, obstar, embarazar. Tullir. Embargar, *v. r.* Tullirse.

TOLHIDO, DA (lli) *adj.* Tullido, paralítico.

TOLHIMENTO (lli) *m.* Tullimiento.

TOLICE *f.* Tontería, necedad.

TOLINA *f. pop.* Burla que se hace a un tonto.

TOLINAR *v. tr. pop.* Engañar, burlar a un tonto.

TOLO, LA *adj.* Tonto, necio, mentecato. Ú. t. c. s. Tonto (dícese del dicho o hecho propio de un tonto). Ridículo; vanidoso.

TOLONTRO *m.* Tolondro (bulto o chichón producido por un golpe).

TOLÚ *m.* Bálsamo de Tolú.

TOLUENO *m. Quím.* Tolueno, metilbenceno.

TOLUÍFERO, RA adj. Bot. Toluífero.

TOM m. Tono (grado de elevación del sonido). Tono (inflexión de la voz y modo particular de decir alguna cosa). Tono (correspondencia del estilo con el asunto o con la intención de quien habla). Mús. Tono. Med. Tono. — maior. Mús. Tono mayor. — menor. Mús. Tono menor. Sem — nem som. fr. fam. Sin tono y sin son, sin ton ni son, sin motivo, fuera de orden y medida.

TOMADA f. Toma, tomada (conquista u ocupación de una plaza por fuerza de armas). Toma, tomadura (acción de tomar). Bras. Enchufe.

TOMADIA (día) f. Toma, tomada (conquista u ocupación de una plaza por fuerza de armas). Aprehensión de contrabando. Cosa aprehendida.

TOMADIÇO, ÇA (so, sa) adj. Enojadizo.

TOMADO, DA adj. Tomado, ocupado, conquistado. Tomado, asido, agarrado. Aprehendido. Poseído. Sobrecogido. Bras. Ebrio, borracho; tomado (Amer.).

TOMADURA f. Matadura.

TOMAR v. tr. Tomar (coger, asir, agarrar algo con la mano). Tomar (coger aunque no sea con la mano). Tomar (ocupar, conquistar una plaza por fuerza de armas). Tomar, quitar, hurtar. Tomar (comer o beber). Tomar, adoptar, emplear, poner por obra. Tomar, contratar o ajustar. Tomar (entender, juzgar e interpretar una cosa en determinado sentido). Tomar (recibir en sí los efectos de algunas cosas). Tomar (emprender una cosa o encargarse de una dependencia o negocio). Tomar (sobrevenir a uno de nuevo algún efecto o accidente que invade y se apodera del ánimo). Tomar (elegir, entre varias cosas que se ofrecen al arbitrio, alguna de ellas). Tomar (construído con ciertos nombres verbales, significa lo mismo que los verbos de donde tales nombres se derivan). Tomar (recibir o adquirir lo que significan ciertos nombres que se le juntan). Tomar (construído con un nombre de instrumento, ponerse a ejecutar la acción para la cual sirve el instrumento). v. intr. Tomar, encaminarse, empezar a seguir una dirección, determinada. Poseerse o imbuirse de un afecto, idea o doctrina. Ser asaltado por una impresión o sentimiento. Empaparse, impregnarse. Cuajarse, coagularse. pop. Emborracharse.

TOMARES m. pl. Dares e —. Dares y tomares (disputas, debates, altercaciones).

TOMATADA f. Tomatada.

TOMATE m. Tomate, tomatera. Tomate (fruto de la tomatera).

TOMATEIRA f. Tomate, tomatera.

TOMATEIRO m. Tomate, tomatera.

TOMBA f. Remiendo de zapato.

TOMBADILHO (lho) m. Mar. Toldilla.

TOMBADOR, RA adj. Que hace inventarios y demarcaciones de tierras. Ú. t. c. s. m. Lo mismo que

TOMBADOURO m. Bras. Cuesta escarpada. Tumbo (undulación del terreno).

TOMBAMENTO m. Lo mismo que TOMBO.

TOMBAR v. tr. Tumbar (hacer caer o derribar a una persona o cosa). Inventariar, registrar, hacer el catastro. v. intr. Tumbar, caer, rodar por tierra. Declinar, decaer. Retumbar. Volcarse.

TOMBO m. Caída. Acción y efecto de Tombar. Inventario; catastro; cartulario. fam. Genio de una persona. Torre do —. Archivo público en Lisboa. Livro do —. Tumbo.

TÔMBOLA (tóm) f. Tómbola.

TOMBOLAR v. intr. Ganar algo en una tómbola.

TOMENTO m. Tomento (estopa basta que queda del lino al rastrillarlo). Bot. Tomento, vello.

TOMENTOSO, SA (ozo, ôza) adj. Tomentoso.

TOMILHAL (lhal) m. Tomillar.

TOMILHO (lho) m. Tomillo.

TOMISMO m. Tomismo.

TOMISTA adj. Tomista. Ú. t. c. s.

TOMÍSTICO, CA adj. Tomístico.

TOMO m. Tomo (parte de una obra con paginación propia y encuadernada por lo común separadamente). fig. Tomo, importancia, valor y estima.

TOMOTOCIA (cía) f. Tomotocia (operación cesárea).

TONA f. Cáscara muy delgada, película. fig. Superficie de cualquier líquido. A — m. adv. A la superficie. — d'água. Superficie del agua.

TONADILHA (lha) f. Tonadilla.

TONAL adj. Mús. Tonal.

TONALIDADE f. Mús. Tonalidad.

TONANTE adj. Tonante (que truena).

TONAR v. intr. ant. Tronar.

TONDINHO (ño) m. Arq. Tondino, astrágalo. Ant. Tarso.

TONEL (nèl) m. Tonel.

TONELADA f. Tonelada.

TONELAGEM (jem) f. Tonelaje, arqueo.

TONELARIA (ría) f. Tonelería.

TÔNICA (tó) f. Mús. Tónica. Gram. Tónica.

TONICIDADE f. Tonicidad.

TÔNICO, CA (tó) adj. Med. Tónico. Ú. t. c. s. m. Mús. Tónico. Pros. Tónico.

TONIFICANTE adj. Tonificante.

TONIFICAR v. tr. Tonificar, entonar.

TONILHO (lho) m. Tonillo. Tonadilla.

TONINHA (ña) f. Zool. Tonina.

TONISMO m. Med. Tonismo, tétanos.

TONITROANTE adj. Tonante, tronante, tronador. Que habla o canta con estruendo.

TONÍTRUO, TRUA adj. Lo mismo que TONITROANTE.

TONO m. Lo mismo que TOM. Med. Tono. Tonadilla. Aria.

TONOMETRIA (tría) f. Tonometría.

TONQUIM m. Tonquinés. Chale de —. Mantón de Manila.

TONQUINÊS, NESA (nês, neza) adj. Tonquinés. Ú. t. c. s.

TONSAR v. tr. ant. Lo mismo que TOSQUIAR.

TONSILA f. Anat. Tonsila, amígdala.

TONSILAR adj. Tonsilar.

TONSILITE f. Patol. Tonsilitis, amigdalitis.

TONSURA f. Tonsura (acción de tonsurar). Tonsura, corona. Tonsura (grado preparatorio para recibir las ordenes menores). Prima —. Prima tonsura.

TONSURADO, DA adj. Tonsurado.

TONSURAR v. tr. Tonsurar (conferir a uno el grado de prima tonsura). Tonsurar (cortar el pelo o la lana).

TONTEAR v. intr. Tontear (hacer o decir tonterías). Atontarse, aturdirse, atolondrarse. Cabecear (cuando uno se va durmiendo). Perturbarse. Marearse.

TONTEIRA f. Tontería. Vértigo, mareo.

TONTICE f. Tontería, tontera, tontedad, tontuna.

TONTINA f. Com. Tontina.

TONTURA f. Vértigo, vahído, mareo.

TOPADA f. Tropezón. Topetada, topada. Choque. Encuentro, tope, topetón.

TOPAR v. tr. Topar (chocar una cosa con otra). Ú. t. c. r. Topar (hallar casualmente o sin solicitud). Topar, topetar. Tropezar. v. intr. Topar (tropezar o embarazar en algo por algún obstáculo, dificultad o falta que se advierte). Bras. Topar, querer, aceptar.

TOPÁZIO (zio) m. Topacio.

TOPE (tò) m. Topetón, tope, encuentro, golpe. Cumbre, cima, punto culminante, extremo. fig. Cumbre (último grado a que pude llegar una cosa). Lazo (atadura o nudo de cintas o cosa semejante que sirve de adorno). Mar. Tope. fig. Tope, tropiezo, estorbo, impedimento. fig. Especie, laya, calidad.

TOPETADA f. Topetada, topada, topetazo.

TOPETAR v. tr. Topetar (dar con la cabeza en alguna cosa). Subir a la mayor altura; alcanzar, llegar a. v. intr. Topetar, topar (los toros, carneros, etc.). Subirse.

TOPETE (pé) m. Copete (cabello que se ha levantado sobre la frente). Copete, tupé (moño o penacho de pluma que tienen algunas aves). Copete (mechón de crin que cae al caballo sobre la frente). fig. Tupe, atrevimiento, desfachatez.

TOPETEIRA f. Lo mismo que TESTEIRA.

TOPETUDO, DA adj. Copetudo (que tiene copete). fam. Copetudo, presumido, altanero.

TÓPICO, CA (tò) adj. Tópico (perteneciente o relativo a determinado lugar). Externo (medicamento). Vulgar, tribial (expresión). m. Tópico (medicamento externo). Ret. Tópico. pl. Tópicos, lugares comunes.

TOPO (pò) m. Encuentro, tope, topetón.

TOPO (tó) m. Lo mismo que TOPE.

TOPOFOBIA (bía) f. Topofobia.

TOPOGRAFIA (fía) f. Topografía.

TOPOGRAFICAMENTE adv. m. Topográficamente.

TOPOGRÁFICO, CA adj. Topográfico.

TOPÓGRAFO (pò) m. Topógrafo.

TOPOLOGIA (jía) f. Topografía. Gram. Tratado de la colocación o posición de ciertas clases de vocablos.

TOPOLÓGICO, CA (lòji) adj. Perteneciente a la Topologia o concerniente a ella.

TOPONÍMIA f. Toponimia.

TOPONÍMICO, CA adj. Perteneciente o concerniente a la toponimia.

TOQUE (tò) m. Toque (acción de tocar alguna cosa). Contacto. Sonido. Percusión. Golpe. Toque (de campanas). Toque (de tambores o cornetas). La acción de darse o apretarse las manos. Pint. Toque. Señal, vestigio. Toque, indicación, llamamiento. Gusto u olor que tienen ciertos vinos. Remoque. Sombrero de señora. Mancha donde comienzan a pudrirse las frutas. Toque, prueba, ensaye. — - —. Bras. Marcha acelerada. A — de caixa. m. adv. Aprisa.

TORA (tò) f. Bot. Tora. Tora (libro de la ley hebrea). Tirar uma —. fr. Bras. Río Gr. del Sur. Dormir un sueño de corta duración.

TORACENTESE (tèze) f. Cir. Toracentesis.

TORÁCICO, CA adj. Torácico.

TORACOCENTESE (tèze) f. Cir. Toracocentesis, toracentesis.

TORACODÍDIMO m. Toracodídimo.

TORACOFACIAL adj. Toracofacial.

TORACOMETRIA (tría) f. Toracometría.

TORACÔMETRO (có) m. Aparato para medir la capacidad torácica.

TORACOPLASTIA (tía) f. Toracoplastia.

TORACOSCOPIA (pía) f. Toracoscopia.

TORACOSTRÁCEO, CEA adj. Toracostráceo.

TORACOTOMIA (mía) f. Toracotomia.

TORAL m. Toral de lanza.

TORANJA (ja) Lo mismo que TORONJA.

TORAR v. tr. Atorar (partir leña en tueros). Bras. nort. Cortar, hacer trozos.

TÓRAX (tòracs) m. Tórax.

TORÇA (tòrsa) f. Dintel.

TORÇAL (sal) m. Torzal.

TORÇALADO, DA (sa) adj. Adornado con torzales.

TORÇÃO (sáum) f. Torcedura. Torsión. Veter. Torozón, torzón.

TORCAZ adj. Torcaz.

TORCEDELA (dè) f. Torcedura.

TORCEDOR, RA adj. Torcedor. m. Torcedor (huso con que se tuerce la hilaza). Lo mismo que ARROCHO. Bras. Hincha (amer. argent.).

TORCEDURA f. Torcedura. Vuelta tortuosa. fig. Sofisma. Torcimiento.

TORCER v. tr. Torcer (dar vueltas a una cosa sobre si misma, haciéndole tomar forma helicoidal y apretándola). Ú. t. c. r. Torcer (doblar, encorvar una cosa recta). Ú. t. c. r. Torcer (desviar violentamente de su dirección normal un miembro u otra cosa). Torcer (dar al rostro expresión de desagrado o enojo). Torcer (dejar el camino recto, volviendo hacia un lado). fig. Torcer (interpretar mal aquello que tiene sentido equívoco). Torcer (mudar, trocar la voluntad o la opinión de alguien). v. intr. Bras. Animar (el espectador) a los jugadores de su simpatía. Acompañar la acción de otro deseándole buen éxito. v. r. Torcerse. Lo mismo que CONTORCER-SE.

TORCICOLO (cò) m. Rodeo, vuelta, torcimiento. Tortuosidad. Ambigüedad. Med. Torticolis. Zool. Torcecuello.

TORCIDA f. Torcida (mecha que se pone en los velones, candiles, velas, etc.). Bras. Acción y efecto de Torcer, acep. Brasi. Hinchada (amer. argent.).

TORCIDAMENTE adv. m. Torcidamente.

TORCIDO, DA adj. Torcido.

TORCILHÃO (lláum) m. Lo mismo que TORÇÃO.

TORCIMENTO m. Torcedura, torcimiento.

TORÇO (so) *m.* Torcedura, torcimiento.

TÓRCULO (tòr) *m.* Tórculo.

TORDILHO, LHA (llo) *adj.* Tordillo, tordo (que tiene el pelo mezclado de blanco y negro). Ú. t. c. s.

TORDO *m. Zool.* Tordo.

TOREUMATOGRAFIA (fía) *f.* Toreumatografía.

TOREUMATÓGRAFO (tò) *m.* Toreumatógrafo.

TORÉUTICA (réu) *f.* Toréutica.

TORGA *f.* Lo mismo que URZE.

TORGO *m.* Lo mismo que URZE.

TORÍNIO *m.* Lo mismo que

TÓRIO (tò) *m.* Torio.

TORITA *f. Miner.* Torita.

TORITE *f.* Lo mismo que TORITA.

TORMENTA *f.* Tormenta, tempestad, borrasca. *fig.* Tormenta (violenta manifestación del estado de los ánimos enardecidos).

TORMENTO *m.* Tormento (acción de atormentar). Tormento (angustia o dolor físico). Tormento (dolor corporal que se causaba al reo para obligarle a confesar o declarar). *fig.* Tormento, congoja, aflicción, angustia.

TORMENTÓRIO, RIA (tò) *adj.* Tormentoso.

TORMENTOSO, SA (tozo, òza) *adj.* Tormentoso.

TORNA (tòr) *f.* Vuelta, pago, recompensa, tornas. Compensación.

TORNADA *f.* Tornada, torna, tornadura (acción de tornar, regresar o devolver). El líquido que sale de una vasija cuando se le quita la llave. Banco de arena.

TORNADIÇO, ÇA (so, sa) *adj.* Tornadizo. Renegado, desertor.

TORNADO *m.* Tornado (huracán).

TORNADURA *f.* Torcedero.

TORNAFIO (fío) *m.* Hierro donde se afilan las herramientas del peinero.

TORNAR *v. intr.* Tornar, volver, regresar. Tornar, volver a hacer una cosa (con la prep. *a* y un infinitivo). *v. tr.* Tornar, devolver, restituir. Tornar (mudar de naturaleza o de estado). Ú. t. c. r. Repetir. Traducir. Contestar, responder, volver. *v. r.* Tornar, volver, regresar. Tornarse, cambiarse, transformarse, transmutarse. Hacerse.

TORNASSOL (sòl) *m.* Tornasol, girasol. Tornasol (materia colorante que sirve de reactivo para conocer los ácidos).

TORNA-VIAGEM (tòr...jem) *f.* Tornaviaje (viaje de regreso al punto de partida); regreso. *fig.* Lo mismo que REFUGO.

TORNEADO, DA *adj.* Torneador; redondeado. Rollizo. *fig.* Escrito con elegancia. Bien formado, como se fuera hecho al torno.

TORNEADOR *m.* Torneador (persona que tornea). Ú. t. c. adj. Banco (especie de mesa que usan algunos artesanos).

TORNEAMENTO *m.* Acción y efecto de tornear, de labrar una cosa al torno.

TORNEAR *v. tr.* Tornear (labrar, redondear, pulir una cosa al torno). *v. intr.* Tornear (combatir en el torneo). Tornear (dar vueltas en torno). Ceñir. Pulir, aderezar, componer.

TORNEARIA (ría) *f.* Tornería.

TORNEÁVEL *adj.* Que se puede tornear.

TORNEIO *m.* Torneo (combate a caballo entre varias personas, divididas en bando). Justa. Acción y efecto de tornear. Acción y efecto de pulir, aderezar o componer. Elegancia, tersura (del estilo o de la frase). *fig.* Justa, competencia, certamen. *fig.* Polémica, discusión, controversia.

TORNEIRA *f.* Espita, canilla. Llave (instrumento que facilita o impide el paso de la agua de una vasija). Grifo, grifón.

TORNEIRO *m.* Tornero.

TORNEJA (néja) *f.* Clavija (en la extremidad del eje de un carro).

TORNEJAMENTO (ja) *m.* Encorvamiento, encorvadura.

TORNEJAR (jar) *v. tr.* Encorvar, torcer. *v. intr.* Encorvarse. Tornear (dar vueltas en torno). Arquearse. Combarse. Ser corvo, arqueado o combado.

TORNEL (nèl) *m.* Argolla que puede girar como un eje.

TORNILHEIRO (llei) *m. fam.* Tornillero (soldado que deserta).

TORNILHO (llo) *m.* Antiguo castigo militar. *fig.* Trance apurado, aprieto.

TORNINHO (ño) *m.* Torno pequeño. Tornillo de banco.

TORNIQUETE *m.* Torniquete (aparato de física). *Cir.* Torniquete. Torniquete (torno en forma de cruz, que gira horizontalmente sobre un eje, y sirve para cerrar las entradas por donde han de pasar personas de una en una). *fig. Bras.* Trabajo, apuro, aprieto, dificultad.

TORNO (tòr) *m.* Torno (máquina de diversas formas en que se hace que una cosa dé vuelta sobre sí misma, como las que sirven para hilar, devanar, labrar madera o metal, etc.). Espita, canilla, grifo, llave. Torno (de convento, casa de expósitos, etc.). Clavija. Torno (vuelta alrededor). Clavo de madera. Tornillo de banco; torno.

TORNOZELO (ze) *m.* Tobillo.

TORO (tò) *m.* Tronco (de árbol, sin rama). Tronco (cuerpo humano o de cualquier animal, prescindiendo de la cabeza y las extremidades). Cepo (de árbol). *Arq.* Toro. *Geom.* Toro.

TORONJA (ja) *f.* Toronjo. Toronja.

TOROSO, SA (rozo, òza) *adj.* Pulposo. Carnudo. Robusto, vigoroso, fuerte.

TORPE *adj.* Torpe, deshonesto, impudico, lascivo. Torpe, ignominioso, indecoroso, infame. Torpe, feo, tosco. Asqueroso. Sucio, manchado. Torpe, desmañado. Torpe (que no tiene movimiento libre, o lo tiene tardo y pesado).

TORPECER *v. tr., intr.* y *r.* Lo mismo que ENTORPECER.

TORPEDAGEM (jem) *f. Bras.* Lo mismo que TORPEDEAMENTO.

TORPEDAR *v. tr.* Lo mismo que TORPEDEAR.

TORPEDEAMENTO *m.* Torpedeamiento.

TORPEDEAR *v. tr. Mar.* Torpedear.

TORPEDEIRO *m. Mar.* Torpedero.

TORPEDINHO (ño) *m. Zool.* Pequeno pez (*Nanostomus beckfordi*).

TORPEDO *m. Mar.* Torpedo. *Zool.* Torpedo.

TORPEMENTE *adv. m.* Torpemente.

TORPENTE *adj.* Entorpecedor. Torpe, entorpecido.

TORPEZA (za) *f.* Torpeza, deshonestidad, desvergüenza, infamia, obscenidad.

TORPIDADE *f.* Lo mismo que TORPEZA.

TÓRPIDO, DA (tòr) *adj.* Tórpido, entorpecido.

TORPITUDE *f.* Lo mismo que TORPEZA.

TORPOR *m.* Torpor, entumecimiento, entorpecimiento. Indiferencia o inercia moral.

TORQUÉS (qués) *f.* Tenaza.

TORRA (tò) *f.* Tostadura, tostado.

TORRADA *f.* Tostada.

TORRADO, DA *adj.* Tostado. Marchito, seco, muerto.

TORRÃO (rráum) *m.* Terrón (masa pequeña de tierra compacta). Terrón (masa pequeña y suelta de otras substancias, como azúcar, sal, etc.). Turrón. Terruño, terreno. *fig.* Terruno (país natal). — *natal.* Terruño (país natal).

TORRAR *v. tr.* Tostar, torrar (desecar al lumbre una cosa). Tostar (calentar demasiado). Desecar mucho. Marchitar, enmustiar. *Bras.* Quemar (vender una cosa a menos de su precio justo).

TORRE (tó) *f.* Torre (de las iglesias). Torre (edificio más alto que ancho para defender una ciudad o plaza). Torre, roque (pieza del juego de ajedrez). Torre (de los acorazados). *fig.* Persona muy corpulenta. — *de Babel. fig.* Torre de Babel, Babel.

TORREADO, DA *adj.* Torreado (guarnecido con torres).

TORREANTE *adj.* Que se eleva como una torre.

TORREAR *v. tr.* Torrear (guarnecer con torres).

TORREFAÇÃO (sáum) *f.* Torrefacción, tostadura. Tostadero de café.

TORREFATO, TA *adj.* Torrefacto, tostado.

TORREFATOR, RA *adj.* Tostador. *m.* Tostador, tostadera.

TORREFAZER (zer) *v. tr.* Tostar, torrar.

TORREFEITO, TA *adj.* Torrefacto, tostado.

TORREJAR (jar) *v. tr.* Torrear.

TORRENCIAL *adj.* Torrencial.

TORRENCIALMENTE *adv. m.* Caudalosamente.

TORRENTE *f.* Torrente (corriente de agua impetuosa). *fig.* Torrente (muchedumbre de cosas que concurren a un tiempo).

TORRENTOSO, SA (tozo, òza) *adj.* Que corre a modo de torrente; torrentoso (*amer. chil.*).

TORRESMO *m.* Torrezno.

TÓRRIDO, DA (tò) *adj.* Tórrido (muy ardiente o caliente). *Geogr.* Tórrido.

TORRIFICAR *v. tr.* Tostar, torrar.

TORRIJA (ja) *f.* Torrija.

TORRINHA (ña) *f.* Torrecilla. Torrejón. Paraíso (de los teatros).

TORROADA *f.* Gran cantidad de terrones. Terronazo.

TORSO *m.* Torso.

TORTA (tòr) *adj. fem.* de *Torto.* Tuerta. *f.* Torta. Tortada.

TORTEIRA *f.* Tortera, cacerola tortera.

TORTELOS (tè) *m.* Bizco, bisojo.

TORTO, TORTA (tór, tòr) *adj.* Tuerto, torcido. Oblicuo. Tuerto (falto de la vista de un ojo). Ú. t. c. s. Bizco, bisojo. Ú. t. c. s. Injusto, erróneo, inexacto, incorrecto. Torcido (que no obra con rectitud). *m. ant.* Tuerto, agravio, injuria, sinrazón. A — *e a direito. m. adv.* A tuertas o a derechas, a tuerto o a derecho, sin consideración ni reflexión, justa o injustamente.

TORTOR *m. Mar.* Tortor.

TORTULHO (llo) *m.* Hongo. Mondongo de una res preparado para vender. *fig.* Persona rechoncha.

TORTUOSAMENTE (òza) *adv. m.* Tortuosamente.

TORTUOSIDADE (zi) *f.* Tortuosidad.

TORTUOSO, SA (ozo, òza) *adj.* Tortuoso.

TORTURA *f.* Tortura, tortuosidad. Tortura, cuestión de tormento. Tortura, dolor, angustia, aflicción, tormento, pena.

TORTURANTE *adj.* Atormentador, torturador, angustioso, aflictivo.

TORTURAR *v. tr.* Torturar, atormentar. Ú. t. c. r. Afligir, angustiar. Ú. t. c. r.

TORVAÇÃO (sáum) *f.* Turbación, turbamiento (acción y efecto de turbar o turbarse). Perturbación (del ánimo). Atufamiento, enfado, enojo, cólera. Enturbiamiento.

TORVADO, DA *adj.* Perturbado, turbado. Turbio, confuso, revuelto. Torvo, airado, enojado.

TORVAMENTE *adv. m.* Turbiamente. Torvamente.

TORVAMENTO *m.* Lo mismo que TORVAÇÃO.

TORVAR *v. tr.* Turbar, perturbar. *v. intr.* Turbarse, perturbarse. Ú. t. c. r.

TORVELINHANTE (ñan) *adj. Bras.* Remolinante.

TORVELINHAR (ñar) *v. intr.* Remolinar, remolinear.

TORVELINHO (ño) *m.* Torbellino. Remolino. *fig.* Torbellino (abundancia de cosas que ocurren a un mismo tiempo).

TORVELINO *m.* Lo mismo que TORVELINHO.

TORVO, VA *adj.* Torvo, fiero, airado; terrible a vista. *m.* Lo torvo.

TOSA (tòza) *f.* Esquila, esquileo. Tunda (acción y efecto de tundir los paños). *fam.* Paliza, zurra de golpes, tunda.

TOSADOR (za) *m.* Esquilador.

TOSADURA (za) *f.* Esquila, esquileo. Tunda (acción de tundir los paños).

TOSÃO (záum) *m.* Toisón (orden de caballería). Vellón. — *de ouro.* Toisón de Oro.

TOSAR (zar) *v. tr.* Esquilar, trasquilar. Tonsurar. Tundir (los paños). Tundear, tundir (castigar con golpes, palos o azotes). Comer (hanblándose del ganado que pasta).

TOSCAMENTE *adv. m.* Toscamente.

TOSCANEJAR (jar) *v. intr.* Cabecear (dar cabezadas o inclinar la cabeza hacia el pecho cuando uno, de pie o sentado, se va durmiendo). Pardear.

TOSCANO, NA *adj. Arq.* Toscano. Toscano (natural de Toscana). Ú. t. c. s.

TOSCO, CA *adj.* Tosco, grosero, basto, sin pulimento. *fig.* Tosco, inculto, falto de instrucción.

TOSQUIA (quía) *f.* Esquila, esquileo, trasquila, trasquiladura. Tiempo propio para esquilar. *fig.* Crítica severa.

TOSQUIADELA (dè) *f.* Lo mismo que TOS-QUIA.

TOSQUIADO, DA *adj.* Esquilado. Trasquilado (con el pelo cortado a trechos, sin orden ni arte). *pop.* Que tiene el pelo cortado. *Ir buscar lã e sair —. ref.* Ir por lana y volver trasquilado.

TOSQUIADOR *m.* Esquilador, trasquilador.

TOSQUIAR *v. tr.* Esquilar, trasquilar; tonsurar. Trasquilar (cortar el pelo a trechos sin orden ni arte). Mondar (cortar a uno el pelo). Mondar, podar. *fig.* Mondar (quitar a uno lo que tiene).

TOSSE (óse) *f.* Tos. — *convulsa,* o *comprida* (*Bras.*) Tos ferina, o convulsiva. — *de cachorro. Bras.* Tos perruna.

TOSSEGOSO, SA (segozo, òza) *adj.* Tosegoso, tosigoso, que padece tos, que tose mucho.

TOSSIDELA (sidè) *f.* Tosidura.

TOSSIDO (si) *m.* Tosidura fingida para expresar algún sentimiento.

TOSSIR (sir) *v. intr.* Toser. *v. tr.* Escupir, echar fuera de sí, expeler de la garganta.

TOSTA *f.* Tostada.

TOSTADELA (dè) *f.* Tostadura ligera.

TOSTADO, DA *adj.* Tostado (subido y obscuro, hablando de color). Tostado (que se tostó). Tostado, curtido, atezado (hablando de la piel del cuerpo).

TOSTADURA *f.* Tostadura, tostado.

TOSTÃO (táum) *m.* Testón (moneda brasileña con el valor de diez centavos).

TOSTAR *v. tr.* Tostar. Abrasar, quemar. Quemar superficialmente. Tostar, curtir, atezar. Tiznar. Resquemar, requemar, tostar con exceso. *v. r.* Tostarse. Resquemarse.

TOSTE *adj. ant.* Pronto, ligero. *adv. m.* Aprisa; temprano.

TOTAL *adj.* Total, general (que lo comprende todo en su especie). *m. Álg. y Arit.* Total, suma.

TOTALIDADE *f.* Totalidad, todo. Total, suma.

TOTALIZAÇÃO (zasáum) *f.* Totalización.

TOTALIZAR (zar) *v. tr.* Totalizar (*neol.*: Sumar, hacer total de varias sumas). Apreciar conjuntamente. Realizar enteramente.

TOTALMENTE *adv. m.* Totalmente.

TÓTEM (tò) *m.* Totem.

TOTÉMICO, CA (té) *adj.* Totémico.

TOTEMISMO *m.* Totemismo.

TOUCA *f.* Toca (prenda de tela pra cubrir la cabeza). Toca (prenda de lienzo que las monjas usam para cubrir la cabeza). Turbante. Capillo (gorrita de lienzo para abrigar la cabeza a los niños desde que nacen).

TOUÇA (sa) *f.* Lo mismo que MOITA.

TOUCADO, DA *adj.* Tocado. Coronado. Que lleva toca. *m.* Tocado (peinado y adorno de la cabeza en las mujeres).

TOUCADOR, RA *adj.* Tocador (que toca o peina). *m.* Tocador (mueble para el peinado y aseo de una persona; aposento destinado a este fin).

TOUCAR *v. tr.* Tocar (peinar el cabello; componerlo con cintas, lazos y otros adornos). *Ú. t. c. r.* Adornar, componer. Componer (vestidos). Cubrir la cabeza con la toca. Coronar. Circundar, rodear. Aureolar. *v. r.* Tocarse (ponerse la toca, mantilla, pañuelo, gorra, etc.). Tocarse (el cabello).

TOUCEIRA *f.* Cepa. Mata, chaparro.

TOUCINHO (ño) *m.* Tocino.

TOUPEIRA *f. Zool.* Topo. *fig. fam.* Topo (persona de pocos alcances). *fig.* Persona que tiene los ojos muy pequeños.

TOURADA *f.* Torada (manada de toros). Corrida de toros.

TOUREADOR *m.* Toreador.

TOUREAR *v. intr.* Torear (lidiar los toros en la plaza). *Ú. t. c. tr.*

TOUREIO *m.* Toreo.

TOUREIRO *m.* Torero.

TOUREJÃO (jáum) *m.* Torillo (de una rueda).

TOURIL *m.* Toril.

TOURINHA (ña) *f.* Novillada.

TOURO *m. Zool.* Toro. *fig.* Toro (hombre muy robusto y fuerte). *Astr.* Toro, tauro. *pl.* Toros, fiesta o corrida de toros.

TOUTA *f. pop.* Cabeza. Copete. Lo mismo que TOUTIÇO.

TOUTEAR *v. intr.* Tontear (hacer o decir tonterías).

TOUTIÇADA (sa) *f.* Pescozada, pescozón.

TOUTIÇO (so) *m.* Cerviguillo, cervigón. Nuca. *pop.* Cabeza; coronilla.

TOUTINEGRA *f. Zool.* Curruca.

TOXEMIA (xemía) *f. Med.* Toxemia.

TOXICAR (xi) *v. tr.* Tosigar, toxicar, intoxicar.

TOXIDADE (xi) *f.* Toxicidad.

TÓXICO, CA (tòxi) *adj.* Tóxico. *Ú. t. c. s. m.*

TOXICOEMIA (xicoemía) *f. Med.* Toxemia.

TOXICOÉMICO, CA (xicoé) *adj.* Toxémico.

TOXICOGRAFIA (xicografia) *f.* Toxicografía.

TOXICOLOGIA (xi...jía) *f.* Toxicología.

TOXICOLÓGICO, CA (xicolòji) *adj.* Toxicológico.

TOXICÓLOGO (xicò) *m.* Toxicólogo.

TOXICOMANIA (xi...nía) *f.* Toxicomanía.

TOXICÓMANO (xicó) *m.* Toxicómano.

TOXIDEZ (xi) *f.* Toxicidad.

TOXINA (xi) *f. Med.* Toxina.

TRABAL *adj.* Trabal.

TRABALHADAMENTE (lla) *adv. m.* Trabajadamente, trabajosamente.

TRABALHADEIRA (lla) *adj.* Trabajadora. *Ú. t. c. s.*

TRABALHADO, DA (lla) *adj.* Trabajado, labrado, puesto en obra. Lo mismo que TRABALHOSO.

TRABALHADOR, RA (lla) *adj.* Trabajador. *Ú. t. c. s. m.* Trabajador, jornalero, obrero, operario.

TRABALHÃO (lláum) *m.* Faena, trabajo ingrato, fatiga. Afán (trabajo excesivo y penoso; trabajo corporal recio).

TRABALHAR (llar) *v. tr.* Trabajar (formar, disponer o ejecutar una cosa, arreglándose a método y orden); labrar (reducir una materia al estado o forma conveniente para usar de ella). *v. intr.* Trabajar (ocuparse en un ejercicio, obra o labor). Trabajar, solicitar, procurar (intentar algo con actividad y ahinco). Trabajar (aplicarse activamente a hacer o ejecutar una cosa). Trabajar, funcionar (una máquina, un buque, etc.). Trabajar (sufrir una cosa la acción de los esfuerzos a que se halla sometida). Trabajar (poner fuerza y ahinco para vencer alguna cosa). Trabajarse (esforzarse con empeño en una cosa).

TRABALHEIRA (llei) *f. fam.* Lo mismo que TRABALHÃO.

TRABALHISTA (llis) *adj.* Laborista. *Ú. t. c. s.*

TRABALHO (llo) *m.* Trabajo (obra, producción del entendimiento; operación de una máquina, herramienta o utensilio; esfuerzo humano aplicado a la producción de la riqueza). *fig.* Trabajo (dificultad, impedimento; penalidad, molestia, tormento o suceso infausto). *pl.* Trabajos (miseria, estrechez, pobreza o necesidad). — *de sapa.* Trabajo de zana. —*s forçados.* Trabajos forzosos, o forzados.

TRABALHOSAMENTE (llòza) *adv. m.* Trabajosamente.

TRABALHOSO, SA (ozo, òza) *adj.* Trabajoso (que da, cuesta o causa mucho trabajo).

TRABÉCULA (bè) *f. Hist.* Trabécula. Vigueta (viga o trabe pequeña).

TRABELHO (llo) *m.* Palo con que se retuerce las cuerdas de una sierra. *ant.* Trebejo (pieza del juego de ajedrez). *Sem trelho nem — m. adv. fig.* Sin consideración, sin orden.

TRABUCADA *f.* Trabucazo.

TRABUCADOR, RA *adj.* Que tira con el trabuco. *Ú. t. c. s.* Afanador. *Ú. t. c. s.*

TRABUCAR *v. tr.* Atacar o acometer con el trabuco. Echar a pique (un buque). Hacer volver. Agitar. *v. intr.* Afanarse, trabajar mucho. Zozobrar, perderse o irse a pique (un buque). Hacer estruendo.

TRABUCO *m.* Trabuco.

TRABUQUEIRO *m.* Salteador armado con trabuco.

TRABUQUETE *m.* Trabuco pequeño.

TRABUZANA (za) *f. pop.* Tempestad, tormenta, borrasca. Molestia o enfermedad. Borrachera. Indigestión. *Bras. merid.* Barullo, tumulto, desorden, motín. *m. Bras. merid.* Hombre valiente.

TRAÇA (sa) *f. Zool.* Polilla. *fig.* Polilla (lo que menoscaba o destruye insensiblemente una cosa). Trazado (acción de trazar). Traza, plano. Traza (medio elegido para realizar un fin). *fig.* Traza, invención, arbitrio, recurso. *fig.* Maña; ardid. *fam.* Persona importuna o molesta. *Bras.* Traza (figura de una cosa).

TRAÇADO, DA (sa) *adj.* Trazado (delineado, diseñado; escripto; expuesto). Partido en pedazos. *m.* Trazado, traza.

TRAÇADOR, RA (sa) *adj.* Trazador. *Ú. t. c. s. m. Bras.* Sierra sin bastidor; sierra abrazadera.

TRACALHAZ (llás) *m. pop.* Lo mismo que TRACANAZ.

TRACAMBISTA *m. Bras.* Bellaco.

TRAÇAMENTO (sa) *m.* Trazado (acción y efecto de trazar).

TRACANAZ *m.* Pedazo, tajada o trozo de gran tamaño.

TRAÇANGA (san) *f. Bras.* Especie de hormiga (*Camponotus abdominalis*).

TRAÇÃO (sáum) *f.* Tracción.

TRAÇAR (sar) *v. tr.* Trazar (hacer trazos, líneas o rayas). Trazar (delinear o diseñar la traza que se ha de seguir en un edificio u otra obra). *fig.* Trazar (discurrir y disponer los medios oportunos para el logro de una cosa). Trazar (describir, dibujar, exponer por medio del lenguaje los rasgos característicos de una persona). Proyectar. Resolver, decidir. Suponer. Marcar. Componer. Poner al hombro. Cruzar. Gastar. Afligir. Destrozar (hacer trozos, despedazar). Cortar, roer, destruir (la polilla). *v. intr. y r.* Apolillarse.

TRACEJADO, DA (ja) *adj.* Dícese de la línea formada por pequeños trazos o rayas.

TRACEJAR (jar) *v. tr.* Trazar (hacer trazos o rayas). Trazar, delinear, planear. Trazar, describir o exponer ligeramente.

TRÁCIO, CIA *adj.* Tracio. *Ú. t. c. s.*

TRACISTA *adj.* Trazador (que hace trazos o rayas). Tracista. *Ú. t. c. s.*

TRAÇO (so) *m.* Trazado (acción de traçar). Trazo, línea, raya. Trazo (delineación con que se forma un diseño o plano). Trazo (de la letra de mano). *fig.* Traza (apariencia o figura de una cosa). *fig.* Rastro, huella. *fig.* Vestigio, rastro, señal, apariencia de lo que fué. *fig.* Piza (cantidad o cualidad apenas perceptible). *fig.* Rasgo, carácter distintivo. *pl.* Facciones, rostro, fisionomia.

TRACOMA *m. Patol.* Tracoma.

TRACOMATOSO, SA (ozo, òza) *adj.* Tracomatoso.

TRACUÁ *m. Bras.* Especie de hormiga (*Acromyrmex*).

TRACUXINGA (chin) *f. Bras.* Especie de hormiga (*Odontomachus*).

TRADEAR *v. tr.* Taladrar.

TRADIÇÃO (sáum) *f.* Tradición.

TRADICIONAL *adj.* Tradicional.

TRADICIONALISMO *m.* Tradicionalismo.

TRADICIONALISTA *m. y f.* Tradicionalista.

TRADICIONALMENTE *adv. m.* Tradicionalmente.

TRADICIONÁRIO, RIA *adj.* Que sigue la tradición. *Ú. t. c. s.*

TRADO *m.* Taladro (instrumento con que se agujerea una cosa sólida). Taladro (agujero hecho con este instrumento).

TRADUÇÃO (sáum) *f.* Traducción (acción de traducir; obra traducida).

TRADUTOR, RA *adj.* Traductor. *Ú. t. c. s.*

TRADUZIR (zir) *v. tr.* Traducir (expresar en una lengua lo escrito o expresado ya en otra). Traducir, convertir, mudar, trocar. *fig.* Traducir, explicar, glosar, interpretar.

TRADUZÍVEL (zí) *adj.* Traducible.

TRAFEGAR *v. intr.* Trafagar, traficar. Transitar. Afanarse.

TRÁFEGO *m.* Tráfago, tráfico. Tránsito. Afán. Comercio, comunicación, trato, convivencia, conversación. Transporte de mercancías por ferrocarril. Oficina o personal que trata de este transporte.

TRAFEGUEAR *v. intr.* Lo mismo que TRAFEGAR.

TRAFICÂNCIA (cán) *f.* Traficación, tráfico. *pop.* Lo mismo que TRATANTADA.

TRAFICANTE *adj.* Fraudulento, doloso. *m.* Traficante, fraudulento. *ant.* Traficante, comerciante. Ú. t. c. adj.

TRAFICAR *v. tr.* Traficar, comerciar, negociar. Hacer negocios fraudulentos.

TRÁFICO *m.* Tráfago, tráfico, comercio. Trata. *fam.* Negocio fraudulento.

TRAGACANTO *m. Bot.* Tragacanto.

TRAGADA *f. Bras.* Tragantada, trago.

TRAGADEIRO *m.* Tragadero.

TRAGADOR, RA *adj.* Tragador. Ú. t. c. s.

TRAGADOURO *m.* Lo mismo que SORVE-DOURO.

TRAGAMENTO *m.* Acción y efecto de tragar.

TRAGAR *v. tr.* Tragar (abismar, absorber la tierra o las aguas lo que hay en su superficie). Tragar, engullir de un trago. Devorar (tragar con ansia y apresuradamente). Tragar, absorber, consumir, gastar. *fig.* Tragar (creer fácilmente una cosa).

TRAGÉDIA (jè) *f.* Tragedia.

TRAGICAMENTE (ji) *adv. m.* Trágicamente.

TRÁGICO, CA (ji) *adj.* Trágico (perteneciente o relativo a la tragedia). Trágico (aplícase a los actores que representan papeles trágicos). *fig.* Trágico, infausto, desgraciado, terrorífico, lastimoso. Trágico (autor de tragedias).

TRAGICOMÉDIA (jicomè) *f.* Tragicomedia.

TRAGICÔMICO, CA (jicó) *adj.* Tragicómico; jocoserio.

TRAGO *m.* Trago. *fig.* Trago, adversidad, infortunio.

TRAGUEADO, DA *adj. Bras. Río Gr. del Sur.* Algo borracho.

TRAGUEAR *v. intr. Bras. Río Gr. del Sur.* Beber (bebidas alcohólicas).

TRAGUS *m. Anat.* Trago.

TRAIÇÃO (sáum) *f.* Traición. Perfidia. Emboscada. *Alta —.* Alta traición. *À — . m. adv.* A traición (con engaño o cautela, traidoramente).

TRAIÇOEIRAMENTE (soei) *adv. m.* Traidoramente.

TRAIÇOEIRO, RA (soei) *adj.* Traicionero, traidor.

TRAIDOR, RA *adj.* Traidor. Ú. t. c. s.

TRAIMENTO (í) *m.* Lo mismo que TRAIÇÃO.

TRAIR *v. tr.* Traicionar. Revelar, descubrir, denunciar. Ú. t. c. r.

TRAÍRA *f. Bras.* Pez de agua dulce (*Hoplias malabaricus*).

TRAJADO, DA (ja) *adj.* Trajeado. Vestido.

TRAJAR (jar) *v. tr.* Trajear, vestir. *v. intr.* Vestir. *v. r.* Vestirse, trajearse.

TRAJE (jè) *m.* Traje.

TRAJETO (jè) *m.* Trayecto.

TRAJETÓRIA (jetò) *f.* Trayectoria.

TRAJO (jo) *m.* Traje.

TRALHA (lla) *f.* Especie de red pequeña para pescar. Malla de red. *Mar.* Relinga.

TRALHAR (llar) *v. tr.* Echar la red llamada *Tralha.*

TRALHO (llo) *m.* Especie de red pequeña para pescar.

TRALHOADA (lloa) *f.* Lo mismo que SALGA-LHADA.

TRALHOTO (llo) *m. Bras.* Pez del Amazonas (*Anableps tetraphtamlus*).

TRAMA *f.* Trama (conjunto de hilos que, cruzados con los de la urdimbre, forman un tejido). Trama (seda propia para tramar). Tejido. Hebra. *m. y f. fig.* Trama, enredo. *fig.* Trama, confabulación, maquinación, dolo. *Bras.* Contrato. Negocio. Lo mismo que LADROEIRA.

TRAMADOR, RA *adj.* Tramador. Ú. t. c. s.

TRAMAR *v. tr.* Tramar (cruzar los hilos de la trama por entre los de la urdimbre). *fig.* Tramar (preparar astutamente un enredo, engaño o traición). Tejer. Enredar. Confabular. Armar. Maquinar.

TRAMBALEAR *v. intr.* Lo mismo que

TRAMBALHAR (llar) *v. intr. Bras. Río Gr. del Sur.* Tambalear, tambalearse.

TRAMBECAR *v. intr. Bras.* Tambalear, tambalearse.

TRAMBELHO (llo) *m.* Lo mismo que TRABE-LHO.

TRAMBOLHADA (lla) *f.* Manojo. Ensarte, sarta.

TRAMBOLHÃO (lláum) *m.* Caída ruidosa. Tumbo (acción de caer rodando). *fam.* Decadencia. Contratiempo. *Aos —lhões. m. adv.* A empellones.

TRAMBOLHAR (llar) *v. intr.* Tumbar (caer rodando). Tartajear.

TRAMBOLHO (bóllo) *m.* Trangalho. Manojo. Ensarte, sarta. *fig.* Embarazo, impedimento, obstáculo. *fam.* Persona muy gorda que anda con dificultad.

TRAMELA (mè) *f.* Lo mismo que TARAMELA.

TRAMISTA *m. Bras.* Bellaco. Estafador, engañador.

TRÂMITE (trá) *m.* Trámite, paso, camino. *fig.* Dirección. *pl.* Trámites (cada uno de los estados y diligencias que hay que recorrer en un negocio hasta su conclusión).

TRAMÓIA (mò) *f.* Tramoya, enredo.

TRAMOLHADA (lla) *f.* Tierra húmeda. Barreal, barrizal.

TRAMONTANA *f.* Tramontana, norte (punto cardinal). Tramontana, norte (viento). Estrella polar. *fig.* Rumbo, dirección. *Perder a —. fr. fig.* Perder uno la tramontana, perder el tino.

TRAMONTAR *v. intr.* Tramontar (el Sol). Tramonte.

TRAMPA *f. ant.* Trampa, ardid, engaño, maula. *pop.* Excremento. *fig.* Cosa baladí.

TRAMPEAR *v. intr. Bras. Río Gr. del Sur.* Trapacear.

TRAMPESCO *m. Bras. nort.* Puñetazo. Bofetón.

TRAMPOLIM *m.* Trampolín.

TRAMPOLINA *f.* Trapaza, fraude, engaño, trampa, embuste.

TRAMPOLINADA *f.* Lo mismo que TRAMPO-LINA.

TRAMPOLINAGEM (jem) *f. Bras.* Lo mismo que TRAMPOLINA.

TRAMPOLINAR *v. intr.* Trapacear, estafar, entrampar, engañar, fraudar.

TRAMPOLINEIRO *m.* Trapacero, trapacista; trampista, tramposo, embustero, mal pagador; bellaco, pícaro.

TRAMPOLINICE *f.* Lo mismo que TRAMPOLI-NA.

TRAMPOSO, SA (pozo, òza) *adj.* Asqueroso, puerco, inmundo. *ant.* y *Bras. merid.* Tramposo, trampista.

TRANAR *v. tr.* Atravesar a nado.

TRANCA *f.* Tranca (de puertas y ventanas). *fig.* Traba, obstáculo, estorbo. Collera (de las bestias de tiro). *adj.* y *s. m. Bras.* Dícese de la persona que impide o estorba la ejecución de una cosa.

TRANÇA (sa) *f.* Trenza (de varios ramales; la que se hace con el cabello de la mujer). Trencilla. *Bras.* Trama, enredo.

TRANCADA *f.* Trancazo (golpe dado con una tranca).

TRANÇADEIRA (sa) *f.* Trenzadera, tranzadera.

TRANCADO, DA *adj.* Atrancado, trancado, cerrado con tranca. Cerrado.

TRANÇADO, DA (sa) *adj.* Trenzado. *m.* Trenza. Trenzadera, tranzadera. Trenzado.

TRANÇADOR, RA (sa) *adj.* Que trenza. *Bras.* Enredador.

TRANCAFIAR *v. tr. Bras.* Prender, encarcelar. Trincafiar.

TRANCAFILAR *v. r.* Lo mismo que TRINCA-FIAR.

TRANCAFIO (fío) *m.* Lo mismo que TRINCA-FIO.

TRANCAMENTO *m.* Acción y efecto de trancar o atrancar.

TRANCÃO (cáum) *m. Bras.* Empellón, empujón.

TRANCAR *v. tr.* Trancar, atracar (puertas o ventanas). Prender, encarcelar. Rayar (tachar lo manuscrito o impreso con una o varias rayas); cancelar. *v. r.* Atrancarse, encerrarse.

TRANÇAR (sar) *v. tr.* Trenzar (hacer trenzas). Lo mismo que ENTRANÇAR.

TRANCARIA (ría) *f.* Gran cantidad de trancas o de tueros.

TRANCA-RUAS *m.* Valentón, bravucón, perdonavidas.

TRANCELIM *m.* Trencellín, trencillo, trencilla.

TRANCINHA (ña) *f. dim.* de *Tranpa.* Trencilla, trenza pequeña. Trencilla (galoncillo de seda, etc.). *Bras.* Enredo, intriga. *adj.* Enredador, intrigante.

TRANCO *m.* Brinco, salto (del caballo). Tumbo. Conmoción, temblor; estremecimiento. *Bras.* Encontrón, encontronazo. Empellón, empujón. *Bras. merid.* Tranco (*Amer.:* paso largo del caballo). *Aos —s. m. adv.* A trancos. *Aos —s e barrancos. m. adv.* A trancas y barrancas.

TRANGALHADANÇAS (lladansas) *m.* y *f. burl.* Persona alta y desgarbada.

TRANGOLA (gò) *m.* Hombre alto, feo y flaco.

TRANQUEAR *v. intr. Bras.* Andar (el caballo) en su marcha natural.

TRANQUEIRA *f.* Tranquera, estacada, empalizada. *Bras. ant.* Talanquera; tranquera (*Amer.*).

TRANQUETA *f.* Tranquilla. Picaporte, pestillo.

TRANQUIA (quía) *f.* Tranca. Tranquera.

TRANQUIBÉRNIA (bèr) *f.* Embuste, estafa. Tramoya, enredo.

TRANQÜILAMENTE *adv. m.* Tranquilamente.

TRANQUILHA (lla) *f.* Bolo (pieza de cierto juego). Pieza con que se aprieta el caballo.

TRANQÜILIDADE (cui) *f.* Tranquilidad.

TRANQÜILIZAR (cuilizar) *v. tr.* Tranquilizar. Ú. t. c. r.

TRANQÜILO, LA (cui) *adj.* Tranquilo.

TRANSAÇÃO (zasáum) *f.* Transacción (acción y efecto de transigir). Transacción, convenio, trato, negocio.

TRANSACIONAR *v. tr.* Hacer transacciones o negocios; negociar, contratar.

TRANSALPINO, NA (zal) *adj.* Transalpino.

TRANSANDINO, NA (zan) *adj.* Transandino.

TRANSATLÂNTICO, CA (zatlán) *adj.* Transatlántico. *m.* Transatlántico (buque transatlántico).

TRANSATO, TA (za) *adj.* Pasado, anterior, pretérito.

TRANSATOR, RA (za) *adj.* Que hace transacciones. Ú. t. c. s.

TRANSBORDAR *v. intr.* y *tr.* Lo mismo que TRASBORDAR.

TRANSCASPIANO, NA *adj.* Transcaspiano.

TRANSCAUCÁSIO, SIA (zio, zia) *adj.* Transcaucásico.

TRANSCENDÊNCIA (dén) *f.* Trascendencia, transcendencia.

TRANSCENDENTAL *adj.* Trascendental, transcendentral.

TRANSCENDENTALISMO *m.* Transcendentalismo.

TRANSCENDENTALISTA *m.* y *f.* Transcendentalista.

TRANSCENDENTE *adj.* Trascendente, transcendente.

TRANSCENDER *v. tr.* Exceder, ultrapasar, ser superior. *v. intr.* Descollar, sobresalir. *Fil.* Trascender, transcender.

TRANSCOAÇÃO (sáum) *f.* Infiltración.

TRANSCOAR *v. tr.* Colar, filtrar. *v. intr.* Lo mismo que TRANSUDAR.

TRANSCONTINENTAL *adj.* Transcontinental.

TRANSCORRER *v. intr.* Transcurrir, pasar, correr.

TRANSCORRIDO, DA *adj.* Transcurrido.

TRANSCORVO, VA *adj.* Descopado.

TRANSCREVER *v. tr.* Transcribir.

TRANSCRIÇÃO (sáum) *f.* Transcripción (acción de transcribir). *Mús.* Transcripción.

TRANSCRITO, TA *adj.* Transcrito, transcripto. *m.* Traslado, copia.

TRANSCURAR *v. tr.* Descuidar; preterir; olvidarse de.

TRANSCURSÃO (sáum) *f.* Acción y efecto de transcurrir. Transcurso.

TRANSCURSAR *v. tr.* Sobrepasar. *v. intr.* Transcurrir.

TRANSCURSO *m.* Transcurso (paso o carrera del tiempo).

TRANSE (ze) *m.* Trance (momento crítico y decisivo). Trance (situación difícil o penosa). Transe de armas. Lance (suceso señalado). Último trance. *A todo o —. m. adv.* A todo trance, sin reparar en riesgos.

TRANSEPTO (sèpto) *m. Arq.* Transepto, crucero.

TRANSEUNTE (zeún) *adj.* Transeúnte. Ú. t. c. s.

TRANSFERÊNCIA (rén) *f.* Transferencia.

TRANFERIDOR, RA *adj.* Transferidor. Ú. t. c. s. *m.* Transportador (círculo graduado para medir o trazar los ángulos de un dibujo geométrico).

TRANSFERIR *v. tr.* Transferir (pasar una cosa o persona de un lugar a otro; diferir; ceder o renunciar en otro el derecho, dominio o atribución que se tiene sobre una cosa).

TRANSFERÍVEL *adj.* Transferible.

TRANSFIGURAÇÃO (sáum) *f.* Transfiguración.

TRANSFIGURAR *v. tr.* Transfigurar. Ú. t. c. r.

TRANSFIGURÁVEL *adj.* Transfigurable.

TRANSFIXÃO (xáum) *f.* Transfixión.

TRANSFIXAR (xar) *v. tr.* Traspasar.

TRANSFIXO, XA (xo, xa) *adj.* Transfijo.

TRANSFORMAÇÃO (sáum) *f.* Transformación.

TRANSFORMADOR, RA *adj.* Transformador. *m. Electr.* Transformador.

TRANSFORMANTE *adj.* Transformante.

TRANSFORMAR *v. tr.* Transformar (hacer cambiar de forma; transmutar, convertir una cosa en otra; hacer mudar de porte, conduta o costumbres a alguien). Ú. t. c. r.

TRANSFORMATIVO, VA *adj.* Transformativo.

TRANSFORMÁVEL *adj.* Transformable.

TRANSFORMISMO *m.* Transformismo.

TRANSFORMISTA *adj.* Transformista (perteneciente al transformismo). Transformista (partidario de este sistema). Ú. t. c. s. *m. Bras.* Transformista (actor que hace rapidísimas mutaciones en trajes y tipos).

TRÂNSFUGA (tráns) *m.* y *f.* Tránsfuga.

TRANSFUGIR (jir) *v. tr.* Pasarse, desertar.

TRANSFUNDIR *v. tr.* Trasegar, transfundir. *fig.* Transfundir, difundir, propagar.

TRANSFUSÃO (záum) *f.* Transfusión. — *de sangue. Cir.* Transfusión de la sangre.

TRANSGANGÉTICO, CA (jè) *adj.* Transgangético.

TRANSGREDIR *v. tr.* Transgredir, quebrantar, violar, infringir.

TRANSGRESSÃO (sáum) *f.* Transgresión, infracción, violación.

TRANSGRESSIVO, VA (si) *adj.* Transgresivo.

TRANSGRESSOR, RA (sor, sora) *adj.* Transgresor. Ú. t. c. s.

TRANSIBERIANO, NA (si) *adj.* Transiberiano.

TRANSIÇÃO (zi) *f.* Transición (acción y efecto de pasar de un modo de ser o estar a otro distinto; paso más o menos rápido de una prueba, idea o materia a otra; cambio repentino de tono y expresión).

TRANSIDO, DA (zi) *adj.* Transido. Aterido.

TRANSIGÊNCIA (zijén) *f.* Transigencia (condición de transigente; lo que se hace o consiente transigiendo).

TRANSIGENTE (zijen) *adj.* Transigente. Ú. t. c. s.

TRANSIGIR (zijir) *v. intr.* Transigir.

TRANSIR (zir) *v. intr.* Aterirse. Estar transido de dolor, miedo, etc. *v. tr.* Traspasar, traspasar.

TRANSITAR (zi) *v. intr.* Trasitar. Ú. t. c. tr.

TRANSITÁVEL (zi) *adj.* Transitable.

TRANSITIVAR (zi) *v. tr.* Hacer transitivo (a un verbo).

TRANSITIVO, VA *adj.* Transitorio. *Gram.* Transitivo.

TRÂNSITO (tránzi) *m.* Tránsito (acción de transitar). Tránsito, paso. Tránsito, muerte. Trayecto. Concurrencia.

TRANSITORIAMENTE (zitò) *adv. m.* Transitoriamente.

TRANSITORIEDADE (zi) *f.* Transitoriedad.

TRANSITÓRIO, RIA (zito) *adj.* Transiório, pasajero, temporal; perecedero, fugaz, caduco.

TRANSLAÇÃO (sáum) *f.* Traslación, translación.

TRANSLADAÇÃO (sáum) *f.* Lo mismo que TRASLADAÇÃO.

TRANSLATÍCIO, CIA *adj.* Traslaticio, translaticio.

TRANSLATO, TA *adj. Gram.* Traslato, traslaticio.

TRANSLITERAÇÃO (sáum) *f.* Acción y efecto de

TRANSLITERAR *v. tr.* Representar una letra de un vocablo por otra en el vocablo correspondiente en otra lengua.

TRANSLUCIDEZ *f.* Translucidez.

TRASNLÚCIDO, DA *adj.* Translúcido.

TRANSLUMBRAR *v. tr.* Lo mismo que DESLUMBRAR.

TRANSLUZENTE (zen) *adj.* Trasluciente.

TRANSLUZIMENTO (zi) *m.* Traslucimiento.

TRANSLUZIR (zir) *v. tr.* Traslucirse, transparentarse (una luz). *v. intr.* Traslucirse, transparentarse (dejarse descubrir o adivinar una cosa). Ú. t. c. r.

TRANSMARINO, NA *adj.* Transmarino.

TRANSMEÁVEL *adj.* Permeable.

TRANSMIGRAÇÃO (sáum) *f.* Transmigración.

TRANSMIGRADOR, RA *adj.* Que transmigra.

TRANSMIGRANTE *adj.* Que transmigra.

TRANSMIGRAR *v. intr.* Transmigrar.

TRANSMIGRATÓRIO, RIA (tò) *adj.* Que transmigra. Ú. t. c. s.

TRANSMISSÃO (sáum) *f.* Transmisión.

TRANSMISSIBILIDADE (si) *f.* Transmisibilidad.

TRANSMISSÍVEL (sí) *adj.* Transmisible.

TRANSMISSIVO, VA (si) *adj.* Transmisor (que transmite).

TRANSMISSOR, RA (sor, sora) *adj.* Transmisor. *m. Tel.* y *Rad.* Transmisor.

TRANSMITIR *v. tr.* Transmitir, trasladar, transferir. *For.* Transmitir. Comunicar. Propagar. Referir, dar noticia. Expedir, enviar. Irradiar. Contagiar. *v. r.* Contagiarse. Comunicarse. Propagarse.

TRANSMONTANO, NA *adj.* Transmontano. Lo mismo que ULTRAMONTANO.

TRANSMONTAR *v. tr.* Tramontar, transmontar (pasar al otro lado de los montes). Sobrepasar, traspasar, ir más allá, ser superior; exceder. *v. intr.* Tramontar (el Sol). Ú. t. c. r.

TRANSMUDAÇÃO (sáum) *f.* Transmudación, transmutación.

TRANSMUDAMENTO *m.* Transmudamiento, transmutación.

TRANSMUDAR *v. tr.* Transmudar, trasladar. Ú. t. c. r. Transmudar, transmutar, convertir. Ú. t. c. r.

TRANSMUTABILIDADE *f.* Calidad de transmutable.

TRANSMUTAÇÃO (sáum) *f.* Transmutación.

TRANSMUTAR *v. tr.* Lo mismo que TRANSMUDAR.

TRANSMUTATIVO, VA *adj.* Transmutativo.

TRANSMUTÁVEL *adj.* Transmutable.

TRANSNADAR *v. tr.* Atravesar a nado.

TRANSNOMINAÇÃO (sáum) *f.* Metonimia.

TRANSOCEÂNICO, CA (zoceá) *adj.* Transoceánico.

TRANSORDINÁRIO, RIA (zor) *adj.* Extraordinario.

TRANSPACÍFICO, CA *adj.* Transpacífico. *Mar.* Transpacífico.

TRANSPADANO, NA *adj.* Transpadano. Ú. t. c. s.

TRANSPARECER *v. intr.* Transparentarse.

TRANSPARÊNCIA (rén) *f.* Transparencia.

TRANSPARENTE *adj.* Transparente. *m.* Transparente.

TRANSPASSAR (sar) *v. tr.* Lo mismo que TRASPASSAR.

TRANSPIRAÇÃO (sáum) *f.* Transpiración.

TRANSPIRAR *v. intr.* Transpirar, transpirarse. *fig.* Transparentarse, traslucierse. Propagarse, divulgarse.

TRANSPIRÁVEL *adj.* Transpirable.

TRANSPLANTAÇÃO (sáum) *f.* Trasplante.

TRANSPLANTADOR, RA *adj.* Que trasplanta. *m.* Instrumento para trasplantar vegetales.

TRANSPLANTAR *v. tr.* Trasplantar. *v. r. fig.* Trasplantarse, trasladarse.

TRANSPLANTATÓRIO, RIA *adj.* Que se puede trasplantar.

TRANSPLANTE *m.* Trasplante.

TRANSPOR *v. tr.* Transponer, trasponer. Trasponer, trasplantar. Transponer, rebasar, exceder, ultrapasar. Traspasar, pasar adelante. Trasladar. *v. r.* Transponerse, trasponerse, ocultarse. Oponerse.

TRANSPORTAÇÃO (sáum) *f.* Transportación, trasportación.

TRANSPORTAMENTO *m.* Transportamiento, transporte.

TRANSPORTAR *v. tr.* Transportar, trasportar. Ú. t. c. r. Portear. Enajenar. *Mús.* Transportar. Trasladar, traducir. *v. r.* Transportarse, enajenarse.

TRANSPORTÁVEL *adj.* Transportable.

TRANSPORTE (pòr) *m.* Transporte (acción y efecto de transportar). Transporte (buque). *fig.* Transporte (acción de transportarse); arrobo, extasis.

TRANSPOSIÇÃO (zisáum) *f.* Transposición.

TRANSPOSITIVO, VA (zi) *adj.* Transpositivo.

TRANSPOSTO, TA (posto, pòsta) *adj.* Transpuesto.

TRANSRENANO, NA *adj.* Transrenano.

TRANSTAGANO, NA *adj.* Situado, allende del Tajo.

TRANSTORNADO, NA *adj.* Trastornado, perturbado. Trastornado, revuelto.

TRANSTORNAR *v. tr.* Trastornar (volver una cosa de abajo arriba o de un lado a otro; invertir el orden regular de una cosa confundiéndola). Desorganizar. Desfigurar. Desencaminar. Trastornar, inquietar, causar disturbios o sediciones. Trastornar (perturbar los sentidos o la cabeza). Ú. t. c. r.

TRANSTORNO (tór) *m.* Trastorno. Contrariedad. Contratiempo. Decepción. Perturbación.

TRANSTRAVADO, DA *adj.* Trastrabado.

TRANSTROCAR *v. tr.* Trastrocar.

TRANSUBSTANCIAÇÃO (sáum) *f.* Transubstanciación.

TRANSUBSTANCIAL *adj.* Transubstancial.

TRANSUBSTANCIAR *v. tr.* Transubstanciar. Ú. t. c. r.

TRANSUDAÇÃO (sáum) *f.* Acción y efecto de

TRANSUDAR *v. tr.* Trasudar. Transpirar, traspirar. Exudar. Colarse. Rezumarse.

TRANSUDATO *m.* Transudor.

TRANSUMANAR (zu) *v. tr.* Humanar, humanizar.

TRANSUMÂNCIA (zumán) *f.* Trashumación.

TRANSUMANTE (zu) *adj.* Trashumante.

TRANSUMAR (zu) *v. intr.* Trashumar. *v. tr.* Hacer trashumar el ganado.

TRANSUNTO *m.* Trasunto, copia, traslado.

TRANSVALIANO, NA *adj.* Natural del Transvaal. Ú. t. c. s.

TRANSVASAR (zar) *v. tr.* Transvasar, trasvasar, trasegar.

TRANSVAZAR (zar) *v. tr.* Derramar, verter; rebosar. Vaciar. *v. r.* Derramarse, verterse, trasverter.

TRANSVERBERAR *v. tr.* Hacer transparentarse o traslucirse. Dejar pasar (luz, color, etc.). Reflejar. *v. intr.* Transparentarse, traslucirse. *fig.* Transparentarse, dejarse ver, manifestarse. *v. r.* Transparentarse. Reflejarse.

TRANSVERSAL *adj.* Transversal.

TRANSVERSALMENTE *adv. m.* Transversalmente.

TRANSVERSO, SA (vèr) *adj.* Transverso.

TRANSVERTER *v. tr.* Transvertir, trastornar, mudar. Traducir. *v. r.* Transformarse. Trastonarse.

TRANSVIADO, DA *adj.* Extraviado; desencaminado.

TRANSVIAR *v. tr.* Extraviar, desencaminar. *fig.* Corromper, seducir. *fig.* Descarriar.

TRANSVIO (vío) *m.* Extravío, desvío. Descarrío.

TRANSVOAR *v. r.* Transponer o pasar volando.

TRANVIA (vía) *f.* Tranvía.

TRAPA *f.* Trampa (artificio para cazar, consistente en una excavación). Trapa (instituto religioso). *Mar.* Trapa.

TRAPAÇA (sa) *f.* Trapaza, engaño, fraude.

TRAPAÇADOR, RA (sa) *adj.* Trapacero, trapacista. Ú. t. c. s.

TRAPAÇARIA (saría) *f.* Trapacería, trapaza.

TRAPACEAR *v. intr.* Trapacear. Hacer trampas (en el juego).

TRAPACEIRO, RA *adj.* Trapacero, trapacista. Ú. t. c. s.

TRAPACENTO, TA *adj.* Lo mismo que TRAPACEIRO.

TRAPAGEM (jem) *f.* Montón de trapos.

TRAPALHADA (lla) *f.* Trapería (montón de trapos). Trápala, alboroto, confusión. *fig.* Enredo. Lo mismo que TRAMPOLINA.

TRAPALHADO, DA (lla) *adj.* Cortada, que no cuajó bien (hablando de la leche).

TRAPALHÃO (lláum) *m.* Trapo grande. Trapajo. Hombre trapajoso o andrajoso. *adj.* Trapacero, trapacista. Ú. t. c. s. Trápala, falso, embustero. Ú. t. c. s. Trápala, parlanchín, trapalón. Ú. t. c. s. Trapajoso, andrajoso. *f.* Trapalhona.

TRAPALHICE (lli) *f.* Trapo grande, trapajo. Vestido trapajoso o andrajoso. *fig.* Trapaza, trápala. Acción propia de trapalón.

TRAPALHONA (llo) *adj.* y *s. f.* Fem. de TRAPALHÃO.

TRAPARIA (ría) *f.* Trapería (conjunto de muchos trapos).

TRAPEAR *v. intr. Mar.* Flamear.

TRAPEIRA *f.* Trampa (para caza). Trapera. Buharda, buhardilla.

TRAPEIRO *m.* Trapero.

TRAPEJAR *v. intr. Mar.* Flamear. Lo mismo que ESTRALEJAR.

TRAPEZIFORME (zifór) *adj.* Trapeciforme.

TRAPÉZIO (pèzio) *m. Geom.* Trapecio. *Zool.* Trapecio. Trapecio (para ejercicios gimnásticos).

TRAPEZOIDAL (zoi) *adj.* Trapezoidal.

TRAPEZOIDE (zòi) *adj.* Trapezoidal. *m. Geom.* Trapezoide. Trapezoide.

TRAPICHE (che) *m.* Almacén de mercaderías a la orilla del mar o del río. *Bras. nort.* Trapiche (ingenio de azúcar). *Bras. merid.* Embarcadero.

TRAPICHEIRO (chei) *m.* Trapichero.

TRAPINCOLA (cò) *adj. Bras. fam.* Mal pagador, estafador.

TRAPISTA *m.* Religioso de la Trapa.

TRAPIZONGA (zon) *f. Bras.* Trapisonda, embrollo, enredo, confusión, maraña.

TRAPO *m.* Trapo (trozo de tela desechado). Harapo, andrajo. Traje o vestido viejo. Hez. Lo mismo que RODILHA. *Bot.* Bonetero. *Língua de —.* Lengua de trapo, lengua de estropajo (persona balbuciente o que habla y pronuncia mal). Lengua de escorpión, lengua de sierpe, lengua de víbora (persona murmuradora y maldiciente).

TRAPOERADA *f.* Planta del Brasil *(Tradescantia diuretica).*

TRAPOERABANA *f.* Planta del Brasil. *(Commelina deficiens).*

TRÁPOLA *f.* Trampa, lazo (para cazar).

TRAQUE *m. pop.* Traque, ventosidad. *Bras.* Traque (guía de pólvora fina que se pone entre los cañones de luz, en los fuegos de artificio). Triquetruque.

TRAQUEAL *adj.* Traqueal (perteneciente a la tráquea).

TRAQUEANO, NA *adj.* Traqueal (perteneciente a la tráquea). Traqueal (que respira por medio de tráquea).

TRAQUEAR *v. intr.* Traquetear, traquear. *pop.* Ventosear.

TRAQUÉIA (quèia) *f.* Tráquea.

TRAQUEÍTE *f. Patol.* Traqueitis.

TRAQUEJADO (ja) *adj.* Experimentado, ducho, diestro, hábil en cualquier línea.

TRAQUEJAR (jar) *v. tr.* Perseguir, acosar. Habilitar, ejercitar, adiestrar. *Mont.* Batir. *v. intr. pop.* Ventosear.

TRAQUEJO (jo) *m. Bras.* Práctica, experiencia.

TRAQUELIANO, NA *adj.* Traqueliano.

TRAQUELISMO *m.* Traquelismo.

TRAQUEOCELE (cè) *f.* Traqueocelo.

TRAQUEORRAGIA (jía) *f.* Traqueorragia.

TRAQUEOSTENOSE (nòze) *f.* Traqueoestenosis.

TRAQUEOTOMIA (mía) *f.* Traqueotomía.

TRAQUETE *m. Mar.* Trinquete (verga mayor del palo de proa; vela que larga en ella; palo de proa, en las embarciones que tienen más de uno.

TRAQUINA *adj.* Travieso, bullicioso, inquieto, revoltoso; juguetón. Ú. t. c. s.

TRAQUINADA *f.* Estruendo. Intriga. Enredo. Travesura de muchachos.

TRAQUINAGEM (jem) *f. Bras.* Lo mismo que TRAQUINADA.

TRAQUINAR *v. intr.* Travesear.

TRAQUINAS *adj.* Lo mismo que TRAQUINA.

TRAQUINICE *f. Bras.* Lo mismo que TRAQUINADA. Travesura (acción de travesear).

TRAQUINO *adj. pop.* Lo mismo que TRAQUINA.

TRAQUITANA *f.* Carruaje antiguo de cuatro ruedas. *pop.* Coche viejo.

TRAQUITANDA *f. Bras.* Lo mismo que ALMANJARRA.

TRAQUITO *m. Miner.* Traquita.

TRÁS *prep.* y *adv. l.* Lo mismo que ATRÁS.

TRASANTEONTEM (zan) *adv. t.* Trasanteayer.

TRASBORDAMENTO *m.* Rebosura, rebosamiento. Transbordo.

TRASBORDANTE *adj.* Superabundante, rebosante, sobrelleno.

TRASBORDAR *v. tr.* Sobrellenar. Derramar, verter. Transbordar, trasbordar (personas o efectos de un buque a otro o de un tren a otro). Verter, entornar. *v. intr.* Rebosar (derramarse un líquido por encima de los bordes de un recipiente en que no cabe; dícese también del mismo recipiente onde no cabe el líquido). Extravasarse. Derramarse. *fig.* Manifestarse impetuosamente. *fig.* Rebosar, sobrar (abundar con demasía una cosa). *fig.* Rebosar (hablándose de sentimientos, como alegría, etc.).

TRASBORDO (bór) *m.* Trasbordo. Rebosamiento.

TRASCÁMARA (cá) *f.* Cuarto o aposento situado detrás de la cámara.

TRASEIRA (zei) *f.* Trasera (parte posterior de ciertas cosas). Trasera (de un coche). Retaguardia.

TRASEIRO, RA (zei) *adj.* Trasero. *m. pop.* Trasero, assentadero, posaderas.

TRASFEGA (fè) *f.* Trasegadura.

TRASFEGADOR, RA *adj.* Trasegador.

TRASFEGADURA *f.* Trasegadura.

TRASFEGAR *v. tr.* Trasegar (mudar de vasija un líquido). *v. intr.* Trafagar. Afanarse, apurarse, apresurarse.

TRASFEGO (fé) *m.* Trasegadura, trasiego.

TRASFLOR *m.* Transflor, trasflor.

TRASFOGUEIRO *m.* Trashoguero (leño).

TRASFOLIAR *v. tr.* Transflorar (copiar un dibujo al trasluz.)

TRASGO *m.* Trasgo, duente. *fig.* Trasgo (niño vivo y travieso).

TRASGUEAR *v. intr.* Lo mismo que TRAQUINAR.

TRASLADAÇÃO (sáum) *f.* Trasladación.

TRASLADADO, DA *adj.* Trasladado.

TRASLADADOR, RA *adj.* Trasladador. Ú. t. c. s.

TRASLADAR *v. tr.* Trasladar (mudar de lugar una persona o cosa; pasar una persona de un cargo a otro; hacer que una reunión, junta, etc., se verifique en fecha distinta de la señalada; traducir; copiar un escrito; comunicar). *v. r.* Trasladarse.

TRASLADO *m.* Traslado (copia de un escrito). acción de trasladar). Retrato; modelo; imágine.

TRASLAR *m.* Trashoguero (del hogar).

TRASMONTANO, NA *adj.* Trasmontano, transmontano. Ú. t. c. s.

TRASORELHO (zorello) *m.* Lo mismo que CACHUMBA.

TRASPASSAÇÃO (sasáum) *f.* Traspasamiento, traspaso.

TRASPASSAMENTO (sa) *m.* Traspasamiento, traspaso.

TRASPASSAR (sar) *v. tr.* Traspasar (pasar adelante; pasar hacia otro lado; pasar a la otra parte; atravesar de parte a parte; renunciar o ceder un derecho o dominio a favor de alguien; transgredir; hacerse sentir con mucha violencia un dolor físico o moral). Traducir, trasladar. *v. r.* Desfallecer. Desmayarse. Morir.

TRASPASSE (se) *m.* Traspasación, traspaso (cesión de un derecho o dominio). Subarriendo. Muerte.

TRASPASSO (so) *m.* Lo mismo que TRASPASSE. Traspaso, congoja.

TRASPÉS (pès) *m.* Traspié, zancadilla.

TRASTALHÃO (lláum) *m. pop.* Trasto o trebejo grande. Bellaco, pícaro.

TRASTE *m.* Trasto (mueble de una casa). Traste (de un instrumento de cuerdas). Trasto (mueble viejo o arrinconado). Bellaco, pícaro. *Bras.* Trasto (persona inútil o que sólo sirve de estorbo).

TRASTEJÃO (jáum) *m. Bras.* Lo mismo que TRASTALHÃO.

TRASTEJAR (jar) *v. intr.* Negociar en trastos o en cosas de poco valor. Trastear (pisar las cuerdas en un instrumento de trastes). Cuidar de los trastos de una casa. Bellaquear. *Bras.* Titubear, vacilar (al contestar una pregunta). *v. tr. Bras.* Amueblar.

TRASTO *m.* Traste (de los instrumentos de cuerdas).

TRASVASAR (zar) *v. tr.* Lo mismo que TRANSVASAR.

TRASVISTO, TA *adj.* Visto de través. *fig.* Mal visto. Odioso.

TRATADA *f.* Lo mismo que TRATANTADA. Enredo. Fraude.

TRATADISTA *m.* y *f.* Tratadista.

TRATADO *m.* Tratado, ajuste, convenio, pacto. Tratado (escrito en que se trata de una materia).

TRATADOR, RA *adj.* Tratador. Ú. t. c. s.

TRATAMENTO *m.* Tratamiento, trato (acción de tratar). Tratamiento, trato (título de cortesía que se da a alguien). Tratamiento (método que se emplea para la curación de un enfermo). Tratamiento (procedimiento metalúrgico). Trato (en lo que concierne a la comida).

TRATANTADA *f.* Bellaquería, picardía, bribonada.

TRATANTE *adj.* Bellaco, pícaro, bribón. Ú. t. c. s. *m. ant.* Tratante.

TRATANTICE *f.* Lo mismo que TRATANTADA.

TRATAR *v. tr.* Tratar (manejar una cosa; usar materialmente de ella). Tratar (manejar, gestionar o disponer algún negocio). Tratar (relacionarse con un individuo). Tratar (proceder bien, o mal, con una persona). Tratar (cuidar bien, o mal, a uno, especialmente con orden a la comida, vestido, etc.). Ú. t. c. s. Tratar (discurrir de palabra o por escrito sobre un asunto). Tratar de (dar determinado título o epíteto a una persona). Tratar (someter una substancia a la acción de otra). Tratar de (procurar el logro de algún fin). Tratar en, comerciar, traficar. *v. r.* Tratarse, curarse. Cuidarse. Tratarse, relacionarse.

TRATÁVEL *adj.* Tratable (que se puede o deja tratar facilmente). Tratable, cortés, accesible y razonable.

TRATEAR *v. tr.* Afligir, maltratar, atormentar.

TRATISTA *adj. Bras.* Lo mismo que TRATANTE.

TRATO *m.* Trato, tratamiento (acción de tratar o tratarse). Trato, ajuste, pacto. Contrato. Trato, convivencia, comunicación. Trato (manera de vivir, de alimentarse, etc.). *pl.* Tormentos.

TRATO *m.* Tracto (espacio que media entre dos lugares). Tracto (versículos que se rezan o cantan antes del evangelio en la misa de ciertos días). Tracto, lapso, transcurso. Intervalo. Región. Espacio de terreno.

TRATOR *m.* Tractor.

TRAUMA *m.* Trauma, traumatismo.

TRAUMÁTICO, CA *adj.* Traumático.

TRAUMATISMO *m.* Traumatismo, trauma.

TRAUMATOLOGIA (jía) *f.* Traumatología.

TRAUTA *f.* Rastro (de la caza).

TRAUTEAR *v. intr.* y *tr.* Tararear. Cantar a media voz.

TRAVA *f.* Trabamiento. Traba (acción y efecto de trabar). Traba (que se pone a las cabellerías). *fig.* Traba, embarazo, impedimento, obstáculo. Traba (efecto de trabar o triscar una sierra). Freno; palanca del freno (de una máquina o vehículo).

TRAVAÇÃO (sáum) *f.* Trabazón (unión o enlace de dos o más cosas entre sí). *fig.* Trabazón, conexión, dependencia.

TRAVACONTAS *m.* Trabacuenta, discusión, disención, controversia.

TRAVADEIRA *f.* Trabador, triscador.

TRAVADO, DA *adj.* Trabado, unido, ligado. Íntimo. Empezado. Estancado. Trabado, enredado, torpe (hablando de la lengua). Tartamudo. Trabado (metido en traba). Frenado. Que anda a paso de andadura.

TRAVADOR, RA *adj.* Que traba o estorba. *m.* Trabador, triscador.

TRAVADOURA *f.* Triscador, trabador.

TRABADOURO m. Trabadero.

TRAVAL adj. Trabal. Concerniente a la trabe.

TRAVAMENTO m. Lo mismo que TRAVAÇÃO.

TRAVANCA f. Trava, estorbo, embarazo, impedimento, obstáculo.

TRAVÃO (váum) m. Traba (para caballerías). Palanca del freno (de máquinas o vehículos).

TRAVAR v. tr. Trabar, prender, agarrar, asir. Trabar (juntar o unir una cosa con otra). Frenar (máquina o vehículo). Trabar, estorbar. Trabar, emprender, comenzar (una batalla, contienda, disputa, conversación, etc.). Trabar, triscar (una sierra). Trabar (echar trabas). Tramar, enlazar, trabar. Amargar (causar aflicción o disgusto). Echar mano de. v. intr. Amargar (tener gusto amargo o áspero). v. r. Trabarse, unirse. Mezclarse.

TRAVE f. Trabe, viga. Lo mismo que TRABA.

TRAVEJAMENTO (ja) m. Maderamen, maderaje, maderamiento. Armazón del tejado; conjunto de trabes o vigas.

TRAVEJAR (jar) v. tr. Colocar vigas o trabes.

TRAVENTO, TA adj. Áspero, amargo, astringente.

TRAVERTINO m. Geol. y Miner. Travertino.

TRAVÉS (vès) m. Través (inclinación, torcimiento). Flanco. Mar. Través. De —. m. adv. Al través, de través.

TRAVESSA (vèsa) f. Travesaño (pieza que atraviesa de una parte a otra). Traviesa (de las vías férreas). Viga. Peineta. Zancadilla. Travesía (calle que atraviesa entre otras dos principales). Plato trinchero. Min. Traviesa (esp. de galería). Travésia, traviesa (distancia entre dos puntos de tierra o de mar).

TRAVESSÃO (sáum) adj. Travesero, travieso, atravesado. Contrario y fuerte (hablando del viento). m. Astil (de balanza). Viento contrario y fuerte. Gram. Raya. Mús. Barra (raya perpendicular a las del pentagrama). Bras. Salto de agua.

TRAVESSEAR (sear) v. intr. Travesear.

TRAVESSEIRA (sei) f. Port. Travesaño (almohada que ocupa toda la cabecera de la cama).

TRAVESSEIRO (sei) m. Bras. Travesero, travesaño (almohada larga que ocupa toda la cabecera de la cama).

TRAVESSIA (sía) f. Travesía, traviesa (distancia entre dos puntos de tierra o de mar). Travesía (viaje por mar). Mar. Travesía.

TRAVESSO, SSA (véso, vèsa). adj. Travieso, atravesado, travesero. fig. Travieso, inquieto, revoltoso, bullicioso.

TRAVESSURA (su) f. Travesura.

TRAVINCA f. Vigota.

TRAVO m. Asperillo. Amargor. Agrura, acedía. fig. Impresión desagradable.

TRAVOELA (è) f. Barreno pequeño.

TRAVOR m. Lo mismo que TRAVO.

TRAVOSO, SA (vozo, òza) adj. Lo mismo que TRAVENTO.

TRAZEDOR, RA (ze) adj. Traedor. Ú. t. c. s.

TRAZER (zer) v. tr. Traer (conducir, trasladar; llevar o tener puesta una cosa de uso; causar, ocasionar, acarrear; alegar, aducir o aplicar razones o autoridades, para comprobación de alguna cosa; traer o tirar hacia sí). Ofrecer. Heredar.

TRAZIDA (zi) f. Lo mismo que

TRAZIMENTO (zi) m. Traída.

TREBELHAR (llar) v. intr. Trebejar, travesear, juguetear, retozar. Mover los trebejos en el juego de ajedrez.

TREBELHO (llo) m. Trebejo (pieza del juego de ajedrez). Juguete; travesura.

TRECENTÉSIMO, MA (tèzi) adj. Tricentésimo. m. Tricentésimo.

TRECENTISTA adj. Trecentista. Ú. t. c. s.

TRECHEIO, EIA (cheio, cheia) adj. Relleno, muy lleno.

TRECHO (cho) m. Trecho (espacio, distancia de lugar o de tiempo). Trozo (de una obra literaria o musical). Intervalo. Fragmento. A —, o —s. m. adv. A trechos; de trecho en trecho.

TREDO, DA adj. Traidor, falso.

TRÉFEGO, GA (trè) adj. Travieso, sutil, sagaz. Travieso, inquieto, bullicioso.

TRÉGUA (trè) f. Tregua. Dar —s. fr. fig. Dar treguas.

TREIÇÃO (sáum) f. Bras. pop. y ant. Traición.

TREINADO, DA adj. Entrenado, ejercitado.

TREINADOR m. Entrenador.

TREINAMENTO m. Entrenamiento.

TREINAR v. tr. Entrenar, ejercitar, amaestrar (para un deporte). Ú. t. c. r. Cetr. Cebar.

TREINO m. Entrenamiento.

TREITA f. Vestigio, rastro; huella. fig. Norma.

TREITENTO, TA adj. Tretero, matrero, astuto, marrajo.

TREITO, TA adj. Lo mismo que ATREITO.

TREJEITADOR, RA (jei) adj. Gestero, visajero. Ú. t. c. s.

TREJEITAR (jei) v. intr. Lo mismo que

TREJEITEAR (jei) v. intr. Gestear, hacer gestos, muecas o visajes. Ú. t. c. tr.

TREJEITEIRO, RA (jei) adj. Gestero, visajero. Ú. t. c. s.

TREJEITO (jei) m. Gesto, mueca, visaje. Prestidigitación.

TREJURAR (ju) v. tr. Afirmar con muchos juramentos. v. intr. Jurar tres veces.

TRELA (trè) f. Traílla (cuerda o correa con que se lleva el perro atado a la cacería). Lata, charla, tabarra. Charlatanería, charladuría, garrulería.

TRELHO (llo) m. Batidor (de manteca). Sem — nem trabelho. m. adv. Sin ton ni son.

TREM m. Tren (conjunto de las cosas necesarias que se previenen para un viaje o expedición). Tren (conjunto de aparatos, máquinas o utensilios necesarios para el ejercicio de una industria, oficio, etc.). Carruaje, coche. Traje. Bras. Tren (serie de carruajes enlazados que conducen pasajeros y mercancías por los caminos de hierro). Tren de cocina. pl. Bras. Trastos, trebejos.

TREMA m. Gram. Diéresis, crema.

TREMADO, DA adj. Que lleva diéresis o crema.

TREMAR v. tr. Marcar con diéresis o crema. Lo mismo que DESTRAMAR.

TREMEBUNDO, DA adj. Tremebundo.

TREMECÉM adj. Lo mismo que TREMÊS.

TREMEDAL m. Tremedal, tremadal, tembladal.

TREMEDEIRA f. Bras. Temblor. Temblequeteo. Lo mismo que SEZÃO.

TREMEDOR, RA adj. Temblador.

TREMELEAR v. intr. Temblequear, tembletear. Tartamudear.

TREMELGA (mèl) f. Tremielga.

TREMELICA adj. Temblequeador, temblón. Ú. t. c. s.

TREMELICAR v. intr. Temblequear. Temblar de susto.

TREMELICOSO, SA (cozo, òza) adj. Temblón, temblequeador.

TREMELIQUE m. Temblequeo, temblequeteo, temblor.

TREMELUZENTE (zen) adj. Centelleante.

TREMELUZIR (zir) v. intr. Centellear, chispear (despedir rayos de luz de una manera trémula).

TREMEMBÉ (bè) m. Bras. Tremedal, tremadal.

TREMENDO, DA adj. Tremendo, terrible, formidable; muy grande o excesivo en su línea.

TREMENTE adj. Temblante, tremente.

TREMER v. tr. Temer. Recelar. Estremecer, hacer temblar. v. intr. Temblar. Estremecerse. Tiritar, temblar de frio. Temblar, vacilar. Temblar (tener mucho miedo, o recelar con demasiado temor una cosa). Temblequear, tembletear. Temblar (amenazar ruina). Lo mismo que TREMELUZIR.

TREMÊS (més) adj. Tremesino, tremés.

TREMESINHO, NHA (ziño, ziña) adj. Tremesino, tremés.

TREMIDO, DA adj. fam. Dudoso, arriesgado. m. Temblor, tremor. Tortuosidad.

TRÉMITO (trè) m. Bras. Lo mismo que FRÊMITO.

TREMÓ (mò) m. Tremó. Trumó. Entrepaño.

TREMOÇADA (sa) f. Gran cantidad de altramuces.

TREMOÇAL (sal) m. Sitio poblado de altramuces.

TREMOCEIRO m. Bot. Altramuz. Altramucero (vendedor de altramuces).

TREMOÇO (so) m. Bot. Altramuz. Altramuz (fruto del altramuz).

TRÊMOLO (tré) m. Mús. Trémolo.

TREMONHA (ña) f. Tolva (del molino).

TREMOR m. Temblor, tremor. Temor, miedo. — de terra. Temblor de tierra, terremoto.

TREMPE f. Trébedes (utensilio de cocina). fam. Trinca (conjunto de tres personas).

TREMULAÇÃO (sáum) f. Tremulación.

TREMULAMENTE adv. m. Trémulamente.

TREMULANTE adj. Tremulante, trémulo, temblante.

TREMULAR v. tr. Tremolar, enarbolar. v. intr. Temblar, tremer. Centellear, chispear. Vacilar.

TREMULINA f. Tremolina.

TRÉMULO, LA (tré) adj. Trémulo; temblante; tembloroso; tremulento. m. Trémulo. pl. Tembleques.

TREMURA f. Temblor, tremor. pl. Susto con temblores. Trances, apuros.

TRENA f. Trencillo, trencilla (para adorno del pelo). Cordel (con que se hace bailar el peón). Bras. Top. Cinta.

TRENAR v. tr. Lo mismo que TREINAR.

TRENO m. Entrenamiento.

TRENO m. Treno (canto fúnebre).

TRENÓ m. Trineo.

TREPAÇÃO (sáum) f. Bras. Murmuración. Lo mismo que CAÇOADA.

TREPADA f. Bras. Subida, pendiente.

TREPADEIRA adj. Trepadora (dícese de la planta que trepa). Ú. t. c. s.

TREPADOR, RA adj. Trepador (que trepa). Bot. Trepador. Zool. Trepador. f. pl. Zool. Trepadoras.

TREPADOURO m. Trepador (sitio por donde se trepa).

TREPANAÇÃO (sáum) f. Trepanación.

TREPANAR v. tr. Trepanar.

TRÉPANO (trè) m. Trépano.

TREPAR v. intr. Trepar, subir. Ú. t. c. tr. Bras. pop. Copularse.

TREPIDAÇÃO (sáum) f. Trepidación.

TREPIDANTE adj. Trepidante.

TREPIDAR v. intr. Trepidar, temblar, estremecerse. Vacilar.

TREPIDEZ f. Temblor. Estado de trépido o trémulo.

TRÉPIDO, DA (trè) adj. Trépido, trémulo. Miedoso.

TRÉPLICA (trè) f. Tríplica (respuesta a la dúplica). Respuesta que se da a la réplica del contrario.

TREPLICAR v. tr. Responder a la dúplica o a la réplica.

TREPONEMA m. Treponema.

TRÊS (trés) adj. Tres. m. Tres.

TRESANDAR (zan) v. tr. Desandar, retroceder, volver atrás. Trastornar. Inquietar, perturbar. Exhalar mal olor, oler mal, heder.

TRESAVÔ, VÓ (vó, vò) m. y f. Tatarabuelo, la.

TRESCALAR v. intr. y tr. Oler. Trascender (exhalar olor muy penetrante).

TRESDOBRADO, DA adj. Tresdoblado, triplicado.

TRESDOBRADURA f. Triplicación.

TRESDOBRAR v. tr. Tresdoblar, trasdoblar, triplicar.

TRESDOBRE (dò) adj. Tresdoble, triple.

TRESDOBRO (dó) m. Tresdoble, triple.

TRESFOLEGAR v. intr. Jadear.

TRESGASTAR v. intr. Malbaratar, gastar con profusión, prodigar. Ú. t. c. tr.

TRESLER v. intr. Leer al revés. Perder el juicio leyendo mucho. Tontear.

TRESLOUCADAMENTE adv. m. Desvairadamente; locamente; alocadamente.

TRESLOUCADO, DA adj. Desvariado; loco; demente; alocado. Ú. t. c. s.

TRESLOUCAR v. tr. Enloquecer. v. intr. Enloquecer.

TRESMALHADO, DA (lla) adj. Perdido, desviado, desgarrado, descarriado.

TRESMALHAR (llar) v. tr. Dejar escapar o huir. Dejar caer o perder las mallas. Desmallar. Dispersar. v. intr. y r. Dispersarse. Extraviarse. Descarriarse, desviarse, perderse. Escapar, huir.

TRESMALHO (llo) *m.* Trasmallo. Desmalladura. Descarrío, desvío, descamino. Huída.

TRESNOITADO, DA *adj.* Trasnochado.

TRESNOITAR *v. tr.* Trasnochar. *v. intr.* Trasnochar. Pasar la noche, o gran parte de ella, sin dormir; trasnochar *(Amer.)*.

TRESPASSAR (sar) *v. tr.* Lo mismo que TRASPASSAR.

TRESPASSE (se) *m.* Lo mismo que TRASPASSE.

TRESQUIALTERA *f.* Lo mismo que QUIÁLTERA.

TRESSUAR (suar) *v. intr.* Sudar mucho.

TRESVARIADO, DA *adj.* Desvariado.

TRESVARIAR *v. intr.* Desvariar, delirar.

TRESVARIO (río) *m.* Desvarío, delirio.

TRESVOLTERAR *v. tr.* Hacer dar tres vueltas.

TRETA *f.* Treta, artificio, ardi. *Esgr.* Treta.

TRETEIRO, RA *adj.* Bellaco, pícaro.

TREVA (trè) *f.* Tiniebla. Ú. más en pl. *pl. fig.* Tinieblas (suma ignorancia y confusión mental). Tinieblas (obscuridad, en lo abstrato o moral). Tinieblas (maitines de los tres últimos días de la Semana Santa).

TREVO *m.* Trébol.

TREVOSO, SA (vozo, òza) *adj.* Tenebroso, obscuro.

TREZE (ze) *adj.* Trece. *m.* Trece.

TREZENA (ze) *f.* Trecenario. Conjunto de trece.

TREZENTOS, TAS *adj.* Trescientos. *m.* Trescientos.

TRÍADA *f.* Lo mismo que

TRÍADE *f.* Tríada, tríade (grupo de tres). Trinidad.

TRIADELFO, FA (dèl) *adj.* Triadelfo.

TRIAGA *f.* Triaca.

TRIAGUEIRO *m.* Triaquero.

TRIANDRIA (dría) *f.* Triandria.

TRIÁNDRICO, CA (án) *adj.* Triandro.

TRIÁNDRIO, DRIA *adj.* Triandro.

TRIANDRO, DRA *adj.* Triandro.

TRIANGULAÇÃO (sáum) *f.* Triangulación.

TRIANGULADO, DA *adj.* Triangulado.

TRIANGULAR *adj.* Triangular. *v. tr.* Triangular.

TRIÁNGULO (án) *m. Geom.* Triángulo. *Mús.* Triángulo. *Astron.* Triángulo. Horca.

TRIARQUIA (quía) *f.* Triunvirato.

TRÍBADE *f.* Tríbada.

TRIBADISMO *m.* Tribadismo.

TRIBAL *adj.* Tribal.

TRIBO *m.* Tribu.

TRIBOFAR *v. intr. Bras.* Trapacear. Trapacear en las carreras de caballos.

TRIBOFE (bò) *m. Bras.* Trapaza. Lo mismo que NAMORICO.

TRIBOFEIRO *m. Bras.* Trapacero, trapacista.

TRIBOLUMINESCÊNCIA (cén) *f.* Triboluminiscencia.

TRIBÓMETRO (bó) *m.* Tribómetro.

TRIBRACO *m.* Tribraquio.

TRIBU *f.* Tribu.

TRIBUL *adj.* Tribal.

TRIBULAÇÃO (sáum) *f.* Tribulación.

TRÍBULO *m. Bot.* Tríbulo.

TRIBUNA *f.* Tribuna; púlpito.

TRIBUNADO *m.* Tribunado.

TRIBUNAL *m.* Tribunal.

TRIBUNATO *m.* Tribunado.

TRIBUNÍCIO, CIA *adj.* Tribunicio, tribúnico.

TRIBUNO *m.* Tribuno.

TRIBUTAÇÃO (sáum) *f.* Tributación (acción de tributar; tributo).

TRIBUTAL *adj.* Tributario.

TRIBUTAR *v. tr.* Tributar. Imponer tributos. *fig.* Tributar, rendir, ofrecer, manifestar.

TRIBUTÁRIO, RIA *adj.* Tributario (que paga o debe pagar tributo). Ú. t. c. r. Tributario (hablando de cursos de agua). Ú. t. c. s.

TRIBUTO *m.* Tributo.

TRIBUZANA (za) *f. Bras.* Lo mismo que TRABUZANA.

TRICA *f.* Sofistería, embrollo de abogado; chicana *(Amer.)*. Embuste. Trapaza. Enredo. Embrollo. Fruslería.

TRICANA *f.* Saya de campesina. Campesina.

TRICÉFALO, LA (cè) *adj.* Tricéfalo.

TRICELULAR *adj.* Tricelular.

TRICENAL *adj.* Tricenal.

TRICENTENÁRIO, RIA *adj.* Que tiene trescientos años. *m.* Tercer centenario.

TRICICLO *m.* Triciclo.

TRICÍPITE *adj.* Tricípite, tricéfalo. Tríceps.

TRICLÍNIO *m.* Triclinio.

TRICÓ (có) *m.* Tricot (labor o punto de malla).

TRICOCISTO *m.* Tricocisto.

TRICOGLOSSIA (sía) *f.* Tricoglosia.

TRICÓIDE (còi) *adj.* Tricoideo.

TRICOLOGIA (jía) *f.* Tricología.

TRICOLOR *adj.* Tricolor.

TRICORNE (còr) *adj.* Tricorne.

TRICÓRNIO (còr) *m.* Tricornio (sombrero de tres candiles).

TRICOTAR *v. intr.* Hacer tricot o punto de malla.

TRICOTILEDÔNEO, NEA (dó) *adj. Bot.* Provisto de tres cotiledones.

TRICOTOMIA (mía) *f.* Tricotomía.

TRICOTÔMICO, CA (tó) *adj.* Tricotómico.

TRICÓTOMO, MA (cò) *adj.* Tricótomo.

TRICROÍSMO *m.* Tricroísmo.

TRICROMIA (mía) *f.* Tricromía.

TRICÚSPIDE *adj.* Tricúspide.

TRIDÁCTILO, LA *adj.* Tridáctilo.

TRIDENTADO, DA *adj.* Que tiene tres dientes.

TRIDENTE *adj.* Tridente. *m.* Tridente (cetro de Neptuno).

TRIDENTÍFERO, RA *adj.* Tridentífero.

TRIDENTÍGERO, RA (je) *adj.* Tridentífero.

TRIDENTINO, NA *adj.* Tridentino. Ú. t. c. s.

TRIDUANO, NA *adj.* Triduano.

TRÍDUO *m.* Triduo.

TRIEDRO *adj.* Triedro. Ú. t. c. s.

TRIENADO *m.* Trienio.

TRIENAL *adj.* Trienal, trienhal.

TRIÉNIO (é) *m.* Trienio. Trienalidad.

TRIFÁSICO, CA (zi) *adj.* Trifásico.

TRÍFIDO, DA *adj.* Trífido. Tríplice.

TRIFILO, LA *adj. Bot.* Trifilo.

TRIFLORO, RA (flò) *adj.* Trifloro.

TRIFOLIADO, DA *adj.* Que tiene tres hojas.

TRIFÓLIO (fò) *m.* Trifolio, trébol.

TRIFOLIOSE (liòze) *f.* Trifoliosis.

TRIFÓRIO (fò) *m. Arq.* Triforio.

TRIFORME (fò) *adj.* Triforme.

TRIFURCAÇÃO (sáum) *f.* Trifurcación.

TRIFURCAR *v. tr.* Trifurcar. Ú. t. c. r.

TRIGA *f.* Triga. Prisa.

TRIGAL *m.* Trigal.

TRIGAMIA (mía) *f.* Trigamia.

TRIGAMILHA (lla) *f.* Pan de trigo y maíz.

TRÍGAMO *m.* Trígamo.

TRIGÊMEO, MEA (jé) *adj.* Trigémino. *m. Anat.* Trigémino.

TRIGÉSIMO, MA (jèzi) *adj.* Trigésimo. *m.* Trigésimo.

TRIGINIA (jinía) *f.* Triginia.

TRÍGINO, NA (ji) *adj.* Trígino.

TRÍGLIFO *m. Arq.* Tríglifo.

TRIGLOTA (glò) *adj.* Trilingüe. Ú. t. c. s.

TRIGO *m.* Trigo.

TRÍGONO, NA *adj.* Triangular. *m. Astr.* Trígono.

TRIGONOCÉFALO, LA (cè) *adj.* Trigonocéfalo. Ú. t. c. s.

TRIGONOMETRIA (tría) *f.* Trigonometría.

TRIGONOMÉTRICO, CA (mè) *adj.* Trigonométrico.

TRIGRAMA *m.* Trigrama.

TRIGUEIRO, RA *adj.* Trigueño.

TRIGUENHO, NHA (ño, ña) *adj.* Trigueño. Trigueño.

TRILAR *v. intr. y tr. Mús.* Trinar.

TRILATERAL *adj.* Trilátero.

TRILÁTERO, RA *adj.* Trilátero.

TRILHA (lla) *f.* Vereda (senda o camino angosto). Trilla, trilladura (acción de trillar). Trilla, trillo (instrumento). Rastro, vestigio. *fig.* Ejemplo, norma.

TRILHADOR, RA (lla) *adj.* Trillador. Ú. t. c. s.

TRILHADURA (lla) *f.* Trilla, trilladura (acción de trillar). Camino seguido, vereda.

TRILHAMENTO (lla) *m.* Lo mismo que TRILHADURA.

TRILHÃO (lláum) *m.* Trillón.

TRILHAR (llar) *v. tr.* Trillar (quebrantar la mies y separar el grano de la paja). Moler. Pisar; hollar.

fig. Trillar (frecuentar y seguir una cosa continuadamente o de ordinario). Andar por, caminar por. Abrir camino por.

TRILHO (llo) *m.* Trillo (instrumento para trillar). Vereda (senda o camino angosto). Camino. Dirección. *Bras.* Riel; carril (de las vías férreas).

TRILIÃO (liáum) *m.* Trillón.

TRÍLICE *adj.* Que tiene tres hilos.

TRILINGÜE *adj.* Trilingüe. Ú. t. c. s.

TRILITERAL *adj.* Lo mismo que

TRILÍTERO, RA *adj.* Trilítero.

TRILO *m.* Trinado, trino.

TRILOBADO, DA *adj.* Trilobulado.

TRILOBITAS *m. pl. Paleont.* Trilobites.

TRILOCULAR *adj.* Trilocular.

TRILOGIA (jía) *f.* Trilogía.

TRILÓGICO, CA (lòji) *adj.* Trilógico.

TRIMEMBRE *adj.* Trimembre.

TRIMENSAL *adj.* Trimestral.

TRÍMERO, RA *adj.* Trímero.

TRIMESTRAL *adj.* Trimestral.

TRIMESTRE (mès) *m.* Trimestre. *adj.* Trimestral.

TRIMÉTRICO, CA (mè) *adj.* Trimétrico.

TRIMORFIA (fía) *f.* Trimorfismo.

TRIMORFO, FA (mòr) *adj.* Trimorfo.

TRIMURTI *f. Rel.* Trimurti.

TRINADO *m.* Trinado. Lo mismo que GORJEIO.

TRINAR *v. intr.* Trinar. Ú. t. c. tr. Lo mismo que GORJEAR.

TRINCA *f.* Trinca. *Mar.* Trinca.

TRINCADO, DA *adj.* Rajado, hendido. Malicioso.

TRINCADURA *f. Bras.* Lo mismo que RACHADURA.

TRINCA-ESPINHAS (ñas) *m.* Hombre alto y flaco.

TRINCAFIAR *v. tr.* Trincafiar. Encarcelar.

TRINCAFIO (fío) *m. Mar.* Trincafía. Hilo de zapatero. *fig.* Maña, astucia.

TRINCAL *m. pop.* Tincal.

TRINCAR *v. tr.* Cortar con los dientes. Morder (hacer presa con los dientes). Trincar (partir o desmenuzar en trozos). *Mar.* Trincar. Comer. Mascar. Rajar, hender. *v. intr.* Hacer ruido una cosa al cortarla con los dientes. *v. r.* Morderse, enfadarse. Rajarse, henderse.

TRINCHA (cha) *f. Carp.* Trincha; azuela. Viruta. Tajada. Pincel ancho y de poco grueso.

TRINCHADOR, RA (cha) *adj.* Trinchador. Ú. t. c. s.

TRINCHANTE (chan) *adj.* Trinchante, trinchador. Ú. t. c. s. *m.* Trinchante (instrumento para trinchar). Trinchero (mueble).

TRINCHÃO (cháum) *m.* Trinchante (el que trincha).

TRINCHAR (char) *v. tr.* Trinchar. Cortar, partir, dividir.

TRINCHEIRA (chei) *f.* Trinchera. Parapeto.

TRINCHETE (che) *m.* Tranchete, trinchete, chaira (cuchilla de zapatero).

TRINCHO (cho) *m.* Plato trinchero. Manera de trinchar.

TRINCO *m.* Pestillo. *fam.* Lo mismo que MAÇANETA.

TRINCOLEJAR (jar) *v. intr.* Tilintear.

TRINDADE *f. Teol.* Trinidad. *fig.* Trinidad (unión de tres personas en algún negocio). *pl.* Angelus, avemaría.

TRINERVADO, DA *adj.* Lo mismo que

TRINÉRVEO, VEA (nèr) *adj.* Trineural.

TRINETO, TA *m. y f.* Tataranieto, ta.

TRINITÁRIO, RIA *adj.* Trinitario (de la Trinidad). Ú. t. c. s.

TRINO, NA *adj.* Trino. *m. Mús.* Trino. Trinitario (religioso de la orden de la Trinidad). Lo mismo que GORJEIO.

TRINÔMIO (nó) *m. Álg.* Trinomio.

TRINQUE *m.* Percha (en que los ropavejeros cuelgan la ropa). *fig.* Elegancia; esmero. *fig.* Calidad de lo que es nuevo. *Andar no —. fr.* Andar vestido con elegancia.

TRINTA *adj.* Treinta. *m.* Treinta.

TRINTANÁRIO *m.* Volante (criado de librea que va delante o detrás del coche en que va su amo).

TRINTAR *v. intr. fam.* Cumplir treinta años de edad.

TRINTÁRIO *m.* Treintanario.

TRINTENA *f.* Treintena.

TRIO (trío) *m. Mús.* Trío, terceto. Trinca, trinidad.

TRIPA *f.* Tripa, intestino. *Mar.* Aparejo (para la verga del papahígo). *À — forra. m. adv.* Largamente con anchura. *Fazer das —s coração. fr. fig. fam.* Hacer uno de tripas corazón; esforzarse para disimular el miedo, dominarse, sobreponerse en las adversidades.

TRIPAGEM (*jem*) *f.* Tripería (cantidad de tripas).

TRIPALHADA (lla) *f.* Lo mismo que TRIPAGEM.

TRIPANOSSOMA (so) *m.* Tripanosoma, tripanosomo.

TRIPANOSSOMÍASE (somíaze) *f. Med.* Tripanosomiasis.

TRIPARTIÇÃO (sáum) *f.* Tripartición.

TRIPARTIDO, DA *adj.* Tripartito.

TRIPARTIR *v. tr.* Tripartir. Ú. t. c. r.

TRIPARTÍVEL *adj.* Que se puede tripartir.

TRIPÉ (pè) *m.* Lo mismo que

TRIPEÇA (pèsa) *f.* Trípode (mesa, banquillo, pebetero de tres pies). Trípode (armazóin de tres pies, propio para sostener instrumentos geodésicos, fotográficos, etc.).

TRIPEIRO *m.* Tripero (persona que vende tripas).

TRIPÉTALO, LA (pè) *adj.* Tripétalo.

TRIPETREPE (trè) *adv. m.* Pie ante pie, paso a paso, disimuladamente; de puntillas.

TRIPLE *adj.* Triple.

TRIPLICAÇÃO (sáum) *f.* Triplicación.

TRIPLICADAMENTE *adv. m.* Triplicadamente.

TRIPLICADO, DA *adj.* Triplicado, triple, tríplice.

TRIPLICAR *v. tr.* Triplicar. Ú. t. c. r. e intr.

TRIPLICATA *f.* Tercera copia.

TRÍPLICE *adj.* Tríplice, triple.

TRIPLICIDADE *f.* Triplicidad.

TRIPLO, PLA *adj.* Triple, tríplice, triplo. *m.* Triple, triplo.

TRIPÓ (pò) *m.* Lo mismo que TRIPÉ.

TRÍPODA *f.* Trípode (banquillo de tres pies en que la sacerdotisa de Apolo daba sus oráculos).

TRÍPODE *adj.* Trípodo. *f.* Lo mismo que TRÍPODA.

TRÍPOLI *m.* Trípoli, trípol.

TRÍPTICO *m.* Tríptico.

TRIPUDIANTE *adj.* Tripudiante.

TRIPUDIAR *v. intr.* Tripudiar. Atascarse en el vicio.

TRIPÚDIO *m.* Tripudio. *fig.* Libertinaje.

TRIPULAÇÃO (sáum) *f.* Tripulación.

TRIPULANTE *m.* Tripulante.

TRIPULAR *v. tr.* Tripular.

TRIQUESTROQUES (trò) *m. pop.* Retruécano, juego de palabras.

TRIQUETE *m. A cada —. m. adv.* A cada triquete, a cada paso, continuamente, a menudo, a cada trique.

TRIQUETRAQUE *m.* Triquetraque (rollo de papel con pólvora).

TRIQUETRAZ *m.* Lo mismo que TRAQUINAS.

TRÍQUETRO, TRA *adj.* Triangular.

TRIQUÍASE (ze) *f. Patol.* Triquiasis.

TRIQUINA *f.* Triquina.

TRIQUINADO, DA *adj.* Triquinado.

TRIQUINOSE (nòze) *f. Med.* Triquinosis.

TRIQUISMO *m.* Triquismo.

TRIRRADIADO, DA *adj.* Trirradiado.

TRIRREGNO *m.* Dominios de tres reinos. Tiara pontificia.

TRIRREME *f.* Trirreme.

TRIRRETÂNGULO, LA (tán) *adj.* Trirrectángulo.

TRIS *m.* Tris. *Por um —. m. adv.* En un tris.

TRISÁGIO (zájio) *m.* Trisagio.

TRISANUAL (za) *adj.* Trienal.

TRISARQUIA (zarquía) *f.* Triunvirato, trisarquía.

TRISAVÔ, VÓ (vó, vò) *m.* y *f.* Tatarabuelo, la.

TRISCA *f.* Trisca, bulla, algazara.

TRISCAR *v. intr.* Triscar, reñir, contender, disputar, altercar. *v. tr. Bras.* Rozar ligeramente.

TRISMO *m.* Trismo.

TRISSAR (sar) *v. tr. Bras.* Trisar (cantar la golondrina).

TRISSEÇÃO (sesáum) *f.* Trisección.

TRISSECAR (se) *v. tr. Geom.* Trisecar.

TRISSÉPALO, LA (sè) *adj.* Trisépalo.

TRISSETOR, RA (se) *adj.* Trisector.

TRISSILÁBICO, CA *adj.* Trisílabo.

TRISSÍLABO, BA (sí) *adj.* Trisílabo. Ú. t. c. s.

TRISSO (so) *m. Bras.* Canto de la golondrina.

TRISSULCO, CA (sul) *adj.* Trisulco.

TRISTE *adj.* Triste, afligido, apenado, apesadumbrado. Triste (de caráter melancólico). Triste, funesto, desgraciado, deplorable. Triste, insignificante, insuficiente, ineficaz.

TRISTEMENTE *adv. m.* Tristemente.

TRISTEZA *f.* Tristeza.

TRISTIMANIA (nía) *f.* Tristimanía, melancolía.

TRISTONHO, NHA (ño, ña) *adj.* Tristón, triste, melancólico.

TRISTURA *f.* Tristeza.

TRITÃO (táum) *m. Mit.* Tritón. *Zool.* Tritón.

TRITEÍSMO *m.* Triteísmo.

TRITEÍSTA *adj.* Triteísta. Ú. t. c. s.

TRITERNADO, DA *adj.* Triternado.

TRITÍCEO, CEA *adj.* Tritíceo.

TRITONGO *m. Gram.* Triptongo.

TRÍTONO *m. Mús.* Trítono.

TRITUBERCULADO, DA *adj.* Tritubercular.

TRITURA *f.* Trituración.

TRITURAÇÃO (sáum) *f.* Trituración.

TRITURAMENTO *m.* Trituracıon.

TRITURAR *v. tr.* Triturar.

TRITURÁVEL *adj.* Triturable.

TRIUNFADOR, RA *adj.* Triunfador. Ú. t. c. s.

TRIUNFAL *adj.* Triunfal.

TRIUNFALMENTE *adv. m.* Triunfalmente.

TRIUNFANTE *adj.* Triunfante, victorioso.

TRIUNFANTEMENTE *adv. m.* Triunfantemente.

TRIUNFAR *v. intr.* Triunfar, quedar victorioso. *v. r.* Jactarse.

TRIUNFO *m.* Triunfo, victoria.

TRIUNVIRADO *m.* Triunvirato.

TRIUNVIRAL *adj.* Triunviral.

TRIUNVIRATO *m.* Triunvirato.

TRIÚNVIRO *m.* Triunviro.

TRIVALÊNCIA (lén) *f.* Trivalencia.

TRIVALENTE *adj. Quím.* Trivalente.

TRIVIAL *adj.* Trivial.

TRIVIALIDADE *f.* Trivialidad.

TRIVIALMENTE *adv. m.* Trivialmente.

TRÍVIO *m.* Trivio.

TROADA *f.* Estruendo. Tiroteo. Tronada.

TROANTE *adj.* Tronante.

TROAR *v. intr.* Tronar. *m.* Tronada. Estruendo.

TROCA (trò) *f.* Trueque, trueco (acción de trocar o trocarse). Cambio, permuta. Substitución. Mudanza, transformación. *Em —. m. adv.* En trueque, o trueco.

TROÇA (tròsa) *f.* Burla; chasco, zumba, chanza. *Mar.* Troceo. *Bras.* Francachela, jarana.

TROCADAMENTE *adv. m.* Trocadamente.

TROCADILHISTA (llis) *m.* El que hace retruécanos o juego de palabras.

TROCADILHO (llo) *m.* Retruécano, juego de palabras.

TROCADO, DA *adj.* Trocado; mudado, cambiado. Trocado (dícese del dinero cambiado en monedas menudas).

TROCADOR, RA *adj.* Trocador. Ú. t. c. s.

TROCADOS *m. pl.* Retruécanos, juegos de palabras.

TROCAICO, CA *adj.* Trocaico.

TROCAL *f.* Paloma torcaz.

TROCANTER (cán) *m. Anat.* Trocánter.

TROCA-PERNAS (tròca pèr) *m. Bras.* Vagabundo, holgazán.

TROCAR *v. tr.* Trocar, cambiar, permutar, variar, alterar. Trocar, equivocar. Trastornar. Atravesar. Preferir. Transformar. *v. r.* Trocarse, mudarse, cambiarse. Transformarse.

TROÇAR (sar) *v. tr.* Escarnecer, burlarse, chasquear, zumbar, ridiculizar.

TROCARTE *m. Cir.* Trocar.

TROCA-TINTAS (trò) *m.* Pintamonas (pintor de escasa habilidad). *fig.* Trapalón.

TROCÁVEL *adj.* Trocable.

TROCAZ *adj.* Trocaz.

TROCHADA (cha) *f.* Garrotazo, porrazo; tronchazo.

TROCHADO (cha) *m.* Antiguo labor en seda.

TROCHAR (char) *v. tr.* Torcer y reforzar el caño de una escopeta.

TROCHE (che) *m. A — -moche. m. adv.* A trochemoche, a troche y moche, inconsideradamente.

TROCHO (cho) *m.* Garrote.

TROCHOELA (choè) *f.* Lo mismo que BACALHAU.

TROCISCAÇÃO (sáum) *f.* Trociscación.

TROCISCAR *v. tr.* Trociscar.

TROCISCO *m. Farm.* Trocisco.

TROCISTA *adj.* Burlón. Ú. t. c. s. m. y f.

TRÓCLEA (trò) *f. Anat.* Tróclea.

TROCLEAR *adj.* Troclear.

TROCO (tró) *m.* Lo mismo que TROCA. Cambio, suelto (dinero menudo). Vuelta (sobrante que el vendedor devuelve al comprador que ha entregado cantidad superior al precio): trueques (*Amer.*). *fig.* Réplica, respuesta.

TROÇO (tròso) *m. Bras.* Objeto, cosa; cosa sin valor; trasto o trebejo viejo. *pop.* Persona importante.

TROÇO (tróso) *m.* Trozo, pedazo, parte, fragmento. Trozo (de tropa). Trozo de camino. Porción de gente.

TROCOÍDEO, DEA *adj.* Trocoide.

TROFA (trò) *f.* Capa de juncos.

TROFÉU (fèu) *m.* Trofeo.

TRÓFICO, CA (trò) *adj.* Trófico.

TROFONEUROSE (ròze) *f. Patol.* Trofoneurosis.

TROFOSPERMA (pèr) *m. Bot.* Trofospermo.

TROGALHO (llo) *m.* Atadero (cosa que sirve para atar).

TROGLODITA *adj.* Troglodita. Ú. t. c. s.

TROGLODÍTICO, CA *adj.* Troglodítico.

TRÓIA (tròia) *f.* Juego de cañas.

TRÓICA (tròia) *f.* Troika.

TROLE (trò) *m. Bras.* Especie de vagoneta de plataforma.

TROLHA (lla) *f.* Paleta, llana, trulla (de albañil). *m.* Albañil. *pop.* Maltrapillo.

TROLHO (trollo) *m.* Antigua medida de capacidad equivalente a medio celemín.

TROLOLÓ (lò) *m. Bras.* Música de carácter ligero.

TROM *m.* Trueno (del cañón).

TROMBA *f.* Trompa (del elefante). Trompa (aparato chupador de algunos insectos). Hocico. *pop.* Cara. Tromba, manga (de agua). *ant.* Trompeta.

TROMBADA *f.* Trompazo. *Bras.* Encontronazo, encontrón, trompada.

TROMBÃO (báum) *m.* Sacabuche, trombón (instrumento músico).

TROMBEIRO *m. Bras.* Especie de papagayo.

TROMBEJAR (jar) *v. intr.* Menear la trompa. Enfurruñarse. Ú. t. c. r.

TROMBETA *f.* Trompeta. *Bot.* Estramonio. *m.* Trompeta (el que toca la trompeta). *fig.* Trompeta, mequetrefe.

TROMBETEAR *v. intr.* Trompetear (tocar la trompeta). *v. tr.* Pregonar.

TROMBETEIRO *m.* Trompetero (el que hace trompetas). *m.* Trompetero, trompeta. Especie de mosquito; trompeta (*amer. cub.*).

TROMBICAR *v. intr.prov. port.* Fornicar.

TROMBO *m. Patol.* Trombo.

TROMBONE *m.* Sacabuche, trombón (instrumento músico).

TROMBOSE (bòze) *f. Patol.* Trombosis.

TROMBUDO, DA *adj.* Que tiene trompa. *fig.* Enfurruñado; torvo.

TROMPA *f.* Trompa (instrumento músico de viento). — *de Eustáquio. Anat.* Trompa de Eustaquio. — *de Falópio. Anat.* Trompa de Falopio. — *uterina. Anat.* Trompa de Falopio.

TROMPAÇO (so) *m. Bras.* Trompazo.

TROMPADA *f. Bras. merid.* Trompada, encontrón. Trompazo.

TROMPAR *v. tr. Bras. merid.* Lo mismo que

TROMPEAR *v. tr. Bras. merid.* Lo mismo que ESBARRAR.

TROMPETA *f. fig. Bras. merid.* Trompeta, mequetrefe.

TRONANTE *adj.* Tronante.

TRONAR *v. intr.* Tronar (sonar truenos; causar ruido o dar estampido). Exhibirse desde un sitio elevado; dominar; estar en situación elevada.

TRONCHAR *(ch*ar*) v. tr.* Cortar de raíz. Mutilado. Cercenar.

TRONCHO, CHA *(cho, ch*a*) adj.* Mutilado. Tronchado, truncado. *adj.* Tuerto, torcido. *m.* Troncho (de la berza tronchuda). Miembro cortado.

TRONCHUDO, DA *(ch*u*) adj.* Tronchudo (dícese de la berza que tiene largo el troncho).

TRONCO *m.* Tronco (tallo de las plantas arbóreas). *Anat.* Tronco. Cepo (instrumento de tormento). Tronco (cuerpo truncado). Potro (máquina para sujetar animales). Tronco (conducto principal de que salen otros menores). Tronco (par de caballerías que tiran de un carruaje enganchadas al juego delantero). *fig.* Tronco (principio o padre común de una familia). Cárcel. *adj.* Truncado, tronchado.

TRONCUDO, DA *adj. Bras.* Que tiene robusto el tronco.

TRONEAR *v. intr.* Lo mismo que TRONEJAR.

TRONEIRA *f. Fort.* Tronera.

TRONEJAR *(j*ar*) v. intr.* Exhibirse desde un sitio elevado; dominar; estar en situación elevada o superior.

TRONETO *m.* Trono pequeño; solio.

TRONO *m.* Trono. Trueno. *pl. Teol.* Tronos.

TRONQUEIRA *f. Bras.* Cada una de las piezas sobre que asienta una tranquera o puerta de un cerco.

TRONQUEIRO *m. ant.* Carcelero, guardia del cepo.

TROPA *(trò) f.* Tropa, turba (muchedumbre de gentes reunidas). Tropa (gente militar). *Bras.* Tropa *(Amer.):* conjunto de animales que se conducen de una parte a otra. — *de linha. Bras. Mil.* Tropa de línea. Tropa *(Amer.):* conjunto de animales de carga.

TROPEADA *f.* Tropel.

TROPEAR *v. intr.* Hacer tropel. Hacer ruido con los pies (especialmente los caballos). *Bras.* Conducir tropas (de ganado).

TROPEÇAMENTO *(sa) m.* Tropezadura.

TROPEÇÃO *(sáum) m.* Tropezón.

TROPEÇAR *(sar) v. intr.* Tropezar (dar con los pies en algún estorbo). *fig.* Tropezar, deslizarse, caer en una falta. Caer. Lo mismo que ESBARRAR.

TROPEÇO *(péso) m.* Tropiezo (cosa en que se tropieza). *fig.* Tropiezo, dificultad, embarazo, estorbo, impedimento.

TROPEÇUDO, DA *(su) adj.* Tropezoso; tropezador.

TRÔPEGO, GA *(trò) adj.* Torpe (que no tiene movimiento; que tiene el paso tardo y pesado).

TROPEIRO *m. Bras.* Tropero *(Amer.):* conductor de ganado.

TROPEL *(pèl) m.* Tropel (movimiento precipitado y ruidoso de personas). Tropel, aceleramiento, desorden, tropelía. Ruido que se hace con los pies. Confusión. *De — adv.* De, o en, tropel; yendo muchos juntos, sin orden y en confusión; con movimiento precipitado y violento.

TROPELIA *(lía) f.* Tropelía (aceleración desordenada; hecho violento y ilegal; vejación, atropello). *fig.* Bullicio. Ardid. Travesura.

TROPEOLÁCEAS *f. pl. Bot.* Tropeolaceas.

TROPICAL *adj.* Tropical.

TROPICÃO *(cáum) m.* Tropezón.

TROPICAR *v. intr.* Tropezar muchas veces.

TRÓPICO *(trò) m.* Trópico. — *de Câncer.* Trópico de Cáncer. — *de Capricórnio.* Trópico de Capricornio.

TROPILHA *(lla) f. Bras.* Tropilla *(Amer.):* manada de caballos guiados por una yegua madrina.

TROPISMO *m.* Tropismo, tactismo.

TROPO *m. Ret.* Tropo.

TROPOLOGIA *(jía) f.* Tropología.

TROPOLÓGICO, CA *(lòji) adj.* Tropológico.

TROQUEL *(quèl) m.* Troquel.

TROQUEU *m.* Troqueo.

TROQUILÍDIOS *m. pl. Zool.* Troquílidos.

TRÓQUILO *(trò) m. Arq.* Troquilo.

TROTADOR, RA *adj.* Trotador. Ú. t. c. s.

TROTÃO *(táum) m.* Caballo trotón.

TROTAR *v. intr.* Trotar, trotear.

TROTE *m. Equit.* Trote. *Bras.* Burla, vaya, zumba, mofa.

TROTEAR *v. intr.* Trotear, trotar.

TROTEIRO, RA *adj.* Trotón, trotador. *m. ant.* Trotero.

TROUXA *(ch*a*) f.* Lío (de ropa). Paquete grande. *adj.* Tonto, necio; otario *(Amer.).* Ú. t. c. s.

TROVA *(trò) f.* Trova (composición métrica escrita para canto; canción amorosa de los trovadores). Canción. Copla.

TROVADOR *m.* Trovador.

TROVADORESCO, CA *adj.* Trovadoresco.

TROVÃO *(váum) m.* Trueno.

TROVAR *v. intr.* Trovar (componer trovas). Ú. t. c. r.

TROVEIRO *m.* Trovista.

TROVEJANTE *(jan) adj.* Tronante.

TROVEJAR *(jar) v. intr.* Tronar (sonar truenos). *fig.* Tronar (hablar o escribir en términos violentos contra una persona o cosa). Clamar. Causar estruendo. *m.* Trueno (estruendo producido en las nubes por una descarga eléctrica; estampido de un arma de fuego).

TROVISCADA *f.* Porción de torvisco o turbit que se usa para atontar a los peces y pescarlos.

TROVISCAL *m.* Torviscal.

TROVISCAR *v. intr. pop.* Tronar ligeramente.

TROVISCO *m. Bot.* Torvisco; turbit.

TROVISQUEIRA *f.* Lo mismo que TROVISCO.

TROVISTA *m.* Trovista, trovador.

TROVOADA *f.* Tronada, nubarrada (tempestad con truenos).

TROVOSO, SA *(vozo, òza) adj.* Tronante.

TRUANAZ *m.* Lo mismo que TRUÃO.

TRUANEAR *v. intr.* Truhanear (decir bufonadas, chanzas y chocarrerías truhanescas).

TRUANESCO, CA *adj.* Truhanesco.

TRUANIA *(nía) f.* Truhanada, truhanería.

TRUANICE *f.* Truhanada, truhanería.

TRUÃO *(truáum) m.* Truhán, bufón.

TRUCAR *v. intr.* Trucar.

TRUCIDAÇÃO *(sáum) f.* Acción y efecto de

TRUCIDAR *v. tr.* Despedazar (matar cruel y desapiadadamente); trucidar *(ant.).*

TRUCILAR *v. intr.* Cantar el tordo.

TRUCULÊNCIA *(lén) f.* Truculencia.

TRUCULENTO, TA *adj.* Truculento.

TRUFA *f.* Trufa (criadilla de tierra muy aromática).

TRUFAR *v. intr.* Trufar (rellenar de trufas los manjares).

TRUFEIRA *f.* Terreno donde se encuentran trufas.

TRUFEIRO *m.* Truficultor.

TRUGIMÃO *(jimáum) m.* Trujimán, trujamán, intérprete.

TRUÍSMO *m.* Verdad indudable. Perogullada.

TRUNCADO, DA *adj.* Truncado; tronchado. Mutilado.

TRUNCAR *v. tr.* Truncar (en todas las acepciones de esta voz).

TRUNFA *f.* Turbante. Antiguo tocado de mujer. Greña, melena.

TRUNFADA *f.* Acción de triunfar (en ciertos juegos de naipes).

TRUNFAR *v. intr.* Triunfar (jugar carta del palo del triunfo en ciertos juegos de naipes).

TRUNFO *m.* Triunfo (carta del palo preferido en ciertos juegos de naipes). Triunfo, burro. *fig.* Persona de mucha importancia social.

TRUQUE *m.* Truque (juego de envite). Juego de lo trucos. *fig.* Truco, treta, ardid engañoso. Tramoya.

TRUSTE *m. Com.* Trust.

TRUTA *f.* Trucha (pez).

TRUTÍFERO, RA *adj.* Que produce truchas.

TRUZ! *interj.* ¡Tras! (voz imitativa de un golpe ruidoso). *m.* Golpe. *De —.* Excelente, distinguido, exquisito, de buena calidad o de mucha importancia.

TSETSÉ *(tzetzè) f.* Tsetsé.

TU *pron. pers.* Tú.

TUA, TUAS *pron. pos.* Tuya, tuyas; tu, tus.

TUBA *f.* Tuba (trompeta).

TUBAGEM *(jem) f.* Tubería (conducto formado de tubos). *Med.* Intubación.

TUBARÃO *(ráum) m.* Tiburón.

TUBÁRIO, RIA *adj. Med.* Tubario.

TUBEIRA *f.* Extremidad o boca de un tubo.

TÚBERA *f.* Trufa.

TUBERÁCEO, CEA *adj.* Tuberáceo.

TUBERCULADO, DA *adj.* Tuberculado.

TUBERCULAR *adj.* Tubercular.

TUBERCULÍFERO, RA *adj.* Tuberculífero.

TUBERCULIFORME *(fòr) adj.* Tuberculiforme.

TUBERCULINA *f.* Tuberculina.

TUBERCULINIZAR *(zar) v. tr. Med.* Inyectar tuberculina.

TUBERCULIZAÇÃO *(zasáum) f.* Tuberculización.

TUBERCULIZAR *(zar) v. tr.* Tuberculizar. *v. intr.* Tuberculizarse.

TUBÉRCULO *(bèr) m. Bot., Med. y Zool.* Tubérculo.

TUBERCULOSE *(lòze) f. Med.* Tuberculosis, tuberculización.

TUBERCULOSO, SA *(lozo, òza) adj.* Tuberculoso. Ú. t. c. s.

TUBERIFORME *(fòr) adj.* Tuberiforme.

TUBERÓIDE *(rói) adj.* Tuberiforme.

TUBEROSA *(ròza) f. Bot.* Tuberosa.

TUBEROSIDADE *(zi) f.* Tuberosidad.

TUBEROSO, SA *(rozo, òza) adj.* Tuberoso.

TUBIANO, NA *adj. Bras. Río Gr. del Sur.* Tubiano.

TUBÍFERO, RA *adj.* Tubífero.

TUBIFORME *(fòr) adj.* Tubiforme.

TUBIXABA *(ch*a*) m. Bras.* Lo mismo que CACIQUE.

TUBO *m.* Tubo (pieza hueca, de forma por lo común cilíndrica, que se destina a varios usos). Tubo (parte del organismo animal o vegetal constituida a modo de un tubo).

TUBULAÇÃO *(sáum) f.* Tubería, cañería.

TUBULADO, DA *adj.* Tubulado, tubular.

TUBULADURA *f.* Tubuladura.

TUBULAR *adj.* Tubular.

TUBULÁRIA *f. Zool.* Tubularia.

TUBULIFLORO, RA *(flò) adj.* Tubulifloro.

TUBULIFORME *(fòr) adj.* Tubuliforme.

TÚBULO *m.* Túbulo.

TUBULOSO, SA *(lozo, òza) adj.* Tubuloso; tubiforme.

TUBULURA *f.* Disposición especial de las vasijas tubulosas.

TUCANO *m. Zool.* Tucán; tucano *(Amer.). Astr.* Tucán; tucano *(Amer.).*

TUCO-TUCO *m. Bras. merid. Zool.* Tucutuco.

TUCUM *m. Bras.* Especie de palma.

TUCUMÃ *(mán) f. Bras.* Nombre que designa a varias especies de palmas.

TUDEL *(dèl) m.* Tudel.

TUDESCO, CA *adj.* Tudesco. Ú. t. c. s. *m.* Alemán.

TUDO *pron. indef.* Todo (pron. neutro). *Em — e por —. m. adv.* En todo y por todo. *E —. m. adv.* Y todo (hasta, también, aun).

TUFÃO *(fáum) m.* Tifón, huracán.

TUFAR *v. tr.* Hinchar. Ahuecar. Separar en manojos, en grupos, en mazorcas, en ramilletes. Dar forma de bollo. *v. intr.* Formar bollos el vestido. Formar copetes algunas cosas. Hincharse. *v. r.* Hinchar, engreírse, ahuecarse.

TUFO *m.* Toba, tufo. Tufo (de pelo). Mandril. Bollo (cierto plegado de tela en los vestidos o en adornos de tapicería). Copete (conjunto de cosas flexibles y que están atadas por la base: lazo, penacho, mazorca de hierbas, de flores, etc.; melena de crines, de lanas, etc.). Copo.

TUFOSO, SA *(fozo, òza) adj.* Ampuloso; hinchado; que forma bollo, copo o tufo.

TUGIR *(jir) v. intr. fest.* Paular, maular. Chistar. Hablar quedo. *Sem — nem mugir. expres. adv. fam.* Sin chistar ni mistar, sin paular ni maular.

TUGUE *m.* Miembro de una secta de asesinos fanáticos de la India. *fig.* Asesino, hombre sanguinario.

TUGÚRIO *m.* Tugurio. Tugurio, tabuco. Refugio.

TUÍ *m. Bras.* Tui *(Amer.).*

TUIA *f. Bot.* Tuya.

TUIÇÃO (sáum) *f. For.* Tuición.

TUIM *m. Bras.* Lo mismo que TUÍ.

TUITIVO, VA *adj. For.* Tuitivo.

TUJUCAL (ju) *f. Bras.* Lo mismo que TIJUCAL.

TUJUCO *m. Bras.* Lo mismo que TIJUCO.

TULE *m.* Tul (especie de tejido).

TULHA (lla) *f.* Troj.

TULIPA *f. Bot.* Tulipán.

TULIPÁCEO, CEA *adj.* Relativo o semejante al tulipán.

TUMBA *f.* Tumba, sepulcro. Tumba (armazón en forma de ataúd).

TUMBAL *adj.* Perteneciente o relativo a la tumba.

TUMBICE *f. fam.* Infelicidad, mala suerte.

TUMEFAÇÃO (sáum) *f. Med.* Tumefacción, hinchazón, inflamación.

TUMEFACIENTE *adj.* Que tumeface.

TUMEFATO, TA *adj.* Tumefacto, hinchado, inflamado.

TUMEFAZER (zer) *v. tr.* Tumefacer.

TUMEFICANTE *adj.* Que tumeface.

TUMEFICAR *v. tr.* Tumefacer.

TUMESCÊNCIA (cén) *f.* Tumescencia, tumefacción, hinchazon. Tumescencia (calidad de tumescente).

TUMESCENTE *adj.* Tumescente.

TUMESCER *v. intr. tr.* y *r.* Lo mismo que ENTUMECER.

TUMIDEZ *f.* Tumescencia.

TÚMIDO, DA *adj.* Túmido, hinchado. *fig.* Hinchado, vanidoso, engreído.

TUMOR *s. m. Patol.* Tumor.

TUMOROSO, SA (ozo, òza) *adj.* Tumoroso.

TUMULAR *adj.* Tumulario. *v. tr.* Sepultar.

TUMULÁRIO, RIA *adj.* Tumulario.

TÚMULO *m.* Túmulo, sepulcro; tumba.

TUMULTO *m.* Tumulto, motín, alboroto. Tumulto, desorden, confusión.

TUMULTUAR *v. tr.* Tumultuar. *v. intr.* Tumultuarse. Agitarse. Amotinarse.

TUMULTUARIAMENTE *adv. m.* Tumultuariamente.

TUMULTUÁRIO, RIA *adj.* Tumultuario.

TUMULTUOSAMENTE (òza) *adv. m.* Tumultuosamente.

TUMULTUOSO, SA (ozo, òza) *adj.* Tumultuoso, tumultuario.

TUNA *f.* Tuna (vida holgazana, libre y vagabunda). Tuna, estudiantina. *Bot.* Tuna, nopal, higuera de Indias, higuera de tuna.

TUNADOR, RA *adj.* Lo mismo que TUNANTE.

TUNAL *m.* Tunal, tuna, nopal, higuera de Indias.

TUNANTE *adj.* Tunante, pícaro, bribón. Ú. t. c. s.

TUNAR *v. intr.* Tunear, tunantear.

TUNDA *f.* Tunda (de palos). *fig.* Crítica severa.

TUNDRA *f.* Tundra.

TÚNEL *m.* Túnel.

TUNGADA *f. Bras.* Golpe. Choque, encuentro.

TUNGADOR, RA *adj.* Terco. Ú. t. c. s.

TUNGAR *v. intr. Bras.* Porfiar, obstinarse. *v. tr.* Engañar, embaucar.

TUNGSTATO *m. Miner.* y *Quím.* Tungstato.

TUNGSTÊNIO (té) *m.* Tungsteno.

TÚNGSTICO, CA *adj. Quím.* Túngstico.

TÚNICA *f.* Túnica (vestidura). *Bot.* y *Zool.* Túnica.

TUNICADO, DA *adj.* Tunicado. *m. pl. Zool.* Tunicados.

TUNICELA (cè) *f.* Tunicela.

TUNIQUETE *m.* Túnica pequeña.

TUNISINO, NA (zi) *adj.* Tunecino. Ú. t. c. s.

TUNO, NA *adj.* Tuno, tunante. Ú. t. c. s.

TUPÁ *m. Bras.* Tupá (Dios).

TUPÃ (pán) *m. Bras.* Lo mismo que TUPÁ.

TUPI *adj. Bras.* Tupí. Ú. t. c. s. *m.* Tupí (lengua de los indios tupíes).

TUPIA (pía) *f. Bras.* Máquina para hacer molduras; tupí (*amer. chil.*).

TÚPICO, CA *adj. Bras.* De origen tupí.

TUPINAMBÁ *m.* y *f. Bras.* Individuo de la nación de indios llamada *Tupinambás*.

TUPINIQUINS *m. pl. Bras.* Nombre de una nación de índios.

TURANIANO, NA *adj.* Turanio. Ú. t. c. s.

TURBA *f.* Turba (multitud de gente confusa y desordenada).

TURBAÇÃO (sáum) *f.* Turbación. Turbiedad.

TURBADOR, RA *adj.* Turbador. Ú. t. c. s.

TURBAMENTO *m.* Turbación.

TURBAMULTA *f.* Turbamulta.

TURBANTE *m.* Turbante.

TURBAR *v. tr.* Turbar, alterar, trastornar. Ú. t. c. r. Turbar, enturbiar, Ú. t. c. r. *fig.* Turbar, sorprender, aturdir, inquietar; causar confusión o rubor. Ú. t. c. r. *fig.* Turbar, interrumpir, molestar.

TURBATIVO, VA *adj.* Turbativo.

TURBELÁRIO, RIA *adj.* Turbelario. *m. pl. Zool.* Turbalerios.

TÚRBIDO, DA *adj.* Túrbido, turbio. Turbante.

TURBILHÃO (lláum) *m.* Torbellino; remolino. *fig.* Torbellino; remolino. Vorágine.

TURBILHONANTE (llo) *adj.* Remolinante.

TURBILHONAR (llo) *v. intr.* Remolinar, remolinear.

TURBINA *f.* Turbina.

TURBINADO, DA *adj.* Turbinado.

TURBINIFORME (fòr) *adj.* De forma de turbina.

TURBINOSO, SA (nozo, òza) *adj.* Que gira como un trompo. Parecido a un remolino.

TURBITO *m. Bot.* Turbit.

TURBULÊNCIA (lén) *f.* Turbulencia, desorden, alboroto.

TURBULENTAMENTE *adv. m.* Turbulentamente.

TURBULENTO, TA *adj.* Turbulento, alborotado. Alborotador, quimerista. Ú. t. c. s.

TURCALHADA (lla) *f.* Reunión de turcos.

TÚRCICA *adj. Anat.* Turca. *Sela —. Anat.* Silla turca.

TURCO, CA *adj.* Turco. Ú. t. c. s. *m.* Turco (lengua). *Mar.* Serviola.

TURCOMANO, NA *adj.* Turcomano.

TURDETANO, NA *adj.* Turdetano. Ú. t. c. s.

TÚRDULOS *m. pl.* Túrdulos.

TUREBA (rè) *m. Bras. nort.* Bravucón.

TURFA *f.* Turba (combustible formado de residuos vegetales acumulados en parajes pantanosos).

TURFE *m.* Turf.

TURFEIRA *f.* Turbera.

TURFISTA *m.* Carrerista (persona aficionada a las carreras de caballos, al turf).

TURGÊNCIA (jém) *f.* Turgencia.

TURGENTE (jen) *adj.* Turgencia.

TURGESCÊNCIA (jescén) *f.* Turgidez; turgencia.

TURGESCENTE (jes) *adj.* Turgente, túrgido.

TURGESCER (jes) *v. tr., intr.* y *r.* Hinchar. Lo mismo que turgente. ENTURGESCER.

TURGIDEZ (ji) *f.* Turgidez, turgencia.

TÚRGIDO, DA (ji) *adj.* Túrgido, turgente. Hinchado.

TURGIMÃO (jimáum) *m.* Trujamán, intérprete. Alcahueta.

TURIÃO (riáum) *m.* Turión.

TURIBULAR *v. tr.* Incensar, turibular, turificar. Quemar incienso. *fig.* Incensar, lisonjear.

TURIBULÁRIO *m.* Turibulario, turiferario. *fig.* Adulador.

TURÍBULO *m.* Turíbulo, incensario.

TURÍCREMO, MA *adj.* Donde se quema incienso.

TURIFERAR *v. tr.* Incensar, turificar. Lo mismo que TURIBULAR.

TURIFERÁRIO *m.* Turibulario. *fig.* Adulador.

TURÍFERO, RA *adj.* Turífero.

TURIFICAÇÃO (sáum) *f.* Turificación.

TURIFICADOR *m.* Turificador.

TURIFICANTE *adj.* Que turifica.

TURIFICAR *v. tr.* Turificar, incensar. Lo mismo que TURIBULAR.

TURINO, NA *adj.* Relativo al incienso.

TURISMO *m.* Turismo.

TURISTA *m.* Turista.

TURMA *f.* Tropa de treinta caballeros en la Roma antigua. Tanda (cada uno de los grupos en que se dividen las personas empleadas en un trabajo). Subdivisión de una clase. Muchedumbre, porción de gente.

TURMALINA *f.* Turmalina.

TÚRNEPO *m.* Casta de nabo.

TURNEPO (nè) *m.* Lo mismo que TÚRNEPO.

TURNO *m.* Turno (orden sucesivo, vez o alternativa que se observa entre dos o varias personas, para el cumplimiento o ejecución de una cosa). Lo mismo que TURMA, 2ª acep.

TURPILÓQUIO (lò) *m.* Expresión torpe.

TORPITUDE *f.* Lo mismo que TORPEZA.

TURQUESA (za) *f.* Turquesa.

TURQUESADO, DA (za) *adj.* Turquesado, turquí.

TURQUI *adj.* Turquí.

TURRA *f.* Testarada, testada (golpe dado con la testa). Testarada, terquedad, obstinación. Altercación.

TURRÃO (rráum) *m.* Testarudo, terco.

TURRAR *v. intr.* Turrar (dar testarazos). Altercar. Porfiar, obstinarse.

TURRICULADO, DA *adj.* Turriculado.

TURRIFORME (fòr) *adj.* De forma de torre.

TURRÍFRAGO, GA *adj. Poét.* Que destruye torres.

TURRÍGERO, RA (je) *adj. poét.* Que tiene torre o castillo.

TURRISTA *m.* Testarudo, terco, porfiado.

TURTURINAR *v. intr. Bras.* Arrullar (las tórtolas).

TURTURINO, NA *adj.* Relativo a la tórtola.

TURUMBAMBA *f. Bras.* Riña, gresca, quimera.

TURUNA *adj. Bras.* Fuerte. Valiente.

TURVAÇÃO (sáum) *f.* Turbación. Enturbiamiento. Perturbación.

TURVAMENTO *m.* Turbación. Enturbiamiento. Perturbación.

TURVAR *v. tr.* Turbar, alterar, trastornar. Enturbiar (poner turbia alguna cosa). *fig.* Turbar, enturbiar, obscurecer. *v. intr.* y *r.* Turbarse. Enfurruñarse.

TURVEJAR (jar) *v. intr.* y *r.* Enturbiarse.

TURVO, VA *adj.* Turbio.

TUSSILAGEM (silajem) *f. Bot.* Tusilago, fárfara.

TUTA-E-MEIA *f.* Precio muy bajo. Fruslería. Casi nada.

TUTANO *m.* Tuétano.

TUTEAR *v. tr.* Tutear. *v. r.* Tutearse.

TUTELA (tè) *f.* Tutela.

TUTELADO, DA *adj.* Que está bajo tutela. Ú. t. c. s. *m.* Pupilo.

TUTELAR *adj.* Tutelar. *v. tr.* Ejercer la tutela. *fig.* Amparar proteger.

TUTOR *m.* Tutor. *fig.* Tutor, protector, defensor.

TUTORAR *v. tr.* Lo mismo que TUTELAR.

TUTORIA (ría) *f.* Tutoría. Tutela. *fig.* Tutela, amparo, protección, defensa.

TUTRIZ *f.* Tutora.

TUTU *m. Bras.* Coco (fantasma que se figura para meter miedo a los niños). Judías con harina.

TUXAUA (chá) *m. Bras.* Lo mismo que CACIQUE.

TUZINA (zi) *f. Bras.* Tunda (de palos).

TZAR (tzar) *m.* Zar.

TZAREVICH (tzarévich) *m.* Zarevitz.

TZARINA (tza) *f.* Zarina.

TZIGANO, NA (tzi) *adj.* Cíngaro, gitano. Ú. t. c. s.

U *m.* Vigésima letra y última vocal del abecedario portugués. Es letra muda en las sílabas *que, qui;* v. gr.: *quente, quina;* y también suele serlo en las sílabas *gue, gui;* v. gr.: *guerreiro, guindar.* Cuando en una de estas dos últimas tiene sonido, debe llevar diéresis; como en *bilingüe, lingüista.*

UAÇAÍ (saí) *m. Bras.* Lo mismo que AÇAÍ.

UAIPÍ *m. Bras.* Lo mismo que AIPIM.

UAUÁ *m.* Luciérnaga.

UBÁ *f. Bras.* Piragua (embarcación hecha de una pieza).

UBERDADE *f.* Fertilidad, abundancia, fecundidad.

ÚBERE *adj.* Fértil, fecundo; abundante. *m.* Ubre.

UBÉRRIMO, MA (bè) *adj. sup.* Ubérrimo (muy abundante y fértil).

UBERTOSO, SA (tozo, òza) *adj. Poét.* Uberoso.

UBIQUAÇÃO (cuasáum) *f.* Ubicuidad.

UBIQÜIDADE (cui) *f.* Ubiquidad.

UBÍQUO, QUA (cuo, cua) *adj.* Ubicuo.

UBRE *m.* Ubre.

UCÁ (sá) *m. Bras.* Especie de cangrejo.

UCASE (ze) *m.* Ucase (decreto del zar; orden gubernativa injusta y tiránica).

UCHA (cha) *f.* Hucha (arca grande). *Ficar à —. fr.* Quedar sin nada.

UCHÃO (cháum) *m.* Despensero.

UCHARIA (charía) *f.* Despensa.

UCRANIANO, NA *adj.* Ucranio. Ú. t. c. s.

UDÔMETRO (dó) *m.* Udómetro, pluviómetro.

UFA! *interj.* ¡Uf!

UFANAMENTE *adv. m.* Ufanamente.

UFANAR *v. tr.* Causar ufanía a uno; regocijar. *v. r.* Ufanarse, gloriarse; engreírse, jactarse. Regocijarse, alegrarse.

UFANIA (nía) *f.* Ufanía.

UFANO, NA *adj.* Ufano, engreído, jactancioso; satisfecho, contento, alegre.

UFANOSO, SA (nozo, òza) *adj.* Lo mismo que UFANO.

UI! *interj.* ¡Ay! ¡Hi!

UIARA *f. Bras.* Lo mismo que IARA.

UIRAPURU *m. Bras.* Pajarito que trae buena suerte.

UIVADOR, RA *adj.* Aullador. Ú. t. c. s.

UIVAR *v. intr.* Aullar. *v. tr.* Vociferar, gritar.

UIVO *m.* Aullido, aúllo.

ULANO *m.* Ulano.

ÚLCERA *f.* Úlcera.

ULCERAÇÃO (sáum) *f.* Ulceración.

ULCERAR *v. tr.* Ulcerar. *v. r.* Ulcerarse.

ULCERATIVO, VA *adj.* Ulcerativo.

ULCERÓIDE (ròi) *adj.* Ulceroide.

ULCEROSO, SA (rozo, òza) *adj.* Ulceroso.

ULEMÁ *m.* Ulema (doctor de la ley mahometana).

ULIGINOSO, SA (jinozo, òza) *adj.* Uliginoso.

ULITE *f. Med.* Ulitis, gingivitis.

ULMÁCEO, CEA *adj.* Ulmáceo. *f. pl. Bot.* Ulmáceas.

ULMÁRIA *f. Bot.* Ulmaria, reina de los prados.

ULMEIRA *f.* Lo mismo que ULMÁRIA.

ÚLMICO, CA *adj. Quím.* Úlmico.

ULMINA *f. Quím.* Ulmina.

ULMO *m.* Lo mismo que OLMO.

ULNA *f.* Ulna, cúbito.

ULONCIA (cía) *f.* Ulonco.

ULORRAGIA (jía) *f.* Ulemorragia, ulorragia.

ULOS *m. pl.* Gemidos, guejidos.

ULÓTRICO, CA (lò) *adj.* Ulótrico.

ULTERIOR *adj.* Ulterior (que está allende un sitio o territorio; que se ha de decir o hacer después de otra cosa).

ULTERIORIDADE *f.* Calidad de uterior.

UTERIORMENTE *adv. m.* Ulteriormente.

ULTIMAÇÃO (sáum) *f.* Ultimación.

ULTIMADO, DA *adj.* Ultimado, acabado, concluido, terminado.

ULTIMAMENTE *adv. m.* Últimamente. De tiempos acá.

ULTIMAR *v. tr.* Ultimar, acabar, concluir, terminar, finalizar. *v. r.* Completarse.

ÚLTIMAS *f. pl.* Últimas, cabo, punto extremo. *Estar nas —. fr. fam.* Estar uno a lo último, a los últimos, en las últimas, o en los últimos; estar al cabo.

ULTIMATO *m.* Ultimátum.

ÚLTIMO, MA *adj.* Último (en todas las acepciones de esta voz).

ULTRAJADOR, RA (ja) *adj.* Ultrajador. Ú. t. c. s.

ULTRAJANTE (jan) *adj.* Ultrajante.

ULTRAJAR (jar) *v. tr.* Ultrajar (ajar o injuriar de obra o de palabra).

ULTRAJE (je) *m.* Ultraje, injuria, desprecio, ajamiento.

ULTRAJOSO, SA (jozo, jòza) *adj.* Ultrajoso.

ULTRAMAR *m.* Ultramar (país o sitio que está en la otra parte del mar). Ultramar (azul de ultramar).

ULTRAMARINO, NA *adj.* Ultramarino (que está allende el mar; dícese del azul de ultramar).

ULTRAMICROSCÓPIO (cò) *m.* Ultramicroscopio.

ULTRAMONTANISMO *m.* Ultramontanismo.

ULTRAMONTANO, NA *adj.* Ultramontano (que está allende los montes; partidario del ultramontanismo). Ú. t. c. s.

ULTRAPASSAR (sar) *v. tr.* Ultrapasar, exceder, transponer.

ULTRARREALISMO *m.* Ultrarrealismo.

ULTRARREALISTA *adj.* Ultrarrealista. Ú. t. c. s.

ULTRARROMÂNTICO, CA (mán) *adj.* Extremamente romántico.

ULTRA-SOM *m.* Ultrasonido.

ULTRAVERMELHO, LHA (llo, lla) *adj. Fís.* Ultrarrojo.

ULTRAVIOLETA *adj. Fís.* Ultraviolado, ultravioleta.

ULTRICE *f.* Lo mismo que

ULTRIZ *f.* Vengadora; ultriz *(ant.).*

ULULAÇÃO (sáum) *f.* Ululación.

ULULADOR, RA *adj.* Aullador.

ULULANTE *adj.* Aullante.

ULULAR *v. intr.* Ulular. Aullar.

UM, UMA *adj. num. card. m.* y *f.* Uno, un (cuando precede inmediatamente a los substantivos); una. *art. idet. m.* y *f.* Un, una. *adj.* Uno (que no está dividido, idéntico; lo mismo). Con sentido distributivo se usa contrapuesto a *outro:* uno...otro. *pl.* Unos, algunos. Unos (poco más o menos), cuando antepuesto a un número cardinal. *m.* Uno, unidad. Uno (signo o guarismo con que se expresa la unidad). *A —a. m. adv.* A una, a un tiempo, junta-

mente. *Cada —.* Cada uno. *De —a vez, m. adv.* De una, de una vez. *De — a —. m. adv.* De uno a uno, uno a uno. *De duas —a. loc.* Una de dos (empléase para contraponer en disyuntiva dos cosas o ideas). *— a —. m. adv.* Uno a uno. *— dos tantos loc. fam.* Uno de tantos. *— por —.* Uno por uno, uno a uno, de uno a uno. *— que outro. loc.* Uno que otro (algunos pocos de entre muchos). *—s quantos. loc.* Unos cuantos, pocos, en reducido número de personas o cosas. *— atrás do outro. m. adv.* Uno tras otro.

UMA *adj.* y *art. f.* Veer UM.

UMBAÚBA *f. Bras.* Árbol moráceo *(Cecropia palmata).*

UMBELA (bè) *f.* Quitasol. *Bot.* Umbela.

UMBELÍFERO, RA *adj. Bot.* Umbelífero, umbelado. *f. pl.* Umbelíferas, umbeladas.

UMBIGADA *f.* Panzada (golpe que se da con la panza). Región umbilical.

UMBIGO *m. Anat.* Ombligo.

UMBIGUEIRO *m.* Ombliguero.

UMBILICADO, DA *adj.* Umbilicado.

UMBILICAL *adj.* Umbilical.

UMBRÁCULO *m.* Umbráculo.

UMBRAL *m.* Umbral (de la puerta); umbralada *(Amer.). fig.* Umbral (primer paso o entrada de una cosa).

UMBRÁTICO, CA *adj.* Umbrático.

UMBRÁTIL *adj.* Umbratil.

UMBRIA (bría) *f.* Umbría.

ÚMBRICO, CA *adj.* Umbrío (natural de Umbría). Ú. t. c. s.

UMBRÍFERO, RA *adj. Poét.* Umbroso.

UMBRO *m.* Perro para cazar venados. Dialecto umbrío.

UMBROSO, SA (ozo, òza) *adj.* Umbroso.

UMBU *m. Bras.* Fruto del

UMBUZEIRO (zei) *m. Bras.* Árbol anacardiaceo *(Spondias tuberosa).*

UME *adj. Miner.* Alumen. *Pedra —.* Piedra alumbre.

UMECTAÇÃO (sáum) *f.* Humectación.

UMECTANTE *adj.* Humectante.

UMECTAR *v. tr.* Humectar.

UMECTATIVO, VA *adj.* Humectativo.

UMEDECER *v. tr.* Humedecer. *v. intr.* y *r.* Humedecer.

UMEDECIMENTO *m.* Humectación.

UMENTE *adj.* Humectante.

UMERAL *adj.* Humeral.

ÚMERO *m. Anat.* Húmero.

UMIDADE *f.* Humedad.

ÚMIDO, DA *adj.* Húmedo.

UNANIMAR *v. tr.* Hacer unánime.

UNÂNIME (ná) *adj.* Unánime.

UNANIMEMENTE *adv. m.* Unánimemente.

UNANIMIDADE *f.* Unanimidad. *Por —. m. adv.* Por unanimidad, unánimemente.

UNAU *m. Bras. Zool.* Perezoso.

UNÇÃO (sáum) *f.* Unción (acción de ungir; gracia y comunicación divina; devoción, recogimiento). *Extrema —.* Extramaunción, unción.

ÚNCIA *f.* Pulgada.

UNCIAL *adj.* Uncial.

UNCIÁRIO, RIA *adj. For.* Que tenía derecho a la uncia.

UNCIFORME (fòr) *adj.* Unciforme.
UNCINADO, DA *adj.* Uncinado.
UNCINARIOSE (òze) *f.* Lo mismo que ANCI-LOSTOMÍASE.
UNCIRROSTRO, TRA *adj.* Que tiene el pico en forma de uña.
UNDAÇÃO (sáum) *f.* Corriente de río. Inundación, creciente.
UNDANTE *adj.* Undoso, undante.
UNDÉCIMO, MA (dè) *adj.* Undécimo. Ú. t. c. s.
UNDÉCUPLO, PLA (dè) *adj.* Undécuplo. Ú. t. c. s.
UNDÍCOLA *adj.* Que vive en las aguas.
UNDÍFERO, RA *adj.* Que produce ondas.
UNDÍSSONO, NA (so) *adj. Poét.* Undísono.
UNDÍVAGO, GA *adj. Poét.* Undívago.
UNDOSO, SA (dozo, òza) *adj.* Undoso.
UNDULOSO, SA (lozo, òza) *adj.* Undoso, ondeante.
UNGIDO, DA (ji) *adj.* Ungido. Untado. *m.* Ungido.
UNGIR (jir) *v. tr.* Ungir, untar. Ungir (signar con óleo santo a una persona).
UNGÜE *m.* Lo mismo que UNGÜIS.
UNGUEAL *adj.* Ungueal, unguinal.
UNGÜENTÁCEO, CEA *adj. Farm.* Lo mismo que
UNGÜENTÁRIO, RIA *adj. Farm.* Unguentario.
UNGÜENTO *m.* Unguento.
UNGUICULADO, DA *adj.* Unguiculado.
UNGUÍFERO, RA *adj.* Unguífero.
UNGÜIFORME (fòr) *adj.* De forma de uña.
UNGUINOSO, SA (nozo, òza) *adj.* Unguinoso.
UNGÜIS *m. Anat.* Unguis.
ÚNGULA *f.* Úngula. Uña (excrecencia de la carúncula lagrimal).
UNGULADO, DA *adj.* Ungulado.
UNHA (uña) *f.* Uña (parte del cuerpo animal que nace y crece en la extremidad de los dedos; casco, pesuña, de los animales que no tienen dedos separados; costra que se forma a las bestias sobre las mataduras; excrecencia de la carúncula lagrimal; garfio o punta corva de algunos instrumentos de metal; tetón; punta en que rematan los brazos del ancla). — *de cavalo. Bot.* Uña de caballo, fárfara, tusilago. — *de fome.* Persona avarienta. — *de gato. Bot.* Uña gata, gatuña. —*s compridas.* Largo de uñas (inclinado al robo). *Cair nas —s de. fr.* Caer en las uñas de uno, caer en sus garras. *Meter a—. fr. fig.* Hincar uno la uña, meter uno la uña (exceder en los precios o derechos debidos; defraudar algunas cantidades o porciones). *Ser — e carne. fr. fig. fam.* Ser uña y carne (haber estrecha amistad entre dos personas). *Ter as —s compridas. fr. fig.* Tener uno las uñas afiladas, ser largo de uñas (estar ejercitado en robo o dispuesto para robar).
UNHADA (ña) *f.* Uñada. Uñarada.
UNHAMENTO (ña) *m.* Arañamiento. Amugronamiento. Mugrón.
UNHAR (ñar) *v. tr.* Arañar (rasgar o hacer rayas con las uñas). Amugronar. Rasguñar. *v. intr.* Aferrar (agarrar el ancla en el fondo). *Bras.* Robar. *Bras. merid.* Huir.
UNHEIRO (ñei) *m.* Uñero.
UNIÃO (niáum) *f.* Unión.
UNIARTICULADO, DA *adj.* Uniarticulado.
UNIAXIAL (xial) *adj.* Uniaxil.
UNICAMENTE *adv. m.* Únicamente (sola o precisamente).
UNICAPSULAR *adj.* Unicapsular.
UNICAULE *adj.* Unicaule.
UNICELULAR *adj.* Unicelular.
UNICIDADE *f.* Unicidad.
ÚNICO, CA *adj.* Único, solo. Único, singular, extraordinario, raro, excelente.
UNICOLOR *adj.* Unicolor.
UNICORNE (còr) *m.* Unicornio. — *do mar.* Unicornio de mar, o marino; narval.
UNICÚSPIDE *adj.* Unicuspideo.
UNIDADE *f.* Unidad (en todas las acepciones de esta voz). *Mat.* Unidad. *Mil.* Unidad.
UNIDAMENTE *adv. m.* Unidamente.
UNIDO, DA *adj.* Unido.
UNIFICAÇÃO (sáum) *f.* Unificación.

UNIFICADOR, RA *adj.* Unificador.
UNIFICAR *v. tr.* Unificar. Ú. t. c. r.
UNIFLORO, RA (flò) *adj.* Unifloro.
UNIFOLIADO, DA *adj.* Unifoliado.
UNIFORMAR *v. tr. y r.* Lo mismo que UNIFORMIZAR.
UNIFORME (fòr) *adj.* Uniforme (de igual forma). *Mec.* Uniforme. *m.* Uniforme (vestido peculiar y distintivo que usan los militares y individuos de otras colectividades).
UNIFORMEMENTE (fòr) *adv. m.* Uniformemente.
UNIFORMIDADE *f.* Uniformidad.
UNIFORMIZAR (zar) *v. tr.* Uniformar, uniformizar (dar la misma forma a dos o más cosas, hacerlas uniformes). Ú. t. c. r. Uniformar, uniformizar (dar traje igual a los individuos de una colectividad). Ú. t. c. r.
UNIGÉNITO, TA (jé) *adj.* Unigénito. *m.* Unigénito, Hijo de Dios.
UNIJUGADO, DA (ju) *adj.* Que forma un solo par.
UNILABIADO, DA *adj.* Unilabiado.
UNILATERAL *adj.* Unilateral.
UNILINGÜE *adj.* Escrito en una sola lengua.
UNILOBADO, DA *adj.* Unilobular.
UNILOBULADO, DA *adj.* Unilobulado.
UNILOCULAR *adj.* Unilocular.
UNÍLOQUO, QUA (cuo, cua) *adj.* Que exprime el sentimiento o voluntad de una sola persona.
UNINOMINAL *adj.* Que contiene un solo nombre.
UNIOCULADO, DA *adj.* Uniocular.
UNIONISMO *m.* Doctrina política de unión.
UNIONISTA *adj.* Unionista. Ú. t. c. s.
UNÍPARO, RA *adj.* Uníparo.
UNIPEDAL *adj.* Unípede.
UNIPESSOAL (soal) *adj.* Unipersonal. *Verbo —.* Verbo unipersonal.
UNIPÉTALO, LA (pè) *adj.* Unipétalo.
UNIPOLAR *adj. Fís.* Unipolar.
UNIPOLARIDADE *f. Fís.* Unipolaridad.
UNIR *v. tr.* Unir (en todas las acepciones de esta voz). Ú. t. c. r.
UNIRREFRINGENTE (jen) *adj.* Unirrefringente.
UNISSEXUADO, DA (sexua) *adj.* Unisexual.
UNISSEXUAL (sexual) *adj.* Unisexual.
UNISSONÂNCIA (sonán) *f.* Unisonancia.
UNISSONANTE (so) *adj.* Lo mismo que
UNÍSSONO, NA (so) *adj.* Unísono.
UNITARIAMENTE *adv. m.* Unitariamente.
UNITÁRIO, RIA *adj.* Unitario. Ú. t. c. s.
UNITARISMO *m.* Unitarismo.
UNITIVO, VA *adj.* Unitarismo.
UNIVALVE *adj.* Univalvo.
UNIVALVULAR *adj.* Univalvular.
UNIVERSAL *adj.* Universal. *m.* Universal.
UNIVERSALIDADE *f.* Universalidad.
UNIVERSALISMO *m.* Universalismo.
UNIVERSALISTA *adj.* Universalista.
UNIVERSALIZAÇÃO (zasáum) *f.* Universalización.
UNIVERSALIZAR (zar) *v. tr.* Universalizar. Ú. t. c. r.
UNIVERSALMENTE *adv. m.* Universalmente.
UNIVERSIDADE *f.* Universidad.
UNIVERSITÁRIO, RIA *adj.* Universitario. *m.* Universitario.
UNIVERSO (vèr) *m.* Universo.
UNIVOCIDADE *f.* Calidad de unívoco.
UNÍVOCO, CA *adj.* Unívoco.
UNO, NA *adj.* Uno (que no está dividido; idéntico, lo mismo).
UNÓCULO, LA (nò) *adj.* Uniocular.
UNTADELA (dè) *f.* Untadura, untura.
UNTADOR, RA *adj.* Untador. Ú. t. c. s.
UNTADURA *f.* Untadura, untura.
UNTAR *v. tr.* Untar, ungir (aplicar a una cosa aceite u otra materia grasa). *fig. fam.* Untar, corromper, sobornar.
UNTO *m.* Unto (materia pingüe a propósito para untar). Unto, untura (materia con que se unta). Manteca de cerdo.
UNTUOSIDADE (zi) *f.* Untuosidad.
UNTUOSO, SA (ozo, òza) *adj.* Untuoso, craso, pingüe, pegajoso. *fig.* Suave, blando, tierno.
UNTURA *f.* Untura, untadura. Untura, unto. *fig.* Acciones superficiales.

UPA *f.* Corcovo. *interj.* ¡Upa! ¡Aúpa!
UPADO, DA *adj. Bras.* Hinchado, inflamado.
UPAR *v. intr.* Corcovear.
URA *f. Bras.* Ura (Amer.): gusano que se cría en la herida de algunos animales.
ÚRACO *m. Anat.* Úraco.
URACRASIA (zía) *f.* Uracrasia.
URÂNIO (rá) *m. Quím.* Uranio.
URANISCOPLASTIA (tía) *f. Cir.* Uranoplastia, uraniscoplastia.
URANISMO *m.* Uranismo.
URANISTA *m. y f.* Uranista.
URANITA *f.* Lo mismo que
URANITE *f. Miner.* Uranita.
URANO *m. Astr.* Urano.
URANOGRAFIA (fía) *f.* Uranografía, cosmografía.
URANOGRÁFICO, CA *adj.* Uranográfico.
URANÓGRAFO (nò) *m.* Uranógrafo.
URANOLOGIA (jía) *f.* Uranografía.
URANÓMETRO (nó) *m.* Uranómetro.
URANOPLASTIA (tía) *f.* Uranoplastia.
URANORAMA *m.* Uranorama.
URANOSCOPIA (pía) *f.* Astrología; uranoscopia (p. us.).
URATO *m. Quím.* Urato.
URBANAMENTE *adv. m.* Urbanamente.
URBANIDADE *f.* Urbanidad, cortesanía.
URBANISMO *m.* Urbanismo.
URBANISTA *adj.* Urbanista. Ú. t. c. s.
URBANIZAÇÃO (zasáum) *f.* Urbanización.
URBANIZAR (zar) *v. tr.* Urbanizar.
URBANO, NA *adj.* Urbano (perteneciente o relativo a la ciudad). *fig.* Urbano, cortesano, atento y de buen modo.
URBE *f.* Urbe, ciudad.
URCA *f. Bras. nort.* Grande.
URCEOLADO, DA *adj.* Urceolado.
URCEOLAR *adj.* Urceolar.
URCEOLÍFERO, RA *adj. Bot.* Que tiene urcéolos.
URCÉOLO (cèo) *m. Bot.* Urcéolo.
URDIDEIRA *f.* Urdidera, urdidora. Urdidera (instrumento).
URDIDOR, RA *adj.* Urdidor. Ú. t. c. s. *f.* Urdidera, urdidora.
URDIDURA *f.* Urdidura (acción de urdir). Urdimbre, urdiembre.
URDIMENTO *m.* Urdidura (acción de urdir).
URDIR *v. tr.* Urdir (preparar en la urdidera los hilos para la urdimbre). *fig.* Urdir, maquinar.
URDUME *m.* Urdimbre.
UREDÍNEO, NEA *adj. Bot.* Uredíneo. *m. pl. Bot.* Uredíneos, uredíneas.
UREDO *m.* Uredo, picazón, escozor, comezón.
URÉIA (rè) *f. Quím.* Urea.
UREMIA (mía) *f. Med.* Uremia.
URENTE *adj.* Urente, ardiente.
URÉTER (tèr) *m. Anat.* Uréter.
URETERALGIA (jía) *f.* Ureteralgia.
URETÉRICO, CA (tè) *adj.* Uretérico, ureteral.
URETERITE *f. Patol.* Ureteritis.
URETEROLITÍASE (ze) *f.* Ureterolitiasis.
URÉTICO, CA (rè) *adj.* Urético (perteneciente a la uretra o concerniente a ella). Urético, diurético.
URETRA (rè) *f. Anat.* Uretra.
URETRAL *adj.* Uretral.
URETRALGIA (jía) *f.* Uretralgia.
URETRITE *f.* Uretritis.
URETROFRAXIA (xía) *f.* Uretrofraxis.
URETRORRAGIA (jía) *f.* Uretrorragia.
URETRORRÉIA (rrè) *f.* Uretrorrea.
URETROSCOPIA (pía) *f.* Uretroscopia.
URETROSCÓPIO (cò) *m.* Uretroscopio.
URETROSTENIA (nía) *f.* Uretrostenosis.
URETROSTÉNICO, CA (té) *adj.* Uretrostenótico.
URETROTOMIA (mía) *f.* Uretrotomía.
URETRÓTOMO (trò) *m.* Uretrótomo.
URETROVESICAL (zi) *adj.* Uretrovesical.
URGEBÃO (jebáum) *m. Bot.* Verbena.
URGÊNCIA (jén) *f.* Urgencia.
URGENTE (jen) *adj.* Urgente.
URGENTEMENTE (jen) *adv. m.* Urgentemente.
URGIR (jir) *v. intr.* Urgir (instar, precisar, apremiar, correr prisa una cosa). Urgir (obligar actualmente la ley o el precepto).

URGONIANO, NA *adj. Geol.* Urgoniense.
URICEMIA (mía) *f.* Uricemia.
ÚRICO, CA *adj. Quím.* Úrico.
URINA *f.* Orina.
URINAÇÃO (sáum) *f.* Urinación.
URINAR *v. intr.* Orinar. Ú. t. c. tr.
URINÁRIO, RIA *adj.* Urinario.
URINÍFERO, RA *adj.* Urinífero.
URINÍPARO, RA *adj.* Uríniparo.
URINOL (nòl) *m.* Orinal.
URINOSO, SA (ozo, òza) *adj.* Urinoso.
URNA *f.* Urna (vaso o caja de forma y materia varia, como las que se usa para traer agua, las funerarias, las de lotería, las electorales, etc.).
URNÁRIO, RIA *adj.* Semejante a una urna.
UROBILINA *f. Quím.* Urobilina.
UROCELE (cè) *f.* Urocele.
URÓCROMO (rò) *m.* Urocromo.
URODELOS (dè) *m. pl. Zool.* Urodelos.
URODIÁLISE (ze) *f.* Urodialisis.
URODINIA (nía) *f.* Urodinia.
URÓLITO (rò) *m.* Urolito.
UROLOGIA (jía) *f.* Urología.
UROLÓGICO, CA (lòji) *adj.* Urológico.
UROLOGISTA (jis) *m.* Urólogo.
URÔMELO (ró) *m.* Uromelo.
UROPÍGIO (jío) *m.* Obispillo, rabadilla de las aves.
UROSCOPIA (pía) *f.* Uroscopia.
UROSCÓPICO, CA (cò) *adj.* Uroscópico.
UROSCÓPIO (cò) *m.* Uroscopio.
URRACA *f. Mar.* Racamento.
URRAR *v. intr.* Rugir, bramar.
URRO *m.* Rugido, bramido. Grito.
URSA *f. Zool.* Osa. — *Maior. Astr.* Osa Mayor. — *Menor. Astr.* Osa Menor.
URSADA *f. Bras.* Mala partida; traición.
URSÍDEOS *m. pl. Zool.* Úrsidos.
URSINO, NA *adj.* Ursino.
URSO *m. Zool.* Oso. *fig.* Hombre poco sociable. *fig.* Hombre feo. *adj. Bras.* Falso (aplícase al mal amigo). Ú. t. c. s. — *branco.* Oso blanco. — *negro.* Oso negro.
URSULINA *f.* Ursulina.
URTICAÇÃO (sáum) *f. Med.* Urticación.
URTICÁCEO, CEA *adj.* Urticáceo. *f. pl. Bot.* Urticáceas.
URTICANTE *adj.* Urticante.
URTICÁRIA *f. Med.* Urticaria.
URTIGA *f. Bot.* Ortiga. — *do mar.* Ortiga de mar, acalefo.
URTIGAR *v. tr.* Flagelar con ortigas.
URU *m. Bras.* Urú *(Amer.).*
URUBU *m. Bras.* Aura; tribú, urubú *(Amer.):* especie de buitre americano.
URUCARI *m. Bras.* Especie de palma *(Attales excelsa).*
URUCATU *m. Bras.* Planta amarilidácea *(Amaryllis princeps).*
URUCU *m. Bras.* Bija, achiote (fruto; urucú, urucú del Brasil *(Amer.).*
URUCUBACA *f. Bras.* Mala fortuna; yeta *(Amer.).*
URUCUEIRO *m. Bras.* Bija, achiote (la planta); urucú, urucú del Brasil *(Amer.).*

URUCUUBA *f. Bras.* Lo mismo que URUCUEIRO.
URUGUAIO, IA *adj.* Uruguayo. Ú. t. c. s.
URUMBEVA (bè) *m. Bras. S. Paulo.* Otario.
URUPÊ (pé) *m. Bras.* Especie de hongo poliporáceo *(Polyporus sanguineus).*
URUPEMA *f. Bras. nort.* Especie de cedazo.
URUPUCA *f. Bras. merid.* Lo mismo que ARAPUCA, 1ª acep.
URURAU *m. Bras.* Especie de yacaré.
URUTAU *m. Bras.* Urutaú, urutau, urutao *(Amer.:* ave nocturna de color pardo amarelado con mezcla de negro y obscuro, que se distingue por su modo de gritar, entre mofador y melancólico).
URUTU *m. Bras.* Especie de víbora.
URZAL (zal) *m.* Brezal.
URZE (ze) *f. Bot.* Brezo.
URZELA (zè) *f. Bot.* Orchilla.
USADO, DA (za) *adj.* Usado, gastado, ajado y deslucido con el uso. Usual. Usado, habituado, ducho.
USAGRE (za) *m. Med.* Usagre.
USANÇA (zansa) *f.* Usanza, uso, práctica general, costumbre.
USAR (zar) *v. tr.* Usar, utilizar, hacer servir una cosa. Usar, disfrutar alguna cosa. Usar, ejecutar o practicar habitualmente una cosa. Usar, acostumbrar, soler, tener costumbre. *v. r.* Gastarse, deteriorarse.
USÁVEL (za) *adj.* Usable.
USEIRO, RA (zei) *adj.* Que tiene por costumbre hacer alguna cosa. — *e vezeiro.* Que acostumbra hacer repetidas veces una cosa, habituado a hacerla, especialmente en lo malo.
USINA (zi) *f. Bras.* Fábrica, establecimiento fabril; usina (gal.). Fábrica de azúcar.
USINEIRO, RA (zi) *adj. Bras.* Perteneciente o relativo a una fábrica de azúcar. *m.* Dueño de una fábrica de azúcar.
ÚSNEA *f. Bot.* Usnea.
USO (zo) *m.* Uso (acción de usar; moda; práctica general de una cosa; modo de obrar propio de una cosa; empleo habitual de una cosa; derecho de usar de una cosa con cierta limitación).
USTÃO (táum) *f.* Ustión.
USTÓRIO, RIA (tò) *adj.* Ustorio.
USTULAÇÃO (sáum) *f.* Ustulación.
USTULAR *v. tr.* Hacer la ustulación.
USUAL (zual) *adj.* Usual (que se usa o se practica común o habitualmente).
USUALMENTE (zual) *adv. m.* Usualmente.
USUÁRIO, RIA (zuá) *adj. For.* Usuario. Ú. t. c. s.
USUCAPIÃO (zucapiáum) *m. For.* Usucapión.
USUCAPIENTE (zu) *adj.* Que adquirió por usucapión.
USUCAPIR (zu) *v. tr. For.* Usucapir.
USUCAPTO, TA (zu) *adj.* Adquirido por usucapión.
USUFRUIR (zu) *v. tr.* Usufructuar (tener el usufructo de una cosa). Gozar de
USUFRUTO (zu) *m.* Usufructo.
USUFRUTUAR (zu) *v. tr.* Lo mismo que USUFRUIR.

USURA (zu) *f.* Usura. *Bras. nort.* Avaricia.
USURAR (zu) *v. intr.* Usurear, usurar (dar a usura).
USURÁRIO, RIA (zu) *adj.* Usurario. *m.* Usurero. *pop.* Lo mismo que AGIOTA.
USUREIRO, RA (zu) *adj. y m.* Lo mismo que USURÁRIO.
USURPAÇÃO (zurpasáum) *f.* Usurpación.
USURPADOR, RA (zur) *adj.* Usurpador. Ú. t. c. s.
USURPAR (zur) *v. tr.* Usurpar (quitar a uno lo que es suyo; arrogarse la dignidad u oficio de otro, y usarlos como propios).
UTAR *v. tr.* Lo mismo que JOEIRAR.
UTENSÍLIO *m.* Utensílio.
UTERALGIA (jía) *f.* Uteralgia.
UTERINO, NA *adj.* Uterino.
ÚTERO *m.* Útero, matriz.
UTERORRAGIA (jía) *f.* Uterorragia.
UTEROSCOPIA (pía) *f.* Uteroscopia.
UTEROSCÓPIO (cò) *m.* Uteroscopio.
UTEROTOMIA (mía) *f.* Uterotomía.
UTERÓTOMO (rò) *m.* Uterótomo.
ÚTIL *adj.* Útil (que sirve y aprovecha de algún modo). *For.* Útil. Hábil (aplícase al día de trabajo o laborable). *m.* Útil, utilidad.
UTILIDADE *f.* Utilidad.
UTILITÁRIO, RIA *adj.* Utilitario.
UTILITARISMO *m.* Utilitarismo.
UTILIZAÇÃO (zasáum) *f.* Utilización.
UTILIZAR (zar) *v. tr.* Utilizar. *v. r.* Utilizarse.
UTILIZÁVEL (zá) *adj.* Utilizable.
UTILMENTE *adv. m.* Útilmente.
UTOPIA (pía) *f.* Utopía.
UTOPICAMENTE *adv. m.* De manera utópica, con utopía.
UTÓPICO, CA (tò) *adj.* Utópico.
UTOPISTA *m.* Utopista.
UTRICULAR *adj.* Utricular, utriculado.
UTRICULARIFORME (fòr) *adj.* Utricular (que tiene forma de utrículo).
UTRÍCULO *m.* Utrículo.
UTRICULOSO, SA (lozo, òza) *adj.* Utriculoso.
UVA *f.* Uva. — *-espim.* Uva espina, o crespa. — *-ursina.* Uva de oso. *Passa de* —. Pasa, uva pasa.
UVAÇA (sa) *f.* Uvada.
UVADA (zu) *f.* Uvate (conserva de uvas).
UVAL *adj.* Uval.
UVIFORME (fòr) *adj.* Uviforme.
ÚVULA *f. Anat.* Úvula.
UVULAR *adj.* Uvular (perteneciente o relativo a la úvula).
UVULIFORME (fòr) *adj.* Uvular (parecido a la úvula).
UVULITE *f. Med.* Uvulitis.
UXI (chí) *m. Bras.* Árbol rosáceo americano *(Uxi umbrosissima).*
UXORICIDA (xo) *m.* Uxoricida.
UXORICÍDIO (xo) *m.* Uxoricidio.
UXÓRIO, RIA (xò) *adj.* Uxorio.
UZÍFUR (zi) *m.* Lo mismo que
UZÍFURO (zí) *m.* Bermellón, cinabrio (sea natural o artificial).

V *m.* Vigésima primera letra y décima sexta consonante del alfabeto portugués. Su nombres es *ve.* Letra numeral que tiene el valor de cinco unidades en la numeración romana. Con una rayita horizontal superpuesta, vale cinco mil. En química, es símbolo del vanadio.

VACA *f.* Vaca (hembra del toro; carne de res vacuna). Vaca (dinero que juegan en común dos o más personas). *Bras.* Sociedad de varias personas para la compra de algo. Ú. en la expr.: *Fazer uma —. — marinha.* Vaca marina, manatí. *Voltar,* o *tornar, à — fria. fr. fig. fam.* Volver al mismo asunto.

VACADA *f.* Vacada (manada de ganado vacuno). Corrida de vacas.

VACAGEM (jem) *f. Bras. merid.* Vacada (manada de vacas).

VACAL *adj. Bras.* Indigno, indecente.

VACÂNCIA (cán) *f.* Vacancia, vacante.

VACANTE *adj.* Vacante, vaco.

VACAR *v. intr.* Vacar (cesar uno por algún tiempo en sus tareas habituales). Vacar (quedar un empleo, cargo o dignidad sin persona que lo desempeñe o posea). Emplear el tiempo, aplicarse, dedicarse. Vagar (estar ocioso).

VACARAÍ *m. Bras.* Ternero nonato; vacaray (*Amer.*).

VACARIA (ría) *f.* Vaquería, vacada (muchedumbre de ganado vacuno). Vaquería (sitio donde hay vacas o se vende su leche). Establo (donde se encierran las vacas). Ganado vacuno.

VACATURA *f.* Vacatura. Vacancia, vacante.

VACILAÇÃO (sáum) *f.* Vacilación (acción de vacilar). *fig.* Vacilación, perplejidad, irresolución, indecisión.

VACILANTE *adj.* Vacilante, perplejo, indeciso, irresoluto.

VACILAR *v. intr.* Vacilar, moverse, oscilar, tambalearse una cosa. *fig.* Vacilar, titubear (estar uno perplejo, indeciso e irresoluto). *v. tr.* Hacer vacilar.

VACILATÓRIO, RIA (tò) *adj.* Vacilatorio.

VACINA *f.* Vacuna.

VACINAÇÃO (sáum) *f.* Vacunación.

VACINADOR, RA *adj.* Vacunador.

VACINAL *adj.* Vacunal.

VACINAR *v. tr.* Vacunar. Ú. t. c. r.

VACÍNICO, CA *adj.* Vacunal.

VACINOTERAPIA (pía) *f.* Vacunoterapia, vaccinoterapia.

VACUIDADE *f.* Vacuidad (calidad de vacuo). *fig.* Vanidad, vacuidad. *fig.* Inanidad, vacuidad.

VACUM *adj.* Vacuno, na. *m.* Ganado vacuno.

VÁCUO, CUA *adj.* Vacuo, vacío. *m.* Vacuo, vacío.

VACÚOLO (cúò) *m. Hist. Nat.* Vacuola.

VADEAÇÃO (sáum) *f.* Vadeamiento.

VADEAR *v. tr.* Vadear (pasar el rio por el vado). *fig.* Vadear (vencer una grave dificultad).

VADEÁVEL *adj.* Vadeable.

VADEOSO, SA (ozo, òza) *adj.* Vadoso.

VADIAÇÃO (sáum) *f.* Vagancia. Tuna (vida holgazana y vagabunda). Holgazanería, gandulería, haraganería, ociosidad.

VADIAGEM (jem) *f.* Lo mismo que VADIAÇÃO.

VADIAMENTE *adv. m.* Ociosamente.

VADIAR *v. intr.* Holgazanear, haraganear, gandulear. Vagabundear, vagamundear, vagar.

VADIICE *f.* Lo mismo que VADIAÇÃO.

VADIO, DIA (dío, día) *adj.* Vago, desocupado, vacío (dícese del hombre sin oficio y mal entretenido). Ú. t. c. s. Holgazán, haragán, gandul. Ú. t. c. s. Vagabundo, vagamundo. Ú. t. c. s.

VADOSO, SA (dozo, òza) *adj.* Vadoso.

VAGA *f.* Ola, onda. Vacancia, vacante. Vagar (tiempo desembarazado y libre para hacer alguna cosa). *fig.* Muchedumbre, tropel. Ola (lo que sobreviene a manera de oleaje, en gran volumen o con mucha fuerza).

VAGABUNDAGEM (jem) *f.* Vagabundeo. Tuna. Holgazanería, gandulería.

VAGABUNDEAR *v. intr.* Vagabundear. Vagamundear. Lo mismo que VADIAR.

VAGABUNDO, DA *adj.* Vagabundo, vagamundo. Ú. t. c. s. Lo mismo que VADIO.

VAGAÇÃO (sáum) *f.* Lo mismo que VACATURA.

VÁGADO *m.* Vahido, vértigo.

VAGALHÃO (lláum) *m.* Oleada (ola grande).

VAGALUME *m.* Luciérnaga.

VAGAMENTE *adv. m.* Vagamente.

VAGAMUNDO, DA *adj.* Vagamundo, vagabundo. Ú. t. c. s.

VAGÂNCIA (gán) *f.* Lo mismo que VACÂNCIA.

VAGANTE *adj.* Vacante. Vagueante.

VAGÃO (gáum) *m.* Vagón (carruaje de los ferrocarriles).

VAGAR *v. intr.* Vacar (quedar vacante un empleo, cargo o dignidad). Vagar, vaguear (andar por varias partes sin determinación a sitio o lugar). Vagar (estar ocioso, sin oficio ni beneficio). Vagar, vaguear (andar por un sitio sin hallar camino o lo que se busca). Vagar, vaguear (andar libre y suelta una cosa, o sin el orden y disposición que regularmente debe tener). Sobrar, restar. Faltar. Darse, ocuparse. Vagar (tener tiempo y lugar suficiente o necessario para hacer una cosa). *v. tr.* Dar por vago. Dejar vago. Hacer vacar.

VAGAR *m.* Vagar (tiempo desembarazado y libre para hacer una cosa). Vagar, espacio, lentitud, pausa o sosiego. Ociosidad. *De —. adv.* Despacio, lentamente.

VAGAROSAMENTE (ròza) *adv. m.* Lentamente, pausadamente. Despacio, poco a poco, lentamente. Mansamente (quedito y sin hacer ruido).

VAGAROSO, SA (ozo, òza) *adj.* Lento, pausado, detenido. Tardo, perezoso. Quedo, quieto. Sereno. Indeciso. Silencioso.

VAGATUR *f.* Lo mismo que VACATURA.

VAGEM (jem) *f.* Vaina (la corteza tierna y larga en que están encerradas algunas legumbres). Judías verdes.

VAGIDO (ji) *m.* Vagido (llanto del recién nacido).

VAGINA (ji) *f. Anat.* Vagina. *Bot.* Vaina.

VAGINAL (ji) *adj.* Vaginal. Vaginiforme.

VAGINANTE *adj.* Vaginante.

VAGINELA (jinè) *f. Bot.* Vaginela.

VAGINIFORME (fòr) *adj.* Vaginiforme.

VAGINISMO (ji) *m. Med.* Vaginismo.

VAGINITE (ji) *f. Med.* Vaginitis.

VAGÍNULA (jí) *f.* Vagínula.

VAGINULADO, DA (ji) *adj.* Vaginulado.

VAGIR (jir) *v. intr.* Llorar, gemir (los recién nacidos).

VAGNERIANO, NA *adj.* Vagneriano. Ú. t. c. s.

VAGNERISMO *m.* Vagnerismo.

VAGO, GA *adj.* Vaco, vacante. Vago, indeciso, indeterminado. Vago (que no tiene objeto o fin determinado). Vago, desocupado. Vago, vaporoso, ligero, indefinido. *m.* Vaguedad. Confusión. *Horas —as.* Horas desocupadas. *Nervo —.* Nervio vago.

VAGOMESTRE (mès) *m.* Vaguemaestre.

VAGONETE *m.* Vagoneta.

VAGOTONIA (nía) *f. Med.* Vagotonía.

VAGUEAÇÃO (sáum) *f.* Vagueación (acción de vagar). Vagueación (inquietud o inconstancia de la imaginación). Lo mismo que VADIAÇÃO.

VAGUEAR *v. intr.* Vaguear (andar por varias partes sin determinación a sitio o lugar, o sin especial detención en ninguno). Vaguear (andar por un sitio sin hallar camino o lo que se busca). Vaguear (andar libre y suelta una cosa, o sin el orden y disposición que debe tener). Vagabundear, vagamundear. Holgazanear. Vagar (estar ocioso). Divagar, errar. Vaguear flotando.

VAGUEJAR (jar) *v. intr.* Vaguear, errar.

VAGUEZA (za) *f. Pint.* Calidad de vago.

VAIA *f.* Vaya, burla, mofa, befa, zumba, chasco, rechifla. Pita, silba.

VAIAR *v. tr.* Zumbar (dar vaya o chasco a uno). *v. intr.* Silbar (manifestar desagrado y desaprobación en público, con silbidos u otras demostraciones ruidosas). Ú. t. c. tr. Dar rechifla o grita a alguno.

VAICIA (cía) *m.* Vaizia, vaizya, vaicia.

VAIDADE *f.* Vanidad (calidad de vano; vanagloria; presunción; arrogancia; ostentación). Futilidad.

VAIDOSAMENTE (dòza) *adv. m.* Vanidosamente.

VAIDOSO, SA (dozo, òza) *adj.* Vanidoso. Ú. t. c. s.

VAIVÉM *m.* Vaivén.

VAL *m. apoc.* de *Vale.* Val (*apoc.* de valle).

VALA *f.* Zanja (excavación larga y angosta). Foso, excavación. Fosa, hoyo, sepultura.

VALADA *f.* Valle ancho y largo.

VALADIO, DIA (dío, día) *adj.* Dícese del terreno donde hay zanjas para el riego.

VALADO *m.* Valla, vallado, vallar.

VALADOR *m.* El que hace zanjas o vallas.

VALÃO, LONA (láum) *adj.* Valón. *m.* Valón (idioma).

VALÁQUIO, QUIA *adj.* Valaco, ca. Ú. t. c. s. *m.* Valaco (idioma).

VALAR *v. tr.* Zanjar. Vallar. Cercar, cerrar.

VALDENSE *adj.* Valdense. Ú. t. c. s.

VALDEVINOS *m.* Holgazán, haragán, vago, gandul. Tuno, tunante, pillo. Pobrete.

VALE *m.* Valle (llanura entre montes o alturas; cuenca de un río; conjunto de caseríos situados en un valle). Vale (documento que representa dinero efectivo y que en el momento oportuno es canjeable por la cantidad que representa). *— de lágrimas. fig.* Valle de lágrimas, este mundo.

VALEDIO, DIA (dío, día) *adj.* Valedero.

VALEDOR, RA *adj.* Protector, defensor. *m.* Valedor (persona que vale, proteje o ampara a otra).

VALEDOURO, RA *adj.* Valedero.
VALEIRA *f.* Lo mismo que
VALEIRO *m.* Zanja pequeña.
VALÊNCIA (lén) *f. Quím.* Valencia. *Bras. merid.* Valimiento.
VALENCIANA *f.* Encaje valenciano.
VALENCIANO, NA *adj.* Valenciano. Ú. t. c. s.
VALENTÃO, TONA (táum) *adj.* Valentón, bravucón, baladrón, perdonavidas. Ú. t. c. s.
VALENTE *adj.* Valiente, esforzado, animoso y de valor. Ú. t. c. s. Valiente (eficaz y activo en su línea). Valentón. Ú. t. c. s. *Bancar o —. fr. fam.* Pisar de valentía.
VALENTEMENTE *adv. m.* Valientemente.
VALENTIA (tía) *f.* Valentía.
VALENTINIANO, NA *adj.* Valentiniano. Ú. t. c. s.
VALENTONA *adj.* y *s. f.* Valentona. À —. *m. adv.* Violentamente, brutalmente, por fuerza.
VALER *v. tr.* Valer (amparar, proteger, patrocinar). Valer (redituar, fructificar o producir). Valer (montar, sumar o importar). Valer (tener las cosas un precio determinado para la compra o venta). Valer (equivaler unas cosas a otras en número de determinada estimación). *v. intr.* Valer, equivaler. Valer (tener alguna calidad que merezca aprecio y estimación). Valer (tener una persona poder, autoridad o fuerza). Valer (correr o pasar, tratándose de monedas). Valer (ser una cosa de importancia o utilidad para el logro de algún fin). Valer (prevalecer una cosa en oposición a otra). Valer (ser o servir de defensa o amparo una cosa). Valer (tener la fuerza o valor que se requiere para la subsistencia o firmeza de algún efecto). *v. r.* Valerse (usar de una cosa con tiempo y ocasión, o servierse útilmente de ella). Valerse (recurrir al favor o interposición de otro para un intento). *Fazer —.* Hacer valer. *— por.* Valer por (incluir en sí equivalentemente las calidades de otra cosa). *Mais vale tarde do que nunca ref.* Más vale tarde que nunca.
VALERIANA *f. Bot.* Valeriana.
VALERIANÁCEO, CEA *adj.* Valerianáceo. *f. pl. Bot.* Valerianáceas.
VALERIANATO *m. Quím.* Valerianato.
VALERIÂNICO, CA (riá) *adj.* Valerianico.
VALÉRICO, CA (lè) *adj.* Valérico.
VALETA *f.* Arroyo de calle. Zanja. Reguero.
VALETE (lè) *m.* Caballo (entre los naipes).
VALETUDINÁRIO, RIA *adj.* Valetudinario. Ú. t. c. s.
VALHACOUTO (lla) *m.* Asilo, refugio, abrigo. *fig.* Protección, amparo. *— de ladrões.* Guarida de ladrones.
VALÍ *m.* Valí.
VALIA (lía) *f.* Valía, valor, valer, estimación y aprecio de una cosa. Valía, valimiento, privanza. *Mais —.* Mayor valía.
VALIDAÇÃO (sáum) *f.* Validación (acción y efecto de validar).
VALIDADE *f.* Validación (firmeza, fuerza, seguridad o subsistencia de algún acto). Validez.
VALIDAMENTE *adv. m.* Válidamente.
VALIDAR *v. tr.* Validar.
VÁLIDO, DA *adj.* Válido (firme, subsistente y que vale o debe valer legalmente). Válido, robusto, fuerte.
VALIDO, DA *adj.* Valido, recibido, creído, apreciado o estimado generalmente. *m.* Valido (el que tiene el primer lugar en la gracia de un príncipe o alto personaje).
VALIMENTO *m.* Valimiento (acción de valer una cosa o de valerse de ella). Valimiento, privanza. Valimiento, amparo, favor, protección, defensa.
VALIOSAMENTE (liòza) *adv. m.* Preciosamente. Válidamente.
VALIOSO, SA (liozo, òza) *adj.* Valioso, precioso (que vale mucho o tiene mucha estimación o poder).
VALISE (ze) *f. gal.* Valija, maleta.
VALO *m.* Valla, vallado. Valladar, vallar. Zanja.
VALOR *m.* Valor (en todas las acepciones de esta voz). *pl.* Valores (títulos que son materias de operaciones mercantiles). *— recebido. Com.* Valor recebido. *—es declarados.* Valores declarados.

VALORIZAÇÃO (zasáum) *f.* Valoración.
VALORIZADOR, RA (za) *adj.* Valuador.
VALORIZAR (zar) *v. tr.* Valorar, valorear, valuar (señalar a una cosa el valor correspondiente a su estimación). Valorar, valorear (aumentar el valor de una cosa).
VALOROSAMENTE (ròza) *adv. m.* Valerosamente.
VALOROSIDADE (zi) *adj.* Valerosidad.
VALOROSO, SA (rozo, òza) *adj.* Valeroso.
VALQUÍRIA *f.* Valquiria.
VALSA *f.* Vals.
VALSAR *v. intr.* Valsar (bailar el vals).
VALSISTA *adj.* Que valsa. Ú. t. c. s.
VALVA *f. Zool.* y *Bot.* Valva.
VALVÁCEO, CEA *adj. Bot.* Valváceo.
VALVAR *adj.* Valvar.
VÁLVULA *f. Mec.* y *Zool.* Válvula. *— de segurança.* Válvula de seguridad. *— mitral. Anat.* Válvula mitral.
VALVULADO, DA *adj.* Valvulado.
VALVULAR *adj.* Valvular.
VAMPÍRICO, CA *adj.* Vampírico.
VAMPIRISMO *m.* Vampirismo (creencia en los vampiros). *fig.* Vampirismo (avidez y codicia de quienes se enriquecen por malos medios).
VAMPIRO *m.* Vampiro (espectro o cadáver que, según cree el vulgo de ciertos países, va por la noche a chupar poco a poco la sangre de los vivos hasta matarlos). *Zool.* Vampiro (especie de murciélago). *fig.* Vampiro. Vampireza, vampira.
VANÁDIO *m. Quím.* Vanadio.
VANCÊ (sé) *pron. pers. Bras. merid. pop.* Lo mismo que VOCÊ.
VANDALICAMENTE *adv. m.* Vandálicamente.
VANDÁLICO, CA *adj.* Vandálico.
VANDALISMO *m.* Vandalismo.
VÂNDALO, LA (ván) *adj.* Vándalo. Ú. t. c. s.
VANECER *v. tr.* y *r.* Lo mismo que DESVANECER.
VANGLÓRIA (glò) *f.* Vanagloria.
VANGLORIAR *v. tr.* Infundir vanagloria, envanecer. *v. r.* Vanagloriarse, jactarse, presumir de saber o de valer.
VANGLORIOSAMENTE (riòza) *adv. m.* Vanagloriosamente.
VANGLORIOSO, SA (riozo, òza) *adj.* Vanaglorioso.
VANGUARDA *f.* Vanguardia. *Na —. m. adv.* A vanguardia, a la cabeza, en el punto más avanzado, delante de todos los demás.
VANGUARDEIRO, RA *adj.* Que marcha en la vanguardia, que va delante; delantero.
VANGUEJAR (jar) *v. intr.* Oscilar. Vacilar. Deslizar, resbalar.
VANILINA *f. Quím.* Vanilina.
VANILOQUÊNCIA (cuen) *f.* Vanilocuencia.
VANILOQÜENTE (cuen) *adj.* Vanilocuente.
VANILÓQUIO (lò) *m. p. us.* Vaniloquio.
VANTAGEM (jem) *f.* Ventaja (superioridad de una persona o cosa respecto de otra; sobresuelo, o cantidad en que el sueldo de una persona excede al que gozan otras; ganancia anticipada que un jugador concede a otro para compensar la superioridad que se le atribuye). Provecho. Victoria. *Contar —. fr. pop. Bras.* Vanagloriarse, jactarse.
VANTAJOSAMENTE (jòza) *adv. m.* Ventajosamente.
VANTAJOSO, SA (jozo, jòza) *adj.* Ventajoso. Provechoso.
VANTE *f. Mar.* Proa.
VÃO, VÃ (váum, ván) *adj.* Vano (falto de realidad, substancia o entidad). Vano (hueco, vacío). Vano, inútil, infructífero o sin efecto). Vano (arrogante, presuntuoso, desvanecido). Vano (que no tiene fundamento, razón o prueba). *m.* Hueco, vacío. *Em —. m. adv.* En vano, inútilmente, ni logro ni efecto. *— da escada.* Ojo de la escalera. *— de uma ponte.* Ojo de una puente.
VÁPIDO, DA *adj. Poét.* Insípido.
VAPOR *m.* Vapor. *fig.* Vapor (buque de vapor). *A —. m. adv. fig. fam.* Al vapor, con gran celeridad y presteza.
VAPORAÇÃO (sáum) *f.* Vaporación; evaporación.
VAPORAR *v. tr.* Vaporar, vaporear, evaporar. Ú. t. c. r. *v. intr.* y *r.* Vaporear (exhalar o despedir vapores).

VAPORÁVEL *adj.* Vaporable.
VAPORÍFERO, RA *adj.* Vaporífero.
VAPORIZAÇÃO (zasáum) *f.* Vaporización.
VAPORIZADOR (za) *m.* Vaporizador.
VAPORIZAR (zar) *v. tr.* Vaporizar. Ú. t. c. r.
VAPOROSAMENTE (roza) *adv. m.* Tenuemente, ligeramente, de manera vaporosa.
VAPOROSO, SA (ozo, òza) *adj.* Vaporoso (que despide vapores o los ocasiona). *fig.* Vaporoso, tenue, ligero, parecido al vapor en cierto modo.
VAPULAR *v. tr.* Vapulear, vapular, azotar.
VAQUEANO *m. Bras. merid.* Baquiano (conocedor práctico de los caminos, senderos, trojas y atajos); baqueano (Amer.).
VAQUEIJADA (ja) *f. Bras.* Rodeo del ganado vacuno que se hace en los meses de invierno. Repunte. (Amer.: acción de repuntar, de reunir los animales que están dispersos en un campo).
VAQUEIJADOR (ja) *m. Bras.* Sendero por donde los vaqueros repuntan al ganado.
VAQUEIJAR (jar) *v. tr. Bras. nort.* Repuntar (Amer.: reunir los animales que están dispersos en un campo).
VAQUEIRA *f.* Vaquera (pastora de reses vacunas).
VAQUEIRADA *f. Bras.* Grupo de vaqueros.
VAQUEIRAMA *f. Bras.* Lo mismo que VAQUEIRADA.
VAQUEIRO *m.* Vaquero (pastor de reses vacunas).
VAQUEJADA (ja) *f. Bras.* Lo mismo que VAQUEIJADA.
VAQUEJADOR (ja) *m. Bras.* Lo mismo que VAQUEIJADOR.
VAQUEJAR (jar) *v. tr. Bras.* Lo mismo que VAQUEIJAR.
VAQUETA *f.* Vaqueta. Varilla (de quitasol). Lo mismo que BAQUETA.
VAQUILHONA (llo) *f. Bras. merid.* Vaquillona (Amer.: ternera o vaca nueva).
VARA *f.* Vara (ramo delgado, largo y liso). Vara (palo largo y delgado). Vara (bastón de autoridad). Vara (medida de longitud; barra que representa esta medida. V. TRANCA. Vara (jurisdición). Distrito (de un tribunal de primera instancia). Vara (conjunto de puercos de montanera). Manada (de cerdos). Vara larga. Vara (trozo de tela que tiene la medida de la vara). *fig.* Vara, castigo, azotes. *Camisa de onze —s.* Camisa de once varas. *— de condão.* Varilla de virtudes. *— real.* Cetro.
VARAÇÃO (sáum) *f.* Varada, varadura. Acción y efecto de *Varar.*
VARADA *f.* Varazo.
VARADO, DA *adj.* Varado, encallado. Traspasado, atravesado. Transido.
VARADOR *m.* Aforador, arqueador. *Bras. nort.* Lo mismo que
VARADOURO *m.* Varadero (sitio o paraje donde varan las embarcaciones). *fig.* Sitio donde un grupo de personas descansa y conversa. *Bras.* Sangradura (de los ríos).
VARAL *m.* Pértigo, lanza (del carro). Varal. Vara alcándara (cada una de las dos piezas de madera que se afirma en los largueros de la escalera del carro y entre las cuales se engancha la caballería). Vara (cada una de las dos varas de la silla de mano, la parihuela, camilla, etc.). Tendedero, tendal (de ropa).
VARANDA *f.* Balcón (ventana grande con barandilla, abierta desde el suelo de la habitación). Terrado, terraza. *Bras.* Pórtico abierto, galería (que se extiende a lo largo de uno o más lados de una casa). Guarnición de randa que se pone a las hamacas. Comedor (pieza donde se come habitualmente; sus muebles). *— aberta.* V. 3ª acep.
VARANDADO *m. Bras.* Alpende (cubierta voladiza a manera de pórtico).
VARANDIM *m.* Balcón estrecho. Barandilla (que se pone a los balcones).
VARÃO (ráum) *m.* Varón (criatura racional del sexo masculino; hombre que ha llegado a la edad viril; hombre de respeto, autoridad u otras prendas). Barra (de metal).
VARAPAU *m.* Varapalo (palo largo y redondo a manera de vara). *Bras. fig.* Hombre alto y desgarbado.

VARAR *v. tr.* Varear (dar golpes con vara). Varar (sacar a la playa y poner en seco una embarcación, con cualquer fin). Atravesar, traspasar, horadar. Espantar. Decepcionar, hacer quedar plantado o colgado. *Bras.* Vadear. *v. intr.* Varar, encallar.

VAREDO *m.* Conjunto de viguetas.

VAREIO *m. Bras.* Delirio, desvario. Tunda (de palos). Represión.

VAREIRO *m. Bras.* El que dirige una embarcación con el botador.

VAREJA (ré) *f.* Vareo, vareaje. Mosca de las carnes, moscarda.

VAREJADOR (ja) *m.* Vareador.

VAREJADURA (ja) *f.* Vareo, vareaje.

VAREJAMENTO (ja) *m.* Vareaje. Inspección, registro, pesquisa, escudriñamiento.

VAREJÃO (jáum) *m.* Varejón.

VAREJAR (jar) *v. tr.* Varear (derribar con los golpes de la vara los frutos de algunos árboles). Varear (dar golpes con vara o palo). Varear (medir con la vara). Inspeccionar, registrar, pesquisar. *fig.* Atacar, acometer. Molestar. *Bras.* Echar. Echar lejos. *v. intr.* Disparar tiros. Golpear.

VAREJEIRA (jei) *f.* Mosca de las carnes, moscarda. Ú. t. c. adj.

VAREJISTA (jis) *adj. Bras.* Que vende por menor. *m.* Tendero (comerciante por menor).

VAREJO (ré) *m.* Vareo, vareaje. Inspección, registro, pesquisa. *fig.* Censura áspera. *Bras.* Tienda (donde se vende al por menor). A —. *m. adv.* Al por menor, al menudeo. *Loja de* —. V. 4ª acep.

VARELA (rè) *f.* Varilla, vareta.

VAREQUE (rè) *m.* Varec.

VARETA *f.* Vareta, varilla. Baqueta (de las armas de fuego). *Bras.* Confusión, turbación, vergüenza, embarazo.

VARGA *f.* Vega alagadiza. Especie de red para pescar.

VARGEDO (je) *m.* Conjunto de vegas o de llanuras.

VARGEM (jem) *f.* Lo mismo que VÁRZEA.

VARGINHA (jiña) *f. Bras.* Vega o llanura poco extensa.

VÁRIA *f. Bras.* Pequeña noticia en un periódico.

VARIAÇÃO (sáum) *f.* Variación (acción y efecto de variar). *Mús.* y *Biol.* Variación. *Mar.* Variación de la aguja, declinación magnética.

VARIADAMENTE *adv. m.* Variadamente.

VARIADO, DA *adj.* Variado (que tiene variedad; de varios colores). *pop.* Vario, inconstante.

VARIAMENTE *adv. m.* Variamente.

VARIANTE *adj.* Variante (que varía). *f.* Variante. Variación.

VARIAR *v. tr.* Variar (hacer que una cosa difiera en algo de lo que era anteriormente; dar variedad). Mudar, cambiar de forma, propiedad o estado). Variar (ser una cosa diferente de otra). Delirar, desvariar. *Mar.* Variar. *v. r.* Alterarse; transformarse.

VARIÁVEL *adj.* Variable.

VARIAVELMENTE *adv. m.* Variablemente.

VARICELA (cè) *f. Med.* Varicela.

VARICOCELE (cè) *f. Med.* Varicocele.

VARICOSO, SA (còzo, òza) *adj. Med.* Varicoso. Ú. t. c. s.

VARIEDADE *f.* Variedad (calidad de vario; diferencia dentro de la unidad; inconstancia, instabilidad o mutabilidad de las cosas; mudanza o alteración en la substancia o en el uso de las cosas; variación). *Hist. Nat.* Variedad.

VARIEGAÇÃO (sáum) *f.* Variedad de colores; matiz.

VARIEGADO, DA *adj.* Variado, matizado, de varios colores.

VARIEGAR *v. tr.* Matizar (juntar diversos colores).

VARINA *f.* Pescadera de Lisboa.

VARINHA (ña) *f. dim.* de *Vara.* Varilla, vareta, varita. Varilla de virtudes.

VÁRIO, RIA *adj.* Vario, diverso, distinto, diferente. Vario, inconstante, instable, mudable. Vario, indiferente o indeterminado. Vario (que tiene variedad). *pl.* Varios, algunos.

VARÍOLA *f. Med.* Viruelas, viruela.

VARIOLAR *adj.* Variolar, varioloso.

VARIÓLICO, CA (riò) *adj.* Variólico.

VARIOLIFORME (fòr) *adj.* Varioliforme.

VARIOLOSO, SA (lozo, òza) *adj.* Varioloso. Virolento, varioloso. Ú. t. c. s.

VARIZ *f. Med.* Varice, variz.

VARJA (ja) *f.* Lo mismo que VÁRZEA.

VARJÃO (jáum) *m. Bras. nort.* Lo mismo que VARGEDO.

VARLOAS *f. pl. Mar.* Barloas.

VAROA *f. p. us.* Varona.

VARONIA (nía) *f.* Varonía.

VARONIL *adj.* Varonil (perteneciente o relativo al varón; esforzado, valeroso y firme).

VARONILIDADE *f.* Varonilidad.

VARONILMENTE *adv. m.* Varonilmente.

VARRÃO (rráum) *m.* Verraco, varraco.

VARRASCO *m.* Lo mismo que VARRÃO.

VARREDEIRA *f. Mar.* Arrastradera, rastrera, ala del trinquete.

VARREDELA (dè) *f.* Barrido, barredura (acción y efecto de barrer). Escobada (barredura ligera).

VARREDOR, RA *adj.* Barredor. Ú. t. c. s. *f.* Lo mismo que VARREDEIRA. *Rede* —. Red barredera.

VARREDOURA *f.* Destrucción, asolamento, carnicería, matanza, mortandad. *Mar.* Lo mismo que VARREDEIRA. *Rede* —. Red barredera.

VARREDOURO *m.* Barredero, escobón (para limpiar el horno).

VARREDURA *f.* Barrido, barredura (acción y efecto de barrer). Basura, barreduras. Barreduras (residuos, desechos de algunas cosas).

VARRER *v. tr.* Barrer (limpiar el suelo con la escoba). Barrer (no dejar nada de lo que había en alguna parte). Arrebatar (llevar con celeridad y violencia). Arrastrar por. Apagar, desvanecer. Agotar. Rozar. Despejar. Expulsar, dispersar. *v. intr.* Barrer (limpiar con la escoba). Desacreditarse. Acabar, terminar. *v. r.* Despejarse. Disiparse. Olvidarse enteramente.

VARRIDO, DA *adj.* Barrido (p. p. de Barrer). *fig.* Rematado. (*Louco,* o *doido,* —: loco rematado). *m.* Barrido, barreduras, basura.

VARSOVIANO, NA *adj.* Varsoviano. Ú. t. c. s.

VARUDO, DA *adj.* Dícese del tronco largo y derecho.

VÁRZEA (zea) *f.* Vega; llanura.

VARZINO, NA (zi) *adj.* Perteneciente o relativo a la *Várzea.*

VASA (za) *f.* Légamo (del mar, de un estanque, etc.); fango. Lodazal. *fig.* Fango, degradación, vilipendio.

VASCA *f.* Convulsión. *pl.* Bascas, náuseas. — *da morte.* Las ansias de la muerte, agonía.

VASCOLEJADOR, RA (ja) *adj.* Sacudidor, temblador.

VASCOLEJAMENTO (ja) *m.* Bazuqueo. Zangoloteo. Sacudimiento.

VASCOLEJAR (jar) *v. tr.* Bazucar. Zangolotear. Sacudir. *fig.* Perturbar, turbar. Revolver.

VASCONCEAR *v. intr.* Hablar el idioma vascongado.

VASCONÇO (so) *m.* Vascongado, vascuense (lengua). *fig.* Vascuense (lo que está confuso y no se puede entender).

VASCOSO, SA (cozo, òza) *adj.* Convulso, que padece ansias, bascas o náuseas.

VASCULAR *adj. Bot.* y *Zool.* Vascular.

VASCULARIDADE *f.* Vascularidad.

VASCULARIZAÇÃO (zasáum) *f.* Vascularización.

VASCULHAR (llar) *v. tr.* Barrer (limpiar con el barredero o escobón). *fig.* Escudriñar.

VASCULHO (llo) *m.* Barredero, escobón (para limpiar el horno).

VASELINA (ze) *f.* Vaselina.

VASENTO, TA (zen) *adj.* Legamoso.

VASIDUTO (zi) *m. Bot.* Vasiducto.

VASILHA (zilla) *f.* Vasija (cualquiera de las piezas cóncavas y pequeñas de barro, metal, vidrio, etc., que sirven para contener líquidos u otras cosas). Cuba; tinaja; pipa; tonel.

VASILHAME (lla) *m.* Vasija (conjunto de vasijas; conjunto de cubas y tinajas).

VASO (zo) *m.* Vaso (pieza cóncava capaz de contener alguna cosa). Tazón para adorno. Tiesto, maceta, jarrón (de flores). Jarra, jarrón, florero.

Vaso (obra escultórica en forma de jarrón o pebetero, para decorar edificios, jardines, etc.). Vaso (embarcación, nave). *Bot.* y *Zool.* Vaso (cualquiera de los conductos por donde circulan los flúidos en los seres orgánicos). Vaso, bacín. Vagina. *Astr.* Copa, vaso (constelación austral). — *de rio.* Cauce, lecho (de un río). — *de eleição.* Vaso de elección. — *noturno.* Vaso excretorio.

VASOCONSTRIÇÃO (zoconstrisáum) *f.* Vasoconstricción.

VASOGÊNIO (zojé) *m. Quím.* Vasógeno.

VASOMOTOR (zo) *adj.* Vasomotor.

VASOSO, SA (zozo, zòza) *adj.* Legamoso.

VASQUEIRO, RA *adj.* Bascoso. Bisojo. *Bras. nort.* Escaso, raro, dificil de encontrar.

VASQUEJAR (jar) *v. intr.* Basquear. Contorcerse. Estremecer, temblar. Vacilar.

VASQUINHA (ña) *f. ant.* Basquiña.

VASSALAGEM (salajem) *f.* Vasallaje.

VASSALAR (sa) *v. intr.* Pagar vasallaje; rendir homenaje.

VASSALO, LA (sa) *adj.* Vasallo. *m.* Vasallo.

VASSOURA (sou) *f.* Escoba (para barrer). *Bot.* Escoba. Retama. *m. Bras.* Dependiente que barre una casa de comercio; barrendero; empleado de baja categoría.

VASSOURADA (sou) *f.* Escobada (cada uno de los movimientos que se hacen con la escoba para barrer). Escobada, barredura ligera. Escobazo (golpe dado con una escoba).

VASSOURAL (sou) *m. Bras.* Escobar (sitio donde abunda la planta llamada escoba).

VASSOURAR (sou) *v. tr.* Escobar (barrer con escoba). *v. intr.* Barrer.

VASSOUREIRO (sou) *m.* Escobero (el que hace o vende escobas).

VASSOURINHA (souriña) *f. dim.* de *Vassoura.* Escobilla, escobeta. Cierto juego de muchachos.

VASSOURO (sou) *m.* Barredero, escobón (para limpiar el horno).

VASTAMENTE *adv. m.* Amplamente, largamente.

VASTAR *v. tr.* Talar, destruir, desolar.

VASTEZA (za) *f.* Lo mismo que

VASTIDÃO (dáum) *f.* Vastedad.

VASTO, TA *adj.* Vasto, dilatado (muy extendido o muy grande).

VATAPÁ *m. Bras.* Olla hecha con harina de mandioca, mezclada con carne o pescado y adobada con aceite de denden.

VATE *m.* Vate, adivino, poeta.

VATICANA *f.* Biblioteca del Vaticano.

VATICANO *m.* Vaticano (palacio y residencia de los papas en Roma). *fig.* Vaticano (corte pontificia). *Bras.* Barco de vapor que navega en el Amazonas.

VATICINAÇÃO (sáum) *f.* Vaticinio.

VATICINADOR, RA *adj.* Vaticinador. Ú. t. c. s.

VATICINANTE *adj.* Vaticinante.

VATICINAR *v. tr.* Vaticinar, pronosticar, predecir, profetizar.

VATICÍNIO *m.* Vaticinio, predicción, adivinación, pronóstico, profecía.

VATÍDICO, CA *adj.* Vatídico.

VATÍMETRO *m.* Vatiómetro, vatímetro.

VÁTIO *m. Fís.* Vatio.

VAU *m.* Vado (paraje de un río por donde se puede pasar andando). Bajío, bajo. *fig.* Oportunidad, ocasión. *pl. Mar.* Baos.

VAVASSALO (sa) *m.* Vasallo de vasallo.

VAVÁ *m. Bras.* Algazara; alboroto.

VAZA (za) *f.* Baza (en el juego de naipes).

VAZABARRIS (za) *m.* Costa peligrosa llena de arrecifes. *fig.* Sitio donde hay tesoros ocultos. *pop.* Ruína.

VAZADOR, RA (za) *adj.* Vaciador. *m.* Sacabocados.

VAZADOURO (za) *m.* Vaciadero.

VAZADURA (za) *f.* Vaciado. Vaciamiento.

VAZAMENTO (za) *m.* Vaciamiento. Derrame. Flujo.

VAZANTE (zan) *adj.* Vaciante. *m.* Vaciante, menguante (descenso del agua del mar por efecto de la marea). Lo mismo que VAZÃO. *Bras.* Vega.

VAZÃO (záum) *f.* Vaciamiento. Derrame. Flujo. *fig.* Venta. Extracción. Solución.

VAZAR (zar) *v. tr.* Vaciar (dejar vacía alguna vasija u otra cosa). Ú. t. c. r. Despejar, vaciar, evacuar. Horadar, perforar; penetrar. Vaciar (formar un objeto echando en un molde hueco metal derretido u otra materia blanda). Vaciar (formar un hueco en alguna cosa). Enterrar. Beber. Arrancar. Cavar, excavar. Echar (metal derretido u otra materia blanda). *v. intr.* Vaciar, desaguar (hablando de ríos o corrientes). Menguar (la marea). Vaciarse. Salir. Transparentarse. *v. r.* Vaciarse, agotarse. Manar, filtrarse.

VAZIA (zía) *f. pop.* Ijar, ijada, vacío.

VAZIAMENTO (zia) *m.* Vaciamiento.

VAZIAR (ziar) *v. tr.* Vaciar (dejar vacía alguna vasija u otra cosa). Ú. t. c. r.

VAZIO, ZIA (zío, zía) *adj.* Vacío (falto de contenido; vacuo, hueco; desocupado; vaco, vacante). Vacío, frívolo, vano, presuntuoso. *m.* Vacío, hueco. *pop.* Vacío, ijada.

VEAÇÃO (sáum) *f.* Montería (caza de jabalíes, venados y otras fieras que llaman caza mayor). Comida preparada con la caza.

VEADA *f.* Cierva.

VEADEIRO *m. Bras.* Perro venadero *(Amer.:* dícese del perro que se utiliza para cazar venados).

VEADO *m.* Venado, ciervo.

VEADOR *m. ant.* Montero.

VEARIA (ría) *f.* Casa propia para guardar la caza.

VECTAÇÃO (sáum) *f.* Vectación.

VECTOR *adj. Geom.* Vector.

VEDA (vè) *f.* Veda (acción de vedar o prohibir). *pl.* Vedas (libros sagrados primitivos de la India).

VEDAÇÃO (sáum) *f.* Vedamiento, veda (acción de vedar o prohibir). Estancación, estancamiento. Cerca, vallado.

VEDADO, DA *adj.* Vedado, prohibido. Vedado, acotado, cerrado.

VEDAR *v. tr.* Vedar, prohibir. Vedar, impedir, estorbar. Estancar, detener (el curso de alguna cosa líquida). Cerrar. Tapar. *v. intr. y r.* Estancarse.

VEDÁVEL *adj.* Vedable.

VEDETA *f.* Garita (para abrigo de centinelas). Centinela (de caballería). Guardia avanzada. *Mar.* Aviso. Actriz que hace el papel principal.

VÉDICO, CA (vè) *adj.* Védico.

VEDISMO *m.* Vedismo.

VEDO (vè) *m. Bras.* Cerca, vallado.

VEDÓIA (dòia) *m. Bras. nort.* Lo mismo que CALOTEIRO.

VEDOR, RA *adj.* Veedor. Ú. t. c. s. *m.* Veedor; inspector.

VEDORIA (ría) *f.* Veeduría.

VEEIRO *m.* Venero, criadero. Vena (filón metálico).

VEEMÊNCIA (mén) *f.* Vehemencia.

VEEMENTE *adj.* Vehemente. *Indícios* —*s.* Indicios vehementes.

VEEMENTEMENTE *adv. m.* Vehementemente.

VEGETABILIDADE (je) *f.* Vegetabilidad.

VEGETAÇÃO (jetasáum) *f.* Vegetación (acción y efecto de vegetar; conjunto de vegetales). *Med.* Vegetación.

VEGETAL (je) *adj.* Vegetal. *m.* Vegetal.

VEGETALIDADE (je) *f.* Vegetalidad. Vegetabilidad.

VEGETALIZAR (jetalizar) *v. tr.* Dar forma de vegetal a. *v. r.* Adquirir forma de planta.

VEGETANTE (je) *adj.* Vegetante.

VEGETAR (je) *v. intr.* Vegetar (germinar, nutrirse, crecer y aumentarse las plantas; vivir maquinalmente una persona con vida meramente orgánica; disfrutar voluntariamente vida tranquila, exenta de trabajo y de cuidados). *v. tr.* Nutrir; desarrollar.

VEGETARIANO, NA (je) *adj.* Vegetariano, vegetalista. Ú. t. c. s.

VEGETATIVO, VA (je) *adj.* Vegetativo. *Fisiol.* Vegetativo.

VEGETÁVEL (je) *adj.* Vegetable.

VÉGETO, TA (vèje) *adj.* Vegeto, robusto, vigoroso. Vegetativo. — *-animal.* Vegetoanimal. — -*mineral.* Vegetomineral.

VEIA *f. Anat.* Vena (vaso por donde la sangre vuelve al corazón). Vena (de las hojas de los vegetales). Vena, vena de agua. *fig.* Vena (inspiración poética). Tendencia, vocación. — *de louco.* Vena de loco.

VEICULAR *adj.* Perteneciente o concerniente al vehículo. *v. tr.* Transportar en vehículo, conducir. Introducir; importar; transmitir; propagar; difundir.

VEÍCULO *m.* Vehículo (artefacto que sirve para transportar personas o cosas de una parte a otra). *fig.* Vehículo (lo que sirve para transmitir o conducir fácilmente una cosa).

VEIGA *f.* Vega.

VEIO *m.* Vena (faja de tierra o piedra que por su aspecto se distingue de la masa en que se halla interpuesta). Vena, filón metálico. Vena de agua. Ribera. Eje de hierro. *fig.* Fundamento, basis, punto principal.

VEIRADO, DA *adj. Blas.* Que tiene veros.

VEIROS *m. pl. Blas.* Veros.

VELA (vè) *f.* Vela, velada, velación (acción de velar). Vela (centinela o guardia). Vela (de una embarcación). *fig.* Vela (barco de vela). Vela, cándela (de sebo, estearina, etc., para dar luz). *Barco a* —. Barco de vela. — *caranguejo.* Vela cangreja. — *redonda.* Vela cuadra. *Fazer-se de,* o *à* —. *fr.* Hacerse a la vela.

VELACHO (cho) *m. Mar.* Velacho (gavia del trinquete).

VELADO, DA *adj.* Velado (cubierto con velo). Oculto, encubierto.

VELADOR, RA *adj.* Velador (que vela). Ú. t. c. s. *m.* Velador (mesita).

VELADURA *f.* Vela, velada, velación. *Pint.* Veladura.

VELAME *m. Mar.* Velamen, velaje. *Bot.* Velamen. *fig.* Disfraz.

VELAMEN *m.* Lo mismo que VELAME.

VELAMENTO *m.* Lo mismo que VELAME. Vela, velada, velación.

VELAR *v. tr.* Velar (cubrir con velo). Ú. t. c. r. *fig.* Velar, cubrir, ocultar a medias una cosa. Velar (en fotografía, borrarse total o parcialmente la imagen en la placa o en el papel por la acción indebida de la luz). Ú. t. c. r. Velar (hacer centinela o guardia por la noche). Velar (asistir de noche a un enfermo o a un difunto). *fig.* Velar (observar atentamente a una cosa). *v. intr.* Velar (estar sin dormir el tiempo de ordinario destinado para el sueño; continuar trabajando después de haber trabajado durante la jornada ordinaria; cuidar solícitamente de una cosa).

VELÁRIO *m.* Vela, toldo.

VELATURA *f. Pint.* Veladura.

VELEAR *v. tr. Mar.* Proveer de velamen a un buque; velejar *(ant.).*

VELOSO, SA (lozo, òza) *adj.* Velloso, velludo.

VELOZ (lòz) *adj.* Veloz.

VELOZMENTE (lòz) *adv. m.* Velozmente.

VELUDILHO (llo) *m.* Veludillo.

VELUDÍNEO, NEA *adj.* Aterciopelado.

VELUDO, DA *adj.* Velludo, velloso. *m.* Terciopelo, velludo.

VELUDOSO, SA (dozo, òza) *adj.* Aterciopelado.

VENÁBULO *m.* Venablo.

VENADO, DA *adj.* Venoso (que tiene venas).

VENAL *adj.* Venal, venoso (perteneciente o relativo a la vena). Venal, vendible o expuesto a la venta. *fig.* Venal (que se deja sobornar con dádivas).

VENALIDADE *f.* Venalidad.

VENATÓRIO, RIA (tò) *adj.* Venatorio.

VENCEDOR, RA *adj.* Vencedor. Ú. t. c. s.

VENCELHO (llo) *m.* Lo mismo que VINCILHO.

VENCER *v. tr.* Vencer, dominar, domeñar, rendir, sujetar, someter al enemigo. Vencer, rendir (dominar a uno alguna cosa física o moral). Vencer (aventajar o exceder en algún concepto a alguien). Vencer (sujetar, dominar las pasiones y afectos). Vencer (superar las dificultades o estorbos). Vencer (prevalecer una cosa sobre otra). Vencer (subir, montar o superar la altura o aspereza de un sitio o camino). Rentir, rentar. Ganar, percibir (sueldo). *v. intr.* Vencer (salir vencedor). Triunfar (quedar victorioso). *v. r.* Vencer (cumplirse un término o plazo). Vencer (hacerse exigible una deuda u otra obligación por haberse cumplido el plazo o la condición necesarios para ello).

VENCIDA *f.* Vencimiento, vencida. *De* —. *expr. adv.* De vencida. *Levar de* —. *fr.* Llevar de vencida.

VENCIDO, DA *adj.* Vencido. Ú. t. c. s.

VENCILHO (llo) *m.* Lo mismo que VINCILHO.

VENCIMENTO *m.* Vencimiento (acción de vencer o de ser vencido). Vencimiento (cumplimiento del plazo de una deuda, obligación, etc.). Sueldo, estipendio, salario, paga.

VENCÍVEL *adj.* Vencible.

VENDA *f.* Venta (acción y efecto de vender). Tienda de comestibles, abacería. Venda (tira de lienzo, con que se liga un miembro o se sujeta un apósito).

VENDAGEM (jem) *f.* Venta. Venda (para ligaduras). Vendaje (paga que se da a alguien como comisión por el trabajo de vender alguna cosa). Operación de vendar a los ojos.

VENDAR *v. tr.* Vendar (ligar con la venda). Vendar (cegar, obscurecer).

VENDAVAL *m.* Temporal. Ventarrón. Vendaval.

VENDÁVEL *adj.* Vendible.

VENDEDEIRA *f.* Vendedera, vendedora.

VENDEDOR, RA *adj.* Vendedor. Ú. t. c. s.

VENDEDOURO, RA *adj.* Vendible. *m.* Lugar donde se vende algo, en las calles, mercados, etc.

VENDEIRO *m.* Tendero. Abacero. Ventero.

VENDELHÃO (lláum) *m. Bras. nort.* Lo mismo que VENDILHÃO.

VENDEMIÁRIO *m.* Vendimiario (primer mes del calendario republicano francés).

VENDER *v. tr.* Vender. *v. r.* Venderse (dejarse sobornar).

VENDETA *f.* Vendetta, venganza.

VENDIÇÃO (sáum) *f. p. us.* Venta; vendición *(ant.).*

VENDIDO, DA *adj.* Vendido (cedido por su precio). Sobornado. Espantado. Contrariado.

VENDILHÃO (lláum) *m.* Buhonero.

VENDIMA *f.* Lo mismo que VINDIMA.

VENDÍVEL *adj.* Vendible.

VENEFÍCIO *m.* Envenenamiento (acción de envenenar a alguien). Maleficio.

VENÉFICO, CA (nè) *adj.* Venenoso. Maléfico.

VENENÍFERO, RA *adj.* Venenoso, venenífero. Venenífico.

VENENÍPARO, RA *adj.* Venenífico.

VENENO *m.* Veneno, ponzoña. *fig.* Veneno (cualquier cosa perjudicial a la salud; cualquier cosa que puede causar un daño moral). Mala intención.

VENENOSAMENTE (nòza) *adv. m.* Venenosamente.

VENENOSIDADE (zi) *f.* Venenosidad.

VENENOSO, SA *adj.* Venenoso, ponzoñoso.

VENERA (nè) *f.* Venera (concha que traían los peregrinos que volvían de Santiago). Venera (insignia que los caballeros de las órdenes llevan pendiente al pecho). *fig.* Condecoración.

VENERABILIDADE *f.* Calidad de venerable.

VENERABUNDO, DA *adj.* Venerante, reverente.

VENERAÇÃO (sáum) *f.* Veneración.

VENERADO, DA *adj.* Venerado, respetado.

VENERADOR, RA *adj.* Venerador. Ú. t. c. s.

VENERANDO, DA *adj.* Venerando, venerable.

VENERAR *v. tr.* Venerar.

VENERÁVEL *adj.* Venerable. *m.* Venerable.

VENERAVELMENTE *adv. m.* Venerablemente.

VENÉREO, REA (nè) *adj.* Venéreo.

VENEREOLOGIA (jía) *f.* Venereología.

VÊNERO, RA (vé) *adj. Poét.* Relativo a Venus.

VENETA *f.* Ventolera (pensamiento o determinación inesperada y extravagante), capricho, antojo. Arrebato de locura. *Dar na* —. *fr.* Dar la ventolera a uno; antojársele a uno alguna cosa.

VÊNETOS (vé) *m. pl.* Vénetos.

VENEZIANA (zia) *f.* Persiana (celosía formada de tablillas movibles y dispuestas convenientemente para que pase el aire y no el sol).

VENEZIANO, NA (zia) *adj.* Veneciano. Ú. t. c. s.

VENEZUELANO, NA (zue) *adj.* Venezolano. Ú. t. c. s.

VÊNIA (vé) *f.* Venia (perdón o remisión de la ofensa o culpa; licencia o permiso pedido para ejecu-

tar una cosa; inclinación que se hace con la cabeza, saludando cortésmente a uno).

VENIAGA *f.* Mercancía, mercadería. Trapaza, burla, fraude. Sinecura. Procedimiento de usurero.

VENIAGAR *v. tr.* Lo mismo que TRAFICAR.

VENIAL *adj.* Venial.

VENIALIDADE *f.* Venialidad.

VENIALMENTE *adv. m.* Venialmente.

VENIDA *f. Esgr.* Venida. Ataque imprevisto del enemigo.

VENÍFLUO, FLUA *adj.* Que corre por las venas.

VENOSO, SA (nozo, òza) *adj.* Venoso.

VENTA *f.* Ventana, nariz (cada uno de los dos orificios que hay en la base de la nariz). *pl.* Nariz, narices. *fig.* Presencia. *Mont.* Viento. *Nas —s de alguém.* m. adv. A las barbas de uno, en su presencia.

VENTANA *f.* Abanico. *ant.* Ventana. Lo mismo que VENTANILHA.

VENTANEAR *v. tr.* Ventilar. *fig.* Sacudir, agitar. *v. intr.* Lo mismo que VENTANEJAR.

VENTANEIRA *f.* Lo mismo que VENTANIA. Ventalla, válvula.

VENTANEJAR (jar) *v. intr.* Ventar fuertemente. *fam.* Ventosear, ventear.

VENTANIA (nía) *f.* Ventarrón; ventolera.

VENTANILHA (lla) *f.* Tronera (abertura en la mesa de billar).

VENTAR *v. intr.* Ventar, ventear (soplar el viento). *fam.* Ventear, ventosear.

VENTAROLA (rò) *f.* Ventalle, abanico, pantalla.

VENTENA *adj. Bras.* Turbulento.

VENTÍGENO, NA (je) *adj.* Que produce viento.

VENTILABRO *m.* Harnero.

VENTILAÇÃO (sáum) *f.* Ventilación.

VENTILADOR, RA *adj.* Ventilador. Ú. t. c. s. *m.* Ventilador (aparato que sirve para ventilar).

VENTILANTE *adj.* Que ventila.

VENTILAR *v. tr.* Ventilar (hacer que entre y corra el aire en algún sitio; agitar alguna cosa en el aire; exponer una cosa al viento; renovar el aire de un aposento; discutir o examinar una cuestión o duda).

VENTILATIVO, VA *adj.* Que ventila.

VENTO *m.* Viento (corriente de aire producida en la atmósfera; aire; olfato de ciertos animales). *fig.* Viento, vanidad. Influencia. Viento, ventosidad. *Pé de —.* Huracán.

VENTOINHA (iña) *f.* Veleta (pieza metálica, giratoria, para señalar la dirección del viento). *fig.* Veleta (persona inconstante).

VENTOR *m. Mont.* Ventor.

VENTOSA (tò) *f. Cir.* Ventosa. Ventosa (órgano de ciertos animales, propios para adherirse, mediante el vacío, al andar o hacer presa).

VENTOSIDADE (zi) *f.* Ventosidad.

VENTOSO, SA (tozo, òza) *adj.* Ventoso (que contiene viento; dícese del día o tiempo en que hace aire recio, y aplícase también al paraje azotado por los vientos; flatulento). *m.* Ventoso (sexto mes del calendario republicano francés).

VENTRAL *adj.* Ventral.

VENTRE *m.* Vientre (abdomen, cavidad que en el cuerpo del animal contiene el estómago, los intestinos y otras vísceras; conjunto de las vísceras contenidas en esta cavidad; región del cuerpo correspondente al abdomen; panza de una vasija o cosa semejante). *For.* Vientre. *— livre.* Vientre libre.

VENTRECHA (cha) *f.* Ventrecha.

VENTRICULAR *adj.* Ventricular.

VENTRÍCULO *m.* Ventrículo (nombre que reciben varias cavidades del cuerpo humano, principalmente en el cerebro y el corazón).

VENTRILOQUIA (quía) *f.* Ventriloquia, ventriloquismo.

VENTRÍLOQUO, QUA (cuo, cua) *adj.* Ventrílocuo. Ú. t. c. s.

VENTRIPOTENTE *adj.* Gastrónomo.

VENTRISCA *f.* Ventrecha.

VENTRUDO, DA *adj.* Ventrudo.

VENTURA *f.* Ventura, felicidad, dicha. Ventura, contingencia, casualidad. *À —.* m. adv. A ventura, a la ventura. *Por —.* m. adv. Por ventura, quizá, tal vez.

VENTURO, RA *adj.* Venturo, venidero, futuro.

VENTUROSAMENTE (ròza) *adv. m.* Venturosamente.

VENTUROSO, SA (ozo, òza) *adj.* Venturoso, afortunado.

VÊNULA (vé) *f.* Vénula (vena diminuta, raicilla venosa).

VÊNUS (vé) *f.* Venus (mujer muy hermosa). *Mit.* y *Astr.* Venus. *Monte de —.* Monte de Venus, pubis de la mujer. *Camisa de —.* Condón.

VENUSIÑO, NA (zi) *adj.* Venusino. Ú. t. c. s.

VENÚSIO (zio) *m. Miner.* y *Quím.* Venusio.

VENUSTIDADE *f.* Venustidad.

VENUSTO, TA *adj.* Venusto (hermoso y agraciado).

VER *m.* Ver, parecer, dictamen. *A meu o teu —.* m. adv. A mi o tu ver; según el parecer o dictamen de uno.

VER *v. tr.* Ver (percibir por los ojos la forma y color de los objectos mediante la acción de la luz; observar, considerar alguna cosa; reconocer con cuidado y atención una cosa, leyéndola o examinándola; visitar a una persona o estar con ella para tratar de algún asunto; atender o ir con cuidado y tiento en las cosas que se ejecutan; experimentar o reconocer por el hecho; considerar, advertir o reflexionar; prevenir o cautelar las cosas de futuro, anteverlas o inferirlas de lo que sucede al presente; conocer, juzgar; examinar o reconocer si una cosa está en el lugar que se cita). *v. r.* Verse (estar en sitio o postura a propósito para ser visto; hallarse constituído en algún estado o situación; representarse material o inmaterialmente la imagen o semejanza de alguna cosa; darse una cosa a conocer, o conocerse tan claramente como si se estuviera viendo; estar o hallarse en un sitio o lance). *Até mais —.* expr. fam. A más ver, hasta más ver. *Vejamos.* expr. A ver, veamos (expr. con que se explica la determinación de esperar que el suceso patentice la certidumbre de alguna cosa o la enventualidad de un suceso). *Veremos.* expr. Veremos (expr. que se emplea para diferir la resolución de una cosa, sin concederla ni negarla; ú. t. para manifestar la duda de que se realice o resulte alguna cosa). *— para crer expr.* Ver y creer. *Já se vê, expr.* Ya se ve. *— por um óculo.* expr. No conseguir o no lograr una cosa o intento. *Ficar a — navios. fr.* No lograr lo que se deseaba.

VERACIDADE *f.* Veracidad.

VERA-EFÍGIE (vèra-efíjie) *f.* Vera efigies *(expr. lat.):* imagem verdadera de una persona o cosa.

VERAMENTE (vè) *adv. m.* Verdaderamente.

VERANEAR *v. intr.* Veranear, veranar.

VERANEIO *m.* Veraneo (acción de veranear).

VERÂNICO *m.* Veranillo. — *de maio,* o *de São Martinho.* Veranillo de San Martín.

VERANISTA *m.* y *f.* Persona que veranea en algún sitio.

VERANITO *m.* Lo mismo que VERANICO.

VERÃO (ráum) *m.* Verano, estío.

VERÃOZINHO (ráumziño). *m. dim.* de *Verão.* Veranillo.

VERAS (vè) *f. pl.* Veras (realidad, verdad en las cosas que se dicen o hacen). *Com todas as —.* m. adv. De corazón (con verdad, seguridad y efecto). *De —.* m. adv. De veras, con verdad.

VERASCÓPIO (cò) *m. Fís.* Verascopio.

VERATRINA *f. Quím.* Veratrina.

VERATRO *m. Bot.* Eléboro blanco, veratro.

VERAZ *adj.* Veraz.

VERBA *f.* Artículo, cláusula (de una escritura u otro documento). Partida (de una cuenta o suma). Asignación (cantidad señada en un presupuesto).

VERBAL *adj.* Verbal.

VERBALISMO *m.* Verbalismo.

VERBALISTA *adj.* Verbalista. Ú. t. c. s.

VERBALIZAR (zar) *v. tr.* Exponer verbalmente. Tornar verbal.

VERBALMENTE *adv. m.* Verbalmente.

VERBASCO *m. Bot.* Gordolobo, verbasco.

VERBENA *f. Bot.* Verbena.

VERBENÁCEO, CEA *adj.* Verbenáceo. *f. pl. Bot.* Verbenáceas.

VERBERAÇÃO (sáum) *f.* Verberación.

VERBERAR *v. tr.* Verberar. *v. intr.* Lo mismo que REVERBERAR.

VERBERATIVO, VA *adj.* Que verbera.

VERBETE *m.* Nota, apunte. *Bras.* Artículo (cada una de las divisiones de un diccionario encabezada con distinta palabra).

VERBIAGEM (jem) *f. Bras.* Verborragia, verborrea, verbosidad excesiva.

VERBO (vèr) *m.* Verbo, palabra, vocablo. Verbo (Segunda persona de la Santíssima Trinidad). *Gram.* Verbo. — *substantivo.* Verbo substantivo. — *auxiliar.* Verbo auxiliar. — *transitivo.* Verbo transitivo, o activo. — *intransitivo.* Verbo intransitivo, o neutro. — *incoativo.* Verbo incoativo. — *freqüentativo.* Verbo frecuentativo. — *pronominal.* Verbo pronominado. — *reflexivo.* Verbo reflejo, o reflexivo. — *regular.* Verbo regular. — *irregular.* Verbo irregular. — *defectivo.* Verbo defectivo. — *impessoal.* Verbo impersonal. — *depoente.* Verbo deponente.

VERBORRAGIA (jía) *f.* Verborragia.

VERBORRÉIA (rrèia) *f.* Verborrea.

VERBOSAMENTE (bòza) *adv. m.* Verbosamente.

VERBOSO, SA (ozo, òza) *adj.* Verboso.

VERDACHO, CHA (cho, cha) *adj.* Lo mismo que ESVERDEADO. *m.* Verdacho.

VERDADE *f.* Verdad. *pl.* Verdades (expresión clara, sin rebozo, con que se corrige o reprende). — *nua e crua.* Verdad desnuda. *A pura —.* La pura verdad (la verdad indubitable). *De —.* m. adv. De verdad, de veras. *Em —.* adv. En verdad, verdaderamente (suele usarse repetido).

VERDADEIRAMENTE *adv. m.* Verdaderamente.

VERDADEIRO, RA *adj.* Verdadero.

VERDASCA *f.* Verdasca.

VERDASCADA *f.* Verdascazo.

VERDASCAR *v. tr.* Golpear con una verdasca, varear; azotar.

VERDASCO, CA *adj.* Dícese de un vino muy áspero.

VERDE *adj.* Verde (de color semejante al de la hierba fresca; dícese de los árboles y las plantas que aun conservan alguna savia; dícese de la leña recién cortada del árbol vivo; dícese de las legumbres que se consumen frescas; dícese de lo que aun no está maduro; aplícase a los primeros años de la vida y a la juventud; dícese de las cosas que están en los principios y a las cuales falta mucho para perfeccionarse). Áspero (dícese del vino que tiene verde). *m.* Verde (el cuarto color del espectro). Verde (hierbas que se siegan en verde para el ganado). Verde, follaje. *pl.* Verdes, hierba.

VERDEAL *adj.* Verdoso (que tira a verde).

VERDEAR *v. intr.* Verdear (mostrar una cosa el color verde que en sí tiene). *Bras. merid.* Dar hierbas verdes a los caballos. Verdecer, reverdecer (vestirse de verde la tierra o los árboles).

VERDECER *v. intr.* Lo mismo que VERDEJAR.

VERDEIA *f.* Verdea (vino de color verdoso).

VERDEIO *m. Bras.* Verde (hierba que se siega en verde y las consume el ganado sin dejarlas secar).

VERDÉJANTE (jan) *adj.* Verdeante.

VERDEJAR (jar) *v. intr.* Verdear (mostrar una cosa el color verde que en sí tiene). Verdear, verdecer, reverdecer (vestirse de verde la tierra o los árboles).

VERDETE *m.* Verdete (color verde claro hecho con el acetato de cobre). Verdete, cardenillo.

VERDISSECO, CA (se) *adj.* Verdiseco (medio seco).

VERDOENGO, GA *adj.* Verdoso.

VERDOR *m.* Verdor, verdura (color verde vivo de las plantas; color verde). *fig.* Verdor, vigor, lozanía, fortaleza. *fig.* Verdor (edad de la mocedad o juventud). Ú. t. en pl.

VERDOSO, SA (dozo, òza) *adj.* Verdoso.

VERDUGO *m.* Verdugo (el ejecutor de las penas corporales y de la pena capital). *Mar.* Cinta. *fig.* Verdugo (persona muy cruel).

VERDURA *f.* Verdura, verdor (color verde vivo de las plantas; color verde). Verdura (hortaliza, y especialmente la que se come cocida). Ú. m. en pl. *pl.* Verdores (edad de la mocedad o juventud).

VERDUREIRA *f. Bras.* Verdulera (la que vende verduras).

VERDUREIRO *m. Bras.* Verdulero (el que vende verduras).

VEREAÇÃO (sáum) *f.* Acción y efecto de gobernar o administrar como concejal. Cargo de concejal. Conjunto de concejales, ayuntamiento.

VEREADOR *m.* Concejal (miembro de un ayuntamiento).

VEREAMENTO *m.* Lo mismo que VEREAÇÃO, 1ª acep. Jurisdicción de los concejales.

VEREAR *v. tr.* Administrar o gobernar como concejal de un ayuntamiento.

VERECÚNDIA *f.* Verecundia, vergüenza, empacho, rubor.

VERECUNDO, DA *adj.* Verecundo, vergonzoso.

VEREDA *f.* Vereda (senda o camino estrecho). Rumbo, dirección. *De —. m. adv. Bras. merid.* De inmediato.

VEREDICTO *m.* Veredicto.

VERGA (vér) *f.* Vara, varilla. Barra, varilla. Verga (miembro genital de los mamíferos). *Mar.* Verga. *— da porta.* Lintel, dintel; tranquero.

VERGADO, DA *adj.* Doblado, encorvado.

VERGAL *m.* Tirante (de las caballerías).

VERGALHADA (lla) *f.* Vergajazo. Varazo. *fig.* Bribonada, picardía, tunantada.

VERGALHÃO (lláum) *m. aum.* de *Vergalho.* Barra de hierro, cuadrada.

VERGALHAR (llar) *v. tr.* Lo mismo que AZORRAGAR.

VERGALHO (llo) *m.* Vergajo. *fig.* Lo mismo que AZORRAGUE. *fig.* Pícaro, bribón, tunante, bellaco.

VERGAME *m. Mar.* Conjunto de vergas de la nave.

VERGÃO (gáum) *m.* Vara gruesa. Verdugón, roncha, cardenal.

VERGAR *v. tr.* Doblar, doblegar, encorvar (torcer una cosa encorvándola). *Ú. t. c. r. fig.* Abatir, humillar. Someter, sujetar. Apiadar, conmover. *v. intr.* Doblarse, doblegarse, encorvarse. Doblarse, blandear, ceder. *fig.* Doblarse, doblegar (ceder a la fuerza, persuasión o al interés. Someterse. Humillarse.

VERGASTA *f.* Vara, varilla. Verdasca. Azote.

VERGASTADA *f.* Verdascada.

VERGASTAR *v. tr.* Dar verdascazos, golpear con una verdasca. *por ext.* Azotar, fustigar, zurrar.

VERGEL (jèl) *m.* Vergel.

VERGONHA (ña) *f.* Vergüenza (turbación del ánimo, que suele causar rubor o encendimiento del rostro, ocasionada por alguna ofensa recibida, por alguna falta cometida, por temor a la afrenta, al ridículo, etc.; pundonor, estimación de la propia honra; encogimiento, timidez, cortedad para hacer alguna cosa; acción indecorosa que cuesta repugnancia ejecutar). *pl.* Vergüenzas (partes pudendas).

VERGONHEIRA (ñei) *f.* Grande vergüenza, serie de acciones vergonzosas.

VERGONHOSAMENTE (ñòza) *adv. m.* Vergonzosamente.

VERGONHOSO, SA (ñozo, ñòza) *adj.* Vergonzoso (que causa vergüenza; que se avergüenza fácilmente).

VERGÔNTEA (gón) *f.* Retoño, renuevo, vástago, verdugo, verdugón. *fig.* Vástago, descendiente.

VERGÔNTEAR *v. intr.* Retoñar, echar renuevos.

VERGUEIRO *m.* Lo mismo que VERGASTA. Mango (de algunos instrumentos de herrero). *Mar.* Braguero.

VERGUETA *f.* Vergeta, vergueta.

VERIDICAMENTE *adv. m.* Verídicamente.

VERIDICIDADE *f.* Veracidad.

VERÍDICO, CA (di) *adj.* Verídico.

VERIFICAÇÃO (sáum) *f.* Verificación.

VERIFICADOR, RA *adj.* Verificador. Ú. t. c. s.

VERIFICAR *v. tr.* Verificar (probar que es verdadera una cosa que se dudaba; comprobar la verdad de una cosa). *v. r.* Verificarse, realizarse, efectuarse. Verificarse (salir cierto y verdadero lo que se dijo o pronosticó).

VERIFICATIVO, VA *adj.* Verificativo.

VERIFICÁVEL *adj.* Que se puede verificar.

VERISMO *m.* Verismo.

VERISTA *m.* Verista.

VERME (vèr) *m.* Verme, lombriz intestinal. Verme, gusano. Lombriz. *fig.* Gusano (hombre humilde y abatido). *pl.* Gusanos (tipo de los gusanos, una de las nueve ramas en que se divide en reino animal). *— roedor.* Polilla. *— solitário.* Lombriz solitaria.

VERMELHAÇO, ÇA (llaso, llasa) *adj.* Lo mismo que AVERMELHADO.

VERMELHÃO (lláum) *m.* Bermellón. Colorete. Rubor (color que la vergüenza saca al rostro, y que lo pone encendido).

VERMELHAR (llar) *v. intr.* Lo mismo que AVERMELHAR.

VERMELHEAR (llear) *v. intr.* Lo mismo que AVERMELHAR.

VERMELHECER (lle) *v. intr.* Enrojecerse.

VERMELHEJAR (llejar) *v. intr.* Lo mismo que AVERMELHAR.

VERMELHIDÃO (llidáum) *f.* Rojura, rojez. Rubor (color encarnado o rojo muy encendido; color que la vergüenza saca al rostro).

VERMELHO, LHA (llo, lla) *adj.* Rojo, encarnado, colorado. Rojo (dícese del pelo de un rubio muy vivo, casi colorado). *fig.* Rojo radical, revolucionario. *m.* Rojo (primer color del espectro solar).

VERMICIDA *adj. Med.* Vermicida, vermífugo. Ú. t. c. s. m.

VERMICULADO, DA *adj. Arq.* Vermiculado.

VERMICULAR *adj.* Vermicular.

VERMICULÁRIA *f. Bot.* Uvas de gato, racimillo o pan de cuco.

VERMÍCULO *m.* Vermículo (gusanillo diminuto).

VERMICULOSO, SA (lozo, òza) *adj.* Vermiculado. Vermiculoso (semejante a un gusano).

VERMIFORME (fòr) *adj.* Vermiforme.

VERMÍFUGO, GA *adj. Med.* Vermífugo. Ú. t. c. s. m.

VÉRMINA (vèr) *f.* Lo mismo que VERMINOSE.

VERMINA *f.* Bicho, sabandija (cualquier animal dañino o nocivo; nombre coletivo para denotar los insectos parásitos, los ratones, gusanos, piojos, etc.).

VERMINAÇÃO (sáum) *f.* Verminación.

VERMINADO, DA *adj.* Verminoso; gusaniento.

VERMINAR *v. intr.* Infestarse con gusanos.

VERMINEIRA *f.* Gusanera (en los gallineros).

VERMINOSE (nòze) *f.* Helmintiasis.

VERMINOSO, SA (nozo, òza) *adj.* Verminoso. Producido o causado por gusanos.

VERMÍVORO, RA *adj.* Vermívoro.

VERMIZELA (zè) *f.* Especie de lombriz de tierra.

VERMUTE *m.* Vermut.

VERNAÇÃO (sáum) *f. Bot.* Vernación.

VERNACULIDADE *f.* Calidad de vernáculo. Pureza, corrección, propiedad (en el idioma vernáculo).

VERNACULISMO *m. Bras.* Lo mismo que VERNACULIDADE.

VERNACULISTA *m. y f.* Persona que habla castizamente el idioma vernáculo.

VERNACULIZAÇÃO (zasáum) *f.* Acción y efecto de

VERNACULIZAR (zar) *v. tr.* Poner en idioma vernáculo.

VERNÁCULO, LA *adj.* Vernáculo (doméstico, nativo, propio de nuestra casa o país). *fig.* Correcto, puro, castizo (hablando del idioma). *m.* Idioma vernáculo.

VERNAL *adj.* Vernal.

VERNANTE *adj.* Que florece en la primavera.

VERNIZ *m.* Barniz. *fig.* Barniz, tintura.

VERNO, NA (vèr) *adj.* Vernal.

VERO, RA (vè) *adj.* Verdadero, real.

VERONÊS, NESA (nés, neza) *adj.* Veronés. Ú. t. c. s.

VERÔNICA (ró) *f. Bot.* Verônica. Lienzo en que aparecen estampadas las facciones de Nuestro Señor Jesucristo.

VEROSSÍMIL (sí) *adj.* Verosímil.

VEROSSIMILHANÇA (simillansa) *f.* Verosimilitud.

VEROSSIMILHANTE (simillan) *adj.* Verosímil.

VEROSSIMILITUDE (si) *f.* Verosimilitud.

VEROSSIMILMENTE (sí) *adv. m.* Verosímilmente.

VERRINA *f.* Verrina (discurso de Cicerón contra Verres). *fig.* Sátira, libelo, escrito o discurso denigrativo; crítica apasionada y violenta; pasquín.

VERRINEIRO *m.* Libelista. Ú. t. c. adj.

VERRUCAL *adj.* Concerniente a la verruga.

VERRUCÁRIA *f. Bot. ant.* Girasol (verrucaria, ant.).

VERRUCÍFERO, RA *adj.* Verrugoso.

VERRUCIFORME (fòr) *adj.* Verruciforme.

VERRUCOSO, SA (cozo, òza) *adj.* Lo mismo que VERRUCAL.

VERRUGA *f.* Verruga.

VERRUGOSO, SA (gozo, òza) *adj.* Verrugoso.

VERRUGUENTO, TA *adj.* Verruguiento.

VERRUMA *f.* Barrena. Taladro.

VERRUMAR *v. tr.* Taladrar. Barrenar.

VERSADO, DA *adj.* Versado, ejercitado, práctico, instruído.

VERSAL *adj. Impr.* Versal. Ú. t. c. s. m.

VERSALETE *adj. Impr.* Versalilla, versalita. Ú. t. c. s.

VERSALHADA (lla) *f. despect.* Retahíla o sarta de versos; versada (*amer. per.*). Versos malos.

VERSÃO (sáum) *f.* Versión, traducción. Versión (modo que cada cual tiene de referir una misma cosa). Revolución de un astro. *Obst.* Versión.

VERSAR *v. tr.* Manejar. Volver (dar vuelta o vueltas a una cosa). Ejercitar. Versar sobre, estudiar, tratar, considerar. Versarse. *v. intr.* Versificar, hacer versos.

VERSARIA (ría) *f.* Lo mismo que VERSALHADA.

VERSÁTIL *adj.* Versátil.

VERSATILIDADE *f.* Versatilidad.

VERSEJADOR, RA (ja) *adj.* Versificador. Ú. t. c. s.

VERSEJADURA (ja) *f.* Versificación.

VERSEJAR (jar) *v. intr.* Versificar (hacer versos); versear (*amer. chil.*).

VERSETO *m.* Versículo.

VERSICOLOR *adj.* Versicolor.

VERSÍCULO *m.* Versículo.

VERSIFICAÇÃO (sáum) *f.* Versificación.

VERSIFICADOR, RA *adj.* Versificador. Ú. t. c. s. m. Versista.

VERSIFICAR *v. intr.* Versificar (hacer o componer versos). *v. tr.* Versificar (poner en verso).

VERSISTA *m.* Versista, versificador.

VERSO (vèr) *m.* Verso (palabra o reunión de palabras sujetas a medida y cadencia). Verso (por contraposición a prosa). *fig.* Poesía. Versificación. *m.* Revés, reverso, dorso. *—s brancos,* o *soltos.* Versos blancos, o sueltos. *Fazer —s à lua. fr. fig. Bras.* Estar desocupado, sin trabajo.

VERSTA (vèrs) *f.* Versta.

VERSUDO, DA *adj.* Peludo. Lo mismo que RAMALHUDO.

VÉRTEBRA (vèr) *f.* Vértebra.

VERTEBRADO, DA *adj.* Vertebrado. *m. pl. Zool.* Vertebrados.

VERTEBRAL *adj.* Vertebral.

VERTEBROSO, SA (brozo, òza) *adj.* Vertebral. Vertebrado.

VERTEDOR, RA *adj.* Vertedor. Ú. t. c. s. *m.* Vaso para verter un líquido.

VERTEDOURO *m. Mar.* Vertedor, achicador.

VERTEDURA *f.* Vertimiento. Rebosadura (efecto de rebosar un líquido por encima de los bordes de un recipiente).

VERTENTE *adj.* Vertiente (que vierte). *f.* Vertiente (declive por donde corre el agua de las montañas o del tejado). Fuente.

VERTER *v. tr.* Verter (derramar o vaciar líquidos). Ú. t. c. s. Verter (inclinar o volver boca abajo una vasija para vaciar su contenido). Verter, traducir. *v. intr.* Vaciar, desaguar (hablando de ríos o corrientes). Verter (correr un líquido por una pendiente). Brotar, manar (salir el agua de los manantiales). *— água.* Orinar. *— lágrimas.* Llorar.

VERTICAL *adj.* Vertical. *f.* Vertical (línea vertical).

VERTICALIDADE *f.* Verticalidad.

VERTICALMENTE *adv. m.* Verticalmente.

VÉRTICE (vèr) *m.* Vértice.

VERTICIDADE *f.* Verticidad.

VERTICILADO, DA *adj. Bot.* Verticilado.

VERTICILO *m. Bot.* Verticilo.

VERTIGEM (jem) *f.* Vértigo, vahido.

VERTIGINOSAMENTE (jinòza) *adv. m.* De manera vertiginosa.

VERTIGINOSO, SA (jinozo, òza) *adj.* Vertiginoso. *fig.* Rápido, violento, impetuoso.

VERVE (vèr) *f. gal.* Númen, fuerza, inspiración, entusiasmo del artista o hablista.

VESÂNIA (zá) *f.* Demencia, locura, vesania.

VESÂNICO, CA (z) *adj.* Vesánico (perteneciente o concerniente a la vesania).

VESANO, NA (za) *adj.* Vesánico (que padece vesania), demente, loco.

VESCO, CA *adj.* Comestible.

VESGO, GA (vés) *adj.* Bisojo, bizco. Ú. t. c. s.

VESGUEAR *v. intr.* Bizcar (padecer estrabismo o simularlo). Mirar de soslayo. *fig.* Ver mal.

VESGUEIRO, RA *adj.* Lo mismo que VESGO.

VESGUICE *f.* Estrabismo.

VESICAÇÃO (zicasáum) *f.* Vesicación.

VESICAL (zi) *adj.* Vesical.

VESICANTE (zi) *adj.* Vesicante. Ú. t. c. s. m.

VESICAR *v. tr.* Producir o levantar ampollas o vejigas.

VESICATÓRIO, RIA (zicatò) *adj.* Vesicatorio, vejigatorio.

VESÍCULA (zí) *f. Med., Bot.* y *Zool.* Vesícula.

VESICULAR (zi) *adj.* Vesicular. Vesiculado.

VESICULOSO, SA (ziculozo, òza) *adj.* Vesiculoso.

VESPA *f.* Avispa.

VESPÃO (paúm) *m.* Avispón.

VESPEIRO *m.* Avispero.

VÉSPER (vèr) *m.* Véspero (el lucero de la tarde).

VÉSPERA (vès) *f.* Víspera (día inmediatamente anterior a otro, respecto de éste). *pl.* Vísperas (una de las horas del oficio divino; una de las divisiones del día entre los antiguos romanos). *Em —s de. m. adv.* En vísperas, cerca o con inmediación de tiempo.

VESPERAL *adj.* Vesperal, vespertino. *m.* Vesperal (libro de canto llano que contiene el de las vísperas). *Bras.* Función de tarde (teatros, cinemas, etc.).

VÉSPERO (vès) *m.* Lo mismo que VÉSPER.

VESPERTINO, NA *adj.* Vespertino.

VESPÍDEOS *m. pl. Zool.* Véspidos.

VESSADA (sa) *f.* Terreno fértil y regadío. Lo mismo que GEIRA.

VESSADELA (sadè) *f.* Aradura. Tierra que puden arar en un día dos yuntas de buyes.

VESSADOURO (sa) *m.* Lo mismo que VESSADELA. Derecho de arar y regar una tierra.

VESSAR (sar) *v. tr.* Arar o labrar profundamente.

VESTAL *f.* Vestal. *fig.* Mujer muy honesta. *adj.* Vestal.

VESTE (vès) *f.* Vestido; veste (poét.) Ú. m. en pl.

VÉSTIA (vès) *f.* Especie de chaqueta. *Bras. nort.* Chaqueta de cuero usada por los vaqueros.

VESTIARIA (ría) *f.* Ropería, vestuario (habitación donde se guarda y dispone la ropa de los individuos de una colectividad).

VESTIÁRIO *m.* Ropero (persona destinada a cuidar de la ropa de una comunidad). Vestuario (cámara o gabinete para vestirse).

VESTIBULAR *adj. Anat.* Vestibular. *Bras.* Dícese del examen de admisión a una escuela.

VESTÍBULO *m.* Vestíbulo, atrio. *Anat.* Vestíbulo.

VESTIDO *m.* Vestido (prenda de vestir). Vestido exterior de mujer o niña.

VESTIDURA *f.* Vestidura, vestido. Vestidura (de los sacerdotes). Vestidura (vestido especial).

VESTÍGIO (jio) *m.* Vestigio, huella. *fig.* Vestigio, señal, indicio.

VESTIMENTA *f.* Vestimenta, vestido, vestidura. Vestimenta (vestido sacerdotal).

VESTIR *v. tr.* Vestir (poner el vestido; cubrir y adornar con él el cuerpo; guarnecer, cubrir, adornar una cosa con otra; dar a uno vestidos o medios para vestirse; ser a propósito para el lucimiento y elegancia del vestido). *fig.* Vestir (exornar con galas retóricas una idea o pensamiento; disfrazar con algún adorno la realidad de una cosa; cubrir la hierba los campos, la hoja, los árboles, el pelo o la pluma, los animales, etc., ú. t. c. r.; afectar una pasión el ánimo, demostrándo-

lo exteriormente). *v. intr.* Vestir (vestirse o ir vestido; llevar un traje de color, forma, etc., especial). *v. r.* Vestirse. *fig.* Vestirse (sobreponerse una cosa a otra encubriéndola).

VESTUÁRIO *m.* Vestuario, vestido (conjunto de prendas de vestir).

VETAR *v. tr.* Vetar (*Amer.:* poner veto a una ley u otra cosa).

VETERANICE *f.* Calidad de veterano.

VETERANO, NA *adj.* Veterano (dícese de los militares ya ejercitados y expertos). Ú. t. c. s. *fig. m.* Veterano (antiguo y ejercitado en cualquier arte o profesión).

VETERINÁRIA *f.* Veterinaria, albeitería.

VETERINÁRIO, RIA *adj.* Veterinario. *m.* Veterinario, albéitar.

VETIVER *m. Bot.* Vetiver.

VETO (vè) *m.* Veto.

VETUSTEZ *f.* Vetustez.

VETUSTO, TA *adj.* Vetusto.

VÉU (vèu) *m.* Velo (cortina o tela que cubre u oculta alguna cosa). Velo (prenda de tul, gaza u otra tela delgada, con que las mujeres suelen cubrirse la cabeza, el cuello y a veces el rostro; el que, sujeto al sombrero, suelen llevar las señoras para resguardar el rostro del polvo o de la luz). Velo (manto bendito con que las religiosas cubren la cabeza y la parte superior del cuerpo). — *dos ombros.* Velo humeral, velo u ofertorio. — *do paladar. Ant.* Velo del paladar.

VEXAÇÃO (chasáum) *f.* Vejación.

VEXADO, DA (cha) *adj.* Vejado. Avergonzado, vergonzoso. *Bras. nort.* Presuroso; apurado (amer. merid.)

VEXADOR, RA (cha) *adj.* Vejador. Vergonzoso (que causa vergüenza).

VEXAME (cha) *m.* Vejamen, vejación. Vergüenza. Afrenta. *Bras. nort.* Prisa.

VEXANTE (chan) *adj.* Vejador.

VEXAR (char) *v. tr.* Vejar, maltratar, molestar, perseguir a uno, hacerle padecer. Avergonzar. Humillar. *Bras. nort.* Apresurar, apurar (amer. merid.)

VEXATIVO, VA (cha) *adj.* Lo mismo que

VEXATÓRIO, RIA (chatò) *adj.* Vejatorio.

VEXILÁRIO (xi) *m.* Vexilario.

VEXILO (xi) *m.* Vexilo, vexillo.

VEZ *f.* Vez (alternación de las cosas por turno u orden sucesivo; tiempo u ocasión determinada en que se ejecuta una acción, aunque no incluya orden sucesivo; tiempo u ocasión de hacer una cosa por turno u orden). *pl.* (*Vezes*). Veces (ministerio que persona ejerce, supliendo a otra o representándola). *As demais das —es. m. adv.* Muchísimas veces, demasiado, a menudo, la mayor parte del tiempo. *A uma —. m. adv.* A la vez, a un tiempo, simultáneamente. *Às —es. m. adv.* A veces, a las veces, a la de veces, a las de veces. *Cada — mais. m. adv.* Cada vez más. *Desta —. m. adv.* Ahora, en esta ocasión. *De uma —. m. adv.* De una vez (con una sola acción; poniendo todo el esfuerzo y medios de acción para lograr algo resueltamente). *De quando em — . m. adv.* De vez en cuando, de cuando en cuando. *De —. m. adv.* De una vez (decisiva y terminantemente). *expr.* De tiempo; en tiempo oportuno; en tiempo propio; maduro. *De — em quando. m. adv.* De vez en cuando, de cuando en cuando. *De — que. loc.* Una vez que, visto que, pues que. *Em — de. m. adv.* En vez de (en substitución de una persona o cosa; al contrario, lejos de). *Era uma —. expr.* Érase una vez (expresión con que se suele dar principios a los cuentos). *Estar de —. fr.* Estar en tiempo, ocasión o estado conveniente u oportuno. *Fazer as —es de.* Hacer uno las veces de, substituir o representar a alguien. *Foi-se de —. fr.* Se ha ido de una vez, se ha ido para no volver. *Muita —. m. adv.* Muchas veces. *Muitas —es. m. adv.* Muchas veces. *Nem uma —.* Una vez siquiera. *Outra —. m. adv.* Otra vez, reiteradamente. *Por sua —. m. adv.* Por vez, a su vez. *expr.* En cambio, por lo que a uno le toca. *Por —es. m. adv.* A veces, a las veces. *Raras —es. m. adv.* Rara vez. *Uma que outra —. m. adv.* Una que otra vez, una vez que otra, rara vez, alguna vez. *Uma —. m. adv.* Una vez, en otro tiempo, cierta ocasión. *Uma*

— *por outra. m. adv.* Una que otra vez. *Uma — por todas. m. adv.* Una vez por todas, para siempre, definitivamente. *Uma — que. loc.* Una vez que, pues que, visto que. *Uma — que outra. m. adv.* Una que otra vez, una vez que otra, rara vez, alguna vez.

VEZAR (zar) *v. tr.* y *r.* Lo mismo que AVEZAR.

VEZEIRA (zei) *f.* Vecera, vez (manada de ganado de cerda perteneciente a un vecindario). Manada de cerdos. Rebaño que alterna con otro en ciertas dehesas.

VEZEIRO (zei) *m.* Lo mismo que VEZEIRA. Dueña de una *Vezeira*.

VEZEIRO, RA (zei) *adj.* Avezado, acostumbrado, habituado. Reincidente. *Useiro e —.* V. USEIRO.

VEZO (vézzo) *m.* Costumbre, hábito. Vicio (hábito de obrar mal).

VIA *f.* Vía, camino. Vía (espacio entre los carriles que señalan las ruedas de los carruajes). Vía, carril (de los ferrocarriles). Vía (parte del suelo explanado de un camino de hierro). Vía (cualquiera de los conductos por donde pasan en el cuerpo animal los humores, el aire, los alimentos y los residuos de la digestión). Vía (calidad del ejercicio o estado elegido para vivir). Vía (camino o dirección de los correos, que pasa por determinados lugares). Vía, conducto. Vía (ordenamento procesal). Vía (modo y orden de vida espiritual encaminada a la perfección de la virtud). Ejemplar (de una letra o documento comercial). *prep.* Por la vía de. *Chegar a —s de fato. fr.* Venir a las manos. *Por — de regra. m. adv.* En general, por lo general. — *de comunicação.* Vía de comunicación (camino terrestre o ruta marítima utlizada para el comercio de los pueblos entre sí). — *executiva. For.* Vía ejecutiva. — *férrea.* Vía férrea, ferrocarril. — *láctea. Astr.* Vía láctea. — *ordinaria. For.* Vía ordinaria. — *pública.* Vía pública (calle, camino, plaza u otro sitio por donde transita o circula el público). — *sacra.* Vía sacra, vía crucis, trabajo, aflicción continuada que sufre una persona. — *sumária. For.* Vía sumaria.

VIABILIDADE *f.* Viabilidad.

VIAÇÃO (sáum) *f.* Conducción (modo o manera de conducir o transportar). Conjunto de vías de comunicación, sistema de carreteras y ferrocarriles de un país. — *férrea.* Ferrocarril.

VIADOR *m.* Viajante, pasajero. Camarista (de la reina).

VIADUTO *m.* Viaducto.

VIAGEIRO, RA (jei) *adj.* Viajero, viajante. Ú. t. c. s.

VIAGEM (jem) *f.* Viaje.

VIAJANTE (jan) *adj.* Viajante, viajero. Ú. t. c. s. *m.* Viajante (empleado comercial que viaja para negociar ventas o compras de mercaderías). *Caixeiro —.* V. 2ª acep.

VIAJAR (jar) *v. intr.* Viajar.

VIAJOR (jor) *m.* Viajero.

VIANDA *f.* Vianda. Carne. *Bras. merid.* Lo mismo que MARMITA.

VIANDANTE *m.* y *f.* Viandante. Ú. t. c. adj.

VIANDAR *v. intr.* Viajar. Peregrinar.

VIANDEIRO, RA *adj.* Comilón, glotón. Ú. t. c. s.

VIÁTICO *m.* Viático (prevención de lo necesario para el sustento del que emprende un viaje; sacramento de la eucaristía, que se administra a los enfermos).

VIATURA *f.* Vehículo.

VIÁVEL *adj.* Viable (que puede vivir; que tiene probabilidades de poder llevarse a cabo).

VÍBORA *f.* Víbora.

VIBORDO (bòr) *m. Mar.* Amurada. Pasamano.

VIBRAÇÃO (sáum) *f.* Vibración.

VIBRADOR, RA *adj.* Vibrador.

VIBRANTE *adj.* Vibrante.

VIBRAR *v. tr.* Vibrar (dar movimiento trémulo a una cosa; arrojar violentamente una cosa, en especial las que en su movimiento hacen algunas vibraciones). Mover. Agitar. Conmover. Tirar, arrojar. *v. intr.* Vibrar. Temblar. Palpitar, moverse, agitarse. Palpitar (manifestar con vehemencia un afecto). Sonar. Resonar.

VIBRÁTIL *adj.* Vibrátil.

VIBRATILIDADE *f.* Vibratilidad.

VIBRATÓRIO, RIA (tò) *adj.* Vibratorio.
VIBRIÃO (briáum) *m. Bacteriol.* Vibrión.
VIBRISSAS (sas) *f. pl.* Vibrisas.
VIBURNO *m. Bot.* Viburno.
VIÇAR (sar) *v. intr.* Lo mismo que VICEJAR. *Bras.* Estar en celo los animales. *Bras. nort.* Comer tierra, padecer geofagía.
VICARIAL *adj.* Vicarial.
VICARIATO *m.* Vicariato, vicaría (oficio y oficina del vicario). Vicariato (tiempo que dura el oficio de vicario). Vicaría (territorio de la jurisdicción del vicario). Substitución (ejercicio del vicario o substituto).
VICÁRIO, RIA *adj.* Vicario (que tiene las veces y autoridad de otro o le substituye). Ú. t. c. s.
VICE-ALMIRANTADO *m.* Vicealmirantazgo.
VICE-ALMIRANTE *m.* Vicealmirante.
VICE-CHANCELER (chancelèr) *m.* Vicecanciller.
VICE-CÔNSUL (cón) *m.* Vicecónsul.
VICE-CONSULADO *m.* Viceconsulado.
VICE-DEUS *m.* Vicediós.
VICE-GOVERNADOR *m.* Vicegobernador.
VICEJANTE (jan) *adj.* Lozano, lujuriante, vicioso.
VICEJAR (jar) *v. intr.* Lozanear, tener lozanía, ser lujuriante o vicioso. Vegetar lozanamente o de manera lujuriante. Ostentar fuerza, vigor, lozanía. *fig.* Desarrollarse. *v. tr.* Hacer lozanear; dar lozanía a las plantas.
VICEJO (céjo) *m.* Lozanía, verdor, frondosidad.
VICE-MORDOMO *m.* El que tiene las veces de mayordomo.
VICENAL *adj.* Vicenal; veinteñal.
VICÉNIO (cé) *m.* Espacio de veinte años.
VICENTINO, NA *adj.* Propio y característico de Gil Vicente, el fundador del teatro portugués. Natural de São Vicente (ciudad del Brasil). Ú. t. c. s.
VICE-PRESIDÊNCIA (dén) *f.* Vicepresidencia.
VICE-PRESIDENTE *m.* Vicepresidente.
VICE-RAINHA (íña) *f.* Virreina.
VICE-REI *m.* Virrey.
VICE-REINADO *m.* Virreino, virreinato (dignidad o cargo de virrey, tiempo que dura este cargo; distrito gobernado por un virrey).
VICE-REITOR *m.* Vicerrector.
VICE-REITORADO *m.* Vicerrectorado.
VICE-REITORIA (ría) *f.* Vicerrectoría.
VICE-VERSA (vèr) *m. adv.* Viceversa, al contrario, recíprocamente.
VICHI (chí) *f.* Agua de Vichy. Tejido de algodón.
VICIAÇÃO (sáum) *f.* Enviciamiento. Falseamiento, adulteración.
VICIADO, DA *adj.* Viciado (dícese del aire no renovado de un espacio habitado). Viciado, falsificado, adulterado. Vicioso (entregado a los vicios).
VICIADOR, RA *adj.* Enviciador.
VICIAMENTO *m.* Lo mismo que VICIAÇÃO.
VICIAR *v. tr.* Viciar (dañar, corromper física o moralmente). Ú. t. c. r. Enviciar (corromper, pervertir, inficionar con un vicio). Viciar, falsear, adulterar. Viciar (falsificar un escrito). Viciar (anular, quitar el valor o validación de un acto). Viciar (pervertir o corromper las buenas costumbres o modo de vida). Ú. t. c. r. Viciar (torcer el sentido de una proposición). *v. r.* Viciarse. Enviciarse. Corromperse, pervertirse.
VICINAL *adj.* Vecinal (hablando de caminos).
VICINALIDADE *f.* Calidad de vecinal.
VÍCIO *m.* Vicio (mala calidad, defecto o daño físico en las cosas). Vicio (falta de rectitud o defecto moral en las acciones). Vicio (falsedad, yerro o engaño en lo que se escribe o se propone). Vicio (hábito de obrar mal). Vicio (defecto o exceso que como propiedad o costumbre tienen algunas personas, o que es común a una colectividad). Vicio (gusto especial o demasiado apetito de una cosa, que incita a usar de ella frecuentemente y con exceso). Vicio (mala costumbre que adquire a veces un animal). *Por —. m. adv.* De vicio (sin necesidad, sin motivo, o como por costumbre).
VICIOSAMENTE (ciòza) *adv. m.* Viciosamente.

VICIOSIDADE (zi) *f.* Viciosidad.
VICIOSO, SA (ozo, òza) *adj.* Vicioso (que tiene vicio o lo causa; entregado a los vicios). Ú. t. c. s.
VICISSITUDE (si) *f.* Vicisitud (mudanza de las cosas; alternativa de sucesos prósperos o adversos).
VIÇO (so) *m.* Lozanía, verdor, frondosidad (en las plantas). Lozanía, viveza, gallardía (en el hombre y en los animales). Vicio, mimo.
VIÇOSAMENTE (sòza) *adv. m.* Lozanamente.
VIÇOSO, SA (sozo, sòza) *adj.* Lozano, vicioso, lujuriante.
VICUNHA (ña) *f. Zool.* Vicuña. Vicuña (lana de este animal; paño que se hace de esta lana).
VIDA *f.* Vida (en todas las acepciones de esta voz). *— airada.* Vida airada. *Má —.* Mala vida. *Boa —.* Buena vida, vida regalada. *— de Lopes. Bras.* Vida regalona.
VIDALITA *f.* Vidalita *(amer. argent.)* canción melancólica que suelen cantar los gauchos.
VIDÃO (dáum) *m. Bras.* Buena vida, vida regalada.
VIDAR *v. tr.* Plantar vides o viñas.
VIDE *f.* Vid. Lo mismo que BACELO.
VIDEIRA *f.* Vid.
VIDEIRO, RA *adj.* Dícese del buscavidas o persona muy diligente en proporcionarse su subsistencia. *m.* Buscavidas.
VIDÊNCIA (dén) *f.* Videncia, clarividencia.
VIDENTE *m.* Vidente.
VIDOCA (dò) *f. Bras.* Buena vida, vida regalada.
VIDOEIRO *m. Bot.* Abedul.
VIDONHO (ño) *m.* Sarmiento que se corta con um pedazo de la cepa. Vidueño, viduño.
VIDRAÇA (sa) *f.* Vidriera (bastidor con vidrios con que se cierran puertas y ventanas).
VIDRAÇARIA (saría) *f.* Vidriería. Conjunto de las vidrieras de una casa.
VIDRACEIRO *m.* Vidriero.
VIDRAÇO (so) *m.* Piedra blanca, semejante al vidrio.
VIDRADO, DA *adj.* Vidriado (cubierto con barniz vítreo). Vidriado, turbio. Empañado. Vidrioso (hablando de los ojos). *m.* Vidriado (barro o loza con barniz vítreo).
VIDRAR *v. tr.* Vidriar (dar a las piezas de barro o loza un barniz vítreo). Empañar (quitar la tersura, brillo o diafanidad). Ú. t. c. r.
VIDRARIA (ría) *f.* Vidriería.
VIDREIRO *m.* Vidriero.
VIDRENTO, TA *adj.* Vidrioso, vidriado (quebradizo como el vidrio). Vidrioso (semejante al vidrio). *fig.* Vidrioso (que fácilmente se resiente, enoja o desazona).
VIDRILHO (llo) *m.* Abalorio.
VIDRO *m.* Vidrio (substancia dura, frágil, transparente, formada por la combinación de la sílice con potasa o sosa). Vidrio (cualquier pieza o vaso de vidrio). Frasco.
VIDROSO, SA (drozo, òza) *adj.* Lo mismo que VIDRENTO.
VIDUAL *adj.* Vidual.
VIEIRA *f. Blas.* Venera (concha).
VIELA (viè) *f.* Callejuela. Callejón.
VIÉS (viès) *m.* Sesgo, oblicuidad. Nesga (de tela). *De, o ao, —. m. adv.* Al sesgo.
VIGA *f.* Viga. *— mestra.* Viga maestra.
VIGAMENTO *m.* Viguería. Estructura, armazón; maderamen.
VIGAR *v. tr.* Colocar vigas.
VIGARARIA (ría) *f.* Vacaría, vicariato (dignidad de vicario).
VIGÁRIA *f.* Vicaria.
VIGÁRIO *m.* Vicario (el que tiene las veces de otro). Vicario (en las órdenes eclesiásticas). Párroco, cura. *— geral.* Vicario general. *— de Cristo.* Vicario de Jesucristo, el Papa. *Conto do —. Bras.* Embuste, cuento, engaño, estafa.
VIGARISTA *m.* Estafador, embustero. Bellaco, tunante.
VIGÊNCIA (jén) *f.* Vigor (fuerza de la obligación de las leyes y ordenanzas); vigencia *(Amer.)*.
VIGENTE (jén) *adj.* Vigente (dícese de las leyes, ordenanzas, usos y costumbres que están en vigor y observancia).
VIGER (jer) *v. intr.* Tener vigor, estar en observancia (ley, ordenanza, costumbre, uso, etc.).

VIGÉSIMO, MA (jèzi) *adj.* Vigésimo. *m.* Vigésimo.
VIGIA (jía) *f.* Vigía, vigilancia. Vigía, atalaya. Vigia, vigilante (persona destinada a vigiar). Ú. t. c. s. m. Centinela. Garita (para abrigo de sentinelas). *Mar.* Porta; lumbrera. *m.* Vigía, vigilante. Sereno.
VIGIANTE (jian) *adj.* Vigilante.
VIGIAR (jiar) *v. tr.* Vigiar (velar o cuidar de descubrir algo desde un paraje). Vigilar, velar. Acechar. *v. intr.* Velar (estar sin dormir; hacer centinela o guardia por la noche; observar atentamente a una cosa). *v. r.* Precaverse, prevenirse.
VIGIEIRO (jiei) *m.* Guardacampo.
VÍGIL (jil) *adj.* Vigilante (que vela o está despierto).
VIGILÂNCIA (lán) *f.* Vigilancia.
VIGILANTE (ji) *adj.* Vigilante. Ú. t. c. s.
VIGILANTEMENTE (ji) *adv. m.* Vigilantemente.
VIGILAR (ji) *v. intr. y tr.* Lo mismo que VIGIAR.
VIGÍLIA (jí) *f.* Vigilia (acción de estar en vela; insomnio; víspera de una festividad religiosa).
VIGOR *m.* Vigor (fuerza, energía; viveza, eficacia; fuerza de la obligación de las leyes u ordenanzas, o constante observancia de los usos, estilos, costumbres, etc.; expresión enérgica de la forma en las obras del ingenio).
VIGORANTE *adj.* Vigorizador, fortificante. Vigente.
VIGORAR *v. tr.* Vigorar, vigorizar, fortificar, fortalecer. Vigorar, vigorizar, animar, esforzar, alentar. *v. intr.* Tener vigor, estar en observancia (ley, ordenanza, costumbre, uso, etc.).
VIGORIZAR (zar) *v. tr.* Vigorizar, avigorar. Ú. t. c. r.
VIGOROSAMENTE (ròza) *adv. m.* Vigorosamente.
VIGOROSO, SA (rozo, òza) *adj.* Vigoroso.
VIGOTA (gò) *f.* Vigueta.
VIGOTE (gò) *m.* Vigueta.
VIL *adj.* Vil, indigno, torpe, infame. Vil, abatido, bajo, despreciable. Vil (dícese de la persona que falta o corresponde mal a la confianza que en ella se pone). Ú. t. c. s. m. y f. Muy bajo (hablando de precio).
VILA *f.* Vila (casa de recreo situada aisladamente en el campo). Villa (población que tiene algunos privilegios con que se distingue de las aldeas y lugares).
VILA-DIOGO *m. Dar às de —. fr. fig.* Coger o tomar, las de Villadiego (ausentarse impensadamente, de ordinario por huir de un riesgo o compromiso).
VILANAÇO, ÇA (so, sa) *adj.* Lo mismo que VILANAZ. Ú. t. c. s.
VILANAGEM (jem) *f.* Villanía, villanería. Villanaje.
VILANAZ *adj.* Villanote. Ú. t. c. s.
VILANCETE *m.* Villancete, villancejo.
VILANCICO *m.* Villancico.
VILANESCO, CA *adj.* Villanesco.
VILANIA (nía) *f.* Villanía, villanería, villanada. *fig.* Villanía (acción ruin). Mezquindad, avaricia.
VILÃO, LÃ, LOA (láum, lán) *adj.* Villano (vecino perteneciente al estado llano, en una villa o aldea, a diferencia de noble o hidalgo). Ú. t. c. s. Villano, rústico, descortés. Villano, ruin, indigno, indecoroso. Mezquino, avaro, escaso, miserable.
VILEGIATURA (jía) *f.* Veraneo.
VILELA (lè) *f. dim.* de Vila. Villeta.
VILETA *f.* de Vila. Villeta.
VILEZA (za) *f.* Vileza.
VILHANCETE (llan) *m.* Villancejo, villancete.
VILIFICAR *v. tr.* Envilecer.
VILIPENDIADOR, RA *adj.* Vilipendiador. Ú. t. c. s.
VILIPENDIAR *v. tr.* Vilipendiar.
VILIPÊNDIO (pén) *m.* Vilipendio, desprecio, falta de estima, denigración.
VILIPENDIOSO, SA (ozo, òza) *adj.* Vilipendioso.
VILMENTE *adv. m.* Vilmente.
VILÓRIA (lò) *f.* Lo mismo que
VILÓRIO (lò) *m.* Villorio.
VILOSIDADE (zi) *f.* Vellosidad.
VILOSO, SA (lozo, òza) *adj.* Velloso.
VILOTA (lò) *f. dim.* de Vila. Villeta.

VILTA *f.* Afrenta.

VIMARANENSE *adj.* Natural de Guimarães, ciudad de Portugal. Ú. t. c. s.

VIME *m.* Mimbre, vimbre, mimbrera (planta). Mimbre (varita que produce la mimbrera).

VIMEIRO *m. Bot.* Mimbre, vimbre, mimbrera.

VIMIEIRO *m.* Mimbreral.

VIMÍNEO, NEA *adj.* Mimbroso (hecho de mimbres).

VIMINOSO, SA (nozo, òza) *adj.* Mimbroso.

VIMOSO, SA (mozo, òza) *adj.* Mimbroso.

VINÁCEO, CEA *adj.* Vínico. Mezclado con vino.

VINAGRAR *v. tr.* y *r.* Lo mismo que AVINAGRAR.

VINAGRE *m.* Vinagre. *fig.* Vinagre (persona de genio áspero y despacible). *Bras. fig.* Usurero.

VINAGREIRA *f.* Vinagrera (vasija). Vinagrera (planta).

VINAGREIRO *m.* Vinagrero.

VINÁRIO, RIA *adj.* Vinario.

VINCADA *f.* Lo mismo que VINCO.

VINCA-PERVINCA *f.* Clemátide.

VINCAR *v. tr.* Plegar (señalar con pliegues). Plegar, doblar; arrugar.

VINCELHO (llo) *m.* Lo mismo que VINCILHO.

VINCENDO, DA *adj.* Que se vencerá (hablando de letras y otras obligaciones).

VINCILHO (llo) *m.* Vencejo (lazo o ligadura con que se ata una cosa, especialmente los haces de las mieses).

VINCO *m.* Pliegue (señal que queda en una cosa que se pliega o dobla). Cardenal, verdugón, roncha. Surco. Raya. Carril (huella de las ruedas de un carro o coche).

VINCULADO, DA *adj.* Vinculado (ligado por vínculos). Ligado, atado, anudado. Vincular (perteneciente o relativo al vínculo).

VINCULADOR, RA *adj.* Que o el que vincula. Ú. t. c. s.

VINCULAR *v. tr.* Ligar, atar, enlazar. Anudar. *For.* Vincular. Vincular (ligar o fundar una cosa en otra). Vincular (perpetuar una cosa o el ejercicio de ella). Ú. t. c. r. *fig.* Atar, enlazar, ligar. Ú. t. c. r.

VINCULATIVO, VA *adj.* Que vincula.

VINCULATÓRIO, RIA (tò) *adj.* Que vincula.

VINCULÁVEL *adj.* Vinculable.

VÍNCULO *m.* Lazo, ligadura, atadura (lo que sirve para atar o ligar). Nudo. Vínculo (unión, lazo o ligadura de una cosa con otra). *For.* Vínculo. *fig.* Vínculo, lazo.

VINDA *f.* Venida (acción de venir). Venida, regreso, llegada.

VINDICAÇÃO (sáum) *f.* Vindicación.

VINDICADOR, RA *adj.* Vindicador. Ú. t. c. s.

VINDICAR *v. tr.* Vindicar, defender. *For.* Vindicar, reivindicar.

VINDICATIVO, VA *adj.* Vindicativo.

VÍNDICE *adj.* Vengador. Ú. t. c. s.

VINDÍCIA *f.* Reivindicación.

VINDIÇO, ÇA (so, sa) *adj.* Advenedizo.

VINDIMA *f.* Vendimia.

VINDIMADEIRO, RA *adj.* Lo mismo que VINDIMADOR.

VINDIMADO, DA *adj. fig.* Acabado, extinto.

VINDIMADOR, RA *adj.* Vendimiador. Ú. t. c. s.

VINDIMADURA *f.* Vendimia.

VINDIMAL *adj.* Perteneciente o relativo a la vendimia.

VINDIMAR *v. tr.* Vendimiar (recoger el fruto de las viñas). Recoger. Vendimiar (disfrutar, aprovecharse de una cosa). Lo mismo que DIZIMAR. Vendimiar (matar, quitar la vida).

VINDIMO, MA *adj.* Perteneciente o relativo a la vendimia. Otoñizo, otoñal.

VINDITA *f.* Vindicta, venganza.

VINDO, DA *adj.* Venido, llegado. Proveniente, oriundo.

VINDOURO, RA *adj.* Venidero. *m. pl.* Venideros (los que han de nacer después).

VÍNEO, NEA *adj. Poét.* Vinario, vinal.

VINGADOR, RA *adj.* Vengador. Ú. t. c. s.

VINGAR *v. tr.* Vengar (tomar satisfacción de un agravio o daño). Ú. t. c. r. *v. intr.* Alcanzar, conseguir, lograr. Indenizar, compensar. Vencer, ultrapassar. Prosperar. Desarrollarse. Crecer.

VINGATIVO, VA *adj.* Vengativo.

VINHA (ña) *f.* Viña. Lo mismo que PECHINCHA.

VINHAÇA (ñasa) *f.* Vinaza. Vino malo. Abundancia de vino. Borrachera.

VINHÁCEO, CEA (ñá) *adj.* Vinario.

VINHAÇO (ñaso) *m.* Orujo (de la uva).

VINHADEIRO (ña) *m.* Viñadero, viñador.

VINHAGA (ña) *f. ant.* Lo mismo que

VINHAGO (ña) *m. ant.* Viñedo.

VINHAL (ñal) *m.* Viñedo.

VINHATARIA (ñataría) *f.* Vinatería.

VINHATEIRO, RA (ña) *adj.* Vinatero. *m.* Vinatero. Viñero. Viñero.

VINHÁTICO (ña) *m. Bras.* Árbol leguminoso *(Platymenia reticulata).*

VINHEDO (ñe) *m.* Viñedo.

VINHEIRO *m.* Viñero (el que tiene viñas). Viñador (el que cultiva las viñas). Viñadero, viñador (guarda de una viña).

VINHETA (ñe) *f. Impr.* Viñeta.

VINHETE (ñe) *m.* Vino flojo.

VINHETISTA (ñe) *m.* El que dibuja o graba viñetas.

VINHO (ño) *m.* Vino. *fig.* Borrachera. — *de mesa.* Vino de mesa, vino de pasto. — *de maçãs.* Cidra. — *tinto.* Vino tinto. — *fino.* Vino generoso. — *verde.* Vino de agujas. Vino áspero.

VINHOCA (ñò) *f.* Vinagrón.

VINHOTE (ñò) *m.* Lo mismo que VINHETE.

VÍNICO, CA *adj.* Vínico.

VINÍCOLA *adj.* Vinícola.

VINICULTOR *m.* Vinicultor, vinariego.

VINICULTURA *f.* Vinicultura.

VINÍFERO, RA *adj.* Vinífero.

VINIFICAÇÃO (sáum) *f.* Vinificación.

VINIFICADOR *m.* Aparato para fabricar el vino.

VINIFICAR *v. tr.* Hacer vino, transformar el zumo de la uva en vino.

VINOLÊNCIA (lén) *f.* Vinolencia.

VINOLENTO *adj.* Vinolento, vinoso.

VINOSIDADE (zi) *f.* Vinosidad.

VINOSO, SA (nozo, òza) *adj.* Vinoso (que tiene la calidad, fuerza, propiedad o apariencia del vino).

VINTE *adj.* Veinte. *m.* Veinte. *Dar no —. fr. fam.* Adivinar. Acertar. Comprender. Ganar. Dar en el punto. — *-e um.* Juego de naipes. — *e um.* Veintiún, veintiuno. — *e dois.* Veintidós. — *e três.* Veintitrés. — *e quatro.* Veinticuatro. — *e cinco.* Veinticinco. — *e seis.* Veintiséis. — *e sete.* Veintisiete. — *e oito.* Veintiocho. — *e nove.* Veintinueve.

VINTÉM *m.* Veintén (moneda de veinte reis). *pl.* Dinero, peculio. *Sem —. m. adv.* Sin dinero.

VINTENA *f.* Veintena.

VINTENO, NA *adj.* Veinteno, vigésimo. Ú. t. c. s.

VIOLA (ò) *f.* Viola (especie de violín). Vihuela (especie de guitarra). *Zool.* Especie de raya *(Rhinobatus porcellens).* *Bras.* Especie de escarabajo *(Loricaria piracicaba).*

VIOLAÇÃO (sáum) *f.* Violación (acción de violar). Violación, estupro.

VIOLÁCEO, CEA *adj.* Violado, violáceo (de color de violeta, morado claro). *Bot.* Violáceo. *f. pl. Bot.* Violáceas.

VIOLADOR *m.* Violador.

VIOLAL *m.* Violar, violetal (terreno plantado de violetas).

VIOLÃO (láum) *m.* Guitarra.

VIOLAR *v. tr.* Violar, infringir, quebrantar. Violar (gozar por fuerza a una mujer). Violar, estruprar. Violar, profanar.

VIOLÁVEL *adj.* Que se puede violar.

VIOLEIRO *m.* Vihuelista, guitarrista. Violero (tañedor de viola; fabricante de violas).

VIOLÊNCIA (lén) *f.* Violencia (calidad de violento; acción y efecto de violentar o violentarse; acción violenta y contra el natural modo de proceder; acción de violar a una mujer).

VIOLENTADO, DA *adj.* Violentado. Constreñido.

VIOLENTADOR, RA *adj.* Violentador. Ú. t. c. s.

VIOLENTAMENTE *adv. m.* Violentamente.

VIOLENTAR *v. tr.* Violentar (en todas las acepciones de esta voz). *v. r. fig.* Violentarse.

VIOLENTO, TA *adj.* Violento (en todas las acepciones de esta voz). *Morte —a.* Muerte violenta.

VIOLETA *f.* Violeta (planta y flor). *m.* Violado (séptimo color del espectro solar). *adj.* Violado, violáceo, morado claro.

VIOLETEIRA *f. Bras.* Planta verbenácea *(Duranta plumieri).*

VIOLINISTA *m.* y *f.* Violinista.

VIOLINO *m.* Violín (instrumento músico de cuerda).

VIOLONCELISTA *m.* y *f.* Violoncelista, violonchelista.

VIOLONCELO (cè) *m.* Violoncelo, violonchelo.

VIPÉREO, REA (pè) *adj.* Vipéreo, viperino.

VIPERINO, NA *adj.* Viperino. *Língua —a.* Léngua viperina.

VÍPERO, RA *adj.* Vipéreo, viperino.

VIR *v. intr.* Venir (caminar hacia donde está el que habla; llegar adonde está el que habla; comparecer una persona ante otra; ajustarse, acomodarse una cosa con otra; llegar uno a transigir o avenirse, o conformarse. Ú. t. c. r.; volver, regresar; volver a tratar del asunto; inferirse, deducirse, ser consecuencia o resultado una cosa de otra; darse o criarse una cosa en un terreno; acercarse o llegar el tiempo en que ha de acontecer alguna cosa; traer origen, proceder una cosa de otra; excitarse una pasión, afecto o apetito; ofrecerse algo a la mente; manifestarse o iniciarse una cosa; con la prep. *a*, suceder por fin lo que se esperaba o temia; con la prep. *a* y ciertos nombres, hacer o estar pronto a hacer lo que los nombres significan; con la prep. *sobre*, caer; acaecer, sobrevenir). *v. r.* Allegarse, venir. — *abaixo.* Venirse abajo, venir a tierra, venirse a tierra. — *às boas.* Darse a buenas, venirse uno a buenas.

VIRA *f.* Vira (tira que se cose entre la suela y la pala del calzado). Baile popular; música para este baile.

VIRABOSTA (bòs) *m. Bras.* Nombre común a varios pájaros de la familia de los ictéridos. Mirlo. *Bras. nort.* Escarabajo.

VIRAÇÃO (sáum) *f.* Virazón. Viento blando o suave.

VIRA-CASACA (za) *m. Bras. Polít.* Desertor, renegado, apóstata, tránsfuga, el que cambia de casaca, que muda frecuentemente de partido.

VIRACENTO *m.* Apóstrofo.

VIRADA *f. Bras.* Lo mismo que

VIRADELA (dè) *f.* Vuelco (acción de volcar). Volteo (acción de voltear). Vuelta.

VIRADINHO (ño) *m. Bras.* Manjar preparado con judías, torrezno, harina y huevos.

VIRADO, DA *adj.* Vuelto. Volteado (puesto al revés). Doblado.

VIRADOR *m. Mar.* Virador. *Bras. F. C.* Placa giratoria.

VIRAGEM (jem) *f. Dep.* Viraje. *Fot.* Virador, viraje.

VIRAGO *f.* Virago, marimacho.

VIRA-LATA *m. Bras.* Perro sin dueño que va por las calles volcando las latas de basura para buscarse alimentos.

VIRAMENTO *m.* Vuelta. Vuelco. Giro.

VIRAMUNDO *m. Bras.* Grillos (que se ponían a los esclavos).

VIRAR *v. tr.* Volver (torcer o inclinar una cosa de un lado a otro). Volver (dar vuelta o vueltas a una cosa). Voltear (volver una cosa y ponerla al revés de como estaba colocada). Volver (mudar la haz de las cosas, poniéndolas a la vista por el revés o al contrario). Volver, mudar, cambiar (de un estado a otro). Empinar (para beber). Volcar (torcer hacia un lado, derribar o trastornar una cosa, de modo que caiga o se vierta su contenido; tratándose de carruajes, Ú. t. c. r.). *Mar.* Virar (cambiar de bordada; dar vueltas al cabestrante). Volver, dirigir, enderezar (encaminar una cosa a otra, material o inmaterialmente). *fig.* Volver, volcar (hacer a uno mudar de dictamen con persuasiones o razones). *v. intr.* Cambiar (mudar de dirección el viento. Virar (mudar de dirección la marcha de un automóvil). Volver, girar (desviarse o torcer la dirección inicial). *v. intr. Mar.* Zozobrar. Girar, rodar. *v. r.* Volverse. Voltear (dar vueltas una persona o cosa). Volverse contra, ser

contrario. Volverse hacia el que ataca (hacer frente para defenderse o acometer). Revirarse, torcerse. Agitarse. — *a casaca. fr. fig.* Volver uno casaca, o la casaca (dejar el bando o partido que seguía, y adoptar el contrario). — *bicho. fr. fig. Bras.* Encolerizarse, enfurecerse. Agredir. — *as costas. fr.* Volver, o tornar, las espaldas (negarse a alguno; retirarse de su presencia con desprecio). — *de bordo. Mar.* Virar, cambiar de amura, mudar de bordada. — *em redondo. Mar.* Virar por redondo. — *por davante. Mar.* Virar por avante.

VIRAVOLTA (vòl) *f.* Vuelta completa. Voltereta. *fig.* Vicisitud (alternativa de sucesos prósperos y adversos).

VIRAVOLTAR *v. intr. Bras.* Dar volteretas.

VIRENTE *adj.* Verdeante. Verde. Lozano. *fig.* Próspero.

VIRGA *f.* Lo mismo que VERGA. — *férrea.* Violencia. Severidad extrema. Empleo de la fuerza.

VIRGEM (jem) *f. y m.* Virgen (persona que no ha tenido ayuntamiento o cópula carnal). Ú. t. c. adj. *f.* Virgen, doncella. Virgen (María Santísima, Nuestra Señora, Madre de Dios). Virgen (imagem de María Santíssima). *Astr.* Virgen, virgo (constelación zodiacal). Virgo (sexto signo del zodíaco). *adj.* Virgen (aplícase a la tierra que no ha sido cultivada: dícese de las cosas que no han servido aún para lo que se destinan; dícese de aquelo en cuya formación no ha habido artificio). *Cera* —. Cera virgen. *Mel* —. Miel virgen. *Floresta* — Bosto, soto, matorral donde no ha penetrado ninguno.

VIRGILIANO, NA (ji) *adj.* Virgiliano.

VIRGINAL (ji) *adj.* Virginal (perteneciente o relativo a la virgen). *fig.* Virginal, puro, incólume, inmaculado.

VIRGINDADE (jin) *f.* Virginidad.

VIRGÍNEO, NEA (jí) *adj.* Virgíneo, virginal.

VIRGINIZAR (jinizar) *v. tr.* Dar carácter de virgen. Purificar.

VIRGO *m. Astr.* Virgo (sexto signo del zodíaco).

VÍRGULA *f.* Coma: el signo (,) que sirve para dividir los miembros más cortos de la oración.

VIRGULAÇÃO (sáum) *f.* Puntuación. Acto de

VIRGULAR *v. tr.* Virgular (poner comas a una cláusula o período).

VIRGULTA *f.* Vírgula (varita flexíble).

VIRIDANTE *adj.* Lo mismo que

VIRIDENTE *adj.* Lo mismo que VIRENTE.

VIRIL *adj.* Viril, varonil.

VIRILHA (lla) *f.* Ingle.

VIRILIDADE *f.* Virilidad.

VIRILISMO *m.* Virilismo.

VIRILIZAR (zar) *v. tr.* Virilizar.

VIRILMENTE *adv. m.* Virilmente.

VIRIPOTENTE *adj.* Viripotente, casadera. Viril, varonil, fuerte, robusto.

VIROLA (rò) *f.* Virola (anillo o abrazadera de metal que refuerza la extremidad de una pieza de madera).

VIROSO, SA (rozo, òza) *adj.* Viroso. Pestilente.

VIROTADA *f.* Virotazo.

VIROTÃO (táum) *m.* Viratón.

VIROTE (rò) *m.* Virote (saeta guarnecida con un casquillo). Virote (vara cuadrangular de la balestilla). Gavilanes (de la espada).

VIRTUAL *adj.* Virtual. *Fís.* Virtual.

VIRTUALIDADE *f.* Virtualidad.

VIRTUALMENTE *adv. m.* Virtualmente.

VIRTUDE *f.* Virtud (en todas las acepciones de esta voz). *pl. Teol.* Virtudes. *Em — de. m. adv.* En virtud de, en fuerza, a consecuencia, por resultado de.

VIRTUOSAMENTE (òza) *adv. m.* Virtuosamente.

VIRTUOSE (òze) *m. y f. gal.* Virtuoso (persona dotada de talento o disposición extraordinario para ejercer las bellas artes, y con particularidad la música).

VIRTUOSIDADE (zi) *f.* Virtuosidad.

VIRTUOSO, SA (ozo, òza) *adj.* Virtuoso. *m. y f.* Lo mismo que VIRTUOSE.

VIRULÊNCIA (lén) *f.* Virulencia.

VIRULENTAMENTE *adv. m.* Virulentamente.

VIRULENTO, TA *adj.* Virulento (producido por un virus, que tiene vírus). *fig.* Virulento, sañudo, mordaz, muy ardiente.

VIRUS *m. Med.* Virus.

VISAGEM (zajem) *f.* Visaje, gesto, mueca. *Bras.* Duende, aparición. *pop.* Farol, fachenda, papelón.

VISÃO (záum) *f.* Visión (acción de ver; objeto que se ve). *Fisiol.* Visión. Visión (especie fantástica y sin realidad). Visión, fantasma, sueño. Visión (revelación inspirada y profética).

VISAR (zar) *v. tr.* Visar (dirigir la puntería o la visual). Visar (poner el visto bueno en un documento). Aspirar, pretender, intentar. Tirar (poner los medios dirigiéndoles a algún fin; poner la mira en alguna cosa).

VÍSCERA *f.* Víscera, entraña. Ú. m. en pl.

VISCERAL *adj.* Visceral.

VISCEROSO, SA (rozo, òza) *adj.* Visceral.

VISCIDEZ *f.* Viscosidad.

VÍSCIDO, DA *adj.* Lo mismo que VISCOSO.

VISCO *m.* Visco, liga (materia viscosa propia para cazar pájaros). *Bot.* Muérdago. Viscosidad (materia viscosa). *fig.* Reclamo (cualquier cosa que atrae o convida).

VISCONDADO *m.* Vizcondado.

VISCONDE *m.* Vizconde.

VISCONDESSA (sa) *f.* Vizcondeza.

VISCOSAMENTE (còza) *adv. m.* De manera viscosa, con viscosidad.

VISCOSIDADE (zi) *f.* Viscosidad.

VISCOSO, SA (cozo, òza) *adj.* Viscoso, glutinoso, pegajoso.

VISEIRA (zei) *f.* Visera (parte del yelmo que cubría y defendía el rostro). Visera (ala pequeña de las gorras, chacós, etc., para resguardar la vista). *fig.* Lo que resguarda. Disfraz. Aspecto.

VISGO *m. Bras. Bot.* Planta cesalpinia (*Cassia hispidula*).

VISGUENTO, TA *adj.* Visgoso, glutinoso, pegajoso.

VISIBILIDADE (zi) *f.* Visibilidad.

VISIGODO, DA (zi) *adj.* Visigodo. Ú. t. c. s.

VISIGÓTICO, CA (zigò) *adj.* Visigótico.

VISIONAR (zio) *v. tr.* Entrever en sueño o visión. *v. intr.* Tener visiones.

VISIONÁRIO, RIA (zio) *adj.* Visionario. Ú. t. c. s.

VISITA (zi) *f.* Visita (acto de visitar; persona que visita). Visorio, visita, examen. — *de cortesia.* Visita de cumplido, o de cumplimiento. — *de médico. fig. fam.* Visita de médico (la de corta duración). — *sanitaria.* Visita de sanidad. *Fazer uma* —. Hacer una visita, visitar. *Pagar uma* —. Pagar (a uno) una visita. *pl.* Cumplidos, recomendaciones.

VISITAÇÃO (zitasáum) *f.* Visitación, visita (acción de visitar). *Rel.* Visitación.

VISITADOR, RA (zi) *adj.* Visitador. Ú. t. c. s.

VISITANTE (zi) *adj. y s. m. y f.* Visitante.

VISITAR (zi) *v. tr.* Visitar (ir a ver a alguien en su casa; ir a un templo; informarse un funcionario superior del proceder de los inferiores; irse el médico a casa del enfermo para asistirle; registrar en las aduanas los géneros, mercaderías, etc.; acudir frecuentemente a un lugar con algún fin.). *Teol.* Visitar. *v. r.* Convivir, privar.

VISIVA (zi) *f.* Vista, facultad visiva.

VISÍVEL (zi) *adj.* Visible.

VISIVELMENTE (zí) *adv. m.* Visiblemente.

VISIVO, VA (zi) *adj.* Visivo.

VISLUMBRAR *v. tr.* Vislumbrar (ver tenue, débil o confusamente un objeto). *fig.* Vislumbrar (conjeturar por leves indicios una cosa).

VISLUMBRE *m.* Vislumbre (reflejo o tenuo resplandor de una luz lejana). *fig.* Vislumbre, conjetura, sospecha, indicio. *fig.* Vislumbre (noticia o noción ligera de una cosa). *fig.* Vislumbre (apariencia o leve semejanza entre dos cosas).

VISO (zo) *m.* Viso (lugar alto). *fig.* Viso, apariencia. *fig.* Vislumbre.

VISONHA (zoña) *f.* Visión, espectro, fantasma.

VISÓRIO, RIA (zò) *adj.* Visorio, visual.

VÍSPORA *f. Bras.* Lo mismo que LOTO.

VISTA *f.* Vista (sentido con que se ve). Vista, visión (acción y efecto de ver). Vista, ojo. Vista (apariencia o disposición de las cosas en orden al sentido del ver). Vista (campo que se descubre desde un punto, especialmente cuando presenta extensión, variedad y agrado). Vista (conjunto de ambos ojos). Vista (encuentro o concurrencia en que uno se ve con otro). Vista (cuadro, estampa que representa un lugar o monumento, tomado del natural). Vista (conocimiento claro de las cosas). Vista (apariencia o relación de unas con respecto a otras). Vista, intento, propósito. Vista (de una prenda de vestir). *For.* Vista. — *curta.* Vista corta (la del miope). — *de olhos.* Vista de ojos (diligencia de ver personalmente una cosa para informarse de ella). Vistazo, vista. *Aguçar a* —. *fr.* Aguzar la vista. *Até a* —. *expr.* Hasta la vista, a más ver. *À* — *m. adv.* A la vista (luego, al punto, prontamente, sin dilación). *Com.* A la vista. *À* — *de. m. adv.* A vista de (en presencia de o delante de). *Conhecer (alguém) de* —. *fr.* Conocer de vista (a uno). *Curto de* —. Corto de vista, míope. *fig.* Corto de vista, poco perspicaz. *Dar uma* — *de olhos. fr.* Dar una vista (mirar, visitar de paso y sin detenerse mucho). *Em* — *de. m. adv.* En vista de (en consideración o atención de alguna cosa). *Estar à* —. *fr.* Estar a la vista, estar a la mira, ser evidente una cosa. *Fazer (alguém)* — *grossa. fr. fam.* Hacer (uno) la vista gorda (fingir con disimulo que no ha visto una cosa). *Fixar a* —. *fr.* Fijar, o clavar, la vista. *Não perder de* — *(uma pessoa ou cousa). fr.* No perder (uno) de vista (a una persona o cosa).

VISTO, TA *adj.* Visto (p. p. irreg. de Ver). Considerado; acogido. *m.* Visto. Visto bueno. *Bem* —. Bien visto. *Mal* —. Mal visto. *Está* —. *expr.* Es, o está, visto. *Nem* — *nem ouvido. fr.* Ni visto ni oído. *Nunca* —. No visto, nunca visto, raro, extraordinario. — *que. m. conj.* Visto que, pues que, una vez que.

VISTORIA (ría) *f.* Visorio, visura (visita o examen pericial).

VISTORIAR *v. tr.* Registrar, reconocer, inspeccionar, examinar, hacer un vistorio o examen pericial.

VISTOSAMENTE (tòza) *adv. m.* Vistosamente.

VISTOSO, SA (tozo, òza) *adj.* Vistoso (que atrae mucho la atención por su brillantez, viveza de colores o apariencia ostentosa).

VISUAL (zual) *adj.* Visual. *Campo* —. Campo visual. *Raio* —. Rayo visual.

VISUALIDADE (zua) *f.* Visualidad.

VITAL *adj.* Vital.

VITALÍCIO, CIA *adj.* Vitalicio. *Pensão* —*a.* Vitalicio. *Cargo* —. Cargo vitalicio.

VITALIDADE *f.* Vitalidad.

VITALISMO *m.* Vitalismo.

VITALISTA *adj.* Vitalista. Ú. t. c. s.

VITALMENTE *adv. m.* Vitalmente.

VITAMINA *f.* Vitamina.

VITANDO, DA *adj.* Vitando (que se deve evitar). *fig.* Vitando, odioso, execrable.

VITATÓRIO, RIA (tò) *adj.* Propio para evitar.

VITELA (tè) *f.* Becerra, ternera. Carne de ternera. Vitela (piel de ternera adobada y bien pulida).

VITELÍFERO, RA *adj.* Que tiene yema de huevo.

VITELINA *f. Zool.* Vitelina.

VITELINO, NA *adj.* Perteneciente o relativo al vitelo. Perteneciente o relativo a la yema del huevo. *Saco* —. Saco del vitelo.

VITELO (tè) *m.* Becerro, ternero. *Fisiol.* Vitelo.

VITÍCOLA *adj.* Vitícola. *m. y f.* Vitícola, viticultor, ra.

VITICULTOR, RA *adj.* Viticultor. Ú. t. c. s.

VITICULTURA *f.* Viticultura.

VITÍFERO, RA *adj.* Vitífero.

VITILIGEM (jem) *f.* Lo mismo que

VITILIGO *m. Med.* Vitíligo.

VÍTIMA *f.* Víctima (persona o animal sacrificado o destinado al sacrificio). *fig.* Víctima (persona que expone u ofrece a un grave riesgo en obsequio de otra, o que padece daño por culpa ajena o por causa fortuita).

VITIMAR *v. tr.* Hacer víctima.

VITIMÁRIO *m.* Victimario.

VITINGA *f. Bras.* Especie de harina.

VITINICULTOR *m.* Viticultor y vinicultor.

VITO *m. Dança de São* —. Baile de San Vito (enfermedad convulsiva).

VITÓRIA (tò) *f.* Victoria, triunfo. Victoria (carruaje). *Cantar —. fr.* Cantar (uno) victoria, blasonar o jactarse del triunfo. — *-régia. Bot.* Ninfa real.
VITORIANO, NA *adj.* Victoriano (relativo a Victoria, reina de la Inglaterra).
VITORIAR *v. tr.* Vitorear, victorear.
VITÓRIA-RÉGIA (tò...rèjia) *f. Bot.* Ninfa real.
VITORIOSAMENTE (òza) *adj. m.* Victoriosamente.
VITORIOSO, SA (ozo, òza) *adj.* Victorioso.
VITRAL *m.* Vidriera de colores (de iglesias, palacios y casas).
VITRÉ *m. Mar.* Vitre.
VÍTREO, TREA *adj.* Vítreo. *Humor —. Anat.* Humor vítreo, vitrina.
VITRESCIBILIDADE *f.* Calidad de vitrescible.
VITRESCÍVEL *adj.* Vitrescible.
VITRICE *adj. y s. f.* Victoriosa, vencedora.
VITRIFICAÇÃO (sáum) *f.* Vitrificación.
VITRIFICAR *v. tr.* Vitrificar. Ú. t. c. r.
VITRIFICÁVEL *adj.* Vitrificable.
VITRINA *f.* Escaparate (de tienda); vidriera *(amer. argent.)*. Vitrina (escaparate, estante o caja con puertas o tapas de cristales).
VITRIOLADO, DA *adj.* Que tiene vitriolo.
VITRIÓLICO, CA (ò) *adj.* Vitriólico.
VITRIOLIZAÇÃO (zasáum) *f.* Acción y efecto de
VITRIOLIZAR (zar) *v. tr.* Convertir en vitriolo.
VITRIOLO *m. Quím.* Vitriolo, sulfato.
VITUALHAS (llas) *f. pl.* Vituallas.
VITUPERAÇÃO (sáum) *f.* Vituperación.
VITUPERADOR, RA *adj.* Vituperador. Ú. t. c. s.
VITUPERAR *v. tr.* Vituperar.
VITUPERÁVEL *adj.* Vituperable.
VITUPÉRIO (pè) *m.* Vituperio.
VITUPERIOSO, SA (ozo, òza) *adj.* Vituperioso, vituperoso.
VIÚVA (viú) *f.* Viuda (mujer a quien se le ha muerto el marido). Viuda (planta). Viuda (pájaro). — *alegre. Bras.* Carro policial.
VIUVAR *v. intr.* Enviudar.
VIUVEZ *f.* Viudez.
VIUVINHA (nã) *f. dim.* de *Viúva.* Viudita. *Bras.* Baile popular. Viudita, viudito (pájaro).
VIÚVO, VA (viú) *adj.* Viudo. *m.* Viudo. *f.* Viuda.
VIVA! *interj.* ¡Viva!; ¡Vitor! Ú. t. c. s. m.
VIVACIDADE *f.* Vivacidad.
VIVAMENTE *adv. m.* Vivamente (con viveza o eficacia; con propiedad o semejanza).
VIVANDEIRA *f.* Vivandera.
VIVARACHO, CHA (cho, cha) *adj. Bras. merid.* Vivaracho.
VIVAZ *adj.* Vivaz (que vive mucho tiempo; eficaz, vigoroso; agudo, perspicaz, sagaz, ingenioso). *Bot.* Vivaz.
VIVEDOR, RA *adj.* Vividor (dícese de la persona laboriosa y que sabe ganarse la vida. Ú. t. c. s. Vividero (que es capaz de vivir). *m.* Vividor (el que vive a expensas de los demás, empleando para ello medios ilícitos).
VIVEDOURO, RA *adj.* Vividero (que es capaz de vivir). Vivaz (que vive mucho tiempo). Duradero.
VIVEIRO *m.* Vivero (para las plantas). Vivero (de peces, moluscos y otros animales). Vivero, semillero.
VIVÊNCIA (vén) *f. Bras. nort.* Género de vida o modo de vivir.
VIVENDA *f.* Vivienda, morada, habitación, domicilio. Género de vida o modo de vivir. Subsistencias.
VIVENTE *adj.* Viviente. Ú. t. c. s.
VIVER *v. intr.* Vivir (tener vida; durar con vida; durar las cosas; pasar y mantener la vida; habitar, residir en un lugar o país). *fig.* Vivir (obrar, proceder, portarse, conducirse de algún modo; durar en la memoria o en fama después de muerto; acomodarse a las circunstancias para lograr conveniencias; estar presente una cosa en la memoria, en la voluntad o en la consideración). *v. tr.* Vivir (pasar la vida). *v. r.* Ir viviendo.
VIVER *m.* Vivir, vida.
VÍVERES *m. pl.* Víveres.
VIVEZA (za) *f.* Viveza, vivacidad.
VIVIDEZ *f.* Vivacidad.
VÍVIDO, DA *adj.* Vivaz; vívido *(poét.)*.
VIVIFICAÇÃO (sáum) *f.* Vivificación.

VIVIFICADOR, RA *adj.* Vivificador.
VIVIFICANTE *adj.* Vivificante.
VIVIFICAR *v. tr.* Vivificar (dar vida; confortar, dar fuerzas, refrigerar). Ú. t. c. intr.
VIVIFICATIVO, VA *adj.* Vivificativo.
VIVÍFICO, CA *adj.* Vivificativo. Vivífico.
VIVIPARIDADE *f.* Viviparidad.
VIVÍPARO, RA *adj.* Vivíparo.
VIVISSECÇÃO (sesáum) *f.* Vivisección.
VIVO, VA *adj.* Vivo (que tiene vida). Ú. t. c. s. Vivo (intenso, fuerte; que está en actual ejercicio; sutil, agudo; ingenioso; inconsiderado, irreflexivo, excesivamente pronto; vigente, que subsiste; durable en la memoria; diligente, pronto, ágil; muy expresivo o persuasivo; agudo, hablando de ángulos o aristas).
VIVÓRIO (vò) *m.* Vítores, vivas, aclamación o aplauso muy ruidoso.
VIZINDÁRIO (zin) *m. Bras. merid.* Vecindario, vecindad.
VIZINHANÇA (ziñansa) *f.* Vecindad, cercanía, proximidad. Vecindad, vecindario, los vecinos. Vecindario (contorno o cercanías de un sitio o paraje). *fig.* Semejanza, analogía.
VIZINHAR (ziñar) *v. tr.* Ser vecino, habitar próximo de. Confinar, lindar. *v. intr.* Avecinarse, acercarse. *v. r.* Avecindarse.
VIZINHO, NHA (ño, ña) *adj.* Vecino (que habita con otros en un mismo pueblo, barrio o casa, en habitación independiente). Ú. t. c. s. Vecino, cercano, próximo. Vecino, semejante, parecido, coincidente. Cercano (hablando de parientes). *m.* Vecino.
VIZIR (zir) *m.* Visir. *Grão —.* Gran visir.
VIZIRADO (zi) *m.* Visirato.
VIZIRATO (zi) *m.* Visirato.
VOADOR, RA *adj.* Voador (que vuela; que corre o va con ligereza). *Peixe —.* Pez volante; volador.
VOADOUROS *m. pl.* Remeras.
VOADURA *f.* Voladura (acción de volar, de ir por el aire sosteniéndose con las alas).
VOAGEM (jem) *f.* Arista, cascabillo, gluma.
VOANTE *adj.* Volante (que vuela).
VOAR *v. intr.* Volar (ir o moverse por el aire, sosteniéndose con las alas). *fig.* Volar (elevarse en el aire o moverse de un punto a otro en un aparato de aviación). *fig.* Vola (elevarse una cosa en el aire y moverse algún tiempo por él). *fig.* Volar (caminar o ir con gran prisa y aceleración; desaparecer rápida e inesperadamente una cosa; ir por el aire una cosa arrojada con violencia; hacer las cosas arrojada con violencia; hacer las cosas con gran prontitud y ligereza; propagarse con celeridad una especie entre muchos). *v. tr.* Volar (hacer saltar con violencia alguna cosa, especialmente por medio de una substancia explosiva). Ú. t. c. intr. Echar a volar, hacer volar.
VOBORDE (bór) *m. Mar.* Amurada.
VOCABULAR *adj.* Perteneciente o relativo al vocablo.
VOCABULÁRIO *m.* Vocabulario, diccionario, léxico. Vocabulario (conjunto o diversidad de vocablos que se usa en alguna facultad o materia determinada). Vocabulario (conjunto de las palabras de un idioma o dialecto). Vocabulario (catálogo o lista de palabras por orden alfabético y con definiciones o explicaciones sucintas).
VOCABULARISTA *m.* Lo mismo que
VOCABULISTA *m.* Vocabulista.
VOCÁBULO *m.* Vocablo, palabra, término, voz gramatical.
VOCAÇÃO (sáum) *f.* Llamamiento, convocación. Vocación (inspiración con que Dios llama a algún estado, especialmente al de religión). Vocación (inclinación a cualquier estado, profesión o carrera). *Errar a —. fr.* Errar (uno) la vocación (dedicarse a cosa para la cual no tiene disposición, o mostrar ternela para el fin en que no se ejercita).
VOCAL *adj.* Vocal (perteneciente a la voz); dícese de lo que se expresa materialmente con la voz).
VOCÁLICO, CA *adj.* Vocálico.
VOCALISE (ze) *m. Mús. gal.* Vocalización (ejercicio).
VOCALIZAÇÃO (zasáum) *f. Mús.* Vocalización. Acción de *Vocalizar.* 2ª acepción.

VOCALIZAR (zar) *v. intr. Mús.* Vocalizar. Ú. t. c. tr. *Gram.* Transformar (consonantes) en vocales.
VOCALIZO (zo) *m. neol.* Lo mismo que VOCALISE.
VOCATIVO *m. Gram.* Vocativo.
VOCÊ (cé) *pron.* Tu (como tratamiento familiar, o de superior a inferior). Ú. con el verbo en la tercera persona. Usted (como tratamiento familiar). *Você* es una contracción de *Vossa mercê,* al igual que *Usted,* en castellano, lo es de *Vuestra merced.* Se puede traducirlo por *Usted* cuando este tratamiento es empleado familiarmente en castellano, pero no cabe hacerlo cuando el mismo corresponde al tratamiento cortesano. Siempre con el verbo en la tercera persona, *você* ha substituido casi completamente el pronombre *tu* en centro y norte del Brasil; pero en el extremo meridional de este país aún es empleado como tratamiento de superior a inferior, o cuando se quiere indicar desprecio.
VOCIFERAÇÃO (sáum) *f.* Vociferación.
VOCIFERADOR, RA *adj.* Vociferador. Ú. t. c. s.
VOCIFERANTE *adj.* Vociferante.
VOCIFERAR *v. tr.* Gritar. *v. intr.* Vociferar, vocear.
VODCA (vòd) *f.* Vodca, vodka.
VODU *m.* Voduísmo.
VOEJAR (jar) *v. intr.* Lo mismo que ESVOAÇAR.
VOEJO (jo) *m.* Revoloteo. Polvo que sale de la harina cuando se menea.
VOGA (vò) *f.* Boga (acción de bogar o remar). *fig.* Boga (buena aceptación, fortuna o felicidad creciente). Boga, bogador (persona que boga). — *arrancada. Mar.* Boga arrancada. — *surda. Mar.* Boga lenta. *Estar em —. fr. fig.* Estar en boga, estar de moda.
VOGAL *adj. Gram.* Vocal. *f.* Vocal. *m.* Vocal (persona que tiene voz en un consejo, una congregación, etc.). — *aberta.* Vocal abierta. — *breve.* Vocal breve. — *fechada.* Vocal cerrada. — *longa.* Vocal larga.
VOGANTE *adj.* Bogante. Flotante.
VOGAR *v. intr.* Bogar, remar. Flotar. *fig.* Correr, divulgarse. Estar en boga. *v. tr.* Conducir remando.
VOIVODA (vò) *m.* Vaivoda.
VOLANTE *adj.* Volante (que vuela). Volante (que va de una parte a otra sin asiento en ninguna). *m.* Especie de tela delicada. Volante (rueda grande de una máquina motora, que regulariza su movimiento y lo transmite al resto del mecanismo). Volante, rehilete. Saeta. Volante (criado de librea). *Bras. Dep.* Corredor (en carreras de automóbiles). Persona muy hábil en conducir automóbiles.
VOLANTIM *m.* Volatín, volatinero. Andarín.
VOLAPUQUE *m.* Volapuk.
VOLATARIA (ría) *f.* Volatería (caza de aves que se hace con otras amaestradas para ello).
VOLATEAR *v. intr.* Lo mismo que ESVOAÇAR.
VOLÁTIL *adj.* Volátil (que vuela). *Quím.* Volátil. *fig.* Volátil, mudable, inconstante. *m.* Volátil, ave.
VOLATILIDADE *f.* Volatilidad.
VOLATILIZAÇÃO (zasáum) *f.* Volatilización.
VOLATILIZANTE (zan) *adj.* Volatilizador; volatilizativo.
VOLATILIZAR (zar) *v. tr.* Volatilizar, volatizar. Ú. t. c. r.
VOLATILIZÁVEL (zá) *adj.* Volatilizable.
VOLATIM *m.* Lo mismo que VOLANTIM.
VOLATÓRIO, RIA (tò) *adj.* Volante (que sirve para volar).
VOLIÇÃO (sáum) *f.* Volición.
VOLITAR *v. intr.* Volitar, revolotear.
VOLITIVO, VA *adj.* Volitivo.
VOLTA (vòl) *f.* Vuelta (movimiento de una cosa alrededor de un punto hasta volver a su posición inicial; curvatura en una línea, recodo en un camino, etc.; cualquiera de las circunvoluciones de una cosa alrededor de otra a la cual se aplica; regreso; devolución; retorno o recompensa; repetición de una cosa; vez, alternación de las cosas por orden sucesivo; parte de una cosa, opuesta a la que está a la vista; mudanza o cambio de las cosas de un estado, o de un parecer, a otro; labor

que se da a la tierra; rodeo). *Meia —*. Media vuelta. *Por — de. m. adv.* A vuelta de, a vueltas de (cerca, aproximadamente). *Pela — do correio. m. adv.* A vuelta de correo. *Às —s com. m. adv.* A vueltas con (usando una cosa con insistencia). A vueltas con, o sobre (no acertando con una cosa). *Dar —s.* Dar vueltas, andar alrededor. *De —. m. adv.* De vuelta, en volviendo.

VOLTA-FACE (vòl) *f.* Retractación.

VOLTAGEM (jem) *f.* Voltaje.

VOLTÁICO, CA *adj.* Voltaico.

VOLTAÍSMO *m.* Voltaímo.

VOLTÂMETRO (tá) *m.* Voltámetro.

VOLTAR *v. intr.* Volver, regresar. Volver (torcer o dejar el camino o línea recta). Volver, repetir, reiterar. Volver, girar, rodar. Voltear. *Í v. tr.* Lo mismo que VIRAR. *v. r.* Volverse (inclinar el cuerpo o el rostro en señal de encararse con alguien para hablarle). Volverse, regresar. *— atrás. fr. fig.* Volverse (uno) atrás, no cumplir la promesa o palabra, desdecirse. *—se contra. fr.* Volverse (uno) contra (otro), perseguirle, hacerle daño o serle contrario. *— a si.* Volverse (uno) sobre sí, recobrar la serenidad y el ánimo.

VOLTARETE *m.* Tresillo (juego de naipes).

VOLTÁRIO, RIA *adj.* Voltario, versátil; voluble, inconstante, voltizo.

VOLTE (vòl) *m.* Lo mismo que VÓLTIO.

VOLTEADOR, RA *adj.* Volteador.

VOLTEADURA *f.* Volteo.

VOLTEAR *v. tr.* Voltear (dar vueltas a una persona o cosa). *v. intr.* Voltear.

VOLTEIRO, RA *adj.* Que da vueltas. Instable.

VOLTEJAR (jar) *v. intr. y tr.* Lo mismo que VOLTEAR.

VOLTÍMETRO *m.* Voltímetro.

VÓLTIO (vòl) *m. Electr.* Voltío.

VOLTÍVOLO, LA *adj.* Volante. Voluble.

VOLUBILIDADE *f.* Volubilidad.

VOLUMAR *v. tr.* Lo mismo que AVOLUMAR.

VOLUME *m.* Volumen (magnitud, bulto, extensión de un cuerpo). Volumen (libro encuadernado que puede o no ser obra completa). *Geom.* Volumen. Bulto (fardo, caja, baúl, maleta, etc., comúnmente tratándose de transportes o viajes).

VOLUMÉTRICO, CA (mè) *adj.* Volumétrico.

VOLÚMETRO *m.* Volúmetro.

VOLUMINOSO, SA (nozo, òza) *adj.* Lo mismo que

VOLUMOSO, SA (mozo, òza) *adj.* Voluminoso.

VOLUNTARIADO *m.* Voluntariado.

VOLUNTARIAMENTE *adv. m.* Voluntariamente.

VOLUNTARIEDADE *f.* Voluntariedad.

VOLUNTÁRIO, RIA *adj.* Voluntario (que nace de la voluntad; espontáneo; sin coacción. *Mil.* Voluntario. *Ú. t. c. s. m.* Voluntario (persona que se presta a hacer un servicio por propia voluntad).

VOLUNTARIOSAMENTE (òza) *adv. m.* Voluntariosamente.

VOLUNTARIOSIDADE (zi) *f.* Calidad de voluntarioso o caprichoso.

VOLUNTARIOSO, SA (ozo, òza) *adj.* Voluntarioso, caprichoso.

VOLÚPIA *f.* Voluptuosidad.

VOLUPTUÁRIO, RIA *adj.* Relativo a la voluptuosidad. Voluptuoso.

VOLUPTUOSAMENTE (òza) *adv. m.* Voluptuosamente.

VOLUPTUOSIDADE (zi) *f.* Voluptuosidad.

VOLUPTUOSO, SA (ozo, òza) *adj.* Voluptuoso. *Ú. t. c. s.*

VOLUTA *f. Arq.* Voluta. *Zool.* Voluta.

VOLUTABRO *m.* Lodazal. Esterquilineo, estercolero, muladar.

VOLUTEAR *v. intr.* Voltear. *m.* Volteo; giro. Revoloteo.

VOLUTITE *f. Zool.* Voluta fósil.

VOLÚVEL *adj.* Voluble, voltario, versátil.

VOLUVELMENTE *adv. m.* De manera voluble, con volubilidad.

VOLVA *f. Bot.* Volva.

VOLVÁCEO, CEA *adj.* Volváceo.

VOLVADO, DA *adj. Bot.* Que tiene volva.

VOLVER *v. tr.* Volver (dar vuelta o vueltas a una cosa). Revolver, mezclar. Volver, devolver.

Volver, mudar. *v. intr.* Volver, regresar. *v. r.* Revolverse (moverse de un lado a otro). V. VOLTAR, VIRAR y TORNAR.

VOLVO *m. Med.* Volvo, vólvulo, íleo.

VÓLVULO (vòl) *m. Med.* Vólvulo, volvo, íleo.

VÔMER (vó) *m. Ant.* Vómer.

VOMERIANO, NA *adj.* Vomeriano.

VÔMICA (vó) *f. Med.* Vómica. *adj. Noz —.* Nuez vómica.

VOMIÇÃO (sáum) *f.* Lo mismo que VÔMITO.

VOMITADO *m.* Vómito (lo que se vomita).

VOMITADOR, RA *adj.* Vomitador.

VOMITAR *v. tr.* Vomitar (arrojar con violencia por la boca lo contenido en el estómago). *fig.* Vomitar (arrojar una cosa con violencia lo que en sí contiene). *fig.* Vomitar (proferir injurias, dicterios, maldiciones, etc.). *fig. fam.* Vomitar (revelar uno algo que se resistía a descubrir). *fig. fam.* Vomitar (restituir uno lo que indebidamente retenía).

VOMITIVO, VA *adj.* Vomitivo.

VÔMITO (vó) *m.* Vómito (acto de vomitar; lo que se vomita). *— negro.* Vómito negro, o prieto: fiebre amarilla.

VOMITÓRIO, RIA (tò) *adj.* Vomitorio, vomitivo. *Ú. t. c. s. m.*

VONTADE *f.* Voluntad (en todas las acepciones de esta voz). *pl.* Caprichos. *Má —.* Mala voluntad. *Última —.* Última voluntad. *A —. m. adv.* A voluntad. *De boa —. adv.* De buena voluntad, de voluntad. *Ter — de fr.* Tener ganas de.

VÔO (vóo) *m.* Vuelo (acción de volar; espacio que se recorre volando sin posarse). *fig.* Vuelo (de la imaginación), elevación de ideas. Arrobamiento, enajenamiento, éxtasis.

VORACIDADE *f.* Voracidad.

VORAGEM (jem) *f.* Vorágine.

VORAGINOSO, SA (jinozo, òza) *adj.* Voraginoso.

VORAZ *adj.* Voraz.

VORAZMENTE *adv. m.* Vorazmente.

VÓRMIO (vòr) *m. Anat.* Hueso vormiano.

VÓRTICE (vòr) *m.* Vórtice, torbellino, remolino.

VORTICELA (cè) *f.* Vorticela.

VORTICOSO, SA (cozo, òza) *adj.* Vortiginoso.

VOS *pron.* Os. (Dativo y acusativo del pronombre de segunda persona en género masculino o femenino y número plural. No admite preposición y puede usarse como sufijo, como en castellano. En el tratamiento de *vós* (vos) hace indistintamente oficio de singular o plural).

VÓS (vòs) *pron.* Vosotros, vosotras. (Nominativo masculino y femenino del pronombre personal de segunda persona en número plural. Con preposición, empléase también en los casos oblicuos, como en castellano. Vos (forma del pronombre personal de segunda persona en género masculino y femenino y número singular y plural, cuando se usa como tratamiento. Como en castellano, pide verbo en plural, pero concierta en singular con el adjetivo aplicado a la persona a quien se dirige).

VOSMECÊ (vòsmecé) *pron. Bras.* Contracción de

VOSSEMECÊ (vòsemecé) *pron. p. us.* Contracción de *Vossa Mercê* (Vustra Merced): Usted.

VOSSO, SSA, SSOS, SSAS *pron. pos.* Vustro, tra, tros, tras.

VOTAÇÃO (sáum) *f.* Votación.

VOTANTE *adj.* Votante. *Ú. t. c. s.*

VOTAR *v. tr.* Votar (dar uno su voto en una reunión, cuerpo deliberante o en una elección de personas). *Ú. t. c. intr.* Votar (hacer voto a Dios o a los santos). *Ú. t. c. intr. v. intr.* Votar, hacer voto a. Consagrar, dedicar, destinar. *Ú. t. c. r.*

VOTIVO, VA *adj.* Votivo.

VOTO (vò) *m.* Voto (promesa hecha a un dios o diosa; cualquiera de los prometimientos que constituyen el estado religioso; parecer o dictamen dado en una elección o decisión; dictamen o parecer dado sobre una materia; deseo).

VOVÔ (vó) *m. Bras. infant.* Abuelito, abuelo.

VOVÓ (vó) *f. Bras. infant.* Abuelita, abuela.

VOZ (vòz) *f.* Voz (sonido que el aire expelido de los órganos respiratorios produce al salir de la laringe; calidad, timbre o intensidad de este sonido; sonido que forman algunas cosas inanimadas). *Mús.* Voz. *fig.* Voz (persona que canta; autoridad; poder, facultad, derecho para hacer alguna cosa; voto; facultad de hablar en una asamblea;

opinión, fama, rumor; motivo o pretexto público). *Gram.* Voz (accidente gramatical que expresa si el sujeto del verbo es agente o paciente). *— aguda.* Voz aguda; alto y tiple. *— comum.* Voz común, opinión, rumor. *— da consciência.* Voz de la conciencia. *— de trovão.* Voz de trueno (la muy fuerte y retumbante). *— ativa. Gram.* Voz activa. Voz activa (facultad de votar que tiene el individuo de una corporación; autoridad, capacidad para decidir). *— pública.* Pública voz y fama. *Viva —.* Viva voz (expresión oral, por contraposición a la escrita). *A meia —. m. adv.* A media voz. *A — do povo é a — de Deus. fr. proverb.* Voz del pueblo, voz del cielo.

VOZEADA (zea) *f.* Lo mismo que VOZEARIA.

VOZEADOR, RA (zea) *adj.* Voceador.

VOZEAMENTO (zea) *m.* Lo mismo que VOZEARIA.

VOZEAR (zear) *v. intr.* Vocear (dar voces o gritos). *v. tr.* Vocear (llamar en alta voz).

VOZEARIA (zearía) *f.* Vocería, vocerío, gritería.

VOZEIO (zeio) *m.* Voceo.

VOZEIRÃO (zeiráum) *m. aum. de Voz.* Vozarrón, vozarrona. Vocejón.

VOZEIRO, RA (zei) *adj.* Hablador, parlanchín. *m.* Lo mismo que VOZEIRÃO.

VULCÂNICAMENTE (cá) *adv. m.* Vulcánicamente.

VULCANICIDADE *f.* Vulcanicidad. *Geol.* Vulcanicidad.

VULCÂNICO, CA (cá) *adj.* Volcánico.

VULCANISMO *m.* Volcanismo. *Geol.* Vulcanismo, plutonismo.

VULCANITE *f.* Vulcanita.

VULCANIZAÇÃO (zasáum) *f.* Vulcanización.

VULCANIZAR (zar) *v. tr.* Vulcanizar. *v. r. fig.* Exaltarse, inflamarse.

VULCANOLOGIA (jía) *f.* Vulcanología.

VULCÃO (cáum) *m.* Volcán. *fig.* Volcán (cualquiera pasión ardiente).

VULGACHO (cho) *m.* Populacho.

VULGAR (gar) *adj.* Vulgar.

VULGARIDADE *f.* Vulgaridad.

VULGARISMO *m.* Vulgarismo.

VULGARIZAÇÃO (zasáum) *f.* Vulgarización.

VULGARIZADOR, RA (za) *adj.* Vulgarizador. *Ú. t. c. s.*

VULGARIZAR (zar) *v. tr.* Vulgarizar. *Ú. t. c. r.*

VULGARMENTE *adv. m.* Vulgarmente, comúnmente.

VULGATA *f.* Vulgata.

VULGO *m.* Vulgo (el común de la plebe o gente popular). *adv. m.* Vulgo, vulgarmente.

VULGOCRACIA (cía) *f.* Predominio del vulgo en el gobierno político de un Estado; democracia.

VULNERABILIDADE *f.* Vulnerabilidad.

VULNERAÇÃO (sáum) *f.* Vulneración.

VULNERAL *adj. Med.* Vulnerario.

VULNERAR *v. tr.* Herir. Ofender. Vulnerar, perjudicar, dañar.

VULNERÁRIA *f. Bot.* Vulneraria.

VULNERÁRIO, RIA *adj.* Vulnerario.

VULNERATIVO, VA *adj.* Que vulnera.

VULNERÁVEL *adj.* Vulnerable.

VULNÍFICO, CA *adj.* Que puede herir.

VULPINA *f. Quím.* Vulpina.

VULPINITE *f.* Vulpinita.

VULPINO, NA *adj.* Vulpino.

VULTO *m.* Rostro, cara. Bulto (cuerpo que no se distingue lo que es). Bulto, volumen, tamaño. Figura. Bulto, estatua. *fig.* Importancia.

VULTOSO, SA (tozo, òza) *adj.* Voluminoso.

VOLTUOSIDADE (zi) *f. Med.* Vultuosidad.

VULTUOSO, SA (ozo, òza) *adj. Med.* Vultuoso.

VULTURINO, NA *adj.* Buitrero (perteneciente al buitre o que le es propio). *Zool.* Vultúrido.

VULVA *f. Anat.* Vulva.

VULVAR *adj.* Vulvar.

VULVÁRIO, RIA *adj.* Vulvar.

VULVITE *f. Med.* Vulvitis.

VULVOVAGINITE (ji) *f. Med.* Vulvovaginitis.

VULVUTERINO, NA *adj.* Vulvouterino.

VUNJE (je) *adj. Bras. pernamb.* Astuto, vivo, pícaro.

VURMO *m.* Pus.

VURMOSO, SA (mozo, òza) *adj.* Purulento.

VURTEMBERGUÊS, GUESA (gués, gueza) *adj.* Vurtemburgués. *Ú. t. c. s.*

W *m.* Letra propia de los alfabetos de las lenguas eslavas y germánicas, y que no pertenece a la escritura portuguesa. Su nombre es *dabliu o vê dobrado* (u valona, v doble). Se la transcribe por *u* o *v* al escribir nombres ingleses o germánicos. *Náut.* W (oeste). *Quím.* W (símbolo del tungsteno).

X

X *m.* Vigésima segunda letra del abecedario portugués, y décimoséptima de sus consonantes. Llamase *chis*. Representa cinco sonidos: uno igual a la *ch* francesa o a la *x* bable — *enxada* (en*ch*ada), *caixa* (cai*ch*a), *xadrez* (*ch*adrez); otro igual a la *x* castellana, con el valor de *ks* — *sexo* (sèkso), *anexo* (anèkso), *tórax* (tòraks). Es igual a la *z* francesa, es decir, requiere la voz viva y se pronuncia como una *s* suave, en los vocablos empezados por *ex* seguidos de vocal: *exame* (ezame), *exemplo* (ezemplo), *exílio* (ezílio). Suena como nuestra *s*, o *z*, final, cuando hiere vocal antecedente: *exceder* (esceder), *texto* (testo), *flux* (fluz). En los demás casos tiene el sonido de *ss*, equivalente a la *s* castellana: *próximo* (prósimo), *auxílio* (ausílio), *axioma* (asioma). (Este dicionario señala, despúes de cada voz y entre paréntesis, el sonido que tiene la *x* en la sílaba correspondiente). X (letra numeral que tiene el valor de diez en la numeración romana). *Mat* X (signo con que suele representarse en los cálculos la incógnita, o la primera de las incógnitas, si son dos o más). *Quím.* X (símbolo con que se representa el xenón). *Raios* —. Rayos X.

XÁ (*chá*) *m.* Cha, xa (título del soberano de Persia).

XABREGANO (*cha*) *m.* Religioso franciscano del convento de Xabregas. *p. ext.* Franciscano.

XÁCARA (*chá*) *f.* Jácara (romance de carácter festivo en que se suele contar alguna hazaña famosa).

XACATUALA (*cha*) *f. Bot.* Árbol de Angola.

XACOCO, CA (*cha*) *adj.* Lo mismo que DESENXABIDO.

XADREZ (*cha*) *m.* Ajedrez (juego). Enjaretado, jareta. Tablero de ajedrez. Escaque. Tartán (tela con cuadros o listas cruzadas de diferentes colores). *Bras.* Calabozo (aposento de cárcel); cárcel; prisión.

XADREZAR (*cha*drezar) *v. tr.* Ajedrezar. Lo mismo que ENXADREZAR.

XAGUÃO (*cha*guáum) *m.* Lo mismo que SAGUÃO.

XAIREL (*cha*irèl) *m.* Gualdrapa.

XAIRELADO, DA (*cha*i) *adj.* Dícese del caballo que tiene una mancha blanca donde se pone la silla.

XALMAS (*cha*l) *f. pl.* Adrales.

XAMATE (*cha*) *m. ant.* Lo mismo que XEQUE-MATE.

XANGÓ (*cha*ngó) *m. Bras.* Nombre de uno de los dioses del culto fetichista de los negros. Lo mismo que CANDOMBLÉ.

XANTEÍNA (*cha*n) *f. Quím.* Janteína, xanteína.

XANTELASMA (*cha*n) *m. Patol.* Jantelasma, xantelasma.

XANTELOMA (*cha*n) *m.* Lo mismo que XANTELASMA.

XÂNTICO, CA (*chá*n) *adj. Quím.* Jántico, xántico.

XANTINA (*cha*n) *f. Quím.* Jantina, xantina (materia colorante amarilla).

XANTOCROMIA (*x*ía) *f.* Jantocromía, xantocromía.

XANTOFILA (*cha*n) *f. Bot.* Jantofila, xantofila.

XANTOGÊNICO, CA (*ch*antojé) *adj. Quím.* y *Bot.* Jantógeno, xantógeno.

XANTOMA (*cha*n) *m. Patol.* Jantoma, xantoma.

XANTOPSIA (*ch*antopsía) *f. Med.* Jantopsia, xantopsia.

XANTOSE (*ch*antòze) *f. Med.* Jantosis, xantosis.

XANTOSPERMA (*ch*antospèr) *adj.* Jantospermo, xantospermo.

XANTÓXILO (*ch*antòxi) *adj. y s. m.* Jantoxilo, xantoxilo.

XAQUE (*cha*) *m. ant.* Lo mismo que XEQUE.

XÁQUEMA (*chá*) *f.* Lo mismo que

XÁQUIMA (*chá*) *f.* Jáquima (cabezada de cordel). Tela basta.

XARA (*cha*) *f.* Jara (arma arrojadiza, a manera de saeta).

XARA (*cha*) *M.* Lo mismo que TOCAIO.

XARAPIM (*cha*) *m. y f.* Lo mismo que TOCAIO.

XARDA (*cza*r) *f.* Czarda (baile húngaro).

XARELETE (*cha*) *m.* Pez del Brasil (*Caranx chrysos*).

XARETA (*cha*) *f. Mar.* Jareta, ajedrez, enjaretado (de combate).

XARÉU (*cha*rèu) *m.* Pez del Brasil (*Caranx hippos*).

XAROPADA (*cha*) *f.* Porción de jarabe que se toma de una vez. Cualquiera tisana contra la tos. *Bras. fig.* Cosa molesta; discurso enfadoso.

XAROPAR (*cha*) *v. tr.* Jarabear (dar o mandar tomar jarabes); jaropar (dar o mandar tomar jaropes o medicinas de botica). *Bras. fig.* Molestar, enfadar.

XAROPE (*cha*rò) *m. Farm.* Jarabe, jarope. Tisana, medicina casera. Jarabe (toda bebida que sea dulce en exceso). *m. Bras.* Persona molesta. *adj.* Enfadoso, molesto.

XAROPOSO, SA (*cha*ropozo, pòza) *adj.* Semejante al jarabe. Pegajoso, glutinoso. *Bras.* Molesto, enfadoso.

XARQUE (*cha*r) *m.* Lo mismo que CHARQUE.

XARQUEADA (*cha*r) *f.* Lo mismo que CHARQUEADA.

XAVECO (*cha*vè) *m.* Embarcación pequeña y mal construída. *Bras.* Persona sin importancia o cosa sin valor.

XÁVEGA (*chá*) *f.* Jabega (red para pescar; pequeño barco de pesca).

XELIM (*che*) *m.* Chelín (moneda inglesa).

XELMA (*che*l) *f.* Lo mismo que XALMAS.

XENAGIA (*che*najía) *f.* Xenagia.

XENDENGUE (*che*n) *adj. Bras. nort.* Flaco; enclenque; ordinario, común; inservible.

XENÓFILO, LA (*che*nò) *adj.* Xenófilo.

XENOFOBIA (*che*nofobía) *f.* Xenofobia.

XENÓFOBO, BA (*che*nò) *adj.* Xenófobo. Ú. t. c. s.

XENOFONIA (*che*nofonía) *f.* Xenofonía.

XENOMANIA (*che*nomanía) *f.* Manía por todo lo que es extranjero.

XENÔNIO (*che*nó) *m.* Xenón.

XEPA (*che*) *f. Bras.* Rancho (comida que se da a los soldados). *pop.* Comida.

XEPEIRO (*che*) *m. Bras.* Soldado que come en cuartel. Gorrista. Muchacho que recoge periódicos abandonados en los tranvías para venderlos.

XEQUE (*chè*) *m.* Jaque (lance del ajedrez). *fig.* Peligro. — *mate.* Jaque mate, mate. *Em* —. *m. adv.* En jaque, amenazado, en peligro.

XEQUE (*chè*) *m.* Jeque (jefe o régulo entre los musulmanes y otros orientales).

XERASIA (*che*razía) *f. Patol.* Xerasia.

XERELETE (*che*) *m. Bras.* Lo mismo que XARELETE.

XERÉM (*che*) *m. Bras. nort.* Maíz molido que no pasa en el cedazo.

XERERÉ (*che*rerè) *m. Bras. nort.* Llovizna.

XEREZ (*che*) *m.* Jerez (vino).

XERGA (*che*r) *f.* Jerga (leta gruesa y basta). *Bras.* Jerga (*Amer.:* pieza de paño que se aplica sobre el lomo de las cabalgaduras).

XERIFE (*che*) *m.* Jerife (individuo que desciende de Mahoma). Jerife, alguacil mayor (en Inglaterra o en los Estados Unidos).

XEROFAGIA (*che*rofajía) *f.* Xerofagia.

XERÓFAGO, GA (*che*rò) *adj.* Xerófago. Ú. t. c. s.

XEROFTALMIA (*che*...mía) *f.* Xeroftalmia.

XEROSE (*che*ròze) *f. Med.* Xerosis. Xerosis, xeroftalmia.

XEROTRIBIA (*che*...bía) *f.* Xerotribia (fricción seca).

XERVA (*che*r) *f.* Variedad de lino.

XEXÉ (*che*chè) *m.* Máscara de carnaval que representa un viejo ridículo vestido a lo antiguo.

XEXÉU (*che*chèu) *m. Bras.* Mal olor del sudor.

XÍCARA (*chí*) *f.* Taza (vasija pequeña, de loza y con asa, que se usa para tomar líquidos). Jícara (vasija a modo de taza, propia para tomar el chocolate).

XIFÓDIMO (*chi*fò) *m. Terat.* Xifodimo, xifodídimo.

XIFÓIDE (*chi*fòi) *adj. Anat.* Xifoides. Ú. t. c. s.

XIFOÍDEO, EA (*chi*) *adj.* Lo mismo que XIFÓIDE.

XIFOIDIANO, NA (*chi*) *adj.* Xifoideo.

XIFOPAGIA (*chi*...jía) *f.* Calidad de

XIFÓPAGOS (*chi*fò) *adj. y s. m. pl.* Xifopago.

XILÊNIO (*chi*lè) *m. Quím.* Xileno.

XILINDRÓ (*chi*lindrò) *m. Bras. Germ.* Calabozo (aposento de cárcel). Cárcel, prisión.

XILO (*chi*) *m.* Algodón, algodonero (planta); xilon (*ant.*).

XILOCARPO (*chi*) *m.* Xilocarpo.

XILOFONE (*xi*) *m. Mús.* Xilófono.

XILOGRAFIA (*chi*...fía) *f.* Xilografía (arte de grabar en madera).

XILOGRÁFICO, CA (*chi*) *adj.* Xilográfico.

XILÓGRAFO (*chi*lò) *m.* Xilógrafo.

XILOGRAVURA (*chi*) *f.* Xilograbado, xilografía.

XILÓIDE (*chi*lòi) *adj.* Xiloide, xiloideo.

XILOIDINA (*chi*) *f. Quím.* Xiloidina.

XILOL (*chi*lòl) *m. Quím.* Xilol, xileno.

XILOMANCIA (*chi*...cía) *f.* Xilomancia, xilomancía.

XÍLON (*chí*) *m.* Xilon (celulosa de la madera y de las cortezas de los frutos duros).

XIMANGO (*chi*) *m. Bras.* Chimachima (*amer. argent.:* especie de caracará o carancho), chimango (*amer. per.*).

XIMARRÃO (*chi*marráum) *m. Bras.* Lo mismo que CHIMARRÃO.

XINGADELA (*chi*ngadè) *f. Bras.* Lo mismo que

XINGAMENTO (*chin*) *m. Bras.* Acción de

XINGAR (*chin*) *v. tr. e intr. Bras.* Decir (insultos, denuestos o afrentas) a.

XINGARAVIZ (*chin*) *m.* El o lo que se entremete y complica.

XINTÓ (*chintò*) *m.* Sinto.

XINTOÍSMO (*chin*) *m.* Sintoísmo.

XINTOÍSTA (*chin*) *adj.* Sintoísta. Ú. t. c. s.

XIQUEXIQUE (*chi...chi*) *m. Bras.* Planta cáctea (*Pilocereus gounellei*).

XIRIRICA (*chi*) *f. Bras. S. Paulo.* Recial, raudal.

XISTO (*chis*) *m. Min.* Esquisto, pizarra.

XISTO (*chis*) *m.* Xisto (galería cubierta de un gimnasio).

XISTÓIDE (*chistòl*) *adj.* Esquistoideo.

XISTOSIDADE (*chistozi*) *f.* Carácter especial de las rocas esquistosas.

XISTOSO, SA (*chistozo, òza*) *adj.* Esquistoso.

XIXARRO (*chicha*) *m.* Nombre de un pez (*Trachurus trachurus*).

XIXI (*chichí*) *m. Bras. nort.* Llovizna.

XIXICA (*chichi*) *f. Bras.* Lo mismo que GORJETA.

XIXILADO, DA (*chichi*) *adj. Bras. Bahia.* Sinvergüenza, descarado.

XIXIXI (*chichichí*) *m. Bras. nort.* Lo mismo que XIXI.

XÔ! (*chó*) *interj.* ¡Za! (para ahuyentar animales).

XODÓ (*chodò*) *m. Bras.* Galanteo, corte, coquetería. Cariño. Niña de los ojos (persona o cosa del mayor cariño o aprecio de uno). Chisme.

XOFRANGO (*cho*) *m. Zool.* Osífrago, quebrantahuesos.

XURDIR (*chur*) *v. intr.* Afanarse, lidiar, trabajar mucho. Luchar por la vida, ingeniarse para vivir.

XURI (*chu*) *m. Bras.* Especie de casuar.

XURREIRA (*chu*) *f.* Arroyada (hendedura por donde entra una avenida o riada).

XURUMBAMBOS (*chu*) *m. pl. Bras.* Lo mismo que BADULAQUES.

Y *m*. Antigua letra del abecedario portugués. Su nombre es *ípsilon*. Tuvo el mismo sonido de la *i* vocal, letra por la cual fué substituída en la escrita moderna. *Quím.* Y (símbolo del itrio).

Z *m.* Vigésima tercera y última letra del abecedario portugués, y décimoctava de sus consonantes. Su nombre es *ze*. Suena como la *z* francesa, es decir, requiere la voz viva y se pronuncia como una *s* suave.

ZABANEIRA (za) *f.* Desvergonzada.

ZABUMBA (za) *m.* Bombo (tambor grande). *Bot.* Estramonio, hierba hedionda, higuera loca, manzana espinosa.

ZABUMBAR (za) *v. tr.* Atolondrar, aturdir. Pregonar; propalar, divulgar. *v. intr.* y *tr.* Pegar, dar golpes.

ZABURREIRO (za) *m. Bot.* Zahina, sorgo (planta).

ZABURRO (za) *adj. Milho* —. Lo mismo que ZABURREIRO.

ZAFIMEIRO, RA (za) *adj. Bras.* Bellaco, pícaro; astuto, agudo.

ZAGA (za) *f.* Especie de palma. *Dep.* Zaga (el postrero en el juego).

ZAGAIA (za) *f.* Azagaya.

ZAGAIADA (za) *f.* Azagayada.

ZAGAIAR (za) *v. tr.* Lo mismo que AZAGAIAR.

ZAGAL (za) *m.* Zagal, pastor.

ZAGALA (za) *f.* Zagala, pastora.

ZAGALEJO (za...jo) *m.* Lo mismo que

ZAGALETO (za) *m.* Zagalejo *(dim. de Zagal).*

ZAGALOTE (zagalò) *m.* Posta, perdigón.

ZAGORINO, NA (za) *adj.* Lo mismo que

ZAGORRO, RRA (za) *adj.* Bellaco, pícaro. Ú. t. c. s.

ZAGUCHO, CHA (zagucho, cha) *adj.* Vivaracho, agudo.

ZAGUNCHADA (zaguncha) *f.* Dardada (golpe de dardo). *fig.* Remoque. Censura. Zumba.

ZAGUNCHAR (zagunchar) *v. tr.* Herir con dardo. *fig. fam.* Molestar. Censurar.

ZAGUNCHO (zaguncho) *m.* Dardo.

ZAIMBO, BA (záim) *adj.* Zambo. Ú. t. c. s. Bizco, bisojo. Ú. t. c. s.

ZAMACUECA (zamacuè) *f.* Zamacueca (baile popular chileno).

ZAMBAIO, BAIA *adj.* Lo mismo que ZAROLHO.

ZAMBÊ (zambé) *m. Coco de* —. Baile de negros, en el norte del Brasil.

ZAMBETA (zam) *adj. Bras.* Lo mismo que ZAMBRO.

ZAMBI (zam) *m.* Divinidad principal del culto bantú.

ZAMBIAPONGO (zam) *m. Bras.* Lo mismo que ZAMBÍ.

ZAMBIAPUNGA (zam) *f. Bras.* Baile de negros.

ZAMBO, BA (zam) *adj. Bras.* Zambo (dícese, en América, del hijo de negro y india o al contrario). Ú. t. c. s.

ZAMBOA (zam) *f.* Azamboa, zamboa.

ZAMBOEIRA *f.* Variedad de limón.

ZAMBORRADA (zam) *f.* Chaparrón, chubasco. *fig.* Gran copia, lluvia.

ZAMBRO, RA *adj.* Zambo (que tiene las piernas torcidas). Ú. t. c. s. Chueco, patituerto. Ú. t. c. s.

ZAMBUJAL (zambujal) *m.* Olivar (de olivos silvestres).

ZAMBUJEIRO (zambujei) *m.* Especie de olivo silvestre.

ZAMPAR (zam) *v. tr.* Zampar (comer apresuradamente y con exceso). Lo mismo que EMPALHAR.

ZANAGA (za) *adj.* y *s. m.* y *f.* Bizco, bisojo.

ZANGA (za) *f.* Aversión, ojeriza. Zanga (juego de naipes). Aburrimiento. Enojo, enfado, enfurruñamiento. Mal de ojo.

ZANGABURRINHA (za...ña) *f. Bras.* Lo mismo que GANGORRA.

ZANGADO, DA (za) *adj.* Enfadado, enojado, molestado, aburrido, enfurruñado, encolerizado.

ZANGALHÃO (zangalláum) *m.* Lo mismo que

ZANGALHO (zangallo) *m.* Lo mismo que ZANGARALHÃO.

ZÂNGANO (zán) *m.* Zángano (hombre que se sustenta de lo ajeno). Agiotista. Ropavejero. Agente de negocios particulares, procurador.

ZANGÃO (zángaum) *m.* Zángano (macho de la abeja maestra). *fig.* Zángano, parásito, gorrón. *Com.* Factor de corredor. Expedidor (de la aduana). *Bras.* Lo mismo que PRACISTA.

ZANGAR (zan) *v. tr.* Enojar, enfadar. Aburrir, molestar, fastidiar, cansar. *v. r.* Enojarse, enfadarse. Enfurruñarse. Encolerizarse.

ZANGARALHÃO (zan...lláum) *m.* Hombre muy alto y desgarbado.

ZANGARILHAR (zan..llar) *v. intr.* Pasar y volver a pasar por un sitio. Andar hacia atrás y hacia adelante.

ZANGARREAR (zan) *v. intr.* Zangarrear. Ú. t. c. tr.

ZANGARREIO (zan) *m.* Acción de zangarrear.

ZANGUIZARRA (zanguiza) *f.* Algazara, vocería. Rasgueado desentonado. Sonsonete.

ZANGURRIANA (zan) *f.* Cantilena molesta.

ZANOLHO (zanollo) *adj.* y *s. m.* Lo mismo que ZAROLHO.

ZANZAR (zanzar) *v. intr. Bras.* Errar (andar vagando de una parte a otra); vagar, vagamundear, vagabundear.

ZANZIBARITA (zanzi) *adj.* Natural de Zanzibar. Ú. t. c. s.

ZÃO-ZÃO (záum-záum) *m.* Sonsonete.

ZAPE (za) *m.* Tras (voz imitativa de un golpe ruidoso).

ZARABATANA (za) *f.* Cerbatana (arma de caza que usan algunos índios).

ZARAGALHADA (zaragalla) *f.* Alboroto; turbamulta.

ZARAGATA (za) *f.* Zaragata, pendencia, alboroto, tumulto, trapatiesta, reyerta. Confusión, desorden.

ZARAGATEIRO (za) *m.* Zaragatero.

ZARAGATOA (za) *f. Bot.* Zaragatona.

ZARANZA (zaranza) *adj.* Lo mismo que DOIDIVANAS. Borracho. Atolondrado.

ZARANZAR (zaranzar) *v. intr.* Atolondrar-se, desconcertarse, embarazarse.

ZARCÃO (zarcáum) *m.* Minio, azarcón. Azarcón (color anaranjado muy encendido).

ZARCO, CA (zar) *adj.* Zarco (de color azul claro, hablando de los ojos).

ZARELHA (zarella) *f.* Entremetida.

ZARELHAR (zarellar) *v. intr.* Entremeterse. Enredar, embrollar, intrigar.

ZARELHO (zarello) *m.* Entremetido. Muchacho travieso.

ZARGO, GA (zar) *adj. Bras.* Zarco (que tiene un ojo blando, hablando de cabalgaduras: *Amer.*).

ZARGUNCHO (zaguncho) *m.* Lo mismo que ZAGUNCHO.

ZAROLHO, LHA (zarollo, lla) *adj.* Bisco, bisojo. Ú. t. c. s. Tuerto (falto de la vista en un ojo). Ú. t. c. s.

ZARPAR (zar) *v. intr.* Zarpar (llevar anclas; hacerse a la mar un buque). Ú. t. c. tr., *fig. Bras.* Huir, marcharse.

ZARRO (za) *m. Mar.* Zarro.

ZARZA (zarza) *f. Bras.* Zarzaparrilla.

ZARZUELA (zarzue) *f.* Zarzuela.

ZÁS! (zás) *interj.* ¡Zas! (voz con que se expresa el ruido de un golpe o el golpe mismo). — *trás* Tras, tras.

ZEBO (zè) *m.* Lo mismo que ZEBU.

ZEBRA (ze) *f. Bot.* Cebra.

ZEBRADO, DA (ze) *adj.* Cebrado. Listeado, rayado.

ZEBRAR (ze) *v. tr.* Listar, alistar, rayar; matizar.

ZEBRINO, NA (ze) *adj.* Relativo a la cebra.

ZEBRÓIDE (zebròi) *adj.* Semejante a la cebra. *Bras.* Tonto, estúpido, torpe.

ZEBRUNO, NA (ze) *adj. Bras.* Cebruno, cervuno.

ZEBU (ze) *m. Zool.* Cebú.

ZEDOÁRIA (ze) *f. Bot.* Cedoaria.

ZÉ-DOS-ANZÓIS (zè-dos-anzòis) *m.* Fulano.

ZEFIR (ze) *m.* Céfiro (tela de algodón); percal.

ZÉFIRO (ze) *m.* Céfiro (viento suave y apacible). *ant.* Céfiro (viento de Poniente).

ZELAÇÃO (zelasáum) *f. Bras. nort.* Estrella fugaz. Exhalación.

ZELADOR, RA (ze) *adj.* Celador. Ú. t. c. s. *m.* Fiscal. Portero conserge.

ZELANDÊS, DESA (zelandés, deza) *adj.* Zelandés.

ZELANTE (zé) *adj.* Celante.

ZELAR *v. tr.* Celar (procurar cuidadosamente el cumplimiento y observancia de las leyes, estatutos y toda clase de obligaciones). Celar (vigilar con esmero la persona amada por tener celos de ella). Cuidar.

ZELO (zé) *m.* Celo (actividad y eficacia en el cumplimiento del deber). Celo (cuidado del aumento y bien de cosas y personas). *pl.* Celos.

ZELOSAMENTE (zelòza) *adv. m.* Celosamente, cuidadosamente.

ZELOSO, SA (zelozo, òza) *adj.* Celoso, cuidadoso, diligente, atento, puntual.

ZELOTE (zelò) *adj.* Que afecta tener celos.

ZEND (zend) *m.* Lo mismo que

ZENDA (zen) *m.* Zend, zendo. *adj.* Zendo.

ZENDA-AVESTA (zen...vès) *m.* Zendavesta.

ZÉ-NINGUÉM (zè) *m.* Don Nadie, un cero a la izquierda (persona de ninguna estimación).

ZENITAL (ze) *adj.* Cenital.

ZÊNITE (zé) *m.* Cenit.

ZEÓFAGO, GA (zeò) *adj.* Ceófago.

ZEÓLITO (zeò) *m. Min.* Ceolita.

ZEPELIM (ze) *m.* Zepelín.

ZÊ-PEREIRA (zè) *m.* Cierta cadencia carnavalesça en el bombo.

ZÉ-POVINHO (zè...ño) *m.* Populazo, populacho, plebe.

ZÉ-POVO (zè) *m.* Lo mismo que ZÉ-POVINHO.

ZERÊ (zeré) *ajd.* Lo mismo que ZAROLHO.

ZERO (zè) *m. Arit.* Cero. *Fís.* Cero. *fig.* Cero, nulidad. — *à esquerda. fig.* Cero a la izquierda, persona de ninguna estimación.

ZETACISMO (ze) *m.* Ceceo.

ZETÉTICA (zeli) *f. Mat.* Cetética.

ZETÉTICO, CA (zetè) *adj.* Relativo a la cetética.

ZEUGMA (zeug) *f. Gram.* Zeugma.

ZIGODÁCTILO, LA (zi) *adj.* Cigodáctilo.

ZIGOFILÁCEAS (zi) *f. pl. Bot.* Cigofileas.

ZIGOMA *m. Anat.* Cigoma, zigoma.

ZIGOMÁTICO, CA (zi) *adj. Anat.* Cigomático, zigomático.

ZIGOMORFO, FA (zigomòr) *adj. Bot.* Cigomorfo.

ZIGUEZAGUE (zigueza) *m.* Zigzag.

ZIGUEZAGUEANTE (zigueza) *adj.* Que zigzaguea.

ZIGUEZAGUEAR (zigueza) *v. intr.* Zigzaguear.

ZIGUEZIGUE (ziguezi) *m.* Lo mismo que CEGARREGA.

ZÍMASE (zímaze) *f. Quím.* Zimasa.

ZIMBÓRIO (zimbó) *m. Arq.* Cimborio, cimborrio.

ZIMBRADA (zim) *f.* Acción y efecto de ZIMBRAR.

ZIMBRAL (zim) *m.* Enebral.

ZIMBRAR (zim) *f. tr.* Azotar, cimbrar. *v. intr. Mar.* Arfar (cabecear el buque).

ZIMBRO (zim) *m. Bot.* Enebro. Rocío.

ZIMEOSE (zimeòze) *f. Quím.* Zimasa.

ZIMOTECNIA (zi...nía) *f.* Zimotecnia.

ZIMÓTICO, CA (zimò) *adj.* Zimótico.

ZINA (zi) *f.* Lo mismo que AUGE. *Bot.* Cina.

ZINABRE (zi) *m.* Lo mismo que AZINHAVRE.

ZINCAGEM (zincajem) *f.* Operación de

ZINCAR (zin) *v. tr.* Revestir con cinc.

ZÍNCICO, CA (zín) *adj.* Cíncico. Cincífero.

ZINCO (zin) *m.* Cinc, zinc.

ZINCOGRAFAR (zin) *v. tr.* Grabar en cinc.

ZINCOGRAFIA (zin...fía) *f.* Cincografía, zincografía.

ZINCOGRAVURA (zin) *f.* Cincograbado, zincograbado.

ZÍNGAMOCHO (zin...cho) *m.* Veleta.

ZINGAREAR (zin) *v. intr.* Lo mismo que VADIAR.

ZÍNGARO (zín) *m.* Gitano músico.

ZINGRAR (zin) *v. intr.* Escarnecer.

ZINGUERREAR (zin) *v. intr.* Zurrir.

ZINHO, NHA (ziño, ziña) *m.* y *f. Bras. Germ.* Sujeto, individuo, tipo.

ZÍNIA (zí) *f. Bot.* Cina.

ZINIR (zi) *v. intr.* Lo mismo que ZUNIR.

ZINZILULAR (zinzi) *v. intr.* Trisar (la alondra o golondrina).

ZIRCÃO (zircáum) *m. Miner.* Cirón, zircón.

ZIRCÔNIO (zircó) *m. Quím.* Circonio, zirconio.

ZIRCONITE (zir) *f. Miner.* Circonita.

ZIZÂNIA (zizá) *f.* Lo mismo que CIZÂNIA.

ZIZIAR (ziziar) *v. intr.* Cantar la cigarra. Lo mismo que ZUNIR.

ZOADA (zoa) *f.* Zumbido, zumbo. Sonsonete. Baraúnda.

ZOANTÁRIOS (zoan) *m. pl. Zool.* Zoantarios.

ZOANTROPIA (zoan...pia) *f.* Zoantropía.

ZOANTROPO (zoan) *m.* Zoantropo.

ZOAR (zoar) *v. intr.* Zumbar.

ZODIACAL (zo) *adj.* Zodiacal.

ZODÍACO (zo) *m. Astr.* Zodíaco.

ZOEIRA (zoei) *f.* Zumbo, zumbido.

ZÓICO, CA (zòi) *adj.* Zoico.

ZOILO (zoi) *m.* Zoilo (crítico presumido y envidioso censurador de obras ajenas).

ZOINA (zoi) *f.* Ramera. *adj.* Atolondrado, atontado, aturdido.

ZOÍSMO (zo) *m.* Zoísmo.

ZOMBADOR, RA (zom) *adj.* Zumbón (dícese del que frecuentemente anda burlándose, o tiene el genio festivo y poco serio). Ú. t. c. s. Mofador, burlón. Ú. t. c. s.

ZOMBAR *v. intr.* Zumbar (dar vaya o chasco a uno). Burlarse, mofarse. *v. tr.* Chasquear.

ZOMBARIA (zombaría) *f.* Zumba, vaya, chasco; burla, chacota, chanza, broma.

ZOMBEIRÃO, RONA (zombeiráum) *adj.* y *s.* Lo mismo que ZOMBADOR.

ZOMBETEAR (zom) *v. intr.* y *tr.* Lo mismo que ZOMBAR.

ZOMBETEIRO, RA (zom) *adj.* y *s.* Lo mismo que ZOMBEIRÃO.

ZONA (zo) *f.* Zona, lista, laja, banda. Zona (extensión grande de terreno que tiene forma de banda o faja). *Geogr. Geom.* y *Med.* Zona. *Bras. Germ.* Calle donde viven las rameras. — *temperada.* Zona templada. — *tórrida.* Zona tórrida. — *glacial.* Zona glacial.

ZONADO, DA (zo) *adj.* Zonado.

ZONCHADURA (zoncha) *f.* Acción de

ZONCHAR (zonchar) *v. intr.* Bombear, dar a la bomba.

ZOMCHO (zoncho) *m.* Palanca (de una bomba de manos).

ZONZEAR (zonzear) *v. intr. Bras.* Atolondrarse, aturdirse.

ZONZEIRA (zonzei) *f. Bras.* Lo mismo que TONTEIRA.

ZONZO, ZA (zonzo) *adj. Bras.* Atolondrado, aturdido.

ZOOBIOLOGIA (zoo...jía) *f.* Zoobiología.

ZOÓFAGO, GA (zoò) *adj.* Zoófago. Ú. t. c. s.

ZOOFILIA (zoofilía) *f.* Zoofilismo.

ZOÓFILO, LA (zoo) *adj.* Zoófilo.

ZOOFÍTICO, CA (zoo) *adj.* Zoofítico.

ZOÓFITO (zoò) *m.* Zoófito. *pl. Zool.* Zoófitos.

ZOOFOBIA (zoofobia) *f.* Zoofobia.

ZOOFÓRICO, CA (zoofó) *adj.* Zoofórido.

ZOÓFORO (zoó) *m. Arq.* Zoóforo.

ZOOGENIA (zoojenía) *f.* Zoogénesis, zoogenia.

ZOOGÉNICO, CA (zoojé) *adj.* Zoogénico.

ZOOGEOGRAFIA (zoojografía) *f.* Zoogeografía.

ZOOGEOGRÁFICO, CA (zoojeo) *adj.* Zoogeográfico.

ZOOGLÉIA (zoogleìa) *f.* Zooglea.

ZOOGRAFIA (zoografía) *f.* Zoografía.

ZOOGRÁFICO, CA (zoo) *adj.* Zoográfico.

ZOÓGRAFO (zoò) *m.* Zoógrafo.

ZOÓLATRA (zoò) *adj.* Zoólatra. Ú. t. c. s.

ZOOLATRIA (zoolatría) *f.* Zoolatría.

ZOOLÁTRICO, CA (zoo) *adj.* Zoolátrico.

ZOOLÍTICO, CA (zoo) *adj.* Zoolítico.

ZOÓLITO (zoò) *m.* Zoólito.

ZOOLOGIA (zoolojía) *f.* Zoología.

ZOOLÓGICO, CA (zoolòji) *adj.* Zoológico.

ZOÓLOGO (zoò) *m.* Zoólogo.

ZOOMANIA (zoomanía) *f.* Zoomanía.

ZOOMORFIA (zoomorfía) *f.* Zoomorfia.

ZOOMORFISMO (zoo) *m.* Zoomorfismo.

ZOOMORFITE (zoo) *f.* Zoólito.

ZOONITADO, DA (zoo) *adj.* Articulado.

ZOONITO (zoo) *m.* Zoonita.

ZOONOMIA (zoonomía) *f.* Zoonomía.

ZOONÔMICO, CA (zoonó) *adj.* Zoonómico.

ZOONOSE (zoonòze) *f.* Zoonosis.

ZOOPARASITO (zooparazíto) *m.* Zooparásito.

ZOOPATOLOGIA (zoo...jía) *f.* Zoopatología.

ZOOQUÍMICA (zoo) *f.* Zooquímica.

ZOOQUÍMICO, CA (zoo) *adj.* Zooquímico.

ZOOSCOPIA (zooscopía) *f.* Zooscopia.

ZOOSPORÂNGIO (zoosporánjio) *m.* Zoosporangio.

ZOÓSPORO (zoós) *m.* Zoospora.

ZOOTAXIA (zootaxia) *f.* Zootaxia.

ZOOTECNIA (zootecnía) *f.* Zootecnia.

ZOOTÉCNICO, CA (zootec) *adj.* Zootécnico.

ZOOTERAPÊUTICA (zoo) *f.* Zooterapéutica, zooterapia.

ZOOTERAPIA (zoo...pía) *f.* Zooterapia, zooterapéutica.

ZOOTOMIA (zootomía) *f.* Zootomía.

ZOOTÔMICO, CA (zootó) *adj.* Zootómico.

ZOOTOMISTA (zoo) *m.* Zootomista.

ZOOTRÓPIO (zootrò) *m.* Zootropo.

ZOPISSA (zopisa) *f.* Zopisa.

ZOPO, PA (zo) *adj.* Zopo, muy desmañado. Lo mismo que TRÓPEGO.

ZORATE (zo) *m.* Lo mismo que

ZORATO (zo) *m.* Loco, demente.

ZORNÃO (zornáum) *adj.* Rebuznador. *fig.* Mujeriego.

ZORNAR (zor) *v. intr.* Rebuznar.

ZOROÁSTRICO, CA (zo) *adj.* Zoroástrico.

ZORONGO (zo) *m.* Zorongo (baile popular andaluz).

ZORRA (zo) *f.* Zorra (carro bajo y fuerte).

ZORRAGUE (zo) *m.* Lo mismo que AZORRAGUE.

ZORRÃO (zorráum) *m.* Hombre tardo o zorrero.

ZORREIRO, RA (zor) *adj.* Zorrero (hablando de buques). *m.* Hombre tardo o zorrero.

ZORRILHO (zorrilho) *m. Bras. merid.* Mofeta.

ZOSTER (zostér) *m. Med.* Zóster, zona.

ZOTE (zò) *adj.* y *s.* Zote, ignorante, torpe, rudo.

ZOTISMO (zo) *m.* Ignorancia (estado de zote).

ZOUPEIRO, RA (zou) *adj.* Lo mismo que TRÓPEGO. *fig.* Perezoso, holgazán.

ZUARTE (zuar) *m.* Paño de algodón, negro o azul.

ZUAVO (zua) *m.* Zuavo.

ZUÍDO (zuí) *m.* Zumbido (en los oídos).

ZUIDOURO (zuí) *m.* Zumbo prolongado.

ZUINGLIANISMO (zuin) *m.* Zuinglianismo.

ZUINGLIANO (zuin) *m.* Zuingliano.

ZUIR (zuír) *v. intr.* Lo mismo que ZUMBIR.

ZULO, LA (zu) *adj.* Zulú. Ú. t. c. s. *m.* Zulú (lenguaje).

ZUMBA! (zum) *interj.* ¡Tras!

ZUMBAIA (zum) *f.* Zalema (reverencia profunda o cortesía humilde).

ZUMBAIAR (zum) *v. tr.* Hacer zalemas o cortesías exageradas. Adular, lisonjear.

ZUMBAIEIRO (zum) *adj.* Que hace zalemas o reverencias exageradas.

ZUMBAR (zum) *v. intr.* Lo mismo que ZUMBIR.

ZUMBIDO (zum) *m.* Zumbo, zumbido. Silbido, silbo. Silbido (de oídos).

ZUMBIR (zum) *v. intr.* Zumbar (hacer una cosa ruido o sonido continuado, seguido y bronco). Silbar. Zumbar (los oídos). *v. tr.* Decir en voz baja, susurrar.

ZUMBO (zum) *m.* Zumbo. Ruido confuso, susurro.

ZUMBRIR-SE (zum) *v. r.* Encorvarse, doblarse, torcerse. *fig.* Humillarse.

ZUM-ZUM (zum-zum) *m.* Lo mismo que ZUNZUM.

ZUNGA (zun) *f.* Lo mismo que BICHO-DE-PÉ.

ZUNIDEIRA (zu) *f.* Piedra sobre que se alisa el oro.

ZUNIDO (zu) *m.* Zumbo, zumbido. Silbido, silbo.

ZUNIDOR, RA (zu) *adj.* Zumbador.

ZUNIMENTO (zu) *m.* Lo mismo que ZUNIDO.

ZUNIR (zu) *v. intr.* Zumbar, silbar.

ZUNZUM (zunzum) *m.* Zumbido, zumbo. Rumor. Chisme.

ZUNZUNAR (zunzu) *v. intr.* Zumbar.

ZUPAR (zu) *v. intr.* Lo mismo que MARRAR.

ZURBADA (zur) *f.* Golpe, porrazo. Chaparrón, chubasco.

ZURRADOR, RA (zu) *adj.* Rebuznador, ra. Ú. t. c. s.

ZURRAPA (zu) *f.* Vino malo y ordinario.

ZURRAR (zu) *v. intr.* Rebuznar.

ZURRARIA (zurraría) *f.* Rebuznos continuados.

ZURRO (zu) *m.* Rebuzno.

ZURZIDELA (zurzidè) *f.* Tunda, zurra, azotamiento, vapuleo, azotes.

ZURZIR (zurzir) *v. tr.* Azotar, tundir, zurrar, apalear, aporrear. Afligir. Censurar ásperamente, reprender con severidad.

DICIONÁRIO
ESPANHOL–PORTUGUÊS

ADVERTÊNCIA

O plano a que obedece este dicionário visa fornecer ao consulente a grande massa do vocabulário espanhol, encarada, sempre que possível, do ponto de vista das dificuldades encontradas pelo aluno de fala portuguesa.

Sem subentender a existência de uma "língua" brasileira e de um espanhol "americano", este trabalho apresenta a matéria tendo em conta as diferenças que, num e noutro lado do oceano, se oferecem no emprego e acepção de uma parte apreciável do léxico português e castelhano. E para evitar que a tradução de um vocábulo espanhol fôsse dada somente por intermédio de um brasileirismo ou de termo exclusivamente lusitano, lançou-se mão de farta sinonímia.

A opulência do idioma espanhol, a rica e sutil variedade de matizes nas suas vozes e expressões, bem como uma perturbadora afinidade com a nossa língua, implicam obstáculos que foram aqui removidos ou conciliados dentro do espaço disponível e do sistema adotado.

ORDEM ALFABÉTICA

Para maior facilidade de consulta os vocábulos estão registados na ordem alfabética portuguesa. As letras espanholas *Ch* e *Ll* seguem-se aos grupos "CE" e "LI" do nosso índice, e o *Ñ* é considerado simplesmente N.

Conserva-se a ordem espanhola, quando *Ch*, *Ll* e *Ñ* são letras iniciais, fazendo-se porém a devida remissão nos lugares em que as mesmas seriam procuradas pelos consulentes brasileiros ou portugueses.

PALAVRAS IDÊNTICAS

As palavras que em espanhol e português têm grafia e sentido idênticos, e uma pronúncia apenas diferençada no acento peculiar a cada um dos idiomas, não figuram neste dicionário. São porém consignados os homógrafos cuja acepção varia, ainda que ligeiramente, numa ou noutra língua, ou têm regime diverso.

Dada a relativa abundância de tais dições, o espaço que Ihes caberia foi aqui aproveitado de sorte a enriquecer o texto com termos e acepções que não aparecem em léxicos deste porte.

Anotam-se, outrossim, as palavras que, embora idênticas em ortografia e sentido, seriam mais provavelmente procuradas, e cuja omissão fizesse alguma dúvida ao consulente, como, por exemplo, verbos irregulares.

GRAMÁTICA

A matéria gramatical de alcance escolar, principalmente na esfera da lexeologia, é tratada nos vocábulos correspondentes.

Além dos fatos gerais da linguagem, inúmeros acidentes que decorrem da índole do idioma castelhano vão sendo explicados nos passos em que o seu conhecimento se faz indispensável

Mercê de uma abundante exemplificação, compensam-se aqui e ali a brevidade e concisão inerentes a um trabalho de tal natureza.

LOCUÇÕES E EXPRESSÕES IDIOMÁTICAS

Considerando-se a grande cópia de locuções e expressões idiomáticas no espanhol, de sentido às vezes tão diverso ou apartado da palavra que as origina, amplo espaço Ihes foi dedicado. Da mesma forma, vão arroladas as expressões oriundas dos termos mais encontradiços da tecnologia contemporânea, consideravelmente dilatada no progresso mecânico ou industrial.

Nos trabalhos de tradução ou redação, aqueles modismos são os maiores empecilhos encontrados, pois a afinidade entre ambas as línguas, que valeria por um auxílio apreciável, ocorre mais no geral que no particular, e nisto se viu outro motivo para averbá-los de maneira mais desenvolvida.

VERBOS IRREGULARES

A importância das irregularidades na conjugação dos verbos, coisa óbvia em si mesma, torna-se tanto mais evidente em espanhol quanto são necessários setenta e um paradigmas para enquadrar as desinências que escapam à regra geral. Todos eles são aqui registados, omitindo-se, como é de praxe, os tempos, modos e pessoas que seguem a flexão regular.

VERBOS REGULARES

Dão-se ainda, na palavra VERBO, os modelos das três conjugações regulares em todos os seus modos, pessoas e tempos, simples ou compostos.

AMERICANISMOS

Os vocábulos e modismos de maior emprego em cada um dos dezoito países hispano-americanos acham-se averbados neste dicionário, não só pela importância que têm nos referidos países, como também pela que representam nas relações artísticas, políticas, econômicas e comerciais da comunida interamericana.

Quatro séculos de independência, e o subseqüente desenvolvimento de uma literatura e indústria próprias, modificaram, naquelas nações, em extensão razoável, o vocabulário do espanhol falado na América, quer por uma seleção peculiar, quer por alterações semânticas, ou ainda, e principalmente, pela formação de novas palavras.

Cada um destes casos acha-se aqui devidamente assinalado.

ARCAÍSMOS

Não são demasiado raras as palavras antiquadas que ainda encontram uso no estilo poético ou irônico, quando não encerram alusões a fatos ou coisas históricas.

Demais, ocorrendo elas nos clássicos da literatura espanhola, sempre tão consultados pelos alunos ou simplesmente lidos, achou-se de bom alvitre incluir aqui as mais comuns.

Registam-se, porém, todos os arcaísmos que o são na Espanha e não na América, ou vice-versa.

PROVINCIANISMOS

Provincianismos cujo uso se estende, não apenas a certas e grandes zonas de Espanha, mas também até regiões ou países da América hispânica, aonde chegaram e ainda chegam por via imigratória, acham-se consignados

GÍRIA

Em número discreto, incluímos aqui termos de gíria que, por serem há muito usados na Espanha, lá mesmo vão adquirindo foros de cidade ou são empregados com alguma freqüência na literatura e no linguajar dos povos hispano-americanos, trazidos igualmente pelos movimentos de imigração.

DEFINIÇÕES

Para assinalar-se a enorme diversidade de acepções vocabulares, verificadas numa e noutra língua, são definidas sucintamente as palavras que, tomadas por este ou aquele matiz ou sentido, pudessem levar o consulente a erro.

PRONÚNCIA FIGURADA

É desnecessário dizer que a representação da pronúncia, seja para o espanhol ou para qualquer outra língua, oferece apenas um recurso com que evitar-se erro crasso.

Só pela imitação verbal é que se poderá diferençar e reproduzir a gama sutil da prosódia espanhola.

As letras z (*zeta*) e j (*jota*), por exemplo, são duas peculiaridades da língua espanhola, e a figuração de ambas se torna impossível. Dá-se uma idéia da primeira figurando-a com o nosso ç, e da segunda com j (em tipo negrito), cujo som aproximado é o h aspirado em inglês.

O d final (de *ciudad, amad, vid, casualidad*) é quase omitido na pronúncia, mas essa quase omissão tem um caráter especial, pois se faz aplicando-se o ápice da língua sôbre a mucosa dos alvéolos dos incisivos superiores. (Na pronúncia popular o d final é de todo omitido, ao passo que nas camadas cultas soa perceptivelmente). A referida letra é aqui representada por d (em tipo negrito).

O y, na conjunção y (e) e em final de sílaba, é vogal que equivale ao nosso i; nos outros casos, sendo consoante, soa como dj, ferindo-se muito levemente o d.

O h, geralmente mudo, é aspirado em umas poucas palavras, convenientemente assinaladas no texto.

(O Ll, além da sua pronúncia regular e equivalente ao nosso lh, soa no Prata, entre o povo, como j em português (*caballo* - cabajo), defeito que os espanhóis chamam de *yeismo*; e no México, também entre o povo, como ll francês (*caballo* - cabaio), mas diferenças de tal natureza não são registradas aquí).

As letras espanholas estão pois representadas desta maneira:

D (final)	por	d
Ch	por	tch
GE	por	je
GI	por	ji
J	por	j
Ll	por	lh
S	por	ss
X	por	cs
Y	por	i e dj
Z	por	ç.

ACENTUAÇÃO TÔNICA

Assinala-se o acento paroxítono dos vocábulos terminados em *ía* e *ío*, sendo proparoxítonas as palavras que, findando por estas sílabas, não tiverem acento agudo no *i*.

Na pronúncia figurada, levam acento grave ( ) os paroxítonos terminados em *eo* e *ea*. bem como os oxítonos em *ón*.

Hamilcar de Garcia

ABREVIATURAS USADAS NESTE DICIONÁRIO

A

ablat.	*ablativo*
acep.	*acepção*
acus.	*acusativo*
adj.	*adjetivo*
adv.	*advérbio*
adv. l.	*advérbio de lugar*
adv. m.	*advérbio de modo*
adv. t.	*advérbio de tempo*
advers.	*adversativa*
Agr.	*Agricultura*
Ál.	*Álgebra*
Alic.	*Alicante*
Alt.	*Altanaria*
amb.	*ambíguo*
Amer.	*Americanismo*
And.	*Andaluzia*
Anat.	*Anatomia*
ant.	*antiquado*
antonom.	*antonomásia*
Apic.	*Apicultura*
Apóc.	*Apócope*
Ar.	*Aragão*
arag.	*aragonês*
argent.	*argentino*
Arit.	*Aritmética*
Arq.	*Arquitetura*
Arqueol.	*Arqueologia*
art.	*artigo*
Artilh.	*Artilharia*
Ast.	*Astúrias*
Astrol.	*Astrologia*
Astron.	*Astronomia*
aument.	*aumentativo*
Autom.	*Automobilismo*
Aviaç.	*Aviação*

B

Bacteriol.	*Bacteriologia*
Barc.	*Barcelona*
Biol.	*Biologia*
Bisc.	*Biscaia*
bol.	*boliviano*
Bot.	*Botânica*

C

C. Rica	*Costa Rica*
Cád.	*Cádiz*
Can.	*Canárias*
Carp.	*Carpintaria*
Cat.	*Catalunha*
centr.	*central*
chil.	*chileno*
Cir.	*Cirurgia*
colomb.	*colombiano*

com.	*comum (gênero)*
Com.	*Comércio*
comp.	*comparativo*
cond.	*condicional*
conj.	*conjunção*
conjunt.	*conjuntivo*
Constr.	*Construção*
Cor.	*Corografia*
Córd.	*Córdoba (Espanha)*
Coreog.	*Coreografia*

D

dat.	*dativo*
defec.	*defectivo*
demonstr.	*demonstrativo*
Despor.	*Desporto*
deprec.	*depreciativo*
determ.	*determinativo*
disjunt.	*disjuntiva*
distrib.	*distributiva*
domin.	*dominicano*

E

Ecles.	*Eclesiástico*
Econ.	*Economia*
Eletr.	*Eletricidade*
elípt.	*elíptico, a*
Embriol.	*Embriologia*
Entom.	*Entomologia*
Escult.	*Escultura*
Esgr.	*Esgrima*
Etnol.	*Etnologia*
equat.	*equatoriano*
Equit.	*Equitação*
expr.	*expressão*
Extr.	*Extremadura (Espanha)*

F

f.	*feminino*
fam.	*familiar*
Farm.	*Farmácia*
Ferrov.	*Ferroviário*
fig.	*figurado*
Filip.	*Filipinas*
Filol.	*Filologia*
Filos.	*Filosofia*
fin.	*final*
Fís.	*Física*
Fisiol.	*Fisiologia*
For.	*Forense*
Fort.	*Fortificação*
Fot.	*Fotografia*
fr.	*frase*
fut.	*futuro*

G

gal.	*galicismo*
genit.	*genitivo*
Geogr.	*Geografia*
Geol.	*Geologia*
Geom.	*Geometria*
Geom. Descr.	*Geometria Descritiva*
Ger.	*Gerúndio*
Gin.	*Ginástica*
Gír.	*Gíria*
Gram.	*Gramática*
guar.	*guarani*
guat.	*guatemalteco*

H

Heráld.	*Heráldica*
Hidr.	*Hidráulica*
Hist. Nat.	*História Natural*
Histol.	*Histologia*
hond.	*hodurenho*
Hort.	*Horticultura*

I

Ictiol.	*Ictiologia*
ilat.	*ilativa*
Imperat.	*imperativo*
imperf.	*imperfeito*
impes.	*impessoal*
Impr.	*Imprensa*
Ind.	*Indicativo*
indef.	*indefinido*
interj.	*interjeição*
interjet.	*interjetiva*
irôn.	*irônico*
Irreg.	*Irregular*

J

joc.	*jocoso*
Juris.	*Jurisprudência*

L

Lit.	*Literatura*
Liturg.	*Liturgia*
loc.	*locução*
loc. adv.	*locução adverbial*
loc. conjunt.	*locução conjuntiva*
loc. fam.	*locução familiar*
Lóg.	*Lógica*

M

m.	*masculino*
Madr.	*Madri*
Mál.	*Málaga*
Mar.	*Marítimo*
marroq.	*marroquino*
Mat.	*Matemática*
Mec.	*Mecânica*
Med.	*Medicina*
merid.	*meridional*
metát.	*metátese*
Meteor.	*Meteorologia*
mex.	*mexicano*
Mil.	*Militar*
Min.	*Mineração*
Miner.	*Mineralogia*
Mit.	*Mitologia*
Múr.	*Múrcia*
Mús.	*Música*

N

n. p.	*nome próprio*
Neol.	*Neologismo*
nicar.	*nicaragüense*
numer.	*numeral*
Numis.	*Numismática*

O

Onomat.	*Onomatopéia, onomato-paico*
Ornit.	*Ornitologia*

P

p. a.	*particípio ativo (adjetivo verbal)*
p. p.	*particípio passado*
P. Rico	*Porto Rico*
p. us.	*pouco usado*
panam.	*panamenho*
parag.	*paraguaio*
Part.	*Particípio (p. p.)*
Patol.	*Patologia*
Pedag.	*Pedagogia*
pejor.	*pejorativo*
per.	*peruano*
pes.	*pessoa*
Pesc.	*Pesca*
Pïnt.	*Pintura*
plat.	*platense*
pl.	*plural*

Poét.	*Poético*
Polít.	*Política*
por ext.	*por extensão*
posses.	*possessivo*
prep.	*preposição*
pres.	*presente*
pret.	*pretérito*
pron.	*pronome, pronominal*
prov.	*provincialismo*
prov. Ál.	*" de Álava*
prov. Alic.	*" de Alicante*
prov. And.	*" da Andaluzia*
prov. Ar.	*provincialismo do Aragão*
prov. Ast.	*" das Astúrias*
prov. Barc.	*" de Barcelona*
prov. Bisc.	*" da Biscaia*
prov. Can.	*" das Canárias*
prov. Cat.	*" da Catalunha*
prov. Córd.	*" de Córdoba (Espanha)*
prov. Extr.	*" da Extremadura (Espanha)*
prov. Gran.	*" de Granada*
prov. Madr.	*" de Madri*
prov. Mál.	*" de Málaga*
prov. Múrc.	*" da Múrcia*
prov. Rioj.	*" de Rioja (Espanha)*
prov. Sal.	*" de Salamanca*
prov. Sev.	*" de Sevilha*
prov. Tarrag.	*" de Tarragona*
prov. Val.	*" de Valência*

Q

Quím.	*Química*

R

Rel.	*Religião*
relat.	*relativo*
Retór.	*Retórica*
Rioj.	*Rioja (Espanha)*

S

s.	*substantivo*
S. Doming.	*São Domingos*
s. m.	*substantivo masculino*
s. m. e f.	*substantivo masculino e feminino*
s. f.	*substantivo feminino*
Sal.	*Salamanca*
salv.	*salvadorenho*
Sev.	*Sevilha*
Sínc.	*Síncope*
sing.	*singular*

simpl.	*simples*
Subj.	*Subjuntivo*
subord.	*subordinativa*
superl.	*superlativo*

T

Tarrag.	*Tarragona*
Tauromaq.	*Tauromaquia*
Tecn.	*Tecnologia*
Teatr.	*Teatro*
Teol.	*Teologia*
Top.	*Topografia*
Tip.	*Tipografia*
Trig.	*Trigonometria*

U

U. m. c. s.	*Usa-se mais como substantivo*
U. m. c. s.	*Usa-se mais como pronominal*
U. m. no. pl.	*Usa-se mais no plural*
U. t. c. adj.	*Usa-se também como adjetivo*
U. t. c. intr.	*Usa-se também como intransitivo*
U. t. c. pron.	*Usa-se também como pronominal*
U. t. c. s.	*Usa-se também como substantivo*
U. t. c. tr.	*Usa-se também como transitivo*
urug.	*uruguaio*

V

V.	*Veja*
v.	*verbo*
v. defec.	*verbo defectivo*
v. impes.	*verbo impessoal*
v. intr.	*verbo intransitivo*
v. pron.	*verbo pronominal*
v. tr.	*verbo transitivo*
Venat.	*Venatória (arte)*
venezuel.	*venezuelano*
Vet.	*Veterinária*
vocáb.	*vocábulo*
vulg.	*vulgar*

Z

Zool.	*Zoologia*

A

A *s. f.* Primeira letra e primeira vogal do alfabeto espanhol. Primeira das letras dominicais. Abreviatura de várias palavras: *A, alteza. No saber ni la* —, frase que se emprega para designar uma ignorância absoluta.

A *prep.* A, para, em, até, com, de, por, sobre, contra. Tem funções muito várias. Compl. da ação do verbo: *le obligué* — obedecer, obriguei-o a obedecer. Direção: *voy* — *casa*, vou para casa. Distância ou tempo que vai de uma coisa a outra: *de calle* — *calle*, de rua a rua; *de mes* — *mes*, de mês em mês. Situação: — *cien metros del puesto*, a cem metros do posto. Comparação: *va mucho de éste* — *aquél*, há muita diferença entre este e aquele. Limite: *con el lodo* — *la rodilla*, com o lodo até o joelho. Oposição: — *pesar mio*, contra a minha vontade. Nas locuções adverbiais: — *pié*, a pé: — *contrapelo*, a contrapelo: — *hurtadillas*, às furtadelas. Às vezes corresponde à conjunção condicional: — *haberse (si se hubiera) dudado*, se se houvesse duvidado.

A Prefixo que entra na composição de muitos verbos de formação adjetiva ou substantiva: de *llano* (plano), *allanar*, aplainar; de *carro* (carro), *acarrear*, carrear, transportar em carros.

A Prefixo que indica privação ou negação: *apirético, anormal.*

ABABOL *s. m. Bot.* Papoula. O mesmo que AMAPOLA.

ABACERÍA *s. f.* Mercearia, tenda, armazém de víveres.

ABACERO, A *s. m.* Merceeiro, pessoa que tem *Abacería.*

ABAD (abad) *s. m.* Abade, dignidade eclesiástica, o superior, o primeiro prelado nas ordens monásticas. Pároco, nas províncias do norte da Espanha.

ABADESA (abadessa) *s. f.* Abadessa, prelada.

ABAJADERO (abajadero) s. m. Encosta, ladeira, terreno em declive, por onde se pode descer.

ABAJADO, A (abajado) *adj.* Abaixado, abatido, humilhado.

ABAJAMIENTO (abajamiento) *s. m.* Ação ou efeito de abaixar. Abatimento ou rebaixamento. Humilhação, aviltamento.

ABAJAR (abajar) *v. tr.* e *intr.* O mesmo que BAJAR.

ABAJEÑO, A (abajenho) *adj. Amer.* Pertencente ou relativo às terras baixas, procedente delas. U. t. c. s.

ABAJO (abajo) *adv.* Abaixo, em baixo, na parte inferior. *Cuesta* —, em movimento para um ponto inferior do terreno. *Irse cuesta* —, caminhar para a ruína, arruinar-se. *Dar* —, descer. *Venirse* —, cair. Emprega-se como prep. pospos.: *Río* —, rio abaixo; *de rey* —, do rei para baixo.

¡ABAJO! (abajo) *interj.* Abaixo!

ABALANZAR (abalançar) *v. tr.* Contrabalançar, por no fiel (a balança). Arrojar; impelir com força. *v. pron.* Abalançar-se, arremeter. — *a los peligros*, arrojar-se ao perigo. *Amer.* Empinar-se o cavalo.

ABALAR *v. tr.* V. ABALLAR.

ABALEAR *v. tr.* Joeirar, coinar; limpar os cereais, separando a palha do grão.

ABALEAR *v. tr. Amer.* Balear, atirar contra alguém com arma de fogo.

ABALEO (abalèo) *s. m.* Joeiramento.

ABALIZAR (abaliçar) *v. tr.* Balizar, marcar com balizas. *v. pron. Náut.* Determinar um navio a sua situação por meio de marcações.

ABALLAR (abalhar) *v. tr.* Abaixar, humilhar. Levar, conduzir. *Pint.* Rebaixar o tom de uma cor.

ABALLESTAR (abalhestar) *v. tr.* Alar, içar.

ABALORIO *s. m.* Avelórios, contas de vidro para enfeite, missangas.

ABALSAMAR *v. tr.* Dar a um líquido as qualidades ou a consistência do bálsamo.

ABANDERADO *s. m.* Porta-bandeira de um regimento. O que leva a bandeira em atos públicos. *p. p.* de Abanderar.

ABANDERAR *v. tr.* Embandeirar. Registrar e documentar um navio.

ABANDERIZAR (abanderiçar) *v. tr.* Dividir em bandos ou facções. *v. pron.* Abandoar-se, filiar-se a um bando ou facção.

ABANDONADO, A *adj.* Abandonado, preguiçoso, descuidado, pouco asseado. *Amer. per.* Vicioso, libertino.

ABANDONAR *v. tr.* Abandonar, desamparar, desistir de. *v. pron.* Descuidar os seus interesses, obrigações ou asseio. — *a la suerte o en manos de la suerte*, ceder, entregar-se ao destino, à sorte.

ABANICAR *v. tr.* Abanar, agitar o ar com o leque. U. t. c. *pron.*

ABANICO *s. m.* Leque, abano, ventarola. *Mec.* Plancha de metal usada pelos esmaltadores. —*s de culpas*, delatores, espiões.

ABANILLO (abanilho) *s. m. Dim.* de Abanico. Lenço de pregas para adorno do pescoço.

ABANIQUERO, A *s. m.* Lequeiro, fabricante de leques.

ABARATAR *v. tr., intr.* e *pron.* Baratear.

ABARCÓN *s. m.* Braçadeira, argola de ferro que prende a lança de uma carruagem.

ABARLOAR *v. tr. Náut.* Aproximar o costado de um navio ao de um outro.

ABARQUILLAR (abarquilhar) *v. tr.* Dar a uma coisa a forma de barco. Encurvar sem formar cilindro.

ABARRAGANAMIENTO *s. m.* Amancebamento. União ilícita de mulher e homem.

ABARRAGANAR *v. tr.* Tomar um tecido a consistência da barragana.

ABARRAGANARSE *v. pron.* Amancebar-se.

ABARRAJARSE (abarrajarse) *v. pron. Amer, chil.* e *per.* Entregar-se à libertinagem. Tropeçar e cair ao correr. *v. tr. Mil.* Acometer, desbaratar, derrotar o inimigo.

ABARRAJO (abarrajo) *s. m. Amer.* Tropeção, queda.

ABARRANCADERO *s. m.* Abarrancadeiro. Atoleiro, lodaçal, atascadeiro. *fig. fam.* Lance ou negócio do qual não se pode sair com facilidade.

ABARRANCAR *v. tr.* Embarrancar. *v. intr. Náut.* Encalhar, varar. *v. pron.* Meter-se em dificuldades.

ABARRAR *v. tr.* Esbarrar, arremessar com violência uma coisa contra outra mais dura.

ABARROTAR *v. tr.* Apertar com barrotes. Encher de gêneros um armazém. *Náut.* Encher um barco até as escotilhas. *v. pron. Amer.* Baixar de preço uma mercadoria pela sua grande abundância.

ABARROTE *s. m.* Balote, fardo pequeno. *Amer.* Mercearia, armazém de comestíveis.

ABARSE *v. pron.* Afastar-se, retirar-se, deixar livre o caminho. Usa-se somente no infinitivo e no imperativo. *Defect.* Usa-se somente no infinitivo e na 2ª pes. do sing. e pl. do imperat.

ABASTAR *v. tr.* Abastar, abastecer, prover com abundância. *v. intr.* Bastar, ser suficiente. U. t. c. *pron.*

ABASTECER *v. tr.* Abastecer, prover do necessário. Contratar o fornecimento de uma localidade ou corporação. *Irreg. Ind. pres. Abastezco.* *Subj. pres. Abasteze-a, as, a, amos, áis, an. Imperat. Abasteze-a, amos, an.*

ABASTECIMIENTO *s. m.* Abastecimento.

ABASTIONAR *v. tr.* Abaluartar, guarnecer de bastiões.

ABASTO *s. m.* Abastecimento, provisão do necessário. Peça de pouca importância na obra do bordador. *adv. ant.* Abundantemente.

ABATANAR *v. tr.* Apisoar; preparar, amaciar o pano com o pisão. *fig.* Vencer, dominar.

ABATATADO, A *adj. fam. Amer. argent.* Envergonhado, enleado, confuso.

ABATE *s. m.* Minorista, eclesiástico de ordens menores. *Amer.* Clérigo francês.

¡ABATE! *interj.* Guarda-te! Safa-te! Cuidado!

ABATÍ *s. m. Amer. guar.* Milho. *Amer. parag.* e *argent.* Aguardente feita deste cereal.

ABATIDO, A *adj.* Abatido. Ruim, desprezível. Prostrado, humilhado. *s. m. Amer. cub.* Caixa ou barril desarmado.

ABATIMIENTO *s. m.* Abatimento. Baixeza de condição ou estado, humilhação. Prostração. *Náut.* Descaimento.

ABATIR *v. tr.* e *pron.* Abater, derribar. Envilecer, humilhar. Desfazer. *Náut.* Desarmar alguma coisa para diminuir-lhe o volume. —*se al suelo*, cair, vir a baixo. — *con dificultad*, oferecer resistência ao abatimento. — *de ánimo*, desanimar-se. —*por los contratiempos*, descoroçoar-se.

ABAYADO, A (abadjado) *adj.* Semelhante a uma baga ou vagem.

ABAZÓN (abaçòn) *s. m.* Faceira, a carne que cobre a queixada de alguns mamíferos; bolsas que aí se formam.

ABDICAR *v. tr.* Abdicar.

ABEDUL *s. m.* Álamo branco.

ABEJA (abeja) *s. f.* Abelha, inseto himenóptero. — *manchiega, maesa, maestra ou reina*, mestra, rainha, a fêmea do zangão. —*s neutras* ou *obreras*, as operárias. *Abejuela, abejita, abejilla, abejica, dim.* de *Abeja.*

ABEJAR (abejar) *s. m.* Colmeal. Variedade de uva.

ABEJARRÓN (abejarròn) *s. m.* Espécie de besouro.

ABEJARUCO (abejaruco) *s. m.* Abelharuco, abelheiro, ave de arribação que se alimenta de abelhas. *fig.* Pessoa ridícula cujo trato aborrece.

ABEJERA (abejera) *s. f.* Colmeal.

ABEJERO (abejero) *s. m.* Abelheiro, o que trata das colmeias.

ABEJÓN (abejòn) *s. m.* Zangão.

ABEJUNO, A (abejuno) *adj.* Concernente, relativo às abelhas.

ABELA *s. f.* Álamo negro.

ABELLACAR (abelhacar) *v. tr.* Envilecer, tornar velhaco. *v. pron.* Tornar-se velhaco. *v. tr. ant.* Menosprezar.

ABELLOTAR (abelhotar) *v. tr.* Dar a alguma coisa a forma de bolota.

ABENUZ *s. m.* Ébano.

ABERENJENADO, A (aberenjenado) *adj.* Que tem cor de berinjela ou com ela se parece.

ABERNARDARSE *v. pron.* Encolerizar-se, irritar-se; dar-se ares de valente.

ABERRACIÓN *s. f. Astron.* Aberração, movimento aparente das estrelas. Desvio. Erro do entendimento. *fig.* Aberração.

ABERTAL *adj.* Fácil de abrir-se, de fender-se ou formar gretas. Diz-se comumente da terra. *s. m.* Abertura, fenda, greta.

ABERTURA *s. f.* Abertura. Passo largo entre montanhas. Enseada. *fig.* Inauguração. *fig.* Franqueza, ingenuidade.

ABESANA (abessana) *s. f.* Abesana, junta de bois. O mesmo que BESANA. Cada um dos sulcos paralelos que o arado abre na terra.

ABESTIARSE *v. pron.* Embrutecer-se.

ABETE *s. m.* Instrumento de tecelagem.

ABETUNADO, A *adj.* Betuminoso, semelhante ao betume.

ABETUNAR *v. tr.* Betumar.

ABIERTAMENTE *adv.* Abertamente.

ABIERTO, A *adj.* Aberto, descmbaraçado. Furado, perfurado. Plano, raso. Franco, ingênuo, sincero.

ABIGARRAR *v. tr.* Dar ou pôr a uma coisa cores mal combinadas. Desarranjar, confundir, emaranhar, desconcertar.

ABIGOTADO, A *adj.* Que tem grandes bigodes.

ABIPÓN, A *adj.* Diz-se do índio que habitava o norte da província de Santa Fé (Argentina), junto ao rio Paraná.

ABISINIO, A (abissínio) *s. m. e adj.* Abexim, abissínio.

ABITAQUE *s. m.* Trave, barrote, viga grossa.

ABITÓN *s. m. Náut.* Esvalteiro, cada um dos paus que servem para prender as escotas das gáveas. Cada um dos munhões de madeira que seguram a âncora depois de aferrada.

ABIZCOCHAR (abiscotchar) *v. tr.* Abiscoitar. Em confeitaria, dar a alguma coisa a forma ou o gosto do biscoito.

ABLANDADOR, A *adj.* Que abranda.

ABLANDAMIENTO *s. m.* Abrandamento.

ABLANDAR *v. tr.* Abrandar. Suavizar, adoçar, amolecer, amaciar. *fig.* Mitigar a ira ou cólera de alguém. *v. pron.* Diminuir o rigor da estação hibernal.

ABLANDATIVO, A *adj.* Que abranda.

ABLANDECER *v. tr.* O mesmo que ABLANDAR. *Irreg.* Ind. pres. *Ablandezco.* Subj. pres. *Ablandeze-a, as, a, amos, áis, an.* Imperat. *Ablandeze-a, amos, an.*

ABLATIVO *s. m.* Ablativo. *Gram.* Um dos casos de declinação nas línguas sintéticas, indicando circunstâncias de procedência, situação, tempo, modo, instrumento, matéria etc. Ex.: *Vengo* DE BUENOS AIRES, venho *de Buenos Aires; voy* A BOGOTÁ, vou *a Bogotá; está* EN CASA, está *em casa; descolló* SOBRE TODOS, sobressaiu-se *de todos; le hirió,* CON UN CUCHILLO, feriu-o *com uma faca; salió* TRAS ÉL, saiu *atrás dele.* Às vezes o ablativo toma a forma de oração elíptica e recebe o nome de *absoluto:* LLAMADO POR EL CAUDILLO, *salió a combatir, chamado pelo caudilho,* saiu a combater.

ABLUCIÓN *s. f.* Ablução, lavagem. *pl.* Vinho e água com que o sacerdote purifica o cálice.

ABNEGAR *v. tr.* Abnegar. Desprezar. Desdenhar. *Irreg.* V. conj. de *Negar.*

ABOBAMIENTO *s. m.* Ação de abobar ou abobar-se.

ABOBO, A *adj.* Néscio, inútil, próprio de idiotas ou bobos. *Devociones —as,* atividades de tolos.

ABOCADO, A *adj.* Diz-se do vinho agradável ao paladar por ser suave. Aproximado.

ABOCAR *v. tr.* Abocar, apanhar com a boca. Aproximar uma coisa de um lugar dado. Deitar o líquido de um vaso em outro, aproximando as bocas de ambos. *v. pron.* Avistar-se, falar, conferenciar com duas ou mais pessoas. *—se con algunos,* aproximar-se, tratar de um negócio com alguém.

ABOCARDADO, A *adj.* Que tem a boca em forma de trombeta. Diz-se das armas de fogo que têm essa forma: boca de sino.

ABOCARDAR *v. tr.* Alargar a boca ou abertura de uma coisa.

ABOCETAR *v. tr.* Esboçar, pintar ou desenhar ligeiramente. Tomar apontamentos, pintar de memória.

ABOCHORNAR (abotchornar) *v. tr.* Causar calor, abafar. *fig.* Envergonhar, fazer corar de vergonha. Irritar, estimular. U. t. c. pron. *—se de algo,* envergonhar-se de alguma coisa.

ABOCINAR *v. tr.* Abocinar, dar a um arco mais largura ou elevação por um lado do que por outro. *v. intr.* Cair de boca para baixo, afocinhar. *— contra el suelo,* afocinhar no chão.

ABODOCARSE *v. pron. Amer. mexic.* Aparecer a alguém galos ou altos na cabeça.

ABOFETADO, A *adj. Amer. hond.* Inchado, intu- - mescido.

ABOFETEAR *v. tr.* Esbofetear. *fig.* Insultar, ultrajar.

ABOGACIA *s. f.* Advocacia.

ABOGADEAR *v. intr. fam.* Exercer a advocacia com pouco decoro.

ABOGADILLO (abogadilho) *s. m. Dim.* de *Abogado.* Advogado de pouca importância.

ABOGADO *s. m.* Advogado, defensor, em juízo. *fig.* Intercessor, medianeiro. *— de pobres,* o que é nomeado para defendê-los sem retribuição alguma. *— de secano,* aquele que, sem ter estudado jurisprudência, entende ou pretende entender de leis, aquele que fala de assunto que não entende. *— sin pleitos,* advogado sem causa.

ABOGAR *v. tr.* Advogar, defender em juízo.

ABOHETADO, A (aboetado) *adj.* Inchado, intumescido, tufado.

ABOLENGO *s. m.* Avoengo, ascendência de avós ou antepassados. Patrimônio proveniente dos avós.

ABOLIR *v. tr.* Abolir, extinguir, rescindir, anular, suprimir. *Irreg.* (Verbo defect. Emprega-se somente nos tempos e pessoas cujas desinências têm a vogal *i*).

ABOLLADURA (abolhadura) *s. f.* Amolgadura.

ABOLLAR (abolhar) *v. tr.* Amolgar. Cinzelar, marcar. Levantar galo ou tumor em consequência de uma pancada. U. t. c. pron.

ABOLLONAR (abolhonar) *v. tr.* Brotar (as plantas). Lavrar em relevo uma peça de metal.

ABOLORIO *s. m.* O mesmo que ABOLENGO.

ABOLSARSE *v. pron.* Abolsar-se uma coisa, tomar a forma de bolsa ou tufo.

ABOMBADO, A *adj.* Que tem a cabeça aturdida ou pesada. *Amer. argent.* Diz-se da água ou alimento que começa a apodrecer e deita mau odor. *Amer. argent. e chil.* Entre aturdido e imbecil; ébrio, alegrete.

ABOMBAR *v. tr.* Aturdir, estontear. *Amer. argent.* Corromper-se, apodrecer. *Amer. argent. e chil.* Embriagar-se ligeiramente.

ABONADO, A *adj.* Abonado, em quem se pode fiar por sua riqueza e crédito. Rico. Assinante, subscritor. Disposto a fazer ou dizer alguma coisa.

ABONAMIENTO *s. m.* Abonamento.

ABONANZAR (abonançar) *v. intr.* Abonançar, serenar o tempo, acalmar (a tempestade). *v. pron. fig.* Acalmar-se, serenar-se (distúrbios, revoltas etc.).

ABONAR *v. tr.* Abonar, declarar bom ou verdadeiro. Responder por alguém, ser o seu fiador. Melhorar. Dar como certo. Fiar a outra pessoa. Lançar à conta de alguém ou de uma firma. Assinar, subscrever para uma publicação ou espetáculo. Adubar a terra. *— em cuenta,* creditar uma partida a favor de alguém. *v. intr.* Abonançar.

ABONARÉ (abonarê) *s. m.* Obrigação, documento, caução escrita, promessa de pagamento.

ABONO *s. m.* Abono. Garantia. Fiança. Recibo ou quitação de quantia cobrada. Assinatura para temporada de espetáculos. Adubo.

ABOQUILLAR (aboquilhar) *v. tr.* Pôr embocaduras em instrumentos de sopro. Fazer pequenas aberturas em alguma coisa. *Arq.* Alargar uma abertura por um lado e estreitá-la por outro.

ABORDAJE (abordaje) *s. m. Náut.* Abordagem. *Trozos de —,* as secções em que se divide a tripulação de um navio de guerra, segundo o plano de combate.

ABORDO *s. m. Náut.* Abordagem. *fig.* Ataque, choque, ímpeto, esforço na realização de alguma coisa.

ABORLONADO, A *adj. Amer.* Encanelado, mal tecido. Diz-se do tecido que forma pequenas veias.

ABORRACHADO, A (aborratchado) *adj.* Que tem cor vermelha muito viva.

ABORRECER *v. tr.* Aborrecer, odiar, detestar, ter aversão. Abandonar a ave o seu ninho, os ovos ou os filhos. Abominar, incomodar, azucrinar. U. t. c. pron. *— de muerte,* odiar de morte. *Irreg.* Ind. pres. *Aborrezco,* Sub. pres. *Aborrezca, cas , ca, camos, cáis, can.* Imperat. *Aborrezca, camos, can.*

ABORRECIMIENTO *s. m.* Aborrecimento, ódio, aversão.

ABORREGARSE *v. pron.* Acarneirar-se, encher-se o céu de nuvenzinhas brancas.

ABORTAMIENTO *s. m.* Abortamento, aborto.

ABORTÓN *s. m.* Aborto. Quadrúpede nascido antes do seu desenvolvimento natural. Pele de cordeiro abortado.

ABORUJARSE (aborujarse) *v. pron.* Abafar, cobrir, envolver, enroupar, embrulhar. O mesmo que ARREBUJARSE.

ABOTAGAMIENTO *s. m.* Inchação.

ABOTAGARSE *v. pron.* Inchar, intumescer-se. *fig.* Apatetar-se, tornar-se bobo.

ABOTONADURA *s. m. Amer. chil.* Ação de abotoar.

ABOTONAR *v. tr.* Abotoar, enfiar o botão na casa. *Bot.* Abotoar, abrolhar, rebentar, lançar botões. Meter a espora até o botão na barriga do cavalo.

ABOVEDADO, A *adj.* Abobadado.

ABOVEDAR *v. tr.* Abobadar.

ABOYADO, A (abodjado) *adj.* Diz-se da propriedade que se arrenda com bois para lavrá-la.

ABOYAR (abodjar) *v. tr. Mar.* Aboiar, pôr bóias. Fazer com que um objeto se mantenha na superfície d'água. Arrendar uma herdade com os bois de lavoura.

ABOZALAR (aboçalar) *v. tr.* Açaimar, emboçalar, pôr o boçal nos animais de carga, lavoura ou montaria.

ABRA *s. f.* Abra, enseada. Abertura ampla entre duas montanhas. Fenda do terreno causada por abalo sísmico. *Amer.* Folha de uma porta ou janela. *Zool.* Pequena concha bivalve.

ABRACAPALO *s. m. Amer.* Orquídea.

ABRACI JO (abracijo) *s. m. fam.* Abraço.

ABRAHONAR (abraonar) *v. tr.* Cingir com força pelos braços.

ABRASAR (abrassar) *v. tr.* Abrasar, queimar, reduzir a brasas. *fig.* Malbaratar, dissipar, consumir. *fig.* Envergonhar alguém, deixá-lo confuso. *v. pron. fig.* Sentir um calor intolerável. *fig.* Desejar com ânsia, estar apaixonado. *—se de amor,* arrebatar-se apaixonadamente. *—se en deseos,* arder em desejos.

ABRASILADO, A (abrassilado) *adj.* De cor semelhante à do pau-brasil.

ABRASILAR (abrassilar) *v. tr.* Tingir com pau-brasil.

ABRAZADERA (abraçadera) *s. f.* Braçadeira (peça de metal ou madeira que cinge alguma coisa). Argola. *Impr.* Clave, colchete.

ABRAZAMIENTO (abraçamiento) *s. m.* Abraçamento. Abraço.

ABRAZAR (abraçar) *v. tr.* Abraçar, cingir com os braços. Cerrar, cingir. *fig.* Compreender, conter, incluir. *fig.* Admitir, aceitar. *fig.* Tomar alguém a seu cargo alguma coisa. U. t. c. pron. *— con la vista,* alcançar com a vista.

ABRAZO (abraço) s. m. Abraço.

ABREPUÑO (abrepunho) s. m. Bot. Arzola, planta anual da família das compostas.

ABREVADERO s. m. Bebedouro, tanque, lugar onde o gado vai beber. Direito que tem o proprietário de uma herdade para levar o seu gado a beber na propriedade de um outro.

ABREVAR v. tr. Abeberar, dar de beber ao gado. Regar ou molhar alguma coisa. Tecn. Borrifar uma parede com a brocha molhada.

ABREVIADURÍA s. f. Emprego do abreviador, ministro eclesiástico que despacha os breves.

ABREVIATURA s. f. Abreviatura. A palavra ou frase assim abreviada. O mesmo que ABREVIADURÍA. loc. adv. En —, por abreviatura. fig. fam. Com pressa, com brevidade ou presteza.

ABRIBONADO, A adj. Aquele que tem maneiras ou ditos de bribón, velhaco.

ABRIDERO, A adj. Que se abre facilmente. s. m. Maracotão.

ABRIDOR, A adj. Abridor, que abre. O mesmo que ABRIDERO. s. m. Enxertadeira, instrumento para enxertar. Amer. equat. Pente fino para desembaraçar o cabelo. — de láminas, gravador.

ABRIGADERO s. m. Abrigo, lugar defendido dos ventos frios.

ABRIGAÑO (abriganho) s. m. Abrigadouro, sítio agasalhado, resguardado dos ventos.

ABRIGAR v. tr. Abrigar, resguardar do frio. fig. Amparar, proteger, defender. fig. Ter determinadas idéias ou sentimentos. U. t. c. pron. —se bajo techado, abrigar-se sob o telhado. —se con ropa, abrigar-se em roupa. — del aguacero, abrigar-se do aguaceiro. —se en el portal, abrigar-se no portal.

ABRILEÑO, A (abrilenho) adj. Próprio do mês de abril.

ABRILLANTAR (abrilhantar) v. tr. Abrilhantar, lapidar, talhar e polir as pedras preciosas. Abrilhantar, dar brilho, tornar brilhante.

ABRINQUIÑADO, A (abrinquinhado) adj. fig. Delicado, quebradiço.

ABRIR v. tr. Abrir. Fender, rasgar. Desdobrar, estender. Gravar, esculpir. fig. Afastar, vencer, transpor um obstáculo. Furar. fig. Abrir, dar começo, inaugurar. Irreg. P. p. Abierto.

ABROARSE v. pron. Náut. Meter-se numa baía ou enseada com pouca altura de água.

ABROCALAR v. tr. Pôr brocais, parapeitos.

ABROCHADOR (abrotchador) s. m. Abrochador, abotoador, acolchetador.

ABROCHAR (abrotchar) v. tr. Abrochar, apertar as vestes com broches, botões ou colchetes. U. t. c. pron. Amer. chil. Agarrar ou castigar alguém.

ABROJAL (abrojal) s. m. Abrolhal, terreno cheio de abrolhos.

ABROJIN (abrojin) s. m. Búzio, espécie de caracol do mar.

ABROJO (abrojo) s. m. Abrolho. Nome que se costuma dar ao cardo-estrelado. Espinho ou pua do abrolho. Estrepe. Mar. pl. Escolhos, baixios.

ABROMADO, A adj. Náut. Que está cheio de broma, molusco que fura e destrói a madeira dos diques e navios.

ABROMARSE v. pron. Náut. Encher-se o navio de bromas.

ABRONCAR v. tr. Aborrecer, enfastiar, desgostar, enfadar.

ABRUMADOR, A adj. Que oprime, incomoda, molesta ou aborrece.

ABRUMAR v. tr. Oprimir, incomodar, sobrecarregar. fig. Agravar, vexar. fig. Obscurecer, cobrir de sombras, tornar alguém suspeitoso. U. t. c. pron. v. pron. Enevoar-se de brumas a atmosfera.

ABRUTAR v. tr. Abrutar, tornar bruto, grosseiro, rude. Embrutecer, tornar estúpido. U. t. c. pron.

ABSENTA s. f. Licor que contém essência de absinto.

ABSOLUCIÓN s. f. Absolvição. loc. fam. Echar la —, renunciar, abandonar, desinteressar-se por uma coisa.

ABSOLUTA s. f. fam. Proposição dita em tom dogmático; asserção terminante.

ABSOLUTO, A adj. Absoluto. fam. De gênio imperioso, despótico, dominante. Gram. Cardinal (aplicável ao adj. numeral). s. m. Lo —, o absoluto, a idéia suprema e independente de toda condição. loc. adv. En —, de modo terminante, resolutamente.

ABSOLVEDERAS s. f. pl. fam. Facilidade em absolver. Passa-culpas. Confessor indulgente.

ABSOLVER v. tr. Absolver. Perdoar os pecados a um penitente. Decifrar. — del cargo, absolver da acusação. Irreg. V. conj. de Solver.

ABSORBENTE adj. e s. Absorvente.

ABSORBER v. tr. Absorver. Embeber, aspirar, chupar. fig. Consumir, gastar, dilapidar. fig. Cativar, atrair. v. pron. Concentrar-se, fixar toda a atenção numa coisa, num pensamento. v. pron. Extasiar-se.

ABSORBIMIENTO s. m. Absorvimento, absorção.

ABSORCIÓN s. f. Absorção.

ABSORTAR v. tr. Extasiar, arrebatar, enlevar, pasmar. U. t. c. pron.

ABSTENCIÓN s. f. Abstenção, privação, abstinência.

ABSTENERSE v. pron. Abster-se. Jejuar. Irreg. V. conj. de Tener.

ABSTERCIÓN s. f. Abstersão, expurgação, limpeza, purificação.

ABSTRACCIÓN s. f. Abstração.

ABSTRAER v. tr. Abstrair. v. intr. — de, omitir, passar em silêncio. v. intr. Prescindir, fazer caso omisso. v. pron. Alhear-se, concentrar-se, entregar-se à meditação. Irreg. V. conj. de Traer.

ABSTRAÍDO, A adj. Abstraído. Distraído. Amer. Absorto.

ABSUELTO, A adj. Absolto, absolvido. p. p. irreg. de Absolver.

ABUBILLA (abubilha) s. f. Poupa, ave insetívora.

ABUCASTA s. f. Abetarda, ave galinácea.

ABUCHEAR (abutchear). v. tr. fig. fam. V. AHUCHEAR.

ABUCHEO (abutchèo) s. m. fam. Escárnio, motejo, zombaria, burla, chacota, gracejo, dito jocoso, engano.

ABUELA s. f. Avó. fig. Mulher idosa.

ABUELO s. m. Avô. fig. Homem idoso.

ABULTADO, A adj. Avultado, volumoso, grande, exagerado. — de facciones, de feições grossas.

ABULTAMIENTO s. m. Avultamento.

ABULTAR v. intr. Avultar. v. tr. Aumentar (o volume), acrescer, engrossar. fig. Encarecer, exagerar.

ABUNDAMIENTO s. m. Abundância. Segurança, fé, confirmação. loc. adv. A mayor —, além disso, com maior razão.

ABUNDAR v. intr. Abundar. fig. Participar de idênticas opiniões. Lo que abunda no daña, o que é demais não prejudica.

ABUNDOSO, A (abundosso) adj. Abundante, copioso, farto.

ABUÑUELAR (abunhuelar) v. tr. Fritar os ovos em forma de buñuelos, filhós, de sorte que fiquem ocos e dourados. Dar essa forma a alguma coisa.

¡ABUR! interj. fam. Adeus! O mesmo que ¡AGUR!

ABURAR v. tr. Queimar, abrasar.

ABURILAR v. tr. Burilar, gravar com buril.

ABURRIDO, A adj. Aborrido, triste, macambúzio, aborrecido, enfadado, entediado, desgostado, enfastiado, descontente, melancólico.

ABURRIMIENTO s. m. Aborrimento, aborrecimento, tédio, desgosto, melancolia, descontentamento.

ABURRIR v. tr. Aborrir, aborrecer, fatigar, entediar, desgostar. Arriscar algum dinheiro numa empresa. Abandonar alguma coisa. v. pron. Enfastiar-se, aborrecer-se, enfadar-se, cansar-se, desgostar-se.

ABURUJAR (aburujar) v. tr. Enovelar, embaraçar, embrulhar.

ABURUJARSE (aburujarse) v. pron. Cortar-se em coágulos, talhar-se (o leite).

ABUSANTE (abussante) adj. Abusador, que abusa.

ABUSIÓN (abussiòn) s. f. Abusão, superstição, agouro.

ABUSIONERO, A (abussionero) adj. Supersticioso, agourento.

ABYECCIÓN s. f. Abjeção, baixeza, abatimento, humilhação, vileza.

ABYECTO, A adj. Abjeto, baixo, vil, ignóbil, desprezível. Abatido, humilhado.

ACÁ adv. de l. Cá, aqui, neste lugar. adv. de t. Hoje, agora; neste tempo, nesta ocasião. De entonces —, de então para cá. — y allá, aqui e ali, em vários lugares. De — para allá, daqui para ali. interj. para chamar a atenção.

ACABALAR v. tr. Completar, igualar.

ACABALLAR (acabalhar) v. tr. Padrear.

ACABALLERADO, A (acabalherado) adj. Que se porta como cavalheiro. Nobre, distinto nas maneiras e ações.

ACABALLERAR (acabalherar) v. tr. Fazer que alguém tenha maneiras ou se porte como cavalheiro. Ilustrar, distinguir, enobrecer. U. t. c. pron.

ACABALLONAR (acabalhonar) v. tr. Agr. Fazer camalhões nas terras.

ACABAR v. tr. Acabar, concluir, terminar. Apurar, consumir. Alcançar, conseguir. Acabé con él que saliese, consegui que ele saísse. Amer. equat. Falar mal de uma pessoa. v. intr. Rematar, finalizar, terminar. v. pron. Aniquilar-se, extinguir-se, morrer. v. tr. Destruir, exterminar. Acabáramos! Expressão que se usa quando se consegue alguma coisa ou se sai de uma dúvida, após longa hesitação.

ACABESTRILLAR (acabestrilhar) v. intr. Venat. Caçar com o boi encabrestado.

ACABILDAR v. tr. Reunir muita gente para algum fim ou intento.

ACABIRAY (acabirai) s. m. Zool. Amer. argent. Acabiras.

ACABÓSE (3ª pes. do sing. do pret. perf. do ind. de acabarse). s. m. fam. Final violento ou trágico. Ser una cosa el —, loc. com que se indica que uma coisa chegou ao seu último extremo.

ACAECEDERO, A adj. Iminente, possível, que pode acontecer.

ACAECER v. intr. Acontecer, suceder, realizar-se. Irreg. U. s. nas 3ªs pes. Subj. pres. Acaezca.

ACAECIMIENTO s. m. Acontecimento, sucesso.

ACAHUAL (acaual) s. m. Amer. Girassol.

ACAJÚ (acajú) s. m. Amer. Caju.

ACALABROTAR v. tr. Náut. Calabrotear.

ACALAMBRARSE v. pron. Amer. chil. Contraírem-se os músculos com cãibras.

ACALENTURARSE v. pron. Aquecer-se, começar a ter febre.

ACALIA s. f. Bot. Malvaísco.

ACALLAR (acalhar) v. tr. Calar, fazer calar. Sossegar, aplacar. Acalentar.

ACALORAMIENTO s. m. Abrasamento, ardor. fig. Arrebatamento.

ACALORAR v. tr. Acalorar, aquecer. fig. Inflamar, animar, agitar, excitar. fig. Favorecer, proteger, fomentar. fig. Avivar, apressar. U. t. c. pron.

ACALOTE s. m. Amer. mexic. Zool. Acalote, corvo-aquático, martinete-pescador. Amer. mexic. Parte do rio que se limpa de plantas aquáticas a fim de abrir caminho às embarcações.

ACAMADO, A adj. Acamado. Disposto em camadas.

ACAMASTRONARSE v. pron. Fazer-se astuto, manhoso.

ACAMPO s. m. Pastagem, pascigo comum.

ACANALADOR s. m. Garlopa, goiva.

ACANASTILLADO, A (acanastilhado) adj. Acanastrado, que tem a forma de um cestinho.

ACAÑAVEREAR (acanhaverear) v. tr. Acanavear.

ACANILLADO, A (acanilhado) adj. Encanelado.

ACAÑONEAR (acanhonear) v. tr. Canhonear.

ACANTILADO, A adj. Alcantilado.

ACANTILAR v. tr. Náut. Pôr um navio em lugar fundo. Tirar lodo para tornar um lugar mais fundo, dragar.

ACAPACLE s. m. Amer. mexic. Espécie de cana medicinal.

ACAPARAR *v. tr.* Açambarcar, abarcar, monopolizar, amontoar. Apoderar-se, por meio ilícito, de todos os benefícios sociais. Fazer-se dono do produto do trabalho alheio.

ACAPARRAR *v. tr.* Esconder, ocultar; amparar. *v. pron.* Abrigar-se sob a capa. Amparar-se em alguém.

ACAPARRARSE *v. pron.* Ajustar-se ou combinar-se com alguém.

ACÁPITE *s. m. Amer. Tip.* Parágrafo à parte, espaço deixado em branco numa composição. *Hacer un —,* fazer um parêntese na conversação.

ACÁRDENALAR *v. tr.* Fazer manchas roxas no corpo; pisar, contundir. *v. pron.* Aparecer na cútis manchas arroxadas.

ACARREADIZO, A (acarreadiço) *adj.* Que se pode carrear.

ACARREAR *v. tr.* Carrear, transportar em carros. *Por ext.* Transportar de qualquer maneira. *fig.* Acarretar, ocasionar. *— a lomo,* transportar em lombo de animal. *— por agua,* transportar por água. U. t. c. pron.

ACARREO (acarrèo) *s. m.* Carreto. *loc. adv.* De —, diz-se do que foi trazido de outra parte por terra, que não é do lugar onde está: *Tierras de —. fig. De —,* por dádiva, ou benefício.

ACASANATE (acassanate) *s. m. Amer.* Pássaro negro do México, do tamanho do estorninho, que causa estragos nas lavouras.

ACASERARSE (acasserarse) *v. pron. Amer.* Ficar em casa. Afeiçoar-se. Afreguesar-se.

ACASO (acasso) *s. m.* Acaso, casualidade, aventura, incidente, eventualidade. *adv. de mod.* Acidentalmente, por casualidade. *adv. de dúv.* Talvez, quiçá. Interrogativamente; porventura. *loc. adv. Por si —,* na eventualidade de. *— y sin —,* absolutamente, afirmativamente. *Mas vale un "por si acaso" que un "válgame Dios"!,* mais vale prevenir que remediar.

ACAUDALAR *v. tr.* Entesourar, amontoar riquezas, virtudes, conhecimentos. *v. pron.* Enriquecer-se.

ACAUDILLADO, A (acaudilhado) *adj.* Acaudilhado, conduzido, mandado, governado. Usa-se freqüentemente no pl.

ACAUDILLAR (acaudilhar) *v. tr.* Acaudilhar, capitanear, comandar, dirigir como caudilho. Ser chefe de algum partido, grupo, facção. *v. pron.* Alistar-se, sujeitar-se, pôr-se sob o comando de um caudilho.

ACCIÓN *s. f.* Ação. *Coger* ou *ganar a uno la —,* antecipar-se aos intentos de outro, impedindo-lhe a realização deles.

ACEBAL *m.* ACEBEDA *f.* ACEBEDO *s. m.* Plantação de azevinho.

ACEBO *s. m.* Azevinho.

ACEBRADO, A *adj.* Zebrado.

ACEBUCHE (acebutche) *s. m.* Azambujeiro, oliveira silvestre.

ACEBUCHINA (acebutchina) *s. f.* Baga de azambujeiro.

ACECHAR (acetchar) *v. tr.* Espreitar, observar, espiar. *Amer. mexic.* Visitar, ir ver alguém.

ACECHE (acetche) *s. m.* Caparrosa.

ACECHO (acetcho) *s. m.* Espreita. Espionagem. *loc. adv. Al,* ou *en —,* à espreita.

ACECHÓN, A (acetchòn) *adj. fam.* Espreitador. *Hacer la acechona,* espreitar.

ACECINAR *v. tr.* Salgar a carne e defumá-la. *v. pron.* Mirrar-se por velhice ou doença uma pessoa, emagrecer, definhar.

ACEDAR *v. tr.* Azedar. U. t. c. pron. *fig.* Irritar, desgostar.

ACEDERA *s. f.* Azedeira.

ACEDERAQUE *s. m.* Cinamomo.

ACEDÍA *s. f.* Azedia, acidez, azedume. Acrimônia, aspereza de trato. Azia.

ACEDO, A *adj.* Azedo, ácido, agro. *fig.* Áspero, ríspido, desagradável, intratável.

ACEITAR *v. tr.* Azeitar, untar, banhar com óleo.

ACEITE *s. m.* Azeite. Óleo.

ACEITERA *s. f.* Azeiteira, almotolia. Mulher que vende azeite. *pl.* Vinagreiras.

ACEITÓN *s. m.* Azeite turvo, grosso, de qualidade inferior.

ACEITUNA *s. f.* Azeitona. *Tener la suerte de las —s,* (ter a sorte das azeitonas), diz-se com referência a uma pessoa que nos cai em graça.

ACEITUNADA *s. f.* Colheita das azeitonas.

ACEITUNADO, A *adj.* Azeitonado.

ACEITUNEIRO *s. m.* Azeitoneiro, o que colhe ou vende azeitonas.

ACEITUNO *s. m.* V. OLIVO.

ACELAJARSE (acelajarse) *v. pron.* Cobrir-se o céu de nuvens tênues e de vários matizes.

ACÉMILA *s. f.* Azêmola. *fig. fam.* Pessoa estúpida.

ACEMITA *s. f.* Pão de rala.

ACEMITE *s. m.* Farelo, sêmea ainda com alguma farinha. Sopa de trigo torrado e meio moído.

ACEÑA (acenha) *s. f.* Azenha, moinho movido a água.

ACEÑERO (acenhero) *s. m.* Azenheiro, o moleiro ou a pessoa que cuida da azenha.

ACENSUAR *v. tr.* Impor censo sobre alguma propriedade.

ACEPILLADURA (acepilhadura) *s. f.* Acepilhadura. Cavacos que faz o cepilho, aparas.

ACEPILLAR (acepilhar) *v. tr.* Acepilhar, aplainar. Escovar, limpar a roupa com escova. *fig.* Polir, civilizar, tirar a rusticidade de uma pessoa. U. t. c. pron.

ACEPTABILIDAD (aceptabilidad) *s. f.* Aceitabilidade. Usa-se mais freqüentemente na América.

ACEPTAR *v. tr.* Aceitar.

ACEPTO, A *adj.* Aceito. Agradável, benquisto, admitido gostosamente.

ACEQUIA (acéquia) *s. f.* Acéquia, canal, regueira. Açude. *Amer. per.* Arroio. *— madre,* regueiro que alimenta os outros.

ACEQUIERO *s. m.* O que cuida das acéquias.

ACERA *s. f.* Passeio lateral da rua, calçada. Filas de casas de um e outro lado das ruas ou praças.

ACERAJE (aceraje) *s. f.* Aceragem, aceração.

ACERAR *v. tr.* Acerar. Revestir, guarnecer de aço. Aguçar, afiar, amolar. *fig.* Fortalecer. *v. pron.* Experimentar nos dentes uma sensação desagradável causada por algum ruído áspero. V. DENTERA.

ACERBIDAD (acerbidad) *s. f.* Acerbidade. *fig.* Crueldade, rigor, aspereza, dureza.

ACERCA *adv. ant.* Cerca. V. CERCA. *loc. prep. — de,* acerca de, a respeito de, quanto a.

ACERCAMIENTO *s. m.* Aproximação, ação ou efeito de acercar-se, aproximar-se.

ACERCAR *v. tr.* Acercar, aproximar, avizinhar, achegar, abeirar. U. t. c. pron.

ACERICO *s. m.* Almofadinha para alfinetes. Pequeno travesseiro que se coloca na cama sobre os maiores, para comodidade.

ACERILLO (acerilho) *s. m.* O mesmo que ACERICO. *Bot.* Árvore do Peru, de madeira muito dura.

ACERINO, A *adj. Poét.* Relativo, concernente ao aço.

ACERNADAR *v. tr.* Decoar, cobrir com cernada.

ACERO *s. m.* Aço. *fig.* Arma branca. *fig.* Espada. *Buenos —s,* ânimo, brio, denodo, valor.

ACEROLA *s. f. Bot.* Acerola.

ACEROLO *s. m. Bot.* Aceroleiro.

ACERTAMIENTO *s. m.* V. ACIERTO.

ACERTAR *v. tr.* Acertar. *— al blanco,* acertar no alvo. *v. intr.* Com outro verbo no infinitivo, suceder impensadamente ou por acaso: ACERTÓ *ser viernes, aquél día,* aconteceu ser sexta-feira aquele dia. *Irreg.* Ind. pres. *Aciert-o, as, a, an.* Subj. pres. *Aciert-e, es, e, en.* Imperat. *Aciert-a, e, en.*

ACERTIJO (acertijo) *s. m.* Espécie de enigma para entretenimento. Adivinha, adivinhação.

ACERUELO *s. m.* Espécie de albarda, ou sela inglesa.

ACÉTRE *s. m.* Acéter. Caldeirinha para água benta, usada nas igrejas cristãs.

ACEZAR (aceçar) *v. intr.* Arquejar, respirar com dificuldade.

ACHACAR (atchacar) *v. tr.* Achacar, imputar, atribuir. *v. pron.* Atribuir-se ações praticadas por outrem.

ACHACOSAMENTE (achacossamente) *adv.* Com achaques, com pouca saúde. Maliciosamente, dissimuladamente.

ACHAFLANAR (atchaflanar) *v. tr.* Chanfrar.

ACHAJUANARSE (atchajuanarse) *v. pron. Amer.* Fraquejar, render-se de cansaço (os animais). *Amer. colomb.* Aguachar-se.

ACHANTARSE (atchantarse) *v. pron. fam.* Agüentar-se, esconder-se enquanto dura um perigo. *fam.* Conformar-se. *— por la buena,* declarar-se vencido e sem forças para protestar; conformar-se com o mínimo para não ficar sem nada. *— con alguna cosa,* reter alguma coisa contra a vontade do dono.

ACHAQUERO (atchaquero) *s. m.* Arrendatário das multas impostas pelos juízes da Mesta. Juíz deste conselho.

ACHAQUIENTO, A (atchaquiento) *adj.* Achacoso. Entre os caçadores, lugar de caça abundante. *— de liebres,* lugar onde há muita lebre.

ACHAROLAR (atcharolar) *v. tr.* V. CHAROLAR.

ACHICADOR, A (atchicador) *adj.* Que diminui, que apequena. *s. m.* Instrumento para esgotar a água nas embarcações pequenas.

ACHICADURA (atchicadura) *s. f.* Diminuição, redução, encurtamento.

ACHICAR (atchicar) *v. tr.* Diminuir, encurtar, apequenar, reduzir. U. t. c. pron. Esgotar a água de uma mina ou embarcação. *fig.* Humilhar, acobardar. U. m. c. pron. *Amer. colomb.* Tirar a vida, matar, despachar. *— el orgullo,* abater o orgulho.

ACHICHARRADERO (atchitcharradero) *s. m.* Lugar onde o calor é insuportável; forno.

ACHICHARRAR (atchitcharrar) *v. tr.* Frigir, cozer, assar, tostar demais um alimento. U. t. c. pron. Esquentar demasiado. *fig.* Causar forte inquietação ou excessiva ansiedade. Fazer perder a paciência. *v. pron. fig.* Abrasar-se.

ACHICHINQUE (atchitchinque) *s. m.* Esgotador, o operário que esgota a água de uma mina.

ACHICORIA (atchicoria) *s. f.* Chicória.

ACHIMERO (atchimero) *s. m. Amer. guat.* Bufarinheiro, vendedor ambulante.

ACHIMES (atchimes) *s. m. pl. Amer. guat.* Bufarinhas.

ACHINAR (atchinar) *v. tr.* e *pron. fam.* V. ACOCHINAR. *v. pron.* Achinesar-se. *Amer. argent.* Fazer-se gaúcho, agauchar-se.

ACHISPAR (atchispar) *v. tr.* Embriagar ligeiramente, deixar um tanto alegre com bebida. U. t. c. pron.

ACHOCAR (atchocar) *v. tr.* Chocar, atirar alguém contra uma superfície dura. Ferir com pau ou pedra. *fig. fam.* Guardar, amontoar dinheiro. Escalavrar. *Amer. P. Rico.* Desmaiar por efeito de golpes recebidos na cabeça.

ACHOCHARSE (atchocharse) *v. pron.* Caducar.

ACHOLAR (atcholar) *v. tr.* e *pron. Amer. chil.* e *per.* Envergonhar, confundir, correr alguém.

ACHOQUE (atchoque) *s. m. Amer. mexic. Zool.* Axolote.

ACHOTE (atchote) *s. m. Bot.* Achiote.

ACHUBASCARSE (atchubascarse) *v. pron.* Enublar-se, carregar-se a atmosfera de nuvens escuras que trazem aguaceiros com vento. *fig.* Irritar-se, encolerizar-se.

ACHUCHAR (atchutchar) *v. tr. fam.* Achatar, esmagar; apertar alguém.

ACHUCUTARSE (atchucutarse) *v. pron. Amer. colomb.* Acobardar-se, humilhar-se. *Amer. guat.* Murchar, secar.

ACHUETE (atchuete) *s. m. Filip. Bot.* Achiote.

ACHULADO, A (atchulado) *adj. fam.* Chulo.

ACHULAPADO, A (atchulapado) *adj. fam.* O mesmo que ACHULADO.

ACHULARSE (atchularse) *v. pron.* Adquirir modos chulos.

ACHURA (atchura) *s. m. Amer.* Qualquer parte do intestino ou miúdo do animal vacum.

ACHURAR (atchurar) *v. tr.* Tirar a achura de um animal.

ACIAGO, A *adj.* Aziago, infausto, de mau agouro. Ímpio, cruel.

ACIAL *s. m.* Aziar.

ACÍBAR *s. m.* Aloés. *fig.* Amargura, desgosto, mágoa. *Más amargo que el —.* Expressão com a qual se acentua a amargura de uma coisa. Usa-se em sentido próprio c figurado.

ACIBARAR *v. tr.* Deitar o sumo do aloés em alguma coisa. *fig.* Amargurar, perturbar o prazer com algum pesar. *v. intr.* Amargar.

ACIBERAR *v. tr.* Moer, pulverizar, reduzir alguma coisa a pó ou fragmentos.

ACICALADO, DA *adj.* Açacalado, polido, brunido, lustroso. Muito limpo ou asseado. Aplica-se principalmente às armas brancas.

ACICALAR *v. tr.* Açacalar, polir, brunir, limpar com cuidado. Diz-se principalmente com referência às armas brancas. Adornar, enfeitar, adereçar. U. t. c. pron. *Poét.* Amolar, afiar.

ACIERTO *s. m.* Acerto. *fig.* Cordura, tino, juízo, prudência, discrição. Acaso, casualidade.

ACIGUATADO, A *adj.* Pálido, amarelo, semelhante à cor dos ictéricos.

ACIGUATAR *v. tr.* Espreitar, observar.

ACIGUATARSE *v. pron.* Contrair a doença da icterícia.

ACIJE (acije) *s. m.* Caparrosa. V. ACECHE.

ACIJOSO, A (acijosso) *adj.* Que tem caparrosa.

ACIMBOGA *s. f. Bot.* Cidreira.

ACIMENTARSE *v. pron.* Estabelecer-se ou arraigar-se numa localidade.

ACIMO *adj.* Ázimo.

ACIMUT *s. m. Astron.* Azímute.

ACIÓN *s. f.* Loro do estribo.

ACIONERA *s. f. Amer.* O mesmo que ACIÓN.

ACIPADO, A *adj.* Diz-se do pano encorpado, espesso, unido.

ACIRATE *s. m.* Lomba que serve de limite divisório nas herdades; marco, baliza. Camalhão.

ACLARAR *v. tr.* Aclarar, alumiar. Explicar, decifrar, esclarecer, elucidar. Aumentar o espaço entre duas coisas, espacejar, espaçar.

ACLOCAR *v. tr.* Chocar (uma ave). *v. pron.* Pôr-se choca (a galinha). *Irreg.* Ind. pres. *Acluec-a, an.* Subj. pres. *Acluec-a, quen.*

ACOBRADO, A *adj.* Acobreado.

ACOCEAR *v. tr.* Escoucear. Espezinhar. *fig.* Ultrajar, humilhar, abater, desprezar.

ACOCHARSE (acotcharse) *v. pron.* Agachar-se, abaixar-se, acaçapar-se, encolher-se, acocorar-se.

ACOCHINAR (acotchinar) *v. tr. fam.* Assassinar, matar violentamente. Trucidar. *fig. fam.* Confundir, desdenhar, afrontar. *v. pron.* Emporcalhar-se, tornar-se porco, sujo, desasseado; relaxar-se, desmazelar-se.

ACOCILE *s. m. Amer. mexic.* Espécie de camarão da água doce. Também se diz ACOCIL.

ACOCOTAR *v. tr.* V. ACOGOTAR.

ACOCOTE *s. m. Amer.* Cabaça grande, usada no México para extrair-se o hidromel do agave.

ACODADURA *s. f.* Ação ou efeito de encostar os cotovelos.

ACODALAR *v. tr.* Esquadriar.

ACODAR *v. tr.* Apoiar o cotovelo sobre alguma coisa para suster a cabeça.

ACODICIAR *v. tr.* Arder em desejo ou cobiça de alguma coisa; cobiçar. Estimular alguém a fazer alguma coisa, impelir, excitar, imitar. *v. pron.* Afeiçoar-se, apaixonar-se.

ACODILLAR (acodilhar) *v. tr.* Dobrar em forma de cotovelo. Dar codilho (no jogo); codilhar. — *con la carga,* não poder com a carga, vergar ao peso dela.

ACODO *s. m.* Mergulhia, renovo.

ACOGEDIZO, A (acojediço) *adj.* Apanhado facilmente e sem escolha.

ACOGEDOR, A (acojedor) *adj.* Acolhedor.

ACOGER (acojer) *v. tr.* Acolher, recolher. Hospedar, agasalhar. *fig.* Amparar, proteger, defender, socorrer. *v. pron.* Refugiar-se, recorrer a alguém. —*se a la religión,* refugiar-se, buscar consolo na religião. *v. pron. fig.* Valer-se de algum pretexto para dissimular alguma coisa. Conformar-se com a opinião ou vontade alheias. —*se a la iglesia,* abraçar o estado eclesiástico. — *el ganado,* admitir o gado na pastagem.

ACOGETA (acojeta) *s. f.* Guarida, asilo, refúgio, abrigo, defesa. Lugar ou propósito para abrigar-se ao fugir de algum perigo. Escapatória, subterfúgio, evasiva.

ACOGIDA (acojida) *s. f.* Acolhimento. Proteção. Asilo. Defesa. Recepção. Afluência. — *de una letra,* aceitação de uma letra.

ACOGOLLAR (acogolhar) *v. tr.* Encapar, pôr as plantas delicadas a coberto das chuvas, neve e frio. *v. pron.* Refolhar-se, criar grelo ou renovo. *v. pron. fig.* Apinhar-se, apertar-se.

ACOGOMBRAR *v. tr.* Alporcar (as plantas, hortaliças).

ACOGOTAR *v. tr.* Matar com um golpe na região occipital, no cachaço ou na nuca. Dar cachações. Fazer baixar o cogote. *fig. fam.* Derrubar, vencer alguém, segurando-o. *fig.* Mortificar, molestar com insistência. Acobardar. Ferir. Ferir o boi na nuca. *v. pron.* Curvar a cerviz.

ACOHOMBRAR (acoombrar) *v. tr.* V. ACOGOMBRAR.

ACOJINAR (acojinar) *v. tr. Amer. mexic.* Acolchoar, almofadar.

ACOLADA *s. f. Impr.* Acolada. Colchete (sinal gráfico), parênteses formados de linhas retas, clave.

ACOLAR *v. tr. Heráld.* Unir, juntar, combinar, entrelaçar. Acrescentar ao escudo certos sinais de distinção.

ACOLCHAR (acoltchar) *v. tr.* Acolchoar.

ACOLCHONADO, A (acoltchonado) *adj. Amer.* Acolchoado.

ACOLCHONAR (acoltchonar) *v. tr. Amer.* Acolchoar.

ACOLITAR *v. intr. Amer.* Acolitar. Acompanhar ou ajudar alguém. *fam.* Participar do que outro come e bebe.

ACOLITAZGO *s. m.* Acolitado.

ACOLLAR (acolhar) *v. tr. Náut.* Içar os colhedores. *Agr.* Chegar terra aos troncos das plantas. *Irreg.* Ind. pres. *Acuell-o, as, a, an.* Subj. pres. *Acuell-e, es, e, en.* Imperat. *Acuell-a, e, en.*

ACOLLARAR (acolharar) *v. tr.* Pôr coleiras aos animais. *Amer. argent., chil* e *urug.* Acolherar, ajoujar.

ACOLLONAR (acolhonar) *v. tr.* e *pron.* Acobardar.

ACOMODADIZO, A (acomodadiço) *adj.* Acomodatício.

ACOMODAR *v. tr.* Acomodar, ordenar, dispor. Aplicar, adaptar. U. t. c. pron. *v. pron.* Acomodar-se, conformar-se. Obter emprego ou ocupação, colocar-se. —*se de criado,* empregar-se como criado. Resignar-se. *v. intr.* e *pron.* Prejudicar. — *una frase,* intercalá-la no lugar conveniente.

ACOMODO (acomòdo) *s. m.* Emprego, ocupação, ofício. Modo de viver. Conveniência, vantagem, comodidade, utilidade.

ACOMPAÑADO, A (acompanhado) *adj.* Acompanhado. *fam.* Freqüentado; relativo ao lugar onde passa muita gente. *Calle* —*a,* rua de muito movimento. *s. m.* Sócio. *s. m. fam.* Demônio, diabo. *Tener muchos* —*s dentro del cuerpo,* ter muitos demônios no corpo. Adjunto, juiz ou escrivão que se anexa ao que recusou a parte. *Amer. colomb.* O mesmo que ATARJEA.

ACOMPAÑAR (acompanhar) *v. tr.* e *pron.* Acompanhar.

ACONCHAR (acontchar) *v. tr.* Acomodar, arranjar. *Náut.* Reparar ou compor um navio. Arrojar o vento um navio à praia. *ant.* Adornar, compor, enfeitar. Dar forma de concha. *Amer. mexic.* Envergonhar, repreender. *v. pron.* Aprontar-se, aprestar-se. Encostar muito alguém a alguma parte para defendê-lo de risco ou perigo.

ACONGOJADAMENTE (acongojadamente) *adv.* Angustiadamente.

ACONGOJAR (acongojar) *v. tr.* Angustiar, oprimir, fatigar, afligir, inquietar, vexar. *v. pron.* Desmaiar.

ACONSEJAR (aconsejar) *v. tr.* Aconselhar. U. t. c. pron. —*se mejor,* pensar melhor, refletir novamente sobre uma coisa.

ACONSONANTAR *v. tr.* Aconsoantar. *v. intr.* Incorrer no defeito da consonância.

ACONTECER *v. intr.* Acontecer, suceder. Emprega-se como v. tr. na frase *Hacer y —,* fazer e acontecer. *Irreg.* U. s. nas 3ªs pes. Subj. pres. *Acontezca.*

ACONTECIMIENTO *s. m.* Acontecimento.

ACOPAR *v. tr.* Copar.

ACOPIAR *v. tr.* Juntar uma coisa em grande quantidade. Amontoar, reunir, ajuntar. Monopolizar, abarcar. Diz-se mais comumente das provisões, dos cereais.

ACOPIO *s. m.* Cópia, montão. Aprovisionamento. Monopólio. Estoque.

ACOPLAR *v. tr. Mec.* Juntar, ajustar, unir. Jungir os bois. *fig.* Conciliar, reconciliar, acomodar. U. t. c. pron. *Cinemat.* Dobrar. *v. pron.* Fraternizar, harmonizar-se, unir-se pelo gênio, afeiçoar-se.

ACOQUINAMIENTO *s. m.* Acobardamento, cobardia. Desalento, descoroçoamento, desânimo. Preguiça.

ACOQUIÑAR *v. tr. fam.* Acobardar, intimidar. Desanimar, descoroçoar, desalentar. U. t. c. pron. Ter preguiça.

ACORAZADO (acoraçado) *s. m.* Couraçado, encouraçado.

ACORAZAR (acoraçar) *v. tr.* Couraçar, blindar.

ACORAZONADO, A (acoraçonado) *adj.* Que tem forma de coração.

ACORCHARSE (acortcharse) *v. pron.* Encortiçar-se; perder as plantas o seu suco e sabor. *fig.* Entorpecer-se os membros do corpo. *v. tr.* Encortiçar, forrar de cortiça.

ACORDADA *s. f.* Acordo, determinação, ordem, resolução de um tribunal. *adj. Carta —,* carta de censura ou admoestação expedida por um tribunal superior. *Top.* Linha geodésica.

ACORDANCIA *s. f.* Acordança, concerto, consonância. Resolução, acordo.

ACORDAR *v. tr.* Acordar, determinar de comum acordo, concordar. Lembrar. U. t. c. pron.: *Tu te acordarás de mí,* tu te lembrarás de mim. *v. intr.* Conformar, convir. *Amer.* Conceder, outorgar. *v. pron.* Pôr-se de acordo. *v. Mús.* Afinar. *Se mal no me acuerdo,* se bem me recordo. *Irreg.* Ind. pres. *Acuerd-o, as, a, an.* Subj. pres. *Acuerd-e, es, e, en.* Imperat. *Acuerd-a, e, en.*

ACORDE *adj.* Acorde, concorde, conforme. *s. m. Mús.* Acorde.

ACORDELAR *v. tr.* Medir um terreno com cordel. *Arq.* Alinhar, nivelar com cordel.

ACORDEÓN *s. m.* Acordeão. *loc. adv. En —,* com pregas (nos vestidos), imitando as do fole do acordeão.

ACORDONADO, A *adj.* Torcido, disposto em forma de cordão. Circundado, cercado de um cordão de gente.

ACORDONAMIENTO *s. m.* Acordoamento. Sítio, cerco, assédio.

ACORDONAR *v. tr.* Acordoar, guarnecer de cordão. Sitiar, cercar, assediar. Circundar com um cordão de gente. U. t. c. pron.

ACORNAR ou ACORNEAR *v. tr.* Cornear, dar cornadas, escornar, marrar. *Irreg.* Para o 1º. V. conj. de *Acordar.*

ACORRALAR *v. tr.* Acurralar, encurralar. *fig.* Intimidar, acobardar, amedrontar. Embaraçar, confundir, embatucar. *v. pron.* Refugiar-se, fugindo da justiça; homiziar-se, esconder-se.

ACORRER *v. tr.* Socorrer. Envergonhar alguém. *v. intr.* Acudir. Recorrer. *v. pron.* Refugiar-se, acolher-se.

ACORRUCARSE *v. pron.* V. ACURRUCARSE.

ACORTAMIENTO *s. m.* Encurtamento, estreitamento, diminuição, redução.

ACORTAR *v. tr.* Encurtar, estreitar, abreviar. *v. pron.* Encolher-se. *fig.* Perturbar-se, emudecer.

ACOSAR (acossar) *v. tr.* Acossar, perseguir. *fig.* Vexar, molestar, maltratar, importunar.

ACOSTAR *v. tr.* e *pron.* Pôr ou meter alguém na cama, deitar. Aproximar. Recostar, reclinar, pôr de lado. *v. pron.* Inclinar-se para um lado. Deitar-se. *fig.* Conformar-se. *Náut.* Encostar, atracar, arribar. *Irreg.* Ind. pres. *Acuest-o, as, a, an.* Subj. pres. *Acuest-e, es, e, en.* Imperat. *Acuest-a, e, en.*

ACOSTUMBRAR *v. tr.* Acostumar. *v. intr.* Costumar. U. ṭ. c. pron.

ACOTACIÓN *s. f.* ACOTAMIENTO *s. m.* Demarcação. Anotação à margem de um escrito. *Teat.* Marcação.

ACOTAR *v. tr.* Demarcar, balizar, delimitar. Anotar. Fixar, assinalar. Restringir, impedir. Anotar à margem. Aceitar uma coisa nos termos em que ela é oferecida. Cotar. Decotar, desbastar as árvores. *v. pron.* Refugiar-se, pôr-se a salvo noutra jurisdição. Invocar o testemunho de alguém: *Acoto con fulano,* afirmou sob a fé de fulano. — *un terreno,* apropriar-se de um terreno ou de seus frutos.

ACOTILLO (acotilho) *s. m.* Malho.

ACOYUNDAR (acodjundar) *v. tr.* Cangar, jungir os bois.

ACOYUNTAR (acodjuntar) *v. tr.* Associar-se dois lavradores cada qual com um animal a fim de formar uma junta.

ACRECENCIA *s. f.* Acrescentamento, aumento.

ACRECIMIENTO *s. m.* Acréscimo, aumento.

ACREDITAR *v. tr.* Acreditar. Abonar. Provar. Creditar. Dar fama, crédito, reputação. U. t. c. pron. — *una mentira,* repeti-la com exagero, dar-lhe aparência de realidade. —*se de loco,* proceder como louco.

ACREEDOR *s. f.* Credor. *adj.* Digno, merecedor, credor.

ACRIBADURA *s. f.* Ação de joeirar. *pl.* O mesmo que AECHADURAS.

ACRIBAR *v. tr.* Crivar, passar pelo crivo, joeirar, cirandar. *fig.* Crivar, fazer furos como um crivo. U. t. c. pron.

ACRIBILLAR (acribilhar) *v. tr.* Crivar, abrir muitos buracos como os tem um crivo. Abrir muitas feridas, picar. *Le* ACRIBILLARON *a puñaladas,* crivaram-no de punhaladas. *Le* ACRIBILLAN *los mosquitos,* os mosquitos picam-no muito. *fig. fam.* Incomodar, molestar, torturar. *Le* ACRIBILLAN *los acreedores,* os credores torturam-no.

ACRIMINACIÓN *s. f.* Criminação, acusação, imputação.

ACRIMINAR *v. tr.* Criminar. Exagerar, agravar um delito. Deturpar as palavras de outrem, dando-lhes um sentido odioso. *v. pron.* Acusar-se.

ACRIOLLARSE (acriolharse) *v. pron.* Nacionalizar-se, adaptar-se, adquirir o estrangeiro os usos e costumes dos filhos do país, de maneira que nele pareçam próprios e naturais.

ACRISTIANAR *v. tr. fam.* Cristianizar; batizar. *fig.* Polir, melhorar a forma de alguma coisa. *v. pron.* Fazer-se piedoso, bom cristão.

ACRITUD (acritud) *s. f.* Acritude, acridez, acrimônia.

ACTA *s. f.* Ata. *pl.* História contemporânea da vida dos santos. —*s de los Apóstoles,* atos dos Apóstolos. *Amer. Tomar* —, lavrar a ata.

ACTITUD (actitud) *s. f.* Atitude.

ACTUAR *v. tr.* Atuar. *For.* Atuar. *v. pron.* Informar-se, instruir-se. Defender tese. *Fisiol.* Digerir.

ACUARTELAMIENTO *s. m.* Aquartelamento.

ACUARTELAR *v. tr.* Aquartelar. U. t. c. pron. *Náut.* Atravessar (as velas).

ACUCHARAR (acutcharar) *v. tr.* Dar forma de colher.

ACUCHILLADO, A (acutchilhado) *adj.* Prático, esperto por força de experiência. Experimentado, escarmentado. *p. p.* de *Acuchillar.*

ACUCHILLAR (acutchilhar) *v. tr.* Acutilar, esfaquear, anavalhar, golpear. *v. pron.* Bater-se a espada; bater-se corpo a corpo.

ACUCIAMIENTO *s. m.* Estímulo, pressa, desejo, diligência.

ACUCIAR *v. tr.* Estimular, apressar, instar, incitar. Desejar com veemência, apetecer. *v. pron.* Apressar-se.

ACUCLILLARSE (acuclilharse) *v. pron.* Acocorar-se.

ACUDIMIENTO *s. m.* Acorrimento, socorro, auxílio.

ACUEO, A *adj.* Aqueo.

ACUERDO *s. m.* Acordo. Resolução. Conselho, parecer. Memória, lembrança. Reflexão, madureza na resolução. *pl.* Decretos, ordens, medidas emanadas do poder executivo. *pl.* Mandatos, acórdãos.

ACULAR *v. tr. fam.* Encurralar, acantoar. *v. pron.* Sentar-se comodamente. —*se en un sitio,* ser persistente, sentar-se muito tempo num lugar.

ACULLÁ (aculhá) *adv.* Acolá.

ACUMUCHAR (acumutchar) *v. tr. Amer. chil.* Acumular, amontoar.

ACUÑACIÓN (acuñaciòn) *s. f.* Cunhagem.

ACUÑAR *v. tr.* Cunhar (moeda). Meter cunhas. Falando-se de dinheiro, guardá-lo por avareza.

ACURRADO, A *adj.* Janota, casquilho, elegante, taful, garrido.

ACURRUCARSE *v. pron.* Encolher-se para ocultar-se ou agasalhar-se. Acocorar-se, agachar-se.

ACUSATIVO *s. m.* Acusativo. *Gram.* Um dos casos da declinação. Indica o complemento direto do verbo. Em espanhol, às vezes leva, e outras não, a prep. *a.* Via de regra, quando o complemento é coisa inanimada ou animal irracional, não se usa a prep. *a,* e sim quando é pessoal: *Juan mató a un pájaro; el bandolero mató A un hombre; el marinero ha desubierto una isla; pronto se descobrió Al embustero.*

ACUSE (acuse) *s. m.* Ação de acusar o jogo, de mostrá-lo aos parceiros.

ACUSETAS (acussetas) ou **ACUSETE** (acussete) *s. m. Amer.* V. ACUSÓN.

ACUSÓN, A (acussòn) *adj. fam.* Mexeriqueiro, delator, denunciante, pessoa que tem o costume de acusar. U. t. c. s.

ACUTI *s. m. Amer.* Cutia.

ADALA *s. f.* Dala.

ADALID (adalid) *s. m.* Adail, cabo de guerra, caudilho.

ADAN *s. m. fig. fam.* Homem esfarrapado, sujo, desalinhado. Homem apático e descuidado.

ADARAZA (adarça) *s. f. Arq.* Espera.

ADARCE *s. m.* Salsugem.

ADATAR *v. tr.* Datar. Registrar as contas do dia.

ADAZA (adaça) *s. f.* Painço. Fio que se fabrica com o esparto.

ADECENAR *v. tr.* Dividir, contar por dezenas.

ADECENTARSE *v. pron.* Ataviar-se, pôr-se em estado decente, compor-se, enfeitar-se.

ADECUAR *v. tr.* Adequar, acomodar, proporcionar, igualar.

ADEFESIO (adefessio) *s. m. fam.* Despropósito, dislate, disparate, desatino, extravagância. U. m. no pl. Vestido ridículo e extravagante. Fealdade excessiva. Defeito físico notável.

ADEHALA (adeala) *s. f.* Propina, gratificação que se dá a mais do preço.

ADEHESAR (adeessar) *v. tr.* Converter em pastagem uma terra lavradia.

ADELANTADILLO, A (adelantadilho) *adj. Dim.* de *Adelantado.* Diz-se do vinho feito com a uva que sazonou antes da vindima.

ADELANTADO, A *adj.* Adiantado, precoce, antecipado, prematuro. Excelente, superior, avantajado. Que fez progressos. Audaz, atrevido, imprudente, descortês, petulante. Aumentado, melhorado. *Por* —, antecipadamente. *s. m.* Governador civil e militar de uma província de fronteira.

ADELANTAR *v. tr.* Adiantar. Acelerar. Antecipar. Progredir, exceder. Aumentar, melhorar, acrescentar. Avançar. Adquirir riqueza, prosperar. Aperfeiçoar, inventar. U. t. c. pron. *v. pron.* Atrever-se, descomedir-se. — *tierra,* fazer caminho. — *un paso,* avançar com lentidão em alguma coisa.

ADELANTE *adv.* Adiante, para diante, mais acima, mais para lá. *En* —, para o futuro. *Más* —, mais adiante, em futuro indeterminado. ¡—! *interj.* Adiante! Eia! Prossiga! Entre!

ADELANTO *s. m.* Adiantamento, progresso, avanço.

ADELGAZAR (adelgaçar) *v. tr.* Adelgaçar. U. t. c. pron. Purificar, depurar. *v. intr.* Enfraquecer, emagrecer. — *el entendimiento,* aguçar o entendimento.

ADEMA *s. f.* Escora, espeque.

ADEMÁN *s. m.* Ademã, gesto, modo, trejeito. *loc. adv. En* — *de,* em atitude de executar alguma coisa.

ADEMAR *v. tr.* Especar, escorar.

ADEMÁS *adv.* Ademais, demais, além disso. P. u. Em demasia. *loc. adv.* — *de que,* além do que, com maior razão.

ADEME *s. m.* Revestimento ou forro de madeira.

ADEMENTAR *v. tr.* Dementar, endoidecer. *v. pron.* Enlouquecer. *fig.* Parecer ou imitar os loucos.

ADENTELLAR (adentelhar) *v. tr.* Dentear, morder, fincar os dentes em. *fig.* Criticar, murmurar, satirizar mordazmente. *Arq.* Dentear, deixar esperas.

ADENTRAR *v. tr.* Aprofundar, penetrar na intimidade de um assunto por meio de exame, de análise. *v. pron. vulg.* Introduzir-se, meter-se.

ADENTRO *adv.* A dentro, dentro, na parte interior. *s. m. pl. fig.* O foro íntimo: *Juan habla bien de Pedro, aunque en sus —s siente de otro modo,* João diz bem de Pedro, embora no seu íntimo sinta de outro modo. *loc. adv. Bien* —, profundamente. ¡*Adentro!* Expressão usada para ordenar ou convidar a entrar alguém nalgum lugar.

ADEREZAR (adereçar) *v. tr.* Adereçar. Dispor ou preparar. Remendar. Guiar, dirigir. *v. pron.* Dirigir-se, encaminhar-se.

ADEREZO (adereço) *s. m.* Adereço. Ação de adereçar. Arreios. Copos (da espada). *fig.* Enfeite exagerado. Aparelhamento do que é necessário e conveniente para alguma coisa. *Medio* —, jogo de jóias composto de pendente e um alfinete para o peito.

ADERRA *s. f.* Corda de junco ou esparto com que se aperta o engaço (no lagar).

ADESTRAR *v. tr.* Adestrar. Guiar, dirigir. Ensinar, exercitar, v. pron. Adestrar-se, exercitar-se. *Irreg.* Ind. pres. *Adiestr-o, as, a, an.* Subj. pres. *Adiestr-e, es, e, en.* Imperat. *Adiestr-a, e, en.*

ADEUDADO, A *adj.* Endividado.

ADEUDAR *v. tr.* Dever (estar em dívida). Ter que pagar direitos alfandegários. Debitar. Contrair dívida. *v. pron.* Endividar-se.

ADEUDO *s. m.* Dívida. Direito alfandegário. Ação de debitar.

ADHERIR (aderir) *v. intr.* Aderir. U. m. c. pron. *fig.* Concordar. U. m. c. pron. *Irreg.* V. conj. de *Sentir.*

ADHORTAR (adortar) *v. tr.* V. EXHORTAR.

ADIANO, A *adj.* Forte, duro, vigoroso. *ant.* Honrado, nobre. Cortante, afiado.

ADICTO, A *adj.* Adito, dedicado, apegado, afeiçoado, aferrado. Partidário. U. t. c. s.

ADIFÉS *adv.* Adrede, intencionalmente.

ADINERADO, A *adj.* Endinheirado, rico, abastado, opulento.

ADINTELADO, A *adj. Arq.* Alongado, diz-se do arco que degenera em linha reta.

ADINTELAR *v. tr. Arq.* Dentear. Fazer padieiras. Terminar um arco em linha reta.

¡**ADIOS!** *interj.* Adeus. *s. m.* Despedida, adeus.

ADIR *v. tr. For.* Adir, tomar posse de uma herança. (Usa-se somente na frase *"— la herencia",* receber a herança.)

ADIVA *s. f. Zool.* Adibe. *s. f. pl.* Vívulas.

ADIVINAJA (adivinaja) *s. f. fam.* Adivinhação, enigma. O mesmo que ACERTIJO.

ADIVINANZA (adivinança) *s. f.* Adivinhação.

ADJETIVO (adjetivo) *s. m.* Adjetivo. *Gram.* Parte da oração que se junta ao substantivo para qualificá-lo ou determiná-lo. Esta parte do discurso também se chama *nombre* (nome) adjetivo, e recebe denominações especiais segundo os casos: ABUNDANCIAL, quando denota abundância *(pedregoso, peludo, montañoso)*; AUMENTATIVO, quando dilata o significado próprio variando a terminação da palavra *(bonachón, grandullón)*; CALIFICATIVO (qualificativo), quando denota alguma qualidade do substantivo *(blanco, negro, bueno, malo)*; COMPARATIVO, quando expressa comparação *(mayor, mejor, peor)*; DETERMINATIVO, quando determina a extensão do substantivo *(algunos, varios, muchos, todos, cien)*; COMPUESTO (composto), quando é formado de uma palavra simples e de outra, ou de outros vocábulos ou partículas *(entrefino, carilargo)*; DERIVADO, quando procede de outro primitivo *(rojizo, de rojo; azulino, de azul)*; DESPECTIVO, quando implica a idéia de desprezo *(cegato,*

beatuco); DIMINUTIVO, quando diminue o significado próprio variando a terminação da palavra (adelantado, callejuela, buenecillo, chiquitin, chiquito); GENTILICIO, quando denota a nação, a raça, a pátria, ou a procedência das coisas (español, castellano, madrileno, portugues, brasileño, argentino); NUMERAL, quando significa número (CARDINAL: uno, tres, veinte; ORDINAL: primeiro, segundo, quinto; PARTITIVO: medio, tercio, décimo; MULTIPLO: doble, triple, cuádruple); POSITIVO, quando expressa simplesmente a qualidade, condição ou circunstância do substantivo (grande, justo, fiel, fuerte, malo, bueno); PRIMITIVO, quando não procede nem se forma de outro do idioma espanhol (bueno, claro, bajo, triste, rojo); SUPERLATIVO, quando denota o maior grau da qualidade que com ele se expressa (justísimo, celebérrimo, grandísimo); VERBAL, quando se forma ou deriva de algum verbo (emprendedor, hacedero, pensativo, amable, resuelto). O adj. é modificado: por advérbios (muy prudente, demasiado astuto); por complementos (abundante de frutos, liberal con sus amigos); por proposições (severo en su vida, como lo habian sido sus abolengos). — adj. Diz-se de qualquer dos verbos, à exceção do verbo ser, que é o único verbo substantivo.

ADÓ adv. ant. V. ADONDE.

ADOBADO s. m. Culin. Carne, especialmente de porco, posta em conserva. adj. Curtido. Diz-se dos vinhos preparados com certos ingredientes.

ADOBAR v. tr. Culin. Preparar, condimentar, sazonar, temperar. Guisar, pôr em conserva. Agr. Adubar (a terra). Tecn. Curtir e preparar peles.

ADOBASILLAS (adobassilhas) s. m. Consertador de vasilhas velhas.

ADOBO s. m. Ação e efeito de Adobar. Carne posta em conserva. Conserto, reparo de alguma coisa. Mistura de vários ingredientes para curtir peles. Adorno. ant. Convênio, pacto.

ADOBÓN s. m. Amer. equat. Pedaço de taipa feito de uma só vez.

ADOCENADO, A adj. Comum, vulgar, trivial, abundante. Falando-se de escritores e poetas, autor de pouco mérito, de estilo charro e desgracioso.

ADOCENAR v. tr. Ordenar ou dividir em dúzias. Incluir ou confundir alguém com pessoa de baixa qualidade e educação vulgar. U. t. c. pron. v. pron. Fazer-se vulgar.

ADOLECENTE p. a. de Adolescer. adj. Que adoece, que sofre de alguma enfermidade.

ADOLECER v. intr. Adoecer. Ter paixões, vícios ou más qualidades. v. pron. Condoer-se. — de amor, estar muito apaixonado, a ponto de languescer. Irreg. Ind. pres. Adolezco. Subj. pres. Adolezc-a, as, a, amos, áis, an. Imperat. Adolezc-a, amos, an.

ADOLORADO, A adj. Dolorido.

ADONDE adv. Aonde, para onde.

ADONDEQUIERA adv. A qualquer parte. Onde quer que.

ADOQUIER, ADOQUIERA adv. ant. V. ADONDEQUIERA.

ADOQUÍN s. m. Pedra talhada em forma de prisma e usada no calçamento das ruas. Paralelepípedo. adj. fig. Ignorante, estúpido.

ADOQUINAR v. tr. Calçar, empedrar com adoquines.

ADORMECER v. tr. Adormecer, adormentar, causar sono, fazer dormir. U. t. c. pron. fig. Acalmar, mitigar, aplacar, sossegar. v. intr. ant. Dormir. v. pron. Começar a dormir, adormecer. Entorpecer-se, adormecer algum membro do corpo. fig. Entregar-se a vícios ou prazeres e não abandoná-los. Irreg. V. conj. de Adolecer.

ADORMIDERA s. f. Dormideira. Fruto desta planta.

ADORMILARSE v. pron. V. ADORMITARSE.

ADORMIR v. intr. e pron. Adormecer.

ADORMITARSE v. pron. Dormitar.

ADOROTE s. m. Amer. merid. Cangalhas providas de bolsas, onde vai a carga.

ADOSAR (adossar) v. tr. Encostar, arrimar de costas. Colocar uma coisa de costas para diante. Heráld. Colocar costa com costa.

ADQUIRIR v. tr. Adquirir. Irreg. Ind. pres. Adquier-o, es, e, en. Subj. pres. Adquier-a, as, a, an. Imperat. Adquier-e, a, an.

ADRA s. f. Turno, ordem, vez. Porção ou divisão dos habitantes de uma localidade.

ADRALES s. m. pl. Xalmas.

ADRAZO (adraço) s. m. Alambique antigo usado nos navios para tornar potável a água do mar.

ADREDE adv. Adrede. Al —, propositalmente.

ADRIAN s. m. Joanete. Osso saliente do polegar do pé. Olho de gato (calo).

ADRIZAR (adriçar) v. tr. Náut. Adriçar.

ADSCRIBIR v. tr. Adscrever, inscrever, atribuir, incluir. U. t. c. pron. Aditar, agregar alguém a uma corporação ou destino. U. t. c. pron. Irreg. V. conj. de Escribir.

ADUANA s. f. Alfândega. fig. Casa de muita freqüência. Imposto sobre gêneros e mercadorias. Líneas de —s, linha de postos aduaneiros para a repressão do contrabando.

ADUANABLE adj. Diz-se da mercadoria sujeita a direitos alfandegários.

ADUANAR v. tr. Alfandegar, despachar, registrar na alfândega.

ADUANERO, A adj. Aduaneiro. s. m. Guarda ou empregado da alfândega.

ADUANILLA (aduanilha) s. f. Armazém de secos e molhados.

ADUANISTA s. m. Guarda ou empregado da alfândega.

ADÚCAR s. m. Barbilho, seda que envolve o casulo do bicho-da-seda. Tecido fabricado com esta seda. Cadarço.

ADUCHO (adutcho) p. p. irreg. de Aducir. adj. ant. Destro, experimentado.

ADUCIR v. tr. Aduzir. Irreg. Ind. pres. Aduzco. Pret. indef. Aduj-e, iste, os imos, isteis, eron. Subj. pres. Aduzc-a, as, a, amos, ais, an. Pret. imp. Aduj-era ou aduj-ese, as ou eses, a ou ese, amos ou ésemos, ais ou eseis, an ou esen. Fut. imp. Adujer-e, es, e, emos, ereis, iren. Imperat. Aduze-a, amos, an. P. p. Aducho.

ADUEÑARSE (aduenharse) v. pron. Adonar-se, fazer-se dono de uma coisa.

ADUENDADO, A adj. fam. Que tem as propriedades atribuídas aos duendes.

ADUFE s. m. Adufe, pandeiro mourisco. fig. fam. Pandeiro.

ADUJA (aduja) s. f. Náut. Aducha.

ADUJAR (adujar) v. tr. Náut. Aduchar.

ADULA s. f. Agr. V. DULA.

ADULANCIA s. f. Amer. Adulação.

ADULERO s. m. Adueiro.

ADULETE adj. Amer. per. Adulão.

ADULO s. m. Amer. Adulação.

ADULÓN, A adj. Amer. Adulão, adulador, servil. U. t. c. s.

ADULZAMIENTO (adulçamiento) s. m. Adoçamento, amaciamento.

ADULZAR (adulçar) v. tr. V. ENDULZAR. Abrandar, amaciar (os metais).

ADULZORAR (adulçorar) v. tr. ant. Adulçorar, adoçar, suavizar, dulcificar.

ADUNIA adv. p. us. Em abundância, copiosamente.

ADVENEDIZO, A (advenediço) adj. Adventício.

ADVENIDERO, A adj. Vindouro.

ADVENIMIENTO s. m. Advento, vinda, chegada, especialmente se é esperada e solene. loc. fam. Esperar uno el santo —, esperar ou aguardar uma pessoa, ansiosamente, algo que demora a realizar-se ou que não se realiza.

ADVENIR v. intr. Advir, chegar, vir. Irreg. V. conj. de Venir.

ADVERBIO s. m. Advérbio. Gram. Parte da oração que serve para modificar a significação do verbo ou de qualquer outra palavra que tenha sentido atributivo ou qualificativo. Assim como o adjetivo modifica o substantivo e o verbo, o Advérbio modifica o verbo e o adjetivo, modificando ainda outro advérbio. O Advérbio é invariável, isto é, não sofre acidentes gramaticais, e pode ser de TIEMPO (tempo); (hoy, mientras, nunca, ayer, jamás); de Lugar: (aquí, delante, lejos, allí, cerca); de MODO: (aprisa, bien, despacio, facilmente, justamente); de CANTI-

DAD (quantitativos); (bastante, mucho, muy, algo, poco, nada); de Ordem: (primeramente, no); de AFIRMACIÓN: (sí); de NEGACIÓN: (no); de DUDA (dúvida ou dubitativo): (quizá, acaso); COMPARATIVOS: (peor, mejor); SUPERLATIVOS: (rapidísimamente, facilísimamente, lejísimos) e DIMINUTIVOS: (cerquita, lejitos). Chama-se MODO ADVERBIAL (locução adverbial) a locução que tem a significação e exerce a função de advérbio: con todo, sin embargo, a pié, a hurtadillas. Não é pequeno o número de adjetivos usados acidentalmente como advérbios, que, neste caso, são invariáveis e omitem por elipse a terminação adverbial em mente: comprar caro, hablar recio, reir fuerte.

ADVIENTO s. m. Advento.

ADJACENCIA (adjacencia) s. f. Adjacência.

AECHADERO (aetchadero) s. m. Lugar para limpar os cereais, eira.

AECHADURA (aetchadura) s. f. Alimpadura.

AECHAR (aetchar) v. tr. Joeirar, crivar, cirandar.

AECHO (aetcho) s. m. Crivação, joeiramento.

AEROBUS s. m. Ônibus aéreo, avião de grandes dimensões destinado exclusivamente ao transporte de passageiros.

AERONAVAL adj. Pertencente ou relativo à navegação aérea.

AEROPUERTO s. m. Aeroporto.

AFACA s. f. Bot. Cizirão.

AFÁN s. m. Afã, esforço, fadiga. Desejo veemente. Inquietude.

AFANESA (afanessa) s. f. V. AFANESO.

AFANESO (afanesso) s. m. Afanésio, arseniato de cobre.

AFAROLAMIENTO s. m. Amer. chil. e per. Espavento, exaltação.

AFAROLARSE v. pron. Amer. chil. e per. Fazer uma demonstração excessiva ou afetada de pasmo, repulsa ou sentimento.

AFASCALAR v. tr. Agr. Amontar, empilhar os feixes. Emendar, fazer medas.

AFEBLECERSE v. pron. Debilitar-se, enfraquecer, emagrecer, adelgaçar. Irreg. Ind. pres. Afeblezco. Subj. pres. Afeblezc-a, as, a, amos, aís, an. Imperat. Afeblezc-a, amos, an.

AFECTACIÓN s. f. Afetação. Cuidado excessivo. Ostentação vã. fig. Altivez, presunção, petulância, orgulho.

AFECTAR v. tr. Afetar. v. pron. Impressionar-se.

AFECTO s. m. Afeto. (Toma-se mais particularmente por amor ou carinho). Pint. Expressão. Dar —s, inspirar afeto. Dé usted mis —s, apresente os meus respeitos. Lleno de —s, muito afetuoso. Tener —, ter afeição.

AFEITA s. m. Amer. merid. Ação de barbear ou barbear-se, barbeação, barbeadura.

AFEITAR v. tr. Barbear, fazer a barba. U. t. c. pron. Enfeitar, adornar.

AFEITE s. m. Enfeite, adorno, adereço.

AFELPAR v. tr. Aveludar, amaciar, tecer em forma de felpa. Náut. Rechear.

AFELTRAR v. tr. Converter a lã em feltro.

AFEMINAMIENTO s. m. Afeminamento, afeminação.

AFERRAR v. tr. e pron. Aferrar, aferrar-se. Irreg. V. conj. de Errar. Tem sido usado como v. reg.

AFERRUZADO, A (aferruçado) adj. Mal-humorado, iracundo, carrancudo.

AFESTONADO, A adj. Afestoado.

AFESTONAR v. tr. Afestoar.

AFIANZADO, A (afiançado) adj. Afiançado, garantido, abonado.

AFIANZADOR, A (afiançador) adj. e s. Afiançador. Fiador, abonador.

AFIANZAR (afiançar) v. tr. Afiançar, abonar, garantir, caucionar. Segurar por meio de pregos, cordas etc. Consolidar, fixar.

AFICHE (afitche) s. m. Amer. Cartaz.

AFICIÓN s. f. Afeição, inclinação, propensão, afeto. Empenho, eficácia. Paixão por alguma coisa, predileção por algum entretenimento, esporte ou arte.

AFICIONADO, A adj. Afeiçoado. Que tem predileção por alguma coisa. Amador. U. t. c. s. Aplica-se por oposição a Profesional.

AFICIONAR *v. tr.* Afeiçoar. *v. pron.* Afeiçoar-se a alguma pessoa, coisa ou atividade.

AFIEBRARSE *v. pron. Amer. merid.* Enfebrecer; sentir calor excessivo e princípios de febre.

AFIJO, A *adj. Gram.* Afixo.

AFILADERA *s. m.* Aguçadeira, pedra de amolar.

AFILADO, A *adj.* Afiado, amolado, aguçado. Afilado, delgado, fino.

AFILADOR, A *adj.* Que afia ou amola. *s. m.* Amolador.

AFILADURA *s. f.* Afiação, amolação. *ant.* Fio, corte, gume.

AFILAMIENTO *s. m.* Afilamento (do rosto, nariz ou dedos).

AFILAR *v. tr.* Afiar, aguçar, amolar. *Amer. argent.* Namorar, galantear, requebrar. *v. pron. fig.* Afilar-se, adelgaçar-se (o rosto, o nariz, os dedos); enfraquecer extraordinariamente. *v. tr.* Em Buenos Aires, adular.

AFILIACIÓN *s. f.* Filiação. Perfilhação, adoção.

AFILIADO, A *adj.* Filiado, membro de alguma sociedade, associado.

AFILIAR *v. tr.* Filiar, admitir em alguma sociedade, associar. Perfilhar, adotar. Juntar, unir, associar. U. m. c. pron.

AFILIGRANADO, A *adj.* Filigranado. Diz-se de pessoas e coisas pequenas, miúdas, finas e delicadas. Pulido, formoso, delicado, fino. Magro, enxuto de carnes.

AFILIGRANAR *v. tr.* Filigranar, trabalhar em filigranas ou imitá-las. *fig.* Pulir, aformosear, aperfeiçoar, enfeitar, ornar, lustrar, embelezar.

AFILÓN *s. m.* Afiador, aguçadeira. Peça de aço para afiar ou amolar. Chaira.

AFÍN *adj.* A fim. Contíguo, próximo. Campos afines, campos vizinhos. *s. m. e f.* Parente por afinidade.

AFINAMIENTO *s. m.* Afinamento, finura, afinação.

AFINAR *v. tr.* Afinar. Aperfeiçoar. U. t. c. pron. Harmonizar. Purificar. *v. pron.* Tornar-se muito astuto e sagaz. — *el oído*, apurar, aguçar o ouvido. — *la puntería*, pôr grande esmero em conseguir uma coisa.

AFINCAR *v. tr.* Fincar, introduzir, pregar. *v. intr.* Adquirir propriedades imóveis. *v. tr. ant.* Afincar. Importunar. Julgar, determinar. *Amer. cub.* Emprestar dinheiro mediante garantia de imóveis. *v. pron.* Afincar-se, insistir.

AFINO *s. m.* Purificação dos metais.

AFIÓN *s. m.* Ópio.

AFIRMAR *v. tr.* Firmar, consolidar, segurar. Afirmar, asseverar, assegurar. *Amer. chil.* Açoitar. *v. intr. ant.* Habitar, residir. *v. pron.* Firmar-se, estribar-se, afirmar-se.

AFLAMENCADO, A *adj.* Aflamengado.

AFLECHADO, A (afletchado) *adj. Bot.* Sagitado.

AFLICCIÓN *s. f.* Aflição. Pranto, desconsolo.

AFLOJAMIENTO (aflojamiento) *s. m.* Afrouxamento.

AFLOJAR (aflojar) *v. tr.* Afrouxar. U. t. c. pron. *v. intr.* Ceder, perder força. Transigir, consentir. *Amer. chil.* — *la pepa*, ceder, soltar, entregar. — *el ánimo*, distrair-se.

AFLORADO, A *adj.* Floreado. Primoroso, florido, que é o melhor.

AFLORAR *v. intr.* Aflorar, vir à flor. Dar forma de flor. Purificar, aperfeiçoar.

AFLUENCIA *s. f.* Afluência, aglomeração. Abundância. *fig.* Eloquência, facúndia.

AFLUIR *v. intr.* Afluir, confluir. *fig.* Concorrer, chegar em abundância. *Irreg.* V. conj. de *Fluir.*

AFLUJO (aflujo) *s. m. Med.* Afluxo.

AFOGARAR *v. tr.* Secar (as sementeiras por excesso de calor). U. t. c. pron.

AFOLLAR (afolhar) *v. tr.* Soprar com o fole. *fig.* Dobrar em forma de fole, preguear. Corromper, viciar, estragar. *Arq.* Construir mal uma obra. *Irreg.* Ind. pres. *Afuell-o, as, a, an.* Subj. pres. *Afuell-e, es, e, en.* Imperat. *Afuell-a, e, en.*

AFOLLONAR (afolhonar) *v. tr.* Acobardar.

AFORAR *v. tr.* Aforar, dar ou tomar por aforamento. Avaliar mercadorias para o pagamento de direitos. Medir a quantidade de água levada por uma corrente em determinado tempo. Dar, outorgar foros. Determinar a quantidade e o valor das mercadorias existentes em um lugar. Calcular a capacidade de um receptáculo ou de um local de reuniões públicas (teatros etc.). *Irreg.* Ind. pres. *Afuer-o, as, a, an.* Subj. pres. *Afuer-e, es, e, en.* Imperat. *Afuer-a, e, en.* Na acepção de dar ou tomar por aforamento e na de dar foros, é v. regular.

AFORO *s. m.* Aforamento. Avaliação.

AFORRAR *v. tr.* Forrar. *v. pron.* Enroupar-se, vestindo muita roupa interior. *fam.* Comer e beber bem. *loc. fam.* —*se de oro,* encher-se de dinheiro.

AFORRO *s. m.* O mesmo que FORRO.

AFOSARSE (afossarse) *v. pron. Mil.* Defender-se abrindo fossos ou neles se abrigando.

AFOSCARSE *v. pron.* Carregar-se a atmosfera de nuvens ou vapores. Tornar-se fosco.

AFRAILAR *v. tr.* Decotar, descabeçar, podar uma árvore.

AFRAILARSE *v. pron.* Ter costumes de frade, imitar-lhe as maneiras.

AFRANELADO, A *adj.* Semelhante à flanela.

AFRECHARSE (afretcharse) *v. pron. Amer.* Enfermar um animal, especialmente o cavalo, por ter comido muito farelo.

AFRECHERO (afretchere) *s. m. Amer.* Nome que se dá a um pássaro fringilo na Argentina.

AFRECHO (afretcho) *s. m.* Farelo.

AFRENOLLAR (afrenolhar) *v. tr. Náut.* Atar os remos.

AFRENTA *s. m.* Afronta, injúria, insulto. Infâmia, vergonha, ignomínia.

AFRENTAR *v. tr.* Afrontar, ultrajar, injuriar, insultar. *v. pron.* Enrubecer, envergonhar-se.

AFRENTOSO, A (afrentosso) *adj.* Afrontoso, insultuoso, desonroso, ignominioso.

AFRETADO, A *adj.* Semelhante à franja ou galão *(fres). Náut.* Limpo, esfregado.

AFRETAR *v. tr. Náut.* Limpar, esfregar (principalmente os fundos das embarcações). Esfregar uma coisa com outra.

AFRISONADO, A (afrissonado) *adj.* Afrisoado.

AFRONTAR *v. tr.* Afrontar, por fronte. U. t. c. intr. Acarear. Arrostar, enfrentar. Confrontar.

AFUERA *adj.* Fora. Em lugar público ou na parte externa. Extramuros. *interj.* Fora! Arreda! Saia! *loc. adv.* — *de,* afora, ademais, *por* —, por fora, externamente.

AFUERAS *s. m. pl.* Arredores, arrabaldes, cercanias de uma povoação.

AFUETAR ou AFUETEAR *v. tr. Amer.* Chicotear, açoitar.

AFUFA *s. f. fam.* Fuga. *Tomar las* —*s,* fugir.

AFUFAR *v. intr. e pron.* Fugir, escapar, safar-se, pirar-se. *Afufárselas,* dar às de vila-diogo.

AFUFON *s. m. fam.* O mesmo que AFUFA.

AFUSIÓN (afussión) *s. f.* Afusão.

AFUSIONAR (afussionar) *v. tr.* Praticar uma afusão.

AFUSTE *s. m. Mil.* Reparo.

AFUTRARSE *v. pron. Amer.* Enfeitar-se com muito esmero; vestir-se à moda.

AGACHADA (agatchada) *s. f. Amer. argent.* Sagacidade, ardil, astúcia. Subterfúgio para escapar a um compromisso ou exigência. Agachada. *Amer. chil.* Inclinação, reverência, genuflexão.

AGACHADIZA (agatchadiça) *s. f.* Narceja.

AGACHAR (agatchar) *v. tr. fam.* Abaixar, inclinar para baixo alguma parte do corpo do animal, principalmente a cabeça. U. t. c. intr. *Amer.* Alcançar, estender, proporcionar. *v. pron.* Agachar-se, encolher-se, acaçapar-se. Acocorar-se. Sentar-se o animal sobre as patas traseiras. Retrair-se, esperar que passe um perigo ou contratempo; amoitar-se.

AGALBANADO, A *adj.* Desleixado, preguiçoso, indolente.

AGALERAR *v. tr. Náut.* Dar aos toldos a inclinação conveniente para o escoamento das águas da chuva.

AGALIBAR *v. tr. Náut.* Esquadriar.

AGALLA (agalha) *s. f. Bot.* Galha. Guelra. U. m. no pl. Amígdala. U. m. no pl. *Vet.* Mormo. *Amer.* Cobiça. *fig. fam.* Valor, ânimo resoluto. U. m. com o v. *tener. fig. Amer. colomb. e equat.* Mesquinharia, sovinice. U. com o mesmo v. *Amer. per.* Astúcia. U. com o mesmo v. *Coger por las* —*s,* segurar pelas goelas, pelo pescoço. *Quedarse de la* —, ficar a ver navios. *Tener muchas* —*s,* ser arrojado, intrépido.

AGALLADO, A (agalhado) *adj.* Diz-se do que está metido em tinta de galhas moídas. *Amer. chil.* Diz-se da pessoa um tanto garbosa e emproada.

AGALLÓN (agalhòn) *s. m. Aument.* de Agalla. Cada uma das contas ocas de prata, semelhantes a galhas, que compõem os colares das aldeãs. Conta grande de rosário, feita de madeira. *Arq.* Céspede, arabesco, adorno. *Amer. colomb.* Agalha.

AGALLUDO, A (agalhudo) *adj. Amer. venezuel., colomb., equat. e cub.* Cobiçoso, mesquinho, sovina. *Amer. chil. e per.* Astuto, esperto, sagaz; bravo, valente.

AGALLUELA (agalhuela) *s. f. Dim.* de Agalla.

ÁGAMA *s. m. Zool.* Agamá.

AGAMITAR *v. tr. Venat.* Imitar a voz do gamo.

AGAMUZADO, A (agamuçado) *adv.* V. GAMUZADO.

AGAMUZAR (agamuçar) *v. tr.* Acamurçar.

AGANGRENARSE *v. pron.* V. GANGRENARSE.

AGARBADO, A *adj.* Garboso, airoso, galhardo, bizarro.

AGARBANZADO, A (agarbançado) *adj.* Semelhante ao grão-de-bico. Diz-se do papel de cor semelhante à do grão-de-bico.

AGARBANZAR (agarbançar) *v. intr.* Abotoar, brotar, rebentar, deitar botões (as árvores). *Tecn.* Dar ao papel a cor do grão-de-bico.

AGARBARSE *v. pron.* Agachar-se, esconder-se, encolher-se. Inclinar-se para baixo, dobrar-se. Agalhar-se.

AGARBILLAR (agarbilhar) *v. tr. Agr.* Engavelar, empavear.

AGARBIZONAR (agarbiçonar) *v. tr. Agr.* Enfeixar, engavelar.

AGARDUÑAR (agardunhar) *v. tr. prov.* Agadanhar, roubar.

AGARRADA *s. f. fam.* Briga, pendência, altercação, engalfinhamento.

AGARRADERA *s. f. Amer. argent.* O mesmo que AGARRADERO.

AGARRADERO *s. m.* Asa, alça, cabo, pegadeira. *Náut.* Ancoradouro. *loc. fam. No tener* —, não ter fundamento. *Fig.* Amparo, proteção.

AGARRADO, A *adj.* Agarrado, seguro, preso. *fig.* Apadrinhado, protegido. Agarrado, sovina, mesquinho, forreta.

AGARRAFAR *v. tr. fam.* Agarrar alguém fortemente (numa briga): abotoar. U. t. c. pron.

AGARRAR *v. tr.* Segurar com força, pegar fortemente. Agarrar. *fig. fam.* Conseguir aquilo que se deseja. — *una sinecura,* apanhar ou obter uma sinecura. Furtar com arte e sutileza. *Amer.* Pegar com a mão, ainda que sem o menor esforço. *v. intr.* Penetrar, encaixar, engatar. *Amer.* Rumar, tomar uma direção. *Náut.* Morder (a âncora). *v. pron.* Agarrar-se, pegar-se. Engalfinhar-se. *interj. ¡Agarrate!* Cuidado! Segura-te!

AGARRE *s. m.* O mesmo que AGARRADERO.

AGARRO *s. m.* Agarramento.

AGARROCHAR (agarrotchar) *v. tr.* Agarrochar. *Náut.* Bracear por sotavento.

AGARRÓN *s. m. Amer.* O mesmo que AGARRADA. Agarramento. *Amer. chil.* Pega, altercação violenta.

AGARROTAR *v. tr.* Garrotar. Arrochar. Ajustar, apertar, comprimir.

AGASAJAR (agassajar) *v. tr.* Agasalhar, tratar com carinho, acolher com atenção. Amimar. Obsequiar. Lisonjear, gabar.

AGASAJO (agassajo) *s. m.* Agasalho, hospedagem, bom acolhimento. Presente, obséquio. Gelado que se servia à tarde. —*s engañosos,* obséquios interesseiros. *loc. adv. Con* —, obsequiosamente, graciosamente.

AGAVANZA (agavança) *s. f.* AGAVANZO (agavanço) *s. m.* Roseira brava. O seu fruto.

AGAVILLAR (agavilhar) *v. tr.* Engavelar, enfeixar, empavear. *fig.* Aquadrilhar. U. t. c. pron. *fig.* Recolher, dar que pensar.

AGAZAPAR (agaçapar) *v. tr. fam.* Segurar, prender, agarrar alguém. *v. pron. fig.* Acaçapar-se, agachar-se, encolher-se.

AGENCIA (ajencia) *s. f.* Agência. Diligência, solicitude. *Amer. chil.* Casa de penhores. *pl.* Assuntos, negócios, afazeres.

AGENCIAR (ajenciar) *v. tr.* Agenciar, solicitar, envidar esforços para obter. *fam.* Adquirir, obter, conseguir. U. t. c. pron.

AGENCIERO (ajenciero) *s. m. Amer. argent.* Agente de negócios.

AGENTE (ajente) *adj. e s. m.* Agente. *Gram.* Diz-se da pessoa que executa a ação do verbo. *s. m.* Agente, intermediário. *fam.* Policial.

AGIBLE (ajible) *adj.* Fatível.

AGIO (ajio) *s. m.* Ágio. *Com.* Especulação sobre a alta e a baixa dos fundos públicos. Agiotagem, especulação abusiva.

AGIOTAJE (ajiotaje) *s. f.* Agiotagem.

AGITADOR, A (ajitador) *adj.* Agitador. *fig.* Diz-se de quem promove ou tenta promover movimentos populares de protesto ou revolta.

AGITANADO, A (ajitanado) *adj.* Aciganado.

AGITANARSE (ajitanarse) *v. pron.* Aciganar-se.

AGNOMENTO *s. m.* Agnome, sobrenome.

AGOBIAR *v. tr.* Encurvar, inclinar o corpo para o chão. U. m. c. pron. *fig.* Oprimir, agravar, fatigar, abater.

AGOBIO *s. m.* Curvatura, inclinação. *fig.* Abatimento, opressão, prostração. Angústia, sufocação, grande fadiga.

AGOJÍA (agojía) *s. m. Miner.* Agoga.

AGOLAR *v. tr. Náut.* Ferrar, colher, arrear, amainar (as velas).

AGOLLETAR (agolhetar) *v. tr.* Cingir a parte superior do pescoço (gollete), rodear a garganta. *fig.* Apertar, angustiar, oprimir.

AGOLPAMIENTO *s. m.* Amontoamento, acumulação de várias coisas. Empilhamento, montão.

AGOLPAR *v. tr.* Amontoar, empilhar, misturar umas coisas com outras. *v. pron.* Agrupar-se, aglomerar-se, juntar-se de golpe (muita gente). Acudir em tropel (pessoas e animais). *fig.* Sobrevir juntas e de golpe certas coisas, como penas, lágrimas etc. Afluir.

AGONIOSO, A (agoniosso) *adj. fam.* Importuno e ansioso no pedir.

AGORADOR, A *adj.* O mesmo que AGORERO.

AGORERO, A *adj.* Agoureiro. U. t. c. s. Agourento. *s. m.* Augure.

AGORGOJARSE (agorgojarse) *v. pron.* Criar gorgulho (os cereais).

AGOSTADERO *s. m.* Agostadouro, lugar onde pasta o gado no verão.

AGOSTADO, A *adj.* Seco, murcho, abrasado pelo calor.

AGOSTAMIENTO *s. m.* Murchidão, abrasamento (das plantas).

AGOSTAR *v. tr.* Secar, murchar, abrasar (as plantas) pelo calor excessivo; agostar-se. U. t. c. pron. Lavrar em agosto. Passar o mês de agosto em determinado lugar. *v. intr.* Pastar o gado nos restolhos ou restevas. *fig.* Consumir, acabar, extinguir. Dissipar-se (a sorte, a esperança).

AGOSTERO *s. m.* O que, em agosto, ajuda os ceifeiros. Religioso que recolhe, em agosto, a esmola de trigo e outros cereais.

AGOSTIZO, A (agostiço) *adj.* Diz-se do animal débil por ter nascido em agosto.

AGOSTO *s. m.* Agosto (mês). Colheita. *fig.* Lucro, proveito. *Hacer uno su —,* fazer alguém o seu negócio, tirar partido de uma ocasião propícia.

AGOTABLE *adj.* Esgotável.

AGOTACIÓN *s. f.* AGOTADURA *s. f.* AGOTAMIENTO *s. m.* Esgotamento.

AGOTAR *v. tr.* Esgotar.

AGOTICADO, A *adj.* Que participa dos caracteres do estilo gótico.

AGOVIA *s. f.* V. ALBORGA.

AGRACEJINA (agracejina) *s. f. Bot.* Pilrito. Fruto do berberís.

AGRACEJO (agracejo) *s. m. Bot.* Pilriteiro. Berberís. *Dim.* de Agraz.

AGRACENO, A (agracenho) *adj.* Agraço, agro, azedo, semelhante ao agraço.

AGRACERA *s. f.* Vasilha em que se conserva o sumo do agraço.

AGRACERO, A *adj.* Diz-se da vide cujo fruto não amadurece.

AGRACIADO, A *adj.* Agraciado; que é gracioso, que tem graça.

AGRACILLO (agracilho) *s. m.* O mesmo que AGRACEJO.

AGRADECIMIENTO *s. m.* Agradecimento.

AGRAMADERA *s. f.* Gramadeira.

AGRAMAR *v. tr.* Gramar, trilhar o cânhamo ou o linho.

AGRAMILAR *v. tr.* Esquadrejar bem os tijolos, raspá-los. *Arq.* Pintar imitando tijolos.

AGRAMIZA (agramiça) *s. f.* O talo do linho depois de separado das fibras; resíduo do cânhamo depois de trilhado.

AGRANELAR *v. tr.* Preparar uma pele ou outro objeto, imitando a granulação da lixa.

AGRANUJADO, A (agranujado) *adj.* Granulado, em forma de grão.

AGRANUJARSE (agranujarse) *v. pron.* Granular-se, tomar a forma de grãos, cobrir-se de grãos. U. t. c. tr. *v. pron.* Acanalhar-se, adquirir os costumes de um granuja (vagabundo).

AGRARISMO *s. m.* Agrarianismo.

AGRARISTA *s. m. Amer.* Partidário das leis agrárias.

AGRAVAR *v. tr.* Agravar. Oprimir. Exagerar. U. t. c. pron.

AGRAVIAR *v. tr.* Agravar, ofender, injuriar, causar agravo. *v. pron.* Ofender-se, ressentir-se.

AGRAVIO *s. m.* Agravo, ofensa, afronta, injúria. Dano, prejuízo. Injustiça, sem-razão. *Deshacer —s,* desafrontar, vingar ofensas, tomar satisfações.

AGRAVIÓN, A *adj. Amer. chil.* Diz-se de quem facilmente se dá por agravado.

AGRAVIOSO, A (agraviosso) *adj.* Agravoso.

AGRAZ *s. m.* Agraço, UVA VERDE. O sumo do agraço. *fig.* Amargura, dissabor, desgosto. *loc. adv. En —,* antes do tempo devido, intempestivamente.

AGRAZADA (agraçada) *s. f.* Bebida de agraço, água e açúcar.

AGRAZAR (agraçar) *v. intr.* Ter o gosto acre, saber o agraço. *v. tr. fig.* Desgostar, amargar, enfadar.

AGRAZÓN (agraçòn) *s. m. Bot.* Uva brava. Groselheira silvestre.

AGRECILLO (agrecilho) *s. m.* O mesmo que AGRACILLO.

AGREGAR *v. tr.* Agregar, juntar, acrescentar. U. t. c. pron. Associar, incorporar. Agrupar, amalgamar. *Agr.* Adubar algum vegetal recém-plantado. *v. pron.* Intrometer-se.

AGREÑO, A (agrenho) *adj.* Agreste, silvestre, rústico.

AGRESIÓN (agressiòn) *s. f.* Agressão. Acometimento.

AGRESIVO, A (agressivo) *adj.* Agressivo.

AGRESOR, A (agressor) *adj.* Agressor.

AGRETE *adj. Dim.* de Agrio. U. t. c. s.

AGRIAMENTE *adv.* Acremente. Asperamente. *fig.* Amargamente. Rigorosamente.

AGRIAR *v. tr.* Azedar, pôr acre alguma coisa. U. t. c. pron. *fig.* Alterar, irritar, exasperar. U. t. c. pron. *fig.* Agravar, piorar. U. t. c. pron. *fig.* Criar dificuldades. *v. pron.* Ressentir-se.

AGRIAZ *s. m.* Cinamomo.

AGRIDULCE *adj.* Agridoce. U. t. c. s.

AGRIERA *s. f. Amer.* Acidez, azedume. *pl. Amer. chil., cub. e per.* Vinagreira.

AGRIETAR *v. tr.* Gretar. U. t. c. pron.

AGRIMONIA (agrimonha) *s. f. Bot.* Agrimônia.

AGRIO, A *adj.* Agro, acre, ácido, azedo. *fig.* Áspero, difícil: *Camino —,* caminho áspero, arriscado, difícil. *fig.* Acre, desabrido, forte: *Respuesta —,* resposta acre. *Genio —,* gênio desabrido. *Pint.* FALTO de harmonia no colorido. U. t. c. s. s. m. O sumo ácido de algumas frutas. *pl.* Frutas ácidas ou agridoces como o limão, a laranja etc. *Mascar las —s,* dissimular o desgosto ou mau humor.

AGRIÓN *s. m. Vet.* Agrião (tumor).

AGRISADO, A (agrissado) *adj.* Acinzentado.

AGRISAR (agrissar) *v. tr.* Acinzentar, pintar de cinzento.

AGRISETADO, A (agrissetado) *adj.* Diz-se de certos tecidos semelhantes à griseta (estofo cinzento).

AGRISÍMO (agríssimo) *adj. Superl.* de Agrio. Acérrimo.

AGRURA *s. f.* Acidez, agrura, azedume, acrimônia. Acerbidade, amargura, agrura. Conjunto de árvores de fruto ácido ou agridoce. Aspereza, fragosidade.

AGUA *s. f.* Água. — *acerada,* água ferrada. — *agria,* água acídula. — *alta,* a água que entra pela parte mais alta do casco do navio; — *baja,* a que entra pela parte baixa. — *bautismal,* água batismal. — *bendita,* água-benta. — *blanca,* solução de sal de chumbo. — *mansa,* água dormente. — *muerta,* água estagnada. — *salada,* água salobra. — *de afinar,* água-forte. — *de ángeles,* água-de-rosas. — *de azanhar,* florada, água-de-flor. — *de cerrajas,* água de bacalhau. — *de herreros,* água ferrada. — *de pié,* água nascente. — *de nieve,* água nevada. — *de sal,* água de sal. — *de socorro,* batismo administrado sem solenidades, em caso de urgência. — *de torongil,* água de erva-cidreira. — *del Espiritu Santo,* água batismal. — *viento,* chuva com vento forte. — *vital,* limonada mineral. — *s del menguante,* refluxo do mar. — *s llenas,* preamar. — *s menores,* as urinas. *loc. adv.* — *abajo,* água abaixo, seguindo a corrente; — *arriba,* água acima, contra a corrente. *interj.* — *¡va!* Água vai!. *Náut. Ganar las —s,* adiantar-se. *loc. fam. Amer. argent. Mas claro, échenle —,* nada mais claro nem mais evidente.

AGUABIRAY (aguabirai) *s. m. Bot. Amer. argent.* Aguaraíba.

AGUACATAL *s. m.* Lugar povoado de abacateiros. *Amer. guat.* Abacateiro.

AGUACATE *s. m. Amer.* Abacateiro. Abacate. *Amer. guat.* Pessoa fraca e de pouco ânimo. *Amer. mexic. — con pan,* coisa insossa.

AGUACATERO *s. m.* Abacateiro.

AGUACHA (aguatcha) *s. f. fam.* Água turva, corrompida. Por extensão, aplica-se a qualquer líquido em más condições.

AGUACHAR (aguatchar) *s. m.* Charco.

AGUACHAR (aguatchar) *v. tr.* Encharcar, alagar, encher de água. U. t. c. pron. *Amer.* Amansar, domesticar. U. t. c. pron. *v. pron. Amer.* Aguachar-se.

AGUACHARNAR (aguatcharnar) *v. tr.* V. ENAGUAZAR.

AGUACHENTO, A (aguatchento) *adj. Amer.* Aguacento; aguachento (fruto).

AGUACHIRLE (aguatchirle) *s. f.* Aguapé de ínfima qualidade. *fig.* Qualquer bebida sem força nem substância. *fig.* Coisa chocha, sem importância.

AGUACIBERA *s. f. Agr.* Água com que se rega uma terra semeada em seco. A terra semeada desta maneira.

AGUADA *s. f.* Aguada. Aquarela.

AGUADERA *s. f.* Cada uma das quatro penas maiores das asas das aves. *pl.* Aguadeiras, cangalhas para carregar cântaros com água.

AGUADERO *s. m.* Bebedouro de animais silvestres. V. ABREVADERO. Lugar de onde se lançam aos rios as madeiras que são conduzidas pela corrente.

AGUADERO, A *adj.* Impermeável à água. Próprio para a água. Que vai para a água.

AGUADIJA (aguadija) *s. f.* Aguadilha. Serosidade. Mucosidade.

AGUADITO *s. m. Amer. chil.* V. AGUADO.

AGUADO, A *adj.* Aguado. Abstênio. *Amer. guat.* Débil, enfraquecido. *Amer. chil.* Aguardente com água.

AGUADOR, A *s. m. e f.* Aguadeiro. Cada um dos paus que unem os aros da roda vertical da nora.

AGUADUCHO (aguadutcho) *s. m.* Aguaceiro, chuvada. Posto onde se vende água, e que, comumente, tem um armário para guardar as vasilhas. Cheia impetuosa.

AGUADURA *s. f. Vet.* Aguamento.

AGUAFIESTAS *s. m. pl.* Desmancha-prazeres.

AGUAFUERTE *s. m.* Água-forte.

AGUAGOMA *s. f.* Infusão de goma-arábica e água, água-de-goma.

AGUAGRIERO, A *adj.* Diz-se da pessoa que vai tomar águas minerais aciduladas.

AGUAITAMIENTO *s. m.* Espreita, ação de espreitar.

AGUAITAR *v. tr.* Espreitar. *Amer. cub.* Espiar, espreitar sem má intenção.

AGUAJAQUE (agua*j*aque) *s. m.* Resina do funcho.

AGUAJAS (aguajas) *s. f. pl. Vet.* V. AJUAGAS.

AGUAJE (agua*j*e) *s. m.* Aguagem.

AGUAMALA *s. f.* Água-má, alforreca.

AGUAMANIL *s. m.* Jarro com água e bacia para lavar as mãos. Aguamanil. Bacia.

AGUAMANOS *s. m.* Água para lavar as mãos. AGUAMANIL, 1ª acep.

AGUAMAR *s. f.* V. AGUAMALA.

AGUAMARINA *s. f.* Água-marinha.

AGUAMELADO, A *adj.* Embebido em hidromel.

AGUAMIEL *s. f.* Água-mel, hidromel.

AGUANAFA *s. f.* Água-de-flor.

AGUANÉS, A *adj. Amer. chil.* Jaguané. Na Argentina diz-se YAGUANÉ.

AGUANIEVE *s. f.* Água nevada. Alvéola, lavandisca.

AGUAÑÓN (aguanhòn) *s. m.* Mestre de obras hidráulicas.

AGUANOSO, A (aguanosso) *adj.* Aquoso. Cheio d'água, muito úmido.

AGUANTAR *v. tr.* Agüentar, resistir. Sofrer, tolerar, suportar. *v. pron.* Calar-se, conter-se, reprimir-se.

AGUANTE *s. m.* Fortaleza, vigor, resistência, duração. Sofrimento, paciência, tolerância. *Náut.* Aguante, agüente.

AGUAPÉ *s. m. Bot. Amer.* Aguapé, camalote.

AGUAPIÉ *s. m.* Aguapé, vinho fraco.

AGUAR *v. tr.* Aguar (o vinho, uma festa etc.) U. t. c. pron. *v. pron.* Aguar-se, encher-se d'água. *Amer.* Dar de beber ao gado. — *el agua*, expressão que denota a extrema avareza de uma pessoa.

AGUARÁ *s. m. Amer. Zool.* Guará.

AGUARACHAY (aguaratchai) *s. m. Amer. Zool.* Guaraxaim.

AGUARAIBÁ *s. f. Amer. argent.* V. AGUΛBIRAY.

AGUARAIBAY *s. m. Bot. Amer. merid.* V. AGUABIRAY.

AGUARAPOPÉ *s. m. Amer.* V. AGUARÁ

AGUARDENTERÍA *s. f.* Casa onde se vende aguardente a varejo, taberna. Destilaria, fábrica de aguardente.

AGUARDIENTE *s. f.* Aguardente. — *alcanforado*, álcool canforado.

AGUARDILLADO, A (aguardilhado) *adj.* Em forma de água-furtada.

AGUARDO *s. m.* Aguardo, tocaia.

AGUARRÁS *s. f.* Aguarrás.

AGUASADO, A (aguassado) *adj. Amer.* Tolo, parvo, simplório. Diz-se de quem adquire maneiras de labrego.

AGUASAL (aguassal) *s. f.* Salmoura.

AGUASARSE (aguassarse) *v. pron. Amer.* Tornar-se rústico. Atoleimar-se, aparvalhar-se. *Amer. chil.* Avilanar-se, aplebear-se.

AGUASOL (aguassol) *s. m.* Ferrugem que ataca o grão-de-bico. *Amer. mexic.* Resteva do milho.

AGUATE *s. m. Amer. mexic.* Espinho de certos vegetais.

AGUATE *s. m. fam.* Designa-se com este nome toda solução mais clara do que deveria ser, como chocolate, vinho etc., a que se deitou água.

AGUATERO *s. m. Amer. merid.* V. AGUADOR.

AGUATOCHA (aguatotcha) *s. f.* Bomba hidráulica.

AGUATOCHO (aguatotcho) *s. m.* Pequeno atoleiro.

AGUATOSO, A (aguatosso) *adj. Amer. mexic.* Espinhoso, que tem *aguates*.

AGUATURMA *s. f.* Tupinambo. A raiz comestível desta planta chama-se comumente PATACA.

AGUAVIENTOS *s. m. Bot.* Flômide (planta perene).

AGUAVILLA (aguavilha) *s. f.* V. GAYUBA.

AGUAY (aguai) *s. m. Amer. Bot.* Aguaí, casca-veleira.

AGUAYO, A (aguadjo) *adj. Amer. mexic.* Espinhoso, áspero.

AGUAZA (aguaça) *s. m.* Humor aquoso de alguns tumores. Humor, aquosidade de algumas plantas e frutos.

AGUAZAL (aguaçal) *s. m.* Aguaçal, lugar pantanoso, alagadiço.

AGUAZAR (aguaçar) *v. tr.* Encharcar. *fig.* Inundar, afogar. U. t. c. pron.

AGUAZO (aguaço) *s. m.* Processo de pintura em lenços; aguada.

AGUAZOSO, A (aguaçosso) *adj.* O mesmo que AGUANOSO.

AGUAZUL (aguaçul) ou **AGUAZUR** (aguaçur) V. ALGAZUL.

AGUDAMENTE *adv.* Sutilmente. Com sutileza, com agudeza de engenho. Perspicazmente.

AGUDÉZA (agudeça) *s. f.* Agudeza. *fig.* Acuidade, perspicácia. Dito engenhoso, sutil. Rapidez, velocida. Estímulo.

AGUDO, A *adj.* Agudo. *fig.* Sutil, perspicaz, engenhoso. *fig.* Gracioso, oportuno. Rápido, veloz. *loc. fig.* — *como ponta de colchón*, diz-se da pessoa rude e de pouco ou nenhum entendimento.

AGÜERA *s. f.* Regueira, sanja, para distribuir as águas pluviais.

AGÜERIA *s. f. Amer. argent.* U. m. no pl. V. AGÜERO *(s. m.)*.

AGÜERO *s. m.* Agouro.

AGÜERO, A *adj. Amer. argent.* Diz-se da pessoa que acredita em agouros.

AGUIERO *s. m.* Viga de castanheiro, própria para construções.

AGUIJADA (agui*j*ada) *s. f.* Aguilhada.

AGUIJADURA (agui*j*adura) *s. f.* Aguilhoamento.

AGUIJAR (agui*j*ar) *v. tr.* Aguilhoar. *fig.* Incitar, estimular, excitar. *v. intr.* Ir ou caminhar depressa.

AGUIJÓN (agui*j*òn) *s. m.* Aguilhão. *fig.* Acicate, estímulo, incentivo. *El* — *de la carne*, o aguilhão da carne. *El* — *de la necesidad*, o aguilhão da miséria.

AGUIJONAZO (agui*j*onaço) *s. m.* Aguilhoada, picada com o aguilhão.

AGUIJONEAR (agui*j*onear) *v. tr.* Aguilhoar.

AGUILA *s. f.* Águia. *fig.* Pessoa de muita perspicácia, águia.

AGUILANDO *s. m.* V. AGUINALDO.

AGUILEÑA (aguilenha) *s. f. Bot.* Aquilégia.

AGUILEÑO (aguilenho) *adj.* Aquilino. Natural de Aguilas.

AGUILILLA (aguililha) *s. f. Dim.* de Aguila. Cavalo americano muito veloz. *Amer. chil.* Embusteiro.

AGUILÓN *s. m. Aument.* de Aguila. Braço de guindaste. Cano quadrado de barro. *Arq.* Ângulo da fachada terminada pelas duas vertentes do telhado. *Amer. equat.* Cavalo de passo duro.

AGUILOTE *s. m. Ornit. Amer. venezuel.* Nome vulgar do falco guayanensis, ave de rapina parecida com a águia. *Amer. mexic.* Espécie de tomate.

AGUILUCHO (aguilutcho) *s. f.* Filhote da águia. Águia bastarda. Diz-se ironicamente de quem, falto de talento, pretende dominar uma ciência ou arte. *fig. fam.* Pessoa de pernas compridas, alta e desengonçada.

AGUINALDO *s. m.* Presente de Natal.

AGUISAR (aguissar) *v. tr. ant.* Aguisar, prover do necessário. U. t. c. pron. *v. pron.* Armar-se.

AGÜISTA *s. m. e f.* Aquista, aquele que faz uso de águas minerais.

AGUIZGAR *v. tr. fig.* Aguilhoar.

AGUJA (agu*j*a) *s. f.* Agulha. *Arq.* Obelisco, agulha. *Ictiol.* Agulha. Alfinete, enfeite, que usam as mu-lheres no penteado. *Vet.* Cernelha. Lugar em que se ajuntam as espáduas do animal. Doença do cavalo. *Amer.* Cada um dos paus verticais de uma estacada. Pastel recheado, comprido e fino. — *de amortajar suegras*, diz-se de qualquer agulha muito grossa. — *de bitácora ou de marear*, agu-lha de marear, bússola. — *de declinación*, agulha declinante. — *de grabador*, buril. — *de la balanza*, fiel. — *de pastor ou de Venus*, erva-agulheira. — *de pingueta ou de punta de diamante*, desentupidor de peça. — *capotera*, a agulha mais grossa que usam as costureiras. — *colchonera*, agulha de colchão. *Mortero de la* —, caixa da bússola. *Buscar una* — *en un pajar*, procurar agulha em palheiro. *Enhebrar la* —, enfiar a agulha. *loc. fam. Meter* — *y sacar reja*, fazer um pequeno benefício para conseguir outro maior.

AGUJAL (agu*j*al) *s. m.* Agulheiro, buraco que, depois de tirados, deixam na parede os barrotes dos andaimes.

AGUJAZO (agu*j*aço) *s. m.* Agulhada.

AGUJERAR (agu*j*erar) *v. tr.* V. AGUJEREAR.

AGUJEREAR (agu*j*erear) *v. tr.* Furar, fazer buracos. Perfurar. Esburacar. U. t. c. pron.

AGUJERO (agu*j*ero) *s. m.* Furo, buraco. Agulheiro. Agulheteiro. V. ALFILETERO. Cova, toca. Bocal de poço. *fig.* Quarto acanhado.

AGUJETA (agu*j*eta) *s. f. Dim.* de Aguja. Agulheta. *pl.* Dores em conseqüência de algum exercício violento ou extraordinário.

AGUJETERÍA (agu*j*etería) *s. f.* Loja de agulheteiro.

AGUJÓN *s. m. Aument.* de Aguja. Alfinete de chapéu. *Zool.* Agulhão.

AGUJUELA (agu*j*uela) *s. f. Dim.* de Aguja. Prego pouco maior do que a tacha.

AGUL *s. m.* V. ALHAJI.

AGÚN *s. m.* Espécie de tambor usado nas Filipinas. Pantã.

AGUOSO, A (aguosso) *adj.* Aquoso.

¡AGUR! *interj.* Adeus!

AGUSANADO, A (agussanado) *adj.* Bichado, que cria ou tem gusanos.

AGUSANARSE (agussanarse) *v. pron.* Criar bichos, gusanos (a madeira, a fruta, o queijo).

AGUSTIN *s. m.* Pasta feita com mosto e farinha.

AGUSTINO *adj. e s. m.* Agostinho, que pertence à ordem de Santo Agostinho. *s. m.* Agostinho, frade da mesma ordem.

AGUTÍ *s. m.* Cutia.

AGUZADERA (aguçadera) *s. m.* Aguçadeira, pedra de amolar.

AGUZADERO (aguçadero) *s. m. Venat.* Lugar onde os javalis costumam ir afiar as presas.

AGUZADURA (aguçadura) *s. f.* AGUZAMIENTO (aguçamiento) *s. m.* Aguçamento.

AGUZANIEVE (aguçanieve) *s. f.* Alvéola.

AGUZAR (aguçar) *v. tr.* Aguçar. Afiar, amolar. *fig.* Aguçar, estimular, avivar.

AGUZONAZO (aguçonaço) *s. m.* V. HURGONAZO.

¡AH! *interj.* Ah! Denota principalmente admiração, pena ou surpresa. *Saber ou saber decir la* —, saber cair em si, estar atento.

AHEBRADO, A (aebrado) *adj.* Fibroso, que tem fibras, fcbras, filamentos.

AHECHAR (aetchar) *v. tr.* V. AECHAR.

AHELEAR (aelear) *v. tr.* Dar fel a beber. Tornar amargo como fel. *v. intr.* Saber a fel, amargar, ser amargo.

AHEMBRADO, A (aembrado) *adj.* Afeminado.

AHERROJAMIENTO (aerrojamiento) *s. m.* Aferrolhamento.

AHERROJAR (aerrojar) *v. tr.* Aferrolhar. Acorrentar. Pôr a ferros. *fig.* Oprimir, subjugar, avassalar.

AHERRUMBAR (aerrumbar) *v. tr.* Tornar ferruginoso, dar a uma coisa o gosto ou a cor do ferro. *v. pron.* Enferrujar-se.

AHERVORARSE (aervorarse) *v. pron. Agr.* Requentar-se ou arder o trigo e outras sementes devido à fermentação.

AHÍ (aí) *adv.* Aí. Nisto, nisso. Ali. *interj.* Ora! Pois! Diabo! *loc. fam.* — *será ello*, por aí se verá. *Amer. mexic.* — *vengo*, volto breve, num instante. *loc. prov.* — *verá Usted*, pois é para o sr. ver (resposta a uma pergunta sem explicação). *loc. adv. De por* —, denota que uma coisa comum e pouco recomendável. *Vengo de por* —, venho de dar uma volta, de passear sem objetivo.

AHIDALGADO, A (aidalgado) *adj.* Afidalgado, nobre, cavalheiroso.

AHIJADO, A (aijado) *s. m. e f.* Afilhado. *fig.* Protegido.

AHIJAR (aijar) *v. tr.* Perfilhar, adotar o filho alheio. Pôr a criar um animal, com a sua mãe ou outra. Acolher a ovelha ou outro animal o filho alheio. *fig.* Apadrinhar, proteger. Atribuir, imputar. *v. intr.* Procriar, produzir filhos. *Bot.* Filhar, deitar renovos.

AHIJONEAR (aijonear) *v. tr.* Aguilhoar.

AHIJUNA (aijuna) *interj. fam. Amer. plat.* Aicuna! (Expressa ira, surpresa, admiração ou pena).

AHILAMIENTO (ailamiento) *s. m. Bot.* Estiolamento. *Fisiol.* Descoramento. Enfraquecimento. Definhamento. Enfileiramento.

AHILAR (ailar) *v. intr.* Enfileirar-se, ir em fila. *v. pron. Bot.* Estiolar-se. *Fisiol.* Definhar, descorar, enfraquecer, emagrecer. Desfalecer, desmaiar por falta de alimento. Pôr-se como um fio. Azedar-se, envinagrar-se (o vinho).

AHILO (aílo) *s. m.* V. AHILAMIENTO.

AHINCAR (aincar) *v. tr.* Afincar, instar com afinco. Importunar. *v. pron.* Apressar-se.

AHINCO (aínco) *s. m.* Afinco, instância, empenho.

AHITAR (aitar) *v. tr.* Afitar, dar afito, embaraçar o estômago, indigestar. *v. pron.* Indigestar-se. *fig.* Enfastiar-se.

AHITERA (aitera) *s. f. fam.* Afito, indigestão de grande duração.

AHITO, A (aíto) *adj.* Afitado, farto, que padece de indigestão ou embaraço gástrico. *fig.* Cansado, enfastiado, enfarado de alguma pessoa ou coisa. *s. m.* Afito, indigestão ou embaraço gástrico. *No morirá de —,* não morrerá de indigestão (por ser sóbrio ou não dispor de muito alimento).

AHOBACHONADO, A (aobatchonado) *adj.* Apoltronado, acobardado. Ocioso, mandrião, indolente.

AHOCINAR (aocinar) *v. intr.* Afocinhar. *fig.* Cair, cair ao chão. V. APECHUGAR. Acabar por fazer, diante de imperiosa necessidade, uma coisa pela qual sempre se mostrava repugnância. *v. pron.* Estreitar-se, apertar-se (o rio entre vales, montanhas, gargantas ou quebradas).

AHOGADERO (aogadero) *s. m.* Correia que cinge o pescoço dos cavalos. Afogador (gargantilha, colar de mulheres). Lugar onde, por haver muita gente, se está sufocado.

AHOGADIZO, A (aogadiço) *adj.* Acre, áspero (diz-se da fruta ácida e da carne do animal que morreu afogado.) Que não flutua (madeira).

AHOGADO, A (aogado) *adj.* Sufocado, abafado (diz-se de lugar estreito e sem ventilação). *Amer. per.* Diz-se da carne refogada. *s. m. e f.* Afogado, pessoa que morre por sufocação, principalmente na água.

AHOGADOR, A (aogador) *adj. e s. m. e f.* Afogador. Gargantilha.

AHOGAR (aogar) *v. tr.* Afogar, sufocar, abafar, estrangular. U. t. c. pron. Apagar, extinguir (o fogo). *fig.* Extinguir, apagar, esconder. U. t. c. pron. Matar (as plantas) com excesso de água. *fig.* Oprimir, fatigar, afligir, assoberbar. U. t. c. pron. *— los odios,* esquecer os ódios.

AHOGAVIEJAS (aogaviejas) *s. f.* V. AHIJONES.

AHOGO (aogo) *s. m.* Opressão, ânsia. *fig.* Angústia, aperto, grande aflição. *fig.* Escassez, penúria, falta de recursos. *fig. Amer. colomb.* Molho para refogar.

AHOGUIJO (aoguijo) *s. m. Vet.* Esquinência.

AHOGUÍO (aoguío) *v. m.* Opressão no peito, angústia por falta de respiração.

AHOJAR (aojar) *v. intr.* Comer (o gado) as folhas das árvores.

AHOMBRARSE (aombrarse) *v. pron.* Masculinizar-se (diz-se das mulheres e dos meninos).

AHONDAMIENTO (aondamiento) *s. m.* Afundamento. Aprofundamento. Penetração.

AHONDAR (aondar) *v. tr.* Afundar. Aprofundar, fazer mais fundo. Penetrar muito uma coisa em outra. *v. intr. fig.* Aprofundar (em conhecimento).

AHONDE (aonde) *s. m.* Aprofundamento. Penetração. Afundamento.

AHORA (aora) *adv.* Agora, presentemente. *fig.* Há pouco tempo: *— lo hemos visto,* vimo-lo há pouco; dentro de pouco tempo; *— lo verás,* logo o verás. *conj.* Agora, ora, ainda que, bem que, já que. *loc. adv.: — bien,* pois bem, dito isto, isto suposto; *por —,* por agora, por enquanto, pelo tempo presente.

AHORCA (aorca) *s. f. Amer. venezuel.* Presente de aniversário.

AHORCA (aorcar) *v. tr. e pron.* Enforcar.

AHORCADO, A (aorcado) *adj. e s. m. e f.* Enforcado.

AHORCAJARSE (aorcajarse) *v. tr.* Escarranchar-se.

AHORCAPERRO (aorcaperro) *s. m. Náut.* Lais de guia.

AHORITA (aorita) *adv. Amer.* Agorinha, agora mesmo.

AHORMAR (aormar) *v. tr.* Enformar. Amoldar. Usar a roupa ou calçado até que sente bem. *fig.* Meter alguém na razão.

AHORNAGAMIENTO (aornagamiento) *s. m.* Ato ou efeito de *ahornagarse.*

AHORNAGARSE (aornagarse) *v. pron.* Aquecer-se, abrasar-se (a terra, os frutos) devido ao calor excessivo.

AHORNAR (aornar) *v. tr.* Enformar. V. ENHORNAR. *v. pron.* Queimar (o pão) por fora, ficando cru por dentro.

AHORQUILLAR (aorquilhar) *v. tr.* Aforquilhar. U. t. c. pron.

AHORRADAMENTE (aorradamente) *adv.* Livremente. Desembaraçadamente.

AHORRADO, A (aorrado) *adj.* Forro, livre, desobrigado. Que economiza.

AHORRAR (aorrar) *v. tr.* Forrar, resgatar, alforriar. Economizar, poupar, forrar. Evitar trabalhos, riscos, dificuldades. U. t. c. pron.

AHORRATIVA (aorrativa) *s. f. fam.* O mesmo que AHORRO.

AHORRATIVIDAD (aorratividad) *s. f.* Predisposição para a economia. *fam.* Tacanharia.

AHORRÍA (aorría) *s. f.* Alforria.

AHORRÍO (aorrío) *s. m.* Alforria, isenção, liberdade, resgate, libertação.

AHORRO (aorro) *s. m.* Economia, poupança. Economia, o que se economiza. *Caja de —s.* Caixa Econômica.

AHOYADOR, A (aoiador) *adj.* Cavador. *s. m. fig. fam.* Coveiro.

AHOYAR (aoiar) *v. tr.* Cavar; fazer covas.

AHUATE (auate) *s. m. Amer. mexic.* Felpa, espinho pequeno e muito fino que têm certas plantas.

AHUCHAR (autchar) *v. tr. fam.* Guardar em arca. *fig.* Guardar as economias em lugar seguro.

AHUCHEAR (autchear) *v. tr. prov.* Assobiar, silvar. Gritar.

AHUECAR (auecar) *v. tr.* Tornar oca ou côncava alguma coisa. Amolecer, afofar, alargar, tornar menos compacta alguma coisa que estava apertada, como a terra, a lã etc. U. t. c. pron. *fig.* Falar ou escrever de maneira afetada, retumbante.

AHUESARSE (auessarse) *v. pron. Amer. chil. e per.* Tornar-se inútil ou invendável uma mercadoria. Perder todo o prestígio na profissão.

AHUIZOTE (auiçote) *s. m. Amer. mexic. fig.* Pessoa que incomoda excessiva e continuamente. *Amer. C. Rica.* Agouro, bruxaria.

AHUMADA (aumada) *s. f.* Fumarada, fumaça (sinal nas atalaias).

AHUMADO, A (aumado) *adj.* Afumado. Defumado. Esfumado. *Amer. cub.* Ébrio.

AHUMAR (aumar) *v. tr.* Afumar. Fumar. Esfumar. Defumar. *fam.* Enegrecer, tisnar. *v. intr.* Fumegar, fumar. *v. pron. fam.* Embriagar-se.

AHUNCHE (auntche) *s. m. Amer. colomb.* Resíduo, refugo, resto, despejo.

AHURRAGADO, A (aurragado) *adj. Agr.* V. AURRAGADO.

AHUSADO, A (aussado) *adj.* Afusado, fusiforme.

AHUSARSE (aussarse) *v. pron.* Afusar-se. Adelgaçar-se como um fuso. *fig.* Emagrecer muito.

AHUYENTAR (aujentar) *v. tr.* Afugentar. *v. pron.* Fugir, escapar. Fugir, desaparecer.

AIJADA (aijada) *s. m.* Aguilhada.

¡AIJUNA! (aijuna) *interj. Amer.* V. HAIJUNA!

AILLO (ailho) *s. m. Amer. per.* Boleadeiras de cobre.

AINDAMÁIS *adv. fam.* Além de.

AINDIADO, A (aindiado) *adj. Amer.* Indiático, semelhante ao índio.

AIRADAMENTE *adj.* Iradamente.

AIRADO, A *adj.* Irado, colérico, furioso. Airado, perverso, depravado, extravagante.

AIRAR *v. tr.* Irar, irritar, encolerizar. U. t. c. pron.

AIRE *s. m.* Ar. Atmosfera. Vento. *fig.* Ar, aparência, aspecto. *fig.* Futilidade, frivolidade. *fig.* Primor, graça, habilidade. *fig.* Garbo, brio, galhardia. *fam.* Ar, estupor, ataque de paralisia. *Mús.* Compasso. Canção. *pl. fig.* Ares, maneiras. *— acanalado* ou *colado,* corrente de ar frio, vento encanado e frio. *— alcalino,* amoníaco livre. *Equit. — alto,* trote ou galope; *— bajo, passo. — popular,* canção popular própria para bailar. *— de taco,* desenvoltura, desembaraço. *— enrarecido,* ar rarefeito. ¡*—!, ¡—!* Fora daqui! Depressa! *loc. adv. Con —,* rápida, expeditamente. *Tener —s,* mostrar boas maneiras. *Echar al —,* descobrir, desnudar alguma parte do corpo. *Echarse el —,* amainar, calmar-se o vento. *Todos es — lo que lleva la trombeta* (é ar tudo o que leva a trombeta) *loc.* que se aplica aos fátuos e fanfarrões.

AIREACIÓN *s. f.* Aeração, ventilação.

AIREAR *v. tr.* Arejar, ventilar. U. t. c. pron. *v. pron. fig. fam.* Resfriar-se, constipar-se. Azedar-se, avinagrar-se (líquidos e conservas).

AIREO (airèo) *s. m.* Arejo, arejamento.

AIRÓN *s. m.* Penacho de algumas aves, poupa, martinete. Penacho (enfeite de plumas). *Zool.* Airão. *adj.* Diz-se de poço muito profundo.

AIROSO, A (airosso) *adj.* Ventilado, arejado. *fig.* Airoso, gentil, garboso. *fig.* Brilhante, vitorioso.

AISLADO, A *adj.* Aislado, que tem forma de ilha. Insulado, isolado.

AISLADOR *s. m.* Isolador.

AISLAR *v. tr.* Ilhar. Insular, isolar. Desterrar para uma ilha. U. t. c. pron. *v. pron.* Aislar-se, retirar-se.

¡AJÁ! (ajá) *interj. fam.* Que exprime compacência ou aprovação. Assim! Está bem! Isso!

AJABARDAR (ajabardar) *v. intr.* Enxamear.

AJADA (ajada) *s. f.* Alhada.

AJADIZO, A (ajadiço) *adj.* Que murcha ou esmorece facilmente.

AJADO, A (ajado) *adj.* Deteriorado, murcho. *fig.* Ultrajado, ofendido, agravado. *fig.* Humilhado, rebaixado.

¡AJAJÁ! (ajajá) *interj. fam.* V. AJÁ.

AJAMONARSE (ajamonarse) *v. pron.* Começar a mulher a envelhecer e engordar. *Amer. merid.* Emagrecer muito, mirrar-se.

AJAQUECARSE (ajaquecarse) *v. pron.* Ser acometido de enxaqueca.

AJAR (ajar) *s. m.* Terra semeada de alhos. *v. tr.* Maltratar, murchar, desluzir. U. t. c. pron. *fig.* Maltratar com palavras para humilhar ou ferir. *v. pron.* Consumir-se, murchar-se. *— el amor propio,* ferir o amor próprio.

AJARAFE (ajarafe) *s. m.* Terraço. Terreno alto e extenso.

AJE (aje) *s. m.* Achaque habitual. U. m. no pl.

AJEA (ajèa) *s. f.* V. PAJEA.

AJEAR (ajear) *v. intr.* Gritar (a perdiz) quando se vê acossada.

AJEBE (ajebe) *s. m.* V. JEBE.

AJEDREA (ajedrèa) *s. f.* Segurelha.

AJEDRECISTA (ajedrecista) *s. m. e f.* Enxadrista.

AJEDREZ (ajedrez) *s. m.* Xadrez.

AJEDREZADO, A (ajedreçado) *adj.* Axadrezado, enxadrezado.

AJEDREZAR (ajedreçar) *v. tr.* Axadrezar, enxadrezar.

AJEDRISTA (ajedrista) *s. m. e f.* O mesmo que AJEDRECISTA.

AJENABE (ajenabe) ou **AJENABO** (ajenabo) *s. m.* Mostarda silvestre.

AJENIAR (ajeniar) *v. tr. Amer.* Apoderar-se de coisas ou animais alheios.

AJENJO (ajenjo) *s. m.* Absinto. Licor de absinto e outras ervas. *fig.* Fel, dissabores.

AJENO, A (ajeno) *adj.* Alheio.

AJENUZ (ajenuz) *s. m.* V. ARAÑUELA.

AJEO (ajèo) *s. m.* Ação de Ajear. *Perro de —,* cão perdigueiro.

AJEREZADO, A (ajereçado) *adj.* Diz-se do vinho semelhante ao xerez.

AJERGAR (ajergar) *v. tr.* Fazer xergas ou enxergas.

AJETE (ajete) *s. m. Dim.* de *Ajo.* Alho novo, pequeno. Alhada.

AJETREAR (ajetrear) *v. tr.* Fatigar, estafar, cansar excessivamente alguém, fazendo-o ir e vir ou trabalhar em demasia. U. t. c. pron.

AJETREO (ajetrèo) *s. m.* Fadiga, cansaço, estafa.

AJÍ (ají) *s. m. Amer.* Pimentão, pimenta (a planta e seu fruto).

AJIACEITE (ajiaceite) *s. m.* Molho de alhos pisados e azeite.

AJIACO (ajiaco) *s. m. Amer.* Molho de pimentão. *Amer. cub.* Olha-podrida de legumes e carne temperada com pimentão. *Amer. mexic.* Caldo de carne com vários ingredientes.

AJICOLA (ajicola) *s. f.* Cola, goma feita com alhos.

AJILIMOGE (ajilimoje) ou **ÁJILIMÓJILI** (ajilimójili) *s. m. fam.* Molho para guisados. *fig. fam.* Negócio malfeito e mal dirigido. *Con todos sus —s,* com todos os seus requisitos, sem que nada falte.

AJILLO (ajilho) *s. m. Dim.* de *Ajo. prov.* Guisado de batatas.

AJIMÉNEZ (ajimènez) *s. m.* Varanda para tomar sol. V. SOLANA.

AJIMEZ (ajimez) *s. m. Arq.* Janela dividida ao centro por uma coluna e formando um arco duplo.

AJIPUERRO (ajipuerro) *s. m.* Alho-porro.

AJISECO (ajisseco) *s. m. Amer.* Pimentão vermelho, seco ao sol e pouco picante.

AJO (ajo) *s. m.* Alho. Alhada, molho de alhos. *fig. fam.* Enfeite, feminino. *fig. fam.* Negócio pouco limpo no qual tomam parte várias pessoas. *— de Valdestillas,* coisa que se acrescenta como enfeite e custa mais do que a principal (mais caro o molho do que o peixe). *¡Bueno anda el —! loc. fig. fam.* aplicada ironicamente ao que anda complicado ou turvo. *Como un —,* vigoroso, rijo. *Dar a uno su —,* dar a alguém aquilo que lhe convém. *Revolver el —,* dar motivo a que se torne a disputar ou insistir sobre algum assunto.

¡AJO! (ajo) **¡AJÓ!** (ajó) *Interj.* de carinho e estímulo às crianças a fim de que comecem a falar.

AJOBAR (ajobar) *v. tr.* Carregar às costas. Transportar com as mãos. *v. pron. ant.* Amancebar-se.

AJOBILLA (ajobilha) *s. f.* Espécie de amêijoa.

AJOBO (ajobo) *s. m.* Carga às costas, fardo. *fig.* Fadiga, incômodo, trabalho.

AJOFAINA (ajofaina) *s. f.* V. ALJOFAINA.

AJOLÍN (ajolín) *s. m.* Espécie de percevejo preto.

AJOLIO (ajòlio) *s. m.* Molho de alhos, ovos e azeite.

AJOLOTE (ajolote) *s. m. Zool.* Axolote.

AJOMATE (ajomate) *s. f.* Espécie de alga de água doce.

AJONJE (ajonje) *s. m.* Visco extraído de algumas plantas. *Bot.* O mesmo que AJONJERA. Nome de várias plantas das quais se extrai aquele visco.

AJONJEAR (ajonjear) *v. tr. Amer. colomb.* Amimar, afagar, acariciar. Enganar, seduzir.

AJONJEO (ajonjèo) *s. m. Amer. colomb.* Mimo, afago, carícia.

AJONJERA (ajonjera) *s. f. Bot.* Visco. Condrila. Carlipa.

AJONJO (ajonjo) *s. m.* O mesmo que AJONJE. *Bot.* O mesmo que AJONJERA.

AJONJOLÍ (ajonjolí) *s. m.* Gergelim (a planta e sua semente). V. SÉSAMOS. V. ALEGRÍA *(bot.)*

AJOQUESO (ajoquesso) *s. m.* Guisado que contém alho e queijo.

AJORAR (ajorar) *v. tr.* Conduzir, levar à força (gente ou gado). *Amer. P. Rico.* Enfadar, molestar, fazer perder a paciência. *Irreg.* Ind. pres. *Ajuer-o, as, a, an.* Subj. pres. *Ajuer-e, es, e, en.* Imperat. *Ajuer-a, e, en.*

AJORCA (ajorca) *s. f.* Oxorca.

AJOTAR (ajotar) *v. tr. Amer. guat.* Instigar, incitar.

AJOTE (ajote) *s. m. Bot.* Escórdio.

AJOTOLLO (ajotolho) *s. m. Amer. per.* Certo guisado de cação.

AJUAGAS (ajuagas) *s. f. pl. Vet.* Esparavão.

AJUANETARSE (ajuanetarse) *v. pron.* Encher-se de joanetes.

AJUAR (ajuar) *s. m.* Enxoval. Móveis, utensílios e demais pertences de uma casa.

AJUDIARSE (ajudiarse) *v. pron.* Judaizar-se.

AJUICIAR (ajuiciar) *v. tr.* Ajuizar, fazer que outrem tenha juízo. *v. intr.* Começar a ter juízo. Tornar-se ajuizado, judicioso.

AJUMARSE (ajumarse) *v. pron. fam.* Embriagar-se, embebedar-se.

AJUSTICIAR (ajusticiar) *v. tr.* Justiçar.

AL (contração da prep. *a* com o art. *el*). Ao. No momento, no instante de. *— amanecer,* ao amanhecer; *— morir,* ao morrer. Contra, na direção de. *Dirigirse — enemigo,* dirigir-se ao (contra o) inimigo. Até: *le fué — corazón,* foi-lhe ao (até o) coração. *Gram.* A contração *— não* se pode fazer entre preposição e pronome. Tampouco se pode empregar como contração da prep. *a* com o art. f. *la.* Quando se diz *— agua, — África, — alma,* a contração não é entre *a* e *la,* pois em espanhol se emprega, por eufonia, o art. m. *el* quando a palavra seguinte é feminina e começa com *a* ou *ha* tônicos. *pron. ant.* Al, outra coisa.

ALA *s. m.* Asa. Ala (de edifício). Flanco (de exército). Aba (de chapéu). Fila, fileira. Pá (de hélice). *Náut.* Pequena vela acessória. *Bot.* Erva-moutã. *— de cuervo,* preto (cor). *— de grulla,* cinza (cor). *— de mosca,* pardo (cor). *— de vencejo,* preto pardacento (cor).

ALABADO *s. m.* Bendito (oração em louvor da Virgem Maria e do Santíssimo Sacramento). *loc. adv. Amer. chil.* Ao raiar do dia.

ALABAMIENTO *s. m.* Louvor, elogio. O mesmo que ALABANZA.

ALABANCIA *s. f. Amer. equat.* Jactância, presunção.

ALABANCIOSO, A (alabanciosso) *adj. fam.* Jactancioso, fanfarrão.

ALABANZA (alabança) *s. f.* Louvor, elogio.

ALABAR *v. tr.* Elogiar, louvar, gabar, celebrar. *v. pron.* Jactar-se, vangloriar-se, gabar-se.

ÁLABE *s. m.* Ramo de árvore inclinado para a terra. Esteira (nos lados de um carro). Pá (de roda hidráulica). *Ictiol.* Alabe. Alabe, folha do alpendre de um telhado.

ALABEADO, A *adj.* Empenado, encurvado, arqueado (diz-se da madeira).

ALABEARSE *v. pron.* Empenar, arquear-se, encurvar-se (a madeira).

ALÁBEGA *s. f.* V. ALBAHACA.

ALABEO (alabèo) *s. m.* Empenamento, empeno, arqueamento, curvatura (da madeira).

ALACENA *s. f.* Armário embutido na parede. *Amer. equat.* Parte superior do peito. *Amer. mexic.* Posto onde se vendem livros velhos, doces, fumo, brinquedos, etc.

ALACIAR *v. tr. ant.* V. ENLACIAR. U. t. c. intr. e pron.

ALACO *s. m. fig. Amer. salv.* Farrapo, andrajo, frangalho. *Amer. hond.* Pessoa viciosa, perdida, inútil.

ALACRÁN *s. m. Zool.* Escorpião; lacrau. Gancho do freio que prende a barbela ao bocado. Colchete para botões de metal. *— cobollero,* grilo-toupeira. *— marino,* peixe-sapo.

ALACRANEAR *v. tr. Amer.* Intrigar, mexericar.

ALACRANERA *s. f. Bot.* Escorpioa.

ALADA *s. f.* Vôo, adejo, bater de asas.

ALADAR *s. m.* Madeixa, mecha, cabelos que caem aos lados das fontes. U. t. no pl.

ALADICA *s. f.* Formiga de asas. V. ÁLUDA.

ALADIERNA *s. f. Bot.* Sanguinho. Sandim.

ALADRADA *s. f. prov.* Sulco (do arado).

ALADRAR *v. tr. prov.* Arar, labrar. *v. pron.* Começar a carne a apodrecer.

ALADRERO *s. m.* Carpinteiro de minas.

ALADRO *s. m. prov.* Arado.

ALADROQUE *s. m. prov.* Anchova por salgar.

ALAFIA *s. f.* Graça, perdão, misericórdia (Ú. mais com o v. *pedir.*)

ÁLAGA *s. f.* Espécie de trigo grosso e amarelado. O grão deste cereal.

ALAJÚ (alajú) *s. m.* Massa de amêndoas, nozes, pão ralado e mel.

ALAMBRADO *s. m.* V. ALAMBRERA. *Amer. merid.* Aramado, alambrado, cerca de arame.

ALAMBRAR *v. tr.* Aramar, pôr arame. *Amer. merid.* Alambrar, pôr cerca de arame.

ALAMBRE *s. m.* Arame. *— elétrico,* fio elétrico. *Estar como un —,* estar como um fio (muito magro).

ALAMBRERA *s. f.* Rede de arame. Campânula de arame para cobrir e proteger alimentos.

ALAMPAR *v. intr.* Ansiar, almejar, desejar com veemência, especialmente comer ou beber alguma coisa. U. m. c. pron.

ALAMUD (alamud) *s. m.* Ferrolho quadrado.

ALANA *s. f.* Fêmea do alão.

ALANDREARSE *v. pron.* Secar-se (o bicho-da-seda) ficando branco e duro.

ALANÉS *s. m.* Veado do México.

ALANGIEAS (alanjieas) *s. m. pl. Bot.* Alangiáceas.

ALANO *s. m.* Alano. Alão (cão).

ALANZAR (alançar) *v. tr.* Alancear, lancear.

ALAQUECA *s. m.* Laqueca.

ALAQUEQUES *s. m. pl.* V. ALAQUECA.

ALAR *s. m.* Aba, beira (do telhado). *pl.* Alares (laços para apanhar perdizes). *Amer. colomb.* Passeio, calçada (da rua).

ALARBE *s. m.* Alarve.

ALARDOSO, A (alardosso) *adj.* Vaidoso, aparatoso.

ALARGAMIENTO *s. m.* Alongamento. Prolongamento. Elongação.

ALARGAR *v. tr.* Alongar, encompridar, prolongar. Aumentar. Estender. *v. pron.* Distanciar-se, desviar-se, apartar-se.

ALARIDA *s. f.* Conjunto de alaridos. Grita, gritaria, vozearia.

ALARIFAZGO *s. m.* Ofício ou emprego de *Alarife.*

ALARIFE *s. m.* Alarife, construtor, mestre de obras. *Amer. argent.* Indivíduo esperto, finório.

ALARIJE (alarije) *adj.* V. ARIJE.

ALASTRAR *v. tr.* Fitar as orelhas, deitá-las para trás um animal com intenção hostil. *v. pron.* Coser-se com a terra um animal a fim de fugir a algum perigo. *Náut.* V. LASTRAR.

ALATERNO *s. m.* V. ALADIERNA.

ALATLÍ *s. m. Amer. mexic.* Alcião do México.

ALATRÓN *s. m.* Afronitro.

ALAVANCO *s. m.* Pato bravo. O mesmo que LAVANCO.

ALAZÁN, A (alaçan) *adj.* Alazão, ã. U. t. c. s.

ALAZO (alaço) *s. m.* Golpe de asa.

ALAZOR (alaçor) *s. m.* Açafroa, açafrão, bastardo, cártamo.

ALBA *s. f.* Alva, alvorada, aurora, dilúculo, antemanhã, madrugada. Alva, túnica branca dos sacerdotes. *loc. adv. Al —,* ao amanhecer, ao despontar do dia.

ALBACEA (albacèa) *s. m. e f.* Albaceia, testamenteiro, executor da última vontade.

ALBACORA *s. f.* Bêbera. *Ictiol.* Albacora. Bonito. *Amer. chil.* Peixe-espada.

ALBADA *s. f.* Alvorada (serenata, composição musical; concerto matutino das aves). *Bot.* Saponária. V. JABONERA.

ALBAHACA (albaaca) *s. f.* Manjericão.

ALBAHAQUERO (albaaquero) *s. m.* Vaso (para plantas e flores).

ALBAHAQUILLA DE RIO (albaaquilha) *s. f. Bot.* Parietária.

ALBALÁ *s. m.* Alvará; carta-régia. *ant.* Atestado.

ALBAÑAL (albanhal) *s. m.* Cano de esgoto. Esgoto. Depósito de imundícies. Cloaca. Pântano.

ALBAÑARIEGO, A (albanhariego) *adj.* Aplica-se aos cães destinados a guardar o gado transumante. Diz-se dos cães próprios para a caça em lagoas.

ALBANDO *adj.* Candente, aquecido a branco (o ferro).

ALBANEGA *s. f.* Rede (para os cabelos). Rede (para caçar coelhos).

ALBAÑEL (albanhel) *s. m. Amer. equat.* V. ALBAÑIL.

ALBAÑIL (albanhil) *s. m.* Pedreiro, alvanil, alvanel.

ALBAÑILERÍA (albanhileria) *s. f.* Alvenaria, ofício de pedreiro. *Obra de —,* obra de alvenaria.

ALBANO, A *adj.* Albanês, natural da Albânia. Natural de Alba Longa. U. t. c. s.

ALBAR *v. tr.* Branquear (a moeda), aquecer a branco. *adj.* Alvar, branco, níveo.

ALBARÁN *s. m.* Papel indicador de casa para alugar. Atestado.

ALBARAZO (albaraço) *s. m.* Alvaraça (casta de uva). Alvaraz.

ALBARDAR *v. tr.* V. ENALBARDAR. *fig.* Molestar, abusar de uma pessoa. Lardear.

ALBARDEAR *v. tr. Amer. hond.* Molestar, incomodar, enfadar.

ALBARDELA *s. f.* V. ALBARDILLA.

ALBARDERO *s. m.* Albardeiro.

ALBARDILLA (albardilha) *s. f.* Albardilha. Sela para domar potros. Lã espessa que as ovelhas criam no lombo quando fracas. Tira de toucinho para lardear as aves. Mistura de ovos, açúcar e farinha que se deita em alguns pratos antes de os frigir. A lama que se pega ao arado. Pedras, tijolos ou telhas inclinadas que rematam um muro. Camalhão. Monte de lama que se forma nos caminhos.

ALBARDILLAR (albardilhar) *v. tr.* Lardear o assado. Fazer e colocar *albardillas*. Pôr o capirote no falcão.

ALBARDÍN *s. m. Bot.* Albardina.

ALBARDÓN *s. m.* Albardão. *Amer.* Dique. *Amer.* Faixa de terra entre pântanos ou tremedais. *Amer. argent. e urug.* Faixa de terra elevada e comprida que fica entre lagoas ou sobressai em costas muito espraiadas.

ALBAREJO (albarejo) *adj.* Esbranquiçado, um tanto alvar. Candial. *s. m.* Trigo candial.

ALBARELO *s. m.* Albarela.

ALBAREQUE *s. m.* Rede (para pescar sardinhas).

ALBARICO *adj.* e *s. m.* V. ALBAREJO.

ALBARICOQUE *s. m.* Albricoque; damasco.

ALBARICOQUERO *s. m.* Albricoqueiro; damasqueiro.

ALBARIGO *adj.* e *s. m.* V. ALBAREJO.

ALBARILLO (albarilho) *s. m.* Alvarilho, variedade de damasqueiro. Alvarilho *(Ximenia americana). Mús.* Toque de guitarra em compasso acelerado. *Ir uma cosa por el —,* fazer as coisas precipitada e atropeladamente, ir a toque de caixa.

ALBARIZO, A (albariço) *adj.* Esbranquiçado, alvacento, alvejante. *s. f.* Lagoa salobra.

ALBARRANA *s. f.* Albarrã (torre), atalaia. Albarrã (espécie de cebola).

ALBARRANILLA (albarranilha) *s. f.* O mesmo que ALBARRANA (cebola).

ALBARRAZ *s. m.* V. ALBARAZO. Erva-piolheira.

ALBARZA (albarça) *s. f.* Cabaz, cesta de pescador.

ALBATOZA (albatoça) *s. f.* Albetoça.

ALBAYALDAR (albadjaldar) *v. tr.* Alvaiadar.

ALBAYALDE (albadjalde) *s. m.* Alvaiade.

ALBAZANO, A (albaçano) *adj.* Alvação. Castanho-escuro (diz-se principalmente dos cavalos).

ALBEAR *s. m.* Terreno argiloso abundante em greda. *v. intr.* Branquejar, alvejar.

ALBEDRÍO *s. m.* Arbítrio. Direito consuetudinário. *Libre —,* livre arbítrio. *loc. adv.* Al —, à vontade, segundo o capricho.

ALBEDRO *s. m.* V. MADROÑO.

ALBÉITAR *s. m.* Alveitar, veterinário.

ALBEITERÍA *s. f.* Alveitaria, veterinária.

ALBELDAR *v. tr.* V. BIELDAR.

ALBELLÓN (albelhòn) *s. m.* O mesmo que ALBAÑAL.

ALBEÑA (albenha) *s. f.* V. ALHEÑA.

ALBÉNTOLA *s. f.* Rede (para peixes pequenos).

ALBERCA *s. f.* Alverca.

ALBÉRCHIGO (albèrtchigo) *s. m.* Alperce.

ALBERCHIGUERO (albertchiguero) *s. m.* Alperceiro.

ALBERICOQUE *s. m.* V. ALBARICOQUE.

ALBERNO *s. m.* Camelão do Oriente (tecido).

ALBERO *s. m.* Terreno abundante em greda. Pano de cozinha. *adj.* V. ALBAR.

ALBERQUERO, A *s. m.* e *f.* Pessoa que cuida das alvercas, tanques ou açudes.

ALBIAR *s. m.* V. NARCISO. V. NARANJO.

ALBICA *s. f.* Espécie de argila branca.

ALBIHAR (albiar) *s. m. Bot.* Olho-de-boi.

ALBILLO, A (albilho) *adj.* Alvilho (casta de uva). Aplica-se ao vinho feito desta uva.

ALBÍN *s. m.* Albina. Hematita. *Pint.* Cor carmesim-escura.

ALBINA DE MARISMA *s. f.* Lagoa de água do mar.

ALBITA *s. f.* Variedade de feldspato.

ALBITANA *s. f. Agr.* Cerca para proteger plantas. *Náut.* Contracadaste ou contra-roda da proa.

ALBO, A *adj.* Alvo, branco, níveo.

ALBOAIRE *s. m.* Ornato de azulejos nas capelas antigas.

ALBOQUE *s. m.* Alboque.

ALBOHOL (albool) ou **ALBOL** *s. m.* Corriola. *Bot.* Campainha.

ALBÓNDIGA *s. f.* Almôndega.

ALBOR *s. m.* Alvor, alva, alvorada. Alvor, alvura, brancura. — ou *—es de la vida, fig.* Infância, juventude. Alvorada, o despontar da vida, a juventude.

ALBORADA *s. f.* Alvorada, alva, madrugada, antemanhã. Alvorada (toque ou música militar). Alvorada (música, serenata).

ALBOREAR *v. intr.* Alvorecer, amanhecer, raiar o dia.

ALBORGA *s. f.* Alpercata rústica feita de corda de esparto.

ALBORNÍA *s. f.* Vasilhão de barro vidrado.

ALBORNO *s. m. Bot.* Alburno.

ALBORONÍA *s. f.* Guisado de tomate, abóbora, beringela e pimentão.

ALBOROQUE *s. m.* Obséquio, gratificação que se dá aos que intervém numa venda, ou comes e bebes com que se festeja um contrato feito.

ALBOROTAPUEBLOS *s. com. fam.* Turbulento, alvorotador, revoltoso. *fig.* Pessoa ruidosa e de bom humor.

ALBOROTAR *v. tr.* Alvorotar, inquietar, alterar, comover, perturbar. U. t. c. intr. e pron. Amotinar, rebelar. Gritar, vozear. *v. pron.* Enfurecer-se, exasperar-se.

ALBOROTO *s. m.* Alvoroto. Vozeio. Desordem, tumulto. Motim, sedição. Sobressalto, inquietação. *Amer. argent.* Entusiasmo, curiosidade, alvoroço. *Amer. mexic.* Alvoroço, regozijo.

ALBOROZAR (alboroçar) *v. tr.* Alvoroçar, entusiasmar, alegrar. U. t. c. pron.

ALBOROZO (alboroço) *s. m.* Alvoroço, regozijo extraordinário.

ALBOTÍN *s. m. Bot.* V. CORNICABRA.

ALBRICIAS *s. f. pl.* Alvíçaras. *¡—!* expr. de júbilo.

ALBUDEGA *s. m.* Melancia ou melão de má qualidade.

ALBUFERA *s. f.* Albufeira. Alverca.

ALBUHERA (albuera) *s. f.* O mesmo que ALBUFERA. Depósito artificial de água doce, tanque, alverca, etc.

ALBÚR *s. m. Ictiol.* Boga, mugem. *fig.* Risco, contingência. As duas primeiras cartas que o banqueiro tira no jogo do monte. *pl.* Jogo de cartas. V. PARAR *(s. m.).*

ALBURA *s. f.* Alvura. Clara de ovo. *Bot.* Alburno.

ALCABUCO *s. f.* V. ARCABUCO.

ALCACEL ou **ALCÁCER** *s. m.* Alcácer, semente de aveia ou cevada.

ALCACHOFA (alcatchofa) *s. f.* Alcachofra. — *de borricos.* V. ALCAUCIL.

ALCACHOFERA (alcatchofera) *s. f.* Alcachofreira, alcachofra.

ALCACÍ ou **ALCACIL** *s. m.* V. ALCAUCIL.

ALCAHAZ (alcaaz) *s. m.* Gaiola grande, viveiro (para pássaros).

ALCAHUETE (alcauete) *s. m.* Alcaguete, alcoviteiro.

ALCAHUETEAR (alcauetear) *v. tr. e intr.* Alcovitar.

ALCAICERÍA *s. f.* Lugar ou conjunto de lojas onde se vende seda crua.

ALCAIDE *s. m.* Alcaide, guardião de castelo ou fortaleza, chefe de presídio. — *de la honor,* alcaide de honra. — *de los donceles,* alcaide dos donzéis.

ALCALDADA *s. f.* Abuso de autoridade cometido por um alcaide. Por extensão, qualquer abuso de autoridade. Dito ou sentença néscia. U. com os verbos *dar* e *meter.*

ALCALDE *s. m.* Alcaide. Juiz ordinário. Diretor de dança. Jogo de cartas. — *corregidor,* corregedor. — *de Casa y Corte,* Alcaide da Corte. — *de sacas,* alcaide das sacas. — *mayor,* alcaide-mór.

ALCALDÍA *s. m.* Alcaidia, alcaidaria.

ALCALESCER *v. tr.* Alcalificar.

ALCALIZAR (alcaliçar) *v. tr.* Alcalinizar.

ALCALLER (alcalher) *s. m.* V. ALFARERO.

ALCANCÍA *s. f.* Alcanzia. Alcâncias. *Amer. chil.* Caixa de esmolas (nas igrejas).

ALCANDÍA *s. f.* Trigo candial.

ALCANDIAL *s. m.* Terra semeada de trigo candial.

ALCANFOR *s. m.* Alcânfor, cânfora.

ALCANFORERO *s. m.* Alcanforeira, canforeira, árvore da cânfora, canforeiro.

ALCANTARILLA (alcantarilha) *s. f.* Pontezinha. Esgoto (pluvial e fecal).

ALCANTARINO *adj.* e *s.* Franciscano descalço, reformado.

ALCANZADO, A (alcançado) *adj.* Falto, necessitado. Alcançado, empenhado, endividado. Extenuado por falta de alimento.

ALCANZADURA (alcançadura) *s. f. Vet.* Alcançadura.

ALCANZAR (alcançar) *v. tr.* Alcançar, chegar a. Encontrar, apanhar ou tocar. *fig.* Ser coetâneo, viver ou ter vivido no tempo de. Conseguir, lograr, obter. *fig.* Saber, entender, perceber, compreender. Ter capacidade para fazer alguma coisa. Ter poder, virtude ou força para alguma coisa. Ficar credor num ajuste de contas. *v. intr.* Alcançar, vencer a distância de (as armas). *fig.* Tocar, caber a alguém alguma coisa. Bastar, ser suficiente para alguma coisa. Dar ou trazer algum objeto mais ou menos distante. *v. pron. Vet.* Ferir-se nas ramilhas ao andar (o cavalo). *fig. Estar alcanzado,* encontrar-se falto de recursos, empenhado ou endividado.

ALCAPARRO *s. m.* Alcaparra, alcaparreira.

ALCAPARRÓN *s. m.* Alcaparra (fruto da alcaparreira).

ALCARAVÁN *s. m. Zool.* Alcaravão.

ALCARAVEA (alcaravèa) *s. f. Bot.* Alcarávia. V. CAMINO DEL PRADO.

ALCARCEÑA (alcarcenha) *s. f.* Ervilhaca, cisirão. V. YERO.

ALCARRAZA (alcarraça) *s. f.* Moringa, bilha de barro, alcarraza.

ALCARRIA *s. f.* Terreno alto, plano e de pouca vegetação.

ALCARTAZ *s. m.* V. CUCURUCHO.

ALCATRAZ *s. m.* V. ALCARTAZ. *Zool.* Alcatraz, albatroz, pelicano.

ALCAUCIL *s. f.* Alcachofra silvestre. Alcachofra (em algumas zonas da Espanha).

ALCAYATA (alcaiata) *s. f.* Alcaiata (utensílio de sirgueiro). *Náut.* Nó de anzol. *Miner.* Prego grande de com gancho.

ALCAZADA (alcaçada) *s. f.* Alcáçova.

ALCÁZAR (alcáçar) *s. m.* Alcácer; alcáçar.

ALCAZUZ (alcaçuz) *s. m.* Alcaçuz.

ALCE *s. m.* Corte (no baralho). Prêmio no jogo da manilha. *Zool.* Alce. *No dar —, loc. fig. fam. Amer. argent.* Não dar trégua; não dar trela.

ALCINO *s. m.* Alcina.

ALCIÓN *s. m.* Álcion, alcião.

ALCISTA *s. m. e f.* Altista.

ALCOBA *s. f.* Alcova. Rede grande de pesca. V. JÁBEGA. Caixa onde se move o fiel da balança.

ALCOBILLA (alcobilha) *s. f. Dim.* de *Alcoba.* — *de lumbre,* chaminé para aquecer.

ALCOCARRA *s. f.* Gesto, careta, momice.

ALCOHOL (alcoòl) *s. m.* Álcool. Galena. Pó com que as mulheres enegreciam as pestanas e sobrancelhas. — *desnaturalizado,* álcool retificado.

ALCOHOLADO, A (alcoolado) *adj.* Diz-se do animal que tem o pêlo ou a pele em roda dos olhos mais escuro do que o resto. *s. m.* Alcoolato.

ALCOHOLAR (alcoolar) *v. tr.* Alcoolificar, obter álcool de uma substância. Enegrecer com pó as pestanas, sobrancelhas ou pálpebras. *Náut.* Por breu no que foi calafetado. *v. intr.* Passar devagar diante dos adversários a quadrilha que carregou a galope (nas cavalhadas e alcâncias).

ALCOHOLISMO (alcoolismo) *s. m.* Alcoolismo.

ALCOLLA (alcolha) *s. f.* Ampola grande de vidro.

ALCOR *s. m.* Cerro, colina, outeiro. Alcor.

ALCORÁN *s. m.* Alcorão.

ALCONORQUE *s. m. Bot.* Alcornoco, sobreira. *fig. fam.* Pessoa ignorante o grosseira, casca grossa. U. t. c. s.

ALCORQUE *s. m.* Alcorque. *Agr.* Cavado, caldeira.

ALCORZA (alcorça) *s. f.* Alcorça.

ALCOTÁN *s. m. Ornit.* Esmerilhão.— *palomero,* açor.

ALCOTANA *s. f.* Picareta, alvião.

ALCREBITE *s. m.* Enxofre. Guarnição de ferro na parte posterior dos fornos de fundição.

ALCRIBÍS *s. f. Miner.* V. TOBERA.

ALCUBILLA (alcubilha) *s. f.* Reservatório d'água. Aqueduto.

ALCUCERO, A *adj. fig. fam.* Guloso. *s. m.* e *f.* Pessoa que fabrica ou vende azeiteiras *(alcuzas).*

ALCUDIA *s. f.* Colina, outeirinho.

ALCURNIA *s. f.* Ascendência, linhagem, estirpe, raça. (Usa-se geralmente em sentido aristocrático). Ralé (em sentido popular).

ALCUZA (alcuça) *s. f.* Azeiteira, almotolia. *Amer. per.* e *equat.* Vinagreira ou galheteiro.

ALDABA *s. f.* Aldrava. Argola fixa na parede para amarrar animais de montaria. Passador de postigo, de porta. Tranca de ferro para fechar portas ou janelas. *Ser capaz de comerse las —s de una iglesia, fig. fam.* Ser glutão, comilão, ter um apetite insaciável.

ALDABADA *s. f.* Aldravada. *fig.* Sobressalto, susto ou temor repentino.

ALDABAZO (aldabaço) *s. m.* Forte aldravada.

ALDABEAR *v. intr.* Aldravar.

ALDABEO (aldabèo) *s. m.* Aldravada. Aldravadas (repetidas).

ALDABÍA *s. f.* Trave, viga, barrote (para sustentar tabiques).

ALDABILLA (aldabilha) *s. f.* Fecho, ferrolho, pequena aldrava.

ALDABÓN *s. m.* Aldravão. Alça grande de cofre, arca, baú, etc.

ALDABONAZO (aldabonaço) *s. m.* V. ALDABADA e ALDABAZO.

ALDEA (aldèa) *s. f.* Aldeia.

ALDEANIEGO, A *adj.* Aldeão, relativo à aldeia. *fig.* Inculto, grosseiro, rústico.

ALDEANO, A *adj.* Aldeão, ã. U. t. c. s. Campônio, labrego. *fig.* Grosseiro, rude, inculto, rústico.

ALDEHUELA (aldeuela) *s. f. Dim.* de *Aldea.*

ALDEORRIO ou **ALDEORRO** *s. m. Deprec.* Aldeota, aldeola.

ALDERREDOR *adv.* V. ALREDEDOR.

ALDIÓN *s. m.* Aldião.

ALDISA (aldissa) ou **ALDIZA** (aldiça) *s. f. Bot.* Aciano, ciano, escovinha.

ALDRÁN *s. m.* Vendedor de vinho nas pastagens.

ALEACIÓN *s. f.* Liga, mistura (de metais).

ALEAR *v. tr.* Ligar, misturar, combinar (os metais) *v. intr.* Adejar. Mover os braços à maneira de asa. *fig.* Cobrar alento ou forças, arribar. Anelar, apetecer, cobiçar.

ALEBRARSE *v. pron.* Coser-se ou estender-se no chão como as lebres. *fig.* Acobardar-se.

ALEBRASTARSE *v. pron. Amer. colomb.* Erguer-se, encabritar-se (os cavalos ou outros animais). Aplica-se também às pessoas quando andam com maior rapidez do que de ordinário. *Amer. hond.* Enamorar-se, apaixonar-se. *Amer. mexic.* Alarmar-se. *Amer. cub.* e *venezuel.* Animar-se, erguer-se, avivar-se, alegrar-se.

ALEBRESTARSE *v. pron.* V. ALEBRARSE.

ALEBRONAR *v. tr. fig.* Acobardar. *v. pron.* V. ALEBRARSE.

ALECCIONAR *v. tr.* Lecionar, ensinar, instruir. Exercitar, adestrar.

ALECHE (aletche) *s. m. Ictiol.* V. HALECHE.

ALECHIGAR (aletchigar) *v. tr.* Suavizar, dulcificar, mitigar, abrandar. *v. pron.* Enternecer-se, abrandar-se. Aleitar-se (um líquido).

ALECHUGAR (aletchugar) *v. tr.* Preguear, franzir ou dobrar em forma de folha de alface. *v. pron.* Torcer-se, retorcer-se.

ALEDA *s. f.* Cera com que as abelhas untam a colmeia.

ALEDAÑO, A (aledanho) *adj.* Confinante, divisório, confim, fronteiro, limítrofe. U. t. c. s. e mais no pl.

ALEGAJAR (alegajar) *v. tr. Amer. chil.* Fazer massos de expedientes ou papéis e atá-los.

ALEGAR *v. tr.* Alegar. *Amer. argent.* Porfiar acalorada e veementemente.

ALEGATO *s. m. For.* Alegação.

ALEGRADOR, A *adj.* Alegrador. *s. m. fam.* Torcida de papel para acender cigarros, velas, etc. *s. m.* Espécie de broca para preparar superfícies metálicas.

ALEGRE *adj.* Alegre. Vivo (diz-se das cores fortes). Alegre (excitado pelo vinho ou outra bebida). Um tanto livre ou desonesto. Arriscado, leviano.

ALEGRÍA *s. f.* Alegria. *Bot.* Gergelim (a planta e sua semente). V. AJONJOLÍ. V. SÉSAMO.

ALEGRÓN *s. m.* Alegrão. Labareda de pouca duração. *Amer. mexic.* Pessoa dada a galanteios. Colheita obtida de outubro a dezembro.

ALEGRULLA (alegrulha) *adj. Amer. cub.* Cor de cinza como a da asa do grou.

ALEJADO, A (alejado) *adj.* Afastado, distante, remoto, apartado.

ALEJAMIENTO (alejamiento) *s. m.* Afastamento.

ALEJANDRINO, A (alejandrino) *adj.* Alexandrino.

ALEJAR (alejar) *v. tr.* Afastar, desviar, separar, apartar, distanciar. Tirar, expulsar, arrojar. Afugentar, dispersar. — *de la patria,* desterrar. — *se de la vida,* morrer ou estar próximo do fim.

ALEJIJA (alejija) *s. f.* Papa de farinha de cevada torrada.

ALEJUR (alejur) *s. m.* V. ALAJÚ.

ALELAR *v. tr.* Aparvalhar, emparvecer, estupidificar. U. t. c. pron. *fig.* Aturdir, transtornar. U. t. c. pron. *v. pron. Amer. argent.* Ficar distraído, absorto ou ensimesmado.

ALELÍ *s. m.* V. ALHELÍ.

ALELIA *s. f. Amer. mexic.* V. ALHELÍ.

ALELUYA (aleluia) *s. f.* Aleluia. Alegria, regozijo. Pessoa ou animal de magreza extrema. *fig. fam.* Pintura desprezível. *Bot.* Azeda. *Comer —s. loc. fam.* Ficar sem comer.

ALEMA *s. f.* Porção de água para irrigação distribuída em turnos.

ALEMAN, A *adj.* Alemão, ã. *s. m.* Alemão (o idioma).

ALEMANA *s. f.* Alemanda.

ALEMANISCO, A *adj.* Diz-se de certo tecido para toalhas ou guardanapos.

ALEMANIZARSE (alemaniçarse) *v. pron. Amer.* Germanizar-se.

ALENGUADO, A *adj.* Semelhante a uma língua. *fig.* Loquaz, conversador.

ALENGUAMIENTO *s. m.* Arrendamento de pastagem.

ALENGUAR *v. tr.* Tratar, na Mesta, do arrendamento de pastagens para o gado lanígero.

ALENTADA *s. f.* Respiração ininterrupta. Fôlego. *Leyó todo el párrafo de una —,* leu de um fôlego todo o período.

ALENTADO, A *adj.* Alentado, arrojado, animado, intrépido, valente. *Amer. colomb* e *chil.* Bom (referindo-se à saúde).

ALENTAR *v. tr.* Alentar, animar, dar vigor. U. t. c. pron. *v. intr.* Respirar. *Amer. equat.* Bater compassadamente com as palmas das mãos. *Amer. cub., guat* e *C. Rica.* Curar-se de uma enfermidade, restabelecer-se.

ALENTOSO (alentosso) *adj.* Arrojado, intrépido.

ALEONADO, A *adj.* V. LEONADO.

ALEPANTADO, A *adj. Amer. equat.* Absorto, ensimesmado, distraído, suspenso, embevecido.

ALEPANTAMIENTO *s. m. Amer. equat.* Abstração, êxtase, suspensão, distração, embevecimento.

ALEPÍN *s. m.* Alepina.

ALERA *s. f. ant. Arag.* Lugar ou planura onde ficam as eiras para debulhar os cereais. Direito de pastagem.

ALERO *s. m.* Beira, aba do telhado. Guarda-lama. *adj.* Diz-se do cervo novo.

ALERTO, A *adj.* Alerta, vigilante, precavido.

ALESNADO, A *adj.* Com a ponta em forma de sovela.

ALESNAR *v. tr.* Assovelar. U. t. c. pron.

ALETA *s. f. Dim.* de *Ala.* Barbatana, nadadeira. Nome dado a muitas outras coisas que têm certa semelhança com as barbatanas dos peixes. *Arq.* Aleta. *Náut.* Cada um dos madeiros curvos que formam a popa de um barco. *Amer. cub. fig. fam.* Mão. Calha da roda hidráulica.

ALETADA *s. f.* Adejo, movimento das asas. Golpe dado com as asas.

ALETARGAR *v. tr.* Causar letargo. *fig.* Adormecer profundamente, infundir modorra. *v. pron.* Padecer letargo, cair em letargo.

ALETAZO (aletaço) *s. m.* Golpe de asa ou barbatana. *fig. Amer. hond.* Furto, velhacaria, treta. *Amer. cub.* Bofetada, punhada, murro.

ALETEAR *v. tr.* Bater as asas (sem levantar vôo).

ALETEO (aletèo) *s. m.* Movimento de asas. Palpitação acelerada do coração.

ALEUDAR *v. tr.* V. LEUDAR.

ALEVE *adj.* Aleivoso, traidor. U. t. c. s. Aleive. A —, *loc. adv. ant.* Aleivosamente.

ALEVILLA (alevilha) *s. f.* Espécie de mariposa de asas brancas.

ALEVINAR *v. tr.* Povoar um tanque com peixes miúdos.

ALEVINO *s. m.* Peixe miúdo que se põe nos tanques.

ALEVOSA (alevossa) *s. f. Med.* Rânula.

ALEVOSÍA (alevossía) *s. f.* Aleivosia, traição, perfídia, deslealdade. *Con —, loc. adv.* Aleivosamente.

ALEVOSO, A (alevosso) *adj.* Aleivoso, traiçoeiro, pérfido.

ALEYA (aledja) *s. f.* Versículo do Alcorão.

ALFA *s. f.* Alfa. *Amer.* Alfafa, luzerna. Alfa, esparto.

ALBAFACA *s. f.* Alfavaca.

ALFÁBEGA *s. f.* V. ALBAHACA.

ALFADA *s. f.* Resgate, redenção.

ALFAGUARA *s. f.* Manancial abundante.

ALFAHAR *s. m.* V. ALFAR.

ALFAJÍA (alfajia) *s. f.* V. ALFARJÍA. *Amer. colomb.* Reforço de madeira para impedir que caia um poial. *Amer. cub.* e *per.* Viga.

ALFAJOR (alfajor) *s. m.* V. ALAJÚ. *Amer.* Qualquer guloseima, seja qual for a massa ou doce nela empregado.

ALFALACA *s. f. Amer. cub.* Couro cru que, ajustado e amarrado ao pés, faz as vezes de sapato.

ALFALFA *s. f. Bot.* Alfafa, luzerna.

ALFALFAL ou **ALFALFAR** *s. m.* Alfafal.

ALFALFE *s. m.* Alfafa.

ALFANDOQUE *s. m. Amer.* Massa com melado, queijo e gengibre. Instrumento musical que consiste num cilindro de bambú cheio de sementes e serve para marcar o compasso. *Amer. colomb.* Espécie de alfenim de amêndoas.

ALFANJE (alfanje) *s. m.* Alfanje. *Ictiol.* Peixe-espada.

ALFAR *s. m.* Olaria. Oleiro. Argila. *v. intr.* Empinar-se o cavalo, no galope, levantando demasiado os quartos dianteiros. *adj.* Diz-se do cavalo que tem essa andadura.

ALFARDA *s. f.* Alfarda (vestuário). Certo tributo que era imposto a mouros e judeus. *Arq.* Vigas entrelaçadas na parede.

ALFARDILLA (alfardilha) *s. m. Dim.* de *Alfarda.* V. ESTERILLA.

ALFARERO *s. m.* Oleiro.

ALFARJE (alfarje) *s. m.* Teto de madeira lavrada. Pedra inferior do lagar de azeite.

ALFARJÍA (alfarjia) *s. m.* Madeiro para marcos e couceiras de portas e janelas. *Amer. argent.* Tábua de forro.

ALFEÑICARSE (alfenhicarse) *v. pron. fig. fam.* Requebrar-se, afetando delicadeza. Fazer gestos de ternura e delicadeza afetadas. Emagrecer muito. Arrebicar-se.

ALFEÑIQUE (alfenhique) *s. m.* Alfenim. *fig. fam.* Pessoa delicada, franzina. Arrebique, enfeite, requebro.

ALFÉREZ *s. m.* Alferes.

ALFILER *s. m.* Alfinete. *pl.* Alfinetes (despesas miúdas de mulher). Gorjeta para camareiras. *Con todos sus —es* ou *De veinticinco —es, loc. fig. fam.* Com todo o enfeite, compostura ou esmero possíveis. *No estar uno con sus —es, loc. fam.* Não estar de bom humor.

ALFILERAZO (alfileraço) *s. m.* Alfinetada. *fig.* Olhadela, expressão insinuante ou provocativa. *Dar —s, fig. irôn.* Pedir dinheiro emprestado em pouca quantidade. *Dar un —, fig.* Alfinetar, criticar.

ALFILETE *s. m.* V. ALFITETE.

ALFILETERO *s. m.* Alfineteira, alfineteiro.

ALFITETE *s. m.* Alfitete, massa para pastéis finos.

ALFOLÍ *s. m.* Celeiro. Depósito de sal.

ALFOLIAR *v. tr.* Guardar o sal no depósito.

ALFOLIERO ou **ALFOLINERO** *s. m.* O que cuida do celeiro ou do depósito do sal.

ALFONCIGO *s. m.* Pistaceira, pistácia. *— lentisco.* Almecegueira.

ALFÓNSIGO *s. m.* V. ALFÓNCIGO.

ALFORFÓN *s. m.* Trigo mourisco.

ALFORJA (alforja) *s. f.* Alforje. *Amer. chil. Pasarse a la otra —, loc. fig. fam.* Exceder os limites da moderação e cortesia.

ALFORJADO, A (alforjado) *adj.* Giboso, corcunda.

ALFORJAR (alforjar) *v. tr.* Alforjar. Agasalhar-se, abrigar-se bem (do frio).

ALFORJÓN (alforjón) *s. m.* V. ALFORFÓN.

ALFORZA (alforça) *s. f.* Prega horizontal à roda e pela parte interna dos vestidos, como enfeite ou para encurtá-los. *fig.* Refolho, esconderijo, parte recôndita do coração. *fig. fam.* Cicatriz, greta.

ALFORZAR (alforçar) *v. tr.* Fazer pregas (*alforzas*).

ALFOZ *s. m.* Passo estreito entre montes fragosos. *ant.* Arrabalde; distrito com várias povoações e uma só jurisdição.

ALGABA *s. f.* Bosque cerrado. Matagal.

ALGAIDA *s. f.* Duna, banco de areia quase à flor d'água. V. MÉDANO. V. ALGABA. *Bot.* V. ALBAIDA.

ALGADO, A *adj.* Coberto de palha ou ramos de árvores.

ALGALABA *s. f.* Vinha silvestre.

ALGARABÍA *s. f.* Algaravia. *Bot.* Eufrásia.

ALGARABIADO, A *adj.* e *s.* Algaraviado, que sabe a algaravia.

ALGARADA *s. f.* Algara. Algazarra, vozearia.

ALGARRADA *s. f.* Algarrada. Festa que consiste em soltar um touro e corrê-lo com uma vara comprida. V. ENCIERRO. V. NOVILLADA.

ALGARROBA *s. f.* Alfarroba, o fruto da alfarrobeira. Ervilhaca.

ALGARROBO *s. m.* Alfarrobeira.

ALGAVARO *s. m. Entom.* Inseto coleóptero, preto e com as antenas mais compridas que o corpo. Muito comum na Espanha.

ALGAZARA (algaçara) *s. f.* Algazarra.

ALGAZUL (algaçul) *s. f. Bot.* Soda.

ALGECERÍA (aljecería) *s. f.* V. YESERÍA.

ALGEZ (aljês) *s. m.* V. ALJEZ.

ALGEZAR (aljeçar) *v. tr.* V. YESAR.

ALGO *pron. indef.* Algo, alguma coisa, qualquer coisa. *adv.* Algo, um tanto, algum tanto, um pouco.

ALGODÓN *s. m.* Algodão. *Llevar a uno entre — es, loc. fam.* Tratar alguém com as maiores atenções; criar com muita delicadeza.

ALGODONAL *s. m.* Algodoal.

ALGODONAR *v. tr.* Algodoar. *v. pron.* Murchar (algumas hortaliças).

ALGODONERO *s. m. Bot.* Algodoeiro.

ALGODONITA *s. f.* Algodonita.

ALGODONOSA (algodonossa) *s. f.* Artemísia-branca; erva-branca.

ALGORÍN *s. m.* Lugar onde se deposita a azeitona de cada colhedor, nos moinhos de azeite.

ALGORRA *s. f. Amer. chil* V. ALHORRE.

ALGUACIL *s. m.* Alguazil, aguazil. Esbirro, agente de polícia, oficial de justiça. *— de ayuntamiento,* oficial inferior encarregado do policiamento urbano. *— de campo* ou *de la hoz,* guarda das terras. *— de la montería,* administrador da caça. *— mayor,* antigo cargo honorífico nas localidades espanholas. *— de las moscas,* papa-moscas (aranha).

ALGUACILAZGO *s. m.* Alguazilado.

ALGUARÍN *s. m.* Quartinho para guardar alguma coisa. A caixa onde cai a farinha que sai da mó.

ALGUAZA (alguaça) *s. f.* Bisagra; gonzo.

ALGUIEN *pron ind.* Alguém. (Não faz plural).

ALGÚN *adj.* Algum. (Emprega-se somente anteposto a substantivos masculinos). *— tanto, loc. adv.* Algum tanto, um pouco, algo, um tanto.

ALGUNO, A *adj.* Algum, a. Algum, a (regular, suficiente, nem pouco nem muito). *pron. ind.* Alguém: *¿Ha salido —? ¿*Saiu alguém? *— que otro, loc.* Um que outro, poucos.

ALHAJA (alaja) *s. f.* Jóia. Alfaia, adorno. Móvel precioso. *fig.* Qualquer coisa de muito valor ou estima. *fig. fam.* Pessoa ou animal de excelentes qualidades: jóia. U. muito em sentido irônico. *¡Buena —! loc.* irônica aplicada ao velhaco, e às vezes ao astuto.

ALHAJAR (alajar) *v. tr.* Ornar de jóias. Alfaiar. Mobilar, trastejar.

ALHAJERA (alajera) *s. f. Amer. argent.* Porta-jóias (de vidro, madeira ou metal).

ALHAJÍ (alají) *s. m. Bot.* Alhage. V. MANÁ.

ALHAMEL (alamel) *s. m.* Besta de carga. Arrieiro. Moço de fretes.

ALHANDAL (alandal) *s. m. Bot.* Coloquíntida.

ALHARACA (alaraca) *s. f.* Veemente demonstração de algum sentimento, feita por um pequenino motivo. U. mais no *pl. pl.* Laços e adornos (em arabescos). Enfeites femininos.

ALHARAQUIENTO, A (alaraquiento) *adj.* Exagerado, que faz grandes demonstrações de sentimento por pequenos motivos.

ALHARMA (alarma) *s. f.* Arruda silvestre. V. GAMARZA.

ALHELÍ (alelí) *s. m.* Goiveiro, goivo. *— cuarenteno,* goiveiro branco. *— de mahon,* goiveiro marítimo, goivinho da praia.

ALHEÑA (alenha) *s. f. Bot.* Alfena, alfeneiro, ligustro.

ALHEÑAR (alenhar) *v. tr.* Alfenar.

ALHOJA (aloja) *s. f.* V. ALONDRA.

ALHOLVA (alova) *s. f.* Alfarva. A sua semente.

ALHÓNDIGA (alóndiga) *s. f.* Mercado de cereais. Depósito de cereais.

ALHONDIGAJE (alondigaje) *s. m. Amer. mexic.* Armazenagem.

ALHORMA (alorma) *s. f.* Arraial ou acampamento de mouros.

ALHORRE (alorre) *s. m.* Mecônio. Erupção cutânea dos recém-nascidos. Contusão, vergão.

ALHÓSTIGO (alóstigo) *s. m.* V. ALFÓNCIGO.

ALHUCEMA (alucema) *s. f.* Alfazema. V. ESPLIEGO.

ALHUMAJO (alumajo) *s. m.* Folhas dos pinheiros. (T. usado em algumas partes da Espanha).

ALHURRECA (alurreca) *s. f.* Crosta salina formada dos objetos molhados pela água do mar.

ALI *s. m.* Duas ou três cartas do mesmo naipe e valor, no jogo chamado *secansa.*

ALIACÁN *s. m.* Icterícia.

ALIAGA *s. f.* V. AULAGA.

ALIAJE (aliaje) *s. m.* Liga, mistura (de metais). V. ALEACIÓN. (T. muito usado nas repúblicas hispano-americanas).

ALIANZA (aliança) *s. f.* Aliança. Liga. Convenção, pacto. União ou parentesco por casamento. Aliança, anel nupcial. *Amer. chil.* Mistura de várias bebidas no mesmo copo.

ALIARA *s. f.* Guampa (copo de chifre).

ALIAS *adv.* Aliás, de outro modo, por outro nome. U. t. c. s. Graficamente é representado assim: *(a).*

ALIBLANCA *s. f. Amer. colomb.* Preguiça, modorra, indolência, inércia, incúria.

ALIBLE *adj.* Alível.

ALIBUFERO *s. m. gal.* Estóraque.

ALICAÍDO, A *adj.* Alicaído. *fig. fam.* Débil, fraco. Triste, desanimado, desalentado. Decaído.

ALICATADO *s. m.* Frisos de azulejos com arabescos. *Amer. cub.* Parede de tijolos colocados de pé, sem azulejos nem arabescos.

ALICATES *s. m. pl.* Alicate. *Amer. mexic. fam.* Os pés.

ALICREJO (alicrejo) *s. m. Amer. C. Rica.* Animal feio; ave feia. *fig.* Pessoa feia. *Amer. hond.* Cavalo magro ou adoentado.

ALICUANTA *adj.* Aliquanta.

ALÍCUOTA *adj.* Alíquota.

ALICURCO, A *adj. Amer. chil.* Astucioso, malicioso.

ALIENTO *s. m.* Alento. *Beber los —s,* beber as palavras. *Cobrar —s,* tomar alento. *Dar —s, loc. fig. fam.* Consolar, animar. *De un —,* de um fôlego. *Obra de mucho —, fig.* Trabalho de fôlego. *Último —,* último suspiro.

ALIFAFE *s. m.* Alifafe. Colcha, cobertor. Achaque habitual. *Estar lleno de —s,* envelhecer, tornar-se valetudinário.

ALIFAR *v. tr.* Polir, adornar, enfeitar.

ALIFARA *s. f.* Convite; merenda.

ALIGACIÓN *s. f.* Liga (de metais).

ALIGAMIENTO *s. m.* Ligamento, união, ligação.

ALIGAR *v. tr. p. us.* Ligar, atar. U. t. c. *pron. v. pron.* Unir-se, aliar-se, abrigar-se.

ALIGERAR (alijerar) *v. tr.* Aligeirar (tornar menos pesado). U. t. c. *pron.* Aligeirar, apressar, acelerar, abreviar, reduzir. Aliviar, suavizar, atenuar, moderar, mitigar.

ALIGONERO *s. m.* V. ALMEZ.

ALIGUSTRE *s. m.* V. ALHEÑA.

ALIHÓN (aliòn) *s. m.* V. SALVIA.

ALIJARAR (alijarar) *v. tr.* Dividir terras incultas para o cultivo.

ALIJO (alijo) *s. m.* Alijamento. Conjunto de gêneros de contrabando. Tender.

ALILAYA (alilaia) *s. f. Amer. colomb.* Desculpa frívola.

ALIMAÑA (alimanha) *s. f.* Alimária. *Venat.* Animal prejudicial à caça miúda. *Amer. pl.* Manhas, estratagemas, embustes.

ALIÑAR (alinhar) *v. tr.* Alinhar, enfeitar, adereçar. Condimentar, sazonar. Dispor, preparar. *Amer. chil.* Repor no lugar os ossos deslocados. *v. pron.* Restaurar-se, restabelecer-se.

ALINDAR *v. tr.* Limitar, pôr limites. *v. intr.* Lindar, confinar. *v. tr. ant.* Alindar, embelezar, enfeitar. U. t. c. pron.

ALINDERAR *v. tr. Amer.* Demarcar, limitar.

ALINEAR *v. tr.* Alinhar, pôr em linha reta. U. t. c. pron.

ALIÑO (alinho) *s. m.* Alinho. Asseio. Enfeito. Tempero, condimento. Graça, donaire.

ALIOLI *s. m.* V. AJIACEITE.

ALIONÍN *s. m.* V. CHAMARÓN.

ALIPEGO *s. m. Amer., C. Rica, Nicar.* e *Salv.* Inhapa, japa (Em outros países hispano-americanos diz-se *liapa* ou *yapa*).

ALISAR (alissar) *v. tr.* Alisar, aplainar, polir. *s. m.* Amieiral.

ALISEDA (alisseda) *s. f.* V. ALISAR *(s.).*

ALISO (alisso) *s. m.* Amieiro.

ALISTADO, A *adj.* Listado, listrado. Alistado, que figura numa lista de coisas ou pessoas.

ALISTAMIENTO *s. m.* Alistamento. Conscrição.

ALISTAR *v. tr.* Alistar, inscrever. U. t. c. pron. Listar ou listrar. Aprontar, aparelhar. U. t. c. pron. *Amer.* Vestir-se com esmero, ataviar-se.

ALITIERNO *s. m.* V. ALADIERNA.

ALIVIADERO *s. m.* Máquina para mover a mó de um moinho.

ALIVIAR *v. tr.* Aliviar, atenuar. Aligeirar, diminuir o peso. Mitigar, dar alívio. U. t. c. pron. Apressar, acelerar (o passo, uma obra). *¡ALIVIA! interj.* Raspa-te!

ALIZAR (aliçar) *s. m.* Friso de azulejos, alizares.

ALJABA (aljaba) *s. f.* Aljava, carcaz.

ALJADREZ (aljadrez) *s. m. Náut.* Grade sobre a escotilha.

ALJAMÍA (aljamía) *s. f.* Nome que davam os mouros à língua espanhola. Espanhol escrito em caracteres arábicos. Algemia, aljamia.

ALJAMIADO, A (aljamiado) *adj.* Algemiado, que falava a algemia.

ALJARAFE (aljarafe) *s. m.* V. AJARAFE.

ALJARFA (aljarfa) *s. f.* ou **ALJARFE** (aljarfe) *s. m.* Parte central e mais espessa do algerife.

ALJECERÍA (aljecería) *s. f.* V. YESERÍA.

ALJERIFE (aljerife) *s. m.* Algerife.

ALJEZ (aljez) *s. m.* Minério de gesso. *Arag.* Gesso.

ALJEZAR (aljeçar) *v. tr.* V. YESAR.

ALJOFAINA (aljofaina) *s. f.* Aljofaina, pequena bacia de lavatório. V. JOFAINA.

ALJOFIFA (aljofifa) *s. f.* Esfregão (para o soalho).

ALJOFIFAR (aljofifar) *v. tr.* Esfregar (o soalho).

ALJONJOLÍ (aljonjolí) *s. m.* V. AJONJOLÍ.

ALJOR (aljor) *s. m.* Pedra de gesso.

ALLÁ (alhá) *adv.* Lá. Além. Ali. Noutro tempo. Então. *Gram.* Este advérbio indica lugar menos circunscrito ou determinado do que *allí*, e por isso admite certos graus de comparação que são repelidos por este último: *Tan —, más —, muy —,* tão além, mais além, muito além. Emprega-se, às vezes, antes de nomes geográficos, para indicar distância: — *en Francia,* — *en África,* lá na França, lá na África. — *lo veremos,* quando chegar a ocasião, mais adiante o veremos. — *se vá, loc.* Dá no mesmo, tanto importa. — *voy, loc. fam.* Já vou, neste momento. *No ser una cosa muy —,* não ser uma coisa tão boa assim, não ter ela o valor que se imaginava. *Pasar más —,* exceder-se, ir além do conveniente.

ALLAMARARSE (alhamararse) *v. pron. fig.* Incendiar-se, abrasar-se, inflamar-se (o ânimo).

ALLANAR (alhanar) *v. tr.* Alhanar, aplainar, aplanar. Igualar. Nivelar. Derribar, demolir. U. t. c. pron. *fig.* Vencer, superar (alguma dificuldade). Alhanar, facilitar. *fig.* Pacificar, submeter. *fig.* Entrar à força em casa alheia (principalmente os oficiais de justiça). *v. pron.* Submeter-se, sujeitar-se. Igualar-se (renunciando aos privilégios). Assentir, consentir.

ALLEGADIZO, A (alhegadiço) *adj.* Que se reúne ou junta sem escolha, e somente para aumentar o número. *s.* Intrometido, pessoa que vai a uma festa ou lugar sem ser chamado nem convidado.

ALLEGADO, A (alhegado) *adj.* Próximo, chegado. Parente próximo. Partidário, parcial. U. t. c. s. *Amer. argent.* Agregado, pessoa que, não sendo parente do dono da casa, vive nela à custa deste.

ALLEGAR (alhegar) *v. tr.* Juntar, recolher, reunir. Acumular, amontoar. Achegar, avizinhar, aproximar. Acrescentar, ajuntar, agregar. Solicitar, procurar. *v. intr.* Chegar, vir, arribar. U. t. c. pron.

ALLENDE (alhende) *adv. ant.* Além, da parte de lá, da outra parte. *ant.* Fora. *ant.* Mais além. *adv. quant.* Demais, além disso, em demasia. *prep. ant.* Afora, à exceção de. — *los mares,* além-mar, ultramar.

ALLÍ (alhí) *adv.* Ali. Então, nessa ocasião.

ALLOZA (alhoça) *s. f.* V. ALMENDRUCO.

ALLOZO (alhoço) *s. m.* Amendoeira silvestre. V. ALMENDRO.

ALLUDEL (alhudel) *s. m.* V. ALUDEL.

ALLULLA (alhulha) *s. f. Amer. equat.* Rosca de pão branco.

ALMA *s. f.* Alma. *fig.* Pessoa, indivíduo. Compaixão, generosidade. A conciência. *fig.* Alma (de arma de fogo). Espírito, força de expressão. *fig.* Alma (de viola). — *atravesada,* pessoa perversa, cruel. — *de cántaro,* pessoa de pouca discrição e sensibilidade. — *de Diós,* pessoa simples e bondosa. — *en pena,* alma penada. — *nacida ou viviente,* viva alma, ninguém. — *de chopo,* pessoa indiferente e fria. — *por —, loc. fig.* Com toda a lealdade.

ALMACÉN *s. m.* Armazém.

ALMACENAJE (almacenaje) *s. f.* Armazenagem.

ALMACENAR *v. tr.* Armazenar.

ALMACENERO *s. m.* Guarda de armazém. *Amer. argent.* Armazeneiro, dono de um armazém.

ALMACENISTA *s. m. e f.* Armazenista, armazenário.

ALMÁCIGA *s. f.* Almécega (resina do lentisco ou aroeira). Almácego, alfobre, almecegão.

ALMACIGAR *v. tr.* Perfumar com almécega ou substâncias resinosas odoríferas.

ALMÁCIGO *s. m.* Lentisco, pistácia, aroeira. Semente das plantas nascidas em almácego.

ALMÁDANA *s. f.* Maça de canteiro. Maça (arma).

ALMÁDENA ou **ALMÁDINA** *s. f.* V. ALMÁDANA.

ALMADRABA *s. f.* Almadrava. *Levantar la —,* puxar a rede e tirar dela os atuns.

ALMADRABERO *s. m.* Almadraveiro.

ALMADREÑA (almadrenha) *s. f.* Tamanco.

ALMÁGANA *s. f. Amer.* V. ALMÁDANA. *fig.* Preguiçoso.

ALMAGRA *s. f.* ou **ALMAGRE** *s. m.* Almagra. *fig.* Marca, sinal.

ALMAGRADO, A *adj.* Vermelho, encarnado.

ALMAGRAR *v. tr.* Almagrar. *fig.* Entre valentões, ferir de sorte que corra sangue. Marcar, assinalar, infamar.

ALMAGRERO, A *adj.* Diz-se do terreno abundante em almagra, do almagral.

ALMAIZAR (almaiçar) *v. tr.* Toucado de gaze usada pelos mouros. *Amer.* V. UMERAL.

ALMAJANEQUE (almajaneque) *s. m.* Espécie de catapulta.

ALMAJARA (almajara) Almácego. Terreno recémestrumado.

ALMAJO (almajo) *s. m.* V. ALMARJO.

ALMÁNGUENA *s. f.* Almagra.

ALMANTA *s. f.* Espaço entre o alinhamento das plantas. Porção de terra marcada com dois grandes sulcos para dirigir a sementeira. Almácego.

ALMÁRACO *s. m.* V. MEJORANA.

ALMARBATAR *v. tr.* Juntar, ensamblar (duas peças de madeiras).

ALMARBATE *s. m.* Madeiro quadrado que se emprega para ensamblar.

ALMARCHA (almartcha) *s. f.* Povoação situada em terra baixa.

ALMARGA *s. f.* V. MARGUERA.

ALMARJAL (almarjal) *s. m.* Lugar povoado de plantas que fornecem barrilha. Almarjeal.

ALMARJO (almarjo) *s. m.* Qualquer das plantas que fornecem barrilha. Barrilha.

ALMARO *s. m.* V. MARO.

ALMARRAJA (almarraja) *s. f.* Almarraxa.

ALMÁRTAGA *s. f.* Almártaga. Espécie de cabresto que se punha sobre o freio dos cavalos. *Amer. colomb.* Velhaco, espertalhão, caloteiro.

ALMASTE *s. m.* **ALMÁSTEC** *s. m.* **ALMÁSTIGA** *s. f.* V. ALMÁCIGA.

ALMATRICHE (almatritche) *s. m.* Regueira, regueiro, sulco para a rega.

ALMATROQUE *s. m.* Antiga rede de pesca.

ALMAZARA (almaçara) *s. f.* Lagar de azeite.

ALMAZARERO (almaçarero) *s. m.* Lagareiro.

ALMAZARRÓN (almaçarròn) *s. m.* V. ALMAGRA.

ALMEA (almèa) *s. f.* V. AZÚMBAR. Casca do estóraque depois de extraída a resina. Bailadeira.

ALMECINA *s. f.* V. ALMEZA.

ALMECINO *s. m.* V. ALMEZ.

ALMEJA (almeja) *s. f.* Amêijoa.

ALMEJÍ (almejí) *s. m.* **ALMEJÍA** (almejía) *s. f.* Pequeno manto usado pelos mouros espanhóis.

ALMENA *s. f.* Ameia.

ALMENADO, A *adj.* Guarnecido de ameias. *s. m.* Conjunto de ameias.

ALMENAJE (almenaje) *s. m.* Conjunto de ameias.

ALMENAR *v. tr.* Guarnecer de ameias. *s. m.* Banco ou pé de ferro que sustentava tochas acesas.

ALMENDRA *s. f.* Amêndoa. O caroço da amêndoa. Qualquer semente contida em caroço. *fig.* Diamante em forma de amêndoa. *Arq.* Adornos de algumas molduras redondas ou amendoadas.

ALMENDRADA *s. f.* Amendoada. *Dar una — a uno, loc. fig. fam.* Dizer a alguém uma coisa que o lisonjeie.

ALMENDRADO, A *adj.* Amendoado. Diz-se do cavalo baixo e de quartos cheios. *s. m.* Massa de amêndoa, farinha e açúcar. *s. m. Amer. per.* Guisado com molho de amêndoas.

ALMENDRAR *v. tr.* Guarnecer com molduras redondas ou em forma de amêndoa.

ALMENDRERA *s. f.* V. ALMENDRO. *Florecer la —, loc. fig. fam.* Encanecer prematuramente.

ALMENDRERO *s. m.* V. ALMENDRO. Prato, escudela para servir amêndoas na mesa.

ALMENDRILLA (almendrilha) *s. f.* Lima terminada em forma de amêndoa. Cascalho para calçamento. *pl.* Brincos de diamantes em forma de amêndoas.

ALMENDRO *s. m.* Amendoeira.

ALMENDRÓN *s. m. Aument.* de *Almendro.* Amendoeira, da Índia, chapéu de sol, castanhola.

ALMENDRUCO *s. m.* Amêndoa verde.

ALMENILLA (almenilha) *s. f.* Enfeite em forma de amêndoa (nas roupas).

ALMEZ *s. m.* Almez, espécie de lódão. Lódão bastardo.

ALMEZA (almeça) *s. f.* Almeza (a baga do almez).

ALMIAR *s. m.* Palheiro descoberto, meda de palha ou feno.

ALMÍBAR *s. m.* Calda de açúcar. (Na América é *s. f.*).

ALMIBARADO, A *adj. fig.* Meloso, melífluo, adocicado; demasiado amável e lisonjeiro. U. t. c. s.

ALMIBARAR *v. tr.* Cobrir com calda. *fig.* Adocicar, suavizar melosamente as palavras, tendo em vista algum interesse junto a outrem.

ALMICANTARADA *s. f.* **ALMICANTARAT** *s. f.* Almicantarado.

ALMIDÓN *s. m.* Amido.

ALMIDONADO, A *adj.* Engomado. *fig. fam.* Vestido com excessivo esmero, com afetação.

ALMIDONAR *v. tr.* Engomar.

ALMILLA (almilha) *s. f.* Almilha. Espécie de jubão.

ALMIMBAR *s. m.* Púlpito das mesquitas.

ALMINAR *s. m.* Minarete.

ALMIQUÍ *s. m. Amer. cub.* V. JAIMIQUÍ.

ALMIRANTAZGO *s. m.* Almirantado.

ALMIREZ *s. m.* Almofariz, almirez. *Arq. ant.* Base de coluna.

ALMIRÓN *s. m.* V. AMARGÓN.

ALMIZCLAR *v. tr.* Almiscarar.

ALMIZCLE *s. m.* Almíscar.

ALMIZCLENA (almizclenha) *s. f.* Almiscareira.

ALMIZCLEÑO, A (almizclenho) *adj.* Almiscrento.

ALMIZCLERA *s. f.* Ratão almiscareiro.

ALMIZCLERO *s. m. Zool.* Almiscareiro.

ALMOCADÉN *s. m.* Almocadém.

ALMOCEDA *s. f.* Direito de tomar água por um ou mais dias para pegar alguma terra.

ALMOCRÍ *s. m.* Leitor do Alcorão nas mesquitas.

ALMODÍA *s. f.* Almadia.

ÁLMODROTE *s. m.* Molho de azeite, alhos, queijo e berinjelas. *fig.* Mixórdia, mixorofada, salsada, misturada.

ALMOFREJ (almofrej) *s. m.* Almofreixe.

ALMOGEO (almojèo) *s. m.* Oposição de dois planetas.

ALMOHADA (almoada) *s. f.* Almofada. Cochim. Fronha.

ALMOHADILLA (almoadilha) *s. f. Dim.* de *Almohada.* Ombreira. Almofada para trabalhos de agulha. *Amer. chil.* Alfineteira. *Arq.* Almofada.

ALMOHADILLAR (almoadilhar) *v. tr. Arq.* Almofadar. Estofar, acolchoar.

ALMOHADÓN (almoadòn) *s. m. Aument.* de *Almohada.* Almofadão. Almofada para os pés. *Arq.* Almofadão.

ALMOHATRE (almoatre) *s. m.* Almoxatre.

ALMOHAZA (almoaça) *s. f.* Almofaça.

ALMOHAZAR (almoaçar) *v. tr.* Almofaçar.

ALMOJÁBANA (almojábana) *s. f.* Almojávena.

ALMOJARIFAZGO (almojarifasgo) *s. m.* Almoxarifado.

ALMOJARIFE (almojarife) *s. m.* Almoxarife.

ALMONA *s. f.* Lugar onde se pesca o sável. Casa, fábrica ou armazém público. *And.* Saboaria.

ALMÓNDIGA *s. f.* **ALMONDIGUILLA** (almondiguilha) *s. f.* Almôndega.

ALMONEDA *s. f.* Almoeda, venda em hasta pública, leilão.

ALMONEDEAR *v. tr.* Almoedar, vender em leilão.

ALMONEDERO *s. m.* Almoedeiro, leiloeiro.

ALMORADUJ (almoraduj) *s. m.* V. ALMORADUX.

ALMORADUX (almoraducs) *s. m.* Manjerona. V. MEJORANA. *Hortic.* Bergamota. V. SÁNDALO.

ALMORÍ *s. m.* Massa para tortas feita de farinha, mel e outros ingredientes.

ALMORONÍA *s. m.* V. ALBORONÍA.

ALMORRANAS *s. f. pl.* Almorrãs, hemorróidas, almorreimas.

ALMORREFA *s. f.* Metade triangular de um azulejo. *ant.* Espécie de pavimento de azulejos.

ALMORTA *s. f.* Cisirão, ervilhaca.

ALMORZADA (almorçada) *s. f.* Mancheia.

ALMORZAR (almorçar) *v. intr.* e *tr.* Almoçar. *Irreg.* Ind. pres. *Almuerz-o, as, a, an.* Pret. ind. *Almorcé* (neste caso não há irregularidade, mas simples mutação ortográfica). Subj. pres. *Almuerc-e, es, e, en.* Imperat. *Almuerza, ce, cen.*

ALMOTACÉN *s. m.* Almotacel, almotacé.

ALMUD (almud) *s. m.* Almude.

ALMUDÍ *s. m.* **ALMUDÍN** *s. m.* V. ALHÓNDIGA. Medida equivalente a 3 quilolitros e 13 litros.

ALMUECÍN *s. m.* V. ALMUÉDANO.

ALMUÉDANO *s. m.* Muezim.

ALMUÉRDAGO *s. m.* V. MUÉRDAGO.

ALMUERZA (almuerça) *s. f.* V. ALMORZADA.

ALMUERZO (almuerço) *s. m.* Almoço. A primeira refeição matinal. V. DESAYUNO. Jogo de cafeteira, leiteira; açucareiro e chícara para o café matinal.

ALMURCA *s. f.* V. ALPECHÍN.

ALNADO, A *s. ant.* Enteado, a V. HIJASTRO.

ALOBADADO, A *adj.* Mordido de lobo. *Vet.* Que sofre de lobão.

ALOBUNADO, A *adj.* Semelhante ao lobo, lobuno.

ALOCADAMENTE *adv.* Loucamente, doidamente.

ALOCADO, A *adj.* Aloucado, adoidado, amalucado, irrefletido.

ALACROÍTA *s. f.* Alacroíta.

ALOCUCIÓN *s. f.* Alocução. Discurso breve. Alocução (medalha romana).

ÁLOE *s. m.* **ALOE** *s. m.* Áloés. *Palo —,* madeira do calambuco. *— sucotrino,* azevre, erva babosa.

ALOJA (aloja) *s. f.* Bebida feita de mel, água e espécies. *Amer.* Licor fermentado de alfarrobas.

ALOJADO (alojado) *s. m. Amer. chil.* e *equat.* Hóspede.

ALOJERÍA (alojería) *s. f.* Casa onde se faz ou vende *aloja.*

ALOMADO, A *adj.* Alombado, que tem forma de lombo. Diz-se do cavalo que tem o lombo arqueado.

ALOMAR *v. tr.* Lavrar a terra deixando ente os sulcos um espaço maior que forme lombo. *Equit.* Distribuir a força do cavalo entre os braços e o lombo. *v. pron. Vet.* Nutrir-se o cavalo para a procriação.

ALÓN *s. m.* Asa sem penas. *adj. Amer.* De asas grandes. *s. m. Amer. C. Rica* e *cub.* Chapéu de abas largas.

ALONDRA *s. f.* Calhandra.

ALOQUE *adj.* Clarete, vermelho-claro. (Diz-se principalmente do vinho). U. t. c. s.

ALOQUÍN *s. m.* Cerca de pedra em torno do lugar onde se cura a cera ao sol.

ALORARSE *v. pron. Amer. chil.* Amorenar-se, amulatar-se (ao sol, aos ventos).

ALOSA (alossa) *s. f.* V. SÁBALO.

ALOSNA *s. f.* V. AJENJO.

ALOTAR *v. tr.* Arrematar o peixe a bordo dos barcos pesqueiros ou recém-desembarcado na praia. *Náut.* V. ARRIZAR.

ALOTÓN *s. m. Arag.* V. ALMEZA.

ALPABARDA *s. f.* Necedade, tolice, parvoíce.

ALPAÑATA (alpanhata) *s. f.* Instrumento de couro usado pelos oleiros para alisar as peças de barro.

ALPARGATA *s. f.* Alpercata, alpargata, alparca.

ALPARGATE *s. m.* V. ALPARGATA.

ALPARGATILLA (alpargatilha) *s. f. Dim.* de *Alpargata.* Alpercata elegante e bonita. *fig. fam.* Pessoa astuta e insinuante.

ALPECHÍN (alpetchín) *s. m.* Almofeira, amurca. *Sacarle a una cosa el —,* Tirar de uma coisa todo o proveito possível.

ALPECHINERA (alpetchinera) *s. f.* Tanque para depositar a amurca.

ALPISTELA *s. f.* **ALPISTERA** *s. f.* Torta de farinha, ovos, açúcar e gergelim.

ALQUERQUE *s. m.* Lugar onde se põe a azeitona moída pela primeira vez.

ALQUEZ *s. m.* Medida de vinho equivalente a 193 litros.

ALQUIBLA *s. f.* Austro, ponto do horizonte ou lugar da mesquita para onde os muçulmanos voltam os olhos quando rezam.

ALQUIL *s. m.* Alquilé, aluguel; o preço do aluguel. Remuneração, pagamento, salário.

ALQUILADIZO, A (alquiladiço) *adj.* Que se aluga, que é de aluguel.

ALQUILADOR *s. m.* Alugador, alquilador (de cavalos ou carros).

ALQUILAMENTO *s. m.* Alugamento, aluguel, locação.

ALQUILAR *v. tr.* Alugar, arrendar. Alquilar (alugar animais). *v. pron.* Alugar-se, assalariar-se.

ALQUILER *s. m.* Aluguer, aluguel. Alugamento. *De —, loc.* de aluguel.

ALQUILÓN, A *adj. Deprec.* Que se aluga. (Aplica-se a pessoas.) U. t. c. s.

ALQUIMILA *s. f. Bot.* Alquemila (pé-de-leão).

ALQUITRÁN *s. m.* Alcatrão.

ALQUITRANAR *v. tr.* Alcatroar.

ALREDEDOR *adv.* Ao redor, em torno, à roda. *adv. fam.* Cerca, quase, aproximadamente. *s. m. pl.* Arredores.

ALREVESADO, A (alrevessado) *adj. Amer.* V. ENREVESADO.

ALROTA *s. f.* Filamento que resta da estopa depois de trilhada.

ALSINE *s. f. Bot.* Alsina.

ALTA *s. f.* Alta (dança antiga). Alta (ordem para sair de hospital). Alta (regresso do serviço militar). Assalto público de esgrima. Alvará no qual se consigna que um contribuinte iniciou o exercício de uma indústria ou profissão. *Darse de —,* ingressar no número dos que exercem uma profissão ou ofício regulamentados. *Amer. chil.* Gozar de bom conceito, ter influência ou autoridade.

ALTABAQUE *s. m.* V. TABAQUE.

ALTABAQUILLO (altabaquilho) *s. m. Bot.* Corriola.

ALTAMANDRÍA *s. f. Bot.* Centinódoa, sempre-noiva. V. CENTINODIA.

ALTANERÍA *s. f.* Altanaria, caça de alta volataria. *fig.* Altanaria, altivez, soberba.

ALTANERO, A *adj.* Altaneiro.

ALTANOS *s. m. pl.* Diz-se dos ventos que sopram da terra para o mar e vice-versa, alternadamente.

ALTANQUÍA *s. f.* Droga depilatória.

ALTARREINA *s. f.* V. MILENRAMA.

ALTAVOZ *s. m.* Alto-falante, megafone.

ALTEA (altèa) *s. f. Bot.* Malvaísco.

ALTERCADO *s. m.* Altercação, disputa, contenda, bate-boca.

ALTIBAJO (altibajo) *s. m.* Altibaixos. *Esgr.* Altabaixo.

ALTILLO (altilho) *adj. Dim.* de *Alto. s. m.* Outeirinho, lugar um tanto elevado. *Amer. argent.* Espécie de água-furtada. *Amer. equat.* Água-furtada.

ALTÍLOCUO, A *adj.* Altíloquo.

ALTÍSIMO, A (altíssimo) *adj. Superlat.* de *Alto. s. m. El —,* o Altíssimo, Deus.

ALTO, A *adj.* Alto, elevado. Cheio (um rio, um arroio). Revolto (o mar). *fig.* Árduo, difícil. Superior, excelente. Profundo, sólido. Avançado. *Amer. equat.* Curto (referindo-se ao vestido). *s. m.* Alto, altura. Andar, piso. *fig.* Apogeu, auge. Alto (ato de parar ou suspender a marcha). *adv.* Alto, em lugar ou parte superior, em voz forte. *¡— Ahí!* Alto lá! *¡— de ahí* ou *de aqui!* Saiam, retirem-se daqui! *De lo —,* do céu. *De tres —s, loc. fig. fam.* que, acompanhando certos adjetivos, acentua a significação dos mesmos.

ALTOPARLANTE *s. m.* O mesmo que ALTAVOZ.

ALTOZANERO (altoçanero) *s. m. Amer. colomb., venezuel.* e *C. Rica.* regador.

ALTOZANO (altoçano) *s. m.* Colina ou monte de pouca altura situado em terreno plano. O lugar mais alto e ventilado de certas povoações. *Amer. colomb., venezuel.* e *C. Rica.* Átrio de uma igreja.

ALTRAMUZ *s. m.* Tremoço.

ALTURILLA (alturilha) *s. f.* Lugar um tanto elevado.

ALÚA *s. f. Amer. argent.* V. COCUYO.

ALUATE *s. m. Zool.* Aluato.

ALUBIA *s. f.* V. JUDÍA.

ALUCITA *s. f. Entom.* Alucita. *— de los cereales,* tinha do trigo. V. POLILLA.

ALUD (alud) *s. m.* Avalanche, alude.

ALUDA *s. f.* Formiga de asas.

ALUJAR (alujar) *v. tr. Amer. equat.* Abrilhantar, polir.

ALUMBRADO *s. m.* Sistema de iluminação. Conjunto das luzes de uma localidade.

ALUMBRADO, A *adj.* Aluminoso, que contém alúmen. Iludido, enganado, alumbrado. *fam.* Alegrete, tocado por uma ponta de vinho.

ALUMBRAMIENTO *s. m.* Iluminação. Alumbramento, ilusão. *fig.* Parto.

ALUMBRAR *v. tr.* Iluminar. U. t. c. intr. Alumiar, acompanhar com luz alguém. Alumiar, dar vista ao cego. *fig.* Ilustrar, ensinar. Ter um parto feliz. *fig. fam.* Maltratar alguém com pancadas. *v. pron. fig. fam.* Alegrar-se (com o vinho). *v. intr.* Dar à luz.

ALUMBRE *s. m.* Alúmem.

ALUMBRERA *s. f.* Mina de alúmen.

ALUMBROSO, A (alumbrosso) *adj.* Aluminoso.

ALUMNO *s. m.* Aluno. *— de las Musas, fig.* Poeta.

ALUNADO, A *adj.* Aluado, lunático.

ALUNAMIENTO *s. m. Náut.* Aluamento.

ALUSIÓN (alussión) *s. f.* Alusão. *— personal,* alusão pessoal.

ALUSTRAR *v. tr.* V. LUSTRAR.

ALUTÁCEO, A *adj.* Semelhante à aluta.

ALUTACIÓN *s. f.* Pepita, grão ou paleta de ouro que se acha na superfície da terra.

ALUTRADO, A *adj.* Que tem a cor semelhante à da lontra.

ALUVIÓN *s. m.* Aluvião. *fig.* Aluvião, grande quantidade, abundância de uma coisa. Tropel, arremetida de pessoas ou coisas.

ALVERJA (alverja) *s. f.* V. ARVEJA. *Amer.* Ervilhaca.

ALVERJANA (alverjana) *s. f.* V. ARVEJA.

ALVERJÓN *s. m.* V. ARVEJÓN.

ALVO *s. m.* Ventre, abdome. Útero. Colmeia.

ALZA (alça) *s. f.* Alça (pedaço de couro para alterar a forma de sapatos). Alta (aumento de preço). Alça (de arma de fogo). Caixa da colmeia. Calço, cunha. *Estar en —,* gozar de bom conceito, ter influência ou autoridade. *Jugar al —,* jogar na alta.

ALZACUELLO (alçacuelho) *s. m.* Volta, colarinho de eclesiásticos. Espécie de colarinho que as mulheres usavam como enfeite.

ALZADA (alçada) *s. f.* Estatura do cavalo, até a cruz. *For.* Apelação. Lugar alto usado como pastagem de verão. Altura. *Dar —,* conceder apelação.

ALZADAMENTE (alçadamente) *adv.* Por alto, pouco mais ou menos.

ALZADERA (alçadera) *s. f.* Maromba, espécie de contrapeso que servia para saltar. Calço.

ALZADO (alçado) *s. m. Arq.* Alçado. *Impr.* Alçamento. *arag.* Roubo, furto.

ALZADO, A (alçado) *adj.* Falido (fraudulentamente). Alto, elevado, erguido. Diz-se com referência à empreitada. *Amer. argent., cub.* e *urug.* Alçado (diz-se do animal fugido e que vai voltando ao estado selvagem). *pl.* Aplica-se a todas as coisas retiradas do uso comum, ou guardadas para serem utilizadas quando necessárias.

ALZADURA (alçadura) *s. f.* Alçamento.

ALZAMIENTO (alçamiento) *s. m.* Alçamento. Lanço (no leilões). Levante, rebelião. Falência fraudulenta. *Amer. argent.* Nevralgia no rosto ou na cabeça. *— de bienes,* omissão de bens que faz o devedor a fim de não pagar o credor.

ALZAPAÑO (alçapanho) *s. m.* Cada uma das escápulas que servem para sustentar um cortinado.

ALZAPIÉ (alçapiè) *s. m.* Alçapé. *pl.* Escabelo, estrado para os pés.

ALZAPÓN (alçapon) *s. m.* Braguilha antiga.

ALZAPRIMA (alçaprima) *s. f.* Alçaprema.

ALZAPRIMAR (alçaprimar) *v. tr.* Alçapremar.

ALZAPUERTAS (alçapuertas). *s. m.* Ator que serve apenas de criado ou simples figurante.

ALZAR (alçar) *v. tr.* Levantar, erguer. Alçar, suspender. Elevar a hóstia e o cálice (na missa). U. t. c. intr. Hastear, içar. Levar, tirar alguma coisa. Recolher, guardar ou tirar dentre

outras coisas. Retirar do campo a colheita. *Impr.* Alçar. Suspender algum trabalho para descansar determinado tempo. *v. pron.* Sublevar-se, rebelar-se. Falir fraudulentamente. Retirar-se do jogo um parceiro que está ganhando. Alçar-se. Retirar-se, afastar-se de algum lugar. *Amer. argent., urug., cub.* e *mexic.* Alçar-se (o gado, os animais domésticos). *fig.* e *fam.* Ausentar-se uma pessoa de algum lugar onde costumava ir. *Amer. hond.* Roubar. *For.* Apelar. — *se con algo,* apoderar-se de alguma coisa.

ALZARROPA (alçarropa) *s. f.* Espécie de cabide para a roupa.

ALZATIRANTES (alçatirantes) *s. m. pl.* Balancim.

AMACAYO (amacadjo) *s. m. Amer. Bot.* Flor-de-lis.

AMACENO, A *adj.* Damasquino. *s. m.* Variedade de ameixa.

AMACHAMBRAR (amatchambrar) *v. tr.* Ensamblar, entalhar, emalhetar, encaixar, embutir. V. MACHIHEMBRAR. *v. pron. Amer. chil.* V. AMACHINARSE.

AMACHETAR (amatchetar) ou **AMACHATEAR** (amatchatear) *v. tr.* Dar machetadas.

AMACHINARSE (amatchinarse) *v. pron. Amer. centr., colomb.* e *mexic.* Amancebar-se.

AMACOLLAR (amacolhar) *v. intr.* Espitar (as plantas) U. t. c. pron.

AMADAMADO, A *adj.* Adamado.

AMADAMARSE *v. pron.* Adamar-se, afeminar-se.

AMADRIGAR *v. tr. fig.* Acolher bem quem não o merece. *v. pron.* Esconder-se, entocar-se, encafuar-se. *fig.* Afastar-se da sociedade, aparecer raramente em público.

AMADRINAR *v. tr.* Emparelhar (bois, cavalos, etc.) *fig.* Apadrinhar, amadrinhar. U. t. c. pron. *Amer. merid.* Amadrinhar, habituar os cavalos a seguir a égua-madrinha. *Amer. venezuel.* Amansar o gado por meio de uma tropilha chamada *madrina* (madrinha). *v. pron. fig. fam.* Tornar-se duas pessoas inseparáveis. *Amer. per.* Aquerenciar-se.

AMADROÑADO, A (amadronhado) *adj.* Semelhante ao medronho.

AMAESTRADO, A *adj.* Amestrado, adestrado, ensinado, instruído.

AMAESTRAR *v. tr.* Amestrar, adestrar, ensinar, instruir. U. t. c. pron.

AMAGAMIENTO *s. m. Amer.* Quebrada funda e estreita.

AMAGAR *v. tr.* Ameaçar, fazer festo de tocar, bater ou ferir. Ameaçar, prometer fazer, revelar a intenção de fazer alguma coisa. *v. intr.* Ameaçar. *v. pron.* Fazer gesto de acometer. Ocultar-se, esconder-se.

ÁMAGO *s. m.* Ameaça, sinal ou indício de alguma coisa. Sintoma.

ÁMAGO *s. m.* V. HÁMAGO.

AMAINE *s. m.* Ação de amainar.

AMAITINAR *v. tr.* Espreitar, espiar. *v. pron.* Prevenir-se, aperceber-se, preparar-se.

AMAJADAR (amajadar) *v. tr.* Amalhar. *v. intr.* Permanecer o gado no redil.

AMALAYAR (amaladjar) *v. tr. Amer.* V. AMALHAYAR.

AMALDITARSE *v. pron. Amer. chil.* Tornar-se maligno, gabar-se alguém de ser mais perverso do que realmente é.

AMALHAYAR (amaladjar) *v. tr. Amer. centr.* Cobiçar, anelar, desejar.

AMALLARSE (amalharse) *v. pron.* Enredar-se (nas malhas da rede). *Amer. chil.* V. AMOLLAR. *Amer. chil.* Deixar o jogo um parceiro quando está ganhando.

AMAMAL *s. m. Amer. mexic.* Tanque, alverca.

AMAMANTAMIENTO *s. m.* Amamentação, aleitamento.

AMAMANTAR *v. tr.* Amamentar, aleitar. *fig.* Criar, educar.

AMAÑADO, A (amanhado) *adj.* Manhoso, astucioso, ardiloso.

AMAÑAR (amanhar) *v. tr.* Dirigir, arranjar ou dispor manhosamente. *v. pron.* Amanhar-se, acomodar-se facilmente.

AMANCAY (amancai) *s. m. Amer. chil.* e *per.* Espécie de narciso de flores amarelas.

AMANCILLAR (amancilhar) *v. tr.* Manchar, macular. Desonrar, aviltar. U. t. c. pron. Afear, empanar. Inspirar lástima ou compaixão.

AMANECER *v. intr. impes.* Amanhecer, raiar o dia. Amanhecer, estar ou achar-se pela manhã em determinado lugar. Amanhecer, aparecer novamente ou manifestar-se alguma coisa ao nascer o dia. *fig.* Amanhecer, começar a manifestar-se. *Irreg.* Subj. pres. *Amanezca. s. m.* Amanhecer, o começo ou o romper do dia. *Al —, loc. adv.* Ao amanhecer.

AMANECIDA *s. f.* Amanhecer, o começo ou o romper do dia.

AMANERADO, A *adj.* Amaneirado. *Amer. equat.* Afável, atento.

AMANERARSE *v. pron.* Amaneirar-se.

AMAÑO (amaño) *s. m.* Manha, artifício, recurso manhoso. *pl.* Amanhos.

AMANOJAR (amanojar) *v. tr.* Enfeixar, atar em molho. Distribuir, dividir ou colocar em pequenos molhos.

AMANTILLAR (amantilhar) *v. tr. Náut.* Amantilhar.

AMANTILLO (amantilho) *s. m. Náut.* Amantilho.

AMANZANAR (amançanar) *v. tr. Amer. argent.* e *urug.* Dividir um terreno para edificação de um conjunto isolado de casas contíguas.

AMAPOLA *s. f.* Papoula.

AMÁRACO *s. m.* V. MEJORANA.

AMARAJE (amaraje) *s. m. Aviaç.* Amaragem.

AMARGALEJA (amargaleja) *s. f.* V. ENDRINA.

AMARGÓN *s. m.* Dente-de-leão, taraxaco.

AMARGUEAR *v. intr.* Amargar continuamente.

AMARGUERA *s. f.* Amargoseira.

AMARGUILLO (amarguilho) *s. m. Dim.* de *Amargo.* Espécie de cerejeira. Espécie de doce feito de massa de amêndoas amargas.

AMARILLA (amarilha) *s. f. fig. fam.* Moeda de oiro. *Vet.* Certa enfermidade hepática do gado lanígero.

AMARILLAR (amarilhar) *v. intr.* V. AMARILLEAR.

AMARILLEAR (amarilhear) *v. intr.* Amarelar, amarelecer. *v. tr.* Amarelar, pintar de amarelo.

AMARILLECER (amarilhecer) *v. intr.* Amarelecer, amarelejar.

AMARILLEJO, A (amarilhejo) *adj. Dim.* de *Amarilho.* Amarelado. Amarelento.

AMARILLENTO, A (amarilhento) *adj.* Amarelento, amarelado.

AMARILLEZ (amarilhès) *s. f.* Amarelidão, amarelidez. Icterícia.

AMARILLO, A (amarilho) *adj.* Amarelo. *fig.* Pálido, descolorido. *s. m.* Amarelo. Doença que ataca o bicho-da-seda. *Bot.* Amarilho. *Bot.* Amarelo.

AMARILLOSO, A (amarilhosso) *Amer. chil.* V. AMARILLENTO.

AMARINAR *v. tr.* e *pron.* Amarinheirar. Amarinheirar-se.

AMARRA *s. f. Náut.* Amarra. *fig.* Qualquer coisa que sirva para amarrar, atar ou ligar. Gamarra. *fig. fam.* Amarras, proteção, apoio.

AMARRADERO *s. m.* Amarração, ancoradouro.

AMARRADIJO (amarradijo) *s. m. Amer. colomb.* V. AMARRADURA. *Amer. guat.* e *hond.* Nó malfeito.

AMARRADO, A *adj. Amer. chil.* Amarrado, tolhido (diz-se da pessoa que é pouco expedita nos seus movimentos). *Amer. cub.* Diz-se da pessoa tacanha e miserável.

AMARRADURA *s. f.* Amarração. Ancoradouro.

AMARRAR *v. tr.* Amarrar. *fig.* Baralhar demodo que certas cartas fiquem juntas. *fig.* Obrigar, fascinar. *fig. fam.* Meter na prisão. *Amer.* Amarrar (a cara), carregar as feições. *Amer. cub.* Preparar um trato de sorte que o êxito fique assegurado. *v. pron. Amer.* Embriagar-se. *Amer. cub.* e *mexic.* Casar-se. — *el chivo, loc. fam. Amer. cub.* Arrufar-se (os namorados).

AMARRAZÓN (amarraçòn) *s. f. Náut.* Amarração, conjunto de amarras.

AMARRE *s. m.* V. AMARRADURA.

AMARTELADO, A *adj.* Apaixonado, enamorado. *Estar —, fig. fam.* Estar muito chegado ao seu par.

AMARTELAR *v. tr.* Atormentar, dar cuidado (especialmente com ciúmes). U. t. c. pron. *v. tr.* Namorar, galantear, cortejar. *v. pron.* Apaixonar-se, enamorar-se (de uma pessoa ou coisa).

AMARTILLAR (amartilhar) *v. tr.* V. MARTILLAR. Engatilhar. *fig.* Preparar, aprestar. Assegurar o êxito de um negócio. *Vet.* Ajoelhar (os animais, por fraqueza ou excesso de peso).

AMARULENCIA *s. f.* Ressentimento, amargura, amarume.

AMASADERA (amassadera) *s. f.* Amassadeira.

AMASADERO (amassadero) *s. m.* Amassaria.

AMASANDERÍA (amassanderia) *s. f. Amer. chil.* e *colomb.* Pequena padaria (geralmente dirigida por mulheres).

AMANSANDERO, A (amassandero) *adj.* e *s. Amer. chil.* Padeiro. *Amer. argent.* Diz-se da pessoa que amassa o não.

AMASAR (amassar) *v. tr.* Amassar. *fig.* Preparar, dispor as coisas para certo fim, principalmente ilícito. *v. pron.* Misturar-se, unir-se intimamente uma coisa com outra. — *el pastel, fig.* Ir preparando caladamente a solução de algum assunto, especialmente se este for ilícito ou injusto.

AMASIJO (amassijo) *s. m.* Amassilho. *fig. fam.* Trabalho, tarefa. *fig.* Mistura confusa de idéias diferentes. Pastel. Pão. *Amer. per.* Amassaria.

AMATISTA *s. f.* Ametista.

AMAYORAZGADO, A (amadjorazgado) *adj.* Diz-se do que participa de qualidades legais dos morgados.

AMAYORAZGAR (amadjorazgar) *v. tr.* Vincular bens, instituindo com eles um morgado.

AMAZACOTADO, A (amaçacotado) *adj.* Pesado, feito grosseiramente, à maneira de argamassa. *fig.* Pesadão, falta de graça, de proporção.

AMAZACOTAR (amaçacotar) *v. tr.* Pôr como argamassa.

AMBIGÚ *s. m.* Ambígua.

AMBIGÜEDAD *s. f.* Ambiguidade.

AMBIRE *s. m. Amer.* Sumo do tabaco cozido.

AMBIVÍA *s. f.* Ambívio, encruzilhada.

AMBLADURA *s. f.* Passo travado (andadura do cavalo).

AMBLAR *v. intr.* Caminhar (o cavalo) em passo travado.

AMBLEHUELO (ambleuelo) *s. m. Dim.* de *Ambleo.* Tocha de cera de duas libras de peso.

AMBLEO (amblèo) *s. m.* Tocha de cera de três libras de peso. Castiçal em que se põe esta vela.

AMBO *s. m.* Ambo, duque. *Amer. chil.* Conjunto de calças e colete do mesmo tecido.

AMBÓN *s. m.* Ambone. *Bot.* Ambone. Cada um dos púlpitos que há em algumas igrejas em ambos os lados do altar-mor.

AMBOS, A *adj. pl.* Ambos, as, um e outro, os dois. — *a dos* ou —*as a dos.* Ambos a dois ou de dois, ambas a duas ou de duas.

AMBUCIA *s. f. Amer. chil.* Voracidade, ânsia no comer.

AMBUCIENTO, A *adj. Amer. chil.* Faminto, esfomeado, voraz.

AMBUESTA *s. f.* V. ALMORZADA.

AMBUSTIÓN *s. f.* Ambustão, queimação, escaldadura, cauterização.

AMECHAR (ametchar) *v. tr.* V. MECHAR. Espevitar.

AMEDRENTAMIENTO *s. m.* Amedrontamento.

AMEDRENTAR *v. tr.* Amedrontar, atemorizar, assustar. U. t. c. pron. *v. pron.* Amedrontar-se, acobardar-se, desalentar-se.

AMEDRENTO *s. m.* Medo, temor, receio.

AMELCOCHAR (amelcotchar) *v. tr. Amer.* Dar a um doce o ponto da *melcocha* (mel cozido e sovado). *v. pron. Amer. cub.* Fingir agrado, afetar complacência. Apaixonar-se, enamorar-se.

AMELGA *s. f.* Leira.

AMELGAR *v. tr.* Aleirar.

AMELONADO, A *adj.* Ameloado. *fig. irôn.* Apaixonado. Diz-se familiarmente da cabeça dos que têm pouco talento ou são calvos.

AMELONARSE *v. pron.* Enamorar-se rendidamente, apaixonar-se perdidamente.

AMENAZA (amenaça) *s. f.* Ameaça.

AMENAZADOR, A (amenaçador) *adj.* Ameaçador.

AMENAZAR (amenaçar) *v. tr.* Ameaçar. Anunciar, pressagiar. U. t. c. intr.
AMÉN DE *loc. fam.* Além de, ademais, demais.
AMENGUAR *v. tr.* Aminguar, minguar. Diminuir, menoscabar. V. MENGUAR.
AMENTAR *v. tr.* Amentar (segurar por meio de correia). Dardejar, flechar. *Irreg.* Ind. pres. *Amient-o, as, a, an.* Subj. pres. *Amient-e, es, e, en.* Imperat. *Amient-a, e, en.*
AMERAR *v. tr. prov. Arag.* V. MERAR. *v. pron.* Ressumbrar umidade (a terra, uma parede).
AMERENGADO, A *adj.* Semelhante ao merengue. *fig.* Suave, doce, meloso (a voz, as palavras). *fig.* Efeminado.
AMERICANA *s. f.* Jaqueta comprida, jaquetão. Americana (espécie de carruagem). *Amer. argent.* Carruagem com dois assentos.
AMERICANISMO *s. m.* Americanismo. *Gram.* Vocábulo, acepção ou modismo próprio e privativo dos americanos, e especialmente dos que falam a língua espanhola. *Amer.* Apego dos naturais da América a ela e a tudo que lhe é próprio.
AMETRALLADOR (ametrallhador) *s. m.* Metralheiro, metralhador.
AMETRALLADORA (ametralhadora) *s. f.* Metralhadora.
AMETRALLAR (ametralhar) *v. tr.* Metralhar.
AMEZQUINARSE *v. pron.* Lamentar-se, queixar-se, amesquinhar-se. *v. pron. p. us.* Entristecer-se.
AMIENTO *s. m.* Amento. Correia que segurava o elmo. Correia para arremessar lanças, flechas ou dardos.
AMIGA *s. f.* Amiga, concubina, amásia. Professora de escola de meninas. Escola de meninas. — *de noche. Amer.* Espécie de jacinto.
AMIGACHO (amigatcho) *s. m. Deprec.* Amigote.
AMIGO, A *adj.* Amigo. U. t. c. s. Amistoso. Propício, favorável. Conveniente, útil. Afetuoso, bondoso, benévolo. — *de gancho y rancho,* — *del alma,* — *del corazón,* amigo íntimo, de confiança do coração. — *del asa,* amigo íntimo. — *de pelillo,* — *de taza de vino,* amigo por conveniência, por interesse. — *hasta las aras,* amigo dedicado mas justo. *Tender una mano* —*a,* estender a mão amiga; ajudar, proteger.
AMILANADO, A *adj.* Cobarde, pusilânime, fraco. Preguiçoso, frouxo.
AMILANAR *v. tr.* Amedrontar, assustar, atemorizar, aterrorizar. *v. pron. fig.* Desanimar, abater-se, prostrar-se, desfalecer.
AMILLARAR (amilharar) *v. tr.* Regular os capitais e rendimentos dos habitantes de uma povoação, a fim de dividir entre eles as contribuições.
AMILLONAR (amilhonar) *v. tr.* Juntar, reunir milhões. *v. intr.* Tornar-se milionário.
AMISTAD (amistad) *s. f.* Amizade. Mancebia. Mercê, favor, proteção. Desejo ou vontade de alguma coisa. Amizade, relação, reconhecimento. Afinidade. *Hacer las* —*es,* reconciliar-se, fazer as pazes. *Malas* —*es,* más companhias. *Romper las* —*es,* cortar as relações.
AMISTAR *v. tr.* Amistar, tornar amigo. U. t. c. pron. Reconciliar os inimizados. U. t. c. pron. *v. pron.* Amancebar-se.
AMOBLAR *v. tr.* V. AMUEBLAR. *Irreg.* Ind. pres. *Amuebl-o, as, a, an.* Sub. pres. *Amueble, es, e, en.* Imperat. *Amuebl-a, e, en.*
AMOCETES *s. f.* Amoceto. *s. m.* Amocete.
AMOCIJA (amocija) *s. f.* Lampreia.
AMODITA *s. f.* Amódite, amódito.
AMODORRIDO, A *adj.* Amodorrado, amodornado.
AMOGOTADO, A *adj.* Em forma de montículo.
AMOHECER (amoecer) *v. tr.* V. ENMOHECER. U. t. c. pron. *Irreg.* V. conj. de *Enmohecer.*
AMOHINAR (amoinar) *v. tr.* Amofinar, atormentar, apoquentar, aborrecer, afligir. U. t. c. pron.
AMOHOSARSE (amoossarse) *v. pron. Amer. chil.* V. ENMOHECER.
AMOJADO, A (amojado) *adj.* Coxo.
AMOJAMADO, A (amojamado) *adj.* Seco, magro, descarnado, enxuto.
AMOJAMAR (amojamar) *v. tr.* Amoxamar. *v. pron.* Mirrar-se, engelhar-se.

AMOJELAR (amojelar) *v. tr. Náut.* Prender ou segurar com polés. Apertar, unir dois objetos idênticos.
AMOJONAMIENTO (amojonamiento) *s. m.* Limitação, demarcação, delimitação.
AMOJONAR (amojonar) *v. tr.* Demarcar, delimitar, limitar.
AMOJOSAR (amojossar) *v. tr. Amer. argent.* V. ENMOHECER.
AMOJOSEARSE (amojossearse) *v. pron. Amer. equat.* V. ENMOHECER. Oxidar-se.
AMOLADERA *s. f.* Amoladeira, pedra de amolar.
AMOLANCHÍN (amolantchín) *s. m. Deprec.* Amolador.
AMOLLADOR, A (amolhador) *adj.* Que cede, que afrouxa. U. t. c. s.
AMOLLAR (amolhar) *v. intr.* Ceder, afrouxar, desistir. Jogar uma carta inferior, tendo outra superior. *v. tr. Náut.* Soltar ou afrouxar (um cabo, uma escota).
AMOLLENTAR (amolhentar) *v. tr.* Amolentar, amolecer. *ant. fig.* Afeminar, efeminar. U. t. c. pron.
AMOLLETADO, A (amolhetado) *adj.* Bochechudo.
AMONARSE *v. pron. fam.* Embriagar-se.
AMONDONGADO, A *adj.* Gordalhaço, gordanchudo, gordalhufo (diz-se de pessoas e de partes do corpo).
AMONEDACIÓN *s. f.* Amoedação.
AMONEDAR *v. tr.* Amoedar. Dar ao papel a representação ou o valor da moeda.
AMONESTACIÓN *s. f.* Admoestação. Conselho, aviso, advertência, prevenção. *Correr* ou *echar las* —*es.* V. AMONERTAR, 4ª acep.
AMONESTADOR, A *adj.* Admoestador.
AMONESTAR *v. tr.* Admoestar. Advertir, prevenir, aconselhar. Publicar na igreja, durante a missa, editais de casamento ou aviso de que alguém quer ordenar-se. *v. pron.* Ser admoestado, fazer-se admoestar.
AMONTAR *v. tr.* Afugentar. *v. intr.* Fugir para o monte. U. t. c. pron.
AMONTAZGAR *v. tr.* V. MONTAZGAR.
AMONTILLADO (amontilhado) *adj.* Diz-se do vinho de Xerez claro. U. t. c. s.
AMONTONADAMENTE *adv.* Amontoadamente, desordenadamente.
AMONTONAMIENTO *s. m.* Amontoamento.
AMONTONAR *v. tr.* Amontoar. U. t. c. pron. *fig.* Misturar desordenadamente várias espécies. *v. pron. fig. fam.* Encolerizar-se, enfadar-se. Amancebar-se. *Amer. mexic.* Reunir-se vários para atacar a um só.
AMOR *s. m.* Amor. Brandura, suavidade. Vontade, consentimento. Pessoa amada. Esmero. Veneração, reverência. Doçura, benevolência. *ant.* Convênio, ajuste. *Bot.* Bardana. — *de hortelano. Bot.* Amor de hortelão. — *propio,* amor próprio. — *seco de Chile. Bot.* Planta chilena da família das rosáceas. *Al* — *del agua, fig.* Ao sabor da corrente. *Al* — *de la lumbre* ou *del fuego,* junto ao fogo, de sorte que receba calor e não se queime. *A su* —, comodamente, folgadamente. *Con mil* —*es,* com muito gosto, de muito boa vontade. *Hacer el* —, namorar, galantear, cortejar. *Por* — *de,* por causa de. *Por* — *de Diós,* por amor de Deus. *Tratar* —*es,* ter relações amorosas.
AMORATADO, A *adj.* Lívido, tirante a morado.
AMORATAR *v. tr.* Dar a cor morada. U. t. c. pron.
AMORCILLO (amorcilho) *s. m.* Amorinho, cupido.
AMORDAZAR (amordaçar) *v. tr.* Amordaçar. U. t. em sentido fig. *ant.* Morder ou maldizer.
AMORECER *v. tr.* Juntar carneiros com ovelhas. *Irreg.* V. conj. de *Amortecer.*
AMORGADO, A *adj.* Entontecido com coca (diz-se dos peixes). De cor escura, entre verde e violáceo.
AMORGAR *v. tr.* Dar coca aos peixes para entontecê-los ou matá-los. *v. pron.* Entontecer-se (os peixes) por ter comido coca.
AMORGONAR *v. tr. prov. Arag.* V. AMUGRONAR.
AMORICONES *s. m. pl. fam.* Gestos, sinais ou ademanes com que se manifesta o amor que se tem a uma pessoa. *Deprec.* Amorios ridículos.

AMORMÍO *s. m.* Açucena do jardim, cebola-barrão.
AMORRAR *v. intr. fam.* Baixar, inclinar a cabeça. U. t. c. pron. *fig.* Dobrar, curvar a cerviz; humilhar-se. *fam.* Baixar a cabeça, obstinando-se em não falar ou responder; amuar-se. U. t. c. pron. *Náut.* V. HOCICAR. V. EMBICAR. Dirigir (o barco) para a praia afim de encalhar o máximo. — *la tierra.* V. HOCICAR.
AMORRONAR *v. tr. Náut.* Enrolar a bandeira e cingi-la de espaço em espaço, afim de içá-la como sinal de pedido de auxílio.
AMORTAJAR (amortajar) *v. tr.* Amortalhar.
AMORTECER *v. tr.* Amortecer. Anestesiar. *v. pron.* Desmaiar, ficar como morto. *Irreg.* Ind. pres. *Amortezco,* Subj. pres. *Amortezca, as, a, amos, áis, an.* Imperat. *Amortezc-a, amos, an.*
AMORTIGUADOR, A *adj.* Amortecedor, moderador. *s. m.* Amortecedor.
AMORTIGUAMIENTO *s. m.* Amortecimento. Moderação. Fraqueza, enfraquecimento.
AMORTIGUAR *v. tr.* Amortecer. U. t. c. pron. *fig.* Moderar, atenuar, amortecer (o fogo, a luz, o ruído, um afeto, uma paixão). U. t. c. pron. Rebaixar, amortecer (as cores) *v. pron.* Desmaiar, amortecer-se.
AMOSCAR *v. tr. ant.* Enxotar as moscas. *Amer. cub.* V. ABOCHORNAR. *v. pron.* Enfadar-se, zangar-se. Embriagar-se.
AMOSQUILLADO, A (amosquilhado) *adj.* Diz-se do animal vacum fatigado pelas moscas.
AMOSTAZAR (amostaçar) *v. tr. fam.* Irritar, enfadar, zangar, aborrecer. U. muito c. *pron. v. pron. Amer. hond.* Envergonhar-se.
AMOVIBILIDAD (amovibilidad) *s. f. Amer. chil.* V. AMOVILIDAD.
AMOVILIDAD (amovilidad) *s. f.* Amovibilidade.
AMPALAGUA *s. f. Amer.* Ampalaguá, variedade de sucuri.
AMPALAVA *s. f. Amer. argent.* V. AMPALAGUA.
AMPARA *s. f. For.* Embargo de bens móveis.
AMPLIAMENTE *adv.* Amplamente, largamente.
AMPLIO, A *adj.* Amplo, largo, vasto, espaçoso, extenso.
AMPO *s. m.* Alvura resplandescente. Floco de neve.
AMPOLLA (ampolha) *s. f.* Empola. Bolha (na pele). Bolha (de água). Galheta para a missa. Ampola.
AMPOLLAR (ampolhar) *v. tr.* Empolar. U. t. c. pron. Aplicar ventosas. V. AHUECAR. *v. intr.* Empolar-se (as ondas do mar). Borbulhar (a água).
AMPOLLETA (ampolheta) *s. f. Dim.* de *Ampolla.* Ampulheta. *Hablar por* —, falar um depois do outro, em turno. *No soltar* ou *tomar uno la* —, *loc. fig. fam.* Falar muito sem deixar que outro converse.
AMPULOSIDAD (ampulossidad) *s. f.* Empolamento, pomposidade, bombasticidade.
AMPULOSO, A (ampulosso) *adj.* Empolado, bombástico, pomposo.
AMUCHACHADO, A (amutchatchado) *adj.* Ameninado.
AMUCHAR (amutchar) *Amer. argent.* Aumentar uma coisa (em número e quantidade).
AMUEBLAR *v. tr.* Mobilar, mobiliar.
AMUFAR *v. intr.* Acometer, investir (como o touro).
AMUGAMIENTO *s. m.* V. AMOJONAMIENTO.
AMUGRONAMIENTO *s. m. Agr.* Mergulhão, mergulhia, mergulho.
AMUGRONAR *v. tr. Agr.* Mergulhar, conseguir novas mudas de vide por mergulhão. Meter estacas.
AMUJERADO, A (amujerado) *adj.* Amulherado, efeminado, amulherengado.
AMUJERAMIENTO *s. m.* Efeminação.
AMULAR *v. intr.* Ser imprestável, não servir para nada. *v. pron.* Inabilitar-se para nada. *v. pron.* Inabilitar-se a égua para criar por ter sido coberta por um mulo. *Amer. mexic.* Tornar-se inútil para o trabalho. Tornar-se imprestável ou invendável uma coisa.

AMUÑECADO, A (amunhecado) *adj.* Embonecado, enfeitado, garrido.

AMUNUCARSE *v. pron. Amer. chil.* Enfadarse, zangar-se, amofinar-se.

AMURALLAR (amuralhar) *v. tr.* Murar, cercar de muros.

AMURCAR *v. tr.* Cornar, cornear, marrar (o touro).

AMURCO *s. m.* Cornada, marrada (de touro).

AMURCÓN *adj.* Corneador (diz-se do touro).

AMURRARSE *v. pron. Amer. chil.* Amodorrar-se.

AMURRIÑARSE (amurrinharse) *v. pron. Amer. hond.* Amorrinhar-se, adoecer (o gado) de morrinha.

AMUSCO, A *adj.* V. MUSCO.

AMUSGAR *v. tr.* Fitar (as orelhas). U. t. c. intr. *fig.* Escutar com atenção. Entrecerrar os olhos para ver melhor. *Amer. argent. fig. fam.* Ceder, anuir a contragosto (por medo ou diante de violência). *Amer. hond.* Envergonhar-se; encolher-se.

AMUSTIAR *v. tr.* Murchar, emurchecer. Secar. Enlanguecer.

AN (forma que toma o prefixo *a* privativo, antes de vogal ou *h*).

ANABIOSIS (anabiossis) *s. f. Biol.* Anabiose.

AÑACAL (anhacal) *s. m.* Condutor de trigo para o moinho. Tabuleiro (para transportar pão). U. muito no *pl.*

AÑACALERO (anhacalero) *s. m. prov. Cád.* Transportador de materiais de construção.

ANACARDO *s. m. Bot.* Anacárdio. Caju.

ANACUSIA (anacússia) *s. f. Med.* Anacuse, surdez.

AÑADA (anhada) *s. f.* Decurso, tempo ou duração de um ano. Tempo bom ou mau que faz durante um ano. Época favorável para uma abundante colheita. V. HOJA.

ÁNADE *s. m.* e *f. Zool.* Ánade, adem, pato. *Por ext.* Qualquer outra ave que tenha manifesta analogia com o pato.

ANADEAR *v. intr.* Andar (uma pessoa) como o pato.

AÑADEJA (anadeja) *s. f. Dim.* de *Ánade.* Patinho.

AÑADIDO (anhadido) *s. m.* Cabelo postiço, chinó, peruca, crescente. Trança postiça.

AÑADIDURA (anhadidura) *s. f.* Acrescentamento, acrescimento, acréscimo. Aumento. Sobrecarga. Contrapeso. Aditamento. *Por* —, demais, além disso, afinal de contas. *Sin* —*s ni cortapisas*, pontualmente, tal como se combinou.

ANADINO, A *s. m.* e *f.* Ánade pequeno, patinho.

AÑADIR (anhadir) *v. tr.* Acrescentar. Aditar. Ajuntar, aumentar. Agregar, incorporar. Anhadir. Anadir, adir. Dar de contrapeso. Adicionar. *Gram.* Usa-se este verbo com pronome somente no sentido de aumentar ou acrescentar alguma coisa, moral ou materialmente.

AÑADO (anhado) *s. m.* V. HIJASTRO.

AÑADÓN *s. m.* Pato novo.

AÑAFEA (anhafêa) *s. f.* Papel pardo.

AÑAFIL (anhafil) *s. m.* Anafil.

AÑAGAZA (anhagaça) *s. f.* Negaça, chamariz. Estratagema. *fig.* Engodo.

ANAGNOSTA *s. m.* Anagnoste.

ANAL *adj. ant.* Anual. *Anat.* Anal.

AÑAL (anhal) *adj.* Anual. *adj.* e *s.* Anejo. *s. m.* Oferta pela alma de alguém no primeiro aniversário de sua morte. *ant.* Aniversário. *pl. ant.* Anais.

AÑALEJO (anhalejo) *s. m.* Calendário eclesiástico, folhinha de reza.

ANALES *s. m. pl.* Anais.

ANÁLISIS (análissis) *s. f.* Análise.

ANAMÚ *s. f. Amer.* Planta silvestre de Cuba (*Petiveria alliacea*).

ANANÁ *s. f.* Ananás.

AÑANGOSTARSE (anhangostarse) *v. pron. Amer. P. Rico.* Acocorar-se.

AÑAPA (anhapa) *s. f. Amer. argent.* Farinha de alfarroba. Esta farinha, amassada com água ou leite. Bebida feita com a mesma farinha.

AÑAPANGO (anhapango) *s. m. Amer. boliv.* Cacto miúdo.

ANAPELO *s. m.* Acônito.

ANAQUEL *s. m.* Prateleira, divisão (de um armário). *pl.* Prateleiras (de loja).

ANARANJADO, A (anaranjado) *adj.* Alaranjado. U. t. c. s.

AÑAS (anhas) *s. m. (voc. quíchua).* Espécie de raposa do Peru.

AÑASCADO (anhascado) *s. m. Amer. argent.* V. DESHILADO.

AÑASCAR (anhascar) *v. intr. fam.* Ir reunindo pequenas coisas de pouco valor. *ant.* Embrulhar, enredar.

ANASCOTE *s. m.* Tecido de lã sarjado que se emprega nos hábitos.

AÑASGADO (anhasgado) *adj. Amer. mexic.* Corcovado, embrulhado, enredado. *s. m. Amer. argent.* V. DESHILADO.

ANATRÓN *s. m.* Anatrão, natrão.

AÑAZ (anhás) *s. m. Amer. per.* Zorrilho, maritacaca.

ANCA *s. f.* Anca. *Amer. per.* Milho tostado.

ANCANA *s. f. Amer. per.* Torrador (para o milho).

ANCANO *s. m. Amer. per.* Copo de chicha que se dá como obséquio.

ANCHAR (antchar) *v. tr., intr.* e *pron.* V. ENSANCHAR.

ANCHARÍA (antcharía) *s. f. ant.* V. ANCHURA.

ANCHETA (antcheta) *s. f.* Pacotilha. A pacotilha que se trazia para a América no tempo do domínio espanhol. Proveito, vantagem (cons
guida num ajuste). *Amer. argent.* e *urug.* Desavergonhamento, cinismo. *Amer. cub.* Negócio de pouca importância e medíocres resultados. Bom negócio (falando-se de empreendimentos que não pareciam dar lucros).

ANCHICORTO, A (antchicorto) *adj.* Largo e curto.

ANCHO, A (antcho) *adj.* Largo, ancho. Que tem excessiva largura. *fig.* Grande, vasto, imenso. *fig.* Folgado, amplo. Tolerante, pouco escrupuloso em matéria de moral. *s. m.* Largura. *Mar* —*a*, altomar. *Vida* —*a*, vida solta, folgada. *A mis, a tus, a sus* —*as, loc. adv. fam.* Ao meu, ao teu, ao seu talante; comodamente, com inteira liberdade. *A todos* —*s.* V. a loc. acima. *Estar uno muy* —, estar alguém inchado, vaidoso, ancho; ufanar-se, envaidecer-se.

ANCHOA (antchoa) *s. f.* Anchova.

ANCHOR (antchor) *s. m.* V. ANCHURA.

ANCHOVETA (antchoveta) *s. f. Amer. per.* Espécie de sardinha.

ANCHUELO, A (antchuelo) *adj. Dim.* de *Ancho.*

ANCHURA (antchura) *s. f.* Largura. Anchura, ancheza. *fig.* Liberdade, soltura, desafogo. *A mis, a tus, a sus* —*s, ao meu, ao teu, ao seu talante; comodamente, com inteira liberdade.

ANCHUROSO, A (antchurosso) *adj.* Muito largo, amplo ou espaçoso.

ANCIANO, A *adj.* Ancião. U. t. c. s. *s. m.* Decano (de uma ordem religiosa ou militar).

ANCLA *s. f. Náut.* Âncora. — *de la caridad*, âncora de misericórdia, âncora sagrada. — *de la esperanza*, âncora de salvação. *Al* —, com a âncora aferrada. *Echar* —*s*, levantar âncora, levantar ferro.

ANCLADERO *s. m. Náut.* Ancoradouro, fundeadouro.

ANCLAJE (anclaje) *s. f.* Ancoradouro, fundeadouro. Ancoragem.

ANCLAR *v. intr. Náut.* Ancorar, fundear. *v. pron.* Ficar ancorado. *fig.* Estabelecer-se, fixar-se.

ANCLOTE *s. m. Náut.* Ancorote, ancoreta. *Amer.* Barrilete.

ANCO *s. m. Amer.* Espécie de abóbora. *Amer. chil.* Aférese de ZANCO.

ÁNCORA *s. f.* V. ANCLA. *fig.* Âncora, amparo. *fig.* Apoio, recurso. *fig.* Último recurso, última esperança. Âncora (do relógio). — *de salvación*, *fig.* Âncora de salvação.

ANCORAJE (ancoraje) *s. f. Náut.* V. ANCLAJE. Conjunto de âncoras.

ANCORCA *s. f.* Ocre amarelo.

ANCUCO *s. f. Amer. boliv.* Torrão de amêndoas ou de amendoim.

ANDADERAS *s. f. pl.* Andadeiras.

ANDADERO, A *adj.* Andadeiro.

ANDADO, A *adj.* Concorrido, freqüentado, passageiro. (U. mais com os advs. *más, menos, muy, poco*). Comum, vulgar, ordinário. Usado, cocado, gasto (diz-se mais das roupas). Passado, decorrido, andado (o tempo).

ANDADOR, A *adj.* e *s.* Andador. Vagabundo. Andeiro. *s. m.* Oficial de justiça, beleguim. Avisador. Trilho, rua (de horta). Andadeiras. *Náut.* Navio que faz muito caminho em pouco tempo.

ANDALOTERO, A *adj. prov. Arag.* V. CALLEJERO.

ANDALUCISMO *s. f. Gram.* Locução ou modismo próprio dos andaluzes. Vocábulo do linguajar andaluz empregado na língua espanhola ou em alguma outra estrangeira.

ANDALUCITA *s. f. Miner.* Andaluzita.

ANDALUZADA (andaluçada) *s. f.* Exageração, fanfarronada que, habitualmente, se atribue aos andaluzes.

ANDAMIADA *s. f.* Andaimada, andaimaria.

ANDAMIAJE (andamiaje) *s. f.* V. ANDAMIADA.

ANDAMIAR *v. tr.* Andaimar.

ANDAMIO *s. f.* Andaime, andaimo. — *colgado*, andaime suspenso.

ANDANA *s. f.* Andaina. Passadiço, corredor. Renque, fileira. Andaina de artilharia, bateria. Conjunto de navios ancorados ou fundeados em linha. Andana. *Llamarse uno* —, *loc. fam.* Desdizer-se, voltar atrás.

ANDANADA *s. f.* Banda de artilharia, bordada. *fig.* Repreensão, sermão severo, carão. *Le soltóla* ou *una* —, repreendeu-o severamente, passou-lhe um carão. *Por* —, *loc. adv. fig. fam.* Superabundantemente, com excessiva abundância.

ANDANCIA *s. f. Amer. mexic.* e *venezuel.* V. ANDANCIO.

ANDANCIO *s. m. Amer. cub.* Andaço.

ANDANINO (andaninho) *s. m.* Andadeiras.

ANDANÓN *s. m. Aument.* de *Andana*, 8ª acep.

ANDAR *v. tr.* Andar (em todas as principais acepções deste vocábulo). *v. pron.* Ocupar-se em alguma coisa. Usar, empregar, andar com. *A más* —, *loc. adv.* A toda pressa. *Irreg.* Ind. pret. indef. *Anduv-e, iste, o, imos, isteis, ieron.* Subj. pret. imperf. *Anduv-iera* ou *iese, ieras* ou *ieses, iera* ou *iese, iéramos* ou *iésemos, ierais* ou *ieseis, ieran* ou *iesen.* Fut. imperf. *Anduv-iere, ieres, iere, iéremos, iereis, ieren.*

ANDARAJE (andaraje) *s. f.* Roda ou tambor da nora. Aparelho com que se faz andar o rolete para firmar o chão das eiras.

ANDARAS *s. m. Amer. per.* Espécie de flauta a que também chamam *zampoña.*

ANDARIEGO *adj.* e *s.* Andarengo, andador. Vagabundo. Esmoleiro que pede de porta em porta.

ANDARÍN, A *adj.* e *s.* Andarilho, andarim. Correio, postilhão, mensageiro.

ANDARINA *s. f.* V. GOLONDRINA.

ANDARRAYÁ (andarradjá) *s. f.* Jogo antigo semelhante ao de damas.

ANDARRÍO *s. m.* Tronco deixado pelas enchentes em praias fluviais. *Zool.* Alvéola.

ANDARRÍOS *s. m.* V. ANDARRÍO, 2ª acep.

ANDAS *s. f. pl.* Andas. V. ANGARILLAS e PARIHUELAS. *En* —, *loc. adv.* Em triunfo. *En* — *y en volandas, loc. adv. fig. fam.* Rapidamente, num ápice.

ANDÉN *s. m.* Círculo por onde andam os animais (nas noras e atafonas). Corredor, passadiço. Passeio, corredor (de rua). Plataforma (de estação ferroviária). Calçada (de cais). *Amer. cub.* Passeio, calçada (de rua). V. ANAQUEL. *Amer. per.* Tabuleiros de terra para a cultura em aclives.

ANDERO *s. m.* Moço de liteira, de cadeirinha. Padioleiro. Varal (de carro, liteira, padiola, cadeirinha etc.). V. DEMANDADERO.

ANDILÚ *s. m.* Alisador (instrumento de buxo usado pelos sapateiros).

ANDOLA *s. f.* Canção popular espanhola do século XVII. Palavra usada em estribilhos.

ANDOLINA *s. f.* V. GOLONDRINA.

ANDÓN, A *adj. fam.* Andador, andarengo, andejo. *Amer. cub.* Diz-se do cavalo que anda muito e tem boa andadura; marchador. *s. m. Amer. venezuel.* Passo apressado (do cavalo).

ANDONEAR *v. tr. Amer. venezuel.* Andar a passo (o cavalo).

ANDORGA *s. f. fam.* Ventre, barriga, pança, bandulho. *Llenar la —,* encher o bandulho, atracar-se, comer à tripa forra.

ANDORINA *s. f.* V. GOLONDRINA.

ANDORITA *s. f. Miner.* Andorita.

ANDORRA *s. f. fam.* V. ANDORRERA.

ANDORREAR *v. tr.* Vaguear, vagabundear. Andar pelas ruas sem objeto determinado. Andejar.

ANDORRERO, A *adj. e s.* Vagabundo, andejo. Passeador, que anda pelas ruas sem objeto determinado. (Diz-se principalmente das mulheres).

ANDOSCO, A *adj.* Que tem dois anos (diz-se do gado miúdo). U. t. c. s. Intestino.

ANDRAJERO (andrajero) *s. m.* Trapeiro.

ANDREHUELA (andreuela) *s. f. prov. Córd.* Espécie de melão que se guarda para o inverno.

ANDULARIO *s. f.* V. FALDULARIO.

ANDULLO (andulho) *s. m.* Folha de tabaco enrolada. *Náut.* Tecido com que se forram os cadernais. *Amer. cub.* Pasta de tabaco para mascar. *Amer. merid.* Qualquer folha grande destinada a enrolar.

ANDURRIAL *s. m.* Andurrial (lugar deserto ou fora de caminho). U. muito no *pl. Amer.* Lodaçal, lamaçal, atoleiro.

ANEA *s. f.* Espadana.

ANEAJE (aneaje) *s. m.* Ação de medir em anas. Marca, nas peças de tecido, que indica a sua medida em anas.

ANEAR *v. tr.* Medir em anas. *s. m.* Espadanal.

ANEBLAR *v. tr.* Enevoar. U. t. c. pron. V. ANUBLAR. Murchar, secar, emurchecer (as plantas). U. t. c. pron. *Irreg.* V. conj. de *Calentar.*

ANÉCDOTA *s. f.* Anedota.

ANECIARSE *v. pron.* Atoleimar-se, apatetar-se.

ANEGADIZO, A (anegadiço) *adj.* Alagadiço. Que submerge (diz-se da madeira que não bóia).

ANEJADOR, A (anejador) *adj.* Que envelhece.

ANEJAR (anejar) *v. tr.* Anexar.

ANEJAR (anhejar) *v. tr.* Envelhecer, antiquar uma coisa. U. t. c. pron. *v. pron.* Envelhecer, alterar-se, deteriorar-se uma coisa com o tempo.

ANEJÍN (anejín) *s. m.* Anexim, rifão, provérbio, adágio, sentença, brocardo. V. ANEJIR.

ANEJIR (anejir) *s. m.* Rifão (em versos e cantável).

ANEJO, A (anejo) *adj.* Anexo. Igreja paroquial submetida à de outra povoação. Capela. Grupo de povoações rurais que formam um só município.

ANEJO, A (anhejo) *adj.* Velho, antigo, anoso. Aplica-se a diversas coisas que têm um ou mais anos.

ANEMONE *s. f. Bot.* Anêmona. *— de mar, Zool.* Anêmona-do-mar.

ANEQUÍN (A ou DE) *loc. adv.* Por anequim (à razão de tanto por ovelha a tosquiar e não por diária).

ANEXIÓN (anecsión) *s. f.* Anexação.

ANEXIONAMENTO (anecsionamento) *s. m. Amer. chil.* V. ANEXIÓN.

ANFITRIÓN *s. m. fig. fam.* Anfitrião. *Por ext.* Acompanhante de senhoras.

ANGARILLAR (angarilhar) *v. tr.* Colocar cangalhas em.

ANGARILLAS (angarilhas) *s. f. pl.* Padiola. Cangalhas. Galheteiro. Bolsas gêmeas para levar bilhas com água. *Poner-se en —, loc. fig. fam.* Ficar de mãos nos quadris.

ANGARIPOLA *s. f.* Tecido ordinário estampado em listras multicores. *pl.* Adornos de mau gosto e de cores berrantes.

ÁNGARO *s. m.* Almenara. Sinaleira (de estrada de ferro).

ANGARRIO *s. m. Amer. colomb.* Esqueleto. Diz-se da pessoa ou animal reduzido a pele e ossos.

ANGAZO (angaço) *s. m.* Instrumento para pescar mariscos.

ÁNGEL (anjel) *s. m.* Anjo. *fig.* Pessoa piedosa, ingênua ou de bom caráter. Criança de peito. Mulher muito formosa. Vantagem consistente em poder subir na mesa de bilhar para jogar as bolas distantes. *Artilh.* Palanqueta. Estandarte que precedia o imperador do Oriente. *Ictiol.* Arraia. *— de tinieblas,* anjo das trevas, diabo. *— mío!* Meu anjo, meu amor! *Tener uno —, loc. fig. fam.* Ter

alguém o dom de agradar. *Estar con los — es,* estar extasiado, transportado de alegria ou de prazer. *— guardián,* anjo da guarda.

ANGELADA (anjelada) *s. f.* Coro de anjos. V. INOCENTADA.

ANGELITO (anjelito) *s. m. Dim.* de *Angel.* Anjinho. *fig.* Criancinha. *fig. irôn.* Embusteiro, ardiloso, astuto. *—s al cielo, loc.* com que se recebe a notícia do falecimento de uma criança. *Hacer — a alguno, loc. fig. fam.* Não por luto por alguém.

ANGELÓN (anjelòn) *s. m. Aument.* de *Angel.* Anjão, anjola. *— de retablo, loc. fig. fam.* Pessoa muito gorda e de maxilas avantajadas.

ANGELOTE (anjelote) *s. m. Aument.* de *Angel.* Anjão, anjola. *fig.* Criança grande e gorda. *fig.* Anjo, pessoa muito simples e pacífica. *Ictiol.* Anjo-do-mar.

ANGLA *s. f.* Cabo, ponta, promontório.

ANGLOSAJÓN, A (anglossajón) *adj.* Anglo-saxão. U. t. c. s.

ANGOSTAMENTE *adv.* Estritamente, apertadamente, escassamente.

ANGOSTAR *v. tr.* Estreitar, apertar. U. t. c. intr. Encurtar, estreitar. *ant. fig.* Angustiar.

ANGOSTO, A *adj.* Estreito, apertado. Angosto, angusto. Curto, cerceado.

ANGOSTURA *s. f.* Estreiteza, aperto. Angustura, desfiladeiro. Apuro, apertura. *Bot.* Angustura; amarelinho da serra.

ANGRELADO, A *adj. Heráld., Arq., Numis.* Dentado.

ANGUARINA *s. f.* Gabão rústico, sem mangas.

ANGUILA *s. f. Ictiol.* Enguia. Espécie de chicote. *fig.* Pessoa magra e comprida. *Náut.* Cabo curto para diferentes usos. Traves inclinadas para lançar o navio à água. *— de cabo,* látego para os galés.

ANGUILAZO (anguilaço) *s. m.* Chicotada (dada com a *anguila de cabo).*

ANGURRIA *s. f. Amer. plat.* Fome canina. Ganância. *Amer. C. Rica.* Egoísmo, avareza, mesquinhez.

ANGURRIENTO, A *Amer. plat.* Faminto, glutão. Ganancioso. *Amer. C. Rica.* Egoísta, avaro, mesquinho.

ANHELAR (anelar) *v. tr.* Anelar. *fig.* Desejar ardentemente.

ANHÉLITO (anèlito) *s. m.* Anélito.

ANHELO (anelo) *s. m.* Anelo. *fig.* Desejo intenso. *fam.* Angústia, receio, inquietação.

AÑICOS (anhicos) *s. m. pl.* Fanicos, fragmentos, cacos, migalhas.

ANIDAR *v. intr.* Aninhar. U. t. c. pron. *fig.* Morar, habitar. U. t. c. pron. *v. tr.* Abrigar, acolher. *Andar anidando, fig. fam.* Estar uma mulher próxima do parto.

ANIEBLAR *v. tr.* Enevoar. U. t. c. pron. *v. pron. Arag.* Atoleimar-se, abobar-se. *Bot.* Enferrujar-se.

ANIEGO *s. m.* Inundação, alagamento. Submersão, afogamento. *Amer. chil. e per.* Poça d'água (numa rua), charco (numa estrada).

ANIL (anhil) *s. f.* Anileira. Anil (substância que tinge de azul). Anil (cor). *Sacar a uno el —, loc. fig. fam. Amer. chil.* Açoitar ou castigar severamente alguém.

AÑILAR (anhilar) *v. tr.* Anilar.

ANILLA (anilha) *s. f.* Anilha, anilho, argola. *pl.* Argolas (instrumento de ginástica).

ANILLAR (anilhar) *v. tr.* Anilhar, anilhaçar. Anelar (dar forma de anel).

ANILLEJO (anilhejo) *s. m. Dim.* de *Anillo.*

ANILLETE (anilhete) *s. m. Dim.* de *Anillo.*

ANILLO (anilho) *s. m.* Anel. Anilho. *fig.* Anel (cacho de cabelos). *Arq.* Friso. *Zool.* Anel (segmento do corpo, nos vermes, insetos etc.). Anilha. Anel (da chave). *pl.* Grilhões. *pl.* Círculos (da madeira). *— astronómico,* anel astronômico. *— de boda,* anel nupcial. *— de calaje, Mec.* Espécie de virola. *— de coluna, Arq.* Friso (de coluna). *De —, loc. fig.* Simplesmente honorífico, sem remuneração nem autoridade (diz-se de cargos e dignidades).

ÁNIMA *s. f.* Alma. *Art.* Alma. *pl.* Toque de sinos, à noite, convidando à oração pelas almas do purgatório. *— en pena,* alma penada. *A eso de las —s, loc. fam.* Ao anoitecer.

ANIMALADA *s. f. fig. fam.* Burrada, asneira.

ANIMERO *s. m.* Andador (aquele que pede esmolas em sufrágio pelas almas do purgatório).

AÑINA (anhina) *s. f.* Lã de cordeiro que se tosquia pela primeira vez.

ANINADAMENTE (aninhadamente) *adv.* Puerilmente.

ANINADO, A (aninhado) *adj.* Ameninado, acriançado, pueril.

ANINARSE (aninharse) *v. pron.* Ameninar-se, acriançar-se.

AÑINOS (anhinos) *s. m. pl.* Peles de cordeiros com a lã. Lã de cordeiro.

ANIRAL (anhiral) *s. m.* Lugar povoado de anileiros.

ANISADO, A (anissado) *adj.* Anisado. *s. m.* Aniseta.

ANISAR (anissar) *v. tr.* Anisar. *s. m.* Anisal.

ANISCO (anhisco) *s. m. Amer. mexic.* V. AÑICOS.

ANISETE (anissete) *s. m.* Aniseta. Aguardente retificada e destilada com as sementes do funcho.

¡ANJÁ! (anjá) *interj. Amer. cub.* Bem! Bravo!

ANJEO (anjèo) *s. m.* Certo tecido grosseiro que vinha de Anjou. Estopa, sarapilheira.

ANO *s. m. Anat.* Ano (ânus).

AÑO (anho) *s. m.* Ano. *— bisiesto,* ano bissexto. *pl.* Anos (aniversário). *— y vez, loc.* Em anos alternados, um ano sim e outro não (diz-se do plantio da terra). *De buen —, loc. adv.* Gordo, robusto, saudável. *Entre —, loc.* Durante o ano. *Por los —s de, loc.* Por volta do ano de.

ANOCHE (anotche) *adv.* Ontem à noite, à noite passada.

ANOCHECER (anotchecer) *v. intr. impes.* Anoitecer. Anoitecer (estar ou chegar a algum lugar ao cair da noite). *v. pron. Poét.* Escurecer, obscurecer-se. *s. m.* Anoitecer. *Irreg.* Subj. pres. *Anochezca.*

ANOCHECIDA (anotchecida) *s. f.* Anoitecer (tempo em que anoitece).

AÑOJAL (anhojal) *s. m. Agr.* Pousio, terra de cultura que se deixa descansar temporariamente.

AÑOJO (anhojo) *s. m.* Anejo, anojo (bezerro de um ano).

A NO QUE *loc. adv. Amer. colomb.* Assim que, logo que.

AÑORANZA (anhorança) *s. f.* Aflição, pena, melancolia (pela ausência ou perda de pessoa ou coisa muito estimada). Saudade. Nostalgia. Solidão.

AÑORAR (anhorar) *v. tr.* Sentir a falta de, ter saudade de. *v. pron.* Sentir aflição, melancolia, nostalgia, solidão ou saudade.

AÑOSO, A (anhosso) *adj.* Anoso, idoso.

ANQUETA *s. f. Dim.* de *Anca. Estar uno de media —, loc. fam.* Estar alguém mal sentado, ou sentado de um lado só.

ANQUIALMENDRADO, A *adj. Equit.* Diz-se do cavalo que tem ancas muito estreitas.

ANQUIBOYUNO, A (anquibodjuno) *adj. Equit.* Diz-se do cavalo que tem, como o boi, ancas muito salientes.

ANQUIDERRIBADO, A *adj. Equit.* Diz-se do cavalo cujas ancas descem muito inclinadas da sua parte superior.

ANQUIMULEÑO (anquimulenho) *adj. Equit.* Diz-se do cavalo que tem a garupa redonda.

ANQUIRREDONDO, A *adj. Equit.* Diz-se do cavalo que tem as ancas arredondadas e fornidas.

ANQUISECO, A (anquisseco) *adj. Equit.* Diz-se do cavalo enxuto de ancas.

ÁNSAR *s. m.* Ganso. Ânsar. Denominação mexicana da espécie *Anser gambeli.*

ANSARINO *s. m.* Ganso novo.

ANSARÓN *s. m.* V. ÁNSAR. Ganso grande. V. ANSARINO.

ANSIA *s. f.* Ânsia. Angústia, aflição. Anelo. *pl. vulg.* Náuseas, ânsias. *—s de la muerte,* ânsias da morte.

ANSINA *adv. ant.* Assim. (Usado ainda pela gente inculta da Espanha e América).

ANSIÓN *s. f. Aument.* de *Ansia. prov. Sal.* Tristeza, nostalgia.

ANT *prep. ant.* Ante, perante, diante de. *conj. ant.* Antes que, ainda que. *adv. ant.* Antes. *— con —, loc. adv.* Desde muito tempo.

ANTAGALLA (antagalha) *s. f. Náut.* Rizes da cevadeira, e das velas de carangueja e latinas.

ANTAÑO (antanho) *adv.* Antanho.

ANTAÑON, A (antanhòn) *adj.* Muito velho.

ANTE *s. m. Zool.* Anta. Búfalo. Anta (pele de). *Amer. guat.* Espécie de calda. *Amer. mexic.* Sobremesa composta de biscoitos, doce de ovos, coco e amêndoas. *Amer. per.* Bebida feita com frutas, vinho, canela, açúcar, noz-moscada etc.

ANTE *prep.* Ante, perante, diante. *adv. ant.* Antes. *pref.* Ante. *Gram.* Terminação do particípio ativo dos verbos com o infinitivo em *ar.* — *mí Jurisp.* Perante mim. — *todas cosas, loc. adv.* Antes de tudo, primeiramente. — *todo, loc. adv.* Antes de tudo. *En* — ou *en* —*s, loc. adv.* Dante, dantes.

ANTEADO, A *adj.* De cor de anta. *Amer. mexic.* Avariado, alterado, que não se pode vender.

ANTEALTAR *s. m.* Espaço contíguo aos degraus do altar.

ANTEANOCHE (anteanotche) *adv.* Anteontem à noite, na noite de anteontem.

ANTEANTEANOCHE (anteanteanotche) *adv.* Trasanteontem à noite, na noite de trasanteontem. V. TRASANTEANOCHE.

ANTEANTEAYER (anteateadjer) *adv.* Trasanteontem.

ANTEAR *v. tr.* Cobrir com pele de anta. Dar aparência de pele de anta.

ANTEAYER (anteadjer) *adv.* Anteontem. — *tarde, loc. adv.* Anteontem à tarde. — *noche, loc. adv.* Anteontem à noite.

ANTEBRAZO (antebraço) *s. m.* Antebraço.

ANTEBURRO *s. m. Amer. mexic. Zool.* Tapir.

ANTECAPILLA (antecapilha) *s. f.* Peça imediatamente anterior à entrada de uma capela.

ANTECOGER (antecojer) *v. tr.* Apanhar ou colher, levando por diante (uma pessoa ou coisa). Preocupar. *prov. Arag. Agr.* Colher as frutas antes do tempo.

ANTEDECIR *v. tr.* Antedizer, predizer, vaticinar, augurar, prognosticar. *Irreg.* V. conj. de *Decir.*

ANTEDICHO, A (anteditcho) *adj.* Antedito, predito, vaticinado, prognosticado. Já dito ou escrito.

ANTEFIJA (antefija) *s. f. Arq.* Antefixa.

ANTEFOSO (antefosso) *s. m. Fort.* Antefosso.

ANTEGUARDIA *s. f. ant. Mil.* Anteguarda, vanguarda.

ANTEHÉLIX (anteelics) *s. m. Anat.* Antélice.

ANTEIGLESIA (anteiglèssia) *s. f.* Átrio, pórtico (de igreja). Igreja paroquial (em algumas povoações das Províncias Vascongadas). Essas próprias povoações.

ANTEJUELA (antejuela) *s. f. Amer. C. Rica.* V. CENTEJUELA.

ANTELACIÓN *s. f.* Antelação, anterioridade, antecipação (no tempo).

ANTEMANO (DE) *loc. adv.* De antemão, antecipadamente.

ANTENOMBRE *s. m.* Antenome, prenome.

ANTENUNCIAR *v. tr.* Predizer, vaticinar, profetizar, prognosticar, augurar.

ANTEOJADA (anteojada) *s. f. Mar.* Ato de olhar com o óculo ou luneta.

ANTEOJERA (anteojera) *s. f.* Caixa ou estojo de óculos ou binóculos. *pl.* Antolhos. *fig. fam.* Óculos.

ANTEOJERO (anteojero) *s. m.* Oculista (fabricante ou vendedor de óculos).

ANTEOJO (anteojo) *s. m.* Óculo. Antolho. *pl.* Óculos. Binóculos. V. GEMELOS. *Bot.* V. DOBLESCUDO. — *de larga vista,* óculos de alcance. *Tener un magnífico* —, ser muito sagaz, muito previdente.

ANTEPATIO *s. m.* Pátio que serve de entrada a outro principal.

ANTEPECHO (antepetcho) *s. m.* Parapeito. Peitoril. Peitoral (peça do arreio do animais de tiro). V. PECHEPA. *Náut.* Amurada.

ANTEPONER *v. tr.* Antepor. U. t. c. pron. Preferir. U. t. c. pron. *Irreg.* V. conj. de *Poner.*

ANTEPORTA *s. f.* V. ANTEPORTADA.

ANTEPORTADA *s. f.* Anterrosto.

ANTEPROYECTO (anteprodjecto) *s. m.* Anteprojeto.

ANTEPUERTA *s. f.* Anteporta. Guarda-porta. Reposteiro.

ANTEPUERTO *s. m.* Anteporto.

ANTEPUESTO, A *adj.* Anteposto.

ANTERO *s. m.* Aquele que trabalha em anta (couro de).

ANTES *adv. t.* e *l.* Antes. *adv. ord.* Antes, de preferência. *adv. t.* Antes, antigamente, em outro tempo. *conj. advers.* Ao contrário. *adj.* Antes (diz-se do tempo). — *bien, loc. conjunt.* Ao contrário, mas antes. — *con* —, *loc. adv.* Quanto antes. — *de anoche* V. ANTEANOCHE. — *de ayer, loc. adv.* Anteontem. V. ANTEAYER. — *del dia, loc. adv.* Ao ir amanhecendo. — *hoy que mañana, loc.* Antes hoje que amanhã. — *que, conj. advers.* Antes que, primeiro que, de preferência a que. — *y con* —, *loc. conj.* Quanto antes. *De* —, *loc. adv. fam.* Dantes, de antes. *Con* —, demasiado rapidamente, com demasiada antecipação.

ANTETEMPLO *s. m.* Pórtico, átrio.

ANTETIPO *s. m.* Protótipo.

ANTEÚLTIMO, A *adj.* Penúltimo.

ANTEVÍSPERA *s. f.* Antevéspera.

ANTICAÑO, A (anticanho) *Amer. hond.* Antiquíssimo.

ANTICÁTODO *s. m. Fís.* Anticatódio.

ANTICICLÓN *s. m.* Anticiclone.

ANTICIPACIÓN *s. f.* Antecipação.

ANTICIPADA *s. f. Esgr.* Estocada traidora antes que o adversário se ponha em guarda.

ANTICIPAR *v. tr.* Antecipar. Adiantar dinheiro. *v. pron.* Antecipar-se.

ANTICIPO *s. m.* Antecipação. Adiantamento (de dinheiro). Dinheiro adiantado.

ANTICO *s. m. Arq.* Fachada ou vestíbulo de um edifício. *Zool.* Ântico.

ANTICOHESOR (anticoessor) *s. m. Fis.* Anticoesor.

ANTÍCOLAS *s. m. pl.* Antecos.

ANTICRISTIANO, A *adj.* Anticristão.

ANTICUADO, A *adj.* Antiquado.

ANTICUAR *v. tr.* Antiquar, antiguar. *v. pron.* Antiquar-se.

ANTICUARIO *s. m.* Antiquário. Arqueólogo. Arquivista.

ANTICUCHO (anticutcho) *s. m. Amer. per.* Bocadinhos de carne ou fígado de vaca, assados ou fritos, que se vendem enfiados num pequeno espeto.

ANTICUCO, A *adj. Amer. hond.* V. ANTICAÑO.

ANTICUERPO *s. m. Biol.* Anticorpo.

ANTIDESLIZANTE (antidesliçante) *adj. Autom.* Antiderrapante.

ANTIESCLAVISTA *adj.* Antiescravista.

ANTIFAZ (antifás) Máscara. Antifaz, antiface.

ANTÍFRASIS (antífrassis) *s. f.* Antífrase.

ANTIGUALLA (antigualha) *s. f.* Antiqualha, antigualha. U. m. no pl. Antiguidades ou objetos antigos de pouco valor. Antigualha, uso ou estilo antigo. U. m. no pl. Coisa fora de moda.

ANTIGUAMENTE *adv.* Antigamente.

ANTIGUAMIENTO *s. m.* Ação ou efeito de antiquar ou antiquar-se.

ANTIGUAR *v. tr.* V. ANTICUAR.

ANTIGUBERNAMENTAL *adj.* Antigovernamental.

ANTIGÜEDAD (antigüeda*d*) *s. f.* Antiguidade. *Ascenso por* —, promoção por antiguidade.

ANTIGUO, A *adj.* Antigo. Velho, ancião, vetusto. *s. m.* Antigo. *s. m. pl.* Antigos. *A lo* — ou *a la* — *a, loc. adv.* Segundo o uso antigo, à antiga. *De* —, *loc. adv.* Desde tempo remoto, de tempo imemorial. *En lo* —, *loc. adv.* Antigamente.

ANTIMETÁBOLA *s. f. Retor.* Antimetábole.

ANTIPARA *s. m.* Anteparo. Biombo. Guarda-vento. *pl.* Antiparras (espécie de polainas). *Arq.* Espécie de veneziana.

ANTIPARLAMENTARIO, A *adj.* Antiparlamentar.

ANTIPARRAS *s. f. pl. fam.* Óculos.

ANTÍPOCA *s. f. prov. Arag. For.* Escritura de reconhecimento de uma renda ou foro.

ANTIPOCAR *v. tr. prov. Arag. For.* Reconhecer um foro ou renda em escritura pública. *fam. prov. Arag.* Restaurar uma obrigatoriedade suspensa desde muito tempo.

ANTIRREGLAMENTARIO, A *adj.* Anti-regulamentar.

ANTIVARIOLOSO, A (antivariolosso) *adj.* Antivariólico.

ANTIVENENOSO, A (antivenenosso) *adj.* Antitóxico.

ANTOJADIZO, A (antojadiço) *adj.* Antojadiço. Caprichoso. Volúvel.

ANTOJADO, A (antojado) *adj.* Caprichoso, volúvel, que tem antojos ou desejo de alguma coisa.

ANTOJARSE (antojarse) *v. pron.* Ántojar-se, antolhar-se. Tornar-se uma coisa objeto de vivo desejo, comumente caprichoso. Oferecer-se à consideração como provável: *Se me ANTOJA que va a llover,* palpita-me que vai chover. — *a uno alguma cosa, loc. fam.* Formar alguém um juízo perfunctório, ter alguém o capricho de opinar sem fundamento. Usa-se este verbo somente nas terceiras pessoas com alguns dos pronomes pessoais: *me, te, se, le, nos.*)

ANTOJERA (antojera) *s. f.* V. ANTEOJERA. V. ANTOJO.

ANTOJERO (antojero) *s. m.* V. ANTEOJERO.

ANTOJO (antojo) *s. m.* Antolho. Desejo ardente e passageiro, quase sempre caprichoso. Capricho. Antojo. Juízo sem exame. Pressentimento, palpite. *ant.* V. ANTEOJO. *pl.* Sinais (na pele). *A su* —, *loc. adv.* A seu capricho.

ANTOJUELO (antojuelo) *s. m. Dim.* de *Antojo.*

ANTOR *s. m. prov. Arag.* Vendedor de quem se comprou de boa fé alguma coisa furtada.

ANTORCHA (antortcha) *s. f.* Tocha antorcha. *fig.* Facho (da razão, da religião, da ciência). *Tecn.* Caldeira de refinador.

ANTORCHERO (antortchero) *s. m.* Antigo castiçal para tochas; tocheiro.

ANTOZOOS (antoçoos) *s. m. pl. Zool.* Antozoários.

ANTRUEJADA (antruejada) *s. f.* Entrudada. Brincadeira grotesca.

ANTRUEJAR (antruejar) *v. tr.* Entrudar, jogar o entrudo.

ANTRUEJO (antruejo) *s. m.* Entrudo. *fig.* O carnaval personificado num mascarado.

ANTUCO *s. m. Amer. Dim.* de *Antonio.*

ANTUVIADO, A *adj. ant.* Antuviado. Antecipado. *Amer. mexic.* Precoce.

ANTUVIAR *v. tr. ant.* Adiantar, antecipar. U. t. c. pron. Dar de repente, ou primeiro que outro, um golpe.

ANTUVIÓN *s. m. fam.* Golpe ou acometimento repentino. *De* —, *loc. adv. fam.* De repente, de sopetão, inopinadamente. *Jugar de* —, *loc. fam.* Adiantar-se, antecipar-se a quem deseja causar algum dano; ganhar de mão.

ANTUZANO (antuçano) *s. m. prov. Bisc.* Átrio ou pequena praça diante de uma casa. V. ALTOZANO.

ANUBADA *s. f.* V. ANÚTEBA.

ANUBADO, A *adj.* V. ANUBARRADO.

ANUBARRADO, A *adj.* Anuviado, enuviado, enublado, enevoado. *fig.* Pintado à imitação de nuvens.

ANUBLADO, A *adj.* Nublado, nubloso.

ANUBLAR *v. tr.* Anuviar, enuviar. U. t. c. pron. *fig.* Obscurecer, obnubilar, empanar, enevoar. U. t. c. pron. *fig.* Murchar (as plantas). U. m. c. pron. *fig.* Esconder, tapar, ocultar. *v. pron.* Desvanecer-se (alguma coisa que se desejava ou pretendia).

ANUBLAR (anhublar) *v. tr.* V. ANUBLAR. U. t. c. pron.

ANUBLO (anhublo) *s. m.* Alforra. Ferrugem (moléstia das plantas).

ANUDADOR, A *adj.* AÑUDADOR, A (anhudador) *adj.* Que dá nós. U. t. c. s.

ANUDADURA *s. f.* AÑUDADURA (anhudadura) *s. f.* V. ANUDAMIENTO.

ANUDAMIENTO *s. m.* AÑUDAMIENTO (anhudamiento) *s. m.* Atadura. Nó. Ação ou efeito de dar nós.

ANUDAR (anhudar) *v. tr.* V. AÑUDAR. U. t. c. pron. Unir, ligar, juntar, vincular, estreitar. U. t. c. pron. Reatar, continuar o que estava interrompido. *v. pron.* Encurvar-se, encher-se de nós; não crescer, não medrar (pessoas, animais ou plantas).

AÑUDAR (anhudar) *v. tr.* V. ANUDAR. U. t. c. pron. *fig.* Enlaçar, unir, ligar, estreitar, vincular, juntar.

AÑUO, A *adj.* Anual, ânuo.

AÑUSCAR (anhuscar) *v. intr.* V. AÑUSGAR.

AÑUSGAR (anhusgar) *v. intr.* Engasgar-se. *fig.* Enfadar-se, desgostar-se.

ANÚTEBA *s. f.* Chamamento à guerra.

ANZOLERO (ançolero) *s. m.* Anzoleiro.

ANZUELO (ançuelo) *s. m.* Anzol. *fig.* Anzol, engodo, atrativo. *Caer en el* —, *loc. fig. fam.* Cair no anzol. *Echar el* —, *loc. fig. fam.* Deitar o anzol, engodar, empregar artifícios para atrair. *Picar* ou *tragar uno el* —, *loc. fig. fam.* Morder a isca, cair no anzol.

AOJADA (aojada) *s. f. Amer. colomb.* Clarabóia, olho-de-boi; agulheiro.

AOJADOR, A (aojador) *adj.* e *s.* Que lança mau olhado, que põe quebranto.

AOJAMIENTO (aojamiento) *s. m.* V. AOJO.

AOJAR (aojar) *v. tr.* Deitar mau olhado, por quebranto. Malograr, desgraçar ou deitar a perder alguma coisa. Espantar (a caça ou outra coisa), afugentar. *vulg.* Enfeitiçar, embruxar, fascinar, encantar.

AOJO (aojo) *s. m.* Mau olhado, quebranto. *fig.* Bruxaria, feitiço, encanto, fascinação, malefício.

AOVADO, A *adj.* Ovado, oval.

AOVAR *v. intr.* Ovar. Desovar. *v. pron.* Tornar-se oco.

AOVILLAR (aovilhar) *v. tr.* Enovelar. *v. pron.* Encolher-se, enovelar-se.

APA *s. m.* Apa. *Al* —, *loc. adv. Amer. chil.* Às costas.

APABILAR *v. tr.* Preparar o pavio das velas para que acenda com facilidade. *fig.* Entontecer, paralisar, tontear, atontar, *fig. prov. Arag. Murc.* abater, aturdir, angustiar (diz-se de uma dor forte). *v. pron.* Esmorecer, ir-se extinguindo lentamente (a luz de uma vela).

APABULLAR (apabulhar) *v. tr. fam.* Esmagar, apertar. *fig.* Perturbar, confundir, reduzir ao silêncio.

APACENTADERO *s. m.* Pastagem, pascigo.

APACENTAR *v. tr.* Apascentar. U. t. c. pron. *fig.* Instruir, ensinar, dar alimento espiritual às almas. Cevar, saciar (os desejos, sentidos ou paixões). U. t. c. pron. *Irreg.* Ind. pres. *Apacient-o, as, a, an.* Subj. pres. *Apacient-e, es, e, en.* Imperat. *Apacient-a, en.*

APACHE (apatche) *adj.* e *s. m.* Apache (da tribo dos apaches). Apache (malfeitor, ladrão). *Por. ext.* Malfeitor. *Estar* —, *loc. fam. Amer. chil.* Ter (duas ou mais pessoas) grande amizade ou confiança.

APACHETA (apatcheta) *s. f.* Montão de pedras como sinal de devoção (entre os índios do Peru, Bolívia e Equador). Montão de pedras que marca o ponto culminante nos passos da Cordilheira dos Andes. *Amer. boliv.* Qualquer montão de pedras. *Haber hecho su* —, *loc. fig.* Ter feito o seu negócio; ser rico. *Hacer la* —, subir ao cume de um morro, passar a parte mais difícil de uma jornada, a maior parte do caminho.

APACHETERO (apatchetero) *s. m. Amer. mexic.* Salteador de estrada.

APACHICO (apatchico) *s. m. Amer.* V. LÍO.

APACHITA (apatchita) *s. f.* V. APACHETA.

APACHUGARSE (apatchugarse) *v. pron. Amer. chil.* V. ALEBRARSE.

APACHURRADO, A (apatchurrado) *adj. Amer.* Preguiçoso, indolente, negligente.

APACHURRARSE (apatchurrarse) *v. pron. Amer.* V. DESPACHURRARSE.

APACHURRÓN (apatchurròn) *s. m. Amer. cub.* e *mexic.* Apertão. Pisadela. Espremedura.

APACIBILIDAD (apacibilidad) *s. f.* Afabilidade, amenidade, apacibilidade. Calma, paz, quietude, tranqüilidade, sossego. Aprazibilidade.

APACIBLE *adj.* Aprazível. Manso, ameno, afável, agradável. Tranqüilo, suave, sossegado.

APACIGUADOR, A *adj.* e *s.* Apaziguador, pacificador.

APACIGUAR *v. tr.* Apaziguar, pacificar. Tranqüilizar, sossegar, aquietar. U. t. c. pron. Separar, desarmar (os que brigam). Reconciliar. *fig. fam.* Diminuir. — *la sed*, aplacar a sede.

APADRINADOR, A *adj.* e *s.* Apadrinhador. *fig.* Protetor, defensor.

APADRINAMIENTO *s. m.* Apadrinhamento.

APADRINAR *v. tr.* e *intr.* Apadrinhar. *fig.* Patrocinar, proteger, amparar. *por ext.* Encobrir, tapar, esconder. *Equit.* Amadrinhar.

APAGADIZO, A (apagadiço) *adj.* Que se apaga facilmente, que não arde com facilidade.

APAGADOR, A *adj.* Apagador. *s. m. Mús.* Abafador (do piano). Apagador. — *automático de incendios. Fis.* Extintor automático de incêndios.

APAGAPENOLES *s. m. pl. Náut.* Apaga-penóis, apaga-fanóis.

APAGAVELAS *s. m.* V. MATACANDELAS.

APAGÓN, A *adj. Amer. cub.* e *mexic.* V. APAGADIZO. *s. m.* Extinção repentina e passageira da iluminação. *Amer.* Apagar de luzes (de uma cidade). *Blackout. Zool.* Espécie de salmão.

APAGOSO, A (apagosso) *adj. Amer. cub.* e *chil.* V. APAGADIZO.

APAISADO, A (apaissado) *adj.* Oblongo, alongado, que tem mais comprimento que largura. Semelhante a uma paisagem.

APAJADO, A (apajado) *adj.* De cor de palha. Empalhado.

APAJARADO, A (apajarado) *adj. Amer.* Aturdido.

APALABRAR *v. tr.* Apalavrar. U. t. c. pron.

APALABREAR *v. tr. Amer.* V. APALABRAR.

APALAMBRAR *v. tr. ant.* Abrasar, queimar, incendiar.

APALANCAR *v. tr.* Levantar, remover com alavanca ou objeto semelhante. *fig.* Esforçar-se por conseguir alguma coisa.

¡APALÉ! *interj. Amer. mexic.* Cuidado! Ouça! Ótimo! Bravos!

APALEADOR, A *adj.* e *s.* Apaleador. *s. m. fam.* Altercador, bulhento, rixoso.

APALEAMIENTO *s. m.* Apaleamento.

APALEAR *v. tr.* Apalear. Bater (roupas, tapetes). *Agr.* Aventar (os cereais). — *el dinero, fig. fam.* Nadar em ouro, ter muito dinheiro.

APALEO (apalèo) *s. m.* Apaleamento. *Agr.* Aventamento.

APALICO *s. m.* Arenque.

APAÑADO, A (apanhado) *adj.* Encorpado (diz-se do tecido). *fig.* Hábil, manhoso. *fig. fam.* Apropriado, adequado. Arranjado, concluído, corrente.

APAÑADOR, A (apanhador) *adj.* e *s.* Apanhador. *fig.* Guardador, cuidador, recolhedor de alguma coisa. *s. m.* Aquele que reúne gente para ouvir-lhe a prédica. Administrador, intendente.

APAÑADORA (apanhadora) *s. f. Amer. colom.* Colher.

APAÑADURA (apanhadura) *s. f.* Apanhamento. Ação ou efeito de APAÑAR e APAÑARSE. Guarnição (de colcha, toalha, frontal etc.). U. m. no pl.

APAÑALADO, A *adj.* Alveolado.

APAÑAR (apanhar) *v. tr.* Apanhar. Tomar ou pegar com a mão. Apoderar-se (de alguma coisa) capciosa ou ilicitamente. Conservar, guardar, poupar. Arrebanhar. Preparar, assear, enfeitar, ataviar. *fam.* Abrigar, agasalhar, enroupar. *fam.* Remendar, costurar o que está rasgado. Encorpar (um tecido). *Amer. argent.* e *per.* Encobrir, ocultar maliciosamente (travessuras ou delitos de outrem). Esconder ocultar alguém (para evitar que o castiguem). *v. pron. fam.* Ser manhoso no fazer alguma coisa. Amancebar-se.

APANCORA *s. f.* Ouriço-do-mar.

APANDAR *v. tr. fam.* Empalmar, guardar alguma coisa com a intenção de apoderar-se dela.

APANDILLAR (apandilhar) *v. tr.* Apandilhar, empandilhar. *v. pron.* (mais usado) Apandilhar-se, empandilhar-se.

APANDORGARSE *v. pron.* Engordar excessivamente, ficar pandorga. *Amer.* Amolentar-se, tornar-se preguiçoso.

APANINARSE *v. pron. Amer. mexic.* Aclimar-se.

APAÑO (apanho) *s. m.* V. APAÑADURA. *fam.* Conserto, remendo, compostura, reparo. Manha ou habilidade para fazer alguma coisa. *Tener buenos* ou *malos* —*s, loc.* Ter ou não ter aptidão ou facilidade para fazer alguma coisa.

APANTANAR *v. tr.* Empantanar, alagar, encharcar. U. t. c. pron. *v. pron.* Atascar-se, atolar-se, empantanar-se.

APANTUFLADO, A *adj.* Apantufado.

APAÑUSCAR (apanhuscar) *v. tr. fam.* Apertar, amarfanhar, amarrotar alguma coisa entre as mãos. *Amer. venezuel.* e *colomb.* Apertar, espremer.

APARAPETAR *v. tr.* Cobrir, resguardar detrás de um parapeito. U. geralmente c. *pron. v. pron.* Aprecatar-se, preparar-se contra qualquer acontecimento; escudar-se no prestígio ou influência de um terceiro. V. PARAPETARSE.

APARASOLADO, A (aparassolado) *adj.* Em forma de parassol. *Bot.* Umbelado.

APARATARSE *v. pron.* Preparar-se, aprestar-se. (em Áragão e na Colômbia diz-se principalmente do céu, quando ameaça chuva, neve ou granizo). Aparatar-se, enfeitar-se, encher-se de pompa e ostentação.

APARATO *s. m.* Aparelhamento, apresto, preparo. Aparato, ostentação, pompa, luxo, esplendor. Circunstância ou sinal que precede ou acompanha alguma coisa. *Fís.* e *Quím.* Aparato. *Cirurg.* Aparelho. *Fís.* Aparelho. *Amer. mexic.* Lâmpada, candieiro. *fam.* Ponderação, exageração. U. m. no pl. *Fisiol.* Aparelho. *Náut.* Aparelho. *Patol.* Aparato. Introdução (diz-se de algumas obras que servem de preparação para o estudo profundo de uma matéria). *pl.* Livros em forma de catálogo ou dicionário. — *alimentador. Máq. de vap.* Aparelho alimentar. — *de socorro. Med.* Aparelhamento de urgência.

APARCERÍA *s. f.* Parceria. *Amer. argent.* Trato ou comércio diário do freguês na casa onde compra. Parceria agrícola.

APARCERO, A *adj. Amer. mexic.* e *urug.* Diz-se do amigo muito estimado. *s. m.* e *f.* Parceiro, comparte. *Amer. argent.* Freguês.

APAREADO, A *adj. fam.* Casado, acasalado (diz-se das aves). *Poét.* V. PAREADO.

APAREAR *v. tr.* Emparelhar. Igualar. *v. intr.* Casar (objetos análogos). Acasalar (animais) U. t. c. pron. *v. pron.* Colocar-se, formar a dois de fundo.

APARECIDO *s. m.* Aparição, espectro.

APAREJADO, A (aparejado) *adj.* Aparelhado, preparado. Apto, idôneo, útil. Arreiado. *Náut.* Aparelhado.

APAREJADOR (aparejador) *s. m.* Aparelhador. *Arq.* Aparelhador.

APAREJAR (aparejar) *v. tr.* Aparelhar, preparar, dispor. U. t. c. pron. *Pint.* Aparelhar. Aparelhar, arrear (as cavalgaduras). *Náut.* Aparelhar; armar. *v. pron.* Aparelhar-se, preparar-se, dispor-se. *fig.* Aparelhar-se, enfeitar-se, vestir-se com esmero.

APAREJERÍA (aparejería) *s. f. Amer. cub.* Selaria.

APAREJO (aparejo) *s. m.* Aparelho, aparelhamento, apresto, preparação. Aparelho, arreio (de cavalgaduras). *Náut.* Aparelho. *Amer. argent.* Albarda. *Amer. cub.* Albardão (para carga). *Amer. per.* Arreios (usados por mulheres do campo). Aparelho, guindaste. Aparelho, trem militar. *Pint.* Aparelho, preparo, primeira demão. *Náut. Abrir el* —, bracear por sotavento. *Cerrar el* —, bracear por barlavento.

APAREJUELO (aparejuelo) *s. m. Dim.* de *Aparejo.*

APARICIÓN *s. f.* Aparição. Aparecimento. Visão. *fig. fam.* Presença breve e improvisada de alguém nalguma parte.

APARIENCIA *s. f.* Aparência. Probabilidade, verossimilhança. Forma, figura, semelhança, analogia. *fig.* Cor, pretexto. Indício, conjectura. *pl.* Aparências, exterioridades, superficialidades. *Las* —*s engañam*, as aparências enganam. *Juzgar por las* —*s*, julgar pelas aparências. *Salvar las* —*s, fam.* Salvar, manter as aparências.

APARRADO, A *adj.* Aparrado. *fig.* Achaparrado, atarracado (diz-se de pessoas).

APARRAGADO, A *adj. Amer. chil.* Aparrado (diz-se das árvores). Acaçapado, abaixado.

APARRAR *v. tr.* Aparreirar. Emparreirar. *v. intr. prov. Ast.* Arrear, ceder ao peso de uma carga excessiva.

APARROQUIADO, A *adj.* Afreguesado (falando-se de profissionais ou casas de comércio). Paroquiano, estabelecido numa paróquia.

APARROQUIAR *v. tr.* Afreguesar. *v. pron.* Afreguesar-se, acreditar-se, fazer clientela.

APARTADERO *s. m.* Desvio. Largo (de um caminho). Terreno baldio junto às estradas. Oficina de separar lãs. Lugar onde se faz o aparte dos touros.

APARTADIJO (apartadijo) *s. m.* V. APARTADIZO, 2ª acep. Porção, pequena parte (de coisas que estavam juntas). (Usa-se mais na *loc. Hacer —s). Hacer —s. loc. fam.* Fazer porções, dividir o monte principal; reservar as rações dos ausentes na hora de comer.

APARTADIZO, A (apartadiço) *adj. ant.* Apartado, retirado, insociável, solitário. *s. m.* Repartição, divisão, lugar que se separa de outro maior para diferentes usos.

APARTADO, A *adj.* Apartado, retirado, distante, longínquo, remoto. Diferente, distinto, diverso. Privado, particular, exclusivo. *s. m.* Apartamento (aposento desviado do tráfego e serviço comum da casa). Caixa postal. Ação de encerrar os touros algumas horas antes da tourada.

APARTAR *v. tr.* Apartar, separar. Dividir, desunir. Distanciar, retirar. *fig.* Dissuadir. Distinguir, diferençar. *— del camino, loc. fam.* Desencaminhar; desunir; desapossar; esbulhar.

APARTE *adv.* À parte. Separadamente. Exceto. *s. m.* Aparte. Parágrafo. *Amer. argent.* Aparte, apartação (do gado). *— eso, loc. adv.* Fora disso, além disso. *Dejando eso —, loc.* À parte; pondo isso de parte.

APARTIDAR *v. tr.* Tomar partido. *v. pron.* Filiar-se a um partido.

APARTIJO (apartijo) *s. m.* V. APARTADIJO.

APARVADERA *s. f. Agr.* Calcadeira. Instrumento para juntar os cereais nas eiras.

APARVAR *v. tr. Agr.* Preparar os feixes de cereal para serem trilhados. Amontar (os feixes depois de trilhados).

APASIONADAMENTE (apassionadamente). *adv.* Apaixonadamente.

APASIONADO, A (apassionado). *adj.* Apaixonado. Terno, afetuoso. *Med.* Afetado, interessado. *s. m.* Amante.

APASIONAMIENTO (apassionamiento). *s. m.* Apaixonamento. *ant.* Paixão.

APASIONAR *v. tr.* Apaixonar. U. m. c. pron. Afligir, atormentar. *v. pron.* Apaixonar-se, enamorar-se.

APASITO (apassito) *adv. Amer. cub.* V. DESPACIO.

APASTAR *v. tr.* V. APACENTAR.

APASTE *s. m. Amer. centr.* Terrina, alguidar.

APASTILLADO, A (apastilhado) *adj. Amer. mexic.* De cor branca e tom rosado.

APASTLE *s. m. Amer. mexic.* V. APASTE.

APATANADO, A *adj.* Rústico, tosco.

APATRONARSE *v. pron. Amer. chil.* Tomar patrão ou patroa, empregar-se como criado ou criada. *Amer. chil.* Amancebar-se (a mulher).

APATUSCAR *v. tr. vulg.* Atamancar.

APATUSCO *adj.* Atamancado, malfeito. *s. m. fam.* Enfeite, ornato. Adorno pueril e ridículo.

APEA (apèa) *s. f.* Maneador, peia.

APEADERO *s. m.* Apeadouro, apeadeira. *Ferrov.* Apeadeiro. *fig.* Casa de residência provisória ou ocasional.

APEADO, A *adj.* Delimitado. Dissuadido. Apeado. *Arq.* Escorado, especado. *— de su empleo,* destituído do seu emprego.

APEADOR, A *adj. e s.* Demarcador, delimitador.

APEALAR *v. tr. Amer.* Pealar, pialar.

APEAR *v. tr.* Apear, desmontar, descer. Manietar. Calçar (uma roda de veículo). Delimitar, medir, demarcar. Cortar, derrubar (uma árvore). *fig.* Dissuadir. U. t. c. pron. *fig.* Superar, vencer (uma dificuldade). Apear (o canhão). *Amer.* Derrubar (uma pessoa). Apear, destituir, privar. *Amer. mexic.* Baixar. *Arq.* Escorar, especar. Rebaixar. *Mar.* Amainar. *v. pron. fam.* Sair-se (com um dito ou coisa inesperada). Alojar-se, hospedar-se. *— de su jumento, fig.* Reconhecer um erro, desistir de uma empresa despropositada.

APECHUGAR (apetchugar) *v. intr.* Empurrar com o peito. Arremeter, acometer (peito a peito). *fig.* Meter (peito a peito). *fig.* Meter o peito, intentar, arrostar, decidir-se a alguma coisa. *fig. fam.*

Admitir, aceitar (vencendo a repugnância). *Amer. argent.* Enfrentar (uma dificuldade) de uma vez por todas. *v. pron. Amer. mexic.* Apropriar-se.

APEDAZADOR, A (apedaçador) *adj.* Despedaçador, espedaçador. Dilacerador.

APEDAZAMIENTO (apedaçamiento) *s. m.* Despedaçamento.

APEDAZAR (apedaçar) *v. tr.* Espedaçar, despedaçar. V. DESPEDAZAR. Remendar, compor, consertar.

APEDERNALADO, A *adj.* Empedernido. *fig.* Inexorável, implacável, inflexível. *Entrañas —as,* entranhas empedernidas.

APEDREADO, DA *adj.* Apedrejado. Lapidado. Pedrês, apedrado.

APEDREADOR, A *adj.* Apedrejador. U. t. c. s. *— de honda,* fundibulário.

APEDREAMIENTO *s. m.* Apedrejamento.

APEDREAR *v. tr.* Apedrejar. Lapidar. Injuriar. Ofender, macular. *fig.* Deitar a perder. *v. impes.* Granizar, cair granizo. *v. pron.* Apedrejar-se. Danificar-se (com o granizo) a messe, os vinhedos etc.

APEDREO (apedrèo) *s. m.* Apedrejo, apedrejamento.

APEGOSTRAR *v. tr. ant. Deprec.* de *Pegar.* (Usa-se ainda em Salamanca). *Amer. mexic.* Amassar, comprimir, juntar.

APEGUALAR *v. tr. Amer. chil.* e *argent.* Amarrar (o laço) no arção da sela ou no cabeço do lombilho.

APEINAZAR (apeinaçar) *v. tr.* Unir ou ensamblar com pinázios.

APELACIÓN *s. f. For.* Apelação. *fam.* Consulta de médicos. *For.* Recurso. *No tener* ou *no haber —, loc. fam.* Não ter apelação, não ter remédio ou recurso.

APELADO, A *adj. Fort.* Apelado. U. t. c. s. Que tem o mesmo pêlo (diz-se das cavalgaduras).

APELADOR, A *s. m. e f. For.* Apelante.

APELAMBRAR *v. tr.* Pelar (couros).

APELAR *v. intr. For.* Apelar. *fig.* Recorrer, apelar. U. t. c. pron. *v. intr.* Referir-se, recair (uma coisa sobre outra). *Equit.* Reunir cavalos do mesmo pêlo. Ser do mesmo pêlo (duas ou mais cavalgaduras). *— el enfermo,* escapar-se o doente de uma enfermidade considerada mortal.

APELATIVO *adj. Gram.* Apelativo. *Amer.* V. APELLIDO.

APELDAR *v. intr. fam.* Escapar-se, fugir, recorrer à fuga. (U. comumente com o *pron. Las* anteposto).

APELDE *s. m.* Fuga, escapada, fugida. Toque de matinas (nos conventos franciscanos).

APELIGRAR *v. tr.* Pôr em perigo.

APELLAR (apelhar) *v. tr. Tecn.* Adubar e surrar as peles, preparando-as para receber a cor.

APELLIDADOR, A (apelhidador) *adj.* Apelidador. Convocador. *s. m.* Indivíduo apelidado ou convocado.

APELLIDAMIENTO (apelhidamiento). *s. m.* Apelidação. Convocação.

APELLIDAR (apelhidar) *v. tr.* Apelidar, convocar, congregar, chamar às armas. Apelidar, chamar (bradando). Apelidar, nomear, denominar, chamar, intitular. U. t. c. pron. Apelidar, pôr apelido.

APELLIDO (apelhido) *s. m.* Apelido. Nome de família, sobrenome. Alcunha, epíteto, apelido. Apelido, apelo, convocação, chamamento à guerra. Clamor. Invocação. Citação judicial. Grito de guerra.

APELLINADO, A (apelhinado) *adj. Amer. chil.* Diz-se daqueles que descendem quase imediatamente dos araucanos.

APELMAZAR (apelmaçar) *v. tr.* Comprimir, tornar mais compacto. U. t. c. pron.

APELOTONAR *v. tr.* Formar pelotões. U. t. c. pron.

APENA *adv.* V. APENAS.

APENACHADO, A (apenatchado) *adj.* Que tem forma de penacho.

APENAR *v. tr.* Contristar, afligir, apesarar. U. t. c. pron.

APENAS *adv. m.* Apenas, dificultosamente, dificilmente. À custo, quase não. *adv. t.* Apenas, logo que, assim que. *fam. irôn.* Muito, assaz, bastante.

APENCAR *v. intr. fam.* V. APECHUGAR.

APENDECTOMIA *s. f. Cir.* Apendicectomia.

APENDEJARSE (apendejarse) *v. pron. Amer. cub.* Acobardar-se.

APENDIZADO (apendiçado). Apendiceado, apendiculado.

APENSIONARSE *v. pron. Amer. chil.* Entristecer, contristar-se.

APEÑUSCAR (apenhuscar) *v. tr. Amer. argent.* Apinhar, agrupar, amontoar (pessoas ou coisas). U. t. c. pron.

APEO *s. m.* Medição, demarcação. Escora, espeque. Instrumento jurídico que acredita uma demarcação.

APEONAR *v. intr.* Andar (uma ave) a pé e rapidamente. (Aplica-se especialmente às perdizes). *fig.* Descansar, parar um bom pedaço (quem vai a caminho).

APERADO, A *adj.* Apeirado. *Amer. argent.* Aperado, ajaezado. (Diz-se *bien* ou *mal —* para significar a qualidade dos arreios. Aplica-se também ao cavaleiro).

APERADOR *s. m.* Feitor, caseiro, quinteiro, abegão. Capataz de uma mina. Carpinteiro de carros.

APERAR *v. tr.* Construir carros e apeiros. *Amer. chil.* Prover, abastecer. U. m. c. pron.

APERCANCARSE *v. pronm. Amer. chil.* Mofar-se.

APERCHAR (apertchar) *v. tr. Amer.* Amontoar.

APERCIBIMIENTO *s. m.* Apercebimento. *Juris.* Advertência feita pela autoridade judicial.

APERCIBIR *v. tr.* Aperceber, aprestar, aparelhar, preparar, aprontar. U. t. c. pron. Admoestar, advertir, avisar. *Amer. argent.* Aperceber, advertir, notar, perceber. Advertir judicialmente. *v. pron.* Aperceber-se, preparar-se, aparelhar-se.

APERCIÓN *s. f.* (p. usado) V. APERTURA.

APERCOLLAR (apercolhar) *v. tr. fam.* Agarrar (alguém) pelo pescoço. V. ACOGOTAR. *fig. fam.* Apanhar (alguma coisa) depressa e meio às escondidas. *Amer. mexic.* Envergonhar. correr. *Irreg.* V. conj. de *Colar.*

APERDIGAR *v. tr.* V. PERDIGAR.

APEREZARSE (apereçarse) *v. pron. Amer.* V. EMPEREZARSE.

APERGAMINADO, A *adj.* Apergaminhado. *fig.* Aplica-se à pessoa muito enxuta de carnes.

APERGAMINARSE *v. pron.* Apergaminhar-se, tomar o aspecto do pergaminho. *fig. fam.* Emagrecer, ficar muito enxuto de carnes.

APERILLADO, A (aperilhado) *adj.* Que tem a forma de pêra ou de PERILLA.

APERITAL *adj. e s. Amer.* Aperitivo.

APERITAR *v. tr. Amer. mexic.* Dar a sua opinião como perito num assunto.

APERLADO, A *adj.* Aperolado, de cor de pérola.

APERMAZAR (apermaçar) *v. tr. Amer. chil.* V. APELMAZAR.

APERNAR *v. tr.* Agarrar (o cão) um animal pela perna. *Irreg.* Ind. pres. *Apiern-a, an.* Sub. pres. *Apiern-e, en.* Imperat. *Apiern-a, e, en.*

APERO *s. m.* Apeiro. U. m. no pl. Malhada, redil. Conjunto de animais utilizados nos trabalhos agrícolas. U. m. no pl. *Amer.* Arreios de montar (mais luxuosos do que os comuns). *Amer. venezuel.* Sela.

APERREADO, A *adj. fam.* Penoso, trabalhoso, esfalfante; aperreado.

APERREAR *v. tr.* Lançar cães bravos contra alguém, atormentar, amofinar, apoquentar, molestar. U. m. c. pron.

APERREO (aperrèo) *s. m. fig. fam.* Aperreação, aperreamento.

APERRILLAR (aperrilhar) *v. tr.* Aperrar, engatilhar.

APERSOGAR *v. tr.* Prender um animal (pelo pescoço).

APERSONADO, A *adj. ant.* Apessoado. *Bien —,* bem apessoado. *mal —,* de mau aspecto ou de má presença.

APERSONARSE *v. pron.* V. PERSONARSE. *ant.* Fazer ostentação de sua pessoa. *Juris.* Comparecer como parte.

APERTURA *s. f.* Abertura, início, abertura (de espetáculo, de reunião, de sessão) *Cir.* Aperção, abertura. Abertura (de testamento). Inauguração.

APESADUMBRAR (apessadumbrar). *v. tr.* Afligir, contristar, apesarar, magoar.

APESARAR (apessarar) *v. tr.* V. APESADUMBRAR.

APESCOLLAR (apescolhar) *v. tr. Amer.* V. APER-COLLAR.

APESGAR *v. tr.* Oprimir, dobrar, fatigar (alguém). *fig.* Abater, humilhar. *v. pron.* Agravar-se, tornar-se muito pesado.

APESTAR *v. tr.* Apestar, empestar. *fig.* Corromper, viciar. *fig. fam.* Fatigar, incomodar, azucrinar. *Amer. mexic.* Ser rico, valente. *Estar* APESTADO *de alguma cosa, loc. fig. fam.* Ter extraordinária abundância de alguma coisa.

APESTOSO, A (apestosso) *adj.* Pestilento, pestilencial, fétido, que empesta. *fig.* Fatigante, incomodatício, insuportável.

APETITE *s. m.* Molho aperitivo. Petisco. *fig.* Estímulo (para fazer ou desejar alguma coisa).

APETITO *s. m.* Apetite. *Mandar a hacer —, loc. fig. fam.* Mandar passear, não fazer caso de alguém.

APEZONADO, A (apeçonado) *adj.* Peciolado, peciolar.

APEZUÑAR (apeçunhar) *v. intr.* Fincar (os animais) os cascos no chão (quando sobem algum aclive ou levam muito peso).

API *s. m. Amer. argent.* Massamorda. Papa de farinha de milho e açúcar. *Bot.* Variedade de maçã.

APIADAR *v. tr.* Apiedar, apiadar. U. t. c. intr. *v. pron.* Apiedar-se, condoer-se, compadecer-se. (U. comumente com a prep. *de.*).

APIARADERO *s. m.* Contagem das cabeças de gado.

APICARARSE *v. pron.* Avelhacar-se, corromper-se, perverter-se.

ÁPICE *s. m.* Ápice. *No faltar —,* não faltar nada.

APÍCEO, A *adj.* Apício.

APICHÚ (apitchú) *Amer. per.* Batata.

APILADO, A *adj.* Empilhado, amontoado. *s. f.* Castanha pilada.

APILAR *v. tr.* Empilhar, amontoar.

APILONAR *v. tr. Amer.* V. APILAR.

APIMPOLLARSE (apimpolharse) *v. pron.* Rebentar, renovar, deitar pimpolhos, rebentos, vergônteas; abrolhar.

APINADO, A (apinhado) *adj.* Apinhado. *fig.* Apinhado, junto, apertado, aglomerado, amontoado.

APIÑAR (apinhar) *v. tr.* Apinhar, agrupar, aglomerar, apertar. U. t. c. pron.

APIÑUSCAR (apinhuscar) *v. tr. Amer. argent.* V. APEÑUSCAR.

APIO *s. m.* Aipo, apio. *— caballar* ou *— equino,* esmírnio. *— de perro,* cicuta miúda.

APIOJARSE (apiojarse) *v. pron. prov. Murc.* Encher-se de pulgões (as plantas).

APIOLAR *v. tr.* Pear (um falcão, uma ave). Prender pelos pés a caça morta. *fig. fam.* Prender, deter. *fig. fam.* Matar.

APIPAR *v. tr.* Empanturrar, empachar, empanzinar. *v. pron.* Empanturrar-se, atracar-se, empachar-se, empanzinar-se.

APISONADOR (apissonador) *s. m.* Calcador, rolo, cilindro para aplanar um terreno.

APISONAMIENTO (apissonamiento) *s. m.* Calcamento.

APISONAR (apissonar) *v. tr.* Calcar, aplainar, apertar (com o maço).

APITONADO, A *adj.* Melindroso, susceptível, rabugento.

APITONAR *v. intr.* Apontar, romper os chavelhos dos animais. *Bot.* Rebentar, brotar, abotoar. Romper, quebrar (com o bico, a ponta, o chavelho). *v. pron. fig. fam.* Dirigir-se mutuamente palavras ofensivas. *Amer. chil.* Gastar-se as extremidades do eixo de um veículo.

APIZARRADO, A (apiçarrado) *adj.* Que tem a cor da ardósia.

APLACER *v. intr.* Aprazer, agradar, contentar, deleitar, comprazer. *Irreg.* Ind. pres. *Aplazco.* Subj. pres. *Aplazc-a, as, a, amos, ais, an.* (P. us. Empregado. mais freqüentemente nas 3ªs pess. do sing. e pl. do pres. e pret. imperf. do ind.)

APLACERADO, A *adj. Mar.* Baixo (diz-se do fundo do mar plano e da ilha ou baixio que oferece linda perspectiva, vista do mar).

APLACIBLE *adj.* Aprazível, agradável, prazeroso.

APLANADERA *s. f.* Maço.

APLANADOR *s. m.* Aplanador. Maço de funileiro. Espécie de malho.

APLANAR *v. tr.* V. ALLANAR. *fig.* Calcar, achatar, socar. *fig. fam.* Pasmar, assombrar. *v. pron.* Derruir-se (um edifício). Perder a animação ou o vigor por enfermidade ou outra causa.

APLANCHAR (aplantchar). *v. tr.* V. PLANCHAR.

APLANTILLAR (aplantilhar) *v. tr.* Talhar pedra, madeira ou outro material, de acordo com um modelo, medida ou padrão.

APLASTAPAPELES *s. m. Amer.* V. PISAPAPELES.

APLASTAR *v. tr.* Achatar. U. t. c. pron. *fig. fam.* Confundir, assombrar, pasmar, achatar. *Amer. argent.* Aplastar, abombar. U. m. c. pron.

APLAZABLE (aplaçable) *adj.* Que pode aprazar ou emprazar.

APLAZAMIENTO (aplaçamiento) *s. m.* Aprazamento. Emprazamento. Notificação. Citação.

APLAZAR (aplaçar) *v. tr.* Aprazar. Emprazar. Convocar, citar. Notificar. Diferir, adiar. Marcar data, aprazar.

APLAZO (aplaço) *s. m.* Aprazamento.

APLEBEYAMIENTO (aplebedjamiento) *s. m.* Aviltamento, rebaixamento.

APLEBEYAR (aplebedjar) *v. tr.* Aviltar, rebaixar. *v. pron.* Aplebear-se.

APLIQUE *s. m.* Qualquer acessório na decoração dos teatros.

APLOMADO, DA *adj.* Aprumado. Plúmbeo (cor de chumbo). V. PLOMIZO. *fig.* Grave, circunspeto. *Taurom.* Diz-se dos touros que perdem parte da sua acometividade e se mostram um tanto temerosos.

APLOMAMIENTO *s. m.* Aprumação. V. DESPLOMO.

APLOMAR *v. tr.* Aprumar. U. t. c. intr. Inclinar, derruir, derribar. V. DESPLOMAR. Dar peso, gravidade às palavras. *Pint.* Plumbear. *v. intr.* Manter a perpendicular. *v. pron.* V. DESPLOMAR (como *v. pron.*) *fig. fam.* Ajuizar-se, ir adquirindo solidez e gravidade. *Amer. chil.* Envergonhar-se, correr-se. Aprumar-se (na sela).

APLOMO *s. m.* Gravidade, serenidade, circunspeção. Aprumo. Prumo. *fig.* Prumo, tino, prudência, juízo sólido, tacto. V. PLOMADA. *Mús.* Exatidão no compasso. *Pint.* Aprumo, equilíbrio.

APOCADO, A *adj.* Apoucado. *fig.* Pusilânime, débil. *fig.* Vil, ruim, mesquinho.

APOCAMIENTO *s. m.* Apoucamento. *fig.* Pusilanimidade, cobardia, timidez. Baixeza, vileza.

APOCAR *v. tr.* Apoucar, diminuir, reduzir, restringir. Apequenar. *fig.* Limitar, estreitar. Humilhar, abater, desanimar, castigar. U. t. c. pron.

APÓCIMA *s. f.* V. PÓCIMA.

APODENCADO, A *adj.* Apodengado.

APODERADO, A *adj.* Autorizado. *s. m.* Procurador, mandatário. Administrador, agente de negócios.

APODERAR *v. tr.* Autorizar, dar procuração. *v. pron.* Apoderar-se, apossar-se. Conquistar, tomar. Apoderar-se, atacar (uma enfermidade). *fig.* Apoderar-se, senhorear-se (um vício).

APOLILLADURA (apolilhadura) *s. f.* Sinal, buraco feito pela traça na roupa, na madeira, num livro, etc.

APOLILLAR (apolilhar) *v. tr.* Traçar, roer, corroer (falando-se da ação da traça nas roupas ou outras coisas). U. m. c. pron. Traçar-se, destruir-se (em sentido reto e fig.).

APOLOGETIZAR (apolojetiçar) *v. tr.* Apologizar.

APOLTRONADO, A *adj.* Preguiçoso, indolente, ocioso.

APOLTRONARSE *v. pron.* Tornar-se preguiçoso, indolente, ocioso; acostumar-se à mandriice. Apreguiçar-se.

APOLVILLARSE (apolvilharse) *v. pron. Amer. chil.* V. ATIZONARSE.

APOMAZAR (apomaçar) *v. tr.* Esfregar, polir ou alisar com a pedra-pomes.

APONER *v. tr. ant.* Imputar, achacar, atribuir, culpar. *Irreg.* V. conj. de *Poner.*

APONEUROSIS (aponeurossis) *s. f. Anat.* Aponevrose.

APONTOCAR *v. tr.* Apoiar ou sustentar (uma coisa na outra). U. t. c. pron. Empurrar sem reflexão.

APOPAR *v. tr. Náut.* Colocar pesos ou carga na popa. Calar (o navio) em excesso na popa. Voltar a popa para o vento ou para a corrente (estando o navio ancorado).

APOPLEJÍA (poplejía) *s. f. Med.* Apoplexia.

APORCADURA *s. f. Agr.* Alporque, mergulhia. Ação de APORCAR.

APORCAR *v. tr. Agr.* Alporcar, mergulhar. Chegar terra a certas hortaliças. Abrir valas.

APORISMA *s. f. Mat.* Aforismo. *Med.* Hematoma.

APORQUE *s. m. Agr.* V. APORCADURA.

APORRACEAR *v. tr. prov. And.* V. APORREAR.

APORRAR *v. intr. fam.* Estarrecer, perturbar-se, ficar sem poder responder. Empacar (nos estudos).

APORREADO, A *adj.* Pobre, caipora, arrastado, miserável. *s. m. Amer. cub.* Espécie de passoca.

APORREAR *v. tr.* Aporrear, desancar, espancar. U. t. c. pron. *fig.* Importunar, aporrinhar, aporrear. *v. pron.* Atarefar-se afanosamente, esfalfar-se.

APORREO (aporrèo) *s. m.* Aporreamento, espancamento. Trabalho muito pesado. Vida penosa e miserável. *fig.* Incômodo, apoquentação, importunação.

APORRILLARSE (aporrilharse) *v. pron. Vet.* Sobrevir tumores nas articulações das cavalgaduras.

APORTADERA *s. f.* Qualquer das caixas ou canastras para carga, que se atravessa no lombo das cavalgaduras. Recipiente para transportar a uva ao lagar.

APORTADERO *s. m.* Desembarcadouro, atracadouro.

APORTAR *v. tr.* Aportar. Chegar a lugar inesperado. *v. intr.* Causar, ocasionar, motivar. Portar, trazer, levar. Contribuir (com bens ou dinheiro) para uma empresa comum. *For.* Levar, trazer (bens).

APORTILLAR (aportilhar) *v. tr.* Aportilhar. *v. pron.* Ruir, cair, desabar, derruir-se (parte de um muro ou parede).

APORUÑARSE (aporunharse) *v. pron. Amer.* Ficar mistificado.

APOSENTAR (apossentar) *v. tr.* Aposentar, hospedar, alojar. *v. pron.* Aposentar-se, alojar-se, hospedar-se.

APOSICIÓN (apossiciòn) *s. f.* Aposição. *Amer. chil.* Aplicação, imposição. Adjunção. *Gram.* Aposição. Efeito de colocar dois ou mais substantivos consecutivamente, sem conjugação: *Quijote, caballero inolvidable. Alejandro, rey de Macedonia.*

APOSTA *adv.* Adrede, intencionalmente, de caso pensado, de propósito.

APOSTADAMENTE *adv.* V. APOSTA. Apostadamente, deliberadamente.

APOSTADERO *s. m.* Posto, posição, lugar onde se posta gente. Porto ou baía onde se reúnem vários navios de guerra sob comando único. Departamento marítimo chefiado por um comandante geral.

APOSTADO, A *adj. ant.* Bem vestido, aposto, asseado. *s. m.* Corpo de exército em expectativa; posição. Sentinela avançada, escuta.

APOSTAL *adj.* Relativo, pertencente ao *Apostadero. s. m. prov. Ast.* Pesqueiro, lugar conveniente para pescar num rio.

APOSTAR *v. tr.* Apostar, fazer aposta. Postar, apostar, por a postos (pessoas ou cavalgaduras). U. t. c. pron. *Ant.* Enfeitar, ataviar. *Mil.* Postar (tropas). Emboscar, pleitear, disputar. **APOSTÁRSELAS** *con alguno, loc. fam.* Declarar-se competidor de alguém; ameaçá-lo. *Irreg.* Ind. pres. *Apuest-o, as, a, an.* Sub. pres. *Apuest-e, es, e, en.* Imperat. *Apuest-a, e, en.* (Na acepção de *fazer aposta* e na de *postar* é regular).

APÓSTILLA (apostilha) *s. f.* Apostila, apostilha.

APOSTILLAR (apostilhar) *v. tr.* Apostilar, apostilhar. *v. pron.* Encher-se de pústulas.

APÓSTOL *s. m.* Apóstolo.

APOSTURA *s. f.* Boa apostura, gentileza, galhardia, donaire. Diz-se do caráter majestoso ou arrogante de certas figuras. Adorno. *Náut.* Apostura.

APOTEOSIS (apoteòssis) *s. f.* Apoteose.

APOTRERAR *v. tr. Amer.* Converter (uma terra) em pastagem. *Amer.* Pôr o gado nos potreiros.

APOYADURA (apodjadura) *s. f.* Apojadura.

APOYAR (apodjar) *v. tr.* Apoiar, sustentar, firmar, segurar. *fig.* Apoiar, defender, patrocinar, favorecer. Apoiar, confirmar, provar. Apojar. *Amer.* Apojar, mamar (o bezerro). *Equit.* Morder o freio. U. t. c. pron. *Mil.* Apoiar, fortificar. *v. intr.* Descansar (fazer força sobre). *v. pron.* Apoiar-se, arrimar-se. Reclinar-se, apoiar-se, sustentar-se.

APOYATURA (apodjatura) *s. f. Mús.* Apojatura.

APOYO (apodjo) *s. m.* Apoio, esteio, sustentáculo, arrimo, fundamento. Apojadura. *fig.* Apoio, proteção, auxílio, favor. *Amer.* Apojo.

APOZARSE (apoçarse) *v. pron. Amer.* Empoçar (a água).

APOZONGARSE (apoçongarse) *v. pron.* V. APOLTRONARSE.

APRECIAR *v. tr.* Apreçar. *fig.* Apreciar, estimar. Avaliar.

APRECIO (aprècio) *s. m.* Apreço. Apreciação. Avaliação. Estima.

APREHENDER (apreender) *v. tr.* Apreender. Conceber, calcular. *Juris.* Apreender, tomar posse. *prov. Arag.* Embargar bens de raiz. — *la possessión,* tomar posse. — *los bienes,* embargar os bens.

APREHENDIENTE (apreendiente) *p. a. de Apreender.* Que apreende.

APREHENSIÓN (apreensión) *s. f.* Apreensão. Percepção. Temor, apreensão. *Juris.* Embargo de bens, apreensão. V. APRENSIÓN.

APREHENSOR, A (apreensor) *adj. e s.* Apreensor, apreendedor.

APREMIADAMENTE *adv.* Opressiva, compulsiva, constrangedora, molesta, urgentemente.

APREMIANTE *adj.* Opressivo, oprimente. Compulsório. Compulsivo. Constrangedor, molesto. Urgente.

APREMIAR *v. tr.* Apremar. Apressar. Oprimir, constranger, molestar, vexar. Obrigar, instar, impelir. Avisar, estimular. Perseguir. *fig.* Subjugar, dominar. *For.* Compelir.

APREMIO *s. m.* Aperto, apuro. Premência, urgência. Constrangimento, instância. *For.* Mandato judicial. Multa (no pagamento atrasado de impostos).

APRENDIZAJE (aprendiçaje) *s. m.* Aprendizado, aprendizagem.

APRENSAR *v. tr.* Prensar. *fig.* Oprimir, angustiar.

APRENSIÓN *s. f.* Apreensão. Impressão, conceito falso. Apreensão, escrúpulo. Imaginação, fantasia. U. m. c. pl. *fam.* Vergonha.

APRESURADAMENTE (apressuradamente) *adv.* Apressada, apressurada, aceleradamente; à pressa. *Vivir* —, *loc. fig.* Viver dissipadamente, sem regra nem prudência.

APRESURAMIENTO (apressuramiento) *s. m.* Pressa. Apressamento. Precipitação. Açodamento.

APRESURAR (apressurar) *v. tr.* Apressar, apressurar, açodar, acelerar. Instar, ativar, estimular, incitar. Antecipar, abreviar. *v. pron.* Apressar-se, obrar com presteza. *fam.* Açodar-se, precipitar-se, atrapalhar-se.

APRETABLE *adj.* Suscetível de ser apertado.

APRETADAMENTE *adv.* Apertadamente. Estreitamente. Acanhadamente.

APRETADERA *s. f.* Apertadouro; cinta, correia ou corda que serve para apertar alguma coisa. U. m. no pl. *fig. fam.* Súplicas, rogos, instâncias, solicitações. *fam.* As ligas.

APRETADERO *s. m.* V. BRAGUERO.

APRETADIZO, A (apretadiço) *adj.* Fácil de apertar ou comprimir.

APRETADO, A *adj.* Apertado. Estreito, ajustado. Comprimido, acanhado. *fig.* Árduo, perigoso, difícil. *fig. fam.* Mesquinho, avarento, poupado, apertado. Íntimo, estreito. Rígido, rigoroso, opressivo. Espesso, denso. *Estar uno muy* —, *loc. fig. fam.* Estar alguém em grave compromisso; estar alguém em perigo (achando-se doente).

APRETADOR, A *adj. e s.* Apertador. *s. m.* Cinteiro. Espartilho, cinta. Apertador (dos cabelos).

APRETADURA *s. f.* Apertamento.

APRETAR *v. tr.* Apertar. Oprimir, comprimir. Ajustar. Cerrar. Arrochar. *fig.* Apertar, acossar, instar. Afligir, angustiar. U. t. c. pron. Ativar, avivar, apressar. Impelir, compelir, obrigar. *v. pron.* Apertar-se, comprimir-se, reduzir-se, limitar-se. *fig.* Poupar, observar rigorosa economia. Confranger, afligir (o coração) — *las espuelas,* apertar as esporas; esporear. — *los puños,* cerrar os punhos. — *a correr, loc. fam.* Deitar a correr precipitadamente. — *con uno,* atacar, investir, arremeter contra alguém. — *la mano, loc. fam.* Exigir demasiado de uma pessoa. — *la naranja, Amer. colomb.* Obrigar a falar claro, fazer confessar. — *se el gorro, Amer.* Segurar as calças para correr. *¡Aprieta! interj. fam.* Safa! Apre! Esta é boa!. *¡Estar muy* APRETADO, achar-se em grande risco. *Irreg.* Ind. pres. *Aprieto-o, as, a, an.* Subj. pres. *Apriet-e, es, e, en.* Imperat. *Apriet-a, e, en.*

APRETINAR *v. tr. Amer.* Ajustar, coser (ao cinto, ao cós).

APRETÓN *s. m. Aument.* de *Aprieto.* Apertão. Carreira violenta mas curta. *fam.* Puxo. *fig. fam.* Aperto, confusão.

APRETUJAR (apretujar) *v. tr. fam.* Apertar muito ou reiteradamente.

APRETUJÓN (apretujòn) *s. m. fam.* Apertão.

APRETURA *s. f.* Aperto (multidão compacta de gente). Aperto (lugar acanhado). V. APRIETO. *fam.* V. APRETÓN.

APRIETO *s. m.* Aperto (multidão compacta de gente). *fig.* Aperto, apuro, necessidade.

APROBACIÓN *s. f.* Aprovação. Provação. Homologação.

APROBADO, A *adj.* Aprovado, admitido. Bom, excelente, louvável. *s. m.* Certificado de aprovação (nos exames).

APROBADOR, A *adj. e s.* Aprovador.

APROBANTE *p. a. de Aprobar.* Que aprova. U. t. c. s. *s. m.* Aprovador (censor que dava aprovação a um livro).

APROBAR *v. tr.* Aprovar. Aplaudir, elogiar. Homologar. *Amer.* V. PROBAR. *Irreg.* V. conj. de *Probar.*

APROCHES (aprotches) *s. m. pl.* Cercanias, proximidades. *Mil.* Aproches.

APRONTAMIENTO *s. m.* Aprontamento, aprontação, preparação. Pagamento.

APRONTAR *v. tr.* Aprontar. Aprestar, aparelhar, arranjar à pressa. Contribuir com braços ou subsídios às povoações. Entregar sem demora dinheiro ou outra coisa. Aprontar, ter pronto.

APROPIABLE *adj.* Apropriável.

APROPIACIÓN *s. f.* Apropriação. Acomodação, adaptação.

APROPIAR *v. tr.* Apropriar, adaptar, acomodar. *v. pron.* Apropriar-se, apossar-se, apoderar-se.

APROPINCUARSE *v. pron.* Apropinquar-se, aproximar-se, avizinhar-se. (Emprega-se somente em estilo jocoso).

APROVECHABLE (aprovetchable) *adj.* Aproveitável.

APROVECHADAMENTE (aprovetchadamente) *adv.* Proveitosamente, vantajosamente.

APROVECHADO, A (aprovetchado) *adj.* Aproveitado, utilizado. Poupado, econômico, avaro. Aplicado, diligente. *Jovem* —, *loc. fam.* Jovem, promissor.

APROVECHADOR, A (aprovetchador) *adj.* Aproveitador.

APROVECHAMIENTO (aprovetchamiento) *s. m.* Aproveitamento. Proveito, utilidade, vantagem. *fig.* Progresso, desenvolvimento, brilho (da ciência, do saber). *pl.* Pastagens comuns.

APROVECHANTE (aprovetchante) *p. a. de Aprovechar.* Que aproveita. *adj.* Diz-se daquele que adianta ou desenvolve algum ramo da arte ou da ciência.

APROVECHAR (aprovetchar) *v. intr.* Aproveitar, dar proveito, ser útil. Adiantar, desenvolver, fazer progredir (a arte, a ciência). U. t. c. pron. *Náut.* Orçar quanto possível. *v. tr.* Aproveitar, tornar proveitoso, útil. Utilizar, melhorar. *v. pron.* Aproveitar-se, valer-se.

APTITUD (aptitud) *s. f.* Aptidão. Capacidade. Idoneidade. Disposição, habilidade.

APUESTA *s. f.* Aposta. *Ir de* —, *loc.* competir, estar em competência. *Ir sobre* —, *loc.* Diz-se das coisas que se fazem apressadamente.

APUESTAMENTE *adv. ant.* Ordenadamente. Devotadamente. Garbosamente.

APUESTO, A *adj.* Aposto, ataviado, bem vestido. Aposto, junto, acrescentado. *s. m. ant.* V. APOSTURA.

APULGARAR *v. tr.* Fazer força, com o dedo polegar. Medir por polegadas.

APULGARARSE *v. pron.* Carunchar, mofar (os tecidos). Encher-se os arbustos de pulgões.

APUÑALAR (apunhalar) *v. tr.* Apunhalar.

APUÑALEAR *v. tr. Amer. argent.* V. APUÑALAR.

APUÑAR (apunhar) *v. tr.* Empunhar. Esmurrar. *Amer. argent.* Amassar, sovar a massa com os punhos. *Amer. C. Rica.* V. APIÑAR. U. t. c. pron. *v. intr.* Empunhar.

APUÑARSE *v. pron. Amer. merid.* Sofrer o mal das montanhas.

APUNCHAR (apuntchar) *v. tr.* Abrir (o penteeiro) os dentes do pente.

APUÑEAR (apunhear) *v. tr. fam.* Esmurrar, dar punhadas.

APUÑETEAR (apunhetear) *v. tr. fam.* V. APUÑEAR.

APUNTACIÓN *s. f.* Apontamento. Nota, notação, advertência. Observação (escrita).

APUNTADO, A *adj.* Pontudo, ponteagudo. Acre, ácido, agro. *Amer. chil.* Alegrete, meio embriagado. — *de cordón, Amer. cub.* Diz-se da aguardente fraca.

APUNTADOR, A *adj.* Apontador. U. t. c. s. *s. m.* Ponto (de teatro). *s. m.* Apontador, o que faz a pontaria.

APUNTALADOR, A *adj.* Escorador, esteador, especador. U. t. c. s.

APUNTALAMIENTO *s. m.* Escoramento, especamento, esteio, sustentação.

APUNTALAR *v. tr.* Apontoar, escorar, especar, suster, estear.

APUNTAMIENTO *s. m.* Apontamento. *Juris.* Resumo dos autos. Preparação.

APUNTAR *v. tr.* Apontar. Assestar. Indicar. Marcar. Anotar. Bosquejar. Apontar (registrar a presença). Apontar (apostar sobre uma carta). Apontar (fazer ponta). Apontoar (prender com pontos largos). *fam.* Remendar, serzir. Apontar (servir de ponto no teatro). Insinuar, indicar ligeiramente. Apontoar, escorar. Contradizer, corrigir. Concertar, convir, tratar (em poucas palavras). *Mar.* Começar a soprar o vento. *v. intr.* Apontar, despontar. *v. pron.* Começar a azedar (o vinho). Começar a embriagar-se. Inimizar-se, contrapontear-se. *Amer.* Nascer espontaneamente (trigo ou outras sementes). — *de memoria, fam.* Jogar sem ter dinheiro. — *y no dar, loc. fam.* Prometer e não cumprir, ameaçar em vão.

APUNTE *s. m.* Apontamento. Anotação. Bosquejo. Ponto (de teatro). Aposta (a quantia apostada). Ponto (cada um dos que jogam contra o banqueiro). *fam.* Pessoa astuta, espertalhão. *Llevar a uno el* —, *loc. fig. fam. Amer. argent.* Corresponder às demonstrações de afeto de alguém; mostrar estima a uma pessoa, ser solícito com ela. (Usa-se muito em sentido negativo em ambas as acepções). V. APUNTAMIENTO.

APUÑUSCAR (apunhuscar) *v. tr. Amer. chil.* V. APAÑUSCAR.

APURADO, A *adj.* Pobre, necessitado, falto de recursos, apurado. Crítico, dificultoso, perigoso, angustioso, apurado. *fig. fam.* Apressado, acossado. Rebuscado.

APURADOR, A *adj.* e *s.* Apurador, *s. m.* Varejador. Examinador, averiguador.

APURAMIENTO *s. m.* Apuramento. Averiguação, exame. V. APURO.

APURAR *v. tr.* Apurar, purificar, depurar. Acabar, esgotar. Averiguar, indagar, investigar, apurar. Extremar, levar até o fim. Apressar, acossar, instigar. Molestar, irritar. *v. pron.* Afligir-se, angustiar-se, inquietar-se.

APURO *s. m.* Apuro, aperto. Escassez. Angústia, pena, aflição. *Amer.* Pressa, açodamento, urgência. *No hay ningun —, Amer.* Não há pressa; não corra. *Estar en el mayor —,* estar em apuros.

APURRUÑAR (apurruñar) *v. tr. Amer.* V. APAÑUSCAR. Manusear violentamente.

APUZUSARSE (apuçussarse) *v. pron. Amer.* Carcomer-se, apodrecer (a madeira).

AQUEBRAZARSE (aquebraçarse) *v. pron. prov. Arag.* Gretar-se (os pés, as mãos).

AQUEJADOR, A (aquejador) *adj.* Importuno, queixoso.

AQUEJAMIENTO (aquejamiento) *s. m.* Importunação. Queixa. Aflição, inquietação, angústia. Aqueixamento.

AQUEJAR (aquejar) *v. tr.* Inquietar, afligir, angustiar, importunar. Aqueixar. Fazer sofrer (tratando-se de uma enfermidade). *v. pron.* Apressar-se, apressurar-se. Queixarse.

AQUEJOSO, A (aquejosso) *adj.* Aflito, inquieto, triste. Queixoso, lamuriento.

AQUELE, LA, LO *pron. demonstr. ant.* V. AQUEL.

AQUEL, LLA, LLO (lha, lho) *pron. demonstr.* Aquele, aquela, aquilo. (As formas masculina e feminina são usadas como *adj.* e como *s.*) (Este pron. também é usado na função de pron. pes. da 3ª pes.) *s. m. fam.* Quê (mais freqüentemente no sentido de graça, donaire, atrativo). Sempre se antepõe, neste caso, o artigo *el* ou *in*, ou algum *adj. El* AQUEL, *expr. vulg.* Certo quê, aquilo. *Tiene un* AQUEL *que priva,* tem um quê que seduz.

AQUELLAR (aquelhar) *v. tr. fam.* Verbo familiar empregado em substituição de qualquer outro que se ignora ou não se quer expressar. U. t. c. pron.

AQUÉN *adv. ant.* V. AQUENDE.

AQUENDE *adv.* Aquém, desta parte, do lado de cá. Contraposição de *Allende. De — y de allende, loc.* De um e de outro lado, d'aquém e d'além.

AQUEO, A (aquèo) *adj.* Aqueu, acaico.

AQUERENCIADO, A *adj. ant.* Enamorado, apaixonado. *Amer.* Aquerenciado.

AQUERENCIAR *v. tr. Amer.* Aquerenciar. U. m. c. pron. (Diz-se principalmente dos animais).

AQUESE, SA, SO (aquesse, ssa, sso) *pron. demonstr.* V. ESE. (Usa-se somente em poesia).

AQUESTE, A, O *pron. demonstr.* V. ESTE. (Usa-se somente em poesia).

AQUÍ *adev. l.* Aqui. Equivale às vezes a "nisto", "nisso", ou simplesmente a "isto", "isso", quando precedido da prep. *de* ou *por: — está la dificultad,* aqui (nisto) está a dificuldade. *De — salió un conflicto,* disto resultou um conflito. *adv. t.* Aqui, agora, nesta ocasião. (Neste caso não dispensa a prep.: *Hasta —,* até aqui. *De —,* desde agora). Aqui, então, nesta altura. *¡ — ! interj.* (chama a atenção ou põe alguém por testemunha). *— y allí,* aqui e ali. *Hacia —,* para cá, nesta direção. *He —, loc. demonstr.* Eis aqui, eis.

AQUICURA *s. f. Amer. mexic.* V. PORTEZUELA.

AQUILLADO, A (aquilhado) *adj.* Aquilhado.

AQUILLAR (aquilhar) *v. tr.* Dar forma de quilha.

AQUILÓN *s. m.* Aquilão.

AQUILONAL ou **AQUILONAR** *adj.* Aquilônio, setentrional. *fig.* Frígido, glacial, cruel (diz-se do rigor do inverno).

ARÁCNIDO *adj.* Aracnídeo.

ARAMBEL *s. m.* Andrajo, farrapo, trapo. *fig.* Homem vil, depravado.

ARAMBELOSO, A (arambelosso) *adj.* Andrajoso, esfarrapado.

ARANA *s. f.* Embuste, logro, engano, calote, estafa, alicantina, burla, trapaça.

ARAÑA (aranha) *s. f.* Aranha. Lustre, candelabro. Rede para caçar pássaros; aranhol. *fig. fam.* Pessoa aproveitadora, esperta no seu negócio. *Amer. mexic.* Prostituta. *Amer.* Aranha (espécie de veículo). *Bot.* Aranha, gloriosa. *Náut.* Aranha. *— de sobremesa,* candelabro de vários braços e um pé. *— de mar Zool.* Aranha-do-mar.

ARAÑADA (aranhada) *s. f.* V. ARAÑAMIENTO.

ARAÑADOR, A (aranhador) *adj.* e *s.* Aranhador. *s. m.* Mau violinista.

ARAÑAGATO (aranhagato) *s. m. Amer. cub.* e *venezuel. Bot.* Aranhagato, vinhático. V. GATUÑA.

ARAÑAMIENTO (aranhamiento) *s. m.* Arranhadura.

ARAÑAR (aranhar) *v. tr.* Arranhar (ferir ou esfolar ao de leve). Arranhar (riscar, ralar). *fig. fam.* Arrebanhar (juntar daqui e dali). Rapar. *fig.* Satirizar, morder. Arranhar (tocar mal um instrumento de cordas). *v. pron.* Arranhar-se, unhar-se, agatanhar-se. *— la cubierta,* fazer grandes esforços para sair de uma situação embaraçosa.

ARAÑAZO (aranhaço) *s. m.* Arranhão, arranhadura, arranhadela, escoriação. *fig.* Censura, sátira moderada; indireta.

ARANCEL *s. m.* Formulário, tarifa (aranzel). *fig. fam.* Lista, catálogo.

ARANDANEDO *s. m.* Lugar povoado de arandos.

ARÁNDANO *s. m.* Arando, uva do monte. O fruto desta planta.

ARANDELA *s. m.* Arruela.

ARANDELES *s. m. pl.* Filamentos que têm os veados nos pés.

ARANERO, A *adj.* Embusteiro, caloteiro, trapaceiro, trampolineiro, estafador, velhaco. U. t. c. s.

ARAÑERO, A (aranhero) *adj.* V. ZAHAREÑO. *s. m. Ornit.* Cértia.

ARANIEGO, A *adj.* Diz-se do gavião que se caça com a rede chamada aranhol.

ARAÑO (aranho) *s. m.* V. ARAÑAMIENTO. V. ARAÑAZO. *fam.* Roubo.

ARAÑÓN (aranhón) *s. m. prov. And.* Arranhão. *prov. Arag.* V. ENDRINO e ENDRINA.

ARAÑOSO, A (aranosso) *adj.* V. ARANERO.

ARAÑOSO, A (aranhosso) *adj.* Aranhento, aranhoso.

ARAÑUELA (aranhuela) *s. f. Dim.* de *Araña.* Aranhiço. *Bot.* Nigela, cabelo de Vênus. V. NEGUILLA. V. ARAÑUELO.

ARAÑUELO (aranhuelo) *s. m.* Lagarta, larva. Carrapata, carraça. Aranhol (rede para caçar pássaros).

ARANZADA (arançada) *s. f.* Arançada.

ARAPENDE *s. m.* Arapene.

ARASA (arassa) *s. f.* Araca. *Bot.* Araca.

ARATE *s. m.* Tolice, parvoíce, necedade.

ARAZÁ (araçá) *s. m.* Araçazeiro. Araçá.

ARAZAR (araçar) *s. m.* Araçazal.

ARBALESTRILLA (arbalestrilha) *s. f.* Arbalestrilha.

ARBELLÓN (arbelhón) *s. m. prov. Arag.* V. ARBOLLÓN.

ARBITRAJE (arbitraje) *s. m.* Arbitragem, arbitramento.

ÁRBOL *s. m.* Árvore. *Arq.* Pé direito em torno do qual gira uma escada de caracol. Corpo de camisa que tem mangas e colarinho. Árvore (genealogia de uma família). *Tip.* Árvore. *Náut.* Árvore (mastro ou mastaréu). *— de la goma,* árvore da goma-arábica. *— del alcanfor,* árvore da cânfora, alcanforeira de Japão. *— Diana,* árvore de Diana, árvore filosofal, árvore filosófica. *— de la leche,* árvore-vaca. *— de la manteca,* árvore da manteiga. *— del amor,* árvore da Judéia. *— de la muerte,* V. MANZANILLO. *— de la plata,* árvore da prata. *— de las cuentas de jabón,* árvore do sabão. *— de las jaboneras,* árvore do sabão. *— de las cuentas de rosario,* árvore dos rosários, azedeaque. *— del cielo,* árvore do céu. *— del coral,* árvore de coral. *— del pan,* árvore do pão, fruta-pão, artocarpo. *— de Paraíso,* árvore do Paraíso. *— del sebo,* árvore do sebo, pau-de-sebo. *— del viajero,* árvore do viajor, árvore do viajante, bananeira de leque, bananeira de Madagascar. *— de melón, Amer.* V. PAPAYO. *— de Navidad,* árvore do Natal. *— de transmisión, Mec.* Árvore motora. *— mayor, Náut.* Mastro grande. *— púdico, Bot.* Sensitiva. *— santo,* árvore santa. *— seco, Náut.* Árvore seca.

ARBOLADA *s. f. Náut.* Bandeira içada no topo do mastro grande. O mar encapelado.

ARBOLADO, A *adj.* Arborizado, arborado. *s. m.* Arvoredo.

ARBOLADURA *s. f. Náut.* Arvoredo, mastreação. Arvoragem.

ARBOLAR *v. tr.* V. ENARBOLAR. *Náut.* Arvorar. Mastrear. *v. intr.* Arvorar. *v. pron.* Encabritar-se (o cavalo). *fig.* Encrespar-se, encapelar-se (o mar).

ARBOLARIO, A *adj. fig. fam.* V. HERBOLARIO.

ARBOLECER *v. intr.* V. ARBORECER. *Irreg.* V. conj. de *Arborecer.*

ARBOLEDA *s. f.* Arvoredo, arvorinho, bosque, arboreto. Alameda.

ARBOLEDO *s. m.* V. ARBOLADO, 2ª acep.

ARBOLEJO (arbolejo) *s. m. Dim.* de *Árbol.* Arvoreta.

ARBOLETE *s. f.* Ramo que os caçadores fincam na terra para caçar com visco. *fig. fam.* Armadilha, esparrela, ratoeira.

ARBOLILLO (arbolilho) *s. m.* V. ARBOLEJO.

ARBOLISTA *s. m.* e *f.* Arborista, arboricultor.

ARBOLITO *s. m.* V. ARBOLEJO. *Amer.* Vareta (para fogos de artifício).

ARBOLLÓN (arbolhón) *s. m.* Cano, esgoto, desaguadouro.

ARBORECER *v. intr.* Arborecer. *Irreg.* Ind. pres. *Arborezco.* Sub. pres. *Arborezc-a, as, a, amos, áis, an.* Imperat. *Arborezc-a, amos, an.*

ARBORECICO *s. m.* V. ARBOLEJO.

ARBORIZACIÓN (arboriçaciòn) *s. f.* Arborização.

ARBOTANTE *s. m. Arq.* Arcobotante.

ARCABUCEAMIENTO *s. m.* Arcabuzamento.

ARCABUCEAR *v. tr.* Arcabuzar.

ARCABUCERÍA *s. f.* Arcabuzaria.

ARCABUCERO *s. m.* Arcabuzeiro.

ARCABUCO *s. m.* Brenha, fojo.

ARCABUEZO (arcabueço) *s. m. Amer.* V. ARCABUCO.

ARCABUZAZO (arcabuçaço) *s. m.* Arcabuzada, arcabuzaço.

ARCACIL *s. m.* V. ALCACIL.

ARCANAMENTE *adv.* Sigilosamente, misteriosamente, enigmaticamente.

ARCAUELA *s. f.* A quarta parte da rede de trasmalho.

ARCÁNGEL (arcánjel) *s. m.* Arcanjo.

ARCANIDAD *s. f.* Arcanidade, arcano.

ARCAR *v. tr.* Abater a lã. V. ARQUEAR.

ARCATIFA *s. f.* Escaiola, estuque.

ARCAZÓN (arcaçòn) *s. m. prov. And.* Vime. Vimeiro.

ARCE *s. m. Bot.* Ácer. Bordo, roble.

ARCEDIANATO *s. m.* Arcediagado.

ARCEDIANO *s. m.* Arcediago, arquidiácono.

ARCEDO *s. m.* Lugar povoado de áceres ou bordos.

ARCELIO *adj.* Argel.

ARCÉN *s. m.* Margem, beira, borda. Bocal (de poço).

ARCHA (artcha) *s. m.* Acha, archa, achão.

ARCHICOFRADE (artchicofrade) *s. m.* Arquiconfrade, membro de uma arquiconfraria.

ARCHICOFRADÍA (artchicofradía) *s. f.* Arquiconfraria.

ARCHIDIÁCONO (artchidiácono) *s. m.* Arquidiácono, arcediago.

ARCHIDIÓCESIS (artchidiòcesis) *s. f.* Arquidiocese.

ARCHIDUCADO (artchiducado) *s. m.* Arquiducado.

ARCHIDUCAL (artchiducal) *adj.* Arquiducal.

ARCHIDUQUE (artchiduque) *s. m.* Arquiduque.

ARCHIDUQUESA (artchiduquessa) *s. f.* Arquiduquesa.

ARCHILAÚD (artchilaúd) *s. m.* Arquilaúde.

ARCHIMANDRITA (artchimandrita) *s. m.* Arquimandrita.

ARCHIMILLONARIO (artchimilhonário) *s. m.* Arquimilionário.

ARCHIPÁMPANO (artchipámpano) *s. m.* Pessoa que exerce grande dignidade ou autoridade imaginária.

ARCHIPIÉLAGO (artchipièlago) *s. m.* Arquipélago.

ARCHIVADOR (artchivador) *s. m.* Arquivo (móvel).

ARCHIVAR (artchivar) *v. tr.* Arquivar. *fig. fam. irôn.* Esconder, guardar (uma coisa). *Amer. argent. fig. fam.* Não corresponder ao cumprimento que faz uma pessoa.

ARCHIVERO (artchivero) *s. m.* Arquivista.

ARCHIVISTA (artchivista) *s. m.* V. ARCHIVERO.

ARCHIVO (artchivo) *s. m.* Arquivo.

ARCHIVOLTA (artchivolta) *s. f. Arq.* Arquivolta.

ARCICHE (arcitche) *s. m.* Picadeira (instrumento de pedreiro).

ARCILLA (arcilha) *s. f.* Argila. — *plástica,* argila plástica, argila gorda. — *figulina,* argila figulina, argila magra.

ARCILLÁCEO, A (arcilháceo) *adj.* Argiláceo, argiloso.

ARCILLAR (arcilhar) *v. tr.* Barrar; revestir, cobrir de argila. Melhorar as terras com uma camada de greda.

ARCILLERA (arcilhera) *s. f.* Argileira, barreiro.

ARCILLÓFIRO (arcilhòfiro) *s. m.* Argilófiro.

ARCILLOSO, A (arcilhosso) *adj.* Argiloso, argiláceo.

ARCIÓN *s. m. Amer. per.* V. ACIÓN. *Arq.* Desenho ornamental imitando as malhas de uma rede. *pl.* Desenhos mouriscos em aljavas e outros objetos.

ARCIPRESTAZGO (arciprestasgo) *s. m.* Arciprestado, arciprestádego.

ARCO *s. m.* Arco (em todas as acepções do vocábulo português). — *de San Martín,* arco-íris, arco da velha, arco celeste.

ARCTADO *adj.* Aplica-se ao clérigo que tem prazo limitado para ordenar-se.

ARDA *s. f. ant.* V. ARDILLA.

ARDALEAR *v. intr.* V. RALEAR, 2ª acep.

ARDASA (ardassa) *s. f.* Ardaça.

ARDASINA (ardassina) *s. f.* Ardacina, ablaca.

ÁRDEA *s. f. Zool.* Alcaravão. Árdea, garça.

ARDEOLA *s. f. Zool.* Espécie de garça.

ARDER *v. tr., intr.* e *pron.* Arder (com as acepções que têm em português). — *verde por seco,* loc. Pagar o justo pelo pecador.

ARDERO *adj.* Diz-se do cão que caça esquilos.

ARDEVIEJAS (ardeviejas) *s. f. fam.* V. AULAGA.

ARDID (ardid) *s. m.* Ardil, manha, astúcia, sutileza, artimanha, estratagema, finura, estratégia. *adj. ant.* Ardiloso, astucioso, sagaz. Ardido.

ARDIENTE *adj.* Ardente. *fig.* Fervoroso, ativo. *fig. Poét.* Vermelho.

ARDILLA (ardilha) *s. f.* Esquilo. Arda. *Andar como una —, loc.* Não ter sossego, caminhar de um lado para outro sem parar.

ARDIMIENTO *s. m.* Ardimento. Ardência. *fig.* Ardimento, coragem, intrepidez, valor, arrojo.

ARDINAL (ardinhal) *adj.* Diz-se de toda matéria combustível. *s. m.* Matéria combustível.

ARDÍNCULO *s. m. Vet.* Tumor que se forma no lombo dos cavalos.

ARDITE *s. m.* Moeda que circulou antigamente em Castela. *No dárele a uno un —, loc. fam.* Não dar um vintém por alguém. *No importar* ou *no valer un —, loc. fam.* Não valer um vintém, não valer nada.

ARDURA *s. f. ant.* Aperto, angústia, apuro. (Usa-se em Álava.)

ÁREA *s. f.* Área. Are. Zona.

AREAJE (areaje) *s. m.* Medição das terras por ares.

AREGÓN *s. m. Farm.* Antigo unguento resolutivo.

AREITE *s. m.* Dança religiosa dos índios mexicanos e guatemalanos. V. AREITO.

AREITO *s. m.* Canto e dança popular dos antigos índios antilhanos e centro-americanos.

AREL *s. m.* Joeira, crivo grande.

ARELAR *v. tr. Agr.* Joeirar, crivar (com o *arel*).

ARENA *s. f.* Areia. *fig.* Arena. Canal (de uma mina). *Reloj de —,* ampulheta. *pl.* Terras cultiváveis na vizinhança da praia. Cálculos (na bexiga), areias. *Medir la —,* combater. *Sembrar en —,* trabalhar sem proveito.

ARENACIÓN *s. f.* V. ENARENACIÓN. *Med.* Areação, arenação.

ARENAL *s. m.* Areal, arenal. Deserto. Praia.

ARENALEJO (arenalejo) *s. m. Dim.* de Arenal. Pequeno areal.

ARENAR *v. tr.* Arear, polir, esfregar com areia. *v. pron.* Arear-se, cobrir-se de areia. *Náut.* Encalhar na areia. V. ENARENAR.

ARENERÍA *s. f.* Areeiro, areeira, areal.

ARENERO, A *adj.* Areeiro, acarretador de areia. *s. m.* Areeiro, vendedor de areia. Caixa na qual os bondes e locomotivas levam areia para soltar sobre os trilhos. *Taurom.* Areeiro, empregado que deita areia na arena de um circo de touros, para esconder as manchas de sangue.

ARENGA *s. f.* Arenga. Aranzel. *Bot.* Espécie de palmeira. Felicitação, parabéns. *fam.* Sermão, advertência, reprimenda.

ARENGAR *v. intr.* Arengar. U. t. c. tr. *fam. irôn.* Repreender, advertir, ralhar.

ARENGUEAR *v. tr. Amer.* Disputar aos gritos.

ARENILLA (arenilha) *s. f.* Areia para secar a escrita. *Altan.* Certa enfermidade dos falcões. *pl.* Salitre beneficiado e reduzido a pó. *Med.* Areias (na bexiga).

ARENILLERO (arenilhero) *s. m. Amer. Merid.* V. SALVADERA.

ARENISCA *s. f.* Arenito.

ARENISCO, A *adj.* Areento, arenoso, arenisco.

ARENQUE *s. m.* Arenque. — *ahumado,* arenque defumado. — *embanastado,* arenque de barrica.

ARENQUERA *s. f.* Rede para pescar arenques.

AREPITA *s. f. Amer.* Pequena torta de farinha de milho com melado e queijo.

ARESTIL *s. m.* V. ARESTIN.

ARESTÍN *s. m. Bot.* Planta umbelífera, de folhas espinhosas e flores azuis. *Med.* Fogagem, fogacho. *Vet.* Arestim. *Tener —, loc. fam.* Diz-se das pessoas que não podem estar quietas.

ARESTINADO, A *adj. Vet.* Que sofre de arestim.

ARETE *s. m. Dim.* de Aro. Brinco em forma de argola. *Náut.* V. ARGANEO.

ARFADA *s. f. Náut.* Arfada (balanço do navio no sentido da popa à proa).

ARFAR *v. intr. Náut.* Arfar, jogar (o navio). V. CABECEAR. V. ORFAR. *s. m. Quím.* Arsênico.

ARFEO (arfêo) *s. m. Náut.* Arfada (do navio). V. CABECEO.

ARGADIJO (argadijo) *s. m.* V. ARGADILLO.

ARGADILLO (argadilho) *s. m.* Dobadoura. Armação que simula a parte inferior do corpo de algumas imagens religiosas. *fig. fam.* Pessoa buliçosa, inquieta e intrometida. *ant. fig.* Esqueleto humano. *prov. Arag.* Cesta grande de vime.

ARGADO *s. m.* Travessura, disparate, dislate, enredo.

ARGALLADERA (argalhadera) *s. f.* V. ARGALLERA.

ARGALLERA (argalhera) *s. f.* Serra curva, serra de volta.

ARGAMANDEL *s. m.* Andrajo, farrapo, trapo.

ARGAMANDIJO (argamandijo) *s. m.* Conjunto de miudezas, próprias para determinado fim.

ARGAMASA (argamassa) *s. f.* Argamassa.

ARGAMASADO, A (argamassado) *adj.* Argamassado. *s. m.* Porção de argamassa. *Náut.* Argamassa que enche o vão das cavernas.

ARGAMASAR (argamassar) *v. tr.* Fazer argamassa. Argamassar, cobrir, rebocar, fechar ou ligar com argamassa.

ARGAMASILLA (argamassilha) *s. f.* Espécie de argamassa fina para ligar objetos delicados.

ARGAMASÓN (argamassòn) *s. m.* Pedaço ou pedaços grandes de argamassa.

ÁRGANA *s. f.* Argana. *pl. Amer.* Alforjes, taleigas.

ARGANEO (arganèo) *s. m. Náut.* Arganéu.

ÁRGANO *s. m.* V. ÁRGANA. Argã.

ARGAVIESO (argavieso) *s. m.* Aguaceiro tempestuoso.

ARGAYAR (argadjar) *v. intr. impes.* Desabar, aluir (terra, pedras).

ARGAYO (argadjo) *s. m.* Desabamento, deslizamento, aluimento (de terras ou pedras, depois de chuvas contínuas).

ARGEL (arjèl) *adj.* Argel. *fig. fam.* Infeliz, mofino, desventurado. *Poét.* Escravidão. *Bot.* Planta asclepiadácea. — *cuatralbo,* argel quadralvo. — *trabado,* argel travado. — *tratrabado,* argel trastravado. — *tresalbo,* argel trevalvo.

ARGEMONE (arjemone) *s. f. Bot.* Argemona. Cardo santo. — *mejicana,* papoula espinhosa.

ARGÉN (arjèn) *s. m. ant.* Argento. *ant.* Dinheiro, moeda, riqueza. *Heráld.* Branco, cor de prata.

ARGENTACIÓN (arjentaciòn) *s. f.* Coloração com um sal de prata.

ARGENTADA (arjentada) *s. f.* Antigo adorno feminino.

ARGENTÁN (arjentán) *s. m.* Argentão.

ARGENTANO (arjentano) *s. m.* V. ARGENTÁN.

ARGENTÁRIO (arjentário) *s. m.* Prateiro, ourives da prata. Chefe dos operários que cunhavam a moeda.

ARGENTINISMO (arjentinismo) *s. m. Gram.* Vocábulo, locução ou modismo próprio do espanhol falado na República Argentina.

ARGILLA (arjilha) *s. f.* V. ARCILLA.

ARGIRIASIS (arjiriassis) *v. f. Med.* Argiria, argiríase.

ARGOLLA (argolha) *s. f.* Argola. Argolinha, pampolinha (jogo popular). Golilha, golinha. Espécie de gargantilha usada antigamente pelas mulheres. *Allá por la — del lazo, loc. fig. fam. Amer. argent.* com a qual se denota um parentesco distante. (Literalmente: Lá pela argola do laço).

ARGOLLAR (argolhar) *v. tr.* Argolar (prender com argolas).

ARGOLLETA (argolheta) *s. f. Dim.* de Argolla. Argolinha.

ARGOLLÓN (argolhón) *s. m.* Aument. de Argolla. Argolão.

ARGOMA *s. f.* V. AULAGA.

ARGÓN *s. m. Quím.* Argo, argônio.

ARGÜE *s. m.* Cabrestante, guindaste.

ARGUELLADO, A (arguelhado) *adj.* Debilitado, enfraquecido.

ARGUELLARSE (arguelharse) *v. pron.* Enfraquecer, decair, definhar (por falta de saúde).

ARGUELLO (arguelho) *s. m.* Enfraquecimento, debilitação, definhamento.

ÁRGUENAS *s. f. pl.* V. ANGARILLAS. Alforjes. *Amer. chil.* V. ÁRGANAS.

ÁRGUEÑAS (árguenhas) *s. f. pl.* V. ÁRGUENAS.

ARGUENERO *s. m. Amer. chil.* Alforjeiro.

ARGÜIR *v. tr.* Argüir (em todas as acepções do vocábulo português. *Irreg.* Ind. pres. *Arguy-o, es, e, en.* Pret. Indef. *Arguy-o, erón.* Subj. pres. *Arguy-a, as, a, amos, áis, an.* Pret. imperf. *Arguy-era* ou *ese, eras* ou *eses, éramos* ou *ésemos, erais* ou *eseis, eran* ou *esen.* Imperat. *Arguy-e, a, amos, an.* Ger. *Arguyendo.*

ARGUYENTE (argudjente) *p. a.* de Argüir. Argüente, que argúe.

ARICAR *v. tr.* V. ARREJACAR.

ARIDECER *v. tr.* Aridificar, esterilecer, esterilizar. U. t. c. intr. e pron. *Irreg.* Ind. pres. *Aridezco.* Subj. pres. *Aridezc-a, as, a, amos, áis, an.* Imperat. *Aridezc-a, amos, an.*

ÁRIDO, A *adj.* Árido. *s. m. pl.* Secos. — *s y líquidos,* secos e molhados.

ARIJE (arije) *adj.* Diz-se de uma casta de uva roxa.

ARIJO, A (arijo) *adj. Agr.* Diz-se da terra leve, branda e fácil de cultivar.

ARILLO (arilho) *s. m. Dim.* de Aro. Arozinho. Aro de madeira que serve para armar as voltas dos eclesiásticos. Brinco de argola para as orelhas. *Entrar uno por el —, loc. fig. fam.* Executar alguém, levado pela astúcia de outrem, aquilo que não queria. (Esta frase também se usa precedida do verbo *hacer*).

ARIMEZ (arimès) *s. m. Arq.* Galeria, balcão, saliência (de um edifício).

ARIO, A *adj.* Árico, ária, ariano. *s. m.* Ária, ariano. *Bot. s. m.* Alisso, açafate de ouro.

ARIQUE *s. m. Amer. cub.* Fibra de palmeira usada como cordel, principalmente na indústria do fumo.

ARIRAÑA (ariranha) *s. f. Zool.* Ariranha. Espécie de lontra pequena.

ARISBLANCO, A *adj.* Diz-se do trigo e da espiga de praganas ou barbas brancas.

ARISNEGRO, A *adj.* De praganas ou barbas pretas. (Diz-se do trigo e da espiga). *s. m.* Variedade de trigo.

ARISPRIETO, A *adj.* V. ARISNEGRO.

ARISTA *s. f.* Aresta (filete das palhetas florais das gramíneas). Pragana, palha. Barba (das espigas). Garança. Aresta do linho. *Geom.* Aresta. *Geogr.* Aresta.

ARISTADO, A *adj.* Aristado. Facetado. Arestudo. Arestoso, aristoso.

ARISTAR *v. tr.* Arestizar.

ARISTINO *s. m. Vet.* V. ARESTÍN.

ARISTOCRACIA (aristocrácia) *s. f.* Aristocracia.

ARISTÓCRATA *s. m.* e *f.* Aristocrata.

ARISTÓN *s. m. Arq.* Esquina, ângulo. Arco diagonal. *Mús.* Aríston.

ARISTOSO, A (aristosso) *adj.* Arestoso, aristoso, aristado.

ARITO *s. m. Dim.* de *Aro.* Arozinho. Diversos tipos de brincos ou arrecadas usados nas Filipinas e na Colômbia.

ARIZO, A (ariço) *adj. Bot.* Arrizo.

ARLAR *v. tr.* Pendurar (por frutas em pendura).

ARLEQUÍN *s. m.* Arlequim. *fig.* Obra literária sem unidade de idéias; colcha de retalhos. *fam.* Pessoa ridícula e desprezível. *fig. fam.* Sorvete de duas ou mais cores. *Zool.* Nome de uma espécie de beija-flor. — *de cayena,* arlequim (besouro grande).

ARLEQUINA *s. f.* Arlequinada, baile burlesco. Mulher vestida de arlequim.

ARLO *s. m.* Pendura de frutas. *Bot.* V. AGRACEJO.

ARLOTA *s. f.* V. ALROTA.

ARMA *s. f.* Arma (em todas as acepções do vocábulo português). — *alevosa,* arma proibida. — *arrojadiza,* arma de arremesso. — *blanca,* arma branca. — *de caza,* arma de caça. — *de corte,* arma de corte (faca, alfange, facão); espadim. — *de corte y filo,* sabre. — *de fuego,* arma de fogo. — *de mecha y cuerda,* arcabuz. — *de tiro,* arma de alcance. — *de tiro rápido,* arma de repetição. — *enastada,* arma de fuste e ferro. — *galante* ou *cortés,* arma de torneio (sem fio ou ponta). — *manual,* arma portátil. — *pedrera,* funda, catapulta. — *tajante,* arma cortante. *¡Al —!* Às armas! *¡A las —s!* Às armas! *Alzarse en —s,* sublevar-se, revoltar-se. *Armar de todas —s,* armar de ponto. — *a la funerala,* armas em funeral. *Con las —s en la mano, loc.* De armas na mão. *Hacer —s,* pelejar, guerrear; ameaçar de arma em punho; bater-se em duelo. *Pasar por las —s,* passar pelas armas, fuzilar. *Presentar las —s,* apresentar armas. *Tocar al —,* tocar a rebate.

ARMADERA *s. f. Náut.* Qualquer das peças de madeira com que se arma o casco da embarcação.

ARMADÍA *s. f.* Balsa, jangada. V. ALMADÍA.

ARMADIJO (armadijo) *s. m.* Armadilha. V. TRAMPA.

ARMADILLA (armadilha) *s. f. Dim.* de *Armada.* Flotilha, esquadrilha. Esquadrilha de estação. V. APOSTADERO.

ARMADILLO (armadilho) *s. m.* Tatú. Armadilho.

ARMADO, A *adj.* Chapeado, laminado. Armado. Equipado, montado, aparelhado, apetrechado. — *hasta los dientes, loc.* Armado até os dentes.

ARMADOR *s. m. Náut.* Armador. Corsário. Armador (contratador de pescaria grossa). Gibão. *Amer. chil.* Colete.

ARMAGA *s. f.* V. RUDA.

ARMAJARA (armajara) *s. f. Agr.* Terra estrumada para almácegos.

ARMAR *v. tr., intr.* e *pron.* Armar (em todas as acepções do vocábulo português). *v. pron. Amer. mexic.* Prover-se de dinheiro. *Armarla, loc. fam.* Trapacear no jogo; promover disputas.

ARMATOSTE *s. m.* Armatoste. V. TRAMPA. Almanjarra.

ARMAYADA (armadjada) *s. f.* Rede para pescar meros, lagostas, etc.

ARMAZÓN (armaçòn) *s. f.* Armação, arcabouço. Armação (ação de armar). *s. m.* Esqueleto de vertebrado. Armação (madeiramento de um edifício). Carga, carregamento (de um navio). Carregamento (de escravos). *Amer.* Armação (móvel em que nas casas de comércio se expõem as mercadorias). *Náut.* Arcabouço, esqueleto (de um barco).

ARMELLA (armelha) *s. f.* Armela. Armila. Bracelete. *Artilh.* Perno.

ARMELLUELA (armelhuela) *s. f. Dim.* de *Armella.*

ARMENTA *s. f. Amer.* Bisão, bisonte.

ARMERÍA *s. f.* Armaria. Arsenal. Brasão.

ARMERO *s. m.* Armeiro. *Náut.* Arrecadação. — *mayor,* armeiro-mor.

ARMILLA (armilha) *s. f. Arq.* Armila. *Astron.* Armila.

ARMILLARIA (armilhária) *s. f. Bot.* Armilária.

ARMIÑADO, A (arminhado) *adj.* Arminhado (guarnecido de arminho); branqueado; que é branco com manchas pretas.

ARMIÑAR (arminhar) *v. tr. fam.* Arminhar, branquear.

ARMIÑO (arminho) *s. m. Zool.* Arminho. Arminho (pele de). *Heráld.* Arminho.

ARMISONANTE (armissonante) *adj. Poét.* Armíssono.

ARMÓN *s. m. Mil.* Armão.

ARMONÍA *s. f.* Harmonia.

ARMÓNICA *s. f. Mús.* Harmônica. — *térmica Fís.* Harmônica térmica.

ARMÓNICAMENTE *adv.* Harmonicamente.

ARMÓNICO, A *adj.* Harmônico. V. ENARMÓNICO. *s. m.* Som harmônico.

ARMONICÓN *s. m.* Espécie de harmônio.

ARMONICÓN *s. m.* Harmônica.

ARMONIFLAUTE *s. m.* Harmoniflute.

ARMONINA *s. f.* Harmônica, harmônio portátil.

ARMONIO *s. f.* Harmônio.

ARMONIOSAMENTE (armoniossamente) *adv.* Harmoniosamente.

ARMONIOSO, A (armoniosso) *adj.* Harmonioso.

ARMONISTA *s. m.* Harmonista.

ARMONÍSTICA *s. f.* Harmonística.

ARMONIZACIÓN (armoniçación) *s. f.* Harmonização.

ARMONIZAR (armoniçar) *v. tr.* Harmonizar (em todas as acepções do vocábulo português).

ARMONÓMETRO *s. m.* Harmonômetro.

ARMUELLE (armuelhe) *s. m.* Armola, armole. — *borde,* armola silvestre. V. BLEDO. V. CEÑIGLO. — *fétido,* vulvária. V. ORGAZA.

ARNA *s. f.* Cortiço (de abelhas). V. POLILLA.

ARNACHO (arnacho) *s. m.* V. GATUÑA. *Amer. per.* Espécie de pimentão.

ARNANCHO (arnantcho) *s. m. Amer. per.* Alho pequeno e muito picante.

ARNASCA *s. f. prov. Alav.* Pia de pedra.

ARNAUTE *adj.* Albanês. U. t. c. s.

ARNÉS *s. m.* Arnês (em todas as acep. do vocab. português). *fig. fam. pl.* Coisas necessárias para algum fim; apetrechos, pertences. *fig.* Todo gênero de enfeites. *Echar mano a los —es,* empunhar armas, lançar mão das armas.

ARNICA *s. f. Bot.* Arnica. Arnica (tintura de).

ARNILLA (arnilha) *s. f. Dim.* de *Arna.*

ARNINA (arninha) *s. f.* Medida equivalente a duas arrobas.

ARO *s. m.* Aro. Argola (para o jogo da argolinha). Arco (brinquedo). *Técn.* Aro. *Amer.* V. ARETE. *Bot.* Jarro manchado, jararaca. *prov.* Anel. *¡—! Amer. chil. interj.* Alto! *Entrar uno por el —,* executar alguém, vencido pela astúcia de outrem, aquilo que não queria. (Esta fr. também se usa precedida do v. *hacer*).

AROCA *s. f.* Tecido de Aronca.

AROMA *s. f. Bot.* Flor de esponjeira. Aroma. *s. m.* Aroma (óleo, goma ou bálsamo aromático). *Estar en su — Amer. cub.* Estar como deseja; gozar de prosperidade.

AROMAR *v. tr. Amer.* V. AROMATIZAR.

AROMATIZAR (aromatiçar) *v. tr.* Aromatizar, aromar.

AROMOSO, A (aromosso) *adj.* Aromático, aromoso.

ARÓN *s. f. Bot.* Jarro manchado, jararaca. V. ARO, 6ª acep.

ARPA *s. f.* Harpa. *Amer. mexic. fig. fam.* Cavalo magro. *Arq.* Pedra saliente de uma parede.

ARPADO, A *adj.* Arpado, denteado. *Poét.* Harpejado.

ARPADOR *s. m. ant.* Harpista.

ARPADURA *s. f.* Arranhão, rasgão.

ARPAMIENTO *s. m.* Arranhadura. Rasgadura, rasgamento.

ARPAR *v. tr.* Arranhar, rasgar com as unhas. Rasgar, despedaçar (a roupa ou outra coisa).

ARPAZ *adj.* Rapace, rapaz, rapinante.

ARPEAR *v. intr.* Arpejar.

ARPEGIADO (arpejiado) *s. m.* Sucessão de arpejos.

ARPEGIAR (arpejiar) *v. tr.* Arpejar.

ARPEGIO (arpejio) *s. m.* Arpejo.

ARPELLA (arpelha) *s. f.* Espécie de gavião (*Circus aeruginosus,* L.).

ARPENTA *s. f.* Arpente; geira, hastim.

ARPEO (arpèo) *s. m.* Arpéu. Fisga.

ARPÍA *s. f.* Harpia. *Zool.* Harpia. *fig. fam.* Harpia (pessoa que vive de extorsões). Mulher de péssima condição. Mulher feia e magra.

ARPIAR *v. tr.* Pilhar, roubar, tomar, arrebatar (coisas com violência).

ARPILLADOR (arpilhador) *s. m. Amer.* Aquele cujo ofício é *Arpillar.*

ARPILLADURA (arpilhadura) *s. m. Amer.* Ação e resultado de *Arpillar.*

ARPILLAR (arpilhar) *s. m. Amer.* Cobrir fardos ou caixotes com serapilheira ou estopa.

ARPILLERA (arpilhera) *s. f.* V. HARPILLERA.

ARPISTA *s. m.* e *f.* Harpista.

ARPÓN *s. m.* Arpão. *ant.* Grimpa, catavento. *Arq.* Gato.

ARPONADO, A *adj.* Arpoado. Semelhante ao arpão.

ARPONAR *v. tr.* e *intr.* V. ARPONEAR.

ARPONEAR *v. tr.* Arpoar. *v. intr.* Manejar com destreza o arpão; ser versado no seu uso.

ARPONERO *s. m.* Arpoador.

ARQUEADA *s. f. Mús.* Arcada. Arcada, ânsia de vômito, náusea. *pl. Amer.* Arcadas, náuseas.

ARQUEADOR *s. m.* Arcador. *adj.* e *s.* Arqueador.

ARQUEAJE (arquea*je*) *s. m.* V. ARQUEO.

ARQUEAMIENTO *s. m.* Arqueação (determinar a capacidade do navio para a carga).

ARQUEAR *v. tr.* Arquear. U. t. c. pron. Bater a lã. *Náut.* Arquear (avaliar a capacidade de um navio). *Com.* Dar balanço. *v. intr. Amer.* Nausear. — *las cejas,* alçar o sobrolho, arquear as sobrancelhas.

ARQUEO (arquèo) *s. m.* Arqueio, arqueação. *Com.* Balanço. V. ARQUEAMIENTO. Ação de bater a lã. Arqueadura, arqueamento. Arqueu.

ARQUERÍA *s. f. Arq.* Arcaria. Arcada.

ARQUERITA *s. f. Miner.* Arquerita.

ARQUERO *s. m.* Arqueiro (fabricante, vendedor de arcas ou arcos de barril). Arqueiro (o que peleja com arco). *ant.* Arqueiro (guardador das arcas de dinheiro). *Com.* Caixa, tesoureiro. *Amer. desport.* Arqueiro, guardião, guarda-rede.

ARQUETAR *s. m.* Bater a lã para cardá-la.

ARQUETE *s. m. Dim.* de *Arco.* Arquinho.

ARQUETÓN *s. m.* Arqueta avantajada.

ARQUIBUSERA (arquibussera) *s. f. Fort.* V. ALMENA.

ARQUILLA (arquilha) *s. f. Dim.* de *Arca.* Arqueta. Assento (de coche, de sege).

ARQUIMESA (arquimessa) *s. f.* Secretária (móvel).

ARQUITA *s. f. Dim.* de *Arca.* Arqueta.

ARQUITRABE *s. f. Arq.* Arquitrave.

ARRABÁ *s. m. Arq.* Adorno retangular nas portas e janelas de estilo mourisco.

ARRABAL *s. m.* Arrabalde.

ARRABALERO, A *adj.* e *s.* Arrabaldeiro. *fig. fam.* Que nas atitudes e modo de vestir demonstra má educação.

ARRABIADO, A *adj.* Irado, raivoso, furioso, colérico.

ARRABIÁN *s. m. Amer.* V. ARRAYÁN.

ARRABIATAR *v. tr. Amer. centr.* Amarrar um animal ao rabo de outro. *v. pron. fam. Amer.* Submeter-se servilmente à opinião alheia.

ARRABILLADO, A (arrabilhado) *adj.* Alforrado (diz-se do trigo).

ARRABILLARSE (arrabilharse) *v. pron. Bot.* Alforrar-se a ponta de espiga de trigo.

ARRABIO *s. m.* Ferro fundido.

ARRACACIA *s. f. Bot.* Arracacha.

ARRACACINCHADO, A (arracacintchado) *adj. fam.* Enredado, enleado, amarrado. Preocupado, obcecado.

ARRACADA *s. f.* Arrecada, brinco. *pl. fig.* Os filhos pequeninos.

ARRACACHA (arracatcha) *s. f. Bot.* Arracacha. *Amer.* Aipo. *Amer. colomb. fam.* Sandice, tolice.

ARRACLÁN *s. m. Bot.* Amieiro negro.

ARRÁEZ *s. m.* Caudilho, chefe árabe. *Filip.* Arrais.

ARRAIGAMIENTO *s. m.* Hábito inveterado. Impressão moral profunda e duradoura. V. ARRAIGO.

ARRAIGO *s. f.* Arraígo. Fixidez, estabilidade, permanência, solidez. Bens de raiz. *Amer. mexic.* Desterro.

ARRALAR *v. intr.* V. RALEAR.

ARRANBLAMIENTO *s. m.* Areamento.

ARRAMBLAR *v. tr.* e *intr.* Arear (deixar as águas o solo coberto de areia, após as cheias ou enxurradas). *fig.* Levar de roldão, arrastar com ímpeto e violência. *Náut.* Abordar. *v. pron.* Arear-se, ficar (o solo) coberto de areia. — *con todo, loc. fam.* Apoderar-se alguém de quanto é possível, de tudo o que encontra à mão.

ARRANADO, A *adj. Amer. chil.* Aplica-se ao que é de forma achatada e baixa como a rã. *p. p. de Arranarse.*

ARRANARSE *v. pron. prov. Salam.* Sentar-se de pernas entrecruzadas; acocorar-se.

ARRANCACEPAS *s. m. Agr.* Arranca-tocos.

ARRANCACLAVOS *s. m.* Arranca-pregos.

ARRANCADA *s. f. ant.* Arrancada, arranque. *ant.* Derrota. *ant.* Arranco. *De —, loc. adv. ant.* De vencida. *De boga —,* esforço simultâneo de todos os remos.

ARRANCADERA *s. f.* Chocalho, campainha que os cabrestos levam ao pescoço.

ARRANCADERO *s. f.* Partida, ponto de partida (numa carreira).

ARRANCADO, A *adj. fig. fam.* Empobrecido; que perdeu a fortuna. *p. p. de Arrancar.*

ARRANCADURA *s. f.* Arrancada. Arrancamento. Arranco. Arranque.

ARRANCAPINOS *s. m. fig. fam.* Homem de pequena estatura. Também se aplica ao de formas avantajadas e hercúleas.

ARRANCAR *v. tr.* Arrancar (desapegar; partir com ímpeto; tirar arrebatadamente; obrigar a sair; avançar com ímpeto; obrigar a romper ou a manifestar-se; conseguir com muita instância; começar a mover-se (o navio); extorquir. Derrotar. Vencer. *Náut.* Arrancar a vaga. U. t. c. intr. *v. intr.* Partir, apoiar, estribar (principalmente falando-se de abóbadas, arcos ou colunas). *fig.* Datar, proceder, vir, ser deste ou daquele tempo. *Amer.* Fugir, retirar-se, escapar-se. *v. pron.* Desarraigar-se, desprender-se, soltar-se. Arrancar-se — *de raíz,* cortar pela raiz, extirpar.

ARRANCARRAÍCES *s. m.* Arranca-raízes.

ARRANCASIEGA (arrancassiega) *Agr.* Colheita por sega e arranque. *fig. prov. Arag.* Arranca-rabo, conflito, briga, rolo.

ARRANCHAR (arrantchar) *v. tr.* Arranjar as coisas que estão em desordem. *Amer. per.* Arrebatar vivamente uma coisa. *Náut.* Passar (o navio) muito próximo da costa, de um cabo, de um baixio, etc. Bracear todo o possível. *v. pron.* Arranchar-se (associar-se). *fam.* Arranchar-se (juntar-se em ranchos). *Amer.* Amancebar-se.

ARRANCIARSE *v. pron.* V. ENRANCIARSE.

ARRANQUE *s. m.* Arranque. *fig. fam.* Brio, ímpeto, vigor. Arranco. *fig.* Pujança. *Tener —, loc. fig.* Ter valor. *Tener —s, loc. fig. fam.* Ter o gênio arrebatado.

ARRANQUERA *s. f. vulg. Amer.* Extrema pobreza, grande miséria, a maior penúria.

ARRANQUITIS *s. f. Amer. per.* V. ARRANQUERA.

ARRAPAR *v. tr.* Arrebatar. (Atualmente só se emprega em estilo vulgar).

ARRASAMIENTO (arrassamiento) *s. m.* Arrasamento, arrasadura.

ARRASAR (arrassar) *v. tr.* Arrasar. Derribar, destruir, arruinar. V. RASAR. *v. intr.* Limpar, desanuviar-se (o céu). — *de lágrimas los ojos,* arrasar-se os olhos de lágrimas.

ARRASTRACUEROS *adj.* e *s. m. Amer.* Pessoa desprezível.

ARRASTRADA *adj.* e *s. f.* Aplica-se à mulher perdida.

ARRASTRADAMENTE *adv. fig. fam.* Imperfeita, defeituosamente. Arrastadamente, a custo, com dificuldade. Miserável, infelizmente.

ARRASTRADERA *s. f. Náut.* Ala, varredoura. Corda de um aeróstato.

ARRASTRADERO *s. m.* Arrastadouro. Lugar por onde se tiram do circo os touros os animais mortos.

ARRASTRADIZO, A (arrastradiço) *adj.* Arrastadiço. Trilhado. *Fig.* Louvaminhas.

ARRASTRADO, A *adj. fig. fam.* Pobre, infeliz, miserável, abatido, azarado, arrastado. Vexado, oprimido, apremado, arrostado. *fig.* V. APERREADO. Patife, maroto, velhaco. U. t. c. s. Diz-se do jogo de cartas em que é obrigado servir a carta jogada. *p. p. de Arrastrar.*

ARRASTRAMIENTO *s. m.* Arrastamento, arrastadura.

ARRASTRAPANZA (arrastrapança) *s. f. Amer. cub.* Calhambeque.

ARRASTRAR *v. tr., intr.* e *pron.* Arrastar (em todas as acep. do vocab. português). Nalguns jogos de cartas, como o solo, jogar o trunfo. — *coche, fig. fam.* Ter carruagem; ser rico, viver na opulência.

ARRASTRE *s. m.* Arrasto, arraste. *Amer. cub.* Influência política ou social.

ARRATE *s. m.* Arrátel.

ARRATONADO, A *adj.* Comido ou roído pelos ratos ou ratazanas.

ARRATONAR *v. tr.* Ratar, mordicar. *v. pron.* Enfraquecer (os gatos) por comerem muitos ratos.

ARRAYADOR (arradjador) *s. m. Amer. equat.* V. RASERO.

ARRAYÁN (arradjân) *s. m. Bot.* Murta. — *brabántico,* gilbarbeira. Nome de outras mirtáceas do Peru e Chile. — *moruno, murta* (de folhas menores).

ARRAYANAL (arradjanal) *s. m.* Murtal.

ARRAZ *s. m.* V. ARRÁEZ.

¡ARRE! *interj.* Arre! (Expressão para tanger as bestas). *s. m. fam.* Pileca, cavalicoque. Cavalinho de brinquedo. *¡ — allá! interj. fam.* Irra! Arre! Vai-te!

ARREA (arrèa) *s. f. Med.* Arréia. *Amer.* V. ARRIA. *¡ —! interj. fam.* Depressa! Irra!

ARREADA *s. f. Amer.* Ato de tanger o gado que pasta no campo. Leva, recrutamento de gente para o serviço das armas. *Amer. argent.* e *mexic.* Roubo de gado, abigeato. *Echar una — Amer.* Levar gado furtivamente.

ARREADO, A *adj.* Aguilhoado, tangido (referindo-se às bestas). Estimulado, incitado (referindo-se às pessoas). Arreado, enjaezado, aparelhado. *ant.* Arreado, ataviado, enfeitado. *Amer. hond.* V. CACHAZUDO.

ARREADOR, A *adj.* Arreador. *Amer. s. m.* Arreiro, arriador. *Amer. argent., per., colomb.* e *urug.* Arreador (relho para tocar a tropa). V. ZURRIAGO. Olheiro, vigia.

ARREAR *v. tr.* Tocar, aguilhoar, estimular (as bestas). *ant.* Arrear, ataviar, enfeitar. Arrear (pôr arreios). V. ENJAEZAR. *Amer.* V. ARRIAR. *Amer. argent.* e *mexic.* Levar violenta ou furtivamente, gado alheio. *v. intr. ant.* Ser arreeiro. *v. pron.* Arruinar-se (perder o dinheiro).

ARREATE *s. m.* Restinga.

ARREBAÑADOR, A (arrebanhador) *adj.* e *s.* Raspador, rapador, respigador, arrepanhador.

ARREBAÑADURA (arrebanhadura) *s. f. fam.* Ato de rapar, raspar, arrepanhar. *pl.* Rapas, restos, resíduos de alguma coisa (geralmente comestível).

ARREBAÑAR (arrebanhar) *v. tr.* Rapar, raspar. Arrepanhar (recolher, apanhar). Rapar limpar (a comida de um prato). V. REBAÑAR. *Por ext.* Arrebatar.

ARREBATACAPAS *adj.* e *s.* Palavra usada na *loc. fam. Puerto de —,* com a qual se designa qualquer sítio onde há ventos impetuosos, e também o lugar ou casa onde se corre algum risco, principalmente de roubo.

ARREBATADIZO, A (arrebatadiço) *adj.* Irritadiço, arrebatado.

ARREBATAMIENTO *s. m.* Arrebatamento. Furor. Êxtase, transporte.

ARREBATAPUÑADAS (arrebatapunhadas) *s. m.* Arrebata-punhadas, brigão, valentão.

ARREBATAR *v. tr.* e *pron.* Arrebatar (em todas as acepções do vocab. português) *v. tr.* e *pron.* V. AGOSTAR. *v. tr.* Queimar (a comida). U. t. c. pron. *Amer.* V. ATROPELLAR.

ARREBATIÑA (arrebatinha) *s. f.* Arrebatinha, rebatinha. *Andar a la —,* porfiar, participar do grupo que disputa alguma coisa lançada às rebatinhas.

ARREBATO *s. m.* Arrebato, arrebatamento. *ant.* Rebate.

ARREBIATADO, A *adj. Amer.* Que sempre acompanha ou segue outro.

ARREBIATAR *v. tr. Amer. cuv.* V. ARRABIATAR.

ARREBIATO *s. m. Amer. venezuel.* V. REATA.

ARREBOL *s. m.* Arrebol. Carmim (para o rosto). Esplendor. *Poét.* Carmim (cor do rosto, ainda que natural). *pl.* V. ARREBOLADA.

ARREBOLADA *s. f.* Arrebóis, conjunto de nuvens avermelhadas pelo sol.

ARREBOLAR *v. tr.* Arrebolar. U. t. c. pron. Incidir o sol nas nuvens, produzindo arrebol. U. t. c. pron. Carminar (o rosto). U. t. c. pron.

ARREBOLERA *s. f.* Caixinha de carmim para pintar o rosto. Vendedora destas caixinhas. *Bot.* V. DONDIEGO DE NOCHE.

ARREBOLLARSE (arrebolharse) *v. pron. prov. Ast.* Precipitar-se, despenhar-se.

ARREBOZADA (arreboçada) *s. f.* Enxame de abelhas.

ARREBOZAR (arreboçar) *v. tr.* V. REBOZAR. U. t. c. pron. V. EMBOZARSE. Amontoar-se as abelhas em torno da colmeia.

ARREBUJADAMENTE (arrebujadamente) *adv.* Confusamente, sem precisão nem clareza.

ARREBUJAR (arrebujar) *v. tr.* Amarrotar, amachucar, arrepanhar. Envolver, enrolar, cobrir. *v. pron.* Enroupar-se, agasalhar-se, enrolar-se bem (nas cobertas, numa capa).

ARRECAFE *s. m. Bot.* Cardo asneiro.

ARRECENTAR *v. intr.* Tornar, oferecer-se.

ARRECHO, A (arretcho) *adj. prov. Alav.* Teso, erguido, direito. *Amer. C. Rica.* Brigão, rixento. *Amer. mexic. s. m.* Porco, cerdo.

ARRECHUCHO (arretchutcho) *s. m. fam.* Arranco, ímpeto de cólera, arrebatamento. *fam.* Indisposição repentina e passageira.

ARRECIAR *v. intr.* Aumentar, apertar, crescer (em força, intensidade ou violência) alguma coisa. U. t. c. pron. *vulg.* Engordar. *Náut.* Refrescar (a brisa) *v. pron.* Fortalecer-se, robustecer-se, fortificar-se.

ARRECIDO, A *adj.* Enregelado, gelado, engerido, entanguido.

ARRECIFE *s. m.* Calçada (caminho largo e empedrado). Banco de areia, baixio. Recife, arrecife. Canal empedrado para conduzir água.

ARRECIL *s. m.* Enchente, cheia, inundação.

ARRECIRSE *v. pron.* Engerir-se, estanguecer, enregelar-se. (Verbo defectivo: emprega-se somente nos tempos e pessoas que têm a vogal nas suas desinências).

ARREDILAR *v. tr.* Apriscar, meter no redil.

ARREDOMADO, A *adj.* V. REDOMADO.

ARREDONDAR *v. tr. ant.* V. REDONDEAR.

ARREDONDEAR *v. tr. ant.* V. REDONDEAR.

ARREDRAMIENTO *s. m.* Arredamento.

ARREDRAR *v. tr.* Arredar, afastar, apartar, separar. U. t. c. pron. *fig.* Retrair, dissuadir, fazer voltar atrás. U. t. c. pron. Amedrontar, atemorizar. U. t. c. pron.

ARREDRO *adv. ant.* Arredo. *Amer. mexic. ¡—vaya!* Fora daqui!

ARREFORIAS *s. f. pl.* Arreforia.

ARREGAZADO, A (arregaçado) *adj.* Arremangado, arregaçado. *fig.* Arrebitado. *Nariz —,* nariz arrebitado.

ARREGAZAR (arregaçar) *v. tr.* Arregaçar, arremangar. U. m. c. pron.

ARREGLADAMENTE *adv.* Regradamente. Conformemente, de acordo. *fig.* Ordenada, moderadamente.

ARREGLADO, A *adj.* Regulado. Regrado. Arrumado. *fig.* Ordenado, moderado. Sóbrio, frugal, econômico, regrado. Convencionado, assente, fixado, arranjado. Arranjado (meio rico, em condições prósperas). *A un precio —,* a preço razoável.

ARREGLADOR, A *adj.* e *s.* Arranjador. Arrumador. Consertador.

ARREGLAR *v. tr.* Regular, regrar. Ajustar, conformar. Arranjar, compor; consertar, reparar. Adaptar, acomodar. Fixar, determinar. Conciliar, reconciliar. Esclarecer. Desenredar, desemaranhar. Simplificar. Adaptar (uma obra dramática). *Amer.* Castrar, capar. *fig. fam.* Corrigir, repreender. Moldar. *Mús.* Arranjar. Regular (um cronômetro). *v. pron.* Arranjar-se, avir-se, entender-se. Regrar-se, arranjar-se. Conformar-se, adaptar-se. Remediar-se; reduzir os gastos. *— a uno,* impor-se a alguém. *— cuentas,* ajustar contas. *— los muebles,* arranjar, limpar os móveis. *— se al tiempo,* acomodar-se às circunstâncias. *— se con alguno,* entender-se com alguém. ARREGLÁRSELAS, *loc. fam.* Engenhar um meio para sair de algum apuro ou conseguir algum fim. *— uno sus cosas,* preparar-se para uma viagem ou para morrer.

ARREGLO *s. m.* Arranjo. Regra, ordem, método, coordenação. *fam.* Sobriedade, economia, moderação nos gastos. *fam.* Arranjo, amásia. Conveniência, conciliação. Convênio, ajuste. *Por ext.* Moralidade, boa conduta. Lei, regulamento, disposição governativa. *Teat.* Arranjo, adaptação. *Mat. pl.* Arranjo. *De —, loc. adv.* Conformemente, de acordo, segundo.

ARREGOSTADO, A *adj.* Habituado, afeiçoado a uma coisa boa ou útil.

ARREGOSTAR *v. tr.* Atrair, engodar, seduzir com promessas. *v. pron. fam.* Gostar de uma coisa e habituar-se a ela; refestelar-se, repimpar-se, avezar-se.

ARREGOSTO *s. m. fam.* Gosto habitual que se tem por uma coisa; preferência, gosto.

ARREJACAR (arrejacar) *v. tr. Agr.* Aricar, deslavrar.

ARREJACO (arrejaco) *s. m.* V. VENCEJO.

ARREJADA *s. f. Agr.* Arrelhada.

ARREJAQUE (arrejaque) *s. m.* Fisga, garbo. Tridente. V. VENCEJO.

ARREJAR (arrejar) *v. tr. vulg. Amer.* Arriscar.

ARREJERAR (arrejerar) *v. tr. Náut.* Ancorar a embarcação com três âncoras: duas pela proa e uma pela popa.

ARRELDE *s. m.* Arrela (peso de quatro arráteis).

ARRELLANAMIENTO (arrelhanamiento) *s. m.* Repoltreamento, refestelamento.

ARRELLANARSE (arrelhanarse) *v. pron.* Recostar-se, repimpar-se, refestelar-se, repoltrear-se. *fig.* Viver satisfeito com o seu emprego ou estado.

ARREMANGADO, A *adj.* Arrebitado, voltado para cima, revirado. *Nariz — a,* nariz arrebitado. *Ojo —,* olho revirado. Arremangado, arregaçado.

ARREMANGAR *v. tr.* Arremangar. U. t. c. pron. Arregaçar. U. t. c. pron. *v. pron. fig. fam.* Tomar energicamente uma resolução.

ARREMANGO *s. m.* Arregaço. Ação de arremangar. Parte da roupa arregaçada que se prende à cintura. Atrevimento, desenvoltura. *pl.* Ameaças, insolências.

ARREMETER *v. tr. (desu.)* Fazer entrar. Arremeter, acometer, investir. *v. intr.* Arremeter. Arremeter, esporear, açular. *fam.* Chocar, ofender, destoar. *— com algo.* V. APECHUNGAR.

ARREMINGARSE *v. pron. Amer.* V. REMILGARSE.

ARREMOLINAR *v. tr.* Remoinhar, torvelinhar. *fig.* Apinhar, amontoar, juntar muita gente em redor. *v. pron.* V. REMOLINARSE.

ARREMUESCO *s. m. Amer. colomb.* V. ARRUMACO.

ARRENDADERO *s. m.* Argola (cravada na parede) a que se prendem animais.

ARRENDADO, A *adj.* Arrendado (tomado de arrendamento). Arrendado (bridado, que obedece à rédea).

ARRENDADOR, A *adj.* e *s.* Arrendador. Que sabe arrendar (segurar no freio) um cavalo. *s. m.* V. ARRENDADERO. Arrendatário. *— del plomo, loc. fig. fam.* Pesadão, maçante (nas ações e conversas).

ARRENDAJO (arrendajo) *s. m. Zool.* Pega. *fig. fam.* Imitador, arremedador. *Ser uno el — del otro, loc. fig. fam.* Ser um a cara do outro; parecer-se muito fisicamente.

ARRENDAR *v. tr.* Arrendar (dar em arrendamento). Arrendar, segurar pelas rédeas. *fig.* Sujeitar. Arremedar, imitar (a voz, as ações de outrem). *Amer. argent.* Cimentar. Escardear, mondar. *Equit.* Amestrar, ensinar um cavalo, fazendo-lhe sentir as rédeas. Puxar a rédea, segurar o cavalo pela rédea. *v. pron. Amer. mexic.* Deter-se. *Irreg. Ind. pres. Arriendo-o, as, a, an. Subj. pres. Arrend-e, es, e, en. Imperat. Arriend-a, e, en.* (Na acepção de *Arrendar,* é regular).

ARRENQUÍN *s. m. Amer.* Cavalgadura que é montada pelo arreiro. *Amer.* Ajudante de arreeiro. *Amer. cub.* Besta de carga que serve de madrinha.

ARRENTE *adv. prov. Gal. Can.* Rente, cerce.

ARREO (arreo) *s. m.* Arreio, ornamento, atavio, enfeite, adorno. Alfaia. *pl.* Arreios, arreamento, jaez. Acessórios. Enfeites que as mulheres trazem à cabeça. *adv.* Arreio, seguidamente, a fio, a eito. *s. m. Amer. argent.* Tropa (caravana de bestas de carga, manada de gado).

ARREPANTIGARSE *v. pron. Amer. argent.* V. REPANTIGARSE.

ARREPAPALO *s. m.* Certa espécie de filhó.

ARREPENTIDA *s. f.* Arrependida (mulher de má vida que se recolhe a um convento).

ARREPENTIDO, A *adj.* Arrependido.

ARREPENTIMIENTO *s. m.* Arrependimento.

ARREPENTIRSE *v. pron.* Arrepender-se. Arrepender-se (mudar de parecer, retratar-se, retrair-se).

ARREPISO, A (arrepisso) *ant. p. p. irreg.* de *Arrepentir-se.* Arrepeso.

ARREPISTAR *v. tr.* Remoer, picar a massa de trapos para o fabrico do papel.

ARREPISTO *s. m.* Remoedura. Coisa remoída.

ARREPOLLADO, A (arrepolhado) *adj.* Arrepolhado.

ARREPOLLAR (arrepolhar) *v. intr. Amer.* V. REPOLLAR. *v. pron. fig. Amer.* Sentar-se (uma mulher) no chão acomodando bem o vestido.

ARREPTICIO, A *adj.* Abreptício, endemoinhado, possesso.

ARREQUESONADO, A (arrequessonado). *adj.* Semelhante ao requeijão. Coalhado, talhado, coagulado.

ARREQUESONARSE (arrequessonarse) *v. pron.* Coalhar-se, coagular-se, talhar-se (o leite).

ARREQUÍN *s. m. Amer.* V. ARRENQUÍN.

ARRESTADO, A *adj.* Audaz, arrojado, intrépido, destemido. Preso, detido.

ARRESTAR *v. tr.* Deter, prender, levar preso. *Amer. per.* Repreender, censurar, admoestar. *v. pron.* Arranjar-se, atrever-se, abalançar-se.

ARRESTO *s. m.* Prisão, detenção. Reclusão. Detenção provisória. Arrojo, intrepidez, destemor, audácia. *— mayor Juris.* Reclusão por espaço de trinta e um dias a seis meses. *— menor,* reclusão por tempo de um a trinta dias.

ARRETÍN *s. m.* V. FILIPICHÍN.

ARRETRANCA *s. f. Amer.* V. RETRANCA.

ARRETRANCOS *s. m. pl. Amer. centr.* Cordas, correias, arreatas para o arreamento das bestas de carga ou cavalgaduras.

ARREVESADO, A (arrevessado) *adj. Amer. argent.* V. REVESADO. *Amer. per.* V. ENREVESADO.

ARREVOLVER *v. tr. ant.* Revolver. (Usa-se ainda na Colômbia).

ARREZAFE (arrezafe) *s. m. Bot.* Cardo asneiro. Silvado, moita, sarça, matagal.

ARREZAGAR (arrezagar) *v. tr.* Arregaçar. Arremangar. U. t. c. pron. Levantar, erguer, mover de baixo para cima.

¡ARRÍA! *interj. Náut.* Arreia!

ARRIA *s. f.* Récua. *Amer.* Récua de doze bestas de carga dirigida por um só homem. *fig. fam.* Récua, caterva, ajuntamento de pessoas desprezíveis.

ARRIADA *s. f.* V. RIADA. *Náut.* Arreamento.

ARRIADO, A *adj. ant.* Avivado, estimulado, veloz. *Amer. per.* Vagaroso, indolente, preguiçoso.

ARRIAR *v. tr. fig. fam. prov. And.* Dar, soltar, afrouxar, entregar. *Náut.* Arriar, arrear; afrouxar, amainar. *v. pron.* Inundar-se. *Náut.* Descer, baixar, escorregar (por um cabo, uma corda). *— candela, loc. fam. fig.* Pespegar uma sova.

ARRIATA *s. f.* V. ARRIATE. *Náut.* V. REATA.

ARRIATE *s. m.* Alegrete. Caminho, calçada, vereda. Latada de cana.

ARRIBA *adv.* Acima, em cima, em lugar elevado, arriba. Para cima, para lugar elevado, arriba. Adiante, para diante. Acima, anteriormente, atrás. *fig.* No alto, no céu. *Amer. argent.* Sobre, em cima. *Amer.* Situação respectiva de dois rios ou municípios do mesmo nome: de cima, riba. *¡—! interj.* Guarda! *— interj. Náut.* Arriba! arriba! *Estar —,* ter subido (um requerimento, uma consulta, uma apelação) para a autoridade superior. *De —, loc. fig.* Do alto, de Deus. *Amer. argent.* e *urug.* De arriba, de graça, gratuitamente. *De — abajo, loc. adv.* De cima abaixo; dos pés à cabeça. *Estar de —, loc. Amer.* Estar em cima, gozar de boa posição social. *Dicho —,* acima mencionado. *Venir de —, loc. fam.* Cair do céu ou proceder de autoridades superiores.

ARRIBADA *s. f. Náut.* Chegada. Arribada, arribe. *— forzosa,* arribada forçada. Ação de arribar (girar um navio de barlavento para sotavento).

ARRIBAJE (arribaje) *Náut.* V. ARRIBADA. Lugar onde se pode atracar na praia.

ARRIBANO, A *adj. Amer.* No Chile e no Peru, diz-se dos habitantes das províncias do sul. U. t. c. s.

ARRIBANZA (arribança) *s. f.* Chegada, arribe, arribada.

ARRIBAR *v. intr.* Arribar (chegar o navio ao porto demandado). Arribar (acolher-se o navio a porto a que se não destinava). Chegar, acabar de chegar de qualquer parte; arribar. *fig. fam.* Arribar (convalescer; melhorar de fortuna). *Amer. argent.* Engordar os animais que estavam fracos. *Náut.* Arribar, girar de barlavento para sotavento.

ARRIBAZÓN (arribaçon) *s. f. Amer.* Arribação, grande afluência (de peixes). Multidão de pessoas ou coisas.

ARRIBEÑO (arribenho) *adj. Amer.* Aplica-se, pelos habitantes do litoral, ao que procede das terras altas ou pertence a elas. U. t. c. s. *Amer. argent.* Aplica-se aos naturais das províncias do Norte e da Bolívia.

ARRIBISMO *s. m.* Arrivismo.

ARRIBISTA *s. m.* e *f.* Arrivista.

ARRIBO *s. m.* Chegada. *— feliz,* boa vinda.

ARRICÉS *s. m. pl.* Arreazes.

ARRICETA *s. f.* Restinga.

ARRICETE *s. m.* Recife, arrecife; rochedo à flor d'água.

ARRIENDO *s. m.* Arrendamento.

ARRIERAJE (arrieraje) *Amer.* V. ARRIERÍA. Grêmio ou coletividade de arreeiros.

ARRIERÍA *s. f.* Ofício de arreeiro.

ARRIERIL *adj. fam.* Arreeirático, arrieirático.

ARRIERO *s. m.* Arreeiro, arrieiro, azemel, almocreve, recoveiro. *Náut.* Vento um tanto fresco e duradouro. *Zool.* Ave cubana (*Sarothera merlini*).

ARRIESGADAMENTE *adv.* Arriscadamente, perigosamente.

ARRIESGADO, A *adj.* Arriscado, perigoso. Ousado, temerário, imprudente.

ARRIESGAR *v. tr.* Arriscar, aventurar, pôr em risco. U. t. c. pron.

ARRIMADERO *s. m.* Estrado, encosto, apoio, esteio, arrimo. (Qualquer objeto de apoio).

ARRIMADILLO (arrimadilho) *s. m.* Esteira ou tela a modo de friso com que se revestem as paredes de uma peça. Rodapé de estuque, mármore ou madeira.

ARRIMADIZO, A (arrimadiço) *adj.* Feito para ser encostado ou arrimado a alguma parte. Arrimadiço. U. t. c. s.

ARRIMADO, A *adj.* Arrimado, encostado, amparado. Junto, próximo, imediato, contíguo. — *a la cola, loc. fam.* Pessoa de pouca inteligência. *Tener un espíritu* —, estar possuído do demônio, estar endemoninhado.

ARRIMADOR, A *adj.* e *s.* Que escouta, que escora, que arrima. *s. m.* Tronco que se põe nas laireiras para nele apoiar a lenha menor.

ARRIMADURA *s. f.* V. ARRIMO. Má direção tomada pelo cravo ao ser ferrado um animal.

ARRIMAR *v. tr.* Aproximar, acercar, achegar, abeirar. U. t. c. pron. Arrimar, encostar, apoiar, escorar. *fig.* Arrimar, por de parte, abandonar. *fig.* Destituir, exonerar. Dar, aplicar, pespegar, assestar. *Náut.* Estivar, arrumar. *v. pron.* Arrimar-se, apoiar-se, afirmar-se, estribar-se. Aproximar-se, abeirar-se, avizinhar-se, acercar-se. *fig.* Juntar-se, associar-se. Acolher-se, amparar-se. Aproximar-se do conhecimento de alguma coisa. ARRÍMATE *a los buenos y serás uno de ellos,* chegate aos bons e serás um deles.

ARRIME *s. m.* No jogo das bochas, lugar imediato à pequena bola chamada *chico* ou *bolín.*

ARRIMO *s. m.* Aproximação, acercamento. Arrimo, apoio. *fig.* Arrimo, favor, proteção, amparo. Arrumação, estiva. *fig.* Exoneração, demissão. Abandono.

ARRIMÓN *s. m.* Aplica-se ao material que é deixado na rua, durante muito tempo, encostado à parede. *irôn.* Ação de apoiar-se como quem se deixa cair. *Estar uno de* —. *loc.* Estar na rua, encostado à parede alguma coisa.

ARRINCONADO, A *adj.* Arrincoado, arrinconado, acantoado. Posto a um canto, desdenhado (por ser antigo ou de valor insignificante). Abandonado, esquecido. *fig.* Solitário, filósofo, misantropo.

ARRINCONAMIENTO *s. m.* Acantoamento. Abandono, esquecimento. Exoneração, demissão, desautoração. Recolhimento, retiro.

ARRINCONAR *v. tr.* Arrinconar, arrincoar. Encurralar, acantoar. *fig.* Despojar, despedir, privar alguém do cargo, confiança ou favor de que gozava. Abandonar, arrimar. Esconder. *v. pron.* Retirar-se, recolher-se, arrincoar-se.

ARRINONADO, A (arrinhonado) *adj.* Reniforme.

ARRISADO, A (arrissado) *adj.* Risonho, agradável. Benigno, afável, aprazível.

ARRISAR (arrissar) *v. tr.* Tornar risonho ou aprazível.

ARRISCADO, A *adj.* Arriscado, perigoso. Alcantilado, escarpado. Atrevido, ousado, empreendedor. Arrojado, temerário. Ágil, galhardo, lesto. *Amer.* Arrebitado, levantado, erguido.

ARRISCADOR, A *s. m.* e *f.* Apanhador, recolhedor, o que junta as azeitonas que caem das oliveiras.

ARRISCAR *v. tr.* V. ARRIESGAR. U. t. c. s. *fig.* (p. us.) Levantar, elevar. *v. pron.* Despenhar-se, precipitar-se, cair (o gado) por escarpas ou fragosidades. *fig.* Envaidecer-se, ensoberbecer-se. *Amer. per.* Vestir-se com esmero, enfeitar-se. *Quien no arrisca no aprisca,* quem não arrisca não petisca.

ARRISCO *s. m.* V. RIESGO.

ARRITRANCO *s. m. Amer. cub.* e *colomb* V. ARRETRANCO. U. m. no pl. *Amer. cub.* Tareco, traste velho, móvel inútil.

ARRIZAFA (arriçafa) *s. m.* V. RUZAFA.

ARRIZAR (arriçar) *v. tr. Náut.* Rizar, arrizar. Arrizar (amarrar com cordas).

ARROBA *s. f.* Arroba. *Echar uno por* — *s, loc. fig. fam.* Exagerar, avultar, aumentar as coisas.

ARROBADERA *s. f. Agr.* V. TRAJILLA.

ARROBADIZO, A (arrobadiço) *adj.* Que finge ou costuma ter arrebatamentos ou êxtases.

ARROBADO, A *adj.* Arroubado, arrebatado, extasiado, enlevado, embevecido, suspenso. Arrobado. *Por* —, *loc. adv. ant.* Por arrobas; por atacado.

ARROBADOR, A *adj.* Arrebatador, extasiante. *ant.* Ladrão.

ARROBAL *adj. prov.* Diz-se do que contém uma arroba.

ARROBAMIENTO Arroubamento, arroubo, arrebatamento. Êxtase, transporte, enlevo.

ARROBAR *v. tr.* Arroubar, extasiar, embevecer. Suspender, enlevar, arrebatar, transportar. *fig.* Seduzir, encantar. *ant.* Roubar. Arrobar. *v. pron.* Extasiar-se, embevecer-se, alhear-se, enlevar-se, arrebatar-se.

ARROBERO, A *adj.* Que pesa uma ou cerca de uma arroba. *s. m.* Fornecedor de pão.

ARROBINAR *v. tr.* Consumir, corromper.

ARROBO *s. m.* Arroubo, êxtase. *ant.* Roubo.

ARROCABE *s. m. Arq.* Viga sobreposta numa parede. Adorno à maneira de friso.

ARROCERÍA *s. f.* Arrozal.

ARROCERO, A *adj.* Arrozeiro. *s. m.* Arrozeiro. *Amer. venezuel.* Parasita, que vive à custa alheia.

ARROCHELARSE (arrotchelarse) *v. pron. Amer. venezuel.* Aquerenciar-se. Empacar.

ARROCÍA *s. f.* Arrózia, arroz do mato.

ARROCINA *s. f. Amer. argent.* Canjica bem miúda.

ARROCINADO, A *adj.* Semelhante ao rocim (cavalo fraco, pileca.) *fig.* Embrutecido, falto de entendimento. *vulg.* Ignorante, burro, besta.

ARROCINAMIENTO *s. m.* Estupidez, brutalidade, embrutecimento. Ação de ARROCINAR.

ARROCINAR *v. tr. fam. fig.* Embrutecer. U. t. c. pron. *Amer.* Arrocinar. *v. pron. fig. fam.* Apaixonar-se cegamente.

ARRODAJARSE (arrodajarse) *v. pron. Amer. C. Rica.* V. ARRELANARSE.

ARRODEO (arrodèo) *s. m.* V. RODEO.

ARRODILLADA (arrodilhada) *s. f. Amer.* Genuflexão, ajoelhação, ajoelhamento.

ARRODILLADA (arrodilhada) *s. f. Amer.* V. ARRODILLAMIENTO.

ARRODILLAMIENTO (arrodilhamiento) *s. m.* Ajoelhamento, ajoelhação; genuflexão.

ARRODILLAR (arrodilhar) *v. tr.* Ajoelhar. *v. intr.* Ajoelhar-se, genuflectir. U. t. c. pron.

ARRODO *adv.* A rodo, a granel, a esmo.

ARRODRIGAR *v. tr. Agr.* V. ARRODRIGONAR.

ARRODRIGONAR *v. tr. Agr.* Empar as vides.

ARROJADILLO (arrojadilho) *s. m. ant.* Mantelete.

ARROJADIZO, A (arrojadiço) *adj.* Arrojadiço. *Arma* — *a,* arma de arremesso. *ant. fig.* Arrojado, audaz.

ARROJAR (arrojar) *v. tr.* Arrojar, arremessar, lançar, atirar. Despedir, exalar (bom ou mau odor). Expedir, despedir. Vomitar. Deitar fora, jogar para. Malbaratar, dissipar, desperdiçar. Arrojar, precipitar, despenhar. Infundir arrojo. Dar, apresentar, mostrar (tratando-se de contas). *fig.* Despedir de si com ênfado ou cólera. Chocar, dar, bater (uns corpos contra outros). Despedir, lançar de si, desprender, soltar. *v. pron.* Arrojar-se, arremessar-se, precipitar-se, despenhar-se. Arranjar-se, arriscar-se, atrever-se. Postrar-se, ajoelhar-se. Entregar-se, confiar-se. Atirar-se nos braços de. ARRÓJÓMELAS Y ARROJÉSELAS, *loc. fam.* Altercamos; digo-lhe isto e diga-me aquilo.

ARROJE (arroje) *s. m. Teat.* Maquinista encarregado do pano.

ARROJO (arrojo) *s. m. fig.* Arrojo, ousadia, intrepidez. Ânimo, valor, denodo, brio. Precipitação, falta de reflexão. *Com.* mercadoria que se deita fora; refugo.

ARROLLADO, A (arrolhado) *adj.* Enrolado. Arrolado. Subjugado. Derrotado. Rolado. *fig.* Confuso, embrulhado. Afugentado. Adormentado. Arregaçado, arremangado.

ARROLLADOR, A (arrolhador) *adj.* e *s.* Enrolador.

ARROLLADURA (arrolhadura) *s. f. fig.* Ruga, prega (no que devia ser liso).

ARROLLAR (arrolhar) *v. tr.* Enrolar, envolver em rolo. Arrolar, formar rolos. Atropelar, arrastar, impedir, precipitar. Rolar, levar de roldão. Desbaratar, derrotar. Subjugar, avassalar, dominar. *fig.* Confundir, deixar sem resposta, embrulhar. Afugentar, fazer desaparecer. *fig.* Vencer um obstáculo. *Amer. colomb., guat., mexic., hond., per.* e *sal.* Ninar, arrolar. *v. pron.* Enrolar-se, arrolar-se, tomar forma de rolo. *fig.* Desbaratar-se mutuamente os combatentes. *Amer.* Arremangar-se, arregaçar-se.

ARROMADIZAR (arromadiçar) *v. tr.* Constipar, encatarrar. *v. pron.* Constipar-se, encatarrar-se, resfriar-se.

ARROMANZAR (arromançar) *v. tr. ant.* Arromançar, romancear, pôr em romance; traduzir para o espanhol.

ARROMAR *v. tr.* Embotar, cegar, fazer perder o fio. U. t. c. pron. *fam.* Achatar. U. t. c. pron.

ARRONZAR (arronçar) *v. tr. Náut.* V. RONZAR. Adernar demasiado a sotavento.

ARROPADO, A *adj.* Arroupado, enroupado. Abrigado, coberto. Arroubado (com arroubo).

ARROPAR *v. tr.* Arroupar, enroupar. Abrigar, cobrir. U. t. c. pron. Vestir. ARRÓPESE *com ello, loc. fam.* Fique com isso, não o quero, não me interessa; guarde para si.

ARROPE *s. m.* Arrobe.

ARROPEA *s. f.* Grilheta. Peia, maneia. V. FERROPEA.

ARROPERA *s. m.* Vasilha para guardar arrobe.

ARROPÍA *s. f. prov.* V. MELCOCHA.

ARROPIERO *s. m. prov.* V. MELCOCHERO.

ARROSCAR *v. tr. ant.* Enroscar.

ARROSTRADO, A *adj.* Encarado. (Usa-se com os advs. *bien* ou *mal*).

ARROSTRAR *v. tr.* Arrostar, resistir, enfrentar. Superar, dominar, vencer. Arrostar, agüentar, sofrer, arcar com. *v. intr.* Inclinar-se ou manifestar inclinação para alguma coisa; tender, propender. *v. pron.* Atrever-se, arrojar-se, acometer.

ARROYADA (arrodjada) *s. f.* Vale por onde corre um arroio. Sulco aberto na terra pela água corrente. Enchente, inundação de um arroio. *vulg.* Pancada d'água, aguaceiro.

ARROYADERO (arrodjadero) *s. m.* V. ARROYADA, 1ª e 2ª acepções.

ARROYAR (arrodjar) *v. tr.* Enxurrar. U. m. c. pron. Formar arroios. Arrojar. *v. intr.* Chover a cântaros. *v. pron.* Alforrar-se (as plantas).

ARROYO (arrodjo) *s. m.* Arroio, ribeiro, regato, riacho. Sulco ou fenda por onde corre. *fig.* Arroio, corrente de qualquer líquido. *Amer. argent.* e *urug.* Rio navegável, mas pouco caudaloso e de curta extensão. *Estar en el* —, *loc. fam. fig.* Estar na rua; estar desamparado; não ter residência. *Poner a uno en el* —, *loc. fig. fam.* Pôr alguém no olho da rua.

ARROYUELA (arrodjuela) *s. f. Bot.* Salicária, salgueirinha.

ARROYUELO (arrodjuelo) *s. m. Dim.* de *Arroyo.*

ARROZ *s. m.* Arroz. — *con leche Amer. plat.* Arroz de leite, arroz doce. — *del Peru,* arroz miúdo do Peru. — *de Carolina,* arroz silvestre, arroz do mato. — *y gallo muerto, loc. fam.* com que se acentua a abundância e excelência de um banquete.

ARRUFADURA *s. f. Náut.* Arrufamento. Curvatura.

ARRUFALDADO, A *adj.* Arregaçado. *ant.* Arrufianado.

ARRUFAR *v. tr. Náut.* Arquear, dar curvatura. Arrufar. *fig.* Arrufar-se, enfadar-se, agastar-se. Contender, altercar. *v. pron. Amer. venezuel.* Irritar-se, embravecer.

ARRUFIANARSE *v. pron.* Tornar-se rufião, envilecer, acanalhar-se.

ARRUFO *s. m. Náut.* V. ARRUFADURA.

ARRUGA *s. f.* Ruga. Prega. Dobra (Aplica-se à pele, à roupa ou outra coisa igualmente flexível.) *Amer. per.* Alicantina, trapaça, velhacaria. *Hacer una* — *Amer. per.* Trapacear, enganar.

ARRUGAMIENTO *s. m.* Arrugadura, arrugamento. Encarquilhamento.

ARRUGAR *v. tr.* Arrugar, enrugar. U. t. c. pron. *Amer. cub.* Molestar, incomodar, azucrinar. *Amer. per.* Enganar, trapacear, estafar. *v. pron.* Arrugarse, enrugar-se. Encarquilhar-se. *fam. Amer.* Acobardar-se.

ARRUGIA (arrújia) *s. f.* Arrúgia. Mina de ouro muito profunda.

ARRULLADOR, A (arrulhador) *adj.* Acalentador. Adulador, lisonjeiro. Namorador. Arrulhador.

ARRULLAR (arrulhar) *v. tr.* Arrulhar. *fig.* Acalentar, ninar, arrulhar. Namorar com palavras suaves e lisonjeiras. *v. pron.* Embalar-se suavemente deixando vaguear a imaginação.

ARRULLO (arrulho) s. m. Arrulho (som produzido pelas pombas). *fig.* Lisonja, carícia, afago, galanteio.

ARRUMA s. f. *Náut.* Divisão que se faz no porão de um navio para colocar a carga. *Amer.* Ruma, rima, pilha.

ARRUMACO s. m. Festa, afago, requebro, demonstração de carinho, por meio de gestos. U. m. no pl. Adorno extravagante. Derrengue, dengue, requebro, trejeito. Fingimento, afago enganoso; adulação.

ARRUMAJE (arrumaje) s. m. *Náut.* Arrumação (boa disposição da carga, estiva). Lastro.

ARRUMAQUERO, A adj. Requebrado, dengoso, afagueiro, afagoso. U. t. c. s.

ARRUMAR v. tr. *Náut.* Arrumar (distribuir bem a carga). v. pron. *Náut.* Arrumar-se (carregar-se o horizonte de nuvens).

ARRUMAZÓN s. f. *Náut.* Arrumação, estiva. Arrumação de nuvens. V. ARRUMAJE.

ARRUMBACIÓN s. f. Trasfegadura, trasfego.

ARRUMBADA s. f. *Náut.* Corredor (na proa das galeras); bateria.

ARRUMBADO, A adj. Abandonado, retirado, posto de lado. *Amer. mexic.* Esquecido, desprezado. Amontoado, mal arranjado.

ARRUMBADOR, A adj. e s. Arrumador. Trasfegador. Timoneiro.

ARRUMBAMIENTO s. m. Direção de uma coisa a respeito de outra. *Náut.* Rumo, derrota. *Mar.* Direção ou rumo que segue uma coisa; lançamento. *Top.* Ângulo que formam entre si dois objetos.

ARRUMBAR v. tr. Apartar, excluir, por de parte alguma coisa inútil. *fig.* Confundir, obrigar ao silêncio. V. ARRINCONAR, 3ª acep. *prov.* Trasfegar. *Amer. mexic.* Amontoar, aglomerar, atravancar. *Náut.* Rumar. Determinar a direção que segue uma costa. Navegar paralelamente à costa; costear. v. intr. Rumar, fixar o rumo, traçar a rota. v. pron. Rumar. Alinhar-se.

ARRUMBE s. m. *Amer.* V. HERRUMBRE.

ARRUNCHARSE (arruntcharse) v. pron. *colomb.* Enovelar-se, encolher-se, enroscar-se.

ARRUNFLADA s. f. Rifada. *fig.* Enfiada, série de acontecimentos ou ações da mesma espécie.

ARRUNFLAR v. tr. Reunir muitas cartas do mesmo naipe. U. m. c. pron.

ARRURUZ s. m. Araruta.

ARSÁFRAGA s. m. *Bot.* V. BERRERA.

ARSÉNICO s. m. *Quím.* Arsênio, arsênico. — *blanco,* Arsênico branco.

ARSENIURO s. m. *Quím.* Arsenieto, arsienureto.

ARTA s. f. *Bot.* V. PLANTAÍNA. — *de agua.* V. ZARAGATONA. — *de monte,* tanchagem.

ARTADO adj. V. ARCTADO.

ARTAL s. m. *ant.* Espécie de empada. Peso de uma libra, em Marrocos.

ARTALEJO (artalejo) s. m. *Dim.* de Artal, 1ª acep.

ARTALETE s. m. V. ARTALEJO.

ARTE s. m. Arte. Habilidade. Artifício. Cautela, manha, astúcia. Arte de pesca. Segredo, talento, meio. Artimanha. (Com os adjetivos *buen* o *mal* antepostos, significa a boa ou má disposição de alguém.) Ficção, aparência, engano. *ant.* Modo, maneira. Classe, espécie. *pron.* Nora (aparelho). *pl.* Lógica, física e metafísica. — *bella,* qualquer das belas-artes. — *de los espíritus,* arte angélica; arte dos espíritos, — *de maestría mayor Poét.* Arte maior. — *de maestría menor* ou *media Poét.* Arte menor. — *noble.* V. ARTE BELLA. — *tormentaria,* artilharia. Amar por — *mayor, loc. fam.* Amar arrostando grandes dificuldades. *De* —, *loc. adv. ant.* De sorte, de maneira, de modo. *De mal* —, *loc. adv.* Em mau estado ou disposição; de mau modo. *Malas* — *s. loc. fam.* Meios indignos, trapaças. *No tener* — *ni parte, loc.* Estar completamente excluído de alguma coisa ou assunto. *Por* — *de birlibirloque, loc. fam.* Por encanto, por meios ocultos e extraordinários. *Por* — *del diablo, loc. fam.* Por artes do demo. *Quién sabe en qué* — *s, loc. fam. Amer. mexic.* Não sei como nem de que maneira. *Tener buen* —, *loc.* Ter felizes disposições para alguma coisa.

ARTEJO (artejo) s. m. *Anat.* Nó, artículo, falange dos dedos. *Zool.* Artículo.

ARTEMISA (artemissa) s. f. Artemísia, erva de São João, artemísia verdadeira.

ARTEMISAL (artemissal) s. m. Sítio povoado de artemísias.

ARTEMISILLA (artemissilha) s. f. Artemisila.

ARTERA s. f. *prov. Arag.* Instrumento de ferro com o qual cada um marca o seu pão antes de enviá-lo ao forno comum.

ARTERAMENTE adv. Arteiramente, astuciosamente, manhosamente.

ARTERIA s. f. Artéria.

ARTERÍA s. f. Arteirice, manha, astúcia. (Usa-se atualmente no mau sentido). *vulg.* Malícia, baixeza, chufa.

ARTERO, A adj. Arteiro, manhoso, fino, astuto, hábil, sagaz. (Usa-se atualmente no mau sentido). *vulg.* Tunante, safardana, biltre, pulha.

ARTESA (artessa) s. f. Artesa. *Náut.* Piroga, canoa feita de um tronco. Barrica furada onde se deixam a escorrer os cabos alcatroados.

ARTESANO, A (artessano) adj. Operário. s. m. Artesão, artífice, operário.

ARTESILLA (artessilha) s. f. *Dim.* de Artesa. Caixa (nas noras) que recebe a água dos alcatruzes. Jogo que consiste em meter o cavaleiro a lança num caixote suspenso e cheio d'água, fazendo-o tão bem e rapidamente que não se molhe.

ARTESÓN (artessón) s. m. Gamela utilizada nas cozinhas. *Arq.* Artesão (lavor entre molduras).

ARTESONADO, A (artessonado) adj. *Arq.* Artesoado. s. m. Artesão (lavor entre molduras); conjunto de artesões.

ARTESONAR (artessonar) v. tr. *Arq.* Artesoar, enfeitar ou cobrir de artesões.

ARTESUELA (artessuela) s. f. *Dim.* de Artesa.

ARTETE s. m. Rede que se deita a pouca distância da terra.

ARTÉTICO, A adj. e s. Artrítico, artético, gotoso.

ARTICULACIÓN s. f. Articulação.

ARTÍCULO s. m. *Anat.* Artículo. V. ARTEJO. Artículo (divisão de um trabalho escrito). *Bot.* Artículo. *Zool.* Artículo. *Juris.* Artigo (cada parágrafo de uma articulação). Artigo (de jornal). Assunto, tema. Cláusula. Artigo (mercadoria). — *de fe,* artigo de fé. — *de fondo,* artigo de fundo, editorial. — *de la muerte,* artículo ou artigo de morte. *Hacer el* —, *loc. fig. fam.* Elogiar uma coisa (principalmente mercadoria).

ARTÍCULO s. f. Artigo. *Gram.* Parte da oração que se antepõe ao substantivo para enunciar-lhe o gênero e número, bem como a palavras de outra classe e a locuções inteiras que desempenham a função de substantivos. Divide-se em *definido* (definito) ou *determinado,* e *indefinido* (indefinito) ou *indeterminado.* As formas do primeiro são *el, la, lo, los, las* (o, a, os, as); as do segundo, *uno, una, unos, unas* (um, uma, uns, umas). O artigo *el* se contrai com a prep. *a* em *al,* e com a prep. *de* em *del.* Ao contrário do que sucede em português, não há contrações do artif. com as preps. *en* (em) e *por* (por). O art. indefin. não se contrai com nenhuma preposição. *Lo* é empregado para o gênero neutro. V. LO.

ARTIFLE s. m. V. ARTIFLE.

ARTIGA s. f. *Agr.* Arrotéia.

ARTIGAR v. tr. *Agr.* Arrotear.

ARTILLADO (artilhado) adj. Artilhado. s. m. Artilharia de um vaso de guerra ou de uma praça militar.

ARTILLAR (artilhar) v. tr. Artilhar.

ARTILLERÍA (artilheria) s. f. Artilharia, artilheria. — *de a lomo,* artilharia de montanha. — *de batalha* ou *de campaña,* artilharia de campanha. — *de plaza,* artilharia de praça. — *de sitio* ou *gruesa,* artilharia de sítio, artilharia pesada. — *hipomovil,* artilharia de campanha. — *volante,* artilharia montada.

ARTILLERO (artilhero) s. m. Artilheiro. *Buen* —, *fig. fam.* Indivíduo astuto.

ARTILUGIO (artilujio) s. m. *Deprec.* Engenhoca.

ARTIMAÑA (artimanha) s. f. Artimanha, ardil, fraude, astúcia, dolo.

ARTIMÓN s. m. *Náut.* Artimão, artemão. Mastro de mezena.

ARTINA s. f. Cambrão (fruto da cambroeira).

ARTO s. m. *Bot.* Cambroeira, camarinheira.

ARTOLAS s. f. pl. Artola, espécie de padiola feita com cadeiras.

ARTRITIS s. f. *Med.* Artrite.

ARTROPODIO s. m. *Bot.* Artrópode.

ARTRÓPODO adj. *Zool.* Artrópode, artropódio.

ARTUÑA (artunha) s. f. Ovelha a que morreu a cria.

ARUBA s. f. *Bot.* Arubá, quássia.

ARUCO s. m. *Amer. venezuel.* e *colomb.* Espécie de ave pernalta.

ARUGAS s. f. pl. *Bot.* Matricária.

ARUÑAR (arunhar) v. tr. fam. V. ARAÑAR.

ARUÑAZO (arunhaço) s. m. fam. V. ARAÑAZO.

ARUNDO s. m. V. ARUNDA.

ARUÑO (arunho) s. m. fam. V. ARAÑO.

ARVEJA (arveja) s. f. Ervilhaca. Cisirão. Alfarrobeira. V. ALMORTA. *Amer. argent.* V. GUISANTE. *Amer. chil.* V. ALVERJO.

ARVEJAL (arvejal) s. m. Alfarrobal, alfarrobeiral.

ARVEJANA (arvejana) s. f. V. ARVEJA.

ARVEJAR (arvejar) s. m. V. ARVEJAL.

ARVEJERA (arvejera) s. f. Alfarrobeira.

ARVEJO (arvejo) s. m. V. GUISANTE.

ARVEJÓN (arvejòn) s. m. *prov. And.* V. ALMORTA.

ARVEJONA (arvejona) s. f. *prov. And.* Alfarrobeira.

ARVEJOTE (arvejote) s. m. *prov. Alao.* V. ALMORTA.

ARVELA s. f. Martim-pescador.

ARZA (arça) s. f. *Náut.* Qualquer aparelho para içar.

ARZOBISPADO (arçobispado) s. m. Arcebispado.

ARZOBISPAL (arçobispal) adj. Arcebispal.

ARZOBISPO (arçobispo) s. m. Arcebispo.

ARZOLLA (arçolha) s. f. *Bot.* Centáurea. V. ALMENDRUCO. Arzola (amêndoa verde). *prov. Mancha.* Embuste, mentira.

ARZOLLO (arçolho) s. m. *prov.* Amendoeira silvestre.

ARZÓN (arçòn) s. m. Arção.

AS s. m. Ás (de baralho, dominó ou dado). As (moeda romana; peso romano). — *de guía. Náut.* Lais de guia.

ASA (assa) s. f. Asa (parte saliente de certos utensílios); alça. *Bot.* Assa. — *dulce Bot.* Assa-doce, benjoim. — *fétida,* assa-fétida. — *ololorosa.* V. ASA DULCE. *Ponerse en* —*s, loc.* Por as mãos na cintura. *Ser muy del* —, ou *amigo del* —, *loc. fam.* Ser amigo íntimo de alguém.

ASÁ (açá) V. ASÍ QUE ASÁ.

ASACRISTANADO, A (assacristanado) adj. Que participa das qualidades ou defeitos do sacristão.

ASADERO, A (assadero) adj. Assadeiro. s. m. fig. Forno, lugar onde faz muito calor. *Amer. mexic.* Queijo fresco.

ASADO, A (assado) adj. Assado. adj. V. ASÍ QUE ASADO. s. m. Assado. — *del campo,* churrasco. — *com cuero,* assado com couro ou de couro. *Pasarse el* —, *loc. fig. fam. Amer. argent.* Perder-se a oportunidade.

ASADOR (assador) adj. Assador. s. m. Assador, sertã. Espeto. — *de reloj,* assador rotativo.

ASADURA (assadura) s. f. Fressura. U. também no pl. Freixão e pulmões. V. ASADURÍA. Fígado. *Echar las* — *s, loc. fig. fam.* Deitar os bofes.

ASADURÍA (assaduría) s. f. Direito de passagem que se pagava para o gado.

ASAETEADOR, A (assaeteador) adj. Asseteador; seteiro. fig. Que inspira amor. s. m. Asseteador, frecheiro, seteiro.

ASAETEAR (assaetear) v. tr. Assetear, frechar. fig. Assetear, mortificar, pungir.

ASAETINADO, A (assaetinado) adj. Assetinado.

ASAETINAR (assaetinar) v. tr. Assetinar.

ASAFÉTIDA (assafétida) s. f. Assa-fétida.

ASAINETEADO, A (assaineteado) adj. Semelhante ao *sainete* (entremez, farsa).

ASAINETEAR (assainetear) v. tr. fig. Sazonar, temperar.

ASALARIADO, A (assalariado) adj. Assalariado.

ASALARIAR (assalariar) v. tr. Assalariar. v. pron. Assalariar-se.

ASALMONADO, A (assalmonado) *adj.* Assalmoado, assalmonado.

ASALTAR (assaltar) *v. tr.* Assaltar. Investir, acometer. *fig.* Assaltar, ocorrer, sobrevir, acometer, assaltear.

ASALTO (assalto) *s. m.* Assalto, ataque, investida, arremetida, sortida. *Amer. centr.* Assalto, assustado (baile improvisado, realizado com surpresa para o dono da casa). *Esgr.* Assalto. *Dar —, loc.* Assaltar. *Por —, loc. fig.* De assalto; inopinadamente.

ASAMBLEA (assamblèa) *s. f.* Assembléia. — *constituyente,* assembléia constituinte. *Mil.* Toque de reunir. *fig. irôn.* Conciliábulo.

ASAMBLEÍSTA (assambleísta) *s. m.* e *f.* Membro de uma assembléia.

ASAMENTA (assamenta) *s. f.* Assamenta.

ASAÑAR (assanhar) *v. tr. ant.* V. ENSAÑAR.

ASAR (assar) *v. tr.* Assar. *fig.* Incomodar, molestar. *v. pron.* Queimar-se (a comida). Assar-se, sentir grande calor.

ASARERO (assarero) *s. m.* V. ENDRINO.

ASARGADO, A (assargado) *adj.* Sarjado.

ASATIVO, A (assativo) *adj. Farm.* Assativo.

ASAZ (assás) *adv.* Assaz, suficientemente, bastantemente. *adj.* Bastante, muito. (Usa-se geralmente na poesia).

ÁSCAR *s. m. Marroc.* Exército.

ÁSCARI *s. m.* Soldado de infantaria marroquino.

ASCARIS *s. m. Zool.* Ascáride.

ASCENDIENTE *s. m.* e *f.* Ascendente (pai, avô, bisavô); antepassado. Ascendência, predomínio, influência. Elevação, superioridade, supremacia, autoridade. *Bot. adj.* Ascendente.

ASCENSIÓN *s. f.* Ascensão.

ASCENSOR *s. m.* Elevador (máquina que transporta pessoas ou carga aos diversos pavimentos de um edifício); ascensor.

ASCIANO, A *adj. Geogr.* Áscio.

ASCITO, A *adj. ant.* Postiço, estranho, alheio.

ASCO *s. m.* Asco, náusea, nojo, enjôo, fastio, repugnância. Aversão. *fig. fam.* Medo. *Dar — una cosa, loc. fam.* Causar asco uma coisa; repugnar. *Estar hecho un —, loc. fig. fam.* Estar muito sujo. *Hacer —, loc. fam.* Fazer alguém pouco caso; fingir desprezo pouco justificado. *Poner a uno hecho un —, loc. fam.* Dizer a alguém as maiores injúrias. *Ser un — una cosa, loc. fig. fam.* Ser uma coisa muito indecorosa, desprezível, má, imperfeita ou sem valor.

ASEADAMENTE (asseadamente) *adv.* Asseadamente, limpamente, esmeradamente.

ASEADO, A (asseado) *adj.* Asseado, limpo. Apurado, esmerado.

ASEAR (assear) *v. tr.* Assear, limpar. Adornar, enfeitar, arranjar. U. t. c. pron. Limpar, varrer, tirar o pó. *fam.* Aformosear, ataviar, ornar, polir.

ASECHADOR, A (assetchador) *adj.* e *s.* Armador de ciladas, espreitador, traidor, maquinador, conspirador.

ASECHAMIENTO (assetchamiento) *s. m.* V. ASECHANZA.

ASECHANZA (assetchança) *s. f.* Cilada, embuste, engano. Trama, maquinação, conspiração. U. m. no pl. com os verbos *urdir, tramar* ou *poner.*

ASECHAR (assetchar) *v. tr.* Armar ciladas. Tramar, maquinar, conspirar contra alguém; imaginar meios de perdê-lo ou prejudicá-lo. *ant.* Espreitar. *v. pron.* Intrigar-se, urdir enganos mutuamente.

ASECHO (assetcho) *s. m. ant.* V. ASECHANZA.

ASEDADO, A (assedado) *adj.* Assedado (liso, macio como a seda).

ASEDAR (assedar) *v. tr.* Assedar (tornar macio como a seda). *ant.* Mudar, tirar uma coisa do seu lugar.

ASEDIADOR, A (assediador) *adj.* Assediador, sitiante, assediante, sitiador. U. t. c. s.

ASEDIAR (assediar) *v. tr.* Assediar, sitiar, cercar. Bloquear. *fig.* Assediar, maçar, enfadar. Namorar, cortejar com insistência.

ASEDIO (assèdio) *s. m.* Assédio, cerco, sítio, bloqueio.

ASEGLARARSE (asseglararse) *v. pron.* Secularizar-se, tornar-se mundano um religioso.

ASEGUNDAR (assegundar) *v. tr.* Repetir, assegundar. *ant.* Secundar, auxiliar, favorecer.

ASEGURACIÓN (asseguración) *s. f.* Asseguração, garantia, segurança. Seguro.

ASEGURADAMENTE (asseguradamente) *adj.* Certamente, seguramente, asseguradamente.

ASEGURADO, A (assegurado) *adj.* Assegurado, segurado (que fez um contrato de seguro). U. t. c. s. *fig.* Seguro, bem estabelecido.

ASEGURAMIENTO (asseguramiento) *s. m.* Asseguração, seguração. Seguro, caução. Licença, salvo-conduto.

ASEGURAR (assegurar) *v. tr.* Assegurar, segurar, afirmar, firmar. U. t. c. pron. Segurar, prender, tolher. Assegurar, garantir, tranqüilizar. U. t. c. pron. Assegurar, asseverar, certificar. Segurar, afiançar, garantir. *v. pron.* Segurar-se (fazer um contrato de seguro). Assegurar-se, inteirar-se, certificar-se. Apoiar-se, firmar-se. *Náut.* Amarrar.

ASEIDAD (asseidad) *s. f. Filos.* Asseidade.

ASELADOR (asselador) *s. m. prov. Sant.* Galinheiro, poleiro.

ASELARSE (asselarse) *v. pron. prov. Sant.* Acomodar-se, empoleirar-se (as galinhas e outros animais) para passar a noite.

ASEMBLAR (assemblar) *v. intr. ant.* Semelhar, parecer.

ASEMEJAR (assemejar) *v. tr.* Assemelhar, assimilhar, assimilar. Comprar. *v. intr.* Semelhar, parecer. *v. pron.* Assemelhar-se, parecer-se.

ASENAR (assenhar) *v. tr. Gal.* Assinalar, marcar para reconhecer.

ASENDEREADO, A (assendereado) *adj.* Freqüentado, trilhado, concorrido (diz-se de um caminho). *fig.* Oprimido, assoberbado (de trabalhos ou dificuldades). Perseguido, desamparado.

ASENDEREAMIENTO (assendereamiento) *s. m.* Abertura de uma estrada, caminho ou trilho. Perseguição acossamento. *fig.* Importunação, azucrinação.

ASENDEREAR (assenderear) *v. tr.* Abrir caminhos ou trilhos. Acossar, perseguir alguém fazendo-o vagar por trilhos e atalhos. Trilhar, percorrer um caminho. Abrir ou traçar uma estrada. *fig.* Fatigar, maltratar, molestar. *v. pron.* Desviar-se, perder-se, tresmalhar-se, desencaminhar-se.

ASENGLADURA (assengladura) *s. f. Náut.* V. SINGLADURA.

ASENJO (assenjo) *s. m. ant. Bot.* V. AJENJO.

ASENORADO, A (assenhorado) *adj.* Assenhorado. (Diz-se da pessoa humilde que assume ares ou modos de pessoa distinta).

ASENSO (assenso) *s. m.* Assenso, assentimento, consentimento, aprovação. *Dar —, loc.* Dar crédito, acreditar. *No dar —, loc.* Não dar crédito; não acreditar; não aceitar como verdade. *No dar su —, loc.* Não consentir; não dar o seu consentimento ou aprovação.

ASENTADA (assentada) *s. f.* Assentada (o tempo em que se está sentado). *De una —, loc. adv.* De uma assentada; de uma só vez; de uma feita; de uma tirada.

ASENTADERAS (assentaderas) *s. f. pl. fam.* Nádegas.

ASENTADILLAS (A) (assentadilhas) *loc. adv.* Assentado, sentado, montado à maneira das mulheres antigas.

ASENTADO, A (assentado) *adj.* Assentado, assente, situado, estabelecido. Sentado. Cru, indigesto, ácido, (falando-se de alimentos). *fig.* Estável, permanente. Firmado (diz-se de um aterro).

ASENTADOR (assentador) *s. m. Constr.* Assentador. Assentador (instrumento para assentar o fio das navalhas; instrumento de ferreiro). — *de real,* aposentador do exército. — *de via, Ferrov.* Assentador.

ASENTAMIENTO (assentamiento) *s. m.* Assentamento. Situação. Nota, anotação. Assento. Sítio, terreno. *fig.* Juízo, sensatez.

ASENTAR (assentar) *v. tr.* Assentar, sentar (fazer sentar). U. m. c. pron. Estabelecer, colocar num cargo. U. t. c. pron. Assentar, firmar. Situar, fundar, estabelecer. Assentar, pespegar, aplicar. Aplainar, alisar. Assentar (repassar uma lâmina pelo assentador). Assentar, ter para si, entender. Assentar, ajustar, convir. Assentar, inscrever, anotar. *Amer. argent.* Tomar uma bebida ou alimento para que outro sente bem. *v. intr.* Assentar, sentar, combinar, ser adequado. *v. pron.* Pousar (uma ave). Assentar, formar sedimento. Ferir os arreios as cavalgaduras. Assentar-se, ter base, estar fundado. Estabelecer-se, fixar residência. Alistar-se. Trancar (no estômago). — *se Amer. mexic.* Empachar-se. — *se la obra Arq.* Baixar, afundar a obra devido ao peso. *Irreg.* Ind. pres. *Assient-o, as, a, an.* Sub. pres. *Asient-e, es, e, en.* Imperat. *Asient-a, e, en.*

ASENTIMIENTO (assentimiento) *s. m.* Assentimento, consentimento, assenso, aprovação, anuência, acordo.

ASENTIR (assentir) *v. tr.* Assentir, consentir, aquiescer, permitir. *v. intr.* Convir, concordar. *Irreg.* V. conj. de *Sentir.*

ASENTISTA (assentista) *s. m.* Assentista. Fornecedor. Contratista.

ASEO (assèo) *s. m.* Asseio, limpeza, higiene. Alinho, esmero. *fig. ant.* Pureza, virgindade.

ASÉPALO, A (assèpalo) *adj. Bot.* Assépalo.

ASÉPTICO, A (assèptico) *adj. Med.* Asséptico.

ASEPTIZAR (assepticar) *v. tr. Med.* Assepsiar, asseptizar, desinfetar.

ASEQUIBLE (assequible) *adj.* Exequível, possível.

ASERCIÓN (asserción) *s. f.* Asserção, afirmação, asseveração, alegação, asserto.

ASERIARSE (asseriarse) *v. pron.* Tornar-se sério.

ASERMONADO, A (assermonado) *adj.* Que participa das qualidades próprias do sermão.

ASERRADERO (asserradero) *s. m.* Serraria.

ASERRADIZO, A (asserradiço) *adj.* Serradiço.

ASERRADO, A (asserrado) *adj.* Serrado. Que tem forma de serra. *Bot.* Denticulado.

ASERRADOR, A (asserrador) *adj.* e *s.* Serrador. *s. m. fam.* Arranhador (pessoa que toca mal o violino). *s. m. pl.* Serrarias (esteios próprios para a serradura).

ASERRADURA (asserradura) *s. f.* Serradura, serragem. *pl.* V. ASSERÍN.

ASERRADURÍA (asserraduría) *s. f.* Serraria.

ASERRAR (asserrar) *v. tr.* Serrar. *fig. fam.* Arranhar (tocar mal o violino). *Irreg.* Ind. pres. *Assierr-o, as, a, an.* Subj. pres. *Asierr-e, es, e, en.* Imperat. *Asierr-a, e, en.*

ASERRERÍA (asserrería) *s. f.* Serraria.

ASERRÍN (asserrín) *s. m.* Serradura, serrim.

ASERRUCHAR (asserrutchar) *v. tr. Amer.* Serrotar.

ASERTAR (assertar) *v. tr. Amer. merid.* Afirmar, asseverar, assegurar.

ASERTIVAMENTE (assertivamente) *adv.* Assertivamente, afirmativamente, asseveradamente.

ASERTIVO, A (assertivo) *adj.* Assertivo, afirmativo.

ASERTO, A (asserto) *p. p. irreg.* de *Asegurar. s. m.* Asserto, asserção, afirmação.

ASERTORIO (assertòrio) *adj. Filos.* Assertório. *Juris. Juramento —,* juramento assertório.

ASESAR (assessar) *v. intr.* Adquirir siso, tomar juízo; assentar; tornar-se sensato.

ASESINADO, A (assessinado) *adj.* Assassinado.

ASESINAR (assessinar) *v. tr.* Assassinar. *fig.* Afligir vivamente, causar grandes desgostos. Enganar, trair, atraiçoar. Atormentar, acossar, importunar, perseguir.

ASESINATO (assessinato) *s. m.* Assassinato, assassínio. Homicídio. *fig.* Traição, perfídia. Ultraje. Golpe ou ferimento causado aleivosamente. — *jurídico,* sentença de morte ditada injustamente.

ASESINO, A (assessino) *adj.* Assassino. *s. m.* Assassino. *s. m. fig.* Traidor. Assassino assalariado. *fig.* Sinal artificial no rosto das mulheres.

ASESOR (assessor) *s. m.* Assessor.

ASESORAMIENTO (assessoramiento) *s. m. Amer. argent.* Ação ou efeito de *Asesorar.*

ASESORAR (assessorar) *v. tr.* Aconselhar. *v. pron.* Aconselhar-se (com o assessor); tomar conselho.

ASESORÍA (assessoría) *s. f.* Assessoria, assessorado.

ASESTADERO (assestadero) *s. m. prov. Arag.* V. SESTEADERO.

ASESTADURA (assestadura) *s. f.* Assesto, pontaria, visada, mira.

ASESTAR (assestar) *v. tr.* Assestar, apontar. Descarregar, atirar. *fig.* Disparar contra alguém; intentar fazer-lhe mal. *prov.* Sestear (o gado). — *miradas, loc.* Fascinar, despedir olhares arrebatadores.

ASEVERACIÓN (asseveración) *s. f.* Asseveração, afirmação, asserção.

ASEVERADAMENTE (asseveradamente) *adv.* Asseveradamente, assertivamente, asseguradamente.

ASEVERANZA (asseverança) *s. f. ant.* V. ASEVERACIÓN.

ASEVERAR (asseverar) *v. tr.* Asseverar, assegurar, afirmar, sustentar.

ASEXUAL (assecsual) *adj.* Assexual.

ASFALITA *s. f. Anat.* Asfalite.

ASFALTADO *s. m.* Asfaltagem. Calçamento de asfalto.

ASFÁLTICO, A *adj.* Relativo ao asfalto; betuminoso.

ASFALTILA *s. f. Amer. argent.* Mistura de areia, breu e carvão empregada em construções higiênicas.

ASGA 1ª e 3ª pes. do subj. pres. e 3ª do imperat. pres. do *v. irreg. Asir.*

ASGO 1ª pes. do ind. pres. do *v. irreg. Asir.*

ASÍ (assí) *adv. mod.* Assim (deste, desse ou daquele modo). Assim, oxalá. Ainda que, embora: *No retrocederé, — me maten,* não retrocederei ainda que me matem. Assim, tanto, de tal modo: — *habia enloquecido, que no conocía a nadie,* tanto (ou de tal modo) enlouquecera, que não conhecia ninguém. Então. Usa-se enfaticamente para exprimir admiração ou estranheza: —, *¿no me acompañas?* Então não me acompanhas? *¿ — me abandonas?* Então me abandonas? Assim, tanto (tendo como conseqüente *como*). *conj.* Assim, portanto, por conseqüência, pelo que, de sorte que. *Amer. mexic.* Assim (indicando grande quantidade). —, —, *loc. adv.* Assim, assim; nem bem nem mal. — *bien, loc. conj.* Tanto. — *como, loc. adv.* Assim como. — *como* —, *loc. adv.* Assim como assim; de qualquer modo; seja como for. — *no más, loc. adv. Amer. plat.* Assim, assim. — *o asá; — o* —, *loc. fam.* V. ASI QUE ASÁ. — *que, loc. adv.* Assim que, logo que, tanto que. — *que, loc. conj.* Assim, portanto, por conseqüência. — *que asá* ou — *que asado, loc. fam.* Assim ou assado, assim e assado, de qualquer maneira. — *que* —, *loc. adv.* Assim como assim. — *quedamos Amer. mexic.* Já me vou; adeus. — *y todo, loc. adv.* A-pesar-disso, embora sendo assim.

ASIDAMENTE (assidamente) *adv.* Juntamente, apertadamente, unidamente.

ASIDERA (assidera) *s. f. Amer. argent.* Presilha (do laço).

ASIDERO (assidero) *s. m.* Asa, alça, cabo, maçaneta, puxador. V. AGARRADERO. *fig.* Ocasião, motivo, pretexto. *Amer. argent.* Entrada, aditação, opinião favorável. (U. geralmente com o verbo *tener* ou *contar*). *Náut.* V. TONDEADERO.

ASIDUIDAD (assiduidad) *s. f.* Assiduidade.

ASIDUO, A (assíduo) *adj.* Assíduo. Constante, freqüente. Aplicado, exato, pontual.

ASIENTO (assiento) *s. m.* Assento (banco, cadeira, sofá, pedra; qualquer coisa que sirva para sentar-se). Cadeira (tida por alguém numa assembléia, tribunal, etc.) Assento (sítio em que está ou esteve fundado um edifício ou povoação). Assento (base; tampo ou fundo de uma vasilha; sedimento dos líquidos; anotação, registro; assento do freio; contrato de fornecimento do exército); tratado, acordo; estabilidade, permanência; ação de assentar; região glútea. Indigestão. Arrendamento de uma herdade. Espaço sem dentes na mandíbula posterior das cavalgaduras. Camada de argamassa para assentar os tijolos. *fig.* Estado, ordem, disposição conveniente. Assento, juízo, prudência, compostura. *Amer.* Território e povoação das minas. *pl.* Pérolas desiguais (planas de um lado e arredondadas de outro). *Med.* Assento (lugar do corpo em que há uma afecção). *Dar* —, *loc.* Permitir que alguém se sente em nossa presença. *Estar uno de* —, *loc. fig.* Estar alguém estabelecido numa povoação ou lugar. *Hacer uno* —, *loc. fig.*

Deter-se alguém; prolongar indefinidamente a sua permanência. *No calentar el* —, *loc. fam.* Não aquecer o lugar; ir-se logo. *No hacer buen* — *la comida, loc.* Não sentar bem a comida; causar indigestão. *Tomar* —, *loc.* Tomar assento; sentar-se.

ASIGNACIÓN (assignaciòn) *s. f.* Assinação. Assinatura. Pensão, dotação, ordenado. Atribuição, concessão, provisão.

ASIGNADO (assignado) *s. m.* Assinado. *Amer. equat.* Parte do salário que se paga em espécie aos peões das fazendas.

ASIGNAR (assignar) *v. tr.* Designar, assinar. Dar, conceder, destinar. Fixar. Hipotecar. Designar-se, destinar-se (por doação ou renda). — *una dote,* dotar. — *una renta,* pensionar.

ASIGNATURA (assignatura) *s. f.* Matéria, cadeira, curso, programa (numa escola superior).

ASILLA (assilha) *s. f. Dim.* de *Asa.* Clavícula. (Nome dado por analogia a várias partes do corpo que têm figura curva). *pl.* Barra, pau, vara que se põe ao ombro para transportar coisas de peso igual.

ASIMIENTO (assimiento) *s. m.* Apanhamento, apanhadura, apanha. Apreensão, embargo. *fig.* Apego, adesão, afeto.

ASIMILACIÓN (assimilación) *s. f.* Assimilação, comparação. Semelhança, analogia. *Fisiol.* Assimilação.

ASIMILADO, A (assimilado) *adj. Mil.* Honorário que tem regalias de. *p. p.* de *Asimilar.*

ASIMILAR (assimilar) *v. tr.* Assimilar (tornar semelhante); assemelhar, comparar. *Fisiol.* Assimilar. *Gram.* Assimilar. *v. pron.* Assimilar (apropriar-se de).

ASIMILATIVO, A (assimilativo) *adj.* Assimilativo.

ASIMISMO (assimismo) *adv.* Também. Deste ou do mesmo modo. Assim mesmo. Ao mesmo tempo.

ASIMPLADO, A (assimplado) *adj.* Simplório, simples, pateta. Apatetado, aparvalhado.

ASIMPLAR (assimplar) *v. tr.* Apatetar, aparvalhar. U. t. c. pron.

ASIMULACIÓN (assimulación) *s. f. Retor.* Assimilação.

ASÍN (assín) *adv. ant.* V. ASÍ.

ASINA (assina) *adv. ant.* V. ASÍ.

ASÍNDETON (assíndeton) *s. m. Gram.* Assíndeto.

ASININO, A (assinino) *adj.* Asnal, asneiro.

ASÍNTOTA (assíntota) *s. f. Geom.* Assimpteta.

ASINTÓTICO, A (assintòtico) *adj. Geom.* Assimptótico.

ASIR (assir) *v. tr.* Apanhar; tomar, pegar, segurar, agarrar. *fig.* Aproveitar a ocasião. *v. intr.* Pegar, arraigar, enraizar (uma planta). *v. pron.* Segurar-se, pegar-se, agarrar-se. Aproveitar-se (de uma ocasião ou pretexto). *fig.* Atracar-se, agarrar-se, travar-se de luta. *Irreg.* Ind. pres. *Asgo.* Sub. pres. *Asg-a, as, a, amos, áis, an.* Imperat. *Asg-a, amos, a.*

ASISARSE (assisarse) *v. pron. prov. Gal.* Tomar juízo, adquirir siso; assentar.

ASISTENCIA (assistencia) *s. f.* Assistência. Retribuição, recompensa. *fig.* Solicitude, cuidado, diligência, esmero. Socorro, favor, ajuda, auxílio. Presença (de autoridade ou sacerdote). Assistência (conjunto de espectadores ou assistentes. *Amer. mexic.* Sala para as visitas íntimas. *pl.* Meios de subsistência dados a alguém; sustento, assistência.

ASISTENTA (assistenta) *s. f.* Enfermeira. Criada provisória. *ant.* Aia.

ASISTENTE (assistente) *s. m.* Assistente. *p. pres.* de *Asistir.*

ASISTIR (assistir) *v. tr.* Assistir (acompanhar em ato público). Servir provisoriamente como criado ou criada. Assistir (socorrer, favorecer, ajudar). Assistir (tratar de enfermo). *v. intr.* Assistir (comparecer, estar presente; residir). — *la razón a alguno,* ter alguém razão; assistir razão a alguém.

ASNA *s. f.* Asna, burra. *pl. Constr.* Asnas, tesouras (de telhado).

ASNADA *s. f. fig. fam.* V. ASNERÍA.

ASNADO *s. m. Constr.* Escora, espeque (para sustentar uma parede que ameaça ruir). *Miner.* Trave, esteio, barrote.

ASNAL *adj.* Asnal. *s. m.* Espécie de cesto para transportar uva ao lagar.

ASNAZO, A (asnaço) *s. e adj.* Aument. de *Asno.* Asneirão. Toleirão.

ASNEDAD (asnedad) *s. f.* Asnidade.

ASNEJÓN (asnejón) *s. m. Aument. deprec.* de *Asno.* Asneirão.

ASNERÍA *s. f.* Asnaria; asnada, récua de asnos. *fig.* Asneira, asnice, tolice, sandice, parvoíce, burrice.

ASNICO *s. m. Dim.* de *Asno.* Asnilho. *prov. Arag.* Instrumento que sustenta o assador.

ASNILLA (asnilha) *s. f. Dim.* de *Asna.* Asnilha. *Constr.* Asna, tesoura.

ASNILLO (asnilho) *s. m. Dim.* de *Asno.* Asnilho.

ASNINO, A *adj. fam.* Asnal.

ASNO *s. m.* Asno, burro, jumento. *fig. fam.* Asno, burro, imbecil, ignorante. — *cargado de letras, loc. fig. fam.* Burro carregado de livros. *Apearse uno de su* —, *loc. fig. fam.* Reconhecer o erro; entender, compreender. *Cada — con su tamaño, loc.* Cada qual com seu igual. *Caer uno de su* — V. APEARSE UNO DE SU ASNO. *No ver uno siete,* ou *tres, sobre un* —, *loc.* Ser alguém muito curto de vista. *Orejas de* —, *loc. fig.* Orelhas de burro. *Tener cabeza de* —, *loc. fam.* Ser teimoso.

ASNUNO, A *adj. ant.* Asnal.

ASOBARCAR (assobarcar) *v. tr. fam.* V. SOBARCAR.

ASOBIAR (assobiar) *v. tr. prov. Gal.* V. SILBAR.

ASOBINARSE (assobinarse) *v. pron.* Ficar a besta de carga, ao cair, com a cabeça entre as patas dianteiras. Enovelar-se (ao cair).

ASOBÍO (assobío) *s. m. prov. Gal.* V. SILBO.

ASOCAIRARSE (assocairarse) *v. pron. Náut.* Segurar-se, agarrar-se (a um cabo). *fig.* Esmorecer, fraquejar (no cumprimento da obrigação).

ASOCAR (assocar) *v. tr. Náut.* V. AZOCAR.

ASOCARRONADO, A (assocarronado) *adj.* Finório, astuto, fino, dissimulado; que parece socarrão, velhaco.

ASOCIABLE (associable) *adj.* Associável.

ASOCIACIÓN (associación) *s. f.* Associação (em todas as aceps. do vocábulo português). — *de ideas,* associação de idéias.

ASOCIADO, A (associado) *adj. e s.* Associado.

ASOCIAL (associal) *adj.* Não social.

ASOCIAMIENTO (associamiento) *s. m.* Associação (ação de associar). Associação (sociedade).

ASOCIAR (associar) *v. tr.* Associar. *v. pron.* Associar-se.

ASOCIATIVO, A (associativo) *adj.* Associativo.

ASOCIO (associo) *s. m. Amer. colomb.* Associação (ação e resultado de associar-se).

ASOHORA (assoora) *adv. ant.* De súbito, repentinamente.

ASOLACIÓN (assolaciòn) *s. f.* Assolação. Desolação. Assolamento. Devastação. Estrago.

ASOLADOR, A (assolador) *adj. e s.* Assolador, devastador, destruidor.

ASOLADURA (assoladura) *s. f. ant.* V. ASOLAMIENTO.

ASOLAMIENTO (assolamiento) *s. m.* Assolamento, devastação, assolação, estrago, desolação, ruína. *Agr.* Divisão de um terreno em parcelas iguais.

ASOLANAR (assolanar) *v. tr.* Queimar, crestar, suar (o vento suão) as searas, frutas, etc. U. m. c. pron. *v. pron.* Amadurecer antes do tempo.

ASOLAPAR (assolapar) *v. tr. Constr.* Pôr uma laje ou telha sobre outra. Fazer lapelas. *Amer.* Empolar-se.

ASOLAR (assolar) *v. tr.* Assolar, arrasar, devastar, talar, destruir. Queimar, secar, abrasar (o calor ou a seca) os campos, as plantas, etc. *v. pron.* Assentar, depositar-se, clarificar-se (um líquido). *Irreg.* Ind. pres. *Asue-lo, as, a, an.* Subj. pres. *Asuel-e, es, e, en.* Imperat. *Asuel-a, e, en.* (Na 2ª acep. é v. regular.)

ASOLDAR (assoldar) *v. tr. ant.* Assoldar, assoldadar. *Irreg.* Ind. pres. *Asueld-o, as, a, an.* Subj. pres. *Asueld-e, es, e, en.* Imperat. *Asueld-a, e, en.*

ASOLEADA (assoleada) *s. f. Amer. argent.* Assoleamento. *Amer. colomb. chil.* e *guat.* Insolação.

ASOLEADO, A (assoleado) *adj.* Assoalhado (exposto ao sol). *Amer. hond.* Parvo, pateta.

ASOLEAR (assolear) *v. tr.* Assoalhar (expor ao sol). *v. pron.* Apanhar insolação. Amorenar-se, queimar-se (ao sol) *Vet.* Assolear.

ASOLEO (assolèo) *s. m.* Assoalhamento (exposição ao sol). *Vet.* Assoleamento.

ASOLVAR (assolvar) *v. tr. ant.* V. AZOLVAR.

ASOMADA (assomada) *s. f.* Assomada (ação de assomar por pouco tempo).

ASOMADO (assomado) *adj.* Assomado. Alegrete; que principia a embriagar-se.

ASOMAR (assomar) *v. intr.* Assomar, aparecer, surgir. *Amer.* Aproximar-se. *v. tr.* Assomar, subir, aparecer em ponto elevado. *v. pron.* Assomar-se. Assomar-se (começar a embriagar-se).

ASOMBRADIZO, A (assombradiço) *adj.* Assombradiço, espantadiço.

ASOMBRADO, A (assombrado) *adj.* Assombrado. Sombrio.

ASOMBRADOR, A (assombrador) *adj.* Assombrador, assombroso. Ensombrador.

ASOMBRAMIENTO (assombramiento) *s. m. ant.* V. ASOMBRO.

ASOMBRAR (assombrar) *v. tr.* Assombrar (fazer sombra). Escurecer (uma cor). Assombrar, espantar, assustar. U. t. c. pron. Assombrar, pasmar, produzir assombro.

ASOMBRO (assombro) *s. m.* Assombramento, ensombramento, sombreamento. Assombro, surpresa, pasmo, admiração, espanto, susto.

ASOMBROSO, A (assombroso) *adj.* Assombroso, estupendo, maravilhoso, admirável.

ASOMO (assomo) *s. m.* Assomo. Indício, aparência, sinal. Suspeita, presunção, conjetura. *Ni por —, loc. adv.* Nem por sombras; nem em sonho; de modo nenhum.

ASONADA (assonada) *s. f.* Assuada. Desordem, briga, motim, tumulto, conflito.

ASONADÍA (assonadía) *s. f. ant.* Tropelia, desordem; desaforo.

ASONANCIA (assonancia) *s. f.* Assonância. *fig.* Correspondência, analogia, afinidade.

ASONANTADO, A (assonantado) *adj.* Assonantado; assoante.

ASONANTAR (assonantar) *v. tr.* e *intr.* Assonar, consonar.

ASONANTE (assonante) *adj.* e *s.* Assonante, assoante.

ASONAR (assonar) *v. intr.* Assonar. Assoar, entoar, ensoar. *v. tr. ant.* Assonar (fazer assuada). *Irreg.* Ind. pres. *Asuen-o, as, a, an.* Subj. pres. *Asuen-e, es, e, en.* Imperat. *Asuen-a, e, en.*

ASONSAÑAR (assonsanhar) *v. tr. prov. Ast.* V. SONSACAR. Arremedar, imitar, repetir.

ASORAR (assorar) *v. tr. Amer. equat.* V. ASURAR.

ASORDAR (assordar) *v. tr.* Aturdir, atordoar, estontear (com ruído). *ant.* Ensurdecer.

ASOROCHARSE (assorotcharse) *v. pron. Amer. merid.* Sofrer o mal das montanhas (pessoas ou animais). *Amer. chil.* Ruborizar-se.

ASORTADO, A (assortado) *adj.* Afortunado, favorecido pela sorte.

ASOTANADO, A (assotanado) *adj.* À maneira de adega ou porão.

ASOTANAR (assotanar) *v. tr.* Fazer adega ou porão.

ASPA *s. f.* Aspa (espécie de cruz; instrumento de suplício; asa do moínho de vento; peça do escudo; cruz de malta; cruzamento de madeira). *Amer.* Largura de uma mina. *Amer. plat.* Aspa, chifre, corno, guampa. Espécie de dobadoura; sarilho.*Náut.* Torre. Alavanca de nora. *— de San Andrés,* Cruz de Santo André. *En —, loc. adv.* Em forma de aspa. *Hacer clavar a uno el —, loc. fig. fam. Amer. argent.* Derribar alguém; vencê-lo em luta.

ASPADERA *s. f.* Aspa (cruzamento de madeira em forma de X).

ASPADO, A *adj.* Aspado. *fig. fam.* Tolhido; que não pode mover os braços por ter a roupa apertada.

ASPADOR *s. m.* Sarilho.

ASPALASOMA (aspalassoma) *s. m. Terat.* Aspalossomo.

ASPÁLATO *s. m. Bot.* Aspálato. *— ébano,* aspálato (certa madeira empregada em marchetaria).

ASPAR *v. tr.* Dobar, fazer meadas. Aspar (crucificar em aspa). *fig.* Aspar, mortificar, maltratar. *v. pron. fig.* Mostrar grande sofrimento (com gritos, contorsões ou gemidos). Afanar-se, esforçar-se.

ASPASIOLISTA (aspassiolista) *s. f. Miner.* Aspesiólito.

ASPAVENTADO, A *adj.* Espaventado, assustado, espantado (com exageração).

ASPAVENTAR *v. intr.* Espaventar-se, sobressaltar-se; exagerar a perturbação sentida. *Irreg.* Ind. pres. *Aspavient-o, as, a, an.* Subj. pres. *Aspavient-e, es, e, en.* Imperat. *Aspavient-a, e, en.*

ASPAVENTERO, A *adj.* Espaventoso (que exagera o seu espanto).

ASPAVENTOSO, A (aspaventosso) *adj.* V. ASPAVENTERO.

ASPAVIENTO *s. m.* Espavento (demonstração excessiva ou afetada de espanto, admiração, surpresa ou sentimento).

ASPEADO, A *adj.* Que tem os pés cansados ou ulcerados de tanto caminhar.

ASPEARSE *v. pron.* V. DESPEARSE.

ASPECTO *s. m.* Aspecto (em todas as acepções do vocábulo português). *Al,* ou *a primer —, loc. adv.* À primeira vista. *Bajo todos —s, loc.* Sob todos os aspectos, ou pontos de vista.

ASPERAR *v. tr. Amer.* Esperar.

ASPERARTERIA *s. f. Anat.* Traquéia-artéria.

ASPEREAMIENTO *s. m.* Aspereza, azedume (no sabor).

ASPEREAR *v. intr.* Ter sabor áspero.

ASPERETE *s. m.* V. ASPERILLO.

ASPERGEAR (asperjear) *v. tr.* V. ASPERIAR.

ASPERGES (asperjes) *s. m.* Asperges. Hissope. *fam.* Aspersão. *Quedarse uno —, loc. fig. fam.* Ficar alguém sem o que esperava ou pensava obter.

ASPERIEGO, A *adj.* Diz-se da maçã e macieira raineta.

ASPERILLA (asperilha) *s. f. Dim. de Áspera.*

ASPERILLO (asperilho) *adj. Dim. de Áspero. s. m.* Gosto levemente acre que tem a fruta ainda não bem madura ou alguma comida ou bebida.

ASPERJAR (asperjar) *v. tr.* Aspergir, asperger, borrifar.

ASPERMO, A *adj. Bot.* Aspermado.

ASPERNIBLE *adj.* Desprezível, de baixa condição, reles.

ÁSPERO, A *adj.* Áspero (em todas as acepções do vocábulo português).

ASPEROLITA *s. f. Miner.* Asperólito.

ASPERÓN *s. m.* Pedra de amolar. Areísca empregada em construções.

ASPERSIÓN *s. f.* Aspersão.

ASPERURA *s. f.* Aspereza.

ÁSPID (áspid) *s. m. Zool.* Áspide. *Artilh.* Áspide, espécie de colubrina. *Lengua de —, loc. fig.* Língua de víbora.

ASPIDELITA *s. f. Miner.* Aspidólito.

ASPILLERA (aspilhera) *s. f. Fort.* Seteira.

ASPILLERAR (aspilherar) *v. tr.* Fazer seteiras.

ASPIRACIÓN *s. f.* Aspiração (em todas as acepções do vocábulo português).

ASPORULADO, A *adj. Bot.* Asporogêneo.

ASPRO *s. m. Numis.* Aspre. Parreira, latada.

ASPUDO, A *adj. Amer. argent.* Aspudo, cornudo.

ASQUIENTO, A *adj.* Escrupuloso, enfastiado, que toma asco facilmente.

ASSAMÉS *s. m.* Assami, assamês.

ASTA *s. f.* Hasta. Alaborda, lança, chuço, venábulo. Haste. Chifre, corno. *Bot.* Sarmento comprido. *Náut.* V. BARRAGANETE. V. ESPALDÓN. Cabo de pincel. *A media —, loc. adv.* A meio pau, a meia verga; a meio pano (em sinal de condolência). *Clavar uno el —, loc. fig. fam. Amer. argent.* Adormecer o que não está deitado. *Darse de las —s, loc. fig. fam.* Confundir-se na luta; entreverar-se. Contradizer-se (duas ou mais pessoas) na palestra. Argüir, contradizer, porfiar. *De —, loc. adv. Constr.* Em pé, de canto. *Dejar a uno en las —s del toro, loc. fam. fig.* Abandonar alguém no perigo. *Verse en las —s del toro, loc.* Ver-se mal; achar-se num aperto ou em grave dificuldade.

ASTABANDERA *s. f. Amer. mexic.* Haste, pau (da bandeira).

ASTADO, A *adj.* Hastato, hastado. Hastário. V. ASTERO.

ASTERÍA *s. f. Mil.* Hastaria, hastilheira. Conjunto de tropas armadas de hasta.

ASTERIÓN *s. m. Anat.* Astério.

ASTERO *s. m.* Hastato.

ASTIAL *s. m. Miner.* Hasteal.

ASTIBLANCO *adj. Taurom.* Hastibranco.

ASTIENSE *adj. Geol.* Astiano.

ASTIL *s. m.* Hastil. Cabo (de machado, enxada e outros instrumentos semelhantes). Braço (de balança). Cabo de lanada.

ASTILLA (astilha) *s. f.* Astilha, lasca, cavaco, estilhaço, estilha. Braço (da balança). *Sacar uno —,* ou *la —, loc. fig.* Tirar alguém a sua parte de lucro ou proveito.

ASTILLAR (astilhar) *v. intr.* Estilhar, despedaçar, estilhaçar, hastilhar. *Amer. mexic.* V. DESTROZAR.

ASTILLAZO (astilhaço) *s. m.* Estilhaço. Golpe dado ou recebido com uma astilha ou estilha.

ASTILLERO (astilhero) *s. m.* Hastilheira, hastaria. Estaleiro. *Amer. mexic.* Lenheiro (lugar onde se junta lenha). *ant.* Fabricante de pentes para teares. *En —, loc. adv. fig.* Em elevada posição (cargo ou dignidade).

ASTILLÓN (astilhón) *s. m. Aument. de Astilla.* Estilhaço.

ASTILLOSO, A (astilhosso) *adj.* Que se faz em estilhas com facilidade.

ASTITA *s. m. Náut.* Mastaréu do joanete.

ASTIVERDE *adj. Taurom.* Hastiverde.

ASTRACÁN *s. m.* Astracã. *Teat.* Gênero de literatura na qual se abusa do trocadilho e do jogo de palavras.

ATRACANADA *s. f. fam.* Bufonaria, chocarrice. Farsa, peça teatral demasiado grotesca.

ASTRACANITA *s. f. Miner.* Astracanito.

ASTRAFOBIA *s. f. Med.* Astrofobia.

ASTRAGALINO, A *adj.* Astragáleo, astragaliano.

ASTRALEJA (astraleja) *s. f.* Espécie de enxó.

ASTRAPEFOBIA *s. f. Med.* Astrapofobia.

ASTREA (astrèa) *s. f.* Astréia.

ASTREÑIR (astrenhir) *v. tr.* V. ASTRINGIR. *Irreg.* Ind. pres. *Astriñ-o, es, e, en.* Pret. indef. *Astriñ-ó, eron.* Subj. pres. *Astriñ-a, as, a amos, an.* Pret. imperf. *Astriñ-era* ou *ese, eras* ou *eses, era* ou *ese, éramos* ou *ésemos, erais* ou *esesis, eran* ou *esen.* Fut. imperf. *Astriñ-ere, eres, ere, éremos, ereis, eren.* Imperat. *Astriñ-e, a, amos, an.* Ger. *Astriñendo.*

ASTRICCIÓN *s. f.* Adstrição.

ASTRICTIVO, A *adj.* Adstritivo, adstringente.

ASTRICTO, A *adj.* Adstrito, preso, dependente, ligado.

ASTRINGENCIA (astrinjencia) *s. f.* Adstringência. Adstrição.

ASTRINGENTE (astrinjente) *adj.* e *s. m.* Adstringente.

ASTRINGIR (astrinjir) *v. tr.* Adstringir, apertar, estreitar, unir, contrair. *fig.* Adstringir, prender, ligar, submeter, obrigar, reduzir, constranger. Restringir.

ASTRINIR (astrinhir) *v. tr.* V. ASTRINGIR. *Irreg.* V. conj. de *Restriñir.*

ASTRO *s. m.* Astro. *— de la noche. Poét.* Astro da noite, a lua.

ASTROIDEO, A *adj.* Astróide.

ASTROPEA *s. f. Bot.* Passiflora.

ASTUCIA *s. f.* Astúcia (em todas as acepções do vocábulo português).

ASTURIANISMO *s. m.* Locução, termo ou modismo próprio do linguajar asturiano.

ASTURIÓN *s. m.* V. ESTURIÓN. V. JACA.

ASUARDADO, A (assuardado) *adj.* V. JUARDOSO.

ASUBIADERO (assubiadero) *s. m. prov. Sant.* Resguardo, abrigo contra a chuva.

ASUBIAR (assubiar) *v. intr. prov. Sant.* Abrigar-se, resguardar-se da chuva. *prov. Gal.* V. SILBAR.

ASUETO (assueto) *s. m.* Assueto, sueto, descanso, feriado escolar. *fam.* Recreio, folga, festa, diversão, costumeira.

ASUETUD (assuetu*d*) *s. f. Med.* Assuetude, costumança.

ASUMAR (assumar) *v. tr. ant.* V. SUMAR.

ASUMIR (assumir) *v. tr.* Assumir, avocar, chamar a si. Elevar, eleger, aclamar. *v. pron.* Arrogar-se.

ASUNCIÓN (assunciòn) *s. f.* Assunção.

ASUNCIONISTA (assuncionista) *adj.* e *s.* Assuncionista.

ASUNTIVO, A (assuntivo) *adj.* Assuntivo.

ASUNTO, A *p. p. irreg.* do *v.* Asumir. *s. m.* Assunto, matéria, argumento, tema, texto, fundo. Negócio. *Desempeñar el* —, *loc.* Provar o argumento. *Desflorar el* —, *loc.* Aflorar o assunto; tratá-lo sumariamente. *En* — *de, loc. fam.* Em assunto de; em matéria de.

ASURA (assura) *s. f.* Angústia, inquietação, aflição.

ASURAMIENTO (assuramiento) *s. m.* Requeimação, requeimo. *fig.* V. ASURA.

ASURAR (assurar) *v. tr.* Requeimar (o guisado). U. m. c. pron. Queimar (as sementeiras). U. m. c. pron. *fig.* Inquietar, impacientar, apremar, sobressaltar, apressar. U. m. c. pron.

ASURCANO, A (assurcano) *adj.* Lindeiro (diz-se dos lavradores que tem contíguas as suas terras de cultura, e destas próprias terras).

ASURCAR (assurcar) *v. tr.* V. SURCAR.

ASUSO (assusso) *adv. ant.* Assuso, acima.

ASUSTADIZO, A (assustadiço) *adj.* e *s.* Assustadiço.

ASUSTAR (assustar) *v. tr.* Assustar, amedrontar, intimidar, amedrontar. U. t. c. pron.

ASUTILAR (assutilar) *v. tr.* Subtilizar. U. t. c. pron.

ATA *prep. ant.* Atá. V. HASTA. *Amer.* Pano enrolado que se põe à cabeça para levar-se algum peso. *Bot.* V. JARA.

ATABACA *s. f. prov. And.* V. ATARRAGA.

ATABAL *s. m.* Atabale, atabaque. Tamboril. Timbale. V. ATABALERO. *Traer uno los —es a cuestas, loc. fig. fam.* Ser alguém conhecido de todos pelas suas velhacarias.

ATABALEAR *v. tr.* Atabalar. *v. intr.* Fazer (o cavalo) com os cascos ruído semelhante ao dos atabales.

ATABALEJO (atabalejo) *s. m. Dim.* de *Atabal.* Atabalinho.

ATABALERO *s. m.* Atabaleiro. Atabalinheiro.

ATABALETE *s. m.* V. ATABALEJO.

ATABANADO, A *adj.* Malhado (diz-se dos eqüinos).

ATABARDILLADO, A (atabardilhado) *adj.* Que participa das características do tabardilho.

ATABARDILLARSE (atabardilharse) *v. pron.* Enfermar de tabardilho.

ATABE *s. m.* Respiradouro, registo (nos encanamentos).

ATABILLAR (atabilhar) *v. tr.* Dobrar tecidos de lã.

ATABLADERA *s. f. Agr.* Estorroador.

ATABLAR *v. tr. Agr.* Esterroar, astorroar.

ASTACABLE *adj.* Atacável.

ATACADERA *s. f.* Soquete, taco, vareta.

ATACADO, A *adj.* Atacado. *fig. fam.* Tímido, irresoluto. *fig. fam.* Miserável, ruim, tacanho, mesquinho.

ATACAR *v. tr.* Atacar (prender, amarrar, atar, abotoar; apertar com soquete, vareta ou taco). Atacar (acometer, investir, agredir, assaltar). Atacar, acometer (uma doença). Roer, deteriorar. *Amer. argent.* Atacar, combater franca e abertamente, censurar. *Equit.* Atacar (picar vigorosamente com as esporas). *Mús.* Atacar. Apertar, instar com alguém. *Quím.* Atacar.

ATACOLA *s. f.* Rabicho (dos arreios).

ATÁCTICO, A *adj.* Atáxico.

ATADERAS *s. f. pl. fam.* Ligas (para as meias).

ATADERO *s. m.* Atadeiro, atador, atilho, vencilho. Gancho, anilho. Paga pelo tempo que um animal permanece em alguma pastagem. *fig.* Estorvo, empecilho. *Amer.* V. ATADERAS. *No tener* —, *loc. fig. fam.* Não ter arranjo ou compostura (diz-se de pessoas e coisas). (Usa-se também com outros verbos: *No se le puede tomar* —; *no se le encuentra* —).

ATADIJO (atadijo) *s. m.* Atadura ou atado malfeitos.

ATADILLO (atadilho) *s. m.* Atilho, vencilho, guita, cordão.

ATADITO *s. m. Dim.* de *Atado. Amer. argent.* Maço de cigarros.

ATADO, A *adj.* Atado, tímido, acanhado. *fig.* Atado, indeciso, irresoluto. Tolhido. Atado, ligado, preso, amarrado, fixo. *s. m.* Atado, feixe, molho, embrulho, maço, trouxa. *Amer. mexic.* Penteado. *Filip.* Medida de peso.

ATADOR, A *adj.* e *s.* Atador. *s. m. pl.* Barbela, barbicacho.

ATADURA *s. f.* Atadura. *fig.* União, enlace. *Anat.* Inserção.

ATAFAGAR *v. tr.* Atafegar, abafar, sufocar, atordoar, aturdir. U. t. c. pron. *fig. fam.* Incomodar, molestar, importunar, azucrinar.

ATAFEA (atafèa) *s. f.* Indigestão, empanturramento.

ATAFETANADO, A *adj.* Semelhante ao tafetá.

ATAGALLAR (atagalhar) *v. tr. Amer. cub.* Desejar ansiosamente, ansiar por. *Náut.* Forçar o velame.

ATAGO *s. m.* V. RABIHORCADO.

ATAGUÍA *s. f.* Tapume, paredão. *pl.* Dique.

ATAHARRE (ataarre) *s. m.* Atafal; retranca, rabicho.

ATAHONA (ataòna) *s. f.* V. TAHONA.

ATAHONERO (ataonero) *s. m.* V. TAHONERO.

ATAHULLA (ataúlha) *s. f.* V. TAHULLA.

ATAIFOR *s. m.* Mesinha redonda, mourisca. Prato fundo.

ATAIRAR *v. tr. Arq.* Formar molduras de portas e janelas.

ATAIRE *s. m. Arq.* Molduras nos quadros de portas ou janelas.

ATAJA (ataja) *s. f. Amer. argent.* V. ATAHARRE.

¡ATAJÁ! (atajá) *interj. Amer.* Pega! Segura! (Usa-se pedindo que detenham um delinqüente que foge). U. t. c. s. referindo-se ao próprio delinqüente.

ATAJADA (atajada) *s. f. Amer. chil.* Atalhação.

ATAJADAMENTE (atajadamente) *adv. ant.* Somente.

ATAJADERO (atajadero) *s. m.* Atalhador (obstáculo que se põe nos regueiros para distribuir a água).

ATAJADIZO (atajadiço) *s. m.* Tabique, divisão, muro, cerca. Parte menor do lugar dividido.

ATAJADOR, A (atajador) *adj.* Atalhador. *s. m. Amer.* Arreeiro encarregado de preparar a comida. — *de ganado, ant.* Ladrão de gado.

ATAJAMIENTO (atajamiento) *s. m.* Atalhação, atalhamento.

ATAJANTE (atajante) *p. pre.* de *Atajar. adj.* Que atalha. *fig.* Breve, conciso.

ATAJAPERROS (atajaperros) *s. m. Amer. venezuel.* Rolo, charivari, confusão, escândalo.

ATAJAPRIMO (atajaprimo) *s. m. Amer. cub.* Sapateado (dança popular).

ATAJAR (atajar) *v. intr.* Atalhar (ir por um atalho). *v. tr.* Atalhar (embaraçar o caminho; interromper; abreviar; obstruir). Dividir com tabique, biombo, muro ou cerca. Sublinhar para omitir. Dividir em duas ou mais uma manada, apartar. *fig.* Atalhar, impedir, deter, cortar. *v. pron. fig.* Atalhar-se, confundir-se (de medo, vergonha ou respeito). *Amer. argent.* Proteger-se, escudar-se contra um golpe. — *ganado,* roubar gado. — *una agua, Náut.* Calafetar.

ATAJASOLACES (atajassolaces) *s. m.* V. ESPANTAGUSTOS.

ATAJEA (atajèa) *s. f.* V. ATARJEA.

ATAJÍA (atajía) *s. f.* V. ATARJEA.

ATAJO (atajo) *s. m.* Atalho. Atalhamento. Separação, divisão de alguma coisa. Parte de um rebanho ou manada; ponta, aparte. Atalho, empecilho, estorvo, obstáculo. Montão, grande quantidade de alguma coisa. *Amer.* Récua de gado, tropa, manada. Certa rede de pesca. — *de bribones, fig.* reunião de malfeitores. — *de disparates, fig.* Não descansar, usar de todos os meios para sair de uma posição difícil. *Salir al* —, *fig. fam.* Atalhar, apartear, interromper um discurso.

ATAJONA (atajona) *s. f. Amer. hond.* Látego, chicote.

ATAJUELO (atajuelo) *Dim.* de *Atajo.*

ATALADRAR *v. tr.* V. TALADRAR.

ATALAJAR (atalajar) *v. tr.* Atrelar, arreiar. (U. mais na artilharia).

ATALAJE (atalaje) *s. m.* Tiro (animais que puxam um veículo). Arreios de tiro. *fig. fam.* Enxoval, alfaias.

ATALANTAR *v. tr.* Agradar, convir. Aturdir, atarantar, desatinar. U. t. c. pron.

ATALAR *v. tr.* V. TALAR.

ATALAYA (ataladja) *s. f.* Atalaia, torre de vigia, ponto elevado. *s. m.* Atalaia, sentinela, espia.

ATALAYADO, A (ataladjado) *adj. Arq.* Diz-se dos castelos, fortalezas, casas, pontes etc., que rematam por uma espécie de cornija que serve para a atalaia.

ATALAYADOR, A (ataladjador) *adj.* e *s.* Que atalaia. *fig. fam.* Indiscreto, indagador. Atalaia, sentinela, espia.

ATALAYAR (ataladjar) *v. tr.* Atalaiar. *fig.* Observar, espiar os atos alheios.

ATALAYERO (ataladjero) *s. m.* Atalaia, sentinela, espia, vigia.

ATALEAR *v. tr.* V. ATALAYAR.

ATALUDAR *v. tr.* Taludar.

ATALUZAR (ataluçar) *v. tr.* V. ATALUDAR.

ATALVINA *s. f.* V. TALVINA.

ATAMÁN *s. m.* Capitão de cossacos.

ATAMIENTO *s. m. ant.* Atamento. *fig. fam.* Atamento, timidez, acanhamento. *ant.* Empecilho, obstáculo. Obrigação.

ATANCO *s. m.* Estorvo, embaraço, obstáculo, empecilho.

ATAÑER (atanher) *v. intr.* Tocar, pertencer, concernir, tanger. *Irreg.* V. conj. de *Tañer.* (Este verbo é empregado somente nas terceiras pessoas. As mais usadas são as do presente do indicativo).

ATANOR *s. m.* Tubo, cano (para água). Atanor.

ATANQUÍA *s. f. fam.* Ungüento depilatório. Barbilho. Cadarço. Espécie de soga grossa.

ATAPACER *v. intr. prov. Ast.* V. ANOCHECER.

ATAPIALAR *v. tr. Amer. equat.* V. TAPIAR.

ATAPUZAR (atapuçar) *v. tr. Amer. venezuel.* Atestar, encher muito, atulhar. *fig.* Empanturrar, atravancar.

ATAQUE *s. m.* Ataque (em todas as acepções do vocábulo português).

ATAQUIZA (ataquiça) *s. f. Agr.* Mergulhia. Mergulhão.

ATAQUIZAR (ataquiçar) *v. tr. Agr.* V. AMUGRONAR.

ATAR *v. tr., intr.* e *pron.* Atar (em todas as acepções do vocábulo português). — *con fuerza.* V. AGARROTAR. — *de jura,* ligar-se por meio de juramento. — *el discurso,* atar o fio. *Al* — *de los trapos, loc. fam. fig.* No fim de contas, afinal de contas. — *corto a uno, loc. fam.* Reprimir alguém; submetê-lo. *No* — *ni desatar, loc. fig.* Não dizer coisa com coisa. Não dizer sim nem não; não atar nem desatar.

ATARACEA (ataracèa) *s. f.* V. TARACEA.

ATARACEAR *v. tr.* V. TARACEAR.

ATARANTAMIENTO *s. m.* Atarantação, atrapalhação, perturbação.

ATARANTAPAYOS (atarantapadjos) *s. m. Amer. mexic.* V. ESPANTAVILLANOS.

ATARAZANA (ataraçana) *s. f.* Arsenal, estaleiro. Telheiro (em cordoarias). *prov. And.* Adega.

ATARAZAR (ataraçar) *v. tr.* Morder, rasgar ou ferir com os dentes. V. TARACEAR.

ATARDECER *v. intr.* Entardecer. V. TARDECER. *Irreg.* Subj. pres. *Atardezca. s. m.* Entardecer. *Al* —, *loc. adv.* Ao entardecer.

ATAREADO *adj.* Atarefado, azafamado, sobrecarregado de trabalho.

ATAREAR *v. tr.* Atarefar. Instigar, apremar os trabalhadores. Fatigar, açodar, cansar. *v. pron.* Atarefar-se, afanar-se, engolfar-se no trabalho.

ATARJEA (atarjèa) *s. f.* Lajedo de encanamentos. Manilha. Cano de esgoto. *Amer.* Depósito de água de uma cidade. *Amer. mexic.* Canelete. — *de alimentación,* canal entre os trilhos para o abastecimento de locomotivas. — *de mitra,* canal triangular. — *principal.* V. ALCANTARILLA.

ATARQUINAR *v. tr.* Enlamear. U. m. c. pron.

ATARRAGA s. f. Bot. V. OLIVARDA. ant. Martelo, malho.

ATARRAGAR v. tr. Atarracar (preparar a ferradura e os cravos para acomodar ao casco do cavalo). Amer. mexic. Meter, introduzir. v. pron. Amer. fig. fam. Atracar-se, empanzinar-se. Amer. mexic. Entontecer.

ATARRAJAR (atarrajar) v. tr. V. ATERRAJAR.

ATARRAYA (atarradja) s. m. Tarrafa.

ATARRILLAR (atarrilhar) v. tr. Amer. venezuel. V. ATABARDILLAR.

ATARUGAMIENTO s. m. Cavilhamento, tarugamento.

ATARUGAR v. tr. Tarugar, cavilhar, atarugar. fig. fam. Confundir, fazer calar, deixar sem resposta. U. t. c. pron. fig. fam. Atestar, abarrotar. fig. fam. Fartar, atracar, empanturrar, empanzinar. U. t. c. pron.

ATASAJADO, A (atassajado) adj. Atassalhado, escorchado, retalhado. fig. fam. Diz-se da pessoa que vai estirada sobre uma cavalgadura.

ATASAJAR (atassajar) v. tr. Atassalhar, retalhar. Atassalhar, acutilar, ferir, golpear.

ATASCADERO s. m. Atascadeiro, chafurdeiro, lamaçal, lodaçal, atascal, pântano, atoleiro. fig. Estorvo, embaraço, empecilho.

ATASCADO, A adj. Obstruído, empantanado. prov. Múrc. Obstinado, pertinaz.

ATASCAMIENTO s. m. V. ATASCO.

ATASCAR v. tr. Calafetar. Obstruir um conduto, entupir. U. m. c. pron. fig. Embaraçar, atrapalhar. v. pron. Atascar-se, atolar-se. Atracar-se, empanturrar-se. Atrapalhar-se.

ATASCO s. m. Entupimento, obstrução. Atolamento. Embaraço, atrapalhação. Calafetação. Empanturramento.

ATASQUERÍA s. f. prov. Murc. Obstinação, pertinácia.

¡ATATAU! interj. Amer. per. Ui!

ATAÚD (ataúd) s. m. Ataúde, féretro.

ATAUDADO, A adj. Em forma de ataúde.

ATAUDAR v. tr. prov. Sant. Amortalhar.

ATAUJÍA (ataujía) s. f. Atauxia, tauxia. Amer. C. Rica. V. ATARJEA.

ATAUJIAR (ataujiar) v. tr. Tauxiar, atauxiar.

ATAURIQUE s. m. Adorno mourisco em gesso. — ajaracado, ornato em forma de folhas e nós.

ATAVO s. m. Quarto avô. Antepassado.

ATAYAR (atadjar) v. tr. prov. Ast. V. ATALAYAR.

ATAYO (atadjo) s. m. prov. And. V. ATAJO.

ATEAR v. tr. ant. Atear, acender. Amer. mexic. Atar, amarrar.

ATECOMATE s. m. Amer. mexic. Copo para beber água.

ATEDIAR v. tr. Entediar, atediar. v. pron. Entediar-se, aborrecer-se.

ATEJO (atejo) s. m. Amer. colomb. Atado, embrulho, maço, trouxa.

ATELAJE (atelaje) s. m. V. ATALAJE.

ATEMPA s. f. prov. Ast. Pastagens de planícies.

ATEMPORALADO, A adj. Tempestuoso (aplica-se ao vento).

ATENACEAR v. tr. Atenazar, atormentar com tenaz. Afligir, torturar, mortificar. Atenazar, pegar com tenaz.

ATENAZADO, A (atenaçado) adj. Semelhante a uma tenaz. Mil. Aplica-se à linha em forma de pinças.

ATENAZAR (atenaçar) v. tr. V. ATENACEAR. Mil. Estabelecer uma linha em forma de pinças.

ATENCIÓN s. f. Atenção. Cortesia, urbanidade. Consideração, respeito. Aplicação, ponderação, vigilância. Fineza, obséquio, presente. Condescendência, complacência. Cumprimento, galanteio. Solicitude, assiduidade (principalmente no pl). fig. Mente, alma, faculdade intelectiva. Silêncio. Com. Venda de lãs em consignação. pl. Atenções, negócios, assuntos, afazeres, obrigações, deveres. ¡—! interj. Atenção! En —, loc. adv. Em atenção, atendendo, tendo presente. Llamar la —. loc. Chamar a atenção.

ATENDENCIA s. f. Atenção. Vigilância. Aplicação. Estudo. Cuidado. Atenção.

ATENDER v. intr. e tr. Atender (em todas as aceps. do vocábulo português). Imp. Acompanhar o revisor a leitura de uma prova. v. pron. Prodigalizar-se mútuas atenções. Prestar-se mútua atenção. Escutar a si mesmo. Irreg. Ind. pres. Atiend-o, es, e, en. Subj. pres. Atiend-a, as, a, an. Imperat. Atiend-e, an.

ATENDIBLE adj. Atendível. Aceitável, plausível.

ATENEBRARSE v. pron. V. ENTENEBRECER-SE.

ATENEÍSTA s. m. e f. Membro de um ateneu.

ATENEO, A (atenèo) adj. Poét. Ateniense. s. m. Ateneu.

ATENERSE v. pron. Ater-se. Irreg. V. conj. de Tener.

ATENIDO, A adj. Atido, circunscrito, limitado, reduzido, conformado.

ATENOR s. m. Amer. V. ATANOR.

ATENTACIÓN s. f. Atentado. Arbitrariedade. For. Atentado (ato de desobediência ao preceito cominatório que o juiz estabelece).

ATENTALAR v. tr. Tentear, examinar, tratar, dirigir com tento.

ATENTAR v. tr. Atentar, cometer atentado, fazer alguma coisa contra a ordem ou a forma legal. Intentar ou cometer algum delito. ant. Atentar, apalpar. v. pron. Atentar, fazer com tento. Irreg. Ind. pres. Atient-o, as, a, an. Subj. pres. Atient-e, es, e, en. Imperat. Atient-a, e, en. (Na acep. ant. de Apalpar, na da forma reflexiva e na de cometer atentado, é v. regular.)

ATENTO, A adj. Atento. adv. V. ATENCIÓN (EN).

ATENUACIÓN s. f. Atenuação. Enfraquecimento, debilidade.

ATEO, A (atèo) adj. e s. Ateu, éia; ateísta.

ATEPERETADO, A adj. Amer. mexic. Imprudente, estonteado, estouvado, estavanado.

ATEPERETARSE v. pron. Amer. mexic. Desatinar, atrapalhar-se.

ATEPOCATE s. m. Amer. mexic. V. RENACUAJO.

ATERA s. f. Pasta semelhante à das cataplasmas.

ATERCIANADO, A adj. Semelhante à febre terçã. Que tem febre terçã. U. t. c. s.

ATERCIOPELADO, A adj. Aveludado.

ATERCIOPELAR v. tr. Aveludar.

ATERICIARSE v. pron. V. ATIRICIARSE.

ATERIDO, A adj. Aterecido, aterido, inteiriçado, entanguido.

ATERIMIENTO s. m. Entanguimento.

ATERIRSE v. pron. Inteiriçar-se, engerir-se, enregelar-se. fig. Tiritar. (v. defect. Emprega-se somente nos tempos e pessoas em cujas desinências aparece a vogal i).

ATEENECER v. tr. ant. Enternecer.

ATERO s. m. Miner. Operário que leva água e víveres para as fundições.

ATERRADA s. f. Náut. Atracação ou aproximação da terra. V. RECALADA.

ATERRAJAR (aterrajar) v. tr. Atarraxar, parafusar. Fazer molduras com a tarraxa.

ATERRAJE (aterraje) s. Náut. V. ATERRADA. Desembarque.

ATERRAMIENTO s. m. Aterramento. Terror, susto, medo. Consternação, desolação. V. ATERRIZAJE.

ATERRAR v. tr. Aterrar, derribar, arrasar. Aterrar, aterrorizar, assustar, espantar. U. m. c. pron. fig. Prostrar, abater. Dominar, submeter. Aterrar, encher de terra. v. intr. Náut. Aterrar, tomar terra. v. pron. Amer. Encher-se de terra alguma coisa. v. pron. Náut. Aproximar-se da terra (o navio) em sua rota. Navegar —, loc. Náut. Navegar muito próximo da terra. Irreg. Ind. pres. Atierr-o, as, a, an. Subj. pres. Atierr-e, es, e, en. Imperat. Atierr-a, e, en. (Na acep. de aterrorizar, é regular.)

ATERRECER v. tr. ant. Aterrar, aterrorizar, espantar.

ATERRERAR v. tr. Aterrar, encher de terra.

ATERRILLARSE (aterrilharse) v. pron. Amer. cub. Ficar assoleado. (Aplica-se principalmente ao gado cavalar).

ATERRIZAJE (aterriçaje) s. m. Aviaç. Aterragem.

ATERRIZAR (aterriçar) v. tr. Aviaç. Aterrar (descer no aeródromo ou em qualquer terreno).

ATERRONAR v. tr. Fazer torrões. U. t. c. pron.

ATESORAR (atessorar) v. tr. Entesourar, atesourar. fig. Ter boas qualidades ou perfeições.

ATESTACIÓN s. f. Atestação. Atestado, certificado, testemunho, certidão.

ATESTADERO s. m. prov. Burgos. V. ATOLLADERO.

ATESTADO, A adj. Atestado, testemunhado. Atestado, abarrotado. Obstinado, pertinaz, teimoso. s. m. Atestado, certificado, certidão. pl. V. TESTIMONIALES.

ATESTAMIENTO s. f. Atestamento, atestadura.

ATESTAR v. tr. Atestar, abarrotar. Embutir, introduzir. Atestar (acabar de encher o vinho para não haver fermentação). fam. Asseverar, assegurar, afirmar. Atestar, testemunhar, certificar. fig. fam. Atracar, empanturrar. v. pron. fig. fam. Atracar-se, atestar-se, empanturrar-se. v. pron. Estar atestado. Aborrecer, enjoar numa coisa. Ir, salir, ou venir ATESTANDO. loc. fam. Ir, sair, ou vir, furioso, renegando, maldizendo. Irreg. Ind. pres. Atiest-o, as, a, an. Subj. pres. Atiest-e, es, e, en. Imperat. Atiest-a, e, en. (Na acep. de testemunhar é v. regular. Também é usado como regular nas demais acepções).

ATESTIGUACIÓN s. f. Testemunho, testificação, atestação. — de un hecho, fig. Corroboração de um fato.

ATESTIGUAMIENTO s. m. V. ATESTIGUACIÓN.

ATESTIGUAR v. tr. Testemunhar, testificar, atestar, depor como testemunha, declarar, certificar. Ver, verificar, presenciar. — con alguno, citar alguém como testemunha.

ATETADO, A adj. Que tem forma de teta.

ATETAR v. tr. Amamentar (diz-se mais comumente dos irracionais). v. intr. prov. Sal. Mamar.

ATETILLAR (atetilhar) v. tr. Escavar (ao redor das árvores) chegando um pouco de terra ao tronco.

ATEZADO, A (ateçado) adj. Amorenado, queimado (pelo sol). Enegrecido, tostado.

ATEZAMIENTO s. m. Enegrecimento.

ATEZAR (ateçar) v. tr. Dar às peles a cor do tanino. Enegrecer. U. t. c. pron. v. pron. Amorenar-se, queimar-se, tostar-se (a pele do rosto). Tomar a cor do tanino.

ATHENE (atene) s. m. Zool. V. MOCHUELO.

ATIBAR v. tr. Atulhar, aterrar as escavações de uma mina. Amer. Náut. Estivar.

ATIBORRAR v. tr. Estofar, acolchoar (com lã). fig. fam. Atracar, empanzinar, empanturrar. U. m. c. pron.

ATIBURNAR v. tr. Amer. C. Rica. V. ATIBORRAR.

ATIBURRAR v. tr. Amer. Colomb. V. ATIBORRAR.

ATIERRE v. tr. Amer. Aterro. Entulho.

ATIESAR (atiessar) v. tr. Entesar, atestar. U. t. c. pron.

ATIESTO s. m. ant. V. ATESTAMIENTO.

ATIFLE s. m. Trempe (de oleiro).

ATIGRAR v. tr. Imitar as manchas da pele do tigre. v. pron. fig. Imitar o tigre (em crueldade, ferocidade etc.).

ATIJARA (atijara) s. f. Mercadoria. Frete. Mercê, recompensa. ant. Paga.

ATIJAREJO (atijarejo) s. m. V. PORTEADOR.

ATIJO (atijo) s. m. Cordel, corda delgada. (É termo muito usado em agricultura.

ATILA s. f. Abrigo especial usado pelas senhoras. Capote dos hussardos prussianos.

ATILANTAR v. tr. Amer. C. Rica. Entesar, esticar, tesar.

ATILDADO, A adj. Atilado, aprimorado, asseado, elegante.

ATILDADURA s. f. V. ATILDAMIENTO. fig. Enfeite, ornato, atavio, adorno.

ATILDAMIENTO s. m. Atilamento. Reparo, censura. Apuramento (no trajo).

ATILDAR v. tr. Atilar (pôr o til em). Reparar, notar, censurar. Ataviar, enfeitar, adornar, atilar. U. t. c. pron.

ATÍNCAR s. m. Bórax, tincal, atincal.

ATINCONAR v. tr. Escorar provisoriamente as paredes de uma escavação.

ATINGENCIA (atinjencia) s. f. Amer. Alcance. Relação de uma coisa com outra. Atinência. Conexão, ligação. Tino, acerto. Amer. argent. Relação, correspondência, comércio, trato (de uma pessoa com outra).

ATINGIDO, A (atinjido) *adj. Amer.* Débil, raquítico (diz-se das crianças). *Amer. chil.* Aflito, pusilânime.

ATINGIR (atinjir) *v. tr. Amer. per.* Tiranizar, oprimir, maltratar (referindo-se às crianças). *v. pron. Amer. chil.* Afligir-se, entristecer.

ATIPARSE *v. pron. Amer. C. Rica.* Empanturrar-se, atracar-se, empanzinar-se.

ATIPLADO, A *adj.* Atiplado. *adv.* À maneira de tiple ou soprano.

ATIPLAR *v. tr. Mús.* Elevar o tom de um instrumento. (U. t. em sentido fig.). *v. pron.* Passar de tom grave para agudo.

ATIPÚJARSE (atipujarse) *v. pron. Amer. hond.* V. ATIPARSE.

ATIQUIZAR (atiquiçar) *v. tr. Amer. hond.* Instigar ao trabalho.

ATIRANTAR *v. tr. Amer.* Retesar, esticar, estirar. *Arg.* Segurar com tirantes.

ATIRICIARSE *v. pron.* Adoecer de icterícia.

ATISBADERO *s. m.* Espreitadeiro, abertura por onde se espreita.

ATISBADOR, A *adj. e s.* Espreitador, observador. Intrometido.

ATISBADURA *s. f.* Espreita. Espreitadela.

ATISBAR *v. tr.* Espreitar. Espiar, vigiar, observar. *v. pron.* Espreitar-se, observar-se mutuamente.

ATISBO *s. m.* V. ATISBADURA. Vislumbre.

ATISUADO, A (atissuado) *adj.* Semelhante ao tisso.

ATIVAR *v. tr. Amer.* Estivar. Entulhar as escavações.

ATIZACANDILES (atiçacandiles) *s. m. e f. fig. fam.* V. SOPLAFUELLES.

ATIZADERO (atiçadero) *s. m.* Atiçador, espevitador.

ATIZADOR, A (atiçador) *adj. e s.* Atiçador. Espevitador. Trabalhador nos lagares de azeite.

ATIZAR (atiçar) *v. tr.* Atiçar, avivar, espertar (o lume). Espevitar. *fig.* Atiçar, excitar, incitar, despertar, avivar. *fig. fam.* Dar, pespegar, aplicar. *Amer. mexic.* Limpar com giz. ¡ATIZA! *interj.* Safa! Ora! Irra!

ATIZONADO (atiçonado) *adj.* Atiçonado.

ATIZONAR (atiçonar) *v. tr.* Atiçoar. *Constr.* Meter, embutir um madeiro numa parede. *v. pron. Agr.* Enferrujar-se, alforrar-se.

ATLASITA (atlassita) *s. f. Miner.* Atlasita.

ATLÓDIMO *s. m. Terat.* Atlodídimo.

ATMÓSFERA *s. f.* Atmosfera. *fig.* Atmosfera, ambiente. *Hacer* ou *formar —, loc. fig. Amer. argent.* Fazer ou criar ambiente, provocar uma opinião favorável na sociedade ou política.

ATOAJE (atoaje) *s. m. Náut.* Atoagem.

ATOAR *v. tr. Náut.* Atoar, puxar à sirga. Espiar, segurar com espias. Carregar para transportar a outro lugar.

ATOBA *s. f. prov. Murc.* V. ADOBE.

ATOCHA (atotcha) *s. f.* Esparto.

ATOCHADA (atotchada) *s. f.* Tapume coberto de espartos para conter a água.

ATOCHAL (atotchal) *s. m.* V. ESPARTIZAL.

ATOCHAR (atotchar) *s. m.* V. ESPARTIZAL. *v. tr.* Atochar, atulhar. Encher de esparto. *Náut.* Apertar o vento uma vela contra qualquer obstáculo. Trancar, emperrar (um cabo). *v. pron.* Cobrir-se de esparto.

ATOCHERO, A (atotchero) *s. m.* Vendedor de esparto. Construtor de tapumes.

ATOCHÓN (atotchòn) *s. m.* Cana do esparto. Esparto.

ATOCHUELA (atotchuela) *s. f. Dim.* de *Atocha*.

ATOCINADO, A *adj. fig. fam.* Atoucinhado. Diz-se da pessoa muito gorda.

ATOCINAR *v. tr.* Abrir um porco para fazer toucinho. *fig. fam.* Assassinar. *v. pron. fig. fam.* Irritar-se, zangar-se. Enamorar-se perdidamente.

ATOCLE *s. m. Amer. mexic.* Terra úmida e fértil.

ATOJAR (atojar) *v. tr. Amer. cub.* e *C. Rica.* Atiçar, açular os cães contra alguém.

ATOJINAR (atojinar) *v. tr. Náut.* Tarugar, cavilhar.

ATOLE *s. m.* Papas de farinha de milho. *¿A que —? loc.* Por que motivo? A troco de quê? *Dar — con el dedo, loc. fig. fam.* Embaucar, bajular. *Dar — en calavera, loc. fig. fam.* Dominar alguém inteiramente. *Tener sangre de —, loc. fig. fam.* Ser calmo, fleumático.

ATOLEADAS *s. f. pl. Amer. hond.* Festas populares nas quais se come *Atole*.

ATOLERÍA *s. f.* Lugar onde se faz ou vende papas de farinha de milho.

ATOLERO, A *s. m.* e *f.* Pessoa que faz ou vende papas de farinha de milho.

ATOLILLO (atolilho) *s. m. Amer. centr.* Mingau de maisena.

ATOLLADAL (atolhadal) *s. m. prov. Extrem.* V. ATASCADERO.

ATOLLADAR (atolhadar) *s. m. prov. Extrem.* V. ATASCADERO.

ATOLLADERO (atolhadero) *s. m.* V. ATASCADERO.

ATOLLAR (atolhar) *v. intr.* Atolar, atascar. U. t. c. pron. *v. pron. fig. fam.* Atolar-se, meter-se em maus negócios, em apuros.

ATOLLÓN (atolhòn) *s. m.* V. ATOLÓN.

ATOLÓN *s. m. Geol.* Recife coralino de forma circular.

ATOLONDRADAMENTE *adv.* Estouvadamente, imprudentemente, atordoadamente.

ATOLONDRADO, A *adj.* Estouvado, estonteado, estabanado, imprudente. Atordoado, confuso, atarantado.

ATOLONDRAMIENTO *s. m.* Estouvamento, imprudência. Atordoamento. *fig.* Irreflexão, impetuosidade.

ATOLONDRAR *v. tr.* Aturdir, atordoar, estontear. *v. pron. fig.* Estontear-se, desatinar, atarantar-se.

ATONA *s. f.* Ovelha que cria um cordeiro de outra mãe.

ATONDAR *v. tr. Equit.* Estimular (o cavaleiro) com as pernas o cavalo.

ATONTADAMENTE *adv.* Neciamente, atordoadamente, atontadamente, adoidadamente, tontamente.

ATONTAMIENTO *s. m.* Atordoamento, aturdimento. Estupidez, imbecilidade, necedade.

ATONTAR *v. tr.* Entontecer, atontar, estontear. U. m. c. pron. Atordoar, aturdir, atarantar. U. t. c. pron.

ATONTECER *v. tr. ant.* V. ATONTAR.

ATOPADINO, A *adj. prov. Ast.* Encontradiço.

ATOPILE *s. m. Amer. mexic.* O que nos canaviais distribue diariamente a água para os regueiros.

ATOQUE *s. m. prov. Ast.* Adorno, enfeite, alinho.

ATORAMIENTO *s. m.* Atolamento. Engasgo, engasgue.

ATORAR *v. tr.* Atascar, atolar, chafurdar. U. m. c. intr. e pron. *v. pron.* Engasgar-se, embuchar-se. *v. tr. Amer. mexic.* Equivocar, enganar. Trancar (o projétil dentro do cano da arma). ATORARLE. *loc. Amer. mexic.* Fazer frente a alguém. ATORÁRSELE *el camote, loc. Amer. mexic.* Errar, enganar-se.

ATORDECER *v. tr. ant.* Aturdir.

ATORDECIMIENTO *s. m.* V. ATURDIMIENTO.

ATOREAR *v. tr. ant.* V. TOREAR. *prov. And.* Recusar.

ATORGAR *v. tr.* V. OTORGAR.

ATORNASOLADO, A (atornassolado) *adj.* V. TORNASOLADO.

ATORNILLADO, A (atornilhado) *adj.* Parafusado, atarraxado.

ATORNILLAR (atornilhar) *v. tr.* Parafusar, atarraxar. *Amer. mexic.* Induzir, instigar, obrigar a fazer alguma coisa. *— a uno, loc. fig. fam. Amer. mexic.* Tratar alguém com rigor, valendo-se de alguma vantagem.

ATORO *s. m. Amer.* V. ATASCO. *fig.* Aperto, apuro, lance difícil.

ATOROZARSE (atoroçar-se) *v. pron. Amer. C. Rica.* Engasgar-se, embuchar-se.

ATOROZONARSE (atoroçonarse) *v. pron. Vet.* Padecer.

ATORRADERO *s. m. Amer. argent.* Lugar onde pernoita o vagabundo.

ATORRANTE *adj. e s. Amer. argent.* Vagabundo, vadio, malandro, ocioso.

ATORRAR *v. intr. Amer. argent.* Malandrar, mandriar, levar vida de vagabundo. (Usa-se somente no infinitivo ou com o auxiliar *andar*).

ATORTAJAR (atortajar) *v. tr. Amer. venezuel.* Intimidar, acobardar. *fig.* Confundir, perturbar.

ATORTOLAR *v. tr. fam.* Aturdir, confundir ou acobardar. U. t. c. pron. Intimidar, amedrontar.

ATORTORAR *v. tr. Náut.* Reforçar com calabrotes. *— un buque,* reforçar com calabrões ambos os costados de um navio.

ATORTUJAR (atortujar) *v. tr.* Achatar, apertar, esmagar. *v. pron.* Ser esmagado.

ATOSIGADOR, A (atossigador) *adj. e s.* Envenenador. *fig.* Incitador.

ATOSIGAMIENTO (atossigamiento) *s. m.* Envenenamento, atossicamento, entoxicação. *fig.* Açodamento, incitamento.

ATOSIGAR (atossigar) *v. tr.* Envenenar, entoxicar, atossicar. *fig.* Incitar, instigar, apressar, açodar. U. t. c. pron. *fam.* Importunar, aborrecer, azucrinar. *fig.* Atossicar, perverter, corromper.

ATOTADO, A *adj. Amer. chil.* Diz-se de quem, por defeito de conformação, tem os dedos sobrepostos.

ATOYARSE (atodjarse) *v. pron. Amer. C. Rica.* Sujar-se, melar-se, enlambuzar-se.

ATRABAJADO, A (atrabajado) *adj.* Assoberbado de trabalho. Trabalhado, artificial, rebuscado. (Diz-se com referência ao estilo dos escritores ou poetas).

ATRABAJAR (atrabajar) *v. tr.* (p. us.) Fazer passar trabalhos; sobrecarregar de trabalho.

ATRABANCAR *v. tr.* Atabalhoar, atamancar. *prov. Can.* e *And.* Atravancar, abarrotar. Ir aos trancos.

ATRABANCO *s. m.* Atabalhôo, atabalhoamento.

ATRACA *s. f. Náut.* Abordada.

ATRACABLE *adj. Náut.* Abordável.

ATRACADA *s. f. Amer. cub.* e *mexic.* V. ATRACÓN. *Náut.* Atracação, amarração.

ATRACADERO *s. m. Náut.* Atracadouro, atracadoiro.

ATRACADO, A *adj.* Empanturrado, farto.

ATRACAR *v. tr.* Empanturrar, fartar. Encostar um objeto a outro. Apertar uma coisa contra outra. Aproximar-se. *Náut.* Atracar, amarrar. *v. pron.* Atracar-se, fartar-se. *Amer. cub.* Aderir à opinião de outro. *Amer. cub.* Atracar-se, ir às vias de fato. *Amer. per.* Gaguejar, falar com dificuldade. *— la tierra* ou *la costa, Náut.* Aproximar-se da terra ou da costa.

ATRACCIÓN *s. f.* Atração (em todas as acepções do vocábulo português).

ATRACO *s. m.* Empanturramento. *Jír.* Assalto, ataque (para roubar).

ATRACÓN *s. m.* Fartão, empanturramento. *Amer. chil.* Atração, empuxão, encontrão.

ATRACTIVA *s. f.* Atrativa. Atratividade.

ATRACTIVO, A *adj.* Atrativo, atraente. *s. m.* Atrativo, encanto, sedução, atrativa.

ATRACTRIZ *s. f.* V. ATRACTIVA.

ATRAER *v. tr.* Atrair (aproximar a si, puxar para si). Atrair (seduzir, cativar). Atrair (fazer aderir a uma opinião). *v. pron.* Adquirir, cativar (amigos, vontades, etc.). *Irreg.* V. conj. de *Traer*.

ATRAFAGAR *v. intr.* Fatigar-se, afanar-se, açodar-se. U. às vezes c. *pron.*

ATRAGANTAMIENTO *s. m.* Engasgo, engasgue. *fig.* Perturbação, confusão.

ATRAGANTAR *v. tr.* Tragar, passar com dificuldade. *fig. fam.* Apressar, precipitar, acossar, atormentar: *No me* ATRAGANTES, *não me apresses, deixa-me em paz. v. pron.* Engasgar; engasgar-se. Repugnar. *fig.* Engasgar-se, embaraçar-se, perturbar-se, embatucar, estacar.

ATRAICIONAR *v. tr.* V. TRAICIONAR.

ATRAIDORADAMENTE *adv. ant.* Atraiçoadamente, perfidamente, aleivosamente.

ATRAIDORADO, A *adj.* Traiçoeiro, aleivoso; que procede ou se porta como traidor.

ATRAILLAR (atrailhar) *v. tr.* Atrelar (diz-se geralmente com referência aos cães). *fig.* Oprimir, afligir. Enfileirar, formar uma fileira de presos. *Náut.* Deixar pendentes os remos. *Venat.* Perseguir a caça guiado pelo cão atrelado.

ATRAIMIENTO *s. m.* Atraimento, atração.

ATRAJADO, A (atrajado) *Amer. mexic.* Fatigado, abatido, cansado.

ATRAMOJAR (atramojar) *v. tr. Amer. colomb.* V. ATRAILLAR.

ATRAMPAMIENTO s. m. Enlaçadura. Entupimento, obstrução. fig. Embaraço, apuro, precisão (de dinheiro).

ATRAMPARSE v. pron. Cair no laço. Obstruir-se, entupir-se, tapar-se (um conduto). Cair o passador ou aldraba de uma porta, de modo que não se possa abrir. fig. Embaraçar-se, enredar-se, enlear-se.

ATRANCADO, A adj. Amer. mexic. Disúrico.

ATRANCAR v. tr. Trancar, fechar, travar com tranca. U. m. c. pron. v. intr. fam. Ir aos trancos, em passos largos. fig. fam. Saltar (na leitura). Trancar, entupir. U. t. c. pron. Amer. mexic. Investir, fazer frente. v. pron. Obstinar-se, aferrar-se. v. tr. Náut. Trincar, por-se à trinca. v. pron. Amer. mexic. Defender-se.

ATRANCO s. m. Atoleiro, atoladouro, lamaçal, chafurdeiro.

ATRANQUE s. m. V. ATRANCO.

ATRAPAMOSCAS s. m. Bot. Apanhamoscas. Zool. Papa-moscas.

ATRAPAR v. tr. fam. Apanhar, segurar, pegar, agarrar alguém que foge ou vai depressa; atrapar, agarrar na carreira. fig. fam. Conseguir, obter, lograr. fig. fam. Enganar, engodar. Amer. argent. Abiscoitar.

ATRÁS adv. l. Atrás, no lugar precedente. Detrás. Nas costas. Na retaguarda. adv. t. Antes, atrás, antecedentemente. Acima, anteriormente. — ! interj. Para trás! Desde muy —, loc. fig. Desde muito tempo. Hacerse —, loc. Recuar, retroceder. Hacia —, loc. fam. Ao contrário do que se diz.

ATRASADO, A (atrassado) adj. Falto de dinheiro, apertado. fig. fam. Atrasado, ignorante. Atrasado, que não veio ou não foi recebido no tempo devido. — de medios, falto de recursos, empobrecido. Lo —, s. m. O que ficou atrasado (contas; pagamentos etc. O passado, o que foi.

ATRASAMIENTO (atrassamiento) s. m. Atrasamento, atraso.

ATRASAR (atrassar) v. tr. Atrasar, retardar, demorar. v. intr. Atrasar (o relógio). U. t. c. pron. v. pron. Atrasar-se, ficar atrás, demorar-se. Amer. chil. Ferir-se, machucar-se, adoecer. v. intr. Amer. Vencer (uma controvérsia). — una fecha, datar com atraso.

ATRASO (atrasso) s. m. Atraso, demora, retardamento. Quantia não recebida no tempo devido. pl. fam. Pagamentos ou contas vencidas e não cobradas; atrasados. — mental, Pedag. Retardamento.

ATRAVESADO, A (atravessado) adj. Atravessado (que olha de través; mestiço, cruzado; indigno, perverso; travesso; posto de través).

ATRAVESADOR, A (atravessador) adj. Atravessador. s. m. Atravessador, açambarcador.

ATRAVESAÑO (atravessanho) s. m. V. TRAVESAÑO.

ATRAVESAR (atravessar) v. tr. Atravessar (pôr ao través; traspassar, perfurar; trunfar, cortar; açambarcar, monopolizar; Náut. capear; impedir, embaraçar; passar de uma para outra parte.) Apostar no jogo. Enfeitiçar, pôr quebranto, meter mau olhado. v. pron. Atravessar-se. Interromper, meter-se, opor-se. Engasgar-se. — el corazón, fig. Ter o coração traspassado de dor ou pena. — razones, fig. Disputar. — uno mismo, loc. Atirar-se sobre a arma do adversário. ATRAVESARSE-LE a uno una persona, loc. fig. fam. Ser uma pessoa antipática a outra. No — los umbrales, loc. Não pôr os pés em algum lugar ou casa. Irreg. Ind. pres. Atravies-o, as, a, an. Subj. pres. Atravies-e, es, e, en. Imperat. Atravies-a, e, en.

ATRAVESÍA (atravessía) s. f. ant. TRAVESIA.

ATRAYENTE (atradjente) p. a. de Atraer. Atraente. adj. Amer. vulg. Atraente, interessante.

ATRAZADERA (atraçadera) s. f. V. TRAZADORA. Mulher que usa de traças ou artifícios.

ATRAZAR (atraçar) v. tr. ant. Traçar. (Usa-se ainda em Aragão.) v. pron. Amer. chil. Malograr-se, perder-se.

ATRAZNALAR v. tr. prov. Arag. V. ATRESNALAR.

ATREGUADO, A adj. Lunático, maníaco. Atreguado.

ATRENZO (atrenço) s. m. Amer. Apuro, embaraço, dificuldade.

ATRESNALAR v. tr. Agr. Dispor os feixes em pirâmides.

ATREVER v. tr. ant. Infundir atrevimento. v. pron. Atrever-se, aventurar-se, faltar ao respeito.

ATREVIMIENTO s. m. Atrevimento, arrojo, audácia. Insolência, ousadia, desfaçatez, petulância.

ATRIBUCIÓN s. f. Atribuição. Privilégio, prerrogativa.

ATRIBUIR v. tr. Atribuir. v. pron. Atribuir-se. Irreg. Ind. pres. Atribuy-o, es, e, en. Pret. indef. Atribuy-ó, eron. Subj. pres. Atribuy-a, as, a, amos, áis, an. Pret. imperf. Atribuy-era ou ese, eras ou eses, era ou ese, éramos ou ésemos, erais ou eseis, eran ou esen. Fut. imperf. Atribuy-ere, eres, ere, éremos, ereis, eren. Imperat. Atribuy-e, a, amos, an. Ger. Atribuyendo.

ATRIBULACIÓN s. f. Atribulação. V. TRIBULACIÓN.

ATRICESES (atricesses) s. m. pl. Anéis onde entram as correias do estribo.

ATRICIÓN s. f. Teol. Atrição. Fís. Atrição, atrito. Med. Atrição, escoriação. Vet. Atrição.

ATRICIONISTA s. m. Atricionário.

ATRICOSIS (atricossis) s. f. Med. Atriquia.

ATRIL s. m. Atril, estante para livros, músicas, etc., estante de coro ou de missal. — de San Lucas, fig. fam. Animal que tem cornos. — de sitial, estante de missal.

ATRILERA s. f. Pano com que se cobrem as estantes, nas igrejas, quando se cantam a epístola e o evangelho nas missas solenes.

ATRILLAR (atrilhar) v. tr. V. TRILLAR. fig. Castigar, açoitar.

ATRINCHERAMIENTO (atrintcheramiento) s. m. Entrincheiramento, trincheira.

ATRINCHERAR (atrintcherar) v. tr. Entrincheirar. v. pron. Entrincheirar-se.

ATRISCAR v. tr. prov. Seg. V. APRETAR.

ATRISTACIÓN s. f. prov. Gal. Tristeza, tristura.

ATRISTAYAR (atristadjar) v. tr. prov. Ast. Entristecer, atristar.

ATROCHAR (atrotchar) v. intr. Atalhar, enveredar, caminhar por sendas ou atalhos.

ATROCIDAD (atrocidad) s. f. Atrocidade, crueldade, barbaridade. fam. Excesso, demasia. Dito ou fcito muito néscio ou temerário; enormidade. ¡Qué —!, interj. fam. Que enormidade! Que barbaridade. Trabaja, come ou bebe que es una —, trabalha, come ou bebe que é um desproposito, uma enormidade, uma barbaridade.

ATROJADO, A (atrojado) adj. Amer. mexic. Cansado, fatigado.

ATROJAR (atrojar) v. tr. V. ENTROJAR. v. pron. fig. fam. Amer. mexic. Não achar saída para alguma dificuldade. Perturbar-se, aturdir-se. Abombar-se.

ATROMPETADO, A adj. Atrombetado.

ATROMPILLAR (atrompilhar) v. tr. Amer. mexic. V. ATROPELAR.

ATRONADAMENTE adv. Precipitadamente, irrefletidamente.

ATRONADO, A adj. Imprudente, precipitado, irrefletido, adoidado. s. m. fam. Pessoa de pouco juízo. Vet. adj. Atroado.

ATRONADOR, A adj. Atronador. fig. Ruidoso, trovejante, gritão. s. m. e f. Mús. Martelador.

ATRONADURA s. f. Vet. Atroamento, alcançadura. Tendimento, rachadura (da madeira).

ATRONAMIENTO s. m. Aturdimento. Atordoamento. Vet. V. ATRONADURA, 1ª acep.

ATRONAR v. tr. Atordoar, aturdir. Atroar (ficar atordoado ou morto pelo abalo dos trovões). Vet. Atroar. ant. V. TRONAR. — con gritos, loc. Falar muito alto ou aos gritos.

ATRONCAR v. tr. Dar forma ou aparência de tronco. v. pron. fig. Ficar imóvel, estacar, imobilizar-se.

ATROPADO, A adj. Reunido, junto, agrupado, incorporado. Agr. Amoitado.

ATROPAR v. tr. Atropar, encorporar, reunir. U. t. c. pron. Juntar, reunir, recolher.

ATROPELLADA (atropelhada) s. f. Amer. argent. Atropelada, investida.

ATROPELLADAMENTE (atropelhadamente) adv. Atropeladamente, precipitadamente, confusamente, desordenadamente. Desaforadamente, atrevidamente.

ATROPELLADO, A (atropelhado) adj. Atropelado, precipitado, violento, impetuoso. (Aplica-se a quem fala ou procede com precipitação.) fig. Brusco, rude, áspero. Valetudinário, inválido, achacoso.

ATROPELLADOR, A (atropelhador) adj. e s. Atropelador.

ATROPELLAMIENTO (atropelhamiento). s. m. Atropelamento. V. ATROPELLO.

ATROPELLAPLATOS (atropelhaplatos) s. f. fam. Deprec. Criada desastrada.

ATROPELLAR (atropelhar) v. tr. Atropelar (pisar passando por cima; empurrar, derribar, acotovelar; deprimir, menosprezar; fazer com grande velocidade). Ultrajar, insultar atropeladamente. v. pron. Apressar-se, açodar-se. Atropelar-se, empurrar-se, acotovelar-se. fig. Perturbar-se, enlear-se, transtornar-se.

ATROPELLO (atropelho) s. m. Atropelo, atropelação, atropelamento. Tropelia. Cometer un — con uno, loc. Ferir alguém, prejudicá-lo arbitrariamente, faltar-lhe com o respeito.

ATROPILLAR (atropilhar) v. tr. Amer. Atropilhar.

ATROPINIZACIÓN (atropiniçación) s. m. Med. Atropinização. Atropismo.

ATROZ adj. Atroz, cruel, feroz, desumano. Monstruoso. fam. Muito grande, desmesurado: Estatura —, enorme estatura. Amer. chil. Repugnante.

ATROZAR (atroçar) Náut. Tesar com a troça.

ATROZMENTE adv. Atrozmente, cruelmente. fam. Excessivamente, demasiadamente.

ATRUCHADO, A (atrutchado) Atrutado.

ATRUENDO s. m. V. ATUENDO.

ATRUHANADO, A (atruanado) adj. Truanesco.

ATUCÚM adv. Amer. hond. De um sorvo, de um gole.

ATUCUÑAR (atucunhar) v. tr. Amer. hond. Comer ou beber com excesso.

ATUENDO s. m. Aparato, ostentação, pompa, fausto, magnificência. V. ALHAJA. Saco, cesto. prov. Sal. Tareco, móvel velho. pl. prov. Alav. Arreio de jumento.

ATUFADAMENTE adv. Agastadamente, enfadadamente.

ATUFADO, A adj. Tufado. Acre, picante.

ATUFAMIENTO s. m. Obstinação. V. ATUFO.

ATUFAR v. tr. fig. Enfadar, agastar, irritar. U. m. c. pron. Amer. argent. Molestar, importunar. v. pron. Sufocar-se, aspirar vapor. Azedar-se, avinagrar-se. Confundir-se, aturdir-se.

ATUJAR (atujar) v. tr. Amer. V. AZUZAR.

ATULAR v. tr. Amer. V. AZUZAR.

ATÚN s. m. Atum. El charco de los — es, loc. O mar. Por — y a ver el duque, loc. Diz-se dos que fazem alguma coisa com dois fins, e também com certa obsequiosidade interessada. Ser un pedazo de —, loc. fig. Ser um pedaço de asno. Tendido como un —, loc. Estendido no solo e sem fazer movimento algum.

ATUNARA s. f. Almadrava (lugar onde se pesca o atum).

ATUNERA s. f. Anzol para pescar atum. Almadrava (rede).

ATUNERO s. m. Almadraveiro. Vendedor de atum.

ATUNTUCO, A adj. Amer. argent. Diz-se da criança intrometida e travessa.

ATURAR v. tr. ant. Aturar, sofrer, suportar, conservar. fig. Proceder com juízo, acerto ou prudência. Parar, deter, sofrear (as bestas). fam. Tapar, fechar hermeticamente. Durar (Usa-se em Salamanca).

ATURBONARSE v. pron. Enublar-se, nublar-se, enuviar-se, carregar-se (o céu) de nuvens negras.

ATURDIMIENTO s. m. Aturdimento. Atordoamento. Desorientação, tontura. Surpresa, assombro, espanto, pasmo. Estouvamento, irreflexão.

ATURDIR v. tr. Aturdir; assombrar, surpreender. U. t. c. pron. Confundir, perturbar.

ATURRADO, A adj. Amer. hond. Enfezado, acanhado (diz-se dos vegetais).

ATURRAR v. tr. prov. Sal. Aturdir, atordoar, ensurdecer, aturrear.

ATURRIAR *v. tr. prov. Sal.* V. ATURRAR.

ATURRULLAR (aturrulhar) *v. tr. fam.* Confundir, perturbar, desconcertar, embasbacar. U. t. c. pron.

ATURRULLAMIENTO (aturrulhamiento) *s. m.* V. ATOLONDRAMIENTO.

ATURULLAR (aturulhar) *v. tr.* V. ATURRULLAR.

ATUSADOR, A (atussador) *adj. e s.* Cortador, emparelhador. Tosquiador.

ATUSAR (atussar) *v. tr.* Cortar, aparar, igualar, emparelhar (o cabelo). Cortar, aparar, emparelhar (as plantas). Alisar o cabelo com a mão ou com o pente molhado. *fig.* Acariciar. *Amer. plat.* Tosar, tosquiar, *v. pron.* Enfeitar-se, ataviar-se muito.

ATUTIPLÉN *adv. fam.* Aos montões, a granel; às mancheias.

AU *adv. Amer.* V. AÚN.

AUA *s. m. Amer. mexic.* Água.

AUCA *s. f.* V. OCA. *Zool.* V. ÁNSAR. *Amer. boliv.* Chapéu cônico.

AUCADO *s. m.* Espécie de roda nos teares de veludo.

AUCE *s. f. ant.* Ave. Aguaceiro. — *dura, loc. ant.* Desventura, desgraça.

AUCÍPULA *s.f.* Aucúpio.

AUCTÍFERO, A *adj.* Fértil, feraz, fecundo.

AUCTUARIO *s. m.* Autuário.

AUDIBLE *adj.* Audível.

AUDICIÓN *s. f.* Audição. — *de testigos,* audição de testemunhas.

AUDIDOR *s. m. ant.* Auditor.

AUDIENCIA *s. f.* Audiência. Audiência (sessão do tribunal). Lugar onde se dá audiência. Distrito judicial. Tribunal distrital de justiça. Conjunto de ministros nomeados por um juiz superior para determinada averiguação judicial. *Hacer —,* dar audiência (um tribunal).

AUDÍFONO *s. m.* Audiofônio.

AUDIÓFONO *s. m.* V. AUDÍFONO.

AUDITOR *s. m.* Auditor. — *de guerra,* auditor de guerra. — *de marina,* auditor de marinha, auditor da armada. — *de la Rota,* auditor da Rota.

AUDITORIO, A *adj.* Auditório, auditivo. *s. m.* Auditório. *ant.* Audiência.

AUGE (auje) *s. m.* Auge. *Astron.* Apogeu.

AUGITA (aujita) *s. f. Miner.* Augita.

AUGUR *s. m.* Áugure, agoureiro, adivinho.

AUGURACIÓN *s. f.* Auguração, augúrio.

AUGURAR *v. tr.* Augurar. *Por ext.* Predizer.

AUGUSTALIAS *s. f. pl.* Augustais.

AUGUSTO, A *adj.* Augusto. *El solo y sempre —,* Deus.

AUJADOR (aujador) *s. m. Amer.* V. ALFILETERO.

AÚJAS (aújas) *s. f. pl. Amer. argent.* Agulhas (vértebras da espinha do animal vacum). V. AGUJAS.

AULA *s. f.* Aula (em todas as acepções do vocábulo português).

AULABE *s. m.* Pinça automática.

AULAGA *s. f. Bot.* Giesta.

AULAGAR *s. m.* Giestal.

AULETES *s. m.* Aulete.

AULLADERO (aulhadero) *s. m. Venat.* Sítio onde os lobos se juntam e uivam à noite.

AULLADOR, A (aulhador) *adj.* Uivador. *s. m. Zool.* Espécie de macaco.

AULLANTE (aulhante) *p. a.* de *Aullar.* Uivante.

AULLAR (aulhar) *v. intr.* Uivar, ulular, aulir (diz-se dos cães, lobos e outros animais, aplicando-se em sentido figurado às pessoas). *fig.* Gemer, uivar. Imitar com a voz os cães ou os lobos.

AULLIDO (aulhido) *s. m.* Uivo, aulido. *fig.* Uivo (de dor, de cólera etc.)

AÚLLO (aúlho) *s. m.* V. AULLIDO.

AUMENTABLE *adj.* Aumentável.

AUMENTACIÓN *s. f. ant.* Aumentação, aumento. *Retor.* Aumentação.

AUMENTO *s. m.* Aumento, ampliação, crescimento, engrandecimento. Incremento. Melhoria, progresso. U. m. no pl. *Amer. mexic.* Posdata de uma carta.

AUN (aún) *adv. t.* e *m.* Ainda. Até então, além disso, não obstante, também, mesmo, até. Sequer. — *cuando, loc. conj.* Ainda quando, ainda que, posto que, embora, conquanto.

AÚN (aún) *adv. t.* e *m.* V. AUN.

AUNABLE *adj.* Reunível, unível.

AUNAMIENTO *s. m. ant.* Reunião, ligação, confederação. Mistura, confusão.

AUNAR *v. tr.* Unir, ligar, estreitar, reunir, confederar para algum fim; aunar. U. m. c. pron. Incorporar, misturar, combinar. Unificar. U. t. c. pron. *Por ext.* Concordar, conciliar, amistar.

AÚNCHE (aúntche) *s. m. Amer. colomb.* Farelo, resíduo de alguma coisa.

AUNCHI (aúntchi) *s. m. Amer. argent.* Farelo de milho.

AUNGAR *v. tr. ant.* Unir ou juntar.

AUNQUE *conj. advers.* Ainda quando, ainda que, posto que, embora, conquanto. — *más, loc. conj.* Por muito que, por mais que.

¡AÚPA! *interj.* Upa! Dandar! (Diz-se para as crianças, instigando-as a andar.)

AÚPAR *v. tr. fam.* Ajudar alguém a subir ou a levantar-se.

AURA *s. f.* Aura, aragem, brisa. *fig.* Aurar rumor, fama, aplauso. Respiração, acento. Laranja (cor). *Zool.* Aura. — *popular,* aura popular. — *seminalis,* aura seminal. — *vital,* aura vital.

AURAL *adj.* Auricular. Relativo a aura.

ÁUREO, A *adj.* Áureo. *s. m.* Áureo (moeda). *Regla —,* regra de três. — *número,* áureo número.

AUREOLA *s. f.* Auréola. —*s acidentales,* auréolas acidentais.

AUREOLAR *adj.* Aureolar. *v. tr.* Aureolar (rodear de auréolas). *Amer. argent.* Aureolar, glorificar, honrar.

AURERO *s. m. Amer.* Reunião de auras ou urubus voando em círculo sobre determinado lugar.

AURICOMA *adj.* Aurícomo.

AURIFICACIÓN *s. f.* Aurificação.

AURIRROLLADO (aurirrolhado) *adj.* Que ao ondular-se apresenta reflexos dourados.

AURORA *s. f.* Aurora. *Por ext.* Dia. *fig.* Aurora. Bebida feita de leite de amêndoas e água de canela. *Bot.* Aurora, rosa da China. *A la —, loc.* Ao romper a aurora.

AURORINO, A *adj. Poét.* Auroral, auroreal.

AURRAGADO, A *adj. Agr.* Mal amanhado.

AURRESCU *s. m.* Dança popular dos vascongados.

AURÚSPICE *s. m.* Arúspice.

AUSCULTACIÓN *s. f.* Auscultação, ausculta.

AUSENCIA (aussencia) *s. f.* Ausência. Falta, privação. *Juris.* Ausência. *Brillar por su —, loc. prov.* Brillar (alguém) pela ausência. *Buenas —s, loc. fam.* Boas ausências. *Malas —s, loc. fam.* Mal que se diz de uma pessoa ausente.

AUSENTISMO (aussentismo) *s. m.* Absenteísmo.

AUSOL (aussol) *s. m. Amer. centr.* Greta, fenda (nos terrenos vulcânicos). *Amer. salv.* Gêiser.

AUSPICIAR *v. tr. Amer. argent.* Patrocinar.

AUSPICIO *s. m.* Auspício. *Bajo los —s de,* sob os auspícios de.

AUSPICIOSO, A (auspiciosso) *adj. Amer. argent.* Auspicioso, esperançoso, prometedor.

AUSTERIDAD (austeridad) *s. f.* Austeridade, rigidez, severidade. *fig.* Aspereza, rigor, acrimônia.

AUSTRALÁSIÁTICO, A (australassiático) *adj.* Australasiano, australásio. Melanésio.

AUSTRALASINO, A (australassino) *adj.* Australásio.

AUSTRALASITA (australassita) *s. f. Miner.* Australito.

AUTÁN *adv. m. ant.* Tanto, igualmente. *Beber de —, loc.* Beber muito, beber sempre. *De —, loc. adv.* De bom humor.

AUTÉNTICA *s. f. Ecles.* Autêntica. *pl.* Autênticas.

AUTENTICACIÓN *s. f.* Autenticação.

AUTENTIFICAR *v. tr.* Autenticar.

AUTERÍA *s. f. Amer. argent.* Susto ou alarma fingidos ou sem razão de ser, fita.

AUTERO, A *adj. Amer. argent.* Fiteiro.

AUTILLO (autilho) *s. m. Dim.* de *Auto.* Auto particular da Inquisição. *Zool.* Espécie de coruja.

AUTO *s. m.* Auto (decreto judicial; composição dramática; *(ant)* ato; automóvel). — *en favor, loc. fig. fam.* Com muito mais razão. *Constar de —s, loc.* Constar dos autos. *Estar,* ou *ir, uno cocido a los —s, fr. fig. fam.* Acompanhar sempre a determinada pessoa. *Estar uno en —s,* ou *en los —s,* *loc. fig. fam.* Estar alguém ao par, ao corrente de alguma coisa.

AUTOAMPUTACIÓN *s. m.* Autotomia.

AUTOBÚS *s. m.* Ônibus.

AUTOCAMIÓN *s. m.* Caminhão.

AUTOCICLETA *s. f.* Autociclo, motocicleta.

AUTOCOCHERA (autocotchera) *s. f.* Garage.

AUTÓCTONO, A *adj.* Autóctone.

AUTODIDACTO, A *adj. e s.* Autodidático, autodidata, autodidato.

AUTÓDROMO *s. m.* Autódromo.

AUTOENCENDEDOR *s. m.* Acendedor automático.

AUTOGIRO (autojiro) *s. m. Aviaç.* Autogiro.

AUTOGARAGE (autogaraje) *s. f.* Garage.

AUTOGRAFIAR *v. tr.* Autografar.

AUTOINDUCCIÓN *s. f. Fís.* Auto-indução.

AUTOINFECCIÓN *s. f.* Auto-infecção.

AUTOINJERTO (autoinjerto) *s. m. Cir.* Enxerto tirado do corpo do próprio paciente.

AUTÓLISIS (autólissis) *s. f. Biol.* Autólise.

AUTOMACIA *s. f.* Automatia.

AUTÓMATA *s. f.* Autômato.

AUTÓMATON *s. m.* Autômato.

AUTOMIXIS (automicsis) *s. f. Zool.* Autogamia.

AUTOMNESTIA *s. f.* Automnesia.

AUTÓMNIBUS *s. m.* Ônibus, auto-ônibus.

AUTOMOTRIZ *adj.* Automotor, automóvel. *s. f.* Auto-linha, carro-linha.

AUTOMÓVIL *adj.* Automóvel. *s. m.* Automóvel, auto (veículo).

AUTOMOVILISMO *s. m.* Automobilismo.

AUTOMOVILISTA *adj.* Automobilístico. *s. m.* e *f.* Automobilista.

AUTOPIANO *s. m.* Pianola.

AUTOPISTA *s. f.* Auto-estrada, rodovia para o tráfego exclusivo de automóveis.

AUTORIDAD (autoridad) *s. f.* Autoridade. *De propia —, loc. fam.* Por si mesmo. *Sacar la —, loc.* Anotar.

AUTORIZABLE (autoriçable) *adj.* Autorizável.

AUTORIZACIÓN (autoriçaciòn) *s. f.* Autorização.

AUTORIZAMIENTO (autoriçamento) *s. m.* Autorizamento.

AUTORREDUCCIÓN *s. f.* Auto-redução.

AUTORREDUCTOR, A *adj.* Auto-redutor.

AUTORREGULACIÓN *s. f.* Auto-regulação.

AUTORZUELO (autorçuelo) *s. m. Deprec.* Autor de meia-tigela.

AUTÓSITO (autóssito) *s. m. Terat.* Autosito, autosita.

AUTOSQUEDIÁSTICO, A *adj.* Extemporâneo, improvisado.

AUTOSUGESTIBILIDAD (autossujestibilidad) *s. f.* Autossugestibilidade.

AUTOSUGESTIÓN (autossujestiòn) Autossugestão.

AUTOTEÍSMO *s. m.* Autolatria.

AUTOTEMNO *s. m.* Autótomo.

AUTOTIPO *s. m. Impre.* Facsímile.

AUTOTRÓFICO, A *adj. Biol.* Autotrófico.

AUTOVACUNA *s. f.* Autovacina.

AUTOVACUNACIÓN *s. f.* Autovacinação.

AUTOVÍA *s. f.* Autovia, rodovia.

AUTUMNAL *adj.* Outonal, autunal.

AUXILIARÍA (aussiliaría) *s. f.* Emprego de auxiliar.

AUXILIO (aucsílio) *s. m.* Auxílio (em todas as acepções do vocábulo português). *Impartir el —, loc.* Emprestar mão forte. *Primeiros —se,* primeiros socorros.

AUYAMA (audjama) *s. f. Amer.* Espécie de cabaça grande, de raiz grossa e semelhante à isca.

AUYÚA (audjúa) *s. f. Amer. cub.* V. AYÚA.

AVACADO, A *adj.* Diz-se das cavalgaduras ventrudas e a pouco brio como as vacas.

AVADAR *v. intr.* Baixar, minguar os rios ou ribeiros de sorte que se tornem vadeáveis. U. t. c. pron, *v. tr. ant.* Evitar.

AVAGANTE *s. m. prov. Gal.* Síncope, desmaio, desfalecimento.

AVAGARSE *v. pron. Amer.* V. ENMOHECER, *v. pron.*

AVAHADO, A (avaado) *adj. ant.* Abafado, pouco ventilado, que tem bafio.

AVAHAR (avaar) *v. tr.* Bafejar (aquecer com o bafo). Retirar do fogo (certas comidas) deixando as caçarolas bem tapadas. *v. intr.* Baforar. Lançar vapor. Respirar, resfolegar.

AVALADO, A *adj. Com.* Diz-se dos documentos de crédito que têm aval.

AVALANCHA (avalantcha) *s. f.* Avalanche, alude. *Amer. argent.* Avalanche, multidão de pessoas ou coisas que se precipitam violentamente.

AVALAR *v. tr. Com.* Avalizar. *prov. Gal.* Sacudir, agitar. Tremer, estremecer (a terra).

AVALENTAMIENTO *s. m.* Bravata, fanfarrice.

AVALENTONADO, A *adj.* Avalentoado, valentão.

AVALENTONARSE *v. pron.* Avalentoar-se.

AVALIAR *v. tr. ant.* V. VALUAR.

AVALÍO *s. m. ant.* V. AVALÚO.

AVALITA *s. f. Miner.* Avalito.

AVALIZAR (avaliçar) *v. tr. Náut.* Balizar.

AVALLAR (avalhar) *v. tr.* Avaladar.

AVALO *s. m. prov. Gal.* Abalo, tremor. Tremor de terra, terremoto.

AVALORAR *v. tr.* Avaliar, apreciar. *fig.* Encorajar, infundir valor. *v. pron.* Animar-se, encorajar-se.

AVALOTE *s. m.* Tumulto, arruaça.

AVALUACIÓN *s. f.* Avaliação. V. VALUACIÓN.

AVALUAR *v. tr.* V. VALUAR.

AVALÚO *s. m.* V. VALUACIÓN.

AVAMBRAZO (avambraço) *s. m.* Avambraço.

AVANCE *s. m.* Avanço, avance. Avançada, investida, arremetida, agressão, assalto. Avanço, adiantamento (de dinheiro). *Amer.* Preliminares, primórdios. *Náut.* Orçamento. *Com.* Balanço. *Arq.* Avançamento.

AVANDICHO, A (avanditcho) *adj. ant.* V. SOBREDICHO.

AVANECERSE *v. pron.* Perder (a fruta) o seu suco e sabor; murchar, secar.

AVANTE *adv. t. l. ant.* V. ADELANTE (Usa-se atualmente em Salamanca e na marinha).

AVANTRÉN *s. m.* Jogo dianteiro das carretas de artilharia.

AVANZA (avança) *s. f.* Soma, conta. V. AVANZO.

AVANZADA (avançada) *s. f. Mil.* Avançada (força que caminha na frente de um exército), guarda avançada. Posto avançado.

AVANZADILLA (avançadilha) *s. f. Dim.* de *avanzada. Mil.* Piquete avançado. *Mar.* Molhe estreito construído sobre estacas.

AVANZADO, A (avançado) *adj.* Avançado (adiantado; progressivo); radical; que conta muitos anos). *Edad —,* idade avançada.

AVANZAMIENTO (avançamiento) *s. m. Arq.* Avançamento. *Ant.* AVANCE.

AVANZAR (avançar) *v. tr.* Avançar (adiantar; progredir). U. t. c. pron. *v. intr. Mil.* Avançar, acometer, investir. U. t. c. pron. Sobrar, restar (nas contas). *Amer. cub.* Vomitar.

AVANZO (avanço) *s. m.* Balanço. Orçamento.

AVARICIA *s. f.* Avareza, mesquinhez, cobiça.

AVARICIAR *v. intr. ant.* Desejar avaramente.

AVARICIOSAMENTE (avariciossamente) *adv.* Avarentamente, avaramente.

AVARICIOSO, A (avariciosso) *adj.* V. AVARIENTO.

AVARIENTO, A *adj. e s.* Avarento, avaro, mesquinho.

AVARIÓSICO, A (avariòssico) *adj.* Sifilítico. U. t. c. s.

AVASALLADO, A (avassalhado) *adj.* Avassalado. *Tener a uno —, loc.* Dominar alguém.

AVASALLADOR, A (avassalhador) *adj. e s.* Avassalador.

AVASALLAMIENTO (avassalhamiento) *s. f.* Avassalamento.

AVASALLAR (avassalhar) *v. tr.* Avassalar. *v. pron.* Avassalar-se; submeter-se, sujeitar-se.

AVE *s. f.* Ave. *— agorera,* ave agoureira, ave de mau agouro. *— boba, Ornit.* Manco. *— de albarda,* asno. *— de cuchara,* colhereiro. *— de las tempestades,* petrel. *— del Paraíso,* ave do Paraíso. *— de paso,* ave de arribação. *— de rapiña,* ave de rapina. *fig.* Pessoa que vive de extor-

sões. *— fría. Zool.* Abibe, ave fria. *— passagera.* V. AVE DE PASO. *— rapaz* ou *rapiega.* V. AVE DE RAPIÑA.

AVECASINA (avecassina) *s. f. Amer. chil.* V. BECADA.

AVECELADO, A *adj. Arq.* Que carece de adorno.

AVECHUCHO (avetchutcho) *s. m.* Ave de aspecto desagradável. *fig.* Pessoa desprezível.

AVECICA *s. f. Dim.* de *Ave.*

AVECILLA (avecilha) *s. f. Dim.* de *Ave. — de las nieves.* V. AGUZANIEVE.

AVECINAR *v. tr.* Avizinhar (aproximar, por perto de; ter por vizinho). U. t. c. pron.

AVECINDABLE *adj.* Que pode ou deve ser admitido como morador. *Amer. per.* Diz-se do terreno próprio para ser povoado.

AVECINDAMIENTO *s. m.* Moradia, residência, domicílio. Ação e resultado de domiciliar-se.

AVECINDAR *v. tr.* Admitir alguém como morador de uma povoação. *v. pron.* Estabelecer-se como morador, domiciliar-se. Avizinhar-se, aproximar-se.

AVEFRÍA *s. f. Zool.* Abibe avecoinha, ave fria.

AVEJAMIENTO (avejamiento) *s. m.* Envelhecimento.

AVEJARSE (avejarse) *v. pron.* Envelhecer, avelhentar-se, avelhar-se.

AVEJENTADO, A (avejentado) *adj.* Avelhentado, avelhantado, avelhado, envelhecido.

AVEJENTAR (avejentar) *v. tr.* Avelhentar, avelhantar. U. m. c. pron.

AVEJICAR (avejicar) *v. tr.* Vesicar; empolar. U. t. c. intr. e pron.

AVELINA *s. f.* Espécie de avelã.

AVELLACAR (avelhacar) *v. tr.* Avelhacar. U. t. c. pron.

AVELLANA (avelhana) *s. f.* Avelã. *— de la India* ou *Índica,* avelã-da-Índia, areca. V. AVELLANADOR.

AVELLANADO, A (avelhanado) *adj.* Avelanado. *fig.* Engelhado, avelado, magro, enxuto. *s. m. Náut.* Goivado.

AVELLANADOR (avelhanador) *s. m.* Broca de contrapunçoar.

AVELLANAL (avelhanal) *s. m.* V. AVELLANAR.

AVELLANAR (avelhanar) *s. m.* Aveleiral, avelanal. *v. tr.* Contrapunçoar. *v. pron.* Engelhar-se, enrugar-se, encarquilhar-se, avelar-se.

AVELLANEDA (avelhaneda) *s. f.* V. AVELLANAR. *Bot.* Avelaneda.

AVELLANEDO (avelhanedo) *s. m. ant.* V. AVELLANEDA.

AVELLANERO, A (avelhanero) *s. m. e f.* Vendedor de avelãs. *s. f.* V. AVELLANO.

AVELLANO (avelhano) *s. m.* Aveleira, avelãzeira.

AVEMARÍA *s. f.* Ave-Maria (oração). Avemarias (toque das trindades). *Al —, loc. adv.* Ao anoitecer, à hora da avemaria. *En una —, loc. fam.* Num instante, num ápice. *Saber uno como el — alguma cosa, loc. fam.* Saber muito bem alguma coisa.

AVENA *s. f. Bot.* Avena. Aveia. *— amarilla* ou *dorada,* aveia-amarela. *— de los prados,* aveia-do-campo, aveia-da-terra. *— loca,* aveia-doida. *Poét.* Avena, flauta pastoril.

AVENADO, A *adj.* Aveado, adoidado, maníaco.

AVENAL *s. m.* Aveal, campo de aveia.

AVENAMIENTO *s. m.* Escoamento, drainagem, drenagem.

AVENAR *v. intr.* Drainar, drenar.

AVENATE *s. m.* Bebida feita de aveia. *prov. And.* Veneta, ímpeto de loucura.

AVENEDIZO, A (avenediço) *adj.* V. ADVENEDIZO.

AVENENAR *v. tr. ant.* Envenenar.

AVENENCIA *s. f.* Pacto, concerto, convênio, convenção. Conformidade, harmonia, união, acordo. Aveniência, avença.

AVENENTEZA (avenenteça) *s. f. ant.* Ocasião, oportunidade, conjuntura, ensejo.

AVENERA *s. f.* Aveal, campo semeado de aveia.

AVENERÓN *s. m. Bot.* Aveia-doida.

AVENIBLE *adj.* Conciliável, ajustável, acomodável.

AVENICEO, A *adj.* Avenáceo.

AVENIDA *s. f.* Cheia, enchente, inundação. Avenida (alameda; caminho que conduz a um

lugar; rua larga, arborizada ou não). *Mil.* Avenida. *fig.* Concorrência, afluência (de pessoas ou coisas). *prov. Arag.* V. AVENENCIA.

AVENIDAMENTE *adv.* De conformidade, de acordo, em harmonia.

AVENIDIZO, A (avenidiço) *adj. ant.* V. ADVENEDIZO.

AVENIDO *adj.* Avindo, concorde, congraçado. (Com os advs. *bien* ou *mal,* concorde ou discorde).

AVENIDOR, A *adj. e s.* Avindor, medianeiro, mediador, avindeiro.

AVENIMIENTO *s. m.* Congraçamento, concerto, acordo, ajuste, convenção. *ant.* Evento, acontecimento. Enchente, cheia, inundação.

AVENIR *v. tr.* Avir, conciliar, harmonizar. U. m. c. pron. *v. intr.* Acontecer, suceder, sobrevir. Encher, transbordar (falando-se de rios e ribeiros). *v. pron. fig.* Avir-se, arranjar-se, acomodar-se. *Allá se lo* AVENGA, ou *se las* AVENGA, *loc. fam.* que se usam para denotar que alguém não quer ter participação em alguma coisa. *Irreg.* V. conj. de *Venir.* (Na acep. de *acontecer,* usa-se no infinitivo e nas terceiras pessoas do sing. e pl.)

AVENTADO *adj. p. us.* Erguido, arrebitado, voltado para cima. *p. p.* de *Aventar.*

AVENTADORA *s. f. Agr.* Aventador.

AVENTADURA *s. f. Vet.* Inchação, tumor. *Mar.* Avaria nas tábuas do forro. V. AVENTAMIENTO.

AVENTAJADAMENTE (aventajadamente) *adv.* Avantajadamente, vantajosamente.

AVENTAJADO, A (aventajado) *adj.* Avantajado, adiantado. Superior, excelente. Anteposto, preferido.

AVENTAJAMIENTO (aventajamiento) *s. m.* V. VENTAJA.

AVENTAJAR (aventajar) *v. tr.* Avantajar (levar vantagem; dar vantagem a; sobrelevar; promover; progredir). Antepor, preferir. *v. pron.* Avantajar-se.

AVENTAMIENTO *s. m.* Aventamento.

AVENTANADO, A *adj.* Escancarado, aberto de par em par.

AVENTAR *v. tr.* Aventar. *fig. fam.* Lançar, expelir, expulsar. *Amer. mexic.* Atirar, arranjar, arremessar. *v. pron.* Aventar-se. *fig. fam.* Fugir, escapar. *Náut.* Rebentar, saltar (alguma tábua do forro); rebentar-se, rachar-se (qualquer corpo sólido). *Irreg.* Ind. pres. *Aviento-o, as, a, an.* Subj. pres. *Avient-e, es, e, en.* Imperat. *Avient-a, e, en.*

AVENTURA *s. f.* Aventura, peripécia, façanha, acaso. *A la —, loc. adv.* À ventura, ao acaso, à sorte; sem escolha.

AVENTURERAMENTE *adv.* Aventurosamente.

AVENTURERO, A *adj.* Aventureiro, aventuroso. *s. m. e f.* Aventureiro.

AVERAR *v. tr. ant.* Comprovar.

AVERDUGADO, A *adj.* Engelhado, espinhento, enverrugado (diz-se do rosto das pessoas).

AVERGOÑAR (avergonhar) *v. tr. ant.* V. AVERGONZAR.

AVERGONZADAMENTE (avergonçadamente) *adv.* V. VERGONZOSAMENTE.

AVERGONZADO, A (avergonçado) *adj.* Envergonhado.

AVERGONZAMIENTO (avergonçamiento) *s. m.* Vergonha, acanhamento, encabulamento, confusão, pudor.

AVERGONZAR (avergonçar) *v. tr.* Envergonhar, avergonhar. Afrontar, ruborizar. *v. pron.* Envergonhar-se. Corar, ruborizar-se. *Irreg.* Ind. pres. *Averguenz-o, as, a, an.* Subj. pres. *Averguenz-e, es, e, en.* Imperat. *Averguenz-a, e, en.*

AVERÍA *s. f.* Avaria, estrago, dano. *fam.* Azar, dano ou prejuízo. *— gruesa,* avaria grossa. *— simple,* avaria simples.

AVERIADO, A *adj.* Avariado, estragado, danificado.

AVERIAR *v. tr.* Avariar, danificar, estragar. *v. pron.* Avariar-se.

AVERIGUABLE *adj.* Averiguável.

AVERIGUACIÓN *s. f.* Averiguação, investigação, verificação.

AVERIGUAMIENTO *s. m.* V. AVERIGUACIÓN.

AVERIGUAR *v. tr.* Averiguar, indagar, inquirir. *fig. fam.* Meter-se na vida alheia. Revistar os bolsos de alguém. *fig. Amer. hond.* Altercar, usando de termos grosseiros. *Amer. mexic.* Mentir, intrigar.

v. pron. Entender-se, avir-se. — *noticias, loc.* Ir em busca de notícias. —*se con alguno,* Entender-se com alguém, fazê-lo vir às boas, chamá-lo à razão.

AVERÍO *s. m.* Multidão de aves.

AVERSIÓN *s. f.* Aversão, antipatia, animosidade; nojo, asco, repugnância.

AVÉS *adv. ant.* Apenas.

AVESO, A (avesso) *adj. ant.* V. AVIESO.

AVETADO, A *adj.* Betado, listrado.

AVETARDA *s. f. Zool.* V. AVUTARDA.

AVETARRADO, A *adj. Amer. mexic.* Envelhecido, avelhantado.

AVEZA (aveça) *s. f. prov. Arag. Bot.* V. ARVEJA.

AVEZADURA (aveçadura) *s. f.* Vezo, costume.

AVEZAR (aveçar) *v. tr.* Avezar, habituar, acostumar. U. t. c. pron. Ensinar, indicar. *Venat.* Amestrar, adestrar.

AVEZÓN (aveçón) *adj. Venat.* Diz-se do falcão amestrado.

AVIACIÓN *s. f.* Aviação (navegação aérea).

AVIAMIENTO *s. m.* V. AVÍO.

AVIAR *v. tr.* Aviar (em todas as acepções do vocábulo português).

AVICÁ *s. f.* V. BOCABARRA.

AVICIAR *v. tr. prov. Sal.* Adubar, estercar a terra. *v. pron.* Vicejar, adquirir viço (as plantas).

AVIEJAR (aviejar) *v. tr.* V. AVEJENTAR. U. t. c. pron.

AVIENTA *s. f. Agr.* Aventamento, aeração.

AVIENTO *s. m.* V. BIELDO.

AVIESAMENTE (aviessamente) *adv.* Avessamente. Maliciosamente.

AVIESO, A (aviesso) *adj.* Avesso, contrário, oposto. *fig.* Mau, perverso, de má índole. *En —, loc. adv. ant.* V. AVIESAMENTE.

AVIGATO *s. m.* V. AGUACATE.

AVILANTARSE *v. pron.* V. INSOLENTARSE.

AVILANTEZ *s. f.* Audácia, insolência. Vileza, baixeza.

AVILANTEZA (avilanteça) *s. f.* V. AVILANTEZ.

AVILENSE *adj.* e *s.* Avilês.

AVILESINO, A (avilessino) *adj.* Avilês.

AVILLANADO, A (avilhanado) *adj.* Avilanado, grosseiro, rústico.

AVILLANAR (avilhanar) *v. tr.* Avilanar (tornar vilão). U. t. c. pron.

AVINADO, A *adj.* Avinhado.

AVÍO *s. m.* Avio, aviamento, apresto, preparativo. *pl. fig. fam.* Avios. ¡*Al —! loc. fam.* Avia-te! *Hacer su —, loc. fam.* Ganhar a vida independentemente; fazer algum negócio mais ou menos limpo. *Mozo* ou *moza de —, fig.* Diz-se de quem se emprega para todo serviço.

AVIÓN *s. m.* Avião. *fig. fam.* Pessoa de elevada estatura. — *sanitario,* avião de saúde. *Zool.* Gavião.

AVIRROSTRO, A *adj.* Diz-se das pessoas que têm o rosto fino e pontudo.

AVIRULENTO, A *adj.* Não virulento.

AVISIONARSE (avissionarse) *v. pron. fam.* Bambolear-se, requebrar-se.

AVISO (avisso) *s. m.* Aviso (em todas as acepções do vocábulo português). Anúncio comercial, cartaz de propaganda. *Andar* ou *estar de sobre—,* andar ou estar de sobreaviso.

AVISÓN (avissòn) Voc. usado como *adv.* Alerta.

AVISPA *s. f.* Vespa.

AVISPADO, A *adj. fig. fam.* Vivo, esperto, sagaz, abispado.

AVISPAR *v. tr.* Aguilhoar, espertar, esporear. *fig. fam.* Espertar, destorcer, avisar. *Amer. chil.* Espantar. *v. pron.* Inquietar-se, abispar-se, desassossegar-se.

AVISPARIO *s. m.* Abelheiro, melharuco, lengue.

AVISPERO *s. m.* Vespeiro. *fig. fam.* Negócio complicado.

AVISPÓN *s. m. Aument.* de *Avispa. Entom.* Vespão.

AVITELADO, A *adj.* Velino (diz-se de certo papel).

AVITOLAR *v. tr. Náut.* Medir com a bitola os eixos das roldanas.

AVITONES *s. m. pl. Náut.* Escotilhas da segunda coberta.

AVITUALLA (avitualha) *s. f. Náut.* Vitualha, provisão de víveres.

AVITUALLAMIENTO (avitualhamiento) *s. m.* avitualhamento, provisão, abastecimento de mantimentos ou vitualhas.

AVITUALLAR (avitualhar) *v. tr.* Avitualhar, abastecer de vitualhas.

AVIVADO, A *adj.* Astuto, sagaz, vivo, despachado, desembaraçado. *s. m.* Polimento. Retoque. Realce.

AVIVAMIENTO *s. m.* Avivamento.

AVIVAR *v. tr.* Avivar (em todas as acepções do vocábulo português).

AVIVAS *s. f. pl. Vet.* Vívulas.

AVIZOR (aviçor) *adj.* Atento, que vigia, que está alerta. (Usa-se na expressão *Ojo —:* alerta, olho atento.) *s. m.* Vigiador, espreitador.

AVIZORADOR, A (aviçorador) *adj.* e *s.* Vigiador, espreitador.

AVIZORAR (aviçorar) *v. tr.* V. ACECHAR. *v. pron.* Andar de olho atento para não ser visto ou descoberto.

AVO, A *adj. Arit.* Avo (este adj. é, em espanhol, posposto ao denominador: *1/17, un diecisiet*AVO (um dezessete avos); ou *una diecisiet*AVA *parte* (uma décima-sétima parte).

AVOCACIÓN *s. f. Juris.* Avocação.

AVOCAMIENTO *s. m. Juris.* Avocamento, avocação.

AVOCASTRO *s. m. Amer. chil.* V. AVECHUCHO. *Amer. per.* Pessoa sumamente feia; espantalho.

AVOLCANADO, A *adj.* Vulcânico.

AVUCASTA *s. f. Deprec.* de *Ave.* V. AVUTARDA.

AVUGO *s. m.* Pêra de Santo Antônio.

AVUGUERO *s. m.* Pereira de Santo Antônio.

AVULSIÓN *s. f.* Avulsão, extração. Avulsão (deslocação de terras).

AVUTARDA *s. f. Ornit.* Abertada, batardão, peru selvagem.

AVUTARDADO, A *adj.* Abetardado.

¡AX! *interj.* Ai! Ui!

AXIL (acsil) *adj.* Axial.

AXILADO, A (acsilado) *adj.* Áxil.

AXILIFLORA (acsiliflora) *adj.* Axilifloro.

AXINELLA (acsinelha) *s. f. Zool.* Axinela.

AXINITA (acsinita) *s. f. Miner.* Axinito.

AXOIDEO, A (acsoidèo) *adj. Anat.* Axoideo, axóide.

AXOLOTE (acsolote) *s. m. Amer. mexic. Zool.* V. AJOLOTE.

AXÓN (acsòn) *s. f.* Axone, axônio.

AXÓPETO, A (acsòpeto) *adj.* Axípeto.

¡AY! *interj.* Ai! Ui! ai. Ai, suspiro, gemido. Gemido. Certa canção andaluza. *Zool.* Preguiça. — *de mí!* Ai de mim! — *del que me ofenda!* Ai de quem me ofende. — *me! interj. ant.* Ai de mim! (Usa-se ainda em poesia).

AYA (adja) *s. f. Bot.* V. HAYA.

AYACA (adjaca) *s. f. Zool. Amer.* Colhereiro.

AYACAHUITE (adjacauíte) *s. m. Bot.* Variedade de pinheiro do México.

AYACUÁ (adjacuá) *s. m. Amer. plat.* Saci, duende, diabinho.

AYATE (adjate) *s. m. Amer. mexic.* Tecido da fibra do agave. Manta feita com este tecido. Manta usada pelos índios.

AYEAR (adjear) *v. tr.* Aiar, soltar ais, gemer.

AYECAHUES (adjecaues) *s. m. pl. Amer. chil.* Disparates, despropósitos, extravagâncias.

AYER (adjer) *adv.* Ontem. *fig.* Ontem, há pouco tempo. Ontem, no tempo que passou. *s. m.* Tempo passado. — *noche, Amer.* V. ANOCHE. *De — acá; de — a hoy, loc. fig. fam.* De ontem para cá; de ontem para hoje; muito recentemente. *El — de la vida, loc. fig.* A juventude passada. *Hombre de —, loc. fam.* Homem de idéias antiquadas.

AYERMADO, A (adjermado) *adj.* Ermado, ermo, deserto.

AYERMAR (adjermar) *v. tr.* Ermar, tornar ermo ou deserto. *v. pron.* Ermar-se, despovoar-se, tornar-se deserto. U. t. em sentido fig.

AYIN (adjin) *s. m.* Áin.

AYMARA (aimará) *s. m. Etnol.* Aimará.

¡AYMÉ! (aimè) *interj. ant.* Ai de mim! (Usa-se ainda em poesia).

AYO, A (adjo) *s. m.* e *f.* Aio, a. *Andar sin —, loc.* Ser dono de suas ações. *No necesitar —, loc. fam.* Não precisar de conselhos.

AYOCOTE (adjocote) *s. m. Amer. mexic.* Espécie de feijão.

AYOCUANTOTO (adjocuantoto) *s. m. Amer. mexic.* Pintassilgo.

AYOGUASELE (adjoguassele) *s. m. Amer. mexic.* Sementes de abóbora.

AYOQUILTE (adjoquilte) *s. m. Amer. mexic.* Cabacinha riscada.

AYOTE (adjote) *s. m. Amer. contr.* Abóbora. *Ahumarse el —, loc. fig. fam.* Estragar-se a festa.

AYOTERA (adjotera) *s. f. Amer. centr.* Aboboreira.

AYOTOSTE (adjotoste) *s. m. Amer.* V. ARMADILLO.

AYUDA (adjuda) *s. f.* Ajuda, favor, socorro, amparo, auxílio, proteção, defesa. *Equit.* Ajuda. *fam.* Clister. Ajuda, ajudante. — *de cámara,* ajuda de câmara. — *de costa,* ajuda de custa, ou de custo. — *de parroquia,* ajuda (igreja ou capela de uma igreja paroquial). — *de vecino,* auxílio alheio. *Esso requiere Diós y —, loc.* com a qual se acentua a dificuldade de alguma coisa.

AYUDADOR, A (adjudador) *adj.* e *s.* Ajudador.

AYUDANTA (adjudanta) *s. f.* Ajudadeira, ajudante. *Amer. argent.* Professora substituta.

AYUDANTE (adjudante) *p. a.* de *Ayudar. s. m.* Ajudante. — *de campo,* ajudante de campo. — *de montes,* capataz, feitor. — *de plaza,* ajudante de praça. — *general,* ajudante-general. — *mayor,* ajudante-maior. — *personal,* ajudante de ordens.

AYUDANTÍA (adjudantía) *s. f.* Ajudância.

AYUDAR (adjudar) *v. tr.* Ajudar, auxiliar, amparar, reforçar, socorrer, favorecer. *v. pron.* Ajudar-se, auxiliar-se, socorrer-se, valer-se. *AYÚDEME usted a sentir, loc.* com a qual se acentua a maior ou menor importância daquilo de que se trata.

AYUNARDÍ (adjunhardí) *s. m. Amer. plat.* Variedade de loureiro.

AYUNADOR, A (adjunador) *adj.* e *s.* Jejuador.

AYUNANTE (adjunante) *p. a.* de *Ayunar.* Jejuante.

AYUNAR (adjunar) *v. intr.* Jejuar, ajunar. — *después de harto, loc. fig. fam.* Com a qual se faz notar a hipocrisia dos que, estando fartos, dizem jejuar. *AYUNARLE a uno, loc. fig. fam.* Temer e respeitar alguém.

AYUNO (adjuno) *s. m.* Jejum. — *natural,* jejum natural. *adj. m.* e *f. fig. fam.* Ignorante. *En —as* ou *en —, loc. adv.* Em jejum. *fig. fam.* Em jejum; na ignorância.

AYUNQUE (adjunque) *s. m.* V. YUNQUE.

AYUNTADAMENTE (adjuntamente) *adv. ant.* Juntamente, unidamente.

AYUNTAMIENTO (adjuntamiento) *s. m. ant.* Ajuntamento. Junta, congresso, assembléia. Conselho municipal. Municipalidade. Casa consistorial.

AYUNTANZA (adjuntança) *s. f. ant.* Ajuntamento.

AYUNTAR (adjuntar) *v. tr. ant.* Ajuntar, juntar, acrescentar.

AYUNTO (adjunto) *s. m. ant.* Junta, congresso, assembléia.

AYUSO (adjusso) *adv.* Ajuso, abaixo, em baixo. *De Diós en —, loc.* Neste mundo, cá em baixo.

AYUSTADURA (adjustadura) *s. f. Náut.* V. AYUSTE.

AYUSTAR (adjustar) *v. tr. Náut.* Ajustar, enlaçar (dois cabos). Unir (duas peças de madeira).

AYUSTE (adjuste) *s. m. Náut.* Costura, amarradura, ajuste, enlace. V. ESCARPE.

AZA (aça) *s. f.* Báculo pastoral dos maometanos.

AZAB (açab) *s. m.* Recruta.

AZABACHADO, A (açabatchado) *adj.* Azevichado.

AZABACHE (açabatche) *s. m.* Azeviche. *fig.* Azeviche, coisa muito preta. *Zool.* Pavízola. *pl.* Enfeites, brincos, colares de azeviche.

AZABACHERO (açabatchero) *s. m.* Azevicheiro.

AZÁBARA (açábara) *s. f.* Áloes.

AZACÁN, A (açacán) *adj.* Que se ocupa de trabalhos humildes e penosos. U. t. c. s. *m.* V. AGUADOR. Pessoa muito trabalhadora. *Hecho un —, loc. fig. fam.* Muito atarefado com os seus negócios.

AZACANADO, A (açacanado) *adj.* Atarefado, azafamado, assoberbado de trabalhos, açafrado.

AZACANARSE (açacanarse) *v. pron.* Atarefar-se, azafamar-se.

AZACHE (açatche) *adj.* Diz-se de certa seda de qualidade inferior. *s.* Esta seda.

AZACUÁN (açacuán) *s. m. Amer. salv.* e *guat.* Espécie de milhano.

AZADA (açada) *s. f.* Enxada. Enxadão. —*pico* V. ZAPAPICO.

AZADADA (açadada) *s. f.* Enxadada. *fig.* Diligência, busca, procura.

AZADAR (açadar) *v. tr.* Enxadar, cavar com o enxadão.

AZADAZO (açadaço) *s. m.* Enxadada.

AZADILLA (açadilha) *s. f.* V. ALMOCAFRE.

AZADÓN (açadòn) *s. m.* Enxadão, alvião. Enxada. — *de peto* ou *de pico.* V. ZAPAPICO.

AZADONADA (açadonada) *s. f.* Enxadada (golpe dado com o enxadão). Cada porção de terra removida pelo enxadão. *A la primera —, loc. adv. fig.* De saída; logo no começo (referindo-se ao encontro daquilo que se procurava).

AZADONAZO (açadonaço) *s. m.* V. AZADONADA.

AZADONERO (açadonero) *s. m.* Enxadeiro, trabalhador de enxadão.

AZAFATA (açafata) *s. f.* Açafata. *Amer. chil.* Fonte.

AZAFATE (açafate) *s. m.* Açafate, cabazinho, canistrel.

AZAFE (açafe) *s. m.* Azabe.

AZAFRÁN (açafrán) *s. m. Bot.* Açafrão, açafroeiro. — *de otoño,* açafrão de outono. — *silvestre,* açafrão da primavera. — *de Marte,* aperitivo, açafrão de Marte aperiente. *Náut.* Açafrão.

AZAFRANAL (açafranal) *s. m.* Açafroal.

AZAFRANAR (açafranar) *v. tr.* Açafroar, açafrar. *v. pron.* Açafroar-se.

AZAFRANERO, A (açafranero) *s. m.* e *f.* Açafroeiro.

AZAFRANINA (açafranina) *s. f. Quím.* Açafroína, crocina.

AZAGADERO (açagadero) *s. m.* V. AZAGADOR.

AZAGADOR (açagador) *s. m.* Atalho, vereda, passagem de gado.

AZAGAYA (açagadja) *s. f.* Azagaia.

AZAGAYADA (açagadjada) *s. f.* Azagaiada.

AZAHAR (açaar) *s. m.* Flor de laranjeira, de limoeiro e de cidreira. V. AGUA DE AZAHAR.

AZAHAREÑO, A (açaarenho) *adj.* Florido, cheio de flores de laranjeira, de limoeiro ou de cidreira. Di-zia-se dos antigos limões de cheiro carnavalescos.

AZAHARILLO (açaarilho) *s. m.* Variedade de figo das Canárias. *Amer.* Nome vulgar dado a certas afocináceas do gênero *Tabernaemontana.*

AZAINADAMENTE (açainadamente) *adv.* Traiçoeiramente, perfidamente.

AZAJAR (açajar) *s. f. Amer.* V. AZAHAR.

AZALÁ (açalá) *s. f.* Oração (entre os mouros).

AZALEA (açalèa) *s. f.* Azaléia, azálea.

AZAMBADO, A (açambado) *adj. Amer.* Amulatado, amorenado.

AZAMBOA (açamboa) *s. m.* Zamboa. Marmelo.

AZAMBOERO (açamboero) *s. f.* Zamboeira.

AZAMBOGO (açambogo) *s. m.* V. AZAMBOERO.

AZAMBOO (açamboo) *s. m.* V. AZAMBOERO.

AZÁN (açán) *s. m.* V. JARBÓN.

AZANAHORIATE (açanaoriate) *s. m.* Cenoura em doce, em calda. *fig. fam.* Cumprimento, cerimônia, cortesia ou expressão muito afetada.

AZANCA (açanca) *s. f. Miner.* Fonte subterrânea.

AZÁNDAR (açándar) *s. m. prov. And.* Sândalo.

AZANEFA (açanefa) *s. f.* V. CENEFA.

AZANORIA (açanoria) *s. f.* V. ZANAHORIA.

AZANORIATE (açanoriate) *s. m. prov. Arag.* V. AZANAHORIATE.

AZAQUEFA (açaquefa) *s. f. ant.* Pórtico.

ÁZAR (áçar) *s. m. prov. And.* V. ARCE.

AZAR (açar) *s. m.* Azar, infortúnio, desgraça; acaso, casualidade; má sorte. Azar (moeda). *Al —, loc. adv.* Ao azar, ao acaso, à ventura. *Echar —, loc.* Azarar, dar azar.

AZARANDAR (açarandar) *v. tr.* V. ZARANDAR.

AZARAR (açarar) *v. tr.* Azarar, dar má sorte. *Amer. colomb.* Ser funesto. *v. pron.* Malograr-se alguma coisa. Azaranzar-se, aturdir-se, atrapalhar-se. Sobressaltar-se, alarmar-se. *Amer. colomb.* Ruborizar-se, corar.

AZARBA (açarba) *s. f.* V. AZARBE.

AZARBE (açarbe) *s. m.* Canal de esgoto para a água que sobrou da rega.

AZARBETA (açarbeta) *s. f. Dim.* de *Azarbe.*

AZARCÓN (açarcòn) *s. m.* Azarcão. Terrina. *Pint.* Zarcão.

AZAREARSE (açarearse) *v. pron. Amer. chil.* e *per.* Irritar-se, zangar-se, enfadar-se. *Amer. guat.* e *hond.* Sobressaltar-se, alarmar-se. *Amer. hond.* Envergonhar-se. *Amer. per.* Ter azar.

AZARERO (açarero) *s. m.* Azareiro.

AZARIARSE (açariarse) *v. pron. Amer. C. Rica.* V. AZORARSE.

AZARO (açaro) *s. m.* V. SARCOCOLA.

AZAROSAMENTE (açarosamente) *adv.* Infelizmente, fatalmente, infortunadamente.

AZAROTE (açarote) *s. m.* V. AZARO.

AZAUCHAL (açautchal) *s. m.* Sítio povoado de figueiras silvestres.

AZAUCHO (açautcho) *s. m.* Espécie de figueira silvestre.

AZAYA (açadja) *s. f.* V. CANTUESO.

AZCARRIO *s. m. prov. Alav.* V. ARCE.

AZCÓN *s. m. ant.* V. AZCONA.

AZCONA *s. f.* Antiga arma de arremesso semelhante ao dardo ou ao venábulo.

AZEBRO (acebro) *s. m.* Zebra.

AZEMAR (acemar) *v. tr.* Alisar, assentar.

AZENIO (acênio) *s. m.* V. AJENJO.

AZENORIA (acenoria) *s. f. ant.* V. ZANAHORIA.

AZÍ (ací) *s. m.* Espécie de coalho composto de leite e vinagre.

AZIMISTA (acimista) *s. m.* Azimita.

ÁZIMO, A (ácimo) *adj.* Asmo, ázimo. *Pan —,* pão ázimo; ázimo. *s. m. Bot.* Ázimo.

AZIMUT (acimut) *s. m.* V. ACIMUT.

AZNACHO (asnatcho) *s. m. Bot.* Espécie de pinheiro.

AZNALLO (asnalho) *s. m. Bot.* V. AZNACHO. V. GATUÑA.

AZOADO, A (açoado) *adj.* Azotado,

AZOAR (açoar) *v. tr.* Azotar.

AZOCAR (açocar) *v. tr. Amer. cub.* Socar, atochar, apertar excessivamente.

AZOCHE (açotche) *s. m.* V. AZOGUE.

AZOE (áçoe) *s. m.* Azoto, azote, nitrogênio.

AZOEMIA (açoemia) *s. f.* Azotemia.

AZOFAIFA (açofaifa) *s. f.* V. AZUFAIFA.

AZÓFAR (açófar) *s. m.* V. LATÓN.

AZOGADAMENTE (açogadamente) *adv. fig. fam.* Azougadamente, açodadamente, precipitadamente, aceleradamente.

AZOGADO (açogado) *p. pass.* de *Azogar.* Azougado, açodado, precipitado. *Temblar como un —, loc. fig. fam.* Tremer de frio e de medo.

AZOGAMIENTO (açogamiento) Ação de azougar. *fig.* Açodamento, inquietação, pressa, precipitação.

AZOGAR (açogar) *v. tr.* Azougar. *v. pron.* Contrair a enfermidade produzida pela absorção de vapores de mercúrio. *fig. fam.* Azougar, açodar-se, precipitar-se.

AZOGUE (açogue) *s. m.* Azougue, mercúrio. *fig.* Praça de feira. *fam.* Espelho. *Ser un —, loc. fig. fam.* Ser um azougue; ser buliçoso, inquieto etc.

AZOGUEJO (açoguejo) *s. m. Dim.* de *Azogue,* 2ª acep.

AZOGUERÍA (açoguería) *s. f.* Azogueria.

AZOGUERO (açoguero) *s. m.* Chefe da amalgamação numa azogueria.

AZOLAR (açolar) *v. tr.* Desbastar (a madeira) com a enxó. *Irreg.* Ind. pres. *Azuel-o, as, a, an.* Subj. pres. *Azuel-e, es, e, en.* Imperat. *Azuel-a, e, en.*

AZOLLA (açolha) *s. f. Bot.* Azola.

AZOLVAR (açolvar) *v. tr.* Obstruir, entupir, tapar (os condutos d'água). U. t. c. pron. *v. pron.* Aturdir-se, atordoar-se.

AZOLVE (açolve) *s. m. Amer. mexic.* Lodo, borra que obstrui um conduto d'água.

AZOMAR (açomar) *ant.* Açular, instigar os animais para que invistam.

AZÓNICO, A (açônico) *adj.* Azono.

AZOR (açor) *s. m. Zool.* Açor. *ant.* Muro.

AZORADO, A (açorado) *adj.* Altaneiro (diz-se das aves).

AZORAFA (açorafa) *s. f. ant.* Girafa.

AZORAMIENTO (açoramiento) Sobressalto, inquietação, açodamento, receio, ansiedade.

AZORAR (açorar) *v. tr.* Inquietar, conturbar, sobressaltar, espantar, açodar. U. t. c. pron. *Náut.* Carregar excessivamente um navio.

AZORACARSE (açorocarse) *v. pron. Amer. hond.* Assustar-se, espantar-se, intimidar-se.

AZORRADO, A (açorrado) *adj.* Arraposado. Amodorrado, adormecido, atordoado.

AZORRAMIENTO (açorramiento) *s. m.* Atordoamento, peso na cabeça, madorna, modorra, estupor.

AZORRAR (açorrar) *v. tr. Náut.* Carregar excessivamente um navio. *v. pron.* Amodorrar-se, atordoar-se, sentir a cabeça pesada. *vulg.* Embebedar-se. *Náut.* Turbar-se o tempo.

AZOTACALLES (açotacalhes) *s. m.* e *f. fig. fam.* Pessoa ociosa que não sai da rua. (Também se aplica ironicamente às pessoas que lecionam a domicílio).

AZOTAINA (açotaina) *s. f. fam.* Surra de chicote, coça de açoite.

AZOTAMIENTO (açotamiento) *s. m.* Açoitamento, açoitadura.

AZOTAPERROS (açotaperros) *s. m.* Enxota-cães.

AZOTAR (açotar) *v. tr.* Açoitar, chicotear. U. t. c. pron. *fig.* Castigar, afligir. Fustigar, bater em, dar golpes em. — *el aire, loc. fig.* Cansar-se sem proveito; esforçar-se inutilmente.

AZOTAZO (açotaço) *s. m. Aument.* de *Azote.* Palmada nas nádegas. Chicotada.

AZOTE (açote) *s. m.* Açoite, látego, chicote, relho, vergalho, vergasta, azorrague. Palmada nas nádegas. *fig.* Açoite, aflição, calamidade, castigo. — *de caballos, Amer. plat. Bot.* Açoita-cavalo. —*s galeras, loc. fig. fam.* Comida ordinária que não varia. *No salir de —s y galeras, loc. fig. fam.* Manter-se numa situação modesta; não prosperar.

AZOTEA (açotèa) *s. f.* Sotéia, eirado.

AZOÚRIA (açoúria) *s. f.* Azoturia.

AZRE *s. m.* V. ARCE.

AZTOR *s. m.* V. AZOR.

AZTORERA *s. f.* Lugar onde ficavam os açores amestrados para a caça.

AZÚA (açúa) *s. f.* Chicha.

AZÚCAR (açúcar) *s. amb.* Açúcar. — *blanco* ou *blanca,* açúcar branco. — *cande,* açúcar-candi. — *de caña,* açúcar de cana, açúcar comum. *Quím.* Sacarose. — *de flor,* açúcar de primeira, açúcar refinado. — *de leche,* açúcar de leite. *Quím.* Lactose. — *de plomo, Quím.* Açúcar de Saturno, acetato de chumbo. — *de uva,* açúcar de uva. *Quím.* Glicose. — *florete,* açúcar refinado. — *mas\cabado,* açúcar mascavo, açúcar mascavado. — *piedra,* açúcar de pedra. —*refino* açúcar refinado.

AZUCARADO, A (açucarado) *adj.* Açucarado. *fig.* Lisonjeiro, melífluo, meigo, suave, afável.

AZUCARERA (açucarera) *s. f.* Açucareiro (vasilha em que se guarda o açúcar).

AZUCARAR (açucarar) *v. tr.* Açucarar. *fig.* Açucarar, suavizar. Adoçar. *v. pron. fig.* V. ALMIBARARSE.

AZUCARERÍA (açucarería) *s. f. Amer. cub.* Loja onde se vende açúcar a varejo.

AZUCARERO, A (açucarero) *adj.* Açucareiro. *s. m.* Açucareiro (negociante de açúcar). V. AZUCARERA. *Zool.* Espécie de colibri.

AZUCARÍ (açucarí) *adj. prov. And.* Açucarado (diz-se de certos frutos).

AZUCARILLO (açucarilho) *s. m.* Caramelo, bala, açucarilho.

AZUCARINA (açucarina) *s. f. Quím.* V. SUGARINA.

AZUCENA (açucena) *s. f.* Açucena. *fig.* Açucena, alvura, candura, pureza virginal.

AZUD (açud) *s. m.* Açude.

AZUDA (açuda) *s. f.* V. AZUD.

AZUELA (açuela) *s. m.* Enxó.

AZUFRADO, A (açufrado) *adj.* Sulfuroso, enxofrado.

AZUFRADOR, A (açufrador) *adj.* Enxofrador. *s. m.* V. ENJUGADOR.

AZUFRAMIENTO (açuframiento) *s. m.* Enxoframento.

AZUFRAR (açufrar) *v. tr.* Enxofrar.

AZUFRE (açufre) *s. m.* Enxofre.

AZUFRERA (açufrera) *s. f.* Enxofreira.

AZUFROSO, A (açufrosso) *adj.* Enxofrento, sulfuroso.

AZUL (açul) *adj.* e *s.* Azul. — *celeste,* azul-celeste, azul-céu. — *eléctrico, Amer. argent.* Azul com um tom de verde. — *marino,* azul-marinho.

AZULAQUE (açulaque) *s. m.* V. ZULAQUE.

AZULEAR (açulear) *v. tr.* Azulejar, azular; puxar para azul.

AZULEJERÍA (açulejería) *s. f.* Obra de azulejo. Profissão de azulejador.

AZULEJERO (açulejero) *s. m.* Azulejador, azulejista.

AZULEJO (açulejo) *s. m. Dim.* de *Azul.* Azulejo. *Amer.* Chispa que salta do pavio de uma vela. *Zool.* Abelharuco. *adj.* Diz-se do cavalo branco com manchas azuladas.

AZULENCO, A (açulenco) *adj.* Azulado.

AZULILLO (açulilho) *s. m. Amer. venezuel.* Tintura de anil.

AZULÓN (açulòn) *s. m.* Martim-pescador.

AZULONA (açulona) *s. f.* Espécie de pomba das Antilhas *(Columba carriceps).*

AZUMAGARSE (açumagarse) *v. pron. Amer. chil.* Oxidar-se. Mofar-se.

AZUMAR (açumar) *v. tr.* Tingir os cabelos para dar-lhes brilho ou cor.

AZUMBRADO, A (açumbrado) *adj.* Medido por azumbres. *fig. fam.* Bêbado, borracho, ébrio.

AZUNA (açuna) *s. f.* V. ZUNA.

AZUQUERO (açuquero) *s. m.* V. AZUCARERO.

AZUQUITA (açuquita) *s. m. Amer. Dim.* de *Azúcar.*

AZUR (açur) *adj.* Azul.

AZURITA (açurita) *s. f. Miner.* Azurito.

AZURUMBADO, A (açurumbado) *adj. Amer. guat.* V. ATOLONDRADO.

AZURUMBARSE (açurumbarse) *v. pron. guat.* V. ATOLONDRAR, *v. pron.*

AZUT (açut) *s. f. prov. Arag.* V. AZUD.

AZUTEA (açutèa) *s. f.* V. AZOTEA.

AZUTERO (açutero) *s. m. prov. Arag.* Açudador.

AZUZADOR (açuçador) *adj.* Açulador, atiçador, instigador.

AZUZAMIENTO (açuçamiento) *s. m.* Açulamento, instigação.

AZUZAR (açuçar) *v. tr.* Açular, atiçar, incitar os cães. *fig.* Açular, irritar, instigar.

AZUZÓN, A (açuçòn) *adj. fig. fam.* Mexeriqueiro, instigador.

B (be) *s. f.* Segunda letra do alfabeto espanhol e primeira das consoantes. *Quím.* Símbolo do boro. — *por* —, *C por* —, ou — *por C, locs.* que equivalem a *tintim-por-tintim. Saber uma cosa — por C,* ou *por* —, *loc. fam.* Saber uma coisa tintim-por-tintim; com todos os pormenores e circunstâncias.

BAAS *s. m. Amer. mexic.* Baú.

BABA *s. f.* Baba. *Amer. colomb.* e *venezuel.* Espécie de caimão. Baba (título honorífico). *Caérsele a uno la —, loc. fig.* Babar-se alguém de satisfação ou prazer.

BABADA *s. f.* V. BABILLA.

BABADERO *s. m.* V. BABADOR.

BABADOR *s. m.* Babadouro, babadoiro, babeiro.

BABAYADA (babadjada) *s. f. prov. Ast.* V. TONTERÍA.

BABAYO (babadjo) *s. m. prov. Ast.* V. TONTO.

BABAZA (babaça) *s. f.* Baba (humor segregado por certos animais). *Zool.* Babosa.

BABAZAS (babaças) *s. m. fam.* Rústico, grosseiro.

BABAZORRO, A (babaçorro) *adj.* Alavês, esa. U. t. c. s. V. BABOSO.

BABEADO, A *adj. fig.* Babujado. (Diz-se da pessoa que é adulada por outra com a intenção de iludi-la ou seduzi-la para alguma coisa).

BABEADOR *s. m. Amer. equat.* V. BABADOR.

BABEAR *v. intr.* Babar (expelir baba). *fig. fam.* Babar-se (estar muito apaixonado por). Galantear com excessivas demonstrações de amor.

BABEL *s. amb. fig. fam.* Babel, algazarra, vozearia. Desordem, confusão. *Es una —, loc. fig.* É uma babel; é uma confusão; ninguém se entende.

BABÉLICO, A *adj.* Gigantesco, muito alto, colossal. Babélico, babelesco.

BABEO (babèo) *s. m.* Babadura.

BABERA *s. f.* Babeira (peça de armadura). V. BABADOR.

BABERO *s. m.* V. BABADOR.

BABEROL *s. m.* Babeira, barbote.

BABERÓN *s. m.* Barbote.

BABIA *s. prep.* Que se usa na *loc. fig. Estar en —,* estar distraído; não prestar atenção.

BABIECA *s. m.* e *f. fam.* Babaca, tolo, bobo, estúpido, babão, pateta. U. t. c. adj.

BABIECADA *s. f. Amer. mexic.* Cavaco, charla, parolagem.

BABIL *s. m.* Espécie de ancinho de madeira.

BABILAR *s. m. Mec.* Eixo central que move a calha de um moinho de farinha.

BABILLA (babilha) *s. f. Dim.* de *Baba.* Baba de criança. Soldra. *Amer. mexic.* Calo que se forma nas fraturas ósseas.

BABILONEAR *v. tr. prov. Gal.* Disparatar, desvairar, despropositar.

BABINEY (babinei) *s. m. Amer. cub.* Lodaçal, lameiro, lamaçal.

BABIRUSA (babirussa) *s. f. Zool.* Babirussa, porco-veado.

BABITA *s. f. Dim.* de *Baba.*

BABLA *s. f.* Bablaque.

BABO *s. m. Amer. mexic.* Regueiro, acéquia.

BABÓN, A *adj.* Babão, ona. V. BABOSO.

BABONUCO *s. m. Amer. cub.* V. BABUNUCO.

BABOR *s. m. Náut.* Bombordo. *A —, loc. adv.* A bombordo. *De — a estribor, loc. adv.* De bombordo a estibordo.

BABOSA (babossa) *s. f. Zool.* Lesma. *Bot.* Babosa (casta de uva).

BABOSEADO, A (babosseado) *adj. Amer.* Babujado, babado, tocado por mais de uma pessoa. *Amer. mexic.* Manuseado, enxovalhado.

BABOSEAR (babossear) *v. tr.* Babujar, babar. *fig. Impr.* e *Pint.* Manchar, borrar. *v. intr. fig. fam.* V. BABEAR, 3ª acep.

BABOSEO (babossèo) *s. m. fig. fam.* Ação de *Babosear,* 3ª acep.

BABOSILLA (babossilha) *s. f. Dim.* de *Babosa.* Espécie de lesma pequena.

BABOSO, A (babosso) *adj.* Baboso, babão. *fig. fam.* Baboso (muito obsequioso com as mulheres), apaixonado. Porco, sujo, desasseado. Aplica-se a quem não tem idade ou condições para o que faz ou diz. *Amer. chil.* e *mexic.* Baboso, parvo, tolo. *Amer. per.* Pusilânime, cobarde. *Zool.* V. BUDIÓN.

BABOYANA (babodjana) *s. f. Amer. cub.* Espécie de lagarto (*Ameiva dorsalis.*)

BABOZUELO, A (baboçuelo) *adj. Dim.* de *Baboso.*

BABUÍNO *s. m. Zool.* Babuíno. *fig.* Imbecil, poltrão, covarde. *fig.* Homem anão, malfeito de corpo. *fig.* Figura ridícula, espantalho, judas.

BABUJAL (babujal) *s. m. fam. Amer. cub.* V. BRUJO.

BABUJAR (babujar) *v. intr. prov. Gal.* V. LLOVIZNAR.

BABUNUCO *s. m. Amer. cub.* Soga de casca de plátano ou de trapos usada pelos trabalhadores para carregar fardos à cabeça.

BABURRIA *s. f.* Imundície, viscosidade, babugem.

BABURRINA *s. f.* V. BAHORRINA.

BABUVISMO *s. m.* Babuvismo.

BABUVISTA *adj.* e *s.* Babovista.

BACA *s. f.* Vaca (parada no jogo). Parte superior das diligências resguardada por uma coberta de couro. Vaca (correia de cânhamo usada no carro do prelo). *ant.* Vaca (animal). *Bot.* Baga. Elo, anel, argola (de corrente).

BACALADA *s. f.* Bacalhau seco. Costal de bacalhau seco.

BACALAO *s. m.* Bacalhau. *fig. fam.* Bacalhau, pessoa muito seca e esguia. *Náut.* Nome que se dá à vela de estai de mezena. *Amer. fig.* Pessoa miserável e mesquinha.

BACALAR *s. m. Agr.* Figo temporão.

BACALLAO (bacalhao) *s. m.* V. BACALAO.

BACALLAR (bacalhar) *s. m.* Homem rústico, vilão.

BACÁN *s. m. Amer. plat. Jír.* Bacano, bacana. *Amer. cub.* V. TAMAL.

BACANORA *s. f. Amer. mexic.* Aguardente, cachaça, pinga.

BACAR *v. intr.* Entregar-se a bacanais, a orgias.

BACATANAZO (bacatanaço) *s. m. fam. Amer.* V. BATACAZO.

BACELAR *s. m.* Bacelada, bacelia.

BACERA *s. f. Vet.* Baceira.

BACETA *s. f. Dim.* de *Baza.* Certo jogo de cartas. Bagaço, monte, massete (nos jogos de cartas).

BACHAS (batchas) *s. m. pl. prov. Al.* Espécie de alpercatas.

BACHATA (batchata) *s. f. Amer. cub.* Burla, bulha, algazarra.

BACHATEAR (batchatear) *v. intr. Amer. cub.* Divertir-se, folgar, brincar.

BACHATERO, A (batchatero) *s. m.* e *f. Amer. cub.* Pessoa bulhenta, amiga de brincar, de chalacear, de divertir-se.

BACHE (batche) *s. m.* Rodeira, cova, carril, trilho que fazem os veículos ou cavalgaduras numa estrada ou rua. Depressão (numa estrada). Lugar onde se encerram as ovelhas antes da tosa. Certa espécie de palmeira (*Mauritia flexuosa*). *Entrar en el —, loc. fig. fam.* Meter-se conscientemente num perigo.

BACHEAR (batchear) *v. intr.* Terraplenar, compor (ruas e estradas). Desfazer as depressões de uma estrada ou rua. Bater o feltro.

BACHEO (batchèo) *s. m.* Terraplanagem.

BÁCHERO, A (bátchero) *adj. Amer.* Mentiroso, intrujão, embusteiro.

BACHICHA (batchitcha) *adj. Amer.* Gringo; italiano de baixa condição. *Amer. chil.* Língua italiana.

BACHILLEAR (batchilhear) *v. tr.* V. BACHILLERAR.

BACHILLER (batchilher) *s. m.* e *f.* Bacharel, bacharela.

BACHILLER, A (batchilher) *s. m.* e *f.* Bacharel, tagarela, linguareiro. U. t. c. adj. Bachareleiro, tagarela, palavroso.

BACHILLERADA (batchilherada) *s. f.* Bacharelada, bacharelice.

BACHILLERAR (batchilherar) *v. tr.* Bacharelar. *fig. joc. Amer. mexic.* Dar insistentemente a alguém o título de doutor. *v. pron.* Bacharelar-se.

BACHILLERATO (batchilherato) *s. m.* Bacharelato, bacharelado.

BACHILLEREAR (batchilherear) *v. intr. fig. fam.* Bacharelar, tagarelar, falar muito e fora de propósito. *Amer. mexic.* V. BACHILLERAR, 2ª acep.

BACHILLEREJO, A (batchilherejo) *s. m.* e *f. Dim.* de *Bachiller.*

BACHILLERÍA (batchilhería) *s. f.* Bacharelice, bacharelada, bacharelia. *fam.* Despropósito, disparate. Elogio impertinente. Fanfarronada. Embuste, velhacaria, treta. Subterfúgio, evasiva.

BACHOS (batchos) *s. m. pl. Amer. per.* Mentiras, lorotas, intrujices.

BACÍA *s. f.* Bacia. Bacia de barbeiro. — *de barbero.* V. BACÍA, 2ª acep.

BÁCIGA *s. f.* Certo jogo de cartas.

BACILLAR (bacilhar) *s. m.* V. BACELAR.

BACILLO (bacilho) *s. m.* Bacelo (vinha nova).

BACÍN *s. m.* Bacio, penico, urinol. Bandejinha para pedir esmola. *fig. fam.* Homem desprezível por suas ações. *fig. vulg.* Chapéu de forma ridícula. *Es un —, loc. fig. fam.* É um indecente, um desonrado.

BACINA *s. f. prov. Extrem.* Bacia; caixa ou bandeja que os pedintes levam para receber a esmola. Bacio ou escarradeira.
BACINADA *s. f.* Baciada. *fig. fam.* Ação indigna e desprezível. *Es una —, loc. vulg.* É uma porcaria.
BACINEJO (bacinejo) *s. m. Dim.* de *Bacín.* Bacinico.
BACINERO, A *adj.* Bacial. *s. m.* e *f.* Baciniqueiro. Pedinte de esmolas para obras pias.
BACINETE *s. m. Dim.* de *Bacín.* Bacinico. Bacinete.
BACINILLA (bacinilha) *s. f. Dim.* de *Bacía.* Bacinica, bacineta, bacieta. Bacia (para pedir esmola). Bacinico.
BACOLAR *s. m.* V. HIGUERAL.
BACONAR *v. tr.* Salgar o peixe.
BADA *s. f. Zool.* Abada, rinoceronte.
BADAJADA (badajada) *s. f.* Badalada. *fig. fam.* Badalada, desacerto, despropósito, dislate.
BADAJEAR (badajear) *v. tr. ant.* Badalar. *v. intr. fig. fam.* Disparatar, tagarelar.
BADAJO (badajo) *s. m.* Badalo. *fig.* Badalo (homem sem juízo), linguareiro, badajo, tagarela.
BADAJUELO (badajuelo) *s. m. Dim.* de *Badajo.*
BADAL *s. m.* Boçal, açaimo. V. ACIAL.
BADALLAR (badalhar) *v. intr. prov. Arag.* Bocejar.
BADANA *s. f.* Carneira, pele curtida de ovelha. *fig. fam.* Badana, parvo, papalvo, pacóvio. *Zurrar a uno la —, loc. fig. fam.* Zurzir a pele de alguém.
BADANADO, A *adj.* Forrado ou coberto de carneira ou pele curtida de ovelha.
BADANERO, A *adj.* e *s.* Diz-se do operário que trabalha em carneira ou pele de ovelha.
BADANO *s. m.* Badame, badamo.
BADEA (badèa) *s. f.* Melancia ou melão de má qualidade. *fig. fam.* Coisa chocha, insípida. Pessoa inútil, incapaz ou desenxabida.
BADÉN *s. m.* Sulco, rego que faz a água pluvial. Canaleta, pequeno boeiro.
BADÍA *s. f.* Espécie de pomba. *ant.* V. BATALLA. V. BARAJA.
BADIÁN *s. m.* Fruto da badiana.
BADIANERO *s. m.* Badiana.
BADILA *s. f.* Badil, pá com que se remove o lume ou a cinza. *Dar a uno con la — en los nudillos,* incomodar muito a alguém; por-lhe a paciência à prova.
BADILAZO (badilaço) *s. m.* Golpe dado com o badil.
BADILEJO (badilejo) *s. m.* Trolha.
BADOMÍA *s. f.* Dislate, desacerto, despropósito, desatino, disparate.
BADULACADA *s. f. Amer.* V. BELLACADA.
BADULAQUE *s. m. ant.* Badulaque, chanfana. *fig. fam.* Pessoa de pouco juízo. U. t. c. adj. *Amer.* Velhaco, patife, pícaro.
BADULAQUEAR *v. intr. Amer.* V. BELLAQUEAR.
BADULAQUERÍA *s. f. Amer.* V. BELLAQUERÍA.
BAFEA (bafèa) *s. f.* Sujeira, imundície, asquerosidade.
BAFEAR *v. intr. prov. Sal.* V. VAHEAR.
BAGACERA *s. f.* Bagaceira (cova onde se junta o bagaço).
BAGAJE (bagaje) *s. m. Mil.* Bagagem (equipagens da tropa; conjunto de viaturas e cavalgaduras usadas em transportes). *fig. Amer. argent.* Bagagem (conjunto de elementos para um fim). *Con armas y —es, loc. adv. fig.* Com armas e bagagens.
BAGAJERÍA (bagajería) *s. f.* Bagagem (conjunto de bagagens).
BAGAJERO (bagajero) *s. m.* Bagageiro.
BAGAZAL (bagaçal) *s. f.* V. BAGACERA.
BAGAZO (bagaço) *s. m.* Bagaço.
BAGRE *s. m. Ictiol.* Bagre, jundiá, mandi. *adj. fig. fam. Amer. hond.* e *salv.* Pessoa expedita e disposta. *fig. Amer. colomb.* Deselegante, charro. *s. f. Amer. per.* Mulher feia e desprezível. *C. Rica.* Rameira. *Amer. argent.* Corista feia.
BAGRERO *adj. Amer.* Que namora mulheres feias e sem mérito.
BAGUALÓN *s. m. Amer.* Bagualão.

BAGUIANO *adj. Amer.* V. BAQUIANO.
¡BAH! *interj. fam.* com a qual se denota incredulidade ou desdém.
BAHAREQUE (baareque) *s. m. Amer.* V. BAJAREQUE.
BAHARÍ (baarí) *s. m.* V. AZOR.
BAHÍA (baía) *s. f.* Baía. *Bot.* Gênero de plantas compostas.
BAHIERO (baíero) *s. m.* Traficante de pequenas partidas de gêneros, dentro dos portos.
BAHO (bao) *s. m.* V. VAHO.
BAHORRINA (baorrina) *s. f.* Conjunto de coisas repugnantes misturadas com água suja, imundície. *fig. fam.* Ralé, gentalha. Sujidade, sujeira.
BAHUNO (baúno) *adj.* V. BAJUNO.
BAIAO *s. m.* Baião.
BAILAR *v. intr.* Dançar, bailar. U. t. c. tr. *— al son que se toca, loc. fig.* Dançar conforme a música. *— el pelado, Amer.* Estar sem dinheiro. *— el trompo,* fazer rodar o pião.
BAILARÍN, A *adj.* Bailarino, a. *s. m.* Bailarino, a; bailador, a; dançarino, a. *— de cuerda floja,* funâmbulo, bailarino da corda bamba. *Es un — de cuerda floja, loc. fig.* Diz-se do indivíduo inconseqüente, sem palavra e de caráter volúvel.
BAILE *s. m.* Dança. Bailado, bailete. Baile. *— de San Vito, Med.* Dança de São Vito, dança de São Guido. *s. m.* Bailio (em Aragão).
BAILECICO *s. m. Dim.* de *Baile.*
BAILECILLO (bailecilho) *s. m. Dim.* de *Baile.*
BAILECITO *s. m. Dim.* de *Baile. Amer. argent.* Dança popular a que também chamam de *gato.*
BAILÍA *s. f.* Bailiado.
BAILIAJE (bailiaje) *s. m.* Bailiado. Certa comenda da ordem de São João.
BAILIAZGO *s. m.* Bailiado.
BAILÍO *s. m.* Bailio (comendador nas antigas ordens militares).
BAILISTA *s. m.* Bailarino, dançarino. Bailomaníaco, bailão.
BAILÓN *s. m. Aument.* de *Baile.* Bailão, bailomaníaco.
BAILOTEAR *v. intr. fam.* Pular, dançar muito, principalmente quando sem graça nem formalidade.
BAILOTEO (bailotèo) *s. m. fam.* Arrasta-pé, baile.
BAITOSISMO (baitossismo) *s. m.* Saduceísmo.
BAITOSISTA (baitossista) *s. m.* Saduceu.
BAIVEL *s. m.* Esquadria falsa.
BAJA (baja) *s. f.* Baixa (diminuição de preço ou valor). Perda, diminuição, decréscimo. Baixa, alemanda. Despenho. *Mil.* Baixa, perda. Baixa (documento em que consta a dispensa do serviço ou a entrada em hospital). *Dar — una cosa. loc.* Perder uma coisa muito de seu valor. *Dar de —, loc.* Assentar a baixa, anotar a perda. *Ser —, loc.* Dar baixa (de um regimento ou corporação).
BAJÁ (bajá) *s. m.* Baxá, paxá. *— de tres colas,* vice-rei, ministro. *Ser un — de tres colas, loc. fam.* Ser excessivamente orgulhoso.
BAJACA (bajaca) *s. f. Amer. equat.* Fita larga com que as mulheres armam o penteado.
BAJADA (bajada) *s. f.* Descida (ação de descer). Baixada, descida, declive. *— de aguas,* conjunto de encanamentos que dão saída às águas pluviais. *— de un vestido,* caimento de um vestido.
BAJADERO (bajadero) *s. m. prov. Sal.* V. RAJADA.
BAJADIZO, A (bajadiço) *adj.* e *s.* Que se baixa ou desce facilmente.
BAJADO, A (bajado) *adj.* Baixado, abatido, diminuído.
BAJAGUA (bajagua) *s. f. Amer. mexic.* Fumo ordinário e de má qualidade. V. BAJERA.
BAJALATO (bajalato) *s. m.* Baxalato.
BAJAMAR (bajamar) *s. f.* Baixamar, maré baixa, vazante da maré.
BAJAMENTE (bajamente) *adv.* Baixamente; humildemente.
BAJAMIENTO (bajamiento) *s. m.* Abaixamento, descida.
BAJAR (bajar) *v. intr.* Baixar, descer, vir de cima, passar de um lugar para outro menos elevado. Baixar, diminuir. Baixar (ser expedido a autoridades ou repartições inferiores). *v. tr.* Baixar, pôr mais baixo, abaixar. Baixar (rebaixar; diminuir; reduzir). Baixar (fazer pender, inclinar). Baixar (abater, humilhar). U. t. c. pron. *— la mano,*

ceder. *— la voz,* baixar a voz; medir as palavras. *— los humos,* amansar. *— los ojos,* baixar os olhos, ruborizar-se.
BAJAREQUE (bajareque) *s. m. Amer.* Choça, palhoça.
BAJEAR (bajear) *v. intr.* V. VAHEAR.
BAJEDAD (bajedad) *s. m. ant.* V. BAJEZA.
BAJEL (bajel) *s. m.* Batel.
BAJELERO (bajelero) *s. m.* Bateleiro.
BAJERA (bajera) *s. f. ant.* Baixera, declive. *Amer. argent.* Baixero. Fumo de ínfima qualidade.
BAJERO, A (bajero) *adj.* Baixeiro (que se põe por baixo).
BAJETE (bajete) *s. m. Dim.* de *Bajo.* Baixote. Barítono.
BAJEZA (bajeça) *s. f.* Baixeza, vileza, indignidade. *fig.* Baixeza, pequenez. Baixeza (o estado do que se encontra em lugar baixo). Baixura. Degradação, desonra. *— de nacimiento, fig.* Humildade de nascimento.
BAJIAL (bajial) *s. m. Amer. per.* Baixada (terreno baixo e pantanoso). Lugar cheio de baixios.
BAJILLO (bajilho) *s. m.* Tonel (de vinho).
BAJÍO (bajío) *s. m.* Baixio, banco de areia. *Amer.* Baixada (terreno baixo). *Dar en un —, loc. fig. fam.* Encontrar um grave inconveniente. *Dar en un —, ou contra un —, Náut.* Encalhar num baixio.
BAJISTA (bajista) *s. m.* e *f.* Baixista. Tocador de contrabaixo.
BAJITO, A (bajito) *adj. Dim.* de *Bajo.* Baixinho. *Salir,* ou *irse cantando —, loc. fig.* Retirar-se confuso; sair de crista caída.
BAJO (bajo) *adv. l.* V. ABAJO. *adv. m.* Baixo (em voz baixa). *prep.* Debaixo, por baixo, sob. *— condición, loc. adv.* Sob condição; condicionalmente. *— mano, loc. adv.* À socapa. *Por lo —, loc. adv. fig.* Furtivamente, dissimuladamente, sigilosamente. *fam.* Entre dentes, de modo quase imperceptível.
BAJO, A (bajo) *adj.* Baixo (de pouca altura; que está em nível inferior; inclinado para o chão; de pouco preço). Descorado, apagado (falando-se de cores). Aplica-se à quaresma quando vem mais cedo do que nos outros anos. *fig.* Baixo, humilde, inferior, desprezível, grosseiro, plebeu. *s. m.* Baixo, baixio, banco. Casco das cavalgaduras. U. m. no pl. *Mús.* Baixo (cantor; instrumento, bordão). *pl.* Parte inferior das roupas femininas; *— vientre,* baixo-ventre. *— relieve,* baixo-relevo. *— latín,* baixo-latim.
BAJOBRETÓN (bajobretòn) *s. m.* Baixo-bretão.
BAJÓN (bajón) *s. m. Aument.* de *Bajo. Mús.* Baixão. Tocador de baixão. *Aument,* de *Baja. fig. fam.* Grande diminuição nas faculdades intelectuais, na saúde ou nos interesses; perda, queda, baixa, decadência. (Usa-se mais com o verbo *dar.*)
BAJONAZO (bajonaço) *s. m. fam.* Som desafinado ou muito forte do baixão. Golpe dado com um baixão. *Taurom.* V. GOLLETAZO.
BAJONCILLO (bajoncilho) *s. m. Dim.* de *Bajón.* Espécie de fagote.
BAJONISTA (bajonista) *s. m.* Tocador de baixão.
BAJORRELIEVE (bajorrelieve) *s. m.* Baixo-relevo.
BAJOS (bajos) *s. m. pl.* Baixos, baixadas, terrenos marginais de um rio.
BAJOYERO (bajoyero) *s. m.* Muro de reforço na caixa de uma represa.
BAJUELO, A (bajuelo) *adj. Dim.* de *Bajo.*
BAJULO *(por lo) loc. adv. Amer.* V. BAJO (POR LO).
BAJUNO, A (bajuno) *adj.* Baixo, vil, soez, ruim, desprezível.
BAJURA (bajura) *s. f.* Baixura, baixeza (falta de elevação). *Amer.* Fumo de má qualidade.
BALA *s. f.* Bala (projétil). Bala (confeito, caramelo). Limão de cheiro. Bala (fardo, pacote). Bala (medida de papel). *— fría,* bala morta. *— roja,* bala vermelha. *— de iluminación,* bala de esclarecer.
BALACA *s. f. Amer. centr.* Fanfarronada, bravata.
BALACADA *s. f. Amer. equat.* V. BALACA.
BALADÍ *adj.* Frívolo, fútil, insignificante.
BALADRAR *v. intr.* Berrar, bradar, gritar.
BALADRERO, A *adj.* Gritão, escandaloso, alvoroçador.

BALADRO s. m. Grito, berro, alarido.

BALADRÓN, A adj. Fanfarrão, alardeador, impostor.

BALADRONADA s. f. Balandronada, fanfarronada, fanfarrice, bravata.

BALADRONEAR v. intr. Bravatear, fanfarrear, bazofiar.

BALADRONERÍA s. f. Enfiada de fanfarrices ou bravatas.

BÁLAGO s. m. Cálamo (cana de centeio, trigo, feno etc.) Palha trilhada. Espuma suja do sabão. Bot. Cálamo. Menear, sacudir ou zurrar a uno el —, loc. fig. fam. Zurzir a pele de alguém, dar-lhe uma tunda.

BALAGUERO s. m. Montão de palha que se faz na eira quando se limpa o grão.

BALAIKA s. f. Mús. Balalaica.

BALANCE s. m. Balanço. fig. Vacilação, insegurança, dúvida. Com. Balanço. Amer. cub. Cadeira de balanço. Amer. colomb. Negócio. Náut. Balanço.

BALANCEAR v. intr. Balançar, balancear, balouçar. U. t. c. pron. Oscilar. fig. Duvidar, titubear, hesitar. Balançar, equilibrar, compensar. Dar balanço, balançar. Náut. Balançar, jogar.

BALANCELA s. m. Náut. Balancina.

BALANCEO (balancèo) s. m. Balanceio, balanceadura, balanceamento. Amer. argent. Balanço.

BALANCERO s. m. V. BALANZARIO.

BALANCÍN s. m. Dim. de Balanza. Balancim. Fiel (da balança). Maromba. Balanceiro. pl. Náut. Balancins, amantilhos.

BALANDRÁN s. m. Balandrão, balandrau. Sacudir el —, loc. fig. Dar uma tunda.

BALANDRO s. m. Náut. Balandra pequena. Pequeno veleiro para regatas.

BALANZA (balança) s. f. Balança. Poner en —, loc. fig. Fazer duvidar, vacilar ou titubear.

BALANZARIO (balançario) s. m. Juiz da balança na casa da moeda.

BALANZÓN (balançòn) s. m. Tigela de ourives. Amer. mexic. Pá de tirar lixo.

BALAQUEADOR, A adj. Amer. V. BALADRÓN.

BALAQUEAR v. tr. Amer. V. BALADRONEAR.

BALAQUERO, A adj. Amer. V. BALADRÓN.

BALAR v. intr. Balar, balir. fig. fam. (com a prep. por) Desejar ardentemente, ansiar, suspirar por. — uno por una cosa, loc. fig. fam. Suspirar alguém por uma coisa.

BALARRASA (balarrassa) s. f. fam. Aguardente forte.

BALASTAJE (balastaje) s. f. Balastragem.

BALASTAR v. t. Balastrar.

BALASTRE s. m. V. BALASTO.

BALASTERA s. f. Balastreira (lugar de onde se tira o balastro).

BALASTO s. m. Balastro.

BALATA s. f. Balada. Bot. Balata, maparajuba, pau de esteira.

BALATE s. m. Borda de um tabuleiro de terra, de um canal. Terreno inclinado e estreito.

BALAUSTRADO, A adj. Balaustrado. s. m. Balaustrada.

BALAUSTRAL adj. Balaustrado.

BALAUSTRE s. m. Arq. Balaústre, balaústro. Amer. Trolha.

BALAUSTRILLO (balaustrilho) s. m. Arq. Balaustrilho.

BALAY (balai) s. m. Amer. Balaio.

BALAYO (baladjo) s. m. Can. V. BALAY.

BALAZO (balaço) s. m. Balázio. Ser un —, Amer. chil. Ser uma pessoa astuta ou hábil.

BALBACOA s. f. V. BARBACOA.

BALBUCEAR v. intr. V. BALBUCIR.

BALBUCENCIA s. f. Balbuciência, balbúcie, balbuceação, balbuciamento.

BALBUCEO (balbucèo) s. m. V. BALBUCENCIA.

BALBUCIENTE adj. Balbuciante, balbuciente.

BALBUCIR v. intr. Balbuciar, balbutir, gaguejar. Irreg. (Embora irregular, este verbo não se costuma usar em nenhuma das pessoas em que leva z antes de e.).

BALCÓN s. m. Balcão, sacada, varanda de peitoril. — de balaustrillo, balcão de balaústre. — de dibujo, balcão de debuxo. — voladizo, balcão antefechado.

BALCONAJE (balconaje) s. m. Balconagem.

BALCONCILLO (balconcilho) s. m. Dim. de Balcón. Balcão (de teatro). Amer. per. Caminho à beira de um precipício.

BALCONEAR v. intr. Amer. argent. Janelar, espiar, bisbilhotar de portas, janelas ou balcões. Olhar os que jogam.

BALCONERO, A adj. Janeleiro. s. m. O que faz balcões.

BALDA s. f. Prateleira de armário. ant. Bagatela. Vivir, ou andar a la —, loc. viver, ou andar, à malta.

BALDADO, A adj. Tolhido, baldado.

BALDADURA s. f. Tolhimento.

BALDAMIENTO s. m. V. BALDADURA.

BALDANZA (DE) (baldança) loc. adv. Ociosamente, vagando daqui para acolá.

BALDAQUÍN s. m. Baldaquim, baldaquino.

BALDAR v. tr. Tolher, paralisar, entrevar. U. t. c. pron. Baldar (ficar falho ao naipe).

BALDE s. m. Balde. Amer. argent. Baldada. De —, loc. adv. De graça, grátis, graciosamente. fig. Baratíssimo. En —, loc. adv. Debalde, em balde, baldadamente. Estar en —, loc. Estar ocioso, sem ocupação.

BALDEAR v. tr. Baldear (o convés de um navio). Esgotar com baldes a água de uma escavação. Amer. argent. Puxar água com baldes.

BALDEO (baldèo) s. m. Baldeação (lavagem do convés).

BALDÉS s. m. Baldréu, pelica para luvas.

BALDÓN s. m. Baldão, doesto, impropério, afronta, injúria.

BALDONADO, A adj. Baldoado, insultado, afrontado.

BALDONADOR, A adj. Baldoador, injuriador, caluniador. U. t. c. s.

BALDONAR v. tr. Baldoar, insultar, injuriar, afrontar.

BALDONEAR v. tr. V. BALDONAR. U. t. c. pron.

BALDOSA (baldossa) s. f. Beldosa; baldosa.

BALDOSADO (baldossado) adj. Amer. chil. V. EMBALDOSADO.

BALDOSAR (baldossar) v. tr. V. EMBALDOSAR.

BALDOSILLA (baldossilha) s. m. V. BALDOSÍN.

BALDOSÍN (baldossín) s. m. Baldosinha.

BALDOSÓN (baldossòn) s. m. Aument. de Baldosa.

BALDRAGAS s. m. Beldroegas, baldroegas, homem sem valor.

BALDRAQUE s. m. joc. Bagatela, insignificância, frioleira.

BALDUQUE s. m. Nastro, trena.

BALEA (balèa) s. f. Esquife ou chalupa.

BALEAR v. tr. Amer. argent. Balear, ferir com bala. Amer. mexic. Fuzilar, passar pelas armas.

BALEO (balèo) s. m. Esteirazinha felpuda, escovalho. Pequena esteira para recolher o lixo ou avivar o fogo. Amer. mexic. Tiroteio. Amer. argent. e chil. Ação de balear.

BALERÍA s. f. Provisão de balas de um exército ou praça.

BALERÍO s. m. V. BALERÍA.

BALERO s. m. Baleira (molde para fundir balas). Depósito de balas. Baleiro (o que faz ou vende balas). Amer. V. BOLICHE. Náut. Colher grande para o alcatrão.

BALESTA s. f. V. BALLESTA.

BALESTRINQUE s. m. Náut. V. BALLESTRINQUE.

BALETA s. f. Dim. de Bala (fardo, pacote).

BALILLA (balilha) s. f. Dim. de Bala. s. m. Balila (menino fascista).

BALÍN s. m. Dim. de Bala (projétil).

BALISA (balissa) Náut. V. VALIZA.

BALITA s. f. Dim. de Bala. Amer. argent. Bolinha de gude. Filip. Medida agrária.

BALITAR v. intr. Balar ou balir com freqüência.

BALITEAR v. intr. V. BALITAR.

BALIZAJE (baliçaje) s. m. Náut. Direito portuário. Balizamento.

BALIZAMIENTO s. m. V. ABALIZAMIENTO.

BALIZAR (baliçar) s. m. Conjunto de balizas. v. tr. V. ABALIZAR.

BALLADA (balhada) s. f. Bot. Variedade de cevada.

BALLAR (balhar) v. tr. Dançar e cantar.

BALLENA (balhena) s. f. Zool. Baleia. — de Groenlandia, baleia branca. — austral, baleia verdadeira. Barbatana. Aparelho terraplenador.

BALLENATO (balhenato) s. m. Baleato, baleote.

BALLENERO (balhenero) s. m. Baieeiro, baleeira (navio empregado na pesca da baleia).

BALLENERO, A (balhenero) adj. Baleeiro, a. s. m. Baleeiro (pescador de baleias).

BALLESTA (balhesta) s. f. Besta, balestra.

BALLESTADA (balhestada) s. f. Arremesso de besta.

BALLESTAR (balhestar) v. tr. V. BALLESTEAR.

BALLESTAZO (balhestaço) s. m. Golpe de besta.

BALLESTEAR (balhestear) v. tr. Balhestear, balestrar, balestar.

BALLESTEO (balhestèo) s. m. Ação de balhestear.

BALLESTERA (balhestera) s. f. Balestreiro, seteira.

BALLESTERÍA (balhestería) s. f. V. MONTERÍA. Bestaria. Besteria.

BALLESTERO (balhestero) s. m. Besteiro (soldado armado de besta; fabricante de bestas).

BALESTILLA (balhestilha) s. f. Dim. de Ballesta. Náut. Balestilha, radiômetro. Pequeno balancim. Vet. Balestilha. Trapaça (no jogo de cartas).

BALLESTÓN (balhestón) s. m. Aument. de Baliesta. Balista.

BALLESTRINQUE (balhestrinque) s. m. Náut. Volta de fiel.

BALNEACIÓN s. f. Balneação.

BALOMPIÉ s. m. V. FÚTBOL.

BALÓN s. m. Aument. de Bala. Pela. Fardo grande. — de papel, fardo de vinte e quatro resmas de papel.

BALOTA s. f. Bolinha, esfera, para votar.

BALOTADA s. f. Pinote, corcovo que dá o cavalo deixando ver as ferraduras.

BALOTAR v. tr. Votar com esferas.

BALOTAJE (balotaje) s. m. Amer. Votação por meio de esferas brancas e pretas.

BALSA s. f. Charco, poça, lagoa, balcedo, balceira. Tanque para as borras do azeite. Meia pipa (prov. And.) Balça, jangada. — de aceite, fig. fam. Lugar muito tranqüilo; reunião de gente muito pacífica. Estar como una — de aceite, loc. fig. fam. Reinar uma calma profunda; haver grande tranqüilidade. Estar hecho una —, Náut. Estar desarvorado (o navio).

BALSADERA s. f. Lugar onde há passagem em balça.

BALSADERO s. m. V. BALSADERA.

BALSAMELEÓN s. m. Balsameleão.

BALSAMERA s. f. Vaso para bálsamo.

BALSAMERITA s. f. V. BALSAMERA.

BALSAMERO s. m. Bot. Balsameiro.

BALSAMILLA (balsamilha) s. f. Bot. Balsamila.

BALSAMIZAR (balsamiçar) v. tr. Balsamar, balsamizar.

BÁLSAMO s. m. Bálsamo. fig. Consolo, alívio, lenitivo. fig. Calma, paz, sossego, repouso, descanso. — de América, bálsamo de tolu. — de Arceo, bálsamo de Arceu. — de benjuí, benjoim. — de copaíba, óleo de copaíba. — de fierabrás, bálsamo da vida. — del Brasil, óleo de copaíba. — de los campos, menta. — peruviano, bálsamo do Peru.

BALSAMOTE s. m. Bálsamo malfeito.

BALSÁN s. m. V. BALSAR.

BALSAR s. m. V. BARZAL. Amer. Balcedo.

BALSEAR v. tr. Passar os rios em balças.

BALSEO (balsèo) s. m. Amer. V. BALSADERA.

BALSERO s. m. Balceiro (o que dirige a balça ou jangada).

BALSETE s. m. Dim. de Balsa, 1ª acep.

BALSILLA (balsilha) s. f. Dim. de Balsa.

BALSO s. m. Náut. Balço.

BALSOPETO s. m. fam. Bolsa que se traz ao peito. fig. fam. O interior do peito humano.

BALTRA s. f. prov. Sal. Ventre, pança.

BALUMA s. f. Amer. cub. V. BALUMBA. Náut. Valuma.

BALUMBA s. f. Volume, vulto, trouxa que fazem muitas coisas juntas.

BALUMBO s. m. Aquilo que avulta muito e é mais embaraçoso pelo volume do que pelo peso. pl. Etnol. Balundos.

BALUSTRE *s. m. Amer. colomb.* Trolha. *Amer. per.* V. BADILEJO.

BALZA (balça) *s. m.* Balça (estandarte dos templários).

BALZACIANO, A (balçaciano) *adj.* Balzaqueano (próprio de Balzac).

BAMA *s. f. Amer. venezuel.* Represa.

BAMBA *s. f.* V. BAMBARRIA. V. COLUMPIO.

BAMBÁ *s. m.* Bamba (dança de negros).

BAMBALEO (bambalèo) *s. m.* Bambaleio, bamboleio, bambaleadura.

BAMBALEÓN *s. m.* V. BAMBOLEÓN.

BAMBALINA *s. f.* Bambolina.

BAMBALINÓN *s. m. Aument.* de *Bambalina.*

BAMBALÚO, A *adj. Amer. colomb.* V. GAMBALÚA.

BAMBANEAR *v. intr.* V. BAMBONEAR.

BAMBAROTEAR *v. intr.* Alvorotar, gritar, berrar na rua.

BAMBAROTERO, A *adj.* V. VOCINGLERO.

BAMBARRIA *s. m.* e *f. fam.* Pessoa tola ou boba. U. t. c. adj. Bambúrrio, bamburro.

BAMBARRIÓN *s. m. Aument.* de *Bambarria,* 2ª acep.

BAMBO *s. m.* Bambu.

BAMBOA *s. f.* V. BAMBOSA.

BAMBOCHADA (bambotchada) *s. f. Pint.* Bambochata, bambocha.

BAMBOCHE (bambotche) *s. m. fam.* Pessoa atarracada, rechonchuda e rubicunda.

BAMBOLEAR *v. intr.* Bambolear, balancear, menear. U. m. c. pron. *fig.* Titubear, vacilar. *— se hacia un lado más que al otro, loc. fig.* Inclinar-se mais por este partido do que por aquele.

BAMBOLEO (bambolèo) *s. m.* Bamboleio, bambaleio, bambaleadura.

BAMBOLEÓN *s. m.* Balanceio violento.

BAMBONEAR *v. intr.* V. BAMBOLEAR. U. m. c. pron.

BAMBONEO (bambonèo) *s. m.* V. BAMBOLEO.

BAMBOSA (bambossa) *s. f.* Bambu.

BAMBUC *s. m.* Bambu.

BAMBUCO *s. m. Amer. colomb.* Certa dança popular e o respectivo canto.

BAMBUDAL *s. m. Amer.* Bambual, bambuzal.

BAÑA (banha) *s. f.* V. BAÑADERO.

BAÑADA (banhada) *s. f.* Banho, remolho.

BAÑADERA (banhadera) *s. f. Amer.* Banheira. Bacia.

BAÑADERO (banhadero) *s. m.* Charco ou lugar onde os animais se banham. *Amer. plat.* Banheira para animais.

BAÑADO, A (banhado) *adj.* Banhado. *fig.* Banhado, inundado, molhado. *fig.* Folgado, largo, coberto, amplo. Abundante, amplo, numeroso.

BAÑADO (banhado) *s. m.* Bacio. *Amer.* Banhado, pântano. U. m. no pl.

BAÑADOR, A (banhador) *adj.* e *s.* Banheiro, que banha, que dá banhos. *s. m.* Roupa de banho. *Amer. equat.* V. BAÑISTA.

BANALIDAD (banalidad) *s. f.* Banalidade, trivialidade, vulgaridade.

BANANERO *s. m.* V. PLÁTANO.

BANANINA *s. f.* Bananose.

BANANO *s. m.* V. PLÁTANO.

BAÑAR (banhar) *v. tr.* Banhar. U. t. c. pron. Banhar, molhar, umedecer, regar, mergulhar em água ou outro líquido. Banhar (correr por, cercar). Limpar o trigo. *fig.* Banhar, inundar, encher, cumular, alagar. *Pint.* Banhar. *—se en sangre, loc.* Encarniçar-se contra o inimigo sem lhe dar quartel. *—se en agua rosada, loc.* Banhar-se em água de rosa.

BANASTA *s. f.* Canastra. Canastreiro. *Estar como sardinas en —, loc. fig.* Estar como sardinha em lata; estar muito apertado, ou comprimido.

BANASTADA *s. f.* Canastrada.

BANASTAZA (banastaça) *s. f.* Canastrão.

BANASTAZO (banastaço) *s. m.* Golpe dado com uma canastra.

BANASTERO *s. m.* Canastreiro (o que faz ou vende canastras).

BANASTO *s. m.* Canastro.

BANASTÓN *s. m. Aument.* de *Banasto.* Canastrão, canastro grande.

BANATITA *s. m. Miner.* Banatito.

BANAUSÍA (baussía) *s. f.* Cultivo vulgar de uma ciência ou arte. *fig.* Grosseria na expressão artística ou no método científico.

BANCA *s. f.* Banco, mocho, escabelo. Joelheira usada pelas lavadeiras. Banca (piroga de Manila; certo jogo de cartas). Banca (a quantia posta pelo banqueiro sobre a mesa para arriscar ao jogo). Banca (mesa retangular). *Bot.* Palmeira das Filipinas. Negócios bancários. *fig.* Conjunto de bancos ou banqueiros. *Alta —,* alta finança; diz-se do comércio composto de grandes capitalistas. *Dias de —, Com.* Prazo mínimo que se considera em todas as operações de desconto. *Hacer la —, loc.* Dedicar-se uma firma a negócios bancários.

BANCABILIDAD (bancabilidad) *s. f.* Condição de reunir em maior ou menor grau as circunstâncias necessárias para poder operar com um banco, especialmente com o nacional do país.

BANCABLE *adj.* Negociável.

BANCADA *s. f.* Banco comprido de pedra. Tabuleiro (nas fábricas de tecidos). *Náut.* Banco (do remador). *Arq.* Troço de obra. *Mec.* Armação, arcabouço, esqueleto, base.

BANCAL *s. m. Agr.* Canteiro, tabuleiro de terra. Degrau de terra (numa horta). Bancal (pano de cobrir bancos e mesas). Dunas à beiramar.

BANCALERO *s. m.* O que tece bancais.

BANCAZA (bancaça) *s. f. Náut.* Bancada de popa.

BANCAZO (bancaço) *s. m. Amer. cub.* Vasilha que recebe a garapa nos engenhos de açúcar.

BANCO *s. m.* Banco, mocho, escabelo. Banco (de carpinteiro, ferrador etc.). Banco (estabelecimento de crédito). Cadeira (de deputado, senador etc.) Banco, cardume. *— de los acusados,* banco dos réus. *— pinjado,* banco de pinchar.

BANCÓN *s. m. Náut.* Bancão.

BANCUCHO (bancutcho) *s. m.* Banco desprezível.

BANDA *s. f.* Banda (faixa que os condecorados trazem a tiracolo). Banda (lista, faixa). Bando (multidão de gente armada). Banda, lado. Bandada. Tabela (das mesas de bilhar). Umeral. *Amer.* Franja; faixa para a cintura. *Náut.* Costado. Banda (de música). *Cambiar de —, loc. Náut.* Virar de bordo. *Cerrarse uno a la —, loc. fig. fam.* Manter-se intransigente, obstinado. *Coger a uno por su —, loc. fig. fam.* Ter alguém à discrição. *Hacerse,* ou *llamarse a la —, loc. fam.* Fazer-se de desentendido; não ligar importância; não prestar atenção. *De — a —, loc. adv.* De lado a lado.

BANDADA *s. m.* Bandada. *fig. fam.* Multidão de pessoas. *A —s, loc.* Em grande número.

BANDARRÍA *s. f. Náut.* V. MANDARRIA.

BANDAYO (bandajo) *s. m. Amer.* Bandalho, tunante, velhaco.

BANDAZO (bandaço) *s. m. Náut.* Golpe de mar num dos dois costados do navio. Solavanco, grande balanço.

BANDEADO, A *adj.* Listrado.

BANDEAR *v. tr.* Bandear, agitar para uma e outra banda, balancear. Atravessar de lado a lado. *Amer. chil.* Perfurar, atravessar (a bala) uma perna ou um braço. *Amer. argent.* Atravessar um rio (principalmente a nado). *Amer. guat.* Cortejar, pretender namorar. *v. intr.* Bandear (inclinar-se para um partido ou opinião). Ajudar, auxiliar, proteger. *v. pron. fam.* Saber arranjar-se para ganhar a vida.

BANDEJA (bandeja) Bandeja. Fundo falso em alguns baús. *Amer. mexic.* Bacia. *Estar,* ou *ir siempre en —, loc. fam.* Usar sempre a mesma roupa, por falta de outra.

BANDEJÓN (bandejòn) *s. m. Aument.* de *Bandeja.* Bandejão.

BANDERA *s. f.* Bandeira, estandarte, pavilhão. *fig.* Bandeira, programa. Folha (de porta ou janela). Gente ou tropa que milita sob a mesma bandeira. *— a media asta,* Bandeira a meio pau. *— quadra,* bandeira à quadra, ou da quadra. *A —s desplegadas, loc. adv.* Marcha ostensiva e franca de um exército; abertamente, em público, com toda liberdade. *Alistarse bajo las —s,* sentar praça no exército. *Con —s desplegadas, loc. adv.* Com todo o aparato e brilho marciais. *Dar a uno la —,*

loc. fig. Ceder a palma, reconhecer a superioridade de outrem. *Levantar —, loc. fig.* Convocar gente de guerra; intitular-se chefe de revolucionários.

BANDERETA *s. f. Dim.* de *Bandera.* Bandeirinha.

BANDERÍA *s. f.* Bando, facção, partido.

BANDERILLA (banderilha) *s. f. Dim.* de *Bandera.* Bandarilha. *Clavar, plantar,* ou *poner una — a uno, loc. fig. fam.* Dizer a alguém algo de satírico ou mordaz.

BANDERILLAZO (banderilhaço) *s. m. fig. Amer. mexic.* Facada, pechada (pedido de dinheiro).

BANDERILLEAR (banderilhear) *v. tr.* Bandarilhar, farçear. *v. intr.* Manejar bem ou mal as bandarilhas.

BANDERILLEO (banderilhèo) *s. m.* Ação e resultado de bandarilhar.

BANDERILLERO (banderilhero) *s. m.* Bandarilheiro. *fig. fam.* Homem depravado ou corrupto.

BANDERÍN *s. m. Dim.* de *Bandera. Mil.* Bandeirola.

BANDERISMO *s. m.* Sistema de bandos, facções ou partidos.

BANDERIZAR (banderiçar) *v. tr.* V. ABANDERIZAR.

BANDERIZO, A (banderiço) *adj.* Bandeiro, parcial, faccioso, partidário.

BANDERO, A *adj. ant.* V. BANDERIZO.

BANDEROLA *s. f. Dim.* de *Bandera.* Bandeirola. *Amer. argent.* Bandeira (de porta ou janela).

BANDIDAJE (bandidaje) *s. f.* Banditismo, bandoleirismo.

BANDIDO, A *adj.* e *s.* Bandido, fugitivo de justiça. Bandoleiro, malfeitor. *fig.* Pessoa perversa e desenfreada.

BANDILLA (bandilha) *s. f. Dim.* de *Banda. Náut.* Falca.

BANDÍN *s. m. Dim.* de *Banda,* 1ª acep.

BANDINEGRO, A *adj.* Que tem as bandas negras.

BANDIR *v. tr. ant.* Banir, proscrever.

BANDITA *s. f.* V. BANDILLA.

BANDO *s. m.* Bando (pregão público). Bando (facção, partido). Edital de casamento ou ordenação (nas igrejas de algumas paróquias). Recolhimento (de moeda). *Hacer — aparte, loc.* Fazer vida à parte; separar-se alguém daqueles com os quais vivia de acordo. *Poner en —, loc.* Por em movimento, reavivar, reanimar.

BANDOLERA *s. f.* Bandoleira. *En —, loc. adv. fam.* A tiracolo.

BANDOLERISMO *s. m.* Bandoleirismo, banditismo. *Amer. argent.* Bando, quadrilha, malta. *fig.* Vandalismo, banditismo.

BANDOLERO *s. m.* Bandoleiro, salteador de estradas. *Amer.* Bandurrista, bandolinista.

BANDOLÍN *s. m.* Bandolim. Bandola.

BANDOLINO *s. m.* Bandola.

BANDOLÓN *s. m.* Espécie de bandurra.

BANDONEÓN *s. m.* Bandônio.

BANDUJO (bandujo) *s. m.* Lingüiça, chouriço.

BANDULLO (bandulho) *s. m. fam.* Bandulho, pança, barriga; intestinos.

BANDURA *s. f.* Bandurrilha.

BANDURRIA *s. f.* Bandurra.

BANEANO *s. m. Bot.* Baniano. Baniano (negociante indiano).

BAÑERA (banhera) *s. f.* Banheira (mulher que prepara o banho ou auxilia alguém a tomá-lo). Banheira (reservatório em que se toma banho).

BAÑERO (banhero) *s. m.* Banheiro (pessoa que tem estabelecimento de banhos; o que prepara o banho).

BANGÓN *s. m. Vet.* Papeira.

BAÑIL (banhil) *s. m. Dim.* de *Bañadero.*

BAÑISTA (banhista) *s. m.* e *f.* Banhista.

BAÑO (banho) *s. m.* Banho. Banheira. Balneário. *Pint.* Banho. *— de María,* banho-maria, banho mariano. *— de arena,* banho de areia. *— de asiento,* banho de assento, semicúpio. *— del ganado.* V. BAÑADERO.

BAÑÓN (banhón) *s. m.* V. ALADIERNA.

BÁNOVA *s. f.* Colcha leve.

BANQUEAR *v. tr. Amer. colomb.* Nivelar o terreno.

BANQUERO *s. m.* Banqueiro (o que faz negócio de banco; diretor de uma casa de banco; banqueiro ao jogo).

BANQUETA *s. f.* Banqueta (pequeno banco sem costas). Mocho, escabelo. V. ACERA. *Amer.* Calçada, passeio (da rua). *Fort.* Banqueta.

BANQUETE *s. m. Dim.* de *Banco.* Banquete, festim. — *espiritual,* banquete sagrado; a comunhão eucarística. — *regio, fig.* Comida opípara.

BANQUETEADO, A *adj. Amer. equat.* Desavergonhado, descarado.

BANQUILLO (banquilho) *s. m. Dim.* de *Banco.* Banquinho. Escabelo. Banco do réu. *Amer. equat.* Patíbulo.

BAÑUELO (banhuelo) *s. m. Dim.* de *Baño.*

BANZO (banço) *s. m.* Cada um dos banzos. V. QUIJERO.

BAO *s. m. Náut.* Vau.

BAPTISTERIO *s. m.* Batistério. Pia batismal.

BAQUE *s. m. ant.* V. BATACAZO. *Va de —, loc.* Baixando, diminuindo.

BAQUEANO, A *adj.* V. BAQUIANO.

BAQUEAR *v. intr.* Navegar a favor da corrente (quando o vento não é suficiente para o barco subi-la).

BAQUETA *s. f.* Vareta (de arma de fogo). Chibata. Baqueta (de tambor) *Correr —s,* ou *passar por — s, loc.* Passar pelas varas; sofrer o castigo das varadas. *Mandar uno a —,* ou *a la —, loc. fig.* Mandar despoticamente; tiranizar. *Tratar uno a —,* ou *a la —, loc. fig.* Tratar alguém com desprezo ou severidade; maltratá-lo; vilipendiá-lo.

BAQUETAZO (baquetaço) *s. m.* Baquetada.

BAQUETEADO, A *adj.* Traquejado, experimentado; calejado.

BAQUETEAR *v. tr.* Chibatar, executar o castigo das varadas. *fig.* Traquejar, experimentar, habituar a trabalhos, fadigas ou desgostos. *fig.* Aborrecer, incomodar demasiadamente. Adestrar, ensinar. *v. pron. fig.* Ficar traquejado, tornar-se prático. Atarefar-se.

BAQUETEO (baquetèo) *s. m.* Ação de *Baquetear.*

BAQUETERO *s. m.* Lugar onde se coloca a vareta na coronha de uma arma de fogo.

BAQUETILLA (baquetilha) *s. f. Dim.* de *Baqueta.* Moldura de perfil semicircular.

BAQUETÓN *s. m. Aument.* de *Baqueta.* V. BAQUETERO.

BAQUETUDO, A *adj. Amer. cub.* V. PACHORRUDO.

BAQUIANO, A *adj.* Esperto, hábil, experimentado. *Amer.* Vaqueano, baqueano. U. t. c. s.

BAQUIAR *v. tr. Amer. mexic.* Adestrar, ensinar.

BARACUTEY, A (baracutei, dja) *adj. e s. Amer. cub.* Natural de Baracoa. *fig.* Triste, solitário; misantropo, taciturno.

BÁRAGO *s. m.* Grade para secar castanhas.

BARAHA (baraa) *s. f.* Oração (entre os judeus).

BARAHUNDA (baraúnda) *s. f.* Barafunda, trapalhada, barulho, tumulto.

BARAHUSTAR (baraustar) *v. tr. ant.* V. BARAJUSTAR.

BARAJA (baraja) *s. f.* Baralho. *fig.* Baralha, confusão, baralhamento. *ant.* Baralha, barulho, motim. Grupo, bando, punhado, malta. *Entrar-se en —,* em certos jogos de cartas, dar por perdida a mão. *fig.* Desistir de um intento. *Jugar con dos —s, loc. fig. fam.* Jogar com pau de dois bicos. *Peinar la —, loc.* Baralhar com o baralho em posição horizontal.

BARAJADO, A (barajado) *adj.* Baralhado. *fig.* Baralhado, embaralhado, confuso, misturado.

BARAJADOR, A (barajador) *adj. e s.* Baralhador.

BARAJADURA (barajadura) *s. f.* Baralhamento. *fig.* Embaralhamento, baralhamento, desordem, confusão, mistura, enredo, emaranhamento.

BARAJAR (barajar) *v. tr.* Baralhar, misturar (as cartas do baralho). *fig.* Baralhar, embaralhar, confundir, desordenar. U. t. c. pron. Escamotear. *Amer. chil.* Parar, deter. *Amer. argent. fam.* V. CAPUJAR. Domar, sujeitar, submeter. *Náut.* Costear. *v. pron.* Embaralhar-se, baralhar-se.

BARAJE (baraje) *s. m.* V. BARAJADURA.

BARAJO (barajo) *Amer. equat.* V. BARAJADURA. *Amer. chil.* V. BADAJO.

BARAJONES (barajones) *s. m. pl.* Espécie de patins para a neve.

BARAJUSTAR (barajustar) *v. tr. ant.* V. BARAUSTAR. *v. intr. Amer. guat.* Corcovear, cur-vetear.

BARAL *s. m. Carp.* V. RETORCEDOR.

BARANDA *s. f.* V. BARANDILLA. Borda das mesas de bilhar. *Echar de —, loc. fam.* Encarecer, exagerar uma coisa.

BARANDADO *s. m.* V. BARANDILLA. *Arq.* Balaustrada de um parapeito.

BARANDAJE (barandaje) *s. m.* V. BARANDILLA. Conjunto de varandas ou balcões.

BARANDAL *s. m. Arq.* Barra sobre que assentam os balaústres. V. BARANDILLA.

BARANDILLA (barandilha) *s. f. Dim.* de *Baranda.* Varandim. *Arq.* Varanda, terraço, eirado, balcão, escada, parapeito de grade, balaustrada. — *de un puente,* parapeito (de uma ponte).

BARATA *s. f.* V. BARATURA. *fam.* Permuta, câmbio, troca. *Amer. chil.* V. CUCARACHA. *Amer. mexic.* Liquidação, venda a baixo preço. *A la —, loc. adv.* Confusamente; à matroca.

BARATADOR *adj. e s.* Permutador, trocador. Trapaceiro, mentiroso.

BARATAR *v. tr.* Baratar, permutar, trocar. Tratar, contratar, negociar. Malbaratar.

BARATEAR *v. tr.* Baratear (vender por menos preço que o ordinário).

BARATERÍA *s. f.* Barataria, negócio especulativo. Mercância, fraude no comércio. Delito cometido pelo juiz que se deixa subornar. — *de capitán* ou *patrón,* barataria (cometida pelo patrão de embarcação ou capitão de navio)

BARATERO, A *adj. Amer. colomb.* Barateiro. *s. m.* Barateiro (o que cobra o barato nas casas de jogo). *Amer. chil.* V. REGATÓN.

BARATÍA *s. f. Amer. colomb.* V. BARATURA.

BARATIJA (baratija) *s. f.* Quinquilharia, bagatela, miudeza. U. m. no pl.

BRATILLERO, A (baratilhero) *s. m. e f.* Pessoa que tem *Baratilho,* barateiro. *Amer. argent., chil. e urug.* Armazeneiro, vendeiro, merceeiro.

BARATILLO (baratilho) *s. m. Dim.* de *Barato.* Conjunto de coisas de ocasião que estão à venda em lugar público. Loja, casa, armazém onde elas são vendidas. *Amer. argent., chil. e urug.* Mercearia, pequeno armazém de secos e molhados, venda.

BARATO, A *adj.* Barato. *s. m.* Barato (concessão feita ou comissão cobrada no jogo). *Adv.* Barato, por baixo preço. *A la — a, loc. adv.* Confusamente; à matroca. *Cobrar el —, loc. fam. fig.* Indica-se com esta frase o predomínio que exerce uma pessoa pelo medo que impõe a outras. *De —, loc. adv.* Sem interesse; gratuitamente. *Echar a —, loc. fam.* Perturbar, atalhar, obscurecer o que alguém trata de expressar. *Hacer —, loc. Com.* Fazer liquidação, rebaixa. *Lo — es caro, loc.* O barato sai caro. *Meter a —, loc. fam.* V. ECHAR A BARATO. Deitar a perder; desvirtuar pelo ridículo as coisas mais graves.

BARATURA *s. f.* Barateza, baixeza ou modicidade de preço.

BARAÚNDA *s. f.* V. BARAHUNDA.

BARAUSTADO, A *p. p.* de *Baraustar.* Assestado, apontado, voltado para.

BARAUSTAR *v. tr.* Assestar, apontar. Desviar, evitar o golpe de uma arma.

BARAZÓN (Baraçòn) *s. m.* V. BARZÓN.

BARAZONEAR (baraçonear) *v. intr.* V. BARZO-NEAR.

BARBA *s. f.* Barba, queixo, mento. Barba (pêlos do rosto). U. t. no pl. Primeiro enxame que sai da colmeia. V. RASURA. *s. m.* Ator dramático que faz o papel de velho; pai nobre. Rebarba. V. BARBIQUEJO. *Vet.* Barbetões. *pl.* Filamentos, fibras, radículas. Barbas, rebarbas. — *de árbol* ou *de capuchino. Bot.* Barba-de-velho. — *de Diós,* Barba-de-velho. — *de Júpiter,* barba-jovis ou barba-de-Júpiter. Sempreviva. — *española,* Barba-de-pau, samambaia. — *honrada, fig.* Pessoa digna e respeitável. — *de ballena,* Barbatanas. — *s de chivo,* barba-de-bode. *Bot.* Barba-de-bode, capim-de-bode. — *de macho.* V. BARBAS DE CHIVO. A — *regada, loc. adv.* À farta, copiosamente. *Andar uno con la — sobre el hombro, loc. fig.* Estar alerta; estar com as barbas de molho. *Cerrado de —,* o que tem a barba cerrada. *En las —s de uno, loc. fig.* Às barbas de alguém; na sua presença. *Hacer la —, loc.* Fazer a barba, barbear. *fig. fam.* Incomodar, molestar. Adular, obsequiar com fins interesseiros. *Llevar a uno de la —, loc. fig.* Trazer alguém pelo freio; dominá-lo. *Mentir por la mitad de la —, loc. fig. fam.* Mentir descaradamente. *Por —, loc. adv.* Por cabeça; por pessoa.

BARBACANA *s. f.* Barbacã. Parapeito, muro. Seteira.

BARBACOA *s. f. Amer.* Caniçada, grade; girau. Barbada. Barbela. V. BARBOQUEJO. *Zool.* Barbudo.

BARBADO, A *adj.* Barbado. U. t. c. s. *s. m.* Sarmento que brota ou renovo que brota da raiz das árvores e arbustos. *Plantar de —, loc. Agr.* Transplantar um sarmento que deitou raízes.

BARBAJÁN (barbaján) *adj. Amer. cub.* Tosco, rude, grosseiro, brutal. U. t. c. s.

BARBAJANO (barbajano) *s. m.* V. BARBAJÁN.

BARBAL *adj.* Concernente ou relativo à barba.

BARBAQUEJO (barbaquejo) *s. m.* Barbicacho, cabresto, barbela (nos arreios de uma alimária).

BARBAR *v. intr.* Barbar (começar a ter barba; lançar raigotas). Criar as abelhas, enxamear.

BARBAREAR *v. intr. Amer. argent.* Disparatar, dizer despropósitos.

BARBARIDAD (barbaridad) *s. f.* Barbaridade, inépcia, proposição absurda.

BARBARIZAR (barbariçar) *v. tr.* Adulterar uma língua com barbarismos. *v. intr. fig.* Dizer barbaridades.

BÁRBARO, A *adj. e s.* Grosseiro, inculto, atroz. *Amer. argent. e urug.* Demasiado, temerário.

BARBAROTE *s. m. fam. Aument.* de *Bárbaro.*

BARBARUCHO, A *adj. Amer. fam. Aument.* de BÁRBARO, *acep. americana.*

BARBATIMÓN *s. m. Bot.* Barbatimão.

BARBAZA (barbaça) *s. f. Aument.* de *Barba.*

BARBEAR *v. tr.* Abarbar (tocar com a barba). *Amer. C. Rica.* Barbear, fazer a barba. *Amer. mexic.* V. BARBA (HACER LA). *fig.* Derrubar um animal vacum torcendo-lhe o pescoço pelo chifre. *Passar* BARBEANDO *Náut.* Passar um navio muito perto de outro.

BARBECHADA (barbetchada) *s. f.* Ação de *Barbechar,* Alqueive. V. BARBECHERA.

BARBECHERA (barbetchera) *s. f.* Alqueive. Conjunto de barbechos ou barbeitos.

BARBECHO (barbetcho) *s. m.* Barbecho, barbeito. *Firmar como en un —, loc. fig. fam.* Assinar em cruz; assinar sem ler ou examinar o que é assinado.

BARBERA *s. f.* Barbeira, mulher do barbeiro. *Amer. argent.* Tipo de vinho áspero e de cor. Barbote.

BARBERÍA *s. f.* Barbearia.

BARBERIL *adj. fam.* Próprio de barbeiros.

BARBERILLO (barberilho) *s. m. Dim.* de *Barbero.* Barbeiro jovem e bem vestido.

BARBERO *s. m.* Barbeiro. *Amer.* Adulador. Carinhoso, afagador, bajulador. *adj.* Que serve para a barba.

BARBIÁN, A *adj. fam.* Desenvolto, galhardo, arriscado. U. t. c. s.

BARBIANERÍA *s. m. fam.* Desenvoltura, galhardia, atrevimento.

BARBIASOMANTE (barbiassomante) *adj.* Barbipoente, barbiponente.

BARRIBERMEJO, A (barbibermejo) *adj.* Que tem a barba vermelha ou ruiva.

BARBIBLANCO, A (barbibranco) *adj.* Barbibranco.

BARBICACHO, A (barbicatcho) *adj.* Que tem a barba baixa. *s. m.* Barbicacho, jugular. Birbicacho, barbela.

BARBICASTAÑO, A (barbicastanho) *adj.* Que tem a barba castanha.

BARBICHÓN (barbitchòn) *s. m.* Barba sem forma, barbaça.

BARBICORTO, A *adj.* Que tem a barba escassa ou curta.

BARBIESPESO, A (barbiespesso) *adj.* Que tem a barba espessa.

BARBÍGERO, A (barbijero) *adj.* Barbífero.

BARBIHECHO, A (barbietcho) *adj. fam.* Barbifeito, recém-barbeado.

BARBIJO (barbijo) *s. m. Amer. argent.* V. BARBIQUEJO.

BARBILAMPIÑO, A (barbilampinho) *adj*. Imberbe. Barbilimpo.

BARBILLA (barbilha) *s. f. Dim.* de *Barba*. Barbinha, barbilha. Ponta da barba (no queixo). *Carp*. Barbilha. *Bot*. Bárbula. *Vet*. Barbelões. *Zool*. Barbilhão. *Amer*. Barbilhão (excrescência da mucosa da boca dos bovídeos). *Amer. colomb*. Homem de pouca barba.

BARBILINDO, A *adj*. Diz-se do homem de pouca estatura, efeminado e bem parecido.

BARBILLERA (barbilhera) *s. f*. Filaça ou estopa que se põe em volta das cubas de vinho. Espécie de mordaça para fechar a boca dos cadáveres.

BARBILLÓN (barbilhòn) *s. m. Zool*. V. BARBILLA, 5ª acep.

BARBILUCIO, A *adj*. V. BARBILINDO.

BARBIPONIENTE *adj. fam*. Barbiponente, barbipoente. *fig. fam*. Aprendiz, principiante.

BARBIPUNGENTE (barbipujente) *adj*. V. BARBIPONIENTE.

BARBIQUEJO (barbiquejo) *s. m*. V. BARBOQUEJO.

BARBIRRAPADO, A *adj*. Que tem a barba raspada.

BARBIRROJO, A (barbirrojo) *adj*. V. BARBITAHEÑO.

BARBIRRUBIO, A *adj*. Barbirruivo.

BARBIRRUCIO, A *adj*. Que tem a barba grisalha.

BARBITA *s. m. Dim*. de *Barba*.

BARBITAHEÑO, A (barbitaenho) *adj*. Que tem a barba vermelha. Barbiteso.

BARBITEÑIDO, A (barbitenhido) *adj*. Que tem a barba tingida.

BARBITÓN *s. m. Mús*. Bárbito.

BARBITOS *s. m. Mús*. V. BARBITÓN.

BARBITONTO, A *adj*. Bobo, tolo, néscio, parvo.

BARBIZAHEÑO, A (barbiçaenho) *adj*. V. BARBITAHEÑO.

BARBO *s. m. Zool*. Barbo. — *de mar*. V. SALMONETE. *Hacer el* —, *loc. fig. fam*. Diz-se da pessoa que, num concerto, abre a boca e gesticula simulando cantar.

BARBOLLA (barbolha) *s. f. Amer*. V. BARBULLA.

BARBÓN *s. m*. Barbado, homem barbudo. *Zool*. Cabrão. Barbato (leigo de ordem religiosa que traz barba longa).

BARBOQUEJO (barboquejo) *s. m*. Barbicacho, jugular. Barbada. *Náut*. Cabo de gurupés.

BARBOSA (barbossa) *s. f. Agr*. Sarmento com raízes para plantar. *Zool*. Mero.

BARBOSO, A (barbosso) *adj*. Barbudo.

BARBOTAR *v. intr*. V. MASCULLAR. U. t. c. tr.

BARBUCHO, A (barbutcho) *adj. Amer*. Que tem a barba grossa mas escassa.

BARBUCHÓN (barbutchòn) *adj. Amer. guat*. V. BARBILAMPIÑO.

BARBUDO, A *adj*. Barbudo. *Bot*. Barbudo. *s. m. Zool*. Barbudo (peixe). *Zool*. V. BUCO.

BARBULLA (barbulha) *s. f. fam*. Balbúrdia, vozearia, gritaria, confusão.

BARBULLAR (barbulhar) *v. intr. fam*. Palrar, garrular, falar à pressa e ruidosamente. *Pint*. V. PINTARRAJAR.

BARBULLIR (barbulhir) *v. intr*. V. BARBULLAR. *Irreg*. V. conj. de *Mullir*.

BARBULLÓN, A (barbulhòn) *adj*. Garrulo, palrador.

BARBUQUEJO (barbuquejo) *s. m. prov. And*. V. BARBOQUEJO.

BARBUS *s. m. Zool*. V. BARBO.

BARCA *s. f*. Barco (embarcação pequena e sem coberta; embarcação para carga e descarga de navios). Barca. — *de pasaje*, barca de passagem. — *llana*, fortaleza móvel para a defesa das costas.

BARCAJE (barcaje) *s. m*. Barcagem.

BARCAL *adj*. Diz-se da tábua própria para a construção de pequenas embarcações. Dorna, dornacho.

BARCALONGA *s. f*. Certa embarcação de pesca.

BARCAROLO *s. m*. Barqueiro que trabalha em lago ou canal.

BARCARRÓN *s. m*. Barco deselegante e grande.

BARCAZA (barcaça) *s. f*. Barcaça.

BARCAZO (barcaço) *s. m. Aument*. de *Barco*.

BARCELA *s. f*. V. BARQUILLA.

BARCELLA (barcelha) *s. f*. V. BARCILLA.

BARCENITA *s. m. Miner*. Barcenito.

BARCENO, A *adj*. V. BARCINO.

BARCEO (barcèo) *s. m. e f*. Palha de junco ou esparto usada como esteira. Esparto seco.

BARCHILLA (bartchilla) *s. f*. Medida de capacidade para secos. (Em Alicante equivale a 2.077 centilitros; em Castellón, a 166 decilitros; em Valencia, a 1.675 centilitros).

BARCHILÓN, A (bartchilòn) *Amer*. Enfermeiro de hospital.

BARCIA *s. f*. Resíduos de grão crivado.

BARCILLA (barcilha) *s. f*. V. BARCHILLA.

BARCINA *s. f. prov. And*. e *Amer. mexic*. V. HERPIL. Carga ou peixe grande de palha.

BARCINO, A *adj*. Diz-se dos animais de pêlo branco e pardo ou um tanto ruivo. *Amer. argent*. Aplica-se ao político que facilmente muda de partido.

BARCO *s. m*. Barco (designação genérica de toda espécie de embarcação). Cova pouco profunda. *Amer. hond*. Abóbora grande. — *de carga*, navio cargueiro. — *de guerra*, navio de guerra. — *de vapor*, barco a vapor. — *de vela*, barco a vela. — *volante*. V. BARQUILLA.

BARCÓN *s. m. Aument*. de *Barco*. Barcaça.

BARCOTE *s. m. Aument*. de *Barco*.

BARDAJE (bardaje) *s. m*. Bardaxa, sodomita.

BARDAL *s. m*. Barda, tapigo. *Saltar —es, loc. fig. fam*. Fugir sem olhar obstáculos.

BARDAR *v. tr*. Bardar (na acep. de cercar com barda).

BARDIACO, A *adj*. Bardiaco.

BARGA *s. f*. Espécie de barco de fundo chato. *ant*. Barga, palhoça. A parte mais inclinada de uma costa. V. VARGA.

BARGANAL *s. m*. Sebe formada de estacas.

BÁRGANO *s. m*. Espécie de estaca.

BARGUEÑO (barguenho) *s. m*. Secretária (construída em Bargas).

BARGUILLA (barguilha) *s. f*. Cana de cânhamo.

BARIBAL *s. m. Zool*. Espécie de urso (*Ursus americanus*).

BARÍGULA *s. f*. Cogumelo comestível.

BARILITA *s. f. Miner*. Barílito.

BARISFERA *s. f. Geol*. Barisfério.

BARJA (barja) *s. f*. V. BARZA.

BARJOLETA (barjoleta) *adj. Amer. mexic*. Bobo, tolo, parvo, néscio.

BARJULETA (barjuleta) *s. f*. Barjoleta, mochila de couro, bolsa grande.

BARLOA *s. f. Náut*. Balroar, abalroar. U. t. c. pron. e intr.

BARLOVENTAR *v. tr*. V. BARLOVENTEAR.

BARLOVENTEADOR *adj*. Barlaventeador.

BARLOVENTEAR *v. tr*. Barlaventear. *fig. fam*. Vaguear sem paradeiro.

BARLOVENTO *s. m*. Barlavento. *Ganar el —, loc. fig*. Estar de sorte relativamente a outrem.

BARNIZ *s. m*. Verniz. Vidrado. Cosmético, arrebique.

BARNIZADA (barniçada) *s. f. Amer*. V. EMBARNIZADURA.

BARNIZADO (barniçado) *s. m*. Envernizamento, envernizadura. *adj*. Envernizado. Vidrado.

BARNIZADOR (barniçador) *adj*. Envernizador. Vidrador.

BARNIZADURA (barniçadura) *s. f*. V. BARNIZADO, 1ª acep.

BARNIZAJE (barniçaje) *s. m*. V. BARNIZADO, 1ª acep.

BARNIZAR (barniçar) *v. tr*. Envernizar. Vidrar (a louça).

BARÓN *s. m*. Barão.

BARONAJE (baronaje) *s. m*. Baronato, baronia.

BARONET *s. m*. Baronete (de Inglaterra).

BAROSCOPO *s. m*. Baroscópio.

BAROTROPO *s. m*. Barotrópio.

BARQUEAR *v. tr*. Barquejar. *v. intr*. Utilizar um barco para ir de um ponto a outro, conduzir em barco.

BARQUEO (barquèo) *s. m*. Transporte em barco.

BARQUERO, A *s. m. e f*. Barqueiro.

BARQUEROL *s. m. Poét*. Barqueiro.

BARQUETA *s. f. Dim*. de *Barca*. Barquinha, barqueta. V. BARQUILLA.

BARQUÍA *s. f*. Pequeno barco de pesca. Conjunto de barcos pesqueiros.

BARQUICHUELA (barquitchuela) *s. f. Dim*. de *Barca*. Barqueta, barquinha.

BARQUICHUELO (barquitchuelo) *s. m. Dim*. de *Barco*. Barquete, barquinho.

BARQUILLA (barquilha) *s. f. Dim*. de *Barca*. Barquinha, barqueta. (barca de um aeróstato). *Náut*. Barquilha. Fôrma para pastéis.

BARQUILLERO (barquilhero) *s. m*. Barquilheiro. Fôrma para fazer barquinhos. Barqueiro, catraieiro. — *de los estanques*, certo inseto (*Notonecta glauca*.)

BARQUILLO (barquilho) *s. m. Dim*. de *Barco*. Barquilho (espécie de pastel).

BARQUÍN *s. m*. Fole grande de ferreiro.

BARQUINAZO (barquinaço) *s. m. fam*. Solavanco, guinada; trambolhão (de um veículo). V. BAQUETAZO. *Amer. hond*. Tombo, queda, trambolhão.

BARQUINERA *s. f*. V. BARQUÍN.

BARRA *s. f*. Barra (pedaço de metal, chato e grosso; alavanca de ferro; espécie de jogo). *Vet*. espaço entre os dentes caninos e molares; entrada estreita de porto; peça do escudo; barra (no jogo do truque); *Impr*. barra. *fig*. Tribunal. *fig. fam*. Cinismo, descaramento. *Amer. equat. fig*. Diz-se do público que assiste às sessões de um tribunal ou do congresso. *Amer*. Pedaço de prata virgem. *Amer*. Cada uma das ações de uma empresa de mineração. — *de agua*, pororoca. — *del timón*, *Náut*. Barra do leme. — *fija*, *Gin*. Barra. — *s paralelas*, *Gin*. Paralelas. *A —s derechas*, *loc. adv*. Sem engano, francamente. *De — a —*, *loc. adv*. De parte a parte, de extremo a extremo. *Estirar uno la —*, *loc. fig. fam*. Fazer alguém todo o esforço possível para conseguir alguma coisa. *Llevar a la — a uno*, *loc. fig. fam*. Pedir contas a alguém. *Sin mirar, pararse, reparar*, ou *tropezar en —s*, *loc*. Sem consideração dos inconvenientes, respeitos, etc. *Tirar uno la —*, *loc. fig. fam*. Vender alguém as coisas pelo maior preço que lhe for possível.

BARRABÁS *s. m. fig. fam*. Pessoa má, perversa, travessa.

BARRABASADA (barrabassada) *s. f. fam*. Ação desatinada, travessura grave, barbaridade.

BARRACA *s. f*. Barraca, barracão, telheiro, choupana. Vivenda rústica. *Amer*. Barraca (casa que faz transações com couros, lãs, cabelos etc.) *Amer. boliv*. e *per*. Fábrica de borracha. *Mil*. Barraca.

BARRACARSE *v. pron*. Abarracar-se (numa praia, depois de naufrágio).

BARRACÓN *s. m. Aument*. de *Barraca*. Barracão. Barraca (morada ou construção provisória). Barracão, telheiro.

BARRAGÁN *s. m*. Barregana. *Amer*. Saia de xerga.

BARRAGANA *s. f*. Barregã.

BARRAGANERÍA *s. f*. Barregania, mancebia.

BARRAGANERO *s. m*. O que tece ou vende barregana.

BARRAGENETE *s. m. Náut*. Troço de madeira que vai entre os travessões. Última peça da varenga que forma o costado de um barco.

BARRAGANÍA *s. f. Ant*. V. BARRAGANERÍA.

BARRAGE (barraje) *s. m. Mil*. Barragem.

BARRAJAR (barrajar) *v. tr. Amer. argent*. Derribar violentamente (uma pessoa ou coisa).

BARRAL *s. m*. Garrafão.

BARRANCA *s. f*. V. BARRANCO. *Amer*. Fossa ou rego que fazem as correntes de água; barranco.

BARRANCAL *s. m*. Barranqueira. Lugar barrancoso.

BARRANCO *s. m*. Barranco, precipício, despenhadeiro. Barranco (escavação aberta pelas enxurradas). *fig*. Barranco, impedimento, estorvo. *Amer*. Talude, despenhadeiro.

BARRANQUEAR *v. intr*. Pererecar (o pião). Conduzir a madeira por barrancos.

BARRANQUERA *s. f*. V. BARRANCO.

BARRANQUILLO (barranquilho) *s. m. Dim*. de *Barranco*.

BARRAQUE *s. m.* Emprega-se esta palavra somente na locução *A traque* —, a todo tempo; por qualquer motivo.

BARRAQUERO *s. m. Amer.* Barraqueiro.

BARRAQUILLO (barraquilho) *s. m.* Pequena peça de artilharia.

BARRAR *v. tr.* V. EMBARRAR. *ant.* V. BARREAR.

BARRATE *s. m.* Barrote, viga pequena.

BARREAL *s. m. Amer.* Barral, lameiro, lodaçal.

BARREAR *v. tr.* Barricar, fortificar. V. BARRETEAR. *prov. Arag.* Riscar o escrito.

BARREDERA *s. f.* V. BARRERA.

BARREDERA *s. f.* Rede varredoura. Vassoura mecânica.

BARREDERO, A *adj.* Varredor, que arrasta ou leva o que encontra. *s. m.* Varredouro.

BARREDOR, A *adj. e s.* Varredor.

BARREDUELA *s. f. prov. And.* Pequena praça, geralmente sem saída.

BARREDURA *s. f.* Varredura (ato de varrer). Varredura, lixo.

BARREFOSOS (barrefossos) *s. m.* Antiga peça de grosso calibre.

BARRELOTODO *s. m. fig. fam.* Homem que apanha ou aproveita tudo, bom ou mau, indistintamente.

BARRENA *s. f.* Verruma. Trado. Broca. Barrena. *Aviaç.* Parafuso.

BARRENADO, A *adj.* Verrumado, broqueado, tradeado. Louco, doido, desparafusado. U. t. c. s.

BARRENADOR, A *adj.* Verrumador, broqueador.

BARRENAMIENTO *s. m.* Ação de verrumar, brocar ou tradear.

BARRENAR *v. tr.* Verrumar, brocar, broquear, tradear. *fig.* Frustrar as pretensões de alguém. Conculcar, postergar, espezinhar (falando-se de leis e direitos). *Náut.* Abrir rombos para que afunde o navio.

BARRENDERO, A *s. m. e f.* Varredor.

VARRENEAR *v. tr. Amer. argent.* V. BARRENAR.

BARRENERO *s. m.* O que faz ou vende verrumas, trados ou brocas. O que abre buracos com qualquer desses instrumentos.

BARRENILLA (barrenilha) *s. f.* Espécie de trado cônico.

BARRENILLO (barrenilho) *s. m. Dim.* de *Barreno.* Nó apodrecido e em parte cicatrizado, numa árvore. *Zool.* Certo coleóptero que ataca árvores frutíferas. Enfermidade que nas árvores causam estes insetos.

BARRENO *s. m.* V. BARRENA. (Comumente se usa para designar o trado, verruma ou broca de maior tamanho). Furo aberto com qualquer desses instrumentos. Agulheiro (buraco aberto numa rocha com a broca). *Amer. chil.* Teimosia, obstinação ou mania. *Náut.* Rombo aberto propositalmente num navio para o afundar. *Dar* —, *Náut.* Abrir rombos no navio com o fim de metê-lo a pique. *Llevarle el* — *a uno, Amer. mexic. loc. fig. fam.* Acomodar-se alguém ao gosto ou gênio de outrem, aparentando seguir-lhe as opiniões.

BARREÑO (barrenho) *s. m.* Alguidar, barrenha, terrina.

BARRER *v. tr.* Varrer, limpar. *fig.* Varrer, arrastar, levar tudo. *Al* —, *loc. adv. fam. Amer. cub.* Para todos, sem exceção: *Adiós al* —, adeus para todos. — *hacia dentro, loc. fig.* Proceder de maneira interessada.

BARRERA *s. f.* Barreira, estacada. Parapeito. Barreira (porta de cidade onde há posto de empregados (fiscais). Barreira (terreno argiloso e fértil). Barreira (dique). Armário para louças. *fig.* Limite, confim. Barreira, obstáculo, embaraço, estorvo. Cancela (de estrada de ferro). — *de paso a nível, Ferrov.* Passagem de nível. *Salir uno a* —, *loc. fig.* Sair a campo; expor-se à censura pública ou à luta.

BARRERO *s. m.* V. ALFARERO. Barreira (lugar de onde se extrai o barro). Lamaçal, barreiro. Barreiro (terreno baixo e úmido onde há eflorescências salino-salitrosas).

BARRERUELA *s. f. prov. Sev.* V. BARREDUELA.

BARRETA *s. f. Dim.* de *Barra.* Barreta, barrinha. Tira de carneira do interior dos sapatos. Capacete. *Heráld.* Travessa, barreta.

BARRETEAR *v. tr.* Segurar com barras de metal ou madeira. Reforçar o calçado.

BARRETERO *s. m.* Mineiro que trabalha com barra, picareta ou cunha.

BARRETINA *s. f.* Boina, gorro catalão.

BARRETÓN *s. m. Amer. colomb.* Picareta ou alvião de mineiro.

BARRIADA *s. f.* V. BARRIO. Parte de um bairro.

BARRIAL *s. m. Amer.* Lamaçal, barral, lameiro.

BARRICA *s. f.* Barrica. — *bordelesa,* bordalesa.

BARRICAR *v. tr.* Barricar. Barrar, barrear. *v. pron.* Barricar-se, entrincheirar-se.

BARRIDA *s. f. Amer. chil.* V. BARRIDO.

BARRIDO, A *p. p.* de *Barrer.* Varrido. *s. m.* Varredura (ação de varrer). Varredura (lixo).

BARRIGA *s. f.* Barriga, ventre. *fam.* Barriga, gravidez. *fig.* Barriga, saliência, protuberância, bojo. — *de moro,* certa seda. *Estar,* ou *hallarse, con la* — *a la boca, loc. fig. fam.* Estar prestes a dar à luz. Achar-se em grande apuro. *Sacar la* — *de mal año, loc. fig. fam.* Saciar a fome; comer muito e melhor, principalmente em casa alheia. *Tener la* — *a la boca, loc. fig. fam.* V. ESTAR CON LA BARRIGA A LA BOCA.

BARRIGÓN, A *adj.* Barrigudo, pançudo, ventrudo.

BARRIGUERA *s. f.* Barrigueira.

BARRILAJE (barrilaje) *s. m.* Diz-se de toda a madeira destinada ao fabrico de barrís, pipas ou tonéis.

BARRILAME *s. m.* V. BARRILERÍA, 1ª acep.

BARRILEJO (barrilejo) *s. m. Dim.* de *Barril.* Barrilete, barrilote.

BARRILERÍA *s. f.* Vasilhame; conjunto de barrís. Tanoaria. Trasfego de barrís.

BARRILERO *s. m.* Tanoeiro.

BARRILETE *s. m. Dim.* de *Barril.* Barrilete, barrilote. Barrilete (instrumento de carpinteiro). Papagaio, pandorga. V. GANZÚA. *Reloj.* Barrilete. *Amer. venezuel.* Papagaio de forma hexagonal. *Zool.* Espécie de caranguejo (*Gelasimus. Tapgeri*).

BARRILLA (barrilha) *s. f. Dim.* de *Barra.* Barrilha. *Bot.* Barrilheira, barrilha espinhosa.

BARRILLAR (barrilhar) *s. m.* Sítio povoado de barrilheiras. Lugar onde se queima a barrilheira.

BARRILLERO, A (barrilhero) *adj.* Que contém ou pode produzir barrilha.

BARRILLO (barrilho) *s. m. Dim.* de *Barro.* Barro (borbulha no rosto). *Zool.* Certo inseto. (*Hysteropterum Grylloide*).

BARRIO *s. m.* Bairro, arrabalde. *Andar,* ou *estar, uno de* —, ou *vestido de* —, *loc. fam.* Andar vestido com absoluta simplicidade. *El otro* —, *fig. fam.* O outro mundo. *Irse al otro* —, *loc. fig. fam.* Morrer.

BARRISCO *s. m.* Usa-se na *loc. adv. A* —, amontodamente, sem distinção. (Geralmente emprega-se com o verbo *llevar*.)

BARRISQUEAR *v. tr.* Varrer precipitada e violentamente.

BARRISTA *s. m. Neol.* V. ABOGADO.

BARRITA *s. f. Dim.* de *Barra.* Barreta, barrinha.

BARRITAR *v. tr.* Barrir.

BARRIZAL (barriçal) *s. m.* Lodaçal, barreiro, barral, lameiro. Argila pronta para ser moldada.

BARRO *s. m.* Barro, argila. Lodo, lama. Púcaro, terrina. *fig.* Barro, insignificância. *fig. fam.* Dinheiro. Barro (borbulha). — *de hierbas,* púcaro enfeitado de relevos à maneira de ervas. *Dar uno* — *a mano, loc. fig. fam.* Emprestar dinheiro sem juros. *Hacer uno un* —, *loc. fam. Amer. argent.* Cometer um erro ou equívoco por descuido ou inadvertência.

BARROCHO (barrotcho) *s. m.* V. BIRLOCHO.

BARRÓN *s. m. Aument.* de *Barra.* Certa planta ibérica. (*Psamma arrenaria*). *Náut.* Caça-escotas fixo na popa, em forma de arco.

BARRONTA *s. f. ant.* Notícia, aviso.

BARROQUISMO *s. m.* Barroquismo. *fig.* Extravagância, mau gosto.

BARROTÍN *s. m.* Barrotim.

BARRUECO *s. m.* Barroco (pérola de superfície irregular).

BARRULLO (barrulho) *s. m. Amer. equat.* V. BARULLO.

BARRUMBADA *s. f.* Fanfarronada. Gasto excessivo feito por jactância.

BARRUMBE *s. m. ant.* Despenhamento.

BARRUNTADOR, A *adj. e s.* Que conjetura, suspeita ou barrunta.

BARRUNTAMIENTO *s. m.* Barrunto, suspeita, conjetura, desconfiança, suposição.

BARRUNTAR *v. tr.* Suspeitar, conjeturar, pressentir, barruntar.

BARRUNTE *s. m.* Barrunto, suspeita, indício, sinal, notícia.

BARRUNTO *s. m.* Barrunto. Conjetura, pressentimento, desconfiança. *Amer. mexic.* Vento rijo do norte.

BARRUTINES *s. m. pl.* Espécie de seda persa.

BARSILLA (barsilha) *s. f.* V. BARCHILLA.

BARTOLA *s. f. fam.* Pança, barriga, pandulho. *A la* —, *loc. adv.* De papo para o ar; sem o menor cuidado.

BARTOLEAR *v. intr. Amer. chil.* Preguiçar.

BARTOLILLO (bartolilho) *s. m.* Pastel triangular recheado de carne ou creme.

BARTOLINA *s. f. Amer. mexic.* Calabouço, enxovia acanhada e escura.

BARTULAR *v. intr. Amer. chil.* Cavilar, sofismar.

BARTULEAR *v. intr. Amer. chil.* V. BARTULAR.

BARTULEO (bartulèo) *s. m. Amer. chil.* Cavilação.

BÁRTULOS *s. m. pl. fig.* Bens, móveis, alfaias, trastes, utensílios. Negócios, assuntos. Meios, passos, medidas, recursos (empregados por alguém para sair airosamente de uma situação embaraçosa). *Liar los* —, *loc. fig. fam.* Preparar-se para uma viagem ou mudança. *Preparar los* —, *loc. fig. fam.* Dispor os meios para executar alguma coisa.

BARUCA *s. f. fam.* Ardil, artimanha, artifício para impedir alguma coisa.

BARUECO, A *adj.* Irregular, estranho, fantástico, anormal.

BARULÉ *s. m.* Rolo na meia, abaixo do joelho.

BARULLERO, A (barulhero) *adj.* Embusteiro, enredador, barulhento, trapalhão. U. t. c. s.

BARULLO (barulho) *s. m.* Barulho, tumulto, desordem, confusão.

BARZA (barça) *s. f.* V. ZARZA.

BARZAL (barçal) *s. m.* Balça, balcedo. *Amer.* V. MALEZA.

BARZOLA (barçola) *s. f.* V. BRAZOLLA.

BARZÓN (barçòn) *s. m.* Passeio ocioso, caminhada a esmo. (Usa-se na frase *Dar,* ou *Hacer* —*es*). *Agr.* Anel por onde entra a lança do arado.

BARZONEAR (barçonear) *v. intr.* Vaguear, vagabundear, vagar, andar sem destino.

BARZOQUE (barçoque) *s. m. fam.* Diabo, satanaz. *Llévete* —, *loc.* Que o diabo te carregue.

BASA (bassa) *s. f.* Base, fundamento, apoio, pedestal. *fig.* Base, princípio de alguma coisa.

BASADA (bassada) *s. f. Náut.* Prancha de lançamento.

BASADO, A (bassado) *adj.* Baseado, apoiado, sustentado, assentado.

BASALICÓN (bassalicòn) *s. m. Amer. venezuel.* V. BASILICÓN.

BASAMENTO (bassamento) *s. m. Arq.* Baseamento.

BASAMITA (bassamita) *s. f. Miner.* Basamito.

BASAR (bassar) *v. tr.* Basear, firmar, assentar, fundar. U. t. c. pron. *fig.* Basear, estabelecer um princípio fundamental. *v. pron.* Basear-se, apoiar-se, fundar-se.

BASCA *s. f.* Vasca, enjôo, náusea. U. m. no pl. *fig.* Vasca, ânsia, angústia, inquietação. *fig. fam.* Veneta, repente.

BASCAR *v. intr.* V. BASQUEAR.

BASCONGADO, A *adj.* Vasco, vascongado, vasção.

BASCOSIDAD (bascossidad) *s. f.* Imundície, sujidade. *fig. Amer. equat.* Palavrão.

BASCOSO, A (bascosso) *adj.* Vascoso. Nauseado, enjoado. *Amer. equat.* Desbocado, impudico.

BASCULAR *v. intr.* Executar um movimento de báscula.

BASE (basse) *s. f.* V. BASA. Base (em todas as acepções do vocábulo português).

BASICIDAD (bassicida*d*) *s. f. Quím.* Basicidade.
BASIFICABLE (bassificable) *adj. Quím.* Que se pode basificar.
BASIFICACIÓN (bassificación) *s. f. Quím.* Basificação.
BASÍGENO, A (bassíjeno) *adj. Quím.* Basigêneo.
BASILATERAL (bassilateral) *adj.* Basilar e lateral ao mesmo tempo.
BASILICÓN (bassilicòn) *s. m.* Basilicão.
BASILÍCULA (bassilícula) *s. f.* Igreja pequena.
BASILÍCULO (bassilículo) *s. m.* Basilícula.
BASILISCO (bassilisco) *s. m.* Basilisco. *Zool.* Basilisco. *Estar hecho un —, loc.* Estar muito zangado ou enfadado.
BASO, A (basso) *adj. ant.* V. BAJO.
BASORINA (bassorina) *s. f. Quím.* Bassorina.
BASORITA (bassorita) *s. f. Quím.* V. BASORINA.
BASQUEAR *v. intr.* Vasquejar.
BASQUILLA (basquilha) *s. f. Vet.* Pletora.
BASQUIÑA (basquinha) *s. f.* Saia, geralmente preta, usada sobre a roupa interior. V. FALDA.
BASQUINUELA (basquinhuela) *s. f. Dim.* de *Basquiña.*
BASTA *s. f.* V. HILVÁN. Basta (de colchão ou almofada).
BÁSTAGO *s. m.* V. VÁSTAGO.
BASTAJE (bastaje) *s. m.* V. GANAPÁN.
BASTAMENTE *adv.* Grosseiramente, toscamente, rudemente.
BASTANTE *adj.* Bastante. *adv.* Bastante, muito, suficientemente.
BASTANTEAR *v. tr. Juris.* Reconhecer (o advogado) o poder conferido ao procurador. Declarar bastante.
BASTANTEO (bastantèo) *s. m.* Ação e resultado de *Bastantear.* Reconhecimento.
BASTANTOLLO (bastantolho) *Aument.* de *Bastante.* (Usa-se em tom jocoso.)
BASTAR *v. intr.* Bastar. *Amer. venezuel.* V. BASTEAR.
BASTARDA *s. f.* Bastardão (espécie de lima). Bastarda (sistema de equitação).
BASTARDEAR *v. intr.* Abastardar, bastardear. *Amer. argent.* Adulterar, falsificar.
BASTARDEO (bastardèo) *s. f.* Abastardamento, degeneração, decadência, envilecimento.
BASTARDILLA (bastardilha) *s. f. Mús.* Espécie de flauta.
BASTARDILLO, A (bastardilho) *adj. Dim.* de *Bastardo. Letra — a,* bastardinho (tipo de letra manuscrita).
BASTE *s. m.* V. HILVÁN. Baste.
BASTEAR *v. tr.* Bastear, acolchoar. Alinhavar.
BASTEDAD (bastedad) *s. f. Amer. hond.* V. BASTEZA.
BASTERO *s. m.* Albardeiro.
BASTEZA (basteça) *s. f.* Grosseria, rusticidade, rudeza.
BASTIDOR *s. m.* Bastidor (de bordar). Bastidor (de teatro). *Amer.* Gelosia. *De —es adentro, loc. fam.* Entre bastidores.
BASTILLA (bastilha) *s. f.* Bainha (dobra com costura na extremidade do pano). Bastilha, castelo, fortaleza.
BASTILLADO, A (bastilhado) *adj.* Embainhado, guarnecido de bainha (o pano.) *Heráld.* Bastilhado.
BASTILLADOR, A (bastilhador) *adj.* Que embainha, que guarnece de bainhas. *s. f.* Mulher que faz bainhas, embainhadora.
BASTILLAR (bastilhar) *v. tr.* Embainhar, bainhar, guarnecer de bainhas. *Amer. per.* Embainhar (um lenço).
BASTIMENTAR *v. tr.* Abastecer, prover de bastimentos, aprovisionar.
BASTIMENTO *s. m.* Embarcação, barco, navio. Bastimento, abastecimento, provisão.
BASTIÓN *s. m. Fort.* Bastião, baluarte.
BASTIONADO, A *adj.* Abastionado.
BASTIONAR *v. tr.* Abastonar.
BASTITA *s. f. Miner.* Bastito.
BASTO *s. m.* Basto, albarda. Basto (ás de paus). *pl.* Paus (naipe). Almofadas que formam o lombilho; mantinhas.

BASTO, A *adj.* Grosseiro, rústico, tosco. *fig.* Diz-se da pessoa rústica, tosca ou grosseira.
BASTÓN *s. m.* Bastão. Bengala. Bastão (insígnia de comando militar ou autoridade). *Arq.* Bastão, local. *Empuñar uno el —, loc. fig.* Assumir ou tomar o comando. *Meter uno el —, loc. fig.* Mediar, intervir, interferir, pacificar.
BASTONADA *s. f.* V. BASTONAZO.
BASTONAZO (bastonaço) *s. m. Aument.* de *Bastón.* Bastonada. Bengalada.
BASTONCILLO (bastoncilho) *s. m. Dim.* de *Bastón.* Bastonete, bengalinha. Galão estreito para guarnições. *pl.* Bastonete, bacilos miceliformes.
BASTONEAR *v. tr.* Bater com bengala, bastão ou pau. Mover a bengala com petulância. Mexer o vinho com um bastão. *v. intr.* Manejar a bengala, o bastão. Abusar alguém de sua autoridade.
BASTONEO (bastonèo) *s. m.* Ruído produzido com bengalas ou bastões.
BASTONERA *s. f.* Bengaleiro (móvel onde se guardam bengalas ou guarda-chuvas).
BASTONERÍA *s. f.* Arte de fazer bengalas. Casa onde se vendem ou fabricam bengalas.
BASTONERO *s. m.* Bengaleiro (pessoa que vende ou faz bengalas). V. BASTONERA. Mestre-sala. Ajudante de carcereiro.
BASTONITA *s. f. Miner.* Bastonito.
BASTOSA (bastossa) *s. f.* Bastose.
BASURA (bassura) *s. f.* Lixo. Varredura. Imundície, sujidade. Esterco.
BASURAL (bassural) *s. m. Amer.* Monturo, depósito de lixo.
BASURERO (bassurero) *s. m.* Lixeiro. Varredor. Monturo, esterqueira.
BASURIENTO, A (bassuriento) *adj.* Sujo, porco, imundo.
BASURITA (bassurita) *s. f. Amer. cub.* Gorjeta.
BATACAZO (bataçaço) *s. m.* Baque, choque (de uma pessoa quando cai). *fig. fam.* Baque, desastre, ruína. *Amer. argent.* Nas corridas de cavalos, vitória do animal que, não sendo favorito, dá um bom dividendo; azar.
BATAHOLA (bataòla) *s. f. fam.* Ruído, barulho, confusão, gritaria.
BATALLA (batalha) *s. f.* Batalha, combate, luta, peleja; justa, torneio. *fig.* Inquietação, perturbação. *Dar la —, loc. fig.* Arrostar as dificuldades de um assunto. *En —, loc. adv. Mil.* Em linha de batalha, ou combate. *Presentar la —, Mil.* Oferecer batalha.
BATALLADOR, A (batalhador) *adj.* e *s.* Batalhador. *fig.* Batalhador (indivíduo inclinado a rixas). *s. m.* Esgrimista.
BATALLAR (batalhar) *v. tr.* Batalhar, pelejar, combater, lutar. *fig.* Batalhar, porfiar, disputar, discutir, altercar, argumentar, questionar.
BATALLERO, A (batalhero) *adj. Amer. mexic.* Inquieto, buliçoso.
BATALLOL (batalhol) *s. m.* V. BATALLOR.
BATALLOLA (batalhòla) *s. m.* V. BATAYOLA.
BATALLÓN (batalhòn) *s. m.* Batalhão. *fig.* Batalhão (grande número de pessoas que vão juntas). *fig.* Turba, tropel.
BATALLONA (batalhona) *adj. fam.* Diz-se da questão muito disputada e à que se dá grande importância.
BATALLOR (batalhor) *s. m. Náut.* Gurupés pequeno. Botaló da bujarrona nos faluchos.
BATÁN *s. m.* Pisão. Edifício num está montado o pisão. *Amer. chil.* Tinturaria. *Amer. per.* Espécie de pilão.
BATANADURA *s. f.* Apisoamento.
BATANAR *v. tr.* Apisoar. *v. intr.* Funcionar o pisão.
BATANEAR *v. tr. fig. fam.* Bater, espoucar, esbordoar.
BATANEO (batanèo) *s. m.* Esbordoamento, espancamento.
BATANERO *s. m.* Pisoeiro, apisoador.
BATAOLA *s. f.* V. BATAHOLA.
BATATA *s. f.* Batata. *— blanca,* batata branca. *— roja,* batata roxa, ou de Angola. *Amer.* Camote. *fig. Amer. argent.* Aturdimento, atarantação. *fig. fam.* Pessoa tímida, irresoluta ou tacanha.
BATATAR *s. m.* Batatal.
BATATAZO (batataço) *s. m.* Golpe dado com uma batata; batatada. V. BATACAZO.

BATATERO, A *adj.* e *s.* Batateiro (que vende batatas).
BATATILLA (batatilha) *s. f. Dim.* de *Batata. Amer. venezuel.* Batata-doce.
BATATÍN *s. m. Dim.* de *Batata.* Batata miúda, de qualidade inferior e menos preço. *fig. fam.* Pessoa gorducha ou rechonchuda.
BATATO, A *adj.* e *s. fig. fam.* V. BATATÍN, 3ª acep.
BATATÓN *s. m. Aument.* de *Batata.* Batatão.
BÁTAVO, A *adj.* Batavo, batávio, batávico.
BATAYOLA (batadjola) *s. f. Náut.* Trincheira da borda, balaústre.
BATAZO (bataço) *s. m.* Golpe dado com o *bate* (espécie de alvião).
BATE *s. m.* Espécie de alvião. Batida (ação de bater).
BATEA (batèa) *s. f.* Bateia. Bandeja de madeira procedente da Índia. Bandeja. Terrina. *Náut.* Bateira. *Amer.* Bacia (para lavar a roupa).
BATEAGUAS *s. m. prov. Arag.* Guarda-chuva.
BATEAR *v. tr. ant.* Batizar. Introduzir e socar o balastro com o alvião.
BATEGUI *s. m. Amer. mexic.* Poço.
BATEHUELA (bateuela) *s. f. Dim.* de *Batea.*
BATEI *s. m. Amer.* V. BATEY.
BATEL *s. m.* Batel, canoa, barco pequeno, bote.
BATELADA *s. f.* Batelada (carga de um batel). O comprimento do batel.
BATELEJO (batelejo) *s. m. Dim.* de *Batel.*
BATELERÍA *s. f.* Conjunto de botes ou batéis. Ofício de bateleiro ou barqueiro.
BATELERO *s. m.* Bateleiro. Barqueiro.
BATELÓN *s. m.* Batelão.
BATEO (batèo) *s. m.* Ação de introduzir e socar o balastro, com o alvião. *ant.* Batizado.
BATEQUE *s. m. Amer. cub.* Bulha, confusão, reboliço.
BATERÍA *s. f. Artilh.* Bateria. *Náut.* Bateria. Batida (ação de bater). *fig.* Qualquer coisa que causa grande impressão no espírito. *fig.* Batalhação, importunação. *Mús.* Bateria, pancadaria. *— a barbeta,* bateria de barbeta. *— de cocina,* bateria (de cozinha). *Cambiar sus —s, loc. fig.* Empregar novos esforços ou recursos para a consecução de determinado fim. *Preparar sus — s, loc. fig.* Preparar as medidas apropriadas para a obtenção do que se deseja.
BATERO, A *s. m.* e *f.* Pessoa cujo ofício é fazer batas, roupões ou chambres de homem.
BATEY (batei) *s. m. Amer. cub.* Conjunto de máquinas de um engenho e lugar onde estas se acham instaladas.
BATIBOLEO (batibolèo) *s. m. fam. Amer. mexic.* V. BATAHOLA.
BATIBORRILLO (batiborrilho) *s. m.* V. BATURRILLO.
BATIBURRILLO (batiburrilho) *s. m.* V. BATURRILLO.
BATICIÓN *s. f. Amer. cub.* Batida (ação de bater).
BATICOLA *s. f.* Retranca, rabicho.
BATIDA *s. f.* Batida, montaria (exploração do campo ou do mato).
BATIDERA *s. f.* Espécie de enxada para caldear a areia com a cal.
BATIDERO *s. m.* Batedouro. Batida contínua. Estrada ou rua de terreno desigual ou esburacado. *fig.* Lugar muito freqüentado. *Náut.* Batedouro.
BATIDO *s. m.* Batido, batimento, batida. Massa para biscoitos e hóstias. Claras, gemas ou ovos batidos. *adj.* Furtacor (diz-se da seda).
BATIDOR, A *adj.* Batedor. *s. m.* Batedor, batedeira (instrumento para bater). *Mil.* Batedor. Batedor (cunhador de moeda).
BATIENTE *p. pres.* de *Batir.* Batente. *s. m.* Batente, batedor. Batente (de porta). Batente (meia-porta), folha de porta. Batente (lugar onde a maré bate e se quebra).
BATIFONDO *s. m. Amer.* Barafunda, confusão, reboliço, vozearia.
BATIHOJA (batiòja) *s. f.* Bate-folha. Latoeiro. Funileiro.
BATIHOJERÍA (batiojería) *s. f. Amer. mexic.* Latoaria. Funilaria.
BATIMENTO *s. m. Pint.* Esbatimento.
BATIMIENTO *s. m.* Batimento, embate, batida (ação de bater).

BATÍN *s. m.* Bata que chega até pouco abaixo da cintura.

BATINTÍN *s. m.* Espécie de campainha chinesa.

BATIPORTA *s. f.* V. BATIPORTE.

BATIPORTAR *v. tr. Náut.* Atracar a artilharia.

BATIPORTE *s. m. Náut.* Cabeço das portinholas das baterias.

BATIR *v. tr.* Bater. Demolir, derribar, abater. Bater (incidir os raios luminosos). Bater (agitar, remexer). Bater (derrotar, vencer). Deitar, arremessar. (Usa-se mais na América.) Bater (percorrer em observação). Bater (cunhar a moeda). Bater (malhar). *Mús.* Bater (marcar o compasso). *Amer.* Enxaguar (a roupa). Bater (a uma porta). Bater (sovar). Derrubar, deixar cair. *v. pron.* Bater-se, combater, pelejar. Abater-se, cair sobre. *Amer. pop.* Declarar-se culpável de um delito. — *el pulso,* bater, pulsar. — *la estrada, Mil.* Bater a estrada.

BATISTA *s. f.* Batista, cambraia. — *holandesa,* holanda (tecido).

BATO *s. m.* Homem pouco inteligente ou rústico.

BATOCHAR (batotchar) *v. tr.* Misturar os pêlos e lãs que entram no fabrico de um chapéu.

BATOJAR (batojar) *v. tr. Agr.* Varejar (uma árvore).

BATOLITO *s. m. Geol.* Batólito.

BATRACIANO, A *adj.* Batracóide.

BATRACINA *s. f.* Batraquina.

BATRACIOS *s. m. pl.* Batráquios.

BÁTRACO *s. m. Med.* Batraca, rânula.

BATRAQUÍDEO, A *adj.* Batracóide.

BATRÁQUIDOS *s. m. pl. Ictiol.* Batracóides.

BATRAQUITA *s. f. Miner.* Batraquito.

BATUCAR *v. tr.* Bater, remexer, misturar. *fig.* Alterar, transformar.

BATUECO, A *adj. e s.* Natural de Batuecas. *fig.* Ignorante, simplório. Grosseiro, mal educado.

BATUQUE *s. m. Amer. argent. e urug.* Batuque (no sentido de baile de gente do povo). *Armar un — Amer. fig. fam.* Promover um escândalo.

BATUQUEAR *v. tr. Amer.* V. BATUCAR.

BATUQUERIO *s. m. ant.* Mistura, confusão, transtorno.

BATURRADA *s. f.* Ação ou dito próprio do labrego aragonês.

BATURRILLO (baturrilho) *s. m.* Mixórdia, salsada, moxinifada, misturada. (Usa-se mais a propósito de comidas). *fig. fam.* Confusão, desordem, despropósito, trapalhada (na conversação ou nos escritos). Miscelânea (título que põem alguns jornais à secção de notícias esparsas, anedotas curiosas, etc.). Espécie de paródia.

BATURRO, A *adj. e s.* Labrego aragonês. Pertencente ou relativo ao labrego aragonês.

BAÚL *s. m.* Baú. Mala-armário. *fig. fam.* Pança, barriga, bandulho. — *mundo,* mala grande para viagem. *Henchir,* ou *llenar, el — loc. fig. fam.* Encher o bandulho; comer muito.

BAULAZO (baulaço) *s. m.* Baú grande. Golpe dado com um baú.

BAULE (baüle) *s. m. Amer. chil.* B. BAÚL.

BAULERÍA *s. f.* Fábrica ou casa onde se vendem baús.

BAULERO (baülero) *s. m.* Bauleiro.

BAUNO, A *adj.* Plebeu, vulgar.

BAUPRÉS *s. m. Náut.* Gurupés.

BAUSA (baussa) *s. f. Amer.* Ociosidade, mandriice, preguiça.

BAUSÁN, A (baussàn) *s. m. e f.* Espantalho vestido de armas. *fig.* Bobo, simplório, néscio, basbaque. *Amer.* Ocioso, preguiçoso, mandrião.

BAUTISMAL *adj.* Batismal.

BAUTISMO *s. m.* Batismo. Batizado. — *de fuego,* batismo de fogo. — *de la línea,* ou *de los trópicos,* batismo de sangue (primeiro sangue derramado em combate). — *de un barco,* batismo (cerimônia do lançamento) dum navio. *Romper el — a uno, loc. fig. fam.* Ferir alguém na cabeça.

BAUTISTA *s. m.* Batista. *El —,* São João Batista. *pl.* Batistas (seita cristã).

BAUTISTERIO *s. m.* Batistério.

BAUTIZADO, A (bautiçado) *adj.* Batizado. *fig. fam.* Batizado (falsamente denominado; misturado com água). *s. m.* Batizado, batismo.

BAUTIZANDO (bautiçando) *s. m.* Batizando.

BAUTIZANTE (bautiçante) *p. pres.* de *Bautizar.* Batizante.

BAUTIZAR (bautiçar) *v. tr.* Batizar. *fig.* Batizar (por nome ou alcunha a; abençoar solenemente um navio, sino etc.; misturar com água o vinho, leite etc.) *fig.* Molhar ou borrifar uma pessoa com água ou outro líquido.

BAUTIZO (bautiço) *s. m.* Batizado (em todas as acepções do vocáb. português).

BAUZA (bauça) *s. f.* Pedaço de lenha.

BAVIERA *s. m.* Baberia. *Amer. chil.* Certa espécie de cerveja.

BAVIRA *s. f. Amer. mexic.* Abóbora nova.

BAYA *s. f. Bot.* Baga. Vagem. *fig. fam.* Zombaria, mofa, mangação. *Amer. chil.* V. CHICHA. *Bot.* V. MATACANDILES. *Zool.* V. TEJEDOR.

BAYADERA (badjadera) *s. f.* Bailadeira. Espécie de colar.

BAYAJÁ (badjajá) *s. m. Amer.* Lenço enxadrezado.

BAYAL (badjal) *s. m.* Espécie de alavanca usada nos moinhos. *Lino —,* linho de sequeiro.

BAYARDO, A (badjardo) *adj. e s.* Nome que se dá no sul da Argentina aos estrangeiros alí radicados.

BAYETA (badjeta) *s. f.* Baeta. *fig.* Roupa simples e humilde.

BAYETILLA (badjetilha) *s. f. Dim.* de *Bayeta.* Baetilha, baetinha.

BAYETÓN (badjetòn) *s. m. Aument.* de *Bayeta.* Baetão.

BAYETUNO, A (badjetuno) *adj.* Baetal.

BAYO, A (badjo) *adj.* Baio. (Aplica-se mais comumente aos cavalos, referindo-se ao seu pêlo). U. t. c. s. *Amer. chil.* Féretro. *Zool.* Mariposa do bicho-da-seda. *Pescar el —,* Pescar empregando como isca a mariposa do bicho-da-seda.

BAYONA (badjona) *s. f.* Espécie de remo comprido. *s. prop.* empregado na frase *Arda —,* que significa o descaso de alguém pelo fato de se gastar muito em alguma coisa.

BAYONETA (badjoneta) *s. f.* Baioneta. *pl.* O exército, a tropa.

BAYONETAZO (badjonetaço) *s. m.* Baionetada.

BAYÚ (badjú) *s. m. Amer. cub.* Casa, lugar ou reunião de caráter obsceno ou indecoroso.

BAYUCA (badjuca) *s. f. fam.* Baiuca.

BAYUNCO, A (badjunco) *adj. Amer. C. Rica.* Grosseiro, rústico, tosco (falando-se de pessoas).

BAZA (baça) *s. f.* Vaza. *Asentar uno bien su —, loc. fig.* Estabelecer alguém o seu crédito, reputação ou interesses em bases firmes. *Asentar uno la —,* ou *su —, loc.* Levantar o jogador a vaza e colocá-la à sua frente. *Hacer —, loc. fig. fam.* Prosperar em qualquer coisa ou negócio. *Meter —, loc. fig.* Intrometer-se na conversação; tomar parte nela. *No dejar meter —, loc. fig. fam.* Falar uma pessoa sem deixar que outra também o faça. *Sentada esta —,* ou *la —, loc. fig. fam.* Estabelecido este princípio; isto posto.

BAZAGÓN, A (baçagòn) *adj.* Falador, palreiro, charlatão.

BAZO, A (baço) *adj.* Baço (que tem cor escura, meio acobreada). *s. m. Anat.* Baço.

BAZOFIA (baçòfia) *s. f.* Bazófia, restos de comida misturados. *fig. fam.* Comida péssima, grude, paçoca. *fig.* Porcaria, coisa ruim, suja e desprezível.

BAZTETANO, A *adj. e s.* Natural de Baza.

BAZUCAR (baçucar) *v. tr.* Chocalhar, vascolejar. Manuserar, esmorecer, enxovalhar, deslustrar uma coisa.

BAZUCÓN, A (baçucòn) *adj.* V. BAZAGÓN.

BAZUQUE (baçuque) *s. m.* V. BAZUQUEO.

BAZUQUEAR (baçuquear) *v. tr.* V. BAZUCAR.

BAZUQUEO (baçuquèo) *s. m.* Chocalhada, vascolejamento. Manuseio, manuseação, enxovalho.

BE *s. f.* Be (nome da letra B, b.) Bé (onomatopéia da voz do carneiro e da ovelha). Balido. — *por —, loc. adv. fig.* Tintim por tintim.

BEABA *s. m. fig. fam.* Beabá (os primeiros rudimentos de qualquer ciência ou arte).

BEATERÍA *s. f.* Beatice.

BEATERIO *s. m.* Beatério. *fam.* Beatice (U. m. no pl.).

BEATIFICACIÓN *s. f.* Beatificação.

BEATILLA (beatilha) *s. f.* Beatilha, baetilha.

BEATITUD (beatitud) *s. f.* Beatitude.

BEATÓN, A *adj. e s. Aument.* de *Beato* (beato). Beatão, ona.

BEATUCHO, A (beatutcho) *s. m. fam.* Beatão, beatorro.

BEATUCO, A *adj. Deprec.* de *Beato.* Beatorro, beatão.

BEBANA *s. f.* Beberagem (bebida desagradável).

BEBDO, A *adj. ant.* V. BEBIDO.

BEBÉ *s. m. fam.* Bebê. *fig.* Pessoa de baixa estatura. Boneca, bebê.

BEBECO, A *adj. Amer. colomb.* Albino. U. t. c. s.

BEBEDERO, A *adj.* Potável, bebível. *s. m.* Bebedouro. *s. f.* Bebedeira, libação.

BEBEDIZO, A (bebediço) *adj.* Potável, bebível. *s. m.* Poção, beberagem. Filtro. Bebida envenenada.

BEBENDURRIA *s. f. Amer. per.* V. BORRACHERA.

BEBER *v. intr.* Beber. U. t. c. tr. Beber, brindar, beber à saúde de. *fig.* Beber (ter o hábito de ingerir bebidas alcoólicas). Beber, absorver, chupar. Beber (aprender, receber conhecimentos). Com o nome de um rio ou ribeiro, significa habitar alguém às suas margens. Familiarmente, usa-se este verbo como reflexivo, por se tornar assim mais enfático: *Me bebí dós botellas de vino,* bebi duas garrafas de vinho. Também é empregado sem ênfase: *Me bebí un vaso de agua,* bebi um copo de água. *v. pron. Amer. mexic.* V. DESAYUNAR-SE. — *con blanco,* ou *en blanco, loc.* Beber em branco; ter um cavalo branca a parte inferior do focinho). — *fresco, loc. fig.* Estar sem cuidados ou sobressaltos pelo que possa acontecer. — *los vientos, loc. fig.* Ser muito sagaz ou rápido. — *el juizio, el entendimiento, la razón, loc. fig.* Dizer ou fazer disparates; parecer-se com os doidos. *s. m.* Beber, bebida.

BEBERÍA *s. f. ant.* Bebedice, bebedeira.

BEBERRÓN, A *adj.* Beberrão, borrachão, beberrote, beberraz.

BEBESTIBLES *s. m. pl. Amer. per.* Bebidas, líquidos, licores; bebes.

BEBETURA *s. f. ant.* Bebida.

BEBEZÓN (bebeçòn) *s. m. Amer. colomb.* Bebedeira, borracheira.

BEBIDA *s. f.* Bebida. Poção. *Templar la —,* aquecer a bebida ao fogo.

BEBIDO, A *p. p.* de *Beber.* Bêbedo, alegrete. *s. m. Vet.* Remédio, beberagem.

BEBISTRAJO (bebistrajo) *s. m.* Beberagem (bebida desagradável). Mistura irregular de bebidas. *fam.* Poção extravagante.

BEBORROTEAR *v. intr. fam.* Bebericar.

BECA *s. f.* Banda, faixa, insígnia de colegiais. Banda (de uma capa). Beca. Bolsa de estudos. Colegial, estudante.

BECADA *s. f.* Galinhola. Galinhola ordinária. — *de mar.* V. CHORLITO.

BECADITO *s. m.* Filho da galinhola.

BECAFIGO *s. m.* Papa-figo.

BECARIO *s. m.* Estudante ou seminarista que desfruta uma bolsa de estudos.

BECASINA (becassina) *s. f. Amer. argent.* V. BECADA.

BECAZA (becaça) *s. f.* V. BECADA.

BECERRA *s. f.* Bezerra, novilha, vitela. *Bot.* Bezerra. *Bot.* Erva-bezerra, antirrino, boca de dragão.

BECERRADA *s. f.* Corrida de bezerros.

BECERRAJE (becerraje) *s. m. Amer. mexic.* Conjunto de bezerros.

BECERREAR *v. intr. fam.* Berrar, gritar (diz-se das crianças). Mugir como um bezerro.

BECERRERO *s. m.* Peão que cuida dos bezerros.

BECERRIL *adj.* Próprio de bezerro. Bezerruno.

BECERRILLA (becerrilha) *s. f. Dim.* de *Becerra.* Bezerrinha. Bezerro (pele curtida de vitelo).

BECERRILLO (becerrilho) *s. m. Dim.* de *Becerro.* Bezerrinho. Bezerro (pele curtida de vitelo).

BECERRO *s. m.* Bezerro, vitelo, novilho. Bezerro (pele curtida de vitelo). *fig.* Criança que chora muito. *Zool.* — *marino,* bezerro marinho, foca.

BECH (betch) *s. m. Amer. mexic.* V. CODORNIZ.

BECONGUILLA (beconguilha) *s. f. Bot.* Ipecacuanha.

BECOQUÍN *s. m.* V. BICOQUÍN.
BECUADRO *s. m. Mús.* Bequadro.
BEDANO *s. m.* Escopro ou cinzel grande.
BEDELÍA *s. f.* Emprego ou ofício de bedel.
BEDELÍN *s. m.* Espécie de algodão levantino.
BEFA *s. f.* Zombaria, burla, befa, motejo, mofa, escárnio. Grosseira e insultante demonstração de desprezo.
BEFADOR, A *adj.* Zombador, motejador, escarnecedor, escarninho.
BEFADURA *s. m.* Escarnecimento, irrisão, burla, zombaria, mofa, motejo.
BEFAR *v. tr.* Mofar, escarnecer, burlar, motejar, zombar. *v. intr.* Mover (o cavalo) o beiço inferior.
BEFEDAD (befeda*d*) *s. f.* Defeito do zambro ou cambaio.
BEFO *adj.* Belfo (que tem o beiço inferior mais grosso que o superior). U. t. c. s. Belfo, beiçudo. U. t. c. s. Beiço (dos animais). Cambaio, zambro, cambado. *Zool.* Zambo.
BEGARDO, A *s. m.* e *f.* Beguino (membro de uma seita do século XIII).
BEGATÁN, A *adj.* Natural de San Cristóbal de Begas. U. t. c. s.
BEGONIÁCEO, A *adj. Bot.* Bignoniáceo.
BEGUER *s. m.* V. VEGUER.
BEGUERIO *s. m.* V. VEGUERÍA.
BEGUINERÍA *s. f.* Beguinaria.
BEIZÓN (beiçon) *s. f. prov. Gal.* Bênção.
BEJÍN (bejín) *s. m.* Espécie de cogumelo. Menino chorão. Pessoa rabugenta.
BEJUCA (bejuca) *s. f. Amer. colomb.* Cobra venenosa.
BEJUCAL (bejucal) *s. m.* Cipoal.
BEJUCO (bejuco) *s. m.* Cipó. — *de guaraná*, cipó-caboclo, cipó-vermelho, sambaíba. — *juriso*, cipó-de-cesto, cipó-de-corda. — *lechoso*, cipó-de-leite, maquiné-do-mato. Bejuco.
BEJUQUEAR (bejuquear) *v. tr. Amer. per.* Varejar, açoitar, apalear, espancar.
BEJUQUEDA (bejuqueda) *s. f.* V. BEJUCAL. *Amer. per.* Espancamento, varada, açoite.
BEJUQUERO (bejuquero) *s. m. Amer.* V. BEJUCAL.
BEJUQUILLA (bejuquilha) *s. f.* Cobra comum na América Central.
BEJUQUILLO (bejuquilho) Correntinha de ouro fabricada na China. *Bot.* Ipecacuanha.
BEL, A *adj. ant.* V. BELLO.
BELCEBÚ *s. m.* Belzebu, o diabo.
BELDAD (belda*d*) *s. f.* Beldade, beleza.
BELDAR *v. tr.* V. BIELDAR.
BELDELDES *s. m. Amer. mexic.* V. AGUZANIEVES.
BELDUCAZO (belducaço) *s. m. Amer. mexic.* Facada, golpe de *balduque*.
BELDUQUE *s. m. Amer. colomb. chil.* e *mexic.* Espécie de faca ou facão a que também chamam *balduque* e *cabiblanco*.
BELEMITA *s. m. Amer. mexic.* Presidiário.
BELÉM *s. m. fig.* Presépio (escultura que representa o nascimento do Cristo). *fig. fam.* Ruído, confusão, algazarra. *fig. fam.* Babel, hospício, lugar onde há muita confusão e desordem. *fig. fam.* Complicação, entaladela, negócio complicado. U. m. no pl. Asilo para alienados, hospício.
BELEÑO (belenho) *s. m. Bot.* Meimendro.
BELEÑOSO, A (belenhosso) *adj.* Que abunda em meimendros. Próprio do meimendro.
BELERMO *s. m. Amer. equat.* Espécie de dominó usado no carnaval.
BELEZ *s. m.* Vasilha, vasilhame. V. AJUAR.
BELEZO (beleço) *s. m.* V. BELEZ.
BELICOSIDAD (belicossida*d*) *s. f.* Belicosidade, combatividade.
BELÍSONO, A (belíssono) *adj.* Belíssono.
BELITRE *adj.* e *s. fam.* Biltre, tratante, miserável.
BELITRERÍA *s. f.* Biltragem, biltraria.
BELLACADA (belhacada) *s. f. ant.* V. BELLAQUERÍA. Velhacada (reunião de velhacos).
BELLACAMENTE (velhacamente) *adv.* Velhacamente.

BELLACO, A (belhaco) *adj.* e *s.* Velhaco, patife, biltre, pulha. Astuto, sagaz, solerte. *Amer. argent.* Velhaqueador.
BELLACÓN, A (belhacòn) *adj.* Aument. de *Bellaco*. Velhação, velhacaz, velhacório, velhacaço. U. t. c. s.
BELLACONAZO, A (belhaconaço) *adj.* V. BELLACÓN. U. t. c. s.
BELLACUELO, A (belhacuelo) *adj. Dim.* de *Bellaço*. Velhaquete, velhaquinho.
BELLADONA (belhadona) *s. f.* Beladona.
BELLADONINA (belhadonina) *s. f. Quím.* Beladonina.
BELLAMENTE (belhamente) *adv.* Belamente, excelentemente, perfeitamente, primorosamente.
BELLAQUEAR (belhaquear) *v. intr.* Velhaquear, proceder como velhaco. *Amer.* Velhaquear (dar corcovos o cavalo). *Amer. argent.* Negar-se, resistir, não querer fazer determinada coisa.
BELLAQUERÍA (belhaquería) *s. f.* Velhacaria, velhacagem, velhacada.
BELLASOMBRA (belhassombra) *s. f.* Umbu, belasombra.
BELLEGUÍN (belheguín) *s. m. ant.* Beleguim.
BELLEZA (belheça) *s. f.* Beleza, harmonia, perfeição. *fig.* Beleza (mulher bela). *Decir —s, loc.* Dizer uma coisa com graça e perfeição.
BELLIDO, A (belhido) *adj. ant.* Belo, formoso, gracioso.
BELLO, A (belho) *adj.* Belo. Belo, formoso, lindo, harmonioso. *fig.* Belo, justo, profundo, nobre, generoso. — *as artes*, belas-artes. — *sexo*, belo sexo. *Alma —*, bela alma. *Lo —*, o belo.
BELLORIO, A (belhorio) *adj.* V. PARDUSCO.
BELLORITA (belhorita) *s. f.* V. MARGARITA.
BELLOTA (belhota) *s. f.* Bolota. Botão de cravo não aberto. Borla. Penduricalho. Pequeno vaso para bálsamos. *fig.* Glande. *fig. fam.* Pomo de Adão (quando muito saliente). — *marina, Zool.* Ouriço do mar.
BELLOTADA (belhotada) *s. f.* Bolotada.
BELLOTADO, A (belhotado) *s. m. ant.* Espécie de veludo.
BELLOTAL (belhotal) *s. m.* BOLOTAL.
BELLOTAR (belhotar) *s. m.* V. ENCINAR.
BELLOTE (belhote) *s. m.* Prego de cabeça redonda, com vinte centímetros de comprimento.
BELLOTEAR (belhotear) Comer bolota (os suínos). *vulg. burl.* Comer grunhindo como um porco.
BELLOTERA (belhotera) *s. f.* A que apanha ou vende bolotas. Tempo ou ocasião oportuna para recolher a bolota e cevar o gado suíno. Colheita da bolota. V. MONTANERA.
BELLOTERO (belhotero) *s. m.* O que apanha ou vende bolotas. V. ENCINAR. Colheita de bolotas.
BELONEFOBIA *s. f. Med.* Belonofobia.
BELORTA *s. f. Agr.* Anel de ferro que segura o leme do arado.
BELVEDERE *s. m.* Belveder, belver.
BELZÓN (belçòn) *s. m.* Espécie de aríete.
BEMBA *s. f. Amer. cub.* e *venezuel.* V. BEMBO. *Amer. per.* Focinho, beiçada.
BEMBO, A *adj. Amer. cub.* Diz-se da pessoa de origem africana. *Amer. mexic.* Bobo, tolo, parvo; simplório, ingênuo. *s. m. Amer. cub.* e *venezuel.* Beiçorra (principalmente de negro).
BEMBÓN, A *adj. Amer. cub.* Beiçudo.
BEMBRILLO (bembrilho) *s. m. Amer. mexic.* V. MEMBRILLO.
BEMOLADO, A *adj.* Bemolizado.
BEMOLAR *v. tr. Mús.* Bemolizar.
BENCENO *s. m. Quím.* Benzênio, benzeno.
BENCILATO *s. m. Quím.* Benzoato.
BENCÍLICO, A *adj. Quím.* Benzóico.
BENCINA *s. f.* Benzina. Gasolina.
BENDECIDOR, A *adj.* Abençoador. *ant.* Bemdizente.
BENDECIR *v. tr.* Bendizer, louvar, elogiar; engrandecer. Abençoar, benzer. Abendiçoar, benfadar, glorificar. *v. pron.* Louvar-se. Benzer-se. Abençoar-se. *Irreg.* Ind. pres. *Bendi-go, ces, ce, cen.* Pret. indef. *Bendij-e, iste, o, imos, isteis, eron.* Subj. pres. *Bendig-a, as, a, amos, áis, an.* Pret. imperf. *Bendij-era* ou *ese, eras* ou *eses, era* ou *ese, éramos* ou *ésemos, erais* ou *eseis, eram* ou *esen.*

Fut. imperf. *Bendij-ere, eres, ere, éremos, ereis, eren.* Imperat. *Bendi-ce, ga, gamos, gan.* Ger. *Bendiciendo.* P. p. *Bendecido* ou *bendito.*
BENDICERA *s. f. ant.* Benzedeira.
BENDICHO, A (benditcho) *p. p. irreg. ant.* de *Bendecir.* V. conj. deste verbo.
BENDICIÓN *s. f.* Bênção. *Echar la — a una cosa, loc. fig.* Abandonar alguma coisa ou negócio; não querer mais negócio com. *Echar la — a uno, loc. fig. fam.* Renunciar a qualquer relação com alguém. *Hacerse con — una cosa, loc.* Desempenhar-se numa coisa com acerto e felicidade, sair bem dela. *Hijos de —, loc. fig.* Filhos legítimos.
BENDICIR *v. tr. ant.* V. BENDECIR.
BENDITO, A *p. p. irreg.* de *Bendecir.* Bendito. Bento. Abençoado. *adj.* Santo, bem-aventurado. Ditoso, bendito, abençoado, feliz. Simples e de poucas luzes. *Agua —*, água benta. *s. m.* Bendito (oração religiosa). *Ser un —, loc. fam.* Ser simples e de pouca inteligência. *Saber una cosa como el —, loc. fig. fam. Amer. chil.* Saber uma coisa como o padre-nosso, sabê-la muito bem.
BENEDICENTE *adj. Amer. per.* Bem-dizente. Bem-falante.
BENEDICTINO, A *adj.* e *s.* Beneditino. *s. m.* Beneditino (certo licor).
BENEDICTO *adj. ant.* V. BENDITO.
BENEFICENTE *adj.* Beneficente. *Amer.* Benfeitor.
BENEFICIO *s. m.* Benefício (benfeitoria; graça, mercê; ganho, proveito; beneficiação; rendimento concedido a um sacerdote; espetáculo de beneficência; vantagem legal). *Amer.* Benefício (castração de animais). *Amer. C. Rica.* Fazenda, granja. — *de división, Juris.* Benefício de divisão. — *de edad, Juris.* Benefício de idade. — *de inventario, Juris.* Benefício de inventário. *A — de inventario, loc. fig. fam.* Com reserva; com precaução.
BENIGNIDAD (benignida*d*) *s. f.* Benignidade.
BENITO, A *adj.* V. BENEDICTINO. U. t. c. s.
BENJAMÍN (benjamín) *s. m. fig. fam.* Benjamim (o filho mais moço e mais querido dos pais).
BENJUÍ (benjuí) *s. m.* Benjoim.
BENTEVEO (bentevèo) *s. m.* Bem-te-vi.
BENZOADO, A (bençoado) *adj.* Benzóico.
BEODERA *s. f. ant.* V. BEODEZ.
BEODEZ *s. f.* Embriaguez, bebedeira.
BEODO, A *adj.* Ébrio, bêbedo, embriagado. U. t. c. s.
BEORÍ *s. m.* Tapir-americano.
BEOTISMO *s. m.* Beotice, sandice, estupidez.
BEQUISTA *s. m. Amer. hond.* V. BECARIO.
BERBECÍ *s. f. Amer. colomb.* V. BEJÚS.
BERBÉN *s. m. Amer. mexic.* Mal de Loanda, escorbuto.
BERBERÍ *adj.* Berberisco, berberesco. *s. m.* Berbere, berebere.
BERBERIDÁCEAS *s. f. pl. Bot.* Berberídeas.
BÉRBERO *s. m.* V. AGRACEJO. V. AGRACEJINA.
BERBIQUÍ *s. m.* Berbequim.
BEREBER *adj.* e *s.* Berbere, berebere.
BERENGO, A *adj. Amer. mexic.* Bobo, tolo, ingênuo, simplório.
BERENJENA (berenjena) *s. f.* Berinjela. Berinjela (o fruto). — *de huevo*, berinjela-branca.
BERENJENAL (berenjenal) *s. m.* Sítio plantado de berinjelas. *Meterse en un —, loc. fam.* Meter-se em negócios complicados e difíceis.
BERENJENAZO (berenjenaço) *s. m.* Golpe dado com uma berinjela.
BERENJENERO, A (berenjenero) *adj.* Que vende berinjelas.
BERENJENÍN (berenjenín) *s. m. Dim.* de *Berenjena.* Variedade de berinjela-branca.
BERGADÁN, A *adj.* e *s.* Natural de Berga (cidade da província de Barcelona).
BERGAJÓN (bergajòn) *s. m.* Barra de ferro forjado, com cinco centímetros de espessura.
BERGAMOTA *s. f.* Bergamota (variedade de pêra). Bergamota (variedade de limão).
BERGAMOTO *s. m.* V. BERGAMOTA, 2ª acep.
BERGANTE *s. m.* Pícaro, desavergonhado, velhaco.
BERGANTÍN *s. m. Náut.* Bergantim.
BERGANTINEJO (bergantinejo) *s. m. Dim.* de *Bergantín.*

BERGANTÓN, A *adj. Aument.* de *Bergante.* Velhacaz, grande patife.

BERLANDINA *s. f.* V. BERNARDINA.

BERLANGA *s. f.* Certo jogo de cartas.

BERLINA *s. f.* Berlinda. *En —, loc. adv. fig.* Na berlinda; exposto ao ridículo. (Usa-se com os verbos *estar, poner* e *quedar*).

BERLINÉS, A *adj.* e *s.* Berlinense, berlinês.

BERLINGA *s. f.* Vara comprida com a qual se remexe a massa em fusão nos fornos metalúrgicos.

BERMEJAL (bermejal) *s. m. Amer. cub.* Extensão de terra vermelha.

BERMEJEAR (bermejear) *v. intr.* Avermelhar (tingir de vermelho). Vermelhar, vermelhejar. *v. pron.* Avermelhar-se.

BERMEJECER (bermejecer) *v. intr. ant.* V. BERMEJAR (*v. intr.* e *pron.*)

BERMEJEUCO, A (bermejeuco) *adj.* V. BERMEJO.

BERMEJEZ (bermejès) *s. f. ant.* V. BERMEJURA.

BERMEJIZO, A (bermejiço) *adj.* Avermelhado, vermelhusco. *Zool.* Espécie de morcego.

BERMEJO, A (bermejo) *adj.* Vermelho, encarnado, rubro. *En calzas —as, loc. adv. fig.* Em calças pardas; em grande apuro ou dificuldade.

BERMEJÓN, A (bermejón) *adj.* Avermelhado, vermelhusco. *s. m. ant.* V. BERMELLÓN.

BERMEJOR (bermejor) *s. m. ant.* V. BERMEJURA.

BERMEJUELO, A *adj. Dim.* de *Bermejo.*

BERMEJURA (bermejura) *s. f.* Vermelhidão, vermelhão, vermelho.

BERMELLÓN (bermelhòn) *s. m.* Vermelhão.

BERNALDINA *s. f.* V. BERNARDINA.

BERNARDÍN *s. f.* V. BERNARDINA.

BERNARDINA *s. f. fam.* Mentira, lorota, fanfarronada. U. t. no pl.

BERNESCO, A *adj.* Jocoso, burlesco.

BERNIA *s. f.* Bérnio.

BERNIZ *s. m. prov. Arag.* V. BARNIZ.

BERQUERA *s. f.* Rede de arame onde os confeiteiros põem os doces a secar.

BERR *s. f.* Agrião taludo.

BERRAR *v. intr.* V. BERREAR.

BERRAZAL (berraçal) *s. m.* V. BERRIZAL.

BERREADERO *s. m. Náut.* Lugar exposto ao vento e às ondas num ancoradouro.

BERREAR *v. intr.* Berrar (soltar berros). *fig. fam.* Berrar (falar muito alto, gritar, cantar mal). *v. pron. Amer. equat.* Enfadar-se, irritar-se, encolerizar-se. *vulg.* Declarar, revelar, confessar alguma coisa.

BERRENCHÍN (berrentchín) *s. m.* Cheiro nauseabundo do javali que está furioso. *fig. fam.* V. BERRINCHE.

BERRENCHINADO, A (berrentchinado) *adj.* Colérico, furioso, enfurecido.

BERRENDEARSE *v. prov. And.* Amarelecer (o trigo).

BERRENDO, A *adj.* Bicolor. Diz-se do touro que tem no pêlo manchas de outra cor. U. t. c. s. *Trigo —,* trigo cujo folículo tem manchas azuis.

BERRENGO *adj.* Achatado.

BERREO (berrèo) *s. m. vulg.* Ação de declarar, de confessar alguma coisa; confissão, declaração, revelação. *Amer. equat.* V. BERRINCHE.

BERREÓN, A *adj. prov. Sal.* Gritador, berrão.

BERRIDO *s. m.* Berro. Balido. Bramido. *fig.* Berro (tom elevado e áspero da voz humana), nota alta e desafinada ao cantar.

BERRÍN *s. m.* e *f.* V. BEJÍN, 3ª acep. Agrião muito pequeno.

BERRINCHE (berrintche) *s. m. fam.* Rabugem, cólera, enfado, mau humor (principalmente das crianças).

BERRIZAL (berriçal) *s. m.* Lugar onde nascem agriões.

BERRO *s. m.* Agrião. *— de viña,* agrião da terra. *— de jardín,* ou *de tierra,* agrião dos jardins, ou da terra.

BERROCAL *s. m.* Barrocal.

BERROQUEÑO, A (berroquenho) *adj. fig.* Muito duro e resistente. Empedernido, insensível. *Piedra — a,* granito.

BERRUECO *s. m.* Barroco, barroca, penha, penhasco. BARRUECO.

BERSO *s. m. prov.* Berço.

BERTA *s. f.* Guarnição de renda para o decote de vestidos.

BERZA (berça) *s. m.* Berça, couve-galega. *— de pastor.* V. GEÑIGLO.

BERZAL (berçal) *s. m.* Sítio plantado de berças.

BERZO (berço) *s. m. prov. Gal.* V. BERSO.

BESADOR, A (bessador) *adj.* Beijador.

BESALAMANO (bessalamano) *s. m.* Bilhete com a abreviatura (*B. L. M. Besa las manos:* beija as mãos) que se redige na terceira pessoa e não leva assinatura.

BESAMANOS (bessamanos) *s. m.* Beija-mão. Espécie de cumprimento. *Dar a uno un —, loc. fig. fam.* Gratificar alguém por favor devido ou esperado.

BESANA (bessana) *s. f. Agr.* Aradura em sulcos paralelos. Primeiro rego aberto pela charrua.

BESANTEADO, A (bessanteado) *adj.* V. BEZANTEADO.

BESAR (bessar) *v. tr.* Beijar, oscular. *fig. fam.* Tocar, roçar, encostar (tratando-se de coisas inanimadas). *v. pron. fig. fam.* Esbarrar com alguém batendo-lhe na cara ou na cabeça. *— el suelo, loc. fam.* Cair de rosto para baixo.

BESICO (bessico) *s. m. Dim.* de *Beso.* Beijinho. *— de monja. Bot.* V. FAROLILLO.

BESO (besso) *s. m.* Beijo, ósculo. Sinal que fica no pão quando a massa é premida por outra massa. *fig.* Esbarro, choque, pancada que se dão mutuamente, na cabeça ou no rosto, duas pessoas que se topam. *Comerse a —s a uno, loc. fig. fam.* Devorar alguém a beijos; beijar com veemência.

BESÓN (bessòn) *s. m.* Medida para líquidos.

BESOTEAR (bessotear) *v. tr.* Beijocar, beijar de modo excessivo.

BESOTEO (bessotèo) *s. m.* Ação de beijocar, beijoca.

BESTEZUELA (besteçuela) *s. f. Dim.* de *Bestia.* Bestinha, bestazinha, bestiola, bestiaga.

BESTIA *s. f.* Besta (principalmente de carga). *s. com. fig.* Besta (pessoa ignorante, estúpida ou bruta). U. t. c. adj. *— de albarda,* asno. *— de carga,* besta de carga. *— del Apocalipsis,* besta do Apo-calipse. *— de lazo y reata, Amer.* Diz-se da cavalgadura que pode prestar serviços de besta de carga. *Gran —,* anta. Tapir. *Quedarse uno por —, loc. fam.* Diz-se jocosamente de quem fica sem determinado lugar por falta de montaria.

BESTIAJE (bestiaje) *s. f.* Bestiagem, récua.

BESTIAL *adj.* Bestial, brutal. *fig. fam.* Enorme, desmesurado, extraordinário. *s. m.* Animal vacum, muar, cavalar ou asinino.

BESTIALIDAD (bestialidad) *s. f.* Bestialidade, brutalidade. *fig. fam.* Bestialidade, ignorância, grosseria, estupidez.

BESTIALIZARSE (bestialiçarse) *v. pron.* Bestificar-se, bestializar-se.

BESTIAME *s. m. ant.* V. BESTIAJE.

BESTIAZA (bestiaça) *s. f. Aument.* de *Bestia.* Bestarrão, bestarraz.

BESTIEDAD (bestiedad) *s. f. ant.* V. BESTIALIDAD.

BESTIÓN *s. m. Aument.* de *Bestia.* Monstro, dragão (empregado em ornamentações). *fig.* Bestarraz. Brutamontes.

BESTIONAZO (bestionaço) *s. m. Aument.* de *Bestia.* Bestarrão, bestarraz.

BESTIZUELA (bestiçuela) *s. f.* V. BESTEZUELA.

BÉSTOLA *s. f.* V. ARREJADA.

BESUCADOR, A (bessucador) *adj.* e *s. fam.* Beijocador.

BESUCAR (bessucar) *v. tr. fam.* V. BESUQUEAR.

BESUCÓN (bessucón) *adj.* e *s. fam.* V. BESUCADOR.

BESUGO (bessugo) *s. m. Ictiol.* Besugo, pargo, ruivo. *Ojo de —, fig. fam.* Olhos grandes, fundos e sem brilho; olho de peixe morto. *Ya te veo, —, loc. fig. fam.* Já sei quem és, a que vens, ou que queres.

BESUGUERA (bessuguera) *s. f.* A que vende besugos, pargos ou ruivos. Caçarola para cozinhar besugos ou outros peixes.

BESUGUERO (bessuguero) *s. m.* O que vende ou transporta besugos, pargos ou ruivos. *prov. Ast.* Anzol para pescar besugos.

BESUGUETE (bessuguete) *s. m. Dim.* de *Besugo.* V. PAGEL.

BESUQUEAR (bessuquear) *v. tr. fam.* Beijocar.

BESUQUEO (bessuquèo) *s. m.* Ação de beijocar; beijoca.

BETA *s. f.* Beta (segunda letra do alfabeto grego). *prov. Arag.* Pedaço de corda ou fio. *Bot.* Beta (gênero de plantas). *Náut.* Beta. Corda de esparto. Tira.

BETABEL *s. m. Amer. mexic.* V. REMOLACHA.

BETARRAGA *s. f.* V. REMOLACHA.

BETAULIO *s. m.* Azeite extraído de uma espécie de palmeira africana.

BETEL *s. m. Bot.* Bétel, bétele, bétere. Bétele (preparação masticatória usada pelos índios).

BETERÍA *s. f. Náut.* Conjunto de betas.

BETHLEMITA (betlemita) *adj.* e *s.* V. BETLEMITA.

BETHLEMITICO, A (betlemitico) *adj.* V. BETLEMITICO.

BETILO *s. m.* Bétilo.

BETLEMITA *adj.* e *s.* Belemita, natural ou relativo a Belém.

BETLEMITICO, A *adj.* Belemítico.

BETOL *s. m. Quím.* Alfol, betol.

BETÓN *s. m.* Colostro. Betão, concreto. Cera que há na entrada da colmeia.

BETUMEAR *v. tr. Amer. cub.* V. EMBETUNAR. Molhar o tabaco com uma infusão de folhas do mesmo.

BETÚN *s. m.* Betume. *— de Judea,* betume da Judéia, asfalto. Espécie de graxa preta para polir o calçado. *Amer. cub.* Infusão de tabaco para borrifar as folhas do mesmo a fim de que não fermentem. *Amer. chil.* Merengue. Galagala.

BETUNAR *v. tr. ant.* V. EMBETUNAR.

BETUNERÍA *s. f.* Fábrica de betume.

BETUNERO *s. m.* Betumeiro.

BEY (bei) *s. m.* Bei, begue.

BEYA (bedja) *s. f. Alq.* Beia, água mercurial.

BEUDEZ *s. f. ant.* V. BEODEZ.

BEZANTE (beçante) *s. m. Heráld.* Besante. *Numis.* Besante.

BEZANTEADO, A (beçanteado) *adj. Heráld.* Besantado.

BEZAR (beçar) *v. tr.* Avezar, habituar, acostumar. U. t. c. pron. *s. m.* Bezoar.

BEZO (beço) *s. m.* Beiço, beiçada, beiçorra. Beiça, lábio grosso. Beiço (bordos de uma ferida).

BEZOTE (beçote) *s. m.* Beiçote, batoque.

BEZUDO, A (beçudo) *adj. fam.* Beiçudo.

BIABA *s. f. Amer. argent. pop.* Sopapo, murro, bofetão. *Dar la —,* derrotar, vencer.

BIABAR *v. tr. Amer. argent. pop.* Atacar, arremeter, investir; golpear, espancar, esmurrar.

BIARCA *s. m.* Biarco.

BIASTADO, A *adj.* Bicorne, bicórneo.

BIAZA (biaça) *s. f.* V. BIZAZA.

BIBERÓN *s. m.* Mamadeira, apisteiro, biberão.

BIBICHO (bibitcho) *s. m. Amer. hond.* Gato, bichano.

BIBIJAGUA (bibijagua) *s. f. Amer. cub.* Espécie de formiga. *fig.* Pessoa muito ativa, diligente ou industriosa.

BIBIJAGÜERO (bibijagüero) *s. m. Amer. cub.* Formigueiro.

BICA *s. f. prov. Gal.* Bolo ou torta sem fermento. Bica, pequena ponte.

BICAL *s. m.* Salmão macho.

BICAMARISMO *s. m. Amer. argent.* Sistema de organização do congresso legislativo em duas câmaras.

BICENAL *adj.* Que tem ou dura vinte anos.

BÍCEPS *s. m. Anat.* Bícepe, bíceps. *— femoral,* bíceps crural.

BICERRA *s. f.* Cabra-montesa.

BICHA (bitcha) *s. f. ant.* V. BICHO. *fam.* Bicha, víbora, cobra. Dragão, esfinge, grifo, animal fantástico usado em escultura e arquitetura.

BICHADOR, A (bitchador) *adj.* Espia, vigia, espreitador.

BICHAR (bitchar) *v. intr. fam. Amer. argent.* Vigiar, observar, espreitar, olhar com atenção para determinado ponto. *v. tr.* V. BICHEAR.

BICHARRACO (bitcharraco) *s. m. Deprec.* Bicharoco. *fig. fam.* Bicho (pessoa feia, ridícula ou repugnante). Pessoa miserável, ruim, perversa.

BICHE (bitche) *adj. Amer.* Diz-se das frutas verdes e das pessoas débeis.

BICHEADERO (bitcheadero) *s. m. Amer. argent.* Atalaia, torre, lugar alto de onde se descortina um grande espaço.

BICHEAR (bitchear) *v. tr. Amer. plat.* Espiar, observar, espreitar, vigiar, explorar. *v. intr.* V. BICHAR.

BICHERO (bitchero) *s. m. Náut.* Gancho, croque.

BICHIENTO, A (bitchiento) *adj. Amer. per.* Invejoso.

BICHILLO (bitchilho) *s. m. Dim.* de *Bicho.* Bichinho. Pessoa de más intenções, perversa.

BICHÍN, A (bitichín) *adj. Amer. C. Rica. hond.* e *prov. Sal.* Banguela. (Diz-se de pessoas e animais). Que tem o lábio leporino ou com falta de algum pedaço.

BICHITO (bitchito) *s. m. Dim.* de *Bicho.* Bichinho.

BICHO (bitcho) *s. m.* Sevandija. Bicho (no sentido de qualquer animal pequeno). Bicho, besta, animal quadrúpede. *fig.* Bicho (pessoa feia). *fig. fam.* Rapazote vadio. *Amer. argent.* Bicho, bicharoco (qualquer animal estranho, seja quadrúpede, ave, réptil etc.). *Amer. mexic.* Gato, bichano. *Amer. per.* Despeito. *Med.* Maculo. *Taurom.* Sinônimo de touro. — *viviente, fam.* Viva alma; vivente. *Mal —*, pessoa perversa, de más intenções. *Tener —, loc. Amer.* Ter muita sede. Ter inveja ou despeito. *Tener un —, loc. Amer. per.* Experimentar despeito dissimulado.

BICHOCO, A (bitchoco) *adj. Amer. argent.* Diz-se dos animais, principalmente das cavalgaduras, que devido a contusões não curadas têm as patas inchadas ou rugosas.

BICHOFEAR (bitchofear) *v. tr.* Vaiar, mofar, zombar de alguém.

BICHOZNO (bitchosno) *s. m.* Quinto neto.

BICOCA *s. f.* Ninharia, insignificância, bagatela. *Amer. chil.* e *argent.* Soldéu.

BICONSONANTE *s. f. Gram.* Consoante dupla.

BICOQUE *s. m. Amer.* Cocorote, croque, carolo.

BICOQUETE *s. m.* V. BICOQUÍN.

BICOQUÍN *s. m.* Espécie de gorra ou barrete de duas pontas.

BICORNIO *s. m.* Chapéu de dois bicos. *adj.* Bicórneo, bicorne.

BICUADRADO, A *adj. Mat.* Biquadrado.

BICUENTO *s. m.* Bilião.

BICUSPITADO, A *adj.* Bicuspidado, bicúspide.

BIDENTE *adj.* Bidentado, bidênteo. *s. m.* Bidente (gadanho com dois dentes). *ant.* Ovelha.

BIDÓN *s. m.* Bidão. Medida para líquidos equivalente a 4,65 litros.

BIELDA *s. f. Agr.* Esmoinhadeira. Ventilação (dos cereais).

BIELDADA *s. f.* A quantidade de cereais recolhida de uma só vez pelo garavanço.

BIELDAR *v. tr. Agr.* Aventar com o garavanço.

BIELDERO *s. m.* O que faz ou vende garavanços.

BIELDO *s. m. Agr.* Garavanço, cambo, ladra.

BIELGO *s. m.* V. BIELDO.

BIEN *s. m.* Bem. Bem (utilidade, vantagem, benefício, proveito). *adv.* Bem (de modo bom ou conveniente); muito, assaz, extremamente; com certeza; quase com certeza; com gosto; de boa vontade; de maneira própria para algum fim). Denota assentimento como resposta a uma pergunta consultiva: *¿Puedo salir?* (Posso sair?) BIEN. (Pode). Serve às vezes de conjunção. (Quer, ou): *Hay que salir,* BIEN *por la derecha,* BIEN *por la izquierda,* é preciso sair, quer pela direita, quer pela esquerda. *s. m.* pl. Bens, propriedade, riqueza, fazenda. — *es alodiales, Juris.* Bens alodiais. —*es corporales, Juris.* Bens corpóreos. —*es dotales, Juris.* Bens dotais. —*es de manos muertas, Juris.* Bens de mão morta. —*es extra-dotales, Juris.* Bens extra-dotais. —*es individuos,* ou *indivisos, Juris.* Bens individuais. —*es incorporales, Juris.* Bens incorpóreos. —*es imuebles, Juris.* Bens imóveis. —*es fungibles, Juris.*

Bens fungíveis. —*es muebles, Juris.* Bens móveis ou mobiliários. —*es no fungibles, Juris.* Bens infungíveis. —*es raíces, Juris.* Bens de raiz. —*es sedientes, Juris.* Bens de raiz. —*es semovientes, Juris.* Bens semoventes. —*es sitios, Juris.* Bens de raiz. — *a* —, *loc. adv.* De bom grado. — *así como,* ou *bien como, loc. adv.* e *conjunt.* Bem como, assim como. — *que, loc. conjunt.* V. AUNQUE. *De* — *a* —, *loc. adv.* V. BIEN A BIEN. *De* — *en mejor, loc. adv.* Cada vez melhor. *Hacer* —, *loc.* Fazer o bem. *No* —, *loc. conjunt.* Logo que, vem bem, apenas. *Si* —, *loc. conjunt.* V. AUNQUE. *Tener uno a* —, ou *por* —, haver por bem.

BIENAMADO, A *adj.* Bem-amado.

BIENANDANTE *adj.* Bem-andante, próspero, feliz.

BIENANDANZA (bienandança) *s. f.* Bem-andança, felicidade, boa sorte.

BIENAPARENTE *adj. ant.* Bem-parecido, formoso, simpático.

BIENAVENTURADAMENTE *adv.* Bem-aventuradamente.

BIENAVENTURADO, A *adj.* Bem-aventurado. *s. m.* Bem-aventurado, santo. *burl.* Diz-se da pessoa demasiado ingênua.

BIENAVENTURANZA (bienaventurança). *s. f.* Bem-aventurança. *pl.* Bem-aventuranças (os oito preceitos pregados pelo Cristo).

BIENAVENTURAR *v. tr. ant.* Bem-aventurar, felicitar.

BIENDICHOSO, A (bienditchosso) *adj.* Bem-aventurado, muito feliz, bem-ditoso.

BIENESTAR *s. m.* Bem-estar.

BIENFORTUNADO, A *adj.* Bem-afortunado.

BIENHABLADO, A (bienablado) *adj.* Bem-falante.

BIENHADADO, A (bienadado) *adj.* Bem-falado.

BIENHECHOR, A (bienetchor) *adj.* Benfeitor, benéfico. *s. m.* e *f.* Benfeitor.

BIENHECHURÍA (bienetchuría) *s. f. Amer.* Benfeitoria, melhoramento.

BIENINTENCIONADO, A *adj.* Bem-intencionado.

BIENLLEGADA (bienlhegada) *s. f.* V. BIEN-VENIDA.

BIENLLEGADO, A (bienlhegado) *adj.* V. BIEN-VENIDO.

BIENMANDADO, A *adj.* Bem-mandado, obediente, submisso.

BIENMESABE (bienmessabe) *s. m.* Espécie de merengue. Espécie de doce de amêndoas e gemas de ovos.

BIENOLIENTE *adj.* Fragrante, odorífero.

BIENQUERENCIA *s. f.* Benquerença, afeição, carinho, amor, boa vontade.

BIENQUERER *v. tr.* Benquerer, querer bem, estimar muito. *s. m.* Benquerer, a pessoa amada. *Irreg.* V. conj. de *Querer.*

BIENQUERENTE *p. a.* de *Bienquerer.* Benquerente.

BIENQUISTAR *v. tr.* Benquistar, conciliar. U. t. c. pron.

BIENQUISTO, A *p. p. irreg.* de *Bienquerer.* Benquistado, benquisto.

BIENSONANCIA *s. f.* Bem-sonância.

BIENTEVEO (bientevèo) *s. m.* V. CANDELECHO. *Ornit. Amer.* V. BENTEVEO.

BIENVENIDA *s. f.* Boa-vinda, boas-vindas.

BIENVIVIENTE *p. a.* de *Bienvivir.* Que vive bem, folgada ou honestamente.

BIENVIVIR *v. intr.* Bem-viver. Viver folgadamente. Viver honestamente.

BIES *s. m.* Viés. *Al* —, *loc. adv.* De viés, de esguelha, em diagonal.

BIFLORAL *adj. Bot.* Biflor, bifloro.

BIFOLIOLADO, A *adj. Bot.* Bifólio, bifoliado.

BIFORADO, A *adj.* V. BÍFORO.

BÍFORO, A *adj.* Bifore.

BIFURCACIÓN *s. f.* Bifurcação.

BIFURCARSE *v. pron.* Bifurcar-se (separar-se em dois ramos). V. AHORQUILLARSE.

BIGARDEAR *v. intr. fam.* Vadiar, vaguear.

BIGARDEO (bigardèo) *s. m.* Vadiação, vadiagem, vadiice.

BIGARDÍA *s. f.* Simulação, fingimento, falsidade, engano, trapaça. Desregramento, vadiagem.

BIGARDO, A *adj. fig.* Vicioso, desregrado (aplicava-se aos frades que faziam vida livre). *fig.* Vadio, vicioso, perdido. U. t. c. s. *fig.* Protervo, procaz, impudente, petulante.

BIGARDÓN, A *adj. Aument.* de *Bigardo.* U. t. c. s.

BIGARRA *s. f.* Alavanca (de uma nora).

BIGARRADO, A *adj.* Abigarrado, raiado, betado.

BIGEMINIA (bijeminia) *s. f. Med.* Bigeminismo.

BIGÉMINO, A (bijémino) *adj.* Bigeminado.

BIGÉNERE (bijénere) *adj.* Bigênero.

BIGORNETA *s. f. Dim.* de *Bigornia.*

BIGORNIA *s. f.* Bigorna.

BIGOTE *s. m.* Bigode. U. t. no pl. *Amer. mexic.* Espécie de almôndega. Bigorna. *Impr.* Risca. *No tener malos —s, loc. fig. fam.* Não ter má cara. (Diz-se para dar a entender que uma mulher é bonita). *Tener —s, loc. fig.* Ter caráter firme, ter energia e constância nas resoluções.

BIGOTERA *s. f.* Bigodeira (peça de pano em que se resguardavam os bigodes ao dormir). Assento dobradiço das carruagens. Fita usada pelas mulheres como adorno. *Pegar a uno una —, loc. fig. fam.* Passar o calote em alguém. *Tener buenas — s.* V. BIGOTE (*No tener malos*).

BIGOTUDO, A *adj.* Bigodudo. *s. m. Zool.* Bigodudo.

BIJARRO (bijarro) *s. m. Amer. colomb.* V. GUI-JARRO.

BILABARQUÍN *s. m. Amer. equat.* V. BER-BIQUÍ.

BILBOQUETE *s. m.* Bilboqué.

BILIFULVINA *s. f. Quím.* Biliflavina.

BILIFUSCINA *s. f. Quím.* Bilifuesina.

BILIS *s. f.* Bile, bílis. *fig.* Bile, mau gênio, irrascibilidade, agastamento.

BILLA (bilha) *s. f.* Bola de bilhar. Certa jogada no bilhar inglês.

BILLALDA (bilhalda) *s. f.* V. BILLARDA.

BILLAR (bilhar) *s. m.* Bilhar. Bilhar (a mesa desse jogo).

BILLARDA (bilharda) *s. f.* Bilharda.

BILLARDE (bilharde) *s. m.* Instrumento de tanoeiro que serve para encurvar as aduelas.

BILLARISTA (bilharista) *adj.* e *s. m.* e *f.* Bilharista.

BILLETADO, A (bilhetado) *adj. Heráld.* Bilhetado.

BILLETE (bilhete) *s. m.* Bilhete (carta breve). *Heráld.* Bilheta. Bilhete (senha que autoriza a entrada em algum recinto). Bilhete (de rifa ou loteria). Bilhete (nota promissória). Bilhete (de banco). — *a la orden,* bilhete à ordem. — *kilométrico, Ferrov.* Caderneta quilométrica.

BILLETERA (bilhetera) *s. f.* Bilheteria (carteira para dinheiro em papel).

BILLÓN (bilhòn) *s. m.* Bilhão, bilião.

BILLONÉSIMO, A (bilhonéssimo) *adj.* e *s.* Bilionésimo.

BILMA *s. f. Amer.* V. BIZMA.

BILMAR *v. tr. Amer.* V. BIZMAR.

BILOBULADO, A *adj.* Bilobado.

BILOBULAR *adj.* V. BILOBULADO.

BILOCACIÓN *s. f.* Bilocação.

BILOCARSE *v. pron.* Estar ao mesmo tempo em dois lugares diferentes.

BILTROTEAR *v. intr. fam.* V. VILTROTEAR.

BILTROTERA *s. f.* V. VILTROTERA.

BIMBA *s. f. fam.* Chapéu alto, cartola. Volume que faz a carteira. *fig. Amer. hond.* Pessoa de elevada estatura.

BIMBRAL *s. m. fam.* V. MIMBRERAL.

BIMBRE *s. m. fam.* V. MIMBRE.

BIMENSUAL *adj.* Bimensal.

BINACIÓN *s. f.* Binágio, binação.

BINADERA *s. f.* Ancinho, grade, rastrilho.

BINATERA *s. f. Náut.* Bolina.

BINATURA *s. f.* Bina.

BINAZÓN (binaçòn) *s. f.* Bina.

BINCHA (bintcha) *s. f. Amer.* V. VINCHA.

BINGUÍ *s. m. Amer. mexic.* Bebida tirada do agave.

BIÑUELO (binhuelo) *s. m. Amer. colomb.* V. BUÑUELO.

BINZA (binça) *s. f.* Película interior da casca do ovo. Película exterior da cebola. Qualquer membrana do corpo animal.

BIOCULAR *adj.* Binocular.

BÍPEDO, A *adj.* Bípede.

BIRIBÍS *s. m.* V. BISBÍS.

BIRICÚ *s. m.* Talabarte, boldrié.

BIRIMBAO *s. m. Mús.* Berimbau, birimbau.

BIRIQUÍ *s. m. Amer. per.* V. BERRIQUÍ.

BIRLA *s. f. prov. Arag.* Vinte (pau do jogo da bola).

BIRLAR *v. tr.* Atirar pela segunda vez a bola no jogo do vinte. *fig. fam.* Matar ou derribar alguém com uma pancada ou tiro. *fig. fam.* Roubar. *fig. fam.* Arrebatar alguém a noiva de outro, ou o emprego que este esperava conseguir.

BIRLADOR, A *adj.* O que atira pela segunda vez a bola no jogo do vinte.

BIRLÍ *s. m. Impr.* Parte inferior que fica em branco nas páginas de um impresso; margem.

BIRLIBIRLOQUE *s. m.* Usa-se esta palavra na *loc. fam. Por arte de —,* por meios ocultos e extraordinários, por berliques e berloques.

BIRLOCHA (birlotcha) *s. f.* Papagaio, pandorga. *Plantar a uno una —, loc. fam.* Injuriar alguém, escarnecer dele.

BIRLOCHE (birlotche) *s. m. Amer. argent.* V. BIRLOCHO.

BIRLOCHO (birlotcho) *s. m.* Espécie de carruagem leve, aberta, de quatro rodas e quatro assentos.

BIRLÓN *s. m. prov. Arag.* V. BIRLA.

BIRLONGA *s. f.* Espadilha obrigada (no voltarete). *A la —, loc. adv. fam.* Descuidadamente; com desalinho; confusamente. *Andar uno a la —, loc. fam.* Andar a esmo, à sorte, ao que der e vier, sem dedicar-se a alguma coisa de proveito.

BIROLA *s. f.* V. VIROLA.

BIROPLANO *s. m. Amer. argent. Aviaç.* Biplano.

BIROTE *s. m. Amer. mexic.* Espécie de pão.

BIRRETA *s. f.* Barrete cardinalício. *fig. fam.* Cardinalato.

BIRRETE *s. m.* V. BIRRETA. Barrete.

BIRRETINA *s. f. Dim.* de *Birreta.* Barretina.

BIRRIA *s. f.* Voltas que dá o pião quando não gira sobre a pua. *Amer. colomb.* Birra, teima, capricho; aversão. *De —, loc. adv. Amer. colomb.* Sem interesse.

BIRRIÑAQUE (birrinhaque) *s. m. Amer. hond.* Bolo malfeito.

BISABUELO, A (bissabuelo) *s. m.* e *f.* Bisavô, ó.

BISAGRA (bissagra) *s. f.* Dobradiça, gonzo, bisagra.

BISANUO, A (bissânuo) *adj.* Bisanual.

BISBÍS *s. m.* Espécie de jogo de azar semelhante à roleta. Tabuleiro em que o mesmo é jogado.

BISBISAR (bisbissar) *v. tr. fam.* Murmurar, falar entredentes, sussurrar, resmungar.

BISBISEAR (bisbissear) *v. tr. fam.* V. BISBISAR.

BISBISEO (bisbissèo) *s. m.* Murmúrio, resmungo, sussurro, ato de falar entredentes.

BISCOCHUELO (biscotchuelo) *s. m. Amer. cub.* V. BIZCOCHO.

BISCONEAR *v. intr.* V. BISCORNEAR.

BISCORNEADO, A *adj. Amer. cub.* V. BISOJO.

BISCORNEAR *v. intr. Amer. cub.* Vesguear.

BISDORADO, A *adj.* De bico dourado.

BISECCIÓN (bissección) *s. f.* Bissecção.

BISECTOR, TRIZ (bissector) *adj. Geom.* Bissector, bissectriz. U. t. c. s.

BISEGMENTACIÓN (bissegmentación) *s. f.* Bissegmentação.

BISEGMENTAR (bissegmentar) *v. tr.* Bissegmentar.

BISELADO, A (bisselado) *adj.* Biselado, chanfrado. Ação ou efeito de biselar, bisel, chanfradura.

BISELAMIENTO (bisselamiento) *s. m.* Bisel, chanfradura.

BISELIO (bissélio) *s. m.* Bissélia.

BISEMANAL (bissemanal) *adj.* Bissemanal.

BISERIADO (bisseriado) *adj.* Bisseriado.

BISEXUAL (bissecsual) *adj.* Bissexo, bissexual.

BISEXUALIDAD (bissecsualidad) *s. f.* Bissexualidade, hermafroditismo.

BISGO, A *adj. prov. Léon* e *Sal.* V. BIZCO.

BISIESTO (bissiesto) *adj.* Bissexto. *Año —,* ano bissexto. *Mudar uno —,* ou *de —, loc. fig. fam.* Mudar de linguagem ou de conduta.

BISÍLABO, A (bissílabo) *adj.* e *s. m. Gram.* Dissílabo, bissílabo.

BISIÓN (bissiòn) *s. m.* Bisão, búfalo.

BISMUTITA, A *s. f. Miner.* Bismutito.

BISNIETO, A *s. m.* Bisneto.

BISOJO, A (bissojo) *adj.* Vesgo, zarolho, zanaga, torto. U. t. c. s.

BISOÑADA (bissonhada) *s. f. fig. fam.* Bisonhice, bisonhada, inexperiência.

BISOÑE (bissonhe) *s. m.* Meia peruca ou peruca curta.

BISONERIA (bissonheria) *s. f. fig. fam.* V. BISOÑADA.

BISOÑO, A (bissonho) *adj.* Bisonho. *fig. fam.* Bisonho, inexperiente, inábil, novato. *s. m.* Bisonho.

BISPÓN *s. m.* Rolo de oleado usado pelos espadeiros.

BISTRECHA (bistretcha) *s. f.* Pagamento adiantado, adiantamento.

BISTRO *s. m.* Bistre.

BISULCO, A (bissulco) *adj.* Bissulcado, bissulco.

BISULFURO (bissulfuro) *s. m. Quím.* Bissulfurto.

BISUNTO, A (bissunto) *adj.* Besuntado, sujo, enodoado, graxento.

BISURCADO, A (bissurcado) *adj.* Bifurcado.

BISUTERÍA (bissutería) *s. f.* Bijuteria.

BITA *s. f. Náut.* Bita.

BITÁCORA *s. f. Náut.* Bitácula.

BITADURA *s. m. Náut.* Cobro.

BITANGO *adj.* Empregado somente na expr. *Pajaro —,* papagaio, pandorga.

BITAR *v. tr. Náut.* Abitar.

BITARDA *s. f. Zool.* V. AVUTARDA.

BITOLA *s. f.* V. VITOLA. *Por —, loc. adv. fam.* Por ilação, por intuição. (Emprega-se com os verbos *acertar, adivinhar, sacar* etc.).

BITONGO *adj. fam.* Empregado somente na expr. *Niño —,* rapaz que quer passar por menino.

BITOQUE *s. m.* Batoque (rolha de pipa ou tonel).

BITUMINIZACIÓN (bituminiçaciòn) *s. f.* Ação de converter-se em betume.

BITUMINIZARSE (bituminiçàrse) *v. pron.* Converter-se em betume.

BITUMINOSO, A (bituminosso) *adj.* Betuminoso.

BIVALVO, A *adj. Bot.* Bivalvulado. *Zool.* Bivalve.

BIZAZA (biçaça) *s. f.* Alforge de couro. U. m. no pl.

BIZBIRINDO, A *adj.* e *s. Amer. mexic.* Alegre, esperto, vivo.

BIZCACHERA (biscatchera) *s. f. Amer. argent.* Nome que se dá vulgarmente às choupanas de barro ou taipa.

BIZCACHO, A (biscatcho) *adj.* Que é um tanto vesgo ou zarolho.

BIZCAITARRA *s. m.* e *f.* Defensor acérrimo de quanto se refere às Províncias Vascongadas.

BIZCAR *v. intr.* Vesguear; olhar de esguelha; piscar, guinar olhos.

BIZCO, A *adj.* e *s.* V. BISOJO.

BIZCOCHADA (biscotchada) *s. f.* Sopa de biscoitos. Espécie de torta de biscoitos. Espécie de biscoito.

BIZCOCHAR (biscotchar) *v. tr.* Abiscoitar, biscoitar.

BIZCOCHERÍA (biscotchería) *s. f. Amer.* Biscoutaria.

BIZCOCHERO, A (biscotchero) *adj.* Diz-se do barril para biscoitos ou bolachas. *s. m.* Biscoiteiro.

BIZCOCHO (biscotcho) *s. m.* Biscoito, bolacha. Biscoito (certo doce). Biscouto (massa de porcelana não vidrada). *— borracho,* biscoito embebido em calda ou vinho. *Embarcarse con poco —, loc. fig. fam.* Meter-se em algum negócio sem ter o necessário para tal. *Con esto y un —, hasta mañana a las ocho* (com isto e um biscoito, até amanhã às oito), *loc.* empregada familiarmente por quem está prestes a despedir-se, ou para dar a entender a conclusão de alguma coisa.

BIZCOCHUELO (biscotchuelo) *s. m. Dim.* de *Bizcocho.* Biscoitinho, biscoitelo.

BIZCORNEADO, A *adj. Impr.* Diz-se da folha de papel que sai torta ou torcida. *Amer. cub.* V. BISOJO.

BIZCORNEAR *v. intr. Amer. cub.* V. BIZCAR.

BIZCORNETA *adj. Amer. cub.* V. BISOJO.

BIZCOTELA *s. f.* Bolachinha.

BIZCUERNO, A *adj. prov. Arag.* V. BISOJO.

BIZMA *s. f.* Espécie de emplastro. Cataplasma.

BIZMAR *v. tr.* Encataplasmar. U. t. c. pron. *burl.* Emplastrar (revestir, como se cobrisse de emplastro).

BIZNA *s. f.* Película interior que separa a noz em quatro partes.

BIZNAGA *s. f. Bot.* Bisnaga.

BIZNIETO, A *s. m.* e *f.* V. BISNIETO.

BIZQUEAR *v. tr.* Vesguear, olhar de esguelha.

BLANCA *s. f.* Branca (moeda antiga). *Mús.* Mínima. *Amer. centr.* Branca, cachaça, branquinha, pinga, aguardente de cana. *— morfea, Vet.* V. ALBARAZO. *Estar uno sin —, loc. fig.* Estar sem dinheiro. *No tener uno —, loc. fig.* de sentido idêntico ao do anterior.

BLANCAL *adj.* Candial (diz-se do trigo).

BLANCAZO, A (blancaço) *adj.* Alvo, muito branco. *fam.* V. BLANQUECINO.

BLANCO, A *adj.* Branco. *fig. fam.* Covarde, poltrão. U. t. c. s. *s. m.* Branco (a cor alva; homem da raça branca; espaço livre deixado em uma escrita). Mancha branca no pêlo dos cavalos. Alvo (ponto de mira). *fig.* Alvo, objeto, fim, escopo, intuito, assunto, motivo principal. *Pint.* Alvaiade. *Poét.* Verso branco, solto. *— de afeite,* subnitrato de bismuto que entra em algumas pomadas de toucador. *— de alabastro, Quím.* Sulfato de cal reduzido a pó. *— de ballena,* espermacete. *— de barita, Quím.* Sulfato de barito. *— de cinc, Quím.* Óxido de zinco. *— de España, Quím.* Carbonato de cal. *— de Génova, de Hamburgo, de Holanda, de Venecia,* nome que se dá no comércio a diferentes classes de alvaiade falsificado com o sulfato de barito. *— de huevo,* branco do ovo, clara. *— de la uña, Anat.* Lúnula. *— del ojo,* branco do olho, esclerótica. *— de plomo,* alvaiade de chumbo. *Dar en el —, loc. fig.* Acertar no alvo, atingir o objeto desejado. *Dejar a uno en —, loc. fig.* Deixar alguém a ver navios. *En —, loc. adv.* Em branco. *En el — de la uña, loc. adv. fig. fam.* Na coisa mais ínfima. *Ser el — de, loc. fam.* Ser alvo de, ser objeto de.

BLANCOR *s. m.* V. BLANCURA.

BLANCOTE, A *adj. Aument.* de *Blanco.* Brancaço, brancacento. *fig. fam.* Covarde, poltrão. U. t. c. s.

BLANCURA *s. f.* Brancura, alvura.

BLANCUZCO, A *adj.* Esbranquiçado, branquecento, branco sujo. V. BLANQUECINO.

BLANDAL *s. m. Náut.* Brandal.

BLANDAMENTE *adv.* Brandamente. *fig.* Suave e mansamente.

BLANDEADOR, A *adj.* e *s.* Abrandador, amolecedor. Que cede, que afrouxa.

BLANDEAR *v. intr.* Abrandar, brandear, afrouxar, ceder, amolecer. U. t. c. pron. *v. intr.* Abalar, fazer mudar de opinião. *v. intr.* Brandir frouxamente. V. BLANDIR. *— con uno, loc.* Contemporizar com alguém.

BLANDECER *v. tr. ant.* Lisonjear, desvanecer, blandiciar.

BLANDENGUE *adj.* Brando, suave, frouxo, brandalhão. *Amer. argent.* Aplica-se à pessoa de caráter amolgável, fácil de conduzir (principalmente na política).

BLANDEZ *s. f. ant.* Brandeza.

BLANDIR *v. tr.* Brandir, menear, vibrar. *v. tr. ant.* Adular, blandiciar, lisonjear. (Este verbo, segundo muitos gramáticos) é defectivo.

BLANDIZAL (blandiçal) Terreno úmido e pouco firme.

BLANDO, A *adj.* Brando, terno, suave. Agradável, temperado. *fig.* Doce, benigno. *fig.* Mole, débil, frouxo. *fig.* Voluptuoso, sensual. *fig.* Delicioso, esquisito. *fig. fam.* Covarde, poltrão. *Mús.* Bemolizado, abrandado. *Migas — as, fig.* Pessoa que trabalha com pouca energia.

BLANDÓN *s. m.* Brandão.

BLANDUCHO, A (blandutcho) *adj.* V. BLANDUJO.

BLANDUJO, A (blandujo) *adj. fam.* Que é um tanto brando.

BLANDURA *s. f.* Brandura. V. BLANQUETE. Emplastro emoliente. Deleite, molície, voluptuosidade. Preguiça, frouxidão, debilidade, inércia. Afabilidade, doçura.

BLANDUSCO, A *adj. Amer.* V. BLANDUJO.

BLANQUEACIÓN *s. f.* V. BLANQUICIÓN. BLANQUEO.

BLANQUEADA *s. f. Amer. mexic.* Branqueamento.

BLANQUEADO, A Branqueado, caiado, coleado. *Sepulcro —, fig.* Sepulcro caiado.

BLANQUEADOR *adj.* e *s.* Branqueador.

BLANQUEADURA *s. f.* Branqueadura.

BLANQUEAMIENTO *s. m. ant.* V. BLANQUEO.

BLANQUEAR *v. tr.* Branquear (tornar branco). Branquear (caiar, calear). Branquear (limpar, purificar). Untar, cobrir os favos no inverno. Cobrir o chumbo com folhas de estanho. Estanhar os pregos e alfinetes. *v. intr.* Branquear, alvejar, mostrar-se branco, branquejar. Branquear, encanecer. *— el hierro, el cobre,* dar ao ferro, ao cobre, um banho de estanho.

BLANQUECER *v. tr.* Branquir (branquear peças de ouro ou prata). V. BLANQUEAR, 1ª acep. V. EMBLANQUECER. *Irreg.* Ind. pres. *Blanquezco,* Subj. pres. *Blanqueze-a, as, a, amos, áis, an.* Imperat. *Blanqueze-a, amos, an.*

BLANQUECIMIENTO *s. m.* Branqueamento, branqueação. Branquimento.

BLANQUECINO, A *adj.* Brancacento, branquicento, esbranquiçado. *Por ext.* Alvo, branco.

BLANQUEO (blanquèo) *s. m.* Branqueio. Cal para branquear, branco (matéria corante dessa cor), branquimento (preparo para branquear).

BLANQUERÍA *s. f.* Branquearia.

BLANQUERO *s. m. prov. Arag.* Curtidor.

BLANQUETA *s. f.* Branqueta.

BLANQUETE *s. m.* Alvaiade para o rosto.

BLANQUÍBOLO *s. m. ant.* Alvaiade.

BLANQUICIÓN *s. f.* Branqueação, branquimento.

BLANQUILLA (blanquilha) *s. f. Dim.* de *Blanca. Bot.* Espécie de pêra. Casta de uva.

BLANQUILLO, A (blanquilho) *adj. Dim.* de *Blanco.* Candial. *fig.* Pulha, tratante. *Amer. mexic.* Ovo. *Amer. chil.* e *per.* Pêssego de casca branca.

BLANQUIMENTO *s. f.* V. BLANQUIMIENTO.

BLANQUIMIENTO *s. m.* Branquimento (ação de branquir). Branqueação. Branquimento (preparo para branquear).

BRANQUIÑOSO, A (blanquinosso) *adj.* V. BLANQUECINO.

BLANQUIZAL (blanquiçal) *s. m.* Terreno argiloso ou gredoso.

BLANQUIZAR (blanquiçar) *s. m.* V. BLANQUIZAL.

BLANQUIZCO, A *adj.* V. BLANQUECINO.

BLANQUIZO, A (blanquiço) *adj. ant.* V. BLANQUECINO.

BLAO *s. m. Heráld.* Blau.

BLASMAR *v. tr. ant.* Maldizer, denegrir. Acusar. Vituperar, reprovar.

BLASMO *s. m. ant.* Vitupério, infâmia, baldão. *ant.* Bálsamo. *ant.* Escândalo.

BLASÓN (blassón) *s. m.* Brasão. Heráldica. Brasão, fama, glória, honra. Insígnia, emblema, divisa. *Hacer —,* blasonar, jactar-se, vangloriar-se.

BLASONAR (blassonar) *v. tr.* Blasonar (em todas as aceps. do vocábulo português). *— de arnés,* Contar bravatas, fanfarriar, fanfarronear.

BLASONERÍA (blassonería) *s. f.* Blasonaria. V. BALADRONADA.

BLASTOCELIA *s. f.* Blastocardia.

BLASTODERMO *s. m.* Blastoderme.

BLATEAR *v. tr. fig. fam.* Palrar, tagarelar, charlar. Blaterar, berrar, coaxar (falando-se jocosamente de pessoas). *fig.* Charlatanear, dizer com pedantismo coisas vazias.

BLATERÓN, A *adj.* Palrador, tagarela, charlador.

BLEDAL *s. m.* Lugar onde há muito bredo.

BLEDO *s. m. Bot.* Bredo. Armola. *No dársele a uno un — alguna cosa, loc. fig. fam.* Em nada importar a alguém determinada coisa.

BLIMA *s. f. prov. Ast.* V. SAUCE.

BLINDA *s. f.* Blindas.

BLINDAJE (blindaje) *s. f.* Blindagem.

BLOC *s. m.* Bloco (caderno de papel).

BLONDA *s. f.* Blonde, renda de seda. *Amer. per.* Qualquer espécie de renda.

BLONDO, A *adj.* Louro, ruivo. *Amer. argent.* Crespo, encaracolado (falando-se do cabelo).

BLOQUE *s. m.* Bloco (porção volumosa e sólida duma substância pesada). Bloco (caderno de papel). Partida (de mercadorias). Bloco (reunião de vários elementos políticos). *—s erráticos,* blocos erráticos. *A —, loc. adv. Náut.* Encalhado.

BLOQUEAR *v. tr.* Bloquear. Assediar. Brecar, travar (apertar os freios de um trem, um automóvel, etc.).

BLOQUEO (bloquèo) *s. m.* Bloqueio. Força naval de bloqueio. *Violar, burlar,* ou *forzar, el —, loc.* Furar o bloqueio um navio neutro.

BLUFF *s. m.* (palavra inglesa). Blefe. Fanfarronda, bravata.

BLUFAR *v. tr.* Blefar (enganar por falsas aparências).

BLUSÓN (blussón) *s. m.* Blusão, espécie de blusa.

BO *s. m.* Espécie de chá da China.

BOALAJE (boalaje) *s. m.* Pasto para os bois.

BOALAR *s. m.* V. BOALAJE.

BOANGA *s. f.* V. BUANGA.

BOARDILLA (boardilha) *s. f.* V. BUHARDA.

BOATO *s. m.* Fausto, pompa, aparato, ostentação.

BOBADA *s. f.* V. BOBERÍA.

BOBALÍAS *s. m.* e *f. fam.* Pessoa muito boba, palerma, boboca.

BOBALICÓN, A *adj. Aument.* de *Bobo.* Bobalhão, toleirão.

BOBAMENTE *adv.* Bobamente, atoleimadamente. Sem cuidado nem estudo, sem trabalho, maciamente.

BOBARRÓN, A *adj.* e *s. fam.* V. BOBALICÓN.

BOBATEL *s. m. fam.* Palerma, boboca, bocó.

BOBATICAMENTE *adv. fam.* V. BOBAMENTE, 1ª acep.

BOBÁTICO, A *adj. fam.* Pateta, parvo, tolo, bobo.

BOBAZO, A (bobaço) *adj. fam.* V. BOBALICÓN.

BOBEAMIENTO *s. m.* V. EMBOBAMIENTO.

BOBEAR *v. tr.* Bobear, bobar (fazer ou dizer tolices). *fig. fam.* Empregar o tempo em coisas inúteis.

BOBEDAD (bobedad) *s. f. ant.* V. BOBERÍA.

BOBERA *s. f. Amer. venezuel.* V. BOBERÍA.

BOBERÍA *s. f.* Bobagem, bobice, asneira, tolice, parvoíce. *fig.* Bobagem, coisa insignificante ou frívola.

BOBETA *adj. Amer. argent.* V. BOBALICÓN.

BOBEZ ou **BOBEZA** (bobeça) *s. f. ant.* V. BOBERÍA.

BOBICULTO, A *adj.* Diz-se do ignorante que afeta cultura.

BÓBILIS, (DE) *loc. adv. fam.* Gratuitamente. *fig.* Sem trabalho nem estudo.

BOBILLO (bobilho) *s. m.* Espécie de jarro. Renda que guarnecia o decote dos vestidos.

BOBIMADERA *s. f.* Bolinador.

BOBINAJE (bobinaje) *s. f.* Bobinagem.

BOBITONTO, A *adj. fam.* Extremamente néscio, grande parvo.

BOBO, A *adj.* Bobo, tolo, parvo, néscio. U. t. c. s. *fam.* Completo, farto, nada escasso. Desmemoriado, esquecido. *s. m.* Certo adorno feminino. Bobo, truão. *— de Coria,* personagem proverbial que simboliza a tolice. *A —as, loc. adv. ant.* Bobamente, tolamente.

BOBÓN, A *adj. Aument.* de *Bobo.* Bobalhão. *Amer. mexic.* V. BOBOTE.

BOBOTE, A *adj.* e *s. fam. Aument.* de *Bobo.* Bobalhão. Boboca, bocó.

BOBUNO, A *adj. fam.* Próprio de bobos ou tolos.

BOCA *s. f.* Boca. *fig.* Boca, entrada, saída, abertura, cavidade, buraco. *fig.* Sabor que tem os vinhos ou licores. *fig.* Boca (pessoa ou animal a quem se alimenta). *Náut.* Boca (a maior largura do navio). *Mil.* Provisões de boca. *fig.* Lábia, língua, bico. Gume, corte, fio dos instrumentos. *— de barra.* V. BOCABARRA. *fig. — de escorpión,* boca danada. *— de fuego,* boca de fogo (peça de artilharia). *— de espuerta, fig. fam.* Bocarra. *— del estómago,* boca do estômago. *A —, loc. fig.* De boca, verbalmente. *A — de cañón, loc. adv.* À queima-bucha, à queima-roupa, de muito perto. *A — de costal, loc. adv.* Sem medida, à larga. *A — de*

invierno, loc. adv. No começo, à entrada do inverno. *A — de jarro, loc. adv.* À larga, muito, sem medida (falando-se de beber). *fig.* V. A BOCA DE CAÑÓN. *Amer. argent.* À queima-roupa, de repente, de súbito, de improviso. *A — de noche, loc. adv.* À boca da noite, ao anoitecer. *A — llena, loc. adv.* À boca cheia. *Blando de —, loc. adv.* Suave, doce de boca (falando-se de cavalgaduras). *— abajo, loc. adv. fig.* De bruços. *— a —, loc. adv.* V. A BOCA. *— arriba, loc. adv.* Deitado de costas. *— com —, loc. adv.* Muito juntas. *Echar —, loc.* Amolar um instrumento embotado. *Hablar uno por — de ganso, loc. fig. fam.* Dizer alguém o que foi sugerido por outrem. *Mentir con toda la —, loc. fig. fam.* Mentir descaradamente. *Poner — en uno, loc. fig.* Falar mal de alguém. *Poner la — al viento, loc. fam.* Não ter o que comer.

BOCABAJO (bocabajo) *loc. adv. Amer.* De bruços.

BOCABARRA *s. f. Náut.* Abertura onde se introduz a barra num cabrestante.

BOCACALLE (bocacalhe) *s. f.* Boca (de rua).

BOCACAZ *s. m.* Sangradouro (de represa).

BOCACHA (bocatcha) *s. m. Aument.* de *Boca.* Bocarra. Bacamarte.

BOCACHÓN, A (bocatchòn) *adj.* e *s.* Falador, linguarudo.

BOCACÍ *s. m.* Bacaxim.

BOCADEAR *v. tr.* Partir em bocados. Morder, abocar.

BOCADILLO (bocadilho) *s. m.* Bocadinho (bocado pequeno). Cassa.

BOCADITO *s. m.* V. BOCADILLO, 1ª acep.

BOCADO *s. m.* Bocado (porção de alimento que se mete na boca de uma vez; dentada; parte do freio que entra na boca do cavalo.). Refeição leve. *pl.* Pedaços de fruta em conserva que se põem a secar.

BOCAJE (bocaje) *s. m. Pint.* Boscagem.

BOCAL *s. m.* Jarro de boca estreita. Bocal (embocadura de certos instrumentos de sopro). Dique, represa. Barra estreita de um porto.

BOCALLAVE (bocalhave) *s. f.* Buraco da fechadura.

BOCAMANGA *s. f.* Canhão (da manga).

BOCANA *s. f.* Bocaina. Canal estreito entre uma ilha e a terra firme.

BOCANADA *s. f.* Bochechada. Baforada de fumo. *— de aire,* ou *de viento, fig.* Golpe de vento. *— de gente, fig. fam.* Tropel de gente, magote. *Echar uno —s, loc. fig. fam.* Baforar, bravatear, fanfarronar. *Hablar uno a —s, loc. fig.* Falar sem tom nem som.

BOCARADA *s. f. Amer.* V. BOCANADA.

BOCARDA *s. f.* Bacamarte de boca de sino.

BOCARONADA *s. f.* Fanfarronada, bravata, baforada.

BOCATEJA (bocateja) *s. f.* Cada uma das telhas que formam o beiral.

BOCATERÍA *s. f. Amer. venezuel.* Fanfarrice.

BOCATERO, A *adj.* e *s. Amer. cub.* Palrador, jactancioso. *Amer. venezuel.* Fanfarrão.

BOCATOMA *s. f. Amer.* V. BOCACAZ.

BOCAZA (bocaça) *s. f. Aument.* de *Boca.* Bocaça, bocarra. *s. m. fig. fam.* Falador, indiscreto.

BOCEAR *v. intr.* V. BOCEZAR, 1ª acep.

BOCELADURA *s. f.* Bocel. Ação e modo de bocelar.

BOCELETE *s. m.* Bocelinho.

BOCELÓN *s. m.* Bocelão.

BOCERA *s. f.* Resto que fica nos lábios depois de comer ou beber. Boqueira.

BOCETO *s. m.* Esboço, esboceto (de pintura ou escultura). *fig. Amer. argent.* Esboço (resumo, sinopse), exposição sumária.

BOCEZAR (boceçar) *v. intr.* Mover os beiços de um lado para outro (diz-se dos cavalos e outros animais). *ant.* Bocejar.

BOCEZO (boceço) *s. m. ant.* Bocejo.

BOCHÁN (botchàn) *s. m. Amer. chil.* V. RASTROJO.

BOCHAR (botchar) *v. tr.* Acertar uma bola na outra (no jogo das bochas).

BOCHAZO (botchaço) *s. m.* Golpe de uma bocha contra outra.

BOCHE (botche) *s. m.* Covinha que os meninos fazem no chão para jogar bolas de gude. "Bueiro", "imba", "boco". *Amer. chil.* Pendência, disputa. *fig.* V. BOCHINCHE. *Amer. venezuel.* V. BOCHAZO.

BOCHINCHAR (botchintchar) *v. tr.* Fazer desordem, brigar, armar sarilho.

BOCHINCHE (botchintche) *s. m.* Tumulto, desordem, briga, bochinche. *Amer.* Bochinche, desleixo, má administração.

BOCHINCHERO, A (botchintchero) *adj.* e *s.* Desordeiro, brigão, bochincheiro. Sedicioso.

BOCHISTA (botchista) *s. m.* e *f.* Pessoa hábil no jogo das bochas.

BOCHORNO (botchorno) *s. m.* Bochorno. Escandecência passageira ou peso de cabeça. *fig.* Escandecência, exaltação ou encendimento resultante de ira, vergonha ou incomodidade. Rubor no rosto (de cólera ou vergonha).

BOCHORNOSO, A (botchornosso) *adj.* Bochornoso, abafadiço, pesado. Vergonhoso, desonroso, infame.

BOCÍN *s. m.* Bolete de esparto que protege a roda de uma carruagem. Bocim.

BOCINA *s. f.* Buzina (trombeta de caça). Buzina (de automóvel, lancha, etc.) *Zool.* Búzio.

BOCINAR *v. intr.* Buzinar.

BOCÓN, A *adj. fam.* Bocudo. *fig.* Fanfarrão. *Amer.* Trabuco.

BOCOTA *s. f.* V. BOCAZA.

BOCOY (bocoi) *s. m.* Barril grande, pipa.

BODA *s. f.* Boda (casamento; festa de casamento). U. m. no pl. **—s de hongos**, *fig.* Casamento entre pobres. **—s de negros**, *fig.* Qualquer espetáculo ou festa onde há muita confusão e algazarra. **—s de oro**, bodas de ouro. **—s de plata**, bodas de prata. *No ir uno a* **—**, *loc. fig. fam.* Ir alguém a determinado lugar, não para divertir-se, mas para cansar-se e aborrecer-se.

BODEGA *s. f.* Adega. Colheita ou abundância de vinho em algum lugar. *fig.* Beberrão. Armazém, depósito de mercadorias. *Náut.* Porão. *Amer.* Taberna, bodega.

BODEGAJE (bodegaje) *s. f. Amer.* Armazenagem (quota de).

BODEGÓN *s. m.* Bodega, taberna, tasca. *Pint.* Quadro que representa coisas comestíveis.

BODEGONCILLO (bodegoncilho) *s. m. Dim.* de *Bodegón.* **— de puntapié**, bodega (taberna movível).

BODEGONEAR *v. tr.* Freqüentar tabernas, andar de tasca em tasca. Comer em casas de pasto ordinárias ou miseráveis. *fig.* Andar de cá para lá.

BODEGONERO, A *s. m.* e *f.* Bodegão, taberneiro. *fig.* Mau cozinheiro.

BODEGUERO, A *s. m.* e *f.* Bodegueiro, taberneiro.

BODEGUETA *s. f. Dim.* de *Bodega.*

BODIGO *s. m.* Bodivo. *fig.* Pessoa ignorante.

BODIJO (bodijo) *s. m.* Casamento designal. Boda sem aparato. *Hacer un* **—**, *loc. fig.* Fazer mau casamento.

BODOCAL *adj.* Diz-se de uma casta de uva preta e graúda. U. t. c. s. *m.* A vinha que a produz.

BODOCAZO (bodocaço) *s. m.* Bodocada.

BODOLLO (bodolho) *s. m. prov. Arag.* V. PODÓN.

BODÓN *s. m.* Charco ou lagoa hibernal que seca no verão.

BODONAL *s. m.* Terreno onde pastam bodes.

BODOQUE *s. m.* Bodoque (bola que se atirava com a besta). *fig. fam.* Pessoa ignorante. U. t. c. adj. V. BURUJO.

BODOQUERA *s. f.* Molde para fazer bodoques. Zaratana.

BODOQUERO, A *adj. Amer.* Contrabandista.

BODORRIO *s. m. fam.* V. BODIJO. *fam.* Casório.

BODRIO *s. m.* Bródio (caldo que era distribuído aos pobres, na porta dos conventos). Tempero malfeito. *fig.* Embrulho, confusão, mixórdia, moxinifada. (Diz-se principalmente de trabalhos literários.)

BOEZUELO (boeçuelo) *s. m. Dim.* de *Buey.* Boizinho. Figura representando um boi, usada na caça às perdizes.

BOFADA *s. f.* Grande quantidade de bofes. Guisado de bofes.

BOFE *s. m.* Bofe. U. m. no pl. *Echar uno los* **—s**, *loc. fig. fam.* Deitar os bofes pela boca; esfalfar-se. *Echar uno los* **—s** *por alguna cosa*, *loc. fig. fam.* Desejar sofregamente alguma coisa.

BOFENA *s. f.* V. BOFE.

BÓFETA *s. f.* Bofetá.

BOFETADA *s. f.* Bofetada. *A* **—** *limpia*, *loc. fam.* Às bofetadas (sem valer-se de outras armas ou meios).

BOFETÁN *s. m.* V. BÓFETA.

BOFETEAR *v. tr. Amer.* V. ABOFETEAR.

BOFETÓN *s. m.* Bofetão, bofetada, sopapo, tabefe. *Teat.* Meia porta giratória usada em mágicas.

BOFO, A *adj.* Fofo, macio, brando, elástico.

BOGA *s. f.* Voga (ação de remar ou vogar). *fig.* Voga, fama, moda, renome, popularidade. (Usa-se principalmente na expr. *En* **—**, em voga.) *Ictiol.* Boga.

BOGADA *s. f. Náut.* Remada. Espaço que a embarcação navega pelo impulso de uma remada.

BOGADOR, A *s. m.* e *f.* Remador.

BOGAL *s. m.* Lugar onde há muitas bogas.

BOGANTE *adj. Poét.* Vogante.

BOGADURA *s. f.* Voga (ação de vogar ou remar).

BOGAR *v. intr.* Vogar, remar. Ter tantos ou quantos remos a embarcação. **— al remo**, *Náut.* Remar.

BOGAVANTE *s. m. Náut.* Voga avante. *Zool.* Espécie de lagosta.

BOGUEAR *v. intr.* Pescar bogas.

BOGUERA *s. f.* Bogueiro.

BOGUETA *s. f.* Trigo mourisco.

BOGUILLA (boguilha) *s. f. Dim.* de *Boga.*

BOHARDILLA (boardilha) *s. f.* V. BUHARDILLA.

BOHEMIA (boêmia) *s. f.* Boêmia, vida airada.

BOHEMIANO, A (boemiano) *adj.* Boêmio. U. t. c. s.

BOHEMIO, A (boêmio) *adj.* Boêmio (natural da Boêmia). Boêmio (cigano, valdevinos, de vida irregular).

BOHEMO, A (boemo) *adj.* e *s.* Boêmio (natural da Boêmia).

BOHENA (boena) *s. f.* V. BOFENA.

BOHÍO (boío) *s. m.* Choça de palha. Choupana construída com troncos e ramos de árvore. *Amer. cub.* Cabana habitada por negros.

BOHORDO (boordo) *s. m.* Lança de arremesso usada nos torneios. Junco de espadana.

BOICOT *s. m.* V. BOICOTEO.

BOICOTEAR *v. tr.* Boicotar, boicotear.

BOICOTEO (boicotèo) *s. m.* Boicotagem, boicote.

BOÍL *s. m.* V. BOYERA.

BOIRA *s. f. prov. Arag.* Névoa.

BOJ (boj) *s. m. Bot.* Buxo, buxeiro. *Náut.* V. BOJEO.

BOJA (boja) *s. f. Bot.* Abrótano.

BOJAR (bojar) *v. tr.* Limpar o cordovão. *Náut.* Medir o perímetro de uma ilha ou cabo. *v. intr.* Ter uma ilha ou cabo tal ou qual perímetro; medir.

BOJE (boje) *s. m. prov. And.* V. BOJ. *fig. fam.* Parvo, tolo, simplório.

BOJEAR (bojear) *v. tr.* e *intr. Náut.* V. BOJAR, 2ª e 3ª aceps.

BOJEDAD (bojedad) *s. f. Amer. mexic.* Tolice, parvoíce.

BOJEDAL (bojedal) *s. m.* Sítio povoado de buxos ou buxeiros.

BOJEO (bojèo) *s. m. Náut.* Perímetro de uma ilha ou cabo. Ação de medir este perímetro.

BOJIGANCIA (bojigancia) *s. f.* Pequena companhia de atores ambulantes. Roupa ou máscara ridícula.

BOJÍO (bojio) *s. m. Amer. cub.* Choça, palhoça, choupana (habitação rústica ou pobre).

BOJOTE (bojote) *s. m. Amer. venezuel.* Volume, pacote, embrulho.

BOJOTEAR (bojotear) *v. tr. Amer. venezuel.* Embrulhar, enrolar, amarrar.

BOL *s. m.* Poncheira. Pequena tigela onde se faz a espuma para barbear. *Amer. argent.* Lavabo (para a mesa).

BOLA *s. f.* Bola. Pela. Graxa para polir o calçado. *fig.* Cólera ou ira surda. *fig. fam.* Mentira, logro. *fig. Amer. mexic.* Barulho, tumulto, reunião sem ordem. *Amer. argent.* Boleadeiras. *A* **—s vistas**,

loc. adv. fig. Às claras, à vista, com evidência. *Andar uno como* **—** *sin manija*, *loc. fig. fam. Amer. argent.* Andar aborrecido, distante, separado ou ausente dos companheiros e amigos. *¡Dale* **—!** *loc. fig. fam.* que denota o enfado causado por uma coisa que se repete muitas vezes. *Dar ou darle, a la* **—**, *fig. Amer. mexic.* Dar em bolas, atinar, acertar. *Dejar rodar la* **—**, *loc. fig. fam.* Deixar andar a roda. *Escurrir la* **—**, *loc. fam.* Sair de um lugar sem despedir-se; dar às de vila-diogo.

BOLACO *s. m. Amer. chil.* Ardil, artifício, manha.

BOLACHA (bolatcha) *s. f. Amer.* Bola de borracha em bruto.

BOLADA *s. f.* Bolada (arremesso de bola). Bolada (parte do canhão). *Amer. argent.* Sorte ou premio numa rifa. Aventura, ocasião amorosa. Negociação vantajosa. *fig. fam.* Bolada, oportunidade, ocasião, vez.

BOLÁN Palavra usada somente na *loc. adv. fam. De bolín, de* **—**: inconsideradamente, sem reflexão.

BOLANDERA *s. f.* V. VOLANDERA.

BOLATE *s. m. Amer. colomb.* Confusão, enredo.

BOLAZO (bolaço) *s. m.* Bolaço, bolada. *Amer. argent.* Disparate, cincada. *De* **—**, *loc. adv. fig. fam.* Depressa e sem esmero; atamancadamente.

BOLCEANA *s. f. Amer.* V. PALANGANA.

BOLEADERAS *s. f. pl. Amer.* V. BOLEADORAS.

BOLEADORAS *s. f. pl. Amer.* Boleadeiras.

BOLEO (bolèo) *s. m.* Ação de *Bolear*, bolada. Lugar onde se joga a bola. Golpe, sacudida.

BOLEAR *v. tr.* Jogar por bilhar ou o truque sem interesse, por simples divertimento. Arremessar a bola. *Amer. plat.* Bolear (pear com as boleadoras). *fam.* Atirar, arremessar. *fam.* Sacudir. *v. pron. Amer.* Cair o cavalo de costas depois de corcovear. *Amer. argent.* Enredar-se nalguma coisa e cair.

BOLERA *s. f.* Boliche (casa onde se joga a bola). *pl. fig. Amer. mexic.* Ilusões enganosas.

BOLERO, A *adj.* Ausente, faltante (diz-se de pessoas). *fig. fam.* Mentiroso. *s. m.* e *f.* Pessoa que dança o bolero. *s. m.* Bolero. Bolero (espécie de casaco de senhora). *Amer. mexic.* Engraxate.

BOLETA *s. f.* Bilhete, senha para entrar em alguma parte. *Mil.* Boleto. Ordem de entrega. *Amer.* Cédula para votação ou outros usos. *Amer.* Certificado.

BOLETERÍA *s. f. Amer.* Bilheteria, bilheteira.

BOLETERO *s. m. Mil.* O que distribui os boletos. *Amer.* Bilheteiro. V. TAQUILLERO.

BOLETÍN *s. m. Dim.* de *Boleta.* Ordem (para receber dinheiro). V. BOLETA, 1ª e 2ª aceps. Boletim (jornal administrativo, mercantil ou científico).

BOLETO *s. m. Amer.* V. BOLETA.

BOLICHA (bolitcha) *s. f. Dim. deprec.* de *Bola.* Bolinha.

BOLICHADA (bolitchada) *s. f.* Lanço de chincha ou tarrafa. *De una* **—**, *loc. fam.* De um lanço, de uma vez.

BOLICHE (bolitche) *s. m. Dim.* de *Bola.* Bolinha. Bola pequena no jogo das bochas. Jogo das bochas. Jogo de bolão. Bilboquê. Tabaco de qualidade inferior. *Amer.* Boliche, baiúca; armazém de escasso sortimento. *Náut.* Bolina das velas miúdas. Chincha, chinchorro; tarrafa. Peixe miúdo tirado com esta rede.

BOLICHEAR (bolitchear) *v. intr. Amer.* Ocupar-se em negócios de pouca importância. Bolinhear.

BOLICHERO, A (bolitchero) *adj.* Diz-se do pescador que usa chincha, chinchorro ou tarrafa. *s. m.* e *f.* Pessoa que tem boliche (casa onde se joga a bola); bolicheiro. *fig. fam.* Pessoa que se ocupa de negócios insignificantes. *Amer.* Bolicheiro, taberneiro, dono de um pequeno armazém de secos e molhados. *fig. fam.* Plebeu, pobre, pertencente às classes humildes.

BOLICHILLO (bolitchilho) *s. m. Dim.* de *Boliche.*

BOLICHITO (bolitchito) *s. m.* V. BOLICHILLO.

BOLICHÍN (bolitchín) *s. m.* V. BOLICHILLO. Pau menor do jogo de bolão.

BÓLIDO *s. m. Meteor.* Bólide.

BOLIFICAR *v. tr.* e *intr. Náut.* V. BOLINEAR.

BOLILLO (bolilho) *s. f.* Bilro (U. m. no pl.) Pau de jogar a bola.

BOLÍN *s. m. Dim.* de *Bolo. Dim.* de *Bola. De —, de bolán, loc. adv. fam.* Inconsideradamente, sem reflexão.

BOLINA *s. f.* Barulho, barafunda, ruído de briga ou altercação. *Náut.* Bolina. *Náut.* Sonda. *Echar uno la —, loc. fig. fam.* Bravatear. Exagerar inconsideradamente. *Ir* ou *navegar de bolina, Náut.* Ir ou navegar à bolina.

BOLINEADOR, A *adj. Náut.* V. BOLINERO.

BOLINEAR *v. tr.* e *intr. Náut.* Bolinar (alar com a bolina). Bolinar (ir à bolina). Barlaventear, orçar.

BOLINERO, A *adj. Náut.* Bolineiro. *Amer. chil.* Brigão, amigo de rixas e tumultos.

BOLINGA *s. f. Náut.* V. GAVIA.

BOLISA (bolissa) *s. f.* V. PAVESA.

BOLISERO, A (bolissero) *adj. Amer.* Trapaceiro, embusteiro.

BOLITA *s. f. Dim.* de *Bola.* Bolinha. *Amer.* Tatu. *Amer. argent.* Bolita, bola de gude.

BOLIVITA *s. m. Amer. venezuel.* Moço de recados.

BOLLA (bolha) *s. f.* Direito que se pagava para fabricar baralhos. *Amer.* Abundância e boa qualidade de minério que se extrai de uma mina.

BOLLADOR (bolhador) *s. m.* V. CALAFATE.

BOLLADURA (bolhadura) *s. f.* V. ABOLLADURA.

BOLLAR (bolhar) *v. tr.* Selar (por um selo de chumbo nos tecidos).

BOLLERÍA (bolhería) *s. f.* Estabelecimento onde se fazem bolos; confeitaria. Loja que vende bolos; confeitaria.

BOLLERO, A (bolhero) *s. m.* e *f.* Boleiro (pessoa que faz ou vende bolos).

BOLLIR (bolhir) *v. intr. ant.* V. BULLIR.

BOLLISCO (bolhisco) *s. m.* V. BOLLIZA.

BOLLIZA (bolhiça) *s. f.* Película que cobre a cebolinha do açafrão.

BOLLO (bolho) *s. m.* Bolo. Prega, ruga. Bojo. Galo (inchação produzida por pancada). *Amer.* Punhada, murro. *— de relieve,* rosca de relevo em prata. *— maimón,* rosca de massa de biscoito. *pl. Amer. mexic.* Desgraças. *Dar —s Amer. hond.* Dar punhadas, esmurrar.

BOLLÓN (bolhòn) *s. m. Aument.* de *Bollo.* Prego de cabeça grande, dourada ou prateada, usado como adorno. V. BOLLO (*de relieve*).

BOLLUELO (bolhuelo) *s. m. Dim.* de *Bollo.* Bolinho.

BOLO *s. m.* Pedaço de pau roliço que se mantém em pé no chão e é usado em vários jogos. *fig. fam.* Ignorante, indouto. U. t. c. adj. Bolo (pílula volumosa). Bolão (jogo). *— alimenticio,* bolo alimentar. Bolo (bolo armênio). Facão usado nas Filipinas. *fam.* Tumor, inchação. *Volver —, loc. fig.* Diz-se do caçador que volta sem caça.

BOLO, A *adj. Amer. guat.* e *hond.* Bêbedo, embriagado.

BOLÓN *s. m. Amer. chil.* Cascalho, pedra (para preparar o concreto). *Amer. mexic.* Alvoroço, magote. *Amer. venezuel.* Café de má qualidade. *Artilh.* Cavilha que atravessa os tabuões da carreta do canhão.

BOLONDRONES (A) *loc. adv.* Aos montes, aos montões.

BOLSA *s. f.* Bolsa (saquinho para dinheiro). Ruga, bolso, fole do vestido quando o pano cai mal. Bolsa (mercado de valores, praça de comércio). Bolsa (espécie de saco). *fig.* Bolsa, dinheiro. *Miner.* Bolsada. *— de hierro, fig.* Pessoa miserável, unhas de fome, fona. *Amer.* V. BOLSILLO.

BOLSEAR *v. intr.* Fazer bolsas. *Amer.* Obter alguma coisa gratuitamente. *Amer. mexic.* Punguear. *v. tr.* Dar o fora, amarrar a lata, desenganar amorosamente.

BOLSERÍA *s. f.* Ofício de fazer bolsas. Fábrica e conjunto de bolsas. Lugar onde elas são vendidas.

BOLSERO *s. m.* Bolseiro. *ant.* Bolseiro (o que tem a seu cargo a bolsa de uma comunidade).

BOLSICALAVERA *s. f.* Bolsa sem dinheiro.

BOLSICO *s. m. ant.* Bolsa, dinheiro. *Amer.* V. BOLSILLO.

BOLSICÓN *s. m. Amer. equat.* Saia de baeta usada pelas mulheres do povo. *adj. f.* Diz-se de mulher que veste esta saia.

BOLSILLO (bolsilho) *s. m. Dim.* de *Bolso.* Bolsinho. Bolsa (saquinho para o dinheiro). Bolso, algibeira. Bolsa, dinheiro. *De —,* de bolso, de pequeno porte.

BOLSÍN *s. m.* Bolsim. Reunião de bolsistas fora da Bolsa. Lugar onde se verifica essa reunião.

BOLSIQUEAR *v. intr. fam. Amer. argent.* Remexer nos bolsos (principalmente quando é para dar dinheiro de má vontade). *Amer. chil.* Revistar os bolsos para roubar-lhes o conteúdo.

BOLSISTA *s. m.* Bolsista. *Amer. mexic.* Punguista.

BOLSO *s. m.* Bolsa (espécie de saco). *Náut.* Bolso (da vela).

BOLSÓN *s. m. Aument.* de *Bolso,* 1ª acep. Bolsão. *Miner.* Bolsada.

BOLTEJAR (boltejar) *v. tr. Náut.* V. BORLOVENTEAR.

BOLUCA *s. f. Amer. mexic.* Bulha, barulho,tumulto, alvoroço.

BOMBA *s. f.* Bomba (máquina para elevar a água; projétil). *Amer. argent.* Papagaio ou pandorga circular. *Amer.* Bolha, borbulha. *Amer.* Bebedeira. *Amer. equat.* Balão, aeróstato.

BOMBACHA (bombatcha) *s. f. Amer. plat.* Bombachas.

BOMBACHO (bombatcho) *adj. Calzón* ou *pantalón —,* bombachas.

BOMBAR *v. tr.* Bombear (acionar a bomba).

BOMBARDEO (bombardèo) *s. m.* Bombardeio.

BOMBARDERO, A *adj.* Bombardeador. *s. m.* Bombardeiro.

BOMBARDILLA (bombardilha) *s. m.* Bombardeta.

BOMBARDÓN *s. m. Mús.* Bombardão.

BOMBASÍ (bombassí) *s. m.* Bombazina. Fustão. *Bot.* Bombax.

BOMBAZO (bombaço) *s. m. Aument.* de *Bomba.* Explosão de uma bomba. Estrago que causa. Lançamento de bomba.

BOMBEADOR, A *adj.* e *s.* Bombeiro (que trabalha com a bomba de extrair água). *Amer.* Bombeiro, sentinela, espião. *Amer. plat.* Vigia do campo, bombeador.

BOMBEAR *v. tr.* Bombardear, bombejar. Bombear (acionar a bomba para extrair água). *fig. fam.* Elogiar com exageração (principalmente pela imprensa). *Amer.* Bombear, espiar, vigiar. Estafar, surripiar. *Amer. colomb.* Despedir, expulsar.

BOMBEO (bombèo) *s. m.* Bombardeio, bombardeamento. Curvatura, convexidade. Abaulamento (das ruas e estradas).

BOMBERA *s. m. Amer. cub.* Preguiça, abatimento. Insipidez, demérito, falta graça.

BOMBERO *s. m.* Bombeiro (o que trabalha com a bomba hidráulica). Bombeiro (o que trabalha com as bombas nos incêndios). *Cuerpo de —s,* Corpo de Bombeiros. *Amer.* Bombeiro, bombeador, vigia, sentinela, espião.

BÓMBICE *s. m. Zool.* Bômbix, bômbice (bicho-da-seda).

BOMBILLA (bombilha) *s. f.* Bomba (tubo de folha para extrair líquidos). Nome que se dá vulgarmente às lâmpadas elétricas. *Amer.* Bomba (canudo por onde se suga o mate tomado em cuia).

BOMBILLO (bombilho) *s. m.* Sifão (nas instalações sanitárias). V. BOMBILLA, 1ª acep. Espécie de verruma pequena. *Náut.* Bomba pequena. Lancha auxiliar de um arsenal.

BOMBÍN *s. m. Amer. mexic.* Chapéu de feltro ou palha, de copa alta e aba pequena.

BOMBISTA *adj. fig. fam.* Que elogia muito. *s. m.* Bombista.

BOMBITA *s. f. Dim.* de *Bomba.* Bombinha. *Amer. colomb.* Vergonha, embaraço, rubor, pejo.

BOMBO *s. m.* Bombo, zabumba. Tocador de bombo. Globo, esfera (contendo bolas numeradas). *fig.* Estardalhaço, elogio exagerado e ruidoso. *Amer.* Mentira, peta, boato. *Náut.* Barca. Pequena embarcação para o transporte de madeiras. *Dar —s, loc. fig. fam.* Elogiar com exageração; fazer estardalhaço (principalmente pela imprensa).

BOMBO, A *adj.* Aturdido, atordoado; estupefato, espantado.

BOMBÓN *s. m.* Bombom. U. m. no pl.

BOMBONA *s. f.* Espécie de garrafão. Garrafão.

BOMBOTE *s. m. Amer. venezuel.* Certa classe de embarcação menor.

BONACHÓN, A (bonatchòn) *adj.* e *s. fam.* Bonachão; bonacho.

BONANCIBLE *adj.* Bonançoso, tranqüilo, sereno, aprazível, bom. (Diz-se do mar, do tempo ou do vento.) Delicioso, agradável, plácido. Brando, suave. Propício, favorável, venturoso.

BONANCIBLEMENTE *adv.* Bonançosamente, tranqüilamente, serenamente.

BONANZA (bonança) *s. f.* Bonança. *fig.* Bonança, sossego, prosperidade. Lavor de metais preciosos. *adj.* Bonança (referindo-se ao mar ou ao vento).

BONANZAR (bonançar) *v. intr.* Bonançar, abonançar.

BONANZOSO, A (bonançosso) *adj.* Bonançoso, calmo, próspero, bondoso, bondadoso.

BONAZO, A (bonaço) *adj. Aument.* de *Bueno. fam.* Bonacho.

BONDAD (bondad) *s. f.* Bondade. *fig.* Bondade, benevolência, boa índole. *pl.* Benefícios, favores, cortesias, mercês. *Es la — misma, loc. fam.* É a bondade em pessoa.

BONDADOSAMENTE (bondadossamente) *adv.* Bondosamente.

BONDADOSO, A (bondadosso) *adj.* Bondoso; bondadoso.

BONETA *s. f. Náut.* Cutelo, bonete.

BONETADA *s. f. fam.* Barretada.

BONETAZO (bonetaço) *s. m.* Golpe dado com o boné ou barrete.

BONETE *s. m.* Boné, bonete. Barrete, gorro. Barrete de clérigo. *fig.* Clérigo secular. Boião. *Zool.* Barrete, bonete. *Fort.* Obra exterior com dois ângulos reintrantes e três salientes. *A tente —, loc. adv. fig. fam.* Com insistência, com empenho, com demasia. *¡—! Amer. mexic. interj.* De maneira nenhuma! Nada disso! *Bravo —, loc. irôn.* pessoa tola, parva, idiota. *Hasta tente —.* V. A TENTE BONETE. *Tirarse los —es,* disputar ou porfiar violentamente.

BONETERÍA *s. f.* Ofício de barreteiro. Lugar onde se fazem ou vendem barretes ou bonés.

BONETERO *s. m.* Barreteiro.

BONETILLO (bonetilho) *s. m. Dim.* de *Bonete.* Barretinho, bonezinho. *Bot.* Chapelete.

BONGO *s. m. Amer.* Espécie de canoa.

BONHOMÍA (bonomía) *s. f. Amer. argent.* Bonomia.

BONICAMENTE *adv.* V. BONITAMENTE.

BONICHO, A (bonitcho) *adj. Amer.* V. BONITO.

BONICHO, A (bonhitcho) *adj. Dim.* de *Bonito.*

BONICIA *s. f. ant.* Bondade.

BONICO, A *adj. Dim.* de *Bueno.* Lindo, bonito, polido. *A —, loc. adv.* Em voz baixa, em silêncio.

BONIFICACIÓN *s. f.* Bonificação, beneficiação, melhoramento.

BONIGA (bonhiga) *s. f.* Esterco, excremento do gado vacum.

BONIGAR (bonhigar) *adj.* Diz-se do figo branco mais largo que comprido.

BONIGO (bonhigo) *s. m.* Cada uma das porções ou peças do excremento do gado vacum.

BONILLO, A (bonilho) *adj. ant. Dim.* de *Bueno.*

BONITERA *s. f.* Pesca do bonito e temporada que dura. Aparelho para a pesca deste peixe.

BONITO, A *adj. Dim.* de *Bueno.* Bonzinho. Bonito, lindo, belo, elegante, gentil, galante, airoso, esbelto.

BONITOLERA *s. f.* V. BONITERA, 2ª acep.

BONITURA *s. f. Amer. chil.* Boniteza, formosura.

BONIZAL (boniçal) *s. m.* Sítio povoado de certa espécie de painço.

BONIZO (boniço) *s. m.* Espécie de painço.

BONO, A *adj. ant.* V. BUENO. *s. m.* Cartão (espécie de vale distribuído aos pobres para que o troquem por víveres ou outras coisas). *Com.* Vale, título de crédito. V. ABONARÉ.

BOQUE *s. m. prov. Arag.* Bode. *A — de aboque, loc. adv.* Gratuitamente, sem trabalho, por nada.

BOQUEADA *s. f.* Boqueada. *Dar la última —, loc. fam.* Dar o último suspiro. *Dar las —s, loc. fig. fam.* V. BOQUEAR, 3ª acep.

BOQUEAR *v. intr.* Boquear, abrir a boca. Boquear, agonizar. *fig. fam.* Estar uma coisa nas últimas, estar a acabar-se. Boquejar (falar). *Amer.* Ensinar (um cavalo) a obedecer à rédea.

BOQUEO (boquèo) *s. m. Amer. argent.* Boqueada, boquejo.

BOQUERA *s. f.* Comporta (de um dique ou açude). Janela por onde se mete a palha ou feno no palheiro. Boqueiro. Boqueira (estomatite impetiginosa). U. m. no pl.

BOQUERIENTO, A *adj. Amer.* Que sofre de boqueira.

BOQUERÓN *s. m. Aument.* de *Boquera.* Boqueirão. *fam.* Palrador, falador. *Zool.* Âncora; boqueirão.

BOQUETA *s. m. e f. Amer.* Pessoa que tem o lábio leporino.

BOQUETE *s. m.* Desfiladeiro, garganta. Buraco aberto em muro ou parede. Brecha.

BOQUIANCHO, A (boquiantcho) *adj.* Boquilargo.

BOQUIANGOSTO, A *adj.* Que tem a boca estreita ou pequena.

BOQUIBLANDO, A *adj.* Boquimole (diz-se dos cavalos de boca branda).

BOQUICHE (boquitche) *adj. Amer.* Palrador, falador.

BOQUICHICO, A (boquitchico) *adj. Amer.* Que tem a boca pequena.

BOQUICONEJUDO, A (boquiconejudo) *adj.* V. BOQUICONEJUNO.

BOQUICONEJUNO, A (boquiconejuno) *adj.* Diz-se do cavalo que tem a boca parecida com a do coelho.

BOQUIFLOJO, A (boquiflojo) *adj. Amer. mexic.* Boquirroto, que fala muito.

BOQUIFRESCO, A *adj.* Diz-se das cavalgaduras que têm a boca salivosa e são obedientes ao freio. *fig. fam.* Diz-se das pessoas que com simplicidade dizem verdades desagradáveis.

BOQUIFRUNCIDO, A *adj.* Boquifranzido.

BOQUIHENDIDO, A (boquiendido) *adj.* Boquifendido.

BOQUIHUNDIDO, A (boquiundido) *adj.* Diz-se do cavalo que tem muito alto as comissuras dos beiços. Boquissumido.

BOQUILLA (boquilha) *s. f. Dim.* de *Boca.* Boquinha. Boquim (de bomba explosiva). Abertura inferior das calças; boca. Boqueiro. *Mús.* Boquilha, bocal, boquim. Boquilha (piteira). Boquilha (encaixe). *De —, loc. adv.* De boca, sem apresentar o dinheiro (falando-se de aposta no jogo).

BOQUILLERO (boquilhero) *s. m.* Boquilheiro.

BOQUIMUELLE (boquimuelhe) *adj.* Boquimole. *fig.* Palreiro, falador.

BOQUÍN *s. m.* Burel, baeta grosseira. Pedra ou laje que cobre a boca de um poço.

BOQUINECIO, A *adj.* Que diz tolices ou necedades.

BOQUINETO, A *adj. Amer. venezuel.* Diz-se da pessoa que tem o lábio leporino.

BOQUIPANDO, A *adj.* Falador, palreiro.

BOQUIRRASGADO, A *adj.* Boquirrasgado, boquirrato. *fig.* Que fala muito.

BOQUIRRUBIO, A *adj.* De boca vermelha e perfeita (falando-se de crianças). *fig.* Boquirroto, que não guarda segredo, que diz sem necessidade quanto sabe. *s. m.* Petimetre, peralvilho.

BOQUISECO, A (boquisseco) *adj.* Boquisseco.

BOQUISUMIDO, A (boquissumido) *adj.* Boquissumido.

BOQUITORCIDO, A *adj.* V. BOQUITUERTO.

BOQUITUERTO, A *adj.* Boquitorto.

BOQUIVERDE *adj.* Que fala livremente de coisas pouco honestas.

BORACITA *s. f. Miner.* Boracito.

BORARITO *s. m. Miner.* V. BORACITA.

BORATERA *s. f. Amer.* Terreno onde há bórax.

BORBOJA (borboja) *s. f. Amer. venezuel.* V. BURBUJA.

BORBOLLAR (borbolhar) *v. intr.* Borbulhar, borbotar.

BORBOLLEAR (borbolhear) *v. inbtr.* V. BORBOLLAR.

BORBOLLITOS (HACER) (borbolhitos) *loc. joc.* Fazer cócegas.

BORBOLLÓN (borbolhòn) *s. m.* Borbulhão, jorro, borbotão, golfada. *fig.* Borbotão (grande número de pessoas ou coisas em movimento desordenado). *A —es, loc. adv. fig.* Aos borbotões.

BORBOLLONEAR (borbolhonear) *v. intr.* V. BOBOLLAR.

BORBOR *s. m.* Ação de borbotar ou borbulhar. Borborinho.

BORBORITAR *v. intr. fam.* Borbotar, borbulhar.

BORBORITO *s. m.* V. BORBOTÓN.

BORBOTÓN *s. m.* Borbotão, borbulhão, jorro, golfada. *A —es, loc. adv.* Aos borbotões.

BORCEGUÍ *s. m.* Borzeguim.

BORCEGUINERÍA *s. f.* Casa onde se fazem ou se vendem borzeguins.

BORCEGUINERO, A *s. m. e f.* Borzeguineiro, borzeguieiro.

BORCELANA *s. f. Amer. mexic.* Bacia.

BORCELLAR (borcellar) *s. m.* Borda de uma vasilha; borcelo.

BORDA *s. f.* Choça, palhoça. *Náut.* Borda.

BORDADA *s. f. Náut.* Bordada. *fig. fam.* Bordejo (ato de ir de um lado para outro). *Dar —s ,Náut.* Bordejar, navegar à bolina, dar bordos.

BORDADILLO (bordadilho) *s. m. Dim.* de *Bordado.* Bordado malfeito.

BORDAJE (bordaje) *s. m. Náut.* Bordagem.

BORDE *adj.* Bastardo. U. t. c. s. *s. m.* Bordo, borda, beira. Orla, fímbria, aba. Praia, margem. *A —, loc. adv.* A ponto de; quase; por um tris.

BORDEAR *v. intr. Náut.* Bordejar, bordear. *Amer.* Orlar.

BORDEJADA (bordejada) *s. f. Amer. Náut.* Bordada, bordejo.

BORDEJEAR (bordejear) *v. intr. Amer. Náut.* V. BORDEAR, 1ª acep.

BORDELÉS, A *adj. e s.* Bordeles, a. *Barrica —a,* bordalesa.

BORDELESA (bordelessa) *s. f.* Bordalesa.

BORDO *s. m. Náut.* Bordo, costado. Bordo, bordejo, bordada. *Amer. argent.* Camalhão. *Amer. centr.* Tapume, tapagem. *A —, loc. adv.* A bordo. *Al —, loc. adv.* Na borda, no costado. *Cambiar de —, loc. fam.* Tirar de bordo.

BORDÓN *s. m.* Bordão, bastão, cajado. Estribilho. *Mús.* Bordão *fig.* Bordão, amparo, arrimo. Bordão (palavra ou frase que se repete por hábito vicioso).

BORDONADO, A *adj.* V. BORDONEADO.

BORDONCILLO (bordoncilho) *s. m. Dim.* de *Bordón.* V. BORDÍN, 5ª acep.

BORDONEADO, A *adj. Heráld.* Bordoado.

BORDONEAR *v. intr.* Abordoar (apoiar, firmar em bordão, bastão etc.). Abordoar, esbordoar. Mendigar para não trabalhar. *v. tr. Amer. argent.* Tocar violão.

BORDONEO (bordonèo) *s. m. Amer. argent.* Combinação de acordes feita com os bordões.

BORDONERÍA *s. f.* Vagabundagem, vadiação.

BORDONERO, A *adj.* Vagabundo. U. t. c. s. *s. m.* O que faz ou vende bordões.

BORDURA *s. f. Heráld.* Bordadura.

BORGOÑA (borgonha) *s. m.* Borgonha, borgonhão (vinho).

BORGOÑÉS, A (borgonhès) *adj. e s.* V. BORGOÑON.

BORGOÑÓN, A *adj. e s.* Borgonhês, borguinhão.

BORGOÑOTA (borgonhota) *s. f.* Borguinhota.

BORINQUEÑO, A (borinquenho) *adj. e s.* Portorriquense.

BORLA *s. f.* Borla. *Bot.* V. BELLOTA. *Tomar uno la —, loc. fig.* Diplomar-se como médico ou professor.

BORLARSE *v. pron. Amer.* Diplomar-se, formar-se, doutorar-se.

BORLILLA (borlilha) *s. f. Dim.* de *Borla. Bot.* Antera.

BORLÓN *s. m. Aument.* de *Borla.* Certo tecido de linho e algodão.

BORNEADIZO, A (borneadiço) *adj.* Flexível, fácil de torcer ou curvar, dobradiço.

BORNEADURA *s. f.* Bornelo, curvatura, flexão. Empenamento.

BORNEAR *v. tr.* Torcer, curvar, dobrar. Contornar. Olhar com um só olho para ver se alguma coisa está no devido alinhamento. *v. intr. Náut.* Girar, dar volta (o navio sobre a âncora). *v. pron.* Empenar-se, curvar-se (a madeira).

BORNEO (bornèo) *s. m.* V. BORNEADURA. Balanço do corpo na dança.

BORNERO, A *adj.* Borneiro. *Piedra —a,* borneira (pedra, mó). *Trigo —o,* borneiro (trigo moído com borneira).

BORNOL *s. m.* Bóia de cortiça.

BOROCOCO *s. m. Amer. cub.* Maranha, enredo, confusão. *fam.* Amores secretos.

BORONA *s. f.* V. MAÍZ. Pão de farinha de milho. *Amer.* Migalha (de pão).

BORRA *s. f.* Borra. *fig. fam.* Coisas ou palavras sem substância e inúteis. *Quím.* Bórax.

BORRACHA (borratcha) *s. f. fig. fam.* Borracha (saco de couro), bota (para vinho).

BORRACHADA (borratchada) *s. f.* V. BORRACHEZ.

BORRACHEAR (borratchear) *v. intr.* Embriagar-se, emborrachar-se freqüentemente. *fig.* Disparar, desatinar, desvairar.

BORRACHERA (borratchera) *s. f.* Borracheira, bebedeiras, embriaguez. *fig.* Disparate, desconchavo. *Poét.* Orgia.

BORRACHERÍA (borratchería) *s. f. ant.* V. BORRACHERA. *Amer. per.* Taberna, casa de bebidas.

BORRACHERO (borratchero) *s. m. Bot.* Estramônio, figueira-do-inferno, zabumba.

BORRACHEZ (borratchez) *s. f.* Embriaguez, borrachice. *fig.* Ebriez, alucinação, inebriamento.

BORRACHÍN (borratchín) *s. m.* Borrachão, beberrão.

BORRACHO, A (borratcho) *adj.* Borracho, bêbedo. U. t. c. s. BIZCOCHO *(borracho). fig. fam.* Ébrio, cego, doido (possuído de alguma paixão). *Amer.* Passado, podre (falando-se de frutas).

BORRACHÓN, A (borratchòn) *adj. Aument* de *Borracho.* Borrachão, beberrão. *s. f.* V. BORRACHERA.

BORRACHUELO, A (borratchuelo) *adj. Dim.* de *Borracho. s. f. Bot.* Joio, cizânia.

BORRADOR *s. m.* Borrador. *Sacar de — a uno, loc. fig. fam.* Vestir alguém decente e asseadamente.

BORRAJ (borraj) *s. m. Quím.* Bórax.

BORRAJA (borraja) *s. f. Bot.* Borragem.

BORRAJEAR (borrajear) *v. tr.* Escrevinhar. Rabiscar.

BORRAJO (borrajo) *s. m.* Borralho. Folhada dos pinheiros.

BORRAR *v. tr.* Borrar (riscar o escrito). Borrar (manchar com borrões). *fig.* Apagar, tirar, obscurecer, limpar, riscar, fazer desaparecer.

BORRASQUERO, A *adj. fig. fam.* Diz-se da pessoa dada a diversões turbulentas e libertinas.

BORREGO, A *s. m. e f.* Borrego. *Amer.* Boato. *fig. fam.* Pessoa simples ou ignorante. *No hacer tales —s, loc. fam.* que denota a inexistência do que se combinou ou deu por certo.

BORREGOSO, A (borregosso) *adj.* Encrespado. Próprio do borrego ou de sua lã. *Mar —,* mar encrespado ou encarneirado.

BORREGUERA *s. f. Amer.* Carneirada (mar encrespado).

BORREGUERO, A *adj.* Diz-se de pasto próprio para borregos. *s. m.* Borregueiro.

BORRICA *s. f.* Burra, jumenta, burrica.

BORRICADA *s. f.* Burricada, jericada. *fig. fam.* Burricada, parvoíce.

BORRICAL *adj.* Burrical.

BORRICO *s. m.* Burro, asno, jumento. Burro (cavalete onde se serra madeira). *fig. fam.* Burro (homem estúpido). U. t. c. adj.

BORRICÓN *s. m. Aument.* de *Borrico.* Burrão. *fig. fam.* Borrego (pessoa sossegada ou pacífica); homem demasiado tolerante. U. t. c. adj.

BORRICOTE *s. m. e adj.* V. BORRICÓN.

BORRILLA (borrilha) *s. f. Dim.* de *Borra.* Lanugem (dos frutos). Cotão.

BORRIQUEÑO, A (borriquenho) *adj.* Burrical.

BORRIQUERO s. m. Burriqueiro.
BORRIQUETE s. m. Burriquete (armação onde lavram as lousas de pedra). Náut. Burriquete (vela). Burriquete (de carpinteiros).
BORRÓN s. m. Borrão (mancha de tinta). Borrão (borrador). fig. Borrão (desar, desdouro). Pint. Borrão.
BORRONEAR v. tr. V. BORRAJEAR. Bosquejar, esboçar.
BORROSO, A (borrosso) adj. Borrento.
BORRUCHO (borrutcho) s. m. Dim. de Burro. Burrinho, burrico.
BORUCA s. f. Bulha, barulho, algazarra.
BOSCAJE (boscaje) s. m. Boscagem, bosque. Pint. Boscagem.
BOSCAJEAR (boscajear) v. tr. Pintar bosques. fig. Representar, figurar, simbolizar.
BÓSFORO s. m. Geogr. Estreito.
BOSQUECILLO (bosquecilho) s. m. Dim. de Bosque. Bosquete.
BOSQUITO s. m. V. BOSQUECILLO.
BOSTEZADOR, A (bosteçador) adj. Bocejador.
BOSTEZANTE (bosteçante) p. pres. de Bostezar. adj. Bocejante.
BOSTEZAR (bosteçar) v. intr. Bocejar.
BOSTEZO (bosteço) s. m. Bocejo.
BOTA s. f. Bota (borracha; tonel; vasilha para vinho; calçado). — fuerte, botas de montar. — de potro, Amer. Bota de garrão. Ponerse uno las —s, loc. fig. fam. Enriquecer ou melhorar de fortuna.
BOTADA s. f. Náut. V. BOTADURA.
BOTADERO s. m. Amer. colomb. Vau. Amer. hond. Atalho. Amer. per. Monturo, lixo.
BOTADO, A Amer. Desavergonhado. Muito barato.
BOTADOR, A adj. Amer. Exposto, enjeitado. Pródigo, malbaratador. U. t. c. s. s. m. Vara, varejão. Arranca-pregos.
BOTADURA s. f. Náut. Lançamento, bota-fora.
BOTAFUEGO s. m. Artilh. Bota-fogo. fig. Botafogo (pessoa que suscita rixas).
BOTAGUEÑA (botaguenha) s. f. Salsicha de fressura de porco.
BOTALÓN s. m. Náut. Botaló. Pau-de-surriola, surriola.
BOTAMEN s. m. Náut. Vasilhame. Conjunto de potes de uma farmácia.
BOTANA s. f. Botana. Batoque. Amer. Emplastro. Cicatriz.
BOTANIZAR (botaniçar) v. intr. Harborizar.
BOTAR v. tr. Botar, lançar fora, atirar, arremessar. Lançar (um navio à água). Dissipar, malbaratar, malgastar. Derribar. Amer. Arrojar, deitar fora, abandonar o que não presta. Amer. mexic. Perder. v. intr. Ressaltar, saltar (uma bola). Pinotear, corcovear (o cavalo). Náut. Manobrar (o leme). v. pron. Amer. Botar-se, atirar-se, arremessar-se. Abandonar-se, dar-se (a algum vício).
BOTARATADA s. f. Estavanamento. Extravagância, doidice. Amer. Malbarato.
BOTARATE s. m. fam. Estavanado, extravagante, doido. U. t. c. adj. Amer. Dissipador, malbaratador.
BOTAREL s. m. Botaréu (muro, contraforte).
BOTARGA s. f. Máscara, fantasia. Mascarado. Salsichão.
BOTASILLA (botasilha) s. f. Mil. Bota-sela.
BOTAVANTE s. m. Náut. Vara, varejão. Botaló. Croque. Chuço usado pelos marinheiros em ocasião de abordagem.
BOTAVARA Náut. Espicha, retranca, verga.
BOTE s. m. Bote, cutilada, estocada. Pinote, corcovo (do cavalo). Salto, pulo (de uma bola). Bote, escaler. Boião, pote. De — en —, loc. adv. Apinhado, cheio de gente. De — y voleo, loc. adv. fam. Sem demora, rapidamente.
BOTELLA (botelha) s. f. Garrafa, botelha, frasco. Botelha (vinho contido numa garrafa), garrafa, garrafada. — de Leyden, garrafa de Leyde.
BOTELLAZO (botelhaço) s. m. Garrafada (pancada com garrafa).
BOTELLERÍA (botelhería) s. f. Amer. argent. Botelharia, frasqueira.

BOTELLERÍO (botelherío) s. m. Amer. argent. Garrafaria (porção de garrafas).
BOTELLERO (botelhero) Fabricante ou vendedor de garrafas.
BOTELLÍN (botelhín) s. m. Dim. de Botella. Garrafinha.
BOTELLÓN (botelhón) s. m. Aument. de Botella. Garrafão.
BOTEQUÍN s. m. Bote pequeno.
BOTERÍA s. f. Fábrica ou venda de borrachas ou botas (odres). Amer. Sapataria. Náut. V. BOTAMEN.
BOTERO s. m. Fabricante ou vendedor de borrachos, odres ou botos para líquidos. Náut. Boteiro. Patrão de bote, arrais. Pedro —, nome que se dá ao diabo.
BOTIGA s. f. Botica, farmácia. Mercearia.
BOTIGUERO s. m. Merceeiro.
BOTIJO (botijo) s. m. Botija. fig. fam. Botija, pessoa gorda e baixa, batoque.
BOTILLA (botilha) s. f. Dim. de Bota. Botinha. V. BORCEGUÍ. Amer. C. Rica. V. BOTELLA. Botinha, botina (espécie de calçado feminino).
BOTILLER (botilher) s. m. V. BOTILLERO.
BOTILLERÍA (botilhería) s. f. Espécie de café onde se fazem e vendem bebidas geladas. Botequim.
BOTILLERO (botilhero) s. m. Pessoa que faz ou vende bebidas geladas. Botequineiro.
BOTILLO (botilho) s. m. Pequeno odre para vinho.
BOTÍN s. m. Botina. Botim. Polaina. Presa, saque, despojo, espólio (de guerra.)
BOTINERÍA s. f. Sapataria onde se fazem ou vendem botinas ou botins.
BOTINERO s. m. Sapateiro que faz ou vende botinas ou botins. O que guarda ou vende os despojos de guerra. O que os distribui.
BOTIQUÍN s. m. Botica (caixa com os medicamentos mais usuais para viagens, ambulâncias etc.), farmácia de urgência. Os medicamentos contidos nesta caixa.
BOTITO s. m. Botim.
BOTIVOLEO (botivolèo) s. m. Esport. Ação de bater na bola depois que esta salta do chão.
BOTO, A adj. Boto, embotado, rombo. fig. fam. Que é de inteligência obtusa ou tem algum sentido embotado.
BOTÓN s. m. Bot. Botão, olho, rebento, gomo, gêmula. Botão (de flor). Botão (de uma campainha). Botão (de janela, porta ou gaveta). fig. fam. Amer. argent. Botão (soldado de polícia). Botão (de florete). Botão (da roupa). Al —, loc. adv. fam. Amer. Em vão. fam. Sem razão, motivo ou justiça. De —es adentro, loc. adv. Com os seus, ou meus, botões; intimamente; de si para si; de mim para mim.
BOTONADO, A adj. Bot. Abotoado. Heráld. Abotoado.
BOTONADURA s. f. Abotoadura, botoadura (jogo de botões para o vestuário).
BOTONAR v. tr. V. ABOTONAR. Amer. Abotoar (pregar botões).
BOTONAZO (botonaço) s. m. Esgr. Golpe dado com o botão do florete.
BOTONERA s. f. Carp. Furo onde entra a cavilha que une duas tábuas.
BOTONERÍA s. f. Botoaria.
BOTONERO, A s. m. e f. Botoeiro.
BOTONES s. m. fig. fam. Rapaz que faz mandados ou leva recados em cassinos, hotéis, bares, cafés, etc.
BOTOTO s. m. Amer. Cabaça para carregar água. pl. Amer. Sapatões grosseiros.
BOU s. m. Variedade de chá. Pesca entre duas barcas que arrastam uma rede.
BOVATILMENTE adv. V. BUEYUNAMENTE.
BÓVEDA s. f. Abóbada. Cripta. Catacumba, carneiro. —celeste, abóbada celeste, firmamento.
BOVEDILLA (bovedilha) s. f. Dim. de Bóveda. Abobadilha. Náut. Abóbada. Espaço abobadado entre uma e outra viga do teto de uma sala. Subirse uno a las —s, loc. fig. fam. Encolerizar-se.
BÓVIDOS s. m. pl. Bovídeos.
BOVIL adj. V. BOYUNO.
BOXEADOR (bocseador) adj. e s. m. Boxador.
BOXEAR (bocsear) v. intr. Jogar box. v. tr. V. BOJAR.

BOXEO (bocsèo) s. m. Box. V. BOJEO.
BÓXER (bòcser) pl. bóxeres s. m. Box (armadura metálica que se enfia nos dedos para dar socos).
BOYA (bodja) s. f. Bóia.
BOYADA (bodjada) s. f. Boiada.
BOYAL (bodjal) adj. Bovino.
BOYANTE (bodjante) p. a. de Boyar. Boiante (que bóia). adj. Boiante (diz-se do touro). fig. Feliz, próspero, afortunado. Náut. Boiante. Estar —, loc. fig. Prosperar.
BOYAR (bodjar) adj. V. BOYAL. v. intr. Amer. Boiar, flutuar, sobrenadar. Náut. Flutuar novamente a embarcação que estava em seco.
BOYARÍN (bodjarín) s. f. Bóia pequena.
BOYAZO (bodjaço) s. m. Aument. de Buey.
BOYERA (bodjera) s. f. Abegoaria, curral, estábulo para os bois.
BOYERIZA (bodjeriça) s. f. V. BOYERA.
BOYERO (bodjero) s. m. Boiadeiro, boieiro.
BOYEZUELO (bodjeçuelo) s. m. Dim. de Buey. Boiote, boieco. Boi entre dois e três anos.
BOYUNO, A (bodjuno) adj. Bovino, boiuno.
BOZA (boça) s. f. Náut. Boça.
BOZAL (boçal) adj. Boçal (escravo recém-chegado da África). Boçal, ignorante, grosseiro, tosco, rude, estúpido. U. t. c. s. Amer. plat. Que se expressa com dificuldade em espanhol. s. m. Boçal (espécie de cabresto com focinheira).
BOZALEJO (boçalejo) s. m. Dim. de Bozal.
BOZALIDAD (boçalidad) s. f. Boçalidade, estupidez. Selvageria, ferocidade.
BOZALÓN (boçalòn) s. m. Aument. de Bozal.
BOZAR (boçar) v. tr. ant. Estudar, ler com atenção.
BOZO (boço) s. m. Buço. Cabresto. Focinheira. Parte exterior da boca.
BOZÓN (boçòn) s. m. fam. Aument. de Bozo. ant. Aríete.
BRABA s. f. Espécie de grande rede de pesca.
BRABANZÓN, A (brabaçòn) adj. e s. Brabançón, ona.
BRACEADA s. f. Braçada (movimento de braços).
BRACEADO s. m. V. BRACEAJE.
BRACEADOR, A adj. Braçador.
BRACEAJE (braceaje) s. m. Braçagem (no fabrico da cerveja). Profundidade do mar contada em braças. Náut. Sondagem em braças. Braceagem (fabricação de moedas).
BRACEAR v. intr. Bracear, bracejar. Náut. Bracear. fig. Esforçar-se, lutar com grande afã. Medir em braças. Amer. argent. Equit. Bracear. Operar a braçagem (no metal fundido).
BRACEJE (braceje) s. m. Bracejo.
BRACEO (bracèo) s. m. V. BRACEJE e BRACEAJE.
BRACERAL s. m. V. BRAZAL.
BRACERO, A adj. Manual, braçal. Braceiro (que se arremessa com o braço). Diz-se da ferramenta que se maneja com as mãos. s. m. Braceiro (o que dá o braço a outrem). Jornaleiro, trabalhador braçal. Braceiro (o que tem força nos braços). De —, loc. adv. De braço dado.
BRACETE s. m. Dim. de Brazo. De —, loc. adv. fam. V. BRACERO (DE).
BRACIL adj. V. BRAZAL.
BRACILLO (bracilho) s. m. Dim. de Brazo.
BRACMÁN s. m. V. BRAHMÁN.
BRACMÁNICO, A adj. V. BRAHMÁNICO.
BRACO, A adj. Diz-se dos bracos (certa raça de cães perdigueiros). U. t. c. s. fig. fam. Aplica-se à pessoa de nariz grosso e um tanto arrebitado. U. t. c. s.
BRADIPO s. m. Zool. Bradípode tardígrado.
BRAFONERA s. f. Brafoneira.
BRAGA s. f. Braga (espécie de cábrea). Náut. Eslinga. Artilh. Braga. pl. Bragas (calções).
BRAGADO, A adj. Bragado. fig. fam. Mal-intencionado. fig. fam. Diz-se do homem resoluto e enérgico.
BRAGADURA s. f. Verilhas (no corpo humano). Bragada (nos animais).
BRAGAZAS (bragaças) s. f. pl. Aument. de Braga, 4ª acep. s. m. Homem que se deixa persuadir facilmente ou é dominado pelas mulheres.
BRAGUERISTA s. m. O que faz bragueiros (fundas para hérnias).

BRAGUERO *s. m.* Bragueiro, cinta, funda (para segurar hérnias).
BRAGUETA *s. f.* Braguilha.
BRAGUILLAS (braguilhas) *s. f. pl. Aument.* de *Braga*, 4ª acep. *m. fig. fam.* Menino que começa a vestir calças. Menino pequeno, enfermiço e mal posto.
BRAHMÁN (bramàn) *s. m.* Brâmane.
BRAHMÁNICO, A (bramànico) *adj.* Bramânico.
BRAHMÍN (bramín) *s. m.* Brâmine, brâmane, brâmene.
BRAHÓN (braòn) *s. m.* Macho, prega ou dobra na parte superior do braço (em vestuários antigos).
BRAJA (braja) *s. f. Poét.* V. POLVAREDA.
BRAMADERA *s. f.* Cegarrega. Buzina (de pastores). Ronca (instrumento para espantar o gado).
BRAMADERO *s. m.* Bramadeiro.
BRAMIL *s. m.* V. GRAMIL.
BRAMURAS *s. m. pl.* Bravatas, fanfarrices.
BRANCA *s. f. ant. Zool.* Brânquias. Ramo, galho. *pl.* Garras (do leão, da águia etc.)
BRANCADA *s. f.* Rede de pesca que se atravessa num rio ou braço de mar.
BRANDALES *s. m. Náut.* Brandais.
BRAN DE INGLATERRA *s. m.* Antiga dança espanhola.
BRANDAR *v. intr. Náut.* Girar um navio sobre si mesmo, mais ou menos inclinado para um dos costados.
BRANDE *s. m. Náut.* Ação de *Brandar*.
BRANDEO (brandèo) *s. m.* V. BRANDE.
BRANQUE *s. m. Náut.* Roda da proa.
BRASERILLO (brasserilho) *s. m. Dim.* de BRASERO.
BRASERO (brassero) *s. m.* Braseiro (vaso para brasas, fogareiro). Lugar onde eram queimados certos criminosos. *Amer.* Fogão. *Amer. mexic.* Lar.
BRASIL (brassil) *s. m.* Pau-brasil, brasil, pau rosado, ibirapitanga.
BRASILADO, A (brassilado) *adj.* Purpurino, vermelho (da cor do pau-brasil).
BRASILEÍNA (brassileína) *s. f. Quím.* Brasilina.
BRASILENSE (brassilense) *adj. e s.* Brasilense, brasiliense.
BRASILEÑO, A (brasilenho) *adj. e s.* Brasileiro.
BRASILERO, A (brassilero) *adj. e s. Amer.* V. BRASILEÑO.
BRASILETE (brassilete) *s. m. Bot.* Brasileto.
BRAVADA *s. f.* Bravata.
BRAVAMENTE *adj.* Bravamente. Cruelmente. Abundantemente. Bem, perfeitamente.
BRAVANZÓN (bravançòn) *s. m. Aument.* de *Bravo.* Fanfarrão.
BRAVATERO, A *s. m. e f.* Bravateiro, bravateador, fanfarrão.
BRAVEADOR, A *adj.* Bravateador, bravateiro, fanfarrão.
BRAVEAR *v. intr.* Bravatear, fanfarrear.
BRAVERA *s. f.* Respiradouro (de alguns fornos).
BRAVERÍA *s. f. ant.* Bravata, bravaria.
BRAVERO *s. m. Amer. cub.* V. BRAVATERO.
BRAVEZA (braveça) *s. f.* Braveza, bravura. Furor (do mar, das águas, da tempestade etc.).
BRAVO, A *adj.* Bravo (em todas as acepções do vocáb. português). *Amer.* Irritado, colérico, brabo.
BRAVOCEAR *v. intr.* Bravosear, bravatear.
BRAVÓN *s. m.* Fanfarrão, bravateador. Rufião. V. ALCAHUETE.
BRAVONEL *s. m.* Fanfarrão.
BRAVOSÍA (bravossía) *s. f.* V. BRAVOSIDAD.
BRAVOSIDAD (bravossidad) *s. f.* Bravosidade, bravura. Galhardia, gentileza. *ant.* Bravata, fanfarrice.
BRAVUCÓN, A *adj. fam.* Fanfarrão, jactancioso.
BRAVUCONADA *s. f.* Bravata, fanfarronada.
BRAVUCONERÍA *s. f.* Fanfarrice.
BRAZA (braça) *s. f. Náut.* Braça (medida). *Náut.* Braço.
BRAZADA (braçada) *s. f.* Braçada (movimento dos braços) V. BRAZADO. V. BRAZA, 1ª acep.
BRAZADO (braçado) *s. m.* Braçado, braçada.
BRAZAJE (braçaje) *s. m. Náut.* V. BRACEAJE, 4ª acep. *Náut.* V. BRACEAJE, 2ª acep.

BRAZAL (braçal) *s. m.* Braçal. Braçadeira (do escudo). Banda, faixa (no braço). *Náut.* Cantoneira. Banda, faixa (no braço).
BRAZOLETE (braçolete) *s. m.* Bracelete. V. BRAZAL, 1ª acep. *Náut.* Alheta. *De* —, *loc. adv. Amer. venezuel.* V. BRACERO (DE).
BRAZOLOTE (braçolote) *s. m. Náut.* Bracelote.
BRAZO (braço) *s. m.* Braço. Pata, braço (cada um dos membros anteriores dos quadrúpedes). Braço (de balança, de cadeira). Braço (ramo de árvore). *fig.* Braço, esforço, poder, valor. *Mec.* Braço. Espécie de candelabro para a parede. Braço (vara, varal). Braço (de mar, de rio). *A* — *partido, loc. adv.* À força de braço, a braços. *fig.* A viva força.
BRAZOFUERTE (braçofuerte) *s. m.* V. HORMIGUERO.
BRAZOLA (braçola) *s. f. Náut.* Braçola.
BRAZUELO (braçuelo) *s. m. Dim.* de *Brazo. Vet.* Encontro.
BREA *s. f.* Breu. Oleado. — *líquida*, alcatrão.
BREAR *v. tr. ant.* V. EMBREAR. *fig. fam.* Maltratar, vexar, molestar. *fig. fam.* Zombar, escarnecer.
BREBAJE (brebaje) *s. m.* Beberagem. *fig.* Veneno. *irón.* Poção. *fig.* Coisa desagradável.
BRECA *s. m.* V. PAGEL.
BRÉCOL *s. m.* Brocos, brócolos.
BRECOLERA *s. f.* Mulher que vende brócolos. *Bot.* Variedade de brócolos.
BREGA *s. f.* Briga, disputa, rixa, contenda. *fig.* Burla, mofa, veia, zombaria. (Usa-se com o verbo *dar*). *fig.* Lance arriscado e perigoso. *Andar a la* —, *loc.* Trabalhar com afã.
BREGADURA *s. f.* V. BREGA, 1ª acep.
BREGAR *v. intr.* Brigar, disputar, contender. Trabalhar com afã. *v. tr.* Amassar o pão de certa maneira.
BREGUERO, A *adj.* V. BREGUISTA.
BREGUISTA *adj. e s.* Brigador, brigão, rixoso, briguento, brigoso, brigalhão.
BREN *s. m.* V. SALVADO.
BREÑA (brenha) *s. f.* Brenha.
BREÑAL (brenhal) *s. f.* Brenha, lugar brenhoso.
BRENCA *s. f.* Pau que sujeita as comportas de um açude.
BREÑOSO, A (brenhosso) *adj.* Brenhoso.
BREQUERO *s. m. Amer.* Brequista, guarda-freios.
BRESCA *s. f.* Favo de mel.
BRESCAR *v. tr.* Tirar os favos das colmeias.
BRETAÑA (bretanha) *s. f.* Bretanha (tecido).
BRETE *s. m.* Grilhão, grilheta. *fig.* Apuro, aperto. (Usa-se com os verbos *estar* e *poner.*) *Amer. plat.* Brete.
BRETÓN, A *adj. e s.* Bretão. *s. m.* Bretão (língua da Bretanha).
BREVA *s. f.* Primeiro fruto da figueira. Bolota tempora. Breva (variedade de charuto).
BREVAL *adj.* Diz-se da figueira que dá figos temporãos. U. t. c. s.
BREVEDAD (brevedad) *s. f.* Brevidade.
BREVICAUDO, A *adj.* Brevicaudado.
BREVICAULO, A *adj. Bot.* Brevicaule.
BREVIPENNE *adj. Zool.* Brevipenado, brevipene.
BREZAL (breçal) *s. m.* Brejo, urzal.
BREZO (breço) *s. m.* Brejo, urze.
BREZOSO, A (breçosso) *adj.* Brejoso.
BRIAGA *s. f.* Corda de esparto usada nos lagares.
BRIBA *s. f.* Mandriice, ociosidade picaresca, folgança.
BRIBÓN, A *adj. e s.* Vagabundo, vadio, ocioso. Velhaco, maroto, pícaro, patife.
BRIBONADA *s. f.* Velhacaria, patifaria, velhacada, picardia.
BRIBONAZO, A (bribonaço) *adj. e s. Aument.* de *Bribón.*
BRIBONEAR *v. intr.* Vadiar, levar vida de vadio. Velhacar, praticar velhacadas.
BRIBONERÍA *s. f.* Vida de vagabundo, vadiagem, vagabundagem. V. BRIBONADA.
BRIBONESCO, A *adj.* V. PICARESCO.
BRIBONZUELO, A (bribonçuelo) *adj. e s. Dim.* de *Bribón.*
BRICHO (britcho) *s. m.* Palheta de prata ou ouro (para bordados, galões etc.).
BRIDÓN *s. m.* Bridão. Bridão (cavalheiro que cavalgava à brida). Corcel (em estilo elevado ou poético).

BRIGADERO *s. m. Mil.* Paisano a serviço dos trens de mulas.
BRIGADIER *s. m.* Brigadeiro.
BRIGÁN *s. m. Amer. venezuel.* Bandido, bandoleiro.
BRIGANDAJE (brigandaje) *s. m. Amer. venezuel.* V. BANDOLERISMO.
BRIGANDINA *s. f.* Brigantina.
BRIGOLA *s. f.* Espécie de catapulta.
BRIJÁN (brijàn) *n. pr.* Que se usa na *loc. fig. fam. Saber más que* —, ter muita perspicácia.
BRILLANTE (brilhante) *p. a.* de *Brillar.* Brilhante. *adj. fig.* Brilhante, ilustre, admirável, imponente. *s. m.* Brilhante (diamante lapidado).
BRILLANTEMENTE (brilhantemente) *adv.* Brilhantemente.
BRILLANTEZ (brilhantez) *s. f.* Brilhantura. Brilho.
BRILLANTINA (brilhantina) *s. f.* Brilhantina.
BRILLANTINO, A (brilhantino) *adj. Amer. argent.* Brilhante, esplendoroso, resplandecente.
BRILLAR (brilhar) *v. tr.* Brilhar, reluzir, fulgurar, cintilar. *fig.* Brilhar, sobressair, destacar-se (em talento, virtude, formosura, etc.).
BRILLAZÓN (brilhaçòn) *s. m. Amer.* Miragem.
BRILLO (brilho) *s. m.* Brilho. *fig.* Brilho, esplendor, glória.
BRILLOSO, A (brilhosso) *adj.* V. BRILLANTE.
BRÍN *s. m.* Brim. Fibra do açafrão.
BRINCADOR, A *adj.* Saltador, pulador, brincador.
BRINCAR *v. intr.* Saltar, pular, brincar. *fam.* Omitir propositalmente alguma coisa (na leitura ou conversação), passando logo a outra; saltar. *fam.* Pular por cima de alguma coisa. *Amer. mexic.* Arriscar.
BRINCO *s. m.* Salto, pulo, cabriola. Brinco, arrecada.
BRINDAR *v. intr.* Brindar (beber à saúde de). Brindar (oferecer dádiva ou mimo). U. t. c. adj. *fig.* Provocar, convidar, despertar a vontade de gozar alguma coisa. Convidar alguém. *v. pron.* Oferecer-se voluntariamente para fazer alguma coisa.
BRINDIS *s. m.* Brinde (ação de brindar; palavras de saudação no ato de beber). Oferecimento, convite.
BRINDILLA (brindilha) *s. f.* V. RAMILLA.
BRIÑON (brinhòn) *s. m.* V. GRIÑON.
BRINQUILLO (brinquilho) *s. m.* V. BRINQUIÑO.
BRINQUIÑO (brinquinho) *s. m. Dim.* de *Brinco.* Trouxa de ovos (doce português).
BRIÓN *s. m. Bot.* Musgo que vegeta na casca das árvores. *Náut.* Coice (do beque).
BRIONIA *s. f.* Nome vulgar da briônia ou norça-branca. V. NUEZA.
BRIOSIDAD (briossidad) *s. f.* Brio, pundonor, coragem, galhardia, garbo. Qualidade do que é brioso.
BRISA (brissa) *s. f.* Vento suave do nordeste. Brisa, aragem, viração. *Poét.* Aura, zéfiro. V. ORUJO. *Amer. mexic.* Carne de vaca.
BRISADA (brissada) *s. f. Heráld.* Quebra.
BRISCA *s. f.* Bisca (jogo de cartas).
BRISCADO, A *adj.* Diz-se do fio de ouro ou prata próprio para bordar ou tecer na seda.
BRISCAR *v. tr.* Biscar. Tecer ou bordar com fio de ouro ou prata.
BRISERA (brissera) *s. f. Amer.* Espécie de pára-brisa.
BRISOTE (brissote) *s. m.* Vento fresco com muito mar e grandes chuvadas.
BRÍSTOL *s. m.* Espécie de cartolina.
BRIZA (briça) *s. f. Bot.* Briza. Névoa, bruma.
BRIZAR *v. tr.* Embalar o berço.
BRIZNA *s. f.* Fibra, fibrilha, filete, fibrila, filamento.
BRIZNOSO, A (brisnosso) *adj.* Fibroso, filamentoso.
BROA *s. f.* Enseada de pouco fundo e costa baixa.
BROCA *s. f.* Broca (espécie de verruma). Brocha (prego). Sarilho.
BROCADEL *s. m.* Brocatel.
BROCADILLO (brocadilho) *s. m.* Brocadilho.

BROCAL *s. m.* Bocal (parapeito de poço). *Heráld.* Brocal. Bocal (de bainha).

BROCAMANTÓN *s. m.* Firmal, broche grande (jóia antiga).

BROCEARSE *v. pron. Amer. merid.* Perder-se uma mina, cortar-se os veios da mesma. *fig.* Ir águas abaixo algum negócio.

BROCEO (brocèo) *s. m. Amer. merid.* Perda, extinção (de uma mina, de um veio metálico).

BROCHA (brotcha) *s. m.* Brocha (pincel). Dado falso ou chumbado. *De — gorda, loc. fig.* Diz-se do pintor e da pintura de portas e janelas. *fig. fam.* Diz-se do mau pintor; pintor "de paredes".

BROCHADA (brotchada) *s. f.* Pincelada (com a brocha). Desenho grosseiro.

BROCHADO, A (brotchado) *adj.* Diz-se dos brocados ou outros tecidos que têm algum lavor em fio de ouro ou prata.

BROCHADURA (brotchadura) *s. f.* Pintura (com a brocha). Borrão (péssima pintura). Guarnição ou ordem de colchetes nas capas antigas.

BROCHANTE (brotchante) *adj. Heráld.* Brocante.

BROCHAR (brotchar) *v. intr.* Pintar pessimamente. *Amer. cub.* Arremessar alguma coisa contra outra.

BROCHAZO (brotchaço) *s. m.* V. BROCHADA.

BROCHEAR (brotchear) *v. tr.* Pintar com brocha. *Pint.* Pintar (um quadro com vigor, com fantasia e sem afetação).

BROCHETA (brotcheta) *s. f.* V. BROQUETA.

BROCHISTA (brotchista) *s. m. Pint.* Pintor fantasista mas vigoroso. (Aplica-se no bom e mau sentido).

BROCHO (brotcho) *s. m. Taurom.* Touro de cornos um tanto baixos.

BROCHÓN (brotchòn) *s. m. Aument.* de *Brocha.* Brocha presa à extremidade de uma vara para pintar paredes.

BROCHUELA (brotchuela) *s. f. Dim.* de *Brocha.*

BROCINO *s. m.* V. CHICHÓN.

BRÓCULA *s. f. Dim.* de *Broca.* Espécie de broca.

BRÓCULI *s. m.* V. BRÉCOL.

BRODETE *s. m. fam. Dim.* de *Brodio.*

BRODIO *s. m.* V. BODRIO.

BROLLADOR, A (bolhador) *adj.* Que borbulha. *s. m.* Fonte, manancial.

BROLLAR (bolhar) *v. intr. fig.* Borbotar, borbulhar. Deitar pela boca. *ant.* Fluir, brotar, manar.

BROLLO (brolho) *s. m. Amer. venezuel.* V. EMBROLLO.

BROMA *s. f.* Facécia, brincadeira, troça, broma, chalaça, gracejo. Brulha, diversão, algazarra. *Amer. argent. fig. fam.* Contrariedade. Broma (verme).

BROMAR *v. tr.* V. EMBROMAR. Bromar (corroer a broma alguma coisa).

BROMAZO (bromaço) *s. m. Aument.* de *Broma,* 2ª acep.

BROMEAR *v. intr.* Chasquear, gracejar, chacotear, chalacear, troçar. U. t. c. pron. Falar em tom jocoso. Estar numa reunião de amigos a divertir-se, comendo e bebendo.

BROMISTA *adj.* Gracejador, trocista, brincalhão; amigo de facécias ou chalaças.

BROMURO *s. m. Quím.* Bromureto, brometo.

BRONCA *s. f.* Brincadeira de mau gosto, chacota, chalaça, lupe. V. PELAZGA.

BRONCAMENTE *adv.* Bruscamente. Grosseiramente. Asperamente.

BRONCE *s. m.* Bronze. *fig. Poét.* Bronze (sino, canhão, clarim, trombeta).

BRONCEADO, A *adj.* Bronzeado. V. BRONCEADURA.

BRONCEADOR *s. m.* Bronzeador.

BRONCEADURA *s. f.* Bronzagem, bronzeamento.

BRONCEAR *v. tr.* Bronzear. *Amer. mexic.* V. TRAQUETEAR.

BRONCERÍA *s. f.* Arte do bronzeamento. Conjunto de peças de bronze.

BRONCHA (brontcha) *s. f.* Espécie de punhal.

BRONCÍNEO, A *adj.* Bronzeo.

BRONCISTA *s. m.* Bronzista.

BRONCITA *s. f. Miner.* Bronzito.

BRONCO, A *adj.* Bronco, áspero, rude, grosseiro. Diz-se dos metais quebrados ou pouco dúcteis. Diz-se dos instrumentos de música cujo som é áspero e desagradável.

BRONCONEUMONÍA *s. f. Med.* Broncopneumonia.

BRONCOPLEJÍA (broncoplejía) *s. f. Med.* Broncoplegia.

BRONQUEDAD (bronquedad) *s. f.* Bronquice. *Miner.* Falta de ductilidade nos metais. Desentoação, aspereza, dureza (de som).

BRONQUINA *s. f.* Rixa, briga, disputa, pendência.

BRONQUITIS *s. f.* Bronquite.

BROQUELAZO (broquelaço) *s. m.* Golpe dado com o broquel.

BROQUELERO *s. m.* Broqueleiro.

BROQUELETE *s. m. Dim.* de *Broquel* (broquel). *fig.* Rixoso, brigão.

BRIQUELILLO (broquelilho) *s. m.* V. BROQUELETE, 1ª acep. Brinco, arrecada.

BROQUELONA *s. f. Amer. argent.* V. GARRAPATA.

BROQUER *s. m.* Tampa (de um covo de vime).

BROQUETA *s. f.* Pequeno espeto para assar as pernas das aves, pássaros ou bocados de carne.

BROQUILLA (broquilha) *s. f. Dim.* de *Broca.*

BROTA *s. f.* V. BROTE, 1ª acep.

BROTACIÓN *s. f.* Brotação, brotadura.

BRÓTANO *s. m. Bot.* Abrótano.

BROTAR *v. intr.* e *tr.* Brotar (em todas as acep. do vocábulo português).

BROTE *s. m. Bot.* Broto, rebento, gomo, renovo. Brotadura, broto. Brotoeja. Migalha, partícula.

BROZA (broça) *s. f.* Maravalhas, despojos vegetais. Resto, refugo de alguma coisa. Tojal, mata, matagal. Crina para estofar. *fig.* Maravalha, bagatela, futilidade. *Imp.* Brossa. *Gente de toda —, fig.* O vulgo, o populacho. *Servir de toda —, loc. fig.* Ser pau para toda obra.

BROZADOR (broçador) *s. m.* V. BRUZADOR.

BROZAR (broçar) *v. tr.* V. BRUZAR.

BROZNAMENTE *adv.* Asperamente, duramente.

BROZNO, A *adj. ant.* Bronco, rude, grosseiro. Não acabado, impolido. Rude, pesado, obtuso (diz-se do espírito).

BROZOSO, A (broçosso) *adj.* Cheio de despojos vegetais.

BRUCERO *s. m.* Escoveiro.

BRUCES *s. m. pl.* Bruços. *A ou de —, loc.* De bruços. V. BOÇA *(abajo).*

BRUCITA *s. f. Dim.* de *Bruza. Miner.* Óxido de zinco.

BRUJA (bruja) *s. f.* Bruxa. *fig. fam.* Mulher feia e velha. Coruja. *fam.* Mulher faminta. *Crer en —s, loc. fig.* Ser demasiado crédulo; crer em almas do outro mundo.

BRUJEAR (brujear) *v. intr.* Bruxear. V. EMBRUJAR. *fig. fam.* Intrigar perversamente.

BRUJERÍA (brujería) *s. f.* Bruxaria, bruxedo.

BRUJIDOR (brujidor) *s. m.* V. GRUJIDOR.

BRUJIR (brujir) *v. tr.* V. GRUJIR.

BRUJO (brujo) *s. m.* Bruxo, feiticeiro. *fig.* Demasiado sagaz. *Amer.* Pobre, miserável.

BRÚJULA (brújula) *s. f.* Bússola. Mira. *fig.* Bússola, tino, direção. *Mirar por —.* V. BRUJULEAR, 1ª acep.

BRUJULEAR (brujulear) *v. tr.* Descobrir pouco a pouco as cartas para ver-lhes o naipe. Adivinhar, acertar por conjeturas. Procurar viver bem sem grande trabalho.

BRUJULEO (brujulèo) *s. m.* Ação de *brujulear,* 1ª, 2ª e 3ª aceps.

BRUMAZÓN (brumaçòn) *s. m. Aument.* de *Bruma* (bruma, névoa). *Mar.* Nevoeiro, bruma espessa.

BRUMO *s. m.* Cera branca purificada. Massa de espuma na praia.

BRUNIDO (brunhido) *p. p.* de *Bruñir.* Brunido. *s. m.* Brunidura, polimento.

BRUÑIDOR, A (brunhidor) *adj.* e *s.* Brunidor. Brunidor (o que brune; instrumento para brunir).

BRUÑIDURA (brunhidura) *s. f.* V. BRUNIDO, 2ª acep.

BRUÑIMIENTO (brunhimiento) *s. m.* V. BRUÑIDO, 2ª acep.

BRUÑIR (brunhir) *v. tr.* Brunir, polir, tornar brilhante. *fig. fam.* Enfeitar o rosto com cosméticos, etc. *Amer. argent.* V. TREGAR. *Amer. guat.* Incomodar, molestar, azucrinar. *Irreg.* Ind. pret. perf. *Bruñ-ó, eron.* Subj. imperf. *Bruñ-era* ou *ese, eras* ou *eses, era* ou *ese, éramos* ou *ésemos, erais* ou *eseis, eran* ou *esen.* Fut. imperf. *Bruñ-era, eres, ere, éremos, ereis, eren.* Ger. *Bruñendo.*

BRUNO *s. m.* Ameixeira. Ameixa negra.

BRUNO, A *adj.* Bruno, negro, escuro. Moreno.

BRUÑO (brunho) *s. m.* V. BRUNO *(s.).*

BRUSCA *s. f. Bot.* Brusca. *Náut.* Brusca. *Amer.* V. CHAMARASCA.

BRUSCO *s. m. Bot.* Gilbardeira. Rebotalho, refugo (da vindima). *adj.* Brusco, áspero, desabrido.

BRUSELENSE (brusselense) *adj.* e *s.* Bruxelense.

BRUSQUEDAD (brusquedad) *s. f.* Brusquidão, brusquidez.

BRUTA *s. f. ant.* V. BRUTO. *A la —, loc. adv. Amer.* Tosca, rude ou grosseiramente.

BRUTALIDAD (brutalidad) *s. f.* Brutalidade.

BRUTEAR *v. intr. fam.* Disparatar, dizer ou fazer coisas fora da razão e da regra. *fam. Amer. argent.* Errar, proceder desacertadamente.

BRUTICIE *s. f. fam.* Bruteza.

BRUTO, A *adj.* e *s.* Bruto (em todas as acepções do vocáb. português). *En —, loc. adv.* Em bruto.

BRUZA (bruça) *s. f.* Brossa, brussa.

BRUZADOR, A (bruçador) *adj.* Escovador.

BRUZAR (bruçar) *v. tr.* Escovar. Brossar.

BRUZO (bruço) *s. m. Amer.* Raça de cavalos.

BU *s. m.* Bicho-papão (bicho imaginário para assustar as crianças). *Hacer el —, loc.* Assustar, amedrontar.

BÚA *s. f.* V. BUBA.

BUANGA *s. f. Náut.* Embarcação malaia.

BUARILLO (buarilho) *s. m.* V. BUHARRO.

BUARO *s. m.* V. BUHARRO.

BUBA *s. f.* Buba. Bubão, íngua.

BUBÁTICO, A *adj.* Bubônico (relativo ao bubão).

BUBO *s. m.* V. BUHO.

BUBÓN *s. m.* Bubão, íngua.

BUBÓNICO, A *adj.* Bubônico (relativo ao bubão e à peste levantina). *s. f.* Bubônica, peste bubônica.

BUBOSO, A (bubosso) *adj.* Semelhante a uma buba ou bubão. Que sofre de bubas ou bubões.

BUCANERO *s. m.* Bucaneiro (pirata). *Amer.* Bucaneiro (caçador de bois selvagens).

BUCARA *s. f.* Espécie de uva preta.

BUCARO *s. m.* Espécie de argila. Vasilha feita com ela.

BUCEAMIENTO *s. m.* V. BUCEO.

BUCEAJE (buceaje) *s. m.* V. BUCEO.

BUCEAR *v. tr.* Mergulhar e nadar debaixo d'água. Trabalhar como escafandrista ou mergulhador.

BUCELAS *s. f. pl.* Buchela (alicate, tenaz ou pinça de ourives).

BUCEO (bucèo) *s. m.* Mergulho.

BUCERO, A *adj.* Diz-se dos galgos de focinho negro. U. t. c. s. *s. m.* Búcero.

BUCHADA (butchada) *s. f.* Buchada (porção de comida que enche a boca ou se pode engolir de uma só vez). *Amer. Hacer —s,* bochechar.

BUCHE (butche) *s. m.* Papo (das aves). Bucho (de alguns quadrúpedes). Bochecho (porção de líquido que cabe na boca). Bolso, ruga, fole, tufo (nos vestidos mal talhados). Jumento recém-nascido. *fig. fam.* Bucho (na acep. de estômago ou peito do homem, como lugar onde estaria oculto um segredo, confissão etc.). *Sacar el — a uno, loc. fig. fam.* Fazer alguém desembuchar; revelar um segredo etc.

BUCHETE (butchete) *s. m. Dim.* de *Buche.* Bochecha (efeito de inflar as faces, assoprando).

BUCHÓN, A (butchòn) *adj. fam.* Aplica-se a todo vestido mal talhado que faz bolso, fole ou tufo. Diz-se de uma espécie de pomba.

BUCIDA *s. f.* V. MIROBÁLANO.

BUCLE *s. m.* Anel, cacho (de cabelos).

BUCO *s. m. Zool.* Bode. *Náut.* Buco.

BUDÍN *s. m.* Pudim (iguaria).

BUEGA *s. f.* Marco, limite, baliza.

BUEN *adj.* Apócope de *Bueno* (Usa-se antes de substantivo ou verbo no infinito).

BUENABOYA (buenabodja) *s. f. Náut.* Remeiro voluntário de galeras.

BUENAMENTE *adj.* Boamente, de bom grado. Facilmente, comodamente.

BUENANDANZA (buenandança) *s. f.* V. BIENAN-
DANZA.
BUENAVENTURA *s. f.* Boa sorte, fortuna. *Buena-*
dicha (adivinhação pelas linhas da mão ou pela
fisionomia).
BUENAVOLLA (buenavolha) *s. f.* V. BUENA-
BOYA.
BUENAZO, A (buenaço) *adj.* Bonacho, bonachão.
BUENITO, A *adj. Amer. plat.* Dim. de *Bueno.*
BUENO, A *adj.* Bom, boa (em todas as acepções
do vocábulo português). *interj.* Bom! *A —as, loc.*
adv. Às boas; de bom grado, voluntariamente. *De*
—as, a — as, loc. adv. V. BUENAMENTE. *De —*
as a primeras, loc. adv. À primeira vista. *Por —*
as, ou por la —a, às boas.
BUENPASAR (buenpassar) *s. m.* V. BIENESTAR.
BUEY (buei) *s. m.* Boi. *— agua,* medida hidráulica
aproximada. Jato, borbotão que sai da fonte ou
encanamento. *— marino Zool.* Boi marinho.
BUEYADA (buedjada) *s. f.* Boiada.
BUEYAZO (buedjaço) *s. m. Aument.* de *Buey.*
BUEYECILLO (buedjecilho) *s. m. Dim.* de *Buey.*
BUEYERO (buedjero) *s. m.* V. BOYERO.
BUEYEZUELO (buedjeçuelo) *s. m. Dim.* de *Buey.*
BUEYUNAMENTE (buedjunamente) *adv.* Bovi-
namente, conforme o estilo dos bois.
BUEYUNO, A (buedjuno) *adj.* V. BOYUNO.
¡BUF! *interj.* Puf!
BUFA *s. f.* Burla, zombaria, chacota. Bufa.
BUFADERA *s. f. Amer.* V. BRAMADERA.
BUFADA *s. f.* Sopro.
BUFADOR *s. m.* Fenda nos terrenos vulcânicos,
por onde sai fumo.
BUFANDA *s. f.* Manta de pescoço.
BUFETE *s. m.* Bufete (secretária, papeleira). Es-
critório de advogado, banca. Clientela de advoga-
do. *Abrir —, loc. fig.* Começar a exercer a profis-
são de advogado.
BUFETILLO (bufetilho) *s. m. Dim.* de *Bufete,* 1ª
acep.
BUFIDO *s. m.* Bufido. *fig.* Expressão ou demon-
stração de enfado ou zanga.
BUFIO *s. m. vulg.* V. BUFIDO.
BUFÓN, A *adj.* Bufo, burlesco, chocarreiro. *s. m.*
Bufão, truão, bobo. V. BUHONERO.
BUFONADA *s. f.* Bufonaria, bufoneria.
BUFONEAR *v. tr.* e *intr.* Bufonear. *v. pron.* Burlar,
zombar, mofar, gracejar.
BUFONERO *adj.* e *s.* V. BUFONICISTA.
BUFONESCO, A *adj.* Bufo, grotesco, chocarreiro.
BUFONICISTA *adj.* e *s.* Que diz ou faz bufona-
rias; chocarreiro, gracejador.
BUFONIZAR (bufoniçar) *v. tr.* Bufonear. *v. intr.* V.
BUFONEAR *(v. pron.).*
BUGALLA (bugalha) *s. f.* Bugalho. Galha do car-
valho e outras árvores.
BUGIR (bujir) *s. intr. Náut.* Calafetar os buracos
dos pregos, pequenas fendas, etc.
BUGLOSA (buglossa) *s. f. Bot.* Buglossa, língua
de vaca.
BUHARDA (buarda) *s. f.* Trapeira. Sótão, água-
furtada.
BUHARDILLA (buardilha) *s. f. Dim.* de *Buharda.*
BUHARDO (buardo) *s. m.* V. BUHARRO.
BUHARRO (buarro) *s. m. Zool.* Espécie de co-
rujão.
BUHEDERA (buedera) *s. f.* Seteira. Abertura,
buraco.
BUHEDO (buèdo) *s. m.* Marga. Charco que seca
no verão.
BUHÍO (buío) *s. m.* V. BOHÍO.
BUHITO (buíto) *s. m.* Espécie de coruja.
BUHO (bùo) *s. m.* Bufo, ujo, corujão. *fig.* Coruja,
pessoa insociável.
BUHONERÍA (buonería) *s. f.* Tenda de bufarinheiro. *pl.* Bufarinha.
BUHONERO (buonero) *s. m.* Bufarinheiro, bufa-
rinho.
BUÍDO, A *adj.* Aguçado, afiado, buído. Diz-se do
punhal de três ou quatro fios. Diz-se da pessoa ou
coisa extremamente débil ou delgada.
BUITRE *s. m. Zool.* Abutre. *— negro,* urubu. *Gran*
— de las Indias, abutre do Novo Mundo, condor.
— leonado, abutre fouveiro, grifo. *Comer como*
un —, loc. fig. fam. Comer como um boi; comer
excessivamente.

BUITREADA *s. f. Amer.* V. VOMITONA.
BUITREAR *v. tr. Amer.* Caçar abutres. *Amer.*
Vomitar.
BUITRERA *s. f.* Lugar onde os caçadores põem a
isca para abutres. *Estar ya para —,* diz-se da pes-
soa ou animal muito magro ou débil.
BUITRERO *s. m.* Abutreiro.
BUITRÓN *s. m.* Covo, nassa. Armadilha para
caça. Rede (para caçar perdizes). Espécie de
forno usado na América para fundir metais.
BUJARRÓN (bujarròn) *s. m.* Sodomita.
BUJE (buje) *s. m.* Bucha (peça que entra no cubo
da roda). *pl.* V. VOLANDERAS.
BUJEAR (bujear) *v. intr. Amer. mexic.* Brotar,
nascer.
BUJEDA (bujeda) *s. f.* V. BOJEDAL.
BUJEDAL (bujedal) *s. m.* V. BOJEDAL.
BUJEDO (bujedo) *s. m.* V. BUJEDAL.
BUJERÍA (bujería) *s. f.* Mercadorias de ferro,
estanho, vidro, de pouco valor. *fig.* Bagatela, bu-
giaria.
BUJETA (bujeta) *s. f.* Caixa de buxo. Caixa (de
qualquer madeira). Frasco de perfume que se traz
no bolso. Estojo onde aquele é guardado.
BUJÍA (bujía) *s. f.* Bugia (pequena vela de cera).
Vela. Vela (de motor de explosão).
BUJIERÍA (bujiería) *s. f.* Fábrica de velas ou
bugias.
BUJÓN (bujón) *s. m. Náut.* V. ESPICHE.
BULARCAMA *s. f. Náut.* Caverna que vai sobre o
forro do porão.
BULDOG *s. m.* Buldogue.
BULERO *s. m.* Buleiro.
BULLA (bulha) *s. f.* Bulha, barulho, ruído, estron-
do. Bulha, briga, altercação, motim, desordem.
Alegria, algazarra, reboliço. V. BULLAJE.
BULLAJE (bulhaje) *s. m.* Multidão, magote, con-
fusão de gente.
BULLANGA (bulhanga) *s. f.* Reboliço, tumulto,
motim, assoada.
BULLANGUERO, A (bulhanguero) *adj.* e *s.*
Bulhento, bulhão, desordeiro, turbulento.
BULLANGUERÍA (bulhanguería) *s. f.* V. BURLA,
2ª acep.
BULLARANGA (bulharanga) *s. f. Amer. argent.*
V. BULLA, 2ª acep.
BULLARUGA (bulharuga) *s. f. Amer.* V. BU-
LLANGA.
BULLEBULLE (bulhebulhe) *s. m.* e *f. fig. fam.*
Bule-bule, bole-bole. Ruído, bulício, barulho,
bulha.
BULLERO, A (bulhero) *adj. Amer. per.* Barulhento,
bulhento.
BULLÍCIO (bulhício) *s. m.* Bulício, tumulto, con-
fusão, barafunda, alvoroto. V. TRÁFAGO.
BULLICIOSAMENTE (bulhiciossamente) *adv.*
Buliçosamente. Barulhentamente. Desassosse-
gadamente.
BULLICIOSO, A (bulhiciosso) *adj.* Buliçoso,
Barulhento. Sedicioso, alvoroçador.
BULLIDOR, A (bulhidor) *adj.* Bulideiro.
BULLIDURA (bulhidura) *s. f. ant.* V. BULLÍCIO.
BULLIR (bulhir) *v. intr.* Bulir. Ferver. Borbulhar,
ferver. *fig.* Ferver (concorrer em grande número).
Irreg. V. conj. de *Mullir.*
BULLÓN (bulhòn) *s. m.* Tinta fervente na caldeira.
Canto (peça de metal que guarnece os cantos dos
livros). *Amer.* V. BUDIÓN.
BULTO *s. m.* Vulto, volume, massa. Fardo, volume.
Caixa, mala, maleta, baú. *Buscar a uno el —, loc. fig.*
Perseguir alguém com intenção hostil. *A —, loc. adv.*
A vulto.
BULULÚ *s. m. Amer. venezuel.* Alvoroto, tumulto,
escândalo. *ant.* Jogral.
BUÑEGA (bunhega) *s. f. Amer.* V. BOÑIGA.
BUNGA *s. f. Amer.* Mentira, patranha, peta, broca.
BUNIATAL *s. m.* Batatal.
BUNIATILLO (buniatilho) *s. m. Amer.* Doce de
batata.
BUNIATO *s. m.* Batata.
BUÑIGA (bunhiga) *s. f. Amer.* V. BOÑIGA.
BUÑIGOÑI (bunhigonhí) *s. m.* V. BASURA.
BUNIO *s. m.* Nabo para semente. Nabo silvestre.
BUÑOLERÍA (bunholería) *s. f.* Lugar onde se
fazem ou vendem filhós.
BUÑOLERO (bunholero) *s. m.* Vendedor de filhós.

BUÑUELERÍA (bunhuelería) *s. f. Amer.* V.
BUÑOLERÍA.
BUÑUELO (banhuelo) *s. m.* Filhó. *fig. fam.* Coisa
atamancada e feita à pressa.
BUQUE *s. m.* V. CABIDA. Casco do navio. Navio,
paquete, vapor. *Amer.* V. ACEQUIA. *— de guer-*
ra, vaso de guerra. *— mercante,* navio mercante.
— de vapor, barco a vapor, vapor. *— Hospital,*
navio-hospital. *— Portaaviones,* porta-avião.
BURATINA *s. f.* Espécie de musselina.
BURATO *s. m.* Burato. *Poét.* Gaze.
BURBUJA (burbuja) *s. f.* Borbulha, bolha.
BURBUJEAR (burbujear) *v. intr.* Borbulhar, bo-
lhar.
BURBUJEO (burbujèo) *s. m.* Borbulhar (ação de).
BURCHE (burtche) *s. m.* Torre, cidadela.
BURCHO (burtcho) *s. m. Náut.* Espécie de falua
grande movida a remos.
BURDA *s. f. Náut.* Brandal. U. m. no *pl.*
BURDÉGANO *s. m.* Mulo, macho, mu.
BURDEL *s. m.* Bordel.
BURDO, A *adj.* Grosseiro, tosco, de má qualidade,
burdo.
BUREAR *v. tr. Amer. colomb.* V. CHASQUEAR.
BUREL *s. m. Heráld.* Burela. *vulg. Náut.*
Nome de várias peças de madeira para reparos.
BUREO (burèo) *s. m.* Conselho ou junta adminis-
trativa da casa real. *fam.* Diversão, passatempo.
BURETA *s. f.* Gútulo, bureta. Galheta, bureta.
BURGA *s. f.* Fonte de águas termais.
BURGALÉS, A *adj.* e *s.* De Burgos. Burgalês
(moeda).
BURGANDINA *s. f.* Burgandina.
BURGOMAESTRE *s. m.* Burgomestre.
BURGRAVIATO *s. m.* Burgravado.
BURIEL *adj.* Ruivo. *s. m.* Burel (pano grosseiro).
BURIELADO, A *adj.* Arruivado. Semelhante ao
burel (pano).
BURJACA (burjaca) *s. f.* Sacola de mendigo.
Sacola de colegial, bolsa, pasta.
BURLA *s. f.* Escárnio, motejo, zombaria, burlaria.
Burla, fraude, engano, trapaça, embuste. Peça,
brincadeira. *fig.* Mofa, desprezo a *veras* (ver-
dades). *(De veras, loc. adv.* Deveras. *De —s,* de
brinquedo, sem verdade).
BURLADERO *s. m.* Entrada para as trincheiras
(numa praça de touros). Calçada no meio da rua
para refúgio de pedestres.
BURLADOR, A *adj.* Burlador, trapaceiro. Motejador,
zombeteiro. *s. m.* Libertino, conquistador.
BURLAR *v. tr.* Escarnecer, mofar, zombar. U. m. c.
pron. Burlar, fraudar, enganar, trapacear. Frustrar.
Seduzir, desonrar, enganar. Falar em tom de brincadeira.
BURLERÍA *s. f.* Burlaria, engano, fraude, dolo.
Fábula, falsidade. Erro, ilusão. Escárnio, motejo,
mofa.
BURLETA *s. f. Dim.* de *Burla.*
BURLETE *s. m.* Tira de pano com que se veda as
frinchas de portas ou janelas para que não entre o
ar. V. BURLADERO.
BURLÓL, A *adj.* Burlão. Burlesco, jocoso, faceto,
chocarreiro, zombeteiro.
BURLONAMENTE *adv.* Burlescamente. Zombe-
teiramente. Enganosamente.
BURÓ *s. m.* Secretária, escrivaninha, papeleira.
BURRAJEAR (burrajèar) *v. tr.* V. BORRAJEAR.
BURRAJO (burrajo) *s. m.* Bonica, esterco seco.
BURREÑO (burrenho) *s. m.* V. BURDÉGANO.
BURRERÍA *s. f.* Burrada, burricada, jericada.
BURRERO *s. m.* Burriqueiro. O que vende leite de
jumentas.
BURRICIEGO, A *adj.* Burricego.
BURRILLO (burrilho) *s. m. Dim.* de *Burro.*
Burrico. V. FLEQUILLO.
BURRO *s. m.* Burro, asno, jumento. Burro (pon-
talete; cavalete; banco de encaixe). Roda dentada
(no engenho de torcer a seda). *fig.* Burro, estúpi-
do, ignorante. U. t. c. adj. *— cargado de letras,*
loc. fig. Burro carregado de livros. *Ver —s negros,*
loc. fig. Ver estrelas.
BURRUCHEAR (barrutchear) *v. intr.* Burrear,
dizer asneiras, praticar tolices. *prov.* Afagar (uma
cavalgadura).

BURSAL *adj.* V. BURSÁTIL.

BURSÁTIL *adj.* Bolsista (relativo à Bolsa ou movimento de fundos públicos).

BURUCUYÁ (burucudjá) *s. f. Amer.* Maracujá.

BURUJO (burujo) *s. m.* Buruso. Grumo, bola, bolota.

BURUJÓN (burujón) *s. m. Aument.* de *Burujo*. Trouxa mal atada, murundu. V. CHICHÓN.

BUSACA (bussaca) *s. f. Amer.* Buraco (de mesa de bilhar). *Amer. venezuel.* V. BURJACA.

BUSARDA (bussarda) *s. f.* V. BUZARDA.

BUSCA *s. f.* Busca, procura, inquirição, exame, revista, investigação, pesquisa. *Venat.* Busca. *Amer. mexic.* Provento irregular, biscate. *Dedicarse a la —, loc. fig. fam.* Ser trapaceiro; roubar.

BUSCADA *s. f.* V. BUSCA, 1ª acep.

BUSCADERO, A *adj.* Fácil de buscar, examinar, revistar, investigar ou pesquisar.

BUSCAPÉ *s. m. fig.* Balão de ensaio, pretexto, verde.

BUSCAPIÉS *s. m.* Buscapé, bicha de rabear.

BUSCAPLEITOS *s. m. Amer.* V. BUSCARRUIDOS.

BUSCAR *v. tr.* Buscar, procurar, pesquisar, indagar, revistar, examinar. Buscar (dirigir-se para). *Amer.* Provocar. *Amer. mexic.* Achar, encontrar. *v. pron.* Ser egoísta. BUSCÁRSELAS, *loc. fam.* Engenhar meios de subsistência; arranjar-se.

BUSCARRUIDOS *s. m.* Brigão, rixoso, provocador.

BUSCAVIDAS *s. m.* e *f. fig. fam.* Busca-vida, fura-vidas. Pessoa solícita em indagar da vida alheia.

BUSCO *s. m. Venat.* Pista, vestígio, rasto. Umbral (de uma comporta).

BUSCÓN, A *adj.* e *s.* Buscador. Indagador. Curioso, amigo de tudo saber e averiguar. V. FISGÓN. Gatuno habilidoso, ladrão manhoso.

BUSCONA *s. f.* Rameira.

BUSERAGO (busserago) *s. m. Zool.* Busardo.

BUSINGOTE (bussingote) *s. m.* Espécie de chapéu.

BUSNÓ *adj.* e *s.* Desconhecido, estranho.

BUSQUEDA *s. f.* V. BUSCA, 1ª acep.

BUSQUILLO (busquilho) *s. m.* V. RASPILLA.

BUSQUIÑAR (busquinhar) *s. v. tr. vulg.* V. BUSCAR.

BUSQUIZAL (busquiçal) *s. m.* V. ZARZAL. *Amer.* V. BUSCAVIDAS.

BUSTROFEDA *s. f.* Bustrofédon.

BUTACA *s. f.* Poltrona. Cadeira (de teatro, de cinema).

BUTAQUE *s. m. Amer. colomb.* e *venezuel.* V. BUTACA.

BUTEN (DE) *loc. adv.* Magnífico, excelente, de primeira qualidade.

BUTI *s. f. Amer.* V. BUTIFARRA.

BUTIFARRA *s. f.* Espécie de lingüiça. *fig. fam.* Calça ou meia que não se ajusta bem na perna.

BUTILO *s. m. Quím.* Butílio.

BUTIONDO, A *adj.* Hediondo. Luxurioso.

BUTO *s. m.* V. ENEBRO.

BUTOMEAS (butomèas) *s. f. Bot.* Butomáceas.

BUYA (budja) *s. f. Zool.* Castor.

BUYO (budjo) *s. m.* Bétele (preparação masticatória).

BUZ *s. m.* Buz (ósculo de gratidão e reverência). Lábio.

BUZAR (buçar) *v. intr. Miner.* Inclinar-se para baixo os filões metálicos.

BUZARDA (buçarda) *s. f. Náut.* Boçarda.

BUZCORONA *s. f.* Brincadeira que consistia em dar a mão a beijar e bater na cabeça de quem beijava.

BUZO (buço) *s. m.* Escafandrista, mergulhador.

BUZÓN (buçòn) Rolha, tampo. Abertura de um reservatório. Buraco por onde se deitam as cartas na caixa do correio. Caixa do correio.

BUZONERO (buçonero) *s. m. Amer.* Carteiro que recolhe as cartas das caixas do correio.

BUZONCILLO (buçoncilho) *s. m. Dim.* de *Buzón*.

C (cè) *s. f.* Terceira letra e segunda consoante do alfabeto espanhol. C. (notação do carbone).

¡CA! *interj. fam.* V. ¡QUIÁ!

CABA *s. f.* Caaba.

CABAL *adj.* Cabal, completo, perfeito, justo. Diz-se do que cabe ou corresponde a cada um. *adv.* Cabalmente. *Por sus —es, loc. adv.* Cabalmente; perfeitamente; regularmente; pelo preço exato.

CÁBALA *s. f.* Cabala.

CABALADAMENTE *adv.* Cabalmente.

CABALAMIENTO *s. m.* Cabala (ação de cabalar).

CABALGADA *s. f.* Cavalgada.

CABALGADURA *s. f.* Cavalgadura.

CABALGANTE *p. pres.* de *Cabalgar.* Cavalgante.

CABALGAR *v. intr.* Cavalgar.

CABALGATA *s. f.* Cavalgata.

CABALHUSTE (cabaluste) *s. m.* Cavalete (para selas).

CABALLA (cabalha) *s. f. Zool.* Cavala (peixe).

CABALLADA (cabalhada) *s. f.* Cavalhada. *Amer. fig.* Cavalada.

CABALLAJE (cabalhaje) *s. f.* Cavalagem.

CABALLAR (cabalhar) *adj.* Cavalar.

CABALLAZO (cabalhaço) *s. m. Aument.* de *Caballo.* Cavalão.

CABALLEJO (cabalhejo) *s. m. Dim.* de *Caballo.* Cavalinho. Cavalete (ecúleo; potro).

CABALLERATO (cabalherato) *s. m.* Cavaleirato.

CABALLEREAR (cabalherear) *v. intr.* Fazer-se de cavalheiro.

CABALLERESCO, A (cabalheresco) *adj.* Cavalheiresco, cavalheiroso. Cavaleiro (relativo a cavalaria).

CABALLERETE (cavalheirote) *s. m.* Dim. de *Cavallero.* Cavalheirote. Jovem presumido.

CABALLERÍA (cabalhería) *s. f.* Cavalaria. Cavalgadura. *— mayor,* mula ou cavalo. *— menor,* burro, jumento. *— andante,* cavalaria andante.

CABALLERIL (cabalheril) *adj.* V. CABELLEROSO.

CABALLERIZA (cabalheriça) *s. f.* Cavalariça. Conjunto de cavalariços.

CABALLERIZO (cabalheriço) *s. m.* Cavalariço, estribeiro.

CABALLERO, A (cabalhero) *adj. e s.* Cavaleiro. *fig.* (seguido da *prep. en* e de substantivos que expressem ato de vontade ou inteligência). Obstinado. Cavalheiro. *A —, loc. adv.* A cavaleiro. *— andante,* cavaleiro andante. *— de la industria,* cavalheiro de indústria. *— de mohatra,* cavalheiro de indústria.

CABALLEROSAMENTE (cabalherossamente) *adv.* Cavalheirescamente, cavalheiramente, cavaleirosamente.

CABALLEROSO, A (cabalherosso) *adj.* Cavaleiroso. Cavalheiroso. Cavalheiresco.

CABALLEROSIDAD (cabalherossidad) *s. f.* Cavalheirismo, fidalguia, elegância, generosidade, pundonor.

CABALLEROTE (cabalherote) *s. m. fam.* Cavalheirote.

CABALLETA (cabalheta) *s. f.* V. SALTÓN.

CABALLETE (cabalhete) *s. m. Dim.* de *Caballo.* Cavalinho. Cavalete (armação para vários usos).

CABALLINO, A (cabalhino) *adj.* V. CABALLAR.

CABALLISTA (cabalhista) *s. m.* Cavaleiro (homem que entende de cavalos e monta bem).

CABALLITO (cabalhito) *s. m. Dim.* de *Caballo.* Cavalinho. V. TÍOVIVO.

CABALLO (cabalho) *s. m.* Cavalo. Cavalete (para serrar). *— aguililla,* cavalo americano muito veloz. *— albardón,* cavalo de carga. *— blanco, fig.* Pessoa que fornece dinheiro para uma empresa duvidosa. *— de batalla,* cavalo de batalha. *fig.* Cavalo de batalha (assunto predileto, argumento principal). *— de vapor,* cavalo-vapor. *— marino,* cavalo-marinho.

CABALLÓN (cabalhón) *s. m. Aument.* de *Caballo.* Cavalão. *Agr.* Camalhão.

CABALLONA (cabalhona) *s. f.* Rainha, dama (no jogo de xadrez).

CABALLOTE (cabalhote) *s. m.* Cavalete, ecúleo, potro.

CABALLUELO (cabalhuelo) *s. m. Dim. deprec.* de *Caballo.* Cavalicoque.

CABALLUNO, A (cabalhuno) *adj.* Cavalar, cabalino, eqüino.

CABAÑA (cabanha) *s. f.* Cabana, choupana, colmado. Grande rebanho de gado e récua de bestas de carga. V. CABANERÍA. Cabanha.

CABANAL (cabanhal) *adj.* Diz-se do caminho por onde passaram rebanhos. *s. m.* Povoação composta somente de cabanas ou choças.

CABAÑERÍA (cabanhería) *s. f.* Ração que se dá aos pastores para a sua manutenção por uma semana.

CABAÑERO, A (cabanhero) *adj.* Cabaneiro. *s. m.* O que tem cabanha ou cuida de um grande rebanho de gado.

CABAÑIL (cabanhil) *adj.* Diz-se da mula de carga. V. CABAÑERO, 2ª acep.

CABAÑUELA (cabanhuela) *s. f. Dim.* de *Cabaña.*

CABÁS *s. m.* Cabaz (cesto).

CABE *s. m.* Cabe. *prep. ant.* Cerca, junto. (Usa-se ainda em estilo poético). *Dar un —, loc. fig. fam.* Causar prejuízo.

CABECEAR *v. intr.* Cabecear. *Náut.* Arfar. Cabecear (fazer as cabeceiras de livros).

CABECEO (cabeceo) *s. m.* Ação de cabecear.

CABECEQUIA *s. f.* Pessoa encarregada da distribuição das águas para a rega.

CABECERA *s. f.* Cabeceira (de mesa, de cama, etc.). *Impr.* Vinheta. *pl.* Cabeceiras (de um rio). *— de puente, Mil.* Cabeça de ponte. *Medico de —,* médico de cabeceira.

CABECERÍA *s. f.* Obstinação, teimosia.

CABECIANCHO, A (cabeciantcho) *adj.* Que tem a cabeça larga.

CABECIDURO, A *adj. Amer.* V. TESTARUDO.

CABECILLA (cabecilha) *s. f. Dim.* de *Cabeza.* Cabecinha. *s. m.* Cabecinha. *fig. fam.* Cabeça de vento. Pessoa de má conduta.

CABECITA *s. f.* V. CABECILLA, 1ª acep.

CABEDERO, A *adj. ant.* Cabível, possível.

CABELLADURA (cabelhadura) *s. f. ant.* V. CABELLERA.

CABELLAR (cabelhar) *v. intr.* Pôr cabelo postiço. Nascer cabelo.

CABELLERA (cabelhera) *s. f.* Cabeleira. Chinó. *Astron.* Cabeleira.

CABELLEJO (cabelhejo) *s. m. Dim.* de *Cabello.* Cabelinho.

CABELLO (cabelho) *s. m.* Cabelo (pêlos). Barbas (de milho).

CABELLOSO, A (cabelhosso) *adj.* V. CABELLUDO.

CABELLUDO, A (cabelhudo) *adj.* Cabeludo. *Cuero —,* couro cabeludo.

CABELLUELO (cabelhuelo) *s. m.* V. CABELLEJO.

CABER *v. intr.* Caber. *Irreg.* Ind. pres. *Quepo.* Pret. indef. *Cup-e, iste, o, imos, isteis, ieron.* Subj. pres. *Quep-a, as, a, amos, áis, an.* Pret. imperf. *Cupi-era ou ese, eras, ou eses, era ou ese, éramos ou ésemos, erais ou eseis, eran ou esen.* Fut. imperf. *Cupie-ere, eres, ere, éremos, ereis, eren.* Imperat. *Quepa, amos, an.*

CABERO, A *adj.* Cabeiro. *s. m.* Cabeiro.

CABESTRAJE (cabestraje) *s. m.* Conjunto de cabrestos.

CABESTRANTE *s. m. Náut.* Cabrestante.

CABESTRAR *v. tr.* Encabrestar.

CABESTREAR *v. intr.* Cabrestear.

CABESTRERÍA *s. f.* Casa onde se fazem ou vendem cabrestos.

CABESTRERO, A *adj.* Cabresteiro. *s. m.* Cabresteiro.

CABESTRILLO (cabestrilho) *s. m. Dim.* de *Cabestro.* Cabrestilho. Tipóia (lenço preso ao pescoço para descanso de braço).

CABESTRO *s. m.* Cabresto. Cabresto (boi manso que guia o rebanho).

CABETE *s. m.* V. HERRETE.

CABEZA (cabeça) *s. f.* Cabeça (em todas as acepções do vocábulo português). *Mala —, fig. fam.* Pessoa de pouco juízo.

CABEZADA (cabeçada) *s. f.* Cabeçada (pancada com a cabeça). Cabeçada (peça dos arreios). *Náut.* Balanço, arpagem. *Dar de —s por las paredes, loc. fig. fam.* Bater com a cabeça na parede.

CABEZAL (cabeçal) *s. m.* Cabeçal (almofada). Cabeçalha (de carro). Cabeçal (chumaço que se põe em roda da ferida). *Amer.* Cabeçalho (de carroça ou carreta).

CABEZAZO (cabeçaço) *s. m.* V. CABEZADA, 1ª acep.

CABEZO (cabeço) *s. m.* Cabeço.

CABEZÓN (cabeçòn) *adj. e s.* V. CABEZUDO.

CABEZONADA (cabeçonada) *s. f.* Cabeçada, desacerto, ato de pessoa obstinada.

CABEZORRO (cabeçorro) *s. m. fam. Aument.* de *Cabeza.* Cabeçorra.

CABEZOTE (cabeçote) *s. f.* V. CABEZORRO. *m. fam.* Cabeçudo (homem teimoso).

CABEZUDO, A (cabeçudo) *adj.* Cabeçudo. *fig. fam.* Cabeçudo, obstinado, teimoso, casmurro. *s. m. Zool.* V. MUJOL.

CABEZUELA (cabeçuela) *s. f. Dim.* de *Cabeza.* Cabecinha. Cabecinha (farinha grossa). *fig. fam.* Cabeça de vento, cabeça sem miolos.

CABEZUELO (cabeçuelo) *s. m. Dim.* de *Cabezo.* Montículo, pequeno cabeço.

CABIAY (cabiai) *s. m.* V. CAPINCHO.

CABIAL *s. m.* Caviar.

CABIDA *s. f.* Cabida, cabimento, aceitação. Valimento, privança.

CABILDADA *s. f.* Resolução precipitada de um cabido ou conselho municipal. *fig.* Qualquer resolução inconsiderada.

CABILDANTE *adj.* Capitulante, capitular. *s. m. Amer.* Conselheiro municipal.

CABILDEAR *v. intr.* Intrigar (nas votações ou negócios de um cabido ou conselho municipal).

CABILDEO (cabildèo) *s. m.* Intriga, chicana, tramóia (ação de *Cabildear*).

CABILDERO *s. m.* Intrigante (de um cabido ou conselho municipal).

CABILDO *s. m.* Cabido. Capítulo (de eclesiásticos). Sala do capítulo. Conselho municipal.

CABILLA (çabilha) *s. f. Náut.* Cabilha.

CABILLERÍA (cabilheria) *s. f.* Conjunto de cavilhas.

CABILLADOR (cabilhador) *s. m.* Cavilhador.

CABILLO (cabilho) *s. m. Dim.* de *Cabo.* Cabinho. *Bot.* V. PEZÓN.

CABIO *s. m.* Caibro (peça de madeira).

CABIZBAJO, A (cabisbajo) *adj. fam.* Cabisbaixo.

CABIZCANO, A *adj.* Que tem a cabeça encanecida.

CABIZTUERTO *s. m. fam.* Hipócrita.

CABLE *s. m.* Cabo. Cabo (feixe de fios metálicos). Cabo, cabograma. *Náut.* Medida de 120 braças.

CABLEGRAFIAR *v. tr.* Telegrafar pelo cabo submarino, cablar.

CABLEGRAMA *s. f.* Cabograma.

CABLERO, A *adj.* Diz-se dos navios que estendem o cabo submarino ou nele fazem reparações.

CABO *s. m.* Cabo (extremidade de um instrumento). Coto, pedaço (de uma vela, de uma corda). Fardo pequeno. Cabo (chefe, comandante, caudilho). *fig.* Cabo (fim, extremo, limite). Cabo, promontório. *Náut.* Cabo, corda. *Mil.* Cabo. *pl.* Cabelos, olhos, sobrancelhas (de pessoas). *pl.* Focinho, patas, crinas (de cavalos). *Al —, loc. adv.* Ao cabo; por fim, finalmente. *Al — y al fin, loc. adv.* No fim de contas, enfim, por fim. *De — a —, loc.* De ponta a ponta, do princípio ao fim. *Por ningún —, loc. adv.* De nenhuma maneira, de modo algum.

CABOTAJE (cabotaje) *s. f.* Cabotagem.

CABRAHIGO (cabraígo) *s.m.* Figueira, figueira-da-Europa.

CABRAJO (cabrajo) *s. m.* Espécie de caranguejo marinho.

CABREAR *v. intr.* Saltar, trepar como as cabras; cabrejar. *v. pron. fam.* Zangar-se, irritar-se.

CABRERA *s. f.* Cabreira (a que guarda cabras).

CABRERÍA *s. f.* Cabril. Rebanho de cabras. Casa onde se vende leite de cabra.

CABRERIZA (cabreriça) *s. f.* Cabril. Cabana de cabreiros. Cabreira.

CABRERIZO, A (cabreriço) *adj.* Cabreiro, caprino. *s. m.* Cabreiro (guardador de cabras).

CABRERO, A *adj. e s.* Cabreiro.

CABRIA *s. f. Náut.* Cábrea.

CABRILLA (cabrilha) *s. f. Zool.* Bicuda, bizuque, cabrita, alfinete. Carneirada (mar agitado). *pl.* Manchas nas pernas dos que ficam demoradamente expostos à ação do calor. *pl. Astron.* Pléiades.

CABRILLEREAR (cabrilherear) *v. intr. Mar.* Encarneirar-se.

CABRILLEO (cabrillèo) *s. m. Mar.* Carneirada.

CABRINA *s. f.* Cabrim.

CABRIO *s. m.* Caibro.

CABRÍO, A *adj.* Cabrum, caprino. *s. m.* Rebanho de cabras. *Macho —,* cabrão, bode.

CABRIOLAJE (cabriolaje) *s. m.* Caibro.

CABRIOLEAR *v. intr.* Cabriolar, cabriolear.

CABRIOLISTA *s. m.* Bailarino, dançarino, saltarim.

CABRIÓN *s. m.* Calço (posto numa roda para que esta não recue ou avance). *Amer.* Jornalista.

CABRITERO *s. m.* Vendedor de cabritos.

CABRITILLA (cabritilha) *s. f.* Cabritilha; pelica.

CABRITUNO, A *adj.* Pertencente ou relativo ao cabrito.

CABRÓN *s. m.* Cabrão, bode.

CABRONADA *s. f.* Ação vil.

CABRONAZO (cabronaço) *s. m. Aument.* de *Cabrón.*

CABRONZUELO (cabronçuelo) *s. m. Dim.* de *Cabrón.*

CABRO *s. m.* Bode, cabrão, cabro.

CABRUNA *s. f.* Cabrim.

CABRUNO, A *adj.* Cabrum, cabrua.

CABUJÓN *s. m.* Prego de cabeça facetada. Pedra preciosa em bruto. Rubi não lavrado.

CÁBULA *s. f. Amer.* Cábula, ardil, manha, dolo, logro.

CABULERÍA *s. f. Náut.* Cordame.

CABULERO, A *adj. Amer.* Manhoso, sagaz, astuto.

CABULISTA *adj. Amer. merid.* Ardiloso, manhoso.

CABULLERO (cabulhero) *s. m.* Terra pouco fértil.

CABULLERÍA (cabulheria) *s. f. Náut.* V. CABUYERÍA.

CABUYA (cabudja) *s. f. Bot.* Cabuia. Piteira.

CABUYERÍA (cabudjeria) *s. f.* Cordame.

CACABEAR *v. intr.* Cantar a perdiz.

CACAHUAL (cacaual) *s. m.* Cacaual. Cacaueiro.

CACAHUETE (cacauete) *s. m. Amer.* Amendoim.

CACAHUETERO (cacautero) *s. m. Amer.* Vendedor de amendoim.

CACAHUEY (cacaüei) *s. m.* V. CACAHUETE.

CACALOTA *s. f. Amer. hond.* Dívida.

CACALOTE *s. m. Amer. mexic.* Corvo. *Amer. cub.* Absurdo, disparate.

CACAO *s. m.* Cacaueiro, cacau. Cacau (fruto do cacaueiro). *Amer.* Chocolate.

CACAOTAL *s. m.* Cacaual.

CACARAÑA (cacaranha) *s. f.* Sinal que fica no rosto, seja ou não deixado pelas bexigas.

CACARAÑADO, A (cacaranhado) *adj.* Que tem sinais no rosto (causados ou não por bexigas).

CACARAÑAR (cacaranhar) *v. tr. Amer. guat.* Picar (as bexigas; deixar sinais no rosto). *Amer. mexic.* Arranhar, beliscar.

CACAREADOR, A *adj.* Cacarejador. *fig.* Diz-se da pessoa que exagera com arrogância as suas coisas.

CACAREAR *v. intr.* Cacarejar. Cocoricar. *v. tr. fig. fam.* Exagerar, encarecer as coisas próprias.

CACAREO (cacarèo) *s. m.* Cacarejo. Cocorico. Gritaria, tumulto, ruído confuso.

CACARERO, A *adj.* V. CACAREADOR, 2ª acep.

CACARIZO, A (cacariço) *adj. Amer. mexic.* V. CACARAÑADO.

CACAXTLE (cacacstle) *s. m. Amer. mexic.* Armação de madeira para conduzir alguma coisa às costas.

CACAXTLERO (cacacstlero) *s. m. Amer. mexic.* Índio que transporta mercadorias no *Cacaxtle.*

CACEAR *v. tr.* Mexer, remexer (com a baldeadeira).

CACEO (cacèo) *s. m.* Ação de mexer com a baldeadeira.

CACERA *s. f.* Regueira.

CACERÍA *s. f.* Caçada.

CACEROLA *s. f.* Caçarola.

CACEROLADA *s. f.* Panelada; o que cabe de uma vez numa caçarola.

CACHA (catcha) *s. f.* Tala (cada uma das duas peças do cabo de algumas armas brancas). U. m. no pl. *Amer.* Cabo (de faca).

CACHACIENTO, A (catchaciento) *adj. Amer. argent.* V. CACHAZUDO.

CACHAFAZ (catchafás) *adj. e s. Amer. plat.* Velhaco, pulha, malandro. Descarado, atrevido (diz-se geralmente de meninos e rapazes).

CACHAGUA (catchagua) *s. f. Amer. mexic.* V. ALBAÑAL.

CACHAÑA (catchanha) *s. f. Amer.* Burla, zombaria, chacota. Impertinência, maçada.

CACHAÑAR (catchanhar) *v. tr. Amer.* Burlar, mofar, zombar.

CACHAÑERO, A (catchanhero) *adj. Amer.* Zombeteiro, chocarreiro, motejador.

CACHANLAGUA (catchanlagua) *s. f.* V. CANCHALAGUA.

CACHANO (catchano) *s. m. fam.* O diabo. *Llamar a —, loc. fig. fam.* Pedir ou rogar em vão.

CACHAPA (catchapa) *s. f. Amer.* Espécie de pãozinho de milho.

CACHAR (catchar) *v. tr. Amer.* Ridicularizar, zombar, mofar.

CACHARRAZO (catcharraço) *s. m. fam. Amer.* Golada, grande trago (de vinho ou licor).

CACHARRERÍA (catcharrería) *s. f.* Loja de louça ordinária.

CACHARRERO, A (catcharrero) *s. m. e f.* Vendedor de louça ordinária.

CACHARRO (catcharro) *s. m.* Louça ordinária, vasilha de barro. Caco de louça que ainda se pode aproveitar.

CACHAZA (catchaça) *s. f. fam.* Fleugma, pachorra, lentidão. Cachaça (aguardente do melaço). Cachaça (espuma produzida pela primeira fervura do suco da cana do açúcar).

CACHAZUDO, A (catchaçudo) *adj.* Pachorrento, lento, calmo, fleugmático. U. t. c. s.

CACHEAR (catchear) *v. tr.* Revistar uma pessoa para tomar-lhe as armas que leva consigo. *Amer.* Cornear, chifrar.

CACHEMIR (catchemir) *s. f.* V. CASIMIR.

CACHEO (catchèo) *s. m.* Revista (para verificar o porte de armas). *Amer.* Cornada, chifrada.

CACHETADA (catchetada) *s. f. Amer.* Bofetada, soco, cachetada.

CACHETE (catchete) *s. m.* Murro, soco, bofetada. Rochecha.

CACHETEAR (catchetear) *v. tr. Amer.* Esbofetear, esmurrar.

CACHETERO (catchetero) *s. m.* Pequeno punhal. Toureiro que acaba de matar o touro com aquela arma.

CACHETINA (catchetina) *s. f.* Pancadaria, briga de rapazes aos murros ou socos.

CACHETÓN (catchetòn) *adj.* V. CACHETUDO.

CACHETUDO, A (catchetudo) *adj.* Bochechudo.

CACHIBODA (catchiboda) *s. f.* V. JARANA.

CACHICÁN (catchicàn) *s. m.* Feitor, caseiro, capataz. *adj.* Astuto, destro, sagaz, hábil.

CACHICUERNO, A (catchicuerno) *adj.* Diz-se da arma branca cujo cabo é de chifre.

CACHIDIABLO (catchidiablo) *s. m.* Mascarado cuja fantasia imita a figura do diabo. *adj. fam.* Travesso, rebelde, traquinas (falando-se de crianças).

CACHIFOLLAR (catchifolhar) *v. tr. fam.* Chasquear, zombar, humilhar. *v. pron.* Humilhar-se, tolerar as zombarias de outrem.

CACHIGORDETE, A (catchigordete) *adj. fam. Dim.* de *Cachigordo.*

CACHIGORDO, A (catchigordo) *adj. fam.* Gorducho, gordote, pessoa baixa e rechonchuda.

CACHIMBA (catchimba) *s. f. Amer.* Cachimbo. *Amer. argent.* Cacimba. Cápsula vazia de arma de fogo.

CACHINA (catchina) *s. f. Amer. boliv.* Alúmen natural.

CACHINFLÍN (catchinflín) *s. m. Amer.* V. BUSCAPIÉS.

CACHIPOLLA (catchipolha) *s. f.* Efêmero (inseto).

CACHIPORRA (catchiporra) *s. f.* Cachamorra, cacete, moca.

CACHIPORRAZO (catchiporraço) *s. m.* Mocada, cacetada, cachamorrada.

CACHIRULO (catchirulo) *s. m.* Vasilha para aguardente e outras bebidas. Enfeite que as mulheres usavam à cabeça. *Náut.* Embarcação pequena de três mastros.

CACHIVACHE (catchivatche) *s. m. Deprec.* Vasilha ou utensílio velho e inútil. U. m. no pl. Tareco, traste velho. *fig. fam.* Homem ridículo, mentiroso e inútil.

CACHIZO (catchiço) *adj.* Diz-se da madeira grossa para serrar.

CACHO (catcho) *s. m.* Pedaço, miga, talhada, bocado. Certo jogo de cartas. *Amer.* Cacho (de bananas). V. CACHARRO. *Zool.* Espécie de barbo.

CACHÓN (catchòn) *s. m.* Cachão, borbulhão, borbotão. U. m. no pl. Madeiro grosso. *pl.* Cachola, bestunto.

CACHONA (catchona) *adj.* V. CACHONDA.

CACHONDEARSE (catchondearse) *v. pron. fig. fam.* V. REGODEARSE.

CACHONDEO (catchondèo) *s. m. fig. fam.* V. BURLA, 1ª acep. Provocação à luxúria.

CACHONDEZ (catchondez) *s. f.* Apetite venéreo.

CACHORRILLO (catchorilho) *s. m.* Pequena pistola de bolso.

CACHORRO (catchorro) *s. m.* Cachorro (cão novo). V. CACHORRILLO.

CACHÚ (catchú) *s. m.* V. CATO.

CACHUA (catchua) *s. f. Amer.* Dança dos índios.

CACHUCHA (catchutcha) Cachucha (dança espanhola). Cachucha (embarcação). *Amer.* Bofetada. Espécie de gorra.

CACHUCHEAR (catchutchear) *v. tr. fam.* V. ENGREIR.

CACHUCHERO (catchutchero) *s. m.* O que vende *cachuchas* (4ª acep.) O que vende *cachuchas* (4ª acep.).

CACHUCHO (catchutcho) *s. m.* Medida de azeite correspondente à sexta parte de uma libra. Abertura por onde se punha a flecha na aljava. Alfineteiro. V. CACHUCHA, 2ª acep.

CACHUDO, A (catchudo) *adj. Amer.* Manhoso, astuto, ladino.

CACHUELA (catchuela) *s. f.* Guisado feito pelos caçadores com a fressura do coelho. Moela.

CACHULERA (catchulera) *s. f.* Lugar que serve de esconderijo.

CACHUPÍN (catchupín) *s. m.* Espanhol que se estabelece na América Setentrional.

CACICAZCO *s. m.* Dignidade de cacique.

CACILLO (cacilho) *s. m. Dim.* de *Cazo.*

CACIQUIL *adj.* Cacical.

CACLE *s. m. Amer.* Qualquer espécie de calçado.

CACO *s. m. fig.* Ladrão hábil. *fig. fam.* Homem tímido, cobarde ou irresoluto.

CACUMEN *s. m. ant.* Cacume. *fig. fam.* Talento, perspicácia, acume.

CADA *s. m. Bot.* V. ENEBRO. *adj.* Cada. — *quando que, loc. adv.* Sempre que, logo que. — *que, loc. adv.* Sem-pre que, cada vez que. — *uno, pron. indef.* Cada um.

CADAHALSO (cadaalso) *s. m.* Alpendre. V. CADALSO.

CADALECHO (cadaletcho) *s. m.* Cama feita de ramos de árvores.

CADALSO *s. m.* Cadafalso (patíbulo). Cadafalso (estrado, tablado, palanque).

CADAÑERO, A (cadanhero) *adj.* Que dura um ano. Anual. Que pare todos os anos. U. t. c. s.

CADARZO (cadarço) *s. m.* Cadarço.

CADEJO (cadejo) *s. m.* Cadexo.

CADENA *s. f.* Cadeia (corrente). Leva de presos acorrentados. Cadeia de agrimensor. Cadeia (sujeição). *fig.* Cadeia, encadeamento, sucessão. Cadeia (grilhão, grilheta).

CADENAZO (cadenaço) *s. m.* Pancada de cadeia ou corrente.

CADENEAR *v. tr.* Medir com a cadeia de agrimensor.

CADENEO (cadenèo) *s. m.* Medição (com a cadeia de agrimensor).

CADENETA *s. f.* Cadeneta. Ponto de cadeia.

CADENILLA (cadenilha) *s. f. Dim.* de *Cadena.* Cadeneta, correntinha, cadeiazinha. Cadenilha, espiguilha.

CADENITA *s. f.* V. CADENILLA, 1ª acep.

CADERA *s. f.* Cadeira, quadril. *pl.* V. CADERILLAS.

CADERILLAS (caderilhas) *s. f. pl.* Anquinhas.

CADERUDO, A *adj.* Cadeirudo, que tem quadris amplos.

CADETADA *s. f.* V. CHIQUILLADA.

CADETE *s. m.* Cadete. *Amer.* Aprendiz de comércio.

CADILLAR (cadilhar) *s. m.* Lugar cheio de bardanas.

CADILLO (cadilho) *s. m. Bot.* Bardana. V. CACHORRO. Cabeça áspera de qualquer planta. Verruga. *pl.* Cadilha, cadilhos.

CADO *s. m.* V. MADRIGUERA. *Arqueol.* Cado.

CADOZO (cadoço) *s. m.* Pego (do rio, lago, etc.).

CADUCEO (caducèo) *s. m.* Caduceu.

CADUCIDAD (caducidad) *s. f.* Caducidade.

CADUQUEZ *s. f.* Caduquice, caduquez, caducidade.

CAEDIZO, A (caediço) *adj.* Caidiço, caideiro, que cai facilmente.

CAEDURA *s. f.* Caídos, sobras, restos, desperdícios.

CAER *v. intr.* Cair (em todas as acepções mais importantes do vocábulo português). U. t. c. pron. — *de suyo, loc.* Cair por si. —*se uno redondo, loc.* Cair alguém redondamente no chão. *Irreg.* Ind. pres. *Caigo.* Subj. pres. *Caig-a, as, a, amos, áis, an.* Imperat. *Caig-a, amos.*

CAFÉ *s. m.* Café. *Bot.* V. CAFETO. Café, botequim. *adj. Amer.* Da cor do café. *Amer. Dar a uno un —, loc. fig.* Passar um carão a alguém.

CAFERÍA *s. f.* Aldeia. V. CORTIJO.

CAFETAL *s. m.* Cafezal.

CAFETALISTA *s. m. Amer.* Cafezista (plantador de café).

CAFETERA *s. m.* Cafeteira.

CAFETERÍA *s. f. Amer.* Casa onde se vende café a varejo.

CAFETERO *s. m.* Cafeteiro. Botequineiro.

CAFETÍN *s. m. Dim.* de *Café.* Café, botequim, cafezinho.

CAFETO *s. m.* Cafeeiro, cafezeiro, café.

CAFETUCHO (cafetutcho) *s. m. Dim. deprec.* de *Café,* 3ª acep.

CAFIFE *s. m. Amer.* Caixa onde se põe o barato do jogo. Barato (do jogo).

CAFIFERO *s. m. Amer.* Barateiro (o que cobra o barato no jogo).

CAFIROLETA *s. f. Amer.* Doce de batata, coco e açúcar.

CAFTÁN *s. m.* Cafetã.

CAHIZ (caís) *s. m.* Cafiz.

CAHIZADA (caïçada) *s. f.* Porção de terreno semeada com um cafiz de grão.

CAHUIL (cauïl) *s. m.* Ave chilena semelhante à gaivota. *(Larus cirrochephalus.)*

CAÍDA *s. f.* Caída, queda. Caída, declive. O que fica pendurado; tapetes, cortinas, etc. *fig.* A queda do homem. *pl.* Lã grossa. *Náut.* Caimento. Afronta, ultraje. Queda, ruína, decadência.

CAIMA *adj. Amer.* Tardo, estúpido.

CAIMÁN *s. m. Zool.* Caimão, aligator. *fig.* Pessoa astuta ou matreira.

CAIMANERA *s. f. Amer.* Lugar habitado por caimães.

CAIMIENTO *s. m.* Caimento, queda, caída. *fig.* Debilidade, esmorecimento.

CAINCA *s. f. Bot.* Caimana, cruzeirinha, raiz-de-frade, cainca.

CAIREL *s. m.* Volta de cabelo postiço. Cairel.

CAIRELEAR *v. tr.* Cairelar, acairelar.

CAJA (caja) *s. f.* Caixa. Caixa (cofre forte). Caixa (forte da carruagem). Caixão, ataúde. Caixa (tambor). Caixa (qualquer peça que contém outra). Caixa (arcabouço de besta). Caixa postal. Caixa (secção de banco ou casa comercial). Caixa, caixeiro. Vão de escada. *Amer.* Leito (de um rio). *En —, loc. adv.* De boa saúde; em bom estado.

CAJEL (cajel) *adj.* Diz-se de uma variedade de laranja.

CAJERA (cajera) *s. f.* Caixa (mulher encarregada da Caixa de uma casa comercial).

CAJERÍA (cajería) *s. f.* Caixaria (casa onde se fabricam ou vendem caixas).

CAJERO *s. m.* Caixeiro (operário que faz caixas). Caixeiro (empregado que atende ao balcão de uma casa comercial). Caixeiro, caixa (responsável pela caixa de uma casa de comércio). Caixa (de uma represa).

CAJETA (cajeta) *s. f. Dim.* de *Caja.* Caixinha, caixeta. Tabaqueira. *s. m.* Peralvilho. *Amer. centr. De —, loc. adv.* De modo excelente, muito bem.

CAJETE (cajete) *s. m.* Malga.

CAJETILLA (cajetilha) *s. f.* Maço de cigarros.

CAJETÍN (cajetín) *s. m. Dim.* de *Cajeta. Impr.* Caixotim.

CAJILLA (cajilha) *s. f. Dim.* de *Caja.* Caixinha, caixeta.

CAJISTA (cajista) *s. m. e f. Impr.* Compositor.

CAJO (cajo) *s. m.* Encaixe (num livro a ser encadernado).

CAJÓN (cajòn) *s. m. Aument.* de *Caja.* Caixão. Casa de madeira onde se vendem víveres. Gaveta. Espaço entre prateleiras. *Amer. per.* Caixão, ataúde. — *de sastre, fig. fam.* Conjunto de coisas diferentes e desordenadas.

CAJONERA (cajonera) *s. f.* Caixote (para plantas).

CAJONERÍA (cajonería) *s. f.* Conjunto de gavetas de um armário, ou espaços de uma prateleira.

CALA *s. m.* Caladura, rala. *Náut.* Calheta. Sonda. *Bot.* Cala. Furo. Cala (pequena enseada). *Amer. mexic.* Vergonha.

CALABACA *s. m.* V. CALAMBUCO.

CALABACEAR *v. tr. fig. fam.* Reprovar (num exame).

CALABACERA *s. f. Bot.* Cabaceira. Aboboreira.

CALABACERO *s. m. Bot.* Cabaceiro.

CALABACIL *adj.* Cabaçal.

CALABACILLA (calabacilha) *s. f. Dim.* de *Calabaza.* Cabacinha, Abobrinha. Brinco ou arrecada, especialmente quando tem a forma de uma cabacinha; cabaça.

CALABACÍN *s. m.* Abobrinha. Cabacinha.

CALABACINATE *s. m.* Guisado de abóbora.

CALABACINO *s. m.* Cabaça (como vasilha).

CALABAZA (calabaça) *s. f. Bot.* V. CALABACERA. Abóbora. Cabaça. V. CALABACINO. *fig. fam.* Pessoa inepta ou ignorante. *fig.* Melão insípido. *Dar —s, loc.* V. CALABACEAR.

CALABAZADA (calabaçada) *s. f.* Cabeçada. *Darse de —s, loc. fig.* Dar tratos à bola.

CALABAZAL (calabaçal) *s. m.* Aboboral.

CALABAZATE (calabaçate) *s. m.* Doce seco de abóbora.

CALABAZAZO (calabaçaço) *s. m.* Pancada com uma abóbora ou cabeça. Calamocada.

CALABAZO (calabaço) *s. m.* Navio pesado e em más condições. *Amer.* V. CALABAZA.

CALABOBOS *s. m. fam.* Chuvisco.

CALABOCERO *s. m.* Carcereiro.

CALABOZAJE (calaboçaje) *s. f.* Carceragem.

CALABOZO (calaboço) *s. m.* Calabouço. *Agr.* Podão.

CALABRIADA *s. f.* Calabreadura, calabreada. *fig.* Mistura de coisas diversas.

CALABRIAR *v. tr.* Calabrear. Misturar, confundir, embrulhar.

CALACUERDA *s. f.* Calacorda.

CALADA *s. f.* Caladura. Penetração. Vôo rápido da ave de rapina. Mergulho. *Dar una —, loc. fig. fam.* Passar uma repreensão áspera.

CALADIZO, A (caladiço) *adj.* V. COLADIZO. *fig.* Inteligente, penetrante, perspicaz.

CALADOR *s. m.* Calador. Sonda (de cirurgião). Calafetador.

CALAFATE *s. m.* Calafate. *Bot. Amer. argent.* Calafate-da-Patagônia.

CALAFATEADO *s. m.* Calafetagem, calafetação.

CALAFATEADOR *s. m.* V. CALAFATE, 1ª acep.

CALAFATEADURA *s. f.* V. CALAFETEO.

CALAFATEAR *v. tr.* Calafetar.

CALAFATEO (calafatèo) *s. m.* Calafetação, calafetagem, calafetamento.

CALAFATERÍA *s. f.* V. CALAFATEO.

CALAFATÍN *s. m.* Aprendiz de calafate.

CALAFETEAR *v. tr.* V. CALAFATEAR.

CALAGOZO (calagoço) *s. m. Agr.* Calagouço.

CALAGUASCA *s. f. Amer. colomb.* AGUARDENTE.

CALAHORRA (calaorra) *s. f.* Casa onde o povo recebia pão em tempo de escassez. Castelo, fortaleza.

CALAMBRE *s. m.* Caimbra, cãibra, breca.

CALAMBUR *s. m.* Calembur.

CALAMIDAD (calamidad) Calamidade.

CALAMILLERA (calamilhera) *s. f.* V. LLARES.

CALAMOCHA (calamotcha) *s. f. fam.* Cabeça, cachola, coco.

CALAMOCO *s. m.* Canelão (doce). Pedaço de gelo à beira da calha.

CALAMORRA *s. f. fam.* V. CALAMOCHA.

CALAMORRADA *s. f. fam.* Cabeçada.

CALAMORRAZO (calamorraço) *s. m. fam.* Calamocada.

CALANDRAJO (calandrajo) *s. m.* Trapo, farrapo.

CALANDRIA *s. f.* Calandra (máquina para prensar). *Zool.* Calhandra, calandra.

CALAÑA (calanha) *s. f.* Amostra, modelo, padrão, forma. Leque ordinário. *fig.* Índole, gênio, caráter.

CÁLANIS *s. m. Bot.* Cálamo aromático.
CÁLAO *s. m. Zool.* Calau.
CALAPATILLO (calapatilho) *s. m.* Gorgulho.
CALAR *adj.* V. CALIZO. *s. m.* Terreno em que abunda o calcário. *v. tr.* Calar (penetrar). Calar (abrir entalhe). Enterrar (o chapéu na cabeça). Calar (abaixar, arrear, abater). Fazer crivo. Perfurar. Calar (penetrar no ânimo). Penetrar, compreender (um motivo, uma razão). *v. intr. Náut.* Calar. *v. pron.* Molhar-se, enxarcar-se. Abater-se a ave de rapina sobre a presa.
CALASANCIO, A (calassancio) *adj.* V. ESCOLAPIO.
CALATO, A *adj. Amer. per.* Nu, despido.
CALAVERA *s. f.* Caveira. *s. m. fig.* Calaveira, estouvado, extravagante. *fig.* Libertino, vadio.
CALAVERADA *s. f. fam.* Tolice, imprudência, cabeçada. *Amer. fam.* Velhacada.
CALAVERAR *v. tr.* Desnarigar. *v. intr.* Encalvecer.
CALAVEREAR *v. tr.* Escaveirar. *v. intr. fam.* Dar cabeçadas, fazer tolices, cometer imprudências. *Amer.* Viver em jogatinas ou diversões licenciosas.
CALCAÑAR (calcanhar) *s. m.* Calcanhar.
CALCAÑO (calcanho) *s. m.* V. CALCAÑAR.
CALCAR *v. tr.* Decalcar. Calcar (pisar com os pés). *fig.* Calcar, decalcar, copiar, imitar.
CALCE *s. m.* Calço, calce, cunha. Chapa de ferro que cobre os cambos das rodas. *ant.* V. CÁLIZ.
CALCETA *s. f. Dim.* de *Calza.* Meia, peúga. Calceta (grilheta).
CALCETERÍA *s. f.* Ofício de meeiro ou calceiro.
CALCETERO *s. m.* Calceiro. Meeiro.
CALCETÍN *s. m.* Meia, peúga.
CALCILLA (calcilha) *s. f.* Calças mais curtas e estreitas do que as ordinárias. *s. m. fig. fam.* Homem tímido ou covarde. *fig. fam.* Homem de baixa estatura.
CALCO *s. m.* Decalque, calco, calque.
CALCOGRAFIAR *v. tr.* Calcografar.
CALCOMANIA *s. f.* Decalcomania.
CALCULABLE *adj.* Calculável.
CALCULACIÓN *s. f.* Cálculo, calculação.
CALDA *s. f.* Caldeação, calda; caldeamento. *pl.* Caldas, fonte de águas termais.
CALDEADURA *s. f. Amer.* V. CALDA, 1ª acep.
CALDEAR *v. tr.* Caldear (aquecer ao rubro; ligar). Aquecer muito. *v. pron. Amer.* Acalorar-se.
CALDEO (caldèo) *s. m.* V. CALDA, 1ª acep. *adj.* Caldeu.
CALDERA *s. f.* Caldeira. *Amer. merid.* Chaleira, cafeteira. Caixa de cobre onde vai a pele dos timbales. *Amer. equat.* Cratera. — *de jabón,* saboaria. *Las —s de Pero Botero, loc. fig. fam.* O inferno.
CALDERADA *s. f.* Caldeirada.
CALDERERÍA *s. f.* Caldeiraria.
CALDERERO *s. m.* Caldeireiro.
CALDERETA *s. f. Dim.* de *Caldera.* Caldeirinha. Caldeirinha (vaso de água benta). Caldeirada (guisado de peixe).
CALDERETERÍA *s. f. Amer. cub.* V. CALDERERÍA.
CALDERETERO *s. m. Amer. mexic.* V. CALDERERO.
CALDERILLA (calderilha) *s. f.* V. CALDERETA, 1ª e 2ª acepções. Cobre (moeda). Fundo de poço artificial.
CALDERO *s. m.* Caldeiro, panelão. Caldeirada, panelada. *Amer.* Cafeteira, bule. *adj. fam.* Que gosta de caldo.
CALDERÓN *s. m.* Caldeirão. *Mús.* Caldeirão, cadência.
CALDERUELA *s. f.* V. CALDERETA, 1ª acep. Lanterna usada pelos caçadores de perdizes.
CALDIBACHE (caldibatche) *s. m.* V. CALDUCHO.
CALDILLO (caldilho) *Dim.* de *Caldo.* Caldinho. Molho.
CALDO *s. m.* Caldo. Molho para a salada. *Amer. mexic.* Caldo de cana. Milho. Sumo (da azeitona, da uva). — *de zorra, fig. fam.* Pessoa dissimulada, tartufo.
CALDOSO, A (caldosso) *adj.* Suculento, que tem muito caldo.

CALDUCHO (caldutcho) *s. m.* Caldoça, caldaça, calducha.
CALE *s. m.* Pancadilha dada ao de leve.
CALECER *v. intr.* Esquentar, aquecer. *Irreg.* V. conj. de *Favorecer.*
CALEFACCIÓN *s. f.* Calefação, aquecimento.
CALEFACTOR *s. m.* Calefator; aquecedor. *adj.* Aquecedor.
CALENDULA *s. f. Bot.* Calêndula, maravilhas.
CALENTADOR, A *adj.* Esquentador, aquecedor. *s. m.* Aquecedor, esquentador.
CALENTAMIENTO *s. f.* Aquecimento, aquentamento. *Vet.* Requentamento.
CALENTAR *v. tr.* Aquecer, esquentar, aquentar. Reter uma bola na mão antes de arremessá-la. *fig.* Avivar, atiçar. *fig. fam.* Açoitar, espancar, esbordoar. Excitar (desejos). *v. pron.* Aquecer-se. V. RECALENTARSE. *Irreg.* Ind. pres. *Calient-e, es, e, en.* Imperat. *Calient-e, en.*
CALENTÓN *s. m.* Ação de aquecer-se depressa. (Usa-se muito na frase *Darse un —*).
CALENTURA *s. f.* Febre, calentura. *ant.* Calor. Erro, loucura. Insolação, calentura. Quentura. *Amer. chil.* Tuberculose. *pl.* Febre periódica. — *cuartán,* febre quartã.
CALENTURIENTO, A *adj.* Febril, febricitante. *fig.* Exaltado, fogoso. *Amer. chil.* Tuberculoso.
CALENTURILLA (calenturilha) *s. f.* Febrícula.
CALENTURÓN *s. m.* Febrão.
CALENTUROSO, A (calenturosso) *adj.* V. CALENTURIENTO, 1ª acep.
CALER *v. tr. prov. Arag.* Convir, importar.
CALERA *s. f.* Caieira (fábrica de cal; lugar onde se calcina a cal). Calera.
CALERÍA *s. f.* Lugar onde se mói e vende a cal.
CALERO *s. m.* Caleiro, caieiro. *adj.* Calcário.
CALÉS *s. f.* V. CALESA.
CALESA (calessa) *s. f.* Caleça, caleche.
CALESERA (calessera) *s. f.* Espécie de jaqueta de caleceiro.
CALESERO (calessero) *s. m.* Caleceiro.
CALESÍN (calessín) *s. m.* Espécie de caleça.
CALESITAS (calessitas) *s. f. pl. Amer. argent.* V. TÍOVIVO.
CALETA *s. f.* Calheta. *Amer.* Aplica-se à embarcação que toca em portos de menor importância. *Amer. venezuel.* Associação de estivadores.
CALETERO *s. m. Amer. venezuel.* Estivador que pertence a uma associação de classe.
CALETRE *s. m. fam.* Tino, discernimento, capacidade. Juízo, siso.
CALEZA (caleça) *s. f. ant.* Penetração, acume, capacidade.
CALIBRACIÓN *s. f.* Ato de calibrar.
CALICANTO *s. m. Bot.* Calicanto. V. MAMPOSTERÍA.
CALICATA *s. f. Miner.* Sondagem.
CALICHE (calitche) Caliça. Pedrinha calcinada dentro de uma telha ou tijolo.
CALIDAD (calidad) *s. f.* Qualidade. *A — de que, loc. adv.* Sob a condição de que.
CALIDOSCOPIO *s. m.* Caleidoscópio.
CALENTAPIÉS *s. m.* Aquecedor para os pés.
CALIENTE *adj.* Quente. *fig.* Fogoso, acalorado, ardente. *Ea —, loc. adv.* Logo, sem demora.
CALIFATO *s. m.* Califado.
CALÍFERO, A *adj.* Calcário.
CALIFICABLE *adj.* Qualificável.
CALIFICACIÓN *s. f.* Qualificação.
CALIFICADAMENTE *adv.* Qualificadamente.
CALIFICADO, A *adj.* Qualificado.
CALIFICADOR *s. m.* Qualificador.
CALIFICAR *v. tr.* Qualificar.
CALIFICATIVO, A *adj.* Qualificativo. *Gram.* V. ADJETIVO.
CALIFORNIO, A *adj.* e *s.* Californiano.
CALÍGINE (calíjine) *s. f.* Caligem.
CALIMBA *s. f. Amer. cub.* Marca (ferro com que se marcam os animais).
CALIMBAR *v. tr. Amer. cub.* Marcar (os animais com o ferro).
CALINA *s. f.* Névoa.
CALINO, A *adj.* Calcário.
CALINOSO, A (calinosso) *adj.* Nevoento, enevoado.
CÁLIZ *s. m.* Cálice. *Bot.* Cálice.

CALIZA (caliça) *s. f.* Carbonato de cal natural.
CALIZO, A (caliço) *adj.* Calcário.
CALLA CALLANDO (calha calhando) *loc. adv. fam.* V. CHITICALLANDO.
CALLADA (calhada) *s. f.* Calada. Silêncio. Dobrada (comida). *Náut.* Cessação da força do vento ou da agitação das ondas. *A las —s.* V. DE CALLADA. *De —, loc. adv. fam.* Pela calada.
CALLADAMENTE (calhadamente) *adv.* Caladamente.
CALLADO, A (calhado) *adj.* Calado. Silencioso, reservado, discreto. Misterioso, indefinível.
CALLAMIENTO (calhamiento) *s. f.* Ação de calar (silenciar).
CALLAMPA (calhampa) *s. f. Amer. chil.* Cogumelo. *Amer. chil. fig. fam.* Chapéu de feltro.
CALLANA (calhana) *s. f. Amer.* Espécie de caçoula.
CALLANDICO (calhandiço) *adv. fam.* Silenciosamente, ocultamente, dissimuladamente, caladamente.
CALLANDITO (calhandito) *adv. fam.* V. CALLANDICO.
CALLANDO (calhando) *adv. fam.* V. CALLANDICO.
CALLAO (calhao) *s. m.* Calhau seixo, rebo.
CALLAR (calhar) *v. intr.* Calar (estar em silêncio, não falar). U. t. c. pron. Calar (cessar de falar, não responder, emudecer). Calar (não dizer, ocultar). Acalmar, apaziguar. Calar (não divulgar).
CALLE (calhe) *s. f.* Rua. Povoação dependente de outra. Caminho, passo, via. Alameda. *fig.* Desculpa, pretexto, escusa. *Jír.* Liberdade. *Azotar — s,* andar ociosamente de rua em rua.
CALLEAR (calhear) *v. tr. Agr.* Arruar, abrir espaço entre as vinhas.
CALLEJA (calheja) *s. f.* V. CALLEJUELA.
CALLEJEAR (calhejear) *v. intr.* Andar ociosamente pelas ruas.
CALLEJEO (calhejèo) *s. m.* Ação de CALLEJEAR.
CALLEJERO, A (calhejero) *adj.* Que gosta de andar ociosamente pelas ruas. *s. m.* Guia impressa das ruas de uma cidade. *adj. Amer. argent.* Pertencente ou relativo a rua.
CALLEJO (calhejo) *s. m.* Armadilha, tojo.
CALLEJÓN (calhejòn) *s. m. Aument.* de *Calleja.* Beco, rua estreita, viela. Desfiladeira, garganta. — *sin salida, fig. fam.* Beco sem saída; situação de difícil ou impossível solução.
CALLEJUELA (calhejuela) *s. f. Dim. deprec.* de *Calle.* Ruazinha, viela. *fig.* Desculpa, evasiva, pretexto, escusa.
CALLICIDA (calhicida) *s. m. e f.* Calicida, coricida.
CALLISTA (calhista) *s. com.* Calista, pedicuro.
CALLIZO (calhiço) *s. m. prov. Arag.* V. CALLEJÓN.
CALLO (calho) *s. m.* Calo. Calosidade. Calo (da ferradura). *pl.* Dobrada (comida). *Bot.* Calo.
CALLÓN, A (calhòn) *adj.* Silencioso, calado, taciturno. *s. m. Aument.* de *callo.*
CALLOSIDAD (calhossidad) *s. f.* Calosidade.
CALLOSO, A (calhosso) *adj.* Caloso.
CALMAR *v. tr.* Acalmar, sossegar, adormecer. Tranqüilizar, mitigar, aplacar. Temperar, abrandar. *v. intr.* Acalmar-se, sossegar.
CALMAZO (calmaço) *s. m. Aument.* de *Calma* (calma; calmaria).
CALMO, A *adj.* Árido, pousio, inculto, descampado, sem árvores. *Amer.* Calmo, tranqüilo, sossegado.
CALMOSO, A (calmosso) *adj.* Calmo, sossegado, sereno, tranqüilo. Preguiçoso, indolente.
CALMUDO, A *adj.* V. CALMOSO.
CALÓ *s. m.* Calão.
CALOFRIARSE *v. pron.* Ter calafrios, arrepiar-se.
CALOFRÍO *s. m.* V. ESCALOFRÍO. U. m. no pl.
CALOGRAFÍA *s. f.* Caligrafia.
CALOSTRO *s. m.* Colostro.
CALOTERO *s. m. Amer.* Caloteiro, mau pagador.
CALOYO (calodjo) *s. m.* Cordeiro ou cabrito recém-nascido.
CALPISQUE *s. m.* V. CALPIXTE.
CALPIXTE *s. m. Amer. mexic.* Capataz, mordomo.
CALUMNIA *v. tr.* Caluniar.
CALUROSAMENTE (calurossamente) *adv.* Calorosamente.

CALUROSO, A (calurosso) *adj.* Caloroso, ativo, enérgico, veemente.

CALVA *s. f.* Calva, careca. Clareira, calva. Espécie de chinquilho.

CALVARIA *s. f.* V. CALVA, 1ª acep.

CALVATRUENO *s. m. fam.* Grande calva ou careca. *fig. fam.* Homem adoidado.

CALVERIZO, A (calveriço) *adj.* Diz-se do lugar em que há muitas clareiras.

CALVERO *s. m.* Clareira. V. GREDAL.

CALVETE *s. m. Dim.* de *Calvo.*

CALVEZ *s. f.* Calvície, calvez.

CALVIJAR (calvijar) *s. m.* V. CALVERO.

CALVO, A *adj.* Calvo. Calvo, escalvado.

CALZA (calça) *s. f. ant.* Calça, calças. Calço, cunha. *fam.* Meia, peúga. *En —s bermejas, loc. fig. fam.* Em calças pardas.

CALZADA (calçada) *s. f.* Calçada (caminho ou rua empedrada). Estrada romana.

CALZADO (calçado) *s. m.* Calçado.

CALZADURA (calçadura) *s. f.* Calçamento (ação de calçar).

CALZAR (calçar) *v. tr.* Calçar (o sapato, a luva etc.) U. t. c. pron. Calçar (pôr calço ou cunha). Admitir bala de determinado calibre (uma arma de fogo). Amontar (uma árvore). *fig. fam.* Conseguir.

CALZO (calço) *s. m.* Calço, calce, cunha.

CALZÓN (calçòn) *s. m.* Calção. V. TRESILLO. *Amer. argent.* V. PANTALÓN.

CALZONARIAS (calçonarias) *s. f. pl. Amer. colomb.* Suspensórios.

CALZONCILLOS (calçoncilhos) *s. m. pl.* Ceroulas.

CALZONUDO (calçonudo) *adj. fig. fam. Amer.* Tolo, inepto, incapaz.

CALZORRAS (calçorras) *s. m. pl. fig. fam.* Homem fraco ou condescendente.

CALZUELA (calçuela) *s. f. Dim.* de *Calza.*

CAMA *s. f.* Cama, leito. Roupa de cama. Dossel. Cama (efeito de acamar). Tabuleiro de carro. Camada. *— de matrimonio,* cama de casal.

CAMACHUELO (camatchuelo) *s. m.* Pintarroxo.

CAMADA *s. f.* Ninhada. Camada.

CAMAFEO (camafêo) *s. m.* Camafeu.

CAMAJÁN (camajàn) *adj. Amer. mexic.* V. CAMASTRÓN.

CAMAL *s. m.* Cabresto ou cabeçada de cânhamo. Camal (capacete).

CAMALEÓN *s. m.* Camaleão.

CAMAMA *s. f.* V. CHANZA.

CAMAMILA *s. f.* Camomila.

CAMÁNDULA *s. f.* Camândula. *fig. fam.* Velhacaria, astúcia, hipocrisia.

CAMANDULERÍA *s. f.* V. GAZMOÑERIA.

CAMANDULERO, A *adj. fam.* Hipócrita, astuto, velhaco. U. t. c. s. V. ZALAMERO.

CÁMARA *s. f.* Câmara (em todas as principais acepções do vocábulo português).

CAMARADERÍA *s. f.* Camaradagem, camaradaria.

CAMARERA *s. f.* Camareira (de rei, rainha etc). Camareira, arrumadeira.

CAMARERÍA *s. f.* Ofício ou dignidade de camareiro ou camareira.

CAMARERO *s. m.* Camareiro, camarista. Camaroteiro. Celeireiro.

CAMARETA *s. f. Náut.* Camarinha.

CAMARILLA (camarilha) *s. f. Dim.* de *Câmara.* Camarinha. Camarilha.

CAMARILLESCO, A (camarilhesco) *adj. deprec.* Próprio de uma camarilha.

CAMARÍN *s. m.* Camarim.

CÁMARO *s. m.* V. CAMARÓN.

CAMARÓN *s. m.* Camarão.

CAMARROYA (camarrodja) *s.f.* Chicória silvestre.

CAMASTRO *s. m.* Tarimba. Borra, leito pobre, catre.

CAMASTRÓN *s. m. fam.* Astuto, marau, manhoso. U. t. c. adj. Vadio, ocioso. Homem alto e magro.

CAMASTRONERÍA *s. f. fam.* Astúcia, manha.

CAMBA *s. f.* Camba, cãiba (do freio).

CAMBALACHE (cambalatche) *s. m.* Cambalacho. *Amer. argent.* PRENDERÍA.

CAMBALACHEAR (cambalatchear) *v. tr.* Cambalachar.

CAMBALADA *s. f.* Cambaleio (de bêbedo).

CAMBALEO (cambalèo) *s. m.* Companhia antiga de cômicos.

CAMBAR *v. tr. Amer.* V. COMBAR.

CAMBERA *s. f.* Camaroeiro (rede de pesca).

CAMBIABLE *adj.* Cambiável. Mutável, variável. Trocável, permutável.

CAMBIADIZO, A (cambiadiço) *adj.* Vário, mutável, inconstante.

CAMBIAMIENTO *s. f.* Cambiante, mutação, variedade, troca, alteração.

CAMBIANTE *s. m.* Cambiante. Cambista.

CAMBIAR *v. tr.* Mudar, variar, alterar. Trocar, permutar. Mudar, transferir, trasladar. Substituir. Virar. *Náut.* Cambar. Cambiar. *Mandarse —, loc. fam. Amer.* Ir-se embora.

CAMBIAZO (cambiaço) *s. m. Aument.* de *Cambio. Dar el —, loc. fam.* Trocar fraudulentamente uma coisa por outra. *Dar un —, loc. fam.* Fugir de uma pessoa ao vê-la aproximar-se.

CAMBIJA (cambija) *s. f.* Mãe-d'água, reservatório.

CAMBIO *s. m.* Troca, permuta. Câmbio. Bolsa. Mudança, alteração. *fig.* Inconstância. Cambista. *Taurom.* Câmbio. Troco (em dinheiro). Câmbio (valor do dinheiro). *Náut.* Ação de cambar. *— a la par,* câmbio ao par. *— de marcha, Autom.* Caixa de mudança. *En —, loc. adv.* Em lugar de; em vez de; a seu turno; por sua vez.

CAMBRAY (cambrai) *s. m.* Cambraia.

CAMBROQUÍA *s. f. fam.* V. PARROQUIA.

CAMBUJ (cambuj) *s. m.* V. ANTIFAZ.

CAMBUJO, A (cambujo) *adj.* V. MORCILLO.

CAMBULLÓN (cambulhòn) *s. m. Amer.* Cambalacho; enredo, engano, tramóia.

CAMBUTO, A *adj. Amer. per.* Rechonchudo (diz-se de pessoas e coisas).

CAMELAR *v. tr. fam.* Galantear, namorar. Seduzir, adular, enganar. *Amer.* Espiar, espreitar.

CAMELLA (camelha) Gamela. *Agr.* V. CAMELLÓN.

CAMELLAR (camelhar) *adj.* Camelino.

CAMELLERÍA (camelhería) *s. f.* Camelaria (bando de camelos).

CAMELLERO (camelhero) *s. m.* Cameleiro.

CAMELLO (camelho) *s. m.* Camelo. *fig. Amer.* Camelo (indivíduo estúpido e ignorante). *— del Perú,* lhama. *— pardal,* girafa.

CAMELLÓN (camelhòn) *s. m. Aument.* de *Camelo.* Camelão. *Agr.* Camalhão. Gamela, cocho. V. CAMELOTE.

CAMELO *s. m. fam.* Camelo, namoro, galanteio. Mofa, chacota.

CAMELOTE *s. m.* Chamalote. *fig.* Bagatela.

CAMELOTÓN *s. m.* Camelão (tecido).

CAMERO, A *adj.* Pertencente a cama. Diz-se da cama grande. — *s.* Pessoa que faz sobrecéus e cortinados para camas.

CÁMICA *s. f. Amer.* Inclinação do telhado.

CAMILLA (camilha) *s. f. Dim.* de *Cama.* Caminha. Camilha. Maca, padiola.

CAMILLERO (camilhero) *s. m.* Padioleiro.

CAMINADOR, A *adj.* Caminhador, andador.

CAMINANTE *s. m.* Caminhante.

CAMINAR *v. intr.* Caminhar (viajar). Caminhar, andar. Caminhar (ir, dirigir-se, seguir). — *derecho, loc. fig. fam.* Andar direito; proceder com retidão.

CAMINATA *s. f.* Caminhada.

CAMINERO, A *adj.* Pertencente, relativo a caminho.

CAMINO *s. m.* Caminho. Caminho (distância). *fig.* Caminho, meio, recurso. Disposição, estado, conjuntura. Passadeira. *Náut.* Caminho (rumo marítimo). — *de hierro,* caminho de ferro.

CAMIÓN *s. m.* Caminhão.

CAMIONAJE (camionaje) *s. m.* Serviço de transporte em caminhão. Preço deste serviço.

CAMISA (camissa) *s. f.* Camisa. Camisola. Envólucro. Reboco. Película (envolvendo certos frutos). V. TELLIZ. — *de fuerza,* camisa de força.

CAMISERÍA (camissería) *s. f.* Camisaria.

CAMISERO, A (camissero) *s. m. e f.* Camiseiro.

CAMISETA (camisseta) *s. f.* Camiseta. Camisola (camisa curta).

CAMISOLA (camissola) *s. f.* Camisa (vestuário masculino, de colarinho, punhos e peito engomados). Camisote. Camisola (vestuário feminino). *Amer. chil.* V. JUBÓN.

CAMISOLÍN (camissolín) *s. m. Dim.* de *Camisola,* 1ª acep. Peitilho postiço.

CAMISÓN (camissòn) *s. m.* Camisão. Camisa (de homem).

CAMISOTE (camissote) *s. m.* Cota de malha. Camisote.

CAMISTRAJO (camistrajo) *s. fam. deprec.* de *Cama.*

CAMITA *s. f. Dim.* de *Cama.* Caminha. *adj.* Camita.

CAMÓN *s. m. Aument.* de *Cama.* Trono portátil. Balcão cercado de vidraças, solário.

CAMORRA *s. f. fam.* Rixa, briga, contenda, pendência, disputa.

CAMORREAR *v. tr. Amer. argent.* Rixar, contender, brigar, provocar desordem por motivos fúteis.

CAMORRERO, A *adj. Amer. argent.* V. CAMORRISTA.

CAMORRISTA *adj. e s. fam.* Rixoso, bulhento, desordeiro, brigão.

CAMOTAL *s. m. Amer.* Batatal (plantação da batata chamada camote).

CAMOTE *s. m. Amer.* Batata. Camote. *fig.* Paixão amorosa, namoro, camote. *fig.* Mentira, patranha. *Amer. mexic.* Desavergonhado, malandro. *Amer. equat.* Tolo, bobo, idiota.

CAMOTILLO (camotilho) *s. m. Amer.* Doce de camote.

CAMPA *adj.* Diz-se da terra sem árvores; escampa, descampada.

CAMPAMENTO *s. m.* Acampamento.

CAMPANA *s. f.* Sino. Campana. Qualquer coisa que tenha a forma de sino. *fig.* Igreja, paróquia. Campânula (vaso de vidro). *A — herida, loc. adv. fig.* Aos gritos.

CAMPAÑA (campanha) *s. f.* Campanha, campo. Campanha (militar). Campanha (conjunto de esforços para um fim determinado).

CAMPANADA *s. f.* Badalada. *fig.* Escândalo ou novidade ruidosa.

CAMPANAZO (campanaço) V. CAMPANADA.

CAMPANEAR *v. tr.* Repicar, bimbalhar (os sinos).

CAMPANEO (campanèo) *s. m.* Repique (de sinos). *fig. fam.* V. CONTONEO.

CAMPANERO *s. m.* Sineiro. Sacristão.

CAMPANETA *s. f. Dim.* de *Campana.* Sineta.

CAMPANILLA (campanilha) *s. f.* Campainha. *Anat.* Úvula, campainha. Borbulha. Campainha (flor). *Impr.* e *Arq.* Campainha. *De —s, loc. fig. fam.* Diz-se da pessoa de grande autoridade ou de circunstâncias muito relevantes.

CAMPANILLEAR (campanilhar) *v. intr.* Campainhar.

CAMPANILLEO (campanilhèo) *s. m.* Campainhada.

CAMPANILLERO (campanilhero) *s. m.* Campainheiro.

CAMPANO *s. m.* Sineta. V. ESQUILA.

CAMPANOCHA (campanotcha) *s. f. Amer.* V. CAPULLO.

CAMPAR *v. intr.* Campar, sobressair, brilhar. Acampar.

CAMPEAR *v. intr.* Campear, sobressair. Sair (o gado) a pastar pelo campo. Verdejar (as sementeiras). *Amer. merid.* Campear (andar no campo a cavalo em procura ou tratamento do gado).

CAMPECICO *s. m. Dim.* de *Campo.* Campinho.

CAMPECILLO (campecilho) *s. m.* V. CAMPECICO.

CAMPECITO *s. m.* V. CAMPECICO.

CAMPEÓN *s. m.* Campeão.

CAMPERO, A *adj.* Campeiro. *s. m.* Campeiro.

CAMPESINO, A (campessino) *adj.* Campestre, campesino, camponês. *s. m.* Camponês.

CAMPICHUELO (campitchuelo) *s. m. Amer. argent.* Campo pequeno, aberto e coberto de ervas.

CAMPILLO (campilho) *Dim.* de *Campo.* Campinho.

CAMPIÑA (campinha) *s. f.* Grande espaço de terra lavradia. Campina. Terreno arborizado e ameno. Campo.

CAMPIRANO, A *adj. Amer. centr.* Rústico, labrego. *Amer. mexic.* V. CAMPESINO. U. t. c. s. Campeiro. Bom cavaleiro.

CAMPIRO *s. m. Amer. mexic.* Camponês.

CAMPISTO *s. m. Amer. venezuel.* Camponês.

CAMPIRUSO, A (campirusso) *adj. Amer.* V. CAMPESINO. U. t. c. s.

CAMPO *s. m.* Campo (em todas as principais acepções do vocábulo português).

CAMPOSANTO (campossanto) *s. m.* Cemitério, campo santo.

CAMUESA (camuessa) *s. f.* Camoesa (variedade de maçã).

CAMUESO (camuesso) *s. m.* Variedade de macieira. *fig.* Homem tolo e ignorante.

CAMUÑAS (camunhas) *s. f. pl.* Qualquer espécie de semente, exceto de trigo, cevada ou centeio.

CAN *s. m.* Cão. *Astron.* Cão. Cão, gatilho. — *mayor Astron.* Grande Cão. — *menos, Astron.* Pequeno Cão. Canícula.

CANA *s. f.* Cã. U. m. no pl. Medida catalã equivalente a duas varas.

CAÑA *s. f.* Cana. Cachaça. Haste, colmo (do trigo, milho etc.). *Arq.* Fuste. *Anat.* Tíbia, rádio. Medula dos ossos. *Náut.* Cava do leme. — *de azucar, Bot.* Cana-de-açúcar. — *dulce, Bot.* Cana-doce. — *melar,* ou *de Castilla, Bot.* Cana-de-açúcar.

CAÑADA (canhada) *s. f.* Canhada. Canada. Caminho para os rebanhos.

CANADIENSE *adj. e s.* Canadense.

CANADILLO (canadilho) *s. m.* V. BELCHO.

CAÑADUZ (canhaduz) *s. m. prov. Arag.* Cana-de-açúcar.

CAÑAHUECA (canhaueca) *s. m. e f.* Pessoa indiscreta, pessoa que não guarda segredo.

CANAL *s. amb.* Canal. Aqueduto, cano, rego. Espécie de telha. Bebedouro. Faringe.

CAÑAL (canhal) *s. f.* Canavial. Caniçada (para a pesca). Caneiro (pequeno canal).

CANALADURA *s. f.* Acanaladura. Canelura.

CANALEJA (canaleja) *s. f. Dim.* de *Canal.* Canalete. V. MOEGA.

CANALERA *s. f.* Goteira.

CANALIZACIÓN (canliçaciòn) *s. f.* Canalização.

CANALIZO (canaliço) *s. m.* Canal estreito entre ilhas ou baixíos.

CANALLA (canalha) *s. f.* Canalha, ralé. *s. m.* Canalha, patife, biltre.

CANALLADA (canalhada) *s. f.* Canalhada, canalhice.

CANALLESCO, A (canalhesco) *adj.* Canalha.

CAÑAMAR (canhamar) *s. m.* Canhameiral, canhameiro, canaveira.

CAÑAMAZO (canhamaço) *s. m.* Canhamaço. Talagarça.

CAÑAMELAR (canhamelar) *s. f.* Canavial (de cana-de-açúcar).

CAÑAMIEL (canhamiel) *s. f.* Cana-de-açúcar.

CAÑAMIZA (canhamiça) *s. f.* V. AGRAMIZA.

CÁÑAMO (cánhamo) *s. m.* Cânhamo.

CAÑAMÓN (canhamòn) *s. m.* Canhamaça.

CAÑAMONCILLO (canhamoncilho) *s. m. Dim.* de *Cañamon.* Areia muito fina.

CANANA *s. f.* Canana. *Amer.* Camisa-de-força.

CAÑAR (canhar) *s. m.* V. CAÑAL.

CANARIERA *s. f.* Canareira.

CAÑARROYA (canharroia) *s. f. Bot.* Parietária.

CANASTA *s. f.* Canastra. *Náut.* Cesto da gávea.

CANASTADA *s. f.* Canastrada.

CANASTILLA (canastilha) *s. f.* Enxoval que se prepara para a criança que vai nascer.

CANASTILLERO (canastilhero) *s. m.* Cesteiro, canastreiro.

CANASTILLO (canastilho) *s. m.* Cesto, canistrel. Açafate.

CAÑASTO *s. m.* Canastro.

CANASTRÓN *s. m.* Canastrão.

CAÑAVERA (canhavera) *s. f. Bot.* Carriço.

CAÑAVERAL (canhaveral) *s. m.* Canavial.

CAÑAZO (canhaço) *s. m.* Pancada com uma cana.

CANCAMURRIA *s. f. fam.* V. MURRIA.

CANCAMUSA (cancamussa) *s. f. fam.* Artifício, logro, manha.

CANCÁN *s. m.* Cancã (dança).

CÁNCANA *s. f.* Banquinho em que os alunos eram castigados.

CÁNCANO *s. m. fam.* Piolho.

CANCEL *s. m.* Cancelo. *Amer.* Biombo. Guardavento. Cancela. Termo, limite.

CANCELA *s. f.* V. CANCEL. *Amer.* Cancela, porteira.

CANCELACIÓN *s. f.* Cancelamento, cancelação.

CANCELARÍA *s. f.* Chancelaria.

CANCELERÍA *s. f.* V. CANCELARÍA.

CANCERBERO *s. m.* Cérbero. *fig.* Cérbero.

CANCHA (cantcha) *s. f.* Cancha (lugar onde se realizam certos jogos desportivos). Pátio, pista. *¡—! interj. Amer. plat.* Abram caminho! *Estar en su—, loc. fig.* Estar em seu elemento.

CANCHAL (cantchal) *s. m.* Pedregal.

CANCHAR (cantchar) *v. intr.* V. CANCHEAR.

CANCHEAR (cantchear) *v. intr. fam. Amer.* Procurar um motivo ou entretenimento para não trabalhar ou não cumprir a obrigação.

CANCHERO, A (cantchero) *adj. Amer.* Que cuida da cancha ou pista. *Amer. argent.* Vulgar, comezinho.

CANCHO (cantcho) *s. m.* Penhasco, pedrouço.

CANCHÓN (cantchòn) *s. m. Amer. Aument.* de *Cancha. Amer.* Terreno cercado e descoberto que serve para depósito de metais. Cerrado.

CANCILLA (cancilha) *s. f.* Cancela, porteira.

CANCILLER (cancilher) *s. m.* Secretário de embaixada, legação ou consulado. Chanceler.

CANCILLERÍA (cancilhería) *s. f.* Chancelaria. Secretaria de embaixada, legação ou consulado.

CANCIÓN *s. f.* Canção.

CANCIONERO *s. m.* Cancioneiro.

CANCIONETA *s. f.* Cançoneta.

CANCÓN *s. m. fam.* V. BU.

CANDADO *s. m.* Cadeado.

CANDALIZA (candaliça) *s. f. Náut.* Talha, polé.

CANDE *adj.* Candi, cande.

CANDEAL *adj.* Candial. *s. f.* Vela (para alumiar). Flor do castanheiro. *ant.* Castiçal. *fam.* Luz (produzida por combustão de algum material). Candeia.

CANDELADA *s. f.* V. HOGUERA.

CANDELARIA *s. f.* Candelaria (festa religiosa). *Bot.* V. GORDOLOBO.

CANDELECHO (candeletcho) *s. m.* Choça construída sobre estacas.

CANDELEJÓN, A (candelejòn) *adj. e s. Amer.* Cândido, simplório, ingênuo, tolo.

CANDELERA *s. f.* V. CANDELARIA, 1ª acep. *Bot.* Candelária.

CANDELERAZO (candeleraço) *s. m.* Golpe dado com um castiçal.

CANDELERÍA *s. f.* Fábrica ou venda de velas.

CANDELERO *s. m.* Castiçal. Candeio. Candeeiro.

CANDELETA *s. f. Náut.* V. CANDALIZA.

CANDELILLA (candelilha) *s. f. Dim.* de *Candeia.* Velinha. *Amer.* Vagalume. Flor do castanheiro.

CANDELIZO (candeliço) *s. m. fam.* V. CARAMBANO.

CANDIL *s. m.* Candil, candeia, lamparina. Ponta dos esgalhos dos veados. Candeio.

CANDILA *s. f.* Lanterna grande de mineiro.

CANDILADA *s. f.* Candeeirada, candeada. Porção de azeite derramada de um candeeiro ou candeia.

CANDILAZO (candilaço) *s. m.* Golpe dado com uma candeia.

CANDILEJA (candileja) *s. f.* Recipiente da candeia. Lamparina.

CANDILILLO (candililho) *s. m. Dim.* de *Candil. Bot.* Nigela. U. m. no pl.

CANDOMBE *s. m.* Candomblé.

CANDONGA *s. f.* Candonga (falsos carinhos). *fam.* Zombaria, mofa. *fam.* Mula de tiro. *Amer. pl.* Brincos, arrecadas.

CANDONGO, A *adj.* Candongueiro; astuto. U. t. c. s. Que é hábil em fugir ao trabalho.

CANDONGUEAR *v. tr. fam.* Zombar, mofar. *v. intr. fam.* Fazer-se matreiro para não trabalhar.

CANDOROSAMENTE (candorossamente) *adv.* Candidamente.

CANDUCHO, A (candutcho) *adj.* Fornido, robusto.

CANDUJO (candujo) *s. m. Jír.* V. CANDADO.

CANÉ *s. m.* Jogo de parar.

CANECA *s. f.* Caneca. *Amer. argent.* Vasilha ou balde de madeira.

CANECILLO (canecilho) *s. m. Constr.* Cabeça de viga.

CAÑECO, A *adj. Amer.* Bêbedo, embriagado.

CANELAR *s. m.* Plantação de canela ou caneleira.

CANELERO *s. m.* V. CANELO.

CANELO *s. m. Bot.* Caneleiro, caneleira, canela.

CANELÓN *s. m.* V. CANALÓN. V. CARAMBANO.

CAÑERÍA (canhería) *s. f.* Encanamento.

CAÑERO (canhero) *s. m.* O que faz encanamento. Encanador, bombeiro.

CAÑETA (canheta) *s. f.* V. CARRIZO.

CAÑETE (canhete) *s. m. Dim.* de *Caño.* Caninho.

CANEY (canei) *s. m. Amer.* Curva, cotovelo de um rio.

CANFÍN *s. m. Amer. C. Rica.* Petróleo.

CANFINFLA *s. m.* V. CONFINFLERO.

CANFINFLE *s. m.* V. CANFINFLERO.

CANFINFLERO *s. m. Amer. argent.* Rufião.

CANGILÓN (canjilòn) *s. m.* Cangirão.

CANGREJA (cangreja) *s. f. Náut.* Carangueja.

CANGREJERA (cangrejera) *s. f.* Ninho de caranguejos.

CANGREJERO *s. m.* Caranguejeiro. *Amer.* V. CANGREJERA.

CANGREJO (cangrejo) *s. m.* Caranguejo. *Astron.* Câncer.

CANGREJUELO (cangrejuelo) *s. m. Dim.* de *Cangrejo.*

CANGUELO *s. m. Jír.* Medo, temor, receio.

CANGUEREJO (canguerejo) *s. m. Amer. equat.* V. CANGREJO.

CANGURO *s. m.* Canguru.

CANÍBAL *adj. e s.* Canibal.

CAÑIHUECO (canhiueco) *adj.* Diz-se de uma espécie de trigo.

CANIJO, A (canijo) *adj. fam.* Débil, enfermiço, macilento.

CANIL *s. m.* Pão de rala para cães.

CAÑILAVADO, A (canhilavado) *adj.* Diz-se das cavalgaduras cujas pernas são delgadas.

CANILLA (canilha) *s. f.* Canela (da perna). Bobina (de tear). Torneira.

CANILLADO, A (canilhado) *adj.* Canelado, acanalado.

CANILLAZO (canilhaço) *s. m.* Canelada (pancada na canela da perna).

CANILLERA (canilhera) *s. f.* V. ESPINILLERA.

CANINA *s. f.* Excremento de cão.

CANINEZ *s. f.* Fome canina.

CAÑIRLA (canhirla) *s. f.* V. CAÑA.

CAÑIVANO (canhivano) *adj.* V. CAÑILHUECO.

CAÑIVETE (canhivete) *s. m. ant.* Canivete.

CAÑIZA (canhiça) *adj.* Diz-se da madeira cujas veias são transversais à mesma. *s. f.* Pano grosso.

CAÑIZAL (canhiçal) *s. m.* Canavial.

CAÑIZAR (canhiçar) *s. m.* V. CAÑIZAL.

CAÑIZO (canhiço) *s. m.* Caniço. Caniço (grande de canas).

CANJE (canje) Troca (de notas diplomáticas de prisioneiros de guerra). *Amer.* Permuta (de jornais).

CANJEABLE (canjeable) *adj.* Trocável, permutável.

CANJEAR (canjear) *v. tr.* Trocar (notas diplomáticas, prisioneiros de guerra.) *Amer.* Permutar (jornais).

CANMIAR *v. tr. ant.* V. CAMBIAR.

CANO, A *adj.* Encanecido. *fig.* Antigo. *Poét.* Cano, branco.

CAÑO (canho) *s. m.* Cano, tubo, canudo. Tubo (de órgão). V. ALBAÑAL. Galeria (de uma mina). Cova, toca.

CANOAJE (canoaje) *s. m.* Canoagem.

CAÑOCAL (canhocal) *adj.* Diz-se da madeira que se abre ou racha facilmente.

CANON *s. m.* Cânone, cânon.

CANÓN *s. m. Amer.* Aluguel.

CAÑÓN (canhòn) *s. m.* Canhão (peça de artilharia). Cano, tubo. Cano (de arma de fogo). Canhão (de manga). Pena de ave (para escrever). *Geog.* Canhão. Canhão (das penas das aves).

CAÑONAZO (canhonaço) *s. m.* Canhonaço.
CAÑONEAR (canhonear) *v. tr.* Canhonear.
CAÑONEO (canhonèo) *s. m.* Canhoneio.
CAÑONERA (canhonera) *s. f.* Canhoneira.
CAÑONERÍA (canhonería) *s. f.* Conjunto de tubos de um órgão.
CAÑONERO (canhonero) *adj.* Canhoneiro.
CAÑÓNIGO *s. m.* Cônego.
CANONESA (canonessa) *s. f.* Canonisa.
CANONIZACIÓN (canoniçación) *s. f.* Canonização.
CAÑONJÍA (canonjía) *s. f.* Canonicato, conezia.
CANOSO, A (canosso) *adj.* Que tem muitas cãs, encanecido.
CANSANCIO *s. m.* Cansaço.
CANSERA *s. f. fam.* Canseira. Cansaço por importunação. *Amer.* Canseira, trabalheira.
CANSÍO, A *adj. prov. Sal.* Cansado, fatigado.
CANTADA *s. f.* Cantata.
CANTAL *s. m.* Canto (pedra grande).
CANTALAZO (cantalaço) *s. m. Aument.* de *Canta.* V. CANTAZO.
CANTALEAR *v. intr.* Arrulhar (as pombas).
CANTALETA *s. f.* Algazarra, assoada (vozes e instrumentos). *fig. fam.* Mofa, zombaria, vaia.
CANTAR *s. m.* Canção, copla. Cantar, cânticos. — *de los — es*, cântico dos cânticos. *v. intr.* Cantar. CANTARLAS *claras, loc. fig. fam.* Falar sem papas na língua. — *de plano, loc. fig. fam.* Confessar, dizer o que sabia.
CANTARCICO *s. m. Dim.* de *Cantar*, 1ª acep.
CANTARCILLO (cantarcilho) *s. m.* V. CANTARCICO.
CANTARELA *s. f.* Prima (de violino ou violão).
CANTARERA *s. f.* Cantareira (poial para cântaros).
CANTARÍN *adj. fam.* Cantador que canta sem motivo e a qualquer hora. *s. m.* Cantor.
CANTAZO (cantaço) *s. m.* Pedrada.
CANTE *s. m.* Na Andaluzia, qualquer gênero de canção popular. (Diz-se também *cante hondo*).
CANTEAR *v. tr.* Esquadrar (uma pedra etc.). Por de canto (os tijolos).
CANTEL *s. m. Náut.* Linga.
CANTERA *s. f.* Canteira (pedreira de onde se extrai a pedra de cantaria). *fig.* Talento, engenho. *Amer. mexic.* Cantaria.
CANTERÍA *s. f.* Cantaria.
CANTERIOS *s. m. pl.* Vigas transversais que formam o teto.
CANTERITO *s. m.* Pedacinho de pão.
CANTERO *s. m.* Canteiro (trabalhador em pedras de cantaria). Canto, ponta (extremidade de alguma coisa dura que se parte com facilidade). *Amer.* Canteiro (tabuleiro de terra).
CANTICIO *s. m. fam.* Cantarola, cantoria.
CANTIDAD (cantidad) *s. f.* Quantidade.
CANTIL *s. m.* Rocha em forma de degraus (na costa ou no fundo do mar). *Amer.* Beira de um precipício.
CANTILLO (cantilho) *s. m.* Pedrinha, Canto, quina.
CANTIMPLORA *s. f.* Cantimplora. *AMer.* Bócio, papo.
CANTIÑA (cantinha) *s. f. fam.* Canção popular.
CANTINELA *s. f.* Cantilena.
CANTINERO *s. m.* Cantineiro.
CANTISTA *adj.* Cantor. U. t. c. s.
CANTIZAL (cantiçal) *s. m.* Pedregal.
CANTO *s. m.* Canto (ação de cantar). Canto (poema; poesia lírica). Canto (música vocal). — *del cisne,* canto do cisne. — *mensurable,* canto figurado. — *llano,* cantochão. Canto, extremidade, ponta, quina. Seixo, pedra. — *pelado* ou *rodado,* seixo rolado. *Al —, loc. adv. fam.* Junto a si, a seu lado.
CANTOLLANISTA (cantolhanista) *s. m.* e *f.* Cantochanista.
CANTÓN *s. m.* Esquina, canto. Cantão, distrito. *Heráld.* Canto. Acantonamento.
CANTONAR *v. tr.* Acantonar. U. t. c. pron.
CANTONEAR *v. intr.* Andar ociosamente de esquina em esquina.
CANTONERA *s. f.* Cantoneira (reforço de metal para quinas e cantos de móveis). Canto de metal (para livros).
CANTONERO, A *adj.* Diz-se de quem anda ocioso de esquina em esquina. U. t. c. s.

CANTORRAL *s. m.* V. CANTIZAL.
CANTOSO, A (cantosso) *adj.* Pedregoso.
CANTUDA *s. f. prov.* Pão de rala.
CANTUESO (cantuesso) *s. m. Bot.* Rosmaninho.
CANTURÍA *s. f.* Cantoria.
CANTURREAR *v. intr. fam.* V. CANTURRIAR.
CANTURRIAR *v. intr. fam.* Cantarejar, cantarolar, trautear.
CAÑUCELA (canhucela) *s. f.* Caniço (cana delgada).
CAÑUELA (canhuela) *s. f. Dim.* de *Caña.* Caninha. *Amer.* V. CAÑILLA.
CAÑUTAZO (canhutaço) *s. m. fig. fam.* Assopro, denúncia, mexerico.
CAÑUTERÍA (canhutería) *s. f.* V. CAÑONERÍA.
CAÑUTERO (canhutero) *s. m.* V. ALFILETRO.
CAÑUTILLERO (canhutilhero) *s. m.* Instrumento para fazer canudos.
CAÑUTILLO (canutilho) *s. m.* Canudinho. Canutilho, canudilho.
CAÑUTO *s. m.* V. CAÑUTO.
CAÑUTO (canhuto) *s. m.* Canudo. *fig. fam.* V. SOPLÓN. V. ALFILETERO. Espaço entre nó e nó (nas canas).
CAOBANA *s. f. Bot.* V. CAOBO.
CAOBO *s. m. Bot.* Caoba, acaju.
CAOLÍN *s. m.* Caolino, caolim.
CAPACHA (capatcha) *s. f.* Capacha. Giga de palma. *Amer.* Cárcere, prisão. V. CAPACHO.
CAPACHADA (capatchada) *s. f.* O que cabe dentro de uma CAPACHA.
CAPACHAZO (capatchaço) *s. m.* Golpe dado com um capacho ou uma capacha.
CAPACHERO (capatchero) *s. m.* Capacheiro. Cesteiro. O que leva alguma coisa em cesto ou cabaz.
CAPACHO (capatcho) *s. m.* Cabaz. Fibra de esparto. Capacha, capacheira. Espécie de coruja. *Amer.* Bolso, algibeira. *Amer. plat.* Chapéu velho.
CAPACIDAD (capacidad) *s. f.* Capacidade.
CAPAR *v. tr.* Capar, castrar. *fig. fam.* Diminuir, encurtar. *Amer. colomb.* Gazear (faltar à escola).
CAPARAZÓN (caparaçòn) *s. m.* Caparação, caparazão. Capa, cobertura. Carcaça (de ave). Seirão. Carapaça.
CAPARRA *s. f.* V. GARRAPATA. Sinal que se dá ao ajustar-se alguma coisa. *prov.* Alcaparra.
CAPARRAÍZ *s. m. Náut.* Almadrava (barco).
CAPEAR *v. tr.* Roubar a capa de alguém. *Taurom.* Capear. *Náut.* Capear.
CAPEJA (capeja) *s. m. Deprec.* Capa pequena ou malfeita.
CAPELARDENTE *s. f. ant.* Capela ardente.
CAPELLADA (capelhada) *s. f.* Biqueira (do sapato). Tomba (remendo no sapato).
CAPELLÁN (capelhàn) *s. m.* Capelão.
CAPELLANÍA (capelhania) *s. f.* Capelania.
CAPELLAR (capelhar) *s. m.* Capelhar.
CAPELLINA (capelhina) *s. f.* Capelina.
CAPELO *s. m.* Capelo (chapéu cardinalício). *fig.* Capelo (dignidade de cardeal). *Amer.* Campânula.
CAPEO (capèo) *s. m.* Ação de capear (o touro).
CAPERO *s. m.* Capeiro. Cabido para capas.
CAPERUCEAR *v. tr.* Descobrir a cabeça para cumprimentar.
CAPERUCETA *s. f. Dim.* de *Caperuza.* Capuzinho, capuchinho.
CAPERUZA (caperuça) *s. f.* Capuz, capucho. Carapuça.
CAPETA *s. f. Dim.* de *Capa.* Capinha. Capa curta.
CAPETONADA *s. f.* Vômito violento que ataca os europeus na zona tórrida.
CAPICHOLA (capitchola) *s. f.* Capichuela.
CAPIGORRISTA *adj.* e *s. f.* V. CAPIGORRÓN.
CAPIGORRÓN *adj.* e *s. fam.* Ocioso, vadio, tunante.
CAPIGUARA *s. f. Amer.* V. CAPINCHO.
CAPILLA (capilha) *s. f.* Capela, ermida. Capuz, capelo. Corpo de capelães. Capela (conjunto de músicos que cantam em uma igreja). Oratório portátil. *fig. fam.* Frade. — *ardiente,* capela ardente. — *mayor,* capela-mor.
CAPILLADA (capilhada) *s. f.* Carapuçada.
CAPILLEJA (capilheja) *s. m. Dim.* de *Capila,* 2ª acep.
CAPILLEJO (capilhejo) *s. m. Dim.* de *Capillo.* Capeleio. Meada (de seda).

CAPILLERO (capilhero) *s. m.* Encarregado de uma capela e seus pertences.
CAPILLETA (capilheta) *s. f. Dim.* de *Capilla.* Capelinha.
CAPILLO (capilho) *s. m.* Touca de criança. Carapuça (que se põe no falcão). Biqueira (de sapato). Rede para caçar coelhos. Casulo. Botão (de flor). *Náut.* Carapuça. — *de hierro,* capacete.
CAPINCHO (capintcho) *s. m. Amer.* Capivara, capincho.
CAPIROTADA *s. f.* Caperotada.
CAPIROTAZO (capirotaço) *s. m.* Piparote.
CAPIROTE *s. m.* Capuz antigo. Carapuça (que se põe no falcão). Capelo de doutor. *adj.* Capirote.
CAPIROTEAR *v. tr.* Dar piparotes.
CAPIROTERO *adj.* Diz-se do falcão habituado à carapuça.
CAPIRUCHO (capirutcho) *s. m. fam.* V. CAPIROTE.
CAPISCOL *s. m.* Cabiscol, chantre.
CAPITACIÓN *s. f.* Capitação.
CAPITALIZACIÓN (capitaliçación) *s. f.* Capitalização.
CAPITÁN *s. m.* Capitão.
CAPITULACIÓN *s. f.* Capitulação.
CAPITULEAR *v. intr. Amer.* V. CABILDEAR.
CAPITULEO (capitulèo) *s. m. Amer.* V. CABILDEO.
CAPIVAR *s. m.* Capivara.
CAPOLAR *v. intr.* Despedaçar. Partir em dois. Picar (a carne). *prov.* Decapitar.
CAPÓN *s. m.* Capão (galo castrado. Capão (feixe de vides). *adj.* Castrado. U. t. c. s. *s. m.* Piparote. *s. m. Amer.* Cordeiro castrado.
CAPONAR *v. tr.* Atar as vides para que não dificultem os trabalhos agrícolas.
CAPONERA *adj.* Diz-se da égua madrinha. *s. f.* Cevadouro, capoeira. *Fort.* Capoeira. *fig. fam.* Cadeia, prisão.
CAPORAL *s. m.* Cabeça, chefe. Encarregado do gado que trabalha na lavoura. Encarregado de uma fazenda de gado, capataz. *Mil.* Caporal.
CAPORALISTA *s. m.* V. CAPORAL.
CAPORREAR *v. tr. Amer. argent.* V. ZAMARREAR.
CAPOTA *s. f.* Espécie de chapéu feminino. Cabeça (do cardo). Capota (coberta de alguns veículos). V. CAPETA, 2ª acep.
CAPOTAZO (capotaço) *s. m.* Golpe dado com a capa ou capote.
CAPOTE *s. m.* Capote. *fig. fam.* Cenho carregado, carranca. *A,* ou *para, mi —, loc. adv. fig.* Segundo entendo, segundo o meu modo de entender.
CAPOTEAR *v. tr. Taurom.* Capear. *fig.* Envadir manhosamente dificuldades e compromissos. Entreter alguém em alguma coisa, enganando-o.
CAPOTEO (capotèo) *s. m.* Ação de Capotear.
CAPOTERA *s. f. Amer.* Guarda-fato, cabide para roupa.
CAPOTERO, A *adj.* Diz-se da agulha mais grossa usada pelas costureiras. *s. m.* Capoteiro.
CAPOTILLO (capotilho) *s. m.* Capotilho. Mantelete.
CAPOTUDO, A *adj.* V. CEÑUDO.
CAPRARIO, A *adj.* Caprino.
CAPRICHUDO, A (capritchudo) *adj.* Caprichoso.
CAPUANA *s. f. fam.* V. ZURRA.
CAPUCEAR *v. tr.* V. CHAPUZAR.
CAPUCHA (caputcha) *s. f.* Capucha. Capucho. *Impr.* Acento circunflexo.
CAPUCHINO (caputchino) *s. m.* Capuchinho, capucho (religioso). *Amer. adj.* Diz-se da fruta muito pequena.
CAPUCHO (caputcho) *s. m.* Capuz, capelo, capucho.
CAPUCHÓN (caputchòn) *s. m. Aument.* de *Capucha. Anat.* Trapézio. *Ponerse el —, loc. fam.* Ir para a cadeia.
CAPUJAR (capujar) *v. tr. fam. Amer. argent.* Abaralhar, apanhar. Arrebatar, tomar, apanhar uma coisa com violência.
CAPULLO (capulho) *s. m.* Casulo do bicho-da-seda. Casulo. Capulho, botão (de flor). Invólucro da bolota. Cadarço. Prepúcio. Qualquer

coisa com a forma de um botão (de flor). — *ocal,* casulo formado por dois ou mais bichos-da-seda juntos.

CAQUÉCTICO, A *adj.* Caquético.

CARA *s. f.* Cara. Semblante, fisionomia. Fachada ou frente de alguma coisa. Face, superfície de alguma coisa. Presença de alguém. *fig.* Cara, ousadia, descaramento. *adv.* V. HACIA.

CARABE *s. m.* Âmbar.

CARABELA *s. f.* Caravela.

CARABELÓN *s. m.* Bergantim.

CARABINAZO (carabinaço) Carabinada.

CARABINERO *s. m.* Carabineiro. Soldado encarregado da repreensão do contrabando.

CÁRABO *s. m.* Espécie de coruja. Pequena embarcação árabe. *Zool.* Cárabo (inseto).

CARACHE (caratche) *s. f.* Espécie de sarna.

CARACHENTO, A (caratchento) *adj.* V. CARACHOSO.

CARACHO, A (caratcho) *adj.* Violáceo.

CARACHOSO, A (caratchosso) *adj.* Sarnoso, sarnento.

CARACOLA *s. f.* Búzio. Caracol de concha branca.

CARACOLADA *s. f.* Guisado de caracóis.

CARACOLEAR *v. intr. fam.* Caracolar (o cavalo).

CARACOLEO (caracolèo) *s. m.* Ação de caracolar (o cavalo).

¡CARACOLES! *interj.* Caramba!

CARACOLILLO (caracolilho) *s. m. Bot.* Caracoleiro, caracol. Certa variedade de café.

CARÁCTER *s. m.* Caráter. Caráter (tipo, letra).

CARACTERISMO *s. m.* Sinal, indício, característica.

CARADO, A *adj.* Com os advs. *bien* ou *mal,* que tem boa ou má cara.

CARAMANCHEL (caramantchel) *s. m. Náut.* Camarote de vento.

¡CARAMBA! *interj.* Safa! Apre! Caramba!

CARÁMBANO *s. m.* Carambano, carambelo, caramelo (de gelo).

CARAMBOLEAR *v. intr.* Carambolar (no jogo do bilhar).

CARAMBOLERO *s. m.* V. CARAMBOLISTA.

CARAMBOLISTA *s. m. e f.* Pessoa hábil em carambolar.

CARAMEL *s. m.* Espécie de sardinha.

CARAMELO *s. m.* Caramelo, bala. *Punto de —,* ponto de bala.

CARAMENTE *adv.* Custosamente, por alto preço. Encarecidamente. Rigorosamente.

CARAMESA (caramessa) *s. f.* Mesa abundante e opulenta.

CARAMILLAR (caramilhar) *s. m.* Carrascal.

CARAMILLERAS (caramilheras) *s. f. pl. prov.* V. LLARES.

CARAMILLO (caramilho) *s. m.* Charamela. *Bot.* Carrasqueiro. Caramilho (questão de pouca monta). Caramilho, intriga, enredos. Usa-se muito com os verbos *armar* ou *levantar.*

CARAMILLOSO, A (caramilhosso) *adj. fam.* V. QUISQUILLOSO.

CARAMULLO (caramulho) *s. m. prov.* Sobra, resto, excedente.

CARAÑA (caranha) *s. f.* Caranha (certa resina).

CARANTAMAULA *s. f.* Carantonha, caraça, careta. *fig. fam.* Pessoa mal encarada.

CARANTOÑA (carantonha) *s. f.* Carantonha, carranca, caraça, careta, esgar. *fig.* Mulher feia, velha e muito pintada. *pl. fam.* Carícias interesseiras.

CARAOTA *s. f. Amer. venezuel.* V. JUDÍA.

CARAPA *s. f. Bot.* Andiroba.

CARAPACHO (carapatcho) *s. m.* Carapaça.

CARAPATO *s. m.* Óleo de rícino.

¡CARAPE! *interj.* Caramba! Safa! Apre!

CARAQUEÑO, A (caraquenho) *adj. e s.* Natural de Caracas.

CARÁTULA *s. f.* Máscara, caraça. *Amer. Impr.* Página de rosto.

CARATULERO *s. m.* Fabricante ou vendedor de máscaras.

CARAVANERA *s. f.* Caravansará, caravansarai, caravanseralho.

CARAVANERO *s. m.* Caravaneiro.

CARAY (carai) *s. m.* V. CAREY. *Interj.* V. CARAMBA!

CARAZA (caraça) *s. f. Aument.* de *Cara.* Caraça.

CARBOL *s. m.* Espécie de navio turco. *Quím.* Carbol, fenol.

CARBÓN *s. m.* Carvão. — *de piedra,* carvão de pedra, hulha.

CARBONADA *s. f.* Grande quantidade de carvão lançada de uma vez à fornalha.

CARBONAR *v. tr.* Encarvoar.

CARBONCILLA (carboncilha) *s. f.* Aglomeração de fragmentos de carvão.

CARBONCILLO (carboncilho) *s. m.* Carvão (para desenho).

CARBONEAR *v. tr.* Carvoejar (fazer carvão).

CARBONEO (carbonèo) *s. m.* Ação de carvoejar.

CARBONERA *s. f.* Carvoeira.

CARBONERÍA *s. f.* Carvoaria.

CARBONERO *s. m.* Carvoeiro. *adj.* Carvoeiro.

CARBONILLA (carbonilha) *s. f.* Fragmentos de hulha.

CARBONITA *s. f. Quím.* Carbonite.

CARBONIZACIÓN (carboniçaciòn) *s. f.* Carbonização.

CARBONO *s. m. Quím.* Carbono.

CARBONOSO, A (carbonosso) *adj.* Que tem carvão ou com ele se parece.

CARBONOSULFURO (carbonossulfuro) *s. m. Quím.* Carbonossulfureto.

CARBOXILO (carbocsilo) *s. m. Quím.* Carboxílio.

CARBUNCLO *s. m.* Carbúnculo, rubim.

CARBUNCO *s. m. Vet.* Carbúnculo, antraz.

CARBUNCOSIS (carbuncossis) *s. f. Med.* Carbunculose.

CARBUNCOSO, A (carbuncosso) *adj.* Carbunculoso.

CARBURACIÓN *s. f.* Carburação.

CARBURO *s. m.* Carbureto, carboneto.

CARCAJ (carcaj) *s. m.* Carcás, aljava.

CARCAJADA (carcajada) *s. f.* Gargalhada.

CARCAJEAR (carcajear) *v. intr. Amer.* Gargalhar, gargalhadear.

CARCAMAL *adj.* Diz-se da pessoa velha e geralmente achacosa. U. t. c. s.

CARCAMÁN, A *adj. Amer.* Diz-se do estrangeiro de baixa condição. *s. m.* Pretencioso, presumido.

CARCAÑAL (carcanhal) *s. m.* V. CALCAÑAR.

CARCASA (carcassa) *s. f.* Carcassa (certo projétil).

CÁRCAVA *s. f.* Barranco, cova. Cárcova. Carneiro, vala.

CARCAVINA *s. f.* V. CÁRCAVA.

CÁRCAVO *s. m.* Cavidade em que joga a roda das azenhas.

CARCAVÓN *s. m. Aument.* de *Cárcava.* Carcavão.

CARCAVUESO (carcavuesso) *s. m.* Barranco, sulco, cova.

CARCAX (carcacs) *s. m.* V. CARCAJ.

CARCAZA (carcaça) *s. f.* V. CARCAJ.

CÁRCEL *s. f.* Cárcere, prisão, cadeia. Medida para lenha equivalente a 100 pés cúbicos. *Carp.* Gastalho. *Impr.* Caixilho de prensa.

CARCELAJE (carcelaje) *s. m.* Carceragem.

CARCELARIO *adj.* Carcerário.

CARCELERA *s. f.* Cantiga popular sobre as penas dos presos.

CARCELERÍA *s. f.* Prisão ou detenção forçada em qualquer parte. Fiança (para um preso).

CARCELERO, A *adj.* V. CARCELARIO. *s. m.* Carcereiro.

CARCHÍ (cartchí) *s. m. Amer.* Carne salgada.

CARDADERÍA *s. f.* V. CARDERÍA.

CARDELINA *s. f.* V. JILGUERO.

CARDENAL *s. m.* Cardial (prelado do Sacro Colégio). *Zool.* Cardial. Contusão, vergão, equimose.

CARDENALATO *s. m.* Cardinalato, cardinalado.

CARDENALICIO, A *adj.* Cardinalício.

CARDENALISTA *s. m.* Cardinalista.

CARDENILLO (cardenilho) *s. m.* Cardenilho, verdete.

CÁRDENO, A *adj.* Cardão. Azul violáceo. Diz-se do lírio. Cardim.

CARDERÍA *s. f.* Lugar onde se faz a cardagem. Fábrica de cardas.

CARDERO *s. m.* Cardeiro.

CARDILLAR (cardilhar) *s. m.* Cardal (de cardo de ouro).

CARDINAL *adj.* Cardial (principal, fundamental). *Puntos —es,* pontos cardiais. *Gram.* Cardinal.

CARDIZAL (cardiçal) *s. m.* Cardal.

CARDO *s. m. Bot.* Cardo. — *alcachofero* V. ALCACHOFA — *de cardadores,* cardo-penteador. — *de comer,* alcachofra-brava. — *borriquero,* cardo-asneiro. — *de liga.* V. AJONJERA.

CARDÓN *s. m. Bot.* V. CARDENCHA. Espécie de cacto.

CARDONCILLO (cardoncilho) *s. m. Bot.* Cardomariano.

CARDUCHA (cardutcha) *s. f.* Carduça.

CARDUMEN *s. m.* Cardume.

CARDUZADOR (carduçador) *s. m.* Carduçador.

CARDUZAR (carduçar) *v. tr.* Carduçar. Cardar.

CAREAR *v. tr. Juris.* Acarear. Carear, cotejar, confrontar.

CARECIENTE *p. a.* de *Carecer.* Carecente.

CARECIMIENTO *s. m.* Carecimento, carência.

CARENA *s. f. Náut.* Querena (conserto do cesto do casco do navio).

CARENADURA *s. f. Náut.* Ação de querenar.

CARENAJE (carenaje) *s. m. Náut.* V. CARENA.

CARENAR *v. tr. Náut.* Querenar (consertar o casco do navio).

CARENERO *s. m. Náut.* Paixão (lugar onde se querenam os navios).

CAREO (careo) *s. m.* Acareação. Careio, cotejo.

CARERO, A *adj.* Careiro.

CARETO, A *adj.* Malacara.

CAREY *s. m. Zool.* Espécie de tartaruga (*Chelone imbricata*).

CARGA *s. f.* Carga (em todas as principais aceps. do vocábulo português).

CARGADERO *s. m.* Cais.

CARGADILLA (cargadilha) *s. f. fam.* Aumento de uma dívida contraída.

CARGADIZO, A (cargadiço) *adj.* Carregável, pronto para ser carregado.

CARGADO, A *p. pres.* de *Cargar.* Carregado. Carregado, (o tempo, a atmosfera). Saturado.

CARGADOR *s. m.* Carregador.

CARGAMENTO *s. m.* Carregamento, carga, carregação.

CARGAR *v. tr.* Carregar (pôr carga em). *fig.* Carregar, sobrecarregar.
Amer. Levar, trazer consigo. *fig.* Incomodar, molestar. *Náut.* Carregar. *fig.* Imputar, atribuir. *Mil.* Carregar. *v. pron.* Lançar-se para um lado com todo o peso do corpo. Carregar-se (o tempo).

CARGAZÓN (cargaçòn) *s. f.* Carregação. Carregamento, carga. Peso (em alguma parte do corpo). Grande número de nuvens.

CARGO *s. m.* Carregação, carga. Cargo, emprego. Encargo, incumbência. Carga, acusação.

CARGOSEAR (cargossear) *v. tr. Amer.* Incomodar, importunar, amolar.

CARGOSERÍA (cargossería) *s. f. Amer.* Impertinência, importunação, amolação.

CARGOSO, A (cargosso) *adj.* Importuno, impertinente.

CARGUERO, A *adj.* Cargueiro.

CARGUÍO *s. m.* Carregamento (objetos que formam a carga).

CARÍ *adj. Amer.* Pardo-claro.

CARIACONTECIDO, A *adj.* Que tem a cara triste; melancólico. *Amer. colomb.* Que tem a cara alegre.

CARIADURA *s. f.* Cárie.

CARIAGUILEÑO, A (cariaguilenho) *adj.* De rosto comprido e nariz um tanto aquilino.

CARIALEGRE *adj.* Risonho.

CARIALZADO, A (carialçado) *adj.* Que tem o rosto erguido.

CARIAMPOLLADO, A (cariampolhado) *adj.* V. MOFLETUDO.

CARIAMPOLLAR (cariampolhar) *adj.* V. MOFLETUDO.

CARIANCHO, A (cariantcho) *adj.* Que tem o rosto largo.

CARIARSE *v. pron.* Cariar-se.

CARÍBAL *adj. e s.* V. CANÍBAL.

CARIBANA *adj. Amer. centr.* V. CARIBE.

CARIBE *adj.* Caraíba, Caribe. U. t. c. s.

CARIBERMEJO, A (caribermejo) *adj.* Que é de tez avermelhada.

CARIBOBO, A *adj. fam.* Que tem cara de tolo.

CARICATURIZAR (caricaturiçar) *v. tr.* Caricaturar.

CARICHATO, A (carichato) *adj.* Que tem o rosto chato.

CARICOMPUESTO, A *adj.* De rosto circunspeto.

CARICORTO, A *adj.* De feições miúdas.

CARICUERDO, A *adj.* De semblante grave e reservado.

CARIDAD (caridad) *s.f.* Caridade.

CARIDELGADO, A *adj.* De rosto delgado.

CARIDELANTERO, A *adj. fam.* Descarado, intrometido.

CARIDOLIENTE *adj.* Diz-se do rosto que denota sofrimento.

CARIDURO, A *s.m.* e *f. Amer.* Caradura.

CARIES *s.f.* Cárie.

CARIFRUNCIDO, A *adj.* Carifranzido.

CARIGORDO, A *adj. fam.* De rosto cheio ou gordo.

CARIHARTO, A (cariarto) *adj.* V. MOFLETUDO.

CARIJUSTO, A (carijusto) *adj.* Hipócrita.

CARILAMPIÑO, A (carilampinho) *adj. Amer.* V. BARBILAMPIÑO.

CARILARGO, A *adj. fam.* Que tem o rosto comprido.

CARILAVADO, A *adj.* V. CARILUCIO.

CARILLA (carilha) *s.f. Dim.* de *Cara.* Carinha. Máscara de apicultor. Folha, página.

CARILLENO, A (carilheno) *adj.* De rosto cheio.

CARILLO, A (carilho) *adj.* Caro, amado, querido. *s. m.* e *f.* Amante, noivo.

CARILLÓN (carilhòn) *s. m.* Carrilhão.

CARILUCIO, A *adj. fam.* Que tem o rosto lustroso.

CARIÑANA (carinhana) *s. f.* Espécie de touca feminina.

CARIÑENA (carinhena) *s.f.* Certo tipo de vinho doce e aromático.

CARIÑO (carinho) *s. m.* Carinho, afeição, amor, ternura. Carinho, carícia, afago. U. m. no pl. *Amer. chil.* Presente, dádiva, obséquio. *fig. Amer. argent.* Lembranças, recomendações. U. m. no pl.

CARIÑOSAMENTE (carinhossamente) *adv.* Carinhosamente.

CARIÑOSO, A (carinhosso) *adj.* Carinhoso.

CARIRREDONDO, A *adj.* De rosto redondo.

CARLANCA *s. f.* Coleira eriçada de pontas de ferro. *fig. fam.* Manha, estratagema, artifício. U. m. no pl. *Tener uno muchas —s, loc. fig. fam.* Ser muito reservado e astuto.

CARLANCÓN *s. m.* Manhoso, reservado, astuto. U. t. c. adj.

CARLEAR *v. intr.* V. JADEAR.

CARMAÑOLA (carmanhola) *s.f.* Carmanhola (canção; espécie de casaco).

CARMEL *s. m. Bot.* Espécie de tanchagem.

CARMEN *s. m.* Carme. *prov. Gran.* Quinta de recreio.

CARMENADOR *s. m.* Carmeador.

CARMENADURA *s. f.* Carmeadura.

CARMENAR *s. m.* V. QUERMES.

CARMESÍ (carmessí) *s. m.* Carmesim. *adj.* Carmesim.

CARMÍN *s. m.* Carmim.

CARMINOSO, A (carminosso) *adj.* Carminado, carmíneo.

CARNACIÓN *s. f. Heráld.* Carnação.

CARNADA *s. f.* Isca de carne para a pesca. *fig. fam.* Negaça.

CARNAJE (carnaje) *s. m.* Carnagem (abastecimento ou provisão de carne).

CARNALIDAD (carnalidad) *s. f.* Carnalidade, sensualidade, concupiscência.

CARNAZA (carnaça) *s. f.* V. CARNADA, 1ª acep. Carnaz.

CARNECERÍA *s. f.* V. CARNICERÍA.

CARNERADA *s. f.* Carneirada (rebanho de carneiros).

CARNEJARE (carneraje) *s. m.* Imposto sobre os carneiros. *Amer. mexic.* V. CARNERADA.

CARNERERO *s. m.* Carneireiro.

CARNERIL *adj.* Carneirento, carneirum.

CARNERO *s. m.* Carneiro. *Amer.* Lhama. *Amer. fig.* Carneiro (pessoa de caráter submisso). Carneiro, ossuário, jazigo.

CARNERUNO, A *adj.* Carneirum, carneirento.

CARNICERÍA *s. f.* Açougue, carniçaria. Carnificina. *Amer. equat.* Matadouro.

CARNICERO, A *adj.* Carniceiro, carnívoro. *fig.* Carniceiro, cruel, feroz. *s. m.* Açougueiro, carniceiro.

CARNICOL *s. m.* Unha (dos animais que têm o casco fendido). V. TABA.

CARNIFICACIÓN *s. f.* Carnificação.

CARNISECO, A (carnisseco) *adj.* Enxuto, seco de carnes.

CARNIZA (carniça) *s. f. fam.* Refugo de carne. *fam.* Carniça (carne morta).

CARNOSIDAD (carnossidad) *s. f.* Carnosidade.

CARNUZA (carnuça) *s. f. Deprec.* Carniça de tal modo abundante que causa fastio ou nojo.

CAROCA *s. f.* Composição burlesca para divertir o vulgo. *fig.* Ação ou dito que contém uma lisonja interesseira.

CAROCHA (carotcha) *s. f.* V. CAROCHA.

CAROCHAR (carotchar) *v. tr.* V. CARROCHAR.

CARONADA *s. f.* V. CARRONADA.

CAROÑOSO, A (caronhosso) *adj.* Mazelento (diz-se das cavalgaduras).

CAROQUERO, A *adj.* Adulador interesseiro. U. t. c. s.

CAROZO (caroço) *s. m.* Sabugo da espiga de milho. *Amer.* Caroço.

CARPA *s. f. Zool.* Carpa. Cacho de uva cortado da videira. *Amer.* Carpa, barraca, tenda de campanha. *Amer. merid.* Toldo, cobertura.

CARPANTA *s. f. fam.* Fome violenta.

CARPE *s. m. Bot.* Carpa.

CARPEDAL *s. m.* Plantação de carpas.

CARPELO *s. m. Bot.* Carpela.

CARPERA *s. f.* Viveiro de carpas.

CARPETA *s. f.* Pasta (para guardar papéis e escrever-se sobre ela). Coberta, pano com que se cobre algum móvel. Pedaço de cartão que cobre maços de papéis. *prov. Arag.* Envelope.

CARPINCHO (carpintcho) *s. m. Amer.* V. CAPINCHO.

CARPINTEAR *v. tr.* Carpinteirar, carpintejar.

CARPINTEREAR *v. tr. Amer.* V. CARPINTEAR.

CARPINTERÍA *s. f.* Carpintaria.

CARPINTERIL *adj.* Carpinteiral.

CARPINTERO *s. m.* Carpinteiro. — *de blanco,* marcineiro. — *de carretas,* ou *de prieto,* carpinteiro de carros, carretos ou carroças. — *de obras de afuera,* carpinteiro de casas. — *de ribera,* carpinteiro naval. *Zool.* Nome de vários pássaros.

CARPIR *v. tr.* Arranhar, rasgar. Pelejar, brigar. Pasmar, deixar alguém sem sentido. *Amer.* Carpir, desmoitar.

CARQUESA (carquessa) *s. f.* Forno (para temperar objetos de vidros).

CARRACA *s. f.* Carraca. *Amer. colomb.* Mandíbula, queixada.

CARRAL *s. m.* Barril, pipa (para vinho).

CARRALEJA (carraleja) *s. f. Zool.* Espécie de cantárida.

CARRALERO *s. m.* Tanoeiro (que faz pipas para vinho).

CARRASCA *s. f. Bot.* V. ENCINA Carrasqueira, carrasca, carrasco.

CARRASCAL *s. m.* Carrascal, carrasqueiral. *Amer. chil.* Pedregal.

CARRASCO *adj.* Diz-se do pinheiro de tronco tortuoso e casca irregular. *s. m.* V. CARRASCA. *Amer.* Arvoredo, mata.

CARRASPANTE *adj.* Acre, áspero.

CARRASPERA *s. f.* Carraspeira.

CARRASPOSO, A (carrasposso) *adj.* V. CARRASPANTE.

CARRASQUEÑO, A (carrasquenho) *adj.* Carrasquenho.

CARRASQUERA *s. f.* Carrascal, carrasqueira.

CARRERA *s. f.* Carreira, corrida. Estrada real. Carreira, curso, trajetória. Carreira, o decurso da existência. Carreira (corrida de cavalos). Linha, risca que divide o cabelo em duas parte. Curso de uma procissão ou outro ato solene. Carreira, profissão. *Jír,* Rua.

CARRERILLA (carrerilha) *s. f.* Certos passos da dança espanhola. *Mús.* Escala.

CARRERO *s. m.* Carreiro (guia de carro).

CARRETADA *s. f.* Carrada. *A —s, loc. adv.* Às carradas.

CARRETAJE (carretaje) *s. f.* Carretagem. Carriagem.

CARRETE *s. m.* Carretel, carrete.

CARRETEADOR *s. m.* Carreador, acarretador.

CARRETEAR *v. tr.* Carrear, acarretar, carretar. Carrear (guiar carros).

CARRETÉO (carretèo) *s. m.* Carreto.

CARRETERA *s. f.* Estrada, caminho, carreteira, rodovia.

CARRETERÍA *s. f.* Carriagem. Carreto. Fábrica de carros ou carretas.

CARRETERIL *adj.* Próprio de carreires ou carreteiros. V. CARRETIL.

CARRETERO *adj.* Carreteiro, carroçável. *s. m.* Carreteiro.

CARRETIL *adj.* Carroçável, carreteiro.

CARRETILHA (carretilha) *s. f.* Carrinho de mão. Buscapé. *De —, loc. adv. fig.* Por hábito, sem atenção. *fig. fam.* De cor.

CARRETILLADA (carretilhada) *s. f.* Carrada (de um carrinho de mão).

CARRETILLERO (carretilhero) *s. m.* O que conduz um carro de mão.

CARRETÓN *s. m.* Carroça. Carrinho para ensinar as crianças a andar.

CARRETONADA *s. f.* Carroçada.

CARRETONERO *s. m.* Carroceiro.

CARRICOCHE (carricotche) *s. m.* Espécie de carreta coberta. Carruagem velha, calhambeque.

CARRICUBA *s. f.* Carro de irrigação, carro-tanque.

CARRIEGO *s. m.* Cesto de vime para pescar. Cesto para branquear as meadas de linho.

CARRIL *s. m.* Carril, rodeira. Sulco deixado pelo arado. Carril, caminho de um carro, carreiro. Trilho, carril (de estrada de ferro). *Amer. chil.* Trem de ferro.

CARRILADA *s. f.* V. CARRIL, 1ª acep.

CARRILERA *s. f.* Carril, rodeira. *Amer. colomb.* Desvio (de via férrea).

CARRILLADA (carrilhada) *s. f.* Gordura da maxila do porco; carrilheira. *ant.* Queixada. *ant.* Bofetada.

CARRILLAR (carrilhar) *s. m. Náut.* Teque. *v. tr.* Içar com o teque.

CARRILLERA (carrilhera) *s. f.* Queixada. Barbote, jugular.

CARRILLO (carrilho) *s. m.* Bochecha, face, carrilho.

CARRILLUDO, A (carrilhudo) *adj.* Bochechudo.

CARRIOLA *s. f.* Cama ou tarimba sobre rodas.

CARRIZAL (carriçal) *s. m.* Carriçal.

CARRIZO (carriço) *s. m. Bot.* Carriço.

CARROCERÍA *s. f.* Fábrica de carruagens. Carroceria.

CARROCERO *s. m.* Fabricante de carruagens.

CARROCÍN *s. m.* Carrocim (pequeno coche de duas rodas).

CARROCHA (carrotcha) *s. f.* Ovos do pulgão, de abelha mestra e de outros insetos.

CARROCHAR (carrotchar) *v. intr.* Pôr ovos (os insetos).

CARROMATO *s. m.* Carromato. Espécie de carro de guerra.

CARROÑA (carronha) *s. f.* Carne corrompida.

CARROÑADA *s. f.* Carronada.

CARROÑAR (carronhar) *v. tr.* Encher de ronha o gado lanígero.

CARROÑO, A (carronho) *adj.* Podre, corrompido. *Amer. colomb.* Covarde, medroso.

CARROÑOSO, A (carronhosso) *adj.* Que cheira a carne putrefata.

CARROZA (carroça) *s. f.* Carruagem. *Amer. per.* Carro fúnebre. Toldo (à popa das embarcações).

CARRUAJE (carruaje) *s. f.* Carruagem, carros, coches etc. Carruagem (vagão de passageiros nas estradas de ferro).

CARRUCO *s. m. Deprec.* de *Carro.* Calhambeque. Pequeno carro cujo eixo gira com as rodas, as quais não têm raios.

CARRUJO (carru*j*o) *s. m.* Copa (de árvore).
CARRUSEL (carrussel) *s. m.* Carrossel.
CARTABÓN *s. m.* Esquadria.
CÁRTAMA *s. f. Bot.* Cártamo; açafroa.
CARTAPACIO *s. m.* Livro de lembranças, cartapácio. Pasta (de colegial). Caderno de papel pautado para exercícios caligráficos. Cartapácio (carta volumosa).
CARTAPEL *s. m.* Papel ou escrito que contém coisas inúteis ou impertinentes.
CARTAZO (carta*ç*o) *s. m. Aument.* de *Carta.* Carta grande, cartapácio. Carta que contém uma repreensão.
CARTEAR *v. tr.* Jogar cartas falsas ou sem valor para sondar o jogo. *v. pron.* Cartear-se.
CARTEL *s. m.* Cartaz. Rede para pescar sardinhas. *ant.* Cartel.
CARTELA *s. f.* Cartão no qual se escreve aquilo que se quer conservar na memória. *Arq.* Mísula, cachorro.
CARTELERO *s. m.* Cartazeiro.
CARTELÓN *s. m. Aument.* de *Cartel.* Cartaz grande.
CARTEO (carte*o*) *s. m.* Carteamento, carteio.
CARTERA *s. f.* Carteira. *fig.* Pasta (de ministro).
CARTERÍA *s. f.* Emprego de carteiro. Correios.
CARTERISTA *s. m.* Carteirista.
CARTERO *s. m.* Carteiro.
CARTÍLAGO *s. m.* Cartilagem. V. TERNILLA.
CARTILLA (carti*lha*) *s. f.* Cartilha. Caderno de notas.
CARTILLERO, **A** (carti*lhero*) *adj.* Diz-se da criança que aprende a ler na cartilha.
CARTÓN *s. m.* Cartão, papelão. *Pint.* Cartão.
CARTONAJE (cartona*je*) *s. m.* Cartonagem.
CARTONERA *s. f.* Caixa de papelão.
CARTONERÍA *s. f.* Fábrica de papelão.
CARTONERO, **A** *adj.* Próprio de cartão ou papelão. *s. m.* Fabricante ou vendedor de cartão; cartonageiro.
CARTUCHERA (cartutchera) *s. f.* Cartucheira.
CARTUCHO (cartutcho) *s. m.* Cartucho. Pilha de moedas contadas e embrulhadas. *Amer.* V. CUCURRUCHO.
CARTUJANO (cartu*j*ano) *adj. e s.* V. CARTUJO.
CARTUJA (cartu*j*a) *s. m.* Cartuxa.
CARTUJO (cartu*j*o) *adj. e s.* Cartuxo. *s. m. fig. fam.* Homem arredio e taciturno.
CARTULINA *s. f.* Cartolina.
CARVALLEDO (carva*lhedo*) *s. m.* Carvalhal.
CARVALLO (carva*llo*) *s. m.* V. ROBLE.
CARVAYO (carva*dj*o) *s. m. prov. Ast.* V. ROBLE.
CASABE (cassabe) *s. m.* V. CAZABE.
CASABILLO (cassabilho) *s. m. Amer. cub.* Sinal branco do rosto.
CASACIÓN (cassación) *s. f.* Cassação.
CASADERO, **A** (cassadero) *adj.* Casadouro, casadeiro (em idade de casar). Núbil.
CASALICIO (cassalício) *s. m.* Casa, edifício.
CASAMENTERO, **A** (cassamentero) *adj.* Casamenteiro.
CASAMIENTO (cassamiento) *s. m.* Casamento.
CASAMURO (cassamuro) *s. m. Mil.* Espécie de baluarte.
CASAPUERA (cassapuerta) *s. f.* Vestíbulo, saguão.
CASAQUILLA (cassaquilha) *s. m.* Espécie de casaca curta.
CASAQUÍN (cassaquín) *s. m.* Casaca muito curta.
CASAVE (cassave) *s. m.* V. CAZABE.
CASBA *s. f.* V. ALCAZABA.
CASBA *s. f.* Folhelho da uva pisada e espremida. Casca do azinheiro e segunda casca do sobreiro (para cortume).
CASCABANCOS *s. m.* V. ZASCANDIL.
CASCABEL *s. m.* Cascavel, guizo.
CASCABELA *s. f. Amer. Zool.* Cascavel, boicininga, crótalo.
CASCABELADA *s. f.* Festa popular ruidosa. *fig. fam.* Leviandade, imprudência, desatino.
CASCABELEAR *v. tr. fig. fam.* Alvoroçar com esperanças lisonjeiras e vãs. *v. intr. fig. fam.* Portar-se levianamente ou conduzir-se com pouco juízo.
CASCABELILLO (cascabelilho) *s. m. Dim.* de *Cascabel.* Espécie de ameixa.

CASCABILLO (cascabilho) *s. m.* V. CASCABEL. Cascabulho.
CASCABULLO (cascabulho) *s. m.* Cascabulho.
CASCACIRUELAS *s. m.* e *f. fig. fam.* Pessoa desprezível e inútil.
CASCADA *s. f.* Cascata. Pregas miúdas no vestuário.
CASCADO, **A** *adj.* Quebrantado, alquebrado.
CASCADURA *s. f.* Quebradura, quebra. Quebrantamento.
CASCAJAR (cascajar) *s. m.* Cascalheira (lugar em que há muito cascalho).
CÁSCAJE (cascaje) *s. m. Amer. mex.* V. BARRILERÍA.
CASCAJENTO, **A** (cascajento) *adj. Amer. chil.* Cascalhento.
CASCAJERA (cascajera) *s. f.* V. CASCAJAR.
CASCAJO (cascajo) *s. m.* Cascalho. Cacos, fragmentos. Conjunto de frutas secas com casca (nozes, avelãs etc.) *fig. fam.* Caco, traste.
CASCAJOSO, **A** (cascajosso) *adj.* Cascalhoso, cascalhudo.
CASCAMAJAR (cascama*j*ar) *v. tr.* Quebrar alguma coisa machucando-a levemente.
CASCAMIENTO *s. m.* V. CASCADURA.
CASCANUESES (cascanuesses) *s. m.* Quebra-nozes.
CASCAPIEDRAS *s. m.* Limpa-trilhos.
CASCAPIÑONES (cascapinhones) *s. m.* Quebra-nozes.
CASCAR *v. tr.* Quebrar, partir. U. t. c. pron. *fam.* Cascar, bater, pespegar. *fig. fam.* Quebrantar, alquebrar (a saúde). *fam.* Charlar, tagarelar U. t. c. intr. *Amer.* Dedicar-se de preferência a alguma coisa.
CÁSCARA *s. f.* Casca. *interj. fam.* Que denota admiração ou surpresa.
CASCAREAR *v. tr. Amer. hond.* V. CASCAR, 2ª acep.
CASCARELA *s. f.* V. CUATRILLO.
CASCARILLA (cascarilha) *s. f.* Cascarilha. Lâmina delgada de metal com que se envolvem vários objetos. Cascarilha (espécie de quina branca).
CASCARILLO (cascarilho) *s. m. Bot.* Cascarilha.
CASCARÓN *s. m.* Casca do ovo. *Aument.* de *Cáscara.* Cascão, cascarrão.
CASCARRABIAS *s. m.* e *f. fam.* Pessoa que se encoleriza com muita facilidade.
CASCARRÓN, **A** *adj. fam.* Áspero, desagradável.
CASCARUDO, **A** *adj.* Cascaroso.
CASCARULETA *s. f.* V. CUCHARETA. Ruído produzido pelos dentes quando se bate no queixo com a mão.
CASCO *s. m.* Casco, crânio. Caco. Capacete, casco. Casco (tonel, pipa, barril). Casco (do navio). Casco (unha de certos animais). Armação da sela. *fam.* Casco, cabeça, juízo, inteligência. *pl.* Cabeça de vaca ou de carneiro, sem miolos e sem língua.
CASCOTAZO (cascota*ç*o) *s. m. fam.* Pedrada.
CASCOTE *s. m.* Pedaço de tijolo ou ladrilho, entulho. *fig. fam.* Homem já velho, principalmente se é solteirão.
CASCUDO, **A** *adj.* Diz-se dos animais que têm os cascos grandes.
CASEA (cássea) *s. f.* Caseína.
CASEACIÓN (casseaciòn) *s. f.* Caseação.
CASEIFICACIÓN (casseificaciòn) *s. f.* Caseificação.
CÁSEO, **A** (cásseo) *adj.* Caseoso. *s. m.* Coalhadura.
CASERA (cassera) *s. f.* Caseira, governante.
CASERAMENTE (casseramente) *adv.* Simplesmente, sem cerimônia.
CASERÍA (cassería) *s. f.* Casal, casa isolada no campo.
CASERÍO (casserío) *s. m.* Casario, casaria.
CASERO, **A** (cassero) *adj.* Caseiro.
CASERÓN (casseròn) *s. m.* Casarão, casaréu.
CASETA (casseta) *s. f. Dim.* de *Casa.* Casinha, casinhola (principalmente rústica).
CASI (cássi) *adv.* Quase, perto, aproximadamente, pouco menor, por pouco. (Usa-se repetido e com o mesmo sentido). (Emprega-se construído com a conjunção *que*).
CASIA (cassia) *s. f. Bot.* Cássia.

CASIACEO, **A** (cassiaceo) *adj.* Cassiáceo. *s. f. pl. Bot.* Cassiáceas.
CASICA *s. f.* Casola, casinha.
CASICONTRATO (cassicontrato) *s. m.* V. CUASICONTRATO.
CASILLA (casilha) *s. f.* Casinha, espécie de guarita. Casa de um tabuleiro de xadrez. Bilheteria. *Amer. equat.* Casinha, latrina. Casa, compartimento, separação.
CASILLERO (cassilhero) *s. m.* Estante com vários compartimentos.
CASIMIR (cassimir) *s. f.* Casimira.
CASIMIRO (cassimiro) *s. m.* V. CASIMIR.
CASINA (cassina) *s. f. Bot.* Cassina.
CASINETA (cassineta) *s. f. Amer.* Cassineta.
CASINETE (cassinete) *s. f. Amer.* V. CASINETA.
CASINO (cassino) *s. m.* Cassino.
CASO (casso) *s. m.* Caso, fato, acontecimento. Acaso, caso, casualidade. Lance, ocasião, conjuntura. *Gram.* Caso. — *afretado,* caso de difícil solução. *Gram.* — *recto,* caso subjetivo. *A* — *hecho, loc. adv.* De caso pensado, deliberadamente. *Dado —, loc.* No caso de.
CASOAR (cassoar) *s. m.* V. CASUARIO.
CASÓN (cassòn) *s. m.* Casão, casarão.
CASONA (cassona) *s. f.* V. CASÓN.
CARORIO (cassorio) *s. m. fam.* Mau casamento. Casamento modesto, casório.
¡CASPITA! *interj.* Cáspite!
CASQUERÍA *s. f.* Casa de tripeiro.
CASQUERO *s. m.* Tripeiro.
CASQUETAZO (casqueta*ç*o) *s. m.* Cabeçada (pancada com a cabeça).
CASQUETE *s. m.* Casquete. Emplastro para tinhosos. Cairel.
CASQUIBLANDO, **A** *adj.* Casquibrando.
CASQUIJO (casqui*j*o) *s. m.* Cascalho (para preparar o cimento armado).
CASQUILLA (casquilha) *s. f.* Alvéolo (onde põe a abelha mestra).
CASQUILLO (casquilho) *s. m.* Casquilho (cilindro oco e metálico para vários usos). Ferro da flecha ou seta. *Amer.* Ferradura. *Amer.* Cartucho vazio.
CASQUINA *s. f. prov. Arag.* Tunda, surra, sova.
CASTAÑA (castanha) *s. f.* Castanha (fruto do castanheiro). Garrafão. Castanha (rolo de cabelo). — *apilada,* ou *pilonga,* castanha pilada.
CASTAÑAL (castanhal) *s. m.* Castanhal.
CASTAÑAR (castanhar) *s. m.* V. CASTAÑAL.
CASTAÑEDA (castanheda) *s. f.* Castanhedo, castanhal.
CASTAÑERA (castanhera) *s. f.* Castanheira (mulher que vende castanhas). *prov.* Castanhedo.
CASTAÑETA (castanheta) *s. f.* Castanhola, castanheta. Trinco, castanheta. *Zool.* Castanheta, maria-mole.
CASTAÑETADA (castanhetada) *s. f.* V. CASTAÑETAZO.
CASTAÑETAZO (castanheta*ç*o) *s. m.* Golpe seco de castanholas. Castanheta, trinco. Estalo que dá a castanha ao rebentar no fogo. Estalido (das articulações).
CASTAÑETE (castanhete) *adj. Dim.* de *Castaño.*
CASTAÑETEADO (castanheteado) *s. m.* Ruído de castanholas.
CASTAÑETEAR (castanhetear) *v. intr.* Castanhetear. Castanholar.
CASTAÑETEO (castanhetèo) *s. m.* Ação de castanhetear ou castanholar.
CASTAÑETERO, **A** (castanhetero) *s. m.* e *f.* Pessoa que toca, vende ou fabrica castanholas.
CASTAÑO, **A** (castanho) *adj.* Castanho. *s. m.* Castanho. *Bot.* Castanheiro. Castanho (madeira do castanheiro).
CASTAÑOLA (castanhola) *s. f. Zool.* Castanhola (peixe).
CASTAÑUELA (castanhuela) *s. f.* Castanhola, castanhetas.
CASTAÑUELO, **A** (castanhuelo) *adj. Dim.* de *Castaño* (diz-se de cavalos e éguas).
CASTELLÁN (castelhàn) *s. m.* Castelão.
CASTELLANA (castelhana) *s. f.* Castelã.
CASTELLANÍA (castelhanía) *s. f.* Castelania.
CASTELLANO, **A** (castelhano) *adj. e s.* Castelhano. *s. m.* Castelhano, espanhol, a língua espanhola.

CASTELLAR (castelhar) *s. m.* V. TODABUENA.
CASTICIDAD (casticida*d*) *s. f.* Casticismo.
CASTIDAD (Castida*d*) *s. f.* Castidade, pureza.
CASTIGADERA *s. f.* Correia, passador (dos arreios de uma besta de carga).
CASTILLAJE (castilha*j*e) *s. m.* V. CASTI- LLERÍA.
CASTILLEJO (castilhe*j*o) *s. m. Dim.* de *Castillo.*
CASTILLERÍA (castilhería) *s. f.* Direito de pas- sagem pelo território dos castelos.
CASTILLERO (castilhero) *s. m.* Casteleiro.
CASTILLO (castilho) *s. m.* Castelo.
CASTILLETE (castilhete) *s. m. Dim.* de *Castillo.*
CASTILLUELO (castilhuelo) *s. m. Dim.* de *Castillo.*
CASTIZAMENTE (castiçamente) *adv.* De modo castiço.
CASTIZO, A (castiço) *adj.* Castiço, de boa raça; puro, vernáculo.
CASTOREÑO (castorenho) *adj.* Diz-se do chapéu de castor.
CASTRA *s. f.* Poda.
CASTRACIÓN *s. f.* Castração.
CASTRAR *v. tr.* Castrar, capar. Podar. Secar as chagas. Castrar, crestar (as colméias).
CASTRAZÓN (castração) *s. f.* Cresta, castração (das colméias). Tempo da cresta das colméias.
CASUALIDAD (cassualida*d*). *s. f.* Casualidade.
CASUARIO (cassuario) *s. m. Zool.* Casoar, ema.
CASUCA (cassuca) *s. f. Deprec.* de *Casa.* Casi- nhola, casucha.
CASUCHO (cassutcho) *s. m.* V. CASUCA.
CASULLA (cassulha) *s. f.* Casula.
CASULLERO (cassulhero) *s. m.* O que faz casu- las e outras vestimentas sagradas.
CASUMBA (cassumba) *s. f. Amer.* V. CASUCA.
CATA *s. f.* Cresta (das colméias). Prova (ação de provar ou degustar). Cata, busca, procura. *Amer.* Cata (para a extração de metais).
CATACALDOS *s. m. e f. fig. fam.* Pessoa que ini- cia muitos negócios e a nenhum atende. Intrometido, metediço.
CATADURA *s. f.* V. CATA *fam.* Catadura, expressão do semblante.
CATALÁN, A *adj.* e *s.* Catalão.
CATALEJO (catale*j*o) *s. m.* Óculo de alcance.
CATAR *v. tr.* Provar, degustar. Ver, examinar, catar, registrar. Crestar (a colméia). Julgar, inquirir, visar.
CATARAÑA (cataranha) *s. f.* Zool. Espécie de garça. Lagarto das Antilhas.
CATARRIENTO, A *adj.* Catarrento.
CATASTRAL *adj.* Cadastral.
CATASTRO *s. m.* Cadastro.
CATAVIENTO *s. m. Náut.* Catavento, grimpa.
CATAVINO *s. m.* Caneca (para provar o vinho).
CATECÚ *s. m.* V. CATO.
CATENULAR *adj.* Catenulado.
CATIÓN *s. m. Fís.* Catião.
CATITE *s. m.* Espécie de chapéu. Torrão de açúcar refinado.
CATO *s. m.* Cachu, catechu, cato.
CATOCHE (catotche) *s. m. Amer. mexic.* Mau humor, enfado.
CATORCE *s. m.* e *adj.* Catorze.
CATORCENA *s. f.* Conjunto de catorze unidades.
CATORCENO, A *adj.* Catorzeno.
CATORZAVO, A (catorçavo) *adj.* e *s.* Catorze avos.
CATRE *s. m.* Catre. *Amer. — de balsa,* jangada.
CATRECILLO (catrecilho) *s. m.* Banquinho dobradiço.
CAUCÁSEO, A (caucásseo) *adj.* Caucásio, cau- cásico.
CAUCE *s. m.* Leito (de um rio ou ribeiro). Re- gueiro. Canal.
CAUCHERO (cautchero) *s. m. Bot.* Caucho.
CAUCHERO, A (cautchero) *adj.* e *s.* Caucheiro, seringueiro.
CAUCHO (cautcho) *s. m.* Caucho, látex, borracha. *Amer.* Pneumático (de automóvel).
CAUCHUCO (cautchuco) *s. m.* V. CAUCHO.
CAUCIÓN *s. f.* Caução.
CAUDA *s. f.* Cauda (de vestimenta eclesiástica).
CAUDAL *adj.* Caudal, caudaloso. *s. m.* Caudal, torrente, corrente. Cabedal, fazenda, bens, capi- tal, riqueza.

CAUDALEJO (caudale*j*o) *s. m. Dim.* de *Caudal.*
CAUDATRÉMULA *s. f.* V. AGUZANIEVES.
CAUDILLAJE (caudilha*j*e) *s. f.* Caudilhagem, caudilhismo.
CAUDILLO (caudilho) *s. m.* Caudilho.
CAUDÓN *s. m.* V. ALCAUDÓN.
CAUQUE *s. m. Amer.* Peixe-rei.
CAURO *s. m.* Noroeste (vento).
CAUSÓN (caussòn) *s. m.* Febre alta, breve e sem conseqüências.
CAUTIVADOR, A *adj.* Cativante.
CAUTIVANTE *adj.* Cativante.
CAUTIVAR *v. tr.* Cativar, capturar. Cativar, encan- tar, ganhar a simpatia de. *v. intr.* Cair prisioneiro.
CAUTIVERIO *s. m.* Cativeiro.
CAUTIVIDAD (cautivida*d*) *s. f.* Catividade.
CAUTIVO, A *adj.* e *s.* Cativo.
CAVACHE (cavatche) *s. m. fam.* Cavadura, cavadela.
CAVALILLO (cavalilho) *s. m. Agr.* Regueiro entre duas granjas.
CAVAZÓN (cavaçón) *s. f.* Cava (ato de cavar).
CAVIA *s. f.* Escavação em volta do tronco de uma árvore. *s. m.* Cávia, porquinho-da-índia.
CAVIAL *s. m.* Caviar.
CAVIDAD (cavida*d*) *s. f.* Cavidade, buraco, cova, depressão.
CAVILACIÓN *s. f.* Cavilação.
CAVILOSIDAD (cavilossida*d*). *s. f.* Apreensão infundada, juízo pouco meditado. Cavilação.
CAVO, A *adj. ant.* Cavo, côncavo. *Vena —a Anat.* Veia cava.
CAY (cai) *s. m. Amer. argent. Zool.* Caí.
CAYADA (cadjada) *s. f.* V. CAYADO.
CAYADO (cadjado) *s. m.* Cajado, bastão, bordão.
CAYÁN (cadjàn) *s. m.* V. TAPANCO.
CAYANA (cadjana) *s. f.* Amer. Prato (de ferro ou de barro) para cozer o pão de milho.
CAYO (cadjo) *s. m.* Ilhota, cachopo.
CAYUCO (cadjuco) *s. m. Amer.* Espécie de caíque.
CAZ *s. m.* Aberta, levada, canal.
CAZA (caça) *s. f.* Caça, caçada. Caça (animais apanhados na caçada, ou que se costumam caçar). *Levantar la —, loc. fig. fam.* Dar motivo para alguma disputa.
CAZABE (caçabe) *s. m.* Caçabe.
CAZACLAVOS (caçaclavos) *s. m.* Arranca-pregos.
CAZADA (caçada) *s. f.* O que contém um caço cheio.
CAZADERO (caçadero) *s. m.* Lugar onde se caça.
CAZADOR, A (caçador) *adj.* e *s.* Caçador. *s. f.* Caçadeira (espécie de jaquetão).
CAZAMOSCAS (caçamoscas) *s. m.* Papa-mos- cas.
CAZAR (caçar) *v. tr.* Caçar *fig. fam.* Apanhar, sur- preender. *fig. fam.* Cativar a vontade de alguém. *Náut.* Caçar.
CAZARETE (caçarete) *s. m.* Uma das peças da armação de pesca.
CAZATA (caçata) *s. f.* V. CACERÍA.
CAZATORPEDERO (caçatorpedero) *s. m. Náut.* Caça-torpedeiros.
CAZCALEAR *v. intr. fam.* Saracotear, mover-se, fingindo diligência.
CAZCARRIA *s. f.* Monco, ranho. Choca (mancha de lama na barra do vestido).
CAZCARRIENTO, A *adj.* Moncoso, ranhoso. Enlameado, choquento.
CAZCORVO, A *adj.* Diz-se da cavalgadura que tem as patas curvas.
GAZO (caço) *s. m.* Caço, concha.**CAZOLEJA** (caçole*j*a) *s. f. Dim.* de *Cazuela.*
CAZOLERO, A (caçolero) *adj.* V. COMINERO.
CAZOLADA (caçolada) *s. f. fam.* Panelada.
CAZOLETA (caçoleta) *s. f.* Caçoleta. Punho, copo (da espada). *Dim.* de *Cazuela.*
CAZOLETERO, A (caçoletero) *adj.* V. COMI- NERO.
CAZOLITA (caçolita) *s. f. Dim.* de *Cazuela.*
CAZOLÓN (caçolòn) *s. m. Aument. de Cazuela.*
CAZÓN (caçòn) *s. m.* Cação.
CAZONAL (caçonal) *s. m.* Caçonais.
CAZUDO, A (caçudo) *adj.* Diz-se da faca cujo lombo é muito grosso.
CAZUELA (caçuela) *s. f.* Caçarola. Guisado feito na caçarola. Galeria, poleiro (nos teatros).

CAZUMBRAR (caçumbrar) *v. tr.* Estopar as jun- tas dos tonéis de vinho.
CAZUMBRE (caçumbre) *v. tr.* Estopa para tapar as juntas dos tonéis de vinho.
CAZUMBRÓN (caçumbròn) *s. m.* Tanoeiro que estopa as juntas dos tonéis de vinho.
CAZURRÍA (caçurría) *s. f.* Casmurrice.
CAZURRO, A (caçurro) *adj.* e *s. fam.* Casmurro, sorumbático, carrancudo. *Amer. venezuel.* Cauteloso, astuto.
CAZUZ (caçuz) *s. m.* V. HIEDRA.
CE *s. f.* Ce (nome da letra C) *—por be,* ou *— por —, loc. adv. fig. fam.* Tintim-por-tintim. *Por — o por be, loc. adv. fig. fam.* De um modo ou de outro.
CEA *s. f.* V. CÍA.
CEÁTICA *s. f.* Ciática.
CEBA *s. f.* Ceva (alimento com que se engordam os animais).
CEBADA *s. f.* Cevada.
CEBADAL *s. m.* Cevadal.
CEBADAZO, A (cebadaço) *adj.* Pertencente à cevada.
CEBADERA *s. f.* Cevadeira (saco em que se dá cevada aos animais). *Náut.* Cevadeira.
CEBADERO *s. m.* Cevadeiro (o que vende ceva- da). Cevadeiro (o que cevava falcões). Cevadouro (sítio em que se põe isca para a caça). Abertura, boca (de forno de ladrilhos).
CEBADILLA (cebadilha) *s. f.* Cevadinha.
CEBADO, A *adj.* Cevado.
CEBADOR *s. m.* Polvarinho.
CEBADURA *s. f.* Cevadura, ceva.
CEBAMIENTO *s. m.* V. CEBADURA.
CEBAR *v. tr.* Cevar; pôr isca em; fomentar; engor- dar; cevar o mate. Alimentar o fogo; preparar uma máquina para que comece a funcionar.
CEBELLINA (cabelhinha) *adj.* Zebelina.
CEBO *s. m.* Cevo, ceva, pasto. Cevo, isca. Escorva. Cevadura, ceva. V. CEFO.
CEBOLLA (cebolha) *s. f.* Cebola.
CEBOLLADA (cebolhada) *s. f.* Cebolada.
CEBOLLANA (cebolhana) *s. f.* Cebolinha, cebola de todo o ano.
CEBOLLAR (cebolhar) *s. m.* Cebolal.
CEBOLLERO (cebolhero) *s. m.* Ceboleiro.
CEBOLLETA (cebolheta) *s. f.* Cebolinha, cebola de todo o ano.
CEBOLLINO (cebolhino) *s. m.* Cebolinho. Ce- bolo.
CEBOLLÓN (cebolhòn) *s. m. Aument.* de *Ce- bolla.* Variedade de cebola.
CEBOLLUDO, A (cebolhudo) *adj.* Bolboso.
CEBÓN, A *adj.* e *s.* Cevado.
CEBRA *s. f.* Zebra.
CEBRADO, A *adj.* Zebrado.
CEBRATANA *s. f.* V. CERBATANA.
CEBRUNO, A *adj.* V. CERVUNO.
CEBÚ *s. m.* Zebú.
CEBURRO *adj.* V. CAUDEAL.
CECA *s. f.* Casa da moeda.
CECEAMIENTO *s. m.* Ceceio (vício de pronúncia que consiste em proferir o *s* castelhano como *c.*)
CECEAR *v. intr.* Cecear (pronunciar o *s* castelhano como *c*).
CECEO (cecèo) *s. m.* V. CECEAMIENTO.
CECIAL *s. m.* Bacalhau seco; peixe escalado.
CECINA *s. f.* Chacina (carne em postas, salgada e curada).
CECINADO, A *adj.* Chacinado, salgado, curado.
CECINAR *v. tr.* Chacinar (preparar e salgar postas de carne).
CEDA *s. f.* V. CERDA. V. ZEDA.
CEDACERÍA *s. f.* Fábrica ou venda de peneiras.
CEDACERO *s. m.* Peneireiro.
CEDACITO *s. m. Dim.* de *Cedazo.*
CEDAZO (cedaço) *s. m.* Peneira.
CEDAZUELO (cedaçuelo) *s. m.* V. CEDACITO.
CEDILLA (cedilha) *s. f.* V. ZEDILLA.
CEDIZO, A (cediço) *adj.* Cediço, quase podre.
CEDRAL *s. m.* Bosque de cedros.
CEDRAS *s. f. pl.* Alforges de peles.
CEDRELEÓN *s. m.* Óleo de cedro.
CEDRIA *s. f.* Cédria.

CÉDRIDE *s. f.* Fruto do cedro.

CEDRO *s. m.* Cedro. — *amargo,* cedro branco, cedro-batata. — *blanco,* cipreste. —*hembra,* cedro rosa, cedro da várzea. — *macho,* cedro cheiroso.

CEDRÓN *s. m.* Cedrão. Cedrão, cedro branco, carrapeta verdadeira.

CEDULÓN *s. m. Aument.* de *Cédula.* Aviso, cartaz. Édito de excomunhão. *fig.* Pasquim.

CÉFALO *s. m.* V. RÓBALO.

CEFEO (cefèo) *s. m.* Astron. Cefeu.

CÉFIRO *s. m.* Zéfiro.

CEGAJO (cegajo) *s. m.* Bode de dois anos.

CEGAJOSO, A (cegajosso) *adj.* Remeloso.

CEGARRA *Adj.* e *s. fam.* V. CEGATO.

CEGARRITA *adj. fam.* Peticego. U. t. c. s.

CEGATO, A *adj.* e *s. fam.* Míope. Cegueta.

CEGATÓN, A *adj.* Amer. V. CEGATO.

CEGATOSO, A (cegatosso) *adj.* e *s.* V. CEGAJOSO.

CEGUECILLO, A (ceguecilho) *adj.* e *s.* V. CIEGUECILLO.

CEGUEDAD (ceguedad) *s. f.* Ceguidade, cegueira.

CEGUERA *s. f.* Cegueira.

CEGUEZUELO, A (ceguezuelo) *adj.* e *s.* V. CIEGUEZUELO.

CEIBO *s. m.* Corticeira, flor de coral, mulungu, sanaduva, suiná, sumaúveira, coraleira cristada.

CEJA (ceja) *s. f.* Sobrancelha, sobrolho, supercílio. *fig.* Saliência, protuberância. Linha de nuvem sobre os cumes das montanhas. Cume, cimo. *Mús.* Pestana, celha. Carreiro num bosque. — *de la puerta,* batente (da porta). *Quemarse las —s, loc. fig. fam.* Queimar as pestanas (estudar muito).

CEJADERO (cejadero) *s. m.* Corrente que prende a coleira à ponta da lança de um carro.

CEJADOR (cejador) *s. m.* V. CEJADERO.

CEJAR (cejar) *v. intr.* Recuar, ciar, retroceder (as cavalgaduras ou os veículos). *fig.* Ceder, recuar.

CEJIJUNTO, A (cejijunto) *adj. fam.* Que têm as sobrancelhas unidas. *fig.* V. CEÑUDO.

CEJILLA (cejilha) *s. f.* Mús. V. CEJA, 5ª acep.

CEJO (cejo) *s. m.* Nevoeiro (sobre os rios e ribeiros, depois de sair o sol).

CEJUDO, A (cejudo) *adj.* Que tem sobrancelhas espessas.

CEJUELA (cejuela) *s. f. Dim.* de *Ceja,* V. VEJA, 5ª acep.

CEJUNTO, A (cejunto) *adj. ant.* V. CECIJUNTO.

CELACIÓN *s. f.* Celação.

CELADA *s. f.* Cilada.

CELADOR, A *adj.* e *s.* Zelador.

CELAJE (celaje) *s. m.* Celagem, cariz. Um. m. no pl. *fig.* Presságio. *Mar.* Conjunto de nuvens. Clarabóia.

CELAJERÍA (celajería) *s. f.* V. CELAJE, 3ª acep.

CELÁN *s. m.* Espécie de arenque.

CELANDÉS, A *adj.* e *s.* Zelandês.

CELAR *v. tr.* Zelar. Vigiar, cuidar. Espreitar, observar. Cinzelar. Zelar (ter ciúmes).

CELDA *s. f.* Cela. Célula, cubículo. Câmara, aposento.

CELDILLA (celdilha) *s. f. Dim.* de *Celda.* Célula. Nicho. *Bot.* Célula. Cela (cavidade dos favos). Cavidade de um órgão.

CELEMÍN *s. m.* Celamim.

CELEMINERO *s. m.* V. MOZO *(de faja y cebada).*

CELENTEREADOS *s. m. pl. Zool.* Celentéreos, celenterados.

CELINDRATE *s. m.* Guisado de coentros.

CELLAR (celhar) *adj.* Diz-se do ferro forjado em barras de 5 cm de comprimento e 1 de grossura.

CELLENCA (celhenca) *s. f.* Prostituta.

CELLENCO, A (celhenco) *adj. fam.* Debilitado, cansado, velho, fraco, acabado.

CELLISCA (celhisca) *s. f.* Chuvisco. Nevasca com vento.

CELLISQUEAR (celhisquear) *v. intr.* Chover ou nevar com vento.

CELLO (celho) *s. m.* Arco (de barril, pipa, etc.). *fam.* Violoncelo.

CELO *s. m.* Zelo, ciúme. Zelo, cuidado. *Zool.* Cio. *Dar —s, loc.* Dar motivos para ciúmes.

CELOSAMENTE (celossamente) *adv.* Zelosamente. Ciumentamente.

CELOSÍA (celossía) *s. f.* Gelosia. Ralo, rótula (de porta).

CELOSO, A (celosso) *adj.* Zeloso. Ciumento. V. RECELOSO.

CELSITUD (celsitud) *s. f.* Celsitude.

CEMENTACIÓN *s. f.* Cementação.

CEMENTERIAL *adj.* Cemiterial.

CEMENTERIO *s. m.* Cemitério.

CEMENTO *s. m.* Cemento. Cimento. — *armado,* cimento armado, concreto.

CENA *s. f.* Ceia.

CENAAOSCURAS *s. m.* e *f. fig. fam.* Pessoa miserável que se priva de comodidade. Pessoa acantoada.

CENACHO (cenatcho) *s. m.* Alcofa.

CENADA (cenatcho) *s. m.* Alcofa.

CENADA *s. f. Amer. mexic.* Ceia (ação de cear).

CENADERO *s. m.* Comedor, sala de jantar.

CENADO, A *adj.* Ceado, jantado.

CENADOR, A *adj.* Que ceia. Que ceia excessivamente. *s. m.* Caramanchel.

CENAGAL *s. m.* Ceno, atoleiro, tremedal, cenagal. *fig.* Atoleiro, negócio de saída difícil.

CENAGOSO, A (cenagosso) *adj.* Cenoso, cenagoso, lodoso, imundo.

CENAR *v. intr.* e *tr.* Cear, jantar.

CEÑAR (cenhar) *v. intr.* Carregar o cenho.

CENCEÑO, A (cencenho) *adj.* Delgado, esgalgado, magro, enxuto.

CENCERRADA *s. f. fam.* Chocalhada.

CENCERREAR *v. intr.* Chocalhar. Arranhar; tocar um instrumento desafinado. *fig. fam.* Ranger, rechinar, rinchar.

CENCERREO (cencerrèo) *s. m.* Chocalhada.

CENCERRIL *adj.* Pertencente ao chocalho.

CENCERRO *s. m.* Chocalho. — *zumbón,* chocalho grande. *A —s tapados, loc. adv.* Com os chocalhos cheios de erva. *fig. fam.* À surdina, secretamente.

CENCERRÓN *s. m.* V. REDROJO.

CENCHA (centcha) *s. m.* Travessa em que se fixam os pés de cadeiras, camas etc.

CENDAL *s. m.* Cendal. *pl.* Algodões de tintureiro. *Náut.* Fusta.

CÉNDEA *s. f.* Na Navarra, unidade formada por várias povoações.

CENDOLILLA (cendolilha) *s. f.* Rapariga de pouco juízo.

CENDRA *s. f.* Copela.

CENDRADA *s. f.* V. CENDRA.

CENEFA *s. f.* Sanefa. Sebasto das casulas.

CENICERO *s. m.* Cinzeiro. Borralheira.

CENICIENTO, A *adj.* Cinzento. *s. f. fig.* Borralheira.

CENICILLA (cenicilha) *s. f.* V. OÍDIO.

CEÑIDO, A (cenhido) *adj.* Moderado, parco, poupado. *Zool.* Anelado.

CEÑIDOR (cenhidor) *s. m. Bot.* Cingidouro, cinto.

CEÑIGLO (cenhiglo) *s. m. Bot.* Quenopódio.

CEÑIR (cenhir) *v. tr.* Cingir, apertar, ajustar. *fig.* Cingir, abreviar, reduzir. *Náut.* Bracear por sotavento. *v. pron.* Cingir-se, limitar-se. Moderar os gastos. *Irreg.* Ind. pres. *Ciñ-o, es, e, en.* Pret. indef. *Ciñ-o, eron.* Subj. pres. *Ciñ-a, as, a, amos, an.* Pret. imperf. *ciñ-era* ou *ese, eras* ou *eses, era* ou *ese, éramos* ou *ésemos, erais* ou *eseis, eran* ou *esen.* Fut. imperf. *Ciñ-ere, eres, ere, éremos, ereis, eren.* Imperat. *Ciñ-e, a, amos, an. Ger.* Ciñendo.

CENIT *s. m.* Zênite.

CENITAL *adj.* Zenital.

CENIZA (ceniça) *s. f.* Cinza. *Hacer —, loc. fig.* Reduzir a cinzas.

CENIZAL (ceniçal) *adj.* Cinerário.

CENIZO, A (ceniço) *adj.* V. CENICIENTO.

CENIZOSO, A (ceniçosso) *adj.* Cinerário. Cinzento, cinéreo.

CEÑO (cenho) *s. m.* Are, anel. Cenho. *Vet.* Cenho.

CENOJIL (cenojil) *s. m.* Liga (para segurar as meias).

CEÑOSO, A (cenhosso) *adj.* Cenhoso. *Vet.* Que sofre de cenho.

CENSAL *adj. prov. Arag.* Censual. *s. m.* Censo.

CENSATARIO, A *adj.* Censionário.

CENSURABLE *adj.* Censurável.

CENSURISTA *adj.* Diz-se de quem tem o hábito de censurar.

CENTALLA (centalha) *s. f.* Fagulha (do carvão ao acender-se).

CENTELLA (centelha) *s. f.* Centelha, chispa, faísca, fagulha. Faísca elétrica.

CENTELLANTE (centelhante) *p. a.* de *Centellar.* Cintilante.

CENTELLAR (centelhar) *v. tr.* V. CENTELLEAR.

CENTELLEANTE (centelheante) *p. pres.* de *Centellear.* Cintilante.

CENTELLEAR (centelhèo) *s. m.* Cintilação, faiscação.

CENTÉN *s. m.* Moeda espanhola que valia cem *reales.*

CENTENAR *s. m.* Centenar, centena. Centeal.

CENTENAZA (centenaça) *adj.* Centeia (diz-se da palha do centeio). *s. f.* Palha centeia.

CENTENERO, A *adj.* Centenoso.

CENTENO *s. m.* Centeio.

CENTENO, A *adj.* Centésimo.

CENTENOSO, A (centenosso) *adj.* Que tem abundante mistura de centeio.

CENTIDONIA *s. f. Bot.* Centinódoa, sempre-noiva.

CENTILLERO (centilhero) *s. m. Amer.* Candelabro de sete braços, usado nas igrejas.

CENTINELA *s. amb.* Sentinela.

CENTOLLA (centolha) *s. f. Zool.* Centola, santola.

CENTÓN *s. m.* Centão, manta de retalhos. *fig.* Centão, colcha de retalhos.

CENTRACIÓN *s. f.* Centragem.

CÉNTRICO, A *adj.* Central. *Calle —a,* rua central.

CENTURIA *s. f.* Século, centúria. Centúria (companhia de cem homens de guerra). Centúria (uma das divisões políticas dos romanos).

CENTURIÓN *s. m.* Centurião.

CENTURIONAZGO *s. m.* Centuriado, centurionado, centuriato, centurionato.

CENUDO, A (cenhudo) *adj.* Cenhoso, carrancudo, cenudo.

CÉNZALO (cénçalo) *s. m.* Mosquito comum.

CEO *s. m.* Peixe-galo.

CEPA *s. f.* Cepa. Raiz da cauda ou dos chavelhos dos animais.

CEPEDA *s. f.* Tojal.

CEPEJÓN (cepejón) *s. m.* Parte mais grossa de um ramo separado do tronco.

CEPELLÓN (cepelhón) *s. m. Agr.* Terra que se deixa junto às raízes dos vegetais para transplantá-los.

CEPILLADURA (cepilhadura) *s. f.* Acepilhadura. Escovadela.

CEPILLAMIENTO (cepilhamiento) *s. m.* Acopilhamento. Escovadela.

CEPILLAR (cepilhar) *v. tr.* Acepilhar, aplainar. Escovar.

CEPILLO (cepilho) *s. m.* Cepilho (plaina pequena). Escova. *fig. Amer. mexic.* Adulador. —*bocel,* instrumento para estriar a madeira.

CEPO *s. m.* Cepo (em todas as principais acepções do vocáb. português).

CEPORRO *s. m.* Cepa velha para o fogo. *fig.* Homem rude.

CEQUÍ *s. m.* Cequim.

CEQUIA *s. f.* V. ACEQUIA.

CERAPEZ *s. f.* V. CEROTE.

CERASTA *s. f. Zool.* Ceraste.

CERBATANA *s. f.* Sarabatana. Colubrina de pequeno calibre.

CERCA *s. m.* Cerca. *adv.* Cerca, perto, próximo, junto. Acerca. *m. pl. Pint.* Objetos que figuram em primeiro plano. —*de, loc. adv.* Acerca de. *De —, loc. adv.* De perto.

CERCADOR, A *adj.* Cercador; sitiante. U. t. c. s. *s. m.* Puxavante.

CERCANAMENTE *adv.* Proximamente, perto.

CERCANO, A *adj.* Próximo, perto, vizinho, cercão.

CERCÉN *adv.* Cerce. *A —, loc. adv.* Cerce, pela raiz.

CERCENADAMENTE *adv.* Cerceamente.

CERCENADOR, A *adj.* e *s.* Cerceador.

CERCENADURA *s. f.* Cerceadura.

CERCENAMIENTO *s. m.* Cerceamento.

CERCENAR *v. tr.* Cercear.

CERCEÑO, A *adj. prov. Sal.* Cérceo.

CERCHA (certcha) *s. f. Amer.* V. CIMBRA *Arq.* Régua flexível para medir superfícies desiguais.

CERCHAR (certchar) *v. tr. Agr.* Alforcar as videiras.

CERCHÓN (certchón) *s. m.* V. CIMBRA.

CERCILLO (cercilho) *s. m.* V. ZARCILLO — *de vid,* gavinhas da videira.

CERCIORAR *v. tr.* Certificar, afirmar, U. t. c. pron.

CERCO *s. m.* Cerco (em todas as principais acepções do vocábulo português).*Amer.* Cerca, cercado.

CERCOTE *s. m.* Rede para cercar os peixes.

CERDA *s. f.* Cerda. Cabelos da crina e cauda das cavalgaduras e outros animais. Porca, cerca. Messe cortada. Punhado de linho para sedar.

CERDADA *s. f.* Vara de porcos.

CERDAMEN *s. m.* Molho de cerdas para pincéis, escovas, etc.

CERDEAR *v. intr.* Manquejar (os animais). Desafinar (as cordas dos instrumentos) *fig. fam.* Esquivar-se de fazer algo. Tosar (as crinas dos animais). *Amer. argent. fig. fam.* Cumprir uma obrigação de má vontade.

CERDO *s. m.* Porco, suíno, cerdo. — *marino,* porco-do-mar.

CEREBRO (cerèbro) *s. m.* Cérebro.

CERECEDA *s. f.* V. CEREZAL.

CERECERO *s. m.* V. CEREZO.

CERECILLA (cerecilha) *s. f.* V. GUINDILLA.

CERECILLO (cerecilo) *s. m.* V. CEREZO.

CERELEÓN *s. m.* Cerato.

CEREÑO, A (cerenho) *adj.* Da cor da cera, céreo.

CEREO, A *adj.* Céreo (de cera).

CERERÍA *s. f.* Fábrica de cera. Casa da cera.

CERERO *s. m.* Cerieiro.

CEREZA (cereça) *s. f.* Cereja. Cereja (cor de).

CEREZAL (cereçal) *s. m.* Cerejal.

CEREZO (cereço) *s. m.* Cerejeira. — *mollar* ou *garrafal,* cerejeira da Europa.

CERILLA (cerilha) *s. f.* Rolo, pavio de cera. Fósforo (de cera).

CERILLERA (cerilhera) *s. f.* V. FOSFORERA.

CERILLERO (cerilhero) *s. m.* V. FOSFORERA.

CERILLO (cerilho) *s. m. prov. And.* e *Amer.* V. CERILLA, 2ª acep.

CERMEÑA (cermenha) *s. f.* Saramenho, soromenho.

CERNADA *s. f.* Cenrada, encerada, barrela.

CERNADERO *s. m.* Barreleiro.

CERNEDERO *s. m.* Avental usado por quem peneira a farinha. Lugar onde a farinha é cernida.

CERNEDOR *s. m.* Cernideira.

CERNEJA (cerneja) *s. f.* Crina nas quartelas das cavalgaduras. U. m. no pl.

CERNEJUDO, A (cernejudo) *adj.* Que tem muita crina nas quartelas.

CERNER *v. tr.* Cernir, peneirar, poeirar. *fig.* Observar, examinar, vigiar. Depurar, purificar. *v. intr.* Florescer (a videira, etc.) *fig.* Chuviscar. *v. pron.* Cernir, saracotear. *Irreg.* V. conj. de *Extender.*

CERNÍCALO *s. m.* Tartaranha.

CERNIDO *s. m.* Ação de *Cerner.* Peneiração, peneirada. O que é peneirado.

CERNIR *v. tr.* V. CERNER. *Irreg.* V. conj. de *Discernir.*

CERO *s. m.* Zero.

CEROLLO, A (cerolho) *adj.* Serôdio, tardio.

CEROMIEL *s. m. Farm.* Ceromel.

CERÓN *s. m.* Resíduo de cera nos favos.

CEROTE *s. m.* Cerol. *fig. fam.* Medo.

CEROTEAR *v. tr.* Aplicar o cerol.

CERQUILLO (cerquilho) *s. m.* Cercilho, cercílio. Vira (do calçado).

CERRADERO, A *adj.* Diz-se do lugar que se fecha e do instrumento com que se fecha. U. t. c. s. m. e f. *s. m.* Espelho da fechadura. Cerradouro.

CERRADIZO, A (cerradiço) *adj.* Que se pode fechar.

CERRADO, A *adj.* Fechado. Encerrado, cerrado, vedado. *fig.* Cerrado, obscuro, incompreensível, oculto. Cerrado (coberto de nuvens). Cerrado, unido, compacto. *fig. fam.* Fechado, silencioso, dissimulado. *fig. fam.* Selado (diz-se de testamento). *fig. fam.* Rude, incapaz. *s. m.* Cerrado, cerca.

CERRADOR, A *adj.* Que fecha. *s. m.* Qualquer coisa que sirva para fechar.

CERRADURA *s. f.* Fechamento, encerramento, cerramento. Fechadura.

CERRAJA (cerraja) *s. f.* Fechadura. *Bot.* Serralha.

CERRAJE (cerraje) *s. m. ant.* Serralho.

CERRAJERÍA (cerrajería) *s. f.* Serralheria.

CERRAJERILLO (cerrajerilho) *s. m.* V. REYEZUELO.

CERRAJERO (cerrajero) *s. m.* Serralheiro.

CERRAJÓN (cerrajón) *s. m.* Outeiro alto e escarpado.

CERRAMIENTO *s. m.* Cerramento, fechamento. *Arq.* Fechamento. Cercado, cerrado. Fecho, remate, conclusão.

CERRAR *v. tr.* Fechar. Cerrar. Tapar. Cercar. Encerrar. Concluir, rematar. Apertar. Proibir. Terminar, concluir, cerrar. *fig.* Investir, acometer, cerrar. *v. pron.* Fechar, cicatrizar-se. *Irreg.* V. conj. de *Calentar.*

CERRAZÓN (cerraçòn) *s. m.* Cerração.

CERREJÓN (cerrejón) *s. m.* Cerro ou outeiro pequeno.

CERRERO, A *adj.* Errante; que vaga livremente de cerro em cerro. V. CERRIL. *fig.* Altaneiro, soberbo, orgulhoso. *fig. Amer. venezuel.* Diz-se do que é amargo.

CERRETA *s. f.* V. BRAZAL.

CERRICABRA *s. f.* V. RUPICABRA.

CERRIL *adj.* Agreste, bravo (diz-se do terreno). Indômito. Serril. *fig. fam.* Grosseiro, tosco, rústico.

CERRILLA (cerrilha) *s. f.* Instrumento para serrilhar.

CERRILLAR (cerrilhar) *v. tr.* Serrilhar.

CERRILMENTE *adv.* Rudemente, secamente.

CERRIÓN *s. m.* V. CANELÓN.

CERRO *s. m.* Cerro, outeiro, colina. Lombo, dorso, espinhaço. Pescoço do animal. Molho de linho ou cânhamo assedado. Mecha de cabelos.

CERROJAZO (cerrojaço) *s. m.* Ação de aferrolhar bruscamente. *fig.* Encerramento inesperado da temporada parlamentar.

CERROJO (cerrojo) *s. m.* Ferrolho.

CERRÓN *s. m.* Pano grosso da Galiza.

CERRUMA *s. f. Vet.* Quartela.

CERRUMADO, A *adj.* Que tem as quartelas deformadas.

CERTAMEN *s. m.* Certame.

CERTERAMENTE *adv.* Certeiramente.

CERTERO, A *adj.* Certeiro.

CERTIDUMBRE *s. f.* Certeza.

CERTIFICABLE *adj.* Certificável.

CERTIFICACIÓN *s. f.* Certificação. Certificado, certidão.

CERTINIDAD (certinidadad) *s. f.* V. CERTIDUMBRE.

CERTÍSIMO *adj. superl.* de *Cierto.* Certíssimo.

CERTITUD (certitud) *s. f.* V. CERTIDUMBRE.

CERUMEN *s. m.* Cerume.

CERUSITA (cerussita) *s. f. Quím.* Cerusito.

CERVARIO, A *adj.* Cerval, cervino.

CERVÁTICA *s. f.* V. LANGOSTÓN.

CERVATILLO (cervatilho) *s. m.* V. ALMIZCLERO.

CERVECEO (cervecèo) *s. m.* Fermentação da cerveja.

CERVECERÍA *s. f.* Cervejaria.

CERVECERO *s. m.* Cervejeiro.

CERVEZA (cerveça) *s. f.* Cerveja.

CÉRVICO, A *adj.* Cervical.

CERVIGÓN *s. m.* V. CERVIGUILLO.

CERVIGUDO, A *adj.* Cachaçudo.

CERVIGUILLO (cerviguilho) *s. m.* Cachaço.

CERVILLERA (cervilhera) *s. f.* Capacete.

CERVUNO, A *adj.* Cerval, cervino. Fouveiro.

CESACIÓN (cessaciòn) *s. f.* Cessação.

CESAMIENTO (cessamiento) *s. m.* Cessamento.

CESANTE (cessante) *p. a.* de *Cesar,* Cessante. *adj.* e *s.* Diz-se do funcionário público demitido (com ou sem vencimentos); inativo.

CESANTÍA (cessantía) *s. f.* Inatividade (de funcionário público).

CESAR (cessar) *v. intr.* Cessar, acabar, parar. Deixar de exercer algum cargo; entrar em inatividade.

CESÁREO, A (cesséreo) *adj.* Cesáreo. *Operación —a,* operação cesariana.

CESE (cesse) *s. m.* Nota que suspende o pagamento de vencimentos.

CESIBILIDAD (cessibilidad) *s. f.* Qualidade de cessível.

CESIBLE (cessible) *adj.* Cessível.

CESIO (cessio) *s. m.* Quím. Césio.

CESIÓN (cessiòn) *s. f.* Cessão, cedência.

CESIONARIO (cessionário) *s. m.* Cessionário (a quem se faz a cessão).

CESIONISTA (cessionista) *s. m.* e *f.* Cessionário (o que faz a cessão).

CÉSPED *s. m.* Relva. Casca nascida nos lugares das incisões dos sarmentos. Céspede, leiva, leira.

CESPEDERA *s. f.* Lugar de onde se tiram céspedes ou leiras.

CESPITAR *v. intr.* Titubear, vacilar, hesitar.

CESTAÑO (cestanho) *s. m.* V. CANASTILLA.

CESTERÍA *s. f.* Cestaria.

CESTERO *s. m.* Cesteiro.

CESTO *s. m.* Cesto, cesta. Cesto (espécie de manopla).

CESTÓN *s. m. Fort.* Cestão, gabião.

CESTONADA *s. f. Fort.* Gabionada.

CESTONAR *v. tr. Fort.* Gabionar.

CESTRO *s. m. ant.* V. SISTRO.

CETA *s. f.* V. ZETA.

CETILAMINA *s. f. Quím.* Acetilamina.

CETRERÍA *s. f.* Cetraria, altanaria, falconaria.

CETRERO *s. m.* Celebrante paramentado com capa de asperges. Falcoeiro.

CEUGMA *s. f.* Zeugma.

CH Quarta letra e terceira consoante do alfabeto espanhol. (Os vocábulos que começam por CH figuram depois da letra C).

CÍA *s. f. Anat.* Ilíaco.

CIABOGA *s. f. Náut.* Ciavoga.

CIANHIDRATO (cianidrato) *s. m. Quím.* V. CIANURO.

CIANURO *s. m. Quím.* Cianureto.

CIBAJE (cibaje) *s. m. Amer.* Variedade de pinheiro.

CIBAL *adj.* Cibárico.

CIBERA *adj.* Que serve para cevar. *s. f.* Moedura (porção de trigo que se deita na tremonha). Bagaço (dos frutos). V. TOLVA.

CIBICA *s. f.* Barra de ferro que reforça o eixo de madeira de um veículo.

CIBICÓN *s. m. Aument.* de *Cibica.*

CICA *s. f. Bot.* Cica. *Jir.* Bolsa (de dinheiro).

CICÁDEO, A *adj.* Semelhante à cigarra. *s. f. pl. Bot.* Cicadáceas.

CICÁDIDOS *s. m. pl. Zool.* Cicadárias.

CICATEAR *v. intr. fam.* Mesquinhar.

CICATERÍA *s. f.* Mesquinharia.

CICATERO, A *adj.* e *s.* Mesquinho, sovina, miserável, forreta.

CICATRIZACIÓN (cicatriçación) *s. f.* Cicatrização.

CICATRIZAL (cicatriçal) *adj.* Cicatricial.

CICATRIZATIVO, A (cicatriçativo) *adj.* Cicatrizante.

CICÉRCULA *s. f.* V. ALMORTA.

CICERÓN *s. m. fig.* Homem muito eloquente.

CÍCLADA *s. f.* Cíclade.

CICLAMEN *s. m. Bot.* Ciclame. — *común,* ciclame da Europa.

CICLÁN *adj.* e *s.* Roncolho.

CICLAR *v. tr.* Polir, abrilhantar (pedras preciosas).

CICLÓN *s. m.* Ciclone, furacão.

CICLORAMA *s. m.* Panorama.

CIDRATO *s. m.* V. ZAMBOA.

CIDRERA *s. f.* V. CIDRERO.

CIDRERO *s. m. Bot.* Cidreira.

CIDRO *s. m.* V. CIDRERO.

CIDRONELA *s. f.* Erva-cidreira.

CIEGAMENTE *adv.* Cegamente.

CIEGO, A *adj.* e *s.* Cego. A —*s, loc. adv.* Às cegas.

CIEGUECICO, A adj. e s. Dim. de Ciego. Ceguinho.
CIEGUECILLO, A (cieguecilho) adj. e s. V. CIEGUECICO.
CIEGUECITO, A adj. e s. V. CIEGUECICO.
CIEGUEZUELO, A (cieguezuelo) adj. e s. V. CIEGUECICO.
CIELO s. m. Céu. Clima. Llovido del —, loc. fam. Caído do céu. — de la boca, céu da boca.
CIMPIÉS s. m. Centopéia.
CIEN adj. Apócope de Ciento. Cem. (Usa-se antes de substantivo).
CIÉNAGA s. f. Lodaçal, lameiro. V. CENAGAL.
CIÉNAGO s. m. ant. V. CIENO. V. CIENAGAL.
CIENDOBLAR v. tr. Cem-dobrar, centuplicar.
CIENMILÉSIMO (cienmilèssimo) adj. e s. Centésimo-milésimo.
CIENMILÍMETRO s. m. Centésima parte de um milímetro.
CIENO s. m. Tremedal, atoleiro, ceno.
CIENOSO, A (cienosso) adj. V. CENAGOSO.
CIENTO adj. Cem. s. m. Cento, centena.
CIENTOENRAMA s. f. Bot. Milfurada.
CIENTOPIÉS s. m. V. CIMPIÉS.
CIERNA s. f. Estame (da flor do trigo, videira etc.).
CIERNE s. m. Fecundação (das flores de algumas plantas). En —, loc.adv. Em flor. Estar en — una cosa, loc. fig. Estar verde ou imatura uma coisa.
CIERRE s. m. Encerramento, fechamento. Fecho.
CIERRO s. m. V. CIERRE, 1ª acep. Amer. Cerrado, cerca, cercado.
CIERTA s. m. Jir. Morte.
CIERTAMENTE adv. Certamente.
CIERTO adj. Certo, verdadeiro, positivo. Certo, determinado. Certo, convencido. Al —, loc. adv. Ao certo. En —, loc. adv. De certo.
CIERVA s. f. Cerva, corça.
CIERVO s. m. Cervo, veado.
CIERZAS (cierças) s. f. pl. Renovos de videira.
CIERZO (cierço) s. m. Aquilão (vento).
CIESIS (ciessis) Ciese, prenhez.
CIFOSIS (cifossis) s. f. Med. Cifose.
CIGARREIRA s. f. Cigarreira (mulher que faz cigarros; caixa em que se trazem cigarros).
CIGARRERÍA s. f. Cigarraria.
CIGARRERO, A s. m. Cigarreiro.
CIGARRILLO (cigarrilho) s. m. Cigarro.
CIGARRO s. m. Charuto. — puro, charuto. — de papel. V. CIGARRILLO. — de hoja, Amer. argent. Charuto.
CIGARRÓN s. m. Aument. de Cigarra. V. SALTAMONTES.
CIGOMA s. m. Anat. Zigoma.
CIGOMÁTICO, A adj. Anat. Zigomático.
CIGOÑAL (cigonha) s. m. Cegonha, burra, cegonho (engenho para tirar água).
CIGOÑILLO (cigonhilho) s. f. Dim. de Cigüeña. Cegonha pequena.
CIGONINO (cigonhino) s. m. Filhote de cegonha.
CIGOÑUELA (cigonhuela) s. f. Espécie de cegonha.
CIGÜEÑA (cigüenha) s. f. Cegonha. Manivela. Braga (de um sino).
CIGÜEÑAL (cigüenal) s. m. V. CIGOÑAL.
CIGÜEÑUELA (cigüenuela) s. f. Dim. de Cigüeña, 3ª acep.
CIJA (cija) s. f. Abrigo para o gado lanígero. prov. Arag. Masmorra, calabouço.
CILANCO s. m. Vasa (de um rio).
CILANTRO s. m. Coentro.
CILLA (cilha) s. f. Celeiro. Dízima.
CILLAZGO (cilhasgo) s. m. Dízima sobre cereais guardados no celeiro.
CILLERERO (cilherero) s. m. Mordomo (de convento).
CILLERO (cilhero) s. m. V. CILLA, 1ª acep. Celeireiro.
CIMA s. f. Cimo, cima, cume, topo. Bot. Cima. fig. Fim, término.
CIMARRÓN, A adj. Amer. Chimarrão, barbatão. s. m. Chimarrão (mate sem açúcar).
CIMARRONADA s. f. Amer. Manada de animais chimarrões.

CÍMBARA s. f. V. ROZÓN.
CIMBORRIO s. m. Arq. Zimbório.
CIMBRA s. f. Arq. Cimbre, cambota simples. Amer. argent. Armadilha para caça.
CIMBRE s. m. Galeria subterrânea.
CIMBREAR v. tr. Cimbrar.
CIMBREÑO, A (cimbrenho) adj. Flexível, dobradiço, que se pode curvar ou cimbrar.
CIMBREO (cimbrèo) s. m. Ação de cimbrar.
CIMBRIA s. f. Filete (espécie de moldura). V. CIMBRA.
CIMENTACIÓN s. f. Cimentação.
CIMERA s. f. Cimeira.
CIMERO, A adj. Cimeiro.
CIMIENTO s. m. Cimento, alicerce, fundamento.
CIMILLO (cimilho) s. m. Vara a que se ata o pássaro que serve de chamariz.
CIMORRO s. m. Torre das igrejas.
CINABRIO s. m. Quím. Cinabre. Pint. Cinabre.
CINC s. m. Quím. Zinco.
CINCA s. f. Cincada, cinca.
CINCEL s. m. Cinzel.
CINCELADO p. p. de Cincelar. Cinzelado. s. m. Cinzeladura.
CINCELADOR, A adj. e s. Cinzelador.
CINCELADURA s. f. Cinzeladura.
CINCELAR v. tr. Cinzelar.
CINCHADA (cintchada) s. f. Amer. V. CINCHADURA.
CINCHADURA (cintchadura) s. f. Ação de cinchar.
CINCHAZO (cintchaço) s. m. Amer. V. CINTARAZO.
CINCHERA (cintchera) s. f. Parte do animal onde vai a cincha.
CINCHO (cintcho) s. m. Cinta, faixa. Cincho. Aro, arco (para rodas, barris etc.) Amer. mexic. Cincha.
CINCHÓN (cintchón) s. m. Amer. Sobrecincha.
CINCHUELA (cintchuela) s. f. Dim. de Cincha (cincha).
CINCOGRABADO s. m. Zincogravura.
CINCOGRAFÍA s. f. Zincografia.
CINCUENTA adj. e s. Cinqüenta.
CINCUETAVO, A adj. Cinqüenta avos.
CINCUENTENA s. f. Cinqüentena.
CINCUENTENARIO s. m. Cinqüentenário.
CINCUENTEÑO, A (cinqüentenho) adj. Qüinquagésimo.
CINCUENTÓN, A adj. Cinqüentão, ona (que tem cinqüenta anos).
CINERACIÓN s. f. Cineração.
CINGARO, A adj. e s. Cigano, zíngaro.
CINGLAR v. tr. Náut. Impelir um bote com um só remo posto à popa. Forjar o ferro.
CINGUE s. m. Amer. chil. V. CINC.
CINIFE s. m. Mosquito.
CINQUENO A adj. ant. Quinto.
CINTA s. f. Fita; tira; filete; cinta. Rede para pescar atum. En —, loc. adv. Em sujeição, com sujeição. — de água, Náut. Linha d'água.
CINTAJO (cintajo) s. m. Fita ou cinta desprezível.
CINTARAZO (cintaraço) s. f. Pranchada.
CINTAREAR v. tr. fam. Pranchar (dar pranchadas).
CINTEADO, A adj. Guarnecido de fitas.
CINTERÍA s. f. Conjunto de fitas. Venda de fitas.
CINTERO s. m. Fiteiro. Laço (para cingir alguma coisa).
CINTILLO (cintilho) s. m. Cinteiro (do chapéu) Cintilho (de pedraria).
CINTO, A p. p. irreg. de Ceñir. Cingido. s. m. Cinto. Cintura. Cinta. Talim.
CINTRA s. f. Arq. Curvatura de uma abóbada.
CINTURA s. f. Cintura. Cinto (de senhora).
CINTURICA, LLA (lha) TA s. f. Dim. de Cintura.
CINTURÓN s. m. Cinturão.
CIPARISO (ciparisso) s. m. Poét. Ciparisso, cipreste.
CIPRÉS s. m. Cipreste.
CIPRESAL (cipressal) s. m. Ciprestal.
CIPRESILLO (cipressilho) s. m. V. SANTOLINA.
CIPRESINO, A (cipressino) adj. Pertencente ao cipreste.
CIRCASIANO, A (circassiano) adj. e s. Circassiano.
CIRCÓN s. m. Quím. Zircão.
CIRCONA s. f. Quím. Zirconite.

CIRCONIO s. f. Quím. Zircônio.
CIRCUICIÓN s. f. Circuição.
CIRCUIR v. tr. Circuitar, rodear, cercar. Irreg. V. conj. de Muir.
CIRCULABLE adj. Circulável.
CIRCULACIÓN s. f. Circulação. Tráfego.
CIRCUNSICIÓN s. f. Circuncisão.
CIRCUNFLEJO, A (circunflejo) adj. Circunflexo.
CIRCUNNAVEGAR v. tr. Circunavegar.
CIRCUNSCRIBIR v. tr. Circunscrever. Irreg. V. conj. de Escribir.
CIRCUNSCRIPCIÓN s. f. Circunscrição.
CIRCUNSCRIPTO, A p. p. irreg. de Circunscribir. Circunscrito.
CIRCUNSPECCIÓN s. f. Circunspecção.
CIRCUNSPECTO, A adj. Circunspecto.
CIRCUNVECINO, A adj. Circunvizinho.
CIRCUNVOLAR v. tr. Circunvoar.
CIRCUNYACENTE (circundjacente) adj. Circunjacente.
CIRÉNEO, A (cirenèo) adj. e s. Cireneu, cirenaico.
CIRIGAÑA (ciriganha) s. f. Adulação, lisonja.
CIROLAR s. m. Pomar de ameixeiras.
CIROLERO s. m. V. CIRUELO.
CIRROSIS (cirrossis) s. f. Med. Cirrose.
CIRRUS s. m. Cirro (nuvem).
CIRUELA s. f. Ameixa.
CIRUELO s. m. Ameixeira.
CIRUGÍA (cirujía) s. f. Cirurgia.
CIRUJANO (cirujano) s. m. Cirurgião.
CISCA s. f. V. CARRIZO.
CISCAR v. tr. fam. Sujar.
CISCO s. m. Ciscos (pó de carvão). fig. fam. Bulício, alvoroto.
CISMA s. amb. Cisma (separação).
CISMAR v. tr. Causar discórdia.
CISMÁTICO, A adj. Cismático (que segue um cisma).
CISOIDE (cissoide) s. f. Cissóide.
CISQUERA s. f. Cisqueiro (lugar onde se junta cisco).
CISQUERO s. m. O que faz ou junta cisco (pó de carvão).
CISTITIS s. f. Cistite.
CISURA (cissura) s. f. Cissura.
CITA s. f. Entrevista, encontro. Cita. Citação.
CITACIÓN s. f. Citação.
CITANO, A s. f. fam. V. ZUTANO.
CITARÓN s. m. Arq. Soco (de um madeiramento).
CITRAGÓN s. m. V. TORONJIL.
CITRAMONTANO, A adj. Cismontano.
CITRÓN s. m. V. LIMÓN.
CIUDAD (ciudad) s. f. Cidade. Conselho municipal.
CIUDADANÍA s. f. Cidadania.
CIUDADANISMO s. m. V. CIUDADANÍA.
CIUDADANO, A adj. e s. Citadino, cidadesco. Cidadão, ã.
CIUDADAZA (ciudadaça) s. f. Cidade grande, feia e despovoada.
CIUDADELA s. m. Cidadela.
CIVILIDAD (civilidad) s. f. Civilidade.
CIVILIZABLE (civilizáble) adj. Civilizável.
CIVILIZACIÓN (civilizaciòn) s. f. Civilização.
CIZALLA (ciçalha) s. m. Cisalha. Tesoura para cortar metais. Cisalhas (aparas de folha de metal). — de mano, podadeira.
CIZALLAR (ciçalhar) v. tr. Cortar com Cizalla.
CIZAÑA (ciçanha) s. f. Cizânia, joio. Cizânia, desarmonia, dissensão, discórdia.
CIZAÑADOR, A (ciçanhador) adj. e s. Que semeia a cizânia ou discórdia.
CIZAÑAR (ciçanhar) v. tr. Semear a cizânia ou discórdia, inimizar.
CIZAÑERO, A (ciçanhero) adj. e s. Que costuma semear a cizânia ou discórdia.
CLAMAR v. tr. Queixar-se, gemer, clamar. fig. Clamar, pedir, exigir. v. intr. Clamar, bradar, exclamar.
CLAMOR v. tr. Clamor, brado. Clamor, súplica, lamentação. Dobre de finados.
CLAMOREADA s. f. V. CLAMOR 1ª e 2ª acep.
CLAMOREAR v. tr. Rogar lastimosamente. v. intr. Dobrar a finados (os sinos).

CLAMOREO (clamorèo) *s. m.* Clamor repetido ou contínuo. *fam.* Rogo insistente e importuno.

CLANGA *s. f.* V. PLANGA.

CLAQUEAR *v. intr.* Fazer estalar a língua.

CLAQUEO (claquèo) *s. m.* Estalo (da língua).

CLARA *s. f.* Clara (do ovo). Estiada, aberta. *Náut.* Clara. Parte rala de um tecido. Lugar onde o cabelo é ralo.

CLARABOYA (clarabodja) *s. f.* Clarabóia.

CLARAR *v. tr.* Aclarar.

CLAREA *s. f.* Clareia; clareta.

CLAREAR *v. tr.* Clarear, aclarar. *v. intr.* Clarear (o dia) *fig. fam.* Deixar entrever involuntariamente as intenções. *v. pron.* Ralar-se, tornar-se ralo ou transparente. *Jir. v. tr.* Alumiar.

CLARECER *v. intr.* Amanhecer. *Irreg.* V. conj. de *Favorecer.*

CLAREO (clarèo) *s. m.* Ação de abrir uma clareira.

CLARIDAD (claridad) *s. f.* Clareza, claridade. *fig.* Expressão franca e sem rebuços.

CLARIFICACIÓN *s. f.* Clarificação. Iluminação. Esclarecimento.

CLARIFICAR *v. tr.* Iluminar, alumiar. Esclarecer, aclarar. Clarificar.

CLARILLA (clarilha) *s. f.* Lixívia tirada da cinza e usada na lavagem de roupas.

CLARIMENTO *s. m.* Cor clara e viva de qualquer pintura.

CLARÍN *s. m.* Clarim (instrumento). Clarim (tocador desse instrumento). Tecido de linho muito delgado e claro.

CLARINADA *s. f. fam.* Dito intempestivo ou fora de tom.

CLARINERO *s. m.* V. CLARÍN, 2ª acep.

CLARISA (clarissa) *adj. e s.* Clarissa, clarista.

CLARO, A *adj.* Claro (em todas as principais aceps. do vocáb. português). Ralo, raro. *fig.* Perspicaz, esclarecido. Claro, preclaro, ilustre. *s. m.* Claro. Claro (espaço de interrupção). Abertura, clarabóia. Claro, intervalo, espaço, clareira. *Amer.* Aberta, estiada. Vão, espaço. *adv.* Claro, claramente. — *obscuro,* ou — *y obscuro* V. CLAROESCURO. — *raso,* clareira (num pinheiral). *A la —,* ou *A las —s, loc. adv.* Às claras. *Por lo —, loc. adv.* Claramente, manifestamente, sem rodeios.

CLAROR *s. m.* Clarão, resplendor, claridade.

CLAROESCURO *s. m. Pint.* Claro-escuro.

CLARUCHO, A (clarutcho) *adj. deprec.* Aguado (que tem uma quantidade desproporcionada de águas ou outro líquido).

CLASE (classe) *s. f.* Classe, ordem, ramo, categoria. Classe (alunos de uma aula). Aula, período em que se toma uma lição. Aula, preleção. — *media,* classe media. —*s pasivas,* classes inativas.

CLÁSICAMENTE (classicamente) *s. m.* Classicamente.

CLASICISMO (classicismo) *s. m.* Classicismo.

CLÁSICO, A (clássico) *adjs. e s. m.* Clássico.

CLASIFICACIÓN (classificaciòn) *s. f.* Classificação.

CLASIFICADOR, A (classificador) *adj.* Classificador *s. m.* Arquivo (móvel).

CLASIFICAR (classificar) *v. tr.* Classificar.

CLAUSULADO, A (claussulado) *adj.* Clausulado. *s. m.* Conjunto de cláusulas.

CLAUSULAR (claussular) *v. tr.* Clausular. Encerrar, fechar, terminar.

CLAUSURA (claussura) *s. f.* Clausura. Ato solene de encerramento das sessões de um congresso, tribunal etc.

CLAUSURAR (claussurar) *v. tr. Amer.* Fechar, encerrar.

CLAVADIZO, A (clavadiço) *adj.* Diz-se das porta e janelas guarnecidas de pregos de bronze.

CLAVADO, A (clavado) *adj.* Cravado, pregado. Cravejado (de pregos). *fig.* Fixo, pontual, exato.

CLAVADOR *adj. e s. Amer.* Caloteiro, trapaceiro.

CLAVADURA *s. f. Vet.* Cravadura.

CLAVAR *v. tr.* Cravar, pregar. Segurar com pregos, pregar. Cravar, enterrar, fincar, espetar. *fig.* Cravar, fixar, fitar. *fig. fam.* Clavar, enganar, calotear, lograr, trapacear. Engastar, cravejar. Encravar.

CLAVARIA *s. f.* V. CLAVERA.

CLAVAZÓN (clavaçòn) *s. f.* Cravação (conjunto de pregos).

CLAVE *s. m. Mús.* Clavicórdio. Clave, chave. Chave (de um enigma). *Echar la —, loc. fig.* Fechar, concluir (um negócio, um discurso).

CLAVECÍMBANO *s. m. Mús.* Clavicímbalo, clavicórdio.

CLAVEL *s. m.* Cravo (a flor do craveiro) — *coronado,* cravo bordado, cravina. Craveiro.

CLAVELLINA (clavelhina) *s. f.* Cravila, clavelina. Craveiro.

CLAVERA *s. f.* Craveira.

CLAVERÍA *s. f.* Clavaria.

CLAVERO *s. m.* Craveiro, girofleiro, craveiro da Índia. Claveiro.

CLAVETA *s. f.* Prego de madeira.

CLAVETE *s. m. Dim.* de *Clavo.*

CLAVETEAR *v. tr.* Cravejar, guarnecer de pregos de ouro, prata ou outro metal. V. HERRETEAR. *fig.* Terminar, concluir um negócio pela maneira mais segura.

CLAVIJA (clavija) *s. f.* Cavilha. Cravelha. Clavija. Cravelho.

CLAVIJERA (clavijera) *s. f. prov. Arag.* Desaguador, boeiro.

CLAVILLO (clavilho) *s. m.* Cravo, cravo-da-índia (condimento aromático).

CLAVIÓRGANO *s. m. Mús.* Craviórgão.

CLAVO *s. m.* Prego. V. CLAVILLO. Calo de forma piramidal. Mecha (que se põe numa ferida). V. JAQUECA. Leme do navio. *fig.* Pena, cuidado, aflição, mágoa. *Vet.* Cravo. *fig. fam. Amer.* Clavo, logro, engano. *Amer.* Artigo invendável. Cravo (de ferradura). *De — pasado, loc. adv.* Com toda a evidência.

CLAZOL (claçol) *s. m. Amer. mexic.* Bagaço (da cana).

CLEMÁTIDE *s. f. Bot.* Clemátide. Clematite.

CLERECÍA *s. f.* Clerezia.

CLERIGALLA (clerigalha) *s. f. Deprec.* Clerezia desprezível.

CLERIGUICÍA *s. f.* Séquito de clérigos.

CLEREGUILLO (clereguilho) *s. m. Dim. deprec.* de *Clérigo.*

CLERIZÓN (clericòn) *s. m.* Menino do coro.

CLERIZONTE (clericònte) *s. m.* Clérigo mal vestido e de maus modos. Secular vestido de hábitos clericais; acólito.

CLICHÉ (clitchè) *s. m.* V. CLISÉ.

CLISADO, A (clissado) *adj.* Estereotipado. *s. m.* Estereotipia.

CLISAR (clissar) *v. tr.* Estereotipar.

CLISÉ (clissè) *s. m.* Estereótipo, clichê.

CLISERÍA (clissería) *s. f.* Clicheria.

CLISÓN (clissòn) *s. m.* Espécie de bretanha.

CLOCAR *v. intr.* V. CLOQUEAR. *Irreg.* V. conj. de *Almorzar.*

CLOQUE *s. m.* Croque.

CLOQUEAR *v. intr.* Cacarejar a galinha choca.

CLOQUERA *s. f.* Choco.

CLOROFORMO *s. m.* Clorofórmio.

CLOROSIS (clorossis) *s. f.* Clorose.

CLORURAR *v. tr.* Clorar.

CLORURO *s. m.* Cloreto, clorureto.

CLUECO, A *adj.* Choco.

COACCIÓN *s. f.* Coação.

COACREEDOR *s. m.* Cocredor.

COADUNACIÓN *s. f.* Coadunação.

COADYUTOR (coadjutor) *s. m.* Coadjutor.

COADYUTORIO, A (coadjutório) *adj.* Coadjutor, coadjuvante.

COADYUVADOR, A (coadjuvador) *adj.* Coadjuvador.

COADYUVANTE (coadjuvante) *p. a.* de *Coadyuvar,* Coadjuvante.

COADYUVAR (coadjuvar) *v. tr.* Coadjuvar.

COAGENTE (coajènte) *adj. e s.* Cooperador.

COALICIÓN *s. f.* Coalizão.

COALLA (coalha) *s. f.* V. CHOCHA.

COAPÓSTOL *s. m.* Coapóstolo.

COARTACIÓN *s. f.* Coarctação.

COARTADO, A *adj.* Coarctado, coarcto.

COARTAR *v. tr.* Coarctar.

COASOCIACIÓN (coassociaciòn) *s. f.* Coassociação.

COASOCIADO (coassociado) *s. m.* Coassociado.

COASOCIARSE (coassociarse) *v. pron.* Coassociar-se.

COATE, A *adj. Amer. mexic.* V. CUATE.

COATÍ *s. m.* Cuatí.

COBA *s. f. fam.* Cavaco, charla. Embuste gracioso. *Aplacerar la —,* estar de atalaia.

COBARDEAR *v. intr.* Ter ou mostrar cobardia.

COBAYO (cobadjo) *s. m.* Cobaia, porquinho-da-índia.

COBERTERA *s. f.* Tampa (de vasilhas, panelas etc.) *fig.* Alcoviteira. *pl. Zool.* Coberteiras.

COBERTIZO (cobertiço) *s. m.* Alpendre, telheiro.

COBERTURA *s. f.* V. CUBIERTA. Cerimônia pela qual os grandes se cobriam pela primeira vez diante do rei.

COBIJA (cobija) *s. f.* Telha curva. Manto curvo para a cabeça. *Zool.* Guia (das asas). *Amer.* Cobertor. V. CUBIERTA. Teto de palha. *Amer. mexic.* Manta.

COBIJADOR, A (cobijador) *adj. e s.* Que ou o que cobre, tapa, abriga ou alberga.

COBIJADURA (cobijadura) *s. f. ant.* V. COBIJAMIENTO.

COBIJAMIENTO (cobijamiento) *s. m.* Cobertura, cobrimento.

COBIJAR (cobijar) *v. tr.* Cobrir, tapar. U. t. c. pron. Abrigar, esconder, encerrar. *fig.* Albergar, hospedar. *Amer.* Cobrir uma casa com palha ou coisa semelhante.

COBIJO (cobijo) *s. m.* V. COBIJAMIENTO. Albergue.

COBRABLE *adj.* Cobrável.

COBRADERO, A *adj.* Cobrável.

COBRANZA (cobrança) *s. f.* Cobrança.

COBRE *s. m.* Cobre. Bateria de cozinha. — *quemado,* sulfato de cobre. — *verde,* malaquita.

COBREÑO, A (cobrenho) *adj.* De cobre.

COBRIZO, A (cobriço) *adj.* Diz-se do mineral que contém cobre. Acobreado.

COBRO *s. m.* V. COBRANZA. *ant.* Cobro.

COCA *s. m.* Coque (do cabelo) *fam.* Coco, cabeça. Coque (pancada na cabeça). *Bot.* Coca.

COCAL *s. m. Amer. venezuel.* V. COCOTAL.

COCAR *v. tr. fam.* Caretear. Fazer trejeitos ou momices; trejeitar.

COCCIÓN *s. f.* Cocção.

COCEADOR, A *adj.* Coiceiro.

COCEADURA *s. f.* Ação de coicear ou escoicear. Coice.

COCEAMIENTO *s. m.* V. COCEADURA.

COCEAR *v. tr.* Coicear, escoicear. *fig. fam.* Resistir, escoicear. *Amer. argent.* Maliciar, suspeitar.

COCEDERO, A *adj.* Que é fácil de cozer. *s. m.* Lugar onde se coze alguma coisa.

COCEDIZO, A (cocediço) *adj.* V. COCEDERO, 1ª acep.

COCEDURA *s. f.* Cozedura, cocção.

COCER *v. tr.* Cozer. Cozinhar. *v. intr.* Ferver. *Irreg.* V. conj. de *Moler.*

COCHA (cotcha) *s. f.* Pequeno tanque para a afinação de metais. Porca, cocha.

COCHAMBRE (cotchambre) *s. m. fam.* Porcaria, sujidade.

COCHAMBRERÍA (cotchambrería) *s. f. fam.* Monturo, imundície.

COCHAMBRERO, A (cotchambrero) *adj. e s.* V. COCHAMBROSO.

COCHAMBROSO, A (cotchambrosso) *adj. e s.* Porco, sujo, imundo.

COCHARRO (cotcharro) *s. m.* Cocho, cocharro.

COCHE (cotche) *s. m.* Coche, carruagem, sege.

COCHEAR (cotchear) *v. intr.* Guiar um coche. *s. m.* Porco, cocho. Vagão.

COCHECILLO, CO, TO (cotchecilho) *s. m. Dim.* de *Coche.*

COCHERA (cotchera) *s. f.* Cocheira (lugar onde se guardam coches).

COCHERÍA (cotchería) *s. f. Amer.* V. COCHERA.

COCHERIL (cotcheril) *adj.* Cocheiral. Próprio de coches.

COCHERO, A (cotchero) *adj.* V. COCEDERO.

COCHERO (cotchero) *s. m.* Cocheiro, boleiro. *Astron.* Cocheiro.

COCHERÓN (cotcheròn) *s. m. Aument.* de *Cochera.*

COCHEVÍS (cotchevís) *s. m.* V. COGUJADA.

COCHIFRITO (cotchifrito) *s. m.* Guisado de cabrito ou cordeiro.

COCHINA (cotchina) *s. f.* Porca.

COCHINADA (cotchinada) *s. f. fig. fam.* V. COCHINERÍA.

COCHINAMENTE (cotchinamente) *adv.* Porcamente, sujamente. *fig. fam.* Indignamente, baixamente.

COCHINATA (cotchinata) *s. f. Náut.* Porcas.

COCHINEAR (cotchinear) *v. intr. fam.* Emporcalhar-se, sujar-se.

COCHINERÍA (cotchinería) *s. f. fig. fam.* Porcaria, sujidade. Cancaborrada, cochinada. Ação baixa, grosseira ou indecorosa.

COCHINERO, A (cotchinero) *adj.* Diz-se das frutas que vão para os porcos.

COCHINILLA (cotchinilla) *s. f. Dim.* de *Cochina. Zool.* Cochinilha.

COCHINILLO (cotchinilho) *s. m.* Leitão.

COCHINO (cotchino) *s. m.* Porco, cerdo, suíno. *fig. fam.* Porco (indivíduo imundo ou sujo, baixo ou grosseiro). U. t. c. adj.

COCHIQUERA (cotchiquera) *s. f. fam.* V. COCHITRIL.

COCHITRIL (cotchitril) *s. m. fam.* Chiqueiro, pocilga. *fig.* Pocilga.

COCHISTRÓN (cotchistròn) *s. m.* Porcalhão.

COCHO, A (cotcho) *p. p. irreg.* de *Cocer.* Cozido. V. COCHINO.

COCIDO, A *p. p.* de *Cocer.* Cozido. *s. m.* Cozido.

COCIMIENTO *s. m.* Cozimento, cocção. Cozimento, decocto, infusão.

COCINA *s. f.* Cozinha.

COCINAR *v. tr.* Cozinhar.

COCINERO *s. m.* Cozinheiro.

COCINILLA (cocinilha) *s. m. fam.* O que se intromete nos afazeres domésticos.

COCO *s. m.* Coqueiro, coco. Coco (fruto do coqueiro). Papão. *Amer.* V. GEODA Verme, bicho (das frutas). Conta (de rosário). *Hacer —s*, rapapés interesseiros. *Ser uno un —*, ser muito feio.

COCODRILO *s. m.* Crocodilo. *Es un —, loc. fig. fam.* É um hipócrita.

CÓCORA *s. m.* e *f. fam.* Pessoa extremamente importuna ou maçadora.

COCOSO, A (cocosso) *adj.* Bichado.

COCOTAL *s. m.* Coqueiral.

COCOTE *s. m.* Cogote.

COCOTERO *s. m.* Coqueiro.

COCUY (cocui) *s. m.* V. COCUYO. *Amer. Bot.* Pita, agave.

COCUYO (cocudjo) *s. m.* Espécie de vagalume.

CODADA *s. f.* V. CODAZO.

CODADURA *s. f.* Mergulhão (da vide).

CODAL *adj.* Cubital (que mede um côvado). Que tem forma de cotovelo. *s. m.* Cotoveleira (peça da armadura). Vela de cera com um côvado de altura. Mergulhão (da videira). Braços do esquadro. Travessos da serra. V. RAINAL. Cotoveleira (da manga do fato).

CODASTE *s. m. Náut.* Cadaste.

CODAZO (codaço) *s. m.* Cotovelada, cotovelão.

CODEADOR, A *adj.* e *s. Amer.* V. PEDIGÜEÑO.

CODEAR *v. intr.* Acotovelar, cotovelar. *Amer.* Obter manhosamente (dinheiro ou outra coisa). *v. pron.* Ombrear, tratar-se de igual para igual.

CODELINCUENCIA *s. f.* Co-delinqüência.

CODELINQÜENTE *s. m.* Co-delinqüente.

CODEL (codèo) *s. m.* Acotovelamento. *Amer.* V. SOCALIÑA.

CODERA *s. f.* Sarna no cotovelo. Remendo no cotovelo (da manga). Cotoveleira adornada.

CODEUDOR *s. m.* Co-devedor.

CODICIA *s. f.* Cobiça. Avidez. Concupiscência.

CODICIABLE *adj.* Cobiçável, apetecível.

CODICIADOR, A *adj.* Cobiçoso.

CODICIANTE *p. a.* de *Codiciar.* Cobiçante.

CODICIAR *v. tr.* Cobiçar.

CODICILLO (codicilho) *s. m.* Codicilo.

CODICIOSAMENTE (codiciossamente) *adv.* Cobiçosamente.

CODICIOSO, A (codiciosso) *adj.* Cobiçoso. *fig. fam.* Laborioso, diligente, industrioso.

CODIFICACIÓN *s. f.* Codificação.

CODILLERA (codilhera) *s. f. Vet.* Codilheira.

CODILLO (codilho) *s. m. Vet.* Codilho, cotovelo. Codilho (lance do voltarete).

CODO *s. m. Anat.* Cotovelo. Cotovelo (parte da manga que o cobre). Codilho. Cotovelo (nas tubagens). Cotovelo, esquina, canto. Côvado. Cotovelo, curva (de rio). *Alzar uno de —, ou el —, loc. fig. fam.* Beber muito, dar-se à bebida. *Arañarse de los —s, loc. fig. fam.* Diz-se de quem não se preocupa com as desgraças alheias. *Hablar uno por los —s, loc. fig. fam.* Falar pelos cotovelos.

CODÓN *s. m.* Bolsa de couro para meter a cauda do cavalo em havendo lama.

CODOÑATE (codonhate) *s. m.* Doce de marmelo.

CODORNIZ *s. f.* Codorna, codorniz.

CODUJO (codujo) *s. m. prov. Arag.* V. MUCHACHO.

COECUACIÓN *s. f. Mat.* Coequação.

COEFICACIA *s. f.* Coeficiência.

COECER *v. tr.* Coarctar, coagir, sujeitar, conter, refrear.

COERCIBLE *adj.* Coercível.

COERCIÓN *s. f. Juris.* Coerção.

COESENCIAL (coessencial) *adj.* Coessencial.

COEXTENDERSE (coecstenderse) *v. pron.* Estender-se simultaneamente com outro. *Irreg.* V. conj. de *Extender.*

COFA *s. f. Náut.* Cesto da gávea.

COFIA *s. f.* Coifa, touca. *Anat.* Coifa.

COFIEZUELA (cofieçuela) *s. f. Dim.* de *Cofia,* 1ª acep.

COFÍN *s. m.* Cofinho (cesto)

COFRADE *s. m.* e *f.* Confrade.

COFRADÍA *s. f.* Confraria.

COFRE *s. m.* Baú. *Impr.* Cofre.

COFRERO *s. m.* Bauleiro.

COGEDERA (cojedera) *s. f.* Vara de apanhar frutas. Caixa para recolher o enxame.

COGEDERO, A (cojedero) *adj.* Maduro, sazonado. *s. m.* Cabo ou lugar por onde se pega alguma coisa.

COGEDIZO, A (cojedizo) *adj.* Fácil de colher ou segurar.

COGEDOR, A (cojedor) *adj.* e *s.* Colhedor; segurador; pegador. *s. m.* Pá de recolher o lixo. Pá de tirar cinza ou carvão.

COGEDURA (cojedura) *s. f.* Colhimento.

COGER (cojer) *v. tr.* Pegar, segurar, agarrar, apanhar, colher. Alcançar, agarrar (a quem foge). Recolher, reunir, juntar. Conter. Achar, encontrar. Descobrir, surpreender, apanhar, colher. *v. intr.* Caber.

COGIDA (cojida) *s. f. fam.* Colheita (de frutos) *Taurom.* Colhida.

COGIDO, A (cojido) *s. f. fam.* Colhido; apanhado; seguro. *s. m.* Prega, apanhado (em vestidos, cortinados etc.).

COGIMIENTO (cojimiento) *s. m.* V. COGEDURA.

COGITACIÓN (cojitaciòn) *s. f.* Cogitação.

COGNATICIO, A (cojnático) *adj.* Cognático.

COGNOSCIBLE *adj.* Cognoscível.

COGOLLO (cogolho) *s. m.* Repolho (volume roliço de folhas apertadas no interior de várias hortaliças). Grelo, broto, renovo.

COGOLLUDO, A (cogolhudo) *adj.* Repolhudo (falando-se de hortaliças).

COGORZA (cogorça) *s. f.* Borracheira, bebedeira.

COGOTAZO (cogotaço) *s. m.* Cachação, pescoção.

COGOTE *s. m.* Cogote, cachaço, nuca. *Tieso de —, loc. fig. fam.* Presunçoso, soberbo.

COGOTERA *s. f.* Pano que cobre a nuca.

COGOTUDO, A *adj.* Cogotudo. *fig. fam.* Altivo, orgulhoso. *Amer.* Cachaçudo. *fig. fam.* Ricaço, plebleu que enriqueceu.

COGUCHO (cogutcho) *s. m.* Açúcar de qualidade inferior.

COGUJADA (cogujada) *s. f.* Cotovia.

COGUJÓN (cogujón) *s. m.* Ponta, canto (do colchão, almofada, travesseiro etc.). Esmeralda chata.

COGULLA (cogulha) *s. f.* Cogula; casula. *Anat.* Trapézio (músculo).

COGULLADA (cogulhada) *s. f.* Papada do porco.

COHECHA (coetcha) *s. f. Agr.* Barbeito, barbecho. *ant.* Suborno.

COHECHADOR, A (coetchador) *adj.* e *s.* Subornador, subornante. *ant.* Venal.

COHECHAR (coetchar) *v. tr.* Subornar, corromper, peitar. *Agr.* Barbechar. *v. intr.* Deixar-se subornar.

COHECHO (coetcho) *s. m.* Suborno, peita. *Agr.* Época de barbechar.

COHEN (coèn) *s. m.* Adivinho, feiticeiro. Alcoviteiro.

COHEREDAR (coeredar) *v. tr.* Coerdar.

COHEREDERO (coeredero) *s. m.* Coerdeiro.

COHERENCIA (coerencia) *s. f.* Coerência.

COHERENTE (coerente) *adj.* Coerente.

COHESIÓN (coessiòn) *s. f.* Coesão.

COHESIVO, A (coessivo) *adj.* Coesivo.

COHETE (coète) *s. m.* Foguete.

COHETERO (coetero) *s. m.* Fogueteiro.

COHIBICIÓN (coïbiciòn) *s. f.* Coibição.

COHOBACIÓN (coobaciòn) *s. f.* Coobação.

COHOBAR (coobar) *v. tr.* Coobar.

COHOBO (coobo) *s. m.* Pele de veado. *Amer. equat. per.* Veado, cervo.

COHOLLO (coolho) *s. m.* V. COGOLLO.

COHOMBRAL (coombral) *s. m.* Cogombral, pepinal.

COHOMBRILLO (coombrilho) *s. f. Dim.* de Cohombro.

COHOMBRO (coombro) *s. m.* Cogombro, pepino.

COHORTE (coorte) *s. f.* Coorte.

COILA *s. f. Amer. chil.* Mentira, peta, patranha.

COIMA *s. f.* Barato (do jogo). Meretriz.

COIME *s. m.* Encarregado de uma casa de jogo. Servente de bilhar. *Jir.* Dono da casa, chefe de família.

COIMERO *s. m.* V. COIME, 1ª acep.

COINTERESADO, A (cointeressado) *adj.* Cointeressado.

COJA (coja) *s. f. fig. fam.* Mulher de má vida.

COJAL (coja) *s. m.* Pelego que os cardadores põem sobre os joelhos para trabalhar.

COJEAR (cojear) *v. intr.* Coxear, claudicar, mancar. Coxear (não estar em nível ou simetria). *fig. fam.* Claudicar, fraquejar, cometer falta.

COJERA (cojera) *s. f.* Coxeadura. Coxeira.

COJEZ (cojez) *s. f. ant.* V. COJERA.

COJIJO (cojijo) *s. m.* Verme, sevandija. Enfado ou queixa proveniente de motivo frívolo.

COJIJOSO, A (cojijoso) *adj.* Suscetível, melindroso. V. QUEJUMBROSO.

COJÍN (cojín) *s. m.* Coxim (almofada grande). *Náut.* Coxim.

COJINETE (cojinete) *s. m. Dim.* de *Cojín.* Almofada (para trabalho de agulha). Almofada (peça que assenta sobre o dormente e recebe o trilho). *Arq.* Almofada. *Mec.* Chumaceira.

COJINILLO (cojinilho) *s. m. Amer.* Coxinilho.

COJITRANCO, A (cojitranco) *adj.* e *s. Deprec.* Diz-se do coxo buliçoso que anda daqui para ali com demonstrações de humorismo.

COJO, A *adj.* e *s.* Coxo. *fig.* Coxo (referente a algum objeto). *fig.* Coxo, defeituoso, sem harmonia.

COJOLITE (cojolite) *s. m. Amer. mexic.* Espécie de faisão.

COJUELO, A (cojuelo) *adj.* e *s. Dim.* de *Cojo.*

COK *s. m.* Coque.

COL *s. f.* Couve. *— de Bruselas,* couve-de-Bruxelas. *— de China,* couve-da-China.

COLA *s. f.* Cola, cauda, rabo (dos animais). Cauda (de algumas vestes talares, de vestidos). Cauda (de cometa). Fila, bicha (de pessoas). *¡—!* Abaixo! (exclamação de estudante). A extremidade posterior de certas coisas. *A la —, loc. adv. fam.* Atrás. Cola (certo vento). Cola (grude, gelatina). *— de pescado,* cola de peixe.

COLABORACIÓN *s. f.* Colaboração.

COLACIÓN *s. f.* Colação (de grau, de título, etc.) Colação, confronto, comparação. Colação (refeição ligeira). *Juris.* Colação. *Sacar uno a —, loc. fig. fam.* Fazer menção de uma pessoa ou coisa. *Traer a —, loc. fig. fam.* Aduzir provas ou razões.

COLADA *s. f.* Coadura. Coada, barrela. Colada, desfiladeiro. Clarificação (de metais). Colação (de benefícios eclesiásticos).

COLADERA *s. f.* Coador para licores.

COLADERO *s. m.* Coador, coadouro. Caminho estreito.

COLADIZO, A (coladiço) *adj.* Que penetra facilmente em qualquer parte. *fig.* Escorregadio, manhoso, sutil.

COLADO, A *p. p.* de *Colar.* Coado.

COLADOR *s. m.* V. COLADERO, 1ª acep.

COLADORA *s. f.* A que faz *coladas* (barrelas).

COLADURA *s. f.* Coadura. Líquido filtrado.

COLAMBRE *s. f.* V. CORAMBRE.

COLANA *s. f.* Bebida, trago, gole.

COLAÑA (colanha) *s. f.* Tabique de pouca altura.

COLAPEZ *s. f.* Cola de peixe, ictiola.

COLAPISCIS *s. f.* V. COLAPEZ.

COLAPSIBLE *adj.* Suscetível de colapso.

COLAR *v. tr.* Coar, filtrar. Branquear a roupa com barrela (coada). *v. intr.* Escoar-se (passar por um lugar estreito). *fig. fam.* Beber vinho. *fam.* Passar alguma coisa com engano. *v. pron. fam.* Coar-se, introduzir-se furtivamente. *No — una cosa, loc. fig. fam.* Não passar uma coisa; não ser ela acreditada. *Irreg.* (na 1ª acep.) V. conj. de *Almorzar.*

COLATIVO, A *adj.* Diz-se do que tem a virtude de coar ou limpar; clarificativo. Colativo.

COLAYO (coladjo) *s. m.* V. PIMPIDO.

COLBAC *s. m.* Colbaque.

COLCHA (coltcha) *s. f.* Colcha (coberta de cama). Fio torcido de qualquer gênero de cabos.

COLCHADO, A (coltchado) *adj.* Acolchoado.

COLCHADURA (coltchadura) *s. f.* Acolchoadura.

COLCHAR (coltchar) Acolchoar. *Náut.* V. COR-CHAR.

COLCHERO (coltchero) *s. m.* Colcheiro.

CÓLCHICO (cóltchico) *s. m.* Cólquico.

COLCHÓN (coltchòn) *s. m.* Colchão. *— de aire,* almofada de ar. *— de muelles,* lastro de molas ou de madeira (de uma cama).

COLCHONCICO (coltchoncico) *s. m. Dim.* de *Colchón.*

COLCHONCILLO, ITO (coltchoncilho) *s. m.* V. COLCHONCICO.

COLCHONERA (coltchonera) *adj.* Diz-se da agulha de colchão.

COLCHONERÍA (coltchoneria) *s. f.* Colchoaria. V. LANERIA.

COLCHONERO (coltchonero) *s. m.* Colchoeiro.

COLCÓTAR *s. m. Quím.* Peróxido de ferro, colcotar.

COLCRÉN *s. m. Cold-cream* (pomada para a pele).

COLEADA *s. f.* Rabanada (movimento de cauda). *Náut.* Rabanada de vento.

COLEAR *v. intr.* Rabear (mover o rabo, a cauda). *Amer.* Colear (fazer cair o animal puxando pela cauda). *Todavia COLEA, loc. fig. fam.* que indica ainda não estar terminado um assunto ou ainda não serem conhecidas todas as suas conseqüências.

COLECCIÓN *s. f.* Coleção.

COLECISTITIS *s. f. Med.* Colecistite.

COLECTA *s. f.* Coleta.

COLECTÁNEA *s. f.* Coletânea.

COLECTIVIDAD (colectividad) *s. f.* Coletividade.

COLEGIALA (colejiala) *s. f.* Colegial, aluna de colégio. Aluna interna.

COLEGIARSE (colejiarse) *v. pron.* Reunir-se em comunidade os indivíduos de uma mesma classe ou profissão.

COLEGIATA (colejiata) *s. f.* Colegiada (igreja colegial).

COLEGIR (colijir) *v. tr.* Coligir, juntar, reunir. Deduzir, inferir.

COLENDO *adj.* Diz-se do dia festivo em sentido eclesiástico.

COLEO (colèo) *s. m.* Ação de rabear. Ação de colear (derrubar o animal pela cauda).

COLERA *s. f.* Adorno da cauda do cavalo.

COLETA *s. f.* Coleta (trança usada pelos toureiros espanhóis). V. CREHUELA. V. CHOLETA. *Cortarse la —, loc. fig.* Deixar seu ofício de toureiro. *Traer — una cosa, loc. fig. fam.* Ter uma coisa conseqüências mais ou menos graves.

COLETAZO (coletaço) *s. m.* Rabanada (golpe com a cauda).

COLETO *s. m.* Colete de pele de anta. *fig. fam.* Corpo do homem. Íntimo; *Dije para mi —,* disse para comigo.

COLGADERO, A *adj.* Próprio para ser pendurado ou guardado. *s. m.* Gancho, escápula, prego.

COLGADIZO, A (colgadiço) *adj.* Pênsil, que só se usa estando pendurado. *s. m.* Alpendre.

COLGADO, A *p. p.* de *Colgar.* Pendurado, suspenso, colgado. *adj.* Contingente, incerto. *fig. fam.* Burlado.

COLGADOR *s. m. Impr.* Estendedor.

COLGADURA *s. f.* Colgadura. *— de cama,* cortinado, dossel, céu (de cama).

COLGAJO (colgajo) *s. m.* Penduricalho, trapo, farrapo. Dependura (de uva e outros frutos); colgalho. *Cir.* Porção de pele sã com que se cobre uma ferida.

COLGAMIENTO *s. m.* Pendura, dependura.

COLGANDERO, A *adj.* V. COLGANTE.

COLGANTE *p. a.* de *Colgar.* Pendurado, suspenso, pendente. *adj.* Pênsil. *Puente —,* ponte pênsil. *s. m.* Pingente. *Arq.* Festão.

COLGAR *v. tr.* Pendurar, suspender, dependurar, colgar. Colgar (ornar com colgaduras) *fig. fam.* Enforcar. Dar presente a quem faz aniversário. *fig.* Imputar, achacar. *v. intr.* Pender (estar suspenso no ar). Depender da vontade de outrem. *Dejar a alguno colgado, loc. fig. fam.* Frustrar as esperanças ou desejos de alguém. *—las armas,* ou *los hábitos, fig.* Pendurar as armas, ou despir o hábito. *Irreg.* V. conj. de *Almorzar.*

COLIBLANCO, A *adj.* Diz-se do animal que tem a cauda branca.

CÓLICO *s. m.* Cólica.

COLICUACIÓN *s. f.* Coliquação.

COLICUANTE *p. a.* de *Colicuar.* Coliquante.

COLICUAR *v. tr.* Coliquar, fundir, derreter.

COLICUATIVO, A *adj.* Coliquativo.

COLICUECER *v. tr.* V. COLICUAR. *Irreg.* V. conj. de *Nacer.*

COLIGADURA *s. f.* Coligação.

COLIGAMIENTO *s. f.* Coligação.

COLILLA (colilha) *s. f. Dim.* de *Cola.* Ponta de cigarro.

COLILLERO (colilhero) *s. m.* Pessoa que junta pontas de cigarro pelas ruas ou cafés.

COLIN *adj.* Rabicurto.

COLINA *s. f.* Colina, outeiro. Semente de couve.

COLINABA *s. f.* V. COLIRRÁBANO.

COLINABO *s. m.* Couve-nabo.

COLINDANTE *adj.* Lindeiro, limítrofe (diz-se das propriedades ou campos). Contíguo (de casas ou edifícios).

COLINDAR *v. tr. Amer.* Lindar, limitar (diz-se de propriedades).

COLINO *s. m.* Planta de couve.

COLIRRÁBANO *s. m.* Couve-rabão, couve-rábano.

COLISA (colissa) *s. f. Náut.* Reparo (dos canhões). Canhão de rodízio.

COLISEO (colissèo) *s. m.* Coliseu.

COLISIÓN (colissiòn) *s. f.* Colisão.

COLIZA (coliça) *s. f. Náut.* V. COLISA.

COLITIS *s. f.* Colite.

COLLA (colha) *adj.* e *s. Amer. argent.* Diz-se do índio mestiço das províncias de Salta e Jujuy. *s. m.* Gorjal.

COLLADA (colhada) *s. f. Náut.* Duração longa de um mesmo vento. V. COLLADO, 2ª acep.

COLLADO (colhado) *s. m.* Outeiro, cole, colado. Colada, desfiladeiro.

COLLALBA (colhalba) *s. f.* Maço para destorroar usado pelos jardineiros.

COLLAR (colhar) *s. m.* Colar (ornato de pescoço). Golilha (para criminosos). Colar (cadeia de ouro usada pelos cavaleiros de certas ordens). Coleira.

COLLAREJO (colharejo) *s. m. Dim.* de *Collar.*

COLLARÍN (colharín) *s. m. Dim.* de *Collar.* Cabeção (dos eclesiásticos). Gola. *Arq.* V. COLLARINO. Bordo do orifício da espoleta das bombas.

COLLARINO (colharino) *s. f. Arq.* Colarete; colarinho.

COLLAZO (colhaço) *s. m.* Moço de lavoura que, em troca de seu trabalho, recebe alguma terra para que a cultive por sua conta.

COLLEJA (colheja) *s. f.* Rapúncio, ripanço.

COLLERA (colhera) *s. f.* Coleira, armadura (resguardo de couro para o pescoço dos animais de tiro). *Amer.* Junta (de animais). Cadeia (de galés). *Vet.* Papada do boi.

COLLERÓN (colheròn) *s. m. Aument.* de *Collera.* Coleira para cavalos de cocho.

COLLÓN, A (colhòn) *adj.* e *s. fam.* Cobarde, medroso.

COLLONADA (colhonada) *s. f. fam.* Cobardia (ação própria de cobarde).

COLLONERÍA (colhoneria) *s. f. fam.* Cobardia.

COLLOTA (colhota) *s. f. Amer.* Mão (do almofariz).

COLMADAMENTE *adv.* Abundantemente, copiosamente, profusamente.

COLMADO *p. p.* de *Colmar.* Acumulado, repleto, cheio. *adj.* Abundante, copioso. *s. m.* Tenda onde se servem comidas especiais, principalmente mariscos.

COLMADURA *s. f. ant.* V. COLMO.

COLMAR *v. tr.* Cumular, acumular, amontoar; encher até transbordar, abarrotar; colmar, completar. *fig.* Cumular, dar com abundância, encher.

COLMENA *s. f.* Colmeia.

COLMENAR *s. m.* Colmeal.

COLMENERO *s. m.* Colmeeiro.

COLMILLADA (colmilhada) *s. f.* V. COLMILLAZO.

COLMILLAR (colmilhar) *adj.* Pertencente aos colmilhos ou dentes caninos.

COLMILLAZO (comilhaço) *s. m.* Dentada (dada com os colmilhos).

COLMILLEJO (colmilhejo) *s. m. Dim.* de *Colmilho.*

COLMILLO (colmilho) *s. m.* Colmilho, dente canino, presa. *Enseñar uno los —s, loc. fig. fam.* Opor resistência, mostrar os dentes.

COLMILLUDO, A (colmilhudo) *adj.* Colmilhoso, colmilhudo (que tem grandes colmilhos). *fig. fam.* Astuto, sagaz, difícil de enganar.

COLMO *s. m.* Cogulo, excesso, demasia. Cúmulo. *fig.* Remate, complemento. *A —, loc. adv.* V. COLMADAMENTE *adj.* Completo, cheio.

COLOCACIÓN *s. f.* Colocação. Situação. Emprego.

COLOCHO (colotcho) *s. m. Amer.* V. TIRABUZÓN.

COLODRA *s. f.* Tarro (para leite). Caneco (para vinho).

COLODRILLO (colodrilho) *s. m. Anat.* Occipício.

COLOFÓN *s. m.* Colofão, cólofon.

COLOIDEO, A *adj.* Coloidal, colóide.

COLON *s. m. Anat.* Cólon. *Gram.* Membro principal (do período). Pontuação que lhe corresponde.

COLONCHE (colontche) *s. m. Amer. mexic.* Aguardente de nopal.

COLONIAJE (coloniaje) *s. f. Amer.* Colonialismo (época colonial).

COLONITIS *s. f. Med.* Colite.

COLONIZACIÓN (coloniçación) *s. f.* Colonização.

COLOR *s. m.* Cor. U. t. c. s. Vermelhão, carmim. Colorido. *fig.* Caráter. Pretexto, motivo aparente. *Ponerse uno de mil —es, loc. fig. fam.* Ficar de todas as cores.

COLORACIÓN *s. f.* Coloração.

COLORADO, A *adj.* Corado, tinto, colorido. Corado, vermelho, rubro. *fig.* Impuro, desonesto, picante, obsceno.

COLORADOTE, A *adj. fam.* Corado (de rosto).

COLORANTE *adj.* e *s.* Corante.

COLORAR *v. tr.* Corar, colorir, colorar.

COLOREAR *v. tr.* Corar, colorir, colorar. *fig.* Colorir, colorear, disfarçar, pretextar. *v. intr.* Avermelhar.

COLORETE *s. m.* Vermelhão, carmim, "ruge".

COLORÍN *s. m.* V. JILGUERO. Cor viva (principalmente quando oposta à outra).

COLOSAL (colossal) *adj.* Colossal.

COLOSO (colosso) *s. m.* Colosso.

COLOTE *s. m. Amer. mexic.* V. CANASTO.

COLPA *s. f.* Colcotar empregado para beneficiar a prata. *Amer.* Minério.

COLUMBRAR *v. tr.* Lobrigar, divisar. *fig.* Conjeturar.

COLUMBRES *s. m. pl. Jír.* Os olhos.

COLUMELAR *adj.* Canino (dente). U. t. c. s.

COLUMNA *s. f.* Coluna.

COLUMNARIO, A *adj.* Colunário.

COLUMNATA *s. f.* Colunata.

COLUMPIAR *v. tr.* Balançar (quem está no balanço). *v. pron.* Balouçar-se, balançar-se. *fig. fam.* Balançar-se, gingar com as cadeiras, bambolear-se.

COLUMPIO *s. m.* Balouço, redouça, balanço.

COLUNA *s. f. p. us.* V. COLUMNA.

COMADRE *s. f.* Comadre. Parteira. Alcoviteira. Vizinha, amiga.

COMA *s. f.* Vírgula (,); coma. *Mús.* Coma. Coma (letargo).

COMADREAR *v. tr.* V. PARTEAR. *Amer. argent.* Folgar, divertir-se. *v. intr. fam.* Andar (as mulheres) de casa em casa a saber e contar mexericos.

COMADREJA (comadre*j*a) *s. f.* Doninha.

COMADRERÍA *s. f.* Coisa de comadres.

COMADRERO, A *adj.* Comadresco.

COMADRÓN *s. m.* Médico parteiro.

COMADRONA *s. f.* Parteira diplomada.

COMALIDO, A *adj.* Combalido.

COMANDAMIENTO *s. m.* Comando. Mandamento, preceito.

COMANDANCIA *s. f.* Comandância. *fig.* Comando, chefia, chefatura.

COMARCANO, A *adj.* Comarcão. Circunvizinho, limítrofe.

COMARCANTE *p. a.* de *Comarcar.* Confinante.

COMARCAR *v. intr.* Confinar, limitar, comarcar.

COMBA *s. f.* Curva, empenamento; inflexão de alguns sólidos. Jogo de pular na corda. *Hacer —s,* balançar o corpo.

COMBADO, A *adj.* Curvado, torcido, empenado.

COMBADURA *s. f.* Curvatura, empenamento. *ant.* Abóbada.

COMBAR *v. tr.* Curvar, empenar, torcer, arquear, dobrar.

COMBATIBLE *adj.* Combatível.

COMBATIDOR *adj. e s.* Combatedor combatente.

COMBATIENTE *adj. e s.* Combatente.

COMBATIR *v. intr.* Combater, pelejar. *fig.* Arremeter, acometer, bater.

COMBINABLE *adj.* Combinável.

COMBINACIÓN *s. f.* Combinação.

COMBLEZA (comble*ç*a) *s. f.* Comborça.

COMBO, A *adj.* Empenado, curvado, torcido, combo. *s. m.* Peça sobre que assentam os tonéis nas adegas.

COMBOSO, A (combosso) *adj.* V. COMBADO.

COMBUSTIBLE *adj.* Combustível. *s. m.* Combustível.

COMBUSTIÓN *s. f.* Combustão.

COMEDERO, A *adj.* Comestível, comível. *s. m.* Comedor, sala de jantar.

COMEDIAR *v. tr.* V. PROMEDIAR.

COMEDIMIENTO *s. m.* Comedimento, moderação. Urbanidade, atenção. Sobriedade.

COMEDIO *s. m.* Centro ou meio de um país, sítio ou lugar. Intervalo de tempo.

COMEDIRSE *v. pron.* Moderar-se, comedir-se, conter-se. Oferecer-se, dispor-se a. *Amer.* Fazer o favor, ter a bondade de.

COMEDO *s. m. ant.* Comediante.

COMEJÉN (comejèn) *s. m.* Caruncho, cupim.

COMENDADORA *s. f.* Comendadeira.

COMENZANTE (começamte) *p. s.* de *Comenzar.* Começante, principiante. U. t. c. s.

COMENZAR (começar) *v. tr.* Começar, principiar, iniciar. *v. intr.* Começar, principiar, ter começo. *Irreg.* V. conj. de *Calentar.*

COMERCIABLE *adj.* Comerciável.

COMERCIALIDAD (comercialida*d*) *s. f.* Qualidade do que é comerciável; mercantilidade.

COMESTIBLE *adj.* Comestível, comível. *pl.* Comestíveis, víveres.

COMETA *s. m.* Cometa. Papagaio de papel, pandorga.

COMETIDO *s. m.* Comissão, encargo, incumbência.

COMETÓN *s. m. Amer. cab.* V. COMETA, 2ª acep.

COMEVIVOS *adj. fam.* Antropófago.

COMEZÓN (começòn) *s. f.* Comichão, prurido. *fig.* Comichão, desejo, apetite.

COMIBLE *adj.* Comível.

COMICASTRO *s. m.* Mau comediante.

COMIDA *s. f.* Comida, comer, alimento. Refeição. Jantar. *Combiar la —,* vomitar. *Reposar la —,* descansar depois da refeição.

COMIDILLA (comidilha) *s. f. fig. fam.* Inclinação, gosto, cachaça. *fam.* Prato (tema preferido em alguma murmuração).

COMIENZO (comienço) *s. m.* Começo, princípio, início. Origem, princípio.

COMILITÓN *s. m.* V. CONMILITÓN.

COMILITONA *s. f. fam.* V. COMILONA.

COMILLA (comilha) *s. f. Dim.* de *Coma. pl. Gram.* Aspas (" ").

COMILÓN, A *adj. e s.* Comilão, comilona.

COMILONA *s. f. fam.* Comezaina, regabofe.

COMINEAR *v. intr.* Intrometer-se (o homem) em minudências ou ocupações próprias de mulheres.

COMINERÍA *s. f.* Minuciosidade exagerada. U. m. no pl.

COMINERO *adj. e s. fam.* Cominheiro.

COMINILLO (cominilho) *s. m. Dim.* de *Comino. Bot.* Joio, cizânia. *Amer.* Receio, escrúpulo. *Amer. argent.* Vacilação, inquietude.

COMINO *s. m.* Cominho. *— del prado,* alcaravia.

COMIQUEAR *v. intr.* Representar comédias em casa.

COMISAR (comissar) *v. tr.* Declarar que uma coisa caiu em comisso.

COMISARÍA (comissaría) *s. f.* Comissariado.

COMISARIATO (comissariato) *s. m.* V. COMISARÍA.

COMISARIO (comissario) *s. m.* Comissário.

COMISIÓN (comissiòn) *s. f.* Comissão. *De —, loc. adv.* Em comissão; interinamente.

COMISIONADO, A (comissionado) *adj. e s.* Comissionado.

COMISIONAR (comissionar) *v. tr.* Comissionar.

COMISIONISTA (comissionista) *s. m. e f.* Comissionista.

COMISO (comisso) *s. m.* Comisso.

COMISORIO, A (comissorio) Comissório.

COMISQUEAR *v. tr. fam.* Comiscar.

COMISTRAJO (comistrajo) *s. m.* Moxinifada, salsada, pirão.

COMISURA (comissura) *s. f.* Comissura; sutura.

COMO *adv.* Como, de que modo. Quanto, quão. Cerca de, aproximadamente. Quanto, a que preço. Logo que, assim que. *conj.* Se. *conj.* Como. Precedendo um substantivo equivale ao gerúndio do mesmo verbo: *— vayas abrigado (yendo abrigado), no debes temer el frío.*

CÓMODA *s. f.* Cômoda (móvel).

COMODIDAD (comodida*d*) *s. f.* Comodidade.

COMODIDOSO, A (comodidosso) *adj. Amer. C. Rica.* V. COMODÓN.

COMODÍN *s. m.* Curinga.

COMODINO, A *adj. Amer. mexic.* V. COMODÓN.

COMODÓN, A *adj. fam.* Comodista.

COMPADRAJE (compadraje) *s. m.* Compadrio, compadrice, compadrismo.

COMPADRAR *v. intr.* Compadrar. Compadrear.

COMPADRAZGO *s. m.* Compadrio.

COMPAÑA (companha) *s. f. Amer.* Companha, companhia. Família.

COMPANAGE (companaje) *s. m.* Conduto (alimento que se come junto com o pão).

COMPAÑERISMO (companheirismo) *s. m.* Companheirismo, camaradagem, solidariedade.

COMPAÑERO (companhero) *s. m.* Companheiro.

COMPANGO *s. m.* V. COMPANAGE.

COMPAÑÍA (companhía) *s. f.* Companhia (em todas as aceps. deste vocábulo).

COMPAÑÓN (companhòn) *s. m.* Testículo.

COMPARABLE *adj.* Comparável.

COMPARACIÓN *s. f.* Comparação.

COMPARECENCIA *s. f.* Comparência, comparecimento.

COMPARECIENTE *s. m. e f.* Comparecente.

COMPARENDO *s. m. Juris.* Citação, mandado para alguém comparecer.

COMPARSA *s. f.* Comparsa. Bloco, rancho, cordão (de carnavalescos). *fig. fam.* Pessoa que, numa reunião, permanece calada.

COMPARTIMIENTO *s. m. Amer.* Compartimento.

COMPÁS *s. m.* Compasso (instrumento). *Mús.* Compasso. Compasso, bússola. Átrio (de convento ou igreja). *fig.* Compasso, medida, regra. *fig.* Pausa, momento. Tamanho. *Gram. pl.* Compases.

COMPASADAMENTE (compassadamente) *adv.* Compassadamente.

COMPASADO, A (compassado) *adj.* Compassado. Moderado, cordato.

COMPASAR (compassar) *v. tr.* Compassar.

COMPASEAR (compassear) *v. tr. Mús.* Compassar.

COMPASIBLE (compassible) *adj.* Compassivo, compassível. Digno de compaixão.

COMPASILLO (compassilho) *s. m. Dim.* de *Compás.*

COMPASIÓN (compassiòn) *s. f.* Compaixão.

COMPASIVAMENTE (compassivamente) *adv.* Compassivamente.

COMPASIVO, A (compassivo) *adj.* Compassivo.

COMPATIBILIDAD (compatibilida*d*) *s. f.* Compatibilidade.

COMPATIBLE *adj.* Compatível.

COMPELER *v. tr.* Compelir, obrigar, forçar, constranger.

COMPENDIARIAMENTE *adv.* Compendiosamente.

COMPENDIZAR (compendiçar) *v. tr.* Compendiar.

COMPENETRARSE *v. pron.* Interpenetrar-se. *fig.* Identificar-se (em idéias ou sentimentos).

COMPENSABLE *adj.* Compensável.

COMPENSACIÓN *s. f.* Compensação.

COMPETER *v. tr.* Competir, incumbir, pertencer por direito; cumprir.

COMPETIR *v. intr.* Competir (no sentido de rivalizar ou concorrer). *Irreg.* V. conj. de *Servir.*

COMPIADARSE *v. pron.* Apiedar-se, compadecer-se.

COMPILACIÓN *s. f.* Compilação.

COMPINCHE (compintche) *s. m. e f. fam.* Amigo, companheiro, camarada.

COMPLACEDERO, A *adj.* Complacente.

COMPLACEDOR, A *adj.* Comprazedor.

COMPLACER *v. tr.* Comprazer. *v. pron.* Comprazer-se, alegrar-se. *Irreg.* V. conj. de *Nacer.*

COMPLACIENTE *adj.* Complacente, comprazente.

COMPLACIMIENTO *s. m.* Complacência, comprazimento.

COMPLEJIDAD (compleji*d*a*d*) *s. f.* Complexidade.

COMPLEJO, A (complejo) *adj.* Complexo. *s. m.* Complexo.

COMPLEMENTARIO, A *adj.* Complementar, complementário.

COMPLEXIDAD (complecsidad) *s. f.* V. COMPLEJIDAD.

COMPLEXIÓN (complecsiòn) *s. f.* Compleição; complexão.

COMPLICACIÓN *s. f.* Complicação.

CÓMPLICE *s. m. e f.* Cúmplice.

COMPLICIDAD (complicida*d*) *s. f.* Cumplicidade.

COMPLOTAR *v. intr.* Conspirar, tramar.

COMPODAR *v. tr. Agr.* Podar (cortar pelo meio os sarmentos ao cair as folhas da videira).

COMPONEDOR *s. m.* Compositor. *Tip.* Componedor. Árbitro, avindor, compoedor.

COMPONER *v. tr.* Compor, construir, formar. *Tip.* Compor. Compor, fazer parte, entrar na composição de. Compor, arranjar, colocar, dispor com ordem. Compor, embelezar, ataviar. Compor, reconciliar, harmonizar. *fam.* Compor, restaurar, restabelecer. Tramar, urdir. *v. intr.* Compor versos ou obras musicais. COMPONERSELAS, *loc. fam.* Arranjar-se; engenhar um meio para sair de alguma dificuldade ou para alcançar o que se deseja. *Irreg.* V. conj. de *Poner.*

COMPONIBLE *adj.* Componível.

COMPORTA *s. f.* Cesto vindimo.

COMPORTABLE *adj.* Comportável, suportável, tolerável.

COMPORTAMIENTO *s. m.* Comportamento, conduta.

COMPORTE *s. m.* Procedimento, comportamento. Porte.

COMPORTERO *s. m.* Cesteiro (que faz cestos vindimos).

COMPOSICIÓN (compossición) *s. f.* Composição. Compostura.

COMPOTERA *s. f.* Compoteira.

COMPRABLE *adj.* Comprável.

COMPRADERO, A *adj.* Comprável.

COMPRADILLO (compradilho) *s. m.* V. COMPRADO.

COMPRADIZO, A (compradiço) *adj.* Compradiço, comprável.

COMPRADO *s. m.* Certo jogo de cartas.

COMPRAVENTA *s. f.* Compra e venda (contrato de).

COMPRENDEDOR, A *adj.* V. COMPRENSIVO.

COMPRENDER *v. tr.* Compreender.

COMPRENSIBILIDAD (comprensibilidad) *s. f.* Compreensibilidade.

COMPRENSIBLE *adj.* Compreensível.

COMPRENSIÓN *s. f.* Compreensão.

COMPRENSO, A *p. p. irreg.* de *Comprender*. Compreendido.

COMPRESA (compressa) *s. f.* Compressa.

COMPRESIBLE (compressible) *adj.* Compressível.

COMPRESIÓN (compressión) *s. f.* Compressão.

COMPRESIVO, A (compressivo) *adj.* Compressivo.

COMPRESO, A (compresso) *p. p. irreg.* de *Comprimir*. Comprimido, compresso.

COMPRESOR, A (compressor) *adj.* Compressor. *s. m.* Compressor.

COMPROBABLE *adj.* Comprovável.

COMPROBACIÓN *s. f.* Comprovação.

COMPROBANTE *p. a.* de *Comprobar*. Comprovante. *s. m.* Comprovante, prova.

COMPROBAR *v. tr.* Comprovar. *Irreg.* V. conj. de *Almorzar*.

COMPROFESOR (comprofessor) *s. m.* Colega.

COMPROMISARIO, A (compromissario) *adj.* Compromissário.

COMPROMISO (compromisso) *s. m.* Compromisso.

COMPUERTA *s. f.* Comporta. Meia porta. *pl.* Pálpebras.

COMPUERTECILLA (compuertecilha) *s. f. Dim.* de *Compuerta*. Válvula um pouco maior que as comuns.

COMPUESTAMENTE *adv.* Compostamente, decorosamente. Ordenadamente. Ataviadamente.

COMPUESTO, A *p. p. irreg.* de *Componer*. Composto. *adj.* Composto, que não é simples. *adj. fig.* Composto, circunspecto, sério. Limpo, adornado, ataviado, polido, brilhante, engalanado. *s. m.* Composto.

COMPULSA *s. f.* Compulsação.

COMPULSIÓN *s. f.* Compulsão.

COMPUNCIÓN *s. f.* Compunção, compungimento.

COMPUNGIVO, A (compunjivo) *adj.* Pungente, picante.

COMULGANTE *p. a.* de *Comulgar*. Comungante. *s. m.* e *f.* Comungante.

COMULGAR *v. tr.* Comungar.

COMÚN *adj.* Comum. *s. m.* Comum. Latrina. *En —, loc. adv.* Em comum. *Por lo —, loc. adv.* Comumente.

COMUÑA (comunha) *s. f.* Trigo misturado com centeio.

COMUNERO *s. m.* Comuneiro. *pl.* Povos que têm comunidade de pastagens.

COMUNERO, A *adj.* Popular, agradável a todos.

COMUNICABLE *adj.* Comunicável.

COMUNICACIÓN *s. f.* Comunicação.

COMUNIDAD (comunidad) *s. f.* Comunidade. *De —, loc. adv.* Em comum.

COMUNIÓN *s. f.* Comunhão.

CON *prep.* Com. *Gram.* Dá aos infinitivos o valor de gerúndios. *s. m. Mar.* Penedo, penedia.

COÑAC (conhac) *s. m.* Conhaque.

CONCADENAR *v. tr.* Concatenar, encadear.

CONCAMBIO *s. m.* V. CANJE.

CONCATENACIÓN *s. f.* Concatenamento, concatenação.

CÓNCAVA *s. f.* V. CONCAVIDAD.

CONCAVIDAD (concavidad) *s. f.* Concavidade.

CONCEBIBLE *adj.* Concebível.

CONCEBIMIENTO *s. m.* Concebimento.

CONCEBIR *v. intr.* Conceber, gerar. *fig.* Conceber, imaginar. *fig.* Conceber, compreender. *v. tr. fig.* Conceber, assumir, tomar. *Irreg.* V. conj. de *Servir*.

CONCEJAL (concejal) *s. m.* Vereador, conselheiro municipal.

CONCEJALÍA (concejalía) *s. f.* Vereança, vereação.

CONCEJERAMENTE (concejeramente) *adv.* Publicamente, sem recato.

CONCEJIL (conjecil) *adj.* Concelhio, concelheiro. Enjeitado.

CONCEJO (concejo) *s. m.* Conselho municipal, vereação, câmara municipal. Conselho. Sessão do conselho. V. AYUNTAMIENTO.

CONCENTRABLE *adj.* Concentrável.

CONCENTRACIÓN *s. f.* Concentração. *Campos de —,* campo de concentração.

CONCETUOSO, A (concentuosso) *adj.* Harmonioso.

CONCEPCIÓN *s. f.* Conceição, concepção.

CONCEPTEAR *v. intr.* Sentenciar, dizer freqüentemente conceitos espirituosos.

CONCEPTIBLE *adj.* Conceptível, concebível.

CONCEPTISTA *adj.* e *s.* Conceitista.

CONCEPTO *s. m.* Conceito (em todas as aceps. deste vocábulo).

CONCEPTUAR *v. tr.* Conceituar.

CONCEPTUOSAMENTE (conceptuossamente) *adv.* Conceituosamente.

CONCEPTUOSO, A (conceptuosso) *adj.* Conceituoso.

CONCERNIENTE *p. a.* de *Concernir*. Concernente.

CONCERTAR *v. tr.* Concertar, conciliar, ajustar, harmonizar; combinar. Concertar, soar acordemente. Concertar, concordar. *Venat.* Rastejar. *Gram.* Concordar.

CONCESIBLE (concessible) *adj.* Concessível.

CONCESIÓN (concessión) *s. f.* Concessão.

CONCESIONARIO (concessionario) *s. m.* Concessionário.

CONCETO *s. m. ant.* V. CONCEPTO.

CONCHABAR (conchabar) *v. tr.* Conchavar, unir, ligar, ajuntar. *Amer.* Empregar, contratar para o serviço doméstico. *v. pron.* Conchavar-se, conluiar-se, mancomunar-se.

CONCHABO (conchabo) *s. m.* Conchavo (emprego doméstico).

CONCHIL (contchil) *adj.* Concheado.

CONCHUELA (contchuela) *s. m. Dim.* de *Concha*. Conchinha. Fundo do mar coberto de conchas partidas.

CONCIENZUDAMENTE (conciençudamente) *adv.* Conscienciosamente.

CONCIENZUDO, A (conciençudo) *adj.* Consciencioso.

CONCIERTO *s. m.* Concerto, convenção, acordo, pacto, ajuste. Concerto, harmonia, boa ordem. *Mús.* Concerto. *De —, loc.* De concerto, de comum acordo.

CONCILIABLE *adj.* Conciliável.

CONCILIACIÓN *s. f.* Conciliação. Favor, proteção.

CONCINO, A *adj.* Elegante, escorreito, harmonioso (diz-se da linguagem).

CONCIÓN *s. m. ant.* Sermão.

CONCISIÓN (concissión) *s. f.* Concisão.

CONCIUDADANO, A *adj.* e *s.* Concidadão, ã.

CONCLUSIÓN (conclussión) *s. f.* Conclusão. *En —, loc. adv.* Em conclusão, finalmente.

CONCLUYENTE (concludjente) *p. a.* de *Concluir*, *adj.* Concludente.

CONCLUYENTEMENTE (concludjentemente) *adv.* Concludentemente.

CONCOMERSE *v. pron. fam.* Mover os ombros e espáduas como quem se coça ou esfrega.

CONCOMIMIENTO *s. f. fam.* Ação de *Concomerse*.

CONCOMIO *s. m.* V. CONCOMIMIENTO.

CONCORDABLE *adj.* Concordável.

CONCORDATO *s. m.* Concordata (entre o Estado e a Igreja).

CONCRECIÓN *s. f.* Concreção.

CONCRETAR *v. tr.* Concretizar. Combinar, concordar.

CONCUERDA (POR) *loc. adj.* De acordo com o original (tratando-se da cópia de um escrito).

CONCUÑADO, A (concunhado) *s. m.* e *f.* Concunhado.

CONCURRENCIA *s. f.* Concorrência.

CONCURRENTE *p. a.* de *Concurrir*. Concorrente. *adj.* Concorrente. *Líneas —, Geom.* Linhas concorrentes.

CONCURRIR *v. tr.* Concorrer.

CONCUSIÓN (concussión) *s. f.* Concussão.

CONCUSIONARIO, A (concussionario) *adj.* e *s.* Concussionário.

CONCUSOR (concussor) *s. m.* Concutor.

CONDECORACIÓN *s. f.* Condecoração.

CONDENA *s. f.* Certidão da sentença condenatória. Sentença judicial. Condenação.

CONDENABLE *adj.* Condenável.

CONDENACIÓN *s. f.* Condenação.

CONDENSACIÓN *s. f.* Condensação.

CONDESA (condessa) *s. f.* Condessa.

CONDESCENDIENTE *adj.* Condescendente.

CONDESTABLE *s. m.* Condestável. *Gram. f. Condestablesa.*

CONDESTABLÍA *s. f.* Condestablado.

CONDICIÓN *s. f.* Condição. *De —, loc. adv.* De sorte, de maneira. *Tener uno —, loc.* Ser alguém de gênio áspero e forte.

CONDILAR *adj.* Condiliano.

CONDOLECERSE *v. pron.* V. CONDOLERSE.

CONDOLERSE *v. pron.* Condoer-se, compadecer-se. *Irreg.* V. conj. de *Moler*.

CÓNDOR *s. m.* Condor.

CONDUCCIÓN *s. f.* Condução; transporte. Ajuste (de preço ou salário). Direção.

CONDUCENCIA *s. f.* V. CONDUCCIÓN.

CONDUCIR *v. tr.* Conduzir. U. t. c. pron. Ajustar (preço ou salário). *v. intr.* Convir, ser próprio para algum fim. *Irreg.* V. de *Inducir*.

CONDUCTA *s. f.* Conduta, condução. Governo, guia, mando, direção. Récua ou carros que levavam a moeda. Conduta, procedimento, comportamento. Leva de recrutas. Comissão de recrutamento.

CONDUCTERO *s. m.* Condutor de uma leva.

CONDUCTIBILIDAD (conductibilidad) *s. f. Fís.* Condutibilidade.

CONDUCTIBLE *adj.* Condutível.

CONDUCTO *s. m.* Conduto (em todas as aceps. deste vocábulo).

CONDUCTOR, A *adj.* e *s.* Condutor.

CONDUEÑO (conduenho) *s. f.* Condômino, coproprietário.

CONDUERMA *s. f. Amer. venezuel.* Modorra, madorna.

CONDUMIO *s. m. fam.* Conduto (alimento que se come junto com o pão).

CONECTAR *v. tr. Eletr.* Ligar, fechar o circuito. *Mec.* Conectar.

CONEJA (coneja) *s. f.* Coelha.

CONEJAL (conejal) V. CONEJAR.

CONEJAR (conejar) *s. m.* Coelheira (recinto destinado à criação de coelhos).

CONEJERA (conejera) *s. f.* Toca de coelhos. V. CONEJAR. *fig. fam.* Prostíbulo. Cova, barranco. V. HURONERA.

CONEJERO, A (conejero) *adj.* e *s.* Coelheiro (que caça coelhos).

CONEJILLO (conejilho) *s. m. Dim.* de *Conejo*. Coelhinho. — *de Indias,* cobaia, porquinho-da-Índia.

CONEJO (conejo) *s. m.* Coelho.

CONEJUELO (conejuelo) *s. m.* V. CONEJILLO, 1ª acep.

CONEJUNA (conejuna) *s. f.* Pele de coelho.

CONEJUNO, A (conejuno) *adj.* Coelhal.

CONEXIÓN (conexión) *s. f.* Conexão. *pl.* Amizades, relações.

CONEXIONAR (conexionar) *v. intr.* Enlaçar, ligar. Relacionar, comparar. V. CONECTAR. *v. pron.* Ter conexões; contrair amizades, relacionar-se.

CONFALÓN *s. m.* Gonfalão, pendão, estandarte.

CONFALONIERO *s. m.* Gonfaloneiro.

CONFECCIÓN *s. f.* Confecção.

CONFEDERACIÓN *s. f.* Confederação.

CONFESA (confessa) *s. f.* Viúva que entrava para o mosteiro; confessa.

CONFESADO (confessado) *s. m.* Confessado.

CONFESAR (confessar) *v. tr.* Confessar. — *uno de plano, loc.* Fazer alguém uma declaração completa. *Irreg.* V. conj. de *Calentar.*

CONFESIÓN (confessiòn) *s. f.* Confissão. *Oír de* —, *loc.* Exercer o ministério de confessor.

CONFESIONAL (confessional) *adj.* Confessional.

CONFESIONARIO (confessionario) *s. m.* V. CONFESONARIO.

CONFESO, A (confesso) *adj.* Confesso. *s. m.* Confesso.

CONFESONARIO (confessonario) *s. m.* Confessionário.

CONFESOR (confessor) *s. m.* Confessor.

CONFESORIO (confessorio) *s. m.* V. CONFESONARIO.

CONFIABLE *adj.* Confiável.

CONFIANZA (confiança) *s. f.* Confiança, segurança, crédito, fé, esperança, firme. Presunção. Familiaridade. Pacto reservado. *En* —, *loc. adv.* Em confiança, confiadamente.

CONFÍN *adj.* Confim, confinante. *s. m.* Confins, raia, fronteira.

CONFINACIÓN *s. f.* V. CONFINAMIENTO.

CONFINADO, A *adj.* Desterrado.

CONFINAMIENTO *s. m.* Desterro, exílio.

CONFINAR *v. intr.* Confinar, defrontar, limitar. Desterrar, exilar.

CONFINIDAD (confinidad) *s. f.* Confinidade, contiguidade, convizinhança.

CONFISCABLE *adj.* Confiscável.

CONFISCACIÓN *s. f.* Confiscação, confisco.

CONFITADO, A *adj.* Confeitado. *fig.* Confiado, esperançado.

CONFITAR *v. tr.* Confeitar. *fig.* Adoçar, suavizar.

CONFITERA *s. f.* Confeiteira (prato para confeitos).

CONFITERÍA *s. f.* Confeitaria.

CONFITERO *s. m.* Confeiteiro.

CONFITILLO (confitilho) *s. m.* Espécie de lavor miúdo que têm algumas colchas.

CONFITURA *s. f.* Fruta (ou outra coisa) confeitada.

CONFLACIÓN *s. f.* Fundição (ato de fundir).

CONFLAGRACIÓN *s. f.* Conflagração.

CONFLÁTIL *adj.* Fusível, fundível.

CONFLICTO *s. m.* Conflito, embate, pleito. Momento crítico (de um combate). Aflição, angústia. *fig.* Apuro, conjuntura, aperto.

CONFORT *s. m.* Conforto, bem-estar, comodidade material.

CONFORTABLE *adj.* Confortável. Confortante.

CONFORTABLEMENTE *adj.* Confortavelmente.

CONFORTAMIENTO *s. m.* Confortação, confortamento.

CONFORTE *s. m.* V. CONFORTAMIENTO.

CONFRADÍA *s. f. ant.* V. COFRADÍA.

CONFUCIONISTA *adj. e s.* Confucianista.

CONFUNDIMIENTO *s. m.* Confusão, embaraço, perturbação.

CONFUSIÓN (confussión) *s. f.* Confusão, falta de ordem, tumulto. Confusão, perplexidade, embaraço.

CONFUTACIÓN *s. f.* Confutação, refutação.

CONGELABLE (conjelable) *adj.* Congelável.

CONGELACIÓN (conjelaciòn) *s. f.* Congelação.

CONGELAMIENTO (conjelamiento) *s. f.* Congelação.

CONGESTIÓN (conjestiòn) *s. f.* Congestão.

CONGLOMERACIÓN *s. f.* Conglomeração.

CONGLUTINACIÓN *s. f.* Conglutinação.

CONGOJA (congoja) *s. f.* Angústia, aflição, congoxa. V. DESMAYO.

CONGOJAR (congojar) *v. tr.* V. ACONGOJAR U. t. c. *pron.*

CONGOJO (congojo) *s. m. ant.* Ânsia, anelo.

CONGOJOSAMENTE (congojossamente) *adv.* Angustiosamente, ansiosamente, congoxadamente.

CONGOJOSO, A (congojosso) *adj.* Angustiado, aflito, congoxoso.

CONGOLEÑO, A (congolenho) *adj. e s.* Conguês.

CONGOÑA (congonha) *s. f. Bot.* Congonha, mate.

CONGOSTO *s. m.* Desfiladeiro entre montanhas.

CONGOSTRA *s. f.* Congosta.

CONGRACIADOR, A *adj. e s.* Congraçador.

CONGRACIAMENTO *s. m.* Congraçamento.

CONGRACIAR *v. tr.* Congraçar, reconciliar.

CONGRATULACIÓN *s. m.* Congratulação.

CONGREGACIÓN *s. f.* Congregação.

CONGRERO *s. m.* Pescador de congros.

CONGRESO (congresso) *s. m.* Congresso.

CONGRIO *s. m. Zool.* Congro, corongo, muriongo. *fam.* Inepto, limitado (diz-se principalmente de escritores).

CONGUITO *s. m. Amer.* V. AJÍ.

CONICIDAD (conicidad) *s. f.* Conicidade.

CONINA *s. f. Quím.* Conicina.

CONJETURABLE (conjeturable) *adj.* Conjeturável.

CONJUEZ (conjuez) *s. m.* Conjuiz.

CONJUGABLE (conjugable) *adj.* Conjugável.

CONJUGACIÓN (conjugaciòn) *s. f.* Conjugação. V. VERBO.

CONJUNCIÒN (conjunciòn) *s. f.* Conjunção, união, ajuntamento. *Astron.* Conjunção. *Gram.* Conjunção. Parte da oração que serve para estabelecer relação entre duas orações, frases ou vocábulos, e pode ser: COPULATIVA (copulativa, aproximativa): *y* (e) *que* (que), *como* (como) etc.; DISYUNTIVA (disjuntiva, alternativa), *como o* (ou), *ya* (já), etc. ADVERSATIVA (adversativa): *pero* (mas), *todavia* (todavia), etc. CONDICIONAL (condicional): *sí* (se), *con tal que* (uma vez que), etc. CAUSAL (causal): *porque* (porque) etc. FINAL (final): *a fin de que* (a fim de que); CONTINUATIVA (continuativa): *pues* (pois), *así que* (assim que), etc. ILATIVA (conclusiva, ilativa): *conque* (com que), *luego* (logo) etc.; DUBITATIVA (dubitativa): *sí* (se); DISTRIBUTIVA (alternativa): *ora* (ora), *ya* (já). — *compuesta,* locução conjuntiva.

CONJUNTIVITIS (conjuntivitis) *s. f. Med.* Conjuntivite.

CONJUNTIVO, A (conjuntivo) *adj.* Conjuntivo. *s. f.* Conjuntiva. *Gram. Modo* — , locução conjuntiva.

CONJURACIÓN (conjuración) *s. f.* Conjuração.

CONJURAMENTAR (conjuramentar) *v. tr.* Tomar juramento. *v. pron.* Obrigar-se por juramento, jurar.

CONJURO (conjuro) *s. m.* Esconjuro, conjuro, exorcismo. Rogo, instância.

CONLLEVADOR, A (conlhevador) *adj. e s.* Que atura; que ajuda a suportar os trabalhos de outrem.

CONLLEVANCIA (conlhevancia) *s. f.* Tolerância. Ação de aturar. Ação de ajudar a suportar os trabalhos de outrem.

CONLLEVAR (conlhevar) *v. tr.* Ajudar a suportar os trabalhos de outrem. Tolerar, aturar. Ter paciência na adversidade.

CONMEMORABLE *adj.* Comemorável.

CONMEMORACIÓN *s. f.* Comemoração.

CONMEMORAR *v. tr.* Comemorar.

CONMEMORATIVO, A *adj.* Comemorativo.

CONMEMORATORIO, A *adj.* V. CONMEMORATIVO.

CONMENSAL *s. m. e f.* Comensal.

CONMENSURABILIDAD (conmensurabilidad). *s. f.* Comensurabilidade.

CONMENSURABLE *adj.* Comensurável.

CONMENSURACIÓN *s. f.* Comensuração.

CONMENSURAR *v. tr.* Comensurar.

CONMENSURATIVO, A *adj.* Que serve para medir ou comensurar.

CONMIGO *pron.* Comigo.

CONMILITÓN *s. m.* Comilitão.

CONMINACIÓN *s. f.* Cominação. Ameaça.

CONMINAR *v. tr.* Cominar, ameaçar.

CONMINATORIO, A *adj.* Cominativo, cominatório.

CONMISERACIÓN (conmisseraciòn) *s. f.* Comiseração, compaixão.

CONMISTIÓN *s. f.* Mistura, comistão.

CONMISTO, A *adj.* Comisturado, misturado.

CONMIXTIÓN *s. f.* V. CONMISTIÓN.

CONMIXTO, A *adj.* V. CONMISTO.

CONMOCIÓN *s. f.* Comoção.

CONMONITORIO *s. m.* Memorial, memória.

CONMORACIÓN *s. f.* Comoração.

CONMOVER *v. tr.* Comover, perturbar, agitar, abalar. Enternecer, abrandar. U. t. c. pron. *Irreg.* V. conj. de *Moler.*

CONMUTA *s. f. Amer. chil.* V. CONMUTACIÓN.

CONMUTABLE *adj.* Comutável.

CONMUTACIÓN *s. f.* Comutação. V. RETRUÉCANO.

CONMUTADOR, A *adj. e s.* Comutador.

CONMUTAR *v. tr.* Comutar.

CONNATURALIZACIÓN (connaturaliçaciòn) *s. f.* Aclimação, naturalização.

CONNATURALIZARSE (connaturaliçar-se) *v. pron.* Naturalizar-se, aclimar-se, habituar-se.

CONNATURALMENTE *adv.* Naturalmente.

CONNOTACIÓN *s. f.* Conotação. Parentesco remoto.

CONO *s. m. Geom.* Cone.

CONOCEDOR, A *adj. e s.* Conhecedor.

CONOCER *v. tr.* Conhecer (em todas as acep. deste vocábulo). *Irreg.* Ind. pres. *Conozco.* Subj. pres. *Conoz-ca, cas, can, camos, cais, can.* Imperat. *Conoz-ca, camos.*

CONOCIBLE *adj.* Conhecível.

CONOCIDAMENTE *adv.* Conhecidamente; claramente.

CONOCIDO, A *adj.* Conhecido, versado, ilustre, acreditado. *s. m.* Conhecido (indivíduo com quem se tem conhecimento).

CONOCIENTE *p. a.* de *Conocer.* Conhecente.

CONOCIMIENTO *s. m.* Conhecimento. V. CONOCIDO, 2ª acep.

CONOIDEO, A (conoidèo) *adj.* Conóide, conoidal.

CONOSCER *v. tr. ant.* V. CONOCER.

CONQUE *conj.* Com que, com que então. *s. m. fam.* Condição, motivo, porque.

CONQUISTABLE *adj.* Conquistável.

CONREAR *v. tr.* Apurar, preparar.

CONREO (conrèo) *s. m.* Co-réu.

CONSABIDO, A *adj.* Dito (diz-se da pessoa ou coisa de que já se tratou).

CONSABIDOR, A *adj. e s.* Consabedor.

CONSAGRABLE *adj.* Consagrável.

CONSAGRACIÓN *s. f.* Consagração.

CONSCIENTE *adj.* Consciente.

CONSCIENTEMENTE *adj.* Conscientemente.

CONSECUCIÓN *s. f.* Consecução.

CONSEQUENCIA *s. f.* Conseqüência. *En* —, *loc. adv.* Em conseqüência.

CONSECUENTE *adj.* Conseqüente. *s. m.* Conseqüente.

CONSECUENTEMENTE *adv.* Conseqüentemente.

CONSEGUIMIENTO *s. m.* V. CONSECUCIÓN.

CONSEJA (conseja) *s. f.* Conto, fábula. Conciliábulo.

CONSEJERO (consejero) *s. m.* Conselheiro (que aconselha; membro de um conselho).

CONSEJO (consejo) *s. m.* Conselho, opinião, juízo, parecer que se dá ou toma para um fim. Conselho (tribunal, corpo consultivo), corpo coletivo superior). Conselho, aviso, parecer.

CONSENCIENTE *p. a.* de *Consentir.* Que consente alguma coisa má.

CONSENTIMIENTO *s. m.* Consentimento.

CONSERJE (conserje) *s. m.* Porteiro (encarregado da guarda e limpeza de uma casa).

CONSERJERÍA (conserjería) *s. f.* Ofício de porteiro. Habitação do porteiro.

CONSERVACIÓN *s. f.* Conservação.

CONSERVERÍA *s. f.* Conservaria.

CONSERVERO *s. m.* Pessoa que faz conservas.

CONSIDERABLE *adj.* Considerável. Importante. Muito grande.

CONSIDERABLEMENTE *adv.* Consideravelmente.

CONSIDERACIÓN *s. f.* Consideração. Respeito, urbanidade. *Cargar,* ou *fijar la* — *en una cosa, loc.* Dispensar, ou emprestar consideração a uma coisa.

CONSIERVO *s. m.* Conservo.

CONSIGNA *s. f. Mil.* Ordem (para uma sentinela). Instruções (para o que comanda um posto). U. m. em s. *fig.*

CONSIGO *pron.* Consigo.

CONSIGUIENTE *adj.* Conseguinte, consequente. *Por* —, ou *por el* —, *loc. adv.* Por conseguinte, ou pelo conseguinte. *Proceder* —, *loc.* Proceder consequentemente.

CONSOLA *s. f.* Consolo (móvel).

CONSOLABLE *adj.* Consolável.

CONSOLACIÓN *s. f.* Consolação, consolo. *ant.* Esmola.

CONSOLIDACIÓN *s. f.* Consolidação.

CONSONANTE *adj.* e *s.* Consoante.

CÓNSONE *adj.* Cônsono, consonante. *Mús.* Acorde.

CONSPIRACIÓN *s. f.* Conspiração.

CONSPUIR *v. tr.* Vilipendiar, mofar, desprezar.

CONSTELACIÓN *s. f.* Constelação.

CONSTERNACIÓN *s. f.* Consternação.

CONSTITUICIÓN *s. f.* Constituição.

CONSTITUYENTE (constitudjente) *adj.* Constituinte.

CONSTREÑIDAMENTE (constrenhidamente) *adv.* Constrangidamente, forçadamente.

CONSTREÑIMIENTO (constrenhimiento) *s. m.* Constrangimento, premência, força.

CONSTREÑIR (constrenhir) *v. tr.* Constranger, obrigar, compelir. *Med.* Constringir, contrair, apertar. V. ESTREÑIR. *Irreg.* V. conj. de *Ceñir.*

CONSTRICCIÓN *s. f.* Constrição. Aperto. Encolhimento.

CONSTRUCCIÓN *s. f.* Construção.

CONSUEGRAR *v. intr.* Tornar-se consogro.

CONSUEGRO, A *s. m.* e *f.* Consogro, a.

CONSUELO *s. m.* Consolo, consolação, alívio. Gozo, alegria. *Sin* —, *loc. adv.* Inconsolavelmente.

CONSULTABLE *adj.* Consultável.

CONSUMACIÓN *s. f.* Consumação, extinção. — *de los siglos*, consumação dos séculos.

CONSUMIBLE *adj.* Consumível.

CONSUMICIÓN *s. f.* Consumição. Consumo.

CONSUMIMIENTO *s. m.* Consunção.

CONSUNCIÓN *s. f.* Consunção.

CONSUNO (DE) *loc. adv.* Juntamente, de comum acordo.

CONSUSTANCIAL *adj.* Consubstancial.

CONSUSTANCIALIDAD (consustancialidad). *s. f.* Consubstancialidade.

CONTABLE *adj.* Contável. *s. m.* Guarda-livros.

CONTACTAR *v. intr.* Estar em contato.

CONTADERO, A *adj.* Contável. *s. m.* Corredor para a contagem de animais.

CONTADO, A *adj.* Contado. Raro, escasso. Determinado, assinalado. *Al* —, *loc. adv.* A dinheiro. À vista, imediatamente. *Por de* —, *loc. adv.* Por certo.

CONTADURÍA *s. f.* Contadoria.

CONTAGIÓN (contajión) *s. m.* Contagião, contágio.

CONTAMINACIÓN *s. f.* Contaminação.

CONTANTE *adj.* Sonante (diz-se do dinheiro à vista).

CONTEMPLACIÓN *s. f.* Contemplação.

CONTENCIÓN *s. f.* Contenção, emulação, competência. *Med.* Contenção. Ação de conter.

CONTENDIENTE *adj.* Contendente, contendedor.

CONTENEDOR, A *adj.* Que contém.

CONTENENCIA *s. f.* Pairo. Contenda.

CONTENER *v. tr.* Conter, encerrar, compreender. Conter, moderar, reprimir. *Irreg.* V. conj. de *Tener.*

CONTENIDO, A *p. p.* de *Contener.* Contido. *s. m.* Conteúdo.

CONTENTA *s. f.* Presente, dádiva, mínimo. Certificado de boa conduta (da tropa ou de soldado). *Com.* V. ENDOSO.

CONTENTADIZO, A (contentadiço) *adj.* Contentadiço.

CONTENTAMIENTO *s. m.* Contentamento.

CONTENTAR *v. tr.* Contentar. Endossar. *v. pron.* Contentar-se. *Ser uno de buen*, ou *mal*, —, *loc.* Ser alguém fácil, ou difícil, de contentar.

CONTENTO, A *adj.* Contente, satisfeito, alegre. *s. m.* Contentamento, contento, alegria, satisfação.

CONTESTA *s. m. Amer.* V. CONTESTACIÓN.

CONTESTABLE *adj.* Contestável. Respondível.

CONTESTACIÓN *s. f.* Resposta. Contestação, contenda, debate.

CONTESTAR *v. tr.* Responder, dar resposta. Contestar, negar a exatidão, asseverar com razões.

CONTEZUELA (conteçuela) *s. f.* V. CUENTECILLA.

CONTIENDA *s. f.* Contenda, disputa, peleja.

CONTIGO *pron.* Contigo.

CONTIGÜIDAD (contigüidad) *s. f.* Contiguidade. *Solución de* —, solução de contiguidade.

CONTINENCIA *s. f.* Continência, abstinência, moderação. Capacidade, extensão.

CONTINENTE *adj.* Continente. *s. m.* Continente. Aspecto, porte, compostura (do corpo, do semblante).

CONTINGIBLE (continjible) *adj.* Contingente, possível, que pode acontecer.

CONTINUACIÓN *s. f.* Continuação. *A* —, em continuação, a seguir.

CONTINUO, A *adj.* Contínuo. *A la* —, *loc. adv.* Continuadamente.

CONTONEARSE *v. pron.* Requebrar-se, bambolear-se.

CONTONEO (contonèo) *s. m.* Requebramento, bamboleamento (do corpo).

CONTORCIÓN *s. f.* Contorção, contorcimento.

CONTORNEO *s. f.* Ação de contornar, ou contornear; rodeio, volta.

CONTRA *prep.* Contra. *Amer.* Perto de, junto a, contra. Contra, diante de, em frente. *ant.* V. HACÍA. *s. m.* Contra. Pedal do órgão. *En* —, *loc. adv.* Contra, contrariamente.

CONTRABAJO (contrabajo) *s. m.* Contrabaixo (voz e instrumento). Contrabaixista.

CONTRABALANCEAR *v. tr.* Contrabalançar.

CONTRABALANZA (contrabalança) *s. f.* Contrabalanço. Contrapeso. *fig.* Contraposição.

CONTRABASA (contrabassa) *s. f. Arq.* Pedestal.

CONTRABATIR *v. tr. Mil.* Contrabater.

CONTRACARTA *s. f.* Contra-escritura.

CONTRACCIÓN *s. f.* Contração.

CONTRACEBADERA *s. f. Náut.* V. SOBRECEBADERA.

CONTRACODASTE *s. m.* Contracadaste.

CONTRACORRIENTE *s. f.* Contracorrente.

CONTRACTURA *s. f.* V. CONTRACCIÓN.

CONTRADANZA (contradança) *s. f.* Contradança.

CONTRADECIR *v. tr.* Contradizer. U. t. c. pron. *Irreg.* V. conj. de *Predecir.*

CONTRADICCIÓN *s. f.* Contradição.

CONTRADICENTE *adj.* Contraditor.

CONTRADICHO, A (contraditcho) *p. p. Irreg.* de *Contradicer.* Contradito, contraditado.

CONTRADURMIENTE *s. m. Náut.* Contradormentes.

CONTRAER *v. tr.* Contrair, apertar, estreitar, encolher. Contrair, adquirir. *Irreg.* V. conj. de *Traer.*

CONTRAESTAY (contraestai) *s. m. Náut.* Contra-estais.

CONTRAESPIONAJE (contraespionaje). *s. m.* Contra-espionagem.

CONTRAFACCIÓN *s. f.* Contrafação.

CONTRAFALLAR (contrafalhar) *v. intr.* Cortar (em jogos de carta).

CONTRAFALLO (contrafalho) *s. m.* Corte (em alguns jogos de carta).

CONTRAFOSO (contrafosso) *s. m.* Contrafosso.

CONTRAFUERO *s. m.* Infração de foro.

CONTRAFUERTE *s. m.* Contraforte.

CONTRAGUARDIA *s. f.* Contraguarda.

CONTRAGUERRILLA (contraguerrilha) *s. f.* Tropa que opera contra guerrilheiros.

CONTRAHACEDOR, A *adj.* e *s.* Contrafator.

CONTRAHACER *v. tr.* Contrafazer, imitar, imitar por falsificação, disfarçar. *Irreg.* V. conj. de *Hacer.*

CONTRAHAZ *s. f.* Avesso, reverso, revés.

CONTRAHECHO, A (contraetcho) *adj.* Contrafeito. *s. m.* Contrafeito, aleijado.

CONTRAHECHURA (contraetchura) *s. f.* Contrafação, imitação fraudulenta.

CONTRAHILERA (contrailera) *s. f. Arq.* Contrafileira.

CONTRAHILO (contrailo) *s. m.* Sentido ou direção contrária ao fio de corte.

CONTRAINDICACIÓN *s. f.* Contra-indicação.

CONTRALLAR (contralhar) *v. tr.* Contrariar, contradizer.

CONTRALOR *s. m.* Vedor, veador.

CONTRAMAESTRE *s. m.* Contramestre.

CONTRAMALLA (contramalha) *s. f.* Contramalha. Espécie de rede de pescar.

CONTRAMALLADURA (contramalhadura) *s. f.* V. CONTRAMALLA.

CONTRAMALLAR (contramalhar) *v. tr.* Contramalhar.

CONTRAMANDATO *s. m.* Contramandado. Contra-ordem.

CONTRAMAREA (contramarèa) *s. f.* Contra-maré.

CONTRAMESANA (contramessana) *s. f. Náut.* Contramezana.

CONTRAMUELLE (contramuelhe) *s. m.* Molhe oposto a outro principal.

CONTRAMURALLA (contramuralha) *s. f.* Contramuro, contramuralha.

CONTRAORDEN *s. f.* Contra-ordem.

CONTRAPAR *s. m. Arq.* V. CABRIO. *pl.* Madre (do madeiramento).

CONTRAPÁS *s. m.* Certa figura na contradança. Dança popular catalã.

CONTRAPASAMIENTO (contrapassamiento) *s. m.* Ação de passar para o bando contrário.

CONTRAPASAR (contrapassar) *v. intr.* Bandear-se, passar para o bando contrário. *Heráld.* Estar (dois animais) contrapassantes.

CONTRAPASO (contrapasso) *s. m.* Contrapasso. Permuta, troca. *Mús.* Contraparte.

CONTRAPEAR *v. tr. Tecn.* Aplicar umas madeiras contra outras, com as fibras atravessadas.

CONTRAPELEAR *v. intr.* Defender-se pelejando.

CONTRAPESO (contrapesso) *s. m.* Contrapeso.

CONTRAPONEDOR, A *adj.* e *s.* Que contrapõe.

CONTRAPONER *v. tr.* Contrapor, opor, confrontar. *Irreg.* V. conj. de *poner.*

CONTRAPOSICIÓN (contrapossiciòn) *s. f.* Contraposição.

CONTRAPOZO (contrapoço) *s. m. Mil.* Forno de contramina.

CONTRAPROYECTO (contraprodjecto) *s. m.* Contra-projeto.

CONTRAPROBAR *v. tr.* contraprovar. *Irreg.* V. conj. de *Almorzar.*

CONTRAPRUEBA *s. f.* Contraprova.

CONTRAPUERTA *s. f.* Anteporta. Portão.

CONTRAPUESTO, A *p. p. irreg.* de *Contraponer.* Contraposto.

CONTRAPUNTA *s. f. Mil.* Parte cortante do canto da folha de um sabre.

CONTRAPUNTADO, A *adj. Mús.* Contraponteado. *Heráld.* Contrapontado.

CONTRAPUNTEANTE *s. m. Mús.* Contraponto (o que canta de).

CONTRAPUNTARSE *v. pron.* V. CONTRAPUNTEAR (acep. reflex.).

CONTRAPUNTEAR *v. tr. Mús.* Contrapontear. *fig.* Contrapontear, contraditar, contrariar, retrucar. *v. pron.* Contrapontear-se, picar-se, ofender-se.

CONTRAPUNTISTA *s. m. Mús.* Contrapontista.

CONTRAPUNTO *s. m. Mús.* Contraponto.

CONTRAPUNZAR (contrapunçar) *v. tr.* Contrapunçar.

CONTRAPUNZÓN (contrapunçòn) *s. m.* Broca de contrapunçoar.

CONTRAQUILLA (contraquilha) *s. f. Náut.* Contraquilha.

CONTRARIEDAD (contrariedad) *s. f.* Contrariedade. Repugnância, resistência.

CONTRARRÉPLICA *s. f.* Contra-réplica.

CONTRARRESTAR *v. tr.* Resistir, fazer frente. Reenviar a bola (no jogo da pelota).

CONTRARRESTO *s. m.* Resistência, oposição. Ação de reenviar a bola (no jogo da pelota).

CONTRARRETABLO *s. m. Arq.* Contra-retábulo.

CONTRARREVOLUCIÓN *s. f.* Contra-revolução.

CONTRARRIEL *s. m.* Contracarril.

CONTRARRODA *s. f. Náut.* Contra-roda.

CONTRASENTIDO (contrassentido) *s. m.* Contra-senso.

CONTRASEÑA (contrassenha) *s. f.* Contra-senha. — *de salida*, senha (de teatro).

CONTRASTABLE *adj.* Contrastável.

CONTRATACIÓN *s. f.* Contratação. Tráfico. Trato de mercadorias.

CONTRATIEMPO *s. m.* Contratempo, contrariedade, inconveniência.

CONTRATORPEDERO *s. m.*Contratorpedeiro.

CONTRAVENCIÓN *s. f.* Contravenção.

CONTRAVENTANA *s. f.* Contravento (de janela).

CONTRAVIDRIERA *s. f.* Contravidraça, contra-caixilho.

CONTRAYENTE (contradjente) *p. a.* de *Contraer.* Contraente.

CONTRECHO, A (contretcho) *adj.* Contrafeito, baldado, tolhido, aleijado.

CONTRIBUCIÓN *s. f.* Contribuição.

CONTRIBULADO, A *adj.* Atribulado.

CONTRIBUYENTE (contribudjente) *p. a.* de *Contribuir.* Contribuinte. *s. m.* Contribuinte.

CONTRICIÓN *s. f.* Contrição.

CONTRINCANTE *s. m.* Competidor, concorrente, opositor, contendor.

CONTROL *s. m.* Controle.

CONTROVERTIR *v. intr.* Contraverter, disputar, rebater. *Irreg.* V. conj. de *Sentir.*

CONTUSIÓN (contussión) *s. f.* Contusão.

CONTUSIONAR (contussionar) *v. tr.* Contundir.

CONTUTOR *s. m.* Co-tutor.

CONVALECENCIA *s. f.* Convalescença.

CONVALECER *v. intr.* Convalescer. *Irreg.* V. conj. de *Favorecer.*

CONVALECIENTE *adj. e s.* Convalescente.

CONVALIDACIÓN *s. f.* Confirmação, revalidação.

CONVECINO, A *adj.* Convizinho, próximo, contíguo, adjacente.

CONVELERSE *v. pron. Med.* Convelir, ter convulsões ou espasmos.

CONVENCIMIENTO *s. m.* Convencimento.

CONVENCIÓN *s. f.* Convenção.

CONVENIBLE *adj.* Conveniente, razoável. Dócil, condescendente.

CONVENIDO *p. p.* de *Convenir.* Convindo.

CONVENIR *v. intr.* Convir, concordar. Acudir, concorrer, reunir-se. Corresponder, pertencer. Convir, quadrar, servir. *v. pron.* Convir-se, ajustar-se, pactuar. *Irreg.* V. conj. de *Venir.*

CONVENTÍCULA *s. f.* Conventículo.

CONVENTILLO (conventilho) *s. m. Amer.* Albergue público. *Dim.* de *Convento.*

CONVERSACIÓN *s. f.* Conversação, palestra, conversa. *Trabar —, loc.* Travar conversação.

CONVERSIÓN *s. f.* Conversão.

CONVERTIBLE *adj.* Convertível, conversível.

CONVERTIDOR *s. m. Eletr.* Transformador.

CONVERTIR *v. tr.* Converter. *v. pron.* Converter-se. *Irreg.* V. conj. de *Sentir.*

CONVIVIENTE *adj. e s. m.* Convivente.

CONVIVIR *v. intr.* Conviver, coabitar.

CONVOY (convoi) *s. m.* Comboio, escolta (de carros ou navios).*fig. fam.* Séquito, acompanhamento. V. ANGARILLAS.

CONVOYANTE (convodjante) *p. a.* de *Convoyar.* Comboiante.

CONVOYAR (convodjar) *v. tr.* Comboiar, escoltar.

CONVULSIÓN *s. f.* Convulsão.

CONYECTURA (condjectura) *s. f.* Conjetura.

CONYÚDICE (condjúdice) *s. m.* V. CONJUEZ.

CONYUGAL (condjugal) *adj.* Conjugal.

CONYUGALMENTE (condjugalmente) *adv.* Conjugalmente.

CÓNYUGE (condjuje) *s. m. e f.* Cônjuge.

CONYUGICIDA (conjujicida) *s. m. e f.* Conjugada.

CONYUGICIDIO (condjujicídio) *s. m.* Conjugicídio.

COOLÍ *s. m.* Cule, "coolie".

COOPERACIÓN *s. f.* Cooperação.

COORDINACIÓN *s. f.* Coordenação.

COORDINADAMENTE *adv.* Coordenadamente.

COORDINADO, A *adj.* Coordenado.

COORDINADOR, A *adj. e s.* Coordenador.

COORDINAMIENTO *s. m.* V. COORDINACIÓN.

COORDINAR *v. tr.* Coordenar.

COORDINATIVO, A *adj.* Coordenativo.

COPA *s. f.* Taça, copo, cálice, copa. Copa (das árvores). Copa (do chapéu). Medida para líquidos equivalente a 126 mililitros. Braseiro em forma de taça. Copa (do baralho). Copa ou taça (prêmio em concursos desportivos). Copos (do freio). — *del horno*, abóbada do forno.

COPALME (BÁLSAMO DE) *s. m. Bot.* Copalmo.

COPAYERO (copadjero) *s. m. Bot.* Copaíba, copaibeira, copaibeiro.

COPEAR *v. intr.* Vender aos copos (nas tabernas). Tomar copos de.

COPEO (copèo) *s. m.* Ação de *Copear.*

COPERA *s. m.* Copa, copeira.

COPETA *s. f. Dim.* de *Copa. prov. Arag.* Ás de copas.

COPETE *s. m. Dim.* de *Copo.* Copinho. Topete. Poupa. V. CIMA. Ornamento superior da moldura de um espelho e de alguns outros móveis. Rosto (de sapato). *fig.* Topete, atrevimento.

COPETUDA *s. f.* V. ALONDRA.

COPETUDO, A *adj.* Topetudo. *fig. fam.* Topetudo, arrogante; atrevido, vaidoso.

COPEY (copei) *s. m.* Espécie de betume.

COPIA *s. f.* Cópia, reprodução, translado. Cópia, imitação, plágio. Cópia, grande número, abundância. Lista de substantivos e verbos com os casos que regem.

COPILADOR, A *adj. e s.* Compilador.

COPILLA (copilha) *s. f.* V. CHOFETA.

COPINA *s. f. Amer. mexic.* Pele tirada inteira.

COPINAR *v. tr.* Esfolar animais tirando a pele inteira.

COPISTERÍA *s. f.* Copistaria.

COPLA *s. f.* Estrofe. Copla, quadra. *pl. fam.* Versos. Canção popular. — *de ciego, fig. fam.* Más canções. *Echar —s a uno, loc. fig. fam.* Falar mal de alguém.

COPLEAR *v. intr.* Cantar, fazer ou dizer coplas.

COPLERÍA *s. f.* Conjunto de coplas.

COPLERO, A *adj. e s.* Pessoa que vende letras de canções, coplas ou modinhas. *fig.* Mau poeta.

COPLISTA *s. m. e f.* V. COPLERO.

COPLÓN *s. m. Aument.* de *Copla. Deprec.* Má composição poética. U. m. no pl.

COPO *s. m.* Copo (porção de lã, de linho etc., que se põe de uma vez na roca). Floco (de neve). Grumo do coágulo. Laço (para apanhar pássaros).

COPÓN *s. m. Aument.* de *Copa. Aument.* de *Copo.* Cibório.

COPRE *s. m.* Copra.

COQUE *s. m.* Coque (carvão artificial).

COQUERA *s. f.* Cabeça do pião. Parte oca de uma pedra. Caixa para o coque.

COQUERO, A *adj. Amer. boliv.* Que mastiga a coca.

COQUETA *s. f.* Palmatoada. *adj. e s.* Coqueta.

COQUETEO (coquetèo) *s. m.* Coqueteio.

COQUETÓN, A *adj. e s. fam.* Gracioso, atraente, agradável. Diz-se do homem que procura agradar a muitas mulheres.

COQUINA *s. f.* Espécie de marisco comestível.

COQUITO *s. m.* Momice, trejeito que se faz para que as crianças riam.

CORÁCEO, A *adj.* Coriáceo.

CORACERO *s. m.* Couraceiro.

CORACHA (coratcha) *s. f. Amer.* Surrão, jacá (para carregar cacau, tabaco etc.).

CORADA *s. f.* V. CORAZONADA, 3ª acep.

CORAJE (coraje) *s. f.* Coragem, valor, intrepidez, bravura, denodo. Irritação, ira.

CORAJINA (corajina) *s. f.* Assomo, arranco de cólera.

CORAJUDO, A (corajudo) Colérico, irado, arrebatado.

CORALERO *s. m.* Coraleiro.

CORAMBRE *s. f.* Courama.

CORAMBRERO *s. m.* Negociante de couros.

CORÁN *s. m.* Corão, Alcorão.

CORANCHO (corantcho) *s. m.* Carancho.

CORAZA (coraça) *s. f.* Couraça.

CORAZNADA *s. f.* Guisado de coração. Cerne do pinheiro.

CORAZÓN (coraçòn) *s. m.* Coração (em todas as aceps. deste vocábulo).

CORAZONADA (coraçonada) *s. f.* Coraçonada. Palpite, pressentimento. Fressura.

CORAZONCILLO (coraçoncilho) *s. m. Dim.* de *Corazón.* Coraçãozinho. *Bot.* Milfurada, erva de São João, hipericão.

CORBACHADA (corbatchada) *s. f.* Vergalhada.

CORBACHO (corbatcho) *s. m.* Vergalho.

CORBATA *s. m.* Gravata. Insígnia das comendas de algumas ordens. Gravata (golpe contra o pescoço). Ministro de capa e espada.

CORBATERÍA *s. f.* Gravataria.

CORBATERO *s. m.* Gravateiro.

CORBATÍN *s. m.* Gravata com o laço feito, que se abotoa por trás.

CORBATO *s. m.* Refrigerador (da serpentina do alambique).

CORBETA *s. f.* Corveta.

CORBONA *s. f.* Cesta ou canastra.

CORCA *s. f.* Caruncho, carcoma.

CORCEL *s. m.* Corcel.

CORCHE (cortche) *s. m.* V. ALCORQUE.

CORCHEA (cortchèa) *s. f. Mús.* Colcheia.

CORCHERA (cortchera) *s. f.* Sorveteira, balde com gelo para esfriar a bebida.

CORCHETA (cortcheta) *s. f.* Colcheta.

CORCHETE (cortchete) *s. m.* Colchete. Grampo (de carpinteiro). Colchete, chave (sinal gráfico). *fig.* Meirinho.

CORCHO (cortcho) *s. m.* Cortiça. Rolha de cortiça. V. CORCHERA. Colmeia, corcho, cortiço. Cortiço (para transportar azeitonas, frutas em conserva etc.). V. HURONERA. Abrigo de cortiça com vários usos.

CORCHOSO, A (cortchosso) *adj.* Corticente, cortiçeo.

CORCHOTAPONERO, A (cortchotaponero) *adj.* Relativo à fabricação de rolhas de cortiça.

CORCINO *s. m.* Corço pequeno.

CORCUSIDO, A (corcussido) *p. p.* de *Corcusir.* Fuxicado, mal cosido.

CORCUSIR (corcussir) *v. tr.* Fuxicar, coser mal.

CORDAJE (cordaje) *s. m. Náut.* Cordame, cordagem, cordoalha, maçame. Enxárcia.

CORDAL *s. m.* Dente do siso. Cordilheira pequena.

CORDEAR *v. tr.* Marcar (com uma corda) o tronco a ser serrado.

CORDEL *s. m.* Cordel, guita, barbante, cordão. Distância de cinco passos. *A —, loc. adv.* Em linha reta.

CORDELERO *s. m.* Cordoeiro.

CORDELERÍA *s. f.* Cordoaria. V. CORDAJE.

CORDELLATE (cordelhate) *s. m.* Burel, pano grosso.

CORDERA *s. f.* Cordeira (ovelha ainda nova).

CORDERAJE (corderaje) *s. m. Amer.* Cordeiragem.

CORDERILLO (corderilho) *s. m.* Pele de cordeiro com a sua lã. *Dim.* de *Cordero.* Cordeirinho.

CORDERINA *s. f.* Pele de cordeiro, cordeira.

CORDERINO, A *adj.* Pertencente ao cordeiro.

CORDERO *s. m. Amer.* Cordeiro. *fig.* Cordeira (pele de cordeiro).

CORDERUELO *s. m. Dim.* de *Cordero.* Cordeirinho.

CORDERUNA *s. f.* V. CORDERINA.

CORDEZUELA (cordeçuela) *s. f. Dim.* de *Cuerda.* Cordinha.

CORDICIA *s. f. Vet.* Cordíaca.

CORDILA *s. f.* Cordilha.

CORDILLA (cordilha) *s. f.* Trança de tripas de carneiro que se dá aos gatos.

CORDILLERA (cordilhera) *s. f.* Cordilheira.

CORDILLERANO, A (cordilherano) *adj. Amer. argent.* Pertencente ou relativo à cordilheira dos Andes; andino.

CORDOBÁN *s. m.* Cordovão.

CORDOBÉS, A *adj. e s.* Cordovês.

CORDÓN *s. m.* Cordão. Cordão (que cinge o hábito dos religiosos). Cordão (linha de isolamento). *Arq.* Cordão. — *umbilical, Anat.* Cordão umbilical.

CORDONAZO (cordonaço) *s. m.* Golpe dado com um cordão.

CORDONCILLO (cordoncilho) *s. m.* Serrilha (da moeda).

CORDONERÍA *s. f.* Passamanaria. Serigueiro, sirgueiro. Loja de sirgueiro.

CORDONERO *s. m.* Sirgueiro, serigueiro. *Náut.* Cordoeiro.

COREA (corèa) *s. f.* Coréia.

COREAR *v. tr. Mús.* Compor música para coros. Corear, acompanhar um coro.

CORECICO, ILLO (ilho) *s. m.* V. COREZUELO.

COREZUELO (coreçuelo) *s. m. Dim.* de *Couro.* Courinho. Leitão, porquinho. Pele de leitão assada.

CORIFEO (corifèo) *s. m.* Corifeu. *fig.* Corifeu.

CORINDÓN *s. m. Miner.* Corindo, coríndon.

CORITO, A *adj.* Nu, despido, pelado. *fig.* Apoucado, pusilânime.

CORLADURA *s. f.* Verniz para dourar uma peça prateada.

CORLAR *v. tr.* Dourar (com verniz) uma peça prateada.

CORLEAR *v. tr.* V. CORLAR.

CORMA *s. f.* Cepo, tronco (instrumento de castigo). *fig.* Embaraço, estorvo.

CORMORÁN *s. m. Zool.* Cormorão, carapirá, corvo marinho.

CORNAC *s. m.* Cornaca.

CORNAMENTA *s. f.* Cornadura, chifres.

CORNEJA (corneja) *s. f.* Gralha.

CORNEJAL (cornejal) *s. m.* V. CORNIJAL. Bosque de sanguinhos.

CORNEJALEJO (cornejalejo) *s. m.* Vagem.

CORNERINA *s. f. Miner.* Cornalina.

CORNETE *s. m. Dim.* de *Cuerno.* Cornicho. — *acústico,* corneta acústica.

CORNETÍN *s. m.* Cornetim.

CORNEZUELO (corneçuelo) *s. m. Dim.* de *Cuerno.* Cornicho, corninho. V. CORNATILLO. V. CORNICABRA, 2ª acep.

CORNIA *s. f. Anat.* Córnea.

CORNIAL *adj.* Corniforme.

CORNIALTAR *s. m. Amer.* V. CORNIJAL, 2ª acep.

CORNIAPRETADO, A *adj.* Diz-se do animal bovino que tem os cornos muito juntos.

CORNICABRA *s. f. Bot.* Almecegueira, terebinto. Variedade de azeitona. Figueira silvestre. Cornicabra, pimentão longal; cornalhuda.

CORNICORTO, A *adj.* Cornicurto.

CORNÍCULO *s. m.* Cornicho. Cornículo.

CORNIGACHO, A (cornigatcho) *adj.* Cornibaixo.

CORNIJAL (cornijal) *s. m.* Cornijal. Ângulo de colchão. Sanguinho (pano com que o sacerdote limpa o cálice).

CORNIJAMENTO (cornijamento) *s. m.* V. CORNISAMENTO.

CORNIJÓN (cornijón) *s. m.* V. CORNISAMENTO. Esquina (de rua).

CORNIJUELO (cornijuelo) *s. m.* V. CORNILLO.

CORNIL *s. m.* Jugo, cornal.

CORNILLO (cornilho) *s. m. Bot.* Corníolo, pilriteiro.

CORNISA (cornissa) *s. f. Arq.* Cornija.

CORNISAMENTO (cornissamento) *s. m. Arq.* Arquitrave, cornija e friso juntamente.

CORNISAMIENTO (cornissamiento) *s. m. Arq.* V. CORNISAMENTO.

CORNISÓN (cornissòn) *s. m.* V. CORNIJÓN.

CORNIZO (corniço) *s. m.* V. CORNEJO.

CORNÚPETA *adj.* Cornúpeto.

CORO *s. m.* Coro (em todas as aceps. deste vocábulo). *De* —, *loc. adv.* De cor, de memória.

COROCHA (corotcha) *s. f.* Casaca antiga.

CORONA *s. f.* Coroa. Auréola (das imagens de santos). Coroa, tonsura. Coroa (moeda). *fig.* Coroa, realeza, reino. Meio rosário. V. CORONAMIENTO. Coroa, prêmio, galardão. Arandela. *Anat.* Coroa. *Vet.* Coroa.

CORONACIÓN *s. f.* Coroação. V. CORONAMIENTO.

CORONADO, A *adj.* e *p. p.* de *Coronar.* Coroado.

CORONAMIENTO *s. m.* Coroamento, remate, coroa, fecho, complemento.

CORONAR *v. tr.* Coroar. *fig.* Coroar.

CORONDEL *s. m. Tip.* Corandel.

CORONELÍA *s. f.* Coronelato.

CORONILLA (coronilha) *s. f.* Alto da cabeça, coroa.

CORONIÓN *s. m. Anat.* Corônio.

CORONTA *s. f.* V. CAROZO.

COROTA *s. f. Amer. boliv.* Crista de galo.

COROY (coroi) *s. m. Zool.* Espécie de papagaio do Chile.

COROZA (coroça) *s. f.* Corocha (mitra dos condenados). Coroça (capa de palha).

CORPANCHÓN (corpantchòn) *s. m. fam. Aument.* de *Cuerpo.* Corpanzil. Corpo de ave depenada, sem asas nem pernas.

CORPAZO (corpaço) *s. m. fam.* V. CORPANCHÓN, 1ª acep.

CORPECICO, ILLO (ilho) **ITO** *s. m. Dim.* de *Cuerpo.* Corpinho.

CORPINEJO (corpinejo) *s. m. Dim.* de *Corpiño,* 2ª acep.

CORPIÑO (corpinho) *s. m. Dim.* de *Cuerpo.* Corpinho. Corpinho, corpete, justilho.

CORPORACIÓN *s. f.* Corporação.

CORPORIENTO, A *adj. ant.* Corpulento.

CORPUDO, A *adj.* Corpulento.

CORRAL *s. m.* Curral. — *de vacas, fig. fam.* Lugar sujo e sem ordem. *Tip.* Claro, lacuna.

CORRALERA *s. f.* Canção andaluza.

CORRALERO, A *adj.* Curraleiro. *s. m.* O que tem pátio para secar o esterco, e também cria aves ou porcos.

CORRALIZA (corraliça) *s. f.* V. CORRAL, 1ª acep.

CORRASIÓN (corrassiòn) *s. f. Geol.* Corrosão, erosão.

CORREA (corrèa) *s. f.* Correia. Elasticidade, flexibilidade de um corpo. *fig.* Resistência; docilidade.

CORREAJE (correaje) *s. m.* Correame.

CORREAL *s. m.* Pele curtida de gamo.

CORREAR *v. tr.* Tornar a lã branda e flexível.

CORREAZO (correaço) *s. m.* Correada.

CORRECCIÓN *s. f.* Correção.

CORRECHO, A (corretcho) *adj.* Reto, firme, direito.

CORREDERA *s. f.* Carreira, corredouro (lugar onde correm os cavalos). Corrediça (de porta, janela, tampa ou caixa). Corredeira (do moinho). Barata (inseto). *fig. fam.* Alcoviteira. *Tip.* Corredeira.

CORREDIZO, A (corrediço) *adj.* Corrediço, corredio.

CORREDOR, A *adj.* Corredor. *s. m.* Corredor. Corretor. V. PASILLO. V. CORCHETE, 4ª acep. — *de bodas,* casamenteiro. — *de lonja,* corretor de mercadorias. Alcoviteiro.

CORREDURA *s. f.* Correira. Corredura.

CORREDURÍA *s. f.* Corretagem. Ofício de corretor. *ant.* Correria. Multa.

CORREERÍA *s. f.* Correiaria.

CORREERO. *s. m.* Correeiro.

CORREGIBLE (correjible) *adj.* Corrigível.

CORREGIDOR (correjidor) *s. m.* Corregedor. *adj.* Corretor (o que corrige).

CORREGIMIENTO (correjimiento) *s. m.* Corregedoria, corretoria.

CORREGIR (correjir) *v. tr.* Corrigir, emendar, reformar, atenuar. *fig.* Diminuir, moderar a atividade de uma coisa. *Irreg.* V. conj. de *Servir.*

CORREGÜELA *s. f.* V. CORREHUELA.

CORREHUELA (correuela) *s. f. Dim.* de *Correa.* Correiazinha. *Bot.* Corriola, verdeselha. Corriola (certo jogo).

CORREJEL (correjel) *s. m.* Couro para selas e correões. U. t. c. adj.

CORRELACIÓN *s. f.* Correlação.

CORRENCIA *s. f. fam.* Diarréia, corrença. *fig.* Vergonha.

CORRENDILLA (correndilha) *s. f. fam.* Ação de passar correndo por pequena distância; corrida, carreira.

CORRENTÍA *s. f. fam.* V. CORRENCIA. *prov. Arag.* Inundação artificial de uma lavoura.

CORRENTÍN *s. m. Hidr.* Corrente de maior velocidade que a ordinária.

CORRENTÓN, A *adj.* Amigo de andar ociosamente de rua em rua ou de casa em casa. Metediço, intrometido, chocarreiro.

CORREO (corrèo) *s. m.* Correio (em todas as aceps. deste vocábulo).

CORRÉON, A *s. m.* Correão.

CORREOSO, A (correosso) *adj.* Flexível, elástico. Diz-se do pão e de outros alimentos quando se mastigam com dificuldade.

CORRESPONDIENTE *adj.* e *s.* Correspondente, apropriado, correlativo.

CORRESPONSAL *adj.* e *s.* Correspondente (diz-se do sócio não efetivo de certas entidades; que mantém correspondência com alguém; que remete notícias para um jornal).

CORRETAJE (corretaje) *s. m.* Corretagem.

CORRETEAR *v. intr. fam.* Corrichar; andar ociosamente de rua em rua ou de casa em casa. Correr unicamente para folgar.

CORRETEO (corretèo) *s. m.* Ação de *Corretear.*

CORRETERO, A *adj.* V. CORRENTÓN.

CORREVEDILE *s. m.* e *f. fam.* Mexeriqueiro. Alcoviteiro.

CORRIDAMENTE *adv.* Correntemente.

CORRIDO, A *adj.* Corrido. Que excede um pouco do peso ou medida de que se trata. *fig.* Corrido, envergonhado. *fam.* Experimentado, astuto. *De* —, *loc. adv.* À pressa, correntemente. *s. m.* Alpendre junto às paredes de um curral.

CORRIENTE *p. a.* de *Correr.* Corrente. *adj.* Corrente, atual; admitido; sabido; vulgar; fluente; que corre bem; certo. *s. m.* Corrente; correnteza; curso. *Al* —, *loc. adv.* Sem atraso; com exatidão. Ao corrente, ao par.

CORRIENTEMENTE *adv.* Correntemente.

CORRILLERO, A (corrilhero) *adj.* Corrilheiro. Ocioso.

CORRILLO (corrilho) *s. m.* Corrilho.

CORRIMIENTO *s. m.* Corrimento.

CORRINCHO (corrintcho) *s. m.* Reunião de gentalha.

CORRO *s. m.* Assembléia, reunião, corro; círculo, roda. Espaço circular. Circular.

CORROBORACIÓN *s. f.* Corroboração.

CORROSIBLE (corrossible) *adj.* Corrosível.

CORROYENTE (corrodjente) *p. a.* de *Corroer.* Corroente.

CORRUMPENTE *adj.* Corrompedor, corruptor.

CORRUPCIÓN *s. f.* Corrupção, corrução.

CORRUPTIBLE *adj.* Corruptível.

CORRUSCO *s. m. fam.* V. MENDRUJO.

CORSÉ *s. m.* Espartilho.

CORSETERÍA *s. f.* Fábrica ou venda de espartilhos.

CORSELERO *s. m.* Espartilheiro.

CORTALAMBRES *s. m.* Corta-frio.

CORTADEIRA *s. f.* Cortadeira, talhadeira.

CORTADILLO (cortadilho) *s. m.* Pequeno copo cilíndrico. *Echar* —*s, loc. fig.* Falar com afetação. Beber copos de vinho.

CORTADOR, A *adj.* Cortador, cortante. *s. m.* Açougueiro, cortador. Dente incisivo.

CORTADORA *s. f.* Cortadeira (nome de vários instrumentos cortantes).

CORTAFORRAJES (cortaforrajes) *s. m.* Cortaforragem.

CORTAHIELOS (cortaielos) *s. m. Náut.* Quebragelo.

CORTAMENTE *adv.* Curtamente, mesquinhamente. Limitadamente. Parcamente.

CORTAPAJAS (cortapajas) *s. m.* Corta-palha.

CORTAPAPELES *s. m.* Corta-papel.

CORTAPERNOS *s. m.* Espécie de alicate cortante.

CORTAPIÉS *s. m.* Cutilada que se dá às pernas.

CORTAPISA (cortapissa) *s. f.* Guarnição de tecido diferente que se punha em certos vestidos. Graça, elegância (no dizer). *fig.* Condição, restrição (em dar ou possuir).

CORTAPLUMAS *s. m.* Canivete.

CORTAPUROS *s. m.* Instrumento para cortar a ponta dos charutos.

CORTARRENGLÓN *s. m.* Marginador (de máquina de escrever).

CORTAVIDRIOS *s. m.* Diamante (para cortar vidros).

CORTAVIENTO *s. m.* Parabrisa.

CORTÉS *adj.* Cortês, delicado, polido.
CORTESANAMENTE (cortessanamente) *adv.* Cortesâmente; cortesmente.
CORTESANAZO, A (cortessanaço) *adj.* Afetadamente, cortês.
CORTESANÍA (cortessanía) *s. f.* Cortesia, delicadeza, urbanidade, cortesania, civilidade.
CORTESANO, A (cortessano) *adj.* e *s.* Cortesão, ã. Cortês.
CORTEZA (corteça) *s. f. Bot.* Casca, córtex. *fig.* Casca, exterioridade, aparência. Grosseria, rusticidade. Má educação. V. ORTEGA. *Anat.* Córtex.
CORTEZÓN (corteçòn) *s. m. Aument.* de *Corteza.*
CORTEZUDO, A (corteçudo) *adj.* Corticoso. *fig.* Rústico, rude, inculto, ignorante.
CORTEZUELA (corteçuela) *s. f. Dim.* de *Corteza.* Casquinha.
CORTIJADA (cortijada) *s. f.* Conjunto de granjas. Conjunto de prédios rústicos construídos dentro de uma granja.
CORTIJERO (cortijero) *s. m.* Granjeiro. Capataz de uma granja.
CORTIJO (cortijo) *s. m.* Granja, casal.
CORTINAJE (cortinaje) *s. m.* Cortinado, conjunto de cortinas.
CORTINAL *s. m.* Cortinhal.
CORTINILLA (cortinilha) *s. f. Dim.* de *Cortina.* Cortininha.
CORTO, A *adj.* Curto. Breve, rápido. Escasso, defeituoso. *fig.* Curto, acanhado, limitado, bronco. *fig.* Falto de expressão. *A la* — *a o a la larga, loc. adv.* Mais cedo ou mais tarde.
CORTÓN *s. m.* Espécie de lagarta das hortas.
CORULLA (corulha) *s. f. Náut.* Paiol das enxárcias nas galeras.
CORUSCACIÓN *s. f. Fís.* Coruscância, coruscação.
CORUSCO, A *adj. Poét.* Coruscante, brilhante, cintilante.
CORVA *s. f. Anat.* Curva da perna. Côncavo, poplíteo.
CORVADURA *s. m.* Curvatura.
CORVAJE (corvaje) *s. f. Vet.* Curvadura.
CORVAL *adj.* Diz-se de uma espécie de azeitona mais comprida que a comum.
CORVATO *s. m.* Corvacho.
CORVAZA (corvaça) *s. f. Vet.* Tumor na corvaça.
CORVECITO *s. m. Dim.* de *Cuervo.* Corvacho.
CORVEJÓN (corvejón) *s. m.* Corvo marinho. *Vet.* Curvejão, curvilhão. Esporão (do galo e outras aves).
CORVEJOS (corvejos) *s. m. pl. Vet.* V. CORVEJÓN, 2ª acep.
CORVETA *s. f.* Curveta.
CORVETAS *adj. fig. fam.* Cambado, cambaio.
CORVETEAR *v. intr. Equit.* Curvetear.
CORVINERA *s. f. Pesc.* Corvineira.
CORVO, A *adj.* Curvo, arqueado. *s. m.* V. GARFIO. *Zool.* Corvina.
CORZA (corça) *s. f.* Corça, fêmea do corço.
CORZO (corço) *s. m.* Corço.
CORZUELO (corçuelo) *s. m.* Porção de trigo com cascabulho que se põe em separado.
COSA (cossa) *s. f.* Coisa. (Em orações negativas: nada, coisa alguma, coisa nenhuma; *No valer* —, Não valer nada; não valer coisa alguma.) — *de entidad,* coisa de respeito, de valor. — *del otro jueves, fig. fam.* Ação extravagante. — *de mieles,* coisa de ouro. *A* — *hecha, loc. adv.* Com êxito certo.
COSACO (cossaco) *s. m.* Cossaco.
COSARIO (cossario) *s. m.* Almocreve, recoveiro. Caçador profissional. *adj.* Cursado, freqüentado. *Amer.* Manso, domado (diz-se do cavalo).
COSCARANA *s. f. prov. Arag.* Coscorão (espécie de filhó).
COSCARSE *v. pron. fam.* V. CONCOMERSE.
COSCOJA (coscoja) *s. f.* Carrasqueiro. Coscoja (dos arreios).
COSCOJAR (coscojar) *s. m.* Corrasqueiral, carrascal.
COSCOJERO, A (coscojero) *adj. Amer. plat.* Coscoseiro.

COSCOJO (coscojo) *s. m.* Quermes. *pl.* Coscós.
COSCÓN, A *adj.* e *s. fam.* V. SOCARRÓN.
COSCORRÓN *s. m.* Carolo, coscorrão.
COSECANTE (cossecante) *s. f. Geom.* Cosecante.
COSECHA (cossetcha) *s. f.* Colheita. *Ser una cosa de la* — *de uno, loc. fig. fam.* Ser uma coisa da lavra de alguém.
COSECHAR (cossetchar) *v. intr.* Colher, fazer a colheita.
COSECHERO (cossetchero) *s. m.* Colheiteiro, lavrador.
COSELETE (cosselete) *s. m.* Cossolete, corselete.
COSENO (cosseno) *s. m. Geom.* Co-seno.
COSER (cosser) *v. tr.* Coser, costurar. *Máquina de* —, máquina de costura.
COSIDO, A *p. p.* de *Coser.* Cosido, costurado. *s. m.* Costura (ação de coser). Qualidade da costura.
COSIDURA (cossidura) *s. f. Náut.* Costura (de dois cabos).
COSIJOSO, A (cossijoso) *adj. Amer. mexic.* V. COJIJOSO.
COSO (cosso) *s. m.* Circo, arena, corro (de touros). Rua principal em algumas povoações. Caruncho, gorgulho.
COSPILLO (cospilho) *s. m. prov. Arag.* Bagaço da azeitona.
COSQUE *s. m. fam.* V. COSCORRÓN.
COSQUILLAR (cosquilhar) *v. tr.* V. COSQUILLEAR.
COSQUILLAS (cosquilhas) *s. f. pl.* Cócegas.
COSQUILLEAR (cosquilhear) *v. tr.* Fazer cócegas.
COSQUILLEJAS (cosquilhejas) *s. f. pl. Dim.* de *Cosquillas.*
COSQUILLEO (cosquilhèo) *s. m.* Sensação produzida pelas cócegas.
COSQUILLOSO, A (cosquilhosso) *adj.* Coceguento, cosquilhoso, cosquilhudo. *fig.* Susceptível, melindroso.
COSTA *s. f.* Custo, preço. *Ayuda de* —, ajuda de custa. Costa, litoral, praia. Margem de um rio. *pl.* Custas. *A* — *de, loc. adv.* Á custa de; com penoso emprego de. *A toda* —, *loc. adv.* A todo o custo; a todo o transe.
COSTADILLO (costadilho) *s. m.* Peça da caixa do piano onde vai o teclado.
COSTALADA *s. f.* Pancada que se dá ao cair no chão de costas ou do costado.
COSTALERO *s. m.* V. ESPORTILLERO.
COSTANA *s. f.* Rua em declive.
COSTANERA *s. f.* Encosta. *pl.* Costaneiras. V. CUESTA.
COSTANERO, A *adj.* Costeiro. Ladeiroso, declivoso, ladeirento.
COSTANILLA (costanilha) *s. f. Dim.* de *Costana.*
COSTAR *v. intr.* Custar, valer, ter preço ou valor. *fig.* Custar, ser difícil, penoso ou trabalhoso. *Irreg.* V. conj. de *Almorzar.*
COSTARRIQUEÑO, A (costarriquenho) *adj.* e *s.* Costarriquenho, natural de Costa Rica.
COSTE *s. m.* V. COSTA. V. COSTO. *A* — *y costas, loc. adv.* A preço de custo: sem ganho algum.
COSTEAR *v. tr.* Custear (prover à despesa). U. t. c. pron. *Náut.* Costear.
COSTEÑO, A (costenho) *adj.* V. COSTANERO.
COSTERA *s. f.* Lado de um fardo ou coisa semelhante. Ladeira, encosta, declive. Costa, litoral. Duração da pesca do salmão. Costaneira (de papel).
COSTERO, A *adj.* V. COSTANERO. *s. m.* Costaneira (tábua). Costaneira (papel grosso e ordinário). *Náut.* Costeiro (homem conhecedor da costa).
COSTEZUELA (costeçuela) *s. f. Dim.* de *Cuesta.*
COSTIL *s. m.* Costaneiro, lombo.
COSTILLA (costilha) *s. f. Anat.* Costela. *fig.* Coisa que tem forma de costela. *fig. fam.* Fazenda, bens, cabedal. *fig. fam.* A esposa. *Náut.* Caverna, costela. *pl. fam.* Espáduas. *Bot.* Costela, nervura.
COSTILLADO, A (costilhado) *adj.* Que tem costelas.
COSTILLAJE (costilhaje) *s. m. fam.* V. COSTILLAR.

COSTILLAR (costilhar) *s. m.* Costilhar (conjunto de costelas do corpo); parte deste onde elas estão. *Náut.* Cavername.
COSTILLUDO, A (costilhudo) *adj. fam.* De ombros largos e cheios.
COSTO *s. m.* V. COSTA. *Bot.* Costo, pau-catinga. *A* — *y costas, loc. adv.* A preço de custo, sem ganho algum.
COSTOSO, A (costosso) *adj.* Custoso (que custa muito dinheiro). *fig.* Custoso, árduo, penoso.
COSTRA *s. f.* Crosta, crusta, côdea. V. POSTILLA. V. MOCO. Crosta, casca (de ferida).
COSTRADA *s. f.* Espécie de empada coberta de açúcar.
COSTROSO, A (costrosso) *adj.* Crostoso.
COSTUMBRE *s. m.* Costume, hábito. Costume, uso, prática. Mênstruo.
COSTURERA *s. f.* Costureira, modista.
COSTURERO *s. m.* Mesa de costura.
COSTURÓN *s. m. Aument. deprec.* de *Costura.* Costura grosseira. *fig.* Cicatriz.
COTA *s. f.* Cota (armadura) — *de mallas,* cota de malha. *Geol.* Cota.
COTANA *s. f.* Encaixe quadrado (na madeira). Formão, escopro.
COTARRA V. COTARRO, 2ª acep.
COTARRO *s. m.* Albergue noturno para pobres e vagabundos. Ladeira de um barranco.
COTÍ *s. m.* V. CUTÍ.
CÓTILA *s. f. Anat.* Cótilo.
COTILEDÓN *s. m. Bot.* Cotilédone.
COTILLA (cotilha) *s. f.* Espartilho.
COTILLERO (cotilhero) *s. m.* Espartilheiro.
COTILLO (cotilho) *s. m.* Cabeça do martelo e de outras ferramentas.
COTILLÓN (cotilhòn) *s. f.* Cotilhão.
COTIZA (cotiça) *s. f. Heráld.* Cotica. *Amer. venezuel.* Espécie de sandália rústica.
COTIZABLE (cotiçable) *adj.* Cotizável. Quotizável.
COTIZACIÓN (cotiçación) *s. f.* Cotização. Quotização.
COTIZAR (cotiçar) *v. tr.* Cotizar, cotar. Quotizar. *v. pron.* Quotizar-se. Cotizar-se.
COTO *s. m.* Cerrado, cercado, couto. Marco divisório de dois terrenos. Termo, limite. Povoação em território de senhorio. — *redondo,* conjunto de granjas pertencentes a um só granjeiro. Postura, taxa. Convenção de preço. Coto (no bilhar). *Amer. merid.* Bócio, papeira. Medida linear de meio palmo. *Poner* — *a uno, loc. fig.* Reprimir, pôr cobro a alguém.
COTOBELO *s. m.* Abertura na volta da cãiba do freio.
COTÓN *s. m.* Chita, algodão estampado.
COTONADA *s. f.* Chita com ramagens estampadas.
COTORRA *s. f.* Caturra, periquito-rei, tuim. V. URRACA. *fig.* Gralha, papagaio, pessoa faladora, tagarela.
COTORREAR *v. intr. fam.* Papaguear, papagaiar, tagarelar.
COTORREO *s. m. fig. fam.* Falatório, tagarelice de mulheres conversadoras.
COTORRERA *s. f.* Papagaia. *fig. fam.* Tagarela, grulha.
COTORRÓN, A *adj.* Diz-se do homem ou da mulher velhos que se presumem moços.
COTUDO, A *adj.* Felpudo, peludo, algodoado, cotonoso. *Amer.* Que tem bócio.
COTUFA *s. f.* V. CHUFA. *fig.* Guloseima.
COVACHA (covatcha) *s. f.* Covacho, covinha.
COVACHUELA (covatchuela) *s. f. Dim.* de *Covacha.*
COVADERA *s. f. Amer. chil.* e *per.* Terreno de onde se extrai o nitrato ou o salitre. Terreno de onde se tira o guano.
COVANILLA (covanilha) *s. f.* V. COVANILLO.
COVANILLO (covanilho) *s. m. Dim.* de *Cuévano.*
COVEZUELA (coveçuela) *s. f. Dim.* de *Cueva.* Covazinha, covinha.
COVÍN *s. m. Amer.* Milho e também trigo tostado.
COXCOJILLA, ITA (cocscojilha) *s. f.* Certo jogo de rapazes. *A coxcojita, loc. adv.* V. COXCOX (A).
COXCOX (A) (cocscocs) *loc. adv.* A passa-pé, num pé só.

COY (coi) *s. m. Náut.* Marca, rede.

COYÁN (codjàn) *s. m. Amer. Bot.* Espécie de faia.

COYOLEO (codjolèo) *s. m. Amer.* Espécie de codorniz.

COYOTE (codjote) *s. m. Bot.* Variedade de algodão. *Zool.* Coiote, lobo norte-americano.

COYOTERO (codjotero) *adj.* Diz-se do cão amestrado para perseguir coiotes.

COYUNDA (codjunda) *s. f.* Peaça. *fig.* Vínculo matrimonial.

COYUNTURA (codjuntura) *s. f.* Junta, articulação (dos ossos). *fig.* Ocasião própria, conjuntura, oportunidade. União, reunião, ligação. *Hablar uno por las —s, loc. fig. fam.* Falar (alguém) pelos cotovelos.

COYUYO (codjudjo) *s. m. Amer. argent.* Cigarra grande.

COZ *s. f.* Coice. Coice (pancada com o pé despedido para trás); pernada. Coice (recuo da arma de fogo). Repercussão da água. Culatra, coice. *fig. fam.* Coice, malcriação, brutalidade. *Bot.* Parte inferior do tronco. *Andar a — y bocado, loc. fig. fam.* Andar às punhadas. *Gram. pl. Coces.*

CRABRÓN *s. m.* Vespão.

CRAC *s. m.* Craque, falência, quebra.

CRACA *s. f. Bot.* Alga. Craca.

CRAMPA *s. f.* Cãibra, crampa.

CRÁNEO *s. m.* Crânio.

CRASAMENTE (crassamente) *adv.* Crassamente. *fig.* Com suma ignorância.

CRASCITAR *v. intr.* Crocitar.

CRASEDAD (crassedad) *s. f.* V. CRASITUD.

CRASIA (crassia) ou **CRASIS** (crassis) *s. f. Med.* Crase (temperamento; mistura das partes que constituem os líquidos da economia animal).

CRASICAULE (crassicaule) *adj. Bot.* Crassicaule.

CRASICORNE (crassicorne) *adj. Zool.* Crassicorne.

CRASIENTO, A (crassiento) *adj.* V. GRASIENTO.

CRASIFOLIO (crassifolio) *adj. Bot.* Crassifoliado.

CRASIRROSTRE (crassirrostre) *adj. Zool.* Crassirrostro.

CRASÍS (crassis) *s. f.* V. CRASIA. *Gram.* Crase.

CRASITUD (crassitud) *s. f.* Crassície, crassidão, crassidade. Gordura.

CRASO, A (crasso) *adj.* Crasso, espesso. Gordo, obeso. *fig.* Crasso, grosseiro, grande, completo (falando-se de desacerto, ignorância ou sandice).

CRÁTER *s. m.* Cratera (de vulcão).

CRÁTERA *s. f.* Cratera (vaso antigo).

CRATÍCULA *s. f.* Comungatório (de convento de freiras). Grade de forno.

CRAZA (craça) *s. f.* Crisol (em que se fundem o ouro e a prata para amoedá-los).

CREA *s. f.* Bretanha (tecido).

CREACIÓN *s. f.* Criação (ato de criar); universo visível. Criação, formação, estabelecimento, instituição. Criação, produção, invento, obra.

CREACIONISMO *s. m.* Criacionismo.

CREADOR, A *adj.* Criador. *s. m.* Criador, Deus.

CREAR *v. tr.* Criar, tirar do nada. *fig.* Criar, instituir, estabelecer, formar. Criar, produzir, compor.

CREATIVO, A *adj.* Criativo.

CRÉBOL *s. m.* Azevinho.

CRECE *s. m. Amer. chil.* Enchente, cheia, crescente (de um rio).

CRECEDERO, A *adj.* Apto para crescer. Diz-se da roupa que se faz para uma criança, de modo que, crescendo esta, ainda lhe sirva.

CRECER *v. intr.* Crescer. *v. pron.* Tomar (alguém) maior autoridade, importância ou atrevimento; crescer. *Irreg.* V. conj. de *Favorecer.*

CRECES *s. f. pl.* Crescenças, cresces, créscimos, acréscimos, acrescentamentos. *fig.* Aumento, créscimo, vantagem, excesso. Excesso de dimensões numa obra. *Con —, loc. adv.* Amplamente, sobejamente.

CRECIDA *s. f.* Crescente, enchente, cheia (de um rio).

CRECIDAMENTE *adv.* Acrescidamente.

CRECIDO, A *p. p.* de *Crecer.* Crescido. *adj.* Crescido, Considerável, avultado.

CRECIENTE *p. p.* de *Crecer.* Crescente. *s. f. Amer.* V. CRECIDA. Crescente (da lua). Enchente da maré.

CRECIMIENTO *s. m.* Crescimento. Aumento do valor intrínseco da moeda.

CREEDERAS *s. f. pl. fam.* Credulidade. (Usa-se com os adjs. *buenas* ou *malas.*)

CREEDERO, A *adj.* Crível, verossímil, credível.

CREEDOR, A *adj.* Crédulo, simples, ingênuo.

CREENCIA *s. f.* Crença.

CREER *v. tr.* Crer, acreditar; ter fé, ter crenças. *Ya lo CREO, loc. fam.* É evidente; não cabe dúvida.

CREHUELA (creuela) *s. f.* Bretanha ordinária usada para forros.

CREÍBLE *adj.* Crível, acreditável, verossímil.

CREIBLEMENTE *adv.* Verossimilmente.

CREMA *s. f.* Creme, nata. Creme, pomada para a pele. Creme, a nata, o escol. Creme (espécie de doce). Trema.

CREMACIÓN *s. f.* Cremação.

CREMALLERA (cremalhera) *s. f.* Cremalheira.

CREMENTO *s. m.* Incremento.

CREMERÍA *s. f. Amer. argent.* Lacticínio.

CRÉMOR *s. m.* Cremor. *— tártaro,* cremor de tártaro.

CREMOSO, A (cremosso) *adj.* Que tem a consistência do creme.

CRENCHA (crentcha) *s. f.* Risca do cabelo. Banda (cada uma das partes do cabelo separado pela risca).

CREOSOTA (creossota) *s. f.* Creosoto.

CREPITACIÓN *s. f.* Crepitação.

CRESPILLO (crespilho) *s. m. Amer.* V. CLEMÁTIDE.

CRESPÓN *s. m.* Crepe. Crepe (fita de tecido negro como sinal de luto).

CRESTA *s. f.* Crista. Topete, poupa. Crista (de capacete). Cimo, crista. *Alzar, o levantar, la —, loc. fig.* Erguer, ou levantar, a crista; mostrar soberbia.

CRESTADO, A *adj.* Cristado.

CRESTERÍA *s. f. Arq.* Ornado de lavores próprio do estilo gótico.

CRESTÓN *s. m. Aument.* de *Cresta.* Crista do elmo. *adj. Amer.* De crista grande. *Amer. mexic.* Tolo, bobo.

CRESTUDO, A *adj.* Que tem muita crista. *fig. Deprec.* Orgulhoso, arrogante.

CREYENTE (credjente) *p. a.* de *Creer.* Crente. *s. m.* Crente.

CREZNEJA (cresneja) *s. f.* V. CRIZNEJA.

CRÍA *s. f.* Criação (de animais ou do homem). Cria (animal de mama). Menino do peito. Ninhada. *Ama de —,* ama de leite; criadeira.

CRIADA *s. f.* Criada, empregada doméstica. Pá de bater a roupa.

CRIADERO, A *adj.* Criadeiro, fecundo. *s. m.* Viveiro de plantas. Lugar onde se criam animais. Sítio abundante em minerais.

CRIADILLA (criadilha) *s. f.* Testículo. Batata. *Bot.* Trufa, criadilha.

CRIADO, A *adj.* Criado, educado. (Usa-se com os advs. *bien* ou *mal.*) *s. m. e f.* Criado, a.

CRIADUELO, A *s. m. e f. Dim.* de *Criado,* 2ª acep. Criadinho, a.

CRIANDERA *s. f. Amer.* Criadeira, ama de leite. V. NODRIZA.

CRIANZA (criança) *s. f.* Criação, educação, urbanidade, atenção, civilidade. Período da lactância.

CRIAR *v. tr.* V. CREAR.

CRIATURA *s. f.* Criatura. Criança de peito; criança. Feto. Criatura (pessoa que deve a outrem a sua posição).

CRIBA *s. f.* Crivo, peneira, joeira.

CRIBADO, A *adj.* Crivação. *adj.* Crivado.

CRIBAR *v. tr.* Crivar, joeirar, peneirar.

CRIBO *s. m.* V. CRIBA.

CRIC *s. m. Mec.* Macaco.

CRIMEN *s. m.* Crime.

CRIMINACIÓN *s. f.* Criminação.

CRIMINALOGIA (criminalojia) *s. f.* Criminologia.

CRIMNO *s. m.* Farinha grossa para papas.

CRIN *s. f.* Crina. U. m. no pl. *— vegetal,* crina vegetal.

CRIANADO, A *adj. Poét.* Que tem o cabelo comprido, crinito, a.

CRINAR *v. tr.* Pentear, desenredar o cabelo.

CRÍO *s. m. fam.* Menino ou menina que se está criando; cria.

CRIOLLO, A (criolho) *adj.* Crioulo. *s. m. e f.* Crioulo, a.

CRIPTÓN *s. m. Quím.* Criptônio, cripto.

CRISANTEMO (crissantèmo) *s. m.* Crisântemo.

CRISIS (crissis) *s. f.* Crise.

CRISMERA *s. f.* Âmbula.

CRISMÓN *s. m.* Monograma de Cristo.

CRISPATURA *s. f.* Crispação, crispatura.

CRISTALISACIÓN (cristalissaciòn) *s. f.* Cristalização.

CRISTIANAMENTE *adv.* Cristãmente.

CRISTIANAR *v. tr. fam.* Batizar.

CRISTIANDAD (cristiandad) *s. f.* Cristandade.

CRISTIANO, A *adj. e s.* Cristão, ã. *Hablar en —, loc. fig. fam.* Expressar-se em termos simples e facilmente compreensíveis.

CRISUELA (crissuela) *s. f.* Depósito do azeite (numa candeia).

CRITICABLE *adj.* Criticável.

CRITICÓN, A *adj. fam.* Criticador, maldizente, critiqueiro que se põe defeitos em tudo. U. t. c. s.

CRITIQUIZAR (critiquiçar) *v. tr. fam.* Abusar da crítica, fazer critiquice.

CRIZNEJA (crisneja) *s. f.* Trança (de cabelos). Corda de esparto.

CROAJAR (croajar) *v. intr.* Crocitar (o corvo).

CROAR *v. intr.* Coaxar (a rã).

CRONICÓN *s. m.* Croniqueta.

CROQUETA *s. f.* Croquete.

CROSCITAR *v. intr.* V. CRASCITAR.

CROTÁFITES *s. m. Anat.* Crotafito.

CRÓTALO *s. m.* Crótalo. *Poét.* Castanhola. *Zool.* Crótalo, cobra cascavel.

CROTORAR *v. intr.* Dar (a cegonha) estalidos com o bico.

CRUCE *s. m.* Cruzamento. Encruzilhada, cruzo.

CRUCERA *s. f.* Cernelha, cruzes.

CRUCERO *s. m.* Cruciferário. Encruzilhada. Cruzeiro (da igreja). *Astron.* Cruzeiro. Cruzeiro do Sul. *Náut.* Cruzeiro. *Náut.* Cruzador.

CRUCETA *s. f.* Cruzeta.

CRUCIFIJO (crucifijo) *s. m.* Crucifixo.

CRUCIFIXIÓN (crucifixiòn) *s. f.* Crucificação.

CRUCILLO (crucilho) *s. m.* Jogo dos alfinetes.

CRUDAMENTE *adv.* Cruamente; rigorosamente; asperamente.

CRUDELÍSIMO (crudelíssimo) *adj.* Cruelíssimo, crudelíssimo.

CRUDEZA (crudeça) *s. f.* Crueza. *fig.* Crueza, rigor, aspereza. *fig. fam.* Valentia afetada, fanfarrice. *Med.* Crueza (dos humores).

CRUDO, A *adj.* Cru. Verde, não maduro. Cru, que ainda não passou por preparação. *fig.* Cru, cruel, áspero, rigoroso. Rude (diz-se do tempo muito frio). *Med.* Cru. *fig. fam.* fanfarrão.

CRUELDAD (crueldad) *s. f.* Crueldade.

CRUJÍA (crujía) *s. f.* Coxia. *Náut.* Coxia. *Pasar —, loc.* Correr a coxia, ser varado. *loc. fig. fam.* Padecer trabalhos ou misérias longas. V. PASAMANO.

CRUJIDA (crujida) *s. f. Amer.* V. CRUJÍA.

CRUJIDERO, A (crujidero) *adj.* Rangedor.

CRUJIDO (crujido) *s. m.* Rangido. Estalido. Ranger (dos dentes).

CRUJIR (crujir) *v. intr.* Ringir, ranger, estalar. Ranger (os dentes). *v. pron. Amer. mexic.* Enregelar-se, sentir muitíssimo frio.

CRUP *s. m. Med.* Garrotilho, angina diftérica, crupe.

CRUPIÉ *s. m.* Do *fr. croupier.* Empregado que, nas casas de jogo, auxilia o banqueiro dirigindo uma mesa de jogo.

CRUZAMIENTO (cruçamiento) *s. m.* Cruzamento. V. CRUCE. Cruza. Encruzamento.

CU *s. f.* Nome da letra Q.

CUADERNA *s. f. Náut.* Caverna, costela. *prov. Arag.* Quarta parte de alguma coisa. *Náut.* Cavername.

CUADERNAL *s. m.* Cadernal, moitão.

CUADERNILLO (cuadernillo) *s. m.* V. AÑALEJO. Caderno (conjunto de cinco folhas de papel).

CUADERNO *s. m.* Caderno, caderneta. Caderno composto de quatro folhas de papel. *Náut.* Livro de quartos.

CUADRA *s. f.* Quadra, quadrada (sala ou compartimento espaçoso e quadrado). Quadra, cavalariça. Quadra (a quarta parte de uma milha). Quarteirão (de casas). *Náut.* Quadra.

CUADRADAMENTE *adv.* Ajustadamente, cabalmente, exatamente.

CUADRADILLO (cuadradilho) *s. m.* Quadrado da camisa. Régua quadrada. Torrão quadrado de açúcar.

CUADRADO, A *adj.* Quadrado. *s. m.* Quadrado. Quadratim. *adj. fig.* Perfeito, cabal, exato. V. TROQUEL. *De* —, *loc. adv.* Perfeitamente, muito bem.

CUADRAGENARIO, A (cruadrajenario) *adj.* Quadragenário.

CUADRAGÉSIMA (cuadrajéssima) *s. f.* Quagésima, quaresma.

CUADRAGESIMAL (cuadrajessimal) *adj.* Quadragesimal.

CUADRAGÉSIMO, A (cuadrajéssimo) *adj.* Quadragésimo. U. t. c. s.

CUADRAL *s. m. Constr.* Trave que atravessa obliquamente uma outra.

CUADRANGULAR *adj.* Quadrangular.

CUADRÁNGULO *s. m. Geom.* Quadrângulo.

CUADRANTE *s. m.* Quadrante. V. CUADRAL.

CUADRAR *v. tr.* Quadrar, dar a forma quadrada a. *Mat.* Quadrar. *v. intr.* Quadrar, agradar, convir; acomodar-se, adaptar-se, ajustar-se. *Equit.* Quadrar. *v. pron.* Perfilar-se. *Taurom.* Quadrar.

CUADRATÍN *s. m.* Quadratim.

CUADRATRIZ *s. f. Alg.* Quadratriz.

CUADRATURA *s. f.* Quadratura.

CUADRETE *s. m. Dim. de Cuadro.* Quadrinho.

CUADRICENAL *adj.* Que ocorre a cada quarenta anos.

CUADRÍCEPS *s. m. Anat.* Quadricípite.

CUADRICORNE *adj. Zool.* Quadricórneo.

CUADRICOTILEDÓNEO, A *adj.* Quadricotiledôneo.

CUADRÍCULA *s. f.* Quadrícula.

CUADRICULAR *v. tr.* Quadricular. *adj.* Quadricular, quadriculado.

CUADRIENAL *adj.* Quadrienal.

CUADRIGA *s. f.* Quadriga.

CUADRIGÉMINO, A (cuadrijèmino) Quadrigêmeo.

CUADRIGUERO *s. m.* Quadrigário.

CUADRIL *s. m.* Quadril. Anca, alcatra (no gado).

CUADRILÁTERO, A *adj.* Quadrilátero, quadrilateral. *s. m.* Quadrilátero.

CUADRILLA (cuadrilha) *s. f.* Quadrilha.

CUADRILLAZO (cuadrilhaço) *s. m. Amer. argent.* Ataque de surpresa feito por quadrilha.

CUADRILLÉRO (quadrilhero) *s. m.* Quadrilheiro.

CUADRILLO (quadrilho) *s. m.* Espécie de seta quadrada.

CUADRILOBULADO, A *adj.* Quadrilobado.

CUADRIMESTRE *adj.* Quadrimestral. *s. m.* Quadrimestre.

CUADRINGENTÉSIMO, A (cuadrinjentèssimo) *adj.* Quadringentésimo.

CUADRINIETO *s. m.* Tetraneto, tataraneto.

CUADRINOMIO *s. m. Alg.* Quadrinômio.

CUADRUPLICAR *v. tr.* V. QUADRUPLICAR.

CUADRISÍLABO, A (cuadrissílabo) *adj.* V. CUATRISÍLABO.

CUADRIVALVULAR *adj. Bot.* Quadrivalvulado.

CUADRIVIO *s. m.* Quadrívio.

CUADRO, A *adj.* Quadrado, quadro. *s. m.* Quadrado. Retângulo. Quadro, painel, pintura. Quadro, marco, moldura. Quadro (divisão de uma peça teatral). Quadro, reprodução, memória, descrição. *fig.* Quadro, espetáculo. *En* —, *loc. adv.* De forma quadrada. *Quedarse en* —, *loc. fig.* Ficar sem família ou na miséria.

CUADRÚMANO, A *adj.* Quadrúmano. *s. m.* Quadrúmano. *pl. Zool.* Quadrúmanos.

CUADRUPEDAL *adj.* V. CUADRÚPEDO.

CUADRÚPEDO, A *adj.* Quadrúpede. *s. m.* Quadrúpede. *fig. fam.* Quadrúpede, tolo, estúpido.

CUÁDRUPLE *adj.* Quádruplo.

CUADRUPLICACIÓN *s. f.* Quadruplicação.

CUADRUPLICAR *v. tr.* Quadruplicar.

CUÁDRUPLO, A *adj.* V. CUÁDRUPLE. U. t. c. s.

CUAJADA (cuajada) *s. f.* Coalhada. Espécie de requeijão.

CUAJADILLO (cuajadilho) *s. m.* Bordado espesso e miúdo feito em seda.

CUAJADO, A (cuajado) *p. p. de Cuajar.* Coalhado. *adj. fig. fam.* Petrificado, estatelado, imóvel de assombro. *s. m.* Guisado de carne picada, frutas ou ervas etc., com açúcar e ovos.

CUAJADURA (cuajadura) *s. f.* Coalhadura.

CUAJAMIENTO (cuajamiento) *s. m.* Coalhamento, coagulação.

CUAJAR (cuajar) *v. tr.* Coalhar. *v. pron.* Coalhar-se, coagular-se. *fig.* Encher uma coisa de enfeites. *v. intr. fig. fam.* Calhar, surtir efeito. U. t. c. pron. Agradar, entrar, quadrar, gostar. *v. pron. fig. fam.* Coalhar-se, encher-se. *s. m.* Coalheira, coagulador.

CUAJARÓN (cuajarón) *s. m.* Coágulo, coalho (de sangue ou outro líquido).

CUAJO (cuajo) *s. m.* Coalho, coalheira, coágulo. V. CUAJAR. *(s. m.) fig. fam.* Calma, lentidão. *Amer. mexic.* Conversa ociosa. *Arrancar de* —, *loc.* Arrancar pela raiz. *Tener bueno* —, *loc. fig. fam.* Ser muito paciente. *Volverse el* —, regorgitar a criança o leite mamado.

CUAL *pron. relat. m. e f.* Qual. *pl. Cuales. Gram.* Constrói-se com o artigo determinativo em todas as suas formas, como *el, la, lo,* CUAL, *los, las* CUALES, equivalendo assim a QUE. Em sentido interrogativo ou dubitativo, leva acento no *a*: ¿QUÁL? (qual?) Como *pron. indef.* também recebe este sinal ortográfico. *adv.* Qual, assim como. Que tal, de que modo. *Tal* —, *loc.* Tal qual.

CUALESQUIER *pron. indef. pl. de Cualquier.* Quaisquer.

CUALESQUIERA *pron. indef. pl. de Cualquiera.* Quaisquer.

CUALIDAD (cualidd) *s. f.* V. CALIDAD.

CUALITATIVO, A *adj.* Qualitativo.

CUALQUE *pron. indef.* pouco usado. V. QUALQUIER.

CUALQUIER *pron. indef.* V. QUALQUIERA. (Emprega-se somente anteposto ao substantivo.)

CUALQUIERA *pron. indef.* Qualquer. (Antepõe-se e pospõe-se ao substantivo e ao verbo.)

CUAN *adv.* Quão, quanto. (É correlativo de *tan* (tão).)

CUANDO *adv.* Quando, em que ocasião. Quando? Em que tempo? No caso de que. *conj.* Ainda que, ainda quando. Posto que, de vez que. Ora, umas vezes, outras vezes. — *más, loc. adv.* Quando muito, se tanto. — *menos, loc. adv.* Quando menos, ao menos, pelo menos. — *mucho, loc. adv.* V. CUANDO MÁS. — *no, loc. adv.* Em caso contrário, senão. — *quier* ou *quiera, loc. adv.* Quando quer que. ¿*De* — *acá?* Desde quando?! *De en* —, *loc. adv.* De quando em quando; de vez em quando.

CUANTÍA *s. f.* Quantia, quatidade. Categoria, qualidade, distinção (de pessoa). *De mayor* —, *loc. fig.* Diz-se de pessoa ou coisa de importância. *De menor* —, *loc. fig.* De somenos.

CUANTIAR *v. tr.* Avaliar, tachar, estimar.

CUANTIDAD (cuantidad) *s. f.* V. CANTIDAD.

CUANTIMÁS *adv. fam.* Quanto mais, além de que, principalmente.

CUANTIOSAMENTE (cuantiossamente) *adv.* Consideravelmente, em grande quantidade.

CUANTIOSO, A (cuantiosso) *adj.* Quantioso, considerável, numeroso.

CUANTITATIVO, A *adj.* Quantitativo.

CUANTITO *adv. Amer. argent.* Logo que, assim que.

CUANTO, A *adj.* Quanto. É correlativo de *tanto* (tanto). Quanto, que número de; que preço. Quanto este ou aquele que, todo aquele que, o que. *adv.* Enquanto. *adv.* Quanto, quão grandemente, como; a que ponto. — *a, loc. adv.* V. EN CUANTO A. — *antes, loc. adv.* Quanto antes, o mais depressa possível. — *más, loc. adv. e conjunt.* Quanto mais, além de que, principalmente. — *quier, loc. adv.* V. AUNQUE. — *más antes.* V. CUANTO ANTES. *En* —, *loc. adv.* Enquanto,

quando, ao passo que, em quanto. *En* — *a, loc. adv.* Quanto a, em quanto para. *Por* —, *loc. adv.* Porquanto, por quanto, visto que. *Por* CUANTO, *loc.* Quando: ¿POR CUÁNTO *dejaría Ortega de ir al teatro?* Quando, ou quando é que Ortega deixaria de ir ao teatro?

CUÁQUERO *s. m.* Quáquer, quacre.

CUARANGO *s. m. Bot.* Quina.

CUARENTA *s. m.* Quarenta.

CUARENTAVO, A *adj.* Quarenta avos. Quadragésimo. U. t. c. s.

CUARENTENA *s. f.* Quarentena (espaço de quarenta dias). Quarentena, quaresma. Quarentena (demora a que são sujeitas as pessoas, mercadorias e bagagens provenientes de lugares onde há moléstia contagiosa).

CUARENTENAL *adj.* Pertencente ou relativo ao número quarenta.

CUARENTENO *adj.* Temporão.

CUARENTÓN, A *adj. e s.* Quarentão, ona.

CUARESMA *s. f.* Quaresma. Sermões quaresmais.

CUARESMAL *adj.* Quaresmal.

CUARESMARIO *s. m.* V. CUARESMA, 2ª acep.

CUARTA *s. f.* Quarta, quarta parte. Palmo (quarta parte da vara). Quarta funeral. *Amer.* Quarta (a junta de animais que vai imediatamente à do coice). *Amer.* Látego, chicote. *Astron.* Quadrante. *Mús.* Quarta.

CUARTACIÓN *s. f.* Inquartação, quartação.

CUARTAGO *s. m.* Cavalicoque de estatura meã; quartão. V. JACA.

CUARTAL *s. m.* Pão de quarta. Medida para secos, equivalente a 5 litros e 6 decilitros.

CUARTÁN *s. m.* Medida para azeite, equivalente a 4 litros e 15 centilitros.

CUARTANA *adj.* Quartã. (Febre quartã). U. t. c. s.

CUARTANAL *adj.* V. CUARTANARIO.

CUARTANARIO, A *adj.* Quartanário (que sofre de febre quartã).

CUARTAR *v. tr.* Lavrar pela quarta vez as terras para o plantio de cereais.

CUARTAZO (cuartaço) *s. m. Amer.* Chicotada (com a *Cuarta*).

CUARTEADOR, A *adj. e s. Amer. argent.* Quarteador.

CUARTEAR *v. tr.* Quartear, dividir ou dispor em quatro peças diferentes. V. DESQUARTIZAR. Quartear, ajudar o cavalo a puxar um carro. Dirigir um carro da direita para a esquerda, em caminhos difíceis. *Taurom.* Quartear, fazer o quarteio.

CUARTEL *s. m.* Quartel, edifício para alojamento de tropas. Quartel, quarteirão (do escudo). V. CUARTA, 1ª acep. *fig. fam.* Casa, quartel, domicílio. *Náut.* Alçapão das escotilhas. Bairro, distrito (de uma cidade). *Taurom.* Quartel (tributo).

CUARTELADO, A *adj. Heráld.* Esquartelado.

CUARTELAR *v. tr. Heráld.* Esquartelar.

CUARTELAZO (cuartelaço) *s. m. Amer.* Quartelada, rebelião militar.

CUARTELERO *s. m.* Quarteleiro.

CUARTELILLO (cuartelilho) *s. m.* Lugar ou edifício que aloja uma secção de tropa. Posto (de bombeiros, de polícia etc.).

CUARTEO (cuartèo) *s. m.* Quarteio.

CUARTERA *s. f.* Quarteiro.

CUARTERO, A *adj. Amer. argent.* Quarteiro, quarteador.

CUARTEROLA *s. m.* Quartola, meia-pipa.

CUARTERÓN, A *adj.* Quarterão, ona. *s. m.* V. CUARTA, 1ª acep. Postigo. *Carp.* Quarteirão.

CUARTETA *s. f.* V. REDONDILLA.

CUARTETE *s. m.* V. CUARTETO.

CUARTETO *s. m.* Quarteto, quadra (de versos). *Mús.* Quarteto.

CUARTILLA (cuartilha) *s. f.* Quarta parte de uma arroba. Quarto de papel. *Vet.* Quartela.

CUARTILLO (cuartilho) *s. m.* Quartilho. Quarto de real. Certa moeda.

CUARTILLUDO, A (cuartilhudo) *adj.* Quarteludo.

CUARTIZO (cuartiço) *s. m.* V. CUARTÓN, 1ª acep.

CUARTO, A *adj.* Quarto. *s. m.* Quarto, quarta parte. Quarto, aposento. Certa moeda espanhola. Quarto (de um vestido). Quarto (de hora). Quarto (plantão, quarto de sentinela). Quarto (da lua). Quarto (de um animal). *fig. fam.* Dinheiro,

moeda. — *creciente,* quarto crescente. — *menguante,* quarto minguante. *Cuatro —s, fig. fam.* Pouco dinheiro, dez reais.

CUARTÓN *s. m.* Cada uma das peças de um madeiro serrado em cruz. Quartão, quarteirão (medida). Trave grossa.

CUARTUCHO (cuartutcho) *s. m. Dim. deprec.* de *Cuarto.* Quarto acanhado e mau.

CUARZO (cuarço) *s. m. Miner.* Quartzo.

CUARZOSO, A (cuarçosso) *adj.* Quartzoso.

CUASI (quassí) *adv.* V. CASÍ.

CUASICONTRATO (cuassicontrato) *s. m.* Quasi-contrato.

CUASIDELITO (cuassidelito) *s. m.* Quase-delito.

CUASIMODO (cuassimòdo) *s. m.* Quasímodo. *Domingo de* —, domingo da Pascoela.

CUASINA (cuassina) *s. f. Quím.* Quasina, quassite.

CUATE, A *adj. Amer. mexic.* Gêmeo. U. t. c. s.

CUATEQUIL *s. m. Amer. mexic.* Milho.

CUATERNA *s. f.* Quadra, barra (no jogo do loto).

CUATERNADO, A *adj. Bot.* Quaternado.

CUATERNARIO, A *adj.* Quaternário. *Geol.* Quaternário.

CUATERNIDAD (cuaternidad) *s. f.* Quaternidade.

CUATERNO, A *adj.* Quaterno.

CUATORVIRATO *s. m.* Quadrunvirado.

CUATORVIRO *s. m.* Quadrúnviro.

CUATRALBO, A *adj.* Quatralvo.

CUATRERO, A *adj.* Diz-se do ladrão de cavalos.

CUATRIENIO *s. m.* Quatriênio.

CUATRILLO (cuatrilho) *s. m.* Jogo de cartas entre quatro pessoas.

CUATRILLÓN (cuatrilhòn) *s. m. Mat.* Quatrilhão.

CUATRIMESTRE *adj.* Quadrimestral. *s. m.* Quadrimestre.

CUATRÍN *s. m.* Quatrim, ceitil, branca.

CUATRISÍLABO, A (cuatrissílabo) *adj.* Quadrissilábico. *s. m.* Quadrissílabo.

CUATRO *adj.* e *s. m.* Quatro.

CUATROCENTISTA *s. m.* Quatrocentista.

CUATROCIENTOS, AS *adj.* Quatrocentos. *s. m.* Quatrocentos.

CUATRODOBLAR *v. tr.* Quadruplicar.

CUATROTANTO *s. m.* Quádruplo.

CUBA *s. f.* Cuba, tonel. *fig. fam.* Pessoa barriguda. Pessoa que bebe muito.

CUBETO *s. m. Dim.* de *Cubo. s. m.* Cubeto.

CUBACIÓN *s. f.* Cubagem (ação ou efeito de cubar); cubatura.

CUBICATURA *s. f.* V. CUBICACIÓN.

CUBICHETE (cubitchete) *s. m. Náut.* Tabuado para impedir que a água penetre na coberta.

CUBIERTA *s. f.* Coberta, cobertura. Envelope, sobrecarta. *fig.* Pretexto, simulação. *Náut.* Coberta.

CUBIERTAMENTE *adv.* Cobertamente, ocultamente, disfarçadamente.

CUBIERTO, A *p. p. irreg.* de *Cubrir.* Coberto. *s. m.* Coberta (de mesa); serviço. Talher. Cobertura, teto, telhado.

CUBIJA (cubija) *s. f. Amer. argent.* V. COBIJA.

CUBIJAR (cubijar) *v. tr.* V. COBIJAR. U. t. c. pron.

CUBIJUNÍ (cubijuní) *s. m.* Coliflor, couve-flor.

CUBIL *s. m.* Covil, antro, cova, caverna. Regueiro.

CUBILAR *s. m.* V. CUBIL, 1ª acep. *v. intr.* MADAJEAR.

CUBILETE *s. m.* Covilhete. *fig. Amer. argent.* Subterfúgio. Empada de carne. Espécie de pastel. Copo (para jogar os dados). *Amer. per.* Intriga, maquinação.

CUBILETEAR *v. tr.* Manejar copos de dados. *fig.* Valer-se de artifícios para lograr um propósito. *Amer.* Intrigar, maquinar (em política). *Amer. argent.* Esquivar, iludir astuciosamente um compromisso.

CUBILETERO *s. m.* Jogador de dados. Covilhete. *Amer.* Fabricante ou vendedor de covilhetes. *Amer. argent.* Pessoa hábil em fugir a um compromisso.

CUBILLO (cubilho) *s. m. Zool.* Cantárida.

CUBO *s. m. Mat.* Cubo. Cuba, cubo (vasilha). Cubo (nas rodas dos carros). Balde para tirar água. Tambor (de relógio).

CUBRECAMA *s. f.* Cobricama, coberta de cama, colcha.

CUBRENUCA *s. f.* Cobre-nuca.

CUBRICIÓN *s. f.* Cobrição.

CUBRIENTE *adj.* Cobridor, que cobre.

CUBRIR *v. tr.* Cobrir, ocultar, resguardar, tapar. U. t. c. pron. Cobrir, encobrir, ocultar. Cobrir, pôr o teto. *v. pron.* Cobrir-se, pôr o chapéu. *fig.* Cobrir, pagar, alcançar. Cobrir, padrear. *Irreg.* P. p. Cubierto.

CUCA *s. f.* V. CHUFA. V. CUCO. *fig.* Mulher viciada no jogo. *pl.* Nozes, avelãs, amêndoas etc.

CUCAMBA *adj. Amer. hond.* Cobarde.

CUCAMONAS *s. f. pl. fam.* V. CARANTOÑA.

CUCAÑA (cucanha) *s. f.* Mastro de cocanha. *fig. fam.* Coisa que se obtém com pouco trabalho ou pelo esforço alheio.

CUCAÑERO, A (cucanhero) *adj. fig. fam.* Que é hábil em conseguir as coisas sem muito trabalho. U. t. c. s.

CUCAR *v. tr.* Piscar o olho. Mofar, mangar, caçoar. *v. intr.* Sair a correr o gado incomodado pelas moscas.

CUCARACHA (cucaratcha) *s. f.* Barata, carocha.

CUCARDA *s. f.* Cocarda, cocar. V. ESCARAPELA.

CUCARRÓN *s. m. Amer.* V. ESCARABAJO.

CUCHARA (cutchara) *s. f.* Colher. *Ave de* —, colhereiro. *Meter uno su* —, *loc. fig.* Meter a colher, intrometer-se.

CUCHARADA (cutcharada) *s. f.* Colherada. *Meter uno su* —, *loc. fig. fam.* V. CUCHARETEAR, 2ª acep.

CUCHARAL (cutcharal) *s. m.* Bolsa de couro em que os pastores guardam as colheres.

CUCHAREAR (cutcharear) *v. tr.* Tirar com a colher. *v. intr.* V. CUCHARETEAR.

CUCHARERO (cutcharero) *s. m.* Colhereiro.

CUCHARETA (cutchareta) *s. f. Dim.* de *Cuchara.* Colherinha, colherzinha. *Amer. Zool.* Colhereiro. Espécie de trigo.

CUCHARETEAR (cutcharetear) *v. intr. fam.* Mexer com a colher. *fig.* Intrometer-se, meter a colher em assuntos alheios.

CUCHARETERO (cutcharetero) *s. m.* Colhereiro (que faz ou vende colheres de pau.) Cabide para colheres.

CUCHARILLA (cutcharilha) *s. f.* V. CUCHARETA, 1ª acep. Colher de chá.

CUCHARÓN (cutcharòn) *s. m. Aument.* de *Cuchara.* Colherão. Concha (de servir à mesa).

CUCHARRO (cutcharro) *s. m. Náut.* Pedaço de tábua para consertos.

CUCHE (cutche) *s. m. Amer. hond.* V. COCHINO.

COCHICHEAR (cutchitchear) *v. intr.* Cochicar, mussitar.

CUCHICHEO (cutchitchèo) *s. m.* Cochicho.

CUCHICHIAR (cutchitchiar) *v. intr.* Cantar (a perdiz).

CUCHILLA (cutchilha) *s. f.* Cutelo. *fig. Poét.* Espada, arma branca. *Amer.* Cuchilha.

CUCHILLADA (cutchilhada) *s. f.* Cutilada, facada. Faca de encadernador. *fig.* Briga, pendência, rixa.

CUCHILLAR (cutchilhar) *adj.* Pertencente à faca ou semelhante a ela.

CUCHILLEJA (cutchilheja) *s. f. Dim.* de *Cuchilla.*

CHUCHILLEJO (cutchilhejo) *s. m. Dim.* de *Cuchillo.*

CUCHILLERA (cutchilhera) *s. f.* Faqueiro.

CUCHILLERÍA (cutchilhería) *s. f.* Cutilaria, cutelaria.

CUCHILLERO (cutchilhero) *s. m.* Cutileiro, cuteleiro. *Amer.* Acutilador. Braçadeira de metal.

CUCHILLO (cutchilho) *s. m.* Faca. *fig.* Nesga (num vestido). Cutelo (meio violento para cortar ou oprimir), força, violência. Espátula. *Náut.* Cutelo. — *de monte,* faca de mato, facão.

CUCHILLÓN (cutchilhón) *s. m. Aument.* de *Cuchillo.* Facão, facalhão.

CUCHIPANDA (cutchipanda) *s. f.* Comezaina, comilona.

CUCHITRIL (cutchitril) *s. m.* V. COCHITRIL.

CUCHUCHEAR (cuctchutchear) *v. intr.* V. CUCHICHEAR. *fam.* Cochichar, mexericar.

CUCHUPLETA (cutchupleta) *s. f.* Chufa, motejo, caçoada, gracejo.

CUCHUPLETEAR (cutchupletear) *v. intr. fam.* Motejar, caçoar, gracejar, dizer chufas.

CUCHUPLETERO, A (cutchupletero) *adj.* Motejador, gracejador, trocista.

CUCITA *s. f.* Cadelinha fraldiqueira.

CUCLILLAS (EN) (cuclilhas) *loc. adv.* De cócoras.

CUCLILLO (cuclilho) *s. m.* Cuco.

CUCO, A *adj. fig. fam.* Polido, bonito, enfeitado. *fig. fam.* Sagaz, ladino, astuto. *s. m.* Lagarta.

CUCULLA (cuculha) *s. f.* Cucula. V. COGULLA.

CUCUMERO *s. m.* V. COHOMBRO.

CUCURUCHO (cucurutcho) *s. m.* Cartucho de papel.

CUÉBANO *s. m.* V. CUÉVANO.

CUECA *s. f.* V. ZAMACUECA.

CUELGA *s. f.* Dependura de uvas, peras ou outras frutas. *fam.* Presente de aniversário.

CUELGACAPAS *s. m.* Cabide para capas.

CUELLICORTO, A (cuelhicorto) *adj.* Que tem o pescoço curto.

CUELLIERGUIDO, A (cuelhierguido) *adj.* De pescoço teso.

CUELLILARGO, A (cuelhilargo) *adj.* Que tem o pescoço comprido.

CUELLO (cuelho) *s. m.* Pescoço, colo. Talo (de alho ou cebola). Gola (das roupas). Colarinho. Gargalo, colo. *Anat.* Colo. Colo (boca de um balão). *ant.* Peito do pé. *Bot.* Colo. Mantéu. — *del diente,* colo anatômico.

CUELMO *s. m.* V. TEA.

CUENCA *s. f.* Escudela de madeira. Órbita (dos olhos). Bacia (de um rio). Bacia (de jazidas minerais). Vale, terreno compreendido entre montanhas.

CUENCO *s. m.* Tigela, malga, conca, terrina. Concavidade.

CUENDA *s. f.* Cabresto (cordel que divide o negalho).

CUENTA *s. f.* Conta (ação de contar; cálculo, cômputo; nota do que se deve). Conta (responsabilidade, razão, cuidado; importância; encargo). Conta (de rosário); miçanga. — *corriente,* conta corrente. *Por la* —, ou *a la* —, *loc. adv.* Segundo parece, pelo visto. *A buena* —, *loc. adv. Por conta* (diz-se da quantia dada ou recebida sem finalizar a conta). *A* —, *loc. adv.* À conta (sob a responsabilidade de alguém). ¡—! *interj.* Cuidado! *Darse* — *de una cosa, loc. fig. fam.* Notar, ver, compreender, perceber uma coisa. *En* —, V. A BUENA CUENTA. *En resumidas* —*s, loc. adv.* Afinal de contas, contas feitas. *Girar la* —, apresentar a conta.

CUENTACORRENTISTA *s. m.* e *f.* Correntista.

CUENTAGOTAS *s. m.* Conta-gotas.

CUENTAHILOS (cuentailos) *s. m.* Conta-fios.

CUENTAPASOS (cuentapassos) *s. m.* Conta-passos, podômetro.

CUENTECILLA (cuentecilha) *s. f. Dim.* de *Cuenta.*

CUENTERO, A *adj.* e *s. fam.* V. CUENTISTA, 1ª acep.

CUENTEZUELA (cuenteçuela) *s. f. Dim.* de *Cuenta.*

CUENTISTA *adj. fam.* Mexeriqueiro, bisbilhoteiro, que leva e traz falatórios. U. t. c. s. *s. m.* e *f.* Contista (que escreve contos). *Amer.* Hábil em fazer contas.

CUENTO *s. m.* Conto, historieta, narrativa, fábula. Cômputo (do tempo). Conteira. *fam.* Mexerico, intriga, falatório. Esteio, pé direito. *fam.* Enfado, desentendimento, altercação. Conto, milhão. Conta, número; cômputo. — *de viejas, loc.* Histórias da Carochinha, contos de velhos. — *largo, fig.* História comprida, contos largos. *A* —, *loc. adv.* A propósito. *Dejarse de* —*s, loc. fig. fam.* Omitir os rodeios e entrar no âmago do assunto. *Sin* —, *loc. adv.* Sem conta, sem número. *Venirle a uno con* —*s, loc. fam.* Vir com histórias para alguém; comunicar a alguém coisas que não lhe interessam.

CUENTÓN, A *adj.* e *s.* V. CUENTISTA, 1ª acep.

CUERA *s. f.* Véstia usada sobre o gibão. *Amer. centr.* Polaina.

CUERAZO (cueraço) *s. m. Amer.* Golpe dado com um couro.

CUERDA *s. f.* Corda. *Mús.* e *Geom.* Corda.

CUERDAMENTE *adv.* Cordatamente, prudentemente, sabiamente, com cordura.

CUERDERÍO *s. m. Amer. argent.* Cordoalha.

CUERDEZUELA (cuerdeçuela) *s. f.* CORDEZUELA.

CUERDO, A *adj.* Que está em seu juízo; cordato, prudente. U. t. c. s.

CUEREZUELO (cuereçuelo) *s. m.* V. COREZUELO.

CUERIZA (cueriça) *s. f. Amer.* Sova de chicote.

CUERNA *s. f.* Corno (copo de corno). Corna, buzina. Corno, chifre (de alguns animais que os mudam anualmente).

CUÉRNAGO *s. m.* V. CAUCE.

CUERNEZUELO (cuerneçuelo) *s. m. Dim.* de *Cuerno.*

CUERNO *s. m.* Corno, chavelho, chifre. *Mús.* Corno, trompa. Corno, tentáculo, antena. Chifre (empregado na indústria). Lado de algumas coisas. Ala (de um exército).

CUERO *s. m.* Couro. Odre. *fig.* Pele. — *cabelludo,* couro cabeludo. — *en verde,* couro verde.

CUERPO *s. m.* Corpo (em todas as principais aceps. deste vocábulo). A —, *loc. adv.* Nu, despido. A — *de rey, loc. adv.* À larga, com toda a comodidade.

CUERUDO, A *adj. Amer.* Lerdo (diz-se das cavalgaduras).

CUERVA *s. f.* V. GRAJA.

CUERVO *s. m.* Corvo. — *marino,* corvo-marinho.

CUESCO *s. m.* Caroço (de fruta).

CUESTA *s. f.* Encosta, ladeira, declive, costa. Questa, peditório, coleta. A —*s, loc. adv.* Às costas, sobre os ombros. *Ir* — *abajo, loc. fig.* Decair, declinar, ir em decadência.

CUESTASIÓN (cuestassiòn) *s. f.* V. CUESTA, 2ª acep.

CUESTEZUELA (cuesteçuela) *s. f. Dim.* de *Cuesta,* 1ª acep.

CUESTIÓN *s. m.* Questão (pergunta; controvérsia; problema). — *de honor,* questão de honra.

CUESTIONABLE *adj.* Questionável.

CUESTIONAR *v. tr.* Questionar.

CUESTIONARIO *s. m.* Questionário.

CUESTO *s. m.* Cerro, morro, outeiro.

CUESTOR *s. m.* Questor. Mendigante.

CUESTUARIO, A *adj.* V. CUESTOSO.

CUESTOSO, A (cuestosso) *adj.* Questuário, ambicioso.

CUESTURA *s. f.* Questura.

CUETO *s. m.* Couto.

CUEVA *s. f.* Cova, gruta, caverna. V. SÓTANO.

CUÉVANO *s. m.* Cesto vindimo.

CUEVERO *s. m.* Coveiro.

CUEZA (cueça) *s. f.* V. CUEZO.

CUEZO (cueço) *s. m.* Cocho, cocha (de pedreiro).

CUGULLA (cugulha) *s. f.* V. COGULHA.

CUITA *s. f.* Coita, dor, aflição. Trabalho, aflição, desventura. Ânsia, anelo. *fig. fam.* Pessoa muito delicada.

CUITADO, A *adj.* Coitado, infeliz, mísero, desgraçado, aflito, desventurado. *fig.* Tímido, irresoluto, de ânimo apoucado, acanhado, medroso.

CUITAMIENTO *s. m.* Apoucamento, acanhamento, pusilanimidade, descoroçoamento.

CUJA (cuja) *s. f.* Anel de couro onde descansa o couto da lança. Porta-estandarte (instrumento).

CUJAZO (cujaço) *s. m. Amer.* Verdascada.

CUJE (cuje) *s. m. Amer.* Verdasco. *Amer. cub.* Certo arbusto. Vara em que se penduram os talos do tabaco.

CUJEAR (cujear) *v. tr. Amer.* Verdascar.

CULANTRILLO (culantrilho) *s. m. Bot.* Avenca. Culantrilho.

CULANTRO *s. m. Bot.* Coentro, coriandro.

CULATA *s. f.* Culatra (de arma de fogo). Coronha. Anca (dos animais).

CULATAZO (culataço) *s. m.* Coronhada. Coice (da arma de fogo).

CULATEAR *v. tr. Amer.* Dar coronhadas.

CULCUSIDO (culcussido) *s. m. fam.* V. CORCUSIDO.

CULCUSIR (culcussir) *v. tr.* V. COLCUSIR.

CULEBRA *s. f.* Cobra (designação dos ofídios em geral). Serpentina (dos alambiques). *fig. fam.* Caçoada, vaia. Desordem, alvoroto. — *de casca-*

bel, cobra-cascavel, cascavel. *Astron.* — *y nube,* serpentário. *Hacer* —, *loc.* V. CULEBREAR.

CULEBRAZO (celebraço) *s. m.* V. CULEBRA, 3ª acep.

CULEBREAR *v. intr.* Serpear, serpentear, serpejar, serpentar.

CULEBREO (culebrèo) *s. m.* Ação de serpear.

CULEBRERA *s. f.* Serpentário.

CULEBRINA *s. f.* Colubrina.

CULEBRÓN *s. m. Aument.* de *Culebra,* 1ª acep. *fig. fam.* Homem astuto. Mulher intrigante, víbora.

CULERO, A *adj.* Lerdo, preguiçoso. *s. m.* Cueiro.

CULMINACIÓN *s. f.* Culminação.

CULO *s. m.* Traseiro, nádegas. Ancas (dos animais). V. ANO. *fig.* Fundo, extremidade inferior ou posterior de uma coisa. Culo (no jogo da tava ou do osso). *Náut.* Popa.

CULÓN *s. m.* Soldado inválido.

CULPABLE *adj. e s.* Culpável.

CULPABLEMENTE *adv.* Culpavelmente.

CULPACIÓN *s. f.* Inculpação, criminação.

CULTIPARLISTA *adj. e s.* Cultiparla.

CULTIVABLE *adj.* Cultivável.

CULTO, A *adj.* Cultivado, amanhado, plantado. *fig.* Culto, ilustrado, instruído. *s. m.* Culto.

CUMBRE *s. m.* Cume, cimo, coruto, tope.

CUMBRERA *s. f.* V. PARHILERA. V. DINTEL.

CÚMPLASE (cúmplasse) *s. m.* Cumpra-se (fórmula legal).

CUMPLEAÑOS (cumpleanhos) *s. m.* Aniversário natalício.

CUMPLIDAMENTE *adv.* Cumpridamente, inteiramente, completamente, cabalmente.

CUMPLIDERO, A *adj.* Diz-se dos prazos que findarão em determinado tempo. Que convém ou importa para alguma coisa; útil, vantajoso, cumpridor.

CUMPLIDO, A *p. p.* de *Cumplir.* Cumprido. *adj.* Completo, perfeito, cabal, exato, cheio. Comprido, amplo, abundante. Delicado, urbano, cavalheiro, obsequioso. Pronto (diz-se do soldado passado a pronto). *s. m.* Cumprimento (formalidade de deferência).

CUMPLIDOR, A *adj. e s.* Cumpridor.

CUMPLIMENTAR *v. tr.* Cumprimentar, apresentar cumprimentos. Cumprir, executar.

CUMPLIMENTERO, A *adj. fam.* Cumprimenteiro, cumprimentador. U. t. c. s.

CUMPLIMIENTO *s. m.* Cumprimento, observância, execução. V. CUMPLIDO. Complemento, perfeição. *De,* ou *por* — *loc. adv.* De, ou por, cerimônia ou urbanidade.

CUMPLIR *v. tr.* Cumprir, executar, desempenhar, satisfazer. Prover. Cumprir-se, completar-se, findar. *v. intr.* Cumprir, convir, importar. Findar (um prazo). *v. pron.* Cumprir-se, efetuar-se, realizar-se.

CUNA *s. f.* Berço. Berço, pátria. *fig.* Estirpe. *fig.* Berço, origem. V. INCLUSA.

CUÑA (cunha) *s. f.* Cunha. *fig.* Cunha, empenho.

CUÑADO (cunhado) *s. m.* Cunhado.

CUÑADÍA (cunhadía) *s. f.* Parentesco por afinidade.

CUNAR *v. tr.* V. CUNEAR.

CUÑAR (cunhar) *v. tr.* V. ACUÑAR.

CUNDIR *v. intr.* Propagar-se, multiplicar-se. Ocupar, encher. Derramar-se, estender-se (um líquido). Inchar, crescer, dar de si. *prov. Sal.* Condimentar.

CUNEAR *v. tr.* Embalar o berço.

CUNEO (cunèo) *s. m.* Embalo, balanço (do berço).

CUNERA *s. f.* Aia do paço que acalentava os infantes.

CUNERO, A *adj.* Enjeitado, exposto. U. t. c. s.

CUNETA *s. f.* Sanja, valeta.

CUÑETE (cunhete) *s. m.* Cunhete, barrilote.

CUÑO (cunho) *s. m.* Cunho (peça para marcar moedas). Cunho (sinal deixado por esta peça).

CUOCIENTE *s. m.* Quociente.

CUOTA *s. f.* Quota. Cota.

CUOTIDIANO, A *adj.* Cotidiano.

CUOTIZAR (cuotiçar) *v. tr. Amer. mexic.* Cotar, taxar.

CUPÉ *s. m.* Berlinda. Cupê.

CUPLÉ *s. m.* V. COPLA.

CUPO *s. m.* Quota, finta.

CUPÓN *s. m.* Cupão, cupon (título de renda).

CUQUEAR *v. tr. Amer. cub.* V. AZUZAR.

CUQUILLO (cuquilho) *s. m.* V. CUCHILLO.

CURA *s. m.* Cura, pároco, prior. *fam.* Padre, sacerdote católico. *s. f.* V. CURACIÓN. Tratamento, cura. *Bot.* V. AGUACATE.

CURABLE *adj.* Curável.

CURACIÓN *s. f.* Cura (ação de curar ou curar-se). Cura, tratamento.

CURADERA *s. f. Amer.* V. BORRACHERA.

CURADILLO (curadilho) *s. m.* Bacalhau.

CURADURÍA *s. f.* Curadoria.

CURAGUA *s. f. Amer.* Variedade do milho.

CURAÑA (curanha) *s. f. Amer.* Veneno extraído de certas plantas.

CURANDERISMO *s. m.* Curandeirismo.

CURANDERO *s. m.* Curandeiro.

CURAR *v. intr.* Curar, sarar. Curar, tratar, cuidar (com a prep. *de*). *v. tr.* Salgar, defumar; curar. Curar, branquear. Curtir (peles). *v. pron. Amer.* Embebedar-se.

CURATIVA *s. f.* Curativo, tratamento.

CURATO *s. m.* Curato. Paróquia.

CURAZAO (curacào) *s. m.* Curaçau.

CURCUNCHO, A (curcuntcho) *adj. Amer.* V. JOROBABO.

CURCUSILLA (curcussilha) *s. f.* V. RABADILLA.

CURDA *s. f. fam.* Borracheira, bebedeira, embriaguez.

CUREÑA (curenha) *s. f.* Carreta (do canhão). Pau da besta. Madeira para o fabrico da caixa das espingardas.

CURETAJE (curetaje) *s. m.* Curetagem.

CURIA *s. f.* Cúria. Cuidado, esmero. Conjunto de funcionários da administração da justiça, inclusive os advogados.

CURIANA *s. f.* V. CUCARACHA.

CURICHE (curitche) *s. m. Amer. boliv.* Pântano, lagoa.

CURIOSAMENTE (curiossamente) *adv.* Curiosamente. Cuidadosamente. Limpamente, asseadamente.

CURIOSEAR (curiossear) *v. intr.* Curiosar. *v. tr.* Curar, limpar, assear, enfeitar.

CURIOSEO (curiossèo) *s. m. Amer. argent.* Ação de curiosar. Asseio, limpeza.

CURIOSIDAD (curiossidad) *s. f.* Curiosidade, indiscrição. Curiosidade (objeto raro ou original). Asseio, limpeza. Cuidado, esmero, zelo.

CURIOSO, A (curiosso) *adj.* Curioso. U. t. c. s. Curioso, zeloso, cuidadoso. Asseado, limpo.

CURRINCHE (currintche) *s. m.* "Foca" (jornalista principiante).

CURRO, A *adj. fam.* V. MAJO.

CURRUCA *s. f.* Carriça.

CURRUTACO, A *adj. fam.* Exagerado em obedecer à moda, casquilho.

CURSERÍA *s. f.* Mau gosto, gosto suburbano, deselegância presumida.

CURSI *adj.* Diz-se da coisa ou pessoa que é falsamente elegante ou de bom tom. (U. t. c. s. aplicado às pessoas).

CURSILERÍA *s. f.* V. CURSERÍA.

CURSILLO (cursilho) *s. m.* Breve curso dado em universidades após a terminação do regular.

CURTIDO, A *adj.* Curtido. *s. m.* Couro curtido. Casca (de certas árvores).

CURTIDURÍA *s. f.* Curtume, alcaçaria.

CURTIEMBRE *s. f. Amer.* V. TENERÍA.

CURTIENTE *adj.* Diz-se da substância que serve para curtir.

CURTIMIENTO *s. m.* Curtidura, curtimento.

CURUCA *s. f.* V. LECHUZA.

CURUJA (curuja) *s. f.* V. LECHUZA.

CURVIDAD (curvidad) *s. f.* Curvatura.

CURVIRROSTRE *adj. Zool.* Curvirrostro.

CUSCURRO *s. m.* Côdea de pão.

CUSIR (cussir) *v. tr. fam.* V. CORCUSIR.

CUSPE *s. m. Amer.* V. TROMPO.

CUSQUEAR *v. tr. Amer. mexic.* V. CHISMEAR.

CUSUMBE (cussumbe) *s. m. Amer. equat.* Quati.

CUSUMBO (cussumbo) *s. m. Amer. colomb.* Quati.

CUCUSA (cucussa) *s. f. Amer. centr.* Cachaça, pinga.

CUTÍ *s. m.* Cotim.

CUTIDERO *s. m.* V. BATEDERO.

CUTÍO *s. m.* Trabalho material.

CUTIZACIÓN (cutiçaciòn) *s. f.* Cutisação.

CUTO, A *adj. Amer. centr.* Manco.

CUTOSA (cutossa) *s. f. Quím.* Cutina.

CUTRE *adj.* Tacanho, miserável. U. t. c. s.

CUTRAL *adj.* Diz-se dos bovinos velhos que se destinam ao matadouro.

CUY (cui) *s. m. Amer.* Cobaia.

CUYO, A (cudjo) *pron. relat.* Cujo.

CUZCUZ *s. m.* V. ALCUZCUZ.

CUZQUERO, A *adj. Amer. argent.* Pessoa que fala o quíchua.

CUZUZA (cuçussa) *s. f. Amer. hond.* V. CUSUSA.

CH

CH *s. f.* Quarta letra e terceira das consoantes do alfabeto espanhol. Seu nome é CHE *(tchè)*. Considerada como símbolo gráfico, é uma consoante compos-ta, mas é simples pelo som e indivisível na escrita.

CHABACANADA (tchabacanada) *s. f.* V. CHABACANERÍA.

CHABACANAMENTE (tchabacanamente) *adv.* Grosseiramente. Indecentemente.

CHABACANERÍA (tchabacanería) *s. f.* Grosseria. Indecência, incivilidade, rusticidade.

CHABACANO, A (tchabacano) *adj.* Grosseiro, de mau gosto, sem arte, tosco, desprezível.

CHABASCA (tchabasca) *s. f. Agr.* Conjunto de virgultas.

CHABELA (tchabela) *s. f. Amer. boliv.* Bebida feita de vinho e chicha.

CHABOLA (tchabola) *s. f.* Choça de pastor ou de carvoeiro.

CHACAL (tchacal) *s. m.* Chacal. *Amer.* Espécie de camarão.

CHACANEAR (tchacanear) *v. intr. Amer.* Esporear com força a cavalgadura.

CHÁCHARA (tcháchara) *s. f. Amer.* V. CHACRA.

CHACARANDÁ (tchacarandá) *s. m. Amer.* Jacarandá.

CHACARERO (tchacarero) *s. m. Amer.* Chacareiro, roceiro, granjeiro.

CHACHA (tchatcha) *s. f.* V. NIÑERA.

CHACHALACA (tchatchalaca) *s. f. Amer.* Espécie de galinha. *fig. Amer. mexic.* Pessoa loquaz.

CHÁCHARA (tchátchara) *s. f. fam.* Tagarelice. Conversa frívola, charla.

CHACHARERO, A (tchatcharero) *adj. fam.* V. CHARLATÁN. U. t. c. s.

CHACHARÓN, A (tchatcharòn) *adj. fam.* Muito tagarela.

CHACHO (tchatcho) *s. m. fam.* V. MUCHACHO. (É palavra carinhosa).

CHACÓ (tchacò) *s. m.* Barretina de hussar.

CHACOLOTEAR (tchacolotear) *v. intr.* Chocalhar (a ferradura que está frouxa).

CHACOLOTEO (tchacolotèo) *s. m.* Ação de CHACOLOTEAR.

CHACÓN (tchacòn) *s. f.* Espécie de lagarto das Filipinas. *Amer.* Cacique.

CHACOTEO (tchacotèo) *s. m.* Chacoteação, chacota.

CHACOTERO, A *adj.* Chacoteiro, zombeteiro, motejador. U. t. c. s.

CHÁCRA (tchácra) *s. f. Amer.* Chácara, granja, quinta. Sementeira, terra semeada.

CHACUACO (tchacuaco) *s. m. Amer. mexic.* Crisol para minérios de prata. *Amer.* Ponta de cigarro, bagana.

CHAFADURA (tchafadura) *s. f.* Esmagamento, achatamento.

CHAFALDETE (tchafaldete) *s. m. Náut.* Tomadeira.

CHAFALDITA (tchafaldita) *s. f. fam.* Gracejo inofensivo.

CHAFALDITERO, A (tchafalditero) *adj. fam.* Amigo de dizer gracejos inofensivos. U. t. c. s.

CHAFALLAR (tchafalhar) *v. tr.* Atamancar ou remendar atamancadamente.

CHAFALLO (tchafalho) *s. m. fam.* Remendo malfeito.

CHAFALLÓN, A (tchafalhón) *adj. fam.* Que remenda, remendão. U. t. c. s. V. CHAPUCERO.

CHAFALOTE (tchafalote) *adj. Amer.* Grosseiro, rústico em seus modos. *s. m.* V. CHAFAROTE.

CHAFAR (tchafar) *v. tr.* Achatar, esmagar. Enrugar (a roupa). *fig. fam.* Confundir, interromper quem fala, desdizer. *Amer.* Despedir, despachar, demitir. Maquinar, tramar a demissão de alguém.

CHAFARÍN (tchafarín) *s. m. Amer.* V. CHAFARRINADA.

CHAFAROTE (tchafarote) *s. m.* Alfange curto, chifarote. *fig. fam.* Espada ou sabre de folha larga.

CHAFARINADA (tchafarinada) *s. f.* Borrão, mancha, nódoa.

CHAFARRINAR (tchafarrinar) *v. tr.* Borrar, manchar, enodoar, desluzir.

CHAFARRINÓN (tchafarrinòn) *s. m.* V. CHAFARRINADA. *Echar un —, loc. fig. fam.* Praticar uma grosseria.

CHAFIRRO (tchafirro) *s. m. Amer. Costa Rica.* V. CUCHILLO.

CHAFLAN (tchaflàn) *s. m.* Chanfradura, chanfro.

CHAFLANAR (tchaflanar) *v. tr.* Chanfrar.

CHAGRA (tchagra) *s. m. Amer.* Camponês equatoriano. *Amer. colomb.* V. CHACRA.

CHAGRÉN (tchagrèn) *s. m.* Chagrém.

CHAGRÍN (tchagrín) *s. m.* V. CHAGRÉN.

CHAIRA (tchaira) *s. f.* Faca de sapateiro. Chaira (peça de aço em que se afiam facas).

CHAJUÁN (tchajuan) *s. m. Amer. colomb.* V. BOCHORNO.

CHAL (tchal) *s. m.* Chale.

CHALÁN, A (tchalàn) *adj.* Agenciador, que trata de compras e vendas, principalmente de cavalgaduras, e dispõe de manha e persuasão. U. t. c. s.

CHALANEAR (tchalanear) *v. intr.* Negociar com manha e astúcia.

CHALANERÍA (tchalanería) *s. f.* Manhas e astúcia própria de *chalán.*

CHALAR (tchalar) *v. tr.* Endoidecer, aparvalhar. U. t. c. pron. Enamorar, enlevar. U. t. c. pron.

CHALATE (tchalate) *s. m. Amer. mexic.* Cavalicoque de má andadura, matungo.

CHALECO (tchaleco) *s. m.* Colete. V. JALECO.

CHALINA (tchalina) *s. f.* Gravata de pontas largas.

CHALONA (tchalona) *s. f.* Charque de carne de ovelhas.

CHAMADA (tchamada) *s. f.* V. CHAMARASCA.

CHAMAGOSO (tchamagosso) *adj.* Sujo, enchovalhado, porco. Baixo, vulgar grosseiro (aplicado a coisas).

CHAMARASCA (tchamarasca) *s. f.* Gravetos, lenha miúda, chamiço. A chama desta lenha.

CHAMARILERO (tchamarilero) *s. m.* Adelo.

CHAMARILLERO (tchamarilhero) *s. f.* V. CHAMARILERO. V. TAHUR.

CHAMARRO (tchamarro) *s. m. Amer.* V. ZAMARRO.

CHAMBA (tchamba) *s. f. fam.* V. CHIRPA.

CHAMBELÁN (tchambelàn) *s. m.* Camarista, camareiro do rei.

CHAMBERGA (tchamberga) *s. f.* Fita de seda muito estreita. *Vet.* Certa enfermidade própria do gado lanígero.

CHAMBERGO, A (tchambergo) *adj.* Diz-se de regimento criado para a guarda de Carlos II. Diz-se do indivíduo pertencente a este regimento. U. t. c. s. aplica-se também a certas peças do uniforme do mesmo regimento. *Amer. argent.* Diz-se do chapéu mole.

CHAMBÓN, A (tchambón) *adj. fam.* Que joga mal ou com pouca habilidade. U. t. c. s.

CHAMBONADA (tchambonada) *s. f.* Erro próprio de mau jogador. Casualidade (no jogo).

CHAMBRA (tchambra) *s. f.* Chambre, roupão caseiro. V. PILLASTRE.

CHAMELOTE (tchamelote) *s. m.* V. CAMELOTE.

CHAMICERA (tchamicera) *s. f.* Mata meio queimada, com as árvores reduzidas a chamiço.

CHAMICERO, A (tchamicero) *adj.* Próprio do chamiço.

CHAMIZA (tchamiça) *s. f.* Chamiça, junco bravo. Gravetos, chamiço.

CHAMIZO (tchamiço) *s. m.* Árvore meio queimada, chamiço. Choça coberta de junco. *fig. fam.* Tugúrio, pocilga.

CHAMORRA (tchamorra) *s. f. fam.* Cabeça tosquiada.

CHAMORRO, A (tchamorro) *adj.* Tosquiado, chamorros. *fig. ant.* Mesquinho, tacanho.

CHAMPÁN (tchampán) *s. m. Náut.* Champão.

CHAMPAÑA (tchampanha) *s. f.* Champanha.

CHAMPAR (tchampar) *v. tr. fam.* Lançar em rosto.

CHAMPIÑON (tchampinhon) *s. m.* V. HONGO.

CHAMUCHINA (tchamutchina) *s. f. Amer.* Populacho, populaça, vulgo.

CHAMUSQUINA (tchamusquina) *s. f.* Chamusco, chamuscada. *fig. fam.* Rixa, disputa, pendência.

CHANADA (tchanada) *s. f. fam.* V. CHASCO.

CHANCA (tchanca) *s. f.* V. CHANCLA.

CHANCACA (tchancaca) *s. f. Amer.* Açúcar mascavo em torrões prismáticos. Rapadura.

CHANCERO, A (tchancero) *adj.* Trocista, gracejador, chanceiro.

CHANCHERÍA (tchantchería) *s. f. Amer. argent.* Casa onde se vende carne de porco; salsicharia.

CHANCHERO, A (tchantchero) *adj. Amer. argent.* Que vende carne de porco ou salsichas. U. t. c. s. *m. Amer. chil.* V. PORQUERIZO.

CHANCHO, A (tchantcho) *adj. Amer.* Porco, sujo, desasseado. *s. m. Amer.* V. CERDO. *Amer. chil.* Máquina trituradora.

CHANCHULLERO, A (tchantchulhero) *adj.* Afeiçoado a tramóias ou negociatas. U. t. c. s.

CHANCHULLO (tchantchulho) *s. m. fam.* Negociata, tramóia, manejo ilícito.

CHANCILLER (tchancilher) *s. m.* V. CANCILLER.

CHANCILLERÍA (tchancilheria) *s. f.* Chancelaria (tribunal superior de justiça).

CHANCLA (tchancla) *s. f.* Chanqueta, calçado velho e acalcanhado. V. CHANCLETA, 1ª acep. *En —, loc. adv.* Com o calçado posto à maneira de chinela.

CHANCLETA (tchancleta) *s. f.* Chinela, ou sapato com o contraforte dobrado para dentro. Chanqueta. *s. m.* e *f. fig. fam.* Pessoa inepta. *En —, loc. adv.* V. CHANCLA *(En).*

CHANCLETEAR (tchancletear) *v. intr.* Chinelar. Andar de chinelas.

CHANCLETEO (tchancletèo) *s. m.* Ruído das chinelas quando se anda com elas.

CHANCLO (tchanclo) *s. m.* Galocha.

CHANCRO (tchancro) *s. m. Med.* Cancro (úlcera de origem venérea).

CHANCROSO, A (tchancrosso) *adj.* Cancroso, canceroso.

CHANFAINA (tchanfàina) *s. f.* Chanfana (espécie de guisado de fígado ou bofes).

CHANFLÓN, A (tchanflòn) *adj. fam.* Grosseiro, tosco, mal formado. *s. m.* Nome de uma moeda antiga.

CHANGUEAR (tchanguear) *v. intr. Amer.* V. BROMEAR.

CHANGUERO, A (tchanguero) *adj. Amer.* V. CHANCERO.

CHANGÜÍ (tchangüí) *s. m. fam.* Logro, burla, engano. *vulg.* Charla, conversa insulsa. *Amer.* Changuí, concessão que se faz (no jogo) para ganhar depois.

CHANTAJE (tchantaje) *s. m.* Chantagem.

CHANTAJISTA (tchantajista) *s. m.* e *f.* Chantagista.

CHANZA (tchança) *s. f.* Troça, gracejo, chança.

CHANZONETA (tchançoneta) *s. f.* Cançoneta que se cantava pelo Natal e outras festas. *fam.* V. CHANZA.

CHAPALEAR (tchapalear) *v. intr.* V. CHAPOTEAR. V. CHACOLOTEAR.

CHAPALETA (tchapaleta) *s. f.* Válvula (de bomba hidráulica).

CHAPAPOTE (tchapapote) *s. m.* Asfalto. Alcatrão (na linguagem dos calafates).

CHAPAR (tchapar) *v. tr.* Chapear. *fig.* Pespegar, assentar, encaixar.

CHAPARRA (tchaparra) *s. f.* V. COSCOJA. *Bot.* Chaparreiro, chaparro.

CHAPARRADA (tchaparrada) *s. f.* V. CHAPARRÓN.

CHAPARRAZO (tchaparrazo) *s. m. Amer. hond.* V. CHAPARRÓN.

CHAPARREAR (tchaparrear) *v. intr.* Chover a cântaros, desabar aguaceiros.

CHAPARRO (tchaparro) *s. m.* Chaparreiro, chaparro.

CHAPARRÓN (tchaparròn) *s. m.* Aguaceiro, bomba d'água, pancada d'água.

CHAPATAL (tchapatal) *s. m.* Lodaçal, atoleiro.

CHAPE (tchape) *s. m. Amer.* Trança (do cabelo). *Gente de —, fig.* Gente rica ou de prol.

CHAPECAR (tchapecar) *v. tr. Amer.* V. TRENZAR.

CHAPERÍA (tchapería) *s. f.* Chaparia. Ornato feito de muitas chapas.

CHAPERÓN (tchaperòn) *s. m.* V. CAPUCHO.

CHAPETA (tchapeta) *s. f. Dim.* de *Chapa.* Chapinha, Roseta de cor nas faces.

CHAPETÓN, A (tchapetòn) *adj. Amer.* Diz-se do europeu recém-chegado ao país. U. m. c. s. *Amer. chil.* Chapetão, inexperiente, bisonho. U. t. c. s. *Amer. plat.* Fanfarrão, bravateiro. *s. m.* Enfermidade do europeu não aclimado no Peru. *Amer. plat.* V. CHAPARRÓN. *Pasar el —, loc. fig. fam.* Passar o perigo.

CHAPÍN (tchapín) *s. m.* Chapim.

CHÁPIRO (tchápiro) *s. m. fam.* Palavra empregada somente nas expressões de enfado: *Voto al —, por vida del —,* ou *por vida del — verde! Amer.* V. CHAPETÓN.

CHAPITEL (tchapitel) *s. m.* Capitel.

CHAPLE (tchaple) *adj.* Diz-se do buril cuja ponta tem a forma de escopro.

CHAPODAR (tchapodar) *v. tr. Agr.* Chapotar.

CHAPOLA (tchapola) *s. f. Amer. colomb.* V. MARIPOSA.

CHAPÓN (tchapón) *s. m.* Borrão grande de tinta.

CHAPONA (tchapona) *s. m.* V. CHAMBRA.

CHAPOTEAR (tchapotear) *v. tr.* Chapinhar (banhar com um trapo embebido em líquido, repetidas vezes). *v. intr.* Chapear (fazer chape), chapinhar (na água).

CHAPOTEO (tchapotèo) *s. m.* Ação e resultado de CHAPOTEAR.

CHAPUCEAR (tchapucear) *v. tr.* Atamancar, fazer uma coisa mal e depressa. *fam.* V. CHAFALLAR.

CHAPUCERAMENTE (tchapuceramente) *adv.* Atamancadamente; toscamente; grosseiramente.

CHAPUCERÍA (tchapucería) *s. f.* Atamancado. Imperfeição, grosseria (em qualquer obra achavascada). Trabalho malfeito, porcaria. *fam.* Mentira, engano.

CHAPUCERO, A (tchapucero) *adj.* Atamancado, achavascado; tosco, grosseiro, malfeito. (Aplica-se também à pessoa que trabalha deste modo. U. t. c. s.). Embusteiro, trapaceiro. U. t. c. s. *s. m.* Ferreiro que fabrica obras grosseiras. Vendedor de ferro velho.

CHAPURRAR (tchapurrar) *v. tr.* Algaraviar, assassinar um idioma. *fam.* Misturar uma bebida com outra ou outras.

CHAPURREAR (tchapurrear) *v. tr.* V. CHAPURRAR, 1ª acep. U. t. c. intr.

CHAPUZ (tchapuz) *s. m.* Ação de chapuzar (lançar de cabeça para baixo para dentro da água). *Náut.* Remendo de pouca importância. *Dar —, loc.* V. CHAPUZAR.

CHAPUZA (tchapuça) *s. f.* V. CHAPUZ, 2ª acep.

CHAPUZAR (tchapuçar) *v. tr.* Chapuzar (lançar de cabeça para baixo para dentro da água), mergulhar. U. t. c. intr. e pron.

CHAPUZÓN (tchapuçòn) *s. m.* V. CHAPUZ, 1ª acep.

CHAQUETA (tchaqueta) *s. f.* Jaqueta.

CHAQUETE (tchaquete) *s. m.* Gamão (jogo).

CHAQUETILLA (tchaquetilha) *s. f. Dim.* de *Chaqueta.* Jaqueta curta.

CHAQUETÓN (tchaquetòn) *s. m.* Jaquetão.

CHAQUIRA (tchaquira) *s. f.* Conta de vidro, avelório, rocalha.

CHARADRIO (tcharadrio) *s. m.* V. ALCARAVÁN.

CHARAMUSCA (tcharamusca) *s. f. prov. Gal.* Fagulha, centelha. *pl. Amer.* Gravetos, chamiço, lenha miúda.

CHARANGUERO, A (tcharanguero) *adj.* V. CHAPUCERO.

CHARAPE (tcharape) *s. m. Amer. mexic.* Bebida fermentada, feita de pulque, mel, cravo e canela.

CHARCA (tcharca) *s. f.* Açude, reservatório de água, pequena lagoa.

CHARCAL (tcharcal) *s. m.* Lugar charcoso.

CHARCO (tcharco) *s. m.* Charco. *Pasar el —, loc. fig. fam.* Atravessar o mar.

CHARCÓN (tcharcón) *s. m. Amer.* Rês ou animal doméstico que nunca engorda.

CHARLA (tcharla) *f. fam.* Charla, conversa à-toa. Palestra (conferência sem pretensões).

CHARLADURÍA (tcharladuría) *s. f.* Tagarelice.

CHARLATÁN, A (tcharlatàn) *adj.* Charlador, tagarela, gárrulo, palrador. U. t. c. s. Falador, linguarudo. U. t. c. s. *s. m.* Charlatão.

CHARLATANEAR (tcharlatanear) *v. intr. fam.* Charlar, conversar à-toa, palrar, tagarelar, falar sem fundamento, garrular.

CHARLATANERÍA (tcharlatanería) *s. f.* Loquacidade, tagarelice, garrulice.

CHARLATANISMO (tcharlatanismo) *s. m.* V. CHARLATANERÍA. Charlatanismo (de curandeiros).

CHARLEAR (tcharlear) *v. intr.* V. CROAR.

CHARLOTEO (tcharlotèo) *s. m.* V. CHARLA.

CHARNELA (tcharnela) *s. f.* Bisagra. Gonzo. Charneira.

CHARNETA (tcharneta) *s. f. fam.* V. CHARNELA.

CHAROL (tcharol) *s. m.* Charão, verniz. Couro envernizado, verniz. *Darse —, loc. fig.* Dar-se importância; louvar-se.

CHAROLAR (tcharolar) *v. tr.* Charoar, acharoar, envernizar.

CHAROLISTA (tcharolista) *s. m.* Envernizador, charoeiro.

CHARQUETAL (tcharquetal) *s. m.* V. CHARCAL.

CHARRADA (tcharrada) *s. f.* Grosseria, rusticidade. *fig. fam.* Enfeite impróprio, obra ridícula, de mau gosto ou sem arte.

CHARRÁN (tcharràn) *adj.* Velhaco, pícaro, vadio, tratante. U. t. c. s.

CHARRANADA (tcharranada) *s. f.* Velhacaria, tratantada.

CHARRANEAR (tcharranear) *v. intr.* Portar-se como velhaco ou tratante.

CHARRANERÍA (tcharranería) *s. f.* Velhacagem, vadiíce.

CHARRASCA (tcharrasca) *s. f. fam.* Sabre, espada ou outra arma que se arrasta.

CHARRASCO (tcharrasco) *s. m. fam.* V. CHARRASCA.

CHARRERÍA (tcharrería) *s. f.* V. CHARRADA, 2ª acep.

CHARRETERA (tcharretera) *s. f.* Charlateira, dragona. V. JARRETERA.

CHARRO, A (tcharro) *adj.* Charro, tosco, rústico, grosseiro. *fig. fam.* Diz-se do que tem demasiados enfeites ou os tem de mau gosto. Impróprio, ridículo, defeituoso (falando-se de objetos de arte). *Estar,* ou *ir, bien — a una persona, loc. fig. fam.* Apresentar-se uma pessoa ridícula ou impropriamente enfeitada.

CHASCA (tchasca) *s. f.* Lenha miúda, chamiço, gravetos. *Amer.* Guisado de charque.

CHASCAR (tchascar) *v. intr.* V. CHASQUEAR (*v. intr.*) Estalar (a língua). *fig.* V. ENGULLIR.

CHASCARILLO (tchascarilho) *s. m. fam.* Anedota picante, frase ou historieta graciosas ou de sentido equívoco.

CHASCO (tchasco) *s. m.* Burla, engano, logro. *fig.* Logro, decepção.

CHASCO, A (tchasco) *adj. Amer.* Crespo, encarapinhado, pixaim. (Diz-se também do pêlo ou das penas dos animais).

CHASCÓN, A (tchascòn) *adj. Amer.* Desgrenhado, esgrouvinhado.

CHASCONEAR (tchasconear) *v. tr. Amer.* Chascar.

CHASPONAZO (tchasponaço) *s. m. Náut.* Sinal que deixa a bala ao passar de raspão por uma superfície dura.

CHASQUEAR (tchasquear) *v. tr.* Chasquear, escarnecer. Enganar, lograr, burlar. Dar estalos com o chicote. *v. intr.* Estalar, crepitar (a madeira).

CHASQUI (tchasqui) *s. m. Amer.* Chasque índio.

CHASQUIDO (tchasquido) *s. m.* Estalo (do chicote). Estalido.

CHATA (tchata) *s. f.* Comadre (utensílio que substitui o urinol, para comodidade do doente). *Náut.* Chata.

CHATEDAD (tchatedad) *s. f. fam.* Chateza.

CHATO, A (tchato) *adj.* Chimbé, chimbeva, inhato. U. t. c. s. Chato, liso. Obtuso, comprimido, achatado.

CHATÓN (tchatòn) *s. m.* Pedraria de uma jóia. *ant.* V. TACHÓN.

CHATRE (tchatre) *adj. Amer.* Ricamente açacalado. *s. m.* V. REFAJO.

CHAVASCA (tchavasca) *s. f.* V. CHASCA.

CHAVETA (tchaveta) *s. f.* Chaveta. *fig. fam.* Juízo, razão, discernimento, critério.

CHAZA (tchaça) *s. m. carp.* e *Náut.* Chaço.

CHAZAR (tchaçar) *v. tr.* Chaçar.

CHAZO (tchaço) *s. m. carp.* e *Náut.* Chaço.

CHE (tchè) *s. f.* Nome da letra CH. ¡— ! interj. familiar usada em Valencia e no Prata.

CHECHE (tchetche) *adj.* Fanfarrão, valentão. *Amer. mexic.* Leporino.

CHECHEAR (tchetchear) *v. intr.* Articular chiando.

CHECHEO (tchetchèo) *s. m.* Chiado (na articulação).

CHECO, A (tcheco) *adj.* e *s.* Tcheco.

CHEIK (tcheik) *s. m.* V. JEQUE.

CHEPA (tchepa) *s. m. fam.* V. JOROBA.

CHERCHA (tchertcha) *s. f. Amer.* Chacota, motejo, zombaria.

CHERCHAR (tchertchar) *v. intr.* V. BROMEAR.

CHERIF (tcherif) *s. m.* Xerife (título muçulmano).

CHERIPÁ (tcheripá) *s. m. Amer.* Cheripá.

CHERVA (tcherva) *s. f. Bot.* Figueira do inferno. Rícino, carrapateira.

CHEUQUE (tcheuque) *s. m. Amer. chil.* V. FLAMENCO.

CHEURÓN (tcheuròn) *s. m. Heráld.* Chaveirão, asna.

CHEURRÓN (tcheurrón) *s. m.* V. CHEURÒN.

CHÍA (tchía) *s. f.* Manto preto e curto.

CHIBUQUÍ (tchibuquí) *s. m.* Chibuque.

CHICA (tchica) *s. f.* Chica (dança de negros). Garrafa pequena. Chica (bebida alcóolica).

CHICADA (tchicada) *s. f.* Rebanho de cordeiros doentios. V. NIÑADA.

CHICARRÓN (tchicarròn) *s. m. fam. Aument.* de *Chico.* Menino corpulento.

CHICHA (tchitcha). *s. f. fam.* Carne comestível (falando-se às crianças), chichá. *fig. fam.* Força, muque. Chicha (bebida alcóolica). *De — y nabo, loc. fig. fam.* Desprezível, insignificante. *Tener pocas — s, loc. fig. fam.* Ser magro; não ter força.

CHÍCHARO (tchítharo) *s. m.* V. GUISANTE.

CHICHARRA (tchitcharra) *s. f.* Cigarra. Cigarra (brinquedo). *fig. fam.* Pessoa tagarela.

CHICHARRAR (tchitcharrar) *v. tr.* V. ACHICHARRAR.

CHICHARREAR (tchitcharrear) *v. intr.* Cantar (a cigarra).

CHICHARRERO (tchitcharrero) *s. m.* Fabricante de cigarras.

CHICHARRÓN (tchitcharròn) *s. m.* Torresmo. *fig. fam.* Pessoa muito queimada pelo sol.

CHICHE (tchitche) *s. m. Amer.* V. JUGUETE.

CHICHEAR (tchitchear) *v. intr.* V. SISEAR.

CHICHEO (tchitchèo) *s. m.* Ação e resultado de CHICHEAR. U. m. no pl.

CHICHERÍA (tchitcheria) *s. f. Amer.* Casa onde se vende chicha (bebida).

CHICHERO, A (tchitchero) *adj.* Diz-se do recipiente onde se guarda a chicha (bebida). *s. m. Amer.* Fabricante de chicha. O que abusa desta bebida.

CHICHINAR (tchitchinar) *v. tr.* Queimar, chamuscar.

CHICHISBEAR (tchitchisbear) *v. tr.* Cortejar assiduamente uma mulher.

CHICHISBEO (tchitchisbèo) *s. m.* Ação de CHICHISBEAR. Chichisbéu.

CHICHÓN (tchitchòn) *s. m.* Galo, alto (pequena inchação na testa ou na cabeça).

CHICHONERA (tchitchonera) *s. f. fam.* Gorro forrado, usado pelas crianças para evitar pancadas na cabeça.

CHICLANERO (tchiclanero) *adj. e s.* Natural de Chiclana.

CHICO, A (tchico) *adj.* Pequeno. *s. m.* Menino. V. MUCHACHO. Na linguagem familiar, pessoa de qualquer idade. *— pleito, loc. fam.* Pouca coisa, matéria insignificante.

CHICOCO (tchicoco) s m. V. CHICOTE, 1ª acep. *Amer. chil.* Anão, pigmeu.

CHICOLEAR (tchicolear) *v. intr. fam.* Galantear, dizer galanteios. *v. pron. fam. Amer.* Divertir-se, recrear-se.

CHICOLEO (tchicolèo) Galanteio, requebro, gracinha.

CHICORRO (tchicorro) *s. m. fam.* V. CHICOTE, 1ª acep.

CHICORROTÍN, A (tchicorrotín) *adj.* V. CHIQUIRRITÍN.

CHICOTAZO (tchicotaço) *s. m.* Chicotada, chicotaço.

CHICOTE (tchicote) *s. m. fam.* Rapagão: pessoa de pouca idade, mas forte, sadia e bem-feita. (Usa-se como termo carinhoso). *fig. fam.* Charuto. Chapéu de palha. *Amer.* Chicote, relho. *Náut.* Chicote.

CHICOZAPOTE (tchicoçapote) *s. m.* V. ZAPOTE.

CHICUELO, A (tchicuelo) *adj. Dim.* de *Chico.* Pequenino. U. t. c. s.

CHIFLA (tchifla) *s. f.* Assobio, apito (instrumento). Apito (ação de apitar). Raspadeira de encadernador. *fig. Amer. mexic.* Mau humor. Espécie de flauta.

CHIFLADERA (tchifladera) *s. f.* V. CHIFLA, 1ª acep. *Amer.* Loucura, monomania.

CHIFLADO, A (tchiflado) *adj. fam.* Tolo, bobo, simplório. U. t. c. s. Maníaco, extravagante, aloucado. U. t. c. s.

CHIFLADURA (tchifladura) *s. f.* Assobio (ação de assobiar com a boca). *fam.* Loucura, atarantação, estupidez, tolice. Mania, idéia fixa.

CHIFLAR (tchiflar) *v. intr.* Assobiar (com a boca). Apitar (com o apito). *v. tr.* Vaiar, mofar, ridicularizar, apupar, assobiar. U. t. c. pron. *v. pron. fam.* Ficar com as faculdades mentais abaladas; tornar-se maníaco, sem endoidecer de todo. Ser presa de uma idéia fixa. *v. tr.* Raspar (peles).

CHIFLATO (tchiflato) *s. m.* V. SILBATO.

CHIFLE (tchifle) *s. m.* V. CHIFLA, 1ª acep. Reclamo (para caçar pássaros). Polvorinho de chifre. *Amer.* Guampa (copo de chifre).

CHIFLETE (tchiflete) *s. m.* V. CHIFLA.

CHIFLIDO (tchiflido) *s. m.* Silvo, assobio, apito. V. SILBIDO.

CHIFLO (tchiflo) *s. m.* V. CHIFLA, 1ª acep.

CHIFLÓN (tchiflòn) *s. m.* Corrente de ar muito leve. *Amer. centr.* Cascata, cachoeira.

CHILABA (tchilaba) *s. f.* Manto árabe com capuz.

CHILANCO (tchilanco) *s. m.* V. CILANCO.

CHILAR (tchilar) *s. m.* Plantação de chile (espécie de pimento).

CHILE (tchile) *s. m.* V. AJÍ. Nome de várias espécies de pimenteira. Chile.

CHILEÑO, A (tchileño) *adj. e s.* Chileno.

CHILINDRINA (tchilindrina) *s. f. fam.* Bagatela, insignificância, frioleira. V. CHAFALDITA.

CHILINDRINERO, A (tchilindrinero) *adj. fam.* V. CHAFALDITERO.

CHILINDRÓN (tchilindròn) *s. m.* Chilindrão.

CHILINGUEAR (tchilinguear) *v. tr. Amer. colomb.* V. COLUMPIAR.

CHILOTE (tchilote) *s. m. Amer. mexic.* Bebida feita com pulque e pimenta.

CHILLA (tchilha) *s. f.* Reclamo, chamariz (instrumento de caçador). Tábua delgada, de ínfima qualidade, ripa.

CHILLADA (tchilhada) *s. f.* Espadilha obrigada (no jogo de cartas).

CHILLADO (tchilhado) *s. m.* Ripado.

CHILLADOR, A (tchilhador) *adj.* Guinchador.

CHILLADURA (tchilhadura) *s. f.* V. CHILLIDO.

CHILLAR (tchilhar) *v. intr.* Guinchar, chiar. V. CHIRRIAR. *Pint.* Berrar.

CHILLERÍA (tchilhería) *s. f.* Guincharia, gritaria.

CHILLIDO (tchilhido) *s. m.* Guincho.

CHILLO (tchilho) *s. m.* V. CHILLA, 1ª acep.

CHILLÓN, A (tchilhòn) *adj. fam.* Que grita, guincha ou berra muito. Gritante (diz-se de todo som agudo e desagradável). *fig.* Aplica-se às cores berrantes ou mal combinadas. *s. m.* Prego com ripas.

CHILTIPIQUÍN (tchiltipiquín) *s. m.* V. AJÍ.

CHIMINEA (tchiminèa) *s. f.* Chaminé. Lareira.

CHIMPANCÉ (tchimpancè) *s. m.* Chimpanzé.

CHINA (tchina) *s. f.* Seixo, calhau. Porcelana. Seda chinesa. *Amer.* China (moça morena; mulher de índio; mulher de vida airada). *Amer. centr.* NIÑERA. *Bot.* Espécie de salsaparrilha.

CHINAMPA (tchinampa) *s. f.* Quinta (com horta e jardim). Ilhota flutuante.

CHINARRO (tchinarro) *s. m.* Seixo grande, calhau.

CHINAZO (tchinaço) *s. m. Aument.* de *China,* 1ª acep. Pedrada (com um seixo).

CHINCHARRAZO (tchitncharraço) *s. m. fam.* V. CINTARAZO.

CHINCHARRERO (tchintcharrero) *s. m.* Lugar infestado de percevejos. Chincha (barco).

CHINCHE (tchitche) *s. f.* Percevejo. Percevejo (pequeno prego de cabeça chata e circular). *s. m. e f. fig. fam.* Maçador, importuno, inconveniente. U. t. c. adj.

CHINCHERO (tchintchero) *s. m.* Tecido de vimes ou listões de madeira para apanhar percevejos.

CHINCHILLA (tchintchilha) *s. f. Zool.* Chinchila.

CHINCHORRO (tchintchorro) *s. m.* Chincha, chinchorro (rede de arrastar). Espécie de maca. *Náut.* Bote, o menor barco de bordo.

CHINCHOSO, A (tchintchosso) *adj. fig. fam.* Maçador, importuno, chato.

CHINCHULÍN (tchintchulín) *s. m. Amer.* Chincholim. U. m. no pl.

CHINCUAL (tchincual) *s. m. Amer. mexic.* V. SARAMPIÓN.

CHINELAZO (tchinelaço) *s. m.* Chinelada.

CHINERO (tchinero) *s. m.* Guarda-louça, cristaleira, armário para porcelanas.

CHINESCO, A (tchinesco) *adj.* Chinês. *A la — a, loc. adv.* À chinesa.

CHINO, A (tchino) *adj. e s.* Chim, chinês, chino. *s. m. Amer. merid.* Criado.

CHINQUIRITO (tchinquirito) *s. m. Amer. mexic.* Cachaça, pinga, caninha.

CHIPICHAPE (tchipitchape) *s. m. fam.* V. ZIPIZAPE.

CHIPICHIPI (tchipitchipi) *s. m. Amer. mexic.* V. LLOVIZNA.

CHIPIRÓN (tchipiròn) *s. m.* V. CALAMAR.

CHIPOJO (tchipojo) *s. m. Amer. cub.* Camaleão.

CHIPOTE (tchipote) *s. m. Amer. centr.* V. MANOTADA.

CHIQUERO (tchiquero) *s. m.* Chiqueiro, pocilga. V. TORIL.

CHIQUILICUATRO (tchiquilicuatro) *s. m. fam.* V. CHISGARABÍS.

CHIQUILÍN, A (tchiquilín) *adj. Amer.* Pequenino, bebê. U. t. c. s.

CHIQUILLADA (tchiquilhada) *s. f.* Criancice, criançada.

CHIQUILLERÍA (tchiquilhería) *s. f.* Criançada (grupo de crianças).

CHIQUILLO, A (tchiquilho) *adj. e s.* Bebê, menino, criança, pequeno, pequenino.

CHIQUIRRITICO, ILLO, ITO (tchiquirritico) (ilho) *adj. fam. Dim.* de *Chico.* Pequenino.

CHIQUIRRITÍN, A (tchiquirritín) *adj. fam. Dim.* de *Chiquitín.* Pequenino, bebê. U. t. c. s.

CHIQUITÍN, A (tchiquitín) *adj. fam. Dim.* de *Chiquito.* V. CHIQUIRRITÍN, 2ª acep.

CHIQUITITO, A (tchiquitito) *adj. Dim.* de *Chico.* Pequenino.

CHIRAPA (tchirapa) *s. f. Amer. boliv.* Andrajo, farrapo. *Amer. per.* Chuva com sol.

CHIRIBITA (tchiribita) *s. f.* Chispa, faísca, fagulha. U. m. no pl. *pl. fam.* Partículas que, vagando dentro dos olhos, ofuscam a vista. *Bot.* Margarida.

CHIRIBITIL (tchiribitil) *s. m.* Desvão, recanto, esconderijo. *fam.* Cubículo (quarto muito pequeno).

CHIRIGOTA (tchirigota) *s. f. fam.* V. CUCHUFLETA.

CHIRIMBOLO (tchirimbolo) *s. f. fam.* Utensílio, vasilha, traste. U. m. no pl.

CHIRIMÍA (tchirimía) *s. f.* Charamela. Charameleiro.

CHIRINOLA (tchirinola) *s. f.* Espécie de jogo de bolão para rapazes. *fig.* Frioleira, insignificância, bugiada.

CHIRIPERO (tchiripero) *s. m.* Chiripeiro.

CHIRIPIENTO, A (tchiripiento) *adj. Amer.* Chiripento.

CHIRLA (tchirla) *s. f.* V. ALMEJA.

CHIRLAR (tchirlar) *v. intr. fam.* Falar aos gritos e confusamente. *Jír.* Falar.

CHIRLATA (tchirlata) *s. f.* Casa de jogo. *Náut.* Emenda (de uma tábua).

CHIRLE (tchirle) *adj. fam.* Insípido, insubstancial. *s. m.* Esterco de ovelha. *Agua —, loc. fig. fam.* Diz-se de alguns líquidos que, devendo ser espessos, apresentam-se ralos.

CHIRLO (tchirlo) *s. m.* Gilvaz.

CHIRONA (tchirona) *s. f. fam.* Cadeia, prisão, xadrez, xilindró.

CHIRRIADERO, A (tchirriadero) *adj.* V. CHIRRIADOR.

CHIRRIADOR, A (tchirriador) *adj.* Chiador.

CHIRRIAR (tchirriar) *v. intr.* Chiar (produzir som semelhante ao de coisa a ferver ou frigir). Chiar, rechinar (as rodas de um carro). Chalrear, chilrear. *fig. fam.* Cantar desentoadamente. Desafinar, sair de tom um instrumento musical. *v. pron. Amer. cub.* Tremer de frio ou de medo.

CHIRRIDO (tchirrido) *s. m.* Chio, chiada, chiadura.

CHIRRÍO (tchirrío) *s. m.* V. CHIRRIDO.

CHIRRIÓN (tchirriòn) *s. m.* Carro de duas rodas que chia muito.

CHIRUMEN (tchirumen) *s. m. fam.* Juízo, discernimento, siso.

¡CHIS! (tchis) *interj.* Psiu! Chitom!

CHISGARABÍS (tchisgarabis) *s. m. fam.* Bigorrilhas, bisbórria, xiximeco.

CHISGUETE (tchisguete) *s. m. fam.* Trago de vinho, gole. *fam.* Esguicho, jorro.

CHISME (tchisme) *s. m.* Mexerico, intriga, bisbilhotice. *fam.* V. CACHIVACHE. *pl.* Pertences, acessórios.

CHISMEAR (tchismear) *v. tr.* Mexericar, intrigar.

CHISMERÍA (tchismería) *s. f.* V. CHISME, 1ª acep.

CHISMERO, A (tchismero) *adj.* V. CHISMOSO.

CHISMOGRAFIA (tchismografia) *s. f. fam.* Mexeriquice, bisbilhotice. Relação dos últimos mexericos.

CHISMOSO, A (tchismosso) *adj.* Mexeriqueiro, intrigante, bisbilhoteiro. U. t. c. s.

CHISPA (tchispa) *s. f.* Chispa, fagulha, centelha, faísca. Diamante muito pequeno. *fig.* Migalha, pingo, partícula. Chispa, talento, inteligência viva e pronta. *fam.* Embriaguez. — *eléctrica,* faísca elétrica.

CHISPAZO (tchispaço) *s. m.* Ação de saltar a chispa do fogo. Dano produzido pela faísca. *fig.* Prelúdio, prenúncio (falando-se de um acontecimento que precede a outro de maior importância). U. m. no pl. *fig. fam.* Mexerico, enredo, intriga.

CHISPEAR (tchispear) *v. intr.* Chispar, faiscar. Cintilar, faiscar, brilhar. Chuviscar.

CHISPEO (tchispèo) *s. m.* Faiscação.

CHISPERÍA (tchispería) *s. f.* Faiscalhas.

CHISPERO (tchispero) *adj.* Diz-se do foguete que lança muitas faíscas. *s. m.* Ferreiro de obra grossa. V. CHAPUCERO.

CHISPO, A (tchispo) *adj. fam.* Bêbedo, borracho. *s. m. fam.* V. CHISGUETE, 1ª acep.

CHISPOLETO, A (tchispoleto) *adj.* Vivo, esperto, pronto, atilado.

CHISPORROTEAR (tchisporrotear) *v. intr. fam.* Chispar reiteradamente.

CHISPORROTEO (tchisporrotèo) *s. m. fam.* Faiscação contínua.

CHISPOSO, A (tchisposso) *adj.* Que faísca muito ao queimar.

CHISTAR (tchistar) *v. intr.* Mostrar tenção de falar. *Sin — ni mistar, loc. adv.* Sem tugir nem mugir.

CHISTE (tchiste) *s. m.* Pilhéria, facécia, chiste. *s. m.* Pilhéria, facécia, chiste. Burla, chança, troça, gracejo. *Dar uno en el —, loc. fig. fam.* Acertar com a dificuldade de uma coisa.

CHISTERA (tchistera) *s. f.* Cestinho de pescador. *fig. fam.* Cartola.

CHITA (tchita) *s. f. Anat.* Astrágalo. Espécie de jogo do osso. *A la — callando, loc. adv. fam.* V. CHITICALLANDO.

CHITAR (tchitar) *v. intr.* V. CHISTAR.

CHITICALLA (tchiticalha) *s. m. e f. fam.* Pessoa discreta e calada. Segredo, acontecimento que se procura calar.

CHITICALLANDO (tchiticalhando) *loc. adv. fam.* Pé ante pé, sem fazer ruído. *fig. fam.* Discretamente, de mansinho. *A la —, loc. adv. fam.* V. CHITICALLANDO.

CHITO (tchito) *s. m.* Lugar onde se põe o dinheiro no jogo de conca. Conca (jogo). *¡—! interj.* Psiu! Chitom!

¡CHITON! (tchiton) *interj.* Psiu! Chitom! Caluda!

CHIVA (tchiva) *s. f.* Chiba, cabra.

CHIVATO (tchivato) *s. m.* Chibato.

CHIVETERO (tchivetero) *s. m.* Curral de cabras.

CHIVO (tchivo) *s. m.* Chibo. Poça em que se põem as borras do azeite.

CHOCAR (tchocar) *v. tr.* Chocar, ir de encontro. *fig.* Chocar, ferir, desagradar. *fig.* Pelejar, combater.

CHOCARRERÍA (tchocarrería) *s. f.* Chocarrice, chocarria.

CHOCARRERO, A (tchocarrero) *adj.* Chocarreiro.

CHOCHA (tchotcha) *s. f.* V. BECADA.

CHOCHAPERDIZ (tchotchaperdiz) *s. f.* V. BECACÍN.

CHOCHEAR (tchotchear) *v. intr.* Caducar (tornar-se amalucado por efeito de idade avançada).

CHOCHERA (tchotchera) *s. f.* V. CHOCHEZ.

CHOCHEZ (tchotchez) *s. f.* Caduquice.

CHOCHO (tchotcho) *s. m.* Tremoço. *Amer. cub.* Confeito de canela. *pl.* Qualquer doce que se dá às crianças para que fiquem quietas. *adj.* Caduco (amalucado pela idade avançada).

CHOCIL (tchocil) *s. m.* Choça, cabana, campestre.

CHOCLAR (tchoclar) *v. intr.* Enfia a bola pelo anel (no jogo da argola).

CHOCLO (tchoclo) *s. m.* V. CHANCLO.

CHOCLÓN (tchoclòn) *s. m.* Ação de *Choclar.*

CHOCO (tchoco) *adj. Amer. boliv.* Vermelho escuro. *colomb.* Diz-se da pessoa de tez muito morena. *chil.* V. RABÓN. Manco. *s. m.* Choco, siba pequena.

CHOCOLATERA (tchocolatera) *s. f.* Chocolateira (vasilha).

CHOCOLATERÍA (tchocolatería) *s. f.* Chocolataria.

CHOCOYO (tchocodjo) *s. m.* Covinha (da face).

CHOFETA (tchofeta) *s. f.* Braseiro pequeno.

CHOLETA (tcholeta) *s. f. Amer.* Tecido grosseiro para forros.

CHOLLA (tcholha) *s. f. fam.* Cabeça, bestunto, coco, talento.

CHOLA (tchola) *s. f. fam.* V. CHOLLA.

CHOLO, A (tcholo) *adj. Amer.* Diz-se do índio civilizado. U. t. c. s. *chil.* Diz-se do cão de pêlo negro.

CHOPA (tchopa) *s. f. Náut.* Coberta que se punha na popa. *Zool.* Chopa, alcarraz.

CHOPAL (tchopal) *s. m.* V. CHOPERA.

CHOPALERA (tchopalera) *s. f.* V. CHOPERA.

CHOPERA (tchopera) *s. f.* Choupal.

CHOPO (tchopo) *s. m. Bot.* Choupo.

CHOQUEZUELA (tchoqueçuela) *s. f. Anat.* Rótula.

CHORCHA (tchortcha) *s. f.* V. BECADA.

CHORDÓN (tchordòn) *s. m.* V. CHURDÓN.

CHORICERA (tchoricera) *s. f.* Máquina de fazer chouriços.

CHORICERO (tchoricero) *s. m.* Chouriceiro, salsicheiro.

CHORIZO (tchoriço) *s. m.* Chouriço. Maroma.

CHORLITO (tchorlito) *s. m. Zool.* Tarâmbola, douradinha. *Cabeza de —,* pessoa de pouco juízo.

CHORLO (tchorlo) *s. m.* V. CHOZNO.

CHORREADURA (tchorreadura) *s. f.* V. CHORREO. Mancha que deixa um líquido ao escorrer.

CHORREAR (tchorrear) *v. intr.* Esguichar, jorrar. Gotejar, pingar. *fig. fam.* Pingar (render, vir sucessivamente).

CHORREO (tchorrèo) *s. m.* Gotejamento. Esguicho.

CHORRERA (tchorrera) *s. f.* Sinal que deixa a água por onde escorre. Lugar de onde escorre, goteja ou esguicha um pouco de água ou outro líquido. Corredeira (de um rio). Bofes da camisa.

CHORRETADA (tchorretada) *s. f. fam.* Esguicho, jorro, jato. *Hablar a —, loc. fig. fam.* Falar de um jato, falar precipitadamente.

CHORRILHO (tchorrilho) *s. m. fig. fam.* Chorrilho. Ação contínua de receber ou gastar uma coisa. *Irse con,* ou *por, el —, loc. fig.* Seguir o costume, seguir a corrente.

CHORRO (tchorro) *s. m.* Jorro, jato, esguicho, chorro. *A —s, loc. adv. fig.* Aos jorros, copiosamente. *— de voz, fig.* Plenitude da voz.

CHORRÓN (tchorròn) *s. m.* Cânhamo sedado duas vezes.

CHORTAL (tchortal) *s. m.* Pequena lagoa formada por uma fonte que brota à flor da terra.

CHOTA (tchota) *s. f. Amer.* Menina crescida que quer passar por moça.

CHOTACABRAS (tchotacabras) *s. f. Ornit.* Engole-vento, noitibó, curiango.

CHOTO (tchoto) *s. m.* Cabrito de mama. Terneiro.

CHOTUNO, A *adj.* Diz-se do gado caprino que ainda mama.

CHOVA (tchova) *s. f.* Espécie de gralha.

CHOZ (tchoz) *s. f.* Surpresa, admiração, estranheza, espécie.

CHOZA (tchoça) *s. f.* Choça, palhoça, cabana.

CHOZNO (tchozno) *s. m.* Tataraneto, tetraneto.

CHUBASCO (tchubasco) *s. m.* Aguaceiro, pancada de água, borrasca. *fig.* Borrasca, adversidade. *Mar.* Grande nuvem preta.

CHÚCARO, A (tchúcaro) *adj. Amer.* Chucro, arisco, bravio. *fig.* Insociável, chucro.

CHUCHAZO (tchutchaço) *s. m.* Relhada, chicotada.

CHUCHEAR (tchutchear) *v. intr.* V. CUCHICHEAR. *v. tr.* Caçar (com laço, rede ou armadilha).

CHUCHERÍA (tchutchería) *s. f.* Bagatela de algum valor. Petisco. Ação de CHUCHEAR, 2ª acep.

CHUCHERO (tchutchero) *s. m.* Caçador (com rede, laço ou armadilha).

CHUCHO (tchutcho) *s. f. fam.* Cão. *Amer.* Mama, teta. *Amer. cub.* e *venezuel.* Chicote, relho. *Amer. plat.* Chucho, calafrio, sezão. *Zool.* Espécie de mocho.

CHUCHUMECO (tchutchumeco) *s. m. Deprec.* Mequetrefe.

CHUECA (tchueca) *s. f.* Toco (de árvore cortada). Apófise (de um osso). *fig. fam.* Burla, logro.

CHUECO, A (tchueco) *adj. Amer.* Cambaio, pernitorto.

CHUFA (tchufa) *s. f. Bot.* Chufa. *ant.* Chufa, motejo. *Echar —s, loc. fam.* Deitar bravatas.

CHUFETA (tchufeta) *s. f. fam.* V. CHOFETA. V. CUCHUFLETA.

CHUFLETA (tchufleta) *s. f. fam.* V. CUCHUFLETA.

CHUFLETEAR (tchufletear) *v. intr. fam.* V. CUCHUFLETEAR.

CHUFLETERO, A (tchufletero) *adj. fam.* V. CUCHUFLETERO. U. t. c. s.

CHULADA (tchulada) *s. f.* Chulice, grosseria, chularia.

CHULEAR (tchulear) *v. tr.* Chasquear, zombar, ridicularizar com graça.

CHULERÍA (tchulería) *s. f.* Certa graça nas palavras ou gestos; donaire.

CHULETA (tchuleta) *s. f.* Costeleta, chuleta. *fig. fam.* Bofetada. *Amer. plat.* Costeleta (de cabelos).

CHULO, A (tchulo) *adj.* Chulo, baixo, grosseiro. Que diz ou faz as coisas com certa graça. *s. m.* Certo tipo de homem do povo de Madri. Ajudante de magarefe. Andarilho (da praça de touros).

CHUMACERA (tchumacera) *s. f.* Chumaceira.

CHUMBO, A (tchumbo) *adj.* Aplica-se ao nopal e seu fruto, quando se lhe dá o nome de *higuera* (figueira).

CHUNGA (tchunga) *s. f. fam.* Troça, burla, logro. (Usa-se muito na frase: *Estar de—.*)

CHUPADERITO (tchupaderito) *s. m. Dim.* de *Chupadero,* 2ª acep. *Andarse con,* ou *en, —s,* andar com panos quentes, não empregar os meios eficazes.

CHUPADERO, A (tchupadero) *adj.* Chupador. *s. m.* Chupeta, bico (de criança).

CHUPADOR (tchupador) *s. m.* Chupador, bico (de criança).

CHUPADORCITO (tchupadorcito) *s. m. Dim.* de *Chupador,* 2ª acep. *Andarse con,* ou *en, —s,* V. CHUPADERITO *(andarse con* etc.).

CHUPAMIELES (tchupamieles) *s. m. Bot.* Chupamel, madressilva.

CHUPAMIRTO (tchupamirto) *s. m. Amer. mexic.* Beija-flor, colibri.

CHUPAR (tchupar) *v. tr.* Chupar, sugar, sorver, absorver. *v. pron.* Definar.

CHUPETEAR (tchupetear) *v. tr.* Chupitar.

CHUPETÓN (tchupetòn) *s. m.* Chupão (ação de chupar com força).

CHUPÓN, A (tchupòn) *adj.* Chupão, que chupa. *s. m.* Chupista. *Agr.* Gomeleira, ladrão.

CHURDÓN (tchurdòn) *s. m.* Xarope de framboesa. V. FRAMBUESO.

CHURRA (tchurra) *s. f.* V. ORTEGA.

CHURRE (tchurre) *s. m. fam.* Chorume.

CHURRIBURRI (tchurriburri) *s. m.* V. ZURRI-TURRI.

CHURRIENTO, A (tchurriento) *adj.* Chorumento.

CHURRO, A (tchurro) *adj.* Diz-se da ovelha e do carneiro que têm as patas e a cabeça cobertas de lã grossa. U. t. c. s. *s. m.* V. BUÑUELO.

CHURRULLERO, A (tchurrulhero) *adj.* e *s.* V. CHARLATÁN, 1ª acep.

CHURRASCARSE (tchurrascarse) *v. pron.* Tostar-se, começar a queimar (o pão ou outro alimento).

CHURRUSCO (tchurrusco) *s. m.* Pedaço de pão torrado.

CHURUMEN (tchurumen) *s. m. fam.* V. CHIRUMEN.

CHURUMBELA (tchurumbela) *s. f.* Charamela.

CHURUMO (tchurumo) *s. m. fam.* Suco, substância.

CHUS (tchus) Vocáb. empregado na *loc. adv.: Sin decir — ni mus,* sem tugir nem mugir.

CHUSCADA (tchuscada) *s. f.* Chocarrice, graça, pilhéria.

CHUSCAMENTE (tchuscamente) *adv.* Jocosamente, graciosamente, espirituosamente.

CHUSCO, A (tchusco) *adj.* e *s.* Jocoso, gracioso, espirituoso.

CHUZA (tchuça) *s. f. Amer.* Ação de derrubar todos os paus de uma vez (no jogo do boliche).

CHUZAZO (tchuçaço) *s. m.* Chuçada.

CHUZO (tchuço) *s. m.* Chuço.

CHUZÓN, A (tchuçòn) *adj.* e *s.* Astuto, ardiloso, precavido, cauteloso, finório, esperto, sagaz. Gracioso, espirituoso. *s. m.* V. SUIZÓN.

CHUZONERÍA (tchuçonería) *s. f.* Burleta.

D *s. f.* Quinta letra e quarta das consoantes do abecedário espanhol. Seu nome é DE *(dè)*.

DABLE *adj.* Factível, possível, exequível, praticável.

DACA (contr. de *da,* imperat. de *dar,* e do *adv. acá).* Dê, dá, ou dá-me cá *A toma y —, loc. adv.* Toma lá e dá cá; à vista.

DACIÓN *s. f. Juris.* Dação.

DADIVOSIDAD (dadivossida*d*) *s. f.* Qualidade de dadivoso; generosidade.

DAGA *s. f.* Adaga. Fileira de tijolos (no forno em que são cozidos).

DAGÓN *s. m. Aument.* de *Daga.*

DAGUERROTIPAR *v. tr.* Daguerreotipar.

DAGUERROTIPO *s. m.* Daguerreótipo.

DAGUILLA (daguilha) *s. f. Dim.* de *Daga. prov. And.* Agulha de meia.

DAIFA *s. f.* Amiga, amante.

DAMAJUANA (damajuana) *s. f.* Garrafão.

DAMASQUINADO, A *adj.* Tauxiado, damasquinado. *s. m.* Damasquinagem, tauxia.

DAMASQUINAR *v. tr.* Tauxiar, damasquinar.

DAMERÍA *s. f.* Damice, melindre, delicadeza afetada. *fig.* Dúvida, escrúpulo.

DAMISELA (damissela) *s. f.* Rapariga que quer passar por senhora. Mulher mundana.

DAMNIFICADOR, A *adj.* e *s.* Danificador.

DAMNIFICAR *v. tr.* Danificar.

DAMNIFICACIÓN *s. f.* Danificação, dano.

DAÑABLE (danhable) *adj.* Prejudicial. Condenável.

DAÑADO, A (danhado) *p. p.* de *Dañar. adj.* Danado, pervertido, malvado. Maldito, condenado, danado. U. t. c. s.

DAÑADOR, A (danhador) *adj.* e *s.* Danador.

DAÑAR (danhar) *v. tr.* Danar, danificar, prejudicar. Maltratar, perverter, danar. Condenar, sentenciar. Doer. *v. pron.* Adoecer.

DAÑINO, A (danhino) *adj.* Daninho, prejudicial.

DAÑO (danho) *s. m.* Dano, prejuízo, detrimento, menoscabo. *Amer.* Malefício.

DAÑOSAMENTE (danhossamente) *adv.* Danosamente.

DAÑOSO, A (danhosso) *adj.* Danoso, nocivo, prejudicial.

DANTELLADO, A (dantelhado) *adj. Heráld.* Dentado, denticulado.

DANZA (dança) *s. f.* Dança. Corpo de baile. *fig. fam.* Negócio escuso. *fig. fam.* V. GRESCA.

DANZADO, A (dançado) *p. p.* de *Danzar. s. m.* Dança, bailado.

DANZADOR, A (dançador) *adj.* Dançador, bailarino, dançarino. U. t. c. s.

DANZANTE (dançante) *p. a.* de *Danzar.* Dançante. *s. m.* e *f.* Dançante, bailarino. *fig. fam.* Pessoa astuta em seus negócios. V. REVISALSERO.

DANZAR (dançar) *v. tr.* Dançar, bailar. Dançar, oscilar, saltar. *fig. fam.* Intrometer-se.

DANZARÍN, A (dançarin) *s. m.* e *f.* Dançarino, bailarino.

DAR *v. tr.* Dar (em todas as principais aceps. deste vocábulo) *Irreg.* Ind. pres. *Doy* Subj. pret. imperf.

Di-era ou *ese, eras* ou *eses, era* ou *ese, éramos* ou *ésemos, erais* ou *eseis, eran* ou *esen.* Fut. imperf. *Dier-e, es, e, érmos, ereis, en.*

DARES Y TOMARES *loc. fam.* Quantidades dadas e recebidas. *fig. fam.* Dares e tomares, altercações.

DÁRSENA *s. f.* Doca.

DATA *s. f.* Data. Parcela, parte (de uma conta). *Larga —,* longa data, tempo remoto.

DÁTIL *s. m.* Tâmara, datil.

DATILERA *s. f.* Tamareira, datileira.

DATILERO *s. m.* V. DATILERA.

DATO *s. m.* Dado, elemento, indício, antecedente. Documento, testemunho.

DAUCO *s. m.* V. BIZGANA.

DE *s. f.* De (nome da letra D). *prep.* De.

DEAN *s. m.* Deão.

DEANATO *s. m.* Deado.

DEANAZGO *s. m.* Deado.

DEBAJERO (debajero) *s. m. Amer.* Baixeiro.

DEBAJO (debajo) *prep.* Debaixo.

DEBATIBLE *adj.* Debatível.

DEBATIR *v. tr.* Debater, porfiar, discutir, disputar, contender. Combater, pelejar, lutar, guerrear.

DEBDA *s. f. ant.* V. DEUDA.

DEBE *s. m. Com.* Deve.

DEBELACIÓN *s. f.* Debelação.

DEBER *v. tr.* Dever, ter por obrigação, ter de pagar, estar em agradecimento, ter de, ser provável. *s. m.* Dever.

DEBIDAMENTE *adv.* Devidamente, convenientemente, justamente.

DEBIDO, A *p. p.* de *Deber.* Devido. *adj.* Devido, justo, razoável, conveniente, correspondente.

DEBLE *adj. ant.* V. ENDEBLE.

DEBÓ *s. m.* Instrumento de curtidor.

DEBUT (debú) *s. m.* Estréia, começo, debute.

DEBUTANTE *adj.* e *s.* Estreante.

DEBUTAR *v. intr.* Estrear, começar. Estrear-se, debutar.

DECAER *v. intr.* Decair, ir em decadência, sofrer diminuição, perder o vigor. *Náut.* Descair, derivar. *Irreg.* V. conj. de *Caer.*

DECAIMIENTO *s. m.* Decaimento, decadência. Descaimento, abatimento.

DECALVAR *v. tr.* Tosquiar, escalvar (como pena infamante).

DECANATO *s. m.* Decanado.

DECANTACIÓN *s. f.* Decantação.

DECARBURAR *v. tr. Quím.* Descarbonizar.

DECASÍLABO, A (decassílabo) *adj.* Decassílabo. *s. m.* Decassílabo.

DECASTILO *s. m. Arq.* Decástilo.

DECEDER *v. intr. Amr. vulg.* Ceder.

DECEMNOVENAL *adj.* Decenovenal.

DECEMNOVENARIO *adj.* V. DECEMNOVENAL.

DECENA *s. f.* Dezena.

DECENAR *s. m.* Grupo de dez pessoas.

DECENO, A *adj.* Décimo.

DECENTAR *v. tr.* Encetar, experimentar, começar a cortar ou gastar uma coisa. *fig.* Começar a minguar ou estragar-se o que estava são. Ferir-se,

ulcerar-se uma parte do corpo por estar muito tempo deitado sobre ela. *Irreg.* V. conj. de *Calentar.*

DECENVIR *s. m.* Decênviro.

DECEPCIÓN *s. f.* Decepção, logro, desilusão.

DECERVIGAR *v. tr.* V. DESCERVIGAR.

DECHADO (detchado) *s. m.* Exemplo, modelo, amostra, exemplar. Bordado que as meninas fazem sobre um modelo.

DECIÁREA *s. f.* Décima parte de uma área (medida).

DECIBLE *adj.* Dizível, explicável.

DECIDERO, A *adj.* Dizível, mencionável, sem inconveniente algum.

DECIDOR, A *adj.* Dizedor, espirituoso. U. t. c. s.

DECIGRAMO *s. m.* Decigrama.

DÉCIMA *s. f.* Décima (uma das dez partes iguais de um todo). Dízimo. Décima (estância de dez versos).

DECIMANOVENA *s. f. Mús.* Dezenovena.

DECIMOCTAVO, A *adj.* Décimo oitavo, décima oitava.

DECIMOCUARTO, A *adj.* Décimo quarto, décima quarta.

DECIMONOVENO, A *adj.* Décimo nono, décima nona.

DECIMOTERCIO, A *adj.* Décimo terceiro, décima terceira.

DECIR *v. tr.* Dizer (em todas as principais acepções deste vocábulo). *Irreg.* Ind. pres. *Digo, dices, dice, dicen.* Pret. indef. *Dij-e, iste, ijo, imos, isteis, eron.* Pret. imperf. *Dir-é, ás, á, emos, éis, rán.* Subj. pres. *Dig-a, as, a, amos, áis, an.* Pret. imperf. *Dij-era* ou *ese, eras* ou *eses, era* ou *ese, éramos* ou *ésemos, erais* ou *eseis, eran* ou *esen.* Fut. imperf. *Dij-ere, eres, ere, éremos, ereis, eren.* Imperat. *Di, dig-a, amos, an.* P. p. *Dicho.* Ger. *Diciendo.*

DECISIÓN (decissìon) *s. f.* Decisão, determinação, resolução; firmeza de caráter. Sentença judicial, decisão.

DECLARACIÓN *s. f.* Declaração.

DECLARABLE *adj.* Declarável.

DECLARATIVA *s. f.* Clareza de expressão.

DECLINABLE *adj. Gram.* Declinável.

DECLINACIÓN *s. f.* Declinação. — *de la aguja,* declinação magnética.

DECOLORACIÓN *s. f.* Descoloração.

DECOLORAR *v. tr.* e *pron.* Descolorar, descolorir, descorar.

DECOMISAR (decomissar) *v. tr.* Confiscar.

DECOMISO (decomisso) *s. m.* Confisco.

DECORACIÓN *s. f.* Decoração. *Teat.* Decoração, cenário. Ação de decorar (aprender de cor). Condecoração.

DECORADO *s. m.* Decoração, adorno, enfeite. Ação de decorar (aprender de cor).

DECORAR *v. tr.* Decorar (ornar; aprender de cor; condecorar).

DECRECENCIA *s. f.* Decrescimento, decrescença, diminuição.

DECRECER *v. intr.* Decrescer. *Irreg.* V. conj. de *Favorecer.*

DECRECIENTE *p. a.* de *Decrecer.* Decrescente.

DECRECIMIENTO *s. m.* Decrescimento, decréscimo, diminuição.
DECREMENTO *s. m.* V. DECRECIMIENTO.
DECURIÓN *s. m.* Decurião.
DECUSACIÓN (decussación) *s. f.* Decussação, quiasma.
DECUSADO, A *adj. Med.* e *Bot.* Decussado.
DECUSO, A (decusso) *adj.* V. DECUSADO.
DECUSORIO (decussorio) *s. m.* Decussório.
DEDADA *s. f.* Dedo (pequena porção). — *de miel, fig. fam.* Esperança, consolo que se dá a alguém.
DEDADERA *s. f. Bot.* Dedaleira, digital, ervadedal, troques.
DEDÁLICO, A *adj.* Dedáleo.
DEDEO (dedèo) *s. m.* Dedilhamento, dedilhado.
DEDICACIÓN *s. f.* Dedicação.
DEDIL *s. m.* Dedeira.
DEDILLO (dedilho) *s. m. Dim.* de *Dedo.* Dedinho. *Saber una cosa al* —, *loc. fig. fam.* Conhecer uma coisa a dedo; conhecê-la perfeitamente.
DEDO *s. m.* Dedo. — *gordo,* polegar. — *mostrador* ou *saludador,* dedo índice, indicador. — *cordial* ou *de en medio,* dedo médio. — *médico,* dedo anular. — *meñique,* dedo mindinho. Dedo (pequena porção, medida).
DEDUCCIÓN *s. f.* Dedução.
DEDUCIBLE *adj.* Deduzível.
DEDUCIENTE *p. a.* de *Deducir.* Que deduz, dedutivo.
DEDUCIR *v. tr.* Deduzir (tirar dedução, descontar). *Irreg.* V. conj. de *Inducir.*
DEDUCTIVO, A *adj.* Dedutivo.
DEFACILE *adv.* Facilmente.
DEFALCAR *v. tr.* Desfalcar.
DEFAMAR *v. tr. ant.* Difamar.
DEFECCIÓN *s. f.* Defecção.
DEFECCIONARSE *v. pron. Amer.* Desertar, praticar defecção.
DEFECTIBLE *adj.* Defectível, falível.
DEFECTO *s. m.* Defeito, imperfeição; balda, deformidade, labéu, vício.
DEFECTUOSAMENTE (defectuossamente) *adv.* Defeituosamente.
DEFECTUOSIDAD (defectuossidad) *s. f.* Defeituosidade.
DEFECTUOSO, A (defectuosso) *adj.* Defeituoso.
DEFENDEDERO, A *adj.* Defensável, defendível, defensível.
DEFENDIBLE *adj.* V. DEFENDEDERO.
DEFENDIENTE *p. a.* de *Defender.* Defendente.
DEFENECIMIENTO *s. m.* Ajuste ou liquidação de contas.
DEFENESTRACIÓN *s. f.* Defenestração.
DEFENSA *s. f.* Defesa; defensa; defensão. *Náut. pl.* Defensas. Defesa, proteção, amparo.
DEFENSAR *v. tr. ant.* Defender.
DEFENSIÓN *s. f.* Defensão, proteção.
DEFENSIVO, A *adj.* Defensivo. *s. m.* V. DEFENSIÓN. Defensivo, preservativo.
DEFENSOR, A *adj.* Defensor. *s. m.* Advogado da defesa, defesa.
DEFENSORIA *s. f. Juris.* Defesa.
DEFINIBLE *adj.* Definível.
DEFINICIÓN *s. f.* Definição.
DEFLAGRACIÓN *s. f.* Deflagração.
DEFLAQUECIMIENTO *s. m.* V. ENFLAQUECIMIENTO.
DEFLEXIÓN (deflecsiòn) *s. f.* Deflexão.
DEFOLACIÓN *s. f.* Desfoliação.
DEFORMACIÓN *s. f.* Deformação.
DEFORME *adj.* Disforme, deforme.
DEFORMIDAD (deformidad) *s. f.* Deformidade.
DEFUERA *adv.* De fora, do lado exterior. *Por* —, *loc. adv.* Por fora, de fora.
DEFUNCIÓN *s. f.* Defunção, óbito.
DEGENERACIÓN (dejeneraciòn) *s. f.* Degeneração.
DEGLUCIÓN *s. f.* Deglutição.
DEGOLLACIÓN (degolhaciòn) *s. f.* Degolação, degola.
DEGOLLADERO (degolhadero) *s. m.* Degoladouro.
DEGOLLADO, A (degolhado) *adj.* Degolado. Decotado. *s. m.* V. DEGOLLADURA, 2ª acep.

DEGOLLADOR, A (degolhador) *adj.* e *s.* Degolador.
DEGOLLADURA (degolhadura) *s. f.* Degola, degolação, degoladura. Decote.
DEGOLLAMIENTO (degolhamiento) *s. m.* V. DEGOLLACIÓN.
DEGOLLANTE (degolhante) *adj.* Que degola; que decota. *fig. fam.* Presumido, fátuo, néscio.
DEGOLLAR (degolhar) *v. tr.* Degolar, decapitar. Decotar. *fig.* Destruir, arruinar. *Irreg.* V. conj. de *Almorzar.*
DEGOLLINA (degolhina) *s. f. fam.* Matança, carnificina, mortandade.
DEGREDO *s. m. Amer.* Lazareto, hospital.
DEGRESIÓN (degressiòn) *s. f.* Decrescimento, diminuição. Regressão.
DEGRESIVO, A (degressivo) *adj.* Degressivo.
DEGÜELLO (degüelho) *s. m.* Degola, degolação. Parte mais estreita de um dardo ou arma semelhante. Espécie de enxó. *Agr.* Operação de cortar o colo às beterrabas.
DEGUSTACIÓN *s. f.* Degustação.
DEHESA (deessa) *s. f.* Pastagem, pasto, pascigo.
DEHESAR (deessar) *v. tr.* Converter em pastagem.
DEHESERO (deessero) *s. m.* O que guarda uma pastagem.
DEHISCENCIA (deiscencia) *s. f. Bot.* Deiscência.
DEHISCENTE (deiscente) *adj. Bot.* Deiscente.
DEIDAD (deidad) *s. f.* Deidade, divindade.
DEJA (deja) *s. f.* Saliência (entre dois entalhes).
DEJACIÓN (dejaciòn) *s. f.* Deixação. Deixamento, deixa. *Juris.* Cessão, desistência. *Amer.* V. DEJADEZ.
DEJADA (dejada) *s. f.* V. DEJACIÓN, 1ª acep.
DEJADEZ (dejadez) *s. f.* Preguiça, negligência, desleixo, relaxamento, abandono, descuido, incúria, desmazelo.
DEJADO, A (dejado) *p. p.* de *Dejar.* Deixado. *adj.* Negligente, desmazelado, preguiçoso, desleixado.
DEJAMIENTO (dejamiento) *s. m.* V. DEJACIÓN. V. DEJADEZ. Descaimento (físico e moral). Desapego.
DEJAPRENDA (A) (dejaprenda) *loc. adv.* Negligentemente, desleixadamente, descuidadamente.
DEJAR (dejar) *v. tr.* Deixar (em todas as principais acepções deste vocábulo). *v. pron.* Desleixar-se; abandonar-se; entregar-se.
DEJE (deje) *s. m. pop.* V. DEJO, 3ª acep.
DEJILLO (dejilho) *s. m.* V. DEJO, 3ª acep. Gosto, sabor deixado pela comida ou bebida.
DEJO (dejo) *s. m.* Deixação, deixa. Fim, paradeiro de uma coisa. Sotaque (particular ou regional). V. DEJILLO, 2ª acep. V. DEJADEZ. Prazer ou desgosto posterior a uma ação.
DEL (contrac. da prep. *de* com o art. *el.*). Do.
DÉL (contrac. da prep. *de* com o art. *él.*). Dele.
DELACIÓN *s. f.* Delação, denúncia.
DELANTAL *s. m.* Avental.
DELANTE *adv. l.* Diante, na frente, defronte. *adv. m.* Diante, ante, perante.
DELANTERA *s. f.* Dianteira. *Coger,* ou *tomara, la* —, *loc. fig. fam.* Ganhar a dianteira; avantajar-se, antecipar-se.
DELANTERO, A *adj.* Dianteiro. *s. m.* Sota (postilhão).
DELE *s. m. Impr.* Sinal de revisão que indica omissão a fazer.
DELEBLE *adj.* Delével.
DELECTACIÓN *s. f.* V. DELEITACIÓN.
DELEITABLE *adj.* Deleitoso, deleitável.
DELEITABLEMENTE *adv.* Deleitavelmente, deleitosamente.
DELEITACIÓN *s. f.* Deleite, deleitação, deleitamento.
DELEITAMIENTO *s. m.* V. DELEITACIÓN.
DELETÉREO, A *adj.* Deletério.
DELETREAR *v. tr.* Deletrear, soletrar. Interpretar, decifrar.
DELETREO (deletrèo) *s. m.* Soletração, ação de deletrear. Interpretação de trecho obscuro.
DELEZNABLE *adj.* Frágil, pouco resistente, quebradiço. Escorregadio, escorregadiço. *fig.* Pouco durável, perecível.
DELEZNADIZO, A (delesnadiço) *adj. ant.* V. DELEZNABLE, 2ª acep.

DELFÍN *s. m.* Delfim, golfinho. *Astron.* Delfim. Delfim (príncipe herdeiro).
DELGADAMENTE *adv.* Delicadamente. *fig.* Engenhosamente, sutilmente. Delgadamente.
DELGADEZ *s. f.* Delgadeza. Delicadeza. Sutileza, engenhosidade.
DELGADO, A *adj.* Delgado, magro, fino. Delicado, suave. *fig.* Delgado (diz-se da água). *fig.* Agudo, sutil, engenhoso, fino. *fig.* Árido, magro (diz-se de terreno). *s. m. Náut.* Delgado.
DELGADUCHO, A (delgadutcho) *adj.* Um tanto delgado. V. DELGADO.
DELIBERACIÓN *s. f.* Deliberação.
DELICADEZ *s. f.* Fraqueza, debilidade, delicadeza. Indolência, frouxidão. Melindre, escrúpulo, delicadeza. V. DELICADEZA.
DELICADEZA (delicadeça) *s. f.* Delicadeza, atenção, finura. Sutileza, embaraço, delicadeza.
DELICTIVO, A *adj.* Delituoso, delitoso.
DELICTUOSO, A (delictuosso) *adj.* V. DELICTIVO.
DELIGACIÓN *s. m.* Deligação, ligadura.
DELIMITACIÓN *s. f.* Delimitação.
DELINCUENCIA *s. f.* Delinqüência.
DELINCUENTE *adj.* e *s.* Delinqüente.
DELINEACIÓN *s. f.* Delineação.
DELINEAMIENTO *s. m.* Delineamento.
DELINQUIMIENTO *s. m.* Ação de delinqüir.
DELUSIVO, A (delussivo) *adj.* Delusório, ilusório, enganoso, falaz.
DELUSORIAMENTE (delussoriamente) *adv.* Ilusoriamente, enganosamente.
DEMACRACIÓN *s. f.* Extenuação, enfraquecimento; emagrecimento extremo.
DEMACRADO, A *adj.* Extenuado, enfraquecido, emagrecido.
DEMACRARSE *v. pron.* Enfraquecer, emagrecer muito; extenuar-se, consumir-se.
DEMANDADERO *s. m.* Moço de recados (de um convento).
DEMARCACIÓN *s. f.* Demarcação.
DEMÁS *adj.* Demais, os outros, os restantes; o outro. (Emprega-se geralmente precedido dos artigos *lo, la, los, las.*) Empregado sem artigo, e precedido de conjunção *y,* equivale ao *et cetera* latino. *adv.* Demais, além disso. *Por* —, *loc. adv.* Por demais, demais, em excesso, em demasia. Em vão, inutilmente, por mais que. *Por lo* —, quanto ao mais.
DEMASIA (demassia) *s. f.* Demasia. Atrevimento, insolência, desaforo. Maldade, delito. *En* —, *loc. adv.* Em demasia.
DEMENTAR *v. tr.* Dementar, enlouquecer. Mencionar, recordar. *Irreg.* (na 2ª acep.) V. conj. de *Calentar.*
DEMISIÓN (demissiòn) *s. m.* Submissão, abatimento, sujeito.
DEMÓCRATA *s. m.* Democrata. *adj.* Democrático.
DEMOLER *v. tr.* Demolir, derrubar, destruir. *Irreg.* V. conj. de *Moler.*
DEMONEJO (demonhejo) *s. m. Dim.* de *Demonio.* Demoninho.
DEMONTRE *s. m. fam.* Demônio, demo, diabo. ¡—! *interj.* Demônios! Diabo!
DEMONUELO (demonhuelo) *s. m. Dim.* de *Demonio.* Demoninho.
DEMORÓN, A *adj.* e *s. Amer.* V. TARDÓN.
DEMOROSO, A (demorosso) *adj. Amer.* Moroso, tardo, lerdo.
DEMOSTINO, A *adj.* Demostênico.
DEMOSTRABILIDAD (demostrabilidad) *s. f.* Demonstrabilidade.
DEMOSTRABLE *adj.* Demonstrável.
DEMOSTRACIÓN *s. m.* Demonstração.
DEMOSTRAR *v. tr.* Demonstrar, demostrar. *Irreg.* V. conj. de *Almorzar.*
DENANTES *adv. ant.* Antes, anteriormente.
DENDE *adv. ant.* Desde, a partir de. (Usa-se ainda entre o povo).
DENDEN *s. m. Bot.* Dendê.
DENGUE *s. m.* Dengue, denguice (melindre mulheril). Espécie de capotilho. *Med.* Dengue.
DENGUERO, A *adj.* Dengoso, dengueiro.
DENIGRACIÓN *s. f.* Denigração (ato de denegrir, infamar).

DENIGRADOR, A *adj.* Denegridor.

DENIGRAR *v. tr.* Denegrir, macular, infamar. Injuriar, ultrajar.

DENOMINACIÓN *s. f.* Denominação.

DENOSTADAMENTE *adv.* Injuriosamente, afrontosamente.

DENOSTADOR, A *adj.* Doestador.

DENOSTAR *v. tr.* Injuriar, ofender, afrontar, infamar, descompor, doestar. *Irreg.* V. conj. de *Almorzar*.

DENOTACIÓN *s. f.* Denotação, indicação, sinal.

DENSIDAD (densidad) *s. f.* Densidade.

DENSIFICAR *v. tr.* Adensar.

DENTECILLO (dentecilho) *s. m. Dim.* de *Diente*. Dentinho.

DENTEJÓN (dentejòn) *s. m.* Canga (para jungir os bois).

DENTELLADA (dentelhada) *s. f.* Dentada. *A —s*, *loc. adv.* Às dentadas.

DENTELLADO, A (dentelhado) *p. p.* de *Dentelhar*. Denteado, dentado. *adj.* Dentado.

DENTELLAR (dentelhar) *v. intr.* Bater os dentes.

DENTELLEAR (dentelhear) *v. tr.* Dentar, dar dentadas em, morder.

DENTELLÓN (dentelhòn) *s. m.* Dentilhão. *Arq.* Dentelo, dentículo.

DENTERA *s. m.* Embotamento (nos dentes); denteira. *fig. fam.* Inveja.

DENTEZUELO (dentezuelo) *s. m. Dim.* de *Diente*. Dentinho.

DENTICIÓN *s. f.* Dentição.

DENTIFICACIÓN *s. f.* Dentificação.

DENTÍFRICO, A *adj.* Dentifrício. *s. m.* Dentifrício.

DENTÍSTICA *s. f. Amer.* Odontologia.

DENTÓN, A *adj.* Fama. Dentuço, dentola. U. t. c. s. *m. Zool.* Dentudo, perna de moça.

DENTRERA *s. f. Amer. colomb.* Criada, empregada, criada de dentro.

DENTRAMBOS, AS (contração de *de entrambos*, *as*). Dentre ambos.

DENTRO *adv.* Dentro (no interior de; no espaço de). *Por de —, loc. adv.* Por dentro.

DENUDACIÓN *s. f.* Denudação.

DENUEDO *s. m.* Denodo, brio, valor, ânimo, ímpeto, intrepidez, bravura, coragem.

DENUESTO *s. m.* Doesto, injúria, afronta, baldão, ofensa, insulto.

DENUNCIABLE *adj.* Denunciável.

DENUTRICIÓN *s. f.* Desnutrição; desassimilação.

DEÑARSE (denharse) *v. pron. ant.* Dignar-se.

DEPARTAMENTO *s. m.* Departamento. Seção.

DEPARTIMIENTO *s. m.* Departamento, divisão, separação.

DEPAUPERACIÓN *s. f.* Depauperação.

DEPENDIENTE *p. a.* de *Depender*. Dependente. *s. m.* Caixeiro, empregado.

DEPENDIENTEMENTE *adv.* Dependentemente.

DEPILACIÓN *s. f.* Depilação.

DEPLECIÓN *s. f.* Depleção.

DEPLORABLE *adj.* Deplorável, lamentável.

DEPLORABLEMENTE *adv.* Deploravelmente.

DEPONENTE *p. a.* de *Deponer*. Depoente. *adj. Gram.* Depoente. U. t. c. s.

DEPONER *v. tr.* Depor, pôr de parte, deixar. Depor, destituir, demitir. *Juris.* Depor. *Irreg.* V. conj. de *Poner*.

DEPORTACIÓN *s. f.* Deportação, desterro.

DEPORTE *s. m.* Desporto, desporte.

DEPORTISTA *s. m.* e *f.* Desportista.

DEPORTIVO, A *adj.* Desportivo.

DEPOSICIÓN (depossiciòn) *s. f.* Deposição, depoimento. Deposição, destituição. Evacuação, defecação.

DEPRAVACIÓN *s. f.* Depravação.

DEPRECACIÓN *s. f.* Deprecação.

DEPRECIACIÓN *s. f.* Depreciação.

DEPREDACIÓN *s. f.* Depredação.

DEPRESIÓN (depressiòn) *s. f.* Depressão. *— de horizonte*, depressão do horizonte.

DEPRESOR, A (depressor) *adj.* Depressor.

DEPUESTO, A *adj.* e *p. p. Irreg.* de *Deponer*.

DEPULSADO, A *adj.* Fatigado, alterado.

DEPURACIÓN *s. f.* Depuração.

DEPURAMIENTO *s. m.* V. DEPURACIÓN.

DEQUE *adv. fam.* Desde que, logo que, assim que.

DERECERA *s. f.* V. DERECHERA.

DERECHA (deretcha) *s. f.* Direita (a mão). *A la —, loc. adv.* À direita. *Polít.* Direita.

DERECHAMENTE (deretchamente) *adv.* Direitamente, diretamente, em direitura. *fig.* Diretamente, francamente. *fig.* Retamente, corretamente, direitamente.

DERECHERA (deretchera) *s. f.* Atalho, caminho reto.

DERECHO (deretcho) *p. p. Irreg.* de *Dirigir*. Dirigido. *adj.* Direito, reto. Direito, justo, legítimo, razoável. *adv.* Direito, diretamente. *s. m.* Direito.

DERECHOSO (deretchosso) *s. m. Amer. centr.* Co-proprietário.

DERECHURA (deretchura) *s. f.* Direitura. *En —, loc. adv.* Em direitura.

DERELICCIÓN *s. f.* Derelição.

DERIVACIÓN *s. f.* Derivação.

DERIVO *s. m. ant.* Origem, princípio.

DERMATITIS *s. f. Med.* Dermatite.

DERMATOSIS (dermatossis) *s. f. Med.* Dermatose.

DERMIS *s. f.* Derma.

DERMITIS *s. f. Med.* Dermite.

DERMOIDEO, A *adj.* Dermóide.

DEROGABLE *adj.* Derrogável.

DEROGACIÓN *s. f.* Derrogação.

DEROGADOR, A *adj.* Derrogador.

DEROGATORIA *s. f. Amer.* Derrogação, derrogamento.

DEROGATORIO, A *adj.* Derrogatório.

DERRABADURA *s. f.* Ferida deixada pela ação de derrabar.

DERRAIZAR (derraiçar) *v. tr. Amer.* Desarraigar.

DERRAMADERO *s. m.* V. VERTEDERO.

DERRAMAMIENTO *s. m.* Derramamento. Dispersão, disseminação.

DERREDOR *s. m.* Circuito, roda, contorno, derredor. *Al* ou *en —, loc. adv.* Derredor, em roda, à volta.

DERRENEGAR *v. intr. fam.* Arrenegar, aborrecer. *Irreg.* V. conj. de *Calentar*.

DERRENGADO, A *adj.* Torcido, mais inclinado para um lado que para outro. Derreado.

DERRENGAR *v. tr.* Derrear, desancar. Torcer, desviar, inclinar. U. t. c. pron. *Irreg.* V. conj. de *Calentar*.

DERRENIEGO *s. m. fam.* V. RENIEGO.

DERRETIMIENTO *s. m.* Derretimento. Paixão, amor intenso.

DERRETIR *v. tr.* Derreter, liquefazer. U. t. c. pron. Derreter, consumir, gastar, dissipar. *fam.* Trocar (a moeda). *v. pron. fig.* Derreter-se (de amores) *fam.* Consumir-se (de impaciência). *Irreg.* V. conj. de *Servir*.

DERRIBAR *v. tr.* Derribar, abater, demolir, derrocar. Derribar, deitar abaixo, fazer cair. Derribar, prostrar.

DERRIBO *s. m.* Derribamento. Demolição. Materiais procedentes da demolição de um edifício.

DERROCADERO *s. m.* Despenhadeiro, alcantil.

DERROCAMIENTO *s. m.* Derrocamento.

DERROCAR *v. tr.* Despenhar. *fig.* Derrocar, abater; humilhar.

DERROCHADOR, A (derrotchador) *adj.* Dissipador, esbanjador, malgastador.

DERROCHAR (derrotchar) *v. tr.* Esbanjar, dissipar, malgastar; malbaratar.

DERROCHE (derrotche) *s. m.* Esbanjamento, dissipação, desperdício.

DERROTADAMENTE *adv.* Pobremente, desalinhadamente.

DERROTAR *v. tr.* Dissipar, malgastar, desperdiçar, estragar, rasgar. Arruinar, empobrecer alguém. *Mil.* Derrotar. *v. pron. Náut.* Derivar.

DERROTERO *s. m. Náut.* Roteiro, derroteiro. Rota, derrota. *fig.* Roteiro, rota, caminho.

DERRUBIAR *v. tr.* Esboroar, estorroar, desmoronar, corroer (pela ação das águas).

DERRUBIO *s. m.* Erosão, esboroamento. Terra esboroada.

DERRUMBADERO *s. m.* Despenhadeiro, precipício. *fig.* Precipício, risco, perigo.

DERRUMBAMIENTO *s. m.* Despenho, despenhamento.

DERRUMBAR *v. tr.* Despenhar, precipitar.

DERRUMBRE *s. m.* V. DERRUMBADERO. V. DERRUMBAMIENTO.

DERRUMBO *s. m.* V. DERRUMBADERO.

DESABARRANCAMIENTO (dessabarrancamiento) *s. f.* Ação de desatascar.

DESABARRANCAR (dessabarrancar) *v. tr.* Desabastar, desprover, não abastecer.

DESABASTECER (dessabastecer) *v. tr.* Desabastecer, desprover, não abastecer.

DESABEJAR (dessabejar) *v. tr.* Tirar o enxame da colmeia.

DESABOLLAR (dessabolhar) *v. tr.* Desamolgar, desamartelar.

DESABOR (dessabor) *s. m.* Dessabor. Insipidez. *ant. fig.* Dissabor, mágoa.

DESABORIDO, A (dessaborido) *adj.* Insípido, insosso, dissaboroso, dissaborido. Chocho, insubstancial. *fig. fam.* Insosso, insípido, sem graça.

DESABOTONAR (dessabotonar) *v. tr.* Desabotoar (tirar os botões das casas). U. t. c. pron. *fig.* Desabotoar, desabrochar (os botões das flores).

DESABRILLANTAR (dessabrilhantar) *v. tr.* Empanar, embaciar, tirar o brilho.

DESABRIMIENTO (dessabrimiento) *s. m.* Desabrimento.

DESABRIR (dessabrir) *v. tr.* Dar mau gosto a uma comida. *fig.* Desgostar, desabrir, malquistar. U. t. c. pron.

DESABROCHAR (dessabrotchar) *v. tr.* Desabrochar, desabotoar (broches ou botões de roupa). *fig.* Abrir. soltar, expor. *v. pron. fig. fam.* Descobrir um segredo a alguém.

DESACALORARSE (dessacalorarse) *v. pron.* Refrescar-se, aliviar-se do calor.

DESACATAMIENTO (dessacatamiento) *s. m.* Desacato, desacatamento.

DESACERACIÓN (dessaceraciòn) *s. f.* Embotamento.

DESACERAR (dessacerar) *v. tr.* Embotar, desafiar.

DESACHISPAMIENTO (dessatchispamiento) *s. m.* Passar do estado de embriaguez para o normal.

DESACHISPAR (dessatchispar) *v. tr.* Desembriagar, desembebedar.

DESACIERTO (dessacierto) *s. m.* Desacerto, erro, falta de acerto.

DESACOLLARAR (dessacolharar) *v. tr. Amer.* Separar, desunir, apartar, desemparelhar, desemparceirar.

DESACOMODAMIENTO (dessacomodamiento) *s. m.* Incômodo, incomodidade, inconveniência. Descolocação, desemprego, falta de emprego ou colocação.

DESACOMODO (dessacomòdo) *s. m.* Ação de desacomodar.

DESACOMPAÑAR (dessacompanhar) *v. tr.* Desacompanhar, abandonar a companhia de.

DESACOMPASADO, A (dessacompassado) *adj. Amer.* Descompassado.

DESACONSEJADAMENTE (dessaconsejadamente) *adv.* Desaconselhadamente.

DESACONSEJADO, A (dessaconsejado) *adj.* Desaconselhado. Imprudente, leviano.

DESACONSEJAR (dessaconsejar) *v. tr.* Desaconselhar.

DESACOPLAR (dessacoplar) *v. tr.* Desajuntar, desemparceirar, desunir, separar duas coisas iguais.

DESACORDANZA (dessacordança) *s. f. ant.* V. DESACUERDO.

DESACORDAR (dessacordar) *v. tr. Mús.* Desacordar, desafinar, desentoar. *v. intr. ant.* Desacordar, discordar.

DESACORDONAR (dessacordonar) *v. tr.* Desatar, afrouxar ou tirar os cordões.

DESACORRALAR (dessacorralar) *v. tr.* Descurralar.

DESACOSTUMBRADAMENTE (dessacostumbradamente) *adv.* Desacostumadamente.

DESACOSTUMBRADO, A (dessacostumbrado) *p. p.* de *Desacostumbrar*. *adj.* Desacostumado, raro, insólito.

DESACOSTUMBRAR (dessacostumbrar) *v. tr.* Desacostumar. U. t. c. pron.

DESACOTAR (dessacotar) *v. tr.* Descontar. Rescindir, desacordar. *fig.* Repelir, não admitir.

DESACOTO (dessacoto) *s. m.* Ação de descontar.

DESACUARTELAMIENTO (dessacuartelamiento) *s. m.* Ação de DESACUARTELAR.

DESACUARTELAR (dessacuartelar) *v. tr.* Desaquartelar.

DESACUERDO (dessacuerdo) *s. m.* Desacordo, dissentimento, divergência, desconformidade. Erro, equívoco, desacerto. Esquecimento, falta de memória. Desacordo, desfalecimento, desmaio.

DESACUÑADOR (dessacunhador) *s. m. Impr.* Desapertador.

DESACUÑAR (dessacunhar) *v. tr.* Desacunhar. Tirar o cunho.

DESACUÑE (dessacunhe) *s. m.* Ação de desacunhar. Ação de tirar o cunho.

DESADEREZADAMENTE (dessadereçadamente) *adv.* Desarranjadamente, desalinhadamente.

DESADEREZAR (dessadereçar) *v. tr.* Desarranjar, descompor, desalinhar, desadornar.

DESADEREZO (dessadereço) *s. m. Amer.* Desarranjo, desalinho, desadorno.

DESADEUDAR (dessadeudar) *v. tr.* Desendividar.

DESADOQUINAR (dessadoquinar) *v. tr.* Desempedrar, descalçar (uma rua, uma estrada etc.).

DESADUJAR (dessadujar) *v. tr. Náut.* Desembaraçar, desfazer as dobras (de um cabo, de uma vela).

DESADVERTIMIENTO (dessadvertimiento) *s. m.* Inadvertência.

DESADVERTIR (dessadvertir) *v. tr.* Não notar, não reparar, não fixar a atenção numa coisa.

DESAFECCIÓN (dessafección) *s. f.* Desafeição, desafeto, desamor. Hostilidade, malquerença.

DESAFECTO (dessafecto) *adj.* Desafeto, desafeiçoado, adverso. *s. m.* Desafeto, malquerença.

DESAFEITADO, A (dessafeitado) *adj.* Desenfeitado, desataviado.

DESAFEITE (dessafeite) *s. m.* Desatavio. Desalinho.

DESAFIADERO (dessafiadero) *s. m.* Lugar retirado onde tinham lugar os duelos.

DESAFIANZAR (dessafiançar) *v. tr.* Retirar a fiança.

DESAFICIÓN (dessaficiòn) *s. f.* Desafeição, desafeto, desamor.

DESAFICIONADAMENTE (dessaficionadamente) *adv.* Desafeiçoadamente.

DESAFICIONAR (dessaficionar) *v. tr.* Desafeiçoar (tirar a afeição). U. t. c. pron.

DESAFIJAR (dessafijar) *v. tr.* Não reconhecer como filho. Desafixar.

DESAFILAR (dessafilar) *v. tr.* Embotar, desafiar. *v. pron.* Embotar-se, perder o fio.

DESAFINACIÓN (dessafinaciòn) *s. f.* Desafinação.

DESAFORO (dessaforo) *s. m. Juris.* Desaforamento.

DESAFUERO (dessafuero) *s. m.* Desaforo. Desaforamento.

DESAFORRAR (dessaforrar) *v. tr.* Desforrar (tirar o forro a).

DESAGRACIADO, A (dessagraciado) *adj.* Desengraçado.

DESAGRACIAR (dessagraciar) *v. tr.* Desengraçar.

DESAGRADABLE (dessagradable) *adj.* Desagradável.

DESAGRADABLEMENTE (dessagradablemente) *adj.* Desagradavelmente.

DESAGRADECIMIENTO (dessagradecimiento) *s. m.* Desagradecimento, ingratidão.

DESAGRAVIADOR, A (dessagraviador) *adj.* Desagravador.

DESAGRAVIAMIENTO (dessagraviamiento) *s. m. ant.* V. DESAGRAVIO.

DESAGRAVIAR (dessagraviar) *v. tr.* Desagravar. U. t. c. pron.

DESAGRAVIO (dessagravio) *s. m.* Desagravo.

DESAGREGABLE (dessagregable) *adj.* Desagregável.

DESAGREGACIÓN (dessagregaciòn) *s. f.* Desagregação.

DESAGRIAR (dessagriar) *v. tr.* Desacidificar. *fig.* Adoçar, suavizar, abrandar. *fig.* Desenfadar, desanojar, desagastar.

DESAGUADERO (dessaguadero) *s. m.* Desaguadouro, sangradouro. *fig.* Motivo de contínua despesa.

DESAGUADO, A (dessaguado) *adj. e p. p. de* Desaguar. Desaguado. *Amer.* V. DESABORIDO.

DESAGUAMIENTO (dessaguamiento) *s. m.* V. DESAGÜE.

DESAGUAZAR (dessaguaçar) *v. tr.* Desaguar, esgotar (tirar a água).

DESAGÜE (dessagüe) *s. m.* Desaguamento. Desaguadouro.

DESAHERROJAR (dessaerrojar) *v. tr.* Desagrilhoar, tirar os ferros a alguém.

DESAHIJAR (dessaïjar) *v. tr. Vet.* Desafilhar. *v. pron.* Desfilhar-se (uma colmeia).

DESAHITARSE (dessaïtarse) *v. pron.* Ficar curado da indigestão.

DESAHOGADAMENTE (dessaogadamente) *adv.* Desafogadamente.

DESAHOGADO, A (dessaogado) *p. p. de* Desahogar. Desafogado. *adj.* Descarado, desavergonhado.

DESAHOGAR (dessaogar) *v. tr.* Desafogar, aliviar. U. t. c. pron. *v. pron.* Aliviar-se (do calor). Desafogar-se, desendividar-se. Desabafar, desafogar, abrir o coração.

DESAHOGO (dessaogo) *s. m.* Desafogo, desembaraço, franqueza, folga, alívio, abastança. *Vivir con —, loc. fig.* Viver desafogadamente.

DESAHUCIADAMENTE (dessaüciadamente) *adv.* Desesperadamente, desesperançadamente.

DESAHUCIAR (dessaüciar) *v. tr.* Desesperar, descorçoar, desanimar. U. t. c. pron. Desenganar, declarar incurável. Despedir, despejar (um inquilino).

DESAHUCIO (dessaúcio) *s. m.* Despejo (um inquilino). Desespero, descoroçoamento.

DESAHUMAR (dessaümar) *v. tr.* Tirar o fumo de uma coisa ou lugar.

DESAIRADAMENTE (dessairadamente) *adv.* Desairosamente.

DESAIRADO (dessairado) *p. p. de* Desairar. Desairado. *adj.* Desairoso.

DESAISLARSE (dessaislarse) *v. pron.* Cessar de estar isolado.

DESALABANZA (dessalabança) *s. f.* Desgabo, vitupério, crítica, menosprezo.

DESALABAR (dessalabar) *v. tr.* Deslouvar, desgabar, vilipendiar, depreciar, criticar, censurar.

DESALABEAR (dessalabear) *v. tr. Carp.* Aplainar. *Carp.* Desempenar.

DESALABEO (dessalabèo) *s. m. Carp.* Desempeno. *Carp.* Aplainamento.

DESALADAMENTE (dessaladamente) *adv. fig.* Ansiosamente, sofregamente. *fig.* Apressadamente.

DESALADO, A (dessalado) *adj. e p. p. de* Desalar. Desasado; dessalgado. Ansioso, acelerado. Desalado (sem asas).

DESALAR (dessalar) *v. tr.* Dessalgar. Desasar. *v. pron.* Apressar-se; afanar-se, ansiar, precipitar-se.

DESALAZÓN (dessalaçòn) *s. f.* Dessalgação.

DESALHAJADO, A (dessalajado) *p. p. de* Desalhajar. *adj.* Desmobilado, desalfaiado, desguarnecido. Desprovido, falto do necessário.

DESALHAJAR (dessalajar) *v. tr.* Desalfaiar, desmobiliar, desguarnecer.

DESALIENTO (dessaliento) *s. m.* Desalento, desânimo, abatimento.

DESALIÑADAMENTE (dessalinhadamente) *adv.* Desalinhadamente, negligentemente.

DESALIÑADO, A (dessalinhado) *adj. e p. p. de* Desaliñar. Desalinhado, negligente, descuidado.

DESALIÑAR (dessalinhar) *v. tr.* Desalinhar, desarranjar, desataviar, desordenar, descompor.

DESALINEACIÓN (dessalineaciòn) *s. f.* Desalinho (falta de alinhamento).

DESALINEAR (dessalinear) *v. tr.* Desalinhar, desviar do alinhamento ou linha reta.

DESALIÑO (dessalinho) *s. m.* Desalinho, desarranjo, desleixo, negligência, desconserto, desmazelo, falta de asseio, falta de compostura.

DESALIVACIÓN (dessalivaciòn) *s. f.* Salivação.

DESALIVAR (dessalivar) *v. tr.* Salivar.

DESALMACENAR (dessalmacenar) *v. tr.* Desarmazenar.

DESALMAMIENTO (dessalmamiento) *s. m.* Perversidade, crueldade, desumanidade, malvadez, desalmamento.

DESALMAR (dessalmar) *v. tr. fig.* Ansiar, desejar com ânsia, arder. U. t. c. pron. *ant.* Desanimar, desalentar.

DESALMENADO, A (dessalmenado) *p. p. de* Desalmenar. *adj.* Sem ameias. *fig.* Desadornado, desenfeitado.

DESALMENAR (dessalmenar) *v. tr.* Tirar as ameias.

DESALMIDONAR (dessalmidonar) *v. tr.* Desengomar.

DESALOJAMIENTO (dessalojamiento) *s. m.* Desalojamento.

DESALOJO (dessalojo) *s. m.* V. DESALOJAMIENTO.

DESALQUILAR (dessalquilar) *v. tr.* Desalugar. *v. pron.* Desalugar-se.

DESALUMBRADAMENTE (dessalumbradamente) *adv.* Deslumbradamente; erradamente, ofuscadamente, desacertadamente.

DESALUMBRADO, A (dessalumbrado) *adj.* Desacertado, desatinado, desconcertado.

DESALUMBRAMIENTO (dessalumbramiento) *s. m.* Deslumbramento, cegueira; desatino.

DESAMAR (dessamar) *v. tr.* Deixar de amar, aborrecer, querer mal, odiar.

DESAMARRE (dessamarre) *s. m.* Ação de desamarrar.

DESAMASADO, A (dessamassado) *adj.* Desfeito, desunido, dissolvido.

DESAMELGAMIENTO (dessamelgamiento) *s. m. Agr.* Afolhamento.

DESAMELGAR (dessamelgar) *v. tr. Agr.* Afolhar, intercalar as culturas.

DESAMISTARSE (dessamistarse) *v. pron.* Inimizar-se.

DESAMOBLAR (dessamoblar) *v. tr.* V. DESAMUEBLAR. *Irreg.* V. conj. de *Almorzar.*

DESAMONTONAR (dessamontonar) *v. tr.* Desamontoar.

DESAMORAR (dessamorar) *v. tr.* Desafeiçoar, fazer perder o amor.

DESAMORRAR (dessamorrar) *v. tr. fam.* Desamuar, desenfadar.

DESAMORTAJAR (dessamortajar) *v. tr.* Desamortalhar.

DESAMUEBLAR (dessamueblar) *v. tr.* Desmobilar.

DESANCLAR (dessanclar) *s. tr. Náut.* Desancorar.

DESANDADURA (dessandadura) *s. f.* Desandamento, retrocedimento.

DESANDAR (dessandar) *v. tr.* Desandar, retroceder. *Irreg.* V. conj. de *Andar.*

DESANDRAJADO, A (dessadrajado) *adj.* Andrajoso, esfarrapado.

DESANEJARSE (dessanejarse) *v. pron.* Transformar-se, mudar-se, virar-se em.

DESANGRAMIENTO (dessangramiento) *s. m.* Dessangramento.

DESANGRAR (dessangrar) *v. tr.* Dessangrar. *fig.* Desaguar, esgotar, dessangrar. *fig.* Sangrar, extorquir bens, consumir insensivelmente a fazenda de alguém. *v. pron.* Dessangrar-se, esvair-se.

DESANGRE (dessangre) *s. m. Amer. colomb.* V. DESANGRAMIENTO.

DESANIDAR (dessanidar) *v. intr.* Abandonar (as aves) o ninho. *v. tr. fig.* Desaninhar, deslocar, desalojar.

DESANIMACIÓN (dessanimaciòn) *s. f.* Desanimação, desânimo, esmorecimento, frieza.

DESANTAÑARSE (dessantanharse) *v. pron. fam. joc.* Remoçar, fazer-se jovem.

DESANUBLAR (dessanublar) *v. tr.* Desanuviar; dessassombrar, serenar. U. t. c. pron. *fig.* Desanuviar, esclarecer.

DESANUDADURA (dessanhudadura) *s. f.* Desatadura, desatamento.

DESANUDAMIENTO (dessanudamiento) *s. m.* V. DESANUDAMIENTO.

DESAÑUDAMIENTO (dessanhudamiento) *s. m.* V. DESANUDAMIENTO.

DESANUDAR (dessanudar) *v. tr.* Desatar, desdar um nó. *fig.* Desatar, resolver, explicar, decidir.

DESAÑUDAR (dessanhudar) *v. tr.* V. DESANUDAR.

DESAOJAR (dessaojar) *v. tr.* Destruir o mau olhado.

DESAPACIBILIDAD (dessapacibilidad) *s. f.* Qualidade de desagradável.

DESAPACIBLE (dessapacible) *adj.* Desagradável, enfadonho, que desgosta, áspero.

DESAPACIBLEMENTE (dessapaciblemente) *adv.* Desagradavelmente, enfadonhamente.

DESAPADRINAR (dessapadrinar) *v. tr.* Desaprovar, reprovar.

DESAPAREAR (dessaparear) *v. tr.* Desemparelhar.

DESAPARECIMIENTO (dessaparecimiento) *s. m.* Desaparecimento.

DESAPAREJAR (dessaparejar) *v. tr.* Desarrear, desaparelhar. *Náut.* Desaparelhar; maltratar o aparelho.

DESAPARICIÓN (dessapariciòn) *s. f.* Desaparição, desaparecimento.

DESAPASIONADAMENTE (dessapassionadamente) *adv.* Desapaixonadamente, desinteressadamente, imparcialmente.

DESAPASIONADO, A (dessapassionado) *p. p. de Desapasionar.* Desapaixonado. *adj.* Imparcial, desinteressado.

DESAPASIONAR (dessapassionar) *v. tr.* Desapaixonar.

DESAPERCIBIDAMENTE (dessapercibidamente) *adv.* Desapercebidamente, descuidadamente. Subitamente.

DESAPERCIBIDO, A (dessapercibido) *adj.* Desapercebido, desprevenido, desacautelado. Desprovido, desguarnecido.

DESAPERCIBIRSE (dessapercibise) *v. pron.* Desaperceber-se, desprevenir-se, descuidar-se, desprover-se.

DESAPERCIBIMIENTO (dessapercibimiento) *s. m.* Desapercebimento.

DESAPESTAR (dessapestar) *v. tr.* Desempestar, desinfeccionar.

DESAPETITO (dessapetito) *s. m.* Aversão, falta de propensão para uma coisa.

DESAPIADADAMENTE (dessapiedadamente) *adv.* Desapiedadamente.

DESAPIADADO, A (dessapiedado) *adj.* Desapiedado, cruel, desumano.

DESAPIADARSE (dessapiedarse) *adj.* Desapiedar-se.

DESAPLACER (dessaplacer) *v. tr.* Desaprazer, desagradar, desgostar.

DESAPLACIBLE (dessaplacible) *adj.* Desaprazível.

DESAPLICACIÓN (dessaplicación) *s. m.* Desaplicação, negligência, ociosidade.

DESAPLOMAR (dessaplomar) *v. tr.* Desaprumar. U. m. c. pron.

DESAPOLILLAR (dessapolilhar) *v. tr.* Tirar a traça (da roupa, do papel etc.). *v. pron. fig. fam.* Tomar o fresco, arejar-se; sair de casa em dia muito ventoso.

DESAPORCAR (dessaporcar) *v. tr.* *Agr.* Desapolcar.

DESAPOSENTAR (dessaposentar) *v. tr.* Desalojar, despejar. Desaposentar. *fig.* Afastar, apartar de si.

DESAPOSESIONAR (dessapossessionar) *v. tr.* Desapossar, despojar.

DESAPOYAR (dessapodjar) *v. tr.* Desapoiar.

DESAPRENSAR (dessaprensar) *v. tr.* Desimprensar. *fig.* Desapressar, desembaraçar, desapertar.

DESAPRENSIÓN (dessaprensiòn) *s. f.* Descaramento, indelicadeza, desavergonhado.

DESAPRENSIVO, A (dessaprensivo) *adj.* Descarado, desavergonhado, indelicado.

DESAPRETAR (dessapretar) *v. tr.* Desaportar, alargar, afrouxar, desafivelar, desabotoar. *fig. ant.* Desapertar, livrar de dificuldade. *Irreg.* V. conj. de *Calentar.*

DESAPRISIONAR (dessaprissionar) *v. tr.* Soltar, desprender. *v. pron. fig.* Sair para fora, mostrar-se, desenterrar-se.

DESAPROBACIÓN (dessaprobaciòn) *s. f.* Desaprovação, reprovação, censura.

DESAPROBADOR, A (dessaprobador) *adj.* Desaprovador. U. t. c. s.

DESAPROBAR (dessaprobar) *v. tr.* Desaprovar, reprovar; censurar. *Irreg.* V. conj. de *Almorzar.*

DESAPROPIACIÓN (dessapropiaciòn) *s. f.* V. DESAPROPIAMIENTO.

DESAPROPIAMIENTO (dessapropiamiento) *s. m.* Desapropriação, desapropriamento.

DESAPROPIAR (dessapropiar) *v. tr.* Desapropriar. *v. pron.* Desapossar-se, privar-se, despojar-se.

DESAPROPIO (dessapropio) *s. m.* V. DESAPROPIAMIENTO.

DESAPROVECHADAMENTE (dessaprovetchadamente) *adj.* Desaproveitadamente.

DESAPROVECHADO, A (dessaprovetchado) *p. p. de Desaprovechar. adj.* Desaproveitado. Baldado, infrutuoso, inútil. U. t. c. s.

DESAPROVECHAMIENTO (dessaprovetchamiento) *s. m.* Desaproveitamento, desperdício, atraso.

DESAPROVECHAR (dessaprovetchar) *v. tr.* Desaproveitar, desperdiçar. *v. intr.* Retrogradar, perder o aproveitado.

DESAPUNTALAR (dessapuntalar) *v. tr.* *Constr.* Tirar os pontaletes que sustêm um edifício.

DESAPUNTAR (dessapuntar) *v. tr.* Descoser, desfazer a costura. Desapontar (apontar mal, tirar da pontaria). Riscar as faltas de presença dos membros do coro de uma catedral.

DESAQUELLARSE (dessaquelharse) *v. pron. fam.* Descoroçoar-se, desanimar-se.

DESARBOLAR (dessarbolar) *v. tr.* *Náut.* Desarvorar.

DESARBOLO (dessarbolo) *s. m.* *Náut.* Desarvoramento.

DESARENAR (dessarenar) *v. tr.* Desarear.

DESARENO (dessareno) *s. m.* Ação de desarear.

DESARMADOR (dessarmador) *s. m.* Gatilho, desarmador.

DESARMADURA (dessarmadura) *s. f.* Desarmação.

DESARMAMIENTO (dessarmamiento) *s. m.* Desarmamento.

DESARME (dessarme) *s. m.* V. DESARMAMIENTO.

DESARMONIZAR (dessarmoniçar) *v. tr.* Desarmonizar.

DESARRAIGABLE (dessarraigable) *adj.* Desarraigável.

DESARRAIGO (dessarraigo) *s. m.* Desarreigamento, desarraigamento.

DESARRAJAR (dessarrajar) *v. tr.* *Amer. chil.* Partir, quebrar; despedaçar.

DESARRANCARSE (dessarrancarse) *v. pron.* Desertar, debandar (os membros de uma coletividade).

DESARRAPADO, A (dessarrapado) *adj.* Esfarrapado, andrajoso.

DESARREBOZADAMENTE (dessarreboçadamente) *adv.* Desembuçadamente.

DESARREBOZAR (dessarreboçar) *v. tr.* Desembuçar. U. t. c. pron. *fig.* Desembuçar, mostrar, patentear.

DESARREBUJAR (dessarrebujar) *v. tr.* Desemaranhar, desembaraçar, desenredar.

DESARREGLADAMENTE (dessarregladamente) *adv.* Desarrumadamente, desregradamente, desordenadamente.

DESARREGLADO, A (dessarreglado) *p. p. de Desarreglar. adj.* Desregrado, desordenado.

DESARREGLADOR, A (dessarreglador) *adj.* Desordenador, desregrador, desarrumador. U. t. c. s.

DESARREGLAR (dessarreglar) *v. tr.* Desregrar, desordenar, desarranjar, desarrumar, transtornar, descompor.

DESARREGLO (dessarreglo) *s. m.* Desarranjo, desordem, desconserto, transtorno, desregramento.

DESARRENDAMIENTO (dessarrendamiento) *s. m.* Ação de dar por findo o arrendamento.

DESARRENDAR (dessarrendar) *v. tr.* Desenfrear (a cavalgadura). U. t. c. pron. Dar por findo o arrendamento. *Irreg.* V. conj. de *Calentar.*

DESARRINCONAR (dessarrinconar) *v. tr.* Publicar, apregoar, revelar.

DESARROLLABLE (dessarrolhable) *adj.* Desenrolável. Desenvolvível.

DESARROLLADOR, A (dessarrolhador) *adj.* Que desenrola. Que desenvolve.

DESARROLLAR (dessarrolhar) *v. tr.* Desenrolar, desenvolver, estender. Desenvolver, crescer, aumentar, propagar, progredir, expor; germinar. *Fot.* Revelar.

DESARROLLO (dessarrolho) *s. m.* Desenvolvimento. Desenrolamento.

DESARROPADO, A (dessarropado) *p. p. de Desarropar. adj.* Desarroupado, nu, despojado.

DESARROPAR (dessarropar) *v. tr.* Desenroupar, despir.

DESARRUGADURA (dessarrugadura) *s. f.* Dessarrugamento.

DESARRUMAZÓN (dessarrumaçòn) *s. f. Náut.* Ação de desfazer a estiva.

DESARRUMAR (dessarrumar) *v. tr. Náut.* Dessarrimar, desfazer a estiva.

DESARTICULACIÓN (dessarticulaciòn) *s. f.* Desarticulação.

DESARTILLAR (dessartilhar) *v. tr.* Desartilhar, desguarnecer.

DESARZONAR (dessarçonar) *v. tr.* Desmontar (fazer que o cavaleiro salte da sela).

DESASADO, A (dessassado) *adj.* Sem asas ou alças (diz-se de vasilhas).

DESASAR (dessassar) *v. tr.* Quebrar ou tirar as asas ou alças (das vasilhas).

DESASEADAMENTE (dessasseadamente) *adv.* Sem asseio; desalinhadamente; sem compostura.

DESASEADO, A (dessasseado) *p. p. de Desasear. adj.* Desasseado, sujo, desalinhado, descomposto.

DESASEAR (dessassear) *v. tr.* Desassear, sujar, desalinhar, descompor.

DESASENTAR (dessassentar) *v. tr.* Desagradar, enfadar, desgostar. *v. pron.* Levantar-se do assento. *Irreg.* V. conj. de *Calentar.*

DESASEO (dessassèo) *s. m.* Desasseio, desalinho.

DESASIMIENTO (dessassimiento) *s. m.* Desatamento, desprendimento. *fig.* Desinteresse, generosidade, desprendimento, desapego.

DESASIMILACIÓN (dessassimilaciòn) *s. f.* Dessassimilação.

DESASIMILAR (dessassimilar) *v. tr.* Desassimilar.

DESASIR (dessassir) *v. tr.* Soltar, desprender, desatar, desligar, largar. U. t. c. pron. *v. pron. fig.* Desapegar-se, despegar-se, renunciar, livrar-se. *Irreg.* V. conj. de *Asir.*

DESASISTIR (dessassistir) *v. tr.* Desassistir, desamparar, desauxiliar.

DESASOCIAR (dessassociar) *v. tr.* Desassociar.

DESASOSEGADAMENTE (dessassossegadamente) *adv.* Desassossegadamente.

DESASOSEGADO, A (dessassossegado) *p. p. de Desasosegar. adj.* Desassossegado.

DESASOSEGAR (dessassossegar) *v. tr.* Desassossegar. *Irreg.* V. conj. de *Calentar.*

DESASOSIEGO (dessassossiego) *s. m.* Desassossego, inquietação, perturbação, agitação, intranqüilidade.

DESASISTAR (dessassistar) *v. tr. Amer. chil.* Descornar.

DESATALENTADO, A (dessatalentado) *adj.* Desconsertado, desatinado.

DESATANCAR (dessatancar) *v. tr.* Desentupir, desobstruir, limpar. *v. pron.* Desatascar-se.

DESATAR (dessatar) *v. tr.* Desatar, desfazer o nó, desprender, soltar. U. t. c. pron. *fig.* Diluir, dissolver, liquefazer, derreter. *fig.* Desatar, desfazer, esclarecer. *v. pron. fig.* Falar demasiado. *fig.* Desenfrear-se, desatar-se. *fig.* Desatar-se, perder a timidez. *fig.* Desencadear-se.

DESATE (dessate) *s. m. fig.* Desenfreamento. *fig.* Desembaraço, destorcimento. — *de vientre,* diarréia.

DESATENCIÓN (dessatención) *s. f.* Desatenção; descortesia, indelicadeza.

DESATENDIBLE (dessatendible) *adj.* Desatendível.

DESATENTADAMENTE (dessatentadamente) *adv.* Desatinadamente.

DESATENTADO, A (dessatentado) *p. p.* de *Desatentar. adj.* Desatinado. U. t. c. s. *adj.* Excessivo, rigoroso, desordenado.

DESATENTAR (dessatentar) *v. tr.* Desatinar. U. t. c. pron. *Irreg.* V. conj. de *Calentar.*

DESATERRAR (dessaterrar) *v. tr. Amer.* V. ESCOMBRAR. *Irreg.* V. conj. de *Calentar.*

DESATESORAR (dessatessorar) *v. tr.* Desentesourar.

DESATIENTO (dessatiento) *s. m.* Desatino, perturbação, delírio. Desassossego, inquietação.

DESATOLLAR (dessatolhar) *v. tr.* Desatolar, desatascar.

DESATOLONDRAR (dessatolondrar) *v. tr.* Desatordoar. *v. pron.* Recobrar os sentidos, voltar a si.

DESATONTARSE (dessatontarse) *v. pron.* Sair de atordoamento.

DESATORAR (dessatorar) *v. tr. Náut.* V. DESARRUMAR.

DESATRACADA (dessatracada) *s. f. Náut.* Desatracação.

DESATRAER (dessatraer) *v. tr.* Apartar, separar, distanciar. *Irreg.* V. conj. de *Traer.*

DESATRAILLAR (dessatrailhar) *v. tr.* Desatrelar.

DESATRAMPAR (dessatrampar) *v. tr.* Limpar, desobstruir, desembaraçar, desentupir.

DESATRANCAR (dessatrancar) *v. tr.* Destrancar, desatrancar. V. DESATRAMPAR.

DESATUFARSE (dessatufarse) *v. pron.* Livrar-se de vapores subidos à cabeça ou encerrados numa sala. *fig.* Desenfadar-se, desanojar-se, acalmar-se.

DESATUSAR (dessatussar) *v. tr.* Despentear, escabelar.

DESAUNADO, A (dessaunado) *adj.* Desavindo, desconforme.

DESAVAHADO, A (dessavaado) *p. p.* de *Desavahar. adj.* Desabafado; destapado, arejado, ventilado, desanuviado. *fig.* Solto, desembaraçado, desenvolto, desabafado.

DESAVAHAMIENTO (dessavaamiento) *s. m.* Desabafamento, desabafo; destapamento, arejamento.

DESAVAHAR (dessavaar) *v. tr.* Desabafar, destapar, arejar, ventilar. Deixar esfriar. *v. pron. fig.* Desabafar-se, expandir-se, desafogar-se; divertir-se.

DESAVASALLAR (dessavassalhar) *v. tr.* Libertar de vassalagem.

DESAVECINDADO, A (dessavecindado) *p. p.* de *Desavecindarse. adj.* Deserto, despovoado, desabitado.

DESAVECINDARSE (dessavecindarse) *v. pron.* Mudar de domicílio, ausentando-se de um lugar ou povoação.

DESAVENENCIA (dessavenencia) *s. f.* Desavença, oposição, discórdia, contrariedade.

DESAVENIDO, A (dessavenido) *p. p.* de *Desavenir. adj.* Desavindo, desacorde.

DESAVENIMIENTO (dessavenimiento) *s. m. ant.* V. DESAVENENCIA.

DESAVENIR (dessavenir) *v. tr.* Desavir, desconcordar, discordar. *Irreg.* V. conj. de *Venir.*

DESAVENTAJADAMENTE (dessaventajadamente) *adv.* Desvantajosamente.

DESAVENTAJADO, A (dessaventajado) *adj.* Desvantajoso, desavantajoso.

DESAVENTURA (dessaventura) *s. f.* Desventura, desdita.

DESAVENTURADAMENTE (dessaventuradamente) *adv.* Desventuradamente.

DESAYUDAR (dessadjudar) *v. tr.* Desajudar, estorvar, desfavorecer, desauxiliar, embaraçar.

DESAYUNADO, A (dessadjunado) *p. p.* de *Desayunar. adj.* Desjejuado, almoçado.

DESAYUNARSE (dessadjunarse) *v. pron.* Desjejuar-se, fazer a primeira refeição do dia, almoçar.

DESAYUNO (dessadjuno) *s. m.* Desjejum, primeira refeição do dia, almoço.

DESAYUSTAR (dessadjustar) *v. tr. Náut.* Desentrelaçar, desatar (os cabos).

DESAZÓN (dessaçòn) *s. f.* Insipidez. *Agr.* Intempérie. *fig.* Dissabor, desgosto, pesar, enfado. *fig.* Inquietação, desassossego, indisposição, mal-estar.

DESAZONADAMENTE (dessaçonadamente) *adv.* Insipidamente. *ant.* Fora de tempo.

DESAZONADO, A (dessaçonado) *p. p.* de *Desazonar. adj. Agr.* Diz-se da terra que está em má disposição para algum fim. *fig.* Desgostado, indisposto.

DESAZONAR (dessaçonar) *v. tr.* Dessazonar, destemperar. Enfadar, desgostar, indispor. *v. pron. fig.* Indispor-se, ficar indisposto (de saúde).

DESAZUFRAMIENTO (dessaçuframiento) *s. m. Quím.* Desenxoframento.

DESAZUFRAR (dessaçufrar) *v. tr. Quím.* Desenxofrar.

DESBAGAR *v. tr.* Desbagoar, esbagoar.

DESBALAGAR *v. tr.* Desaguar, descarregar.

DESBANDADA *s. f.* Debandada. Deserção. *A la* —, em debandada, em dispersão, em desordem.

DESBANDARSE *v. pron.* Debandar-se, desordenar-se, dispersar-se, espalhar-se. Debandar, desertar.

DESBANDE *s. m. Amer.* V. DESBANDADA.

DESBARAHUSTAR (desbaraustar) *v. tr.* V. DESBARAJUSTAR.

DESBARAHUSTE (desbarauste) *s. m.* V. DESBARAJUSTE.

DESBARAJUSTAR (desbarajustar) *v. tr.* Desordenar, desarranjar, desconsertar, confundir.

DESBARAJUSTE (desbarajuste) *s. m.* Desordem, desarranjo, desconserto, confusão.

DESBARBADURA *s. f.* Desbarbamento.

DESBARBILLAR (desbarbilhar) *v. tr. Agr.* Desbarbar.

DESBARNIZAR (desbarniçar) *v. tr.* Desenvernizar.

DESBARRANCADERO *s. m. Amer.* Despenhadeiro, precipício.

DESBARRANCAR *v. tr. Amer.* Despenhar, precipitar. U. t. c. pron.

DESBARRAR *v. intr.* Atirar a barra com toda a força. Deslizar-se, escorregar. *fig.* Discorrer ou proceder desatinadamente.

DESBARRETAR *v. tr.* Desbarrar (tirar o barro).

DESBARRO *s. m.* Deslize, deslizamento, tropeço, engano.

DESBASTADURA *s. f.* Desbastamento.

DESBASTECIDO, A *adj.* Desprovido.

DESBAUTIZAR (desbautiçar) *v. tr. ant.* Desbatizar (tirar ou mudar o nome). *v. pron. fig. fam.* Irritar-se, encolerizar-se, impacientar-se.

DESBAZADERO (desbaçadero) *s. f.* Lugar úmido e escorregadio.

DESBECERRAR *v. tr.* Desmamar os bezerros.

DESBEZAR (desbeçar) *v. tr.* Desmamar.

DESBISAGRARSE (desbissagrar-se) *v. pron. fig.* Desaprumar-se, cair.

DESBLANQUECIDO, A *adj.* V. BLANQUECINO.

DESBLANQUIÑADO, A (desblanquinhado) *adj.* V. BLANQUECINO.

DESBONETARSE *v. pron. fam.* Desbarretar-se.

DESBOQUILLAR (desboquilhar) *v. tr.* Tirar ou quebrar o bocal ou embocadura de alguma coisa.

DESBORDAMIENTO *s. m.* Desbordo, transbordamento.

DESBORDE *s. m. Amer.* V. DESBORDAMIENTO.

DESBRAGADO, A *adj.* Esfarrapado, farroupilha, andrajoso.

DESBRAVEAR *v. tr.* Esbravejar, bravatear. *fig.* Recrudescer (o furacão).

DESBRAZARSE (desbraçarse) *v. pron.* Bracejar.

DESBREVARSE *v. pron.* Enfraquecer, perder a força (o vinho ou outra coisa).

DESBRIZNAR *v. tr.* Esmiuçar, esmigalhar. Desfibrar certos legumes. Tirar os estames da flor do açafrão.

DESBROCE *s. m.* V. DESBROZO.

DESBROTAR *v. tr. Amer.* V. DESPIMPOLLAR.

DESBROZAR (desbroçar) *v. tr.* Limpar o mato, roçar, capinar. *Agr.* Alqueivar.

DESBROZO (desbroço) *s. m.* Limpadura. V. BROZA.

DESBRUAR *v. tr.* Desengordurar (o tecido).

DESBRUJAR (desbrujar) *v. tr.* Desmoronar.

DESBUCHAR (desbutchar) *v. tr.* Desembuchar, desbuchar. V. DESAINAR.

DESBULLAR (desbulhar) *v. tr.* Despojar a ostra da concha.

DESCABALAR *v. tr.* Desemparelhar, deixar uma coisa incompleta.

DESCABALGADURA *s. f.* Descavalmento.

DESCABALGAR *v. tr.* Descavalgar.

DESCABELLADAMENTE (descabelhadamente) *adv.* Desordenadamente, desconsertadamente, desprorositadamente.

DESCABELLADO, A (descabelhado) *p. p.* de *Descabellar. adj.* Despenteado, descabelado, escabelado. *fig.* Desordenado, disparatado, despropositado. *fig.* Descabelado, absurdo.

DESCABELLAMIENTO (descabelhamiento) *s. m. fig.* Despropósito, desatino, disparate.

DESCABELLAR (descabelhar) *v. tr.* Escabelar, desgrenhar, despentear. U. t. c. pron. *Taurom.* Descabelar.

DESCABELLO (descabelho) *s. m. Taurom.* Descabelo.

DESCABESTRAR *v. tr.* Desencabrestar.

DESCABEZADAMENTE (descabeçadamente) *adv. fig.* V. DESCABELLADAMENTE.

DESCABEZADO, A (descabeçado) *p. p.* de *Descabezar. adj.* Descabeçado, desatinado, despropositado, desmiolado.

DESCABEZAMIENTO (descabeçamiento) *s. m.* Descabeçamento, decapitação.

DESCABEZAR (descabeçar) *v. tr.* Descabeçar, decapitar. *fig.* Descabeçar, despontar. Desfazer o recenseamento. *fig. fam.* Começar a vencer uma dificuldade. Dormir um instante. *v. intr.* Terminar, confinar. *fig. fam.* V. DECALABAZARSE.

DESCABRITAR *v. tr.* Desmamar os cabritos.

DESCABULLIRSE (descabulhirse) *v. pron.* V. ESCABULLIRSE. *Irreg.* V. conj. de *Mullir.*

DESCACHALANDRADO, A (descatchalandrado) *adj. Amer. centr.* Enxovalhado, dessarranjado, sujo.

DESCACHAR (descatchar) *v. tr. Amer.* V. DESASTAR.

DESCACHARADO, A (descatcharado) *adj. Amer. hond.* Andrajoso, esfarrapado, sujo.

DESCADERAR *v. tr.* Descadeirar, desancar, derrengar.

DESCADILLADOR (descadilhador) *s. m.* Cardador.

DESCADILLAR (descadilhar) *v. tr.* Cardar a lã.

DESCAECER *v. intr.* Descair, decair. *Irreg.* V. conj. de *Favorecer.*

DESCAECIMIENTO *s. m.* Fraqueza, debilidade, descaimento.

DESCAER *v. intr.* V. DECAER. *Irreg.* V. conj. de *Caer.*

DESCALABAZARSE (descalabaçarse) *v. pron. fig. fam.* Quebrar a cabeça, dar tratos à bola.

DESCALABRAR *v. tr.* Escalavrar, esfolar, arranhar. Danificar, prejudicar. Maltratar, bater.

DESCALANDRAJAR (descalandrajar) *v. tr.* Rasgar, despedaçar, espedaçar, esfarrapar (um tecido).

DESCALCAÑAR (descalcanhar) *v. tr.* Acalcanhar (entortar o tacão do calçado).

DESCALCAR *v. tr. Náut.* Tirar as estopas velhas das junturas.

DESCALCIFICACIÓN *s. f.* Descalcificação.

DESCALIFICACIÓN *s. f.* Desqualificação.

DESCALIFICAR *v. tr.* Desqualificar. Desautorizar. Inabilitar.

DESCALZAMIENTO (descalçamiento) *s. m.* Descalçadura. Escavação, escava.

DESCALZAR (descalçar) *v. tr.* Descalçar, tirar os sapatos. Descalçar, tirar o calço. Escovar, socavar. *v. pron.* Descalçar-se (perder o cavalo a ferradura).

DESCALZO, A (descalço) *adj.* Descalço, de pés nus. Descalço, desprevenido. *s. m.* Religioso descalço.

DESCAMACIÓN *s. f. Med.* Descamação.

DESCAMBIAR *v. tr.* Destrocar.

DESCAMINADAMENTE *adv.* Descaminhadamente. Erradamente, desacertadamente.

DESCAMINAR *v. tr.* Desencaminhar, descaminhar. U. t. c. pron. *fig.* Confiscar (as mercadorias de um contrabando).

DESCAMINO *s. m.* Descaminho, descaminhamento. Mercadoria de contrabando. *fig.* Desatino, loucura, erro, despropósito.

DESCAÑONAR (descanhonar) v. tr. Depenar (as aves). Escanhoar. fig. Depenar, espoliar.

DESCANSADERO s. m. Descansadeiro.

DESCANSILLO (descansilho) s. m. Patamar.

DESCANTAR v. tr. Desempedrar, livrar de pedras.

DESCANTEAR v. tr. Tirar os ângulos ou cantos.

DESCANTERAR v. tr. Tirar ou cortar os cantos de alguma coisa, especialmente do pão.

DESCANTILLAR (descantilhar) v. tr. Quebrar os ângulos ou arestas de alguma coisa. fig. Desfalcar.

DESCANTILLÓN (descantilhòn) s. m. V. ES-CANTILLÓN.

DESCANTONAR v. tr. V. DESCANTILLAR.

DESCAPERUZAR (descaperuçar) v. tr. Desca-rapuçar, desbarretar.

DESCAPILLAR (descapilhar) v. tr. Tirar o capuz.

DESCARAMIENTO s. m. Descaramento, desca-ro, impudência, desfaçatez.

DESCARBURAR v. tr. Quím. Descarbonizar.

DESCARGADERO s. m. Descarregadouro.

DESCARGADO, A p. p. de Descargar. Descarre-gado. Vet. Esgalgado.

DESCARGADOR, A adj. e s. Descarregador.

DESCARGADURA s. f. Parte de osso que o açougueiro tira em benefício do comprador.

DESCARGAR v. tr. Descarregar (em todas as principais acepções deste vocábulo).

DESCARGO s. m. Descarregamento. Descarga. Descargo.

DESCARGUE s. m. Descarga, descarregamento.

DESCARIÑARSE (descarinharse) v. pron. Desa-feiçoar-se.

DESCARIÑO (descarinho) s. m. Desafeição, des-carinho.

DESCARNADA s. f. fig. A morte.

DESCARNADAMENTE adv. Cruamente, seca-mente, sem eufemismos.

DESCARNAR v. tr. Descarnar. fig. Desfalcar, desemparelhar. fig. Descarnar, desapegar, desa-feiçoar dos apetites mundanos. v. intr. Baixar muito a água do mar na maré vazante.

DESCARO s. m. Descaramento, descaro, impudor, atrevimento, desavergonhadamente.

DESCAROZADO, A (descaroçado) adj. Amer. Descaroçado. s. m. Amer. Passa de pêssego.

DESCARRETILLAR (descarretilhar) v. tr. Amer. V. DESQUIJARAR.

DESCARRIAR v. tr. Descarriar. Descaminhar, descarreirar. Aportar (reses do rebanho). v. pron. Extraviar-se, desencaminhar-se.

DESCARRILADURA s. f. V. DESCARRILA-MIENTO.

DESCARRILAMIENTO s. m. Descarrilamento.

DESCARRILLAR v. intr. Descarrilar, descarril-har. fig. fam. Descarrilar, perder o tino, disparatar, desorientar-se.

DESCARRILAR (descarrilhar) v. tr. Desman-dibular. Quebrar os queixos.

DESCARRÍO s. m. Descaminho, extravio. Desvio. fig. Delírio.

DESCASAMIENTO (descassamiento) s. m. Des-casamento.

DESCASCAR v. tr. V. DESCASCARAR. v. pron. Partir-se em caco, despedaçar-se. fig. Falar muito e descomedidamente.

DESCASCARAR v. tr. Descascar. v. pron. Soltar, perder a casca, descascar-se.

DESCASCARAMIENTO s. m. Descascadura, descascamento.

DESCASTADAMENTE adv. Ingratamente, des-naturadamente.

DESCASTADO, A adj. Desnaturado, ingrato.

DESCASTAR v. tr. Acabar com uma casta de ani-mais. v. pron. Desafeiçoar-se dos pais, renegá-los.

DESCATADO, A adj. ant. Distraído, descuidado.

DESCENDER v. tr. Descer, baixar, cair, descender. Descender, provir. Náut. Descer, navegar de norte a sul. Irreg. V. conj. de Extender.

DESCENDIENTE s. m. Descendente.

DESCENDIMIENTO s. m. Descida, descenso, descendimento.

DESCENDIR v. intr. Descender.

DESCEÑIDO, A (descenhido) p. p. de Desceñir. adj. Descingido.

DESCEÑIR (descenhir) v. tr. Descingir. Irreg. V. conj. de Ceñir.

DESCENSIÓN s. f. Descensão, descenso.

DESCENTRACIÓN s. f. Descentração.

DESCEREZADOR (descereçador) s. m. Descas-cadora (de café).

DESCEREZAR (descereçar) v. tr. Descascar (o café).

DESCERRAJADURA (descerrajadura) s. f. Arrombamento de fechadura.

DESCERRAJAR (descerrajar) v.tr. Arrombar, arrancar ou arrebentar a fechadura. fig. fam. Descarregar, disparar (uma arma de fogo).

DESCERVIGAMIENTO s. m. Ação de torcer o pescoço.

DESCERVIGAR v. tr. Torcer o pescoço.

DESCHUPONAR (destchuponar) v. tr. Agr. Tirar da árvore os brotos prejudiciais.

DESCIFRABLE adj. Decifrável.

DESCIFRAR v. tr. Decifrar.

DESCIMBRAMIENTO s. m. Arq. Descimbra-mento.

DESCINCHAR (descintchar) v. tr. Tirar a cincha a, desencilhar.

DESCINTO, A p. p. Irreg. de Desceñir. Descin-gido.

DESCLAVAR v. tr. Despregar, arrancar os pregos. fig. Descravar (uma pedra preciosa), descravejar.

DESCLAVIJAR (desclavijar) v. tr. Tirar as cavilhas.

DESCOBAJAR (descobajar) v. tr. Desbagoar, desengaçar (a uva).

DESCOBIJAR (descobijar) v. tr. Descobrir, desabrigar, destapar.

DESCOCADO, A p. p. de Descocar e Descocarse. adj. fam. Descocado, descarado, insolente, impu-dico, desavergonhado. s. m. Amer. V. DES-CAROZADO.

DESCOCAR v. tr. Limpar de lagartas as plantas. v. pron. Descocar-se, descarar-se, desbriar-se, desa-vergonhar-se, atrever-se.

DESCOCAMIENTO s. m. Descoco, descaramen-to, atrevimento.

DESCOCEDURA s. f. Digestão.

DESCOCER v. tr. Digerir. Irreg. V. conj. de Moler.

DESCOGER (descojer) v. tr. Largar, soltar, desprender, desembrulhar, estender, desdobrar, desenrolar.

DESCOGOLLAR (descogolhar) v. tr. Agr. Desfolhar, tirar os rebentos prejudiciais ou inúteis.

DESCOGOTADO, A adj. fam. Que tem o cachaço descoberto e rapado.

DESCOLAR v. tr. Decaudar, derrabar. Amer. mexic. Desprezar, não levar em conta.

DESCOLCHAR (descoltchar) v. tr. Náut. Des-cochar, destorcer (cabos).

DESCOLGAR v. tr. Despendurar, descolgar. Arriar, abaixar, largar gradualmente. Desadornar, desguarnecer, despojar. v. pron. Descer ou escor-regar por uma corda. fig. Despencar-se, ir descen-do de lugar alto, precipitar-se, despenhar-se. fig. fam. Surgir inesperadamente uma pessoa. Irreg. V. conj. de Almorzar.

DESCOLLADAMENTE (descolhadamente) adv. Autoritariamente, altivamente; livremente; de-sembaraçadamente.

DESCOLLAMIENTO (descolhamento) s. m. V. DESCUELLO.

DESCOLLAR (descolhar) v. intr. Sobressair, exceder, sobrepujar, sobrelevar, avantajar-se, destacar-se. U. t. c. pron. Irreg. V. conj. de Al-morzar.

DESCOLMAR v. tr. fig. Diminuir, minguar. Arrasar (emparelhar com rasoura).

DESCOLMILLAR (descolmilhar) v. tr. Tirar ou quebrar os dentes caninos.

DESCOLÓN s. m. Amer. mexic. Desaire.

DESCOLORAMIENTO s. m. Descoloração.

DESCOLORAR v. tr. Descolorir, descolorar, des-botar, descorar.

DESCOMBRAR v. tr. Desentulhar, despejar, limpar. fig. Desembaraçar, desobstruir, desim-pedir.

DESCOMBRO s. m. Desentulho.

DESCOMEDIMIENTO s. m. Descomedimento; excesso; desacato; desatenção; descortesia.

DESCOMODIDAD (descomodidad) s. f. Desco-modidade, incômodo, descômodo.

DESCOMPAGINAR (descompajinar) v. tr. Des-compor, desordenar, desconcertar.

DESCOMPÁS s. m. Descompasso, irregularidade. Excesso, demasia.

DESCOMPASADAMENTE (descompassada-mente) adv. Descompassadamente. Descomedi-damente.

DESCOMPASADO, A (descompassado) adj. Descompassado.

DESCOMPASAR (descompassar) v. tr. Descom-passar. v. pron. Descompassar-se, descomedir-se.

DESCOMPLACER v. tr. Desagradar, desgostar, desprazer.

DESCOMPLETAR v. tr. V. DESCABALAR.

DESCOMPONER v. tr. Descompor, desordenar, desarranjar. U. t. c. pron. Descompor. fig. Inimizar, decompadrar. v. pron. Decompor-se, apodrecer, corromper-se. V. DESAZONARSE. fig. Descompor-se, descomedir-se, encolerizar-se, alterar-se. Irreg. V. conj. de Poner.

DESCOMPONIBLE adj. Decomponível.

DESCOMPOSICIÓN (descompossiciòn) De-composição. Descomposição, desarranjo, con-fusão, perturbação, descompostura, desmancho.

DESCOMPRESIÓN (descompressiòn) s. f. Des-compressão.

DESCOMPUESTAMENTE adv. Descomposta-mente, desarranjadamente. Descomedidamente.

DESCOMPUESTO, A p. p. Irreg. de Descom-poner. Descomposto. Decomposto. adj. fig. Descomedido, atrevido, descarado, descortês.

DESCOMULGACIÓN s. f. V. EXCOMULGA-CIÓN.

DESCOMULGADO, A p. p. de Descomulgar. Excomungado. adj. Excomungado, malvado, per-verso, réprobo.

DESCOMULGAR v. tr. V. EXCOMULGAR.

DESCOMUNIÓN s. f. V. EXCOMUNIÓN.

DESCONCEPTO s. m. Desconceito, descrédito, má fama.

DESCONCEPTUAR v. tr. Desconceituar, desa-creditar, difamar. U. t. c. pron.

DESCONCERTADURA s. f. V. DESCONCIERTO.

DESCONCHABAR (descontchabar) v. tr. Amer. Desconchavar, desconcertar, desarranjar.

DESCONCHADO, A (descontchado) p. p. de Desconchar. s. m. Parte de uma parede que perdeu o reboco ou o estuque. Parte de uma peça de porcelana que descascou.

DESCONCHAR (descontchar) v. tr. Tirar parte do estuque ou reboco de uma parede. U. t. c. pron.

DESCONCIERTO s. m. Desconcerto; desordem; transtorno; desalinho. Desconcerto, desconchavo, descomedimento. fig. Desconcerto, discordância, desacordo, desarmonia, desavença. fig. Des-concerto, desregramento. fig. Diarréia.

DESCONECTAR v. tr. Desligar, interceptar, inter-romper.

DESCONFIANZA (desconfiança) s. f. Descon-fiança, receio.

DESCONGESTIÓN (desconjestiòn) s. f. Descon-gestionamento.

DESCONGOJAR (descongojar) v. tr. Consolar, desentediar.

DESCONHORTAR (desconortar) v. tr. ant. Des-confortar, desanimar, desconsolar.

DESCONOCEDOR, A adj. Desconhecedor.

DESCONOCER v. tr. Desconhecer, ignorar. Desconhecer, estranhar, não se lembrar de. Fazer de desentendido. Irreg. V. conj. de Conocer.

DESCONOCIDAMENTE adv. Desconhecida-mente. Ignorantemente.

DESCONOCIDO, A p. p. de Desconocer. adj. Desconhecido, ignorado; ingrato, desagradecido. s. m. Desconhecido.

DESCONOCIMIENTO s. m. Desconhecimento, ignorância. Ingratidão, desagradecimento.

DESCONSEJAR (desconsejar) v. tr. ant. V. DE-SACONSEJAR. Desconselhar.

DESCONSIDERACIÓN s. f. Desconsideração.

DESCONSOLABLEMENTE adv. Desconsola-damente.

DESCONSOLACIÓN s. f. Desconsolação, des-consolo, aflição, mágoa, desgosto.

DESCONSUELO *s. m.* Desconsolação, desconsolo, angústia, mágoa, desgosto, aflição, pesar. Debilidade (do estômago).

DESCONTAGIAR (desconta*j*iar) *v. tr.* Desempestar, desinfeccionar.

DESCONTENTADIZO, A (descontentadiço) *adj.* Descontentadiço.

DESCONTENTAMIENTO *s. m.* Descontentamento, desprazer, desagrado. Desavença, inimizade.

DESCONTENTO, A *adj.* Descontente. U. t. c. s. *s. m.* Descontento, descontentamento.

DESCONVENIBLE *adj.* Desconveniente, discordante, desproporcionado, desajustado, discrepante.

DESCONVENIR *v. intr.* Desconvir, desconcordar, discrepar, dissentir, diferir. *Irreg.* V. conj. de *Venir.*

DESCONVERSABLE *adj.* Desconversável, insociável, intratável, desabrido.

DESCOPADO, A *p. p.* de *Descopar. adj. Equit.* Que tem os joelhos fora de aprumo.

DESCOPAR *v. tr.* Descoroar, decotar (uma árvore).

DESCORAZÓN (descoraçòn) *s. m.* fig. V. DESCORAZONAMIENTO.

DESCORAZONADAMENTE (descoraçonadamente) *adv.* fig. Desanimadamente, desalentadamente, descoroçoadamente.

DESCORAZONAMIENTO (descoraçonamiento) *s. m.* Desânimo, apoucamento, desalento, descoroçoamento.

DESCORAZONAR (descoraçonar) *v. tr.* Arrancar, tirar o coração. *fig.* Desanimar, desalentar, descoroçoar, descorçoar, acobardar. U. t. c. pron. *v. intr. ant. fig.* Desmaiar, desfalecer.

DESCORCHADO, A (descortchado) *p. p.* de *Descorchar. adj.* Descortiçado, descascado; escorchado. Desarrolhado. *s. m.* Escorchamento, descortiçamento.

DESCORCHADOR (descortchador) *s. m.* V. SACACORCHOS.

DESCORCHAR (descortchar) *v. tr.* Descortiçar, descascar, escorchar. Desarrolhar (tirar a rolha). Escorchar, crestar (as colmeias). Arrombar (cofre, mala etc.).

DESCORCHE (descortche) *s. m.* Escorchamento, descortiçamento.

DESCORDAR *v. tr.* Desencordoar (um instrumento). *Taurom.* Descordar. *Irreg.* V. conj. de *Almorzar.*

DESCORDERAR *v. tr.* Desmamar os cordeiros.

DESCORNAMIENTO *s. m. Vet.* Descornamento, descorne.

DESCORNAR *v. tr.* Descornar. *v. pron. fig. fam.* V. DESCALABAZARSE. *Irreg.* V. conj. de *Almorzar.*

DESCORREGIDO, A (descorre*j*ido) *adj.* Desregrado, desordenado, descomedido, incorreto.

DESCORRER *v. intr.* Escorrer, esgotar (um líquido). *v. tr.* Retroceder, desancar. Enrolar, dobrar.

DESCORRIMIENTO *s. m.* Escorrimento, esgotamento.

DESCORTEZADOR (descorteçador) *s. m.* Descascador.

DESCORTEZADURA (descorteçadura) *s. f.* Descascadura. Porção descascada.

DESCORTEZAMIENTO (descorteçamiento) *s. m.* Descascamento; descortiçamento.

DESCORTEZAR (descorteçar) *v. tr.* Descascar, descortiçar. U. t. c. pron. *fig. fam.* Desbastar, educar, polir, instruir. U. t. c. pron.

DESCORTEZO (descorteço) *s. m.* Descortiçamento.

DESCORTINAR *v. tr. Mil.* Descortinar (abater a cortina de uma fortificação).

DESCOSTARSE *v. pron.* Apartar-se, separar-se, distanciar-se.

DESCOSTILLAR (descostilhar) *v. tr.* Espancar alguém, batendo-lhe nas costelas. *v. pron.* Cair de costas violentamente.

DESCOSTRAR *v. tr.* Escodear, descascar, descodear, tirar a crosta.

DESCOTAR *v. tr.* Decotar, aparar, cortar.

DESCOTE *s. m.* Decote (nos vestidos).

DESCOYUNTAMIENTO (descondjuntamiento) *s. m.* Desconjuntamento. Deslocação, luxação. *fig.* Mal-estar, languidez.

DESCONYUNTAR (descondjuntar) *v. tr.* Desconjuntar, deslocar, luxar (os ossos). U. t. c. pron. *fig.* Molestar, aborrecer, importunar.

DESCRECENCIA *s. f.* Decrescimento, decrescença.

DESCRECER *v. intr.* Decrescer, diminuir. *Irreg.* V. conj. de *Favorecer.*

DESCRECIMIENTO *s. m.* Decrescimento, diminuição.

DESCREER *v. tr.* Descer (não dar crédito; deixar de crer).

DESCREÍDAMENTE *adv.* Incredulamente, com descrença.

DESCREÍDO, A *p. p.* de *Descreer. adj.* Descrido, descrente, céptico, incrédulo.

DESCREIMIENTO *s. m.* Descrença. Incredulidade.

DESCRESTAR *v. tr.* Descritar.

DESCRIARSE *v. pron.* Definhar-se, consumir-se, extenuar-se. Estrugir-se, perder-se.

DESCRIBIBLE *adj.* Descritível.

DESCRIBIR *v. tr* Descrever, representar. Descrever, traçar. Definir. *Irreg.* V. conj. de *Escribir.*

DESCRIPCIÓN *s. f.* Descrição. *For.* Inventário.

DESCRIPTIBLE *adj.* Descritível.

DESCRIPTIVO, A *adj.* Descritivo.

DESCRIPTO, A *p. p. Irreg.* de *Describir.* Descrito.

DESCRISMAR *v. tr.* Tirar a crisma. *fig. fam.* Bater violentamente na cabeça. U. t. c. pron. *v. pron. fig. fam.* V. DESCALABAZARSE. Enfadar-se, enfurecer-se, perder a paciência.

DESCRISTIANIAR *v. tr.* V. DESCRISMAR, 1ª acep., U. t. c. pron.

DESCRITO, A *p. p. Irreg.* de *Describir.* Descrito.

DESCRUCE *s. m.* Ação de descruzar.

DESCUACHARANGARSE (descuatcharangarse) *v. pron. Amer. mexic.* V. DESCUAJARINGARSE.

DESCUADERNADO, A *p. p.* de *Descuadernar.* Desencadernado. *fig.* Desarranjado, desconcertado, descomposto.

DESCUADERNAR *v. tr.* Desencadernar. *fig.* Desarranjar, descompor, desconcertar, desordenar.

DESCUADRAR *v. intr.* V. DESCONVENIR. *Amer.* Desagradar.

DESCUADRILARSE *v. pron. Amer.* V. DESCUADRILLARSE.

DESCUADRILLARSE (descuadrilharse) *v. pron.* Desquadrilhar-se, derrengar-se.

DESCUAJAR (descuajar) *v. tr.* Descoalhar, descoagular. U. t. c. pron. *fig. fam.* Descoroçocar, desalentar. *Agr.* Erradicar, desarraigar as plantas daninhas.

DESCUAJARINGARSE (descuajaringarse) *v. pron. fam.* Derrear-se (de cansaço). *fam. Amer.* Desprender-se (uma coisa).

DESCUAJE (descuaje) *s. m. Agr.* V. DESCUAJO.

DESCUAJO (descuajo) *s. m. Agr.* Ação de desarraigar as plantas daninhas.

DESCUARTELAR *v. tr.* Desaquartelar. *Náut.* Navegar com vento largo.

DESCUARTIZAMIENTO (descuartiçamiento) *s. m.* Esquartejamento.

DESCUARTIZAR (descuartiçar) *v. tr.* Esquartejar. *fam.* Esquartejar, despedaçar, espedaçar, retalhar.

DESCUBIERTA *s. f.* Espécie de pastel sem a camada superior. *Náut.* Reconhecimento. *Mil.* Reconhecimento.

DESCUBIERTAMENTE *adv.* Descobertamente, às claras.

DESCUBIERTO, A *p. p.* de *Descubrir.* Descoberto. *adj.* Descoberto (sem chapéu). Descoberto, sem caução, sem garantia. *s. m.* Exposição do Santíssimo Sacramento. Déficit. *A la —a*, ou *al —, loc. adv.* A descoberto, às claras. *En —, loc. adv.* A descoberto, sem caução, sem garantia.

DESCUBRIDERO *s. m.* Atalaia, lugar de onde se descobre grande espaço de terreno.

DESCUBRIDOR, A *adj.* Descobridor. U. t. c. s. *Mil.* Explorador, batedor.

DESCUBRIMIENTO *s. m.* Descobrimento, descoberta.

DESCUBRIR *v. tr.* Descobrir (em todas as principais acepções deste vocábulo). *Irreg.* V. conj. de *Cubrir.*

DESCUELLADO, A (descuelhado) *adj. Amer. mexic.* V. ESGOTADO.

DESCUELLO (descuelho) *s. m.* Proeminência, eminência. *fig.* Elevação, superioridade moral ou intelectual. *fig.* Orgulho, altivez, ousadia, arrogância.

DESCUENTO *s. m.* Desconto.

DESCUERAR *v. tr. Amer.* V. DESOLLAR. fig. *Amer.* Desacreditar, infamar.

DESCUERNACABRAS *s. m.* Vento norte rijo e frio.

DESCUENAR *v. tr. Amer.* Descornar.

DESCUERNO *s. m. fam.* Desprezo, desaire, afronta, injúria.

DESCUIDERO *s. m.* Descuidista.

DESCUITADO, A *adj.* Descuidado, sem aflições, sem cuidados.

DESCULAR *v. tr.* Desfundar.

DESCUMPLIR *v. tr.* Descumprir.

DESDE *prep.* Desde — *entonces, loc. adv.* Desde então. — *luego, loc. adv.* Desde logo; desde já. Depois de.

DESDECIR *v. tr.* Desdizer, desmentir; não corresponder. *v. pron.* Desdizer-se. *Irreg.* V. conj. de *Predecir.*

DESDÉN *s. m.* Desdém, sobranceria, indiferença, desprezo. *Al —, loc. adv.* Com negligência afetada.

DESDEÑABLE (desdenhable) *adj.* Desdenhável.

DESDEÑADAMENTE (desdenhadamente) *adv.* Desdenhosamente.

DESDEÑADOR, A (desdenhador) *adj.* Desdenhador.

DESDEÑANZA (desdenhança) *s. f. ant.* V. DESDÉN.

DESDEÑAR (desdenhar) *v. tr.* Desdenhar, desprezar.

DESDEÑOSAMENTE (desdenhossamente) Desdenhosamente.

DESDEÑOSO, A (desdenhosso) *adj.* Desdenhoso. U. t. c. s.

DESDEVANAR *v. tr.* Desenovelar.

DESDIBUJADO, A (desdibujado) *adj.* Diz-se do desenho defeituoso ou da cousa mal conformada; defeituoso.

DESDICHA (desditcha) *s. f.* Desdita, desgraça, desventura, infelicidade, infortúnio. Miséria, pobreza.

DESDICHADAMENTE (desditchadamente) *adv.* Desditosamente, desventuradamente, desgraçadamente.

DESDICHADO, A (desditchado) *adj.* Desditoso, desditado, desgraçado, desventurado, infeliz. U. t. c. s. *fi g. fam.* Desgraçado, apoucado, pusilânime.

DESDICHO, A (desditcho) *p. p. Irreg.* de *Desdecir.* Desdito.

DESDIENTAR *v. tr. Amer.* Desdentar.

DESDOBLAMIENTO *s. m. Quím.* e *Bot.* Desdobramento. Desdobramento, desdobre.

DESDOBLAR *v. tr.* Desdobrar, abrir, estender.

DESDÓN *s. m. ant.* Insulsez, desenxabimento.

DESDONADO, A *adj. ant.* Insulso, sem graça, desenxabido.

DESDONCELLAR (desdoncelhar) *v. tr.* V. DESVIRGAR.

DESDORAR *v. tr.* Desdourar (tirar a douradura). *fig.* Desdourar, causar demérito, fazer perder o brilho; deslustrar; desacreditar, difamar.

DESDORO *s. m.* Desdouro, desdouramento (ato de desdourar). Desdouro, mácula, descrédito, vergonha.

DESDOROSAMENTE (desdorossamente) *adv.* Com desdouro.

DESDOROSO, A (desdorosso) *adj.* Desdouroso.

DESE, SA, SO (desse, dessa, desso) *contr. ant.* Desse; dessa; disso.

DESEABLE (desseable) *adj.* Desejável, apetecível.

DESEABLEMENTE (desseablemente) *adv.* Desejosamente.

DESEADO, A (desseado) *p. p.* de *Desear.* Desejado.

DESEADOR, A (desseador) *adj.* Desejador, cobiçoso.

DESEAR (dessear) *v. tr.* Desejar, apetecer, cobiçar, ambicionar.

DESECACIÓN (dessecaciòn) *s. f.* Dessecação.

DESECAMIENTO (dessecamiento) *s. m.* Dessecamento.

DESECAR (dessecar) *v. tr.* Dessecar, secar, enxugar.

DESECATIVO, A (dessecativo) *adj.* Dessecativo.

DESECHABLE (dessetchable) *adj.* Desprezível. Reprovável. Excluível. Afastável. Desaceitável.

DESECHADAMENTE (dessetchadamente) *adv.* Desprezivelmente, vilmente.

DESECHAR (dessetchar) *v. tr.* Excluir, reprovar. Desprezar, menosprezar, desestimar. Desdenhar, rejeitar. Expelir, arrojar. Afastar, banir (uma suspeita, receio ou pesar etc.). Por de parte, abandonar, deixar de usar. Torcer a chave, correr o ferrolho.

DESECHO (dessetcho) *s. m.* Desperdício, refugo, resíduo. Resto, caco; coisa inservível. *fig.* Desprezo, vilipêndio.

DESECO, A (desseco) *adj.* Dessecado, seco (diz-se principalmente das plantas).

DESEDIFICACIÓN (dessedificaciòn) *s. f.* Desedificação, mau exemplo.

DESEGUIDA (desseguida) *adj.* Perdida (diz-se da mulher).

DESEJARSE (dessejarse) *v. pron. fig.* V. DESQUICIARSE.

DESELLADURA (desselhadura) *s. f.* Ação de desselar (tirar o selo).

DESELLAR (desselhar) *v. tr.* Desselar (tirar o selo).

DESEMBALAJE (dessebalaje) *s. m.* Ação de desembalar; desenfardo.

DESEMBALDOSAR (dessembaldossar) *v. tr.* Desladrilhar, tirar as baldosas.

DESEMBALLESTAR (dessembalhestrar) *v. intr.* Abater sobre a caça o falcão.

DESEMBANASTAR (dessembanastar) *v. tr.* Esvaziar ou despejar um cesto. *fig. fam.* Desembainhar (uma arma). *fig.* Falar pelos cotovelos. *v. pron. fig. fam.* Soltar-se, escapar-se (o animal preso). *fig. fam.* Desembarcar, descer de um veículo.

DESEMBARAZADAMENTE (dessembaraçadamente) *adv.* Desembaraçadamente, livremente.

DESEMBARAZADO, A (dessembaraçado) *p. p.* de *Desembarazar. adj.* Desembaraçado, livre, desobstruído, expedito, desimpedido.

DESEMBARAZAR (dessembaraçar) *v. tr.* Desembaraçar, desimpedir, livrar. U. t. c. pron. Evacuar, desocupar. *v. intr. Amer.* Dar à luz, parir. *v. pron. fig.* Desembaraçar-se, livrar-se de.

DESEMBARAZO (dessembaraço) *s. m.* Desembaraço, desimpedimento, presteza, desenvoltura.

DESEMBARCADERO (dessembarcadero) *s. m.* Desembarcadouro.

DESEMBARCO (dessembarco) *s. m.* Desembarque. Patamar.

DESEMBARRANCAR (dessembarrancar) *v. tr. Náut.* Desencalhar.

DESEMBARRAR (dessembarrar) *v. tr.* Desbarrar, desenlamear.

DESEMBAULAR (dessembaular) *v. tr.* Desembaular. *fig. fam.* Desafogar-se, desabafar-se (contar as mágoas).

DESEMBEBECERSE (dessembebecerse) *v. pron.* Recobrar os sentidos, voltar a si, acordar. *Irreg.* V. conj. de *Favorecer.*

DESEMBELESARSE (dessembelessarse) *v. pron.* Desencantar-se, sair do arroubamento, do êxtase ou do transporte.

DESEMBELLECER (dessembelhecer) *v. tr.* Afear, tirar a beleza. *Irreg.* V. conj. de *Favorecer.*

DESEMBOCADERO (dessembocadero) *s. m.* Desembocadura, foz. Desembocadura (abertura por onde se sai de um lugar para outro).

DESEMBOJAR (dessembojar) *v. tr.* Tirar da amoreira os casulos do bicho-da-seda.

DESEMBOZADAMENTE (dessemboçadamente) *adv.* Desembuçadamente, com franqueza.

DESEMBOZADO, A (dessemboçado) *p. p.* de *Desembozar.* Desembuçado.

DESEMBOZAR (dessemboçar) *v. tr.* Desembuçar; descobrir, mostrar, patentear.

DESEMBOZO (dessemboço) *s. m.* Desembuço.

DESEMBRAGAR (dessembragar) *v. tr. Mec.* Desembrear.

DESEMBRAGUE (dessembrague) *s. m. Mec.* Desembreagem.

DESEMBRAZAR (dessembraçar) *v. tr.* Desembraçar, largar o que estava embraçado. Lançar uma arma com toda a força do braço.

DESEMBRIDAR (dessembridar) *v. tr.* Desbridar, desembridar.

DESEMBROLLAR (dessembrolhar) *v. tr. fam.* Desembrulhar, esclarecer, aclarar, desenredar.

DESEMBROLLO (dessembrolho) *s. m.* Desembrulho, esclarecimento, desenredo, elucidação.

DESEMBROZAR (dessembroçar) *v. tr.* V. DESBROZAR.

DESEMBUDAR (dessembudar) *v. tr.* Desenredar. *fam.* Desembuchar, dizer o que sabe.

DESEMEJADO, A (dessemejado) *p. p.* de *Desemejar.* Dessemelhado. *adj. ant.* Dessemelhante, desigual.

DESEMEJANTE (dessemejante) *adj.* Dessemelhante, desigual, diferente, diverso.

DESEMEJANTEMENTE (dessemejantemente) *adv.* Dessemelhantemente.

DESEMEJANZA (dessemejança) *s. f.* Dessemelhança, desigualdade, diferença, diversidade.

DESEMEJAR (dessemejar) *v. tr.* Dessemelhar, diferençar-se, distinguir-se. *v. tr.* Dessemelhar, desfigurar, diferençar.

DESEMPACAR (dessempacar) *v. tr.* Desembalar, desenfardar *v. pron.* Desanojar-se, desenfadar-se, aplacar-se.

DESEMPAJAR (dessemepajar) *v. tr. Amer.* V. DESPAJAR.

DESEMPALAGAR (dessempalagar) *v. tr.* Desenfastiar. U. t. c. pron.

DESEMPAÑAR (dessempanhar) *v. tr.* Desempanar (restituir o lustre ou brilho). Tirar as fraldas às crianças. U. t. c. pron.

DESEMPAQUE (dessempaque) *s. m.* Desenfardo.

DESEMPAQUETAR (dessempaquetar) *v. tr.* Desempacotar, desembrulhar.

DESEMPAVONAR (dessempavonar) *v. tr.* V. DESPAVONAR.

DESEMPEGAR (dessempegar) *v. tr.* Desembrear (tirar o breu, o pez).

DESEMPEÑAR (dessempenhar) *v. tr.* Desempenhar, resgatar, livrar de dívidas. U. t. c. pron. Desempenhar, cumprir. Desempenhar, executar.

DESEMPEÑO (dessempenho) *s. m.* Desempenho, resgate. Execução. Cumprimento.

DESEMPEORARSE (dessempeorarse) *v. pron.* Melhorar, revigorar-se.

DESEMPEREZAR (dessempereçar) *v. tr.* Espreguiçar, despreguiçar.

DESEMPERNAR (dessempernar) *v. tr.* Tirar as pernas ou cavilhas.

DESEMPOLLAR (dessempolhar) *v. tr.* Descascar (os pintos). Desempolhar.

DESEMPOLVADURA (dessempolvadura) *s. f.* Ação de desempoar.

DESEMPOLVAR (dessempolvar) *v. tr.* Desempoar.

DESEMPOLVORADURA (dessempolvoradura) *s. f.* Ação de desempoeirar.

DESEMPOLVORAR (dessempolvorar) *v. tr.* Desempoeirar.

DESEMPONZOÑAR (dessemponçonhar) *v. tr.* Desempeçonhar.

DESEMPOTRAR (dessempotrar) *v. tr.* Desencravar, arrancar (da parede ou do solo).

DESEMPOZAR (dessempoçar) *v. tr.* Desempoçar. *fig.* Libertar, tirar o que está a certa profundidade.

DESEMPULGADURA (dessempulgadura) *s. f.* Desempolgadura, desfecho (da besta).

DESEMPULGAR (dessempulgar) *v. tr.* Desempolgar ou desfechar a besta.

DESENALBARDAR (dessenalbardar) *v. tr.* Desalbardar.

DESENASTAR (dessenastar) *v. tr.* Desencabar.

DESENCABALGAR (dessencabalgar) *v. tr. Art.* Descavalgar, descarretar.

DESENCABESTRADURA (dessencabestradura) *s. f.* Desencabrestamento.

DESENCABESTRAR (dessencabestrar) *v. tr.* Desencabrestar (tirar o cabresto). Tirar o pé ou a mão da besta que se enredou no cabresto.

DESENCADENAMIENTO (dessencadenamiento) *s. m.* Desencadeamento.

DESENCADENAR (dessencadenar) *v. tr.* Desencadear, soltar, desatar, desprender. *fig.* Desencadear, quebrar; excitar, sublevar. *v. pron.* Desencadear-se, soltar-se.

DESENCAJADURA (dessencajadura) *s. f.* Desencaixadura.

DESENCAJAMIENTO (dessencajamiento) *s. m.* Desencaixamento.

DESENCAJAR (dessencajar) *v. tr.* Desencaixar. U. t. c. pron. *v. pron.* Desfigurar-se, decompor-se, (o semblante).

DESENCAJE (dessencaje) *s. m.* Desencaixe.

DESENCAJONAMIENTO (dessencajonamiento) *s. m.* Desencaixotamento.

DESENCAJONAR (dessencajonar) *v. tr.* Desencaixotar.

DESENCALABRINAR (dessencalabrinar) *v. tr.* Desatordoar. U. t. c. pron.

DESENCALCAR (dessencalcar) *v. tr.* Afrouxar, desapertar, afofar.

DESENCALLADURA (dessencalhadura) *s. f. Náut.* Desencalhe, desencalho.

DESENCALLAR (dessencalhar) *v. tr. Náut.* Desencalhar.

DESENCAMINAR (dessencaminar) *v. tr.* Desencaminhar.

DESENCANALLAR (dessencanalhar) *v. tr.* Desencanalhar.

DESENCANDILAR (dessencandilar) *v. tr.* Espevitar, avivar.

DESENCANTAMIENTO (dessencantamiento) *s. m.* Desencanto, desencantamento.

DESENCANTARAR (dessencantarar) *v. tr.* Escrutinar, tirar os votos da urna para computá-los. Sortear, extrair números de urna, globo etc.

DESENCAPILLAR (dessencapilhar) *v. tr. Náut.* Desencapelar (tirar do calcês).

DESENCAPRICHAR (dessencapritchar) *v. tr.* Dissuadir, desencasquetar, despersuadir.

DESENCARCELAR (dessencarcelar) *v. tr.* Desencarcerar, tirar da prisão, pôr em liberdade.

DESENCARNAR (dessencarnar) *v. tr. Venat.* Tirar aos cães o costume de comer a caça. *fig.* Desafeiçoar-se, desapegar-se de alguma coisa.

DESENCASTILLAR (dessencastilhar) *v. tr.* Desencastelar.

DESENCENAGAR (dessencenagar) *v. tr.* Desatolar, desatascar. *fig.* Desatascar do vício.

DESENCINCHAR (dessencintchar) *v. tr. Amer.* V. DESCINCHAR.

DESENCINTAR (dessencintar) *v. tr.* Descingir, afrouxar, desapertar.

DESENCLAVAR (dessenclavar) *v. tr.* V. DESCLAVAR.

DESENCLAVIJAR (dessenclavijar) *v. tr.* Desencavilhar. Tirar as cravelhas. fig. Soltar, desprender, desencaixar, separar.

DESENCOGER (dessencojer) *v. tr.* Estender, estirar, desenrolar; desencolher. *v. pron.* Desencolher-se, desembaraçar-se, perder o acanhamento.

DESENCOGIMIENTO (dessencojimiento) *s. m. fig.* Desencolhimento, desenvoltura, desembaraço.

DESENCOLADURA (dessencoladura) *s. f.* Descolamento.

DESENCOLAR (dessencolar) *v. tr.* Descolar, despegar, desgrudar, U. t. c. pron.

DESENCONAMIENTO (dessenconamiento) *s. m. Med.* Desinflamação. *fig.* Desafogamento. *fig.* Desenfado.

DESENCONAR (dessenconar) *v. tr. Med.* Desinflamar. U. t. c. pron. *fig.* Desenfadar, desanojar, desagastar, desencolerizar. U. t. c. pron. *fig.* Desafogar, desabafar. *v. pron.* Abrandar-se, amaciar-se, suavizar-se.

DESENCONO (dessencono) *s. m.* Desenfado.

DESENCORDAR (dessencordar) *v. tr.* Desencordoar. *Irreg.* V. conj. de *Almorzar.*

DESENCORDELAR (dessencordelar) *v. tr.* Desatar ou tirar os cordéis.

DESENCORVAR (dessencorvar) *v. tr.* Desencurvar.

DESENCRUDESCER (dessencrudescer) *v. tr.* Desencruar.

DESENCUADERNAR (dessencuadernar) *v. tr.* V. DESCUADERNAR.

DESENCUARTAR (dessencuartar) *v. tr. Amer.* Desencabrestar.

DESENCUMBRAR (dessencumbrar) *v. tr.* Derribar, apear (de um cargo elevado).

DESENDE (dessende) *adv. ant.* Desde então, desde ali.

DESENDEMONIAR (dessendemoniar) *v. tr.* Desendemoninhar.

DESENDIABLAR (dessendiablar) *v. tr.* V. DESENDEMONIAR.

DESENDIOSAR (dessendiossar) *v. tr.* Desendeusar.

DESENEJAR (dessenejar) *v. tr.* Deseixar.

DESENFADADERAS (dessenfadaderas) *s. f. pl. fam.* Meio ou recurso para sair de uma dificuldade ou evitar o enfado.

DESENFALDAR (dessenfaldar) *v. tr.* Desarregaçar.

DESENFANGAR (dessenfangar) *v. tr.* Desenlamear.

DESENFRAILAR (dessenfailar) *v. intr.* Secularizar-se. *v. pron. fig. fam.* Emancipar-se, libertar-se, sacudir o jugo. *fig. fam.* Andar temporariamente sem negócios ou ocupações.

DESENFRASCARSE (dessenfrascarse) *v. pron.* Desembaraçar-se, desligar-se, desenlear-se.

DESENFRENADAMENTE (dessenfrenadamente) *adv.* Desenfreadamente.

DESENFRENAMIENTO (dessenfrenamiento) *s. m.* Desenfreamento.

DESENFRENAR (dessenfrenar) *v. tr.* Desenfrear. *v. pron. fig.* Desenfrear-se, descomedir-se. *fig.* Desenfrear-se, desencadear-se.

DESENFRENO (dessenfreno) *s. m.* Desenfreio. — *de vientre,* diarréia.

DESENFUNDAR (dessenfundar) *v. tr.* Tirar do invólucro ou estojo.

DESENGALANAR (dessengalanar) *v. tr.* Desataviar, desadornar, desenfeitar.

DESENGALGAR (dessengalgar) *v. tr.* Descalçar (um veículo).

DESENGAÑADAMENTE (dessenganhadamente) *adv.* Desenganadamente, às claras.

DESENGAÑADO, A (dessenganhado) *p. p.* de *Desengañar.* Desenganado. *adj. fig. fam.* Desprezível, mau. *Amer.* Feio ou pouco formoso.

DESENGAÑADOR, A (dessenganhador) *adj.* Desenganador.

DESENGAÑAMIENTO (dessenganhamiento) *s. m. ant.* V. DESENGAÑO.

DESENGAÑAR (dessenganhar) *v. tr.* Desenganar, desiludir. U. t. c. *pron.*

DESENGAÑO (dessenganho) *s. m.* Desengano.

DESENGARCE (dessengarce) *s. m.* Desfiadura.

DESENGARRAFAR (dessengarrafar) *v. tr.* Soltar, desagarrar.

DESENGARZAR (dessengarçar) *v. tr.* Desfiar, desengranzar.

DESENGOZNAR *v. tr.* V. DESGOZNAR.

DESENGRANAR (dessengranar) *v. tr.* Desengrenar, tirar da engrenagem, separar rodas dentadas.

DESENGRASAR (dessengrassar) *v. tr.* Desengraxar. *v. intr. fam.* Emagrecer, enfraquecer, adelgaçar-se. *fig.* V. DESENSEBAR.

DESENGRASO (dessengrasso) *s. m. Amer.* Sobremesa.

DESENGROSAR (dessengrossar) *v. tr.* Emagrecer, adelgaçar; desengordar, desengrossar. U. t. c. intr. *Irreg.* V. conj. de *Almorzar.*

DESENGRUDAMIENTO (dessengrudamiento) *s. m.* Ação de desgrudar, descolamento.

DESENGRUDAR (dessengrudar) *v. tr.* Desgrudar, descolar, desligar.

DESENGUANTARSE (dessenguantarse) *v. pron.* Descalçar as luvas.

DESENHEBRAR (dessenebrar) *v. tr.* Desenfiar (uma agulha).

DESENHORNAR (dessenornar) *v. tr.* Desenformar.

DESENJAEZAR (dessenjaeçar) *v. tr.* Desajaezar, desarrear, desencilhar.

DESENJALMAR (dessenjalmar) *v. tr.* Tirar os enxalmos (às bestas).

DESENJAULAR (dessenjaular) *v. tr.* Desengaiolar.

DESENLABONAR (dessenlabonar) *v. tr.* V. DESESLABONAR.

DESENLADRILLAR (dessenladrilhar) *v. tr.* Desladrilhar.

DESENLAZAR (dessenlaçar) *v. tr.* Desenlaçar, desatar, soltar. Desenlaçar, dar desfecho.

DESENLOSAR (dessenlossar) *v. tr.* Deslajear.

DESENMALEZAR (dessenmaleçar) *v. tr.* Limpar, carpir, capinar, tirar a erva daninha de um terreno.

DESENMALLAR (dessenmalhar) *v. tr.* Desemalhar.

DESENMARAÑAR (dessenmaranhar) *v. tr.* Desemaranhar, desembaraçar, desenredar. *fig.* Desemaranhar, aclarar, desembrulhar.

DESENMASCARADAMENTE (dessenmascaradamente) *adj.* Desmascaradamente.

DESENMASCARAR (dessenmascarar) *v. tr.* Desmascarar. U. t. c. *pron.*

DESENMOHECER (dessenmoecer) *v. tr.* Tirar o mofo, o bolor. *Irreg.* V. conj. de *Favorecer.*

DESENMORDAZAR (dessenmordaçar) *v. tr.* Desamordaçar, tirar a mordaça.

DESENMUDECER (dessenmudecer) *v. tr.* Desemudecer. *Irreg.* V. conj. de *Favorecer.*

DESENNEGRECER (dessennegrecer) *v. tr.* Desenegrecer.

DESENOJADAMENTE (dessenojadamente) *adv.* V. DESENOJOSAMENTE.

DESENOJADIZO, A (dessenojadiço) *adj.* Que se desanoja ou desagasta facilmente.

DESENOJADOR, A (dessenojador) *adj.* Que desenfada, que desanoja.

DESENOJAR (dessenojar) *v. tr.* Desanojar, desenfadar, apaziguar, acalmar, aplacar, sossegar. *fig.* Espairecer, desenfadar, divertir, recrear.

DESENOJOSAMENTE (dessenojossamente) *adv.* Desenfadadamente.

DESENOJO (dessenojo) *s. m.* Desenfado.

DESENOJOSO, A (dessenojoso) *adj.* V. DESENOJADOR.

DESENROLLAR (dessenrolhar) *v. tr.* Desenrolar.

DESENSABANAR (dessensabanar) *v. tr. fam.* Tirar os lençóis de.

DESENSAMBLAR (dessensamblar) *v. tr.* Desconjuntar, desencaixar.

DESENSEBAR (dessensebar) *v. tr.* Desemsebar. *v. intr. fig.* Variar de ocupação para espairecer. *fig.* Tirar o gosto da comida, adoçar a boca.

DESENSEÑAR (dessensenhar) *v. tr.* Desensinar, fazer desaprender.

DESENSILLAR (dessensilhar) *v. tr.* Desselar (tirar a sela).

DESENSORTIJADO, A (dessensortijado) *adj.* Desconjuntado, deslocado, desarticulado (diz-se dos ossos).

DESENTABLAR (dessentablar) *v. tr.* Desentabuar. *fig.* Desmanchar, desordenar. *fig.* Desfazer (um negócio, uma amizade etc.).

DESENTALINGAR (dessentalingar) *v. tr. Náut.* Destalingar.

DESENTARIMAR (dessentarimar) *v. tr.* V. DESENTABLAR, 1ª acep.

DESENTEJAR (dessentejar) *v. tr. Amer.* V. DESTEJAR.

DESENTELAR (dessentelar) *v. tr. fig.* Limpar, purificar.

DESENTERÍA (dessenteria) *s. f. Amer.* Disenteria.

DESENTERRAMIENTO (dessenterramiento) *s. m.* Desenterramento, desenterro.

DESENTIERRAMUERTOS *s. m.* e *f. fig. fam.* Pessoa que difama a memória dos mortos.

DESENTIERRO (dessentierro) *s. m.* Desenterro.

DESENTOLDAR (dessentoldar) *v. tr.* Destoldar. *fig.* Desataviar, desenfeitar. *v. pron. Amer.* Clarear o céu.

DESENTONACIÓN (dessentonaciòn) *s. f.* Desentoação, desentoamento.

DESENTONADAMENTE (dessentonadamente) *adv.* Desentoadamente.

DESENTONAMIENTO (dessentonamiento) *s. m.* V. DESENTONO.

DESENTONAR (dessentonar) *v. intr.* Desentoar, desafinar, destoar. *v. tr.* Desentonar, humilhar. *v. pron. fig.* Desentoar (fazer ou dizer inconveniências); descomedir, levantar-se a voz.

DESENTONO (dessentono) *s. m.* Desentoamento, desentoação. Desafinação. *fig.* Descomedimento no modo de falar; tom de voz elevado e insolente.

DESENTORNILLAR (dessentornilhar) *v. tr.* Desaparafusar, desparafusar.

DESENTORPECER (dessentorpecer) *v. tr.* Desentorpecer. U. t. c. pron. Adestrar, destorcer, desembaraçar. *Irreg.* V. conj. de *Favorecer.*

DESENTORPECIMIENTO (dessentorpecimiento) Desentorpecimento. Ação de tornar destro, ágil ou menos rude.

DESENTRAMPAR (dessentrampar) *v. tr. fam.* Desempenhar, desendividar, desentalar, desencalacrar. U. t. c. pron.

DESENTRAÑAMIENTO (dessentranhamiento) *s. m.* Ato de despojar-se de seus bens em benefício de outrem.

DESENTRAÑAR (dessentranhar) *v. tr.* Desentranhar, estripar. *fig.* Desantranhar, averiguar, descobrir a custo, revelar. *v. pron. fig.* Despojar-se dos seus bens em benefício de outrem.

DESENTUMECER (dessentumecer) *v. tr.* Desentorpecer (um membro). U. t. c. pron. *Irreg.* V. conj. de *Favorecer.*

DESENTUMIR (dessentumir) *v. tr.* V. DESENTUMECER.

DESENVAINAR (dessenvainar) *v. tr.* Desembainhar (tirar da bainha). *fig.* Tirar as unhas de um animal. *fig. fam.* Revelar, mostrar.

DESENVELEJAR (dessenvelejar) *v. tr.* Tirar o velame do barco.

DESENVENDAR (dessenvendar) *v. tr.* Desvendar, tirar a venda.

DESENVERGONZADAMENTE (dessenvergonçadamente) *adv.* Desvergonhadamente.

DESENVIUDAR (dessenviudar) *v. intr.* Sair do estado de viuvez.

DESENVOLVER (dessenvolver) *v. tr.* Desenvolver, desenrolar, estirar, estender. *fig.* Decifrar, esquadrinhar, descobrir, aclarar. *v. pron.* Desenvolver-se, desembaraçar-se, perder a timidez. Desembrulhar-se (sair de uma dificuldade). *Irreg.* V. conj. de *Volver.*

DESENVOLVIMIENTO (dessenvolvimiento) *s. m.* Desenvolvimento, desenvoltura. Desenrolamento.

DESENVUELTAMENTE (dessenvueltamente) *adv.* Desenvoltamente, desembaraçadamente. Francamente, abertamente.

DESENVUELTO, A (dessenvuelto) *p. p.* de *Desenvolver.* Desenrolado, desenvolvido. *adj.* Desenvolto, desembaraçado. Desavergonhado, descarado.

DESENYESAR (dessendjessar) *v. tr.* Tirar o gesso.

DESENYUGAR (dessendjugar) *v. tr.* Desjungir.

DESENZARZAR (dessençarçar) *v. tr.* Desembaraçar de sarças ou silvas. U. t. c. pron. *fig. fam.* Separar, apartar os que contendem. *fig. fam.* Soltar, desprender, desenredar.

DESEO (dessèo) *s. m.* Desejo.

DESEOSO, A (desseosso) *adj.* Desejoso.

DESEQUIDO, A (dessequido) *adj.* Ressequido, resseco.

DESERCIÓN (desserciòn) *s. f.* Deserção. *For.* Deserção.

DESERIZAR (desseriçar) *v. tr. fig.* Acalmar, abrandar, mitigar. U. t. c. pron.

DESERRADO, A (desserrado) *adj.* Livre de erro.

DESERVICIO (dessevicio) *s. m.* Desserviço.

DESERVIDOR, A (desservidor) *adj.* Desservidor.

DESERVIR (desservir) *v. tr.* Desservir. *Irreg.* V. conj. de *Servir.*

DESESCOMBRAR (dessescombrar) *v. tr.* V. ESCOMBRAR.

DESESLABONAR (desseslabonar) *v. tr.* V. DESLABONAR.

DESESPALDAR (dessespaldar) *v. tr.* Espaduar, desancar.

DESESPERACIÓN (dessesperaciòn) *s. f.* Desesperação, desespero.

DESESPERANZA (dessesperança) *s. f.* Desesperança, desesperação, desespero.

DESESTAÑAR (dessetanhar) *v. tr.* Desestanhar.

DESESTANCAR (dessestancar) *v. tr.* Desmonopolizar.

DESESTANCO (dessestanco) *s. m.* Ação de desmonopolizar.

DESESTERAR (dessesterar) *v. tr.* Desesteirar.

DESFACHATADAMENTE (desfatchatadamente) *adv.* Desfaçadamente.

DESFACHATADO, A (desfatchatado) *adj. fam.* Desfaçado.

DESFACHATEZ (desfatchatez) *s. f. fam.* Desfaçamento, desfaçatez.

DESFAJAR (desfajar) *v. tr.* Desenfaixar.

DESFALCO *s. m.* Desfalque, desfalcamento.

DESFALLECER (desfalhecer) *v. tr.* Desfalecer, enfraquecer, esmorecer. *v. intr.* Desfalecer, desmaiar. *Irreg.* V. conj. de *Favorecer.*

DESFALLECIENTE (desfalheciente) *p. a.* de *Desfallecer.* Desfalecente.

DESFALLECIMIENTO (desfalhecimiento) *s. m.* Desfalecimento, fraqueza, desmaio, esvaecimento.

DESFAMAR *v. tr.* Infamar, difamar.

DESFAVORABLE *adj.* Desfavorável, prejudicial.

DESFAVORABLEMENTE *adv.* Desfavoravelmente.

DESFAVORECER *v. tr.* Desfavorecer, desajudar. Contradizer, opor-se. *Irreg.* V. conj. de *Favorecer.*

DESFIANZA (desfiança) *s. f. ant.* Desconfiança.

DESFIBRADO *s. m. Tecn.* Desfibramento.

DESFIGURACIÓN *s. f.* Desfiguração.

DESFIGURAMIENTO *s. m.* Desfiguração.

DESFIGURO *s. m. Amer. chil.* Desfiguração. *Amer. mexic.* e *per.* Coisa extravagante.

DESFIJAR (desfijar) *v. tr.* Desfixar, arrancar o que estava fixado.

DESFILACHAR (desfilatchar) *v. tr.* V. DESHILACHAR.

DESFILADERO *s. m.* Desfiladeiro.

DESFLECAR *v. tr.* Franjar um tecido desfiando-o nas extremidades.

DESFLEMAR *v. tr.* Expectorar. *v. intr. fig. fam.* Blasonar, bravatear.

DESFOGAR *v. tr.* Desabafar o fogo. *fig.* Desafogar, desabafar uma paixão. *v. intr. Mar.* Resolver em vento ou chuva o tempo ameaçador.

DESFOGUE *s. m.* Ação de DESFOGAR, 1ª acep. *fig.* Desabafo, arrebatamento, desafogo.

DESFOLLONAR (desfolhonar) *v. tr. Agr.* Desfolhar, limpar (as plantas) de folhas ou brotos inúteis.

DESFONDAR *v. tr.* Desfundar. U. t. c. pron. *Náut.* Furar o fundo do barco. U. t. c. pron. *Agr.* Profundar um terreno.

DESFONDE *s. m.* Ação de *Desfondar*, 1ª e 2ª acep.

DESFONDO *s. m. Agr.* Ação de *Desfondar*, 3ª acep.

DESFORZARSE (desforçarse) *v. pron.* Desforçar-se, desagravar-se, desafrontar-se. *Irreg.* V. conj. de *Almorzar.*

DESFRENAMIENTO *s. m.* V. DESENFRENO.

DESFRENAR *v. tr.* V. DESENFRENAR.

DESGAIRE *s. m.* Desalinho, desleixo. Negligência afetada. Desdém, gesto de desprezo. *Al —, loc.* Com negligência (real ou fingida).

DESGAJADURA (desgajadura) *s. m.* Ação de arrancar violentamente um galho do tronco.

DESGAJAR (desgajar) *v. tr.* Escachar, arrancar violentamente um galho do tronco. U. t. c. pron. Escachar, despedaçar, fender. *v. pron.* Despegar-se, desprender-se, separar-se, arrancar-se.

DESGAJE (desgaje) *s. m.* Ação de *Desgajar.*

DESGALGADERO *s. m.* Despenhadeiro, precipício. Pedregal em declive.

DESGALICHADO, A (desgalitchado) *adj. fam.* Desalinhado, grosseiro, sem graça nem compostura.

DESGALONAR *v. tr.* Desagaloar.

DESGANA *s. f.* Inapetência, fastio. *fig.* Repugnância, aversão.

DESGANADO, A *adj.* Enfastiado, sem apetite.

DESGANAR *v. tr.* Enfastiar, tirar o apetite. *v. pron.* Enfastiar-se, perder o apetite. *fig.* Desgostar-se, entendiar-se, enfastiar-se.

DESGANCHAR (desgantchar) *v. tr. Agr.* Desgalhar, desfilhar.

DESGAÑIFARSE (desganhifarse) *v. pron.* V. DESGAÑITARSE.

DESGAÑIRSE (desganhirse) *v. pron.* V. DESGAÑITARSE.

DESGAÑITARSE (desganhitarse) *v. pron. fam.* Esganiçar-se, vociferar, gritar com voz estrídula.

DESGAÑO *s. m.* V. DESGANA.

DESGARBADO, A *adj.* Desmazelado, sem gentileza, deselegante, desalinhado, desajeitado.

DESGARBILADO, A *adj. prov. And.* V. DESGARBADO.

DESGARGANTARSE *v. pron. fam.* Esganiçar-se, esgoelar-se, vociferar.

DESGARGOLAR *v. tr. Agr.* Debulhar (o cânhamo) para separar da linhaça.

DESGARITAR *v. intr.* Desgarrar-se, desviar-se, extraviar-se, perder o rumo. *v. pron.* Desgarrar-se (um animal). *fig.* Mudar de idéia, dissuadir-se.

DESGARRADAMENTE *adj.* Desavergonhadamente, descomedidamente. Desgarradamente.

DESGARRADOR, A *adj.* Dilacerador.

DESGARRAR *v. tr.* Dilacerar, rasgar, romper. (U. t. c. pron. em sentido *fig.*). *Amer.* Expectorar, escarrar. *v. intr. fig.* Descomedir-se, dizer blasfêmias, praguejar. *v. pron. fig.* Afastar-se, separar-se, fugir da companhia de outrem.

DESGARRO *s. m.* Dilaceramento, ruptura. *fig.* Descaramento, desavergonhamento, descoco. *fig.* Fanfarrice, jactância. *Amer.* Expectoração, esputo, escarro, catarro. V. ESGARRAR.

DESGASTAR *v. tr.* Desgastar. U. t. c. pron. *ant.* Malgastar, desperdiçar. *fig.* Perverter, corromper, viciar. *v. pron.* Enfraquecer, desfigurar-se.

DESGATAR *v. tr. Agr.* Mondar.

DESGAVILADO, A *adj.* V. DESGAVILLADO.

DESGAVILLADO, A (desgavilhado) *adj.* Esgalgado, deselegante; desalinhado. V. DESGARBADO.

DESGAZNATARSE *v. pron.* V. DESGAÑITARSE.

DESGOBERNADO, A *p. p.* de *Desgobernar. adj.* Desgovernado.

DESGOBERNAR *v. tr.* Desgovernar. Deslocar, desconjuntar (os osso). *Náut.* Desgovernar. *v. pron. fig.* Fingir desconjuntar-se (na dança). *Irreg.* V. conj. de *Calentar.*

DESGOBIERNO *s. m.* Desgoverno.

DESGOLLETAR (desgolhetar) *v. tr.* Quebrar o gargalo. *fig.* Desapertar o colarinho ou a gola da roupa.

DESGOMAR *v. tr.* Desengomar.

DESGONZAR (desgonçar) *v. tr.* Desengonçar, desarticular, desencaixar, desmontar.

DESGOZNAR *v. tr.* Desengonçar (tirar dos gonzos). *v. pron. fig.* V. DESGOBERNAR, 4ª acep.

DESGRACIA *s. f.* Desgraça, infelicidade, desventura, desdita. Perda de graça ou valimento. Desabrimento, aspereza, dureza (no trato ou gênio). Desgraciosidade.

DESGRACIADAMENTE *adv.* Desgraçadamente. Desgraciosamente.

DESGRACIADO, A *p. p.* de *Desgraciar. adj.* Desgraçado, infeliz, desventurado. Desgracioso, desajeitado, deselegante. Desagradável.

DESGRACIAR *v. tr.* Desagradar, desgostar, enfadar, descontentar. Desgraçar, desgraciar; malograr. U. t. c. pron. *v. pron.* Desavir-se, inimizar-se, perder a graça, proteção ou favor de alguém. *Amer. chil.* Suicidar-se.

DESGRAMAR *v. tr.* Desrelvar.

DESGRANAR *v. tr.* Debulhar, esbagoar, tirar o grão de alguma coisa. *v. pron. Artilh.* Desfogonar-se.

DESGRANE *s. m.* Ação de *Desgranar.*

DESGRANZAR (desgrançar) *v. tr.* Crivar, joeirar. *Pint.* Triturar.

DESGRASAR (desgrassar) *v. tr.* Desengordurar, desengraxar.

DESGRASE (desgrasse) *s. m.* Ação de *Desgrasar.*

DESGREÑADO, A (desgrenhado) *adj.* Desgrenhado, revolto, despenteado.

DESGREÑAR (desgrenhar) *v. tr.* Desgrenhar, despentear, esguedelhar. *v. pron.* V. EMPELAZGARSE.

DESGREÑO (desgrenho) *s. m. Amer.* V. DESPELUZAMIENTO.

DESGUACE *s. m. Náut.* Ação de destruir ou desmanchar, total ou parcialmente, uma embarcação.

DESGUAÑANGADO, A (desguanhangado) *adj. Amer. plat.* Esfarrapado, andrajoso.

DESGUANZADO, A (desguançado) *adj. Amer. mexic.* Frouxo, fraco, sem força.

DESGUARNIR *v. tr. Náut.* Desaparelhar (o massame).

DESGUATAR *v. tr. Amer.* V. DESMONDONGAR.

DESGUAVINADO, A *adj. Amer. chil.* V. DESMADEJADO.

DESGUAYANGADO, A (desguadjangado) *adj. Amer. colomb.* V. DESGUAÑANGADO.

DESGUAZAR (desguaçar) *v. tr. Carp.* Desbastar. *Náut.* Desaparelhar, desmantelar ou desmanchar, total ou parcialmente, uma embarcação. *Amer. cub.* e *venezuel.* Despedaçar, quebrar, espedaçar.

DESGUAZO (desguaço) *s. m. Amer. cub.* V. DESGUACE.

DESGUINCE *s. m.* Faca de cortar trapo nas fábricas de papel. V. ESGUINCE.

DESGUINZAR (desguinçar) *v. tr.* Cortar trapo (nas fábricas de papel), usando a faca para esse fim.

DESHACER (dessacer) *v. tr.* Desfazer (em todas as principais acepções deste vocábulo). *Irreg.* V. conj. de *Hacer.*

DESHARRAPADO, A (dessarrapado) *adj.* Esfarrapado, andrajoso. U. t. c. s. *Amer. hond.* Descarado, desvergonhado.

DESHARRAPAMIENTO (dessarrapamiento) *s. m.* Miséria, indigência, pobreza.

DESHEBILLAR (dessebilhar) *v. tr.* Desafivelar, desfivelar.

DESHEBRAR (dessebrar) *v. tr.* Desfiar (um tecido).

DESHECHA (dessetcha) *s. f.* Dissimulação, desculpa artificiosa. Despedida cortês. Espécie de estribilho. Saída necessária de um lugar.

DESHECHIZAR (dessetchiçar) *v. tr.* Desenfeitiçar, desencantar.

DESHECHIZO (dessetchiço) *s. m.* Ação de desenfeitiçar, desencanto.

DESHECHO, A (dessetcho) *p. p. Irreg.* de *Deshacer.* Desfeito. *adj.* Desfeito, solto, furioso, impetuoso, forte (aplica-se aos elementos desencadeados). *s. m. Amer.* V. DESHECHA, 4ª acep.

DESHELAR (desselar) *v. tr.* Degelar, desgelar. U. t. c. pron.

DESHERBAR (desserbar) *v. tr.* Mondar, arrancar a erva. *Irreg.* V. conj. de *Calentar.*

DESHEREDACIÓN (desseredaciòn) *s. f.* Deserdação.

DESHEREDADO, A (desseredado) *p. p.* de *Desheredar.* Deserdado. *adj. fig.* Deserdado, não dotado.

DESHEREDAMIENTO (desseredamiento) *s. m.* Deserdamento.

DESHEREDAR (desseredar) *v. tr.* Deserdar. *v. pron. fig.* Degenerar, trair a linhagem.

DESHERRAR (desserrar) *v. tr.* Desferrar (tirar as ferraduras). U. t. c. pron. Desalgemar, desagrilhoar. *Irreg.* V. conj. de *Calentar.*

DESHERRUMBRAMIENTO (desserrumbramiento) *s. m.* Desenferrujamento.

DESHERRUMBRAR (desserrumbrar) *v. tr.* Desenferrujar, desferrujar.

DESHIDRATACIÓN (dessidrataciòn) *s. f.* Desidratação.

DESHIELO (dessielo) *s. m.* Degelo.

DESHILACHAR (dessilatchar) *v. tr.* Desfiar, desmanchar em fios, destorcer (um tecido).

DESHILADO, A (dessilado) *p. p.* de *Deshilar.* Desfiado. *adj.* Aplicar-se aos que desfilam uns após outros. *s. m.* Desfiado. U. m. no pl. *A la —, loc. adv.* Desfilando um atrás de outro. *fig.* Com cautela e dissimulação.

DESHILAR (dessilar) *v. tr.* Desfiar (um tecido). Desfilhar (uma colmeia). *v. intr.* Emagrecer, adelgaçar-se.

DESHILO (dessilo) *s. m.* Ação de desfilhar uma colmeia.

DESHILVANADO, A (dessilvanado) *p. p.* de *Deshilvanar.* Desalinhavado. *adj. fig.* Desalinhavado, frouxo, deselegante.

DESHILVANAR (dessilvanar) *v. tr.* Desalinhavar.

DESHINCADURA (dessincadura) *s. f.* Arranca-mento.

DESHINCAR (dessincar) *v. tr.* Arrancar, tirar (o que estava fincado).

DESHINCHADURA (dessintchadura) *s. f.* Desin-chação.

DESHINCHAR (dessintchar) *v. tr.* Desinchar (desfazer a inchação). *fig.* Aplacar a cólera, desafogar a ira. *v. pron.* Desinchar-se (deixar de estar inchado). *fig. fam.* Desinchar-se, perder o entono, desensoberbecer-se.

DESHOJA (dessoja) *s. f.* V. DESHOJADURA.

DESHOJADOR, A (dessojador) *adj.* Desfolhador. U. t. c. s.

DESHOJADURA (dessojadura) *s. f.* Desfolha-dura, desfolhamento.

DESHOJAR (dessojar) *v. tr.* Desfolhar.

DESHOJE (dessoje) *s. m.* Desfolha.

DESHOLLEJAR (dessolhejar) *v. tr.* Descascar, pelar (tirar o folhelo).

DESHOLLINADERA (dessolhinadera) *s. f.* Vas-soura comprida para limpar o teto ou paredes. Escova para limpar chaminés.

DESHOLLINADOR, A (dessolhinador) *adj.* Que limpa ou tira a fuligem. U. t. c. s. *fig. fam.* Curioso, reparador. *s. m.* Instrumento para limpar chaminés. Vassoura de cabo comprido para limpar tetos e paredes.

DESHOLLINAR (dessolhinar) *v. tr.* Tirar a fuligem das chaminés ou limpar tetos e paredes com a vassoura apropriada para esse fim. *fig. fam.* Olhar, reparar, observar com curiosidade.

DESHONESTIDAD (dessonestidad) *s. f.* Deso-nestidade. Impudicícia.

DESHONOR (dessonor) *s. m.* Desonra. Afronta, infâmia, descrédito.

DESHONORAR (dessonorar) *v. tr.* Desonrar. U. t. c. pron. Desonrar, degradar.

DESHONRIBLE (dessonrible) *adj. fam.* V. BRIBÓN.

DESHORNAR (dessornar) *v. tr.* V. DESEN-HORNAR.

DESHUESADO, A (dessuessado) *p. p.* de *Deshue-sar. adj.* Desossado. Descaroçado.

DESHUESAMIENTO (dessuessamiento) *s. m.* Desossamento. Descaroçamento.

DESHUESAR (dessuessar) *v. tr.* Desossar. Descaroçar.

DESHUMILLAR (dessumilhar) *v. tr.* Tirar da humilhação. U. t. c. pron.

DESIDERABLE (dessiderable) *adj.* Desejável.

DESIDIA (dessídia) *s. f.* Desídia, incúria, preguiça, negligência, inércia.

DESIERTO, A (dessierto) *adj.* Deserto. Diz-se do leilão ou concurso em que ninguém toma parte. *s. m.* Deserto.

DESIGNACIÓN (dessignaciòn) *s. f.* Designação.

DESIGUALDAD (dessigualdad) *s. f.* Desigualdade.

DESILUSIÓN (dessilussiòn) *s. f.* Desilusão.

DESILUSIONAR (dessilussionar) *v. tr.* Desiludir. *v. pron.* Desiludir-se, desenganar-se.

DESIMPONER (dessimponer) *v. tr.* Desimpor. *Irreg.* V. conj. de *Poner.*

DESINFARTAR (dessinfartar) *v. tr.* Desenfartar.

DESINFECCIÓN (dessinfecciòn) *s. f.* Desin-fecção.

DESINFECCIONAR *v. tr.* Desinfetar, desinfec-cionar, desinficcionar.

DESINFLAR (dessinflar) *v. tr.* Desinchar (o que está cheio de ar ou gás).

DESINTERÉS (dessinterrès) *s. m.* Desinteresse, desprendimento; generosidade.

DESINTERESADAMENTE (dessinteressada-mente) *adv.* Desinteressadamente.

DESINTERESADO, A (dessinteressado) *adj.* Desinteressado.

DESINTERESARSE (dessinteressarse) *v. pron.* Desinteressar-se, deixar de ter interesse.

DESISTIMIENTO (dessistimiento) *s. m.* Desis-tência.

DESJARCIAR (desjarciar) *v. tr. Náut.* Desenxar-ciar, tirar as enxárcias.

DESJARRETADERA (desjarretadera) *s. f.* Des-jarretadeira.

DESJARRETAR (desjarretar) *v. tr.* Dejarretar.

DESJARRETE (desjarrete) *s. m.* Ação de dejar-retar.

DESJUGAR (desjugar) *v. tr.* Tirar ou espremer o suco ou sumo.

DESJUICIADO, A (desjuiciado) *adj.* Desajuizado.

DESJUNTAMIENTO (desjuntamiento) *s. m.* Disjunção.

DESLABONAR *v. tr.* Soltar um elo de outro. U. t. c. pron. *fig.* Desunir, desfazer. U. t. c. pron. *v. pron. fig.* Desligar-se, separar-se de alguém.

DESLADRILLAR (desladrilhar) *v. tr.* Desla-drilhar.

DESLAMAR *v. tr.* Desenlamear.

DESLATE *s. m. ant.* Dislate.

DESLAVADURA *s. f.* Ação de lavar leve ou super-ficialmente.

DESLAVAMIENTO *s. m. ant.* Deslavamento, descaramento.

DESLAVAR *v. tr.* Lavar leve ou superficialmente, passar por água. Deslavar (destingir, descolorir).

DESLAVAZAR (deslavaçar) *v. tr.* V. DESLAVAR.

DESLAZAMIENTO (deslaçamiento) *s. m.* Desla-çamento.

DESLAZAR (deslaçar) *v. tr.* Desenlaçar, desla-çar.

DESLEALTAD (deslealtad) *s. f.* Deslealdade.

DESLECHAR (desletchar) *v. tr.* Tirar aos bichos-da-seda as folhas inúteis e sujidades superficiais.

DESLECHUGAR (desletchugar) *v. tr. Agr.* Des-folhar, podar.

DESLECHUGUILLAR (desletchuguilhar) *v. tr. Agr.* V. DESLECHUGAR.

DESLEIBLE *adj.* Solúvel.

DESLEIDURA *s. f.* V. DESLEIMIENTO.

DESLEIMIENTO *s. m.* Diluição, diluimento, dis-solução.

DESLEÍR *v. tr.* Diluir, delir, dissolver. U. t. c. pron. *Irreg.* V. conj. de *Reír.*

DESLENDRAR (deslendrar) *v. tr.* Deslendear. *Irreg.* V. conj. de *Calentar.*

DESLENGUADO, A *p. p.* de *Deslenguar.* Deslin-guado. *adj. fig.* Deslinguado, desavergonhado, desbocado, descarado, insolente.

DESLENGUAMIENTO *s. m.* Desbocamento.

DESLENGUAR *v. tr.* Deslinguar, tirar a língua. *v. pron.* Desbocar-se, deslinguar-se.

DESLIAR *v. tr.* Desatar, desligar, soltar. Tirar as borras do vinho.

DESLIÑAR (deslinhar) *v. tr.* Limpar o pano antes de prensá-lo.

DESLINDAMIENTO *s. m.* Deslindamento, des-lindação.

DESLÍO *s. m.* Ação de DESLIAR, 2ª acep.

DESLIZ *s. m.* Deslize, deslizamento, escorre-gadela. *fig.* Deslize.

DESLIZABLE (desliçable) *adj.* Escorregadiço, escorregadio.

DESLIZADERO, A (desliçadero) *adj.* V. DES-LIZABLE. *s. m.* Deslizadeiro, resvaladouro.

DESLIZADIZO, A (desliçadiço) *adj.* Escorre-gadio, escorregadiço.

DESLIZAMIENTO (desliçamiento) *s. m.* Desli-zamento. Deslize, engano, equívoco.

DESLIZAR (desliçar) *v. intr.* Escorregar, resvalar, deslizar. U. t. c. pron. *fig.* Deslizar, falar ou pro-ceder descuidadamente. U. m. c. pron. *v. pron. fig.* Escapar-se, fugir, evadir-se. *fig.* Deslizar, fraquejar.

DESLOMADURA *s. f.* Derreamento.

DESLOMAR *v. tr.* Derrear, desancar, deslombar.

DESLUCIDAMENTE *adj.* Desluzidamente, obscuramente. Desgraciosamente.

DESLUCIDO, A *p. p.* de *Deslucir.* Desluzido. *adj. fig.* Desgracioso, sem graça, chocho. Que gasta sem proveito.

DESLUCIMIENTO *s. m.* Desluzimento. Deslus-tre. Desgraciosidade. Desdouro, vergonha.

DESLUCIR *v. tr.* Desluzir, deslustrar. U. t. c. pron. *fig.* Desluzir, desacreditar, difamar, empanar, ofuscar. U. t. c. pron. *Irreg.* V. conj. de *Lucir.*

DESLUMBRAMIENTO *s. m.* Deslumbramento.

DESLUSTRAMIENTO *s. m.* Deslustre.

DESLUTAR *v. tr.* Tirar o betume de.

DESMADEJADO, A (desmadejado) *p. p.* de *Desmadejar. adj. fig.* Desmazelado, frouxo. Fraco, mole. Preguiçoso, negligente, deleixado.

DESMADEJAMIENTO (desmadejamiento) *s. m. fig.* Desmazelo, desleixo. Frouxidão, fraqueza, moleza.

DESMADEJAR (desmadejar) *v. tr. fig.* Enfraque-cer, abater, quebrantar. Causar desmazelo.

DESMADRADO, A *adj.* Desmamado (diz-se dos animais).

DESMADRAR *v. tr.* Desmamar (os animais).

DESMAJOLAR (desmajolar) *v. tr. Agr.* Arrancar as videiras novas. Desatar (os cordões do calça-do). *Irreg.* V. conj. de *Almorzar.*

DESMALAZADO, A (desmalaçado) *adj.* V. DES-MAZALADO.

DESMALLAR (desmalhar) *v. tr.* Desmalhar.

DESMAMONAR *v. tr. Agr.* Desfolhar, tirar os bro-tos inúteis.

DESMÁN *s. m.* Desmando, excesso, desordem, desregramento. Desgraça, sucesso funesto. *Zool.* Espécie de rato-almiscarado.

DESMAÑA (desmanha) *s. f.* Falta de manha, destreza ou habilidade.

DESMAÑADAMENTE (desmanhadamente) *adv.* Acanhadamente, acanhado, inábil. U. t. c. s.

DESMANARSE *v. pron.* Desgarrar-se, extraviar-se da manada.

DESMANCHAR (desmantchar) *v. tr. Amer.* Tirar manchas, desmarear. *v. pron.* V. DESMANARSE.

DESMANCHE (desmantche) *s. m. Amer.* Ação de tirar manchas.

DESMANDAMIENTO *s. m.* Desmandamento, desmando.

DESMANGANILLADO, A (desmanganilhado) *adj. Amer. venezuel.* V. DESGARBADO.

DESMANGAR *v. tr.* Desencabar. U. t. c. pron.

DESMANGO *s. m.* Ação de desencabar.

DESMANATADO, A *adj. fig. fam.* Desajeitado, enleado, acanhado, inábil. U. t. c. s.

DESMANTECAR *v. tr.* Tirar a manteiga.

DESMARAÑAR (desmaranhar) *v. tr.* Desemara-nhar, desenredar.

DESMAROJAR (desmarojar) *v. tr.* Tirar o agárico das árvores.

DESMARRIDO, A *adj.* Murcho, frouxo, triste.

DESMAYADAMENTE (desmadjadamente) *adv.* Desmaidamente, frouxamente.

DESMAYADO, A (desmadjado) *adj.* Desmaiado, descorado.

DESMAYAR (desmadjar) *v. tr.* Desmaiar, esmae-cer, fazer perder a cor. *v. intr. fig.* Desmaiar, desanimar, esmorecer. *v. pron.* Desmaiar, desfale-cer, perder os sentidos.

DESMAYEZ (desmadjez) *s. f.* Desmaio, desâni-mo, abatimento de espírito, fraqueza, cobardia.

DESMAYO (desmadjo) *s. m.* Desmaio, desfaleci-mento, síncope. Desmaio, desvanecimento da cor. V. DESMAYEZ. *Bot.* Salgueiro, chorão.

DESMAZALADO, A (desmaçalado) *adj.* Des-mazelado, frouxo, indolente. *fig.* Desanimado, abatido.

DESMEJORA (desmejora) *s. f.* Deterioração, desmedrança, ruína; ação de desmelhorar.

DESMEJORAR (desmejorar) *v. tr.* Desmelhorar, estragar, deteriorar, arruinar.

DESMELAR *v. tr.* Crestar (a colmeia). *Irreg.* V. conj. de *Calentar.*

DESMELENAR *v. tr.* Desgrenhar, despentear, escabelar. U. t. c. pron.

DESMEMBRACIÓN *s. f.* Desmembramento, des-membração.

DESMENGUAR *v. tr.* Diminuir, minguar, des-falcar.

DESMENTIDA *s. f.* Desmentido.

DESMENUDEAR *v. tr. Amer. colomb.* Vender o retalho.

DESMENUZABLE (desmenuçable) *adj.* Friável.

DESMENUZADOR, A (desmenuçador) *adj. e s.* Esmiuçador, esmigalhador.

DESMENUZAMIENTO (desmenuçamiento) *s. m.* Esmiuçamento. Esmigalhadura.

DESMENUZAR (desmenuçar) *v. tr.* Esmiuçar, esmigalhar. U. t. c. pron. Reduzir a pó. *v. pron. fig.* Esmiuçar, examinar atenta e miudamente.

DESMEOLLAMIENTO (desmeolhamiento) *s. m.* Ação de desmiolar ou esmiolar.

DESMEOLLAR (desmeolhar) *v. tr.* Esmiolar, desmiolar.

DESMERECIMIENTO s. m. Desmerecimento, demérito.

DESMEZCLAR v. tr. Desmesclar.

DESMIGAJAR (desmiga*j*ar) v. tr. Esmigalhar, esmiuçar.

DESMIGAR v. tr. Esmigalhar, migalhar (o pão).

DESMIRRIADO, A adj. fam. Mirrado, fraco, esquálido, extenuado.

DESMITIS s. f. Med. Desmite.

DESMOCHA (desmotcha) s. f. V. DESMOCHE. Amer. V. MERMA.

DESMOCHADURA (desmotchadura) V. DES-MOCHE.

DESMOCHAR v. tr. Desmochar. Desramar.

DESMOCHE (desmotche) s. m. Desmoche.

DESMOCHO (desmotcho) s. m. Aquilo que é cortado ou tirado no desmoche.

DESMOLADO, A adj. Desdentado (dos dentes molares).

DESMOÑAR (desmonhar) v. tr. fam. Destrançar, desentrançar.

DESMONDONGAR v. tr. Amer. Destripar, estripar.

DESMONTABLE adj. Desmontável.

DESMONTADURA s. f. Desmontada.

DESMONTAJE (desmontaje) s. m. Desmonte (ação de desmontar ou desarmar).

DESMONTAR v. tr. Desmontar. Desfazer um montão. Rebaixar um terreno, desmontar. Desmontar, desarmar. Derrubar, demolir. Desmontar, apear. Artilh. Desmontar.

DESMONTE s. m. Desmontada. Desmonte (de um terreno). Desmonte (conjunto de seixos e areia).

DESMORALIZACIÓN (desmoraliçaciòn) s. f. Desmoralização.

DESMORONADIZO, A (desmoronadiço) adj. Desmoronadiço.

DESMORONAMIENTO s. m. Desmoronamento, desmoronação.

DESMORONO s. m. Amer. colomb. V. DES-MORONAMIENTO.

DESMOSTARSE v. pron. Perder o mosto (a uva).

DESMOSTOLAR v. tr. Aturdir, atordoar, desconcertar.

DESMOTAR v. tr. Arrancar os nós aos tecidos de lã.

DESMUELADO, A adj. Amer. V. DESMO-LADO.

DESMULLIR (desmulhir) v. tr. Achatar ou estragar um enchimento de almofada ou coisa semelhante. Irreg. V. conj. de Mullir.

DESNATURALIZACIÓN (desnaturaliçaciòn) s. f. Desnaturalização.

DESNATURALIZAR (desnaturaliçar) v. tr. Desnaturalizar. Desnaturar.

DESNEGAR v. tr. Contradizer, refutar, impugnar. v. pron. Desdizer-se, retratar-se.

DESNIVELACIÓN s. f. Desnivelamento.

DESNOVIAR v. tr. Desnoivar.

DESNUCAMIENTO s. m. Ação de desnucar.

DESNUDAR v. tr. Despir, desnudar. U. t. c. pron. fig. Despir, tirar do envoltório, desguarnecer. v. pron. fig. Despojar-se, despir-se, abrir mão de.

DESNUDEZ s. f. Nudez, desnudez.

DESNUDO, A adj. Nu, desnudo, despido. fig. Nu, muito mal vestido, com vestuário indecente. fig. Pobre, mísero, nu, falto de recursos. fig. Despido, falto de alguma coisa. fig. Nu, claro, patente. s. m. Escult. e Pint. Nu.

DESNUTRICIÓN s. f. Desnutrição.

DESOBLIGACIÓN (dessobligaciòn) s. f. Desobrigação.

DESOBLIGADO, A (dessobligado) adj. Desobrigado.

DESOBLIGAR (dessobligar) v. tr. Desobrigar, isentar da obrigação. U. t. c. pron. fig. Enfadar, desgostar.

DESOBSTRUCCIÓN (dessobstrucción) s. f. Desobstrução.

DESOBSTRUYENTE (dessobstrudjente) p. a. de Desobstruir, adj. Desobstruinte.

DESOCUPACIÓN (dessocupaciòn) s. f. Desocupação, ociosidade.

DESOÍR (dessoír) v. tr. Desouvir, desatender, não fazer caso. Irreg. V. conj. de Oír.

DESOJAR (dessojar) Quebrar o olho ou fundo de um instrumento. v. pron. fig. Olhar com muita fixidez ou atenção.

DESOLACIÓN (dessolaciòn) s. f. Desolação, assolamento, devastação.

DESOLDADURA (dessoldadura) s. f. Ação de dessoldar.

DESOLDAR (dessoldar) v. tr. Dessoldar. Irreg. V. conj. de Almorzar.

DESOLLADERO (dessolhadero) s. m. Esfoladouro.

DESOLLADO, A (dessolhado) p. p. de Desollar. Esfolado. adj. fam. Descarado, desavergonhado, insolente. U. t. c. s.

DESOLLADOR, A (dessolhador) adj. Esfolador (que tira a pele). Esfolador (que vende a preço exorbitante).

DESOLLADURA (dessolhadura) s. f. Esfolamento.

DESOLLAR (dessolhar) v. tr. Esfolar, tirar a pele. U. t. c. pron. fig. Esfolar, explorar, vender a preço exorbitante. fig. fam. Murmurar do próximo. Irreg. V. conj. de Almorzar.

DESOLLÓN (dessolhòn) s. m. fam. Esfoladela, esfoladura, pequena escoriação.

DESONCE (dessonce) s. m. Ação de DESONZAR.

DESONZAR (dessonçar) v. tr. Descontar uma ou mais onças em libras.

DESOPILACIÓN (dessopilaciòn) s. f. Desopilação.

DESOPINAR (dessopinar) v. tr. Desacreditar, desconceituar, desabonar, infamar.

DESOPRESIÓN (dessopressiòn) s. f. Desopressão, alívio.

DESORDEN (dessorden) s. m. Desordem, confusão, alteração, desconcerto. Demasia, excesso, descomedimento.

DESORDENAMIENTO (dessordenamiento) s. m. Desordenamento, desordem.

DESOREJADO, A (dessojado) p. p. de Desorejar. Desorelhado. adj. fig. fam. Abjeto, prostituído, degradado, infame. U. t. c. s. fig. fam. Amer. cub. Descarado, desavergonhado. fig. fam. Amer. per. Diz-se de quem canta mal ou tem mau ouvido musical.

DESOREJAMIENTO (dessojamiento) s. m. Desorelhamento.

DESOREJAR (dessorejar) v. tr. Desorelhar.

DESORGANIZACIÓN (dessorganiçaciòn) s. f. Desorganização.

DESORIENTACIÓN (dessorientaciòn) s. f. Desorientação.

DESORIENTAMIENTO (dessorientamiento) s. m. Desorientamento.

DESORILLAR (dessorilhar) v. tr. Tirar a orla, ourela ou borda de certas coisas.

DESORTIJADO, A (dessortijado) adj. Vet. Deslocado, relaxado das desarticulações.

DESORTIJAR (dessortijar) v. tr. Agr. Sachar pela primeira vez as plantas.

DESOSAR (dessossar) v. tr. V. DESHUESAR. Irreg. Ind. pres. Deshues-o, as, a, an. Sub. pres. Deshues-e, es, e, en. Imperat. Deshues-a, e, en.

DESOVADERO (dessovadero) s. m. Desovadouro.

DESOVE (dessove) s. m. Desova.

DESOVILLAR (dessovilhar) v. tr. Desenovelar. fig. Desenredar, aclarar. U. t. c. pron.

DESOXIDABLE (dessocsidable) adj. Desoxidável.

DESPABILADERAS s. f. pl. Espevitadeira.

DESPABILADO, A p. p. de Despabilar. Espevitado. adj. Acordado, desperto. fig. Vivo, astuto, esperto.

DESPABILADOR, A adj. Espevitador. s. m. Espevitador. Espevitadeira.

DESPABILAR v. tr. Espevitar (a vela, candeeiro etc.) fig. Despachar, acabar com brevidade. fig. Furtar, tirar cautelosamente. fig. Avivar, espertar, aguçar, excitar o engenho. U. t. c. pron. fig. fam. Matar, despachar, tirar a vida. v. pron. fig. Espertar-se, acordar-se. fig. Amer. Retirar-se, ir embora.

DESPACHADERAS (despatchaderas) s. f. pl. fam. Maneira de responder, áspera e secamente.

DESPACHADO, A (despatchado) adj. Desfaçado, descarado, desavergonhado.

DESPACHO (despatcho) s. m. Despacho. Dipl. Despacho. Telefonema. Despacho telegráfico. Amer. V. PULPERÍA. Gabinete, escritório, sala de despacho. Armazém, lugar onde se despacham mercadorias.

DESPACHURRAMIENTO (despatchurramiento) s. m. Pisadura, achatamento, esmagamento. fig. fam. Embrulho (má explicação).

DESPACHURRAR (despatchurrar) v. tr. fam. Esmagar, pisar, rebentar, achatar, esmigalhar. fig. fam. Embrulhar (explicar mal). fig. fam. Confundir, desconcertar, embrulhar (por explicar mal).

DESPACHURRO (despatchurro) s. m. V. DES-PACHURRAMIENTO.

DESPACIO adv. m. Devagar, vagarosamente. Pouco a pouco, lentamente, paulatinamente. Amer. Em voz baixa. adv. t. Por longo tempo. s. m. Amer. Lentidão, dilação. ¡—! interj. Cuidado!

DESPACITO adv. fam. Devagarinho. ¡—! interj. Cuidado!

DESPAJADOR, A (despajador) adj. Despalhador (pessoa que despalha).

DESPAJADURA (despajadura) s. f. Despalha.

DESPAJAR (despajar) v. tr. Despalhar.

DESPAJO (despajo) s. m. V. DESPAJADURA.

DESPALDAR v. tr. V. DESPALDILLAR.

DESPALDILLADURA (despaldilhadura) s. f. Ação de despaletear.

DESPALDILLAR (despaldilhar) v. tr. Despaletear. U. t. c. pron.

DESPALETILLAR (despaletilhar) v. V. DES-PALDILLAR. fig. fam. Machucar, maltratar as espáduas. U. t. c. pron.

DESPALMADOR s. m. Náut. Dique. Instrumento para despalmar.

DESPALMADURA s. f. Ação de despalmar. pl. Aparas dos cascos dos quadrúpedes.

DESPALMAR v. tr. Náut. Espalmar, carenar. Vet. Despalmar.

DESPAMPANADURA s. f. Agr. Ação de desparrar ou despampar. Ação de desbastar ou desfolhar.

DESPAMPANAR v. tr. Agr. Despampar, despampanar, desparrar. Agr. Desbastar as videiras. fig. fam. Estupefazer, assombrar, desconcertar. v. intr. fig. fam. Desafogar-se, desabafar-se, falar livremente. v. pron. fam. Pisar-se, magoar-se devido a golpe ou queda.

DESPAMPANILLAR (despampanilhar) v. tr. V. DESPAMPANAR, 1ª acep.

DESPAMPANO s. m. V. DESPAMPANADURA.

DESPAMPLONAR v. tr. Agr. Separar os pimpolhos muito juntos das videiras. v. pron. Deslocar a mão.

DESPANCIJAR (despancijar) v. tr. fam. V. DES-PANZURRAR.

DESPANZURRAR (despançurrar) v. tr. fam. Estripar, destripar, rasgar o ventre. fam. Matar, estripar.

DESPANZURRO (despançurro) s. m. Amer. chil. V. PATOCHADA.

DESPAPUCHO (despaputcho) s. m. Amer. argent. V. PATOCHADA.

DESPAREJAR (desparejar) tr. Desemparelhar. U. t. c. pron.

DESPAREJO, A (desparejo) adj. Desigual, diferente, não parelho.

DESPARPAJANO, A (desparpajano) p. p. de Desparpajar. Espalhado, desfeito, desarranjado, desalinhado. adj. Esperto, desenvolto, despachado, desembaraçado.

DESPARPAJAR (desparpajar) v. tr. Espalhar, desfazer, desarranjar, desalinhar. fam. Tagarelar, charlar, palrar.

DESPARPAJO (desparpajo) s. m. fam. Desenvoltura, desembaraço, viveza. Amer. centr. Espalhafato, desordem, confusão.

DESPARRAMADO, A p. p. de Desparramar. Esparramado. adj. Amplo, espaçoso, aberto.

DESPARRAMAMIENTO s. m. Esparramo, esparrame.

DESPARRAMAR v. tr. Esparramar, espalhar, dispersar, esparralhar. fig. Dissipar, malbaratar, malgastar, dilapidar os bens. v. pron. Esparramar-se, espalhar-se. Dissipar-se, desvanecer-se.

DESPARRAMO *s. m.* Esparramo, esparrame.
DESPARRANCADO, A *adj.* V. ESPARRAN-
CADO.
DESPARRANCAR *v. tr.* V. ESPARRANCAR.
DESPARTIMIENTO *s. m.* Divisão, ação de
despartir.
DESPARVAR *v. tr. Agr.* Amontoar os feixes trilha-
dos.
DESPATARRADO, A *adj.* Escarranchado, escar-
rapachado. Estupefato, assombrado, estatelado.
DESPATARRAR *v. tr. fam.* Escarranchar, escarra-
pachar. U. t. c. pron. *fam.* Assombrar, espantar,
estatelar. *v. pron.* Cair com as pernas abertas.
DESPATILLAR (despatilhar) *v. tr.* Desbastar (a
madeira). Cortar as costeletas (do cabelo).
DESPATURRAR *v. tr. fig. fam. Amer.* V.
DESPACHURRAR, 2ª acep.
DESPAVESADERAS (despavessaderas) *s. f. pl.* V.
DESPABILADERAS.
DESPAVESADURA (despavessadura) *s. f.* Ação
de espevitar (uma vela, um candeeiro etc.).
DESPAVESAR (despavessar) *v. tr.* V. DESPABI-
LAR, 1ª acep.
DESPAVONAR *v. tr.* Tirar o bronzeado de uma
superfície de ferro ou aço.
DESPAVORIDAMENTE *adv.* Apavoradamente,
espavoridamente.
DESPAVORIDO, A *adj.* Apavorado, espavorido.
DESPAVORIR *v. tr.* Espavorir, apavorar. U. t. c.
pron. *Irreg.* V. conj. de *Abolir.*
DESPEADURA *s. f.* Pisadura, dor, moléstia nos
pés (por se ter caminhado muito).
DESPEAMIENTO *s. m.* V. DESPEADURA.
DESPEARSE *v. pron.* Magoar os pés à força de
andar.
DESPECHADAMENTE (despetchadamente) *adv.*
Despeitadamente.
DESPECHADO, A (despetchado) *adj.* Despei-
tado. Irritado, zangado, indignado, colérico.
Desmamado.
DESPECHAR (despetchar) *v. tr.* Despeitar, indig-
nar. U. t. c. pron. *fam.* Desmamar. *ant.* Gravar,
sobrecarregar os tributos.
DESPECHO (despetcho) *s. m.* Despeito. V. DE-
SESPERACIÓN. Cólera, ira, zanga, fúria. *fam.*
Desmame. *A —, loc. adv.* A despeito de, apesar de.
DESPECHOSO, A (despetchosso) *adj. ant.* V.
DESPECHADO, 2ª acep.
DESPECHUGAMIENTO (despetchugamiento)
s. m. Ação de DESPECHUGAR.
DESPECHUGAR (despetchugar) *v. tr.* Cortar o
peito da ave. *v. pron. fig. fam.* Descobrir o peito.
DESPECTIVAMENTE *adv.* Depreciativamente.
DESPECTIVO, A *adj.* Depreciativo.
DESPEDAZADOR, A (despedaçador) *adj.*
Despedaçador. U. t. c. s.
DESPEDAZAMIENTO (despedaçamento) *s. m.*
Despedaçamento.
DESPEDAZAR (despedaçar) *v. tr.* Despedaçar,
dilacerar, partir, rasgar. *fig.* Destruir, aniquilar,
despedaçar. U. t. c. pron.
DESPEDIMIENTO *s. m.* Despedimento, despe-
dida.
DESPEDRAR *v. tr.* V. DESPEDREGAR. *vulg.*
Desempedrar, descalçar. *Irreg.* V. conj. de
Calentar.
DESPEDREGAR *v. tr. Agr.* Desempedrar (limpar
das pedras uma terra).
DESPEGADAMENTE *adv.* Desapegadamente.
DESPEGADO, A *p. p.* de *Despegar.* Despegado;
desapegado. *adj. fig. fam.* Ríspido, áspero,
desabrido.
DESPEGADURA *s. f.* Ação de *Despegar.*
DESPEGAMIENTO *s. m.* Despego.
DESPEGAR *v. tr.* Despegar, desunir, separar.
Aviaç. Decolar. *v. pron. fig.* Desapegar-se. Cair
mal, não assentar ou dizer bem.
DESPEGO *s. m.* Desapego, despego.
DESPEINAR *v. tr.* Despentear. U. t. c. pron.
DESPEJADAMENTE (despejadamente) *adv.*
Desembaraçadamente, despejadamente.
DESPEJADO, A (despejado) *adj.* Desembaraça-
do, desenvolto. Claro, límpido, nítido (diz-se da
inteligência). Espaçoso, amplo, largo.

DESPEJAR (despejar) *v. tr.* Despejar, desembaraçar, desocupar. *fig.* Aclarar, esclarecer. *Alg.*
Achar o valor da incógnita (uma equação). *v.*
pron. Desembaraçar-se, tornar-se desenvolto.
Divertir-se, espairecer. Despejar-se, aclarar-se,
aliviar-se (o tempo). Não ter mais febre, melhorar
(um enfermo).
DESPEJO (despejo) *s. m.* Despejo. Desenvoltura,
desembaraço. Inteligência clara, talento, engenho
agudo.
DESPELLEJADURA (despelhejadura) *s. f.* V.
DESOLLADURA.
DESPELLEJAR (despelhejar) *v. tr.* Esfolar, pelar,
escorchar. *fig. fam.* Falar mal de uma pessoa.
DESPELOTAR *v. tr.* Desgrenhar, despentear,
escabelar.
DESPELUGAR *v. tr. Amer. chil.* V. DESPE-
LUZAR.
DESPELUZAMIENTO (despeluçamiento) *s. m.*
Ação de DESPELUZAR.
DESPELUZAR (despeluçar) *v. tr.* Desgrenhar,
desguedelhar; arripiar ou eriçar o cabelo. U. t. c.
pron. *Amer. cub.* Depenar, despojar alguém de
tudo o que possue.
DESPELUZNANTE *adj. fam.* Horripilante, pavo-
roso, horrível, apavorante.
DESPELUZNAR *v. tr.* V. DESPELUZAR.
DESPEÑADAMENTE (despenhadamente) *adv.*
Precipitadamente, despenhadamente.
DESPEÑADERO, A (despenhadero) *adj.* Pró-
prio para despenhar ou despenhar-se. *s. m.*
Despenhadeiro, precipício. *fig.* Risco, perigo,
precipício.
DESPEÑADIZO, A (despenhadiço) *adj.* V.
DESPEÑADERO, 1ª acep.
DESPENADOR, A *adj.* Consolador, que afasta as
mágoas ou penas.
DESPEÑAMIENTO (despenhamiento) *s. m.* V.
DESPEÑO.
DESPENAR *v. tr.* Consolar, afastar as penas ou
mágoas. *fig. fam.* Matar. *Amer.* Desesperar.
DESPEÑAR (despenhar) *v. tr.* Despenhar, precipi-
tar. U. t. c. pron. *v. pron.* Despenhar-se, entregar-
se desenfreadamente aos vícios ou paixões.
DESPENDEDOR, A *adj.* Malbaratador, dissi-
pador, dilapidador, esbanjador.
DESPENDER *v. tr.* Malbaratar, dissipar, esbanjar,
dilapidar.
DESPENDICIÓN *s. m.* Malbarato, esbanjamento,
dilapidação.
DESPEÑO (despenho) *s. m.* Despenhamento,
despenho.
DESPENSERÍA *s. f.* Ofício de despenseiro.
DESPENSERO *s. m.* Despenseiro.
DESPEO (despèo) *s. m.* V. DESPEADURA.
DESPEPITAR *v. tr.* Tirar as sementes de algumas
frutas. *v. pron.* Esganiçar-se, esgoelar-se. *fig.*
Descomedir-se, desenfrear-se. *—se por una cosa,*
loc. fig. fam. Desejar ardentemente uma coisa.
DESPERCATARSE *v. pron. Amer. cub.* Des-
cuidar-se, desleixar-se, abandonar-se.
DESPERCUDIDO, A *p. p.* de *Despercudir.*
Desembaciado, desempanado. *adj. Amer.* Desen-
volto, desembaraçado, vivo, esperto.
DESPERCUDIR *v. tr.* Desembaciar, desempanar.
Amer. Desembaraçar, avivar, espevitar, destorcer
(uma pessoa). U. t. c. pron.
DESPERDICIADAMENTE *adv.* Desperdiça-
damente.
DESPERDICIADO, A *p. p.* de *Desperdiciar.*
Desperdiçado. *adj.* Desperdiçado, desperdiçador.
U. t. c. s.
DESPERDICIADOR, A *adj.* Desperdiçador. U. t.
c. s.
DESPERDICIAR *v. tr.* Desperdiçar, malbaratar,
dissipar, desaproveitar, perder, empregar mal.
DESPERDICIO *s. m.* Desperdício (ação ou efeito
de desperdiçar). Desperdício, refugo, rebotalho.
DESPERDIGAMIENTO *s. m.* Ação de *Des-
perdigar.*
DESPERDIGAR *v. tr.* Dispersar, separar, desunir.
DESPEREZAR (desperezar) *v. tr.* Espreguiçar. *v.*
pron. Espreguiçar-se.
DESPEREZO (desperezo) *s. m.* Espreguiçamento.
DESPERFECCIONAR *v. tr.* Estragar, deteriorar,
danificar.

DESPERFECTO *s. m.* Pequeno estrago ou dete-
rioração. Defeito (imperfeição que diminui o
mérito de alguma coisa).
DESPERNADO, A *p. p.* de *Despernar.* Estropiado
(das pernas). *fig.* Fatigado, cansado, estropiado.
DESPERNANCAR *v. tr. Amer. chil.* V. DES-
PERNAR. *Amer. cub., chil.* e *venezuel.* V.
DESPATURRARSE.
DESPERNAR *v. tr.* Cortar ou estropiar as pernas.
Irreg. V. conj. de *Calentar.*
DESPERTAMIENTO *s. m.* Despertar (ação de).
DESPESAR (despessar) *s. m.* Desgosto, pesar,
mágoa, pena.
DESPESTAÑAR (despestanhar) *v. tr.* Tirar, arran-
car as pestanas. *v. pron. fig.* V. DESOJAR, 2ª acep.
DESPEZAR (despeçar) *v. tr.* Rebaixar o extremo
de um tubo para que entre noutro. *Irreg.* V. conj.
de *Calentar.*
DESPEZO (despeço) *s. m.* Ação de *Despezar. Arq.*
V. DESPIEZO.
DESPEZONAMIENTO (despeçonamiento) *s. m.*
Ação de *Despezonar.*
DESPEZONAR (despeçonar) *v. tr.* Tirar o pé, o
pedúnculo, o pecíolo às folhas, flores, frutos etc.
Dividir e separar duas coisas. *v. pron.* Quebrar-se
o eixo de um carro ou a haste de uma fruta.
DESPIADADAMENTE *adv.* Despiedadamente.
DESPIADADO, A *adj.* Despiedado, despiedoso,
desumano.
DESPICHAR (despitchar) *v. tr.* Destilar umidade,
transudar. *Agr.* V. DESCOBAJAR. *v. intr. fam.*
Morrer, falecer.
DESPIDO *s. m.* Despedida.
DESPIRITAMENTE *adv.* Espirituosamente,
engenhosamente, inteligentemente.
DESPIERTO, A *p. p. Irreg.* de *Despertar.*
Desperto. *adj. fig.* Esperto, vivo, astuto.
DESPIEZO (despieço) *s. m. Arq.* Juntura (de uma
pedra sobre outra).
DESPILFARRADAMENTE *adv.* Desperdiçada-
mente, com esbanjamento. Desordenadamente,
profusamente. Em farrapos, aos pedaços.
DESPILFARRADO, A *p. p.* de *Despilfarrar. adj.*
Esfarrapado, andrajoso. U. t. c. s. Pródigo, dissi-
pador, malbaratador. U. t. c. s.
DESPILFARRAR *v. tr.* Malbaratar, esbanjar, dis-
sipar, dilapidar, desperdiçar. *v. pron. fam.*
Esbanjar dinheiro em alguma ocasião.
DESPILFARRO *s. m.* Malbarato, esbanjamento,
profusão, dissipação. Desalinho, esfarrapamento,
esfrangalhamento.
DESPILONAR *v. tr. Amer.* V. DESOREJAR.
DESPILUCHAR (despilutchar) *v. tr. Amer. chil.*
Despir, desvestir.
DESPIMPOLHADURA (despimpolhadura) *s. f.*
Agr. Desbaste (dos renovos).
DESPIMPOLLAR (despimpolhar) *v. tr. Agr.*
Desbastar, tirar os renovos inúteis.
DESPINCES *s. m. pl.* V. DESPINZAS.
DESPINZADERA (despinçadera) Espinçadeira, a
que espinça.
DESPINZADURA (despinçadura) *s. f.* Espinça
(ato de espinçar).
DESPINZAR (despinçar) *v. tr.* Espinçar.
DESPINZAS (despinças) *s. f. pl.* Espinça, espin-
çadeira.
DESPIOJAR (despiojar) *v. tr.* Despiolhar. U. t. c.
pron. *fig. fam.* Tirar da miséria uma pessoa.
DESPIOJO (despiojo) *s. m.* Despiolhamento.
DESPISTOJARSE (despitojarse) *v. pron.* V. DE-
SOJAR *(v. pron.).*
DESPIZCAR *v. tr.* Esmigalhar, esmiuçar. *v. pron.*
fig. Afanar-se, desfazer-se em tal ou qual coisa.
DESPLACER *s. m.* Desprazer, desagrado, desgos-
to. *v. tr.* Desprazer, desgostar, desagradar. *Irreg.* V.
conj. de *Nacer.*
DESPLANCHAR (desplantchar) *v. tr.* Amarrotar
(a roupa passada a ferro).
DESPLANCIBLE *adj. ant.* Desprazível.
DESPLANTACIÓN *s. f. Agr.* Desplantação.
DESPLANTAR *v. tr. ant.* Desplantar, desarraigar,
extirpar. *Esgr.* Perder a posição reta. Desaprumar.
U. t. c. pron.
DESPLATADO, A *p. p.* de *Desplatear.* Des-
prateado. *adj. Amer.* Sem dinheiro.
DESPLATAR *v. tr.* Despratear.

DESPLATE s. m. Ação de despratear.

DESPLAYADO, A (despladjado) p. p. de *Desplayar*. Espraiado. adj. Espraiado, amplo, vasto, desembaraçado.

DESPLAYAR (despladjar) v. tr. Espraiar, alargar, estender. v. intr. Espraiar (deixar a praia a descoberto).

DESPLAYE (despladje) s. m. Amer. Espraiamento.

DESPLAYO (despladjo) s. m. Amer. V. DESPLAYE.

DESPLAZAMIENTO (desplaçamiento) s. m. Náut. Deslocamento. Med. Deslocação, articulação.

DESPLAZAR (desplaçar) v. tr. Náut. Deslocar, calar. Med. Deslocar, desarticular, luxar.

DESPLEGADAMENTE adv. Claramente, abertamente, expressamente.

DESPLEGADURA s. f. Despregadura, desdobramento. Esclarecimento, elucidação.

DESPLEGAR v. tr. Despregar, desdobrar, desenvolver, soltar, estender. U. t. c. pron. fig. Elucidar, esclarecer, aclarar, desembrulhar. fig. Mostrar, desenvolver (uma atividade). Mil. Desenvolver. Irreg. V. conj. de *Calentar*.

DESPLEGO s. m. desus. Explicação clara, ingenuidade.

DESPLEGUETEAR v. tr. Agr. Esladroar (as videiras).

DESPLEGUETEO (despleguetèo) s. m. Agr. Esladroamento (das videiras).

DESPLIEGUE s. m. Despregadura, desdobramento, desenvolvimento (principalmente das tropas).

DESPLOMAR v. tr. Desaprumar. v. pron. Desaprumar-se. Desabar (uma parede). fig. Desabar, cair a prumo, ruir.

DESPLOME s. m. Desaprumo (efeito de desaprumar). fig. Desabamento.

DESPLOMO s. m. Desaprumo, inclinação, desvio de prumo. Amer. venezuel. V. REGAÑO.

DESPLUMADOR, A adj. Depenador.

DESPLUMADURA s. f. Ação de depenar.

DESPLUMAR v. tr. Depenar, desplumar. U. t. c. pron. fig. Depenar, espoliar astuciosamente.

DESPLUME s. m. V. DESPLUMADURA.

DESPOBLACIÓN s. f. Despovoação.

DESPOBLADA s. f. ant. V. DESPOBLACIÓN.

DESPOBLADO, A p. p. de *Despoblar*. adj. Despovoado, deserto, desabitado.

DESPOBLAMIENTO s. m. Despovoamento.

DESPOBLAR v. tr. Despovoar. v. pron. Despovoar-se. Irreg. V. conj. de *Almorzar*.

DESPODERADO, A adj. ant. Desapoderado, espoliado, despojado.

DESPOJO (despojo) s. m. Despojamento. Despojo, presa de guerra. Despojo, espólio. A fressura, a cabeça e as patas das reses mortas. Asas, pernas, moela, pescoço e cabeça das aves mortas.

DESPOLVAR v. tr. Desempoar, desempoeirar. U. t. c. pron.

DESPOLVOREAMIENTO s. m. Ação de desempoar ou desempoeirar.

DESPOLVOREAR v. tr. V. DESPOLVAR. Sacudir de si uma coisa. Amer. V. ESPOLVOREAR.

DESPOLVOREO (despolvorèo) s. m. V. DESPOLVOREAMIENTO.

DESPONERSE v. pron. Deixar a ave de pôr.

DESPORTILLAR (desportilhar) v. tr. Desbeiçar um vaso, quebrar ou lascar a borda ou gargalo de um frasco ou vaso.

DESPOSADO, A (despossado) p. p. de *Desposar*. Desposado. adj. Recém-casado. U. t. c. s. Algemado.

DESPOSANDO (despossando) s. m. e f. Nubente.

DESPOSEER (desposeer) v. tr. Desapossar, desapoderar, despojar, despossar, despossuir.

DESPOSEIMIENTO (desposseimiento) s. m. Dessapossamento.

DESPOSORIO (despossòrio) s. m. Contrato de casamento. Desposório, casamento.

DESPOSTILLAR (despostilhar) v. tr. Amer. mexic. V. DESPORTILHAR.

DESPOTIQUEZ s. m. Despotismo.

DESPOTRICAR v. tr. fam. Disparatar, despropositar, falar muito e sem tino.

DESPOTRIQUE s. m. Ação de *Despotricar*.

DESPRECIABLE adj. Desprezável, desprezível.

DESPRECIABLEMENTE adv. Desprezivelmente.

DESPRECIADOR, A adj. Desprezador.

DESPRECIAMIENTO s. m. Desprezamento.

DESPRECIAR v. tr. Desprezar, desdenhar, menosprezar, depreciar. v. pron. Desdenhar, não se dignar.

DESPRECIATIVO, A adj. Depreciativo.

DESPRECIO s. m. Desprezo, menosprezo, desdém.

DESPRENDIMIENTO s. m. Desprendimento. Desapego, desinteresse.

DESPRENSAR v. tr. Desimprensar.

DESPREOCUPACIÓN s. f. Despreocupação.

DESPREOCUPARSE v. pron. Despreocupar-se.

DESPRETINAR v. tr. Amer. V. DESAPRETINAR.

DESPREVENCIÓN s. f. Desprevenção, imprevidência.

DESPROPRIAR v. tr. ant. Desapropriar. (Usa-se ainda no Chile).

DESPROPORCIÓN s. f. Desproporção.

DESPROVEER v. tr. Desprover.

DESPROVEÍDAMENTE adv. Desprovidamente.

DESPROVEÍMIENTO s. m. Desprovimento.

DESPROVISTO, A p. p. Irreg. de *Desproveer*. Desprovido. adj. Desprovido, sem recursos.

DESPUEBLE s. m. Despovoamento.

DESPUEBLO s. m. V. DESPUEBLE.

DESPUENTE s. m. V. MARCEO.

DESPUÉS adv. Depois. adj. Seguinte, posterior (falando-se do tempo ou suas divisões).

DESPULGAR v. tr. Amer. V. ESPÚLGAR.

DESPULIR v. tr. Despolir.

DESPULMONARSE v. pron. fig. Fatigar-se, esbofar-se, esbaforir-se.

DESPULPADOR, A adj. Despolpador. s. m. Despolpador (instrumento).

DESPULPAR v. tr. Despolpar.

DESPULSAR v. tr. Extenuar, debilitar. v. pron. V. DESPEPITAR (v. pron.).

DESPUMADERA s. f. Espumadeira.

DESPUNTADURA s. f. Ação de despontar.

DESPUNTAR v. tr. Despontar (em todas as principais acepções deste vocábulo).

DESPUNTE s. m. V. DESPONTADURA.

DESQUEBRAJAR (desquebrajar) v. tr. V. ESQUEBRAJAR.

DESQUEBRAR v. tr. Partir, rachar, fender. Irreg. V. conj. de *Calentar*.

DESQUEJAR (desquejar) v. tr. Formar estacas das vergônteas para transplantá-las.

DESQUEMAR v. tr. Quím. Desoxigenar.

DESQUICIADO, A p. p. de *Desquiciar*. adj. Desordenado, desengonçado.

DESQUICIAMENTO s. m. Ação de desencaixar ou desengonçar.

DESQUICIAR v. tr. Desengonçar, desquiciar, desencaixar. fig. Desconcertar, desordenar, desarranjar. fig. Derrocar, fazer perder o valimento.

DESQUIJARAMIENTO (desquijaramiento) s. m. Ação de desqueixar.

DESQUIJARAR (desquijarar) v. tr. Desqueixar.

DESQUIJARRAR (desquijarrar) v. tr. Amer. V. DESQUIJARAR.

DESQUIJERAR (desquijerar) v. tr. Carp. Serrar uma tábua por dois lados para tirar um macho.

DESQUILIBRAR v. tr. Amer. chil. Desequilibrar.

DESQUILIBRIO s. m. Amer. chil. Desequilíbrio.

DESQUITAR v. tr. Desforrar, desquitar. U. t. c. pron. fig. Despicar. U. m. c. pron.

DESQUITE s. m. Desforra, desquite. Despique.

DESRABOTAR v. tr. Derrabar (os cordeiros).

DESRAMILLAR (desramilhar) v. tr. Agr. Esladroar.

DESRANCHARSE (desrantcharse) v. pron. Desarranchar-se.

DESRANILLAR (desranilhar) v. tr. Vet. Curar a ranilha do gado vacum.

DESRASTROJAR (desrastrojar) v. tr. Agr. Arrancar o restolho ou resteva.

DESRASTROJO (desrastrojo) s. m. Agr. Ação de arrancar o restolho ou resteva.

DESRAYADURA (desrasdjadura) s. f. Regueiro, sulco.

DESRAYAR (desrasdjar) v. tr. Agr. Abrir regueiros ou sulcos.

DESRAZONABLE (desraçonable) adj. Desrazoável, desarrazoado.

DESRAZONABLEMENTE (desraçonablemente) adv. Desarrazoadamente.

DESRAZONAR (desrasçonar) v. intr. Desarrazoar.

DESREGLADAMENTE adv. Desregradamente, desordenadamente.

DESREGLADO, A adj. V. DESARREGLADO.

DESREGLAR v. tr. e pron. V. DESARREGLAR.

DESREPUTACIÓN s. f. fam. Desonra, descrédito, mancha na reputação.

DESRIELAMIENTO s. m. Amer. Descarrilamento.

DESRIELAR v. tr. Amer. Descarrilhar.

DESRIÑONAR (desrinhonar) v. tr. V. DESLOMAR.

DESRIZAR (desriçar) v. tr. Desenriçar, desencrespar, desfrisar. U. t. c. pron. Náut. Desenrizar.

DESROBLAR v. tr. Tirar o rebite.

DESRODRIGAR v. tr. Agr. Tirar as estacas.

DESROÑAR (desronhar) v. tr. Agr. Esladroar.

DESRUMBAR v. tr. Amer. V. DERRUMBAR.

DESTACONAR v. tr. Gastar o tacão do calçado.

DESTAJADOR (destajador) s. m. Martelo de ferreiro, malho.

DESTAJAR (destajar) v. tr. Ajustar, fixar condições, concertar, empreitar, taxar. Cortar (o baralho). Amer. Talhar, cortar.

DESTAJERO (destajero) s. m. Empreiteiro.

DESTAJISTA (destajista) s. m. e f. Pessoa que trabalha por empreitada.

DESTAJO (destajo) s. m. Empreitada. fig. Empreitada, empresa, obra, tarefa. A —, loc. adv. Por empreitada, por peça. fig. Com afã, com afinco, apressadamente. Hablar a —, loc. fig. fam. Falar pelos cotovelos.

DESTALLAR (destalhar) v. tr. Agr. Destalar, esladroar.

DESTALONAR v. tr. Acalcanhar. Separar o talão de um recibo, de uma livreta etc. Vet. Rebaixar o casco de uma cavalgadura.

DESTAPADA s. f. Empada sem tampa.

DESTAPADURA s. f. Destapamento.

DESTAPAR v. tr. Destapar, destampar. fig. Descobrir, revelar. v. intr. Amer. mexic. Deitar a correr (os animais).

DESTAPIAR v. tr. Derribar as paredes de taipa.

DESTAPONAR v. tr. Desarrolhar, desrolhar, desbatocar.

DESTARA s. f. Ação de destarar.

DESTARTALADO, A p. p. de *Destartalar*. adj. Desordenado, desproporcionado, descomposto, desarranjado. U. t. c. pron.

DESTARTALAR v. tr. Desconcertar, desarranjar.

DESTARTALO s. m. Desarranjo, desconcerto.

DESTAZAR (destaçar) v. tr. Retalhar, espedaçar; esquartejar.

DESTECHADURA (destetchadura) s. f. Ato de descobrir uma casa, de tirar-lhe o teto.

DESTECHAR (destetchar) v. tr. Descobrir uma casa, tirar-lhe o teto.

DESTEJAMIENTO (destejamiento) s. m. Destelhamento.

DESTEJAR (destejar) v. tr. Destelhar. fig. Desabrigar, desamparar.

DESTEJER (destejer) v. tr. Destecer. fig. Destramar, destecer (uma trama ou conspiração).

DESTEJIDO, A (destejido) p. p. de *Destejer*. Destecido, destramado. s. m. Destecedura.

DESTELARSE v. pron. Esforçar-se, trabalhar com afã.

DESTELLAR (destelhar) v. tr. Cintilar, refulgir, faiscar, resplandecer, rutilar.

DESTELLO (destelho) s. m. Cintilação. Resplendor, brilho, fulgor, centelha, raio de luz. fig. Brilho (do talento ou do gênio). Náut. Aumento de intensidade na luz dos faróis.

DESTEMPLADAMENTE adv. Destemperadamente, imoderadamente, desordenadamente.

DESTEMPLADO, A p. p. de *Destemplar*. adj. Destemperado (que perdeu a têmpera). Destemperado (desafinado). Pint. Desarmonioso, discordante.

DESTEMPLADOR s. m. Destemperador (de aço).

DESTEMPLAMIENTO s. m. V. DESTEMPLANZA.

DESTEMPLANZA (destemplança) *s. f.* Intempérie. Intemperança, destemperança, excesso, desordem. Leve alteração do pulso.

DESTEMPLAR *v. tr.* Desconcertar, alterar, desordenar, destemperar, desorganizar. Destemperar, desafinar. U. t. c. pron. *v. pron.* Alterar-se (o pulso). Destemperar-se (perder a têmpera). Destemperar-se, desatinar, descomedir-se.

DESTEMPLE *s. m.* Destempero (desafinação). Ligeira indisposição. *fig.* Destempero, descomedimento, destemperança.

DESTENDER *v. tr.* Encurtar, retrair, encolher. *Irreg.* V. conj. de *Extender.*

DESTENIMIENTO (destenhimiento) *s. m.* Ação de destingir.

DESTEÑIR (destenhir) *v. tr.* Destingir, desbotar. *Irreg.* V. conj. de *Ceñir.*

DESTENTADAMENTE *adv.* Desatinadamente.

DESTENTAR *v. tr.* Afastar a tentação, apartar da tentação. *Irreg.* V. conj. de *Calentar.*

DESTERNERAR *v. tr.* Desterneirar.

DESTERNILLARSE (desternilharse) *v. pron.* Romper as cartilagens. (U. t. em sentido fig.). — *de risa,* rebentar de riso.

DESTERRADERO *s. m.* Desterro, ermo.

DESTERRAR *v. tr.* Desterrar, condenar a desterro. Desenterrar. *fig.* Desterrar, afugentar. *Irreg.* V. conj. de *Calentar.*

DESTERRONAMIENTO *s. m.* Destorroamento.

DESTERRONAR *v. tr.* Destorroar.

DESTETADERA *s. f.* Desmamadeira.

DESTETAR *v. tr.* Desmamar, destetar. U. t. c. pron.

DESTETE *s. m.* Desmame, desmamo, desmama, desmamação.

DESTETILLADO, A (destetilhado) *p. p.* de *Destetillar. s. m. Agr.* Esladroamento.

DESTETILLAR (destetilhar) *v. tr. Agr.* Esladroar.

DESTETO *s. m.* Conjunto de reses desmamadas.

DESTIEMPO (A) *loc. adv.* A destempo, fora de horas, inoportunadamente.

DESTIERRO *s. m.* Desterro, exílio, deportação, degredo, expatriação. Desterro (lugar onde vive o desterrado). Desterro, ermo.

DESTILABLE *adj.* Destilável.

DESTILACIÓN *s. f.* Destilação. Exsudação, gotejamento.

DESTILADERA *s. f.* Destiladeira. *Amer.* Filtro (para a água).

DESTILATORIO *s. m.* Destilaria. Destilador, alambique.

DESTILERÍA *s. f.* Destilaria.

DESTINAR *v. tr. ant.* Desatinar.

DESTIÑO (destinho) *s. m.* Favo sem mel.

DESTITUICIÓN *s. f.* Destituição, deposição, demissão.

DESTITUIBLE *adj.* Destituível, demissível.

DESTOCAR *v. tr.* Destoucar (desmanchar o toucado). U. t. c. pron.

DESTONGAR *v. tr. Amer.* Desnucar.

DESTORCER *v. tr.* Destorcer, endireitar. *fig.* Arranjar, compor. *v. pron. Náut.* Desviar-se do rumo. *Irreg.* V. conj. de *Moler.*

DESTORLONGADO, A *adj. Amer. mexic.* V. DESTORNILLADO.

DESTORNILLADO, A *p. p.* de *Destornillar. adj. fig.* Desaparafusado, insensato, estouvado. U. t. c. s.

DESTORNILLADOR, A (destornilhador) *adj.* Desaparafusador; desatarraxador. *s. m.* Desaparafusador, chave de fenda.

DESTORNILLAMIENTO (destornilhamiento) *s. m.* Desaparafusamento. Desatarraxamento.

DESTORNILLAR (destornilhar) *v. tr.* Desaparafusar. Desatarraxar. *v. pron. fig.* Desaparafusar-se, perder o juízo.

DESTORNUDAR *v. tr.* V. ESTORNUDAR.

DESTORNUDO *s. m.* V. ESTORNUDO.

DESTORRENTADO, A *adj. Amer. centr.* V. DESTORNILLADO, 2ª acep.

DESTORRENTARSE *v. pron. Amer. centr.* V. DESTORNILLAR, 3ª acep.

DESTOSERSE *v. pron.* Fingir tosse.

DESTRABAR *v. tr.* Destravar. Desapertar, separar, desprender, desatar.

DESTRABAZÓN (destrabaçòn) *s. f.* Ação de *Destrabar.*

DESTRAILLAR (destrailhar) *v. tr.* Destrelar, desatrelar.

DESTRAL *s. m.* Machado pequeno, machadinha.

DESTRALEJA (destraleja) *s. f.* Machadinha.

DESTRASTAR *v. tr. Amer. chil.* Desmobilar.

DESTREJAR (destrejar) *v. intr.* Proceder com destreza.

DESTRENZAR (destrençar) *v. tr.* Destrançar, desentrançar.

DESTREZA (destreça) *s. f.* Destreza, habilidade, finura, jeito. Esgrima.

DESTRINQUE *s. m. Náut.* Ação de destrincar.

DESTRIPACUENTOS *s. m.* e *f. fam.* Pessoa que interrompe a quem fala ou narra.

DESTRIPADURA *s. f.* V. DESTRIPAMIENTO.

DESTRIPAMIENTO *s. m.* Estripação.

DESTRIPAR *v. tr.* Estripar, desventrar. *fig.* Desentranhar, tirar de dentro. *fig. fam.* Interromper uma narração, adiantando o desenlace.

DESTRIPATERRONES *s. m. fig. fam.* Jornaleiro, trabalhador da terra.

DESTRIPE *s. m.* V. DESTRIPAMIENTO.

DESTRÍSIMO, A (destríssimo) *adj. Superl.* de *Diestro.*

DESTRIUNFAR *v. tr.* Destrunfar.

DESTRIZAR (destriçar) *v. tr.* Esmigalhar, espedaçar, esmiuçar. *v. pron. fig.* Consumir-se, ralar-se (de desgosto, enfado etc.).

DESTRONCADO, A *p. p.* de *Destroncar. adj. Amer. equat.* V. DESMADEJADO.

DESTRONCAMIENTO *s. m.* Destroncamento, estroncamento. Ação de *Destroncar,* 1ª acep.

DESTRÓN *s. m.* Guia (de cego).

DESTRONAMIENTO *s. m.* Destronamento; destronização.

DESTRONCAR *v. tr.* Derribar uma árvore. *fig.* Arruinar, destroçar, prejudicar, cortar, anular (planos, etc.). *fig.* Destroncar, estroncar, decepar. *fig.* Desconjuntar, desmembrar. *fig. Amer. mexic.* Abombar.

DESTRONQUE *s. m.* V. DESTRONCAMIENTO.

DESTROZADOR, A (destroçador) *adj.* Despedaçador, espedaçador, rasgador. Destro-çador. *fig.* Gastador, mão-aberta, dilapidador.

DESTROZAMIENTO (destroçamiento) *s. m.* V. DESTROZO.

DESTROZAR (destroçar) *v. tr.* Despedaçar, espedaçar, rasgar, romper, estragar. *fig.* V. DERROCHAR. *Mil.* Destroçar, desbaratar, derrotar, vencer.

DESTROZO (destroço) *s. m.* Despedaçamento, espedaçamento. Destroço (ato de destroçar). Rasgadura, rompedura.

DESTROZÓN, A (destroçòn) *adj. fig.* Diz-se de quem estraga muito a roupa ou o calçado.

DESTRUCCIÓN *s. f.* Destruição, ruína, devastação, assolamento.

DESTRUCTIBILIDAD (destructibilidad) *s. f.* Destrutibilidade.

DESTRUCTIBLE *adj.* Destrutível.

DESTRUCTIVIDAD (destructividad) *s. f.* Destrutibilidade.

DESTRUCTIVO, A *adj.* Destrutivo.

DESTRUCTOR, A *adj.* Destrutor, destruidor. U. t. c. s. *s. m.* Destruidor, contra-torpedeiro.

DESTRUCTORIO, A *adj.* V. DESTRUCTIVO.

DESTRUECO *s. m.* V. DESTRUEQUE.

DESTRUEQUE *s. m.* Destroca.

DESTRUÍBLE *adj.* Destrutível.

DESTRUYENTE (destrudjente) *p. a.* de *Destruir. adj.* Destruidor.

DESTUNGAR *v. tr. Amer. chil.* Desnucar.

DESTUSTUZAR (destustuçar) *v. tr. Amer.* V. DESTUNGAR.

DESTUTUNAR *v. tr. Amer.* Tirar o tutano, a medula dos ossos. *v. pron. Amer.* Ferir-se ou magoar-se gravemente. *fig. Amer. centr.* Consumir-se, finar-se (no trabalho). *fig. Amer. cub.* Esforçar-se por conseguir uma coisa.

DESUARDAR (dessuardar) *v. tr.* Dessuar a lã.

DESUBSTANCIACIÓN (dessubstanciaciòn) *s. f.* V. DESUSTANCIACIÓN.

DESUBSTANCIAR (dessubstanciar) *v. tr.* V. DESUSTANCIAR.

DESUCACIÓN (dessucaciòn) *s. f.* Ação de tirar ou espremer o suco.

DESUCAR (dessucar) *v. tr.* Tirar ou espremer o suco.

DESUDACIÓN (dessudaciòn) *s. f.* Dessudação.

DESUDAR (dessudar) *v. tr.* Dessuar, enxugar o suor.

DESUELAR (dessuelar) *v. tr.* Dessolar.

DESUELLACARAS (dessuelhacaras) *s. m. fig. fam.* Mau barbeiro. *s. m.* e *f. fig. fam.* Pessoa descarada ou desavergonhada.

DESUELLO (dessuelho) *s. m.* Esfoladura. *fig.* Descaramento, impaciência, desfaçatez, desavergonhadamente.

DESUERADORA (dessueradora) *s. f.* Dessoradora (máquina).

DESUERAR (dessuerar) *v. tr.* Dessorar, tirar o soro.

DESUERO (dessuero) *s. m.* Ato de dessorar.

DESULFURACIÓN (dessulfuraciòn) *s. f. Quím.* Dessulfuração.

DESULFURAR (dessulfurar) *v. tr. Quím.* Dessulfurizar, dessulfurar.

DESUÑAR (dessunhar) *v. tr.* Desunhar. *Agr.* Arrancar as raízes velhas dos vegetais. *v. pron. fig. fam.* Desunhar-se, afanar-se. *fig. fam.* Entregar-se de todo a um vício.

DESUNCIR (dessuncir) *v. tr.* Disjungir, soltar do jugo.

DESUNIÓN (dessuniòn) *s. f.* Desunião, desavença, discordância.

DESURCAR (dessurcar) *v. tr.* Desfazer os sulcos.

DESUSTANCIACIÓN (dessustanciaciòn) *s. f.* Ação de dessubstanciar, enfraquecer ou desvirtuar.

DESUSTANCIAR (dessustanciar) *v. tr.* Dessubstanciar, enfraquecer, desvirtuar.

DESVAHAR (desvaar) *v. tr. Agr.* Limpar, tirar as partes secas de uma planta.

DESVAHO (desvào) *s. m. Agr.* Ação de *Desvahar.*

DESVAÍDO, A *p. p.* de *Desvairse. adj.* Esgrouvinhado (magro, alto e desajeitado). *adj.* Desmaiado, desvanecido (falando-se de cores).

DESVAINADURA *s. f.* Debulha, descasca.

DESVAINAR *v. tr.* Debulhar, esbagoar, descascar. *ant.* Desembainhar.

DESVAIRSE *v. pron. Náut.* Abrir-se (as costuras). Adelgaçar-se, afinar-se, estreitar-se até acabar em ponta.

DESVALIDAMENTE *adv.* Desamparadamente, desprotegidamente.

DESVALIJAMIENTO (desvalijamiento) *s. m.* Ação de desvalijar. Saque, roubo, despojo.

DESVALIJAR (desvalijar) *v. tr.* Desvalijar, roubar o conteúdo de uma mala. Saquear, roubar, despojar.

DESVALIMIENTO *s. m.* Desvalimento, desamparo, desproteção.

DESVALORADOR, A *adj.* Desvalorizador.

DESVALORAR *v. tr.* Desvalorizar, depreciar. *fig.* Desprezar, menosprezar.

DESVALORIZACIÓN (desvaloriçaciòn) *s. f.* Desvalorização, desvaliação.

DESVÁN *s. m.* Desvão (espaço entre o telhado e o forro de uma casa). — *gatero,* desvão inabitável.

DESVANECIMIENTO *s. m.* Desvanecimento, vaidade, ufania. Desmaio.

DESVANEO (desvanèo) *s. m. Amer.* Devaneio, desvaneio.

DESVAPORIZADERO (desvaporiçadero) *s. m.* Respiradouro, evaporatório.

DESVAPORIZAR (desvaporiçar) *v. tr.* Evaporar, respirar.

DESVARAR *v. tr.* Resvalar, escorregar, deslizar. *Náut.* Desvarar, desencalhar.

DESVARIADO, A *p. p.* de *Desvariar. adj.* Desvariado, desvairado, delirante. Extravagante, confuso, discorde. Diz-se dos ramos assimétricos das árvores.

DESVARIAR *v. intr.* Desvairar, desvariar, delirar. *v. tr. ant.* Diferenciar, variar.

DESVARÍO *s. m.* Desvario, desvairo, desvaire. Desatino, desacerto. *fig.* Inconstância, capricho. *fig.* Extravagância, monstruosidade.

DESVEDADO, A *p. p.* de *Desvedar.* Não mais proibido; permitido.

DESVEDAR *v. tr.* Revogar uma proibição.

DESVEÍDO, A *adj. Amer.* V. DESVAÍDO.

DESVELADAMENTE *adj.* Desveladamente. Vigilantemente. Diligentemente.

DESVELAMIENTO *s. m.* V. DESVELO.

DESVELAR *v. tr.* Desvelar, tirar o sono, não deixar dormir. U. t. c. pron. *v. pron.* Desvelar-se, diligenciar, vigiar.

DESVELO *s. m.* Desvelo, diligência, vigilância. Vigília.

DESVENAR *v. tr.* Dissecar as veias. *Min.* Tirar do veio o minério. *Bot.* Desfibrar. *Equit.* Arquear o bocal do freio.

DESVENCIJAR (desvencijar) *v. tr.* Desconsertar uma coisa, afrouxando ou desunindo as suas partes. U. t. c. pron.

DESVENTAJA (desventaja) *s. f.* Desvantagem, inferioridade, dano.

DESVENTAJOSAMENTE (desventajosamente) *adv.* Desvantajosamente.

DESVENTAJOSO, A (desventajosso) *adj.* Desvantajoso, prejudicial.

DESVENTAR *v. tr.* Arejar, aventar. *Irreg.* V. conj. de *Calentar.*

DESVERGONZADAMENTE (desvergonçadamente) *adv.* Desavergonhadamente.

DESVERGONZADO, A (desvergonçado) *adj.* Desavergonhado, desvergonhado, descarado, impudente, indigno.

DESVERGONZAMIENTO (desvergonçamiento) *s. m. ant.* V. DESVERGÜENZA.

DESVERGONZARSE (desvergonçarse) *v. pron.* Desavergonhar-se, descarar-se, descomedir-se, atrever-se. *Irreg.* V. conj. de *Almorzar.*

DESVERGÜENZA (desvergüença) *s. f.* Desavergonhamento, desvergonha, descaramento, atrevimento, petulância, insolência, desfaçatez, impudor, desaforo.

DESVERGÜENZAMIENTO (desvergüençamiento) *s. m.* V. DESVERGÜENZA.

DESVIACIÓN *s. f.* Desviação, desvio.

DESVIEJAR (desviejar) *v. tr.* Apartar do rebanho o gado velho.

DESVÍO *s. m.* Desvio. *fig.* Desapego, desafeição, desdém, isenção.

DESVIRAR *v. tr.* Arrunhar. Aparar (o livro que se encaderna).

DESVIRGAR *v. tr.* Desvirginar, desflorar.

DESVITRIFICAR *v. tr.* Desvidrar.

DESVIVIRSE *v. pron.* Desejar ardentemente, morrer de amores, mostrar vivo interesse por pessoa ou coisa.

DESVOLCANARSE *v. pron. Amer. colomb.* V. DERRUMBAR *(v. pron.).*

DESVOLVEDOR *s. m.* Chave (para apertar ou afrouxar porcas).

DESVOLVER *v. tr.* Alterar, desfigurar, transformar. U. t. c. pron. Lavrar, arar. *Irreg. v. conj. de Volver.*

DESVUELTO, A *p. p.* de *Desvolver.* Alterado, transformado. Lavrado, arado.

DESYEMAR (desdjemar) *v. tr. Agr.* Tirar os olhos às plantas. Tirar a gema (do ovo).

DESYERBAR (desdjerbar) *v. tr.* V. ESCARDAR.

DESYGAR (desdjgar) *v. tr.* V. DESUNCIR.

DESZOCAR (desçocar) *v. tr.* Luxar, torcer um pé, feri-lo. *Irreg.* V. conj. de *Almorzar.*

DESZUCALAR (desçucalar) *v. tr.* Tirar o betume de alguma coisa.

DESZUMAR (desçumar) *v. tr.* Espremer, tirar o sumo ou suco.

DETAL (EN) *loc. adv.* Por menor, o retalho.

DETALL (detalle) *s. m. Mil.* Detalhe, distribuição de serviço. Venda a retalho.

DETALLADAMENTE (detalladamente) *adv.* Detalhadamente.

DETALLADO, A *p. p.* de *Detallar.* Detalhado.

DETALLAR (detalhar) *v. tr.* Detalhar, particularizar, pormenorizar.

DETALLE (detalhe) *s. m.* Detalhe, pormenor, particularidade, minudência.

DETALLISTA (detalhista) *s. m. e f. Pint.* Precioso, o que cuida muito de detalhes. *Com.* Retalhista.

DETECTIVE *s. m.* Detetive.

DETENCIÓN *s. m.* Detenção. Detença, dilação, demora, delonga. Prisão, encarceramento.

DETENER *v. tr.* Deter, parar, suspender, impedir. Deter, reter, guardar. Deter, prender, encarcerar. *v.*

pron. Deter-se, demorar-se. *fig.* Deter-se, ocupar-se demoradamente. *Irreg.* V. conj. de *Tener.*

DETENIDA *s. f. Amer.* Detenção.

DETENIDAMENTE *adv.* Detidamente, cuidadosamente.

DETENIDO, A *p. p.* de *Detener.* Detido. *adj.* Apoucado, irresoluto, embaraçado. U. t. c. s. Mesquinho, miserável. U. t. c. s.

DETENIMIENTO *s. m.* Cuidado, reflexão, detença.

DETENTACIÓN *s. f. For.* Detenção.

DETENTADOR, A *adj. For.* Detentor.

DETENTAR *v. tr. For.* Deter, reter, estar na simples posse de.

DETERGER (deterjer) *v. tr. Med.* Detergir.

DETERIOR *adj.* Inferior (em qualidade).

DETERIORACIÓN *s. f.* Deterioração, estrago, dano, ruína, deterioramento.

DETERIORAR *v. tr.* Estragar, danificar, deteriorar.

DETERIORO *s. m.* V. DETERIORACIÓN.

DETERMINABLE *adj.* Determinável.

DETERMINACIÓN *s. f.* Determinação. Resolução, decisão. Afoiteza, coragem.

DETERSIÓN *s. m.* Detersão.

DETESTABLE *adv.* Detestável, abominável, execrável.

DETESTABLEMENTE *adv.* Detestavelmente.

DETESTACIÓN *s. f.* Detestação, aversão, ódio.

DETESTANDO, A *adj.* V. DETESTABLE.

DETIENEBUEY (detienebuei) *s. m. Bot.* V. GATUÑA.

DETONACIÓN *s. f.* Detonação.

DETORSIÓN *s. m. Med.* Entorse.

DETRACCIÓN *s. f.* Detração.

DETRACTAR *v. tr.* Detratar, detrair, infamar.

DETRACTOR, A *adj.* Detrator.

DETRAER *v. tr.* Apartar, distrair, desviar, desencaminhar. Detrair, detratar, infamar, desacreditar, denegrir. *Irreg.* V. conj. de *Traer.*

DETRÁS *adv.* Detrás. *fig.* Na ausência, por detrás.

DEUDA *s. m.* Dívida, débito. Culpa, falta. — *flotante,* dívida flutuante.

DEUDO, A *s. m. e f.* Parente. *s. m.* Parentesco, dívido.

DEUDOR *s. m.* Devedor. U. t. c. s.

DEVANADERA *s. f.* Dobadoura.

DEVANADOR *s. m.* Dobador. Enroladouro.

DEVANAR *v. tr.* Dobar, enovelar.

DEVANEO (devanèo) *s. m.* Desvaneio, devaneio.

DEVANTAL *s. m.* V. DELANTAL.

DEVASTACIÓN *s. f.* Devastação.

DEVENGAR *v. tr.* Merecer, fazer jus, adquirir direito a alguma percepção ou retribuição.

DEVIACIÓN *s. f.* V. DESVIACIÓN.

DEVOCIÓN *s. f.* Devoção.

DEVOLUCIÓN *s. f.* Devolução.

DEVOLUTA *s. f. Juris.* Devolução.

DEVOLVER *v. tr.* Devolver, restituir. Devolver, mandar de volta. *Amer. merid.* Regressar, retornar, voltar. *Irreg.* V. conj. de *Volver.*

DEVOTERÍA *s. f.* V. MOJIGATERÍA.

DEVUELTO, A *p. p. Irreg.* de *Devolver.* Devolvido.

DEXTERIDAD (decsteridad) *s. f.* Destreza.

DEYECCIÓN (dedjecciòn) *s. f.* Dejeção.

DEYECTAR (dedjactar) *v. tr.* Dejetar.

DEYECTOR (dedjector) *v. tr.* Ejetor.

DEZMABLE *adj.* Decimável, tributável.

DEZMAR *v. tr.* V. DIEZMAR. *Irreg.* V. conj. de *Calentar.*

DEZMEÑO, A (desmenho) *adj.* V. DEZMERO.

DEZMERO, A *adj.* Pertencente ou relativo à dízima ou aos dízimos. V. DIEZMERO.

DEZOCAR (dessocar) *v. tr. Amer.* Luxar (um dedo da mão).

DIABETIS *s. f. Med.* Diabete.

DIABLA *s. f.* Diaba. A la —, *loc. adv.* Ao deus dará, sem cuidado, de qualquer maneira.

DIABLAMENTE *adv.* Diabolicamente.

DIABLEAR *v. tr. fam.* Fazer diabruras ou travessuras.

DIABLEJO (diablejo) *s. m.* Diabrete.

DIABLESA (diablessa) *s. f. fam.* V. DIABLA.

DIABLILLO (diablilho) *s. m.* Diabinho, diabrete. Diabo (no carnaval). *fig. fam.* Intrigante.

DIABLO *s. m.* Diabo. *fig.* Diabo (pessoa de mau gênio, indivíduo feio). *fig.* Homem astuto. — *encarnado,* pessoa perversa. ¡—! *interj.* Diabo!

DIABLURA *s. f.* Diabrura, travessura.

DIACIDRÓN *s. f.* Diacidrão.

DIACOPEA *s. f. Cir.* Diácope.

DIACRISIS (diacrissis) *s. f. Med.* Diácrise.

DIAFANIDAD (diafanidad) *s. f.* Diafaneidade.

DIÁFISIS (diáfissis) *s. f.* Diáfise.

DIAGNOSIS (diagnossis) *s. f.* Diagnose.

DIALÉCTICA *s. f.* Dialética.

DIALECTO *s. m.* Dialeto.

DIÁLISIS (diálissis) *s. f.* Diálise.

DIALIZADOR (dialiçador) *s. m.* Dialisador.

DIALOGIZAR (dialojiçar) *v. intr.* Dialogar.

DIALOGUISTA *s. m. e f.* Dialogista.

DIALTEA (dialtèa) *s. f.* Dialtéia.

DIAMELA *s. f.* V. GEMELA.

DIANA *s. f. Mil.* Alvorada (toque de clarim).

DIANTRE *s. m. fam.* Diabo, demônio. ¡—! *interj.* Diabo!

DIAPASÓN (diapassòn) *s. m.* Diapasão.

DIAPREA (diaprèa) *s. f.* Espécie de ameixa.

DIAGUILÓN *s. m.* Diaquilão.

DIARREA (diarrèa) *s. f.* Diarréia.

DIARTROSIS (diartrossis) *s. f. Zool.* Diartrose.

DIÁSPERO *s. m. Miner.* Diaspório, espécie de jaspe.

DIÁTESIS (diátessis) *s. f. Med.* Diátese.

DIATRIBA *s. f.* Diatribe.

DIÁVOLO *s. m.* Diabolô, brinquedo de criança.

DIBUJADOR, A (dibujador) *adj.* Desenhador. Debuxador.

DIBUJANTE (dibujante) *p. a.* de *Dibujar.* Debuxante. *s. m.* Desenhador, desenhista; debuxador.

DIBUJAR (dibujar) *v. tr.* Desenhar, debuxar, delinear, traçar. *fig.* Desenhar, descrever.

DIBUJO (dibujo) *s. m.* Desenho. Debuxo.

DICACIDAD (dicacidad) *s. f.* Dicacidade, mordacidade.

DICCIÓN *s. f.* Dicção.

DICENTE *p. a.* de *Decir.* V. DICIENTE.

DICHA (ditcha) *s. f.* Ditá, ventura, fortuna, sorte feliz. A ou por —, *loc. adv.* Casualmente, por sorte.

DICHARACHERO (ditcharatchero) *s. m. fam.* Chocarreiro, chalaceiro.

DICHARACHO (ditcharatcho) *s. m. fam.* Chocarrice, chalaça.

DICHERO, A (ditchero) *adj. fam.* Dizedor, gracejador, faceto, engraçado.

DICHO, A (ditcho) *p. p. Irreg.* de *Decir.* Dito. *s. m.* Dito, sentença, conceito. Dito agudo. Dito pesado. *For.* Depoimento. — *y hecho,* dito e feito. *Lo —, —,* o que está dito, está dito. *adj.* Dito, aludido, mencionado.

DICHÓN, A (ditchòn) *adj. Amer. argent.* Mordaz, picante.

DICHOSAMENTE (ditchossamente) *adv.* Ditosamente, felizmente, venturosamente.

DICHOSO, A (ditchosso) *adj.* Ditoso, feliz, venturoso. Que dá sorte feliz. *fam.* Enfadonho, modesto, incômodo.

DICIEMBRE *s. m.* Dezembro.

DICIENTE *p. a.* de *Decir.* Dizente. *s. m.* Dizedor.

DIDÁCTICA *s. f.* Didática.

DIECINUEVE *adj.* Dezenove.

DIECINUEVEAVO, A *adj.* Décima nona parte. *s. m.* Dezenove avos.

DIECIOCHAVO, A (dieciotchavo) *adj.* Décima oitava parte. *s. m.* Dezoito avos.

DIECIOCHENO, A (dieciotcheno) *adj.* Décimo oitavo.

DIECIOCHISTA (dieciotchista) *adj.* Pertencente ou relativo ao século XVIII.

DIECIOCHO (dieciotcho) *adj.* Dezoito.

DIECISÉIS (diecissèis) *adj.* Dezesseis.

DIECISEISAVO, A (diecisseissavo) *adj.* Décima sexta parte. *s. m.* Dezesseis avos.

DIECISIETE (diecissiete) *adj.* Dezessete.

DIECISIETEAVO, A (diecissieteavo) *adj.* Décima sétima parte. *s. m.* Dezessete avos.

DIEGO *s. m.* V. DONDIEGO.

DIENTE *s. m.* Dente. Dente (cada uma das pontas que guarnecem certos instrumentos). — *de leche,*

dente de leite. — *de ajo,* dente de alho. — *de perro,* escopro. *fig. fam.* Costura de pontas desiguais. — *de león, Bot.* Dente-de-leão. — *de muerto.* V. ALMORTA. — *mamón,* dente-de-leite ou temporário. *A regaña —s, loc. adv.* A contrapelo, de má vontade. *Dar — con —, loc. adv. fig. fam.* Bater com os dentes (de frio ou de medo).

DIENTIMELLADO, A (dientimelhado) *adj.* Banguela, desdentado.

DIÉRESIS (diéressis) *s. f.* Diérese.

DIESI (diessi) *s. m. Mús.* Diese.

DIESTRA *s. f.* Destra, a mão direita.

DIESTRAMENTE *adv.* Destramente, com destreza.

DIESTRO, A *adj.* Direito, destro (oposto ao esquerdo). Destro, ágil, desembaraçado, rápido. Destro, astuto, sagaz. *s. m.* Esgrimista. Cabresto. Toureiro. *A — y siniestro, loc.* A torto e a direito, sem tino, sem ordem, por paus e por pedras.

DIEZ *adj.* Dez.

DIEZMAL *adj.* Decimal.

DIEZMAR *v. tr.* Decimar. Dizimar. Pagar o dízimo. *fig.* Dizimar, destruir grande número de pessoas.

DIEZMERO *s. m.* Dizimeiro.

DIEZMESINO, A (diesmessino) *adj.* Que tem dez meses.

DIEZMILÉSIMO, A (diesmilèssimo) Décimo milésimo, décima milésima. *s. m.* Décimo milésimo.

DIEZMILÍMETRO *s. m.* Décimo de milímetro.

DIEZMO *s. m.* Dízima. Dízimo.

DIFAMACIÓN *s. f.* Difamação.

DIFERENCIA *s. f.* Diferença. Alteração. Diversidade. Divergência, desavença. *Mat.* Diferença.

DIFERENCIACIÓN *s. f.* Diferenciação.

DIFERENCIAR *v. tr.* Diferençar, diferenciar, distinguir, separar. *Mat.* Diferenciar. *v. intr.* Divergir, dissentir, discordar. *v. pron.* Diferençar-se, distinguir-se.

DIFICULTAD (difilcultad) *s. f.* Dificuldade.

DIFRACCIÓN *s. f. Fís.* Difração.

DIFRANGENTE (difranjente) *adj.* Difringente.

DIFUMAR *v. tr. Pint.* Esfumar.

DIFUMINAR *v. tr.* V. DIFUMAR.

DIFUMINO *s. m.* V. ESFUMINO.

DIFUNTO, A *adj.* Defunto. *s. m.* Defunto, cadáver.

DIFUSIBLE (difussible) *adj.* Difusível.

DIFUSIÓN (difussiòn) *s. m.* Difusão.

DIGERIBLE (dijerible) *adj.* Digerível.

DIGESTIÓN (dijestiòn) *s. f.* Digestão.

DIGNACIÓN *s. f.* Dignação, condescendência.

DIGNIDAD (dignidad) *s. f.* Dignidade.

DIGRESIÓN (digressiòn) *s. f.* Digressão.

DIJ (dije) *s. m.* V. DIJÉ.

DIJÉ (dijè) *s. m.* Dixe, jóia, enfeite, berloques.

DIJES (dijes) *s. m. pl.* Bravatas.

DILACERACIÓN *s. f.* Dilaceração.

DILACIÓN *s. f.* Dilação, demora, delonga, tardança, vagar.

DILAPIDACIÓN *s. f.* Dilapidação.

DILATABLE *adj.* Dilatável.

DILECCIÓN *s. f.* Dileção, estima.

DILECTO, A *adj.* Dileto.

DILLE (dilhe) *s. m. Amer.* V. CHICHARRA.

DILUCIDACIÓN *s. f.* Dilucidação, dilucidamento, esclarecimento.

DILUCIÓN *s. f.* Diluição, diluimento.

DILUIBLE *adj.* Diluível, solúvel.

DILUVIADA *s. f.* Dilúvio, chuva torrencial.

DILUYENTE (diludjente) *p. a. Irreg.* de *Diluir.* Diluente.

DIMANACIÓN *s. f.* Dimanação.

DIMENSIÓN *s. f.* Dimensão.

DIMES Y DIRETES *loc. fam.* Dize-tu-direi-eu; disputa acalorada, altercação.

DIMINUCIÓN *s. f.* Diminuição.

DIMISIÓN (dimissòn) *s. f.* Demissão.

DIMITENTE *s. m.* Demitente, demissionário.

DIMITIR *v. tr.* Demitir, destituir, despedir.

DIN *s. m. fam.* Dinheiro. *El — y el don,* riqueza e qualidade. *El don sin el —,* qualidade sem riqueza.

DINAMITA *s. f.* Dinamite.

DINAMITAZO (dinamitaço) *s. m.* Explosão ou tiro de dinamite.

DINAMITERO *s. m.* Dinamitista, dinamiteiro.

DINERADA *s. f.* Dinheiral, dinheirama, dinheirada.

DINERAL *s. m.* Dinheiral.

DINERALADA *s. f.* V. DINERADA.

DINERO *s. m.* Dinheiro, numerário, moeda corrente. *fig.* Dinheiro, riqueza.

DINEROSO, A (dinerosso) *adj.* Dinheiroso, endinheirado, rico.

DINERUELO *s. m. Dim.* de *Dinero.* Dinheirinho.

DINGOLONGANGO *s. m. fam.* Expressão de carinho ou mimo.

DINTEL *s. m. Arq.* Padieira.

DINTELAR *v. tr.* Fazer padieiras.

DIÓCESI (diòcessi) *s. f.* V. DIÒCESIS.

DIÓCESIS (diòcessis) *s. f.* Diocese.

DIOS *s. m.* Deus. *¡A—!* Adeus! — *mediante, loc.* Querendo Deus.

DIOSA (diossa) *s. f.* Deusa.

DIOSTEDÉ *s. m. Zool.* Espécie de tucano.

DIPLOMACIA (diplomácia) *s. f.* Diplomacia.

DIPTONGACIÓN *s. f.* Ditongação.

DIPTONGAR *v. tr.* Ditongar.

DIPTONGO *s. m.* Ditongo.

DIPUTACIÓN *s. f.* Deputação.

DIPUTADO *s. m.* Deputado.

DIPUTAR *v. tr.* Deputar, delegar, mandar em comissão.

DIRECCIÓN *s. f.* Direção.

DIRECTO, A *adj.* Direito. Direto.

DIRIGIBLE (dirijible) *adj.* Dirigível. *s. m.* Dirigível (balão).

DISCANTAR *v. tr.* Descantar, cantar. *fig.* Glosar, comentar, cantar. *Mús.* Dar descante.

DISCANTE *s. m.* Bandurra. Descante.

DISCEPTAR *v. tr.* Disputar, arguir.

DISCERNIBLE *adj.* Discernível.

DISCERNIENTE *p. a.* de *Discernir.* Discernente.

DISCERNIMIENTO *s. m.* Discernimento.

DISCERNIR *v. tr.* Discernir, discriminar, distinguir, notar, estabelecer diferença entre. *Amer.* Dar, outorgar, conceder, decretar. *Irreg.* Ind. pres. *Discier-no, nes, ne, nem.* Subj. pres. *Discier-na, nas, na, nam.* Imperat. *Discier-ne, na, nam.*

DISCIPLINA *s. m.* Disciplina. Látego, flagelo. U. m. no pl.

DISCIPLINABLE *adj.* Disciplinável.

DISCIPLINAL *adj.* Disciplinar.

DISCIPLINAR *v. tr.* Disciplinar. Açoutar, flagelar.

DISCIPLINAZO (disciplinaço) *s. m.* Golpe de açoite, látego ou flagelo.

DISCONTINUIDAD (discontinuidad) *s. f.* Descontinuidade.

DISCONTÍNUO, A *adj.* Descontínuo, descontinuado.

DISCRECIÓN *s. f.* Discrição.

DISCULPA *s. f.* Desculpa, escusa, pretexto, evasiva.

DISCULPABLE *adj.* Desculpável.

DISCULPABLEMENTE *adv.* Desculpavelmente.

DISCULPADOR, A *adj.* Desculpador. U. t. c. s.

DISCULPAR *v. tr.* Desculpar, justificar, perdoar, isentar.

DISCURRIENTE *p. a.* de *Discurrir.* Discorrente, que discorre.

DISCURRIR *v. intr.* Discorrer, vaguear, viajar, passear. Escorrer. *fig.* Discorrer, meditar; dissertar, tratar. *v. tr.* Inventar, escogitar. Deduzir, inferir, conjeturar.

DISCURSEAR *v. tr.* Discursar.

DISCURSERO *s. m. Amer.* Discursista.

DISCUSIÓN (discussiòn) *s. f.* Discussão.

DISCUSIVO, A (discussivo) *adj. Med.* Resolutivo.

DISCUTIBLE *adj.* Discutível.

DISECABLE (dissecable) *adj.* Dissecável.

DISECACIÓN (dissecaciòn) *s. f.* Dissecação.

DISECADOR (dissecador) *s. m.* V. DISECTOR.

DISECAR (dissecar) *v. tr.* Dissecar.

DISECCIÓN (disseciòn) *s. f.* Dissecção.

DISECTOR (dissector) *s. m.* Dissector.

DISEMINACIÓN (disseminaciòn) *s. f.* Disseminação.

DISEMINADOR, A (disseminador) *adj. e s.* Disseminador.

DISEMINAR (disseminar) *v. tr.* Disseminar.

DISEÑADOR (dissenhador) *s. m.* Desenhista.

DISEÑAR (dissenhar) *v. tr.* Desenhar, delinear, debuxar.

DISENCIÓN (dissenciòn) *s. f.* Dissenção.

DISEÑO (dissenho) *s. m.* Desenho, debuxo.

DISENSO (dissenso) *s. m.* Dissenso.

DISENTIMIENTO (dissentimiento) *s. m.* Dissentimento.

DISENTIR (dissentir) *v. tr.* Dissentir. *Irreg.* V. conj. de *Sentir.*

DISÉPALO, A (dissèpalo) *adj. Bot.* Dissépalo.

DISERTACIÓN (dissertaciòn) *s. f.* Dissertação.

DISERTADOR (dissertador) *s. m.* Dissertador.

DISERTAR (dissertar) *v. tr.* Dissertar.

DISFAMACIÓN *s. f.* Difamação.

DISFAMADOR, A *adj. e s.* Difamador.

DISFAMAR *v. tr.* Difamar, desacreditar.

DISFAMATORIO, A *adj.* Difamatório.

DISFAVOR *s. m.* Desfavor, desatenção, desprezo, desaire.

DISFORMEMENTE *adv.* Deformemente.

DISFORMIDAD (disformidad) *s. f.* Deformidade.

DISFRAZ *s. m.* Disfarce. Máscara, fantasia. *fig.* Disfarce, simulação, fingimento.

DISFRAZADAMENTE (disfraçadamente) *adv.* Disfarçadamente.

DISFRAZADO, A (disfraçado) *adj.* Disfarçado, mascarado, fingido.

DISFRAZAR (disfraçar) *v. tr.* Disfarçar, mascarar. U. t. c. pron. *fig.* Disfarçar, fingir, dissimular.

DISFRUTABLE *adj.* Desfrutável.

DISFRUTACIÓN *s. f.* Desfrutação.

DISFRUTADOR, A *adj. e s.* Desfrutador.

DISFRUTAR *v. tr.* Desfrutar.

DISFRUTE *s. m.* Desfrute.

DISFUERZO (disfuerço) *s. m. Amer.* Melindre, delicadeza.

DISFUMAR *v. tr.* Esfumar.

DISFUMINO *s. m.* V. ESFUMINO.

DISGALIA *s. f. Med.* Digalactia.

DISGREGABLE *adj.* Desagregável.

DISGREGACIÓN *s. f.* Desagregação.

DISGREGADOR, A *adj.* Desagregador.

DISGREGANTE *adj.* Desagregante.

DISGREGAR *v. tr.* Desagregar, disgregar.

DISGREGATIVO, A *adj.* Desagregativo.

DISGUSTADAMENTE *adv.* Desgostosamente.

DISGUSTADO, A *p. p.* de *Disgustar. adj.* Desgostoso, descontente, incomodado, enfadado.

DISGUSTAR *v. tr.* Desgostar, descontentar, desagradar, enfadar. *v. pron.* Desgostar-se, enfadar-se, inimizar-se.

DISGUSTO *s. m.* Desgosto, ausência de gosto. Desgosto, pesar, mágoa, enfado, desagrado, aversão. Disputa, dissenção, desavença. *A —, loc. adv.* A contragosto.

DISGUSTOSO, A (disgustosso) *adj. ant.* Desgostoso; enfadonho, desagradável (Usa-se ainda nas Américas).

DISIDENCIA (dissidencia) *s. f.* Dissidência.

DISIDENTE (dissidente) *adj. e s.* Discidente.

DISIDIO (dissídio) *s. m.* Dissídio, dissenção.

DISIDIR (dissidir) *v. tr.* Dissidiar, dissidir.

DISILÁBICO, A (dissilábico) *adj.* Dissilábico.

DISÍLABO, A (dissílabo) *adj.* Dissílabo. U. t. c. s.

DISIMETRIA (dissimetria) *s. f.* Dissimetria.

DISIMÉTRICO, A (dissimètrico) *adj.* Dissimétrico.

DISÍMIL (dissìmil) *adj.* Dissímil.

DISIMILACIÓN (dissimilaciòn) *s. f. Gram.* Dissimilação.

DISIMILAR (dissimilar) *adj.* Dissimilar.

DISIMILITUD (dissimilitud) *s. f.* Dissimilitude, dissemelhança.

DISIMULABLE (dissimulable) *adj.* Dissimulável.

DISIMULACIÓN (dissimulaciòn) *s. f.* Dissimulação, fingimento, disfarce.

DISIMULADAMENTE (dissimuladamente) *adv.* Dissimuladamente, fingidamente.

DISIMULADO, A (dissimulado) *adj.* Dissimulado, dissimulador. U. t. c. s. A *lo —, loc. adv.* Dissimuladamente, fingidamente.

DISIMULO (dissímulo) *s. m.* Dissímulo, dissimulação. Indulgência, tolerância afetada.

DISIPABLE (dissipable) *adj.* Dissipável.

DISIPACIÓN (dissipaciòn) *s. f.* Dissipação. Devassidão.

DISIPADAMENTE (dissipadamente) *adv.* Dissipadamente. Devassamente.

DISIPADO, A (dissipado) *adj.* Dissipado.

DISIPAR (dissipar) *v. tr.* Dissipar.

DISLACERACIÓN *s. f.* Dilaceração.

DISLACERAR *v. tr.* Dilacerar.

DISLOCACIÓN *s. f. Med.* Deslocação, luxação, desarticulação, deslocamento.

DISLOCADURA *s. f.* V. DISLOCACIÓN.

DISLOCAR *v. tr.* Deslocar, desconjuntar, desarticular, desencaixar, luxar.

DISLOQUE *s. m.* V. DISLOCACIÓN. *fam.* Cousa excelente, a nata.

DISMEMBRACIÓN *s. f.* Desmembramento.

DISMEMBRAR *v. tr.* Desmembrar. *Irreg.* V. conj. de *Calentar.*

DISMINUCIÓN *s. f.* Diminuição; decréscimo, decrescimento.

DISMINUIR *v. tr.* Diminuir, apoucar, reduzir, abater. U. t. c. intr. e pron. *Irreg.* V. conj. de *Muir.*

DISOCIABILIDAD (dissociabilidad) *s. f.* Dissociabilidade.

DISOCIABLE (dissociable) *adj.* Dissociável.

DISOCIAR (dissociar) *v. tr.* Dissociar.

DISOLUBILIDAD (dissolubilidad) *s. f.* Dissolubidade.

DISOLUBLE (dissoluble) *adj.* Dissolúvel, solúvel.

DISOLUCIÓN (dissoluciòn) *s. f.* Dissolução. *fig.* Corrupção, depravação.

DISOLUTAMENTE (dissolutamente) *adv.* Dissolutamente.

DISOLUTIVO, A (dissolutivo) *adj.* Dissolutivo.

DISOLUTO, A (dissoluto) *adj.* Dissoluto, liberto, devasso. U. t. c. s.

DISOLVENTE (dissolvente) *adj.* Dissolvente. U. t. c. s.

DISOLVER (dissolver) *v. tr.* Dissolver. *Irreg.* V. conj. de *Volver.*

DISÓN (dissòn) *s. m. Mús.* Dissonância.

DISONANCIA (dissonancia) *s. f. Mús.* Dissonância. *fig.* Dissonância.

DISONANTE (dissonante) *adj.* Dissonante.

DISONAR (dissonar) *v. tr.* Dissonar, destoar. *Irreg.* V. conj. de *Almorzar.*

DÍSONO, A (díssono) *adj.* Díssono.

DISPARADERO *s. m.* Gatilho.

DISPARADOR, A *adj.* Disparador. s m. Gatilho.

DISPARAR *v. tr.* Disparar. *v. intr. fig.* Disparatar. *v. pron.* Disparar, sair a correr.

DISPAREJO (disparejo) *adj.* Díspar.

DISPARIDAD (disparidad) *s. f.* Disparidade.

DISPARO *s. m.* Disparo. *fig.* Disparate, desatino.

DISPENSABLE *adj.* Dispensável.

DISPENSACIÓN *s. f.* Dispensação, dispensa.

DISPERSIÓN *s. f.* Dispersão.

DISPERTADOR, A *adj.* Despertador. *s. m.* Despertador.

DISPERTAR *v. tr.* Despertar. *Irreg.* V. conj. de *Calentar.*

DISPIERTO, A *p. p.* de *Dispertar.* Desperto. *adj. fig.* Esperto.

DISPLACER *v. tr.* V. DESPLACER. *Irreg.* V. conj. de *Nacer.*

DISPNEA (dispnèa) *s. f. Med.* Dispnéia.

DISPONEDOR, A *adj.* Ordenador, que dispõe, ordena ou arranja.

DISPONER *v. tr.* Dispor (em todas as principais aceps. deste vocábulo) *Irreg.* V. conj. de *Poner.*

DISPONIBLE *adj.* Disponível.

DISPOSICIÓN (disposiciòn) *s. f.* Disposição.

DISPUESTO, A *p. p. Irreg.* de *Disponer.* Disposto. *adj.* Disposto, apessoado, hábil, apto. *Bien —,* bem disposto (de saúde). *Mal —,* indisposto (de saúde).

DISPUTA *s. f.* Disputa, altercação, rixa, contenda. *Sin —, loc. adv.* Sem discussão, indiscutivelmente, indubitavelmente.

DISPUTABLE *adj.* Disputável, discutível.

DISPUTATIVAMENTE *adv.* Por meio de disputa.

DISQUISIÓN (disquissiòn) *s. f.* Disquisição, pesquisa, investigação. *pl.* Arrazoamentos e considerações extensas.

DISTANCIAR *v. tr.* Distanciar. U. t. c. pron. Deixar para trás. U. t. c. pron.

DISTENSIÓN *s. f.* Distensão.

DISTILACIÓN *s. f.* Destilação.

DISTINGUIBLE *adj.* Distinguível.

DISTINGUIDAMENTE *adv.* Distintamente, elegantemente, notavelmente.

DISTINGUIDO, A *p. p.* de *Distinguir.* Distinto. *adj.* Distinto, notável, esclarecido, ilustre, preclaro.

DISTINTO, A *adj.* Distinto, diferente. Inteligível, claro, inconfundível, nítido.

DISTORCIÓN *s. f.* Entorse.

DISTRACCIÓN *s. f.* Distração.

DISTRÁCTIL *adj. Bot.* Distrátil.

DISTRACTO *s. m. For.* Distrate, distrato.

DISTRAER *v. tr.* Distrair, desviar, apartar. U. t. c. pron. Distrair, divertir, entreter. U. t. c. pron. *Irreg.* V. conj. de *Traer.*

DISTRAIMIENTO *s. m.* Distraimento, distração.

DISTRIBUCIÓN *s. f.* Distribuição.

DISTRIBUTOR, A *adj.* Distribuidor. U. t. c. s. *m. Mec.* Distribuidor.

DISTRIBUYENTE (distribudjente) *p. a.* de *Distribuir.* Distribuinte. *adj.* Distribuidor.

DISUADIR (dissuadir) *v. tr.* Dissuadir, despersuadir, desaconselhar.

DISUASIÓN (dissuassiòn) Dissuassão.

DISUASIVO, A (dissuassivo) *adj.* Dissuassivo.

DISUELTO, A (dissuelto) *p. p. Irreg.* de *Disolver.* Dissolvido.

DISYUNCIÓN (disdjunciòn) *s. f.* Disjunção.

DISYUNTA (disdjunta) *s. f. Mús.* Disjunta.

DISYUNTIVA (disdjuntiva) *s. f.* Disjunção, proposição disjuntiva. Disjunto.

DISYUNTIVAMENTE (disdjuntivamente) *adv.* Disjuntivamente.

DISYUNTIVO, A (disdjuntivo) *adj.* Disjuntivo.

DISYUNTOR (disdjuntor) *s. m. Fís.* Disjuntor.

DITA *s. m.* Penhor, caução, fiança. *Amer.* Dívida, débito.

DIVAGACIÓN *s. f.* Divagação.

DIVALENTE *adj. Quím.* Bivalente.

DIVÁN *s. m.* Divã (conselho da Turquia; governo turco). Divã (móvel).

DIVERSIDAD (diversidad) *s. f.* Diversidade.

DIVERSIFICABLE *adj.* Diversificável.

DIVERSIFICACIÓN *s. f.* Diversificação.

DIVERSIÓN *s. f.* Diversão, distração, recreio. *Mil.* Diversão.

DIVERTIMIENTO *s. m.* Divertimento.

DIVIDIDERO, A *adj.* Divisível.

DIVIERTA *s. f. Amer. guat.* Gafieira.

DIVIESO (diviesso) *s. m. Med.* Tumor furunculoso.

DIVINANZA (divinança) *s. f. ant.* V. ADIVINANZA.

DIVINIDAD (divinidad) *s. f.* Divindade.

DIVINIZABLE (diviniçable) *adj.* Divinizável, endeusável.

DIVINIZACIÓN (diviniçación) *s. f.* Divinização, endeusamento.

DIVISIBLE (divissible) *adj.* Divisível.

DIVISIBLEMENTE (divissiblemente) *adv.* Divisamente.

DIVISIÓN (divissiòn) *s. f.* Divisão.

DIVULGABLE *adj.* Divulgável.

DIVULGACIÓN *s. f.* Divulgação.

DIVULSIÓN *s. f. Med.* Divulsão.

DIYÁMBICO, A (didjàmbico) *adj.* Dijâmbico.

DIYAMBO (dijambo) *s. m.* Dijambo.

DIZ *Apóc.* de *Dicen.* Dizem.

DIZQUE *s. m. ant.* Diz-que, diz-que-diz-que.

DO *s. m. Mús.* Dó. *adv.* Onde (Usa-se na linguagem poética).

DOBLA *s. f.* Dobra (moeda). *fam.* Dobração, duplicação.

DOBLADILLA (dobladilha) *s. f.* Certo jogo de cartas em que se dobrava a aposta continuamente. *A la —, loc. adv.* Dobrando a aposta (no jogo).

DOBLADILLADO, A (dobladilhado) *p. p.* de *Dobladillar.* s. m. Amer. V. DOBLADILLO.

DOBLADILLAR (dobladilhar) *v. tr.* Abainhar, embainhar (o tecido).

DOBLADILLO (dobladilho) *s. m.* Bainha (na orla do tecido). Linha para fazer meias.

DOBLADITA *s. f. Amer.* V. DOBLADILLA.

DOBLADO, A *p. p.* de *Doblar.* *adj.* Dobrado, acidentado (o terreno). Atarrancado. *fig.* Dissimulado, fingido, dobrado, dobre.

DOBLADORA *s. f.* Dobradeira.

DOBLADURA *s. f.* Dobra, vinco.

DOBLAMIENTO *s. m.* Dobramento.

DOBLAR *v. tr.* Doblar, duplicar. Dobrar, voltar, virar. U. t. c. int. e pron. Dobrar, vergar, curvar, encurvar. U. t. c. pron. *fig.* Dobrar, inclinar, abaixar, abater, vencer. *Amer.* Derribar (à bala). *Náut.* Dobrar, dar volta, contornar. *v. intr.* Dobrar, tocar o sino a finados. *v. pron. fig.* Dobrar-se, ceder. U. t. c. intr.

DOBLE *adj.* Duplo, doble, dobre, dobrado, duplicado. V. DOBLADO *s. m.* Duplo, dobro. Dobre (dos sinos). Dobra, vinco. *Al —, loc.* Pelo duplo, duplamente.

DOBLEADO, A *adj.* Diz-se do tecido estampado em duas cores.

DOBLEGABLE *adj.* Dobradiço, dobrável, flexível.

DOBLEGADIZO, A (doblegadiço) *adj.* Dobradiço, flexível.

DOBLEGAR *v. tr.* Dobrar, curvar, inclinar. U. t. c. pron. Dobrar, persuadir, abalar, fazer mudar de parecer. U. t. c. pron.

DOBLEMENTE *adv.* Dobradamente, com dobrez. Duplamente.

DOBLERO *s. m.* Pão em forma de rosca. Peça de madeira de dimensões variáveis.

DOBLETE *adj.* Entrefino, regular, nem duplo nem simples. *s. m.* Doblete (pedra falsa).

DOBLEZ *s. f.* Dobra, vinco, prega. *amb. fig.* Dobrez, falsidade, dissimulação.

DOBLONADA *s. f.* V. DINERADA.

DOBLÓN *s. m.* Dobrão.

DOBLO *s. m. ant.* Dobro, duplo (Usa-se ainda em estilo forense).

DOBLURA *s. f.* V. DOBLEZ, 2ª acep.

DOCE *adj.* Doze. Doze, duodécimo.

DOCENA *s. f.* Dúzia. *La — del fraile, loc. proverb.* Dúzia de frade (coleção de treze objetos). *A —s, loc. adv.* Às dúzias, abundantemente.

DOCENAL *adj.* Diz-se do que se vende por dúzias.

DOCENARIO, A *adj.* Duodenário.

DOCENO, A *adj.* Duodécimo, dozeno.

DOCIBLE *adj.* Dócil.

DOCIENTOS *adj. pl.* V. DOSCIENTOS.

DOCILIDAD (docilidad) *s. f.* Docilidade.

DOCILITAR *v. tr. Amer. mexic.* Docilizar, amansar.

DOCTAMENTE *adv.* Doutamente, sabiamente; eruditamente.

DOCTITUD (doctitud) *s. f. ant.* Erudição (Usa-se ainda no México).

DOCTO, A *adj.* Douto, sábio, erudito. U. t. c. s.

DOCTOR *s. m.* Doutor. *fam.* Médico.

DOCTORA *s. f.* Doutora.

DOCTORADO *s. m.* Doutorado, doutorato.

DOCTORAL *adj.* Doutoral.

DOCTORALMENTE *adj.* Doutoralmente.

DOCTORAMIENTO *s. f.* Doutoramento.

DOCTORANDO *s. m.* Doutorando.

DOCTORAR *v. tr.* Doutorar, U. t. c. pron.

DOCTOREAR *v. tr.* Deitar sapiência, falar de modo doutoral.

DOCTRINA *s. f.* Doutrina.

DOCTRINABLE *adj.* Doutrinável, dócil, disciplinável.

DOCTRINADOR, A *adj.* Doutrinador. U. t. c. s.

DOCTRINAJE (doctrinaje) *s. f.* Doutrina exposta em conjunto.

DOCTRINAL *adj.* Doutrinal. *s. m.* Doutrina, livro de preceitos.

DOCTRINALMENTE *adv.* Doutrinalmente.

DOCTRINAR *v. tr.* Doutrinar.

DOCTRINARIAMENTE *adv.* Doutrinariamente.

DOCTRINARIO, A *adj.* Doutrinário.

DOCTRINARISMO *s. m.* Doutrinarismo.

DOCTRINERO *s. m.* Doutrineiro.

DOCTRINO *s. m.* Órfão recolhido a um colégio. *fig.* Tímido, acanhado; pusilânime.

DOCUMENTACIÓN *s. f.* Documentação.

DOCUMENTALMENTE *adv.* Documentadamente.

DOGA *s. f.* Aduela.

DOGAL *s. m.* Baraco, corda para enforcar. Corda, soga.

DOGARESA (dogaressa) *s. f.* Dogaresa, dogesa.

DOGO, A *adj.* Diz-se do cão chamado dogue.

DOLABRO *s. m.* Faca do sacrifício.

DOLADERA *s. f.* Enxó de tanoeiro.

DOLADOR *s. m.* Desbastador, aplainador (de madeira ou pedra).

DOLADURA *s. f.* Apara, acepilhadura.

DOLAJE (dolaje) *s. m.* Vinho absorvido pela madeira dos tonéis.

DOLAMES *s. m. pl. Vet.* Enfermidades ocultas das bestas.

DOLAR *v. tr.* Aplainar, alizar, polir, desbastar (pedra ou madeira). *Irreg.* V. conj. de *Almorzar.*

DOLARA *s. f.* V. SIDRA.

DOLENCIA *s. f.* Doença, achaque, indisposição, enfermidade. *ant.* Infâmia, afronta. *ant.* Dolo, engano, fraude.

DOLER *v. intr.* Doer, estar dolorido, causar dor. Doer, causar pena ou repugnância. *v. pron.* Doer-se, arrepender-se. Doer-se, condoer-se, ter dó. Queixar-se de dor. *Irreg.* V. conj. de *Moler.*

DOLIDO, A *p. p.* de *Doler.* Doído. *s. m.* Dó, pena, lástima, compaixão.

DOLIENTE *p. a.* de *Doler. adj.* Dolente, doloroso. Doente, enfermo. U. t. c. s. Dolorido, dorido, magoado. Doído, afligido, desconsolado. *s. m.* Dorido.

DOLOR *s. m.* Dor (em todas as principais aceps. deste vocáb.) — *de sordo,* dor surda. — *de viuda,* dor de viúva.

DOLORA *s. m.* Composição poética entre sentimental e filosófica.

DOLORIDO, A *adj.* Dolorido, doído, magoado, dorido. *s. m.* Dorido.

DOLORIENTO, A *adj.* Doloroso.

DOMA *s. f.* V. DOMADURA.

DOMADURA *s. f.* Ação de domar animais; domesticação.

DOMBO *s. m.* V. DOMO.

DOMEÑABLE (domeñable) *adj.* Dominável, subjugável. Dócil, flexível.

DOMEÑAR (domenhar) *v. tr.* Dominar, subjugar, submeter, reduzir, render.

DOMESTICABLE *adj.* Domesticável.

DOMESTICACIÓN *s. f.* Domesticação.

DOMESTICIDAD (domesticidad) *s. f.* Domesticidade.

DOMESTRIQUEZ *s. f.* Domesticidade, domestiqueza, mansidão.

DOMICELA *s. f.* Espécie de papagaio.

DOMINACIÓN *s. f.* Dominação, domínio.

DOMINGADA *s. f.* Festa domingueira.

DOMINGUEJO (dominguejo) *s. m.* João Paulino, boneco com um peso na base. *Amer. chil.* e *per.* Homem vil ou desprezível.

DOMINGUERISMO *s. m.* Costume domingueiro.

DOMINGUERO, A *adj. fam.* Domingueiro.

DOMINGUILLO (dominguilho) *s. m.* V. DOMINGUEJO, 1ª acep.

DOMO *s. m. Arq.* Cúpula, domo, zimbório.

DON *s. m.* Dom, dádiva, presente, donativo. Dom (da Providência). Dom, virtude, mérito, condão. — *de acierto,* tino, tato, tento. — *de errar,* falta de tino, tato ou tento. — *de gentes,* dom de agradar, graça, simpatia. Dom (título honorífico).

DONA *s. f. Amer.* Doação, legado. Dona, mulher, dama, senhora.

DOÑA (donha) Dona (tratamento honorífico).

DONACIÓN *s. f.* Doação.

DONADO *s. m.* Donato.

DONADOR, A *adj.* Doador. U. t. c. s.

DONANTE *p. a.* de *Donar.* Doante. *adj.* Doador. U. t. c. s.

DONAR *v. tr.* Doar.

DONCEL *s. m.* Donzel. *adj.* Donzel. Suave, doce (falando-se de certos frutos).

DONCELLA (doncelha) *s. f.* Donzela. Aia. *Zool.* Donzela, ofídio. *Amer. colomb.* e *venezuel.* V. PANADIZO.

DONCELLAZGO (doncelhasgo) *s. m.* Donzelice simulada.

DONCELLEJA (doncelheja) *s. f. Dim.* de *Doncella.* Donzelinha.

DONCELLERÍA (doncelhería) *s. f.* V. DONCELLEZ.

DONCELLEZ (doncelhez) *s. f.* Donzelice.

DONCELLIDUEÑA (doncelhiduenha) *s. f.* Solteirona que se casa.

DONCELLIL (doncelhil) *adj.* Donzel, donzela.

DONCELLUECA (doncelhueca) *s. f.* Solteirona, donzela madura.

DONCELLUELA (doncelhuela) *s. f.* V. DONCELLEJA.

DONDE *adv.* Onde. Aonde, para onde, aonde. A —, *loc. adv.* V. ADONDE. — *no, loc. adv.* Ao contrário do contrário. ¿*Por* —? Por onde? Por que motivo, ou razão?

DONDEQUIERA *adv.* Em qualquer parte, onde quer que.

DONILLERO (donilhero) *s. m.* Trapaceiro.

DONOSURA (donossura) *s. f.* Donaire, graça, elegância, gentileza, garbo.

DOQUIER *adv.* V. DONDEQUIERA.

DOQUIERA *adv.* V. DONDEQUIERA.

DORADA *s. f. Ictiol.* Dourada. *Astron.* Dourada.

DORADILLA (doradilha) *s. f. Ictiol.* V. DORADA, 1ª acep. *Bot.* Douradinha.

DORADILLO (doradilho) *s. m.* Fio delgado de latão, arame. V. AGUZANIEVE.

DORADO, A *adj.* Dourado, cor de ouro, revestido de ouro. Dourado, feliz, venturoso, alegre. *s. m.* Dourado, douradura. *Ictiol.* Dourado.

DORADOR *s. m.* Dourador.

DORADURA *s. f.* Douradura.

DORAL *s. m.* Espécie de papa-moscas (pássaro).

DORAR *v. tr.* Dourar. *fig.* Dourar (dar aparência feliz ou agradável).

DORCAS *s. m.* V. GACELA.

DORMÁN *s. m.* Dólman.

DORMIDA *s. f.* Estado de modorra por que passa o bicho-da-seda. Dormida (lugar onde dormem os animais). Dormida, sono (ato de dormir). *fig. fam. Amer.* Ato de deitar-se para dormir. *Amer. boliv.* Dormitório, quarto de dormir.

DORMIDERA *s. f. Bot.* Dormideira. *pl. fam.* Dormideira, sonolência, modorra.

DORMIDERO, A *adj.* Soporífero, sonífero, narcótico. *s. m.* Dormida, pouso (lugar onde dorme o gado).

DORMIENTE *p. a. ant.* V. DURMIENTE.

DORMILENTO, A *adj.* Amodorrado.

DORMIR *v. intr.* Dormir. U. t. c. pron. e tr. Dormir, pernoitar. *fig.* Dormir, descuidar-se. *fig.* Dormir, apaziguar-se, aplacar-se. *v. pron. fig.* Adormecer (um membro). A DUERME y vela ou *entre* DUERME y vela, *loc. adv.* Dormitando, entre acordado e dormido.

DORMILÓN, A *adj. fam.* Dorminhoco.

DORMILONA *s. f. Amer.* Espécie de brinco ou arrecada. U. m. no pl. *Amer. cub. Zool.* Dormideira, sensitiva.

DORMIRLAS *s. f.* Jogo das escondidas.

DORNAJO (dornajo) *s. m.* Gamela, dorna, cocho.

DORNILLO (dornilho) *s. m.* V. DORNAJO. V. HORTERA.

DOS *adj.* Dois, duas. U. t. c. s. A — *por tres, loc. adv. fig. fam.* Prontamente. Com frequência, amiúde. *De* — *em* —, *loc. adv.* A dois e dois; de dois em dois. *En un* — *por tres, loc. adv. fig. fam.* Num momento, num ápice, rapidamente.

DOSALBO, A (dossalbo) *adj.* Que tem os pés brancos (diz-se das cavalgaduras).

DOSAÑAL (dossanhal) *adj.* Bienal.

DOSCIENTOS, A *adj. pl.* Duzentos.

DOSEL (dossel) *s. m.* Dossel. Sobrecéu, baldaquim. V. ANTEPUERTA.

DOSELERA (dosselera) *s. f.* Sanefa (do dossel).

DOSIFICABLE (dossificable) *adj.* Dosável.

DOSIFICACIÓN (dossificaciòn) *s. f.* Doseamento, dosagem.

DOSILLO (dossilho) *s. m.* Certo jogo de cartas.

DOSIS (dossis) *s. f.* Dose, quantidade, porção, ração.

DOTACIÓN *s. f.* Dotação. Tripulação (de navio de guerra).

DOTAR *v. tr.* Dotar. Tripular, guarnecer de homens.

DOTE *s. amb.* Dote. *fig.* Dote, dom, mérito, prenda. Número de tentos (no jogo).

DOVELA *s. f. Arq.* Aduela (pedra de arco de abóbada).

DOVELAJE (dovelaje) *s. m.* Conjunto de aduelas (pedras de arco de abóbada).

DOVELAR *v. tr.* Lavrar aduelas (pedras de arco de abóbada).

DOZAVADO, A (doçavado) *adj.* Dodecagonal.

DOZADO, A (doçavo) *adj.* Duodécimo, a (parte). *s. m.* Doze avos.

DRACÚNCULO *s. m. Bot.* V. DRAGONTEA. *Zool.* Filária.

DRAGADO, A *adj.* Dragado. *s. m.* Dragagem.

DRAGAJE (dragaje) *s. m.* Dragagem.

DRAGÓN *s. m.* Dragão (monstro fantástico). *Zool.* Dragão. *Mil.* Dragão. *Bot.* Antirrino. Mancha branca, névoa nos olhos dos quadrúpedes. *Astron.* Dragão. — *marino Zool.* Dragão-marinho, dragão-do-mar, víbora.

DRAGONCILHO (dragoncilho) *s. m.* V. ESTRAGÓN.

DRAGONEAR *v. intr. Amer.* Ter modos de soldado; portar-se com dureza e despotismo. *Amer.* Desempenhar acidentalmente um cargo. *Amer.* Exercer outra profissão que não a própria. *Amer. plat.* Cortejar, galantear.

DRAGONTEA *s. f. Bot.* Dragontéia, serpentária.

DRAO *s. m. Jir.* Veneno.

DRAQUE *s. m. Amer. mexic.* Aguardente muito aguada.

DRASTICIDAD (drasticidad) *s. f.* Qualidade de drástico.

DRECERA *s. f.* Fileira, fila (de casas ou árvores).

DRENAJE (drenaje) *s. f.* Drainagem.

DRENAR *v. tr.* Drainar, drenar, galvar.

DREZAR (dreçar) *v. tr.* V. ADEREZAR.

DRIZA (driça) *s. f. Náut.* Driça, adriça.

DRIZAR (driçar) *v. tr. Náut.* Adriçar.

DROGUERIA *s. f.* Drogaria.

DROGUERO *s. m.* Droguista. *prov. Cat.* e *Arag.* V. ABACERO. *Amer. fig. fam.* Embusteiro, velhaco, trapaceiro.

DROGUISTA *s. m.* Droguista. *fig.* Embusteiro, velhaco, trapaceiro. U. t. c. adj. *Amer. argent.* Beberrão, alcoolista.

DROMEDAL *s. m.* Dromedário.

DROPE *s. m. fam.* Bandalho, pulha, biltre, pandilha.

DUBA *s. f.* Sebe, muro de taipa.

DUBDA *s. f. ant.* V. DUDA.

DUBIO *s. m. For.* O que é questionável, ponto duvidoso.

DUBITABLE *adj.* Dubitável, duvidável.

DUBITACIÓN *s. f.* Dubitação, dúvida. *Ret.* Dubitação.

DUBLÉ *s. m.* Prata dourada.

DUCHO, A (dutcho) *adj.* Experimentado, destro, hábil, prático, acostumado.

DUCTILIDAD (ductilidad) *s. f.* Ductilidade.

DUCTIVO, A *adj.* Conducente, tendente.

DUCTOR *s. m.* Condutor, guia, chefe.

DUCTRIZ *s. f.* de *Ductor.*

DUDA *s. f.* Dúvida. *Sin* —, *loc. adv.* Sem dúvida, certamente.

DUDABLE *adj.* Duvidável, dubitável.

DUDANZA (dudança) *s. f. ant.* Duvidança, dúvida.

DUDAR *v. tr.* Duvidar.

DUDOSAMENTE (dudossamente) *adv.* Duvidosamente.

DUDOSO, A (dudosso) *adj.* Duvidoso.

DUELA *s. f.* Aduela (de barril, tonel etc.).

DUELAJE (duelaje) *s. m.* V. DOLAJE.

DUELERÍA *s. f.* Tanoaria. Aduelagem. Conjunto de aduelas.

DUELO *s. m.* Duelo (luta). Dó, tristeza, luto. Dó, dor, aflição, sentimento. Nojo, luto, demonstração de pesar por falecimento de alguém. Fadiga, trabalho.

DUEÑA (duenha) *s. f.* Dona, proprietária. Duenha. *fig.* Dona, senhora (título honorífico). — *de honor,* dama de honor.

DUEÑESCO, A (duenhesco) *adj.* Pertencente ou relativo a *Dueña.*

DUEÑO (duenho) *s. m.* Dono, senhor, proprietário. Amo, senhor.

DUENDO, A *adj.* Manso, doméstico.

DUERMEVELA *s. m. fam.* Cochilo, sono de quem dormita. *fam.* Sono interrompido amiúde.

DUERNA *s. f.* V. ARTESA.

DULA *s. f.* Adua.

DULCE *adj.* Doce. *fig.* Doce, agradável, aprazível. *fig.* Suave, doce, terno. *fig.* Doce, dócil. Doce, flexível, dúctil, complacente, afável. *s. m.* Doce.

DULCEDUMBRE *s. f.* Doçura, suavidade.

DULCÉMELE *s.m. Mús.* Saltério.

DULCEMENTE *adv.* Docemente, suavemente.

DULCENTA *s. f.* Espécie de maçã.

DULCERA *s. f.* Compoteira, vaso para doce.

DULCERÍA *s. f.* Doçaria, confeitaria.

DULCERO, A *adj.* Que gosta de doces. *s. m. e f.* Doceiro.

DULCIAGRIO, A adj . Agridoce.

DULCIFICACIÓN *s. f.* Dulcificação.

DULCINEA *s. f. fig. fam.* Dulcinéia, mulher amada.

DULCIR *v. tr.* Polir, igualar, desbarbar (vidros e cristais).

DULCÍSONO, A (dulcíssono) *adj. Poét.* Dulcíssono.

DULERO *s. m.* Adueiro.

DULIMÁN *s. f.* Dóliman.

DULZAINA (dulçaina) *s. f. Mús.* Doçaina. *fam.* Quantidade de doce ordinário.

DULZAINERO (dulçainero) *s. m.* Tocador de doçaina.

DULZAMARA (dulçamara) *s. f. Bot.* Dulcâmara, doce-amarga.

DULZARRÓN, A (duiçarròn) *adj. fam.* Doce, mas desagradável ao gosto.

DULZÓN, A (dulçòn) *adj. fam.* V. DULZA-RRÓN.

DULZOR (dulçor) *s. m.* Dulçor, doçura.

DULZURA (dulçura) *s. f.* Doçura. *fig.* Doçura, suavidade, deleite. *fig.* Bondade, ternura, meiguice, doçura.

DULZURAR (dulçurar) *v. tr. ant.* Mitigar, adoçar, suavizar. *Quím.* Dulcificar.

DÚO *s. m. Mús.* Duo.

DUODECAÉDRICO, A *adj.* Dodecaédrico.

DUODECÁGINO, A (duodecájino) *adj. Bot.* Dodecágino.

DUODECÁGONO *adj.* Dodecagonal. *s. m.* Dodecágono.

DUODECANDRÍA *s. f. Bot.* Dodecandria.

DUODECÁNDRICO, A *adj. Bot.* Dodecandro.

DUODECAPÉTALO, A *adj. Bot.* Dodecapétalo.

DUODECASÍLABO, A (duodecassílabo) *adj.* Dodecassílabo. U. t. c. s. m.

DUODENITIS *s. f. Med.* Duodenite.

DUODENO, A *adj.* Duodécimo. *s. m.* Duodeno.

DUOMESINO, A (duomessino) *adj.* Bimestral. De dois meses.

DÚPLICA *s. f.* Tréplica.

DUPLICACIÓN *s. f.* Duplicação.

DUPLICIDAD (duplicidad) *s. f.* Duplicidade. Dobrez, má fé.

DURA *s. f. fam.* Duração, dura.

DURABILIDAD (durabilidad) *s. f.* Durabilidade.

DURABLE *adj.* Durável.

DURACIÓN *s. f.* Duração.

DURADERAMENTE *adj.* Duravelmente.

DURADERO, A *adj.* Duradouro, durável.

DURAMADRE *s. f. Anat.* Dura-máter.

DURAMEN *s. m. Bot.* Durame, cerne.

DURANDO *s. m.* Durante.

DURAZNERO *s. m.* Pessegueiro.

DURAZNILLA (duraznilha) *s. f.* Pêssego durázio.

DURAZNO *s. m.* Pessegueiro. Pêssego.

DURMIENTE *p. a.* de *Dormir.* Dormente. *s. m.* Dormente.

DURO, A *adj.* Duro (em todas as principais aceps. deste vocáb.) *s. m.* Duro (moeda espanhola. *adv.* Com força, violentamente.

DUUNVIR *s. m.* Duúnviro.

DUUNVIRATO *s. m.* Duunvirato.

DUX (ducs) *s. m.* Doge.

DUZ *adv. vulg.* V. DULCE.

E *s. f.* A sexta letra e segunda das vogais do alfabeto espanhol. *conj.* E. *Gram.* Usa-se em lugar de *y* (e) para evitar o hiato, antes de palavras começadas por *i* ou *hi.* (Esta regra não se aplica no princípio de uma oração interrogativa ou exclamativa.

¡EA! *interj.* Eia!

EBANIFICAR *v. tr.* Ebanizar.

EBANISTERÍA *s. f.* Ebanesteria.

EBONITA *s. f.* Ebonite.

EBULLICIÓN (ebulhiciòn) *s. f.* Ebulição.

EBULLÓMETRO (ebulhómetro) *s. m.* Ebuliômetro.

EBULLOSCOPIO (ebulhoscopio) *s. m.* Ebulioscópio.

EBULLÓSCOPO (ebulhóscopo) *s. m.* Ebulioscópio.

EBURNACIÓN *s. f.* Eburnação.

EBURNITIS *s. f.* Eburnite.

ECFORA *s. f. Arq.* Écfora.

ECHACANTOS (echacantos) *s. m.* Homem insignificante e desprezível.

ECHACORVEAR (etcharcorvear) *v. intr. fam.* Alcovitar, rufiar.

ECHARCORVERÍA (etcharcorvería) *s. f. fam.* Alcoviteirice.

ECHACUERVOS (etchacuervos) *s. m. fam.* Alcoviteiro. *fam.* Embusteiro, homem desprezível.

ECHADA (etchada) *s. f.* Lanço, arremesso, jacto. Espaço que ocupa o corpo de um homem estendido no chão.

ECHADERO (etchadero) *s. m.* Lugar próprio para deitar-se ou atirar-se alguém.

ECHADILLO, A (etchadilho) *adj. fam.* Enjeitado, exposto. U. t. c. s.

ECHADIZO, A (etchadiço) *adj.* Enviado dissimuladamente para espiar ou descobrir alguma coisa, ou para espalhar algum boato ou mentira. U. t. c. s. Que se espalha dissimuladamente. Abandonável, deixável. Diz-se das coisas que se deitam ou atiram a determinado lugar, tais como atulhos, escombros, aterros, etc. *ant.* V. LEVADIZO. *fam.* Enjeitado, exposto. U. t. c. s.

ECHADO, A *p. p.* de *Echar. adj. ant.* V. ECHADILLO.

ECHADOR, A (etchador) *adj.* Lançador, atirador, arremessador. U. t. c. s. *Amer.* Fanfarrão. U. t. c. s.

ECHADURA (etchadura) *s. f.* Deitadura (de ovos para incubação). V. AECHADURA. U. m. no *pl.* — *de podos,* ninhada (de pintos).

ECHAMIENTO (etchamiento) *s. m.* Lançamento, lanço, arremesso.

ECHAPELLAS (etchapelhas) *s. m.* e *f.* Pessoa que tira a lã dos tabuleiros para a lançar no lavadouro.

ECHAPERROS (etchaperros) *s. m.* V. AZOTAPERROS.

ECHAR (etchar) *v. tr.* Lançar, arremessar, atirar, jogar, deitar, despedir. Lançar, exalar, deitar, despedir. Deitar, despejar, lançar. Fazer sair, expulsar, deitar fora. Destituir, depor, demitir, despedir. Brotar, deitar, lançar, rebentar. Comer ou beber alguma coisa. Deitar o macho à fêmea. Pôr, aplicar, colocar, deitar. Fechar (o ferrolho, a fechadura etc.). Lançar (tributos). Atribuir, imputar, deitar culpa. Atribuir, referir, pôr a conta de. Inclinar, reclinar, deitar. Apostar, competir. Jogar, lançar, deitar à sorte. Dar, repartir. Fazer, formar. Representar, executar, interpretar. Publicar, prevenir, avisar. Dizer, pronunciar, deitar. Deitar (começar a ter ou a usar). Abraçar (uma profissão). Ir, deitar (por este ou aquele caminho). Deitar (começar a fazer alguma coisa). Exagerar. Derribar, arrimar, deitar por terra. Condenar. (Com certos substantivos, equivale ao verbo que deles se forma: — *suertes* (sortear); — *cálculos* (calcular), etc.). *v. pron.* Atirar-se, arrojar-se, arremessar-se. Acalmar, serenar, amainar (o vento). Deitar (a ave choca). Dedicar-se, aplicar-se, pôr-se a. — *de menos,* sentir falta; ter saudades. ECHARLA de *loc. fam.* Presumir de, fazer o, campar de.

ECHAZÓN (etchaçòn) *s. f.* V. ECHADA. *Náut.* Alijamento.

ECHENO (etcheno) *s. m.* Calha (de fundição).

ECLECTICISMO *s. m.* Ecletismo, ecleticismo.

ECLÉCTICO, A *adj.* Eclético.

ECLESIASTIZAR (eclessiasticar) *v. tr.* Espiritualizar (bens temporais).

ECLOSIÓN (eclossiòn) *s. f.* Eclosão.

ÉCTASIS (èctassis) *s. f.* Éctase, diástole.

ECTIMOSIS (ectimossis) *s. f. Med.* Ectima.

ECTROPION *s. m.* Ectrópio.

ECUACIÓN *s. f.* Equação.

ECUADOR *s. m.* Equador.

ECUÁNIME *adj.* Equânime.

ECUANIMIDAD (ecuanimidad) *s. f.* Equanimidade.

ECUATORIAL *adj.* Equatorial.

ECUATORIANO, A *adj.* e *s.* Equatoriano.

ECUESTRE *adj.* Equestre.

EDACIDAD (edacidad) *s. f.* Voracidade, edacidade.

EDAD (edad) *s. f.* Idade. Época. *Mayor* —, maioridade. *Menor* —, minoridade. *De cierta* —, *loc. adv.* De certa idade, de idade um tanto avançada.

EDÉN *s. m.* Éden, paraíso. *fig.* Éden, paraíso.

EDICIÓN *s. f.* Edição.

EDICTO *s. m.* Edicto, mandato, decreto. Édito.

EDICTAL *adj.* Edital (relativo a éditos).

EDÍCULO *s. m.* Edícula (pequena casa). Edícula (nicho para imagem de santos).

EDIFICACIÓN *s. f.* Edificação. *fig.* Edificação, moralização.

EDIFICATORIO, A *adj.* Edificativo, edificante.

EDRAR *v. tr. Agr.* Fazer a segunda cava nas videiras.

EDREDÓN *s. m.* Edredom (penugem do êider). Edredom (acolchoado, cobertura acolchoada de penas).

EDUCACIÓN *s. f.* Educação.

EDUCCIÓN *s. f.* Edução.

EDUCIR *v. tr.* Eduzir, deduzir; extrair. *Irreg.* V. conj. de *Inducir.*

EDULCORACIÓN *s. f.* Edulcoração.

ÉDULO, A *adj.* Édule, comestível.

EFECTIVAMENTE *adv.* Efetivamente, com efeito, realmente.

EFECTIVIDAD (efectividad) *s. f.* Efetividade.

EFECTIVO, A *adj.* Efetivo.

EFECTO *s. m.* Efeito. Realização. Destino, fim. Efeito, impressão, sensação causada. Artigo (de comércio), mercadoria. Título, letra comercial. *pl.* Bens, móveis, fazenda. *Con,* ou *en,* —, *loc. adv.* Com efeito, efetivamente, realmente. *Lievar a* —, *loc. v.* Levar a efeito, executar, realizar. *Surtir* —, *loc. v.* Surtir efeito, dar o resultado desejado. *Poner a* — V. LLEVAR A EFECTO.

EFECTUACIÓN *s. f.* Efetuação, execução, realização.

EFECTUAR *v. tr.* Efetuar, executar, levar a efeito.

EFÉMERA *adj.* Diz-se de febre que dura apenas 24 horas.

EFEMÉRIDOS *s. m. pl. Entom.* Efêmeros.

EFENDI *s. m.* Efende.

EFESINO, A (efessino) *adj.* e *s.* Efésio. *adj.* Efesino.

EFETÁ *s. f. fam.* Teima, obstinação.

EFIALTO *s. m.* Efialta, pesadelo.

EFÍMERA *s. f. Entom.* Efêmera.

EFIMERAMENTE *adv.* Efemeramente.

EFÍMERO, A *adj.* Efêmero, passageiro.

EFLUXIÓN (eflucsiòn) *s. f. Med.* Efluxão.

EFRACCIÓN *s. f.* Efratura, efração. Violência, ato violento. Arrombamento.

EFRACTOR *s. m.* Arrombador.

EFULGURACIÓN *s. f.* Radiação, brilho.

EFUSIÓN (efussiòn) *s. f.* Efusão, derramamento. *fig.* Efusão, expansão.

EGIDA (ejida) *s. f.* V. ÉGIDA.

ÉGIDA (èjida) *s. f.* Égide, amparo, proteção, escudo.

EGILOPE (ejílope) *s. m.* Espécie de aveia. *Med.* Egilope.

ÉGIRA (èjira) *s. f.* V. HÉJIRA.

EGRESO (egresso) *s. m.* Egresso, saída, retirada. *Amer.* Gasto, despesa.

¡EH! *interj.* Eh! Ei!

EJE (eje) *s. m.* Eixo. — *de abscisas.* Eixo das abcissas. — *de simetría,* eixo de simetria.

EJECUCIÓN (ejecuciòn) *s. f.* Execução.

EJECUTABLE (ejecutable) *adj.* Executável.

EJECUTANTE (ejecutante) *p. a.* de *Ejecutar. adj.* e *s.* Executante; executor.

EJECUTAR (ejecutar) *v. tr.* Executar, realizar, fazer, cumprir. Executar, justiçar, suplicar. Executar, desempenhar, interpretar. *For.* Executar.

EJECUTIVAMENTE (ejecutivamente) *adv.* Executivamente. Rapidamente, expeditamente.

EJECUTIVO, A (ejecutivo) *adj.* Executivo, expedido. *Poder* —, poder executivo.

EJECUTOR, A (ejecutor) *adj.* Executor. *s. m.* Executor. — *de la justicia,* executor de alta justiça, algoz, carrasco, verdugo.

EJECUTORIA (ejecutoria) *s. f.* Título, diploma de nobreza. Executoria (repartição que trata da cobrança dos créditos). *For.* Sentença executória. *fig.* Brilho, ação gloriosa ou qualidade pessoal que nobilita.

EJECUTORIAL (ejecutorial) *adj.* Executório.

EJECUTORIAR (ejecutoriar) *v. tr.* Passar sentença executória. *fig.* Provar cabalmente.

EJECUTORIO, A (ejecutorio) *adj.* Executório.

EJEMPLAR (ejemplar) *adj.* Exemplar. *s. m.* Exemplar (modelo original; cópia; indivíduo da mesma espécie). *Sin* —, sem exemplo, sem igual, nunca visto. *v. tr.* Exemplar, exemplificar.

EJEMPLARIDAD (ejemplaridad) *s. f.* Exemplaridade.

EJEMPLARIO (ejemplario) *s. m.* Exemplário.

EJEMPLARMENTE (ejemplarmente) *adj.* Exemplarmente.

EJEMPLIFICACIÓN (ejemplificación) *s. f.* Exemplificação.

EJEMPLIFICAR (ejemplificar) *v. tr.* Exemplificar, elucidar, explicar, explanar. Exemplificar, dar como exemplo, exemplar.

EJEMPLO (ejemplo) *s. m.* Exemplo (em todas as principais aceps. deste vocáb.) *Dar* —, *loc. v.* Dar exemplo; exemplar. *Por* —, *loc. adv.* Por exemplo. *Sin* —, *loc. adv.* Sem exemplo, sem igual.

EJERCER (ejercer) *v. tr.* Exercer, praticar, preencher os deveres de.

EJERCICIO (ejercicio) *s. m.* Exercício.

EJERCIDO, A (ejercido) *p. p. de Ejercer.* Exercido.

EJERCITACIÓN (ejercitación) *s. f.* Exercitação, exercício.

EJERCITADOR, A (ejercitador) *adj.* Exercitador. U. t. c. s.

EJERCITANTE (ejercitante) *p. a. de Ejercitar.* *adj.* Exercitante. *s. m.* Exercitante.

EJERCITAR (ejercitar) *v. tr.* Exercitar, exercer, professar, praticar. Exercitar, adestrar. Exercer (um direito). *v. pron.* Exercitar-se.

EJÉRCITO (ejèrcito) *s. m.* Exército.

EJIDO (ejido) Exido, baldio.

EJIÓN *s. m.* Pontal de andaime.

EL *art. deter. m. sing.* O. *f.* LA. *pl.* LOS, LAS.

ÉL *pron. pes. m. sing.* Ele. *f.* ELLA. *pl.* ELLOS, ELLAS.

ELABORACIÓN *s. f.* Elaboração.

ELACIÓN *s. f.* Elação, altivez, orgulho, arrogância. Elação, elevação, sublimidade. Empolamento (de expressão).

ELÁSTICA *s. f.* Camiseta de malha, com ou sem mangas.

ELASTIFICAR *v. tr.* Dar elasticidade.

ELASTÓMETRO *s. m.* Elastrômetro.

ELAYOMETRÍA (eladjometría) *s. f. Quím.* Eleometria.

ELAYÓMETRO (eladjòmetro) *s. m. Quím.* Eleômetro.

ELCHE (eltche) *s. m.* Apóstata, renegado (da religião cristã).

ELECCIÓN *s. f.* Eleição.

ELECCIONARIO, A *adj. Amer.* Eleitoral.

ELECTIVO, A *adj.* Eletivo.

ELECTO, A *p. p. Irreg. de Elergir.* Eleito. *s. m.* Eleito.

ELECTOR, A *adj. e s.* Eleitor. *s. m.* Eleitor (designação de alguns príncipes alemães).

ELECTORABILIDAD (electorabilidad) *s. f.* Elegibilidade.

ELECTORADO *s. m.* Eleitorado.

ELECTORAL *adj.* Eleitoral.

ELECTRICIDAD (electricidad) *s. f.* Eletricidade.

ELÉCTRICO, A *adj.* Elétrico.

ELECTRIFICACIÓN *s. f.* Eletrificação.

ELECTRIZ *s. f.* Eletriz, eleitora.

ELECTRIZABLE (eletriçable) *adj.* Eletrizável.

ELECTRIZAR (electriçar) *v. tr.* Eletrizar. U. t. c. pron. Eletrizar, excitar, exaltar.

ELECTROCUCIÓN *s. f.* Eletrocução.

ELECTROIMÁN *s. m.* Eletroímã.

ELECTRÓLISIS (electròlissis) *s. f. Quím.* Eletrólise.

ELECTROLIZABLE (electroliçable) *adv.* Eletrolisável.

ELECTROLIZACIÓN (electroliçaciòn) *s. f.* Eletrolisação.

ELECTROLIZAR (electroliçar) *v. tr.* Eletrolisar.

ELECTRÓN *s. m.* Eletrônio.

ELECTRÓSCOPO *s. m.* Eletroscópio.

ELECUTARIO *s. m.* Eletuário.

ELEFANCÍA *s. f. Med.* Elefantíase, elefantia.

ELEFANCÍACO, A *adj.* Elefantíaco, elefantiásico.

ELEFANTÍASIS (elefantíassis) *s. f.* V. ELEFANCÍA.

ELEGIBLE (elejible) *adj.* Elegível.

ELEGIR (elejir) *v. tr.* Eleger, escolher, nomear por votação. Este verbo apresenta as seguintes formas irregulares: Presente do ind.: *elijo, eliges, elige, eligen.* Pretérito perf. *eligió.* Imperfeito: *elige tu, elija él, elijamos nosotros, elijan ellos.* Presente do subj.: *eligiere, eligieres,* etc. Gerúndio: *eligiendo.* Particípio passado: *electo* (ou *eligido*).

ÉLEGO, A *adj.* Elegíaco.

ELEMENTAL *adj.* Elementar.

ELEMENTALMENTE *adv.* Elementarmente, fundamentalmente.

ELENCO *s. m.* Catálogo, índice, elenco. *Amer.* Pessoal de uma administração.

ELEVACIÓN *s. f.* Elevação. Elevamento.

ELEVAMIENTO *s. m.* Enlevo, êxtase, arroubo.

ELIJABLE (elijable) *adj. Farm.* Que se pode elixar.

ELIJACIÓN (elijaciòn) *s. f. Farm.* Elixação.

ELIJAR (elijar) *v. tr. Farm.* Elixar.

ELIMINACIÓN *s. f.* Eliminação.

ELIPSIS *s. f. Gram.* Elipse.

ELÍSEO, A (elísseo) *adj.* Elísio.

ELISIÓN (elissiòn) *s. f.* Elisão.

ELLA (elha) *pron. pess.* Ela.

ELLO (elho) *pron. demonst.* Isso, isto, aquilo. *pron. pess. da 3ª pes. em gênero neutro.* Ele. (Com prep. emprega-se também nos casos oblíquos).

ELLOS (elhos), *Ellas* (elhas) *pronomes pes.* Eles, elas. ¡A ELLOS! *loc. interj.* A eles! A ELLAS, *loc. adv.* Ela por ela.

ELOCUCIÓN *s. f.* Elocução.

ELOCUENCIA *s. f.* Eloqüência.

ELOCUENTE *adj.* Eloqüente.

ELOCUENTEMENTE *adv.* Eloqüentemente.

ELOGIO (elòjio) *s. m.* Elogio, louvor.

ELONGACIÓN *s. f.* Elongação.

ELUCIDACIÓN *s. f.* Elucidação.

ELUCUBRACIÓN *s. f.* Elucubração.

ELUDIR *v. tr.* Evitar, esquivar, iludir.

ELUDIBLE *adj.* Esquivável, evitável, iludível.

EMANACIÓN *s. f.* Emanação.

EMANCIPACIÓN *s. f.* Emancipação.

EMBABIAMIENTO *s. m. fam.* V. EMBOBAMIENTO.

EMBABUCAR *v. tr.* V. EMBAUCAR.

EMBACHAR (embatchar) *v. tr.* Meter o gado lanígero no estábulo, para ser tosquiado.

EMBADAZAR (embadaçar) *v. tr.* Adriçar os cutelos.

EMBADURNAMIENTO *s. m.* Enlambuzamento.

EMBADURNAR *v. tr.* Enlambuzar, besuntar, untar, sujar, enlambujar, lambuzar. U. t. c. pron. *Pint.* Enlambuzar, pintar mal.

EMBAIMIENTO *s. m.* Embaimento.

EMBAJADA (embajada) *s. f.* Embaixada (mensagem; função de embaixador; residência deste).

EMBAJADOR (embajador) *s. m.* Embaixador. Emissário, mensageiro.

EMBAJATRIZ (embajatriz) *s. f.* Embaixatriz.

EMBALADURA *s. f. Amer.* V. EMBALAJE.

EMBALAJE (embalaje) *s. m.* Embalagem.

EMBALAMIENTO *s. m.* V. EMBALAJE.

EMBALAR *v. tr.* Enfardar, empacotar, enfardelar.

EMBALDOSADO, A (embaldossado) *p. p. de Embaldosar. s. m.* Pavimento, lajedo; pavimento de baldosas. V. EMBALDOSAMIENTO.

EMBALDOSAMIENTO (embaldossamiento) *s. m.* Lajeamento; ação de pavimentar as baldosas.

EMBALDOSAR (embaldossar) *v. tr.* Lajear; colocar baldosas.

EMBALLENADOR (embalhenador) *s. m.* Espartilheiro.

EMBALLENAR (embalhenar) *v. tr.* Espartilhar.

EMBALLESTADO, A (embalhestado) *p. p. de Emballestarse. adj. Vet.* Embalhestado. *s. m.* Doença de que sofre o solípede emballestado.

EMBALLESTARSE (embalhestarse) *v. pron.* Preparar-se para atirar a besta.

EMBALSADERO *s. m.* Lago, água estagnada, lugar pantanoso.

EMBALSAMAMIENTO *s. m.* Embalsamamento, embalsamação.

EMBALSAMIENTO *s. m.* Embalçamiento (ação de esconder por entre balças). Estagnação, encharcamento.

EMBALSAR *v. tr.* Embalçar (esconder por entre balças). Estagnar, encharcar. V. REBALSAR.

EMBALSE *s. m.* V. EMBALSAMIENTO, 2ª acep.

EMBALUMAR *v. tr.* Avolumar, carregar de coisas volumosas e que estorvam. *v. pron. fig.* Meter-se em negócios graves e embaraçosos.

EMBANASTAR *v. tr.* Encanastrar, encestar. *fig.* Atulhar (de gente).

EMBANCAR *v. intr. Náut.* Encalhar num banco de areia.

EMBANDERAMIENTO *s. m.* Embandeiramento.

EMBANDERAR *v. tr.* Embandeirar.

EMBARAZADAMENTE (embaraçadamente) *adv.* Embaraçadamente.

EMBARAZADO, A (embaraçado) *p. p. de Embarazar.* Embaraçado. *adj.* Embaraçada, grávida.

EMBARAZADOR, A (embaraçador) *adj.* Embaraçador.

EMBARAZAR (embaraçar) *v. tr.* Embaraçar, estorvar, impedir, dificultar, retardar. U. t. c. pron.

EMBARAZO (embaraço) *s. m.* Embaraço, dificuldade, estorvo, impedimento, obstáculo. Gravidez. Período de gravidez. Embaraço, enleio, perplexidade, hesitação, apuro.

EMBARAZOSAMENTE (embaraçossamente) *adv.* Embaraçosamente.

EMBARAZOSO, A (embaraçosso) *adj.* Embaraçoso.

EMBARBASCAR *v. tr.* Embarbascar (entontecer com barbasco). *v. pron.* Embarbascar-se (a charrua). *fig.* Embarbascar-se, embaraçar-se, ficar perplexo.

EMBARBILLAR (embarbilhar) *v. tr. Carp.* Embarbar, encaixar, encasar.

EMBARCACIÓN *s. f.* Embarcação, barco, navio. Embarque. Tempo que dura uma navegação; travessia.

EMBARCADERO *s. m.* Embarcadouro.

EMBARCADURA *s. f.* V. EMBARCO.

EMBARCO *s. m.* Embarque, embarcamento.

EMBARDAR *v. tr.* Cobrir de taipa.

EMBARGABLE *adj.* Embargável.

EMBARGO *s. m.* Indigestão. *ant.* Embargo, embaraço, impedimento. *For.* Embargo. *Sin* —, *loc. adv.* No obstante, sem embargo.

EMBARNECER *v. intr.* Engordar, engrossar. *Irreg.* V. conj. de *Favorecer.*

EMBARNIZADURA (embarniçadura) *s. f.* Envernizamento.

EMBARNIZAR (embarniçar) *v. tr.* Envernizar.

EMBARRADA *s. f. Amer.* Grande erro, falta grave, cincada.

EMBARRADURA *s. f.* Embarramento.

EMBARRANCAR *v. intr. Náut.* Encalhar (em fundo lodoso). U. t. c. tr. *v. pron.* Embarrancar-se, atascar-se, atolar-se. *Amer. cub.* Embarrar, rebocar, emboçar. *Amer. chil. fig.* Enlamear, aviltar, manchar. *fig. Amer. chil.* Cincar, errar; disparatar. *v. pron. Venat.* Embarrar. *v. tr.* Barrar (meter barra), embarreirar.

EMBARRIZARSE (embarrissarse) *v. pron.* Enlamear-se.

EMBARROTAR *v. tr.* Abarrotar (segurar com barrotes).

EMBARULLAR (embarulhar) *v. tr. fam.* Embarulhar, confundir, desordenar. *fam.* Atamancar, fazer as coisas à pressa e sem ordem.

EMBASAMIENTO (embassamiento) *s. m. Arq.* Embasamento.

EMBASTAR *v. tr.* Embastar, acolchoar. Alinhavar. Bordar no bastidor. Pôr no bastidor o tecido a ser bordado. Albardar.

EMBATE *s. m.* Golpe violento de mar. Embate, encontro, acometimento.

EMBAUCAMIENTO *s. m.* Embaimento, logro, engano, ilusão.

EMBAUCAR *v. tr.* Embaucar, embelecar, enganar, iludir, lograr.

EMBAUSAMIENTO (embaussamiento) *s. m.* Estupefação, embevecimento.

EMBAYARSE (embadjarse) *v. pron. Amer. equat.* V. EMBERRINCHARSE.

EMBAZADO, A (embaçado) *p. p. de Embazar.*

EMBAZADOR, A (embaçador) *adj.* Embaçador.
EMBAZADURA (embaçadura) *s. f.* Pasmo, assombro, embaçamento, embaçadela. Embaçadela, ação de embaçar (tornar baço).
EMBAZAR (embaçar) *v. tr.* Embaçar, tornar baço, tingir de cor escura ou baça. Deter, impedir, embaraçar. *fig.* Embaçar, assombrar, pasmar. *v. intr.* Embaçar, estacar. *v. pron.* Enfastiar-se, cansar-se. Envergonhar-se, perturbar-se.
EMBEBECER *v. tr.* Entreter, distrair, embeber, divertir. *v. pron.* Embaçar-se, pasmar-se, embeber-se, embelezar-se. *Irreg.* V. conj. de *Calentar.*
EMBEBECIDAMENTE *adv.* Embevecidamente. Absortamente, distraidamente.
EMBEBECIMIENTO *s. m.* Embevecimento, admiração, pasmo, embelezamento, embelezo.
EMBEBIMIENTO *s. m.* Embebição.
EMBELECO *s. m.* Engano, fraude, embuste, embeleco. *fig. fam.* Pessoa ou coisa enfadonha.
EMBELEÑAR (embelenhar) *v. tr.* Estontear, aturdir. Embelezar, embevecer, enlevar.
EMBELEQUERO, A *adj.* Pessoa enfadonha, amiga de logros e exageros. U. t. c. s.
EMBELESADOR, A (embelessador) *adj.* Embelessador, encantador, embevecedor, fascinador.
EMBELESAMIENTO (embelessamiento) *s. m.* V. EMBELESO.
EMBELESAR (embelessar) *v. tr.* Embelezar, arrebatar, embevecer, enlevar, encantar, inebriar.
EMBELESO (embelesso) *s. m.* Embelezo, enlevo, arrebatamento. Encanto (coisa que encanta, agrada ou arrebata).
EMBELLACARSE (embelhacarse) *v. pron.* V. EMBELLAQUECERSE.
EMBELLAQUECERSE (embelhaquecerse) *v. pron.* Avelhacar-se. *Irreg.* V. conj. de *Favorecer.*
EMBELLECEDOR, A (embelhecedor) *adj.* Embelezador.
EMBELLECER (embelhecer) *v. tr.* Embelecer, embelezar, aformosear, ataviar, ornamentar, abrilhantar. *Irreg.* V. conj. de *Favorecer.*
EMBELLECIMIENTO (embelhecimiento) *s. m.* Embelezamento, aformoseamento.
EMBEODARSE *v. pron. ant.* Emborrachar-se, embriagar-se, embebedar-se.
EMBERMEJAR (embermejar) *v. tr.* V. EMBERMEJECER.
EMBERMEJECER (embermejecer) *v. tr.* Envermelhar, avermelhar. Envermelhecer, enrubecer, corar. U. m. c. pron. *v. intr.* Vermelhar, vermelhecer. *Irreg.* V. conj. de *Favorecer.*
EMBERMELLONAR (embermelhonar) *v. tr.* Pintar de vermelhão.
EMBERO *s. m.* V. ENVERO.
EMBERRENCHINARSE (emberrentchinarse) *v. pron.* V. EMBERRINCHINARSE.
EMBERRINCHINARSE (emberrintchinarse) *v. pron. fam.* Abespinhar-se, enfadar-se, encolerizar-se, irritar-se, embespinhar-se.
EMBESTIDA *s. f.* Investida, arremetida, ataque, acometimento. *fig.* Interrupção, inoportuna, importunação.
EMBESTIDOR, A *adj.* Que investe, que acomete. *s. m.* e *f. fig. fam.* Pedinchão, ona.
EMBESTIDURA *s. f.* V. EMBESTIDA, 1ª acep.
EMBESTIR *v. tr.* Investir, acometer, arremeter, atacar. *fig. fam.* Pedinchar. *Irreg.* V. conj. de *Servir.*
EMBETUNAR *v. tr.* Betumar, embetumar.
EMBICAR *v. tr. Náut.* Pôr uma verga em posição inclinada, como sinal de luto. *Náut.* Abicar, embicar, aproar. *Náut.* Orçar.
EMBIGOTAR *v. tr.* Abigodar. *Náut.* Amarrar, segurar. *v. pron.* Começar a ter bigodes.
EMBIJAR (embijar) *v. tr.* Açafroar, pintar com urucu ou achiote.
EMBIÓN *s. m.* V. ENVIÓN.
EMBIQUE *s. m. Náut.* Embicadura.
EMBLANDECER *v. tr.* Embrandecer, abrandar, amolecer. U. t. c. pron. *v. pron. fig.* Enternecer-se, comover-se, abrandar-se, mover-se, embrandecer-se. *Irreg.* V. conj. de *Favorecer.*
EMBLANQUECER *v. tr.* Embranquecer, branquear. U. t. c. pron.
EMBLEMATIZAR (emblematiçar) *v. tr.* Emblemar.

EMBOBAMIENTO *s. m.* Embevecimento, embelezamento, encantamento, admiração, pasmo, transporte, enlevo.
EMBOBAR *v. tr.* Embevecer, entreter, embeber, distrair, arrebatar, extasiar, embelezar, encantar, pasmar. *v. pron.* Enlevar-se, embevecer-se, embelezar-se, embeber-se, extasiar-se.
EMBOBECER *v. tr.* Apatetar, estupefazer, atolambar, atoleimar, entontecer, bestificar, estupidificar. *Irreg.* V. conj. de *Favorecer.*
EMBOBECIMIENTO *s. m.* Estupidez, toleima, imbecilidade; ação de *Embobecer.*
EMBOCADERO *s. m.* Embocadura, boca (de estreitos e canais). Abertura, portilho, entrada.
EMBOCADO, A *p. p.* de *Embocar.* *adj.* Diz-se do vinho entre doce e seco.
EMBOCADURA *s. f.* Embocadura (ação de embocar). Embocadura (de instrumento de sopro). Gosto ou sabor do vinho. Embocadura (do freio). Embocadura (de rio ou canal). Boca de cena.
EMBOCAR *v. tr.* Embocar (em todas as principais aceps. deste vocáb.) *fam.* Mistificar, mentir, enganar. *fam.* Engolir, comer apressadamente e muito.
EMBOCHIGAR (embotchigar) *v. tr. Amer.* V. ENGUACHICAR.
EMBOCHINCHAR (embotchintchar) *v. tr. Amer.* Armar um sururu ou bochinche.
EMBOCICARSE *v. pron.* V. ENFERRUÑARSE.
EMBODARSE *v. pron.* Casar-se.
EMBODEGAMIENTO *s. m.* Ação de adegar.
EMBODEGAR *v. tr.* Adegar (meter ou guardar em adega).
EMBOJAR (embojar) *v. tr.* Colocar ramos de abrótano para os bichos-da-seda.
EMBOJO (embojo) *s. m.* Ação de *Embojar.* Conjunto de ramos, geralmente de abrótano, que se põe para os bichos-da-seda.
EMBOJOTAR (embojotar) *v. tr. Amer. venezuel.* V. LIAR.
EMBOLAR *v. tr.* Embolar (cornos de bovinos). *Amer. mexic.* Embriagar, embebedar, emborrachar. Aplicar bolo armênio (para dourar).
EMBONAR *v. tr.* Bonificar, melhorar. *Náut.* Embonar.
EMBONES *s. m. pl. Náut.* Embonos.
EMBONIGAR (embonhigar) *v. tr.* Embostar.
EMBONO *s. m. Náut.* Embono. Entretela (de roupa).
EMBOQUE *s. m.* Emboque. *fam.* Engano, mentira, peta. *Amer. chil.* Emboca-bola, bilboquê.
EMBORRACHAMIENTO (emborratchamiento) *s. m.* Borracheira, bebedeira, embriaguez.
EMBORRACHAR (emborratchar) *v. tr.* Emborrachar, embebedar, embriagar. U. t. c. pron. Estontear, adormecer, perturbar os sentidos. — *la perdiz, loc. fig. Amer. chil.* Fascinar, seduzir, enganar.
EMBORRADA *s. f.* Porção de lã que passa pela segunda carda.
EMBORRADOR *s. m.* Cardador de lã.
EMBORRADURA *s. f.* Ação de *Emborrar,* 2ª acep.
EMBORRAR *v. tr.* Encher de lã, estofar. Emborrar, dar a segunda carda à lã. *fig. fam.* V. EMBOCAR, 3ª acep.
EMBORRASCAR *v. tr. fig. fam.* Irritar, emborrascar. *Amer. mexic.* Esgotar-se uma mina, perder-se um negócio.
EMBORRAZAR (emborraçar) *v. tr.* Estufar (a carne).
EMBORRICARSE *v. pron. fam.* Aturdir-se, estupidificar-se.
EMBORRIZAR (emborriçar) *v. tr.* Emborrar (dar a primeira carda à lã).
EMBORRONAR *v. tr.* Borrar, encher de borrões. *fig.* Garatujar, escrever depressa e mal.
EMBORRULLARSE (emborrulharse) *v. pron.* Disputar, altercar, engalfinhar-se.
EMBOSCADURA *s. f.* Emboscada.
EMBOSQUECER *v. intr.* Tornar-se bosque um terreno. U. t. c. tr. *Irreg.* V. conj. de *Favorecer.*
EMBOTAMIENTO *s. m.* Embotamento.
EMBOTARSE *v. pron. fam.* Calçar as botas, calçar-se. *fig. fam.* Enriquecer.

EMBOTELLADO, A (embotelhado) *p. p.* de *Embotellar.* Engarrafado, embotelhado. *adj. fig.* Diz-se do discurso preparado e não improvisado. *s. m.* Engarrafamento.
EMBOTELLADOR (embotelhador) *s. m.* Engarrafador.
EMBOTELLAMIENTO (embotelhamiento) *s. m.* Engarrafamento.
EMBOTELLAR (embotelhar) *v. tr.* Engarrafar, embotelhar. *fig.* Engarrafar, encurralar.
EMBOTIJAR (embotijar) *v. tr.* Embotijar (meter em botija). Argamassar, cimentar (um pavimento). *v. pron. fig. fam.* Inchar-se, ufanar-se, ficar cheio de si. *fig. fam.* Irritar-se, enfadar-se, indignar-se, encolerizar-se.
EMBOVEDADO, A *p. p.* de *Abovedar.* *adj.* Abobadado. *s. m.* Conjunto de abóbadas.
EMBOVEDAMIENTO *s. m.* Ação de abobadar. V. EMBOVEDADO, 3ª acep.
EMBOVEDAR *v. tr.* Abobadar.
EMBOZA (emboça) *s. f.* Desigualdade (dos fundos de tonéis).
EMBOZADAMENTE (emboçadamente) *adv.* Embuçadamente, dissimuladamente; disfarçadamente.
EMBOZADO, A (emboçado) *p. p.* de *Embozar.* *adj.* Embuçado, envolto, encoberto, dissimulado, disfarçado.
EMBOZALAR (emboçalar) *v. tr.* Embuçalar.
EMBOZAR (emboçar) *v. tr.* Embuçar. U. t. c. pron. Disfarçar, encobrir, dissimular, embuçar. Embuçalar. *ant. fig.* Conter, sofrear, refrear.
EMBOZO (emboço) *s. m.* Embuço, bioco. Embuço (modo de embiocar-se). Dobra das cobertas à cabeceira da cama. *fig.* Embuço, disfarce, dissimulação, ardil.
EMBRACE *s. m.* Braçadeira para cortinas, embrace.
EMBRACILADO, A *p. p.* de *Embracilar.* *adj. fam.* Diz-se da criança de colo ou que é sempre trazida nos braços.
EMBRACILAR *v. tr. prov. Sal.* Levar nos braços, embraçar, sobraçar.
EMBRAGAR *v. tr. Náut.* Atar com um cabo que substitua a eslinga. *Mec.* Embragar, encaixar. Embraçar (com braçadeiras).
EMBRASURA (embrassura) *s. f.* V. CAÑONERA.
EMBRAVECIMIENTO *s. m.* Embravecimento.
EMBRAZADURA (embraçadura) *s. f.* Embraçamento. Braçadeira, embraçadura (de escudo, arnês, etc.).
EMBRAZALAR (embraçalar) *v. tr.* Pôr um bracelete.
EMBRAZAR (embraçar) *v. tr.* Embraçar (o escudo).
EMBREADO *s. m. Náut.* Embreadura, breadura.
EMBREGARSE *v. pron.* Meter-se em brigas, disputas ou questões.
EMBREÑARSE (embrenharse) *v. pron.* Embrenhar-se.
EMBRIBAR *v. tr. prov. Sal.* Banquetear.
EMBRIÓN *s. m.* Embrião.
EMBRIONAL *adj.* Embrionário.
EMBROCA *s. f.* Cataplasma.
EMBROCACIÓN *s. f.* V. EMBROCA. *Med.* Embrocação.
EMBROCALAR *v. tr.* V. ENCHUFAR.
EMBROCAR *v. tr.* Emborcar, derramar, vazar (uma vasilha). Dobrar para bordar, enrolar no bilro (os fios). Montar, pregar com brochas (os sapatos). Colher o toureiro entre os cornos (o touro).
EMBROCHADO, A (embrotchado) *adj.* Lavrado (diz-se dos tecidos).
EMBROCHALAR (embrotchalar) *v. tr. Constr.* Suster com traves as vigas que não se podem meter na parede.
EMBROLLA (embrolha) *s. f. fam.* V. EMBROLLO.
EMBROLLADAMENTE (embrolhadamente) *adv.* Embrulhadamente, confusamente.
EMBROLLADOR, A (embrolhador) *adj.* Enredador, embrulhador, atrapalhador. U. t. c. s.
EMBROLLAR (embrolhar) *v. tr.* Embrulhar, confundir, enredar, emaranhar, atrapalhar.
EMBROLLISTA (embrolhista) *adj. Amer.* V. EMBROLLADOR.

EMBROLLO (embrolho) *s. m.* Embrulho, enredo, confusão, embaraço. Mentira, peta, embuste. Embrulhada, trapalhada, desordem, mistifório. Briga, discussão, conflito, embrulho.

EMBROLLÓN, A (embrolhòn) *adj.* e *s. fam.* V. EMBROLLADOR.

EMBROLLOSO, A (embrolhosso) *adj. fam.* Embrulhado, enredado, intrincado, confuso, emaranhado, dificultoso, complicado.

EMBROMADO, A *p. p.* de *Embromar. adj. Amer.* Enfastiado, aborrecido, enfadado.

EMBROMAR *v. tr.* Caçoar, embromar, troçar, gracejar. Embromar, iludir, engodar. *Náut.* Calafetar provisoriamente. *Amer.* Embromar, prejudicar, arruinar. *Amer.* Embromar, demorar, tardar. *Amer. mexic.* Molestar, enfadar.

EMBROMISTA *adj. Amer.* Embromador, trocista, gracejador.

EMBROQUELARSE *v. pron.* Abroquelar-se.

EMBRUJADO, A (embrujado) *p. p.* de *Embrujar.* Enfeitiçado, embruxado, encantado.

EMBRUJADOR, A (embrujador) *adj.* Enfeitiçador, encantador, embruxador.

EMBRUJAMIENTO (embrujamiento) *s. m.* Enfeitiçamento, encanto, bruxaria, feitiço, feitiçaria.

EMBRUJAR (embrujar) *v. tr.* Enfeitiçar, embruxar, encantar.

EMBRUÑARSE (embrunharse) *v. pron.* Não amadurecer (as frutas).

EMBRUTECIMIENTO *s. m.* Embrutecimento.

EMBUCHADO, A (embutchado) *p. p.* de *Embuchar. s. m.* Salsicha, salpicão.

EMBUCHAR (embutchar) *v. tr.* Embuchar (meter no bucho). Tragar, engolir, comer muito e depressa.

EMBUDAR *v. tr.* Envasilhar com funil. *fig.* Enganar, enredar, trapacear.

EMBUDISTA *adj. fig.* Enganador, enredador, trapaceiro.

EMBUDO *s. m.* Funil. *fig.* Engano, enredo, trapaça, ardil.

EMBULLAR (embulhar) *v. tr.* Fazer bulha ou ruído. *v. pron. Amer.* V. JARANEAR.

EMBULLO (embulho) *s. m. Amer.* Bulha, barulho, disputa, briga, contenda.

EMBURUJAR (emburujar) *v. tr. fam.* Amontoar, misturar, desordenar.

EMBUSTE *s. m.* Embuste, patranha. *pl.* Bagatelas, bijuterias. Gracinhas (das crianças).

EMBUSTERÍA *s. f. fam.* Embustice, embuste, patranha, peta. *fam.* Engano.

EMBUSTERO, A *adj.* Embusteiro.

EMBUSTERUELO, A *adj. Dim.* de *Embustero.*

EMBUSTIDOR, A *adj.* Mentiroso, embusteiro. U. t. c. s.

EMBUSTIR *v. intr. fam.* Embustear, lograr, enganar, dizer patranhas.

EMBUTIDERA *s. f.* Embutideira.

EMENAGÓGICO, A (emenagojico) *adj.* Emenagogo.

EMENDACIÓN *s. f.* Emendação.

EMERSIÓN *s. f.* Emersão.

EMIENDA *s. f.* V. ENMIENDA.

EMIGRACIÓN *s. f.* Emigração.

EMIRATO *s. m.* Emirado.

EMISARIO (emissario) *s. m.* Desaguadouro, despejadouro. Emissário, mensageiro.

EMISIÓN (emissiòn) *s. f.* Emissão.

EMISIVO, A (emissivo) *adj.* Emissivo.

EMISOR, A (emissor) *adj.* Emissor. U. t. c. s.

EMOCIÓN *s. f.* Emoção.

EMPACADOR, A *adj.* Empacotador, enfardador. *s. f.* Empacotadora. *Amer. adj.* Empacador.

EMPACAMIENTO *s. m.* Empacotamento.

EMPACAR *v. tr.* Empacotar, enfardar, enfardelar, encaixotar, emalar, empacar.

EMPACARSE *v. pron.* Obstinar-se, teimar, empacar, emperrar-se, empenhar-se. *fig.* Irritar-se, encolerizar-se. *Amer.* Empacar (emperrar a cavalgadura).

EMPACÓN, A *adj. Amer.* Obstinado, teimoso, recalcitrante, empacador. *Amer.* Empacador (diz-se das cavalgaduras).

EMPADRONAMIENTO *s. m.* Empadroamento, recenseamento, arrolamento.

EMPADRONAR *v. tr.* Empadroar, arrolar, recensear, alistar.

EMPAJADA (empajada) *s. f.* Palhada, palha.

EMPAJADO (empajado) *p. p.* de *Empajar. s. m.* Empalhamento.

EMPAJAR (empajar) *v. tr.* Empalhar (cobrir ou encher de palha).

EMPAJE (empaje) *s. m.* V. EMPAJADO, 2ª acep.

EMPALAGADO, A *p. p.* de *Empalagar.*

EMPALAGAMIENTO *s. m.* Fastio, enjôo, falta de apetite. *fig.* Fastio, aborrecimento, tédio, aversão, enfaramento.

EMPALAGAR *v. tr.* Enfastiar, enjoar. U. t. c. pron. *fig.* Entediar, aborrecer, enfastiar, cansar, enfarar.

EMPALAGO *s. m.* V. EMPALAGAMIENTO.

EMPALAGOSO, A (empalagosso) *adj.* Fastiento, enjoativo. *fig.* Enfadonho, fastidioso, impertinente.

EMPALAMIENTO *s. m.* Empalação.

EMPALAR *v. tr.* Empalar. *v. pron. Amer.* Obstinar-se, teimar, encaprichar-se.

EMPALIAR *v. tr.* Colgar (ornar com colgaduras).

EMPALICADOR, A *adj. Amer.* Adulador, lisonjeiro, louvaminheiro.

EMPALICAR *v. tr. prov. Nav.* e *Amer. chil.* V. ENGATUSAR.

EMPALIZADA (empaliçada) *s. f.* Paliçada, estacada.

EMPALIZAR (empaliçar) *v. tr.* Estacar, fazer paliçada.

EMPALMADURA *s. f.* V. EMPALME.

EMPALMAR *v. tr.* Unir, travar, enlaçar, ajuntar. *v. intr.* Entroncar-se, unir-se (as estradas ou vias férreas).

EMPALME *s. m.* Ajuntamento, travadura, junção, ligação (de objetos). Entroncamento (ferroviário ou rodoviário).

EMPALMILLAR (empalmilhar) *v. tr.* Palmilhar (por palmilha em).

EMPALOMADURA *s. f. Náut.* Palomadura.

EMPALOMAR *v. tr. Náut.* Palomar.

EMPAMPANARSE *v. pron. Amer.* V. EMPAMPARSE.

EMPAMPARSE *v. pron. Amer. argent.* Perder-se, extraviar-se no pampa. *fig. Amer.* Distrair-se, enlevar-se, absorver-se, embeber-se.

EMPAMPIROLADO, A *adj.* Presunçoso, arrogante.

EMPAMPIROTADO, A *adj.* V. EMPAMPIROLADO.

EMPANADA *s. f.* Empada. *fig.* Enredo, engano, fraude, ardil, trampa.

EMPANADILLA (empanadilha) *s. f. Amer. cub.* Empada frita.

EMPANADO, A *p. p.* de *Empanar. s. m.* V. EMPANETADO.

EMPAÑADO, A (empanhado) *p. p.* de *Empañar. adj.* Diz-se da voz abafada, que não é clara.

EMPAÑADURA (empanhadura) *s. f.* Cueiros, faixas das crianças.

EMPANAR *v. tr. Náut.* V. EMPANETAR. Fazer empadas ou massas. *Agr.* Semear as terras. *v. pron. Agr.* Afogar-se a sementeira por excesso de sementes.

EMPAÑAR (empanhar) *v. tr.* Enfaixar (crianças), pôr os cueiros a. Empanar, cobrir de panos. Empanar, manchar, obscurecer, embaciar. *fig.* Empanar, ofuscar, deslustrar, macular.

EMPANDAR *v. tr.* Empandeirar, torcer, curvar.

EMPANDILLAR (empandilhar) *v. tr. fam.* Juntar os naipes para fazer truques ou trapaças. Enganar, embair.

EMPANDORGAR *v. tr. Amer. colomb.* V. EMBROLLAR.

EMPANAR *v. tr.* Empaneirar.

EMPANETADO, A *p. p.* de *Empanetar. s. m. Náut.* Conjunto de paneiros.

EMPAÑETADO, A (empanhetado) *p. p.* de *Empañetar.*

EMPANETAR *v. tr. Náut.* Colocar os paneiros.

EMPAÑETAR (empanhetar) *v. tr. Amer. colomb.* Estucar.

EMPAÑICAR (empanhicar) *v. tr. Náut.* Empunir.

EMPANTANAMIENTO *s. m.* Ação de empantanar.

EMPANTANAR *v. tr.* Empantanar, alagar, submergir, atascar. U. t. c. pron. *fig.* Deter, embaraçar, impedir o curso de uma coisa.

EMPANZARSE (empançarse) *v. pron. Amer. hond.* V. AHITARSE.

EMPAPAR *v. tr.* Empapar. *v. pron. fig.* Impregnar-se, encher-se de. *fam.* Enfartar-se, empachar-se.

EMPAPIROTAR *v. tr. fam.* V. EMPEREJILAR.

EMPAPUJAR (empapujar) *v. tr. fam.* Empanturrar, enfartar.

EMPAQUE *s. m.* Empacotamento. Embalagem, envoltório. *fam.* Catadura, aspecto, ar. Seriedade ou gravidade afetadas. *Amer. chil.* e *per.* Descaramento, desfacatez. *Amer.* Ação de empacar uma cavalgadura.

EMPAQUETADOR *s. m.* Empacotador.

EMPAQUETADURA *s. f.* V. EMPAQUETAMIENTO.

EMPAQUETAMIENTO *s. m.* Empacotamento, encaixotamento, enfardamento.

EMPAQUETAR *v. tr.* Empacotar, enfardar, encaixotar. *v. pron. Amer.* Empaquetar-se.

EMPARAMARSE *v. pron. Amer. colomb.* Enregelar-se.

EMPARAMENTAR *v. tr.* Paramentar.

EMPARAMIENTO *s. m. For.* Embargo, seqüestro.

EMPARAR *v. tr. For.* Embargar, seqüestrar.

EMPAREDADO, A *p. p.* de *Emparedar.* Emparedado. *s. m.* Fatia de carne entre dois pedaços de pão.

EMPAREDAMIENTO *s. m.* Emparedamento.

EMPAREJADO, A (emparejado) *p. p.* de *Emparejar.*

EMPAREJADURA (emparejadura) *s. f.* Igualação, nivelamento, emparelhamento.

EMPAREJAMIENTO (emparejamiento) *s. m.* Emparelhamento.

EMPAREJAR (emparejar) *v. tr.* Emparelhar, igualar, nivelar. *v. intr.* Emparelhar (ficar lado a lado). *v. pron. Amer. mexic.* Conseguir uma coisa por meios ilícitos.

EMPARENTADO, A *adj.* Aparentado.

EMPARENTAMIENTO *s. m.* Ação de *Emparentar.*

EMPARENTAR *v. intr.* Aparentar-se (contrair parentesco por meio de casamento). *Irreg.* V. conj. dc *Calentar.*

EMPARRADO *s. m.* Parreira, latada, caniçado.

EMPARRAR *v. tr.* Emparreirar, formar caniçados ou latadas.

EMPARRILLADO (emparrilhado) *s. m. Arq.* V. ZAMPEADO. Dormentes, travessas.

EMPARRILLAR (emparrilhar) *v. tr. Arq.* V. ZAMPEAR. Grelhar, assar na grelha.

EMPARVAR *v. tr. Agr.* Empavear, fazer paveias.

EMPASTADOR *s. m. Amer.* Encadernador.

EMPASTAR *v. tr.* Empastar. Encadernar. *Amer.* Fazer prados artificiais. *v. pron. Amer.* Encher-se de ervas uma sementeira.

EMPASTE *s. m.* Empastamento. Empaste.

EMPASTELAMIENTO *s. m. Impr.* Empastelamento.

EMPASTELAR *v. tr. fig. fam.* Transigir, resolver amigavelmente. *Impr.* Empastelar. U. t. c. pron.

EMPATRONAMIENTO *s. m.* Aferição (de pesos e medidas).

EMPATRONAR *v. tr.* Aferir (pesos e medidas).

EMPATRONIZAR (empatroniçar) *v. tr.* Dar posse de alguma coisa a alguém. *v. pron.* Assenhorear-se, apropriar-se.

EMPECATADO, A *adj.* Incorrigível, malévolo, mal-intencionado. Caipora, infeliz, azarado.

EMPECER *v. tr.* Danificar, prejudicar, empecer. *v. intr.* Empecer, impedir, obstar. *Irreg.* V. conj. de *Favorecer.*

EMPECHAR (empetchar) *v. tr.* Impedir, embaraçar, estorvar, empachar.

EMPECINADAMENTE *adv.* Obstinadamente.

EMPECINADO, A *p. p.* de *Empecinar. s. m.* V. PEGUERO. *p. p.* de *Empecinarse. adj. Amer.* Obstinado, teimoso, pertinaz.

EMPECINAMIENTO *s. m. Amer.* Obstinação, teimosia, pertinácia.

EMPECINAR *v. tr.* Enlamear. V. EMPEGAR. *v. pron. Amer.* Obstinar-se, teimar, encaprichar-se.

EMPEDERNIMIENTO *s. m.* Endurecimento, insensibilidade, dureza de coração.

EMPEDRADO, A *p. p.* de *Empedrar. adj.* Rodado (com malhas circulares). *fam.* Picado de bexigas. *s. m.* Empedrado (chão calcetado, pavimento de pedras).

EMPEDRAR *v. tr.* Empedrar (calçar com pedras). *fig.* Entulhar, encher de coisas estranhas ou assunto ou trabalho. *Irreg.* V. conj. de *Calentar.*

EMPEGA *s. f.* Pez, breu, piche. Marca de pez nas ovelhas.

EMPEGADO, A *p. p.* de *Empegar. s. m.* Tecido ou pele untada de pez ou substância análoga.

EMPEGADURA *s. f.* Empesgadura.

EMPEGAR *v. tr.* Empesgar, empezar, untar com pez, breu ou piche. Marcar com pez o gado lanígero.

EMPEGO *s. m.* Ação de EMPEGAR, 2ª acep.

EMPEGUNTAR *v. tr.* V. EMPEGAR, 2ª acep.

EMPEINE *s. m.* Púbis. Peito do pé. *Náut.* Rebordo do barril onde se fixam os ganchos da eslinga para transportá-lo. *prov. And.* Flor do algodoeiro. Impigem, impetigo, impetigem. *Bot.* Hepática.

EMPEINOSO, A (empeinoso) *adj.* Impetiginoso, dartroso, que sofre de impetigo.

EMPELAR *v. intr.* Criar pêlo. Ter (os solípedes) o pêlo igual ou muito semelhante.

EMPELAZGARSE *v. pron. fam.* Meter-se em brigas, barulhos, rixas, contendas ou disputas.

EMPELECHAR (empeletchar) *v. tr.* Unir mármores. Cobrir ou revestir de mármore.

EMPELLA (empelha) *s. f.* Pala (do sapato). *Amer.* Mesentério.

EMPELLAR (empelhar) *v. tr.* Empurrar, empuxar. Colocar a pala (no sapato).

EMPELLEJAR (empelhejar) *v. tr.* Empelicar; cobrir ou forrar de peles.

EMPELLER (empelher) *v. tr.* V. EMPELLAR. *Irreg.* Ind. pret. indef. *Empelló, empelleron.* Subj. pret. imperf. *Empell-era* ou *ese, eras* ou *eses, era* ou *era, éramos* ou *ésemos, erais* ou *eseis, eran* ou *esen.* Fut. imperf. *Empell-ere, eres, ere, éremos, ereis, eren.* Ger. *Empellando.*

EMPELLÓN (empelhòn) *s. m.* Empurrão, repelão. *A — es, loc. adv. fig. fam.* Aos empurrões, aos trancos, aos trambolhões, violentamente; injuriosamente.

EMPELOTARSE *v. pron. fam.* Enredar-se, confundir-se; enovelar-se. Disputar, contender. *Amer. fam.* Ficar em pêlo, despir-se.

EMPELOTILLADO, A (empelotilhado) *adj.* Enredado, confundido, misturado, embrulhado.

EMPELTRE *s. m.* Certo tipo de enxerto.

EMPEÑADAMENTE (empenhadamente) *adv.* Empenhadamente, com empenho.

EMPEÑADO, A (empenhado) *p. p.* de *Empeñar. adj.* Acalorado, renhido.

EMPEÑAR (empenhar) *v. tr.* Empenhar (dar em penhor). Empenhar (penhorar, pôr em obrigação, obrigar). Empenhar, impelir, obrigar. *v. pron.* Endividar-se, empenhar-se. Empenhar-se, interceder, pedir com instância. Empenhar-se (em luta, etc.).

EMPEÑERO (empenhero) *s. m. Amer. mexic.* Prestamista.

EMPEÑO (empenho) *s. m.* Empenhamento. Empenho, interesse, desejo, diligência. Empenho (pessoa). *Con —, loc. adv.* Com empenho. *Eu —, loc. adv.* Em penhor, em garantia.

EMPEÑOSAMENTE (empenhossamente) *adv. Amer. chil.* e *mexic.* Empenhadamente, com empenho.

EMPEÑOSO, A (empenhosso) *adj. Amer. mexic.* e *chil.* Empenhoso, constante, perseverante, diligente.

EMPENTAR *v. tr. prov. Arag.* V. EMPELLAR.

EMPENTÓN *s. m. prov. Arag.* V. EMPELLÓN.

EMPEORAMIENTO *s. m.* Piora, pioramento, empioramento.

EMPEORAR *v. tr.* e *intr.* Empiorar, piorar. U. t. c. pron.

EMPEQUEÑECER (empequenhecer) *v. tr.* Empequenecer, apequenar, empequenitar, reduzir, minguar, amesquinhar, apoucar, acanhar. *v. pron. fig.* Apequenar-se, apoucar-se, rebaixar-se. *Irreg.* V. conj. de *Favorecer.*

EMPEQUEÑECIMENTO (empequenhecimiento) *s. m.* Ação de EMPEQUEÑECER.

EMPERADOR *s. m.* Imperador. *Amer. cub.* Pcixe-espada.

EMPERATRIZ *s. f.* Imperatriz.

EMPERCHADO, A (emperchado) *p. p.* de Emperchar. *s. m.* Sebe, cerca viva.

EMPERCHAR (empertchar) *v. tr.* Pendurar, estirar (em vara ou cabide).

EMPERDIGAR *v. tr.* V. PERDIGAR.

EMPEREJILAR (emperejilhar) *v. tr. fam.* Embonecar, ataviar com exagero.

EMPEREZAR (empereçar) *v. intr.* Deixar-se dominar pela preguiça, preguiçar. *fig.* Adiar, protelar, diferir, demorar, arrastar.

EMPERGAMINADO, A *adj.* Coberto ou forrado de pergaminho.

EMPERGAMINAR *v. tr.* Cobrir ou forrar de pergaminho.

EMPERICADO, A *p. p.* de *Empericar se. adj.* Coberto com peruca.

EMPERICARSE *v. pron. Amer.* Embebedar-se, embriagar-se, emborrachar-se.

EMPERIFOLLADO, A (emperifolhado) *p. p.* de *Emperifollar.*

EMPERIFOLLAR (emperifolhar) *v. tr.* V. EMPEREJILLAR.

EMPERNAR *v. tr.* Encavilhar.

EMPERO *conj. advers.* Mas, porém, todavia, não obstante, contudo.

EMPERRADA *s. f.* Renegada (jogo de cartas).

EMPERRAMIENTO *s. m.* Emperramento, emperro, teimosia, obstinação, enraivecimento, irritação.

EMPERRAR *v. tr.* Irritar, encolerizar, emperrar, enraivecer. *v. pron. fam.* Obstinar-se, teimar, emperrar-se. *fam. Amer. colomb.* Chorar.

EMPERSONAR *v. tr.* V. EMPADRONAR.

EMPETRENCARSE *v. pron. Amer.* V. ENCARAMARSE.

EMPEZAR (empeçar) *v. tr.* e *intr.* Começar, principiar, iniciar, dar ou ter começo.

EMPICARZE *v. pron.* Apaixonar-se, afeiçoar-se.

EMPICOTADURA *s. f.* Empicotamento.

EMPIECE *s. m.* Começo, princípio, início.

EMPILAR *v. tr.* Empilhar, amontoar, apilhar, apinhar, acumular.

EMPILE *s. m.* Empilhamento.

EMPINADA (IRSE A LA) *loc. Equit.* Empinar-se.

EMPINADO, A *p. p.* de *Empinar. adj.* Empinado, elevado, muito alto. *fig.* Orgulhoso, soberbo, altivo.

EMPINADURA *s. f.* V. EMPINAMIENTO.

EMPINAMIENTO *s. m.* Ação de empinar.

EMPINAR *v. tr.* Empinar, pôr direito, elevar, erguer. *fig. fam.* Beber muito. *v. pron. Equit.* Empinar-se. *fig.* Elevar-se, sobressair, destacar-se.

EMPINGOROTAR *v. tr. fam.* Encarapitar (pôr no alto).

EMPINO *s. m.* Elevação, proeminência. *Arq.* Cimo de abóbada.

EMPIOLAR *v. tr.* V. APIOLAR.

EMPIPADA *s. m. Amer.* Fartão, enfarte.

EMPIPAR *v. tr.* Embarrilar (o vinho).

EMPIZARRADO, A (empiçarrado) *p. p.* de *Empizarrar. s. m.* Conjunto de ardósias do teto de um edifício.

EMPIZARRAR (empiçarrar) *v. tr.* Ardosiar (te lhados).

EMPLASTADURA *s. f.* Emplastração.

EMPLASTAMIENTO *s. m.* Emplastramento.

EMPLASTAR *v. tr.* Emplastar. *fig.* Deter, dificultar, embaraçar um assunto. *v. pron.* Sujar-se, lambuzar-se, emporcalhar-se.

EMPLASTO *s. m.* Emplastro.

EMPLAZADO, A (emplaçado) *adj. For.* Emprazado.

EMPLAZADOR (emplaçador) *s. m. For.* Emprazador.

EMPLAZAMIENTO (emplaçamiento) *s. m. For.* Emprazamento.

EMPLAZAR (emplaçar) *v. tr. For.* Emprazar. *Venat.* Emprazar. *v. pron. Taurom.* Plantar-se (o touro) na praça, sem querer acometer.

EMPLEA (emplèa) *s. f. Amer. colomb.* V. EMPLEITA.

EMPLEADO, A *p. p.* de *Emplear. s. m.* Empregado.

EMPLEAR *v. tr.* Empregar, colocar, dar emprego. U. t. c. pron. Empregar, gastar, aplicar, inverter (dinheiro etc.). Empregar, usar, aplicar, utilizar.

EMPLEITA *s. f.* Empreita (tira de esparto).

EMPLEITERO *s. m.* Pessoa que vende empreitas.

EMPLENTA *s. m.* Taipa.

EMPLEO (emplèo) *s. m.* Emprego (em todas as aceps. deste vocáb.).

EMPLOMADO, A *p. p.* de *Emplomar. s. m.* Conjunto de folhas de chumbo de um teto.

EMPLOMADOR *s. m.* Chumbeiro.

EMPLOMAR *v. tr.* Chumbar, cobrir de chumbo.

EMPLUMAR *v. tr.* Emplumar, empenar (ornar de penas). *Amer.* Enganar, dar uma notícia falsa. *v. intr.* V. EMPLUMECER. *Amer.* Fugir, escapar, bater as asas. EMPLUMARLAS, *loc. Amer.* Bater as asas, fugir prontamente.

EMPLUMECER *v. intr.* Emplumar-se, empenar-se (as aves). *Irreg.* V. conj. de *Favorecer.*

EMPOBRECIMIENTO *s. m.* Empobrecimento.

EMPODRECER *v. intr.* V. PUDRIR. *Irreg.* V. conj. de *Favorecer.*

EMPOLLADURA (empolhadura) *s. f.* Choco, incubação, geração.

EMPOLLAR (empolhar) *v. tr.* Chocar, incubar, empolhar. U. t. c. pron. *v. intr.* Procriar (as abelhas). *fig.* Chocar, meditar, estudar.

EMPOLTRONECERSE *v. pron.* V. APOLTRONARSE. *Irreg.* V. conj. de *Favorecer.*

EMPOLVADURA *s. f.* Empoamento. Empoeiramento.

EMPOLVAR *v. tr.* Empoar, polvilhar. Empoeirar.

EMPOLVILLAR (empolvilhar) *v. tr. Amer.* V. ENLUCIR.

EMPOLVORAMIENTO *s. m.* V. EMPOLVAMIENTO.

EMPOLVORAR *v. tr.* V. EMPOLVAR.

EMPOLVORIZAR (empolvoriçar) *v. tr.* V. EMPOLVAR.

EMPONCHADO, A (empontchado) *adj. Amer.* Emponchado (vestido de poncho). *fig. Amer. per.* Suspeitoso.

EMPONZOÑADAMENTE (emponçanhadamente) *adv.* Com veneno ou peçonhento.

EMPONZOÑADOR, A (emponçonhador) *adj.* Envenenador, empeçonhador.

EMPONZOÑAMIENTO (emponçonhamiento) *s. m.* Envenenamento; empeçonhamento.

EMPONZOÑAR (emponçonhar) *v. tr.* Envenenar, empeçonhar. U. t. c. pron. *fig.* Corromper, empeçonhar, envenenar, manchar.

EMPOPADA *s. f. Náut.* Navegação feita com vento rijo pela popa.

EMPORCAR *v. tr.* Emporcalhar, sujar, emporcar. *Irreg.* V. conj. de *Almorzar.*

EMPOTRAMIENTO *s. m.* Encravamento, encravação.

EMPOTRAR *v. tr.* Encravar, cravar, enterrar, fincar, fixar. Encerrar as abelhas.

EMPOZAMIENTO (empoçamiento) *s. m.* Empoçamento. *Amer. per.* Água empoçada.

EMPOZAR (empoçar) *v. tr.* Empoçar, atufar. *Amer.* Depositar (uma quantia). *v. intr. Amer.* Empoçar (formar poça). *v. pron. fig. fam.* Trancar, encalhar (um expediente).

EMPRADIZAR (empradiçar) *v. tr.* Converter em prado. *Amer. colomb.* V. DESTROZAR.

EMPREÑAR (emprenhar) *v. tr.* Emprenhar. *v. pron. fig.* Emprenhar pelos ouvidos.

EMPRENDEDOR, A *adj.* Empreendedor, ativo, arrojado, resoluto.

EMPRENDER *v. tr.* Empreender, delinear, principiar (geralmente alguma coisa laboriosa). *fam.* Acometer, lançar-se sobre alguém (com gestos ou palavras).

EMPRESA (empressa) *s. f.* Empresa, empreendimento. Empresa (comercial). Empresa, intento, desígnio.

EMPRESARIO (empressario) *s. m.* Empresário.

EMPRÉSTITO *s. m.* Empréstimo.

EMPRIMA *s. f.* V. PRIMICIA.
EMPRIMAR *v. tr.* Desengrossar, cardar a lã pela última vez. Engazopar, explorar, abusar da ingenuidade de alguém. *Pint.* Imprimar.
EMPRIMERAR *v. tr.* Pôr em primeiro lugar.
EMPRINGAR *v. tr.* V. PRINGAR.
EMPUCHAR (emputchar) *v. tr.* Lixiviar.
EMPUJADOR, A (empujador) *adj.* Empurrador.
EMPUJAR (empujar) *v. tr.* Empurrar, impelir, empuxar. *fig.* Desacomodar, fazer sair do emprego. *fig.* Fazer pressão, intrigar para impedir ou dificultar alguma coisa.
EMPUJE (empuje) *s. m.* Empurrão, empuxo, impulso. *fig.* Brio, resolução, decisão, determinação.
EMPUJO (empujo) *s. m.* V. EMPUJE.
EMPUJÓN (empujón) *s. m.* Empuxão, empurrão. A —*es, loc. adv.* Aos empurrões, aos trancos, aos trambolhões.
EMPULGADURA *s. f.* Empolgadura.
EMPULGAR *v. tr.* Empolgar (a besta).
EMPULGUERA *s. f.* Empolgadeira (da besta).
EMPUÑADURA (empunhadura) *s. f.* Empunhadura, punho (da espada). *fig. fam.* Início de um discurso ou narração.
EMPUÑAR (empunhar) *v. tr.* Empunhar; segurar, pegar, agarrar. *Amer.* Fechar os punhos.
EMPUÑIDURA (empunhidura) *s. f. Náut.* Empunidura.
EMPUÑIR (empunhir) *v. tr. Náut.* Empunir. *Irreg.* V. conj. de *Bruñir.*
EMPUNTADOR *s. m.* Aguçador (de agulhas e alfinetes).
EMPUNTADURA *s. f.* Aguçadura (de agulhas e alfinetes).
EMPUNTAR *v. tr.* Aguçar, fazer a ponta em agulhas ou alfinetes. *v. intr. Amer. colomb.* Pôr-se a andar.
EMPURRARSE *v. pron. Amer.* Enfurecer-se, encolerizar-se.
EMPUYAR (empudjar) *v. tr. Amer.* Cobrir com puas.
EMU *s. m.* Ema.
EMULACIÓN *s. f.* Emulação.
EMULSIÓN *s. f.* Emulsão.
EN *prep.* Em.
ENACEITAR *v. tr.* Azeitar, lubrificar.
ENAGUACHAR (enaguatchar) *v. tr.* Encharcar, alagar, ensopar.
ENAGUAS *s. f. pl.* Anáguas (saia de baixo).
ENAGUAR *v. tr.* Encharcar, ensopar, empapar (de água).
ENAGUAZAR (enaguaçar) *v. tr.* Encharcar, alagar, inundar (terras).
ENAJENABLE (enajenable) *adj.* Alienável.
ENAJENACIÓN (enajenaciòn) *s. m.* Alienação. *fig.* Alheamento, distração, êxtase, embevecimento. — *mental,* alienação mental, loucura, demência.
ENAJENADO, A (enajenado) *p. p.* de *Enajenar.*
ENAJENADOR, A (enajenador) *adj.* Alienador.
ENAJENAMIENTO (enajenamiento) *s. m.* V. ENAJENACIÓN.
ENAJENANTE (enajenante) *p. a.* de *Enajenar.* Alienante.
ENAJENAR (enajenar) *v. tr.* Alienar. *fig.* Desorientar, perturbar, endoidecer.
ENALBARDADO, A *p. p.* de *Enalbardar. adj. fig.* De albarda, próprio de jumento, asnal.
ENALBARDAR *v. tr.* Albardar. Cobrir com farinha ou molhar em ovos o que se vai frigir. *fig.* V. EMBORRAZAR.
ENALFOMBRAR *v. tr. Amer. equat.* Alfombrar, atapetar.
ENALFORJAR (enalforjar) *v. tr. fam.* Alforjar.
ENALMENAR *v. tr.* V. ALMENAR.
ENALTECIMIENTO *s. m.* Enaltecimento.
ENAMARILLECER (enamarilhecer) *v. intr.* V. AMARILLECER. *Irreg.* V. conj. de *Favorecer.*
ENAMORADAMENTE *adv.* Apaixonado, namoradamente.
ENAMORADIZO, A (enamoradiço) Namoradiço.
ENAMORAMIENTO *s. m.* Amor, paixão.

ENAMORAR *v. tr.* Apaixonar, enamorar. Namorar, requestar. Apaixonar-se, enamorar-se, namorar-se.
ENAMORICARSE *v. pron.* Namoriscar, namorar, namorichar, experimentar por alguém paixão passageira ou leviana.
ENAMOROSAMENTE (enamorossamente) *adv.* Amorosamente.
ENANARSE *v. pron.* Apequenar-se, fazer-se anão.
ENANCADO, A *p. p.* de *Enancarse.*
ENANCARSE *v. pron. Amer.* Engarupar-se.
ENANCHAR (enantchar) *v. tr. fam.* V. ENSANCHAR.
ENANGOSTAR *v. tr.* V. ANGOSTAR.
ENANO, A *adj.* Anão, diminuto, pequeno. *s. m.* Anão.
ENANTE *s. m. Bot.* Enanto. *adv. ant.* V. ENANTES.
ENANTES *adv. ant.* Antes.
ENARBOLADO, A *p. p.* de *Enarbolar. adj.* Plantado em alameda.
ENARBOLAR *v. tr.* Arvorar, hastear, içar. *v. pron.* Enfadar-se, enfurecer-se, encolerizar-se. V. ENCABRITAR-SE.
ENARCADURA *s. f.* Arco, curva, arqueamento.
ENARCAR *v. tr.* Arquear, curvar. Arcar (tonéis, pipas etc.). *v. pron. Amer. mexic.* V. ENCABRITARSE. *fig. Amer.* Encolher, contrair-se. *fig. Amer.* Enfraquecer.
ENARDECER *v. tr. fig.* Excitar, exacerbar, atiçar, inflamar, acender, avivar uma paixão. U. t. c. pron. *v. pron.* Encolerizar-se. Causar ardor, inflamar-se (uma parte do corpo). *Irreg.* V. conj. de *Favorecer.*
ENARDECIMIENTO *s. m.* Excitação, exacerbação, efervescência. Ardor, inflamação.
ENARENACIÓN *s. f.* Areação. Reboco.
ENARENAR *v. tr.* Arear, cobrir de areia. *v. pron. Náut.* Encalhar.
ENARMA *s. f.* Braçadeira (do broquel).
ENARMONAR *v. tr.* Levantar, erguer, empinar, pôr em pé. *v. pron.* V. ENCABRITARSE.
ENARMONIA *s. f. Mús.* Enarmonia.
ENARMÓNICO, A *adj. Mús.* Enarmônico.
ENASTADO, A *p. p.* de *Enastar.*
ENASTAR *v. tr.* Encabar, encabeirar (pôr cabo em).
ENASTILAR *v. tr.* V. ENASTAR.
ENCABALGAMIENTO *s. m. Artilh.* Reparo. Carreta (de artilharia).
ENCABALGAR *v. intr. ant.* Encavalgar, cavalgar, montar. Sobrepor-se, acavalar-se, apoiar-se, descansar. *v. tr.* Encavalgar, remontar.
ENCABALLADO, A (encabalhado) *p. p.* de *Encaballar.*
ENCABALLAR (encabalhar) *v. tr.* Acavalar, sobrepor; amontoar, montar. *v. intr.* V. ENCABALGAR, 2ª acep.
ENCABELLECERSE (encabelhecerse) *v. pron.* Encabelar, criar cabelos. *Irreg.* V. conj. de *Favorecer.*
ENCABESTRAMIENTO *s. m.* Encabrestamento.
ENCABRESTAR *v. tr.* Encabrestar. *v. pron.* Encabrestar-se.
ENCABEZADURA (encabeçadura) *s. f.* Encabeçamento (de tábuas).
ENCABEZAMIENTO (encabeçamiento) *s. m.* Encabeçamento (avaliação, lançamento; recenseamento, distribuição de tributos; ato de empadroar; começo, exórdio, princípio (de escrito).
ENCABEZAR (encabeçar) *v. tr.* Encabeçar, alistar, matricular, recensear. Encabeçar, intitular, pôr o cabeçalho. Lotar o vinho. Encabeçar (unir duas coisas pelo topo). Encabeçar, chefiar. Encabeçar, iniciar, começar (lista ou subscrição). *v. pron.* Encabeçar-se (obrigar-se a tributo). Dar-se por satisfeito em sofrer um dano para evitar outro maior.
ENCABEZO (encabeço) *s. m.* V. ENCABEZAMIENTO.
ENCABEZONAMIENTO (encabeçonamiento) *s. m.* V. ENCABEZAMIENTO.
ENCABEZONAR (encabeçonar) *v. tr.* V. ENCABEZAR.
ENCABILLADOR, A (encabilhador) *adj. e s.* Encavilhador, cavilhador.
ENCABILLAR (encabilhar) *v. tr. Náut.* Encavilhar, cavilhar.
ENCABRIAR *v. tr.* Encaibrar, emadeirar.

ENCABRITARSE *v. pron. Equit.* Empinar-se, encabritar-se. *fig.* Tratando-se de automóveis, aeroplanos ou embarcações, levantar-se para cima, subitamente, a parte dianteira.
ENCACHADO (encatchado) *s. m.* Revestimento de formigão no leito de uma corrente, entre os estribos de uma ponte.
ENCADENACIÓN *s. f.* V. ENCADENAMIENTO.
ENCADENADO, A *p. p.* de *Encadenar.*
ENCADENAMIENTO *s. m.* Encadeamento. Série, ordem.
ENCADENAR *v. tr.* Encadear, agrilhoar, acorrentar. *fig.* Ligar, unir, travar, segurar, encadear. *fig.* Prender, agrilhoar, acorrentar. *fig.* Ligar (idéias).
ENCAJADIZO, A (encajadiço) *adj.* Próprio para ser encaixado ou embutido.
ENCAJADOR, A (encajador) *adj. e s.* Encaixador, embutidor.
ENCAJADURA (encajadura) *s. f.* Encaixe, ensamblamento. Envasamento, vão. Juntura, união. Encaixamento.
ENCAJAR (encajar) *v. tr.* Encaixar (pôr em encaixe, colocar ajustadamente), embutir, ensamblar. U. t. c. intr. *fig.* Encaixar, citar a propósito, trazer à baila. *fig.* Disparar, dar, aplicar, pespegar, atirar. *fig. fam.* Encaixar, vir a propósito. *fig. fam.* Passar (uma coisa por outra), enganar. *v. pron.* Encaixar-se, introduzir-se. *fig. fam.* Intrometer-se. *Amer. plat.* Atascar-se um veículo.
ENCAJE (encaje) *s. m.* V. ENCAJADURA. Renda (tecido); encaixe. Embutido, mosaico.
ENCAJERA (encajera) *s. f.* Rendeira (mulher que faz ou vende rendas).
ENCAJETAR (encajetar) *v. tr. Amer. plat.* V. ENCAJAR.
ENCAJETILLAR (encajetilhar) *v. tr.* Empacotar (cigarros).
ENCAJONADO, A (encajonado) *p. p.* de *Encajonar.*
ENCAJONAMIENTO (encajonamiento) *s. m.* Encaixotamento.
ENCAJONAR (encajonar) *v. tr.* Encaixotar. Encaixar, embutir. U. m. c. pron. Reforçar uma taipa com tijolos. Cimentar um leito de corrente d'água.
ENCALABOZAR (encalaboçar) *v. tr. fig.* Encarcerar, meter em calabouço.
ENCALABRINAR *v. tr.* Atordoar, estontear, entontecer, perturbar a cabeça. *v. pron. fam.* Obstinar-se, teimar.
ENCALADA *s. m.* Qualquer peça de metal dos arreios de um cavalo.
ENCALADO, A *p. p.* de *Encalar. s. m.* V. ENCALADURA.
ENCALADOR, A *adj.* Calador, branqueador.
ENCALADURA *s. f.* Caladura, caladeia, caiação.
ENCALAMBRARSE *v. pron. Amer.* V. ENTUMIRSE.
ENCALAMOCAR *v. tr. Amer. colomb.* V. ALELAR.
ENCALAR *v. tr.* Caiar, branquear. Macerar (as peles). Meter, encaixar, introduzir.
ENCALILLARSE (encalilharse) *v. pron. Amer. chil.* V. ADEUDARSE.
ENCALLADA (encalhada) *s. f.* V. ENCALLADURA.
ENCALLADERO (encalhadero) *s. m. Náut.* Encalho (lugar onde encalha o navio).
ENCALLADO, A (encalhado) *p. p.* de *Encallar.*
ENCALLADURA (encalhadura) *s. f. Náut.* Encalhação, encalhe, encalho, encalhamento.
ENCALLAR (encalhar) *v. intr. Náut.* Encalhar, varar. *v. pron. fig.* Meter-se em um negócio de difícil saída.
ENCALLECER (encalhecer) *v. intr.* Encalecer, criar calos. *Irreg.* V. conj. de *Favorecer.*
ENCALLECIDO, A (encalhecido) *p. p.* de *Encallecer. adj. fig.* Calejado, experimentado, curtido, habituado.
ENCALLEJONAR (encalhejonar) *v. tr.* Encantoar. U. t. c. pron.
ENCALMADURA *s. f. Vet.* Assoleamento; ebulição.
ENCALMARSE *v. pron.* Encalmar-se, acalmar-se, abrandar-se (o vento). Acalmar-se (o tempo). *Vet.* Aguachar-se, assolear-se, sufocar-se.

ENCALOSTRARSE *v. pron.* Adoecer (a criança) por ter mamado o colostro.

ENCAMAR *v. tr.* Acamar, derribar, prostrar, lançar no chão. *v. pron. fam.* Meter-se na cama; acamar, cair de cama. *Agr.* Acamar as searas.

ENCAMARAR *v. tr.* Enceleirar.

ENCAMBIJAR (emcambijar) *v. tr.* Encanar (a água).

ENCAMBRAR *v. tr.* V. ENCAMARAR.

ENCAMBRILLONAR (encambrilhonar) *v. tr.* Pôr entressolas no calçado.

ENCAMBRONAR *v. tr.* Fortificar, guarnecer com ferros. Cercar de cambrões.

ENCAMINADURA *s. f.* V. ENCAMINAMIENTO.

ENCAMINAMIENTO *s. m.* Encaminhamento.

ENCAMINAR *v. tr.* Encaminhar, guiar, pôr a caminho. *fig.* Encaminhar.

ENCAMORRARSE *v. pron. fam.* Meter-se em briga, rixa ou disputa.

ENCAMOTARSE *v. pron. Amer. argent.* V. ENAMORARSE.

ENCAMPONAR *v. tr. Amer.* V. ENCUMBRAR. *v. pron. fam.* Fazer-se de valentão. *Amer. per.* Complicar-se, enredar-se (uma situação). *Taurom.* Encampanar.

ENCAÑADO, A (encanhado) *p. p.* de *Encañar. s. m.* Latada, caniçado. Encanamento.

ENCANALAR *v. tr.* Encanar, canalizar. U. t. c. pron. *Náut.* Entrar (o navio) num canal.

ENCANALIZAR (encanaliçar) *v. tr.* V. ENCANALAR.

ENCANALLAMIENTO (encanalhamiento) *s. m.* Acanalhamento.

ENCANALLAR (encanalhar) *v. tr.* Encanalhar, acanalhar, envilecer. U. t. c. pron.

ENCAÑAR (encanhar) *v. tr.* Encanar, canalizar. Sanear, canalizar, bonificar. Encaniçar, estacar. Encanelar (tecidos).

ENCANARSE *v. pron.* Sufocar-se (a criança).

ENCANASTAR *v. tr.* Encanastrar, encestar.

ENCANCERARSE *v. pron.* Cancerar-se.

ENCANDELAR *v. intr.* Florescer (formando panículas). *v. tr. Náut.* Armar um mastro.

ENCANDELILLADO, A (encandelilhado) *p. p.* de *Encadelillar. s. m. Amer.* Deslumbramento.

ENCANDELILLAR (encandelilhar) *v. tr. Amer.* Coser ligeiramente a orla de um tecido para que não se desfie. *v. pron. Amer.* Deslumbrar-se.

ENCANDILADERA *s. f.* Encandiladora.

ENCANDILADO, A *p. p.* de *Encandilar. adj. fam.* Erguido, teso, levantado.

ENCANDILADORA *s. m. fam.* Alcoviteira.

ENCANDILAR *v. tr.* Deslumbrar, encandear, ofuscar a vista. *fig.* Deslumbrar, encandear, fascinar, alucinar. *fam.* Avivar o fogo. *Amer. chil.* Acender (o fogo). *v. pron.* Acender-se, luzir, cintilar ou brilhar os olhos (de desejo ou embriaguez).

ENCANECIMIENTO *s. m.* Encanecimento.

ENCANIJAMIENTO (encanijamiento) *s. m.* Definhamento.

ENCANIJAR (encanijar) *v. tr.* Definhar, enfraquecer. U. t. c. pron. *Amer. equat.* Enregelar-se, entanguir-se.

ENCANILLAR (encanilhar) *v. tr.* Encanelar (fios).

ENCANIZADA (encanhiçada) *s. f.* Caniçada (para pesca).

ENCAÑONADO, A (encanhonado) *p. p.* de *Encañonar. adj.* Encanado (diz-se do ar ou do fumo).

ENCAÑONAR (encanhonar) *v. tr.* Encanar, canalizar (dirigir por cano). Encanelar (fios). Apontar (uma arma). *v. intr.* Empenar (as aves).

ENCANTAMIENTO *s. m.* Encantação, encanto, encantamento.

ENCANTARAR *v. tr.* Meter em urna.

ENCANTE *s. m.* Anúncio de leilão. Lugar onde se faz o leilão.

ENCANTUSAR (encantussar) *v. tr. fam.* Engazopar com lisonjas, adular para enganar.

ENCAÑUTAR (encanhutar) *v. tr.* Encanudar (meter em canudo; dar forma de canudo).

ENCAPACHAR (encapatchar) *v. tr.* Meter em cabaz (principalmente a azeitona). *Agr.* Empar.

ENCAPAZAR (encapaçar) *v. tr.* V. ENCAPACHAR.

ENCAPERUZADO, A (encaperuçado) *p. p.* de *Encaperuzar.*

ENCAPERUZAR (encaperuçar) *v. tr.* Encapuzar.

ENCAPILLADO, A (encapilhado) *p. p.* de *Encapillar. Lo —, loc. fam.* A roupa com que se vai.

ENCAPILLADURA (encapilhadura) *s. f. Náut.* Encapelhadura.

ENCAPILLAR (encapilhar) *v. tr. Náut.* Encapelar. V. ENCAPIROTAR. *v. pron. fig. fam.* Enfiar (a roupa) pela cabeça.

ENCAPIROTADO, A *p. p.* de *Encapirotar.*

ENCAPIROTAR *v. tr. Altan.* Encaparar.

ENCAPOTADURA *s. f.* V. SOBRECEJO.

ENCAPOTAMIENTO *s. m.* Ação de encapotar. V. SOBRECEJO.

ENCAPOTAR *v. tr.* Encapotar. U. t. c. pron. *v. pron.* Carregar o cenho, fazer carranca. Toldar-se, nublar-se (o céu). *Amer.* Adoecer (as aves).

ENCAPRICHAMIENTO (encapritchamiento) *s. m.* Capricho, teima, obstinação.

ENCAPRICHARSE (encapritcharse) *v. pron.* Obstinar-se, teimar. Encaprichar-se. *fam.* Enamorar-se levianamente.

ENCAPUCHAR (encaputchar) *v. tr.* Encapuzar, encapuchar.

ENCAPULLADO, A (encapulhado) *adj.* Diz-se do que está ainda em botão.

ENCARA *adv. ant.* Ainda, contudo.

ENCARAMAR *v. tr.* Encarapitar, subir, levantar, acavalar, montar. U. t. c. pron. *fig. fam.* Elevar, empoleirar, colocar em altos postos. U. t. c. pron. *v. pron. Amer.* Corar, ruborizar-se.

ENCARAMIENTO *s. m.* Encaração (ato de encarar).

ENCARAR *v. intr.* Encarar, topar, olhar-se frente a frente. U. t. c. pron. Apontar (uma arma).

ENCARATULARSE *v. pron.* Emascarar (o rosto).

ENCARANTADO, A *adj. Amer.* Obstinado, teimoso.

ENCARBONADO, A *adj.* Encarvoado.

ENCARCAVINAR *v. tr.* Enterrar. *fig.* Sufocar, atordoar, aturdir.

ENCARCELACIÓN *s. f.* V. ENCARCELAMIENTO.

ENCARCELADO, A *adj.* e *p. p.* de *Encarcelar.* Encarcerado.

ENCARCELAMIENTO *s. m.* Encarceramento.

ENCARCELAR *v. tr.* Encarcerar. Segurar (uma peça) com gesso ou cal.

ENCARDARSE *v. pron.* Encher-se (um terreno) de cardos.

ENCARECIMIENTO *s. m.* Encarecimento. Empenho, instância, interesse. *Con —, loc. adv.* Encarecidamente.

ENCARGADO, A *p. p.* de *Encargar. s. m.* Encarregado. *— de negócios,* encarregado de negócios.

ENCARGAR *v. tr.* Encarregar, incumbir. U. t. c. pron. Carregar. *ant.* Encarregar, instar, recomendar.

ENCARGO *s. m.* Encargo (ato de encarregar). Cargo, ocupação, emprego, encargo.

ENCARIÑAMIENTO (encarinhamiento) *s. m.* Amor, paixão.

ENCARIÑAR (encarinhar) *v. tr.* Afeiçoar, despertar o carinho, enamorar.

ENCARNA *s. f.* Encarne, encarna.

ENCARNACIÓN *s. f.* Encarnação.

ENCARNADINO, A *adj.* De cor vermelha esmaecida.

ENCARNADO, A *p. p.* de *Encarnar. adj.* e *s.* Encarnado, vermelho; cor de carne. *s. m. Pint.* Carne.

ENCARNADURA *s. f.* Encarnação, encarna, encarne. Carnadura. Ferida, contusão.

ENCARNAMIENTO *s. m.* Encarnação.

ENCARNECER *v. intr.* Deitar carnes, engordar. *Irreg.* V. conj. de *Favorecer.*

ENCARNIZADAMENTE (encarniçadamente) *adv.* Encarniçadamente, encanzinadamente.

ENCARNIZADO, A (encarniçado) *p. p.* de *Encarnizar. adj.* Vermelho, encarnado, purpurino. *fam.* Encarniçado, renhido.

ENCARNIZAMIENTO (encarniçamiento) *s. m. Venat.* Encarniçamento. *fig.* Encarniçamento, crueldade; sanha.

ENCARNIZAR (encarniçar) *v. tr. Venat.* Encarniçar. *fig.* Irritar, enfurecer, tornar cruel, encarniçar. U. t. c. pron. *v. pron.* Encarniçar-se, cevar-se uma carniça. *fig.* Encarniçar-se, assanhar-se.

ENCARO *s. m.* Encaração (ação de encarar). Pontaria. Clavina.

ENCARPETAR *v. tr.* Guardar (papéis) em pasta.

ENCARRAÑARSE *v. pron.* V. EMBERRINCHARSE.

ENCARRILADERA *s. f.* Encarrilhador (instrumento).

ENCARRILADOR, A *adj.* Encarrilhador.

ENCARRILAMIENTO *s. m.* Encarrilhamento.

ENCARRILAR *v. tr.* Encarrilhar. *fig.* Encarrilhar, encaminhar, pôr alguma coisa nos eixos. *v. pron.* Embaraçar-se (a polia ou a corda do moitão).

ENCARRILLAR (encarrilhar) *v. tr.* V. ENCARRILAR.

ENCARROÑAR (encarronhar) *v. tr.* Infeccionar, poluir, fazer que apodreça.

ENCARRUJADO, A (encarrujado) *p. p.* de *Encarrujar.*

ENCARRUJARSE (encarrujarse) *v. pron.* Torcer-se, retorcer-se.

ENCARTACIÓN *s. f.* Encartação.

ENCARTAMIENTO *s. m.* Encartamento.

ENCARTONADOR *s. m.* Encadernador.

ENCARTONAR *v. tr.* Cartonar, encadernar.

ENCASAMIENTO (encassamiento) *s. m.* Encasamento, entalhe, encaixe.

ENCASAR (encassar) *v. tr. Cir.* Repor no lugar um osso deslocado.

ENCASCABELADO, A *adj.* Cheio de cascavéis ou guizos.

ENCASCABELAR *v. tr.* Encher de guizos ou cascavéis.

ENCASILLADO, A (encassilhado) *p. p.* de *Encasillar. s. m.* Conjunto de casas. Lista de candidatos ao Congresso, organizada pelo governo.

ENCASILLAR (encasilhar) *v. tr.* Encasar. Classificar (pessoas ou coisas). Organizar (o governo) uma lista de candidatos ao Congresso.

ENCASQUILLADOR (encasquilhador) *s. m. Amer.* V. HERRADOR.

ENCASQUILLAR (encasquilhar) *v. tr. Amer.* V. HERRAR.

ENCASTAR *v. tr.* Cruzar, castiçar. *v. intr.* Procriar, fazer casta.

ENCASTILLADO, A (encastilhado) *p. p.* de *Encastillar. adj. fig.* Altivo, soberbo, arrogante.

ENCASTILLAMIENTO (encastilhamiento) *s. m.* Encastelamento.

ENCASTILLAR (encastilhar) *v. tr.* Encastelar, fortificar com castelos. *v. pron.* Acastelar-se, fortificar-se. *fig.* Aferrar-se.

ENCASTRAR *v. tr.* Engranzar, engrenar, encastrar, encaixar. *Amer.* V. EMPOTRAR.

ENCASTRE *s. m.* Encastramento.

ENCATARRADO, A *adj.* Encatarroado, endefluxado.

ENCATRADO *s. m. Amer.* Andaime.

ENCATUSAR (encatussar) *v. tr.* V. ENCANTUSAR.

ENCAUSTE *s. m.* Encausto.

ENCAUZAMIENTO (encauçamiento) *s. m.* Canalização.

ENCAUZAR (encauçar) *v. tr.* Canalizar (abrir canal ou dirigir por canal). *fig.* Encaminhar bem as coisas.

ENCAVARSE *v. pron.* Encovar-se (a caça).

ENCEBADAR *v. tr. Vet.* Dar cevada aos animais em tamanha quantidade que os faça adoecer.

ENCEBOLLADO, A (encebolhado) *p. p.* de *Encebollar.* Guisado de cebolada; cebolada.

ENCEBOLLAR (encebolhar) *v. tr.* Fazer guisado, molho ou bife de cebolada.

ENCELADO, A *adj.* Enciumado.

ENCELAJARSE (encelajarse) *v. impes.* Ficar o céu com a cor característica do nascer ou do pôr-do-sol.

ENCELAMIENTO *s. m.* Ciúme, ciumeira, zelo.

ENCELAR *v. tr.* Causar ciúmes. *v. pron.* Enciumar-se. Estar no cio um animal.

ENCELDAMIENTO *s. m.* Enclausuração.

ENCELDAR *v. tr.* Encelar, enclausurar, encerrar.

ENCELLA (encelha) *s. f.* Cesta, cestinho. Chincho, fôrma para fazer queijos.

ENCELLAR (encelhar) *v. tr.* Chinchar.

ENCENAGADO, A *p. p.* de *Encenagarse. adj. fig.* Devasso, dissoluto, aviltado; que chafurda no vício.

ENCENAGAMIENTO *s. m.* Enlameadura. Chafurdamento.

ENCENAGARSE *v. pron.* Enlamear-se, enlodar-se. *fig.* Enlamear-se, aviltar-se, chafurdar no vício.

ENCENCERRADO, A *p. p.* de *Encerrar. adj.* Que tem ou leva guizos.

ENCENCERRAR *v. tr.* Pôr guizos ou sinetas (no gado).

ENCENDAJAS (encendajas) *s. m. pl.* Acendalhas.

ENCENDEDOR, A *adj.* Acendedor. *s. m.* Isqueiro.

ENCENDER *v. tr.* Acender, atear chama a, abrasar, encender, queimar, incendiar. *fig.* Causar ardor, encender, estimular. U. t. c. pron. *fig.* Acender, atiçar, instigar, irritar, exacerbar, inflamar. *Irreg.* V. conj. de *Extender.*

ENCENDIDAMENTE *adv.* Acendidamente, acesamente.

ENCENDIDO, A *p. p.* de *Encender. adj.* Encendido, afogueado.

ENCENDIMIENTO *s. m.* Acendimento. *fig.* Ardor, exacerbação, viveza, encendimento.

ENCENEGARSE *v. pron. Amer. equat.* V. ENCENAGARSE.

ENCENIZADO, A (enceniçado) *p. p.* de *Encenizar. adj. ant.* Penitente.

ENCENIZAR (enceniçar) *v. tr.* Encinzar.

ENCENTAMIENTO *s. m. ant.* Amputação, mutilação. Ação de *Encentar,* 1ª acep.

ENCENTAR *v. tr.* Começar a cortar ou gastar uma coisa, encetar. *v. pron.* V. DECENTARSE. *Irreg.* V. conj. de *Calentar.*

ENCEPAR *v. tr.* Por alguém no cepo. *Náut.* Encepar. Pôr coronhas nas armas de fogo. *v. intr.* Enraizar bem (as plantas).

ENCEPADURA *s. f. Náut.* Ressalto (da âncora).

ENCEPE *s. m.* Enraizamento.

ENCERADO, A *adj.* Encerado. Diz-se dos ovos passados por água. *s. m.* Encerado, oleado.

ENCERAMIENTO *s. m.* Enceradura.

ENCEROTAR *v. tr.* Aplicar cerol em.

ENCERRADA *s. f. Amer.* V. ENCERRAMIENTO. *fam. Amer.* V. ENCERRONA.

ENCERRADERO *s. m.* Potreiro, estábulo, curral. Chiqueiro.

ENCERRADURA *s. f.* V. ENCERRAMIENTO.

ENCERRAMIENTO *s. m.* Encerro. Encerramento. Clausura, retiro, recolhimento, solidão. Chiqueiro.

ENCERRONA *s. f.* Retiro ou encerro voluntário para algum fim.

ENCESPEDAMIENTO *s. m.* Ação de ENCESPEDAR.

ENCESPEDAR *v. tr.* Cobrir com céspedes ou leiras.

ENCETADURA *s. f.* Encetamento.

ENCHANCLETAR (entchancletar) *v. tr.* Calçar as chinelas. Pôr os sapatos à maneira de chinelas.

ENCHAPADO, A (entchapado) *p. p.* de *Enchapar. s. m.* V. CHAPERIA.

ENCHAPAR (entchapar) *v. tr.* Chapear, chapar.

ENCHAPARRARSE *v. pron. Amer. equat.* Cobrir-se de mato um terreno.

ENCHARCADA (entcharcada) *s. f.* Charco, pântano.

ENCHICHARSE (entchitcharse) *v. pron. Amer.* Embriagar-se com chicha.

ENCHILADA (entchilada) *s. f.* Torta de milho com pimenta.

ENCHINA (entchina) *s. f. Náut.* Cabo usado nas embarcações latinas.

ENCHINAR (entchinar) *v. tr. Amer.* Encrespar (o cabelo). Empedrar com cascalho.

ENCHINCHARSE (entchintcharse) *v. pron. Amer. mexic.* Enfadar-se, encolerizar-se.

ENCHIQUERAR (entchiquerar) *v. tr.* Enchiqueirar. *fig. fam.* Encarcerar, prender.

ENCHIRONAR (entchironar) *v. tr.* V. ENCARCELAR.

ENCHISPAR (entchispar) *v. tr. Amer.* Embriagar, embebedar. U. m. c. pron. *Amer.* Encolerizar, enfurecer, enraivecer. U. m. c. pron.

ENCHIVARSE (entchivarse) *v. pron. Amer.* Encolerizar-se.

ENCHUECAR (entchuecar) *v. tr. Amer.* Encurvar, entortar, torcer.

ENCHUFAR (entchufar) *v. tr.* Unir, ligar (um cano em outro). *fig.* Combinar (um negócio com outro). *Eletr.* Ligar (encaixando a flecha no suporte ou tomador de corrente).

ENCHUFE (entchufe) *s. m.* Comutador elétrico (composto de flecha e respectivo suporte).

ENCIA *prep. ant.* V. HACIA.

ENCIA *s. f.* Gengiva.

ENCIERRO *s. m.* V. ENCERRAMIENTO.

ENCIMA *adv.* Em cima, no alto. Em cima de, sobre. Além de, demais. *De —, loc. adv. Amer.* Ainda por cima, em acréscimo. *Por —, loc. adv.* Por cima, pela rama, superficialmente.

ENCIMAR *v. tr.* Encimar. *Amer. colomb.* e *per.* Acrescentar, dar de mais.

ENCINA *s. f. Bot.* Azinheiro.

ENCINAL *s. m.* V. ENCINAR.

ENCINAR *s. m.* Azinhal.

ENCINTA *adj.* Grávida, prenhe, pejada.

ENCINTAR *v. tr.* Enfitar (adornar com fitas). Laçar (novilhos).

ENCISMAR *v. tr.* Causar cisma, semear a cizânia, lançar a discórdia.

ENCISO (enciso) *s. m.* Lugar onde pastam as ovelhas com cria.

ENCIVITIS *s. f. Med.* Gengivite.

ENCIZAÑADOR, A (enciçanhador) *adj.* e *s.* O que ou aquele que semeia a cizânia ou discórdia.

ENCIZAÑAR (enciçanhar) *v. tr.* V. CIZAÑAR.

ENCLAUSTRAMIENTO *s. m.* Enclaustração.

ENCLAVACIÓN *s. m.* Encravação.

ENCLAVADO, A *p. p.* de *Enclavar.*

ENCLAVADURA *s. f.* Encravadura. Encaixe, envasamento.

ENCLAVAMIENTO *s. m.* Encravamento.

ENCLAVAR *v. tr.* Encravar, cravar, pregar. *fig.* Trespassar. *fam.* Clavar, enganar, calotear.

ENCLAVIJAR (enclavijar) *v. tr.* Enclavilhar. Travar, juntar, unir. Encravelhar. *Náut.* V. EMPERNAR.

ENCLENQUE *adj.* Débil, enfermiço, achacoso.

ENCLOCAR *v. intr.* Chocar, tornar-se choca (uma ave). *Irreg.* V. conj. de *Almorzar.*

ENCLOQUECER *v. intr.* V. ENCLOCAR. *Irreg.* V. conj. de *Favorecer.*

ENCOBAR *v. intr.* Incubar.

ENCOBIJAR (encobijar) *v. tr.* V. COBIJAR.

ENCOBRADO, A *adj.* Acobreado. Cúprico.

ENCOBRAR *v. tr.* Pôr cobro; salvar. Acobrear; cobrir de cobre.

ENCOCLAR *v. intr.* V. ENCLOCAR.

ENCOCORAR *v. tr. fam.* Incomodar, molestar, azucrinar.

ENCOGER (encojer) *v. tr.* Encolher, contrair, retrair, encurtar, diminuir. U. t. c. pron. *fig.* Acobardar. U. m. c. pron. *fig.* Encolher-se, mostrar-se tímido.

ENCOGIDAMENTE (encojidamente) *adv. fig.* Encolhidamente, timidamente, acovardadamente.

ENCOGIDO, A (encojido) *p. p.* de *Encoger. adj. fig.* Encolhido, apoucado, tímido; pusilânime.

ENCOGIMIENTO (encojimiento) *s. m.* Encolhimento. Retraimento, timidez, acanhamento. Pusilanimidade.

ENCOJAR (encojar) *v. tr.* Tornar coxo. U. t. c. pron. *v. pron. fig. fam.* Adoecer, cair doente. *fig. fam.* Fingir-se doente.

ENCOLADO, A *p. p.* de *Encolar. s. m.* Clarificação (dos vinhos).

ENCOLADURA *s. f.* V. ENCOLAMIENTO.

ENCOLAR *v. tr.* Colar, clarificar (vinhos). Encolar (pôr cola em). Colar, grudar.

ENCOLCHAR (encoltchar) *v. tr.* Forrar cabos.

ENCOMENDABLE *adj.* Encomendável.

ENCOMENDAMIENTO *s. m.* Encomenda; encargo; encomendamento.

ENCOMENDAR *v. tr.* Encomendar. Dar comenda, fazer comendador. Recomendar, louvar. *v. intr.* Obter uma comenda (de ordens militares). *v. pron.* Encomendar-se, confiar-se a. Enviar recados, recomendações ou lembranças. *Irreg.* V. conj. de *Calentar.*

ENCOMENDERO *s. m.* Encomendeiro.

ENCOMENZAR (encomençar) *v. tr. Ant.* V. COMENZAR.

ENCOMIENDA *s. f.* Encomenda. Comenda. Recomendação, elogio, encômio. Amparo, patrocínio, proteção. *Amer.* Embrulho, pacote, volume. *pl.* Recados, recomendações, lembranças.

ENCOMPADRAR *v. intr. fam.* Familiarizar-se, amistar-se.

ENCONADAMENTE *adv. fig.* Irritadamente, exasperadamente. Rancorosamente.

ENCONADO, A *p. p.* de *Enconar. adj. ant.* Tinto, manchado.

ENCONADURA *s. f.* V. ENCONAMIENTO, 1ª acep.

ENCONAMIENTO *s. m.* Inflamação (de uma parte do corpo). *fig.* V. ENCONO.

ENCONAR *v. tr.* Inflamar-se (uma ferida). U. m. c. pron. *fig.* Exasperar, irritar; malquistar. U. t. c. pron. *Amer. mexic.* Roubar coisas de pouco valor.

ENCONFITAR *v. tr.* V. CONFITAR.

ENCONGARSE *v. pron. Amer. mexic.* Encolerizar-se.

ENCONO *s. m.* Rancor, má vontade, animadversão, animosidade, ressentimento, ódio. *Amer.* V. ENCONAMIENTO, 1ª acep.

ENCONOSO, A (enconosso) *adj. fig.* Prejudicial, nocivo. Rancoroso, vingativo.

ENCONTRADAMENTE *adv.* Contrariamente, opostamente.

ENCONTRADIZO, A (encontradiço) *adj.* Encontradiço.

ENCONTRÓN *s. m.* Encontrão.

ENCONTRONAZO (encontronaço) *s. m. Aument.* de *Encontrón.* Encontroada, encontrão.

ENCOPETADO, A *p. p.* de *Encopetar. adj. fig.* Presumido, vão, vaidoso, fátuo. *Amer. chil.* V. COPETUDO.

ENCOPETAR *v. tr.* Erguer, levantar; formar topete.

ENCORAJINAR (encorajinar) *v. tr. fam.* Encorajar, estimular, animar. *v. pron.* Encolerizar-se.

ENCORAMENTADO, A *p. p.* de *Encoramentar. s. m.* V. ENCORAMIENTO.

ENCORAMENTAR *v. tr. Náut.* Cavilhar.

ENCORAMIENTO *s. m. Náut.* Ação de cavilhar.

ENCORAR *v. tr.* Encourar (forrar ou cobrir de couro; meter em couro). *v. intr.* Encourar (criar pele nova as feridas). *Irreg.* V. conj. de *Almorzar.*

ENCORAZADO, A (encoraçado) *p. p.* de *Encorazar. adj.* Encouraçado. Encourado.

ENCORAZAR (encoraçar) *v. tr.* Encouraçar. *v. pron.* Vestir a couraça.

ENCORCHADURA (encortchadura) *s. f.* Encortiçamento (de abelhas).

ENCORCHAR (encortchar) *v. tr.* Encortiçar (abelhas).

ENCORCHETAR (encortchetar) *v. tr.* Pôr colchetes, acolchetar.

ENCORDADURA *s. f.* Encordoadura.

ENCORDAR *v. tr.* Encordoar. Apertar com corda. *Irreg.* V. conj. de *Almorzar.*

ENCORDADOR *s. m.* Encordoador.

ENCORDONAR *v. tr.* Encordelar, encordoar. Enfeitar com cordões.

ENCORECER *v. tr.* V. ENCORAR, 2ª acep. *v. pron.* Cicatrizar-se, encourar. *Irreg.* V. conj. de *Favorecer.*

ENCORIACIÓN *s. f.* Cicatrização.

ENCORMAR *v. tr.* Aprisionar.

ENCORNADO, A *p. p.* de *Encornar.*

ENCORNADURA *s. f.* Cornadura.

ENCORNAR *v. tr.* Embutir, incrustar. Cornear. *Irreg.* V. conj. de *Almorzar.*

ENCORNUDAR *v. tr.* Cornear. *v. intr.* Criar cornos.

ENCOROZAR (encoroçar) *v. tr.* Encarochar (pôr mitra de papel em). Pôr (na cabeça) alguma coisa em forma de mitra de papel ou carocha. Encartuchar.

ENCORRALAR *v. tr.* Encurralar (meter em curral). Encurralar, encantoar, engarrafar.

ENCORVABLE *adj.* Que se pode curvar, torcer ou dobrar.

ENCORVADA *s. f.* Contorsão (do corpo). *Bot.* Ervilhaca. Dança em que se faz contorsões.

ENCORVADURA *s. f.* Encurvadura, encurvação; encurvamento.

ENCORVAMIENTO *s. m.* V. ENCORVADURA.

ENCORVAR *v. tr.* Encurvar, arquear, curvar, torcer, dobrar. *v. pron. fig.* Pender, inclinar-se parcial ou apaixonadamente para alguma parte. *Equit.* Corcovear.

ENCOSTALAR *v. tr.* Ensacar, encourar.

ENCOSTRADURA *s. f.* Folhado (de pastéis, tortas, empadas, etc.).

ENCOSTRAR *v. tr.* Folhar (tortas, massas, pastéis, etc.). Encrostar.

ENCOVAR *v. tr.* Encovar. *fig.* Guardar, encerrar. *fig.* Encerrar, encafuar. *Irreg.* V. conj. de *Almorzar.*

ENCRASAR (encrassar) *v. tr.* Encrassar, engrossar, condensar, tornar espesso. U. t. c. pron. *Agr.* Adubar com esterco.

ENCRESPAMIENTO *s. m.* Encrespadura, encrespamento.

ENCRESTARSE *v. pron.* Encristar-se (uma ave).

ENCRINADO, A *adj. ant.* V. ENCRISNEJADO.

ENCRISNEJADO, A *adj.* Trançado, entrançado.

ENCRUCIJADA (encrucijada) *s. f.* Encruzilhada.

ENCRUDECER *v. tr.* Encruecer, encruar. *fig.* Encruar, irritar, exasperar, azedar o ânimo de. U. t. c. pron. *Irreg.* V. conj. de *Favorecer.*

ENCRUDECIMIENTO *s. m.* Encruamento. Irritação, exasperação, azedume.

ENCRUQUILLARSE (encruquilharse) *v. pron. Amer.* Acocorar-se.

ENCUADERNABLE *adj.* Que se pode encadernar.

ENCUADERNACIÓN *s. f.* Encadernação. Oficina de encadernador.

ENCUADERNADOR *s. m.* Encadernador.

ENCUADERNAR *v. tr.* Encadernar.

ENCUADRAR *v. tr.* Enquadrar. U. t. c. intr. *fig.* Enquadrar, ajustar, encaixar. *fig.* Enquadrar, limitar.

ENCUARTE *s. m.* Quarta (de animais de tiro).

ENCUARTELAR *v. tr. Amer.* Aquartelar.

ENCUATAR *v. tr. Amer. mexic.* Fazer duas coisas iguais.

ENCUBAMIENTO *s. m.* Encubação.

ENCUBERTADO, A *p. p.* de *Encubertar. s. m.* V. ARMADILLO.

ENCUBERTAR *v. tr.* Acobertar (tapar com coberta), cobrir com panos ou sedas, e principalmente cobrir os cavalos com panos de luto. *v. pron.* Vestir-se (de armas).

ENCUBIERTA *s. f.* Encoberta, fraude, ocultação de má fé.

ENCUBIERTAMENTE *adv.* Encobertamente. Dolosamente. Secretamente. Às encobertas.

ENCUBIERTO, A *p. p. irreg.* de *Encubrir.*

ENCUBRIDOR, A *adj.* Encobridor.

ENCUBRIMIENTO *s. m.* Encobrimento.

ENCUBRIR *v. tr.* Encobrir, ocultar, esconder, dissimular, disfarçar. *Irreg.* V. conj. de *Cubrir.*

ENCUCAR *v. tr.* Recolher ou guardar nozes, avelãs, etc.

ENCUELLAR (encuelhar) *v. tr. Amer. colomb.* V. ACOGOTAR.

ENCUENDAR *v. tr. Amer. mexic.* Consertar, arranjar, compor.

ENCUENTRO *s. m.* Encontro, embate, choque, encontrão. Encontro, objeção, contradição, oposição. *Anat.* Axila. Encontros (das aves, dos quadrúpedes). *Mil.* Encontro. *Salirle (a uno) al —,* sair ao encontro (de alguém).

ENCUERADO, A *p. p.* de *Encuerar. adj. Amer. mexic.* Despido, pobre. U. t. c. s.

ENCUERAR *v. tr. Amer. cub.* e *mexic.* Despir, pelar, despojar. U. t. em sentido fig.

ENCUESTA *s. f.* Averiguação, indagação, pesquisa.

ENCUEVAR *v. tr.* V. ENCOVAR.

ENCUITARSE *v. pron.* Afligir-se.

ENCULECARSE *v. pron. Amer.* V. ENDOCAR (*v. pron.*)

ENCUMBRADO, A *p. p.* de *Encumbrar. adj.* Elevado, alto.

ENCUMBRAMIENTO *s. m.* Elevação (ato de elevar). Altura.

ENCUMBRAR *v. tr.* Elevar, alçar, altear, erguer; encumear. *fig.* Encumear, exaltar, elevar, exalçar. *v. intr.* Subir ao cume. U. t. c. pron. *v. pron.* Ensoberbecer-se, envaidecer-se. Elevar-se, altear-se (ser uma coisa muito elevada).

ENCUNAR *v. tr.* Pôr (a criança) no berço. *Taurom.* Colher (o touro) o toureiro entre os cornos.

ENCUREÑAR (encurenhar) *v. tr. Artilh.* Pôr (o canhão) na carreta.

ENCURTIDO, A *p. p.* de *Encurtir. s. m.* Conserva (de certos frutos e legumes). U. m. no pl.

ENCURTIR *v. tr.* Pôr em conserva (certos frutos e legumes).

ENDE *adv. l. ant.* Ali, naquele lugar, naquela parte. *Por —, loc. adv.* Portanto, por conseguinte, por tal razão.

ENDEBLE *adj.* Débil, fraco.

ENDEBLEZ *s. f.* Debilidade, fraqueza.

ENDEBLUCHO, A (endeblutcho) *adj. fam.* V. ENDEBLE.

ENDECHA (endetcha) *s. f.* Endeixa, endecha.

ENDECHADERA (endetchadera) *s. f.* V. PLAÑIDERA.

ENDECHAR (endetchar) *v. tr.* Endeixar, endechar. *v. pron.* Afligir-se, atormentar-se.

ENDEHESAR (endeessar) *v. tr.* Pôr o gado na pastagem.

ENDEMONIADAMENTE *adv.* Diabolicamente.

ENDEMONIADO, A *adj.* Endemoninhado, endemoniado.

ENDEMONIAR *v. tr.* Endemoninhar. *v. pron. fig. fam.* Endemoninhar-se, irritar-se, enfurecer-se.

ENDENTAR *v. tr.* Endentar, engrenar, engranzar. Embutir, encaixar (rodas). Dentear, dentar (rodas). *v. intr.* V. ENGARGANTAR. *Irreg.* V. conj. de *Calentar.*

ENDEREZADAMENTE (endereçadamente) *adv.* Retamente, direitamente, com direitura ou retidão.

ENDEREZADO, A (endereçado) *p. p.* de *Enderezar. adj.* Favorável, propício, oportuno.

ENDEREZAMIENTO (endereçamiento) *s. m.* Ação de endireitar.

ENDEREZAR (endereçar) *v. tr.* Endireitar, desentortar. Endireitar (pôr ereto ou em pé). U. t. c. pron. Dedicar, dirigir, endereçar. *fig.* Endireitar, emendar, encaminhar direito, corrigir, arranjar, arrumar, governar bem. *v. intr.* Endireitar-se. *v. pron.* Endireitar-se. Dirigir-se, endereçar-se, encaminhar-se.

ENDEUDADO, A *adj.* Endividado.

ENDEUDARSE *v. pron.* Endividar-se.

ENDEVOTADO, A *adj.* Devoto, devotado. Apaixonado.

ENDIABLADA *s. f.* Mascarada com pessoas fantasiadas de diabos.

ENDIABLADAMENTE *adv.* Endiabradamente; feiamente, abominavelmente.

ENDIABLADO, A *p. p.* de *Endiablar. adj. fig.* Horrendo, feio, horrível desproporcionado, endiabrado. *fig. fam.* Endiabrado, endemoinhado, perverso.

ENDIABLAR *v. tr.* Endiabrar, endemoinhar. *fig. fam.* Endiabrar, perverter, corromper. U. t. c. pron. *v. pron.* Endiabrar-se, endemoinhar-se, enfurecer-se.

ENDIENTAR *v. tr. Amer.* V. ENDENTAR. *v. intr. Amer.* Endentecer.

ENDILGAR *v. tr. fam.* Encaixar, aplicar, pespegar. Facilitar, encaminhar, dirigir.

ENDIOSADO, A (endiossado) *p. p.* de *Endiosar.*

ENDIOSAMIENTO (endiossamiento) *s. m.* Endeusamento. *fig.* Orgulho, altivez. *fig.* V. ENAJENAMIENTO.

ENDIOSAR (endiossar) *v. tr.* Endeusar, divinizar. *v. pron.* Endeusar-se (encher-se de orgulho insensato). *fig.* Endeusar-se, extasiar-se.

ENDITARSE *v. pron. Amer. chil.* V. ENDENDARSE.

ENDOBLADO, A *adj.* Diz-se do cordeiro que mama em duas ovelhas.

ENDOLORIMIENTO *s. m.* Estado de dolorido.

ENDORSAR *v. tr.* V. ENDOSAR.

ENDORSO *s. m.* V. ENDOSO.

ENDOSABLE (endossable) *adj.* Endossável.

ENDOSADOR, A (endossador) *adj.* Endossador.

ENDOSAMIENTO (endossamiento) *s. m.* Endossamento, endosso.

ENDOSANTE (endossante) *p. a.* de *Endosar.* Endossante. *s. m.* Endossante.

ENDOSAR (endossar) *v. tr.* Endossar. *fig.* Endossar, pôr à conta de outrem.

ENDOSATARIO (endossatario) *s. m.* Endossado, endossatário.

ENDRINA *s. f.* Abrunho.

ENDRINAL *s. m.* Abrunhal.

ENDRINO *s. m.* Abrunheiro. *adj.* Da cor do abrunho, preto.

ENDUENDAR *v. tr.* Transformar em duende.

ENDULZADURA (endulçadura) *s. f.* Adoçamento.

ENDULZAR (endulçar) *v. tr.* Adoçar. *fig.* Adoçar, abrandar, suavizar, mitigar. U. t. c. pron. *Pint.* Rebaixar.

ENDULZORAR (endulçorar) *v. tr.* V. ENDULZAR.

ENDURADOR, A *adj.* Mesquinho, avaro.

ENDURAR *v. tr.* Endurecer. U. t. c. pron. *fig.* Robustecer, curtir, acostumar. Suportar, sofrer, tolerar. Economizar, gastar pouco.

ENDURECIDAMENTE *adv.* Endurecidamente. Obstinadamente, teimosamente.

ENDURECIMIENTO *s. m.* Endurecimento. Dureza. *fig.* Obstinação, teimosia, tenacidade.

ENE *s. f.* Nome de letra *N.* — *de palo, fig. fam.* A força. *Ser de — (una cosa), loc. fam.* Ser de rigor ou forçosa (uma coisa).

ENEBRAL *s. m.* Zimbral.

ENEBRINA *s. f.* Baga de zimbro.

ENEBRO *s. m.* Zimbro, genebra.

ENECHADO, A (enetchado) *p. p.* de *Enechar. adj.* Enjeitado, exposto. U. t. c. s.

ENECHAR (enetchar) *v. tr.* Enjeitar, abandonar (filhos).

ENEJAR (enejar) *v. tr.* Eixar (pôr eixo em).

ENELDO *s. m.* Endro.

ENEMIGA *s. f.* Odio, aversão, inimizade.

ENEMIGO, A *adj.* Inimigo. *s. m.* Inimigo. Diabo, demônio. *Ganar —,* granjear, fazer inimigos.

ENEMISTAD (enemistad) *s. f.* Inimizade.

ENEMISTAR *v. tr.* Inimizar. U. t. c. pron.

ENERAR *v. intr.* Fazer o tempo próprio do mês de janeiro.

ENERO *s. m.* Janeiro (mês).

ENERVACIÓN *s. f.* Enervamento, enervação. Efeminação.

ENFADADIZO, A (enfadadiço) *adj.* Enfadadiço, irascível, impaciente, rabugento.

ENFAJAR (enfajar) *v. tr. Amer.* V. TAJAR.

ENFAJINAR (enfajinar) *v. tr. Amer. plat.* Recrutar sequazes. *Amer. per.* Estimular, excitar.

ENFALDAR *v. tr.* Arrepanhar, arregaçar as saias. *Agr.* Desbastar. *Amer.* V. FALDEAR.

ENFALDO *s. m.* Saia ou veste arregaçada. Regaço (das vestes levantadas ou arregaçadas).

ENFANGAR *v. tr.* Enlamear, sujar de lama, embarrar. U. t. c. pron. *v. pron. fig. fam.* Sujar-se, meter-se em negócios sujos. *fig.* Atascar-se na sensualidade.

ENFARDADURA *s. f.* Enfardamento.

ENFARDELADURA *s. f.* Enfardamento.

ÉNFASIS (ènfassis) *s. amb.* Ênfase.

ENFEBRECER *v. intr.* Ter febre.

ENFEBRECIDO, A *adj.* Enfebrado. Febril.

ENFERMAR *v. intr.* Adoecer, enfermar. *fig.* Debilitar, enervar.

ENFERMEDAD (enfermedad) *s. f.* Enfermidade, doença.

ENFERMERIA *s. f.* Enfermaria.

ENFERMERO, A *s. f.* e *m.* Enfermeiro.

ENFERMIZO, A (enfermiço) *adj.* Enfermiço, doentio, achacado. Insalubre, capaz de causar doença.

ENFERMO, A *adj.* e *s.* Enfermo. *adj.* Doentio, insalubre.

ENFERMOSO, A (enfermosso) *adj. Amer.* V. ENFERMIZO, 1ª acep.

ENFERMUCHO, A (enfermutcho) *adj. fam.* V. MALUCHO.

ENFEROZAR (enferoçar) *v. tr. ant.* Enfurecer, irritar.

ENFERRUÑARSE (enferrunharse) *v. pron.* V. ENGURRUÑARSE.

ENFERVORIZAMIENTO (enfervoriçamiento) *s. m.* Afervoramento.

ENFERVORIZAR (enfervoriçar) *v. tr.* Afervorar, estimular.

ENFEUDACIÓN *s. f.* Enfeudação.

ENFIELAR *v. tr.* Pôr a balança no fiel.

ENFIERECERSE *v. pron.* Enfurecer-se. *Irreg.* V. conj. de *Favorecer*.

ENFIESTARSE *v. pron. Amer.* Divertir-se.

ENFILADA *s. f.* Fila, fileira.

ENFILADO, A *p. p.* de *Enfilar.*

ENFILAMIENTO *s. m.* Enfileiramento. Enfiamento.

ENFILAR *v. tr.* Enfileirar. Enfiar. Alinhar.

ENFLAQUECER *v. tr.* Emagrecer. Enfraquecer. *fig.* Debilitar, enfraquecer. *v. intr.* Enfraquecer, debilitar-se. U. t. c. pron. *fig.* Fraquejar. *Irreg.* V. conj. de *Favorecer*.

ENFLAQUECIMIENTO *s. m.* Enfraquecimento. Emagrecimento. Magreza.

ENFLAUTADO, A *p. p.* de *Enflautar. adj.* Empolado, retumbante. *s. f. Amer. hond.* e *per.* V. PATOCHADA.

ENFLAUTAR *v. tr.* Inflar, soprar. *fam.* Alcovitar. *fam.* Enganar, tapear.

ENFLORAR *v. tr.* Enflorar (guarnecer ou ornar de flores).

ENFOQUE *s. m.* Enfocação.

ENFOSADO (enfossado) *s. m. Vet.* Timpanite.

ENFOSCAR *v. tr. ant.* Enfuscar. *v. pron.* Fazer carranca, carregar o cenho. V. ENCAPOTARSE. Engolfar-se, absorver-se numa coisa ou negócio.

ENFRAILAR *v. tr. fam.* Fazer frade. *v. intr.* Fazer-se frade.

ENFRANJAR (enfranjar) *v. tr.* Franjar, adornar com franjas.

ENFRANQUECER *v. tr.* Franquear, tornar livre; manumitir, alforriar. *Irreg.* V. conj. de *Favorecer*.

ENFRASCAMIENTO *s. m.* Enfrascamento.

ENFRASCAR *v. tr.* Enfrascar. *v. pron.* Engolfar-se, absorver-se.

ENFRENADO, A *p. p.* de *Enfrenar.*

ENFRENADOR *s. m.* Enfreador.

ENFRENAMIENTO *s. m.* Enfreamento.

ENFRENAR *v. tr.* Enfrear. *fig.* Enfrear, refrear, conter.

ENFRENTE *adv.* Em frente, defronte, diante de.

ENFRIADERA *s. f.* Esfriadouro.

ENFRIADERO *s. m.* Lugar onde se põe a esfriar alguma coisa.

ENFRIADOR, A *adj.* Esfriador.

ENFRIAMIENTO *s. m.* Esfriamento.

ENFRIAR *v. tr.* Esfriar, tornar frio. U. t. c. pron. *fig.* Arrefecer, esfriar, entibiar.

ENFRIJOLARSE *v. pron. Amer. mexic.* Emaranhar-se, enredar-se.

ENFRONTAR *v. tr.* Enfrentar, defrontar. U. t. c. intr.

ENFROSCARSE *v. pron.* V. ENFRASCARSE.

ENFULLAR (enfulhar) *v. tr. fam.* Trapacear (no jogo).

ENFUÑARSE (enfunharse) *v. pron. Amer.* V. ENFURRUÑARSE.

ENFUNDADURA *s. f.* Ação de ENFUNDAR, 1ª acep. Enchimento.

ENFUNDAR *v. tr.* Envolver, guardar, embrulhar, pôr em estojo. Encher.

ENFURECIMIENTO *s. m.* Enfurecimento.

ENFURRUÑAMIENTO (enfurrunhamiento) *s. m.* Enfado, zanga, enfarruscamento.

ENFURRUÑARSE (enfurrunharse) *v. pron. fam.* Enfadar-se, zangar-se, enfarruscar-se, amuar-se, encolerizar-se.

ENFURTIR *v. tr.* Enfortir.

ENFURRUSCARSE *v. pron.* V. ENFURRUÑARSE.

ENGABANAR *v. tr.* Por o gabão.

ENGACE *s. m.* V. ENGARCE. *fig.* Dependência, conexão, encadeamento, concatenação.

ENGAFAR *v. tr.* Embestar. Carregar, armar (a espingarda). Enganchar (com gafa).

ENGAITADOR, A *adj. fam.* Engabelador.

ENGAITAR *v. tr. fam.* Engabelar.

ENGALANADO, A *p. p.* de *Engalanar. s. m. Náut.* Conjunto de bandeiras e galhardetes com que se empaveza o navio.

ENGALANAMIENTO *s. m.* Ação de engalanar. Empavezamento.

ENGALANAR *v. tr.* Engalanar, ornamentar, ataviar, enfeitar. Empavezar.

ENGALGADURA *s. f. Náut.* Talingadura.

ENGALGAR *v. tr. Venat.* Engalgar. *Náut.* Talingar. Travar (a roda de um carro).

ENGALLADERO (engalhadero) *s. m.* V. ENGALLADOR.

ENGALLADO, A (engalhado) *p. p.* de *Engallar. adj.* Teso, erguido, emproado, direito.

ENGALLADOR (engalhador) *s. m. Equit.* Rédea do bridão.

ENGALLADURA (engalhadura) *s. f.* V. GALLADURA.

ENGALLARSE (engalharse) *v. pron.* Emproar-se, ensoberbecer-se. U. t. c. tr. *Equit.* Levantar a cabeça (o cavalo) obrigado pela rédea.

ENGAÑABOBOS (enganhabobos) *s. m.* e *f. fam.* Pessoa engabeladora; malandro, larápio.

ENGAÑADAMENTE (enganhadamente) *adv.* Enganadamente. Erradamente.

ENGAÑADIZO, A (enganhadiço) *adj.* Enganadiço.

ENGAÑADO, A (enganhado) *p. p.* de *Engañar.*

ENGAÑADOR, A (enganhador) *adj.* Enganador. U. t. c. s.

ENGAÑAMUNDO ou **ENGAÑAMUNDOS** (enganhamundo, s.) *s. m.* e *f. fam.* V. ENGAÑABOBOS.

ENGAÑAR (enganhar) *v. tr.* Enganar, iludir, lograr, mentir. Enganar, entreter, distrair. *v. pron.* Enganar-se, iludir-se. *v. pron.* Enganar-se, estar ou cair em erro.

ENGANCHAMIENTO (engantchamiento) *s. m.* Enganche.

ENGANCHAR (engantchar) *v. tr.* Enganchar. U. t. c. pron. *fig. fam.* Engodar, engabelar, fisgar.

ENGANDUJO (engandujo) *s. m.* Fio torcido que pende de certa franja com o mesmo nome.

ENGAÑIFA (enganhifa) *s. f. fam.* Engano, logro, falcatrua, fraude numa coisa sem valor e com aparência de útil.

ENGAÑILAR (enganhilar) *v. tr.* Segurar pelas goelas.

ENGAÑITO (enganhito) *s. m. Amer.* V. ENGAÑO, 2ª acep.

ENGAÑO (enganho) *s. m.* Engano (insídia; falácia, logro; traição, infidelidade; ardil, velhacaria, astúcia, fraude, dolo; erro, equívoco; alheamento, ilusão; promessa falaz). *Amer.* Presente interesseiro.

ENGAÑOSAMENTE (enganhossamente) *adv.* Enganosamente. Erradamente.

ENGARABATAR *v. tr. fam.* Enganchar. *v. pron.* Ficar (uma coisa) em forma de gancho.

ENGARABITARSE *v. pron.* Encarapitar-se. U. t. c. intr. V. ENGARABATAR, 2ª acep.

ENGARATUSAR (engaratussar) *v. tr. Amer.* V. ENGATUSAR.

ENGARBADO, A *p. p.* de *Engarbarse. adj.* Diz-se da árvore que ao cair fica a cavaleiro de outra.

ENGARBARSE *v. pron.* Empoleirar-se (uma ave) na parte mais elevada de alguma coisa.

ENGARBULLAR (engarbulhar) *v. tr. fam.* Enredar, confundir, misturar.

ENGARCE *s. m.* Encadeamento, engranzamento. Metal em que se encadeia alguma coisa. *Amer.* Pega, discussão, rixa.

ENGARFIAR *v. tr. Amer.* Enganchar.

ENGARGANTADURA *s. f.* V. ENGARGANTE.

ENGARGANTAR *v. tr.* Engargantar (meter pela garganta abaixo). V. ENGRANAR. Engargantar (o pé no estribo).

ENGARGANTE *s. m. Mec.* Engrenagem.

ENGARGOLADO, A *p. p.* de *Engargolar. s. m.* Ranhura, entalhe ou encaixe por onde desliza uma porta corrediça. *Carp.* Encaixe, ensamblamento.

ENGARGOLAR *v. tr.* Encaixar, ensamblar na ranhura ou entalhe.

ENGARITAR *v. tr.* Pôr guaritas. *fam.* Enganar astuciosamente.

ENGARRAFAR *v. tr. fam.* Agarrar, segurar com força.

ENGARRAR *v. tr.* Agarrar, segurar, pegar.

ENGARRIAR *v. tr.* V. ENCARAMAR.

ENGARRO *s. m.* Agarração.

ENGARROTAR *v. tr.* V. AGARROTAR.

ENGARZAMIENTO (engarçamiento) *s. m.* Engranzamento, encadeamento.

ENGARZAR (engarçar) *v. tr.* Engranzar, encadear, concatenar, enganchar. V. ENSORTIJAR. Engastar, encaixar, embutir.

ENGARZO (engarço) *s. m.* V. ENGARCE.

ENGATADO, A *p. p.* de *Engatar. adj.* Gatuno, larápio.

ENGATAR *v. tr. fam.* Embair, embaucar, engazopar.

ENGATILLADO, A (engatilhado) *p. p.* de *Engatillar. adj.* Diz-se do animal que tem o pescoço grosso e erguido. *Constr.* Obra de madeira com engates de ferro.

ENGATILLAR (engatilhar) *v. tr.* Engatar (prender com gatos ou engatos). *v. pron. Amer. equat.* Encabritar-se (o cavalo).

ENGATUSADAMENTE (engatussadamente) *adv.* Com bajulação.

ENGATUSADOR, A (engatussador) *adj.* Bajulador.

ENGATUSAMIENTO (engatussamiento) *s. m.* Bajulação.

ENGAUCHIDO (engautchido) *s. m. Arq.* Obliquidade, declive.

ENGAVILLAR (engavilhar) *v. tr.* V. AGAVILLAR.

ENGAZADO, A (engaçado) *p. p.* de *Engazar. s. m. Náut.* Tarefa de ajustar os moitões.

ENGAZADOR, A (engaçador) *adj.* V. ENGARZADOR.

ENGAZADURA (engaçadura) *s. f. Náut.* Ação de ajustar os moitões.

ENGAZAMIENTO (engaçamiento) *s. m.* V. ENGARCE.

ENGAZAR (engaçar) *v. tr.* V. ENGARZAR. Tingir os panos depois de tecidos. *Náut.* Ajustar os moitões.

ENGAZO (engaço) *s. m.* V. ENGARCE.

ENGENDRAMIENTO (enjendramiento) *s. m.* Engendração.

ENGENDRO (enjendro) *s. m.* Feto. Aborto, monstro. *fig.* Monstrengo, aborto, aquilo que é mal engendrado. *Mal —, fig. fam.* Menino de índole perversa.

ENGERIDOR (enjeridor) *s. m.* Enxertador.

ENGERIR (enjerir) *v. tr.* V. INGERIR.

ENGERO (enjero) *s. m.* Timão (do arado).

ENGIBAR (enjibar) *v. tr.* Corcovar. U. t. c. pron.

ENGOLILLADO, A (engolilhado) *p. p.* de *Engolillar. s. m. fam.* Jarreta. *s. m. Agr.* Ação de *Engolillar.*

ENGOLILLAR (engolilhar) *v. tr. Agr.* Introduzir entre o cálice e a corola do cravo um círculo de cartolina. *v. pron. Amer.* Endividar-se, encalacrar-se.

ENGOLLAR (engolhar) *v. tr. Equit.* Fazer que o cavalo recolha a cabeça.

ENGOLLETADO, A (engolhetado) *p. p.* de *Engolletar. adj. fam.* Néscio, presumido, soberbo, convencido.

ENGOLLETARSE (engolhetarse) *v. pron. fam.* V. ENGREIRSE.

ENGOLONDRINAR *v. tr. fam.* Ensoberbecer, ufanar. U. t. c. pron. *v. pron.* V. ENAMORICAR *(v. pron.).*

ENGOLOSINAR (engolossinar) *v. tr.* Engulosinar (atrair, excitar, despertar o apetite ou desejo de). *v. pron.* Afeiçoar-se, viciar-se, tomar gosto a uma coisa.

ENGORAR *v. tr.* V. ENHUERAR. *Irreg.* V. conj. de *Almorzar.*

ENGORDADERO *s. m.* Lugar onde se engordam os porcos.

ENGORDAR *v. tr.* Engordar, cevar. *v. intr.* Engordar (tornar-se gordo). *fig. fam.* Enriquecer. *Mar.* Engrossar (o mar).

ENGORDERO *s. m. Amer.* O que cuida do engorde do gado.

ENGORGOLLADO, A (engorgolhado) *adj. fig.* V. ENGOLLETADO, 2ª acep.

ENGORRO *s. m.* Embaraço, estorvo, impedimento, incômodo.

ENGORROSO, A (engorrosso) *adj.* Embaraçoso, dificultoso, molesto.

ENGOZNAR *v. tr.* Engonçar.

ENGRANAJE (engranaje) *s. m. Mec.* Engrenagem. *fig.* Engrenagem, conjunto de circunstâncias.

ENGRANAR *v. tr. Mec.* Engrenar, engranzar, endentar. *fig.* Engrenar.

ENGRANDAR *v. tr.* Agrandar, aumentar.

ENGRANDECIMIENTO *s. m.* Engrandecimento, aumento. Exageração. Engrandecimento (elevação em honras).

ENGRANERAR *v. tr. Agr.* Enceleirar.

ENGRANUJARSE (engranujarse) *v. pron.* Encher-se de pústulas.

ENGRAPAR *v. tr.* Engatar (segurar com engates).

ENGRASACIÓN (engrassaciòn) *s. f.* Engraxamento, untura.

ENGRASADO, A (engrassado) *p. p.* de *Engrasar.* *s. m.* V. ENGRASE.

ENGRASADOR, A (engrassador) *adj.* Engraxador.

ENGRASAMIENTO (engrassamiento) *s. m.* V. ENGRASACIÓN.

ENGRASAR (engrassar) *v. tr.* Engraxar, engordurar; untar, ensebar.

ENGRASE (engrasse) *s. m.* Engraxamento, engorduramento, untura. Graxa (para lubrificação).

ENGREDAR *v. tr.* Aplicar greda.

ENGREIMIENTO *s. m.* Presunção, orgulho, fatuidade. Ensoberbecimento.

ENGREIR *v. tr.* Ensoberbecer, enfatuar, ufanar, desvanecer. U. t. c. pron. *Amer. per.* Mimar. *Amer. chil.* V. ENCARIÑARSE. *Irreg.* V. conj. de *Reír.*

ENGRENAJE (engrenaje) *s. m. Amer.* V. ENGRANAJE.

ENGRESCAR *v. tr.* Incitar à briga, atiçar. U. t. c. pron. Influir (para o jogo, bulha, diversão, etc.)

ENGRIFAR *v. tr.* Encrespar.

ENGROSAR (engrossar) *v. tr.* Engrossar (em todas as principais acep. deste vocábulo). *Irreg.* V. conj. de *Almorzar.*

ENGRUDAMIENTO *s. m.* Grudadura.

ENGRUDAR *v. tr.* Grudar, ligar, colar (com grude).

ENGRUDO *s. m.* Grude.

ENGRUESAR (engruessar) *v. tr.* V. ENGROSAR.

ENGRUMECERSE *v. pron.* Grumar, grumecer (fazer-se em grumos). *irreg.* V. conj. de *Favorecer.*

ENGUACHINAR (enguatchinar) *v. tr.* V. ENAGUACHAR.

ENGUALDRAPAR *v. tr.* Pôr a gualdrapa. *fig.* Encobrir, ocultar.

ENGUANTADO, A *p. p.* de *Enguantar.* *adj.* Enluvado.

ENGUANTAR *v. tr.* Enluvar. *v. pron.* Enluvar-se.

ENGUATUSAR (enguatussar) *v. tr. Amer. C. Rica.* V. ENGATUSAR.

ENGUEDEJADO, A (enguedejado) *p. p.* de *Enguedejar.* *adj.* Desgrenhado, esguedelhado. *fam.* Que cuida muito do cabelo.

ENGUEDEJAR (enguedejar) *v. tr.* Esguedelhar.

ENGUIJARRADO, A (enguijarrado) *p. p.* de *Enguijarrar.* *s. m.* Calçamento de seixos.

ENGUIJARRAR (enguijarrar) *v. tr.* Calçar com seixos.

ENGUILLAR (enguilhar) *v. tr. Náut.* Forrar com um cabo delgado outro mais grosso.

ENGUIRNALDAR *v. tr.* Engrinaldar, enguirlandar.

ENGULLIR (engulhir) *v. tr.* Engolir, tragar, comer apressadamente e sem mastigar, devorar. *Irreg.* V. conj. de *Mullir.*

ENGURRIO *s. m.* Tristeza, tédio, melancolia.

ENGURRIOSO, A (engurriosso) *adj. Amer. colomb.* Invejoso.

ENGURRUÑAR (engurrunhar) *v. tr.* Encolher, enrugar. U. t. c. pron. *v. pron. fam.* V. ENMANTARSE.

ENHACINAR (enacinar) *v. tr.* V. HACINAR.

ENHADO (enado) *s. m. ant.* Enfado.

ENHARINAR (enarinar) *v. tr.* Enfarinhar (cobrir ou empoar de farinha). U. t. c. pron. *v. pron. fam.* V. EMPOLVAR (*v. pron.*).

ENHASTIADOR, A (enastiador) *adj.* Enfastiador.

ENHASTIAR (enastiar) *v. tr.* Enfastiar, aborrecer, enfadar, enojar. U. t. c. pron.

ENHASTILLAR (enastilhar) *v. tr.* Pôr no carcaz ou aljava (setas ou flechas).

ENHASTÍO (enastío) *s. m.* V. HASTÍO.

ENHATIJAR (enatijar) *v. tr.* Tapar as colmeias para mudá-las de lugar.

ENHEBILLAR (enebilhar) *v. tr.* Afivelar.

ENHEBRADOR (enebrador) *s. m.* Instrumento para enfiar a agulha.

ENHEBRAR (enebrar) *v. tr.* Enfiar (a agulha). *fig. fam.* Enfiar, dizer uma série de coisas. *v. pron.* Enfiar-se, meter-se por um lugar.

ENHECHIZAR (enetchiçar) *v. tr.* V. HECHIZAR.

ENHENAR (enenar) *v. tr.* Cobrir de feno.

ENHERBOLAR (enerbolar) *v. tr.* Ervar, envenenar.

ENHESTADURA (enestadura) *s. f.* Ereção, erguimento.

ENHESTAMIENTO (enestamiento) *s. m.* V. ENHESTADURA.

ENHESTAR (enestar) *v. tr.* Erigir, levantar, erguer, endireitar. *Irreg.* V. conj. de *Calentar.*

ENHICAR (enicar) *v. tr. Amer. cub.* V. ENJICAR.

ENHIELAR (enielar) *v. tr.* Misturar com fel alguma coisa.

ENHIESTO, A (eniesto) *p. p.* de *Enhiestar.* *adj.* Ereto, direito, levantado, erguido.

ENHILAR (enilar) *v. tr.* V. ENHEBRAR. *fig.* Concatenar (idéias, etc.). *fig.* Dirigir, guiar com ordem. V. ENFILAR. *v. pron.* Dirigir-se, encaminhar-se para um fim.

ENHOLLINAR (enolhinar) *v. tr.* Cobrir de fuligem. U. m. c. pron.

ENHORABUENA (enorabuena) *s. f.* Felicitação, parabéns, embora, cumprimento. *adv.* Em boa hora. Muito bem, perfeitamente.

ENHORAMALA (enoramala) *adv.* Em má hora.

ENHORCAR (enorcar) *v. tr.* Enrestiar. *ant.* Enforcar.

ENHORNAR (enornar) *v. tr.* Enfornar (meter no forno).

ENHORQUETAR (enorquetar) *v. tr. Amer. cub.* Enforquilhar. U. t. c. pron.

ENHUECAR (enuecar) *v. tr.* V. AHUECAR.

ENHUERAR (enuerar) *v. tr.* Fazer gorar. *v. intr.* Gorar.

ENJABEJARSE (enjabejarse) *v. pron. Náut.* Prender-se (um cabo) a alguma coisa que esteja no fundo do mar; enredar-se; enroscar-se.

ENJABONADURA (enjabonadura) *s. f.* V. JABONADURA.

ENJABONADO, A (enjabonado) *p. p.* de *Enjabonar. s. m.* V. JABONADURA.

ENJABONAMIENTO (enjabonamiento) *s. m.* Ensaboamento, ensaboadela.

ENJABONAR (enjabonar) *v. tr.* V. JABONAR.

ENJAEZAMIENTO (enjaeçamiento) *s. m.* Ação de ajaezar, de arrear.

ENJAEZAR (enjaeçar) *v. tr.* Ajaezar, arrear, enjaezar.

ENJAGUAR (enjaguar) *v. tr.* V. ENJUAGAR.

ENJALBEGADO, A (enjalbegado) *p. p.* de *Enjabelgar. s. m.* V. ENJABELGADURA.

ENJALBEGADOR, A (enjalbegador) *adj. e s.* Caiador, branqueador.

ENJALBEGADURA (enjalbegadura) *s. f.* Caiadura, caiação.

ENJALBEGAMIENTO (enjalbegamiento) *s. m.* V. ENJALBEGADURA.

ENJALBEGAR (enjalbegar) *v. tr.* Caiar, branquear.

ENJALBIEGO (enjalbiego) *s. m.* V. ENJALBEGADURA.

ENJALMA (enjalma) *s. f.* Enxalmo.

ENJALMAR (enjalmar) *v. tr.* Enxalmar.

ENJALMERO (enjalmero) *s. m.* Enxalmeiro.

ENJAMBRADERA (enjambradera) *s. f.* Alvéolo. Abelha mestra. Abelha que vai enxamear.

ENJAMBRADERO (enjambradero) *s. m.* Colmeal.

ENJAMBRADOR, A (enjambrador) *adj.* Que enxameia.

ENJAMBRAR (enjambrar) *v. tr., intr.* e *pron.* Enxamear. *fig.* Enxamear, abundar, produzir em abundância.

ENJAMBRAZÓN (enjambraçòn) *s. f.* Enxameação, enxameamento.

ENJAMBRE (enjambre) *s. m.* Enxame.

ENJARANADO, A (enjaranado) *adj. Amer. centr.* Endividado, entalado, encalacrado.

ENJARCIADO, A (enjarciado) *p. p.* de *Enjarciar.*

ENJARCIADURA (enjarciadura) *s. f. Náut.* Ação ou efeito de enxarciar.

ENJARCIAR (enjarciar) *v. tr. Náut.* Enxarciar.

ENJARDINAR (enjardinar) *v. tr.* Ajardinar.

ENJARETADO, A (enjaretado) *p. p.* de *Enjaretar. Náut.* Conjunto de xaretas. Tabuleiro formado de listões colocados à maneira de grade.

ENJARETAR (enjaretar) *v. tr.* Xaretar. *fig. fam.* Fazer ou dizer alguma coisa apressadamente. Regularizar, ordenar, endireitar. *Amer. venezuel.* Incluir, intercalar.

ENJARRETARSE (enjarretarse) *v. pron.* Intrometer-se, insinuar-se.

ENJAULAR (enjaular) *v. tr.* Enjaular. Engaiolar. *fig.* Engaiolar (pôr na cadeia).

ENJEBAR (enjebar) *v. tr.* Embarrelar.

ENJEBE (enjebe) *s. m.* Lixívia, barrela. V. JEBE. Alúmen.

ENJERGAR (enjergar) *v. tr. fam.* Principiar, encaminhar, dirigir (negócio ou assunto).

ENJERTACIÓN (enjertaciòn) *s. f. Agr.* Enxertadura. Enxerto.

ENJERTAL (enjertal) *s. m.* Enxertia (conjunto de plantas enxertadas).

ENJERTAMIENTO (enjertamiento) *s. m.* V. ENJERTACIÓN.

ENJERTAR (enjertar) *v. tr.* Enxertar.

ENJERTO, A (enjerto) *p. p.* de *Enjertar. s. m.* Enxerto (planta enxertada). *fig.* Mistura, barafunda.

ENJICAR (enjicar) *v. tr. Amer. cub.* Pôr as cordas (na rede ou maca).

ENJORGUINARSE (enjorguinarse) *v. pron.* Tornar-se bruxa ou feiticeira.

ENJOYAR (enjodjar) *v. tr.* Enjoiar (adornar com jóias). Adornar, aformosear, engalanar. Engastar (pedras preciosas).

ENJOYELADO, A (enjodjelado) *p. p.* de *Enjoyelar. adj.* Diz-se do ouro ou da prata convertido em jóias. Adornado com pequenas jóias.

ENJOYELADOR (enjodjelador) *s. m.* Engastador.

ENJOYELAR (enjodjelar) *v. tr.* Enjoiar (com pequenas jóias).

ENJUAGADIENTES (enjuagadientes) *s. m.* Bochecho, enxaguadela.

ENJUAGADURA (enjuagadura) *s. f.* Líquido com que se enxaguou alguma coisa.

ENJUAGAR (enjuagar) *v. tr.* Enxaguar.

ENJUAGATORIO (enjuagatorio) *s. m.* V. ENJUAGUE.

ENJUAGUE (enjuague) *s. m.* Enxaguadura, enxaguadela.

ENJUGADO, A (enjugado) *p. p.* de *Enjugar.*

ENJUGADOR, A (enjugador) *adj.* Enxugador. *s. m.* Enxugadouro, enxugo.

ENJUGAMANOS (enjugamanos) *s. m. Amer.* Toalha (de rosto).

ENJUGAR (enjugar) *v. tr.* Enxugar, secar. U. t. c. pron. *v. pron.* Emagrecer.

ENJUICIAMIENTO (enjuiciamiento) *s. m. For.* Instrução (de um processo).

ENJUICIAR (enjuiciar) *v. tr. For.* Instruir (um processo). Ajuizar, levar a juízo. Julgar, sentenciar.

ENJULIO (enjulio) *s. m.* Cilindro de tear.

ENJULLO (enjulho) *s. m.* V. ENJULIO.

ENJUNDIA (enjundia) *s. f.* Enxúndia; unto. *fig.* Substância, suco, força. *fig.* Constituição (de uma pessoa).

ENJUNDIOSO, A (enjundiosso) *adj.* Enxundioso. *fig.* Substancioso.

ENJUNQUE (enjunque) *s. m. Náut.* Lastro mais pesado que o ordinário.

ENJUTAR (enjutar) *v. tr.* Enxugar, secar. U. t. c. pron.

ENJUTEZ (enjutez) *s. f.* Secura, ausência de umidade.

ENJUTO, A (enjuto) *p. p. irreg.* de *Enjugar.* Enxuto. *adj.* Enxuto de carnes, magro, seco. *s. m. pl.* Gravetos, acendalhas. Salgados (para acompanhar a bebida).

ENLABIAR *v. tr.* Enlabiar (persuadir com lábias). Levar aos lábios alguma coisa.

ENLABIO *s. m.* Lábia.

ENLACIAR *v. tr.* Desbotar, murchar. Relaxar, afrouxar, enfraquecer, debilitar. U. t. c. intr. e pron.

ENLADRILLADO, A (enladrilhado) *p. p.* de *Enladrilar. s. m.* Pavimento de ladrilhos; lajedo.

ENLADRILLADOR (enladrilhador) *s. m.* Ladrilhador.

ENLADRILLADURA (enladrilhadura) *s. f.* V. ENLADRILLADO, 2ª acep. Ladrilhamento.

ENLADRILLAR (enladrilhar) *v. tr.* Ladrilhar.

ENLAGUNAR *v. tr.* Alagar (o campo). *fig.* Atolar, atascar.

ENLAMAR *v. tr.* Enlamear, enlodar.

ENLANADO, A *adj.* Lanudo.

ENLARDAR *v. tr.* Lardear.

ENLAZADAMENTE (enlaçadamente) *adv.* Unidamente, enlaçadamente.

ENLAZADO, A (enlaçado) *p. p.* de *Enlazar. adj. ant.* Comprometido, ligado. Que forma laços ou laçadas. Unido, enlaçado. *s. m. Arq.* Adorno que substitue os balaústres.

ENLAZADOR, A (enlaçador) *adj.* Enlaçador.

ENLAZADURA (enlaçadura) *s. f.* Enlaçadura.

ENLAZAMIENTO (enlaçamiento) *s. m.* Enlaçamiento, enlace.

ENLAZAR (enlaçar) *v. tr.* Enlaçar, enlear, laçar, ligar. Laçar (animais). Unir, encadear, concatenar, enlaçar. *v. pron. fig.* Enlaçar-se (por matrimônio). Aparentar-se.

ENLEGAJAR (enlegajar) *v. tr.* Atar, fazer maços de papéis.

ENLEJIAR (enlejiar) *v. tr.* Lexiviar.

ENLIGAR *v. tr.* Enviscar (apanhar pássaros com visco). *v. pron.* Enviscar-se (o pássaro).

ENLISTONADO *s. m.* Conjunto de listões.

ENLISTONAR *v. tr.* V. LISTONAR.

ENLIZADOR, A (enlizador) *adj.* Enliçador.

ENLIZAMIENTO (enliçamiento) *s. m.* Enliçamento.

ENLIZAR (enliçar) *v. tr.* Enliçar.

ENLLANTAR (enlhantar) *v. tr.* Colocar aros (nas rodas de um carro).

ENLLANTE (enlhante) *s. m.* Ação de ENLLANTAR.

ENLLENTECER (enlhentecer) *v. tr.* Amolecer, abrandar, embrandecer. U. t. c. pron. *Irreg.* V. conj. de *Favorecer.*

ENLLOCAR (enlhocar) *v. intr.* V. ENCLOCAR. U. m. c. pron.

ENLOBREGUECER *v. tr.* Escurecer, tornar lôbrego.

ENLODADURA *s. f.* Ação de enlodar.

ENLODAMIENTO *s. m.* V. ENLODADURA.

ENLODAJAR (enlodajar) *v. tr.* Enlodaçar.

ENLODOSINARSE (enlodossinarse) *v. pron. fig.* Enlamear-se, aviltar-se.

ENLOQUECEDOR, A *adj.* Enlouquecedor.

ENLOQUECER *v. tr.* e *intr.* Enlouquecer. *Agr.* Deixar de dar frutos uma árvore. *Irreg.* V. conj. de *Favorecer.*

ENLOQUECIMIENTO *s. m.* Enlouquecimento.

ENLOSADO, A (enlossado) *p. p.* de *Enlosar. s. m.* Lajedo, pavimento de lousa.

ENLOSAR (enlossar) *v. tr.* Enlousar, lajear.

ENLOZANARSE (enloçanarse) *v. pron.* Tornar-se loução, mostrar louçânia.

ENLUCIDO, A *p. p.* de *Enlucir. adj.* Caiado, branqueado. Estucado. *s. m.* Reboco. Estuque.

ENLUCIDOR *s. m.* Calador, Estucador.

ENLUCIR *v. tr.* Caiar, branquear. Estucar. Limpar, brunir, polir (arear metais etc.). *Amer. chil.* Entaipar.

ENLUSTRECER *v. tr.* Lustrar, polir. *Irreg.* V. conj. de *Favorecer.*

ENMADERACIÓN *s. f.* V. ENMADERAMIENTO.

ENMADERADO, A *p. p.* de *Enmaderar. s. m.* V. MADERAJE.

ENMADERAMIENTO *s. m.* Madeiramento. Emadeiramento.

ENMADERAR *v. tr.* Madeirar, emadeirar.

ENMADRARSE *v. tr.* Apegar-se demasiadamente (o filho) à mãe.

ENMADRASTAR *v. intr.* Tomar madrasta.

ENMAGRECER *v. tr.* e *intr.* Emagrecer. *Irreg.* V. conj. de *Favorecer.*

ENMALECER *v. intr.* Enfermar, adoecer.

ENMALETAR *v. tr.* Emalar (meter na maleta). *fig.* Ocultar, esconder, enfurnar.

ENMALEZARSE (enmaleçarse) *v. pron. Agr.* Encher-se de ervas daninhas (as sementeiras).

ENMALLAR (enmalhar) *v. tr.* Emalhar. *v. pron.* Emalhar-se, enredar-se.

ENMALLETADO, A (enmalhetado) *p. p.* de *Enmalletar. s. m.* Emalhetamento.

ENMALLETAR (enmalhetar) *v. tr.* Emalhetar.

ENMANGADURA *s. f.* Ação de encabar.

ENMANGAR *v. tr.* Encabar. Pôr na manga.

ENMANTAR *v. tr.* Emantar, cobrir com manta. *v. pron.* Entristecer, tornar-se melancólico.

ENMARAÑADO, A (enmaranhado) *p. p.* de *Enmarañar. adj.* Emaranhado enredado. *fig.* Enredado, confuso, embrulhado.

ENMARAÑAMIENTO (enmaranhamiento) *s. m.* Emaranhamento.

ENMARAÑAR (enmaranhar) *v. tr.* Emaranhar, enredar. U. t. c. pron. *fig.* Enredar, confundir, embrulhar.

ENMARARSE *v. tr. Náut.* Emarar-se, amarar, fazer-se ao mar, ao largo.

ENMARCHITAR (enmartchitar) *v. tr.* V. MARCHITAR.

ENMARIDAR *v. intr.* Casar-se (a mulher).

ENMARILLECERSE (enmarilhecerse) *v. pron.* Amarelecer, emarelecer. *Irreg.* V. conj. de *Favorecer.*

ENMAROMAR *v. tr.* Segurar com maroma.

ENMARQUESAR (enmarquessar) *v. intr. fam.* Adquirir título de marquês.

ENMASCARADAMENTE *adv.* Mascaradamente, disfarçadamente.

ENMASCARADO, A *p. p.* de *Enmascarar. s. m.* Mascarado.

ENMASCARAR *v. tr.* Mascarar, emascarar. U. t. c. pron. *fig.* Disfarçar.

ENMASILLAR (enmassilhar) *v. tr.* Cobrir de massa. *Náut.* Calafetar. Emassilhar (vidros da vidraça).

ENMATARSE *v. pron.* Amoitar-se, ocultar-se entre as matas.

ENMELAR *v. tr.* Emelar, melar. Melar (fazer mel a abelha). *fig.* Adoçar, melar, suavizar, abrandar. *Irreg.* V. conj. de *Calentar.*

ENMELOTAR *v. tr. Amer. colomb.* V. ENMENLAR, 1ª acep.

ENMENDABLE *adj.* Emendável.

ENMENDACIÓN *s. f.* Emendação.

ENMENDADAMENTE *adv.* Emendadamente, corretamente.

ENMENDADOR, A *adj.* Emendador.

ENMENDADURA *s. f.* Emenda, correção.

ENMENDAR *v. tr.* Emendar, corrigir, melhorar, reformar. U. t. c. pron. *For.* Revogar uma sentença. *Irreg.* V. conj. de *Calentar.*

ENMENZAR (enmençar) *v. tr. ant.* Começar, principiar.

ENMENDATURA *s. f. Amer.* V. ENMENDADURA.

ENMIELAR *v. tr. Amer.* ENMELAR.

ENMIENDA *s. f.* Emenda, correção. Emenda, indenização. Prêmio, recompensa.

ENMOHECER (enmoecer) *v. tr.* Abolorecer, embolorecer. U. t. c. pron. *Irreg.* V. conj. de *Favorecer.*

ENMOHECIMIENTO (enmoecimiento) *s. m.* Embolorecimento.

ENMOLLECER (enmolhecer) *v. tr.* Amolecer, abrandar. U. t. c. pron.

ENMONAR *v. tr. Amer.* Embebedar, emborrachar, embriagar. U. t. c. pron.

ENMOÑARSE (enmonharse) *v. pron.* Empoupar-se.

ENMONDAR *v. tr.* Tirar os barbotes aos panos.

ENMONJARSE (enmonjarse) *v. pron.* Fazer-se freira.

ENMORDAZAR (enmordaçar) *v. tr.* Amordaçar, emordaçar.

ENMOSTAR *v. tr.* Manchar com mosto.

ENMOTAR *v. tr. Mil.* Acastelar, guarnecer de castelos.

ENMUDECER *v. tr.* e *intr.* Emudecer.

ENMUDECIMIENTO *s. m.* Emudecimento.

ENMUESCAR *v. tr.* Encaixar, cravar, encravar, embutir. U. t. c. pron. Entalhar.

ENMUGRAR *v. tr. Amer.* Sujar, emporcalhar.

ENMUGRECER *v. tr.* Sujar, engordurar, emporcar, emporcalhar.

ENMURAR *v. tr.* Murar.

ENMUSTIAR *v. tr.* Emurchecer, fanar, consumir, secar.

ENNECIARSE *v. pron.* Tornar-se néscio.

ENNEGRECER *v. tr.* Enegrecer, escurecer, pretear. *Irreg.* V. conj. de *Favorecer.*

ENNEGRECIMIENTO *s. m.* Enegrecimento.

ENNOBLECEDOR, A *adj.* Enobrecedor; nobilitante.

ENNOBLECER *v. tr.* Enobrecer. *fig.* Enobrecer, nobilitar, enriquecer, aformosear. *Irreg.* V. conj. de *Favorecer.*

ENNOBLECIMIENTO *s. m.* Enobrecimento.

ENNUDECER *v. intr.* Atrofiar-se, deixar de crescer. *Irreg.* V. conj. de *Favorecer.*

ENODIO *s. m.* Cervo com mais de três anos e menos de cinco.

ENODRINA *adj.* Diz-se da galinha velha que já não põe.

ENOJADAMENTE (enojadamente) *adv.* Enfadadamente, zangadamente; enojadamente.

ENOJADIZO, A (enojadiço) *adj.* Enojadiço, enfadadiço, irritadiço.

ENOJADO, A (enojado) *p. p.* de *Enojar. adj.* Zangado, enfadado; enojado.

ENOJAR (enojar) *v. tr.* Enfadar, zangar, irritar, encolerizar, irar, enojar. U. m. c. pron. Molestar, desgostar, incomodar, aborrecer, enojar. *v. pron. fig.* Enfurecer-se, enraivecer-se (os elementos).

ENOJO (enojo) *s. m.* Enfado, irritação, zanga, ira, cólera. Aborrecimento, enfadamento, enojo. Incômodo, trabalho, moléstia, inquietação. *ant.* Agravo, ofensa. *Crecido de —, loc. adv.* Muito enfadado.

ENOJÓN, A (enojòn) *adj. Amer.* V. ENOJADIZO.

ENOJOSAMENTE (enojossamente) *adv.* Zangadamente, irritadamente, enfadadamente. Aborrecidamente, enojadamente.

ENOJOSO, A (enojosso) *adj.* Enfadonho, enjooso, aborrecido; molesto, incômodo, fastidioso.

ENOJUELO (enojuelo) *s. m. Dim.* de *Enojo.*

ENOLATURO *s. m. Farm.* Enóleo, enolado, enolato.

ENORFANECIDO, A *adj.* Orfão, ã.

ENORGULLECEDOR, A (enorgulhecedor) *adj.* Que orgulha ou ensoberbece.

ENORGULLECER (enorgulhecer) *v. tr.* Ensoberbecer, ensoberbar, enorgulhecer, orgulhar. U. t. c. pron. *Irreg.* V. conj. de *Favorecer.*

ENORGULLECIMIENTO (enorgulhecimiento) *s. m.* Ação de ensoberbecer.

ENORME *adj.* Enorme. Enorme, muito grave. Perverso, torpe.

ENORMIDAD (enormidad) *s. f.* Enormidade. *fig.* Perversidade; enormidade.

ENQUICIAR *v. tr.* Pôr nos gonzos (porta ou janela).

ENQUIJOTARSE (enquijotarse) *v. pron.* Fazer ou dizer quixotadas.

ENQUILLOTRAR (enquilhotrar) *v. tr.* V. ENGREIR. *v. pron. fam.* Enamorar-se, apaixonar-se; enrabichar-se.

ENQUIMOSIS (enquimossis) *s. f. Med.* Enquimose.

ENQUISTAMIENTO *s. m.* Enquistamento.

ENRABIAR *v. tr.* Enraivecer, encolerizar. U. t. c. pron.

ENRALECER *v. tr. Agr.* Desbastar. *Irreg.* V. conj. de *Favorecer.*

ENRAMADA *s. f.* Ramagem. Ramada, enramada.

ENRAME *s. m.* Enramamento.

ENRANCIADURA *s. f.* Ação de ENRANCIAR.

ENRANCIAR *v. tr.* Enrançar, rançar. Tornar cediço. U. m. c. pron.

ENRARECIMIENTO *s. m.* Rarefação.

ENRARECER *v. tr.* Rarefazer, enrarecer, rarear, tornar menos denso. U. t. c. pron. *Irreg.* V. conj. de *Favorecer.*

ENRASADO, A (enrassado) *p. p.* de *Enrasar.*

ENRASAMIENTO (enrassamiento) *s. m.* V. ENRASE.

ENRASAR (enrassar) *Constr.* Nivelar, igualar. Alisar, aplainar. Ficar no mesmo nível.

ENRASE (enrasse) *s. m.* Igualamento, nivelamento. Alisamento, aplainamento.

ENRATONARSE *v. pron. fam.* V. RATONARSE.

ENRAYADO, A (enradjado) *p. p.* de *Enrayar. s. m.* Madeiramento horizontal de um teto.

ENRAYADURA (enradjadura) *s. f.* V. ENRAYAMIENTO.

ENRAYAMIENTO (enradjamiento) *s. m.* Ação de *Enrayar.*

ENRAYAR (enradjar) *v. tr.* Enraiar (pôr os raios a uma roda).

ENREDADERA *adj.* Trepadeira. *s. f.* Enredadeira.

ENREDADOR, A *adj.* Enredador. *fig. fam.* V. CHISMOSO. Embusteiro, mentiroso. Travesso, traquinas.

ENREDAR *v. tr.* Enredar (colher na rede; armar rede a). Enredar (misturar, confundir, emaranhar). U. t. c. pron. V. TRAVESEAR. Enredar, intrigar. *fig.* Enredar, meter alguém em negócios difíceis. *v. pron.* Complicar-se. Amancebar-se.

ENREDIJO (enredijo) *s. m. fam.* Enredo (tecido embaraçado).

ENREDISTA *adj. Amer.* V. CHISMOSO.

ENREDO *s. m.* Enredo. *fig.* Travessura, traquinagem. *fig.* Engano, mentira, embuste. *fig.* Enredo, complicação. Enredo (de novela).

ENREJADO, A (enrejado) *p. p.* de *Enrejar. s. m.* Conjunto de grades de um edifício; gradil (de jardim, de pátio, etc.). Caniçada. Balaustrada. Grade (de porta ou janela). Obra tecida a mão, com fios entretecidos e cruzados. *adj. fam.* Preso, encarcerado. V. ENREJADURA.

ENREJADURA (enrejadura) *s. f. Vet.* Ferida produzida pela relha do arado nos pés dos bois.

ENREJAR (enrejar) *v. tr.* Gradear (cercar com grade); encaniçar. Pôr a relha no arado. Enrelhar (ferir com a relha os bois). Colocar grades em porta ou janela. *fam.* Encarcerar, prender.

ENREVESADO, A (enrevessado) *adj.* V. REVESADO.

ENRIADO, A *p. p.* de *Enriar. s. m.* V. ENRIAMIENTO.

ENRIAMIENTO *s. m.* Ação de *Enriar.*

ENRIAR *v. tr.* Enriar (o linho, o esparto ou o cânhamo).

ENRIELAR *v. tr.* Barrar (fundir em barras). Fazer trilhos. *Amer.* Encarrilhar.

ENRIPIADO, A *p. p.* de *Enripiar. s. m.* Entulho (usado pelos pedreiros).

ENRIPIAR *v. tr. Constr.* Entulhar (encher um vão com entulho).

ENRIQUECIMIENTO *s. m.* Enriquecimento.

ENRISCADO, A *p. p.* de *Enriscar. adj.* Escarpado, alcantilado, fragoso, penhascoso, despenhado; enrocado.

ENRISCAR *v. tr. fig.* Levantar, elevar, erguer. *v. pron.* Esconder-se entre penhas e precipícios.

ENRISTRADO, A *p. p.* de *Enristrar.*

ENRISTRAMIENTO *s. m.* V. ENRISTRE.

ENRISTRAR *v. tr.* Enristar (a lança). Enrestiar (cebolas, alhos etc.). *fig.* Assestar, acertar uma coisa difícil.

ENRISTRE *s. m.* Enriste. Ação de enristiar.

ENRIZAMIENTO (enriçamiento) *s. m. Náut.* Enrizamento.

ENROBINARSE *v. pron.* V. ENMOHECER (*v. pron.*)

ENROCAR *v. tr.* Rocar, enrocar (no jogo de xadrez). Enrocar (pôr na roca as estrigas). *v. pron. Pesc.* Enroscar-se. *Irreg.* (na 2ª acep.). V. conj. de *Almorzar.*

ENROCO *s. m. Amer.* V. ENROQUE.

ENRODAR *v. tr.* Rodar (punir com o suplício da roda). *Irreg.* V. conj. de *Almorzar.*

ENRODRIGAR *v. tr.* V. RODRIGAR.

ENRODRIGONAR *v. tr.* V. RODRIGAR.

ENROJAR (erojar) *v. tr.* V. ENROJECER. Esquentar o forno).

ENROJECER (enrojecer) *v. tr.* Encandecer. U. t. c. pron. Avermelhar (tingir de vermelho). *v. pron.* Enrubecer, corar (o rosto). *v. intr.* Enrubecer, corar, ruborizar-se. *Irreg.* V. conj. de *Favorecer.*

ENROJECIMIENTO *s. m.* Ação de encandecer. Enrubecimento, ruborização. Ação de avermelhar (tingir de vermelho).

ENROLAMIENTO *s. m.* Arrolamento.

ENROLAR *v. tr.* Arrolar.

ENROLLAMIENTO (enrolhamiento) *s. m.* Enrolamento.

ENROLLAR (enrolhar) *v. tr.* Enrolar (dar forma de rolo, tornar roliço, dobrar em rolo), envolver.

ENROMAR *v. tr.* Embotar, cegar.

ENRONA *s. m. prov. Arag.* Entulho, cascalho, caliça.

ENRONAR *v. tr. prov. Arag.* Entulhar.

ENROÑAR (enronhar) *v. tr.* Pegar a sarna ou ronha. Enferrujar. U. m. c. pron.

ENRONQUECER *v. tr.* Enrouquecer. U. m. c. pron. *Irreg.* V. conj. de *Favorecer.*

ENRONQUECIMIENTO *s. m.* Enrouquecimento. V. RONQUERA.

ENROQUE *s. m.* Roque (ação de rocar no jogo de xadrez).

ENROSAR (enrossar) *v. tr.* Tingir de cor de rosa. U. m. c. pron.

ENROSTRAR *v. tr. Amer.* Lançar em rosto, reprovar uma ação má.

ENRUBIADOR, A *adj.* Que tem a virtude de tornar ruivo.

ENRUBIAMIENTO *s. m.* Ação ou efeito de tornar ruiva alguma coisa.

ENRUBIAR *v. tr.* Tornar ruiva alguma coisa, principalmente os cabelos. U. t. c. pron.

ENRUBIO *s. m.* V. ENRUBIAMIENTO. Ingrediente para tornar ruiva alguma coisa (principalmente os cabelos).

ENRUDECER *v. tr.* Embrutecer, atoleimar, aparvalhar, emparvoecer. U. t. c. pron. *Irreg.* V. conj. de *Favorecer.*

ENRUDECIMIENTO *s. m.* Ação de ENRUDECER.

ENRUINECER *v. intr.* Rebaixar-se, aviltar-se, tornar-se ruim. *Irreg.* V. conj. de *Favorecer.*

ENSABANADA *s. f.* Encamisada.

ENSABANADO, A *p.p.* de *Ensabanar. adj.* Diz-se do touro que tem escuras a cabeça e as extremidades e branco o resto do corpo. *s. m.* Primeira camada de gesso que se aplica às paredes.

ENSABANAR *v. tr.* Cobrir ou envolver em lençóis. Dar (a uma parede) uma mão de gesso. *fig.* Amortalhar.

ENSACAMIENTO *s. m.* Ensacamento.

ENSAIMADA *s. f.* Bolo de massa folhada enrolado em espiral.

ENSALADA *s. f.* Salada. *fig.* Salsada, salada, mixórdia. Ensalada (composição poética).

ENSALADERA *s. f.* Saladeira.

ENSALADILLA (ensaladilha) *s. f.* Bocados de doces diversos. Conjunto de pedras preciosas engastadas numa jóia.

ENSALIVAR *v. tr.* Salivar, encher de saliva. U. t. c. pron.

ENSALMAR *v. tr.* Compor os ossos deslocados ou fraturados. Ensalmar.

ENSALMISTA *s. m.* Ensalmeiro, ensalmador, curandeiro.

ENSALMO *s. m.* Ensalmo. *Por —, loc.* Como por arte mágica.

ENSALOBRARSE *v. pron.* Tornar-se (a água) salobra.

ENSALVAJAR (ensalvajar) *v. tr. fam.* V. EMBRUTECER.

ENSALZADOR, A (ensalçador) *adj.* Exalçador, exaltador, engrandecedor.

ENSALZAMIENTO (ensalçamiento) *s. m.* Exalçamento, exaltação, engrandecimento.

ENSALZAR (ensalçar) *v. tr.* Enxalçar, exaltar, engrandecer. Louvar, exalçar, elogiar, encomiar. U. t. c. pron.

ENSAMBLADO, A *p. p.* de *Ensamblar. s. m.* Ensambladura.

ENSAMBLAJE (ensamblaje) *s. m.* Ensamblagem.

ENSAMBLAR *v. tr.* Ensamblar, embutir (peças de madeira).

ENSAMBLE *s. m.* Ensamblamento, ensambladura.

ENSAÑADO, A (ensanhado) *p. p.* de *Ensañar. adj.* Valoroso, esforçado, arrojado.

ENSAÑAMIENTO (ensanhamiento) *s. m.* Assanho, assanhamento; sanha, raiva.

ENSAÑAR (ensanhar) *v. tr.* Assanhar, enfurecer, encolerizar, enraivecer. *v. pron.* Assanhar-se, encarniçar-se, cevar-se em.

ENSANCHA (ensantcha) *s. f.* Dilatação, extensão, alargamento, ensancha. *Dar —s, loc. fig.* Dar largas.

ENSANCHADOR, A (ensantchador) *adj.* Dilatador, alargador. *s. m.* Instrumento para alargar as luvas.

ENSANCHAMIENTO (ensantchamiento) *s. m.* V. ENSANCHE.

ENSANCHAR (ensantchar) *v. tr.* Alargar, ampliar, dilatar, ensanchar. *v. pron.* Ensoberbecer-se, desvanecer-se; entonar-se, empavesar-se. U. t. c. intr.

ENSANCHE (ensantche) *s. m.* Dilatação, ampliação, alargamento, ensancha. Ensancha (do vestido). Terreno que se urbaniza nos arredores de uma povoação.

ENSANGOSTAR *v. tr.* V. ANGOSTAR.

ENSANGRENTADO, A *p. p.* de *Ensangrentar.*

ENSANGRENTAMIENTO *s. m.* Ação de ensangüentar.

ENSANGRENTAR *v. tr.* Ensanguentar. U. t. c. pron. *v. pron.* Irritar-se, acalorar-se, inflamar-se. *Irreg.* V. conj. de *Calentar.*

ENSANGUSTIAR *v. tr.* Angustiar, afligir. U. t. c. pron.

ENSARMENTAR *v. tr.* V. SARMENTAR. *Irreg.* V. conj. de *Calentar.*

ENSARNARSE *v. pron. Amer.* Ensarnecer.

ENSARTADURA *s. f.* V. ENSARTE.

ENSARTAMIENTO *s. m.* V. ENSARTE.

ENSARTAR *v. tr.* Enfiar, engranzar; ensartar, encadear. V. ENHEBRAR. Espetar, atravessar, enfiar. *fig.* Enfiar, dizer uma série de cousas desconexas.

ENSARTE *s. m.* Enfiadura. Enfiada.

ENSAY (ensai) *s. m.* V. ENSAYE.

ENSAYAR (ensadjar) *v. tr.* Ensaiar (em todas as principais aceps. deste vocábulo).

ENSAYE (ensadje) *s. m.* Ensaio (de metais).

ENSAYO (ensadjo) *s. m.* Ensaio (em todas as aceps. deste vocábulo).

ENSEBADURA *s. f.* Ensebamento.

ENSEBAMIENTO *s. m.* Ensebadura.

ENSEBAR *v. tr.* Ensebar (untar com sebo). Engordurar, engraxar; azeitar.

ENSEDAMIENTO *s. m.* Ensedadura.

ENSELVADO, A *p. p.* de *Enselvar. adj.* Selvoso.

ENSELVAR *v. tr.* Emboscar. U. t. c. pron.

ENSEÑA (ensenha) *s. f.* Insígnia, bandeira, estandarte, divisa.

ENSENADA *s. f.* Enseada. *Amer. plat.* Cercado.

ENSEÑADO, A (ensenhado) *p. p.* de *Enseñar. adj.* Ensinado, educado, acostumado. *adj. ant.* Douto, instruído.

ENSEÑAMIENTO (ensenhamiento) *s. m.* Ensinamento. V. ENSEÑANZA.

ENSEÑANZA (ensenhança) *s. f.* Ensino, ensinança, instrução, educação. Ensinamento, preceito, doutrina. *Primeira —,* Instrução primária. *Segunda —,* instrução secundária.

ENSEÑAR *v. tr.* Esconder ou meter no seio alguma coisa. *Náut.* Meter em enseada (um navio).

ENSEÑAR (ensenhar) *v. tr.* Ensinar, instruir, educar. Ensinar, adestrar, amestrar. Ensinar, escarmentar. Ensinar, indicar. Mostrar, expor. Deixar aparecer, mostrar involuntariamente. *v. pron.* Acostumar-se, habituar-se.
ENSEÑO (ensenho) *s. m. fam.* V. ENSEÑANZA.
ENSEÑORAMIENTO (ensenhoramiento) *s. m.* Assenhoreamento.
ENSEÑOREARSE (ensenhorearse) *v. pron.* Assenhorear-se, apoderar-se, apossar-se. U. t. c. tr.
ENSERAR *v. tr.* Enseirar.
ENSERES *s. m. pl.* Trastes, efeitos, móveis, utensílios,, alfaias.
ENSERIARSE *v. pron. Amer. per., cub.* e *venezuel.* Fazer-se sério ou grave.
ENSILAJE (ensilaje) *s. m.* Ensilagem, ensilamento.
ENSILLADO, A (ensilhado) *p. p. de Ensillar. adj.* Selado, enselado (que tem o dorso curvado).
ENSILLADURA (ensilhadura) *s. f.* Seladura (ação e efeito de selar uma cavalgadura). Seladura, seladouro (parte do corpo do animal em que se coloca a sela).
ENSILLAMIENTO (ensilhamiento) *s. m.* V. ENSILHADURA.
ENSILLAR (ensilhar) *v. tr.* Selar (uma cavalgadura).
ENSIMISMADO, A *adj.* Ensimesmado.
ENSIMISMAMIENTO *s. m.* Ensimesmamento, ensimesmação.
ENSIMISMARSE *v. pron.* Ensimesmar-se. *Amer. colomb.* e *chil.* V. ENGREIR. *(v. pron.).*
ENSOBACARSE *v. pron. Amer. colomb.* Obstinar-se, teimar, encaprichar-se.
ENSOBERBECIMIENTO *s. m.* Ensoberbecimento.
ENSOBINARSE *v. pron.* Ficar em posição supina (um animal) sem poder levantar-se.
ENSOGAR *v. tr.* Atar ou forrar com corda ou soga; sogar.
ENSOLERAR *v. tr.* Pôr fundo às colmeias.
ENSOLNER *v. tr.* Embutir, incluir. Contrair, reduzir. *Med.* Resolver. *Irreg.* V. conj. de *Volver.*
ENSOÑADOR, A (ensonhador) *adj.* Sonhador. U. t. c. s.
ENSOÑAR (ensonhar) *v. tr.* Sonhar.
ENSOPAR *v. tr.* Embeber o pão em vinho ou outro líquido. *Amer. argent., hond.* e *venezuel.* Ensopar, empapar, molhar. U. t. c. pron.
ENSORDECEDOR, A *adj.* Ensurdecedor.
ENSORDECER *v. tr.* e *intr.* Ensurdecer. Calar, guardar silêncio, não responder. *Irreg.* V. conj. de *Favorecer.*
ENSORDECIMIENTO *s. m.* Ensurdecimento.
ENSORTIJADAMENTE (ensortijadamente) *adv.* Encrespadamente, frisadamente.
ENSORTIJADO, A (ensortijado) *p. p. de Ensortijar. adj.* Encrespado, anelado, frisado.
ENSORTIJADURA (ensortijadura) *s. f.* Anel (dos teares). Vet. Luxação (nos tendões dos membros anteriores).
ENSORTIJAMIENTO (ensortijamiento) *s. m.* Encrespamento. Anéis, caracóis (do cabelo).
ENSORTIJAR (ensortijar) *v. tr.* Encrespar, anelar, frisar (o cabelo, fio etc.). Açaimar.
ENSOTARSE *v. pron.* Emboscar-se, embrenhar-se, amoitar-se, esconder-se num bosque.
ENSUAVECER *v. tr. prov. Sal.* Suavizar.
ENSUCIADO, A *p. p. de Ensuciar. adj.* Sujo.
ENSUCIADOR, A *adj.* Que suja, mancha ou emporcalha.
ENSUCIAMIENTO *s. m.* Ação de *Ensuciar.*
ENSUCIAR *v. tr.* Sujar, manchar, emporcalhar. U. t. c. pron. *fig.* Macular, empanar, deslustrar. *fig. fam.* Deixar-se subornar, vender-se.
ENSUEGRAR *v. intr.* V. CONSUEGRAR. *v. tr. fig.* Azedar, avinagrar.
ENSUEÑO (ensuenho) *s. m.* Sonho. Sonho, ilusão, fantasia.
ENSULLO (ensulho) *s. m.* V. ENJULLO.
ENSUNCHAR (ensunchar) *v. tr. Amer.* V. ENZUNCHAR.
ENTABLACIÓN *s. f.* Entabuamento. Quadro, nota, registro (de porta de igreja).

ENTABLADA *s. f. Mar.* Ação de fixar-se o vento que está soprando.
ENTABLADO, A *p. p. de Entablar. s. m.* Entabuamento, tabuado, sobrado, solho.
ENTABLADURA *s. f.* Entabuamento.
ENTABLAR *v. tr.* Entabuar; assobradar, assoalhar. Entabular, pôr em ordem, preparar, dispor. Encanar (um osso fraturado). Colocar as peças do xadrez no tabuleiro. Afixar notas nos quadros colocados à porta das igrejas. *v. pron.* Negar-se o cavalo a curvar o pescoço. *v. pron. Mar.* Fixar-se o vento em determinada direção.
ENTABLE *s. m.* V. ENTABLADURA. Disposição de um jogo no tabuleiro. *Amer. colomb.* Empresa, negócio.
ENTABLILLADURA (entablilhadura) *s. f.* V. ENTABLILLAMIENTO.
ENTABLILLAMIENTO (entablilhamiento) *s. m.* Encanamento, entalação (de osso fraturado).
ENTABLILLAR (entablilhar) *v. tr.* Entalar, encanar (um osso fraturado).
ENTABLONADA *s. f. Amer. per.* Fanfarronada.
ENTALAMADURA *s. f.* Tolda, encerado, toldo (de veículo).
ENTALEGAR *v. tr.* Entaleigar, ensacar.
ENTALINGADURA *s. f. Náut.* Talingadura.
ENTALINGAR *v. tr. Náut.* Talingar.
ENTALLA (entalha) *s. f.* V. ENTALLADURA.
ENTALLADOR (entalhador) *s. m.* Entalhador.
ENTALLADURA (entalhadura) *s. f.* Entalhadura, entalha. Talha. Entalho.
ENTALLAMIENTO (entalhamiento) *s. m.* Entalhamento.
ENTALLAR (entalhar) *v. tr.* Entalhar, esculpir em madeira, fazer obra de talha. Entalhar, gravar, esculpir, cinzelar. Abrir entalho. *v. intr.* Assentar, cair bem (a roupa). *Amer.* Adornar, enfeitar.
ENTALLECER (entalhecer) *v. intr.* Entalecer, criar talo. *Irreg.* V. conj. de *Favorecer.*
ENTALLO (entalho) *s. m.* Entalhadura, obra de talha.
ENTAMAR *v. tr.* Cobrir de cotão. Marcar o pano já vendido.
ENTAPAR *v. tr. Amer. chil.* Encadernar ou forrar livros.
ENTAPIAR *v. tr.* Entaipar, emparedar.
ENTAPIZADO, A (entapiçado) *p. p. de Entapizar. s. m. Amer.* Tapeçaria.
ENTAPIZAR (entapiçar) *v. tr.* Atapetar, entapetar, entapizar, tapizar.
ENTAPUJAR (entapujar) *v. tr. fam.* Tapar, cobrir. *fig.* Encobrir, ocultar, não dizer a verdade.
ENTAQUILLAR (entaquilhar) *v. tr. Amer.* V. ESTAQUILLAR.
ENTARASCAR *v. tr. fam.* Sobrecarregar de enfeites ou ornatos.
ENTARIMADO, A *p. p. de Entarimar. s. m.* Tabuado, solho, assoalho.
ENTARIMAR *v. tr.* V. ENTABLAR, 1ª acep.
ENTARQUINAMIENTO, A *p. p. de Entarquinar. s. m.* V. ENTARQUINAMIENTO.
ENTARQUINAMIENTO *s. m. Agr.* Ação de adubar com lodo.
ENTARQUINAR *v. tr. Agr.* Adubar com lodo. Enlodar.
ENTE *s. m.* Ente. *fam.* Indivíduo ridículo, homenzinho.
ENTECADO, A *adj.* V. ENTECO.
ENTECARSE *v. pron. Amer.* Obstinar-se, teimar, emperrar.
ENTECHAR (entetchar) *v. tr. Amer.* V. TECHAR.
ENTECO, A *adj.* Enfermiço, débil, doentio, achacado, entecado.
ENTEJAR (entejar) *v. tr. Amer.* V. TEJAR.
ENTELADO, A *p. p. de Entelar. adj.* Turvo, toldado (diz-se da vista).
ENTELAR *v. tr.* Turvar, toldar (a vista). Cobrir com tela. *fig.* Velar, ocultar.
ENTELERIDO, A *adj.* Entanguido, transido (de frio ou medo). *prov. And.* e *Amer. hond.* e *venezuel.* V. ENTECO.
ENTENA *s. f. Náut.* Antena.
ENTENADO, A *s. m.* e *f.* Enteado.
ENTENAL *s. m. Náut.* Gurutil.
ENTENDEDERAS *s. f. pl. fam.* Entendimento, inteligência.

ENTENDIMIENTO *s. m.* Entendimento.
ENTENEBRECIMIENTO *s. m.* Entenebrecimento.
ENTEO, A (entèo) *adj.* Enteu, inspirado por Deus.
ENTEQUEZ *s. f.* Debilidade, fraqueza, qualidade de achacado ou doentio.
ENTERADO, A *p. p. de Enterar. adj.* Inteirado, informado. *Amer.* Orgulhoso, soberbo, presunçoso. Grosseiro, incivil.
ENTERAMENTE *adv.* Inteiramente, plenamente, cabalmente.
ENTERAR *v. tr.* Inteirar, informar, fazer ciente, dar conta, certificar. U. t. c. pron. *ant.* Inteirar, completar. *v. intr. Amer.* Melhorar (um doente). *v. pron. Amer.* Reintegrar-se.
ENTEREZA (entereça) *s. f.* Inteireza, integridade, retidão. *fig.* Fortaleza, firmeza, energia. *fig.* Inteireza, austeridade; severidade, disciplina. — *virginal,* virgindade.
ENTERIZO, A (enteriço) *adj.* Inteiriço. Inteiro.
ENTERO, A *adj.* Inteiro, completo, íntegro, cabal. Inteiro (não castrado). *fig.* Robusto, são. Reto, justo. *fig.* Constante, firme. *fam.* Forte, denodado, encorpado. *Arit.* Inteiro. *s. m. Amer.* Inteiração (de soma). *Por —, loc. adv.* Por completo, inteiramente.
ENTERRAMIENTO *s. m.* Enterramento, enterro. Sepulcro, sarcófago. Sepultura, fossa.
ENTERRONAR *v. tr.* Entorroar.
ENTESAMIENTO (entessamiento) *s. m.* Entesadura.
ENTIBACIÓN *s. f. Miner.* Escoramento.
ENTIBAR *v. intr. Arq.* Estribar. *v. tr. Miner.* Escorar, especar, apoiar.
ENTIBIAMIENTO *s. m.* Entibiamento.
ENTIBO *s. m. Arq.* Estribo, esteio. *Miner.* Escora, espeque.
ENTIDAD (entidad) *s. f.* Entidade. Ente, ser. Consideração, importância, valor. Entidade, associação, sociedade, empresa. *De —, loc. adv.* De valor, de substância.
ENTIERRO *s. m.* Enterro. Sepulcro, sepultura. Enterro, saimento, préstito fúnebre. *Amer.* Enterro (tesouro enterrado).
ENTIESAR (entiessar) *v. tr.* Entesar.
ENTIGRECERSE *v. pron. fig.* Enfurecer-se, encolerizar-se. *Irreg.* V. conj. de *Favorecer.*
ENTILAR *v. tr. Amer. hond.* V. TIZNAR.
ENTINTAR *v. tr.* Manchar de tinta. *fig.* Tingir, pintar. *Pint.* Colorir um quadro.
ENTINTE *s. m.* Ação de *Entintar.*
ENTIZNAR *v. tr.* V. TIZNAR. *fig.* Manchar, macular, denegrir (a reputação ou fama).
ENTOLDAMIENTO *s. m.* Ação de cobrir com tolda ou toldo.
ENTOLDAR *v. tr.* Toldar (cobrir com tolda ou toldo). Colgar (ornar com colgaduras). *v. pron fig.* Ensoberbecer-se, desvanecer-se, enfatuar-se. *fig.* Carregar-se, anuviar-se, toldar-se (o céu).
ENTOLDO *s. m.* V. ENGREIMIENTO.
ENTONACIÓN *s. f. Mús.* Entonação, entoamento. *fig.* Entonação, entono, arrogância, soberba, altivez, vaidade, orgulho.
ENTONADAMENTE *adv.* Com entoação, entoadamente. Com entono, orgulhosamente, altivamente, arrogantemente.
ENTONADERA *s. f.* Alavanca do fole de um órgão.
ENTONADO, A *adj.* Entoado. Entonado, presumido, altivo, arrogante.
ENTONAMIENTO *s. m.* V. ENTONACIÓN.
ENTONAR *v. tr.* Entoar, cantar afinado. Manobrar o fole do órgão. Entoar, cantar o princípio de. *Med.* Fortificar, fortalecer. *Pint.* Entoar, harmonizar. *v. pron. fig.* Entonar-se, ensoberbecer-se, empavesar-se.
ENTONCES *adv.* Então (neste ou naquele tempo, naquela ocasião). Então (em tal caso, sendo assim). *s. m.* Então.
ENTONELAR *v. tr.* Envasilhar, meter em tonel.
ENTONO *s. m.* V. ENTONACIÓN.
ENTONTECER *v. tr.* Entontecer, estontear; imbecilizar, estupidificar. *v. intr.* Entontecer-se (tornar-se estúpido ou imbecil). *Irreg.* V. conj. de *Favorecer.*
ENTORCHADO (entortchado) *s. m.* Canutilho. *Mil.* Bordado (de general).

ENTORCHAR (entortchar) *v. tr.* Formar tochas com velas retorcidas. Fazer canutilho.

ENTORILAR *v. tr.* Encerrar o touro no touril.

ENTORNAR *v. tr.* Encostar, entrefechar (porta ou janela). Entrecerrar os olhos.

ENTORNILLAR (entornilhar) *v. tr.* Dar forma de parafuso a alguma coisa.

ENTORPECER *v. tr.* Entorpecer (retardar ou suspender o movimento ou a ação de; impedir o movimento de). Obscurecer, perturbar, turvar (o entendimento). *fig.* Retardar, dificultar, obstar. *Irreg.* V. conj. de *Favorecer.*

ENTOSIGAR (entossigar) *v. tr.* Entoxicar, envenenar.

ENTOZOO (entoçoo) *s. m. Zool.* Entozoário.

ENTRABAR *v. tr. Amer.* V. TRABAR.

ENTRAMADO *s. m. Constr.* Vigamento para frontais, tabiques, etc.

ENTRAMAR *v. tr. Constr.* Fazer um frontal (para levantar parede de estuque ou de outro material).

ENTRAMBOS, AS *adj.* Ambos, as.

ENTRAMPAMIENTO *s. m.* Ação de ENTRAMPAR.

ENTRAMPAR *v. tr.* Apanhar (um animal) na armadilha ou laço. U. t. c. pron. *fig.* Trampear, trampolinar, enganar artificiosamente, lograr. *fig. fam.* Enredar, embrulhar, embaraçar um negócio, *fig. fam.* Endividar-se, encalacrar-se, entalar-se. *v. pron.* Atascar-se, atolar-se. *fig. fam.* Empenhar-se, endividar-se.

ENTRAÑA (entranha) *s. f.* Entranha (em todas as principais aceps. deste vocábulo).

ENTRAÑABLE (entranhable) *adj.* Entranhável, afetuoso, íntimo, profundo, entranhado.

ENTRAÑABLEMENTE (entranhablemente) *adv.* Entranhadamente, carinhosamente, cordialmente, ternamente.

ENTRAÑAMIENTO (entranhamiento) *s. m.* Ato de entranhar.

ENTRAÑAR (entranhar) *v. tr.* Entranhar. U. t. c. pron. *v. pron.* Unir-se, ligar-se intimamente com alguém.

ENTRAÑUDO, A (entranhudo) *adj. Amer.* Duro, cruel, empedernido.

ENTRAPADA *s. f.* Pano carmesim de qualidade inferior.

ENTRAPAJAR (entrapajar) *v. tr.* Entrapar. *v. pron.* Empoeirar-se.

ENTRAPAR *v. tr.* Empoar muito o cabelo. *Agr.* Adubar com trapos velhos. *v. pron.* Empoeirar-se.

ENTRAPAZAR (entrapaçar) *v. intr.* Trapacear.

ENTRE *prep.* Entre (em todas as funções deste vocábulo). — *que loc. adv.* Enquanto, entretanto. — *año, loc. adv.* No correr do ano.

ENTREABIERTO, A *p. p. irreg.* de *Entreabrir.* Entreaberto.

ENTREACTO *s. m.* Entreato. Charuto pequeno.

ENTREANCHO, A (entreantcho) *adj.* Entre largo e estreito.

ENTRECALLE (entrecalhe) *s. f. Arq.* Intervalo entre duas molduras.

ENTRECANAL *s. m. Arq.* Entrecana.

ENTRECANO, A *adj.* Grisalho.

ENTRECASCO *s. m.* Entrecasca. Defeito da madeira.

ENTRECEJO (entrecejo) *s. m.* Espaço interciliar. *fig.* Cenho, sobrecenho.

ENTRECHAZA (entretchaça) *s. f. Náut.* Alcaixa.

ENTRECHAZAR (entretchaçar) *v. tr. Náut.* Alcaixar.

ENTRECINTA *s. f. Constr.* Vigamento paralelo ao tirante. *Náut.* Alcaixa.

ENTRECLARO, A *adj.* Entre claro e escuro.

ENTRECOGER (entrecojer) Agarrar, pegar com força. *fig.* Encurralar, cercar, apertar por todos os lados.

ENTRECOMAR *v. tr.* Pôr entre vírgulas.

ENTRECORO *s. m.* Entrecoro.

ENTRECORTEZA (entrecorteça) *s. f.* V. ENTRECASCO, 2ª acep.

ENTRECRUZAMIENTO (entrecruçamiento) *s.* m. Entrecruzamento.

ENTRECUBIERTAS *s. f. pl. Náut.* Entrecoberta.

ENTRECUESTO *s. m.* Entrecosto, espinhaço.

ENTREDECIR *v. tr.* Interdizer, impedir, proibir, suspender. *Ecles.* Interdizer.

ENTREDICHO, A (entreditcho) *p. p. irreg.* de *Entredecir.* Interdito. *s. m.* Interdito, interdição. *Ecles.* Interdito.

ENTREDOBLE *adj.* Que é entre duplo e simples.

ENTREDOS *s. m.* Entremeio. Pequeno armário que se coloca entre dois balcões de uma peça.

ENTREGAMIENTO *s. m.* Entrega.

ENTREGO *s. m.* Entrega.

ENTREHENDER (entreender) *v. tr.* Fender, abrir ou rachar pelo meio. *Irreg.* V. conj. de *Extender.*

ENTRELAZAMIENTO (entrelaçamiento) *s. m.* Entrelaçamento.

ENTRELAZAR (entrelaçar) *v. tr.* Entrelaçar, enlaçar; entretecer, entrançar, enastrar, entrecruzar.

ENTRELISTADO, A *p. p.* de *Entrelistar.* Listrado, riscado, raiado.

ENTRELISTAR *v. tr.* Listrar, riscar, raiar.

ENTRELUCES *s. m. pl.* Anoitecer. Amanhecer.

ENTRELUCIR *v. tr.* Entreluzir. *Irreg.* V. conj. de *Lucir.*

ENTREMEDIAR *v. tr.* Entremear, intercalar, interpolar.

ENTREMEDIAS *adv.* Entrementes, entretanto. No meio de.

ENTREMEDIO *s. f. Amer.* Intermédio.

ENTREMÉS *s. m.* Qualquer dos pratos que se servem entre os principais de uma refeição, ou antes dela, como aperitivo. Entremez (peça teatral).

ENTREMESEAR (entremessear) *v. tr.* Tomar parte num entremez. *fig.* Chancear, chalacear.

ENTREMESIL (entremessil) *adj.* Pertencente ou relativo ao entremez.

ENTREMESISTA (entremessita) *s. m.* e *f.* Entremezista.

ENTREMETER *v. tr.* Entremeter, meter de permeio. *v. pron.* Entremeter-se, intrometer-se, imiscuir-se.

ENTREMETIDO, A *p. p.* de *Entremeter.* Entremetido. *adj.* Intrometido, metediço, abelhudo.

ENTREMETIMIENTO *s. m.* Entremetimento. Intrometimento, intromissão.

ENTREMEZCLADURA *s. f.* Mistura.

ENTREMEZCLAR *v. tr.* Entremesclar, misturar.

ENTREMISO (entremisso) *s. m.* Trincho (para fabricar queijos).

ENTREMORIR *v. intr.* Amortecer, desfalecer, afrouxar. *Irreg.* V. conj. de *Morir.*

ENTRENADOR, A *adj.* e *s.* Treinador.

ENTRENAMIENTO *s. m.* Treinamento, entreinamento.

ENTRENAR *v. tr.* Treinar.

ENTRENUDO *s. m. Bot.* Entrenó.

ENTRENZAR (entrenzar) *v. tr.* Entrançar, trançar.

ENTREOIR *v. tr.* Entreouvir. *Irreg.* V. conj. de *Decir.*

ENTREORDINARIO, A *adj.* Que não é de todo ordinário, regular.

ENTREPALMADURA *s. f. Vet.* Gavarro (encorvado ou subungular).

ENTREPAÑADO, A (entrepanhado) *adj.* Trabalhado com almofadas, almofadado.

ENTREPAÑO (entrepanho) *s. m. Constr.* Almofada. Armário de estante, prateleira. Entrepano.

ENTREPARECERSE *v. pron.* Divisar-se. lobrigar-se, entrever-se, ver-se indistintamente. *Irreg.* V. conj. de *Favorecer.*

ENTREPASO (entrepasso) *s. m.* Andadura (do cavalo) semelhante ao furta-passo.

ENTREPECHUGA (entrepetchuga) *s. f.* Titela.

ENTREPERNAR *v. intr.* Cruzar as pernas com as de outro indivíduo. *Irreg.* V. conj. de *Calentar.*

ENTREPIERNAS *s. f. pl.* Entrepernas. Fundilho (das calças).

ENTREPITO, A *adj. Amer. venzuel.* Intrometido, entremetido, abelhudo, metediço.

ENTREPRETADO, A *adj. Vet.* Esfolado do peitoral ou das espáduas.

ENTREPUENTES *s. m. pl. Náut.* Entreponte.

ENTREPUNZADURA (entrepunçadura) *s. f.* Palpitação, latejo (causado por tumor ou abcesso).

ENTREPUNZAR (entrepunçar) *v. tr.* Doer pouco ou intermitentemente.

ENTRERRENGLONADURA *s. f.* Entrelinha.

ENTRERRENGLONAR *v. tr.* Entrelinhar.

ENTRERRIEL *s. m.* Entrevia, entrelinha.

ENTRERRISA (entrerrissa) *s. f.* Riso contido.

ENTRÉS *s. m.* Certo lance do jogo do monte.

ENTRESACA (entressaca) *s. f.* Desbaste (de árvores ou do cabelo). Ação de entrescolher.

ENTRESACADURA (entressacadura) *s. f.* V. ENTRESACA.

ENTRESACAR (entressacar) *v. tr.* Tirar dentre. Desbastar (as árvores ou o cabelo). Entrescolher, escolher ao acaso.

ENTRESIJO (entressijo) *s. m.* Mesentério. *fig.* Coisa oculta. *Tener muchos —s, loc. fig.* Oferecer uma coisa muitas dificuldades ou complicações.

ENTRESUELO (entressuelo) *s. m.* Entressolho, sobreloja.

ENTRESURCO (entressurco) *s. m. Agr.* Espaço entre dois sulcos.

ENTRETALLA (entretalha) *s. f.* V. ENTRETALLADURA.

ENTRETALLADURA (entretalhadura) *s. f.* Entretalho (escultura em baixo ou meio-relevo).

ENTRETALLAR (entretalhar) *v. tr.* Entretalhar. *fig.* Atalhar, impedir, estorvar (a passagem de pessoa ou coisa).

ENTRETECHO (entretetcho) *s. m. Amer.* V. DESVÁN.

ENTRETEJEDOR, A (entretejedor) *adj.* Entretecedor.

ENTRETEJEDURA (entretejedura) *s. m.* Entretecedura.

ENTRETEJER (entretejer) *v. tr.* Entretecer, entrelaçar. *fig.* Entretecer, intercalar, entremear.

ENTRETEJIMIENTO (entretejimiento) *s. m.* Entretecimento.

ENTRETELA *s. m.* Entretela. *fig. fam.* O coração, as entranhas, o íntimo.

ENTRETENER *v. tr.* Entreter, divertir, distrair. U. t. c. pron. Entreter, suavizar, mitigar, aliviar. Entreter, demorar (deter com promessas e vãs esperanças). *Irreg.* V. conj. de *Tener.*

ENTRETENIDA (DAR A UNO CON LA) *loc.* Entreter alguém com desculpas.

ENTRETENIMIENTO *s. m.* Entretenimento. Divertimento, diversão, passatempo, distração.

ENTRETIEMPO *s. m.* Meia estação, o tempo de primavera e outono. *Mús.* Espaço entre dois tempos.

ENTREUNTAR *v. tr.* Untar ligeiramente.

ENTREVENARSE *v. pron.* Introduzir-se alguma coisa pelas veias.

ENTREVENTANA *s. f.* Vão de janela.

ENTREVERADO, A *adj.* Misturado, mesclado, entressachado.

ENTREVERAR *v. tr.* Misturar, confundir, entressachar, mesclar. *Mil.* Entreverar.

ENTREVERO *s. f.* Mistura, mescla, confusão. Entrevero. Entressachamento.

ENTRIPADO, A *adj.* Intestinal, entripado. Não estripado. *s. m.* Dor intestinal. *fig. fam.* Rancor ou enfado dissimulado, despeito.

ENTRIPARRAR *v. tr.* V. AHITAR.

ENTRIPARSE *v. pron. Amer. colomb.* Enfadar-se, zangar-se, irritar-se.

ENTROJAMIENTO (entrojamiento) *s. m.* Enceleiramento.

ENTROJAR (entrojar) *v. tr. Agr.* Enceleirar.

ENTROMETER *v. tr.* V. ENTREMETER. U. t. c. pron.

ENTROMETIDO, A *adj.* V. ENTREMETIDO.

ENTROMETIMIENTO *s. m.* V. ENTREMETIMIENTO.

ENTROMPARSE *v. pron. Amer. colomb.* Zangar-se, ressentir-se.

ENTRONCAMIENTO *s. m.* Entroncamento (ação de ligar a origem de).

ENTRONCAR *v. tr.* Entroncar (em árvore genealógica).

ENTRONCRAR *v. tr.* Meter uma bola num dos orifícios da mesa de bilhar.

ENTRONQUE *s. m.* V. ENTRONCAMIENTO.

ENTROPILLAR (entropilhar) *v. tr. Amer.* Entropilhar.

ENTROPIÓN *s. m. Cir.* Entrópio.
ENTRUCHADA (entrutchada) *s. f. fam.* Engano, logro, fraude, tramóia, entrujice.
ENTRUCHADO, A (entrutchado) *p. p.* de *Entruchar. s. m. fam.* V. ENTRUJADA.
ENTRUCHAR (entrutchar) *v. tr. fam.* Entrujar, lograr, enganar. *v. pron. Amer. mexic.* Intrometer-se em assuntos alheios.
ENTRUCHÓN, A (entrutchòn) *adj. fam.* Entrujão, espertalhão. U. t. c. s.
ENTRUESGA *s. f.* Entrosga.
ENTRUJAR (entrujar) *v. tr.* Meter (a azeitona) no lagar. V. ENTROJAR. *fig. fam.* Embolsar, meter no bolso.
ENTUERTO *s. m.* Injúria, ofensa, agravo, torto; dano, prejuízo. *pl.* Tortos (dor de).
ENTULLECER (entulhecer) *v. tr. fig.* Deter, suspender, entorpecer, tolher (o curso de alguma coisa). *v. intr.* V. TULLIRSE. *Irreg.* V. conj. de *Favorecer.*
ENTUMECER *v. tr.* Entorpecer (um membro). U. m. c. pron. *v. pron. fig.* Entumecer, encher, engrossar. *Irreg.* V. conj. de *Favorecer.*
ENTUMECIMIENTO *s. m.* Entorpecimento (de um membro). Entumecimento.
ENTUMIRSE *v. pron.* Entorpecer-se (um membro).
ENTUNARSE *v. pron. Amer.* Fincar-se, espetar-se.
ENTUPIR *v. tr.* Entupir, obstruir. Comprimir, apertar.
ENTURBIAMIENTO *s. m.* Enturvação.
ENTURBIAR *v. tr.* Enturvar, turvar. *fig.* Turvar, obscurecer. *v. pron. fig.* Conturbar-se; desconcertar-se, desordenar-se, confundir-se.
ENTUTUMARSE *v. pron.* Confundir-se, conturbar-se.
ENUCLEACIÓN *s. f.* Enucleação.
ENUMERABLE *adj.* Enumerável.
ENUMERACIÓN *s. f.* Enumeração. Enunciação.
ENUNCIACIÓN *s. f.* Enunciação. Enunciado.
ENURESIS (enuressis) *s. f. Med.* Enurese, enuresia.
ENVACUNAR *v. tr. Amer. chil.* Vacinar. U. t. c. pron.
ENVAINADO, A *adj. Bot.* Invaginado.
ENVAINAR *v. tr.* Embainhar (meter na bainha).
ENVALENTAR *v. tr. Amer. chil.* V. ENVALENTONAR.
ENVALENTONAR *v. tr.* Animar, esforçar, alentar; infundir valentia ou arrogância. *v. pron.* Envalentonar-se.
ENVALIJAR (envalijar) *v. tr.* Emaletar, meter na valise.
ENVALLICAR (envalhicar) *v. tr. Amer.* V. ENCIZAÑAR.
ENVANECIMIENTO *s. m.* Desvanecimento, envaidecimento.
ENVARADO, A *p. p.* de *Envarar. adj.* Emperrado, lerdo (diz-se dos cavalos).
ENVARAMIENTO *s. m.* Entorpecimento (de um membro).
ENVARAR *v. tr.* Entorpecer (um membro). U. m. c. pron.
ENVARBASCAR *v. tr.* Embarbascar.
ENVARILLAR (envarilhar) *v. tr. Amer.* Envarar.
ENVASAR (envassar) *v. tr.* Envasilhar, envasar. Embarricar. Ensacar. *fig.* Emborcar, escorropichar, beber demasiado. *fig.* Embeber, enterrar, enfiar no corpo uma arma cortante.
ENVASE (envasse) *s. m.* Envasilhamento; embarricamento; ensacamento. Recipiente ou vasilha para certos gêneros. Invólucro, envoltório.
ENVEDIJARSE (envedijarse) *v. pron.* Envincilhar, embaraçar-se, enredar-se (a lã, o cabelo etc.) *fig. fam.* Engalfinhar-se, atracar-se.
ENVEJECER (envejecer) *v. tr.* Envelhecer, avelhantar. *v. intr.* Envelhecer, tornar-se velho. U. t. c. pron. Envelhecer, durar, permanecer muito tempo. *Irreg.* V. conj. de *favorecer.*
ENVEJECIDO, A (envejecido) *p. p.* de *Envejecer. adj. fig.* Velho, acostumado, experimentado.
ENVEJECIMIENTO (envejecimiento) *s. m.* Envelhecimento.
ENVENENAMIENTO *s. m.* Envenenamento.
ENVERAR *v. tr.* Começar a amadurecer, pintar (as uvas e outras frutas).

ENVERGADURA *s. f. Náut.* Envergadura (parte mais larga da vela por onde se enverga). *Zool.* Envergadura, a cruz.
ENVERGAR *v. tr. Náut.* Envergar.
ENVERGUE *s. m. Náut.* Amarrilho, enverge, gaxeta.
ENVERJADO (enverjado) *s. m.* V. ENREJADO *(s. m.)*
ENVERO *s. m.* Cor que tomam as uvas e outras frutas quando começam a amadurecer.
ENVÉS *s. m.* Envés. Envesso, avesso. *fam.* As costas.
ENVESADO, A (envessado) *adj.* Envessado, virado do avesso.
ENVESAR (envessar) *v. tr. Jír.* Açoitar, castigar.
ENVESTIDURA *s. f.* Investidura.
ENVESTIR *v. tr.* Investir, empossar. *Irreg.* V. conj. de *Servir.*
ENVIADA *s. f.* Envio, remessa.
ENVIADIZO, A (enviadiço) *adj.* Que se envia ou costuma enviar.
ENVIAJADO, A (enviajado) *adj. Arq.* Enviesado, posto obliquamente.
ENVICIAR *v. tr.* Viciar, corromper, depravar. *v. pron.* Viciar-se. *v. intr.* Vicejar em excesso.
ENVIDADA *s. f.* Envite.
ENVIDAR *v. tr.* Envidar (no jogo). *fig.* Envidar de falso.
ENVIDIA *s. f.* Inveja. Inveja, emulação, desejo honesto. *Comerse (uno) de —, loc.* Ralar-se de inveja.
ENVIDIABLE *adj.* Invejável.
ENVIDIOSO, A (envidiosso) *adj.* Invejoso. U. t. c. s.
ENVIDO *s. m.* Envite.
ENVILECIMIENTO *s. m.* Envilecimento, aviltamento.
ENVINAR *v. tr.* Avinhar (a água).
ENVÍO *s. m.* Envio, remessa.
ENVIÓN *s. m.* Empurrão, empuxão.
ENVISCAMIENTO *s. m.* Enviscação.
ENVISCAR *v. tr.* Enviscar (apanhar pássaros com visco; untar de visco). *v. pron.* Enviscar-se. *v. tr.* V. AZUZAR. *fig.* Irritar, atiçar, excitar.
ENVITE *s. m.* Envite (ao jogo). *fig.* Envite (oferta por cortesia). V. ENVIÓN. *Ahorrar ou acortar —s, loc.* Abreviar, poupar razões. *Al primer —, loc. adv.* Logo de início, sem mais aquela.
ENVIUDAR *v. intr.* Enviuvar.
ENVOLVEDERO *s. m.* Envolvedouro, envolvedor, envoltura.
ENVOLVIMIENTO *s. m.* Envolvimento.
ENVUELTO, A *p. p. irreg.* de *Envolver* (envolver). Envolto, envolvido.
ENYESADURA (endjessadura) *s. f.* Engessadura.
ENYESAR (endjessar) *v. tr.* Engessar.
ENYUGAR (endjugar) *v. tr.* Jungir, meter na canga.
ENZAINARSE (ençainarse) *v. pron.* Pôr-se a olhar de esguelha. *fig.* Tornar-se falso ou traidor.
ENZAMARRADO, A (ençamarrado) *adj.* Ensamarrado.
ENZAMARRAR (ençamarrar) *v. tr.* Ensamarrar. U. t. c. pron.
ENZARZAMIENTO (ençarçamiento) *s. m.* Ação de ENZARZAR.
ENZARZAR (ençarçar) *v. tr.* Fechar ou cobrir com sarças. *fig.* Enredar, intrigar. U. t. c. pron. *v. pron.* Enredar-se, embrenhar-se (entre sarças ou matagais). *fig.* Enredar-se, complicar-se, meter-se em negócios difíceis. *fig.* Brigar, engalfinhar-se, atracar-se.
ENZULAGAR (ençulagar) *v. tr.* V. EMBETUNAR.
ENZUNCHAR (ençuntchar) *v. tr.* Colocar braçadeiras ou arcos.
ENZURDECER (ençurdecer) *v. intr.* Tornar-se canhoto. *Irreg.* V. conj. de *Favorecer.*
ENZURIZAR (ençuriçar) *v. tr.* V. AZUZAR *(fig.)*
EPICUREISMO *s. m.* Epicurismo.
EPIDEMIA (epidèmia) *s. f.* Epidemia.
EPIDERMIS *s. f.* Epiderme.
EPILEPSIA (epilèpsia) *s. f.* Epilepsia.
EPIPLOON *s. m. Anat.* Epíploon.
EPOPEYA (epopedja) *s. f.* Epopéia.
EPULÓN *s. m.* Epulão. Comilão.

EQUIDAD (ekidad) *s. f.* Eqüidade.
EQUIDIFERENCIA (ekidiferencia) *s. f.* Eqüidiferença.
EQUIPAJE (equipaje) *s. m.* Bagagem (de viagem). *Náut.* Equipagem. Equipamento.
EQUIPARABLE *adj.* Equiparável.
EQUIPO *s. m.* Equipamento. Equipo, equipe. Enxoval.
EQUIS *s. f.* Nome de letra X.
EQUITACIÓN *s. f.* Equitação.
EQUIVOCACIÓN *s. m.* Equivocação, equívoco, engano.
EQUÍVOCO *s. m.* Equívoco, equivocação, engano. (Em alguns países americanos, pronuncia-se com acento grave).
ERA *s. f.* Era, época. — *española,* Era de César. *Agr.* Eira. Canteiro (para plantas).
ERAL *s. m.* Novilho que não passa de dois anos.
ERAR *v. tr.* Fazer canteiros para plantas.
ERECCIÓN *s. f.* Ereção.
ERGUIMIENTO *s. m.* Erguimento.
ERGUIR *v. tr.* Erguer, levantar, alçar (diz-se mais comumente do pescoço e da cabeça). *v. pron.* V. ENGREIRSE. *Irreg.* Ind. pres. *irgues* ou *yergues, irgue* ou *yergue, irguen* ou *yerguen.* Pret. infef. *Irguló, irguieron.* Subj. pres. *Irga* ou *yerga, irgas* ou *yergas, irga* ou *yerga, irgamos* ou *yergamos, irgáis* ou *yergáis, irgan* ou *yergan.* Pret. imperf. *Irgui-era* ou *ese, eras* ou *eses, era* ou *ese, éramos* ou *ésemos, erais,* ou *eseis, eran* ou *esen.* Fut. imperf. *Irguier-e, es, e, Irgui-éremos, ereis, eren.* Imperat. *Irgue* ou *yerga* ou *yerga, irgamos* ou *yergamos, irgan* ou *yergan.* Ger. *Irguiendo.*
ERIAL *adj. Agr.* Baldio. U. t. c. s.
ERIAZO, A (eriaço) *adj.* V. ERIAL.
ERIO, A *adj.* V. ERIAL. U. m. c. s. m.
ERIZADO, A (eriçado) *p. p.* de *Erizar. adj.* Eriçado.
ERIZAMIENTO (eriçamiento) *s. f.* Arripiamento.
ERIZAR (eriçar) *v. tr.* Eriçar, arripiar, ouriçar. U. t. c. pron. *fig.* Eriçar, cercar (de dificuldades). *v. pron. fig.* V. AZORARSE.
ERIZO (eriço) *s. m. Zool.* Ouriço. Ouriço-do-mar. *Bot.* Ouriço. *fig. fam.* Pessoa de caráter áspero e intratável.
ERMITA *s. f.* Ermida.
ERMITAÑO (ermitanho) *s. m.* Ermitão, ermita. *Zool.* Ermitão.
EROSIÓN (erossiòn) *s. f.* Erosão.
ERRADICACIÓN *s. f.* Erradicação.
ERRADIZO, A (erradiço) *adj.* Erradio.
ERRAR *v. tr.* Errar, não acertar. *v. intr.* Vagar, errar. *v. pron.* Enganar-se. *Irreg.* Ind. pres. *Yerr-o, as, a, an.* Subj. pres. *Yerr-e, es, e, en.* Imperat. *Yerr-a, e, en.*
ERROR *s. m.* Erro.
ERUCTACIÓN *s. f.* V. ERUCTO.
ERUCTO *s. m.* Eructação, arroto.
ERUDICIÓN *s. f.* Erudição.
ERUELA *s. f. Dim.* de *Era,* 4ª acep. Canteirinho.
ERUTAR *v. intr.* Eructar, arrotar.
ERUTO *s. m.* V. ERUCTO.
ESBARAR *v. intr.* V. RESBALAR.
ESBATIMENTAR *v. tr. Pint.* Esbater.
ESBOZAR (esboçar) *v. tr.* Esboçar.
ESBOZO (esboço) *s. m.* Esboço.
ESBOZO (esboço) *s. m.* Esboço.
ESCABECHAR (escabetchar) *v. tr.* Pôr em escabeche. *fig.* Pintar as canelas. *fig. fam.* Matar à mão armada. *fig.* Reprovar (em exame).
ESCABEL *s. m.* Escabelo.
ESCABULLIMIENTO (escabulhimiento) *s. m.* Escape, escapadela, escapada.
ESCABULLIR (escabulhir) *v. intr.* Escapar, escapulir, fugir. *v. pron.* Escapar (das mãos). Escapulir-se, sumir-se. *Irreg.* V. conj. de *Mullir.*
ESCAFANDRA *s. f.* Escafandro.
ESCALA *s. f.* Escada (de mão, volante). Escala, graduação, sucessão contínua. *Mús.* Escala. *Mar.* Escala. *Mil.* V. ESCALAFÓN. *En grande —, loc. adv.* Em grande, ou larga escala.
ESCALAFÓN *s. f. Mil.* Quadro.
ESCALAMIENTO *s. m.* Escalamento.
ESCALENTAMIENTO *s. m. Vet.* Inflamação nos pés e mãos por falta de limpeza.

ESCALERA *s. f.* Escada. — *de mano,* escada de mão ou portátil. — *de tijera* ou *doble,* escada de tesoura. — *de husillo,* escada de caracol.

ESCALEREJA (escalereja) *s. f. Dim.* de *Escalera.* Escadinha.

ESCALERILLA (escalerilha) *s. f.* Seqüência de três cartas em certos jogos.

ESCALERÓN *s. m. Aument.* de *Escalera.*

ESCALETA *s. f. Mec.* Macaco.

ESCALFADOR *s. m.* Escalfeta, escalfador.

ESCALIO *s. m.* Terreno baldio que se põe em cultivo.

ESCALO *s. m.* Escalada, escalamento.

ESCALOFRIADO *adj.* Que sofre de calafrios, arrepiado.

ESCALOFRIO *s. m.* Calafrio.

ESCALÓN *s. m.* Degrau. Escalão. *fig.* Grau, degrau. *fig.* Degrau, meio de conseguir algo. *Mil.* Escalão.

ESCALONA *s. f.* V. ESCALOÑA.

ESCALOÑA (escalonha) *s. f. Bot.* Escalônia.

ESCAMOCHEAR (escamotchear) *v. intr.* V. JABARDEAR.

ESCAMOCHO (escamotcho) Restos, sobejos (de comida ou bebida). V. JABARDO.

ESCAMONDA *s. f.* V. ESCAMONDO.

ESCAMONDADURA *s. f.* Ramos e folhas das árvores desramadas ou desbastadas; ramalhada.

ESCAMONDAR *v. tr. Agr.* Desramar, desbastar. *fig.* Limpar, expurgar.

ESCAMONDO *s. m. Agr.* Ação de desramar ou desbastar as árvores.

ESCAMONEARSE *v. pron. fam.* Desconfiar.

ESCAMONITA *s. f.* Escamonina.

ESCAMOTADOR *s. m.* Escamoteador.

ESCAMOTAR *v. tr.* Escamotear.

ESCAMOTEO (escamotèo) *s. m.* Escamoteação, escamoteadela.

ESCAMPADA *s. f. fam.* Estiada.

ESCAMPAR *v. tr.* Limpar, desembaraçar algum sítio. *v. intr.* Escampar, estiar. *fig.* Abandonar uma operação.

ESCAMPO *s. m.* Ação de *Escampar.*

ESCAMUJAR (escamujar) *v. tr. Agr.* Chapodar a oliveira.

ESCAMUJO (escamujo) *s. m.* Tempo da poda da oliveira. Tanchão, ramo podado de oliveira.

ESCAÑA (escaña) *s. f.* V. ESÇANDA.

ESCANCIA *s. f.* Ação de escancear.

ESCANCIAR *v. tr.* Escancear, escançar, repartir o vinho entre os convivas. *v. intr.* Beber vinho.

ESCANDA *s. f.* Espécie de trigo.

ESCANDALERA *s. f. fam.* Grande escândalo.

ESCANDALIZAR (escandaliçar) *v. tr.* Escandalizar. U. t. c. pron. *v. pron.* Irritar-se, ofender-se, encolerizar-se.

ESCANDALLA (escandalha) *s. f. Náut.* Sondagem.

ESCANDALLAR (escandalhar) *v. tr. Náut.* Sondar.

ESCANDALLO (escandalo) *s. m. Náut.* Sonda. *fig.* Prova, amostra, exame, ensaio.

ESCANDECER *v. tr.* Exaltar, irritar, escandecer.

ESCANILLA (escanilha) *prov. Burg.* Berço.

ESCAÑO (escanho) *s. m.* Escano, banco.

ESCANTILLAR (escantilhar) *v. tr.* Escantilhar.

ESCANTILLÓN (escantilhòn) *s. m.* Escantilhão (régua; medida).

ESCAÑUELO (escanhuelo) *s. m.* Escabelo, banquinho para os pés.

ESCAPAR *v. tr.* Fazer o cavalo correr com extrema violência. Livrar, preservar, tirar (de perigo ou risco). *v. intr.* Escapar, fugir. U. m. c. pron. Escapulir-se, esgueirar-se. *fig.* Deixar escapar (fazer ou dizer inadvertidamente).

ESCAPARATE *s. m.* Redoma, escaparate. Vitrina. *Amer.* Guarda-roupa; armário para livros.

ESCAPE *s. m.* Escapada, escapadela, escape. Escapo (de relógio e outros instrumentos). *Bot.* Escapo.

ESCAQUE *s. m. Heráld.* Escaque. Escaque (de tabuleiro de xadrez). *pl.* Xadrez (jogo).

ESCARABAJAS (escarabajas) *s. f. pl.* V. CHAMARASCA.

ESCARABAJEAR (escarabajear) *v. intr.* Escaravelhar. *fig.* Garatujar. *fig. fam.* Molestar, inquietar, espicaçar.

ESCARABAJO (escarabajo) *s. m. Zool.* Escaravelho. *fig. fam.* Pessoa pequena e de má figura. *pl. fig. fam.* Garatujas, garranchos.

ESCARAMUJO (escaramujo) *s. m. Bot.* Roseira silvestre.

ESCARAMUZA (escaramuça) *s. f.* Escaramuça, escaramuçada.

ESCARAMUZAR (escaramuçar) *v. intr.* Escaramuçar.

ESCARAPELA *s. f.* Roseta, laço, divisa, tope. Briga, escarapela (principalmente entre mulheres).

ESCARAPELAR *v. intr.* Escarapelar. *v. tr. Amer. colomb.* V. AJAR. *Amer. per.* Horripilar-se, arrepiar-se.

ESCARBADERO *s. m.* Lugar onde escarvam os javalis, lobos e outros animais.

ESCARBADIENTES *s. m.* Palito.

ESCARBADOR, A *adj.* Escarvador. *s. m.* Escarvador (instrumento).

ESCARBADURA *s. f.* Ação de escarvar ou esgaravatar.

ESCARBAR *v. tr.* Escarvar; esgaravatar. Esgaravatar (os dentes, ou as orelhas etc.), limpar com palito, palitar. Remexer, avivar (o fogo). *fig.* Esgaravatar, inquirir minuciosamente.

ESCARBO *s. m.* V. ESCARBADURA.

ESCARCEO (escarcèo) *s. m.* Escarcéu (encapeladura das ondas). *pl. Equit.* Curvetas. *fig.* Rodeio, divagação.

ESCARCHE (escartche) *s. m.* Escarcha (de nevoeiro). Escarcha (fio de ouro ou prata tecido em seda).

ESCARDA *s. f.* Monda.

ESCARDADERA (escardadera) *s. f.* Mondadeira. Escardilho.

ESCARDADOR, A *adj.* Mondador. *s. m.* Escardilho.

ESCARDADURA *s. f.* Monda.

ESCARDAMIENTO *s. m.* V. ESCARDA.

ESCARDAR *v. tr. Agr.* Escardear, mondar, roçar. *fig.* Joeirar, separar o mau do bom.

ESCARDILLA (escardilha) *s. f.* V. ESCARDILHO.

ESCARDILLO (escardilho) *s. m.* Escardilho, sacho.

ESCARIZACIÓN (escariçaciòn) *s. f. Cir.* Escarificação.

ESCARIZAR (escariçar) *v. tr. Cir.* Escarificar.

ESCARLATA *s. f.* Escarlate (cor e tecido). Escarlatina.

ESCARMENAR *v. tr.* V. CARMENAR. Desenredar, soltar, desembaraçar, desemaranhar. *fig.* Castigar, emendar. Estafar, surripiar.

ESCARMIENTO *s. m.* Escarmento.

ESCARNECIMIENTO *s. m.* Escarnecimento.

ESCARO *s. m. Zool.* Bodião, escaro. *adj.* Que tem os pés tortos.

ESCARPADURA *s. f.* Escarpa, declive rápido.

ESCARPE *s. m.* V. ESCARPADURA.

ESCARPIA *s. f.* Escápula (prego ponteagudo).

ESCARPIDOR *s. m.* Pente para desembaraçar o cabelo.

ESCARPIN *s. m.* Escarpim.

ESCARPIÓN (EN) *loc. adv.* Em forma de escápula.

ESCARRAMANCHONES (A) (escarramantchones) *loc. adv. fam.* V. HORCAJADAS (A).

ESCARZA (escarça) *s. f. Vet.* Escarça.

ESCARZANO (escarçano) *adj. Arq.* Diz-se do arco menor que o semicírculo do mesmo raio.

ESCARZAR (escarçar) *v. tr.* Escarçar (as colmeias). Arquear (um pau) por meio de cordas.

ESCARZO (escarço) *s. m.* Escarço. *Amer. hond.* V. YESQUERO.

ESCASAMENTE (escassamente) *adv.* Escassamente.

ESCASEADA (escasseada) *s. f.* V. ESCASEADURA.

ESCASEADURA (escasseadura) *s. f. Náut.* Ação de faltar o vento; calmaria.

ESCASEAR (escassear) *v. tr.* Escassear (não prodigalizar, dar com escassez), dar pouco e de má vontade. Escassear, adelgaçar, desbastar. *v. intr.* Escassear, faltar, minguar.

ESCASERO, A (escassero) *adj. fam.* Escasso, avaro, sovina, mesquinho. U. t. c. s.

ESCASEZ (escassez) *s. f.* Mesquinharia. Escassez, falta, míngua.

ESCASO, A (escasso) *adj.* Escasso, curto, limitado, pouco; desprovido, falto; avaro, sovina; poupado.

ESCATIMAR *v. tr.* Diminuir, reduzir, cortar, regatear. Escatimar, dar com escassez, com má vontade. Adulterar, viciar, interpretar mal.

ESCATIMOSAMENTE (escatimossamente) *adv.* Maliciosamente; astutamente.

ESCATIMOSO, A (escatimosso) *adj.* Malicioso, astuto, mesquinho.

ESCAYOLA (escadjola) *s. f.* Escaiola. Estuque.

ESCENA *s. f.* Cena. *Poner en —, loc.* Encenar, pôr em cena.

ESCENARIO *s. m.* Cenário.

ESCENICO, A *adj.* Cênico.

ESCENIFICACIÓN *s. f.* Encenação.

ESCENIFICAR *v. tr.* Encenar, por em cena.

ESCENOGRAFIA *s. f.* Cenografia.

ESCENOGRAFICO, A *adj.* Cenográfico.

ESCENOGRAFO *s. m.* Cenógrafo.

ESCÉPTICAMENTE *adv.* Ceticamente.

ESCEPTICISMO *s. m.* Ceticismo.

ESCÉPTICO, A *adj.* Cético.

ESCINDIR *v. tr.* Cindir, escindir, dividir, cortar, rasgar, separar.

ESCIRRO *s. m. Med.* Cirro.

ESCISIÓN (escissiòn) Cisão, rompimento, desavença, dissensão.

ESCITA *adj. e s.* Cita.

ESCLARECIMIENTO *s. m.* Esclarecimento.

ESCLAVATURA *s. f. Amer.* Escravaria, escravatura.

ESCLAVISTA *adj. e s.* Escravista.

ESCLAVITUD (esclavitud) *s. f.* Escravidão. *fig.* Certo tipo de irmandade ou confraria religiosa.

ESCLAVIZAR (esclaviçar) *v. tr.* Escravizar.

ESCLAVO, A *adj. e s.* Escravo. *fig.* Escravo, cativo, sujeito, dependente. *fig.* Escravo, profundamente enamorado. *s. m. e f. fig.* Pessoa que faz parte de uma *Esclavitud* (2ª acep.).

ESCLAVÓN, A *adj. e s.* Esclavônio, esclavão.

ESCLEROSIS (esclerossis) *s. f. Med.* Esclerose.

ESCLUSADA (esclussada) *s. f.* Quantidade de água necessária para encher uma eclusa.

ESCOBA *s. f.* Vassoura. *Bot.* Palma; vassoura.

ESCOBADA *s. f.* Vassourada (movimento da vassoura). Vassourada, varredela. *Dar una —, loc. fig. fam.* Passar a vassoura, varrer ligeiramente, dar uma varredela.

ESCOBADERA *s. f.* Varredeira, vassoureira (mulher que varre com a vassoura).

ESCOBAJAR (escobajar) *Agr.* Desengaçar as uvas.

ESCOBAJO (escobajo) *s. m.* Vassoura velha ou em mau estado. *Agr.* Engaço.

ESCOBAR *s. m.* Vassoural. *v. tr.* Varrer, vassourar.

ESCOBAZAR (escobaçar) *v. tr.* Borrifar com hissope ou vassoura.

ESCOBAZO (escobaço) *s. m.* Vassourada (pancada com vassoura).

ESCOBÉN *s. m. Náut.* Escovém.

ESCOBERA *s. f.* Giesta. Vassoureira (mulher que faz vassouras).

ESCOBERÍA *s. f. Amer.* Fábrica de vassouras.

ESCOBERO *s. m.* Vassoureiro.

ESCOBILLA (escobilha) *s. f.* Escova. V. CEPILLO. Escovinha para diversos fins. Escovilha (varredura de oficina de ourives). V. CARDENCHA.

ESCOBILLADO, A *p. p.* de *Escovillar. s. m. Amer.* V. ESCOBILLEO.

ESCOBILLAR (escobilhar) *v. tr.* Limpar para pintar.

ESCOBILLEO (escobilhèo) *s. m.* Ação de limpar para pintar.

ESCOBILLÓN (escobilhòn) *s. m. Artilh.* Escovilhão.

ESCOBINA *s. f.* Serradura que o trado tira.

ESCOBO *s. m.* Matagal, mata espessa.

ESCOBÓN *s. m. Aument.* de *Escoba.* Vassoura de cabo comprido para limpar paredes e teto. V. ESCOBA, 2ª acep.

ESCOCEDURA *s. f.* Ardência, prurido.

ESCOCER v. intr. Arder, fazer prurido. fig. Pungir, molestar, doer. v. pron. Doer-se, magoar-se. Inflamar-se (certas partes do corpo). Irreg. V. conj. de Moler.

ESCOCÉS, A adj. e s. Escocês, esa.

ESCOCIA s. m. Bacalhau da Escócia.

ESCODADERO s. m. Sítio onde os veados e gamos esfregam as hastes para descascá-las.

ESCOFIA s. f. V. COFIA.

ESCOFINA s. f. Glosa, grosa (instrumento).

ESCOFINAR v. tr. Glosar, grosar.

ESCOFIÓN s. m. Aument. de Escofia. V. GARVIN.

ESCOGEDOR, A (escojedor) adj. e s. Escolhedor.

ESCOGER (escojer) v. tr. Escolher.

ESCOGIDA (escojida) s. m. Amer. Escolha (do tabaco).

ESCOJIDAMENTE (escojidamente) adv. Escolhidamente. Acertadamente, avisadamente. Perfeitamente, excelentemente.

ESCOGIDO, A (escojido) p. p. de Escoger. adj. Escolhido, selecionado.

ESCOGIENTE (escojiente) p. a. de Escoger. Que escolhe.

ESCOGIMIENTO (escojimiento) s. m. Escolha, escolhimento.

ESCOLIMADO, A adj. Raquítico, enfesado, achacado, débil.

ESCOLIMOSO, A (escolimosso) adj. Áspero, insofrido, intratável.

ESCOLIOSIS (escolíossis) s. f. Med. Escoliose.

ESCOLLAR (escolhar) v. tr. V. DESCOLLAR.

ESCOLLERA (escolhera) s. f. Molhe.

ESCOLLO (escolho) s. m. Escolho. fig. Perigo, obstáculo, escolho.

ESCOLOPENDRA s. f. Lacraia, centopeia, escolopendra.

ESCOMBRA s. f. Desentulho.

ESCOMBRAR v. tr. Desentulhar. fig. Limpar, desentulhar, despejar.

ESCOMBRERA s. f. Lugar onde se despeja o estulho.

ESCOMBRO s. m. Entulho, escombro.

ESCOMENDRIJO (escomendrijo) s. m. Criança enfesada.

ESCOMERSE v. pron. Carcomer-se, desgastar-se.

ESCONCE s. m. Esconso, ângulo, canto, desvão.

ESCONDEDERO s. m. Esconderijo, escondedouro.

ESCONDER s. m. Escondidas (brinquedo infantil). v. tr. Esconder, encobrir, ocultar. U. t. c. pron. fig. Esconder, conter, encerrar.

ESCONDIDAS (A) loc. adv. Às escondidas, às ocultas.

ESCONDIDILLAS (A) (escondidilhas) loc. adv. V. ESCONDIDAS.

ESCONDIDO, A p. p. de Esconder. En —, loc. adv. Às escondidas.

ESCONDIMIENTO s. m. Escondimento, ocultação.

ESCONDITE s. m. Esconderijo. Escondidas (jogo infantil).

ESCONDRIJO (escondrijo) s. m. Esconderijo.

ESCONZADO, A (esconçado) p. p. de Esconzar. adj. Que tem esconsos.

ESCONZAR (esconçar) v. tr. Fazer esconsos.

ESCOPA s. m. Escoda.

ESCOPETAZO (escopetaço) s. m. Escopetada.

ESCOPETEAR v. tr. Escopetear. v. pron. fig. fam. Atirar-se doestos ou dizer-se lisonjas à porfia.

ESCOPETEO (escopetèo) s. m. Tiroteio de escopeta.

ESCOPETERÍA s. f. Escopetaria.

ESCOPETERO s. m. Escopeteiro.

ESCOPLEAR v. tr. Cortar ou furar com escopro.

ESCOPLO s. m. Escopro.

ESCORAJE (escoraje) s. f. Escoramento (de embarcação).

ESCORIACIÓN s. f. V. EXCORIACIÓN.

ESCORPIÓN s. m. Zool. Escorpião. Astron. Escorpião. Escorpião (instrumento de flagelação).

ESCORZAR (escorçar) v. tr. Pint. Escorçar.

ESCORZO (escorço) s. m. Escorço.

ESCOTA s. f. Náut. Escota. prov. Nav. Escoda.

ESCOTADO, A p. p. de Escotar. adj. Decotado. s. m. V. ESCOTADURA.

ESCOTADURA s. f. Corte, entalhe, chanfradura. Decote, abertura. Alçapão (de teatro).

ESCOTAR v. tr. Decotar, cavar, cortar. Pagar a quota ou escote. Sangrar (rio, lago, etc.).

ESCOTE s. m. Decote. Enfeite de rendas nas camisas das mulheres. Escote, quota.

ESCOTERA s. f. Náut. Escoteira.

ESCOTERO, A adj. Escoteiro. U. t. c. s.

ESCOTILLA (escotilha) s. f. Náut. Escotilha.

ESCOTILLÓN (escotilhòn) s. m. Teat. Alçapão.

ESCOZOR (escoçor) s. m. Ardor, ardência. fig. Inquietude, pena, desgosto.

ESCRIBANIA s. f. Escrivania (cargo de escrivão). Escrivaninha (peça de metal com utensílios para escrita). Escrivaninha (móvel), secretária.

ESCRIBANIL adj. fam. Próprio de escrivão.

ESCRIBANO s. m. Escrivão.

ESCRIBIENTE p. a. de Escribir. Que escreve. s. m. Escrevente.

ESCRIBIR v. tr. Escrever. Irreg. Tem irregular somente o particípio: Escrito.

ESCRIÑO (escrinho) s. m. Escrínio. Cesto para recolher o cascabulho dos cereais.

ESCRITO, A p. p. irreg. de Escribir. adj. Listado, raiado. s. m. Escrito, documento; escrita.

ESCRITORZUELO (escritorçuelo) s. m. f. Dim. deprec. de Escritor. Escrevedor, mau escritor.

ESCRITURA s. f. Escrita (ação de escrever). Escritura. Escrito, obrigação, escrita. Escrito, obra escrita.

ESCROFULOSIS (escrofulossis) s. f. Escrofulose.

ESCRUPULETE s. m. fam. Dim. de Escrúpulo.

ESCRUPULILLO (escrupulilho) s. m. Grão de metal que faz soar o guizo.

ESCRUPULITO s. m. V. ESCRUPULILLO.

ESCRUTAR v. tr. Escrutar, perscrutar. Escrutinar, computar votos.

ESCUADRA s. m. Esquadro (instrumento). Esquadria. Esquadro (peça de metal para ângulos). Esquadra (de soldados). Cabo-de-esquadra. Esquadra, armada, frota de guerra. A —, loc. Em esquadria, em esquadro, em ângulo reto. Fuera de —, loc. adv. Fora de esquadro.

ESCUADRAR v. tr. Esquadrejar, esquadrar, esquadrar.

ESCUADREO (escuadrèo) s. m. Quadratura (para medir).

ESCUADRIA s. f. Esquadria.

ESCUADRILLA (escuadrilha) s. f. Esquadrilha (de navios de guerra, de aviões).

ESCUADRÓN s. m. Esquadrão.

ESCUADRONAR v. tr. Mil. Esquadronar, esquadrar.

ESCUADRONCETE s. m. Dim. de Escuadrón.

ESCUALIDEZ s. f. Esqualidez.

ESCUALIDO, A adj. Esquálido (sujo; macilento).

ESCUALOR s. m. Esqualor.

ESCUCHA (escutcha) s. f. Escuta (ação de escutar). Escuta (sentinela). s. m. e f. Ouvinte.

ESCUCHADOR, A (escutchador) adj. Escutador.

ESCUCHAR (escutchar) v. intr. Escutar. Escutar, prestar ouvidos. v. pron. Falar ou recitar com pausas afetadas.

ESCUCHIMIZADO, A (escutchimiçado) adj. Débil, fraco, anêmico.

ESCUDERAR v. tr. Escudeirar.

ESCUDERETE s. m. Dim. de Escudero. Escudeirinho.

ESCUDERÍA s. f. Serviço de escudeiro.

ESCUDERIL adj. Escudeiril, escudeirático.

ESCUDERO s. m. Escudeiro. adj. V. ESCUDERIL.

ESCUDETE s. m. Escudete. Bot. Golfão.

ESCUDILLA (escudilha) s. f. Escudela.

ESCUDILLAR (escudilhar) v. tr. Escudelar. fig. Mandar, manejar as coisas como se fosse dono.

ESCUDILLO (escudilho) s. m. Dim. de Escudo. Escudinho, escudete.

ESCUDRIÑADOR, A (escudrinhador) adj. Esquadrinhador, indagador, curioso, pesquisador, investigador.

ESCUDRIÑAMIENTO (escudrinhamiento). s. m. Esquadrinhamento.

ESCUDRIÑAR (escudrinhar) v. tr. Esquadrinhar, escudrinhar, pesquisar, examinar, indagar, investigar, estudar, analisar.

ESCUELA s. m. Escola, colégio. Escola, sistema, doutrina. Escola, ensino. Buque —, navio-escola.

ESCUERZO (escuerço) s. m. Sapo. fig. fam. Pessoa fraca e sem carnes; rã.

ESCUETAMENTE adv. Limpamente, desembaraçadamente. Secamente. Escorreitamente. Sem ambages.

ESCUETO, A adj. Livre, desembaraçado, descoberto, expedito. Escorreito, limpo, simples, liso. Seco, estrito, sem adornos, sem ambages, direto.

ESCUEZNAR v. tr. prov. Arag. Descascar nozes.

ESCUEZNO s. m. prov. Arag. Miolo da noz.

ESCULLADOR (esculhador) s. m. Púcaro, vaso de folha.

ESCULLAR (esculhar) v. tr. V. ESCUDILLAR.

ESCULTISMO s. m. Escoteirismo.

ESCULTISTA s. m. Escoteiro.

ESCUPIDERA s. f. Escarradeira, cuspideira, escarrador.

ESCUPIDO, A p. p. de Escupir. adj. Escarrado, muito semelhante. s. m. V. ESCUPO. s. f. Amer. Cuspida, cuspidura.

ESCUPIDOR, A adj. Cuspidor, cuspinhador, escarrador. Amer. V. ESCUPIDERA.

ESCUPIDURA s. f. Cuspo, saliva. Erupção no lábio em conseqüência de febre. Cuspidura.

ESCUPIR v. intr. Cuspir (lançar da boca cuspo ou outra substância). fig. Sair, aparecer uma erupção na pele. fig. Cuspir, despedir, lançar, arrojar. fig. Desprezar, rejeitar.

ESCUPITAJO (escupitajo) s. m. fam. Cuspidura; cusparada.

ESCUPITINA s. f. V. ESCUPITAJO.

ESCUPO s. m. Cuspe, cuspo.

ESCURANA s. f. ant. Escuridão. (Usa-se ainda no Chile e na Colômbia).

ESCURIDAD (escuridad) s. f. ant. V. OSCURIDAD.

ESCURRA s. m. V. TRUHÁN.

ESCURREPLATOS s. m. Aparelho em que se põem os pratos lavados a escorrer.

ESCURRIBANDA s. f. fam. Escapatória. V. DESCONCIERTO. fam. Corrimento, fluxo, escorrimento. ZURRIBANDA.

ESCURRIDIZO, A (escurridiço) adj. Escorregadio, escorregadiço. Hacerse (uno) —, loc. fig. fam. Escapulir-se, esgueirar-se.

ESCURRIDO, DA p. p. de Escurrir. adj. Estreito de cadeiras. Escorrido (de saias). Amer. mexic. Corrido, confuso, envergonhado.

ESCURRIDOR s. m. Coador, passador. V. ESCURREPLATOS.

ESCURRIDURAS s. f. pl. Escorreduras, últimas gotas de um líquido.

ESCURRIMBRES s. f. pl. fam. V. ESCURRIDURAS.

ESCURRIMIENTO s. m. Escorrimento (ação de escorrer). Escorregamento.

ESCURRIR v. tr. Escorrer (tirar o líquido, esgotar). v. intr. Escorrer, destilar, manar, fluir. Escorregar, deslizar, resvalar. U. t. c. pron. Escapar-se, fugir. fam. Dizer mais do que se deve ou quer dizer.

ESCUSÓN (escussòn) s. m. Reverso (de moeda) com escudo. Heráld. Escudete.

ESDRUJILIZAR (esdrujiliçar) v. tr. Esdruxulizar.

ESDRUJULO, A (esdrújulo) adj. Exdrúxulo, proparoxítono. s. m. Esdrúxulo (verso, palavra).

ESE (esse) s. f. Esse, nome da letra S. Elo em forma de S.

ESE (esse), **ESA** (essa), **ESO** (esso), **ESOS** (essos), **ESAS** (essas). pron. demonstr. Esse, essa, isso, esses, essas. Gram. Formas do pron. demonstr. nos três gêneros, m. f. e neutro, em ambos os números. Tem função de adjetivos quando unidos ao substantivo. O m. e f. levam acento: ése, ésa. ESA designa a cidade na qual está a pessoa a quem nos dirigimos por escrito. ESO equivale às vezes a lo mismo: isso, isso mesmo. ¡A ése! interj. Pega! (referindo-se à pessoa que foge). ESO mismo, loc. adv. Assim, também, igualmente. Ni por ÉSAS, loc. De nenhum modo.

ESENCIA (essencia) *s. f.* Essência.

ESENCIAL (essencial) *adj.* Essencial.

ESENCIALIDAD (essencialida*d*) *s. f.* Essencialidade.

ESENCIALMENTE (essencialmente) *adv.* Essencialmente.

ESENCIERO (essenciero) *s. m.* Frasco para essências.

ESENIO (essenio) *s. m.* Essênio.

ESFORROCINO *s. m. Agr.* Ladrão, sarmento bastardo.

ESFORROCINAR *v. tr. Agr.* Esladroar (de sarmentos bastardos).

ESFORZADO, A (esforçado) *p. p.* de *Esforzar. adj.* Esforçado, animoso, valente.

ESFORZAR (esforçar) *v. tr.* Esforçar, avigorar, reforçar. Esforçar, animar, estimular, encorajar. *v. intr.* Cobrar ânimo, animar-se. *v. pron.* Esforçar-se. *Irreg.* V. conj. de *Almozar.*

ESFUERZO (esfuerço) *s. m.* Esforço. Ânimo, brio, vigor, valor, esforço.

ESFUMACIÓN *s. f. Pint.* Esfuminhamento.

ESFUMAR *v. tr. Pint.* Esfuminhar; esfumar.

ESFUMINAR *v. tr.* V. ESFUMAR.

ESFUMINO *s. m.* Esfuminho.

ESGRIMIDOR *s. m.* Esgrimista, esgrimidor.

ESGUAZABLE (esguaçable) *adj.* Vadeável.

ESGUAZAR (esguaçar) *v. tr.* Vadear.

ESGUAZO (esguaço) *s. m.* Vadeação. Vau.

ESGUINCE *s. m.* Movimento de esguelha para evitar queda ou golpe. Gesto de desdém ou repulsa. Torcedeira (de articulação).

ESGUÍZARO, A (esguíçaro) *adj.* e *s.* Suíço.

ESLABÓN *s. m.* Elo. Fuzil (de pederneira). Chaira (peça de aço para afiar facas). *Zool.* Espécie de lacrau. *Vet.* Eslabão.

ESLABONAMIENTO *v. tr.* Encadear, ligar os elos de uma corrente, formar cadeia. *fig.* Encadear, concatenar. U. t. c. pron.

ESLORA *s. f. Náut.* Comprimento do navio (tomado de popa a proa, pelo convés).

ESMALTÍN *s. m.* Esmalte (cor azul usada em pintura, óxido de cobalto).

ESO (esso) *pron.* V. ESE, 2ª art.

ESOTRO, A (essotro) *pron. demonstr.* Essoutro, esse outro.

ESPABILADERAS *s. f. pl.* V. DESPABILADERAS.

ESPABILAR *v. tr.* V. DESPABILAR.

ESPACIADO, A *p. p.* de *Espaciar. Amer.* Espaçamento.

ESPACIAR *v. tr.* Espaçar; ampliar, espargir, aumentar, dilatar. U. t. c. pron. *Tip.* Espacejar. *v. pron. fig.* Prolongar-se, estender-se, alargar-se (em discurso ou escrito). *fig.* Espairecer-se, recrear-se, distrair-se.

ESPACIO *s. m.* Espaço (em todas as acepções deste vocábulo).

ESPACIOSO, A (espaciosso) *adj.* Espaçoso, espacioso.

ESPADACHÍN (espadatchín) *s. m.* Espadachim. Brigão, valentão.

ESPADAÑA (espadanha) *s. f. Bot.* Espadana.

ESPADAÑAL (espadanhal) *s. m.* Espadanal.

ESPADAÑAR (espadanhar) *v. tr.* Abrir (a ave) as penas da cauda.

ESPADAR *v. tr.* Espadelar (o linho), espadar.

ESPADERO *s. m.* Espadeiro (fabricante ou vendedor de espadas).

ESPADILLA (espadilha) *s. f. Dim.* de *Espada.* Espadinha, espadim. Espadela, tasquinha. Espadela, remo de azurracha. As de espadas. Espadilha. *Náut.* Espadela, esparrela, leme provisório.

ESPADILLADO, A (espadilhado) *p. p.* de *Espadilhar. s. m.* Espadelagem.

ESPADILLAR (espadilhar) *v. tr.* Espadelar, espadar (o linho).

ESPADÍN *s. m.* Espadim.

ESPADÓN *s. m. Aument.* de *Espada.* Espadagão, espadarrão. Eunuco.

ESPARADRAPO *s. m.* Esparadrapo.

ESPALDA *s. f.* Costas, dorso (do corpo humano). U. m. n. pl. Costas (da roupa). Espádua, ombro. *pl.* Costa, costas, reverso; avesso, parte posterior. *A —s, loc. adv.* Pelas costas, traiçoeiramente.

ESPALDAR *s. m.* Espaldão (de armadura). Espaldar, espalda (de cadeira). V. ESPALDA. Espaldeira, espoleiro (de plantas). *pl.* Espécie de cortinado.

ESPALDARAZO (espaldaraço) *s. m.* Espaldeirada, espadeirada, pranchada.

ESPALDER *s. m.* Espadeleiro.

ESPALDERA *s. f.* V. ESPALDAR, 4ª acep.

ESPALDILLA (espaldilha) *s. f. Dim.* de *Espalda.* Espádua, omoplata. Quarto dianteiro de alguns animais.

ESPALDÓN, A *adj. Amer.* V. ESPALDUDO. *s. m. Fort.* Espaldão. Barreira.

ESPALDUDAMENTE *adv. fam.* Grosseiramente, toscamente.

ESPALDUDO, A *adj.* Espadaúdo.

ESPALERA *s. f.* V. ESPALDAR, 4ª acep.

ESPALMADOR *s. m.* V. DESPALMADOR.

ESPALMADURA *s. f.* Aparas dos cascos dos animais.

ESPALMAR *v. tr.* V. DESPALMAR.

ESPAÑOL, A (espanhol) *adj.* e *s.* Espanhol, a. *Era —a,* era de César.

ESPAÑOLADA (espanholada) *s. f.* Espanholada.

ESPAÑOLAR (espanholar) *v. tr. fam.* V. ESPAÑOLIZAR.

ESPAÑOLERÍA (espanholería) *s. f.* V. ESPAÑOLADA.

ESPAÑOLETA (espanholeta) *s. f.* Antiga dança espanhola.

ESPAÑOLISMO (espanholismo) *s. m.* Espanholismo (afeição às coisas de Espanha, amor dos espanhóis pela Espanha).

ESPAÑOLIZAR (espanholiçar) *v. tr.* Espanholizar.

ESPANTABLE *adj.* Espantável, espantoso.

ESPANTABLEMENTE *adv.* Espantosamente.

ESPANTADIZO, A (espantadiço) *adj.* Espantadiço.

ESPANTAGUSTOS *s. m.* e *f.* Desmancha-prazeres, pessoa amiga de contrariar.

ESPANTAJO (espantajo) *s. m.* Espantalho. *fig. fam.* Pessoa maçadora e desprezível.

ESPANTAVILLANOS (espantavilhanos) *s. m. fam.* Bagatela, coisa de muito brilho e pouco valor.

ESPARAVÁN *s. m. Zool.* Açor, gavião. *Vet.* Esparavão. *— de garbaazuelo,* esparavão granzudo. *— huesoso,* esparavão caloso ou ósseo.

ESPARAVEL *s. m.* Tarrafa, esparavel. Talocha, pequena tábua quadrada onde os pedreiros põem a massa que hão de usar.

ESPARCETA *s. f.* V. PIPIRIGALLO.

ESPARCIDAMENTE *adv.* Diversamente, distintamente.

ESPARCIDO, A *p. p.* de *Esparcir. adj.* Franco, alegre, divertido, derramado.

ESPARCIDOR, A *adj.* Que esparge. U. t. c. s.

ESPARCILLA (esparcilha) *s. f. Bot.* Espérgula.

ESPARCIMIENTO *s. m.* Espargimento.

ESPARCIR *v. tr.* Espargir, espalhar, derramar. U. t. c. pron. *fig.* Espargir, difundir, irradiar, divulgar.

ESPARDEÑA (espardenha) *s. f.* V. ESPARTEÑA.

ESPARRAGADO, A *p. p.* de *Esparragar. s. m.* Guisado de espargos.

ESPARRAGAR *s. m.* Espargueira.

ESPARRAGAMIENTO *s. m.* Ação de plantar ou colher espargos.

ESPARRAGAL *v. tr.* Plantar ou colher espargos. Guisar com aspargos. *Anda,* ou *vete a —, loc. fig. fam,* Vá às favas, vá plantar batatas, vá embora.

ESPÁRRAGO *s. m.* Espargo. Estaca (de um toldo). *Anda,* ou *vete a freir —s.* V. ESPARRAGAR *(anda,* ou *vete a).*

ESPARRAGÓN *s. m.* Tecido de seda de canotilho grosso.

ESPARRAGUERA *s. m.* Aspargo. Esparragueira. Prato em que se servem espargos.

ESPARRANCADO, A *p. p.* de *Esparrancarse. adj.* Escarranchado escarrapachado. Escachado.

ESPARRANCARSE *v. pron. fam.* Escarranchar-se, escarrapachar-se.

ESPARTEÑA (espartenha) *s. f.* Espécie de alperca.

ESPARTERÍA *s. f.* Espartaria.

ESPARTERO *s. m.* Esparteiro.

ESPARTILLA (espartilha) *s. f.* Escova de esparto para limpar animais.

ESPARTILLAR (espartilhar) *s. m. Amer.* Espartal.

ESPARTIZAL (espartiçal) *s. m.* Espartal.

ESPARTO *s. m.* Esparto. *— basto,* esparto pequeno.

ESPARVEL *s. m.* V. ESPARAVEL.

ESPASMO *s. m.* V. PASMO. Espasmo.

ESPATARRADA *s. f. fam.* V. DESPATARRADA.

ESPÁTULA *s. f.* Espátula. *Zool.* Espátula.

ESPECERÍA *s. m.* Especiaria.

ESPECIA *s. f.* Espécie, especiaria.

ESPECIALIDAD (especialida*d*) *s. f.* Especialidade.

ESPECIALIZACIÓN (especialiçaciòn) *s. f.* Especialização.

ESPECIE *s. f.* Espécie, natureza, qualidade. Espécie, idéia, noção. Caso, sucesso, assunto, negócio. Tema, notícia, proposição. Pretexto, aparência, cor, sombra. *Hist. Nat.* Espécie. *En —, loc. adv.* Em espécie.

ESPECIERÍA *s. f.* Loja de especieiro.

ESPECIERO *s. m.* Especieiro.

ESPECIFICACIÓN *s. f.* Especificação.

ESPÉCIMEN *s. m.* Espécime, exemplar.

ESPECIOTA *s. f. fam.* Paradoxo ridículo. Peta, notícia falsa ou exagerada.

ESPECTABLE *adj. ant.* Respeitável. (Usa-se ainda no Chile).

ESPECTACULAR *adj.* Espetacular.

ESPECTACULO *s. m.* Espetáculo.

ESPECTRAL *adj.* Espetral.

ESPECTRO *s. m. Fís.* Espetro. Espetro, fantasma.

ESPECULACIÓN *s. f.* Especulação.

ESPEJADO, A (espejado) *p. p.* de *Espejar. adj.* Espelhado, cristalino, limpo, claro.

ESPEJAR (espejar) *v. tr.* V. DESPEJAR. *v. pron. fig.* Espelhar-se, refletir-se.

ESPEJEAR (espejear) *v. intr.* Espelhar, brilhar, resplandecer, reverberar, reluzir.

ESPEJEO (espejèo) *s. m.* V. ESPEJISMO.

ESPEJERÍA (espejería) *s. f.* Espelharia.

ESPEJERO (espejero) *s. m.* Espelheiro.

ESPEJISMO (espejismo) *s. m.* Miragem. *fig.* Ilusão, miragem.

ESPEJO (espejo) *s. m.* Espelho. *fig.* Espelho, exemplo, modelo.

ESPEJUELA (espejuela) *s. f.* Espécie de freio para os cavalos duros de boca.

ESPEJUELO (espejuelo) *s. m.* Gesso cristalizado. Folha de talco (ouropel). Doce de cidra, ou abóbora, cristalizado. Borra (dos favos). *pl.* Lentes (para óculos). Óculos.

ESPELUNCA *s. f.* Espelunca (caverna, cova, antro).

ESPELUZAR (espeluçar) *v. tr.* V. DESPELUZAR. U. t. c. pron.

ESPELUZNANTE *adj.* Horripilante, que faz arrepiar os cabelos.

ESPELUZNAR *v. tr.* Arrepiar, eriçar (o cabelo). *v. pron.* Horripilar-se, arrepiar-se (de espanto ou horror).

ESPELUZNO *s. m. fam.* Calafrio, tremor, estremecimento.

ESPERANZA (esperança) *s. f.* Esperança.

ESPERANZADO, A (esperançado) *p. p.* de *Esperanzar. adj.* Esperançado.

ESPERANZAR (esperançar) *v. tr.* Esperançar, dar esperanças.

ESPEREZARSE (espereçarse) *v. pron.* V. DESPEREZARSE.

ESPEREZO (espereço) *s. m.* V. DESPEREZO.

ESPERIEGO, A *adj.* Acre, azedo.

ESPERNADA *s. f.* Gato (em remate de corrente).

ESPERÓN *s. m. Náut.* Esporão.

ESPERPENTO *s. m. fam.* Espavento, espantalho, pessoa muito feia. Desatino, absurdo.

ESPESAR (espessar) *v. tr.* Espessura, maciço (de mata). *v. tr.* Espessar, engrossar, condensar. *v. pron.* Espessar-se (tornar-se espesso, denso, basto).

ESPESO, A (espesso) *adj.* Espesso (grosso, denso, basto, maciço, cerrado, consistente). Repetido, freqüente, continuado. *fig.* Sujo, graxento, desasseado. *fig. Amer. venezuel.* Impertinente, molesto.

ESPESOR (espessor) *s. m.* Espessura (dimensão). Espessura, densidade.

ESPESURA (espessura) *s. f.* Espessura (qualidade de espesso). *fig.* Cabeleira muito espessa. *fig.* Espessura, mata espessa. *fig.* Sujeira, imundície, desasseio.

ESPETAR *v. tr.* Espetar. *fig. fam.* Pespegar, impingir. *v. pron. fig. fam.* Enfiar-se, encaixar-se.

ESPETERA *s. m.* Espeteira.

ESPETÓN *s. m.* Espeto. Alfinete grande.

ESPICHAR (espitchar) *v. tr.* V. PINCHAR. *v. intr. fam.* Espichar, morrer.

ESPICHE (espitche) *s. m.* Espeto. Arma ou instrumento ponteagudo. Espicho (de barril ou tonel).

ESPIGA *s. m.* Espiga. Espinhaço, espinha.

ESPIGO *s. m.* Espiga (de madeira ou ferro).

ESPIGÓN *s. m.* Espigão. V. AGUIJÓN. Espiga áspera e espinhosa. Espigão (construído nas margens de um rio). V. MAJORCA. Monte alto e ponteagudo. Dente (de alho).

ESPIGUILLA (espiguilha) *s. f.* Espiguilha. Flor de álamo.

ESPÍN *s. m.* Porco-espinho.

ESPINA *s. f.* Espinho, acúleo. Lasca, espinha. Espinha (de peixe). Espinha, espinha dorsal, coluna vertebral. Escrúpulo, receio, suspeita. *fig.* Espinho, pesar, dor.

ESPINACA *s. f.* Espinafre.

ESPINADURA *s. f.* Picada, ação de espinhar.

ESPINAL *adj.* Espinhal.

ESPINAR *s. m.* Espinhal, espinheiral. *v. tr.* Espinhar, picar, fincar. *v. pron.* Espinhar-se, abespinhar-se.

ESPINAZO (espinaço) *s. f.* Espinha, coluna vertebral, espinhaço. *Doblar el* —, *loc. fig. fam.* Dobrar, ou curvar, a espinha; humilhar-se; acatar servilmente.

ESPINEL *s. m.* Espinhel.

ESPINGARDERO *s. m.* Espingardeiro.

ESPINILLA (espinilha) *s. f. Dim.* de *Espina.* Parte anterior da tíbia. Espinha (na pele).

ESPINILLO (espinilho) *s. m.* Espinilho.

ESPINO *adj.* Espinho. (Aplica-se ao porco-espinho). *Bot.* Espinheiro.

ESPINOSO, A *adj.* Espinhoso, espinhento. *fig.* Espinhoso, difícil.

ESPIONAJE (espionaje) *s. m.* Espionagem.

ESPIRACIÓN *s. f.* Exalação, espiração. Respiração.

ESPIRAR *v. tr.* Exalar, espirar. Inspirar, insuflar, animar. *v. intr.* Respirar, tomar alento. Expirar. Soprar, espirar.

ESPIRITADO, A *p. p.* de *Espiritar. adj.* Diz-se da pessoa magra e extenuada.

ESPIRITAR *v. tr.* Endemoninhar, espiritar. U. t. c. pron. *fig. fam.* Agitar, comover, irritar. U. m. c. pron.

ESPIRITILLO (espiritilho) *s. m. Dim.* de *Espírito.*

ESPIRITOSO, A (espiritosso) *adj.* Espirituoso (que tem graça, que contém álcool).

ESPIRITU *s. m.* Espírito (em todas as principais acep. deste vocábulo).

ESPIRITUALIZACIÓN (espiritualicacción) Espiritualização.

ESPITA *s. f.* Medida linear de um palmo. Torneira (de pipa ou tonel). *fig. fam.* Borrachim.

ESPITAR *v. tr.* Pôr torneira (em pipa ou outra vasilha).

ESPLIEGO *s. m.* Alfazema.

ESPLÍN *s. m.* Tédio, melancolia, "spleen".

ESPLIQUE *s. m.* Armadilha (para pássaros).

ESPOLADA *s. f.* Esporada. — *de vino,* trago de vinho.

ESPOLAZO (espolaço) *s. m.* V. ESPOLADA.

ESPOLEADURA *s. f. Vet.* Ferida causada pelas esporas.

ESPOLEAR *v. tr.* Esporear. *fig.* Esporear, animar, excitar, estimular.

ESPOLETA *s. f.* Espoleta. Forquilha formada pelas clavículas da ave.

ESPOLÍN *s. f. Dim.* de *Espuela.* Esporim. Esporim (espécie de espora). *Bot.* Esporinha. Espolim. Brocado de seda.

ESPOLÓN *s. m. Zool.* Esporão. *Arq.* Esporão, contraforte, gigante. *Náut.* Esporão. Esporão, dique marginal. V. TAJAMAR.

ESPOLONADA *s. f.* Carga (de cavalaria).

ESPOLONAZO (espolonaço) *s. m.* Esporada (com o esporão).

ESPOLONEAR *v. tr.* V. ESPOLEAR.

ESPOLVOLREAR *v. tr.* Polvilhar. Desempoeirar.

ESPOLVORIZAR (espolvoriçar) *v. tr.* V. ESPOLVOREAR, 1ª acep.

ESPONDEO (espondèo) *s. m.* Espondeu.

ESPÓNDIL *s. m. Anat.* Espôndilo.

ESPONJADO (esponjado) *s. m.* Caramelo. *p. p.* de *Esponjar.*

ESPONJADURA (esponjadura) *s. f.* Ação de *Esponjar.*

ESPONJAR (esponjar) *v. tr.* Tornar oco, tornar mais poroso um corpo. *v. pron.* V. ENGREIR (*v. pron.*).

ESPONJERA (esponjera) *s. f.* Esponjeira.

ESPONSALES *s. m. pl.* Esponsais.

ESPONTANEARSE *v. pron.* Acusar-se, confessar espontaneamente. Abrir o íntimo, revelar-se.

ESPONTANEIDAD (espontaneidad) *s. f.* Espontaneidade.

ESPONTÓN *s. m.* Espontão.

ESPORA *s. f. Bot.* Esporo.

ESPORTADA *s. f.* O que cabe numa esporta ou alcofa.

ESPORTEAR *v. tr.* Levar em esporta ou alcofa.

ESPORTILLA (esportilha) *s. f. Dim.* de *Espuerta.*

ESPORTILLO (esportilho) Alcofa de esparto.

ESPORTÓN *s. m. Aument.* de *Espuerta.*

ESPOSAR (espossar) *v. tr.* Algemar, manietar.

ESPOSAS (espossas) *s. f. pl.* Algemas.

ESPOSO, A (esposso) *s. m. e f.* Esposo, a.

ESPUELA *s. f.* Espora. *fig.* Espora, acicate, estímulo.

ESPUELERO *s. m.* Esporeiro.

ESPUERTA *s. f.* Esporta, alcofa.

ESPULGO *s. m.* Ação de espulgar.

ESPUMADERA *s. f.* Espumadeira.

ESPUMAJE (espumaje) *s. m.* Espumarada.

ESPUMAOLLAS (espumaolhas) *s. m. e f. fig. fam.* Pessoa intrometida.

ESPUMARAJEAR (espumarajear) *v. intr.* Espumar, escumar, espumejar, espumear (pela boca).

ESPUMARAJO (espumarajo) *s. m.* Espuma, escuma (na boca), baba. *Echar (uno) — por la boca, loc. fig. fam.* Escumar de raiva.

ESPUMERO *s. m.* Salina (junto ao mar).

ESPUMILLA (espumilha) *s. m.* Escumilha. *Amer.* Merengue.

ESPUMILLÓN (espumilhòn) *s. m.* Crespão (tecido).

ESPUREO, A *adj.* Espúrio.

ESPURREAR *v. tr.* Borrifar (com a boca).

ESPURRIAR *v. tr.* V. ESPURREAR.

ESPUTACIÓN *s. f.* Expectoração, esputação; escarro.

ESPUTAR *v. tr.* Expectorar, escarrar; esputar.

ESPUTO *s. m.* Expectoração, escarro; esputo, saliva, cuspo.

ESQUEBRAJAR (esquebrajar) *v. tr.* V. RESQUEBRAJAR.

ESQUEJE (esqueje) *s. m. Agr.* Estaca, pimpolho, galho (para fazer mudas).

ESQUELA *s. f.* Bilhete. Convite (impresso).

ESQUELETADO, A *adj.* Esquelético, muito magro.

ESQUELETIZACIÓN (esqueletiçaciòn) *s. f.* Magreza extrema.

ESQUENA *s. m.* V. ESPINAZO. Espinha principal dos peixes.

ESQUICIAR *v. tr.* Esboçar, bosquejar.

ESQUICIO *s. m.* Esboço, bosquejo.

ESQUIFAR *v. tr. Náut.* Esquipar, aparelhar.

ESQUIFAZÓN (esquifaçon) *s. m. Náut.* Esquipação.

ESQUIFE *s. m.* Esquife (barco).

ESQUILA *s. f.* Chocalho. Sineta. V. ESQUILEO.

ESQUILADA *s. f.* Chocalho.

ESQUILADERO *s. m.* Lugar onde se tosquia.

ESQUILADOR *s. m.* Tosquiador.

ESQUILAR *v. tr.* Tosquiar, tosar, esquilar.

ESQUILEO (esquilèo) *s. m.* Tosquia, tosa.

ESQUILETA *s. f.* Chocalho pequeno.

ESQUILIMOSO, A (esquilimosso) *adj. fam.* Delicado, melindroso, escrupuloso, impertinente.

ESQUILMAR *v. tr.* Colher (os frutos da terra). Cansar, enfraquecer a terra. *fig.* Esgotar, exaurir, empobrecer.

ESQUILMO *s. m.* Fruto, proveito (do gado e da terra).

ESQUIMAL *adj. e s.* Esquimau, esquimal.

ESQUINA *s. f.* Esquina, canto, ângulo. Esquina (das ruas). *Doblar la* —, *loc.* Dobrar a esquina (de uma rua). *Amer.* Morrer. *Estar de* —, *loc. fig.* Estar de ponta, estar em desavença ou oposição.

ESQUINAZO (esquinaço) *s. m. fam.* V. ESQUINA. *Amer.* Serenata.

ESQUINERA *s. f. Amer.* V. RINCONERA.

ESQUINZE (esquince) *s. m.* Espécie de crocodilo.

ESQUIRLA *s. f.* Esquírola.

ESQUIROL *s. m.* V. ARDILLA.

ESQUIRUELO *s. m.* V. ARDILLA.

ESTABILIZACIÓN (estabiliçaciòn) *s. f.* Estabilização.

ESTABLE *adj.* Estável.

ESTABLEAR *v. tr.* Acostumar um animal ao estábulo.

ESTABLECEDOR, A *adj. e s.* Estabelecedor.

ESTABLECER *v. tr.* Estabelecer, instituir, fundar; ordenar, decretar. *v. pron.* Estabelecer-se. *Irreg.* V. conj. de *Favorecer.*

ESTABLECIENTE *p. a.* de *Establecer.* Que estabelece.

ESTABLECIMIENTO *s. m.* Estabelecimento.

ESTABLEMENTE *adv.* Estavelmente, com estabilidade, de modo estável.

ESTABLERO *s. m.* O que cuida do estábulo.

ESTABLO *s. m.* Estábulo.

ESTABULACIÓN *s. f.* Estabulação.

ESTACA *s. f.* Estaca (em todas as principais aceps. deste vocábulo).

ESTACADURA *s. f.* Estacada.

ESTACAR *v. tr.* Estacar, estaquear. *v. pron. fig.* Estacar, parar de repente. *Amer.* Enamorar-se, apaixonar-se.

ESTACIÓN *s. f.* Estação (em todas as aceps. deste vocábulo).

ESTACIONAMIENTO *s. f.* Estacionamento.

ESTACIONAR *v. tr.* Colocar, situar, assentar. U. t. c. pron. *v. pron.* Estacionar, não progredir.

ESTACIONERO, A *adj.* Diz-se de quem anda muito pelas estações.

ESTACÓN *s. m. Amer.* V. PINCHAZO.

ESTADISTA *s. m. e f.* Estadista. Estatista.

ESTADÍSTICA *s. f.* Estadística. Estatística.

ESTADÍSTICO, A *adj.* Estadístico. Estatístico. *Amer.* Estatista.

ESTADIZO, A (estadiço) *adj.* Estagnado, estacionário.

ESTADOUNIDENSE *adj. e s.* Estadunidense.

ESTADUNIDENSE *adj. e s.* V. ESTADOUNIDENSE.

ESTAFETERO *s. m.* Estafeteiro.

ESTAGNACIÓN *s. f.* Estagnação. *fig.* Estagnação, paralisação de negócios.

ESTAJAR (estajar) *v. tr.* Diminuir a espessura (de um ferro).

ESTAJERO (estajero) *s. m.* V. DESTAJERO.

ESTAJISTA (estajista) *s. m.* V. DESTAJISTA.

ESTAJO (estajo) *s. m.* V. DESTAJO.

ESTALA *s. f.* Estábulo, cavalariça, estala.

ESTALACIÓN *s. f.* Categoria, classe (principalmente num capítulo).

ESTALACTITA *s. f. Miner.* Estalactite.

ESTALAGMITA *s. f. Miner.* Estalagmite.

ESTALAGE (estalaje) *s. m. Amer. cub.* Estabelecimento de agricultura e indústria.

ESTALLAR (estalhar) *v. intr.* Estalar, explodir, rebentar. V. RESTALLAR. *fig.* Rebentar, sobrevir violentamente alguma coisa. *fig.* Estalar, rebentar, romper, surgir violentamente.

ESTALLIDO (estalhido) *s. m.* Estouro, estalo, estalido.

ESTALLO (estalho) *s. m.* V. ESTALLIDO.

ESTAMBOR *s. m. Náut.* V. CODASTE.

ESTAMBRE *s. m.* Estambre (de lã). *Bot.* Estame. — *de la vida, fig.* Fio, curso da vida.

ESTAMEÑA (estamenha) *s. f.* Estamenha.

ESTAMEÑETE (estamenhete) *s. m.* Estamete.

ESTAMPABLE *adj.* Estampável.

ESTAMPACIÓN *s. f.* Estampagem.

ESTAMPERÍA *s. f.* Estamparia.

ESTAMPERO *s. m.* Estampeiro, estampador.

ESTAMPÍA *s. f.* Usa-se somente na frase *Embestir, partir,* ou *salir de —,* que significa fazer alguma coisa de repente, sem preparação nem aviso.

ESTAMPILLA (estampilha) *s. f.* Estampilha. *Amer.* Selo postal.

ESTAÑADO, A (estanhado) *p. p.* de *Estañar. s. m.* V. ESTAÑADURA.

ESTAÑADURA (estanhadura) *s. f.* Estanhagem, estanhadura, estanhação.

ESTAÑAR (estanhar) *v. tr.* Estanhar.

ESTANCAMIENTO *s. m.* Estancamento, estancação. *fig.* Estagnação. Monopolização.

ESTANCAR *v. tr.* Estancar, deter o curso de alguma coisa. U. t. c. pron. Monopolizar, estancar, açambarcar. *fig.* Estagnar, deter, paralisar. U. t. c. pron.

ESTANCIA *s. f.* Estância, morada, assento. Estância, aposento, recinto. Cada um dos dias em que está o enfermo no hospital. Estância, estrofe. *Amer. plat.* Estância (fazenda de criação de gado). *Amer. cub.* e *venezuel.* Granja, quinta.

ESTANCIERO *s. m.* Estancieiro.

ESTANCO *adj. Náut.* Estanque (bem vedado). *s. m.* Monopólio autorizado, estanque. Estanque (casa onde se vendem gêneros cujo monopólio foi autorizado). Estanque, cigarraria.

ESTAÑERO (estanhero) *s. m.* Estanhador.

ESTANGURRIA *s. f. Med.* Estranguria.

ESTAÑO (estanho) *s. m.* Estanho.

ESTANQUE *s. m.* Açude, tanque, lago artificial.

ESTANQUERO *s. m.* Estanqueiro.

ESTANTERÍA *s. f.* Jogo de estantes.

ESTANTIGUA *s. f.* Procissão de fantasmas. Espectro, fantasma, aparição, visão. *fig.* Fantasma, pessoa muito alta e magra.

ESTAQUERO *s. m.* Gamo de um ano.

ESTAQUILLA (estaquilha) *s. f.* Torno (prego de madeira usado pelos sapateiros). Prego grande (de ferro). *Agr.* Estaca.

ESTAQUILLAR (estaquilhar) *v. tr.* Pregar tornos ou pregos grandes (de ferro). *Agr.* Plantar por meio de estacas.

ESTAR *v. intr.* Estar (em todas as principais acepções e construções deste verbo). *v. pron.* Demorar-se, deter-se, tardar-se, deixar-se estar em alguma parte. *¿Estás?* Entendeste? Estás ao par? *Irreg.* Ind. pres. *Estoy.* Pret. indef. *Estuv-e, iste, o, imos, isteis, ieron.* Subj. pret. imperf. *Estuv-iera* ou *iese, ieras* ou *ieses, iera* ou *iese, iéramos* ou *iésemos, ierais* ou *ieseis, ieron* ou *iesen.* Fut. imperf. *Estuv-iere, ieres, iere, iéremos, iereis, ieren.*

ESTARCIR *v. tr.* Estresir.

ESTARÍA *s. f.* Estadia.

ESTAY (estai) *s. m. Náut.* Estai.

ESTE *s. m.* Leste. Leste (vento).

ESTE, ESTA, ESTO, ESTOS, ESTAS *pron. demonstr.* Este; esta; isto; estes, estas. (Unidos aos substantivos, tem função adjetiva). Quando funcionam como substantivos, o *m.* e o *f.* escrevem-se com acento grave: ÉSTE, ÉSTA, ÉSTA, como em português, designa a cidade em que está a pessoa que se dirige a outra por escrito. *En ÉSTAS y las otras, loc. adv. fam.* Enquanto isto, entretanto, neste interim. *En ESTO, loc. adv.* Nisto, neste tempo, estando nisto. ESTO *es, loc. conj.* Isto é, ou seja.

ESTEBA *s. f. Bot.* Esteva.

ESTEBAR *s. m.* Estevar.

ESTELA *s. f.* Esteira (rasto do navio). Estela (monumento). *Bot.* Estelo.

ESTEMPLE *s. m.* Escora de madeira.

ESTENOGRAFIAR *v. tr.* Estenografar.

ESTEPA *s. f.* Estepe. *Bot.* Esteva.

ESTEPAR *s. m.* Esteval.

ESTERA *s. f.* Esteira (tecido de junco, tábua, esparto etc.).

ESTERAR *v. tr.* Esteirar (cobrir ou ornar com esteira).

ESTERCOLADURA *s. f.* Estercada, estercadura.

ESTERCOLAMIENTO *s. m.* V. ESTERCOLADURA.

ESTERCOLAR *v. tr.* Estercar, estrumar. *v. intr.* Estercar.

ESTERCOLERO *s. m.* Esterqueira, esterqueiro. Moço encarregado de juntar o esterco.

ESTERCOLIZO, A (estercoliço) *adj.* Semelhante ao esterco ou que tem algumas de suas propriedades.

ESTERCÓREO, A *adj.* Estercoral, estercoreiro.

ESTERCUELO *s. m.* Estercada.

ESTÉREO *s. m.* Estere.

ESTERERÍA *s. f.* Loja de esteireiro.

ESTERILIZACIÓN (esteriliçación) *s. f.* Esterilização.

ESTERILLA (esterilha) *s. f.* Fita, galão estreito. *Amer.* CAÑAMAZO.

ESTERINA *s. f. Amer.* Estearina.

ESTERLÍN *s. m.* Bocacim. Brim grosseiro para sacos.

ESTERNÓN *s. m. Anat.* Esterno.

ESTERO *s. m.* Ação de esteirar. Estero. Esteiro. *Amer.* V. RIACHUELO. *Amer. equat.* Leito seco de um rio. *Amer. venezuel.* V. AGUAZAL.

ESTERQUERO *s. m.* V. ESTERCOLERO.

ESTEVA *s. f.* Esteva, rabiça do arado.

ESTEVADO, A *adj.* Cambaio.

ESTEVÓN *s. m.* V. ESTEVA.

ESTEZADO (esteçado) *s. m.* V. CORREAL.

ESTIAJE (estiaje) *s. m.* Estiagem.

ESTIBA *s. f.* Atacador. *Mar.* Estiva. Lugar onde se aperta a lã.

ESTIBAR *v. tr.* Apertar, calcar, comprimir. *Mar.* Estivar.

ESTIBACIÓN *s. f.* Estivagem, estiva, estivação.

ESTIÉRCOL *s. m.* Esterco. *Agr.* Esterco, estrume.

ESTIGMATIZACIÓN (estigmatiçación) *s. f.* Estigmatização.

ESTIMABLE *adj.* Estimável.

ESTIMACIÓN *s. f.* Estima, apreço, estimação. — *propia,* amor próprio.

ESTIPULACIÓN *s. f.* Estipulação.

ESTIRA *s. f.* Estirador (instrumento de curtidor).

ESTIRADO, A *p. p.* de *Estirar. adj.* Que veste com muito esmero e finge gravidade. *fig.* Vaidoso, orgulhoso, emproado. *fig.* Econômico, parcimonioso, quase avaro.

ESTIRAJAR (estirajar) *v. tr. fam.* V. ESTIRAR.

ESTIRAJÓN (estirajòn) *s. m.* V. ESTIRÓN.

ESTIRAMIENTO *s. m.* Estiramento. *fig.* Orgulho, vaidade, emproamento.

ESTIRAR *v. tr.* Estirar, estender, esticar. U. t. c. pron. *Amer.* Matar a tiro. *fig. Amer. per.* Lograr, enganar num trato.

ESTIRAZAR (estiraçar) *v. tr. fam.* Estiraçar, estira, esticar.

ESTIRÓN *s. m.* Estirão, abalo, puxão. Espichamento (crescimento mais rápido do que o regular). *Dar (uno) un —, loc. fig.* Espichar, crescer muito em pouco tempo.

ESTO *pron.* V. ESTE, 2º art.

ESTOFA *s. f.* Estofo, estofa. *fig.* Estofo, laia, condição, qualidade, jaez.

ESTOFADO, A *adj.* Estufado (guisado).

ESTOFAR *v. tr.* Estofar. Estufar.

ESTOMAGUERO *s. m.* Baeta que se põe no ventre das crianças.

ESTOPA *s. f.* Estopa. *Náut.* Estopa. Estopa (tela). *Amer.* Estopa da terra.

ESTOPADA *s. f.* Estopada (porção de estopa).

ESTOPEÑO, A (estopenho) *adj.* Feito de estopa, pertencente à estopa.

ESTOPILLA (estopilha) *s. f.* Estopinha.

ESTOPÍN *s. m.* Estopim.

ESTOQUEO (estoquèo) *s. m.* Estoqueadura, estocada.

ESTOR *s. m.* Cortina transparente.

ESTORAQUE *s. m. Bot.* Estóraque.

ESTORBAR *v. tr.* Estorvar, importunar, incomodar, atrapalhar, perturbar, embaraçar.

ESTORBO *s. m.* Estorvo, embaraço, empecilho, obstáculo, óbice.

ESTORBOSO, A (estorbosso) *adj.* Estorvador.

ESTORNIJA (estornija) *s. f.* Anilha que vai na extremidade do eixo dos carros. Bilharda.

ESTORNINO *s. m.* Estorninho.

ESTORNUDAR *v. tr.* Espirrar.

ESTORNUDO *s. m.* Espirro.

ESTORNUDATORIO, A *adj.* Esternutatório, ptármico.

ESTOTRO, A *pron. demonstr.,* contr. de *este, esta, esto* e *otro, otra.* Estoutro, a.

ESTOVAR *v. tr.* V. REHOGAR.

ESTRACILLA (estracilha) *s. f.* Trapo, frangalho. Papel de embrulho ou ordinário.

ESTRADO *s. m.* Estrado. *pl.* Sala do tribunal. *Citar* (a *uno*) *para —s, loc. fig.* Citar alguém para comparecer ao tribunal.

ESTRAFALARIAMENTE *adv.* Ridiculamente, extravagantemente.

ESTRAGAMIENTO *s. m.* Estragamento, estrago. *fig.* Estragamento, dissolução, corrupção, devassidão.

ESTRAGÓN *s. m. Bot.* Estragão.

ESTRANGUL *s. m.* Palheta (de certos instrumentos musicais).

ESTRANGULACIÓN *s. f.* Estrangulação, estrangulamento.

ESTRATO *s. m. Geol.* Estrato. Estrato (nuvem).

ESTRAVE *s. m. Náut.* Roda da proa.

ESTRAZA (entraça) *s. f.* Trapo, farrapo. *Amer. Papel de —,* papel de embrulho, papel pardo ordinário.

ESTRAZAR (estraçar) *v. tr.* Estraçalhar, despedaçar, espedaçar.

ESTRECHADAMENTE (estretchadamente) *adv.* Estreitamente.

ESTRECHAMIENTO (estretchamiento) *s. m.* Estreitamento.

ESTRECHAR (estretchar) *v. tr.* Estreitar (em todas as principais acep. deste vocábulo).

ESTRECHEZ (estretchez) *s. f.* Estreiteza.

ESTRECHO, A (estretcho) *adj.* Estreito. *fig.* Estreito.

ESTRECHURA (estretchura) *s. m.* Estreitura.

ESTREGADERA *s. f.* Esfregão. Capacho. Esfregador.

ESTREGADERO *s. m.* Lugar onde os animais se esfregam ou coçam. Tanque (para lavar).

ESTREGADOR, A *s. m.* e *f.* Esfregador, esfregadeira.

ESTREGADURA *s. f.* Esfrega, esfregação, esfregadela, esfregamento.

ESTREGAMIENTO *s. m.* V. ESTREGADURA.

ESTREGAR *v. tr.* Esfregar; friccionar; coçar. U. t. c. pron. *Irreg.* V. conj. de *Calentar.* (Também se tem conjugado como regular).

ESTREGÓN *s. m.* Esfrega, esfregadela, esfregação forte.

ESTRELLA (estrelha) *s. f.* Estrela.

ESTRELLADA (estrelhada) *s. f. Bot.* Estrelada.

ESTRELLADERA (estrelhadera) *s. f.* Espécie de frigideira. (Em Portugal, diz-se "estreladeira").

ESTRELLAMAR (estrelhamar) *s. f.* Estrela-do-mar.

ESTRELLAR (estrelhar) *adj.* Estelar. *v. tr. fam.* Despedaçar, partir, fazer em pedaços. Frigir, estrelar (ovos). *—se* (*uno*) *con* (*otro*), *loc. fig.* Contradizer, opor-se abertamente a alguém.

ESTRELLERO, A (estrelhero) *adj.* Estreleiro.

ESTRELLÓN (estrelhòn) *s. m. Aument.* de *Estrella. Amer.* Ação de *Estrellar,* 1ª acep. *Amer.* V. ESTRUJÓN.

ESTREMECIMIENTO *s. m.* Estremecimento.

ESTRENA *s. f.* Dádiva, presente, recompensa. Estréia (o primeiro uso que se faz de uma coisa).

ESTRENAR *v. tr.* Estrear. *v. pron.* Estrear-se.

ESTREÑIMIENTO (estrenhimiento) *s. m.* Prisão de ventre, constipação.

ESTREÑIR (estrenhir) *v. tr.* Constipar (o ventre). U. t. c. pron. *Irreg.* V. conj. de *Ceñir.*

ESTRENO *s. m.* Estréia.

ESTRENQUE *s. m. Náut.* Estrinca, estrinque.

ESTREPITARSE *v. pron. Amer. cub.* Alvoroçar-se.

ESTRIBADERO *s. m.* Apoio, sustentáculo, base.

ESTRIBERA *s. f.* Estribeira, estribo. Estribo de besta.

ESTRIBERÍA *s. f.* Lugar onde se guardam estribos. *Amer.* Estrebaria.

ESTRIBERÓN *s. m. Aument.* de *Estribera.* Madeiros atravessados para facilitar a passagem em terreno pantanoso.

ESTRIBILLO (estribilho) *s. m.* Estribilho.

ESTRIBOR *s. m. Náut.* Estibordo, boreste.

ESTRICOTE (AL) *loc. adv.* V. RETORTERO *(AL).*

ESTRICTO, A *adj.* Estrito, rigoroso, preciso.

ESTRIGE (estrije) *s. f.* V. LECHUZA.

ESTROBO *s. m. Náut.* Estropo.

ESTROFA *s. f.* Estrofe.

ESTROPAJEAR (estropajear) *v. tr.* Limpar as paredes caiadas.

ESTROPAJEO (estropajèo) *s. m.* Ação de *Estropajear.*

ESTROPAJO (estropajo) *s. m.* Estropalho, esfregão. *fig.* Refugo, estropalho.

ESTROPAJOSO, A (estropajosso) *adj. fam.* Que pronuncia defeituosamente. *fig. fam.* Sujo, andrajoso. *fig. fam.* Duro, difícil de mastigar.

ESTROPEAR *v. tr.* Estropiar. Maltratar. Estragar. Argamassar.

ESTROPEO (estropèo) *s. m.* Ação de *Estropear.*

ESTRUENDO *s. m.* Estrondo.

ESTRUENDOSO, A (estruendosso) *adj.* Estrondoso.

ESTRUJADURA (estrujadura) Espremedura, compressão. Apertão.

ESTRUJAMIENTO (estrujamiento) *s. m.* V. ESTRUJADURA.

ESTRUJAR (estrujar) *v. tr.* Espremer, tirar o sumo. Apertar, esmagar, comprimir alguém. *fig. fam.* Sugar, chupar, espremer, explorar.

ESTRUJÓN (estrujòn) *s. m. fam.* V. ESTRUJADURA. *Agr.* Última compressão da uva no lagar.

ESTUCHE (estutchue) *s. m.* Estojo.

ESTUCHISTA (estutchista) *s. m.* e *f.* Fabricante de estojos.

ESTUCO *s. m.* Estuque.

ESTUDIADO, A *p. p.* de *Estudiar. adj.* Estudado, fingido.

ESTUDIANTE *s. m.* e *f.* Estudante.

ESTUDIANTIL *adj.* Estudantil.

ESTUDIANTINA *s. f.* Estudantina, grupo de estudantes que tocam ou cantam pelas ruas.

ESTUDIANTINO, A *adj. fam.* Escolar, diz-se do que se refere aos estudantes.

ESTUDIANTÓN *s. m. fam.* Estudantaço de pouco talento.

ESTUDIANTUELO *s. m. Dim. deprec.* de *Estudiante.* Estudanteco, estudantório.

ESTUDIAR *v. tr.* Estudar.

ESTUDIO *s. m.* Estudo. Estudo (sala).

ESTUFILLA (estufilha) *s. m.* Braseiro. Esquentador (para os pés). V. CHOFETA.

ESTUFISTA *s. m.* e *f.* Estufeiro.

ESTUPEFACCIÓN *s. f.* Estupefação.

ESTUQUE *s. m.* V. ESTUCO.

ESTUQUERÍA *s. f.* Obra de estuque.

ESTUQUISTA *s. m.* e *f.* Estucador.

ESTURGAR *v. tr.* Polir (peças de louça).

ESTURIÓN *s. m.* Esturjão, esturião, solho.

ESVARAR *v. intr.* V. RESBALAR.

ESVIAJE (esviaje) *s. m.* Obliqüidade de um muro.

ETERNIZACIÓN (eterniçaciòn) *s. f.* Eternização.

ETERNIZAMIENTO (eterniçamiento) *s. m.* V. ETERNIZACIÓN.

ETIQUETERO, A *adj.* Cerimonioso, cumprimenteiro.

ETIQUEZ *s. f.* V. HETIQUEZ.

ÉUSCARA *s. f.* Composição poética escrita em vasconço.

ÉUSCARO, A *adj.* e *s.* Vasco, vasconço.

ÉUSQUERA *s. f.* V. ÉUSCARA.

ÉUSQUERO, A *adj.* e *s.* V. ÉUSCARO.

EVACUACIÓN *s. f.* Evacuação.

EVAGACIÓN *s. f.* Evagação, distração.

EVALUACIÓN *s. f.* V. VALUACIÓN.

EVALUAR *v. tr.* V. VALUAR.

EVANGELIO (evanjelio) *s. m.* Evangelho.

EVAPORACIÓN *s. f.* Evaporação.

EVAPORIZACIÓN (evaporiçaciòn) *s. f.* Evaporação.

EVASIÓN (evassiòn) *s. f.* Evasão. Evasiva.

EVENTO *s. m.* Evento, eventualidade; contingência. *A todo —, loc. adv.* Em todo caso, de qualquer maneira.

EVERSIÓN *s. f.* Eversão, ruína, devastação.

EVICCIÓN *s. f.* Evicção.

EVITABLE *adj.* Evitável.

EVITACIÓN *s. f.* Evitamento, evitação.

EVOCABLE *adj.* Evocável.

EVOCACIÓN *s. f.* Evocação.

EVOLUCIÓN *s. f.* Evolução.

EVOLUCIONAR *v. tr.* Evoluir, evolucionar.

EXACCIÓN (ecsaciòn) *s. f.* Exação.

EXACTITUD (ecsactitud) *s. f.* Exatidão.

EXAGERACIÓN (ecsajeraciòn) *s. f.* Exageração, exagero.

EXÁGONO (ecságono) *s. m.* Hexágono.

EXALTACIÓN (ecsaltaciòn) *s. f.* Exaltação.

EXALTAMIENTO (ecsaltaimiento) *s. m.* Exaltamento.

EXAMEN (ecsamen) *s. m.* Exame.

EXASPERACIÓN (ecsasperaciòn) *s. f.* Exasperação.

EXCANDECER (ecscandecer) *v. tr.* Escandecer, irritar, encolerizar. U. t. c. pron. *Irreg.* V. conj. de *Favorecer.*

EXCARCELACIÓN (ecscarcelaciòn) *s. f.* Excarceração.

EXCARCELAR (ecscarcelar) *v. tr.* Excarcerar.

EXCAVA (ecscava) *s. f.* Escavação.

EXCAVAR (ecscavar) *v. tr.* Escavar.

EXCESIVO, A (ecscessivo) *adj.* Excessivo.

EXCESO (ecsesso) *s. m.* Excesso.

EXCITABLE (ecscitable) *adj.* Excitável.

EXCITACIÓN (ecscitaciòn) *s. f.* Excitação, excitamento.

EXCLAMACIÓN (ecsclamaciòn) *s. f.* Exclamação.

EXCLUSIÓN (ecsclussiòn) *s. f.* Exclusão.

EXCOMULGACIÓN (ecscomulgaciòn) *s. f.* Excomunhão.

EXCOMULGAR (ecscomulgar) *v. tr.* Excomungar.

EXCORIACIÓN (ecscoriaciòn) *s. f.* Escoriação.

EXCORIAR (ecscoriar) *v. tr.* Escoriar.

EXCRECIÓN (ecscreciòn) *s. f.* Excreção.

EXCURSIÓN (ecscursiòn) *s. f.* Excursão.

EXCUSA (ecscussa) *s. f.* Escusa.

EXCUSABARAJA (ecscussabaraja) *s. f.* Cesta de vime com tampa.

EXCUSADO, A (ecscussado) *p. p.* de *Excusar. adj.* Escusado. Reservado. *s. m.* Reservado, latrina.

EXCUSALÍ (ecscussalí) *s. m.* Avental pequeno.

EXCUSAR (ecscussar) *v. tr.* Escusar.

EXECRACIÓN (ecsecraciòn) *s. f.* Execração.

EXEGESIS (ecsejessis) *s. f.* Exegese.

EXENCIÓN (ecsenciòn) *s. f.* Isenção.

EXENTAR (ecsentar) *v. tr.* Isentar.

EXENTO, A (ecsento) *adj.* Isento. *p. p.* de *Eximir.*

EXEQUIBLE (ecsequible) *adj.* Esequível.

EXFOLIACIÓN (ecsfoliaciòn) *s. f. Cir.* Exfoliação.

EXHALACIÓN (ecsalaciòn) *s. f.* Exalação.

EXHALAR (ecsalar) *v. tr.* Exalar.

EXHEREDACIÓN (ecseredaciòn) *s. f.* Exerdação, deserdamento.

EXHEREDAMIENTO (ecseredamiento) *s. m.* V. EXHEREDACIÓN.

EXHEREDAR (ecseredar) *v. tr.* Exerdar, deserdar.

EXHIBICIÓN (ecsibiciòn) *s. f.* Exibição.

EXHIBICIONISMO (ecsibicionismo) *s. m.* Exibicionismo.

EXHIBICIONISTA (ecsibicionista) *s. m.* e *f.* Exibicionista.

EXHIBIDOR, A (ecsibidor) *adj.* Exibidor. U. t. c. s.

EXHIBIR (ecsibir) *v. tr.* Exibir, mostrar, apresentar, manifestar.

EXHIBITORIO, A (ecsibitorio) *adj.* Exibitório.

EXHORTACIÓN (ecsortaciòn) *s. f.* Exortação.

EXHORTAR (ecsortar) *v. tr.* Exortar.

EXHUMACIÓN (ecsumaciòn) *s. f.* Exumação.

EXHUMAR (ecsumar) *v. t.* Exumar, desenterrar. *fig.* Exumar, descobrir.

EXIFOREAR (ecsiforear) *v. tr. Amer.* Tirar, remover, extrair.

EXIGIBLE (ecsijible) *adj.* Exigível.

EXISTIMACIÓN (ecsistimaciòn) *s. f.* Estimação, estima, julgamento, apreciação.

EXISTIMAR (ecsistimar) *v. tr.* Estimar, apreciar, avaliar, julgar, opinar.

EXONERACIÓN (ecsoneraciòn) *s. f.* Exoneração.

EXORABLE (ecsorable) *adj.* Exorável.

EXORNACIÓN (ecsornaciòn) *s. f.* Exornação.

EXPANDIR (ecspandir) *v. tr. ant.* Expandir. (Usa-se atualmente na América como reflexivo).

EXPANSIBLE (ecspansible) *adj.* Expansível.

EXPANSIÓN (ecspanciòn) *s. f.* Expansão.

EXPANSIONARSE (ecspancionarse) *v. pron.* Expandir-se, dilatar-se, estender-se. *fig.* V. ESPONTANEARSE.

EXPATRIACIÓN (ecspatriaciòn) *s. f.* Expatriação

EXPATRIARSE (ecspatriarse) *v. pron.* Expatriar-se.

EXPECTACIÓN (ecspectaciòn) *s. f.* Expectação.

EXPECTORACIÓN (ecspectoraciòn) *s. f.* Expectoração.

EXPEDICIÓN (ecspediciòn) *s. f.* Expedição.

EXPEDICIONERO (ecspedicionero) *s. m.* Expedicioneiro.

EXPEDIENTE *s. m.* Expediente. *Cubrir el —, loc. fam.* Cometer uma fraude salvando as aparências.

EXPEDIENTEO (ecspedientèo) *s. m.* Tramitação de expedientes.

EXPELER (ecspeler) *v. tr.* Expelir (expulsar, deitar fora de si).

EXPENDEDOR, A (ecspendedor) *adj.* Expendedor, despendedor, gastador. U. t. c. s. *e m. e f.* Pessoa que vende certos artigos, como balas, cigarros, bilhetes de teatro etc., por conta de uma empresa. Pessoa que distribui moeda falsa ou vende objetos roubados.

EXPENDEDURÍA (ecspendeduría) *s. f.* Loja de venda a varejo, principalmente de cigarros e miudezas.

EXPENDER (ecspender) *v. tr.* Expender, despender, gastar. Vender certas coisas, como balas, cigarros, bilhetes para espetáculos etc., por conta de uma empresa. Vender a varejo. Vender coisas roubadas ou passar moeda falsa.

EXPENDICIÓN (ecspendiciòn) *s. f.* Expensão. Ação de *Expender* (2ª, 3ª e 4ª acep.).

EXPENDIO (ecspendio) *s. m.* Gasto, dispêndio. *Amer.* V. EXPENDICIÓN. *Amer. mexic.* V. EXPENDEDURÍA.

EXPENSAR (ecspensar) *v. tr. Amer.* Custear, pagar os gastos de.

EXPERIMENTACIÓN (ecsperimentaciòn) *s. f.* Experimentação.

EXPIABLE (ecspiable) *adj.* Expiável.

EXPIACIÓN (ecspiaciòn) *s. f.* Expiação.

EXPIRACIÓN (ecspiraciòn) *s. f.* Expiração.

EXPLANACIÓN (ecsplanaciòn) *s. f.* Explanação.

EXPLANADA (ecsplanada) *s. f. Fort.* Esplanada. *Mil.* Plataforma de uma bateria.

EXPLAYAMIENTO (ecspladjamiento) *m.* Espraiamento.

EXPLAYAR (ecspladjar) *v. tr.* Espraiar, alargar, estender, alastrar. U. t. c. pron. *v. pron. fig.* Espraiar-se, alargar-se, divagar. *fig.* Espraiar, espairecer, distrair-se. *fig.* V. EXPONTANEARSE.

EXPLICABLE (ecsplicable) *adj.* Explicável.

EXPLICACIÓN (ecsplicaciòn) *s. f.* Explicação.

EXPLICADERAS (ecsplicaderas) *s. f. pl. fam.* Maneira de explicar-se uma pessoa.

EXPLORABLE (ecsplorable) *adj.* Explorável, investigável, examinável.

EXPLORACIÓN (ecsploraciòn) *s. f.* Exploração, investigação, exame, indagação, averiguação.

EXPLORADOR, A (ecsplorador) *adj.* Explorador, investigador, examinador, inquiridor. U. t. c. s.

EXPLORAR (ecsplorar) *v. tr.* Explorar, indagar, investigar, examinar atentamente.

EXPLOSIBLE (ecsplossible) *adj.* Explosível.

EXPLOSIÓN (ecsplossiòn) *s. f.* Explosão.

EXPLOTABLE (ecsplotable) *adj.* Explorável, aproveitável.

EXPLOTACIÓN (ecsplotaciòn) *s. f.* Exploração (o ato de fazer valer ou produzir alguma coisa ou dela tirar partido ou proveito).

EXPLOTADOR, A (ecsplotador) *adj.* Explorador, aproveitador; que engana com manha. U. t. c. s.

EXPLOTAR (ecsplotar) *v. tr.* Explorar (mina ou indústria). *fig.* Explorar, tirar partido ou proveito de. *fig.* Explorar, abusar de pessoa ou coisa em proveito próprio. Explodir.

EXPOLIACIÓN (ecspoliaciòn) *s. f.* Espoliação.

EXPOLIADOR, A (ecspoliador) *adj.* Espoliador. U. t. c. s.

EXPOLIAR (ecspoliar) *v. tr.* Espoliar, esbulhar, extorquir.

EXPOLIATIVO, A (ecspoliativo) *adj.* Espoliativo, espoliatório.

EXPOLICIÓN (ecspoliciòn) *s. f. Ret.* Expolição.

EXPONENTE (ecsponente) *p. a.* de *Exponer.* Expoente, exponente. *s. m. Mat.* Expoente.

EXPONER (ecsponer) *v. tr.* Expor, manifestar, patentear, apresentar. Expor, explicar, declarar. Expor, arriscar, aventurar por em perigo. U. t. c. pron. Expor, abandonar, enjeitar (uma criança) *Irreg.* V. conj. de *Poner.*

EXPORTABLE (ecsportable) *adj.* Exportável.

EXPORTACIÓN (ecsportaciòn) *s. f.* Exportação.

EXPOSICIÓN (ecspossiciòn) *s. f.* Exposição.

EXPÓSITO, A (ecspòssito) *adj.* Exposto, enjeitado (diz-se de criança abandonada). U. m. c. s.

EXPREMIJO (ecspremijo) *s. m.* Mesa especial, um tanto inclinada, empregada na fabricação de queijos.

EXPRESADAMENTE (ecspressadamente) *adv.* V. EXPRESAMENTE.

EXPRESADO, A (ecspressado) *p. p.* de *Expresar. adj.* Expresso, mencionado, indicado, referido, supradito, sobredito.

EXPRESAMENTE (ecspressamente) *adv.* Expressamente, claramente.

EXPRESAR (ecspressar) *v. tr.* Expressar, exprimir. *v. pron.* Expressar-se, exprimir-se.

EXPRESIÓN (ecspressiòn) *s. f.* Expressão. *pl.* Expressões, saudações, lembranças, cumprimentos.

EXPRESIVAMENTE (ecspressivamente) *adv.* Expressivamente.

EXPRESIVO, A (ecspressivo) *adj.* Expressivo.

EXPRESO, A (ecspresso) *p. p. irreg.* de *Expresar. adj.* Expresso, claro, patente. Expresso (o trem). U. m. c. s. *s. m.* Expresso, enviado direto.

EXPRESS (ecspres) *adj.* Expresso (diz-se do trem direto). *s. m.* Expresso, empresa de transporte.

EXPRIMIDERA (ecsprimidera) *s. f.* Espremedor (instrumento).

EXPRIMIDERO (ecsprimidero) *s. m.* V. EXPRIMIDERA.

EXPRIMIDOR, A (ecsprimidor) *adj.* Espremedor. U. t. c. s.

EXPRIMIR (ecsprimir) *v. tr.* Espremer. *fig.* Exprimir, expressar.

EXPROPIABLE (ecspropiable) *adj.* Expropriável, desapropriável.

EXPROPIACIÓN (ecspropiaciòn) *s. f. Juris.* Expropriação, desapropriação.

EXPROPIAR (ecspropiar) *v. tr.* Expropriar, desapropriar.

EXPUESTO, A (ecspuesto) *p. p. irreg.* de *Exponer.* Exposto.

EXPUGNACIÓN (ecspugnaciòn) *s. f.* Expugnação.

EXPULSAR (ecspulsar) *v. tr.* Banir, enxotar, excluir, afugentar.

EXPULSIÓN (ecspulsiòn) *s. f.* Expulsão.

EXPULSO, A (ecspulso) *p p. irreg.* de *Expeler* e *Expulsar.*

EXPURGACIÓN (ecspurgaciòn) *s. f.* Expurgação, expurgo.

EXQUISITAMENTE (ecsquissitamente) *adv.* Esquisitamente, primorosamente, excelentemente.

EXQUISITEZ (ecsquissitez) *s. f.* Excelência, primor, elegância.

EXQUISITO, A (ecsquissito) *adj.* Esquisito, primoroso, elegante, excelente, extraordinário, de bom gosto.

ÉXTASI (ècstassi) *s. m.* V. ÉXTASIS.

EXTASIARSE (ecstassiarse) *v. pron.* Extasiar-se, arroubar-se, embelezar-se.

ÉXTASIS (ècstassis) *s. m.* Êxtase. *Med.* Êxtase.

EXTENDER (ecstender) *v. tr.* Estender, desdobrar, desenrolar, desenvolver. U. t. c. pron. Estender, ampliar (um sentido, uma lei). Estender, aumentar. U. t. c. pron. Redigir (auto ou escritura). *v. pron.* Estender-se, prolongar-se, adiantar-se (um terreno). *v. pron.* Estender-se, alongar-se, espraiar-se, narrar com minúcias. *fig.* Estender-se, espalhar-se, propagar-se, difundir-se. *fig.* Estender-se, alcançar, chegar a influir. *Irreg.* Ind. pres. *Extiend-o, es, e, en.* Subj. pres. *Extiend-a, as, a, an.* Imperat. *Extiend-e, a, an.*

EXTENDIDAMENTE (ecstendidamente) *adv.* Estendidamente.

EXTENSIBLE (ecstensible) *adj.* Estendível, extensível.

EXTENSIÓN (ecstensiòn) *s. f.* Extensão.

EXTENSO, A (ecstenso) *p. p. irreg.* de *Extender. adj.* Extenso.

EXTENUACIÓN (ecstenuaciòn) *s. f.* Extenuação.

EXTERIORIDAD (ecsterioridad) *s. f.* Exterioridade.

EXTERIORIZACIÓN (ecsterioriçaciòn) *s. f.* Exteriorização.

EXTERMINACIÓN (ecsterminaciòn) *s. f.* Extermínio, exterminação.

EXTINCIÓN (ecstinciòn) *s. f.* Extinção.

EXTINGUIBLE (ecstinguible) *adj.* Extinguível.

EXTIRPACIÓN (ecstirpaciòn) *s. f.* Extirpação.

EXTORCAR (ecstorcar) *v. tr.* Extorquir.

EXTORNAR (ecstornar) *v. tr. Amer. mexic.* Estornar.

EXTORSIÓN (ecstorsiòn) *s. f.* Extorsão.

EXTORSIONAR (ecstorsionar) *v. tr.* Extorquir.

EXTRACCIÓN (ecstracciòn) *s. f.* Extração (ato de extrair; sorteio; origem, nascimento).

EXTRACORRIENTE (ecstracorriente) *s. f. Fís.* Extracorrente.

EXTRACRANEAL (ecstracraneal) *adj.* Extracraniano.

EXTRACTO (ecstracto) *s. m.* Extrato.

EXTRADICIÓN (ecstradiciòn) *s. f.* Extradição.

EXTRADOS (ecstradòs) *s. m. Arq.* Extradorso.

EXTRAER (ecstraer) *v. tr.* Extrair. *Mat.* e *Quím.* Extrair. *Irreg.* V. conj. de *Traer.*

EXTRALIMITACIÓN (ecstralimitaciòn) *s. f.* Exorbitação, excesso.

EXTRALIMITARSE (ecstralimitarse) *v. pron.* Exorbitar, exceder-se.

EXTRAÑA (ecstranha) *s. f.* Espécie de roseira.

EXTRAÑACIÓN (ecstranhaciòn) *s. f.* V. EXTRAÑAMIENTO.

EXTRAÑAMENTE (ecstranhamente) *adv.* Estranhamente.

EXTRAÑAMIENTO (ecstranhamiento) *s. m.* Estranhamento. Desterro.

EXTRAÑAR (ecstranhar) *v. tr.* Desterrar, exilar, expatriar, degradar. U. t. c. pron. Estranhar, admirar-se, achar estranho. Privar uma pessoa do trato que se tinha com ela. U. t. c. pron. Estranhar, ver ou ouvir com estranheza. Estranhar, censurar, reprovar, repreender. *v. pron.* Negar-se a fazer uma coisa.

EXTRAÑEZ (ecstranhez) *s. f.* V. EXTRAÑEZA.

EXTRAÑEZA (ecstranheça) *s. f.* Estranheza, singularidade. Desavença. Estranheza, pasmo, assombro, admiração.

EXTRANJERÍA (ecstranjería) *s. f.* Qualidade e condição legal de um estrangeiro, residente no país e não-naturalizado.

EXTRANJERISMO (ecstranjerismo) *s. m.* Estrangeirismo. Estrangeirice.

EXTRANJERIZAR (ecstranjeriçar) *v. tr.* Estrangeirar.

EXTRANJERO, A (ecstranjero) *adj.* Estrangeiro. U. t. c. s. (Na América diz-se somente daquele cuja língua materna não é o espanhol).

EXTRANJIA (ecstranjía) *s. f. fam.* V. EXTRANJERIA. *De* —, *loc. fam.* Estrangeiro, de outro país. *fig. fam.* Estranho, inopinado.

EXTRAÑO, A (ecstranho) *adj.* Estranho.

EXTRAVASACIÓN (ecstravasaciòn) *s. f.* Extravasamento, extravasação, extravasão.

EXTRAVASARSE (ecstravassarse) *v. pron.* Extravasar (sair dos canais naturais).

EXTRAVENAR (ecstravenar) *v. tr.* Extravasar da veia, tirar (o sangue) das veias. *fig.* Desviar, mudar, alterar. *v. pron.* Derramar-se, infiltrar-se, extravasar das veias o sangue.

EXTREMADAS (ecstremadas) *s. f. pl.* Tempo em que os granjeiros fazem o queijo.

EXTREMAUNCIÓN (ecstremaunciòn) *s. f.* Extrema-unção.

EXTREMEÑO, A (ecstremenho) *adj.* e *s.* Estremenho.

EXTREMIDAD (ecstremidad) *s. f.* Extremidade.

EXUCCIÓN (ecsucciòn) *s. f.* Exsucção.

EXUDACIÓN (ecsudaciòn) *s. f.* Exsudação.

EXUDAR (ecsudar) *v. intr.* Exsudar, exsuar.

EXUDATIVO, A (ecsudativo) *adj.* Exsudatório.

EXULCERACIÓN (ecsulceraciòn) *s. f.* Exulceração.

EXULTACIÓN (ecsultaciòn) *s. f.* Exultação.

EXVOTO (ecsvoto) *s. m.* Ex-voto.

EYACULACIÓN (edjaculaciòn) *s. f.* Ejaculação.

EYACULAR (edjacular) *v. tr.* Ejacular.

EYACULATORIO, A (edjaculatorio) *adj.* Ejaculatório.

EYECCIÓN (edjecciòn) *s. f.* Ejeção, dejeção.

EYECTOR (edejector) *s. m.* Ejetor.

F *s. f.* (èfe) Sétima letra e quinta consoante do alfabeto espanhol.

FABLA *s. f. ant.* V. HABLA. *ant.* Fábula.

FABORDÓN *s. m.* Fabordão.

FABUCO *s. m.* V. HAYUCO.

FACA *s. f.* Faca de lâmina curva. Facão.

FACCIÓN *s. f.* Facção. Feição (lineamento do rosto humano). U. m. no pl. Ato do serviço militar (guarda, sentinela, patrulha etc.).

FACERÍA *s. f.* Compáscuo.

FACHA (fatcha) *s. f. fam.* Aspecto, figura, porte, fachada. *fam.* Pessoa mal encarada ou vestida com mau gosto.

FACHADO, A (fatchado) *adj.* Com os advs. *bien* ou *mal,* de bom ou mau aspecto, porte ou aparência.

FACHENDA (fatchenda) *s. f. fam.* Jactância, vaidade, fatuidade. *s. m. fam.* V. FACHENDOSO.

FACHENDEAR (fatchendear) *v. intr. fam.* Alardar ou ostentar riquezas, boas relações etc.

FACHENDÓN, A (fatchendòn) *adj. fam.* V. FACHENDOSO.

FACHENDOSO, A (fatchendosso) *adj. fam.* Vaidoso, fátuo, jactancioso, presunçoso. U. t. c. s.

FACILITÓN, A *adj. fam.* Que acha tudo fácil, ou pensa facilitá-lo. U. t. c. s.

FACINEROSO, A (facinerosso) *adj.* Facinoroso, malvado, celerado, perverso, delinqüente.

FACIONADO, A *adj. ant.* Com os advs. *bien* ou *mal,* bem ou mal feito ou configurado.

FACTIBLE *adj.* Factível.

FACTOR *s. m.* Fator. Feitor, capataz. Fator (de estação ferroviária).

FACTORAJE (factoraje) *s. m.* V. FACTORÍA, 1ª acep.

FACTORÍA *s. f.* Feitoria (o cargo de feitor). Estabelecimento comercial instalado em país estrangeiro; feitoria.

FACULTAD (facultad) *s. f.* Faculdade.

FADIGA *s. f. Juris.* Laudêmio.

FAENA *s. f.* Tarefa, trabalho, ocupação, lavor, afazer. Trabalho corporal. *fig.* Trabalho mental.

FAENERO *s. m. Amer.* Trabalhador agrícola.

FAETÓN *s. m.* Faetonte.

FAGOCITO *s. m.* Fagócito.

FAISÁN (faissàn) *s. m.* Faisão.

FAJA (faja) *s. f.* Faixa (cinta, banda; atadura, ligadura).

FAJADO, A *p. p.* de *Fajar. adj.* Diz-se da pessoa açoitada. *Heráld.* Faixado.

FAJADURA (fajadura) *s. f.* Faixadura, bandagem. Ação de enfaixar. *Náut.* Capa (forro de cabos e amarras).

FAJAMIENTO (fajamiento) V. FAJADURA, 2ª acep.

FAJAR (fajar) *v. tr.* Faixar, enfaixar. *Amer.* Bater, golpear, pespegar. — *con (uno), loc. fam.* Arremeter violentamente contra alguém.

FAJARDO (fajardo) *s. m.* Espécie de pastel ou empada de carne.

FAJEADO, A (fajeado) *adj.* Que tem faixas ou listas.

FAJERO (fajero) *s. m.* Cueiro, faixeiro.

FAJÍN (fajín) *s. m. Dim.* de *Faja.* Faixa, banda (usada pelos generais, almirantes, chefes de governo etc., sobre o traje civil).

FAJINA (fajina) *s. f.* Faxina, lenha miúda, gravetos. *Fort.* Faxina. *Agr.* Meda. *Mil.* Toque de guerra. V. FAENA. *meter —, loc. fam.* Falar muito, ruidosa e inutilmente.

FAJINADA (fajinada) *s. f.* Faxina (molho de paus curtos para fins militares). *Constr.* Faxina.

FAJO (fajo) *s. m.* Feixe, molho. *pl.* Cueiros, fraldas.

FAJÓN (fajòn) *s. m. Aument.* de *Faja.*

FAJUELA (fajuela) *s. f. Dim.* de *Faja.*

FALBALÁ *s. m.* Falvalá, folho de vestido. V. FARALA.

FALCACEADURA *s. Náut.* Falcassadura.

FALCACEAR *v. tr. Náut.* Falcassar.

FALCACEO (falcacèo) *s. m.* V. FALCACEADURA.

FALCAFORT *s. f. Náut.* Falca.

FALCE *s. m.* Foice.

FALCÓN *s. m.* Falcão (peça de artilharia). *ant.* V. HALCÓN.

FALDA *s. f.* Fralda, falda (de saia, camisa etc.). Cauda de vestido. Alcatra. Colo, regaço. *fig.* Fralda, aba, raiz, sopé (de monte, serra etc.). *fig.* Folha de alcachofra. *pl.* Saias.

FALDAJE (faldaje) *s. m.* V. FALDAR.

FALDAMENTA *s. f.* Fralda (a parte inferior de qualquer hábito ou vestido talar).

FALDAR *s. m.* Fraldão.

FALDEAR *v. intr.* Fraldejar (andar pelas fraldas da serra).

FALDELLÍN (faldelhín) *s. m.* Fraldelim, saiote, fraldelhim.

FALDERO, A *adj.* Fraldeiro. Fraldiqueiro (cão). *fig.* Fraldiqueiro, mulherengo, efeminado.

FALDETA *s. f. Dim.* de *Falda.*

FALDICORTO, A *adj.* Fraldicurto.

FALDILLAS (faldilhas) *s. f. pl.* Em certos vestidos, partes que pendem da cintura.

FALDÓN *s. m. Aument.* de *Falda.* Fralda (de vestido). Saia curta e ampla. Mó já gasta que se utiliza em cima de outra. Panos que formam a boca da chaminé. Vertente triangular de um telhado.

FALDONA *adj. Náut.* Diz-se da vela muito comprida, por ser mal cortada.

FALDULARIO *s. m.* Roupa que chega até o chão.

FALIBLE *adj.* Falível.

FALIBLEMENTE *adv.* Falivelmente.

FALIMIENTO *s. m.* Mentira, falsidade, engano, falimento.

FALLA (falha) *s. f.* Falha, defeito (principalmente em tecidos). *ant.* Falta. (U. ainda na Colômbia e Chile). *Geol.* Falha. *Amer. mexic.* Touca da criança. Espécie de capuz.

FALLADA (falhada) *s. f.* Trunfada (em jogo de cartas).

FALLAR (falhar) *v. tr. ant.* V. HALLAR. *For.* Decidir, resolver, determinar, sentenciar (o juiz). *fig.* Decidir (em qualquer assunto). Cortar, jogar trunfo (em jogo de cartas). *v. intr.* Falhar, malograr-se.

FALLEBA (falheba) *s. f.* Tranqueta (de porta ou janela).

FALLECER (falhecer) *v. intr.* Falecer, morrer, expirar, sucumbir. Falecer, carecer, faltar.

FALLECIMIENTO (falhecimiento) *s. m.* Falecimento (morte; falha, carência, provação).

FALLIBLE (falhible) *adj.* Falível.

FALLIDO, A (falhido) *adj.* Falho, frustrado, sem efeito. Falido, sem crédito. Incobrável.

FALLIR (falhir) *v. intr.* Faltar, falhar, errar, carecer, falecer. Faltar à palavra, enganar, falir. *Amer.* Falir, quebrar.

FALLO (falho) *s. m. For.* Sentença judicial definitiva. Decisão de pessoa competente sobre matéria duvidosa. *Echar el —, loc. For.* Sentenciar, resolver, decidir, determinar. *fig. fam.* Julgar decisivamente. *adj.* Falho, baldo (de um naipe). *Amer. fig. fam.* Néscio, fátuo, tolo.

FALSA V. DESVÁN. *Mús.* Falsa.

FALSADA *s. f.* V. CALADA.

FALSARREGLA *s. m.* Instrumento composto de duas réguas móveis. *Amer.* V. FALSILLA.

FALSARRIENDA *s. f.* Falsa-rédea.

FALSEADOR, A *adj.* Falsário, falsificador, adulterador.

FALSEAMIENTO *s. m.* Falseamento.

FALSEDAD (falsedad) *s. f.* Falsidade.

FALSETE *s. m.* Rolha de cortiça. *Mús.* Falsete.

FALSIFICAMIENTO *s. m.* Falsificação.

FALSILLA (falsilha) *s. f.* Pauta (papel regrado que se põe debaixo da folha de escrever).

FALTRERO *s. m.* Ladrão, ratoneiro.

FALTRIQUERA *s. f.* Algibeira, bolso.

FAÑADO, A (fanhado) *adj.* Diz-se do animal de um ano.

FANAL *s. m.* Fanal. Campânula de cristal para cobrir alguma coisa.

FANEGA *s. f.* Fanga, fanega. — *de tierra.* V. FANEGADA.

FANEGADA *s. f.* Medida agrária equivalente a 400 estádios quadrados. *A —s, loc. adv. fig. fam.* À larga, muito abundantemente.

FANFARRIA *s. f.* Fanfarra.

FANFARRÓN, A *adj.* Fanfarrão, jactancioso.

FANFARRONERÍA *s. f.* Fanfarrice, fanfarria, fanfarronada.

FANFARRONESCA *s. f.* Fanfarrada, fanfarronice.

FANFURRIÑA (fanfurrinha) *s. f. fam.* Amuo passageiro.

FANGAL *s. m.* Lamaçal, lameiro.

FANGAR *s. m.* V. FANGAL.

FANGO *s. m.* Lama, lodo, barro.

FANGOSIDAD (fangossidad) *s. f.* Qualidade de lamacento.

FANGOSO, A (fangosso) *adj.* Lamacento, lutulento, lodoso, lamoso.

FANTASEADOR, A (fantasseador) *adj.* Fantasiador. U. t. c. s.

FANTASEAR (fantassear) *v. intr.* Devanear, desvairar. Vangloriar-se. *v. tr.* Fantasiar, imaginar.

FANTASMÓN *s. m. Aument.* de *Fantasma. adj. fam.* Muito vaidoso e presumido. U. t. c. s.

FAQUÍN *s. m.* Moço de fretes, mariola.

FARAD (farad) *s. m. Fís.* Farad.

FARALA *s. f.* Babado (folho em pregas).

FARALLÓN (faralhòn) *s. m.* Farelhão.

FARAMALLA (faramalha) *s. f. fam.* Trapaça, enredo, conversa artificiosa para enganar. *s. m. e f. fam.* Pessoa trapaceira. U. t. c. adj. *Amer.* Fanfarrice. *Amer.* Bagatela, ninharia.

FARAMALLEAR (faramalhear) *v. intr. Amer.* V. FAROLEAR.

FARAMALLERO, A (faramalhero) *adj. fam.* Enredador, trapaceiro. U. t. c. s. *Amer.* Fanfarrão. *Amer.* V. FACHENDOSO.

FARANDULEAR *v. intr.* V. FAROLEAR. (Mais usado na América, principalmente no México).

FARANDULERO *s. m.* Farsante, histrião, comediante. *adj. fig. fam.* Trapaceiro. U. m. c. s. *fig. fam.* V. FAROLERO.

FARAÓN *s. m.* Faraó.

FARDA *s. f.* Fardo, atado, volume, embrulho. *Carp.* Entalhe.

FARDAGE (fardaje) *s. m.* Fardagem (porção de fardos).

FARDAR *v. tr.* Prover alguém, principalmente de roupa; vestir, enroupar. U. t. c. pron.

FARDERÍA *s. f.* V. FARDAGE.

FARFALA *s. m.* V. FARALA.

FARFALLÓN, A (farfalhòn) *adj. fam.* V. FARFULLERO U. t. c. s.

FARFALLOSO, A (farfalhosso) *adj. fam.* Tartamudo, gago.

FARFANTON *s. m. fam.* Fanfarrão, valentão, farfante. U. t. c. adj.

FARFANTONADA *s. f. fam.* Fanfarronada, fanfarrice.

FARFANTONERÍA *s. f.* V. FARFANTONADA.

FÁRFARA *s. f. Bot.* Farfária, tussilagem. Película interior do ovo. *En —, loc. adv. fig.* Na casca, por fazer, sem a última demão.

FARFULLA (farfulha) *s. f.* Gaguez (por falar muito depressa). *s. m.* e *f. fam.* Gago. U. t. c. adj.

FARFULLADOR, A (farfulhador) *adj.* V. FARFULLERO.

FARFULLAR (farfulhar) *v. tr. fam.* Gaguejar, falar atabalhoadamente, balbuciar. *fig. fam.* Fazer uma coisa muito apressada e confusamente, atabalhoar.

FARFULLERO, A (farfulhero) *adj.* Gago, tartamudo. U. t. c. s. Trapalhão.

FARGALLÓN, A (fargalhòn) *adj. fam.* Trapalhão. U. t. c. s. Esfarrapado, desalinhado. U. t. c. s.

FARILLÓN (farilhòn) *s. m.* V. FARALLÓN.

FARINGITIS (farinjitis) *s. f.* Faringite.

FARISEO (farissèo) *s. m.* Fariseu. *fig.* Fariseu, hipócrita.

FARO *s. m.* Farol, faro. *fig.* Guia, rumo, fanal, norte, farol. Espécie de cerveja.

FAROL *s. m.* Lampião, farol. *fig. fam.* V. FACHENDA. *Amer. argent.* Balcão, sacada.

FAROLA *s. f.* Farol grande. Farol (de porto ou navio).

FAROLAZO (farolaço) *s. m. Amer.* Trago de aguardente, golada, talagada.

FAROLEAR *v. intr. fam.* Fazer ostentação vaidosa ou jactanciosa. V. PAPELONEAR.

FAROLEO (farolèo) *s. m.* Ostentação vaidosa ou jactanciosa.

FAROLERO *s. m.* Faroleiro. *adj. fig. fam.* Vaidoso, ostentador, amigo de chamar a atenção.

FAROLILLO (farolilho) *s. m.* Campainha (planta trepadeira).

FAROTÓN *s. m.* Pessoa descarada e sem juízo. U. t. c. adj.

FARRAGO *s. m.* Farragem, mixórdia, confusão.

FARRAGUISTA *s. m.* e *f.* Pessoa que tem a cabeça cheia de idéias confusas e mal ordenadas.

FASOLES (fássoles) *s. m. pl.* V. FRISOLES.

FASTIAL *s. m. Arq.* V. HASTIAL. *Arq.* Fastígio, cume.

FASTIDIAR *v. tr.* Enfastiar, enfarar. U. t. c. pron. *fig.* Enfadar, molestar, cansar, desgostar, enfastiar.

FASTIDIO *s. m.* Fastio, nojo, repugnância, aversão, enfadamento. V. HASTIO. *fig.* Enfado, aborrecimento, desgosto.

FATIGA *s. f.* Fadiga, cansaço, trabalho penoso. Respiração difícil.

FAVORECER *v. tr.* Favorecer, proteger, apoiar; auxiliar, ajudar, amparar. Favorecer, obsequiar. *Irreg.* Ind. pres. *Favorezco.* Sub. pres. *Favorezc-a, as, a, amos, áis, an.* Imperat. *Favorezc-a, amos, an.*

FAYANCA (fadjanca) *s. f.* Posição em que o corpo fica sem firmeza. *De —, loc. adv. fig.* Sem cuidado.

FAZ *s. f.* Face, rosto, cara. Face, aspecto. Face (das medalhas e moedas). *— a —, loc. adv.* Face a face. *A prima,* ou *primera, —, loc. adv.* À primeira vista. *En —, loc. adv.* Em face, à vista. *En — y paz, loc. adv.* Pública e pacificamente. *A la — de, loc. adv.* Em face de.

FEALDAD (fealdad) *s. f.* Fealdade. *fig.* Desonestidade, fealdade.

FEBLE *adj.* Débil, fraco. Diz-se das moedas e ligas sem o peso de lei.

FEBRERA *s. f.* V. CACERA.

FEBRERO *s. m.* Fevereiro (2ª mês do ano).

FECHA (fetcha) *s. f.* Data (de carta ou escrito). Data, época. *Larga —,* longa data.

FECHAR (fetchar) *v. tr.* Datar (uma carta ou escrito).

FECHORIA (fetchoría) *s. f.* Ação. (Toma-se geralmente por ação má).

FECHURIA (fetchuría) *s. f.* V. FECHORÍA.

FECUNDIZACIÓN (fecundiçaciòn) *s. f.* Fecundação.

FEHACIENTE (feaciente) *adj. For.* Que faz fé em juízo.

FELICIDAD (feliciдad) *s. f.* Felicidade. Satisfação, gosto, contentamento.

FELICITACIÓN *s. f.* Felicitação, cumprimento, parabéns, embora.

FELÓN, A *adj.* Traidor, pérfido; que comete felonia.

FELPA *s. f.* Felpa (de tecido). Pelúcia. *fig. fam.* Surra, sova. *fig. fam.* Repreensão áspera, carão.

FELPILLA (felpilha) *s. f.* Froco (felpa de lã ou seda, torcida em cordão, para ornatos de vestuário).

FELPO *s. m.* V. RUEDO.

FELPOSO, A (felposso) *adj.* Felpado, felpudo.

FELPUDO *s. m.* V. RUEDO. *adj.* Felpudo, felpado.

FEMENIL *adj.* Feminil, femíneo, pertencente ou relativo à mulher.

FEMENILMENTE *adv.* Femininilmente.

FEMENINO, A *adj.* Feminino. *s. m. Gram.* Feminino.

FEMERAL *s. m.* V. ESTERCOLERO.

FEMINEIDAD (femineidad) *s. f.* Feminidade; feminilidade.

FENDIENTE *s. m.* V. HENDIENTE.

FENECIMIENTO *s. m.* Fenecimento.

FEO, A *adj.* Feio, a. *s. m. fig. fam.* Feio, fealdade; desaire.

FEOTE, A *adj. Aument.* de *Feo.*

FEOTÓN, A *adj. Aument.* de *Feote.*

FERAL *adj.* Cruel, sangrento.

FERIA *s. f.* Feira, dia de semana, dia útil. Feira, mercado público em dias determinados. Féria, descanso. *Amer.* Troco (de dinheiro). *Amer.* Troca. *pl.* Dádivas, presentes, feiras. *— franca,* feira franca.

FERIAL *adj.* Ferial (relativo aos dias úteis). Feiral. *s. m.* V. FERIA, 2ª acep.

FERIANTE *s. m.* Feirante.

FERIAR *v. tr.* Feirar. Vender, comprar, permutar, trocar. Dar feiras, obsequiar. U. t. c. pron. *v. intr.* Feriar.

FERMENTACIÓN *s. f.* Fermentação.

FERRADA *s. f.* Clava ferrada.

FERRAR *v. tr.* Ferrar (guarnecer de ferro).

FERREÑA (ferrenha) *adj.* Diz-se da noz pequena e dura.

FERRERÍA *s. f.* Ferraria, forja.

FERRETE *s. m.* Sulfato de cobre usado em tinturaria. Ferrete (ferro para marcar).

FERRETERÍA *s. f.* Ferraria. Casa de ferragem.

FERRIFICARSE *v. pron. Miner.* Sofrer ferrificação.

FERRO *s. m.* Ferro (âncora).

FERROCARRIL *s. m.* Estrada de ferro, ferrovia, caminho de ferro, via férrea.

FERROCARRILERO, A *adj. Amer.* Ferroviário.

FERRÓN *s. m.* Ferreiro, o que trabalha em ferraria.

FERRONAS *s. f. pl. Jír.* Esporas.

FERRUGIENTO, A (ferrujiento) *adj.* Ferruginoso.

FERRUGÍNEO, A (ferrujíneo) *adj.* Ferruginoso.

FERVIENTE *p. a.* de *Fervir.* Fervente. *adj. fig.* Fervente, fervoroso.

FERVIENTEMENTE *adv.* Ferventemente, fervorosamente.

FERVORIZAR (fervoriçar) *v. tr.* Afervorar, acalorar, animar.

FESTEAR *v. intr. ant.* Festejar.

FESTEJADA (festejada) *s. f. Amer.* Surra, sova, coça.

FESTEO (festèo) *s. m. ant.* Festejo.

FESTIVO, A *adj.* Festivo. Gracioso, chistoso, jocoso.

FESTÓN *s. m. Arq.* Festão. Festão, grinalda.

FESTONEAR *v. tr.* Festoar.

FETOR *s. m.* V. HEDOR.

FEÚCHO, A (feútcho) *adj. fam.* Feíssimo, muito feio.

FEÚCO *adj.* V. FEÚCHO.

FIAMBRAR *v. tr.* Preparar fiambres.

FIAMBRERA *s. f.* Fiambreira. Marmita, vianda.

FIANZA (fiança) *s. f.* Fiança.

FIAT *s. m.* Fiat. Consentimento, vênia, autorização, permissão, licença.

FIBRILLA (fibrilha) *s. f.* Fibrila, fibrilha.

FICCIÓN *s. f.* Ficção. — *de derecho,* ficção legal.

FIDEICOMISO (fideicomisso) *s. m.* Fideicomisso.

FIDELIDAD (fidelidad) *s. f.* Fidelidade.

FIEBRE *s. f.* Febre. *fig. Amer.* Pessoa astuta, águia.

FIELATO *s. m.* Ofício ou escritório de fiel.

FIELTRAR *v. tr.* Feltrar.

FIELTRO *s. m.* Feltro.

FIEMO *s. m.* V. FIMO.

FIERA *s. f.* Fera. *fig.* Fera.

FIERABRÁS *s. m. fig.* Ferrabrás.

FIEREZA (fiereça) *s. f.* Fereza, feridade, ferocidade. *fig.* Deformidade ou fealdade desagradável.

FIERO, A *adj.* Fero. Feio. Horroroso. *s. m. pl.* Feros, bravata, ameaça.

FIESTA *s. f.* Festa.

FIGLE *s. m. Mús.* Oficlide.

FIGÓN *s. m.* Casa de pasto, taberna.

FIGONERO *s. m.* Taberneiro, dono de casa de pasto.

FIGURABLE *adj.* Figurável.

FIGURACIÓN *s. f.* Figuração (ato de figurar).

FIGURERÍA *s. f.* Gesto ridículo, momice ou trejeito afetado.

FIGURERO, A *adj. fam.* Careteiro; que faz momices. *s. m.* e *f.* Pessoa que faz figuras de barro ou gesso.

FIGURILLA (figurilha) *s. f. Dim.* de *Figura.* Figurilha. *s. m.* e *s. fam.* Figurilha, fraca figura, pessoa pequena e ridícula.

FIGURÍN *s. m.* Figurino.

FIGURÓN *s. m. Aument.* de *Figura.* Figurão. *s. m. fig. irôn.* Figurão.

FIJA (fija) *s. f.* Bisagra.

FIJACIÓN (fijaciòn) *s. f.* Fixação.

FIJADO, A (fijado) *p. p.* de *Fijar. Heráld.* Ponteagudo.

FIJADOR, A (fijador) *adj.* Fixador. *s. m.* Fixador.

FIJAMENTE (fijamente) *adv.* Fixamente.

FIJAR (fijar) *v. tr.* Fixar (pregar, cravar; segurar, firmar; limitar, precisar, designar; concentrar), colocar bisagras. *v. pron.* Fixar-se (deter-se, permanecer; notar, reparar; resolver-se, determinar-se).

FIJATIVO (fijativo) *s. m.* Fixativo.

FIJEZA (fijeça) *s. f.* Fixidade, fixidez. Persistência, continuidade.

FIJO, A (fijo) *adj.* Fixo. *De —, loc. adv.* Seguramente, sem dúvida. *s. m. ant.* V. HIJO.

FIJODALGO (fijodalgo) *s. m.* V. HIDALGO.

FILA *s. f.* Fila, fileira. *fig. fam.* Ódio, birra, antipatia. *En —s, loc. adv.* Na tropa, em serviço ativo no exército.

FILACTERIA *s. f.* Filactério.

FILANDRIA *s. f.* Filandra (verme).

FILAR *v. tr. ant.* V. HILAR. *Náut.* Filar.

FILARETE *s. m. Náut.* Filerete.

FILATERÍA *s. m.* Conversa fiada para engazopar alguém; filáucia. Verborréia.

FILATERO *s. m.* Pairador.

FILAUCÍA *s. f.* Filáucia.

FILENO, A *adj. fam.* Delicado, mimoso, diminuto.

FILERA *s. f.* Espécie de aparelho de pesca.

FILETEAR *v. tr.* Ornar com filetes.

FILETÓN *s. m.* Fio torcido com que se imitam flores nos bordados.

FILFA *s. f. fam.* Mentira, lorota, patranha, boato.

FILIBUSTERO *s. m.* Flibusteiro.

FILILÍ *s. m. fam.* Delicadeza, primor.

FILIPICHÍN (filipitchín) *s. m.* Tecido de lã estampado.

FILIS *s. m.* Habilidade, graça e delicadeza.

FILISTEO (filistèo) *s. m.* Filisteu. *fig.* Filisteu (homem corpulento).

FILLÓS (filhòs) *s. m. pl.* Filhós.

FILÓN *s. m. Miner.* Filão.

FILOSEDA (filosseda) *s. f.* Tecido de lã e seda. Tecido de algodão e seda.

FILVÁN *s. m.* Fio-vão.

FIMO *s. m.* Esterco.

FIN *s. amb.* Fim, termo; conclusão, remate. *s. m.* Fim, limite. Fim, objeto, motivo, móvel, causa. *A — de, loc. conj.* A fim de. *A — de que, loc. conj.* A fim de que. *Al —, loc. adv.* Enfim, no fim, no final. *Al — y a la postre, Al — y al cabo, locs. advs.* Afinal, no fim de contas, depois de tudo. *En —, loc. adv.* Por fim. *Dar —, loc.* Dar fim, acabar. Morrer. *Sin —, loc. adv. fig.* Sem fim, sem conta, sem número.

FINALIDAD (finalidad) *s. f. fig.* Finalidade, fim, motivo.

FINAMIENTO *s. m.* Finamento, falecimento.

FINANCIERO, A *adj.* Financeiro. *s. m.* Financeiro, financista. V. HACENDISTA.

FINANZAS (finanças) *s. f. pl.* Finanças, finança.

FINCA *s. f.* Propriedade imóvel (rústica ou urbana). *¡Buena —! irón.* Pessoa ou coisa pouco digna de confiança.

FINCHADO, A (fintchado) *adj. fam.* Emproado, inchado, fátuo, orgulhoso.

FINCHAR (fintchar) *v. tr. ant.* V. HINCHAR.

FINGIBLE (finjible) *adj.* Que se pode fingir.

FINGIMIENTO (finjimiento) *s. m.* Fingimento, simulação, engano.

FINIQUITACIÓN *s. f.* Liquidação, ajuste (de contas).

FINIQUITAR *v. tr.* Saldar, liquidar (uma conta).

FINIQUITO *s. m.* Liquidação, ajuste, saldo (de uma conta). *Dar —, loc. fig.* Acabar, liquidar com uma coisa. *Dar —s, loc. fam.* Vir às boas, convir, ajustar.

FINITIMO, A *adj.* Confinante, limítrofe.

FIORDO *s. m.* Fiorde.

FIRMAR *v. tr.* Assinar, firmar. *v. pron.* Assinar-se. *— em blanco, loc.* Assinar em branco.

FIRMA *s. f.* Assinatura, firma.

FISCALIZACIÓN (fiscaliçaciòn) *s. f.* Fiscalização.

FISGA *s. f.* Fisga, arpão. Caçoada, brincadeira, troça, zombaria, gracejo. *Amer.* Bandarilha.

FISGAR *v. tr.* Fisgar (pescar com fisga). V. CURIOSEAR. *v. intr.* Caçoar, zombar, troçar, gracejar. U. t. c. pron.

FISGÓN, A *adj.* Zombador, trocista, gracejador. U. t. c. s. V. HUSMEADOR. U. t. c. s.

FISGONEAR *v. tr.* Bisbilhotar, esquadrinhar, observar o que se passa; indagar.

FISGONEO (fisgonèo) *s. m.* Ação de *Fisgonear.*

FISGONERÍA *s. f.* Bisbilhotice, curiosidade.

FISIPARIDAD (fissiparidad) *s. f.* Fissiparidade.

FISÍPARO, A (fissíparo) *adj.* Fissíparo.

FISÍPEDO, A (fissípedo) *adj.* Fissípede.

FISONOMIA (fissonomia) *s. f.* Fisionomia.

FISONÓMICO, A (fissonòmico) *adj.* Fisionômico.

FISONOMISTA (fissonomista) *s. m. e f.* Fisionomista.

FISTOL *s. m.* Homem ladino, anta, águia. *Amer. mexic.* Pregador de gravata.

FISURA (fissura) *s. f. Med.* Fissura. *Miner.* Fissura, fenda.

FLABELACIÓN *s. f.* Flabelação.

FLACAMENTE *adv.* Fracamente, debilmente; molemente, preguiçosamente, frouxamente.

FLACCIDEZ *s. f.* Flacidez.

FLÁCCIDO, A *adj.* Flácido, mole, frouxo; débil, lânguido.

FLACO, A *adj.* Magro. *fig.* Fraco, débil; frouxo, mole. *s. m.* Fraco, fraqueza, debilidade, defeito.

FLACUCHENTO, A (flacutchento) *adj. deprec. Amer.* V. FLACUCHO.

FLACUCHO, A (flacutcho) *adj. Dim. deprec.* de *Flaco.* Magricela.

FLACURA *s. f.* Magreza. Fraqueza.

FLAGELACIÓN (flajelaciòn) *s. f.* Flagelação.

FLAMANTE *adj.* Resplandecente, brilhante, flamante. Novo, recente; novo em folha.

FLAMEAR *v. tr.* Flamejar, arder, flamear. *Náut.* Panejar. *v. intr.* Ondear, drapejar (as bandeiras).

FLAMENCO, A *adj. e s.* Flamengo. *adj. fam.* V. GITANESCO. *s. m.* Flamengo (idioma). *Zool.* Flamingo, flamengo. Espécie de navalha.

FLAMENQUILLA (flamenquilha) *s. f.* Prato redondo. *Bot.* Maravilha.

FLAMEO (flamèo) *s. m.* Ação de ondear, drapejar (as bandeiras). Ação de panejar (as velas do navio).

FLAMERO *s. m.* Candelabro.

FLAN *s. m.* Torta de nata.

FLANEAR *v. intr.* Flanar, larear, passear ociosamente.

FLANEO (flanèo) *s. m.* Ação de flanar ou larear.

FLANQUEO (flanquèo) *s. m.* Ação de flanquear.

FLAÓN *s. m.* V. FLAN.

FLAQUEAR *v. intr.* Fraquear, fraquejar, desfalecer. *fig.* Fraquejar, afrouxar, ceder.

FLAQUEZA (flaqueça) *s. f.* Fraqueza, extenuação; magreza. *fig.* Fraqueza, debilidade; fragilidade, defeito moral.

FLATOSIDAD (flatossidad) *s. f.* Flatuosidade, flatulência.

FLATOSO, A (flatosso) *adj.* Flatuloso, flatuoso. *Amer.* Melancólico, triste, apreensivo.

FLAUTADO, A *adj.* Aflautado. *s. m.* Registro de flauta (do órgão).

FLAUTEADO, A *p. p.* de *Flautear.* *adj.* Afeminado, melindroso.

FLAUTEAR *v. intr.* Flautear (tocar flauta). *fig.* Adoçar, abrandar, aflautar, abemolar.

FLAUTERO *s. m.* Flutista (fabricante de flautas).

FLAUTILLO (flautilho) V. CARAMILLO.

FLAUTÍN *s. m.* Flautim.

FLEBOTOMAR *v. intr. Med.* Sangrar, fazer flebotomia.

FLECADURA *s. f. Amer. chil.* V. FLOCADURA.

FLECHA (fletcha) *s. f.* Flecha, seta. *fig. fam. Amer.* Rapariga muito nervosa e inquieta. *Geom.* Flecha.

FLECHADURA (fletchadura) *s. f. Náut.* Conjunto de enfrechates.

FLECHAR (fletchar) *v. tr.* Flechar.

FLECHASTE (fletchaste) *s. m. Náut.* Enfrechate.

FLECHAZO (fletchaço) *s. m.* Flechada, frechada. *fig.* Amor súbito, repentino.

FLECHERÍA (fletchería) *s. f.* Flecharia, frecharia.

FLECHERO (fletchero) *s. m.* Flecheiro, frecheiro.

FLECHILLA (fletchilha) *s. f. Bot.* Flechilha.

FLECO *s. m.* Franja, froco (galão com fios torcidos e pendentes). *pl. Amer.* Franja (espécie de penteado usado pelas mulheres). *Ponerse —s, loc. fig. fam. Amer.* Usar de todos os recursos para conseguir alguma coisa.

FLEJE (fleje) *s. m.* Arco, aro (de barril, fardos etc.).

FLEMA *s. f.* Fleuma. *fig.* Fluema, pachorra; lentidão. *Gastar —, loc. fig.* Proceder fleumaticamente.

FLEMACIA *s. f. Med.* Flegmasia.

FLEMAGOGO *adj.* Fleumagogo.

FLEMÁTICAMENTE *adv.* Fleumaticamente.

FLEMÁTICO, A *adj.* Fleumático. *fig.* Fleumático, pachorrento, impassível. Tardo, lento, moroso. U. t. c. s.

FLEME *s. m. Vet.* Flame.

FLEMÓN *s. m.* Flegmão, fleimão, fleumão. *Aument.* de *Flema,* 2ª acep.

FLEMOSO, A (flemosso) *adj.* Fleumático.

FLEMUDO, A *adj.* Fleumático, pachorrento, calmo, lento, impassível. U. t. c. s.

FLEQUEZUELO (flequeçuelo) *s. m. Dim.* de *Fleco.*

FLEQUILLO (flequilho) *s. m. Dim.* de *Fleco,* 2ª acep.

FLETADOR *s. m.* Fretador.

FLETAMENTO *s. m.* Fretamento.

FLETANTE *s. m. Amer.* Fretador.

FLETAR *v. tr.* Fretar (uma embarcação). *Amer.* Alugar (bestas de carga). *Amer. centr.* V. FREGAR. *v. pron.* Trasladar-se (em barco). *Amer. cub.* e *mexic.* Desaparecer, ausentar-se subitamente.

FLETE *s. m.* Frete (de embarcação). *Amer.* Flete.

FLEXIBLE (flecsible) *adj.* Flexível.

FLEXIÓN (flecsiòn) *s. f.* Flexão.

FLIRTEAR *v. intr.* Flertar, namorar.

FLOCADURA *s. f.* Frocadura, guarnição de franjas.

FLOJAMENTE (flojamente) *adv.* Frouxamente.

FLOJEAR (flojear) *v. intr.* Afrouxar, entibiar. V. FLAQUEAR.

FLOJEDAD (flojedad) *s. f.* Frouxidão, frouxeza, fraqueza. *fig.* Preguiça, frouxidade, descuido.

FLOJEL (flojel) *s. m.* Frouxel.

FLOJERA (flojera) *s. f. fam.* V. FLOJEDAD.

FLOJO, A (flojo) *adj.* Frouxo (mole, brando; lasso; fraco; indolente, lânguido), preguiçoso, descuidado.

FLOQUEADO, A *adj.* Frocado, franjado.

FLORACIÓN *s. f.* Florescência, floração.

FLORAR *v. intr.* Florir, florescer.

FLOREAR *v. tr.* Florejar, florir, florear. Tirar a flor da farinha. Florear (a espada etc.). *v. intr. fam.* Dizer galanteios, galantear.

FLORECER *v. intr.* Florescer, florir. *fig.* Florescer, prosperar. *Irreg.* V. conj. de *Favorecer.*

FLORECIENTE *p. a.* de *Florecer.* Florescente. *fig.* Florescente, próspero.

FLORECIMIENTO *s. m.* Florescimento.

FLORENTÍSIMO, A (florentíssimo) *adj. superl.* de *Floreciente.*

FLOREO (florèo) *s. m. fig.* Conversação banal. Floreio (de estilo). Lisonja vã. *Esgr.* Floreio. Floreta (na dança).

FLORERO, A *adj. fig.* Que usa de palavras chistosas e lisonjeiras. *s. m. e f.* Floreiro, floreira, vaso ou jarra de flores. Armário, caixa ou lugar em que se guardam flores.

FLORESTA *s. f.* Floresta (sítio campestre, prado, vergel). *fig.* Coleção de coisas agradáveis e de bom gosto; floresta.

FLORESTERO *s. m.* Guarda-floresta.

FLORETAZO (floretaço) *s. m.* Golpe com o florete. *fig. fam. Amer.* Facada (pedido de dinheiro).

FLORETEAR *v. tr.* Florir, ornar de flores.

FLORETEO (floretèo) *s. m.* Ação de *Floretear.*

FLORIDEZ *s. f.* Abundância de flores. *fig.* Qualidade de florido, ameno e galante.

FLORÍN *s. m.* Florim. Meneio rápido que faz o cão com a cauda quando fareja a caça.

FLORÓN *s. m. Aument.* de *Flor.* Florão (ornato arquitetônico).

FLOTA *s. f.* Frota. *fig. fam. Amer.* Fanfarronada.

FLOTABILIDAD (flotabilidad) *s. f.* Flutuabilidade.

FLOTABLE *adj.* Flutuável.

FLOTACIÓN *s. f.* Flutuação (ação de flutuar ou boiar).

FLOTADOR, A *adj.* Flutuador. *s. m.* Flutuador.

FLOTADURA *s. f.* V. FLOTACIÓN.

FLOTAMIENTO *s. m.* V. FLOTACIÓN.

FLOTANTE *adj.* Flutuante (que flutua num fluido).

FLOTAR *v. intr.* Flutuar, boiar. Flutuar, ondular, tremular.

FLOTE *s. m.* V. FLOTACIÓN. *A —, loc. adv.* Boiando, flutuando. *fig.* A salvo.

FLOTILLA (flotilha) *s. f.* Flotilha.

FLUCTUACIÓN *s. f.* Flutuação. *fig.* Flutuação, irresolução, vacilação.

FLUCTUAR *v. intr.* Agitar-se ou mover-se flutuando; flutuar. *fig.* Estar em risco de perder-se ou arruinar-se. *fig.* Flutuar, hesitar, oscilar, vacilar. Oscilar, flutuar.

FLUECO *s. m.* V. FLECO.

FLUIDO, A *adj.* Fluido. *fig.* Fluente. *s. m.* Fluido.

FLUJO (flujo) *s. m.* Fluxo. *— blanco,* fluxo branco. *— de rísa,* fluxo de riso. *— de sangue,* fluxo de sangue. *— de vientre,* fluxo de ventre, diarréia.

FLUORITA *s. f.* Fluorina, fluorito.

FLUORURO *s. m.* Fluoreto.

FLUXIÓN (flucsiòn) *s. f.* Fluxo, fluxão. Defluxo, resfriado.

FOGAJE (fogaje) *s. m. Amer.* Fogagem, borbulhagem.

FOGARADA *s. f.* V. LLAMARADA.

FOGARIL *s. m.* Fogaréu (concha ou tijela de ferro onde se acendem matérias inflamáveis).

FOGARIZAR (fogariçar) *v. tr.* Fazer fogo com fogueiras.

FOGATA *s. f.* Fogacho, lume, fogueira.

FOGÓN *s. m.* Fogão. Ouvido, fogão (de armas de fogo). Fornalha (de máquinas a vapor). *Amer.* Fogo, fogacho. Cozinha portátil (dos navios), fogão.

FOGONADURA *s. f. Náut.* Enora. *Amer.* Parte da viga metida na parede ou no chão. *Amer.* Fogo, lar.

FOGONAZO (fogonaço) *s. m.* Incêndio da pólvora.

FOGONERO *s. m.* Foguista, fogueiro.

FOGUEACIÓN *s. f.* Cômputo dos lares ou fogos.

FOGUEAR *v. tr.* Limpar (uma arma) com fogo de pólvora. *Mil.* Acostumar os soldados ou cavalos ao fogo da pólvora. *Vet.* Cauterizar.

FOGUEZUELO (foguéçuelo) *s. m. Dim.* de *Fuego.* Foguinho.

FOJA (foja) *s. f.* Folha (dos autos de um processo). *ant.* V. HOJA.

FOLGO *s. m.* Abrigo de peles para os pés.

FOLLA (folha) *s. f.* Torneio em confusão. Miscelânea (de coisas). Miscelânea (de teatro).

FOLLADA (folhada) *s. f.* Empada de massa folhada.

FOLLADO, A (folhado) *p. p.* de *Follar. s. m. Amer.* Saia exterior.

FOLLAJE (folhaje) *s. m.* Folhagem (folhas de uma planta; ornato). *fig.* Enfeite complicado e de mau gosto. *fig.* Palavrório.

FOLLAR (folhar) *v. tr.* Soprar com o fole. Folhar (ornar com folhagem). *Irreg.* (na 1ª acep.). V. conj. de *Almorzar.*

FOLLERO (folhero) *s. m.* Foleiro.

FOLLETERO (folhetero) *s. m.* V. FOLLERO.

FOLLETÍN (folhetín) *s. m.* Folhetim. *Dim.* de *Folleto.*

FOLLETINISTA (folhetinista) *s. m.* e *f.* Folhetinista.

FOLLETISTA (folhetista) *s. m.* e *f.* Folhetista.

FOLLETO (folheto) *s. m.* Folheto.

FOLLISCA (folhisca) *s. f. Amer. colomb.* e *venezul.* V. GRESCA.

FOLLÓN, A (folhòn) *adj.* Preguiçoso, negligente, descuidado. U. t. c. s. Vaidoso, arrogante, cobarde, velhaco. U. t. c. s. *s. m.* Foguete que não estoura.

FOLLONIA (folhonia) *s. f.* Vaidade, presunção.

FOMES *s. m.* Incentivo, causa.

FONACIÓN *s. f.* Fonação.

FONAL *adj.* Fônico.

FONAS *s. f. pl.* Remendos (nas roupas).

FONDA *s. f.* Hospedaria, fonda, casa de pasto.

FONDADO, A *adj.* Diz-se dos barris e pipas que têm o fundo reforçado com arcos ou cordas. *Amer. colomb.* Rico, abastado.

FONDEADERO *s. m.* Ancoradouro, fundeadouro.

FONDEADO, A *p. p.* de *Fondear. Estar (uno) —, loc. fig. Amer. venezul.* Ser rico.

FONDEAR *v. tr.* Sondar. Inspecionar, revistar (um navio). *fig.* Escuadrinhar, escrutar, sondar. Desarrumar a carga do navio para examinar-lhe o fundo. *v. intr.* Fundear, ancorar.

FONDEO (fondèo) *s. m.* Ação de *Fondear.*

FONDERO *s. m. Amer. per.* V. FONDISTA.

FONDILLÓN (fondilhòn) *s. m.* Resto do vinho que fica no fundo da pipa. Vinho velho de Alicante.

FONDILLOS (fondilhos) *s. m. pl.* Fundilhos (das calças).

FONDISTA *s. m.* e *f.* Hospedeiro, dono de casa de pasto, de fonda.

FONDO *s. m.* Fundo (em todas as principais acep. deste vocábulo). —*s públicos,* fundos públicos. *A* —, *loc. adv.* A fundo, inteiramente, perfeitamente. *Echar a* —, *loc. Náut.* Por ao fundo, a pique, afundar. *Irse a* —, *Náut.* Ir ao fundo, a pique. *Esgr.* Cair a fundo.

FONDÓN *s. m.* V. FONDILLÓN.

FONDUCHO (fondutcho) *s. m.* V. FIGÓN.

FONÉBOL *s. m.* Funda, fundíbulo.

FONIL *s. m. Náut.* Funil de madeira.

FONSADO *s. m.* Escavação de um fosso.

FONTANA *s. f. Poét.* Fonte.

FONTANAL *adj.* Fontal, fontanal. *s. m.* Manancial. Lugar onde há muitas fontes.

FONTANAR *s. m.* Manancial, fonte.

FONTANERÍA *s. f.* Canalização de águas e conjunto de encanamentos.

FONTANERO, A *adj.* Fontenário, fontal. *s. m.* Encanador, bombeiro.

FONTEZUELA (fonteçuela) *s. f. Dim.* de *Fuente.* Fontícula, fontela, fontanela.

FOQUE *s. m. Náut.* Bujarrona. Vela de estai.

FORAJIDO, A (forajido) *adj.* Foragido. U. t. c. s.

FORAMEN *s. m.* Olho (da mó). *Amer.* Forame, buraco.

FORASTERO, A *adj.* e *s.* Forasteiro.

FORCEJAR (forcejar) *v. intr.* Forcejar. *fig.* Resistir, opor-se, contradizer.

FORCEJEO (forcejèo) *s. m.* V. FORCEJO.

FORCEJO (forcejo) *s. m.* Forcejo, esforço. *fig.* Contradição, resistência, oposição.

FORCEJÓN (forcejòn) *s. m.* Esforço violento.

FORCEJUDO, A (forcejudo) *adj.* Forçudo, robusto.

FORERO, A *adj.* Foreiro. *s. m.* Foreiro.

FORESTAL *adj.* Florestal.

FORILLO (forilho) *s. m.* Espécie de pano de teatro.

FORMACIÓN *s. m.* Formação.

FORMAJE (formaje) *s. m.* Cincho. Queijo.

FORMALEZA (formaleça) *s. f. Náut.* Âncora da esperança.

FORMEJAR (formejar) *v. tr. Náut.* Amarrar. Desembaraçar, safar o aparelho.

FORMENO *s. m.* Formênio, metânio.

FORMERO *s. m.* Aresta, rincão.

FORMIDABLE *adj.* Formidável (colossal; temível).

FORMILLÓN (formilhòn) *s. m.* Formilho.

FORMÓN *s. m.* Formão.

FORNITURA *s. f. Tip.* Caracteres que se fundem para completar uma fundição. Cartucheira. U. m. no pl.

FORO *s. m.* Foro. Fundo do cenário. Fórum.

FORONDO, A *adj. Amer. chil.* Fátuo, vaidoso, presumido.

FORRAJE (forraje) *s. m.* Forragem. Ação de forragear. Mistura de coisas de pouca monta.

FORRAJEADOR (forrajeador) *s. m.* Forrageador.

FORRAJEAR (forrajear) *v. tr.* Forragear (segar forragem).

FORRAJERO, A (forrajero) *adj.* Forrageiro.

FORTACHO, A (fortatcho) *adj. Amer. argent.* V. FORTACHÓN.

FORTACHÓN, A (fortatchòn) *adj. fam.* Forte, robusto, vigoroso.

FORTEZUELO (forteçuelo) *s. m. Dim.* de *Fuerte.* Fortim.

FORTUNOSO, A (fortunosso) *adj. Amer. equat.* Venturoso, feliz. *ant.* Borrascoso, tempestuoso. *ant.* Infeliz, desgraçado.

FORÚNCULO *s. m.* Furúnculo.

FORZADO, A (forçado) *p. p.* de *Forzar. adj.* Forçado, compelido. *s. m.* Forçado, galé, presidiário.

FORZADOR (forçador) *s. m.* Forçador.

FORZAL *s. m.* Parte do pente de onde saem os dentes.

FORZAMIENTO (forçamiento) *s. m.* Forçamento.

FORZAR (forçar) *v. tr.* Forçar, forcejar. Forçar, subjugar. Forçar, violar. *fig.* Forçar, obrigar, compelir.

FORZOSAMENTE (forçossamente) *adv.* À força, forçosamente; violentamente.

FORZOSO, A (forçosso) *adj.* Forçoso, necessário, inevitável.

FORZUDAMENTE (forçudamente) *adv.* Violentamente, com muita força.

FORZUDO, A (forçudo) *adj.* Forçudo, robusto, vigoroso.

FOSA (fossa) *s. f.* Fossa, cova, sepultura. *Anat.* Fossa.

FOSADO (fossado) *s. m. Fort.* Fossado, fosso.

FOSAR (fossar) *v. tr.* Fossar, fazer fosso, escavar.

FOSEAR (fossear) *v. tr. Amer. chil.* V. FOSAR.

FOSERO (fossero) *s. m.* Coveiro.

FOSFOREO (fosforèo) *s. m.* Fosforescência.

FOSFORERA *s. f.* Fosforeira.

FOSFORERO (fosforero) *s. m.* Fosforeiro, vendedor de fósforos.

FOSFURO *s. m.* Fosforeto.

FÓSIL (fòssil) *adj.* Fóssil. *s. m.* Fóssil.

FOSILÍFERO, A (fossilífero) *adj.* Fossilífero.

FOSILIZACIÓN (fossiliçaciòn) *s. f.* Fossilização.

FOSILIZARSE (fossiliçarse) *v. pron.* Fossilizar-se, fossilificar-se.

FOSO (fosso) *s. m.* V. HOYO. *Fort.* Fosso. Porão do palco.

FOTOGRABADO *s. m.* Fotogravura.

FOTOGRAFIAR *v. tr.* Fotografar.

FRAC *s. m.* Fraque.

FRACASAR (fracassar) *v. tr.* Fracassar, despedaçar. *v. intr.* Quebrar-se, despedaçar-se, partir-se. *fig.* Fracassar (não ter o efeito desejado).

FRACCIÓN *s. f.* Fração.

FRACCIONABLE *adj.* Fracionável.

FRAGA *s. m.* V. FRANBUESO. Fraga, brenha. Madeiro inútil.

FRAGANCIA *s. f.* Fragrância. *fig.* Boa-fama, renome.

FRAGANTE *adj.* Fragrante. Flagrante. *En —, loc.* Em flagrante.

FRAGARIA *s. f.* V. FRESA.

FRAILADA *s. f. fam.* Fradice.

FRAILE *s. m.* Frade. Prega (de vestido). Frade de pedra. Bagaço (da cana-de-açúcar). *Tip.* Frade (folha mal impressa).

FRAILEAR *v. tr.* V. AFRAILAR.

FRAILECICO *s. m.* V. FRAILECILLO.

FRAILECILLO (frailecilho) *s. m. Dim.* de *Fraile.* Fradinho. *Zool.* Fradinho.

FRAILENGO, A *adj. fam.* V. FRAILESCO.

FRAILEÑO, A (frailenho) *adj. fam.* V. FRAILESCO.

FRAILERO, A *adj.* Fradeiro.

FRAILESCO, A *adj.* Fradesco.

FRAILEZUELO (fraileçuelo) *s. m.* V. FRAILECILLO, 1ª acep.

FRAILIA *s. f.* Estado de frade.

FRAILOTE *s. m. Aument.* de *Fraile.* Fradalhão.

FRAILUCO *s. m.* Fradalhão (frade pouco escrupuloso).

FRAILUNO, A *adj. Deprec.* Fradesco.

FRALERÍA *s. f.* Fradalhada, fradaria.

FRAMBUESA (frambuessa) *s. f.* Framboesa.

FRAMBUESO (frambuesso) *s. m.* Framboeseiro.

FRANCACHELA (francatchela) *s. f.* Comilona; regabofe.

FRANCHIPÁN (frantchipán) *s. m.* Frangipana.

FRANCMASÓN (francmassòn) *s. m.* Franco-maçon, pedreiro livre.

FRANCMASONERÍA (francmassonería) *s. f.* Franco-maçonaria, maçonaria.

FRANCOTE *adj. Aument.* de *Franco. fam.* Franco, sincero, de caráter aberto.

FRANELA *s. f.* Flanela.

FRANGOLLAR (frangolhar) *v. tr. fig. fam.* Atamancar, atabalhoar, atrapalhar.

FRANGOLLO (frangolho) *s. m.* Frangolho. *Amer. per.* Guisado malfeito.

FRANGOLLÓN, A (frangolhòn) *adj. Amer.* V. CHAPUCERO.

FRANGOTE *s. m.* Costal, meia carga de um animal.

FRANJEAR (franjear) *v. tr.* Franjar.

FRANQUEO (franquèo) *s. m.* Franquia (ação de franquear).

FRANQUICIA *s. f.* Franquia, isenção, franqueza, privilégio.

FRASCA *s. f.* V. HOJARASCA.

FRASQUERA *s. f.* Frasqueira.

FRASQUETE *s. m. Dim.* de *Frasco.* Frasquinho.

FRASQUÍA *s. f.* Fasquia.

FRASQUIAR *v. tr.* Fasquiar.

FRATAS *s. m.* Talocha, esparavel.

FRATASAR (fratassar) *v. tr.* Alisar com talocha ou esparavel.

FRATES *s. m.* V. FRATAS.

FRATESAR (fratessar) *v. tr.* V. FRATASAR.

FRAY (frai) *s. m. Apóc.* de *Fraile.* Frei.

FRAZADA (fraçada) *s. f.* Cobertor (para cama).

FRECUENCIA *s. f.* Freqüência.

FRECUENTACIÓN *s. f.* Freqüentação.

FRECUENTADOR, A *adj.* Freqüentador.

FRECUENTAR *v. tr.* Freqüentar.

FRECUENTATIVO, A *adj.* Freqüentativo.

FRECUENTE *adj.* Freqüente.

FRECUENTEMENTE *adv.* Freqüentemente.

FREGABLE *adj.* Esfregável.

FREGADERA *s. f.* V. FREGADERO.

FREGADERO *s. m.* Esfregador, rodilhão. Poial.

FREGADO, A *p. p.* de *Fregar*. *s. m.* V. FRE-
GADURA. *fig. fam.* Embrulho, complicação.
Amer. Tamanho, dimensão de um objeto.
FREGADOR *s. m.* V. FREGADERO. Esfregão.
FREGADURA *s. f.* Esfregadura, esfregação, es-
frega.
FREGAJO (fregajo) *s. m.* Esfregalho.
FRESGAMIENTO *s. m.* V. FREGADURA.
Fricção.
FREGANDERA *s. f. Amer. mexic.* V. FREGONA.
FREGAR *v. tr.* Esfregar, limpar. Esfregar, friccio-
nar. *fig. Amer.* Molestar, cansar, amolar. *Irreg.* V.
conj. de *Calentar.*
FREGATRIZ *s. f.* V. FREGONA.
FREGONA *s. f.* Criada de cozinha, criada que lava
o soalho. (Usa-se geralmente em sentido depre-
ciativo).
FREGONIL *adj.* Próprio de *Fregona.*
FREIDERA *s. f.* Frigideira.
FREIDERO *s. m.* Frigideiro.
FREIDURA *s. f.* Ação de frigir ou fritar.
FREILA *s. f.* Freira.
FREILE *s. m.* Freire (de ordem militar).
FREÍR *v. tr.* Frigir, fritar. *fig.* Frigir, apoquentar,
importunar. *Irreg.* Ind. pres. *Frí-o, es, e, en.* Pret.
indef. *Frió, frieron.* Subj. pres. *Frí-a, as, a, fría-
mos, friáis, frían.* Pret. imperf. *Fri-era* ou *ese, eras*
ou *eses, era* ou *ese, éramos* ou *ésemos, erais* ou
eseis, eran ou *eses.* Fut. imperf. *Fri-ere, eres, ere,
éremos, ereis, eren.* Imperat. *Frí-e, a, fríamos,
frían.* Ger. *Friendo.* P. p. *Freído* (reg.) ou *Frito.*
FRENAR *v. tr.* Enfrenar.
FRENERIA *s. f.* Loja ou fábrica de freios.
FRENERO *s. m.* Fabricante ou vendedor de freios.
FRENILLAR (frenilhar) *v. tr. Náut.* Suspender os
remos.
FRENILLO (frenilho) *s. m.* Freio (da língua).
FRENITIS *s. f.* Frenite.
FRENO *s. m.* Freio. *Fig.* Freio.
FRENTAL *adj.* Frontal (relativo à fronte ou testa).
FRENTE *s. f.* Fronte, testa. *fig.* Fronte, semblante.
Frontaria, fronte, frente, fachada. *Mil.* Frente.
Frente, parte dianteira. *adv.* Diante; em frente; em
face.
FRENTERO *s. m.* Testeira.
FRENTÓN, A *adj. Amer.* V. FRONTUDO.
FRENTUDO, A *adj. Amer.* V. FRONTUDO.
FREO (frèo) *s. m. Mar.* Canal estreito entre duas
ilhas ou ilha e continente.
FRESA (fressa) *s. f.* Morangueiro. Morango.
FRESAL (fressal) *s. m.* Morangal.
FRESCA *s. f.* Fresca, fresco. Franqueza (em
palavras ou frases).
FRESCACHÓN, A (frescatchòn) *adj.* Fresco,
muito robusto, de cor sadia. *Náut.* Rijo, muito
forte (o vento).
FRESERA (fressera) *s. f. Bot.* Morangueiro. Fru-
teira para servir morangos.
FRESERO (fressero) *s. m.* Morangueiro (vendedor
de morangos).
FRESNAL *adj.* Relativo ao freixo.
FRESNEDA *s. f.* Freixial, freixal.
FRESNILLO (fresnilho) *s. m. Bot.* Franxinela.
FRESNO *s. m.* Freixo.
FRESÓN (fressòn) *s. m.* Medronho.
FRESQUERÍA *s. f. Amer.* Lugar onde se vendem
gelados.
FRESQUERO *s. m.* Pessoa que vende peixe fresco.
FRESQUISTA *s. m. e f.* Artista que pinta a fresco.
FREY (frei) *s. m.* (Tratamento usado nas ordens
militares). V. FRAY.
FREZ *s. m.* V. FREZA.
FREZA (freça) *s. f.* Excremento de alguns animais;
esterco. Desova. Ova de peixe. Desova (época da).
Cova que faz um animal quando escava a terra.
FREZADA (freçada) *s. f.* V. FRAZADA.
FREZAR (freçar) *v. intr.* Estercar (falando-se de
animais). Roer, comer a folha (o bicho-da-seda).
Escavar, fossar (a terra, um animal). Crestar (as
colmeias).
FRIABLE *adj.* Friável, esboroável.
FRIALDAD (frialdad) *s. f.* Frialdade. Frigidez. *fig.*
Dito insulso e inoportuno. *fig.* Tolice, estupidez.
fig. Frieza, indiferença. *fig.* Frialdade, negligên-
cia, frouxidão.
FRICCIÓN *s. f.* Fricção.

FRIEGA *s. f.* Massagem; fricção.
FRIERA *s. f.* Frieira (nos pés).
FRIOLERA *s. f.* Friorento.
FRIOLERO, A *adj.* Friorento.
FRÍON, A *adj. Aument.* de *Frío* (falto de graça, de
espírito; pesadão).
FRISA (frissa) *s. f.* Frisa (tecido grosseiro de lã).
Arandela de couro ou borracha.
FRISAR (frissar) *v. tr.* Frisar, riçar (tecidos).
Esfregar. Diminuir. *v. intr.* Confrontar. *fig.*
Aproximar-se.
FRÍSOLES (frissoles) *s. m.* V. JUDÍA.
FRISÓN, A *adj.* e *s.* Frisão.
FRITANGA *s. f.* Fritada (em muita gordura).
FRITO, A *p. p. irreg.* de *Freír. s. m.* Frito, fritada,
fritura.
FROGA *s. f.* Parede de alvenaria.
FRONDA *s. f.* Espécie de bandagem. Folha (de
vegetal). Fronde (folhagem de fetos). *pl.* Fronde,
ramagem.
FRONDOSEAR (frondossear) *v. tr.* Copar, tornar
frondoso. U. t. c. pron.
FRONTALERA *s. f.* Frontaleira. Testeira, frontal
(dos arreios).
FRONTALETE *s. m. Dim.* de *Frontal* (frontal de
altar).
FRONTERA *s. f.* Fronteira (de países). Frontaria,
fachada.
FRONTERIZO, A (fronteriço) *adj.* Fronteiriço.
Fronteiro.
FRONTERO, A *adj.* Fronteiro.
FRONTÍN *s. m. Amer. mexic.* Piparote.
FRONTIS *s. m.* Frontispício.
FRONTÓN *s. m. Arq.* Frontão. Frontão (edifício
onde se joga a pelota).
FRONTUDO, A *adj.* Testudo (aplica-se geral-
mente aos animais).
FROTACIÓN *s. f.* Esfregação, fricção.
FROTADOR, A *adj.* Esfregador.
FROTADURA *s. f.* V. FROTACIÓN.
FROTAMIENTO *s. m.* V. FROTACIÓN.
FROTANTE *p. a.* de *Frotar.* Que esfrega ou fric-
ciona.
FROTAR *v. tr.* Esfregar, friccionar. U. t. c. pron.
FROTE *s. m.* Esfrega, fricção.
FRUICIÓN *s. f.* Fruição, posse, gozo.
FRUNCE *s. m.* Franzido, prega.
FRUNCIDO, A *p. p.* de *Fruncir. adj. Amer.* V.
CEÑUDO. *Amer.* Triste, angustiado. *s. m.* V.
FRUNCE. *fig.* Pungência.
FRUNCIDOR, A *adj.* Franzidor.
FRUNCIMIENTO *s. m.* Franzimento. *fig.* Fingi-
mento, embuste, engano.
FRUNCIR *v. tr.* Franzir, enrugar (o sobrolho, a
testa, as sobrancelhas). Franzir, preguear (um
tecido). *fig.* Encolher, franzir. *fig.* Obscurecer,
encobrir a verdade. *v. pron.* Fingir compostura,
modéstia e recolhimento.
FRUSLERÍA *s. f.* Bagatela, ninharia. *fig. fam.*
Frioleira (dito insubstancial).
FRUSLERO, A *adj.* Fútil, frívolo.
FRUSTRACIÓN *s. f.* Frustração.
FRUSTRO, A *adj.* Frustro.
FRUTA *s. m.* Fruta. — *de sartén.* Massa frita, de
vários nomes e formas. — *nueva. fig.* Novidade.
FRUTAJE (frutaje) *s. m.* Pintura de frutas e flores.
FRUTAR *v. intr.* Frutificar.
FRUTILLA (frutilha) *s. f.* Coquilho. *Amer.*
Morango.
FRUTILLAR (fontilhar) *s. m. Amer.* Morangal.
FRUTILLERO (frutilhero) *s. m. Amer.* Moran-
gueiro (vendedor de morangos).
FÚCAR *s. m.* Ricaço.
FUCILAR *v. intr. Poét.* Fuzilar, cintilar.
FUCILAZO (fucilaço) *s. m.* Fuzilada (relâmpagos
longínquos).
FUEGO *s. m.* Fogo (em todas as principais acep.
deste vocábulo).
FUEGUECILLO (fueguecilho) *s. m. Dim.* de
Fuego. Foguinho; fogacho.
FUEGUERO *s. m. Amer.* Fogueteiro.
FUEGUEZUELO (fuegueçuelo) *s. m.* V. FUE-
GUECILLO.
FUELGO *s. m. ant.* Fôlego, alento.
FUELLAR (fuelhar) *s. m.* Papel de cor com que se
enfeitam as velas.

FUELLE (fuelhe) *s. m.* Fole. Fole (de gaita, de
mala etc.). *fig. fam.* V. SOPLÓN.
FUENTE *s. m.* Fonte (nascente de água; chafariz;
bica). Prato redondo e fundo. *fig.* Fonte, origem.
FUENTEZUELA (fuenteçuela) *s. f.* V. FON-
TEZUELA.
FUER *s. m. Apóc.* de *Fuero. A — de, loc.* Em vir-
tude de, em razão de.
FUERA *adv.* Fora. *De —, loc. adv.* De fora. ¡—!
interj. Fora! — *de, loc. adv.* Fora de, afora.
FUERISTA *s. m. e f.* Pessoa defensora acérrima
dos foros.
FUERO *s. m.* Foro (privilégio; tribunal, juízo, lei).
fig. fam. Arrogância, presunção. U. m. no pl.
FUERTE *adj.* Forte. *s. m.* Forte, fortaleza. *adv.*
Forte, fortemente.
FUERTEMENTE *adv.* Fortemente.
FUERTEZUELO (fuerteçuelo) *s. m. Dim.* de
Fuerte.
FUERZA (fuerça) *s. f.* Força. *A — de, loc. adv.* À
força de. *A la —, loc.* Por força; à força, violenta-
mente. *Ser —, loc.* Ser necessário, ser forçoso.
FUGARSE *v. pron.* Fugar, escapar, fugir.
FULLEAR (fulhear) *v. tr.* Trapacear.
FULLEREAR (filherear) *v. intr. Amer.* Bravatear,
fanfarronear, ameaçar.
FULLERESCO, A (fulheresco) *adj.* Próprio de
trapaceiro.
FULLERÍA (fulhería) *s. f.* Trapaça, fulheira. *fig.*
Astúcia. *Amer.* Presunção.
FULLERO (fulhero) *s. m.* Trapaceiro, fulheiro. U.
t. c. adj. *Amer.* Presunçoso, presumido.
FULLONA (fulhona) *s. f. fam.* V. GRESCA.
FUMADERO *s. m.* Sala de fumar, lugar onde se
fuma.
FUMAR *v. intr.* Fumar (o tabaco, o ópio). V.
HUMEAR. *v. pron. fig.* Gastar, consumir indevi-
damente uma coisa. *fig. fam.* Gazear, deixar de ir
a uma obrigação.
FUMISTA *s. m.* Consertador de chaminés, estufas,
fogões etc.
FUMISTERÍA *s. f.* Loja de fogões, chaminés, es-
tufas etc.
FUMOROLA *s. f.* Fumarola.
FUÑADOR (funhador) *s. m. pop.* Rixoso, brigão,
bulhento.
FUÑAR (funhar) *v. intr. pop.* Promover disputas ou
rixas; altercar, brigar.
FUNCIÓN *s. f.* Função. Função, espetáculo.
FUNDA *s. m.* Capa, coberta; estojo; invólucro.
FUNDIBLE *adj.* Fusível, fundível.
FUNDICIÓN *s. f.* Fundição.
FUNDO *s. m.* Herdade; prédio rústico.
FUNESTAR *v. tr.* Manchar, macular, deslustrar,
profanar, funestar.
FUÑICAR (funhicar) *v. intr. fam.* Fazer desajei-
tadamente alguma coisa.
FUÑIQUE (funhique) *adj.* Inábil, trapalhão,
desajeitado.
FURGÓN *s. m.* Furgão.
FURO, A *adj.* V. HURAÑO.
FURRIER *s. m.* Furriel.
FURRIS *adj.* Mau, desprezível, malfeito, ruim.
FUSADO, A (fussado) *adj. Heráld.* Fuselado.
FUSELAJE (fusselaje) *s. m.* Fuselagem.
FUSIBLE (fussible) *adj.* Fusível, fundível.
FUSIL (fússil) *adj.* V. FUSIBLE.
FUSIL (fussil) *s. m.* Fuzil (arma).
FUSILAMIENTO (fussilamiento) *s. m.* Fuzila-
mento.
FUSILAR (fussilar) *v. tr.* Fuzilar.
FUSILAZO (fussilaço) *s. m.* Tiro de fuzil.
FUSILERÍA (fussilería) *s. f.* Conjunto de fuzís ou
fuzileiros.
FUSILERO (fussilero) *s. m.* Fuzileiro.
FUSIÓN (fussiòn) *s. f.* Fusão. *fig.* Fusão, união.
FUSTA *s. f.* Lenha miúda. *Náut.* Fusta. Chicote,
relho.
FUSTAL *s. m.* Fustão.
FUSTÁN *s. m.* Fustão. *Amer.* Saia (interna).
FUSTANCADO, A *adj. fam.* Surrado, espancado.
FUSTANERO *s. m.* Fabricante de fustão.
FUSTERO, A *adj.* Relativo ao fuste. *s. m.* Carpin-
teiro, torneiro.

FUSTIGACIÓN *s. f.* Fustigação.
FUSTO *s. m.* Madeiro de determinadas proporções.

FÚTBOL *s. m.* Futebol.
FUTEARSE *v. pron. Amer. colomb.* Apodrecer (as batatas).
FUTESA (futessa) *s. f.* V. FRUSLERÍA.
FUTILIDAD (futilida*d*) *s. f.* Futilidade.

FUTRAQUE *s. m. fam.* Casaca. *Amer. argent.* V. FUTRE.
FUTRE *adj. Amer.* Elegante, janota, cosquilho. U. t. c. s.
FUYENDA (fudjenda) *s. f. Amer.* Fuga.

G (je) *s. f.* Oitava letra e sexta consoante do alfabeto espanhol. Antes de *a, o, u, l* ou *r*, soa como em português. Antes de *e* e *i*, soa como *j* (em espanhol). Antes de *ue* ou *ui*, soa como em português.

GABACHO (gabatcho) *adj.* e *s.* Natural dos Pirineus. *s. m. fam.* Francês. *fam.* Linguajar espanhol inçado de galicismos.

GABÁN *s. m.* Gabão (roupa). Sobretudo.

GABANZO (gabanço) *s. m.* V. GAVANZO.

GABARDA *s. f.* Roseira-brava.

GABARRO *s. m. Vet.* Gabarro. Borbote. Pepita. *fig.* Obrigação, fardo, encargo. *fig.* Erro, engano (nas contas).

GABASA (gabassa) *s. f.* Prostituta.

GABAZO (gabaço) *s. m.* V. BAGAZO.

GACEL *s. m.* Macho da gazela.

GACELA *s. f.* Gazela.

GACETA *s. f.* Gazeta. Diário oficial. *Amer.* Jornal, gazeta.

GACETERO *s. m.* Articulista, jornalista, gazetista. Gazeteiro, jornaleiro (vendedor de jornais).

GACETILLA (gacetilha) *s. f.* Gazetilha. *fig. fam.* Pessoa que leva e traz notícias.

GACETILLERO (gacetilhero) *s. m.* Gazetilheiro, gazetilhista.

GACETISTA *s. m.* Pessoa que gosta de ler gazetas ou jornais. Pessoa que fala freqüentemente de novidades.

GACHA (gatcha) *s. f.* Massa muito branda, quase líquida. *Amer.* V. CUENCO. *pl.* Papas de farinha. *fig. fam.* Lodo, barro.

GACHETA (gatcheta) *s. f. Dim.* de *Gacha.* V. ENGRUDO.

GACHO, A (gatcho) *adj.* Encurvado, curvado, inclinado para a terra. Desabado (o chapéu). Cabano. *A —s, loc. adv. fam.* V. GATAS (a).

GACHÓN, A (gatchòn) *adj. fam.* Gracioso, atraente, mimoso, meigo.

GACHONADA (gatchonada) *s. f.* V. GACHONE-RÍA.

GACHONERÍA (gatchonería) *s. f. fam.* Graça, donaire, delicadeza, meiguice. *fam.* Mimo, afago.

GACHUELA (gatchuela) *s. f. Dim.* de *Gacha.*

GAFA *s. f.* Gafa (da besta). *pl.* Ganchos dos óculos. Óculos (dos que engancham nas orelhas).

GAFAR *v. tr.* Agarrar (com as unhas ou com um instrumento curvo).

GAFEDAD (gafeda*d*) *s. f.* Gafeira, lepra. Contração permanente dos dedos.

GAFETE *s. m.* V. CORCHETE.

GAFO, A *adj.* Que tem os dedos (das mãos ou pés) contraídos e sem movimento. Gafo, gafeirento. *Amer.* V. DESPEADO.

GAGUERA *s. f. Amer.* Gagueira, gaguez.

GAITA *s. f.* Gaita. *fig. fam.* Pescoço, — *gallega,* gaita de foles.

GAITERÍA *s. f.* Vestido, enfeite, ou maneira de vestir-se com cores vivas, vistosas e contrapostas.

GAITERO, A *adj. fam.* Gaiteiro, lépido, alegre. U. t. c. s. Gaiteiro, vistoso, berrante (diz-se dos vestidos de cores muito vivas). *s. m.* Gaiteiro (tocador de gaita).

GAJE (gaje) *s. m.* Salário, soldada; emolumento. U. m. no pl. —*s del ofício, loc. irôn.* Ossos do ofício.

GAJO (gajo) *s. m.* Galho (de árvore). Cacho (de qualquer fruta). Escádea (de um cacho de uvas). Gomo (de qualquer fruta). Cordilheira, espinhaço. *Amer.* Mecha (de cabelos).

GALABARDERA *s. f.* V. GABARDA.

GALAFATE *s. m.* Ladrão sagaz, gatuno hábil.

GALAMERO, A *adj.* V. GOLOSO.

GALÁN *adj. Apóc.* de *Galano. s. m.* Galã. Galanteador. Homem elegante e bem posto.

GALANAMENTE *adv.* Galantemente, elegantemente.

GALANCETE *s. m. Dim.* de *Galán.* Galã jovem (no teatro).

GALANO, A *adj.* Galante, elegante; gracioso, airoso; garboso, aprimorado; espirituoso, elevado.

GALANTEO (galantèo) *s. m.* Galanteio.

GALANTERÍA *s. f.* Galantaria, graça, galanice, delicadeza. Elegância. *fig.* Liberalidade, generosidade.

GALANURA *s. f.* Galanice, gentileza, graça, donaire; elegância. *fig.* Elegância (de estilo).

GALAPAGAR *s. m.* Lugar onde abundam cágados.

GALÁPAGO *s. m. Zool.* Cágado. Torno. Molde (para telhas). Lingote (de chumbo, ferro ou estanho). *Equit.* Sela. *Vet.* Galápago. *Amer. hond. e venezuel.* Sela (para senhoras).

GALAPAGUERA *s. f.* Tanque para cágados.

GALARDÓN *s. m.* Galardão, prêmio, recompensa.

GALARDONADOR, A *adj.* Galardoador.

GALARDONAR *v. tr.* Galardoar.

GALBANA *s. f. fam.* Preguiça, indolência.

GALBANADO, A *adj.* Da cor do gálbano (cinza amarelado).

GALBANERO, A *adj. fam.* Preguiçoso, desleixado, indolente.

GALBANOSO, A (galbanosso) *adj.* V. GALBANERO.

GÁLBULA *s. f.* Gálbulo.

GALDRUFA *s. f.* V. PEONZA.

GALENO, A *adj.* Galerno, bonançoso. *s. m. fam.* Galeno, médico.

GALEÓN *s. m.* Galeão (navio).

GALERA *s. f.* Galera (carroça grande). Galera (embarcação). Prisão de mulheres. Fila de camas no meio de uma sala de hospital. *Amer. mexic. e hond.* V. COBERTIZO. *Arit.* Linhas que separam o dividendo do divisor. *Tip.* Galé. *pl.* Galés (pena). *Amer.* Cartola, chapéu de coco.

GALERÍN *s. m. Dim.* de *Galera.* *Tip.* Galé.

GALERITA *s. f.* V. COGUJADA.

GALFARRO *s. m.* Vadio, ocioso, homem perdido; galfarro.

GALGA *s. f.* Travador (de carro). Galga (pedra grande que vem rebolando por um declive). Galga (mó). Certa erupção cutânea. *Náut.* Galga.

GALGALA *s. f.* Gala-gala.

GALGUEÑO, A (galguenho) *adj.* Relativo ou semelhante ao galgo. Esgalgo, galgaz.

GÁLIBO *Náut.* Galimo.

GALIBAR *v. tr. Náut.* Galimar.

GALILEA (galilèa) *s. f.* Galilé.

GALILEO, A (galilèo) *adj.* e *s.* Galileu, éia.

GALILLO (galilho) *s. m.* Uvula, campainha.

GALIO *s. m. Bot.* Coalha-leite, gálio.

GALLADA (galhada) *s. f. Amer.* Bravata, fanfarronice.

GALLADURA (galhadura) *s. f.* Galadura (do ovo).

GALLAR (galhar) *v. tr.* V. GALLEAR.

GALLARDA (galharda) *s. f.* Galharda (dança). Tipo de letra de corpo 8.

GALLARDAMENTE (galhardamente) *adv.* Galhardamente.

GALLARDEAR (galhardear) *v. intr.* Galhardear, pompear, ostentar.

GALLARDETE (galhardete) *s. m.* Galhardete. *s. m. Náut.* Galhardete.

GALLARDETÓN (galhardetòn) *s. m. Náut.* Galhardete (com as cores nacionais).

GALLARDÍA (galhardía) *s. f.* Galhardia (valor, ânimo; alegria, vivacidade; garbo).

GALLARDO, A (galhardo) *adj.* Galhardo, airoso, desembaraçado; valente, esforçado. *fig.* Grande, excelente, genial.

GALLARETA (galhareta) *s. f. Zool.* Adem.

GALLARÍN (galharín) *s. m.* Grande perda ou ganho.

GALLARÓN, A (galharòn) *adj.* Arrogante, altivo. *s. m.* V. SISÓN.

GALLARUZA (galharuça) *s. f.* Espécie de gabão montanhês. *Amer. cub.* Virago. V. GALLINAZA.

GALLEAR (galhear) *v. tr.* Galar, fecundar (falando-se do galo). *v. intr. fig. fam.* Gritar, ameaçar, erguer a voz. *fig.* Sobressair, destacar-se, exceder. *Taurom.* Galear.

GALLEGADA (galhegada) *s. f.* Galegada.

GALLEGO, A (galhego) *adj.* e *s.* Galego. *fam. Amer.* Espanhol.

GALLEO (galhèo) *s. m. Taurom.* Galeio (ato de galear). Desigualdade, excrescência na superfície de certos metais.

GALLERA (galhera) *s. f. Amer.* Lugar onde se guardam os galos de briga.

GALLERÍA (galhería) *s. f. Amer.* V. GALLADA.

GALLERO (galhero) *s. m.* V. GALLERA. *Amer.* O que cuida de galos de briga; o que gosta de rinha de galos.

GALLETA (galheta) *s. f.* Bolacha, biscoito. *fig. fam. Amer.* Bofetada, galheta. *fig. fam. Amer. chil.* Repreensão, carão. Galheta.

GALLETAZO (galhetaço) *s. m. fam. Amer.* Bofetada.

GALLETEAR (galhetear) *v. tr. Amer. argent.* Demitir, despedir (um empregado).

GALLETERIA (galhetería) *s. f.* Biscoitaria; fábrica de bolachas.

GALLILLO (galhilho) *s. m.* V. GALILLO.

GALLINA (galhina) *s. f.* Galinha. *fig.* Galinha, pessoa cobarde. — *guinea,* galinha-de-Angola, guiné. — *de agua,* galeirão. — *sorda.* V. CHOCHA.

GALLINÁCEO, A (galhináceo) *adj.* Galináceo.

GALLINAZA (galhinaça) *s. f.* Galinhaça, excremento de galinhas. V. GALLINAZO.

GALLINAZO (galhinaço) *s. m.* Espécie de ave de rapina americana.

GALLINEJAS (galhinejas) *s. f. pl.* Tripas fritas (de galinhas e outras aves).

GALLINERIA (galhinería) *s. f.* Mercado de galinhas. Galinhame. *fig.* Cobardia, timidez.

GALLINERO (galhinero) *s. m.* Galinheiro (vendedor de galinhas). Galinheiro (capoeira). Canastra onde se levam galinhas para a venda. *fig.* Galinheiro, torrinhas (dos teatros). *fig.* Lugar onde há muita gritaria.

GALLINETA (galhineta) *s. f.* Galinhota. V. CHOCHA.

GALLINUELA (galhinuela) *s. f. Amer.* Galinhola.

GALLIPAVO (galhipavo) *s. m.* Pavão. *fig. fam.* Nota falsa (no canto).

GALLIPUENTE (galhipuente) *s. m.* Ponte simples (sem varandas).

GALLITO (galhito) *s. m. fig.* Aquele que se destaca em algum lugar.

GALLO (galho) *s. m.* Galo. V. PARHILERA. *fig. fam.* Nota falsa (no canto). *fig. fam.* Galo, manda-chuva, mandão (o indivíduo de mais influência). *Alzar (uno) el —, loc. fig.* Levantar a crista, mostrar-se arrogante. *En menos que canta un —, loc. fig.* Em muito pouco tempo, num instante.

GALLOFA (galhofa) *s. f.* Verdura, hortaliças para salada. História sem graça. V. AÑALEJO. Comida que se dá de esmola.

GALLOFEAR (galhofear) *v. intr.* Mendigar, vagabundear, pedinchar.

GALLOFERO, A (galhofero) *adj.* Vagabundo e folgazão, mendigo, ocioso, vadio, pedinte. U. t. c. s.

GALLOFO, A (galhofo) *adj.* V. GALLOFERO. U. t. c. s.

GALLÓN (galhòn) *s. m.* V. TEPE. Arabesco, adorno arquitetônico. *Náut.* Última caverna da proa.

GALLONADA (galhonada) *s. f.* Taipa feita de céspedes.

GALO, A *adj. e s.* Gaulês, galo.

GALÓN *s. m.* Galão (entrançado para debruns, barras etc.). *Mil.* Galão. *Náut.* Galão. Galão (medida).

GALONEADURA *s. f.* Adorno feito com galões.

GALONEAR *v. tr.* Agaloar, galonar.

GALONERO *s. m.* Pessoa que faz ou vende galões.

GALOP *s. m.* Galope (dança).

GALOPÍN *s. m.* Garoto, moleque, galopim. V. BRIBÓN. *fig. fam.* Homem astuto e vívido. *Náut.* Grumete, aprendiz de marinheiro. *— de cocina,* moço de cozinha.

GALOPINADA *s. f.* Molecagem, ato próprio de moleque, garoto ou galopim. Trampolinada, maroteira.

GALOPO *s. m.* V. BRIBÓN.

GALPITO *s. m.* Frango doente e magro.

GALPÓN *s. m. Amer.* Galpão. *Amer.* Senzala.

GAMARRÓN *s. m. Amer.* Cabeçada (dos arreios).

GAMARZA (gamarça) *s. f. Bot.* Olho-de-boi. *fam.* Astúcia, picardia.

GAMBAJ (gambaj) *s. m.* V. GAMBAX.

GAMBALÚA *s. f. fam.* Pessoa esguia, alta e de movimentos tardos.

GAMBARÓN *s. m.* Aparelho para pescar camarões.

GAMBAX (gambacs) *s. m.* Espécie de gabão acolchoado, usado sob a armadura.

GAMBESINA (gambessina) *s. f.* V. GAMBESÓN.

GAMBESÓN (gambessòn) *s. m. Gambax* comprido.

GAMBETA *s. f. Equit.* Curveta. Gambeta (na dança). V. ESGUINCE.

GAMBETEAR *v. intr. Equit.* Curvetear. *Amer.* Gambetear.

GAMBETEO (gambetèo) *s. m.* Ação de *Gambetear.*

GAMBETO *s. m.* Espécie de capote.

GAMBO *s. m.* Touca (dos recém-nascidos).

GAMBUJ (gambuj) *s. m.* V. GAMBO.

GAMELLA (gamelha) *s. f.* Gamela (vasilha). V. CAMELLÓN.

GAMELLADA (gamelhada) *s. f.* Gamelada.

GAMELLEJA (gamelheja) *s. f. Dim.* de *Gamella.*

GAMELLÓN (gamelhòn) *s. m.* Gamelão (gamela grande). Dorna (para pisar as uvas); balceiro.

GAMEZNO *s. m.* Enho.

GAMÓN *s. m. Bot.* Gamão.

GAMONITO *s. m.* Pequeno broto ou renovo que não cresce mais.

GAMONOSO, A (gamonosso) *adj.* Abundante em gamão (planta).

GAMUCERÍA *s. f.* Fábrica de peles de camurça.

GAMUNO, A *adj.* Diz-se da pele do gamo.

GAMUZA (gamuça) *s. f.* Camurça. Camurça (pele).

GAMUZADO, A (gamuçado) *adj.* De cor de camurça (pele).

GANA *s. f.* Vontade, gana, desejo, apetite. *Darle (a uno) la —, loc. fam.* Querer fazer alguma coisa. *De buena —, loc. adv.* De boa vontade, com muito gosto. *De mala —, loc. adv.* De má vontade, a contra-gosto.

GANADERÍA *s. f.* Rebanho, manada, gadaria. Criação (de gado). Comércio de gado. Raça de gado que costuma levar o nome ou a marca do criador.

GANADERO, A *adj.* Aplica-se a certos animais que acompanham o gado. Relativo ao gado. *s. m.* Fazendeiro, criador (de gado). Gadeiro, pegureiro, guardador de gado, pastor.

GAÑADERO, A *adj.* Aplica-se a certos animais que acompanham o gado. Relativo ao gado. *s. m.* Fazendeiro, criador (de gado). Gadeiro, pegureiro, guardador de gado, pastor.

GANADO, A *p. p.* de *Ganar.* Ganho; ganhado. *adj.* Diz-se do que ganha. *s. m.* Gado. Enxame. *fig. fam.* Rebanho (conjunto de pessoas). *— bravo,* gado bravo ou chucro.

GANADOR, A *adj. e s.* Ganhador.

GAÑÁN (ganhán) *s. f.* Criado de lavoura, ganhão. *fig.* Homem forte e rústico.

GANANCIA *s. f.* Ganho (ação de ganhar). Ganância (utilidade que resulta do trato do comércio); lucro. *—s y pérdidas Com.* Lucros e perdas.

GANANCIAL *adj.* Lucrativo, rendoso; relativo ao lucro. *Bienes —es For.* Bens adquiridos depois do matrimônio.

GANANCIERO, A *adj.* Que realiza negócios muito lucrativos.

GANAPÁN *s. m.* Ganha-pão, homem de ganhar, mariola, moço de fretes. *fig. fam.* Homem rústico.

GANAPIERDE *s. m.* Ganha-perde.

GANAR *v. tr.* Ganhar (em todas as principais aceps. deste vocábulo). *v. pron. Amer.* Refugiar-se.

GANCHERO (gantchero) *s. m.* Balceiro (o que conduz a balça ou jangada), gancheiro (de balça).

GANCHO (gantcho) *s. m.* Gancho (instrumento curvo). Esgalho. Cajado. *fig. fam.* Aliciador. *fig. fam.* Rufião. *fig. fam.* V. GARATUJA. GARRANCHO. *Amer. equat.* Sela (para senhoras). *Amer. colomb.* Grampo, gancho (para os cabelos).

GANCHOSO, A (gantchosso) *adj.* Gancheado.

GANCHUELO (gantchuelo) *s. m. Dim.* de *Gancho.* Ganchinho.

GANDALÍN *s. m.* Escudeiro.

GANDAYA (gandadja) *s. f.* Gandaia, ociosidade, vadiagem, pândega, farra. Tecido de malha para redes.

GANDICIÓN *s. f. Amer. per.* Excesso (na comida).

GANDUJADO, A *p. p.* de *Gandujar. s. m.* Guarnição de franzidos.

GANDUJAR (gandujar) *v. tr.* Franzir, preguear.

GANDUL, A *adj.* Gandulo, vadio, tratante.

GANDULEAR *v. intr.* Gandular, vadiar.

GANDULERÍA *s. f.* Vadiagem.

GANDULÍN *s. m.* V. GANDALÍN.

GANDUMBAS *adj. fam.* V. HARAGÁN. U. t. c. s. *fam. Amer.* Bobo, tolo, idiota.

GANDURRO, A *adj.* Velhaco, vadio, ocioso, gandulo. U. t. c. s.

GANFALÓN *s. m.* Gonfalão.

GANFALONERO *s. m.* Gonfaloneiro.

GANFORRO, A *adj. fam.* Tratante, pulha, rufião. U. t. c. s.

GANGA *s. f. Zool.* Ganga. *Miner.* Ganga. *fig.* Coisa apetecível que se obtém com pouco ou nenhum esforço.

GANGOSAMENTE (gangossamente) *adv.* Fanhosamente.

GANGOSEAR (gangossear) *v. intr. Amer.* V. GANGUEAR.

GANGOSIDAD (gangossidad) *s. f.* Qualidade de fanhoso.

GANGOSO, A (gangosso) *adj.* Fanhoso.

GANGRENARSE *v. pron.* Gangrenar-se.

GANGUEAR *v. intr.* Fanhosear.

GANGUEO (ganguèo) *s. m.* Ação de fanhosear.

GAÑIDO (ganhido) *s. m.* Ganido.

GAÑILES (ganhiles) *s. m. pl.* Goelas.

GAÑIR (ganhir) *v. intr.* Ganir (o cão). Grasnar. *fig. fam.* Grasnar (falar com voz muito rouca). *Irreg.* V. conj. de *Plañir.*

GANOSO, A (ganosso) *adj.* Desejoso, cobiçoso, que apetece uma coisa. *Amer.* Brioso, ágil (diz-se do cavalo).

GAÑON (ganhòn) *s. m.* V. GAÑOTE.

GAÑOTE (ganhote) *s. m.* Gasnate, gasnete, gasganete, garganta, pescoço.

GAÑUELO (ganhuelo) *s. m.* V. GAÑOTE.

GANSADA *s. f. fig. fam.* Tolice, asneira, parvoíce, besteira (dito de tolo, parvo etc.).

GANSARÓN *s. m.* Ganso grande. *fig.* Homem esgrouviado.

GANSO *s. m.* Ganso. *fig.* Indolente, bobo, tolo, preguiçoso. Pessoa rústica, mal-educada ou néscia.

GANZÚA (gançúa) *s. f.* Gazua.

GANZUAR (gançuar) *v. tr.* Abrir com gazua. *fig.* V. SONSACAR.

GAO *s. m. pop.* Piolho.

GARABATADA *s. f.* Ação de lançar o garavato para colher alguma coisa.

GARABATEAR *v. intr.* Lançar o garavato para apanhar alguma coisa. Garatujar, rabiscar. U. t. c. tr. *fig. fam.* Andar com rodeios para dizer ou fazer alguma coisa.

GARABATEO (garabatèo) *s. m.* Ação de *Garabatear.*

GARABATO *s. m.* Garavato, gancho; cambo, ladra. Garatuja, rabisco, gatafunho, garrancho. *fig. fam.* Graça, garbo, gentileza (nas mulheres).

GARABATOSO, A (garabatosso) *adj.* Cheio de garatujas. Garboso, elegante, gracioso.

GARAJE (garaje) *s. m.* Garagem.

GARANÓN (garanhòn) *s. m.* Asno para padreação. *Amer.* Garanhão.

GARANTIZADAMENTE (garantiçadamente) *adv.* Garantidamente.

GARANTIZADO, A (garantiçado) *p. p.* de *Garantizar.* Garantido.

GARANTIZADOR, A (garantiçador) *adj. e s.* Garantidor.

GARANTIZAR (garantiçar) *v. tr.* Garantir, afiançar, abonar.

GARAPACHO (garapatcho) *s. m.* V. HORTERA. V. GALAPAGO, 1ª acep.

GARAPIÑA (garapinha) Carapinhada. Espécie de galão enfeitado.

GARAPIÑADO, A (garapinhado) *p. p.* de *Garapiñar. adj.* Gelado, congelado.

GARAPIÑAR (garapinhar) *v. tr.* Congelar um líquido em carapinhada. Cobrir com calda de açúcar.

GARAPIÑERA (garapinhera) *s. f.* Sorveteira.

GARAPULLO (garapulho) *s. m.* V. REHILETE.

GARATUSA (garatussa) *s. f.* Garatuja, esgar, trejeito, momice. Carícia, afago.

GARBANCERO, A *s. m. e f.* Vendedor ou vendedora de grão-de-bico. *fig. fam. Amer. mexic.* Criado ou criada jovem. *adj. fig. fam.* Comum, trivial, ordinário.

GARBANZAL (garbançal) *s. m.* Campo semeado de grãos-de-bico.

GARBANZA (garbança) *s. f. Amer.* Espécie de grão-de-bico.

GARBANZO (garbanço) *s. m.* Grão-de-bico, gravanço. *Amer. mexic.* V. GARBANCERO, 2ª acep. *Meter (a uno) el — en el cuerpo, loc. fig.* Amedrontar, acobardar alguém. *Tropezar (uno) en un —, loc. fig.* Achar dificuldade em tudo.

GARBANZUELO (garbançuelo) *s. m. Dim.* de *Garbanzo. Vet.* Esparavão.

GARBAR *v. tr.* Enfeixar, engavelar, enfeixar, fazer feixes (de trigo).

GARBEAR *v. intr.* Donairear. *v. tr.* V. GARBAR.

GARBERA *s. f.* V. TRESNAL.

GARBIAS *s. f. pl.* Espécie de guisado.

GARBILLADOR, A (garbilhador) *adj.* Joeirador. U. t. c. s.

GARBILLAR (garbilhar) *v. tr.* Joeirar. *Min.* Peneirar.

GARBILLO (garbilho) *s. m.* Joeira, ciranda.

GARBÍN *s. m.* V. GARVÍN.

GARBINO *s. m.* Sudoeste (vento).

GARBULLO (garbulho) *s. m.* Barulho, alvoroto, tropel, confusão (de gente); garabulha.

GARCERO *adj.* Garceiro (falando-se de falcão).

GARCETA *s. f.* Garcenho. Garçota.

GARCÍA *s. m. fam.* Raposo.

GARDUJA (garduja) *s. f.* Pedra inútil, sem valor.

GARDUÑA (gardunha) *s. f.* Fuinha. *fig.* Sociedade de ladrões. O mais vil e desprezível de qualquer classe.

GARDUÑO (gardunho) *s. m.* Ladrão astuto, gatuno.

GARFA *s. f.* Garra, unha. *Echar la —, loc. fig. fam.* Procurar apanhar alguma coisa com as unhas; unhar.

GARFADA *s. f.* Unhada.

GARFEAR *v. intr.* Garfar, fisgar.

GARFIADA *s. f.* V. GARFADA.

GARFIO *s. m.* Gancho, garavato.

GARGAJEADA (gargajeada) *s. f.* V. GARGAJEO.

GARGAJEAR (gargajear) *v. intr.* Escarrar.

GARGAJEO (gargajèo) *s. m.* Escarradura.

GARGAJIENTO, A (gargajiento) *adj.* V. GARGAJOSO.

GARGAJO (gargajo) *s. m.* Escarro. Gargalho.

GARGAJOSO, A (gargajoso) *adj.* Que escarra com freqüência. U. t. c. s.

GARGANCHÓN (gargantchòn) *s. m.* V. GARGUERO.

GARGANTEAR *v. intr.* Gargantear (fazer trinados com a voz).

GARGANTEO (gargantèo) *s. m.* Garganteio.

GARGANTIL *s. m.* Corte semicircular da bacia de barbeiro.

GARGANTILLA (gargantilha) *s. f.* Gargantilha, colar.

GARGARA *s. f.* Gargarejo (ação de gargarejar). U. m. no pl.

GARGARISMO *s. m.* Gargarejo (ação de gargarejar; medicamento para gargarejar).

GARGARIZAR (gargariçar) *v. intr.* Gargarejar.

GARGAVERO *s. m.* V. GARGUERO.

GÁRGOL *adj.* Goro (falando-se de ovo). *s. m.* Entalhe, encaixe; caixilho.

GÁRGOLA *s. f.* Gárgula.

GARGORÁN *s. m.* Gorgurão.

GARGOTERO *s. m.* V. BUHONERO.

GARGUERO *s. m.* Garganta.

GARGÜERO (gargüero) *s. m.* V. GARGUERO.

GARIFALTE *s. m.* Gerifalte.

GARIFO, A *adj.* V. JARIFO. *Amer. argent.* Vivo, ativo.

GARIPANCHE (garipantche) *s. m. Amer.* Jogo (de cartas).

GARIPANCHERO (garipantchero) *s. m. Amer.* Jogador (de cartas).

GARITA *s. f.* Guarita (de sentinela; torre). Latrina. Casinha de guarda-portão.

GARITEAR *v. intr.* Freqüentar casas de jogo.

GARITERO *s. m.* Gariteiro, dono de casa de jogo. Pessoa que freqüenta uma casa de jogo.

GARITO *s. m.* Casa de jogo, garito. Ganho, lucro (deixado por casa de jogo). *pop.* Casa.

GARLA *s. f.* Charla, conversa.

GARLAR *v. intr. fam.* Charlar, parolar, conversar muito.

GARLERO, A *adj. Amer.* V. PARLANCHÍN.

GARLITO *s. m.* Espécie de nassa. *fig. fam.* Cilada, espera.

GARNACHA (garnatcha) *s. f.* Espécie de uva. Vinho desta uva. *Amer.* Violência (cometida contra alguém).

GARNICA *s. f. Amer. boliv.* Pimenta muito picante.

GARO *s. m.* Salmoura (umidade que escorre da carne ou peixe salgados).

GARRAFIÑAR (garrafinhar) *v. intr. fam.* Empolgar, arrebatar, tomar, tirar.

GARRAFÓN *s. m. Amer.* V. DAMAJUANA.

GARRAMA *s. f.* Garrama. *fig.* Furto, roubo.

GARRAMAR *v. tr. fam.* Surripiar, furtar.

GARRANCHA (garrantcha) *s. f. fam.* Catana, chanfalho, farrusca, espada.

GARRANCHO (garrantcho) *s. m.* Garaveto, esgalho, garrancho.

GARRAPATA *s. f.* Carrapato.

GARRAPATEAR *v. intr.* Rabiscar, garatujar, gatafunhar.

GARRAPATO *s. m.* Rabisco, gatafunho, garrancho, garatuja.

GARRAPATÓN *s. m.* V. GAZAPATÓN.

GARREAR *v. intr. Náut.* Garrar.

GARROBA *s. f.* V. ALGARROBA.

GARROBAL *s. m.* Alfarrobal.

GARROBO *s. m.* V. ALGARROBO.

GARROCHAZO (garrotchaço) *s. m.* Garrochada.

GARROCHEAR (garrotchear) *v. tr.* Garrochar.

GARROCHÓN (garrotchòn) *s. m.* Garrochão.

GARRÓN *s. m.* Esporão (de ave). Garrão. Esgalho. *Amer.* Calcanhar.

GARROTA *s. f. fam.* Cajado (de pastor).

GARROTAL *s. m.* Olival plantado de estacas.

GARROTAZO (garrotaço) *s. m.* Paulada, bordoada.

GARROTE *s. m.* Arrocho. Garrote.

GARROTILLO (garrotilho) *s. m.* Garrotilho, crupe.

GARRUBIA *s. f.* Semente de alfarroba.

GARRUCHA (garrutcha) *s. f.* Roldana. Polé (suplício).

GARRUCHO (garrutcho) *s. m. Náut.* Garruncho.

GARRUDO, A *adj.* Que tem garras. *Amer.* Forçudo, robusto, vigoroso.

GARRULA *s. f.* Garrulice, tagarelice; palavrório.

GARRULIDAD (garrulidad) *s. f.* Garrulice, garrulidade.

GARUFA *s. f. Amer. plat.* Farra, diversão noturna.

GARUJO (garujo) *s. m.* V. HORMIGÓN.

GARULLA (garulha) *s. f.* Uva desbagoada que fica nos cestos. *fig. fam.* Reunião desordenada de gente. *Campar de —, loc. fam.* Bravatear, contando com algum apoio.

GARULLADA (garrulhada) *s. f.* V. GARULLA, 2ª acep.

GARVÍN *s. m.* Coifa de malha.

GARZA (garça) *s. f.* Garça.

GARZO, A (garço) *adj.* Garço. *s. m. Bot.* Agárico.

GARZÓN (garçòn) *s. m.* Garção, rapaz, mancebo, moço. Menino (filho homem).

GARZOTA (garçota) *s. f.* Garçota. Penacho (adorno).

GARZUL (garçul) *adj.* Diz-se de uma espécie de trigo.

GAS *s. m.* Gás.

GASA (gassa) *s. f.* Gaze, gaza. Fumo (no chapéu).

GASCÓN, A *adj. e s.* Gascão.

GASEOSO, A (gasseosso) *adj.* Gasoso, gaseiforme.

GASOLENO (gassoleno) *s. m.* Gasolina.

GASÓN (gassòn) *s. m.* V. YESÓN. Torrão que o arado não desfaz.

GASTADERO *s. m. fam.* Lugar ou ação em que se gasta alguma coisa; gasto.

GASTADURA *s. f.* Gasto (detrimento ou quebra nas coisas pelo uso).

GATA *s. f.* Gata (a fêmea do gato). V. GATUÑA. *fig.* Névoa, nuvenzinha (um monte). *Amer.* Manivela. *Amer. mexic.* Criada. *Ictiol.* Gata.

GATADA *s. f.* Ação própria de gato. *fig. fam.* V. JUGARRETE.

GATAFURA *s. f.* Espécie de torta.

GATALLÓN, A (gatalhòn) *adj. fam.* Matreiro, astuto.

GATAS (A) *loc. adv.* De gatas, de gatinhas. *Amer. plat.* A gatas, a custo, com dificuldade.

GATATUMBA *s. f. fam.* Fingimento (em relação a amizade, reverência, gentileza ou sentimento).

GATAZO (gataço) *s. m.* Engano, logro, artifício para tomar alguma coisa de uma pessoa. *Amer.* Roubo, furto.

GATEADO, A *p. p.* de Gatear. *adj.* Gateado, baio. *s. m.* V. GATEAMIENTO.

GATEAMIENTO *s. m.* Ação de Gatear.

GATEAR *v. intr.* Subir como os gatos. *fam.* Andar de gatinhas, gatinhar, engatinhar. *Amer. argent.* Namorar, requebrar. *Amer. mexic.* Namorar criadas. *v. tr.* Arranhar, agatanhar. *fam.* Gatear, furtar, roubar. *v. pron.* Estiolar-se o trigo.

GATERA *s. f.* Gateira. *Náut.* Gateira.

GATERÍA *s. f.* Gataria. *fig. fam.* Reunião de meninos mal-educados. *fig. fam.* Fingimento (demonstração de humildade, falsa e interesseira).

GATERO, A *adj.* Habitado ou freqüentado por gatos. Diz-se do sótão que não é habitável.

GATILLAZO (gatilhaço) *s. m.* Pancada do gatilho.

GATILLO (gatilho) *s. m.* Boticão. Gatilho. *fig. fam.* Gatuno, larápio, ratoneiro. Gato (instrumento).

GATO *s. m.* Gato. Bolsa (de dinheiro). Gato, grampo, gancho. Macaco (instrumento). *fig.* Ladrão, gatuno. *fig.* Raposa, homem astuto. *Amer. argent.* Gato, erro, lapso. *Amer. mexic.* Criado. *Ata el —, fig. fam.* Pessoa rica e mesquinha. *Amer. per.* Feira, mercado ao ar livre.

GATUNA *s. f.* V. GATUÑA.

GATUNAMENTE *adv.* De modo gatesco ou gatum.

GATUNO, A *adj.* Gatesco, gatum.

GAVANZA (gavança) *s. f.* Rosa-brava.

GAVANZO (gavanço) *s. m.* Roseira-brava.

GAVIA *s. f.* Gaiola ou cubículo para o doido furioso. *Náut.* Gávea. V. GAVIOTA.

GAVIAZAYA (gaviaçadja) *s. f.* V. GAVIERO.

GAVIERO *s. m. Náut.* Gageiro.

GAVIETA *s. f. Náut.* Mesena.

GAVILÁN *s. m.* Gavião. Cada um dos ferros que forma a cruz da espada. *Náut.* Croque. Ligadura para o nariz. *fig. fam.* Gatuno, larápio. *Amer. argent.* Gavião, conquistador de mulheres.

GAVILLA (gavilha) *s. f.* Gavela, feixe, molho, faveia. *fig.* Súcia, corja, cambada.

GAVILLERO (gavilhero) *s. m.* Lugar onde se amontoam as gavelas ou faveias.

GAVINA *s. f.* V. GAVIOTA. Cartola.

GAVIÓN *s. m. Mil.* Cestão. *fig. fam.* Chapéu de copa alta e abas largas.

GAVIOTA *s. f.* Gaivota.

GAYA (gadja) *s. f.* Lista de cor (em tecidos). V. URRACA.

GAYADURA (gadjadura) *s. f.* Enfeite com listas de cor.

GAYAR (gadjar) *v. tr.* Enfeitar com listas de cor.

GAYATA (gadjata) *s. f.* Cajado.

GAYO, A (gadjo) *adj.* Gaio, alegre, vistoso.

GAYOLA (gadjola) *s. f.* Gaiola. *fig.* Gaiola, prisão, cárcere.

GAYÓN (gadjòn) *s. m. pop.* Rufião.

GAYUBA (gadjuba) *s. f.* Uva-de-urso, espécie de medronheiro.

GAZA (gaça) *Náut.* Estropo.

GAZAFATÓN (gaçafatòn) *s. m. fam.* V. GAZAPATÓN.

GAZAPA (gaçapa) *s. f. fam.* Mentira, patranha, peta.

GAZAPATÓN (gaçapatòn) *s. m. fam.* Disparate, dislate, absurdo.

GAZAPELA (gaçapela) *s. f.* Briga, rixa, barulho, alvoroto.

GAZAPERA (gaçapera) *s. f.* Toca (de coelhos). *fig. fam.* Reunião de gente de má vida, em lugar escondido. *fig. fam.* V. GAZAPELA.

GAZAPINA (gaçapina) *s. f.* Reunião de gente baixa, corja, súcia, matula. *fam.* V. GAZAPELA.

GAZAPO (gaçapo) *s. m.* Láparo, caçapo. *fig. fam.* Homem astuto; matreiro, raposa. *fig.* V. GAZAPA. *fig. fam.* Erro, gato, lapso.

GAZAPÓN (gaçapòn) *s. m.* V. GARITO.

GAZGAZ *s. m.* Brincadeira de mau gosto.

GAZMEAR *v. intr.* V. GULUSMEAR. *v. pron.* Queixar-se, ressentir-se.

GAZMOÑADA (gasmonhada) *s. f.* V. GAZMOÑERÍA.

GAZMOÑERÍA (gasmonheria) *s. f.* Fingimento, hipocrisia, falsa modéstia, devoção ou escrúpulo.

GAZMOÑERO, A (gasmonhero) *adj.* V. GASMOÑO.

GAZMOÑO, A (gasmonho) *adj.* Hipócrita, impostor, fingido.

GAZNAPIRO, A *adj.* Simplório, pacóvio, tolo.

GAZNAR *v. intr.* V. GRAZNAR.

GAZNATADA *s. f.* Pancada violenta no gasnete. *Amer.* Bofetada.

GAZNATAZO (gasnataço) *s. m.* V. GAZNATADA.

GAZNATE *s. m.* V. GARGUERO. Gasnate, gasnete, pescoço.

GAZNATÓN *s. m.* V. GAZNATADA.

GAZOFIA (gaçofia) *s. f.* Basófia.
GAZPACHO (gaspatcho) *s. m.* Espécie de sopa fria.
GAZUZA (gaçuça) *s. f. fam.* Fome, gana. *Amer. C. Rica.* Barulho, algazarra.
GEDEONADA (jedeonada) *s. f. fam.* Simplicidade, ingenuidade.
GEHENA (jeena) *s. f.* Geena.
GELIZ (jeliz) *s. m.* V. POSADERO.
GEMA (jema) *Bot.* Gema. Gema (pedra preciosa).
GEMACIÓN (jemaciòn) *s. f.* Gemação (em planta ou animal).
GEMELA (jemela) *s. f.* Espécie de jasmim.
GEMELO, A (jemelo) *adj.* Gêmeo. U. t. c. s. *s. m. pl.* Binóculo. *Astron.* Gêmeos. —s *de teatro,* binóculo de teatro.
GEMIR (jemir) *v. intr.* Gemer. *Irreg.* V. conj. de *Servir.*
GENDARMERÍA (jendarmería) *s. f.* Gendarmaria.
GENERABLE (jenerable) *adj.* Gerável, engendrável.
GENERACIÓN (jeneraciòn) *s. f.* Geração.
GENERADOR, A (jenerador) *adj. e s.* Gerador.
GENERAL (jeneral) *adj.* Geral. *s. m.* General. Geral (chefe de ordem religiosa).
GENERALIZACIÓN (jeneraliçaciòn) *s. f.* Generalização.
GENERALMENTE (jeneralmente) *adv.* Geralmente.
GENERATRIZ (jeneratriz) *adj.* Geratriz.
GÉNESIS (jènessis) *s. m.* Gênese.
GENIAZO (jeniaço) *s. m. fam.* Gênio áspero.
GENISTA (jenista) *s. f.* V. RETAMA.
GENÍZARO, A (jeníçaro) *adj.* V. JENIZARO.
GENTECILLA (jentecilha) *s. f.* Gentinha, gentalha.
GENTILHOMBRE (jentilombre) *s. m.* Gentil-homem.
GENTUALLA (jentulha) *s. f. Deprec.* Gentalha.
GENTUZA (jentuça) *s. v.* V. GENTUALLA.
GERMANESCO, A (jermanesco) *adj.* Pertencente ou relativo à gíria ou calão.
GERMANÍA (jermanía) *s. f.* Gíria, calão (de Espanha).
GERMEN (jermen) *s. m.* Germe.
GEROFANTE (jerofante) *s. m.* Hierofante.
GERUNDIADA (jerundiada) *s. f.* Expressão empolada.
GERUNDIANO, A (jerundiano) *adj.* Empolado, afetado, pedante, rebuscado (falando-se de estilo).
GERUNDIO (jerundio) *s. m. Gram.* Gerúndio. *fig. fam.* Pedante, pessoa cujo estilo é empolado ou afetado.
GESTACIÓN (jestaciòn) *s. f.* Gestação.
GESTERO, A (jestero) *adj.* Gesticulatório, que tem o hábito de gesticular.
GESTICULOSO, A (jesticulosso) *adj.* V. GESTERO.
GESTIÓN (jestiòn) Gestão. Diligência, negociação, combinação, gestão.
GESTIONAR (jestionar) *v. tr.* Negociar, combinar, diligenciar.
GESTUDO, A (jestudo) *adj. fam.* Carrancudo. U. t. c. s.
GIBA (jiba) *s. f.* Giba, carcunda. *fig.* Incômodo, moléstia, importunação.
GIBADO, A (jibado) *adj.* Giboso, corcovado.
GIBAR (jibar) *v. tr.* Corcovar. *fig. fam.* Maçar, incomodar, importunar, molestar.
GIBÓN (jibòn) *s. m. Zool.* Gibão.
GIGANTA (jiganta) *s. f. Bot.* Girassol. Giganta.
GIGANTEA (jigantea) *s. f.* Girassol.
GIGANTILLA (jigantilha) *s. f. Dim.* de *Giganta.* Figura de cartão, desproporcionada.
GIGOTE (jigote) *s. m.* Guisado (de carne picada).
GILI (jilí) *adj.* Bobo, tolo, estúpido.
GILVO, A (jilvo) *adj.* Cor de mel.
GIMNASIA (jimnásia) *s. m.* Ginástica.
GIMNASIO (jimnássio) *s. m.* Ginásio.
GIMNASTA (jimnasta) *s. m.* Ginasta; acróbata.
GIMOTEAR (jimotear) *v. intr.* Gemicar, choramingar, lamuriar.
GIMOTEO (jimotèo) *s. m.* Lamúria.

GINEBRA (jinebra) *s. f.* Genebra. Cega-rega. *fig.* Confusão, desordem, desarranjo. *fig.* Ruído, murmúrio (de vozes).
GINEBRADA (jinebrada) *s. f.* Espécie de folhado, pastel ou torta.
GINEBRÉS, A (jinebrès) *adj.* Genebrês.
GINEBRINO, A (jinebrino) *adj. e s.* Genebrino.
GINECEO (jinecèo) *s. m.* Gineceu.
GINESTA (jinesta) *s. f.* Giesta.
GINGIVA (jinjiva) *s. f.* V. ENCÍA.
GIRALDA (jiralda) *s. f.* Grimpa ou catavento em forma de estátua (em torres ou edifícios alterosos).
GIRALDETE (jiraldete) *s. m.* Roquete (sem mangas).
GIRALDILLA (jiraldilha) *s. f.* V. GIRALDA. Dança popular asturiana.
GIRÁNDULA (jiràndula) *s. f.* Girândola. Candelabro de mesa.
GIRAR (jirar) *v. tr.* Girar, dar voltas. *Com.* Sacar, emitir ordem de pagamento.
GIRASOL (jirassol) *s. m.* Girassol. *fig.* Pessoa que procura granjear os favores dos poderosos.
GIRO (jiro) *s. m.* Giro, volta, rodeio, circuito, rotação. Rumo, direção, curso (de palestra ou negócio). Construção, estrutura especial da frase. Ameaça, bravata, fanfarronada. *Com.* Remessa, emissão (de letras, dinheiro etc.). Giro, movimento comercial. — *postal,* vale postal.
GITANADA (jitanada) *s. f.* Ciganada (ação de cigano). *fig.* Ciganice, lisonja ardilosa.
GITANAMENTE (jitanamente) *adv.* Com ciganice (lisonja ardilosa).
GITANEAR (jitanear) *v. intr. fig.* Lisonjear ardilosamente para conseguir os seus fins.
GITANERÍA (jitanería) *s. f.* Ciganada, ciganaria (multidão de ciganos). Ciganada (ação de cigano). Ciganice, lisonja ardilosa.
GITANESCO, A (jitanesco) *adj.* Próprio dos ciganos.
GITANISMO (jitanismo) *s. m.* V. GITANERÍA, 1ª acep. Usos, costumes e maneiras dos ciganos.
GITANO, A (jitano) *adj. e s.* Cigano. V. GITANESCO. Egípcio. *fig.* Cigano, ladino. Errante, boêmio.
GLASÉ (glassè) *s. m.* Tafetá brilhante.
GLASEAR (glassear) *v. tr.* Assetinar (o papel).
GLASEO (glassèo) *s. m.* Ação de assetinar o papel.
GLOBO *s. m.* Globo, esfera, bola. Globo, a Terra. — *aerostático,* aeróstato. — *dirigible,* Balão dirigível. — *cautivo,* balão cativo.
GLORIETA *s. f.* Praça onde desembocam várias ruas ou alamedas. Espécie de caramanchel.
GLOSARIO (glossario) *s. m.* Glossário.
GLOSE (glosse) *s. f.* Ação de glosar.
GLOTIS *s. f. Anat.* Glote.
GLOTÓN, A *adj.* Glutão, ona. U. t. c. s. *Zool.* Glutão.
GLOTONAMENTE *adv.* Com glutonaria.
GLOTONEAR *v. intr.* Comer com glutonaria.
GLOTONERÍA *s. f.* Glutonaria.
GLUCOSA (glucossa) *s. f.* Glicose.
GLUCOSANA (glucossana) *s. f.* Glicosana.
GLUCOSURIA (glucossuria) *s. f.* Glicosúria.
GOBERNABLE *adj.* Governável.
GOBERNACIÓN *s. f.* Governação. Governo.
GOBERNADOR, A *adj. e s.* Governador.
GOBERNADORESCO, A *adj. irôn.* Próprio de governador.
GOBERNALLE (gobernalhe) *s. m.* V. GOBERNALLE.
GOVERNALLO (gobernalho) *s. m. Náut.* Leme, governalho.
GOBERNANTA *s. f. Amer. argent.* Governanta.
GOBERNANTE *p. a.* de *Gobernar* e *adj.* Governante. U. t. c. s.
GOBERNAR *v. tr.* Governar, guiar, dirigir. U. t. c. intr. *Irreg.* V. conj. de *Calentar.*
COBERNATIVO, A *adj.* V. GUBERNATIVO.
GOBERNOSO, A (gobernosso) *adj. fam.* Cuidadoso, ordeiro, que gosta de ter cada coisa em seu lugar.
GOBIERNA *s. f.* V. GIRALDA.
GOBIERNO *s. m.* Governo.
GOCE *s. m.* Gozo.
GOCHO (gotcho) *s. m.* V. COCHINO.

GOFIO *s. m.* Farinha de cereais tostados.
GOFO, A *adj.* Néscio, rude, ignorante, grosseiro.
GOLA *s. m.* Garganta, goela. *Arq. e Fort.* Gola. Canal de entrada (em certos portos); embocadura (de rio). *Hacer —* Amer. Fazer frente, opor-se, resistir.
GOLFEAR *v. intr.* Vagabundear, vadiar.
GOLFERÍA *s. m.* Reunião de vadios ou vagabundos. Ação própria de vagabundos.
GOLFÍN *s. m.* Golfinho.
GOLFO *s. m.* Golfo. *fig.* Abismo. Vadio, vagabundo, malandro.
GOLILLA (golilha) *s. f.* Golilha, golinha (cabeção com volta engomada).
GOLLERÍA (golhería) *s. f.* Gulodice, acepipe. Superfluidade, demasia.
GOLLEROSO, A (golherosso) *adj.* Delicado, melindroso.
GOLLETAZO (golhetaço) *s. m. Taurom.* Estocada (no pescoço do touro).
GOLLETE (golhete) *s. m.* Parte superior do pescoço; gasnete. Gargalo. Gola (de hábito). *Estar hasta el —, loc. fig. fam.* Estar até o pescoço; estar farto.
GOLLETEAR (golhetear) *v. tr. Amer.* Agarrar alguém pelo pescoço.
GOLLIZO (golhiço) *s. m.* Garganta (de rios, montes etc.).
GOLLORÍA (golhoría) *s. f.* V. GOLLERÍA.
GOLMAJEAR (golmajear) *v. intr.* V. GOLOSINEAR.
GOLMAJO, A (golmajo) *adj.* Guloso.
GOLONDRINA *s. f.* Andorinha. Andorinha, caminhão ou carroça de mudança.
GOLONDRINERA *s. f. Bot.* Celidônia.
GOLONDRINO *s. m.* Andorinho (pequena andorinha). *fig.* Borboleta, o que muda sempre de lugar. *fig.* Soldado desertor. Tumor na axila.
GOLONDRO *s. m. fam.* Desejo, gana, antojo. *Andar de —s, loc. fam.* Andar enfatuado com esperanças enganosas. *Campar de —, loc. fam.* Viver à custa alheia.
GOLOSAMENTE (golossamente) *adj.* Gulosamente.
GOLOSAZO, A (golossaço) *adj. Aument.* de *Goloso.*
GOLOSEAR (golossear) *v. intr.* V. GOLOSINEAR.
GOLOSINA (golossina) *s. f.* Gulodice, guloseima, gulosice. Desejo, vontade, antojo. *fig.* Coisa mais agradável que útil.
GOLOSINAR (golossinar) *v. intr.* V. GOLOSINEAR.
GOLOSINEAR (golossinear) *v. intr.* Gulosar, gulosear.
GOLOSISMO (golossismo) *s. m.* Gosto por gulodices.
GOLOSMEAR *v. intr.* V. GULUSMEAR.
GOLOSO, A *adj. e s.* Guloso.
GOLPAZO (golpaço) *s. m.* Golpázio, golpada.
GOLPEADERO *s. m.* Ruído de pancadas. Malhadeiro, lugar onde se bate muito.
GOLPE *s. m.* Golpe. Pancada, batida. Grupo, multidão; cópia. Pulsação, batida (do coração).
GOLPEADURA *s. f.* Batida. Golpe.
GOLPEAR *v. tr.* Golpear, ferir. Bater; percutir. U. t. c. intr.
GOLPEO (golpèo) *s. m.* V. GOLPEADURA.
GOLPETEAR *v. tr.* Golpear ou bater repetidamente. U. t. c. intr.
GOLPETEO (golpetèo) *s. m.* Batida persistente.
GOLPIZA (golpiça) *s. f. Amer.* Surra, coça, sova.
GOLUSMEAR *v. intr.* V. GULUSMEAR.
GOMA *s. f.* Goma. *Amer. centr.* Ressaca (estado do bêbedo após a bebedeira). Borracha. Tumor.
GOMARRA *s. f. pop.* Galinha.
GOMATOSO, A (gomatosso) *adj.* Gomoso, viscoso.
GOMECILLO (gomecilho) *s. m.* V. LAZARILLO.
GOMIA *s. f.* V. TARASCA. *fig. fam.* Comilão, glutão, gastrônomo.
GOMISTA *s. m. e f.* Comerciante de objetos de borracha.
GOMORRESINA (gomorressina) *s. f.* Goma-resina.
GOMOSERIA (gomosserí̀a) *s. f.* Gomosidade.
GONADO *s. m.* Gônada.
GONCE *s. m.* V. GOZNE.

GONDOLERO *s. m.* Gondoleiro.
GONFALÓN *s. m.* Gonfalão.
GONFALONIERO *s. m.* Gonfaloneiro.
GORDAL *adj.* Grosso, gordo (em seu gênero).
GORDANA *s. f.* Gordura, gordã.
GORDIANO *adj.* Górdio, gordiano. *Nudo —,* nó górdio.
GORDIFLÓN, A *adj. fam.* Gordalhufo, gordanchudo.
GORDILLO, A (gordilho) *adj. Dim.* de *Gordo.* Gordinho, gordote, gorducho.
GORDINFLÓN, A *adj. fam.* V. GORDIFLÓN.
GORDO, A *adj.* e *s.* Gordo. *s. m.* Sebo, unto, gordura, gordo.
GORGOJARSE (gorgojarse) *v. pron.* V. AGORGOJARSE.
GORGOJERA (gorgojera) *s. f.* Lugar cheio de gorgulhos (insetos).
GORGOJO (gorgojo) *s. m.* Gorgulho. *fig. fam.* Pessoa muito pequena.
GORGOJOSO, A (gorgojosso) *adj.* Roído de gorgulhos.
GORGOR *s. m.* V. GORGOTEO.
GORGORÁN *s. m.* Gorgorão.
GORGOREAR *v. intr. Amer.* V. GORGORITEAR.
GORGORITA *s. m.* Pequena borbulha. *fam.* V. GORGORITO. U. m. no pl.
GORGORITEAR *v. intr.* Gargantear, trinar, gorjear (com a voz).
GORGORITEO (gorgoritèo) *s. m.* Garganteio (da voz).
GORGORITO *s. m. fam.* Garganteio, requebro, trinado (da voz). U. m. no pl.
GORGOROTADA *s. f.* Gole, golada, trago, sorvo.
GORGOTEAR *v. intr.* V. BURBUJEAR.
GORGOTEO (gorgotèo) *s. m.* Borbulhar (ruído).
GORGOTERO *s. m.* V. BUHONERO.
GORGOZADA (gorgoçada) *s. f.* V. GARGANTADA.
GORGUEAR *v. intr.* V. GORGORITEAR.
GORIGORI *s. m.* Cantilena fúnebre.
GORGUERA *s. f.* Gorjeira, gorgueira. Gorjal.
GORJEAR (gorjear) *v. intr.* V. GORGORITEAR.
GORJEO (gorjèo) *s. m.* Gorjeio, trinado (da voz).
GORRA *s. f.* Gorro. Gorra. Barrete. Quepi. *s. m. fig.* V. GORRÓN. *De —, loc. adv. fam.* À custa alheia.
GORRADA *s. f.* V. GORRETADA.
GORRETADA *s. f.* Barretada.
GORRERO *s. m.* Pessoa que faz gorras ou gorros. V. GORRÓN.
GORRÍN *s. m.* V. GORRINO.
GORRINADA *s. f.* V. GORRINERÍA.
GORRINERA *s. f.* Chiqueiro, pocilga.
GORRINERÍA *s. f.* Porcaria, grosseria, indecência.
GORRINO *s. m.* Leitão. Porco.
GORRIÓN *s. m.* Gorrião; pardal.
GORRISTA *adj.* e *s.* V. GORRÓN.
GORRÓN, A *adj.* e *s.* Parasita, que vive à custa alheia. *s. m.* Seixo. *Mec.* Extremidade de um eixo.
GORRONAL *s. m.* V. GUIJARRAL.
GORRONEAR *v. intr.* Viver à custa alheia, parasitear.
GORRONERÍA *s. f.* Parasitismo, qualidade do que vive à custa alheia.
GORULLO (gorulho) *s. m.* Tortulho. V. BURUJO.
GORUPO *s. m. Náut.* Espécie de nó.
GOTEAR *v. intr.* Gotejar, gotear. *fig.* Pingar (dar pouco a pouco).
GOTERA *s. f.* Goteira (fenda no telhado). Achaque. U. m. no pl. *Cir.* Goteira.
GOTERO *s. m. Amer.* Conta-gotas.
GOTERÓN *s. m.* Gota muito grande de chuva.
GOTICIDAD (goticidad) *s. f.* Qualidade de gótico ou ojival.
GOZNE *s. m.* Gonzo, dobradiça.
GOZQUE *adj.* Goso (cão). U. t. c. s.
GRABADO, A *p. p.* de *Grabar. s. m.* Gravura (ação de gravar; estampa gravada).
GRABADOR *s. m.* Gravador.
GRABADURA *s. f.* Gravura (ação de gravar).
GRABAR *v. tr.* Gravar, esculpir com buril ou cinzel. *fig.* Gravar, fixar, assinalar, imprimir, estampar.

GRABAZÓN (grabaçòn) *s. f.* Conjunto de gravuras.
GRACEJADA (gracejada) *s. f. Amer.* Gracejo, pilhéria.
GRACEJEAR (gracejear) *v. intr.* Gracejar.
GRACIA *s. f.* Graça (em todas as principais acep. deste vocábulo). *Caer en —, loc.* Cair em graça, agradar. *De —, loc. adv.* De graça, gratuitamente. *¡Gracias!* Obrigado! Agradecido! *—s a, loc. adv.* Graças a.
GRACIABLE *adj.* Amável, gentil, gracioso. Fácil de conceder.
GRADA *s. f.* Degrau (de escada). Galeria, arquibancada, bancada. Grade (locutório de convento). *Agr.* Grade. Plano inclinado onde se constroem ou consertam embarcações. *Amer. equat.* Escada. *pl.* Escadaria.
GRADACIÓN *s. f.* Gradação.
GRADAR *v. tr. Agr.* Gradar.
GRADEO (gradèo) *s. m. Agr.* Gradagem, gradadura.
GRADERÍA *s. m.* Escadaria.
GRADILLA (gradilha) *s. f.* Escada portátil.
GRADO *s. m.* V. GRADA, 1ª acep. Grado, vontade. Grau. *De — en —,* ou *por —s, loc. adv.* Gradativamente, paulatinamente. *De buen,* ou *mal —, loc. adv.* De bom, ou mau, grado. *Mal de mi, de tu, de su, de nuestro, de vuestro —, loc. adv.* A meu, a teu, a seu, a nosso, a vosso pesar.
GRADUACIÓN *s. f.* Graduação.
GRAJA (graja) *s. f.* Gralha.
GRAJEAR (grajear) *v. intr.* Gralhar, grasnar, crocitar.
GRAJIENTO, A (grajiento) *adj. Amer.* Malcheiroso.
GRAJO (grajo) *s. m.* Gralho. *fig. fam.* Gralha. *Amer.* V. ESCARABAJO.
GRAJUELO (grajuelo) *s. m. Dim.* de *Grajo.*
GRAJUNO, A (grajuno) *adj.* Relativo à gralha ou gralho.
GRAMALLERA (gramalhera) *s. f.* V. LLARES.
GRAMATICÓN *s. m.* Gramaticão.
GRAMATIQUERÍA *s. f.* Gramatiquice.
GRAMIL *s. m.* Graminho (instrumento de carpinteiro).
GRAMILLA (gramilha) *s. f.* Gramadeira (instrumento para trilhar o linho), grama.
GRAMO *s. m.* Grama (peso).
GRAMOFONO *s. m.* Gramofone.
GRAN *adj. Apóc.* de *Grande.* Grã, grão.
GRANA *s. f.* V. GRANAZÓN. *Zool.* Cochinilha. Grão, semente, baga. *— del Paraíso, Bot.* Cardamomo. Gralha, grã. Grã (inseto). Grã (a cor escarlate; tecido tinto com grã).
GRANADA *s. f. Bot.* Romã. *Mil.* Granada.
GRANADERO *s. m.* Granadeiro.
GRANADILLA (granadilha) *s. f.* Flor do maracujá.
GRANADO *s. m.* Romeira, romãzeira. *adj. fig.* Ilustre, notável, principal, graúdo.
GRANAJE (granaje) *s. m.* Ação de granar a pólvora.
GRANALLA (granalha) *s. f.* Granalha.
GRANAZÓN (granaçòn) *s. f.* Ação de engrandecer.
GRANCÉ *adj.* Vermelho de garança, garanço.
GRANDEZUELO (grandeçuelo) *s. m. Dim.* de *Grande.* Grandinho, grandote.
GRANDILLÓN, A (grandilhòn) *adj. fam.* Grandalhão, ona.
GRANDULON, A *adj.* V. GRANDILLÓN.
GRANDULLÓN, A (grandulhòn) *adj.* V. GRANDILLÓN.
GRANEADO, A *p. p.* de *Granear. adj.* Salpicado, manchado de pintas.
GRANEADOR *s. m.* Graneador. Espécie de buril.
GRANEAR *v. tr.* Semear. Granar (a pólvora). Gravar a pedra.
GRANEO (granèo) *s. m.* V. GRANAJE.
GRANERO *s. m.* Celeiro. *fig.* Celeiro.
GRANETE *s. m.* Espécie de punção.
GRANÉVANO *s. m.* Goma-adragante, adragante, goma-alcatira.
GRANGUARDIA *s. f. Mil.* Guarda avançada.
GRANILLA (granilha) *s. f.* Felpa (no avesso de alguns panos).
GRANILLERO, A (granilhero) *adj.* Diz-se de porcos que se alimentam de bolota.

GRANILLO (granilho) *s. m. Dim.* de *Grano.* Grãozinho, granito, granete, grânulo. Bexiga (tumor nos canários). Ganho, proveito, resultado do uso de uma coisa.
GRANITO *s. m.* V. GRANILLO, 1ª aceo. *Miner.* Granito. Ovo do bicho-da-seda.
GRANIZAL (graniçal) *s. m. Amer.* Granizada.
GRANJEO (granjèo) *s. m.* Granjeio.
GRANJERÍA (granjería) *s. f.* Produto, lucro (deixado pelo comércio rural e agrícola). *fig.* Lucro, proveito, ganho em geral.
GRANO *s. m.* Grão, semente. Espinha, borbulha (na pele). Grão (pequena parcela). Grão (peso). Flor (da pele curtida). *Ir al —, loc. fam.* Ir ao miolo, tratar da substância, deixar-se de superfluidades.
GRAÑÓN (granhòn) *s. m.* Sêmola de trigo cozido. Grão de trigo cozido.
GRANOSO, A (gronosso) *adj.* Granoso, granulado, granuloso.
GRANUDO, A *adj.* V. GRANOSO.
GRANUJA (granuja) *s. f.* Uva desbagoada. Granita (semente da uva). *fam.* Malta, súcia. *s. m. fam.* Moleque, malandrim, menino vadio. *fam.* Vadio, malandro, pícaro.
GRANUJIENTO, A (granujiento) *adj.* Que tem espinhas ou borbulhas; espinhento.
GRANUJILLA (granujilla) *s. m.* V. GRANUJA, 4ª acep.
GRANUJOSO, A (granujosso) *adj.* V. GRANOSO.
GRANULACIÓN *s. f.* Granulação; granulagem.
GRANZA (grança) *s. f. Bot.* Garança, ruiva, granza. *Amer. argent.* V. HORMIGÓN. *pl.* Alimpadura de cereais, grança. Resíduo, escória (de qualquer metal).
GRANZÓN (grançòn) *s. m.* Pedaço de minério que passa pelo crivo. *pl.* Restos de palha.
GRAPA *s. f.* Gato, gancho, grampo. *Vet.* Grapa. *Amer. plat.* Graspa, grapa.
GRASERA (grassera) *s. f.* Graxeira. Utensílio próprio para aparar a gordura dos assados.
GRASERÍA (grassería) *s. f.* Fábrica de velas de sebo.
GRASEZA (grasseça) *s. f.* Gordura.
GRASIENTO, A (grassiento) *adj.* Gorduroso, graxo, grasso, grassento.
GRASO, A (grasso) *adj.* Gordurento, grassento, graxo.
GRASOSO, A (grassosso) *adj.* V. GRASIENTO.
GRASURA (grassura) *s. f.* V. GROSURA.
GRATA *s. f.* Escova de metal.
GRATAGUJA (grataguja) *s. f.* V. GRATA.
GRATAR *v. tr.* Brunir com escova de metal.
GRATÉN *s. m.* Modo de preparar certas comidas, cobrindo-as com pão torrado e ralado.
GRATIFICACIÓN *s. f.* Gratificação, recompensa.
GRATIL *s. m. Náut.* Gurutil.
GRATITUD (gratitud) *s. f.* Gratidão.
GRAVA *s. f.* V. GUIJO.
GRAVAMEN *s. m.* Gravame, encargo.
GRAVEAR *v. intr.* V. GRAVITAR, 2ª acep.
GRAVEDAD (gravedad) *s. f. Fís.* Gravidade. Gravidade, circunspeção, seriedade, sisudez. Enormidade, excesso. *fig.* Gravidade (importância; estado de perigo).
GRAVEDOSO, A (gravedosso) *adj.* Grave, sisudo, circunspeto, sério (com afetação).
GRÁVIDO, A *adj. Poét.* Grávido, repleto, cheio, abundante.
GRAVITACIÓN *s. f.* Gravitação.
GRAVITAR *v. intr.* Gravitar (tender para um ponto ou centro). Descansar, repousar, apoiar-se (um corpo sobre outro). *fig.* Gravar, onerar, oprimir.
GRAVOSO, A (gravosso) *adj.* Molesto, pesado, intolerável. Gravoso, oneroso.
GRAZNAR *v. intr.* Grasnar.
GRAZNIDO *s. m.* Grasno, grasnido, grasnado. *fig.* Canto desentoado ou demasiado agudo.
GREDAL *adj.* Gredoso. *s. m.* Terreno abundante em greda.
GREGALIZAR (gregaliçar) *v. intr. Náut.* Declinar para o nordeste.
GREGUERÍA *s. f.* Algaravia, gritaria confusa, vozearia, falario, grasnada.

GREGUIZAR (greguiçar) *v. intr.* Grecizar.
GREÑA (grenha) *s. f.* Grenha (cabelo em desalinho). Enredo, maranha, coisa enredada em outra. *Andar a la —, loc. fam.* Brigar, puxando-se dos cabelos. *fig.* Altercar, disputar, brigar.
GRENCHUDO, A (grentchudo) *adj.* Grenhudo, crinudo.
GREÑUDO, A (grenhudo) *adj.* Grenhudo.
GRESCA *s. f.* Algazarra, barulho, confusão, motim. Briga, rixa, contenda, disputa.
GREY (grei) *s. f.* Grei.
GRIECO, A *adj. e s.* Grego. *s. m. fam.* Grego, língua ininteligível. *fam.* V. TAHUR.
GRIETA *s. f.* Greta, fenda.
GRETADO, A *p. p.* de *Grietar.* Gretado.
GRIETARSE *v. pron.* Gretar-se, fender-se.
GRIETEARSE *v. pron.* V. GRIETARSE.
GRIFO, A *adj.* Eriçado, encaracolado; emaranhado; grifo (falando-se de cabelos). *s. m.* Grifo (animal fabuloso). Torneira. *adj.* Grifo, itálica, bastarda, aldina (letra). U. t. c. s.
GRIFÓN *s. m.* V. GRIFO, 3ª acep.
GRILLA (grilha) *s. f.* Grilo fêmea. *Esa és —, loc. fig.* Isso é mentira.
GRILLADO, A (grilhado) *p. p.* de *Grillarse.*
GRILLARSE (grilharse) *v. pron.* Grelar, brotar, rebentar, espigar (o trigo, a cebola, o alho etc.).
GRILLERA (grilhera) *s. f.* Cova de grilo. Gaiola (de vime ou arame) para grilos. *fig.* Lugar onde há grande desordem e confusão.
GRILLERO (grilhero) *s. m.* Carcereiro que põe ou tira as grilhetas aos presos.
GRILLETE (grilhete) *s. m.* Grilheta (anel de ferro para prender os condenados).
GRILLO (grilho) *s. m.* Grilo. *fig. fam.* V. GRILLERA, 3ª acep. *Andar a —s, loc. fig. fam.* Ocupar-se em coisas inúteis. *s. m.* Grelo, gema, bolbo, tubérculo. *pl.* Grilhões. *fig.* Grilhão, laço, enleio, prisão, peia.
GRIMA *s. f.* Horror, pavor, terror; inquietação.
GRIMOSO, A (grimosso) *adj.* Horroroso, pavoroso.
GRÍMPOLA *s. f. Náut.* Grimpa.
GRINGO, A *adj. fam. pejor.* Estrangeiro, principalmente inglês; Aplica-se em geral a quem fala outra língua que não a espanhola. U. t. c. s. *fam.* Grego, língua ininteligível.
GRIÑÓN (grinhòn) *s. m.* Véu (de freira).
GRISETA (grisseta) *s. f.* Grisete. Tecido de seda com flores ou outros desenhos miúdos.
GRISMA *s. f. Amer. chil., guat.* e *hond.* V. BRIZNA.
GRITERÍA *s. f.* Gritaria.
GRITERÍO *s. m.* V. GRITERÍA.
GRITÓN, A *adj. fam.* Gritalhão, gritão.
GROAR *v. intr.* V. CROAR.
GROMO *s. m.* Gema, olho, renovo, grelo.
GROSAMENTE (grossamente) *adv.* Grosseiramente, toscamente, imperfeitamente.
GROSELLA (grosselha) *s. m.* Groselha (fruto da groselheira).
GROSELLERO (grosselhero) *s. m.* Groselheira.
GROSERAMENTE (grosseramente) *adv.* Grosseiramente (incivilmente; atabalhoadamente).
GROSERÍA (grossería) *s. f.* Grosseria, impolidez, indelicadeza, descortesia, grosseria. Grosseria, rudeza. Rusticidade, ignorância.
GROSERO, A (grossero) *adj.* Grosseiro (grosso, ordinário; tosco, rude; indelicado, incivil, indecoroso).
GROSEZUELO, A (grosseçuelo) *adj. Dim.* de *Grueso.*
GROSISIMO, A (grossíssimo) *adj. Superl.* de *Grueso.*
GROSOR (grossor) *s. m.* Grossura, espessura.
GROSURA (grossura) *s. f.* Gordura, banha, unto. Miúdos (dos animais).
GROTESCO, A *adj.* Grutesco.
GROTO *s. m.* Pelicano.
GRUESA (gruessa) *s. f.* Grosa (12 dúzias).
GRUESAMENTE (gruessamente) *adv.* Grosseiramente, rudemente. Por grosso, por atacado.
GRUESO, A (gruesso) *adj.* Grosso (encorpado, consistente; basto, ordinário; grande, considerável, copioso, numeroso; grosseiro, rude, obtuso).

s. m. Grossura, espessura. Grosso (a parte mais importante ou numerosa). *En —, loc. adv.* Por grosso, por atacado.
GRUIR *v. intr.* Grasnar, grulhar, gralhar. *Irreg.* V. conj. de *Muir.*
GRUJIDOR (grujidor) *s. m.* Alicate de vidraceiro.
GRUJIR (grujir) *v. tr.* Ajustar os vidros nos caixilhos.
GRULLA (grulha) *s. f. Zool.* Grou. *Astron.* Grou. *pl. pop.* Polainas.
GRULLADA (grulhada) *s. f.* V. GURULLADA. V. PEROGRULLADA.
GRULLERO, A (grulhero) *adj.* Grueiro.
GRUMO *s. m.* Grumo. Cacho, pinha. Gomo, rebento, olho (de árvore).
GRUNIDO (grunhido) *s. m.* Grunhido. Rosnadura (do cão e outros animais). *fig.* Resmungo.
GRUNIDOR, A (grunhidor) *adj.* Grunhidor. *s. m. pop.* Ladrão de porcos.
GRUÑIR (grunhir) *v. intr.* Grunhir. *fig.* Resmungar, rosnar. Ranger, chiar. *Irreg.* V. conj. de *Bruñir.*
GRUÑÓN, A (grunhòn) *adj. fam.* Resmungão, ona.
GRUPA *s. f.* Garupa.
GRUPADA *s. f.* Borrasca, golpe de vento ou aguaceiro forte.
GRUPERA *s. f.* Retranca (dos arreios). Rabicho (da sela).
GUABIYÚ (guabidjú) *s. m. Amer.* Guabiju, guabijueiro.
GUACHAPEAR (guatchapear) *v. tr. fam.* Chapinhar, patinhar. *fig. fam.* Atabalhoar, atamancar. *v. intr.* Soar (uma chapa de metal mal segura).
GUÁCHARA (guátchara) *s. f. Amer.* Mentira, patranha, peta, embuste.
GUÁCHARO, A (guátcharo) *adj.* Achacado, enfermiço. Hidrópico, inchado. *Amer. equat.* Órfão. U. t. c. s. V. GUACHO.
GUACHINANGO, A (guatchinango) *adj. Amer. centr.* Astuto; bajulador. *Amer. cub. Pejor.* Mexicano.
GUACHO, A (guatcho) *adj. Amer.* Órfão; guacho. *Amer. argent., chil.* e *per.* Engeitado, exposto. *Amer. chil.* Desemparelhado, desemparceirado. *s. m.* Cria (de animal); filhote (de pássaro). *Amer. equat.* V. SURCO.
GUADAÑA (guadanha) *s. f.* Foice; gadanho.
GUADAÑAR (guadanhar) *v. tr.* Gadanhar, ceifar, segar.
GUADAÑEAR (guadanhear) *v. tr.* V. GUADAÑAR.
GUADAÑERO (guadanhero) *s. m.* Gadanheiro, ceifeiro, segador.
GUADANIL (guadanhil) *s. m.* V. GUADAÑERO. O que sega o feno.
GUADAPERO *s. m.* Pereira-brava. Moço que leva comida aos segadores.
GUADRAMAÑA (guadramanha) *s. f.* Patranha, peta, mentira.
GUADUA *s. f. Amer.* Taboca, guadua.
GUÁDUAL *s. m. Amer.* Tabocal, taquaral.
GUAJALOTE (guajalote) *s. m.* V. GUAJOLOTE.
GUÁJAR (guájar) *s. amb.* V. GUÁJARAS.
GUÁJARAS (guájaras) *s. f. pl.* Fragosidade.
GUAJE (guaje) *s. m. Amer. mexic.* Espécie de acácia. *Amer. hond.* e *mexic.* Bobo, tolo. U. t. c. adj.
GUÁJETE POR GUÁJETE (guájete) *loc. adv. fam.* Tanto por tanto; uma coisa por outra.
GUAJIRO (guajiro) *s. m.* Camponês cubano. *Amer. fig.* Rústico, lahrego.
GUAJOLOTE (guajolote) *s. m. Amer. mexic.* Pavão.
GUALDADO, A *adj.* Tinto com amarelo.
GUALDERA *s. f.* Barrote (de escada); lado (de carreta de artilharia); lado (de uma caixa).
GUALDO, A *adj.* Jalde, jalne, gualdo.
GUALDRAPA *s. f.* Gualdrapa. *fig. fam.* Frangalho, trapo, farrapo (que pende da roupa).
GUALDRAPAZO (gualdrapaço) *s. m. Náut.* Embate, pancada (das velas contra os mastros e enxárcias).
GUALDRAPEAR *v. tr.* Pôr umas coisas sobre outras em sentido inverso, como os alfinetes quando se põem de ponta contra cabeça. *v. intr. Náut.* Baterem as velas (contra os mastros ou enxárcias).
GUALDRAPERO *s. m.* Andrajoso, farroupilha, esfarrapado.
GUAMPO *s. m. Amer.* Piroga.

GUANAJO (guanajo) *s. f. Amer.* Pavão. *fig. Amer.* Bobo, tolo.
GUANERO, A *adj.* Pertencente ou relativo ao guano e à indústria que o explora. *s. m.* Aquele que trabalha na indústria do guano. Navio para o transporte do guano.
GUAÑIR (guanhir) *v. intr.* Grunhir (os leitões). *Irreg.* V. conj. de *Plañir.*
GUANTADA *s. f.* Palmada, pancada com a mão aberta.
GUANTAZO (guantaço) *s. m.* V. GUANTADA.
GUANTE *s. m.* Luva. *pl.* Luvas, gratificação. *Arrojar el —, loc. fig.* Atirar a luva, desafiar. *fig. fam.* Estender a mão para segurar alguma coisa. *Echar un —, loc. fig.* Angariar dinheiro (para fins beneficentes). *Recoger el —, loc. fig.* Levantar a luva; aceitar o desafio. *Salvo el —, loc. fam.* que se usa para desculpar-se de não ter tirado a luva ao apertar a mão de alguém.
GUANTELETE *s. m.* V. MANOPLA.
GUANTERÍA *s. f.* Luvaria.
GUANTERO *s. m.* Luveiro.
GUAPEAR *v. intr. fam.* Ostentar coragem; bizarrear. *fam.* Ostentar gosto esmerado no vestir; janotar. *Amer.* Bravatear, fanfarronear.
GUAPERÍA *s. f.* Dito ou feito próprio de valentão.
GUAPETÓN, A *adj. fam. Aument.* de *Guapo.*
GUAPEZA (guapeza) *s. f.* Guapeza, guapice (coragem, valentia, ânimo, valor; elegância). *fam.* Ostentação (de gosto ou elegância) no vestir; janotice. *Amer.* Austeridade, rigidez.
GUAPO, A *adj. fam.* Guapo, corajoso, animoso, valente, intrépido, resoluto, arrojado, bravo. U. t. c. s. *fam.* Janota, casquilho. *fam.* Guapo, belo, bem parecido, airoso. *s. m.* Valentão, brigão, rixoso. Galã, galanteador.
GUAPOTE, A *adj.* Bonachão, bonacheirão. *fam.* Guapo, belo, bem parecido.
GUARÁN *s. m.* V. GARAÑÓN.
GUARANGO, A *adj. Amer. argent., chil.* e *urug.* Incivil, descortês, mal educado, descarado.
GUARAPO *s. m. Amer.* Garapa.
GUARAPÓN *s. m. Amer. argent., chil.* e *per.* Chapeirão usado no campo.
GUARDABARRERA *s. m.* e *f.* Guarda-barreira (empregado aduaneiro).
GUARDABARROS *s. m.* Guarda-lama.
GUARDABOSQUE *s. m.* Guarda-floresta. Couteiro.
GUARDABRAZO (guardabraço) *s. m.* Guarda-braço.
GUARDABRISA (guardabrissa) *s. m.* Pára-brisa.
GUARDACABRAS *s. m.* e *f.* Cabreiro.
GUARDACANTÓN *s. m.* Frade-de-pedra.
GUARDAFRENOS *s. m.* Guarda-freio.
GUARDAGUJAS (guardagujas) *s. m.* Guarda-chaves.
GUARDAINFANTE *s. m.* Merinaque, crinolina, guarda-infante.
GUARDAJA (guardaja) *s. f.* V. GUEDEJA.
GUARDAJOYAS (guardajodjas) *s. m.* Guarda-jóias.
GUARDALADO *s. m.* Pára-peito.
GUARDALMACÉN *s. m.* Guarda de armazém.
GUARDALODOS *s. m.* Guarda-lama, pára-lama.
GUARDAMANO *s. m.* Guarda-mão (da espada).
GUARDAMONTE *s. m.* Guarda-mato (de espingarda).
GUARDAMOZO (guardamoço) *s. m. Náut.* Guarda-mancebos.
GUARDAMUEBLES *s. m.* Guarda-móveis.
GUARDAPELO *s. m.* Medalhão.
GUARDAPIÉS *s. m.* Guarda-pé, brial.
GUARDAPOLVO *s. m.* Guarda-pó.
GUARDAPUERTA *s. f.* Reposteiro, guarda-porta.
GUARDARROPA *s. m.* Guarda-roupa (pessoa; móvel; casa; depósito).
GUARDARROPÍA *s. f.* Guarda-roupa (de teatro).
GUARDERÍA *s. f.* Ocupação e funções de guarda.
GUARDESA (guardessa) *s. f.* Mulher do guarda. Mulher que custodia alguma coisa; guarda.
GUARDIA *s. f.* Guarda (conjunto de gente armada). Guarda, defesa, custódia, amparo, proteção. *Esgr.* Guarda. Guarda (corpo de tropa que vigia). *s. m.* Guarda, vigia, guardador. *— de honor,* guarda de honra. *— civil,* guarda-civil. *— marina,* guarda-marinha.

GUARDIÁN *s. m.* Guardião.
GUARDILLA (guardilha) *s. f.* V. BUHARDILLA.
GUARDÍN *s. m. Náut.* Guardim. Galdrope.
GUARDOSO, A (guardosso) *adj.* Cuidadoso; poupado. Sovina, mesquinho, guardonho.
GUARECER *v. tr.* Acolher, abrigar, dar refúgio. Guardar, conservar. Guarecer, sarar, curar. *v. pron.* Abrigar-se, acolher-se, refugiar-se. *Irreg.* V. conj. de *Favorecer.*
GUARÍN *s. m.* Leitão (o último de uma barrigada).
GUARIR *v. intr.* Subsistir, manter-se.
GUARISMO *s. m.* Algarismo. Número. *No tener —, loc. fig.* Ser inumerável.
GUARNE *s. m. Náut.* Volta (de cabo).
GUARNICIÓN *s. f.* Guarnição (em todas as principais acep. deste vocábulo).
GUARNICIONAR *v. intr.* Guarnecer (uma praça).
GUARNIEL *s. m.* Bolsa de couro usada pelos arreiros.
GUARNIGÓN *s. m.* Perdiz pequena.
GUARNIR *v. tr.* V. GUARNECER. *Náut.* Colocar convenientemente os cadernais de um aparelho.
GUARO *s. m.* Espécie de papagaio. *Amer. centr.* Cachaça, aguardente de cana.
GUARRERÍA *s. f.* Porcaria, sujidade. *fig.* Porcaria, ação feia.
GUARRO *s. m.* V. COCHINO. U. t. c. adj.
GUASA (guassa) *s. f.* Insipidez, falta de graça. *fam.* Zombaria, chalaça, motejo.
GUASANGA (guassanga) *s. f. Amer. centr.* e *colomb.* Barulho, algazarra, barafunda.
GUASERÍA (guassería) *s. f. Amer.* Grosseria (de maneiras).
GUASO (guasso) *s. m. Amer.* Camponês chileno. *adj. fig. Amer. argent., chil., cub.* e *equat.* Incivil, indelicado, grosseiro, rústico.
GUASÓN, A (guassòn) *adj. fam.* Chalaceador, motejador, zombador. U. t. c. s. Insípido, sem graça. U. t. c. s.
GUATA *s. f.* Manta de algodão em rama.
GUATE *s. m. Amer.* V. MALOJO.
GUAU Au. (Onomatopéia da voz do cão).
¡GUAY! (guai) *interj. Poét.* Ai!
GUAYA (guadja) *s. f.* Choro, lamentação, ai. *Hacer (uno) la —, loc.* Choramingar, lamuriar-se.
GUAYABA (guadjaba) *s. f.* Goiaba. Geléia de goiaba.
GUAYABAL (guadjabal) *s. m.* Goiabal.
GUAYABO (guadjabo) *s. m.* Goiabeira.
GUAYABOTE (guadjabote) *s. m. Amer. centr.* Goiabada.
GUAYACÁN (guadjacàn) *s. m.* V. GUAYACO.
GUAYACO (guadjaco) *s. m.* Guáiaco, pau-santo. *Amer. fig.* Pessoa muito robusta e sadia.
GUBERNAMENTAL *adj.* Governamental.
GUBERNATIVO, A *adj.* Governativo.
GUBIA *s. f. Carp.* Goiva.
GUEDEJA (guedeja) *s. f.* Guedelha. Juba.
GUEDEJÓN, A (guedejòn) *adj.* V. GUEDEJUDO. *s. m.* Grenha, melena.
GUEDEJOSO, A (guedejosso) *adj.* V. GUEDEJUDO.
GUEDEJUDO, A (guedejudo) *adj.* Guedelhudo, gadelhudo.
GUEICHA (gueitcha) *s. f.* Gueixa.
GUELTE *s. m.* Moeda corrente, capital).
GUERRERA *s. f.* Túnica (de uniforme militar).
GUERRERO, A *adj.* Guerreiro. *s. m.* Guerreiro, soldado.
GUERILLA (guerrilha) *s. f.* Guerrilha. Certo jogo de cartas.
GUERRILLEAR (guerrilhear) *v. intr.* Guerrilhar. Combater em guerrilhas.
GUERRILERO (guerrilhero) *s. m.* Guerrilheiro, guerrilha.
GUIADERA *s. f.* Guia (das noras e outros aparelhos).
GUIJA (guija) *s. f.* Seixo, calhau. V. ALMORTA.
GUIJARRAL (guijarral) *s. m.* Seixal; pedregal.
GUIJARRAZO (guijarraço) *s. m.* Pedrada; seixada.
GUIJARREÑO, A (guijarrenho) *adj.* Pedregoso. Duro, forte, pétreo.
GUIJARRO (guijarro) *s. m.* Calhau, seixo, rebo.
GUIJARRÓN (guijarròn) *s. m. Aument.* de *Guijarro.* Pedra dura. *fig.* Pedra, coisa insensível.

GUIJARROSO, A (guijarrosso) *adj.* Pedregoso, seixoso.
GUIJEÑO, A (guijenho) *adj.* Próprio de seixo (liso, polido, duro). *fig.* Duro, empedernido.
GUIJO (guijo) *s. m.* Cascalho.
GUIJÓN (guijòn) *s. m.* V. NEGUIJÓN.
GUIJOSO, A (guijosso) *adj.* Cascalhoso, cascalhudo.
GUILEÑA (guilenha) *s. f.* V. AGUILEÑA.
GUILLA (guilha) *s. f.* Colheita abundante.
GUILLADURA (guilhadura) *s. f.* V. CHIFLADURA. Afeição exagerada por uma coisa.
GUILLAME (guilhame) *s. m. Carp.* Guilherme.
GUILLARSE (guilharse) *v. pron.* Fugir, escapar-se. V. CHIFLARSE.
GUILLOTE (guilhote) *s. m.* Guilhote, usufrutuário. *fig.* Ocioso, folgazão, vadio. Jogador inexperiente.
GUILLOTINA (guilhotina) *s. f.* Guilhotina.
GUILLOTINAR (guilhotinar) *v. tr.* Guilhotinar.
GUIÑADA (guinhada) *s. f. Náut.* Guinada. Piscadela; aceno (com os olhos).
GUIÑADURA (guinhadura) *s. f.* V. GUIÑADA.
GUIÑAPIENTO, A (guinhapiento) *adj.* V. GUIÑAPOSO.
GUIÑAPO (guinhapo) *s. m.* Andrajo, farrapo, frangalho. *fig.* Farroupilha, andrajoso, esfarrapado, esfrangalhado.
GUIÑAPOSO, A (guinhaposso) *adj.* Andrajoso, esfarrapado, farrapento, esfrangalhado.
GUIÑAR (guinhar) *v. tr.* Piscar, guinar, acenar (com os olhos). *Náut.* Guinar. *v. pron.* Piscar-se, acenar-se (com os olhos).
GUINCHAR (guintchar) *v. tr.* V. PINCHAR.
GUINCHO (guintcho) *s. m.* Aguilhão.
GUINCHÓN (guintchòn) *s. m.* Aguilhoada.
GUINDA *s. f. Náut.* Guinda (altura dos mastros e mastaréus). Ginja (fruto).
GUINDADA *s. f. Amer.* Ginja (bebida).
GUINDADO, A *adj.* Feito com ginjas. *s. m. Amer.* Aguardente em que se conservam ginjas.
GUINDAL *s. m.* V. GUINDO.
GUINDALERA *s. f.* Ginjal.
GUINDALEZA (guindaleça) *s. f. Náut.* Guindalete.
GUINDAR *v. tr.* Guindar, elevar, içar. *fam.* Levar a palma, ganhar em concurso com outros. *fam.* Enforcar.
GUINDILLA (guindilha) *s. f.* Pimenta da India. *fam. Pejor.* Guarda municipal.
GUINDO *s. m.* Ginjeira.
GUINDOLA *s. f. Náut.* Guíndola (barquinha). Salva-vidas.
GUINEA (guinèa) *s. f.* Guinéu.
GUINJA (guinja) *s. f.* V. AZUFAIFA.
GUINJO (guinjo) *s. m.* V. AZUFAIFO.
GUINJOL (guinjol) *s. m.* V. AZUFAIFA.
GUINJOLERO (guinjolero) *s. m.* V. AZUFAIFO.
GUIÑO (guinho) *s. m.* V. GUIÑADA.
GUIÓN *adj.* Guia (diz-se do cão que vai à frente da matilha). *s. m.* Guião (de procissão). Guia (notas, apontamentos). Guia (ave dianteira de um bando). Guia (de contradança). *fig.* Guia, condutor. *Gram.* Hífen, traço de união (-). *Mús.* Guião.
GUIONAJE (guionajé) *s. m.* Ofício do guia ou condutor.
GUIPAR *v. tr.* Bispar, perceber.
GUIPUR *s. f.* Guipura (espécie de renda).
GUIRIGAY (guirigai) *s. m.* Geringonça (linguagem obscura).
GUIRINDOLA *s. f.* Guarnição (do peitilho da camisa).
GUIRLANCHE (guirlatche) *s. m.* Torrão de amêndoas.
GUIRNALDA *s. f.* Guirlanda, grinalda.
GUISA (guissa) *s. f.* Guisa, maneira, feição, modo. *A —, loc. adv.* à guisa. *De, ou en tal —, loc. adv.* De tal maneira; a maneira de; à guisa de.
GUISADO, A (guissado) *p. p.* de *Guisar. s. m.* Guisado. *Estar (uno) mal —, loc. fam.* Estar mal-humorado ou enfadado.
GUISANDERO (guissandero) *s. m.* e *f.* Pessoa que guisa a comida.
GUISANTAL (guissantal) *s. m.* Ervilhal.
GUISANTE (guissante) *s. m.* Ervilha. Ervilha (vagem ou semente desta planta). *— de olor,* ervilha de cheiro.

GUISAR (guissar) *v. tr.* Guisar (a comida). *fig.* Guisar, preparar, ordenar, compor, arranjar. U. t. c. pron.
GUISO (guisso) *s. m.* Guisado.
GUISOTE (guissote) *s. m.* Guisado malfeito.
GUITA *s. f.* Guita, barbante fino. *fam.* Dinheiro, fortuna.
GUITAR *v. tr.* Coser com guita.
GUITARRA *s. f.* Guitarra. Violão. Maço (para pulverizar gesso). *Estar bien,* ou *mal templada la —, loc. fig. fam.* Estar de bom, ou mau humor.
GUITARRAZO (guitarraço) *s. m.* Pancada com a guitarra ou violão.
GUITARRERO *s. m.* Guitarreiro. Guitarrista. Tocador de violão.
GUITARREO (guitarrèo) *s. m.* Guitarrada (toque de guitarra).
GUITARRESCO, A *adj.* Concernente à guitarra ou ao violão.
GUITARRILLO (guitarrilho) *s. m.* Guitarrilha. V. TIPLE.
GUITARRO *s. m.* V. GUITARRILLA.
GUITARRÓN *s. m. Aument.* de *Guitarra. fig. fam.* Espertalhão, ardiloso, astuto.
GUITERO *s. m.* Aquele que faz ou vende guita.
GUITÓN, A *adj.* Vadio, mandrião, vagabundo, ocioso.
GUITONERÍA *s. f.* Vadiagem, vagabundagem, mandriice.
GUIZCAR *v. tr.* V. GUIZGAR.
GUIZGAR *v. tr.* Incitar, estimular.
GULLERÍA (gulhería) *s. f.* V. GOLLERÍA.
GULUSMEAR *v. intr.* Gulosear; andar cheirando o que se cozinha.
GUMIA *s. f.* Gomia, agomia.
GURRIO, A *adj.* Curvado, encurvado.
GURBIÓN *s. m.* Goma do euforbio. Tecido de seda de cordãozinho. Espécie de retrós.
GURDO, A *adj.* Néscio, estúpido, insensato.
GUROTE *s. m.* Espécie de torta com queijo.
GURRAR *v. intr. Náut.* Garrar.
GURRUFERO *s. m. fam.* Sendeiro; cavalicoque.
GURRUMINA *s. f.* Condescendência excessiva do marido para com a mulher. *Amer. guat.* Coisa insuportável. *Amer. boliv.* Gente vulgar.
GURRUMINO, A *adj. fam.* Ruim, deteriorado, mesquinho. *s. m.* e *f. Amer. boliv.* Pusilânime, covarde, ruim. *Amer. plat.* Pessoa fraca, raquítica, doentia. *Amer. hond.* Pessoa esperta, astuta. *s. m. fam.* Marido demasiado condescendente com a esposa. *Amer. colomb.* Tristeza, melancolia, tédio.
GURRULLADA (gurrulhada) *s. f. fam.* Súcia, malta, corja, caterva, chusma.
GURULLO (gurulho) *s. m.* V. BURUJO.
GURUPA *s. f.* V. GRUPA.
GURUPIÉ *s. m.* Empregado ou sócio de casa de jogo.
GURVIO, A *adj.* V. GURBIO.
GUSANEAR (gussanear) *v. tr.* Bordar com o ponto chamado *Gusanillo. v. intr.* Formigar (sentir comichão).
GUSANERA (gussanera) *s. f.* Lugar onde se criam vermes. Bicheira. Lugar onde se fomenta a produção de vermes que sirvam de alimento para as galinhas. *fig. fam.* A paixão dominante.
GUSANIENTO, A (gussaniento) *adj.* Bichoso, verminoso, cheio de bichos, cheio de gusanos.
GUSANILLO (gussanilho) *s. m.* Certa espécie de bordado com ponto miúdo. Canutilho.
GUSANO (gussano) *s. m.* Bicho, verme, gusano. Larva (das borboletas). Minhoca, lombriga-da-terra. *— de la conciencia, fig.* Verme roedor da consciência: o remorso.
GUSANOSO, A (gussanosso) *adj.* V. GUSANIENTO. *fig.* Corrompido, contaminado, bichado.
GUSARAPIENTO, A (gussarapiento) *adj.* Bichoso. *fig.* Corrupto, podre, imundo.
GUSARAPO (gussarapo) *s. m.* Bicho, verme (qualquer animal que se cria em líquidos).
GUSTABLE *adj.* Pertencente ou relativo ao gosto. *Amer.* Gostoso.
GUSTADOR, A *adj.* Agradável, aprazível. *Amer.* Libertino. U. t. c. s. *Amer. chil.* Beberrão, borracho. *s. m.* Barbela (do freio).

GUSTADURA *s. f.* Gustação. Ação de gostar.

GUSTAR *v. tr.* Gostar, degustar, provar, saborear. Provar, experimentar. *v. intr.* Agradar, dar gosto. Gostar (ter tendência ou inclinação para alguma coisa).

GUSTATORIO, A *adj.* Gustativo.

GUSTAZO (gustaço) *s. m. Aument.* de *Gosto.* Grande gosto ou prazer em fazer mal a alguém.

GUSTILLO (gustilho) *s. m.* Ressaibo.

GUSTO *s. m.* Gosto (em todas as principais acep. deste vocábulo).

GUSTOSAMENTE (gustossamente) *adv.* Gostosamente.

GUSTOSO, A (gustosso) *adj.* Gostoso, saboroso; prazeroso, atraente; divertido. *fig.* Contente, satisfeito.

H (atche) *s. f.* Nona letra e sétima consoante do alfabeto espanhol. Seu nome é *hache*, e atualmente não soa. Na Andaluzia e Extremadura é aspirada, em algumas palavras. Fora destas regiões, aspira-se em muito poucos vocábulos, como *holgorío* e outras que são registradas neste dicionário.

HABA *s. f.* Fava. Fava (vagem e semente desta planta). V. RONCHA.

HABAL *s. m.* V. HAVAR.

HABANERO, A *adj.* e *s.* Havanês. *s. f.* Havaneira, habanera.

HABANO, A *adj.* e *s.* Havanês. Cubano. *s. m.* Havano (charuto).

HABAR *s. m.* Faval.

HABER *s. m.* Haver, bens, propriedades. U. m. no pl. *Com.* Haver.

HABER *v. tr.* Haver, ter, possuir. Haver, alcançar, obter, conseguir. Haver (verbo auxiliar para a conjugação dos tempos compostos de outros verbos). *v. impes.* Haver, acontecer, ocorrer, sobrevir. Haver, verificar-se, efetuar-se. Ser, ou não, necessário. *No* HAY *que correr*, não é preciso correr. HAY *que estudiar*, é necessário estudar. Haver (existir; estar; passar-se, ter decorrido). *v. pron.* Haver-se, portar-se, proceder. — *de haver de. No* — *más, loc.* que significa o máximo, o sumo, o excelente. *Irreg.* Ind. pres. *He, has, ha* ou *hay, hemos* ou *habemos* (form. reg.), *han.* Pret. indef. *Hub-e, iste, o, imos, isteis, ieron.* Fut. imperf. *Habr-é, ás, á, emos, éis, án.* Pret. perf. *He, has, ha, hemos, habéis* e *han habido.* Pret. ant. (Conjuga-se com o *pret. indef.* e o *part. pas.*). Fut. perf. (Conjuga-se com o *fut. imperf.* e o *part. pas.*). Cond. simp. *Habrí-a, as, a, amos, ais, an.* Comp. (Conjuga-se com o *cond. simp.* e o *part. pas.*). Subj. pres. *Hay-a, as, a, amos, áis, an.* Pret. imperf. *Hubi-era* ou *ese, eras* ou *eses, era* ou *ese, éramos* ou *ésemos, erais* ou *eseis, eran* ou *esen.* Fut. imperf. *Hubi-ere, eres, ere, éremos, ereis, eren.* Pret. perf. (Conjuga-se com o *subj. pres.* e o *part. pas.*). Pret. m. q. perf. (Conjuga-se com o *pret. imperf.* do *subj.* e o *part. pas.*). Fut. perf. (Conjuga-se com o *fut. imperf.* do *subj.* e o *part. pas.*). Imperat. *He, haya, hayamos, hayan.* Obs. A segunda forma da 3ª pes. do sing. do pres. do ind. (*hay*) emprega-se quando este verbo é impes., exceto quando expressa decurso de tempo.

HABERÍO *s. m.* Besta de carga. Gado ou conjunto dos animais domésticos.

HABICHUELA (abitchuela) *s. f.* V. JUDÍA.

HABIENTE *p. a.* de *Haber.* Que tem, possuidor.

HABILITACIÓN *s. f.* Habilitação.

HABITACIÓN *s. f.* Habitação, casa, residência, vivenda. Aposento (quarto ou sala). Habitar. Habitação (ação de habitar).

HABITUD (habitud) *s. f.* Relação, afinidade, conexão (de uma coisa em face de outra). *ant.* Hábito.

HABLA *s. f.* Fala (faculdade de falar; voz articulada; idioma, língua; discurso, arenga). *Al —, loc. adv. Náut.* À fala. À fala (em entendimento, em acordo, em ajuste).

HABLADO, A *p. p.* de *Hablar. Bien —,* bemfalante, que fala corretamente.

HABLADOR, A *adj.* e *s.* Falador (pessoa loquaz; pessoa indiscreta).

HABLADURÍA *s. f.* Loquacidade, tagarelice. Expressão indiscreta ou importuna. Falatório, boato, rumor, mentira.

HABLANCHÍN, A (ablantchín) *adj.* e *s.* Falador (pessoa indiscreta).

HABLANTE *p. a.* de *Hablar.* Falante.

HABLANTÍN, A *adj.* e *s.* V. HABLANCHÍN.

HABLAR *v. intr.* Falar (articular palavras; discursar; conversar; palrar; tratar, concertar; rogar; expressar-se; tratar por escrito; murmurar, criticar). *v. tr.* Falar (uma língua). Dizer. *v. pron.* Falar-se, comunicar-se. — *recio,* falar com superioridade. — *gordo,* falar grosso, bravatear.

HABLILLA (ablilha) *s. f.* Falatório, mentira, rumor, boato, baleia.

HABLISTA *s. m.* e *f.* Pessoa que se destaca pela pureza, propriedade e elegância da linguagem.

HABLISTÁN *adj.* e *s. fam.* V. HABLANCHÍN.

HABÓN *s. m.* Verruga.

HACA *s. f.* V. JACA.

HACECILLO (acecilho) *s. m. Bot.* Umbela.

HACEDERO, A *adj.* Fatível.

HACEDOR, A *adj.* Fazedor. U. t. c. s. e aplica-se somente a Deus. *s. m.* Feitor, administrador, capataz.

HACENDADO, A *p. p.* de *Hacendar. adj.* Abastado, rico (em bens de raiz). U. t. c. s. *s. m. Amer. argent.* Fazendeiro (dono de fazenda de gado).

HACENDAR *v. tr.* Dar ou conferir o domínio de bens de raiz. *v. pron.* Comprar herdades ou fazendas, estabelecer-se. *Irreg.* V. conj. de *Calentar.*

HACENDEJA (acendeja) *s. f. Dim.* de *Hacienda.* Fazendola.

HACENDERA *s. f.* Trabalho de utilidade comum que deve ser feito por todos os habitantes de um lugar.

HACENDERO, A *adj.* Fazendeiro, propressista. *s. m.* Jornaleiro do Estado nas minas de Almadén.

HACENDILLA (acendilha) *s. f. Dim.* de *Hacienda.* Fazendola.

HACENDISTA *s. m.* e *f.* Fazendista.

HACENDOSO, A (acendosso) *adj.* Laborioso, trabalhador, solícito, diligente, fazendeiro.

HACENDUELA *s. f. Dim.* de *Hacienda.* Fazendola.

HACER *v. tr.* Fazer (produzir, criar; construir, edificar; manufaturar, fabricar; ser causa de, ocasionar; pôr em ordem, dispor, arranjar; perfazer, conter, medir; melhorar, aperfeiçoar; rapar, cortar com cuidado; perfazer, somar; afazer, habituar; crer, supor; transformar, converter em, reduzir a; representar, fazer o papel de; obrigar, forçar; juntar, convocar). Ensinar, adestrar (aves). *v. intr.* Fazer (importar), convir; fazer de, exercer eventualmente uma função; corresponder, concordar; fingir, simular, campar). *v. impes.* Fazer (estar, existir ou haver no estado da atmosfera; decorrer, completar no tempo). *v. pron.* Fazer-se (tornar-se melhor, desenvolver-se, medrar; aperfeiçoar-se; converter-se, transformar-se). HACERÍA, *loc.* Faltar alguém aos seus deveres ou ao conceito que dele se tem. — *se allá, loc. fig. fam.* Apartar-se, retirar-se. — *se atrás, loc.* Retroceder. *Irreg.* Ind. pres. *Hago.* Pret. indef. *Hic-e, iste, hizo, hicimos, isteis, ieron.* Fut. imperf. *Har-é, ás, á,* emos, éis, án. Cond. simp. *Har-ía, ías, ía, íamos, írais, ían.* Subj. pres. *Hag-a, as, a, amos, áis, an.* Pret. imperf. *Hici-era* ou *ese, eras* ou *eses, era* ou *ese, éramos* ou *esemos, erais* ou *eseis, eran* ou *esen.* Fut. imperf. *Hici-ere, eres, e, éremos, ereis, eren.* Imperat. *Haz, haga, hagamos, hagan.* Part. pas. *Hecho.*

HACEZUELO (aceçuelo) *s. m. Dim.* de *Haz.*

HACHA (atcha) *s. f.* Tocha (grande vela de cera). Archota. — *de viento,* archote. Machada, machado. Antiga dança espanhola. — *de armas,* acha de armas.

HACHAR (atchar) *v. tr.* Derrubar a machadadas. V. HACHEAR.

HACHAZO (atchaço) *s. m.* Machadada. *Amer.* Cutilada, corte, talho.

HACHE (atche) *s. f.* Nome da letra *h.*

HACHEAR (atchear) *v. tr.* Cortar, desbastar com o machado. *v. intr.* Dar machadadas.

HACHERO (atchero) *s. m.* Tocheiro, tocheira. O que alumia com a tocha. *Mil.* Porta-machado. Lenhador.

HACHO (atcho) *s. m.* Archote, facho, tocha.

HACHÓN (atchòn) *s. m.* Archote. Espécie de braseiro.

HACIA *prep.* Para (designando direção do movimento). U. t. em sent. fig. Cerca de, perto de. — *donde, loc. adv.* Para onde, aonde.

HACIENDA *s. f.* Fazenda (propriedade rural). Fazenda (bens, haveres). Ministério da Fazenda. Trabalho doméstico, afazer. U. m. no pl. *Amer. argent.* Gado. *Amer. argent.* — *de corte,* gado de corte. *Amer. argent.* — *de cría,* gado de cria. — *pública,* Fazenda pública.

HACINA *s. f.* Meda, montão de feixes. *fig.* Montão, pilha.

HACINADOR *s. m.* Enfeixador.

HACINAMIENTO *s. m.* Enfeixamento.

HACINAR *v. tr.* Amontoar os feixes. *fig.* Apilhar, amontoar, juntar sem ordem.

HADA *s. f.* Fada.

HADADO, A *p. p.* de *Hadar. adj.* Prodigioso, mágico, encantado.

HADAR *v. tr.* Fadar, prognosticar, vaticinar. Encantar. Fadar (dar como destino).

HADO *s. m.* Fado, destino, sorte, fortuna.

¡HALA! *interj.* Eia!

HALAGADOR, A *adj.* Acariciador. Lisonjeiro. Agradável, aprazível. Envaidecedor, desvanecedor.

HALAGAR *v. tr.* Adular, lisonjear. Afagar, acariciar. Envaidecer, desvanecer. Agradar, deleitar, aprazer.

HALAGO *s. m.* Afago, carícia, carinho, mimo. Lisonja, adulação. *fig.* Agrado, gosto, encanto, aprazimento.

HALAGUEÑAMENTE (alaguenhamente) *adv.* Carinhosamente. Lisonjeiramente.

HALAGUEÑO, A (alaguenho) *adj.* Carinhoso, acariciador. Adulador, lisonjeiro. Atraente, agradável, encantador, meigo, suave.

HALAR *v. tr. Náut.* Alar, içar.

HALCÓN *s. f.* Falcão.

HALCONERA *s. f.* Falcoaria (lugar onde estão os falcões).

HALCONERÍA *s. f.* Falcoaria (caçada com falcões).

HALCONERO *s. m.* Falcoeiro.

HALDA *s. f.* V. FALDA. Saco, costal, saca.

HALDADA *s. f.* Sacada (conteúdo de um saco).

HALDEAR *v. intr.* Sacudir com graça as saias, ao andar.

HALDUDO, A *adj.* Rodado (diz-se da saia farta).

HALLACA (alhaca) *s. f.* V. HAYACA.

HALLADO, A (alhado) *p. p.* de *Hallar. adj.* Achado, familiarizado.

HALLADOR, A (alhador) *adj. e s.* Achador.

HALLAR *v. tr.* Achar (encontrar; inventar; julgar, entender, pensar; observar, notar; verificar, averiguar). *v. pron.* Achar-se, estar, encontrar-se.

HALLAZGO (alhasgo) *s. m.* Achado (coisa achada; ação de achar).

HALLULLA (alhulha) *s. f.* Pão ou torta cozida no borralho ou em tijolos quentes.

HALÓN *Fís.* Halo, coroa. *Amer. cub.* Ação de alar ou içar.

HALOZA (aloça) *s. f.* Tamanco; sapatão para andar na neve.

HALTERIO *s. m.* Haltere, haltera.

HAMACA *s. f.* Maca, rede (leito de malha).

HAMACAR *v. tr. Amer.* Balançar a rede ou berço das crianças. U. t. c. pron.

HAMAGO *s. f.* Espécie de cera. *fig.* Náusea, fastio.

HAMAQUERO *s. m.* Redeiro (que faz redes ou leitos de malha). Maqueiro. Gancho (para suster a rede de dormir).

HAMBRE *s. f.* Fome. Fome, penúria, miséria. *fig.* Fome, desejo ardente. — *calagurritana,* fome violenta, grande fome. — *canina,* fome canina. — *estudiantina,* bom apetite a qualquer hora.

HAMBREADO, A *p. p.* de *Hambrear. adj. Amer.* V. HAMBRIENTO.

HAMBREAR *v. tr.* Esfaimar, esfomear. *v. intr.* Ter fome, sofrer fome, estar faminto.

HAMBRIENTO, A *adj.* Faminto, esfaimado. U. t. c. s. *fig.* Faminto, sedento, desejoso.

HAMBRINA *s. f. fam.* Grande fome.

HAMBRÓN, A *adj. fam.* Esfomeado, esfaimado, faminto, glutão. U. t. c. s.

HAMBRUNA *s. f. Amer.* V. HAMBRINA.

HAMO *s. m. Amer. cub.* Jereré.

HAMPA *s. f.* Malandragem, ladroagem, malta tuna, vida airada. Malta, súcia, caterva.

HAMPESCO, A *adj.* Malandro, tunante, airado.

HAMPO, A *adj.* V. HAMPESCO. *s. m.* V. HAMPA.

HAMPÓN *adj.* Valentão, pimpão, fanfarrão. U. t. c. s.

HANEGADA *s. f.* V. FANEGADA.

HARAGÁN, A *adj.* Preguiçoso, vadio, mandrião, madraço. U. t. c. s.

HARAGANAMENTE *adv.* Ociosamente, preguiçosamente.

HARAGANEAR *v. intr.* Mandriar, madracear, mandrianar, preguiçar.

HARAGANERÍA *s. f.* Ociosidade, preguiça, madraçaria, mândria, mandriice, negligência, indolência.

HARAPIENTO, A *adj.* Esfarrapado, andrajoso, farrapento.

HARAPO *s. m.* Farrapo, andrajo.

HARAPOSO, A (araposso) *adj.* Esfarrapado, andrajoso.

HARIJA (arija) *s. f.* Pó miúdo que se levanta quando o grão é moído ou quando a farinha está sendo peneirada.

HARINA *s. f.* Farinha. *fig.* Pó miúdo, farinha.

HARINADO *s. m.* Farinha dissolvida em água.

HARINEAR *v. intr. Amer. venezuel.* V. LLOVIZNAR.

HARINEO (arinèo) *s. m. Amer. venezuel.* V. LLOVIZNA.

HARINERO, A *adj.* Farinheiro, farinhento; farináceo. *s. m.* Farinheiro (negociante em farinha). Arca ou lugar onde se guarda a farinha.

HARINOSO, A (arinosso) *adj.* Farináceo, farinhento, farinoso, farinheiro.

HARNERO *s. m.* V. CRIBA.

HARPILLERA (arpilhera) *s. f.* Sarapilheira.

HARRADO *s. m.* V. ENJUTA.

HARTADA *s. f.* Fartadela (ato de fartar ou fartar-se).

HARTAR *v. tr.* Fartar, saciar (a fome ou a sede). U. t. c. pron. *fig.* Fartar (satisfazer desejos ou paixões). U. t. c. pron.

HARTADURA *s. f. Amer. venezuel.* V. HARTAZGO.

HARTAZGO *s. m.* Fartadela, saciedade; fartão, repleção.

HARTAZÓN (artaçòn) *s. m.* V. HARTZGO.

HARTO, A *p. p. irreg.* de *Hartar.* Farto. U. t. c. s. *adj.* Bastante, abundante, farto. *adv.* Sobejamente, harto, bastante, assaz.

HARTURA *s. f.* Fartura, repleção do estômago. Fartura, abundância, cópia. *fig.* Fartura, aborrecimento, saciedade.

HASTA *prep.* Até. Exerce função de *conj. cop.* para expressar exagêro e neste caso equivale a AUN. — *después, loc.* Até depois. — *luego, loc.* Até logo. — *no más, loc. adv.* A mais não poder.

HASTIAL *s. m.* Fachada (de edifício). Parte triangular da fachada de um edifício. *fig.* (com h aspirado) Grosseirão, labrego.

HASTIAR *v. tr.* V. FASTIDIAR. U. t. c. pron.

HASTÍO *s. m.* Fastio (falta de apetite). *fig.* Fastio, nojo, tédio, desgosto.

HASTIOSAMENTE (astiossamente) *adv.* Enfadonhamente. Enfastiadamente.

HASTIOSO, A (astioso) *adj.* V. FASTIDIOSO.

HATAJAR (atajar) *v. tr.* Dividir gado em fatos (manadas ou rebanhos pequenos). U. t. c. pron.

HATAJO (atajo) *s. m.* Fato (pequeno rebanho de gado). *fig. fam.* Montão, enfiada, conjunto.

HATEAR *v. intr.* Enfardelar, fazer a mala (para viajar). Abastecer, dar o farnel (aos pastores, jornaleiros e mineiros).

HATERÍA *s. f.* Farnel, fardel. Mantimentos, roupas e demais provisões que levam os pastores, jornaleiros e mineiros.

HATERO, A *adj.* Diz-se dos animais que levam as roupas e provisões dos pastores. *s. m.* O que leva os víveres aos pastores. *Amer.* Capataz, feitor (de fazenda).

HATIJO (atijo) *s. m.* Cobertura de palha com que se tapa a boca das colmeias.

HATILLO (atilho) *s. m. Dim.* de *Hato.*

HATO *s. f.* Fato e roupa branca (de uma pessoa). Rebanho, manada. V. HATERÍA. Malhada (lugar onde malha o gado). *fig.* Bando, quadrilha. *fig.* Montão, porção, enfiada; multidão, cópia. *fam.* V. CORRILLO. *Amer. cub.* e *venezuel.* Fazenda de gado, estância.

HAYA (adja) *s. f.* Faia.

HAYACA (adjaca) *s. f.* Espécie de pastel de farinha de milho que se faz na Venezuela, como manjar de Natal.

HAYAL (adjal) *s. m.* Faial.

HAYEDO (adjedo) *s. m.* V. HAYAL.

HAYO (adjo) *s. m.* Coca.

HAYUCO (adjuco) *s. m.* Lande, bolota (fruto da faia).

HAZ *s. m.* Feixe, molho. Tropa formada em fileiras. *s. f.* Face, frente direita (parte oposta ao avesso). — *de la tierra, fig.* Face da terra, superfície dela.

HAZA (aça) *s. f.* Lavoura, lavradio, terra de semeadura.

HAZALEJA (açaleja) *s. f.* V. TOALLA.

HAZAÑA (açanha) *s. f.* Façanha, feito, proeza.

HAZAÑERÍA (açanhería) *s. f.* Afetação de medo, escrúpulo ou admiração.

HAZAÑERO, A (açanhero) *adj.* Afetado, que afeta escrúpulo, medo ou admiração. Afetado, fingido, falso (em relação àqueles sentimentos).

HAZAÑOSO, A (açanhosso) *adj.* Façanhoso, façanhudo.

HAZMERREIR *s. m.* Bobo, tolo, pessoa ridícula que serve de alvo para motejos; bobalhão, paspalhão.

HE *adv.* Eis.

HEBILLA (ebilha) *s. f.* Fivela.

HEBILLAJE (ebilhaje) *s. m.* Fivelame, conjunto de fivelas que tem alguma coisa.

HEBILLERO (ebilhero) *s. m.* Fabricante ou vendedor de fivelas.

HEBILLETA (ebilheta) *s. f. Dim.* de *Hebilla.* Fiveleta.

HEBILLÓN (ebilhòn) *s. m. Aument.* de *Hebilla.* Fivelão.

HEBILLUELA (ebilhuela) *s. f.* V. HEBILLETA.

HEBRA *s. f.* Linha, fio de linha. Pistilo da flor do açafrão. Fibra (da carne). Fibra, fio (da madeira). Fio (de matéria viscosa). Febra, fio (de matéria têxtil). *Miner.* Febra, veio, filão. *pl. Poét.* Os cabelos. U. t. no sing.

HABREO, A (ebrèo) *adj. e s.* Hebreu, éia.

HEBROSO, A (ebrosso) *adj.* Fibroso.

HECHICERÍA (etchicería) *s. f.* Feitiçaria. Feitiço.

HECHICERO, A (etchicero) *adj.* Feiticeiro, aprazível, encantador, atraente, agradável. *s. m.* Feiticeiro, mágico, bruxo.

HECHIZADOR (etchiçador) *s. m.* Feiticeiro, mágico, bruxo.

HECHIZAR (etchiçar) *v. tr.* Enfeitiçar, encantar, fazer mal com feitiços. *fig.* Enfeitiçar, agradar, encantar, enlevar, embelezar, atrair.

HECHIZO (etchiço) *adj.* Feitiço, fingido, artificial, falso, fictício. Factício, imitado pela arte. Postiço (de pôr e tirar). *Amer. chil.* Diz-se dos objetos fabricados no país em contraposição aos estrangeiros. *Amer. chil.* Feito à mão. *s. m.* Feitiço, sortilégio, malefício de feiticeiros. Feitiço (pessoa ou coisa que encanta, que fascina). *Amer. boliv.* V. HECHURA.

HECHO, A (etcho) *p. p. irreg.* de *Hacer.* Feito. *adj.* Feito, completamente desenvolvido. Transformado, convertido, mudado em. *s. m.* Feito, ato, obra. Fato, sucesso, ação, acontecimento, feito. Fato, assunto (a matéria de que se trata). *For.* Fato (caso que motiva o litígio). — *de armas,* feito de armas, proeza ou façanha militar. *De —, loc. adv.* De fato, com efeito, efetivamente; com eficácia, deveras. *De — y de derecho, loc.* De fato e de direito. — *y derecho, loc.* Completo, cabal, perfeito, acabado. *En — de verdade. loc. adv.* Real e verdadeiramente.

HECHOR (etchor) *s. m. Amer. chil.* Malfeitor. *Amer. argent.* Garanhão, pastor.

HECHURA (etchura) *s. f.* Feitura, fatura (ação, efeito ou modo de fazer). Feitio (forma, figura, configuração). Feitura (obra, trabalho). Feito (o custo do trabalho do artista). *fig.* Criatura (pessoa que deve a sua posição a outrem).

HÉCTIQUEZ *s. f.* Hectividade, tísica.

HEDENTINA *s. f.* Fedentina. Lugar onde há fedentina.

HEDER *v. intr.* Feder, exalar mau cheiro. *fig.* Feder, causar enfado ou aborrecimento. *Irreg.* conj. de *Extender.*

HEDONDEZ *s. f.* Fedor. Hediondez (qualidade do que é hediondo ou fedorento).

HEDIONDAMENTE *adv.* Fedorentamente.

HEDIONDO, A *adj.* Fedorento, fétido, mal-cheiroso, hediondo. *fig.* Enfadonho, insuportável, fatidioso, importuno. *fig.* Hediondo, sujo, repugnante, obsceno. *Amer. argent.* V. ZORRILLO.

HELADERA *s. f. Amer.* Taça para servir sorvete. *Amer.* Geladeira.

HELADA *s. f.* Congelação. Geada. *Caer —s, loc.* Gear, cair geada.

HÉJIRA (èjera) *s. f.* Hégira.

HEDONIA *s. f.* Hedonismo.

HEDOR *s. m.* Fedor, mau cheiro.

HELADERÍA *s. f. Amer.* Sorvetaria.

HELADIZO, A (eladiço) *adj.* Congelável, que gela facilmente.

HELADO, A *p. p.* de *Helar. ajd.* Gelado, muito frio. *fig.* Frio, gelado, esquivo, desdenhoso. *fig.* Gelado, estupefato. *s. m.* Gelado, sorvete.

HELADOR, A *adj.* Gelador. *s. f.* Sorveteira.

HELAMIENTO *s. m.* Congelamento.

HELAR *v. tr. impes.* Gelar, congelar. U. m. c. pron. e intr. *fig.* Assombrar, espantar, gelar. *fig.* Gelar, esfriar, desalentar, desanimar. *v. pron.* Enregelar-se, gelar-se, congelar-se. *Agr.* Gelar-se, requeimar-se. *Irreg.* V. conj. de *Calentar.*

HELCISTRO *s. m.* Fórceps.

HELECHAL (eletchal) *s. m.* Bosque de fetos.

HELECHO (eletcho) *s. m.* Feto. — *macho,* feto-macho. — *hembra,* feto-fêmea-das-boticas.

HELENA *s. f.* Fogo fátuo (de uma só chama).

HELERA *s. f.* V. GRANILLO.

HELERO *s. m.* Geleira.

HELGADO, A *adj.* Que tem os dentes desiguais e afastados.

HELGADURA *s. f.* Desigualdade (dos dentes); espaço (entre os dentes).

HEMBRA *s. f.* Fêmea. *fig.* Fêmea (colchete aberto; parte onde entra o parafuso). *fig.* Molde (de fundição). *fig.* Cauda de cavalo com pouco cabelo. Mulher. *adj. fig.* Fino, delgado; frouxo, solto.

HEMBRILLA (embrilha) *s. f.* Fêmea (de colchete, parafuso, gonzo, etc.) Prego cuja cabeça tem um aro.

HEMORROIDA *s. f.* Hemorróidas, hemorróides.

HENAJE (enaje) *s. m.* Fenação (processo de conservação do feno).

HENAL *s. m.* Depósito de feno.

HENAR *s. m.* Terra semeada de feno.

HENCHIDURA (entchidura) *s. f.* Enchimento (ação de encher).

HENCHIMIENTO (entchimiento) *s. f.* V. HENCHIDURA.

HENCHIR (entchir) *v. tr.* Encher, ocupar. *fig.* Encher, preencher, desempenhar (um cargo). Encher, fartar, cumular, cobrir, abarrotar, prodigalizar. *v. pron. fam.* Encher-se, fartar-se (de comida). *Irreg.* V. conj. de *Servir.*

HENDEDURA *s. f.* V. HENDIDURA.

HENDER *v. tr.* Fender, rachar. *fig.* Fender, sulcar, atravessar (um corpo fluido). *fig.* Fender, abrir caminho, passar através de. *Irreg.* V. conj. de *Extender.*

HENDIDURA *s. f.* Fenda, greta, racha.

HENDIENTE *p. a.* de *Hender.* Fendente. *s. m.* Fendente, cutilada de alto a baixo.

HENDIJA (endija) *s. f. Amer. chil.* V. RENDIJA.

HENDIMIENTO *s. m.* Fendimento.

HENDIR *v. tr.* V. HENDER. *Irreg.* V. conj. de *Discernir.*

HENEAR *v. tr.* Secar o feno, fazer a fenação.

HENEQUÉN *s. m. Amer.* Pita.

HENIL *s. m.* Palheiro (lugar onde se guarda o feno).

HEÑIR (enhir) *v. tr.* Amassar, sovar (a massa, com as mãos). *fig.* Vencer dificuldades, superar obstáculos. *Irreg.* V. conj. de *Ceñir.*

HENO *s. f.* Feno.

HERALDO *s. m.* Arauto.

HERBAJAR (erbajar) *v. tr.* Apascentar, pastorear (o gado). *v. intr.* Pastar, pascer (o gado). U. t. c. tr.

HERBAJEAR (erbajear) *v. tr.* V. HERBAJAR.

HERBAJE (erbaje) *s. m.* Ervagem, pastagem. Direito de pastagem. Espécie de tecido impermeável.

HERBAJERO (erbajero) *s. m.* Rendeiro (de uma pastagem).

HERBAR *v. tr.* Curtir peles com certas ervas. *Irreg.* V. conj. de *Calentar.*

HERBAZA (erbaça) *s. f. Aument.* de *Hierba.*

HERBAZAL (erbaçal) *s. m.* Ervaçal.

HERBECER *v. intr.* Ervecer (produzir ou criar erva). *Irreg.* V. conj. de *Favorecer.*

HERBOLADO, A *p. p.* de *Herbolar. adj.* Ervado, envenenado com erva.

HERBOLAR *v. tr.* Ervar, envenenar com erva.

HERBOLARIO, A *adj. fig. fam.* Estouvado, doidivanas, desajuizado. U. t. c. s. *s. m.* Ervanário. Ervanária.

HERBORISTERÍA *s. f.* Ervanário.

HERBORIZACIÓN (erboriçaciòn) *s. f.* Herborização.

HERCIANO, A *adj.* Hertziano.

HEREDABLE *adj.* Herdável.

HEREDAD (eredad) *s. f.* Herdade.

HEREDADO, A *p. p.* de *Heredar. adj.* V. HACENDADO. U. t. c. s.

HEREDAMIENTO *s. m.* Herdade, fazenda.

HEREDAR *v. tr.* Herdar.

HEREDERO *s. m.* Herdeiro. Fazendeiro, dono de herdade. — *forzoso,* herdeiro forçado, herdeiro necessário.

HEREJÍA (erejía) *s. m.* Heresia.

HERÉN *s. m.* V. YEROS.

HERENCIA *s. f.* Herança. — *yacente,* herança jacente.

HERIDA *s. f.* Ferida. *fig.* Ferida, agravo, ofensa.

HERIDO, A *p. p.* de *Herir.* Ferido. *adj.* Com o adv. *mal,* malferido, gravemente ferido. *s. m.* Ferido.

HERIDOR, A *adj.* Feridor.

HERIMIENTO *s. m.* Ferimento.

HERIR *v. tr.* Ferir (golpear, fazer ferimento; incidir em (falando-se da luz); tocar, tanger (instrumento de corda); causar sensação em, impressionar; articular, pronunciar; ofender, agravar; excitar, mover; acertar). *Irreg.* V. conj. de *Sentir.*

HERMANABLE *adj.* Fraternal. Que se pode irmanar.

HERMANABLEMENTE *adv.* Fraternalmente.

HERMANADO, A *adj.* Irmanado.

HERMANAMIENTO *s. m.* Ação de irmanar.

HERMANAR *v. tr.* Irmanar.

HERMANASTRO, A *s. m. e f.* Filho de um cônjuge em relação ao filho do outro.

HERMANAZGO *s. m.* V. HERMANDAD.

HERMANDAD (ermandad) *s. f.* Irmandade (parentesco entre irmãos; confraternidade, amizade íntima; semelhança; confraria, associação, liga).

HERMANEAR *v. intr.* Dar a alguém o tratamento de irmão.

HERMANECER *v. intr.* Ter irmãos, irmandecer.

HERMANO *s. f.* Irmão. Tratamento entre cunhados. Irmão, confrade. *fig.* Irmão. — *de padre,* irmão de pai. — *de madre,* irmão de mãe. — *de leche,* colaço, irmão de leite. — *del trabajo.* V. GANAPÁN.

HERMOSAMENTE (ermossamente) *adv.* Formosamente. Acertadamamente.

HERMOSEADOR, A *adj.* Aformoseador. U. t. c. s.

HERMOSEAMIENTO (ermosseamiento) *s. m.* Aformoseamento.

HERMOSEAR (ermossear) *v. tr.* Aformosear. U. t. c. pron.

HERMOSO, A (ermosso) *adj.* Formoso. Aprazível, sereno, belo (falando-se do estado da atmosfera).

HERMOSURA (ermossura) *s. f.* Formosura (beleza; mulher formosa).

HÉROE (èroe) *s. m.* Herói.

HERPE *s. f.* Herpes.

HERPIL *s. m.* Saco de malhas largas.

HERRADA *adj.* Ferrada (diz-se da água em que se meteu ferro em brasa). Ferrado, balde.

HERRADERO *s. m.* Ferra, marcação (ato de marcar o gado). Ferra (época durante a qual se marca o gado).

HERRADOR, A *p. p.* de *Herrar. adj.* Férreo, de ferro. *s. m.* Ferragem (operação de pôr as ferraduras nas bestas).

HERRADOR *s. m.* Ferrador (o que ferra bestas).

HERRADURA *s. f.* Ferradura. —*s de la muerte, fig. fam.* Olheiras lívidas do moribundo.

HERRAJ (erraj) *s. m.* Bagaço (caroço moído da azeitona).

HERRAJE (erraje) *s. m.* Ferragem (as peças de ferro de qualquer obra ou artefacto; conjunto de ferraduras e cravos para ferrar as bestas). *Amer. argent.* V. HERRADURA.

HERRAMIENTA *s. f.* Ferramenta. *fig. fam.* Dentadura.

HERRAR *v. tr.* Ferrar (pregar ferro em; guarnecer de chapas de ferro; pôr ferraduras em; marcar com ferro quente). *Irreg.* V. conj. de *Calentar.*

HERRÉN *s. m.* Forragem, pasto para o gado. V. HERRENAL.

HERRENAL *s. m.* Pastagem cercada, potreiro.

HERREÑAL (errenhal) *s. m.* V. HERRENEL.

HERRERÍA *s. f.* Ferraria. Ofício de ferreiro. *fig.* Barulho, tumulto, ruído de luta, retintim.

HERRERO *s. m.* Ferreiro.

HERRERÓN *s. m. pejor.* Mau ferreiro.

HERRERUELO *s. m. Dim.* de *Herrero. Zool.* Araponga, ferreiro, ferrador. Ferreirinho.

HERRETE *s. m. Dim.* de *Hierro.* Agulheta. *Amer.* Ferrete (para marcar o gado).

HERRETEAR *v. tr.* Ferrar (pôr agulhetas em, guarnecer de agulhetas).

HERREZUELO (erreçuelo) *s. m.* Ferrinho (pequena peça de ferro).

HERRÍN *s. m.* Ferrugem.

HERRÓN *s. m.* Malha (jogo). Pequena chapa circular de ferro, furada no centro, que se emprega para diversos fins. *Amer.* Ferrão, ferreta (do pião). Pau ferrado, varapau.

HERRUGIENTO, A (errujiento) *adj.* Ferrugento, enferrujado.

HERRUMBRAR *v. tr.* Dar o gosto do ferro (principalmente à água). *v. pron.* Enferrujar-se.

HERRUMBRE *s. f.* Ferrugem. Sabor a ferro com que ficam algumas coisas.

HERRUMBROSO, A (errumbroso) *adj.* Ferrugento, enferrujado, ferruginoso.

HERVENTAR *v. tr.* Aferventar. *Irreg.* V. conj. de *Calentar.*

HERVER *v. intr. ant.* V. HERVIR. (Usa-se ainda em Leão e no México).

HERVEZÓN (erveçòn) *s. f. Amer. colomb.* V. HERVIDERO.

HERVIDERO *s. m.* Fervedouro (movimento de um líquido que ferve). *Med.* Fervor, estertor. *fig.* Fervedouro, grande ajuntamento, multidão. Fonte de onde a água brota borbulhando.

HERVIDO, A *p. p.* de *Hervir. Amer. plat.* Cozido (comida).

HERVIENTE *p. a.* de *Hervir.* Fervente.

HERVIR *v. intr.* Ferver (estar em estado de ebulição; agitar-se ou mover-se como um líquido em estado de ebulição; sentir vivamente qualquer paixão ou desejo; concorrer em grande número, amontoar-se, aglomerar-se). *Irreg.* V. conj. de *Sentir.*

HERVOR *s. f.* Fervura (ação de ferver). *Fig.* Fervor, ardor, fogosidade. — *de la sangre,* fervor do sangue.

HERZIANO, A (erciano) *adj.* V. HERCIANO.

HÉTICO, A *adj.* Héctico, tísico. U. t. c. s. *fig.* Que está muito fraco, tísico. U. t. c. s.

HETIQUEZ *s. f.* Hecticidade, tísica.

HEZ *s. f.* Fezes, borra, sedimento. U. m. no pl. *fig.* Fezes, a escória, o mais vil (das coisas e pessoas). *pl.* Fezes, matérias fecais.

HIBERNIZO, A (iberniço) *adj.* Hibernal, hibernoso.

HIDALGO, A *s. m. e f.* Fidalgo. U. t. c. adj.

HIDALGÓN *s. f.* V. HIDALGOTE.

HIDALGOTE *s. m. Aument.* de *Hidalgo.*

HIDALGÜELO (idalgüelo) *s. m.* V. HIDALGUETE.

HIDALGUETE *s. m. Dim.* de *Hidalgo.* Fidalguete, fidalgote.

HIDALGUEZ *s. f.* V. HIDALGUIA.

HIDALGUIA *s. f.* Fidalguia. *fig.* Fidalguia, generosidade, nobreza de caráter.

HIDROCARBURO *s. m.* Hidrocarboneto, hidrocarbureto.

HIDROMIEL *s. m.* Hidromel.

HIEDRA *s. f.* Hera.

HIEL *s. f.* Fel, bílis. *fig.* Fel, ódio, rancor, aversão. *fig.* Fel, amargor, azedume. *pl.* Adversidades, desgostos, amarguras.

HIELO *s. m.* Gelo. Congelação (ação de gelar ou congelar). V. AZUCARILLO. *fig.* Gelo, frialdade, indiferença. *fig.* Pasmo, assombro, desfalecimento.

HIERBA *s. f.* Erva (qualquer planta que não é árvore nem arbusto). Erva (vegetação rasteira espontânea). Veneno (feito com ervas venenosas). *Amer.* Erva, erva-mate. Anos (dos animais que se criam nas pastagens).

HIERBABUENA *s. f.* Hortelã, menta.

HIERBAJO (ierbajo) *s. m. pejor.* de *Hierba.*

HIERBAL *s. m. Amer.* Erval.

HIERBAZAL (ierbaçal) *s. m. Amer.* V. HERBAZAL.

HIEROS *s. m. pl.* V. YEROS.

HIERRA *s. f. Amer.* V. HERRADERO.

HIERRO *s. m.* Ferro. Ferrete, marca. *fig.* Ferro, arma. *pl.* Ferros, algemas, grilhões. — *colado,* ferro fundido. — *albo,* ferro branco ou candente. — *cuadradillo* ou *cuadrado,* ferro forjado em barras.

HIGA *s. f.* Figa (objeto; sinal feito com a mão). *fig.* Zombaria, desprezo. Dar —*s,* fazer figas.

HIGADILLA (igadilha) *s. f.* V. HIGADILLO.

HIGADILLO (igadilho) *s. m.* Fígado dos animais de pequeno porte, e principalmente das aves.

HIGADO *s. m.* Fígado. Malos —*s, fig.* Maus bofes. Hasta los —*s, loc. fam.* que serve para denotar a intenção e veemência de um afeto.

HIGO *s. m.* Figo (fruto da figueira).

HIGUERA *s. f.* Figueira.

HIGUERAL *s. m.* Figueiral, figueiredo.

HIGUERETA *s. f.* Carrapateira, rícino, mamoneira, mamona.

HIJASTRO, A (ijastro) *s. m.* e *f.* Enteado.

HIJO, A (ijo) *s. m.* e *f.* Filho.

HIJODALGO *s. m.* V. HIDALGO.

HIJUCO, A (ijuco) *s. m.* e *f. pejor.* de *Hijo.*

HIJUELA (ijuela) *s. f. Dim.* de *Hija.* Coisa subordinada a outra principal. Tira de pano que se põe nos vestidos para alargá-los. Pala (cobertura do cálice). Sarjeta, valeta. Atalho. Semente (das palmeiras).

HIJUELO (ijuelo) *s. m. Dim.* de *Hijo.* Filho, gomo, rebento (da planta).

HILA *s. f.* Fila, fileira. Fiação (ação de fiar). *A la* —, *loc. adv.* Em fila, um atrás do outro.

HILABLE *adj.* Fiável.

HILACHA (ilatcha) *s. f.* Fio que se solta de um tecido; fiapo. *pl. Amer. mexic.* Andrajos, farrapos.

HILACHENTO, A (ilatchento) *adj. Amer.* Andrajoso, esfarrapado.

HILACHO (ilatcho) *s. m.* V. HILACHA.

HILACHOSO, A (ilatchosso) *adj.* Diz-se do tecido que tem muitos fios escapados; esfiapado.

HILADA *s. m.* Fiada, enfiada, fila, alinhamento. Fiada (fileira horizontal de tijolos).

HILADILLO (iladilho) *s. m.* Fiadilho. Fitilho.

HILADIZO, A (iladiço) *adj.* Fiável (que se pode fiar para tecer).

HILADO, A *p. p.* de *Hilar. s. m.* Fiação, fiadura (ação de fiar). Fiado (substância filamentosa, reduzida a fio).

HILADOR *s. m.* Fiandeiro, fiadeiro.

HILANDERO *s. m.* Fiandeiro, fiadeiro. Fiação (lugar onde se fia).

HILANDERÍA *s. f.* Fiação (lugar onde se fia; arte de fiar).

HILANZA (ilança) *s. f.* Fiação, fiadura (ação de fiar). V. HILADO, 3ª acep.

HILAR *v. tr.* Fiar (reduzir a fios). *fig.* Deduzir, inferir.

HILARACHA (ilaratcha) *s. f.* V. HILACHA.

HILARANTE *adj.* Hilariante (com referência ao protóxido de azoto).

HILARIDAD (ilaridad) *s. f.* Hilaridade.

HILAZA (ilaça) *s. f.* Filaça. V. HILADO, 3ª acep.

HILERA *s. f.* Fileira, fila. Fieira (instrumento). Fio delgado. V. PARHILERA.

HILERO *s. m.* Sinal deixado pelo curso das correntes nas águas do mar ou dos rios. Corrente secundária.

HILETE *s. m. Dim.* de *Hilo.* Filete, fiozinho.

HILO *s. m.* Fio (a fibra torcida de qualquer matéria têxtil; arame, porção de metal tirado à fieira; substância segregada pelas aranhas, bichos-da-seda etc.; *(fig.)* corrente tênue de líquido que cai sem despegar; qualquer coisa frágil ou tênue; encadeamento de idéias ou de palavras). V. FILO. Linho (roupa branca). *A* —, *loc. adv.* Pelo fio, a favor (da madeira ou outra coisa). — *a* —, *loc. adv.* Fio a fio. *Pendiente de un* —, *loc. adv.* Por um fio, em perigo. *Bot.* Hilo. *Anat.* Hilo.

HILVÁN *s. m.* Alinhavo.

HILVANADOR *s. m.* Pessoa que alinhava.

HILVANAR *v. tr.* Alinhavar. *fig. fam.* Alinhavar, atamancar, atabalhoar.

HIMNO (imno) *s. m.* Hino.

HIN *s. m.* Relincho, rincho.

HINCADURA *s. f.* Fincamento, fixação.

HINCAPIÉ *s. m.* Finca-pé.

HINCAR *v. tr.* Fincar (pregar, cravar, introduzir; apoiar com força).

HINCHA (intcha) *s. f. fam.* Ódio, aversão, rancor, inimizade.

HINCHADAMENTE (intchadamente) *adv.* Inchadamente, arrogantemente, com bazófia.

HINCHADO, A (intchado) *p. p.* de *Hinchar. adj. fig.* Inchado, inflado, vaidoso, arrogante. *fig.* Empolado, afetado, hiperbólico (falando-se da linguagem ou estilo).

HINCHAR (intchar) *v. tr.* Inchar, inflar. U. t. c. pron. *fig.* Inchar, engrossar, empolar (uma corrente de água). U. t. c. pron. *v. pron.* Inchar-se, tornar-se tumefato, entumecer-se. *fig.* Inchar-se, ensoberbecer-se, enfatuar-se.

HINCHAZÓN (intchaçon) *s. f.* Inchação, tumefação, edema. *fig.* Inchação, vaidade, arrogância, bazófia. Empolamento (da linguagem ou estilo).

HINCO *s. m.* Finca, escora, poste.

HINCÓN *s. m.* Finca.

HINIESTA *s. f.* Giesta.

HINOJAL (inojal) *s. m.* Funchal.

HINOJO (inojo) *s. m.* Joelho. V. RODILLA. U. m. no pl. *De* — *s, loc. adv.* De joelhos. *s. m.* Funcho.

HIOIDES *s. m. Anat.* Hióide.

HIPAR *v. intr.* Impar, soluçar. Arquejar (os cães, quando perseguem a caça). Fatigar-se. V. GIMOTEAR (nesta acep. o *h* é aspirado). *fig.* Cobiçar, desejar.

HIPÉRBATON *s. m.* Hipérbato.

HIPÉRBOLA *s. f.* Hipérbole.

HIPIDO (hipido) *s. m.* Soluço, impo.

HIPO *s. m.* Soluço, impo. *fig.* Ânsia, cobiça, desejo ardente. *fig.* V. ENCONO.

HIPOCRESÍA (ipocressía) *s. f.* Hipocrisia.

HIPOSO, A (iposso) *adj.* Que tem soluço.

HIPÓTESIS (ipòtessis) *s. f.* Hipótese.

HIRCO *s. m.* Bode, hirco.

HIRMA *s. f.* Ourela (do pano).

HISCA *s. f.* Visco.

HISCAL *s. m.* Corda de esparto de três pernas.

HISOPADA (issopada) *s. f.* Hissopada.

HISOPEAR (issopear) *v. tr.* Hissopar.

HISOPO (issopo) *s. m.* Hissope. *Bot.* Hissopo.

HISTRIÓN *s. m.* Histrião, ator cômico, bufão. Histrião, palhaço, bobo.

HITA *s. f.* Preguinho sem cabeça. V. MOJÓN.

HITO, A *adj.* Contíguo, junto, imediato (emprega-se somente na expres. *calle* ou *casa* —. *s. m.* Fito (pau a que se atira a bola, malha ou chapa). Fito (o jogo em que se empregam estes instrumentos). *fig.* Alvo, fito. V. MOJÓN. *A* —, *loc. adv.* Fixamente, seguidamente. *Dar en el* —, *loc. fig.* Acertar com a dificuldade. *Mirar de* — *en* —, *loc.* Olhar com atenção.

HITÓN *s. m.* Prego grande, quadrado, e sem cabeça.

HOBACHÓN, A (obatchòn) *adj.* Gordanchudo e frouxo para o trabalho.

HOCICADA *s. f.* Focinhada. Afocinhamento.

HOCICAR *v. tr.* V. HOZAR. *v. intr.* Afocinhar, ir de focinho ao chão, cair. *fig. fam.* Topar com um obstáculo intransponível. *Náut.* Abicar.

HOCICO *s. m.* Focinho. *fig. fam.* Cara, rosto, focinho. *fig. fam.* Cara torcida, gesto de desagrado, nariz torcido.

HOCICÓN, A *adj.* V. HOCICUDO.

HOCICUDO, A *adj.* Focinhudo. V. JETUDO.

HOCINO *s. m.* Terreno às margens de um rio que passa entre montanhas. Foice roçadura.

HOGAÑO (oganho) *adv. fam.* Neste ano; nesta época.

HOGAR *s. m.* Lar, chaminé. V. HOGUERA. *fig.* Lar, casa, domicílio.

HOGAZA (ogaça) *s. f.* Pão de grande tamanho.

HOGUERA *s. f.* Fogueira.

HOJA (oja) *s. f.* Folha. Pétala. Folha (lâmina de metal). Folha (de papel). Folha (batente de porta; lâmina de arma branca ou ferramenta; camada delgada de massa; escamas dos metais e minerais). *fig. A espada.* — *de Flandes, de lata,* ou *de Milán,* folha de Flandres, lata.

HOJALATA (ojalata) *s. f.* Folha de Flandres, lata.

HOJALATERÍA (ojalatería) *s. f.* Latoaria, funilaria.

HOJALATERO (ojalatero) *s. m.* Latoeiro, funileiro.

HOJALDA (ojalda) *s. f. Amer.* V. HOJALDRE.

HOJALDE (ojalde) *s. m.* V. HOJALDRE.

HOJALDRA (ojaldra) *s. f. Amer. argent.* V. HOJALDRE.

HOJALDRADO, A (ojaldrado) *p. p.* de *Hojaldrar. adj.* Semelhante à massa folhada.

HOJALDRAR (ojaldrar) *v. tr.* Folhar (a massa).

HOJALDRE *s. amb.* Massa folhada, folhado.

HOJARASCA (ojarasca) *s. f.* Folharada, folhada, folhagem (grande porção de folhas caídas ou secas). Folhagem, ramaria, frondosidade. Ninharia, bagatela, palavras vãs.

HOJEAR (ojear) *v. tr.* Folhar (um livro). *v. intr.* Laminar-se (um metal).

HOJOSO, A (ojosso) *adj.* Folhoso.

HOJUDO, A (ojudo) *adj.* Folhudo.

HOJUELA (ojuela) *s. f. Dim.* de *Hoja.* Sonho, filhó. Folheta (de metal). Folhelho (da azeitona). *Amer. cub.* V. HOJALDRE.

¡HOLA! *interj.* Olá! Olé! Alô!

HOLÁN *s. m.* Holanda (tecido).

HOLANDETA *s. f.* V. HOLANDILLA.

HOLANDILLA (olandilha) *s. f.* Holandilha (tecido).

HOLGACHÓN, A (olgatchòn) *adj. fam.* Folgado, que vive bem e trabalha pouco.

HOLGADAMENTE *adv.* Folgadamente.

HOLGADO, A *p. p.* de *Holgar. adj.* Folgado (desocupado; ocioso; amplo, desafogado; abastado).

HOLGANZA (olgança) *s. f.* Folgança, folguedo. Folga, descanso, repouso. Ociosidade.

HOLGAR *v. intr.* Folgar, repousar, descansar. Folgar, ter satisfação em. U. t. c. pron. Folgar, não ter uso ou trabalho. *v. pron.* Folgar, divertir-se, entreter-se. *Irreg.* V. conj. de *Almorzar.*

HOLGAZÁN, A (olgaçàn) *adj.* Folgado, desocupado, vagabundo, ocioso. U. t. c. s.

HOLGAZANEAR (olgaçanear) *v. intr.* Mandriar, vagabundear, madracear.

HOLGAZANERÍA (olgaçanería) *s. f.* Mandriice, mândria, preguiça, ociosidade.

HOLGÍN (oljín) *s. m.* V. JORGUÍN.

HOLGÓN, A (olgòn) *adj.* V. HOLGAZÁN. U. t. c. s. Folgazão. U. t. c. s.

HOLGORIO (holgorio) *s. m. fam.* Folia, regozijo, diversão barulhenta, pândega, folguedo, farra.

HOLGURA *s. f.* Folguedo, folgança, divertimento ruidoso. Folga, desafogo, largueza.

HOLLADURA (olhadura) *s. f.* Pisadura, calcadura.

HOLLAR (olhar) *v. tr.* Pisar, calcar. *fig.* Humilhar, espezinhar, abater, pisar, calcar, desprezar. *Irreg.* V. conj. de *Almorzar.*

HOLLECA (olheca) *s. f.* V. HERRERILLO.

HOLLEJO (olhejo) *s. m.* Folhelho, película (dos frutos).

HOLLÍ (olhí) *s. m. Amer.* Líquido resinoso de sabor semelhante ao do cacau.

HOLLÍN (olhín) *s. m.* Fuligem.

HOLLINAR (olhinar) *v. tr.* Cobrir de fuligem. U. t. c. pron.

HOLLINIENTO, A (olhiniento) *adj.* Fuliginoso.

HOMARRACHE (omarratche) *s. m.* V. MOHARRACHE.

HOMBRACHO (ombratcho) *s. m.* Homem corpulento, homenzarrão.

HOMBRADA *s. f.* Ação própria de um homem valente e generoso.

HOMBRE *s. m.* Homem.

HOMBREAR *v. intr.* Campar (o jovem) de homem feito. *v. tr.* Ombrear (levar ou pôr ao ombro). *fig. fam. Amer.* Proteger, amparar, ajudar. *fig.* Querer ombrear, igualar-se ou equiparar-se a.

HOMBRECILLO (ombrecilho) *s. m. Dim.* de *Hombre.* Homenzinho. *Bot.* Lúpulo.

HOMBRERA *s. m.* Ombreira (do vestuário).

HOMBRETÓN *s. m. Aument.* de *Hombre.* Homenzarrão.

HOMBREZUELO (ombreçuelo) *s. m.* V. HOMBRECILLO, 1ª acep.

HOMBRÍA DE BIEN *s. f.* Honradez.

HOMBRILLO (ombrilho) *s. m.* Ombreira (de camisa). Dragona.

HOMBRO *s. m.* Ombro. *A* —, *loc. adv.* Ao ombro, sobre o ombro.

HOMBRUNO, A *adj. fam.* Masculinizado (diz-se da machoa ou machona).

HOMENAJE (omenaje) *s. m.* Homenagem.

HONDA *s. f.* Funda, fundíbulo. *Náut.* Funda.

HONDABLE *adj.* Fundeável.

HONDAMENTE *adv.* Fundamente, profundamente. *fig.* Profundamente, elevadamente.

HONDARRAS *s. f. pl.* Fundagem, resíduo, fezes, borra.

HONDAZO (ondaço) *s. m.* Tiro de funda.

HONDEAR *v. tr.* Sondar. Descarregar (uma embarcação). *v. intr.* Arremessar com a funda.

HONDERO *s. m.* Fundeiro, fundibulário.

HONDIJO (ondijo) *s. m.* V. HONDA, 1ª acep.

HONDILLOS (ondilhos) *s. m. pl.* Fundilhos.

HONDO, A *adj.* Fundo, profundo. *fig.* Profundo, elevado; grande intenso. *s. m.* Fundo.

HONDÓN *s. m.* Fundo (a parte inferior de alguma coisa oca). Lugar fundo, fundão. Fundo (de agulha). Base do estribo.

HONDONADA *s. f.* Terreno baixo.

HONDURA *s. f.* Fundura, profundidade.

HONDUREÑO, A (ondurenho) *adj. e s.* Hondurenho.

HONESTAR *v. tr.* Coonestar, honestar.

HONGO *s. m.* Cogumelo. Espécie de chapéu.

HONOR *s. m.* Honra (em todas as principais acep. deste vocábulo).

HONORABLE *adj.* Honrado, respeitável.

HONORABLEMENTE *adv.* Honradamente, respeitavelmente.

HONRAMIENTO *s. m.* Ação de honrar.

HONRILLA (onrilha) *s. f.* Honrilha, suposta honra, gloríola.

HONTANAL *s. m.* V. HONTANAR.

HONTANAR *s. m.* Lugar onde brotam fontes, manancial.

HOPA *s. f.* Opa.

HOPEAR *v. intr.* Rabear, mover a cauda um animal.

HOPO *s. m.* Cauda peluda ou felpuda (como a da raposa, etc.). *¡—! interj.* Fora!

HORA *s. f.* Hora. Légua. *pl.* Horas (livro de orações). *adv.* Agora. *— menguada,* tempo em que ocorre um prejuízo. *A la —, loc. adv.* Imediatamente, no momento, na hora. *A la buena —; en buen,* ou *en buena —; en — buena. loc. adv.* V. ENHORABUENA. *A la — honrada, loc. adv. fam.* À hora precisa. *Cada —, loc. adv.* Continuamente. *De — en —, loc. adv.* Sem cessar. *En — mala, loc. adv.* V. ENHORAMALA.

HORADABLE *adj.* Perfurável, furável.

HORADACIÓN *s. f.* Perfuração.

HORADADO, A *p. p.* de *Horadar.*

HORADAR *v. tr.* Furar, perfurar.

HORADO *s. m.* Furo, buraco. Caverna (cavidade subterrânea).

HORAMBRE *s. m.* Furo (nas guiadeiras das prensas de azeite).

HORCA *s. f.* Forquilha, forqueta. Forca. *Agr.* Forcado. Réstea (de alhos ou cebolas).

HORCADO, A *adj.* Aforquilhado. *s. m.* Forcado.

HORCADURA *s. f.* Forquilha (de um ramo). Parte onde o tronco de uma árvore se divide em ramos.

HORCAJADAS (A) (orcajadas) *loc. adv.* A cavalo, escarranchado, montado; escarrapachado.

HORCAJADILLAS (A) (orcajadilhas) *loc. adv.* V. HORCAJADAS (A).

HORCAJADURA (orcajadura) *s. f.* Entrepernas, parte do corpo entre as coxas.

HORCAJO (orcajo) *s. m.* Forcalha. Confluência (de dois rios).

HORCATE *s. m.* Coalheira, coelheira (dos arreios).

HORCHATA (ortchata) *s. f.* Orchata.

HORCHATERÍA (ortchatería) *s. f.* Lugar onde se vende orchata.

HORCHATERO (ortchatero) *s. m.* Vendedor de orchata.

HORCO *s. m.* Réstea (de alhos ou cebolas).

HORCÓN *s. m.* Forquilha, estaca. *Amer. Constr.* Pé direito.

HORMA *s. f.* Fôrma. Parede de pedra seca.

HORMAZA (ormaça) *s. f.* V. HORMA, 2ª acep.

HORMAZO (ormaço) *s. m.* Pancada de fôrma.

HORMERÍA *s. f.* Formaria; fábrica de fôrmas.

HORMERO *s. m.* Formeiro.

HORMIGA *s. f.* Formiga.

HORMIGANTE *adj.* Formicante.

HORMIGO *s. m. Vet.* Formigo.

HORMIGÓN *s. m. Constr.* Formigão. *— hidráulico,* formigão hidráulico, betão, formigo. *Vet.* Formigueiro.

HORMIGONERA *s. f.* Aparelho para preparar o formigão.

HORMIGOSO, A (ormigosso) *adj.* Pertencente ou relativo às formigas. Danificado pelas formigas.

HORMIGUEAMIENTO *s. m.* Formigamento, formicação, formigueiro.

HORMIGUEAR *v. intr.* Formigar (sentir comichão no corpo, ter formigueiros). *fig.* Formigar (concorrer ou existir em grande número), abundar.

HORMIGÜELA (ormigüela) *s. f. Dim.* de *Hormiga.* Formiguinha.

HORMIGUEO (ormiguèo) *s. m.* V. HORMIGUEAMIENTO.

HORMIGUERO *s. m.* Formigueiro (toca de formigas; formicação); lugar onde se move muita gente. V. TORCECUELLO.

HORMIGUILLA (ormiguilha) *s. f.* V. HORMIGÜELA. Formigueiro, comichão.

HORMIGUILLO (ormiguilho) *s. m. Vet.* Formigueiro. Formigueiro, comichão.

HORMILLA (ormilha) *s. f.* Botão (peça de madeira, osso ou cartão forrada de fazenda).

HORMÓN *s. m.* Hormônio.

HORNABEQUE *s. m. Fort.* Hornaveque.

HORNABLENDA *s. f.* Hornblenda.

HORNACERO *s. m.* O que cuida do fornilho de ourives.

HORNACHO (ornatcho) *s. m. Miner.* Furo, escavação.

HORNACHUELA (ornatchuela) *s. f.* V. COVACHA.

HORNACINA *s. f. Arq.* Fórnice.

HORNADA *s. f.* Fornada.

HORNAGUEAR *v. tr.* Escavar para extrair o carvão de pedra.

HORNAGUERA *s. f.* Carvão de pedra.

HORNAGUERO, A *adj.* Frouxo, amplo, folgado, largo, espaçoso. Carbonífero.

HORNAZA (ornaça) *s. f.* Fornilho (de ourives e fundidores). Mistura de antimônio usada para vidrar a louça.

HORNAZO (ornaço) *s. m.* Fogaça (espécie de bolo; bolo que é costume dar por festas).

HORNEAR *v. intr.* Fornear.

HORNESINO, A (ornessino) *adj.* Bastardo.

HORNEGUEAR *v. tr. Amer. chil.* Mover a mão ou o braço em todos os sentidos.

HORNERÍA *s. f.* Ofício de forneiro.

HORNERO *s. m.* Forneiro. *Amer.* João-de-barro, oleiro, forneiro.

HORNIJA (ornija) *s. f.* Cavacos, gravetos, lenha miúda para o forno.

HORNIJERO (ornijero) *s. m.* O que carrega cavacos ou gravetos para o forno.

HORNILLA (ornilha) *s. f.* Fogão (de cozinha). Buraco na parede onde se aninham pombos.

HORNILLO (ornilho) *s. m.* Fornilho (pequeno forno ou fogareiro; caixão de pólvora que se enterra).

HORNO *s. m.* Forno.

HORONDO, A *adj.* V. ORONDO.

HORQUETA *s. f. Dim.* de *Horca.* V. HORCÓN.

HORQUILLA (orquilha) *s. f.* Forquilha. Gancho (para o cabelo). Forcado.

HÓRREO (òrreo) *s. m.* Celeiro.

HORRIBLE *adj.* Horrível.

HORRIBLEMENTE *adv.* Horrivelmente.

HORRO, A *adj.* Forro; desembaraçado, isento, livre. *Amer. cub.* Diz-se do tabaco que não arde bem.

HORRURA *s. f.* Imundície, sujidade, escória.

HORTALICERO *s. m. Amer.* V. HORTELANO.

HORTALIZA (ortaliça) *s. f.* Hortaliça.

HORTELANA *s. f.* Horteloa.

HORTELANO, A *adj.* Hortense. *s. m.* Hortelão.

HORTERA *s. f.* Escudela (de madeira). Alcunha (em Madrid e outras partes) dada aos caixeiros de venda.

HOSANNA (ossanna) *s. m.* Hosana.

HOSCO, A *adj.* Fusco, escuro, pardo, trigueiro. Carrancudo, áspero, de mau gênio.

HOSCOSO, A (oscosso) *adj.* Eriçado, áspero, crespo.

HOSPEDADO, A *p. p.* de *Hospedar.* Hospedado. *adj.* Que tem hóspedes.

HOSPEDAJE (ospedaje) *s. m.* Hospedagem, hospedamento.

HOSPEDAMIENTO *s. m.* V. HOSPEDAJE.

HOSPEDERÍA *s. f.* Hospedaria.

HOSPEDERO *s. m.* Hospedeiro (o dono da hospedaria; o que dá hospitalidade).

HOSPITALERO *s. m.* Hospitaleiro (que franqueia hospedagem; que trabalha em hospital).

HOSTAL *s. m.* V. HOSTERÍA.

HOSTELERO *s. m.* Hospedeiro, estalajadeiro.

HOSTELERÍA *s. f.* Hospedaria, estalagem.

HOSTIGADOR, A *adj. e s.* Fustigador.

HOSTIGAMIENTO *s. m.* Fustigação.

HOSTIGAR *v. tr.* Fustigar, açoitar, vergastar, zurzir. Fustigar, azucrinar, incomodar, molestar, perseguir, acossar.

HOSTIGO *s. m.* Vergastada (golpe moral). Rajada (de vento ou chuva). Parte de um muro exposta à ação prejudicial do vento ou chuva.

HOTO *s. m.* Confiança. *En —, loc. adv.* Em confiança.

HOY (oi) *adv.* Hoje (neste dia; atualmente). *De — a mañana, loc. adv.* De hoje para amanhã, de um momento para outro. *De — más, loc. adv.* De hoje em diante, desde hoje, *— por —, loc. adv.* Neste tempo, por agora.

HOYA (odja) *s. f.* Fossa, cava, concavidade. Cova, sepultura.

HOYADA (odjada) *s. f.* V. HONDONADA.

HOYANCA (odjanca) *s. f. fam.* Vala comum.

HOYO (odjo) *s. m.* Cova, cava, concavidade. Cova, sepultura. Cova (sinal deixado na superfície da pele).

HOYOSO, A (odjosso) *adj.* Que tem covas. Picado de bexigas.

HOYUELA (odjuela) *s. f. Dim.* de *Hoya.* Cova entre a garganta e o peito.

HOYUELO (odjuelo) *s. m. Dim.* de *Hoyo.* V. HOYUELA, 2ª aceo. Chabica.

HOZ *s. f.* Foice.

HOZADERO (oçadero) *s. m.* Lugar onde fuçam porcos ou javalis.

HOZADOR, A (oçador) *adj.* Fossador, fuçador.

HOZADURA (oçadura) *s. f.* Fossa, fossadura.

HOZAR (oçar) *v. tr.* Fossar (o porco e outros animais).

HUACO *s. m. Amer. equat.* Guaco.

HUCHA (utcha) *s. f.* Arca, baú. Cofre, mealheiro. *fig.* Dinheiro poupado.

HUCHEAR (utchear) *v. intr.* Gritar, bradar, clamar, vociferar. Açular os cães contra a caça.

HUEBRA *s. f.* Geira. Parelha de mulas para aluguel por um dia inteiro. V. BARBECHO. *Pop.* Baralho.

HUECA *s. f.* Rosca (do fuso).

HUECO, A *adj.* Oco. *s. m.* Oco, intervalo, espaço, concavidade. *fig. fam.* Cargo vago. *Amer. argent.* Terreno baldio (em cidade).

HUELGA *s. f.* Folga, descanso. Greve, parede.

HUELGO *s. m.* Fôlego, alento. Folga, largueza. Folga (entre duas peças).

HUELGUISTA *s. m. e f.* Grevista.

HUELLA (uelha) *s. f.* Pegada. Pisadura, calcadura. Degrau (de escada). Marca, sinal, impressão. *A la —, loc. adv.* Atrás, detrás. *Seguir las —s de, loc. adv.* Seguir as pegadas de, imitar o exemplo de.

HUELLO (uelho) *s. m.* Chão, terreno em que se pisa. Passo, andadura (do cavalo). *Vet.* Palma.

HUÉRFANO, A *adj. e s.* Órfão, ã. *Amer. chil. e per.* Enjeitado, exposto.

HUERO, A *adj.* Goro, chocho (falando-se do ovo). *fig.* Chocho, vazio, insubstancial.

HUERTA *s. f.* Horta.

HUERTERO *s. m. Amer. e prov. Sal.* Hortelão.

HUERTEZUELA (uerteçuela) *s. f. Dim.* de *Huerta.* Hortinha.

HUERTO *s. m.* Horto (horta; pomar).

HUESA (uessa) *s. f.* Cova, sepultura, fossa.

HUESARRÓN (uessarròn) *s. m. Aument.* de *Hueso.* Grande osso.

HUESO (uesso) *s. m.* Osso. Caroço. *fig.* Osso, dificuldade.

HUESOSO, A (uessosso) *adj.* Ósseo.

HUÉSPED (uèsped) *s. m.* Hóspede.

HUÉSPEDA *s. f.* Hóspeda.

HUÉSPEDE *s. f. fam.* V. HUÉSPED.

HUESTE *s. f.* Hoste, tropa. U. m. no pl.

HUESUDO, A (uessudo) *adj.* Ossudo.

HUEVA *s. f.* Ova (de peixe).

HUEVAR *v. intr.* Começar a pôr (ovos).

HUEVERA *s. f.* Oveiro (ovário das aves; peça de servir ovos na mesa). Mulher que vende ovos.

HUEVERÍA *s. f.* Casa onde se vendem ovos.

HUEVERO *s. m.* Vendedor de ovos. V. HUEVERA, 2ª ACEP.

HUEVEZUELO (ueveçuelo) *s. m. Dim.* de *Huevo.* Ovinho.

HUEVIAR *v. tr. Amer. hond.* Furtar.
HUEVO *s. m.* Ovo.
HUIDA *s. f.* Fuga, fugida. V. HOLGURA.
HUIDERO, A *adj.* Fugidio, fugaz. *s. m.* Covil, toca.
HUIDIZO, A (uidiço) *adj.* Fugidio.
HUIDOR, A *adj.* e *s.* Fugidio, fugidiço, fugitivo.
HUIR *v. intr.* Fugir. U. t. c. pron. Fugir, esquivar, evitar. *Irreg.* V. conj. de *Muir.*
HULE *s. m.* Borracha. Impermeável, oleado (tecido).
HULERO *s. m. Amer.* Caucheiro, seringueiro.
HULLA (ulha) *s. f.* Hulha, carvão de pedra.
HULLERO, A (ulhero) *adj.* Hulheiro.
HUMADA *s. f.* V. AHUMADA.
HUMARADA *s. f.* V. HUMAREDA.
HUMARAZO (umaraço) *s. m.* V. HUMAZO.
HUMAREDA *s. f.* Fumarada.
HUMAZA (umaça) *s. f.* V. HUMAZO.
HUMAZGA *s. f.* Fumagem (imposto).
HUMAZO (umaço) *s. m.* Fumaça, fumaçada, fumarada. *Med.* Fumigação.
HUMEADA *s. f. Amer.* Fumarada.
HUMEANTE *p. a.* de *Humear.* Fumegante.
HUMEAR *v. intr.* Fumar (fumegar; exalar vapores). *fig.* Fumegar (deixar vestígios uma antiga inimizade). *v. tr. Amer.* Fumigar; defumar.
HUMEDAD (umedad) *s. f.* Umidade.
HUMEDAL *s. m.* Terreno úmido.
HUMEDECER *v. tr.* Umedecer. U. t. c. pron. *Irreg.* V. conj. de *Favorecer.*
HÚMEDO, A *adj.* Úmido.
HUMERAL *adj.* Umeral.
HUMERO *s. m. Anat.* Úmero.
HUMILLACIÓN (umilhaciòn) *s. f.* Humilhação.
HUMILLADOR, A (umilhador) *adj.* e *s.* Humilhador.

HUMILLAR (umilhar) *v. tr.* Humilhar. *v. pron.* Humilhar-se.
HUMO *s. m.* Fumo (vapor; produto gasoso da combustão incompleta). *fig.* Fumo, vaidade, presunção, soberba, jactância. *pl.* Fogos, casas, lares.
HUMORADA *s. f.* Pilhéria, gracejo.
HUMOSO, A (umosso) *adj.* Fumoso.
HUNDIBLE *adj.* Afundável, submergível, imergível.
HUNDIMIENTO *s. m.* Afundamento, submersão. Ruína, demolição, derribamento.
HUNDIR *v. tr.* Afundar, submergir, meter no fundo, meter a pique. *fig.* Oprimir, abater, sobrecarregar, agravar. *fig.* Confundir (num argumento). *fig.* Destruir, consumir, arruinar, fundir. *v. pron.* Ruir, abater-se; afundar, submergir, ir ao fundo. *fig.* Haver dissenções ou barulhos. *fig. fam.* Sumir-se (uma coisa).
HURA *s. f.* Cova, toca. Espécie de furúnculo.
HURACÁN *s. m.* Furacão.
HURAÑAMENTE (uranhamente) *adv.* Insociavelmente.
HURAÑERÍA (uranhería) *s. f.* V. HURAÑIA.
HURAÑIA (uranhía) *s. f.* Insociabilidade.
HURAÑO, A (uranho) *adj.* Insociável, arredio, desconfiado, misantropo.
HURERA *s. f.* V. HURONERA.
HURGA *s. f.* Ação de *Hurgar.*
HURGAR *v. tr.* Remexer, esgaravatar, revolver. Tocar, sovar; manusear. *fig.* Comover, inquietar, perturbar.
HURGÓN *s. m.* Atiçador (instrumento para espevitar o fogo). Estocada.
HURGONADA *s. f.* Ação de atiçar ou esborralhar o fogo. *fam.* Estocada.
HURGONAZO (urgonaço) *s. m.* Pancada com o atiçador. *fam.* Estocada.
HURGONEAR *v. tr.* Atiçar, remexer, esborralhar (o fogo). *fam.* Golpear, lançar estocadas.

HURGONERO *s. m.* V. HURGÓN, 1ª acep.
HURÓN *s. m.* Furão. *fig. fam.* Furão, indivíduo bisbilhoteiro ou curioso. *fig. fam.* Indivíduo insociável.
HURONEAR *v. tr.* Caçar com o furão. *fam.* Furoar, indagar, bisbilhotar.
HURONERA *s. f.* Furoeira. *fig. fam.* Esconderijo.
HURONERO *s. m.* Furoeiro.
HURTADILLAS (A) (urtadilhas) *loc. adv.* Às furtadelas, às escondidas.
HURTAR *v. tr.* Furtar (em todas as principais aceps. deste vocábulo). *v. pron.* Furtar-se, esquivar-se, ocultar-se, desviar-se.
HURTO *s. m.* Furto (ação de furtar; coisa furtada). A — , *loc. adv.* a furto, às furtadelas.
HUSADA (ussada) *s. f.* Fusada (porção de fio enrolado no fuso).
HÚSAR (ússar) *s. m.* Hussardo, hussar.
HUSILLERO (ussilhero) *s. m.* Operário que trabalha com o fuso (nos lagares de azeite).
HUSILLO (ussilho) *s. m.* Cilindro (de prensa), fuso (de lagar). Vala, sarjeta. Eixo da escada de caracol.
HUSMA *s. f.* V. HUSMEO.
HUSMEADOR, A *adj.* e *s.* Farejador.
HUSMEAR *v. tr.* Farejar, olfatear. *fig. fam.* Indagar, bisbilhotar com dissimulação. *v. intr.* Cheirar, cheirar mal, começar a corromper-se.
HUSMEO (usmèo) *s. m.* Farejo.
HUSMO *s. m.* Fartum.
HUSO (usso) *s. m.* Fuso.
HUTA *s. f.* Cabana, barraca (onde se escondem os caçadores com os cães).
HUTÍA *s. f.* Cutia.
¡HUY! (ui) *interj.* Ui!
HUYENTE (udjente) *p. a.* de Huir. Que foge.
HUYUYO, A (udjudjo) *adj. Amer.* V. HURAÑO.
¡HUYUYUY! (udjudjui) *interj.* Ui!

I *s. f.* Décima letra e terceira vogal do alfabeto espanhol. — *griega,* ípsilon (Y).

ICÓN *s. m.* Ícone, ícono (da igreja russa).

IDA *s. f.* Ida (ação de ir), partida. *fig.* Ímpeto, arranco, impulso. *Venat.* Rastro, pegada.

IDEA *s. f.* Idéia.

IGLESIA (iglessia) *s. f.* Igreja.

IGUAL *adj.* Igual. *s. m.* Igual. *adv.* Igualmente. *Al* —, *loc. adv.* Com igualdade. *Por,* ou *por un* —, *loc. adv.* Igualmente.

IGUALA *s. f.* Igualação. Ajuste, pacto, convênio, trato. Quantia (dada em virtude de ajuste). *A la* —, *loc. adv.* Com igualdade.

IGUALACIÓN *s. f.* Igualação. *fig.* Ajuste, pacto, convênio, trato, acordo.

IGUALAMIENTO *s. m.* Igualamento, igualação.

IGUANA *s. f. Zool.* Iguano.

IJADA (ijada) *s. f.* Ilharga. Pontada (nas ilhargas).

IJADEAR (ijadear) *v. intr.* Ofegar, arquejar.

IJAL (ijal) *s. m. Amer.* V. IJADA.

IJAR (ijar) *s. m.* V. IJADA.

ILACIÓN *s. f.* Ilação.

ILCHA (iltcha) *s. f. Amer. chil.* Índia solteira, cunhã.

ILUSIÓN (ilussiòn) *s. f.* Ilusão.

ILUSIONAR (ilussionar) *v. tr.* Iludir. *v. pron.* Iludir-se.

IMAGEM (imajem) *s. f.* Imagem.

IMAGINERÍA (imajinería) *s. f.* Imaginária.

IMAGINERO (imajinero) *s. m.* Imagineiro, santeiro, imaginário.

IMÁN *s. m.* Imã.

IMANACIÓN *s. f.* Imantação.

IMBÉCIL *adj.* Imbecil.

IMBIBICIÓN *s. f.* Embebição.

IMBORNAL *s. m. Náut.* Embornal.

IMBORRABLE *adj.* Indelével.

IMPACCIÓN *s. f.* Impacto, embate, colisão.

IMPARTIR *v. tr.* Repartir, impacto.

IMPARTIR *v. tr.* Repartir, dividir. *For.* Pedir, rogar, demandar, suplicar.

IMPASIBILIDAD (impassibilidad) *s. f.* Impassibilidade.

IMPASIBLE (impassible) *adj.* Impassível.

IMPELER *v. tr.* Impelir. *fig.* Estimular, incitar, impelir.

IMPENDER *v. tr.* Aplicar, inverter (falando-se de dinheiro).

IMPERDIBLE *adj.* Imperdível.

IMPERDONABLE *adj.* Imperdoável.

IMPERDONABLEMENTE *adv.* Imperdoavelmente.

IMPERECEDERO, A *adj.* Imperecedouro, imperecível, imorredouro.

IMPERFECCIÓN *s. f.* Imperfeição.

IMPERFECTAMENTE *adv.* Imperfeitamente.

IMPERFECTO, A *adj.* Imperfeito.

IMPERFORACIÓN *s. f. Med.* Imperfuração.

IMPERSONAL *adj.* Impessoal. *En,* ou *por* —, *loc. adv.* Impessoalmente.

IMPERSONALIZAR (impersonaliçar) *v. tr. Gram.* Impessoalizar.

IMPERSONALMENTE *adv.* Impessoalmente.

IMPERSUASIBLE (impersuassible) *adj.* Impersuadível.

IMPÉTIGO *s. m. Med.* Impetigo.

ÍMPETU *s. m.* Ímpeto, violência, força.

IMPÍO, A *adj.* Ímpio.

IMPLATICABLE *adj.* Impraticável, intratável (relativamente à conversação ou ao trato social).

IMPOLÍTICA *s. f.* Impolítica (descortesia).

IMPONER *v. tr.* Impor (em todas as principais acep. deste vocábulo). *Irreg.* V. conj. de *Poner.*

IMPORTACIÓN *s. f.* Importação.

IMPOSIBILIDAD (impossibilidad) *s. f.* Impossibilidade.

IMPOSIBILITAR (impossibilitar) *v. tr.* Impossibilitar.

IMPOSIBLE (impossible) *adj.* Impossível.

IMPOSIBLEMENTE (impossiblemente) *adv.* Impossivelmente.

IMPRACTICABLE *adj.* Impraticável, impossível, inexequível; intransitável.

IMPRECACIÓN *s. f.* Imprecação, maldição, praga.

IMPRENTA *s. f.* Imprensa (máquina de imprimir; arte de imprimir; estabelecimento onde se imprime; jornalismo).

IMPRESCINDIBLE *adj.* Imprescindível.

IMPRESENTABLE (impressentable) *adj.* Inapresentável.

IMPRESICIÓN (impressiciòn) *s. f.* Imprecisão.

IMPRESIÓN (impressiòn) *s. f.* Impressão (em todas as principais acep. deste vocábulo).

IMPRESIONABLE (impressionable) *adj.* Impressionável.

IMPRESIONANTE (impressionante) *p. a.* de *Impressionar.* Impressionante.

IMPRESIONAR (impressionar) *v. tr.* Impressionar. U. t. c. pron.

IMPRESO, A (impresso) *p. p.* de *Imprimir.* Impresso. *s. m.* Impresso.

IMPRESOR (impressor) *s. m.* Impressor.

IMPRESTABLE *adj.* Imprestável.

IMPREVISIBLE (imprevissible) *adj.* Imprevisível.

IMPRIMACIÓN *s. f.* Imprimadura, imprimação.

IMPRIMADERA *s. f.* Imprimadeira.

IMPRIMIR *v. tr.* Imprimir, estampar. *fig.* Imprimir. *Irreg.* Part. pas. *Impreso.*

IMPROBABLE *adj.* Improvável.

IMPROBABLEMENTE *adv.* Improvavelmente.

IMPROBAR *v. tr.* Desaprovar, reprovar, improbar. *Irreg.* V. conj. de *Almorzar.*

IMPROPIO, A *adj.* Impróprio.

IMPÚBER *adj.* e *s.* V. IMPÚBERO.

IMPÚBERO, A *adj.* e *s.* Impúbere.

IMPUDICIA *s. f.* Impudicícia.

IMPÚDICO, A *adj.* Impudico.

IMPULSIÓN *s. f.* Impulso, impulsão.

INACCESIBLE (inaccessible) *adj.* Inacessível.

INACCIÓN *s. f.* Inação.

INACEPTABLE *adj.* Inaceitável.

INADAPTABLE *adj.* Inadaptável.

INADMISIBLE (inadmissible) *adj.* Inadmissível.

INAFECTADO, A *adj.* Não afetado.

INAGOTABLE *adj.* Inesgotável, inexaurível.

INAGUANTABLE *adj.* Insuportável, intolerável, insofrível.

INAJENABLE (inajenable) *adj.* Inalienável.

INAMISIBLE (inamissible) *adj.* Inamissível.

INAPERCIBIDO, A *adj.* Inapercebido.

INAPELABLE *adj.* Inapelável.

INAPLAZZABLE (inaplaçable) *adj.* Que não se pode aprazar.

INAPLICACIÓN *s. f.* Desaplicação.

INAPLICADO, A *adj.* Desaplicado.

INAPRECIABLE *zadj.* Inapreciável; inapreçável, inestimável.

INAPTITUD (inaptitud) *s. f.* Inaptidão, inépcia.

INARMÓNICO, A *adj.* Inharmônico.

INASEQUIBLE (inassequible) *adj.* Inexequível.

INASIBLE (inassible) *adj.* Inatingível; que não se pode pegar, tomar ou apanhar.

INCALIFICABLE *adj.* Inqualificável.

INCAUTARSE *v. pron. For.* Reter (um valor) como fiança. Constituir-se depositário. Receber (um valor) em depósito.

INCAUTACIÓN *s. f.* Ação de *Incautarse.* Depósito, fiança.

INCERTIDUMBRE *s. f.* Incerteza.

INCESABLE (incessable) *adj.* Incessante, incessável.

INCIENSO *s. m.* Incenso.

INCIERTO, A *adj.* Incerto.

INCITAMIENTO *s. m.* Incitação, incitamento.

INCLASIFICABLE (inclassificable) *adj.* Inclassificável.

INCLUSA (inclussa) *s. f.* Roda (casa onde se recebem os enjeitados).

INCLUSERO, A (inclussero) *adj. fam.* Rodeiro. U. t. c. s.

INCLUSIÓN (inclussiòn) *s. f.* Inclusão.

INCLUYENTE (includjente) *p. a.* de *Incluir.* Que inclue, inclusivo.

INCOACIÓN *s. f.* Incoação, começo.

INCOERCIBLE *adj.* Incoercível.

INCOLORO, A *adj.* Incolor.

INCOMODIDAD (incomodidad) *s. f.* Incomodidade. Incômodo, mal-estar.

INCOMPLEJO, A (incomplejo) *adj.* Incomplexo.

INCOMPRENSIBLE *adj.* Incompreensível.

INCOMPUESTO, A *adj.* Incomposto.

INCONCEBIBLE *adj.* Inconcebível.

INCONCILIABLE *adj.* Inconciliável.

INCONCINO, A *adj.* Desordenado, desarranjado, descomposto.

INCONCUSO, A (inconcusso) *adj.* Inconcusso, incontestável, inabalável, firme.

INCONEXIÓN (inconecsiòn) *s. f.* Inconexão.

INCONFESABLE (inconfessable) *adj.* Inconfessável.

INCONFESO, A (inconfesso) *adj.* Inconfesso.

INCONFIDENCIA *s. f.* Desconfiança.

INCONGRUENTEMENTE *adv.* Incongruamente.

INCONGRUIDAD (incongruidad) *s. f.* Incongruência.

INCONMENSURABILIDAD (inconmensurabilidad) *s. f.* Incomensurabilidade.

INCONMENSURABLE *adj.* Incomensurável.

INCONMOVIBLE *adj.* Incomovível.

INCONMUTABLE *adj.* Incomutável.

INCONSCIENCIA *s. f.* Inconsciência.

INCONSECUENCIA *s. f.* Inconseqüência.

INCONSECUENTE *adj.* Inconseqüente.

INCONSIGUIENTE *adj.* Inconseqüente.

INCONSOLABLE *adj.* Inconsolável.
INCONTABLE *adj.* Incontável.
INCONTESTABLE *adj.* Incontestável.
INCONTINENTE *adj.* Incontinente. *adv.* Incontinente, imediatamente.
INCONVENIBLE *adj.* Inconveniente.
INCONVERTIBLE *adj.* Inconversível, incorvertível.
INCORPORO *s. m.* Incorporação.
INCORREGIBILIDAD (incorrejibilidad) *s. f.* Incorrigibilidade.
INCORREGIBLE (incorrejible) *adj.* Incorrigível.
INCORREGIBLEMENTE (incorrejiblemente) *adv.* Incorrigivelmente.
INCORRUPCIÓN *s. f.* Incorrupção.
INCRASAR (incrassar) *v. tr. Med.* Engrossar, incrassar.
INCREIBLE *adj.* Incrível, incredível.
INCREIBLEMENTE *adv.* Incrivelmente.
INCUESTIONABLE *adj.* Inquestionável.
INCUMPLIDO, A *adj.* Incumprido.
INCUMPLIMIENTO *s. m.* Não cumprimento.
INCUMPLIR *v. tr.* Descumprir.
INCUNABLE *adj. e s.* Incunábulo.
INCURIOSO, A (incurioso) *adj.* Incurioso (negligente, descuidado). U. t. c. s.
INCURRIMIENTO *s. m.* Incurso (ato de incorrer). Incursão.
INCURRIR *v. intr.* Incorrer.
INCURSIÓN *s. f.* Incurso (ato de incorrer). *Mil.* Incursão, invasão, correria hostil.
INDAGACIÓN *s. f.* Indagação.
INDEBIDAMENTE *adv.* Indevidamente, ilicitamente.
INDEBIDO, A *adj.* Indevido.
INDECIBLE *adj.* Indizível, inexplicável, inefável.
INDECIBLEMENTE *adv.* Indizivelmente.
INDECISIÓN (indecissiòn) *s. f.* Indecisão.
INDEFENDIBLE *adj.* Indefensável, indefensível.
INDEHISCENTE *adj. Bot.* Indeiscente.
INDELEBLE *adj.* Indelével.
INDELEBLEMENTE *adv.* Indelevelmente.
INDEMNE *adj.* Indene, incólume, ileso.
INDEMNIDAD (indemnidad) *s. f.* Indenidade.
INDEMNIZACIÓN (indemniçaciòn) *s. f.* Indenização.
INDEMNIZAR (indemniçar) *v. tr.* Indenizar. U. t. c. pron.
INDEMOSTRABLE *adj.* Indemonstrável.
INDEPENDIENTE *adj.* Independente. *adv.* Independentemente.
INDEPENDIENTEMENTE *adv.* Independentemente.
INDESCIFRABLE *adj.* Indecifrável.
INDESEABLE (indesseable) *adj.* Indesejável.
INDESTRUCTIBLE *adj.* Indestrutível.
INDEZUELO (indeçuelo) *s. m. Dim.* de *Índio*.
INDIA *s. f.* Chita.
INDIFERENCIA *s. f.* Indiferença.
INDIGESTIÓN (indijestiòn) *s. f.* Indigestão.
INDISOLUBILIDAD (indissolubilidad) *s. f.* Indissolubilidade.
INDISOLUBLE (indissoluble) *adj.* Indissolúvel.
INDISOLUBLEMENTE (indissolublemente). *adv.* Indissoluvelmente.
INDISPONER *v. tr.* Indispor (em todas as acep. deste vocábulo). U. t. c. pron. *Irreg.* V. conj. de *Poner.*
INDISPONIBLE *adj.* Indisponível; inalienável.
INDISPUESTO, A *p. p. irreg.* de *Indisponer. adj.* Indisposto (desavindo; incomodado, adoentado).
INDIVISIBLE (indivissible) *adj.* Indivisível.
INDOCTAMENTE *adv.* Indoutamente.
INDOCTO, A *adj.* Indouto.
INDOLORO, A *adj.* Indolor.
INDUBITADAMENTE *adv.* Indubitavelmente.
INDUCCIÓN *s. f.* Indução.
INDUCIA *s. f.* Indúcias, tréguas. Dilação.
INDUCIDO, A *p. p.* de *Inducir. s. m. Fís.* Induzido.
INDUCIDOR, A *adj. e s.* Induzidor.
INDUCIMIENTO *s. m.* Induzimento.
INDUCIR *v. tr.* Induzir, persuadir, instigar, aconselhar. *ant.* Induzir, causar, incutir, inspirar. Induzir, inferir, concluir. *Fís.* Causar indução. *Irreg.* Ind.

pres. *Induzco.* Pret. indef. *Induj-e, iste, o, imos, isteis, eron.* Subj. pres. *Induze-a, as, a, amos, áis, an.* Pret. imperf. *Induj-era* ou *ese, eras* ou *eses, era* ou *ese, éramos* ou *ésemos, erais* ou *eseis, eran* ou *esen.* Fut. imperf. *Induj-ere, eres, ere, éremos, ereis, eren.* Imperat. *Induze-a, amos, an.*
INDUDABLE *adj.* Indubitável.
INDUABLEMENTE *adv.* Indubitavelmente.
INEFABLE *adj.* Inefável, indizível.
INELUDIBLE *adj.* Ineludível.
INENARRABLE *adj.* Inenarrável. Inefável.
INESCUDRINABLE (inescudrinhable) *adj.* Inescrutável.
INEXACTITUD (inecsactitud) *s. f.* Inexatidão.
INFALIBLE *adj.* Infalível.
INFALIBLEMENTE *adv.* Infalivelmente.
INFANTERÍA *s. f.* Infantaria.
INFANTESA (infantessa) *s. f.* Infanta.
INFANZÓN (infançon) *s. m.* Infanção.
INFANZONAZGO (infançonasgo) *s. f.* Infantático.
INFARTO *s. m. Med.* Enfarte, ingurgitamento.
INFECCIÓN *s. f.* Infecção.
INFECIR *v. tr.* V. INFICIONAR.
INFERNILLO (infernilho) *s. m.* Fogareiro (a álcool), espirriteira.
INFICIONAR *v. tr.* Infectar, infeccionar, inficcionar. U. t. c. pron.
INFIERNO *s. m.* Inferno.
INFINIBLE *adj.* Infinito, indefinível.
INFINITUD (infinitud) *s. f.* Infinidade.
INFIRMACIÓN *s. f.* Invalidação.
INFLACIÓN *s. f.* Inflação.
INFLAMABLE *adj.* Inflamável.
INFLAMACIÓN *s. f.* Inflamação.
INFLAR *v. tr.* Inflar, inchar. U. t. c. pron. *fig.* Exagerar, aumentar (fatos, notícias etc.). *fig.* Inflar, ensoberbecer, encher de orgulho. U. t. c. pron.
INFLEXIÓN (infleçsiòn) *s. f.* Inflexão.
INFLUJO (influjo) *s. m.* Influxo (influência; fluxo; afluência).
INFLUYENTE (infludjente) *p. a.* de *Influir.* Influente.
INFORMACIÓN *s. f.* Informação (em todas as principais acep. deste vocábulo).
INFRACCIÓN *s. f.* Infração.
INFRAOCTAVA *s. f.* Infra-oitava.
INFRASCRITO, A *adj.* Infraescrito.
INFRECUENTE *adj.* Infreqüente.
INFURTIR *v. tr.* V. ENFURTIR.
INFUSIÓN (infussiòn) *s. f.* Infusão.
INGA *adj.* Diz-se da marcassita. *s. m.* Inca.
INGANABLE *adj.* Que não se pode ganhar.
INGENERABLE (injenerable) *adj.* Que não pode ser gerado ou engendrado.
INGENIAR (injeniar) *v. tr.* Engenhar, engendrar, idear, inventar, imaginar, traçar. *v. pron.* Discorrer engenhosamente ou imaginar habilidosamente um modo de fazer ou conseguir alguma cousa; inventar, recorrer, traçar, engendrar, engenhar.
INGENIATURA (injeniatura) *s. f.* Indústria, arte, manha, engenho, recurso, artifício, estratagema.
INGENIERÍA (injeniería) *s. f.* Engenharia.
INGENIERO (injeniero) *s. m.* Engenheiro.
INGENIO (injenio) *s. m.* Engenho, gênio, talento; inventiva; habilidade; invenção. Engenho (de açúcar; instrumento de encadernador).
INGENIOSAMENTE (injeniossamente) *adv.* Engenhosamente.
INGENIOSIDAD (injeniossidad) *s. f.* Engenhosidade; rasgo de engenho ou talento.
INGENIOSO, A (injeniosso) *adj.* Engenhoso.
INGERIR (injerir) *v. tr.* V. INJERIR.
INGESTIÓN (injestiòn) *s. f.* Ingestão, deglutição.
INGINA (injina) *s. f.* Queixada, mandíbula.
INGLE *s. f.* Virilha.
INGLÉS *adj. e s.* Inglês, esa. Espécie de tafetá. *fam.* Credor. Ingrês (tecido).
INGLETE *s. m.* Malhete, encaixe (de moldura). Esquadria em linha reta.
INGOBERNABLE *adj.* Ingovernável.
INGRATITUD (ingratitud) *s. f.* Ingratidão.
INGRESAR (ingressar) *v. intr.* Ingressar, entrar.
INGRESO (ingresso) *s. m.* Ingresso (entrada; admissão; intróito).

INHERENCIA (inerencia) *s. f.* Inerência.
INHERENTE (inerente) *adj.* Inerente.
INHESIÓN (inessiòn) *s. f.* Apego. Inerência.
INHESTAR (inestar) *v. tr.* V. ENHESTAR. *Irreg.* V. conj. de *Calentar.*
INHIBICIÓN (inibiciòn) *s. f.* Inibição.
INHIBIR (inibir) *v. tr.* Inibir.
INHIESTO, A (iniesto) *adj.* V. ENHIESTO.
INHONESTABLE (inonestable) *adj.* Desonesto.
INHOSPITABLE (inospitable) *adj.* Inospitaleiro, inóspito.
INHUMACIÓN (inumaciòn) *s. f.* Inumação.
INHUMAR (inumar) *v. tr.* Inumar, enterrar.
INIMAGINABLE (inimajinable) *adj.* Inimaginável.
INIMICÍSIMO, A (inimicíssimo) *adj. Superl.* de *Enemigo.* Inimicíssimo.
INJERENCIA (injerencia) *s. f.* Intromissão (ato de intrometer-se ou ingerir-se).
INJERIDURA (injeridura) *s. f.* Enxerto, enxertadura (a parte da planta que se enxerta).
INJERIR (injerir) *v. tr.* Inserir, introduzir, intercalar. *v. pron.* Ingerir-se, intrometer-se.
INJERTA (injerta) *s. f.* Enxertadura, enxertia, enxerto (ação de enxertar).
INJERTADOR *s. m.* Enxertador.
INJERTAR (injertar) *v. tr.* Enxertar (fazer enxertos em).
INJERTO, A (injerto) *p. p.* de *Injertar.* Enxertado. *s. m.* Enxerto (ação de enxertar; planta enxertada).
INJUNDIA (injundia) *s. f. fam.* V. ENJUNDIA.
INJUSTICIA (injusticia) *s. f.* Injustiça.
INLLEVABLE (inlhevable) *adj.* Insuportável, intolerável, insofrível.
INMARCHITABLE (inmartchitable) *adj.* Imarcescível.
INMATERIAL *adj.* Imaterial.
INMATERIALIDAD (inmaterialidad) *s. f.* Imaterialidade.
INMATURO, A *adj.* Imaturo.
INMEDIACIÓN *s. f.* Imediação.
INMEDIATO, A *adj.* Imediato.
INMEDIATAMENTE *adv.* Imediatamente.
INMEJORABLE (inmejorable) *adj.* Que não se pode melhorar.
INMEMORABLE *adj.* Imemorial, imemoriável.
INMENSAMENTE *adv.* Imensamente.
INMENSIDAD (inmensidad) *s. f.* Imensidade.
INMENSO, A *adj.* Imenso.
INMENSURABLE *adj.* Imensurável.
INMÉRITO, A *adj.* Imerecido, imérito.
INMERSIÓN *s. f.* Imersão.
INMERSO, A *adj.* Imerso.
INMIGRACIÓN *s. f.* Imigração.
INMIGRANTE *adj. e s.* Imigrante.
INMINENCIA *s. f.* Iminência.
INMISIÓN (inmissiòn) *s. f.* Imissão, intromissão.
INMOBILIARIO, A *adj.* Imobiliário.
INMOBLE *adj.* Imóvel, parado; firme, constante, inabalável.
INMODESTIA *s. f.* Imodéstia.
INMOLACIÓN *s. f.* Imolação.
INMOLAR *v. tr.* Imolar, sacrificar. Sacrificar-se (por outrem).
INMORAL *adj.* Imoral.
INMORALIDAD (inmoralidad) *s. f.* Imoralidade.
INMORTAL *adj.* Imortal.
INMORTALIDAD (inmortalidad) *s. f.* Imortalidade.
INMORTALIZAR (imortaliçar) *v. tr.* Imortalizar. U. t. c. pron.
INMOTIVADO, A *adj.* Imotivado, sem motivo.
INMOTO, A *adj.* Imoto, imóvel.
INMOVIBLE *adj.* V. INMOBLE.
INMOVEL *adj.* V. INMOBLE.
INMOVILIDAD (inmovilidad) *s. f.* Imobilidade.
INMOVILIZACIÓN (inmoviliçaciòn) *s. f.* Imobilização.
INMOVILIZAR (inmoviliçar) *v. tr.* Imobilizar.
INMUDABLE *adj.* Imutável, imudável.
INMUEBLE *adj.* Imóvel (relativamente a bens). U. t. c. s.
INMUNDICIA *s. f.* Imundície, imundícia.
INMUNDO, A *adj.* Imundo.
INMUNE *adj.* Imune.

INMUNIDAD (inmunida*d*) *s. f.* Imunidade.
INMUNIZAR (inmuniçar) *v. tr.* Imunizar.
INMUTAR *v. tr.* Trasmudar, imutar. *v. pron.* Trasmudar-se (com referência ao semblante).
INNECESARIO, A (innecessario) *adj.* Inecessário, desnecessário, prescindível.
INNOBLE *adj.* Ignóbil, baixo, vil.
INNOMINABLE *adj.* Inominável.
INNOVACIÓN *s. f.* Inovação.
INNOVAMIENTO *s. m.* Inovação.
INNUMERABLE *adj.* Inumerável.
INOCENTADA *s. f. fam.* Ingenuidade (dito ingênuo ou inocente; ação sem malícia), singeleza, simplicidade.
INOLVIDABLE *adj.* Inesquecível, inolvidável.
INQUIETUD (inquietu*d*) *s. f.* Inquietação, inquietude.
INQUIRIR *v. tr.* Inquirir, indagar, averiguar, examinar. *Irreg.* Ind. pres. *Inquier-o, es, e, eren.* Subj. pres. *Inquier-a, as, a, an.* Imperat. *Inquer-e, a, an.*
INQUISICIÓN (inquissiciòn) *s. f.* Inquisição.
INSABIBLE *adj.* Que não se pode saber.
INSACIABLE *adj.* Insaciável.
INSACULACIÓN *s. f.* Sorteio.
INSACULAR *v. tr.* Sortear.
INSANABLE *adj.* Insanável, incurável.
INSCRIBIR *v. tr.* Inscrever (insculpir, gravar, entalhar; alistar, arrolar). U. t. c. pron. *Irreg.* V. conj. de *Escribir.*
INSCRIPCIÓN *s. f.* Inscrição.
INSECTO *s. m.* Inseto.
INSEGURIDAD (insegurida*d*) *s. f.* Insegurança, inseguridade.
INSERCIÓN *s. f.* Inserção.
INSERTAR *v. tr.* Inserir, introduzir, intercalar.
INSINUACIÓN *s. f.* Insinuação.
INSOLACIÓN *s. f.* Insolação.
INSOLDABLE *adj.* Insoldável.
INSOLENTAR *v. tr.* Descarar, desfaçar, tornar insolente. *v. pron.* Atrever-se, descarar-se, desfaçar-se, tornar-se insolente.
INSOLENTÓN, A *adj. fam.* e *s. Aument.* de *Insolente.* Grande insolente.
INSOLUBLE *adj.* Insolúvel.
INSOMNE *adj.* Insone.
INSOMNIO *s. m.* Insônia.
INSONDABLE *adj.* Insondável.
INSOPORTABLE *adj.* Insuportável.
INSOSPECHABLE (insospetchable) *adj.* Insuspeitável.
INSOSPECHADO, A (insospetchado) *adj.* Insuspeito.
INSOSTENIBLE *adj.* Insustentável.
INSPECCIÓN *s. f.* Inspeção.
INSTABLE *adj.* Instável.
INSTANTÁNEA *s. f. Fot.* Instantâneo.
INSTAURACIÓN *s. f.* Instauração.
INSTIGACIÓN *s. f.* Instigação.
INSTÍMULO *s. m.* Estímulo.
INSTITUICIÓN *s. f.* Instituição.
INSTITUYENTE (institudjente) *p. a.* de *Instituir.* Que institue.
INSTRIDENTE *adj.* Estridente.
INSTRUCCIÓN *s. f.* Instrução.
INSUDAR *v. tr.* Suar, trabalhar com afinco.
INSUFLACIÓN *s. f.* Insuflação.
INSUFRIBLE *adj.* Insofrível.
INSUFRIBLEMENTE *adv.* Insofrivelmente.
INSUFRIDERO, A *adj.* V. INSUFRIBLE.
INSUMERGIBLE (insumer*j*ible) *adj.* Insubmersível, insubmergível.
INSUMISIÓN (insumissiòn) *s. f.* Insubmissão.
INSUMISO, A (insumisso) *adj.* Insubmisso.
INSURRECCIÓN *s. f.* Insurreição.
INSUSTANCIAL *adj.* Insubstancial.
INSUSTANCIALIDAD (insustancialida*d*) *s. f.* Insubstancialidade.
INTACHABLE (intatchable) *adj.* Irrepreensível.
INTEGRIDAD (integrida*d*) *s. f.* Integridade.
INTELECCIÓN *s. f.* Intelecção.
INTEMPERANCIA *s. f.* Intemperança.
INTENCIÓN *s. f.* Intenção.
INTENSIÓN *s. f.* Intensidade, intensão.
ÍNTER *adv.* Interim.
INTERCALADURA *s. f.* Intercalação.

INTERCECIÓN *adj.* Intercessão.
INTERCESORIAMENTE (intercessoriamente) *adv.* Por intercessão.
INTERCURRENTE *adj.* Intercorrente.
INTERDECIR *v. tr.* Interdizer, interditar, vedar, proibir. *Irreg.* V. conj. de *Decir.*
INTERDICCIÓN *s. f.* Interdição.
INTERÉS *s. m.* Interesse (utilidade, lucro, proveito, vantagem; conveniência, direito, prerrogativa; lucro de operação comercial; desejo egoístico, sentimento de cobiça; juro de capital; simpatia, benevolência). *pl.* Interesses, bens de fortuna.
INTERESABLE (interessable) *adj.* Interesseiro, interessado, cobiçoso.
INTERESAL (interessal) *adj.* V. INTERESABLE.
INTERESENCIA (interessencia) *s. f.* Assistência (a um ato ou função).
ÍNTERIN *s. m.* Interinidade. *adv.* Ínterim.
INTERJECCIÓN *s. f. Gram.* Interjeição.
INTERMISIÓN (intermissiòn) *s. f.* Intermissão, intervalo.
INTERNACIÓN *s. f.* Internação.
INTERPELACIÓN *s. f.* Interpelação.
INTERPOLACIÓN *s. f.* Interpolação.
INTERPONER *v. tr.* Interpor. U. t. c. pron. *Irreg.* V. conj. de *Poner.*
INTERPOSICIÓN (interpossiciòn) *s. f.* Interposição.
INTERPRESA (interpressa) *s. f.* Entrepresa, interpresa.
INTERPUESTO, A *p. p. irreg.* de *Interponer.* Interposto.
INTERROGACION *s. f.* Interrogação, pergunta. *Ort.* Ponto de interrogação. (Emprega-se no princípio e no fim da palavra ou cláusula em que se faz a pergunta (¿ ?).
INTERRUMPIR *v. tr.* Interromper (estorvar, embaraçar; suspender; destruir; deixar de fazer; impedir de continuar a falar).
INTERRUPCIÓN *s. f.* Interrupção.
INTERSECCIÓN *s. f.* Intersecção.
INTERVENCIÓN *s. f.* Intervenção. Interventoria.
INTERVENIR *v. intr.* Intervir (meter-se de permeio; assistir; tomar parte; interpor a sua autoridade, os seus bons ofícios etc.; ocorrer, sobrevir). *Cir.* Operar. *Irreg.* V. conj. de *Venir.*
INTERYACENTE (interdjacente) *adj.* Interjacente.
INTIMA *s. f.* Intimação.
INTOCABLE *adj.* Intangível.
INTRADÓS *s. m.* Intradorso.
INTRADUCIBLE *adj.* Intraduzível.
INTRINGULIS *s. m. fam.* Interesse oculto, razão oculta, motivo verdadeiro.
INTRINSIQUEZA (intrinsiqueça) *s. f.* Intimidade.
INTRODUCCIÓN *s. f.* Introdução.
INTRODUCIR *v. tr.* Introduzir (em todas as principais acep. deste vocábulo). U. t. c. pron. *Irreg.* V. conj. de *Inducir.*
INTROMISIÓN (intromissiòn) *s. f.* Intromissão.
INTROSPECCIÓN *s. f.* Introspecção.
INTROVERSIÓN *s. f.* Introversão.
INTRUSIÓN (intrussiòn) *s. f.* Intrusão.
INTUICIÓN *s. f.* Intuição.
INVADIENTE *p. a.* de *Invadir.* Que invade.
INVASIÓN (invassiòn) *s. f.* Invasão.
INVENCIBLE *adj.* Invencível.
INVENCIÓN *s. f.* Invenção.
INVENCIONERO, A *adj.* Invencioneiro, impostor, embusteiro, mentiroso; esquisito, afetado.
INVENDIBLE *adj.* Invendável, invendível.
INVERECUNDIA *s. f.* Desavergonhamento, descaramento, despudor.
INVERISÍMIL (inverissímil) *adj.* Inverossímil.
INVERISIMILITUD (inverissimilitu*d*) *s. f.* Inverossimilhança.
INVERNA *s. f. Amer. per.* Invernada (do gado).
INVERNACULO *s. m.* Invernadouro (estufa para ter plantas no inverno).
INVERNADERO *s. m.* Invernadouro, invernada. V. INVERNACULO.
INVERNAJE (invernaje) *s. m.* Inverno, invernia, invernada.
INVERNAZO (invernaço) *s. m.* Inverno equatorial, estação chuvosa.
INVERNIZO, A (inverniço) *adj.* Inverniço.

INVEROSIMILITUD (inverossimilitu*d*) *s. f.* Inverossimilhança.
INVERSIÓN *s. f.* Inversão.
INVERSO, A *p. p. irreg.* de *Invertir.* Inverso. *adj.* Alterado, transtornado. *A, ou por, la — a, loc. adv.* Inversamente, ao contrário.
INVERTASA (invertassa) *s. f.* Invertina.
INVERTIR *v. tr.* Inverter (mudar, trocar, alterar, transtornar, voltar ou virar em sentido oposto ao natural). Investir (empregar dinheiro em). Empregar, ocupar (falando-se do tempo). *Irreg.* V. conj. de *Sentir.*
INVESTIMIENTO *s. m.* Investimento (de dinheiro).
INVESTIR *v. tr.* Investir (conferir uma dignidade; fazer entrar na posse de cargo importante). U. t. c. pron. *Irreg.* V. conj. de *Servir.*
INVIAR *v. tr.* Enviar.
INVIDIA *s. f.* V. ENVIDIA.
INVIERNO *s. m.* Inverno.
INVIGILAR (invijilar) *v. intr.* Velar, zelar, cuidar solicitamente de uma coisa.
ENVIOLABLEMENTE *adv.* Inviolavelmente. Infalivelmente.
INVISIBLE (invissible) *adj.* Invisível.
INVITACIÓN *s. f.* Convite; invitamento, invitação. Convite (cartão em que se convida).
INVITADO, A *p. p.* de *Invitar. s. m.* Convidado.
INVITAR *v. tr.* Convidar; invitar; açular, incitar.
INVOCACIÓN *s. f.* Invocação.
INVOLUCIÓN *s. f.* Involução.
INVOLUCRACIÓN *s. f.* Ação de *Involucrar.*
INVOLUCRAR *v. tr.* Entremear, rechear (inserir nos discursos ou escritos assuntos estranhos ao motivo principal).
INVOLUCRADO, A *p. p.* de *Involucrar. adj. Bot.* Involutado.
INVOLUNTARIEDAD (involuntarieda*d*) *s. f.* Qualidade de involuntário.
INVOLUTA *s. f. Arq.* Voluta.
INVULNERABLE *adj.* Invulnerável.
INYECCIÓN (indjecciòn) *s. f.* Injeção (ação de injetar; líquido injetado; medicamento injetável).
INYECTACIÓN (indjectaciòn) *s. f.* Injeção (ação de injetar).
INYECTADO, A (indjectado) *p. p.* de *Inyectar.* Injetado.
INYECTAR (indjectar) *v. tr.* Injetar.
INYECTOR (indjector) *s. m.* Injetor (das máquinas a vapor).
INZUIR (inçuir) *v. tr.* Induzir, incitar, açular.
IODOFORMO *s. m.* V. YODOFORMO.
IODURAR *v. tr.* V. YODURAR.
ION *s. m. Quím.* Íon, ionte.
IPECACUANA *s. f.* Ipecacuanha.
IR *v. intr.* Ir (em todas as principais acep. deste vocábulo) U. t. c. pron. *Irreg.* Ind. pres. *Voy, vas, va, vamos, vais, van.* Pret. imperf. *Ib-a, as, a, íbamos, ib-ais, an.* Pret. indef. *Fu-í, iste, é, imos, isteis, eron.* Fut. imperf. *Ir-é, ás, á, emos, éis, án.* Subj. pres. *Vay-a, as, a, amos, áis, an.* Pret. imperf. *Fu-era ou ese, eras ou eses, era ou ese, éramos ou ésemos, erais ou eseis, eran ou esen.* Ger. *Yendo.* P. p. *Ido.* Imperat. *Ve, vaya, vayamos, vayan.*
IRISACIÓN (irissaciòn) *s. f.* Irisação.
IRRAZONABLE (irraçonable) *adj.* Irracionável, desarrazoado.
IRREBATIBLE *adj.* Irrebatível.
IRREDUCIBLE *adj.* Irredutível, irreduzível.
IRREEMPLAZABLE (irreemplaçable) *adj.* Insubstituível.
IRREFRENABLE *adj.* Irrefreável.
IRREGLAMENTABLE *adj.* Que não se pode regulamentar.
IRREIVINDICABLE *adj.* Que não se pode reivindicar.
IRREMEDIABLE *adj.* Irremediável.
IRREMISIBLE (irremissible) *adj.* Irremissível, imperdoável.
IRREPARABLE *adj.* Irreparável.
IRREPRENSIBLE *adj.* Irrepreensível.
IRREPROCHABILIDAD (irreprotchabilida*d*) *s. f.* Irrepreensiblidade.
IRREPROCHABLE (irreprotchable) *adj.* Irrepreensível, correto, imaculado.

IRREPROCHABLEMENTE (irreprotchable-mente) *adv.* Irrepreensivelmente.
IRRESCINDIBLE *adj.* Irrescindível.
IRRESISTIBLE (irressistible) *adj.* Irresistível.
IRRESOLUBLE (irressoluble) *adj.* Irresolúvel. Irresoluto.
IRRESOLUCIÓN (irressoluciòn) *s. f.* Irresolução, indecisão, hesitação.
IRRESPETUOSO, A (irrespetuosso) *adj.* Irrespeitoso.
IRRESPIRABLE *adj.* Irrespirável.
IRRESPONSABLE *adj.* Irresponsável.
IRRESTAÑABLE (irrestanhable) *adj.* Inestancável.
IRRESUELTO, A (irressuelto) *adj.* Irresoluto.
IRRETRACTABLE *adj.* Irretratável.
IRREVOCABILIDAD (irrevocabilidad) *s. f.* Irrevogabilidade, irrevocabilidade.
IRREVOCABLE *adj.* Irrevogável, irrevocável.

IRREVOCABLEMENTE *adv.* Irrevogavelmente.
IRRIGACIÓN *s. f.* Irrigação.
IRRISIBLE (irrisible) *adj.* Risível, ridículo, irrisório.
IRRISIÓN (irrissiòn) *s. f.* Irrisão, escárnio, mofa, zombaria. *fam.* Irrisão (objeto de escárnio).
IRRITABLE *adj.* Irritável, irascível. Ininvalidável, inanulável.
IRRITACIÓN *s. f.* Irritação. *For.* Invalidação, anulação.
IRRITAMIENTO *s. m.* V. IRRITACIÓN, 1ª acep.
IRRITAR *v. tr.* Irritar (em todas as principais acep. deste vocábulo). U. t. c. pron. *For.* Invalidar, anular, irritar.
IRROMPIBLE *adj.* Inquebrável.
IRRUIR *v. tr.* Arremeter, acometer, investir, invadir, atropelar, irromper. *Irreg.* V. conj. de *Muir.*
IRRUMPIR *v. intr.* Irromper, precipitar-se, arrojar-se.
IRRUPCIÓN *s. f.* Irrupção, acometida, invasão.
ISLA *s. f.* Ilha. *En —, loc. adv.* Isoladamente.

ISLEÑO, A (islenho) *adj. e s.* Insulano, insular, ilhéu.
ISLEO (islèo) *s. m.* Ilhéu (pequena ilha).
ISLETA *s. f. Dim.* de *Isla.* Ilheta.
ISLILLA (islilha) *s. f.* Axila, sovaco. Clavícula.
ISLOTE *s. m.* Ilhota, ilhote. Ilhéu, farelhão.
ISQUIÓN *s. m. Anat.* Isquio.
ISTMEÑO, A (istmenho) *adj. e s.* Natural de um istmo.
ITERACIÓN *s. f.* Iteração.
IZADO, A (içado) *p. p.* de *Izar.*
IZAGA (içaga) *s. m.* Juncal.
IZAR (içar) *v. tr. Náut.* Içar.
IZQUIERDA *s. f.* Esquerda (a mão esquerda). *Polít.* Esquerda.
IZQUERDEAR *v. intr.* Esquerdear (desviar-se do dever ou da razão).
IZQUIERDISTA *s. m. e f. Polít.* Esquerdista, extremista.
IZQUIERDO, A *adj.* Esquerdo. Canhoto. *fig.* Esquerdo, torcido, oblíquo, torto.

J (jota) *s. f.* Décima primeira letra e oitava consoante do alfabeto espanhol. Seu nome é *jota*, e tem um som fortemente aspirado, análogo, embora mais pronunciado, ao *h* aspirado em inglês. Em português, não tem pronúncia equivalente. (Na ortografia moderna de certas palavras, o *j* substituiu o *x.*)

JABA (jaba) *s. f. Amer.* Saco ou cesto (tecido de palma). *Amer.* Caixa para o transporte de louça ou cristais.

JABADO, A (jabado) *adj. Amer.* Pedrês, carijó.

JABALCÓN (jabalcòn) *s. m. Constr.* Frechal.

JABALCONAR (jabalconar) *v. tr.* Assentar os frechais; sustentar com frechais.

JABALÍ (jabalí) *s. m.* Javali.

JABALINA (jabalina) *s. f.* Javalina. Azagaia, dardo, arremessão.

JABALÓN (jabalòn) *s. m.* V. JABALCÓN.

JABALONAR (jabalonar) *v. tr.* V. JABAL-CONAR.

JABARDEAR (jabardear) *v. intr.* Enxamear (a colmeia).

JABARDILLO (jabardilho) *s. m.* Nuvem (de insetos ou avezinhas). *fig.* Enxame, chusma, multidão de gente ruidosa.

JABARDO (jabardo) *s. m.* Enxame. *fig. fam.* V. JABARDILLO, 2ª acep.

JABATO (jabato) *s. m.* Javali pequeno.

JÁBEBA (jabeba) *s. f.* Jábeca.

JABEGA (jábega) *s. f.* Grande rede de pesca. Pequena embarcação de pesca.

JABEQUE (jabeque) *s. m. Náut.* Chaveco. *fig. fam.* Ferida no rosto (feita por arma branca). Usa-se muito com o v. *Pintar.*

JABÍ (jabí) *s. m.* Espécie de maçã silvestre. Espécie de uva-de-Granada.

JABINO (jabino) *s. m. Bot.* Variedade do zimbro.

JABIRÚ (jabirú) *s. m. Zool.* Jaburu.

JABLADERA (jabladera) *s. f.* Javradeira.

JABLE (jable) *s. m.* Javre.

JABÓN (jabòn) *s. m.* Sabão. — *de tocador,* sabonete. — *de Palencia, fam.* Pau com que as lavadeiras batem a roupa. — *de olor,* sabonete. — *de sastre,* giz de alfaiate. *Dar (a uno) un —, loc. fig. fam.* Passar um sabão, repreender alguém. *En —, loc. adv. Amer.* Em preparo, de molho.

JABONADA (jabonada) *s. f.* V. JABONADURA. *Amer. mexic.* Sabão, reprimenda, repreensão.

JABONADO, A (jabonado) *p. p.* de *Jabonar. s. m.* Ensaboado.

JABONADURA (jabonadura) *s. f.* Ensaboadura, ensaboamento, ensaboada. *pl.* Água com sabão dos ensaboados.

JABONAMIENTO (jabonamiento) *s. m.* V. JA-BONADURA.

JABONAR (jabonar) *v. tr.* Ensaboar. *fig. fam.* Ensaboar; repreender.

JABONCILLO (jaboncilho) *s. m.* Sabonete.

JABONERA (jabonera) *s. f. Bot.* Saboeiro. Saboneteira, saboeiro. Saboeira (vendedora de sabão).

JABONERÍA (jabonería) *s. f.* Saboaria.

JABONERO (jabonero) *s. m.* Saboeiro (fabricante ou vendedor de sabão).

JABONETA (jaboneta) *s. f.* Sabonete.

JABONETE (jabonete) *s. m.* Sabonete.

JABONOSO, A (jabonosso) *adj.* Saponáceo.

JACA (jaca) *s. f.* Faca (cavalo pequeno, de montaria, e geralmente castrado). *Bot.* Jaqueira. Jaca (o fruto da jaqueira).

JACAL (jacal) *s. m. Amer. mexic.* Choça, cabana.

JÁCARA (jácara) *s. f.* Xácara. Certa música para canto ou dança. Certa dança. Reunião de gente alegre que canta à noite pelas ruas. *fig. fam.* Incômodo, enfado, moléstia. *fig. fam.* Mentira, patranha, peta, lorota. *fig. fam.* Conto, história, enredo.

JACARANDANA (jacarandana) *s. f. Jír.* Calão. V. RUFIANESCA.

JACARANDO, A (jacarando) *adj.* Relativo à xácara ou próprio dela. V. JÁCARO.

JACARANDOSO, A (jacarandosso) *adj. fam.* Donairoso, gracioso, alegre, desenvolto.

JACAREAR (jacarear) *v. intr.* Andar cantando xácaras. Dar serenatas. *fig. fam.* Incomodar, molestar, enfadar, aborrecer, importunar.

JACARERO (jacarero) *s. m.* Cantor de xácaras. *fig. fam.* Galhofeiro, folgazão.

JÁCARO, A (jácaro) *adj.* Fanfarrão, valentão, jactancioso. U. t. c. s. *A lo —, loc. adv.* Com afetação ou jactância (nos modos, no porte etc.).

JÁCENA (jácena) *s. f. Constr.* Trave, viga.

JACERINA (jacerina) *s. f.* Cota de malha, jazerina.

JACILLA (jacilha) *s. f.* Marca (deixada na terra por uma coisa pesada).

JACO (jaco) *s. m.* Saltimbarca. Cavalicoque. *Amer.* Tartaruga pequena.

JADEANTE (jadeante) *p. a.* de *Jadear.* Ofegante.

JADEAR (jadear) *v. intr.* Ofegar.

JADEO (jadèo) *s. m.* Ofego, cansaço, respiração ofegante.

JAECERO (jaecero) *s. m.* Seleiro, correiro.

JAGÜEY (jagüei) *s. m. Amer.* Tanque, açude; poça. *Amer. cub.* Cipó.

JAHARRAR (jaarrar) *v. tr. Constr.* Engessar (uma parede).

JAHARRO (jaarro) *s. m.* Ação de engessar uma parede.

JAIBA (jaiba) *Amer. cub.* Caranguejo de rio.

¡JA! JA! JA! (ja, ja, ja) *interj.* Ah! ah! ah! (representativa da gargalhada).

JAL (jal) *s. m. Amer.* Pedaço de pedra-pomes.

JALAR (jalar) *v. tr. Amer.* Jalar, içar, levantar.

JALBEGAR (jalbegar) *v. tr.* V. ENJALBEGAR. *fig.* Caiar, pintar o rosto.

JALBEGO (jalbego) *s. m.* Caiadura, branqueamento. *fig.* Arrebique, pintura para o rosto.

JALDADO, A (jaldado) *adj.* Jalne, jalde.

JALDO, A (jaldo) *adj.* Jalne, jalde.

JALDRE (jaldre) *Cor* jalne (falando-se de aves).

JALE (jale) *s. m.* V. JAL.

JALEA (jalèa) *s. f.* Geléia.

JALEAR (jalear) *v. tr.* Açular (os cães contra a caça). *fig.* Animar, entusiasmar (os que participam de um desporto). *Amer.* Incomodar, azucrinar, importunar. *v. pron.* Mover-se com graça ao dançar.

JALECHO (jaletcho) *s. m.* V. HELECHO.

JALEO (jalèo) *s. m.* Ação de *Jalear.* Certa dança. *fam.* V. JARANA. *fam.* Graça, donaire (nos movimentos).

JALETINA (jaletina) *s. f.* Gelatina.

JALLO, A (jalho) *adj. Amer. mexic.* V. QUIS-QUILLOSO.

JALMA (jalma) *s. f.* V. ENJALMA.

JALMERO (jálmero) *s. m.* V. ENJALMERO.

JALÓN (jalòn) *s. m. Agrim.* Baliza, bandeirola, estaca.

JALONAMIENTO (jalonamiento) *s. m. Agrim.* Balizamento.

JALONAR (jalonar) *v. tr. Agrim.* Balizar.

JALONEAR (jalonear) *v. tr.* V. JALONAR.

JALOQUE (jaloque) *s. m.* Siroco.

JAMÁS (jamás) *adv.* Jamais.

JAMBA (jamba) *s. f.* Ombreira (de porta ou janela).

JAMBAJE (jambaje) *s. m.* Conjunto de ombreiras (de porta ou janela).

JAMELGO (jamelgo) *s. m.* Matungo, sendeiro, cavalicoque.

JAMERDAR (jamerdar) *v. tr.* Limpar os deventres das reses. *fam.* Lavar depressa e mal. *Irreg.* V. conj. de *Calentar.*

JÁMILA (jámila) *s. f.* V. ALPECHÍN.

JAMÓN (jamòn) *s. m.* Presunto.

JAMONA (jamona) *adj.* Durázia.

JAMONCILLO (jamoncilho) *s. m. Amer.* Doce de leite.

JAMUGAS (jamugas) *s. f. pl.* Cadeirinha (sela para senhoras).

JAMURAR (jamurar) *v. tr.* V. ACHICAR.

JANANO, A (janano) *adj. Amer. centr.* V. BI-CHÍN.

JÁNDALO, A (jàndalo) *adj.* Diz-se dos andaluzes, devido à sua pronúncia gutural. U. t. c. s.

JAPÓN, A (japòn) *adj. e s.* Japonês, esa.

JAQUE (jaque) *s. m.* Xeque (no xadrez). — *mate,* xeque-mate. *fam.* Valentão, fanfarrão.

JAQUEAR (jaquear) *v. tr.* Xaquear.

JAQUECA (jaqueca) *s. f.* Enxaqueca.

JAQUEL (jaquel) *s. m. Heráld.* Escaque, xadrez.

JAQUETILLA (jaquetilha) *s. f. Dim.* de *Jaqueta.* Jaquetinha.

JAQUETÓN (jaquetòn) *s. m.* Jaquetão. *fam. Aument.* de *Jaque,* 3ª acep.

JÁQUIMA (jáquima) *s. f.* Cabeçada de corda que serve de cabresto.

JARA (jara) *s. f. Bot.* Xara, esteva. Xara (seta feita de pau tostado).

JARABE (jarabe) *s. m.* Xarope. *fig.* Xarope (qualquer bebida excessivamente doce). *Amer.* Espécie de dança típica.

JARABEAR (jarabear) *v. tr.* Xaropar, tratar com xarope. *v. pron.* Tomar xaropes.

JARAÍZ (jaraíz) *s. m.* Lagar. Pequeno lagar.

JARAL (jaral) *s. m.* Esteval. *fig.* Emaranhado, enredo, confusão.

JARAMUGO (jaramugo) *s. m.* Peixinho (de qualquer espécie).

JARANA (jarana) *s. f. fam.* Bulha, tumulto, gritaria, algazarra, diversão ruidosa de gente baixa, farra. Briga, barulho, rixa, motim. *fam. Amer.* V. CHAN-ZA. *Amer. guat.* Ardil, engano, tramóia, laço.

JARANEAR (jaranear) *v. intr. fam.* Bulhar, fazer desordem, barulho, algazarra. *Amer. cub.* Motejar, chacotear.

JARANERO, A (jaranero) adj. Bulhento, barulhento, desordeiro, rixoso, amotinador, brigão.
JARANISTA (jaranista) adj. Amer. V. JARANERO.
JARANO (jarano) adj. Amer. Largo, desabado (diz-se de certo tipo de chapéu).
JARAPOTE (jarapote) s. m. V. JAROPEO.
JARAPOTEAR (jarapotear) v. tr. V. JAROPEAR.
JARAZO (jaraço) s. m. Golpe dado com a xara.
JARCIA (jarcia) s. f. Carga, carregamento (de coisas diversas para determinado fim). Náut. Enxárcia. Aparelho (de pesca). fig. fam. Confusão, mistura, montão (de coisas sem ordem). — muerta, Náut. Enxárcia real.
JARCIAR (jarciar) v. tr. Náut. Enxarciar.
JARDÍN (jardín) s. m. Jardim. Retrete (de embarcação). Jaça (em esmeralda). — colgante, jardim suspenso.— de infantes, Amer. Jardim da infância.
JARDINERA (jardinera) s. f. Jardineira (móvel; mulher que cuida de jardins; espécie de carro). Bonde aberto. Amer. colomb. Casaco.
JARDINERÍA (jardinería) s. f. Jardinagem.
JARDINERO (jardinero) s. m. Jardineiro.
JARETA (jareta) s. f. Bainha (da roupa). Náut. Xareta. Náut. Amantilho (da enxárcia).
JARIFO, A (jarifo) adj. Vistoso, pomposo, magnífico, roçagante, luxuoso, elegante.
JARILLO (jarilho) s. m. Bot. Jarro.
JARO (jaro) s. m. Bot. Jarro. Mancha espessa (de um monte baixo). adj. Ruivo (diz-se do pêlo do porco ou do javali.) U. t. c. s.
JAROCHO, A (jarotcho) adj. Labrego, rústico, mal educado e meio insolente. U. t. c. s. s. m. Amer. mexic. Camponês de Vera Cruz.
JAROPAR (jaropar) v. tr. fam. Xaropar, dar tisanas a, dar muitos remédios a. fig. fam. Tornar (uma bebida) xaroposa.
JAROPE (jarope) s. m. Xarope. fig. fam. Purgante, bebida desagradável.
JAROPEAR (jaropear) v. tr. fam. V. JAROPAR.
JAROPEO (jaropèo) s. m. fam. Abuso de tisanas ou xaropes.
JARREAR (jarrear) v. intr. fam. Tirar (um líquido) repetidas vezes com jarro. v. tr. Entornar, derramar.
JARRETA (jarreta) s. f. Dim. de Jarra. Jarrinha.
JARRETADO, A (jarretado) p. p. de Jarretar. adj. Vet. Jarretado.
JARRETAR (jarretar) v. tr. fig. Debilitar, desanimar, enervar. U. t. c. pron.
JARRETERA (jarretera) s. f. Jarreteira.
JARRÓN (jarrón) s. m. Arq. Jarrão.
JASA (jassa) s. f. V. SAJADURA.
JASADOR (jassador) s. m. V. SAJADOR.
JASADURA (jassadura) s. f. V. SAJADURA.
JASAR (jassar) v. tr. V. SAJAR.
JASPEO (jaspèo) s. m. Jaspeadura.
JATO (jato) s. m. Bezerro.
JAULA (jaula) s. f. Gaiola. Jaula.
JAULÓN (jaulòn) s. m. Aument. de Jaula. Quiosque.
JAURÍA (jauría) s. f. Matilha (de cães para caça).
JAYÁN, A (jadjàn) s. m. e f. Pessoa alta, robusta e forçuda.
JAZMÍN (jasmín) s. m. Jasmim (planta e flor).
JEBE (jebe) s. m. Alúmen. Amer. Borracha, elástico.
JEDIVE (jedive) s. m. Quediva.
JEFA (jefa) s. f. Diretora, superiora.
JEFATURA (jefatura) s. f. Chefatura. Chefia.
JEFE (jefe) s. m. Chefe.
¡JE! JE! JE! (je, je, je) interj. Eh! eh! eh! (representativa do riso).
JELFE (jelfe) s. m. Escravo negro.
JEMA (jema) s. f. Falha (ponto em que falta madeira na aresta de uma viga).
JEMAL (jemal) adj. Do comprimento do Jeme.
JEME (jeme) s. m. Palmo (medido do polegar ao índice). fig. fam. Palminho de cara (rosto de mulher).
JENABE (jenabe) s. m. V. MOSTAZA.
JENABLE (jenable) s. m. V. JENABLE.
JENGIBRE (jenjibre) s. m. Gengibre.
JENIZARO (jeniçaro) s. m. Janíçaro, janízaro.

JEQUE (jeque) s. m. Xeque (chefe de tribo árabe).
JERAPELLINA (jerapelhina) s. f. Andrajo, roupa esfarrapada.
JERARCA (jerarca) s. m. Hierarca, jerarca.
JERARQUÍA (jerarquía) s. f. Hierarquia.
JERÁRQUICO, A (jerárquivo) adj. Hierárquico.
JEREMIQUEAR (jeremiquear) v. intr. fam. V. GIMOTEAR.
JEREZ (jerèz) s. m. Xerez (vinho).
JEREZANO, A (jereçano) adj. e s. Natural de Xerez.
JERGA (jerga) s. f. Xerga (tecido). Enxerga. Amer. Xerga (da albardadura das bestas). En —, loc. adv. Sem concluir. V. JERIGONZA.
JERGÓN (jergòn) s. m. Enxergão. fig. fam. Vestido malfeito.
JERGUETA (jergueta) s. f. Dim. de Jerga, 1ª acep.
JERGUIL (jerguil) s. m. V. JERGUILLA.
JERGUILLA (jerguilha) s. f. Serguilha.
JERIFE (jerife) s. m. Xerife.
JERIGONZA (jerigonça) s. f. Jíria, geringonça, calão. fig. fam. Geringonza, linguagem complicada e de mau gosto. fig. fam. Ação ridícula e estranha.
JERINGA (jeringa) s. f. Seringa.
JERINGACIÓN (jeringaciòn) s. f. Seringação, seringadela.
JERINGAR (jeringar) v. tr. Seringar. fig. fam. Seringar, importunar, maçar.
JERINGATORIO (jeringatorio) s. m. Amer. chil. V. JERINGAZO.
JERINGAZO (jeringaço) s. m. Seringada.
JERINGUEAR (jeringuear) v. Amer. V. JERINGAR, 2ª acep.
JEROGLÍFICO, A (jeroglífico) adj. Hieroglífico. s. m. Hieróglifo, jeroglifo.
JEROGLIFICAMENTE (jeroglificamente) adv. Hieroglificamente.
JERPA (jerpa) s. f. Ladrão, sarmento estéril.
JERRICOTE (jerricote) s. m. Espécie de caldo de amêndoas.
JERVILLA (jervilha) s. f. V. SERVILLA.
JESUCRISTO (jessucristo) s. m. Jesus-Cristo. ¡—! interj. Jesus.
JESUSEAR (jessussear) v. intr. Repetir muitas vezes o nome de Jesus.
JETA (jeta) s. f. Beiçada. fam. Cara, rosto, focinho. Focinho de porco.
JETÓN, A (jetòn) adj. V. JETUDO.
JETUDO, A (jetudo) adj. Beiçudo.
JÍBARO, A (jíbaro) adj. Rústico, grosseiro, rude, agreste (diz-se de pessoas, coisas e animais).
JIBIA (jibia) s. f. Siba.
JIBIÓN (jibiòn) s. m. Concha de siba.
JÍCARA (jícara) s. f. Xícara.
JICARAZO (jicaraço) s. m. Propinação traiçoeira de veneno. Pancada com xícara.
JICARÓN (jicaròn) s. m. Aument. de Jícara.
JIFA (jifa) s. f. Miúdos, deventres (das reses).
JIFERADA (jiferada) s. f. Facada (com a faca de magarefe).
JIFERÍA (jifería) s. f. Profissão de magarefe.
JIFERO, A (jifero) adj. Relativo ou pertencente ao matadouro. fig. fam. Porco, sujo. s. m. Magarefe. Faca de magarefe.
JIFIA (jifia) s. f. Peixe-espada.
JIGA (jiga) s. f. Giga (dança).
JILECO (jileco) s. m. Jaleco.
JILGUERO (jilguero) s. m. Pintassilgo.
JILIBIOSO, A (jilibiosso) adj. Amer. Dengoso, melindroso, chorão.
JIMELGA (jimelga) s. f. Náut. Reforço (peça de madeira que se põe nos mastros e vergas).
JIMENZAR (jimençar) v. tr. Bater (o linho ou o cânhamo). Irreg. V. conj. de Calentar.
JINESTADA (jinestada) s. f. Espécie de molho (feito de leite, farinha de arroz, tâmaras e outros ingredientes).
JINETA (jineta) s. f. Gineta (sistema de equitação).
JINETEAR (jinetear) v. intr. Passear a cavalo (principalmente em lugares públicos, e alardeando dotes de bom cavaleiro). Amer. Domar (cavalos). v. pron. Amer. colomb. Ginetear, montar bem.
JINETE (jinete) s. m. Ginete (cavaleiro armado de lança e adarga). Ginete (cavalo de boa raça). Cavaleiro, ginete, o que monta bem e firme.

JINGLAR (jinglar) v. intr. Gingar, balouçar-se.
JINJOL (jinjol) s. m. V. AZUFAIFA.
JINJOLERO (jinjolero) s. m. V. AZUFAIFO.
JIRA (jira) s. f. Retalho (pedaço um tanto grande que se corta ou rasga de um tecido). Piquenique.
JIRAPLIEGA (jirapliega) s. f. Certo eletuário preparado com mel e outros ingredientes.
JIREL (jirel) s. m. Xairel.
JIROFLÉ (jiroflè) s. m. Cravo girofle.
JIRÓN (jiròn) s. m. Farrapo, frangalho, trapo. Tira à roda da saia. Pendão (que remata em ponta). fig. Parte, bocadinho (porção pequena de um todo).
JIRONADO, A (jironado) adj. Esfarrapado, esfrangalhado, roto.
JIRPEAR (jirpear) v. tr. Agr. Escavar, cavar em redor das cepas.
JISCA (jisca) s. f. V. CARRIZO.
JISTE (jiste) s. m. Espuma de cerveja.
JITAR (jitar) v. tr. Vomitar.
JOFAINA (jofaina) s. f. Bacia.
¡JOPO! (jopo) interj. fam. Fora! Rua! s. m. Amer. argent. Topete (do penteado).
JORGUÍN (jorguín) s. m. Bruxo, feiticeiro.
JOROBA (joroba) s. f. Giba, corcunda, corcova. fig. fam. Maçada, incômodo, impertinência.
JOROBADO, A (jorobado) p. p. de Jorobar. adj. Giboso, corcunda, corcovado. U. t. c. s.
JOROBAR (jorobar) v. tr. fig. fam. Maçar, incomodar, importunar, molestar, enfadar, aborrecer.
JORRO (jorro) s. m. Arrastão (rede de pesca). A —, loc. adv. Náut. A reboque.
JOTA (jota) s. f. Jota (nome da letra J). Nada, coisa nenhuma. (Usa-se com a negação). Jota (dança popular aragonesa e valenciana; a música para tal dança). Espécie de verduras. V. OJOTA.
JOVEN (joven) adj. e s. Jovem.
JOVENZUELO, A (jovençuelo) adj. Dim. de Joven.
JOVENADO (jovenado) s. m. Tempo durante o qual os religiosos ou religiosas ficavam, depois de professar, sob a direção de um Mestre.
JOYA (jodja) s. f. Jóia.
JOYEL (jodjel) s. m. Jóia pequena.
JOYERIA (jodjería) s. f. Joalharia.
JOYERO (jodjero) s. m. Joalheiro.
JOYO (jodjo) s. m. Joio.
JOYUELA (jodjuela) s. f. Dim. de Joya.
JUANETE (juanete) s. m. Joanete. Náut. Joanete.
JUANETUDO, A (juanetudo) adj. Que sofre de joanetes.
JUARDOSO, A (juardosso) adj. Seboso, gorduroso.
JUBILACIÓN (jibilaciòn) s. f. Jubilação.
JUBILEO (jubilèo) s. m. Jubileu.
JUBILLO (jubilho) s. m. Corrida de touro noturna, e festiva, típica do Aragão. Touro (corrido em tal festa).
JUBÓN (jubòn) s. m. Gibão.
JUDERÍA (judería) s. f. Judiaria (grande porção de judeus).
JUDÍA (judía) s. f. Feijão.
JUDIEGA (judiega) s. f. Espécie de azeitona.
JUDÍO, A (judío) adj. e s. Judeu, judia.
JUEGO (juego) s. m. Jogo (em todas as principais acep. deste vocábulo). Jogada.
JUERGA (juerga) s. f. fam. V. HOLGORIO.
JUEVES (jueves) s. m. Quinta-feira.
JUEZ (juez) s. m. Juiz.
JUGADA (jugada) s. f. Jogada. Partida, peça, engano.
JUGADERA (jugadera) s. f. V. LANZADERA.
JUGADOR, A (jugador) adj. e s. Jogador. — de manos, prestidigitador. — de ventaja, trapaceiro.
JUGAR (jugar) v. intr. Brincar, folgar, jogar. Brincar, zombar, galhofar. Jogar (em todas as principais acep. deste vocábulo). Jogar ao jogo. Irreg. Ind. pres. Juego, as, a, an. Subj. pres. Juegu-e, es, e, en. Imperat. Juega, ue, uen.
JUGARRETA (jugarreta) s. f. fam. Pexotada. fig. fam. Peça, partida, brincadeira de mau gosto.
JUGLAR (juglar) s. m. Jogral. adj. Chistoso, picaresco.
JUGO (jugo) s. m. Suco, sumo; seiva. fig. Suco, essência, substância. Fisiol. Suco.

JUGOSIDAD (*jugossidad*) *s. f.* Suculência.

JUGOSO, A (*jugosso*) *adj.* Sucoso, suculento.

JUGUETE (*juguete*) *s. m.* Brinquedo, brinco (objeto que serve para as crianças brincarem; gracejo). Joguete. *Por* —, *loc. adv.* Por brincadeira.

JUGUETEAR (*juguetear*) *v. intr.* Brincar, jogar, folgar; retoiçar.

JUGUETEO (*juguetèo*) *s. m.* Brincadeira, folguedo.

JUGUETERÍA (*juguetería*) *s. f.* Loja de brinquedos.

JUGUETÓN, A (*juguetòn*) *adj.* Brincalhão, folgazão, brincão, jovial, prazenteiro.

JUICIO (*juicio*) *s. m.* Juízo (em todas as principais acep. deste vocábulo).

JUICIOSAMENTE (*juiciossamente*) *adv.* Judiciosamente, avisadamente.

JUICIOSO, A (*juiciosso*) *adj.* Judicioso; ajuizado, avisado.

JULEPE (*julepe*) *s. m. Farm.* Julepo. Certo jogo de cartas. *fam.* Repreensão, reprimenda. *Amer.* Susto.

JULIO (*julio*) *s. m.* Julho.

JULO (*julo*) *s. m.* Guia; égua madrinha.

JUNCAR (*juncar*) *s. m.* Juncal.

JUNCIANA (*junciana*) *s. f. fig. fam.* Jactância, vanglória.

JUNCIERA (*junciera*) *s. f.* Perfumador de barro.

JUNIO (*junio*) *s. m.* Junho.

JUNQUERA (*junquera*) *s. f.* Junco.

JUNQUERAL (*junqueral*) *s. m.* Juncal, junqueira.

JUNQUILLO (*junquilho*) *s. m.* Junquilho (planta e flor).

JUNTERA (*juntera*) *s. f.* Junteira (instrumento).

JURA (*jura*) *s. f.* Juramento. Jura.

JURADORIA (*juradoria*) *s. f.* Cargo de jurado.

JURAMENTADO, A *p. p.* de *Juramentar. s. m.* O que jurou fazer alguma coisa.

JURAMENTAR (*juramentar*) *v. tr.* Ajuramentar, juramentar. *v. pron.* Ajuramentar-se.

JUSTICIA (*justicia*) *s. f.* Justiça.

JUSTICIERO, A (*justiciero*) *adj.* Justiceiro.

JUSTIPRECIAR (*justipreciar*) *v. tr.* Apreciar, apreçar, avaliar, taxar no seu justo valor.

JUZGADO, A (*juzgado*) *p. p.* de *Juzgar. s. m.* Judicatura. Julgado. Tribunal (lugar onde se julga). Tribunal de um só juiz.

JUZGADOR (*juzgador*) *s. m.* Julgador, juiz.

JUZGAMUNDOS (*juzgamundos*) *s. m.* e *f. fig. fam.* Murmurador, detrator.

JUZGAR (*juzgar*) *v. tr.* Julgar, decidir, sentenciar. Julgar, avaliar, apreciar; ajuizar.

K (cá) *s. f.* Décima segunda letra e nona consoante do alfabeto espanhol.
KA (cá) *s. f.* Cá, nome da letra K.
KAN (can). *s. m.* Cã (chefe supremo em certos países asiáticos).
KANTIANO, A (cantiano) *adj.* Cantista, kantista.

KANTISMO (cantismo) *s. m.* Cantismo, kantismo.
KERMES (quermes) *s. m.* Quermes.
KILIÁREA (quiliárea) *s. f.* Quiliare.
KILO (quilo) *s. m.* Quilo, quilograma.
KILOGRAMO (quilogramo) *s. m.* Quilograma.

KILOMÉTRICO, A (quilomètrico) *adj.* Quilométrico.
KILÓMETRO (quilòmetro) *s. m.* Quilômetro.
KILOVATIO (quilovatio) *s. m.* Quilovate, quilovátio.
KURDO, A (curdo) *adj.* Curdo.

L (éle) *s. f.* Décima-terceira letra e décima consoante do alfabeto espanhol.

LA *art. determ. fem. sing. Acus.* do *pron. da 3ª pes., fem. sing.* A. (Pode ser usado antes ou depois do verbo.) — *que, loc. adv. elípt.* Na ocasião de, no tempo em que, quando — *de, loc. elípt.* Na hora de, na ocasião de. *s. m. Mús.* Lá.

LABE *s. m.* Labéu.

LABERINTO *s. m.* Labirinto.

LABOR *s. m.* Labor, trabalho. Lavor (lavrado; bordado). Lavra, lavoura. 1000 telhas ou ladrilhos. *Min.* Lavra. *Meter en —, Agr.* Lavrar a terra para semear.

LABORAR *v. tr.* Lavrar. Laborar, trabalhar. *v. intr.* Intrigar.

LABOREAR *v. tr.* Lavorar. Laborar, trabalhar, labutar. *Náut.* Laborar.

LABOREO (laborèo) *s. m. Min.* Lavra. *Náut.* Disposição do aparelho para laborar.

LABORÍO *s. m.* Labor, trabalho.

LABRA *s. f.* Lavra, lavor.

LABRADA *s. f.* Lavrado (terra lavrada).

LABRADERO, A *adj.* Lavradio.

LABRADO, A *p. p.* de *Labrar. adj.* Lavrado, bordado, que tem lavores. *s. m.* Lavrado (terra lavrada). U. m. no pl.

LABRADOR *s. m.* Lavrador.

LABRANDERA *s. f.* Lavradeira (mulher que faz rendas ou trabalhos de agulha), bordadeira.

LABRANTE *s. m.* Lavrante; esmaltador; entalhador de pedras.

LABRANTÍN *s. m.* Lavrador de poucos recursos, pequeno lavrador.

LABRANTÍO, A *adj.* Lavradio, arável, cultivável.

LABRANZA (labrança) *s. f.* Lavoura, agricultura, lavra. Lavor, trabalho, labor (qualquer ocupação manual).

LABRAR *v. tr.* Lavrar, lavorar. Laborar, trabalhar. Lavrar, amanhar, cultivar (as terras). Edificar, construir (casas). Lavrar, bordar, fazer trabalhos de agulha em. *fig.* Fazer, causar, formar, promover. *v. intr. fig.* Calar (fazer forte impressão no ânimo).

LABRIEGO *s. m.* Labrego.

LACAYO (lacadjo) *s. m.* Lacaio.

LACAYUNO, A (lacadjuno) *adj.* Próprio de lacaio.

LACERÍA *s. f.* Laçaria.

LACERIA *s. f.* Lazeira, miséria, pobreza. Trabalho, fadiga, canseira.

LACERIOSO, A (laceriosso) *adj.* Lazeirento.

LACHA (latcha) *s. f.* Vergonha, pudor. V. BOQUERÓN.

LACIO, A *adj.* Murcho, desbotado, fanado. Frouxo, débil, fraco, lânguido. Liso, escorrido (diz-se do cabelo).

LACRA *s. f.* Marca, sinal, vestígio (de doença); cicatriz. Defeito (físico ou moral).

LADEO (ladèo) *s. m.* Ladeamento.

LADERA *s. f.* Ladeira, declive, rampa, encosta.

LADERO, A *adj.* Ladeiro, lateral.

LADIERNO *s. m.* V. ALADIERNA.

LADILLA (ladilha) *s. f.* Piolho ladro. Espécie de cevada.

LADILLO (ladilho) *s. m.* Lado (de uma carruagem). Corrediça (de sege). *pl.* Margens (pequena composição às margens das páginas de um livro).

LADRA *s. f.* Ladrido, latido.

LADRAR *v. intr.* Ladrar, latir. *fig.* Ameaçar sem chegar a vias de fato. *fig. fam.* Motejar, impugnar. *fig.* Gritar (para avisar iminência de risco ou perigo).

LADRIDO *s. m.* Latido, ladrido. *fig. fam.* Murmuração, crítica, calúnia, censura.

LADRILLADO, A (ladrilhado) *p. p.* de *Ladrillar. s. m.* Pavimento de ladrilho, ladrilhado. Massa doce dividida em quadrinhos; ladrilho.

LADRILLAL (ladrilhal) *s. m.* V. LADRILLAR.

LADRILLAR (ladrilhar) *s. m.* Olaria (fábrica de tijolos ou ladrilhos). *v. tr.* Ladrilhar.

LADRILLERO (ladrilhero) *s. m.* Ladrilheiro.

LADRILLO (ladrilho) *s. m.* Ladrilho, tijolo. Ladrilho (pedaço retangular de marmelada ou chocolate).

LADRÓN, A *adj.* e *s.* Ladrão, ladra. *s. m.* Ladrão (cano ou orifício das caixas de águas por onde sai o excedente do líquido). — *cuatrero,* ladrão de gado, abactor.

LADRONAMENTE *adv.* A furto; às furtadelas.

LADRONCILLO (ladroncilho) *s. m. Dim.* de *Ladrón.* Ladrãozinho.

LADRONEAR *v. intr.* Ladroeirar.

LADRONERA *s. f.* Ladroeira (esconderijo ou abrigo de ladrões). V. LADRÓN. 2ª acep. V. ALCANCÍA. V. MATACÁN.

LADRONERÍA *s. f.* Latrocínio.

LADRONESCA *s. f. fam.* Quadrilha de ladrões.

LADRONESCO, A *adj. fam.* Próprio de ladrões.

LADRONICIO *s. m.* Latrocínio.

LADRONZUELO (ladronçuelo) *s. m.* V. LADRONCILLO. Larápio, gatuno, rateiro.

LAGAREJO (lagarejo) *s. m.* Lagariça (pequeno lagar).

LAGARTIJA (lagartija) *s. f.* Lagartixa.

LAGOTEAR *v. intr. fam.* Lisonjear para enganar, engazopar, engodar. U. t. c. tr.

LAGOTERÍA *s. f. fam.* Engodo (adulação astuciosa).

LAGOTERO, A *adj. fam.* Lisonjeador, engodador, engazopador. U. t. c. s.

LAGRIMEAR *v. intr.* Lagrimejar, lacrimejar.

LAGRIMEO (lagrimèo) *s. m.* Lagrimejamento, lacrimejamento; choro.

LAGUNAJO (lagunajo) *s. m.* Charco.

LAISTA *adj. Gram.* Diz-se de quem emprega no dativo do pronome *ella* as formas *la* e *las,* próprias do acusativo. U. t. c. s.

LAJA (laja) *s. f.* Laje. *Náut.* Baixio, banco.

LAMA *s. f.* Lama, lodo. Lama (sacerdote budista). *Bot.* Ulva. Lhama (tecido de fio de prata). Pó dos metais. *Amer.* Musgo. **LAMBISTÓN, A** *adj.* e *s.* V. LAMERÓN.

LAMBÓN, A *adj. fam. Amer.* Adulador, lisonjeador.

LAMBRIJA (lambrija) *s. f.* V. LOMBRIZ. *fig. fam.* Lombriga, pessoa muito magra e alta.

LAMEDAL *s. m.* Lamaçal, lameiro, lodaçal.

LAMEDOR, A *adj.* e *s.* Lambedor. *s. m.* Lambedor, xarope. *fig.* Chamariz, engodo, lisonja, carinho afetado.

LAMEDURA *s. f.* Lambedura, lambedela.

LAMEPLATOS *s. m.* e *f. fig. fam.* Lambe-pratos, glutão, lambaz.

LAMER *v. tr.* Lamber. U. t. c. pron.

LAMERÓN, A *adj.* e *s.* Guloso, glutão.

LAMIDO, A *p. p.* de *Lamer. adj. fig.* Gasto, usado, roçado.

LAMINERO, A *adj.* e *s.* V. LAMERÓN. Laminador.

LAMISCAR *v. tr. fam.* Lamber sofregamente.

LÁMPARA *s.* Lâmpada.

LAMPARERO *s. m.* Lampadeiro.

LAMPARILLA (lamparilha) *s. f.* Lamparina.

LAMPARÓN *s. m. Aument.* de *Lámpara.* Laparão; escrófula.

LAMPARONOSO, A (lamparonosso) *adj.* Escrofuloso.

LAMPAZO (lampaço) *s. m. Náut.* Lambaz.

LAMPEAR *v. tr. Amer.* Esquadrar, desbastar.

LAMPIÑO, A (lampinho) *adj.* Lampinho, imberbe, desbarbado.

LAMPIÓN *s. m.* Lampião.

LAMPISTERÍA *s. f.* Loja ou fábrica de lâmpadas.

LAMPREA (lamprèa) *s. f.* Lampreia.

LAMPREAR *v. tr.* Cozinhar alguma coisa da maneira como se cozinham as lampreias. *Amer. guat.* V. AZOTAR.

LAMPREILLA (lampreilha) *s. f.* Lampreia dos rios.

LAMPUSO, A (lampuso) *adj. Amer. eub.* Descarado, atrevido, desavergonhado.

LANA *s. f.* Lã. *s. m. Amer. guat.* e *hond.* Vagabundo, vadio.

LAÑA (lanha) *s. f.* Gato (instrumento). Coco verde.

LAÑAR (lanhar) *v. tr.* Abrir o peixe para salgá-lo. Gatear (segurar com gatos de ferro).

LANCERO *s. m.* Lanceiro. *pl.* Lanceiros (dança).

LANCETAZO (lancetaço) *s. m.* Lancetada.

LANCHA (lantcha) *s. f.* Lancha. Lancil. *Amer. equat.* Névoa.

LANCHAR (lantchar) *s. m.* Pedreira (de onde se tiram lancis ou lajes). *v. intr. Amer. equat.* Nublar-se, enevoar-se (o céu).

LANCHERO (lantchero) *s. m.* Lancheiro.

LANDA *s. f.* Lande, descampado.

LANDRE *s. m.* Lande, bolota. Bolsa secreta para carregar dinheiro. Íngua.

LANDRECILLA (landrecilha) *s. f.* Gânglio. Noz (pequena glândula na coxa do bezerro).

LANDRERO, A *adj.* Que guarda dinheiro em bolsa secreta.

LANDRILLA (landrilha) *s. f.* Larva de um inseto que se fixa sob a língua de alguns quadrúpedes.

LANERÍA *s. f.* Estabelecimento onde se vende lã.

LANERO, A *adj.* Lanar. *s. m.* Comerciante de lãs. Laneiro (casa onde se guarda lã).

LANGARUTO, A *adj. fam.* V. LARGUIRUCHO.

LANGOSTA *s. f.* Gafanhoto, locusta. Lagosta.

LANGOSTÍN *s. m.* Lagostim.

LANGOSTINO *s. m.* V. LANGOSTÍN.

LANGOSTÓN *s. m.* Gafanhão.

LANILLA (lanilha) *s. f.* Felpa (no direito do tecido). Lanugem (de folhas ou frutos).

LANTEJA (lanteja) *s. f.* V. LENTEJA.

LANZA (lança) *s. f.* Lança (arma; varal de carro).
LANZADA (lançada) *s. f.* Lançada, lançaço.
LANZADERA (lançadera) *s. f.* Lançadeira.
LANZADO, A (lançado) *p. p.* de *Lanzar. adj. Náut.* Que tem muito lançamento. *s. m. Náut.* Lançamento.
LANZADOR, A (lançador) *adj.* e *s.* Lançador.
LANZALLAMAS (lançalhamas) *s. m.* Lança-chamas.
LANZAMIENTO (lançamiento) *s. m.* Lançamento, lançadura. *Náut.* Lançamento. *For.* Expropriação.
LANZAMINAS (lançaminas) *s. m. Náut.* Lança-minas.
LANZAR (lançar) *v. tr.* Lançar, arremessar, arrojar, deitar. U. t. c. pron. Lançar, vomitar. Lançar; soltar, dar liberdade (às aves). Lançar, brotar, produzir. *For.* Expropriar.
LANZAZO (lançaço) *s. m.* Lançada.
LAPA *s. f. Bot.* Bardana. *Zool.* Lapa. Flor, espuma, nata que alguns líquidos criam à superfície.
LAPACHAR (lapatchar) *s. m.* Pântano, paul.
LAPICERO *s. m.* Lipiseira.
LAPIDACIÓN *s. f.* Lapidação (suplício).
LAPIDAR *v. intr.* Lapidar (na acep. de apedrejar).
LAPIDARIO, A *adj.* Lapidar.
LAPIZ *s. m.* Lápis.
LAPIZAR (lapiçar) *v. tr.* Lapisar. *s. m.* Mina de plumbagina.
LAPO *s. m. fam.* Caçetada, paulada. *Amer.* Bofetada, lapa.
LARDAR *v. tr. Culin.* Lardear. V. PRINGAR.
LARDO *s. m.* Lardo. Graxa, banha, unto.
LARGA *s. f.* Calço (numa fôrma). *pl.* Delongas, demora, dilação.
LARGO, A *adj.* Comprido, longo. Muito comprido. *fig.* Largo, rasgado, liberal, generoso. *fig.* Largo (copioso; abundante; extenso, amplo, espaçoso). *fig.* Expedito, destro, hábil. Largo, alto (o mar). *s. m.* Comprimento. *Mús.* Largo. *adv.* Largo, largamente, generosamente, abundantemente. *A lu — a, loc. adv.* Ao comprido. *A lo —, loc. adv.* Ao comprido. De longe; ao longe; de largo. *De —, loc. adv.* Com roupas talares. *De — a —, loc. adv.* De ponta a ponta, de extremo a extremo. *¡—! ou !— de ahí! interj.* Fora! Rua! Saia daí!
LARGOR *s. m.* Comprimento.
LARGUERO *s. m.* Couceira (de portas e janelas). Barrote. *adj. Amer.* Copioso, abundante, excessivo.
LARGUEZA (largueça) *s. f.* Comprimento. Largueza, generosidade, liberalidade.
LARGUIRUCHO, A (larguirutcho) *adj. fam.* Esgalgado, escanzelado, esgrouviado, magricela.
LARGURA *s. m.* Comprimento.
LARVA *s. f.* Máscara, disfarce. Larva.
LAS *acus. do pron. da 3ª pes. fem. sing.* As.
LASCADURA *s. f. Náut.* Ação de lascar ou arrear um cabo. *Amer. mexic.* V. LASTIMADURA.
LASCAR *v. tr. Náut.* Lascar, arrear. *Amer. mexic.* V. LASTIMAR.
LASCÓN *s. m. Náut.* V. LASCADURA, 1ª acep.
LASITUD (lassitud) *s. f.* Lassidão, lassitude, cansaço, fadiga.
LASO, A (lasso) *adj.* Lasso (cansado, exausto; frouxo, bambo). Diz-se do fio de seda sem torcer.
LASTIMADOR, A *adj.* Machucador, que magoa, que fere, que pisa.
LASTIMADURA *s. f.* Machucadura, pisadura, equimose, ferimento, lastimadura.
LASTIMAR *v. tr.* Ferir, magoar, machucar, pisar. U. t. c. pron. Lastimar, deplorar, lamentar. Lastimar, afligir, causar dor a. *fig.* Ferir (na honra). *v. pron.* Lastimar-se (lamentar-se, queixar-se; apiedar-se, compadecer-se).
LASTIMERAMENTE *adj.* Lastimosamente.
LASTIMERO, A *adj.* Lastimeiro, lastimoso.
LASTO *s. m.* Declaração (recibo que se dá a quem paga por outrem).
LASTRA *s. f.* Lancil, laje.
LASTRAR *v. tr.* Lastrear, lastrar (pôr lastro em). Lastrear (tornar mais firme, aumentando o peso).
LASTRE *s. m.* Lastro (peso para o equilíbrio do navio). *fig.* Juízo, sensatez, peso. *fig. fam.* Lastro,

comida substancial. *Amer.* Lastro (camada de substância permeável posta no leito das estradas de ferro).
LATA *s. f.* Lata (caibro roliço e apenas descascado em que assentam as ripas). *Amer. cub.* Vara de cancela. Lata, folha de-Flandres. Lata (caixa de folha). Ripa. *Amer. plat.* Sabre. *Amer. fig.* Miséria, ruína, pobreza. Conversa enfadonha e prolixa, trela, charla.
LATERO *s. m. Amer.* Latoeiro.
LATIDO *s. m.* Latido, ladrido, ganido. Pulsação, latejo, latido, palpitação, batimento, pancada (do coração). Latejo (ação de ter um tumor movimento pulsativo).
LATIENTE *p. a.* de *Latir.* Latejante.
LATIGAZO (latigaço) *s. m.* Lategada, chicotada, lategaço, chibatada. Chicotada (ruído semelhante ao de uma pancada de chicote). *fig.* Dano impensado que se causa a alguém. *fig.* Repreensão áspera.
LÁTIGO *s. m.* Látego, chicote, chibata, relho. Látego (de apertar a cincha). Corda que sustenta o peso que se põe na balança. Chicote, extremidade de qualquer corda ou cabo. *Amer.* Tira de couro. *Amer.* V. LATIGAZO.
LATIGUEAR *v. intr.* Estalar (o chicote). *v. tr. Amer.* Chicotear, lategar.
LATIGUEO (latiguèo) *s. m.* Estalo (do chicote).
LATIGUILLO (latiguilho) *s. m. Dim.* de *Látigo.* Broto que nasce da base do tronco e deita raízes. *fig. fam.* Exagero declamatório do ator ou orador que deseja arrancar um aplauso ao auditório.
LATÍN *s. m.* Latim.
LATINAJO (latinajo) *s. m.* Latinório (mau latim).
LATINEAR *v. intr.* Latinar. *fam.* Empregar sentenças em latim.
LATIR *v. intr.* Ladrar, latir. Pulsar, latejar, palpitar, bater (o coração).
LATÓN *s. m.* Latão.
LATONERÍA *s. f.* Latoaria.
LATONERO *s. m.* Latoeiro.
LATOSO, A (latosso) *adj.* Enfadonho, fatigante, maçante, pesado.
LAÚD (laúd) *s. m.* Alaúde. *Náut.* Laúde. *Zool.* Espécie de tartaruga.
LAUDABLE *adj.* Louvável, laudável.
LAUDAR *v. tr. For.* Julgar, resolver, sentenciar.
LAUDE *s. f.* Lápide, pedra sepulcral.
LAUREDAL *s. m. Bot.* Loureiral.
LAUREAL *s. m. Bot.* Loureiro, louro. *fig.* Louro, laurel, láurea, galardão, prêmio, homenagem.
LAVADERO *s. m.* Lavadouro (tanque onde se lava roupa).
LAVADO *s. m.* Lavadura.
LAVAJE (lavaje) *s. m.* Lavagem da lã.
LAVAJO (lavajo) *s. m.* Charco (de águas pluviais).
LAVAJOSO, A (lavajosso) *adj.* Barrento, lodoso.
LAVAMANOS *s. m.* Lavabo, lavatório.
LAVANDERA *s. f.* Lavadeira, lavandeira.
LAVANDERÍA *s. f. Amer.* Lavandaria, lavadaria.
LAVÁNDULA *s. f.* Alfazema.
LAVATIVA *s. f.* Clister, lavagem. Seringa. *fig. fam.* Maçada, incômodo.
LAVAZA (lavaça) *s. f. Amer.* Espuma de sabão. *pl.* Lavadura (água em que se lava alguma coisa).
LAVE *s. m. Min.* Lavagem.
LAVOTEAR *v. tr. fam.* Lavar depressa e mal.
LAYA (ladja) *s. f.* Pá (de virar ou lavrar a terra, com ou sem dentes). Laia, qualidade, gênero, classe, espécie.
LAYAR (ladjar) *v. tr.* Lavrar ou virar a terra com a pá chamada *laya.*
LAZADA (laçada) *s. f.* Laçada, aselha. Laço (de fita).
LAZAR (laçar) *v. tr.* Laçar, atar, apertar, prender com laço.
LAZARILLO (laçarilho) *s. m.* Moço ou guia de cego.
LAZAROSO, A (laçarosso) *adj.* Lazarento, lázaro.
LAZO (laço) *s. m.* Laço (nó corredio; laçada; laço de fita; estratagema, traição, artimanha; arma de apreensão; adorno arquitetônico; prisão, vínculo). *Caer en el —, loc. fig. fam.* Cair no laço, ser enganado com algum ardil.
LAZULITA (laçulita) *s. f.* Lazulito, lápis-lazúli.

LE *acus. do pron. peso. da 3ª pes., m. sing.* O. — *castigué,* castiguei-o. (Pode ser usado antes ou depois do verbo). *Dativ.* do mesmo *pron.* em gên. masc. e fem., *sing.:* — *dí,* dei-lhe. (Pode ser usado antes ou depois do verbo).
LEBECHE (lebetchè) *s. m.* Sudoeste (vento).
LEBRATO *s. m.* Lebre nova.
LEBRATÓN *s. m.* V. LEBRATO.
LEBRILLO (lebrilho) *s. m.* Espécie de alguidar vidrado.
LEBRÓN *s. m. Aument.* de *Liebre. fig. fam.* Poltrão, cobarde.
LEBRONCILLO (lebroncilho) *s. m.* V. LEBRATO.
LEBRUNO, A *adj.* Leporino.
LECCIÓN *s. f.* Leitura (ação de ler). Lição (versão, variante de uma obra; preleção do professor; a parte da matéria dada pelo mestre; escarmento, exemplo).
LECCIONISTA *s. m.* e *f.* Professor ou professora particular, explicador lecionista.
LECHA (letcha) *s. f.* Lactéia, leita.
LECHADA (letchada) *s. f.* Argamassa. Massa de trapo (para fabricar papel). Leite de cal.
LECHAL (letchal) *adj.* Leitento, lácteo (diz-se de frutos e plantas). Mamão, mamote (diz-se do animal que ainda mama). U. t. c. s. *s. m.* Leite (sumo branco de alguns vegetais).
LECHAR (letchar) *adj.* V. LECHAL. Lácteo, lactário, lactífero, lactescente. Lactente. *v. tr. Amer.* Ordenhar.
LECHAZO (letchaço) *s. m.* Mamão, mamote. Cordeiro mamão.
LECHE (letche) *s. f.* Leite (líquido segregado pelas glândulas mamárias; sumo branco de alguns vegetais; tudo o que se parece com estes líquidos). *fig.* Primeira educação recebida por alguém.
LECHERA (letchera) *s. f.* Leitaria (vendedora de leite; vaso para o leite).
LECHERÍA (letchería) *s. f.* Leitaria.
LECHERO, A (letchero) *adj.* Leiteiro. *fig.* Brando, suave, dclicado. *s. m.* Leiteiro.
LECHERÓN (letcheròn) *s. m.* Tarro (vaso em que se recolhe o leite durante a ordenha).
LECHINO (letchino) *s. m.* Lichino.
LECHO (letcho) *s. m.* Leito (cama; a superfície plana dos carros; álveo; qualquer superfície em que se assenta outro corpo). *Geol.* Estrato, camada.
LECHÓN (letchòn) *s. m.* Leitão, bácoro. *fig.* Porco, porcalhão, sujo. U. t. c. adj.
LECHONA (letchona) *s. f.* Leitoa (a fêmea do leitão). *fig.* Porcalhona, suja.
LECHONATA (letchonata) *s. f. Amer.* V. LECHONA, 1ª acep.
LECHOSO, A (letchosso) *adj.* Leitoso.
LECHUGA (letchuga) *s. f.* Alface. V. LECHUGUILLA.
LECHUGADO, A (letchugado) *adj.* Em forma de folha de alface; repolhudo.
LECHUGUERO (letchuguero) *s. m.* Vendedor de alface.
LECHUGUILLA (letchuguilha) *s. f.* Alface-silvestre, alface-do-monte, tripa de carneiro. Cabeção pregueado, golinha. Punho pregueado.
LECHUGUINO, A (letchuguino) *adj.* Pertencente ou relativo à alface. *s. m.* Alface que ainda não foi transplantada. Almácigo (de alfaces). *fig. fam.* Fedelho (rapazinho crescidote e intrometido ou namorador); franganito. U. t. c. adj. *fig. fam.* Petimetre, peralvilho, casquilho, janota. U. t. c. adj.
LECHUZA (letchuça) *s. f.* Coruja. *Amer.* Pessoa albina ou muito clara.
LECHUZO (letchuço) *s. m. fig. fam.* Harpia. Apodo que se dá aos cobradores de impostos.
LECHUZÓN (letchuçòn) *s. m. Amer.* Corujão.
LECTOR, A *adj.* e *s.* Leitor. *s. m.* Leitor (de seminário ou outras casas religiosas).
LECTORADO *s. m.* Leitorado (grau das ordens menores).
LECTORÍA *s. f.* Leitorado (cargo ou grau de leitor).
LECTURA *s. f.* (Leitura ação de ler; coisa lida). Lição (preleção, matéria explicada pelo professor; versão, variante de uma obra). *Tip.* Revisão. V. LECTORÍA.

LEEDOR, A *adj.* e *s.* Ledor, leitor.
LEER *v. tr.* Ler.
LEGACIÓN *s. f.* Legacia. Legação.
LEGADURA *s. f.* Ligadura, atadura.
LEGAJAR (legajar) *v. tr. Amer.* V. ENLEGAJAR.
LEGAJO (legajo) *s. m.* Maço de papéis atados.
LEGAMENTE *adv.* Leigamente, sem conhecimento da matéria tratada.
LÉGAMO *s. m.* Barro pegajoso, lodo; parte argilosa das terras de lavradio.
LEGAMOSO, A (legamosso) *adj.* Barrento. Argiloso.
LEGAÑA (leganha) *s. f.* Remela.
LÉGANO *s. m.* V. LÉGAMO.
LEGAÑOSO (leganhosso) *adj.* Remeloso, remelento.
LEGANOSO, A (leganosso) *adj.* V. LEGAMOSO.
LEGIBLE (legible) *adj.* Legível.
LEGIÓN (lejiòn) *s. f.* Legião.
LEGO, A *adj.* Leigo, laical, laico; secular. Leigo, estranho ou alheio ao assunto, ignorante. *s. m.* Leigo.
LEGÓN *s. m. Agr.* Espécie de enxadão.
LEGRÓN *s. m.* Legra grande. Legra usada pelos veterinários.
LEGUMBRE *s. m.* Legume.
LEGUMBRERA *s. f. Amer.* Saladeira.
LEÍBLE *adj.* Legível.
LEÍDO, A *adj.* Lido, instruído, erudito. U. t. c. s. — *y escribido, loc. fam.* Aplica-se a quem presume de instruído.
LEIJAR (leijar) *v. tr. ant.* V. DEJAR.
LEJANÍA (lejanía) *s. f.* Lonjura, distância, longos.
LEJANO, A (lejano) *adj.* Longínquo, remoto, afastado, distante.
LEJAS (lejas) *adj. f. pl.* Longes (como em português, usa-se somente no pl. e com o subs. *tie rra* (terra).
LEJÍA (lejía) *s. f.* Lixívia. *fig. fam.* Repreensão áspera.
LEJÍO (lejío) *s. m.* Lixívia usada pelos tintureiros.
LEJÍSIMOS (lejíssimos) *adv. Superl.* de *Lejos*. Muito longe.
LEJITOS (lejitos) *adv. Dim.* de *Lejos*. Um tanto longe.
LEJOS (lejos) *adv.* Longe. *s. m. Pint.* Longes. *fig.* Longes, laivos, vislumbres, vestígios. *A lo —, de —, de muy —, loc. adv.* Ao longe, de longe, de muito longe. *Desde —, loc. adv.* De longe, desde grande distância; longa data.
LEJUELOS (lejuelos) *adv. Dim.* de *Lejos*.
LELO, A *adj.* Bobo, tolo.
LEMA *s. f.* Lema. V. LEGAÑA.
LEN *adj.* Diz-se do fio de lã mal tecido; fiado.
LENA *s. f.* Alento, força, vigor. Lena, alcoviteira.
LEÑA (lenha) *s. f.* Lenha. *fig. fam.* Lenha, pancadaria, sova.
LEÑADOR (lenhador) *s. m.* Lenhador, lenhateiro, lenheiro.
LEÑAME (lenhame) *s. m.* Lenho, madeira. Lenha (provisão de lenha).
LEÑAR (lenhar) *v. tr.* Lenhar, cortar lenha.
LENCERÍA *s. f.* Lençaria (negócio de tecidos de linho ou algodão). Rouparia (de colégio, hospital etc.). Fancaria (arruamento de fanqueiros).
LENCERO *s. m.* Fanqueiro.
LENDRERA *s. f.* Pente fino.
LENDROSO, A (lendrosso) *adj.* Lendeoso.
LENDRERO *s. m.* Lugar onde há lêndeas.
LENE *adj.* Suave, brando, macio, lene. Leve, ligeiro. Doce, agradável.
LENGUA *s. f. Anat.* Língua. Língua (idioma; lingueta, fiel de balança). Badalo. Língua (intérprete, turgimão.) U. t. c. s. m. Notícia que se procura para um fim. — *cerval,* ou *de ciervo, Bot.* Língua cervina, escolopendra. — *de escorpión, fig.* Língua viperina, língua de trapos. — *de estropajo,* meia língua, gago, tartamudo. — *de hacha* V. LENGUA DE ESCORPIÓN. — *del água,* margem. Linha d'água. — *de tierra,* língua de terra, istmo. *Malas —s, fig.* Más línguas. *Buscar la —, loc. fig.* Procurar disputas.
LENGUADETA *s. f.* Linguado pequeno.
LENGUADO *s. m.* Linguado. *adj.* Com os advs. *bien* ou *mal,* eloqüente ou falto de expressão.
LENGUAJE (lenguaje) *s. m.* Linguagem.

LENGUARAZ *adj.* Versado em línguas. U. t. c. s. Linguaraz, insolente, atrevido.
LENGUATÓN, A *adj.* Linguaraz, desbocado, insolente, atrevido, mal-falante.
LENGUAZ *adj.* Linguareiro, linguarudo, linguaraz, linguarão.
LENGUAZA (lenguaça) *s. f.* V. BUGLOSA.
LENGUDO, A *adj.* V. LENGUAZ.
LENGÜETA *s. f.* Lingueta. Faca de encadernador. Epiglote. *Amer.* V. LENGUAZ. *Amer.* V. LENGUARAZ. 2ª acep.
LENGÜETADA *s. f.* Lambedura (ação de lamber ou de beber com a língua).
LENGÜETERÍA *s. f.* Jogo de registros de órgão providos de lingueta.
LENGÜEZUELA (lengüeçuela) *s. f. Dim.* de *Lengua.* Linguazinha, lingueta.
LENIDAD (lenidad) *s. f.* Suavidade, brandura, mansidão, lenidade; falta de severidade em castigar uma falta.
LENIZAR (leniçar) *v. tr.* Lenir, mitigar, abrandar.
LEÑO (lenho) *s. m.* Lenho (ramo, pernada de árvore; madeiro). *Poét.* Lenho, embarcação.
LEÑOSO, A (lenhosso) *adj.* Lenhoso.
LENTE *s. amb.* Lente (disco de vidro para refranger os raios luminosos). *pl.* óculos.
LENTECER *v. intr.* Lentejar, refrescar, umedecer. *Irreg.* V. conj. de *Favorecer.*
LENTEJA (lenteja) *s. f.* Lentilha. — *acuática,* lentilha-de-água, flor-de-água.
LENTEJAR (lentejar) *s. m.* Terreno semeado de lentilhas.
LENTEJILLA (lentijilha) *s. f. Amer.* Lentilha-de-água, flor-de-água.
LENTEJUELA (lentejuela) *s. f.* Lantejoula. Marca ou sinal de espinhas no rosto.
LENTEZUELA (lenteçuela) *s. f. Dim.* de *Lente.* Lentícula.
LENTÍCULA *s. f.* Lenticela. Lentilha-de-água, flor-de-água.
LENTISCAR *s. m.* Lentiscal.
LENTITUD (lentitud) *s. f.* Lentidão, vagar, demora.
LENZUELO (lençuelo) *s. m.* Pano grande usado para fins agrícolas.
LEO (lèo) *s. m. Astron.* Leão.
LEÓN *s. m.* Leão. Boa.
LEONA *s. f.* Leoa. *fig.* Leoa, mulher de mau gênio.
LEONADO, A *adj.* Ruivo, aleonado.
LEONERA *s. f.* Leoneira (caverna de leões; jaula de leões). *fig. fam.* Casa de jogo. *fig. fam.* Aposento desarranjado. *Amer.* Malta, súcia, corja. *Amer. argent.* Cadeia, xilindró.
LEONERÍA *s. f.* Audácia, coragem, valentia; bravata.
LEPE *s. m. Amer. venezuel.* V. CAPIROTAZO.
LEBA *s. f.* V. HELERA.
LERDÓN *s. m. Vet.* Lerpia.
LES *Dat.* do *pron. pes.* da *3ª pes., m,* e *f. pl.* V. LE.
LESIÓN (lessión) *s. f.* Lesão.
LESIONAR (lessionar) *v. tr.* Lesar, causar lesão a.
LESUESTE *s. m.* Lés-sueste (vento).
LESTA *s. f.* Espécie de grama cheirosa.
LESTEAR *v. intr. Náut.* Rodar (o vento) para leste.
LESTEDO *s. m.* Terreno em que nasce a *lesta.*
LETANÍA *s. f.* Litania.
LETRERO *s. m.* Letreiro.
LETRILLA (letrilha) *s. f.* Letra (de canção).
LETRINA *s. f.* Latrina.
LEUDAR *v. tr.* Levedar, fermentar (a massa). *v. intr.* Levedar, levedar-se.
LEUDO, A *adj.* Levedo.
LEVA *s. f.* Leva (ato de levantar a âncora); magote, grupo. Espeque, escora. *Amer. pejor.* Levita, sobrecasaca.
LEVADERO, A *adj.* Cobrável ou exigível.
LEVADIZO, A (levadiço) *adj.* Levadiço, pênsil.
LEVADURA *s. f.* Levedura.
LEVANTAMIENTO *s. m.* Levantamento. Levante, rebelião, revolta. Elevação, sublimidade, alevantamento.
LEVANTISCO, A *adj.* Levantino. *fig.* Revoltoso, turbulento.
LEVAR *v. intr. Náut.* Levar, levantar (a âncora). Fazer-se à vela, largar.
LEVEDAD (levedad) *s. f.* Leveza. Leviandade, inconstância, instabilidade.

LEY (lei) *s. f.* Lei.
LEYENDA (ledjenda) *s. f.* Legenda, lenda. Leitura (ação de ler; obra que se lê).
LEZNA *s. f.* Sovela.
LÍA *s. f.* Corda de esparto, tamiça. Lia, fezes, sedimento. U. m. no pl.
LIAR *v. tr.* Ligar, atar, amarrar. Embrulhar, envolver. *fig. fam.* Embrulhar, enganar.
LIAZA (liaça) *s. f.* Liaça, liança.
LIBERTAD (libertad) *s. f.* Liberdade.
LIBERTINAJE (libertinaje) *s. m.* Libertinagem.
LIBRACHO (libratcho) *s. m. Deprec.* Livreco.
LIBRACO *s. m.* V. LIBRACHO.
LIBRADO, A *p. p.* de *Librar. s. m. Com.* Sacado.
LIBRADOR, A *adj.* Livrador, libertador. *s. m.* Intendente das cavalarias reais. Corredor (de balança). *Com.* Sacador.
LIBRAMIENTO *s. m.* Livramento. Livrança (ordem de pagamento).
LIBRANCISTA *s. m.* O que tem livranças a seu favor.
LIBRANZA (librança) *s. f.* Livrança (ordem de pagamento).
LIBRAR *v. tr.* Livrar, salvar. U. t. c. pron. Librar, fundamentar. Dar, expedir, exarar. *Com.* Emitir, sacar. *intr.* Dar à luz, parir. *Med.* Livrar. — *bien,* ou *mal,* sair-se bem ou mal. — *en (uno),* ou *en (una cosa),* fundar-se, confiar em alguém ou em alguma coisa.
LIBRATORIO *s. m.* Locutório.
LIBRE *adj.* Livre (liberto; em liberdade; atrevido; licencioso; desenfreado; dissoluto, desonesto; solto; desembaraçado, desimpedido; isento; solteiro; independente; inocente, sem culpa).
LIBREA (librèa) *s. f.* Libré.
LIBREAR *v. tr.* Vender ou distribuir por libras (peso).
LIBRECAMBIO *s. m.* Livre-câmbio.
LIBREJO (librejo) *s. m. Deprec.* Livreco.
LIBREMENTE *adv.* Livremente.
LIBRERÍA *s. f.* Livraria (biblioteca; loja de livreiro).
LIBRERO *s. m.* Livreiro.
LIBRESCO, A *adj.* Livresco.
LIBRETA *s. f. Dim.* de *Libra* (peso). Pão de uma libra.
LIBRETE *s. m. Dim.* de *Libro.* Livrete, livrinho.
LIBRETÍN *s. m. Dim.* de *Librete.*
LIBRILLO (librilho) *s. m.* V. LEBRILLO. Livrete ou livro de mortalhas. Folhoso (terceiro estômago dos ruminantes).
LIBRO *s. m.* Livro (volume impresso, obra literária ou científica; parte em que se divide uma obra). Libreto. Folhoso (terceiro estômago dos ruminantes). *fig.* Contribuição, imposto.
LIBROTE *s. m. Aument.* de *Libro.* Livrão.
LICENCIA *s. f.* Licença. Licenciatura (grau de licenciado).
LICENCIAMIENTO *s. m. Mil.* Licenciamento. Licenciatura (ato de conferir o grau de licenciado).
LICEO (licèo) *s. m.* Liceu, ateneu (sociedade literária). *Amer.* Liceu, ginásio.
LICIÓN *s. f. Amer. mexic.* e *colomb.* V. LECCIÓN.
LICOR *s. m.* Líquido. Licor.
LICORERA *s. f.* Licoreira.
LICUABLE *adj.* V. LIQUIDABLE.
LICUACIÓN *s. f. Miner.* Liquação.
LICUAR *v. tr.* Liquefazer, derreter. U. t. c. pron. *Miner.* Fundir (pelo processo de liquidação). U. t. c. pron. Liquescer.
LICUEFACCIÓN *s. f.* Liquefação.
LICUEFACER *v. tr.* V. LICUAR. U. t. c. pron. *Irreg.* V. conj. de *Rarefacer.*
LICUEFACTO, A *p. p. irreg.* de *Licuefacer.* Liquefeito.
LID (lid) *s. f.* Lide, combate, peleja. *fig.* Disputa, discussão, controvérsia.
LIDIA *s. f.* Lide, combate, peleja, batalha. Corrida de touros.
LIDIADERA *s. f. Amer. equat.* Disputa, altercação, discussão.
LIDIADOR *s. m.* Lidador, batalhador, pelejador, guerreiro. Toureiro.

LIDIAR v. intr. Lidar, lutar, pelejar, combater. fig. Enfrentar, arrostar. fig. Aturar, lidar (tratar com pessoas que impacientam). v. tr. Taurom. Lidar, correr.

LIEBRASTÓN s. m. V. LEBRATO.

LIEBRATÓN s. m. V. LEBRATO.

LIEBRE s. f. Liebre. Náut.Liebre. — marina, lebre-marinha.

LIEBRECILLA (liebrecilha) s. f. Dim. de Liebre. Bot. Azulejo.

LIEBREZUELA (liebreçuela) s. f. Dim. de Liebre.

LIENDRE s. f. Lêndea.

LIENTO, A adj. Lento, amolentado, úmido, orvalhado.

LIENZA (liença) s. f. Tira (de qualquer tecido).

LIENZO (lienço) s. m. Tecido (de linho, cânhamo ou algodão); tela, lençaria. Lenço. Pint. Tela. fig. Tela, quadro, pintura. Fachada (de edifício). Pano, superfície, lado, lanço (de parede). Fort. Lanço.

LIGA s. f. Liga (para as meias). Ligadura, atilho, atadura. Bot. Agárico. Visco (para caçar). Liga, mistura (de metais). Liga, confederação; concerto, convênio. Pop. Amizade, liga.

LIGACIÓN s. f. Ligação. Liga, mistura (de metais).

LIGADA s. f. Náut. Nó.

LIGAMAZA (ligamaça) s. f. Mela, visco.

LIGAMIENTO s. m. Ligamento. fig. União, entendimento, liga.

LIGAZÓN (ligaçòn) s. f. Ligação, união, conexão. Náut. Liame.

LIGERAMENTE (lijeramente) s. m. Ligeiramente (velozmente; superficialmente; levianamente).

LIGEREZA (lijereça) s. f. Ligeireza, presteza, celeridade, rapidez. V. LEVEDAD. fig. Ligeireza, leviandade, irreflexão, volubilidade.

LIGERO, A (lijero) adj. Ligeiro (leve, ágil, expedito; veloz, rápido, célebre, corredor). Leve (falando-se do sono, de alimentos). Leviano, leve, ligeiro, inconstante, volúvel, irrefletido. Leve (que pesa pouco; de pouca importância). A la —, loc. adv. À ligeira, aligeiradamente; apressadamente. fig. Sem aparato. De —, loc. adv. De ligeiro, levianamente, sem reflexão.

LIGERUELO, A (lijeruelo) adj. Dim. de Ligero.

LIGÓN s. m. Espécie de enxada.

LIGUILLA (liguilha) s. f. Espécie de ligadura estreita.

LIGURINO, A adj. e s. Ligúrio.

LIJA (lija) s. f. Zool. Lixa (a pele dos peixes do gênero esqualo). Lixa (papel próprio para lixar).

LIJADO, A (lijado) p. p. de Lijar. s. m. Trabalho feito com lixa.

LIJADURA (lijadura) s. f. Ação de lixar.

LIJAR (lijar) v. tr. Lixar.

LIJO (lijo) s. m. ant. Lixo.

LILA s. f. Bot. Lilá, lilás. Lilá (a flor desta planta). Lilá; lilás (cor). adj. fam. Bobo, tolo, incauto.

LILAC s. f. V. LILA, 1ª acep.

LILAILA s. f. Algazarra, vozeria (de mouros). fam. Tretas, artimanhas, ardil. U. m. no pl.

LILALLAS (lilalhas) s. f. pl. Amer. mexic. V. LILAILA, 2ª acep.

LILAO s. m. fam. Jactância, ostentação, fatuidade.

LILE adj. Amer. chil. Fraco, débil, doentio, achacado. Paralítico, trêmulo.

LILEQUEAR v. intr. Amer. chil. Tremer (de medo ou por doença).

LILIAL adj. Lirial, lilial.

LILIPUTIENSE adj. e s. Liliputiano.

LIMALLA (limalha) s. f. Limalha.

LIMATÓN s. m. Limatão.

LIMAZA (limaça) s. f. Lesma. Amer. Espécie de lima grande.

LIMAZO (limaço) s. m. Viscosidade, baba.

LIMEÑO, A adj. e s. Limenho (natural de Lima).

LIMERA s. f. Náut. Enora do leme. Bot. Limeira.

LIMETA s. f. Garrafa (bojuda e de gargalo comprido).

LIMITÁNEO, A adj. Limítrofe.

LÍMITE s. m. Limite. fig. Fim, termo, limite.

LIMÓN s. m. Limão (fruto). V. LIMONERO. V. LIMONERA.

LIMONADO, A adj. Da cor do limão.

LIMONAR s. m. Limoal.

LIMONERA s. f. Varal (de carro). Varais (de carro).

LIMONERO s. m. Limoeiro, limão. adj. Diz-se do animal que vai aos varais.

LIMOSNA s. f. Esmola.

LIMOSNEAR v. intr. Esmolar, mendigar. Esmolar (dar esmola).

LIMOSNERA s. f. Esmoleira, escarcela.

LIMOSNERO, A adj. Esmoler, caritativo. s. m. Esmoler. Amer. merid. Esmoleiro, mendigo.

LIMPIA s. f. Limpeza (ação de limpar). Limpa, alimpa.

LIMPIABOTAS s. m. Engraxador, engraxate, limpa-botas.

LIMPIACHIMINEAS (limpiatchimineas) s. m. Limpa-chaminés.

LIMPIADA s. f. Amer. chil. V. LIMPIEZA.

LIMPIADERA s. f. Plaina. Ferro da aguilhada.

LIMPIADIENTES s. m. Palito.

LIMPIADOR, A adj. e s. Limpador.

LIMPIADURA s. f. Limpeza, limpadura, alimpadura. pl. Alimpaduras.

LIMPIAMANOS s. m. Amer. Toalha.

LIMPIAMENTE adv. Limpamente (com limpeza; com esmero; com lisura). Agilmente, destramente, rapidamente.

LIMPIAR v. tr. Limpar (assear; polir, esfregar; purificar; alimpar). U. t. c. pron. fig. fam. Limpar (roubar; ganhar tudo; afugentar, desembaraçar, expurgar).

LIMPIAUÑAS (limpiaunhas) s. m. Instrumento para limpar as unhas.

LIMPIEZA (limpieça) s. f. Limpeza, asseio. Limpeza, limpamento, limpadura. fig. Limpeza, pureza, castidade. fig. A concepção da Virgem Maria. fig. Limpeza, honradez, probidade, desinteresse. fig. Precisão, destreza, agilidade, perfeição, limpeza.

LIMPIO, A adj. Limpo. adv. Limpo, limpamente, com limpeza. En —, de forma líquida (sem deduções a experimentar), em substância.

LIMPIÓN s. m. Limpadela. fam. Limpador. Amer. colomb. e venezuel. Esfregão, pano de limpeza.

LIÑA (linha) s. f. Amer. plat. Linha de pescar.

LINAJE (linaje) s. m. Linhagem, estirpe. fig. Linhagem, classe, condição social.

LINAJISTA (linajista) s. m. e f. Linhagista, genealogista.

LINAJUDO, A (linajudo) adj. Que se vangloria de ser de alta linhagem.

LINAR s. m. Linhal, linhar.

LINAZA s. m. Linhal, linhar.

LINAZA (linaça) s. f. Linhaça. Amer. chil. Linho.

LINCHAMIENTO (lintchamiento) s. m. Linchamento.

LINDAR v. intr. Lindar (confinar).

LINDAZO (lindaço) s. m. V. LINDE, 2ª acep.

LINDE s. amb. Linda, limite, raia. Linda, marco, padrão, baliza, extrema.

LINDEL s. m. V. LINTEL.

LINDERA s. f. Conjunto de lindas ou marcos de um terreno.

LINDERÍA s. f. V. LINDERA.

LINDERO, A adj. Limítrofe, confinante, vizinho, lindeiro. s. m. V. LINDE.

LINDEZA (lindeça) s. f. Lindeza, beleza, formosura. Graça (dito ou fato gracioso). pl. irôn. Belezas (insultos, impropérios).

LINDURA s. f. V. LINDEZA.

LÍNEA s. f. Linha (em todas as principais acep. deste vocábulo).

LINEAL adj. Linear.

LINEAMIENTO s. m. Lineamento.

LINEOTIPIA s. f. Linotipia.

LINEOTIPISTA s. m. e f. Linotipista.

LINEOTIPO s. m. Linotipo.

LINERO, A adj. Líneo.

LINIMIENTO s. m. Linimento.

LINIO s. m. V. LINO.

LINO s. m. Linho. Linho (tecido).

LIÑO (linho) s. m. Linha, fileira, alinhamento, renque (de plantas).

LIÑÓN s. m. Cambraieta.

LIÑUDO, A adj. Amer. Lanoso, lanudo.

LINTEL s. m. Padieira, dintel (de porta ou janela).

LINTERNA s. f. Lanterna. Arq. Lanterna.

LINTERNAZO (linternaço) s. m. Pancada com lanterna. fig. fam. Pancada dada com qualquer instrumento.

LINTERNERO s. m. Lanterneiro.

LINTERNÓN s. m. Aument. de Linterna. Náut. Farol de popa.

LINUELO (linhuelo) s. m. Cordel, barbante, guita.

LINUEZO (linueço) s. m. fam. V. LINAZA.

LÍO s. m. Trouxa, pacote, atado, embrulho, lio. fig. fam. Embrulho, enredo. Armar un —, causar embrulho, enredo, confusão; fazer baderna.

LIONA s. f. Amer. V. LIORNA.

LIORNA s. f. fam. Algazarra, barulho, confusão, desordem, bulha.

LIQUIDABLE adj. Liquidificável. Liquidável.

LIQUIDACIÓN s. f. Liquidação. Liquefação.

LIQUIDAR v. tr. Liquefazer. U. t. c. pron. Liquidar (apurar, ajustar; fazer a liquidação de).

LIRIA s. f. V. LIGA, 4ª acep.

LIRÓN s. m. Zool. Leirão.

LIRONDO adj. Usado somente na loc. fig. e fam. Mondo y —, que significa limpo, sem acréscimo.

LISIADO, A (lissiado) p. p. de Lisiar, adj. Aleijado. U. t. c. s. Desejoso, ansioso.

LISIAR (lissiar) v. tr. Lesar, contundir, ferir (fisicamente).

LISONJERO, A (lissonjero) adj. Lisonjeiro.

LISTADOR, A adj. Alistador, arrolador.

LISTADURA s. f. Alistamento, arrolamento.

LISTAR v. tr. Alistar, arrolar, inscrever em lista.

LISTEADO, A adj. Listrado.

LISTERO s. m. Alistador, arrolador.

LISTEZA (listeça) s. f. fam. Diligência, agilidade, desembaraço; sagacidade; presteza.

LISTO, A adj. Lesto, diligente, pronto, expedito, avisado, sagaz. Pronto, preparado; acabado, terminado.

LISTÓN s. m. Carp. Listão. Arq. Listel. Faixa. Fita estreita de seda. adj. Listão.

LISTONADO, A p. p. de Listonar. s. m. Carp. Obra feita de listões.

LISTONAR v. tr. Carp. Colocar listões em, fazer alguma obra com listões.

LISTONERÍA s. f. Sortimento de fitas.

LISTONERO s. m. Fabricante de fitas.

LITA s. f. V. LANDRILLA. Amer. Cesto de junco.

LITACIÓN s. f. Sacrifício, holocausto (aos deuses).

LITAR v. tr. Sacrificar (aos deuses).

LITE s. m. Demanda, pleito, litígio.

LITERA s. f. Liteira.

LITERERO s. m. Liteireiro.

LITISEXPENSAS (litissecspensas) s. f. pl. For. Custas (de um processo).

LITOGRAFIAR v. tr. Litografar.

LIUDEZ s. f. Amer. Lassidão.

LIVIANAMENTE adv. Levianamente. fig. Superficialmente, sem fundamento.

LIVIANDAD (liviandad) s. f. Leveza (pouco peso). fig. Leviandade, imprudência, irreflexão.

LIVIANO, A adj. Leve (de pouco peso). fig. Leviano, irrefletido, imprudente, inconstante. fig. Lascivo, sensual. s. m. Pulmão. U. m. no pl. Jumento que serve de guia a manada.

LIVIDECER v. intr. Ficar lívido.

LIVOR s. m. Livor. fig. Malícia, ódio, inveja, rancor.

LIZA (liça) s. f. V. MUJOL. Liça (combates, e lugar reservado para estes).

LIZO (liço) s. m. Técn. Liço.

LL (elhe) s. f. (As palavras começadas por esta consoante acham-se arroladas após a letra L.)

LO art. determin. neutr. A forma neutra do art. é uma particularidade do espanhol e não existe nas outras línguas românicas. O. Gram. Em gênero neutro, usam-se com o artigo: 1ª o adj., quando expressa aquilo que é genérico ou abstrato: (— bueno, — infeliz, — valiente, — bello, a bondade, a infelicidade, a valentia, a beleza); 2° o subst., quando evidencia epiteticamente um estado ou condição: (Todo fué grande en aquel príncipe, — rey, — capitán, — santo.): 3° o adv., quando se refere ao grau de modificação sofrida pela ação: (— bien que habla, o quanto fala bem; — aprisa que corre, o quanto

corre depressa. O *art.*, adverbializando frases como estas, equivale, pois, a quanto ou quão). O *art.* neutro pode demonstrar o adjetivo no masculino plural e no feminino, singular ou plural: *En — valientes y sufridos ningún soldado aventaja los españoles. Situaciones que sorprenden por — nuevas e interesantes.* (Nestas frases, o *art.* demonstra os conceitos de valentia, resignação, novidade e interesse implícitos nos adjetivos *valientes, sufridos, nuevas* e *interesantes,* e estes adjetivos estão no plural porque se referem aos substantivos *españoles* e *situaciones.*) — *melancólica que está la ciudad.* O *art.* demonstra aqui um adjetivo em gênero feminino porque este se refere ao substantivo *ciudad,* e a frase pode ser traduzida: "Quão melancólica está a cidade", de vez que *Lo* adverbializa toda a frase. *Acus.* do *pron. pes.* na *3ª pes.,* em gênero *m.* ou *neutr.,* sing. O. *Gram.* Usa-se antes ou depois do verbo: — *hice hoy,* fi-lo hoje. *SépanLO todos,* saibam-no todos.

LOA *s. f.* Louvor. Loa (prólogo de certas composições dramáticas).

LOABLE *adj.* Louvável.

LOABLEMENTE *adj.* Louvavelmente.

LOADOR, A *adj.* Louvador. U. t. c. s.

LOAR *v, tr.* Louvar, elogiar.

LOBA *s. f.* Loba (a fêmea do lobo). Batina, sotaina, loba. *Agr.* Leiva, camalhão.

LOBANILLO (lobanilho) *s. m.* Lobinho (quisto sebáceo ou subcutâneo).

LOBERA *s. f.* Mata espessa onde habitam lobos.

LOBERO, A *adj.* Lobeiro. *s. m.* Lobeiro, caçador de lobos.

LOBEZNO *s. m.* Lobato, lobacho.

LOBINA *s. f.* Lovina.

LOBO *s. m.* Lobo. *Astron.* Lobo. *fig. fam.* Pifão, carraspana, borracheira, *Bot.* e *Zool.* Lobo, lóbulo. *adj. Amer. mexic.* Diz-se do mestiço de negro e índia. *Amer. chil.* Esquivo, arredio, insociável.

LOBOSO, A (lobosso) *adj.* Diz-se do lugar onde há muitos lobos.

LÓBREGAMENTE *adv.* Lugubremente, lobregamente.

LÓBREGO, A *adj.* Lúgubre, soturno, lôbrego, tétrico, medonho, tenebroso. *fig.* Lúgubre, triste, melancólico.

LOBREGUEAR *v. intr.* V. LOBREGUECER, 2ª acep.

LOBREGUECER *v. tr.* Escurecer, lobregar. *v. intr.* Escurecer, anoitecer, cair a noite. *Irreg.* V. conj. de *Favorecer.*

LOBREGUEZ *s. f.* Obscuridade, escuridão.

LOBRIHOSCO, A (lobriosco) *adj.* Obscuro, escuro.

LOBUNO, A *adj.* Lupino.

LOCADIO, A *adj. joc.* e *irôn. Amer.* Aloucado.

LOCAMENTE *adv.* Loucamente.

LOCERÍA *s. f. Amer.* Louçaria.

LOCERO *s. m.* Louceiro.

LOCIÓN *s. f.* Loção (lavagem, ablução).

LOCO, A *adj.* e *s.* Louco (em todas as acep. deste vocábulo).

LOCOMOTORA *s. f.* Locomotiva.

LOCOMOVILIDAD (locomovilidad) *s. f.* Locomobilidade. Locomoção.

LOCRO *s. m. Amer.* Guisado de carne, batatas ou milho. *Amer. argent.* Trigo cozido com carne. *fig. Amer. chil.* V. LEGAÑA. *Amer. chil.* Namoro (casamento em perspectiva).

LOCUACIDAD (locuacidad) *s. f.* Loquacidade.

LOCUAZ *adj.* Loquaz.

LOCUELA *s. f.* Loquela, fala, linguagem (maneira e tom peculiar de falar).

LOCUELO, A *adj.* e *s. Dim.* de *Loco.* Louquinho.

LOCURA *s. f.* Loucura.

LODACHAL (lodatchal) *s. m.* V. LODAZAL.

LODANO *s. f.* Viveiro (de salina).

LODAZAL (lodaçal) *s. m.* Lodaçal, atoleiro, lameiro, tremedal, atascadeiro.

LODAZAR (lodaçar) *s. m.* V. LODAZAL.

LOGIA (lojia) *s. f.* Loja maçônica.

LOGIZAR (lojiçar) *v. tr.* Pensar, especular.

LOGRAR *v. tr.* Lograr (conseguir, obter, alcançar; fruir, gozar, desfrutar). *v. pron.* Medrar, desenvolver-se, chegar (uma coisa) à sua perfeição.

LOGREAR *v. intr.* Dar ou receber dinheiro com usura; viver da usura.

LOGRERÍA *s. f.* Usura.

LOGRERISMO *s. m. Amer.* Usura.

LOGRERO *s. m.* Usurário, usureiro, agiota, onzenário.

LOGRO *s. m.* Logro, logramento, fruição; obtenção, conseguimento, consecução. Lucro. Interesse, usura.

LOMA *s. m.* Lomba (lombada de colina, serra ou monte).

LOMADA *s. f. Amer. plat.* V. LOMA.

LOMAJE (lomaje) *s. m. Amer.* Terreno formado de lombas.

LOMAR *v. tr. Pop.* Dar.

LOMBARDA *s. f.* Bombarda. Bombardo, couve-lombarda.

LOMBARDADA *s. f.* Bombardada.

LOMBARDERO *s. m.* Bombardeiro.

LOMBRIGUERA *s. f. Bot.* Lombrigueira. Buraco aberto no solo pelas minhocas.

LOMBRIZ *s. f.* Minhoca, lombriga. — *intestinal,* lombriga (áscaris). — *solitária,* tênia, solitária.

LOMEAR *v. intr.* Lombear-se (o cavalo).

LOMERA *s. f.* Cataplasma (peça dos arreios). Lombada (de livro). Pau de fileira.

LOMERÍO *s. m. Amer.* Lombada, série de lombas.

LOMETA *s. f.* Outeirinho, montículo.

LOMIENHIESTO, A (lomieniesto) *adj.* Alto de lombos. *fig. fam.* Emproado, vaidoso, presumido, soberbo, desvanecido.

LOMILLERÍA (lomilhería) *s. f. Amer. merid.* Selaria, fábrica de lombilhos.

LOMILLERO (lomilhero) *s. m. Amer. merid.* Lombilheiro.

LOMILLO (lomilho) *s. m. Amer. merid.* Lombilho.

LOMO *s. m. Anat.* Lombo, costas, dorso. Lombo (dos quadrúpedes). Lombo, lombada (de livro). Lombo de porco. *Agr.* Leiva. Costas (parte oposta ao gume de um instrumento). *pl.* As costelas. *A —, loc. adv.* Em bestas de carga.

LONCHA (lontcha) *s. f.* Laje, lancil. V. LONJA.

LONCHO (lontcho) *s. m. Amer. colomb.* Pedaço, parte, bocado.

LONCO *s. m. Amer.* Pescoço.

LÓNDIGA *s. f.* V. ALHÓNDIGA.

LONDINENSE *adj.* e *s.* Londrino.

LONGANIZA (longaniça) *s. f.* Lingüiça.

LONGAZO, A (longaço) *adj. Aument.* de *Luengo.*

LONGINCUO, A (lonjincuo) *adj.* Longínquo.

LONGITUD (lonjitud) *s. f.* Comprimento, lonjura. *Geogr.* Longitude.

LONGUERA *s. f.* Língua ou faixa de terra.

LONGUETAS *s. f. pl. Cir.* Ataduras, ligaduras.

LONJA (lonja) *s. f.* Tira, fatia, talhada. Tirante (de carruagem). *Amer. plat.* Lonca (couro de que se raspou o pêlo; tira de couro cru para fazer tranças). Praça, bolsa (de comerciantes). Mercearia. Depósito de lã. Átrio um tanto levantado de alguns edifícios.

LONJEAR (lonjear) *v. tr. Amer. plat.* Fazer loncas.

LONJETA (lonjeta) *s. f. Dim.* de *Lonja.*

LONTANANZA (lontanança) *s. f. Pint.* Longes. Distância, lonjura. *En —, loc. adv.* Ao longe, na distância.

LOOR *s. m.* Louvor, loa, elogio.

LOQUEAR *v. intr.* Louquejar, proceder loucamente, dizer ou fazer coisas impensadas. *fig.* Divertir-se ruidosamente.

LOQUERA *s. f.* Enfermeira de loucas. Prisão para loucos. *Amer. colomb., chil.* e *guat.* Loucura, mania.

LOQUERÍA *s. f. Amer. per.* e *chil.* Manicômio.

LOQUERO *s. m.* Guarda ou enfermeiro de loucos.

LOQUESCAMENTE *adv.* Loucamente, doidamente, à maneira dos loucos.

LOQUESCO, A *adj.* Aloucado, adoidado. *fig.* V. BROMERO. *A la —a,* loucamente, doidamente, como os doidos.

LORENÉS, A *adj.* e *s.* Loreno.

LORO *s. m. Zool.* Papagaio. *Bot.* Espécie de loureiro.

LORO, A *adj.* Louro. Escuro, fusco.

LOS, LAS *art. determ. (m.* e *f.)* Os, as *(pl.* de *EL.) Acus.* do *pron.* pcs. na 3ª pes. do pl. *(m.* e *f.)* Os, as. *Gram.* Usa-se antes ou depois do verbo: — *miré,* olhei-os. *MíraLAS,* olha-as.

LOSA (lossa) *s. f.* Lousa, laje. Armadilha (para pássaros). *fig.* Lousa, lápide, sepultura.

LOSADO, A (lossado) *p. p.* de *Losar.* V. ENLOSADO.

LOSAR (lossar) *v. tr.* V. ENLOSAR.

LOSETA (losseta) *s. f. Dim.* de *Losa.* V. LOSA, 2ª acep.

LOSILLA (lossilha) *s. f.* V. LOSA, 2ª acep. *fig.* Ardil, engano.

LOTERÍA *s. f.* Loteria. Víspora, loto. Agência lotérica.

LOTERO *s. m.* Agente ou administrador de loterias.

LOTO *s. m. Bot.* Loto, lotus.

LOZA (loça) *s. f.* Louça.

LOZANAMENTE (loçanamente) *adv.* Louçãmente, garridamente.

LOZANEAR (loçanear) *v. intr.* Ostentar louçania. Proceder com louçania.

LOZANÍA (loçanía) *s. f.* Viço (das plantas). Louçania, garbo, garridice, elegância, galhardia, vigor. *fig.* Orgulho, altivez.

LOZANO, A (loçano) *adj.* Viçoso, luxuriante, loução (diz-se principalmente das plantas e dos campos muito verdes). Loução, robusto, garboso, forte, vigoroso (diz-se de homens e animais). *fig.* Loução, alegre, garrido; arrogante, airoso.

LÚA *s. f.* Espécie de luva de esparto para limpar cavalos. *ant.* Luva. *Náut. Tomar por la —,* dar de luva, cambar (a vela).

LUBRICANTE *p. a.* de *Lubricar. s. m.* Lubrificante.

LUBRICAR *v. tr.* Lubrificar.

LUBRICATIVO, A *adj.* Lubrificante.

LUCENTÍSIMO, A (lucentíssimo) *adj. Superl.* de *Luciente.*

LUCERA *s. f.* Clarabóia, lucarna, lucerna.

LUCERÍA *s. f.* Variedade de luzes, iluminação colorida.

LUCERNA *s. f.* Candelabro. V. LUMBRERA. V. LUCIÉRNAGA. V. MILANO.

LUCERO *s. m.* Venus (planeta). Luzeiro, astro, estrela, ponto brilhante. Lumieira (de porta ou janela). Mancha branca na testa de alguns animais. *fig.* Lustre, brilho, esplendor. *Poét.* Qualquer dos dois olhos. U. m. no pl.

LUCHA (lutcha) *s. f.* Luta.

LUCHADOR (lutchador) *s. m.* Lutador.

LUCHAR (lutchar) *v. intr.* Lutar.

LUCHARNIEGO, A (lutcharniego) *adj.* Diz-se do cão adestrado para a caça noturna.

LÚCIDAMENTE *adv.* Luzidamente; fautosamente.

LÚCIDO, A *adj.* Lúcido, claro. *Poét.* Lúcido, luzente, luzidio.

LUCIDO, A *p. p.* de *Lucir. adj.* Brilhante, vistoso, luzido; que tem graça ou esplendor; pomposo, esplendoroso.

LUCIDURA *s. f.* Caiadura, branqueamento.

LUCIENTE *p. a.* de *Lucir.* Luzente.

LUCIÉRNAGA *s. f.* Vagalume, pirilampo.

LUCILLO (lucilho) *s. m.* Urna sepulcral.

LUCIMIENTO *s. m.* Luzimento (ação de luzir; esplendor, brilho; fausto, pompa).

LUCIO, A *adj.* Luzente, luzidio, nítido, brilhante, resplandecente. *s. m. Zool.* Lúcio. Qualquer laguna formada pela maré vazante.

LUCIR *v. intr.* Luzir, brilhar, resplandecer. *fig.* Brilhar, sobressair, exceder, avantajar-se, destacar-se. U. t. c. pron. *fig.* Luzir, aproveitar. *v. tr.* Iluminar, alumiar. *fig.* Brilhar, resplandecer, manifestar (a riqueza, a autoridade etc.) a sua força ou progresso. V. ENLUCIR. *v. pron.* Enfeitar-se, vestir-se com apuro; luzir, ostentar. *fig.* Sair airosamente. *Irreg. Ind. pres. Luzco.* Subj. pres. *Luzc-a, as, a, amos, áis, an.* Imperat. *Luzc-a, amos, an.*

LUCRARSE *v. pron.* Lucrar.

LUDA *s. f. Jír.* Mulher.

LUDIA *s. f.* V. LEVADURA.

LUDIAR *v. tr.* V. LEUDAR.

LUDIO, A *adj. fam.* Velhaco.
LUDIÓN *s. f. Fís.* Ludião.
LUDIR *v. tr.* Esfregar, roçar.
LUDRIA *s. f.* V. NUTRIA.
LÚE *s. f.* Infecção. Lues.
LUEGO *adv. t.* Logo, imediatamente, de pronto, sem tardança. *adv. l.* Logo, depois, após, em seguida. *Conj. ilativa.* Logo, por conseguinte, por conseqüência. *De — a —, loc. adv.* Com muita presteza, sem a menor tardança. *Desde —, loc. adv.* Imediatamente, sem tardança. Por conseguinte, sem dúvida. *— como,* ou *que,* logo que, assim que.
LUENGA *s. f.* Dilação, delonga, tardança.
LUENGO, A *adj.* Comprido, longo. *En —, loc. adv.* Ao comprido.
LUGANO *s. m.* V. JILGUERO.
LUGAR *s. m.* Lugar (em todas as acepções deste vocábulo). *No ha —, loc. for.* Não tem cabimento.
LUGAREÑO, A (lugarenho) *adj. e s.* Natural de um lugar, de uma pequena povoação ou aldeia. Próprio de aldeia ou lugarejo.
LUGE (luje) *s. m.* Tobogã.
LUIR *v. tr. Náut.* Roçar (os cabos). *Amer.* V. AJAR. *Irreg.* V. conj. de *Muir.*
LUIS *s. m.* Luís (moeda).
LUJACIÓN (lujaciòn) *s. f.* Luxação.
LUJO (lujo) *s. m.* Luxo.
LUJOSAMENTE (lujossamente) *adv.* Luxuosamente.
LUJOSO, A (lujosso) *adj.* Luxuoso.
LUJURIA (lujuria) *s. f.* Luxúria.
LUJURIANTE (lujuriante) *adj.* Luxuriante.
LUJURIAR (lujuriar) *v. intr.* Luxuriar (praticar atos luxuriosos).

LUJURIOSAMENTE (lujuriossamente) *adv.* Luxuriosamente.
LUJURIOSO, A (lujuriosso) *adj.* Luxurioso.
LUMBAR *adj.* Lombar.
LUMBRADA *s. f.* Fogueira, fogacho, fogaréu.
LUMBRAL *s. m.* Umbral.
LUMBRARADA *s. f.* V. LUMBRADA.
LUMBRE *s. f.* Lume, fogo. Lume (parte anterior da ferradura). Fuzil (peça de aço para ferir lume na pederneira). Lume, luz (natural ou artificial). Clarabóia, lumieira. *fig.* Lume, luz, esplendor, claridade. *pl.* Isca, fuzil e pederneira (petrecho para fazer lume). *— del agua,* lume de água, a superfície ou tona da água. *A — de pajas, loc. adv. fig. fam.* Muito brevemente, como fogo de palha. *A — mansa, loc. adv.* A fogo de palha. *Ni por —, loc. adv. fig. fam.* Nem por sonhos de modo nenhum. *Ser la — de los ojos, loc. fig.* Ser a menina dos olhos.
LUMBRERA *s. f.* Corpo luminoso. Clarabóia, lumieira, lucarna. *fig.* Luzeiro, pessoa esclarecida. *Náut.* Vigia.
LUMBRERADA *s. f.* V. LUMBRADA.
LUNA *s. f.* Lua. *— nueva, creciente, llena e menguante,* lua nova, crescente, cheia e minguante. *Media —,* meia-lua. Crescente (o Estado turco).
LUNANIZAR (lunaniçar) *v. intr.* Imitar a lua (crescer e minguar, ter altos e baixos).
LUNAR *s. m.* Lunar, sinal congênito na pele. *fig.* Mancha, nódoa, pecha, labéu. *adj.* Lunar.
LUNAREJO (lunarejo) *s. m. Dim.* de *Lunar.* Sinalzinho, pequeno lunar. *adj. Amer.* Lunarejo (diz-se do animal que tem qualquer sinal no pêlo).
LUNAROSO, A (lunarosso) *adj.* Que tem muitos lunares (sinais congênitos na pele).
LUNECILLA (lunecilha) *s. f.* Enfeite em forma de meia-lua.

LUNES *s. m.* Segunda-feira.
LUNETO *s. m. Constr.* Luneta.
LUNFARDO *s. m. Amer. argent.* Ladrão. Calão argentino. Próprio dos ladrões. Chulo, vulgar, próprio daquela linguagem.
LUNILLA (lunilha) *s. f.* V. LUNECILLA.
LUQUETE *s. m.* Rodela (de limão ou laranja). Lume-pronto.
LURTE *s. m.* V. ALUD.
LUSTRE *s. m.* Lustre, lustro, brilho, polimento; esplendor, glória.
LÚSTRICO, A *adj.* Lustral. *Poét.* Quinqüenal.
LUSTRO *s. m.* Lustro (espaço de cinco anos).
LUTADO, A *adj.* Enlutado.
LUTEN *s. m. Quím.* Mistura que serve para tapar ou cubrir as junções dos vasos químicos, luto.
LÚTEO, A *adj.* De lodo.
LUTO *s. m.* Luto. *Medio —,* meio-luto. *Aliviar el —,* Aliviar o luto.
LUTOSO, A (lutosso) *adj.* Lutuoso.
LUTRIA *s. f.* V. NUTRIA.
LUZ *s. f.* Luz (em todas as principais acep. deste vocábulo). *Arq.* Janelas, clarabóias, lumieiras etc. U. m. no pl. *Fig. fam.* Dinheiro. *Media —,* meia-luz, mediana claridade. *Primeira —,* luz direta (recebida por uma sala). *Segunda —,* luz indireta (recebida por uma sala). *A buena —, loc. adv. fig.* Com reflexão, atentamente. *A toda —,* ou *a todas* LUCES, *loc. adv. fig.* Em toda a luz, brilhantemente; por todas as partes, de todos os modos. *Echar —, loc. fig.* Recobrar o vigor as pessoas delicadas. *fig.* Esclarecer, iluminar (o entendimento). *Dar a —, loc.* Dar à luz. *— de Bengala,* fogos de Bengala, ou de artifício. *— de — V.* LUZ *(segunda). Gram. pl. Luces.* V. MERLUZA.
LUZBEL *s. m.* Diabo, satanaz.

LL (èlhe) *s. f.* Décima quarta letra e décima primeira consoante do alfabeto espanhol. É dupla graficamente mas simples pelo som, e indivisível na escrita. Pronuncia-se como o *lh* em português. (Em alguns países americanos, como na Argentina e no Uruguai, soa aproximadamente como o *j* em português; noutros, como o México, a sua pronúncia assemelha-se um tanto ao *ll* francês).

LLÁBANA (lhábana) *s. f.* Lousa, laje.

LLADRAL (lhadral) *s. m.* V. ADRAL. U. m. no pl.

LLAGA (lhaga) *s. f.* Chaga. *Fig.* Chaga. Junta (entre tijolos).

LLAGADO, A (lhagado) *p. p.* de *Llagar.*

LLAGAR (lhagar) *v. tr.* Chagar, ulcerar.

LLAGUERO (lhaguero) *s. m.* Espécie de trolha.

LLAMA (lhama) *s. f.* Chama, flama, labareda. *Fig.* Chama, labareda (de uma paixão). Charco, pântano, paul. (No Peru, Bolívia e Chile, é *s. m.*) *Zool.* Lama, lhama.

LLAMADA (lhamada) *s. f.* Chamada, chamamento, chamado. Chamada (nota num escrito). *Mil.* Chamada, toque de reunir. Aceno, gesto para chamar a atenção de alguém.

LLAMADERA (lhamadera) *s. f.* Aguilhada.

LLAMADO, A (lhamado) *p. p.* de *Llamar. s. m. Amer.* V. LLAMADA, 1ª acep.

LLAMADOR (lhamador) *s. m.* Chamador. Aldraba. Avisador.

LLAMAMIENTO (lhamamiento) *s. m.* Chamamento.

LLAMANTE (lhamante) *p. a.* de *Llamar.* Que chama.

LLAMAR (lhamar) *v. tr.* Chamar (dar sinal para fazer alguém aproximar-se; invocar, clamar, pedir auxílio; convocar, citar; nomear, designar; *fig.* atrair para alguma parte.) *v. intr.* Provocar a sede. Chamar (bater à porta; convocar por meio de toque de campainha, sino, sineta ou outro sinal). *v. pron.* Chamar-se (ter nome; apelidar-se). *Náut.* Rondar, mudar (o vento).

LLAMARADA (lhamarada) *s. f.* Chamarada, labareda. *fig.* Rubor, afogueamento, vermelhidão súbita do rosto. *Fig.* Repente, ímpeto, arranco.

LLAMARGO (lhamargo) *s. m.* V. LLAMAZAR.

LLAMARÓN (lhamaròn) *s. m. Amer.* V. LLAMARADA.

LLAMATIVO, A (lhamativo) *adj.* Que provoca a sede. U. m. c. s. m. *fig.* Espaventoso, berrante, que chama demasiado a atenção. (Diz-se principalmente de cores, enfeites e roupas.)

LLAMAZAR (lhamaçar) *s. m.* Lamaçal, lodaçal, tremedal, atoleiro.

LLAMBRIA (lhambria) Superfície de uma penha que forma um plano muito inclinado.

LLAME (lhame) *s. m. Amer. chil.* Laço, armadilha para caçar pássaros.

LLAMEANTE (lhameante) *p. a.* de *Llamear.* Chamejante, flamejante.

LLAMEAR (lhamear) *v. intr.* Chamejar, chamear, flamejar, arder.

LLAMINGO (lhamingo) *s. m. Amer. equat.* V. LLAMA, 4ª acep.

LLAMPA (lhampa) *s. f.* Espécie de marisco.

LLAMPO (lhampo) *s. m. Amer.* Terra metalífera.

LLANA (lhana) *s. f.* Trolha, pá (de pedreiro). *Dar de —,* alisar com a trolha. V. LLANADA. Página, face da folha de papel impresso.

LLANADA (lhanada) *s. f.* Lhanura, planície.

LLANAMENTE (lhanamente) *adv.* Lhanamente (sinceramente, ingenuamente; com toda a simplicidade, desafetadamente).

LLANCA (lhanca) *s. f. Amer. chil.* Mineral de cobre, verde azulado.

LLANCAZO (lhancaço) *s. m. Amer.* Feitiço, malefício.

LLANDE (lhande) *s. f.* Lande, glande, bolota.

LLANERO (lhanero) *s. m.* Habitante das planícies.

LLANEZA (lhaneça) *s. f. ant.* V. LHANURA. *fig.* Lhaneza, simplicidade, modéstia. *fig.* Familiaridade (no tratamento).

LLANO, A (lhano) *adj.* Plano, chão, liso, raso. Igualado, aplanado, nivelado. *fig.* Lhano, simples, acessível, sem presunção. *fig.* Livre, franco, confiado, chão. *fig.* Simples, singelo (diz-se dos vestidos). *fig.* Chão, simples, corrente, sem dificuldade. *fig.* Grave (falando-se do acento das palavras). *Canto —,* cantochão. *s. m.* Planície, planura, lhanura. *pl.* Malhas lisas do ponto de meia. *pl. Amer. venezuel.* A região das grandes planícies da Venezuela. *A la —* V. LLANAMENTE. *De —,* ou *de — en —, loc. adv.* Clara e simplesmente.

LLANOTE (lhanote) *adj. Aument.* de *Llano.*

LLANTA (lhanta) *s. f.* Couve de todo o ano. Aro (das rodas dos carros).

LLANTÉN (lhanten) *s. m.* Tanchagem.

LLANTERÍA (lhantería) *s. f. Amer.* Pranto ou choradeira simulada de várias pessoas.

LLANTO (lhanto) *s. m.* Pranto, choro.

LLANURA (lhanura) *s. f.* Lisura, planura. Planície, lhanura.

LLAPA (lhapa) *s. f.* V. YAPA.

LLAPANGO, A (lhapango) *adj. Amer. equat.* Descalço, de pés nus.

LLAPAR (lhapar) *v. tr.* V. YAPAR.

LLAPIHUAR (lhapiuar) *v. intr. Amer.* V. LLIPIHUAR.

LLAPINGACHO, A (lhapingatcho) *adj. Amer. equat.* V. RAPINGACHO.

LLAPUY (lhapuí) *s. m. Amer.* Feitiço, despacho.

LLAR (lhar) *s. m.* Fogão (de cozinha).

LLARES (lhares) *s. m. pl.* Cadeia de ferro, pendente da chaminé, onde se pendura o caldeirão.

LLATIR (lhatir) *v. intr. Amer.* Latir, ladrar.

LLAVAZO (lhavaço) *s. m.* Pancada com chave.

LLAVE (lhave) *s. f.* Chave (instrumento que aciona a fechadura; instrumento para dar corda ao relógio; objeto para apertar, fixar, parafusar, estender etc.; peça móvel de certos instrumentos de sopro; sinal ortográfico; coisa ou lugar que defende outras coisas ou lugares; aquilo que explica ou facilita). *Mús.* Clave. *— maestra,* chave mestra. *— de tuerca,* chave (para porcas). *— inglesa,* chave inglesa. *— de la mano,* chave (a palma da mão), palmo. *— del pié,* chave (a parte inferior do pé), pé.

LLAVERA (lhavera) *s. f. Amer.* Governanta.

LLAVERO (lhavero) *s. m.* Chaveiro (o que guarda as chaves; argola que prende chaves).

LLECO, A (lheco) *adj.* Virgem (diz-se da terra que nunca foi lavrada).

LLEGADA (lhegada) *s. f.* Chegada.

LLEGADO, A (lhegado) *p. p.* de *Llegar.*

LLEGAR (lhegar) *v. intr.* Chegar (vir; atingir; alcançar (no tempo); poder tocar; começar; importar, somar; subir, atingir; conseguir). *v. tr.* Chegar (achegar, aproximar, pôr ao alcance). *v. pron.* Chegar-se (aproximar-se, achegar-se; aconchegar-se).

LLENA (lhena) *s. f.* Cheia, inundação, enchente fluvial.

LLENAMENTE (lhenamente) *adv.* Plenamente, copiosamente, abundantemente.

LLENAR (lhenar) *v. tr.* Encher (tornar cheio; ocupar o vão, capacidade ou superfície de; *fig.* preencher, cumprir, desempenhar; *fig.* preencher, cumprir, desempenhar; *fig.* satisfazer; *fig.* cumular). *v. pron. fam.* Encher-se (fartar-se de comida ou bebida). *fig. fam.* Encher-se de ira.

LLENERO, A (lhenero) *adj. For.* Pleno, completo, cabal.

LLENO, A (lheno) *adj.* Cheio.

LLENURA (lhenura) *s. f.* Abundância, plenitude, fartura.

LLETA (lheta) *s. f.* Grelo, olho, broto.

LLEUDAR (lheudar) *v. tr.* V. LEUDAR.

LLEVA (lheva) *s. f.* V. LLEVADA.

LLEVADA (lhevada) *s. f.* Levada (ato de levar). Leva, condução.

LLEVADIZO, A (lhevadiço) *adv.* Suportável, tolerável, sofrível.

LLEVADIZO, A (lhevadiço) *adj.* Levadiço, móvel, movediço.

LLEVADOR, A (lhevador) *adj. e s.* Levador.

LLEVAR (lhevar) *v. tr.* Levar (conduzir, transportar; exigir como preço ou paga; arrastar, retirar, arrebatar, apanhar; induzir, persuadir; alcançar, lograr, obter, conseguir; tomar (tempo); trajar, vestir; guiar, dirigir). Produzir (a terra, as plantas). Ter uma herdade em arrendamento. *— las,* ou *— se bien* ou *mal,* dar-se bem ou mal (com alguém).

LLICHI (lhitchi) *s. m. Amer.* Vergôntea, renovo, rebento.

LLIELA (lhiela) *s. f. Amer.* Manta de lã (usada pelas índias).

LLIMO, A (lhimo) *adj. Amer. chil.* Diz-se da pessoa ou animal que tem as orelhas pequenas.

LLIPIHUAR (lhipiuar) *v. intr. Amer.* Pestanejar.

LLONGO (lhongo) *s. m. Amer. merid.* V. HONGO.

LLORADERA (lhoradera) *s. f. Pejor.* Choradeira.

LLORADERO (lhoradero) *s. m. Náut.* Lugar por onde a embarcação mete água.

LLORADO, A (lhorado) *p. p.* de *Llorar.*

LLORADOR, A (lhorador) *adj. e s.* Chorador.

LLORADUELOS (lhoraduelos) *s. m. e f. fig. fam.* Choramingas, choramingão, chorão.

LLORAMICO (lhoramico) *s. m. Dim.* de *Lloro.*

LLORAMICOS (lhoramicos) *s. m. e f.* V. LLORADUELOS.

LLORANDUELOS (lhoranduelos) *s. m. e f.* V. LORADUELOS.

LLORAR (lhorar) *v. intr.* Chorar (em todas as principais acep. deste vocábulo). U. t. c. tr.

LLOREDO (lhoredo) *s. m.* Loureiral.

LLORERA (lhorera) *s. f. fam.* Choradeira (choro sem motivo).

LLORÍN, A (lhorín) *adj.* Chorão, chorona (diz-se principalmente das crianças).

LLORIQUEAR (lhoriquear) *v. intr.* Choramingar.

LLORIQUEO (lhoriquèo) *s. m.* Choradeira (ação de choramingar).

LLORO (lhoro) *s. m.* Choro, pranto.

LLORÓN, A (lhoròn) *adj.* e *s.* Chorão, choramingas, lamecha. *s. m.* Penacho (de capacete).

LLORONA (lhorona) *s. f.* Carpideira, choradeira. *Amer. boliv.* Chilena (espora grande).

LLOROSAMENTE (lhorossamente) *adv.* Chorosamente.

LLOROSO, A (lhorosso) *adj.* Choroso.

LLOVEDIZO, A (lhovediço) *adj.* Chovediço, pluvial. Diz-se do telhado que tem goteiras.

LLOVEDOR, A (lhovedor) *adj.* Chuvoso (que traz chuva).

LLOVER (lhover) *v. intr. impes.* Chover. *Irreg.* V. conj. de *Moler.*

LLOVIDO, A (lhovido) *p. p.* de *Llover adj.* Diz-se do que se apresenta repentinamente à nossa vista. *s. m.* Clandestino (passageiro).

LLOVIOSO, A (lhoviosso) *adj.* Chuvoso.

LLOVIZNA (lhovisna) *s. f.* Chuvisco, garoa, chuvisqueiro.

LLOVIZNAR (lhovisnar) *v. intr. impes.* Chuviscar.

LLOVIZNOSO, A (lhovisnosso) *adj.* Úmido, molhado (por causa de garoa ou chuvisqueiro).

LLÚA (lhúa) *s. f.* V. LLUGA.

LLUBINA (lhubina) *s. f.* V. LUBINA.

LLUGA (lhuga) *s. f. Amer. chil.* Bexiga (das reses).

LLUVACERO (lhuvacero) *s. m.* Chuveiro, chuvada, chuvarada, aguaceiro.

LLUVIA (lhuvia) *s. f.* Chuva.

LLUVIO, A (lhuvio) *adj.* Pluvial.

LLUVIOSO, A (lhuviosso) *adj.* Chuvoso.

M (ème) *s. f.* Décima quinta letra e duodécima consoante do alfabeto espanhol.

MACA *s. f.* Pisadura (sinal, defeito, mancha, que fica na fruta machucada). Pequeno dano ou defeito (em fazendas, cordas etc.), falha. *fig. fam.* Treta, engano, fraude. *vulg.* V. HAMACA.

MACACO, A *adj. Amer.* Feio, disforme. *s. m. Zool.* Macaco.

MACADÁN *s. m.* Macadame.

MACANA *s. f.* Macana (arma ofensiva dos índios peruanos). *Amer.* Qualquer arma à maneira de cadete. *fig. fam. Amer. plat.* Mentira, lorota; disparate, despropósito, extravagância.

MACANEAR *v. intr. fam. Amer. plat.* Contar disparates ou extravagâncias.

MACANUDAMENTE *adv. Amer. plat.* Excelentemente, magnificamente, otimamente.

MACANUDO, A *adj.* Enorme, extraordinário. *Amer. plat.* Muito bom, excelente, magnífico, macanudo.

MACARENO, A *adj. fam.* V. BALADRÓN.

MACAREO (macarèo) *s. m.* Pororoca.

MACARRÓN *s. m.* Macarrão. U. m. no pl.

MACARSE *v. pron.* Sorvar, sorvar-se.

MACEADOR, A *adj. e s.* Maçador.

MACEAR *v. tr.* Maçar (bater com maço). *fig. Amer. argent.* Apostar (no jogo). *v. intr. fig.* Maçar, importunar, aborrecer.

MACEDÓN, A *adj. e s.* Macedônio.

MACELO *s. m.* Matadouro.

MACEO (macèo) *s. m.* Maçagem.

MACERAMIENTO *s. m.* Maceração.

MACERO *s. m.* Maceiro.

MACHA (matcha) *s. f. Amer. argent.* Borracheira, bebedeira, embriaguez.

MACHACA (matchaca) *s. f.* Maça (instrumento para maçar). *s. m. e f. fig.* Maçador, importuno.

MACHACADERA (matchacadera) *s. f.* Maça, pilão.

MACHACADO, A (matchacado) *p. p. de Machacar.* Machucado, pisado, trilhado.

MACHACAMIENTO (matchacamiento) *s. m.* Machuca, machucação, machucadura.

MACHACAR (matchacar) *v. tr.* Machucar, pisar, trilhar, amolgar, esmagar, *v. intr. fig.* Malhar, maçar, importunar.

MACHACÓN, A (matchacòn) *adj. e s.* Maçador, importuno, cansativo, enfadonho, fastidioso.

MACHADA (matchada) *s. f.* Rebanho de bodes. *fig.* Imbecilidade, tolice, asnice, asneira.

MACHADO, A (matchado) *adj. Amer. argent.* Bêbedo, borracho, ébrio.

MACHAJE (matchaje) *s. m. Amer. boliv., plat. e chil.* Conjunto de machos de um rebanho de gado.

MACHAMARTILLO (A) (matchamartilho) *loc. adv.* A machamartillo, toscamente, a martelo e bigorna.

MACHANGO, A (matchango) *adj. e s.* V. MACHACÓN.

MACHAQUEAR (matchaquear) *v. tr. Amer.* V. MACHACAR.

MACHAQUEO (matchaquèo) *s. m.* V. MACHACAMIENTO.

MACHAQUERÍA (matchaquería) *s. f.* Maçada, incômodo.

MACHAQUERO, A (matchaquero) *adj. e s.* V. MACHACÓN.

MACHETAZO (matchetaço) *s. f.* Machetada. Facada, cutilada.

MACHETE (matchete) *s. m.* Machete. Facão, faca de mato.

MACHETEAR (matchetear) *v. tr.* Cortar ou ferir com machete ou faca de mato. *fig. Amer. cub.* Torrar, liquidar (vender a baixo preço). *v. intr. Náut.* Arfar. *Amer. colomb.* Maçar, cacetear, importunar, aborrecer.

MACHETEO (matchetèo) *s. m.* Ação de *Machetear.*

MACHETERO (matchetero) *s. m.* Segador (de cana-de-açúcar). O que abre picadas a facão.

MACHIEGA (matchiega) *adj.* Mestra (diz-se da abelha).

MACHIHEMBRADO, A (matchiembrado) *p. p. de Machihembrar.*

MACHIHEMBRAR (matchiembrar) *v. tr. Carp.* Ensamblar, encaixar, embeber.

MACHINA (matchina) *s. f.* Martinete, bate-estacas. Cábrea.

MACHINETE (matchinete) *s. m.* V. MACHETE.

MACHIOTE (matchiote) *s. m. Amer.* V. ACHIOTE.

MACHO (matcho) *s. m.* Macho (animal do sexo masculino; mulo; peça que encaixa na fêmea da dobradiça, colchete, rosca ou gonzo). *fig.* Tolo, néscio, estúpido. U. t. c. adj. *adj. fig.* Macho, forte, robusto, vigoroso, varonil. *s. m.* Bode. Macho. Bigorna quadrada. Banco (da bigorna).

MACHOTA (matchota) *s. f.* V. MACHOTE.

MACHOTE (matchote) *s. m.* Espécie de maço ou malho; macoto. *A —, loc. adv.* A golpe de malho, às marteladas. *Amer.* Borrador; minuta.

MACHUCANTE (matchucante) *s. m. Amer. colomb.* Sujeito, tipo, indivíduo.

MACHUCHO, A (matchutcho) *adj.* Sensato, ajuizado, sisudo. Avançado (em anos), velho.

MACHUELO (matchuelo) *s. m. Dim. de Macho* (mulo). Coração (da cebola).

MACHUNO, A (matchuno) *adj.* Próprio do macho. *fig. fam.* Paterno.

MACICEZ *s. f.* Solidez, qualidade do que é maciço.

MACIEGA *s. f. Amer.* Macega.

MACIEGAL *s. m. Amer.* Macegal.

MACILLA (macilha) *s. f. Dim. de Maza, Amer.* Cubo (da roda).

MACILLO (macilho) *s. m.* Martelo (do piano).

MACIO *s. m. Amer.* V. ESPADAÑA.

MACIZAR (maciçar) *v. tr.* Encher (um espaço oco).

MACIZO, A (maciço) *adj.* Maciço. U. t. c. s.

MACIZAMENTE (maciçamente) *adv.* Maciçamente, solidamente.

MACOLLA (macolha) *s. f.* Conjunto de flores ou espigas nascida do mesmo pé.

MACOLLADO, A (macolhado) *p. p. de Macollar.* *adj. fig. Amer.* Cheio, completo, repleto, cumulado, abundante.

MACOLLAR (macolhar) *v. intr.* Atesourar, guardar, acumular. *v. pron.* Brotar, deitar renovos (uma planta).

MACOLLO (macolho) *s. m. Amer.* V. MACOLLA.

MACÓN, A *adj. Amer. colomb.* Grandão, grandalhão.

MACUACHI (macuatchi) *s. m. Amer. mexic.* Índio boçal. *fig.* Boçal, estúpido, bruto.

MACÚN *s. m. Amer. chil.* Poncho (usado pelos índios).

MACUQUERO *s. m.* O que explora minas abandonadas.

MACUTENO *s. m. Amer. mexic.* Gatuno, larápio, rateiro.

MACUTO *s. m. Amer. venezuel.* Escudela, esmoleira de (mendigo).

MADAPOLÁN *s. m.* Madapolão.

MADEJA (madeja) *s. f.* Madeixa, negalho (de algodão, lã, linho etc.). Madeixa (de cabelos). *fig. fam.* Poltrão, homem frouxo.

MADERA *s. f.* Madeira.

MADERABLE *adj.* Que fornece madeira (diz-se das árvores).

MADERACIÓN *s. f.* V. MADERAJE.

MADERADA *s. f.* Madeirada. Balça de madeiras.

MADERAJE (maderaje) *s. m.* Madeiramento (para construção).

MADERAMEN *s. m.* V. MADERAJE.

MADERAMIENTO *s. m.* V. ENMADERAMIENTO.

MADERERÍA *s. f.* Depósito de madeiras, serraria.

MADERERO *s. m.* Madeireiro.

MADERO *s. m.* Madeiro.

MADERUELO *s. m. Dim. de Madero.*

MADRASTA *s. f.* Madrasta.

MADRAZA (madraça) *s. f.* Mãe demasiado carinhosa ou condescendente com os filhos.

MADRE *s. f.* Mãe. Irmã (tratamento que se dá às freiras). *fig.* Mãe, origem. Madre (tratamento que se dá à religiosa professora que é ou foi superiora). *Náut.* Madre. Útero, madre, matriz. Açude principal. Cano mestre (de esgotos). *Lengua —,* língua mãe. *— de leche,* ama de leite. *Salir de —, loc. fig.* Exceder em muito o que é regular ou costumeiro.

MADREAR *v. intr.* Repetir (as crianças) a palavra mãe.

MADRECILLA (madrecilha) *s. f.* Ovário (das aves).

MADRECITA *s. f. Dim. de Madre.* Mãezinha.

MADRECLAVO *s. m.* Cravo-da-índia (que ficou dois anos na árvore).

MADREÑA (madrenha) *s. f.* V. ALMADREÑA.

MADREPERLA *s. f.* Madrepérola.

MADRERO, A *adj.* Muito carinhoso com a sua mãe, que não a deixa, apegado a ela.

MADRESELVA (madresselva) *s. f.* Madressilva.

MADRIDEÑO, A (madridenho) *adj. e s.* V. MADRILEÑO.

MADRIGADO, A *adj.* Diz-se da mulher casada em segundas núpcias. Experimentado, habituado, prático.

MADRIGUERA *s. f.* Madrigueira, toca, cova, lapa. *fig.* Esconderijo de gente de má vida, latíbulo.

MADRILEÑO, A (madrilenho) *adj. e s.* Madrilense, madrileno.

MADRILLA (madrinha) *s. f. Ictiol.* Voga.

MADRINA *s. f.* Madrinha.

MADRONA *s. f. fam.* V. MADRAZA.
MADRONCILLO (madroncilho) *s. m.* Morango (o fruto).
MADROÑAL (madronhal) *s. m.* Medronhal.
MADROÑO (madronho) *s. m.* Medronheiro. Medronho.
MADROÑUELO (madronhuelo) *s. m. Dim.* de *Madroño.*
MADRUGÓN *s. m. fam.* Grande madrugada (ação de madrugar).
MADURACIÓN *s. f.* Maturação. Maduração, sazonamento.
MADURADERO *s. m.* Madureiro.
MADURAR *v. tr.* Madurar, sazonar, fazer amadurecer (os frutos). *fig.* Amadurecer (uma idéia, um projeto). Maturar, amadurecer (um tumor). *v. intr.* Amadurecer (os frutos). *fig.* Amadurecer (adquirir juízo e sensatez). Amadurecer (um tumor).
MADURATIVO, A *adj.* Maturativo.
MADUREZ *s. f.* Madureza (sazonamento, maturação dos frutos). *fig.* Madureza, siso, prudência, circunspeção.
MAESA (maessa) *s. f.* Abelha-mestra ou rainha.
MAESIL (maessil) *s. m.* V. MAESTRIL.
MAESTRA *s. f.* Professora, mestra. Com o art. *la,* escola de meninas. Abelha-mestra. *fig.* Mestra (coisa que instrui ou ensina). — *de escuela,* professora, mestra. — *de primera enseñanza,* professora de escola primária.
MAESTRAL *adj.* Magistral. Professoral. *s. m.* Mistral. V. MAESTRIL.
MAESTRALIZAR (maestraliçar) *v. intr. Náut.* Declinar (bússola) para a parte de onde sopra o mistral.
MAESTRAMENTE *adj.* Magistralmente, com maestria, perfeitamente, habilmente, destramente.
MAESTRANTE *s. m.* Cavaleiro (de ordem militar).
MAESTRANZA (maestrança) Sociedade de cavaleiros (ordem militar, sociedade honorífica). Mestrança.
MAESTRAZGO *s. m.* Mestrado.
MAESTRE *s. m.* Mestre (de ordem militar). *Náut.* Mestre.
MAESTREAR *v. tr.* Dirigir; intervir, com outros, como mestre, numa operação. Podar a vide, deixando o sarmento com um palmo de comprimento. *fig. fam.* Dogmatizar, fazer de mestre, mestrear.
MAESTRESALA (maestressala) *s. m.* Mestre-sala.
MAESTRESCUELA *s. m.* Mestre-escola (uma das dignidades dos cabidos).
MAESTRÍA *s. f.* Mestria, maestria, perícia. Dignidade de mestre (nas ordens regulares). Título de professor.
MAESTRIL *s. m.* Célula onde se forma a abelha-mestra.
MAESTRO, A *adj.* Primo; (diz-se da obra de mérito relevante entre as de sua classe). *Obra* —*a,* obra-prima. Mestre (diz-se da pessoa ou coisa que ocupa um lugar proeminente com relação a outras). *fig.* Amestrado, ensinado. *s. m.* Mestre, professor. *fig.* Mestre (o que se avantaja a outro em qualquer coisa). *Mús.* Maestro.
MAGAÑA (maganha) *s. f.* V. LEGAÑA.
MAGANTO, A *adj.* Triste, pensativo, melancólico.
MAGARZA (magarça) *s. f.* Matricária.
MAGIA (májia) *s. f.* Magia. *fig.* Magia, encanto, feitiço, fascinação, prestígio.
MAGÍN (majín) *s. m. fam.* Imaginação.
MAGNATE *s. m.* Magnata.
MAGRA *s. f.* Fatia de presunto.
MAGREZ *s. f.* Magreza, emagrecimento.
MAGUEY (maguei) *s. m. Amer.* Pita.
MAGUILLO (maguilho) *s. m.* Macieira-silvestre.
MAGULLADURA (magulhadura) *s. f.* V. MAGULLAMIENTO.
MAGULLAMIENTO (magulhamiento) *s. m.* Pisadura, contusão, machucadura.
MAGULLAR (magulhar) *v. tr.* Magoar, pisar, contundir, machucar, trilhar.

MAGULLÓN (magulhòn) *s. m.* V. MAGULLAMIENTO.
MAICENA *s. f.* Maizena.
MAICERÍA *s. f. Amer.* Depósito de milho.
MAICILLO (maicilho) *s. m. Amer.* Granito em decomposição.
MAÍDO *s. m.* V. MAULLIDO.
MAÍLLA (maílha) *s. f.* Maçã-silvestre.
MAÍLLO (maílho) *s. m.* V. MAGUILLO.
MAIMÓN *adj.* Com o *s. Bollo,* designa certa massa de biscoito e uma espécie de pão recheado de conservas. *s. m. Zool.* Mico. *pl.* Assorda.
MAÍZ *s. m.* Milho.
MAIZAL (maiçal) *s. m.* Milharal.
MAJA (maja) *s. f.* Pilão (mão do gral).
MAJADA (majada) Malhada, mota, redil (curral onde o gado passa a noite). Esterco (do gado). *Amer.* Rebanho de ovelhas.
MAJADAL (majadal) *s. m.* Terreno estercado pelo gado e que serviu de malhada.
MAJADEAR (majadear) *v. intr.* Passar a noite (o gado) numa malhada. Estrumar, estercar, adubar (as terras) com esterco.
MAJADERAMENTE (majaderamente) *adv.* Tolamente, bobamente, nesciamente.
MAJADEREAR (majaderar) *v. tr. Amer.* Importunar com babozeiras.
MAJADERÍA (majadería) *s. f.* Babozeira, tolice, necedade.
MAJADERILLO (majaderilho) *s. m.* Bilro.
MAJADERO, A (majadero) *adv. fig.* Néscio, tolo, importuno, fátuo, *s. m.* Malhadeiro (mão do almofariz).
MAJADOR, A (majador) *adj.* e *s.* Malhador. Pisador.
MAJADURA (majadura) *s. f.* Malhada (ação de malhar). Pisadura.
MAJAGRANZAS (majagranças) *s. m. fig. fam.* Homem tolo e grosseirão.
MAJANO (majano) *s. m.* Montão de pedras (para dividir terrenos, ou reunido nas terras de lavradio).
MAJAR (majar) *v. tr.* Malhar, machucar, pisar, maçar. *fig.* Malhar, maçar, importunar.
MAJENCIA (majencia) *s. f. fam.* V. MAJEZA.
MAJESTUOSAMENTE (majestuossamente) *adv.* Majestosamente.
MAJESTUOSIDAD (majestuossidad) *s. f.* Qualidade de majestoso.
MAJESTUOSO, A (majestuosso) *adj.* Majestoso.
MAJEZA (majeça) *s. f. fam.* Qualidade de *Majo* (1ª acep.). Fanfarrice.
MAJO, A (majo) *adj.* Diz-se da pessoa que no porte, no traje ou nas ações, ostenta uma elegância e desenvoltura mais característica da gente vulgar que da distinta. U. t. c. s. *fam.* Ataviado, enfeitado, luxuoso. *fam.* Lindo, formoso, vistoso.
MAJOLAR (majolar) *s. m.* Terreno plantado de cardo-branco ou espinheiro-alvar.
MAJOLETA (majoleta) *s. f.* Fruto do espinheiro-alvar.
MAJOLETO (majoleto) *s. m.* V. MARJOLETO.
MAJORCA (majorca) *s. f.* V. MAZORCA.
MAJUELA (majuela) *s. f.* Correia, atacador de couro (para o calçado). Fruto do espinheiro-alvar.
MAJUELO (majuelo) *s. m.* Espinheiro-alvar, cardo-branco.
MAJURA (majura) *s. f.* V. MAJEZA.
MAL *adj. apóc.* de *Malo.* Mau. *Gram.* Emprega-se anteposto aos substantivos masculinos. *s. m.* Mal. — *de ojo;* mau-olhado. *Echar a* —, desestimar, desprezar. Desperdiçar, malgastar. *Parar en*—, acabar mal, ter um fim desventurado. *adv.* Mal. *De* — *en peor, loc. adv.* De mal a pior. — *que bien, loc. adv.* De bom ou mau grado; mal ou bem-feito.
MALA *s. f.* Mala postal da França e Inglaterra. Mala (este correio). V. MALILLA.
MALACONSEJADO, A (malaconsejado) *adj.* Desavisado.
MALACOSTUMBRADO, A *adj.* Mal acostumado, que tem maus hábitos e costumes.
MALACUENDA *s. f.* V. HARPILLERA.
MALAGUEÑO, A (malaguenho) *adj.* e *s.* Malaguense. *s. f.* Malaguenha.
MALAMENTE *adv.* Mal, malmente.

MALANDANZA (malandança) *s. f.* Malandança, desgraça, desventura.
MALANDRÍN, A *adj.* Malandro, malandrino, velhaco, patife, tratante. U. t. c. s.
MALAVENIDO, A *adj.* Mal-avindo.
MALAVENTURANZA (malaventurança) *s. f.* Infortúnio, desdita, de fortuna, desventura.
MALBARATAMIENTO *s. m.* Esbanjamento.
MALCASO (malcasso) *s. m.* Traição, perfídia, indignidade, deslealdade.
MALCOCINADO, A *p. p.* de *Malcocinar, s. m.* Miúdos das reses. Malcozinhado.
MALCOCINAR *v. tr. fam.* Malcozer.
MALCOMER *v. tr.* Comer pouco, mal ou com mau gosto.
MALCONTENTO, A *adj.* Malcontente, descontente.
MALCRIADEZ *s. f. Amer.* Má-criação, grosseria.
MALDECIDO, A *p. p. irreg.* de *Maldecir. adj.* Maldito, danado, de mau gênio. U. t. c. s. — *de cocer, loc. fig. fam.* Duro de roer, irredutível.
MALDECIDOR, A *adj.* e *s.* Maldizente.
MALDECIR *v. tr.* Amaldiçoar, praguejar. *v. intr.* Maldizer, falar mal. *Irreg.* V. conj. de *Bendecir.*
MALDICIENTE *p. a.* de *Maldecir.* Maldizente. U. t. c. s. e adj.
MALDICIÓN *s. f.* Maldição, praga.
MALDISPUESTO, A *adj.* Indisposto (de saúde).
MALDITA *s. f. fam.* A língua. *Soltar (uno) la* —, *loc. fam.* Falar sem papas na língua, falar sem respeito ou muito livremente.
MALDITAMENTE *adv. fam.* Pessimamente.
MALDITO, A *p. p. irreg.* de *Maldecir. adj.* Maldito (amaldiçoado; perverso, malvado; condenado; ruim, de má qualidade). *fam.* V. NINGUNO. — *de cocer.* V. MALDECIDO (*de cocer*).
MALEADOR, A *adj.* e *s.* V. MALEANTE.
MALEAMIENTO *s. m.* Ação de perverter, corrupção, perdição.
MALEANTE *p. a.* de *Malear. adj.* Maligno, perverso, malvado; depravado, corrupto.
MALEAR *v. tr.* Danificar, corromper, deitar a perder. U. t. c. pron. *fig.* Perverter, corromper, viciar, perder. U. t. c. pron.
MALECIENTO, A *adj. Amer.* Cheio de ervas ruins.
MALECÓN *s. m.* Represa, dique, muralha.
MALEMPLEAR *v. tr.* Empregar mal.
MALEZA (maleça) *s. f.* Tojal, mata brava, espinhal. Macegal. *Amer. chil.* Pus.
MALHABLADO, A (malablado) *adj.* Desbocado, malcriado, desavergonhado, malfalante. U. t. c. s.
MALHADADO, A (maladado) *adj.* Malfadado.
¡MALHAYA! (maladja) *esclam. imprecat. Amer.* Mal haja!
MALHECHO, A (maletcho) *adj.* Malfeito, deforme. Má ação.
MALHECHOR, A (maletchor) *adj.* e *s.* Malfeitor.
MALHERIR (malerir) *v. tr.* Malferir, ferir gravemente.
MALHOJO (malojo) *s. m.* V. HOJARASCA.
MALHUMORARSE (malumorarse) *v. pron.* Amuar-se, ficar de mau humor.
MALICIA *s. f.* Maldade. Malícia. Perversidade. Dissimulação. Esperteza, astúcia, sagacidade. *Amer.* Bebida alcoólica que se junta a outra em pequena quantidade.
MALILLA (malilha) *s. f.* Manilha (jogo de cartas; carta que serve de trunfo).
MALLA (malha) *s. f.* Malha. V. MEAJA.
MALLADO, A (malhado) *p. p.* de *Mallar. adj.* Malhado.
MALLAR (malhar) *v. intr.* Fazer malha. V. ENMALLARSE.
MALLERO (malhero) *s. m.* Malheiro (que faz malhas).
MALLETE (malhete) *s. m. Dim.* de *Mallo. Náut.* Malhete.
MALLETO (malheto) *s. m.* Maço (para bater o papel).
MALLO (malho) *s. m.* Malho. Maço. Malha (jogo). Lugar onde se joga a malha. V. MAZO.
MALLORQUÍN, A (malhorquín) *adj.* e *s.* Maiorquino.
MALMIRADO, A *adj.* Malquisto, inimizado.

MALO, A *adj.* Mau, má. *A —as, loc. adv.* Com inimizade. *De —as, loc. adv.* Com má sorte (principalmente no jogo). *Por —as o por buenas, Loc. adv.* Por bem ou por mal.

MALOJO (malojo) *s. m. Amer.* Forragem (de milho).

MALÓN *s. m. Amer. merid.* Assalto inesperado de índios. *fig.* Felonia inesperada. *Dar —,* surpreender o inimigo.

MALPARTO *s. m.* Aborto.

MALPLEAR *v. tr.* V. MALEMPLEAR.

MALQUERENCIA *s. f.* Malquerença.

MALQUISTAMIENTO *s. m.* Ação de malquistar.

MALROTADOR, A *adj. e s.* Dissipador, gastador, malbaratador.

MALROTAMIENTO *s. m.* Malbarato, dissipação.

MALROTAR *v. tr.* Malbaratar, dissipar, malgastar.

MALSANO, A *adj.* Malsão, ã.

MALSÍN *s. m.* Murmurador, maldizente.

MALSONAR *v. intr.* Dissonar. *Irreg.* V. conj. de *Almorzar.*

MALSONANTE *p. a.* de *Malsonar. adj.* Que soa mal, dissonante, destoante.

MALSUFRIDO, A *adj.* Impaciente, intolerante, malsofrido.

MALTRAPILLO, A (maltrapilho) *adj.* Maltrapilho, andrajoso.

MALTRATAMIENTO *s. m.* Ação de maltratar, mau trato.

MALTRATO *s. m.* V. MALTRATAMIENTO.

MALTRECHO, A (maltretcho) *adj.* Maltratado, ferido, oprimido.

MALUCHO, A (malutcho) *adj.* Um tanto mal, doente, adoentado.

MALUCO, A *adj.* V. MALUCHO. *Amer. colomb.* Insípido, sensaborão.

MALUCÓN, A *adj. fam. Amer.* V. MALUCHO.

MALVA *s. f.* Malva. *Ser como una —, loc. fig. fam.* Ser dócil, pacífico ou manso.

MALVAVISCO *s. m.* Malvaísco.

MAMA *s. f.* Mamã, mamãe. Mama, teta.

MAMACALLOS (mamacalhos) *s. m. fig. fam.* Homem néscio.

MAMADERA *s. f.* Mamadeira.

MAMADERO, A *adj.* Que pode ser mamado. *fig.* Excelente, bom.

MAMADO, A *p. p.* de *Mamar, adj. fam. Amer.* Bêbado, borracho, embriagado, ébrio. *Amer. cub.* V. MAMARRACHO.

MAMALÓN, A *adj. Amer.* Vadio, que vive à custa do próximo.

MAMAMAMA *s. f. Amer. per.* Avó.

MAMANCONA *s. f. Amer. chil.* Mulher velha e gorda.

MAMANDURRIA *s. f. Amer.* Mamata. *Amer. per.* Boa sorte.

MAMANTÓN, A *adj.* Mamão, que ainda mama.

MAMAR *v. tr.* Mamar. *v. pron. Amer.* Embebedar-se, *—se a uno, Amer. merid.* Matar alguém, despachá-lo.

MAMARRACHADA (mamarratchada) *s. f.* Palhaçada (conjunto de enfeites ridículos). *fam.* Tolice, parvoíce.

MAMARRACHISTA (mamarratchista) *s. m. e f.* Mamarracho, pintamonos.

MAMARRACHO (mamarratcho) *s. m.* Figura ridícula; enfeite extravagante ou malfeito. Qualquer coisa ridícula e extravagante.

MAMELÓN *s. m.* Mamilo.

MAMOLA *s. f.* Carícia ou brincadeira que se faz a alguém passando-lhe a mão por baixo do queixo ¡ —! *inter.* Caramba!

MAMÓN, A *adj.* Mamão, que ainda mama. *s. m. Agr.* Ladrão. *Bot.* Mamoeiro. Mamão (fruto desta planta).

MAMPARA *s. f.* Biombo.

MAMPARO *s. m. Náut.* Anteparo. *— estanco,* compartimento estanque.

MAMPORRO *s. m.* Golpe que causa pouco dano.

MAMPOSTEAR *v. tr.* Trabalhar em alvenaria.

MAMPOSTERÍA *s. f.* Obra de alvenaria.

MAMPOSTERO *s. m.* Pedreiro, o que trabalha em obra de alvenaria. Coletor de impostos, rendas ou esmolas.

MAMPRESAR (mampressar) *v. intr.* Começar a domar os animais.

MAMPUESTA *s. f. Constr.* Fiada, fileira (de tijolos ou pedras).

MAMPUESTO, A *adj.* Diz-se do material empregado nas obras de alvenaria. *s. m.* Parapeito. Pedra miúda (para construção). *De —, loc. adv.* De caso pensado.

MAMUJAR (mamujar) *v. tr.* Mamar sem vontade.

MAÑA (manha) *s. f.* Manha (habilidade, destreza, arte; ardil, astúcia, treta; mau sestro, defeito, balda). Pequeno feixe.

MANADERO *adj.* Manante, que mana. *s. m.* V. MANANTIAL.

MAÑANA (manhana) *s. f.* Manhã. *adv.* Amanhã. *Muy de —, loc. adv.* Muito cedo, de madrugada, de manhãzinha. *Pasado —, loc. adv.* Depois de amanhã. *Tomar la —,* madrugar.

MAÑANEAR (manhanear) *v. intr.* Madrugar habitualmente.

MAÑANICA (manhanica) *s. f.* Manhãzinha.

MAÑANERO, A (manhanero) *adj.* Madrugador.

MAÑANITA (manhanita) *s. f.* V. MAÑANICA.

MANANTIAL *s. m.* Manancial, nascente, olho-d'água, fonte. *adj.* Manancial, manante, corrente (diz-se da água). *fig.* Manancial, origem abundante, fonte perene.

MANANTÍO, A *adj.* V. MANADERO.

MANAZA (manaça) *s. f. Aument.* de *Mano.* Mãozorra, manápula.

MANCAMIENTO *s. m.* Ação de mancar (tornar manco). Falta de alguma coisa.

MANCAR *v. tr.* Mancar, tornar manco; ferir, estropiar. *vulg.* Faltar.

MANCEBA *s. b.* Concubina.

MANCEBÍA *s. f.* Lupanar.

MANCERA *s. f.* Rabiça do arado.

MANCHADIZO, A (mantchadiço) *adj.* Que facilmente se mancha.

MANCILLA (mancilha) *s. m. fig.* Mancha, mácula, nódoa, nota infamante. Mazela, ferida, chaga.

MANCILLADO, A (mancilhado) *p. p.* de *Mancillar. adj. fig.* Manchado, maculado, desonrado, enodoado. Espúrio (diz-se dos filhos chamados ilegítimos).

MANCILLAR (mancilhar) *v. tr. fig.* Macular, manchar, desonrar, infamar, enxovalhar, enodoar. U. t. c. pron.

MANCO, A *adj.* Maneta. Manco.

MANCOMÚN (DE) *loc. adv.* De comum acordo.

MANCORNAR *v. tr.* Atar uma corda à mão e ao corno do mesmo lado de um animal vacum, para que não fuja. Colocar a mão da rês derribada sobre o corpo do mesmo lado, para impedir que se levante. Mancornar. Atar duas reses pelos cornos. *fig. fam.* Unir duas coisas da mesma espécie e que estavam separadas; acolherar, juntar. *Irreg.* V. conj. de *Almorzar.*

MANCUERDA *s. f.* Volta da roda (suplício).

MANCUERNA *s. f.* Parelha (de animais ou coisas). Ajoujo, colheira.

MANDA *s. f.* Promessa (afirmativa de que se há de dar alguma coisa). Doação, legado.

MANDADERO, A *adj.* Bem-mandado, obediente. *s. m.* V. DEMANDADERO.

MANDAMIENTO *s. m.* Mandamento. *pl.* Mandamentos (os cinco dedos da mão).

MANDIL *s. m.* Mandil (avental grosseiro). Avental. Mandil (pano grosseiro com que se esfregam as bestas depois de escovadas). Rede de pescar de malhas estreitas. Insígnia maçônica.

MANDO *s. m.* Mando, autoridade, poder de mandar. Comando.

MANDÓN, A *adj. e s.* Mandão, ona.

MANDRACHERO (mandratchero) *s. m.* Dono de casa de tavolagem.

MANDRACHO (mandratcho) *s. m.* Casa de tavolagem.

MANDRÁGULA *s. f. fam.* Mandrágora.

MANDRIA *adj.* Medroso, de pouco valor, apoucado, cobarde. U. t. c. s.

MANEA *s. f.* V. MANIOTA.

MANEAR *v. tr.* Manejar. Manear (pear com maneia).

MAÑEAR (manhear) *v. tr.* Preparar alguma coisa com manha ou astúcia.

MANECILLA (manecilha) *s. f. Dim.* de *Mano.* Mãozinha. Ponteiro (de relógio e outros instrumentos). Fecho (principalmente dos livros de oração). Mãozinha, mão (sinal, em forma de mão, para chamar a atenção).

MANEOTA *s. f.* V. MANIOTA.

MANERA *s. f.* Maneira (em todas as principais acep. deste vocábulo).

MAÑEREAR (manherear) *v. intr.* Manheirar (tentar fugir ao laço um animal).

MAÑEARÍA (manhería) *s. f.* Esterilidade (das fêmeas ou da terra).

MAÑERO, A (manhero) *adj.* Manhoso, sagaz, astuto, hábil. Manejável, tratável, factível. *Amer.* Manheiro, que tem mau sestro (diz-se dos animais). *ant.* Estéril.

MANEZUELA (manezuela) *s. f. Dim.* de *Mano.* Mãozinha. V. MANECILLA, 3ª acep. V. MANIJA, 1ª acep.

MANGA *s. f.* Manga (parte do vestido). Manga, mangueira (de bomba). Extremidade do eixo de um carro. Tarrafa. Covo. Manga (espécie de filtro ou coador). Maleta portátil que abre para os lados e se fecha por meio de cordões. Troço (de tropas). Tromba (de água). *Náut.* Boca. *pl.* Luvas, gratificação. *s. f. Amer.* Curral, mangueira. *Amer.* Turba, multidão.

MANGANA *s. f.* Pealo.

MANGANEAR *v. tr.* Pealar.

MANGANESA (manganessa) *s. f.* Manganês.

MANGANESIA (manganessia) *s. f.* V. MANGANESA.

MANGANILLA (manganilha) *s. f.* Manganilha, sutileza de mãos.

MANGO *s. m.* Cabo (de um instrumento). *Amer. argent. pop.* Peso (moeda). *Bot.* Mangabeira. Mangaba (fruto desta planta).

MANGÓN *s. m.* Revendedor.

MANGONADA *s. f.* Cotovelada.

MANGONEAR *v. intr. fam.* Mangonar. Vadiar, vaguear. *fam.* Intrometer-se, meter-se.

MANGONEO (mangonèo) *s. m.* Mangona, vadiagem, vagabundagem, ociosidade. Intromissão (ação de intrometer-se).

MANGORRILLO (mangorrilho) *s. m.* Rabiça do arado.

MANGOSTA *s. f.* Rato-da-Índia.

MANGOTE *s. m. fam.* Cabo (de instrumento) comprido e largo. Manguito (pequena manga para resguardo dos punhos), manga postiça (usada em certos trabalhos).

MANGRULLO (mangrulho) *s. m. Amer.* Atalaia, vigia, espia, sentinela (postado numa árvore).

MANGUERA *s. f. Amer. plat.* Mangueira (curral para o gado). *Náut.* Mangueira. Tromba (de água). *Náut.* Ventilador.

MANGUERO *s. m.* O que cuida e maneja as mangueiras (de bomba).

MANGUETA *s. m.* Tubo de borracha e seringa (parte do irrigador usado para irrigações medicinais). Couceira (de porta). Alavanca.

MANGUILLA (manguilha) *s. f. Dim.* de *Manga.* V. MANGOTE, 2ª acep.

MANGUITA *s. f.* V. FUNDA.

MANGUITERÍA *s. f.* Pelaria.

MANGUITO *s. m.* Regalo de peles. Manguito (pequena manga para resguardo dos punhos). Rosca (de massa de biscoito). *Mec.* Espécie de cilindro oco. Anel de ferro.

MANÍ *s. m.* Amendoim.

MANIATAR *v. tr.* Manietar.

MANICORTO, A *adj.* Sovina, mão fechada, forreta, mesquinho, avarento.

MANIDA *s. f.* Morada, retiro (de homem ou animal).

MANIDO, A *p. p.* de *Manir. adj.* Murcho, passado.

MANIEGO, A *adj.* Ambidestro.

MANIFACERO, A *adj. e s. fam.* Metediço, intrometido, que se mete em tudo.

MANIFIESTO, A *p. p. irreg.* de *Manifestar. adj.* Manifesto, patente, evidente, claro, descoberto. *s. m.* Manifesto. *Poner de —,* tornar patente.

MANIGUETA *s. f.* V. MANIJA, 1ª acep. *Náut.* Malaqueta.

MANIJA (manija) *s. f.* Cabo, punho (de alguns instrumentos). Maneia, maniota. Anel de metal, braçadeira. *Amer.* Argola (do rebenque).

MANILA *s. f.* Cânhamo. *Mantón de —*, mantilha de seda.

MANILLA (manilha) *s. f.* Manilha (pulseira; algema).

MANIOBRA *s. f.* Manobra (em todas as principais acep. deste vocábulo).

MANIOBRAR *v. intr.* Manobrar (executar evoluções militares ou náuticas).

MANIOBRERO, A *adj.* Manobreiro, manobrador.

MANIOBRISTA *s. m. Náut.* Manobrista. U. t. c. adj.

MANIOTA, S. *f.* Maneia, maniota (para pear animais).

MANIPULAR *v. tr.* Manipular. *fig.* Manejar, meter-se em (negócios próprios ou alheios).

MANIPULEO (manipulèo) *s. m.* Ação de *Manipular, 2ª* acep.; manejo; intromissão.

MANIQUÍ *s. m.* Manequim.

MANIR *v. tr. defect.* Abrandar, amolecer, macerar (a carne).

MANIRROTO, A *adj. e s.* Mão aberta, pródigo, demasiado liberal, perdulário.

MANJORRADA (manjorrada) *s. f.* Grande abundância de comida ordinária.

MANO *s. f.* Mão. Mão (a extremidade dos membros anteriores dos quadrúpedes; a extremidade de qualquer dos membros das reses de talho, depois de cortadas). Mão (camada de tinta; pilão, mão do gral; lanço no jogo; o primeiro a jogar; lado; vigésima parte da resma de papel). Tromba do elefante. Ponteiro (de relógio ou outros instrumentos). *fig.* Mão (em todas as principais acep.).

MAÑO, A (manho) *adj. e s. fam.* Aragonês.

MAÑOCO (manhoco) *s. m.* Tapioca.

MANOJO (manojo) *s. m.* Molho, feixe, manojo. *A —s, loc. adv. fig.* Aos punhados, abundantemente.

MANOLO, A *s. m. e f.* Rapaz ou rapariga (manola) do povo de Madrid.

MANOPLA *s. f.* Manopla (de armadura). Rebenque curto.

MAÑOSAMENTE (manhossamente) *adv.* Manhosamente, ardilosamente, astuciosamente.

MANOSEAR (manossear) *v. tr.* Manusear; amarrotar, enxovalhar.

MAÑOSEAR (manhossear) *v. intr. Amer.* Proceder com manha ou astúcia.

MANOSEO (manossèo) *s. m.* Manuseio, manuseação.

MANOTA *s. f.* Aument. de *Mano.* Mãozorra, manápula, manopla.

MANOTADA *s. f.* Palmada, bofetada (pancada com a mão).

MANOTAZO (manotaço) *s. m.* V. MANOTADA.

MANOTEADO, A *p. p.* de *Manotear. s.m.* V. MANOTEO.

MANOTEAR *v. tr.* Dar pancadas com a mão, bater, dar palmadas ou bofetadas. *v. intr.* Gesticular.

MANOTEO (manotèo) *s. m.* Gesticulação. V. MANOTADA.

MANOTÓN *s. m.* V. MANOTADA.

MANQUEA (manquèa) *s. f. Vet.* Manqueira.

MANQUEDAD (manquedad) *s. f.* Manqueira (o defeito de ser manco ou maneta). *fig.* Manqueira, senão, defeito.

MANQUERA *s. f.* V. MANQUEDAD.

MANQUEAR *v. intr.* Manquejar, mancar, coxear.

MANSALVA (A) *loc. adv.* Sem perigo, sem risco. Impunemente.

MANSEDUMBRE *s. f.* Mansidão.

MANSEJÓN, A (mansejòn) *adj.* Mansarrão, ona (diz-se dos animais).

MANSEQUE *s. m. Amer.* Dança infantil chilena.

MANSIÓN *s. f.* Mansão, morada, aposento. Detenção, demora, permanência (em lugar). *Hacer —, loc.* Deter-se, demorar-se (em alguma parte).

MANSITO *adj.* Mansinho. *Adv.* De mansinho; mansamente.

MANTEAMIENTO *s. m.* Manteação.

MANTEGA *s. f.* Manteiga.

MANTECADA *s. f.* Fatia de pão barrada de manteiga. Espécie de bolo.

MANTECADO *s. m.* Bolo amassado com manteiga. Sorvete de creme.

MANTECÓN *s. m. fig. fam.* Indivíduo comodista e delicado. U. t. c. adj.

MANTECOSO, A (mantecosso) *adj.* Manteiguento, manteigoso. Untuoso, gorduroso.

MANTEL *s. m.* Toalha de mesa. Toalha de altar. *A —es, ou sobre —es, loc. adv.* Em mesa coberta com toalha.

MANTELERÍA *s. m.* Roupa de mesa (conjunto de toalhas e guardanapos).

MANTELETA *s. f.* Mantelete (espécie de chale usado pelas mulheres).

MANTELETE *s. m.* Mantelete (dos bispos e outros prelados).

MANTELLINA (mantelhina) *s. f.* V. MANTILHA.

MANTENER *v. tr.* Manter, alimentar, sustentar, prover do necessário., U. t. c. pron. Manter, conservar, sustentar; assegurar, guardar; defender, respeitar. *v. pron.* Manter-se (permanecer, conservar-se; alimentar-se). *Irreg.* V. conj. de *Tener.*

MANTENIDO, A *p. p.* de *Mantener.*

MANTENIENTE (A) *loc. adv.* Com mão firme, com toda a força das mãos. Com ambas as mãos.

MANTENIMIENTO *s. m.* Manutenção. Mantimento, alimento, víveres.

MANTEO (mantèo) *s. m.* V. MANTEAMIENTO.

MANTEQUERA *s. f.* Manteigueira (mulher que faz ou vende manteiga; vaso em que se põe a manteiga).

MANTEQUERÍA *s. f.* Manteigaria.

MANTEQUERO *s. m.* Manteigueiro. Manteigueira (vaso em que se põe a manteiga).

MANTEQUILLA (mantequilha) *s. f. Dim.* de *Manteca.* Nata batida.

MANTEQUILLERA (mantequilhera) *s. f. Amer.* V. MANTEQUERA.

MANTÉS, A (mantès, essa) *adj. e s. fam.* Pícaro, patife, pulha.

MANTILLA (mantilha) *s. f.* Mantilha. Xairel. Cueiro. U. m. no pl.

MANTILLEJA (mantilheja) *s. f. Dim.* de *Mantilha.*

MANTILLO (mantilho) *s. m. Agr.* Terriço, terra-vegetal. Adubo (de esterco curtido).

MANTÓN *s. m.* Grande manto. Mantilha. Lenço grande (para abrigo). *— de manila,* espécie de chale de seda bordado. *adj.* V. MANTUDO.

MANTUDO, A *adj.* Diz-se das aves de asas caídas.

MANUABLE *adj.* Manejável.

MANUBRIO *s. m.* Manivela. Cabo, punho (de alguns instrumentos).

MANUELLA (manuelha) *s. f. Náut.* Barra do cabrestante.

MANZANA (mançana) *s. f.* Maçã (fruto da macieira). Bloco (grupo isolado de casas contíguas). Maça (da espada). *Amer. argent.* Quarteirão (reunião de casas formando um quadrado ou quadrilátero, cada uma das faces do qual dá para uma rua). *— de la discordia, fig.* Pomo da discórdia.

MANZANAL (mançanal) *s. m.* V. MANZANAR. V. MANZANO.

MANZANAR (maçanar) *s. m.* Pomar de macieiras.

MANZANERA (mançanera) *s. f.* V. MAGUILLO.

MANZANERO (mançanero) *s. m. Amer. equat.* V. MANZANO.

MANZANIL (mançanil) *adj.* Diz-se de algumas frutas que se assemelham à maçã, na cor ou forma.

MANZANILLA (mançanilha) *s. f.* Macela, camomila. Variedade de azeitona pequena. Maçaneta (remate de forma globular ou piramidal usado em camas, janelas, grades, cordões etc.). Ponta da barba.

MANZANILLO (mançanilho) *s. m.* Mancenilha, mancenilheiro.

MANZANO (mançano) *s. m.* Macieira.

MAQUE *s. m.* Laca (verniz).

MAQUEAR *v. tr.* Laquear.

MAQUILA *s. f.* Maquia.

MAQUILAR *v. tr.* Maquiar (cobrar as maquias).

MAQUILERO *s. m.* Maquiador.

MAR *s. amb.* Mar. *fig.* Mar, onda grande, vagalhão. *fig.* Mar (grande porção de qualquer coisa). *— ancha,* alto-mar, largo. *— en leche,* mar de leite, mar muito manso. *— larga,* alto-mar, largo. *Alta —,* alto-mar. *A —es, loc. adv.* Abundantemente. *Hacerse a la —, Náut.* Fazer-se ao mar. *La —, loc. adv.* Muito, abundantemente. *La — de, loc. adv.* Muito. *Quebrarse,* ou *romperse el —,* quebrar (o mar).

MARABUTO *s. m.* Marabu (religioso muçulmano).

MARAGATERÍA *s. f.* Conjunto de arreeiros ou naturais de Astorga.

MARAGATO, A *adj. e s.* Natural de Astorga.

MARAÑA (maranha) *s. f.* Maranha, enredo. Maranha (tecido; cadarço, borra de seda). *fig.* Maranha, enredo, intriga. *fig.* Maranha (lance intrincado e de difícil saída).

MARAÑAL (maranhal) *s. m.* V. COSCOJAL.

MARAÑAR (maranhar) *v. tr.* V. ENMARAÑAR.

MARAÑERO, A (maranhero) *adj. e s.* Embusteiro, enredador, intrigante, mexeriqueiro, maranhoso.

MARAÑOSO, A (maranhosso) *adj. e s.* V. MARAÑERO. Emaranhado, enredado.

MARAVILLA (maravilha) *s. f.* Maravilha, ação extraordinária, prodígio. Admiração. *Bot.* Maravilha. *A las —s,* ou *a las mil —s, loc. adv.* À maravilha, ou às mil maravilhas. *Por —, loc. adv.* De maravilha, raramente.

MARAVILLAR (maravilhar) *v. tr.* Maravilhar, surpreender, admirar. U. t. c. pron.

MARAVILLOSAMENTE (maravilhossamente) *adv.* Maravilhosamente.

MARAVILLOSO, A (maravilhosso) *adj.* Maravilhoso, surpreendente, admirável, prodigioso, excelente.

MARBETE *s. m.* Etiqueta, rótulo, marca (das mercadorias). Ourela. Rótulo (em malas ou fardos despachados por estrada de ferro).

MARCA *s. f.* Marca (em todas as principais acep. deste vocábulo). Província ou distrito fronteiriço.

MARCEAR *v. tr.* Tosquiar (o gado). *v. intr.* Fazer o tempo próprio do mês de março. (Em Portugal: marcejar).

MARCHAMADOR (martchamador) *s. m.* O que marca os volumes (na alfândega).

MARCHAMAR (martchamar) *v. tr.* Marcar os volumes (na alfândega).

MARCHAMO (martchamo) *s. m.* Marca (da alfândega).

MARCHANTA (martchanta) *s. f. Amer. merid.* PARROQUINA. *Amer. chil.* Mulher de baixa classe. *Echar, tirar,* ou *jugar a la —, Amer.* Atirar à rebatinha.

MARCHANTE (martchante) *adj.* Mercantil. *s. m.* Traficante. *Amer. chil.* Homem de baixa classe. *Amer. cub.* Tratamento de menosprezo.

MARCHANTERÍA (martchantería) *s. f. Amer. cub.* Freguesia, clientela.

MARCHAR (martchar) *v. intr.* Andar, funcionar (um aparelho ou uma máquina). Marchar, andar, caminhar, seguir caminho. *Mil.* Marchar. *fig.* Marchar (encaminhar-se para bom êxito). *v. pron.* Marchar (encaminhar-se para bom êxito).

MARCHITABLE (martchitable) *adj.* Marcescível.

MARCHITADO, A (martchitado) *p. p.* de *Marchitar.*

MARCHITAMIENTO (martchitamiento) *s. m.* Murchidão. *fig.* Murchidão, esmorecimento, falta de viveza, enfraquecimento, debilitação.

MARCHITAR (martchitar) *v. tr.* Murchar, emurchecer, murchecer. Enxovalhar, deslustrar, fazer perder a louçania ou frescura. U. t. c. pron. *fig.* Murchar, esmorecer, debilitar, enfraquecer.

MARCHITEZ (martchitez) *s. f.* Murchidão; qualidade de murcho, enxovalhado ou falto de frescura. Desbotamento. Esmorecimento.

MARCHITO, A (martchito) *adj.* Murcho. Enxovalhado. Flácido.

MAREA (marèa) *s. f.* Maré. Aragem, brisa (do mar). Garoa, chuviscagem. *Amer. chil.* Nevoeiro (do mar).

MAREAJE (mareaje) *s. m. Náut.* Mareagem, mareação. *Náut.* Rumo, rota, derrota, mareagem.

MAREAMIENTO *s. m. Náut.* Mareação (ação de marear).

MAREAR *v. tr.* Marear, dirigir, governar (o navio). Vender, despachar as mercadorias. *fig. fam.* Enfadar, molestar, enjoar. *v. pron.* Enjoar, ter náusea ou enjôo, marear. Estragar-se, avariar-se (os gêneros no mar).

MAREJADA (marejada) *s. f.* Marulhada, marejada, marulho, mar.

MAREO (marèo) *s. m.* Enjôo, náusea, engulho. *fig.* Enjôo, aborrecimento, nojo, enfado, incômodo.

MARERO *adj.* Mareiro (que vem ou sopra do mar).

MARETAZO (maretaço) *s. m.* Golpe de mar, vagalhão.

MARGAJITA (margajita) *s. m. Amer.* Marcassita.

MARGAL *s. m.* Terreno onde há muita marga (espécie de greda).

MARGARITA *s. f.* Margarita (pérola; gênero de conchas). Caracol-marinho. Qualquer caracol pequeno. *Bot.* Margarida.

MARGEN (marjen) *s. amb.* Margem (riba; orla, cercadura, fímbria; espaço em branco em página impressa ou manuscrita). *fig.* Margem, oportunidade, ensejo, ocasião.

MARGUERA *s. f.* Margueira.

MARGUERO *s. m.* Margueiro.

MARHOJO *s. m.* V. MALHOJO.

MARIAL *adj.* Diz-se dos livros que contém loas à Virgem Maria. U. t. c. s.

MARICA *s. f. n. p. Dim.* de *María.* V. URRACA. *s. m. fig. fam.* Maricas, homem medroso ou efeminado.

MARICASTAÑA (maricastanha) *n. p.* Personagem proverbial, símbolo de grande antiguidade. *Ser del tiempo de —*, ser do tempo da onça, ser muito velho ou antiquado.

MARIDABLE *adj.* Marital, matrimonial, conjugal.

MARIDABLEMENTE *adv.* Maritalmente, conjugalmente, matrimonialmente.

MARIDAJE (maridaje) *s. m.* Maridança, maridagem. *fig.* Maridança, conformidade, união, correspondência.

MARIDAZO (maridaço) *s. m.* V. GURRUMINO.

MARIDILLO (maridilho) *s. m.* V. REJUELA.

MARIMORENA *s. f. fam.* V. CAMORRA.

MARINA *s. f.* Marinha (praia, borda do mar, beira-mar; desenho ou pintura representando coisas marítimas; conjunto dos navios, principalmente de guerra, de uma nação; gente da marcação, marinhagem). Marinharia (arte náutica, conhecimentos náuticos).

MARINAJE (marinaje) *s. m.* Marinhagem, marinha. Marinharia.

MARINANTE *s. m.* Marinheiro.

MARINAR *v. tr.* Pôr de escabeche (o peixe) para conservar. Marinhar, tripular (prover de marinhagem os navios).

MARINEAR *v. intr.* Marinhar, exercer o ofício de marinheiro.

MARINERA *s. f.* Blusa de marinheiro.

MARINERADO, A *adj.* Tripulado, equipado.

MARINERAZO (marineraço) *s. m.* Indivíduo prático nas coisas do mar.

MARINERÍA *s. f.* Marinhagem, marinha, maruja. Marinharia (arte náutica, ofício de marinheiro).

MARINERO, A *adj.* Marinheiro. *s. m.* Marinheiro, marujo.

MARINESCO, A *adj.* Marinhesco.

MARINISTA *s. m.* Marinhista (pintos de marinhas). U. t. c. adj.

MARINO, A *adj.* Marinho, marítimo. *s. m.* Marinheiro, marujo.

MARIÓN *s. m.* V. ESTURIÓN.

MARIONETA *s. f.* Títere, fantoche.

MARIPÉREZ *s. f.* Criada, moça.

MARIPOSA (maripossa) *s. f.* Borboleta. Mariposa. Lamparina.

MARIPOSEAR (maripossear) *v. intr. fig.* Borboletear.

MARISABIDILLA (marissadibilha) *s. f. fam.* Sabichona, doutora (mulher metida a sábia).

MARISCAL *s. m.* Marechal.

MARISCALA *s. f.* Marechala.

MARISCALATO *s. m.* Marechalato, marechalado.

MARISCALÍA *s. f.* V. MARISCALATO.

MARISMA *s. f.* Marisma. Vasa (do mar).

MARISMO *s. m.* V. ORZAGA.

MARITORNES *s. f. fig. fam.* Criada ordinária, feia e com modos de virago.

MARJAL (marjal) *s. m.* Marnota, terreno alagadiço. Medida agrária.

MARMITÓN *s. m.* Mirmidão

MÁRMOL *s. m.* Mármore.

MARMOLEJO (marmolejo) *s. m.* Colunelo (coluna pequena).

MARMOLEÑO, A (marmolenho) *adj.* Marmóreo.

MARMOLERÍA *s. f.* Obra de mármore. Oficina de marmoreiro. Mármore (conjunto de mármores de um edifício).

MARMOLILLO (marmolilho) *s. m.* Frade de pedra. *fig.* Tolo, zoilo.

MARMOLISTA *s. m.* Marmorista, marmoreiro, marmorário.

MARÓN *s. m.* V. ESTURIÓN.

MARQUEAR *v. tr.* Marcar (a terra) para abrir buracos.

MARQUÉS (marquès) *s. m.* Marquês.

MARQUETA *s. f.* Pão de cera virgem.

MARQUETERÍA *s. f.* V. EBANISTERÍA.

MARQUILLA (marquilha) *s. f. Dim.* de *Marca.* Espécie de papel.

MARRA *s. f.* Marra (nas vinhas ou olivais). Claro (falta de uma coisa onde devera estar). Marrão, marreta.

MARRAJO, A (marrajo) *adj. Taurom.* Matreiro, velhaco, marraxo. *fig.* Matreiro, astuto, manhoso.

MARRANA *s. f.* Porca (fêmea do porco). *fig.* Porca (mulher suja, que não faz as coisas com limpeza). U. t. c. adj. *fig.* Porca (a que procede mal ou baixamente). Eixo da roda da nora.

MARRANADA *s. f.* V. COCHINADA.

MARRANALLA (marranalha) *s. f. fig. fam.* V. CANALLA.

MARRANCHÓN, A (marrantchòn) *s. m.* e *f.* Marrão, ã; leitão, leitoa.

MARRANERÍA *s. f.* V. MARRANADA.

MARRANILLO (marranilho) *s. m.* V. COCHINILLO.

MARRANO *s. m.* V. PUERCO. Madeiro usado em certas armações.

MARRAR *v. intr.* Falhar, errar. *fig.* Tresmalhar-se, perder-se, errar, afastar-se do bom caminho.

MARRAS *adv.* Então, antanho, outrora. *De —, loc. adv.* que, precedida de um substantivo ou do artigo neutro *lo,* denota que o ocorrido teve lugar em tempo ou ocasião anterior à que se alude.

MARREAR *v. tr.* Marrar (bater com o marrão).

MARRILLO (marrilho) *s. m.* V. Cachamorra.

MARRO *s. m.* Jogo da malha. Falta, erro. Movimento de esguelha, ladeio. Pau (no jogo da bilharda). Marra (jogo de rapazes).

MARRÓN *s. m.* Malha (chapa usada no jogo da malha).

MARROQUÍ *adj.* e *s.* Marroquino. *s. m.* Marroquim (pele).

MARROQUÍN, A *adj.* e *s.* V. MARROQUÍ.

MARRUBIAL *s. m.* Terreno coberto de marroios.

MARRUBIO *s. m. Bot.* Marroio.

MARRUECO, A *adj.* e *s.* V. MARROQUÍ.

MARRULLA (marrulha) *s. f.* V. MARRULERÍA.

MARRULLERÍA (marrulheria) *s. f.* Astúcia, arteirice (por meio de afagos ou agrados).

MARRULLERO, A (marrulhero) *adj.* e *s.* Marralheiro.

MARSELLÉS, A (marselhès, essa) *adj.* e *s.* Marselhês, esa. *s. f.* Marselhesa (hino francês).

MARSOPLA *s. f. Zool.* Marsopa, toninha.

MARTAGÓN, A *s. m.* e *f. fam.* Pessoa astuta, reservada e difícil de enganar; sabido. *s. m. Bot.* Martagão.

MARTELLINA (martelhina) *s. f.* Escoda.

MARTES *s. m.* Terça-feira. *Dar (a ano) con la de —, loc. fig. fam.* Lançar em rosto (a alguém) algum defeito.

MARTILLADA (martilhada) *s. f.* Martelada (pancada com o martelo).

MARTILLADO, A (martilhado) *p. p.* de *Martillar. Coger,* ou *tomar las del —, loc. fam.* Dar às de vila-diogo, safar-se, fugir, pirar-se.

MARTILLADOR, A (martilhador) *adj.* e *s.* Martelador.

MARTILLAR (martilhar) *v. tr.* Martelar, bater com o martelo. *fig.* Martelar, apoquentar, maçar, importunar. *Pop.* Caminhar, andar.

MARTILLAZO (martilhaço) *s. m.* V. MARTILLADA.

MARTILLEAR (martilhear) *v. tr.* V. MARTILLAR.

MARTILLEJO (martilhejo) *s. m. Dim.* de *Martillo.* Martelinho.

MARTILLEO (martilhèo) *s. m.* Martelagem. *fig.* Martelada (ruído). *Zool.* Martelo. *Anat.* Martelo.

MARTILLO (martilho) *s. m.* Martelo (instrumento; chave de afinar pianos). *Zool.* Martelo. *Anat.* Martelo. *fig.* Leilão. *A —, loc. adv.* A martelo.

MARTÍN *s. m.* Tempo em que se matam os porcos. *— del río,* martim-pescador.

MARTINICO *s. m. fam.* Fantasma, assombração.

MARZAL (marçal) *adj.* Pertencente ao mês de março.

MARZO (março) *s. m.* Março, o terceiro mês do ano.

MAS *s. m.* Peso equivalente a 3 g. e 622 mg. V. MASADA. *conj.* Mas. V. PERO.

MÁS *adv.* Mais. *s. m. Mat.* Mais. *A lo —, ou a lo —, —,* no máximo, no maior grau possível. *A — y mejor, loc. adv.* Demais, demasiado, excessivamente. *De — a —, loc. adv.* De mais a mais, além disso. *En —, loc. adv.* Mais, em maior grau ou quantidade. *— bien, loc. adv.* e *conjunt.* Antes, de preferência. *— que, loc. conjunt.* Senão, além de. V. AUNQUE.

MASA (massa) *s. f.* Massa (farinha incorporada em líquido, pasta; volume, corpo; corpo informe; totalmente de uma coisa). *En la — de la sangre, loc. fig.* Na massa do sangue.

MASADA (massada) *s. f.* Herdade, fazenda, quinta.

MASADERO (massadero) *s. m.* Quinteiro, caseiro. O que mora em quinta, fazenda ou herdade.

MASAJE (massaje) *s. m.* Massagem.

MASAR (massar) *v. tr.* V. AMASAR.

MASCABADO, A *adj.* Mascavado, mascavo (diz-se do açúcar).

MASCADURA *s. f.* Mastigação. *Náut.* Roçadura (num cabo).

MASCAR *v. tr.* Mastigar, mascar. *fig. fam.* V. MASCULLAR.

MASCARILLA (mascarilha) *s. f.* Máscara, antiface. Máscara (molde do rosto do cadáver).

MASCARÓN *s. m.* Mascarão. *— de proa, Náut.* Figura de proa, carranca.

MASCOTA *s. f.* Mascote, amuleto, boa sina.

MASCUJAR (mascujar) *v. tr. fam.* Mastigar mal ou com dificuldade. *fig. fam.* V. MASCULLAR.

MASCULLAR (masculhar) *v. tr. fam.* Mascar, resmungar, falar entredentes.

MASERA (massera) *s. f.* Masseira.

MASERÍA (masseria) *s. f.* V. MASADA.

MASETERO (massetero) *s. m. Anat.* Masséter.

MASILLA (massilha) *s. f.* Massa de vidraceiro.

MASLO *s. m.* Tronco da cauda dos quadrúpedes. Haste, talo (de planta).

MASÓN (massòn) *s. m.* Mação, maçon.

MASONERÍA (massoneria) *s. f.* Maçonaria.

MASÓNICO, A (massònico) *adj.* Maçônico.

MASTELERO *s. m. Náut.* Mastaréu.

MASTICACIÓN *s. f.* Mastigação.

MASTICAR *v. tr.* Mastigar, mascar. *fig.* Mastigar, remoer, ruminar, pesar.

MÁSTIL *s. m.* Mastro (de navio). Mastaréu. Braço (de violão ou guitarra). Pé (pau direito que serve para manter alguma coisa). Tronco, pé, haste (de planta lenhosa).

MASTUERZO (mastuerço) *s. m.* Mastruço.

MATA *s. m.* Arbusto. Raminho (de uma erva). Mata, arvoredo, bosque (de árvores da mesma espécie). *— de pelo,* mata de cabelos, cabeleireira, cabelo solto de mulher.

MATACÁN *s. m.* Mata-cães (composição venenosa para matar cães). Noz-vômica. Lebre já corrida pelos cães. Matacão (pedra pequena).

MATACANDELAS *s. f.* Mão-de-Judas, apagador.

MATACIÓN *s. f.* V. MATANZA.

MATADERO *s. m.* Matadouro. *fig. fam.* Trabalheira, canseira.

MATACHÍN (matatchín) *s. m.* Magarefe. Dança burlesca. *fig. fam.* Homem briguento, arruaceiro.

MATAFUEGO *s. m.* Bomba ou extintor de incêndio. Bombeiro.

MATAGALLOS (matagalhos) *s. m.* V. AGUAVIENTOS.

MATAHAMBRE (mataambre) *s. m. Amer. plat.* Matambre, capa de filé, carne que cobre as costelas do boi ou vaca e a primeira a ser retirada após o couro. *Amer. cub.* Espécie de massapão.

MATALAHUVA (matalauva) *s. f.* Erva-doce, aniseira.

MATALÓN, A *adj.* Sendeiro, estropiado (diz-se dos cavalos ruins). U. t. c. s.

MATALOTAJE (matalotaje) *s. m.* Matalotagem.

MATALOTE *adj.* V. MATALÓN. U. t. c. s. *s. m.* Matalote (navio dianteiro de uma linha ou coluna).

MATAMOROS *s. m.* Mata-mouros, valentão, ferrabraz, fanfarrão. U. t. c. adj.

MATANZA (matança) *s. f.* Matança (ação de matar; morticínio, chacina, mortandade; época em que se matam os porcos; gado suíno que vai ser abatido; ação de abater o gado). *fig. fam.* Matação, empenho, pertinácia, matança, porfia.

MATAPALO *s. m. Bot.* Mata-pau.

MATAPERRADA *s. f. fig. fam.* Molecagem, travessura.

MATAPERROS *s. m. fig. fam.* Moleque, menino travesso, garoto levado da breca.

MATAPOLVO *s. m.* Chuvisco de pouca duração.

MATAR *v. tr.* Matar (tirar a vida). U. t. c. pron. Apagar, extinguir (a luz, o fogo etc.) Ferir, roçar, causar maduras (o aparelho) nos animais de tiro ou montaria. Queimar (a cal). Arredondar, chanfrar (arestas, ângulos, vértices etc.). *fig.* Extinguir, aniquilar, matar. *fig.* Matar, cansar, maçar, importunar. *Pint.* Rebaixar (tom ou cor). *v. pron. fig.* Matar-se, esfalfar-se, afadigar-se, ralar-se, consumir-se. *Estar a — con uno, loc. fig.* Estar muito inimizado ou irritado com alguém. *—se con uno, loc. fig.* Brigar, contender com alguém.

MATARIFE *s. m.* Magarefe.

MATASANOS (matassanos) *s. m. fig. fam.* Curandeiro ou mau médico, charlatão, matassanos.

MATASIETE (matassiete) *s. m. fig. fam.* Matasete, ferrabraz, fanfarrão, valentão.

MATEAR *v. tr.* Semear as sementes ou plantar os arbustos a certa distância uns dos outros. *v. intr.* Gradar (o trigo e outros cereais). Bater o mato (em caçada). *Amer. merid.* Matear (tomar mate ou chimarrão). *v. tr. Amer.* Misturar (um líquido com outro).

MATOJO (matojo) *s. m.* Qualquer arbusto enfezado. *Amer. cub.* Renovo de uma árvore cortada. *Amer. colomb.* V. MATORRAL.

MATÓN *s. m. fig. fam.* Mata-sete, valentão, brigão, ferrabraz, fanfarrão, homem rixoso.

MATORRAL *s. m.* Mato, matagal, brenha, campo inculto coberto de plantas agrestes.

MATORRALEJO (matorralejo) *s. m. Dim.* de *Matorral.*

MATRACALADA *s. f.* Multidão de gente buliçosa.

MATRAQUEAR *v. intr.* Matracar. *fig. fam.* Matraquear, apupar, vaiar, zombar.

MATRAQUEO (matraquèo) *s. m. fam.* Ação de matracar. Vaia, apupo, zombaria, chocarrice.

MATRERÍA *s. f.* Perspicácia, sagacidade, astúcia; manha; gatunice.

MATRERO, A *adj.* Matreiro, sagaz, astuto, manhoso; destro, experiente. *Amer. equat., argent.* e *urug.* Matreiro, arisco (falando-se de animais). *Amer. per.* e *argent.* Bandido, bandoleiro.

MATUTE *s. m.* Contrabando (ação de contrabandear; gênero contrabandeado). Casa de jogo clandestina.

MATUTEAR *v. intr.* Contrabandear.

MATUTERO *s. m.* Contrabando.

MATUTINAL *adj.* Matinal; matutino, matutinal.

MAULA *s. f.* Bagatela, coisa inútil ou desprezível, insignificância, refugo. Engano, artifício, estrata-

gema, fraude *s. m.* e *f.* Caloteiro. *fig. fam.* Pessoa preguiçosa e que não cumpre os seus deveres. V. RETAL.

MAULAR *v. intr.* V. MAULLAR.

MAULERÍA *s. f.* Loja onde se vendem retalhos. Hábito ou condição de quem emprega artifícios para enganar.

MAULERO *s. m.* Vendedor de retalhos de tecidos.

MAULLADOR, A (maülhador) *adj.* Miador.

MAULLAR (maülhar) *v. intr.* Miar.

MAULLIDO (maülhido) *s. m.* Miado, mio, miadela.

MAÚLLO (maúlho) *s. m.* V. MAULLIDO.

MAUSEOLO (mausseolo) *s. m.* Mausoléu.

MAYA (madja) *s. f.* Malmequer. Maia, rainha-de-maio.

MAYADOR, A (madjador) *adj.* V. MAULLADOR.

MAYAL (madjal) *s. m.* Almanjarra. Mangual (para malhar o centeio).

MAYAR (madjar) *v. intr.* V. MAULLAR.

MAYEAR (madjear) *v. intr.* Fazer o tempo próprio do mês de maio.

MAYESTÁTICO, A (madjestático) *adj.* Majestático.

MAYIDO (madjido) *s. m.* V. MAULLIDO.

MAYO (madjo) *s. m.* Maio, quinto mês do ano. Maio, árvore-de-maio.

MAYONESA (madjonessa) *s. f.* Maionese.

MAYOR (madjor) *adj. comp.* de *Grande.* Maior. Mor. *s. m.* Superior, chefe. Primeiro oficial ou diretor (de repartição ou secretaria) *Mil.* Major. *pl.* Maiores, avós, antepassados. *s. f. Lóg.* Maior. *Por —, loc. adv.* Por maior, por alto, de passagem, sumariamente. Por atacado, em grande quantidade, por grosso. *— edad,* maioridade.

MAYORA (madjora) *s. f.* Mulher do major.

MAYORAL (madjoral) *s. m.* Maioral (chefe, superior, cabeça; pastor a quem os outros pastores estão subordinados). Capataz.

MAYORNA (madjorna) *s. f.* V. MEJORANA.

MAYORAZGA (madjorazga) *s. f.* Morgada.

MAYORAZGO (madjorazgo) *s. m.* Morgado.

MAYORAZGÜELO, A (madjorazgüelo) *s. m.* e *f.* de *Mayorazgo.* Morgadinho.

MAYORDOMEAR (madjordomear) *v. tr.* Mordomar.

MAYORDOMÍA (madjordomía) *s. m.* Mordomia.

MAYORDOMO (madjordomo) *s. m.* Mordomo.

MAYORÍA (madjoría) *s. f.* Maioria, superioridade, excelência. Maioridade. Maioria (maior número, a pluralidade, a maior parte). *Mil.* Majoria.

MAYORIDAD (madjoridad) *s. f.* Maioridade.

MAYORMENTE (madjormente) *adv.* Mormente, principalmente, maiormente.

MAYÚSCULO, A (madjúsculo) *adj.* e *s. f.* Maiúsculo.

MAZA (maça) *s. f.* Maça, clava (arma; insígnia dos maceiros). Maço, maça, clava, martelo de pau. Bate-estacas. Maceta (do bombo). Raboleva. Pau, osso ou qualquer coisa atada à cauda dos cães. Parte mais grossa do taco de bilhar. *Amer. chil.* Cubo (de roda). *fig. fam.* Maçador, importuno, secante. *fig. fam.* Pessoa que tem grande autoridade em tudo o que diz. *La — y la mona, loc. fig. fam.* A corda e a caçamba (referência a duas pessoas que sempre andam juntas).

MAZACOTE (maçacote) *s. m.* Argamassa; formigão. V. BARRILA. *fig. fam.* Maçador, importuno, secante. *fig. fam.* Grude, comida dura e pegajosa. *Amer.* Rapadura.

MAZADA (maçada) *s. f.* Maçada (pancada, golpe dado com a maça). *Dar — (a uno), loc. fig. fam.* Causar (a alguém) grave dano ou prejuízo.

MAZAMORRA (maçamorra) *s. f.* Canjica, curau, coral, papas de milho, mungunzá. Massamorda. Migas, migalhas, fragmentos. *Amer. argent.* Canjica (preparada à maneira de arroz doce). *Amer. argent.* Canjica (milho quebrado).

MAZANETA (maçaneta) *s. f.* Maçaneta.

MAZAPÁN (maçapàn) *s. m.* Massapão.

MAZAR (maçar) *v. tr.* Bater o leite (para separar a manteiga).

MAZAZO (maçaço) *s. m.* V. MAZADA.

MAZMORRA *s. f.* Masmorra, prisão subterrânea.

MAZNAR *v. tr.* Amassar, amolecer (com as mãos). Malhar (o ferro).

MAZO (maço) *s. m.* Maço, maça, martelo de pau. Maço (peças atadas ou juntas). *fig. fam.* Maçador, importuno, secante.

MAZONEAR (maçonear) *v. tr.* Macerar, machucar, apisoar.

MAZONERÍA (maçonería) *s. f.* Alvenaria.

MAZONERO (maçonero) *s. m.* V. LABAÑIL.

MAZORCA (maçorca) *s. f.* Maçaroca (o fiado torcido e enrolado no fuso). Espiga (como a do milho). Baga do cacau. *fig. Amer.* Oligarquia.

MAZORRAL (maçorral) *adj.* Mazorro, grosseiro, incivil, rude, mazorral.

MAZORRALMENTE (maçorralmente) *adv.* Grosseiramente, asperamente.

MAZUELO (maçuelo) *s. m. Dim.* de *Mazo.* Pilão, mão do gral.

ME *Dat.* ou *acus.* do *pron. pes.* da *1ª pes., m.* e *f. sing.* Me. *Gram.* Usa-se antes ou depois do verbo. Quando posposto, não leva hífen: *Óyeme, ouve-me.*

MEADA *s. f.* Ato de urinar, mijada. Mijadela (mancha produzida pela urina).

MEADERO *s. m.* Mictório, mijadouro.

MEADOS *s. m. pl.* Urinas, urina.

MEADURA *s. f.* V. MEADA.

MEAJA (meaja) *s. f.* Mealha (moeda). Migalha. *— de huevo.* V. GALLADURA.

MEAJUELA (meajuela) *s. f. Dim.* de *Meaja.* Peça do bocado do freio que provoca maior salivação do cavalo.

MEAR *v. intr.* Mijar, urinar. U. t. c. pron.

MECA *s. f. Amer. chil.* Excremento (de homem ou animal).

MECANOGRAFÍA *s. f.* Dactilografia.

MECANOGRAFIAR *v. tr.* Dactilografar.

MECANOGRAFISTA *s. m.* e *f.* Dactilógrafo.

MECANÓGRAFO, A *s. m.* e *f.* V. MECANOGRAFISTA.

MECATE *s. m. Amer.* Corda de pita.

MECEDERO, A *adj.* V. MECEDOR.

MECEDOR, A *adj.* Mexedor. *s. m.* Mexedor (instrumento para mexer).

MECEDORA *s. f.* Cadeira de balanço.

MECEDURA *s. f.* Mexedura, mexida. Embalo, balanço.

MECER *v. tr.* Mexer, agitar (um líquido). Embalar, balançar (um berço, uma cadeira de balanço etc.) U. t. c. pron.

MECHA (metcha) *s. f.* Mecha (em todas as principais acep. deste vocábulo). *Cul.* Lardo, mecha.

MECHAR (metchar) *v. tr.* Lardear.

MECHERA (metchera) *s. f.* Lardeadeira, U. t. c. adj. de *Aguja.*

MECHERO (metchero) *s. m.* Mecheiro.

MECHINAL (metchinal) *s. m.* Agulheiro (buraco deixado nas paredes pelas traves dos andaimes).

MECHÓN (metchòn) *s. m. Aument.* de *Mecha.* Mecha, tufo (de cabelos, de lã, de fios etc.).

MEDALLA (medalha) *s. f.* Medalha.

MEDALLÓN (medalhòn) *s. m.* Medalhão.

MÉDANO *s. m.* Duna, medo, medão.

MEDAÑO (medanho) *s. m.* V. MÉDANO.

MEDANOSO, A (medanosso) *adj.* Que tem dunas.

MEDIA *s. f.* Meia (para os pés).

MEDIACAÑA (mediacanha) *s. f. Arq.* Meia-cana.

MEDIADO, A *p. p.* de *Mediar. adj.* Diz-se do que só contém a metade, pouco mais ou menos, da sua capacidade. *A —s, loc. adv.* Em meados (de mês, ano etc.).

MEDIANA *s. f.* Taco auxiliar (no jogo do bilhar).

MEDIANEJO, A (medianejo) *adj. fam.* de *Mediano.* Abaixo de mediano ou medíocre.

MEDIANERO, A *adj.* Intermédio. Medianeiro. U. t. c. s.

MEDIANIDAD (medianidad) *s. f.* Mediania, termo médio.

MEDIANO, A *adj.* Mediano, meão. Médio. Moderado. *fig. fam.* Quase mau, mau de todo.

MEDIANOCHE (medianotche) *s. f.* Meia-noite.

MEDICINANTE *s. m.* Curandeiro. Estudante de medicina que trata de enfermos antes de formado.

MEDICIÓN *s. f.* Medição (ação de medir).

MEDICUCHO (medicutcho) *s. m.* Medicastro.

MEDIERO *s. m.* Meeiro.

MEDIO, A *adj.* Meio. Medieval. *s. m.* Meio, metade. Médium. Meio, condição, circunstâncias ambientes. Moderão. Gêmeo. Mancira, via, meio. *pl.* Meios, recursos, bens, fortuna. *adv.* Meio.
MEDIODÍA *s. m.* Meio-dia.
MEDIOEVAL *adj.* Medievo, medieval.
MEDIQUILLO (mediquilho) *s. m.* Medicastro.
MEDIR *v. tr.* Medir (em todas as acep.deste vocábulo). *Irreg.* V. conj. de *Sentir.*
MEDRA *s. f.* Aumento, adiantamento, melhoria, medrança, progresso, medra.
MEDRAÑA *s. f. fam.* Medo, temor, cobardia.
MEDRO *s. m.* Medrio, progresso, desenvolvimento; disposição para crescer.
MÉDULA (mèdula) *s. f.* Medula.
MÉGANO *s. m.* V. MÉDANO.
MEJANA (mejana) *s. f.* Ilhota (fluvial).
MEJICANO, A (mejicano) *adj.* e *s.* Mexicano.
MEJIDO (mejido) *s. m.* Gemada.
MEJILLA (mejilha) *s. f.* Face; maçã do rosto.
MEJILLÓN (mejilhòn) *s. m. Zool.* Mexilhão.
MEJOR (mejor) *adj. comp.* de *Bueno.* Melhor. *adv. comp.* de *Bien.* Melhor. Antes, de preferência. *A lo —, loc. adv. fam.* No melhor da festa, quando menos se espere. *En —, loc. adv.* Melhor (mais bom; mais bem). *Tanto —,* ou *tanto que —, loc. adv.* Tanto melhor, ainda melhor.
MEJORA (mejora) *s. f.* Melhora, melhoramento, melhoria. Melhoramento, benfeitoria.
MEJORABLE (mejorable) *adj.* Que se pode melhorar.
MEJORAMIENTO (mejoramiento) *s. m.* Melhoramento.
MEJORANA (mejorana) *s. f.* Mangerona.
MEJORAR (mejorar) *v. tr.* Melhorar (tornar melhor, mais próspero; aperfeiçoar; restituir à saúde). *v. pron.* Melhorar (passar a melhores condições).
MEJORÍA (mejoría) *s. f.* Melhoria, melhora.
MEJUNJE (mejunje) *s. m.* Cosmético ou medicamento formado pela mistura de vários ingredientes.
MELADA *s. f.* Torrada de pão molhada no mel. Pedaços de marmelada seca.
MELADURA *s. f.* Melado.
MELANCONIOSO, A (melanconiosso) *adj.* Melancólico.
MELAR *adj.* Que sabe a mel. Ribeiro (diz-se de uma qualidade de trigo). *v. intr.* Melar.
MELARQUÍA *s. f.* Melancolia.
MELAZA (melaça) *s. f.* Melaço.
MELCA *s. f.* V. ZAHINA.
MELCOCHA (melcotcha) *s. f.* Pasta de mel. Qualquer massa comestível elaborada com pasta de mel.
MELENA *s. f.* Melena (cabelo comprido, cabelo solto). Juba. *Venir a la —, loc. fig. fam.* Submeter-se, sujeitar-se.
MELENO *adj.* Diz-se do touro que tem uma mecha de pêlos na testa. *s. m.* Camponês, labrego.
MELERA *s. f.* Meleira (a que vende mel). Doença de que sofrem os melões quando chove muito.
MELERO *s. m.* Meleiro. Lugar onde se guarda o mel.
MELGA *s. f. Amer. colomb.* e *chil.* Leira de terra. Rego, sulco.
MELGACHO (melgatcho) *s. m. Zool.* Lixa.
MELGAR *s. m.* Luzernal.
MELGO, A *adj.* V. MIELGO.
MELINDRE *s. m.* Melindres (doce). Certo doce de massapão. Fritura com mel e farinha. V. BOCADILLO. *fig.* Melindre, suscetibilidade, delicadeza afetada em gestos ou palavras.
MELINDREAR *v. intr.* Ter ou fazer melindres (delicadezas afetadas).
MELINDRERÍA *s. f.* Hábito de fazer melindres.
MELINDRERO, A *adj.* Melindroso, afetado.
MELINDRIZAR (melindriçar) *v. intr.* V. MELINDREAR.
MELISA (melissa) *s. f.* Melissa.
MELITO *s. m.* Xarope feito com mel e uma substância medicamentosa.
MELLA (melha) *s. f.* Falha, mossa (no fio de instrumentos cortantes). Vazio, buraco, cavidade que fica no lugar de onde se tirou ou saiu uma coisa, como nas gengivas quando falta um dente. *fig.* V. MERMA.

MELLADO, A (melhado) *p. p.* de *Mellar. adj.* Desdentado, falta de um ou mais dentes; banguela.
MELLAR (melhar) *v. tr.* Fazer mossas ou falhas (em instrumentos cortantes). *fig.* Diminuir, menoscabar, deslustrar, desdoirar.
MELLIZO, A (melhiço) *adj.* e *s.* Gêmeo. *s. f.* Espécie de salsichão feito com mel.
MELLÓN (melhòn) *s. m.* Feixe de palha acesa.
MELOCOTÒN *s. m.* Maracoteiro. Maracotão, melocotão.
MELOCOTONAR *s. m.* Pomar de maracoteiros.
MELOCOTONERO *s. m.* Maracoteiro.
MELOJA (meloja) *s. f.* Água em que se lavou o mel, água de mel.
MELOJAR (melojar) *s. m.* Carvalhal, robledo.
MELOJO (melojo) *s. m.* Espécie de carvalho ou roble-alvar.
MELÓN *s. m.* Meloeiro. Melão.
MELONAR *s. m.* Meloal.
MELONCETE *s. m. Dim.* de *Melón.* Melãozinho.
MELONERO *s. m.* O que planta ou vende melões.
MELOSIDAD (melossidad) *s. f.* Melifluidade.
MELOTE *s. m.* Melaço.
MEMBRETE *s. m.* Lembrete, papel com apontamentos ou notas.
MEMBRILLA (membrilha) *s. f. Bot.* Gamboa.
MEMBRILLAR (membrilhar) *s. m.* Terreno plantado de marmeleiros. Marmeleiro.
MEMBRILLERO (membrilhero) *s. m.* Marmeleiro.
MEMBRILLO (membrilho) *s. m.* Marmeleiro. Marmelo.
MEMBRUDAMENTE *adv.* Vigorosamente, robustamente.
MEMO, A *adj.* Bobo, tolo, lelo.
MEMORATÍSIMO, A (memoratíssimo) *adj. superl.* Celebérrimo, notabilíssimo.
MEMORIÓN *s. m. Aument.* de *Memoria.* Excelente memória. Pessoa que tem boa memória, memorião.
MEMORIOSO, A (memoriosso) *adj.* Que tem boa memória.
MENAJE (menaje) *s. m.* Mobília, móveis de uma casa. Material didático (de uma escola).
MENCIÓN *s. f.* Menção (referência, citação). *— honorífica,* menção honrosa. *Hacer —,* fazer menção (de alguma coisa), mencionar.
MENDICACIÓN *s. f.* Mendigação.
MENDIGANTA *s. f.* Mendiga.
MENDIGANTE *adj.* e *s.* Mendicante.
MENDIGUEZ *s.f.* Mendicidade, mendigaria.
MENDOSO, A (mendosso) *adj.* Mendaz, mentiroso.
MENDRUGO *s. m.* Pedaço de pão duro. Restos de pão, principalmente os que se dão aos mendigos. Mendrugo.
MENEAR *v. tr.* Menear, mover de uma parte para outra, mexer. U. t. c. pron. *fig.* Dirigir, governar. *v. pron. fig. fam.* Despachar-se, fazer com presteza e diligência uma coisa.
MENEO (menèo) *s. m.* Meneio, meneamento, movimento, Ação de *Menear* (3ª acep.). V. VAPULEO.
MENESTER *s.m.* Mister, precisão, urgência, necessidade. Mister, emprego, ocupação, ofício. *pl.* Necessidades (do corpo).
MENESTEROSAMENTE (menesterosamente) *adv.* Pobremente, com necessidade, indigentemente.
MENESTEROSO, A (menesterosso) *adj.* Necessitado, pobre, falto, indigente. U. t.c. s.
MENESTRA *s. f.* Legume seco. U. m. no pl. Hortaliças com carne ou presunto.
MENESTRAL *s. m.* Trabalhador manual, mesteiral.
MENESTRETE *s. m.* Espécie de alavanca para arrancar pregos.
MENGAJO (mengajousado) *s. m.* Andrajo, farrapo.
MENGANO *s.f.* Beltrano (usado depois de *Fulano*). Sicrano (usado depois de *Zutano* beltrano).
MENGUA *s. f.* Míngua (diminuição, quebra, perda; insuficiência, carência, necessidade, escassez, penúria). *fig.* Descrédito, desonra, falta de valor.

MENGUADAMENTE *adv.* Minguadamente, escassamente. Desonradamente, covardemente.
MENGUADO, A *p. p.* de *Menguar.* *adj.* Covarde, pusilânime; insensato, falta de espírito. Minguado, miserável, ruim, mesquinho; fatal, desditoso, aziago.
MENGUAMIENTO *s. m.* Minguamento, míngua, quebra, diminuição, perda.
MENGUANTE *p. a.* de *Menguar.* Minguante. *Cuarto —,* quarto minguante. *Luna —,* lua minguante. *s. f.* Minguante da maré. Estiagem (escassez de água em rios, fontes etc.). *fig.* Minguante, decadência, míngua.
MENGLAR *v. intr.* Minguar, diminuir, decrescer, declinar, tornar-se menor.
MENGUE *s. m. fam.* Diabo.
MENINO, A *s. m.* e *f.* Aio, aia (da rainha ou dos infantes).
MENIQUE *adj.* V. MEÑIQUE. U. t. c. s.
MEÑIQUE (menhique) *adj.* Mínimo, mindinho, meiminho (diz-se do menor dedo da mão humana). U. t. c. s. *fam.* Mínimo, muito pequeno.
MENJUNJE (menjunje) *s. m.* V. MEJUNJE.
MENJURJE (menjurje) *s. m.* V. MEJUNJE.
MENOR *adj. comp.* de *Pequeño.* Menor. Menor (de idade). *—edad,* menoridade. *Por —, loc. adv.* Por miúdo, a varejo, a retalho. Minuciosamente.
MENORÍA *s. f.* Minoria. Menoridade.
MENOS *adj.* Menos. *adv.* Menos, exceto. *s. m.* Menos. *Al, a lo,* ou *por lo —, loc. adv.* Ao menos, pelo menos. *De —, loc. adv.* A menos.
MENOSCUENTA *s. f.* Pagamento por conta.
MENOSPRECIABLE *adj.* Menosprezível, desprezível.
MENOSPRECIABLEMENTE *adv.* Menosprezivelmente, com menosprezo.
MENOSPRECIADOR, A *adj.* e *s.* Menosprezador.
MENOSPRECIAR *v. tr.* Menosprezar. V. DESPRECIAR.
MENOSPRECIATIVO, A *adj.* Menosprezativo.
MENOSPRECIO *s. m.* Menosprezo, desdém, desconsideração, menoscabo, desprezo.
MENSAJE (mensaje) *s. m.* Mensagem.
MENSAJERÍA (mensajería) *s. f.* Diligência (carro). Linha de transporte (terrestre, marítima ou fluvial).
MENSAJERO, A (mensajero) *adj.* e *s.* Mensajeiro.
MENSUAL *adj.* Mensal.
MENSUALIDAD (mensualidad) *s. f.* Mensalidade.
MENSUALMENTE *adj.* Mensalmente.
MENTAR *v. tr.* Nomear, mencionar, designar.
MENTECATADA *s. f.* V. MENTECATERÍA.
MENTECATERÍA *s. f.* Idiotice, tolice, necedade, falta de juízo, insanidade.
MENTECATEZ *s. f.* V. MENTECATERÍA.
MENTECATO, A *adj.* e *s.* Mentecapto, idiota; tolo, néscio.
MENTIDERO *s. m.* Lugar onde gente ociosa se reúne para conversar.
MENTIR *v. intr.* e *tr.* Mentir (em todas as acepções deste vocábulo). *Irreg.* V. conj. de *Sentir.*
MENTIRIJILLAS (DE) (mentirijilhas) *loc. adv.* V. MENTIRILLAS (DE).
MENTIRILLA (mentirilha) *s. f. Dim.* de *Mentira. De —s, loc. adv.* De mentira, de brincadeira.
MENTÓN *s. m.* Mento, queixo.
MENUDAMENTE *adv.* Miudamente. Minuciosamente.
MENUDEAR *v. tr.* Amiudar, repetir, reiterar. *v. intr.* Amiudar-se, suceder amiúde. Contar ou escrever minudências, narrar coisas de pouca monta: miudear, esmiuçar.
MENUDENCIA *s. f.* Minudência, minúcia, miudeza. Minudência, atenção escrupulosa, exame minucioso. *pl.* Miúdos (de porco).
MENUDEO (menudèo) *s. m.* Repetição, freqüência, ação de amiudar. Venda a varejo ou a retalho.
MENUDILLO (menudilho) *s. m. Vet.* Miúdo, articulação do boleto. *pl.* Miúdo (de aves).
MENUDO, A *adj.* Miúdo. Plebeu, vulgar. Desprezível; de pouca ou nenhuma importância.

Minucioso, exato, circunstanciado. *s. m. pl.* Miúdos (dos animais). *A la —a.* V. POR MENUDO. *A —, loc, adv.* Amiúde, repetida ou freqüentemente. *Por —, loc. adv.* Por miúdo, minuciosamente, com todos os pormenores ou minúcias. A varejo, a retalho.

MENUZO (menuço) *s. f.* Miúça, miuçalha.

MEOLLADA (meolhada) s. f. Miolos (de uma rês).

MEOLLO (meolho) *s. m.* Miolo, medula, tutano. *fig.* Miolo, substância, parte principal. *fig.* Miolo, juízo, entendimento, razão.

MEOLLUDO, A (meolhudo) *adj.* Judicioso, sensato.

MEÓN, A *adj.* Mijão, mijona.

MERCA *s. f. fam.* Compra.

MERCACHIFLE (mercatchifle) *s. m.* V. BUHONERO. Mercador de pouca importância.

MERCADANTE *s. m.* V. MERCADER.

MERCADEAR *v. intr.* Mercadejar.

MERCADER *s. m.* Mercador, comerciante. *— por grueso*, comerciante por atacado.

MERCADERÍ s. f. Mercadoria.

MERCADERILA *adj.* Comercial, mercantil.

MERCADURÍA *s. f.* V. MERCADERíA.

MERCANCÍA *s. f.* Mercancia (trato de marcandejar). Mercadoria.

MERCANTE *p. a.* de *Mercar. adj.* Mercante. *Buque —,* navio mercante.

MERCED (merced) *s. f.* Mercê (graça, favor, benefício; capricho, arbítrio, vontade). *A —, loc. adv.* A mercê. *— a, loc. adv.* Mercê de, graças a.

MERCEDARIO, *adj. e s.* Mercenário.

MERCERÍA *s. f.* Mercearia.

MERCERO *s. m.* Merceeiro.

MERCHANTE (mertchante) *adj.* V. MERCANTE.

MERECIMIENTO *s. m.* Merecimento. Mérito.

MERENDERO, A *adj.* Diz-se do corvo que anda pelas sementeiras. *s. m.* Lugar onde se merenda.

MERENDILLA (merendilha) *s.f. Dim. Merienda.*

MERENDONA *s. f. Aument.* de *Merienda.* de Merendona, merenda excelente e ambulante.

MERGÁNSAR *s. m.* V. MERGO.

MERGO *s. m.* Corvo-marinho.

MERIENDA *s. f.* Merenda.

MERINDAD (merindad) *s. f.* Meirinhado.

MERINO, A *adj.* Merino (raça de carneiros). *s. m.* Meirinho.

MERLA *s. f.* V. MIRLO, 1ª acep.

MERLO *s. m.* Tordo, peixe-tordo. *Amer. argent. Pasar por —, loc. fig.* Passar por bobo.

MERLÓN *s. m. Fort.* Merlão.

MERLUZA (merluça) *s. f. Ictiol.* Badejo. *fig. fam.* Bebedeira, borracheira.

MERMA *s. f.* Diminuição, perda, decréscimo, consumo. Parte que se consome naturalmente, se subtrai ou gasta de uma coisa.

MERMAR *v. intr.* Baixar, diminuir, consumir-se *v. tr.* Cercear, diminuir.

MERMELADA *s. f.* Marmelada.

MERODEAR *v. intr. Mil.* Sair ao saque ou à pilhagem. Vaguear pelos campos (pessoa ou quadrilha), vivendo do que rouba.

MERODEO (merodèo) *s. m.* Pilhagem, saque, roubo; ação de *Merodear.*

MERODISTA *s. m. e f.* Pilhante, saqueador.

MES *s. m.* Mês. Fluxo catamenial. Mensalidade. *— es mayores,* os últimos meses da gravidez.

MESANA (messana) *Náut.* Mezena.

MESAR (messar) *v. tr.* Arrepelar-se. U. t. c. pron.

MESCOLANZA (mescolança) *s. f. fam.* V. MEZCOLANZA.

MESEGUERÍA (messeguería) *s. f.* Guarda ou cuidado das messes. Cotização para o pagamento desta guarda e cota que corresponde a cada um.

MESEGUERO, A (messeguero) *adj.* Pertencente ou relativo às searas ou messes. *s. m.* Guardador das searas ou messes.

MESERO (messero) *s. m.* Mensalista (o que trabalha por mês).

MESETA (messeta) *s. f.* Patamar (de escada). *Geogr.* Meseta, pequeno planalto.

MESÍAS (messías) *s. m.* Messias.

MESIAZGO *s. m.* Messiado.

MESILLA (messilha) *s. f.* Repreensão pouco severa, em tom de gracejo. *Dim.* de *Mesa.* V. MESETA, 1ª acep.

MESMEDAD (mesmedad) *s. f.* Natureza, constituição, característica. (usa somente na loc. pleonástica *por su misma —,* para dar a entender que tal ou qual coisa chegará natural e necessariamente a determinado fim sem auxílio nem intervenção de espécie alguma.)

MESNADA *s. f.* Mesnada (leva de gente de guerra). *fig.* Companhia, junta, congregação.

MESNADERÍA *s. f.* Mesnadaria.

MESNADERO *s. m.* Mesnadeiro.

MESÓN (messòn) *s. m.* Estalagem.

MESONAJE (messonaje) *s. m.* Lugar ou rua onde há muitas estalagens.

MESONERO, A (messonero) *adj.* Próprio de estalagem. *s. m.* Estalajadeiro.

MESTICIA *s. f.* Tristeza.

MESTIZAR (mestiçar) *v. tr.* Adulterar ou corromper (raças) pelo cruzamento, provocar a mestiçagem.

MESTIZO, A (mestiço) *adj.* Mestiço.

MESURA (messura) *s. f.* Mesura, reverência, cortesia. Gravidade e compostura no rosto e porte. Moderação, comedimento.

MESURAR (messurar) *v. tr.* Infundir circunspeção. *v. pron.* Conter-se, moderar-se, comedir-se.

METALARIO *s. m.* Metalista.

METALERO *s. m.* V. METALARIO.

METÁLICA *s. f.* Metalurgia.

METALISTERÍA *s. f.* Arte de trabalhar em metais.

METALIZACIÓN (metaliçaziòn) *s. f.* Metalificação.

METEDOR *s. m.* Contrabandista. Impermeável que se põe sob as fraldas. Introdutor, metedor. *Tip.* Tabuleiro em que se coloca o papel a ser impresso.

METEDURÍA *s. f.* Introdução de contrabando.

METEMPSÍCOSIS (metempsícosis) *s. f.* Metempsicose.

METEMUERTOS *s. m. Teatr.* Empregado encarregado de retirar os móveis nas mudanças de cena. *fig.* Intrometido, pessoa oficiosa e impertinente.

METER *v. tr.* Meter, introduzir. U. t. c. pron. Contrabandear, introduzir contrabando. Induzir, levar. Meter, causar, ocasionar, fazer (com os subs. *miedo, ruido* etc.). Trunfar. Apostar (ao jogo). Apresentar (um memorial, um requerimento etc.). V. PONER. Dobrar, embainhar (a fazenda que sobra num corte de roupa). *Náut.* Carregar (as velas). *v. pron.* Meter-se, intrometer-se, ingerir-se, introduzir-se. Desembocar (rios, ribeiros etc.). Com nomes que significam profissão ou estado, fazer-se:*—se fraile,* fazer-se frade.*—se a,* meter-se a, fazer-se de, campar de.

METESILLAS Y SACAMUERTOS (metessilhas) *s. m.* V. METEMUERTOS.

METIDO, A *p. p.* de *Meter. adj.* Abundante em certas coisas. *s. m.* Murro no peito, investida. Dobra, bainha (da fazenda que sobra num corte de roupa). Espécie de decoada. V. METEDOR, 2ª acep. *fig. fam.* Repreensão ou impugnação vigorosas e desconsideradas.

METIMIENTO *s. m.* Metição, introdução. *fam.* Valimento, influência, ascendência.

METRALLA (metralha) *s. f.* Metralha.

METRALLAZO (metralhaço) *s. m.* Tiro de metralha.

METRÓPOLY *s. f.* Metrópole (capital, cidade principal; igreja arquiepiscopal; a nação em relação às suas colônias).

MEZCAL *s. m.* Variedade de pita. Aguardente de pita.

MEZCLA *s. f.* Mistura, mescla, misto. Mescla (tecido).

MEZCLABLE *adj.* Misturável.

MEZCLADAMENTE *adv.* Misturadamente.

MEZCLADO, A *p. p.* de *Mezclar.*

MEZCLADOR *s. m.* Misturador.

MEZCLADURA *s. f.* V. MEZCLA.

MEZCLAMIENTO *s. m.* V. MEZCLA.

MEZCLAR *v. tr.* Misturar, unir, incorporar, mesclar, confundir, consubstanciar. U. t. c. pron. *v. pron.* Misturar-se, meter-se, introduzir-se, confundir-se. Introduzir-se, ingerir-se, meter-se, intrometer-se.

MEZCLILLA (mesclilha) *s. f.* Espécie de mescla (tecido).

MEZCOLANZA (mescolança) *s. f. fam.* Mistura-da, miscelânea, moxinifada, mixórdia.

MEZQUINAMENTE *adv.* Mesquinhamente.

MEZQUINDAD (mesquindad) *s. f.* Mesquinheza, mesquinhez, mesquinharia. Mesquinharia (coisa mesquinha).

MEZQUINO, A *adj.* Mesquinho (pobre, indigente, falto do necessário; avaro, miserável; desditoso, infeliz, desgraçado).

MEZQUITA *s. f.* Mesquita.

MEZQUITAL *s. m.* Lugar cheio de mesquitas.

MÍ Flexão do *pron. Yo* quando precedido de *prep.* Mim.

MI, MIS *pron. pos. Apóc.* de *mío, a, míos, as.* Meu, minha; meus, minhas. *Gram.* Emprega-se unicamente antes de substantivo.

MÍA *pron. pos.* V. MÍO.

MIAJA (miaja) *s. f.* V. MEAJA. V. MIGAJA.

MIAÑAR (mianhar) *v. intr.* V. MAULLAR.

MICHA (mitcha) *s. f.* Gata (animal).

MICHINO (mitchino) *s. m.* Bichano, gato.

MICHO (mitcho) *s. m.* Gato (animal).

MIEDO *s. m.* Medo.

MIEDOSO, A (miedosso) *adj. fam.* Medroso. U. t. c. s.

MIEL *s. m.* Mel.

MIELGA *s. f. Ietiol.* Melga. *Bot.* Luzerna. *Agr.* V. BIELGO.

MIELGO, A *adj.* V. MIELLIZO.

MIEMBRO *s. m.* Membro (em todas as principais acepções deste vocábulo).

MIENTE *s. f.* Mente, pensamento. *Poner —s,* atentar, considerar, meditar.

MIENTRA *adv.* V. MIENTRAS.

MIENTRAS *adv. e conj.* Enquanto, entretanto, ao passo que. *Gram.* Usa-se também anteposto à conj. *que. — más, loc. adv.* Quanto mais. *— tanto.* V. MIENTRAS.

MIERA *s. f.* Mera.

MIÉRCOLES *s. m.* Quarta-feira. *—corvillo,* ou de *ceniza,* quarta-feira de cinzas.

MIERDA *s. f.* Merda, excremento humano. *fig. fam.* Porcaria, sujidade, imundície.

MIERLA *s. f.* V. MIRLA.

MIERRA *s. f.* V. NARRIA.

MIES *s. f.* Planta madura de cuja semente se faz pão (trigo, centeio etc.). Messe, ceifa, colheita. *fig.* Messe (conversão de almas). *pl.* Messes, cereais.

MIGA *s. f.* V. MIGAJA. Miolo (do pão). *fig. fam.* Miolo, substância, cerne. *fig. fam.* Miolo, juízo, consistência, substância, peso. *pl.* Migas (sopas de pão). *Hacer buchas,* ou *malas — s, loc. fig. fam.* Entender-se, ou desentender-se (duas ou mais pessoas).

MIGAJA (migaja) *s. f.* Migalha (de pão; quantidade diminuta; um quase nada). *pl.* Migalha (de pão; sobras, sobejos).

MIGAJADA (migajada) *s. f.* Migalha, quantidade diminuta, um quasi nada.

MIGAJÓN (migajón) *s. m.* Miolo (de pão). *fig. fam.* Miolo, substância.

MIGAJUELA (migajuela) *s. f. Dim.* de *Migaja.*

MIGRAÑA (migranha) *s. f.* V. JAQUECA.

MIGUERO, A *adj.* Relativo às migas (sopas de pão).

MIGUELETE *s. m.* V. MIQUELETE.

MIJO (mijo) *s. m.* V. MAÍZ.

MILAGRERO, A *adj.* Milagreiro. Milagroso.

MILAGRO *s. m.* Milagre.

MILAGRÓN *s. m. fam.* V. ASPAVIENTO.

MILANO *s. m. Ornit.* Milhafre, milhano. *Ictiol.* Peixe-voador.

MILDEU *s. m.* Míldio.

MILENARIO, A *adj.* Milenar, milenário. *s. m.* Milênio.

MILENRAMA *s. f. Bot.* Mil-em-rama.

MILHOJAS (milojas) *s. f.* V. MILENRAMA.

MILIAR *adj.* Que tem o tamanho e a forma de um grão de milho.

MILIGRAMO *s. m.* Miligrama.

MILITARA *s. f. fam.* Esposa, viúva ou filha de militar.

MILLA (milha) *s. f.* Milha.

MILLAR (milhar) *s. f.* Milhar, mil.

MILLARADA (milharada) *s. f.* Milhares (usa-se por jactância ou ostentação). *A —s, loc. adv.* Aos milhares.

MILLO (milho) *s. m.* V. MAÍZ.

MILLÓN (milhòn) *s. m.* Milhão.

MILLONADA (milhonada) *s. f.* Quantidade de mais ou menos um milhão.

MILLONARIO, A (milhonario) *adj. e s.* Milhonário.

MILLONÉSIMO, A (milhonèssimo) *adj.* Milhonésimo. U. t. c. s. m.

MIMBRAL *s. m.* V. MIMBRERAL.

MIMBRAR *v. tr.* Aborrecer, molestar; humilhar. U. t. c. pron.

MIMBRE *s. m.* V. MIMBRERA. Vime.

MIMBREAR *v. intr.* Mover-se ou agitar-se de maneira flexível, como o vime. U. t. c. pron.

MIMBREÑO, A (mimbrenho) *adj.* Vimíneo.

MIMBRERA *s. f.* Vimeiro, vime. Vimieiro, vimial.

MIMBRERAL *s. m.* Vimieiro, vimial, vimeiro.

MIMBRÓN *s. m.* V. MIMBRERA, 1ª acep.

MIMBROSO, A (mimbrosso) *adj.* Viminoso, vimíneo.

MIMESIS (miméssis) *s. f. Retor.* Mimese.

MINAL *adj.* Mineiro (concernente às minas).

MINERAJE (mineraje) *s. m.* Mineração.

MINERAL *adj.* Mineral. *s. m.* Mineral, minério. Nascente (de água). *fig.* Princípio, origem, fonte, fundamento.

MINERÍA *s. f.* Mineração. Minas (conjunto de). Conjunto de mineralogiatas.

MINERO, A *adj.* Mineiro. *s. m.* Mineiro. Mina. *fig.* Origem, princípio, fonte, nascimento de uma coisa.

MINGO *s. m.* Bola vermelha (no bilhar).

MINIAR *v. tr. Pint.* Miniaturar.

MININO, A *s. m. e f. fam.* Gato, a.

MINISTRIL *s. m.* Ministro de pouca autoridade ou importância. Menestrel.

MINISTRO *s. m.* Ministro (em todas as principais acep. deste vocábulo). *— sin. cartera,* ministro sem pasta.

MINO *s. m.* (Voz que se usa para chamar o gato).

MINSTRAL *s. m.* Mistral (vento). U. t. c. adj.

MINUCIA *s. f.* Minúcia (ninharia, bagatela).

MINUÉ (minuè) *s. m.* Minueto.

MINUTERO *s. m.* Ponteiro dos minutos (no relógio).

MÍO, MÍA, MÍOS, MÍAS, *pron. pos.* da *1ª pes.* Meu, minha, meus, minhas. *Gram.* Com a terminação do masc. sing., usa-se também como neutro. *De mío, loc. adv.* Por mim, sem ajuda de outrem.

MIQUELETE *s. m.* Fuzileiro de montanha (na Catalunha e Vascongadas).

MIRA *s. f.* Mira (ponto e linha de mira). *fig.* Mira, fim, intuito, intenção, vista, interesse, alvo. Alça de mira. *A la — y a la maravilla, loc. adv.* com que se pondera a excelência de uma coisa.

MIRABEL *s. m. Bot.* Mirabela.

MIRADA *s. f.* Olhar (ato de olhar), mirada. Olhar (modo de olhar). Olhada, olhadela.

MIRADERO *s. m.* Mirante, miradouro. Pessoa ou coisa que é objeto da atenção pública.

MIRADO, A *p. p. de Mirar. adj.* Olhado, visto, reputado, considerado. Cauteloso, circunspecto, cauto. *Bien —, loc. adv.* Olhando bem, vendo bem, pensando bem, considerando com exatidão.

MIRADOR, A *adj.* Olhador. *s. m.* Mirante. Solário, balcão envidraçado.

MIRADURA *s. f.* V. MIRADA.

MIRAJE (miraje) *s. m.* Miragem.

MIRAMIENTO *s. m.* Atenção, consideração, cuidado.

MIRANDA *s. f.* Miradouro, lugar alto do qual se descortina grande extensão de terreno.

MIRANTE *p. a. de Mirar.* Que olha.

MIRAR *v. tr.* Olhar, fitar, ver, encarar, mirar. U. t. c. pron. Olhar, mirar (ter por fim). Olhar (observar; apreciar; estimar; dar, dizer, estar voltado para a frente de determinada coisa; cuidar, atender, proteger, amparar, defender; inquirir, reconhecer, julgar, achar, pensar). Concernir, pertencer, tocar.

MIRASOL (mirassol) *s. m.* Girassol.

MIRIÑAQUE (mirinhaque) *s. m.* Bagatela (jóia de pouco valor). Crinolina, saia-balão.

MIRLA *s. f.* V. MIRLO, 1ª acep.

MIRLO *s. m.* Melro. *fig. fam.* Gravidade afetada no semblante. *Soltar (uno) el —, loc. fig. fam.* Começar a charlar.

MIRÓN, A *adj.* Curioso. U. m. c. s. *s. m.* Mirão, mirone (no jogo).

MIRRADO, A *adj.* Preparado com mirra.

MISA (missa) *s. f.* Missa.

MISAL (missal) *s. m.* Missal (livro de orações; certo tipo de letra de imprensa).

MISAR (missar) *v. intr. fam.* Missa (dizer missa; ouvir missa).

MISIÓN (missiòn) *s. f.* Missão (ação de enviar; encargo, incumbência; comissão; comissão especial; sermão).

MISIONAR (missionar) *v. intr.* Missionar.

MISIONERO A *adj. e s.* Missioneiro (natural de Missões, na Argentina). *s. m.* Missionário.

MISMAMENTE *adv. fam.* Perfeitamente, precisamente, cabalmente.

MISMO, A *adj.* Mesmo. *As í —, loc. adv.* V. ASIMISMO. *Por lo —, loc. adv.* Por isso, por essa razão.

MITAD (mitad) *s. f.* Metade. *Cara —, fam.* Cara metade, esposa. *— y —, loc. adv.* Em partes iguais.

MITÓN *s. m.* Mitene.

MIXTIFORI *s. f. fam.* Mistifório, salsada.

MIXTIÓN *s. f.* Mistura, mescla.

MIXTO, A *adj.* Misto. Mestiço. *s. m.* Fósforo (palito para acender).

MIXTURA *s. f.* Mistura, mescla. Pão de vários cereais.

MIXTURAR *v. tr.* Misturar, mesclar, incorporar.

MIXTURERO *adj. e s.* Que mistura.

MIZA (miça) *s. f. fam.* V. MICHA.

MIZO (miço) *s. m. fam.* V. MICHO.

MOARÉ *s. m.* V. MUARÉ.

MOBLAJE (moblaje) *s. m.* Mobília.

MOBLAR *v. tr.* Mobilar. *Irreg.* V. conj. de *Almorzar.*

MOBLE *adj.* Móvel.

MOCADOR *s. m.* V. MOQUERO.

MOCARRA *s. m. e f. fam.* V. MOCOSO, 2ª acep.

MOCARRO *s. m. fam.* Monco, ranho.

MOCEAR *v. intr.* Executar ações próprias de gente moça.

MOCEDAD (mocedad) *s. f.* Mocidade, juventude. Diversão licenciosa. *fig.* Mocidade, ação irrefletida, travessura.

MOCERIL *adj.* V. MOCIL.

MOCERO, A *adj.* Mulherengo, femieiro.

MOCETÓN, A *s. m. e f.* Mocetão, mocetona.

MOCHADA (motchada) *s. f.* Cabeçada, marrada.

MOCHAR (motchar) *v. tr.* Marrar.

MOCHAZO (motchaço) *s. m.* Coronhada.

MOCHE (motche) *Vocáb.* empregado na loc. adv. *A troche y —,* a trouxe-mouxe.

MOCHETA (motcheta) *s. f. Arq.* Mocheta. Extremidade oposta à parte cortante de certas ferramentas.

MOCHÍN (motchín) *s.m.* Verdugo, carrasco.

MOCHUELO (motchuelo) *s. m.* Mocho.

MOCIL *adj.* Juvenil, próprio de gente moça.

MOCIÓN *s. f.* Moção.

MOCO *s. m.* Monco, ranho. Morrão de vela. Bolor, mofo. Pingos que escorrem por uma vela. Escória (do ferro em brasa).

MOCOSO, A (mocosso) *adj.* Moncoso, ranhoso. *fig.* Que cheira a cueiros (aplica-se ao menino atrevido ou ao moço metido a importante). Insignificante; sem importância.

MOCOSUELO, A (mocossuelo) *adj. Dim.* de *Mocoso* (2ª acep.).

MODAL *adj.* Modal. *pl.* Modos, maneiras.

MODILLÓN (modilhòn) *s. m. Arq.* Modilhão.

MODISTERÍA *s. f.* Ofício de modista. *Amer.* Armazém de modas.

MODO *s. m.* Modo, maneira. Moderação, prudência, circunspeção. Urbanidade, cortesia. *Gram.* Modo: qualquer das diferentes maneiras gerais de expressar a significação do verbo. Os modos do verbo espanhol são cinco: *infinitivo, indicativo, imperativo, potencial* e *subjuntivo. — adverbial,* locução adverbial. *—conjuntivo,* locução conjuntiva.

MOJAMA | 603

MODORRAR *v. tr.* Modorrar (causar modorra). *v. pron.* Sorvar ou sorvar-se (a fruta).

MODOSO, A (modosso) *adj.* Que guarda compostura ou tem boas maneiras.

MODREGO *s. m. fam.* Indivíduo desmazelado e grosseiro.

MOER *s. m.* V. MUARÉ.

MOFADURA *s. f.* Mofa, escárnio, desdém, zombaria.

MOFETA *s. f.* Mofeta (exalação de anidrido carbônico). Mefitismo. *Zool. Amer.* Zorrilho, maritacaca.

MOFLETE *s. m. fam.* Bochecha avantajada e carnuda.

MOFLETUDO, A *adj.* Bochechudo.

MOGATE *s. m.* Camada de verniz que cobre alguma coisa, e principalmente o verniz usado na louça. *A,* ou *de medio —, loc. adv.* Diz-se das vasilhas de barro vidradas interna ou externamente. *fig. fam.* Com descuido ou pouca atenção; sem a devida perfeição.

MOGATO, A *adj.* V. MOJIGATO.

MOGOL, A *adj. e s.* Mongol, mongólico.

MOGOLLÓN, A (mogolhòn) *adj.* Vadio, ocioso, vagabundo, *s. m.* Intromissão (ação de intrometido ou metediço). *De —, loc. adv. fam.* De graça, grátis, gratuitamente.

MOGÓN, A *adj.* Mocho de uma haste ou que a tem quebrada na ponta.

MOGOTE *s. m.* Montículo isolado, cônico, mas que não acaba em bico. Meda (em forma piramidal). Qualquer das pontas dos gamos e veados com menos de um palmo de altura.

MOGROLLO (mogrolho) *s. m.* V. GORRISTA. *fig. fam.* Indivíduo grosseiro.

MOHA (mo-a) *s. f.* Espécie de milho cultivado para forragem.

MOHARRA (mo-arra) *s. f.* Ponta ou ferro de lança.

MOHARRACHE (mo-arratche) *s. m.* V. MOHARRACHO.

MOHARRACHO (mo-arratcho) *s. m.* Mascarado grotesco. *fig. fam.* V. MAMARRACHO.

MOHATRA (mo-atra) *s. f.* Mofatra. Trapaça, burla, fraude, engano. *Caballero de —,* pessoa que aparenta ser cavalheiro, não o sendo.

MOHATRAR (mo-atrar) *v. intr.* Praticar mofatras.

MOHATRERO (mo-atrero) *s. m.* V. MOHATRÓN.

MOHATRÓN (mo-atròn) *s. m.* Mofatrão.

MOHECER (mo-ecer) *v. tr.* V. ENMOHECER. *Irreg.* V. conj. de *Favorecer.*

MOHEDA (mo-eda) *s. f.* Monte alto com matas e macegas.

MOHEDAL (mo-edal) *s. m.* MOHEDA.

MOHIENTO, A (mo-iento) *adj.* V. MOHOSO.

MOHÍN (mo-ín) *s. m.* Gesto, careta, trejeito.

MOHINA (mo-ina) *s. f.* Agastamento, enfado contra alguém.

MOHINDAD (mo-indad) *s. f.* V. MOHINA.

MOHINO, A (mo-ino) *adj.* Mofino, triste, melancólico, desgostoso; enfadado, irritado. Asneiro (qualificativo do muar procedente de cavalo e burra). U. t. c. n. Aplica-se aos animais cavalares e vacuns que têm o focinho negro. U. t. c. s. s. m. V. RABILARGO. No jogo, o que joga contra os demais. *Tres al —, loc. fig.* Muitos contra poucos.

MOHO (mo-o) *s. m.* Mofo, bolor. Ferrugem. *fig.* Indolência, inércia, preguiça (dificuldade de trabalhar causada por ócio excessivo). *No criar —, loc. fig. fam.* Não criar mofo, não parar, estar sempre em movimento.

MOHOSO, A (mo-osso) *adj.* Mofento, mofoso, mofado.

MOJADA (mojada) *s. f.* Molhadura, molhadela, molha, molhamento. *fam.* Ferida com arma penetrante, picada.

MOJADO, A (mojado) *p. p. de Mojar. adj.* Diz-se do papel de pouca importância ou que pouco prova em um assunto. *Gram.* Molhado.

MOJADOR, A (mojador) *adj.* Molhador.

MOJADURA (mojadura) *s. f.* Molhadura.

MOJAMA (mojama) *s. f.* Moxama (de atum).

MOJAR (mojar) *v. tr.* Molhar. U. t. c. pron. *fig. fam.* Dar punhaladas ou pontoadas.

MOJARRA (mojarra) *s. f. Ictiol.* Certo peixe acantopterígio, de vinte centímetros de compr. *Amer.* Faca de folha larga e curta.

MOJARRILLA (mojarrilha) *s. m.* e *f. fam.* Folgazão, galhofeiro, trocista.

MOJE (moje) *s. m. Culin.* Molho.

MOJEL (mojel) *s. m. Náut.* Polé.

MOJERA (mojera) *s. m.* V. MOSTAJO.

MOJETE (mojete) *s.m.* Prego pequeno, de latão.

MOJÍ (mojí) *s. m.* V. MOJICÓN, 3ª acep.

MOJICÓN (mojicòn) *s. m.* Espécie de biscoito. Espécie de bolo seco. *fam.* Murro, punhada (no rosto).

MOJIGANGA (mojiganga) *s. f.* Mogiganga. Moganguice, trejeito ridículo.

MOJIGATERÍA (mojigatería) *s. f.* Hipocrisia, fingimento, dissimulação; falsa humildade.

MOJIGATEZ (mojigatez) *s. f.* V. MOJIGATERÍA.

MOJIGATO, A (mojigato) *adj.* Hipócrita, dissimulado, fingido. U. t. c. s. Beatorro, santarrão. U. M. c. s.

MOJINETE (mojinete) *s. m. Amer. merid.* Frente (de rancho, galpão ou construção semelhante). *Amer. chil.* V. HASTIAL. Pancadinha (dada no rosto).

MOJO (mojo) *s. m.* V. MOJE.

MOJÓN (mojòn) *s. m.* Marco divisório. Marco (nas estradas). Montão (conjunto de coisas amontoadas).

MOJONA (mojona) *s. f.* Medição (de terras).

MOJONAR (mojonar) *v. tr.* V. AMOJONAR.

MOJONERA (mojonera) *s. f.* Lugar onde se põem os marcos divisórios. Série de marcos divisórios.

MOLA *s. f.* Mola (carne informe).

MOLADA *s. f.* Moedura (de tinta).

MOLDEAR *v. tr.* Moldurar. Moldar. Tirar o molde.

MOLEDERA *s. f.* Mó. *fig. fam.* Moedeira, canseira.

MOLEDERO, A *adj.* Que se pode ou há de moer.

MOLEDOR, A *adj.* Moedor.

MOLEDURA *s. f.* V. MOLIENDA.

MOLEJÓN (molejón) *s. m.* V. MOLLEJÓN.

MOLENDERO *s. m.* Moendeiro, moleiro.

MOLER *v. tr.* Moer (reduzir a pó; *fig.* cansar, fatigar; derrear, pisar, sovar; maçar, molestar). *Irreg.* Ind. pres. *Muel-o, es, e, en.* Sub. pres. *Muel-a, as, a, an.* Imperat. *Muel-e, a, lan.*

MOLERO *s. m.* Pessoa que faz ou vende mós.

MOLETA *s. f. Dim.* de *Muela.* Moleta (de pintores, droguistas e impressores).

MOLICIE *s. f.* Molícia, moleza, brandura. *fig.* Molícia, suavidade, mínimo, moleza, voluptuosidade na maneira de viver.

MOLIENDA *s. f.* Moedura, moagem. Moenda, moinho. *fig. fam.* Moedeira, canseira, fadiga. *fig. fam.* Importunação, incômodo (aquilo que incomoda, maça ou molesta).

MOLIENTE *p. a.* de *Moler.* Moente.

MOLIMIENTO *s. m.* V. MOLIENDA.

MOLINADA *s. f.* Moedura, moagem.

MOLINAR *s. m.* Lugar onde ficam os moinhos.

MOLINEJO (molinejo) *s. m. Dim.* de *Molino.*

MOLINERA *s. f.* Moleira (mulher do moleiro).

MOLINERÍA *s. f.* Conjunto de moinhos. Indústria moageira.

MOLINERO *s. m. Dim.* de *Molino. Náut.* Molinete. Moinho de papel (brinquedo infantil). Molinete (ventilador nas vidraças). *Esgr.* Molinete.

MOLINILLO (molinilho) *s. m.* Molinilho (moinho pequeno; instrumento para bater o chocolate).

MOLINO *s. m.* Moinho. *fig.* Pessoa inquieta e buliçosa. *fig.* Maçador, secante. *fig. fam.* A boca. —*de sangre,* moinho movido por força animal.— *de viento,* moinho de vento. — *s de viento, fig.* Moinhos de vento, inimigos fantásticos ou imaginários. *Estar picado de —, loc. fig. fam.* Ser a ocasião propícia para fazer alguma coisa. *Ir al —, loc fig. fam.* Conluiar-se contra alguém (principalmente no jogo).

MOLLA (molha) *s. f.* Polpa (da carne).

MOLLAR (molhar) *adj.* Molar (que se mói facilmente), mole, que se parte ou quebra com facilidade. Diz-se do que é lucrativo sem dar muito trabalho. *fig. fam.* Bobo, trouxa, que facilmente se deixa enganar.

MOLLEAR (molhear) *v. intr.* Amolecer, abrandar, ceder à força ou pressão. Dobrar-se (de mole).

MOLLEDO (molhedo) *s. m.* Polpa. Miolo (de pão).

MOLLEJA (molheja) *s. f.* Moela.

MOLLEJÓN (molhejón) *s. m.* Rebolo *fig. fam.* Moleirão, molengão. *fam.* Homem muito gordo e mole.

MOLLERA (molhera) *s. f.* Moleira; a abóbada do crânio. *fig.* Mioleira, juízo, siso. *Cerrado de —, loc. fig.* Cabeça dura, estúpido, incapaz. *Ser (uno) duro de —, loc. fig. fam.* Ser teimoso, ter a cabeça dura.

MOLLETA (molheta) *s. f.* Torta (às vezes amassada com leite).

MOLLETE (molhete) *s. m.* V. MOFLETE. Pãozinho mole.

MOLLETUDO, A (molhetudo) *adj.* V. MOFLETUDO.

MOLLIFICAR (molhificar) *v. tr.* Molificar.

MOLLINA (molhina) *s. f.* V. MOLLIZNA.

MOLLIZNA (molhisna) *s. f.* Molinha, molhemolhe, molinheiro, chuvisco.

MOLLIZNAR (molhisnar) *v. intr. impes.* Molinhar, chuviscar.

MOLLIZNEAR (molhisnear) *v. intr. impes.* V. MOLLIZNAR.

MOLONDRO *s. m. fam.* Molenga, moleirão, molengão.

MOLONDRÓN *s. m. fam.* V. MOLONDRO.

MOLTURA *s. f.* V. MOLIENDA.

MOMA *s. f. Amer. mexic.* Cabra-cega (jogo de crianças).

MOMEAR *v. intr.* Fazer momices.

MOMERÍA *s. f.* Momice, momo, trejeitos ridículos.

MOMERO, A *adj.* Que faz momices. U. t. c. s.

MOMIA *s. f.* Múmia.

MOMIFICACIÓN *s. f.* Mumificação.

MOMIFICADO, A *p. p.* de *Momificar.*

MOMIFICAR *v. tr.* Mumificar. U. t. c. pron.

MOMIO, A *adj.* Magro, seco, descarnado. *s. m.* Lambujem, gratificação; o que se dá ou recebe a mais. Mina (boa aquisição sem custo ou trabalho). *De —,* de graça, gratuitamente.

MOMO *s. m.* Momo (momice).

MONA *s. f.* Mona, macaca. *fig. fam.* Macaco, a (pessoa que imita outra). *fig. fam.* Borracheira, bebedeira, mona. *fig. fam.* Pessoa embriagada. *Pillar (uno) una —, loc. fig. fam.* Embriagar-se, tomar uma bebedeira. V. HORNAZO.

MOÑA (monha) *s. f.* Boneca (brinquedo de criança). Manequim. Monha. *fig. fam.* Mona, bebedeira, borracheira.

MONACILLO (monacilho) *s. m.* Menino de coro.

MONADA *s. f.* Monada, macaquice. Coisa pequena e delicada, primor. *fig.* Lisonja, bajulão. *fig.* Ação imprópria de pessoa sensata e formal. V. MONERÍA.

MONAGO *s. m.* V. MONACILLO.

MONAGUILLO (monaguilho) *s. m.* V. MONACILLO.

MOÑAJO (monhajo) *s. m. Pejor.* de *Moño.*

MONASTERIO *s. m.* Mosteiro, convento.

MONDA *s. f.* Monda. Mondadura. Limpeza. Ação de cortar o cabelo.

MONDADERAS *s. f. pl.* V. DESPABILADERAS.

MONDADIENTES *s. m.* Palito (para os dentes).

MONDAR *v. tr.* Mondar. Limpar, purificar. Limpar o leito de um rio, canal ou tanque. Podar. Descascar (frutas). Tosar, cortar o cabelo. *fig. fam.* Limpar (tirar a alguém o que tem, principalmente dinheiro).

MONDARAJAS (mondarajas) *s. f. pl. fam.* Mondadura, restos, despojos, cascas.

MONDEJO (mondejo) *s.m.* Recheio (do bucho do porco ou do carneiro).

MONDO, A *adj.* Mundo, limpo, purificado, puro, asseado.— *y lirondo, loc. fig. fam.* Limpo, liso (sem acréscimo algum).

MONDÓN *s. m.* Tronco de árvore (sem casca).

MONDONGA *s. f.* Mondongueira (criada grosseira).

MONDONGO *s. m.* Mondongo (os intestinos do carneiro, do porco e de outros animais). *fam.* Os intestinos do homem.

MONDONGUERÍA *s. f.* Lugar, casa ou bairro onde se vendem mondongos.

MONDONGUERO *s. m.* Mondongueiro, fressureiro.

MONDONGUIL *adj.* Relativo ao mondongo.

MONEAR *v. intr.* Macaquear, fazer macaquices.

MONEDA *s. f.* Moeda. Labrar —, cunhar moeda.

MONEDADO, A *p. p.* de *Monedar.*

MONEDAJE (monedaje) *s. f.* Moedagem (direito).

MONEDAR *v. tr.* Amoedar.

MONEDEAR *v. tr.* Amoedar.

MONEDERÍA *s. f.* Moedagem (arte de fabricar moeda; ofício de moedeiro).

MONEDERO *s. m.* Moedeiro. Porta-moedas. *adj.* Monetário.

MONERÍA *s. f.* Monada, macaquice. *fig.* Trejeito (de criança pequena). *fig.* Bugiaria, bagatela; coisa enfadonha para pessoas adultas.

MONESCO, A *adj.* Simiesco.

MONIGOTE *s. m.* Frade leigo. *fig. fam.* Pessoa ignorante, rude e desprezível. *fig. fam.* Bruxa de trapo. *fig. fam.* Mamarracho (pintura malfeita); escultura malfeita.

MONILLO (monilho) *s.m.* Justilho de mulher (sem mangas).

MONÍN, A *adj. Dim.* de *Mono, a.* U. t. c. s.

MONÍS *s. f.* Bagatela, bugiaria.

MÓNITA *s. f.* Artifício, astúcia (feita com suavidade e agrados).

MONJA (monja) *s. f.* Monja. *pl. fig* Partículas acesas que ficam depois de queimado um papel e se vão apagando aos poucos.

MONJE (monje) *s. m.* Monge.

MONJÍA (monjía) *s. f.* Prebenda (que o monge tem em seu mosteiro).

MONJIL (monjil) *adj.* Próprio de monjas. *s. f.* e *m.* Mongil.

MONO, A *adj. fig. fam.* Bonito, delicado, engraçado, gracioso. *s. m.* Macaco, mono. *fig.* Macaco (pessoa que imita outra ou faz momices). *fig.* Jovem de pouco siso e de maneiras afetadas. *fig.* Boneco; figura de animal. *fig.* Macacão (roupa). *Estar de —s, loc. fig.* Estar amuadas ou zangadas (duas ou mais pessoas), principalmente noivos ou namorados. *Quedarse hecho un —, loc. fig.* Ficar corrido de vergonha.

MOÑO (monho) *s. m.* Monho, tope, cabelo enrolado para cima (das mulheres). Monho, laço de fitas. Topete, poupa. *pl.* Enfeites supérfluos ou de mau gosto (usados pelas mulheres). *Hacerse —, pentear-se. *Ponérsele (a uno una cosa) en —, meter-se (uma coisa) na cabeça (de alguém), tomar uma resolução caprichosa. *Ponerse (uno) —s,* alardear, presumir, atribuir-se méritos (alguém).

MONÓN, A (monhòn) *adj.* V. MOÑUDO.

MONONA *adj. fam.* Graciosa (diz-se da mulher, principalmente sendo muito jovem).

MONSEÑOR (monsenhor) *s. m.* Monsenhor.

MONSERGA *s. f.* Algaravia, linguagem confusa.

MONSTRUO *s. m.* Monstro.

MONTA *s. f.* Montada (ação de montar). Monta, soma, total. Monta, importe, estimação, valor.

MONTACARGAS *s. m.* Elevador (para carga).

MONTADA *s. f.* Montada (do freio).

MONTADERO *s. m.* Montadouro.

MONTADURA *s. f.* Montada (ação de montar). Montada, cavalgadura.

MONTAJE (montaje) *s. m.* Montagem. *pl.* Reparos (de artilharia).

MONTAÑA (montanha) *s. f.* Montanha.

MONTANEAR *v. intr.* Pastar bolota (o gado suíno).

MONTANERA *s. f.* Montanheira.

MONTANERO *s. m.* Coiteiro, montaraz.

MONTAÑÉS, A (montanhes, essa) *adj.* e *s.* Montanhês, esa.

MONTAÑETA (montanheta) *s. f. Dim.* de *Montaña.*

MONTAÑOSO, A (montanhosso) *adj.* Montanhoso.

MONTANTADA *s. f.* Jactância, vanglória. Multidão, número excessivo.

MONTANTEAR *v. intr.* Brandir o montante. *fig.* Falar com jactância ou falsa superioridade.

MONTAÑUELA (montanhuela) *s. f.* V. MONTAÑETA.

MONTARAZ *adj. e s.* Montaraz, montês, montesino. *fig.* indomável, incivil. *fig.* bravio, coiteiro.

MONTAZGAR *v. tr.* Cobrar o tributo de passagem (do gado).

MONTAZGO *s.m.* Tributo de passagem (do gado).

MONTE *s. m.* Monte, serra, montanha. Monte, montado. *fig.* Óbice, obstáculo (nos negócios). *fig. fam.* Cabeleira espessa e suja. Monte (jogo de azar). Monte, bolo (no jogo). — *de piedad*, monte de socorro, casa de penhores. *Correr el* —, bater o mato. *Poner a* —, *Náut.* Pôr em terra (um navio, para consertos). *Ser (uno)* — *y ribera*, *loc. fig. fam.* Ser pau para toda obra.

MONTEA (montèa) *s. f.* Montearia, monteada, montaria. Montéia.

MONTERA *s. f.* Monteira (espécie de carapuça). *Náut.* V. MONTERILLA. Coberta de vidro (sobre uma galeria, pátio etc.).

MONTERÍA *s. f.* Montaria, montearia, coitada, monteada. Arte venatória.

MONTERILLA (monterilha) *s. f. Dim.* de *Montera. Náut.* Vela de estai do joanete.

MONTERO *s. m.* Monteiro, caçador de monte.

MONTERUCA *s. f. Pejor.* de *Montera.*

MONTO *s. m.*, Monta, soma, total.

MONTÓN *s. m.* Montão. *A montones*, *loc. adv.* Aos montões, abundantemente.

MONTONERA *s. f. Amer. merid.* Pelotão de cavalaria que combate contra o governo.

MONTONERO *s. m.* Indivíduo da *Montonera. Amer. chil. e per.* Guerrilheiro. O que só provoca briga quando está acompanhado.

MONTOSO, A (montosso) *adj.* Montuoso, montanhoso, montoso.

MONTUNO, A *adj.* Montês, montanhesco.

MONTURA *s. f.* Montada, montaria, cavalgadura. V. MONTAJE, 1ª acep

MOÑUDO, A (monhudo) *adj.* Topetudo, que tem topete ou poupa (diz-se das aves).

MONZÓN (monçón) *s. amb.* Monção (vento).

MOQUEAR *v. intr.* Deitar monco ou ranho.

MOQUEO (moquèo) *s. m.* Secreção nasal abundante.

MOQUERO *s. m.* Lenço para o nariz.

MOQUETE *s. m.* Murro (no rosto, e principalmente no nariz).

MOQUETEAR *v. tr.* Esmurrar.

MOQUILLO (moquilho) *s. m.* Pituíta, pingo. Enfermidade catarral de certos animais.

MOQUITA *s. f.* Pituíta (do nariz).

MOR *s. m. Aférese* de *Amor. Por* — *de*, *loc. adv.* Por amor de.

MORA *s. f. For.* Mora. Mora, demora, delonga, detença. Amora. V. ZARZAMORA. *Amer. hond.* Framboesa.

MORACHO, A (moratcho) *adj.* Morado claro.

MORADO, A *adj.* Morado (da cor da amora, entre o roxo e o preto).

MORAL *adj.* Moral. *s. f.* Moral. *s. m. Bot.* Amoreira.

MORALEJA (moraleja) *s. f.* Moralidade (de fábula, conto, exemplo etc.).

MORANZA (morança) *s. f.* Morada (casa, domicílio; moradia, habitação).

MORCEGUILLA (morceguilha) *s. f.* Excremento dos morcegos.

MORCELLA (morcelha) *s. f.* Faísca, fagulha (que salta do pavio da vela)

MORCIGUILLO (morciguilho) *s. m.* V. MURCIÉLAGO.

MORCILLA (morcilha) *s. f.* Morcela (espécie de chouriço).

MORCILLO (morcilho) *s. m.* Parte carnuda do braço (do ombro ao cotovelo). *adj.* Morzelo.

MORCÓN *s. m.* Morcela (feita da tripa gorda). Bandulho, pança. *fig. fam.* Pessoa suja e desalinhada. *fig. fam.* Pessoa gorda, baixa e de carnes flácidas.

MORDIENTE *p. a.* de *Morder.* Mordente. *s. m.* Mordente.

MORDIMIENTO *s. m.* Mordedura.

MORDISCO *s. m.* Mordidela; ação de mordiscar. Mordedura. Bocado que sai de uma dentada.

MORDISQUEAR *v. tr.* Mordicar, mordiscar.

MOREDA *s. f.* Amoreira. V. MORERAL.

MORENA *s. f. Ictiol.* Moréia. Pão de rala. *Geol.* Morena.

MORENILLO (morenilho) *s. m.* Massa de carvão moído e vinagre que os tosquiadores aplicam às feridas do animal.

MORERA *s. f.* Amoreira-branca.

MORERAL *s. m.* Amoreiral.

MORERÍA *s. f.* Mouraria. Mourama.

MORETÓN *s. m. fam.* Vergão. Equimose.

MORGA *s. f.* V. ALPECHÍN. *Bot.* Coca.

MORIEGO, A *adj.* V. MORUNO.

MORILLO (morilho) *s. m.* Cavalete de ferro.

MORIR *v. intr.* Morrer (em todas as principais acep. deste vocábulo). U. t. c. pron. *Irreg.* Ind. pres. *Muer-e, es, e, en.* Subj. pres. *Muer-a, as, a, muramos, muráis, mueran.* Pret. imperf. *Muriera* ou *ese, eras* ou *eses, era* ou *ese, éramos* ou *ésemas, erais* ou *eseis, eran* ou *esen.* Fut. imperf. *Muri-ere, eres, ere, éremos, ereis, eran.* Imperat. *Muer-e, a, muramos, mueran.* Ger. *Muriendo.* Part. pas. *Muerto.*

MORISCO, A *adj.* Mourisco, mouro.

MORISMA *s. f.* Mourisma. Mourama. *A la* —, *loc. adv.* À mourisca.

MORISQUETA *s. f.* Astúcia, ardil, treta própria de mouros. *fig. fam.* Ação com que alguém pretende enganar, burlar ou desprezar outrem.

MORLACO, A *adj.* Que finge parvoíce ou ignorância, tolo, fingido. *s. m. pop.* Touro. *Amer. chil., boliv., per. e argent.* Moeda de um peso (principalmente quando é de prata). *pl. Amer. boliv.* Dinheiro, fortuna, riqueza.

MORLÓN, A *adj.* V. MORLACO, 1ª acep

MORMÓN *s. m.* Mórmon.

MORMULLAR (mormulhar) *v. intr.* Murmurar.

MORMULLO (mormulho) *s. m.* Murmúrio.

MORO, A *adj.* Mouro, sarraceno. U. t. c. s. Mouro (diz-se do vinho puro: aplica-se ao cavalo de cor escura mesclada de branco). Diz-se do adulto que não foi batizado.

MOROCADA *s. f.* Marrada de carneiro.

MOROCHO, A (morotcho) *adj.* Diz-se de uma variedade do milho. *Amer.* Robusto, forte, bem conservado (aplica-se a pessoas). *Amer. plat.* Moreno. U. t. c. s.

MOROJO (morojo) *s. m.* V. MADROÑO.

MORÓN *s. m.* Montículo de terra.

MORONCHO, A (morontcho) *adj.* V. MORONDO.

MORONDONGA *s. f. fam.* Mixórdia, misturada, montão de bagatelas.

MORONDO, A *adj.* Pelado (sem pêlos ou sem folhas).

MORRA *s. f.* Cocuruto, o alto da cabeça. Jogo vulgar consistente em acertar o número de dedos indicados pelos jogadores.

MORRADA *s. f.* Cabeçada (pancada com a cabeça). *fig.* Bofetada, punhada.

MORRAL *s. m.* Embornal. *fig. fam.* Homem grosseiro.

MORRALLA (morralha) *s. f.* Gentalha, chusma. *fig.* Farragem, miscelânea, mistura.

MORRENA *s. f. Geol.* Morena.

MORRILLO (morrilho) *s. m.* Seixo. Toutiço, cachaço (dos animais). *fam.* Cachaço, nuca (quando avantajada).

MORRIÑA (morrinha) *s. f. Vet.* Morrinha. *fig. fam.* Tristeza, melancolia.

MORRINOSO, A (morrinhosso) *adj.* Morrinhoso, morrinhento. Débil, raquítico, doentio.

MORRIÓN *s. m.* Morrião (armadura).

MORRO *s. m.* Qualquer coisa redonda cuja forma seja semelhante à da cabeça. Morro, oiteiro. Seixo. Saliência formada pelos lábios quando grossos. *Estar de* —, ou —*s*. V. MONO (*Estar de* —*s*).

MORROCOTUDO, A *adj. fam.* De muita importância ou dificuldade.

MORROÑA (morronha) *s. f.* V. MORRONGA.

MORRONCHO, A (morrontcho) *adj.* Manso, tranqüilo.

MORRONGA *s. f. fam.* Gata (animal).

MORRONGO *s. m. fam.* Gato (animal).

MORROÑO (morronho) *s. m. fam.* V. MORRONGO.

MORRUDO, A *adj.* Cabeçudo, rombo. Beiçudo, focinhudo.

MORTAJA (mortaja) *s. f.* Mortalha (vestidura em que se envolve o cadáver). *fig. Amer.* Mortalha (tira de papel para formar o cigarro). V. MUESCA.

MORTERADA *s. f.* Quantidade que se pisa de uma vez no almofariz. Morteirada.

MORTERETE *s. m. Dim.* de *Mortero. Artilh.* Morterete. Lamparina.

MORTERO *s. m.* Morteiro, gral, almofariz. *Artilh.* Morteiro. *Constr.* Argamassa.

MORTUORIO, A *adj.* Mortuário, fúnebre. *s. m.* Mortuório, mortório; preparativos para funerais.

MORUECO *s. m.* Carneiro reprodutor.

MOSCA *s. f.* Mosca. Mosca (cabelos por baixo do lábio inferior). *fam.* Dinheiro. *fig. fam.* Inquietação, desgosto, desassossego. *fig. fam.* Mosca (pessoa importuna). *pl. fig. fam.* Faíscas, chispas, fagulhas, centelhas. — *de España*, cantárida. — *muerta*, *fig. fam.* Mosca-morta. *Cazar* —*s*, *loc. fig.* Apanhar moscas, empregar o tempo em banalidades.

MOSCABADO, A *adj.* V. MASCABADO.

MOSCARDA *s. f.* Moscardo.

MOSCARDÓN *s. m.* Moscardo. Moscão. V. AVISPÓN. *fig. fam.* Mosca (pessoa importuna).

MOSCARRÓN *s. m. fam.* V. MOSCARDÓN.

MOSCATEL *adj.* Moscatel. *s. m. fig.* Homem importuno.

MOSCELLA (moscelha) *s. f.* V. MORCELLA.

MOSCÓN *s. m.* Moscão. *fig. fam.* Mosca-morta.

MOSCONA *s. f.* Mulher desavergonhada.

MOSQUEAR *v. tr.* Espantar as moscas. U. t. c. pron. *fig.* Responder ofensivamente. *fig.* Surrar, sovar, açoitar. *v. pron. fig.* Ressentir-se, ofender-se, picar-se. *v. pron. fig.* Desembaraçar-se violentamente de estorvos ou obstáculos.

MOSQUEO (mosquèo) *s. m.* Ação de *Mosquear.*

MOSQUERO *s. m.* Mosqueiro (molho de ervas ou tiras de papel para apanhar moscas). *Amer.* Moscaria, mosquedo.

MOSQUETAZO (mosquetaço) *s. m.* Mosquetaço, mosquetada.

MOSQUETERÍA *s. f.* Mosquetaria (grande porção de mosqueteiros).

MOSQUETERO *s. m.* Mosqueteiro.

MOSQUETÓN *s. m.* Mosquetão (arma; peça metálica).

MOSQUIL *adj.* Relativo à mosca.

MOSQUINO, A *adj.* V. MOSQUIL.

MOSQUITERA *s. f.* V. MOSQUITERO.

MOSQUITERO *s. m.* Mosquiteiro.

MOSTACERA *s. f.* Mostardeira (vaso para a mostarda).

MOSTACERO *s. m.* V. MOSTACERA.

MOSTACILLA (mostacilha) *s. f.* Escumilha, chumbo miúdo para matar pássaros.

MOSTACHO (mostatcho) *s. m.* Bigode. *fig. fam.* Gilvaz. *Náut.* Cabresto (do gurupés).

MOSTACHÓN (mostatchòn) *s. m.* Espécie de bolos de amêndoas.

MOSTAGÁN *s. m. fam.* Vinho.

MOSTAZA (mostaça) *s. f.* Mostardeira. Mostarda.

MOSTAZAL (mostaçal) *s. m.* Mostardal.

MOSTAZO (mostaço) *s. m.* V. MOSTAZA, 1ª acep. Mosto espesso.

MOSTRADO, A *p. p.* de *Mostrar. adj.* Afeito, habituado, acostumado.

MOSTRADOR, A *adj.* Mostrador. Indicador (dedo) *s. m.* Mostrador, balcão.

MOSTRENCO, A *adj.* Vacantes, vagos (diz-se de bens). *fig.* Diz-se de quem não tem domicílio nem senhor conhecido. *fig. fam.* Mostrengo. U. t. c. s. *fig. fam.* Ignorante, tardo em aprender.

MOSTRO *s. m.* Monstro.

MOTA *s. f.* Argueiro (nó que se forma no tecido). Fio, cotão ou coisa semelhante que adere ao vestido. *fig.* Pequeno defeito. Mota (aterro).

MOTE *s. m.* Mote. Apodo. Milho debulhado e cozido.

MOTILAR *v. tr.* Tosquiar, tosar.

MOTILÓN, A *adj.* Pelado (sem cabelos).

MOTÍN *s. m.* Motim, desordem, tumulto, sedição, revolta.

MOTO *s. m.* V. HITO. *s. f. Apóc.* de *Motocicleta.*

MOTOLITA *s. f.* Levandisca.

MOTÓN *s. m. Náut.* Moitão.

MOTONERÍA *s. f. Náut.* Conjunto de cadernais e moitões.

MOTRIL *s. m.* Caixeiro.

MOVEDIZO, A (movediço) *adj.* Movediço, instável, inseguro, inconstante, volúvel.

MOVIBLE *adj.* Movível; móvel, movediço.

MOVICIÓN *s. f. fam.* Movimento.

MOVIENTE *p. a.* de *Mover.* Movente.

MÓVIL *adj.* Móvel, móbil. *s. m.* Móvel (causa original ou primordial de qualquer ação).

MOVILIDAD (movilidad) *s. f.* Mobilidade.

MOVILIZADO, A (moviliçado) *p. p.* de *Movilizar.*

MOVILIZACIÓN (moviliçaciòn) *s. f.* Mobilização.

MOVILIZAR (moviliçar) *v. tr.* Mobilizar.

MOVIMIENTO *s. m.* Movimento.

MOYANA (modjana) *s. f.* Pão de rala (para os cães ou para o gado) Espécie de colubrina. *fig. fam.* Mentira, peta, patranha.

MOYO (modjo) *s. m.* Medida de capacidade equivalente a 258 litros. Moio.

MOYUELO (modjuelo) *s. m.* Sêmea, farelo fino.

MOZA (moça) *s. f.* Criada de servir, moça, serva. Moça, amásia. Pá (de bater a roupa). Última mão (em alguns jogos). *Buena —,* boa moça, mocetona.

MOZALBETE (moçalbete) *s. m. Dim.* de *Mozo.* Mocinho. Moço, mancebo, jovem.

MOZALBILLO (moçalbilho) *s. m.* V. MOZALBETE.

MOZALLÓN (moçalhón) *s. m.* Moçalhão, rapagão, moço taludo.

MOZANCÓN (moçancòn) *s. m.* Mocetão, rapagão.

MOZÁRABE (moçárabe) *adj.* Moçárabe.

MOZARABÍA (moçarabía) *s. f.* Gente moçárabe.

MOZCORRA *s. f. fam.* Rameira.

MOZO, A (moço) *adj.* Moço; jovem. Solteiro. U. t. c. s. Femieiro. *s. m.* Moço, servente, serviçal. Garçon. Recruta. *— de paja y cebada,* moço de cavalariça. *de cordel,* moço de fretes. *— de esquina,* carregador, moço de fretes. *Buen —,* homem alto e de boa presença.

MU *s. m.* Mugido. Sono (palavra usada na linguagem infantil).

MUARÉ *s. f.* Tecido ondeado ou achamalotado.

MUCAMA *s. f. Amer.* Criada de servir, serviçal.

MUCAMO *s. m. Amer.* Criado de servir, serviçal.

MUCHACHADA (mutchatchada) *s. f.* Rapaziada (dito ou ato de rapaz).

MUCHACHEAR (mutchatchear) *v. intr.* Fazer rapaziadas.

MUCHACHERÍA (mutchatchería) *s. f.* Rapazio, rapaziada.

MUCHACHEZ (mutchatchez) *s. f.* Infância, puerícia.

MUCHACHIL (mutchatchil) *adj.* Infantil; juvenil; próprio de rapazes.

MUCHACHO, A (mutchatcho) *s. m.* e *f.* Menino (de peito). Rapaz, rapariga. Moço (de servir). *fam.* Moço, jovem.

MUCHACHUELO, A (mutchatchuelo) *s. m.* e *f. Dim.* de *Muchacho.* Rapazinho, rapariguinha. Menino.

MUCHEDUMBRE (mutchedumbre) *s. f.* Multidão (de pessoas, de coisas).

MUCHO, A (mutcho) *adj.* Muito. *adv.* Muito. *Gram.* Com os tempos do verbo *ser,* com em orações interrogativas, exclamativas ou admirativas, precedido da partícula *que,* e às vezes seguido também da mesma, denota idéia de estranheza: *— será que na lleuva esta tarde.* (Será de estranhar que não chova esta tarde.) Em estilo familiar, faz as vezes de adv. de afirmação, equi-valente a sim ou certamente. *Por — que,* *loc. adv.* Por muito que, por mais que.

MUCÍLAGO *s. m.* V. MUCILAGO.

MUCILAGO *s. m.* Mucilagem.

MUCOSIDAD (mucossidad) *s. f.* Mucosidade, muco.

MUCRONATO, A *adj.* Mucronado.

MUDADIZO, A (mudadiço) *adj.* Mudadiço, mutável, inconstante.

MUDAMIENTO *s. m.* V. MUDANZA.

MUDANZA (mudança) *s. f.* Mudança.

MUDAR *v. tr.* e *pron.* Mudar, mudar-se (em todas as acepções deste vocábulo). *v. pron. fam.* Ir-se embora.

MUÉ *s. m.* V. MUARÉ

MUEBLAJE (mueblaje) *s. m.* V. MOBLAJE.

MUEBLAR *v. tr.* Mobilar.

MUEBLE *adj.* Móvel (diz-se dos bens). *s. m.* Móvel (traste, peça de mobília).

MUEBLERÍA *s. f.* Casa ou fábrica de móveis.

MUEBLISTA *s. m.* e *f.* Pessoa que fabrica ou vende móveis.

MUECA *s. f.* Careta, esgar.

MUECÍN *s. m.* Muezim.

MUELA *s. f.* Mó. Dente molar. V. ALMORTA. Morro artificial. Rebolo. Morro, outeiro. Quantidade de água necessária para mover um moinho. *— del juicio,* dente do siso.

MUELLAJE (muelhaje) *s. m.* Ancoragem (direito).

MUELLE (muelhe) *adj.* Mole, brando, macio, delicado, suave. Voluptuoso, lânguido, mole. *s. m.* Mola (de metal). *Colchòn de —s,* colchão de molas. *— real,* mola (de relógio). Molhe. Plataforma (de estação ferroviária).

MUELLEMENTE (muelhemente) *adv.* Molemente; suavemente; brandamente.

MUER *s. m.* V. MUARÉ

MUÉRDAGO *s. m.* Agárico.

MUERDO *s. m. fam.* Mordida, mordidela (ação de morder). *fam.* Bocado.

MUERMO *s. m. Vet.* Mormo.

MUERMOSO, A (muermosso) *adj.* Mormoso.

MUERTE *s. f.* Morte.

MUERTO, A *p. p. irreg.* de *Morir.* Morto, morrido. *adj.* Morto. U. t. c. s.

MUESCA *s. f.* Corte, entalhe, cavidade, encaixe, mossa.

MUESTRA *s. f.* Amostra, mostra. *fig.* Mostra, sinal, indício. Tabuleta de casa comercial. *fig.* Porte, mostras, ares. *Hacer —,* dar mostras, manifestar, aparentar. *Pasar —, Mil.* Passar revista.

MUESTRARIO *s. m.* Mostruário.

MUÉVEDO *s. m.* Móvito.

MUGA *s. f.* V. MOJÓN. Desova.

MUGAR *v. intr.* Desovar.

MÚGIL (mújil) *s. m.* V. MUJOL.

MUGRE *s. f.* Gordura ou sujidade (nos vestidos etc.).

MUGRIENTO, A *adj.* Sujo, gordurento.

MUGRÓN *s. m.* Mergulhão (de videira).

MUGROSO, A (mugrosso) *adj.* V. MUGRIENTO.

MUGUETE *s. m.* Espécie de lírio.

MUIR *v. tr. prov.* Ordenhar. *Irreg.* Ind. pres. *Muyo, es, e, en.* Pret. indef. *Muyó, muyeron.* Subj. pres. *Muy-a, as, a, amos, àis, an.* Pret. imperf. *Muy-era* ou *ese, eras* ou *eses, era* ou *ese, éramos* ou *ésemos, erais* ou *eseis, eran* ou *esen.* Fut. imperf. *Muy-ere, eres, ere, éramos, ereis, eren.* Imperat. *Muy-e, a, amos, an.* Ger. *Muyendo.*

MUJER (mujer) *s. f.* Mulher. *— de digo y hago,* mulher forte e resoluta. *— del arte,* ou *de punto,* mulher de vida airada.

MUJERCILLA (mujercilha) *s. f. Pejor.* Mulherinha.

MUJERIEGO, A (mujeriego) *adj.* V. MUJERIL. Mulherengo. Femeeiro. *s. m.* Mulherio. *A —a,* ou *a —as, loc. adv.* Montado à maneira das mulheres, sentado na sela.

MUJERIL (mujeril) *adj.* Mulheril, feminino. Mulherengo, efeminado.

MUJERILMENTE (mujerilmente) *adv.* Mulherilmente.

MUJERÍO (mujerío) *s. m.* Mulherio.

MUJERONA (mujerona) *s. f. Aument.* de *Mujer.* Mulherança.

MUJERUCA (mujeruca) *s. f.* V. MUJERCILLA.

MUJERZUELA (mujerçuela) *s. f. Dim.* de *Mujer.* Mulherzinha.

MÚJOL (mújol) *s. m. Ictiol.* Mugem.

MULA *s. f.* Mula. *En la — de San Francisco, loc. adv.* A pé.

MULADA *s. f.* Muletada, mulada.

MULATERO *s. m.* O que aluga mulas. Moço de mulas, muleteiro.

MULERO *s. m.* Muleteiro.

MULETILLA (muletilha) *s. f.* Muleta (de toureiro). Estribilho, bordão (palavra empregada por alguém a cada momento).

MULLA (mulha) *s.* f. Convocação. Disposição, concerto.

MULLIDO, A (mulhido) *p. p.* de *Mullir. s. m.* Recheio (de almofada, colchão etc.).

MULLIR (mulhir) *v. tr.* Afofar, amolecer, abrandar. *fig.* Preparar, dispor as coisas com manha ou habilidade para conseguir algum fim. *Agr.* Escavar, cavar a terra em volta das cepas. *Irreg.* Ind. pret. indef. *Mulló, mulleron.* Subj. pret. imperf. *Mull-era* ou *ese, eras* ou *eses, era* ou *ese, éramos* ou *ésemos, erais* ou *eseis, eran* ou *esen.* Fut. imperf. *Mull-ere, eres, ere, éramos, creis, eren.* Ger. *Mullendo.*

MULLO (mulho) *s. m. Ictiol.* Salmonete. *Amer.* V. ABALORIO.

MULO *s. m.* Mu, mulo.

MULSO, A *adj.* Misturado com mel ou açúcar.

MULTITUD (multitud) *s. f.* Multidão (de pessoas ou de coisas).

MUNDILLO (mundilho) *s. m.* Almofada (para fazer renda). Espécie de enxugador. Certo arbusto.

MUÑECA (munheca) *s. f. Anat.* Pulso, munheca. Manequim. Boneca (figura de trapo, cartão, louça etc., imitando mulher ou menina; embrulho de estofo, contendo uma substância solúvel). *fig.* Boneca (moça muito enfeitada ou frívola).

MUÑECO (munheco) *s. m.* Boneco (brinquedo de criança). *fig.* Peralvilho. *Tener —s en la cabeza, loc. fig.* Ter ambições superiores ao valor próprio; alimentar ilusões descabidas.

MUÑEIRA (munheira) *s. f.* Dança popular galega.

MUÑEQUEAR (munhequear) *v. intr.* Esgrimir com as mãos.

MUÑEQUERA (munhequera) *s. f.* Peça de couro que segura o relógio.

MUÑEQUERÍA (munhequería) *s. f. fam.* Excesso de enfeites no vestuário.

MUNICIONERO *s. m.* Municionário.

MUÑIDOR (munhidor) *s. m.* Andador (de confraria ou irmandade). Intrigante.

MUÑIR (munhir) *v. tr.* Convocar, chamar, convidar (para reuniões). Concertar, dispor.

MUÑÓN (munhòn) *s. m.* Coto (resto de um membro amputado). O músculo deltóide e a respectiva região. *Artilh.* Munhão.

MURALLA (muralha) *s. f.* Muralha.

MURALLÓN (muralhòn) *s. m. Aument.* de *Muralha.* Muralha, muro forte.

MURCEGUILLO (murceguilho) *s. m.* V. MURCIÉLAGO.

MURCIÉGALO *s. m.* V. MURCIÉLAGO.

MURCIÉLAGO *s. m.* Morcego.

MURENA *s. f. Ictiol.* Moréia.

MURETE *s. m. Dim.* de *Muro.* Murinho.

MURGA *s. f.* V. ALPECHÍN. Grupo de músicos que vão tocar às portas das casas.

MURGÓN *s. m.* V. ESGUÍN.

MURMUJEAR (murmujear) *v. intr, fig. fam.* Murmurar, falar em voz baixa. U. t. c. pron.

MURMULLAR (murmulhar) *v. intr.* Murmurar.

MURMULLO (murmulho) *s. m.* Murmúrio, cicio.

MURMUREO (murmurèo) *s. m.* Murmúrio contínuo.

MURQUE *s. m. Amer.* Farinha torrada.

MURRIA *s. f.* Abatimento, tristeza, peso na cabeça.

MURRIO, A *adj.* Triste, melancólico, cabisbaixo.

MURTELA *s. f.* Murtal.

MURTILLA (murtilha) *s. f.* Murtilho.

MURTINA *s. f.* V. MURTÍLHA.

MURTÓN *s. m.* Murtinho (baga de murta).

MURUCUYÁ (murucudjá) *s. m.* Maracujá.

MUSARAÑA (mussaranha) *s. f. Zool.* Mussa-ranho. Qualquer inseto ou animal pequeno. *fig. fam.* Figura humana, contrafeita ou ridícula. *fig. fam.* Nuvem (nos olhos).

MUSCO, A *adj.* Fusco. *s. m. Bot.* Musgo.

MUSEO (mussèo) *s. m.* Museu.

MUSEROLA (musserola) *s. f.* Focinheira (correia da cabeçada).

MUSGAÑO (musganho) *s. m. Zool.* Mussaranho.

MUSITAR (mussitar) *v. tr.* Mussitar, cochichar, sussurrar.

MUSLIME *adj. e s.* Muslim, muçulmano.

MUSLO *s. m.* Coxa.

MUSTIAMENTE *adv.* Melancolicamente, triste-mente, murchamente.

MUSTIARSE *v. pron.* V. MARCHITARSE.

MUSTIO, A *adj.* Melancólico, triste, murcho. Murcho, seco (diz-se de folhas, plantas e flores).

MUSULMÁN, A (mussulmán) *adj. e s.* Muçul-mano.

MUTA *s. f.* V. JAURÍA.

MUY (mui) *adv.* Muito. *Gram.* Antepõe-se aos substantivos adjetivados, adjetivos, particípios, advérbios e locuções adverbiais, para denotar o superlativo da significação.

N (ene) *s. f.* Décima sexta letra e décima terceira consoante do alfabeto espanhol. Sinal que representa um nome próprio de pessoa que não se sabe ou não se quer expressar.

Ñ (enhe) *s. f.* (As palavras começadas por esta consoante espanhola acham-se averbadas entre N e O.)

NABA *s. f.* Variedade de nabo.

NABAB *s. m.* Nababo.

NABAL *s.m.* Nabal. *adj.* Pertencente ao nabo.

NABAR *adj.* e *s.* V. NABAL

NABERÍA *s. f.* Conjunto de nabos. Caldo de nabos.

NABICOL *s. m.* Variedade de nabo.

NABINA *s. f.* Semente de nabo, nabinha.

NABIZA (nabiça) *s. f.* Nabiça.

NABO *s. m.* Nabo. Qualquer raiz grossa. *fig.* Tronco da cauda das cavalgaduras.

NACÁREO, A *adj.* Nacarino.

NACARÓN *s. m.* Nácar de qualidade inferior.

NACATETE *s. m. Amer. mexic.* Pintainho, pintinho.

NACENCIA *s. f. fig.* V. NACIDA.

NACER *v. intr.* Nascer (em todas as principais acepções deste vocábulo). *Irreg.* Ind. pres. *Nazco.* Subj. pres. *Nazc-a, as, a, amos, áis, an.* Imperat. *Nazc-a, amos, an.*

NACIDO, A *p. p.* de *Nacer. adj.* Nascido. *s. m.* V. NACIDA.

NACIDA *s. f.* Nascido, nascida, tumor, abcesso, furúnculo.

NACIENTE *p. a.* de *Nacer. adj.* Nascente.

NACIMIENTO *s. m.* Nascimento, nascença.

NACIÓN *s. f.* Nação. *fam.* Nascimento.

NADA *s. f.* Nada. *adv.* Nada, de nenhuma maneira, não.

NADADERA *s. f.* Bóia (para aprender a nadar).

NADADERO *s. m.* Lugar próprio para a natação.

NADERÍA *s. f.* Nada, nonada, bagatela.

NADIE *pron. indef.* Ninguém. *s. m.* Ninguém, pessoa insignificante.

NADILLA (nadilha) *s. f. fam.* Nada, coisa nenhuma.

NAFTA *s. f.* Nafta. Gasolina.

NAGUA *s. f.* V. ENAGUA. U. m. no pl.

NAIPE *s. m.* Carta (de baralho). Baralho.

NAIPESCO, A *adj.* Relativo às cartas (do baralho).

NAIRE *s. m.* Cornaca. Naire.

NALGA *s. f.* Nádega. U. m. no pl.

NALGADA *s. f.* Nadegada, nalgada. Presunto.

NALGAR *adj.* Nadegueiro.

NALGATORIO *s. m. fam.* As nádegas.

NALGÓN, A *adj. Amer.* V. NALGUDO.

NALGUDO, A *adj.* Nadegudo, nalgudo.

NALGUEAR *v. intr.* Rebolar as nádegas.

NANA *s. f. fam.* Avó. Cantiga de ninar. *Amer. mexic.* V. NODRIZA.

NANACATE *s. m. Amer. mexic.* V. HONGO.

NANGO, A *adj. Amer. mexic.* Tolo, néscio. Forasteiro.

NANQUÍN *s. f.* Nanquim (tecido).

NANSA *s. f.* V. NASA. Tanque para peixes pequenos.

NAO *s. m.* Nave, nau.

NAPA *s. f. pop.* V. NALGA.

NARANJA (naranja) *s. f.* Laranja. — *agria*, laranja azeda. — *mandarina*, tangerina. Media —, *fig. fam.* A outra metade (pessoa que se adapta inteiramente aos gostos e inclinações de outra). *Arq.* Cúpula.

NARANJADA (naranjada) *s. f.* Laranjada (bebida). *fig. fam.* Dito ou ato grosseiro.

NARANJADO, A (naranjado) *adj.* Alaranjado.

NARANJAL (naranjal) *s. m.* Laranjal.

NARANJAZO (naranjaço) *s. m.* Laranjada (arremesso de uma laranja).

NARANJERO, A (naranjero) *adj.* Pertencente ou relativo à laranja. Diz-se do cano cujo diâmetro interior é de 8 a 10 centímetros. *s. m.* Laranjeiro (vendedor de laranjas). V. NARANJO.

NARANJILLA (naranjilha) *s. f.* Laranja pequena, verde, para conserva.

NARANJILLADA (naranjilhada) *s. f. Amer. equat.* Laranjinha (espécie de licor de laranja e aguardente).

NARANJO (naranjo) *s. m.* Laranjeira. Laranjeira (madeira). *fig. fam.* Homem grosseiro ou ignorante.

NARES *s. m. pl. op.* Ventas, nariz.

NARIGÓN, A *adj.* Narigudo. *s. m.* Narigão, narigueta.

NARIGUILLA (nariguilha) *s. f. Dim.* de *Nariz.* Narizinho.

NARIZ *s. f.* Nariz. U. m. no pl. Narina; olfato. — *aguileña*, nariz aquilino. — *perfilada*, nariz bem feito. — *respingona*, nariz arrebitado. *Narices remanchadas*, nariz chato ou achatado. *Torcer las narices, loc. fig. fam.* Torcer o nariz.

NARIZÓN, A (mariçón) *adj.* Narigudo.

NARIZOTA (nariçota) *s. f. Aument.* de *Nariz.* Narigão.

NARIZUDO, A (nariçudo) *adj. fam. Amer.* Narigudo.

NARRIA *s. f.* Carro de arrastar (sem rodas). *fig. fam.* Mulheraça gordalhona.

NASA (nassa) *s. f. Pesc.* Nassa. Cesto (para guardar o peixe).

NASTUERZO (nastuerço) *s. m.* V. MASTUERZO.

NASUDO, A (nassudo) *adj.* Narigudo.

NATERÓN *s.m.* Requeijão.

NATILLAS (natilhas) *s. f. pl.* Creme.

NATÍO, A *adj.* Natural, nativo.

NATURA *s. f.* Natureza, natura. Partes genitais. *A,* ou *de —, loc. adv.* Naturalmente.

NATURALEZA (naturaleça) *s. f.* Natureza.

NAVAJA (navaja) *s. f.* Navalha.

NAVAJADA (navajada) *s. f.* Navalhada.

NAVAJAZO (navajaço) *s. m.* V. NAVAJADA.

NAVAJERO (navajero) *s. m.* Estojo para guardar navalhas. Pano para limpar a navalha.

NAVAJÓN (navajón) *s. m. Aument.* de *Navaja.* Navalhão.

NAVAJUELA (navajuela) *s. f. Dim.* de *Navaja.* Navalhinha.

NAVIDAD (navidad) *s. f.* Natal (do Cristo). Natal (dia de). *pl.* Tempo imediato ao dia de Natal. *fig.* Ano, abril, primavera (referindo-se à idade).

NAVIDEÑO, A (navidenho) *adj.* Pertencente ao Natal (diz-se de algumas frutas).

NAVIERO, A *adj.* Naval (pertencente a navios, relativo à navegação).

NÁYADE (nádjade) *s. f.* Náiade.

NAZAREO, A (naçareo) *adj.* e *s.* Nazareno.

NÁZULA (nácula) *s. f.* Requeijão.

NEBLADURA *s. f.* Mangra.

NEBLINEAR *v. intr. Amer.* Neblinar, chuviscar.

NEBRAL *s. m.* V. ENEBRAL.

NEBREDA *s. f.* V. ENEBRAL.

NEBRINA *s. f.* Baga do zimbro.

NEBRO *s. m.* V. ENEBRO.

NEBULÓN *s. m.* Homem hipócrita.

NECEDAD (necedad) *s. f.* Necedade, tolice, parvoíce, ignorância.

NECESARIA (necessaria) *a. f.* Latrina, necessária, retrete.

NECESARIO, A (necessario) *adj.* Necessário.

NECESER (necesser) *s. m.* Caixa de costura. Maleta com objetos de toucador.

NECESIDAD (necessidad) *s. f.* Necessidade.

NECESITAR (necessitar) *v. tr., intr.* e *pron.* Necessitar.

NECEZUELO, A (neceçuelo) *adj. Dim.* de *Necio.*

NECIAMENTE *adv.* Nesciamente.

NECIO, A *adj.* e *s.* Néscio. *A —as, loc. adv.* Nesciamente.

NEGABLE *adj.* Negável.

NEGACIÓN *s. f.* Negação.

NEGAMIENTO *s. m.* Negação, negamento.

NEGAR *v. tr.* Negar *v. pron.* Negar-se. *Irreg.* V. conj. de *Calentar.*

NEGOCIO *s. m.* Negócio. Negociação. Casa de negócio. — *redondo, fig. fam.* Negócio muito vantajoso.

NEGOZUELO (negoçuelo) *s. m. Dim.* de *Negócio.*

NEGREAR *v. intr.* Negrejar. Tirar a negro.

NEGRECER *v. intr.* Enegrecer, escurecer, denegrir, negrejar, pretejar. U. t. c. pron. *Irreg.* V. conj. de *Favorecer.*

NEGREGUEAR *v. intr.* V. NEGREAR.

NEGRERÍA *s. f.* Negraria, pretalhada.

NEGRERO, A *adj.* Negreiro. U. t. c. s. m. *fig.* Cruel para com subordinados.

NEGRILLERA (negrilhera) *s. f.* Olmedal.

NEGRILLO, A (negrilho) *adj. Dim.* de *Negro.* Negrinho, pretinho. *s. m. Bot.* Olmo.

NEGRIZCO, A *adj.* V. NEGRUZCO.

NEGRO, A *adj.* Negro, preto. Negro, preto (de raça negra). U. t. c. s. *fig.* Negro, infeliz.

NEGRURA *s. f.* Negrura, negror, pretidão, negrume.

NEGRUZCO, A *adj.* Um tanto negro ou preto.

NEGUILLA (neguilha) *s. f. Bot.* Nigela.

NEJA (neja) *s. m. Amer.* Nesga.

NEME *s. m. Amer. colomb.* Asfalto.

NENE, P (nène) *s. m.* e *f.* Nenê, criancinha, criança recém-nascida. *s. m. fig. fam.* Homem temível pelas suas façanhas.

NEÓN *s. m. Quím.* Neonio.

NERVEZUELO (nerveçuelo) *s. m. Dim.* de *Nervio.* Nervinho.

NERVIECILLO (nerviecilho) *s. m.* V. NERVEZUELO.

NERVIO *s. m.* Nervo (em todas as principais acepções deste vocábulo).

NERVIOSAMENTE (nerviossamente) *adv.* Nervosamente (excitadamente).

NERVIOSIDAD (nerviossida*d*) *s. f.* Nervosidade, nervosismo.

NERVIOSO, A (nerviosso) *adj.* Nervoso.

NERVOSAMENTE (nervossamente) *adv.* Nervosamente (energicamente).

NETEZUELO (neteçuelo) *s. m. Dim.* de *Nieto.* Netinho.

NETO, A *adj.* Neto, límpido, puro, claro. Líquido (que não tem já deduções a experimentar). *Amer.* Verde (diz-se da fruta). *En —, loc. adv.* Liquidamente (de maneira ajustada).

NEUMÁTICO, A *adj.* Pneumático. *s. m.* Pneumático, pneu (de automóvel, bicicleta etc.).

NEUMONÍA *s. f.* Pneumonia.

NEUMÓNICO, A *adj.* Pneumônico.

NEUMOTÓRAX (neumotòracs) *s. f.* Pneumotórax.

NEURALGIA (neuráljia) *s. f.* Nevralgia.

NEURÁLGICO, A (neuráljico) *adj.* Nevrálgico.

NEURISMA *s. f.* Aneurisma.

NEURONA *s. f.* Neurônio.

NEUROSIS (neurossis) *s. f.* Neurose.

NEVADILLA (nevadilha) *s. f. Bot.* Sanguinha.

NEVATILLA (nevatilha) *s. f.* Levandisca.

NEVAZO (nevaço) *s. m.* Nevada; nevasca.

NEVERA *s. f.* Sorveteira (a que vende sorvetes). Neveira, geladeira. *fig. fam.* Geladeira (sala muito fria).

NEVERETA *s. f.* V. NEVATILLA.

NEVERÍA *s. f.* Sorveteria.

NEVERO *s. m.* Neveiro, sorveteiro. Geleira.

NEVISCA *s. f.* Nevada de pouca duração.

NI *conj. copul.* Nem. *adv.* Nem.

NIDADA *s. f.* Ninhada.

NIDAL *s. m.* Ninho (de galinha ou outra ave doméstica). Indez. *fig.* Ninho, refúgio, abrigo. *fig.* Fundamento, princípio, base.

NIDO *s. m.* Ninho (em todas as principais acepções deste vocábulo).

NIEBLA *s. f.* Névoa, nevoeiro. *Med.* Névoa (nos olhos). *fig.* Névoa, obscuridade, falta de clareza. *Agr.* Alforra, ferrugem. *fig.* Chumbo bem miúdo (para caça).

NIEL *s. m.* Nielo, nigela.

NIELAR *v. tr.* Nigelar.

NIÉSPERA *s. f.* V. NÍSPERA.

NIETECITO *s. m. Dim.* de *Neto.* Netinho.

NIETO, A *s. m.* e *f.* Neto.

NIEVE *s. f.* Neve. Neve, brancura. *Amer.* Sorvete, neve.

NIMIAMENTE *adv.* Nimiamente, em demasia, demasiadamente. *fam.* Escassamente, apoucadamente.

NIMIEDAD (nimieda*d*) *s. f.* Nimiedade, excesso, demasia. *fam.* Pouquidade, modicidade, estreiteza.

NIMIO, A *adj.* Nímio, excessivo, sobejo. *fam.* Tacanho, escasso, curto, mesquinho.

NIÑA (ninha) *s. f.* Pupila, menina do olho. (Diz-se geralmente — *del ojo*).

NIÑADA (ninhada) *s. f.* Criancice.

NIÑATO (ninhato) *s. m.* Tapixi, bezerrinho que se acha no ventre da vaca quando a matam.

NIÑEAR (ninhear) *v. intr.* Fazer criancices.

NIÑERA (nínhera) *s. f.* Ama-seca.

NIÑERÍA (ninhería) *s. f.* Criançada, criancice. Ninharia, bagatela, nonada, insignificância, bugiaria, frioleira.

NIÑERO, A (ninhero) *adj.* Que gosta de crianças. Ninheiro (que se ocupa de ninharias).

NIÑETA (ninheta) *s. f.* Menina do olho, pupila.

NIÑEZ (ninhez) *s. f.* Infância, meninice. *fig.* Infância, princípio ou primeiros tempos de qualquer coisa. *fig.* Criançada, criancice. U. m. no pl.

NINGÚN *adj. Apóc.* de *Ninguno. Gram.* Emprega-se somente antes de substantivos masculinos.

NINGUNO, A *adj.* Nenhum. *pron.* Ninguém.

NIÑO, A *adj.* Menino. U. t. c. s. — *de teta,* criança de peito. — *de la piedra,* enjeitado, exposto. — *de la bola,* Menino Jesus.

NIPÓN, A *adj.* e *s.* Nipônico. Japonês (pessoa).

NIQUELADO *s. m.* Niquelagem.

NIQUELADURA *s. f.* V. NIQUELADO.

NÍSPERO *s. m.* Nespereira. V. NÍSPOLA.

NÍSPOLA *s. f.* Nêspera.

NO *adv.* Não. — *bien, loc. adv.* Logo que, assim que. — *más,* somente, só. Não mais, cessemos, basta de.

NOBLE *adj.* e *s.* Nobre.

NOBLEMENTE *adv.* Nobremente.

NOBLEZA (nobleça) *s. f.* Nobreza.

NOBLOTE *adj.* Nobre, que procede com nobreza.

NOCEDA *s. f.* V. NOGUERAL.

NOCEDAL *s. m.* V. NOGUERAL.

NOCIBLE *adj.* Nocivo, prejudicial, danoso, pernicioso.

NOCHE (notche) *s. f.* Noite. — *buena.* V. NOCHEBUENA. *Primera —,* primeiras horas da noite. *A buenas -s, loc. adv. fam.* Às escuras. *Ayer —, loc. adv.* V. ANOCHE. *Buenas — s,* boa noite (cumprimento). *De la — a la mañana, loc. fig.* Do dia para a noite, inopinadamente, de um momento para outro. *Hacerse de —,* fazer-se noite, anoitecer. *Pasar de claro la —,* passar a noite em claro, não dormir.

NOCHEBUENA (notchebuena) *s. f.* Vigília de Natal.

NOCHEBUENO (notchebueno) *s. m.* Bolo que se come na noite da véspera de Natal. Tronco de lenha que se deita ao fogo nessa noite.

NOCHERNIEGO, A (notcherniego) *adj.* Noturno, notívago.

NOCHIZO (notchiço) *s. f.* Avelaneira-silvestre.

NOCIÓN *s. f.* Noção.

NODRIZA (nodriça) *s. f.* Ama-de-leite, nutriz.

NOGADA *s. f.* Nogada (molho de nozes).

NOGAL *s. m.* Nogueira.

NOGUERA *s. f.* V. NOGAL.

NOGUERADO, A *adj.* Nogueirado.

NOGUERAL *s. m.* Nogueiral, nogal.

NOLUNTAD (noluntad) *s. f.* Nolição.

NOMBRADAMENTE *adv.* Nomeadamente, designadamente.

NOMBRADÍA *s. f.* Nomeada, fama, reputação, nome, renome.

NOMBRADO, A *p. p.* de *Nombrar. adj.* Nomeado, celebrado, afamado, famoso.

NOMBRAMIENTO *s. f.* Nomeação.

NOMBRAR *v. tr.* Nomear (designar pelo nome; fazer menção; designar para um cargo, emprego ou outra coisa).

NOMBRE *s. m.* Nome (em todas as principais acepções deste vocábulo). — *de pila,* nome de batismo. — *postizo,* nome, alcunha, apelido. *Mal —,* V. NOMBRE (postizo).

NÓMINA *s. f.* Relação, lista, catálogo. Nômina (bolsa de relíquias).

NOMINACIÓN *s. f.* V. NOMBRAMIENTO. Nominação.

NOMINATIVO, A *adj.* Nominativo. *s. m. Grama.* Nominativo. *pl.* Rudimentos (de uma arte ou ciência).

NON *adj.* Ímpar. U. t. c. s. *s. m. pl.* Negativa freqüente. *Andar de* NONES, *loc. fig.* Não ter ocupação. *De —, loc. adv.* Sem par. *Estar de —, loc. fig. fam.* Ficar só, ficar sem par ou companheiro quando outros vão acompanhados.

NOQUE *s. m.* Tanque (para curtir peles).

NOQUERO *s. m.* Curtidor.

NORABUENA *s. f.* e *adv.* V. ENHORABUENA.

NORAMALA *adv.* V. ENHORAMALA.

NORDESTAL *adj.* Que está ao nordeste ou vem dele.

NORIA *s. f.* Nora (máquina de tirar água dos poços).

NORIAL *adj.* Relativo à nora (máquina).

NORMANO, A *adj.* e *s.* Normando.

NORTEÑO, A *adj.* Do norte da Espanha.

NORUEGO, A *adj.* e *s.* Norueguês.

NOS *pron. pes.* da *1ª pes.* em *dat.* e *acus. pl.,* masc. e fem. Nos. *Gram.* Nas primeiras pessoas do verbo, no *pl.,* perdem estas o *s* final: *SentemoNOS.* Emprega-se às vezes em lugar de *nosotros.*

NOSOTROS, NOSOTRAS (nossotros) *pron. pes.* Nós. *Gram.* Com preposição, emprega-se também nos casos oblíquos. Eu, nós (usado por autores, soberanos e autoridades).

NOSTALGIA (nostáljia) *s. f.* Nostalgia.

NOTABLE *adj.* Notável.

NOTABLEMENTE *adv.* Notavelmente.

NOTARÍA *s. f.* Notariado, tabelionato.

NOTICIERO, A *adj.* Noticioso.

NOTICIÓN *s. f. Aument.* de *Noticia.* Notícia extraordinária e pouco digna de crédito.

NOTICIOSO, A (noticiosso) *adj.* Sabedor. Erudito, culto.

NOTO, A *adj.* Noto, conhecido, sabido. Bastardo, ilegítimo.

NOVECIENTOS *adj.* Novecentos.

NOVEDAD (noveda*d*) *s. f.* Novidade (inovação; qualidade do que é novo; originalidade; notícia, nova).

NOVEDOSO, A (novedosso) *adj. Amer.* V. NOVELERO.

NOVELAR *v. intr.* Novelar, escrever novelas. *fig.* Contar mentiras.

NOVELERÍA *s. f.* Novidades fúteis. Contos, fábulas, novelas. Gosto ou inclinação para novelas e novidades.

NOVELERO, A *adj.* Noveleiro (propenso a contar novidades, a dar notícias). Inconstante, vário.

NOVELIZAR (noveliçar) *v. intr.* Romancear.

NOVENO, A *adj.* Nono; noveno.

NOVIAZGO *s. m.* Noivado.

NOVIEMBRE *s. m.* Novembro, 11º mês do ano.

NOVILLADA (novilhada) *s. f.* Novilhada (manada de novilhos; corrida de novilhos).

NOVILLEJA (novilheja) *s. f. Dim.* de *Novilla.*

NOVILLEJO (novilhejo) *s. m. Dim.* de *Novillo.*

NOVILLERO (novilhero) *s. m.* O que cuida dos novilhos ou terneiros. Novilheiro (toureiro que corre novilhos). Curral para novilhos. Pastagem para novilhos. *fam.* Gazeteiro (o que gazeia).

NOVILLO, A (novilho) *s. m.* e *f.* Novilho; bezerro; terneiro. *s. m.* Marido enganado. *pl.* Novilhada (corrida de novilhos). *Hacer —s, loc. fam.* Fazer gazetas, gazear.

NOVIO, A *s. m.* e *f.* Noivo.

NOVÍSIMO (novíssimo) *adj. superl.* de *Nuevo.* Novíssimo.

NUBADA *s. f.* Aguaceiro (despejado por uma nuvem em determinado lugar, independente da chuva geral). *fig.* Nuvem, cópia, multidão.

NUBADO, A *adj.* V. NUBARRADO.

NUBARRADA *s. f.* V. NUBADA.

NUBARRADO, A *adj.* Diz-se dos tecidos de cor em forma de nuvens.

NUBARRÓN *s. m.* Nuvem grande e densa, separada das outras.

NUBE *s. f.* Nuvem.

NUBLADO, A *s. m.* Nuvem (principalmente a que ameaça tempestade). *fig.* Chuva, abundância de coisas que caem juntas.

NUBLO, A *adj.* Nubloso, nublado, anuviado. *s. m.* V. NUBLADO.

NUBOSO, A (nubosso) *adj.* V. NUBLOSO.

NUDAMENTE *adv.* Nuamente.

NUDILLO (nudilho) *s. m.* Nó (dos dedos). Malha, ponto, nó. *Constr.* Peça de madeira encravada na parede (para diversos fins).

NUDO *s. m.* Nó (em todas as principais acepções deste vocábulo).

NUDO, A *adj.* Nu, nua.

NUDOSO, A (nudosso) *adj.* Nodoso.

NUECERO *s. m.* Vendedor de nozes.

NUÉGADO *s. m.* Nogado. U. m. no pl. V. HORMIGÓN.

NUERA *s. f.* Nora (a mulher do filho com relação aos pais deste).

NUESTRAMO, A *Contr.* de *pron.* e *s. m.* e *f.* Nosso(a) amo(a). *s. m. pop.* Escrivão.

NUESTRO, A, OS, AS, *pron. pos.* Nosso, a, os, as. *Los —os,* os nossos (os que são do mesmo partido, profissão ou caráter de quem fala).

NUEVA *s. f.* Nova, notícia.

NUEVAMENTE *adv.* Novamente, de novo. Recentemente.

NUEVE *adj.* Nove.

NUEVO, A *adj.* Novo (em todas as principais acepções deste vocábulo). *De —, loc. adv.* De novo, novamente, reiteradamente.

NUEZ *s. f.* Noz (fruto da nogueira). Noz (fruto de outras árvores, como o coqueiro, o pichurim etc.). Nó ou pomo de Adão (corpo hióide). Noz (da besta). *Mús.* Cravelha. — *de especia,* ou *moscada,* noz-moscada. *Apretar (a uno) la —,* *loc. fig. fam.* enganar (alguém).

NUEZA (nueça) *s. f.* Briônia.

NUGATORIO, A *adj.* Nugativo.

NUMEN *s. f.* Nume, divindade; gênio, espírito sobrenatural. *fig.* Nume, influxo, inspiração interior.

NUTRA *s. f.* V. NUTRIAL.

NUTRIA *s. f.* Lontra.

Ñ (enhe) *s. f.* Décima sétima letra e décima quarta consoante do alfabeto espanhol. (Pronuncia-se como *nh* em *banho, lenha, sanha, aranha* etc.).

ÑA (nha) *s. f. Amer.* Nhá, sinhá, senhora.

ÑAGAZA (nhagaça) *s. f.* V. AÑAGAZA.

ÑAME (nhame) *s. f.* Inhame.

ÑANDÚ (nhandú) *s. f.* Nhandu, ema.

ÑANDUTI (nhandutí) *s. m. Amer. merid.* Tecido muito fino, que imita o de certa teia de aranha. (A princípio feito exclusivamente pelas mulheres paraguaias, generalizou-se atualmente por toda a América do Sul, sendo usado para roupa branca).

ÑAÑA (nhãnha) *s. f. Amer. chil.* V. NIÑERA. *Amer. argent.* e *chil.* Irmã mais velha.

ÑAÑIGO, A (nhanhigo) *adj.* Diz-se do indivíduo pertencente a uma sociedade secreta formada por negros na ilha de Cuba.

ÑAÑO, A (nhãnho) *adj. Amer. colomb.* Mimado. *Amer. per.* Unido por íntima amizade. *Amer. chil.* Irmão mais velho.

ÑAPA (nhapa) *s. f. Amer.* Inhapa, japa.

ÑAQUE (nhaque) *s. m.* Conjunto ou montão de coisas inúteis ou ridículas.

ÑARUSO, A (nharusso) *adj. Amer. equat.* Picado de bexigas.

ÑATO, A (nhato) *adj. Amer.* Inhato, chimbeva, chimbé.

ÑO (nho) *s. m. Amer.* Nhô, senhor.

ÑOCLO (nhoclo) *s. m.* Espécie de trouxa de ovos.

ÑONERÍA (nhonhería) *s. f.* Tontice, tonteira, patetice, tolice, parvoíce.

ÑOÑEZ (nhonez) *s. f.* Toleima, tolice. V. ÑONERÍA.

ÑOÑO, A (nhonho) *adj. fam.* Pateta, tolo, parvo, chocho. Chocho, insosso (diz-se de coisas).

ÑU (nhu) *s. m. Zool.* Nhu, espécie de antílope.

ÑUBLOSO, A (nhublosso) *adj.* V. NUBLOSO.

ÑUDILLO (nhudilho) *s. m.* V. NUDILLO, 1ª acep.

ÑUDO (nhudo) *s. m.* V. NUDO.

ÑUDOSO, A (nhudosso) *adj.* V. NUDOSO.

ÑUTO, A (nhuto) *adj. Amer. equat.* Moído, reduzido a pó.

O (ò) *s. f.* Décima oitava letra e quarta vogal do alfabeto espanhol.

O *conj.* Ou. *Gram.* Precede geralmente cada um de dois ou mais termos contrapostos. *¡—! Interj.* Oh!

OBEDECER *v. tr.* Obedecer (em todas as principais acepções deste vocábulo) *Irreg.* V. conj. de *Favorecer.*

OBEDECIMIENTO *s. m.* Obediência (ação de obedecer).

OBENCADURA *s. f. Náut.* Ovencadura, enxárcia real.

OBENQUE *s. m. Náut.* Ovém.

OBISPADO *s. m.* Bispado.

OBISPAL *adj.* Bispal, episcopal.

OBISPALÍA *s. f.* Palácio episcopal. V. OBISPADO.

OBISPAR *v. intr.* Obter um bispado; ser nomeado para um bispado.

OBISPILLO (obispilho) *s. m.* Menino a que vestem de bispo. Estudante a que punham uma mitra de papel. Morcela grande. Bispo, uropígio, titela, sambiquira (das aves).

OBISPO *s. m.* Bispo. *Ictiol.* Espécie de arraia. Morcela grande. *Trabajar para el —, loc. fig. fam.* Trabalhar sem recompensa.

OBLEA (oblèa) *s. f.* Obreia. *fig. fam.* Pessoa ou animal extremamente magro.

OBLEERA *s. f.* Vaso ou caixa para obreias.

OBLICUAR *v. intr.* Obliquar. *Mil.* Obliquar.

OBLICUIDAD (obliqüidad) *s. f.* Obliqüidade.

OBLICUO, A *adj.* Oblíquo.

OBLIGACIÓN *s. f.* Obrigação (em todas as principais acepções deste vocábulo).

OBLIGACIONISTA *s. m.* e *f.* Obrigacionista.

OBLIGADO, A *p. p.* de *Obligar. s. m. Mús.* Obrigado. Fornecedor (de abastecimento público).

OBLIGANTE *p. a.* de *Obligar.* Obrigante.

OBLIGAR *v. tr.* Obrigar (ligar, prender; compelir; forçar, constranger; atrair, cativar, seduzir; hipotecar). Fazer entrar à força (uma coisa). *v. pron.* Obrigar-se, comprometer-se.

OBLIGATIVO, A *adj.* Obrigativo, obrigatório.

OBLIGATORIO, A *adj.* Obrigatório.

OBRADA *s. f.* Lavra feita em um dia (por um homem, uma junta de bois ou uma parelha de muares).

OBRADOR, A *adj.* Obrador. *s. m.* Oficina.

OBRADURA *s. f.* Moedura (o que é espremido de uma só vez num lagar de azeite).

OBRAJE (obraje) *s. m.* Manufatura, obragem, lavor, trabalho, obra. Oficina.

OBRAJERO (obrajero) *s. m.* Contramestre, capataz, chefe do pessoal que trabalha numa obra.

OBRERÍA *s. f.* Profissão de operário ou obreiro. Fábrica (rendimento aplicado ao culto de uma igreja).

OBRERISMO *s. m.* Operariado.

OBRIZO (obriço) *adj.* Diz-se do ouro puro.

OBSECUENTE (obsecüente) *adj.* Obséqüente.

OBSESIÓN (obsessiòn) *s. f.* Obsessão.

OBSESIVO, A (obsessivo) *adj.* Obsessor, obsessivo.

OBSESO, A (obsesso) *adj.* Obsesso.

OBTENER *v. tr.* Obter, alcançar, conseguir, lograr, ganhar, granjear. Ter, manter, conservar, possuir. *Irreg.* V. conj. de *Tener.*

OBTENIBLE *adj.* Que se pode obter, obtenível.

OBUÉ (obuè) *s. m.* Oboé.

OBYECTO, A (obdjecto) *adj. ant.* Objeto, interposto, intermédio. *s. m.* Objeção ou réplica.

OCA *s. f.* V. ÁNSAR. Oca, jogo da glória. *Bot.* Oca. Raiz desta planta.

OCAL *adj.* Diz-se de certas pêras e maçãs muito saborosas, de outras frutas e de certa espécie de rosas. Aplica-se ao casulo de seda formado por dois ou mais bichos. *s. m. Amer.* Eucalipto.

OCASIÓN (ocassiòn) *s. f.* Ocasião, ensejo, oportunidade; motivo, causa. Perigo, risco. *De —, loc. adv.* De ocasião.

OCASIONADAMENTE (ocassionadamente) *adv.* Motivadamente.

OCASIONADO, A (ocassionado) *adj.* Provocador, bulhento, desordeiro, rixoso, briguento. Exposto a contingências e perigos.

OCASIONAR (ocassionar) *v. tr.* Ocasionar, motivar, causar, originar. Pôr em risco ou perigo.

OCHAVA (otchava) *s. f.* Oitava (cada uma das oito partes de um todo). *Litург.* Oitava. *Liturg.* Oitava (o oitavo dia da oitava).

OCHAVAR (otchavar) *v. tr.* Oitavar, tornar octógono ou oitavado.

OCHAVO, A (otchavo) *adj. ant.* V. OCTAVO. Sala ou edificação de forma oitavada. Moeda de cobre espanhola com o valor de dois maravedis.

OCHENTA (otchenta) *adj.* Oitenta. *s. m.* Oitenta (os algarismos, ou a letra romana, que representam oitenta).

OCHENTAVO. A (otchentavo) *adj.* Octogésimo (cada uma de oitenta partes iguais).

OCHENTENO, A (otchenteno) *adj.* Octogésimo (o último de oitenta).

OCHENTÓN, A (otchentòn) *adj. fam.* Oitentão, octogenário. U. t. c. s.

OCHO (otcho) *adj.* Oito. Oitavo. *s. m.* Oito (o algarismo que representa o número oito).

OCHOCIENTOS, AS (otchocientos) *adj.* Oitocentos. Octogentésimo. *s. m.* Oitocentos (algarismos que representam o número oitocentos).

OCROSO, A (ocrosso) *adj.* Ocreoso.

OCTAVA *s. f. Liturg.* Oitava. *Liturg.* Oitava (o citado dia da oitava). *Poét.* Oitava. Oitavo (imposto). *Mús.* Oitava.

OCTAVAR *v. intr.* Deduzir a oitava parte do imposto chamado de *millones. Mús.* Oitavar.

OCTAVARIO *s. m. Liturg.* Oitavário.

OCTAVÍN *s. m.* Oitavino, flautim.

OCTAVO, A. *adj.* Oitavo. *s. m.* Oitavo, a oitava parte de um todo. Oitava rima. *En —, loc. adv.* Em oitavo.

OCTUBRE *s. m.* Outubro, o décimo mês do ano.

OCTUPLE *adj.* Óctuplo.

OCURRENCIA *s. f.* Ocorrência, encontro, acaso, ocasião, eventualidade. Idéia inesperada, lembrança.

OCURRENTE *p. a.* de *Ocurrir. adj.* Ocorrente.

OCURRIR *v. intr.* Ocorrer (vir ao encontro, afluir, aparecer, sobrevir, vir a algum lugar; lembrar, sugerir, vir à memória, ao pensamento; acontecer, suceder, dar-se; *litург.* coincidir; acudir, prevenir, remediar, concorrer). Recorrer (a uma autoridade).

ODA *s. f.* Ode.

ODISEA (odissèa) *s. f.* Odisséia.

ODRERÍA *s. f.* Odraria.

ODRERO *s. f.* Odreiro.

ODREZUELO (odreçuelo) *s. m. Dim.* de *Odre* (odre).

ODRINA *s. f.* Odre feito com couro de boi. *Estar (uno) hecho una —, loc. fig.* Estar (alguém) cheio de enfermidades e chagas.

OFICIALÍA *s. f.* Emprego de funcionário de contadoria, secretaria ou coisa semelhante.

OFICINA *s. f.* Oficina (lugar onde se trabalha ou onde se exerce algum ofício). Repartição, secretaria. Oficina, laboratório. Escritório (local onde trabalham os empregados comerciais, o negociante, o advogado etc.). *pl.* Oficina (sala, em pavimentos baixos, usada para vários misteres).

OFICINESCO, A *adj.* Burocrático (geralmente em sentido depreciativo).

OFICINISTA *s. m.* Funcionário público, empregado de repartição pública.

OFRECEDOR, A *adj.* e *s.* Oferecedor.

OFRECER *v. tr.* Oferecer (prometer; dar; proporcionar; ofertar; apresentar; expor; exibir; consagrar, dedicar). *fig. fam.* Entrar na taberna para beber. *v. pron.* Oferecer-se, ocorrer, vir à memória. Ocorrer, sobrevir, acontecer, suceder. Oferecer-se (apresentar-se voluntariamente a outrem para fazer alguma coisa). *Irreg.* V. conj. de *Favorecer.*

OFRECIENTE *p. a.* de *Ofrecer. adj.* Oferente. U. t. c. s.

OFRECIMIENTO *s. m.* Oferecimento, oferta.

OFRENDA *s. f.* Oferenda, oferta, oblação, oblata.

OFRENDAR *v. tr.* Oferendar, ofertar, oblatar.

OGAÑO (oganho) *adv.* V. HOGAÑO.

OGRO *s. m.* Papão, ogre.

OHMIO *s. m. Fís.* Ohm, óhmio.

OÍBLE *adj.* Audível.

OÍDA *s. f.* Ouvida, outiva, audição, ouvido. *De, ou por —, loc. adv.* De outiva, de ouvido.

OIDIO *s. m. Bot.* Oídio.

OÍDO *s. m.* Ouvido (o sentido). Ouvido (o órgão). Ouvido (de arma de fogo). *Cerrar (uno) los —s, loc. adv.* Tapar os ouvidos, não dar ouvidos. *De —, loc. adv.* De ouvido, sem fundamento. *Regalar (a uno) del —, loc. fig.* Lisonjear o ouvido (a alguém).

OIDOR, A *adj.* e *s.* Ouvidor, ouvinte. *s. m.* Ouvidor (juiz).

OIDORÍA *s. f.* Ouvidoria.

OÍR *v. tr.* Ouvir (entender, perceber os sons; atender, escutar; escutar os conselhos, as razões etc.; inquirir, receber o depoimento de). *¡Ahora lo oigo!* Não diga! Loc. fam. com a qual se denota ouvir uma novidade inesperada.) *¡Oiga! ¡Oigan!* Ouça! Escute! Olhe! Ouçam! Escutem! Olhem! *interj.* que denotam estranheza ou enfado, e que também se empregam em tom de repreensão. *Irreg.* Ind. pres. *Oigo, oyes, oye, oyen.* Subj. pres. *Oig-a, as, a, amos, áis, an.* Imperat. *Oye, oiga, oigamos, oiga.*

OÍSLO *s. m. fam.* Pessoa querida ou estimada, principalmente a mulher em relação ao marido.

OJAL (ojal) *s. m.* Botoeira, casa (de botão). Abertura, buraco.

¡OJALÁ! (ojalá) *interj.* Oxalá! Tomara!
OJALADERA (ojaladera) *s. f.* V. OJALADORA.
OJALADORA (ojaladora) *s. f.* Caseadeira.
OJALADURA (ojaladura) *s. f.* Conjunto de casas de botões de um vestido.
OJALAR (ojalar) *v. tr.* Casear (abrir casas e ponteá-las para os botões.
OJANCO (ojanco) *s. m.* Vesgo, zarolho, torto.
OJEADA (ojeada) *s. f.* Olhada, olhadura, olhadela, vista de olhos.
OJEADOR (ojeador) *s. m.* Batedor (de caça).
OJEAR (ojear) *v. tr.* Mirar, fitar, fixar os olhos, olhar atentamente. Bater o mato, espantar a caça. *fig.* Espantar, afugentar.
OJÉN (ojèn) *s. m.* Aguardente preparada com anis e açúcar.
OJEO (ojèo) *s. m.* Batida, oxeu (ato de espantar a caça). *Echar un —*, *loc.* Caçar batendo o mato. *Irse (uno) a —*, *loc. fig. fam.* Procurar (alguém) com cuidado aquilo que deseja ou pretende.
OJERA (ojera) *s. f.* Olheiras. U. m. no pl.
OJEROSO, A (ojerosso) *adj.* Olheirado, que tem olheiras.
OJERUDO, A (ojerudo) *adj.* Que tem grandes olheiras.
OJETE (ojete) *s. m. Dim.* de *Ojo.* Olhete. Ilhó (orifício por onde se enfia uma fita ou cordão; aro de metal para debruar um ilhó). *fam.* Ânus.
OJETEADO, A (ojieteado) *p. p.* de *Ojetear.*
OJETEAR (ojetear) *v. tr.* Fazer ilhós.
OJIALEGRE (ojialegre) *adj.* Que tem os olhos alegres, vivos e buliçosos.
OJIENJUTO, A (ojienjuto) *adj. fam.* Que não chora facilmente.
OJIGARZO, A (ojigarço) *adj.* Olhizarco (que tem os olhos de cores diferentes).
OJIMEL (ojimel) *s. m.* V. OJIMIEL.
OJIMIEL (ojimiel) *s. m. Farm.* Oximel.
OJIMORENO, A (ojimoreno) *adj.* Que tem os olhos pardos.
OJINEGRO, A (ojinegro) *adj.* Olhinegro, olhipreto.
OJIPRIETO, A (ojiprieto) *adj. fam.* V. OJINEGRO.
OJITUERTO, A (ojituerto) *adj.* V. BISOJO.
OJIVA (ojiva) *s. f.* Ogiva.
OJIVAL (ojival) *adj.* Ogival.
OJO (ojo) *s. m.* Olho. Olho, buraco, furo (da agulha e outros objetos). Olho (aro das ferramentas por onde se enfia o cabo). Olho, olhal (de ponte). Buraco da fechadura. Aro da chave. Olho-d'água. Olho (gota de líquido gorduroso que flutua sobre outro mais denso). Ocelo, olho. Ensaboadela, demão de sabão dada à roupa. Olho (de letra tipográfica). Palavra que se põe como sinal à margem de manuscritos ou impressos, para chamar a atenção. Poro, olho, buraco (do pão, do queijo etc.). Olho, cuidado, atenção, vigilância. Olhadela, vista de olhos. Malha (de rede). *pl.* Aros da tesoura, onde entram os dedos. Olhos (expressão de grande carinho). *— de besugo*, *fig. fam.* Olho torto. *— de breque*, olho remeloso. *— de buey*, *Bot.* Olho-de-boi. *fam.* Onça de ouro (moeda espanhola). *— de bitoque*, olhizaino. *—s reventones* ou *saltones*, olhos saltados. *Al —*, *loc. adv.* À vista, proximadamente. *Alzar los —s al cielo*, *loc. fig.* Levantar os olhos para o céu, implorar de Deus o seu auxílio. *A —*, *loc. adv.* A olho (calculando só pela vista). *Con el — tan largo*, *loc. adv.* Com cuidado, atentamente, com vigilância. *Dar (uno) de —s*, *loc. fig. fam.* Cair (alguém) de borco. *De medio —*, *loc. adv. fig. fam.* Não inteiramente de público. *Despabilar los —s*, *loc. fig. fam.* Viver com cuidado e advertência. *Echar el —*, ou *tanto — (a una cosa)*, deitar o olho (a uma coisa), desejá-la. *En un volver de —s*, num abrir e fechar de olhos. *Hacer del —*, *loc.* Piscar o olho, advertir com os olhos. *Hacer —*, *loc.* Inclinar-se a balança para um lado (por estar desequilibrada). *¡—!* Olho! Atenção! *— avizor*, *loc.* Alerta, com cuidado. *Revolver (uno) los —s*, *loc.* Revirar (alguém) os olhos. *Torcer los —s*, desviar os olhos.

OJOSO, A (ojosso) *adj.* Cheio de buracos ou olhos (o pão, o queijo etc.).
OJUELO (ojuelo) *s. m. Dim.* de *Ojo*, Olhinho, olhito. Usa-se freqüentemente no plural, significando olhos risonhos, alegres ou engraçados.
OLA *s. f.* Onda, vaga. *— de frío*, onda de frio. Onda, mó de gente.
OLAJE (olaje) *s. m.* V. OLEAJE.
¡OLE! *interj.* Olé. Certa dança andaluza. Música para esta dança.
OLEADA *s. f.* Vagalhão. Embate da onda. *fig.* Onda, ondulação, mó de gente. Colheita abundante de azeite.
OLEAJE (oleaje) *s. m.* Ondulação, movimento das ondas, sucessão de ondas, marulhada.
OLEAR *v. tr.* Ungir, dar a extrema-unção. *v. intr.* Ondear, fazer ondas.
OLEDERO, A *adj.* Cheiroso.
OLEDOR, A *adj. e s.* Cheiroso. Cheirador.
OLER *v. tr.* Cheirar, tomar o cheiro de, sentir o cheiro. *fig.* Cheirar, suspeitar, calcular. *fig.* Cheirar, indagar, pesquisar, bisbilhotar. *v. intr.* Cheirar (exalar cheiro). Cheirar, agradar. *No — bien (una cosa)*, *loc. fig.* Não cheirar bem (uma coisa), dar motivo a suspeitas. *— donde guisan*, *loc. fig. fam.* Procurar ocasiões favoráveis para satisfazer os gestos e proveitos. *Irreg.* Ind. pres. *Huel-o, es, e, en.* Subj. pres. *Huel-a, as, a, an.* Imperat. *Huel-e, a, an.*
OLFATEAR *v. tr.* Farejar, cheirar com insistência. *fig. fam.* Cheirar, farejar, indagar, averiguar, pesquisar; bisbilhotar.
OLFATEO (olfatèo) *s. m.* Ação de *Olfatear.*
OLIERA *s. f.* Âmbula (vaso dos santos óleos).
OLISCAR *v. tr.* Farejar, fariscar. *fig.* Farejar, examinar, esquadrinhar, indagar. *v. intr.* Começar a cheirar mal uma coisa, principalmente carne.
OLISQUEAR *v. tr.* V. OLISCAR.
OLIVA *s. f.* V. OLIVO. Oliva, azeitona.
OLIVAR *s. m.* Olival, olivedo, oliveiral. *v. tr.* Podar as árvores para formar boa copa.
OLIVARDA *s. f.* Espécie dc falcão.
OLIVARSE *v. pron.* Empolar-se, formar bolhas (o pão ao cozer-se).
OLIVERA *s. f.* V. OLIVO.
OLIVO *s. m.* Oliveira, oliva. *— acebucheno*, oliveira-brava ou zambujeiro.
OLLA (olha) *s. f.* Panela, caçarola. Olha. Remoinho (nas águas de um rio). *— carnicera*, panelão, caldeirão. *— ciega*. V. ALCANCÍA. *— de colhetes*, *fig. fam.* Grande perigo, grave risco. *— de grillos*, *fig. fam.* Lugar onde há grande desordem e ninguém se entende, casa de orates. *— podrida*, olha-podrida. *Las Egipto*, *fig.* O tempo das vacas gordas. *Estar (uno) a la — de (otro)*, ver às sopas de outrem, viver à custa de alguém.
OLLADO (olhado) *s. m.* V. OLLAO.
OLLAO (olhao) *s. m. Náut.* Ilhó; olhal.
OLLAR (olhar) *s. m.* Venta (das cavalgaduras).
OLLAZA (olhaça) *s. f. Aument.* de *Olla.* Caldeirão, panelão.
OLLERÍA (olhería) *s. f.* Olaria, oficina de louceiro. Conjunto de vasilhas de barro.
OLLERO (olhero) *s. m.* Oleiro.
OLLUELA (olhuela) *s. f. Dim.* de *Olla.*
OLMA *s. f.* Olmo frondoso.
OLMEDA *s. f.* Olmedal, olmedo.
OLMO *s. m. Bot.* Olmo, ulmeiro, olmeiro.
OMBLIGADA *s. f.* Umbigada (dos couros).
OMBLIGO *s. m.* Umbigo. Cordão umbilical. *fig.* Meio, centro de alguma cousa. *— marino*, umbigo de Venus. *Encogérsele (a uno) del —*, *loc. fig. fam.* Amedrontar-se. *Haberle cortado el — (a uno)*, *loc. fig. fam.* Ter captado a vontade de alguém.
OMBLIGUERO *s. m.* Faixa ou cinta que envolve o umbigo dos recém-nascidos.
OMBRÍA *s. f.* Umbria.
OMBÚ *s. m. Bot.* Umbuzeiro (*Phytolacea dioica* e não a árvore da família das anacardiáceas conhecida no norte do Brasil).
OMENTO *s. m.* V. REDAÑO.
OMISIÓN (omissiòn) *s. f.* Omissão.
OMISO, A (omisso) *p. p. irreg.* de *Omitir.* *adj.* Omisso. Omisso, descuidado, negligente.
OMOPLATO *s. m. Anat.* Omoplata.

ONAGRE *s. m.* Onagro, burro selvagem.
ONCE *adj.* Onze. Undécimo, décimo primeiro. *s. m.* Onze (os algarismos ou letras romanas que representam o número onze). *Estar (una cosa) a las —*, *loc. fam.* Estar (uma coisa) de esguelha.
ONCEAR *v. tr.* Pesar por onças.
ONCEJERA (oncejera) *s. f.* Laço para apanhar pássaros pequenos.
ONCEJO (oncejo) *s. m.* V. VENCEJO.
ONCENO, A *adj.* Onzeno, undécimo. U. t. c. s.
ONCIJERA (oncijera) *s. f.* V. ONCEJERA.
ONDE *conj. caus. ant.* Pelo que, pelo qual, por cuja razão, razão por que.
ONDEO (ondèo) *s. m.* Ondeio, ondeamento.
ONDOSO, A (ondosso) *adj.* Onduloso, ondeante, ondulante.
ONFACINO *adj.* Diz-se do azeite extraído de azeitonas verdes.
ÓNICE (ònice) *s. f.* Ônix.
ÓNIQUE (ònique) *s. f.* V. ÓNICE.
ONOMATOPEYA (onomatopdja) *s. f.* Onomatopéia.
ONOMATOPÉYICO, A (onomatopédjico) *adj.* Onomatopaico.
ONOQUILES *s. f.* Alface silvestre.
ONZA (onça) *s. f.* Onça (peso; moeda). *Por —s*, *loc. adv.* Escassamente, em quantidades muito pequenas. *Zool.* Onça.
ONZAVO, A (onçavo) *adj.* Undécimo, onzeno.
OPA *adj. Amer. colomb.* e *per.* Tolo, idiota.
OPADO, A *adj.* Inchado, vaidoso, presumido. Empolado, afetado, hiperbólico.
OPERISTA *s. m. e f.* Ator ou atriz que canta em óperas.
OPEROSO, A (operosso) *adj.* Operoso, laborioso, trabalhador, produtivo. Custoso, trabalhoso, que custa muito trabalho ou fadiga.
OPONER *v. tr.* Opor (em todas as acepções deste vocábulo). U. t. c. pron. *Irreg.* V. conj. de *Poner.*
OPONIBLE *adj.* Que se pode opor.
OPORTO *s. m.* Porto (vinho).
OPRESIÓN (opressiòn) *s. f.* Opressão.
OPRESIVO, A (opressivo) *adj.* Opressivo.
OPRESO, A (opresso) *p. p. irreg.* de *Oprimir.* Opresso, oprimido.
OPRESOR, A (opressor) *adj. e s.* Opressor.
OPROBIAR *v. tr.* Infamar, vilipendiar, cobrir de opróbrio.
OPROBIO *s. m.* Opróbrio, ignomínia, afronta, desonra.
OPROBIOSO, A (oprobiosso) *adj.* Oprobrioso.
ÓPTIMO *adj. Superl.* de *Bueno.* Ótimo.
OPUESTAMENTE *adv.* Opostamente, inversamente.
OPUESTO, A *p. p. irreg.* de *Oponer.* *adj.* Oposto.
OQUE (DE) *loc. adv.* De graça, gratuitamente.
OQUEDAD (oquedad) *s. f.* Vazio, o espaço vazio num corpo sólido. *fig.* Vazio, insubstancialidade, qualidade de oco (no que se fala ou escreve).
OQUEDAL *s. m.* Bosque (formado de árvores altas, sem ervas nem arbustos).
OQUERUELA *s. f.* Nó, laçada (formado casualmente em linha no retrós).
ORA *conj. afér.* de *Ahora.* V. AHORA.
ORACIONAL *adj. Gram.* Oracional. *s. m.* Livro de orações.
ORAJE (oraje) *s. m.* Tempestade, temporal.
ORANGUTÁN *s. m.* Orangotango.
ORDEN *s. amb.* Ordem (em todas as acepções deste vocábulo). *Por su —*, *loc. adv.* Por ordem, sucessivamente.
ORDEÑADERO (ordenhadero) *s. m.* Tarro (vasilha que recebe o leite ordenhado).
ORDEÑADOR, A (ordenhador) *adj. e s.* Ordenhador.
ORDENAMIENTO *s. m.* Ordenamento. Ordenação. Ordem.
ORDENANDO *s. m.* Ordinando.
ORDENANTE *s. m.* Ordinando.
ORDENANZA (ordenança) *s. f.* Ordenança, ordem, disposição. *Mil.* Ordenança (praça à disposição de uma autoridade militar). Ordenança (de secretaria).
ORDEÑAR (ordenhar) *v. tr.* Ordenhar, mungir. Ripar, colher à mão a azeitona.

ORDEÑEJO (ordenhejo) *s. m.* Lugar onde se ordenha.
ORDEÑO (ordenho) *s. m.* Ordenha.
ORDINARIEZ *s. f.* Grosseria, incivilidade, impolidez, rusticidade; falta de urbanidade e cultura.
ORDINATIVO, A *adj.* Regulamentar, regimental.
OREA (orèa) *s. f.* Oréade.
OREAR *v. tr.* Arejar, refrescar, ventilar. Arejar, expor ao ar. *v. pron.* Arejar-se, refrescar-se, tomar a fresca.
ORÉGANO *s. m. Bot.* Oregão.
OREJA (oreja) *s. f.* Orelha. Orelha (do sapato). Orelha, asa (de alguns instrumentos). *Perilla de la —,* pavilhão da orelha. *fig.* Adulador, pessoa que anda à ourela de outrem. *Calentar (a uno) las —s, loc. fig. fam.* Repreender (alguém) severamente. *Desencapotar las —s,* fitar as orelhas (os animais). *Mojar la —,* insultar, procurar briga.
OREJANO, A (orejano) *adj.* Orelhano (diz-se do gado vacum que tem marca ou sinal nas orelhas). U. t. c. s.
OREJEADO, A (orejeado) *adj.* Prevenido, avisado, de orelha passada.
OREJEAR *v. intr.* Abanar, mover as orelhas (um animal). *fig.* Fazer uma coisa de má vontade e com violência.
OREJERA (orejera) *s. f.* Aiveca do arado. Cada uma das peças, de certos gorros ou barretes, que cobrem as orelhas e abotoam sob o queixo. Argola ou batoque usado na orelha pelos índios.
OREJETA (orejeta) *s. f.* Dim. de *Oreja.* Orelhinha, orelhete.
OREJÓN (orejón) *s. m.* Talhada de pêssego, marmelo ou pêra, secada ao sol. (No Rio Grande do Sul, diz-se "origone", especialmente de pêssego). Orelhão (puxão de orelhas). *For.* Orelhão.
OREJUDO, A (orejudo) *adj.* Orelhudo. *s. m. Zool.* Orelhudo, espécie de morcego.
OREJUELA (orejuela) *s. f. Dim.* de *Oreja.* Asa (de bandejas, escudelas e utensílios semelhantes).
OREO (orèo) *s. m.* Aragem, viração.
ORFAR *v. intr. Náut.* Arfar, cabecear.
ORFEBRE *s. m.* Ourives.
ORFEBRERÍA *s. f.* Ourivesaria (arte de ourives).
ORFEÓN *s. m.* Orfeão.
ORGANERO *s. m.* Organeiro.
ORGANILLERO (organilhero) *s. m.* Homem do realejo.
ORGANILLO (organilho) *s. m.* Realejo.
ÓRGANO *s. m.* Órgão (em todas as principais acepções deste vocábulo). *Mús.* Órgão.
ORGULLECER (orgulhecer) *v. intr.* Orgulhecer-se, ensoberbecer-se. *Irreg.* V. conj. de *Favorecer.*
ORGULLO (orgulho) *s. m.* Orgulho.
ORGULLOSAMENTE (orgulhossamente) *adv.* Orgulhosamente.
ORGULLOSO, A (orgulhosso) *adj. e s.* Orgulhoso.
ORIBE *s. m.* V. ORÍFECE.
ORÍFICE *s. m.* Ourives.
ORIGEN (orijen) *s. m.* Origem.
ORILLA (orilha) *s. f.* Borda, beira. Margem (de lago, rio, mar etc.). Ourela, orla (de tecido). Passeio, calçada, pavimento (das casas). *fig.* Margem, beira, borda, limite. *A la —, loc. adv.* Proximamente, à beira. Viração, brisa fresca.
ORILLAR (orilhar) *v. tr.* Concluir, arranjar, rematar, ordenar; desenredar um assunto. *v. intr.* Ir pela margem de. U. t. c. pron. Aproximar-se, abeirar-se, abordar. Orlar, debruar (um tecido, uma roupa).
ORILLO (orilho) *s. m.* Ourela, ourelo.
ORÍN *s. m.* Ferrugem. Urina. U. m. no pl.
ORINA *s. f.* Urina.
ORINAL *s. m.* Urinol.
ORINAR *v. intr.* Urinar. U. t. c. pron. *v. tr.* Urinar.
ORINIENTO, A *adj.* Enferrujado, ferrujento. Enferrujado (que está em desuso).
ORINQUE *s. m. Náut.* Arinque.
ORIOL *s. m.* V. OROPÉNDOLA.
ORIUNDEZ *s. f.* Origem, procedência.
ORMINO *s. m.* V. GALLOCRESTA.

ORO *s. m.* Ouro (em todas as principais acepções deste vocábulo).
ORONDO, A *adj.* Bojudo (diz-se de vasilhas). *fig. fam.* Presumido, vaidoso. *fam.* Oco, empolado.
OROPEL *s. m.* Ouropel. *fig.* Ouropel.
OROPÉNDOLA *s. f.* Verdelhão.
OROYA (orodja) *s. f.* Cesta ou caixão, pendente de duas argolas de ferro, em que se atravessam rios.
OROZUZ (oroçuz) *s. m.* Alcaçuz.
ORQUESTA *s. f.* Orquestra.
ORQUESTACIÓN *s. f.* Orquestração.
ORQUESTAR *v. tr.* Orquestrar.
ORRE (EN) *loc. adv.* A granel.
ORTEGA *s. f.* Galinhola.
ORTIGA *s. f.* Urtiga.
ORTIGAL *s. m.* Urtigal.
ORUGA *s. f.* Eruga, eruca, fedorenta. Eruca, lagarta de hortaliça.
ORUJO (orujo) *s. m.* Buruso (bagaço; cascabulho de uva ou azeitona).
ORVALLAR (orvalhar) *v. intr. impes.* Orvalhar. V. LLOVIZNAR.
ORVALLE (orvalhe) *s. m.* V. GALLOCRESTA.
ORVALLO (orvalho) *s. m.* Orvalho. V. LLOVIZNA.
ORZA (orça) *s. f.* Boião. *Náut.* Orça (ação de orçar). *Náut.* Bolina, patilhão (peça de metal, levadiça, presa à quilha de pequenos veleiros, que serve para lhes aumentar o calado e impedir que descaiam para sotavento). *A —, loc. adv. Náut.* A orça, a bolina proejando.
ORZAR (orçar) *v. intr. Náut.* Orçar, proejar, navegar à bolina, meter à orça, ir à orça.
ORZAYA (orçadja) *s. f.* V. NIÑERA.
ORZUELA (orçuela) *s. f. Dim.* de *Orça.*
ORZUELO (orçuelo) *s. m.* Terçol.
OS Dat. e *acus. do pron. da 2ª pes. do pl., m. e f.* Vos. *Gram.* Não admite preposição e pode usar-se antes ou depois do verbo: — *amé,* amei-vos. *AmaOS,* amai-vos. Quando se emprega encliticamente, com as segundas pessoas do plural do imperativo dos verbos, perdem estas o seu *d* final: *DeteneOS.* (Exceptua-se unicamente *id,* do verbo *Ir,* que faz *idos.*)
OSA (ossa) *s. f.* Ursa (fêmea do urso). — *mayor, Astron.* Ursa Maior. — *menor, Astron.* Ursa Menor.
OSADAMENTE (ossadamente) *adv.* Ousadamente.
OSADÍA (ossadía) *s. f.* Ousadia, atrevimento, audácia.
OSADO, A (ossado) *p. p.* de *Osar. adj.* Ousado, atrevido, audaz.
OSAMBRE (ossambre) *s. m.* V. OSAMENTA.
OSAMENTA (ossamenta) *s. f.* Ossamenta, ossada, esqueleto.
OSAR (ossar) *s. m.* V. OSARIO. *v. intr.* Ousar, atrever-se.
OSARIO (ossario) *s. m.* Ossuário, ossário.
OSCURAMENTE *adv.* Obscuramente, escuramente, às escuras.
OSCURANTISMO *s. m.* Obscurantismo.
OSCURANTISTA *adj. e s.* Obscurantista.
OSCURECER *v. tr.* Escurecer, obscurecer. U. t. c. pron.
OSCURIDAD (oscuridad) *s. f.* Obscuridade, escuridão, escuridade.
OSCURECIMIENTO *s. m.* Escurecimento, obscurecimento.
OSCURO, A *adj.* Escuro. Obscuro. *Claro —, Pint.* Claro-escuro. *A —as, loc. adv.* Às escuras.
OSEAR (ossear) *v. tr.* V. OXEAR.
OSECICO (ossecico) *s. m. Dim.* de *Hueso.* Ossinho, ossículo.
OSECILLO (ossecilho) *s. m.* V. OSECICO.
OSECITO (ossecito) *s. m.* V. OSECICO.
ÓSEO, A (òsseo) *adj.* Ósseo.
OSERA (ossera) *s. f.* Covil de ursos.
OSERO (ossero) *s. m.* V. OSARIO.
OSEZNO (ossesno) *s. m.* Cachorro de urso.
OSEZUELO (ossezuelo) *s. m.* V. OSECICO.
OSIFICACIÓN (ossificaciòn) *s. f.* Ossificação.
OSIFICARSE (ossificarse) *v. pron.* Ossificar-se.
OSÍFRAGA (ossífraga) *s. f.* V. OSÍFRAGO.
OSÍFRAGO (ossífrago) *s. m. Ornit.* Xofrango, ossífraga.

OSMALÍ *adj. e s.* Otomano, turco.
OSMOSIS (osmòssis) *s. f. Fís.* Osmose.
OSO (osso) *s. m.* Urso. — *blanco,* urso-branco. — *hormiguero,* tamanduá.
OSOSO, A (ossosso) *adj.* Ossuoso, ósseo.
OSTENSIBLE *adj.* Ostensivo, ostensível, aparente; manifesto.
OSTENSIBLEMENTE *adv.* Ostensivelmente, visivelmente, ostensivamente.
OSTENTACIÓN *s. f.* Ostentação (ação de ostentar; jactância, vanglória; magnificência exterior).
OSTENTO *s. m.* Portento.
OSTIA *s. f.* Ostra.
OSTRAL *s. m.* V. OSTRERO, 3ª acep.
OSTRERO, A *adj.* Ostreiro. *s. m.* Ostreiro. Ostreira (lugar onde se criam ostras).
OSTRICULTURA *s. f.* Ostreicultura.
OSTUGO *s. m.* V. RINCÓN. V. PIZCA.
OSUDO, A (ossudo) *adj.* Ossudo.
OSUNO, A (ossuno) *adj.* Ósseo.
OTARIO, A *adj. Amer. argent.* Bobo, tolo, trouxa. *s. m. Amer. argent.* Indivíduo fácil de ser enganado, bobo, tolo, trouxa, otário.
OTEADOR, A *adj. e s.* Observador, explorador.
OTEAR *v. tr.* Observar, explorar, examinar de lugar alto. Investigar, esquadrinhar, registrar.
OTERO *s. m.* Outeiro.
OTERUELO *s. m. Dim.* de *Otero.* Outeirinho.
OTO *s. m.* Espécie de coruja.
OTOÑADA (otonhada) *s. f.* Outonada (toda a estação de outono; a colheita feita no outono). Outono.
OTOÑAL (otonhal) *adj.* Outonal.
OTOÑAR (otonhar) *v. intr.* Outonear, passar o outono em alguma parte. Brotar a erva (no outono). *v. pron.* Preparar-se, adubar-se a terra (as chuvas de outono).
OTOÑIZO, A (otonhiço) *adj.* Outoniço.
OTOÑO (otonho) *s. m.* Outono.
OTORGADERO, A *adj.* Outorgável.
OTORGADOR, A *adj. e s.* Outorgador.
OTORGAMIENTO *s. m.* Outorgamento, outorga, concessão.
OTORGANTE *p. a.* de *Otorgar. adj. e s.* Outorgante.
OTORGAR *v. tr.* Outorgar.
OTORGO *s. m.* Contrato de casamento. *ant.* V. OTORGAMIENTO.
OTRO, A *adj.* Outro, a. *s. m.* Outrem, *¡—a!* Bis!
OTRORA *adv.* Outrora.
OTROSÍ (otrossí) *adv.* Outrossim.
OVADO, A *adj.* Galado, fecundado. Oval, ovado, ovalado.
ÓVALO *s. m.* Oval (a curva oval).
OVAR *v. intr.* V. AOVAR.
OVEJA (oveja) *s. f.* Ovelha.
OVEJERO, A (ovejero) *adj.* Ovelheiro. *s. m.* Ovelheiro, pastor de ovelhas.
OVEJUNO, A (ovejuno) *adj.* Ovelhum.
OVERA *s. f.* Ovário (das aves).
OVERO, A *adj.* Overo (de malhas vermelhas ou pretas sobre o corpo branco ou vice-versa). Diz-se principalmente do cavalo. Aplica-se aos olhos brancos, que dão a impressão de não ter pupila.
OVILLAR (ovilhar) *v. intr.* Enovelar. *v. pron.* Enovelar-se, enroscar-se.
OVILLEJO (ovilhejo) *s. m. Dim.* de *Ovillo.* Novelinho, novelozinho. Combinação métrica com versos octossílabos. *Decir de —,* trovar, improvisar versos em desafio.
OVILLO (ovilho) *s. m.* Novelo. *fig.* Novelo, enredo. *Hacerse (uno) un —, loc. fam.* Enroscar-se, enove-lar-se, encolher-se (de medo, de frio, dor ou outra sensação). Embrulhar-se, enredar-se (ao falar ou discorrer).
OVIO, A *adj.* Óbvio.
OXEAR (ocsear) *v. tr.* Espantar, enxotar (as galinhas e outras aves domésticas).
OXÍGENO (ocsíjeno) *s. m.* Oxigênio.
OYENTE (odjente) *p. a.* de *Oir. s. m.* Ouvinte.
OZONA (oçona) *s. f.* V. OZONO.
OZONO (oçono) *s. m.* Ozônico.

P (pè) *s. f.* Décima nona letra e décima quarta consoante do alfabeto espanhol.

PABELLÓN (pabelhòn) *s. m.* Pavilhão (espécie de barraca; a extremidade de alguns instrumentos musicais; sobrecéu com cortinados; construção, isolada, no meio ou aos lados do corpo principal de um edifício; bandeira nacional; símbolo marítimo de uma nacionalidade). Sarilho (de armas apoiadas pelas baionetas). *fig.* Guarida, abrigo. — *de la oreja,* pavilhão da orelha.

PABILO *s. m.* Pavio. Morrão (de vela).

PABILÓN *s. m.* Mecha que pende da roca de fiar.

PABLAR *v. intr. fam.* V. HABLAR.

PACEDERO, A *adj.* Pascigoso, que tem erva para pasto.

PACEDURA *s. f.* Apascentamento.

PACER *v. intr.* Pascer, pastar, apascentar-se U. t. c. tr. *v. tr.* Comer, roer, gastar, consumir alguma coisa. Apascentar. *Irreg.* V. conj. de *Nacer.*

PACHAMANCA (patchamanca) *s. f.* Carne assada sobre pedras quentes.

PACHÓN, A (patchòn) *adj.* Perdigueiro (diz-se do cão). *s. m. fam.* Homem pachorrento.

PACHORRUDO, A (patchorrudo) *adj.* Pachorrento.

PACHUCHO, A (patchutcho) *adj.* Passado (de maduro).

PACIENZUDAMENTE (paciençudamente) *adv.* Pacientemente, resignadamente, com muita paciência.

PACIENZUDO, A (paciençudo) *adj.* Paciente, calmo, tranqüilo, resignado.

PACIFICACIÓN *s. f.* Pacificação.

PACO, A *adj. Amer. chil.* Avermelhado, arroxeado. *s. m. Zool.* Alpaca. — *llama, Zool.* Alpaca. *Amer. chil.* Guarda, vigia, zelador, sereno. *Filip.* Cemitério.

PACOTILLA (pacotilha) *s. f.* Pacotilha. *Amer.* Gentalha, arraia miúda.

PACTAR *v. tr.* Pactuar, pactear, pactar.

PADECIMIENTO *s. m.* Padecimento, sofrimento, enfermidade.

PADILLA (padilha) *s. f.* Frigideira pequena. Espécie de forno (para cozer pão).

PADRASTRO *s. m.* Padrasto. *fig.* Mau pai. *fig.* Obstáculo, estorvo, impedimento, inconveniente. *fig.* Espiga (película levantada junto da raiz das unhas).

PADRAZO (padraço) *s. m. fam.* Pai muito indulgente com os filhos.

PADRE *s. m.* Pai. *Teol.* Pai, Deus-Pai. Pastor, reprodutor. Padre, sacerdote. *fig.* Pai, fundador, criador. *pl.* Pais (o pai e a mãe). — *de famílias,* pai de família, chefe de família. — *nuestro,* padre-nosso.

PADREAR *v. intr.* Parecer-se com o pai (física ou moralmente). Padrear, procriar, reproduzir-se.

PADRENUESTRO *s. m.* Padre-nosso.

PADRINA *s. f.* V. MADRINA.

PADRINO *s. m.* Padrinho. *pl.* Padrinhos (o padrinho e a madrinha).

PADRÓN *s. f.* Recenseamento. Padrão, modelo. Padrão, monumento comemorativo. Labéu, pecha, mácula, desdouro. *fam.* V. PADRAZO.

PAGABLE *adj.* V. PAGADERO.

PAGADERO, A *adj.* Pagável. *s. m.* Vencimento; prazo em que se há de pagar.

PAGADO, A *p. p.* de *Pagar. adj.* Pago, quite. *Estamos —s, loc.* Estamos pagos, estamos quites.

PAGADURÍA *s. f.* Pagadoria.

PAGAMIENTO *s. m.* Pagamento, paga.

PAGANIZAR (paganiçar) *v. intr.* Paganizar-se.

PAGANO, A *adj. e s.* Pagão, ã. *s. m. fam.* Pagante, coronel (sujeito que paga as despesas).

PAGARÉ *s. m. Com.* Letra promissória.

PAGAR *v. tr.* Pagar (em todas as principais acepções deste vocábulo). *A luego —,* à vista, a dinheiro.

PAGO *s. m.* Pagamento. Paga, pago, recompensa, prêmio. *Carta de —,* ordem de pagamento. *En —, loc. adv.* Em paga, em pago, em compensação, em recompensa. Extensão determinada de terras ou herdades, especialmente de vinhedos ou olivais. Pago, pequena povoação, aldeia, casal. *adj. fam.* V. PAGADO.

PAGOTE *s. m. fam.* V. PAGANO, 2ª acep.

PAILA *s. f.* Espécie de tacho.

PAILEBOTE *s. m. Náut.* Palhabote.

PAIRAR *v. intr. Náut.* Pairar, estar à capa, capear.

PAÍS *s. m.* País, região, terra. País, reino, império, república, pátria. País, paisagem. Papel ou tecido que cobre a parte superior das varetas de um leque.

PAISAJE (paissaje) *s. m.* Paisagem.

PAISANO, A (paissano) *adj. e s.* Compatriota, patrício, paisano. *s. m.* Camponês, aldeão. *s. m.* Paisano (que não é militar).

PAJA (paja) *s. f.* Palha. Haste ou fragmento de haste de erva ou de coisa semelhante; palha. *fig.* Palha, coisa de pouco valor. *fig.* Palha, refugo, bagaço, parte inútil de uma coisa. — *trigaza,* palha (do trigo). — *cebadaza,* palha (da cevada). — *centenaza,* palha (do centeio). — *brava Bot.* Santa-fé. Sapé. — *mansa, Amer. merid.* Palha mansa, capim-gigante-das-baixas. *Por quítame allá esas —s, loc. adv. fig.* Por dá cá aquela palha, por um motivo fútil ou sem motivo justificado.

PAJADA (pajada) *s. f.* Palhada.

PAJADO, A (pajado) *adv.* V. PAJIZO, 2ª acep.

PAJAR (pajar) *s. m.* Palheiro.

PÁJARA (pájara) *s. f.* Pássaro. Papagaio de papel, pandorga. *fig.* Mulher astuta.

PAJAREAR (pajarear) *v. intr.* Passarinhar (caçar pássaros; vadiar, andar na ociosidade). *v. intr. Amer.* Passarinhar, espantar-se (a besta).

PAJAREL (pajarel) *s. m.* V. PARDILLO.

PAJARERA (pajarera) *s. f.* Passareira, aviário.

PAJARERÍA (pajarería) *s. f.* Passarada, passaredo, passarinhada.

PAJARERO, A (pajarero) *adj.* Folgazão, folgaz, alegre, jovial, brincalhão, galhofeiro. Berrante (diz-se de cores, enfeites ou pinturas). *fam. Amer.* Passarinheiro, espantadiço. *s. m.* Passarinheiro (criador ou vendedor de pássaros), passareiro.

PAJARICA (pajarica) *s. f.* V. PÁJARA, 2ª acep.

PAJARICO (pajarico) *s. m. Dim.* de *Pájaro.* Passarinho.

PAJARILLA (pajarilha) *s. f.* V. AGUILEÑA. V. PÁJARA, 2ª acep. Passarinha, baço de qualquer animal e principalmente do porco.

PAJARILLO (pajarilho) *s. m.* V. PAJARICO.

PAJARITA (pajarita) *s. f.* V. PÁJARA, 2ª acep. — *de las nieves.* V. AGUZANIEVES.

PANARITO (pajarito) *s. m. Dim.* de *Pájaro.* Passarinho.

PÁJARO (pájaro) *s. m.* Pássaro. Perdigão que serve de chamariz. *fig.* Pássaro, homem astuto. U. t. c. adj. *fig.* O que é hábil em qualquer matéria — *mosca,* beija-flor, colibri. — *carpinteiro,* pica-pau. — *del sol,* ave-do-paraíso. — *burro.* V. RABIHORCADO. — *niño,* pinguim. — *bitango,* papagaio de papel, pandorga. — *gordo, fig. fam.* Pessoa muito importante ou rica.

PAJAROTA (pajarota) *s. f. fam.* Peta, boato, invenção, mentira.

PAJAROTADA (pajarotada) *s. f. fam.* V. PAJAROTA.

PAJARRACO (pajarraco) *s. m. Deprec.* Passarolo, passaralva, avejão.

PAJARUCO (pajaruco) *s. m.* V. PAJARRACO.

PAJAZA (pajaça) *s. f.* Retraço (restos de palha deixados pelas bestas).

PAJE (paje) *s. m.* Pagem. Moço de convés. Criado grave.

PAJEAR (pajear) *v. intr.* Comer bem e em abundância a palha (as bestas). *fam.* Portar-se, conduzir-se, ser. (Usa-se geralmente na frase — *cada uno tiene su modo de pajear,* cada qual tem o seu modo de ser, ou portar-se).

PAJERA (pajera) *s. f.* Garfo ou grade para carregar e descarregar a palha. Palheiro pequeno.

PAJERÍA (pajería) *s. f.* Lugar onde se vende palha.

PAJERIL (pajeril) *adj.* Pertencente ou relativo ao pagem. Próprio de criado.

PAJERO (pajero) *s. m.* Palheireiro.

PAJIL (pajil) *adj.* V. PAJERIL.

PAJILLA (pajilha) *s. f.* Cigarro de palha.

PAZIJO, A (pajiço) *adj.* Palhiço, feito de palha. Palhete, da cor da palha.

PAJÓN (pajòn) *s. m.* Restolho.

PAJONAL (pajonal) *s. m.* Restolhal, restolhada. *Amer. plat.* Capinzal.

PAJOSO, A (pajosso) *adj.* Palhoso. Que tem muita palha.

PAJUELA (pajuela) *s. f. Dim.* de *Paja.* Palhinha. Mecha ou torcida enxofrada. *Amer. boliv.* V. CERILLA.

PAJUNO, A (pajuno) *adj.* V. PAJERIL.

PALA *s. f.* Pá. Parte mais larga de diversos objetos. Raqueta. Pá (do remo). Pala (engaste de pedra preciosa). Pala (do sapato). Parte larga e chata dos dentes. Qualquer dos quatro dentes que o cavalo muda aos dois anos e meio. Qualquer das chapas de uma dobradiça. *fig. fam.* Peta, engano, treta. *fig.* Destreza, habilidade.

PALABRA *s. f.* Palavra. — *de honor,* palavra de honra. — *mayores,* palavras injuriosas. *pl.* Palavras mágicas. — *preñada,* palavra com duplo sentido. — *s al aire,* palavras vãs. *Bajo su —,* ou *sobre su —, loc. adv.* Sob palavra, por meio de promessa verbal.

PALABRADA *s. f.* Palavrada. Palavrão. Palavreado.

PALABREO (palabrèo) *s. m.* V. PALABRERÍA.

PALABRERÍA *s. f.* Palavrório, palavreado.

PALABRERO, A *adj.* Palavreiro, palavroso, palavreado. U. t. c. s. Que oferece muito e nada cumpre.

PALABRIMUJER (palabrimujer) *s. m. fam.* Homem que tem voz de mulher.

PALABRISTA *adj.* V. PALABRERO.

PALABRITA *s. f.* Palavrinha, palavra cheia de intenções ou muito sugestiva. (*Le dije quatro —s al oído*, disse-lhe duas palavrinhas ao ouvido). *—s mansas, s. m.* e *f. fig. fam.* Pessoa que fala com muita suavidade, mas com segunda intenção.

PALABRÓN, A *adj.* V. PALABRERO. *s. m.* Palavrão (palavra muito grande e difícil de pronunciar).

PALABROTA *s. f.* Palavrão, palavrada, obscenidade.

PALACIEGO, A *adj.* Palaciano, palacego. *s. m. fig.* Palaciano, áulico, cortesão.

PALACIEGUIL *adj.* Relativo ao cortesão ou palaciano.

PALADA *s. f.* Pazada (o que se contém ou pode conter numa pá). Pancada da pá do remo na água.

PALADEAR *v. tr.* Degustar, saborear, provar. U. t. c. pron.

PALADEO (paladèo) *s. m.* Ação de *Paladear*.

PALADIAL *adj.* Palatal.

PALADÍN *s. m.* Paladino.

PALANCA *s. f. Mec.* Alavanca. *For.* Palanca. *fig.* Influência, valimento (empregado para atingir um fim).

PALANGANA *s. f.* Bacia.

PALANGANERO *s. m.* Lavatório (móvel onde se coloca a bacia).

PALANQUERA *s. f.* Estacada, tranqueira.

PALANQUERO *s. m.* O que trabalha com alavanca. O que move o fole nas ferrarias. *Amer. chil.* Guarda-freios.

PALANQUETA *s. f. Dim.* de *Palanca. Artilh.* Palanqueta. *Amer. cub.* Doce seco, grosseiro, feito de milho torrado e moído, amassado com mel.

PALANQUILLA (palanquilha) *s. f. Dim.* de *Palanca.*

PALANQUÍN *s. m.* Moço de fretes, mariola, carregador. Palanquim (espécie de liteira). *Jír.* Ladrão, gatuno.

PALANCÓN *s. m. Amer. equat.* Enxada, enxadão. *adj. Amer. argent.* Diz-se do boi muito corpulento.

PALASTRO *s. m.* Espelho (de fechadura). Chapa de ferro fundido.

PALAZO (palaço) *s. m.* Pazada (pancada com a pá). Paulada.

PALAZÓN (palaçòn) *s. f.* Conjunto de paus de uma construção. *Amer. colomb.* Estacada, paliçada.

PALAZUELO (palaçuelo) *s. m. Dim.* de *Palacio.* Palacete.

PALCO *s. m.* Camarote (de teatro ou de praça de touros). Palanque, estrado (para espectadores). *— de platea,* camarote de primeira ordem. *— escénico,* palco (parte do teatro destinada aos atores).

PALEADOR *s. m.* Padejador.

PALEAR *v. tr.* V. APALEAR.

PALENQUE *s. m.* Estacada, paliçada. Paliçada, liça. *Amer. plat.* Palanque, tronco em que se prende o potro. *fig. Amer.* Lugar onde há confusão ou grande barulho.

PALENQUEAR *v. tr. Amer. plat.* Palanquear, prender no palanque.

PALERÍA *s. f.* Drenagem.

PALERO *s. m.* Vendedor ou fabricante de pás. Drenador, entendido em drenagem. *Mil.* Sapador.

PALETA *s. f. Dim.* de *Pala.* Pazinha. *Pint.* Palheta, paleta. Pá (para revolver o fogo). Trolha, colher de pedreiro. Omoplata. Palheta, pá (das rodas hidráulicas). Pá (de ventiladores e moinhos de vento). Pá (da hélice). *De —, loc. adv.* Oportunamente, à mão, a pedir por boca. *En dos —s, loc. adv.* Num instante, num ápice, rapidamente, em duas palhetadas.

PALETADA *s. f.* Chapada (de argamassa). Chapada, colherada (o que cabe numa trolha). Golpe dado com a trolha. *En dos —s, loc. adv. fig.* V. PALETA (*En dos —s.*).

PALETAZO (paletaço) *s. m.* V. VARETAZO.

PALETILLA (paletilha) *s. f. Anat.* Omoplata. *Ant.* Espinhela (apêndice xifóide). Espécie de castiçal.

PALETO *s. m.* Gamo. *fig.* Homem rústico.

PALETÓN *s. m.* Palhetão (da chave).

PALIA *s. f. Liturg.* Pala.

PALIADAMENTE *adv.* Dissimuladamente, à socapa.

PALIDECER *v. intr.* Empalidecer, palidejar, tornar-se pálido. *Irreg.* V. conj. de *Favorecer.*

PALILLERO (palilhero) *s. m.* Paliteiro (homem que faz ou vende palitos).

PALILLO (palilho) *s. m.* Pauzinho para segurar as agulhas de meia, porta-agulha. Paulito. Palito (para esgravatar os dentes). Bilro. Baqueta (de tambor). *fig.* V. PALIQUE. *pl. fig. fam.* Rudimentos (de uma ciência ou arte).

PALIQUE *s. m. fam.* Cavaco, conversação de pouca importância.

PALIQUEAR *v. intr. fam.* Cavaquear.

PALISTA *s. m.* e *f.* Pessoa que maneja bem a pá ou o pau.

PALITOQUE *s. m.* V. PALITROQUE.

PALITROQUE *s. m.* Pauzinho tosco.

PALIZA (paliça) *s. f.* Surra, sova de pau, tunda, data de pancadas, coça, pancadaria.

PALIZADA (paliçada) *s. f.* Paliçada, estacada.

PALLA (palha) *s. f. Amer. Miner.* Faiscação.

PALLADA (palhada) *s. f.* V. PAYADA.

PALLADOR (palhador) *s. m.* V. PAYADOR.

PALLAPAR (palhapar) *v. intr. fam. Amer. per.* Restolhar, respigar.

PALLAR (palhar) *v. tr.* Faiscar, escolher a parte mais rica dos minérios. *Amer.* V. PAYAR.

PALLASA (palhassa) *s. f. Amer.* Enxergão, colchão.

PALMA *s. f.* Palmeira, palma. Palma, folha de palmeira. Palma em forma de leque. Palma (da mão). *fig.* A mão. *fig.* Palma, vitória, triunfo. Palma (do casco do cavalo). *— datilera,* tamareira. *— enana,* palmeira anã.

PALMADA *s. f.* Palmada (pancada com a palma da mão). Palma, palmas (ruído que se produz batendo as palmas das mãos). U. m. no pl.

PALMADO, A *adj.* V. PALMEADO.

PALMAR *adj.* Palmar (pertencente à palma da mão). *fig.* Palmar, claro, visível, patente, manifesto. *s. m.* Palmar, palmeiral. *v. intr. fam.* Morrer, fenecer, sucumbir.

PALMARIAMENTE *adv.* Claramente, patentemente, manifestamente.

PALMARIO, A *adj.* Palmar, claro, patente, manifesto, visível.

PALMARITO, A *adj. Dim.* de *Palmar* (palmar, claro, patente, manifesto).

PALMATORIA *s. f.* Palmatória (instrumento de castigo). Palmatória, castiçal.

PALMEADO, A *p. p.* de *Palmear.* Espalmado. Palmípede.

PALMEAR *v. intr.* Palmear, bater palmas, aplaudir, dar palmas, palmejar. *v. tr. pop.* Açoitar, castigar. *Náut.* Palmear.

PALMEO (palmèo) *s. m.* Medição por palmos.

PALMERA *s. f.* Palmeira.

PALMERAL *s. m.* Palmar, palmeiral.

PALMERO *s. m.* Palmeiro, romeiro, peregrino, palmeirim. *Amer. plat.* V. PALMERA.

PALMETA *s. f.* Palmatória (instrumento de castigo). *Ganar la —, loc. fig.* Chegar um menino à escola antes de qualquer outro. *fig.* Chegar uma pessoa a alguma parte antes que outra. *fig.* Levar a palma, ganhar a palma.

PALMETAZO (palmetaço) *s. f.* Palmatoada. *fig.* Correção severa.

PALMETEAR *v. tr.* Bater palmas.

PALMICHE (palmitche) *s. m. Amer. Palm Beach* (certo tecido de verão). *Bot.* Palmeira-real. Tâmara da palmeira real.

PALMILLA (palmilha) *s. f.* Palmilha.

PALMÍPEDO, A *adj.* Palmípede.

PALMISTA *s. f. Amer.cub.* Cartomante, adivinha.

PALMITO *s. m.* Palmeira-anã, Palmito (miolo de palmeira). *Como um —, loc. fig. fam.* Cuidadosa e limpamente vestido, como um brinco. *s. m. fig. fam.* Palminho de cara, rosto de mulher.

PALMOTEAMIENTO *s. m.* V. PALMOTEO.

PALMOTEAR *v. intr.* V. PALMEAR, 1ª acep.

PALMOTEO (palmotèo) *s. m.* Palmas (ruído com as palmas das mãos). Ato de bater palmas. Palmatoada.

PALO *s. m.* Pau, pedaço de madeira. Madeira. Pau-brasil. *Náut.* Mastro. Naipe (*oros, copas, espadas, bastos*: ouros, copas, espadas, paus). Paulada. Pedúnculo (de fruto). Varada. Haste (de uma letra). *— mayor, Náut.* Mastro grande. *— de Pernambuco,* pau-brasil. *— del Brasil,* pau-brasil. *— de agua, Amer. colomb.* Pancada de água, aguaceiro. *— ensebado, Amer.* Mastro de cocanha. *— macho, Náut.* Mastro; pau. (Segundo a sua posição, recebem os nomes de *bauprés, trinquete, mayor* e *mesana:* gurupés, traquete, grande e mezena). *A — seco, loc. adv. Náut.* Em árvore seca.

PALOMA *s. f.* Pomba. *fig.* Pomba, pessoa bondosa e de gênio dócil. *— sin hiel,* pomba, pomba sem fel. *pl. Náut.* Carneiros (ondas encapeladas).

PALOMADURA *s. f. Náut.* Palombadura. Palomadura.

PALOMAR *s. m.* Pombal, columbário. *adj.* Diz-se do fio chamado barbante ou guita.

PALOMARIEGO, A *adj.* Diz-se da pomba criada em pombal e que sai para o campo.

PALOMEAR *v. intr.* Andar à caça de pombos. Criar ou cuidar de pombos.

PALOMERA *s. f.* Pequeno pombal. Ermo de pouca extensão. *Amer.* V. FONDILLO (*pl.*).

PALOMERÍA *s. f.* Caça aos pombos.

PALOMERO *s. m.* Criador ou vendedor de pombos.

PALOMETA *s. f. Amer. Ictiol.* Palombeta. *pl. Náut.* V. PALOMA, 4ª acep.

PALOMILLA (palomilha) *s. f.* Espécie de mariposa cinzenta (nociva). Qualquer mariposa muito pequena. Cavalo de pêlo muito branco. Cantoneira (de parede). Dorso, espinhaço. *Entom.* Ninfa. *Bot.* Fumária, fumo-da-terra, erva-molarinha. Chumaceira. *fam. Amer.* Plebe, vulgo, gentalha. *pl. Náut.* V. PALOMA, 4ª acep.

PALOMINA *s. f.* Excremento dos pombos. V. PALOMILLA, 7ª acep.

PALOMINO *s. m.* Borracho de pombo-do-mato.

PALOMITA *s. f. Dim.* de *Paloma.* Pombinha.

PALOMO *s. m.* Pombo. Pombo-torcaz.

PALOTADA *s. f.* Paulada. *No dar — (uno), loc. fig. fam.* Não acertar (alguém) em coisa alguma do que faz ou diz.

PALOTE *s. m.* Pau de tamanho médio, como as baquetas de tambor. Pauzinho (traço ou risco que as crianças fazem para aprender a escrever).

PALOTEADO, A *p. p.* de *Palotear. s. m.* Certa dança popular. *fig. fam.* Pancadaria, rixa, contenda, briga, rolo, sururu, banzé de cuia.

PALOTEAR *v. intr.* Bater uns paus contra outros, fazer ruído com paus. *fig.* Falar muito, discutir, disputar.

PALOTEO (palotèo) *s. m.* V. PALOTEADO.

PALPABLE *adj.* Palpável.

PALPABLEMENTE *adj.* Palpavelmente, claramente, patentemente, manifestamente, visivelmente.

PALPACIÓN *s. f.* Apalpação, palpação.

PALPADURA *s. f.* V. PALPAMIENTO.

PALPAMIENTO *s. m.* Apalpadela, apalpamento, palpadela.

PALPAR *v. tr.* Apalpar, palpar, tatear. Apalpar, tatear, andar às apalpadelas.

PÁLPITO *s. m. Amer. plat.* Palpite, conjetura, previsão, pressentimento.

PALTA *s. f. Amer. merid.* Abacate (fruto do abacateiro).

PALTO *s. m. Amer. merid.* Abacateiro, abacate.

PALÚDICO, A *adj.* Paludoso.

PALURDO, A *adj.* Palúrdio, pacóvio.

PALUSTRE *s. m.* V. PALETA, 4ª acep. *adj.* Palustre, paludoso.

PAMEMA *s. f. fam.* Bagatela, frioleira, ninharia a que se quis dar importância. Demonstração exagerada ou fingida de um afeto.

PAMPA *s. f.* Pampa, grande planície coberta de vegetação rasteira.

PÁMPANA *s. f.* Pâmpano, parra, folha de videira.

PAMPANADA *s. f.* Suco que se extrai das folhas da videira.

PAMPANAJE (pampanaje) *s. m.* Cópia, abundância de pâmpanos. *fig.* V. HOJARASCA.

PAMPANILLA (pampanilha) *s. f.* V. TAPARRABO.

PAMPEANO, A *adj.* V. PAMPERO, 1ª acep.

PAMPEAR *v. intr. Amer. merid.* Andar pelos pampas.

PAMPERO, A *adj.* Relativo aos pampas. U. t. c. s. *s. m.* Pampeiro (vento).

PAMPIROLADA *s. f.* Molho de alhos e pão em água. *fig. fam.* Tolice, necedade; bagatela, frioleira.

PAMPITA *s. f. fam. Amer. per.* Campo de pouca extensão.

PAMPLEJÍA (pamplejía) *s. f. Med.* Pamplegia.

PAMPLINA *s. f.* Lentilha-d'água. *fig. fam.* Bagatela, ninharia, frioleira, futilidade.

PAMPLINADA *s. f. Amer.* V. PAMPLINA, 2ª acep.

PAMPOSADO, A (pampossado) *adj.* Mole, frouxo, preguiçoso, indolente.

PAMPRINGADA *s. f.* Fatia de pão molhada em gordura. *fig.* Despropósito, tolice.

PAN *s. m.* Pão (em todas as principais acepções deste vocábulo). *fig.* Trigo. — *ázimo,* ou *cenceão,* pão ázimo ou asmo. — *mal conocido, fig.* Favor ou benefício mal agradecido. *A — y agua, loc. adv.* A pão e água.

PANA *s. f.* Pelúcia (tecido).

PANADEAR *v. tr.* Padejar (fazer pão, exercer o ofício de padeiro).

PANADEO (panadèo) *s. m.* Padejo (o trabalho de fazer pão).

PANADERÍA *s. f.* Padaria. Padejo (profissão de padeiro).

PANADERO *s. m.* Padeiro. *adj. Amer.* Adulador, lisonjeiro. *s. m. pl.* Certa dança espanhola.

PANADIZO (panadiço) *s. m.* Panarício, panariz. *fig. fam.* Pessoa doentia e pálida.

PANAL *s. m.* Favo. Caramelo, bala.

PAÑAL (panhal) *s. m.* Fralda (de criança). Fralda (de camisa de homem). *pl.* Fraldas (de criança). *fig.* Berço, nascimento (relativamente à classe social). *fig.* Infância.

PAÑALÓN *s. m. fig. fam.* Pessoa desleixada que deixa aparecer as fraldas da camisa.

PANCADA *s. f.* Venda por atacado.

PANCHO (pantcho) *fam.* V. PANZA. *fam.* Banquete, comezaina.

PANCISTA *adj. fam.* Diz-se de quem procura não pertencer a nenhum partido político a fim de aproveitar-se de todos. U. t. c. s.

PANDEO (pandèo) *s. m.* Curvatura, flexão, arqueamento.

PANDERA *s. f.* Pandeiro.

PANDERADA *s. f.* Conjunto de pandeiros. *fig. fam.* Tolice, despropósito, disparate.

PANDERETA *s. f. Dim.* de *Pandera.* Pandeireta. Pandeiro.

PANDERETAZO (panderetaço) *s. m.* Pancada com o pandeiro.

PANDERETE *s. m. Dim.* de *Pandero.* Pandeireta.

PANDERETEAR *v. tr.* Tocar o pandeiro ou dançar e folgar ao som dele.

PANDERETERO *s. m.* Pandeireteiro.

PANDERO *s. m.* Pandeiro. *fig. fam.* Tolo, idiota, tagarela. Papagaio, pandorga.

PANDILLA (pandilha) *s. f.* Pandilha, conluio. Liga, união (de pessoas). Rancho, bando (de pessoas que vão divertir-se no campo).

PANDILLAJE (pandilhaje) *s. m.* Quadrilha, camarilha, pandilha.

PANDILLERO (pandilhero) *s. m.* V. PANDILLISTA.

PANDILLISTA (pandilhista) *s. m.* Pandilheiro, pandilha.

PANDO, A *adj.* Pando, cheio, inflado, largo, aberto e encurvado. Que se move com lentidão, como os rios em terra plana. Calmo, lento, pausado, pachorrento. *s. m.* Planície entre duas montanhas.

PANDORGUEAR *v. intr. Amer. mexic.* Chacotear, troçar, zombar.

PANEAR *v. intr. Pesc.* Flutuar a rede com o movimento das águas.

PANECILLO (panecilho) *s. m.* Pãozinho, pão pequeno. Bolachinha. Coisa que tem a forma de um pãozinho.

PANEL *s. m.* Almofada (de portas e janelas, ou de paredes), painel.

PANERA *s. f.* Tercena, panaria. Cesto sem asas para transportar pão.

PAÑERÍA (panhería) *s. f.* Comércio de fazendas. Panos, tecidos, fazendas.

PANERO *s. m.* Paneiro (espécie de cesto). Esteira pequena e redonda.

PAÑERO (panhero) *s. m.* Fanqueiro, comerciante de fazendas.

PAÑETE (panhete) *s. m. Dim.* de *Paño.* Paninho. Pano de qualidade inferior. Paninho, pano fino de algodão. *Amer. colomb.* Reboco. *pl.* Bragas, calças curtas que usam certos trabalhadores. Toalha (posta nas imagens de Cristo crucificado).

PÁNFILO, A *adj.* Lento, tardo, pausado, vagaroso, preguiçoso, indolente; pachorrento, calmo.

PAÑIEGO, A *adj.* Diz-se de quem come muito pão. Aplica-se ao terreno plantado de trigo.

PAÑILLA (panilha) *s. f.* Medida de azeite equivalente a meio quartilho.

PANIZO *s. m.* V. MAIZ. Painço.

PANIZAL (paniçal) *s. m.* Campo plantado de painço.

PANIZAR (paniçar) *s. m.* V. PANIZAL.

PAÑIZUELO (panhiçuelo) *s. m.* V. PAÑUELO.

PANJÍ (panjí) *s. m.* Árvore-do-paraíso.

PAÑO (panho) *s. m.* Pano, tecido, fazenda. Pano (cada uma das porções de vestuário). Tapete, colgadura. Pano (qualquer pedaço de fazenda). Pano (nódoa amarelo escura no rosto ou no corpo). *Náut.* Pano, velas. Jaça, mancha, aquilo que empana. Pano (mancha da córnea). Pano, lanço, superfície, lado (de parede etc.). — *de manos,* toalha (para as mãos). — *de mesa,* toalha de mesa. —*s calientes, fig. fam.* Panos quentes, panos mornos, contemporização. — *menores,* roupa branca. *Haber — que cortar, loc. fig. fam.* Ter muito pano para mangas, ter abundância de qualquer coisa. *Poner el — al púlpito, loc. fig. fam.* Falar com solenidade afetada. *Ser del mismo —,* ser do mesmo estofo.

PANOCHA (panotcha) *s. f.* V. PANOJA.

PANOJA (panoja) *s. f.* Espiga, maçaroca (de milho ou painço). V. COLGAJO.

PAÑOL *s. m.* V. PAÑOL.

PAÑOL (panhol) *s. m. Náut.* Paiol.

PAÑOLERA (panholera) *s. f.* Vendedora de lenços.

PAÑOLERÍA (panholería) *s. f.* Lençaria (fábrica de lenços, estabelecimento onde se vendem lenços).

PAÑOLETA (panholeta) *s. f.* Lenço de pescoço.

PAÑOLÓN (panholòn) *s. m.* V. MANTÓN.

PAÑOSA (panhossa) *s. f. fam.* Capa de pano.

PANOSO, A (panosso) *adj.* V. HARINOSO.

PAÑOSO, A (panhosso) *adj.* Andrajoso, maltrapilho, sujo e esfarrapado.

PANTALLA (pantalha) *s. f.* Pantalha, bandeira (de candieiro), quebra-luz, velador. Pala (anteparo para resguardar os olhos). Pára-fogo, guarda-fogo. Tela, pano (de cinema). *fig.* Espantalho (pessoa que tira a luz ou a vista a alguma outra defronte da qual se colocou). *fig.* Pau-de-cabeleira. Usa-se na frase: *servir de —,* servir de pau-de-cabeleira. *Amer. argent.* Ventarola (espécie de leque de cartão).

PANTALÓN *s. m.* Calças (de homem). U. m. no pl. Calças (de mulher). — *bombacho,* bombacha.

PANTALONERA *s. f.* Costureira que faz calças.

PANTORRA *s. f. fam.* V. PANTORRILLA. U. m. no pl.

PANTORRILLA (pantorrilha) *s. f.* Barriga da perna, panturrilha (parte carnuda formada pelos músculos gêmeos).

PANTORRILLERA (pantorrilhera) *s. f.* Espécie de meias que fazem avultar a barriga da perna.

PANTORRILLUDO, A (pantorrilhudo) *adj.* Que tem muito grossas as barrigas das pernas.

PANTUFLA *s. f.* Pantufa (chinelo).

PANTUFLAZO (pantuflaço) *s. m.* Pancada de pantufo, chinelada.

PANTUFLERO *s. m.* Fabricante ou vendedor de pantufos.

PÁNTUFLO *s. m.* Pantufo, pantufa.

PAÑUELO (panhuelo) *s. m.* Lenço. — *de bolsillo,* ou *de manos,* lenço de bolso. — *de hierbas,* lenço de tecido estampado.

PANZA (pança) *s. f.* Pança, ventre, barriga. Barriga, bojo (parte convexa de certos objetos). Pança (o maior estômago dos ruminantes). — *al trote,* pessoa necessitada que anda sempre comendo à custa alheia. — *en gloria, fig. fam.* Pessoa suficiente, tranqüila e indiferente.

PANZADA (pançada) *s. f.* Pançada, barriga, pancada com a pança. Pançada, barrigada, fartote, fartão.

PANZÓN, A (pançòn) *adj.* V. PANZUDO. *s. m.* Grande pança.

PANZUDO, A (pançudo) *adj.* Pançudo, barrigudo.

PAPA *s. m.* Papa, Sumo Pontífice. *fam.* Papai, papá, pai. *Ser (uno) más papista que el —, loc. fig.* Ser (alguém) mais realista que o rei. Batata. *fam.* V. PAPARRUCHA. *pl. fig. fam.* Sopas, papa, qualquer espécie de comida. Papas (farinha cozida em água ou leite).

PAPABLE *adj.* Papável.

PAPACHAR (papatchar) *v. tr. Amer. mexic.* Afagar, acariciar (com as mãos).

PAPACHO (papatcho) *s. m. Amer. mexic.* Carícia, afago (com as mãos).

PAPAHIGO (papa-igo) *s. m. Ictiol.* Papa-figo. *Náut.* Papa-figo. Espécie de boné que protege o pescoço e parte do rosto.

PAPAHUEVOS (papa-uevos) *s. m. fig. fam.* V. PAPANATAS.

PAPALINA *s. f.* Espécie de boné com pontas que cobrem as orelhas. Coifa de mulher. *fam.* Borracheira, embriaguez, bebedeira.

PAPANATAS *s. m. fig. fam.* Papalvo, pateta.

PAPANDUJO, A (papandujo) *adj.* Passado, sorvado, demasiado maduro.

PAPAROTE *s. m.* V. BOBALICÓN.

PAPARRASOLLA (paparrassolha) *s. f.* Papão (ente imaginário com que se amedrontam as crianças).

PAPARRUCHA (paparrutcha) *s. f. fam.* Balela, peta, boato, mentira. Borracheira (obra muito malfeita).

PAPASAL (papassal) *s. m.* Certo jogo de rapazes, que consiste em traçar determinados riscos na cinza: o que perde é castigado com uma pancada de uma boneca de cinza. Esta boneca. *fig.* Frioleira, bagatela, ninharia.

PAPATOSTE *s. m.* V. PAPANATAS.

PAPAZGO *s. m.* Papado.

PAPEL *s. m.* Papel (em todas as principais acepções deste vocábulo). *pl.* Papéis (documentos de identidade, passaporte etc.) — *blanco,* papel em branco. — *cuché,* papel assetinado ou gessado. — *de estraza,* papel pardo, de embrulho ou de trapo. — *en derecho, For.* Alegação escrita, arrazoado. — *mojado,* papel escrito (documento de pouca importância ou que faz pouca prova em um assunto). *fig. fam.* Trapo de papel, qualquer coisa inútil ou inconsistente. — *rayado,* papel pautado. — *secante,* mataborrão, papel mata-borrão. — *volante,* boletim. *Embadurnar, embarrar,* ou *emborronar —, loc. fig.* Gastar papel, escrever coisas inúteis ou desprezíveis. *Manchar —, loc. fig.* V. PAPEL (*Embadurnar*). *Hacer —, loc. fig.* Fazer figura. Fazer o papel de, fingir habilmente. *Hacer (uno) su —, loc. fig.* Desempenhar (alguém) o seu papel.

PAPELEAR *v. intr.* Remexer ou revolver papéis (à procura de algum dado ou notícia). *fig. fam.* V. PAPEL (*Hacer*).

PAPELEO (papelèo) *s. m.* Ação ou efeito de *Papelear.*

PAPELERA *s. f.* Papeleira (móvel).

PAPELERÍA *s. f.* Papelada. Papelaria.

PAPELERO, A *adj.* V. PAPELÓN. *s. m.* Papeleiro.

PAPELILLO (papelilho) *s. m. Dim.* de *Papel.* Papelinho, papelzinho. Cigarro de papel.

PAPELETA *s. f.* Papeleta. Bilhete de papel. Papeliço, cartuxo. Envelope (em que se põe dinheiro).

PAPELÓN, A *adj.* Bazófio, impostor, que aparenta mais do que é, paparreta. *s. m.* Impostor, papelão, paparrotão. Papeliço, papelucho. Papelão, cartão.

PAPELONEAR *v. intr. fam.* Bazofiar, ostentar, em vão autoridade ou importância, imposturar.

PAPELOTE *s. m. Deprec.* Papelucho, papeliço.

PAPERA s. f. Papeira, bócio. *Amer. centr.* Papeira, cachumba.

PAPERO, A adj. Papal, papalino. Relativo à batata. *s. m. Amer.* Vendedor de batatas. V. PAPILLA.

PAPILLA (papilha) s. f. Papas, mingau. *fig.* Palavras doces (para enganar alguém). *Dar — a uno, loc. fig. fam.* Enganar alguém com palavras elogiosas.

PAPILLOTE (papilhote) s. m. Papelotes. *A la —, loc. adv.* Assado com manteiga ou azeite e embrulhado num papel.

PAPIÓN s. m. V. ZAMBO.

PAPIROLADA s. f. fam. V. PAMPIROLADA.

PAPIROTADA s. f. V. PAPIROTE. *Amer. venezuel.* Sandice, idiotice.

PAPIROTAZO (papirotaço) s. m. V. PAPIROTE. *Amer. venezuel.* V. PAPIROTADA, 2ª acep.

PAPIROTE s. m. Piparote. *fig. fam.* Tolo, bobo, idiota.

PAPO s. m. Papo (das aves). Papo (bócio). *Hablar de —, loc. fig.* Falar com presunção ou vaidade. *Hablar, ou ponerse, — a — (con uno),* falar às claras, falar cara a cara (com alguém).

PAPÓN s. m. V. PAPARRASOLLA.

PAPU adj. e s. Papua.

PAQUEBOT s. m. Paquebote, paquete.

PAQUETE s. m. Pacote, embrulho, pequeno fardo. Maço (de cartas, de papéis etc.). Paquete, vapor, paquebote. *fam.* Dandi, janota. U. t. c. adj.

PAQUETERÍA s. f. Mercadorias acondicionadas em pacotes. Venda destas mercadorias.

PAR adj. Par, igual semelhante. *s. m.* Par. Junta (de bois), par de mulas. *A la —, loc. adv.* Juntamente, ao mesmo tempo, a um tempo. Igualmente, sem distinção. *Com.* Ao par. *Al —,* V. PAR (a la), 1ª e 2ª acep. *A —es, loc. adv.* Aos pares, de dois em dois. *prep.* Por. (Usada em loc. interj.: *¡— Dios!* Por Deus!).

PARA prep. Para (em todas as suas acepções).

PARABIÉN s. m. Parabém, parabéns, felicitação, cumprimento.

PARACA s. m. Brisa forte do Pacífico.

PARACAÍDAS s. m. Aviaç. Pára-quedas.

PARACAÍDISTA s. m. Neol. Pára-quedista.

PARÁCLITO s. m. Paracleto, Espírito Santo.

PARADERO s. m. Paradeiro.

PARADO, A p. p. de *Parar.* adj. Parado, sem animação, sem vida; tímido, mole, frouxo. Desempregado, desocupado, sem emprego. U. m. no pl. *Amer.* Direito, em pé.

PARADOJA (paradoja) s. f. Paradoxo.

PARADÓJICO, A (paradójico) adj. Paradoxal.

PARADOJO, A (paradojo) adj. V. PARADÓJICO.

PARAFERNALES adj. pl. For. Parafernais.

PARÁFRASIS (paráfrassis) s. f. Paráfrase.

PARAGONAR v. tr. V. PARANGONAR.

PARAGUAS s. m. Guarda-chuva.

PARAGÜERÍA (paragüería) s. f. Loja de guarda-chuvas.

PARAGÜERO (paragüero) s. m. Fabricante ou vendedor de guarda-chuvas. Bengaleiro (móvel).

PARAHUSAR (para-ussar) v. tr. Brocar.

PARAHUSO (para-usso) s. m. Broca.

PARAJE (paraje) s. m. Paragem, local. Sítio, lugar. Estado, disposição de uma coisa.

PARAL s. m. Barrote (encravado na parede). Madeiro sobre que desliza a embarcação quando é lançada à água.

PARALAJE (paralaje) s. f. Astron. Paralaxe.

PARALASIS (paralassis) s. f. V. PARALAJE.

PARÁLISIS (parálissis) s. f. Paralisia.

PARALITICARSE v. pron. Paralisar-se, sofrer paralisia.

PÁRAMERA s. f. Região de páramos ou desertos.

PÁRAMO s. m. Páramo, deserto, ermo; lugar alto e descampado. *fig.* Lugar frio e desabrigado. *Amer. colomb. e equat.* V. LLOVIZNA.

PARANGÓN s. m. Paragão, semelhança, comparação.

PARANGONABLE adj. Comparável, assemelhável.

PARANGONAR v. tr. Comparar, paragonar, assemelhar. *Tip.* Pôr em paragona.

PARANGONICO, A adj. Relativo à comparação.

PARANZA (parança) s. f. Venat. Espera.

PARAO s. m. Náut. Paraú.

PARAPETARSE v. pron. Entrincheirar-se, proteger-se com parapeitos. *v. tr.* Barricar, parapeitar. *fig.* Entrincheirar-se, proteger-se.

PARAPETO s. m. Parapeito.

PARAPLEJÍA (paraplejía) s. f. Med. Paraplegia.

PARAPOCO s. m. e f. fig. fam. Pessoa tola e simplória.

PARAR s. m. Certo jogo de parar. *v. intr.* Parar (em todas as suas principais acepções). *Amer.* Pôr em pé, colocar verticalmente. *Sin —, loc. adv.* Logo, sem demora, imediatamente.

PARARRAYOS (pararradjos) s. m. Pára-raios.

PARAUSAR (paraussar) v. tr. V. PARAHUSAR.

PARAUSO (parausso) s. m. V. PARAHUSO.

PARCHAZO (partchaço) s. f. Pancada que dá uma vela contra o seu mastro. *fig. fam.* Zombaria, escárnio, burla.

PARCHE (partche) s. m. Parche. Qualquer das duas peles do tambor. *fig.* Tambor. *fig.* Remendo (qualquer coisa sobreposta a outra e que com ela não combina). *Pegar un — (a uno), loc. fig.* Dar uma facada (em alguém), pedir dinheiro emprestado ou dado.

PARCHISTA (partchista) s. m. fig. fam. V. SABLISTA.

PARCIDAD (parcidad) s. f. V. PARQUEDAD.

PARCIONERO, A adj. Participante, partícipe.

PARDAL adj. Diz-se dos aldeões espanhóis (geralmente vestidos de pardo). *s. m. Zool.* Leopardo. V. GORRIÓN. *fig. fam.* Pássaro, homem astuto, biltre. *Ornit.* Pintarroxo.

PARDEAR v. intr. Destacar-se a cor parda.

¡PARDIEZ! interj. fam. Por Deus!

PARDILLA (pardilha) s. f. V. PARDILLO, 4ª acep.

PARDILLO, A (pardilho) adj. V. PARDAL. Diz-se de certo vinho entre tinto e branco. *s. m.* Parrilha. *Ornit.* Pintarroxo.

PARDUSCO, A adj. Pardento, pardacento, pardilho, pardusco, pardaço.

PAREADO, A p. p. de *Parear.* adj. Diz-se dos versos em parelha rimada, com os dois últimos de uma oitava.

PAREAR v. tr. Emparelhar, pôr de par a par, tornar igual, irmanar. Pôr de dois em dois, formar parelhas. *Taurom.* V. BANDERILLEAR.

PARECER v. intr. Aparecer, mostrar-se, surgir, deixar-se ver. Parecer, achar, opinar, crer. Aparecer, encontrar-se o que se julgava perdido. Parecer, ter determinado aspecto. *v. pron.* Parecer-se, assemelhar-se. *Al —, loc. adv.* Segundo parece, ao que parece. *s. m.* Parecer, opinião, juízo, ditame, conselho. *Irreg.* V. conj. de *Favorecer.*

PARECIDO, A p. p. de *Parecer.* s. m. Parecença, semelhança.

PARED (pared) s. f. Parede. *— medianera,* parede meia.

PAREDAÑO, A (paredanho) adj. Separado por paredes meias, contíguo.

PAREDÓN s. m. Aument. de *Pared.* Paredão. Parede arruinada.

PAREJA (pareja) s. f. Parelha, par. Par (na dança).

PAREJERO, A (parejero) adj. Amer. Parelheiro.

PAREJO, A (parejo) adj. Parelho, semelhante, igual. Liso, plano. *Por —, ou por un —, loc. adv.* Igualmente, do mesmo modo.

PAREJURA (parejura) s. f. Igualdade, semelhança.

PAREO (parèo) s. m. Emparelhamento.

PARHILERA (parilera) s. f. Cumieira.

PARICIÓN s. f. Parição, ato de parir (falando-se do gado).

PARIDERA adj. Parideira, fecunda. *s. f.* V. PARICIÓN.

PARIENTE, A adj. Parente. *fig.* Parente, semelhante, análogo. *s. m.* Parente.

PARIFICACIÓN s. f. Ação de *Parificar.*

PARIFICAR v. tr. Provar, apoiar alguma coisa com exemplo ou paridade.

PARIHUELA (pari-uela) s. f. Padiola. U. m. no pl.

PARLA s. f. Charla. Loquacidade. Tagarelice.

PARLADURÍA s. f. V. HABLADURÍA.

PARLAEMBALDE m. e f. fig. fam. Tagarela, parolador, paroleiro.

PARLAMENTAL adj. Parlamentar (pertencente ao parlamento).

PARLAMENTARIO, A adj. Parlamentar. *s. m.* Parlamentar (membro de um parlamento).

PARLANCHÍN, A (parlantchín) adj. fam. Tagarela, linguareiro, palrador. U. t. c. s.

PARLAR v. intr. Falar com desembaraço. Parlar, falar, parolar, palrar. Falar, tagarelar, dar com a língua nos dentes, revelar o que se deve calar.

PARLERÍA s. f. Palavrório, parlenga, palavreado; parolagem. V. HABLILLA.

PARLERO, A adj. Parlador, parolador, paroleiro, tagarela. Linguareiro, mexeriqueiro, falador. Canoro (falando-se de aves). Cantante, harmonioso, sussurrante (falando-se de coisas que fazem ruído agradável).

PARLERUELO, A adj. Dim. de *Parlero.*

PARLETA s. f. fam. Cavaco, conversa, charla.

PARLÓN, A adj. fam. Falador (que fala muito).

PARLOTEAR v. intr. fam. Tagarelar, charlar, palrar, falar muito; paparrotear, parlengar.

PARLOTEO (parlotèo) s. m. Ação de *Parlotear.*

PARNÉ (parnè) s. m. pop. Dinheiro.

PARO s. m. Ornit. Melharuco. fam. Suspensão ou fim do dia de trabalho. Suspensão do trabalho (em fábrica ou fazenda), determinada pelos patrões, em contraposição à greve dos operários. *— forzoso,* falta de trabalho (independentemente da vontade do patrão ou do operário).

PAROLA s. f. fam. Parola (verbosidade, loquacidade; conversa, cavaco, trela). Lábia.

PAROLERO, A adj. fam. V. PARLANCHÍN.

PAROLINA s. f. fam. V. PAROLA.

PARPADEAR v. intr. Pestanejar; piscar, abrir e fechar os olhos.

PARPADEO (parpadèo) s. m. Pestanejo. *Poét.* O que se assemelha ao movimento das pálpebras. *El — de las estrellas,* o piscar (ou tremeluzir) das estrelas.

PÁRPADO s. m. Pálpebra.

PARPAR v. intr. Grasnar (o pato).

PARQUEDAD (parquedad) s. f. Parcimônia, moderação, sobriedade.

PARRA s. f. Parreira. Videira. Bilha.

PARRAFO s. m. Parágrafo. *Echar un —,* conversar amigavelmente.

PARRAGÓN s. m. Prata de toque.

PARRAL s. m. Parreiral.

PARRANDA s. f. fam. Festa, diversão, farra. (Usa-se geralmente na frase: *andar de).* V. JARANA.

PARRANDEAR v. intr. Tomar parte em uma *parranda;* andar de festa, divertir-se, folgar.

PARRANDEO (parrandèo) s. m. Ação de *Parrandear.*

PARRANDISTA adj. Folgazão, farrista, amigo de festas e diversões. *s. m. e f.* Pessoa que toma parte numa *parranda.*

PARRAR v. intr. Parrar-se, alargar-se, alastrar-se.

PARRILLA (parrilha) s. f. Espécie de botija. Grelha. U. m. no pl.

PARRIZA (parriça) s. f. Videira silvestre.

PARRO s. m. Pato.

PARROCHA (parrotcha) s. f. Sardinha pequena.

PÁRROCO s. m. Pároco, prior, cura.

PARRÓN s. m. V. PARRIZA. *Amer.* V. PARRAL.

PARROQUIA s. f. Paróquia.

PARROQUIAL adj. Paroquial.

PARROQUIANO, A adj. e s. Paroquiano. *s. m.* Freguês, cliente (de casa comercial). Cliente (de médico).

PARROQUIETA s. f. Dim. de *Parroquia.*

PARSIMONIA s. f. Parcimônia, moderação, temperança, sobriedade.

PARSIMONICAMENTE adv. Parcimoniosamente.

PARSIMÓNICO, adj. Parcimonioso.

PARSIMONIOSAMENTE (parsimoniossamente) adv. Parcimoniosamente.

PARSIMONIOSO, A (parsimoniosso) adj. Parcimonioso.

PARTE s. f. Parte (em todas as suas principais acepções). *s. m.* Comunicação oficial, parte, participação. *s. m. pl.* Dotes, qualidades, prendas, partes. Parte, lado, partido. *— de por medio,* ator que representa papéis insignificantes. *—s vergonzosas,* partes pudendas.

PARTEAR *v. tr.* Partejar.

PARTENCIA *s. f.* Partida (ato de partir).

PARTERA *s. f.* Parteira.

PARTERÍA *s. f.* Ofício de parteiro ou parteira.

PARTERO *s. m.* Parteiro.

PARTICIÓN *s. f.* Partição, divisão, repartição.

PARTICIONERO, A *adj.* Participante, partícipe.

PARTICIPIO *s. m.* Particípio. *Gram.* Divide-se em *activo* ou *de presente* (do presente ou gerúndio) e *pasivo* ou *de pretérito* (passado ou do pretérito). Alguns particípios do passado são usados com significação ativa, como *considerado* (o que considera), *callado* (o que cala), *atrevido* (o que se atreve). São *regulares* os particípios que acabam em *ado* ou em *ido*, como *herido* (de *herir*) *amado* (de *amar*). São *irregulares* os que tem qualquer outra terminação, como *roto* (de *romper*), *impreso* (de *imprimir*), *escrito* (de *escribir*).

PARTIJA (partija) *s. f. Dim.* de *Parte*. Partilha, porção, quinhão. V. PARTICIÓN.

PARTIMIENTO *s. m.* V. PARTICIÓN.

PARVA *s. f.* Parva (ligeira refeição antes do almoço). Calcadouro (cereais que estão na eira por debulhar). *fig.* Montão, grande quantidade (de coisas).

PARVADA *s. f. Agr.* Calcadouros. *Amer.* Bandada de pássaros.

PARVEDAD (parvedad) *s. f.* Pequenez, pouquidade, pequena quantidade. V. PARVA, 1ª acep.

PARVENÚ *s. m.* Arrivista.

PARVULEZ *s. f.* Pouquidade, exigüidade. Parvoíce, parvulez. V. NIÑERÍA.

PASA (passa) *s. f.* Passa (de uva). U. t. c. adj. *fig.* Carapinha. — *gorrona.* passa de uva maior do que a comum.

PASABLE (passable) *adj.* V. PASADERO.

PASABLEMENTE (passablemente) *adv.* Pasavelmente.

PASADA (passada) *s. f.* Passagem (ato de passar). Rendimento suficiente para viver. Partida (de jogo). *fig. fam.* Burla, velhacaria, tratantada, mau comportamento de uma pessoa para com outra. (Usa-se geralmente com o adj. *mala*). Passagem (local por onde se passa). *De —, loc. adv.* De passagem, ao de leve, por alto, incidentemente, sem aprofundar.

PASADERA (passadera) *s. f.* Passadeira, alpondra. Qualquer coisa convenientemente colocada para servir de passagem sobre uma corrente de água. *Náut.* V. MEOLLAR.

PASADERO, A *adj.* Passável, tolerável, suportável, sofrível. Regular, medianamente bom (de saúde). Que se pode passar facilmente. *s. m.* V. PASSADERA, 1ª acep.

PASADILLO (passadilho) *s. m.* Bordado que passa por ambos os lados da fazenda.

PASADIZO (passadiço) *s. m.* Passadiço, corredor de comunicação, passagem. *fig.* Qualquer outro meio que dê passagem de uma parte para outra.

PASADO, A (passado) *p. p.* de *Pasar. adj.* Passado (que começa a apodrecer). *s. m.* Passado, pretérito. *Mil.* Desertor que vai para as fileiras do inimigo. *pl.* Antepassados, ascendentes.

PASADOR, A (passador) *adj.* Passador, que passa. Contrabandista. *s. m.* Flecha (de besta). *Tecn.* Passador. Espécie de ferrolho. *Culin.* Passador, coador. Pregador de gravata. *Náut.* Passador. Travessa (para o cabelo).

PASAJE (passaje) *s. m.* Passagem (ato de passar; local, por onde se passa; direito de; preço de viagem). Passo, estreito (entre duas ilhas ou entre ilha e continente). Conjunto dos passageiros de um navio. Passagem, passo (trecho de um autor ou de uma obra citada). Acolhida, tratamento dispensado a alguém.

PASAJERAMENTE (passajeramente) *adv.* Passageiramente, transitoriamente.

PASAJERO, A (passajero) *adj.* Passageiro, transitório. Passageiro (diz-se do lugar por onde transita muita gente). Migratório (falando-se de aves). *s. m.* Passageiro, viajante.

PASAMÁN (passamàn) *s. m.* V. PASAMANO, 1ª acep.

PASAMANAR (passamanar) *v. tr.* Passamanar.

PASAMANERÍA (passamanería) *s. f.* Passamanaria.

PASAMANERO (passamanero) *s. m.* Passamaneiro.

PASAMANO (passamano) *s. m.* Passamanes. Corrimão (de escada, de embarcação).

PASAMIENTO (passamiento) *s. m.* Passagem, trânsito.

PASANTE (passante) *p. a.* de *Pasar.* Passante, que passa. *s. m.* Ajudante. — *de notario*, ajudante de notário. Repetidor, explicador (de lições). — *de pluma*, escrevente de advogado.

PASANTÍA (passantía) *s. f.* Exercício de praticante, auxiliar ou ajudante (nas faculdades ou numa profissão). Tempo que dura este exercício; aprendizado, prática.

PASAPÁN (passapàn) *s. m. fam.* V. CARGUERO.

PASAPASA (passapassa) *s. m.* Passa-passa, passe-passe, empalmação, prestidigitação.

PASAPORTAR (passaportar) *v. tr.* Dar ou expedir passaporte.

PASAPORTE (passaporte) *s. m.* Passaporte.

PASAR (passar) *v. tr.* Passar [transportar, conduzir; mudar, trasladar, transferir (U. t. c. intr. e pron.); atravessar, transpor; enviar, remeter, dirigir, endereçar; exceder, ultrapassar, ir além de; traspassar, penetrar, atravessar; contrabandear, passar contrabando; exceder, superar (U. t. c. pron.); sofrer, padecer, tolerar; coar, filtrar, destilar, verter; roçar, correr, deslizar]. Engolir, tragar, deglutir. Deixar passar, dissimular. Calar, omitir, passar por alto. Auxiliar um professor para adquirir prática. Estudar com um repetidor. Explicar, repetir (a lição a um aluno). *v. intr.* Passar a, mudar-se em, converter-se. Passar (declarar que não se faz jogo em alguma partida de cartas). Fazer passa (de frutas). Passar (viver, alimentar-se). Passar bem, ter saúde. Passar (cessar, acabar). U. t. c. pron. Passar sem (privar-se de, não ter necessidade de). Passar (ocorrer; ter reputação de). *v. pron.* Passar (principalmente a apodrecer a fruta). *—se de listo, loc. fig.* Enganar-se por excesso de malícia.

PASARELA (passarela) *s. f.* V. PASADERA, 1ª acep. Pequena ponte provisória.

PASATIEMPO (passatiempo) *s. m.* Passatempo, diversão, entretenimento.

PASAVANTE (passavante) *s. m.* Certificado naval.

PASAVOLANTE (passavolante) *s. m.* Irreflexão, descuido, ação feita sem pensar. Espécie de colubrina.

PASAVOLEO (passavolèo) *s. m.* Um dos lances do jogo da pela.

PASCANA *s. f. Amer. argent.* Parada, etapa (de uma viagem). *Amer. equat.* e *chil.* Estábulo, tambo.

PASCUA *s. f.* Páscoa. *De —s a Ramos, loc. adv. fig. fam.* De tarde em tarde, de tempos em tempos.

PASCUAL *adj.* Pascoal.

PASCUILLA (pascuilha) *s. f.* Pascoela.

PASE (passe) *s. m.* Passe, permissão, licença. Passe, guia, passaporte. Passe (no jogo). Passes. *Taurom.* Passe.

PASEADERO (passeadero) *s. m.* Passeadouro, passeio (lugar por onde se passeia).

PASEADOR, A *adj.* Passeador. Diz-se do cavalo que tem o passo grande. *s. m.* V. PASEADERO.

PASEANA (passeana) *s. f. Amer. argent.* Descanso, alto, parada (numa viagem).

PASEANTE (passeante) *p. a.* de *Pasear.* Passeante. *adj.* Passeante, passeador. U. t. c. s. — *en corte, fig. fam.* Nome que se dá ao vadio ou desocupado.

PASEAR (passear) *v. intr.* Passear. *v. tr.* Passear. *v. pron. fig.* Divagar, discorrer por alto sobre determinada matéria. *fig.* Vaguear (falando-se de coisas imateriais). *fig.* Estar ocioso.

PASEATA (passeata) *s. f. fam.* Passeata, volta, passeio.

PASEO (passèo) *s. m.* Passeio (ação de passear; lugar onde se passeia; caminho curto, pequena distância). Marcha pomposa. *Echar*, ou *mandar, a —, loc. fig. fam.* Mandar passear, despedir indelicadamente, não prestar atenção.

PASERA (passera) *s. f.* Passeira. Operação de fazer passas (de certas frutas). V. PASARELA.

PASERO, A (passero) *adj.* Passeiro (diz-se de cavalgaduras).

PASIBILIDAD (passibilidad) *s. f.* Passibilidade.

PASIBLE (passible) *adj.* Passível.

PASICORTO, A (passicorto) *adj.* Que tem o passo curto.

PASIEGO, A (passiego) *adj.* Natural de Pas (Espanha). *s. f. Por ext.* Ama-de-leite.

PASILARGO, A (passilargo) *adj.* Que tem o passo largo.

PASILLO (passilho) *s. m.* Corredor, passagem (de edifício). Ponto de casear.

PASIÓN *s. f.* Paixão. — *de Cristo*, paixão de Cristo. — *de ánimo*, nostalgia, saudade.

PASIONAL (passional) *adj.* Passional.

PASIONARIA (passionaria) *s. f.* Passiflora; maracujá.

PASIONARIO (passionario) *s. m.* Passioneiro, passionário (livro de cantos litúrgicos).

PASIONCILLA (passioncilha) *s. f.* Paixoneta. *Deprec.* Ódio, rancor, aversão.

PASIONERO, A (passionero) *adj. Amer.* Volúvel, versátil, inconstante, ligeiro. *s. m.* Sacerdote que nos hospitais dá assistência espiritual aos enfermos.

PASITAMENTE (passitamente) *adv.* V. PASITO, 2ª acep.

PASITO (passito) *s. m. Dim.* de *Paso.* Passinho, passito. *adv.* Suavemente, em voz baixa, baixinho.

PASIVAMENTE (passivamente) *adv.* Passivamente.

PASIVO, A (passivo) *adj.* Passivo. *s. m. Com.* Passivo.

PASMAR *v. tr.* Esfriar muito ou bruscamente. U. t. c. pron. Enregelar, secar (as plantas). U. t. c. pron. Fazer perder os sentidos. Desmaiar, pasmar-se. U. t. c. pron. *v. pron.* Sofrer um espasmo. Pasmar-se, admirar-se, assombrar-se. *Pint.* Empanar-se as cores ou vernizes.

PASMAROTA *s. f. fam.* Qualquer dos gestos ou demonstrações com que se aparenta espasmo ou outra enfermidade. Gesto fingido de admiração ou assombro.

PASMAROTADA *s. f. fam.* V. PASMAROTA.

PASMAROTE *s. m. fam.* Estafermo.

PASMAZÓN (pasmaçòn) *s. f. Amer.* Inchação causada pela sela no lombo das cavalgaduras.

PASMO *s. m. Med.* Espasmo. Tétano. Pasmo, assombro, espanto, admiração. *De —*, pasmosamente.

PASMÓN *s. m.* Paspalhão, parvo, lorpa.

PASO (passo) *s. m.* Passo (ato de avançar um pé para andar; espaço entre um e outro pé). Degrau. Passagem (ação de passar). Passagem (lugar por onde se passa). Passo (passagem, geralmente estreita). Passos, diligência, ação. U. m. no pl. Passe, licença, permissão para passar. Passo, andamento, marcha. Pegada. Explicação, repetição (sobre matéria didática). Promoção, aprovação (de alunos). Passo, passagem, situação, caso. Passo (da Paixão de Cristo). Passo, passagem, trecho (de livro ou obra citada). Alinhavo, ponto graúdo. Passo (adiantamento, progresso). *Coreog.* Passo. Justa, torneio. Passo, conjuntura, ponto. *adv.* Suavemente, em voz baixa, baixinho. — *a nível, Ferrov.* Passagem de nível. *Buen —*, bom passadio, vida regalada. *A buen —, loc. adv.* Aceleradamente, rapidamente, depressa. — *entre —, loc. adv.* Passo a passo, lentamente; pouco a pouco. — *por —, loc. adv.* Passo a passo, lentamente. *De —, loc. adv.* De passagem, ao passar. *fig.* De passagem, por alto, sem aprofundar. *fig.* Rapidamente. *Más que de —, loc. adv.* Depressa, precipitadamente. *A — llano, loc. adv. fig.* Sem dificuldade, sem tropeço. *A ese —, loc. adv.* Desse modo, de acordo com isso. *¡—! interj.* Alto lá! Devagar!

PASO, A (passo) *adj.* Aplica-se à fruta posta a secar ao sol e também à que já está seca por algum outro processo.

PASPADO, A *p. p.* de *Pasparse.* U. t. c. adj.

PASPADURA *s. f. Amer.* Gretadura (da pele).

PASPARSE *v. pron. Amer.* Gretar-se (a pele).

PASPIÉ (paspiè) *s. m.* Passa-pé (antigo minuete).

PASQUÍN *s. m.* Pasquim (escrito satírico afixado em lugar público).

PASTA s. f. Pasta, massa. Massa alimentícia. Buena —, fig. Boa índole, gênio pacífico.

PASTADERO s. m. Pastagem, pasto, pascigo (lugar onde pasta o gado).

PASTAL s. m. Amer. Pasto (para o gado).

PASTEAR v. tr. Apascentar, pascer.

PASTECA s. f. Náut. Patesca.

PASTEL s. m. Culin. Pastel. Pint. Pastel. Trapaça (no jogo). fig. fam. Tramóia, enredo, trama, conluio, pandilha. Tip. Pastel.

PASTELADA s. f. fam. Trama, enredo, conluio, tramóia.

PASTELEAR v. intr. fig. fam. Contemporizar por interesse.

PASTELEJO (pastelejo) s. m. Dim. de Pastel. Pastelinho.

PASTELEO (pastelèo) s. m. Ação de Pastelear.

PASTELERA s. f. Pasteleira.

PASTELERÍA s. f. Pastelaria.

PASTELERO s. m. Pasteleiro. fig. fam. Pessoa que contemporiza.

PASTELÓN s. m. Pastelão, empadão.

PASTERIZACIÓN (pasteriçaciòn) s. f. Pasteurização.

PASTERIZADOR, A (pasteriçador) adj. Pasteurizador. s. m. Pasteurizador.

PASTERIZAR (pasteriçar) v. tr. Pasteurizar.

PASTILLA (pastilha) s. f. Barra (de sabão, de chocolate etc.). Pastilha.

PASTILLERO (pastilhero) s. m. Pastilheiro. Fabricante de pastilhas.

PASTIZAL (pastiçal) s. m. Pastiçal, lugar onde há muito pasto.

PASTO s. m. Pasto (em todas as suas acepções). A —, loc. adv. A fartar (falando-se de comer ou beber). A todo —, loc. adv. Sempre, exclusivamente (falando-se de uma coisa que se há de usar).

PASTORAJE (pastoraje) s. m. V. PASTORÍA.

PASTOREO (pastorèo) s. m. Pastoreação, apascoamento.

PASTORÍA s. f. Pastorícia (ofício de pastor). V. PASTOREO. Conjunto de pastores.

PASTORIO s. f. V. PASTORÍA.

PASTRANA s. m. Amer. Letra protestada.

PASTURA s. f. Pasto, pastagem.

PASTURAJE (pasturaje) s. m. Pastagem comum.

PASUDO, A (passudo) adj. Amer. venezuel. Encarapinhado (o cabelo).

PATA s. f. Pata (pé ou mão de animal; fêmea do pato). fam. Perna. pl. O diabo. — de pobre, fig. fam. Perna inchada, com chagas e ataduras. — galana, ou coja, fig. fam. Capenga, coxo. — de gallo, fig. fam. Pé-de-galinha (ruga no canto dos olhos). fig. fam. Despropósito, dislate. A —, loc. adv. À pata, a pé. Amer. Descalço. —s arriba, loc. adv. De pernas para o ar. Ser, salir, ou quedar —, ou —s. loc. fam. Empatar, igualar.

PATACHE (patatche) s. m. Náut. Patacho.

PATACO, A adj. e s. V. PATÁN.

PATACÓN s. m. Patacão, pataca.

PATADA s. f. Patada (pancada dada com a pata ou com o pé). fam. Passo, passada. fig. fam. Vestígio, pegada, pista. A —s, loc. adv. Aos montões, em grande abundância.

PATAGÓN, A adj. e s. Patagônio, patagão.

PATAGORRILLA (patagorrilha) s. f. V. PATAGORRILLO.

PATAGORRILLO (patagorrilho) s. m. Sarapatel.

PATAJE (pataje) s. m. V. PATACHE.

PATALEAR v. intr. Espernear, pernear. Patear, bater com as patas ou com os pés.

PATALEO (patalèo) s. m. Ação de espernear ou pernear. Pateada (ruído feito com os pés).

PATALETA s. f. fam. Convulsão (principalmente quando se supõe ser fingida).

PATALETEAR v. intr. Amer. argent. e mexic. V. PATALEAR.

PATÁN s. m. fam. Campônio, aldeão. fig. fam. Grosseirão, homem rude, homem rústico ou ignorante. U. t, c. adj.

PATANERÍA s. f. fam. Grosseria, ignorância, rudeza, rusticidade.

PATARATADA s. f. Amer. Patarata.

PATARATERO s. m. Patarateiro.

PATARRAEZ s. m. Náut. Patarrás.

PATARUCO, A adj. Amer. venezuel. Grosseiro, tosco, rústico, pesado, sem graça.

PATAS s. m. fam. O diabo.

PATASCA s. f. Amer. merid. Tumulto, barulho, alvoroto, alvoroço, borborinho.

PATATA s. f. Batata.

PATATAL s. m. Batatal.

PATATAR s. m. V. PATATAL.

PATATO, A adj. fam. Amer. cub. Rechonchudo, baixote.

PATAZA (pataça) s. f. Aument. de Pata.

PATEADURA s. f. Pateada.

PATEAMIENTO s. m. V. PATEADURA.

PATEAR v. tr. fam. Patear, bater com os pés. fig. fam. Maltratar, tratar a pontapés. v. intr. fam. V. PATALEAR. fig. fam. Andar muito, dar passos, esforçar-se para conseguir uma coisa. fig. fam. Estar uma pessoa muito agastada. Amer. Coucear, escoucear. Amer. argent. Causar indigestão (algum alimento).

PATECO, A adj. Amer. chil. Que tem as pernas curtas (falando-se de pessoas ou animais).

PATENTADO, A p. p. de Patentar. U. t. c. adj.

PATENTAR v. tr. Patentear (conceder ou obter patente de invenção).

PATENTIZADO, A (patentiçado) p. p. de Patentizar.

PATENTIZAR (patentiçar) v. tr. Patentear, fazer patente, manifestar, franquear, mostrar, abrir.

PATEO (patèo) s. m. Ação de Patear ou Patalear.

PATERO, A adj. Amer. per. Mentiroso, embusteiro. U. t. c. s.

PATETA s. m. fam. O diabo, capeta. fig. fam. Pessoa que tem as mãos ou os pés deformados.

PATIABIERTO, A adj. Que tem as pernas muito abertas ou separadas.

PATIALBO, A adj. V. PATIBLANCO.

PATIBLANCO, A adj. Que tem as patas brancas.

PATICALZADO, A (paticalçado) adj. Calçado (falando-se de aves).

PATIDIFUSO, A (patidifusso) adj. fig. fam. Estupefato.

PATIÉCILLO (patiecilho) s. m. Pequeno pátio.

PATIHENDIDO, A (pati-endido) adj. Bissulco, que tem o pé fendido.

PATILLA (patilha) s. f. Certa posição da mão esquerda no braço do violão. Suíça (barba). pl. fam. O diabo, capeta.

PATILLUDO, A (patilhudo) adj. Que tem suíças compridas.

PATÍN s. m. Dim. de Patio (pátio). Patim.

PATINACIÓN s. f. Patinagem.

PATINADERO s. m. Pista para patinagem.

PATINAR v. intr. Patinar. Patinhar (as rodas de um veículo).

PATINEJO (patinejo) s. m. Dim. de Patín, 1ª acep.

PATINILLO (patinilho) s. m. Dim. de Patín, 1ª acep.

PATITA s. f. Dim. de Pata. Patinha. Poner de —s en la calle (a uno), loc. fig. fam. Por (alguém) no olho da rua, despedir, expulsar.

PATITIESO, A (patitiesso) adj. Que fica com as pernas sem movimento (por acidente). fig. Estatelado, estupefato, assombrado.

PATITUERTO, A adj. Que tem as pernas ou patas tortas. fig. fam. Que está torto ou malfeito.

PATIZAMBO, A (patiçambo) adj. Cambaio.

PATO s. m. Pato. Amer. argent. Certo jogo de força e destreza entre os gaúchos. Amer. Tip. Pastel. Andar —, loc. fig. fam. Amer. Andar sem dinheiro, andar pronto ou miqueado.

PATOCHADA (patotchada) s. f. Disparate, dislate, despropósito, necedade, tolice.

PATOJEAR (patojear) v. intr. Coxear, claudicar, andar com dificuldade.

PATOJERA (patojera) s. f. Amer. cub. Coxeadura.

PATOJO, A (patojo) adj. Coxo, capenga, cambaio.

PATÓN, A adj. fam. V. PATUDO.

PATOSO, A (patosso) adj. Maçante, enfadonho, impertinente.

PATRAÑA (patranha) s. f. Patranha, mentira.

PATRAÑERO, A (patranhero) adj. e s. Patranheiro, mentiroso.

PATRAQUEAR v. intr. Amer. chil. Furtar com muita habilidade, escamotear.

PATRAQUEO (patraquèo) s. m. Amer. chil. Furto hábil, escamoteação.

PATRAQUERO s. m. fam. Amer. chil. Ladrão, gatuno, larápio.

PATRIOTERÍA s. f. Patriotada (alarde de patriotismo).

PATRIOTERO, A adj. e s. Patrioteiro.

PATRÓN s. m. Patrono, protetor, patrão. Dono da casa em que alguém se hospeda. Patrão, amo, senhor. Náut. Patrão, arrais. Padrão, modelo. Planta que recebe o enxerto, cavalo. Padroeiro, patrono (de igreja). Patrono (senhor com relação aos libertos).

PATRONATO s. m. Padroado. Patronato. Corporação ou sindicato de empregadores ou patrões.

PATRONAZGO s. m. V. PATRONATO.

PATRONEAR v. tr. Governar uma embarcação como patrão ou arrais.

PATRONÍA s. f. Cargo de patrão ou arrais.

PATRONO s. m. V. PATRÓN. Patrão, amo, senhor, empregador.

PATRULLA (patrulha) s. f. Patrulha.

PATRULLADOR, A (patrulhador) adj. e s. Patrulhador.

PATUDO, A adj. Patudo. Angel —, fig. fam. Pessoa que, segundo afirma quem assim fala, está longe de ter a inocência, mocidade ou boas qualidades que lhe são atribuídas por outrem.

PATULEA (patulèa) s. f. fam. Soldadesca, tropa indisciplinada. fam. Plebe, multidão em tropel.

PATULLAR (patulhar) v. intr. Pisar forte e desaforadamente. fig. fam. Calcorrear, andar muito ou fazer muitas diligências para conseguir alguma coisa. fam. Conversar, palestrar.

PAVA s. f. Perua (fêmea do peru). fig. fam. Mulher feia e sem graça. Amer. chil. e per. Burla, zombaria. Amer. venezuel. Chapéu de abas largas e copa baixa. Hacer la —, Amer. V. PAVA (Pelar la). Amer. per. e argent. Zombar de alguém. Pelar la —, loc. fig. Conversar amorosamente (os moços com as moças) nos balcões ou sacadas. s. f. Fole grande usado em certos fornos. Amer. plat. Chaleira.

PAVADA s. f. Bando de perus. Certos jogo de rapazes. Amer. Tolice, bobagem, besteira, asneira.

PAVAZO (pavaço) s. m. Aument. de Pavo.

PAVERA s. f. Panela para cozinhar perus.

PAVERO s. m. Vendedor ou criador de perus. Amer. Gracejador, pessoa zombeteira.

PAVÉS (pavès) s. m. Pavês (escudo grande). Alzar, ou levantar (a alguien) sobre el —, loc. fig. Erigir (a alguém) em chefe; elevar, exaltar alguém.

PAVESA (pavessa) s. f. Faísca, fagulha, chispa.

PAVEZNO s. m. V. PAVIPOLLO.

PAVIOTA s. f. V. GAVIOTA.

PAVIPOLLO (pavipolho) s. m. Peru novo, peru pequeno.

PAVISOSO, A (pavissosso) adj. Bobo, tolo, sem graça.

PAVO s. m. Peru. fig. fam. V. SOSERÍA. — real, pavão.

PAVÓN s. m. Pavão. Tinta azul com que se cobre objetos de ferro ou aço a fim de preservá-los da oxidação. Astron. Pavão.

PAVONADA s. f. fam. Passeio curto, volta, ou outra distração semelhante. fig. Pavonada, ostentação, jactância, vaidade.

PAVONADO, A p. p. de Pavonar. s. m. V. PAVÓN, 2ª acep. adj. Azul-escuro.

PAVONADURA s. f. V. PAVONAMIENTO.

PAVONAMIENTO s. m. Ação de Pavonear.

PAVONAR v. tr. Bronzear, dar ao ferro ou aço uma cor azul-escura.

PAVONAZO (pavonaço) s. m. Pavonaço.

PAVONEAR v. intr. Pavonear-se. U. m. c. pron. fig. fam. Entreter alguém com promessas, engambelar, engrambelar.

PAVONEO (pavonèo) s. m. Pavonada, jactância, ostentação. Ação de Pavonear, 2ª acep.

PAVONESCO, A adj. Próprio ou do pavão.

PAVORDEAR v. tr. V. JABARDEAR.

PAVORIDO, A adj. Espavorido, apavorado.

PAVURA s. f. Pavor, espanto, susto.

PAYA (padja) s. f. Amer. V. PAYADA.

PAYADA (padjada) s. f. Amer. Trova. — de contrapunto Amer. Trova, desafio.

PAYADOR (padjador) *s. m.* Trovador, troveiro, cantador (de trovas ou cantigas populares improvisadas).

PAYADURA (padjadura) *s. f. Amer.* V. PAYADA.

PAYAR (padjar) *v. tr. Amer.* Trovar (cantar trovas improvisadas). *fam. Amer.* Contar lorotas.

PAYASADA (padjassada) *s. f.* Palhaçada.

PAYASEAR (padjassear) *v. intr. Amer. chil.* Dizer palhaçadas.

PAYASERÍA (padjassería) *s. f. Amer. chil.* V. PAYASADA.

PAYASO (padjasso) *s. m.* Palhaço.

PAYO, A (padjo) *adj.* Rústico, lapus, grosseiro, labrego, lapão. *s. m.* e *f. pop.* Pessoa incauta. *s. m.* Labrego, camponês grosseiro e ignorante.

PAYUELAS (padjuelas) *s. f. pl.* Bexigas doidas, varíola benigna.

PAZ *s. f.* Paz (em todas as suas acepções). *En — y en haz, loc. adv.* Com consentimento.

PAZGUATO, A *adj.* Papalvo, pateta, parvo, tolo, bobo.

PE *s. f.* Pe (nome da letra P). *De — a pa, loc. adv.* Inteiramente, completamente, do princípio ao fim.

PEA (pèa) *s. f.* Embriaguez, borracheira.

PEAJE (peaje) *s. m.* Pedágio, portagem, peagem.

PEAJERO (peajero) *s. m.* O que cobra o pedágio.

PEAL *s. m.* Pé (parte da meia que cobre o pé). Meia sem pé. *fig. fam.* Pessoa inútil ou desprezível.

PEANA *s. f.* Peanha, pedestal. Estrado, supedâneo (de altar).

PEAÑA (peanha) *s. f.* V. PEANA.

PEATÓN *s. m.* V. PEÓN, 1ª acep. Correio a pé.

PEAZGO *s. m.* V. PEAJE.

PEBETE *s. m.* Pivete (pastilha aromática para queimar). Estopim. *fam. irôn.* Qualquer coisa que trescala mau cheiro. *s. m.* e *f. Amer.* Menino, a; garoto, a. *fig. Amer.* Pessoa de baixa estatura.

PEBETERO *s. m.* Perfumador (vaso em que se queimam perfumes).

PEBRADA *s. f.* V. PEBRE.

PEBRE *s. amb.* Piverada. Pimenta.

PECA *s. f.* Sarda (mancha na pele).

PECADORIZO, A (pecadoriço) *adj.* Pecador (que peca por inclinação e freqüentemente).

PECANA *s. f. Amer. argent.* Gral para moer o milho.

PECE *s. m. ant.* Peixe. V. PEZ. Camalhão. *s. f.* Barro (para taipas).

PECEÑO, A (pecenho) *adj.* Pezenho, cor de pez (diz-se dos cavalos). Que sabe a pez.

PECERA *s. f.* Aquário (para peixes).

PECEZUELA (peceçuela) *s. f. Dim. de Pieza.*

PECEZUELO (peceçuelo) *s. m. Dim. de Pié. Dim. de Pez.*

PECHA (petcha) *s. f. Amer.* V. PECHADA.

PECHADA (petchada) *s. f.* Peitada (golpe dado com o peito). *Amer. argent.* Pechada (embate com o peito do cavalo).

PECHADOR (petchador) *s. m. fam. Amer.* V. PETARDISTA.

PECHAR (petchar) *v. tr.* Pagar tributo. Arcar, assumir, arrostar. (Usa-se geralmente com a prep. *con*.) *Amer.* Pechar, pedir dinheiro emprestado.

PECHE (petche) *s. m.* V. PECHINA. *adj. Amer.* Magro, fraco, de poucas carnes. *fam. Amer. mexic.* Bom, excelente.

PECHERA (petchera) *s. f.* Peito, peitilho (de camisa). Peiteira, peitoral (correia que cinge o peito do cavalo).

PECHERO (petchero) *s. m.* Babadouro.

PECHERO, A (petchero) *adj.* e *s.* Contribuinte (que paga imposto). Plebeu, éia.

PECHERÓN, A (petcheròn) *adj. Amer.* Muito bom, excelente.

PECHIABIERTO, A (petchiabierto) *adj.* Que tem o peito aberto. Rachado, aberto (diz-se das frutas que se abrem ao meio).

PECHIBLANCO, A (petchiblanco) *adj.* Diz-se do animal que tem o peito branco.

PECHICATERÍA (petchicatería) *s. f.* Mesquinharia, sovinice.

PECHICATO, A (petchicato) *adj.* Mesquinho, sovina.

PECHICOLORADO (petchicolorado) *s. m.* Pintarroxo.

PECHINA (petchina) *s. f.* Concha semicircular. *Arq.* Qualquer dos triângulos curvos de uma cúpula.

PECHIRROJO (petchirrojo) *s. m.* V. PECHICOLORADO.

PECHISACADO, A (petchissacado) *adj. fig. fam.* Arrogante, presumido, vaidoso, presunçoso.

PECHO (petcho) *s. m.* Peito (parte do tronco que contém os pulmões e o coração; parte anterior e externa do tórax; mama, teta). Encosta, ladeira. *fig.* Peito, íntimo, coração. *fig.* Ânimo, valor, fortaleza. — *arriba, loc. adv.* De costa acima, subindo. — *por el suelo,* ou *por tierra, loc. adv. fig.* De joelhos, com muita humildade. *A todo* —, *loc. adv.* De bruços. *En* —*s de camisa, loc. adv. Amer.* Em mangas de camisa. *s. m. fig.* Contribuição, tributo.

PECHONO, A (petchono) *adj. Amer. argent.* Beatão, beatorro.

PECHUELO (petchuelo) *s. m. Dim. de Pecho.*

PECHUGA (petchuga) *s. f.* Peito (de ave). *fig. fam.* Peito (de homem ou de mulher). *fig. fam.* Ladeira, subida, encosta.

PECHUGÓN, A (petchugòn) *adj.* e *s. Amer. per.* Descarado, desavergonhado. *s. m.* Murro ou punhada no peito. Queda de bruços. *fig.* Empuxão, impulso forte, empurrão. *Amer.* Pessoa pouco delicada que abusa da confiança que lhe dispensam.

PECHUGONADA (petchugonada) *s. f. Amer. per.* Desavergonhamento, grosseria, indecência.

PECHUGUERA (petchuguera) *s. f.* Tosse rebelde.

PECIENTO, A *adj.* Pezanho, da cor do pez.

PECILUENGO, A *adj.* Diz-se das frutas que têm o pedúnculo comprido.

PECINA *s. f.* Piscina (para peixes). Lodo (do fundo dos tanques).

PECINAL *s. m.* Charco ou tanque que tem muito lodo.

PECINOSO, A (pecinosso) *adj.* Lodoso.

PÉCORA *s. f.* Rês ou cabeça de gado lanígero. *Ser buena,* ou *mala,* —, *loc. fig. fam.* Ser uma boa bisca.

PECOREA (pecorèa) *s. f.* Pilhagem, roubo (praticado pela soldadesca). *fig.* Diversão ociosa, própria de vadios.

PECOSO, A (pecosso) *adj.* Sardento.

PECTORAL *adj.* Peitoral. *s. m.* Peitoral (dos bispos e outros prelados). *s. f.* Dor no peito.

PECUARIO, A *adj.* Pecuário.

PECULADO *s. f. For.* Peculato.

PEDACEAR *v. tr. Amer. equat.* e *chil.* V. DESPEDAZAR.

PEDAJE (pedaje) *s. m.* V. PEAJE.

PEDALEAR *v. intr.* Pedalar.

PEDALEO (pedalèo) *s. m.* Pedalagem.

PEDAZO (pedaço) *s. m.* Pedaço, parte, porção, bocado. — *de pán, fig.* Côdea de pão (o indispensável para viver). *fig.* Dez réis de mel coado (preço muito baixo). — *de alcornoque, de animal,* ou *de bruto, fig. fam.* Pedaço de asno, bruto, imbecil, idiota, ignorante. — *del alma, de las entrañas,* ou *del corazón, fig. fam.* Pessoa muito amada. *A* —*s,* ou *en* —*s, loc. adv.* Em porções, aos poucos, por partes.

PEDAZUELO (pedaçuelo) *s. m. Dim. de Pedazo.*

PEDERNALINO, A *adj.* Empedernido.

PEDICIÓN *s. f.* Peditório. Pedido.

PEDICOJ (pedicoj) *s. m.* Polim (salto sobre um pé).

PEDIDURA *s. f.* Pedido (ação de pedir).

PEDIGÓN, A *adj.* e *s. fam.* Pedinchão, ona.

PEDIGÜEÑAR (pedigüenhar) *v. intr.* Pedinchar.

PEDIGÜEÑO, A (pedigüenho) *adj.* e *s.* Pedinchão, ona.

PEDIMENTO *s. m. For.* Petição, rogo, pedimento. *A* —, *loc.* A rogo, a pedido.

PEDIR *v. tr.* Pedir (em todas as suas principais acepções). *Irreg.* V. conj. de *Servir.*

PEDO *s. m.* Peido, ventosidade. *Amer. argent.* Borracheira, embriaguez. *Al* —, *loc. adv. Amer. plat.* Inutilmente, debalde, em vão.

PEDREA (pedrèa) *s. f.* Apedrejamento. Combate às pedradas. Granizada, saraivada.

PEDREGÓN *s. m.* Pedragal.

PEDREJÓN (pedrejòn) *s. m.* Pedregulho (pedra grande), calhau, matacão.

PEDREÑAL (pedrenhal) *s. m.* Espingarda de pederneira.

PEDRERA *s. f.* Pedreira (lugar de onde se extrai a pedra).

PEDRERÍA *s. f.* Pedraria (coleção ou grande quantidade de pedras preciosas).

PEDRERO *s. m.* Canteiro (homem que trabalha em cantaria). *Amer.* Pedregal.

PEDRETA *s. f.* Pedrinha, seixo.

PEDREZUELA (pedreçuela) *s. f. Dim. de Piedra.* Pedrinha.

PEDRISCA *s. f.* V. PEDRISCO.

PEDRISCAL *s. m.* Pedregal.

PEDRISCO *s. m.* Pedra graúda, granizada, saraivada. Pedregal. Grande quantidade de pedras arremessadas, saraivadas de pedras.

PEDRISQUERO *s. m.* V. PEDRISCO, 1ª acep.

PEDRIZA (pedriça) *s. f.* Pedregal.

PEDRIZAL (pedriçal) *s. m.* Pedregulho (lugar onde há muitas pedras soltas).

PEDRUSCO *s. m. fam.* Pedra em bruto.

PEER *v. intr.* Peidar.

PEGA *s. f.* Pegadura, pegamento (ação de pegar ou colar). Pesga. *Ictiol.* Rêmora. *fam.* Logro, engano. Pergunta difícil de responder (nos exames). *fam.* Surra, sova. *Ornit.* Pega.

PEGADERO *s. m. Amer. hond.* Lodaçal, atoleiro, atascadeiro.

PEGADILLO (pegadilho) *s. m. Dim. de Pegado.* — *de mal de madre, fig. fam.* Homem maçante e metediço.

PEGADIZO, A (pegadiço) *adj.* Pegadiço, pegajoso. Pegadiço, contagioso. Postiço, fingido, de tirar e botar. Diz-se dos chupistas ou papa-jantares.

PEGADO *s. m.* Parche, emplasto. V. BIZMA.

PEGADO, A *p. p. de Pegar.*

PEGADURA *s. f.* Pega, pegamento, pegadura (ação de *Pegar*). *Amer.* Logro, engano, burla.

PEGAR *v. tr.* Pegar (grudar, colar, aderir). Pregar, unir, fixar (por alfinetes, pontos de costura ou outro qualquer meio). Pegar (juntar, unir, prender, segurar). Pegar, contagiar, comunicar por contato ou contágio (falando-se de doenças). U. t. c. pron. *fig.* Surrar, maltratar, bater, espancar. Assentar, dar, pespegar, pregar. — *ojo* ou *pestaña, loc. fig.* Pregar olho; começar a dormir. *fig.* Dar (quando este verbo, empregado com alguns substantivos, equivale ao verbo intransitivo que se forma destes últimos, como, por exemplo, —*saltos:* dar saltos, saltar). *v. intr.* Pegar, segurar, prender, agarrar. Pegar, surtir efeito. Pegar-se, grudar-se (a comida). *fig.* Intrometer-se, meter-se, meter-se alguém onde não deve. *fig.* Apegar-se, afeiçoar-se. — *cón uno, loc. fig.* Pegar-se com alguém, brigar, vir às mãos. *fig.* Dizer ou fazer alguma coisa que cause aborrecimento. *Pegársela (a uno), loc. fam.* Zombar de alguém.

PEGATA *s. f. fam.* Logro, engano, falcatrua.

PEGO *s. m.* Trapaça que consiste em unir duas cartas do baralho para que saiam juntas.

PEGÓN *s. m. Amer. guat.* Zombaria, burla. *Amer. hond.* Mágoa (aquilo que causa desgosto ou pesar).

PEGOTE *s. m.* Emplastro de breu ou outra coisa pegajosa. *fig. fam.* Grude (comida muito espessa ou pegajosa). *fig. fam.* Pessoa metediça; chupista, papa-jantares. *fig.* Coisa emplastada.

PEGOTEAR *v. intr. fam.* Apresentar-se em uma casa à hora das refeições, sem ser convidado.

PEGOTERÍA *s. f.* Ação de *Pegotear.*

PEGUERO *s. m.* Pegueiro.

PEGUJAL (pegujal) *s. m.* Pecúlio. *fig.* Pequeno capital; pequena porção de gado ou terra semeada.

PEGUJALEJO (pegujalejo) *s. m. Dim. de Pegujal.*

PEGUJALERO (pegujalero) *s. m.* Lavrador que possui poucas terras ou fazendeiro que tem pequenos rebanhos.

PEGUJAR (pegujar) *s. m.* V. PEGUJAL.

PEGUJARERO (pegujarero) *s. m.* V. PEGUJALERO.

PEGUJÓN (pegujòn) *s. m.* Novelo (de lã ou de cabelos).

PEGULLÓN (pegulhòn) *s. m.* V. PEGUJÓN.

PEGUNTA *s. f.* Marca de pez (no gado).
PEGUNTAR *v. tr.* Marcar (o gado) com pez.
PEINA *s. f.* V. PEINETA.
PEINADA *s. f.* Penteadela.
PEINADO, A *p. p.* de *Peinar. adj.* Lambido (diz-se do estilo). Diz-se do homem que veste com o esmero próprio das mulheres. *s. m.* Penteado.
PEINADOR, A *adj. e s.* Penteador. *s. m.* Penteador (roupão ou espécie de toalha que se coloca nos ombros de quem se penteia ou corta o cabelo; espécie de vestido ou roupão que as senhoras usam em casa). *Amer.* Penteadeira.
PEINADURA *s. f.* Penteadura. Cabelos que saem no pente.
PEINAR *v. tr.* Pentear. U. t. c. pron. Roçar, encostar, tocar ligeiramente. *fig.* Desenredar (o pêlo ou lã de alguns animais).
PEINAZO (peinaço) *s. m.* Pinásio.
PEINE *s. m.* Pente. Pente de cardador. Peito do pé. *fig. fam.* Pessoa astuta. *A sobre —, loc. adv.* Imperfeitamente, sem grande cuidado. *— peine, loc. adv.* Emparelhando (sem cortar muito o cabelo). *fig.* Ligeiramente, sem esmero.
PEINERÍA *s. f.* Pentearia.
PEINERO *s. m.* Pentieiro.
PEINETA *s. f.* Pente (usado pelas senhoras para segurar o cabelo ou como adorno). Travessa (para os cabelos).
PEINILLA (peinilha) *s. f.* Pente fino.
PEJE (peje) *s. m.* Peixe. *fig.* Águia, melro, homem ladino; homem industrioso. *— araña,* peixe-aranha. *— diablo,* escorpena.
PEJEBUEY (pejebuei) *s. m. Amer.* Peixe-boi.
PEJEJUDÍO (pejejudío) *s. m.* V. PEJEBUEY.
PEJEMULLER (pejemulher) *s. m.* Peixe-mulher.
PEJEPALO (pejepalo) *s. m.* Bacalhau defumado.
PEJESAPO (pejessapo) Peixe-sapo.
PELADA *s. f.* Pele (de ovelha ou carneiro) a que se tirou a lã.
PELADERA *s. f.* Alopecia.
PELADERO, A *adj.* Que se pode pelar. *s. m.* Lugar onde se pelam porcos ou depenam aves. *fig.* Casa de jogo ou lugar onde há trapaças. *Amer.* V. ERIAL.
PELADEZ *s. f. Amer.* Miséria, pobreza.
PELADILLA (peladilha) *s. f.* Amêndoa confeitada. *fig.* Seixo rolado. *fig.* Bala (de arma de fogo).
PELADILLO (peladilho) *s. m.* Variedade de pêssego. *pl.* A lã arrancada das peles de ovelha ou carneiro.
PELADO, A *p. p.* de *Pelar. adj.* Liso, pelado, limpo, raso. Exato, raso (diz-se do número que consta de dezenas justas). *fig. Amer.* Pobre, sem recursos. *s. m. Amer. mexic.* Homem do povo. *Amer. chil.* Borracheira, embriaguez.
PELADURA *s. f.* Peladura. Mondadura.
PELAFUSTÁN *s. m.* Pobretão, pelintra.
PELAGALLOS (pelagalhos) *s. m. fig. fam.* Vadio, vagabundo, malandro.
PELAGATOS *s. m. fig. fam.* Pobre diabo, joão-ninguém.
PELAGÍSMO (pelajismo) *s. m.* V. MAREO.
PELAIRE *s. m.* Cardador.
PELAIRIA *s. f.* Ofício de cardador.
PELAJE (pelaje) *s. m.* Pelagem, pelame. *fig.* Aspecto, aparência, exterior (de pessoa ou coisa).
PELAMBRAR *v. tr.* Pôr em água e cal (os couros) para os pelar; fazer o pelame.
PELAMBRE *s. m.* Courama que se põe no pelame. Mistura de água e cal (para pelar os couros). Falta de pêlo ou cabelo.
PELAMBRERA *s. f.* Pelame (tanque para curtir couros ou peles). Tosão, porção de pêlo ou velo espesso e comprido. Calvície.
PELAMBRERO *s. m.* Curtidor.
PELAMEN *s. m. fam.* V. PELAMBRE.
PELAMESA (pelamessa) *s. f.* Briga em que os contendores se arrancam a barba ou os cabelos. Porção de barba ou cabelo assim arrancada.
PELÁNTRÍN *s. m.* V. PEGUJALERO.
PELAR *v. tr.* Pelar (tirar o pêlo a; arrancar os cabelos; depenar; tirar a casca, descascar). *fig.* Pelar (tirar os haveres de alguém, deixando-o sem

nada). *fig. fam.* Depenar (no jogo). *v. pron.* Perder o pêlo ou cabelo. *Amer.* Confundir-se, ficar confuso. *Amer. mexic.* Descuidar-se. *Amer. colomb.* Escapulir, fugir. *Duro de —, loc. fig. fam.* Duro de roer (difícil de conseguir ou executar). *— los ojos, loc. fam. Amer. centr.* Arregalar os olhos (abri-los muito para olhar com atenção).
PELARELA *s. f.* Calvície.
PELAZA (pelaça) *s. f.* V. PELAZGA. *adj.* Diz-se da palha de cevada meio trilhada.
PELAZGA *s. f. fam.* Briga, contenda, rixa, disputa, rolo, pendência, desordem.
PELDAÑO (peldanho) *s. m.* Degrau (de escada). Supedâneo (de altar).
PELDE *s. f.* Fuga, evasão, fugida.
PELEA (pelèa) *s. f.* Peleja, combate, luta, batalha. Briga, rixa, contenda, disputa. *fig.* Combate, rinha, briga (de animais). *fig.* Luta, combate (contra as paixões ou apetites). *fig.* Luta (porfia, trabalho na execução ou obtenção de uma coisa).
PELEADOR, A *adj.* Pelejador, lutador, batalhador, lidador. Brigoso, rixoso.
PELEANTE *p. a.* de *Pelear.* Pelejante.
PELEAR *v. intr.* Pelejar, lutar, combater, batalhar. Brigar, disputar, contender. *fig.* Lutar, combater (em todas as suas principais acepções). *v. pron.* Pegar-se, atracar-se, vir às mãos, indispor-se, malquistar-se.
PELECHAR (peletchar) *v. intr.* Empenar, emplumar-se (as aves). Encabelar, criar cabelo; criar pêlo. *fig.* Levantar-se, erguer-se (começar a melhorar de fortuna ou saúde).
PELECHO (pelètcho) *s. m.* Ação de *Pelechar.*
PELELE *s. m.* Boneco de palha ou trapos que serve de diversão no carnaval. *fig.* Pessoa tola ou inútil.
PELEÓN *adj.* Diz-se do vinho muito ordinário.
PELEONA *s. f. fam.* V. PELAZGA.
PELETERÍA *s. f.* Pelaria (loja onde se vendem peles). Pelataria.
PELETERO *s. m.* Peleiro.
PELIAGUDO, A *adj.* Arrepiado (diz-se do animal que tem o pêlo comprido e espetado). *fig. fam.* Cabeludo, espinhoso, difícil. *fig. fam.* Hábil, manhoso, fino (diz-se de pessoas).
PELIBLANCO, A *adj.* Que tem o pêlo ou cabelo branco.
PELIBLANDO, A *adj.* Que tem o pêlo ou cabelo macio.
PELICANO, A *adj.* Que tem o pêlo ou cabelo branco. *s. m.* V. PELICANO.
PELICANO *s. m.* Pelicano. *Cir.* Boticão.
PELICHE (pelitche) *s. m. Amer. per.* Facada, pedido de dinheiro.
PELICORTO, A *adj.* Que tem o cabelo ou pêlo curto.
PELIGRAR *v. intr.* Perigar.
PELIGRO *s. m.* Perigo. *Náut.* Baixio perigoso para a navegação. *Correr —, loc.* Correr perigo (estar exposto ao perigo; ser muito provável que suceda uma coisa desagradável).
PELIGROSAMENTE (peligrossamente) *adv.* Perigosamente.
PELIGROSO, A (peligrosso) *adj.* Perigoso.
PELILARGO, A *adj.* Que tem o pêlo ou cabelo comprido.
PELILLO (pelilho) *s. m. fig. fam.* Ninharia, bagatela, nuga; motivo leve de desagrado ou desentendimento. *No tener (uno) —s en la lengua, loc. fig. fam.* Não ter papas na língua.
PELILLOSO, A (pelilhosso) *adj. fig. fam.* Suscetível, cheio de melindres, que liga importância a ninharias, partista, cheio de negaças.
PELINEGRO, A *adj.* Que tem o pêlo ou cabelo preto.
PELIRROJO (pelirrojo) *adj.* Que tem o pêlo ou cabelo ruivo.
PELITRIQUE *s. m. fam.* Ninharia, bagatela, nuga, bugiaria.
PELLA (pelha) *s. f.* Bola, pelota, bolo (massa de forma mais ou menos redonda). Grelo (da couve-flor e outras plantas análogas). Massa de metal fundido. Banha de porco não refinada. Merengue (para enfeitar certos doces). *fig. fam.* Bolada (grande quantidade de dinheiro); dinheiro que se deve ou defrauda. *Ornit.* Garça-real.

PELLADA (pelhada) *s. f.* Porção de gesso ou argamassa que se pode conter na mão ou na trolha. V. PELLA, 1ª acep.
PELLEJA (pelheja) *s. f.* Pele (tirada do corpo do animal). Pelego (pele de carneiro ou ovelha com lã).
PELLEJERÍA (pelhejeria) *s. f.* Pelaria (porção de peles; loja onde se vendem peles). *pl. Amer.* Trabalhos, dificuldades, contratempos.
PELLEJERO (pelhejero) *s. m.* Peleiro.
PELLEJINA (pelhejina) *s. f.* Pele pequena (tirada do corpo do animal).
PELLEJO (pelhejo) *s. m.* Pele, couro (de animal). Odre, pele. *fig. fam.* Bêbedo, ébrio, borracho. *Dar, dejar, ou perder (uno) el —, loc. fig. fam.* Perder a pele, morrer, perder a vida. V. PIEL.
PELLEJUDO, A (pelhejudo) *adj.* Que tem a pele flácida.
PELLEJUELA (pelhejuela) *s. f. Dim.* de *Pelleja.*
PELLEJUELO (pelhejuelo) *s. m. Dim.* de *Pellejo.*
PELLETERÍA (pelhetería) *s. f.* V. PELLEJERÍA.
PELLETERO (pelhetero) *s. m.* V. PELLEJERO.
PELLICA (pelhica) *s. f.* Pelica. Cobertor de pele, peliça.
PELLIJERO (pelhijero) *s. m.* V. PELLEJERO.
PELLINGAJO (pelhingajo) *s. m. Amer.* V. ESTROPAJO.
PELLIQUERO (pelhiquero) *s. m.* Peliqueiro.
PELLIZA (pelhiça) *s. f.* Peliça.
PELLIZCADOR, A (pelhiscador) *adj.* Beliscador.
PELLIZCAR (pelhiscar) *v. tr.* Beliscar. U. t. c. s. *v. pron. fig. fam.* Arder por, morrer por (desejar com ânsia alguma coisa).
PELLIZCO (pelhisco) *s. m.* Belisco, beliscadura, beliscão. Porção mínima de alguma coisa, belisco.
PELLÓN (pelhòn) *s. m.* Vestido talar antigo que se fazia de peles. *Amer.* Pelego.
PELLOTE (pelhote) *s. m.* V. PELLÓN, 1ª acep.
PELMA *s. f.* Planta do pé. *s. m. fam.* V. PELMAZO.
PELMACERÍA *s. f. fam.* Lentidão, demora (em fazer as coisas).
PELMÁTICO, A *adj.* Plantar (relativo à planta do pé).
PELMAZO (pelmaço) *s. f.* Coisa muito apertada, achatada, calçada ou espalmada. *fig. fam.* Pessoa tarda, vagarosa ou pachorrenta.
PELO *s. m.* Pêlo. Cabelo. Penugem (das aves). Pêlo (cotão de algumas frutas). Fibra delgada (de lã ou seda). Fiapo (na pena de escrever). Mola do gatilho de algumas armas de fogo. Pêlo (de tecido). Pêlo (cor da pele dos animais). Seda crua. Defeito (em pedra preciosa, vidro ou metal). Parte fibrosa da madeira. *fig.* Ninharia, bagatela. *— malo,* penugem (das aves). *— de cofre,* ou *de Judeu, fig.* Cabelo ruivo. *— de aire, fig.* Aragem, brisa quase imperceptível. *—s y señales, fig. fam.* Pormenores e circunstâncias de uma coisa, indícios, sinais. *Al,* ou *a, —, loc. adv.* Ao correr do pêlo, a favor do pêlo. *fig. fam.* Em ponto, exatamente; à medida do desejo. *fig. fam.* A tempo, a propósito, em ocasião oportuna. *Contra —,* ou *arriba, loc. adv.* A contrapelo, ao revés, ao arrepio. *fig. fam.* Fora de tempo, fora de propósito, em ocasião inoportuna. *— a —,* ou *por —, loc. adv. fig. fam.* Coisa por coisa, um por um, em troca exata. *En —, loc. adv.* Em pêlo, sem sela. Em pêlo, nu, despido. *A medida —s, loc. adv. fig. fam.* Meio embriagado. *No tener (uno) — de tonto, loc. fig. fam.* Não ser tolo. *Tomar el — a uno, loc. fig. fam.* Zombar de alguém aparentando elogiá-lo.
PELÓN, A *adj.* Pelado, calvo, careca. U. t. c. s. *fig. fam.* Estúpido, tapado, obtuso, curto de inteligência. U. t. c. s. Pobre, sem recursos. U. t. c. s. *s. m. Amer. venezuel.* Engano, equívoco.
PELONA *s. f.* Calvície.
PELONERÍA *s. f. fam.* Pobreza, miséria, indigência, falta de recursos.
PELONIA *s. f.* V. PELONA.
PELOTA *s. f.* Bola, pelota, pela (para jogar). Bola (esfera de matéria fácil de amassar). Jogo da pela. Pelota (couro de boi que serve de canoa). *— pelota, loc. adv.* Em pêlo, nu, despido, em couro.
PELOTARI *s. m.* Pelotário.

PELOTAZO (pelotaço) *s. m.* Pelotada, bolada.

PELOTE *s. m.* Pêlo de cabra (para estofar móveis).

PELOTEAR *v. tr.* Conferir, repassar (uma conta). *v. intr.* Jogar a pela por passatempo. *fig.* Arremessar uma coisa de um lado para outro. *fig.* Brigar; contender, disputar.

PELOTERA *s. f.* V. PELAZGA.

PELOTERÍA *s. f.* Quantidade de bolas ou pelotas.

PELOTERO *adj.* Diz-se do escaravelho comum. *s. m.* Peloteiro. *fam.* V. PELAZGA.

PELOTILLA (pelotilha) *s. m.* Bolinha (de qualquer matéria dúctil).

PELOTÓN *s. m. Aument.* de *Pelota.* Magote, tropel de gente. Maranha, novelo (de pêlos ou cabelos). *Mil.* Pelotão.

PELUCA *s. f.* Peruca. *fig.* Repreensão severa, sabão.

PELUCIDO, A *adj.* Transparente.

PELUCO *s. m. Gír.* Relógio de bolso.

PELUCÓN *s. f. Aument.* de *Peluca.*

PELUDEAR *v. int. Amer. argent.* Ir à casa do tatu ou do tatu-peludo. *fig. fam. Amer. plat.* Atolar-se (um veículo).

PELUDO, A *adj.* Peludo. *Amer.* Peludo, tatu-peludo. *Amer. argent.* Borracheira, bebedeira, embriaguez.

PELUQUERÍA *s. m.* Barbearia.

PELUQUERO *s. m.* Barbeiro, cabeleireiro.

PELUSA (pelussa) *s. f.* Penugem, cotão (de algumas frutas e plantas). Pêlo, cotão (dos tecidos). *fig. fam.* Inveja própria das crianças.

PELUSILLA (pelussilha) *s. f.* V. VELOSILLA.

PENA *s. f.* Pena (castigo; aflição; cuidado; dor, sofrimento; trabalho, dificuldade; pluma das aves; *(Náut.)* pena, lais da caranguela). *Alma em* —, alma penada. *A duras, graves* ou *malas,* —, *loc. adv.* Com grande dificuldade ou trabalho, a custo. *A* —*s, loc. adv.* Apenas. *Merecer la* — *(una coṣa), loc.* Valer a pena (uma coisa).

PEÑA (penha) *s. f.* Penha, rochedo, penhasco, rocha, cachopo, penedo. *Durar por* —*s (una cosa), loc. fig. fam.* Durar por muito tempo, durar eternidades (uma coisa). *s. f.* Grupo, círculo de amigos. Nome de algumas sociedades recreativas.

PENABLE *adj.* Condenável, passível de pena.

PENACHERA (penatchera) *s. f.* Penacho.

PENACHUDO, A (penatchudo) *adj.* Que tem penacho.

PENADAMENTE *adv.* Penosamente.

PENADO, A *p. p.* de *Penar. adj.* Penoso, trabalhoso, difícil. *s. m.* Condenado.

PENAR *v. tr.* Punir, castigar, condenar a, impor pena. *v. intr.* Penar, padecer, sofrer. Agonizar lentamente. *v. pron.* Penar-se, afligir-se, contristar-se. — *(uno) por (una cosa), loc. fig.* Arder por (uma coisa), desejá-la com ânsia.

PEÑASCAL (penhascal) *s. m.* Penedia.

PEÑASCO (penhasco) *s. m.* Penhasco, penedo, penha.

PEÑASCOSO, A (penhascosso) *adj.* Penhascoso.

PENCAZO (pencaço) *s. f.* Pancada com uma penca.

PENCO *s. m. fam.* V. JAMELGO.

PENDEJO (pendejo) *s. m.* Pêlos pubianos. *fig. fam.* Poltrão, cobarde.

PENDENCIERO, A *adj. e s.* Pendenciador, brigão, rixoso.

PENDENZUELA (pendençuela) *s. f. Dim.* de *Pendencia* (Pendência, briga).

PENDIENTE *p. a.* de *Pender.* Pendente. *adj.* Pendente (dependurado; suspenso; iminente; inclinado). *s. m.* Pingente, pendente. Ladeira, encosta, aclive ou declive.

PENDIL *s. m.* Manto de mulher. *Tomar el* —*, loc. fig. fam.* Ir embora, ausentar-se.

PENDINGUE (TOMAR EL) *loc. fig. fam.* V. PENDIL *(Tomar el)*.

PENDOL *s. m. Náut.* Querena.

PÉNDOLA *s. f.* Pena (de ave). Pena (para escrever). Pêndulo. *fig.* Pêndula (relógio de pêndulo). Prumo de madeira.

PENDOLADA *s. f.* Penada (traço de pena). Cada uma das oscilações do pêndulo de um relógio. *fig.* Sentença, dito, palavra.

PENDOLAJE (pendolaje) *s. m.* Direito de apropriar-se dos gêneros que estão na coberta das presas de guerra.

PENDOLARIO *s. m.* V. PENDOLISTA.

PENDOLERO *s. m.* Fabricante de pêndulos ou pêndulas.

PENDOLISTA *s. m.* Pessoa que escreve com rapidez e boa letra.

PENDOLITA *s. f.* Cabelo (de relógio).

PENDOLÓN *s. m. Aument.* de *Péndola.*

PENDÓN *s. m.* Pendão, estandarte, bandeira. Pernada (primeiras e mais fortes ramificações das árvores). *fig. fam.* Pessoa desprezível. *fig. fam.* Pessoa alta e deselegante (principalmente mulher). *A* — *herido, loc. adv. fig.* Com toda a diligência para prestar socorro.

PENDONEAR *v. intr.* V. CALLEJEAR.

PENDONISTA *s. m. e f.* Pessoa que leva o guião ou pendão (nas procissões).

PÉNDULO, A *adj.* Pendente, suspenso, dependurado, pêndulo. *Amer.* Hesitante, irresoluto. *s. m.* Pêndulo.

PENE *s. m. Anat.* Pênis.

PENEQUE *adj. fam.* Borracho, bêbedo, embriagado.

PENERA (penhera) *s. f.* Peneira fina.

PENERAR (penherar) *v. tr.* Peneirar.

PEÑO (penho) *s. m.* Enjeitado, exposto.

PEÑOL (penhol) *s. m. Náut.* V. PENOL. V. PEÑÓN.

PEÑOLA (penhola) *s. f.* Pena (de ave, preparada para escrever).

PEÑOLADA (penholada) *s. f.* V. PENOLADA, 1ª acep. *Echar* —*s, loc.* Escrever muito e mal, encher ou gastar papel.

PEÑÓN (penhòn) *s. m. Aument.* de *Peña.* Penedia.

PENOSO, A (penosso) *adj.* Penoso, difícil, trabalhoso. *fg.* Vaidoso, presumido (da sua beleza ou elegância).

PENSADO, A *p. p.* de *Pensar. Mal* —, *adj.* Inclinado a pensar mal, a interpretar mal o que se diz, faz ou escreve. *De* —, *loc. adv.* De caso pensado, de intento, de propósito; premeditadamente.

PENSAMIENTO *s. m.* Pensamento. *Como el* —, *loc. adv. fig.* Rápido como o pensamento; com a maior rapidez. *En un* —, *loc. adv. fig.* Num instante, num ápice, rapidamente.

PENSAR *v. tr.* Pensar (em todas as suas acepções). *Sin* — *loc. adv.* Sem pensar, de improviso, naturalmente; inesperadamente. *Irreg.* V. conj. de *Calentar.*

PENSEQUE *s. m. fam.* Erro ou engano por descuido ou irreflexão.

PENSIÓN *s. f.* Pensão (renda anual; foro; ônus, trabalho). Pensão (casa de hóspedes). *Amer. chil.* Tristeza, apreensão.

PENSIONADO *s. m.* Internato (de colégio).

PEÓN *s. m.* Peão, pedestre. *Mil.* Peão, infante. Pião (do xadrez). Jornaleiro, trabalhador. Colmeia, cortiço. *Amer.* Peão (de estância). *Amer. mexic.* Piolho. *Pesc.* Bóia. — *caminero,* turmeiro, operário que trabalha na conservação de estradas. — *de mano,* ajudante de pedreiro. *A* —, *loc. adv. fam. A* pé.

PEONADA *s. f.* Jornal (paga de cada dia de trabalho). *Amer.* Peonada.

PEONAJE (peonaje) *s. m.* Peonagem (conjunto dos peões ou infantes). Conjunto de trabalhadores ou jornaleiros.

PEONERÍA *s. f.* V. PEONAJE, 1ª acep. Geira (terra que um homem pode lavrar num dia).

PEONIA *s. f. Bot.* Peônia.

PEONZA (peonça) *s. f.* Piorra, pitorra. *fig. fam.* Pessoa pequena e buliçosa. *A* —, *loc. adv. fam.* A pé.

PEOR *adj. comp.* de *Malo.* Pior. *adv.* Pior, piormente.

PEORIA *s. f.* Peora, peoramento, peoria.

PEORMENTE *adv.* Piormente, pior.

PEPA *s. m.* Semente de algumas frutas.

PEPENAR *v. tr. Amer.* Faiscar (nas minas).

PEPINAR *s. m.* Pepinal.

PEPITA *s. f.* Pevide (semente de diversos frutos carnosos). Pevide (enfermidade que ataca algumas aves). Pepita (grão ou palheta de metal nativo).

PEPITOSO, A (pepitosso) *adj.* Pevidoso.

PEPÓN *s. m.* V. SANDIA.

PEQUEÑEZ (pequenhez) *s. f.* Pequenez (qualidade de pequeno; meninice; mesquinhez; humildade; ninharia).

PEQUEÑO, A (pequeño) *adj.* Pequeno (em sentido próprio e fig.).

PEQUEÑUELO, A *adj. Dim.* de *Pequeño.* Pequenino, pequenito.

PERA *s. f.* Pêra (fruto da pereira; porção de barba no queixo). *fig.* Sinecura.

PERAGUDO, A *adj.* Excessivamente agudo.

PERAL *s. m.* Pereira.

PERALEDA *s. f.* Pereiral, peral.

PERANTÓN *s. m. Bot.* Mirabela. Leque muito grande. *fig. fam.* Pessoa muito alta.

PERCANCE *s. m.* Percalço, lucro, proventos. U. m. no pl. Percalço, transtorno, incômodo, prejuízo, contratempo. —*s del oficio, loc. irôn.* Percalços ou ossos do ofício.

PERCATAR *v. intr.* Advertir, considerar, compenetrar-se, cair em conta, notar, avaliar. U. m. c. pron.

PERCEBE *s. m.* Percebe. U. m. no pl. *fig. fam.* Tolo, ignorante.

PERCEBIMIENTO *s. m.* Percebimento, apercebimento.

PERCEPCIÓN *s. f.* Percepção.

PERCEPTOR, A *adj.* Perceptivo.

PERCHA (pertcha) *s. f.* Percha, vara de madeira. Cabide. Alcândora. Alçapé, laço (para apanhar aves). Perchamento. Moitão, cadernal. *Náut.* Percha. *Ictiol.* Perca.

PERCHÓN (pertchòn) *s. m.* Sarmento (deixado na videira depois da poda).

PERCHONAR (pertchonar) *v. intr.* Armar alçapés ou laços para caçar aves. Deixar sarmentos na videira ao podá-la.

PERCIBIDERO, A *adj.* Perceptível, percebível, inteligível; compreensível.

PERCIBIR *v. tr.* Perceber (em todas as suas principais acepções).

PERCIBO *s. m.* Percebimento, percepção, cobrança.

PERCOCERÍA *s. f.* Obra miúda de prata (geralmente trabalhada a martelo).

PERCOLLAR (percolhar) *v. tr.* V. APERCOLHAR. *Jír.* Furtar. *Irreg.* V. conj. de *Almorzar.*

PERCUDIR *v. tr.* Embaciar. Deslustrar. Empanar. Enxovalhar, sujar. Penetrar a sujeira em alguma coisa.

PERCUSIÓN (percussiòn) *s. f.* Percussão.

PERDEDERO *s. m.* Perdição, perda (motivo ou ocasião de perder ou perder-se). Lugar por onde foge a lebre perseguida.

PERDEDIZO, A (perdediço) *adj.* Perdidiço.

PERDER *v. tr., intr. e pron.* Perder; perder-se (em todas as suas principais acepções). *Irreg.* V. conj. de *Extender.*

PERDIBLE *adj.* Perdível.

PERDICIÓN *s. f.* Perdição (em todas as suas acepções).

PÉRDIDA *s. f.* Perda (perdimento; extravio, sumiço; dano, prejuízo).

PERDIDIZO, A (perdidiço) *adj.* Diz-se do que se finge estar perdido e da pessoa que escapa.

PERDIDOSO, A *adj.* Que perde ou perdeu alguma coisa, perdedor.

PERDIGAR *v. tr.* Soassar a perdiz ou outra ave ou carne para conservá-la. Preparar a carne deitando mais gordura na panela. *fig. fam.* Preparar uma coisa para um fim.

PERDIGÓN *s. m.* Perdigoto (filho da perdiz; perdiz nova). Perdigão que serve de chamariz. Chumbo (da munição de caça). *Cazar cón* —*es de plata, loc. fig. fam.* Comprar caça para passar por caçador. *s. m. fam.* O que perde muito ao jogo. *fig. fam.* Pródigo, gastador, extravagante.

PERDIGONADA *s. f.* Chumbada (tiro de chumbo; ferimento com tiro de chumbo miúdo).

PERDIGONERA *s. f.* Bolsa em que os caçadores levam o chumbo.

PERDIGUERO, A *adj. e s.* Perdigueiro.

PERDIMIENTO *s. m.* Perdimento, perdição, perda.

PERDÓN *s. m.* Perdão. *fam.* Pingo de azeite, cera etc., que cai a ferver.

PERDONABLE *adj.* Perdoável.

PERDONADERO, A *adj.* Perdoador.

PERDONADOR, A *adj.* e *s.* Que ou o que perdoa.

PERDONANTE *p. a.* de *Perdonar.* Que perdoa.

PERDONANZA (perdonança) *s. f. ant.* Pedão, indulgência.

PERDONAR *v. tr.* Perdoar.

PERDONAVIDAS *s. m. fig. fam.* Fanfarrão, valentão.

PERDURABLE *adj.* Perdurável, duradouro. Perpétuo, eterno.

PERDURABLEMENTE *adv.* Perduravelmente; eternamente.

PERECEAR *v. tr. fam.* Preguiçar, mandriar, fazer as coisas com preguiça; adiar, retardar, diferir, protelar alguma coisa por preguiça ou negligência.

PERECEDERO, A *adj.* Perecedouro, perecedor, morredouro. *s. m. fam.* Necessidade, miséria. Lugar de perdição.

PERECEDOR, A *adj.* Que está prestes a perecer.

PERECER *v. intr.* Perecer. *fig.* Finar-se (de trabalho ou fadiga). *fig.* Passar extrema miséria, ser muito pobre. *v. pron. fig.* Morrer por (desejar ardentemente alguma coisa). Morrer de paixão, estar perdidamente enamorado. *Irreg.* V. conj. de *Favorecer.*

PERECIENDO *Ger.* de *Perecer.* Perecendo. *Don* PERECIENDO. *fam.* Indivíduo que ostenta grandezas e não passa de um pobre diabo.

PERECIENTE *p. a.* de *Perecer.* Que perece.

PERECIMIENTO *s. m.* Perecimento.

PEREJIL (perejil) *s. m.* Salsa. *fig. fam.* Enfeite excessivo. U. m. no pl. *pl. fig. fam.* Títulos (além do principal). *fig.* Bandeiras e galhardetes (de navio empavesado). — *mal sembrado, loc. fig. fam.* Barba escassa.

PEREJILA (perejila) *s. f.* Trinta-e-um (jogo de cartas). Sete de ouros (neste jogo).

PERENCEJO (perencejo) *s. m.* Sicrano. (Usa-se depois de *perengano*).

PERENGANO *s. m.* Sicrano, beltrano. (Usa-se depois de *fulano*).

PERENNIZAR (perenniçar) *v. tr.* Fazer durar muito uma coisa.

PERENTORIEDAD (perentorieda*d*) *s. f.* Qualidade de peremptório.

PERENTORIO, A *adj.* Peremptório.

PEREZA (pereça) *s. f.* Preguiça, negligência, moleza, indolência, mandriice, morosidade.

PEREZOSAMENTE (pereçosamente) *adv.* Preguiçosamente.

PEREZOSO, A *adj.* e *s.* Preguiçoso. *s. m. Zool.* Preguiça.

PERFECCIÓN *s. f.* Perfeição.

PERFECCIONADOR, A *adj.* e *s.* Aperfeiçoador.

PERFECCIONAMIENTO *s. m.* Aperfeiçoamento.

PERFECCIONAR *v. tr.* Aperfeiçoar. U. t. c. pron.

PERFECTAMENTE *adv.* Perfeitamente.

PERFECTIBLE *adj.* Perfectível, aperfeiçoável.

PERFECTO, A *adj.* Perfeito. *For.* Legal, de plena eficiência jurídica.

PERFIL *s. m.* Enfeite delicado (principalmente ao canto ou extremidade de uma coisa). Perfil. *pl. fig.* Complementos, retoques. *fig.* Atenções (na conduta social).

PERFILADO, A *adj.* Afilado; delicado, fino; bem feito (diz-se do nariz e do rosto).

PERFORABLE *adj.* Perfurável.

PERFORACIÓN *s. f.* Perfuração.

PERFORADO, A *p. p.* de *Perforar* e *adj.* Perfurado.

PERFORADORA *s. f.* Perfuratriz (máquina).

PERFORADOR, A *adj.* Perfurador.

PERFORANTE *p. a.* de *Perforar* e *adj.* Perfurante.

PERFORAR *v. tr.* Perfurar.

PERFORATRIZ *s. f.* V. PERFORADORA.

PERFUMADERO *s. m.* Perfumador (vaso em que se queimam perfumes).

PERFUMAR *v. tr.* Perfumar. *v. intr.* Exalar perfume.

PERFUMEAR *v. tr.* V. PERFUMAR.

PERFUMERIA *s. f.* Perfumaria.

PERFUMERO *s. m.* Perfumista.

PERFUSIÓN (perfussiòn) *s. f.* Aspersão.

PERGAMÍNEO, A *adj.* Pergaminháceo, pergamináceo.

PERGAMINERÍA *s. f.* Pergaminharia.

PERGAMINERO *s. m.* Pergaminheiro.

PERGAMINO *s. m.* Pergaminho. *fig. pl.* Perminhos, foros de nobreza.

PERGEÑAMIENTO (perjenhamiento) *s. m.* V. PERGEÑO.

PERGEÑAR (perjenhar) *v. tr. fam.* Dispor, preparar ou fazer uma coisa com maior ou menor habilidade. V. PERGENIAR.

PERGENIAR (perjeniar) *v. tr.* Penetrar, perceber, conhecer a fundo.

PERGEÑO (perjenho) *s. m. fam.* Aparência, aspecto, exterioridade, porte (de pessoa ou coisa).

PÉRGULA *s. f.* Pergola.

PERICA *s. f. Amer. colomb.* Borracheira, embriaguez.

PERICIALMENTE *adv.* Peritamente, habilmente.

PERICO *s. m.* Periquito. Valete de paus (no jogo do truco). *fig.* Leque grande. *Amer. mexic.* Falador, conversador. — *entre ellas, fam.* Homem fraldiqueiro.

PERICÓN, A *adj.* Diz-se de quem é pau para toda obra. *s. m.* V. PERICO, 2ª acep. Leque muito grande. *Amer.* Dança popular argentina.

PERICOTE *s. m. Amer. merid.* Ratão-do-campo.

PERIFOLLO (perifolho) *s. m. Bot.* Cerefolho, cerefólio. *pl. fig. fam.* Berloques, adornos femininos (principalmente os de mau gosto).

PERÍFRASI (perífrassi) *s. f.* V. PERÍFRASIS.

PERÍFRASIS (perífrassis) *s. f.* Perífrase, circunlóquio.

PERIGALLO (perigalho) *s. m.* Perigalho, pelhancas. *fig. fam.* Pessoa alta e magra. *Náut.* Perigalho.

PERIGEAR (perijear) *v. intr. Astron.* Achar-se um planeta no perigeu.

PERIGEO (perijèo) *s. m. Astron.* Perigeu.

PERILLA (perilha) *s. f.* Perilha (ornato semelhante a uma pêra). Pêra (porção de barba no queixo). *De* —, ou *de* —*s, loc. adv. fig. fam.* A propósito, oportunamente, a tempo, em boa ocasião.

PERILLO (perilho) *s. m.* Pão doce, pequeno e de bordas recortadas.

PERINOLA *s. f.* Pirinola, rapa. V. PERILLA, 1ª acep. *fig. fam.* Mulher pequena e buliçosa, piorra.

PERÍOCA *s. f.* Argumento de um livro ou tratado.

PERIÓDICO, A *adj.* Periódico. *s. m.* Jornal, gazeta, periódico.

PERIODIQUEAR *v. intr.* Colaborar freqüentemente em um ou vários jornais.

PERIODISMO *s. m.* Jornalismo, periodismo.

PERIODISTA *s. m.* e *f.* Jornalista, periodista.

PERIPATO *s. m.* Peripatetismo, perípato.

PERIPUESTO, A *adj.* Embonecado.

PERIQUETE *s. m.* Tempo brevíssimo. (Usa-se mais na *loc. adv. En un* —, num ápice, num abrir e fechar de olhos).

PERIQUILLO *s. m. Dim.* de *Perico.* Espécie de doce feito só de açúcar.

PERITACIÓN *s. f.* Exame pericial.

PERITAJE (peritaje) *s. m.* Ofício de perito. Emolumento do mesmo.

PERITARGO *s. m.* V. PERITAJE.

PERJUDICABLE (perjudicable) *adj.* Prejudicial.

PERJUDICADOR, A (perjudicador) *adj.* e *s.* Prejudicador.

PERJUDICANTE (perjudicante) *p. a.* de *Perjudicar.* Que prejudica. *adj.* Prejudicial.

PERJUDICIAL (perjudicial) *adj.* Prejudicial.

PERJUDICIALMENTE (perjudicialmente) *adv.* Prejudicialmente.

PERJUICIO *s. m.* Prejuízo, dano, perda. *Sin* —, *loc. adv.* Sem prejuízo de.

PERJUICIOSO, A (perjuiciosso) *adj. Amer.* Prejudicial.

PERJURADOR, A (perjurador) *adj.* e *s.* Perjuro.

PERLA *s. f.* Pérola. *De* —*s, loc. adv.* A propósito, a calhar, perfeitamente.

PERLÁTICO, A *adj.* e *s.* Paralítico.

PERLERÍA *s. f.* Abundância de pérolas.

PERLERO, A *adj.* Perolífero.

PERLESIA *s. f.* Paralisia.

PERLÉTICO, A *adj.* e *s.* V. PERLÁTICO.

PERLEZUELA (perleçuela) *s. f. Dim.* de *Perla.*

PERLIFICAR *v. tr.* Adornar com pérolas.

PERLINO, A *adj.* De cor de pérola.

PERMAFÉ *s. f.* Praga, juramento, imprecação.

PERMANECEDERO, A *adj.* Permanecente, duradouro, estável, permanente.

PERMANECIENTE *p. a.* de *Permanecer.* Permanecente. *adj.* Permanente.

PERMANSIÓN *s. f.* Permanência.

PERMEABLE *adj.* Permeável.

PERMISIBLE (permissible) *adj.* Permissível, lícito, possível.

PERMISIVAMENTE (permissivamente) *adv.* Permissivamente, por consentimento tácito.

PERMISIVO, A (permissivo) *adj.* Permissivo.

PERMISO (permisso) *s. m.* Permissão, licença, consentimento, vênia.

PERMISOR, A (permissor) *adj.* e *s.* Permitidor, que permite.

PERMUTACIÓN *s. f.* Permuta, permutação.

PERMUTADOR, A *adj.* e *s.* Permutador. *s. m. Fís.* Comutador.

PERNA *s. f.* Espécie de marisco.

PERNAZA (pernaça) *s. f. Aument.* de *Pierna.* Pernaça.

PERNEADOR, A *adj.* Que tem boas pernas e pode andar muito.

PERNEAR *v. intr.* Espernear, pernejar, pernear. *fig. fam.* Andar muito, afadigar-se para conseguir alguma coisa. Irritar-se, impacientar-se (por não conseguir o desejado).

PERNERA *s. f.* Perna (parte das calças que cobre cada perna).

PERNETA *s. f. Dim.* de *Pierna.* Perninha, perneta. *En* —*s, loc. adv.* Com as pernas nuas.

PERNETE *s. m. Dim.* de *Perno.*

PERNIABIERTO, A *adj. p. p.* de *Perniabrir. adj.* Que tem as pernas abertas ou separadas.

PERNIABRIR *v. tr.* Abrir as pernas. U. t. c. intr. e pron.

PERNICORTO, A *adj.* Pernicurto.

PERNIL *s. m.* Pernil. V. PERNERA.

PERNIO *s. m.* Gonzo.

PERNIQUEBRAR *v. tr.* Quebrar uma perna ou as duas. U. t. c. pron. *Irreg.* V. conj. de *Calentar.*

PERNITUERTO, A *adj.* Que tem as pernas tortas.

PERNO *s. m.* Perno. *pl. Amer. fig.* Fraudes, falcatruas.

PERNOCTACIÓN *s. f.* Pernoita, pernoitamento.

PERNOCTADOR, A *adj.* e *s.* Pernoitador.

PERNOCTAMIENTO *s. m.* V. PERNOCTACIÓN.

PERNOCTAR *v. intr.* Pernoitar.

PERNOCTERO *s. m.* Espécie de águia.

PERO *conj.* Mas, porém, contudo, todavia. *s. m. fig. fam.* Defeito, dificuldade. *s. m. Bot.* Pereiro (árvore e fruto). *Amer.* V. PERAL. V. PEROJIMÉNEZ.

PEROGRULLADA (perogrulhada) *s. f. fam.* Verdade sediça, truísmo cuja enunciação implica tolice. (Diz-se também *verdad de Perogrullo*).

PEROGRULLEAR (perogrulhear) *v. intr.* Dizer tolices e verdades sediças.

PEROGRULLESCAMENTE (perogrulhescamente) *adv.* Acacianamente.

PEROGRULLESCO, A (perogrulhesco) *adj.* Acaciano, sentencioso, ridículo.

PEROGRULLO (perogrulho) *s. m.* Personagem imaginária a quem se atribuem as verdades sediças. *Verdad de* —. V. PEROGRULLADA.

PEROJIMÉN (perojimèn) *s. m.* V. PEROJIMÉNEZ.

PEROJIMÉNEZ (perojimènes) *s. m.* Variedade de uva andaluza e vinho que dela se faz.

PEROL *s. m.* Tacho. *Amer. venezuel.* Caçarola.

PEROLERO *s. m.* Fabricante ou vendedor de tachos.

PERONÉ (peronè) *s. m. Anat.* Perôneo.

PERORAR *v. intr.* Discursar, pronunciar um discurso. *fam.* Perorar, discorrer sobre algum assunto pretensiosamente. *fig.* Pedir com insistência.

PERORATA *s. f.* Arenga, discurso enfadonho ou importuno.
PERPIAÑO (perpianho) *s. m.* Perpianho.
PERPLEJAMENTE (perple*j*amente) *adv.* Perplexamente.
PERPLEJIDAD (perple*j*ida*d*) *s. f.* Perplexidade.
PERPLEJO, A (perplejo) *adj.* Perplexo.
PERPULIDURA *s. f.* V. PERPULIMIENTO.
PERPULIMIENTO *s. m.* Ação de *Perpulir*. Polimento, polidura.
PERPULIR *v. tr.* Polir inteiramente. *fig.* Polir, limar, aperfeiçoar.
PERPUNTE *s. m.* Perponto, perpone, perpunto.
PERQUÉ *s. m.* Antiga composição poética em que se empregava a pergunta e a resposta *por qué? porque*. Panfleto escrito desta forma.
PERQUIRIENTE *p. a.* de *Perquirir* e *adj.* Que perquire, perquisidor.
PERQUISICIÓN (perquissiciòn) *s. f.* Perquisição, perquirição.
PERRA *s. f.* Cadela (fêmea do cão). *fig. fam.* Borracheira, embriaguez, bebedeira.
PERRADA *s. f.* Canzoada, cachorrada. *fig. fam.* Cachorrismo, cachorrada, canalhice, indignidade.
PERRAMENTE *adv. fig. fam.* Muito mal, porcamente.
PERRENGUE *s. m. fam.* Birrento, encanzinado, perrengue. *fig. fam.* O negro.
PERRERA *s. f.* Canil (lugar onde se alojam ou criam cães). Compartimento para cães (nos vagões de estrada de ferro). Ocupação de muito trabalho e pouco proveito. *fam.* Mau pagador, caloteiro. *fam.* Sendeiro, cavalicoque, matungo. *Amer. argent.* V. PERRADA. *Amer. argent.* Carrocinha (carro para recolher os cães vadios na via pública).
PERRERÍA *s. f.* Canzoada, cachorrada. *fig.* Canzoada (súcia de velhacos). *fig.* Pirraça, perraria, desfeita. V. PERRADA, 2ª acep.
PERRERO *s. m.* Enxota-cães, perreiro. Guarda da matilha. Indivíduo que gosta muito de ter ou criar cães. *Amer. colomb.* Chicote, relho.
PERREZNO *s. m.* Cãozinho, cachorro.
PERRILLO (perrilho) *s. m.* Gatilho (de arma de fogo). Espécie de barbela (no freio). — *de falda*, fraldiqueiro.
PERRITO *s. m. Dim.* de *Perro*. Cãozinho, cãozito.
PERRO *s. m.* Cão, cachorro, perro. Homem cabeçudo, teimoso ou perro. U. t. c. adj. *Como —s y gatos, loc. adv. fig. fam.* Como gato e cachorro, às turras.
PERRO, A *adj.* Muito mau (diz-se de pessoa ou coisa).
PERROQUETE *s. m. Náut.* Mastaréu de joanete.
PERRUNILLA (perrunilha) *s. f.* Espécie de torta.
PERRUNO, A *adj.* Canino.
PERRUZO (perruço) *s. m.* Cão, perro, cachorro (homem vil, tratante).
PERSECUCIÓN *s. f.* Persecução, perseguição.
PERSECUTOR, A *adj. e s.* Perseguidor.
PERSEGUIMIENTO *s. m.* Perseguimento, perseguição, persecução.
PERSEVANTE *s. m.* Passavante.
PÉRSICO, A *adj.* Pérsico, persa. *s. m.* Espécie de pessegueiro. Fruto desta árvore.
PÉRSIGO *s. m.* V. PÉRSICO.
PERSONA *s. f.* Pessoa. Personagem. *De — a —, loc. adv.* Pessoalmente. *En —, loc. adv.* Em pessoa, pessoalmente.
PERSONAJE (personaje) *s. m.* Personagem.
PERSONAL *adj.* Pessoal. *s. m.* Pessoal (os indivíduos encarregados de um certo serviço).
PERSONALIDAD (personalida*d*) *s. f.* Personalidade. Pessoalidade.
PERSONALIZAMIENTO (personaliçamento) *s. m.* Personalização.
PERSONALMENTE *adv.* Pessoalmente.
PERSONARSE *v. pron.* Avistar-se, ter entrevista. Apresentar-se em uma parte.
PERSONERÍA *s. f.* Procuradoria (ofício de procurador).
PERSONERO *s. m.* Procurador, representante, agente.
PERSONILLA (personilha) *s. f. Pejor.* Pessoa muito pequena ou de mau caráter.

PERSONUDO, A *adj.* Diz-se da pessoa alta e corpulenta, de aspecto imponente.
PERSUASIBLE (persuassible) *adj.* Persuadível.
PERSUASIÓN (persuassiòn) *s. f.* Persuasão.
PERTENECER *v. intr.* Pertencer (em todas as suas principais acepções). *Irreg.* V. conj. de *Favorecer*.
PERTENECIDO, A *p. p.* de *Pertenecer. s. m.* V. PERTENENCIA.
PERTENECIENTE *p. a.* de *Pertenecer* e *adj.* Pertencente.
PERTENENCIA *s. f.* Pertença, propriedade, domínio, atribuição. Pertence, acessório.
PÉRTIGA *s. f.* Pértiga, vara, varapau.
PERTIGAL *s. m.* V. PÉRTIGA.
PERTIGUERÍA *s. f.* Ofício ou cargo de *Pertiguero*.
PERTIGUERO *s. m.* Porta-bandeira, alferes, pertigueiro.
PÉRTIGO *s. m.* Lança de carro, pírtiga.
PERTRECHAMIENTO (pertretchamiento) *s. m.* Ação de apetrechar.
PERTRECHAR (pertretchar) *v. tr.* Apetrechar, petrechar. U. t. c. pron.
PERTRECHOS (pertretchos) *s. m. pl.* Petrechos, apetrechos.
PERTUGADA *s. f.* Movimento violento de todo o corpo, estremeção.
PERTUGUEAR *v. intr.* Mover violentamente todo o corpo.
PERTURBACIÓN *s. f.* Perturbação. *Fís. — de la aguja,* perturbação (em agulha magnética).
PERUÉTANO *s. m.* Pereira silvestre. Seu fruto. *fig.* Parte saliente e ponteaguda de um objeto.
PERVERTIDOR, A *adj. e s.* Pervertedor.
PERVERTIMIENTO *s. f.* Perversão.
PERVERTIR *v. tr.* Perverter. U. t. c. pron. *Irreg.* V. conj. de *Sentir*.
PERVIGILIO (pervijilio) *s. m.* Insônia.
PERVIVIR *v. intr.* Viver eternamente.
PERVULGAR *v. tr.* Divulgar, propalar, publicar.
PESA (pessa) *s. f.* Peso (de balança). Peso (de relógio). *Como, conforme* ou *según caigan las —s, loc. adv. fig.* Conforme as circunstâncias.
PESADA (pessada) *s. f.* Pesada. *ant.* V. PESADILLA.
PESADEZ (pessadez) *s. f.* Pesadume, peso, carga. V. PESANTEZ. *fig.* Obesidade. *fig.* Peso, carga, excesso. *fig.* Incômodo, peso, moléstia. *fig.* Teimosia, insistência enfadonha.
PESADILLA (pessadilha) *s. f.* Opressão, peso, dificuldade de respirar. Pesadelo. *fig.* Pesadelo (preocupação grave e contínua).
PESADO, A (pessado) *p. p.* de *Pesar* e *adj.* Pesado (em todas as suas principais acepções). *fig.* Obeso.
PESADUMBRE (pessadumbre) *s. f.* V. PESANTEZ. V. PESADEZ.
PESANTEZ (pessantez) *s. m. Fís.* Gravidade.
PESAR (pessar) *s. m.* Pesar, mágoa, desgosto, arrependimento, remorso. *A —, loc. adv.* Apesar, não obstante. *v. intr.* e *tr.* Pesar (em todas as suas acepções).
PESARIO (pessario) *s. m.* Pessário.
PESCADERÍA *s. f.* Pescadaria.
PESCADERO *s. m.* Peixeiro.
PESCADILLA (pescadilha) *s. f.* Pescadinha.
PESCADO *s. m.* Pescado, peixe comestível tirado da água. Bacalhau (seco).
PESCADOR, A *adj. e s.* Pescador. *s. m.* Peixe-sapo.
PESCANTE *s. m.* Boléia (assento do cocheiro ou dos motoristas dos automóveis). Peça saliente (em parede ou poste) em que se pendura alguma coisa. *Teat.* Maquinismo para mudança de cenários.
PESCOSO, A (pescosso) *adj.* Piscoso.
PESCOZADA (pescoçada) *s. f.* V. PESCOZÓN.
PESCOZÓN (pescoçòn) *s. m.* Pescoçada, pescoção.
PESCOZUDO, A (pescoçudo) *adj.* Pescoçudo.
PESCUEZO (pescueço) *s. m.* Pescoço. *fig.* Vaidade, soberba, arrogância, soberbia.
PESCUÑO (pescunho) *s. m.* Pescaz (do arado).
PESE (pesse) *s. m.* V. PÉSETE.
PESEBRE (pessebre) *s. m.* Mangedoura. Presépio, estrebaria, curral. *fig. Amer.* V. BELÉN.

PESEBRERA (pessebrera) *s. f.* Disposição das mangedouras na estrebaria.
PESEBRÓN (pessebròn) *s. m.* Persevão.
PÉSETE (pèssete) *s. m.* Praga, maldição.
PESETERO, A (pessetero) *adj.* Que vale uma peseta.
PESILLO (pessilho) *s. m. Dim.* de *Peso*. Balança de precisão (para pesar moedas).
PÉSIMAMENTE (pèssimamente) *adv.* Pessimamente.
PÉSIMO, A (pèssimo) *adj. Superl.* de *Malo*. Péssimo.
PESO (pesso) *s. m.* Peso (gravidade inerente aos corpos). Balança. Peso (de balança). Mercado (lugar público onde se vendem por atacado diversos gêneros alimentícios). *fig.* Peso (em todas as suas principais acepções). *Amer.* Peso (moeda de várias repúblicas americanas). — *neto,* peso líquido. *De —, loc. adv.* Com o peso que deve ter uma coisa. *En —, loc. adv.* No ar, suspenso. Inteiramente, na totalidade. *fig.* Em dúvida.
PESOL (pessol) *s. m.* V. GUISANTE.
PESPUNTAR *v. tr.* Pespontar, pespontear.
PESPUNTE *s. m.* Pesponto, posponto.
PESPUNTEAR *v. tr.* Pespontear, pespontar.
PESQUERA *s. f.* Pesqueira.
PESQUERÍA *s. f.* Pescaria, pesca. Pesca (ação de pescar). Pesqueira.
PESQUERO, A *adj.* Pescador, de pesca.
PESQUISIDOR, A (pesquissidor) *adj. e s.* Pesquisador.
PESTAÑA (pestanha) *s. f.* Pestana, cílio, celha. Pestana, debrum (nas roupas). Parte saliente e estreita às bordas de alguma coisa. *Zool.* Flagelo. *pl. Bot.* Cílios. *—s vibrátiles,* cílios vibráteis.
PESTAÑEAR (pestanhear) *v. intr.* Pestanejar. *No —,* não pestanejar, conservar-se na maior quietação. *Sin —,* sem pestanejar.
PESTAÑEO (pestanhèo) *s. m.* Pestanejo.
PESTAÑOSO, A (pestanhosso) *adj.* Pestanudo. Cilioso.
PESTE *s. m.* Peste. *fig.* Fedor, peste, mau cheiro. *pl.* Imprecações, pragas, ameaç*as. Decir,* ou *hablar —s (de una persona), loc. fig. fam.* Dizer cobras e lagartos, falar mal (de uma pessoa).
PESTILLO (pestilho) *s. m.* Pestilo, tranqueta. Lingueta de fechadura.
PESTIÑO (pestinho) *s. m.* Filhó, coscorão.
PESTOÑO, A (pestonho) *adj. Amer.* Pisco. Remeloso.
PESTOREJAZO (pestore**j**aço) *s. m.* V. PESTOREJÓN.
PESTOREJO (pestorejo) *s. m.* Cachaço.
PESTOREJÓN (pestorejòn) *s. m.* Cachação.
PESUÑA (pesunha) *s. f.* V. PEZUÑA.
PESUÑO (pesunho) *s. m.* Pesunho.
PETACA *s. f.* Boceta para fumo. Cigarreira (de metal, couro ou borracha). Baú, arca forrada de couro. *adj. fam. Amer.* Pesado, lerdo, pouco ágil. *Achar-se con las —s, loc. fig. fam. Amer. colomb.* Afrouxar, desanimar; desmaiar.
PETACONA *s. f. Amer. mexic.* Mulher gordalhufa e de amplos quadris.
PETACUDA *s. f. Amer. argent.* V. PETACONA.
PÉTALO *s. m.* Pétala.
PETAR *v. tr. fam.* Agradar, comprazer.
PETARDEAR *v. tr.* Petardar, petardear. *fig.* Enganar, calotear; morder (pedir dinheiro emprestado).
PETARDERO *s. m.* Petardeiro. V. PETARDISTA.
PETARDISTA *s. m. e f.* Caloteiro. Mordedor (pessoa que pede dinheiro emprestado).
PETARDO *s. m.* Petardo. *fig.* Calote. Mordida, facada (pedido de dinheiro).
PETATE *s. m.* Esteira (de palmas). *fam.* Bagagem (de passageiro). Trouxa (de marinheiro ou presidiário). *fig. fam.* V. PETARDISTA. *fig. fam.* Homem desprezível.
PETATERO *s. m.* Esteireiro.
PETENERA *s. f* Canção popular andaluza.
PETERETES *s. m. pl. fam.* Guloseimas, gulodices.

PETICIÓN *s. f.* Petição.

PETILLO (petilho) *s. m.* Peitilho (ornato de vestido).

PETIRROJO (petirrojo) *s. m.* Pintarroxo.

PETISO, A (petisso) *adj. Amer. plat.* Petiço, baixo, baixote. *s. m. Amer. plat.* Petiço (cavalo pequeno).

PETITORIA *s. f. fam.* Peditório.

PETITORIO *s. m.* Petitório, petição, pedido. *fam.* Pedinchice, peditório.

PETO *s. m.* Peito de armas, couraça. Costas (do machado, podão, enxada etc.).

PETRAL *s. m.* Peitoral, peiteira (dos arreios).

PETROLERO, A *adj.* Petroleiro. *s. m.* Petroleiro, anarquista.

PEYORATIVO, A (pedjorativo) *adj.* Pejorativo.

PEZ *s. m.* Peixe. *s. f.* Pez, breu, piche.

PEZOLADA (peçolada) *s. f.* Cadilhos (das peças de fazenda).

PEZÓN (peçòn) *s. m.* Haste, pedúnculo (de folha, flor ou fruto). Mamilo, bico de peito. Chavelha (do eixo dos carros). *fig.* Ponta de terra ou coisa semelhante. *fig.* Parte saliente de certas frutas, como o limão.

PEZONERA (peçonera) *s. f.* Chaveta (de eixo de carro).

PEZONOSO, A (peçonosso) *adj.* Em forma de bico de peito.

PEZPITA *s. f.* V. AGUZANIEVES.

PEZPALO *s. m.* V. PEJEPALO.

PEZPITALO *s. m.* V. PEZPITA.

PEZUELO (peçuelo) *s. m.* Começo da urdidura.

PEZUÑA (peçunha) *s. f.* Conjunto dos pesunhos de cada pata.

PIA *s. f. Apóc.* de *Piamáter.* Calço (sob uma roda).

PIADA *s. f.* Piado, piada. *fig. fam.* Expressão de uma pessoa semelhante às que são usadas por outra.

PIADOSAMENTE (piadossamente) *adv.* Piedosamente.

PIADOSO, A (piadosso) *adj.* Piedoso.

PIAFAR *v. intr.* Fazer piafés (o cavalo), escarvar o chão.

PIAFE *s. m.* Piafé.

PIAL *adj.* Relativo à pia-máter.

PIALE *s. m. Amer.* Pialo.

PIAMADRE *s. f.* Pia-máter.

PIAN, PIAN *loc. adv.* V. PIAN, PIANO.

PIAN, PIANO *loc. adv.* Piano, piano; lentamente, pouco a pouco.

PIANO *s. m.* Piano. — *de cola,* piano de cauda.

PIARA *s. f.* Vara (de porcos). Manada (de gado cavalar). Récua (de muares).

PIARADA *s. f.* V. PIARA. *fig.* Turba, multidão, rebanho.

PIARIEGO, A *adj.* Diz-se de quem tem varas de porcos, manadas de éguas ou récuas de muares.

PICA *s. f.* Pique (espécie de lança antiga). Garrocha (de toureiro). Escoda (de canteiro). Medida de profundidade (389 cm). Soldado armado de pique. *Amer. venezuel.* V. PICADA. *Amer. colomb.* Ressentimento. *Amer. chil.* Briga de galos. *A — seca, loc. adv. fig.* Com muito trabalho e sem proveito.

PICACERO, A *adj.* Diz-se das aves de rapina adestradas para caçar pegas.

PICACHO (picatcho) *s. m.* Pico, cume, cimo (de montanhas ou penhascos).

PICADA *s. f.* Bicada. Picada, picadela, picadura. Picada (caminho estreito através do mato).

PICADERO *s. m.* Picadeiro (lugar onde se amestram cavalos). *Tecn.* Picadeiro. *fam.* Quarto de solteiro. *Náut.* Picadeiro.

PICADILLO (picadilho) *s. m. Culin.* Espécie de picado com toucinho e ovos. Lombo de porco picado (para chouriços).

PICAFLOR *s. m.* Beija-flor.

PICAJÓN, A *adj.* e *s. fam.* V. PICAJOSO.

PICAJOSO, A (picajosso) *adj.* Melindroso, susceptível, que facilmente se pica ou ofende.

PICAMADEROS *s. m.* Pica-pau, picaço, peto.

PICAMIENTO *s. m.* Ressentimento.

PICANA *s. m. Amer. merid.* V. AGUIJADA.

PICANAZO (picanaço) *s. m. Amer. merid.* V. GARROCHAZO.

PICANEAR *v. tr. Amer. merid.* V. AGUIJAR.

PICANERO *s. m. Amer. merid.* Boiadeiro que manobra a aguilhada.

PICAÑO (picanho) *s. m.* Remendo (no sapato).

PICANZA (picança) *s. f.* V. URRACA.

PICAPEDRERO *s. m.* Canteiro (o que lavra a pedra).

PICAPLEITOS *s. m. fam.* Advogado sem causas. V. PLEITISTA.

PICAPORTE *s. m.* Trinco (de portas e janelas). Chave do trinco. *Amer.* Aldraba.

PICAPOSTE *s. m.* V. PICAMADEROS.

PICAPUERCO *s. m. Ornit.* Pica-porco.

PICAR *v. tr., intr.* e *pron.* Picar; picar-se (em todas as suas principais acepções).

PICARAL *adj.* Pertencente aos pícaros. *A lo —, loc. adv.* Picaramente, velhacamente.

PICARAMONA *s. m.* V. PICARDIA. Grupo de pícaros ou velhacos.

PÍCARAZA (picaraça) *s. f.* V. URRACA.

PICARAZADO, A (picaraçado) *adj. Amer. cub.* V. PICOSO.

PICARAZO, A (picaraço) *adj.* V. PICARÓN.

PICARDEADOR, A *adj.* Velhaco, maroto, que faz picardias.

PICARDEAR *v. intr.* Velhaquear, fazer velhacarias, maroteiras ou picardias. Dizer ou fazer bandalheiras. *v. pron.* Adquirir algum vício ou mau costume.

PICARDIA *s. f.* Picardia, velhacaria, maldade. Vileza, baixeza. Travessura de rapazes. Ação impudica. Grupo de pícaros ou velhacos. *pl.* Impropérios, doestos, ditos injuriosos.

PICARDIHUELA (picardi-uela) *s. f. Dim.* de *Picardía.*

PICARESCA *s. f.* Velhacada, grupo de pícaros ou velhacos.

PICARESCAMENTE *adv.* Picaramente. Picarescamente.

PICARESCO, A *adj.* Próprio de pícaros. Picaresco, cômico.

PICARIL *adj.* V. PICARESCO.

PICARIZAR (picariçar) *v. intr.* V. PICARDEAR.

PÍCARO, A *adj.* Baixo, ruim, vil, doloso. U. t. c. s. Pícaro, astuto, velhaco, dissimulado. U. t. c. s. *fig.* Danoso, prejudicial. *s. m.* Pícaro, velhado, patife. *— de cocina.* V. PINCHE.

PICARÓN, A *adj.* e *s. Aument.* de *Pícaro.*

PICARONAZO, A (picaronaço) *adj. Aument.* de *Picarón.*

PICARONDÓN, A *adj.* e *s. Aument.* de *Picarón.*

PICARONDONAZO, A (picarondonaço) *adj.* e *s. Aument.* de *Picarondón.*

PICAROTE, A *adj.* e *s. Aument.* de *Pícaro.*

PICARRELINCHO (picarrelintcho) *s. m.* V. PICAMADEROS.

PICARRO *s. m.* V. PICAMADEROS.

PICATA *s. f. Amer. boliv.* Conversa, palestra.

PICATEL *s. m.* V. PICACHO.

PICATOSTE *s. m.* Rabanada (de pão).

PICAZA (picaça) *s. f.* V. URRACA.

PICAZO (picaço) *s. m.* Picada (com o pique ou outro instrumento perfurante).

PICAZÓN (picaçòn) *s. f.* Comichão, prurido, coceira. *fig.* Enfado, ressentimento, desgosto, inquietação.

PICHE (pitche) *adj.* Diz-se de uma variedade de trigo. *s. m. fam. Amer. cub.* Medo. *Amer. colomb.* Empuxão. *Amer. argent.* Espécie de tatu.

PICHEL (pitchel) *s. m.* Pichel. Pichorra.

PICHELERÍA (pitchelería) *s. f.* Pichelaria.

PICHELERO (pitchelero) *s. m.* Pichaleiro.

PICHETE (pitchete) *s. m. Amer. centr.* Lagartixa.

PICHICATO, A (pitchicato) *adj. Amer. mexic.* e *guat.* V. CICATERO.

PICHICÓN, A (pitchicòn) *adj. Amer. chil.* Efeminado.

PICHINCHA (pitchintcha) *s. f. Amer. plat.* Pechincha.

PICHINCHERO, A (pitchintchero) *adj.* e *s. Amer. plat.* Pechincheiro.

PICHIÑIQUE (pitchinhique) *adj. fam. Amer. chil.* Mesquinho, sovina, avaro, miserável, forreta.

PICHÓN (pitchòn) *s. m.* Borracho (pombinho implume). *fig. fam.* Nome carinhoso que se dá às pessoas do sexo masculino. *adj. fam. Amer. cub.* Medroso, tímido.

PICHONA (pitchona) *s. f. fam.* Nome carinhoso que se dá às pessoas do sexo feminino.

PICHONEAR (pitchonear) *v. tr. Amer.* V. PINCHAR.

PICHOSO, A (pitchosso) *adj. Amer.* V. CEGAJOSO.

PICO *s. m.* Bico (das aves). Bico, pico, ponta aguçada. Picareta. Bico (de algumas vasilhas). Cume, eminência, pico, cimo. Pico (parte de uma quantidade que excede a um número redondo). V. PICAMADEROS. *fig. fam.* Bico (a boca). — *cangrejo Náut.* Caranguejeja.

PICOLETE *s. m.* Gato (da lingueta da fechadura).

PICÓN, A *adj.* Belfo (diz-se das cavalgaduras). *Amer.* Falador, conversador. U. t. c. s. *s. m.* Zombaria, motejo (para incitar alguém a fazer alguma coisa). Carvão miúdo.

PICONERO *s. m.* Vendedor de carvão miúdo. Picador (toureiro a cavalo).

PICOR *s. m.* Pico, piquete, sabor ácido. V. PICAZÓN, 1ª acep.

PICOSO, A (picosso) *adj.* Picado (de bexigas).

PICOTADA *s. f.* V. PICOTAZO.

PICOTAZO (picotaço) *s. m.* Bicada (picada com o bico; sinal deixado por esta picada).

PICOTEADO, A *p. p.* de *Picotear. adj.* Picoso. Que tem bicos ou pontas. *Amer.* V. PICOSO.

PICOTEAR *v. tr.* Bicar, espicaçar, picar com bico (as aves). Cabecear (o cavalo). *fig. fam.* Tagarelar, palrar. *v. pron. fig. fam.* Brigar, altercar (duas ou mais mulheres, dizendo-se impropérios).

PICOTEO (picotèo) *s. m.* Ação de *Picotear.* Picada.

PICOTERÍA *s. f.* Tagarelice.

PICOTERO, A *adj.* e *s. fam.* Tagarela, conversador, palrador.

PICOTILLO (picotilho) *s. m.* Picote de qualidade inferior.

PICOTÓN *s. m.* V. PICOTAZO.

PICUDO, A *adj.* Bicudo. Focinhudo. *fig.* Tagarela, palrador, falador, conversador. *s. m.* Espeto.

PIÉ *s. m.* Pé. Pé (base; pata; haste de planta; borras, sedimento; parte da meia que cobre o pé; medida de superfície; metro de verso; o último que joga; espaço em branco na parte inferior de um papel escrito; ocasião, motivo, ensejo; fundamento, princípio). Tronco de árvore. Árvore nova. *Teat.* Deixa. Porção cilíndrica de uma pisada. V. MEMBRETE. Regra, uso, estilo, costume. — *de tierra, fig.* Palmo de terra. — *derecho, Constr.* Pé direito. — *de banco,* dito néscio e inoportuno, despropósito. *De —,* ou *de —s, loc. adv.* De pé, em pé. — *ante —, loc. adv.* Pé ante pé. *A —, loc. adv.* A pé. *A — llano, loc. adv.* Sem subir degraus. *fig.* Facilmente, sem impedimento. *De —s a cabeza, loc. adv.* Dos pés à cabeça. *Al —, loc. adv.* Ao pé, junto de. *A — juntillas* (ou *juntillo*), ou *a —s juntillas, loc. adv.* Com os pés juntos. *fig.* A pés juntos, firmemente. *Con un — en el hoyo, loc. adv. fig. fam.* Com um pé na sepultura. *Siete —s de tierra, fig.* Sete palmos de terra, a sepultura.

PIECECILLO (piececilho) *s. m. Dim.* de *Pié.* Pezinho.

PIECECITO *s. m.* V. PIECECILLO.

PIECEZUELA (pieceçuela) *s. f. Dim.* de *Pieza.*

PIECEZUELO (pieceçuelo) *s. m.* V. PIECECILLO.

PIEDAD (piedad) *s. f.* Piedade (em todas as suas acepções).

PIEDRA *s. f.* Pedra.

PIEDRATOQUE *s. f.* Pedra de toque.

PIEDREZUELA (piedreçuela) *s. f. Dim.* de *Piedra.* Pedrinha.

PIEL *s. f.* Pele. Pele (couro; película das frutas; odre; couro curtido). — *de Rusia,* couro da Rússia. — *roja,* pele vermelha (indígena da América do Norte). *Dar (uno) la —, fig. fam.* Entregar a pele, ou couro; morrer. *Soltar (uno) la —, loc. fig. fam.* V. PIEL *(Dar la).*

PIÉLAGO *s. m.* Pélago, mar alto. *fig.* Pélago, imensidade.

PIELGO *s. m.* V. PIEZGO.

PIENSO *s. m.* Penso (ração para o gado). *ant.* Pensamento. *Ni por —, loc. adv.* Nem por sonhos; de forma alguma.

PIERNA *s. f.* Perna. Perna (denominação de várias peças de suporte). *fig.* Coisa que com outras forma um todo. Perna (das letras). *A — suelta,* ou *tendida, loc. adv.* À perna solta, descansadamente, à vontade.

PIERNIABIERTO, A *adj.* De pernas abertas.

PIERNITENTIDO, A *adj.* Com as pernas estendidas.

PIERNITUERTO, A *adj.* Que tem as pernas tortas.

PIEZA (peça) *s. f.* Peça, parte. Peça (moeda; jóia; quarto, sala; móvel; canhão; ave ou animal de caça; tábua, pedra (nos jogos de tabuleiro); teia, a porção de pano que se tece de uma vez; obra dramática; composição musical). *— de recibo* sala de visitas.

PIEZGO *s. m.* Pernil (de odre). Pele odre.

PIFIA *s. f.* Tacada em falso (no bilhar). *fig. fam.* Erro, descuido, engano.

PIFIAR *v. intr.* Deixar ouvir o sopro ao tocar a flauta. *v. tr.* Dar uma tacada em falso (no bilhar).

PIGRE *adj.* Pigro, indolente, vagaroso, preguiçoso.

PIGRICIA *s. f.* Preguiça.

PIHUA (piùa) *s. f.* V. CORIZA.

PIHUELA (piuela) Peia (para falcões). *fig.* Peia, embaraço, dificuldade. *pl. fig.* Grilhetas.

PIÍDO *s. m.* Pio (das aves).

PIJE (pije) *adj. Amer.* Ridículo, vulgar, espalhafatoso.

PIJOTA (pijota) *s. f.* Pescadinha, pescada pequena.

PEJOTERÍA (pijotería) *s. f. fam.* Pequenez, mesquinhez. Ridicularia.

PIJOTERO, A *adj. fam.* Miserável. Mesquinho. Ridículo.

PILA *s. f.* Pia. Pia batismal. Pilha, montão. *fig.* Paróquia, freguesia.

PILADA *s. f.* Amassadura (porção de argamassa que se amassa de uma vez). Pilha, montão. Apisoadura.

PILADO, A *adj. Amer. colomb.* Fácil, factível.

PILAR *s. m.* Pilar. Marco, baliza. Pilastra. *fig.* Esteio, amparo, arrimo.

PILAREJO (pilarejo) *s. m. Dim.* de *Pilar.*

PILCHA (piltcha) *s. f. Amer. plat.* e *chil.* Roupas, objetos de algum valor; pilcha.

PILCHE (piltche) *s. m. Amer. per.* Xícara ou vasilha de madeira.

PILDORA *s. f.* Pílula. *fig.* Pílula, coisa desagradável. *Dorar la —, loc. fig. fam.* Dourar a pílula. *Tragarse (uno) la —, loc. fig. fam.* Engolir a pílula, dar crédito a uma mentira.

PILDORAZO (pildoraço) *s. m.* Ação de fazer engolir uma pílula.

PILDORERO *s. m. Farm.* Pilulador.

PILETA *s. f. Dim.* de *Pila.* Pia de água benta que há em algumas casas. *Amer.* Tanque.

PILÓN *s. m. Aument.* de *Pila.* Tanque, reservatório de água. Pilão (pão de açúcar de figura cônica). Gral, morteiro. Pilão (peso com que se equilibra a balança romana). Pilão, pilone (dos templos egípcios). Pilão. Desorelhado (diz-se de pessoa, coisa ou animal). U. t. c. s.

PILONAR *v. tr. Amer.* Desorelhar.

PILONERA *s. f. Amer.* Montão de trigo.

PILONGO, A *adj.* Fraco, extenuado, macilento.

PILOTAJE (pilótaje) *s. m.* Pilotagem. Grupo de pilotos em terra.

PILOTE *s. m.* Estaca de madeira para construções.

PILOTÍN *s. m.* Ajudante de piloto (nas embarcações).

PILTRACA *s. f.* V. PILTRAFA.

PILTRAFA *s. f.* Pelanga, pelangana, pelanca. *pl. fig.* Farrapos (roupas velhas e estragadas).

PILTRAFIENTO, A *adj. Amer.* V. PILTRAFOSO.

PILTRAFOSO, A (piltrafosso) *adj.* Andrajoso, esfarrapado.

PILTRÍN *s. m. Amer.* Caspa; carepa.

PILTRO *s. m. Gír.* Quarto, aposento.

PILUCHO, A (plutcho) *adj.* Nu, despido.

PILLA (pilha) *s. f. prov. Arag.* V. PILLAJE.

PILLADA (pilhada) *s. f.* Patifaria, velhacaria.

PILLADOR, A (pilhador) *adj.* e *s.* Pilhante.

PILLAJE (pilhaje) *s. m.* Pilhagem.

PILLAR (pilhar) *v. tr.* Pilhar, roubar, apanhar. Pilhar, alcançar, apanhar, agarrar.

PILLASTRE (pilhastre) *s. m. fam.* V. PILLO.

PILLASTRÓN (pilhastròn) *s. m. fam. Aument.* de *Pillastre.*

PILLAUCA (pilhauca) *s. f. Amer.* Mentira, patranha, engano, peta.

PILLEAR (pilhear) *v. intr. fam.* Velhaquear.

PILLERÍA (pilhería) *s. f. fam.* Velhacada, grupo de patifes ou velhacos. *fam.* V. PILLADA.

PILLETE (pilhete) *s. m. Dim.* de *Pillo.*

PILLÍN (pilhín) *s. m.* V. PILLETE.

PILLO, A (pilho) *adj.* e *s.* V. PÍCARO. Pulha, bandalho, pelintra; patife, velhaco. *fam.* Sagaz, astuto.

PILLOICA (pilhoica) *s. f. Amer. chil.* V. PILLAUCA.

PILLOIQUERO, A (pilhoiquero) *adj. fam. Amer. chil.* Mentiroso, patranheiro, embusteiro.

PIMENTADA *s. f.* Piverada.

PIMENTERO *s. m.* Pimenteira. Pimenteiro (vaso para a pimenta).

PIMENTÓN *s. m.* Pimentão, pimento. Pó de pimentão.

PIMIENTA *s. m.* Pimenteiro. Pimento, pimentão.

PIMPANTE *adj.* Pimpão, elegante, vistoso. Elegante, bonito, lindo.

PIMPÍN *s. m.* Vassourinha (jogo de rapazes).

PIMPINA *s. f. Amer. venezuel.* Vasilha para água.

PIMPLAR *v. tr. fam.* Beber vinho. U. t. c. pron.

PIMPOLLADA (pimpolhada) *s. f.* V. PIMPOLLAR.

PIMPOLLAR (pimpolhar) *s. m.* Terreno povoado de pinheiros novos ou de árvores novas.

PIMPOLLEAR (pimpolhear) *v. intr.* V. PIMPOLLECER.

PIMPOLLECER (pimpolhecer) *v. intr.* Rebentar, brotar, lançar renovos ou vergônteas. *Irreg.* V. conj. de *Favorecer.*

PIMPOLLO (pimpolho) *s. m.* Pinheiro novo. Árvore nova. Pimpolho, broto, rebento, renovo, vergôntea, grelo. Botão de rosa. *fig. fam.* Pimpolho, rapazinho bem medrado; rapaz formoso e elegante.

PIMPOLLUDO, A (pimpolhudo) *adj.* Viçoso, cheio de renovos.

PINA *s. f.* Pina. Marco ponteagudo.

PIÑA (pinha) *s. f.* Pinha (fruto do pinheiro). Ananás. Pinha (aglomeração de coisas ou pessoas). *Náut.* Pinha.

PINABETE *s. m.* Abeto.

PINAR *s. m.* Pinheiral, pinhal.

PINAREJO (pinarejo) *s. m. Dim.* de *Pinar.*

PINARIEGO, A *adj.* Píneo.

PINASTRO *s. m.* Pinheiro silvestre.

PINATAR *s. m.* V. PINAR.

PINAZA (pinaça) *s. f. Náut.* Pinaça.

PINCARRASCA *s. f.* V. PINCARRASCO.

PINCARRASCAL *s. m.* Pinhal, pinheiral (de pinheiros bravos).

PINCARRASCO *s. m.* Pinheiro-bravo.

PINCELERO *s. m.* Pinceleiro.

PINCHADURA (pintchadura) *s. f.* Picadura, picada, picadela.

PINCHAR (pintchar) *v. tr.* Picar (ferir ou furar com objeto ponteagudo). U. t. c. intr. *fig.* Picar, irritar, pungir, molestar, excitar, estimular.

PINCHAÚVAS (pintchaúvas) *s. m. fig. fam.* Homem desprezível.

PINCHAZO (pintchaço) Picada (ferida com objeto ponteagudo).

PINCHE (pintche) *s. m.* Mirmidão.

PINCHO (pintcho) *s. m.* Aguilhão ou ponta aguda. Sonda (para examinar cargas). *Amer. argent.* Alfinete de chapéu.

PINCHÓN, A (pintchòn) *adj.* Que tem aguilhão. Que pica.

PINDONGUEAR *v. intr.* Arruar, passear pelas ruas, pindongar.

PINEDA *s. f.* Pinhal, pinheiral. Fita para ligas, tecida de várias cores. (Chama-se mais comumente *cinta manchega.*)

PINGAJO (pingajo) *s. m. fam.* Frangalho.

PINGAGOSO, A (pingajoso) *adj.* V. HARAPOSO.

PINGANELLO (pinganelho) *s. m.* V. CALAMOCO.

PINGANITOS (EN) *loc. adv.* No pináculo, em cima, em postos elevados, em fortuna próspera.

PINGAR *v. intr.* Pingar, gotejar. Pular, saltar.

PINGO *s. m. fam.* V. PINGAJO. *pl. fam.* Vestidos de pouco preço.

PINGOROTE *s. m. fam.* V. PERUÉTANO.

PINGOROTUDO, A *adj. fam.* Alto, elevado, empinado.

PINGÜE (pingüe) *adj.* Pingue, gordo, graxento. *fig.* Pingue, abundante, copioso, fértil.

PINGÜEDINOSO, A (pingüedinosso) *adj.* Gordurento, gorduroso.

PINGÜINO (pingüino) *s. m.* Pingüim.

PINGUOSIDAD (pinguossidad) *s. f.* Crassidão, crassidade, gordura.

PINILLO (pinilho) *s. m.* Mirabela.

PINO *s. m.* Pinheiro. Pinho. *fig.* Lenho, nave, navio. *adj.* Aprumado, direito, em pé. *s. m. fam.* Primeiro passo que dão as crianças ou os convalescentes. *A —, loc. adv.* Volteando (os sinos ao tocá-los). *En —, loc. adv.* Em pé, direito, sem cair. *s. m. Amer.* Recheio (de pastel).

PIÑO (pinho) *s. m.* Dente. U. m. no pl.

PINOCHA (pinotcha) *s. f.* Folha ou ramo do pinheiro.

PINOCHO (pinotcho) *s. m.* V. PIMPOLLO. Pinha (de pinheiro silvestre).

PINOL *s. m. Amer.* V. PINOLE.

PINOLE *s. m.* Pós aromáticos (de baunilha, canela etc.).

PIÑÓN (pinhòn) *s. m.* Pinhão (semente contida na pinha). Burro traseiro da récua e no qual monta o arreeiro. Pinhão, malva. Gatilho. Carrete (pequena roda dentada).

PIÑONATA (pinhonata) *s. f.* Conserva de amêndoas raladas e açúcar.

PIÑONATE (pinhonate) *s. m.* Pinhoada.

PIÑONEAR (pinhonear) *v. intr.* Fazer clique (o gatilho de uma arma de fogo). Cantar a seu modo o perdigão, quando no cio. *fig. fam.* Dar mostras que já se passou da infância para a juventude. *fam.* Conduzir-se como moços os homens já velhos.

PINOSO, A (pinosso) *adj.* Que tem pinheiros.

PINTA *s. f.* Pinta (pequena mancha, sinal). Gota de um líquido. Sinal indicador do naipe de uma carta. *fig.* Pinta, sinal, feição, aspecto.

PINTACILGO *s. m.* V. JILGUERO.

PINTADA *s. f.* Galinha-d'angola, pintada.

PINTADILLO (pintadilho) *s. m.* V. JILGUERO.

PINTADO, A *p. p.* de *Pintar* (pintar). *adj.* Sarapintado, pintalgado. *—,* ou *como —, fig.* Ajustado, medido, exato, muito a propósito. *El más —, fig.* O mais hábil e experimentado. *fig.* O que tem mais valor ou mérito.

PINTAMONAS *s. m.* e *f. fig. fam.* Pinta-monos, pintor ordinário, mamaracho.

PINTARRAJAR (pintarrajar) *v. tr. fam.* V. PINTORREAR.

PINTARRAJEAR (pintarrajear) *v. tr. fam.* V. PINTORREAR.

PINTARRAJO (pintarrajo) *s. m.* Borrão, pintura malfeita.

PINTARROJA (pintarroja) *s. f. Ictiol.* Lixa.

PINTIPARADO, A *adj.* Exatamente semelhante a outro, inteiramente parecido. Justo, exato, medido, que vem a calhar, que é a propósito para um fim. *Amer.* Enfeitado, embonecado.

PINTIPARAR *v. tr. fam.* Comparar, cotejar duas coisas.

PINTIPUESTO, A *adj.* V. PINTIPARADO.

PINTOJO, A (pintojo) *adj.* Pintado, pintalgado, sarapintado.

PINTÓN, A *adj.* Diz-se da uva que vai pintando.

PINTONEAR *v. intr. Amer. venezuel.* Pintar (as frutas).

PINTOREADURA *s. f.* Ação de *Pintorear.*

PINTOREAMIENTO *s. m.* V. PINTOREADURA.

PINTOREAR *v. tr.* Pintar vagarosa e profusamente.

PINTORESCAMENTE *adv.* Pitorescamente.

PINTORESCO, A *adj.* Pitoresco, pinturesco.

PINTORREAR *v. tr. fam.* Pinturilar, pintar mal, borrar, manchar de cores.

PINTURERO, A *adj.* e *s. fam.* Diz-se de quem ridiculamente blasona de elegante e formoso.

PIÑUELA (pinhuela) *s. f.* Pinhoela. Fruto do cipreste.

PIÑUELO (pinhuelo) *s. m.* V. ERRAJ.

PINZAS (pinças) *s. m. pl.* Pinça (pequena tenaz). Pinças (do caranguejo, lacrau etc.).

PINZÓN (pinçón) *s. m.* Tentilhão.

PIO *s. m.* Pio (das aves). *fig. fam.* Desejo ardente de alguma coisa. *Gír.* Vinho. *adj.* Pio, piedoso. Diz-se do cavalo cujo pêlo, sendo de fundo branco, apresenta-se pintalgado de qualquer outra cor.

PIOCHA (piotcha) *s. f.* Flor artificial (feita de penas). Jóia para adorno da cabeça.

PIOJENTO, A (piojento) *adj.* Piolhoso, piolhento.

PIOJERA (piojera) *adj.* Piolheira (diz-se da erva-piolheira).

PIOJERÍA (piojería) *s. f.* Piolharia, piolhada, piolheira (grande porção de piolhos). *fig.* Piolheira, miséria, pobreza extrema.

PIOJILLO (piojilho) *s. m.* Piolho (das aves).

PIOJO (piojo) *s. m.* Piolho. V. PIOJILLO. — *pegadizo, fig. fam.* Maçador, importuno.

PIOJOSO, A (piojoso) *adj.* Piolhoso, piolhento.

PIOJUELO (piojuelo) *s. m. Dim.* de *Piojo.* Piolhinho. Pulgão.

PIOLA *s. f. Náut.* Cabo delgado (de dois ou três fios). *Amer.* Cordel, barbante.

PIOLÍN *s. m. Amer.* Barbante, fieira.

PIORNAL *s. m.* V. PIORNEDA.

PIORNEDA *s. f.* Terreno plantado de piornos.

PIORNO *s. m. Bot.* Piorno. V. CODESO. — *amarillo Bot.* Piorno-amarelo. *adj. Gír.* Bêbedo, borracho, embriagado.

PIPA *s. f.* Pipa. Cachimbo. Espoleta (aparelho detonador). Pevide (de algumas frutas). O mesmo que PEPITA.

PIPAR *v. intr.* Cachimbar.

PIPE *s. m. Amer. hond.* Irmão.

PIPERÍA *s. f.* Vasilhame, conjunto de pipas.

PIPERO *s. m.* Fabricante ou vendedor de pipas ou cachimbos.

PIPILA *s. f. Amer. mexic.* Perua (fêmea do peru).

PIPIOLO *s. m. fam.* Principiante, novato.

PIPIRIGALLO (pipirigalho) *s. m. Bot.* Pipiri.

PIPIRIGAÑA (pipiriganha) *s. f.* V. PIZPIRIGAÑA.

PIPIRIJAINA (pipirijaina) *s. m.* Companhia teatral que anda pelas povoações.

PIPIRIPAO *s. m. fam.* Banquete, festim. *De —, loc. adv. Amer.* De pouca importância.

PIPIRITAÑA (pipiritanha) *s. f.* Flauta de cana (feita pelas crianças).

PIPITAÑA (pipitanha) *s. f.* V. PIPIRITAÑA.

PIPO *s. m. Amer.* Golpe, pancada.

PIPONCHO, A (pipontcho) *adj. Amer.* Farto, cheio, repleto.

PIPORRO *s. m. fam.* V. BAJÓN.

PIQUE *s. m.* Ressentimento, ofensa, mágoa (da pessoa ofendida). Pique (fato de ter a pique), propósito, empenho (em fazer uma coisa por amor próprio ou rivalidade). *A —, loc. adv.* A pique (em perigo, em risco). *Náut.* A pique, verticalmente (diz-se da costa). *Echar a —, loc.* Meter a pique (um navio).

PIQUERA *s. f.* Alvado (da colmeia). Buraco (nos tonéis). Abertura (dos fornos).

PIQUERÍA *s. f.* Tropa de piqueiros (soldados armados de pique).

PIQUERO *s. m.* Piqueiro (soldado armado de pique; picador de touros).

PIQUETA *s. f.* V. ZAPAPICO.

PIQUETAZO (piquetaço) *s. m.* V. PINCHAZO.

PIQUETE *s. m. Mil.* Piquete. Picadela, picada leve. Buraco pequeno (nas roupas e em outras coisas). Piqueta pequena. *Amer.* Piquete (curral pequeno).

PIQUETILLA (piquetilha) *s. f.* Picão (instrumento).

PIQUIAMARILLO, A (piquiamarilho) *adj.* Que tem o bico amarelo.

PIQUILLO (piquilho) *s. m. Dim.* de *Pico.*

PIQUÍN *s. m. Amer.* Galã, galanteador, namorado.

PIQUINEAR *v. intr. Amer. per.* Namorar, galantear, requestar.

PIRAGUA *s. f.* Piroga.

PIRAMIDÓN *s. m.* Pirâmido, piramidona.

PIRATERÍA *s. f.* Pirataria.

PIRATESCO, A *adj.* Pirático.

PIRATONA *s. f. Amer. argent.* Maldade, injustiça.

PIROGRABADO *s. m.* Pirogravura.

PIROGRAFIA *s. f.* V. PIROGRABADO.

PIROPEAR *v. tr. fam.* Galantear, dizer galanteios.

PIROPO *s. m. fam.* Galanteio, dito galante, requebro, lisonja. Variedade de romã.

PIRRINGA *s. f. Amer. mexic.* Pedaço; bocado, fragmento, caco.

PIRUETA *s. f.* Cabriola, pirueta.

PIRUÉTANO *s. m.* V. PERUÉTANO.

PIRUETEAR *v. intr.* Piruetar, cabriolar, saltar.

PIRUJA (piruja) *s. f.* Moça livre e de caráter desenvolto.

PIRULO *s. m.* V. PEONZA.

PISA (pissa) *s. f.* Pisada, pisadela. Pisadura. Porção de uvas ou azeitonas pisadas. Pisa, sova, tunda, pancadas.

PISACA (pissaca) *s. f. Amer.* Perdiz.

PISACARDOS (pissacardos) *s. m.* e *f. fam.* Pessoa rústica ou plebéia.

PISACORTO, A (pissacorto) *adj.* Que tem o passo curto.

PISADURA (pissadura) *s. f.* Pisada, pisadela.

PISALARGO, A (pissalargo) *adj.* Que tem o passo comprido.

PISANTE (pissante) *s. m. Gír.* Pé do homem ou pata de animal.

PISAPELES (pissapapeles) *s. m.* Aperta-papéis (objeto mais ou menos artístico que se põe sobre papéis para que não se movam).

PISAR (pissar) *v. tr.* Pisar (calcar, passar ou andar por cima de; pisar, moer, trilhar, macerar). Cobrir o macho a fêmea (nas aves). Ferir (cordas de instrumentos ou teclas). Pisar, espezinhar, humilhar, maltratar. *v. intr.* Assentar (um pavimento ou andar sobre outro, num edifício).

PISAÚVAS (pissaúvas) *s. m.* Lagareiro, o que pisa as uvas.

PISAVERDE (pissaverde) *s. m. fig. fam.* Pisa-flores, pisa-verdes, salta-pocinhas.

PISO (pisso) *s. m.* Piso (ação de pisar). Soalho. Pavimento, andar, piso (de edifício). Piso, sobrado.

PISÓN (pissòn) *s. m.* Maço.

PISONEAR (pissonear) *v. tr.* V. APISONAR.

PISOTEADURA (pissoteadura) *s. f.* V. PISOTEO.

PISOTEAR (pissotear) *v. tr.* Espezinhar, pisar, pisotear. *fig.* Espezinhar, humilhar, calcar os pés, maltratar.

PISOTEADOR, A (pissoteador) *adj.* e *s.* Espezinhador.

PISOTEO (pissotèo) *s. m.* Ação de PISOTEAR.

PISOTÓN (pissotòn) *s. m.* Pisada, pisadela (principalmente quando se dá sobre o pé de outro).

PISPO, A *adj. Amer.* Elegante, simpático, formoso, apurado.

PISTACHERO (pistatchero) *s. m. Bot.* Pistácia, pistacha, pistache, pistacho.

PISTADERO *s. m.* Pilão, mão do gral.

PISTADURA *s. f.* Espremedura.

PISTAR *v. tr.* Pisar, esmagar, espremer, tirar o suco.

PISTERO *s. m.* Apisteiro.

PISTO *s. m.* Apisto. Fritada de pimentões, tomates, cebolas ou de uma destas coisas somente. *fig.* Mixórdia, barafunda (em discurso ou escrito). *A —s, loc. adv. fig. fam.* Aos poucos, com mesquinhez. *Darse —s, loc. fam.* Dar-se importância, presumir-se.

PISTOLADA *s. f. Amer. venezuel.* Tolice, bobagem, necedade.

PISTOLEAR *v. intr.* Usar de pistolas.

PISTOLERA *s. f.* Coldre.

PISTOLERO *s. m.* Sicário que se utiliza de pistolas.

PISTOLETAZO (pistoletaço) *s. m.* Pistolaço, pistolada (tiro de pistola).

PISTÓN *s. m.* Pistom, êmbolo. *Amer.* Pistom (instrumento de música). Cápsula (de bala).

PISTONUDO, A *adj. pop.* Soberbo, magnífico.

PISTRAJE (pistraje) *s. m. fam.* Comida ou bebida de mau gosto ou insossa.

PISTRAQUE *s. m. fam.* V. PISTRAJE.

PISTURA *s. f.* V. PISTADURA.

PITA *s. f. Bot.* Piteira. Pita (fio das folhas da piteira). *Amer.* V. SILBA. Voz que se emprega repetidamente para chamar as galinhas. Galinha. Bola de vidro.

PITACO *s. m.* Talo da pita.

PITADA *s. f.* Apito (som). *fig.* Rata, fiasco, desaso. (Usa-se mais na frase *dar una —.*)

PITAÑA (pitanha) *s. f.* V. LEGAÑA.

PITANCERO *s. m.* Pitanceiro.

PITANCERÍA *s. f.* Distribuição de pitanças. Cargo de pitanceiro. Lugar onde se faz aquela distribuição.

PITAÑOSO, A (pitanhosso) *adj.* V. LEGAÑOSO.

PITANZA (pitança) *s. f.* Pitança (ração diária). *fam.* Alimento cotidiano. *fam.* Preço que se paga por uma coisa. *fig. Amer.* Vantagem, proveito.

PITAR *v. intr.* Apitar. *v. tr.* Pagar (uma dívida). *Amer. merid.* Fumar, pitar. —*se a uno, loc. fig. fam. Amer.* Zombar, mofar de alguém. —*se una cosa, loc. fig. fam. Amer.* Furtar (uma coisa). *Salir* PITANDO, *loc. fig. fam. Amer.* Fugir.

PITARQUE *s. m.* V. ACEQUIA.

PITARRA *s. f.* V. LEGAÑA.

PITARRASA (pitarrassa) *s. f. Náut.* Ferro de calafate.

PITARROJA (pitarroja) *s. f.* Espécie de esqualo.

PITARROSO, A (pitarrosso) *adj.* V. LEGAÑOSO. *s. f.* V. PITARROJA.

PITE *s. m. Amer.* V. PIZCA.

PITEAR *v. intr. Amer.* Pitar, fumar.

PITERA *s. f.* V. PITA, 1ª acep.

PITEZNA *s. f.* Tranqueta (dos cepos).

PITIA *s. f.* Pitonisa.

PÍTICO, A *adj.* V. PITIÓ.

PITIDO *s. m.* Apito (som). Assobio (dos pássaros).

PITILLERA (pitilhera) *s. f.* Cigarreira.

PITILLO (pitilho) *s. m.* Cigarro.

PÍTIMA *s. f.* Emplastro (para o peito). *fig. fam.* Borracheira, embriaguez, bebedeira.

PITIÓ *s. m.* V. PITIDO, 2ª acep.

PITIO, A *adj.* Pitônico.

PITIOFLERO *s. m.* Músico pouco hábil.

PITIOJO, A (pitiojo) *adj. Amer. chil.* Que tem os olhos vermelhos.

PITIPIÉ *s. m.* Pitipé (escala de reduções em mapas).

PITIRREAR *v. intr. Amer. cub.* Piar, pipilar (as aves).

PITIZONQUE (pitiçonque) *s. m. Amer.* Aguardente.

PITO *s. m.* Apito, assobio (instrumento). Pessoa que usa deste instrumento. Pipia (espécie de apito). Espécie de percevejo. Cigarro (de papel). *No darsele,* ou *no importarse (a uno) un — de (una cosa), loc. fig. fam.* Importar em pouco, ou nada (a alguém, uma coisa). *No valer un —, loc. fig. fam.* Não valer coisa alguma. *Cuando —s, flautas; cuando flautas, pitos, loc. fig. fam.* com a qual se explica que as coisas costumam suceder ao contrário do que se esperava ou desejava. *No tocar —, fig. fam.* Não participar de uma coisa ou negócio. V. PICAMADEROS.

PITOCHE (pitotche) *s. m. Pejor.* de *Pito. No importar un —.* V. PITO (*No dársele...*). *No valer un —.* V. PITO (*No valer un*).

PITOFLERO, A *s. m. fam.* V. PITIOFLERO. Mentiroso, charlatão, embusteiro.

PITÓN *s. m.* Corno que começa a nascer. *fig.* Volume pequeno e ponteagudo na superfície de uma coisa. V. PITACO. Renovo, vergôntea. Pitão.

PITOREQUE *s. m. Amer.* V. PEONZA.

PITORRA *s. f.* Galinhola.

PITORREARSE *v. pron.* Zombar de alguém.

PITORREO (pitorrèo) *s. m.* Ação de *Pitorrearse;* zombaria, mofa.

PITRA *s. f. Amer.* Sarna (qualquer erupção cutânea).

PITRIENTO, A *adj. Amer.* Sarnento, sarnoso (que sofre de alguma erupção cutânea).

PIULAR *v. intr.* Piar, pipilar (as aves).

PIULIDO *s. f.* Pio, piado, pipilo (das aves).

PIYAMA (pidjama) *s. m.* Pijama.

PIZARRA (piçarra) *s. f. Miner.* Ardósia; piçarra, xisto argiloso. Ardósia, pedra; quadro-negro.

PIZARRAL (piçarral) *s. f.* Piçarral; ardosieira.

PIZARREÑO, A (piçarrenho) *adj.* Piçarroso; abundante em ardósia ou que tem a sua natureza.

PIZARRERÍA (piçarrería) *s. f.* Ardosiaria.

PIZARRERO (piçarrero) *s. m.* O que trabalha em ardósia.

PIZARROSO, A (piçarrosso) *adj.* V. PIZARREÑO.

PIZCA *s. f. fam.* Migalha, pequena porção, pedacinho, bocadinho.

PIZCADOR, A *adj. e s. fam.* Beliscador.

PIZCACHITA (piscatchita) *s. f. Amer. mexic.* V. PIZCA.

PIZCADURA *s. f. fam.* Belisco, beliscadura.

PIZCAR *v. tr. fam.* Beliscar.

PIZCO *s. m. fam.* V. PELLIZCO.

PIZINGAÑA (picinganha) *s. f. Amer.* V. PIZPIRIGAÑA.

PIZMIENTO, A *adj.* Pezanho; escuro, negro.

PIZPERETA *adj. fam.* Espirituosa, viva, esperta (diz-se da mulher).

PIZPILINA *adj. Amer. hond.* V. PIZPERETA.

PIZPIRETA *adj.* V. PIZPERETA.

PIZPIRIGAÑA (pispiriganha) *s. f.* Brinquedo de rapazes consistente em belicar-se de leve as mãos.

PIZPIRIGUA *adj. Amer. chil.* V. PIZPERETA.

PIZPITA *s. f.* V. AGUZANIEVE.

PIZPITILLA (pispitilha) *s. f.* V. AGUZANIEVE.

PIZPITILLO (pispitilho) *s. m.* V. AGUZANIEVE.

PIZQUE *adj. Amer. centr.* De cor vermelho-viva.

PLACABLE *adj.* Placável, aplacável.

PLACACIÓN *s. f.* Aplacação.

PLACEAR *v. tr.* Pracear, pôr em praça (gêneros alimentícios). Divulgar, publicar, tornar notória uma coisa.

PLACEL *s. m.* V. PLACER, 1ª acep.

PLÁCEME *s. m.* Felicitação, parabém.

PLACENTERAMENTE *adv.* Prazenteiramente, alegremente, festivamente.

PLACENTERO, A *adj.* Prazenteiro, agradável, alegre, festivo, jovial.

PLACER *s. m.* Parcel, baixio, banco de areia. Areal aurífero. Pescaria de pérolas nas costas americanas. *s. m.* Prazer, júbilo, alegria, contentamento, deleite, satisfação, delícia; boa vontade, agrado; distração, divertimento. *A —, loc. adv.* A seu prazer, à vontade, sem impedimento, com inteira satisfação. *v. tr.* Prazer, aprazer, agradar, comprazer. *Que me PLACE*, assim me apraz; assim me agrada; está bem; isso me agrada. *Irreg.* Ind. pres. *Plazco.* Pret. indef. 3ª pes. *Plació* (forma regular) ou *plugo*; *placieron* (forma regular) ou *pluguieron.* Subj. pres. *Plazc-a, as, a, plega* ou *plegue, plazc-amos, áis, an.* Pret. imperf. 3ª pes. sing. *Placiera* ou *placiese* (formas regulares), ou *pluguiera* ou *pluguiese.* Fut. imper. 3ª pes. sing. *Placiere* (forma regular) ou *pluguiere.* Imperat. *Plazc-a, amos, a.*

PLACERO, A *adj.* Praceiro. Aplica-se à pessoa que vende gêneros na praça. Diz-se do indivíduo ocioso que anda a conversar pelas praças. U. t. c. s.

PLACETA *s. f. Dim.* de *Plaza.* Pracinha.

PLACETUELA *s. f. Dim.* de *Placeta.*

PLACIBLE *adj.* Aprazível, agradável.

PLACIDO, A *adj. p.* de *Placer.*

PLACIENTE *p. a.* de *Placer. adj.* Aprazível, agradável; vistoso.

PLACIMIENTO *s. m. ant.* Prazimento, aprazimento, agrado.

PLÁCITO *s. m.* Opinião, parecer. *A —, loc. adv.* Arbitrariamente.

PLAGA *s. f.* Praga, calamidade, desastre, grande desgraça pública. Chaga, ferida. Praga (grande abundância de coisas desagradáveis ou nocivas). Dano ou sofrimento grave. Praga, infortúnio, trabalho, contratempo. *fig.* Praga (de gafanhotos etc.). *s. m.* Plaga, país, região; clima geográfico. Rumo, direção.

PLAGADO, A *adj. ant.* Ferido, castigado. *fig.* Cheio de alguma coisa má ou nociva.

PLAGADURA *s. f.* Ação de *Plagar.*

PLAGAR *v. tr.* Encher de pragas ou coisas nocivas. U. m. c. pron.

PLAGIAR (plajiar) *v. tr.* Plagiar. *Amer.* Seqüestrar uma pessoa para obter resgate pela sua liberdade.

PLAN *s. m.* Altitude, altura, elevação. Plano, superfície plana. Plano, projeto. Plano, intento. *Top.* Plano.

PLANA *s. f.* V. LLANA. Página, lado, face (de uma folha de papel). Planície, planura. Escrito que faz numa face da folha de papel o que aprende a escrever. *Cerrar la —, loc. fig.* Concluir, terminar uma coisa.

PLANADA *s. f.* V. LLANADA.

PLANADOR *s. m.* Brunidor (o que aplaina e brune lâminas para a gravação).

PLANCHA (plantcha) *s. f.* Prancha, plancha, lâmina, chapa, folha de metal. Ferro de engomar. *Gin.* Prancha. *fig. fam.* Engano, desaso, rata, fiasco. *Náut.* Prancha. *Amer. Fot.* Chapa.

PLANCHADA (plantchada) *s. f.* Prancha, pranchão (armação de tábuas entre um barco e o cais).

PLANCHADO, A (plantchado) *p. p.* de *Planchar. s. m.* Ação de passar a ferro; engomadura. Porção de roupa passada a ferro ou engomada.

PLANCHADOR, A (plantchador) *s. m.* e *f.* Engomador, engomadeira; pessoa que passa a ferro.

PLANCHADURA (plantchadura) *s. f.* Ação de passar a ferro; engomadura.

PLANCHAR (plantchar) *v. tr.* Passar a ferro; engomar.

PLANCHEAR (plantchear) *v. tr.* Chapear (cobrir com chapas ou pranchas de metal). *v. intr.* Planchar, planchear (cair de lado o cavalo com o cavaleiro).

PLANCHETA (plantcheta) *s. m.* Plancheta (instrumento topográfico).

PLANCHO (plantcho) *adj. Amer.* Plano. *Amer. colomb.* Extravagante.

PLANCHÓN (plantchòn) *s. m. Aument.* de *Plancha.* Pranchão; grande chapa.

PLANCHUELA (plantchuela) *s. f. Dim.* de *Plancha.* Prancheta.

PLANCO *s. m.* V. PLANGA.

PLANEADOR *s. m. Aviaç.* Planador.

PLANEADOR, A *adj.* Planejador.

PLANEAR *v. tr.* Planejar, planear, projetar, fazer o plano de. *Aviaç. intr.* Planar.

PLANGA *s. f.* Espécie de águia.

PLAÑIDERA (planhidera) *s. f.* Carpideira.

PLAÑIDERO, A (planhidero) *adj.* Choroso, carpidor, pranteador, gemebundo.

PLAÑIDO (planhido) *s. m.* Gemido, pranto, lamento, carpido, queixa.

PLAÑIMIENTO (planhimiento) *s. m.* Carpidura, carpimento, lamentação, pranto.

PLAÑIR (planhir) *v. intr.* Carpir, prantear, carpir-se, lamentar-se. U. t. c. pron. *Irreg.* Ind. pret. indef. *Plañó, plañeron.* Sub. pret. imperf. *Plañ-era* ou *ese, eras* ou *eses, era* ou *ese, éramos* ou *ésemos, erais* ou *eseis, eran* ou *esen.* Fut. imperf. *Plañ-ere, eres, ere, éremos, ereis, eren.* Ger. *Plañendo.*

PLANTAR *v. tr.* Plantar (em todas as suas principais acepções). *fig.* V. PLANTEAR. *fig. fam.* Dar, assestar, pregar, pespegar. *fig. fam.* Enganar, abandonar (uma pessoa).

PLANTE *s. m. fam.* Ação de *Plantar* (enganar ou abandonar uma pessoa).

PLANTEADOR, A *adj.* Pranteador.

PLANTEAMIENTO *s. m.* Ação de *Plantear,* 1ª acep.; estabelecimento, traçado, enunciado, proposição de um problema ou questão.

PLANTEAR *v. tr.* Traçar, estabelecer, delinear, propor, apresentar (um plano, uma idéias, um problema etc.). Aplicar, pôr em execução (sistemas, idéias, reformas etc.). *fig.* Propor, suscitar, expor, apresentar, aventar (temas, problemas, assuntos, questões ou dúvidas). *v. intr. ant.* Prantear, carpir.

PLANTEL *s. m.* Criadouro, viveiro de plantas. *fig.* Viveiro (de pessoas capazes em algum ramo da ciência, técnica ou arte).

PLANTILLA (plantilha) *s. f.* Palmilha (do sapato). Remendo (em meias). Cércea. Planta reduzida ou parte do plano total de uma obra. *Astrol.* Tema celeste.

PLANTILLAR (plantilhar) *v. tr.* Palmilhar (pôr palmilhas em). Colocar remendos de fazenda (em meias).

PLANTILLERO, A (plantilhero) *adj. e s. Amer. cub.* Fanfarrão, valentão.

PLANTIO, A *adj.* Cultivável (falando-se de terras). *s. m.* Plantio (ação de plantar; plantação, cultura).

PLANTISTA *s. m.* Jardineiro (de parques realengos). *fam.* Fanfarrão, bravateador.

PLANTÓN *s. m.* Árvore nova a ser transplantada. Rebentão. Soldado que por castigo fica de guarda por mais tempo do que o devido. Porteiro. *Dar un —,* demorar-se alguém em chegar aonde é esperado por outrem.

PLANTONAR *s. m.* V. PLANTEL, 1ª acep.

PLANUDO, A *adj. Náut.* Diz-se do barco que pode navegar em pouca água por ter o fundo chato.

PLASTA *s. f.* Coisa mole e pastosa, como a massa, o barro etc. Coisa achatada. *fig. fam.* Coisa feita sem regra nem método.

PLASTE *s. m.* Massa de gesso e cola.

PLASTEAR *v. tr.* V. PLASTECER.

PLASTECER *v. tr.* Encher de massa de gesso e cola. *Irreg.* V. conj. de *Favorecer.*

PLASTECIDO *s. m.* Ação de *Plastecer.*

PLASTIDO *s. m.* Plastídio.

PLATA *s. f.* Prata. Moeda de prata. Prata (baixela e móveis de prata). *fig.* Dinheiro, riqueza. *En —, loc. adv. fig. fam.* Brevemente, sem rodeios nem circunlóquios. *fig. fam.* Em substância, em resumo.

PLATABANDA *s. f.* Platibanda.

PLATAFORMA *s. f.* Plataforma. *fig.* Aparência, exterioridade, pretexto, colorido.

PLATAL *s. f.* Dinheirama, dinheirada, dinheirame.

PLATALEA (platalèa) *s. f.* V. PELICANO.

PLATANAL *s. m.* V. PLATANAR.

PLATANAR *s. m.* Bananal. Bosque de plátanos.

PLATANERA *s. f. Amer.* V. PLATANAR.

PLATANERO *s. m.* V. PLÁTANO, 1ª acep.

PLÁTANO *s. m.* Bananeira. Banana. Plátano. — *falso,* plátano-bastardo.

PLATEA (platèa) *s. f.* Platéia.

PLATEABLE *adj.* Prateável.

PLATEADO, A *p. p.* de *Platear. adj.* Prateado (banhado em prata; cor de prata). *Amer. mexic.* Endinheirado.

PLATEADOR *s. m.* Prateador.

PLATEADURA *s. f.* Prateadura, prateação.

PLATEAR *v. tr.* Pratear.

PLATERÍA *s. f.* Ofício de prateiro. Ourivesaria que trabalha em prata. Joalheria onde se vendem objetos de prata.

PLATERO *s. m.* Prateiro.

PLATICA *s. f.* Prática, conversação, palestra; discurso. Prática (na igreja). *A libre —, loc. adv. Náut.* Com livre prática.

PLATICAR *v. tr.* Praticar, conversar, palestrar. U. t. c. intr.

PLATIFICAR *v. tr.* Converter em prata.

PLATIJA (platija) *s. f. Ictiol.* Rodovalho, pregado, clérigo.

PLATILLA (platilha) *s. f.* Fitilho, nastro.

PLATILLO (platilho) *s. m. Dim.* de *Plato.* Pratinho. Prato (de balança). Guisado de carne com verduras. *fig.* Prato (objeto de murmuração e crítica). *pl. Mús.* Pratos.

PLATINO *s. m.* Platina.

PLATINADO, A *p. p.* de *Platinar* (platinar). *s. m.* Platinagem.

PLATINAJE (platinaje) *s. m.* Platinagem.

PLATO *s. m.* Prato (em todas as suas acepções). — *sopero,* sopeira.

PLATONAZO (platonaço) *s. m. Aument.* de *Plato.* Pratarraz, pratalhaz.

PLATONIANO, A *adj.* Platônico.

PLATONIZAR (platoniçar) *v. intr.* Professar o platonismo.

PLATUJA (platuja) *s. f.* V. PLATIJA.

PLAUSIBLE (plaussible) *adj.* Plausível.

PLAUSIBLEMENTE (plaussiblemente). *adv.* Plausivelmente.

PLAUSIVO, A (plaussivo) *adj.* Aplaudidor, aplaudente.

PLAYA (pladja) *s. f.* Praia.

PLAYADO, A (pladjado) *adj.* Espraiado.
PLAYAZO (pladjaço) *s. f.* Praia grande.
PLAYERA (pladjera) *s. f.* Certa canção popular andaluza.
PLAYERO, A (pladjero) *adj.* Praiero, relativo às praias. *s. m.* Pessoa que leva o peixe da praia para vendê-lo.
PLAYÓN *s. m.* (pladjòn) *s. m. Aument.* de *Playa.* Praia grande.
PLAYUELA (pladjuela) *s. f. Dim.* de *Playa.* Prainha.
PLAZA (plaça) *s. f.* Praça (lugar público cercado de edifícios, largo; mercado; circo; o corpo de negociantes de uma cidade; alistamento nas fileiras de exército; praça de armas). Lugar, ordem (espaço determinado que ocupam as pessoas ou coisas que estão em uma parte). Mister, cargo, emprego, função. — *de abastos,* praça, mercado, feira. — *fuerte,* praça forte. — *de toros,* circo, praça dos touros. *Ceñir la —, Mil.* Sitiar a praça. *Borrar la —, Mil.* Dar baixa.
PLAZAJERO, A (plaçajero) *adj.* Que anda ociosamente de praça em praça.
PLAZO (plaço) *s. m.* Prazo. Campo (lugar escolhido para um duelo).
PLAZOLETA (plaçoleta) *s. f. Dim.* de *Plazuela.* Aberta, clareira (em jardim ou alameda).
PLAZOLETILLA (plaçoletilha) *s. f. Dim.* de *Plazoleta.*
PLAZUELA (plaçuela) *s. f. Dim.* de *Plaza.* Pracinha.
PLEAMAR *s. f.* Preamar.
PLÉBANO *s. m.* Cura, pároco, vigário.
PLEBEYAMENTE (plebedjamente) *adv.* Plebeiamente.
PLEBEYISMO (plebedjismo) *s. m.* Plebeidade, plebeísmo (condição de plebeu).
PLEBEYO, A (plebedjo) *adj. e s.* Plebeu, éia.
PLEBEZUELA (plebeçuela) *s. f. Dim.* de *Plebe* (plebe).
PLEGABLE *adj.* Dobrável, dobradiço.
PLEGADAMENTE *adv.* Confusamente, obscuramente.
PLEGADERA *s. f.* Dobradeira (instrumento de encadernador).
PLEGADIZO, A (plegadiço) *adj.* Dobradiço.
PLEGADO, A *p. p.* de *Plegar. s. m.* V. PLEGADURA.
PLEGADOR, A *adj. e s.* Dobrador. *s. m.* V. PLEGADERA.
PLEGADURA *s. f.* Dobradura, dobramento. Dobra.
PLEGAR *v. tr.* Dobrar; preguear. U. t. c. pron. Dobrar o papel em cadernos (para encadernação). Dobrar o pano. *v. pron. fig.* Submeter-se, curvar-se, submeter-se. *Irreg.* V. conj. de *Calentar.*
PLEGARIA *s. f.* Prece, súplica, rogativa, rogo. Composição sacra. Toque de oração ao meio-dia (nas igrejas).
PLEGATURA *s. f.* V. PLEGADURA.
PLEGUERÍA *s. f.* Conjunto de dobrar os pregos.
PLEGUETE *s. f.* Gavinha (da vide e de outros vegetais).
PLEITA *s. f.* Empreita (de esparto, pita, palma etc.).
PLEITEO (pleitèo) Ação de pleitear ou litigiar.
PLEITISTA *adj. e s.* Demandista (pessoa muito dada a pleitos judiciais).
PLEITO *s. m.* Pleito, demanda, litígio, questão judicial. Luta, combate, batalha, contenda. Discussão, briga, disputa doméstica. Processo (os autos numa causa). — *homenaje,* preito, homenagem. *Conocer de un —, For.* Ser juiz (de um pleito Judicial).
PLENAMAR *s. f.* V. PLEAMAR.
PLENITUD (plenitud) Plenitude.
PLENO, A *adj.* Pleno, cheio. *s. m.* Sessão plena ou plenária.
PLEPA *s. f.* Pessoa, animal ou coisa que tem muitos defeitos.
PLÉTORA (plètora) *s. f.* Pletora.
PLEURITIS *s. m.* Pleurís, pleurisia, pleurite.
PLEURESIA (pleuressia) *s. f.* V. PLEURITIS.
PLÉYADE (plèdjade) *s. m. fig.* Pléiade, pléiada. *pl. Astron.* Pléiadas.

PLICA *s. f.* Papel fechado e selado a ser aberto a seu tempo.
PLIEGO *s. m.* Folha de papel (dobrada ao meio). As páginas impressas numa folha de papel. Carta, ofício ou documento em sobrecarta fechada. Folha de papel (sem dobrar).
PLIEGUE Dobra, vinco (em coisa que deveria estar lisa). Prega.
PLIEGUECILLO (plieguecilho) *s. m.* Meia folha de papel dobrada pela metade.
PLISAR (plissar) *v. tr.* Preguear.
PLOMADA *s. f.* Prumo (instrumento). *Náut.* Prumo de sonda, sonda. Chumbada (nas redes e linhas de pesca). Azorrague com bolinhas de chumbo. Estilo de chumbo usado pelos artífices. *Jír.* Muro, parede.
PLOMADO, A *p. p.* de *Plomar.*
PLOMADURA *s. f.* Chumbagem (ação de chumbar ou pôr selo de chumbo em).
PLOMAR *v. tr.* Chumbar (pôr selo de chumbo em).
PLOMAZO (plomaço) *s. m. Amer.* Balázio.
PLOMAZÓN (plomaçòn) *s. f.* Almofadinha de dourador.
PLOMERÍA *s. f.* Coberta de chumbo (nos telhados). Depósito de chumbo.
PLOMERO *s. m.* Chumbeiro (operário que trabalha em chumbo).
PLOMÍFERO, A *adj.* Plumbífero.
PLOMIZO, A (plomiço) *adj.* Plúmbeo.
PLOMO *s. m. Miner.* Chumbo. Prumo (instrumento). Qualquer peso de chumbo. *fig.* Chumbo, bala (projétil de arma de fogo). *fig. fam.* Pessoa maçante. *A —, loc. adv.* A prumo, verticalmente. *Caer a —, loc. fig. fam.* Cair com todo o peso do corpo.
PLOMO, A *adj. Amer.* Cor de chumbo.
PLOMOSO, A (plomosso) *adj.* V. PLOMIZO.
PLUMA *s. f.* Pena de ave, pluma. Plumagem. Pena (pluma aparada para escrever). *fig.* Pena, autor, escritor). *fam.* V. PEDO. *A vuela —, al correr de la —, loc. fig.* Ao correr da pena.
PLUMADA *s. m.* Penada (traço de pena; ação de escrever alguma coisa curta).
PLUMADO, A *adj.* Penado, emplumado.
PLUMAJE (plumaje) *s. m.* Plumagem. Penacho; plumas de adorno, plumagem.
PLUMAJEAMIENTO (plumajeamiento) *s. m.* Ação de *Plumajear.*
PLUMAJEAR (plumajear) *v. intr.* Fazer ostentação da plumagem; pavonear-se. *fig.* V. GALLARDEAR.
PLUMAJERÍA (plumajería) *s. f.* Comércio ou ofício de plumaceiro.
PLUMAJERO (plumajero) *s. m.* Plumaceiro.
PLUMATINTERO *s. f.* Caneta-tinteiro.
PLUMAZO (plumaço) *s. m.* Colchão ou travesseiro de penas. V. PLUMADA.
PLUMAZÓN (plumaçòn) *s. f.* V. PLUMAJERÍA. V. PLUMAJE.
PLUMBADO, A *adj.* Selado com chumbo.
PLUMEADO, A *p. p.* de *Plumear.*
PLUMEAR *v. tr.* Penejar, desenhar a pena. *v. intr.* Penejar, escrever.
PLUMEO (plumèo) *s. m.* Ação de *Plumear.*
PLUMERÍA *s. f.* Abundância de penas.
PLUMERÍO *s. f.* V. PLUMERÍA.
PLUMERO *s. m.* Espanador. Plumeiro, penacho.
PLUMILLA (plumilha) *s. f. Dim.* de *Pluma. Bot.* Plúmula.
PLUMIÓN *s. m.* V. PLUMÓN, 1ª acep.
PLUMISTA *s. m.* Escrevente, escrivão, amanuense. Plumista, plumaceiro.
PLUMÓN *s. m.* Penugem (as primeiras penas que nascem nas aves). Colchão destas penas.
PLUS *s. m. Mil.* Soldo de campanha.
PLUSCAFÉ *s. m. Amer.* Gole de licor ou outra bebida que se costuma tomar depois do café.
PLUSCUAMPERFECTO *s. m. Gram.* Pretérito mais-que-perfeito.
PLUS VALIA *s. f.* Mais valia.
PLUTÓCRATA (plutòcrata) *adj.* Plutocrata.
PLUVÍGRAFO *s. m.* V. PLUVIÓGRAFO.
PLUVIÓGRAFO *s. f.* Pluviômetro.
POBEDA *s. f.* Choupal.
POBLABLE *adj.* Povoável.

POBLACIÓN *s. f.* Povoação, povoamento. Povoação (número de habitantes). Povoação, cidade, vila, aldeia.
POBLACHO (poblatcho) *s. m. Pejor.* Povoação decadente ou aldeola.
POBLACHÓN (poblatchòn) *s. m. Aument.* de *Poblacho.*
POBLADA *s. f. Amer. equat.* Tumulto, sedição, motim, revolta. *Amer. chil.* Turba, multidão.
POBLADO, A *p. p.* de *Poblar. s. m.* Povoado, povoação.
POBLADOR, A *adj. e s.* Povoador; colonizador.
POBLANO, A *adj. e s. Amer.* Aldeão, habitante de povoado.
POBLAR *v. tr.* Povoar (em todas as suas acepções). U. t. c. intr. *Irreg.* V. conj. de *Almorzar.*
POBLATIVO, A *adj.* Povoador.
POBLAZO (poblaço) *s. m.* V. POBLACHO.
POBLEZUELO (pobleçuelo) *s. m. Dim.* de *Pueblo.*
POBO *s. m. Bot.* Choupo.
POBRE *adj. e s.* Pobre (em todas as suas principais acepções).
POBRERÍA *s. f.* V. POBRETERÍA.
POBRERÍO *s. m. Amer.* V. POBRETERÍA.
POBRERO *s. m.* Esmoler (das comunidades religiosas).
POBRETE, A *adj. Dim.* de *Pobre.* Pobrete. Desditoso, infeliz, triste, U. t. c. s. *s. m. fam.* Pobre diabo, pobrete, mísero. U. t. c. adj.
POBRETEAR *v. intr.* Aparentar pobreza.
POBRETERÍA *s. f.* Pobreza (os pobres). Pobreza, miséria, escassez, penúria, falta.
POBRETO *s. m.* V. POBRETE, 3ª acep.
POBRETÓN, A *adj. Aument.* de *Pobrete. s. m.* Pobretão, pobre, miserável.
POBREZUELO, A (pobreçuelo) *adj. Dim.* de *Pobre.* Pobrezinho.
POCERO *s. m.* Poceiro (cavador de poços). O que limpa cloacas ou poços.
POCHA (potcha) *s. f. Amer.* Mentira, patranha, peta.
POCIIO, A (potcho) *adj.* Pálido, descolorido.
POCHENTO, A (potchento) *adj.* V. POCHERO.
POCHERO, A (potchero) *adj. Amer.* Mentiroso.
POCILLO (pocilho) *s. m.* Tina ou talha (metida na terra para receber um líquido). V. JICARA.
POCIMA *s. f.* Poção (bebida medicamentosa).
POCIÓN *s. f.* Bebida (líquido para mitigar a sede). Poção (bebida medicinal).
POCO, A *adj.* Pouco. *s. m.* Pouco. *adj.* Pouco, não muito, insuficientemente. *A —, loc. adv.* Dentro em pouco, pouco depois, dali a pouco. *En —, loc. adv.* Por pouco, por um triz, quase. *A —as, loc. adv.* V. POCO *(en). Sobre — más o menos, loc. adv.* Pouco mais ou menos; mais ou menos.
PODADERA *s. f.* Podão, podadeira.
PODAZÓN (podaçòn) *s. f.* Poda (a época de podar).
PODENCO, A *adj.* Diz-se do podengo. *s. m.* Podengo.
PODENQUEAR *v. intr. fam.* Farejar (indagar, procurar notícias ou novidades).
PODER *s. m.* Poder (em todas as suas acepções). *A — de, loc. adv.* À força de. *A su —, loc. adv.* Com todas as suas forças ou recursos. *A todo —, loc. adv.* À toda força. *A todo su leal —, loc. adv.* For. Com a maior fidelidade e exatidão possíveis. *De — absoluto, loc. adv.* Despoticamente. *v. tr.* Poder. *v. impes.* Poder ser que (ser possível que suceda uma coisa). *Irreg.* ind. pres. *Pued-o, es, e, en.* Pret. indef. *Pud-e, iste, o, imos, isteis, ieron.* Fut. imperf. *Podr-é, ás, á, emos, eis, an.* Cond. simpl. *Podría-a, as, a, amos, ais, an.* Subj. pres. *Pued-a, as, a, an.* Pret. imperf. *Pudi-era* ou *ese, eras* ou *eses, era* ou *ese, éramos* ou *ésemos, erais* ou *eseis, eran* ou *esen.* Fut. imperf. *Pudi-ere, eres, ere, éremos, ereis, eren.* Imperat. *Pued-e, a, an.* Ger. *Pudiendo.*
PODERDANTE *s. m. e f.* Constituinte; comitente.
PODERHABIENTE *s. m.* Procurador, representante, mandatário.
PODÓN *s. m.* Podão.
PODONA *s. f. prov.* Podão, podadeira.
PODRE *s. m.* Pus.
PODRECER *v. tr.* V. PUDRIR. U. t. c. intr. e pron. *Irreg.* V. conj. de *Favorecer.*

PODREDUMBRE *s. f.* Podridão. Pus. *fig.* Sentimento íntimo que não se explica.

PODREDURA *s. f.* Putrefação, corrupção.

PODRICIÓN *s. f.* V. PODREDURA.

PODRIDERO *s. m.* V. PUDRIDERO.

PODRIDO, A *p. p.* de *Podrir. adj.* Podre, apodrecido, podrido. V. OLLA *(podrida)*.

PODRIGORIO *s. m. fam.* Pessoa achacosa.

PODRIMIENTO *s. m.* V. PUDRIMIENTO.

PODRIR *v. tr.* V. PUDRIR. U. t. c. pron. *Irreg.* V. conj. de *Pudrir*.

POINO *s. m.* Poial, poio.

POLACA *s. f.* Lingueta (do sapato). Polonesa, polaca (música e dança). *Amer. chil.* V. CHAQUETA.

POLACRA *s. f. Náut.* Polaca.

POLEA (polèa) *s. f.* Polia. Polé, roldana, moitão.

POLEADAS *s. f. pl.* V. GACHA *(pl.)*.

POLEAL *s. m. Amer.* Terreno povoado de poejos.

POLEO (polèo) *s. m. Bot.* Poejo. *fam.* Vaidade, presunção, jactância (no modo de falar e andar). *fam.* Vento frio e rijo.

POLICÍA (policía) *s. f.* Polícia (em todas as suas acepções).

POLICHINELA (politchinela) *s. f.* V. PULCHINELA.

POLIGLOTO, A *adj.* e *s.* Poliglota.

POLILLA (polilha) *s. f. Entom.* Traça, polilha. *fig.* Traça, caruncho (o que destrói uma coisa pouco a pouco). *fig. fam.* Pessoa importuna.

POLÍN *s. m.* V. RONDILLO. Calço de madeira (usado em armazéns para levantar do chão diversos objetos). *Amer. colomb.* Dormente, travessa.

POLINCHE (polintche) *s. m. fam.* O que acoberta ladrões.

POLIPERO *s. m.* Polipeiro.

PÓLIPO *s. m.* Pólipo.

PÓLIZA (pòliça) *s. f.* Apólice. *Com.* Guia. Estampilha, selo. V. PASQUÍN. Bilhete, entrada (para algum espetáculo). *Tip.* Armazém (duma linotipo).

POLIZÓN (poliçòn) *s. m.* Vadio, ocioso, conversador. Clandestino (o que viaja sem documentos nem passagem).

POLIZONTE (poliçonte) *s. m. Pejor.* Esbirro (agente de polícia).

POLKA *s. f.* Polca (dança).

POLLA (polha) *s. f.* Franga, galinha nova. Quantia com que entra o perdedor em alguns jogos de carta. *fig. fam.* Franguinha, mocinha. *Amer. argent.* Corrida, carreira (de cavalos). — *de agua*, frango-de-água.

POLLACA (polhaca) *s. f. Náut.* Polaca (certa vela de estai).

POLLADA (polhada) *s. f.* Ninhada (de pintos ou outras aves).

POLLANCÓN (polhancòn) *s. m.* V. POLLASTRO. *fig. fam.* Polhastro, rapagão, mocetão.

POLLASTRE (polhastre) *s. m.* V. POLLASTRO.

POLLASTRO (polhastro) *s. m.* Frangão, frango. *fig. fam.* Espertalhão, polhastro.

POLLAZÓN (polhaçòn) *s. f.* Ninhada (de ovos). V. POLLADA.

POLLERA (polhera) *s. f.* Mulher que cria ou vende frangos. Capoeira. Cesto, canastra (para pintos). Andador, cesto (para as crianças aprenderem a andar). *Amer.* Saia (externa).

POLLERÍA (polhería) *s. f.* Casa de aves, mercado de galinhas, frangos etc.

POLLERO (polhero) *s. m.* Galinheiro (vendedor de frangos e galinhas). Capoeira.

POLLINARMENTE (polhinarmente) *adv.* Cavalgando um burro ou asno.

POLLINO (polhino) *s. m.* e *f.* Burro novo, burrico; jumento. *fig.* Burro, asno, ignorante. U. t. c. adj.

POLLITO, A (polhito) *s. m.* e *f. fig. fam.* Franguinho, franganito, frango (referindo-se a menino ou menina de alguma idade).

POLLO (polho) *s. m.* Frango; pinto. Cria das abelhas. *fig. fam.* Frango, rapazelho, polho. *fig. fam.* Espertalhão, polhastro.

POLLUELO (polhuelo) *s. m. Dim.* de *Pollo*. Franguinho, franganinho, franganito, frangote.

POLTRA *s. f.* V. POLTRE.

POLTRE *s. m. Amer.* Roupa de cama.

POLTRÓN, A *adj.* Preguiçoso, indolente. *Silla —*, poltrona (cadeira de braços). *s. f.* V. POLTRÓN *(silla)*.

POLTRONAMENTE *adv.* Preguiçosamente, indolentemente.

POLTRONEAR *v. intr. fam.* V. HARAGANEAR.

POLTRONERÍA *s. f.* Preguiça, indolência, aversão ao trabalho.

POLUCIÓN *s. f.* Polução.

POLVACERA *s. f. Amer. cub.* V. POLVAREDA.

POLVADERA *s. f. pop.* V. POLVAREDA.

POLVAREDA *s. f.* Poeirada, nuvem de pó, polvadeira.

POLVERA *s. f.* Poseira (caixa de pós de toucador). Pompom (para aplicar pó no rosto).

POLVERO *s. m. Amer. colomb.* V. POLVAREDA.

POLVIFICAR *v. tr. fam.* Pulverizar.

POLVILLO (polvilho) *s. m. Dim.* de *Polvo*. Pozinho.

POLVO *s. m.* Pó (em todas as suas acepções).

POLVOREAMIENTO *s. m.* Polvilhação.

POLVOREAR *v. tr.* Polvilhar.

POLVORERO *s. m. Amer.* Pirotécnico.

POLVORIENTO, A *adj.* Poeirento, empoeirado; pulverulento.

PÓLVORÍN *s. m.* Polvorim. Polvorinho. Casa da pólvora. *Amer.* Espécie de percevejo.

POLVORIZABLE (polvoriçable) *adj.* Pulverizável.

POLVORIZACIÓN (polvoriçaciòn) *s. f.* Pulverização.

POLVORIZADOR (polvoriçador) *s. m.* Pulverizador.

POLVORIZADURA (polvoriçadura) *s. f.* V. POLVORIZACIÓN.

POLVORIZAMIENTO (polvoriçamiento) *s. m.* V. POLVORIZACIÓN.

POLVORIZAR (polvoriçar) *v. tr.* Polvilhar. Pulverizar.

POLVOROSO, A (polvorosso) *adj.* V. POLVORIENTO.

POMA *s. f.* Maçã (fruto da macieira). Perfumador (instrumento). Bola de substâncias aromáticas. Frasco de perfume e estojo em que é guardado.

POMAR *s. m.* Pomar (principalmente de macieiras).

POMARADA *s. f.* Pomar de macieiras.

POMEZ *s. f.* Pedra-pomes.

POMO *s. m.* Pomo. Maçã da espada. V. POMA, 3ª acep. Vaso, frasco, pote (para perfumes e substâncias aromáticas).

POMPATICAMENTE *adv.* Pomposamente.

POMPATICO, A *adj.* Pomposo.

POMPEARSE *v. pron.* Pompear; ir faustosamente e com grande comitiva. U. t. c. intr. *fig.* Pavonear-se.

POMPO, A *adj. Amer.* Embotado, rombo, sem fio.

POMPONEARSE *v. pron. fam.* V. POMPEARSE.

POMULOSO, A (pomulosso) *adj.* Que tem os pômulos muito marcados.

PONCHA (pontcha) *s. f. Amer.* Espécie de poncho de inverno.

PONCHADA (pontchada) *s. f.* Quantidade de ponche preparada para várias pessoas. *Amer.* Porção, quantidade de alguma coisa; ponchada.

PONCHERA (pontchera) *s. f.* Poncheira.

PONCHO (pontcho) *s. m.* Poncho. *Arrastrar el —, loc. fig. fam. Amer.* Sacudir o poncho, ofender, desafiar.

PONCHO, A (pontcho) *adj.* Preguiçoso, mole, indolente. *Amer.* V. RECHONCHO.

PONCHONAMENTE (pontchonamente) *adv.* Indolentemente, molemente.

PONDERACIÓN *s. f.* Ponderação.

PONEDERO, A *adj.* Que se pode pôr ou está para ser posto. *s. f.* Poedeira. *s. m.* Ninho (de galinha). Indez. Ânus da galinha.

PONEDOR, A *adj.* Que põe. Diz-se do cavalo ou égua ensinado a encabritar-se ou a erguer as patas dianteiras. V. PONEDERO, 2ª acep. *s. m.* V. POSTOR.

PONENCIA *s. f.* Cargo de relator. Exposição feita pelo relator.

PONENTE *s. m.* Relator. U. t. c. adj.

PONENTINO, A *adj.* V. PONENTISCO.

PONENTISCO, A *adj.* Ocidental.

PONEPESARES (ponepessares) *s. m. fam.* Aflição, mágoa, desgosto.

PONER *v. tr.* Pôr, colocar, depositar, guardar, dispor, meter. U. t. c. pron. Pôr, supor. Apostar (no jogo). Pôr, reduzir, deixar, converter. Assentar, escrever o que outro dita. Pôr, empregar, colocar. Pôr (ovos). Pôr, aplicar, adaptar, acomodar. Pôr, dar (nome). Pôr (expor; acrescentar; incluir). Meter, causar, fazer, ocasionar. Pôr, estabelecer, mandar. *v. pron.* Opor-se, fazer frente a. Pôr-se, vestir-se. Encher-se, manchar-se, fazer-se de. Pôr-se (os astros). Chegar a um lugar, alcançar, estar em. *Irreg.* Ind. pres. *Pongo*. Pret. indef. *Pus-e, iste, o, imos, isteis, ieron*. Fut. imperf. *Pondr-é, ás, á, emos, éis, án*. Cond. simpl. *Pondría-a, as, a, amos, ais, an*. Subj. pres. *Pong-a, as, a, amos, áis, an*. Pret. imperf. *Pusi-era*, ou *ese, eras* ou *eses, era* ou *ese, éramos* ou *esemos, ereis* ou *eseis, eran* ou *esen*. Fut. imperf. *Pusier-e, es, e, éremos, ereis, en*. Imperat. *Pon, pong-a, amos, an*. Part. *Puesto*.

PONGO *s. m. Zool.* Pongo. *Amer.* Índio que trabalha como criado. Passo estreito e perigoso de um rio.

PONIENTADA *s. f.* Ponente (vento do oeste) duradouro.

PONIENTAZO (ponientaço) *s. f.* Oeste (vento) rijo.

PONIENTE *s. m.* Poente, ocidente, oeste. Ponente, oeste (vento). *Jír.* Chapéu.

PONIMIENTO *s. m.* Ação de pôr ou pôr-se.

PONTAJE (pontaje) *s. m.* V. PONTAZGO.

PONTAZGO *s. m.* Portagem.

PONTAZGUEAR *v. tr.* Cobrar a portagem.

PONTAZGUERO *s. m.* Portageiro.

PONTEAR *v. tr.* Construir ou lançar uma ponte sobre.

PONTEZUELA (ponteçuela) *s. f. Dim.* de *Puente*. Pontezinha.

PONTEZUELO (ponteçuelo) *s. m.* V. PONTEZUELA.

PONTÓN *s. m.* Pontão (barca para formar pontes). Pontão (ponte de madeira). Madeiro de determinadas dimensões. Navio velho que, ancorado em um porto, serve de depósito, hospital ou prisão. — *flotante*, balsa de madeiras.

PONTONERO *s. m. Mil.* Pontoneiro.

PONZOÑA (ponçonha) *s. f.* Veneno; peçonha. *fig.* Peçonha.

PONZOÑAR (poçonhar) *v. tr. ant.* V. EMPONZOÑAR.

PONZONÍFERO, A (ponçonhífero) *adj.* Venenífero.

PONZOÑOSAMENTE (ponçonhossamente) *adv.* Venenosamente, peçonhentamente.

PONZOÑOSO, A (ponçonhosso) *adj.* Venenoso; peçonhento.

POPAMIENTO *s. m.* Ação de Popar.

POPAR *v. tr.* Desprezar, menosprezar. Acariciar, afagar. *fig.* Tratar com brandura; cuidar com esmero.

POPEL *adj. Náut.* Diz-se daquilo que está mais à popa em relação a outra ou outras coisas.

POPO *s. m. Amer.* Tubo, canudo, cano.

POPOTE *s. m.* Espécie de palha de vassoura.

POPULACIÓN *s. f.* Povoação, povoamento (ação de povoar).

POPULACHERÍA (populatchería) *s. f.* Popularidade fácil conseguida entre o vulgo.

POPULACHERO, A (populatchero) *adj.* Plebeu, vulgar, próprio do populacho. Vulgar, próprio para desvanecer a plebe.

POPULAZO (populaço) *s. m.* Populaça, populacho.

POQUEDAD (poquedad) *s. f.* Pouquidade, pouquidão, pequenez, exigüidade, insignificância. Apocamento, acanhamento, timidez; pusilanimidade.

POQUEDUMBRE *s. f. ant.* V. POQUEDAD.

POQUEZA (poqueça) *s. f. ant.* V. POQUEDAD.

POQUITO, A *adj. Dim.* de *Poco*. Pouquinho. *A —, loc. adv.* Pouco a pouco. *A —s, loc. adv.* Aos poucos, pouco a pouco.

POR *prep.* Por (em todas as suas principais relações). — *donde, loc. adv.* Por onde, pelo que (motivo por que). — *que, loc. conjunt.* Porque. Para que, ¿— *qué? conj.* Por que?

PORCACHÓN (porcatchòn) *s. m. Aument.* de *Puerco.* Porcão. *adj.* Porcalhão, ona.

PORCAL *adj.* Reinol (diz-se de uma espécie de ameixa).

PORCALLÓN, A (porcalhòn) *s.* e *adj.* V. PORCACHÓN.

PORCENTAJE (porcentaje) *s. m.* Percentagem, porcentagem.

PORCHE (portche) *s. m.* V. COBERTIZO. Átrio, pórtico.

PORCIÓN *s. f.* Porção.

PORCIONERO, A *adj.* Comparte, sócio, partícipe, participante. U. t. c. s.

PORCIPELO *s. m. fam.* Cerda forte de porco.

PORCUNO, A *adj.* Porcino, suíno.

PORDIOSEAR (pordiossear) *v. tr.* Mendigar, esmolar, pedir esmola. *fig.* Mendigar (pedir humildemente).

PORDIOSEO (pordiossèo) *s. f.* Mendigação.

PORDIOSERÍA (pordiossería) *s. f.* Mendicidade.

PORDIOSERO, A (pordiossero) *adj.* e *s.* Mendicante.

POROTADA *s. f. Amer.* Feijoada.

POROTO *s. m. Amer.* Feijão.

PORQUE *conj.* Porque. Por que, para que.

PORQUÉ *s. m. fam.* Porquê, causa, razão, motivo. *fam.* Porção, parte, quantidade.

PORQUECILLA (porquecilha) *s. f. Dim.* de *Puerca.* Porquinha.

PORQUERA *adj.* Diz-se de certa lança curta, espécie de chuço. *s. m.* Covil de javalis.

PORQUERÍA *s. f. fam.* Porcaria (em todas as suas acepções).

PORQUERIZA (porqueriça) *s. f.* Porqueira, pocilga.

PORQUERIZO (porqueriço) *s. m.* Porqueiro, porcariço.

PORQUERO *s. m.* V. PORQUERIZO.

PORQUEZUELO (porquezuelo) *s. m. Dim.* de *Puerco.* Porquinho.

PORRA *s. m.* Cachamorra, cachaporra, clava, cacete. *fig.* Vaidade, jactância, presunção. *fig. fam.* Pessoa maçadora ou importuna. *Amer. argent.* Cabelo enredado. *A la —.* V. ENHORAMALA.

PORRADA *s. f.* V. PORRAZO. Pancada, bordoada (com a mão ou com um instrumento). *fig.* Pancada, choque, baque. *fig. fam.* Tolice, disparate, necedade. Grande porção de coisas.

PORRAZO (porraço) *s. m.* Cachamorrada, cachaporrada; porretada. Pancada, choque, baque.

PORREAR *v. intr. fam.* Maçar (ser maçador).

PORRERÍA *s. f. fam.* Tolice, sandice, disparate, necedade. *fam.* V. PESADEZ.

PORRETA *s. f.* Folhas verdes do porro. Porreta (talo verde das cebolas, alhos, etc.) As primeiras folhas que brotam dos cereais antes de formar-se a cana. *En —, loc. adv. fam.* Em pelo, nu, despido.

PORRILLA (porrilha) *s. f.* Martelo de ferrador. *Vet.* Sobremanchinho.

PORRILLO (A) (porrilho) *loc. adv. fam.* Em abundância, em grande quantidade, aos montões.

PORRINA *s. f.* Estado das searas quando estão muito pequenas e verdes. V. PORRETA.

PORRIÑO *s. m.* Muda de porro.

PORRO *adj. fam.* Néscio, estúpido, rude, inepto, incapaz.

PORRÓN *s. m.* Moringue, porrão.

PORTA *s. m. Náut.* Portinhola de peça. *Vena —, Anat.* Veia porta.

PORTABANDERA *s. f.* Cinturão de couro onde se apóia a haste da bandeira.

PORTADA *s. f.* Portada (porta grande com ornatos). Frontispício, frontaria, fachada. Frontispício, primeira página, página de rosto (de um livro).

PORTADERA *s. f.* Espécie de caixa ou arca que se carrega sobre as cavalgaduras (para levar víveres e outras coisas).

PORTADILLA (portadilha) *adj.* Diz-se da tábua que tem 2,50 m de compr., 0,32 de largura e 0,05 de altura. U. t. c. s.

PORTAFUSIL (portafussil) *s. m.* Bandoleira (da espingarda).

PORTAJE (portaje) *s. m.* V. PORTAZGO.

PORTAL *s. m.* Portal. Pórtico. Saguão. Átrio. Porta (da cidade).

PORTALADA *s. f.* Portada, portão monumental.

PORTALÁMPARA *s. f.* Suporte de lâmpada.

PORTALEJO (portalejo) *s. m. Dim.* de *Portal.*

PORTALEÑA (portalenha) *adj.* e *s.* V. PORTADILLA.

PORTALÓN *s. m. Náut.* Portaló.

PORTAMANTEO (portamantèo) *s. m.* Portamanta.

PORTAMONEDAS *s. m.* Porta-níqueis. Carteira (para dinheiro).

PORTANEUMATICO *s. m.* V. PORTARRUEDA.

PORTAÑOLA (portanhola) *s. f. Náut.* Portinhola de peça.

PORTANTE *s. m.* Furta-passo. *Tomar (uno) el —, loc. fig. fam.* Ir-se embora, retirar-se, afastar-se, sair.

PORTANTILLO (portantilho) *s. m.* Passo curto e apressado de um animal, principalmente do jumento novo.

PORTAÑUELA (portanhuela) *s. f.* Braguilha, portinhola (das calças). *Amer.* Portinhola (dos carros).

PORTANUEVAS *s. m.* e *f.* Porta-novas, noveleiro. Pessoa que traz ou dá notícias.

PORTAPLIEGOS *s. m.* Pasta ou carteira para papéis (pendente do cinturão ou do ombro).

PORTAPLUMAS *s. m.* Porta-penas.

PORTARRUEDA *s. f.* Porta-pneumático.

PORTAVENTANERO *s. m.* Carpinteiro que faz portas e janelas.

PORTAZGAR *v. tr.* Cobrar a portagem.

PORTAZGO *s. m.* Portagem.

PORTAZGUERO *s. m.* Portageiro.

PORTAZO (portaço) *s. m.* Batida de uma porta. Ação de bater com uma porta (para ofender alguém).

PORTEADOR, A *adj.* e *s.* Portador, condutor.

PORTEAR *v. tr.* Portar, conduzir, transportar, carregar, levar. *v. pron.* Emigrar (certas aves). *v. intr.* Bater com portas ou janelas.

PORTECICA *s. f. Dim.* de *Puerta.* Portinha.

PORTECILLA (portecilha) *s. f.* V. PORTECICA.

PORTECITA *s. f.* V. PORTECICA.

PORTEL *s. m.* V. PORTILLO.

PORTELA *s. f.* V. PORTILLO.

PORTEÑO, A (portenho) *adj.* e *s.* Bonaerense, portenho.

PORTEO (portèo) *s. m.* Porte, condução; transporte; ação de *Portear.*

PORTEREJO (porterejo) *s. m. Dim.* de *Portero.*

PORTERÍA *s. f.* Portaria (peça onde um porteiro dá informações). Emprego de porteiro. *Náut.* Bordada, conjunto de portinholas de peça.

PORTERO *s. m.* Porteiro.

PORTEZUELA (porteçuela) *s. f.* V. PORTECICA.

PORTEZUELO (porteçuelo) *s. m. Dim.* de *Puerto.* Portinho, portilho.

PORTIER *s. m.* Reposteiro.

PORTILLA (portilha) *s. f.* Porteira, cancela.

PORTILLERA (portilhera) *s. f.* V. PORTILLA.

PORTILLO (portilho) *s. m.* Portilha, seteira. Postigo. Desfiladeiro. *fig.* Fenda, racha; parte que falta em uma coisa quebrada.

PORTÓN *s. m.* Portão.

PORTORRIQUEÑO, A (portorriquenho) *adj.* e *s.* V. PUERTORRIQUEÑO.

PORTRECHO (portretcho) *s. m. ant.* Espaço, distância.

PORTUGUÉS, A (português, essa) *adj.* e *s.* Português, esa. *s. m.* Português (o idioma). Antiga moeda espanhola de dez ducados.

PORVENIR *s. m.* Porvir, futuro. Futuro (posição social que se há de conseguir).

¡PORVIDA! *interj.* de ira ou ameaça com que se jura pela vida de Deus, dos santos ou de alguma pessoa. U. t. c. s.

PORVIDAR *v. intr.* Jurar pela vida de U. t. c. tr.

POS (EN) *loc. adv.* Após, depois de. *s. m.* Sobremesa.

POSA (possa) *s. f.* Dobre (toque dos sinos a finados). Parada que fazem os clérigos, num enterro, para cantar os responsos. *pl.* Nádegas.

POSADA (possada) *s. f.* Pousada, estalagem. Pousada, morada, domicílio, residência, casa. Acampamento. V. HOSPEDAJE. V. MESÓN. Estojo de viagem.

POSADERAS (possaderas) *s. f. pl.* Nádegas, pousadeiro.

POSADERO (possado) *p. p.* de *Posar.*

POSAR (possar) *v. intr.* Alojar-se, hospedar-se, pousar. Pousar, empoleirar-se (as aves). U. t. c. pron. posar (para um pintor ou fotógrafo). *v. tr.* Pousar, repousar, parar para descansar. *v. pron.* Pousar, depositar-se (as borras de um líquido).

POSAVERGA (possaverga) *s. f. Náut.* Pau de sobresselente para algum mastro ou verga.

POSCAFÉ (poscafè) *s. m.* Licores ou quaisquer bebidas servidas após o café.

POSCOMUNIÓN *s. f. Rel.* Pós-comunhão (oração recitada após a comunhão).

POSDATA *s. f.* P. S. Pós-escrito.

POSDATAR *v. tr.* Por um pós-escrito a uma carta.

POSE (posse) *s. m.* Espécie de anzol.

POSEEDOR, A (posseedor) *adj.* e *s.* Possuidor.

POSEER (posseer) *v. tr.* Possuir. *v. pron.* Dominar-se (refrear os seus impulsos), possuir-se.

POSEÍBLE (posseíble) *adj.* Possuível.

POSEÍDO, A (posseído) *p. p.* de *Poseer.* Possuído. *adj.* e *s.* Possesso. *s. m.* Terreno lavradio herdado ou comprado.

POSESIÓN (possessiòn) *s. f.* Possessão, posse.

POSESIONADOR, A (possessionador) *adj.* e *s.* Empossador.

POSESIONAL (possessional) *adj.* Possessório.

POSESIONAMENTO (possessionamento) *s. m.* Emposse, posse. Ação de *Posesionar.*

POSESIONAR (possessionar) *v. tr.* Empossar, dar posse a, meter na posse. *v. pron.* Empossar-se, apossar-se, apoderar-se, assenhorear-se.

POSESIONERO (possessionero) *s. m.* Fazendeiro proprietário dos pastos arrendados.

POSESIVO, A (possessivo) *adj.* Possessivo.

POSESO, A (possesso) *p. p. irreg.* de *Poseer. adj.* e *s.* Possesso, endemoninhado.

POSESOR, A (possessor) *adj.* e *s.* Possessor, possuidor.

POSESORIO, A (possessorio) *adj.* Possessório.

POSEYENTE (possedjente) *p. a.* de *Poseer.* Possuinte.

POSFECHA (posfetcha) *s. f.* Posdata.

POSFIJO (posfijo) *s. m.* V. POSTFIJO.

POSIBILIDAD (possibilidad) *s. f.* Possibilidade.

POSIBILITACIÓN (possibilitaciòn) *s. f.* Ação de *Posibilitar.*

POSIBILITAR (possibilitar) *v. tr.* Possibilitar.

POSIBLE (possible) *adj.* Possível.

POSIBLEMENTE (possiblemente) *adv.* Possivelmente.

POSICIÓN (possiciòn) *s. f.* Posição (em todas as suas principais acepções). Ação de *Poner.*

PÓSITO (pòssito) *s. m.* Depósito de cereais, principalmente de trigo, que fica de reserva num município.

POSITURA (possitura) *s. f.* Postura. Posição, situação, estado de uma coisa.

POSMA *s. f. fam.* Calma, pachorra, fleuma. *s. m.* e *f. fam.* Pessoa calma, fleumática ou pachorrenta. U. t. c. adj.

POSO (posso) *s. m.* Lia, sedimento, fezes, borra. Repouso, descanso, quietude.

POSÓN (possòn) *s. m.* Espécie de assento ou banqueta.

POSPIERNA *s. f.* Posperna.

POSPONEDOR, A *adj.* e *s.* Que pospõe.

POSPONER *v. tr.* Pospor. *fig.* Pospor, estimar uma pessoa ou coisa menos que outra. *Irreg.* V. conj. de *Poner.*

POSPOSICIÓN (pospossiciòn) *s. f.* Posposição.

POSPUESTO, A *p. p. irreg.* de *Posponer* e *adj.* Posposto.

POSTA *s. m.* Posta, naco (de carne). Posta (estação de cavalos colocadas de distância a distância; casa em que está essa estação; estação de muda

das diligências). Distância de uma posta a outra. Aposta (quantia que se aposta). Balim de chumbo. Cartaz com um letreiro comemorativo. *Por la —, loc. fig. fam.* Com pressa, presteza ou celeridade.

POSTDATA *s. f.* V. POSDATA.

POSTE *s. m.* Poste (pau cravado verticalmente no chão). *fig.* Castigo (ficar em pé, no colégio, durante algum tempo). *Dar —, loc. fig. fam.* Fazer que alguém espere, em determinado lugar, maior tempo do que o combinado. *Oler (uno) el —, loc. fig. fam.* Prever (alguém) o dano que poderia sofrer.

POSTELERO *s. f. Náut.* Escora das mesas de guarnição.

POSTEMA *s. f.* Apostema, postema. *fig.* Pessoa maçadora, importuna ou enfadonha. *Amer.* Pus.

POSTEMERO *s. m.* Apostemeiro.

POSTEMOSO, A (postemosso) *adj.* Apostemoso.

POSTERGACIÓN *s. f.* Postergação, postergamento.

POSTFIJO (postifijo) *s. m.* Sufixo.

POSTIGO *s. m.* Postigo. Porta falsa. Porta de uma só folha. Cada uma das portas menos importantes de uma cidade.

POSTILA *s. f.* V. POSTILLA. V. APOSTILLA.

POSTILACIÓN *s. f.* Ação de apostilar; anotação, apostila.

POSTILADOR *s. m.* Apostilador.

POSTILAR *v. tr.* Apostilar.

POSTILLA (postilha) *s. f.* Apostilha, apostila. Bostela.

POSTILLÓN (postilhòn) *s. m.* Postilhão.

POSTILLOSO, A (postilhosso) *adj.* Bostelento.

POSTÍN *s. m. pop.* Presunção, vaidade, jactância. *Darse —, loc. fam.* Dar-se importância, fazer de importante.

POSTIZA (postiça) *s. f. Náut.* Postiça. Castanhola. U. m. no pl.

POSTIZAMENTE (postiçamente) *adv.* De modo postiço.

POSTIZO, A (postiço) *adj.* Postiço. *s. m.* Chinó.

POSTOR *s. m.* Lançador, licitador.

POSTRE *adj.* V. POSTRERO. *s. m.* Sobremesa; postres, pospasto. *A la —, ou al —, loc. adv.* Ultimamente, por último, no fim, finalmente, por fim.

POSTREMERO, A *adj.* V. POSTRIMERO.

POSTREMO, A *adj.* Último, derradeiro, postremo, extremo.

POSTRER *adj.* V. POSTRERO.

POSTRERA *s. f. Amer.* Apojo.

POSTRERO, A *adj.* Último, derradeiro, extremo; postreiro. U. t. c. s.

POSTRIMER *adj.* V. POSTRIMERO.

POSTRIMERAMENTE *adv.* Ultimamente, no fim, derradeiramente.

POSTRIMERÍA *s. f.* Último período ou últimos anos da vida. *Teol.* Novíssimos.

POSTRIMERO, A *adj.* Postremeiro, postrimeiro, último, derradeiro.

POSTULA *s. f.* Postulação.

POSTURA *s. f.* Postura, colocação, disposição, posição do corpo, atitude. Postura (os ovos postos por uma ave). Aposta (quantia apostada). Lanço (em leilão). Trato, pacto, convênio. Ação de pôr (ovos). Muda, transplante (de plantas). Muda (planta transplantada ou a transplantar-se). *Hacer —,* lançar, licitar (em leilão).

POTABLE *adj.* Potável, *Oro —,* ouro potável.

POTACIÓN *s. f.* Bebida. Ação de beber.

POTADO *s. m. Jír.* Bêbedo, borracho.

POTADOR, A *adj.* Bebedor. *s. m.* Aferidor de pesos e medidas. U. t. c. adj.

POTAJE (potaje) *s. m.* Potagem. Caldo, sopa. Beberagem (bebida em que entram muitos ingredientes). *fig.* Mistura, misturada.

POTAJERÍA (potajería) *s. f.* Porção de legumes secos; hortaliça.

POTALA *s. f. Náut.* Pouta.

POTANZA (potança) *s. f.* V. POTENZA.

POTAR *v. tr.* Beber. Aferir (pesos e medidas).

POTASA (potassa) *s. f.* Potassa.

POTÁSICO, A (potássico) *adj.* Potássico.

POTASIO (potassio) *s. m.* Potássio.

POTE *s. m.* Pote. *A —, loc. adv. fam.* Copiosamente, abundantemente.

POTENZA (potença) *s. f. Heráld.* Potentéia.

POTESTAD (potesta*d*) *s. f.* Potestade. *Mat.* Potência. *Patria —,* pátrio poder.

POTETERIA *s. f. prov. And.* Lisonja falsa e enfadonha.

POTETERO, A *adj. e s. prov. And.* Que faz lisonjas falsas e enfadonhas.

POTINGUE *s. m. fam. joc.* Qualquer remédio de farmácia.

POTRA *s. f.* Potra (égua nova). *fam.* Hérnia; potra. *Tener —, loc. fig. fam.* Ter boa sorte; ter potra.

POTREADOR *s. m. Amer. plat.* Palanque.

POTRERAJE (potreraje) *s. m. Amer. merid.* V. POTRERO, 1ª acep.

POTRERO *s. m.* Potreiro (lugar cercado onde se guarda o gado). Potreiro (negociante de potros). Pessoa que cuida dos potros. Cirurgião especialista em hérnias.

POTRIL *adj.* Pertencente aos potros. *s. m.* Potril.

POTRILLA (potrilha) *s. m. fig. fam.* Velho de costumes impróprios de sua idade.

POTRILLO (potrilho) *s. m. Dim.* de *Potro.* Potrilho.

POTRO *s. m.* Potro, poldro. Potro (instrumento de suplício). Tronco (aparelho para prender o gado). Coisa que incomoda muito. *Amer. equat.* e *colomb.* Hérnia.

POTRÓN *s. m. Amer. colomb.* Potro, poldro.

POTROSO, A (potrosso) *adj.* Hernioso, potroso. *fam.* Potrudo, que tem sorte, feliz.

POYA (podja) *s. f.* Poia (pão que o dono de uma fornada dá ao forneiro ou ao dono do forno onde se coze o pão). Resíduo do linho trilhado.

POYAL (podjal) *s. m.* Pano listado com que se cobrem os poiais. V. POYO.

POYAR (podjar) *v. intr.* Pagar a poia.

POYATA (podjata) *s. f.* V. ANAQUEL.

POYO (podjo) *s. m.* Poial (banco fixo de pedra, de madeira etc.).

POZA (poça) *s. f.* Poça. Alverca (onde se macera o cânhamo). *Amer. equat.* Lagoa.

POZAL (poçal) *s. m.* Balde (para tirar água de poço). Bocal de poço. V. POCILLO.

POZANCO (poçanco) *s. m.* Poça que fica à margem de um rio depois de enchente.

POZO (poço) *s. m.* Poço (em todas as suas principais acepções). *Amer. equat.* Fonte, manancial. *Amer. chil.* e *colomb.* V. POZA.

POZUELA (poçuela) *s. f. Dim.* de *Poza.* Pocinha, pequena poça.

POZUELO (poçuelo) *s. m. Dim.* de *Pozo.* Pocinho. V. POCILLO.

PRÁCTICA *s. f.* Prática (uso; experiência; exercício; saber oriundo da experiência; aplicação da teoria).

PRACTICABLE *adj.* Praticável (que se pode praticar; transitável).

PRACTICO, A *adj.* Prático. *s. m. Náut.* Prático.

PRACTICÓN *s. m. fam.* Prático, o que é hábil em uma profissão somente pela prática.

PRADAL *s. m.* Prado.

PRADEJÓN (pradejòn) *s. m.* Prado pouco extenso.

PRADEÑO, A (pradenho) *adj.* Pertencente ou relativo ao prado.

PRADERA *s. f.* V. PRADERÍA.

PRADERÍA *s. f.* Pradaria.

PRADEROSO, A (praderosso) *adj.* Pertencente ao prado.

PRADIAL *s. m.* Prairial.

PRAO *s. m. Náut.* Parau.

PRAVEDAD (praveda*d*) *s. f.* Pravidade, maldade, perversidade.

PRE *s. m.* V. PREST.

PREBOSTAZGO *s. m.* Prebostado.

PRECAUCIÓN *s. f.* Precaução, cautela, prevenção.

PRECEPTO *s. m.* Preceito, ensinamento, regra, determinação, guia, prescrição, indicação.

PRECEPTORADO *s. m.* Cargo de preceptor.

PRECEPTORIL *adj.* Preceptoral.

PRECEPTUAR *v. tr.* Preceituar.

PRECESIÓN (precessiòn) *s. f. Retor.* Reticência. *— de los equinoccios Astron.* Precessão dos equinócios.

PRECIADO, A *p. p.* de *Preciar. adj.* Apreciado, estimado, prezado. Presumido, pretensioso, fátuo, vaidoso.

PRECIADOR, A *adj. e s.* Apreciador.

PRECIAR *v. tr.* V. APRECIAR. *v. pron.* Vangloriar-se, jactar-se, alardear.

PRECINGIR (precinjir) *v. tr.* V. CEÑIR.

PRECINTO *s. m.* Precinta, precinto. Ação de precintar.

PRECIO *s. m.* Preço (em todas as suas acepções).

PRECIOSILLA (preciossilha) *s. f.* Presunçosa, presumida.

PRECIPITADERO *s. m.* Precipício.

PRECIPITACIÓN *s. f.* Precipitação.

PRECISAR (precissar) *v. tr.* Precisar, determinar, calcular, indicar de modo preciso, particularizar. Obrigar, compelir, forçar. *Amer.* Precisar, necessitar.

PRECISIÓN (precissiòn) *s. f.* Precisão (carência; urgência, necessidade; exatidão). *Amer. chil.* Pressa.

PRECITACIÓN *s. f.* Ação de *Precitar.*

PRECITADO, A *adj.* Já mencionado ou citado.

PRECITAR *v. tr.* Citar antes.

PRECONCEBIR *v. tr.* Preconceber. *Irreg.* V. conj. de *Servir.*

PRECONCEPCIÓN *s. f.* Preconceito, idéia preconcebida.

PRECONIZACIÓN (preconiçaciòn) *s. f.* Preconização.

PRECONOCEDOR, A *adj. e s.* Que conhece antecipadamente, que conjetura ou prevê.

PRECONOCER *v. tr.* Prever, conjeturar, conhecer antecipadamente. *Irreg.* V. conj. de *Conocer.*

PRECOZ *adj.* Precoce, temporão. *fig.* Precoce.

PREDA *s. f.* V. PRESA.

PREDECESOR (predecessor) *s. m.* Predecessor, antecessor.

PREDECIR *v. tr.* Predizer, vaticinar, prognosticar, profetizar. *Irreg.* Ind. pres. *Predigo, predices, e, en.* Pret. indef. *Predij-e, iste, o, imos, isteis, eron.* Subj. pres. *Predig-a, as, a, amos, ais, an.* Pret. imperf. *Predij-era ou ese, eras ou eses, era ou ese, éramos ou ésemos, erais ou eseis, eran ou esen.* Fut. imperf. *predij-ere, eres, e, éremos, ereis, eren.* Imperat. *Predice, predig-a, amos, an.* Ger. *Prediciendo.* Part. *Predicho.*

PREDESTINACIÓN *s. f.* Predestinação.

PREDETERMINACIÓN *s. f.* Predeterminação.

PREDICABLE *adj.* Predicável.

PREDICACIÓN *s. f.* Predicação.

PREDICADERA *s. f. prov.* Púlpito. *pl. fam.* Dotes de um predicante.

PREDICCIÓN (predicciòn) *s. f.* Predição, vaticínio, prognóstico, profecia.

PREDICHO, A (preditcho) *p. p. irreg.* de *Predecir.* Predito.

PREDIFUNTO, A *adj. e s.* Pré-defunto.

PREDILECCIÓN (predilecciòn) *s. f.* Predileção, preferência.

PREDILECTO, A *adj.* Predileto, preferido.

PREDIO *s. m.* Prédio (fazenda, herdade, propriedade rústica ou urbana inamovível).

PREDISPONER *v. tr.* Predispor. U. t. c. pron. *Irreg.* V. conj. de *Poner.*

PREDISPUESTO, A *p. p.* de *Predisponer* e *adj.* Predisposto.

PREDOMINACIÓN *s. f.* Predominação. Predominância.

PREELECCIÓN (preelecciòn) *s. f.* Eleição antecipada.

PREELEGIR (preelejir) *v. tr.* Eleger antecipadamente. *Irreg.* V. conj. de *Servir.*

PREESTABLECIDO, A *p. p.* de *Preestablecer.* Preestabelecido.

PREESTABLECER *v. tr.* Preestabelecer. *Irreg.* V. conj. de *Favorecer.*

PREFACIÓN *s. f.* Prefácio, prefação.

PREFECTO *s. m.* Prefeito.

PREFECTURA *s. f.* Prefeitura.

PREFERENTEMENTE *adv.* Preferencialmente.

PREFERIR *v. tr.* Preferir. U. t. c. pron. Exceder, avantajar. *v. pron.* Ufanar-se. *Irreg.* V. conj. de *Sentir.*

PREFIJAR (prefijar) *v. tr.* Prefixar, prefinir, prescrever.

PREFIJO, A (prefijo) *p. p. irreg.* de *Prefijar.* Prefixado, prefixo. *adj.* Prefixo. *s. m.* Prefixo.
PREFINICIÓN *s. f.* Ação de prefinir.
PREFLAMEAR *v. intr. Náut.* Começar a panejar uma vela.
PREFLORACIÓN *s. f.* Preflorescência, prefloração.
PREFOLIACIÓN *s. f.* Prefolheação, prefoliação.
PREFORMACIÓN *s. f.* Formação anterior.
PREGÓN *s. m.* Pregão.
PREGONAR *v. tr.* Apregoar, pregoar (em todas as suas acepções).
PREGONERÍA *s. f.* Ofício de pregoeiro.
PREGONERO *s. m.* Pregoeiro.
PREGUNTA *s. f.* Pergunta. Interrogatório.
PREGUNTADOR, A *adj.* e *s.* Perguntador.
PREGUNTANTE *p. a.* de *Preguntar.* Que pergunta, interrogante.
PREGUNTAR *v. tr.* Perguntar. *v. pron.* Perguntar a si mesmo.
PREGUNTÓN, A *adj.* e *s. fam.* Perguntão, ona.
PREGUSTACIÓN *s. f.* Pregustação.
PREHENSIL (preensil) *adj.* Preensil.
PREHENSIÓN (preensiòn) *s. f.* Preensão.
PREJUDICIO (prejudicio) *s. m.* V. PREJUICIO.
PREJUICIO (prejuicio) *s. m.* Prejuízo, preconceito.
PREJUZGAR (prejusgar) *v. tr.* Prejulgar.
PRELACIA *s. f.* Prelatura, prelazia.
PRELACIÓN *s. f.* Prelação.
PRELUCIR *v. intr.* Preluzir, prefulgir. *Irreg.* V. conj. de *Lucir.*
PRELUSIÓN (prelussiòn) *s. f.* Prelúdio, prólogo, introdução.
PREMEDITACIÓN *s. f.* Premeditação.
PREMIO *s. m.* Prêmio (em todas as suas principais acepções). — *gordo,* sorte grande, premio maior (na loteria).
PREMIOSAMENTE (premiossamente) *adv.* Apertadamente, dificilmente; forçadamente, a custo.
PREMIOSIDAD (premiossidad) *s. f.* Aperto, apertamento. Premência, dificuldade. *fig.* Rigidez, restrição. *fig.* Dificuldade em falar ou escrever.
PREMIOSO, A (premiosso) *adj.* Apertado, forçado, muito ajustado. Pesado, penoso, molesto. *fig.* Rígido, restrito. *fig.* Lerdo, lento, tardo (na ação e na expressão). *fig.* Castigado (diz-se do estilo que carece de espontaneidade).
PREMISA (premissa) *s. f. Lóg.* Premissa.
PREMISO, A (premisso) *adj.* Prevenido, dado, enviado antecipadamente.
PREMOCIÓN *s. f.* Premoção.
PREMORIENCIA *s. f. For.* Morte anterior a outra. *Irreg.* V. conj. de *Morir.*
PREMORIENTE *p. a.* de *Premorir.* U. t. c. s.
PREMORIR *v. intr. For.* Morrer uma pessoa antes de outra.
PREMUERTO, A *p. p. irreg.* de *Premorir. s. m.* Pré-defunto.
PREMURA *s. f.* Premência, aperto, urgência; pressa, instância.
PREÑADA, A *adj.* Prenhe, prenhada, grávida. *fig.* Parede que forma bojo e ameaça ruir. *fig.* Prenhe, cheio, repleto. *s. m.* Prenhez. Feto.
PRENDA *s. f.* Penhor (objeto que assegura o pagamento de uma dívida). Qualquer móvel ou utensílio doméstico. Cada uma das partes do vestido ou do calçado. Penhor, prova, sinal, demonstração. *fig.* Penhor, garantia. *fig.* Jóia, amor (pessoa amada). *fig.* Prenda, dote, qualidade. *pl.* Jogo de prendas. *En —,* ou *en —s, loc. adv.* Em penhor; como fiança. *Sacar —s,* embargar.
PRENDADOR, A *adj.* Que penhora ou recebe o penhor. U. t. c. s.
PRENDAMIENTO *s. m.* Penhora. Ação de enamorar-se, apaixonar-se, ou afeiçoar-se.
PRENDAR *v. tr.* Penhorar (para pagamento de dívida). Penhorar (dar motivo à gratidão de, obrigar). *v. pron.* Enamorar-se (de pessoa ou coisa).
PRENDEDERO *s. m.* Prisão (qualquer objeto que serve para prender ou atar). Alamar. Travessa (para o cabelo).

PRENDEDOR *s. m.* V. PRENDEDERO. O que prende.
PRENDEDURA *s. f.* V. GALLADURA.
PRENDER *v. tr.* Prender, segurar, agarrar. Prender, privar da liberdade, capturar, encarcerar. Prender, pegar, comunicar. Cobrir (o macho a fêmea). Enfeitar, adornar (uma mulher). U. t. c. pron. *v. intr.* Pegar, arraigar (uma planta). Prender, pegar (fogo etc.). *Irreg.* Este verbo tem dois particípios, um reg., *Prendido,* e outro irreg., *Preso,* e para a formação dos tempos compostos usa-se mais este do que aquele.
PRENDERÍA *s. f.* Casa de penhores.
PRENDERO *s. m.* Penhorista, agiota, adelo.
PRENDIDO, A *p. p.* de *Prender. s. m.* Enfeite feminino, principalmente para a cabeça. Desenho para fazer renda.
PRENDIMIENTO *s. m.* Prendimento, prisão, captura. *Por Antonom.* Jesus Cristo no Horto.
PREÑEZ (prenhez) *s. f.* Prenhez, gravidez. *fig.* Confusão, dificuldade, obscuridade (numa coisa). *fig.* Estado de um assunto que ainda não chegou a resolver-se.
PRENOCIÓN *s. f.* Prenoção.
PRENOMBRE *s. m.* Prenome.
PRENSA *s. f.* Prensa (máquina). Imprensa, prelo. *fig.* Imprensa, jornalismo. *Dar a la —,* dar ao prelo, imprimir, publicar.
PRENSADURA *s. f.* Prensagem.
PRENSIL *adj.* Preensil.
PRENSIÓN *s. f.* Preensão.
PRENUNCIACIÓN *s. f.* Prenunciação.
PREOCUPACIÓN *s. f.* Preocupação (idéia fixa predominante; prevenção, opinião antecipada). Ocupação antecipada.
PREOCUPAR *v. tr.* Preocupar (causar preocupação). U. t. c. pron. Ocupar antecipadamente. *v. pron.* Estar prevenido a favor ou contra alguma pessoa ou coisa.
PREORDINACIÓN *s. f.* Preordenação; predestinação.
PREORDINADAMENTE *adv.* Preordenadamente.
PREORDINAR *v. tr.* Preordenar.
PREPARACIÓN *s. f.* Preparação, preparo. *Farm.* Preparado.
PREPARAMIENTO *s. m.* Preparamento.
PREPONER *v. tr.* Prepor, antepor, preferir. *Irreg.* V. conj. de *Poner.*
PREPOSICIÓN (prepossiciòn) *s. f.* Preposição. — *inseparable Gram.* Prefixo.
PREPOSTERACIÓN *s. f.* Preposteração, reviramento, desordem.
PREPUESTO, A *p. p. irreg.* de *Preponer.* Preposto.
PRESA (pressa) *s. f.* Presa (ação de apreender ou apresar). Presa (coisa apresada). Represa (dique; açude). Canal descoberto. Presa (dente canino). Pedaço, talhada (de coisa comestível). Presa (coisa roubada).
PRESADA (pressada) *s. f.* Represa (acumulação de água).
PRESADO, A (pressado) *adj.* De cor verde-clara.
PRESAGIAR (pressagiar) *v. tr.* Pressagiar.
PRESAGIO (pressagio) *s. m.* Presságio.
PRESAGIOSO, A (pressagiosso) *adj.* Pressagioso.
PRÉSAGO, A (prèssago) *adj.* Pressago.
PRESAGO, A (pressago) *adj.* V. PRÉSAGO.
PRESBICIA *s. f. Med.* Presbitia, presbitismo.
PRÉSBITE *adj.* e *s.* Presbita.
PRESCIENCIA *s. f.* Preciência.
PRESCIENTE *adj.* Preciente.
PRESCINDENCIA *s. f. Amer.* Abstração.
PRESCINDENTE *adj. Amer.* Independente.
PRESCINDIBILIDAD (prescindibilidad) *s. f.* Qualidade de prescindível.
PRESCINDIBLE *adj.* Prescindível.
PRESCINDIR *v. tr.* Prescindir.
PRESCITO, A *adj.* e *s.* Precito.
PRESCRIBIR *v. tr.* Prescrever. (em todas as suas acepções). *Irreg.* V. conj. de *Escribir.*
PRESCRIPCIÓN *s. f.* Prescrição.
PRESCRIPTIBILIDAD (prescriptibilidad) *s. f. For.* Qualidade de prescritível.
PRESCRIPTIBLE *adj.* Prescritível.

PRESCRIPTO, A *p. p. irreg.* de *Prescribir.* Prescrito.
PRESEA (pressèa) *s. f.* Jóia, alfaia.
PRESENCIA (pressencia) *s. f.* Presença.
PRESENCIÓN (pressensiòn) *s. f.* Pressentimento.
PRESENTABLE (pressentable) *adj.* Apresentável.
PRESENTACIÓN (pressentaciòn) *s. f.* Apresentação.
PRESENTADO, A (pressentado) *p. p.* de *Presentar.* Apresentado.
PRESENTADOR, A (pressentador) *adj.* e *s.* Apresentador.
PRESENTALLA (pressentalha) *s. f.* Ex-voto.
PRESENTANTE (pressentante) *p. a.* de *Presentar.* Que apresenta.
PRESENTAR (pressentar) *v. tr.* Apresentar (em todas as suas principais acepções). *v. pron.* Apresentar-se (em todas as suas principais acepções).
PRESENTE (pressente) *s. m.* Presente (tempo atual). Presente, dádiva. *adj.* Presente. *Al —,* ou *de —, loc. adv.* No presente, presentemente, de momento, atualmente. *Por la, por el,* ou *por lo —, loc. adv.* Por agora, de momento, neste instante, ao presente, de presente.
PRESENTIMIENTO (pressentimiento) *s. m.* Pressentimento.
PRESENTIR (pressentir) *v. tr.* Pressentir. *Irreg.* V. conj. de *Sentir.*
PRESERA (pressera) *s. f.* V. HORTELANO (AMER. DE).
PRESERO (pressero) *s. m.* Guarda de represa ou açude.
PRESIDARIO (pressidario) *s. m.* Presidiário.
PRESIDIABLE (pressidiable) *adj.* Que merece o presídio.
PRESILLA (pressilha) *s. f.* Presilha.
PRESIÓN (pressiòn) *s. f.* Pressão.
PRESO, A (presso) *p. p. irreg.* de *Prender.* Preso. *s. m.* Preso.
PREST *s. m. Mil.* Pré.
PRESQUILLA (presquilha) *s. f.* Espécie de melão.
PRESTA *s. f.* V. HIERBABUENA.
PRESTABLE *adj.* Emprestável.
PRESTACIÓN *s. f.* Prestação. Empréstimo (ação de emprestar). Prestação, contribuição.
PRESTADIZO, A (prestadiço) *adj.* Emprestadio, emprestável, que se pode emprestar.
PRESTADO, A *p. p.* de *Prestar. De —, loc. adv.* De empréstimo, de modo precário.
PRESTADOR, A *adj.* e *s.* Emprestador.
PRESTAMENTE *adv.* Prestemente, prestamente.
PRESTAMERA *s. f.* Prestimônio.
PRESTAMERÍA *s. f.* Gozo de prestimônio. Dignidade de prestimoniado.
PRESTAMERO *s. m.* Prestimoniado.
PRÉSTAMO *s. m.* Empréstimo. V. PRESTAMERA.
PRESTANCIA *s. f.* Préstimo, prestança, excelência.
PRESTAR *v. tr.* Emprestar. Prestar, conceder, repartir, dar como auxílio; dar; auxiliar, ajudar; comunicar. *v. intr.* Prestar, ter préstimo, ser útil. Dar de si, distender-se, esticar. *v. pron.* Prestar-se a, acomodar-se, amoldar-se.
PRESTATARIO, A *adj.* e *s.* Que toma dinheiro emprestado.
PRESTE *s. m.* Presbítero.
PRESTIDIGITACIÓN (prestidijitaciòn) *s. f.* Prestidigitação.
PRÉSTIDO *s. m. ant.* V. EMPRÉSTITO.
PRESTIGIO (prestijio) *s. m.* Prestígio (em todas as suas acepções).
PRESTIÑO (prestinho) *s. m.* V. PESTIÑO.
PRESTO, A *adj.* Prestes, presto. *adv.* Prestes, presto. *De —, loc. adv.* Prestes, brevemente, de presto, prestamente.
PRESUMIBLE (pressumible) *adj.* Presumível.
PRESUMIDO, A (pressumido) *p. p.* de *Presumir.* *adj.* e *s.* Presumido, vaidoso, presunçoso.
PRESUNCIÓN (pressunciòn) *s. f.* Presunção (suspeita, conjetura; vaidade, alta opinião de si próprio).
PRESUNTAMENTE (pressuntamente) *adv.* Presuntivamente.

PRESUNTO, A (pressunto) *p. p. irreg.* de *Presumir.*

PRESUNTUOSAMENTE (pressuntuossamente) *adv.* Pretensiosamente, presunçosamente, presumidamente.

PRESUNTUOSIDAD (pressuntuossidad) *s. f.* Presunção, pretensão, vaidade.

PRESUNTUOSO, A (pressuntuosso) *adj.* e *s.* Presunçoso, vaidoso, pretensioso, presumido.

PRESUPONER (pressuponer) *v. tr.* Pressupor, dar a entender, fazer supor. Orçar, calcular antecipadamente a receita e a despesa. *Irreg.* V. conj. de *Poner.*

PRESUPOSICIÓN (pressupossición) *s. f.* Pressuposição, suposição, conjetura. V. PRESUPUESTO.

PRESUPUESTAR (pressupuestar) *v. tr.* V. PRESUPONER, 2ª acep.

PRESUPUESTÍVORO, A (pressupuestívoro) *adj. fam.* Aplica-se à pessoa apegada a empregos públicos e que deles vive.

PRESUPUESTO, A (pressupuesto) *p. p. irreg.* de *Presuponer. s. m.* Orçamento; pressuposto, projeto. Causa, motivo, pretexto. Suposição, conjetura. *— que, loc. conjunt.* Suposto que.

PRESURA (pressura) *s. f.* Pressa, presteza, prontidão. Afinco, tenacidade, porfia. Opressão, ânsia, aperto, angústia, aflição.

PRESUROSAMENTE (pressurossamente) *adv.* Pressurosamente, prontamente, diligentemente, rapidamente.

PRESUROSO, A (pressurosso) *adj.* Pressuroso, pronto, rápido, veloz, apressado.

PRETE *s. amb. Amer.* Pretendente, namorado. Namorada, pretendida.

PRETENDIENTA *s. f.* Pretendente.

PRETENDIENTE *adj.* e *s. m.* Pretendente.

PRETENSIÓN *s. f.* Pretensão (aspiração, suposto direito; vaidade, presunção).

PRETENSO, A *p. p. irreg.* de *Pretender. adj.* Pretenso, imaginário, presumido. *s. m.* V. PRETENSIÓN.

PRETERIBLE *adj.* Preterível.

PRETERICIÓN *s. f.* Preterição.

PRETERMISIÓN (pretermissión) *s. f.* Pretermissão.

PRETERNATURALIZAR (preternaturaliçar) *v. tr.* Alterar o ser ou estado natural de uma coisa. U. t. c. pron.

PRETERNATURALMENTE *adv.* Sobrenaturalmente.

PRETIL *s. m.* Guarda, parapeito (de pontes e outros lugares). Pavimento ao longo de uma destas guardas.

PRETINA *s. f.* Cinto (para a cintura). Cinto, cintura, cós. *fig.* Cinto (o que cinge ou rodeia uma coisa). *Amer.* Disciplina. *Meter,* ou *poner (a uno) en —,* chamar alguém à razão, dominá-lo.

PRETINAZO (pretinaço) *s. m.* Cintada (golpe com um cinto).

PRETINERO *s. m.* Cinteiro (fabricante de cintos).

PRETOR *s. m.* Pretor. Negrura das águas onde abundam os atuns.

PRETORIO, A *adj.* Pretoriano. *s. m.* Pretório.

PREVALECER *v. intr.* Prevalecer. Arraigar (as plantas). *Irreg.* V. conj. de *Favorecer.*

PREVALER *v. intr. ant.* V. PREVALECER. *v. pron.* Prevalecer-se, servir-se, valer-se, utilizar-se. *Irreg.* V. conj. de *Valer.*

PREVENCIÓN *s. f.* Prevenção. *A —, loc. adv.* De prevenção.

PREVENIDO, A *p. p.* de *Prevenir. adj.* Prevenido, preparado. Provido, abundante. Acautelado, prudente, cuidadoso.

PREVENIR *v. tr.* Prevenir (em todas as suas principais acepções). *Irreg.* V. conj. de *Venir.*

PREVER *v. tr.* Prever. *Irreg.* V. conj. de *Ver.*

PREVISIÓN (previssión) *s. f.* Previsão.

PREZ *s. amb.* Honra, estima, galardão: consideração que se adquire com uma ação gloriosa. *ant.* Fama, renome.

PRIESA (priessa) *s. f.* V. PRISA.

PRIETA *s. f. Amer.* V. MORCILLA.

PRIETO, A *adj.* Moreno, escuro, denegrido, quase negro. Apertado. *fig.* Miserável, mesquinho, avaro, cobiçoso.

PRIMACIA *s. f.* Primazia.

PRIMADA *s. f. fam.* Logro, engano, peça que se prega a um incauto, conseguindo que ele pague convites, gastos alheios etc.

PRIMADO *s. m.* Primado, prioridade, primazia. Primaz. Primazia (dignidade do primaz).

PRIMAL, A *adj.* Diz-se da ovelha ou carneiro com mais de um ano e menos de dois. U. t. c. s. *s. m.* Cordão de seda.

PRIMATE *s. m.* Prócer, magnate, personagem ilustre. *pl. Zool.* Primatas.

PRIMAZGO *s. m.* Parentesco entre primos. Primazia (dignidade de primaz).

PRIMER *adj. Apóc.* de *Primero. Gram.* Usa-se antes de substantivo: *El — aniversario,* o primeiro aniversário.

PRIMERA *s. f.* Primeira, jogo da primeira.

PRIMERIZO, A (primeriço) *adj.* Novato, noviço, principiante, aprendiz, que faz uma coisa pela primeira vez. U. t. c. s. Primípara. U. t. c. s.

PRIMERO, A *adj.* Primeiro. U. t. c. s. *adv.* Primeiro, primeiramente, antes de tudo, mais cedo. V. MAS (BIEN). *De —, loc. adv.* De primeiro, primeiramente, antes de tudo ou de todos.

PRIMICERIO, A *adj.* Primicério, o primeiro em qualquer dignidade. *s. m.* Chantre.

PRIMICHÓN (primitchón) *s. m.* Meada de seda para bordar.

PRIMICIA *s. f.* Primícias (primeiros frutos). *pl.* Primícias (de uma coisa não material).

PRIMICIAL *adj.* Pertencente ou relativo às primícias.

PRIMILLA (primilha) *s. f.* Perdão da primeira falta ou culpa.

PRIMITIVIDAD (primitividad) *s. f.* Primitivismo (qualidade de primitivo).

PRIMO, A *adj.* e *s.* Primo (em todas as suas acepções). *fam.* Negro (indivíduo da raça negra). *fam.* Pessoa néscia e incauta. *adv.* Primo.

PRIMOREAR *v. tr.* Fazer primores, principalmente executar com destreza qualquer capricho em um instrumento musical.

PRIMOREO (primorèo) *s. m.* Ação de *Primorear.* Primor.

PRIMOROSO, A (primorosso) *adj.* Primoroso. *Amer. guat.* Carinhoso, amável.

PRIMULA *s. f. Bot.* Primavera.

PRINCIPADA *s. f. fam.* V. ALCALDADA.

PRINCIPAL *adj.* Principal (o mais importante; fundamental, essencial; nobre, ilustre, o mais notável). Príncips. *s. m.* Corpo de guarda. Principal (capital de uma dívida). Chefe (de casa de comércio, fábrica ou armazém). *For.* V. PODERDANTE.

PRINCIPALIDAD (principalidad) *s. f.* Principalidade, prioridade, primazia, superioridade.

PRINCIPIANTA *s. f.* Principiante; aprendiz, novata.

PRINGADA *s. f.* Fatia de pão molhada em gordura.

PRINGAR *v. tr.* Besuntar, untar com gordura. Apertar com pão alimentos gordurosos. Lançar a alguém azeite fervente. Manchar com gordura, pingar. U. t. c. pron. *fam.* Ferir, picar, fazendo sangue. *fig. fam.* Denegrir, infamar, enxovalhar. *v. intr. fig.* Tomar parte num negócio, ter parte, participar. *v. intr. fig. fam.* Prevaricar.

PRINGÓN, A *adj. fam.* Sujo, porcalhão, graxento. *s. m. fam.* Ato de manchar-se com gordura. *fam.* Mancha de gordura.

PRINGOR *s. m.* Ação de *Pringar (v. pron.).*

PRINGOSAMENTE (pringossamente) *adv.* De modo gorduroso.

PRINGOSIDAD (pringossidad) *s. f.* Gordura, qualidade de gordurento.

PRINGOSO, A (pringosso) *adj.* Gordurento, graxento.

PRINGOTE *s. m.* Mistura de carne, toucinho e chouriço.

PRINGUE *s. amb.* Gordura, graxa, pingo, unto. *fig.* Graxa, sujeira, sujidade, sebo. Castigo consistente em lançar azeite fervente.

PRIORAZGO *s. m.* Priorado, priorato.

PRIORISTA *s. m.* e *f.* Apriorista.

PRIORISTICO, A *adj.* Apriorístico.

PRISA (prissa) *s. f.* Pressa, rapidez, celeridade, velocidade, ligeireza, presteza. Rebate, escaramuça, conflito, peleja confusa. Pressa, azáfama, afã. Grande concorrência, corrida (a algum produto). *ant.* Pressa, aperto, conflito, aflição, dificuldade. *A —, loc. adv.* À pressa, às pressas, rapidamente. *De —, loc. adv.* Depressa. *Dar —,* apressar, instar, urgir. *Correr —,* ser urgente, ser coisa de pressa. *Darse (uno) —,* dar-se pressa, apressar-se. *De — y corriendo, loc. adv.* À toda a pressa. *Estar (uno) de —,* estar apressado, ter pressa. *Meter (uno) —,* apressar.

PRISCO *s. m.* V. ALBÉRCHIGO. *adj. Amer.* Ingênuo, simples, cândido.

PRISIÓN (prissión) *s. f.* Prisão (em todas as suas acepções). *pl.* Grilhetas.

PRISIONERO (prissionero) *s. m.* Prisioneiro.

PRIVADERO *s. m.* O que limpa latrinas.

PRIVADOR, A *adj. Amer.* Volúvel, ligeiro, inconstante (nas suas predileções).

PRIVANZA (privança) *s. f.* Privança, valimento.

PRO *s. amb.* Pró, vantagem, proveito. *Buena —,* bom proveito. *El — y el contra,* o pró e o contra. *En —, loc. adv.* Em prol, em favor.

PROAL *adj.* Pertencente à proa.

PROBABLE *adj.* Provável.

PROBABLEMENTE *adv.* Provavelmente.

PROBACIÓN *s. f.* Prova. Provação.

PROBADA *s. f.* Prova, ensaio.

PROBADO, A *p. p.* de *Probar* e *adj.* Provado.

PROBADOR, A *adj.* e *s.* Provador. *ant.* Advogado da defesa.

PROBADURA *s. f.* Provadura, prova (ato de provar a comida ou bebida).

PROBANZA (probança) *s. f.* Prova, provança (em juízo).

PROBAR *v. tr.* Provar, examinar, experimentar. Provar, justificar, demostrar a verdade de uma coisa. Provar (comida ou bebida). *Gram.* Com a prep. *a* e um infinitivo, significa tentar, experimentar, provar: *Probó a cantar, pero no tenía voz,* experimentou, tentou cantar, mas não tinha voz. *v. intr.* Convir uma coisa à outra, produzir o efeito desejado, assentar, sentar. (Usa-se geralmente com os adv. *bien* ou *mal.*) *Irreg.* V. conj. de *Almorzar.*

PROBATIVO, A *adj.* Provatório, probatório.

PROBATURA *s. f. fam.* Prova, ensaio, experimento.

PROBETA *s. f.* Proveta, tubo de ensaio.

PROCACIDAD (procacidad) *s. f.* Procacidade, insolência, desavergonhamento, atrevimento, descaramento.

PROCAZMENTE *adv.* Insolentemente, atrevidamente, impudentemente, petulantemente, desavergonhadamente.

PROCEDIENTE *p. a.* de *Proceder. adj.* Procedente.

PROCEDIMIENTO *s. m.* Procedimento, comportamento. Processo, maneira, técnica. *For.* Processo.

PROCER *adj.* Prócero, alto, elevado; importante. *s. m.* Prócer.

PROCERO, A *adj.* V. PROCER.

PROCEROSO, A (procerosso) *adj.* Imponente, de elevada estatura, corpulento e de semblante grave.

PROCESADO, A (processado) *p. p.* de *Procesar. adj.*, *s. m.* e *f.* Processado.

PROCESAL (processal) *adj.* Processual.

PROCESAMIENTO (processamiento) *s. m.* Processamento.

PROCESAR (processar) *v. tr. For.* Processar.

PROCESIÓN (procession) *s. m.* Processão, procedência. Procissão.

PROCESIONAL (processional) *adj.* processional.

PROCESO (processo) *s. m.* Processo, progresso, seguimento, decurso. *For.* Processo.

PROCLAMA *s. f.* Proclama. Proclamação, alocução.

PROCREABLE *adj.* O que pode procriar.

PROCREACIÓN *s. f.* Procriação.

PROCREAR *v. tr.* Procriar.

PROCURA *s. f.* Procuração (mandato, incumbência). Procuradoria. Cuidado assíduo nos negócios.

PROCURACIÓN *s. f.* Diligência, cuidado, atenção (no manejo de um negócio). Procuração (mandato, incumbência). Procuradoria (cargo de procurador; repartição).

PROCURADORÍA *s. f.* Procuradoria (cargo de procurar; repartição).

PROCURRENTE *s. f.* Grande península.

PRODICIÓN *s. f.* Prodição, traição, aleivosia.

PRODIGACIÓN *s. f.* Prodigalidade (ato de prodigalizar).

PRODIGADOR, A *adj.* e *s.* Prodigalizador.

PRODIGAR *v. tr.* Prodigalizar, prodigar. *v. pron.* Exceder-se na exibição pessoal.

PRODIGIADOR (prodijiador) *s. m.* Pessoa que, interpretando prodígios, prognostica o futuro.

PRODIGIOSIDAD (prodijiossidad) *s. f.* Qualidade de prodigioso.

PRÓDROMO *s. m.* Pródromo (de uma doença).

PRODUCCIÓN (producciòn) *s. f.* Produção (em todas as suas principais acepções). *Amer.* V. PROLONGACIÓN.

PRODUCIBILIDAD (producibilidad) *s. f.* Produtibilidade.

PRODUCIBLE *adj. Filos.* Producente; produtível.

PRODUCIDERO, A *adj.* Apto para produzir.

PRODUCIDOR, A *adj.* e *s.* Produzidor, produtor.

PRODUCIENTE *p. a.* de *Producir.* Producente.

PRODUCIR *v. tr.* Produzir (em todas as suas acepções). *irreg.* V. conj. de *Inducir.*

PRODUCTIBLE *adj.* Produtível.

PRODUCTO, A *p. p. irreg.* de *Producir. s. m.* Produto (em todas as suas acepções).

PRODUCTOR, A *adj.* e *s.* Produtor.

PROEJAR (proejar) *v. intr.* Remar contra a corrente ou contra a força do vento.

PROEL *adj. Náut.* Diz-se da parte das coisas de uma embarcação que está mais próxima da proa. *s. m.* Proeiro.

PROFANACIÓN *s. f.* Profanação.

PROFANAMIENTO *s. m.* Profanação.

PROFANIDAD (profanidad) *s. f.* Profanidade (qualidade de profano).

PROFANIZAR (profaniçar) *v. tr.* Profanar.

PROFAZAR (profaçar) *v. tr.* Profaçar, inventivar, falar mal (de pessoa ou coisa).

PROFESAR (professar) *v. tr.* Professar, exercer; ensinar; seguir a regra de.

PROFESIÓN (professiòn) *s. f.* Profissão, ofício, emprego, modo de vida. Profissão (ato de professar).

PROFESIONAL *adj.* Profissional.

PROFESO, A (professo) *adj.* e *s.* Professo.

PROFESOR (professor) *s. m.* Professor, mestre.

PROFESORADO (professorado) *s. m.* Professorado.

PROFESORAL (professoral) *adj.* Professoral.

PROFETASTRO *s. m.* Mau profeta.

PROFILAXIS (profilacsis) *s. f.* Profilaxia.

PROFUNDIZAR (profundiçar) *v. tr.* Profundar, aprofundar. U. t. c. intr.

PROFUSIÓN (profussiòn) *s. f.* Profusão.

PROGERÍA (projeria) *s. f.* Velhice prematura.

PROGNEO *s. m. Póet.* Progne, andorinha.

PROGRESAR (progressar) *v. intr.* Progredir.

PROGRESIÓN (progressiòn) *s. f.* Progressão, prosseguimento, continuação. *Mat.* Progressão.

PROGRESO (progresso) *s. m.* Progresso (em todas as suas principais acepções).

PROHIJACIÓN (proijaciòn) *s. f.* Perfilhação.

PROHIJADOR, A (proijador) *adj.* e *s.* Perfilhador.

PROHIJAMIENTO (proijamiento) *s. m.* Perfilhamento.

PROHIJAR (proijar) *v. tr.* Perfilhar.

PROHOMBRE (proombre) *s. m.* Pró-homem.

PROHOMBRÍA (proombría) *s. f.* Qualidade de pró-homem.

PROJIMAL (projimal) *adj.* Pertencente ou relativo ao próximo. *Amor —,* amor ao próximo.

PRÓJIMO (prójimo) *s. m.* Próximo, cada pessoa, o conjunto de todos os homens.

PROLIFERACIÓN *s. f.* Proliferação.

PROLIJAMENTE (prolijamente) *adv.* Prolixamente.

PROLIJEADOR, A (prolijeador) *adj.* e *s.* Prolixo; o que é prolixo.

PROLIJEADURA (prolijeadura) *s. f.* V. PROLIJEAMIENTO.

PROLIJEAMIENTO (prolijeamiento) *s. m.* Ato de ser prolixo.

PROLIJEAR (prolijear) *v. intr.* Ser prolixo.

PROLIJIDAD (prolijidad) *s. f.* Prolixidade.

PROLIJO, A (prolijo) *adj.* Prolixo.

PROLOGUISTA *s. m.* e *f.* Escritor ou escritora de prólogos, prefaciador.

PROLONGABLE *adj.* Prolongável.

PROLONGACIÓN *s. f.* Prolongação. Prolongamento (coisa prolongada).

PROLONGAMIENTO *s. m.* Prolongamento.

PROLUSIÓN (prolussiòn) *s. f.* Prolusão, prelúdio, prólogo.

PROMEDIAR *v. tr.* Meiar, mediar, dividir ao meio, igualar, equilibrar. *v. intr.* Mediar (servir de mediador), intervir à cerca de. Mediar, ir em meio (uma época).

PROMEDIO *s. m.* Meio (ponto médio). Termo médio.

PROMESA (promessa) *s. f.* Promessa.

PROMESERO (promessero) *s. m.* Pessoa que fez alguma promessa a Deus ou aos santos.

PROMETIDA *s. f.* Noiva, prometida.

PROMETIENTE *p. a.* de *Prometer. adj.* Promitente.

PROMETIMIENTO *s. m.* Prometimento, promessa, oferecimento.

PROMINENCIA *s. f.* Proeminência.

PROMINENTE *adj.* Proeminente.

PROMISCUACIÓN *s. f.* Ato de *Promiscuar.*

PROMISCUAR *v. tr.* Misturar e comer carne com peixe em dia de jejum. *fig.* Participar indistintamente de coisas heterogêneas.

PROMISCUIDAD (promiscuidad) *s. f.* Promiscuidade, mistura, confusão.

PROMISIÓN (promissiòn) *s. f.* Promissão, promessa.

PROMULGACIÓN *s. f.* Promulgação.

PRONACIÓN *s. f. Anat.* Pronação.

PRONO, A *adj.* Muito dado ou propenso a uma coisa. Em decúbito ventral. *Decúbito —,* decúbito ventral.

PRONOMBRE *s. m.* Pronome. *Gram. — demonstrativo,* pronome demonstrativo. Os pronomes essencialmente demonstrativos são três: *ese, ese* e *aquel. — indeterminado,* pronome indefenido: *alguien, nadie, uno. — personal,* pronome pessoal. São os seguintes os pron. pes.: *Yo, tú, él;* pl. *nosostros, as* e *nos* para os dois gêneros; *vosotros, as,* e *vos* para os dois gêneros; *ellos, ellas.* As variações pronominais antepõem-se e pospõem-se ao verbo em todas as suas formas. As que no dativo e no acusativo não admitem preposição, como *me, nos, te, os, le, lo, les, los, la, las* e *se,* quando pospostas, empregam-se como sufixos: *óyeME, déjaNOS, amaOS* etc. *(Me, nos, se* e *os* são as únicas que se podem empregar com verbos pronominais ou usados reflexivamente. *— posesivo,* pronome possessivo. São os seguintes: *mío, mía, nuestro, nuestra* (da 1ª pes.); *tuyo, tuya, vuestro, vuestra* (da 2ª pes.); e *suyo, suya* (da 3ª.). *— relativo,* pronome relativo: *quien, cuyo, cual, que* etc.

PRONOSTICACIÓN *s. f.* Prognosticação.

PRONOSTICADOR, A *adj.* e *s.* Prognosticador.

PRONOSTICAR *v. tr.* Prognosticar.

PRONÓSTICO *s. m.* Prognóstico.

PRONTITUD (prontitud) *s. f.* Prontidão, presteza; brevidade; desembaraço; facilidade de compreensão.

PRONTO, A *adj.* Pronto (rápido, ligeiro, ágil; imediato; concluído; preparado). *s. m. fam.* Repente, impulso. *adv.* Pronto, prontamente, rapidamente. *Primer —,* primeiro impulso. *Al —, loc. adv.* À primeira vista. *De —, loc. adv.* Apressadamente, sem reflexão. De repente. *Por de,* ou *el,* ou *lo, —, loc. adv.* Inteiramente, provisoriamente, entretanto.

PRONUNCIA *s. f. prov. For.* Pronúncia.

PRONUNCIACIÓN *s. f.* Pronunciação, pronúncia.

PRONUNCIAMIENTO *s. m.* Pronunciamento, sublevação, revolta. *For.* Pronúncia.

PROPAGACIÓN *s. f.* Propagação.

PROPASACIÓN (propassaciòn) *s. f. prov.* Atrevimento, impudência.

PROPASADO, A (propassado) *p. p.* de *Propasar. adj.* Descarado, atrevido, impudente, que ultrapassa os limites do decoro, da urbanidade etc.

PROPASAR *v. tr.* Ultrapassar, passar além do que é devido. *v. pron.* Passar-se, atrever-se, descarar-se.

PROPENSIÓN *s. f.* Propensão.

PROPIAMENTE *adv.* Propiamente.

PROPICIACIÓN *s. f.* Propiciação.

PROPIEDAD (propriedad) *s. f.* Propriedade (em todas as suas principais acepções).

PROPIENDA *s. f.* Régua do bastidor.

PROPIETARIAMENTE *adv.* Com direito de propriedade.

PROPIETARIO, A *adj.* e *s.* Proprietário.

PROPINACIÓN *s. f.* Propinação.

PROPINAR *v. tr.* Propinar (em todas as suas acepções). *fam.* Dar, pregar, pespegar, aplicar.

PROPINCUO, A *adj.* Propíncuo.

PROPINCUIDAD (propincuidad) *s. f.* Propinquidade.

PROPIO, A *adj.* e *s.* Próprio (em todas as suas acepções). *Al —, loc. adv.* Propriamente, com propriedade.

PROPONEDOR, A *adj.* e *s.* Proponente.

PROPONER *v. tr.* Propor. *v. pron.* Propor-se. *irreg.* V. conj. de *Poner.*

PROPORCIÓN *s. f.* Proporção.

PROPORCIONABLE *adj.* Proporcionável.

PROPOSICIÓN (propossiciòn) *s. f.* Proposição, proposta, oferecimento. *Gram.* Proposição, oração gramatical.

PROPUESTA *s. f.* Proposta.

PROPUESTO, A *p. p. irreg.* de *Proponer.* Proposto.

PROPULSA *s. f.* Repulsa.

PROPULSIÓN *s. f.* Propulsão.

PRORA *s. f. Poét.* Proa.

PRORRATA *s. f.* Pro-rata, quota, cota. *A —, loc. adv.* Mediante rateio.

PRORRATEAR *v. tr.* Ratear, dividir proporcionalmente.

PRORRATEO (prorratèo) *s. m.* Rateio.

PRÓRROGA *s. f.* V. PRORROGACIÓN.

PRORROGABLE *adj.* Prorrogável.

PRORROGACIÓN *s. f.* Prorrogação.

PRORRUMPIR *v. tr.* Prorromper, irromper.

PROSAIZAR (prossaiçar) *v. tr.* Tornar prosaica uma coisa, vulgarizar, prosificar. U. t. c. pron.

PROSCENIO *s. m.* Proscênio.

PROSCRIBIR *v. tr.* Proscrever, desterrar, exilar. *fig.* Proscrever, proibir (o uso de alguma coisa). *Irreg.* V. conj. de *Escribir.*

PROSCRIPCIÓN *s. f.* Proscrição, exílio, desterro; proibição.

PROSCRIPTO, A *p. p. irreg.* de *Procribir.* Proscrito.

PROSECRETARÍA (prossecretaría) *s. f.* Subsecretaria.

PROSECRETARIO *s. m. Amer.* Subsecretário.

PROSECUCIÓN (prossecuciòn) *s. f.* prossecução, prosseguimento, prosseguição. Persecução, perseguição.

PROSEGUIMIENTO (prosseguimiento) *s. m.* Prosseguimento, prossecução.

PROSEGUIR (prosseguir) *v. tr.* Prosseguir, continuar. *Irreg.* V. conj. de *Seguir.*

PROSIFICACIÓN (prossificaciòn) *s. f.* Ação de *Prosificar.*

PROSIFICAR (prossificar) *v. tr.* Pôr em prosa uma composição poética.

PROSIGUIENTE (prossiguiente) *p. a.* de *Proseguir. adj.* Que prossegue, prosseguidor.

PROSISTA (prossista) *s. m.* e *f.* Prosista, prosador.

PROSITA (prossita) *s. f.* Fragmento de uma obra em prosa.

PROSOPEPEYA (prossopopedja) *s. f.* Prosopopéia. *fam.* Prosopopéia, entono, presunção.

PRÓSPERADO, A *adj.* Próspero, rico, poderoso.

PROSPERIDAD (prosperidad) *s. f.* Prosperidade.

PRÓSTESIS (pròstessis) *s. f. Gram.* Prótese.

PROSTÉTICO, A *adj. Gram.* Protético.

PROSTITUICIÓN *s. f.* Prostituição.

PROSUPONER (prossuponer) *v. tr. ant.* V. PRO-SUPONER. *Irreg.* V. conj. de *Poner.*

PROSUPUESTO, A (prossupuesto) *p. p. irreg.* de *Prosuponer. s. m. ant.* V. PRESUPUESTO.

PROTECCIÓN *s. f.* Proteção.

PROTECTOR, A *adj. e s.* Protetor.

PROTERVIDAD (protervidad) Protérvia; perversidade.

PROTESTA *s. f.* Protesto, protestação. *For.* Protesto.

PROTESTACIÓN *s. f.* V. PROTESTA.

PROTESTO *s. m.* V. PROTESTA. *Com.* Protesto (de letra).

PROTOCOLIZAR (protocoliçar) *v. tr.* Protocolar, registar, assentar, incluir no protocolo.

PROTÓN *s. m. Eletr.* Próton.

PROTOZOO (protoçoo) *s. m.* Protozoário.

PROVECHAR (provetchar) *v. tr.* V. APROVECHAR.

PROVECHO (provetcho) *s. m.* Proveito (ganho, interesse, lucro; utilidade, vantagem, benefício). Progresso, adianto (nas ciências e artes). *pl.* Proventos. *De —, loc.* Próprio (diz-se da pessoa ou coisa útil para o que se deseja).

PROVECHOSAMENTE (provetchossamente) *adv.* Proveitosamente.

PROVECHOSO, A (provetchosso) *adj.* Proveitoso.

PROVEEDOR *s. m.* Provedor.

PROVEEDURÍA *s. f.* Provedoria.

PROVEER *v. tr.* Prover (em todas as suas principais acepções). *Irreg.* Este verbo tem dois particípios, um reg. *(proveído)* e outro irreg. *(provisto)*, e este se emprega mais do que aquele para a formação dos tempos compostos.

PROVEÍDO *s. m. For.* Mandato judicial.

PROVEIMIENTO *s. m.* Provimento.

PROVENA *s. f.* Mergulhão (da videira).

PROVENIR *v. tr.* Provir. *Irreg.* V. conj. de *Venir.*

PROVENZAL (provençal) *adj. e s.* Provençal.

PROVENZALIZAR (provençaliçar) *v. intr.* Falar com acento provençal.

PROVICERO *s. m.* Vaticinador.

PROVISIÓN (provissiòn) *s. f.* Provisão.

PROVISIONAL (provissional) *adj.* Provisório, provisional. *Libertad —,* liberdade condicional.

PROVISIONALMENTE (provissionalmente) *adv.* Provisoriamente, provisionalmente.

PROVISO (AL) (provisso) *loc. adv.* De improviso, no momento.

PROVISOR (provissor) *s. m.* V. PROVEEDOR. Provisor.

PROVISORATO (provissorato) *s. m.* Provedoria. Provisoria.

PROVISTO, A *p. p. irreg.* de *Proveer.* Provido.

PROVOCACIÓN *s. f.* provocação.

PRÓXIMO, A (pròcsimo) *adj.* Próximo. *De —, loc. adv.* Proximadamente.

PROYECCIÓN (prodjecciòn) *s. f.* Projeção.

PROYECTAR (prodjectar) *v. tr.* Projetar (em todas as suas principais acepções).

PROYECTIL (prodjectil) *s. m.* Projétil.

PROYECTISTA (prodjectista) *s. m. e f.* Projetista.

PROYECTO, A (prodjecto) *adj. Geom.* Projetado. *s. m.* Projeto.

PROYECTURA (prodjectura) *s. f. Arq.* Projetura.

PRUEBA *s. f.* Prova (ação de provar; argumento, razão; indício, sinal; experimento, ensaio; quantidade que se dá a provar; operação aritmética; provação; prova da composição tipográfica). *A —, loc.* À toda prova. *Poner a —,* por à prova, provar, experimentar.

PRUNA *s. f.* V. CIRUELA.

PRUNO *s. m.* V. CIRUELO.

PRURITO *s. m.* Prurido, comichão. *fig.* Prurido, desejo veemente, tentação.

PRUSIANO, A (prussiano) *adj. e s.* Prussiano.

PRÚSICO, A (prússico) *adj.* Prússico. *Acido —,* ácido prússico.

PSICÓPATA *s. m. e f.* Psicopata.

PSICOSIS (psicossis) *s. f.* Psicose.

PÚA *s. f.* Pua, bico, espinho, espigão, ponta aguçada. Arco de pua. Dente (de um pente). Enxerto. Pua, ferro do pião. *fig.* Espinho (causa não material de sentimento e pesar). *fig. fam.* Pessoa sutil e astuta.

PÚADO *s. m.* Conjunto dos dentes de um pente.

PÚBER, A *adj. e s.* Púbere.

PÚBERO *adj. e s.* V. PÚBER.

PUBERTAD (pubertad) *s. f.* Puberdade.

PUBES *s. m. Anat.* Púbis.

PUBLICACIÓN *s. f.* Publicação.

PUCHADA (putchada) *s. f.* Cataplasma de farinha. Espécie de papa de cereais que se dá aos porcos. *Amer.* Ação de chupar o cigarro.

PUCHAS (putchas) *s. m. pl.* V. GACHAS.

PUCHEADA (putcheada) *s. f. Amer. boliv.* A segunda folha da coca.

PUCHERA (putchera) *s. f. fam.* V. OLLA.

PUCHERAZO (putcheraço) *s. m. Aument.* de *Puchero.* Panelada (pancada com panela). *fig. fam.* Manobra eleitoral.

PUCHERETE (putcherete) *s. m. Dim.* de *Puchero.*

PUCHERICO (putcherico) *s. m. Dim.* de *Puchero,* 4ª acep.

PUCHERO (putchero) *s. m.* Panela, caçarola. Cozido. *fig. fam.* Sopa, feijão (alimento diário e regular). Gesto que precede o choro, beicinho. U. m. no pl. e com o verbo *hacer. — de enfermo,* caldo para o doente.

PUCHERUELO (putcheruelo) *s. m. Dim.* de *Puchero.*

PUCHERIL (putcheril) *adj.* Pertencente ou relativo ao *Puchero.*

PUCHES (putches) *s. amb. pl.* V. GACHAS.

PUCHICANGA (putchicanga) *s. f. Amer.* Fuso, roca.

PUCHITO (putchito) *s. m. Dim.* de *Pucho. Amer.* Um pouquinho, um nada, uma quantidade insignificante.

PUCHO (putcho) *s. m. Amer.* Bagana, ponta de cigarro já queimado. *Amer.* Bagatela, insignificância, ninharia. *Amer.* Toco, coto de vela. *Amer.* Sobra, saldo (de mercadorias).

PUCHUELA (putchuela) *s. f. Amer. equat.* e *per.* Ninharia, bagatela, coisa insignificante.

PUCHUSCO (putchusco) *s. m. Amer. chil.* Caçula.

PUDENTE *adj.* Fétido, fedorento, hediondo.

PUDIBUNDEZ *s. f.* Qualidade de pudibundo.

PUDIBUNDIZARSE (pudibundiçarse) *v. pron.* Envergonhar-se, mostrar pudor.

PUDIENTE *adj.* Poderoso, rico, abastado, opulento. U. t. c. s.

PUDRICIÓN *s. f.* Putrefação.

PUDRIDERO *s. m.* Lugar onde se põe uma coisa a apodrecer.

PUDRIDOR *s. m.* Tina onde se põe de molho o trapo macerado para o fabrico do papel.

PUDRIGORIO *s. m. fam.* V. PODRIGORIO.

PUDRIMIENTO *s. m.* Putrefação, corrupção.

PUDRIR *v. tr.* Apodrecer, corromper, putrefazer, putrificar, estragar. U. t. c. pron. *fig.* Consumir, molestar, ralar, causar suma impaciência ou sentimento. U. t. c. pron. *v. intr.* Apodrecer, ter morrido, estar sepultado. *Irreg.* Este verbo pode usar-se com *o* ou com *u* no infinitivo e em vários tempos de sua conjugação, mas é preferível o *u* ao *o* em todos os modos, tempos e pessoas, exceptuados somente o infinitivo, em sua forma simples, que pode ser indistintamente *pudrir* ou *podrir,* e o particípio, que é comumente *podrido.*

PUEBLA *s. f. ant.* Povoação, povoado, lugar.

PUEBLADA *s. f. Amer.* Movimento popular espontâneo. *Amer. argent.* Tribo de índios.

PUEBLE *s. m.* Conjunto de operários que trabalham numa mina.

PUEBLERINO, A *adj. Neol.* V. LUGAREÑO.

PUEBLERO, A *adj. Amer.* Povoeiro (habitante da cidade em contraposição ao camponês).

PUEBLO *s. m.* Povoação (cidade, vila ou lugar). Povo, povoado. Povo (habitantes de uma localidade). Povo (a plebe). *Etnol.* Povo.

PUELCHE (pueltche) *s. m. Amer. chil.* Vento leste (da cordilheira para o mar).

PUENTE *s. amb.* Ponte. Cavalete (de instrumento de corda). Travessão (de carro). *Náut.* Ponte. *— colgante,* ponte pênsil, ou suspensa.

PUENTECILLA (puentecilha) *s. f.* V. PUENTE, 2ª acep.

PUERCA *s. f.* Porca (fêmea do porco). V. COCHINILLA. Escrófula. Porca (peça fêmea do parafuso). *fig. fam.* Porca (mulher suja). U. t. c. adj.

PUERCADA *s. f. Amer. centr.* V. PORQUERÍA.

PUERCAMENTE *adv.* Porcamente.

PUERCO *s. m.* Porco suíno. *fig. fam.* Porco (homem sujo ou grosseiro). U. t. c. adj. *Venat.* Javali. *— de simiente,* varrão, varrasco. *— montés,* javali, javardo, porco-montês. *— espín, ou — espino,* porco-espim, porco-espinho. *— marino,* porco-do-mar.

PUERPERALIDAD (puerperalidad) *s. m.* Puerpério.

PUERQUEZUELO (puerqueçuelo) *s. m. Dim.* de *Puerco.* Porquinho.

PUERRO *s. m.* Porro, alho-porro.

PUERTA *s. f.* Porta (em todas as suas principais acepções). *A —s, ou por —s, loc. adv. fig.* Em extrema miséria ou pobreza. *A — cerrada, loc. adv.* À porta fechada, em segredo. *A las —s de la muerte, loc. fig.* Às portas da morte.

PUERTAFUEREAR *v. tr. Amer. chil.* Pôr alguém no olho da rua ou porta fora.

PUERTAVENTADA *s. f.* Contravento (adufa exterior da janela).

PUERTAVENTANERO *s. m.* Carpinteiro que faz portas e janelas.

PUERTEZUELA (puerteçuela) *s. f. Dim.* de *Puerta.*

PUERTEZUELO (puerteçuelo) *s. m. Dim.* de *Puerto.*

PUERTO *s. m.* Porto. Garganta (entre montanhas). *Por. ext.* Montanhas, cordilheira. *fig.* Porto, asilo, amparo, refúgio. *Jír.* V. POSADA. V. CAPA *(Puerto de arrebata).*

PUERTORRIQUEÑO, A (puertorriquenho) *adj. e s.* Portorriquense, de Porto Rico.

PUES *conj.* Pois, portanto, à vista disso, além disso. Pois que, uma vez que. Empregado como resposta, toma caráter de advérbio afirmativo, equivalente a *si* (sim).

PUESTA *s. f.* Ocaso, pôr. Parada, aposta. *A —, ou a —s, del Sol, loc. adv.* Ao pôr-do-sol.

PUESTERO *s. m. Amer.* Posteiro.

PUESTO, A *p. p. irreg.* de *Poner.* Posto. *s. m.* Posto (em todas as suas principais acepções). V. ACABALLADERO. *fig.* Estado ou disposição em que se acha uma coisa (física ou moralmente). *— que, loc. conjunt.* Posto que.

PUGA *s. f.* V. PUA.

PUJA (puja) *s. f.* Lanço (ação de lançar ou licitar; quantia lançada em leilão). Ação de *Pujar. Sacar (a uno) de la —, loc. fig. fam.* Exceder alguém em força ou astúcia.

PUJADOR (pujador) *s. m.* Lançador, licitador.

PUJAME (pujame) *s. m.* V. PUJAMEN.

PUJAMEN (pujamen) *s. m. Náut.* Esteira (de uma vela).

PUJAMIENTO (pujamiento) *s. m.* Abundância ou afluência de humores, principalmente de sangue.

PUJANZA (pujança) *s. f.* Pujança, força.

PUJAR (pujar) *v. tr.* Lançar, licitar (em leilão). Empurrar (fazer força para passar adiante ou continuar uma ação, procurando vencer obstáculos). *intr.* Ter dificuldade em expressar-se. Vacilar e deter-se na execução de uma coisa. *fam.* Fazer gestos para romper em pranto, ou ficar a fazê-los depois de ter chorado.

PUJAVANTE (pujavante) *s. m.* Puxavante.

PUJE (puje) *s. m. Amer. per.* Reprimenda, repreensão.

PULCHINELA (pultchinela) *s. m.* Polichinelo.

PULCRAMENTE *adv.* Elegantemente; cuidadosamente; esmeradamente; primorosamente.

PULCRITUD (pulcritud) *s. f.* Elegância, cuidado pessoal; apuro, esmero, primor. Pulcritude.

PULCRO, A *adj.* Limpo, enfeitado, elegante, asseado, belo, formoso. Pulcro. Bem-falante.

PULDU *s. m. Amer.* Mosca (entre os índios chilenos).

PULGADA *s. f.* Polegada.

PULGAR *s. m.* Polegar (dedo); pé de vide.

PULGÓN *s. m.* Pulgão.

PULGOSO, A (pulgosso) *adj.* Pulguento, pulgoso.

PULGUERA *s. m.* Pulguedo. *Bot.* V. ZARAGATONA.

PULGUERÍO *s. m.* Pulguedo.

PULGUERO *s. m. Amer.* Pulguedo.

PULGUIENTO, A *adj. Amer.* Pulguento, pulgoso.

PULGUILLAS (pulguilhas) *s. m. fig. fam.* Homem inquieto, traquinas.
PULIDAMENTE *adv.* Polidamente.
PULIDERO *s. m.* V. PULIDOR.
PULIDEZ *s. f.* Qualidade de *Pulido.*
PULIDO, A *adj.* Polido. Primoroso, belo, delicado; agradável, bem parecido.
PULIDOR *s. m.* Polidor, brunidor.
PULIMENTAR *v. tr.* Polir, brunir.
PULIMENTO *s. m.* Polimento.
PULIR *v. tr.* Polir (em todas as suas principais acepções). *v. pron.* Enfeitar-se, adornar-se, ataviar-se.
PULLA (pulha) *s. f.* Pulha (dito chulo, obcenidade). Pulha (dito equívoco, gracejo). Expressão aguda e picante, dita com presteza e a propósito. V. PLANGA.
PULLISTA (pulhista) *s. m.* e *f.* Pulhador.
PULMÓN *s. m.* Pulmão.
PULMONÍA *s. f.* Pneumonia.
PULMONÍACO, A *adj.* Pneumônico.
PULPA *s. f.* Polpa (em todas as suas acepções).
PULPEJO (pulpejo) *s. m.* Polpa pequena, gema (de um membro do corpo humano), principalmente da mão, onde nasce o polegar. Cutidura.
PULPERÍA *s. f. Amer.* Tasca, locanda, taverna. Venda de campanha onde há de tudo.
PULPERO *s. m.* Taverneiro. Vendeiro, armazeneiro. Pescador de polvos.
PULPETA *s. f.* Posta de polpa de carne.
PULPETÓN *s. m. Aument.* de *Pulpeta.*
PULPO *s. m.* Polvo.
PULPOSO, A (pulposso) *adj.* Polpudo, polposo.
PULQUE *s. m.* Bebida alcoólica americana.
PULQUERÍA *s. f.* Casa onde se vende *pulque.*
PULQUERO *s. m.* Vendedor de *pulque.*
PULSA *s. f. Amer. cub.* Pulseira.
PULSACIÓN *v. intr.* Pulsear (comparar com outrem a força do pulso, travando as mãos direitas e apoiando os cotovelos sobre uma mesa).
PULSERA *s. f.* Ligadura no pulso. Pulseira. Mecha de cabelo que cai sobre a testa. *— de pedida,* pulseira que o noivo dá à noiva no dia em que a pede em casamento.
PULSETA *s. f. Amer. chil.* Ação de tomar o pulso. *Amer. chil.* Profissão de médico.
PULSO *s. m.* Pulso (em todas as suas acepções). *— sentado,* pulso regular. *— serrátil,* ou *serrino,* pulso acelerado ou irregular. *A —, loc. adv.* Sem apoiar o braço em algum ponto; nas mãos.
PULULACIÓN *s. f.* Pululação.
PULULAMIENTO *s. f.* Pululamento.
PULULO, A *adj. Amer. guat.* V. RECHONCHO.
PULVERIZABLE (pulveriçable) *adj.* Pulverizável.
PULVERIZACIÓN (pulveriçaciòn) *s. f.* Pulverização.
PUMARADA *s. f.* V. POMARADA.
PUMITA *s. f.* Pedra-pomes.
PUNA *s. f. Amer. merid.* Terra alta, próxima da Cordilheira dos Andes. *Amer. merid.* V. PÁRAMO. *Amer. merid.* V. SOROCHE.
PUÑADA (punhada) *s. f.* V. PUÑETAZO.
PUÑADO (punhado) *s. m.* Punhado. *A —s, loc. adv.* Aos punhados, abundantemente.
PUÑAL (punhal) *s. m.* Punhal.
PUÑALADA (punhalada) *s. f.* Punhalada.
PUÑALEAR (punhalear) *v. tr.* Apunhalar.
PUÑALEJO (punhalejo) *s. m. Dim.* de *Puñal.* Punhalzinho.
PUÑALERO, A (punhalero) *adj. fig.* Apunhalante; que fere ou mata. *s. m.* Fabricante ou vendedor de punhais.
PUNCHA (puntcha) *s. f.* V. PÚA, 1ª acep.
PUNCHAR (puntchar) *v. tr.* V. PUNZAR.
PUNCIÓN *s. f.* Punção.
PUÑETAZO (punhetaço) *s. m.* Punhada, murro, soco.
PUÑETE (punhete) *s. m.* V. PUÑETAZO. Pulseira.
PUNGIMIENTO (punjimiento) *s. m.* Pungimento.
PUNIBLE *adj.* Punível, castigável.
PUNICIÓN *s. f.* Punição, castigo.

PUÑO (punho) *s. m.* Punho. Punhado. *fig. fam.* Pouquidade, exigüidade no que não deve tê-la. Punho, cabo. *fig.* Força, valor, pulso. *A — cerrado, loc. adv.* Com o punho cerrado, ou fechado. *De propio —, loc. adv.* Pelo punho, ou pelo próprio punho.
PUNTA *s. f.* Ponta (extremidade aguçada; extremo de uma coisa; resto de cigarro fumado; pequena porção de animais; chifre, chavelho, corno; ponta de terra; *(fig.)* pouco, pequena quantidade). Pico, pique (gosto um tanto acre). *fig.* Algo, um pouco (tratando-se de qualidades morais ou intelectuais); veia. U. m. no pl. *pl.* Espiguilha, pontilha (renda). *— seca,* ponta seca (utensílio de aguafortista). *Agudo como — de colchón, loc. fig. fam.* Rude, ignorante, de inteligência escassa. *Andar en —s, loc. fig. fam.* Trazer de ponta. *De —, loc. adv.* V. PUNTILLA *(De —s). De —s cabo, loc. adv.* De ponta a ponta. *De — en blanco, loc. adv.* De ponto em branco. *Sacar — (a una cosa), loc. fam.* Atribuir a uma coisa malícia ou significado que a mesma não tem; maliciar, envenenar. *Ser de — (uma pessoa ou coisa), loc. fig. fam.* Estar na ponta, distinguir-se. *Tener en la — de la lengua, loc. fig.* Ter na ponta da língua.
PUNTACIÓN *s. f.* Acentuação, pontuação (ação de pôr signos ou pontos sobre as letras).
PUNTADA *s. f.* Ponto, picada, furo (feito com agulha). Ponto (espaço entre dois destes furos). Ponto (de costura). *fig.* Indireta, alusão. *No dar (uno) — en (una cosa), loc. fig.* Não dar um ponto, não levantar uma palha, deixar uma coisa ou negócio como está. *fig. fam.* Não ter nenhum conhecimento de uma coisa, falar desatinadamente sobre um assunto; não acertar uma.
PUNTADOR *s. m.* Apontador.
PUNTAL *s. m.* Pontalete, escora, espeque. Pontal, saliência de terra. *fig.* Apoio, base, fundamento. *Náut.* Pontal.
PUNTAPIÉ *s. m.* Pontapé.
PUNTAR *v. tr.* Apontar (as faltas dos eclesiásticos no coro).
PUNTAZO (puntaço) *s. m.* Cornada, marrada, chifrada.
PUNTEADA *s. f.* V. PUNTEADO.
PUNTEADO, A *p. p.* de *Puntear. adj.* Pontilhado, granido. *s. m.* Ação de pontilhar (desenhar a pontos). *Tip.* Retícula.
PUNTEAR *v. tr.* Pontear (cobrir ou marcar com pontinhos), pontoar. Apontoar, pontear, pontoar (coser, dar pontos). Pontoar, pontilhar, granir. *Mús.* Pontear. *v. intr. Náut.* Orçar quanto se pode. U. t. c. intr.
PUNTEL *s. m. Tecn.* Pontel.
PUNTEO (puntèo) *s. m.* Ação de escandir as sílabas, de falar com exagerada lentidão, a fim de não deixar dúvida a quanto se diz.
PUNTERA *s. f.* Biqueira (conserto na ponta da meia). Biqueira (do sapato). *fam.* Pontapé.
PUNTERÍA *s. f.* Pontaria.
PUNTERO, A *adj.* Certeiro, que tem boa pontaria. *s. m.* Ponteiro (haste que serve para apontar nos livros, quadros, mapas etc.). Ponteiro (de canteiro, escultor, etc.).
PUNTIAGUDO, A *adj.* Pontiagudo.
PUNTILLA (puntilha) *s. f.* Pontilha, espiguilha (renda). *Amer. colomb.* Preguinho. *Amer. venezuel.* Canivete. *De —s, loc. adv.* Nas pontas dos pés.
PUNTILLADA (puntilhada) *s. f. fam.* V. PUNTILLAZO.
PUNTILLAJE (puntilhaje) *s. m.* Massagem com as pontas dos dedos.
PUNTILLAR (puntilhar) *v. tr.* V. PUNTILLEAR.
PUNTILLAZO (puntilhaço) *s. m. fam.* Pontapé.
PUNTILLEAR (puntilhear) *v. tr.* Pontilhar, pontear, pontoar (encher de pontos). U. t. c. pron.
PUNTILLEO (puntilhèo) *s. m.* Ação de *Pontillear.* V. PUNTO.
PUNTILLERÍA (puntilhería) *s. f. Amer. argent.* V. MERCERÍA.
PUNTILLERO (puntilhero) *s. m.* V. CACHETERO.
PUNTILLO (puntilho) *s. m.* Pontinho, insignificância, ninharia, coisa de nonada em que repara ou faz consistir a sua honra uma pessoa excessivamente pundonorosa.

PUNTILLÓN (puntilhòn) *s. m. fam.* V. PUNTILLAZO.
PUNTILLOSO, A (puntilhosso) *adj.* Exigente, cheio de pontinhos.
PUNTO *s. m.* Ponto (em todas as suas principais acepções). As (de baralho). *— céntrico,* centro. *fig.* Fim, mira, objetivo, ponto. *fig.* Centro, ponto central (de uma cidade). *— crudo, fig. fam.* Ponto crítico, momento preciso em que sucede uma coisa. *— de caramelo,* ponto de bala, ponto de rebuçado. *— interrogante,* ponto de interrogação. *(¿?) — redondo,* ponto final. *— y coma,* ponto e vírgula (;). *— suspensivos,* pontos de reticência (...). *Dos —s,* dois pontos (:). *A buen —, loc. adv.* A ponto. *Al —, loc. adv.* Prontamente, sem a menor demora. *A — fijo, loc. adv.* Positivamente, com certeza. *A — largo, loc. adv. fig.* Grosseiramente, sem esmero. *Aquí finca el —, loc.* Nisto consiste a dificuldade. *Dar —, loc.* Fazer ponto, cessar. *De todo —, loc. adv.* Completamente, sem faltar uma só coisa. *En —, loc. adv.* Em ponto, exatamente. *Poner los —s en las íes, loc. fig. fam.* Por os pontos nos ii. *Por general, loc. adv.* Via de regra, segundo a regra geral. *— en boca, loc.* Bico calado, silêncio. *Sin faltar — ni coma, loc. adv. fig. fam.* Sem faltar uma vírgula.
PUNTOSO, A (puntosso) *adj.* Pontudo.
PUNTUACIÓN *s. f.* Pontuação.
PUNTUAL *adj.* Pontual, exato. Certo, indubitável. Adequado, próprio, conveniente.
PUNTUALIDAD (puntualidad) *s. f.* Pontualidade, exatidão. Conveniência, conformidade.
PUNTUALIZAR (puntualiçar) *v. tr.* Gravar nitidamente na memória. Pormenorizar, descrever detalhadamente. Aperfeiçoar, dar a última demão.
PUNTUALMENTE *adv.* Pontualmente, exatamente. Certamente, indubitavelmente. Propriamente, convenientemente.
PUNTUAR *v. tr.* Pontuar.
PUNTUOSO, A (puntuosso) *adj.* V. PUNTILLOSO.
PUNZADA (punçada) *s. f.* Picada; pontoada, pontada; puntura. *fig.* Pontada (dor aguda e rápida). *fig.* Dor, sofrimento, aflição, pungimento.
PUNZADOR, A (punçador) *adj.* e *s.* Picante, pungente.
PUNZADURA (punçadura) *s. f.* V. PUNZADA.
PUNZANTE (punçante) *p. a.* de *Punzar* e *adj.* Pungente.
PUNZAR (punçar) *v. tr.* Picar, pungir, ferir de ponta. *fig.* Picar, pungir, molestar. *fig.* Pungir, atormentar, magoar muito.
PUNZO (punço) *s. m.* Vermelho vivo.
PUNZÓN (punçòn) *s. m.* Punção, ponção, furador. Buril. Cunho. V. PITÓN.
PUNZONERÍA (punçònería) *s. f.* Coleção de cunhos.
PUOSO, A (puosso) *adj.* Que tem puas ou espinhos. *fig.* Áspero, desabrido.
PUPA *s. f.* Erupção nos lábios. Bostela. Dodói (dor, doença, em linguagem infantil).
PUPEAR *v. tr. Amer. equat.* Bastear (colchões).
PUPILAJE (pupilaje) *s. m.* Pupilagem. Pensão (casa de hóspedes; preço da hospedagem).
PUPILERO, A *s. m.* e *f.* Hospedeiro; dono ou dona de pensão; o que recebe hóspedes ou pensionistas.
PUPILO *s. m.* Pupilo. Hóspede, pensionista. *Casa de —s,* casa de hóspedes, pensão. *Medio —,* meio pensionista; o que só almoça em uma pensão. *A —, loc. adv.* Por pensão, alojado e mantido por determinado preço.
PUPITRE *s. m.* Escritório ou prancha em plano inclinado (móvel).
PUPOSO, A (puposso) *adj.* Que tem erupções nos lábios. Bosteloso.
PUREAR *v. intr. fam.* Fumar charuto.
PURERA *s. m.* Charuteira.
PURGA *s. f.* Purgante, purga. *fig.* Restos, resíduos (deixados por algumas operações industriais).
PURGACIÓN *s. f.* Purgação.
PURGAMIENTO *s. m.* V. PURGACIÓN.
PURGANTE *p. a.* de *Purgar* e *adj.* Purgante; purgativo. *Limonada —,* limonada purgativa.

PURIDAD (puridad) *s. f.* Pureza, puridade. Segredo. *En —, loc. adv.* À puridade, em segredo. Claramente, sem rodeios.

PURIFICACIÓN *s. f.* Purificação.

PURIFICADERO, A *adj.* Purificador, purificante.

PURO, A *adj.* Puro (em todas as suas acepções). *s. m.* Charuto. *A —, loc. adv.* À força de. *De —, loc. adv.* Sumamente, excessivamente, à força de.

PURPUREA *s. f.* V. LAMPAZO.

PURRELA *s. f.* Zurrapa.

PURRIELA *s. f. fam.* Ninharia, insignificância, qualquer coisa de pouco valor, desprezível ou de má qualidade.

PUTREFACIÓN *s. f.* Putrefação. Podridão.

PUTRIDEZ *s. f.* Podridão.

PUYA (pudja) *s. f.* Ponta da garrocha.

PUYAZO (pudjaço) *s. m.* Picada com a ponta da garrocha.

PUZOL (puçol) *s. m.* V. PUZOLANA.

PUZOLANA (puçolana) *s. f.* Pozolana.

Q (cu) *s. f.* Vigésima letra e décima sexta consoante do alfabeto espanhol. Tem som gutural forte que se confunde com o *c* e o *k*, e em espanhol só forma sílaba com o *e* e o *i*, mediante a interposição do *u*, que não é pronunciado. Ex.: *quebradillo, quiere*.

QUEBRADA *s. f.* Quebrada (depressão de terreno entre montanhas). V. QUIEBRA, 2ª acep.

QUEBRACHO (quebratcho) *s. m.* Quebracho. Casca desta árvore.

QUEBRADERO, A *adj.* Quebrador. — *de cabeza, fig. fam.* Quebra-cabeça, quebradeira. *fig. fam.* Objeto de cuidado amoroso.

QUEBRADILLO (quebradilho) *s. m.* Salto de madeira (de calçado feminino). Requebro (na dança).

QUEBRADIZO, A (quebradiço) *adj.* Quebradiço, frágil. *fig.* Débil, fraco, delicado (na saúde e disposição geral do físico). Flexível (falando-se da voz em relação ao canto).

QUEBRADO, A *adj.* Quebrado, falido. Quebrado, herniado. Alquebrado, debilitado. Desigual, tortuoso, áspero (falando-se de terreno, caminho etc.) *s. m. Arit.* Quebrado, número quebrado. — *decimal*, fração decimal. — *de* —, fração composta. — *impropio*, fração imprópria.

QUEBRADURA *s. f.* Quebradura, ruptura. Quebradura, hérnia.

QUEBRAJA (quebraja) *s. f.* Racha, fenda, greta, falha (na madeira, no ferro etc.).

QUEBRAJAR (quebrajar) *v. tr.* V. RESQUEBRAJAR. U. t. c. intr. e pron.

QUEBRAJOSO, A (quebrajosso) *adj.* V. QUEBRADIZO. Cheio de rachas, gretas ou fendas.

QUEBRAMIENTO *s. m.* V. QUEBRANTAMIENTO.

QUEBRANTADURA *s. f.* V. QUEBRANTAMIENTO.

QUEBRANTAHUESOS (quebrantauesos) *s. m. Ornit.* Xofrango. *fig.* Indivíduo muito maçante e importuno.

QUEBRANTAMIENTO *s. m.* Quebramento, quebra, quebradura, quebrantamento. Quebramento, quebreira, cansaço, fadiga, abatimento, quebrantamento. Quebramento, quebrantamento, quebra, infração, violação, rompimento.

QUEBRANTANUECES *s. m.* Quebranozes.

QUEBRANTAOLAS *s. m. Náut.* Navio velho que serve de quebra-mar.

QUEBRANTAPIEDRAS *s. m.* Quebra-pedra, erva-pombinha, saxífraga.

QUEBRANTAR *v. tr.* Quebrar, partir, fazer em pedaços. Quebrar, debilitar, machucar, quebrantar. Quebrar, fender, rachar. Quebrar, quebrantar, romper, infringir, violar. Quebrar, domar, subjugar, forçar. *fig.* Alquebrar, enfraquecer. *fig.* Molestar, importunar, cansar, fatigar. *fig.* Partir, causar dó ou piedade. *fig.* Persuadir, induzir. *For.* Anular, revogar (um testamento). *v. pron.* Quebrantar-se, enfraquecer, debilitar-se, alquebrar-se.

QUEBRANTATERRONES *s. m. fam.* Lavrador.

QUEBRANTO *s. m.* Quebrantamento, abatimento, prostração. Quebra, quebramento, quebradura, quebrantadura, quebrantamento. Lástima, dó,

piedade, comiseração, compaixão. *fig.* Perda, dano. *fig.* Aflição, dor, mágoa. — *de moneda*, dinheiro de quebra, quebra (gratificação ou indenização dada aos caixas, pagadores etc.).

QUEBRAR *v. tr.* V. QUEBRANTAR. Quebrar, torcer (o corpo). *v. intr.* Quebrar as relações com alguém, romper. *fig.* Ceder, fraquejar. *Com.* Quebrar, falir. *Irreg.* V. conj. de *Calentar*.

QUEBRAZAS (quebraças) *s. f. pl.* Defeito, falhas ou rachas minúsculas na lâmina de uma espada.

QUEDA *s. f.* Hora de recolher. Sino que toca a recolher. Toque de recolher (por este sino). *Mil.* Toque de recolher.

QUEDADA *s. f.* Ficada, parada, permanência (ação de ficar, deter-se ou quedar-se em um lugar). *Amer. mexic.* Solteirona.

QUEDAMENTE *adv.* V. QUEDO.

QUEDAR *v. intr.* Ficar, deter-se, quedar, quedar-se. U. t. c. pron. Ficar, restar, sobrar. — *por,* ficar de. — *por dueño*, ficar de dono. — *por,* ficar com, tocar para; ficar por. *La casa QUEDO por terminar*, a casa ficou por acabar. Ficar, acabar, convir definitivamente. *v. pron.* (com a prep. *con*). Ficar com, reter, guardar. Abrandar (o vento). — *se uno en blanco*, ficar a ver navios.

QUEDITO, A *adj.* V. QUEDO. *adv.* Quedo e quedo, mansamente, de vagar, pausadamente.

QUEDO, A *adj.* Quedo, quieto, imóvel, parado. *adv.* Baixinho, em voz baixa. Com atenção, atentamente. *A*, ou *de*, —, *loc. adv.* Devagar, pouco a pouco. *¡—! interj.* Quieto! Firme!

QUEHACER (queacer) *s. m.* Que fazer, afazer, ocupação, faina, negócio. U. m. no pl.

QUEJA (queja) *s. f.* Queixa (lamentação, expressão de dor, de desgosto ou de ressentimento; motivo para ressentimento, injúria, agravo, ofensa; querela, denúncia, exprobração, censura).

QUEJAMBRE (quejambre) *s. m. Amer. colomb.* V. QUEJUMBRE.

QUEJAR (quejar) *v. tr.* V. AQUEJAR. *v. pron.* Queixar-se (em todas as suas acepções).

QUEJICOSO, A (quejicosso) *adj.* Choramingas, que está sempre a queixar-se.

QUEJIDO (quejido) *s. m.* Queixume, queixa, lamento, gemido.

QUEJIGAL (quejigal) *s. m.* Azinhal.

QUEJIGAR (quejigar) *s. m.* V. QUEJIGAL.

QUEJIGO (quejigo) *s. m.* Azinheira.

QUEJILLOSO, A (quejilhosso) *adj.* V. QUEJICOSO.

QUEJITAS (quejitas) *s. m. e f. Amer. guat.* Choramingas, pessoa lamurienta.

QUEJO (quejo) *s. m. ant.* V. QUEJA.

QUEJOSAMENTE (quejossamente) *adv.* Queixosamente.

QUEJOSO, A (quejosso) *adj.* Queixoso.

QUEJUMBRE (quejumbre) *s. m.* Lamúria, queixa freqüente e, quase sempre, sem motivo ponderável.

QUEJUMBROSO, A (quejumbrosso) *adj.* V. QUEJICOSO. Lamuriento, lamentoso.

QUEMA *s. f.* Queima. Queimada. Incêndio.

QUEMADA *s. f.* Queimada (incêndio de mato).

QUEMADERO, A *adj.* Que será queimado. *s. m.* Queimadeiro. Lugar onde se queimam animais mortos.

QUEMADO, A *p. p.* de *Quemar. s. m.* V. QUEMADA. *fam.* Queimado (coisa queimada ou que queima).

QUEMADOR, A *adj. e s.* Queimador. Incendiário.

QUEMADURA *s. f.* Queimadura. Queimadura, alforra. V. TIZÓN, 2ª acep.

QUEMAJOSO, A (quemajosso) *adj.* Ardente, pungitivo.

QUEMAMIENTO *s. m.* Queimamento.

QUEMANTE *p. a.* de *Quemar.* Queimante. *Jír.* Farol, lampião (olho, órgão da vista).

QUEMAR *v. tr., intr. e pron.* Queimar (em todas as suas principais acepções).

QUEMARROPA (A) *loc. adv.* À queima-roupa.

QUEMAZÓN (quemaçòn) *s. m.* Queimação, queima. Calor excessivo, canícula. *fig. fam.* V. COMEZÓN. *fig. fam.* Queimação, queima, enfadamento, irritação.

QUEPIS *s. m.* Quepi.

QUERELLA (querelha) *s. f.* Querela, queixa, libelo, acusação, denúncia. Querela, disputa, debate, altercação.

QUERELLADOR, A (querelhador) *adj. e s.* Querelador.

QUERELLANTE (querelhante) *p. a.* de *Querellarse* e *adj.* Querelante.

QUERELLARSE (querelharse) *v. pron.* Querelar-se, queixar-se. Querelar, promover querela contra alguém.

QUERELLOSAMENTE (querelhosamente) *adv.* Queixosamente.

QUERELLOSO, A (querelhosso) *adj. e s.* Quereloso, queixoso.

QUERENCIA *s. f.* Querença, afeto, afeição, amor, estima, ato de querer bem. Querença (sítio preferido pelos animais); querência. Tendência, inclinação natural, pendor.

QUERENCIOSO, A (querenciosso) *adj.* Aquerenciado.

QUERENDÓN, A *adj. Amer.* Muito carinhoso ou afetuoso.

QUERER *s. m.* Bem-querer, querer, amor, afeto.

QUERER *v. tr.* Querer (em todas as suas acepções). — *bien*, querer bem, bem-querer, amar. — *decir*, querer dizer, significar. *Sin* —, *loc. adv.* Sem querer, por acaso, inadvertidamente. *Irreg.* Ind. pres. *Quier-o, es, e, en*. Pret. indef. *Quis-e, iste, o, imos, isteis, ieron*. Fut. imperf. *Querr-é, ás, á, emos, éis, án*. Cond. simpl. *Querrí-a, as, a, amos, ais, an*. Subj. pres. *Quier-a, as, a, an*. Pref. imperf. *Quisi-era* ou *ese, eras* ou *eses, era* ou *ese, éramos* ou *ésemos, erais* ou *eseis, eran* ou *esen*. Fut. imperf. *Quisi-ere, eres, ere, éremos, ereis, eren*. Imperat. *Quier-e, a, an*.

QUERESA (queressa) *s. f.* V. CRESA.

QUERIDO, A *p. p.* de *Querer. s. m. e f.* Amante (amásio, amásia).

QUERIENTE *p. a.* de *Querer.* Querente.

QUERMES *s. m. Entom.* Quermes. *Farm.* Quermes.

QUEROCHA (querotcha) *s. f.* V. CRESA.

QUERUBE *s. m. Poét.* Querubim.

QUERUBÍN *s. m.* Querubim.

QUERVA *s. f.* V. CHERVA.

QUESADILLA (quessadilha) *s. f.* Quexadinha. Pastel de queijo.

QUESEAR (quessear) *v. intr.* Queijar, fazer queijo.

QUESERA (quessera) *s. f.* Queijeira. Queijaria. Cincho.

QUESERÍA (quessería) *s. f.* Queijaria.

QUESERO, A (quessero) *adj.* Caseoso. *s. m.* Queijeiro.

QUESILLO (quessilho) *s. m. Dim.* de *Queso.* Queijinho.

QUESIQUÉS (quessiquès) *s. m.* V. QUISICOSA.

QUESO (quesso) *s. m.* Queijo.

QUETZAL (quetçal) *s. m.* V. QUEZAL.

QUEVEDOS *s. m. pl.* Pincenê, nasóculos.

QUEYAPÍ (quedjapí) *s. m.* V. QUIAPÍ.

QUEZAL (queçal) *s. m. Ornit.* Espécie de quetua.

¡QUIA! *interj. fam.* Que denota incredulidade. Qual! Ora!

QUIAPÍ *s. m. Amer.* Espécie de tanga.

QUICIAL *s. m.* Caixilho (de porta ou janela). V. QUICIO.

QUICIALERA *s.f.* V. QUICIAL, 1ª acep.

QUICIO *s. m.* Gonzo, quício. *Fuera de —, loc. adv. fig.* Fora dos eixos. *Salir de su —, loc. fig.* Sair fora dos eixos (uma coisa).

QUIEBRA *s.f.* Quebra (ação de quebrar, e mais as suas principais acepções). Quebra, falência.

QUIEBRAHACHA (quiebraatcha) *s.f.* V. QUEBRACHO.

QUIEBRO *s. m.* Requebro (do corpo). *Mús.* Requebro, trinado.

QUIEN *pron. relat.* Quem (referindo-se a pessoas); que (referindo-se a coisas); o qual (referindo-se a pessoas ou coisas). *pl. Quienes. Gram.* Este pron. não se pode construir com o artigo. *pron. indef.* Quem, alguém, que, alguma pessoa que. Quando se emprega repetido, como partícula disjuntiva, equivalente a "uns" e "outros". Em sentido interrogativo, leva acento agudo no e: *¿quién?*

QUIENESQUIERA *pron. indef. pl.* de *Quienquiera.* Quaisquer.

QUIENQUER *pron. indef. Apóc.* de *Quienquiera.*

QUIENQUIERA *pron. indef.* Qualquer, quem quer que seja; algum, alguma. *Gram.* Usa-se antes ou depois do verbo, e não se pode construir com o substantivo.

QUIETA *s. f. Amer. per.* V. QUIETE.

QUIETACIÓN *s. f.* Quietação.

QUIETE *s. m.* Hora ou descanso que em algumas comunidades se dá após as refeições.

QUIETUD (quietu*d*) *s. f.* Quietude, quietação. *fig.* Sossego, repouso, descanço.

QUIJADA (quijada) *s. f.* Queixada, maxila (dos irracionais).

QUIJAL (quijal) *s. m.* V. QUIJADA. Queixal, dente.

QUIJAR (quijar) *s. m.* V. QUIJAL.

QUIJARUDO, A (quijarudo) *adj.* Queixudo.

QUIJERA (quijera) *s. f.* Torno (da besta). Faceira (cada uma das correias que fazem parte da cabeçada e se ligam à extremidade do freio).

QUIJERO (quijero) *s. m.* Margem em declive de um açude ou rego.

QUIJO (quijo) *s. m.* Quartzo que serve de matriz para os minérios de ouro e prata.

QUIJONES (quijones) *s. m. Bot.* Pé-de-galinha.

QUIJOTADA (quijotada) *s. f.* Quixotada.

QUIJOTE (quijote) *s. m.* Coxote. *fig.* D. Quixote, indivíduo quixotesco.

QUIJOTERÍA (quijotería) *s. f.* Maneira exageradamente grave de proceder.

QUIJOTESCAMENTE (quijotescamente) *adv.* Quixotescamente.

QUIJOTESCO, A (quijotesco) *adj.* Quixotesco.

QUIJOTIL (quijotil) *adj.* Quixotesco (referindo-se a D. Quixote).

QUIJOTISMO (quijotismo) *s. m.* Quixotismo. Orgulho, presunção, soberba.

QUILATERA *s. f.* Quilateira.

QUILLA (quilha) *s. f. Náut.* Quilha.

QUILO *s. m.* Quilo (líquido da última fase da digestão). *Sudar (uno) el —, loc. fig. fam.* Trabalhar com grande fadiga e afã.

QUILOMBO *s. m. Amer. chil.* e *plat.* Lupanar, bordel. *Amer. colomb.* Choça, cabana.

QUIMERA *s. f.* Quimera (monstro fabuloso). *fig.* Quimera, fantasia, utopia, absurdo. *fig.* Briga, rixa, contenda, disputa, sururu, banzé, rolo, barulho, desordem, arruaça, conflito.

QUIMEREAR *v. tr.* Armar desordens, brigar, meter barulho, provocar rixas.

QUIMERISTA *adj.* e *s.* Quimerista (que inventa quimeras). Brigão, rixoso, desordeiro, arruaceiro.

QUIMÓN *s. m.* Quimono, quimão.

QUINA *s. f.* Quina (a casca da quina). Quina, quinina.

QUINAO *s. m.* Quinau.

QUINAQUINA *s. f.* V. QUINA, 1ª acep.

QUINCALLA (quincalha) *s. f.* Quinquilharias.

QUINCALLERÍA (quincalhería) *s. f.* Fábrica de quinquilharias.

QUINCALLERO (quincalhero) *s. m.* Quinquilheiro.

QUINCE *adj.* e *s. m.* Quinze.

QUINCENA *s. f.* Quinzena.

QUINCENAL *adj.* Quinzenal.

QUINCENARIO, A *adj.* V. QUINCENAL.

QUINCENO, A *adj.* Décimo (a) quinto (a).

QUINDÉCIMO, A *adj.* e *s.* V. QUINZAVO.

QUINDENIO *s. m.* Espaço de quinze anos.

QUINGOS *s. m. Amer.* Ziguezague.

QUINIELAS *s. f. pl. Amer. urug.* Espécie de jogo do bicho.

QUINIENTISTA *adj.* e *s.* Quinhentista.

QUINIENTOS, AS *adj.* e *s.* Quinhentos, as.

QUINO *s. m. Bot.* Quino.

QUINOA *s. f.* Arroz miúdo do Peru.

QUINOLA *s. f.* Lance em certo jogo de cartas. *fam.* Extravagância, disparate. *Estar de —s, loc. fig. fam.* Estar vestido de diversas cores.

QUIÑÓN (quinhòn) *s. m.* Quinhão.

QUIÑONERO (quinhonero) *s. m.* Quinhoeiro.

QUINQUÉ (quinquè) *s. m.* Lâmpada (com tubo de vidro e depósito de combustível).

QUINQUILLERÍA (quinquilhería) *s. f.* V. QUINCALLERÍA.

QUINQUILLERO (quinquilhero) *s. m.* V. QUINCALLERO.

QUINTA *s. f.* Quinta, casa de campo. *Mús.* Quinta. Ação de quintar. Sorteio militar. *Entrar en —s, loc.* Alcançar a idade do sorteio militar.

QUINTAESENCIAR (quintaessenciar) *v. tr.* Refinar, apurar, depurar, alambicar.

QUINTAL *s. m.* Quintal (peso equivalente a quatro arrobas).

QUINTALEÑO, A (quintalenho) *adj.* Que contém um quintal (peso).

QUINTALERO, A *adj.* Que pesa um quintal.

QUINTANA *s. f.* V. QUINTA, 1ª acep.

QUINTAMIENTO *s. m.* Ação de quintar.

QUINTAÑÓN, A (quintanhòn) *adj.* e *s.* Centenário (que tem cem anos de idade).

QUINTAR *v. tr.* Quintar. Sortear (para o serviço militar). *v. intr.* Alcançar o número de cinco.

QUINTERÍA *s. f.* Granja, fazenda, casal, quinta, casa de campo em quinta.

QUINTERNA *s. f.* V. QUINTERNO, 2ª acep.

QUINTERNO *s. m.* Caderno de cinco folhas de papel. Quina (no jogo do loto).

QUINTERO *s. m.* Quinteiro. Camponês, trabalhador agrário, lavrador.

QUINTILLA (quintilha) *s. f. Poét.* Quintilha.

QUINUA *s. f.* V. QUINOA.

QUINZAVO, A (quinçavo) *adj.* e *s.* Décima-quinta parte de um todo; quinze avos.

QUIOSCO *s. m.* Quiosque.

QUIROTECA *s. f.* Luva.

QUIRQUINCHO (quirquintcho) *s. m. Amer. merid.* Espécie de tatu.

QUIRÚRGICO, A (quirúrjico) *adj.* Cirúrgico.

QUIRURGO *s. m.* Cirurgião.

QUISA (quissa) *s. f. Amer. mexic.* Espécie de pimenta.

QUISCA *s. f. Amer. chil.* Espécie de cacto. Cada um dos seus espinhos.

QUISCO *s. m. Amer.* V. QUISCA.

QUISICOSA (quissicossa) *s. f. fam.* Enigma, problema, coisa difícil de averiguar.

QUISQUE Palavra latina empregada na loc. fam. *Cada —.* cada qual.

QUISQUILLA (quisquilha) *s. f.* Miudeza, frioleira, reparo ou dificuldade de pouca monta. Camarão (crustáceo).

QUISQUILLAR (quisquilhar) *v. intr. Amer.* Molestar-se; queixar-se.

QUISQUILLOSAMENTE (quisquilhossamente) *adv.* Com demasiada delicadeza, com rabugice, melindre, susceptibilidade, ou impertinência.

QUISQUILLOSIDAD (quisquilhossida*d*) *s. f.* Qualidade de *Quisquilloso.*

QUISQUILLOSO, A (quisquilhosso) *adj.* e *s.* Rabujento, impertinente, muito exigente, cheio de voltas. Susceptível, melindroso, que se ofende facilmente. Demasiado delicado no trato comum.

QUISTE *s. m. Med.* Quisto.

QUISTO, A *p. p. irreg. ant.* de *Querer.* Quisto. (Usa-se comumente com os advs. *bien* ou *mal.* Benquisto).

QUITA *s. f.* Quitação, quita, quitamento (remissão de dívida ou obrigação). *— y espera, For.* Chamamento de credores.

QUITACIÓN *s. f.* Renda, soldo, salário, estipêndio. *For.* V. QUITA.

QUITAGUAS *s. m.* V. PARAGUAS.

QUITAIPÓN *s. m.* V. QUITAPÓN.

QUITAMANCHAS (quitamantchas) *s. m.* e *f.* Tintureiro (que lava roupas manchadas).

QUITAMERIENDAS *s. m. Bot.* Cólquico.

QUITAMIENTO *s. m.* V. QUITA.

QUITAMOTAS *s. m.* e *f. fig. fam.* Adulador, lisonjeiro.

QUITANIEVES *s. m.* Máquina de remover a neve dos caminhos.

QUITANZA (quitança) *s. f.* V. FINIQUITO.

QUITAPELILLOS (quitapelilhos) *s. m.* e *f.* V. QUITAMOTAS.

QUITAPELOS *s. m.* e *f.* V. QUITAMOTAS.

QUITAPESARES (quitapessares) *s. m. fam.* Consolo, alívio, lenitivo, conforto, consolação.

QUITAPESOS (quitapessos) *s. m.* e *f.* Pessoa que tira dinheiro com astúcia.

QUITAPÓN *s. m.* Enfeite com borlas coloridas que se põe na cabeçada das cavalgaduras. *De —, loc. adv. fam.* Desmontável, postiço, de pôr e tirar.

QUITAR *v. tr.* Tirar (uma coisa de onde estava). Desempenhar, resgatar (o que se dera como penhor). Furtar, roubar, tirar. Impedir, estorvar, atrapalhar. Proibir, vedar. Derrogar, abrogar, suprimir, anular. Tirar, despojar, privar. Suprimir (um cargo ou emprego). Quitar, desobrigar, tornar quite. *Esgr.* Aparar, defender. *v. pron.* Deixar, afastar-se (de uma coisa). Ir-se, afastar-se de um lugar. *DE QUITA y pron.* V. QUITAPÓN *(DE). Sin — ni poner, loc. adv.* Sem tirar nem por.

QUITASOL (quitassol) *s. m.* Guarda-sol.

QUITASOLILLO (quitassolilho) *s. m. Amer. cub.* V. CAZABE.

QUITASUEÑO (quitassuenho) *s. m. fam.* Preocupação (aquilo que tira o sono).

QUITE *s. m.* Impedimento, estorvo (ação de impedir ou estorvar). *Taurom.* Quite. *Ir al —, loc. fig.* Ir em defesa ou auxílio de alguém (principalmente em questões morais). *Estar al —, ou al —s, loc. fig.* Estar pronto para ir em defesa de alguém. *No tener — (una cosa), loc. fig.* Não ter remédio (uma coisa).

QUITO, A *adj.* Quite, livre, isento.

QUITRA *s. f. Amer.* Cachimbo.

QUITRÍN *s. m. Amer. cub.* Caleça.

QUIZÁ (quiçá) *adv.* Quiçá, talvez, quem sabe.

QUIZABES (quiçabes) *adv. ant.* V. QUIZA.

QUIZÁS (quiçás) *adv.* V. QUIZÁ.

R (ere, erre) *s. f.* Vigésima primeira letra e décima sétima consoante do alfabeto espanhol. Tem um som brando, representado por um só *r* (como em *cara, fiebre, olor*), e outro forte, que também se expressa com *r sencilla* (*r* simples) no princípio do vocábulo, e quando é precedido de *b* sem formar sílaba, ou *l, n* ou *s* (como em *raba, subrayar, malrotar, enramado, israelita*), e com dois *rr* nos demais casos (como em *perro, sierra, guerra*). Na divisão das sílabas, os dois *rr* (*r duplicada*), da mesma maneira que *ll* (*elhe*) não se separam. Ex.: *Pe-rro, pe-rre-ra, gue-rra.*
RABA *s. f.* Isca de ovas de bacalhau.
RABADA *s. f.* Rabada, rabadilha, quarto traseiro dos animais abatidos.
RABADÁN *s. m.* Maioral dos pastores. Pastor às ordens de um maioral.
RABADILLA (rabadilha) *s. f.* Rabadela (das aves). Extremidade inferior da coluna vertebral, formada pelo sacro e o cóccix.
RABAL *s. m.* V. ARRABAL.
RABALERO, A *adj.* V. ARRABALERO.
RABANERA *s. f.* Mulher que vende rábanos. *fig. fam.* Verdureira.
RABANERO, A *adj. fig. fam.* Curto (falando-se de vestido feminino). Despudorado, impudente, desavergonhado (referindo-se aos gestos e aos modos de falar). *s. m.* Vendedor de rábanos.
RABANILLO (rabanilho) *s. m. Dim.* de *Rábano*, rabanete. *fig.* Pico, pique (do vinho). *fig. fam.* Azedume, desabrimento no trato, aspereza no gênio. *fig. fam.* Desejo veemente, comichão.
RABANIZA (rabaniça) *s. f.* Semente do rábano.
RABANO *s. m.* Rábano. *fig.* V. RABANILLO, 2ª acep.
RABARBARO *s. m.* Ruibarbo.
RABEAR *v. intr.* Rabear (mexer ou bolir com a cauda). *Náut.* Mover-se a popa para um e outro lado.
RABEL *s. m.* Arrabil. *fig. joc.* Nádegas, traseiro (principalmente de criança).
RABEO (rabèo) *s. m.* Rabeadura (movimento da cauda).
RABERA *s. f.* Traseira (parte posterior de uma coisa). Alimpadura (de cereais).
RABERÓN *s. m.* Ponta superior de um tronco cortado para madeira.
RABIA *s. m.* Raiva, hidrofobia. *fig.* Raiva, ira, cólera, furor; ódio, aversão. *Tomar* —, *loc.* Enraivecer-se, raivar, irritar-se.
RABIACANA *s. f. Bot.* Arísaro.
RABIAR *v. intr.* Sofrer de raiva ou hidrofobia. *fig.* Raivar, esbravejar (de dor). Com a prep. *por*, raivar por, estar ansioso, anelante, desejar ardentemente. *fig.* Raivar, enraivecer-se, encolerizar-se. *fig.* Exceder em muito o ordinário. *A* —, *loc. adv.* Muito, excessivamente.
RABIATAR *v. tr.* Atar, amarrar pela cauda ou rabo.
RABIAZORRAS (rabiaçorras) *s. m. fam.* V. SOLANO.
RABICÁN *adj. Apóc.* de *Rabicano*.
RABICANO, A *adj.* Rabicão.
RABICORTO, A *adj.* Rabicurto.
RABIDA *s. f. reg. marroq.* Convento; ermida.

RABIETA *s. f. Dim.* de *Rabia. fig. fam.* Enfado, impaciência, zanga, principalmente quando é de pouca duração e tem motivo fútil.
RABIHORCADO (rabiorcado) *s. m. Ornit.* Fragata, rabifurcado.
RABILARGO, A *adj.* Rabilongo.
RABILLO (rabilho) *s. m. Dim.* de *Rabo.* Rabinho. Pecíolo. Pedúnculo. V. CIZAÑA. *Mirar com el — del ojo, loc. fam.* Olhar com o rabo do olho.
RABIÓN *s. m.* Parte mais rápida na corrente de um rio.
RABIOSAMENTE (rabiossamente) *adv.* Raivosamente.
RABIOSO, A (rabiosso) *adj.* Raivoso, hidrófobo. U. t. c. s. Raivoso, colérico, irado, furioso. *fig.* Veemente, excessivo, violento, raivoso.
RABISALSERA (rabissalsera) *adj. fam.* Desenvolta, desembaraçada, desabusada, desbocada (falando-se da mulher).
RABIZA (rabiça) *s. f.* Ponta (da cana de pescar). *Náut.* Fiel.
RABÓN, A *adj.* Rabão, ona.
RABONA *s. f. Amer.* Vivandeira. *Hacer* —. V. NOVILLO (*Hacer — s*).
RABOSEADA (rabosseada) *s. f.* Ação ou efeito de *Rabosear.*
RABOSEADURA (rabosseadura) *s. f.* V. RABOSEADA.
RABOSEAR (rabossear) *v. tr.* Sujar, enxovalhar, deslustrar, arranhar levemente uma coisa.
RABOSO, A (rabosso) *adj.* Desfiado (falando-se de vestidos).
RABOTADA *s. f. fam.* Rabanada (pancada com o rabo ou cauda). *fam.* Resposta da.
RABOTEAR *v. tr.* Derrabar. V. DESRABOTAR.
RABOTEO (rabotèo) *s. m.* Ação de derrabar. Época em que se derraba as ovelhas.
RACAMENTA *s. f.* V. RACAMENTO.
RACAMENTO *s. m. Náut.* Coçoilo.
RACEL *s. m. Náut.* Delgado.
RACHA (ratcha) *s. f. Náut.* Refrega, refega, pé-de-vento. *fig. fam.* Aragem (período breve de sorte, principalmente no jogo). Acha (de lenha); racha (estilhaço de madeira).
RACIMA *s. f.* Cachos de uva ficados na videira após a vindima; rabisco, rabisca, rebusco.
RACIMAL *adj.* Pertencente ao cacho (de uva ou outra fruta).
RACIMAR *v. tr.* Respingar, rebuscar, rabuscar (nas videiras).
RACIMO *s. m.* Racimo, cacho de uvas. Cacho (de outras frutas). *fig.* Cacho, penca. Racimo (de flores).
RACIMUDO, A *adj.* Que tem cachos grandes.
RACIOCINACIÓN *s. f.* Raciocinação, raciocínio.
RACIÓN *s. f.* Ração. Prebenda. *A media* —, *loc. adv.* À meia ração. *A* —, *loc. adv.* V. TASADAMENTE.
RACIONERO *s. m.* Raçoeiro, racioneiro. Prebendado.
RADA *s. f.* Enseada, baía, porto.
RADIACIÓN *s. f.* Radiação.
RADIACTIVIDAD (radiactivida*d*) *s. f.* Radioatividade.

RADIACTIVO, A *adj.* Radioativo.
RADIAL *adj.* Radial. Radiofônico. *Corona* —, coroa radial.
RADIAR *v. tr.* Irradiar, transmitir, emitir (pelo rádio ou telegrafia sem fios). Radiar, irradiar.
RADIGRAFAR *v. tr.* Radiografar (fotografar ou observar pelos raios X).
RADIGRAFIA *s. f.* Radiografia (fotografia pelos raios X).
RADIGRÁFICO, A *adj.* Radiográfico.
RADIO *s. m. Geom.* Raio. *Anat.* Rádio. Radiograma. Rádio (aparelho receptor ou emissor). Raio (de luz). Rádio (metal). — *vector Geom.* Raio vector.
RADÍO, A *adj.* Erradio, errante.
RADIODIFUSIÓN (radiodifussiòn) *s. f.* Transmissão (de estação de rádio).
RADIOESCUCHA (radioescutcha) *s. m.* e *f.* Ouvinte de rádio.
RADIOFONO *s. m.* Radiofônio, rádio.
RADIOGRAFIAR *v. tr.* Radiografar.
RADIOGRAMA *s. f.* Radiograma. Radiografia (fotografia pelos raios X).
RADIORRECEPTOR *s. m.* Rádio (aparelho receptor).
RADIOTELÉFONO *s. m.* Radiotelefonia.
RADIOTELEFONEAR *v. tr.* Radiotelefonar.
RADIOTELEGRAFIAR *v. tr.* Radiografar.
RADIOTELÉGRAFO *s. f.* Radiotelegrafia.
RADIOTELURIO *s. m. Miner.* Polônio.
RADIOTRANSMISIÓN (radiotransmissiòn) *s. f.* V. RADIODIFUSIÓN.
RADIOYENTE (radiodjente) *s. m.* Ouvinte de rádio.
RADITERÁPICO, A *adj.* Radioterápico.
RADITERAPÉUTICA *s. f.* Radioterapia.
RADITERAPIA *s. f.* Radioterapia.
RAEDERA *s. f.* Raspadeira (instrumento).
RAEDIZO, A (raediço) *adj.* Fácil de raspar-se.
RAEDOR, A *adj.* e *s.* Raspador. *s. m.* V. RASERO.
RAEDURA *s. f.* Raspadura. Raspas, aparas.
RAER *v. tr.* Raspar. V. RASAR. *fig.* Extirpar, erradicar (um vício ou mau costume). *Irreg.* Indic. pres. 1ª pes. *Rao* (forma regular), *raigo* ou *rayo.* Subj. pres. *Raig-a, as, a, amos, áis, an* ou *ray-a, as, a, amos, áis, an.* Imperat. *Raiga,* ou *raya, raigamos* ou *rayamos, raigan* ou *rayan.* (É preferível, em alguns tempos e pessoas, usar a conjugação que se assemelha à do verbo *Caer*).
RAFA *s. f.* Racha (nos cascos das cavalgaduras). Abertura num açude ou canal. Pilar que se embute numa parede para reforçá-la ou reparar uma fenda.
RÁFAGA *s. f.* Rajada, refrega, refega. Lampejo, raio de luz. Nuvenzinha que anuncia mudança de tempo.
RAFE *s. m.* Beira, beiral, aba (de telhado).
RAFEAR *v. tr.* Assegurar ou reforçar uma parede com pilares.
RAGADÍA *s. f.* Greta, fenda.
RAGLÁN *s. m.* Espécie de gabão.
RAICEJA (raiceja) *s. f. Dim.* de *Raíz.* Radícula.
RAICILLA (raicilha) *s. f. Dim.* de *Raíz.* Radícula.
RAICITA *s. f.* V. RAICILLA, 2ª acep.

RAÍDO, A *p. p.* de *Raer. adj.* Coçado, rafado, surrado, poído (falando-se de vestidos e tecidos). *fig.* Desavergonhado, descarado, livre, impudente.

RAIGAL *adj.* Radical (pertencente à raiz). Qualificativo que os madeireiros dão à raiz das árvores.

RAIGAMBRE *s. m.* Raizame, raizada. *fig.* Raízes (conjunto de hábitos, afetos, antecedentes etc.).

RAIGÓN *s. m. Aument.* de *Raíz.* Grande raiz. Raiz (dos dentes).

RAIL *s. m.* Trilho (de estrada de ferro).

RAIMIENTO *s. m.* V. RAEDURA. Descaro, impudência, desavergonhamento.

RAIZ *s. f.* Raiz. V. FINCA. *fig.* Raiz, origem; base, fundamento. *Bienes RAICES,* bens de raiz. *A —, loc. adv. fig.* Junto, rente, rés. Imediatamente. Cerce. *Cortar de —,* cortar pela raiz. *De —, loc. adv.* Pela raiz, inteiramente, desde o princípio até o fim de uma coisa. *Echar —ces, loc. fig.* Deitar raízes, enraizar-se, fixar-se, estabelecer-se num lugar. Arraigar-se, fazer hábito.

RAJA (raja) *s. f.* Racha, lasca, estilhaço. Racha, fenda, greta. Talhada, fatia (de melancia, de melão, de queijo etc.). *Hacer —s (una cosa), loc.* Dividir, repartir uma coisa entre muitos.

RAJABROQUELES *s. m. fig. fam.* Valentão, fanfarrão.

RAJADERA (rajadera) *s. f.* Rachadeira, cunha.

RAJADILLO (rajadilho) *s. m.* Amêndoa confeitada.

RAJADIZO, A (rajadiço) *adj.* Fácil de rachar, fender ou abrir.

RAJADOR (rajador) *s. m.* Rachador (de lenha).

RAJANTE (rajante) *p. a.* de *Rajar.* Que racha.

RAJAR (rajar) *v. tr.* Rachar, gretar, abrir, fender, partir, lascar. U. t. c. pron. *fig. fam.* Falar muito. *fig. fam.* Dizer ou contar muitas mentiras, principalmente jactando-se de valente.

RAJATABLAS (rajatablas) *s. m. Amer.* Reprimenda, repreensão, carão, sabão. *A —, loc. adv. Amer.* Sem consideração alguma, à valentona, à bruta.

RAJETA (rajeta) *s. f.* Tecido raiado de várias cores.

RAJUELA (rajuela) *s. f. Dim.* de *Raja.* Lasca de pedra (usada em construções de somenos).

RAJUÑADURA (rajunhadura) *s. f. Amer.* V. RASGUÑO.

RAJUÑAR (rajunhar) *v. tr. Amer.* V. RASGUÑAR.

RAJUÑO (rajunho) *s. m. Amer.* V. RASGUÑO.

RALE *s. m. Amer.* Gamela, prato de madeira.

RALEAR *v. intr.* Ralear (tornar-se ralo, pouco espesso, denso ou compacto), rarefazer-se, desbastar-se. Não se desenvolverem de todo os cachos de uva. Mostrar má inclinação ou natureza.

RALEA (ralèa) *s. f.* Espécie, gênero, qualidade, condição, classe. *Pejor.* Raça, casta, laia (falando-se de pessoas). Presa preferida pela ave de rapina.

RALEÓN, A *adj.* Diz-se do falcão muito destro em determinada presa.

RALEZA (raleça) *s. f.* Rareza (qualidade do que é ralo ou pouco denso).

RALLADOR (ralhador) *s. m.* Ralador, ralo (de cozinha).

RALLADURA (ralhadura) *s. f.* Raladura. Sulco que deixa o ralador. Qualquer sulco pouco profundo.

RALLAR (ralhar) *v. tr.* Ralar (passar pelo ralador). *fig.* Ralar, atormentar, amofinar, inquietar, importunar.

RALLO (ralho) *s. m.* V. RALLADOR.

RALLÓN (ralhòn) *s. m.* Venábulo.

RALO, A *adj.* Ralo, pouco espesso, pouco denso, raro.

RAMA *s. f. Bot.* Ramo. *fig.* Ramo (em genealogia). *fig.* Ramo, ramificação, parte secundária de uma coisa. *Tip.* Rama. *Andarse (uno) por las —s, loc. fig.* Discorrer pela rama. *Asirse (uno) a las —s, loc. fig.* Procurar motivos fúteis para desculpar-se. *De — en —, loc. adv.* De ramo em ramo. *En —, loc. adv. Tecn.* Em rama, em bruto. *Plantar de —,* plantar de galho.

RAMAJE (rama*j*e) *s. m.* Ramagem, ramada, ramaria, rama.

RAMAL *s. m.* Ramal (molho de fios torcidos de que se fazem as cordas). Cabresto. Cabo, corda, soga. Lanço (de escada). Ramal (de estrada). Ramal, ramificação.

RAMALAZO (ramalaço) *s. m.* Cordoada; vergalhada, chibatada. Vergão (marca deixada na pele por chicotada, cordoada etc.). Mancha, pinta (sinal de enfermidade na pele). Pontada (dor aguda e rápida) *fig.* Golpe (desgraça ou pesar inesperados).

RAMALEAR *v. intr.* V. CABESTREAR.

RAMAZÓN (ramaçòn) *s. f.* Ramos cortados, ramalhada.

RAMBLA *s. f.* Álveo, sulco, escavação (leito natural das águas pluviais). Barranco (cavado por enxurradas). Aparelho para estirar panos. Nome que se dá em algumas cidades às suas ruas ou passeios principais. *Amer. plat.* Avenida à beira-mar; molhe.

RAMBLAR *s. m.* Lugar em que se reúnem vários barrancos cavados por enxurradas.

RAMBLAZO (ramblaço) *s. m.* Barranco (por onde correm as enxurradas).

RAMBLIZO (rambliço) *s. m.* V. RAMBLAZO.

RÁMEO, A *adj.* Rameal.

RAMERA *s. f.* Rameira.

RAMILLA (ramilha) *s. f.* Raminho. *fig.* Pretexto, motivo fútil.

RAMILLETE (ramilhete) *s. m.* Ramilhete, ramalhete. *fig.* Prato de doces ornamentado a capricho.

RAMILLETERO, A (ramilhetero) *s. m.* e *f.* Florista, ramalheteira. V. FLORERO.

RAMINA *s. f.* Fibra ou fio de rami.

RAMIO *s. m. Bot.* Ramí.

RAMIZA (ramiça) *s. f.* Ramada, ramalhada (ramos cortados). O que se faz com ramos.

RAMOJO (ramojo) *s. m.* Ramaria cortada, raminhos.

RAMÓN *s. m.* Ramos cortados pelos pastores para apascentar o gado em tempo de seca. Ramada que fica no chão depois da poda.

RAMONEAR *v. intr.* Desramar, decotar as árvores. Comer (os animais) ramos de certas árvores.

RAMONEO (ramonèo) *s. m.* Ação de *Ramonear.*

RAMPA *s. f.* V. CALAMBRA. Rampa.

RAMPIÑETE (rampinhete) *s. m. Artilh.* Vareta.

RAMPLÓN, A *adj.* Grosseiro, tosco, de sola muito grossa (falando-se de calçados). *fig.* Grosseiro, tosco, inculto, rude, vulgar. *s. m.* Rompão (de ferradura).

RAMPLONAMENTE *adv.* Grosseiramente, toscamente.

RAMPLONERÍA *s. f.* Grosseria, vulgaridade, rudeza.

RAMPOJO (rampojo) *s. m.* V. RASPAJO.

RAMPOLLO (rampolho) *s. m. Agr.* Estaca.

RAMUJOS *s. f. pl.* Raminhos, raminhas (para o fogo).

RAMULLA (ramulha) *s. f.* V. RASPAJO.

RANA *s. f.* Rã. *Med.* Rânula. *Amer. mexic.* Lavadeira.

RAÑA (ranha) *s. m.* Mato rasteiro.

RANACUAJO (ranacuajo) *s. m.* V. RENACUAJO.

RANCAJADA (rancajada) *s. f.* Desarraigamento.

RANCAJADO, A *adj.* Ferido por uma lasca, espinho ou felpa.

RANCAJO (rancajo) *s. m.* Lasca (estilhaço de madeira, pedra, metal ou vidro que se crava na carne).

RANCHARSE (rantcharse) *v. pron. Amer. colomb.* Emperrar, empacar (a cavalgadura).

RANCHEADERO (rantcheadero) *s. m.* Acampamento, lugar onde se acampa ou arrancha.

RANCHEAR (rantchear) *v. intr.* Arranchar. Estabelecer-se em ranchos ou choças.

RANCHERA (rantchera) *s. f. Amer. argent.* Certa dança popular e música própria para ela. *fem.* de *Ranchero.*

RANCHERÍA (rantchería) *s. f.* Rancharia, grupo de ranchos, choças ou barracões; povoado pobre.

RANCHERÍO (rantcherio) *s. m. Amer.* V. RANCHERÍA. Conjunto de casebres; mocambo.

RANCHERO (rantchero) *s. m.* Rancheiro. Fazendeiro, estancieiro. *Amer. mexic.* Camponês.

RANCHO (rantcho) *s. m.* Rancho (comida para muitos). Grupo de pessoas que comem o rancho. Acampamento, toldo (de ciganos, de pastores etc.). *fig. fam.* Grupo de pessoas separadas de outras que falam em particular; rancho, grupo. Choça, cabana, rancho. *Amer.* Fazenda, estância. *Náut.* Rancho. Cada uma das divisões da maruja. *Asentar el —, loc. fig. fam.* Deter-se num lugar para comer e descansar.

RANCIAR *v. tr.* Rançar, enrançar-se. U. t. c. pron.

RANCIEDAD (ranciedad) *s. f.* Rancidez. *fig.* Ranço, velharia.

RANCIDEZ *s. f.* V. RANCIEDAD.

RANCIO, A *adj.* Râncido, ranço, rançoso. *fig.* Rançoso, velho, sediço. *s. m.* V. RANCIDEZ. Toucinho rançoso.

RANCIOSO, A (ranciosso) *adj.* V. RANCIO.

RANCLA *s. f. Amer. equat.* Fuga, fugida.

RANCLARSE *v. pron. Amer. equat.* Fugar, fugir, escapar-se.

RANDA *s. f.* Espécie de renda. *s. m. fam.* V. RATERO.

RANDADO, A *adj.* Rendado (guarnecido com certa espécie de renda).

RANDERA *s. f.* Rendeira (mulher que faz rendas).

RANEAR *v. intr.* Mover-se ágil e rapidamente. Contorcer-se. *fig.* Vozear, berrar, gritar.

RANERO *s. m.* Lugar onde há muitas rãs; charco.

RANETA *s. f.* Raineta (variedade de maçã).

RANGO *s. m.* Classe, hierarquia, categoria, condição social.

RANGOSO, A (rangosso) *adj. Amer.* Ostentoso, aparatoso.

RANGUA *s. f.* Cachimbo (peça de ferro).

RANILLA (ranilha) *s. f.* Ranilha, forquilha (do cavalo). *Vet.* Certa enfermidade do gado vacum.

RAÑO (ranho) *s. m. Ictiol.* Perca. Espécie de gancho para arrancar ostras das pedras.

RANURA *s. f.* Ranhura, entalhe.

RANZAL (rançal) *s. m.* Espécie de tecido.

RAPA *s. f.* Flor de oliveira.

RAPABARBAS *s. m. fam.* Barbeiro.

RAPACEJO (rapacejo) *s. m.* Franja, galão liso. Alma (de um galão). *Dim.* de *Rapaz.* Rapazinho, rapazelho.

RAPACERÍA *s. f.* Rapacidade.

RAPADOR, A *adj.* e *s.* Rapador. *s. m. fam.* Barbeiro.

RAPADURA *s. f.* Rapadura, rapadela (ato de rapar).

RAPAGÓN *s. m.* Rapaz ainda imberbe.

RAPAMIENTO *s. m.* V. RAPADURA.

RAPAPIÉS *s. m.* Buscapé.

RAPAPOLVO *s. m. fam.* Repreensão áspera, carão, sabão.

RAPAR *v. tr.* Barbear. Rapar (o cabelo). *fig. fam.* Rapar, rapinar, roubar, furtar, extorquir artificiosamente. *v. pron.* Rapar-se, barbear-se.

RAPAVELAS *s. m. pop.* Sacristão.

RAPAZ *adj.* Rapaz, rapace. *Ave —,* ave de rapina.

RAPAZ, A (rapaça) *s. m.* e *f.* Rapaz, rapariga.

RAPAZADA (rapaçada) *s. f.* V. MUCHACHADA.

RAPAZUELO, A (rapaçuelo) *s. m.* e *f. Dim.* de *Rapaz.* Rapazinho, rapazito, rapazete, rapazelho; rapariguinha, rapariguita, rapariguita.

RAPE *s. m.* Barba feita às pressas e sem cuidado. (Usa-se muito na frase: *Dar un —.*) *Al —, loc. adv.* Cerce, rente. *s. m.* V. PEJESAPO.

RAPIEGO, A *adj.* Rapaz, rapace. *Ave —a,* ave de rapina.

RAPIÑA (rapinha) *s. f.* Rapina, extorsão, roubo, saque. *Ave de —,* ave de rapina.

RAPINADOR, A (rapinhador) *adj.* e *s.* Rapinhador, rapinante.

RAPIÑAR (rapinhar) *v. tr. fam.* Rapinar, roubar.

RAPINGACHO (rapingatcho) *s. m.* Omelete de queijo.

RAPISTA (rapista) *s. m. fam.* Barbeiro.

RAPO *s. m.* Nabo (a raiz desta planta).

RAPONCHIGO (rapònthigo) *s. m.* Nabinho.

RAPOSEAR (rapossear) *v. intr.* Raposinhar.

RAPOSEO (rapossèo) *s. m.* Raposice, raposia (ato de raposinhar).

RAPOSERÍA (rapossería) *s. f.* Raposia, raposice, manha, astúcia. V. RAPOSEO.

RAPOSO (raposso) *s. m.* e *adj.* V. ZORRO.

RAPOSUNO, A (rapossuno) *adj.* Raposino, raposeiro.

RAQUETA *s. f.* Raqueta. Pá de "croupier". V. JARAMAGO.

RAQUITIS *s. f. Med.* Raquitismo.

RAREFACCIÓN (rarefacciòn) *s. f.* Rarefação.

RAREFACER *v. tr.* Rarefazer. U. t. c. pron. V. ENRARECER. *Irreg.* Ind. pres. *Rarefago.* Pret. indef. *Rarefi-ce, ciste, zo, cimos, cisteis, cieron.* Futu. imperf. *Rarefar-é, ás, á, emos, éis, rán.* Cond. simpl. *Rarefarî-a, as, a, amos, ais, an.* Subj. pres. *Rarefag-a, as, a, amos, áis, an.* Pret. imperf. *Rarefici-era* ou *ese, eras* ou *eses, era* ou *ese, éramos* ou *esemos, erais* ou *eseis, eran* ou *esen.* Fut. imperf. *Rarefici-ere, eres, ere, éremos, ereis, eren.* Imperat. *Rarefaz, rarefag-a, amos, an.* Part. *Rarefacto.* (Este verbo, que carece de tempos compostos, é pouco usado. *Enrarecer* é o verbo empregado com o sentido e a freqüência do port. *rarefazer*).

RAREFACTO, A *p. p. irreg.* de *Rarefacer.* Rarefeito, rarefato.

RAREZA (rareça) *s. f.* Rareza, raridade. Raridade (coisa rara). Raridade, extravagância.

RARIDAD (raridad) *s. f.* V. RAREZA.

RAS *s. f.* Igualdade na superfície ou altura das coisas (superfície lisa ou rasa; nível). *A —,* loc. adv. Ao rés de, próximo de, quase ao nível de uma coisa. *— con —,* ou *— en —,* rés-vés, rente, justo, ao mesmo nível ou altura. Rente (roçando ligeiramente).

RASA (rassa) *s. f.* Achada, planalto, chapada, rechão. Defeito na urdidura de um tecido. Raso, campo, planície.

RASADOR (rassador) *s. m.* V. RASERO.

RASADURA (rassadura) *s. f.* Rasadura (ação de rasar ou rasourar).

RASAR (rassar) *v. tr.* Rasar, rasourar; arrasar.

RASCA *s. f. Amer.* Borracheira, embriaguez, mona.

RASCACIELOS *s. m.* Arranha-céu.

RASCADERA *s. f.* Rascador. *fam.* V. ALMOHAZA.

RASCADOR *s. m.* Rascador. V. RASCAMOÑO.

RASCALINO *s. m. Bot.* Cuscuta.

RASCAMIENTO *s. m.* Rascadura, arranhadura.

RASCAMOÑO (rascamonho) *s. m.* Alfinete de toucar.

RASCAR *v. tr.* Rascar, arranhar (a pele); coçar. Rascar, raspar (com o rascador). Arranhar (tocar mal um instrumento musical). *v. pron. Amer.* Emborrachar-se, embebedar-se, embriagar-se.

RASCATRIPAS *s. m.* e *f.* Mau violinista.

RASCÓN, A *adj.* Rascante, áspero (ao paladar). *s. m.* Frango de água.

RASCAZÓN (rascaçòn) *s. f.* Comichão.

RASCUÑAR (rascunhar) *v. tr.* V. RASGUÑAR.

RASCUÑO (rascunho) *s. m.* V. RASGUÑO.

RASEL (rassel) *s. m. Náut.* V. RACEL.

RASERA (rassera) *s. f.* V. RASERO.

RASERO (rassero) *s. m.* Rasa, rasoura (pau que serve para rasar). *Por el mismo,* ou *por un —,* loc. adv. fig. Com rigorosa igualdade; pela mesma bitola.

RASETE (rassete) *s. m.* Cetim ordinário.

RASGADO, A *adj.* Rasgado, espaçoso, amplo (diz-se das janelas largas, dos olhos e da boca). *s. m.* V. RASGÓN.

RASGO *s. m.* Rasgo (traço dado com pena). *fig.* Rasgo, Traço, feição (do rosto). U. m. no pl.

RASGÓN *s. m.* Rasgão.

RASGUEADO *s. m.* V. RASGUEO.

RASGUEADOR, A *adj.* Diz-se de quem escreve com rasgos delicados ou elegantes. U. t. c. s.

RASGUEAR *v. tr.* Tocar a viola em rasgado. *v. intr.* Fazer rasgos com a pena.

RASGUEO (rasguèo) *s. m.* Rasgado (certa maneira de tocar viola ou outro instrumento de corda). Ação de *Rasguear,* 2ª acep.

RASGUÑAR (rasgunhar) *v. tr.* Arranhar, rascar, raspar (com as unhas ou algum instrumento cortante). Raspar (o couro). *Pint.* Rascunhar, esboçar.

RASGUÑO (rasgunho) *s. m.* Arranhão, arranhadura. V. ARAÑAZO. *Pint.* Rascunho, esboço.

RASGUÑUELO (rasgunhuelo) *s. m.* Dim. de *Rasguño.*

RASILLA (rassilha) *s. f.* Certo tecido de lã. Ladrilho fino.

RASIÓN (rassiòn) *s. f.* V. RASURACIÓN.

RASO, A (rasso) *adj.* Raso (plano, liso; sem encosto, sem espaldar; que não tem graduação; rasteiro, baixo). Claro, limpo, sereno (falando-se do céu). *s. m.* Raso, plano, chão. Cetim. *Al —,* loc. adv. Ao relento; a céu aberto.

RASOLISO (rassolisso) *s. m.* Certo tipo de cetim.

RASPA *s. m.* Aresta, pragana dos cereais. Pêlo, cabelo (na pena de escrever). Espinha de peixe. Engaço da uva. Película (de alguns frutos). *fig.* Mordacidade, alfinetada. *fam. Amer.* Repreensão áspera, sabão, carão. *Bot.* Pedúnculo. *Ir (uno) la —,* loc. fig. fam. Ir roubar ou furtar. *Tender (uno) la —,* loc. fig. fam. Deitar-se a dormir ou descansar.

RASPAJO (raspajo) *s. m.* Engaço da uva.

RASPAMIENTO *s. m.* Raspadura, rapadura.

RASPAR *v. tr.* Raspar. Picar (o vinho ou outra bebida). Furtar, tirar, roubar. Arranhar, raspar.

RASPEAR *v. intr.* Arranhar o papel (a pena quando se escreve, espirrando tinta).

RASPILLA (raspilha) *s. f. Bot.* Espécie de borragem.

RASPÓN *s. m. Amer. colomb.* Espécie de palha usado pelos camponeses.

RASPUDO, A *adj.* Praganoso.

RASQUETA *s. f. Náut.* Rasqueta. *Amer. merid.* V. ALMOHAZA.

RASQUETEAR *v. tr. Amer. merid.* V. ALMOHAZAR.

RASTACUERO *s. m. Amer.* V. RASTRACUEROS.

RASTEL *s. m.* V. BARANDILLA.

RASTILLAR (rastilhar) *v. tr.* V. RASTRILLAR.

RASTILLO (rastilho) *s. m.* V. RASTRILLO.

RASTRA *s. f.* Ancinho. Rastro, vestígio, rasto. Grade (instrumento agrícola). V. NARRIA. Rastelo. Réstia. Qualquer coisa que é arrastada. *Náut.* Rocega. Pessoa cuja presença faz supor a proximidade de outra. *fig.* Resultado ou conseqüência desagradável de uma ação. Cria de uma rês. *A la —, a — ,* ou *a — s,* loc. adv. Arrastando; de rastos. De má vontade, de mau grado, obrigado, forçado.

RASTRACUEROS *s. m. Amer.* Indivíduo que enriqueceu no comércio de couros. *fig.* Rastaquera.

RASTRALLAR (rastralhar) *v. intr.* V. RESTRALLAR.

RASTRALLIDO (rastralhido) *s. m.* Estalo, estalido.

RASTRAR *v. tr.* V. RASTREAR, 1ª acep.

RASTREADO, A *p. p.* de *Rastrear. s. m.* Réstia, enfiada, série. Maneira de arrastar os pés.

RASTREADOR, A *adj.* e *s.* Rastejador (que anda no rasto ou na pista de).

RASTREAR *v. tr.* Rastejar, rastrejar, rastrear (seguir o rasto de). *Náut.* Rocegar. Vender a carne no matadouro. *fig.* Rastejar, investigar, indagar, inquirir. *v. intr.* Trabalhar com o ancinho ou com a grade. Ir em vôo rasteiro, rastejar.

RASTREO (rastrèo) *s. m. Náut.* Rocega (ato de rocegar).

RASTRERAMENTE *adv.* Rasteiramente, baixamente, chãmente.

RASTRERO, A *adj.* Rasteiro (em todas as suas principais acepções). *s. m.* O que trabalha em matadouro. Tropeiro (que traz gado para o matadouro).

RASTRILLA (rastrilha) *s. f.* Espécie de rastelo.

RASTRILLADA (rastrilhada) *s. f.* O que se apanha de uma vez com o rastelo ou com o ancinho.

RASTRILLADO, A (rastrilhado) *p. p.* de *Rastrillar. s. m.* Ação de rastelar.

RASTRILLADOR, A (rastrilhador) *adj.* e *s.* Gradador. Que rastela (plantas têxteis). Que trabalha com rastelo ou ancinho.

RASTRILLAJE (rastrilhaje) *s. m.* Gradadura, desterroa.

RASTRILLAR (rastrilhar) *v. tr.* Rastelar (o linho etc.). Desterroar, gradar. Trabalhar com o ancinho.

RASTRILLAZO (rastrilhaço) *s. m.* Pancada com o ancinho; golpe de rastelo.

RASTRILLEAR (rastrilhear) *v. tr. Amer.* V. RASTRILLAR, 3ª acep. *fig.* Furtar mercadorias nas casas de comércio.

RASTRILLEO (rastrilhèo) *s. m.* Ação de *Rastrillar.*

RASTRILLO (rastrilho) *s. m.* Rastelo. Rastrilho (de fortaleza). Estacada (de fortaleza ou estabelecimento penal). Caçoleta (fuzil de espingarda antiga). *Agr.* Grade. Ancinho. Roda (da fechadura). *Amer.* Negócio, proposta.

RASTRO *s. m.* Ancinho; grade. Rasto, rastro, vestígio, sinal, pista. V. MUGRÓN. Matadouro. Mercado de carnes, açougue. *fig.* Vestígio, sinal, traço, rasto.

RASTROJAL (rastrojal) *s. m.* V. RASTROJERA.

RASTROJAR (rastrojar) *v. tr.* Restolhar.

RASTROJERA (rastrojera) *s. f.* Restolhar, restolhada, restolho (campo de restolho). V. RASTROJO.

RASTROJO (rastrojo) *s. m.* Restolho, resteva.

RASURA (rassura) *s. f.* Barbeação (ação de fazer a barba); Rasoura. V. RAEDURA. *pl.* Tártaro (do vinho).

RASURACIÓN (rassuraciòn) *s. f.* V. RASURA, 1ª acep. V. RAEDURA.

RASURADURA (rassuradura) *s. f.* V. RASURA.

RASURAMIENTO (rassuramiento) *s. m.* V. RASURA.

RASURAR (rassurar) *v. tr.* Barbear, fazer a barba, o bigode. U. t. c. pron.

RATA *s. f. Zool.* Rato, a; ratão, ratazana, arganaz. Rata (fêmea do rato). *s. m. fam.* V. RATERO. *— de água, Zool.* Ratão do banhado. *— de mar, Ictiol.* Ratão. *Más pobre que una —,* loc. fig. fam. Pobre como um rato; muito pobre.

RATA POR CANTIDAD *loc. adv.* Mediante rateio.

RATEAR *v. tr.* Ratear. Diminuir proporcionalmente. Surripiar, furtar com habilidade. *v. intr.* Rastejar, andar de rastos.

RATEO (ratèo) *s. m.* Rateio.

RATERAMENTE *adv.* Baixamente, rasteiramente, vilmente.

RATERIA *s. f.* Ratonice, furto, subtração. Baixeza, vileza.

RATERO, A *adj.* Rasteiro. *fig.* Baixo, rasteiro, vil, desprezível. Diz-se do ladrão que furta com habilidade coisas de pouco valor. *s. m.* Ratoneiro, gatuno, larápio.

RATERUELO, A *adj.* e *s.* Dim. de *Ratero,* 3ª e 4ª acepções.

RATIFICACIÓN *s. f.* Ratificação, confirmação.

RATIMAGO *s. m.* Engano, traça, artimanha, ardil, artifício, manha.

RATO *s. m.* Instante, momento, breve espaço de tempo. Prazer ou desprazer; bocado; pedaço; (neste sentido vai sempre acompanhado dos adjetivos *bueno* ou *malo* ou outros análogos). *Buen —, fam.* Grande quantidade de uma coisa. *— s perdidos,* vagares, momentos de lazer. *De — en —,* loc. adv. As vezes; de quando em quando; de quando em vez. *Pasar el —,* loc. fam. Perder o tempo. *s. m.* (Usado apenas em alguns lugares). V. RATÓN. *adj.* Não consumado (falando-se de matrimônio).

RATÓN *s. m.* Rato. Ratão. Arganaz. *Gír.* Ladrão covarde. *— almizclero,* rato almiscarado, almiscareiro.

RATONA *s. f.* Rata; ratazana, ratona.

RATONAR *v. tr.* Ratar, roer (o rato). *joc.* Roer (falando-se de pessoas). *v. pron.* Adoecer o gato por ter comido muitos ratos.

RATONCITO *s. m. Amer. boliv.* Cabra-cega (jogo de crianças).

RATONERA *s. m.* Ratoeira. Buraco de rato.

RATONERO, A *adj.* V. RATONESCO. *fig. fam.* Má, desafinada, vulgar (falando-se de música).

RATONESCO, A *adj.* Pertencente ou relativo aos ratos ou ratões.

RATONIL *adj.* V. RATONESCO.

RAUDAL *s. f.* Caudal, torrente de água. *fig.* Torrente, abundância de coisas que afluem rapidamente.

RAUDAMENTE *adv.* Rapidamente, impetuosamente.

RAUDO, A *adj.* Rápido, violento, precipitado, impetuoso.

RAUTA *s. f. fam.* Caminho. (Usa-se somente na expressão *coger*, ou *tomar, la —*, pôr-se a caminho).

RAYA (radja) *s. f.* Raia, linha, traço, risca. Limite, raia, fronteira (de país ou circunscrição territorial). Termo, limite (de uma coisa). Risca (divisão nos cabelos, feita com o pente). Raia, estria. *Gram.* Travessão (—). *Fís.* Raia. *A —, loc. adv.* À risca, dentro dos justos limites. *s. f. Ictiol.* Raia, arraia.

RAYADILLO (radjadilho) *s. m.* Riscado (tecido).

RAYADO (radjado) *p. p.* de *Rayar. adj. Artilh.* Raiado, estriado. Conjunto de raias ou riscas. *s. m.* Ação de *Raiar.*

RAYANO, A (radjano) *adj. e s.* Arraiano, raiano. Limítrofe, confinante.

RAYAR (radjar) *v. tr.* Riscar (fazer riscos ou traçar linhas em). Riscar (passar traços por cima de, apagar com riscos). Sublinhar. *fig. Amer.* Pagar os operários. *v. intr.* Raiar, (tocar às raias ou limites). Raiar, começar a aparecer, despontar no horizonte. *fig.* Raiar, alcançar, atingir, aproximar-se.

RAYO (radjo) *s. m. Meteor.* Raio. *Fís.* Raio. Raio (de uma roda). *fig.* Raio.

RAYÓN (radjòn) *s. m. Aument.* de *Raya. Amer.* Seda artificial.

RAYOSO, A (radjosso) *adj.* Raiado, listrado, riscado.

RAYUELA (radjuela) *s. f. Dim.* de *Raya.*

RAZA (raça) *s. f.* Raça. *fig.* Raça, categoria, classe. Racha, greta, fenda. Lista, raia (no tecido). Raio de luz que penetra por uma abertura.

RAZADA (raçada) *s. f.* V. LLOVIZNA.

RAZADO, A (raçado) *adj.* Raiado, riscado, listrado (falando-se de tecido).

RÁZAGO (ráçago) *s. m.* V. HARPILLERA.

RAZÓN (raçòn) *s. f.* Razão (em todas as suas acepções).

RAZONABLE (raçonable) *adj.* Razoável.

RAZONABLEJO, A (raçonablejo) *adj. fam. Dim.* de *Razonable.*

RAZONABLEMENTE (raçonablemente) *adv.* Razoavelmente.

RAZONADO, A (raçonado) *p. p.* de *Razonar. s. m.* V. RAZONAMIENTO.

RAZONADOR, A (raçonador) *adj. e s.* Racionador, razoador, argumentador.

RAZONAMIENTO (raçonamiento) *s. m.* Raciocínio. Razoamento, arrazoado, discurso. Argumentação.

RAZONANTE (raçonante) *p. a.* de *Razonar.* Raciocinante.

RAZONAR (raçonar) *v. intr.* Raciocinar, razoar, arrazoar. Falar, discutir, conversar. *v. tr.* Aduzir razões, defender, fazer uma exposição de motivos.

RAZONCILLA (raçoncilha) *s. f. Dim.* de *Razón.*

RAZONERO, A (raçonero) *adj.* Falador, conversador, palavroso.

REA (rèa) *s. f.* Ré, criminosa, mulher acusada.

REABSORBER *v. tr.* Reabsorver.

REABSORCIÓN *s. f.* Reabsorção.

REACCIÓN *s. f.* Reação (em todas as suas principais acepções).

REACCIONABLE *adj.* Susceptível de reação.

REACCIONAL *adj.* Relativo a reação.

REACCIONAR *v. intr.* Reagir (exercer reação).

REACIO, A *adj.* Teimoso, obstinado, porfiado; desobediente, contumaz.

REACTIVO, A *adj.* Reativo. *s. m. Quím.* Reagente. Reativo.

REACTOR, A *adj.* V. REACTIVO.

REAGUDO, A *adj.* Extremamente agudo.

REALA *s. f.* V. REAHALA.

REALCE *s. m.* Adorno em relevo. *fig.* Realce, distinção, maior lustre, relevo. *Pint.* Realce. *Bordar de —*, bordar em relevo; recamar. *fig.* Exagerar e desfigurar os fatos, inventando circunstâncias.

REALEJO (realejo) *s. m. Dim.* de *Real* (moeda). Realejo.

REALERA *s. f.* V. MAESTRIL.

REALERO *s. m.* V. REHALERO.

REALILLO (realilho) *s. m.* V. REALEJO, 1ª acep. Moeda de prata (25 cêntimos de peseta).

REALITO *s. m.* V. REALILLO.

REALIZACIÓN (realizaciòn) *s. f.* Realização.

REALIZADOR, A (realiçador) *adj.* Que realça.

REALZAMIENTO (realçamiento) *s. m.* Realçamento.

REALZAR (realçar) *v. tr.* Realçar, elevar, colocar em lugar mais elevado. U. t. c. pron. Bordar em relevo; recamar. *fig.* Realçar, ilustrar, engrandecer, fazer sobressair, dar mais valor a. *Pint.* Realçar.

REANUDAMIENTO *s. m.* Reatamento, continuação, reinicio.

REANUDAR *v. tr. fig.* Reatar, continuar, prosseguir, reiniciar. U. t. c. pron.

REAPARICIÓN *s. f.* Reaparecimento, reaparição.

REAPERTURA *s. f.* Reabertura.

REAPRETAR *v. tr.* Reapertar (apertar outra vez; apertar muito). *Irreg.* V. conj. de *Calentar.*

REARAR *v. tr. Agr.* Binar, tornar a lavrar.

REASEGURAR (reassegurar) *v. tr.* Ressegurar (fazer um contrato de resseguro).

REASEGURO (reasseguro) *s. m.* Resseguro.

REASUMIR (reassumir) *v. tr.* Reassumir.

REASUNCIÓN (reassunciòn) *s. f.* Reassunção.

REASUNTO, A (reassunto) *p. p. irreg.* de *Reassumir.*

REATA *s. f.* Arreata, reata. Fileira de cavalgaduras conduzidas de uma arreata. Mula de quarta. *Náut.* Reatas. *De —, loc. adv.* Formando fileira, em fila. *fig. fam.* Em seguida, após, atrás. *fig. fam.* De acordo com a vontade de outrem.

REATAR *v. tr.* Reatar (tornar a atar apertadamente). Atar duas ou mais cavalgaduras para que formem fileira.

REABABA *s. m. Tecn.* Rebarba.

REBABADURA *s. f.* Ação de *Rebabarse.*

REBABARSE *v. pron.* Formar rebarba.

REBAJA (rebaja) *s. f.* Rebaixa, diminuição, desconto, abatimento.

REBAJABLE (rebajable) *adj.* Que se pode rebaixar.

REBAJADO, A (rebajado) *p. p.* de *Rebajar. s. m.* Soldado que deu baixa.

REBAJADOR, A (rebajador) *adj.* Rebaixador. *s. m. Fot.* Banho para atenuar as imagens muito intensas.

REBAJAMIENTO (rebajamiento) *s. m.* Rebaixamento.

REBAJANTE (rebajante) *p. a.* de *Rebajar* e *adj.* Que rebaixa.

REBAJAR (rebajar) *v. tr.* Rebaixar (tornar mais baixo, abater; diminuir no preço; humilhar, aviltar, deprimir, infamar. U. t. c. pron.) *Pint.* Esmorecer. *v. pron.* Dar baixa (um militar).

REBAJO (rebajo) *s. m.* Rebaixo (a parte rebaixada).

REBALAJE (rebalaje) *s. m.* Corrente das águas. Remoinho das águas.

REBALSA *s. f.* Água estagnada. Pequena doca à margem de canal ou rio estreito para regular o tráfego das embarcações.

REBALSADIZO, A (rebalsadiço) *adj.* Fácil de estagnar-se.

REBALSADOR, A *adj.* Estagnador, estagnante.

REBALSADURA *s. f.* V. REBALSAMIENTO.

REBALSAMIENTO *s. m.* V. REBALSADURA.

REBALSAR *v. tr.* Estagnar, impedir que corra (um líquido), estancar. *v. pron.* Estagnar-se, rebalsar, rebalsar-se. Paralisar, não progredir; não prosseguir. *fig.* Acumular-se, avolumar-se.

REBALSE *s. m.* Estagnação. Paralisação. Estancamento.

REBANADA *s. f.* Fatia (de pão, de queijo etc.); talhada (de melancia, de melão etc.).

REBAÑADERA (rebanhadera) *s. f.* Fateixa (gancho com que se tiram objetos do fundo d'água).

REBAÑADOR, A (rebanhador) *adj. e s.* Arrebanhador.

REBANADURA *s. f.* Ação de *Rabanar.*

REBAÑADURA (rebanhadura) *s. f.* V. ARREBAÑADURA.

REBAÑAL (rebanhal) *adj.* V. REBAÑEGO.

REBANAR *v. tr.* Cortar em fatias ou talhadas; talhar.

REBAÑAR (rebanhar) *v. tr.* V. ARREBAÑAR.

REBANEAR *v. tr.* V. REBANAR.

REBAÑEGO, A (rebanhego) *adj.* Gregal (pertencente ou relativo ao rebanho ou grei).

REBAÑO (rebanho) *s. m.* Rebanho (de animais; de fiéis).

REBAÑUELO (rebanhuelo) *s. m. Dim.* de *Rebaño.*

REBASADERO (rebassadero) *s. m.* Lugar por onde um navio pode manobrar a fim de evitar qualquer perigo.

REBASADURA (rebassadura) *s. f.* Ação de *Rebasar.*

REBASAR (rebassar) *v. tr.* Ultrapassar, passar de um limite determinado. *Náut.* Navegar evitando obstáculo ou perigo.

REBASE (rebasse) *s. m.* V. REBASADURA.

REBATIMIENTO *s. m.* Rebatimento. Rebate, desconto.

REBATINGA *s. f. Amer. hond.* V. ARREBATIÑA.

REBATIÑA (rebatinha) *s. f.* V. ARREBATIÑA.

REBATIR *v. tr.* Rebater, repelir, rechaçar. Rebater, tornar a bater, calcar. Rebater, abater, descontar, deduzir. Rebater, impugnar, refutar.

REBATO *s. m.* Rebate, ataque, incursão, assalto, acometimento repentino. *fig.* Rebate, alarma. *De —, loc. adv. fig. fam.* Inesperada e repentinamente.

REBAUTISMO *s. m.* Rebatismo.

REBAUTIZAR (rebautiçar) *v. tr.* Rebatizar.

REBAUTIZO (rebautiço) *s. m.* Rebatismo.

REBEBEDIZO, A (rebebediço) *adj.* Que embebe ou sorve (líquidos).

REBEBEDURA *s. f.* Embebição. Porção embebida ou dobrada.

REBEBER *v. tr.* Embeber, sorver, chupar. Beber muito. Embeber, dobrar (falando-se de costuras). *v. pron.* Embeber-se, misturar-se, incorporar-se.

REBEBIDO, A *p. p.* de *Rebeber. adj. Pint.* Esmorecido, sem lustre.

REBECA *s. f. Amer.* Jaqueta de pele de camurça.

REBECO *s. m. Zool.* Camurça. *adj.* Insociável, intratável.

REBELACIÓN *s. f.* Rebeldia, rebelião.

REBELIÓN *s. f.* Rebelião.

REBELÓN, A *adj.* Rebelde.

REBENCAZO (rebencaço) *s. m.* Rebencaço, rebencada, relhada, chicotada. Estalo do rebenque ou chicote. *fig.* Castigo severo.

REBENQUE *s. m. Amer. merid.* Rebenque, chicote. *Náut.* Arrebém. *Tener —, loc. fam. Amer. merid.* Ter mau gênio; ser de caráter firme.

REBEZA (rebeça) *s. f.* Revessa.

REBEZAR (rebeçar) *v. intr.* Formar revessas (a maré).

REBINA *s. f.* Segundo amanho das vinhas.

REBISABUELO, A (rebissabuelo) *s. m. e f.* Tetravô, tataravô.

REBISNIETO, A *s. m. e f.* Tetraneto; tataraneto.

REBLANDECER *v. tr.* Amolecer, abrandar, embrandecer. U. t. c. pron. *Irreg.* V. conj. de *Favorecer.*

REBLANDECIDAMENTE *adv.* Com amolecimento ou abrandamento.

REBLANDECIMIENTO *s. m.* Amolecimento, abrandamento. *Med.* Necrobiose, amolecimento.

REBLE *s. m. Jír.* V. NALGA.

REBOCAR *v. tr.* Embocar, adaptar uma coisa à boca ou abertura de um objeto.

REBOCILLO (rebocilho) *s. m.* V. REBOCIÑO.

REBOCIÑO (rebocinho) *s. m.* Rebuço (do vestuário).

REBOLLAR (rebolhar) *s. m.* V. REBOLLEDO.

REBOLLEDO (rebolhedo) *s. m.* Robledo.

REBOLLIDURA (rebolhidura) *s. f. Artilh.* Desigualdade, defeito na alma de um canhão mal fundido.

REBOLLO (rebolho) *s. m.* Variedade de roble ou carvalho. Rebentão do roble alvar.

REBOLLUDO, A (rebolhudo) *adj.* Grosso, baixo e robusto. Diz-se do diamante bruto de forma arredondada.

REBOLSA *s. f. Náut.* Salto do vento.

REBOLSO *s. m.* V. REBOLSA.

REBOMBAR *v. intr.* Ribombar.

REBOMBE *s. m.* Ribombo.

REBOÑO (rebonho) *s. m.* Imundície ou lodo no canal da azenha.

REBORDE *s. m.* Rebordo.

REBORDAR *v. tr.* Rebordar. V. REBORDEAR.

REBORDEAR *v. tr.* Orlar, debruar.

REBORUJAR (reborujar) *v. tr. fam.* V. REBURUJAR.

REBOSADERO (rebossadero) *s. m.* Lugar por onde transborda um líquido.

REBOSADURA (rebossadura) *s. f.* Transbordamento.

REBOSAMIENTO (rebossamiento) *s. m.* V. REBOSADURA. *Med.* Extravasamento.

REBOSAR (rebossar) *v. tr.* Transbordar. Extravasar. *fig.* Transbordar, abundar. *fig.* Transbordar de, não caber em si de. Vomitar, regorgitar.

REBOTACIÓN *s. f. fam.* Ação de pôr ou ficar fora de si.

REBOTADERA *s. f.* Pente para cardar.

REBOTADURA *s. f.* Ação de *Rebotar*.

REBOTAR *v. tr.* Ressaltar, repinchar. Rebater, arrebitar. V. RECHAZAR. Desbotar, alterar a cor; alterar (a qualidade). U. m. c. pron. *fig. fam.* Alterar, por fora de si.

REBOTE *s. m.* Ressalto, repincho. Rebote (da péla). *De —, loc. adv.* De ricochete.

REBOTICA *s. f.* Laboratório de uma farmácia. V. TRASTIENDA.

REBOTIGA *s. f.* V. TRASTIENDA.

REBOZAR (reboçar) *v. tr.* Rebuçar, embuçar. U. t. c. pron. *Culin.* Cobrir de farinha, ovos batidos, mel etc.

REBOZO (reboço) *s. m.* Rebuço, embuço. *fig.* Rebuço, embuço, dissimulação, disfarce. *De —, loc. adv. fig.* Embuçadamente, secretamente. *Sin —, loc. adv.* Sem rebuço ou rebuços, francamente.

REBRAMO *s. m.* Bramido com que o veado ou outro animal responde ao de outro.

REBROTE *s. m.* V. RETOÑO.

REBUDIAR *v. intr. Venat.* Roncar o javali quando fareja gente.

REBUFE *s. m.* Bufido do touro.

REBUFO *s. m.* Expansão do ar à boca de uma arma de fogo quando sai o tiro.

REBUJADO, A (rebujado) *p. p.* de *Rebujar.* adj. Emaranhado, enredado, desordenado.

REBUJAL (rebujal) *s. m.* Número de cabeças de gado que num rebanho excedem de cinqüenta ou de um múltiplo de cinqüenta. Terreno de qualidade inferior.

REBUJAR (rebujar) *v. tr.* V. ARREBUJAR.

REBUJINA (rebujina) *s. f.* V. REBUJIÑA.

REBUJIÑA (rebujinha) *s. f.* Alvoroto, alvoroço, barulho, bulha (de gente do vulgo).

REBUJO (rebujo) *s. m.* Rebuço, embuço (usado pelas mulheres). Embrulho, trouxa, pacote desalinhado. Resto de pão.

REBULTADO, A *adj.* V. ABULTADO.

REBULLICIO (rebulhicio) *s. m.* Reboliço, barulho.

REBULLIR (rebulhir) *v. intr.* Rebulir, tornar a bulir, começar a mexer-se o que estava inquieto. U. t. c. pron. *Irreg.* V. conj. de *Mullir.*

REBUMBAR *v. intr.* Zunir, assobiar (a bala do canhão).

REBUMBIO *s. m. fam.* V. BARULLO.

REBURUJAR (reburujar) *v. tr. fam.* Embrulhar, fazer uma trouxa de.

REBURUJÓN (reburujòn) *s. m.* V. REBUJO, 2ª acep.

REBUSCAMIENTO *s. m.* Rebusca, rebusco. Alambicamento (do estilo).

REBUTIR *v. tr.* Embutir, encher.

REBUZNADOR, A *adj.* e *s.* Zurrador, rebusnante.

REBUZNAR *v. intr.* Zurrar, rebusnar.

REBUZNO *s. m.* Zurro.

RECABAR *v. tr.* Conseguir, obter, alcançar com rogos ou instâncias.

RECADERO, A *s. m.* e *f.* Recadista.

RECADO *s. m.* Recado, mandado, mensagem. Lembrança, memória, recordação (da estima que se tem a uma pessoa). Presente, dádiva, mimo. Provisão, compras diárias (no mercado ou nas lojas). Aparelho (conjunto de objetos necessários para fazer certas coisas); apresto, preparo. Fatura (de uma conta). Precaução,

segurança. *Mal. —,* má ação, travessura, descuido. *A buen,* ou *a mucho, —,* ou *a —, loc. adv.* V. RECAUDO *(A buen).* Dar *— (para una cosa), loc.* Fornecer o necessário para executar uma coisa. Llevar *—, loc. fig. fam.* Ir bem repreendido ou castigado.

RECAER *v. intr.* Recair (em todas as suas principais acepções). *Irreg.* V. conj. de *Caer.*

RECALADA *s. f. Náut.* Ação de *Recalar,* 2ª acep.

RECALAR *v. tr.* Calar, penetrar, infiltrar-se. U. t. c. pron. *v. intr. Náut.* Chegar um navio à vista de um ponto da costa, como fim da viagem ou para reconhecimento. Chegar o vento ou o mar ao ponto em que se acha um navio.

RECALCE *s. m.* Ação de *Recalzar.* V. RECALZO, 2ª acep.

RECALENTAMIENTO *s. m.* Reaquecimento.

RECALENTAR *v. tr.* Requentar, reaquecer. Aquecer em demasia, escaldar. *v. pron.* Abrasar-se, queimar-se (certos frutos e cereais). Apodrecer (a madeira). *Irreg.* V. conj. de *Calentar.*

RECALMÓN *s. m.* Recalmão.

RECALVASTRO, A *adj. Pejor.* Muito calvo, careca.

RECALZAR (recalçar) *v. tr.* Amotar (árvores). *Arq.* Consertar um alicerce. *Pint.* Pintar um desenho.

RECALZO (recalço) *s. m.* V. RECALZÓN. Conserto no alicerse de um edifício já construído.

RECALZÓN (recalçòn) *s. m.* Segunda camba (de uma roda de carro).

RECAMADO *s. m.* Recamo, bordado a relevo.

RECAMARA *s. f.* Recâmara (em todas as suas acepções). *fig. fam.* Cautela, reserva, segunda intenção.

RECANCANILLA (recancanilha) *s. f.* Modo de andar, fingindo coxo. *fig. fam.* Expressão nítida e pausada. U. m. no pl.

RECANTÓN *s. m.* V. GUARDACANTÓN.

RECAPITULACIÓN *s. f.* Recapitulação.

RECARGAR *v. tr.* Recarregar. Sobrecarregar. *fig.* Agravar, sobrecarregar. *fig.* Sobrecarregar de enfeites. *v. pron. Med.* Aumentar, crescer, subir (a febre).

RECARGO *s. m.* Sobrecarga, nova carga, aumento de carga. *med.* Aumento da febre. *For.* Agravo.

RECATAR *v. tr.* Encobrir, ocultar, recatar. U. t. c. pron. Recatar, rebuscar. *v. pron.* Mostrar receio em tomar uma resolução; recatar-se.

RECATEAR *v. tr.* Regatear.

RECATERÍA *s. f.* V. REGATONERÍA.

RECATÓN *s. m.* V. REGATÓN. *adj.* V. REGATÓN.

RECATONAZO (recatonaço) *s. m.* Contoada.

RECATONEAR *v. tr.* V. REGATONEAR.

RECATONERÍA *s. f.* V. REGATONERÍA.

RECAUDADOR *s. m.* Arrecadador, cobrador, coletor, recebedor de impostos.

RECAUDACIÓN *s. f.* Arrecadação, cobrança. Quantia cobrada ou arrecadada. Recebedoria, coletoria.

RECAUDAMIENTO *s. m.* V. RECAUDACIÓN, 1ª acep. Coletor, recebedor (de impostos).

RECAUDAR *v. tr.* Arrecadar, cobrar (impostos etc.). Guardar, por ou ter em custódia.

RECAUDO *s. m.* V. RECAUDACIÓN, 1ª acep. Precaução, recato, cuidado, cautela. Caução, fiança. A buen *—,* ou *a —, loc. adv.* Bem guardado, com segurança. (Usa-se muito com os verbos *poner* e *estar).*

RECAZO (recaço) *s. m.* Guarda-mão da espada. Costas (de uma faca).

RECEBAR *v. tr.* Deitar areia ou pedra miúda numa estrada a fim de consolidá-la.

RECEBO *s. m.* Areia ou pedra miúda (usada para consolidar estradas).

RECECHAR (recetchar) *v. tr. Venat.* V. ACECHAR.

RECECHO (recetcho) *s. m. Venat.* V. ACECHO.

RECEJADURA (recejadura) *s. f.* V. RECEJAMIENTO.

RECEJAMIENTO (recejamiento) *s. m.* Recuamento, recuo, retrocesso.

RECEJAR (recejar) *v. intr.* Recuar, retroceder, retrogradar.

RECELADOR *adj.* e *s.* Retalhado.

RECELAMIENTO *s. m.* V. RECELO.

RECELAR *v. tr.* Recear, temer, suspeitar, desconfiar. U. t. c. pron. Preparar a égua para receber o garanhão.

RECELO *s. m.* Receio, temor, suspeita. Ação de *Recelar.*

RECELOSO, A (recelosso) *adj.* Receoso.

RECEÑIMIENTO (recenhimiento) *s. m.* Ação de *Receñir.*

RECEÑIR (recenhir) *v. tr.* Recingir. *Irreg.* V. conj. de *Ceñir.*

RECENTADURA *s. f.* Levedura de reserva. *Fig.* Símbolo, representação, fundamento.

RECENTAMIENTO *s. m.* V. RECENTADURA.

RECENTAR *v. tr.* Pôr na massa a levedura que se deixou de reserva. *v. pron.* Renovar-se.

RECENTÍN *adj.* Recental.

RECEPCIÓN *s. f.* Recepção (em todas as suas principais acepções).

RECEPTO *s. m.* Retiro, asilo, amparo, lugar seguro.

RECERCAR *v. tr.* Tornar a cercar. Cercar.

RECESO (recesso) *s. m.* Recesso, recanto. *Astron.* Recesso, afastamento de um astro. *Estar en —, loc. Amer.* Não funcionar (uma assembléia).

RECETA *s. f.* Receita. *fig. fam.* Rol, anotação, relação de coisas que se pedem.

RECETABLE *adj.* Receitável.

RECETADOR, A *adj.* e *s.* Receitador.

RECETANTE *p. a.* de *Recetar* e *adj.* Receitante.

RECETAR *v. tr.* Receitar, prescrever (remédio). *fig. fam.* Pedir verbalmente ou por escrito alguma coisa.

RECETARIO *s. m.* Receituário.

RECETOR *s. m.* Recebedor, tesoureiro.

RECETORÍA *s. f.* Recebedoria, tesouraria.

RECHAZADOR, A (retchaçador) *adj.* e *s.* Rechaçador.

RECHAZAMIENTO (retchaçamiento) Rechaça, rechaço, resistência; ricochete.

RECHAZAR (retchaçar) *v. tr.* Rechaçar, repelir, rebater. *fig.* Rechaçar, resistir, desbaratar. *fig.* Contradizer. *fig.* Repelir, não admitir, recusar (proposta ou oferecimento).

RECHAZO (retchaço) *s. m.* Rechaço, ricochete, repulsa, ressalto. De *—, loc. adv.* De maneira incidental.

RECHIFLA (retchifla) *s. f.* Zombaria, escárnio, mofa. Ação de assobiar insistentemente.

RECHIFLAR (retchiflar) *v. tr.* Assobiar com insistência. *v. pron.* Zombar, mofar, escarnecer de alguém.

RECHINAMIENTO (retchinamiento) *s. m.* Rechino, rangido.

RECHINIDO (retchinido) *s. m.* V. RECHINAMIENTO.

RECHISTAR (retchistar) *v. intr.* V. CHISTAR.

RECHONCHO, A (retchontcho) *adj.* Rechonchudo, retaco, atarracado, baixo e gordo (falando-se de pessoa ou animal).

RECHUPETE (DE) (retchupete) *loc. fam.* Muito delicado e agradável.

RECIAL *s. m.* Corrente impetuosa dos rios. *adj.* Pertencente à rede.

RECIAMENTE *adv.* Fortemente, vigorosamente, violentamente, rijamente.

RECIBIDERO, A *adj.* Receptível, aceitável.

RECIBIDOR, A *adj.* e *s.* Recebedor. *s. m.* V. RECIBIMIENTO, 2ª acep.

RECIBIENTE *p. a.* de *Recibir* e *adj.* Recipiente.

RECIBIMIENTO *s. m.* Recebimento, recepção. Antessala, antecâmara, sala de espera.

RECIBIR *v. tr.* Receber (em todas as suas acepções).

RECIBO *s. m.* Recepção, recebimento. Recibo, quitação.

RECIEDUMBRE *s. f.* Força, fortaleza, vigor.

RECIÉN *adv.* Recém, recentemente. (Usa-se sempre anteposto aos partícipios passados).

RECIENTE *adj.* Recente, novo.

RECINCHAR (recintchar) *v. tr.* Cingir, atar em volta.

RECINCHO (recintcho) *s. m.* Cinto, cintura, cinturão.

RECIO, A *adj.* Forte, robusto, rijo. Grosso. Áspero. Grave. Veloz, impetuoso. Rigoroso, rígido. *De* —, *loc. adv.* Rapidamente, impetuosamente. *De* —, *loc. adv.* V. RECIAMENTE.

RÉCIPE *s. m. fam.* Receita (de remédio). *fig.* Récipe, descompostura.

RECISIÓN (recissiòn) *s. f.* Rescisão, rompimento, anulação de contrato.

RECITACIÓN *s. f.* Recitação.

RECIURA *s. f.* Qualidade de *Recio*. Rigor, inclemência (do tempo, da estação).

RECLAMACIÓN *s. f.* Reclamação.

RECLAME *s. m. Náut.* Moitão das ostagas.

RECLINACIÓN *s. f.* Reclinação.

RECLUIMIENTO *s. m.* Reclusão, encerramento.

RECLUIR *v. tr.* Encerrar, enclausurar, recluir. *Irreg.* V. conj. de *Muir*.

RECLUSIÓN (reclussiòn) V. RECLUIMIENTO. Lugar onde alguém está recluso.

RECLUSORIO (reclussòrio) *s. m.* V. RECLUSIÓN, 2ª acep.

RECLUTA *s. m.* V. RECLUTAMIENTO. Recruta.

RECLUTADOR, A *adj.* e *s.* Recrutador.

RECLUTAMIENTO *s. m.* Recrutamento (ação de recrutar; leva de recrutas).

RECOBRO *s. m.* Recobramento, recuperação, recobro.

RECOCER *v. tr.* Recozer. *v. pron.* Recozer-se. *fig.* Atormentar-se, consumir-se, ralar-se. *Irreg.* V. conj. de *Moler*.

RECOCHO, A (recotcho) *adj.* Recozido, muito cozido.

RECOCIDA *s. f.* V. RECOCIDO.

RECOCIDO, A *p. p.* de *Recozer. adj.* Prático, experimentado, afeito. *s. m.* Recozimento.

RECOCINA *s. f.* Peça contígua à cozinha.

RECODADERO *s. m.* Reclinatório.

RECODAR *v. intr.* e *pron.* Reclinar-se, recostar-se. Formar cotovelo (um rio, caminho ou vale).

RECODO *s. m.* Cotovelo, volta, curva, ângulo (de rio, caminho ou vale). Duas tabelas (no bilhar).

RECOGEDERO (recojedero) *s. m.* Depósito, lugar onde se guardam ou para onde se recolhem algumas coisas. Instrumento com que se recolhem ou ajuntam certas coisas.

RECOGEDOR, A (recojedor) *adj.* e *s.* Recolhedor. *s. m. Agr.* Instrumento para recolher ou juntar cereais.

RECOGER (recojer) *v. tr.* Recolher (em todas as suas principais acepções). Moderar-se (nos gastos).

RECOGIDA (recojida) *s. f.* Recolhimento, suspensão (de alguma coisa a fim de emendá-la ou anulá-la).

RECOGIDAMENTE (recojidamente) *adv.* Recolhidamente, ocultamente.

RECOGIDO, A (recojido) *p. p.* de *Recoger*. Recolhido. Diz-se do animal que é curto de tronco.

RECOGIMIENTO (recojimiento) *s. m.* Recolhimento, recolhida; retirada; meditação, reflexão.

RECOLAR *v. tr.* Tornar a coar. *Irreg.* V. conj. de *Almorzar*.

RECOLECTAR *v. tr.* Colher, recolher (frutos).

RECOLECTOR *s. m.* V. RECAUDADOR.

RECOLECCIÓN *s. m.* Recopilação, resumo, sumário, recapitulação. Colheita. Arrecadação, cobrança. Convento. Recolhimento, retiro. Recolhimento, vida austera. *Teol.* Recoleição. *fig.* Recoleição.

RECOLEGIR (recolejir) *v. tr.* Coligir, recopilar. *Irreg.* V. conj. de *Servir*.

RECOMENDABLE *adj.* Recomendável.

RECOMENDACIÓN *s. f.* Recomendação; encomendação. *Rel.* — *del alma,* encomendação.

RECOMPONER *v. tr.* Recompor. *Irreg.* V. conj. de *Poner*.

RECOMPOSICIÓN (recompossiciòn) *s. f.* Recomposição.

RECONCENTRACIÓN *s. f.* Reconcentração, junção, reunião. Concentração.

RECONCENTRAMIENTO *s. m.* V. RECONCENTRACIÓN.

RECONCILIACIÓN *s. f.* Reconciliação.

RECONCOMERSE *v. pron.* V. CONCOMERSE.

RECONCOMIO *s. f. fam.* Encolhimento de ombros. Prurido, desejo, comichão. *fig.* Receio, suspeita, desconfiança. *fig. fam.* Impulso, inclinação (do ânimo).

RECONDITEZ *s. f. fam.* Coisa recôndita.

RECONDUCCIÓN *s. f. For.* Recondução (prolongamento de contrato).

RECONDUCIR *v. tr. For.* Reconduzir, prorrogar, prolongar (um contrato). *irreg.* V. conj. de *Inducir*.

RECONOCER *v. tr.* Reconhecer (em todas as suas principais acepções). *v. pron.* Reconhecer-se culpado, confessar-se. Reconhecer-se, conhecer-se intimamente. *Irreg.* V. conj. de *Conocer*.

RECONOCIDAMENTE *adv.* Reconhecidamente, agradecidamente.

RECONOCIDO, A *p. p.* de *Reconocer. adj.* Reconhecido, grato, agradecido.

RECONOCIMIENTO *s. m.* Reconhecimento (exame, verificação; averiguação; confissão, declaração; gratidão, agradecimento).

RECONSTITUCIÓN *s. f.* Reconstituição.

RECONSTITUYENTE (reconstitudjente) *p. a.* de *Reconstituir. adj.* e *s. Med.* Reconstituinte, tônico.

RECONSTRUCCIÓN *s. f.* Reconstrução.

RECONTAMIENTO *s. m.* Recontamento.

RECONTENTO, A *adj.* Recontente, muito contente.

RECONVENCIÓN *s. f. For.* Reconvenção. *fig.* Reconvenção, recriminação, reprimenda.

RECONVENIR *v. tr.* Reconvir, recriminar, arguir. *For.* Reconvir. *Irreg.* V. conj. de *Venir*.

RECOPILACIÓN *s. f.* Recopilação, resumo, sumário, recapitulação.

RECOQUÍN *s. m. fam.* Batoque, homem atarracado e gordo.

RECORDACIÓN *s. f.* Recordação. V. RECUERDO.

RECORRIDO *s. m.* Caminho, trajeto, itinerário. Reparação, conserto.

RECORVAR *v. tr.* Recurvar, encurvar.

RECORVO, A *adj.* Recurvo, curvo.

RECOSTADERO *s. m.* Lugar ou móvel onde alguém se pode recostar.

RESCOSTAR *v. tr.* Recostar, inclinar, deitar. *v. pron.* Recostar-se, deitar-se. *Irreg.* V. conj. de *Almorzar*.

RECOVA *s. f.* V. JAURIA. Compra de aves e ovos para revendê-los. Lugar onde se compram aves e ovos.

RECOVECO *s. m.* Rodeio, cotovelo, curva, volta (de rio, regato, estrada etc.). *fig.* Rodeio, ambage.

RECOVERO *s. m.* Revendedor de ovos e aves.

RECREACIÓN *s. f.* Recreação.

RECRECER *v. tr.* Acrescer, acrescentar, aumentar. *v. intr.* Acrescer, ocorrer. *v. pron.* Reanimar-se, cobrar esforço ou brio. *Irreg.* V. conj. de *Favorecer*.

RECRECIMIENTO *s. m.* Acréscimo, acrescentação, aumento. Reanimação.

RECREO (recrèo) *s. m.* Recreio, recreação. Recreio, passeio, lugar ameno.

RECRÍA *s. f.* Recriação.

RECRIMINACIÓN *s. f.* Recriminação.

RECRUDECER *v. intr.* Recrudescer. *v. pron.* Recrudescer. *Irreg.* V. conj. de *Favorecer*.

RECRUDECIMIENTO *s. m.* Recrudescimento.

RECRUJIR (recrujir) *v. intr.* Rechinar, ranger muito. Estalar muito.

RECTIFICACIÓN *s. f.* Retificação.

RECTITUD (rectitud) *s. f.* Retidão, retitude (qualidade de reto; conformidade com o direito, retidão de proceder).

RECTO, A *adj.* Reto (em todas as suas acepções).

RECTOR *s. m.* Reitor.

RECTORADO *s. m.* Reitorado.

RECTORAL *adj.* Reitoral.

RECTORAR *v. intr.* Chegar a reitor.

RECTORIA *s. f.* Reitoria.

RECUADRAR *v. tr. Pint.* V. CUADRAR.

RECUADRO *s. m. Arq.* Quadratura, quadrado.

RECUAJE (recuaje) *s. m.* Recovagem.

RECUDIDA *s. f. ant.* V. REBOTE.

RECUDIMIENTO *s. m.* Autorização dada ao arrendatário para arrecadar as rendas que estão ao seu cargo.

RECUDIR *v. tr.* Pagar, solver, restituir, saldar. *v. intr.* Retroceder, voltar, ressaltar.

RECUELO *s. m.* Recoada, lixívia.

RECUENCO *s. m.* Recôncavo (terreno).

RECUENTO *s. m.* Nova contagem. *Gal.* Inventário.

RECUENTRO *s. m.* V. REENCUENTRO.

RECUERDO *s. m.* Recordação, memória, lembrança. *fig.* Lembrança, mimo, presente.

RECUERO *s. m.* Recoveiro, almocreve, areeiro.

RECUESTA *s. f.* Requerimento, petição, solicitação.

RECUESTAR *v. tr.* Requerer, solicitar, pedir, demandar.

RECUESTO *s. m.* Declive, ladeira, encosta, recosto.

RECULACIÓN *s. f.* V. RECULAMIENTO.

RECULADA *s. f.* Recuo, recua, recuada.

RECULADAMENTE *adv.* V. RECULONES (A).

RECULADOR, A *adj.* Que recua. U. t. c. s.

RECULAMIENTO *s. m.* Recuamento. V. RECULADA.

RECULAR *v. intr.* Recuar, retroceder, retrogradar, andar para trás. *fig. fam.* Recuar, ceder, voltar atrás.

RECULO, A *adj.* Derrabado (falando-se de frango ou galinha).

RECULÓN *s. m.* V. RECULADA.

RECULONES (A) *loc. adv. fam.* De recuo, aos recuos, recuando, retrocedendo.

RECUÑAR (recuñar) *v. tr.* Cavar com cunha (nas minas).

RECUPERACIÓN *s. f.* Recuperação, recobramento, reconquista.

RECUPERAR *v. tr.* Recuperar, recobrar, retomar. *v. pron.* Recobrar os sentidos, volver a si.

RECURRENCIA *s. f.* Recorrência.

RECURRENTE *p. a.* de *Recurrir. adj.* e *s.* Recorrente.

RECURRIBLE *adj. For.* Recorrível.

RECURRIDO, A *p. p.* de *Recurrir. adj.* e *s. For.* Recorrido.

RECURRIR *v. intr. For.* Recorrer, interpor recurso. Recorrer, lançar mão de, fazer uso de, empregar; dirigir-se a alguém pedindo auxílio, favor, proteção etc. Voltar uma coisa ao lugar de onde saiu.

RECUSABLE (recussable) *adj.* Recusável.

RECUSACIÓN (recussaciòn) *s. f.* Recusa, recusação.

RED (red) *s. f.* Rede (em todas as acepções).

REDACCIÓN *s. f.* Redação.

REDACTAR *v. tr.* Redigir.

REDACTOR, A *adj.* e *s.* Redator.

REDAÑO (redanho) *s. m. Anat.* Epíploon, redenho, redanho.

REDAR *v. tr.* Redar (lançar a rede).

REDAYA (redadja) *s. f.* Rede de pescar (em rios).

REDECILLA (redecilha) *s. f. Dim.* de *Red*. Redezinha. Malha, rede (feita para o cabelo). *Zool.* Coagulador (4ª estômago dos ruminantes).

REDECIR *v. tr.* Redizer, repetir, recontar. *Irreg.* V. conj. de *Predecir*.

REDEDOR *s. m.* Redor, contorno, circuito, arredor. *Al,* ou *en,* —, *loc. adv.* V. ALREDEDOR.

REDENCIÓN *s. f.* Redenção.

REDEJÓN (redejòn) *s. m.* Rede para o cabelo (maior do que a comum).

REDERO, A *adj.* Pertencente ou relativo às redes. *s. m.* Redeiro (o que faz redes).

REDHIBICIÓN (redibiciòn) *s. f.* Redibição.

REDHIBIR *v. tr.* (redibir) *v. tr.* Redibir.

REDHIBITORIO, A (redibitorio) *adj.* Redibitório.

REDICIÓN *s. f.* Repetição (do que fora dito).

REDICHO, A (reditcho) *adj.* Que fala pronunciando as palavras com perfeição afetada.

RÉDITO *s. m.* Renda, rendimento, rédito, juro.

REDITUABLE *adj.* Que rende (juro ou lucro), rendoso.

REDITUAR *v. tr.* Render, produzir (juro ou renda).

REDITUAL *adj.* V. REDITUABLE.

REDOBLADO, A *p. p.* de *Redoblar. adj.* Dobrado, muito forte, de compleição robusta.

REDOBLADURA *s. f.* V. REDOBLAMIENTO.

REDOBLAMIENTO *s. m.* Redobramento, redobro.

REDOBLANTE *s. m.* Caixa de rufo. Músico que a toca.

REDOBLAR *v. tr.* Redobrar, reduplicar. U. t. c. pron. Redobrar, repetir. Dobrar, revirar (a ponta de um prego ou coisa semelhante). *v. intr.* Rufar (no tambor).

REDOBLE *s. m.* V. REDOBLAMIENTO. Rufo (no tambor).

REDOBLEGAR *v. tr.* V. DOBLEGAR. V. REDOBLAR.

REDOBLÓN *adj.* Diz-se do prego ou coisa semelhante cuja ponta é para ser revirada. U. m. c. s. *s. m. Jír.* Dobra (para trapacear em jogo de cartas).

REDOLOR *s. m.* Dorzinha surda.

REDOMADO, A *adj.* Cauteloso, astuto.

REDOMÓN *s. m. Amer. merid.* Redomão. U. t. c. adj.

REDONDA *s. f.* Comarca; redondeza, cercanias. Pasto, pascigo. *A la —, loc. adv.* Em torno, ao redor.

REDONDEADO, A *p. p.* de *Redondear. adj.* Arredondado.

REDONDEAMIENTO *s. m.* Arredondamento.

REDONDEAR *v. tr.* Arredondar, redondear. U. t. c. pron. *fig.* Desembaraçar (de dívidas ou gravames). *v. pron. fig.* Desembaraçar-se, livrar-se (de dívida ou cuidado). Adquirir bens que permitam viver desembaraçadamente.

REDONDETE, A *adj. Dim.* de *Redondo* (redondo).

REDONDEZ *s. f.* Redondeza.

REDONDÓN *s. m. fam.* Círculo ou figura circular muito grande.

REDOPELO *s. m.* Ato de passar a mão (numa fazenda) a pospelo. *fig. fam.* Briga, pega, disputa entre meninos. *Al*, ou *a —, loc. adv.* A pospelo. *fig. fam.* A repelo.

REDOR *s. m.* Esteira redonda.

REDORAR *v. tr.* Redourar.

REDRAR *v. tr. ant.* Arredar, afastar, apartar.

REDRO *adv. fam.* Retro, atrás. *s. m.* Anel (nos chifres do gado caprino).

REDROJO (redrojo) *s. m.* Escádea. Fruto ou flor tardia. *fig. fam.* Menino enfezado ou raquítico.

REDROJUELO (redrojuelo) *s. m. Dim.* de *Redrojo*.

REDROPELO *s. m.* V. REDOPELO.

REDUCCIÓN *s. f.* Redução.

REDUCIBLE *adj.* Reduzível, redutível.

REDUCIDO, A *p. p.* de *Reducir. adj.* Reduzido, estreito, pequeno, limitado, exíguo.

REDUCIMIENTO *s. m.* Redução.

REDUCIR *v. tr.* Reduzir (em todas as suas principais acepções). *v. pron.* Reduzir-se, moderar-se. *Irreg.* V. conj. de *Inducir*.

REDUCTO *s. m. Fort.* Reduto.

REDUPLICACIÓN *s. f.* Reduplicação.

REEDIFICACIÓN *s. f.* Reedificação.

REEDUCACIÓN *s. f.* Reeducação.

REELECCIÓN *s. f.* Reeleição.

REELECTO, A *p. p. irreg.* de *Reelegir*. Reeleito.

REELEGIBLE (reelejível) *adj.* Reelegível.

REELEGIR (reelejir) *v. tr.* Reeleger. *Irreg.* V. conj. de *Servir*.

REEMPLAZABLE (reemplaçable) *adj.* Substituível.

REEMPLAZAR (reemplaçar) *v. tr.* Substituir.

REEMPLAZO (reemplaço) *s. m.* Substituição. *Mil.* Substituto. *Mil. De —, loc. adv.* Em disponibilidade.

REENCARNACIÓN *s. f.* Reencarnação.

REENCUADERNACIÓN *s. f.* Reencadernação.

REENCUADERNAR *v. tr.* Reencadernar.

REENCUENTRO *s. m.* Recontro, embate, choque de dois corpos. Recontro, embate, peleja.

REENGANCHAMIENTO (reengantchamiento) *s. m.* V. REENGANCHE.

REENGANCHAR (reengantchar) *v. tr. Mil.* Reengajar-se. U. t. c. pron.

REENGANCHE (reengantche) *s. m. Mil.* Reengajamento, novo alistamento. Dinheiro dado ao que se reengaja.

REENGENDRADOR, A (reenjendrador) *adj.* e *s.* Regenerador.

REENGENDRAR (reenjendrar) *v. tr.* Regenerar, gerar novamente. *fig.* Regenerar, reformar, melhorar, emendar, aperfeiçoar.

REENSAYAR (reensajar) *v. tr.* Tornar a ensaiar.

REENSAYE (reensadje) *s. m.* Segundo ensaio de um metal.

REENSAYO (reensadjo) *s. m. Teat.* Ensaio geral.

REENVÍO *s. m.* Novo envio, nova remessa.

REENVITE *s. m.* Invite que se faz sobre outro (no jogo).

REESCRIBIR *v. tr.* Reescrever. *Irreg.* V. conj. de *Escribir*.

REFACCIÓN *s. f.* Refeição (alimento moderado para restaurar as forças). *fam.* Japa, inhapa. V. REFECCIÓN, 2ª acep.

REFAJO (refajo) *s. m.* Espécie de saia curta ou avental.

REFALADA *s. f. Amer.* V. RESBALÓN.

REFALAR *v. intr. Amer. chil.* V. RESBALAR. *v. tr. Amer. argent.* Tomar, tirar, despojar.

REFALOSA (refalossa) *s. f. Amer.* Certa dança popular chilena.

REFALOSO, A (refaloso) *adj. Amer. argent.* V. RESBALADIZO.

REFECCIÓN *s. f.* V. REFACCIÓN, 1ª acep. Restauração, compostura, conserto, reparação.

REFECTOLERO *s. m.* V. REFITOLERO.

REFECTORIO *s. m.* Refeitório.

REFERTERO *adj.* V. PENDENCIERO.

REFIADO, A *adj.* Muito fiado ou confiado.

REFILÓN (DE) *loc. adv.* De través, de esguelha, de soslaio. *fig.* Ligeiramente, de passagem.

REFINACIÓN *s. f.* Refinação.

REFINADERA *s. f.* Pedra cilíndrica para amassar o chocolate.

REFINADO, A *p. p.* de *Refinar. adj.* Refinado, requintado. *fig.* Astuto, malicioso, pícaro.

REFINAMIENTO *s. m.* Refinamento, refinação. *fig.* Refinamento, requinte, excesso, subtileza.

REFINERÍA *s. f.* Refinaria.

REFINO, A *adj.* Superfino. *s. m.* Refino, refinação. *Amer. mexic.* Aguardente.

REAFIRMAR *v. tr.* Firmar, apoiar, estribar. Confirmar, ratificar, reafirmar.

REFITOLERO *s. m.* Refeitoreiro. *adj. fig. fam.* Intrometido, metediço.

REFLECTAR *v. intr.* V. REFLEJAR, 1ª acep.

REFLEJA (refleja) *s. f.* V. REFLEXIÓN, 2ª acep.

REFLEJADO, A (reflejado) *p. p.* de *Reflejar*.

REFLEJAR (reflejar) *v. intr. Fís.* Refletir. U. t. c. pron. Refletir, considerar, meditar, pensar maduramente. Refletir, manifestar, tornar patente uma coisa. *fig.* Refletir-se, transparecer, deixar-se ver.

REFLEJO, A (reflejo) *adj.* Refletido. *Fisiol.* Reflexo. *Gram.* Reflexo, reflexivo, pronominal (falando-se de verbos). *s. m.* Reflexo, luz refletida. Reflexo, representação, imagem, amostra.

REFLEXIBLE (reflecsible) *adj.* Reflexível.

REFLEXIÓN (reflecsión) *s. f. Fís.* Reflexão, reflexo. *fig.* Reflexão, meditação, ponderação, prudência, tino. *fig.* Reflexão, advertência, observação.

REFLEXIONAR (reflecsionar) *v. intr.* Refletir, meditar, pensar maduramente. U. t. c. pron.

REFLEXIVAMENTE (reflecsivamente) *adv.* Refletidamente. Reflexamente.

REFLEXICO, A (reflecsivo) *adj.* Reflexivo. Refletido, prudente, sensato.

REFLORECER *v. intr.* Reflorescer, reflorir. *Irreg.* V. conj. de *Favorecer*.

REFLORECIMIENTO *s. m.* Reflorescimento.

REFLUJO (reflujo) *s. m.* Refluxo.

REFOCILACIÓN *s. f.* Refocilamento.

REFOCILAMIENTO *s. m.* Refocilamento.

REFOCILO *s. m.* Refocilamento.

REFORJAMIENTO (reforjamiento) *s. m.* Ação de reforjar.

REFORMACIÓN *s. f.* Reformação, reforma.

REFORZADO, A (reforçado) *p. p.* de *Reforzar* e *adj.* Reforçado.

REFORZAR (reforçar) *v. tr.* Reforçar, fortalecer; reparar, restaurar. Esforçar, animar, alentar. U. t. c. pron. *Irreg.* V. conj. de *Almorzar*.

REFRACCIÓN *s. f. Fís.* Refração. *Doble —*, dupla refração.

REFRACTAR *v. tr.* Refratar, refranger.

REFRACTIBILIDAD (refractibilida*d*) *s. f.* Refrangibilidade.

REFRÁN *s. m.* Refrão, adágio, rifão, anexim, provérbio.

REGALAR | 653

REFRANERO, A *adj.* Sentencioso, que proverbia. *s. m.* Colcção de provérbios.

REFREGADURA *s. f.* Esfregamento, esfregão, esfregadela, esfrega. Sinal deixado por esfregamento.

REFREGAMIENTO *s. m.* Esfregamento, esfrega.

REFREGAR *v. tr.* Esfregar, friccionar. U. t. c. pron. *fig. fam.* Esfregar, lançar em rosto uma coisa. *Irreg.* V. conj. de *Calentar*.

REFREGÓN *s. m. fam.* V. REFREGADURA. *Náut.* V. RAFAGA.

REFREIR *v. tr.* Tornar a frigir. Frigir bem ou frigir demasiado. *Irreg.* V. conj. de *Freír*.

REFRENABLE *adj.* Refreável. Sopitável.

REFRENADA *s. f.* V. SOFRENADA.

REFRENAMIENTO *s. m.* Refreamento.

REFRENAR *v. tr.* Refrear (o cavalo). *fig.* Refrear, subjugar, vencer, dominar. U. t. c. pron.

REFRENDABLE *adj.* Referendável.

REFRENDACIÓN *s. f.* Referenda.

REFRENDAR *v. tr.* Referendar. Visar (passaporte). *fig. fam.* Repetir a ação que se havia feito, como beber ou comer novamente da mesma coisa.

REFRENDARIO *s. m.* Referendário.

REFRENDATA *s. f.* Referenda (assinatura do referendário).

REFRENDO *s. m.* V. REFRENDACIÓN. V. REFRENDATA.

REFRESCADURA *s. f.* Refrescamento, refrigeração.

REFRESCAMIENTO *s. m.* V. REFRESCO.

REFRESCO *s. m.* Refresco (colação ligeira, beberete). Refresco, gelado (bebida). *De —, loc. adv.* De fresco, de novo.

REFRIANTE *p. a.* de *Refriar. adj.* e *s.* Refrigerante.

REFRIAR *v. tr.* V, ENFRIAR.

REFRIGERACIÓN (refrijeraciòn) *s. f.* Refrigeração; refresco. Refrigério.

REFRINGIR (refrinjir) *v. tr.* Refranger, refletir, refratar. U. t. c. pron.

REFRITO, A *p. p. irreg.* de *Refreír. s. m. fig.* Pastiche de obra dramática. Coisa refeita ou refundida.

REFUELLE (refuelhe) *s. m.* Espécie de rede.

REFUERZO (refuerço) *s. m.* Reforço (em todas as suas acepções).

REFUNFUÑADOR, A (refunfunhador) *adj.* e *s.* Resmungão.

REFUNFUÑADURA (refunfunhadura) *s. f.* Resmungo.

REFUNFUÑAR (refunfunhar) *v. intr.* Resmungar, fungar, resmonear, resmoninhar; zangar-se, amuar-se.

REFUNFUÑO (refunfunho) *s. m.* V. REFUNFUÑADURA.

REFUTABLE Refutável.

REFUTACIÓN *s. f.* Refutação.

REGABLE *adj.* Irrigável.

REGACEAR *v. tr.* V. ARREGAZAR.

REGADERA *s. f.* Regador, irrigador (para regar plantas). V. REGUERA.

REGADERO *s. m.* V. REGUERA.

REGADIZO, A (regadizo) *adj.* Regadio.

REGAIFA *s. f. Culin.* Torta. Pedra dos lagares de azeite.

REGAJAL (regajal) *s. m.* V. REGAJO.

REGAJO (regajo) *s. m.* Charco formado por um pequeno regato. Regato, ribeirinho, pequeno arroio.

REGALA *s. f. Náut.* Amurada.

REGALÍA *s. f.* Cavalariça real onde estavam os cavalos de luxo. Conjunto destes cavalos.

REGALADAMENTE *adv.* Delicadamente, suavemente. Regaladamente, deleitosamente.

REGALADO, A *p. p.* de *Regalar. adj.* Suave, delicado. Regalado, agradável, deleitoso.

REGALADOR, A *adj.* e *s.* Presenteador.

REGALAMIENTO *s. m.* Regalo, prazer, contentamento. Ação de presentear ou mimosear com ofertas.

REGALAR *v. tr.* Presentear, dar, mimosear, brindar, regalar. Regalar, tratar com regalo, causar prazer a, acariciar, afagar. Regalar, recrear,

deleitar, regozijar. U. t. c. pron. *v. pron.* Regalar-se, tratar-se com regalo, passar bem. *v. tr.* V. DER-REGIR. U. t. c. pron.

REGALARÍA *s. f.* Presente, obséquio, mimo, regalo, dádiva, brinde.

REGALEJO (regalejo) *s. m. Dim.* de *Regalo.*

REGALICIA *s. f.* V. REGALIZ.

REGALILLO (regalilho) *s. m. Dim.* de *Regalo.* V. MANGUITO.

REGALIZ *s. m. Bot.* Regalice, regoliz, alcaçuz.

REGALIZA (regaliça) *s. f.* V. REGALIZ.

REGALO *s. m.* Presente, dádiva, mimo, brinde, regalo. Regalo, prazer, contentamento, satisfação. Iguaria, acepipe. Regalo, comodidade, descanso. Cavalo de luxo.

REGALÓN, A *adj. fam.* Regalado, regalão, regalona, que se cria com regalo.

REGAÑADIENTES (A) (reganhadientes) *loc. adv.* De má vontade, resmungando.

REGAÑADO, A (reganhado) *p. p.* de *Regañar. adj.* Gretado (falando-se de pão). Arreganhada, gretada (falando-se de uma espécie de ameixa). Arreganhada (falando-se da boca).

REGAÑAMIENTO (reganhamiento) *s. m.* Arreganhamento.

REGAÑAR (reganhar) *v. intr.* Arreganhar os dentes, rosnar (o cão). Arreganhar, gretar (uma fruta). Arreganhar, mostrar os dentes, resmungar, resmonear, fazer má cara. *fam.* V. REÑIR. *fig. fam.* Repreender, admoestar, ralhar.

REGAÑIDO (reganhido) *s. m.* Ganido forte e reiterado.

REGAÑIR (reganhir) *v. intr.* Ganir repetidas vezes. *Irreg.* V. conj. de *Plañir.*

REGAÑO (reganho) *s. m.* Arreganho, carranca, má cara. Parte tostada e gretada do pão. *fam.* Repreensão, ralho.

REGAÑÓN, A (reganhòn) *adj.* e *s.* Ralhador, rabugento. Diz-se do vento do noroeste. U. t. c. s.

REGATA *s. f.* Pequeno rego. Regata. *Amer. chil.* V. REGATEO.

REGATAR *v. intr.* Disputar regatas.

REGATE *s. m.* Furtadela (com o corpo). *fig. fam.* Pretexto, desculpa, subterfúgio, evasiva.

REGATEAMIENTO *s. m.* V. REGATEO.

REGATEAR *v. tr.* Regatear (em todas as suas acepções). Regatar (exercer comércio de venda a retalho). *v. intr.* Furtar-se, desviar-se, esquivar-se (com o corpo). V. REGATAR. *Amer. cub.* Correr, disputar corridas (de cavalos).

REGATEO (regatèo) *s. m.* Regateio.

REGATERÍA *s. f.* V. REGATONERÍA.

REGATERO, A *adj.* Regateiro, regatão (que regateia no preço).

REGATÓN *s. m.* Conto, ponteira (de lança, de bengala etc.). *Náut.* Croque.

REGATÓN, A *adj.* V. RECATERO. U. t. c. s. Regatão, regateira, regatoa, regateirona. U. t. c. s.

REGATONEAR *v. tr.* V. REGATEAR, 2ª acep.

REGATONERÍA *s. f.* Comércio e profissão de regatão ou regateira.

REGATONÍA *s. f.* V. REGATONERIA.

REGAZAR (regaçar) *v. tr.* Regaçar. V. ARREGAZAR.

REGAZO (regaço) *s. m.* Regaço (em todas as suas acepções).

REGENERACIÓN (regeneraciòn) *s. f.* Regeneração.

REGENTAR (rejentar) *v. tr.* Reger, governar, dirigir. Exercer um cargo ostentando superioridade. Exercer (um emprego ou cargo honorífico).

REGENTE (rejente) *adj.* e *s.* Regente (em todas as suas acepções). Gerente (de farmácia, tipografia etc.).

REGENTEAR (rejentear) *v. tr.* V. REGENTAR, 2ª acep.

REGIDOR, A (rejidor) *adj.* Regedor. *s. m.* Conselheiro municipal. Regedor.

REGIDORÍA (rejidoría) *s. f.* V. REGIDURÍA.

REGIDURÍA (rejiduría) *s. f.* Regedoria.

RÉGIMEN (rèjimen) *s. m.* Regime (em todas as suas acepções).

REGIMIENTO (rejimiento) *s. m.* Regimento, governo, direção. Regimento, regulamento.

Conselho municipal. *Mil.* Regimento. Regedoria. Cargo de conselheiro municipal. Regimento, guia, norma, estatuto.

REGIÓN (regiòn) *s. f.* Região.

REGIR (rejir) *v. tr.* Reger, governar, administrar, dirigir, mandar, guiar, conduzir. *Gram.* Reger. *v. intr.* Reger, estar vigente. Funcionar bem (um aparelho ou organismo). *Náut.* Governar (obedecer o navio ao leme). *Irreg.* V. conj. de *servir.*

REGISTRAR (rejistrar) *v. tr.* Registar, registrar. Olhar, observar, verificar, examinar cuidadosamente, revistar.

REGISTRO (rejistro) *s. m.* Registo (em todas as suas principais acepções).

REGISTRÓN, A (rejistròn) *adj. Amer. per.* V. HUSMEADOR.

REGLA *s. f.* Régua. Regra, preceito, norma, lei, princípio. Regra, exemplo, modelo. Regra, pauta. Regra, moderação, prudência, boa ordem, economia. Regra, mênstruo. *A —, loc. adv.* À régua, medido com régua. *fig.* Segundo a regra, de acordo com a razão. *En —, loc. adv.* Em regra, em boa ordem, como é devido.

REGLADAMENTE *adv.* Regradamente, moderadamente.

REGLADO, A *p. p.* de *Reglar. adj.* Regrado, moderado, parco, temperante.

REGLADOR, A *s. m.* Regrador, regra, pauta.

REGLAJE (reglaje) *s. m.* Pautação, ação de regrar ou pautar o papel.

REGLAMENTACIÓN *s. f.* Regulamentação.

REGLAMENTAR *v. tr.* Regulamentar.

REGLAMENTARIAMENTE *adv.* De modo regulamentar.

REGLAMENTARIO, A *adj.* Regulamentário, regulamentar.

REGLAMENTARISMO *s. m.* Gosto pela regulamentação, mania da ordem.

REGLAMENTO *s. m.* Regulamento, regimento.

REGLAR *adj.* Regular (que vive em comunidade religiosa).

REGLAR *v. tr.* Regrar, pautar. Regrar, moderar, dirigir, submeter à regra. *v. pron.* Regrar-se, dirigir-se, regular-se, moderar-se, submeter-se à ordem.

REGLERO *s. m.* Regrador.

REGLETA *s. f. Tip.* Espaço. *Tip.* Regreta.

REGLETEAR *v. tr. Tip.* Espaçar, espacejar.

REGLETERO *s. m. Tip.* Caixa de espaços.

REGLÓN *s. m. Aument.* de *Regla.* Régua grande de pedreiro.

REGLURA *s. f.* Pautação.

REGOCIJADAMENTE (regocijadamente) *adv.* Alegremente, jubilosamente, com regozijo.

REGOCIJADO, A (regocijado) *p. p.* de *Regocijar. adj.* Alegre, jubiloso, contente.

REGOCIJADOR, A (regocijador) *adj.* e *s.* Regozijador.

REGOCIJAMIENTO (regocijamiento) *s. m.* Regozijo (ação de regozijar-se).

REGOCIJAR (regocijar) *v. tr.* Regozijar, alegrar, contentar. *v. pron.* Regozijar-se, alegrar-se, encher-se de júbilo.

REGOCIJO (regocijo) *s. m.* Regozijo, júbilo, alegria, prazer, contentamento. Regozijo, festa, folguedo, manifestação de prazer.

REGODEAR *v. tr. Amer.* V. ESCATIMAR.

REGODERARSE *v. pron. fam.* Regalar-se, deleitar-se, comprazer-se. *fam.* Zombar, mofar, brincar, chacotear. *Amer.* Mostrar-se difícil de contentar.

REGODEO (regodèo) *s. m.* Regalo, deleite, satisfação. *fam.* Diversão, regozijo, festa, folguedo.

REGODEÓN, A *adj. Amer.* Regalado, regalão. *Amer.* Difícil de contentar, exigente, melindroso, cheio de pontinhos.

REGODIENTO, A *adj. Amer.* V. REGODÉON.

REGOJO (regojo) *s. m.* Sobra de pão (na mesa). *fig.* Menino enfezado.

REGOJUELO (regojuelo) *s. m. Dim.* de *Regojo.*

REGOLAGE (regolaje) Bom humor.

REGOLDANO, A *adj.* Diz-se do castanheiro-bravo.

REGOLDAR *v. intr.* Arrotar. Cheirar, feder (quando seguido da prep. *a*). *Irreg.* V. conj. de *Almorzar.*

REGOLDO *s. m.* Castanheiro-bravo.

REGOLFAR *v. intr.* Retroceder, refluir, formar remanso (a água).

REGOLFO *s. m.* Refluxo, retrocesso (da água). Enseada, baía (entre dois cabos).

REGONA *s. f.* Regueira grande.

REGORDETE, A *adj.* Gorducho, atarracado, gordote.

REGOSTARSE *v. pron.* V. ARREGOSTARSE.

REGOSTO *s. m.* Apetite ou desejo de repetir o que foi gosto ou gozo.

REGRACIAR *v. tr.* Agradecer, manifestar agradecimento.

REGRESAR (regressar) *v. intr.* Regressar.

REGRESIÓN (regressiòn) *s. f.* Regressão.

REGRESIVO, A (regressivo) *adj.* Regressivo.

REGRESO (regresso) *s. m.* Regresso.

REGROSAR (regrossar) *v. tr.* Engrossar, aumentar. *Irreg.* V. conj. de *Almorzar.*

REGRUÑIR (regrunhir) *v. intr.* Grunhir repetidamente. *Irreg.* V. conj. de *Muir.*

REGÜELDO (regüeldo) *s. m.* Arroto, eructação. *fig.* Jactância, bazófia, expressão de vaidade. Cardo imperfeito que brota do tronco.

REGUERA *s. f.* Regueira, regueiro, rego, canal.

REGUERO *s. m.* Regueira (pequena porção de água corrente). Linha, rasto (de uma coisa que vai derramando). Rego, canal (em campo ou horta).

REGUILETE *s. m.* V. REHILETE.

REGULABLE *adv.* Regulável.

REGULACIÓN *s. f.* Regulação.

REGULARIZACIÓN (regulariçaciòn) *s. f.* Regularização.

REGURGITACIÓN (regurjitaciòn) *s. f.* Regurgitação.

REGUSTADO, A *adj. Amer.* Regalado, muito satisfeito.

REHABILITACIÓN (reabilitaciòn) *s. f.* Reabilitação.

REHACER (reacer) *v. tr.* Refazer (em todas as suas acepções). *v. pron.* Refazer-se. *Irreg.* V. conj. de *Hacer.*

REHACIMIENTO (reacimiento) *s. m.* Refazimento, restabelecimento; reparação, indenização.

REHALA (reala) *s. f.* Rebanho (de gado lanígero). *A —, loc. adv.* Admitindo gado alheio no próprio.

REHALERO *s. m.* Maioral de um rebanho (de gado lanígero).

REALLAR (realhar) *v. tr.* Reencontrar, tornar a encontrar ou achar.

REHARTAR (reartar) *v. tr.* Refartar, saciar completamente. U. t. c. pron.

REHARTO, A (rearto) *p. p.* de *Rehartar. adj.* Refarto, completamente saciado.

REHECHO, A (reetcho) *p. p. irreg.* de *Rehacer.* Refeito. *adj.* Refeito, robusto e de estatura mediana.

REHELEAR (reelear) *v. intr.* Amargar.

REHELEO (reelèo) *s. m.* Amargor.

REHÉN (reèn) *s. m.* Refém.

REHENCHIMIENTO (reentchimiento) *s. m.* Reenchimento; preenchimento.

REHENCHIR (reentchir) *v. tr.* Reencher. U. t. c. pron. Estofar, acolchoar. *Irreg.* V. conj. de *Servir.*

REHERIR (reerir) *v. tr.* Rebater, rechaçar. *Irreg.* V. conj. de *Sentir.*

REHERRAR (reerrar) *v. tr.* Referrar. *Irreg.* V. conj. de *Calentar.*

REHERVIR (reervir) *v. intr.* Referver. U. t. c. pron. *fig.* Referver, ferver, estuar, agitar-se, perturbar-se. *v. pron.* Referver, fermentar, alterar-se pela fermentação (falando-se de conservas). *Irreg.* V. conj. de *Sentir.*

REHILADILLO (reiladilho) *s. m.* V. HILADILLO.

REHILANDERA (reilandera) *s. f.* Moinho de papel (brinquedo).

REHILAR (reilar) *v. tr.* Retorcer o que se fia. Refiar. *v. intr.* Andar tremelicando. Voar (falando-se de armas de arremesso).

REHILETE (reilete) *s. m.* V. BANDERILLA. Pequena flecha. Peteca, volante. *fig.* Dito malicioso, pulha.

REHILO (reilo) *s. m.* Tremor, tremura.

REHOGAR (reogar) *v. tr. Culin.* Refogar.

REHOLLAR (reolhar) *v. tr.* Repisar, recalcar. V. PISOTEAR. *Irreg.* V. conj. de *Almorzar.*

REHOYA (reòdja) *s. f.* V. REHOYO.

REHOYAR (reodjar) *v. intr.* Recavar (para plantar).

REHOYO (reòdjo) *s. m.* Cova profunda.

REHUIDA (reuída) *s. f.* Ação de *Rehuír.*

REHUIR *v. tr.* Retirar, afastar, apartar por receio de perigo. U. t. c. intr. e pron. Recusar, rejeitar, escusar. Recusar, repugnar, não aceitar ou tolerar uma coisa. *v. intr. Venat.* Refugir pelo mesmo rasto (um animal). *Irreg.* V. conj. de *Muir.*

REHUMECTAR *v. tr.* V. REHUMEDECER.

REHUMEDECER (reumedecer) *v. tr.* Umedecer bem. U. t. c. pron. *Irreg.* V. conj. de *Favorecer.*

REHUNDIDO, A (reundido) *p. p.* de *Rehundir,* 1ª acep. *s. m.* V. VACIADO.

REHUNDIMIENTO (reundimiento) *s. m.* Refundição. Aprofundamento; afundamento.

REHUNDIR (reundir) *v. tr.* Afundar, submergir. U. t. c. pron. Afundar, aprofundar. Refundir. *fig.* Malgastar, esbanjar, dissipar, derreter.

REHURTARSE (reurtarse) *v. pron. Venat.* Fugir, afastar-se (a caça) por outro caminho.

REHUSAR (reussar) *v. tr.* Recusar, rejeitar, não aceitar. Refugar.

REIDERAS *s. f. pl.* Maneira que cada qual tem de rir. Disposição para o riso.

REIDERO, A *adj. fam.* Risível, irrisório.

REIDOR, A *adj.* e *s.* Risonho, zombeteiro, ridor, amigo de rir.

REIMPRESIÓN (reimpressión) *s. f.* Reimpressão.

REIMPRESO, A (reimpresso) *p. p.* de *Reimprimir.* Reimpresso.

REINA *s. f.* Rainha. *Abeja —,* rainha, abelha mestra.

REINAL *s. m.* Barbante de cânhamo (de dois ramais).

REINCORPORACIÓN *s. f.* Reincorporação.

REINETA *adj.* e *s. f.* Raineta, reineta (variedade de maçã).

REINOSO, A (reinosso) *adj.* e *s. Amer.* Natural da região oriental da Colômbia.

REINSCRIBIR *v. tr.* Reinscrever. *Irreg.* V. conj. de *Escribir.*

REINSTALACIÓN *s. f.* Reinstalação.

REINTEGRABLE *adj.* Reintegrável.

REINTEGRACIÓN *s. f.* Reintegração.

REINTEGRO *s. m.* Reintegração, reintegro. Pagamento, entrega (de dinheiro).

REIR *v. intr.* U. t. c. pron. e tr. *Irreg.* Ind. pres. *Río, ríes, ríe, ríen.* Pret. indef. *Rió, rieron.* Subj. pres. *Rí-a, as, a, amos, ais, an.* Pret. imperf. *Ri-era* ou *ese, eras* ou *eses, era* ou *ese, éramos* ou *ésemos, erais* ou *eseis, eran* ou *esen.* Fut. imperf. *Ri-ere, eres, ere, éremos, ereis, eren.* Imperat. *Ríe, ría, riamos, rían.* Ger. *Riendo.*

REITERABLE *adj.* Reiterável.

REITERACIÓN *s. f.* Reiteração.

REIVINDICACIÓN *s. f.* Reivindicação.

REJA (reja) *s. f.* Relha (do arado). *fig.* Lavra, lavoura. Rexa, reixa, grade, reja. Reja, grade, rótula, gelosia. *Amer. hond.* Prisão, cárcere.

REJACAR (rejacar) *v. tr.* Sachar, mondar.

REJADA (rejada) *s. f.* Arrelhada.

REJADO (rejado) *s. m.* V. VERJA.

REJAL (rejal) *s. m.* Pilha de tijolos postos de cutelo e cruzados.

REJALGAR (rejalgar) *s. m. Quím.* Rosalgar, óxido de arsênio.

REJAZO (rejaço) *s. m. Amer.* V. LATIGAZO.

REJERA (rejera) *s. f. Náut.* Cabo, âncora, calabrote com que se procura firmar uma embarcação.

REJERÍA (rejería) *s. f.* Serralharia, serralheria (propriamente: arte de fabricar rejas ou grades de ferro).

REJERO (rejero) *s. m.* Serralheiro (propriamente: o que fabrica reixas ou grades de ferro).

REJILLA (rejilha) *s. f.* Ralo, rótula. Palhinha (para espaldares, assentos etc. V. REJUELA. Grade (de fornalha).

REJIÑOL (rejinhol) *s. m.* Pipia.

REJITAR (rejitar) *v. tr.* Vomitar.

REJO (rejo) *s. m.* Ferrão, aguilhão, ponta de ferro. Ferrão (dardo dos insetos). Robustez, fortaleza. Arco de ferro (das portas). Malha (ferro com que se joga a malha). *Amer.* Chicote, relho. *Amer. colomb.* Couro cru. *Amer. equat.* Ordenha. *Bot.* Radícula (do embrião).

REJÓN (rejòn) *s. m.* Barra de ferro que termina em ponta. *Taurom.* Rojão, garrocha. Espécie de punhal.

REJONAZO (rejonaço) *s. m.* Golpe de *Rejón* (garrochada; punhalada).

REJONCILLO (rejoncilho) *s. m. Dim.* de *Rejón,* 2ª acep.

REJONEADOR (rejoneador) *s. m.* Rojoneador.

REJONEAR (rojonear) *v. tr. Taurom.* Rojonear, garrochar.

REJONEO (rejonèo) *s. m.* Ação de *Rejonear.*

REJUELA (rejuela) *s. f. Dim.* de *Reja.* Braseiro, esquentador (para os pés).

REJUGADO, A (rejugado) *adj. Amer.* Astuto, manhoso.

REJUNTADO (rejuntado) *s. m. Tecn.* Rejuntamento.

REJUVENECER (rejuvenecer) *v. tr.* Rejuvenescer, remoçar. U. t. c. intr. e pron. *Irreg.* V. conj. de *Favorecer.*

REJUVENECIMIENTO (rejuvenecimiento) *s. m.* Rejuvenescimento.

RELABRA *s. f.* Ação de *Relabrar.*

RELABRAR *v. tr.* Tornar a lavrar uma superfície.

RELACIÓN *s. f.* Relação. — *de ciego,* décimas, modinha-canção popular que os cegos cantam ou vendem pelas ruas. *fig. fam.* Ladainha (narração, leitura ou recitação monótonas). *Decir,* ou *hacer — (a una cosa), loc.* Relacionar-se, ter relação ou conexão (com uma coisa).

RELACIONERO *s. m.* Autor ou vendedor de décimas, canções populares ou modinhas.

RELAJACIÓN (relajaciòn) *s. f.* Relaxação, relaxamento (dos músculos). Relaxação, depravação, desregramento de vida. Hérnia.

RELAJADAMENTE (relajadamente) *adv.* Relaxadamente.

RELAJADO, A (relajado) *p. p.* de *Relajar. adj.* Relaxado, viciado, dissoluto.

RELAJADOR, A (relajador) *adj.* e *s.* Relaxador.

RELAJAMIENTO (relajamiento) *s. m.* V. RELAJACIÓN.

RELAJANTE (relajante) *p. a.* de *Relajar* e *adj.* Relaxante.

RELAJAR (relajar) *v. tr.* Relaxar, afrouxar. *fig.* Distrair, divertir, espairecer. *fig.* Relaxar, moderar, atenuar, abrandar, afrouxar. *fig.* Relaxar (a observância de uma lei, do cumprimento do dever etc.). Relaxar, dispensar, desligar (de juramento ou voto). Relaxar (entregar um réu ao poder secular). *For.* Diminuir, comutar a pena. *v. pron.* Relaxar-se (uma parte do corpo). Formar-se uma hérnia em alguém. *fig.* Relaxar-se, viciar-se, debochar-se.

RELAJO, A (relajo) *adj. Amer. mexic.* Arisco, fogoso. *s. m. Amer. cub.* Relaxamento, dissolução (dos costumes).

RELAMEDURA *s. f.* Ação de *Relamer.*

RELAMER *v. tr.* Relamber. *v. pron.* Lamber-se (os lábios). *fig.* Arrebicar-se, enfeitar-se em demasia (o rosto). *fig.* Vangloriar-se, gabar-se (de ter feito alguma coisa).

RELAMIDO, A *p. p.* de *Relamer. adj.* Delambido, afetado.

RELAMPAGUEAR *v. intr.* Relampejar, relampaguear, fuzilar. *fig.* Resplandecer, brilhar, luzir.

RELANCE *s. m.* Relance, relanço (segundo lanço ou sorte). Azar, aventura, acontecimento casual e duvidoso. Sorte ou azar (no jogo), quando repetidos. *De —, loc. adv.* Casualmente, inesperadamente.

RELANZAR (relançar) *v. tr.* Repelir, rechaçar, rebater.

RELATERO, A *adj.* Relator, narrador.

RELATO *s. m.* Relato, relação, descrição. Narração, conto.

RELAUCE *s. m. Amer. chil.* V. PIROPO.

RELAVAR *v. tr.* Lavar novamente, tornar a lavar.

RELAVE *s. m.* Segunda lavagem. *pl. Miner.* Partículas de metal misturadas com o lodo pela segunda lavagem.

RELAZAR (relaçar) *v. tr.* Atar, enlaçar com vários laços ou atar com várias voltas.

RELEER *v. tr.* Reler.

RELEGACIÓN *s. f.* Relegação (ato de relegar; desterro).

RELEJ (relej) *s. m.* V. RELEJE.

RELEJAR (relejar) *v. intr.* Ir (uma parede) diminuindo de espessura, de baixo para cima.

RELEJE (releje) *s. m.* Trilho, sulco (deixado no chão por uma roda). Sarro, saburra (nos cantos dos lábios ou na boca). *Arq.* Diminuição de espessura de uma parede (no alto). *Artilh.* Ressalto no interior das bocas de fogo.

RELENTE *s. m.* Relento, orvalhada, sereno, cacimba. *fig.* Sorna, preguiça.

RELENTECER *v. intr.* V. LENTECER. U. t. c. pron. *Irreg.* V. conj. de *Favorecer.*

RELEVACIÓN *s. f.* Relevação, relevamento.

RELEVADO, A *p. p.* de *Relevar. adj.* Relevante, que sobressai.

RELEVADURA *s. f.* V. RELIEVE.

RELEVAR *v. tr.* Relevar (fazer de relevo; perdoar, desculpar; auxiliar, consolar, aliviar, remediar; exaltar, enaltecer; pintar de relevo). *Mil.* Render, substituir, ficar no lugar de, tomar o lugar de. Substituir uma pessoa (num emprego, missão etc.). *v. intr.* Esculpir em relevo.

RELEVO *s. m. Mil.* Rendição (de guarda, sentinela ou guarnição). Soldado ou corpo que rende outro.

RELIAR *v. tr.* Religar ou ligar muito bem uma coisa. *v. pron.* Ligar-se ou envolver-se muito bem em uma coisa.

RELIEF *s. m. Mil.* Reabilitação (em grau ou soldo) de um oficial excluído por ausência.

RELIEVE *s. m. Escult.* Relevo. *Pint.* Relevo, realce. *pl.* Restos de comida. *Bajo —,* Baixo-relevo. *Alto,* ou *todo, —,* alto-relevo.

RELIGIÓN (relijiòn) *s. f.* Religião.

RELIGIONARIO, A (relijionario) *s. m.* e *f.* Protestante (pessoa que professa o protestantismo).

RELIMPIAR *v. tr.* Limpar novamente, tornar a limpar. Limpar muito. U. t. c. pron.

RELIMPIO, A *adj. fam.* Muito limpo.

RELINCHADOR, A (relintchador) *adj.* Relinchão, rinchão.

RELINCHIDO (relintchido) *s. m.* Relincho, rincho.

RELINDO, A *adj. fam.* Muito lindo ou formoso.

RELIQUIA *s. f.* Resíduo de uma coisa. U. m. no pl. Relíquia (de santo). *fig.* Sinal, marca, vestígio de coisas passadas. *fig.* Dor ou achaque que fica depois de uma enfermidade ou acidente.

RELLANAR (relhanar) *v. tr.* Tornar a aplanar. *v. pron.* V. ARRELLANARSE.

RELLANO (relhano) *s. m.* Patamar (de escada). Terreno plano que interrompe um declive.

RELLENA (relhena) *s. f. Amer.* V. MORCILLA.

RELLENAR (relhenar) *v. tr.* Rechear (encher de recheio). Reencher. Rechear, encher muito. *fig. fam.* Encher, dar de comer. U. m. c. pron.

RELLENO, A (relheno) *adj.* Recheado, cheio, repleto, atulhado. *s. m.* Recheio (picado para rechear). Recheadura, recheio. Reenchimento. Enchimento (em escrito ou discurso). *De —, loc. adv.* Superfluamente (só para encher ou prolongar um discurso ou escrito).

RELOJ (reloj) *s. m.* Relógio. *fig. — desconcertado,* pessoa desordenada (em ações ou palavras).

RELOJERA (relojera) *s. f.* Caixa ou estojo para relógio de bolso.

RELOJERÍA (relojería) *s. f.* Relojoaria.

RELOJERO (relojero) *s. m.* Relojoeiro.

RELUCHAR (reluchar) *v. intr. fig.* Relutar.

RELUCIENTE *p. a.* de *Relucir* e *adj.* Reluzente, brilhante, resplandecente, cintilante.

RELUCIR *v. intr.* Reluzir, brilhar, cintilar, resplandecer. *fig.* Brilhar, resplandecer (em virtudes). *Irreg.* V. conj. de *Lucir.*

RELUMBRAR *v. intr.* Cintilar, resplandecer, reluzir, relumbrar.

RELUMBRE *s. m.* Cintilação, brilho. Certo sabor que tem alguns pratos preparados em panelas de ferro ou cobre.

RELUMBRÓN *s. m.* Clarão, lampejo. V. OROPEL. *De —, loc. adv. fig.* Mais aparente que verdadeiro, de mais efeito que mérito.

RELUMBROSO, A (relumbrosso) *adj.* Reluzente, resplandecente, brilhante.

REMACHADO, A (rematchado) *p. p.* de *Remachar. adj.* Achatado. *Narices —as,* nariz chato ou achatado.

REMACHAR (rematchar) *v. tr.* Rebitar, revirar (pregos, rebites etc.). *fig.* Calcar, reforçar (o dito ou feito).

REMACHE (rematche) *s. m.* Rebite (ação de rebitar). V. ROBLÓN. *De —, loc. adv. fig.* Absolutamente, sem remédio.

REMADURA *s. f.* Remada, voga, remadura.

REMALLAR (remalhar) *v. tr.* Consertar as malhas velhas ou rotas.

RAMAMIENTO *s. m.* V. REMADURA.

REMANECER *v. intr.* Reaparecer inopinadamente. *Irreg.* V. conj. de *Favorecer.*

REMANECIENTE *p. a.* de *Remanecer.* Que reaparece inopinadamente.

REMANENTE *s. m.* Remanescente, resto, sobejo.

REMANGO *s. m.* V. ARREMANGO. Regaço (do vestido).

REMANSARSE *v. pron.* Arremansar-se, remansar-se, estagnar-se.

REMANSO *s. m.* Remanso, estagnação (detenção da corrente de um líquido). *fig.* Remancho, pachorra, delonga, descanso, remanso.

REMATAMIENTO *s. m.* V. REMATE.

REMATANTE *s. m.* e *f.* Arrematante.

REMATAR *v. tr.* Rematar, concluir, acabar, arrematar. Acabar de matar (animal ou pessoa). *Venat.* Matar a peça com um só tiro. Arrematar (a costura). Arrematar (em leilão). *v. intr.* Arrematar, acabar, finalizar. *v. pron.* Arrematar-se, acabar-se, concluir-se, perder-se, destruir-se.

REMATE *s. m.* Remate, conclusão, termo, acabamento, fim. Arremate, remate (de costura). Arrematação (em leilão). *Arq.* Remate, fecho. *De —,* absolutamente, sem remédio. *Por —, loc. adv.* Em remate, finalmente, por último.

REMATISTA *s. m. Amer. per.* Leiloeiro.

REMECER *v. tr.* Embalar, mover continuamente de um lado para outro. U. t. c. pron. *Amer.* Remexer, agitar, sacudir, mover. U. t. c. pron.

REMEDABLE *adj.* Arremedável, imitável.

REMEDADOR, A *adj.* e *s.* Arremedador, macaqueador, imitador.

REMEDAR *v. tr.* Arremedar, remedar, imitar, macaquear.

REMEDIABLE *adj.* Remediável.

REMEDICIÓN *s. f.* Remedição, nova medição.

REMEDO *s. m.* Arremedo, remedo, imitação, macaqueação.

REMELLADO, A (remelhado) *adj.* Remelado, remeloso. *adj.* e *s.* Remelento, remeloso.

REMELLAR (remelhar) *v. tr.* Alisar as peles, raspar-lhes o pêlo (nos cortumes).

REMELLÓN, A (remelhòn) *adj.* e *s.* Remelão, remeloso, remelento.

REMEMORACIÓN *s. f.* Rememoração.

REMENDADO, A *p. p.* de *Remendar.* Remendado. *adj. fig.* Malhado (falando-se de animais e de algumas coisas).

REMENDÓN, A *adj.* e *s.* Remendão, ona.

REMERA *s. f.* Remígio, guia, pena remige (das aves).

REMERO *s. m.* Remeiro, remador.

REMESA (remessa) *s. f.* Remessa. *ant.* Cocheira.

REMESAR (remessar) *v. tr.* Arrepelar, puxar, arrancar repetidamente (cabelos, barbas). U. t. c. pron. *Com.* Remeter, enviar, fazer remessa de.

REMESÓN (remessòn) *s. m.* Arrepelão. Mecha de cabelos arrepelados ou arrancados.

REMETER *v. tr.* Introduzir ou meter novamente. Meter mais para dentro.

REMETIDO, A *p. p.* de *Remeter.* Caderno de três folhas (doze páginas).

REMEZÓN (remeçòn) *s. m.* Tremor de terra. *A — es, loc. adv.* A intervalos, de vez em vez.

REMIEL *s. m.* Segundo sumo (tirado da cana de açúcar).

REMIENDO *s. m.* Remendo. *A —, loc. adv.* A remendos, vagarosamente, aos poucos.

REMILGADAMENTE *adv.* Afetadamente, pretensiosamente, com trejeitos.

REMILGADO, A *p. p.* de *Remilgarse. adj.* Afetado, amaneirado, pedante.

REMILGARSE *v. pron.* Afetar-se; trejeitar. (Costuma dizer-se das mulheres).

REMILGO *s. m.* Afetação. Melindre, delicadeza afetada. Trejeito, ademanes.

REMIRADAMENTE *adv.* Prudentemente, consideradamente, cautelosamente, refletidamente.

REMIRADO, A *p. p.* de *Remirar. adj.* Prudente, circunspeto, demasiado refletido ou cauteloso.

REMIRAMIENTO *s. m.* Ato de *Remirar.*

REMIRAR *v. tr.* Remirar, tornar a olhar, olhar com atenção, fixar. *v. pron.* Esmerar-se (no que se faz ou resolve fazer). Remirar-se; olhar uma coisa com deleite.

REMISIBLE (remissible) *adj.* Remissível.

REMISIÓN (remissiòn) *s. f.* Remissão, remessa. Remissão, perdão, indulgência, compaixão. Remissão (indicação, referência em livro).

REMISIVAMENTE (remissivamente) *adv.* Relativamente, com referência (a pessoa, lugar ou tempo).

REMISIVO, A (remissivo) *adj.* Remissivo.

REMISO, A (remisso) *adj.* Remisso, frouxo, descuidado, negligente, tardio.

REMISOR, A (remissor) *adj.* e *s.* Remetente.

REMISORIO, A (remissorio) *adj.* Remissor, remissório.

REMITENTE *p. a.* de *Remitir.* Remetente. U. t. c. s. *Med.* Remitente.

REMITIDO, A *p. p.* de *Remitir. s. m.* Comunicado de jornal.

REMITIR *v. tr.* Remeter, enviar, mandar. Remitir, perdoar. Remitir, afrouxar, diminuir a intensidade de. Remitir, perder a força, a intensidade, enfraquecer. U. t. c. intr. e pron. Remeter, dilatar, adiar, procrastinar. Remeter, indicar, referir. *v. pron.* Remeter-se, entregar-se, confiar-se.

REMO *s. m.* Remo. Braço ou perna (no homem ou nos quadrúpedes). U. m. no pl. Ada (das aves). U. m. no pl. *fig.* Trabalho, afã, pena. *Al —, loc. adv.* A remo, remando. *fig. fam.* Remando, afadigando-se, trabalhando, lutando. *A — y sin sueldo, loc. fig. fam.* Remando sem remo, suportando trabalhos e fadigas, sem utilidade. *A — y vela, loc. adv. fig.* Com presteza, com toda diligência e rapidez.

REMOCIÓN *s. f.* Remoção.

REMOJADERO (remojadero) *s. m.* Lugar onde se põe alguma coisa de remolho.

REMOJAR (remojar) *v. tr.* Remolhar, embeber, repassar, ensopar, pôr de remolho. *— la palabra, loc. fig. fam.* Molhar a garganta, beber um trago.

REMOJO (remojo) *s. m.* Remolho. *Amer. colomb.* e *mexic.* Dádiva, presente, mimo. *Amer. merid.* Propina, gorjeta.

REMOJÓN (remojòn) *s. m.* V. CHAPUZÓN.

REMOLACHA (remolatcha) *s. f.* Beterraba.

REMOLAR *s. m.* Remolar, carpinteiro que faz remos. Carpintaria onde se fazem remos.

REMOLCADOR, A *adj.* Rebocador (que leva a reboque). *s. m. Náut.* Rebocador.

REMOLCAR *v. tr. Náut.* Rebocar, dar reboque, levar a reboque. *fig.* Arrastar, rebocar (trazer uma pessoa a outra ou outras, contra a inclinação destas, para uma empresa ou intento).

REMOLEDOR, A *adj.* e *s. Amer.* V. JARANERO.

REMOLER *v. tr.* Remoer, moer muito. *Amer.* V. JARANEAR. *Amer. per.* Incomodar, maçar, importunar, remoer. *Irreg.* V. conj. de *Moler.*

REMOLIDO, A *p. p.* de *Remoler.* Remoído.

REMOLIENDA *s. f. Amer.* V. JARANA.

REMOLIMIENTO *s. m.* Remoedura.

REMOLINANTE *p. a.* de *Remolinar.* Remoinhoso.

REMOLINAR *v. intr.* Remoinhar, redemoinhar. U. t. c. pron. *fig.* Remoinhar, revolutear (a multidão em desordem). U. m. c. pron.

REMOLINEAR *v. tr.* Remoinhar, fazer girar. *v. intr.* V. REMOLINAR. U. t. c. pron.

REMOLINO *s. m.* Remoinho. *fig.* Distúrbio, alteração. *fig.* Multidão em desordem.

REMOLÓN, A *adj.* e *s.* Remanchão, sorna, preguiçoso, tardo. *s. m.* Colmilho, presa do javali (da mandíbula superior).

REMOLONEAR *v. intr.* Remanchar. U. t. c. pron.

REMOLLAR (remolhar) *v. tr. Gír.* Forrar, guarnecer.

REMOLLERÓN (remolheròn) *s. m. Gír.* Capacete.

REMOLQUE *s. m.* Reboque, sirga, toa. Reboque (ato de rebocar ou reboquear). Reboque (coisa rebocada). *A —, loc. adv.* A reboque. *fig.* À reboque (arrastando alguém contra a sua vontade para alguma coisa). *Dar —, loc. Náut.* Dar reboque, rebocar, reboquear.

REMONTADAMENTE *adv.* Altamente, elevadamente.

REMONTAMIENTO *s. m.* Remonta.

REMONTE *s. m.* Remonte, elevação, ação de remontar ou remontar-se.

REMONTAR *v. tr.* Afugentar, espantar (a caça). *Mil.* Remontar, fazer remonta em. Remontar (deitar um remonte em). Consertar selas. *fig.* Remontar, erguer, elevar, exaltar, sublimar. U. t. c. pron. *v. pron.* Remontar-se, elevar-se, subir. *fig.* Remontar-se (ir buscar a origem ou a data).

REMONTISTA *s. m. Mil.* Oficial do serviço de remonta.

REMOQUETE *s. m.* Punhada, murro, soco. *fig.* Remoque. *fam.* Corte, galanteio.

REMORDIMIENTO *s. m.* Remorso.

REMOSQUEARSE *v. pron. fam.* Recear, mostrar-se receoso (do que se ouve ou observa). *Tip.* Manchar-se a impressão por ter corrido a tinta.

REMOSTAR *v. intr.* Deitar mosto ao vinho velho. U. t. c. tr. *v. tr.* Machucar-se (as frutas ao baterem umas nas outras). Estar doce ou saber a mosto (o vinho).

REMOSTECERSE *v. pron.* V. REMOSTARSE.

REMOSTO *s. m.* Ação de *Remostarse.*

REMOTIDAD (remotidad) *s. f. Amer. hond.* Lugar remoto, lonjura, distância.

REMOVIDA *s. f.* V. REMOVIMIENTO.

REMOVIMIENTO *s. m.* Removimento; remoção.

REMOZAMIENTO (remoçamiento) *s. m.* Rejuvenescimento, rejuvenescência.

REMOZADURA (remoçadura) *s. f.* V. REMOZAMIENTO.

REMPUJAR (rempujar) *v. tr. fam.* V. EMPUJAR. *Amer. centr.* Ajustar.

REMPUJE (rempuje) *s. m. Amer.* Dedal de couro para o polegar.

REMPUJO (rempujo) *s. m. fam.* Força, resistência, impulso, choque. *Náut.* Dedal de repuxo.

REMPUJÓN (rempujòn) *s. m. fam.* V. EMPUJÓN.

REMUCHO, A (remutcho) *adj.* Muitíssimo. *adv.* Muitíssimo, em grande quantidade.

REMUDA *s. f.* Substituição (de pessoas ou coisas). Muda (de roupa).

REMUDAMIENTO *s. m.* V. REMUDA.

REMUDAR *v. tr.* Substituir, mudar (pessoas ou coisas). U. t. c. pron.

REMUGAR *v. tr.* V. RUMIAR.

REMULLIR (remulhir) *v. tr.* Abrandar ou amolecer muito. *Irreg.* V. conj. de *Mullir.*

REMUNERABLE *adj.* Remunerável.

REMUNERACIÓN *s. f.* Remuneração.

REMUSGAR *v. intr.* Desconfiar, suspeitar.

REMUSGO *s. f.* Suspeita, desconfiança. Ventinho frio e penetrante.

RENACER *v. intr.* Renascer. *Irreg.* V. conj. de *Nacer.*

RENACIMIENTO *s. m.* Renascimento. Renascença.

RENACUAJO (renacuajo) *s. m.* Girino, embrião de rã. *fig.* Mequetrefe, homem desprezível.

RENADÍO *s. m.* Campo ceifado que torna a brotar.

RENCILLA (rencilha) *s. f.* Rixa, renzilha, quisília, rezinga, disputa que deixa ressentimento.

RENCILLOSO, A (rencilhosso) *adj.* Rixoso, brigão, amigo de questões.

RENCO, A *adj.* e *s.* Derreado, coxo; rengo, capenga.

RENCOR *s. m.* Rancor.

RENCOROSAMENTE (rencorossamente) *adv.* Rancorosamente.

RENCOROSO, A (rencorosso) *adj.* Rancoroso.

RENCUENTRO *s. m.* V. REENCUENTRO.

RENDA *s. f.* Segunda cava (das vinhas).

RENDAJE (rendaje) *s. m.* Conjunto de rédeas e correias (dos arreios).

RENDICIÓN *s. f.* Rendição. Rendimento, renda.

RENDAJO (rendajo) *s. m.* V. ARRENDAJO.

RENDIJA (rendija) *s. f.* Frincha, fresta, fenda, racha.

RENDIMIENTO *s. m.* Rendimento, rendição. Fadiga, cansaço. Submissão, subordinação, humildade. Renda, rendimento. Deferência, expressão obsequiosa.

RENDIR *v. tr.* Render (vencer, obrigar a ceder; restituir; produzir lucro ou juro; fatigar, alquebrar, vencer de fadiga; prestar, dar; entregar). Vomitar (a comida). *Náut.* Terminar (bordo, cruzeiro ou viagem). *Mil.* Render, substituir. *v. pron. Náut.* Render-se (uma peça do aparelho). *Irreg.* V. conj. de *Servir.*

RENEGAR *v. tr.* Renegar. Arrenegar, blasfemar.

RENEGÓN, A *adj.* e *s. fam.* Rabugento, que arrenega muito.

RENEGRIDO, A *adj.* Denegrido, enegrecido.

RENGÍFERO (renjífero) *s. m.* Rangífer.

RENGLE *s. m.* V. RINGLERA.

RENGLERA *s. f.* V. RINGLERA.

RENGLÓN *s. m.* Linha, regra (linha escrita ou impressa que chega de uma a outra margem no papel). *fig.* Artigo (de comércio). Lauda, pauta (falando-se comercialmente). *pl. fig. fam.* Linhas (qualquer escrito ou impresso).

RENGLONADURA *s. f.* Pauta, linha, regra (numa lauda).

RENGO, A *adj.* e *s.* V. RENCO.

RENGUEAR *v. intr. Amer. plat.* V. RENQUEAR.

RENGUERA *s. f. Amer. plat.* V. RENQUERA.

RENIDAMENTE (renhidamente) *adv.* Renhidamente.

RENIDERO (renhidero) *s. f.* Rinhadeiro, renhideiro.

RENIDO, A (renhido) *p. p.* de *Reñir. adj.* Brigado, inimizado. Renhido, porfiado, encarniçado.

RENIDOR, A (renhidor) *adj.* Altercador, brigão.

RENIEGO *s. m.* Blasfêmia. *fig. fam.* Dito injurioso, praga, blasfêmia.

RENIL *adj.* Diz-se da ovelha castrada.

RENIR (renhir) *v. intr.* Brigar, disputar, contender, altercar. Renhir, porfiar. Pelejar, lutar, combater. Desavir-se, inimizar-se. *v. tr.* Ralhar, corrigir, repreender com severidade. Travar, renhir (bata-lha, duelo, combate etc.). *Irreg.* V. conj. de *Ceñir.*

RENO *s. m.* Rena.

RENOMBRADO, A *p. p.* de *Renombrar. adj.* Afamado, célebre, famoso.

RENOMBRAR *v. tr. ant.* Nomear, chamar, dar nome. Usava-se t. c. *pron.*

RENOMBRE *s. m.* Sobrenome. Apelido, alcunha. Renome, fama, celebridade.

RENOVACIÓN *s. f.* Renovação.

RENOVERO *s. m.* Usurário, onzeneiro.

RENQUEAR *v. intr.* Coxear, claudicar.

RENQUERA *s. f.* Coxeadura.

RENTA *s. f.* Renda, rendimento, produto. Renda, arrendamento (preço de aluguel). *A —, loc. adv.* Em arrendamento.

RENTABILIDAD (rentabilidad) *s. f.* Qualidade de rendoso.

RENTADO, A *p. p.* de *Rentar. adj.* Que tem rendas ou rendimentos.

RENTAR *v. tr.* Render, produzir lucro ou juro.

RENTERO, A *adj.* Tributário, contribuinte. *s. m.* Rendeiro (arrendador; o que cobra rendas).

RENTILLA (rentilha) *s. f.* Jogo que se joga com seis dados. Jogo de cartas semelhante ao trinta-e-um.

RENTISTA *s. m.* e *f.* Financeiro, financista (versado em finanças). Pessoa que possui uma renda qualquer.

RENTÍSTICO, A *adj.* Pertencente às rendas públicas.

RENTO *s. m.* Renda, arrendamento anual pago por um colono ao lavrador.

RENTOSO, A (rentosso) *adj.* Rendoso.

RENTOY (rentoi) *s. m.* Certo jogo de cartas. *fig. fam.* Desafio jactancioso.

RENUENCIA *s. f.* Renitência, repugnância, aversão.

RENUEVO *s. m.* Renovo, vergôntea, gomo, olho, pimpolho, rebento (dos vegetais).

RENUNCIABLE *adj.* Renunciável.

RENUNCIACIÓN *s. f.* Renúncia, renunciação.

RENUNCIAMIENTO *s. m.* Renúncia, renunciamento.

RENUNCIATARIO *s. m.* Resignatário.

RENUNCIO *s. m.* Renúncia (no jogo de cartas). *fig. fam.* Mentira, contradição em que se apanha alguém.

RENVALSAR *v. tr. Carp.* Rebaixar portas ou janelas para que se ajustem bem.

RENVALSO *s. m.* Ação de *Renvalsar.*

RENVIDAR *v. tr.* Reinvidar.

REO *s. m.* Espécie de salmão.

REO, A *adj.* Criminoso, culpado. *s. m.* e *f.* Réu, ré.

REOCTAVA *s. f.* V. OCTAVILLA.

REOCTAVAR *v. tr.* Tirar a oitava parte de uma oitava.

REOJO (MIRAR DE) (reojo) *loc.* Olhar de soslaio, olhar de revés. *fig. fam.* Olhar com desprezo, olhar por cima do ombro.

REORGANIZACIÓN (reorganizaciòn) *s. f.* Reorganização.

REPAGAR *v. tr.* Pagar muito (por alguma coisa).

REPAJO (repajo) *s. m.* Sebe.

REPANCHIGARSE (repantchigarse) *v. pron.* V. REPANTIGARSE.

REPANTIGARSE *v. pron.* Repotrear-se, repetenar-se, refestelar-se.

REPARABLE *adj.* Reparável. Digno de atenção ou reparo.

REPARACIÓN *s. f.* Reparação.

REPARADA *s. f.* Reparo (falando-se de cavalos).

REPARAMIENTO *s. m.* Reparo. Reparação.

REPARAR *v. tr.* Reparar (consertar, restaurar; atender, notar, olhar com atenção; emendar, corrigir, remediar; desviar, aparar (um golpe); aperfeiçoar). *Amer. boliv.* Imitar, arremedar. Deter-se (por algum inconveniente ou estorvo). *v. intr.* Parar, deter-se (em algum lugar). *Amer.* Encabritar-se (o cavalo).

REPARÓN, A *adj.* e *s.* Crítico, reparador, reparadeira.

REPARTIBLE *adj.* Repartível.

REPARTICIÓN *s. f.* Repartição, distribuição.

REPARTIDERO, A *adj.* Repartível, que se há de repartir.

REPARTIMIENTO *s. f.* Repartimento, divisão, repartição.

REPARTO *s. m.* V. REPARTIMIENTO.

REPASADERA (repassadera) *s. f. Carp.* Junteira.

REPASADORA (repassadora) *s. f.* Carmeadeira.

REPASAR *v. tr.* Repassar, tornar a passar por um lugar. U. t. c. intr. Carmear (a lã). Repassar, examinar de novo. Repassar (uma lição). Ler por alto, passar os olhos. Recoser a roupa.

REPASATA (repassata) *s. f. fam.* Repreensão, reprimenda, correção.

REPASO (repasso) *s. m.* Ação de *Repassar.* Revisão, novo exame. *fam.* V. REPASATA.

REPATRIACIÓN *s. f.* Repatriação, repatriamento.

REPECHADO, A (repetchado) *adj.* Inclinado, construído em declive.

REPECHAR (repetchar) *v. intr.* Subir uma encosta, ir costa acima, subir um declive. *v. pron. Amer.* V. RETREPARSE.

REPECHE (repetche) *adj. Amer. mexic.* Excelente, muito bom, ótimo.

REPECHO (repetcho) *s. m.* Ladeira, encosta ou declive muito pronunciados e curtos. *A —, loc. adv.* Costa acima.

REPEGOSO, A (repegosso) *adj.* Insistente, incômodo, enfadonho.

REPEINARSE *v. tr.* Repentear-se com muito esmero (lamber-se).

REPELADO, A *p. p.* de *Repelar. adj.* Diz-se da salada que se faz com diversas ervas.

REPELADURA *s. f.* Segunda peladura.

REPELAR *v. tr.* Arrepelar, repelar, arrancar, puxar o cabelo. Repassar, dar um galope curto (a um cavalo). Aparar a erva. *fig.* Cercear, diminuir, aparar. *v. intr. Tip.* Não sair limpo o que se imprime ou estampa.

REPELENCIA *s. f. Amer.* Impertinência.

REPELER *v. intr.* Repelir, rechaçar, lançar de si com violência. Contradizer, impugnar.

REPELLAR (repelhar) *v. tr.* Rebocar (com gesso ou cal).

REPELO *s. m.* O que está a contrapelo. Fiapo, felpa, partícula de qualquer coisa que se levanta contra o natural. Fibras tortas da madeira. *fig. fam.* Briga, zanga, amuo. *fig. fam.* Repugnância, aversão. *fig. fam. Amer. mexic.* Andrajo, farrapo.

REPELÓN *s. m.* Arrepelão. *fig.* Bocado ou punhado (arrancado de alguma coisa). *fig.* Arrancada (do cavalo). *A —es, loc. adv.* Aos empuxões, aos trancos, com dificuldade. *De —, loc. adv. fig. fam.* De relão, à pressa; ligeiramente.

REPELOSO, A (repelosso) *adj.* Diz-se da madeira áspera ao ser trabalhada, felpuda. *fig. fam.* V. QUISQUILLOSO.

REPENTIZAR (repentiçar) *v. intr.* Executar (uma peça de música) à primeira vista.

REPENTÓN *s. m. fam. Aument.* de *Repente* (repente: movimento impulsivo).

REPEOR *adj.* e *adv. fam.* Muito pior.

REPERCUDIDA *s. f.* Repercussão.

REPERCUDIR *v. intr.* Repercutir. U. t. c. tr.

REPERCUSIÓN (repercussiòn) *s. f.* Repercussão.

REPERIQUETEAR *v. tr. fam. Amer.* V. EMPEREJILAR.

REPESO (repesso) *s. m.* Repeso (ação de repesar). Lugar onde se repesa. *De —, loc. adv.* Com todo o peso de um corpo. *fig.* Com toda a força da autoridade ou da persuasão.

REPETICIÓN *s. f.* Repetição.

REPICADAMENTE *adv.* Repetidamente. *fig.* Vaidosamente, presunçosamente.

REPICADO, A *p. p.* de *Repicar. adj.* Presumido, vaidoso, pretensioso, presunçoso.

REPICAPUNTO (DE) *loc. adv.* V. RECHUPETE (DE).

REPICAR *v. tr.* Repicar (em todas as suas principais acepções). *v. pron.* Jactar-se, vangloriar-se de, presumir.

REPICOTEADO, A *p. p.* de *Repicotear. adj.* Enfeitado ou recortado em ondas, bicos ou dentes.

REPICOTEAR *v. tr.* Recortar, enfeitar uma coisa com bicos, ondas ou dentes. *v. intr.* Falar em tom de desprezo ou ironia.

REPICOTEO (repicotèo) *s. m.* Ação de *Repicotear.*

REPINARSE *v. pron.* Remontar-se, elevar-se, empinar-se.

REPINTAR *v. tr.* Repintar, pintar de novo. *v. pron.* Arrebicar-se. *Tip.* Repintar-se.

REPINTE *s. m.* Ação de *Repintar* (tr. e pron).

REPIQUE *s. m.* Repique. Ação de *Repicar. fig.* Altercação ligeira, questiúncula.

REPIQUETE *s. m.* Repiquete, repique de sinos. Recontro. *Náut.* Bordada curta. *Amer.* Ressentimento, rancor. *pl. Amer. chil.* Gorjeios, trinados.

REPIQUETEAR *v. tr.* Repicar (um sino). *v. pron. fig. fam.* Descompor-se, altercar.

REPIQUETEO (repiquetèo) *s. m.* Repique, repiquete (de sinos). Altercação, descompostura.

REPISA (repissa) *s. f. Arq.* Mísula.

REPISO (repisso) *s. m.* Vinho inferior, vinho de repisa.

REPIZCAR *v. tr.* V. PELLIZCAR.

REPIZCO *s. m.* V. PELLIZCO.

REPLANTACIÓN *s. f.* Replantação, replantio.

REPLANTEAR *v. tr. Constr.* Traçar (no terreno ou sobre os alicerces a planta de uma obra já projetada).

REPLANTEO (replantèo) Ação de *Replantear.*

REPLECIÓN *s. f.* Repleção.

REPLEGAR *v. tr.* Preguear ou dobrar muitas vezes. *v. pron. Mil.* Retirar-se em boa ordem. U. t. c. intr.

REPLETAR *v. tr.* Reencher, rechear, encher. Encher, fartar, saciar. U. t. c. pron. *Irreg.* V. conj. de *Calentar.*

REPLICÓN, A *adj.* e *s. fam.* Respondão, ona.

REPLIEGUE *s. m.* Dobra ou prega duplas. *Mil.* Retirada em boa ordem, retificação das linhas.

REPOBLACIÓN *s. f.* Repovoação.

REPOBLAR *v. tr.* Reprovar. U. t. c. pron. *Irreg.* V. conj. de *Almorzar.*

REPODRIR *v. tr.* V. REPUDRIR. *Irreg.* V. conj. de *Pudrir.*

REPOLLAR (repolhar) *v. intr.* Repolhar. U. t. c. pron.

REPOLLO (repolho) *s. m.* Repolho. Repolho, volume roliço formado pelas folhas de algumas plantas.

REPOLLONCO, A (repolhonco) *adj. Amer.* Repolhudo, rechonchudo, atarracado (falando-se de pessoa baixa e gorda).

REPOLLUDO, A (repolhudo) *adj.* Repolhudo. *fig.* Repolhudo, rechonchudo, atarracado.

REPOLLUELO (repolhuelo) *s. m. Dim.* de *Repollo.*

REPONCHE (repontche) *s. m.* V. RAPONCHIGO.

REPONER *v. tr.* Repor. *v. pron.* Repor-se, recompor-se, restabelecer-se (de saúde ou fortuna). *Irreg.* V. conj. de *Poner.*

REPORTACIÓN *s. f.* Reportação, moderação, comedimento, modéstia. Serenidade, circunspeção, sossego.

REPORTADAMENTE *adv.* Serenamente, moderamente, comedidamente.

REPORTADOR, A *adj.* e *s.* V. REPORTERO.

REPORTAJE (reportaje) *s. m.* Reportagem, noticiário, informação.

REPORTAMIENTO *s. m.* Reportamento.

REPORTE *s. m.* Notícia, informação. Mexerico, falatório.

REPORTERO, A *adj.* e *s.* Noticiarista, informador. *s. m.* Repórter.

REPOSADAMENTE (repossadamente) *adv.* Repousadamente.

REPOSADERA (repossadera) *s. f. Amer. centr.* V. SUMIDERO.

REPOSADERO (repossadero) *s. m. Miner.* Tanque que recebe o metal em fusão.

REPOSADO, A (repossado) *p. p.* de *Reposar. adj.* Repousado, descansado, quieto, sossegado, tranqüilo.

REPOSAR (repossar) *v. intr.* Repousar (em todas as suas acepções).

REPOSICIÓN (repossiciòn) *s. f.* Reposição (ação de repor). Restabelecimento (de saúde ou fortuna).

REPOSO (reposso) *s. m.* Repouso.

REPOSTERÍA *s. f.* Confeitaria, doçaria (casa onde se fabrica e vende toda classe de doces). Copa, despensa, armário (onde se guardam doces). Repostaria. Cargo de reposteiro-mor. Copa (lugar onde se guarda a prata e demais objetos do serviço da mesa). Arte de doceiro ou confeiteiro e conjunto de provisões e instrumentos do seu ofício.

REPOSTERO *s. m.* Copeiro (preparador de doces e licores). Reposteiro (encarregado do reposte na casa real). Reposteiro (peça de estofo). *Amer.* V. REPOSTERÍA, 2ª acep. — *mayor,* reposteiro-mor. *adj. Amer. centr.* e *colomb.* Respondão.

REPREGUNTA *s. f. For.* Pergunta feita à testemunha pela parte contrária à que a apresenta.

REPREGUNTAR *v. tr. For.* Interrogar a testemunha apresentada pela parte contrária.

REPREHENDER (repreender) *v. tr.* V. REPRENDER.

REPREHENSIBLE (repreensible) *adj.* V. REPRENSIBLE.

REPREHENSIÓN (repreensiòn) *s. f.* V. REPRENSIÓN.

REPRENDER *v. tr.* Repreender, censurar, admoestar.

REPRENDIENTE *p. a.* de *Reprender.* Repreendedor.

REPRENSIBLE *adj.* Repreensível, censurável.

REPRENSIÓN *s. f.* Repreensão.

REPRENSOR, A *adj.* e *s.* Repreensor, repreendedor.

REPRESA (repressa) *s. f.* Represa (em todas as suas principais acepções).

REPRESENTABLE (representable) *adj.* Representável.

REPRESENTACIÓN (representaciòn) *s. f.* Representação (em todas as suas principais acepções).

REPRESENTANTA (representanta) *s. f.* Atriz.

REPRESENTANTE (representante) *s. m.* e *f.* Representante (pessoa que representa um indivíduo ou sociedade). Ator, comediante.

REPRESIBLE (repressible) *adj.* Reprimível.

REPRESIÓN (repressiòn) *s. f.* Repressão.

REPRESIVO, A (repressivo) *adj.* Repressivo.

REPRESOR, A (repressor) *adj.* e *s.* Repressivo, reprimidor.

REPROBABLE *adj.* Reprovável.

REPROBACIÓN *s. f.* Reprovação.

REPROBADAMENTE *adv.* Reprovadamente.

REPROBADO, A *p. p.* de *Reprobar.* Reprovado. *adj.* Réprobo. U. t. c. s.

REPROBADOR, A *adj.* e *s.* Reprovador.

REPROBAR *v. tr.* Reprovar. *Irreg.* V. conj. de *Almorzar.*

REPROBÓN, A *adj.* Birrento, crítico, que tudo reprova.

REPROCHABLE (reprotchable) *adj.* Censurável.

REPROCHADOR, A (reprotchador) *adj.* e *s.* Censurador.

REPROCHAR (reprotchar) *v. tr.* Exprobar, censurar, lançar em rosto, reprochar. Reprovar, não aceitar. Rejeitar, recusar.

REPROCHE (reprotche) *s. m.* Censura.

REPRODUCCIÓN *s. f.* Reprodução.

REPRODUCIDO, A *p. p.* de *Reproducir.*

REPRODUCIR *v. tr.* Reproduzir. U. t. c. pron. *Irreg.* V. conj. de *Inducir.*

REPRODUCTIBLE *adj.* Reprodutível, reproduzível.

REPRODUCTIVIDAD (reproductividad) *s. f.* Reprodutibilidade.

REPROMISIÓN (repromissiòn) *s. f.* Repromissão (promessa repetida).

REPROPIARSE *v. pron.* Recusar-se a obedecer (uma cavalgadura).

REPROPIO, A *adj.* Rebelão (falando-se de cavalos).

REPRUEBA *s. f.* Nova prova.

REPTACIÓN *s. f.* Rastejo.

REPTAR *v. intr.* Rastejar.

REPUDIABLE *adj.* Repudiável.

REPUDIACIÓN *s. f.* Repúdio, repudiação.

REPUDRIR *v. intr.* Apodrecer muito. U. t. c. pron. *v. pron. fig.* Ralar-se, consumir-se interiormente. *Irreg.* V. conj. de *Pudrir.*

REPUESTO, A *p. p. irreg.* de *Reponer. adj.* Apartado, escondido. *s. m.* Reserva (de provisões ou de outras coisas). Aparador (para o serviço de mesa). Peça onde está esse móvel. *De —, loc. adv.* De reserva; de sobressalente.

REPUJADO (repujado) *s. m.* Ação de *Repujar.* Obra de metal batido em relevo.

REPUJAR (repujar) *v. tr.* Bater, fazer em relevo a martelo (falando-se de um metal).

REPULGADO, A *p. p.* de *Repulgar. adj. fig. fam.* Afetado, fingido.

REPULGAMIENTO *s. m.* Ação de *Repulgar.* Repolga (ação de repolgar empadas).

REPULGAR *v. tr.* Repolgar, repolegar, colocar repolego em volta de empadas. Embainhar (fazer bainha na roupa). *fig.* Dormir.

REPULGO *s. m.* Bainha, orla (na roupa). Repolego (cordão de massa em volta da empada). Rebordo, excrescência (nas feridas das árvores). *—s de empanada, fig. fam.* Coisas insubstanciais ou escrúpulos ridículos.

REPULIDO, A *p. p.* de *Repulir. adj.* Enfeitado, apurado, arrebicado.

REPULIR *v. tr.* Polir novamente. Arrebicar, enfeitar com excesso. U. t. c. pron.

REPULLO (repulho) *s. m.* V. REHILETE, 1ª acep. Pulo, salto (de susto ou medo). *fig.* Pulo, salto (demonstração violenta de surpresa).

REPULSIÓN *s. f.* Repulsa, repulsão.

REPUNTA *s. f.* Ponta de terra ou cabo mais salientes que outros próximos. *fig.* Ponta, indício, primeira manifestação de uma coisa. *fig.* Ponta, rixa, desentendimento.

REPUNTADOR *s. m. Amer. plat.* Repontador (de gado).

REPUNTAMIENTO *s. m. Amer.* V. REPUNTA, 2ª acep.

REPUNTAR *v. intr.* Repontar, fazer cabeça (a maré). *Amer. merid.* Tornar a encher um rio ou

ribeiro que baixava. *Amer.* Apontar, assomar, aparecer. *Amer. equat.* Parar rodeio, reunir o gado. *Amer. merid.* Repontar (o gado). *v. pron.* Azedar-se (o vinho). *fig. fam.* Desavir-se, andar de ponta com alguém. *Amer. cub.* Começar a sentir um mal.

REPUNTA *s. f.* Reponta (da maré). *Amer. merid.* Reponte (do gado). *Amer. merid.* Ação de *Repuntar* (2ª e 3ª acepções).

REPUTACIÓN *s. f.* Reputação.

REQUEBRAJO (requebrajo) *s. m. Pejor.* de *Requiebro.*

REQUEBRAR *v. tr.* Tornar a quebrar ou partir. *fig.* Requebrar, galantear, namorar, requestar. *fig.* Adular, lisonjear, louvar. *Irreg.* V. conj. de *Calentar.*

REQUECHETE (requetchete) *adj. Amer.* V. RECHONCHO.

REQUEMADO, A *p. p.* de *Requemar. adj.* Requeimado, enegrecido.

REQUEMAMIENTO *s. m.* Requeime, requeimo (sabor acre de certas especiarias).

REQUEMAR *v. tr.* Requeimar (queimar muito, enegrecer pelo calor, torrar; fazer arder, picar o paladar). U. t. c. pron. *fig.* Esquentar (o sangue). *v. pron. fig.* Ressentir-se sem dizê-lo.

REQUEMAZÓN (requemaçòn) *s. f.* V. REQUEMAMIENTO.

REQUERIMIENTO *s. m.* Intimação, aviso, notificação.

REQUERIR *v. tr.* Intimar, notificar, avisar, declarar (ordenar com autoridade). Examinar, verificar (o estado de uma coisa). Requerer, necessitar, exigir, precisar. Requestar, requerer, solicitar, requebrar. Induzir, persuadir. *Irreg.* V. conj. de *Sentir.*

REQUESÓN (requessòn) *s. m.* Requeijão.

REQUESTA *s. m.* V. REQUERIMIENTO. *A toda —, loc. adv. ant.* A todo transe.

REQUETEBIÉN *adv. fam.* Muito bem.

REQUIEBRO *s. m.* Requebro, galanteio. Corte, namoro.

REQUINTO *s. m.* O quinto de uma quinta parte. *Mús.* Requinta (espécie de clarinete; viola e guitarra de menores dimensões).

REQUISA (requissa) *s. f.* Inspeção, revista. *Mil.* Requisição.

REQUISAR (requissar) *v. tr.* Requisitar, fazer requisição.

REQUISICIÓN (requissiciòn) *s. f. Mil.* Requisição. Requisição, solicitação, pedido, reclamação.

REQUISICIONAR (requissicionar) *v. tr.* V. REQUISAR.

REQUIVE *s. m.* Requife.

RES *s. f.* Rês.

RESABER (ressaber) *v. tr.* Ressaber, saber muito bem uma coisa. *v. intr.* Falar demais, importunar com palavrórios.

RESABIDO, A (ressabido) *p. p.* de *Resaber. fig.* Sabido, entendido, metido a sábio.

RESABIO (ressabio) *s. m.* Ressabio. Vezo, vício, mau costume. *fig.* Ressaibo, indício, sinal.

RESABIOSO, A (ressabiosso) *adj. Amer. per.* Astuto, dissimulado.

RESACA (ressaca) *s. f.* Ressaca (movimento de recuo das ondas). *Com.* Ressaque. *Amer. cub.* Tunda, sova de pau. *Amer. colomb.* Aguardente de superior qualidade. *Amer. argent.* Vasa (de rio).

RESACADO (ressacado) *s. m. Amer. boliv.* Aguardente de qualidade superior.

RESACAR (ressacar) *v. tr. Náut.* Alar (um cabo).

RESALADO, A (ressalado) *p. p.* de *Resalar. adj.* Engraçado, chistoso, que tem muito sal (finura de espírito).

RESALAR *v. tr.* Salgar de novo uma coisa.

RESALGA (ressalga) *s. f.* Salmoura que fica no tanque em que se salgam peixes.

RESALGARSE (ressalgarse) *v. pron.* Encher-se de resíduos de diversas matérias.

RESALIENTE *p. a.* de *Resalir.* Saliente, ressaltado.

RESALIR (ressalir) *v. tr. Arq.* Ressaltar, sobressair. *Irreg.* V. conj. de *Salir.*

RESALLAR (ressalhar) *v. tr.* Remondar.

RESALLO (ressalho) *s. m.* Remondagem.

RESALTAR (ressaltar) *v. intr.* Ressaltar, repinchar. Saltar, desprender-se uma coisa de onde estava. Ressaltar (estar elevado ou saliente em relação ao plano de que faz parte). *fig.* Sobressair, destacar-se, exceler, avantajar-se.

RESALTE (ressalte) *s. m.* V. RESALTO, 2ª acep.

RESALTO *s. m.* Ressalte, ressalto (de um corpo elástico). Ressalte, ressalto (saliência, proeminência de uma coisa).

RESALUDAR (ressaludar) *v. tr.* Ressaudar, corresponder ao cumprimento ou saudação de.

RESALUTACIÓN (ressalutaciòn) *s. f.* Ressaudação.

RESALVO (ressalvo) *s. m.* Vergôntea que se deixa (num roçado) para formar nova árvore.

RESANAR (ressanar) *v. tr.* Cobrir com ouro as falhas de uma douradura.

RESARCIMIENTO (ressarcimiento) *s. m.* Ressarcimento.

RESARCIR (ressarcir) *v. tr.* Ressarcir, reparar, indenizar, emendar. U. t. c. pron.

RESAYE (ressadje) *s. f.* Aspiração, ânsia. *Hacer — s, loc.* Apresentar desculpas, alegar incapacidade.

RESBALADA *s. f. Amer.* V. RESBALÓN.

RESBALADERO, A *adj.* Resvaladiço, escorregadio. *s. m.* Revaladiço, escorregadouro.

RESBALADIZO, A (resbaladiço) *adj.* Resvaladiço, escorregadio, resvaladio.

RESBALADOR, A *adj.* Escorregador.

RESBALADURA *s. f.* Resvaladura (vestígio do local por onde alguém ou alguma coisa resvalou).

RESBALAMIENTO *s. m.* V. RESBALÓN.

RESBALANTE *p. a.* de *Resbalar.* Resvaladio, escorregadiço.

RESBALAR *v. intr.* Resvalar, escorregar. U. t. c. pron. *fig.* Resvalar, escorregar (cometer erro ou falta). U. t. c. pron.

RESBALERA *s. m.* Resvaladouro, resvaladio.

RESBALO *s. m. Amer. equat.* Ladeira, encosta muito a pique, resvalo.

RESBALÓN *s. f.* Resvaladura, escorregadura, escorrego, escorregadela.

RESBALOSA (resbalossa) *s. f. Mús.* e *Coreogr.* Espécie de galope. *Amer. chil.* V. REFALOSA.

RESBALOSO, A (resbalosso) *adj.* V. RESBALADIZO.

RESCALDAR *v. tr.* Escaldar.

RESCAÑO (rescanho) *s. m.* Resto ou parte de uma coisa.

RESCATAR *v. tr.* Resgatar (em todas as suas principais acepções).

RESCATE *s. m.* Resgate.

RESCAZA (rescaça) *s. f. Ictiol.* Corvina.

RESCISIÓN (rescissiòn) *s. f.* Rescisão.

RESCOLDERA *s. f.* Azia, pirose, azedume do estômago.

RESCOLDO *s. m.* Rescaldo, borralho, cinza que ainda conserva algumas brasas. *fig.* Receio, escrúpulo, prurido.

RESCONTRAR *v. tr.* Encontrar, compensar (contas). *Irreg.* V. conj. de *Almorzar.*

RECUENTRO *s. m.* Encontro (de contas).

RESECACIÓN (ressecaciòn) *s. f.* Ressecação.

RESECAMENTE (ressecamente) *adv.* Infrutiferamente, sem proveito.

RESECAR (ressecar) *v. tr.* Ressecar. U. t. c. pron.

RESECCIÓN (ressecciòn) *s. f.* Resseção.

RESECO, A (resseco) *adj.* Resseco; ressequido. *s. m.* Parte seca de uma planta.

RESEGUIR (resseguir) *v. tr.* Retificar os fios das espadas. *Irreg.* V. conj. de *Servir.*

RESELLAR (resselhar) *v. tr.* Resselar. Recunhar.

RESELLO (ressello) *s. m.* Resselagem. Segundo cunho.

RESEMBRAR (ressembrar) *v. tr.* Ressemear.

RESEÑA (ressenha) *s. f. Mil.* Revista. Resenha. Sinais, senhas (do corpo de animal ou pessoa).

RESEÑAR (ressenhar) *v. tr. Mil.* Revistar, passar revista. Resenhar.

RESENTIMIENTO (ressentimiento) *s. m.* Ressentimento.

RESENTIRSE (ressentirse) *v. pron.* Ressentir-se (sentir os efeitos de alguma coisa; melindrar-se, ofender-se).

RESEQUIDO, A (ressequido) *adj.* Ressequido, ressicado, falto de umidade.

RESERVACIÓN (resservaciòn) *s. f.* Reservação, reserva.

RESERVAMIENTO (resservamiento) *s. m.* V. RESERVACIÓN.

RESFRIADURA *s. f. Vet.* Resfriamento, aguamento.

RESFRIAMIENTO *s. m.* Resfriamento.

RESFRIANTE *p. a.* de *Resfriar.* Refrigerante. *s. m.* V. CORBATO.

RESFRIAR *v. tr.* Resfriar, esfriar. *fig.* Esfriar, enfraquecer, entibiar, desanimar, resfriar. *v. intr.* Esfriar (começar a fazer frio). *v. pron.* Resfriar-se (apanhar um resfriado). Esfriar (uma amizade).

RESFRÍO *s. m.* Resfriado, resfriamento, constipação.

RESIDENCIAMIENTO (ressidenciamiento) *s. m.* Residência, sindicância.

RESIDENCIAR (ressidenciar) *v. tr.* Sindicar, tomar residência (sobre a conduta de funcionário público).

RESIEMBRA (ressiembra) *s. f.* Ressemeadura.

RESIGNA (ressigna) *s. f.* Resignação (de cargo ou benefício eclesiástico).

RESIGNACIÓN (ressignaciòn) *s. f.* Resignação (em todas as suas acepções).

RESILENCIA (ressilencia) *s. f.* Elasticidade.

RESILIENTE (ressiliente) *adj.* Elástico.

RESINACIÓN (ressinaciòn) *s. f.* Resinagem, resinação.

RESINERO, A (ressinero) *adj.* Resineiro. *s. m.* Resineiro.

RESISA (ressissa) *s. f.* V. OCTAVILLA.

RESISTERO (ressistero) *s. m.* Sesta, hora calmosa após o meio-dia. Inclemência, rigor (dos elementos). Mormaço, calor produzido pela reverberação solar. Lugar onde se sente este calor.

RESISTIDERO (ressistidero) *s. m.* V. RESISTERO.

RESISTIVO, A (ressistivo) *adj.* Resistente.

RESMILLA (remilha) *s. f.* Vinte cadernos de papel de carta.

RESOBAR (ressobar) *v. tr.* V. MANOSEAR.

RESOBRAR (ressobrar) *v. intr.* Ressobrar, sobejar em excesso.

RESOBRINO, A (ressobrino) *s. m.* e *f.* Sobrinho, neto.

RESOL (ressol) *s. m.* Reverberação, reflexo (do sol).

RESOLANO, A (ressolano) *adj.* Soalheiro. U. t. c. s.

RESOLLAR (ressolhar) *v. intr.* Resfolegar. *fig.* Dar sinal de si; aparecer (a pessoa ausente); falar (a pessoa calada). *Irreg.* V. conj. de *Almorzar.*

RESOLUCIÓN (ressoluciòn) *s. f.* Resolução (em todas as suas principais acepções).

RESONANTE (ressonante) *p. a.* de *Resonar.* Ressoante.

RESONAR (ressonar) *v. intr.* Ressoar, retumbar, ecoar. (U. c. tr. em estilo poético). *Irreg.* V. conj. de *Almorzar.*

RESOPLAR (ressoplar) *v. intr.* Resfolegar, resfolgar, respirar fortemente.

RESOPLIDO (ressoplido) *s. m.* Resfôlego, anélito, respiração forte e continuada.

RESOPLO (ressoplo) *s. m.* V. RESOPLIDO.

RESORBER (ressorber) *v. tr.* Reabsorver, ressorver.

RESORCIÓN (ressorciòn) *s. f.* Resorção.

RESORTE (ressorte) *s. m.* Mola (lâmina metálica com que se dá impulso ou resistência a uma peça). *fig.* Mola, recurso, meio para conseguir um fim.

RESPALDADAMENTE *adv.* Apoiando-se no espaldar. *fig.* Refesteladamente, comodamente, à vontade.

RESPALDAR *s. m.* Espaldar, respaldo (das cadeiras). *v. tr.* Assentar, anotar, apontar alguma coisa nas costas de um escrito. *v. pron.* Encostar-se, apoiar-se, recostar-se (sobre o espaldar de uma cadeira, sofá etc.) *Vet.* Deslocar-se o osso da espádua do cavalo.

RESPALDO *s. m.* Respaldo, espaldar (de cadeira etc.). V. ESPALDERA. Costas, verso (de um escrito).

RESPALDÓN *s. m. Aument.* de *Respaldo.*

RESPECTAR *v. intr.* Respeitar, tocar, pertencer, dizer respeito.

RESPECTIVE *adv.* Respectivamente.

RESPECTO *s. m.* Respeito, razão, motivo, aspecto, consideração, ponto de vista, lado por onde se encara alguma questão. *Al, — loc. adv.* Respectivamente, proporcionalmente. *Con —, ou — a, ou — de, loc. adv.* A respeito de, com respeito a, respeito a.

RESPELUZAR (respeluçar) *v. tr.* V. DESPELUZAR. U. t. c. pron.

RESPETABILIDAD (respetabilidad) *s. f.* Respeitabilidade.

RESPETABLE *adj.* Respeitável (digno de respeito, venerado; sério, importante, grande, considerável).

RESPETADOR, A *adj.* Respeitador.

RESPETAR *v. tr.* Respeitar, honrar, acatar, ter respeito. *v. intr.* V. RESPECTAR.

RESPETIVO, A *adj.* V. RESPETUOSO.

RESPETO *s. m.* Respeito, consideração, acatamento, deferência, obediência, veneração. Coisa que se tem de sobressalente.

RESPETOSAMENTE (respetossamente) *adv.* V. RESPETUOSAMENTE.

RESPETOSO, A (respetosso) *adj.* V. RESPETUOSO.

RESPETUOSAMENTE (respetuossamente) *adv.* Respeitosamente.

RESPETUOSIDAD (respetuossidad) *s. f.* Qualidade de respeitoso.

RESPETUOSO, A (respetuosso) *adj.* Respeitoso.

RÉSPICE *s. m. fam.* Repostada, resposta desabrida. *fam.* Repreensão breve mas severa.

RESPIGÓN *s. m.* Respigão, espigão, espiga (película levantada junto da raiz das unhas).

RESPINGADA *adj.* Arrebitado (falando-se do nariz).

RESPINGAR *v. intr.* Respingar, escoucinhar (a besta). *fig. fam.* Resistir, recalcitrar, respingar.

RESPINGO *s. m.* Respingo (ação de respingar a besta, coice da besta que respinga). Respingo, ato de recalcitrar. Sacudidura, safanão (do corpo). *fig. fam.* Dar de ombros, gesto de desagrado, modo de mostrar repulsa em executar alguma ordem.

RESPINGÓN, A *adj.* Respingão, respingador, que escoucinha.

RESPINGONA *adj.* V. RESPINGADA.

RESPINGOSO, A (respingosso) *adj.* V. RESPINGÓN.

RESPIRABILIDAD (respirabilidad) *s. f.* Qualidade de respirável.

RESPIRABLE *adj.* Respirável.

RESPIRACIÓN *s. f.* Respiração.

RESPIRADERO *s. m.* Respiradouro, respiro (fresta, abertura ou artifício para ventilar). *fig.* Respiro, repouso, folga, descanso.

RESPIRO *s. m.* Respiro, respiração. V. RESPIRADERO, 2ª acep. *fig.* Respiro (prorrogamento do prazo para pagar uma dívida).

RESPLANDECIENTE *p. a.* de *Resplandecer.* Resplandecente.

RESPLANDECIMIENTO *s. m.* V. RESPLANDOR.

RESPLANDINA *s. f. fam.* Reprimenda, repreensão áspera.

RESPLANDOR *s. m.* Resplendor, resplandor, claridade intensa. Composição de alvaiade e outras coisas, que as mulheres usam para toucar-se. *fig.* Resplendor, esplendor, brilho. *fig.* Esplendor, pompa, luxo, gala.

RESPONDER *v. tr.* Responder (em todas as suas principais acepções). (*Contestar,* nos mesmos sentidos, é o verbo geralmente empregado). *v. intr.* Produzir, render.

RESPONDÓN, A *adj.* e *s.* Respondão, ona.

RESPONSABLE *adj.* Responsável.

RESPONSEAR *v. intr. fam.* Responsar (rezar responsos por alguém).

RESPONSEO (responsèo) *s. m.* Ato de *Responsear.*

RESPONSIVA *s. f. Amer. mexic.* Fiança, caução.

RESPONSIVO, A *adj.* Correspondente, que responde ou corresponde, que se enquadra ou ajusta.

RESPUESTA *s. f.* Resposta (em todas as suas acepções).

RESQUEBRADURA *s. f.* Fenda, racha, greta.

RESQUEBRAJADIZO, A (resquebrajadiço) *adj.* V. RESQUEBRAJOSO.

RESQUEBRAJADURA (resquebrajadura) *s. f.* V. RESQUEBRADURA.

RESQUEBRAJAR (resquebrajar) *v. tr.* Rachar, gretar, fender, rebentar (a superfície de alguns corpos duros). U. m. c. pron.

RESQUEBRAJO (resquebrajo) *s. m.* V. RESQUEBRADURA.

RESQUEBRAJOSO, A (resquebrajosso) *adj.* Quebradiço.

RESQUEBRAR *v. intr.* Rachar-se (começar a quebrar ou fender-se alguma coisa).

RESQUEMAR *v. tr.* Requeimar (o paladar). U. t. c. intr. Requeimar, queimar muito. U. t. c. pron. *fig.* V. ESCOCER.

RESQUEMAZÓN (resquemaçon) *s. f.* V. RESQUEMO.

RESQUEMO *s. m.* Requeimo, requeime, requeima (sabor acre ou picante).

RESQUICIO *s. m.* Abertura entre o gonzo e a porta. Resquício, greta, abertura muito estreita. *fig.* Ocasião, oportunidade, azo, ensejo.

RESTA *s. f. Alg. e Arit.* Subtração. *Alg. e Arit.* Diferença, resto (na subtração).

RESTABLECEDOR, A *adj. e s.* Restabelecedor, restaurador.

RESTABLECER *v. tr.* Restabelecer. *v. pron.* Restabelecer-se (de saúde ou fortuna). *Irreg.* V. conj. de *Favorecer.*

RESTABLECIMIENTO *s. m.* Restabelecimento.

RESTADO, A *p. p.* de *Restar.* Diminuído, subtraído. *adj.* Audaz, arrojado, intrépido.

RESTALLAR (restalhar) *v. intr.* Estalar, estalejar (o chicote, a funda etc.). V. CRUJIR.

RESTALLIDO (restalhido) *s. m.* Estalo, estalido (do chicote).

RESTAÑADERO (restanhadero) *s. m.* V. ESTERO.

RESTAÑADURA (restanhadura) *s. f.* Nova estanhadura.

RESTAÑAR (restanhar) *v. tr.* Estanhar novamente. *v. intr.* V. RESTALLAR. *v. tr.* Estancar, impedir que corra (um líquido, e principalmente o sangue). U. t. c. intr. e pron.

RESTAÑASANGRE (restanhassangre) *s. f.* Laqueca.

RESTAÑO (restanho) *s. m.* Estancamento (ação de estancar). Remanso (das águas).

RESTANTE *p. a.* de *Restar.* Que diminue ou subtrai. *s. m.* Resto, restante.

RESTAR *v. tr.* Tirar, abater, diminuir de um todo. *Alg. e Arit.* Diminuir, subtrair. *v. tr.* Rebater, rechaçar (a pela). *v. intr.* Restar, sobrar, sobejar; faltar para fazer ou terminar.

RESTAURACIÓN *s. f.* Restauração.

RESTITUCIÓN *s. f.* Restituição.

RESTO *s. m.* Resto, restante. *Alg. e Arit.* Resto, diferença. Parada (nos jogos de envite). Rechaço (no jogo da pela). Jogador que rebate a pela. — *abierto*, parada ilimitada (nos jogos de envite). *A — abierto, loc. adv. fig. fam.* Ilimitadamente, sem restrição.

RESTREGADURA *s. f.* Esfregadura, esfregação, esfrega, esfregadela.

RESTREGAMIENTO *s. m.* V. RESTREGADURA.

RESTREGAR *v. tr.* Esfregar. *Irreg.* V. conj. de *Calentar.*

RESTREGÓN *s. m.* V. ESTREGÓN.

RESTRIBAR *v. intr.* Restribar-se, estar firme, apoiar-se com força.

RESTRICCIÓN (restricciòn) *s. f.* Restrição, limitação.

RESTRINGA *s. f.* Restinga.

RESTRIÑIDOR, A (restrinhidor) *adj.* Restringente, restritivo.

RESTRIÑIMIENTO (restrinhimiento) *s. m.* Restringimento.

RESTRIÑIR (restrinhir) *v. tr.* Restringir, apertar, limitar, estreitar. Ind. pret. indef. *Restriñó, restriñe-ron.* Subj. pret. imperf. *Restriñ-era* ou *ese, eras* ou *eses, era* ou *ese, éramos* ou *ésemos, erais* ou *eseis, eran* ou *esen.* Fut. imperf. *Restriñ-ere, eres, ere, éremos, ereis, eren.* Ger. *Restriñendo.*

RESTROJO (restrojo) *s. m.* V. RASTROJO.

RESUCITACIÓN (ressucitaciòn) *s. f.* Ressuscitação, ressuscitamento, ressurreição.

RESUCITAR (ressucitar) *v. tr.* e *intr.* Ressuscitar.

RESUDA (ressuda) *s. f.* Gordura da lã.

RESUDACIÓN (ressudaciòn) *s. f.* Ressudação.

RESUDAMIENTO (ressudamiento) *s. m.* V. RESUDACIÓN.

RESUDAR (ressudar) *v. intr.* Ressudar; suar ligeiramente. Ressumbrar.

RESUDOR (ressudor) *s. m.* Suor ligeiro.

RESUELLO (ressuelho) *s. m.* Alento, respiração.

RESUELTAMENTE (ressueltamente) *adv.* Resolutamente.

RESUELTO, A *p. p. irreg.* de *Resolver. adj.* Resoluto, decidido, audaz, arrojado. Resoluto, expedito, desembaraçado.

RESULTA (ressulta) *s. f.* Resultado, resulta, efeito, conseqüência. Cargo vago deixado por quem é promovido. *De —s, loc. adv.* Em conseqüência.

RESULTANCIA (ressultancia) *s. f.* Resultado, resultância.

RESULTAR (ressultar) *v. intr.* Ressaltar, ressurtir. Resultar, dar em resultado. Resultar, nascer, originar-se.

RESUMEN (ressumen) *s. m.* Resumo. *En —, loc. adv.* Em resumo, em suma.

RESUMIDERO (ressumidero) *s. m. Amer.* V. ALCANTARILLA.

RESUNCIÓN (ressunciòn) *s. f.* Ressunção, resumo.

RESUNTA (ressunta) *s. f.* Resumo, ressunta.

RESURGIMIENTO (ressurjimiento) *s. m.* Ressurgimento.

RESURRECCIÓN (ressurrecciòn) *s. f.* Ressurreição.

RESURTIDO, A (ressurtido) *p. p.* de *Resurtir. s. f.* Ressalto (salto do corpo elástico quando volta ao estado primitivo).

RESURTIMIENTO (ressurtimiento) *s. m.* Ressalto (ação de ressaltar ou ressurtir).

RESURTIR (ressurtir) *v. intr.* Ressaltar, ressurtir.

RESURTIVO, A (ressurtivo) *adj.* Que ressalta ou ressurte.

RETABLERO *s. m.* Artífice que constrói retábulos.

RETABLO *s. m.* Retábulo. *Arq.* Retábulo. — *de dolores*, ou *duelos, fig.* Pessoa que padece misérias e trabalhos.

RETACAR *v. tr.* Retacar (no jogo do bilhar). *v. pron. Amer. chil.* V. ESPARRANCARSE.

RETACERIA *s. f.* Conjunto de retalhos de fazenda.

RETACO *s. m.* Trabuco (espingarda curta). Taco (de bilhar) curto e grosso. *fig.* Pessoa atarracada ou retaca.

RETACÓN, A *adj. Amer. plat.* Atarracado, retaco (falando-se de pessoas). U. t. c. s.

RETADO, A *p. p.* de *Retar. adj.* Que foi reptado. U. t. c. s.

RETAGUARDIA *s. f.* Retaguarda.

RETAHILA (retaila) *s. f.* Enfiada, série de coisas que vão ou estão em ordem.

RETAJADO, A (retajado) *p. p.* de *Retajar. adj. e s. m. Amer. plat.* Retalhado (falando-se de cavalos).

RETAJAMIENTO (retajamiento) *s. m.* Cerceadura (ação de cercear: cortar em volta). Circuncisão.

RETAJAR (retajar) *v. tr.* Cercear (cortar em volta). Aparar, aguçar (uma pena de escrever). Circuncidar. *Amer. plat.* Retalhar (tratando-se de cavalos).

RETAJO (retajo) *s. m.* V. RETAJAMIENTO, 1ª acep. Coisa cercada ou aparada.

RETAL *s. m.* Retalho (de fazenda ou couro).

RETALLAR (retalhar) *v. tr.* Retocar (com o buril).

RETALLECER (retalhecer) *v. intr.* Abrolhar, rebentar, brotar novamente uma planta. *Irreg.* conj. de *Favorecer.*

RETALLO (retalho) *s. m.* Rebento, renovo, broto, pimpolho.

RETAMA *s. f. Bot.* Giesta, retama.

RETAMAL *s. m.* V. RETAMAR.

RETAMAR *s. m.* Giestal.

RETAMERO, A *adj.* Pertencente ou relativo à giesta.

RETAMILLA (retamilha) *s. f. Dim.* de *Retama. Amer. mexic.* V. AGRACEJO.

RETAMO *s. m. Amer. argent.* V. RETAMA.

RETAQUEAR *v. tr. Amer.* Rechear, apertar muito, encher muito.

RETAR *v. tr.* Reptar. *fam.* Reprovar, lançar em rosto.

RETARDACIÓN *s. f.* Retardação, retardamento.

RETARDO *s. m.* V. RETARDACIÓN.

RETARTALILLAS (retartalilhas) *s. f. pl.* Enfiada de palavras, palavrório.

RETASA (retassa) *s. f.* Segunda taxa ou preço.

RETASACIÓN (retassaciòn) *s. f.* V. RETASA.

RETASAR (retassar) *s. m.* Taxar ou fixar o preço pela segunda vez.

RETATARABUELO *s. m.* Quarto avô.

RETAZAR (retaçar) *v. tr.* Retalhar, talhar, cortar em várias peças, despedaçar.

RETAZO (retaço) *s. m.* Retalho (de tecido). *fig.* Trecho (de discurso ou argumento). *A —s, loc. adv.* A retalho, aos pedaços, por partes.

RETECHO (retetcho) *s. m.* Aba (de telhado).

RETEJADOR, A (retejador) *adj. e s.* Retelhador.

RETEJAR (retejar) *v. tr.* Retelhar. *fig. fam.* Calçar e vestir um necessitado.

RETEJO (retejo) *s. m.* Retelhadura, retelhamento.

RETEMBLAR *v. intr.* Retremer, tremer por muito tempo. *Irreg.* V. conj. de *Calentar.*

RETEMBLOR *s. m.* Tremor continuado. Ação de retremer.

RETEMEJOR (retemejor) *adv.* Muito melhor.

RETÉN *s. m.* Retém (o que fica de sobresselente).

RETENCIÓN *s. f.* Retenção. Desconto (em salário, soldo etc.).

RETENEDOR, A *adj.* Retentor.

RETENER *v. tr.* Reter (em todas as suas principais acepções). *Irreg.* V. conj. de *Tener.*

RETENIDA *s. f.* Retenida (na acep. náut.).

RETENIDAMENTE *adv.* Detidamente.

RETENIMIENTO *s. m.* V. RETENCIÓN.

RETEÑIR (retenhir) *v. tr.* Retingir, tingir de novo. *v. intr.* V. RETIÑIR. *Irreg.* V. conj. de *Ceñir.*

RETENTAR *v. tr.* Tornar a ameaçar (uma enfermidade). *Irreg.* V. conj. de *Calentar.*

RETESAMIENTO (retessamiento) *s. m.* Retesamento.

RETESO (retesso) *s. m.* V. RETESAMIENTO. Ligeira elevação do terreno.

RETÍN *s. m.* V. RETINTÍN.

RETINAL *adj.* Retínico, retiniano.

RETINENCIA *s. f.* Memória, retentiva.

RETIÑIR (retinhir) *v. intr.* Retinir, repenicar, tinir por muito tempo. *Irreg.* V. conj. de *Restriñir.*

RETINTE *s. m.* Segunda tintura ou mão de tinta.

RETINTÍN *s. m. Onomatop.* Retintim. *fig. fam.* Tom de voz empregado como ironia ou ofensa.

RETIRADO, A *p. p.* de *Retirar. adj.* Retirado, ermo, apartado. Reformado (falando-se de militares).

RETIRAR *v. tr.* e *pron.* Retirar; retirar-se (em todas as suas acepções).

RETIRO *s. m.* Retiro. Reforma (estado do militar reformado). Soldo de militar reformado.

RETO *s. m.* Repto. Ameaça.

RETOCAMIENTO *s. m.* Retoque.

RETOÑAR (retonhar) *v. intr.* Abrolhar, rebentar, brotar. *fig.* Reproduzir-se, retornar, voltar.

RETOÑECER (retonhecer) *v. intr.* V. RETOÑAR. *Irreg.* V. conj. de *Favorecer.*

RETOÑO (retonho) *s. m.* Broto, gomo, rebento, renovo, pimpolho, vergôntea.

RETOQUE *s. m.* Retoque, última demão. Pulsação freqüente. Insulto (causado por enfermidade).

RETORCEDERO *s. m.* Retorcedor, retorcedeira. Lugar onde se retorce alguma coisa.

RETORCER *v. tr.* Retorcer. U. t. c. pron. *fig.* Redarguir. *fig.* Torcer, interpretar mal alguma coisa.

RETORCIDO *s. m.* Certo doce feito de diversas frutas.

RETORCIMIENTO *s. m.* Retorcedura. Ação de *Retorcer.*

RETORNAMIENTO *s. m.* Retornamento, volta, retorno.

RETORNELO *s. m.* Ritornelo.

RETORSIÓN *s. f.* Retorsão.

RETORTERO *s. m.* Volta à roda. *Traer (a uno) al —, loc. fam.* Trazer alguém às voltas, de um para outro lado. *fig. fam.* Não deixar alguém parar, não lhe dar descanso. *Andar al —, loc. fam.* Andar às voltas, sem sossego, andar de cá para lá.

RETORTIJAR (retortijar) *v. tr.* Retorcer, torcer muito. U. t. c. pron.

RETORTIJÓN (retortijòn) *s. m.* Torcimento excessivo, retorcedura. *— de tripas,* dor intestinal breve e aguda.

RETOZADOR, A (retoçador) *adj.* Retouçador, retoução, brincalhão.

RETOZADURA (retoçadura) *s. f.* V. RETOZO.

RETOZAR (retoçar) *v. intr.* Retouçar, brincar, traquinar, saltar com alegria.

RETOZO (retoço) *s. m.* Retouço, brinco, brincadeira, traquinada. *— de la risa,* riso reprimido.

RETOZÓN, A (retoçòn) *adj.* V. RETOZADOR.

RETRACCIÓN *s. f.* Retração.

RETRACTACIÓN *s. f.* Retratação, desmentido.

RETRACTO *s. m. For.* Direito de reivindicação.

RETRAER *v. tr.* Retrair, dissuadir. Tornar a trazer. Reproduzir em imagem uma coisa. *For.* Reivindicar. *v. pron.* Retrair-se, refugiar-se, abrigar-se. Retrair-se, retirar-se, retroceder; afastar-se, ausentar-se, separar-se. *Irreg.* V. conj. de *Traer.*

RETRAIMIENTO *s. m.* Retraimento. Retiro, lugar solitário. Retraimento, reserva.

RETRANCA *s. f.* Retranca (correia que cerca a alcatra das bestas). *Amer. cub.* Freio (de máquinas e veículos).

RETRANQUEAR *v. tr. Arq.* Bornear.

RETRANQUEO (retranquèo) *s. m.* Ação de *Retranquear.*

RETRANQUERO *s. m. Amer. cub.* Guarda-freios.

RETRASAR (retrassar) *v. tr.* Atrasar, dilatar, demorar, delongar, retardar. U. t. c. pron. *v. intr.* Atrasar-se, ficar para trás, retrogradar.

RETRASO (retrasso) *s. m.* Atraso.

RETRATO *s. m.* Retrato (em todas as suas acepções). V. RETRACTO.

RETRAYENTE (retradjente) *p. a.* de *Retraer.* Que retrai. U. t. c. s.

RETRECHAR (retretchar) *v. intr.* Retroceder, recuar (o cavalo).

RETRECHERÍA (retretcheria) *s. f.* Refalsamento, velhacaria, astúcia, manha para iludir a declaração da verdade ou o cumprimento de uma promessa. *fam.* Lábia, solércia, manha (falas melífluas para iludir alguém ou captar a vontade de outrem). *Amer. venezuel.* V. CICATERÍA.

RETRECHERO, A (retretchero) *adj.* Refalsado, esperto, fino, astuto, velhaco, finório. *fam.* Muito atraente, sedutor.

RETREPADO, A *adj.* Deitado ou inclinado para trás.

RETREPARSE *v. pron.* Inclinar-se para trás, deitar o corpo para trás. Reclinar-se, recostar-se (numa cadeira, deitando-a para trás).

RETRETA *s. f. Mil.* Toque de recolher (à noite). Toque de retirada. Espécie de festa militar noturna, com desfile, música e lanternas. *Amer.* Retreta (audição de banda militar em praça pública). *Amer.* Série, enfiada.

RETRIBUCIÓN *s. f.* Retribuição.

RETRIBUYENTE (retribudjente) *p. a.* de *Retribuir.* Retribuinte.

RETRILLAR (retrilhar) *v. tr.* Retrilhar, trilhar de novo.

RETROACCIÓN *s. f.* Retroação.

RETROCARGA (DE) *loc. adv.* Diz-se das armas de fogo que se carregam pela culatra.

RETROCESIÓN (retrocessiòn) *s. f. For.* Retrocessão. Retrocesso, retrocessão.

RETROCESO (retrocesso) *s. m.* Retrocesso.

RETROGRADACIÓN *s. f.* Retrogradação, retrogressão.

RETROGRADISMO *s. m.* Defeito de retrógrado.

RETROGRESIÓN (retrogressiòn) *s. f.* Retrogressão, retrocesso.

RETRONAR *v. intr.* Retroar, ribombar, retumbar, atroar, estrondear.

RETROSPECCIÓN *s. f.* Retrospecção.

RETROTRAER *v. tr.* Retroagir. *Irreg.* V. conj. de *Traer.*

RETROVENDICIÓN *s. f.* Retrovendição, retrovenda.

RETROVENTA *s. f.* Retrovenda, retrovendição.

RETRUCAR *v. intr.* Fazer retruque (uma bola de bilhar). Retrucar (no jogo). *fam. Amer. argent.* Retrucar, replicar.

RETRUCO *s. m.* Retruque.

RETRUÉCANO *s. f.* Trocadilho, jogo de palavras.

RETUERTO, A *p. p. irreg.* de *Retorcer.* Retorcido.

RETUNDIR *v. tr.* Igualar o paramento de uma obra de cantaria. Retundir, rebater.

REUMA *s. m. e f. Med.* Reumatismo. U. m. c. s. *m. Med.* Corrimento.

REUMAPIRO *s. m.* Reumatismo agudo.

REUNIÓN *s. f.* Reunião.

REVACUNACIÓN *s. f.* Revacinação.

REVACUNAR *v. tr.* Revacinar. U. t. c. pron.

REVÁLIDA *s. f.* Ação de *Revalidar (v. pron.).*

REVALIDACIÓN *s. f.* Revalidação.

REVALIDAR *v. tr.* Revalidar. *v. pron.* Aprovar-se em uma faculdade superior àquela em que já se obteve aprovação.

REVANCHA (revantcha) *s. f.* Desforra.

REVECERO, A *adj.* Revezado, alternado.

REVEEDOR *s. m.* Revedor, revisor.

REVEJECER (revejecer) *v. intr.* Envelhecer, avelhantar-se. U. t. c. tr. *Irreg.* V. conj. de *Favorecer.*

REVEJECIDO, A (revejecido) *adj.* Envelhecido, avelhantado.

REVELACIÓN *s. f.* Revelação.

REVELAMIENTO *s. m.* Revelação.

REVELANDERO *s. m.* Pessoa que pretende ter tido revelações divinas.

REVELER *v. tr. Med.* Revelir.

REVELENTE *p. a.* de *Revelir. adj.* Revulsivo.

REVELLÍN (revelhín) *s. m. Fort.* Revelim.

REVELLINEJO (revelhinejo) *s. m. Dim.* de *Revellín.*

REVENAR *v. intr.* Lançar brotos (as árvores) por onde os ramos foram cortados.

REVENDEDERA *s. f.* Revendedora.

REVENIMIENTO *s. m.* Desabamento parcial do terreno de uma mina. Ação de *Revenir (intr. e pron.).*

REVENIR *v. intr.* Reverter, voltar uma coisa ao seu estado natural. *v. pron.* Definhar-se, consumir-se. Azedar-se (falando-se de conservas ou bebidas). Reçumar, ressumbrar (a umidade). Desandar (falando-se de massas). *fig.* Ceder, afrouxar, transigir. *Irreg.* V. Conj. de *Venir.*

REVENO *s. m.* Broto, pimpolho que nasce onde uma árvore foi cortada.

REVENTA *s. f.* Revenda, revendição.

REVENTADERO *s. m.* Aspereza de um sítio ou terreno de trânsito difícil. Trabalho penoso, canseira.

REVENTADOR, A *adj.* Que rebenta ou arrebenta. *s. m.* Pessoa paga para vaiar ou patear (nos teatros).

REVENTAR *v. intr.* Rebentar, arrebentar, estalar, quebrar, despedaçar-se. U. t. c. pron. Rebentar, arrebentar (o mar, a onda). Rebentar, brotar, sair com ímpeto. *fig.* Arrebentar, arder por, estar morto de desejos. *fig. fam.* Rebentar, manifestar, violentamente uma paixão, um sentimento. *v. tr.* Rebentar, arrebentar, quebrar com violência. Rebentar (um cavalo). Rebentar, fatigar muito. U. t. c. pron. *fig. fam.* Molestar, cansar, enfadar. *fig. fam.* Rebentar, causar grave dano a uma pessoa. *Irreg.* V. conj. de *Calentar.*

REVENTAZÓN (reventaçòn) *s. f.* Arrebentamento.

REVENTÓN, A *adj.* Diz-se de certas coisas que rebentam ou parece que vão rebentar. *pl.* Saltados (falando-se de olhos). *s. m.* Arrebentamento. *fig.* Rebentão, ladeira muito íngreme. *fig.* Aperto, apuro, grande dificuldade. *fig.* Canseira, trabalho grande ou penoso.

REVERBERACIÓN *s. f.* Reverberação.

REVERBERADERO *s. m.* V. REVERBERO.

REVERBERO *s. m.* Revérbero, reverberação. Lampião, farol. Revérbero (lâmina de metal para concentrar os raios luminosos).

REVERDECIMIENTO *s. m.* Ação de *Reverdecer* (reverdecer).

REVERSIBLE *adj.* Reversível, reversivo, revertível.

REVERSIÓN *s. f.* Reversão.

REVERTER *v. intr.* Transbordar, trasbordar, derramar-se. *Irreg.* V. conj. de *Extender.*

REVERTIR *v. intr. For.* Reverter. *Irreg.* V. conj. de *Sentir.*

REVÉS (revès) *s. m.* Revés, reverso. Revés (pancada com as costas da mão). *fig.* Revés, infortúnio, desgraça. *fig.* Mudança no trato ou no temperamento. *Al —, loc. adv.* Ao revés, às avessas, ao contrário. *De —, loc. adv.* V. REVÉS *(al).* Da esquerda para a direita.

REVESA (revessa) *s. f.* Revessa.

REVESADO, A (revessado) *adj.* Arrevesado, intrincado, difícil de entender. Diz-se do parto difícil. *fig.* Travesso, revoltoso, indócil, endiabrado.

REVESAR (revessar) *v. tr.* Arrevessar, vomitar. *v. intr.* Formar revessas (as marés ou correntes).

REVESTIDO, A *p. p.* de *Revestir.* Revestido. *s. m.* V. REVESTIMIENTO.

REVESTIMIENTO *s. m.* Revestimento.

REVEZA (reveça) *s. f.* V. REVESA.

REVEZO (reveço) *s. m.* Revezamento, substituição. Coisa que substitue. Animais de lavoura que revezam a junta que trabalha.

REVIEJO, A (reviejo) *adj.* Revelho, decrépito. Ramo seco de árvore.

REVIERNES *s. m.* Qualquer das sete sextas-feiras que se seguem à Páscoa.

REVINDICACIÓN *s. f. Amer.* Reivindicação.

REVINDICAR *v. tr. Amer.* Reivindicar.

REVIRADA *s. f. Náut.* Nova bordada.

REVIRAR *v. tr.* Revirar, torcer. *Náut.* Tornar a virar de bordo.

REVISALSERO, A (revissalsero) *adj. fig. fam.* Intrometido, metediço.

REVISIÓN (revissiòn) *s. f.* Revisão.

REVISITA (revissita) *s. f.* Revista, segundo exame ou visita.

REVISTA *s. f.* Revista, exame, inspeção. Crítica (de obras literárias e teatrais) feita pela imprensa. *Mil.* Revista. Revista (publicação periódica). Revista (espetáculo teatral). *For.* Revista. *Pasar —,* passar revista, revistar.

REVISTERO *s. m.* Crítico (de obras literárias ou teatrais).

REVITAR *v. tr.* Rebitar (um prego).

REVIVAR *v. tr.* Reavivar. U. t. c. pron.

REVIVIDERO *s. m.* Viveiro de bichos-da-seda.

REVOCABILIDAD (revocabilidad) *s. f.* Revogabilidade.

REVOCABLE *adj.* Revogável, revocável.

REVOCABLEMENTE *adv.* Revogavelmente, revocavelmente.

REVOCACIÓN *s. f.* Revogação, revocação.

REVOCADOR, A *adj.* Revogador. *s. m.* Rebocar (o que reboca paredes).

REVOCADURA *s. f.* V. REVOQUE.

REVOCANTE *p. a.* de *Revocar.* Revogante.

REVOCAR *v. tr.* Revogar, anular, desfazer. Rebocar (cobrir com reboco). Apartar, dissuadir. Fazer retroceder certas coisas. U. t. c. intr.

REVOCATORIA *s. f. Amer. colomb.* V. REVOCACIÓN.

REVOCO *s. m.* V. REVOQUE. Ação de *Revocar* (4ª acep.).

REVOLAR *v. intr.* Revoar. V. REVOLOTEAR. *Irreg.* V. conj. de *Almorzar.*

REVOLCADERO *s. m.* Espojadouro.

REVOLCADO, A *p. p.* de *Revolcar.*

REVOLCADURA *s. f.* Ação de espojar-se ou rebolar-se no chão.

REVOLCAR *v. tr.* Rebolcar, espojar, espezinhar, derribar, maltratar. *fig. fam.* Derribar, vencer alguém (em disputa ou controvérsia). *v. pron.* Espojar-se, rebolar-se, rebolcar-se. *fig.* Obstinar-se em uma idéia.

REVOLCÓN *s. m. fam.* V. REVUELCO.

REVOLEAR *v. intr.* Revoar, voejar, volitar.

REVOLETEAR *v. intr. Amer.* V. REVOLOTEAR.

REVOLICA *s. f. Amer. hond.* Reboliço, barulho, confusão.

REVOLISCO *s. m. Amer. cub.* V. REVOLICA.

REVOLOTEAR *v. intr.* Revolutear, revoltear; revoar, voejar. *v. tr.* Rebolcar, lançar, fazer rebolar.

REVOLOTEO (revolotèo) *s. m.* Revoada (ação de revoar). Ação de *Revolotear.*

REVOLTIJO (revoltijo) *s. f.* V. REVOLTILLO.

REVOLTILLO (revoltilho) *s. m.* Amontoamento, enredo, conjunto de coisas revoltas e em confusão. *fig.* Enredo, confusão, embrulho, embrulhada.

REVOLTIZO (revoltiço) *adj.* Diz-se do trigo que se mistura com centeio.

REVOLTÓN *adj.* Diz-se da lagarta das vinhas. U. t. c. s.

REVOLTOSO, A (revoltosso) *adj.* Revoltoso, sedicioso, perturbador, rebelde. U. t. c. s. Travesso, inquieto, enredador. Intrincado, revolto, revolvido.

REVOLUCIÓN *s. f.* Revolução.

REVOLUTO, A *adj. fam.* Revolto, desordenado.

REVOLVEDERO *s. m.* V. REVOLCADERO.

REVOLVER *v. tr.* Revolver (em todas suas principais acepções). *Irreg.* V. conj. de *Volver.*

REVOLVIMIENTO *s. m.* Revolvimento, revolução, agitação.

REVOQUE *s. m.* Reboco, reboque, rebocadura. Ação de rebocar (cobrir com reboco).

REVOTARSE *v. pron.* Votar ao contrário do que se votara antes.

REVOTEO (revotèo) *s. m.* Ação de revoltear dentro de um círculo reduzido.

REVUELCO *s. m.* Espojadura (ato de espojar-se).

REVUELO *s. m.* Revôo. Movimento confuso de algumas coisas. *De —, loc. adv.* Rapidamente, prontamente, como a correr ou a voar.

REVUELTA *s. m.* Segunda volta; vira-volta. Revolta, sedição, motim, revolução, rebelião. Volta, rodeio (ponto em que uma coisa começa a mudar de direção). Volta, rodeio (esta mudança de direção). Volta, mudança, vira-volta (de opinião). Revolta, alvoroço, tumulto, briga, desordem.

REVUELTAMENTE *adv.* De modo revolto, confusamente, desordenadamente.

REVUELTO, A *p. p. irreg.* de *Revolver.* Revolto, revolvido. *adj.* Revolto, revoltoso. V. REVOLTOSO. Diz-se do tempo muito variável ou perturbado.

REVULSAR *v. tr. Amer. per.* Vomitar.

REVULSIÓN *s. f. Med.* Revulsão.

REY (rei) *s. m.* Rei (em todas as suas acepções). Abelha-mestra. *fam.* V. PORQUERIZO.

REYERTA (redjerta) *s. f.* Contenda, altercação, rixa, briga.

REYUNAR (redjunar) *v. tr. Amer. plat.* Reiunar.

REYUNO, A (redjuno) *adj.* Reiúno.

REYEZUELO (redjeçuelo) *s. m. Dim.* de *Rey.* Reizinho. *Ornit.* Carriça.

REZADO, A (reçado) *p. p.* de *Rezar. s. m.* V. REZO.

REZAGADO, A (reçagado) *p. p.* de *Rezagar. adj.* Atrasado, retardado, que fica para trás (numa marcha, numa classe etc.). Lerdo, remanchão.

REZAGANTE (reçagante) *p. a.* de *Rezagar.*

REZAGAR (reçagar) *v. tr.* Deixar atrás; atrasar, por atrás. Atrasar, deferir, protelar, retardar, delongar, dilatar. *v. pron.* Atrasar-se, ficar-se atrás.

REZAGO (reçago) *s. m.* Resto, resíduo.

REZANDERO, A (reçandero) *adj. Amer.* Rezador.

REZAR (reçar) *v. tr.* Rezar, orar. *fam.* Rezar, dizer, constar. *v. intr. fam.* V. REFUNFUÑAR.

REZNO *s. m. Bot.* Rícino, mamona.

REZO (reço) *s. m.* Reza, oração.

REZÓN (reçòn) *s. m. Náut.* Fateixa.

REZONDRAR (reçondrar) *v. tr. Amer. per.* Injuriar, ofender, insultar.

REZONGADOR, A (reçongador) *adj.* e *s.* Resmungão, rezingueiro.

REZONGAR (reçongar) *v. intr.* Resmungar, rezingar, resmunear, remonear. *Amer. hond.* Repreender, censurar, ralhar.

REZONGLÓN, A (reçonglòn) *adj.* e *s.* V. REZONGADOR.

REZONGO (reçongo) *s. m.* Resmungo.

REZONGÓN, A (reçongòn) *adj.* e *s. fam.* V. REZONGADOR.

REZONGUERO, A (reçonguero) *adj.* Relativo ao resmungo.

REZUMADERO (reçumadero) *s. m.* Lugar onde ressuma alguma coisa. Líquido que ressuma.

REZUMAMIENTO (reçumamiento) *s. m.* Ressumação.

REZUMARSE (reçumarse) *v. pron.* Ressumar, ressudar, gotejar, verter, destilar, ressumbrar. *fig. fam.* Ressumar, ressumbrar, transparecer, manifestar-se, patentear-se, respirar, aparecer, ressudar.

REZUNGO (reçungo) *s. m.* V. REZONGO.

REZURCIDURA (reçurcidura) *s. f.* Ação de *Rezurcir.*

REZURCIMIENTO (reçurcimiento) *s. m.* V. REZURCIDURA.

REZURCIR (reçurcir) *v. tr.* Tornar a cerzir. *fig.* Reatar, continuar.

RIA *s. f.* Foz.

RIACHUELO (riatchuelo) *s. m.* Riacho, ribeira.

RIADA *s. f.* Enchente, inundação, cheia.

RIATILLO (riatilho) *s. m.* V. RIACHUELO.

RIBA *s. f.* V. RIBAZO.

RIBALDERÍA *s. f.* Ribaldaria, velhacaria, tratantada, fraude.

RIBAZO (ribaço) *s. m.* Ribanceira, riba, encosta, elevação e declive de terreno.

RIBERA *s. f.* Margem (de rio ou mar). *Agr.* Ribeira. V. RIBERA.

RIBERAÑO, A *adj.* e *s. Amer.* V. RIBEREÑO.

RIBEREÑO, A (riberenho) *adj.* e *s.* Ribeirinho.

RIBERIEGO, A *adj.* V. RIBEREÑO. Diz-se do gado que não é transumante e também dos donos deste gado.

RIBERO *s. m.* Tapume ou valado às margens de uma represa.

RIBETE *s. m.* Debrum, orla, ribete, cairel. Acréscimo, aumento. *pl. fig.* Assomo, indício.

RIBETEAR *v. tr.* Debruar, orlar, acairelar, cairelar.

RIBETEO (ribitèo) *s. m.* Ação de *Ribetear.*

RICACHO (ricatcho) *s. m. fam.* Ricaço, homem rico e vulgar.

RICACHÓN (ricatchòn) *s. m. fam. Aument.* de *Ricacho.*

RICADUEÑA (ricaduenha) *s. f.* Rica-dona.

RICAHEMBRA (ricaembra) *s. f.* V. RICADUEÑA.

RICAHOMBRÍA (ricaombría) *s. f.* Antigo título que se dava à primeira nobreza da Espanha.

RICAMENTE *adv.* Ricamente. Muito a gosto, muito à vontade, bem, com toda a comodidade.

RICIAL *adj.* Diz-se da terra em que tornam a brotar os cereais segados em verde. Diz-se da terra semeada para pasto.

RICO, A *adj.* Nobre, de fina estirpe, de reconhecida bondade. U. t. c. s. Rico, opulento, endinheirado, U. t. c. s. Rico, cheio, farto, abundante. Agradável, gostoso, saboroso, excelente. Muito bom, excelente, esplêndido em sua classe. Rico (aplicado a pessoas, como expressão carinhosa).

RICOHOMBRE (ricoombre) *s. m.* Rico-homem.

RICOHOME (ricoome) *s. m.* V. RICOHOMBRE.

RICOTE *adj. fam. Aument.* de *Rico.*

RICURA *s. f. Amer.* Qualidade de *Rico* (saboroso).

RIDICULEZ *s. f.* Ridicularia, ridiculez. Ridicularia, melindre excessivo ou grande suscetibilidade.

RIDICULIZAR (ridiculiçar) *v. tr.* Ridicularizar, ridiculizar.

RIDICULO *s. m.* Bolsinha de senhora. Ridículo (em todas as suas acepções).

RIEGO *s. m.* Rega, regadura. Água para regar.

RIEL *s. m.* Barra de metal em bruto. Trilho (de estrada de ferro).

RIELAR *v. intr. Poét.* Bruxolear, tremeluzir.

RIELERA *s. f.* Lingoteira, molde para fazer barras de metal. Molde para fazer trilhos de estrada de ferro.

RIENDA *s. f.* Rédea. U. m. no pl. *fig.* Moderação, circunspeção, prudência, *pl. fig.* Rédeas, direção, governo. *Falsa —, Equit.* Rédeas falsas. *A media —, loc. adv.* À meia rédea. *A — suelta, loc. adv.* À rédea solta, a rédeas soltas.

RIENTE *p. a.* de *Reir.* Ridente.

RIESGO *s. m.* Risco, perigo.

RIESGOSO, A (riesgosso) *adj. Amer.* Arriscado, perigoso.

RIFA *s. f.* Rifa, sorteio. Rixa, briga, disputa.

RIFADURA *s. f. Náut.* Ação de *Rifar,* 2ª acep.

RIFAR *v. tr.* Rifar, sortear por meio de bilhetes numerados. *v. intr. Náut.* Romper-se, descoser-se (uma vela).

RIFEÑO, A (rifenho) *adj.* e *s.* Rifenho.

RIFIRRAFE *s. m.* Barulho, rezinga, altercação sem conseqüência.

RIFLERO *s. m. Amer. argent.* Soldado armado de rifle ou refle.

RIGUROSAMENTE (rigurossamente) *adv.* Rigorosamente.

RIGUROSIDAD (rigurossidad) *s. f.* Rigorosidade, rigor.

RIGUROSO, A (rigurosso) *adj.* Rigoroso.

RIJA (rija) *s. f.* Rixa, briga, desavença, disputa, pendência. *Méd.* Fístula no canto do olho.

RIJADOR, A (rijador) *adj.* V. RIJOSO.

RIJO (rijo) *s. m.* Desejo, sensualidade, volúpia.

RIJOSO, A (rijoso) *adj.* Rixoso, rixador, brigão, bulhento, brigador, desordeiro. Voluptuoso, sensual.

RIMA *s. f.* Rima. *pl.* Rimas, versos. *Tercia —,* tercetos (forma de composição poética). Rima (pilha, montão; abertura, greta, fisga, fenda).

RIMBOMBANCIA *s. f.* Retumbância.

RIMBOMBANTE *p. a.* de *Rimbombar. adj.* Retumbante, rebombante. *fig.* Berrante, ostentoso, retumbante, estrondeante.

RIMBOMBAR *v. intr.* Rebombar, ribombar, rimbombar, retumbar, ressoar, estrondear.

RIMBOMBE *s. m.* Rebombo, rimbombo, ribombo.

RIMBOMBO *s. m.* V. RIMBOMBE.

RIMERO *s. m.* Rima, pilha, montão, ruma.

RIMILLA (rimilha) *s. f. Dim.* de *Rima.* Fenda, abertura, greta, rima.

RIÑA (rinha) *s. f.* Briga, rixa, pendência, disputa, questão.

RINCÓN *s. m.* Canto, ângulo. Canto, lugar afastado; recanto, esconderijo. Canto, espaço pequeno, lugar escuso. *fig. fam.* Canto, cantinho, recanto (o lar, o domicílio).

RINCONADA *s. f.* Esquina (das casas); ângulo (das estradas).

RINCONERA *s. f.* Cantoneira.

RINCONERO, A *adj.* Diz-se da colmeia atravessada.

RINGLA *s. f. fam.* V. RINGLERA. *En —, loc. adv. Amer. cub.* Perfeitamente.

RINGLE *s. m. fam.* V. RINGLERA.

RINGLERA *s. f.* Fila, fileira, enfiada, série de coisas em linha.

RINGLERO *s. m.* Pauta, linha (para aprender a escrever).

RINGLETE *s. m. Amer. colomb.* V. REHILANDERA. *Amer. argent.* V. CALLEJERO.

RINGLETEAR *v. intr. Amer.* V. CALLEJEAR.

RINGORRANGO *s. m. fam.* Traço de pena, grande e supérfluo. U. m. no pl. *fig. fam.* Enfeite supérfluo e extravagante. U. m. no pl.

RIÑÓN (rinhòn) *s. m. Anat.* Rim. *fig.* Coração, interior ou centro de um terreno, lugar ou região.

RIÑONADA (rinhonada) *s. f.* Tecido adiposo que envolve os rins. Rins (a parte inferior da região lombar). Guisado de rins.

RIO *s. m.* Rio. *A — revuelto, loc. adv. fig.* Em confusão e desordem —.

RIOLADA *s. f. fam.* Rio (quantidade considerável de qualquer coisa); enchente (de pessoas).

RIOSTRA *s. f. Constr.* Perna, travessa de madeira, que se coloca obliquamente numa armação para assegurar-lhe a estabilidade.

RIPIA *s. f.* Ripa, sarrafo. V. RIPIO.

RIPIAR *v. tr.* Ripar, gradar com ripas, fazer ripas em. *fig.* Palrar, gastar palavras em vão, falar sem tento.

RIPIENTO, A *adj. Amer.* Pedregoso, cheio de rípio ou cascalho.

RIPIO *s. m.* Resto, resíduo que fica de uma coisa. Rípio, cascalho, rebo. *Poét.* Rípio. Palavrório.

RIPIOSO, A (ripiosso) *adj.* Vão, vazio, cheio de inutilidades. *Amer.* V. RIPIENTO.

RISA (rissa) *s. f.* Riso. *Caerse de —, loc. fig. fam.* Morrer de riso, perder-se de riso, rir a bandeiras despregadas.

RISCADILLO (riscadilho) *s. m. Amer.* Riscado (tecido).

RISCAL *s. m.* Terreno penhascoso ou cheio de alcantis.

RISCO *s. m.* Penhasco alto e escarpado.

RISCOSO, A (riscosso) *adj.* Penhascoso, alcantilado.

RISIBLE (rissible) *adj.* Risível, ridículo.

RISIBLEMENTE (rissiblemente) *adv.* Risivelmente, ridiculamente.

RISICA (rissica) *s. f.* Riso falso. *Dim.* de *Risa.* Risinho.

RISILLA (rissilha) *s. f.* V. RISICA.

RISITA (rissita) *s. f.* V. RISICA.

RISOTADA (rissotada) *s. f.* Risada, gargalhada.

RISOTEAR (rissotear) *v. intr.* Gargalhar, gargalhadear.

RISOTEO (rissotèo) *s. m.* Gargalhada, gargalhar, casquinada.

RISOTÓN, A (rissotòn) *adj.* Que gargalha.

RISPO, A *adj.* Ríspido, severo, rígido, intratável. Arisco, bravio.

RISTRA *s. f.* Réstia (de alhos, cebolas etc.) *fig. fam.* Série, enfiada.

RISTRE *s. m.* Riste.

RISTREL *s. m. Constr.* Listão de madeira.

RISTRO *s. m.* V. RISTRA.

RISUEÑAMENTE (rissuenhamente) *adv.* Risonhamente.

RISUEÑO, A (rissuenho) *adj.* Risonho.

RIVERA *s. f.* Ribeira, ribeiro, arroio.

RIZA (riça) *s. f.* Retraço (sobejos de palha deixados pela besta). Restolho de cevada. Estrago, destroço. *Hacer —, loc. fig.* Destroçar, causar grande mortandade (na guerra).

RIZADO, A (riçado) *p. p.* de *Rizar. adj.* Eriçado, encrespado, arrepiado (falando-se da plumagem de certas pombas). *s. m.* Frisagem, encrespadura, encrespamento. Encanutado, encanudado, pregueado (na roupa, feito a ferro).

RIZADOR, A (riçador) *adj.* Encrespador, frisador. Pregueador, pregueadeira.

RIZAGRA (riçagra) *s. m.* Boticão.

RIZAL (riçal) *adj.* V. RICIAL.

RIZAMIENTO (riçamiento) *s. m.* Encrespamento, encrespadura; frisagem; franzimento; pregueamento.

RIZAR (riçar) *v. tr.* Riçar, frisar, encrespar (o cabelo). Encrespar (formar o vento pequenas ondas em lago, rio ou mar). U. t. c. pron. Preguear, encanudar (roupa, a ferro). *v. pron.* Encrespar-se (o cabelo).

RIZO, A (riço) *adj.* Crespo, encaracolado (falando-se do cabelo). Aveludado e crespo (falando-se de tecido). *s. m.* Riço (tecido). Riço (pasta enovelada de cabelo). *pl. Náut.* Rizos, rizes. *Rizar,* ou *hacer, el —,* dar uma volta completa no ar (um aeroplano). *Tomar —s. Náut.* Colher os rizes, rizar.

RIZOSO, A (riçoso) *adj.* Crespo (falando-se do cabelo que tende a encrespar-se naturalmente).

RO Nana (palavra usada para ninar crianças).

ROA *s. f.* V. RODA.

ROANO, A *adj.* Ruano, ruão.

ROB *s. m. Farm.* Arrobe, xarope de frutas.

ROBADO, A *p. p.* de *Robar. adj.* Diz-se da casa que carece dos móveis indispensáveis.

ROBADOR, A *adj.* e *s.* Roubador.

ROBALIZA (robaliça) *s. f.* Fêmea do robalo.

ROBALO *s. m. Ictiol.* Robalo.

ROBAR *v. tr.* Roubar (em todas as suas acepções). Levar, carregar (os rios) parte da terra; roer, correr.

ROBEZO (robeço) *s. m. Zool.* Espécie de gamo.

ROBÍN *s. m.* Ferrugem (nos metais).

ROBLA *s. f.* Tributo pago pelos proprietários de gados transumantes.

ROBLADERO, A *adj.* Próprio para ser rebitado.

ROBLADOR, A *adj.* e *s.* Rebitador.

ROBLADURA *s. f.* Rebite.

ROBLAMIENTO *s. m.* Rebitagem.

ROBLAR *v. tr.* Rebitar, revirar.

ROBLE *s. m.* Carvalho, roble. — *borne, negral, negro* ou *villano.* V. MELOJO.

ROBLEDA *s. f.* V. ROBLEDAL.

ROBLEDAL *s. m.* Carvalhal muito extenso.

ROBLEDO *s. m.* Carvalhal, robledo.

ROBLIZO, A (robliço) *adj.* Forte, duro, resistente; sólido, robusto.

ROBORACIÓN *s. f.* Roboração, corroboração.

ROBRAR *s. m.* V. ROBLEDO.

ROBRE *s. m.* V. ROBLE.

ROBREDAL *s. m.* V. ROBLEDAL.

ROBREDO *s. m.* V. ROBLEDO.

ROBUSTECIMIENTO *s. m.* Revigoramento, fortalecimento.

ROBUSTOSO, A (robustosso) *adj.* Robusto.

ROCA *s. f.* Rocha, roca. Penedo, penhasco, roca (no mar). *fig.* Rocha (coisa dura ou firme).

ROCADERO *s. m.* V. COROZA. Carapuço; lugar onde se põe a rocada (na roca de fiar).

ROCADOR *s. m.* V. ROCADERO, 2ª acep.

ROCALLA (rocalha) *s. f.* Rocalha (avelório, rocal). Cascalho que se desprende das rochas. Lascas das pedras que se talham.

ROCALLOSO, A (rocalhosso) *adj.* Cascalhoso.

ROCE *s. m.* Roçadura, roçamento. *fig.* Familiaridade, intimidade.

ROCERA *s. f.* Lenha de roçada.

ROCHA (rotcha) *s. f.* V. ROZA, 1ª acep. *Hacer —, loc. fig. Amer. boliv.* V. NOVILLO (Hacer —s).

ROCHO (rotcho) *s. m.* Rochedo, roca (ave fabulosa).

ROCIADA *s. f.* Rocio, orvalhada, orvalho, rociada. Salpicadura, borrifo, aspersão, respingo. Erva com rocio. *fig.* Repreensão áspera. *fig.* Chuveiro, rociada (quantidade de coisas que se espargem ao serem atiradas). *fig.* Repreensão ou murmuração com referência a muitos.

ROCIADERA *s. f.* Regador (vasilha para regar).

ROCIADO, A *p. p.* de *Rociar.* Borrifado, aspergido. *adj.* Orvalhado, aljofrado, rociado.

ROCIADOR *s. m.* Borrifador.

ROCIADURA *s. f.* V. ROCIADA, 2ª acep.

ROCIAMIENTO *s. m.* V. ROCIADA, 2ª acep.

ROCIAR *v. intr.* Rociar, orvalhar. *v. tr.* Borrifar, aspergir, salpicar. *fig.* Arremessar coisas de sorte que caiam espalhadas.

ROCÍN *s. m.* Rocim, pileca, matungo. *fig.* Homem grosseiro e ignorante. *Amer. boliv.* Boi de tiro.

ROCINAL *adj.* Pertencente ou relativo ao rocim.

ROCINO *s. m.* V. ROCÍN.

ROCÍO *s. m.* Rocio, orvalho. Chuvisqueiro. *fig.* Borrifo.

RODA *s. f. Náut.* Roda (da proa).

RODABALLO (rodabalho) *s. m. Ictiol.* Rodovalho.

RODADA *s. f.* Rodeira, relheira, trilho, sulco produzido pela roda do carro. *Amer. plat.* Rodada (queda, ação de cair do cavalo).

RODADERO, A *adj.* V. RODADIZO.

RODADIZO, A (rodadiço) *adj.* Rodante, que roda facilmente.

RODADO, A *p. p.* de *Rodar. adj.* Rodado (falando-se do pelame do cavalo). Rolado (falando-se de seixos). Fluente, rodante, cadente, bem soante (falando-se de períodos ou frases). *s. m. Amer.* Veículo, carro.

RODADOR, A *adj.* Rodante. Rolante, girante. *s. m.* Espécie de mosquito.

RODADURA *s. f.* Rodeamento, volta, giro, rodada.

RODAJA (rodaja) *s. f.* Rodela (disco ou lâmina circular de qualquer coisa). Roseta (da espora).

RODAJE (rodaje) *s. m.* Rodado, rodagem (o conjunto de rodas de).

RODAJEAR (rodajear) *v. tr.* Esporear, cravar a roseta (*rodaja*) da espora na cavalgadura.

RODAJUELA (rodajuela) *s. f. Dim.* de *Rodaja.*

RODAL *s. m.* Sítio, lugar, terreno ou espaço pequeno que por alguma circunstância particular se distingue do que o cerca.

RODAMUNDOS *s. m.* e *f.* V. TROTAMUNDOS.

RODAPELO *s. m.* V. REDOPELO.

RODAPIÉ *s. m.* Rodapé.

RODAPLANCHA (rodaplantcha) *s. f.* Guarda (da chave).

RODAR *v. intr.* Rodar, girar, tornear. Rodar, rolar (sobre rodas). Rodar, rolar, cair rebolando-se. *fig.* Rolar (não ter uma coisa lugar fixo). *fig.* Rolar, vagar, andar de um lugar para outro. *fig.* Rolar, abundar. Girar, andar inutilmente em pretensões. *fig.* Rodar, rolar, suceder umas coisas. *Amer. plat.* Rodar, cair do cavalo. *Irreg.* V. conj. de *Almorzar.*

RODEABRAZO (A) (rodèabraço) *loc. adv.* À volta do braço, girando o braço para arremessar uma coisa.

RODEAR *v. intr.* Rodear (andar à roda de). Rodear, ladear, fazer rodeios. *v. tr.* Rodear, cercar. Rodear, fazer rodar. *v. pron.* Rodar, girar, voltar-se.

RODELA *s. f.* Rodela (escudo). *Amer.* Rosca (bolo).

RODENAL *s. m.* Pinheiral (de pinheiros chamados *rodenos*).

RODENO, A *adj.* Vermelho, roxo (diz-se de terras, rochas etc.). Diz-se de uma espécie de pinheiro.

RODEO (rodèo) *s. m.* Rodeio (em todas as suas acepções).

RODEÓN *s. m.* Reviravolta, volta redonda.

RODERA *s. f.* Rodeira, relheira, sulco produzido pela roda do carro. Rodeira, caminho próprio para carros.

RODERO, A *adj.* Pertencente ou relativo à roda. Rodeiro (falando-se de maço).

RODETE *s. m.* Rolete, rolo (de cabelos entrançados). Rodouça, rodilha, sogra. Roda (da fechadura). Roda horizontal do jogo dianteiro das carruagens. Rolete, rodete (de plataforma giratória).

RODEZNO *s. m.* Rodízio (de moinho). Roda dentada (de atafona).

RODEZUELA (rodeçuela) *s. f. Dim.* de *Rueda.* Rodinha.

RODILLA (rodilha) *s. f. Anat.* Joelho. V. RODETE, 3ª acep. Rodilha (trapo para limpeza nas cozinhas). *A media —, loc. adv.* Com um joelho em terra. *De —s, loc. adv.* De joelhos. *Hincarse de —s,* ajoelhar-se.

RODILLADA (rodilhada) *s. f.* V. RODILLAZO. Pancada no joelho. Posição do joelho em terra, genuflexão.

RODILLAZO (rodilhaço) *s. m.* Joelhada.

RODILLERA (rodilhera) *s. f.* Joelheira (peça para proteger os joelhos; deformação das calças no lugar correspondente aos joelhos; ferimento nos joelhos das bestas). Remendo nas calças (sobre os joelhos). Cicatriz de joelheira (nas bestas).

RODILLERO, A (rodilhero) *adj.* Pertencente aos joelhos. Joelheiro; joelheira.

RODILLO (rodilho) *s. m.* Rolão, rolo de pau para ajudar mover pedras ou grandes fardos. Rolo (para comprimir o macadame das estradas, aplanar o solo etc.). *Tip.* Rolo.

RODILLUDO, A (rodilhudo) *adj.* Joelhudo.

RODO *s. m.* V. RODILLO. *A —, loc. adv.* A rodo, em grande quantidade.

RODOMIEL *s. m.* Mel rosado.

RODRIGA *s. f.* V. RODRIGÓN.

RODRIGAR *v. tr. Agr.* Empar.

RODRIGAZÓN (rodrigaçòn) *s. m.* Empa (época de empar as vinhas).

RODRIGÓN *s. m.* Empa, rodrigão.

ROEL *s. m. Heráld.* Arruela, besante.

ROELA *s. f.* Arruela (de prata).

ROER *v. intr.* Roer (em todas as suas acepções). *Irreg.* Ind. pres. *Roigo* ou *royo,* e também *roo,* que é a forma regular (*1ª pes. sing.*). Subj. pres. *Roig-a, as, a, amos, áis, an,* ou *Roy-a, as, a, amos, áis, an.* (Este modo também se conjuga regularmente.) Imperat. *Roig-a, amos, an,* ou *Roy-a, amos, an.* (V. observ. anterior.) É sempre preferível empregar-se a forma regular nos tempos e pessoas deste verbo que tem três maneiras de conjugar-se.

ROETE *s. m.* Vinho de sumo de romã.

ROGACIÓN *s. f.* Rogo, rogativa. *pl.* Rogações.

ROGO *s. m. Poét.* Fogueira, pira.

ROÍDO, A *adj. fig. fam.* Mesquinho, escasso, dado com miséria. *s. m.* Roedura.

ROJAL (rojal) *adj.* Avermelhado, vermelho (falando-se de terras, sementes, plantas etc.). *s. m.* Terreno de cor tirante a vermelho.

ROJEANTE (rojeante) *p. a.* de *Rojear.*

ROJEAR (rojear) *v. intr.* Vermelhar, vermelhear, vermelhejar.

ROJETE (rojete) *s. m.* Vermelhão, arrebique, "rouge" (para o rosto).

ROJEZ (rojez) *s. f.* Vermelhidão, a cor vermelha.

ROJINEGRO, A *adj.* Vermelho e negro.

ROJIZO, A (rojiço) *adj.* Avermelhado, verme-lhaço, vermelhusco; arroxeado.

ROJO, A (rojo) *adj.* Vermelho, encarnado, rubro. U. t. c. s. Vermelho (falando-se de cabelos). Vermelho, extremista, revolucionário. — *alambrado*, cor de brasa. *Al —*, *loc. adv.* Ao rubro, em estado candente. *Al — blanco*, *loc. adv.* Ao branco (encandecido a uma grande temperatura).

ROJURA (rojura) *s. f.* V. ROJEZ.

ROLDE *s. m.* Roda, círculo (de pessoas ou coisas).

ROLLA (rolha) *s. f.* Rolo de esparto que segura a coleira das bestas. *Amer.* V. NIÑERA.

ROLLAR (rolhar) *v. tr.* V. ARROLLAR.

ROLLETE (rolhete) *s. m. Dim.* de *Rollo*. Rolete.

ROLLO (rolho) *s. m.* Rolo, cilindro (para diversos fins). Rolo de papel. Peça ou rolo de fazenda. Peça dos autos de um processo. Seixo rolado. V. ROLLA.

ROLLÓN (rolhòn) *s. m.* Farelo misturado com alguma farinha.

ROLLONA (rolhona) *s. f.* V. NIÑERA.

ROM *s. m.* V. RON.

ROMADIZARSE (romadiçarse) *v. pron.* Resfriar-se, encatarrar-se, constipar-se.

ROMADIZO (romadiço) *s. m.* Catarro, resfriado, constipação da cabeça.

ROMANADOR *s. m.* V. ROMANERO.

ROMANCERO *s. m.* Romanceiro. Cantador de romances.

ROMANCESCO, A *adj.* Romanesco, novelesco.

ROMANCILLO (romancilho) *s. m.* Pequeno romance ou xácara.

ROMANEAR *v. tr.* Pesar com a balança romana. *Náut.* Equilibrar a estiva. *v. intr.* Pesar mais de um lado que de outro.

ROMANEO (romanèo) *s. m.* Ato de *Romanear*.

ROMANERO *s. m.* Fiscal da pesagem (nos matadouros). Diz-se mais propriamente *fiel de romana*.

ROMANESCO, A *adj.* Românico. Romanesco, novelesco.

ROMANILLO, A (romanilho) *adj.* Redondo (falando-se de tipo de impressão e letra). U. t. c. s.

ROMANZA (romança) *s. f.* Romança.

ROMANZAR (romançar) *v. tr.* Romancear.

ROMAZA (romaça) *s. f. Bot.* Labaça.

ROMBAL *adj.* Rômbico.

ROMERAJE (romeraje) *s. m.* Romaria.

ROMERAL *s. m.* Campo de alecrim.

ROMERÍA *s. f.* Romaria.

ROMERO *s. m.* Romeiro. *Bot.* Alecrim.

ROMO, A *adj.* Rombo. Diz-se do mu, macho ou mulo.

ROMPECABEZAS (rompecabeças) *s. m.* Espécie de azorrague. *fig. fam.* Quebra-cabeça.

ROMPEDERA *s. f.* Rompedeira, talhadeira.

ROMPEDERO, A *adj.* Quebradiço, frágil.

ROMPEDOR, A *adj.* Rompedor, estragador (diz-se particularmente de quem rasga ou estraga muito a roupa). U. t. c. s.

ROMPEDURA *s. f.* V. ROMPIMIENTO. 1ª acep.

ROMPEESQUINAS *s. m.* V. ROMPESQUINAS.

ROMPEGALAS *s. m. e f. fig. fam.* Pessoa que veste mal.

ROMPEHIELOS (rompeielos) *s. m. Náut.* Quebra-gelo. Esporão do quebra-gelo.

ROMPENUECES *s. m.* Quebra-nozes. O mesmo que CASCANUECES.

ROMPEOLA *s. m.* Quebra-mar.

ROMPEPOYOS (rompepodjos) *s. m. fig.* Vagabundo, vadio, preguiçoso.

ROMPER *v. tr.* Quebrar, partir, despedaçar, romper. Romper, rasgar. Gastar, estragar, consumir, romper. Destroçar, desbaratar. Furar, perfurar. Romper, abrir, sulcar, fender. Arrotear, arar, lavrar, romper. *fig.* Quebrar, romper, interromper a continuidade de alguma coisa imaterial. *fig.* Violar, quebrantar, infringir, romper. *v. intr.* Rebentar, quebrar (desfazer-se em espuma as ondas do mar). Romper, começar, ter princípio. *fig.* Resolver-se a fazer uma coisa que oferecia dificuldade. *fig.* Romper, prorromper, brotar. *fig.* Desabrochar (as flores). *v. pron.* Desembaraçar-se, adquirir desenvoltura. *De ROMPE y rasga*,

loc. fig. fam. De ânimo resoluto. *Irreg.* Tem dois particípios, um regular *(rompido)*, e outro irregular *(roto)*. Este último é mais usado para a formação dos tempos compostos.

ROMPESACOS (rompessacos) *s. m. Bot.* Rompesaias.

ROMPESQUINAS *s. m. fig. fam.* Valentão postado nas esquinas e em atitude de quem espera alguém.

ROMPIBLE *adj.* Quebrável, quebradiço. Rasgável.

ROMPIDO, A *adj.* V. ROTO. *s. m.* Terra arroteada.

ROMPIENTE *p. a.* de *Romper*. Rompente. *s. m.* Baixio ou escolho onde rebentam as ondas.

ROMPIMIENTO *s. m.* Quebra, quebradura, rotura. Rompimento (ação de romper ou romper-se). Fratura. *fig.* Rompimento, cessação, quebra (de relações de amizade). *Min.* Corredor entre duas escavações. *Pint.* Abertura pintada ao fundo de um quadro e que deixa ver um objeto distante.

RÓN *s. m.* Rum.

ROÑA (ronha) *s. m.* Ronha, sarna. Cascão, crosta de sujidade pegada na pele. Casca do pinheiro. *fig.* Ronha, astúcia, malícia, solércia. *fig.* Vício. *fig. fam.* V. ROÑERÍA.

RONCA *s. f.* Grito do gamo quando no cio. *fam. Amer.* Ronca, bravata, fanfarronada. *Amer. chil.* Repreensão, reprimenda, sermão. *Echar (uno) —* *s. loc. fig. fam.* Roncar, bravatear, blasonar. *s. m.* Espécie de partasana ou alabarda.

RONCADERA *s. f.* Chilenas (esporas grandes).

RONCAMENTE *adv.* Grosseiramente, rudemente.

RONCE *s. m. fam.* V. RONCERÍA, 2ª acep.

RONCEAR *v. intr.* Roncear, mandriar. *fam.* Adular com atos ou palavras para conseguir algum fim. *Náut.* Roncear, navegar ronceiramente o navio.

RONCERÍA *s. f.* Ronçaria, roncice, mandriice. *fam.* Adulação, carinho, ou elogio para conseguir algum fim. *Náut.* Movimento do navio ronceiro.

RONCERO, A *adj.* Ronceiro.

RONCHA (rontcha) *s. f.* Pequena inchação. Vergão, equimose. *fig. fam.* Dano (em dinheiro) sofrido por fraude. *fig.* Desavença, ressentimento. *s. f.* Rodela (talhada fina e redonda de alguma coisa).

RONCHAR (rontchar) *v. tr.* Causar pequena inchação no corpo ou dano nos interesses. V. RONZAR.

RONCHÓN (rontchòn) *s. m. Aument.* de *Roncha* (1ª acep.)

RONCO, A *adj.* Rouco (que tem rouquidão; roufenho).

RONDA *s. f.* Ronda (em todas as suas principais acepções). Serenata.

RONDACALLES (rondacalhes) *s. m.* Indivíduo que anda passeando à noite pelas ruas.

RONDALLA (rondalha) *s. f.* Patranha, conto, lorota, peta.

RONDAR *v. intr.* Rondar. Andar passeando pelas ruas à noite. U. t. c. tr.

RONDÍS *s. m.* Plano principal da lapidação de uma pedra preciosa.

RONDÍZ *s. m.* V. RONDÍS.

RONDÓN (DE) *loc. adv.* De roldão, de rondão.

ROÑERÍA (ronhería) *s. f. fam.* Mesquinharia, mesquinhez, sovinice.

RONGIGATA (ronjigata) *s. f.* V. REHILANDERA.

ROÑOSO, A (ronhosso) *adj.* Ronhento, ronhoso. Porco, sujo. *fig. fam.* Mesquinho, sovina.

RONQUEAR *v. intr.* Rouquejar; estar rouco.

RONQUEDAD (ronquedad) *s. f.* Rouquidão.

RONQUERA *s. f.* Ronqueira, pieira.

RONQUEZ *s. f.* V. RONQUERA.

RONQUIDO *s. m.* Rouquido, ronco. *fig.* Ronco; regougo; fragor.

RONQUILLO, A (ronquilho) *adj. Dim.* de *Ronco*.

RONRONEAR *v. intr.* Ronronear (o gato).

RONRONEO (ronronèo) *s. m.* Ronrom.

RONSOCO *s. m. Amer. per.* Capivara, capincho.

RONZA (IR A LA) (ronça) *loc. adv. Náut.* Arribar, descair para sotavento.

RONZAL (ronçal) *s. m. Náut.* Pau-de-carga.

RONZAMIENTO (ronçamiento) *s. m.* Ação de *Ronzar*.

RONZAR (ronçar) *v. intr.* Trincar (estalar com mais ou menos ruído ao ser cortado ou partido pelos dentes). *v. tr. Náut.* Mover um peso com a alavanca.

ROPA *s. f.* Roupa. — *blanca*, roupa-branca, roupa interior. — *de cámara*, roupão, chambre. — *hecha*, roupa feita, confecção. — *vieja*, roupa-velha (guisado feito com sobejos de carne, hortaliças etc.). *A quema —*, *loc. adv.* À queima-roupa. *¡— a la mar! Náut.* Alijar a carga!

ROPAJE (ropaje) *s. m.* Roupagem. *fig.* Roupagem, forma, modo de expressão, estilo.

ROPAVEJERÍA (ropavejería) *s. f.* Loja de adelo ou roupavelheiro.

ROPAVEJERO (ropavejero) *s. m.* Roupavelheiro, adelo, algibebe.

ROPERÍA *s. m.* Ofício do vendedor de roupas feitas. Alfaiataria ou loja de roupas feitas ou confecções; rouparia. Rouparia (sala para guardar as roupas). Emprego de roupeiro. — *de viejo*. V. ROPAVEJERÍA.

ROPERO *s. m.* Pessoa que vende roupas feitas. Roupeiro (homem encarregado de guardar as roupas de uma família ou comunidade). Guarda-roupa, armário. Roupeiro (associação beneficente para a distribuição de roupas entre os necessitados).

ROPILLA (ropilha) *s. f. Dim.* de *Ropa*. Espécie de roupeta.

ROPÓN *s. m.* Roupão.

ROQUE *s. m.* Roque, torre (do jogo do xadrez).

ROQUEDA *s. f.* Penedia, penedio, rocha.

ROQUEDAL *s. m.* V. ROQUEDA.

ROQUEÑO, A (roquenho) *adj.* Rochoso, roqueiro. Duro como rocha.

ROQUERO, A (roquero) *adj.* Roqueiro.

ROQUETE *s. m.* Roquete (espécie de sobrepeliz). *Heráld.* Roquete. *Artilh.* Vareta.

RORCUAL *s. m.* Espécie de baleia.

RORRO *s. m. fam.* Nenê, menino de colo.

ROS *s. m.* Barretina de feltro usada pelo exército espanhol.

ROSA *s. f. Bot.* Rosa, flor da roseira.

ROSADA (rossada) *s. f.* Escarcha (fenômeno meteorológico).

ROSAL (rossal) *s. m.* Roseira.

ROSALEDA (rossaleda) *s. f.* Roseiral, rosal. Alameda entre roseiras.

ROSALERA (rossalera) *s. f.* V. ROSALEDA.

ROSARIERA (rossariera) *s. f.* Cinamomo, paraíso.

ROSEAR (rossear) *v. intr.* Apresentar cor semelhante à da rosa.

ROSEDAL (rossedal) *s. m.* V. ROSALEDA.

ROSERO, A (rossero) *s. m. e f.* Pessoa que colhe as flores do açafrão.

ROSETA (rosseta) *s. f.* Roseta (coloração especial das faces, por efeito de doença). *s. pl.* Pipoca.

ROSETÓN (rossetòn) *s. m. Arq.* Roseta, rosetão.

ROSIENTE (rossiente) *adj.* V. ROJO.

ROSILLO, A (rossilho) *adj.* Vermelho claro. Rosilho (falando-se do pêlo dos cavalos). *Amer. argent.* Encanecido.

ROSITA (rossita) *s. f. Dim.* de *Rosa*. Rosinha. *Amer. — de maíz*, pipoca. *De —s*, *loc. adv. pop.* Grátis, de graça.

ROSO, A (rosso) *adj.* Vermelho, encarnado. Pelado (que não tem pêlo). *A — y velloso*, *loc. adv.* A torto e a direito; geralmente, sem exceção nem consideração.

ROSQUEADAMENTE *adv.* Formando roscas.

ROSQUEADOR, A *adj.* Que enrosca.

ROSQUEADURA *s. f.* Enroscadura.

ROSQUEAMIENTO *s. m.* Enroscamento.

ROSQUEAR *v. intr.* Enroscar-se.

ROSQUETE *s. m.* Rosquilha maior que a comum.

ROSQUILLA (rosquilha) *s. f.* Rosquilha, rosquilho.

ROSQUILLERO, A (rosquilhero) *s. m. e f.* Pessoa que vende ou faz rosquilhas.

ROSQUITUERTO, A *adj. Amer. equat.* V. ROSTRITUERTO.

ROSTRAL *adj.* Rostrado, rostral.

ROSTRATA *adj.* Rostral (ornado de rostros).

ROSTRILLO (rostrilho) *s. m.* Espécie de toalha que as mulheres usavam como adorno à volta do rosto. Espécie de aljôfar ou pérolas miúdas.

ROSTRITORCIDAMENTE *adv.* De cara torcida, com expressão de desagrado.
ROSTRITORCIDO, A *adj.* V. ROSTRITUERTO.
ROSTRITUERTO, A *adj. fig. fam.* De cara torcida, com má cara, que demonstra enfado no rosto.
ROSTRO *s. m.* Rostro (bico das aves; esporão do navio). Rosto, face, cara. *A — firme, loc. adv.* Frente a frente, com resolução. *— a —, loc. adv.* Cara a cara, frente a frente.
ROTA *s. f.* Rota, derrota (desbarate de exército; rumo, caminho por mar). *De —, ou de — batida, loc. adv.* Com derrota ou destruição total. *fig. fam.* De rota batida, apressadamente; sem atenção. Rota (tribunal eclesiástico). *Bot.* Rota.
ROTACIÓN *s. f.* Rotação.
ROTAL *adj.* Relativo à *Rota* (4ª acep.).
ROTEN *s. m.* V. ROTA, 4ª acep. Bengala de cana ou junco.
ROTO, A *p. p. irreg.* de *Romper.* Roto, andrajoso, esfarrapado, mal-roupido. U. t. c. s. Licencioso, crápula, libertino. *s. m. Amer. chil.* Plebeu, homem do populacho. *Amer. mexic.* Índio vestido à européia.
ROTOCOSIDO (rotocossido) *s. m.* Qualquer roupa remendada.
ROTOGRABADO *s. m.* Rotogravura.
ROTONDA *s. f. Arq.* Rotunda. Último compartimento dos três que têm algumas diligências.
ROTOSO, A (rotosso) *adj. Amer. argent.* V. ROTO, 2ª acep.
ROTULACIÓN *s. f.* Rotulagem.
ROTULATA *s. f.* Coleção de rótulos. *fam.* Rótulo, título.
RÓTULO *s. m.* Rótulo (letreiro, dístico, etiqueta; título). Cartaz, aviso.
ROTULOSO, A (rotulosso) *adj.* Semelhante a uma roda pequena.
ROTUNDAMENTE *adv.* Terminantemente.
ROTUNDO, A *adj.* Rotundo, redondo. *fig.* Diz-se da linguagem cheia e sonora. *fig.* Completo, preciso, terminante.
ROTUNO, A *adj. Amer. chil.* Plebeu, vulgar, próprio do vulgo ou do populacho.
ROTURA *s. f.* Ruptura, rotura. Fratura. Rompimento. Quebra, quebradura.
ROTURACIÓN *s. f.* Arroteamento, roteadura.
ROTURADOR, A *adj. e s.* Arroteador, roteador. *s. m.* Arado forte para arrotear.
ROTURAR *v. tr.* Arrotear, rotear.
ROYA (rodja) *s. m.* Ferrugem (das plantas).
ROYARSE (rodjarse) *v. pron.* Enferrujar-se (as plantas).
ROZA (roça) *s. f.* Roça, roçadura (ação de roçar ou roçagar). Roça, roçado (terreno desprovido de mato e próprio para cultivo).
ROZADERA (roçadera) *s. f.* Roçadeira, roçadora (espécie de foice).
ROZADERO (roçadero) *s. m.* Roçado.
ROZADURA (roçadura) *s. f.* Roçadura, roça (ação de roçar ou roçagar), atrito leve. *Cir.* Escoriação.
ROZAGANTE (roçagante) *adj.* Roçagante. *fig.* Vistoso, magnífico, pomposo.
ROZAMIENTO (roçamiento) *s. m.* V. ROCE. *fig.* Atrito, desavença. *Mec.* Atrito.
ROZAR (roçar) *v. tr.* Roçar, deitar abaixo, cortar, derribar (mato). Cortar lenha miúda ou erva para os animais. Roer, comer, tosar (o pasto, os animais). Roçar, esfregar, coçar, gastar, raspar, rapar. *v. pron.* Tropeçar ou ferir um pé com o outro. *fig.* Ter e tratar-se com familiaridade duas ou mais pessoas. *fig.* Assemelhar-se, parecer-se, ter relação (duas coisas).
ROZNAR *v. tr.* V. RONZAR. V. REBUZNAR.
ROZNIDO *s. m.* Ruído que fazem os dentes ao trincarem alguma coisa. V. REBUZNO.
ROZNO *s. m.* Burrico, jumento pequeno.
ROZO (roço) *s. m.* V. ROZA, 1ª acep. Graveto, lenha miúda.
ROZÓN (roçòn) *s. m.* Gadanha, roçadora.
RUA *s. f.* Rua. Estrada carroçável.
RUAN *s. m.* Ruão (tecido).
RUANA *s. f.* Tecido de lã. *Amer.* Espécie de poncho.

RUANO, A *adj.* V. ROANO. Que está em roda ou que a forma.
RUAR *v. intr.* Passear pelas ruas (a pé, a cavalo ou em carruagem). Passear pelas ruas para cortejar as senhoras.
RUBEDO *s. m.* Rubor (da pele).
RUBEFACCIÓN *s. f. Med.* Rubefação.
RUBIA *s. f. Bot.* Ruiva, granza.
RUBICÁN, A *adj.* Rubicano.
RUBICUNDEZ *s. f.* Qualidade de rubicundo. *Med.* Rubefação.
RUBICUNDO, A *adj.* Rubicundo, vermelho. Ruivo (falando-se do cabelo).
RUBIFICACIÓN *s. f.* Rubificação; rubefação.
RUBIFICAR *v. tr.* Tingir de vermelho.
RUBIGO *s. m.* V. ORÍN.
RUBÍN *s. m.* Rubí, rubim.
RUBIO, A *adj.* Ruivo; vermelho claro; loiro avermelhado. *s. m. Ictiol.* Ruivo.
RUBOROSAMENTE (ruborossamente) *adv. fig.* Ruborizadamente; pudicamente.
RUBOROSO, A (ruborosso) *adj.* Pudibundo, vergonhoso, pudico.
RUC *s. m.* V. ROCHO.
RUCIO, A *adj.* Ruço, pardacento (falando-se do pelame das bestas). *fam.* Grisalho (falando-se dos cabelos). *Amer. chil.* Ruivo (falando-se de pessoas).
RUDA *s. f. Bot.* Arruda.
RUDAMENTE *adv.* Rudemente.
RUDIMENTOSO, A (rudimentosso) *adj.* Rudimental, rudimentar.
RUDO, A *adj.* Rude, tosco, grosseiro; obtuso, falto de inteligência; descortês, áspero; rigoroso, violento, impetuoso.
RUECA *s. f.* Roca (instrumento para fiar).
RUEDA *s. f.* Roda (em todas as suas principais acepções).
RUEDO *s. m.* Rodeamento, ato de rodar. Roda, orla. Roda (de um vestido). Pequena esteira redonda. Roda, círculo, circunferência de uma coisa. *A todo —, loc. adv.* De qualquer maneira, próspera ou adversa.
RUEGO *s. m.* Rogo, súplica; prece, pedido, intercessão.
RUEZNO *s. m.* Casca externa das nozes.
RUFIÁN *s. m.* Rufião; alcoviteiro.
RUFIANADA *s. f.* Ação própria de rufião; tratantada.
RUFIANAZO (rufianaço) *s. m.* Rufianaz, rufianaço.
RUFIANCETE *s. m. Dim.* de *Rufián.*
RUFIANEAR *v. intr.* Rufiar, alcovitar.
RUFIANEJO (rufianejo) *s. m.* V. RUFIANCETE.
RUFIANERÍA *s. f.* Alcovitaria.
RUFIANESCA *s. f.* Grupo de rufiões; costumes rufianescos.
RUFO, A *adj.* Rufo, ruivo, de cor avermelhada. Crespo (que tem o cabelo encaracolado). *s. m. Gír.* Rufião.
RUGIDO (rujido) *s. m.* Rugido. *fam.* Borborigmo. Estrondo, estalo.
RUGINOSO, A (rujinosso) *adj.* Enferrujado.
RUGIMIENTO (rujimiento) *s. m.* V. RUGIDO.
RUIDO *s. m.* Ruído (em todas as suas acepções). *fig.* Barulho, tumulto, briga. *— hechizo,* som adrede preparado para algum fim.
RUÍN *adj.* Ruim.
RUINDAD (ruindad) Ruindade (qualidade de ruim; ação ruim).
RUINMENTE *adv.* De modo ruim.
RUIPONCE *s. m.* V. RAPONCHIGO.
RUISEÑOR (ruissenhor) *s. m.* Rouxinol.
RULAR *v. intr.* Rodar, rolar, rebolar.
RULÉ *s. m. fam.* Traseiro.
RULETA *s. f.* Roleta (jogo de azar).
RULO *s. m.* Bola grande, rolo ou outra coisa redonda que rola com facilidade. Pedra cônica dos lagares de azeite. Rolo (cilindro de pedra para aplanar estradas). *Amer. plat.* Rolo, riço (de cabelo). *Amer. chil.* Terreno úmido. *Peinarse de —, Amer.* Pentear-se mal.
RUMA *s. f. Amer.* V. RIMERO.
RUMANO, A *adj. e s.* Rumeno.

RUMAZÓN (rumaçòn) *s. f.* V. VARRUMAZÓN.
RUMBA *s. f. Amer. chil.* V. RUMA. *Amer.* Rumba (dança e música).
RUMBANTELA *s. f. Amer. mexic.* V. FRANCA-CHUELA.
RUMBAR *v. tr. Amer.* Arremessar, atirar. *Amer. colomb.* V. ZUMBAR. *Amer. chil.* V. RUMBEAR.
RUMBATICAMENTE *adj.* Pomposamente, magnificamente.
RUMBÁTICO, A *adj.* Pomposo, magnífico.
RUMBEAR *v. intr. Náut.* Rumar (meter em rumo; desenhar seguindo os rumos). *Amer.* Dirigir-se, tomar um rumo ou direção.
RUMBO *s. m.* Rumo. *fig. fam.* Pompa, fausto, ostentação, magnificência. *fig. fam.* Desinteresse, desprendimento, generosidade. *Gír.* Perigo. *Náut.* Rombo. *Hacer —, Náut.* Tomar rumo.
RUMBÓN, A *adj.* Generoso, desinteressado, desprendido.
RUMBOSAMENTE (rumbossamente) *adv. fam.* Generosamente, desinteressadamente. Pomposamente, faustosamente.
RUMBOSO, A (rumbosso) *adj. fam.* Pomposo, faustoso, magnífico. V. RUMBÓN.
RUMBRE *s. f. Amer.* V. HERRUMBRE.
RUMIA *s. f.* Ruminação.
RUMIADOR, A *adj.* Ruminante. U. t. c. s.
RUMIADURA *s. f.* V. RUMIA.
RUMIANTE *p. a.* de *Rumiar* e *s.* Ruminante. *s. m. pl. Zool.* Ruminantes.
RUMIAR *v. tr.* Ruminar, rumiar. *fig.* Ruminar, repassar no espírito, sujeitar à longa consideração. *fig. fam.* Resmungar, resmonear.
RUMIÓN, A *adj. fam.* Que rumina muito.
RUMO *s. m.* Arco de cabeça (o primeiro dos quatro arcos de um tonel ou barrica).
RUMORARSE *v. pron. Amer.* Comentar-se (correr o rumor ou voz).
RUMRUM *s. m.* V. RUNRÚN.
RUNA *s. f.* Runas. *adj. Amer. equat.* Baixo, vulgar, ordinário.
RUÑAR (runhar) *v. tr.* Abrir o javre nas aduelas.
RUNCHERA (runtchera) *s. f. Amer. colomb.* Tolice, bobagem.
RUNCHO, A (runtcho) *adj. Amer. colomb.* Tolo, ignorante, idiota.
RUNFLA *s. f. fam.* V. RUNFLADA.
RUNFLADA *s. f. fam.* Série, enfiada, rifa.
RUNO, A *adj.* Rúnico.
RUNRÚN *s. m. fam.* Zunzum, boatos, mexericos, rumores.
RUNRUNEAR *v. intr.* Rumorejar, correr rumor ou boato. *v. pron.* Rumorejar-se, cochichar-se, sussurrar-se (boatos, rumores ou mexericos).
RUPICABRA *s. f.* V. RUPICAPRA.
RUPICAPRA *s. f. Zool.* Camurça. O mesmo que GAMUZA.
RUQUETA *s. f.* V. ORUGA.
RUS *s. m.* V. ZUMAQUE.
RUSENTAR (russentar) *v. tr.* Tornar candente, aquecer ao rubro.
RUSIENTE (russiente) *adj.* Candente, em brasa, rubro.
RUSIFICAR (russificar) *v. tr.* Russificar. *v. pron.* Russificar-se.
RUSNIACO, A *adj. e s.* Ruteno.
RUSO, A (russo) *adj. e s.* Russo. *s. m.* Gabão de tecido grosso.
RUSTICAL *adj.* Rural, rústico.
RUSTICANO, A *adj.* Rústico, silvestre, rusticano.
RUSTICIDAD (rusticidad) *s. f.* Rusticidade.
RUSTIQUEZ *s. f.* Rusticidade, rustiquez, rustiqueza.
RUTA *s. f.* Rota, derrota, rumo. *fig.* Rota, roteiro, caminho que leva a um fim.
RUTINA *s. f.* Rotina.
RUTINARIAMENTE *adv.* Rotineiramente.
RUTINARIO, A *adj.* Rotineiro.
RUTINERO, A *adj.* Rotineiro.
RUZAFA (ruçafa) *s. f.* Jardim, parque.

S (esse) *s. f.* Vigésima segunda letra e décima oitava consoante do alfabeto espanhol.
SABACIANO, A *adj.* e *s.* V. SABATIANO.
SABAISMO *s. m.* Sabeísmo.
SABALAR *s. m.* Rede (para pescar sável).
SABALERA *s. f.* Grade dos fornos de revérbero.
SABALERO *s. m.* Pescador de sáveis.
SÁBALO *s. m.* Sável.
SABANA *s. f.* Lençol. V. SABANILLA, 1ª acep.
SABANA *s. f. Amer.* Savana.
SABANDIJA (sabandija) *s. f.* Sevandija (qualquer réptil, inseto ou verme imundo), pessoa que vive à custa dos outros, parasita.
SABANDIJUELA (sabandijuela) *s. f. Dim.* de *Sabandija.*
SABANEAR *v. intr.* Percorrer a savana para reunir o gado.
SABANERO, A *adj.* e *s.* Habitante de uma savana.
SABANILLA (sabanilha) *s. f.* Toalha de altar. Toda peça pequena como lenço, toalha, guardanapo etc.
SABAÑÓN (sabanhòn) *s. f.* Frieira (inflamação produzida pelo frio).
SABER *v. tr.* e *intr.* Saber. *Amer. argent. vulg.* V. SOLER. *Irreg.* Ind. pres. *Sé.* Pret. indef. *Sup-e, iste, o, imos, isteis, ieron.* Fut. imperf. *Sabr-é, ás, á, emos, éis, án.* Subj. pres. *Sep-a, as, a, amos, áis, an.* Pret. imperf. *Supi-era, eras, era, éramos, erais, eran* ou *Supi-ese, eses, ese, ésemos, eseis, esen.* Fut. imperf. *Supi-ere, eres, ere, éremos, ereis, eren.* Imperat. *Sep-a, amos, an.*
SABIDILLO, A (sabidilho) *adj.* e *s. Pejor.* Sabichão, ona.
SABIDO, A *p. p.* de *Saber. adj.* Sabido, sábio. *s. m.* Coisa que se sabe de alguém.
SABIDURÍA *s. f.* Sabedoria.
SABIENDAS (A) *loc. adv.* A sabendas, com conhecimento e notícia; de maneira certa, de ciência certa, com pleno conhecimento.
SABIENTE *p. a.* de *Saber.* Que sabe, ciente.
SABIHONDAZO, A (sabiondaço) *adj. fam. Aument.* de *Sabihondo.*
SABIHONDEZ (sabiondez) *s. f. fam.* Sabença, qualidade de sabichão.
SABIHONDO, A (sabiondo) *adj.* e *s. fam.* Sabichão, metido a sábio.
SABINAR *s. m.* Plantação de sabinas.
SABLACISTA *adj.* e *s. fam.* V. SABLISTA.
SABLAZO (sablaço) *s. m.* Golpe de sabre. Ferimento por este golpe. *fig. fam.* Facada, mordedura, pedido de dinheiro.
SABLE *s. m.* Sabre. *fig. fam.* Astúcia para tirar dinheiro de alguém ou viver à sua custa. *Heráld.* Sable.
SABLEADOR, A *adj.* e *s. fam.* V. SABLISTA.
SABLEAR *v. tr. fig. fam.* Morder, dar facadas, pedir dinheiro.
SABLISTA *adj.* e *s. fam.* Facadista, mordedor; que vive à custa alheia.
SABLÓN *s. m.* Saibro, areia grossa.
SABOGA *s. f.* V. SABALO.
SABOGAL *adj.* Diz-se de uma rede de pescar sáveis.
SABONETA *s. f.* Sabonete (pequeno relógio de bolso, com duas tampas, uma das quais se levanta ao apertar-se uma mola).

SABORCILLO (saborcilho) *s. m. Dim.* de *Sabor.* Saborzinho.
SABOREAMIENTO *s. m.* Ação de saborear.
SABOREO (saborèo) *s. m.* V. SABOREAMIENTO.
SABORETE *s. m.* V. SABORCILLO.
SABOTAJE (sabotaje) *s. m.* V. SABOTEO.
SABOTEAR *v. tr.* Sabotar.
SABOTEO (sabotèo) *s. m.* Sabotagem.
SABROSAMENTE (sabrossamente) *adv.* Saborosamente.
SABROSEADURA (sabrosseadura) *s. f.* V. SABROSEAMIENTO.
SABROSEAMIENTO (sabrosseamiento) *s. m.* Ação de *Sabrosear.*
SABROSEAR (sabrossear) *v. tr.* Saborear, tornar agradável e apetitoso. *fig.* Refinar, purificar. *v. pron.* Saborear-se, deliciar, deleitar-se.
SABROSO, A (sabrosso) *adj.* Saboroso, gostoso; agradável, delicioso. *fig. fam.* Um tanto salgado.
SABUCAL *s. m.* Sabugal (terreno onde há muitos sabugueiros).
SABUCO *s. m.* Sabugueiro.
SABUESO, A (sabuesso) *adj.* Diz-se do sabujo (cão de caça grossa). U. t. c. s. *s. m.* Pesquisador, pessoa que sabe indagar.
SABUGO *s. m.* V. SABUCO.
SABULOSO, A (sabulosso) *adj.* Arenoso, areento.
SABULO *s. m.* Saibro (areia grossa).
SABURRAL *adj.* Saburroso, saburrento.
SACA *s. f.* Tirada, tiradura, tiradela. Ação de *Sacar.* Saca (ação de sacar); extração, exportação. Certidão (de um documento). *De —, loc. adv. Amer. argent.* A toda pressa. *Estar de —, loc.* Estar uma mulher em idade de casar-se. *s. f.* Saca, grande saco.
SACABALA *s. m. Cir.* Saca-balas.
SACABALAS *s. m. Artilh.* Espécie de saca-trapo.
SACABASURA (sacabassura) *s. f. Amer.* Pá de tirar lixo.
SACABOCADOS *s. m. Tecn.* Saca-bocado. *fig.* Saca-trapo (meio ardiloso para obter alguma coisa).
SACABOLSAS *fig. fam.* Meio ardiloso para tirar dinheiro de alguém.
SACABOTAS *s. m.* Descalçadeira (para descalçar botas).
SACABUCHE (sacabutche) *s. m.* Trombone (instrumento musical; músico que o toca). *fig. fam.* V. RENACUAJO *(fig.). Náut.* Bomba de mão (para extrair líquidos dos tonéis).
SACACLAVOS *s. m.* V. ARRANCACLAVOS.
SACACORCHOS (sacacortchos) *s. m.* Saca-rolhas.
SACACUARTOS *s. m. fam.* V. SACADINEROS.
SACADA *s. f.* Território que se separou de uma província, distrito ou país. *Amer.* V. SACA, 1ª acep. Espécie de rede de pesca.
SACADILLA (sacadilha) *s. f. Venat.* Pequena batida.
SACADINEROS *s. m. fam.* Espetáculo ou objeto vistoso que atrai meninos incautos.
SACADURA *s. f.* Corte oblíquo que os alfaiates fazem em certas peças para que a roupa assente bem.
SACAFILÁSTICAS *s. f. Artilh.* Saca-filaça.
SACAFONDOS *s. m. Tecn.* Tira-fundo, saca-fundo.

SACALINA (sacalinha) *s. f.* Garrocha. *fig.* V. SOCALIÑA.
SACAMANCHAS (sacamantchas) *s. m.* e *f.* V. QUITAMANCHAS.
SACAMANTAS *s. m. fig. fam.* Funcionário encarregado de obrigar os contribuintes a pagar o que devem ao fisco.
SACAMANTECAS *s. m.* e *f. fam.* Criminoso que abre a barriga da vítima.
SACAMIENTO *s. m.* Ação de tirar uma coisa de um lugar.
SACAMOLERO *s. m.* V. SACAMUELAS.
SACAMUELAS *s. m.* e *f.* Saca-molas, mau dentista. *fig.* Embusteiro, impostor, embaidor.
SACAMUERTOS *s. m.* V. METEMUERTOS.
SACANETE *s. m.* Lansquenete.
SACAPOTRAS *s. m. fig. fam.* Açougueiro (mau cirurgião).
SACAR *v. tr.* Tirar (para fora), extrair, sacar. Tirar, fazer sair; separar, apartar. Tirar, fazer (contas, provas etc.). Tirar, deduzir, descobrir, verificar. Tirar, extrair, sacar. Eleger, escolher (por sorteio ou votação). Tirar, ganhar (em loteria, sorteio etc.). Conseguir, obter, arranjar. Sacar, tirar, copiar. Tirar (fazer desaparecer). Mostrar, manifestar, exibir. Sacar, tirar, fruir, auferir. Apresentar, mostrar, patentear. Ganhar no jogo. Tirar, inventar, compor, produzir. Imitar. Tirar, excluir. Tirar (pintos). Desembainhar, sacar de, puxar por (falando-se de espada ou outra arma). Enxaguar (para tirar o anil). Tirar, livrar. *Desport.* Sacar, dar o saque. Extrair (notas, citações, apontamentos etc.). *Amer. equat.* Lançar em rosto, censurar. *Amer. centr.* Adular.
SACARIFICACIÓN *s. f.* Sacarificação.
SACASILLAS (sacassilhas) *s. m. fam.* V. METEMUERTOS.
SACATAPÓN *s. m.* V. SACACORCHOS.
SACIABLE *adj.* Saciável.
SACIÑA (sacinha) *s. f.* V. SARGATILLO.
SACIEDAD (saciedad) *s. f.* Saciedade, repleção, fartura.
SACIO, A *adj.* Saciado, farto.
SACO *s. m.* Saco (receptáculo de tecido ou couro; o que se contém nele). Saial, vestidura grosseira. Casaco, paletó. V. SAQUEO. *Desport.* Saque. Saco, baía, enseada. *Náut.* Parte de uma vela quadrada. *— de noche.* Maleta de viagem. *Echar,* ou *meter, a —,* saquear.
SACRA *s. f. Liturg.* Sacra (pequeno quadro com as palavras do credo).
SACRIFICADERO *s. m.* Ara (altar dos sacrifícios).
SACRISTÁN *s. m.* Sacristão. *fig. fam.* Indivíduo que obedece cegamente ao que outro lhe ordena.
SACRISTANA *s. f.* Sacristã.
SACRISTANEJO (sacristanejo) *s. m. Dim.* de *Sacristán.*
SACRISTANESCO, A *adj.* Pertencente ou relativo ao sacristão.
SACUDIMIENTO *s. m.* Sacudimento, sacudidura, sacudida, sacudidela. Desenvoltura, desembaraço.
SAETA *s. f.* Seta, flecha. Ponteiro de relógio, seta. Bússola, agulha. *Astron.* Seta.

SAETADA *s. f.* Setada, flechada.
SAETAZO (saetaço) Ação de arremessar a seta ou flecha. Setada, flechada (ferida por seta ou flecha).
SAETEAR *v. tr.* Setear, assetear, flechar.
SAETERA *s. f. Fort.* Seteira.
SAETERO, A *adj.* Relativo à seta ou flecha. *s. m.* Seteiro, flecheiro.
SAETÍ *s. m.* Cetim.
SAETIA *s. f.* V. SAETERA. *Náut.* Setia.
SAETILLA (saetilha) *s. f. Dim.* de *Saeta.* V. SAETA, 2ª e 3ª acepções. *Bot.* Seta, flecha, sagitária.
SAETÍN *s. m.* Calha (de moinho). Cetim.
SAETÓN *s. f. Aument.* de *Saeta.* Seta comprida.
SAGA *s. f.* Feiticeira. Saga (tradição histórica ou mitológica dos escandinavos).
SAGITA *s. f. Geom.* Flecha.
SAGRARIO *s. m.* Sacrário.
SAGUINO *s. m. Zool.* Sagüí, sagüim.
SAHINA (saína) *s. f.* V. ZAHINA.
SAHINAR (sainar) *s. m.* V. ZAHINAR.
SAHORARSE (soararse) *v. pron.* Esfolar-se (uma parte do corpo devido roçar-se em outra).
SAHORNO (saorno) *s. m.* Esfoladura, escoriação.
SAHUMADO, A (saumado) *p. p.* de *Sahumar. adj.* Diz-se daquilo que, sendo bom por si, fica melhor com a adição de outra coisa.
SAHUMADOR (saumador) *s. m.* Perfumador (vaso).
SAHUMADURA (saumadura) *s. f.* V. SAHUMERIO.
SAHUMERIO (saumerio) *s. m.* Ação de *Sahumar.* Fumo (produzido por substância aromática). Perfume, matéria aromática (para queimar).
SAIMER *s. m. Arq.* Saimel.
SAÍN *s. m.* Graxa, sebo, gordura (dos animais). Sebo, graxa (da roupa).
SAINAR *v. tr.* Saginar, cevar, engordar (animais).
SAINETE *s. m. Dim.* de *Saín.* Sainete (isca para falcões). Molho para tempero. Sainete, comédia curta. *fig.* Bocado agradável ao paladar. *fig.* Sabor agradável de uma comida. *fig.* Enfeite especial nos vestidos e outras coisas. *fig.* Aquilo que realça o mérito de uma coisa por si mesma agradável.
SAINETEAR *v. intr.* Representar sainetes.
SAINETERO *s. m.* Autor de sainetes.
SAINETESCO, A *adj.* Pertencente ao sainete (comédia curta).
SAINETISTA *s. m.* V. SAINETERO.
SAJA (saja) *s. f.* V. SAJADURA.
SAJADO, A (sajado) *p. p.* de *Sajar.* Sarjado.
SAJADOR (sajador) *s. m.* Sarjador, escarificador.
SAJADURA (sajadura) *s. f.* Sarjadura, sarjação, sarja.
SAJAR (sajar) *v. tr.* Sarjar, escarificar.
SAJETAR (sajetar) *v. tr.* Limpar o barro (o oleiro).
SAJÍA (sajía) *s. f.* V. SAJADURA.
SAJÓN, A (sajòn) *adj. e s.* Saxão, saxônio.
SAL *s. f.* Sal. *fig.* Sal, graça.
SALADAMENTE *adv. fig. fam.* Graciosamente, chistosamente.
SALADAR *s. m.* Pequena salina. Terreno estéril por abundar em sais. V. SALOBRAL.
SALADERÍA *s. f.* Indústria de salgar peixes ou carnes. Charqueada.
SALADERO *s. m.* Lugar onde se salga o peixe. Saladeiro, charqueada. *adj.* Saladeiril, relativo a saladeiro ou charqueada.
SALADILLO (saladilho) *adj. e s.* Salpreso (falando-se de toucinho). *Dim.* de *Salado.*
SALADO, A *p. p.* de *Salar.* Salgado. *adj.* Estéril por excesso de salitre. Salgado, que tem demasiado sal. *fig.* Gracioso, chistoso. *Amer. centr.* Desgraçado, infeliz, desventurado. *Amer. merid.* Salgado, caro, custoso, de preço elevado.
SALADOR, A *adj. e s.* Salgador, salgante. *s. m.* V. SALADERO.
SALADURA *s. f.* Salgadura, salga.
SALAMANDRIA *s. f.* V. SALAMANQUESA.
SALAMANQUESA (salamanquessa) *s. f. Zool.* Salamandra. — *de agua,* salamântica.
SALAMANQUINA *s. f. Amer.* Lagartixa.
SALAMANQUINO, A *adj. e s.* Salamanticense, salamântico, salamanquense, salamantino.
SALAR *v. tr.* Salgar.

SALAZÓN (salaçòn) *s. f.* Salga, salgadura. Época de salgar (peixes ou carnes). Conjunto de coisas salgadas.
SALBADERA *s. f.* V. SALVADERA.
SALCE *s. m.* V. SAUCE.
SALCEDA *s. f.* Salgueiral.
SALCEDO *s. m.* V. SALCEDA.
SALCHICHA (saltchitcha) *s. f.* Salsicha.
SALCHICHERÍA (saltchitchería) *s. f.* Salsicharia.
SALCHICHERO (saltchitchero) *s. m.* Salsicheiro.
SALCHICHÓN (saltchitchòn) *s. m.* Salsichão. *Fort.* Salsichão.
SALCOCHAR (salcotchar) *v. tr. Culin.* Cozer (carnes, peixes, legumes) só com água e sal.
SALDO *s. m.* Liquidação, saldo, ajuste de contas. Saldo, resto.
SALEDIZO, A (salediço) *adj.* V. SALIDIZO.
SALEGAR *s. m.* Lugar onde se dá sal ao gado.
SALERA *s. m.* Pedra ou receptáculo de madeira em que se dá sal para o gado.
SALERO *s. m.* Saleiro (vaso para o sal). V. SALEGAR. Lugar onde se guarda o sal. *fig.* Graça, elegância, donaire.
SALEROSO, A (salerosso) *adj. fam.* Gracioso, elegante, donairoso.
SALESA (salessa) *adj. e s.* Salésia.
SALGADA *s. f.* V. ORZAGA.
SALGADERA *s. f.* V. ORZAGA.
SALGUERA *s. f.* V. SAUCE.
SALGUERO *s. m.* V. SAUCE. V. SALEGAR.
SALIDA *s. f.* Saída (ação de sair; lugar por onde se sai; *fig.* recurso, expediente; venda, extração; *fig.* resposta pronta ou inteligente; conclusão final, saimento; *Mil.* sortida). *Náut.* Velocidade do navio. — *de pié de banco, fig. fam.* Despropósito, disparate. — *de tono, fig. fam.* Inconveniência (dito desabrido ou inconveniente).
SALIDERO, A *adj.* Passeador. *s. m.* Saída (lugar por onde se sai).
SALIDIZO, A (salidiço) *adj.* Saído, saliente. *s. m. Arq.* Sacada, saliência.
SALIDO, A *p. p.* de *Salir. adj.* Saliente. Corrida (falando-se de animais).
SALIENTE *p. a.* de *Salir.* Saliente. *s. m.* Nascente, oriente. Saliência. *Angulo —, Geom.* Angulo saliente.
SALIFICABLE *adj.* Salificável.
SALIFICACIÓN *s. f.* Salificação.
SALÍN *s. m.* Depósito de sal.
SALINERO, A *adj.* Salinero. *s. m.* Salineiro.
SALIR *v. intr.* Sair (em todas as suas principais acepções). *v. pron.* Vazar (deixar verter o líquido). *SALGA* lo que *SALIERE, loc. fam.* Haja o que houver, de qualquer maneira. *Irreg.* Ind. pres. *Salgo.* Fut. imperf. *Saldr-é, ás, a, emos, éis, án.* Cond. simpl. *Saldrí-a, as, a, amos, ais, an.* Subj. pres. *Salg-a, as, a, amos, áis, an.* Imperat. *Sal, salga, salgamos, salgan.*
SALITRAL *adj.* Salitroso. *s. m.* Salitral, nitreira.
SALITRERÍA *s. f.* Salitraria.
SALITRERO *s. m.* Salitreiro.
SALIVACIÓN *s. f.* Salivação.
SALIVEO (salivèo) *s. m.* V. SALIVACIÓN.
SALMA *s. m. Náut.* Tonelada.
SALMEO (salmèo) *s. m.* Ação de salmear ou salmodiar.
SALMERÓN *s. m.* Variedade de trigo.
SALMÓN *s. m.* Salmão.
SALMONADO, A *adj.* Diz-se dos peixes cuja carne é semelhante à do salmão.
SALMONERA *s. f.* Rede para pescar salmões.
SALMONETE *s. m.* Salmonete, salmonejo.
SALMOREJO (salmorejo) *s. m.* Molho feito de água, vinagre, sal, azeite e pimenta. *fig.* Repreensão, sabão, reprimenda. *fig.* Provisão.
SALMUERA *s. f.* Salmoura, salmoeira.
SALMUERARSE *v. pron.* Adoecer (o gado) por comer muito sal.
SALOBRAL *adj.* V. SALOBREÑO. *s. m.* Salgadiço, terreno salitroso.
SALOBRE *adj.* Salobro, salobre. V. SALOBREÑO.
SALOBREÑO, A (salobrenho) *adj.* Salgadiço, salitroso (falando-se de terrenos).
SALOMA *s. f.* Celeuma (de marinheiros).
SALOMAR *v. intr. Náut.* Cantar para ritmar o trabalho.
SALÓN *s. m.* Salão. Peixe salgado. Charque.

SALONCILLO (saloncilho) *s. m. Dim.* de *Salón.*
SALPICÓN *s. m.* Salpicão, paio, chouriço de presunto. Salpicadura.
SALPIMIENTA *s. f.* Salpimenta.
SALPULLIDO (salpulhido) *s. m.* Erupção cutânea. Sinal deixado na pele pela picada das pulgas.
SALPULLIR (salpulhir) *v. tr.* Causar erupção na pele. *v. pron.* Encher-se (a pele) de erupções ligeiras.
SALSA *s. f.* Molho, salsa. Aperitivo, qualquer coisa que excita o paladar.
SALSERA *s. f.* Salseira, molheria. V. SALSERILLA.
SALSERILLA (salserilha) *s. f.* Salseirinha (de pintores).
SALSERO *adj.* Diz-se do tomilho cheiroso.
SALTABANCO *s. m.* Saltimbanco, pelotiqueiro.
SALTABANCOS *s. m.* V. SALTABANCO.
SALTABARDALES *s. m.* Rapaz traquinas, estoura-vergas.
SALTADERO, A *adj.* Saltador. Lugar próprio para saltar. V. SURTIDOR.
SALTADIZO, A (saltadiço) *adj.* Que se estilhaça ou se quebra violentamente.
SALTAEMBANCO *s. m.* V. SALTABANCO.
SALTAEMBANCOS *s. m.* V. SALTABANCO.
SALTAMONTES *s. m.* Gafanhoto, saltão.
SALTAPAREDES *s. m.* V. SALTABARDALES.
SALTARIN, A *adj. e s.* Bailarino, bailarina. Buliçoso, inquieto, de pouco juízo (falando-se de jovens).
SALTARREGLA *s. m.* Esquadria falsa.
SALTATRAS *s. m. e f.* V. TORNATRAS.
SALTEAMIENTO *s. m.* Salteamento, salteagem, assalto.
SALTEO (saltèo) *s. m.* V. SALTEAMIENTO.
SALTERO, A *adj.* V. MONTARAZ.
SALTIMBANQUI *s. m. fam.* V. SALTABANCO.
SALTO *s. m.* Salto (em todas as suas acepções). A —*s, loc. adv.* Aos saltos, aos pulos, de salto a salto. A — *de mata, loc. adv.* Fugindo e escondendo-se.
SALTÓN, A *adj.* Saltão, saltador. Saltado (falando-se de olho). *s. m.* V. SALTAMONTES.
SALUD (salud) *s. f.* Saúde. Salvação.
SALUDABLE *adj.* Saudável. *fig.* Proveitoso, vantajoso, saudável.
SALUDABLEMENTE *adv.* Saudavelmente.
SALUDACIÓN *s. f.* V. SALUTACIÓN.
SALUDADOR, A *adj. e s.* Saudador. Diz-se do dedo índice. Curandeiro, saludador.
SALUDAR *v. tr.* Saudar, cumprimentar. Saudar, aclamar. Salvar (saudar com salvas de artilharia).
SALUDO *s. m.* Cumprimento, saudação; saudar.
SALUMBRE *s. f.* Flor de sal (certa espuma avermelhada, produzida pelo sal).
SALUTACIÓN *s. f.* Saudação, cumprimento. *Liturg.* Saudação, saudação angélica; ave-maria.
SALUTIFERAMENTE *adv.* Saudavelmente, salutarmente.
SALUTISTA *s. m. e f.* Membro do Exército de Salvação.
SALUTIVO, A *adj.* Salutar.
SALVACIÓN *s. f.* Salvação.
SALVADERA *s. f.* Areeiro (vaso com areia para secar a escrita).
SALVADO *s. m.* Farelo; sêmea.
SALVAGUARDIA *s. f.* Salvaguarda.
SALVAJADA (salvajada) *s. f.* Selvageria.
SALVAJE (salvaje) *adj. e s.* Selvagem (em todas as suas acepções).
SALVAJERÍA (salvajería) *s. f.* V. SALVAJADA.
SALVAJEZ (salvajez) *s. f.* Selvageria, selvagismo (qualidade de selvagem).
SALVAJINA (salvajina) *s. f.* Multidão de animais selvaginos. Animal selvagem. Porção de peles de animais selváticos.
SALVAJINO, A (salvajino) *adj.* Selvagino, selvagíneo, selvagem, selvático, montezino. Selvagina (falando-se de carne).
SELVAJUELO, A (salvajuelo) *adj. Dim.* de *Salvaje.*
SALVAR *v. tr.* Salvar, livrar. U. t. c. pron. Evitar, esquivar. *v. pron.* Salvar-se.
SALVEDAD (salvedad) *s. m.* Desculpa, escusa, reserva. Restrição, reserva.
SALVIA *s. f. Bot.* Salva, sálvia; salveta.

SALVILLA (salvilha) *s. f.* Salva, bandeja.

SALVOHONOR (salvoonor) *s. m. fam.* O traseiro.

SAMAGO *s. m.* Defeito (nas madeiras de construção).

SÁMÁN *s. f.* Espécie de cedro americano.

SAMBENITAR *v. tr.* Ensambenitar, sambenitar. *fig.* Infamar, desonrar, desacreditar, enxovalhar.

SAMBENITO *s. m.* Sambenito. *fig.* Nota infamante, pecha.

SAMBLAJE (samblaje) *s. m.* Ensambladura.

SAMBUMBIA *s. f.* Espécie de bebida fermentada.

SAMBUMBIERÍA *s. f.* Lugar onde se vende *sambumbia.*

SAMBUMBIERO *s. m.* Fabricante ou vendedor de *sambumbia.*

SAMPSUCO *s. m.* V. MEJORANA.

SAMUGA *s. f.* V. JAMUGA.

SAN *adj. Apóc.* de *Santo.* São. *Gram.* Usa-se somente antes dos nomes próprios dos santos, exceto os de *Tomás* ou *Tomé, Toríbio* e *Domingo.* O plural é empregado somente em expressões familiares: *¡Por vida de —es!* Pela vida dos santos!

SAÑA (sanha) *s. f.* Sanha, cólera, raiva, ira, furor.

SANAR *v. tr.* Sarar, curar, sanar. *v. intr.* Sarar, curar-se.

SANCIÓN *s. f.* Sanção.

SANCOCHAR (sancotchar) *v. tr.* Cozer a carne, deixando meio crua e sem tempero.

SANCOCHO (sancotcho) *s. m.* Carne meio cozida. *Amer.* Espécie de cozido.

SÁNDALO *s. m.* Sândalo. — *rojo,* sândalo-vermelho.

SANDEZ *s. f.* Sandice, tolice, necedade, parvoíce.

SANDÍA *s. f.* Melancia.

SANDIAR *s. m.* Melancial.

SANDIO, A *adj.* e *s.* Sandeu, tolo, idiota, néscio.

SANDUNGA *s. f. fam.* Sal, graça, elegância, donaire.

SANDUNGUERO, A *adj. fam.* Gracioso, engraçado, elegante, donairoso.

SANEADO, A *p. p.* de *Sanear. adj.* Escolhido (diz-se do que é melhor entre várias coisas).

SANEAR *v. tr.* Sanear, tornar são, habitável ou salubre. Sanear, remediar, reparar. Garantir a indenização de dano provável.

SANEDRÍN *s. m.* Sanedrim.

SANFRANCIA *s. f. fam.* V. GRESCA.

SANGRADERA *s. f.* Lanceta. Cuba, vaso para receber o sangue da sangria.

SANGRADURA *s. f.* Sangradouro (parte do braço oposta ao cotovelo). Sangradura, sangria. *fig.* Dreno, vala para drenagem. Sangradouro (sulco ou lugar por onde se desvia parte da água de um rio ou fonte).

SANGRAZA (sangraça) *s. f.* Sangue alterado.

SANGRE *s. f.* Sangue. *Buena —, fig. fam.* Bom caráter, condição benigna da pessoa. *Mala —, fig. fam.* Caráter vingativo de uma pessoa.

SANGRIENTO, A *adj.* Sangrento.

SANGUAZA (sanguaça) *s. f.* V. SANGRAZA. Líquido avermelhado que ressuma de algumas frutas e legumes.

SANGÜEÑO (sangüenho) *s. m.* V. ALADIERNA.

SANGÜESA (sangüessa) *s. f.* V. FRAMBUESA.

SANGÜESO (sangüesso) *s. m.* V. FRAMBUESO.

SANGUÍFERO, A *adj.* Sanguíneo.

SANGUIFICACIÓN *s. f.* Sanguificação.

SANGUIJUELA (sanguijuela) *s. f.* Sanguessuga. *fig.* Sanguessuga, indivíduo que explora outro.

SANGUINO, A *adj.* Sanguíneo. *s. m.* V. ALADIERNA. V. CORNEJO.

SANGUINOSO, A (sanguinosso) *adj.* Sanguinolento, ensanguentado, sanguinoso. *fig.* Sanguinolento, sanguinário.

SANGUINUELO (sanguinhuelo) *s. m.* V. CORNEJO.

SANIES *s. f.* Sânie.

SANO, A *adj.* São, sadio. Garantido, seguro. São, saudável.

SAÑOSAMENTE (sanhossamente) *adv.* V. SAÑUDAMENTE.

SAÑOSO, A (sanhosso) *adj.* Sanhoso.

SANTERO, A *adj.* Santeiro, que rende às imagens um culto exagerado. *s. m.* Pessoa que cuida de um santuário.

¡SANTIAGO! *interj.* Santiago! (grito de guerra dos espanhóis). *s. m.* Espécie de tecido. Acometida, arremetida (na batalha).

SANTIAGUEÑO, A (santiaguenho) *adj.* Diz-se de algumas frutas que amadurecem por São Tiago. *adj.* e *s.* Santiaguense (natural de Santiago del Estero).

SANTIAMÉN *s. f. fam.* Santiamém, instante, momento.

SANTIFICACIÓN *s. f.* Santificação.

SANTIGUADA *s. f.* Persignação.

SANTIGUADERA *s. f.* Benzedura.

SANTIGUADERO, A *adj.* Benzedeiro; benzedor.

SANTIGUAMIENTO *s. f.* Persignação.

SANTIGUAR *v. tr.* Benzer; santigar, santiguar. Benzer (para curar). *v. pron.* Benzer-se, persignar-se, santiguar-se, santigar-se. *v. tr. fig. fam.* Castigar, maltratar, surrar. *v. pron. fig. fam.* Benzer-se (expressar admiração e estranheza).

SANTIGUO *s. m.* V. SANTIGUAMIENTO.

SANTIMONIA *s. f.* Santidade (qualidade de santo). *Bot.* Olho-de-boi.

SANTISCARIO *s. m. fam.* Invenção, lavra. (Usa-se somente na expressão: *de mi —,* de minha invenção, da minha lavra).

SANTO, A *adj.* e *s.* Santo. *s. m.* Aniversário onomástico.

SANTÓN *s. m.* Asceta maometano. Santão, santarrão.

SANTUCHO, A (santutcho) *adj.* e *s. fam.* V. SANTURRÓN.

SANTURRÓN, A *adj.* e *s.* Santarrão, santão, santilão.

SANTURRONERÍA *s. f.* Santimônia, beatice; qualidade de santarrão.

SAÑUDAMENTE (sanhudamente) *adv.* Sanhudamente.

SAÑUDO, A (sanhudo) *adj.* Sanhudo.

SAPIDEZ *s. f.* Qualidade de sápido, sabor.

SAPILLO (sapilho) *s. m.* Sapinhos; rânula.

SAPINO *s. m.* Abeto.

SAPONIFICABLE *adj.* Saponificável.

SAPONIFICACIÓN *s. f.* Saponificação.

SAQUE *s. m.* Saída (no jogo da pela). O que arremessa a pela.

SAQUEO (saquèo) *s. m.* Saque, pilhagem.

SAQUERA *adj.* Diz-se da agulha de costurar sacos.

SAQUERÍA *s. f.* Sacaria.

SAQUERÍO *s. m.* V. SAQUERÍA.

SAQUILADA *s. f.* Saco de trigo, não muito cheio, que se leva a moer.

SARAGÜETE *s. m. fam.* Sarau íntimo.

SARAMPIÓN *s. m.* Sarampo.

SARAO *s. m.* Sarau.

SARAPE *s. m. Amer. mexic.* Espécie de poncho.

SARCIA *s. f.* Carga, fardo, peso.

SARCOCOLA *s. f.* Sarcocola, matéria resinosa da sarcocoleira.

SARDA *s. f. Ictiol.* Cavala; sarda.

SARDANA *s. f.* Dança tradicional da Catalunha.

SARDINA *s. f.* Sardinha.

SARDINEL *s. m. Constr.* Obra de tijolos colocados de esquina.

SARDINERO, A *adj.* e *s.* Sardineiro.

SARDINETA *s. f. Dim.* de *Sardina.* Porção de queijo que sobressai do molde. Alamares (nos uniformes militares).

SARDIO *s. m.* V. SARDONICE.

SARDO, A *adj.* e *s.* Sardo (da Sardenha).

SARDONIA *adj. Med.* Sardônico (referente ao riso convulsivo). Sardônico (pertencente à sardônica).

SARDÓNICE (sardònice) *s. f.* Sardônica (variedade da calcedônia).

SARDÓNIQUE (sardònique) *s. f.* V. SARDÓNICE.

SARGA *s. f.* Sarja (tecido). *Pint.* Tapeçaria pintada a têmpera ou a óleo. *Bot.* Espécie de vime.

SARGADILLA (sargadilha) *s. f. Bot.* Sargacinha, erva-das-sete-sangrias.

SARGADO, A *adj.* Sarjado (falando-se de tecido).

SARGAL *s. m.* Vimieiro (de *sargas*).

SARGATILLO (sargatilho) *s. m.* Espécie de salgueiro.

SARGAZO (sargaço) *s. m.* Sargaço.

SARGENTERÍA (sarjentería) *s. f.* Ofício de sargento.

SARILLA (sarilha) *s. f.* V. MEJORANA.

SARMENTAR *v. intr.* Esvidar, esvidigar. *Irreg.* V. conj. de *Calentar.*

SARMENTERA *s. f.* Ação de esvidar ou esvidigar. Lugar onde se guardam os sarmentos.

SARMIENTO *s. m.* Sarmento.

SARPULLIDO (sarpulhido) *s. m.* V. SALPULLIDO.

SARPULLIR (sarpulhir) *v. tr.* e *pron.* V. SALPULLIR. *Irreg.* V. conj. de *Servir.*

SARRACINA *s. f.* Briga, rixa, arruaça. Tumulto, conflito (com mortos e ferido).

SARRIA *s. f.* Rede para acarretar palha. Seira grande.

SARRIETA *s. f. Dim.* de *Sarria.*

SARRILLO (sarrilho) *s. m.* Estertor, sarrido (do moribundo). *Bot.* V. ARO.

SARRIO *s. m. Zool.* Camurça.

SARROSO, A (sarrosso) *adj.* Sarrento; saburroso.

SARTA *s. f.* Enfiada, sarta. Fileira, fila (de coisas ou pessoas).

SARTAL *s. m.* V. SARTA.

SARTÉN *s. f.* Frigideira, sertã.

SARTENADA *s. f.* Fritada (o que se frita de uma vez na frigideira).

SARTENAZO (sartenaço) *s. m.* Pancada com frigideira. *fig. fam.* Pancada forte (com qualquer coisa).

SASAFRAS (sassafrás) *s. m.* Sassafrás.

SASTRA *s. f.* Alfaiata. Mulher de alfaiate.

SASTRE *s. m.* Alfaiate.

SASTRERÍA *s. f.* Alfaiataria.

SATINAR *v. tr.* Assetinar.

SATISDACIÓN *s. f. For.* Fiança, caução.

SATISFACCIÓN *s. f.* Satisfação (pagamento; reparação; expiação; contentamento). Presunção, jactância, vaidade.

SATISFACER *v. tr.* Satisfazer (em todas as suas principais acepções). *v. pron.* Vingar-se. Satisfazer-se (dar-se por satisfeito). *Irreg.* Ind. pres. *Satisfago.* Pret. indef. *Satisfi-ce, ciste, zo, cimos, cisteis, cieron.* Fut. imperf. *Satisfar-é, ás, á, emos, éis, án.* Cond. simpl. *Satisfarí-a, as, a, amos, ais, an.* Subj. pres. *Satisfag-a, as, a, amos, áis, an.* Pret. imperf. *Satisfici-era, eras, era, éramos, erais, eran* ou *Satisfici-ese, eses, ese, ésemos, eseis, esen.* Fut. imperf. *Satisfici-ere, eres, ere, éremos, ereis, eren.* Imperat. *Satisfaz* (ou *satisface,* que é a forma regular), *satisfag-a, amo, an.* P. p. *Satisfecho.*

SATISFECHO, A (satisfetcho) *p. p. irreg.* de *Satisfacer.*

SATO *s. m.* V. SEMBRADO.

SATURACIÓN *s. f.* Saturação.

SAUCE *s. m.* Salgueiro.

SAUCEDAL *s. m.* V. SALCEDA.

SAUCEDO *s. m.* V. SALCEDA.

SAUCERA *s. f.* V. SALCEDA.

SALCILLO (saucilho) *s. m. Bot.* Sanguinária.

SAUCO *s. m.* Saúco (parte do casco das bestas). *Bot.* Sabugueiro.

SAVIA *s. f.* Seiva.

SAXOFONO (sacsòfono) *s. m.* V. SAXOFÓN.

SAXOFÓN (sacsofòn) *s. m.* Saxofone.

SAYA (sadja) *s. f.* Saia (roupa exterior). Saio.

SAYAL (sadjal) *s. f.* Burel (tecido grosseiro).

SAYÓN (sadjòn) *s. m.* Verdugo. *ant.* V. ALGUACIL. *fig. fam.* Homem de aspecto façanhudo.

SAZÓN (saçon) *s. f.* Madureza, perfeição. Sazão, ocasião, quadra favorável, tempo propício. Gosto, sabor (dos alimentos). *A la —, loc. adv.* Então, nessa época, nessa ocasião. *En —, loc. adv.* Oportunamente, em tempo.

SAZONADAMENTE (saçonadamente) *adv.* Maduramente, perfeitamente.

SAZONADO, A (saçonado) *p. p.* de *Sazonar.* Sazonado. *adj.* Maduro, expressivo, substancial (falando-se de estilo, dito ou frase).

SAZONAR (saçonar) *v. tr.* Sazonar, amadurecer. *v. pron.* Sazonar-se, amadurecer, sazonar. *v. intr.* Temperar, tornar saboroso, sazonar.

SE *pron.* Se. *Gram.* Forma reflexiva do pronome pessoal da 3ª pes. Usa-se em dativo e acusativo em ambos os gêneros e números e não admite

preposição. Pode empregar-se como proclítico ou enclítico: *SE puede, puédese.* Serve também para formar orações impessois e de forma passiva. *pron.* Se. *Gram.* Dativo masculino ou feminino do singular ou plural do pronome pessoal da terceira pessoa, combinado com o acusativo *lo, la, los, las* em vez das formas *le* ou *les: se lo dije* em vez de *le lo dije* ou *les lo dije.* Emprega-se como proclítico ou enclítico: *SE lo dió, dióSElo.*

SEBASTIANO *s. m.* V. SEBESTÉN.

SEBESTÉN *s. m. Bot.* Sebesteiro, sebesteira.

SEBILLO (sebilho) *s. m.* Sebo fino, como o do cabrito, para suavizar as mãos e outros fins. Espécie de sabão para as mesmas finalidades.

SECA *s. f.* Seca, estiagem. V. SECANO, 2ª acep.

SECADAL *s. m.* V. SEQUEDAL. V. SECANO.

SECADERO, A *adj.* Diz-se das frutas que se podem conservar secas. *s. m.* Secadouro, sequeiro, estendedouro.

SECADILLO (secadilho) *s. m.* Espécie de doce de amêndoas pisadas.

SECANO *s. f.* Sequeiro (terreno não regado pelas águas). Banco de areia a descoberto. *fig.* Coisa muito seca.

SECANSA *s. f.* Certo jogo de cartas.

SECCIÓN *s. f.* Secção, corte; porção, parte, divisão de um todo.

SECESIÓN (secessiòn) *s. f.* Secessão.

SECESO (secesso) *s. m.* Evacuação do ventre.

SECRECIÓN *s. f.* Secreção. Segregação, apartamento.

SECRETA *s. f.* Secreta (tese). Secreta (oração). Latrina.

SECRETAR *v. tr. Fisiol.* Segregar.

SECRETEAR *v. intr.* Segredar, dizer segredos.

SECRETER *s. m.* Secretária, escritório (móvel).

SECRETISTA *adj.* e *s.* Naturalista. Segredista, segredeiro.

SECRETO *s. m.* Segredo (em todas as suas acepções).

SECTA *s. f.* Seita, doutrina.

SECTOR *s. m. Geom.* Setor, círculo. *fig.* Setor, círculo, parte de uma classe ou coletividade.

SECUAZ *adj.* e *s.* Sequaz.

SECUELA *s. f.* Conseqüência, resultado, seqüela.

SECUENCIA *s. f. Liturg.* Seqüência.

SECUESTRAR *v. tr.* Seqüestrar.

SECUESTRACIÓN *s. f.* Seqüestração.

SECUESTRO *s. m.* Seqüestro.

SECULARIZACIÓN (seculariçaciòn) *s. f.* Secularização.

SED (sed) *s. f.* Sede. *fig.* Sede, ânsia, desejo ardente.

SEDADERA *s. f.* Sedeiro, rastelo (para trabalhar o linho).

SEDAL *s. f.* Sedala, sedalha.

SEDE *s. f.* Sede (dignidade de bispo, arcebispo ou pontífice). Sé, diocese. Sede (cadeira de um prelado). *Santa —,* Santa Sé.

SEDEÑA (sedenha) *s. f.* Estopa fina. Tecido desta estopa.

SEDEÑO, A (sedenho) *adj.* Sedoso. Sedenho, que tem sedas ou cerdas.

SEDERA *s. f.* Escovinha, escova de sedas.

SEDERÍA *s. f.* Mercadoria de seda. Conjunto de sedas. Loja de sedas. Arte de fabricar a seda.

SEDERO *s. m.* Fabricante ou negociante de sedas.

SEDICIÓN *s. f.* Sedição, revolta, rebelião, motim, insurreição.

SEDIENTO, A *adj.* e *s.* Sedento.

SEDIMENTACIÓN *s. f.* Sedimentação.

SEDUCCIÓN *s. f.* Sedução.

SEDUCIR *v. tr.* Seduzir. *Irreg.* V. conj. de *Inducir.*

SEDUCTIVO, A *adj.* Sedutor.

SEGABLE *adj.* Segável.

SEGADERA *s. f.* Segadeira, espécie de foice grande.

SEGADERO, A *adj.* Segadouro.

SEGADORA *s. f.* Segadeira, ceifadeira (máquina).

SEGAR *v. tr.* Segar. *fig.* Aparar, cortar o que sobressai. *Irreg.* V. conj. de *Calentar.*

SEGAZÓN (segaçòn) *s. f.* Sega, ceifa, segadura.

SEGLAR *adj.* e *s.* Secular (relativo aos leigos; temporal, civil, mundano).

SEGLARMENTE *adv.* Secularmente, temporalmente, civilmente, mundanamente.

SEGREGACIÓN *s. f.* Segregação, secreção.

SEGUETA *s. f.* Serra surda.

SEGUETEAR *v. tr.* Serrar (com a serra surda).

SEGUIDA *s. f.* Seguida, seguimento. Série, ordem, continuação. Certa dança antiga. *De —, loc. adv.* De seguida, consecutivamente, seguidamente. *En —, loc. adv.* Em seguida, logo, ato contínuo, imediatamente.

SEGUIDERO, A *adj.* Pauta (para escrever).

SEGUIDILLA (seguidilha) *s. f.* Composição métrica de quatro ou sete versos, dos quais são, em ambos os casos, heptassílabos e livres o primeiro e o terceiro, e de cinco sílabas e rimados os outros dois. *pl.* Seguidilha. *fig. fam.* Câmaras, soltura do ventre.

SEGUIDO, A *p. p.* de *Seguir. adj.* Seguido, contínuo, consecutivo, sucessivo. Direito, reto, que está em linha reta. *adv.* V. SEGUIDA (DE). *s. m.* Mate (ponto de meia).

SEGUIMIENTO *s. m.* Seguimento.

SEGUIR *v. tr.* Seguir (acompanhar; continuar; imitar; *v. pron.* seguir-se, suceder-se, inferir-se). *Irreg.* V. conj. de *Servir.*

SEGÚN *prep.* Segundo, conforme. *— y como,* ou *— y conforme, loc. adv.* Da mesma sorte ou maneira que.

SEGUNDAR *v. tr.* V. ASEGUNDAR. *v. intr.* Ser segundo, ir em segundo lugar.

SEGUNDARIO, A *adj.* Secundário.

SEGUNDERO, A *adj.* Diz-se do segundo fruto anual de certas plantas. *s. m.* Ponteiro dos segundos (num relógio).

SEGUNDILLO (segundilho) *s. m.* Segunda porção de pão que se dá aos religiosos em certos conventos.

SEGUNDO, A *adj.* Segundo. Favorável. *s. m.* Segundo (sexagésima parte do minuto).

SEGUNDÓN *s. m.* Secundo-gênito. *Por ext.* Qualquer filho não primogênito.

SEGUR *s. f.* Machado grande, machada. Segur, machadinha. Foice. Segure (dos litores romanos).

SEGURIDAD (seguridad) *s. f.* Segurança, seguridade. Fiança, caução, garantia.

SEISAVADO, A (seisavado) *adj.* Hexagonal.

SEISCIENTOS *adj.* e *s.* Seiscentos.

SEISE (seisse) *s. m.* Menino do coro (das catedrais de Sevilha).

SEISÉN (seissèn) *s. m.* V. SESÉN.

SEISENO, A (seisseno) *adj.* Sexto.

SEISILLO (seissilho) *s. m. Mús.* Conjunto de seis notas iguais que se tocam no tempo correspondente a quatro delas.

SEISMICO, A *adj.* Sísmico.

SEISMOLOGIA (seismolojía) *s. f.* Sismologia.

SEISMOMETRO *s. m.* Sismômetro.

SELECCIÓN *s. f.* Seleção.

SELLADURA (selhadura) *s. f.* Selagem.

SELLAR (selhar) *v. tr.* Selar (por selo em; estampar, imprimir; concluir, rematar, pôr fim a).

SELLO (selho) *s. m.* Selo, sinete, chancela. Selo (postal). Selo (sinal deixado pelo sinete ou pela chancela).

SEMANERO *s. m.* Semaneiro (que exerce um cargo por semanas).

SEMBLANZA (semblança) *s. f.* Semelhança. Bosquejo biográfico.

SEMBRADERA *s. f.* Semeador (máquina para semear cereais).

SEMBRADIO, A *adj.* Diz-se da terra destinada ou boa para a sementeira.

SEMBRADO, A *p. p.* de *Sembrar. s. m.* Semeado, semeada, sementeira, terra semeada.

SEMBRADOR, A *adj.* e *s.* Semeador.

SEMBRADURA *s. f.* Semeadura.

SEMBRAR *v. tr.* Semear (em todas as acepções). *Irreg.* V. conj. de *Calentar.*

SEMEJA (semeja) *s. f.* V. SEMEJANZA, 1ª acep. Sinal, indício. U. m. no pl.

SEMEJABLE (semejable) *adj.* Assemelhável, semelhável.

SEMEJABLEMENTE (semejablemente) *adv.* Semelhavelmente.

SEMEJANTE (semejante) *adj.* e *s.* Semelhante.

SEMEJANTEMENTE (semejantemente) *adv.* Semelhantemente.

SEMEJANZA (semejança) *s. f.* Semelhança. *Retór.* Semelhança.

SEMEN *s. m.* Sêmen, semente, esperma.

SEMENCERA *s. f.* V. SEMENTERA.

SEMENTAL *adj.* Semental. U. t. c. s. (falando-se de animais).

SEMENTAR *v. tr.* Semear. *Irreg.* V. conj. de *Calentar.*

SEMENTERA *s. f.* Semeadura. Sementeira.

SEMENTERO, A *adj.* e *s.* Sementeiro. *s. m.* V. SEMENTERA.

SEMENTINO, A *adj.* Relativo a semente.

SEMICOPADO, A *adj. Mús.* Sincopado.

SEMICORCHEA (semicortchea) *s. f. Mús.* Semicolcheia.

SEMIDIOS *s. m.* Semideus.

SEMIDIOSA (semidiossa) *s. f.* Semideusa.

SEMIDOBLE *adj. Liturg.* Semidúplex.

SEMILLA (semilha) *s. f.* Semente.

SEMILLERO (semilhero) *s. m.* Seminário, viveiro de plantas. *fig.* Viveiro, causa e origem de coisas nocivas.

SEMITONO *s. m. Mús.* Semitom, meio tom.

SEMIVOCAL *adj.* e *s.* Semivogal.

SÉMOLA *s. f.* Sêmola. Trigo quebrado. Trigo, candial descascado.

SEMOVIENTE *adj.* e *s.* Semovente.

SEN *s. m. Bot.* Sene, sena.

SEÑA (senha) *s. f.* Senha (sinal, indício; aceno). *pl.* Endereço, direção (do domicílio de uma pessoa). *Hacer —s,* fazer sinais ou acenos. *—s mortales,* indícios veementes de alguma coisa.

SENADOCONSULTO *s. m.* Senatus-consulto.

SENADURÍA *s. f.* Senatoria.

SEÑAL (senhal) *s. f.* Sinal (em todas as suas principais acepções). Marco (de limite). *En —, loc. adv.* Em sinal de, em prova de. *Ni —, loc. fig.* Nem sinal (que não apareceu, que está acabado).

SEÑALADAMENTE (senhaladamente) *adv.* Assinaladamente.

SEÑALADO, A (senhalado) *p. p.* de *Señalar. adj.* Assinalado, insigne, famoso.

SEÑALAMIENTO (senhalamiento) *s. m.* Assinalamento.

SEÑALAR (senhalar) *v. tr.* Assinalar (marcar; assinar, rubricar, firmar; fixar tempo; chamar a atenção, apontar, fazer sinal). *v. pron.* Assinalar-se, distinguir-se.

SEÑALEJA (senhaleja) *s. f. Dim.* de *Señal.*

SENCILLEZ (sencilhez) *s. f.* Singeleza, simplicidade.

SENCILLO, A (sencilho) *adj.* Simples, singelo, sem artifício. Simples, desataviado. Simples, lhano, franco. Simples, claro (falando-se do estilo). Diz-se da moeda metálica comparada com outra do mesmo nome e maior valor. *fig.* Simples, ingênuo. *fig.* Simples, incauto, fácil de enganar. *s. m.* Troco (dinheiro trocado).

SENDA *s. f.* Senda (caminho estreito). *fig.* Senda, caminho (meio para conseguir um fim).

SENDERAR *v. tr.* V. SENDEREAR.

SENDEREAR *v. tr.* Abrir atalhos, sendas ou veredas. Guiar por esses caminhos. *v. intr. fig.* Ir por caminhos diversos (na maneira de proceder ou discorrer).

SENDERO *s. m.* V. SENDA.

SENDERUELO *s. m. Dim.* de *Sendero.*

SENDOS, AS *adj. pl.* A cada um o seu ou a cada uma a sua (sendos, senhos).

SENECTUD (senectud) *s. f.* Senectude, senilidade, decrepitude.

SEÑERA (senhera) *s. f.* Estandarte, bandeira, pendão.

SEÑERO, A (senhero) *adj.* Só, solitário. Único, sem igual.

SENO *s. m.* Seio, curvatura, volta, sinuosidade. Seio (das vestes). Seio, peito. Seio, enseada. Seio, regaço. *Trigon.* Seno. *fig.* Seio (em todas as suas diversas acepções).

SEÑOLEAR (senholear) *v. intr.* Caçar com negaça.

SEÑOR, A *adj.* Senhor, dono. U. t. c. s. *fam.* Nobre, fidalgo (falando-se do porte e maneiras). *fam.* Anteposto aos substantivos, serve para encarecer o significado destes, equivalente a grande, enorme, importante etc. *s. m.* Senhor, Deus. Senhor, proprietário, dono absoluto; soberano, chefe. Senhor (título de nobreza). Senhor, amo, patrão (em relação a criados). Senhor (tratamento

de cortesia). *fam.* Sogro. — *mayor*, homem de idade avançada, ancião. — *de horca y cuchillo*, senhor de baraço e cutelo. — *de sí*, senhor de si, tranqüilo, sereno. *A lo* —, *loc. adv.* V. SEÑORILMENTE.

SEÑORA (senhora) *s. f.* Senhora, ama, dona-decasa. Senhora (tratamento de cortesia). Senhora (mulher casada). *fam.* Sogra. — *mayor*, mulher de idade avançada, anciã. — *de honor*, dama de honra. — *de compañia*, dama de companhia. *Nuestra* —, Nossa Senhora, a Virgem Maria.

SEÑORADA (senhorada) *s. f.* Ação própria de senhor.

SEÑORAJE (senhoraje) *s. m.* V. SEÑOREAJE.

SEÑORAZA (senhoraça) *s. f. fam. Aument.* de *Señora.* Senhoraça.

SEÑORAZO (senhoraço) *s. m. fam.* Senhoraço.

SEÑOREADOR, A (senhoreador) *adj.* e *s.* Senhoreador.

SEÑOREAJE (senhoreaje) *s. m.* Senhoriagem (direito que o rei percebia pela fábrica da moeda).

SEÑOREAR (senhorear) *v. tr.* Senhorear, assenhorear-se de. *v. pron.* Assenhorear-se. *v. tr. fig.* Senhorear, dominar, estar superior ou sobranceiro *a.* Senhorear, dominar, cativar (ter império ou influência moral sobre). *fam.* Dar a alguém com feqüência o tratamento de senhor. *v. pron.* Vestir-se ou conduzir-se com grabidade.

SEÑORETE (senhorete) *s. m. Dim.* de *Senhor.*

SEÑORÍA (senhoría) *s. f.* Senhoria (direito de senhor; tratamento; terra senhorial; domínio de um Estado ou potentado).

SEÑORIAL (senhorial) *adj.* Senhorial. *fig.* Senhoril, nobre, distinto. V. SEÑORIL.

SEÑORIALMENTE (senhorialmente) *adv.* V. SEÑORILMENTE.

SEÑORIL (senhoril) *adj.* Senhoril, senhorial (próprio de senhor, pertencente ao senhor).

SEÑORILMENTE (senhorilmente) *adv.* Senhorilmente.

SEÑORÍO (senhorío) *s. m.* Senhorio (domínio, possessão, autoridade, mando). *fig.* Gravidade, circunspeção (no porte e maneiras). *fig.* Soberania (liberdade em proceder). *fig.* Conjunto de senhores ou pessoas distintas e de representação.

SEÑORITA (senhorita) *s. f.* Filha de um senhor ou pessoa de representação. Senhorinha, senhorita (tratamento de cortesia à mulher solteira). *fam.* Senhora, ama (posição da que tem criados relativamente a estes).

SEÑORITINGO, A (senhoritingo) *s. m.* e *f. Deprec.* de *Señorito* ou *Señorita.*

SEÑORITO (senhorito) *s. m.* Filho de um senhor ou pessoa de representação. *fam.* Senhor (tratamento de criados para os amos). *fam.* Jovem endinheirado e ocioso.

SEÑOROTA (senhorota) *s. f. Deprec.* Senhoraça.

SEÑOROTE (senhorote) *s. m. Deprec.* Senhoraço.

SENSACIÓN *s. f.* Sensação.

SENSIBLE *adj.* Sensível.

SENSIBLERÍA *s. f. fam.* Sentimentalismo exagerado ou fingido.

SENTADA *s. f.* V. ASENTADA.

SENTADILLAS (A) (sentadilhas) *loc. adv.* V. MUJERIEGAS (A).

SENTADO, A *p. p.* de *Sentar. adj.* Judicioso, sensato, prudente, assisado.

SENTAMIENTO *s. m. Arq.* V. ASIENTO.

SENTAR *v. tr.* Sentar, assentar. U. t. c. pron. *v. intr.* Assentar, ficar bem, cair bem (falando-se de vestes). *Irreg.* V. conj. de *Calentar.*

SENTENCIA *s. f.* Sentença (em todas as suas acepções).

SENTENCIÓN *s. m. fam.* Sentença rigorosa ou excessiva.

SENTENZUELA (sentençuela) *s. f. Dim.* de *Sentencia.*

SENTICAR *s. m.* V. ESPINAR.

SENTIDO *s. m.* Sentido (em todas as suas acepções). Senso, bom senso. *De* — *comun*, *loc.* Conforme o bom senso.

SENTIMIENTO *s. m.* Sentimento.

SENTIR *s. m.* Sentir (sentimento, sensibilidade; opinião, parecer). *v. tr.* e *intr.* Sentir (em todas as suas principais acepções). *v. intr.* Cheirar, começar a apodrecer uma coisa. *Irreg.* Ind. pres. *Sient-*

o, es, e, en. Subj. pres. *Sient-a, as, a, sintamos, sintáis, sientan.* Pret. imper. *Sinti-era, eras, era, éramos, erais, eran* ou *Sinti-ese, eses, ese, ésemos, eseis, esen.* Fut. imperf. *Sinti-ere, eres, ere, éremos, ereis, eren.* Imperat. *Sient-e, a, sintamos, sientan.* Ger. *Sintiendo.*

SEÑUELO (senhuelo) *s. m.* Negaça, chamariz, reclamo. V. CIMBEL. *fig.* Isca, engodo, negaça, *Amer. plat.* Sinuelo, cabresto.

SEOR *s. m. Síncope* de *Señor.*

SEORA *s. f. Síncope* de *Señora.*

SÉPALO *s. m.* Sépala.

SEPARACIÓN *s. f.* Separação.

SEPELIO *s. m.* Enterro, inumação (de defuntos).

SEPIA *s. f. Zool.* Siba. Sépia.

SEPTENA *s. f.* Setena.

SEPTENIO *s. m.* Setênio.

SEPTENO, A *adj.* Sétimo. Seteno.

SEPTENTRIÓN *s. m.* Setentrião. *Astron.* Ursa Maior.

SEPTIEMBRE *s. m.* Setembro (nono mês do ano).

SÉPTIMA *s. f. Mús.* Sétima. Sétima (no jogo dos centos).

SÉPTIMO, A *adj.* Sétimo.

SEPTINGENTÉSIMO, A (septinjentèssimo) *adj.* Sentingentésimo.

SEPTISÍLABO, A (septissílabo) *adj.* e *s.* Setissílabo.

SEPTUAGENARIO, A (septuajenario) *adj.* e *s.* Setuagenário.

SEPTUAGÉSIMA (septuajèssima) *s. f.* Setuagésima (terceiro domingo antes do primeiro da quaresma).

SEPTUAGÉSIMO, A (septuajèssimo) *adj.* Setuagésimo.

SEPTUPLICACIÓN *s. f.* Setuplicação.

SEPULTURERO *s. m.* Coveiro, sepultureiro.

SEQUEDAD (sequedad) *s. f.* Secura, sequidão (qualidade de seco). *fig.* Secura, aspereza; expressão áspera.

SEQUEDAL *s. m.* Sequeiro, terreno muito seco.

SEQUERAL *s. m.* V. SEQUEDAL.

SEQUERO *s. m.* V. SECANO. V. SECADERO.

SEQUEROSO, A (sequerosso) *adj.* Seco.

SEQUETE *s. m.* Pedaço de pão duro. Pancada seca. *fig. fam.* Aspereza, secura (no modo de falar ou responder).

SEQUIA *s. f.* Seca, estiagem.

SEQUILLO (sequilho) *s. m.* Sequilho.

SEQUIZO, A (sequiço) *adj.* Que tende a secar.

SER *s. m.* Ser, ente; essência. *v. subs.* Ser. Ser (verbo auxiliar que serve para a conjugação de todos os verbos na voz passiva). Ser (haver, existir; servir, aproveitar; estar; suceder, acontecer; valer, custar; pertencer; fazer parte de). *ERAse que ERA, loc. fam.* que se usa no começo de uma história: Era uma vez. *ES a saber, loc.* Isto é, quer dizer: — *algo qué (una cosa), loc. fam.* Ser de algum valor ou valer algo (uma coisa). *Irreg.* Ind. pres. *Soy, eres, es, somos, sois, son.* Pret. imperf. *Er-a, as, a, éramos, er-ais, an.* Pret. indef. *Fu-í, iste, é, imos, isteis, eron.* Subj. pres. *Se-a, as, a, amos, áis, an.* Pret. imperf. *Fu-era, eras, era, éramos, erais, eran* ou *Fu-ese, eses, ese, ésemos, eseis, esen.* Fut. imperf. *Fu-ere, eres, ere, éremos, ereis, eren.* Imperat. *Se-a, amos, an.* Ger. *Siendo.*

SERA *s. f.* Seira, alcofa.

SERADO *s. m.* V. SERAJE.

SERAJE (seraje) *s. m.* Cojunto de seiras ou alcofas.

SERBA *s. f.* Sorva (fruto).

SERBAL *s. m. Bot.* Sorveira.

SERBO *s. m.* V. SERBAL.

SERENA *s. f. fam.* Sereno, umidade da noite.

SERGAS *s. f. pl.* Proezas, façanhas, feitos.

SERIJO (serijo) *s. m.* Seirinha, cestinha.

SERILLO (serilho) *s. m.* V. SERIJO.

SERMÓN *s. m.* Sermão, prédica. *fig.* Sermão, repreensão.

SERMONEAR *v. tr. fam.* Repreender com freqüência.

SERMONEO (sermonèo) *s. m.* Repreensão freqüente.

SEROJA (seroja) *s. f.* Folha seca que cai das árvores. Gravetos, lascas, restos de lenha.

SEROJO (serojo) *s. m.* V. SEROJA.

SERÓN *s. m.* Seirão, alforge de esparto.

SERONDO, A *adj.* Serôdio, tardio (falando-se de frutas).

SEROTINO, A *adj.* V. SERONDO.

SERPA *s. f.* V. JERPA.

SERPENTÍN *s. m. Tecn.* Serpentina. Serpentina (pedra).

SERPENTINAMENTE *adv.* Viperinamente.

SERPENTÓN *s. m. Mús.* Serpentão.

SERPEZUELA (serpeçuela) *s. f. Dim.* de *Sierpe.*

SERPIENTE *s. f.* Serpente, cobra.

SERPOL *s. m. Bot.* Serpão.

SERPOLLAR (serpolhar) *v. intr.* V. RETOÑAR.

SERPOLLO (serpolho) *s. m.* V. RETOÑO.

SERRADIZO, A (serradiço) *adj.* Serradiço.

SERRALLO (serralho) *s. m.* Serralho.

SERRANIEGO, A *adj.* Serrano.

SERRANIL *s. m.* Espécie de punhal ou faca.

SERRANILLA (serranilha) *s. f.* Composição lírica sobre assuntos rústicos e, às vezes, eróticos.

SERRATILLA (serratilha) *s. f. Dim.* de *Sierra.* Serrinha.

SERRATO, A *adj. Anat.* Dentado.

SERRETA *s. f.* V. SERRATILLA. Serrilha (barbela de ferro).

SERRIJÓN (serrijòn) *s. m.* Serrota; serra ou cordilheira pouco extensa.

SERRÍN *s. m.* V. ASERÍN.

SERRINO, A *adj.* Sérreo, serrátil.

SERRÓN *s. m. Aument.* de *Sierra* (1ª acep.). *ant.* V. SERRUCHO.

SERRUCHAR (serrutchar) *v. tr. Amer.* Serrar com serrote.

SERRUCHO (serrutcho) *s. m.* Serrote (instrumento).

SERVATO *s. m. Bot.* Funcho-de-porco.

SERVIBLE *adj.* Servível, útil.

SERVICIAL *adj.* Serviçal. *s. m.* Clister.

SERVICIALMENTE *adv.* Serviçalmente.

SERVICIO *s. m.* Serviço (em todas as suas principais acepções).

SERCIDERO, A *adj.* Servível, útil. Que requer assistência pessoal para executar-se.

SERVIDUMBRE *s. f.* Servidão.

SERVILLA (servilha) *s. f.* Sevilha (sapato de ourelo).

SERVILLETA (servilheta) *s. f.* Guardanapo. *Doblar la* —, *loc. fig. fam.* Morrer.

SERVILLETERO (servilhetero) *s. m.* Argola para guardanapo.

SERVIR *v. intr., tr.* e *pron.* Servir (em todas as suas principais acepções). *Irreg.* Ind. pres. *Sirv-o, es, e, en.* Pret. indef. *Sirvió, sirvieron.* Subj. pres. *Sirv-a, as, a, amos, áis, an.* Pret. imperf. *Sirviera, eras, era, éramos, erais, eran* ou *Sirvi-ese, eses, ese, ésemos, eseis, esen.* Fut. imperf. *Sirviere, eres, ere, éremos, ereis, eren.* Imperat. *Sirv-e, a, amos, an.* Ger. *Sirviendo.*

SESADA (sessada) *s. f.* Fritada de miolos; miolada.

SESEAR *v. intr.* Cecear.

SESÉN (sessèn) *s. m.* Antiga moeda aragonesa.

SESENA (sessena) *s. f.* V. SESÉN.

SESENTA (sessenta) *adj.* e *s.* Sessenta. *adj.* Sexagésimo.

SESENTAVO, A (sessentavo) *adj.* Sessenta avos (sexagésima parte da unidade).

SESENTÓN, A (sessentòn) *adj.* e *s. fam.* Sexagenário.

SESEO (sessèo) *s. m.* Ceceio.

SESEOSO, A (sesseosso) *adj.* Ceceoso.

SESERA (sessera) *s. f.* Crânio, caveira. Cérebro, encéfalo.

SESGA *s. f.* Nesga (peça ou bocado de pano triangular).

SESGADAMENTE *adv.* V. SESGO (AL). *adv.* Sossegadamente.

SESGAMENTE *adv.* V. SEGADAMENTE (1ª e 2ª aceps.).

SESGAR *v. tr.* Enesgar; enviesar (cortar obliquamente; pôr de viés, ou de esguelha).

SESGO, A *adj.* Sossegado, quieto, tranqüilo. Sesgo, torcido, oblíquo. *fig.* Grave, sério, de cara torcida. *s. m.* Esguelha, obliqüidade, soslaio, través, diagonal. *fig.* Meio termo (em negócios duvidosos). *Al* —, *loc. adv.* De esguelha, ao viés, obliquamente, diagonalmente, de través.

SÉSIL (sèssil) *adj. Bot.* Séssil, que não tem pedúnculo.

SESILLO (sessilho) *s. m. Dim.* de *Seso*. Miolos (das aves, peixes e outros animais pequenos).

SESIÓN (sessiòn) *s. f.* Sessão. *Levantar la —,* encerrar a sessão.

SESMA *s. f.* V. SEXMA.

SESMERO *s. m.* V. SEXMERO.

SESMO *s. m.* V. SEXMO.

SESO (sesso) *s. m.* Cérebro, encéfalo. *fig.* Siso, juízo, prudência, tino. *Devanarse (uno) los —s, loc. fig.* Fatigar-se meditando muito uma coisa. *s. m.* Calço (pedra, tijolo ou ferro com que se calça uma panela).

SESTEADERO *s. m.* Lugar onde o gado sesteia.

SESTEO (sestèo) *s. m.* Ação de sestear; sesteada.

SESTERO *s. m.* V. SESTEADERO.

SESTIL *s. m.* V. SESTEADERO.

SESUDAMENTE (sessudamente) *adv.* Sisudamente.

SESUDEZ (sessudez) *s. f.* Sisudeza, sisudez, prudência, gravidade, sossego, seriedade, juízo, sensatez.

SESUDO, A (sessudo) *adj.* Sisudo. *Amer. chil.* V. TESTARUDO.

SETA *s. f.* Qualquer cogumelo (comestível ou não). *fig.* Morrão (de vela). Cerda, seda.

SETECIENTOS, AS *adj.* e *s.* Setecentos.

SETENTAVO, A *adj.* Setenta avos (setuagésima parte da unidade).

SETENTÓN, A *adj.* e *s. fam.* Setuagenário.

SETIEMBRE *s. m.* V. SEPTIEMBRE.

SETO *s. m.* Sebe, estacada. *— vivo.* Cerca viva, sebe.

SEUDÓNIMO, A *adj.* e *s.* Pseudônimo.

SEUDÓPODO *s. m. Biol.* Pseudópode.

SEVILLANAS (sevilhanas) *s. f. pl.* Sevilhana (canto e dança).

SEVILLANO, A (sevilhano) *adj.* e *s.* Sevilhano.

SEXMA (secsma) *s. f.* Sesma, sexta parte de uma coisa. V. SEXMO. Madeiro de 21 cm de largura e 14 cm de altura; sem comprimento determinado.

SEXMERO, A (secsmero) *adj.* Pertencente à sesmaria. *s. m.* Sesmeiro.

SEXMO (secsmo) *s. m.* Sesmaria, sesmo; divisão territorial que inclui certo número de povoações associadas.

SEXTILHA (secstilha) *s. f.* Sextilha.

SI *s. m. Mús.* Si.

SI *pron.* Si. *Gram.* Forma reflexa do pronome pessoal da 3ª pes. Emprega-se nos casos oblíquos em ambos os gêneros e números, sempre acompanhado de preposição. Quando esta é *con*, diz-se *consigo. Señor de —,* senhor de si, dono de si. *De por —, loc. adv.* Só, separadamente. *De —, loc. adv.* Por si, espontaneamente. *Por — y ante —, loc. adv.* Por si, por deliberação própria, sem consultar a outrem. *Sobre —, loc. adv.* Com atenção, cautelosamente. Altivamente. *Para —, loc. adv.* De si para si, consigo mesmo.

SI *adv.* Sim. *Por — o por no, loc. adv.* Pelo sim, pelo não; na alternativa, por causa das dúvidas. *No decir un — ni un no, loc.* Não dizer sim nem não, ou nem que sim nem que não. *s. m.* Sim, consentimento.

SI *conj.* Se.

SIAMPÁN *s. m.* V. SAMPÁN.

SIBIL *s. m.* Pequena despensa nas grutas ou cavernas. Gruta, caverna, concavidade subterrânea.

SIBILACIÓN *s. f. Med.* Sibilação.

SICOFANTE *s. m.* Sicofanta.

SIDERACIÓN *s. f.* Sideração.

SIDRA *s. f.* Cidra.

SIEGA *s. f.* Sega, segadura, ceifa.

SIEMBRA *s. f.* Semeadura (ação de semear). Sementeira, semeadura, semeada, semeado.

SIEMPRE *adv.* Sempre. *Por —, loc. adv.* Para sempre, eternamente. *— que, loc. conj.* Uma vez que, desde que.

SIEMPREVIVA *s. f. Bot.* Sempre-viva.

SIEN *s. f.* Fonte (cada um dos lados da cabeça que formam a região temporal).

SIERPE *s. f.* Serpente, serpe, cobra. *fig.* Serpente, víbora.

SIERRA *s. f.* Serra (instrumento cortante; montanha prolongada).

SIERVO *s. m.* Servo.

SIESO (siesso) *s. m.* Ânus.

SIESTA *s. f.* Sesta.

SIETE *adj.* e *s.* Sete. sétimo. *— y media,* sete e meio (jogo de cartas). *Más que —, loc. adv. fig. fam.* Muitíssimo, em demasia.

SIETEENRAMA *s. f. Bot.* Sete-em-rama.

SIETEMESINO, A (sietemessino) *adj.* Setemesinho.

SIETEÑAL (sietenhal) *adj.* Que tem sete anos. De sete em sete anos.

SIFÓN *s. m.* Sifão.

SIGILACIÓN (sijilaciòn) *s. f.* Sigilação.

SIGILAR (sijilar) *v. intr.* Sigilar, selar, pôr o selo a. Calar, ocultar, encobrir alguma coisa.

SIGILOSAMENTE (sijilossamente) *adv.* Secretamente.

SIGILOSIDAD (sijilossidad) *s. f.* Qualidade de secreto ou discreto.

SIGILOSO, A (sijilosso) *adj.* Secreto, discreto, calado.

SIGLO *s. m.* Século, centúria.

SIGNAMIENTO *s. m.* Assinatura. Ação de persignar-se.

SIGNAR *v. tr.* Assinar, firmar. *v. pron.* Persignar-se.

SIGNATURA *s. f.* Assinatura (em todas as suas principais acepções).

SIGNIFICACIÓN *s. f.* Significação.

SIGNIFICANTEMENTE *adv.* Significativamente.

SIL *s. m.* Ocre.

SILABEAR *v. intr.* Silabar; soletrar.

SILABEO (silabèo) *s. m.* Silabação.

SILABO *s. m.* Índice, catálogo, lista. Sílabo.

SILBA *s. f.* Assobio, vaia, apupo (ação de assobiar ou vaiar com assobios).

SILBADOR, A *adj.* e *s.* Assobiador.

SILBANTE *p. a.* de *Silbar*. Assobiante. *adj.* Sibilante. *fam.* Néscio, tolo. *s. m. fam.* Moço pobre.

SILBAR *v. intr.* Assobiar; sibilar; silvar. *fig.* Assobiar, vaiar. U. t. c. tr.

SILBATERÍA *s. f.* Vaia (manifestada por assobios).

SILBATINA *s. f. Amer.* V. SILBATERÍA.

SILBATO *s. m.* Assobio, apito (instrumento). Fenda por onde ressuma um líquido. Respiradouro, buraco.

SILBIDO *s. m.* V. SILBO. *— de oídos,* zoada ou zumbido nos ouvidos.

SILBO *s. m.* Silvo; sibilo, assobio.

SILENCIARIO, A *adj.* Silencioso. *s. m.* Ministro encarregado de fazer guardar silêncio no templo.

SILERA *s. f.* V. ALHÓNDIGA.

SILERÍA *s. f.* Lugar onde estão os silos.

SILERO *s. m.* Silo.

SILGA *s. f.* Sirga.

SILGADO, A *adj. Amer. equat.* Muito delgado.

SILGAR *v. tr. Náut.* Sirgar.

SILGUERO *s. m.* V. JILGUERO.

SILICATIZACIÓN (silicatiçaciòn) *s. f.* Silicatização.

SILLA (silha) *s. f.* Cadeira (assento; dignidade eclesiástica). Sela. *De — a —, loc. adv.* Privadamente, em particular (explicando o modo de falar de duas pessoas). *Pegarsele (a uno) la —, loc. fig. fam.* Demorar-se muito numa visita. *— de manos,* cadeirinha (espécie de liteira).

SILLADA (silhada) *s. f.* Parte plana na encosta de um monte.

SILLAR (silhar) *s. m.* Silhar. Seladouro (parte do corpo da besta onde se coloca a sela).

SILLAREJO (silharejo) *s. m. Dim.* de *Sillar*, 1ª acep.

SILLERA (silhera) *s. f.* Lugar onde se guardam as cadeirinhas (liteiras). Mulher que cuida das cadeiras de uma igreja.

SILLERÍA (silheria) *s. f.* Silharia.

SILLETA (silheta) *s. f. Dim.* de *Silla*. Cadeirinha. Comadre (urinol de forma chata para os doentes). *Amer. argent.* Selim.

SILLETAZO (silhetaço) *s. m.* Cadeirada (pancada com uma cadeira).

SILLETERO (silhetero) *s. m.* Qualquer dos dois condutores de uma cadeirinha (espécie de liteira). *Amer. argent.* Vendedor ambulante de cadeiras.

SILLICO (silhico) *s. m.* Urinol.

SILLÍN (silhín) *s. m.* Selim.

SILLÓN (silhòn) *s. m.* Silhão (espécie de sela). *Aument.* de *Silla*. Poltrona. *adj. Amer. plat.* Cilhão (falando-se de cavalos).

SILO *s. m.* Silo. *fig.* Cova, lugar subterrâneo, profundo e escuro.

SILUETA *s. f.* Silhueta, perfil. *Amer. argent.* Perfil (bosquejo biográfico).

SILVA *s. f.* Silva, miscelânea (junção de partes literárias sem ordem nem método). Silva (composição lírica própria da poesia castelhana).

SILVOSO, A (silvosso) *adj.* Selvoso.

SIMA *s. f.* Antro, furna. Abismo, cova.

SIMAL *s. m.* Ramo (de árvore).

SIMAR *v. tr.* Abismar, afundar.

SIMBOLIZACIÓN (simboliçaciòn) *s. f.* Simbolização. Semelhança, analogia.

SIMIENTE *s. f.* Semente.

SIMILITUD (similitud) *s. f.* Similitude, semelhança, analogia.

SIMÓN, A *adj.* e *s.* Diz-se do cocheiro de praça.

SIMPLE *adj.* Simples (em todas as suas acepções).

SIMPLEMENTE *adv.* Simplesmente, singelamente. Simplesmente, absolutamente, sem condição alguma.

SIMPLEZA (simpleça) *s. f.* Simpleza (ingenuidade parva). Grosseria, rusticidade.

SIMPLICIDAD (simplicidad) *s. f.* Simplicidade. Singeleza.

SIMPLIFICABLE *adj.* Simplificável.

SIMPLIFICACIÓN *s. f.* Simplificação.

SIMPLISTA *adj.* Simplista. *s. m.* e *f.* Simplicista (pessoa que curava com símplices).

SIMPLÓN, A *adj.* e *s. Aument.* de *Simple.* Simplacheirão, simplachão.

SIMPLOTE, A *adj. Aument.* de *Simple.* Simplório, papalvo, tolo, sandeu, ingênuo.

SIMULACIÓN *s. f.* Simulação.

SIMÚN *s. m.* Simum.

SÍN *prep.* Sem.

SINCERAR *v. tr.* Inocentar, desculpar. *v. pron.* Inocentar-se.

SINCOPA *s. f. Gram.* e *Mús.* Síncope.

SINGLADURA *s. f. Náut.* Singradura (caminho que faz um navio em 24 horas).

SINGLAR *v. intr. Náut.* Singrar.

SINGULTO *s. m.* Soluço.

SINIESTRA *s. f.* Esquerda (falando-se das mãos).

SINIESTRO, A *adj.* Sinistro, esquerdo. *fig.* Sinistro, funesto, aziago.

SINNÚMERO *s. m.* Sem-número.

SINO *s. m. fam.* Sina, destino, fado.

SINO *conj. advers.* Senão, de outro modo, aliás, mas sim.

SINRAZÓN (sinraçòn) *s. f.* Sem-razão, injustiça.

SINSABOR *s. m.* Sensaboria, desprazer. *fig.* Dissabor, desgosto, pesar.

SINSONTE *s. m. Ornit.* Espécie de melro americano.

SINTOMA *s. f.* Sintoma.

SINVERGÜENZA (sinvergüença) *adj.* e *s.* Sem-vergonha.

SIQUIERA *conj. advers.* Ainda que, se bem que. *conj. distr.* Já, quer, ou. *adv.* Sequer, pelo menos, ao menos, tão somente.

SIRENA *s. f. Mitol.* Sereia, sirena. *Fís.* Sereia. *fig.* Sereia, mulher formosa e encantadora.

SIRGO *s. m.* Seda, torcida, linha de seda. Tecido de seda.

SIRLE *s. m.* Excremento do gado lanígero e caprino.

SIRO, A *adj.* e *s.* Sírio.

SIRRIA *s. f.* V. SIRLE.

SIRVIENTA *s. f.* Servente, criada.

SIRVIENTE *p. a.* de *Servir.* Servente. *adj. For.* Serviente (falando-se de prédio). *s. m.* Servente, criado.

SISA (sissa) *s. f.* Pequena parte que se furta nas compras. Sisa, imposto de transmissão. Enesgado, esguelha.

SISADURA (sissadura) *s. f.* V. SISA, 3ª acep.

SISALLO (sissalho) *s. m.* V. JIJALLO.

SISAR (sissar) *v. tr.* Roubar pequenas partes nas compras. Enesgar (a roupa). Diminuir as medidas dos comestíveis em proporção ao imposto da sisa.

SISEAR (sissear) *v. intr.* Emitir o som do *s*, para manifestar desaprovação ou desagrado.

SISEO (sissèo) *s. m.* Ação de *Sisear*. U. m. no pl.

SISERO (sissero) *s. m.* Siseiro, cobrador de sisas.

SISIMBRIO (sissimbrio) *s. m.* V. JARAMAGO.

SISÓN (sissòn) *s. m. Ornit.* Sisão. *adj.* e *s. fam.* Que freqüentemente rouba nas compras.

SITUACIÓN *s. f.* Situação.

SO *prep.* Sob.

SOASAR (soassar) *v. tr.* Soassar, assar ligeiramente.

SOBA *s. f.* Sovadura. Sova, tunda, surra, data de pancadas.

SOBACAL *adj.* Axilar.

SOBACO *s. m.* Sovaco, axila.

SOBADERO, A *adj.* Que se pode sovar. *s. m.* Lugar onde se sovam as peles.

SOBAJADURA (sobajadura) *s. f.* Ação de amarrotar, amarfanhar ou enxovalhar.

SOBAJAMIENTO (sobajamiento) *s. m.* V. SOBAJADURA.

SOBAJAR (sobajar) *v. tr.* Amarrotar, amarfanhar, enxovalhar, amachucar.

SOBAJEO (sobajèo) *s. m.* V. SOBAJADURA.

SOBAQUERA *s. f.* Cava (das vestes). Reforço sobre a axila (nas vestes). Peça de tecido que protege do suor a parte das vestes que correspon-de à axila.

SOBAQUINA *s. f.* Sovaquinho.

SOBAR *v. tr.* Sovar, bater (a massa), abrandar (as peles). *fig.* Sovar, bater, moer, dar pancadas. *fig.* Apalpar, manusear (uma pessoa). *fig.* Moer, maçar, importunar, incomodar, azucrinar.

SOBARBA *s. f.* Focinheira (da cabeçada do cavalo).

SOBARBADA *s. f.* V. SOFRENADA. *fig.* Repreensão com palavras ásperas.

SOBARBO *s. m.* Pá (de moinho).

SOBARCAR *v. tr.* Sobraçar. Arregaçar (as vestes) até as axilas.

SOBEO (sobèo) *s. m.* Correia que prende o temão (de carro ou arado) ao jugo.

SOBERBIA *s. f.* Soberba; soberbia.

SOBERBIAMENTE *adv.* Soberbamente.

SOBERBIO, A *adj.* Soberbo (em todas as suas principais acepções).

SOBERBIOSAMENTE (soberbiossamente) *adv.* V. SOBERBIAMENTE.

SOBERBIOSO, A (soberbiosso) *adj.* V. SOBERBIO.

SOBERMEJO, A (sobermejo) *adj.* Vermelho escuro.

SOBINA *s. f.* Sovina, prego de madeira.

SOBO *s. m.* V. SOBA.

SOBÓN, A *adj. fam.* Enfadonho, maçador, que se torna importuno por excessiva familiaridade e muitas carícias. U. t. c. s. Mandrião, preguiçoso, ocioso, que foge ao trabalho. U. t. c. s.

SOBORDO *s. m.* Registro da carga de um navio para confrontar as mercadorias com os documentos.

SOBORNABLE *adj.* Subornável.

SOBORNACIÓN *s. f.* Subornamento.

SOBORNADO, A *p. p.* de *Sobornar*. *adj.* Embuchado (falando-se da besta).

SOBORNADOR, A *adj.* e *s.* Subornador.

SOBORNAL *s. m.* Sobrecarga, peso leve que se junta à carga de uma besta. Pequeno fardo.

SOBORNAR *v. tr.* Subornar.

SOBORNO *s. m.* Suborno.

SOBRA *s. f.* Sobra, sobejo, resto. Injúria, agravo, demasia. *pl.* Sobras, sobejos (da comida) *De —*, *loc. adv.* De sobra, sobradamente.

SOBRADILLO (sobradilho) *s. m.* Alpendre (em porta ou janela).

SOBRADO, A *adj.* Sobrado. Atrevido, audaz, licencioso. Sobrado, abastado, rico. *s. m.* V. DESVÁN. *adv.* De sobra, sobradamente.

SOBRANCERO, A *adj.* Diz-se de quem não tem profissão determinada e está sem trabalho.

SOBRASADA (sobrassada) *s. f.* Espécie de paio feito nas Baleares.

SOBRE *prep.* Sobre (em cima, por cima; cerca de, próximo de, por, junto de; além de, a mais de). *s. m.* Sobrecarta, sobrescrito, envelope. Sobrescrito (as indicações que se escrevem na sobrecarta).

SOBREABUNDANCIA *s. f.* Superabundância.

SOBREAGUAR *v. intr.* Sobrenadar, boiar, flutuar. U. t. c. pron.

SOBREALIENTO *s. m.* Respiração difícil.

SOBREALIMENTACIÓN *s. f.* Superalimentação.

SOBREALIMENTAR *v. tr.* Superalimentar.

SOBREALZAR (sobrealçar) *v. tr.* Sobreerguer.

SOBREAÑADIR (sobreanhadir) *v. tr.* Tornar a acrescentar ou acrescentar a mais.

SOBREAÑAL (sobreanhal) *adj.* Que tem mais de um ano (falando-se de animais).

SOBREARAR *v. tr.* Lavrar novamente.

SOBREASADA (sobreassada) *s. f.* V. SOBRASADA.

SOBREASAR (sobreassar) *v. tr.* Tornar a assar.

SOBREBARATO, A *adj.* Muito barato.

SOBREBARRER *v. tr.* Varrer ligeiramente.

SOBREBEBER *v. intr.* Beber novamente ou beber com excesso.

SOBRECALZA (sobrecalça) *s. f.* Polaina.

SOBRECAMA *s. f.* Colcha.

SOBRECAÑA (sobrecanha) *s. f. Vet.* Sobrecana.

SOBRECARGAR *v. tr.* Sobrecarregar. Sobrecoser.

SOBRECARGO *s. m.* Sobrecarga (o responsável pela carga que vai no navio).

SOBRECARTA *s. f.* V. SOBRE, 2ª acep. *For.* Segunda ordem ou aviso expedido ao cumprimento de um despacho que não foi observado.

SOBRECARTAR *v. tr. For.* Expedir nova ordem ou aviso para o cumprimento de um despacho não observado.

SOBRECEJA (sobreceja) *s. f.* Sobrolho.

SOBRECEJO (sobrecejo) *s. m.* Sobrecenho, cenho. V. CEÑO.

SOBRECENAR *v. intr.* Cear pela segunda vez.

SOBRECEÑO (sobrecenho) *s. m.* Sobrecenho (catadura, semblante severo).

SOBRECIELO *s. m.* Sobrecéu.

SOBRECINCHO (sobrecintcho) *s. m.* Sobrecincha.

SOBRECOGER (sobregojer) *v. tr.* Surpreender, apanhar de improviso. *v. pron.* Surpreender-se.

SOBRECOGIMIENTO (sobrecojimiento) *s. m.* Surpresa (ação de surpreender).

SOBRECOMIDA *s. f.* Sobremesa.

SOBRECOPA *s. f.* Tampa (de cálice ou de copo).

SOBRECRECER *v. intr.* Sobrecrescer, acrescer. Crescer uma coisa sobre outra. *Irreg.* V. conj. de *Favorecer*.

SOBRECRUZ *s. m.* Cada um dos raios em cruz dos engenhos hidráulicos.

SOBRECUBIERTA *s. f.* Segunda coberta que se põe numa coisa.

SOBRECUELLO (sobrecuelho) *s. m.* Colarinho que vai sobre um outro. V. COLLARÍN.

SOBREDICHO, A (sobreditcho) *adj.* Supradito.

SOBREDIENTE *s. m.* Sobredente.

SOBREEMPEINE *s. m.* Parte da polaina que cai sobre o peito do pé.

SOBREENTENDER *v. tr.* V. SOBRENTENDER. *Irreg.* V. conj. de *Extender*.

SOBREESDRÚJULO, A (sobreesdrújulo) *adj.* V. SOBRESDRÚJULO.

SOBREEXCITACIÓN *s. f.* Superexcitação, sobreexcitação.

SOBREEXCITAR *v. tr.* Superexcitar, sobreexcitar.

SOBREFAZ *s. f.* Superfície (das coisas). *Fort.* Sobreface.

SOBREFRENADA *s. f.* V. SOFRENADA.

SOBREHAZ (sobreàz) *s. f.* V. SOBREFAZ.

SOBREHILAR (sobreilar) *v. tr.* Alinhavar um tecido (na ourela) para que não se desfie.

SOBREHOMBRO (DE) (sobreombro) *loc. adv.* Por cima do ombro.

SOBREHUESO (sobreuesso) *s. m. Vet.* Sobreosso. Coisa que molesta. Trabalho, moléstia, encargo.

SOBREHUSA (sobreussa) *s. f.* Guisado de peixe frito.

SOBREJALMA (sobrejalma) *s. f.* Enxalmo.

SOBREJUANETE (sobrejuanete) *s. m. Náut.* Sobrejoanete.

SOBRELECHO (sobreletcho) *s. m. Constr.* Sobreleito.

SOBRELLAVE (sobrelhave) *s. f.* Segunda chave, além da chave comum de uma porta.

SOBRELLENAR (sobrelhenar) *v. tr.* Encher em abundância.

SOBRELLENO, A (sobrelheno) *adj.* Muito cheio, superabundante.

SOBRELLEVAR (sobrelhevar) *v. tr.* Levar às costas (uma carga ou peso, para aliviar a outrem). *fig.* Aliviar, ajudar a sofrer os trabalhos da vida. *fig.* Resignar-se a eles. *fig.* Dissimular, desculpar, relevar (os defeitos de outro).

SOBREMANERA *adv.* Sobremaneira.

SOBREMANO *s. m. Vet.* Sobremão.

SOBREMESA (sobremessa) *s. f.* Toalha de mesa. Tempo que se está à mesa depois da refeição. *De —*, *loc. adv.* À sobremesa, imediatamente depois de comer, e sem levantar-se da mesa. Diz-se de certos objetos para enfeitar a mesa.

SOBREMESANA (sobremessana) *s. f. Náut.* Sobremesena.

SOBREMUÑONERA (sobremunhonera) *s. f. Artilh.* Sobremunhoneira.

SOBRENATACIÓN *s. f.* Ação de sobrenadar.

SOBRENOMBRE *s. m.* Sobrenome.

SOBRENOCHE (sobrenotche) *s. f.* Noite alta, altas horas da noite.

SOBRENTENDER *v. tr.* Subentender. *Irreg.* V. conj. de *Extender*.

SOBREOSTENTAR *v. tr.* Ostentar, exibir.

SOBREPASAR (sobrepassar) *v. intr.* Ultrapassar, exceder, passar.

SOBREPÉINE *adv. fam.* À ligeira.

SOBREPELLIZ (sobrepelhiz) *s. f.* Sobrepeliz.

SOBREPIÉ *s. m. Vet.* Sobrepé.

SOBREPONER *v. tr.* Sobrepor. *v. pron.* Sobrepor-se. *Irreg.* V. conj. de *Poner*.

SOBREPOSICIÓN (sobrepossiciòn) *s. f.* Sobreposição, superposição; justaposição.

SOBREPRECIO *s. m.* Aumento no preço comum.

SOBREPRODUCCIÓN *s. f.* Superprodução.

SOBREPUERTA *s. f.* Sobreporta, bandeira.

SOBREPUESTO, A *p. p. irreg.* de *Sobreponer. s. m.* Favo feito depois de cheio o cortiço. *fig.* Exterioridade, cor, aparência, coisa sobreposta.

SOBREPUJAMIENTO (sobrepujamiento) *s. m.* Sobrepujamento.

SOBREPUJANZA (sobrepujança) *s. f.* Sobrepujança.

SOBREQUILLA (sobrequilha) *s. f. Náut.* Sobrequilha.

SOBRERROPA *s. f.* Sobretudo.

SOBRESALIENTE (sobressaliente) *p. a.* de *Sobresalir*. Sobressalente. U. t. c. s. *adj.* e *s.* Sobreexcelente (diz-se da qualificação superior dos exames acadêmicos, e aplica-se também aos que a obtêm). *s. m.* e *f. fig.* Suplente, substituto (entre atores e toureiros).

SOBRESALIR (sobressalir) *v. intr.* e *pron.* Sobressair, realçar; sobrelevar, sobrepujar, avultar. *Irreg.* V. conj. de *Salir*.

SOBRESALTAR (sobressaltar) *v. tr.* Sobressaltar. *v. pron.* Sobressaltar-se.

SOBRESALTO (sobressalto) *s. m.* Sobressalto.

SOBRESANAR (sobressanar) *v. intr.* Sobressarar (uma ferida). *fig.* Paliar.

SOBRESANO (sobressano) *adv.* Falsa ou superficialmente sarado. *fig.* Afetadamente, fingidamente, dissimuladamente. *s. m. Náut.* Sobressano.

SOBRESCRIBIR *v. tr.* Sobrescritar. Sobrescrever, subscrever. *Irreg.* V. conj. de *Escribir*.

SOBRESCRITO, A *p. p. irreg.* de *Sobrescrever. s. m.* Sobrescrito, endereço, direção, destino especial.

SOBRESDRÚJULO, A (sobresdújulo) *adj.* que alguns gramáticos aplicam à palavra cujo acento recai sobre a antepenúltima sílaba: *deVUÉLvemelo*.

SOBRESEER (sobresseer) *v. intr.* Sobresser, sobrestar, deter-se, parar.

SOBRESEIMIENTO (sobresseimiento) *s. m.* Ação de sobresser ou sobrestar.

SOBRESEGURO (sobressoguro) *adv.* Seguramente, sem risco ou perigo.

SOBRESELLO (sobresselho) *s. m.* Sobresselo.

SOBRESEMBRAR (sobressembrar) *v. tr.* Sobressemear. *Irreg.* V. conj. de *Calentar.*

SOBRESEÑAL (sobressenhal) *s. m.* Sobressinal.

SOBRESOLAR (sobressolar) *v. tr.* Sobressolar. Sobressolhar. *Irreg.* V. conj. de *Almorzar.*

SOBRESUELDO (sobressueldo) *s. m.* Gratificação além do soldo, estipêndio além do convencionado.

SOBRETODO *s. m.* Sobretudo (casacão inteiriço).

SOBREVEEDOR *s. m.* Fiscal dos vedores.

SOBREVENIDA *s. f.* Vinda repentina e inesperada. Ação de sobrevir.

SOBREVENIR *v. intr.* Sobrevir. *Irreg.* V. conj. de *Venir.*

SOBREVERTERSE *v. pron.* Derramar-se ou verter-se em abundância.

SOBREVESTA *s. f.* Sobreveste.

SOBREVIDRIERA *s. f.* Segunda vidraça que se põe para maior abrigo. Rede de arames para proteção de uma vidraça.

SOBREVIENTA *s. f.* Pé-de-vento, ventania, tufão, vento forte. *fig.* Fúria, ímpeto. *fig.* Sobressalto, surpresa. *adv.* De repente, impensadamente, inesperadamente.

SOBREVIENTO *s. m.* V. SOBREVIENTA, 1ª acep. *Náut.* V. BARLOVIENTO.

SOBREVIVIENTE *p. a.* de *Sobrevivir. adj.* e *s.* Sobrevivente.

SOBREVIVIR *v. intr.* Sobreviver.

SOBREXCITACIÓN *s. f.* V. SOBREEXCITACIÓN.

SOBRINAZGO *s. m.* Parentesco de sobrinho. Nepotismo.

SOBRINO, A *s. m.* e *f.* Sobrinho.

SOCAIRE *s. m. Náut.* Socairo.

SOCALIÑA (socalinha) *s. f.* Ardil, artifício, engano, manha, estafa.

SOCALIÑAR (socalinhar) *v. tr.* Estafar, enganar com manha, furtar ardilosamente.

SOCALIÑERO, A (socalinhero) *adj.* e *s.* Estafador.

SOCALZAR (socalçar) *v. tr.* Reforçar os alicerces de um edifício que ameaça ruir.

SOCARRA *s. f.* V. SOCARRONERÍA. Chamusca, chamusco.

SOCARRAR *v. tr.* Chamuscar. *v. pron.* Chamuscar-se.

SOCARRÉN *s. m.* Beira, aba (do telhado).

SOCARRENA *s. f.* Concavidade, espaço oco.

SOCARRINA *s. f. fam.* V. SOCARRA, 1ª acep.

SOCARRON, A *adj.* e *s.* Socarrão, astuto, velhaco, finório, falseador, intrujão.

SOCARRONAMENTE *adv.* Astutamente, velhacamente, espertamente.

SOCARRONERIA *s. f.* Velhacaria, astúcia, manha com que alguém procura o seu interesse ou dissimula os seus intentos.

SOCAVA *s. f.* Socava. Ação de socavar ou solapar. Caldeira (à roda de uma planta).

SOCAVACIÓN *s. f.* Solapamento; ação de socavar.

SOCAVÓN *s. m.* Socavão.

SOCAZ *s. m.* Regueiro (desde o moinho até o leito do rio).

SOCIABLE *adj.* Sociável.

SOCOLLADA (socolhada) *s. f. Náut.* Embate das velas (em tempo de calmaria). *Náut.* Aguagem.

SOCOLLAR (socolhar) *v. tr. Náut.* Bater (as velas, em tempo de calmaria). *Irreg.* V. conj. de *Almorzar.*

SOCOLOR *s. m.* Socapa. *adv.* Sob pretexto, sob cor, sob color, socolor.

SOFALDAR *v. tr.* Sofraldar.

SOFALDO *s. m.* Ação de sofraldar.

SOFIÓN *s. m.* Bufo ou sopro que expressa desagrado.

SOFISTERÍA *s. f.* Sofistaria.

SOFISTICACIÓN *s. f.* Sofisticação.

SOFLAMA *s. f.* Chama ligeira ou reverberação do fogo. Rubor (nas faces, causado por cólera ou vergonha). *fig.* Palavras fingidas para enganar ou zombar de alguém.

SOFLAMACIÓN *s. f.* Ação de *Soflamar.* V. SOFLAMA, 2ª acep.

SOFLAMAR *v. tr.* Usar de palavras fingidas para enganar ou zombar de alguém. *fig.* Fazer (alguém) ruborizar-se. Queimar-se, tostar-se (o que está no fogo).

SOFOCACIÓN *s. f.* Sufocação.

SOFOCAR *v. tr.* Sufocar.

SOFOCO *s. m.* Sufocamento. Grave desgosto.

SOFOCÓN *s. m. fam.* Desgosto que sufoca ou aturde.

SOFOQUINA *s. f. fam.* V. SOFOCÓN.

SOFREIR *v. tr.* Frigir ligeiramente. *Irreg.* V. conj. de *Freír.*

SOFRENADA *s. f.* Sofreadura, sofreamento, sofreada; sofrenaço, sofrenão, sofrenada. *fig.* Repreensão áspera.

SOFRENAR *v. tr.* Sofrear. *fig.* Sofrear, reprimir, conter, pôr dique a. *fig.* Repreender asperamente.

SOFRITO, A *p. p. irreg.* de *Sofreír.*

SOGA *s. f.* Soga, baraço. Corda. Medida agrária cuja extensão varia segundo as províncias (na Espanha). *Con la — a la garganta, loc. fig.* Com a corda no pescoço, em apuros. *Dar —,* soltar corda pouco a pouco. *Hacer —, loc. fig. fam.* Ir ficando para trás (alguns dos que vão juntos). *Quebrar la — (por uno), loc. fig. fam.* Roer a corda (alguém).

SOGUERÍA *s. f.* Cordoaria.

SOGUERO *s. m.* Cordoeiro.

SOGUILLA (soguilha) *s. f.* Soguilha. *s. m.* Carregador, moço de fretes.

SOJUZGADOR, A (sojusgador) *adj.* e *s.* Subjugador.

SOJUZGAR (sojusgar) *v. tr.* Subjugar, sujeitar, dominar.

SOLACEAR *v. tr.* V. SOLAZAR.

SOLADA *s. f.* V. SUELO, 3ª acep.

SOLADO *p. p.* de *Solar. s. m.* Pavimento (ladrilhado ou lajeado).

SOLADOR *s. m.* Ladrilhador, lajeador.

SOLADURA *s. f.* Ação e resultado de ladrilhar ou lajear solos. Ladrilho, lajedo.

SOLAMENTE *adv.* Somente. *— que, loc. adv.* Com a única condição de que.

SOLANA *s. f.* Soalheiro (lugar onde dá o sol, lugar exposto ao sol). Varanda onde se toma o sol.

SOLANAR *s. m. prov.* V. SOLANA.

SOLANO *s. m.* Vento que sopra do leste. *Bot.* Erva-moura.

SOLAPA *s. f.* Lapela. *fig.* Disfarce, solapa, ardil, ronha. *Vet.* Ferida solapada. *De —, loc. adv. fam.* V. SOLAPO (A).

SOLAPAMIENTO *s. m.* V. SOLAPA, 3ª acep.

SOLAPE *s. m.* V. SOLAPA.

SOLAPO *s. m.* V. SOLAPA. Parte de uma coisa que fica coberta por outra, como as telhas do telhado. *fig. fam.* Sopapo. *A —, loc. adv. fig. fam.* À solapa, solapadamente.

SOLAR *v. tr.* Solar (sapatos ou botas). Assoalhar, soalhar, solhar (com ladrilhos ou lajes); lajear, ladrilhar (solos). *Irreg.* V. conj. de *Almorzar.*

SOLARIEGO, A *adj.* Solarengo, solariego. Antigo e nobre. *Casa —a,* a casa mais antiga e nobre de uma família; solar.

SOLAZ *s. m.* Solaz, recreio, prazer, divertimento. Consolação. *A —, loc. adv.* Com satisfação e prazer.

SOLAZAR (solaçar) *v. tr.* Consolar, divertir, recrear, alegrar. U. t. c. pron.

SOLAZO (solaço) *s. m. fam.* Soalheira, grande ardor do sol.

SOLAZOSO (solaçosso) *adj.* Solaçoso, que causa deleite; consolador.

SOLDADESCA *s. f.* Milícia (profissão, vida de soldado). Soldadesca.

SOLDADESCO, A *adj.* Soldadesco. *A la —a, loc. adv.* À maneira dos soldados.

SOLDÁN *s. m.* Sultão.

SOLEAR *v. tr.* V. ASOLEAR.

SOLEDAD (soledad) *s. f.* Solidão, soledade. Soledade (lugar ermo ou solitário). Saudade. Música andaluza de caráter melancólico.

SOLEDOSO, A (soledosso) *adj.* Solitário.

SOLEDUMBRE *s. f.* Soledade (lugar ermo e solitário.

SOLEJAR (solejar) *s. m.* V. SOLANA, 1ª acep.

SOLEMNE *adj.* Solene (em todas as suas acepções).

SOLEMNIDAD (solemnidad) *s. f.* Solenidade.

SOLEMNIZAR (solemnizar) *v. tr.* Solenizar.

SOLEO (sòleo) *s. m. Anat.* Tíbio-calcâneo (músculo).

SOLER *v. intr.* Soer, costumar, ter por hábito, estar afeito a, ser freqüente uma coisa. *Irreg.* Ind. pres. *Suel-o, es, e, en.* Subj. pres. *Suel-a, as, a, an.* (É verbo defectivo).

SOLERA *s. f.* Soleira. *Constr.* Frechal. Pouso (do moinho). Fezes (do vinho).

SOLERÍA *s. f.* Material próprio para assoalhar (com ladrilhos ou lajes). V. SOLADO. Conjunto de couros para solas.

SOLERO *s. m.* V. SOLERA, 3ª acep.

SOLETA *s. f.* Palmilha (de meia).

SOLETAR *v. tr.* Palmilhar (meias).

SOLETEAR *v. tr.* V. SOLETAR.

SOLEVACIÓN *s. f.* Solevamento. Sublevação.

SOLEVAMIENTO *s. m.* V. SOLEVACIÓN.

SOLEVANTADO, A *p. p.* de *Solevantar.* Solevantado. *adj.* V. SOLIVIANTADO.

SOLEVANTAMIENTO *s. m.* Solevamento.

SOLEVANTAR *v. tr.* Solevantar, solevar. U. t. c. pron. *fig.* V. SOLIVIANTAR.

SOLEVAR *v. tr.* Sublevar. U. t. c. pron. Solevar, solevantar.

SOLFA *s. f.* Solfa, solfejo. *fig.* Solfa, música. *fig. fam.* Data de pancadas, surra. *Estar (una cosa) en —, loc. fig. fam.* Estar (uma coisa) feita com arte e perfeição. *fig. fam.* Estar (uma coisa) escrita ou explicada de maneira inteligível.

SOLFEADOR, A *adj.* e *s.* Solfista.

SOLFEAR *v. tr.* Solfejar. *fig. fam.* Surrar, bater, sovar, zurzir.

SOLFEO (solfèo) *s. m.* Solfejo. *fig. fam.* Surra, sova, tunda, data de pancadas.

SOLICITACIÓN *s. f.* Solicitação.

SOLICITUD (solicitud) *s. f.* Solicitude. Memorial, petição.

SOLIDARIDAD (solidaridad) *s. f.* Solidariedade.

SOLIDÉO (solidèo) *s. m.* Solidéu.

SOLIDIFICACIÓN *s. f.* Solidificação.

SOLIMÁN *s. m.* Solimão, sublimado, corrosivo (bicloreto de mercúrio).

SOLÍPEDO, A *adj.* Solípede. *s. m. pl. Zool.* Solípedes.

SOLITUD (solitud) *s. f. ant.* V. SOLEDAD.

SOLIVIADURA *s. f.* Sublevação (ação de solevar; levantar de baixo para cima). Solevamento.

SOLIVIANTADO, A *p. p.* de *Soliviantar. adj.* Inquieto, perturbado; solícito.

SOLIVIANTAR *v. tr.* Sublevar, insurrecionar (incitar à revolta). U. t. c. pron.

SOLIVIAR *v. tr.* Sublevar, sobrelevar (levantar de baixo para cima). *v. pron.* Solevar-se, soerguer-se.

SOLIVIO *s. m.* V. SOLIVIADURA.

SOLIVIÓN *s. m. Aument.* de *Solivio.* Puxão (para tirar uma coisa que está apertada por outra ou em baixo dela).

SOLLADO (solhado) *s. m. Náut.* Ponte, coberta inferior.

SOLLAMAR (solhamar) *v. tr.* Chamuscar. U. t. c. pron.

SOLLAR (solhar) *v. tr. ant.* V. SOPLAR.

SOLLASTRE (solhastre) *s. m.* Mirmidão, moço ajudante de cozinha. *fig.* Maroto, velhaco, bregeiro.

SOLLASTRÍA (solhastría) *s. f.* Emprego de mirmidão ou moço ajudante de cozinha. Maroteiro, velhacaria.

SOLLO (solho) *s. m. Ictiol.* Solho, solho-rei, esturjão ordinário.

SOLLOZANTE (solhoçante) *p. a.* de *Sollozar.* Soluçante.

SOLLOZAR (solhoçar) *v. intr.* Soluçar.

SOLLOZO (solhoço) *s. m.* Soluço.

SOLO, A *adj.* Só, único; solitário, sozinho. *s. m.* Solo (jogo de cartas; trecho de música para ser executado por uma só pessoa). *A mis, a tus,* ou *a suas —as, loc. adv.* Só, em solidão, fora do trato social. *A —as, loc. adv.* A sós, sozinho, solitário, só, consigo mesmo. *De — a —, loc. adv.* A sós (falando-se de duas pessoas).

SOLO *adv.* Só, somente.

SOLOMILLO (solomilho) *s. m.* Acém. Lombinho (de porco).

SOLOMO *s. m.* V. SOLOMILLO. Lombo de porco temperado.

SOLTADIZO, A (soltadiço) *adj.* Que se solta com dissimulação ou manha, para algum fim.

SOLTAR *v. tr. e pron.* Soltar; soltar-se (em todas as suas acepções). *Irreg.* V. conj. de *Almorzar.*

SOLTERÍA *s. f.* Celibato.

SOLTERO, A *adj.* Solteiro.

SOLTERÓN, A *adj. e s.* Solteirão, ona.

SOLUBLE *adj.* Solúvel.

SOLUCIÓN *s. f.* Solução.

SOLVENTAR *v. tr.* Solver, pagar, tornar quite.

SOLVER *v. tr.* Solver, resolver. *Irreg.* V. conj. de *Volver.*

SOMA *s. f.* Rolão (segunda farinha).

SOMANTA *s. f. fam.* Tunda, sova, surra, sumanta.

SOMATÉN *s. m.* Corpo de gente armada que se reúne a um sinal dado para perseguir criminosos. Rebate. Barulho, alvoroto.

SOMBRAJE (sombraje) *s. m.* V. SOMBRAJO.

SOMBRAJO (sombrajo) *s. m.* Ramada (ramos cortados e dispostos para dar sombra a qualquer lugar).

SOMBREO (sombrèo) *s. m.* Sombreado.

SOMBRERADA *s. f.* Chapelada. V. SOMBRE-RAZO, 2ª e 3ª aceps.

SOMBRERAZO (sombreraço) *s. m. Aument.* de *Sombrero.* Chapeirão, chapelão. Pancada com chapéu. *fam.* Barretada (cumprimento precipitado com o chapéu).

SOMBRERERA *s. f.* Chapeleira (mulher que faz chapéus; caixa para guardar chapéus).

SOMBRERERÍA *s. f.* Chapelaria.

SOMBRERERO *s. m.* Chapeleiro.

SOMBRERETE *s. m. Dim.* de *Sombrero.* Chapelete, chapelinho. *Bot.* Umbigo-de-venus.

SOMBRERO *s. m.* Chapéu; sombreiro. *fig.* Privilégio que tinham os grandes de Espanha de cobrir-se diante do rei. *— a la chamberga.* V. CHAMBERGO *(Sombrero). — de candil,* ou *de tres candiles,* tricórnio. *— de copa,* chapéu alto, cartola. *— de pelo, Amer.* V. SOMBRERO *(de copa). Quitarse (uno) el —,* tirar o chapéu, cumprimentar.

SOMBRÍA *s. f.* V. UMBRIA.

SOMBRILLA (sombrilha) *s. f.* Sombrinha, guarda-sol.

SOMERA *s. m.* Someiro (das antigas prensas).

SOMERAMENTE *adv.* Superficialmente.

SOMERO, A *adj.* Quase em cima ou muito próximo da superfície. *fig.* Superficial, ligeiro, pouco profundo.

SOMETER *v. tr.* Submeter; someter. U. t. c. pron.

SOMETIMIENTO *s. m.* Submissão. Sometimento.

SOMNAMBULISMO *s. m.* Sonambulismo.

SOMNÁMBULO, A *adj. e s.* Sonâmbulo.

SOMNÍFERO, A *adj.* Sonífero; soporífero.

SOMONTE (DE) *loc.* Tosco, rude, ao natural, em bruto. (Diz-se de coisas e pessoas). Aplica-se ao vinho que ainda não se converteu em mosto.

SOMORGUJADOR (somorgujador) *s. m.* V. BUZO.

SOMORGUJAR (somorgujar) *v. tr.* Submergir, mergulhar. U. t. c. pron. V. BUCEAR.

SOMORGUJO (somorgujo) *s. m. Ornit.* Mergulhão. *A lo —,* ou *a —, loc. adv.* Por debaixo d'água. *fig. fam.* Ocultamente, com cautela.

SOMORGUJÓN (somorgujòn) *s. m.* V. SOMOR-GUJO.

SOMORMUJAR (somormujar) *v. tr.* V. SOMOR-GUJAR.

SOMORMUJO (somormujo) *s. m.* V. SOMOR-GUJO.

SOMPESAR (sompessar) *v. tr.* Sopesar.

SOMPOPO *s. m. Amer. centr.* Espécie de formiga amarela.

SÓN *s. m.* Som (principalmente musical, ou o que agrada ao ouvido). *fig.* Ruído, notícia, fama, divulgação de uma coisa. *fig.* Pretexto. *fig.* Som, modo, maneira, forma. *A — de, loc. adv.* Ao som de (um instrumento), com acompanhamento. *En — de, loc. adv.* De tal modo. A título de, com ânimo de. *Bailar (uno) al — que le tocan, loc. fig. fam.* Dançar conforme a música. *Sin —, loc. adv. fam.* Sem tom nem som, sem razão, sem fundamento.

SONABLE *adj.* Sonoro, ruidoso. V. SONADO, 2ª acep.

SOÑACIÓN (NI POR) (sonhaciòn) *loc. adv. fam. fig.* Nem por sonhos, de maneira alguma.

SONADA *s. f.* Sonata.

SONADERA *s. f.* Ação de assoar o nariz.

SONADERO *s. m.* Lenço de bolso, lenço para o nariz.

SONADO, A *p. p.* de *Sonar. adj.* Famoso, afamado. Alardeado, divulgado com muito ruído e admiração. *Hacer una que sea —, loc. fam.* Promover um escândalo, dar o que falar.

SONADOR, A *adj.* Sonoro, ruidoso, soante. *s. m.* V. SONADERO.

SOÑADOR, A (sonhador) *adj. e s.* Sonhador.

SONAJA (sonaja) *s. f.* Sonalha.

SONAJERO (sonajero) *s. m.* Chocalho (para crianças).

SONAJUELA (sonajuela) *s. f. Dim.* de *Sonaja.*

SONANTE *p. a.* de *Sonar.* Soante. *adj.* Sonante, sonoro. *Moneda —,* metal sonante.

SONAR *v. intr.* Soar (emitir ou produzir som). Mencionar-se, citar-se. Soar (a alguma coisa, parecer-se com ela). Soar (relembrar). *v. tr.* Soar, tanger, tocar em. Assoar (o nariz). U. t. c. pron. *v. impes.* Soar (um rumor, constar alguma coisa). *NI SUENA, ni truena, loc. fig. fam.* para indicar que ninguém fala ou se lembra de determinada pessoa. *Irreg.* V. conj. de *Almorzar.*

SOÑAR (sonhar) *v. tr. e intr.* Sonhar (em todas as suas acepções). *— despierto,* sonhar acordado. *Irreg.* V. conj. de *Almorzar.*

SOÑARRERA (sonharrera) *s. f. fam.* Ação de sonhar muito. *fam.* Sono pesado. *fam.* V. SO-ÑERA.

SONDA *s. f.* Sondagem. Sonda.

SONDABLE *adj.* Sondável.

SONDALEZA (sondaleça) *s. f.* Sondareza.

SONDEAR *v. tr.* Sondar.

SONDEO (sondèo) *s. m.* Sondagem.

SONECILLO (sonecilho) *s. m. Dim.* de *Son.* Som pouco perceptível. Som alegre, vivo e rápido.

SOÑERA (sonhera) *s. f.* Sonolência, soneira.

SONETIZAR (sonetiçar) *v. intr.* Sonetar, sonetear.

SONICHE (sonitche) *s. m. Jír.* Silêncio.

SONIDO *s. m.* Som. Sonido, ruído. Som (das letras, seu valor fonético). Significação e valor literal das palavras. *fig.* Notícia, fama, ruído.

SONIQUETE *s. m. Deprec.* de *Son.* V. SONECI-LLO, 2ª acep. V. SONSONETE.

SONLOCADO, A *adj.* Aloucado.

SONOCHADA (sonotchada) *s. f.* Sonoite, princípio da noite. Ação e resultado de *Sonochar.*

SONOCHAR (sonotchar) *v. intr.* Velar nas primeiras horas da noite.

SOÑOLENCIA (sonholencia) *s. f.* Sonolência.

SOÑOLENTO, A (sonholento) *adj. ant.* V. SOÑO-LIENTO.

SOÑOLIENTAMENTE (sonholientamente) *adv.* Sonolentamente.

SOÑOLIENTO, A (sonholiento) *adj.* Sonolento.

SONREIR *v. intr.* Sorrir. *v. pron.* Sorrir-se. *Irreg.* V. conj. de *Reír.*

SONRISA (sonrissa) *s. f.* Sorriso.

SONRISUEÑO, A (sonrissuenho) *adj.* Risonho, sorridente.

SONRODARSE *v. pron.* Atolar-se (as rodas de um veículo). *Irreg.* V. conj. de *Almorzar.*

SONROJAR (sonrojar) *v. tr.* Envergonhar, ruborizar. *v. pron.* Corar, enrubescer, ruborizar-se, envergonhar-se.

SONROJAMIENTO (sonrojamiento) *s. m.* V. SONROJO.

SONROJEAR (sonrojear) *v. tr. e pron.* V. SONRO-JAR.

SONROJO (sonrojo) *s. m.* Rubor, vergonha, pejo. Impropério, ofensa que faz corar.

SONROSAR (sonrosar) *v. tr.* Fazer alguma coisa cor de rosa. U. t. c. pron.

SONROSEAR (sonrosear) *v. tr.* V. SONROSAR. *v. pron.* Rosar-se, envergonhar-se, corar.

SONROSEO (sonrossèo) *s. m.* Rubor (que sobe ao rosto).

SONSACA *s. f.* Ação de *Sonsacar.*

SONSACAR *v. tr.* Surripiar, surripilhar o que está debaixo de alguma coisa. Solicitar, induzir, arrastar, convidar, provocar. *fig.* Induzir alguém a declarar um segredo.

SONSAQUE *s. m.* V. SONSACA.

SONSONETE *s. m.* Som produzido por batidas cadenciadas, imitando o ritmo de uma música. *fig.* Ruído pouco intenso, mas contínuo e um tanto desagradável. *fig.* Tom (no riso ou nas palavras) que denota desprezo ou ironia.

SOPAIPA *s. m.* Espécie de sonho passado por mel.

SOPALANCAR *v. tr.* Solevar com alavanca.

SOPANDA *s. f.* Correão (que sustenta a caixa das carruagens sem molas).

SOPAPEO (sopapèo) *s. m.* Ação de sopapear.

SOPAR *v. tr.* Ensopar.

SOPEAR *v. tr.* V. SOPAR. Sopear, meter debaixo dos pés, subjugar.

SOPEÑA (sopenha) *s. f.* Socava.

SOPERA *s. f.* Sopeira.

SOPERO *adj.* Sopeiro. *Plato —,* prato sopeiro, prato fundo, prato covo.

SOPETEAR *v. tr.* Sopetear. *fig.* Maltratar ou ultrajar alguém.

SOPETEO (sopetèo) *s. m.* Ação de sopetear.

SOPETÓN *s. m.* Pão torrado que se molha em azeite. Sopapo, bofetão (dado forte e repentinamente). *De —, loc. adv.* Subitamente, de sopetão.

SOPICALDO *s. m.* Sopa com muito caldo.

SOPISTA *s. m. e f.* Pessoa que vive de esmolas e toma a sopa distribuída por alguns conventos. *s. m.* Estudante que seguia a sua carreira esmolando.

SOPLADERO *s. m.* Respiradouro (para ventilar cavidades subterrâneas).

SOPLADO, A *p. p.* de *Soplar. adj. fig. fam.* Casquilho, taful. *fig. fam.* Vaidoso, orgulhoso, presunçoso. *s. m. Miner.* Fenda muito profunda.

SOPLADOR, A *adj.* Assoprador. *fig.* Assoprador, instigador. *s. m.* Abano (para o lume). V. SOPLA-DERO. *Amer. equat. Teatr.* Ponto.

SOPLADURA *s. f.* Assopradura, assopramento, assopro.

SOPLAFUELLES (soplafuelhes) *s. m. e f.* Pessoa desprezível.

SOPLAMOCOS *s. m. fig. fam.* Pancada no rosto, principalmente batendo no nariz.

SOPLAR *v. tr. e intr.* Soprar, assoprar (em todas as suas principais acepções). *fig.* Acusar, delatar. *v. pron. fig.* Comer ou beber muito; empanzinar-se. *fig. fam.* Inchar-se, ensoberbecer-se, orgulhar-se.

SOPLETE *s. m.* Maçarico (instrumento).

SOPLIDO *s. m.* V. SOPLO.

SOPLILLO (soplilho) *s. m. Dim.* de *Soplo.* Abano, abanador (para o lume). Soprilho; sendal. Coisa muito leve ou delicada. Biscoito muito leve e poroso.

SOPLO *s. m.* Sopro, assopro. *fig.* Instante, tempo muito breve. *fig. fam.* Sopro, aviso secreto. *fig. fam.* Delação. *fig. fam.* V. SOPLÓN.

SOPLÓN, A *adj. e s. fam.* Delator, denunciante.

SOPLONEAR *v. tr.* Acusar, delatar, denunciar.

SOPLONERÍA *s. f.* Hábito próprio do delator.

SOPÓN *s. m. Aument.* de *Sopa.* Sopetarra. *fam.* V. SOPISTA.

SOPONCIO *s. m. fam.* Desmaio, faniquito, delíquio.

SOPORTABLE *adj.* Suportável.

SOPORTAL *s. m.* Soportal, átrio. Pórtico.

SOPORTAR *v. tr.* Suportar.

SOPORTE *s. m.* Suporte, apoio.

SOPUNTAR *v. tr.* Pôr ponto debaixo de uma letra, palavra ou frase, para destacá-la.

SOR *s. f.* Sóror, sor, irmã (freira professa).

SORA *s. f.* Bebida alcoólica feita com milho fermentado.

SORBA *s. f.* Sorva (fruto da sorveira).

SORBER *v. tr.* Sorver.

SORBETE *s. m.* Sorvete.

SORBETERA *s. f.* Sorveteira.

SORBETÓN *s. m. Aument.* de *Sorbo.*

SORBO *s. m.* Sorvo. Gole. Porção mínima de uma coisa.

SORDERA *s. f.* Surdez.

SORDEZ *s. f.* V. SORDERA.

SORDINA *s. f.* Surdina. *A la —, loc. adv.* Em surdina, silenciosamente, dissimuladamente.
SORDO, A *adj.* Surdo. U. t. c. s. Surdo, pouco audível, pouco sonoro. *fig.* Surdo, insensível.
SORDOMUDEZ *s. f.* Surdo-mudez, surdimutismo.
SORDOMUDO, A *adj.* e *s.* Surdo-mudo.
SORNA *s. f.* Sorna, indolência; velhacaria com que se diz ou faz alguma coisa.
SORNAVIRÓN *s. m.* V. TORNAVIRÓN.
SOROCHE (sorotche) *s. m. Amer.* Angústia, falta de ar, opressão (que se sente em montanhas muito altas).
SORPRENDENTE *p. a.* de *Sorprender* e *adj.* Surpreendente.
SORPRENDER *v. tr.* Surpreender. U. t. c. pron.
SORPRESA (sorpressa) *s. f.* Surpresa.
SORRA *s. f.* Saibro, areia grossa (usada como lastro). Cada um dos lados do ventre do atum.
SORREGAR *v. tr.* Regar um canteiro com a água que vem de outro. *Irreg.* V. conj. de *Calentar.*
SORRIEGA *s. f.* Ação de *Sorregar.* Água que escorre de um canteiro que se rega.
SORROSTRADA *s. f.* Descaramento, insolência.
SORTEABLE *adj.* Sorteável.
SORTEAMIENTO *s. m.* Sorteamento.
SORTEO (sortèo) *s. m.* Sorteio.
SORTERO, A *s. m.* e *f.* Adivinho, agoureiro. Pessoa que concorre a um sorteio.
SORTIARIA *s. f.* Adivinhação (por cartas).
SORTIJA (sortija) *s. m.* Anel (de usar no dedo; de cabelo). Anel, argola. Jogo do anel.
SORTIJERO (sortijero) *s. m.* Estojo ou salva em que se guardam ou mostram anéis.
SORTIJILLA (sortijilha) *s. f. Dim.* de *Sortida.* Anel (de cabelo).
SORTIJÓN (sortijòn) *s. m. Aument.* de *Sortija.* Anelão. Argolão.
SORTIJUELA (sortijuela) *s. f. Dim.* de *Sortija.* Anelzinho. Argolinha.
SOSA (sossa) *s. f. Bot.* Soda. *Quím.* Soda.
SOSACAR (sossacar) *v. tr. ant.* V. SONSACAR.
SOSAINA (sossaina) *s. m.* e *f.* Pessoa insulsa. U. t. c. adj.
SOSAL (sossal) *s. m.* Terreno onde abundam sodas.
SOSAMENTE (sossamente) *adv.* Insulsamente, insipidamente.
SOSAR (sossar) *s. m.* V. SOSAL.
SOSEGADAMENTE (sossegadamente) *adv.* Sossegadamente.
SOSEGADO, A (sossegado) *p. p.* de *Sosegar* e *adj.* Sossegado.
SOSEGAR (sossegar) *v. tr.* Sossegar (em todas as suas acepções). U. t. c. intr. e pron. *Irreg.* V. conj. de *Calentar.*
SOSERÍA (sossería) *s. f.* Insipidez, falta de graça, sensaboria. Sensaboria (dito insulso).
SOSERO, A (sossero) *adj.* Que produz soda (falando-se de plantas).
SOSIEGA (sossiega) *s. f.* Descanso, repouso (depois de uma tarefa). Gole de vinho que se bebe durante a *sosiega.*
SOSIEGO (sossiego) *s. m.* Sossego, quietude, serenidade, tranquilidade.
SOSLAYAR (sosladjar) *v. tr.* Esguelhar, pôr de esguelha ou soslaio.
SOSLAYO (sosladjo) (*AL* ou *DE*) *loc. adv.* De soslaio, de esguelha, obliquamente. *adj.* Esguelhado, oblíquo.
SOSO, A (sosso) *adj.* Ensosso, falto de sal; insípido. Insulso, chocho, insípido (falando-se de pessoas).
SOSPECHA (sospetcha) *s. f.* Suspeita, suspeição.
SOSPECHABLE (sospetchable) *adj.* V. SOSPECHOSO.
SOSPECHAR (sospetchar) *v. tr.* Suspeitar. U. t. c. intr.
SOSPECHOSAMENTE (sospetchossamente) *adv.* Suspeitosamente.
SOSPECHOSO, A (sospetchosso) *adj.* Suspeitoso, suspeito.
SOSQUÍN *s. m.* Golpe dado de esguelha ou de flanco. *De,* ou *en —, loc. adv.* De esguelha, de través, de flanco.

SOSTÉN *s. m.* Sustentamento, sustentação (ato de sustentar). Sustento, amparo, arrimo, apoio. Porta-seios. *Náut.* Equilíbrio, firmeza do navio.
SOSTENEDOR, A *adj.* e *s.* Sustentador. Mantenedor; defensor, protetor.
SOSTENER *v. tr.* Sustentar, suster. U. t. c. pron. Sustentar, defender. *fig.* Sustentar, suportar, sofrer com resignação. *fig.* Sustentar, apoiar. Sustentar, alimentar, manter. *Irreg.* V. conj. de *Tener.*
SOSTENIDO, A *p. p.* de *Sostener. s. m. Mús.* Sustenido. *Doble —,* dobrado sustenido.
SOSTENIENTE *p. a.* de *Sostener* e *adj.* Sustentante, sustentador.
SOSTENIMIENTO *s. m.* Sustento, manutenção, conservação.
SOTA *s. f.* Dama, sota (no baralho). Mulher insolente e desavergonhada.
SOTABANCO *s. m. Arq.* Acrotério.
SOTACURA *s. f. Amer.* Coadjutor eclesiástico.
SOTALUGO *s. m.* Colete (de tonel ou pipa).
SOTAMINISTRO *s. m.* Soto-ministro.
SOTANA *s. f.* Sotaina, lóba, batina, samarra. *fam.* Sova, tunda, surra, data de pancadas.
SOTANEAR *v. tr. fam.* Surrar, zurzir, sovar.
SOTANILLA (sotanilha) *s. f. Dim.* de *Sotana.*
SOTANO *s. m.* Porão, adega, peça subterrânea entre os alicerces de um edifício.
SOTAVENTARSE *v. pron. Náut.* Sotaventear.
SOTECHADO (sotetchado) *s. m.* Telhado, alpendre.
SOTERRAMIENTO *s. m.* Soterramento, soterração.
SOTO *s. m.* Souto.
SU, SUS *pron. poss. sing.* e *pl.* Seu, sua; seus, suas. (Usa-se somente antes de substantivos).
SUBARRIENDAMENTO *s. m.* Subarrendamento, sublocação.
SUBARRIENDO *s. m.* Subarrendamento, sublocação. Contrato de sublocação. Preço por que se subarrenda ou subloca.
SUBASTA *s. f.* Hasta pública, leilão.
SUBASTACIÓN *s. f.* V. SUBASTA.
SUBASTAR *v. tr.* Vender em hasta pública.
SUBDELEGACIÓN *s. f.* Subdelegação.
SUBCONSCIENCIA *s. f.* Subconsciência. Subconsciente.
SUBDIACONADO *s. m.* Subdiaconato.
SUBDIRECCIÓN *s. f.* Subdireção.
SUBDITO, A *adj.* Súdito.
SUBDIVISIÓN (subdivissiòn) *s. f.* Subdivisão.
SUBEJECUTOR (subejecutor) *s. m.* Subexecutor.
SUBEO (subèo) *s. m.* V. SOBEO.
SUBGOBERNADOR *s. m.* Subgovernador.
SUBIENTE *p. a.* de *Subir.* Subinte. *s. m.* Grinalda que sobe numa coluna.
SUBINSPECCIÓN *s. f.* Subinspeção.
SUBINSPECTOR *s. m.* Subinspetor.
SUBJEFE (subjefe) *s. m.* Subchefe.
SUBLEVACIÓN *s. f.* Sublevação, rebelião, revolução, revolta, motim, levante.
SUBLEVAMIENTO *s. m.* V. SUBLEVACÍON.
SUBLIMACIÓN *s. f.* Sublimação.
SUBORDINACIÓN *s. f.* Subordinação.
SUBPREFECTO *s. m.* Subprefeito.
SUBPREFECTURA *s. f.* Subprefeitura.
SUBRAYAR (subradjar) *v. tr.* Sublinhar.
SUBREPCIÓN *s. f.* Sub-repção.
SUBROGACIÓN *s. f.* Sub-rogação.
SUBROGAMIENTO *s. m.* V. SUBROGACÍON.
SUBROGAR *v. tr.* Sub-rogar.
SUBSANACIÓN *s. f.* Reparação, emenda; desculpa, remédio.
SUBSANAR *v. tr.* Sanar, remediar, desculpar, reparar (um dano), emendar (um erro).
SUBSCRIBIR *v. tr.* Subscrever. *v. pron.* Subscrever. *Irreg.* V. conj. de *Escribir.*
SUBSCRIPCIÓN *s. f.* Subscrição.
SUBSCRIPTO, A *p. p. irreg.* de *Subscribir.*
SUBSECUENTE *adj.* Subseqüente. V. SUBSIGUIENTE.
SUBSEGUIR *v. intr.* Seguir-se uma coisa imediatamente a outra. U. t. c. pron. *Irreg.* V. conj. de *Servir.*
SUBSIGUIENTE *p. a.* de *Subseguirse* e *adj.* Subseqüente.
SUBSOLANO *s. m.* Subsulano, vento do levante.

SUBSTANTIVO, A *adj.* Substantivo. *Gram. Nombre —,* substantivo, nome. *Gram.* Substantivo (falando-se do verbo ser).
SUBSTITUCIÓN *s. f.* Substituição.
SUBSTRACCIÓN *s. f. Arit.* e *Alg.* Subtração. V. RESTA.
SUBTRAENDO *s. m. Arit.* e *Alg.* Subtraendo.
SUBSTRAER *v. tr. Arit.* e *Alg.* Subtrair. V. RESTAR. *v. pron.* Subtrair-se, esquivar-se, retirar-se, escapar. *Irreg.* V. conj. de *Traer.*
SUBSUELO *s. f.* Subsolo.
SUBTENIENTE *s. m.* Subtenente.
SUBVENCIÓN *s. f.* Subvenção.
SUBVENIR *v. tr.* Auxiliar, socorrer, ajudar, amparar. *Irreg.* V. conj. de *Venir.*
SUBVERSIÓN *s. f.* Subversão.
SUBVERTIR *v. tr.* Subverter. U. t. c. pron. *Irreg.* V. conj. de *Sentir.*
SUBYUGACIÓN (subdjugaciòn) *s. f.* Subjugação.
SUBYUGAR (subdjugar) *v. tr.* Subjugar. U. t. c. pron.
SUCCIÓN *s. f.* Sucção.
SUCESIBLE (sucessible) *adj.* Sucessível.
SUCESIÓN (sucessiòn) *s. f.* Sucessão.
SUCESIVO, A (sucessivo) *adj.* Sucessivo.
SUCESO (sucesso) *s. m.* Sucesso, acontecimento. Sucesso, êxito.
SUCESOR, A (sucessor) *adj.* e *s.* Sucessor.
SUCIAMENTE *adv.* Sujamente.
SUCIEDAD (suciedad) *s. f.* Sujidade, imundície; porcaria. *fig.* Impropério, obsenidade.
SUCINTARSE *v. pron.* Ser sucinto.
SUCIO, A *adj.* Sujo (em todas as suas acepções).
SUCO *s. m.* V. JUGO.
SUCOSO, A (sucosso) *adj.* V. JUGOSO.
SUD (sud) *s. m.* V. SUR.
SUDADERA *s. f.* V. SUDADERO.
SUDADERO *s. m.* Sudário (lenço para o suor). Suadouro (peça dos arreios).
SUDAR *v. intr.* Suar. U. t. c. pron.
SUDESTE *s. m.* Sueste, sudeste.
SUDOR *s. m.* Suor.
SUDORIENTO, A *adj.* Suarento.
SUDOROSO, A (sudorosso) *adj.* Suarento, suado. Propenso a suar.
SUDOSO, A (sudosso) *adj.* Suado.
SUDSUDESTE *s. m.* Sussueste.
SUDSUDOESTE *s. m.* Sussudoeste.
SUEGRO, A *s. m.* e *f.* Sogro.
SUELA *s. f.* Sola.
SUELDA *s. f.* Sola.
SUELDA *s. f.* Solda.
SUELDO *s. m.* Soldo.
SUELO *s. m.* Solo. Pavimento, andar. Casco das bestas.
SUELTA *s. f.* Solta (ato de soltar).
SUELTAMENTE *adv.* Soltamente; espontaneamente; voluntariamente.
SUELTO, A *p. p. irreg.* de *Soltar. adj.* Solto (em todas as suas principais acepções). Rápido, veloz.
SUEÑO (suenho) *s. m.* Sono. Sonho.
SUERO *s. m.* Soro.
SUEROSO, A (suerosso) *adj.* Seroso.
SUEROTERAPÍA *s. f.* Soroterapia.
SUERTE *s. f.* Sorte (em todas as suas acepções). *Amer. argent.* Carne. *Amer. per.* Bilhete de loteria.
SUERTERO, A *adj. Amer.* Afortunado, ditoso. *s. m. Amer. per.* Bilheteiro (vendedor de bilhetes de loteria).
SUESTE *s. m.* Sueste, sudeste. *Náut.* Chapéu impermeável.
SUFETE *s. m.* Sufeta.
SUFIJO, A (sufijo) *adj.* e *s. Gram.* Sufixo.
SUFOCACIÓN *s. f.* V. SOFOCACIÓN.
SUFRIBLE *adj.* Sofrível, tolerável.
SUFRIDERA *s. f.* Sufradeira.
SUFRIDERO, A *adj.* V. SUFRIBLE.
SUFRIDO, A *p. p.* de *Sufrir. adj.* Sofrido, paciente, resignado.
SUFRIENTE *p. a.* de *Sufrir.* Que sofre; sofrido, paciente.
SUFRIMIENTO *s. f.* Sofrimento (dor, padecimento; paciência, tolerância).
SUFRIR *v. tr.* Sofrer, padecer (em todas as suas acepções).
SUFUMIGACIÓN *s. f.* Sufumigação.
SUFUSIÓN (sufussiòn) *s. f.* Sufusão.

SUGERENCIA (sujerencia) *s. f. Amer.* Sugestão, insinuação, proposta, alvitre.

SUGESTIÓN (sujestiòn) *s. f.* Sugestão.

SUIZO, A (suiço) *adj. e s.* Suíço.

SUIZÓN (suiçòn) *s. m.* Chuço, lança, arcabuz etc. com que se armavam os infantes.

SUJECIÓN *s. f.* Sujeição.

SUJETAR (sujetar) *v. tr.* Sujeitar. U. t. c. pron.

SUJETO, A (sujeto) *p. p. irreg.* de *Sujetar. adj.* Sujeito, exposto, propenso. *s. m.* Sujeito, assunto, objeto. Sujeito, indivíduo, pessoa indeterminada. *Gram.* Sujeito.

SULFURO *s. m. Quím.* Sulfureto.

SULTÁN *s. m.* Sultão.

SUMA *s. f.* Soma (conjunto, reunião de muitas coisas; quantia de dinheiro). *Mat.* Soma (adição; operação de somar).

SUMADOR, A *adj. e s.* Recopilador.

SUMANDO *s. m.* Parcela (de uma soma).

SUMAR *v. tr.* Recopilar, resumir, compendiar, abreviar. *Alg. e Arit.* Somar.

SUMARIA *s. f. For.* Sumário, processo sumário.

SUMERGIBLE (sumerjible) *adj.* Submergível, submersível. *s. m.* Submarino, submergível.

SUMERGIMIENTO (sumerjimiento) *s. m.* V. SUMERSIÓN.

SUMERGIR (sumerjir) *v. tr.* Submergir. U. t. c. pron.

SUMERSIÓN *s. f.* Submersão.

SUMIDERO *s. m.* Sumidouro, escoadouro.

SUMILLER (sumiḷher) *s. m.* Sumilher.

SUMINISTRACIÓN *s. f.* V. SUMINISTRO.

SUMINISTRAR *v. tr.* Subministrar, ministrar, prover de, dar.

SUMINISTRO *s. m.* Subministração.

SUMIR *v. tr.* Sumir, afundar, submergir; enterrar. U. t. c. pron. Consumir (o sangue eucarístico). *v. pron.* Sumir-se, encovar-se (as faces).

SUMISIÓN (sumissiòn) *s. f.* Submissão.

SUMISO, A (sumisso) *adj.* Submisso.

SUMISTA *s. m. e f.* Sumista. Pessoa hábil em somar.

SUNCIÓN *s. f. Liturg.* Comunhão (do padre, à missa).

SUPEDITACIÓN *s. f.* Sujeição, submissão.

SUPEDITAR *v. tr.* Sujeitar, submeter, avassalar.

SUPERALIMENTACIÓN *s. f.* Superalimentação.

SUPERCHERÍA (superchería) *s. f.* Fraude, embuste, engano.

SUPERCHERO, A (superchero) *adj. e s.* Fraudulento, embusteiro, enganador.

SUPEREROGACIÓN *s. f.* Supererogação, excesso, demasia.

SUPERFECTACIÓN *s. f. Fisiol.* Superfetação.

SUPERPONER *v. tr.* Superpor, sobrepor. U. t. c. pron. *Irreg.* V. conj. de *Poner.*

SUPERPOSICIÓN (superpossiciòn) *s. f.* Superposição.

SUPERRENAL *adj.* Suprarrenal.

SUPERSTICIÓN *s. f.* Superstição.

SUPERVENCIÓN *s. f. For.* Superveniência.

SUPERVENIR *v. intr.* V. SOBREVENIR. *Irreg.* V. conj. de *Venir.*

SUPERVIVIENTE *p. a.* de *Supervivir* e *adj.* Supervivente, sobrevivente, sobrevivo.

SUPERVIVIR *v. intr.* V. SOBREVIVIR.

SUPINACIÓN *s. f. Anat.* Supinação.

SUPITAÑO, A (supitanho) *adj. ant.* Subitâneo, súbito.

SUPITO, A *adj. fam.* Brusco, impaciente, violento. *Amer.* Tolo, bobo, idiota.

SUPLANTACIÓN *s. f.* Usurpação (de cargo, emprego etc.). Falsificação, adulteração (de texto ou escrito).

SUPLANTADOR, A *adj. e s.* Usurpador, adulterador.

SUPLANTAR *v. tr.* Adulterar, falsificar, alterar (um texto ou escrito). Usurpar (um cargo, um emprego etc.).

SUPLEAUSENCIAS (supleaussencias) *s. m. e f.* Pessoa que faz as vezes de outra na ausência desta; Suplente, substituto.

SUPLEFALTAS *s. m. e f.* Pessoa que costuma dissimular as faltas alheias.

SUPLEMENTAL *adj.* Suplementar.

SUPLICACIÓN *s. f.* Suplicação, súplica. *For.* Agravo, apelação. Massa doce em forma de canudo.

SUPLICACIONERO *s. m.* Vendedor de *suplicaciones.* V. SUPLICACION, 3ª acep.

SUPLICIO *s. m.* Suplício. *Último* —, pena capital, pena de morte.

SUPLIDOR, A *adj. e s.* Suplente.

SUPLIR *v. tr.* Suprir (completar, inteirar; substituir, fazer as vezes de; remediar, preencher alguma falta). Encobrir, dissimular (defeitos de outrem).

SUPONEDOR, A *adj. e s. m.* Que supõe; conjeturador.

SUPONER *v. tr.* Supor. *Irreg.* V. conj. de *Poner.*

SUPORTACIÓN *s. f.* Suportação, resignação.

SUPOSICIÓN (supossiciòn) *s. f.* Suposição.

SUPÓSITO (supòssito) *s. m. ant.* V. SUPUESTO.

SUPRASENSIBLE (suprassensible) *adj.* Supersensível, supra-sensível.

SUPREMA *s. f.* Conselho supremo da Inquisição.

SUPREMIDAD (supremidad) *s. f. ant.* Supremacia.

SUPRESIÓN (supressiòn) *s. f.* Supressão.

SUPRESIVO, A (supressivo) *adj.* Supressivo.

SUPRESO, A (supresso) *p. p. irreg.* de *Suprimir.*

SUPRIOR *s. m.* Subprior.

SUPUESTO, A *p. p. irreg.* de *Suponer.* Suposto. *s. m.* Suposto. *Por* —, *loc. adv.* Por certo, certamente. — *que loc. conjunt.* Suposto que.

SUPURACIÓN *s. f.* Supuração.

SUPUTACIÓN *s. f.* Suputação, conta, cômputo.

SUR *s. m.* Sul.

SURADA *s. f. Náut.* Ventania do sul. *Náut.* Duração prolongada do vento sul.

SURAZO (suraço) *s. m. Amer. argent.* V. SURADA.

SURCACIÓN *s. f.* Ação de sulcar.

SURCADOR, A *adj. e s.* Sulcador.

SURCAMIENTO *s. f.* V. SURCACIÓN.

SURCAÑO (surcanho) *s. m. prov. Rioj.* Limite (entre duas herdades).

SURCAR *v. tr.* Sulcar (fazer regos ou sulcos em; abrir sulcos com o arado; *(fig.)* cortar, atravessar por).

SURCIDERA *s. f. Náut.* V. ZURCIDERA.

SURCO *s. m.* Sulco (rego do arado; ruga, curva, prega; risco na água). *Amer. chil.* V. CABALLÓN. *A* —, *loc. adv.* Diz-se de dois camalhões contíguos. *Echarse (uno) en el* —, *loc. fig. fam.* Abandonar uma empresa ou trabalho por preguiça ou desânimo.

SURERO, A *adj. e s. Amer. argent.* Suleiro (natural das terras do sul).

SURGIDERO (surjidero) *s. m.* Surgidouro, ancoradouro.

SURIPANTA *s. f. fam.* Corista (de teatro). *fig.* Mulher de má vida.

SURSUESTE *s. m.* V. SUDSUDESTE.

SURTIDA *s. f.* Sortida. *fig.* Porta falsa ou saída secreta. *Náut.* V. VARADERO.

SURTIDERO *s. m.* V. BUZÓN. V. SURTIDOR.

SURTIDO, A *p. p.* de *Surtir. adj.* Sortido, variado, *s. m.* Sortimento, sortido. *De* —, *loc. adv.* De uso comum.

SURTIDOR, A *adj. e s.* Provedor, fornecedor, abastecedor. *s. m.* Esguicho, repuxo, jato de água.

SURTIMIENTO *s. m.* Sortimento.

SURTIR *v. tr.* Sortir, abastecer, fornecer, prover. U. t. c. pron. *v. intr.* Esguichar, repuxar (a água).

SURTO, A *p. p. irreg.* de *Surgir.* Surto. *adj. fig.* Tranqüilo, em repouso, em silêncio.

SUSCEPTIBLE *adj.* Susceptível.

SUSCEPTIVO, A *adj.* V. SUSCEPTIBLE.

SUSCITACIÓN *s. f.* Suscitação, suscitamento, instigação, sugestão.

SUSCRIBIR *v. tr.* V. SUBSCRIBIR. U. t. c. pron. *Irreg.* V. conj. de *Escribir.*

SUSCRIPCIÓN *s. f.* V. SUBSCRIPCIÓN.

SUSCRIPTO, A *p. p. irreg.* de *Suscribir.* Subscrito.

SUSCRIPTOR *s. m.* Subscritor.

SUSO (DE) (susso) *loc. adv. ant.* De cima.

SUSODICHO, A *adj.* V. SOBREDICHO.

SUSPECCIÓN *s. f. ant.* Suspeição, suspeita.

SUSPENSIÓN *s. f.* Suspensão.

SUSPENSIVO, A *adj.* Suspensivo. *Puntos* —*s.* pontos de reticência.

SUSPICAZMENTE *adv.* Suspeitosamente, de modo suspicaz.

SUSPIRÓN, A *adj.* Que suspira muito, suspiroso.

SUSTANCIA *s. f.* Substância.

SUSTANCIACIÓN *s. f.* Substanciação.

SUSTANCIAL *adj.* Substancial.

SUSTANCIALMENTE *adv.* Substancialmente.

SUSTANCIAR *v. tr.* Substanciar.

SUSTANCIOSAMENTE (sustanciossamente) *adv.* De modo substancioso.

SUSTANCIOSO, A (sustanciosso) *adj.* Substancioso.

SUSTANTIVADAMENTE *adv.* Substantivadamente.

SUSTANTIVAMENTE *adv.* Substantivamente.

SUSTANTIVO, A *adj.* V. SUBSTANTIVO.

SUSTANTIVAR *v. tr.* Substantivar.

SUSTENTABLE *adj.* Sustentável, defendível, defensável.

SUSTENTACIÓN *s. f.* Sustentação.

SUSTENTAMIENTO *s. m.* Sustentamento, sustentação.

SUSTITUCIÓN *s. f.* V. SUBSTITUCIÓN.

SUSTITUIBLE *adj.* Substituível.

SUSTITUIDOR, A *adj. e s.* Substituidor.

SUSTITUIR *v. tr.* Substituir. *Irreg.* V. conj. de *Muir.*

SUSTITUTO, A *p. p. irreg.* de *Sustituir. s. m.* Substituto.

SUSTO *s. m.* Susto. *Dar un* — *al miedo, loc. fig. fam.* Ser muito feio.

SUSTRACCIÓN *s. f.* V. SUBSTRACCIÓN.

SUSTRAENDO *s. m.* V. SUBSTRAENDO.

SUSTRAER *v. tr.* V. SUBSTRAER. *Irreg.* V. conj. de *Traer.*

SUSUNGA (sussunga) *s. f. Amer.* Coador.

SUSURRACIÓN (sussurraciòn) *s. f.* Sussurro, murmuração secreta.

SUSURRAR (sussurrar) *v. intr.* Sussurrar.

SUSURRIDO (sussurrido) *s. m.* Sussurro, murmúrio (das águas etc.).

SUSURRO (sussurro) *s. m.* Sussurro, murmúrio (da voz). V. SUSURRIDOR.

SUSURRÓN, A (sussurròn) *adj. e s. fam.* Murmurador, que fala às escondidas.

SUVERSIÓN *s. f. ant.* V. SUBVERSIÓN.

SUYO, SUYA, SUYOS, SUYIAS (sudjo, dja, djos, djas) *pron. pos.* da 3ª pes. *m., f., sing.* e *pl.* Seu, sua, seus, suas; dele, dela, deles, delas. *La* — *a,* a sua (forma elípt. que subentende "opinião", "vontade", "desejo" etc.). *Los* —*os,* os seus (os parentes, a família, amigos, partidários etc.). *De* —*o, loc. adv.* Por si, por si mesmo, naturalmente, sem sugestão ou auxílio alheios.

SUZARRO (suçarro) *s. m. Jír.* Criado, servente.

SUZÓN (suçòn) *s. m.* V. ZUZÓN.

T (tè) *s. f.* Vigésima-terceira letra e décima-nona consoante do alfabeto espanhol.

¡TA! *interj.* V. ¡TATE! (Usa-se repetida).

TABA *s. f.* Astrágalo. Tava, taba, jogo do osso. *Menear* — *Amer. argent.* Charlar, dar à trela. *Menear (uno) las* —*s, loc. fig. fam.* Andar com muita pressa.

TABACALERA *s. f. Amer. mexic.* Charutaria, tabacaria.

TABACALERO, A *adj.* Tabaqueiro, tabacal.

TABACO *s. m. Bot.* Tabaco. — *de humo,* tabaco de fumo. — *de polvo,* rapé. *Tomar* —, tomar rapé.

TABACOSO, A (tabacosso) *adj.* Tabaqueiro, que toma muito rapé. Manchado de tabaco.

TABAHUNDA (tabaunda) *s. f.* V. BARAUNDA.

TABALADA *s. f.* V. TABANAZO. *fam.* Pancada com as nádegas.

TABALARIO *s. m. fam.* V. TAFANARIO.

TABALEAR *v. tr.* Agitar, mexer, menear. U. t. c. pron. *v. intr.* Tamborilar (tocar com os dedos sobre uma superfície qualquer).

TABALEO (tabalèo) *s. m.* Agitação, movimento. Ação de tamborilar (com os dedos).

TABANAZO (tabanaço) *s. m. fam.* V. MANOTADA. *fam.* Bofetada.

TABANCO *s. m.* Tenda, barraca (onde se vende comida por preço módico).

TABANERA *s. f.* Lugar onde abunda o tavão.

TÁBANO *s. m.* Tavão, tabão.

TABANQUE *s. f.* Torno (de oleiro).

TABAOLA *s. f.* Algazarra, bulha, barulho.

TABAQUE *s. f.* Açafate, cestinho de costura. Tacha, preguinho.

TABAQUERA *s. f.* Tabaqueira. Caixa para rapé.

TABAQUERÍA *s. f.* Tabacaria. *Amer. cub.* Charutaria (fábrica de charutos).

TABAQUERO, A *adj.* Tabaqueiro. De cor de tabaco.

TABAQUISMO *s. m.* Tabagismo.

TABAQUISTA *s. m. e f.* Tabaquista. Conhecedor de tabacos.

TABARDILLO (tabardilho) *s. m.* Tabardilho.

TABARDETE *s. m.* V. TABARDILLO.

TABARRA *s. f.* Conversação fatigante ou enfadonha.

TABARRERA *s. f.* V. ROÑERÍA. Conversação muito fatigante ou enfadonha.

TABERNACLE *s. m.* Tabernáculo.

TABERNERO *s. m.* Taberneiro.

TABERNERÍA *s. f.* Profissão de taberneiro.

TABERNIL *adj. fam.* Tabernal, tabernário.

TABICA *s. f. Arq.* Métope, métopa.

TABICAR *v. tr.* Tabicar (fechar com tabiques). *fig.* Fechar, tapar, entupir (o que devia estar aberto ou ter curso).

TABICÓN *s. m. Aument.* de *Tabique.*

TABILLA (tabilha) *s. f. Dim.* de *Taba.*

TABINETE *s. m.* Tecido de seda e algodão (para sapatos de mulher).

TABIQUE *s. m.* Tabique (parede delgada feita de tijolos). *Por ext.* Tabique, divisão, separação; plano, membrana etc. que separa ou divide. — *de carga,* tabique feito de tijolos colocados horizontalmente. — *de panderete,* tabique feito de tijolos colocados verticalmente. — *sordo,* tabique feito de tijolos alternados.

TABIQUERÍA *s. f.* Conjunto ou série de tabiques.

TABLA *s. f.* Tábua (peça de madeira plana; mármore plano). Diamante tabla. Face mais larga de um madeiro. Tabla, chapa, lâmina. Dimensão maior de uma esquadria. Tábua (mesa onde se come). Espaço entre as pregas de um vestido. Macho, prega (de um vestido). Tabela (da mesa de bilhar). Tábua, tabela, índice, catálogo. Tabuada (mapa aritmético). Posto aduaneiro. Avenida, alameda (faixa de terra entre duas filas de árvores). Mesa, balcão de açougue. Tabuleiro, canteiro (de horta). Carniceria, açougue. Qualquer das duas capas de um livro encadernado. *ant.* Tábua (mapa geográfico). *Amer. colomb.* Barra de chocolate. *Pint.* Tábua, tela, quadro. *pl.* Empate (no jogo de xadrez ou no de damas). Tábuas da lei. Palco, cenário, tablado. Palco, arte cênica. — *de río,* ou *de agua,* parte de um rio onde a corrente é quase nula. — *rasa,* tábua rasa (quadro antes de receber as tintas; *fig.*) espírito que ainda não recebeu cultura). — *de manteles,* toalha de mesa. — *de juego,* casa de tavolagem, casa de jogo. *Tabla,* mesa de jogo. *Las* —*s,* palco, tablado. *A la* — *del mundo, loc. adv. fig.* Ao público. *A raja* —, *loc. adv. fig.* Custe o que custar, a todo o custo; sem consideração alguma, a todo transe. *Por* —, *loc. adv.* Por tabela (no jogo de bilhar). *fig.* Por tabela, indiretamente.

TABLACHINA (tablatchina) *s. f.* Escudo de madeira.

TABLACHO (tablatcho) *s. f.* Comporta.

TABLADA *s. f.* Tabuleiro, canteiro (de horta ou jardim). *Amer. merid.* Tablada (espécie de feira de gado).

TABLADO *s. m.* Tablado, estrado. Tablado, palco. Tabuado, solho. Patíbulo. Tábuas da cama. *Sacar al* — *(una cosa), loc. fig.* Tornar pública (uma coisa).

TABLAJE (tablaje) *s. m.* Tabuado, conjunto de tábuas. Casa de tavolagem.

TABLAJERÍA (tablajería) *s. f.* Vício de jogar em casas de tavolagem. Ganho, lucro (produzido por uma casa de jogo). Açougue, carniçaria.

TABLAJERO (tablajero) *s. m.* Carpinteiro que faz tablados para festas. Açougueiro, carniceiro. V. GARITERO.

TABLAR *s. m.* V. TABLA (*de río*). Conjunto de tabuleiros ou canteiros (de horta ou jardim).

TABLAZO (tablaço) *s. f.* Pancada com tábua. Braço de mar ou rio pouco profundo.

TABLAZÓN (tablaçòn) *s. f.* Tabuado, conjunto de tábuas. Madeiramento (para cobrir e forrar embarcações).

TABLEADO, A *p. p.* de *Tablear. s. m.* Pregas de um vestido.

TABLEAR *v. tr.* Dividir em tábuas (um madeiro). Dividir em tabuleiros ou canteiros (um terreno). Preguear, fazer pregas na roupa. Reduzir a lâminas ou folhas (barras de metal). Aplanar a terra lavrada ou cavada.

TABLEO (tablèo) *s. m.* Ação de *Tablear.*

TABLERA *s. f.* Mendiga que esmola tangendo uma matraca chamada *Tablillas de San Lázaro.*

TABLERO *adj.* Diz-se do madeiro próprio para ser dividido em tábuas. Aplica-se ao prego usado

em tábuas. Tabuleiro (peça de madeira com rebordos). Tábua, chapa, lâmina. Tabuleiro da besta. Tabuleiro (do jogo de xadrez ou de damas). Balcão, mostrador. Casa de tavolagem. Mesa de alfaiate. V. TABLAR. *ant.* Cadafalso, patíbulo. *Amer.* Quadro negro. *Arq.* Ábaco.

TABLETA *s. f. Dim.* de *Tabla.* Tabuinha. Pastilha (geralmente medicinal). *pl.* V. TABLILLA *(pl.) (de San Lázaro).*

TABLETEADO *s. m.* Ruído de tábuas que se batem.

TABLETEAR *v. intr.* Produzir ruído com tábuas.

TABLETEO (tabletèo) *s. m.* Ação de *Tabletear.*

TABLETERO, A *s. m. e f.* Mendigo ou mendiga que esmola batendo uma espécie de matraca chamada *Tablillas de San Lázaro.*

TABLILLA *s. f.* V. TABLETA. Tabela ou quadro em que se afixam notícias ou avisos. Tabilha, tabela (da mesa de bilhar). Barra de chocolate. —*s de San Lázaro,* espécie de matraca que se usa para pedir esmolas para os hospitais de S. Lázaro (na Espanha). *Por* —, *loc. adv.* V. TABLA (POR).

TABLÓN *s. m. Aument.* de *Tabla.* Tabuão. *Coger un* —, *loc. fig. fam.* Embebedar-se, embriagar-se.

TABLONAJE (tablonaje) *s. m.* Tabuado, conjunto de tabuões.

TABLONCILLO (tabloncilho) *s. m.* Assento de última fila nas trincheiras (da praça de touros).

TABLONERÍA *s. f. Náut.* Conjunto de tabuões ou pranchões de madeira.

TABLOZA (tabloça) *s. f.* Paleta de pintor.

TABOCA *s. f. Amer. boliv.* Bambu que se usa como vasilha.

TABUCO *s. m.* Cubículo, quarto ou aposento pequeno ou estreito.

TABULETE *s. m.* V. TABURETE.

TABURETE *s. m.* Tamborete.

TABURÓN *s. m.* V. TIBURON.

TACA *s. f.* Mancha, nódoa. Armário pequeno.

TACANA *s. f. Amer. argent.* Martelo; mão do gral.

TACAÑAMENTE (tacanhamente) *adv.* Tacanhamente.

TACAÑEAR *v. tr. Amer. argent.* V. APISONAR.

TACAÑEAR (tacanhear) *v. intr.* Tacanhear.

TACAÑERÍA (tacanhería) *s. f.* Tacanharia, tacanhice, tacanheza, tacanhez.

TACAÑO, A (tacanho) *adj. e s.* Tacanho.

TACAR *v. tr.* Assinalar, marcar (com mancha ou mossa).

TACAZO (tacaço) *s. m.* Tacada (no jogo de bilhar).

TACHA (tatcha) *s. f.* Tacha, mancha, nódoa; defeito. *Amer.* Tacho.

TACHAR (tatchar) *v. tr.* Pôr defeito em. Tachar, notar, censurar. Apagar, borrar, riscar (o escrito).

TACHERO (tatchero) *s. m. Amer.* Operário que manobra as tachas (nos engenhos de açúcar). *Amer.* V. HOJALATERO.

TACHO (tatcho) *s. m. Amer.* Tacho. *Irse al* —, *loc. fig. fam. Amer. argent.* Fracassar um negócio; morrer.

TACHÓN (tatchòn) *s. m.* Traço, risco (sobre o que está escrito). Tachão (prego de cabeça dourada ou prateada). Galão, fita (adorno).

TACHONAR (tatchonar) *v. tr.* Tachonar (cravar de tachões). Enfeitar (a roupa) com fita, galões etc. *Por ext.* Adornar, enfeitar.

TACHONERÍA (tatchoneria) *s. f.* Obra tachonada.

TACHOSO, A (tatchosso) *adj.* Defeituoso.

TACHUELA (tatchuela) *s. f. Dim.* de *Tacha.* Tachinha. *Amer.* Pessoa de baixa estatura. *Amer. colomb.* Caneca de folha.

TACO *s. m.* Taco, tarugo, torno ou prego de madeira. Tapulho. Toco, pau curto, cacete, qualquer pedaço de madeira curto e grosso. Taco (para jogar o bilhar). Bucha (para apertar a carga das armas de fogo ou de um agulheiro em pedreira). Vareta de espingarda. Taco, bucha da peça de artilharia. Bloco (das folhas de um calendário). *fig. fam.* Boquinha (pequena refeição). *fig. fam.* Gole de vinho que se bebe sobre o que se come. *fig. fam.* Embrulho, enredo, complicação. *fig. fam.* Voto, juramento. *Amer.* V. TACÓN.

TACÓN *s. m.* Tacão, salto (do sapato ou da bota).

TACONAZO (taconaço) *s. m.* Pancada com o tacão do sapato.

TAFANARIO *s. m. fam.* Traseiro.

TAFETÁN *s. m.* Tafetá.

TAFETANERO *s. m.* Fabricante ou vendedor de tafetá.

TAFILETE *s. m.* Tafilete, marroquim fino.

TAFILETEAR *v. tr.* Enfeitar ou compor com tafilete ou marroquim fino.

TAFILETERÍA *s. f.* Arte de preparar o tafilete ou marroquim fino.

TAFUR *s. m. ant.* V. TAHUR.

TAGAROTE *s. m. Ornit.* Tagarote. *fig.* Escrevente, amanuense. *fam.* Fidalgo pobre que vive à custa alheia. *fam.* Homem alto e deselegante.

TAHA (taa) *s. f.* Comarca, distrito.

TAHALÍ (taalí) *s. f.* Talim.

TAHARAL (taaral) *s. m.* V. TARAYAL.

TAHEÑO, A (taenho) *adj.* Barbiruivo. *Amer. chil.* Da cor do café.

TAHONA (taona) *s. f.* Atafona, azenha. Padaria.

TAHONERO (taonero) *s. m.* Atafoneiro. Padeiro.

TAHULLA (taulha) *s. f. prov. Múrc. Gran., Alm.* Medida agrária equivalente a 40 varas quadradas.

TAHUR, A (taur) *adj.* e *s.* Taful (jogador por ofício ou hábito). *s. m.* Jogador trapaceiro. Indivíduo muito hábil em determinado jogo.

TAHUREAR (taurear) *v. intr.* Jogar nas casas de tavolagem ou freqüentá-las.

TAHURERÍA (taurería) *s. f.* Casa de tafularia, casa de jogo. Tafularia, tafulice (vício de taful). Trapaça (ao jogo).

TAIFA *s. f.* Bando, parcialidade. *fig. fam.* Súcia, corja.

TAIMA *s. f.* V. TAIMERÍA. *Amer.* Teimosia, obstinação.

TAIMADO, A *adj.* e *s.* Matreiro, velhaco, malicioso, taimado.

TAIMARSE *v. pron. Amer.* Obstinar-se, teimar.

TAIMERÍA *s. f.* Astúcia, malícia, velhacaria.

TAITA *s. m. fam.* Papá, papai.

TAJA (taja) *s. f.* Cangalhas (para carga). V. TARJA. Talha, cortadura, repartimento.

TAJADA (tajada) *s. f.* Talhada. *fam.* Tosse ou ronqueira de quem está resfriado. *fam.* Tachada, bebedeira, pifão. *Amer.* Talho, corte.

TAJADERA (tajadera) *s. f.* Meia-lua (instrumento curvo para cortar). Talhadeira. Tábua em que se corta a carne nas cozinhas.

TAJADERO (tajadero) *s. m.* Cepo, talho (em que se corta a carne no açougue).

TAJADILLA (tajadilha) *s. f.* Badofe.

TAJADO, A (tajado) *p. p.* de *Tajar.*

TAJADOR, A (tajador) *adj.* e *s.* Talhador. *s. m.* V. TAJADERO.

TAJADURA (tajadura) *s. f.* Talhadura, talhamento, talho.

TAJAMAR (tajamar) *s. m. Náut.* Talhamar, beque. Talhamar (obra angular para quebrar a força da água).

TAJAMIENTO (tajamiento) *s. m.* V. TAJADURA.

TAJANTE (tajante) *p. a.* de *Tajar* e *adj.* Talhante, cortante. *s. m.* Talhador, cortador, carniceiro.

TAJAPLUMAS (tajaplumas) *s. m.* V. CORTAPLUMAS.

TAJAR (tajar) Talhar, cortar. Aparar (a pena de ave).

TAJARRAZO (tajarraço) *s. m. Amer. centr.* Talho, corte, cutilada.

TAJEA (tajèa) *s. f.* V. ATARJEA. Bueiro.

TAJERO (tajero) *s. m.* V. TARJERO.

TAJO (tajo) *s. m.* Talho, corte (feito por instrumento cortante). Tarefa (trabalho que se deve fazer em determinado tempo). Lugar até onde chega, em sua tarefa, um grupo de trabalhadores. Fio, gume. V. TAJADERO. *ant.* Talho (o cepo onde põe a cabeça o que tem de ser decapitado). *Esgr.* Cutilada.

TAJÓN (tajòn) *s. m.* V. TAJADERO.

TAJONA (tajona) *s. f.* Canto popular cubano.

TAJUELA (tajuela) *s. f.* V. TAJUELO, 2ª acep.

TAJUELO (tajuelo) *s. m. Dim.* de *Tajo.* Banquinho de três pés.

TAL *adj.* Tal (semelhante; tamanho; tanto; um certo). *pron.* Algum, tal. *adv.* Tal, assim mesmo. *CÓN — que, loc. conjunt.* Uma vez que, desde que, com tanto que. *— cual,* tal qual.

TALA *s. f.* Tala (ação de talar). Talho de árvores.

TALABARTERÍA *s. f.* Talabardaria.

TALABARTERO *s. m.* Talabarteiro, correeiro, seleiro.

TALACHO (talatcho) *s. m. Amer. mexic.* Enxada.

TALADRADOR, A *adj.* e *s.* Que fura com broca, trado ou verruma.

TALADRAR *v. tr.* Tradear; brocar; verrumar.

TALADRO *s. m.* Trado (instrumento e furo por ele feito).

TALAMERA *s. m.* Árvore em que se põe o chamariz para atrair pombos.

TALANQUERA *s. f.* Tranqueira, trincheira de tábuas.

TALAR *v. tr.* Talar (árvores). Talar, destruir (campos, cidades etc.). *adj.* Talar.

TALCO *s. m.* Talco (sílico-aluminato de magnésia; talco-micáceo). Ouropel; lâmina de metal muito delgada que se usa em bordados e como enfeite.

TALCUALILLO, A (talcualilho) *adj. fam.* Que é medianamente bom. *fam.* Que vai experimentando alguma melhora.

TALEA *s. f.* Estacada, paliçada (dos romanos).

TALEGA *s. f.* Taleiga. QuantÍa de mil duros de prata. Cueiro. *fam.* Dinheiro, dinheirama.

TALEGADA *s. f.* Taleigada.

TALEGAZO (talegaço) *s. m. Aument.* de *Talega.* Pancada dada com uma taleiga.

TALEGO *s. m.* Taleigo. *fig.* V. CHASCO. *fig. fam.* Saco (pessoa pouco esbelta). *Tener —, loc. fig. fam.* Ter dinheiro, ser rico.

TALEGUILLA (teleguilha) *s. f. Dim.* de *Talega.* Calção de toureiro. *— de la sal,* dinheiro para os gastos diários.

TALENTUDO, A *adj.* Talentoso.

TALERO *s. m.* Táler.

TALERO *s. m. Amer. argent.* Rebenque, chicote.

TALIÓN *s. m.* Talião.

TALISMÁN *s. m.* Talismã.

TALLA *s. f.* Talha. *Náut.* Talha. Talha, obra de talha. Talha (antigo imposto). Resgate (quantia pela liberdade de um cativo); recompensa, prêmio (quantia pela prisão de um criminoso). Talha (no jogo da banca). Estatura, altura do homem, talhe. *Cir.* Operação da talha. *Media —.* V. RELIEVE (medio). *A media —, loc. adv. fig.* Com pouca atenção ou cuidado. *Poner —, loc.* Estipular e publicar a recompensa pela captura de um criminoso.

TALLADO, A (talhado) *p. p.* de *Tallar. adj.* Talhado. (Usa-se com os advs. *bien* ou *mal*).

TALLADOR (talhador) *s. m.* Gravador. *Amer. argent.* Banqueiro (nos jogos de azar).

TALLADURA (talhadura) *s. f.* V. ENTALLADURA.

TALLANTE (talhante) *p. a.* de *Tallar.* Talhante.

TALLAR (talhar) *adj.* Que pode ser cortado ou talado. Diz-se de uma espécie de pentes pequenos. *s. m.* Mata de corte, bosque novo que já se pode cortar. *v. tr.* Talhar (o baralho); fazer banca. Entalhar, esculpir, gravar, talhar. Lavrar pedras preciosas. Avaliar, taxar, apreciar, estimar. Sobrecarregar de impostos ou talhas. Medir a

estatura de uma pessoa. *v. intr. Amer. argent.* Charlar, conversar. *Amer. chil.* Falar de amores (um homem e uma mulher).

TALLARÍN (talharín) *s. m.* Talharim. U. m. no pl.

TALLE (talhe) *s. m.* Talhe, porte (estatura e feição do corpo). Cintura (do corpo). Talhe, talho, forma, feição (das vestes). Cintura (das vestes). Aparência, aspecto, disposição, forma. *Largo de —, loc. fig. fam.* Comprido, a, os, as. (Diz-se da quantidade de certas coisas quando excede o termo fixado).

TALLECER (talhecer) *v. intr.* V. ENTALLECER. U. t. c. pron. *Irreg.* V. conj. de *Favorecer.*

TALLECILLO (talhecilho) *s. m. Dim.* de *Talle.* Talhe desproporcionado (falando-se do corpo).

TALLER (tálher) *s. m.* V. TALERO.

TALLER (talher) *s. m.* Oficina (onde o trabalho é manual). *fig.* Colégio de ciências. V. ANGARILLAS.

TALLISTA (talhista) *s. m.* e *f.* Entalhador.

TALLO (talho) *s. m.* Talo, caule. Vergôntea, broto, rebento. Bulbo, tubérculo (da semente que brota). Fatia confeitada de melão, abóbora, etc. *Amer. colomb.* Couve.

TALLÓN (talhòn) *s. m.* V. TALLA, 4ª acep.

TALLUDO, A (talhudo) *adj.* Taludo.

TALLUELLO (talhuelho) *s. m. Dim.* de *Tallo.*

TALO *s. m. Bot.* Haste (de algas ou cogumelos). *prov. Alg.* Torta de farinha de milho.

TALÓN *s. m. Anat.* Talão, calcanhar. Talão (de calçado). V. PULPEJO. Talão (de documento). Padrão monetário. *Apretar (uno) los —es, loc. fig. fam.* Dar aos calcanhares, deitar a correr. *A —, loc. adv. fig. fam.* A calcanhar, a pé. *Pisarle (a uno) los —es, loc. fig. fam.* Ir nos calcanhares ou no encalço de alguém. *s. m. pop.* Hospedaria.

TALONARIO, A *adj.* Talonado.

TALONAZO (talonaço) *s. m.* Pancada no talão ou calcanhar.

TALONEAR *v. intr. fam.* Calcorrear, andar a pé.

TALONERO *s. m. pop.* Hospedeiro.

TALONESCO, A *adj. fam.* Pertencente aos talões ou calcanhares.

TALPA *s. m. Med.* Talpária.

TALVINA *s. f.* Espécie de papas com amêndoas.

TAMAL *s. m. Amer.* Pamonha. *fig.* Embrulho, enredo, intriga.

TAMAÑAMENTE (tamanhamente) *adv.* Tão grandemente como.

TAMANDOA *s. m. Zool.* Tamanduá. (Diz-se também *Oso hormiguero*).

TAMAÑITO, A (tamanhito) *adj. Dim.* de *Tamaño.* Tamanhinho, tamaninho. Tamanhinho, com medo, amedrontado.

TAMAÑO, A (tamanho) *adj.* Tamanho. V. CHIQUITÍN. *s. m.* Tamanho, volume, grossura, extensão, altura, corpo, grandeza.

TAMANUELO, A (tamanhuelo) *adj. Dim.* de *Tamaño.*

TAMARA *s. f. Bot.* Tamareira. Tamaral. *pl.* Cacho de tâmaras. Cavacos, lenha miúda.

TAMARISCO *s. m.* V. TARAY.

TAMBALEANTE *p. a.* de *Tambalear.* Cambaleante.

TAMBALEAR *v. intr.* Cambalear. U. t. c. pron.

TAMBALEO (tambalèo) *s. m.* Cambaleio.

TAMBANILLO (tambanilho) *s. m. Arq.* Ressalto ou saliência (sobre porta ou janela).

TAMBIÉN *adv.* Também, do mesmo modo, igualmente, outrossim. Tanto ou assim.

TAMBO *s. m. Amer. colomb. equat. chil.* e *per.* Pousada, hospedaria. *Amer. argent.* Estábulo.

TAMBORA *s. m.* Bombo, tambor grande. *fam.* Tambor.

TAMBOREAR *v. intr.* V. TABALEAR, 2ª acep.

TAMBOREO (tamborèo) *s. m.* V. TABALEO.

TAMBORILADA *s. f. fig. fam.* Pancada no chão com as nádegas. *fig. fam.* Tapona, sopapo (na cabeça ou nas costas).

TAMBORILAZO (tamborilaço) *s. m. fig. fam.* V. TAMBORILADA.

TAMBORILEAR *v. intr.* Tocar o tamboril. Apregoar, elogiar, exalçar (os méritos de alguém).

TAMBORILEO (tamborilèo) *s. m.* Ação de *Tamborilear,* 1ª acep.

TAMBORILERO s. m. Tamborileiro.
TAMBORÍN s. m. Tamborim, tamboril.
TAMBORINO s. m. Tamboril. Tamborileiro.
TAMBORITEAR v. intr. V. TAMBORILEAR.
TAMBORITERO s. m. Tamborileiro.
TAMBORÓN s. m. Aument. de Tambora.
TAMBRE s. m. Amer. colomb. Represa, açude.
TAMO s. m. Felpa, pêlo, cotão (da lã ou linho). Pó, palha miúda (de alguns cereais trilhados). Pó, felpa (que se junta debaixo dos móveis por falta de asseio).
TAMOJO (tamojo) s. m. V. MATOJO.
TAMPOCO adv. Tampouco, tão pouco.
TAMUJAL (tamujal) s. m. Lugar povoado de tamuges.
TAMUJO (tamujo) s. m. Bot. Tamuge.
TAN adv. Apóc. de Tanto. Tão, tanto. —...como ou cuan, tão... como, ou quanto, ou quão. — siquiera, loc. adv. Sequer, ao menos.
TANDA s. f. Alternativa, vez, turno. Tarefa, obra, trabalho. Partida (principalmente de bilhar). Ponta, dúzia (número determinado de certas coisas do mesmo gênero). Capa, camada. Turma (de tralhadores).
TAÑER (tanher) v. tr. Tanger, tocar (um instrumento musical). ant. Tocar, apalpar, sentir pelo tato. V. TABALEAR, 2ª acep. Irreg. Ind. pret. indef. Tañó, tañeron. Sub. pret. imperf. Tañ-era, eras, era, éramos, erais, eran ou Tañ-ese, eses, ese, ésemos, eseis, esen. Fut. imperf. Tañ-ere, eres, éremos, ereis, eren. Ger. Tañendo.
TANGANILLAS (EN) (tanganillas) loc. adv. Com pouca firmeza, em perigo de cair.
TANGANILLO (tanganilho) s. m. Dim. de Tángano. Esteio ou calço provisório (de pedra, pau ou coisa semelhante).
TÁNGANO s. m. Jogo da malha. Conca.
TANGIBLE (tanjible) adj. Tangível.
TANGO s. m. V. TÁNGANO.
TANGÓN s. m. Náut. Botaló do traquete. Amer. argent. Espécie de tango.
TAÑIDA (tanhida) s. f. Tangimento, toque (ação de tocar ou tanger instrumentos musicais).
TAÑIDO, A (tanhido) p. p. de Tañer. s. m. Toque (som de instrumento musical).
TAÑIMIENTO (tanhimiento) s. m. V. TAÑIDA.
TAÑO (tanho) s. m. Casca (para curtir).
TANTARÁN s. m. V. TANTARANTÁN.
TANTARANTÁN s. m. onomatop. Rataplã. fig. Pancada violenta que se dá em alguém.
TANTEADOR s. m. Apontador, marcador (o que marca os tentos no jogo). Marcador (quadro onde se marcam os tentos ou pontos).
TANTEAR v. tr. Medir, comparar (para ver ser uma coisa está ajustada). Marcar, apontar (no jogo). U. t. c. intr. fig. Tentear, sondar, examinar, experimentar, ponderar. Amer. Calcular aproximadamente. Esboçar, delinear (um desenho).
TANTEO (tantèo) s. m. Ação de Tantear. Número de tentos ganhos ao jogo. Al —, loc. adv. Amer. A olho, calculando aproximadamente.
TANTICO adj. Pouco, escasso. s. m. Tantinho, bocadinho, pequena porção. adv. Pouco.
TANTO, A adj. Tanto. Gram. Usa-se como correlativo de cuanto. pron. demonstr. Tanto. Gram. Como prop. demonstr., equivale a eso. V. ESO. s. m. Tanto, porção, quantidade, quantia. Tento (peça com que se marcam pontos no jogo). adv. Tanto. Gram. No comparativo, é correlativo de como e cuanto. Gram. Posposto a um numeral, serve para formar múltiplos. Algún —, ou — cuanto, tanto, um pouco, algo. Al — ou por el —, loc. Pelo mesmo preço. Por lo —, loc. conjunt. Portanto, logo, por conseqüência, em vista disso, por isso, por esse motivo. Por —, loc. adv. e conjunt. Portanto, por isso. — de ello, loc. adv. Muito, sem limitação. — más que, loc. adv. Tanto mais que, tanto mais quanto, e ainda mais porque, com muito maior razão porque. — que, loc. adv. Tanto mais, logo que, apenas. — menos que, loc. adv. e conjunt. E ainda menos porque, com muito menor razão porque.
TANZA (tança) s. f. V. SEDAL.
TAPAAGUJEROS (tapaagujeros) s. m. V. TAPA-GUJEROS.

TAPABOCA s. m. Tapaboca, bofetão. V. BUFAN-DA. fig. fam. Razão, dito ou ato que obriga alguém a calar-se: tapa.
TAPACETE s. m. Tolda, toldo.
TAPADA s. f. Mulher embuçada. Amer. mexic. Desmentido.
TAPADERA s. f. Tampa, testo (de panelas e outras vasilhas). fig. fam. Capa, pessoa que encobre uma má ação de outra.
TAPADERO s. m. Tampa; tapador; tapume; testo.
TAPADILLO (tapadilho) s. m. Rebuço, ação de rebuçar-se. Registo de flauta (nos órgãos). De —, loc. adv. Às escondidas, dissimuladamente.
TAPADIZO (tapadiço) s. m. V. COBERTIZO.
TAPAGUJEROS (tapagujeros) s. m. fig. fam. Pedreiro inábil. fig. fam. V. SUPLEAUSENCIAS.
TAPAMIENTO s. m. Tapamento, tapadura.
TAPANCO s. m. Toldo de bambu (de algumas embarcações).
TAPANZA (tapança) s. f. fig. fam. Amer. Acobertamento, dissimulação.
TAPAOJO (tapaojo) s. m. Amer. V. QUITAPÓN.
TAPAPIÉS s. m. Brial (de senhora).
TAPARA s. f. Alcaparra.
TAPARATÁN s. m. V. TANTARANTÁN.
TAPARRADO s. m. Tanga (dos índios). Calção de banho muito curto, sunga.
TAPENA s. f. Alcaparra.
TAPERUJARSE (taperujarse) v. pron. fam. Tapar-se, rebuçar-se.
TAPERUJO (taperujo) s. m. Tampa ou tapulho grosseiro ou mal colocado. fig. fam. Maneira deselegante de rebuçar-se.
TAPETE s. m. Tapete pequeno. — verde, pano verde (a mesa de jogo). Estar sobre el — (una cosa), loc. fig. Estar em discussão (uma coisa).
TAPETADO, A adj. Diz-se da cor escura ou preta.
TAPIA s. f. Taipa.
TAPIADOR s. m. Taipeiro.
TAPIAL s. m. Taipal.
TAPIAR v. tr. Taipar, fechar com taipas. fig. Entaipar, fechar.
TAPICERÍA s. f. Tapeçaria (conjunto de tapetes; arte de tapeceiro). Loja onde se vendem tapetes. Fábrica de tapetes.
TAPICERO s. m. Tapeceiro.
TAPIERÍA s. f. Conjunto de taipas.
TAPIERO s. m. Amer. V. TAPIADOR.
TAPÍN s. m. Agulheta (de peça de artilharia).
TAPIRUJARSE v. pron. fam. V. TAPERUJARSE.
TAPIRUJO (tapirujo) s. m. V. TAPERUJO.
TAPIZ s. m. Tapete, alfombra; alcatifa.
TAPIZABLE (tapiçable) adj. Que se pode tapeçar ou atapetar.
TAPIZADOR, A (tapiçador) adj. e s. Que atapeta ou tapiza.
TAPIZAMIENTO (tapiçamiento) s. m. Ação de tapeçar, atapetar ou tapizar.
TAPIZAR (tapiçar) v. tr. Atapetar, tapeçar, tapizar.
TAPÓN s. m. Tampão, tampo; rolha.
TAPONAMIENTO s. m. Tamponamento.
TAPONAZO (taponaço) s. m. Salto e ruído da rolha que salta.
TAPONERÍA s. f. Conjunto de rolhas. Fábrica de rolhas. Indústria de rolhas.
TAPONERO, A adj. Pertencente à indústria de rolhas. s. m. Fabricante de rolhas.
TAPUJARSE (tapujarse) v. pron. fam. Embuçar-se, tapar-se, rebuçar-se.
TAPUJAR (tapujar) v. tr. Rebuço, embuço, bioco. fig. Rebuco, dissimulação.
TAQUERA s. f. Taqueira (para tacos de bilhar).
TAQUILLA (taquilha) s. f. Papeleira, secretária. Estante para bilhetes de teatro, de trem etc. Por ext. Bilheteria.
TAQUILLERO (taquilhero) s. m. Bilheteiro (de teatro, de estrada de ferro etc.).
TAQUÍN s. m. V. TAVA, 1ª e 2ª aceps.
TAQUINERO s. m. Jogador de tava ou taba (jogo de osso).
TARABILLA (tarabilha) s. f. Taramela.
TARABITA s. f. Corda (sobre um rio) pela qual corre uma espécie de cesto.
TARACEA (taracèa) s. f. Marchetaria. Tatuagem.
TARACEADO, A p. p. de Taracear. s. m. V. TARA-CEA. fig. Enfeite de coisas e cores diferentes.

TARACEAR v. tr. Marchetar. Por ext. Matizar.
TARAGALLO (taragalho) s. m. Trambolho (ao pescoço ou pé dos animais domésticos).
TARAJE (taraje) s. m. V. TARAY.
TARAMBANA s. m. e f. fam. Ventoinha, doidivanas, estouvado.
TARANDO s. m. V. RENO.
TARANGALLO (tarangalho) s. m. V. TARAGA-LLO.
TARANGANA s. f. Morcela muito ordinária.
TARANTULADO, A adj. Atarantado.
TARAREAR v. tr. Trautear, cantarolar.
TARAREO (tararèo) s. m. Cantarolar (ação de trautear ou cantarolar).
TARARIRA s. f. fam. Alegria bulhenta. m. e f. Pessoa travessa, espevitada ou estouvada. ¡—! interj. fam. de incredulidade ou desconfiança. Safa!
TARASCA s. f. Tarasca (figura monstruosa de serpente ou dragão, que exibiam no Pentecostes). fig. Tarasca (mulher feia e de mau gênio). Amer. Bocarra. Amer. argent. Espécie de papagaio ou pandorga.
TARASCADA s. f. Dentada. fig. fam. Respostada, dentada.
TARASCADOR, A adj. e s. Mordedor.
TARASCADURA s. f. Dentada, mordedura.
TARASCAR v. tr. Morder, dar dentadas (principalmente os cães).
TARASCÓN s. m. Aument. de Tarasca. Amer. argent. V. TARASCADA.
TARATANA s. f. Náut. Tartana.
TARAY (tarai) s. m. Bot. Tamargueira (arbusto e fruto).
TARAYAL (taradjal) s. m. Tamargal.
TARAZANA (taraçana) s. f. V. ATARAZANA.
TARAZANAL (taraçanal) s. m. V. ATARAZANA.
TARAZAR (taraçar) v. tr. V. ATARAZAR. fig. Atenazar, mortificar, atormentar, afligir, molestar.
TARAZÓN (taraçòn) s. m. Posta (de peixe, de carne etc.).
TARBEA (tarbèa) s. f. Salão, sala espaçosa.
TARBOTE s. m. ant. Tamboril.
TARDANAOS s. m. Ictiol. Rêmora.
TARDANZA (tardança) s. f. Tardança, demora.
TARDE s. m. Tarde. adv. Tarde. Buenas —s, boa tarde (cumprimento durante a tarde). — piache. V. PIACHE (tarde).
TARDECER v. intr. Entardecer. Irreg. V. conj. de Favorecer.
TARDECICA s. f. Dim. de Tarde. Tardinha, o anoitecer.
TARDECITA s. m. V. TARDECICA.
TARDEMENTE adv. Tardiamente (passado muito tempo).
TARDON, A adj. fam. e s. Tardão, tardo, vagaroso. Tardo (que tem dificuldade em compreender).
TAREA (tarèa) s. f. Tarefa. fig. Afã, trabalho muito ativo, cuidado diligente.
TARIMA s. f. Tarimba.
TARIMADOR s. m. Fabricante de tarimbas.
TARINA s. f. Travessa (de servir à mesa).
TARJA (tarja) s. f. Tarja (broquel antigo). Antiga moeda espanhola. Tabuinha ou chapa que serve de contra-senha. Tabuinha em que se fazem entalhes, para marcar o que se compra fiado. fam. Pancada, golpe.
TARJAR (tarjar) v. tr. Marcar (na TARJA) o que se compra a crédito.
TARJETA (tarjeta) s. f. Dim. de Tarja, 1ª acep. Cartão (de visita). — postal, cartão-postal, bilhete postal, tarjeta.
TARJETEARSE (tarjetearse) v. pron. fam. Corresponder-se por meio de cartões (uma pessoa com outra).
TARJETEO (tarjetèo) s. m. fam. Uso freqüente de cartões de visita para cumprimentar-se.
TARJETERA (tarjetera) s. f. Amer. V. TARJETERO.
TARJETERO (tarjetero) s. m. Caixa ou carteira para cartões de visita.
TARJETÓN (tarjetòn) s. m. Aument. de Tarjeta.
TARLATÁN s. f. Amer. Tarlatana.
TARQUÍN s. m. Lodo que fica na terra que foi alagada, vasa.

TARREÑA (tarrenha) *s. f.* Espécie de castanholas de barro cozido.

TARRICO *s. m.* V. CARAMILLO.

TARTA *s. f.* V. TORTERA. V. TORTADA.

TARTAJEAR (tartajear) *v. intr.* Tartamudear, tartamelear, tartarear, tartamelar.

TARTAJEO (tartajèo) *s. m.* Ação de *Tartajear.*

TARTAJOSO, A (tartajosso) *adj.* Tartamudo, gago.

TARTALEAR *v. intr.* Cambalear, titubear. *fig.* Titubear, perturbar-se, gaguejar.

TARTAMUDEO (tartamudèo) *s. m.* Tartamudeio; tartamudez.

TARTÁN *s. m.* Tecido de lã com quadros ou listas de várias cores; xadrez.

TARTANA *s. f. Náut.* Tartana. Carroção com toldo e assentos laterais.

TARTERA *s. f.* V. TORTERA. Marmita, vianda.

TARUGA *s. f. Zool.* Taruca.

TARUMA *s. f. Bot. Amer. merid.* Tarumá.

TARUMBA (*Volverle a uno*) *loc. fam.* Confundir, atordoar a alguém. *Volverse (uno)* —, *loc. fam.* Confundir-se, atordoar-se.

TAS *s. m.* Tás.

TASA (tassa) *s. f.* Taxa. *fig.* Modo, limite, termo.

TASACIÓN (tassaciòn) *s. f.* Taxação, taxa.

TASADAMENTE (tassadamente) *adv.* Taxadamente, limitadamente.

TASADOR, A (tassador) *adj.* e *s.* Taxador.

TASAJO (tassajo) *s. m.* Charque. *Por ext.* Tassalho.

TASAR (tassar) *v. tr.* Taxar.

TASÍN (tassín) *s. m. Amer. equat.* Ninho.

TASQUIL *s. m.* Lasca (fragmento que salta da pedra ao ser britada ou lavrada).

TASTO *s. m.* Gosto desagradável (na comida velha).

TASUGO (tassugo) *s. m.* V. TEJÓN (*Zool.*).

TATA *s. m. fam. Amer.* Papá, papai.

TATARABUELO, A *s. m.* e *f.* Tataravô, tetravô.

TATARADEUDO, A *s. m.* e *f.* Parente muito antigo, antepassado.

TATARANIETO, A *s. m.* e *f.* Tataraneto, tetraneto.

¡TATE! *interj.* Tá! Cuidado! Pouco a pouco!

TATITO *s. m. Amer. boliv.* Papá, papai.

TATO, A *adj.* Tartamudo, que troca o *c* e *s.* em *t. s. m. Amer.* Tatu.

TATUAJE (tatuaje) *s. m.* Tatuagem.

TATUSA (tatussa) *s. f. Amer. argent.* Mulherzinha.

TAUJEL (taujel) *s. m.* Listão de madeira; régua grande de pedreiro.

TAUJÍA (taujía) *s. f.* Tauxia.

TAZ A TAZ *loc. adv.* Tanto por tanto, ela por ela (ao permutar uma coisa por outra).

TAZA (taça) *s. f.* Xícara. Pia, tanque. Copo (de espada).

TAZAÑA (taçanha) *s. f.* V. TARASCA, 1ª acep.

TAZAR (taçar) *v. tr.* Roçar, coçar a roupa nas pregas e dobras. U. m. c. pron.

TAZÓN (taçòn) *s. m. Aument.* de *Taza.*

TE *s. f.* Tê (nome da letra T). *pron.* Te. *Gram.* Dativo ou acusativo do pron. pes. da 2ª pes. em gênero m. ou f. e número sing. Não admite preposição e quando se pospõe ao verbo é enclítico: *Te quieren; quiérenTE.*

TÉ (tè) *s. m.* (em todas as suas acepções). — *del Paraguay*, mate. — *negro*, chá preto.

TEA *s. f.* Archote, facho, tocha, teia.

TECA *s. f. Bot.* Teca. Caixa, interior de um relicário.

TECHABLE (tetchable) *adj.* Que se pode telhar.

TECHADO, A (tetchado) *p. p.* de *Techar. s. m.* Telhado.

TECHADOR, A (tetchador) *adj.* e *s.* Telhador.

TECHAR (tetchar) *v. tr.* Telhar.

TECHO (tetcho) *s. m.* Teto (a face superior interna de uma casa). *fig.* Teto, casa, abrigo, lar.

TECHUMBRE (tetchumbre) *s. m.* Teto (quando é muito alto).

TECLE *s. m. Náut.* Moitão. *adj. Amer.* V. ENCLENCE.

TECLEADO, A *p. p.* de *Teclear. s. m.* V. TECLEO.

TECLEAR *v. intr.* Mover as teclas. *fig. fam.* Mover os dedos como quem bate as teclas. *v. tr. fig. fam.* Tentear, experimentar.

TECLEO (teclèo) *s. m.* Ação de *Teclear.*

TEDERO (tedèro) *s. m.* Espécie de tocheiro de ferro.

TEDIOSIDAD (tediossidad) *s. f.* Qualidade de tedioso.

TEJA (teja) *s. f.* Telha. — *vana*, telha vã. *Náut.* Telha. *A toca* —, *loc. adv. fig. fam.* A dinheiro, à vista. *De* —*s abajo*, *loc. adv. fig.* De telhas abaixo, neste mundo. *De* —*s arriba*, *loc. adv. fig.* Segundo a ordem sobrenatural, por vontade divina. *fig. fam.* No céu. *s. m.* V. TILO.

TEJADILLO (tejadilho) *s. m.* Tejadilho (de coche, de liteira etc.).

TEJADO (tejado) *s. m.* Telhado.

TEJANO, A (tejano) *adj.* e *s.* Texano.

TEJAR (tejar) *s. m.* Olaria, telheira.

TEJAR (tejar) *v. tr.* Telhar.

TEJAROZ (tejaroz) *s. m.* Beira, aba (do telhado).

TEJAVANA (tejavana) *s. f.* Casa de telha vã. Telheiro.

TEJAZO (tejaço) *s. m.* Pancada com telha.

TEJEDERA (tejedera) *s. f.* Tecedora, tecelã.

TEJEDOR, A (tejedor) *adj.* e *s.* Tecedor; tecelão. *s. m.* Certo inseto hemíptero.

TEJEDURA (tejedura) *s. f.* Tecedura. Textura.

TEJEDURÍA (tejeduría) *s. f.* Tecelagem. Oficina de tecelagem.

TEJEMANEJE (tejemaneje) *s. m. fam.* Afã, destreza, habilidade com que se faz uma coisa ou se dirige um negócio.

TEJER (tejer) *v. tr.* Tecer (em todas as suas acepções).

TEJERA (tejera) *s. f.* Telheira (fábrica de telhas).

TEJERÍA (tejería) *s. f.* V. TEJAR.

TEJERO (tejero) *s. m.* Telheiro (fabricante de telhas).

TEJIDO, A (tejido) *p. p.* de *Tejer. s. m.* Tecido; textura, urdidura, trama. *Anat.* Tecido.

TEJIVANO, A (tejivano) *adj.* Que é de telha vã.

TEJILLO (tejilho) *s. m.* Espécie de trança usada como cinto pelas mulheres.

TEJO (tejo) *s. m. Bot.* Teixo. Malha de tijolo, de telha etc. (usada para jogar). Jogo da malha. Chapa de metal, grossa e de forma circular; arruela.

TEJOLETA (tejoleta) *s. f.* Telho, pedaço de telha, caco. Qualquer pedaço de barro cozido; telho. V. TARREÑA.

TEJÓN (tejòn) *s. m. Zool.* Texugo. V. TEJO, 2ª e 4ª aceps.

TEJUELA (tejuela) *s. f. Dim.* de *Teja.* V. TEJOLETA. Borrena.

TEJUELO (tejuelo) *s. m. Dim.* de *Tejo.* Rótulo (de couro ou papel) da lombada de um livro. Título (na lombada de um livro).

TELA *s. f.* Tela, teia, tecido (de linho, lã, ouro, seda etc.). Teia (de aranha). Teia (fios que se põem de uma vez no tear). Membrana. Teia de justas, tela, cerco, liça. Nata (de alguns líquidos). Belida. *fig.* Teia, enredo, intriga. *fig.* Pano (assunto, matéria). *En* — *de juicio, loc. adv.* Em dúvida (acerca do êxito ou certeza de uma coisa). Sujeito a maduro exame. *Haber* — *que cortar, loc. fig. fam.* Haver panos para mangas. Haver muita abundância de uma coisa.

TELAR *s. m.* Tear.

TELARAÑA (telaranha) *s. f.* Teia, teia de aranha. *fig.* Bagatela, ninharia.

TELARAÑOSO, A (telaranhosso) *adj.* Coberto de teias de aranha.

TELAREJO (telarejo) *s. m. Dim.* de *Telar.*

TELEFONEAR *v. tr.* Telefonar.

TELÉFONO *s. m.* Telefone.

TELEGRAFIAR *v. tr.* Telegrafar.

TELERA *s. f.* Pescaz (do arado).

TELERO *s. m. prov.* Pau (os tendais dos carros).

TELETA *s. f.* Papel mata-borrão.

TELETÓN *s. m.* Espécie de tafetá.

TELILLA (telilha) *s. f. Dim.* de *Tela.* Certo tecido de lã. Nata (de alguns líquidos).

TELINA *s. f.* Ameijoa.

TELLINA (telhina) *s. f.* V. TELINA.

TELLIZ (telhiz) *s. m.* Xairel; caparação.

TELLIZA (telhiça) *s. f.* Colcha, coberta de cama.

TELÓN *s. m. Teat.* Pano de boca.

TEMA *s. m.* Tema, argumento, assunto. *s. f.* Teima, obstinação, pertinácia, porfia. Mania, idéia fixa. Birra, pirraça. *A* —, *loc. adv.* À porfia. *Tomar* —, teimar, obstinar-se.

TEMBLADERA *s. f.* Tremedal, brejo, lameiro.

TEMBLADERA *s. f.* Vaso largo, com duas asas, feito de uma lâmina muito delgada. V. TEMBLEQUE. *Ictiol.* Torpedo, tremelga.

TEMBLADERO *s. m.* V. TEMBLADAL.

TEMBLADOR, A *adj.* e *s.* Tremedor, trêmulo. *s. m.* V. CUAQUERO.

TEMBLANTE *p. a.* de *Tamblar.* Tremente.

TEMBLAR *v. intr.* Tremer (em todas as suas acepções).

TEMBLEQUE *s. m.* Pessoa ou coisa que treme muito. Trêmulos (jóias).

TEMBLEQUEAR *v. intr.* Tremelicar, tremer amiúde, tremelhicar.

TEMBLEQUEO (temblequèo) *s. m.* Tremelicação. Tremura, tremor contínuo.

TEMBLETEAR *v. intr.* V. TEMBLEQUEAR.

TEMBLÓN, A *adj.* Trêmulo, tremedor. *fig.* Tremebundo, trêmulo, receoso, timorato, medroso.

TEMBLOR *s. m.* Tremor. — *de tierra*, tremor de terra, terremoto.

TEMBLOROSO, A (temblorosso) *adj.* Trêmulo, tremuloso; tremelicante.

TEMBLOSO, A (temblosso) *adj.* V. TEMBLOROSO.

TEMEDERO, A *adj.* Temível.

TEMERON, A *adj.* e *s. fam.* Fanfarrão, que pretende infundir medo e afeta valentia.

TEMIBLE *adj.* Temível.

TEMIENTE *p. a.* de *Temer.* Temente.

TEMOSO, A (temosso) *adj.* e *s.* Teimoso.

TEMPANAR *v. tr.* Tapar, tampar (as colmeias, pipas etc.).

TÉMPANO *s. m.* Timbale, atabale, tímpano. Manta de toucinho. *Arq.* Tímpano. Pele (de tambor, pandeiro etc.). Tampo (de pipa, de colmeia etc.).

TEMPERACIÓN *s. f.* Moderação; temperança.

TEMPERAMENTO *s. m.* Temperamento. Tempérie, temperatura.

TEMPERANCÍA *s. f.* V. TEMPLANZA.

TEMPERAR *v. tr.* Moderar, conter, temperar. Acalmar, sedar.

TÉMPLA *s. f. Pint.* Têmpera. V. SIEN. U. m. no pl.

TEMPLACIÓN *s. f. ant.* V. TEMPLANZA.

TEMPLADAMENTE *adv.* Temperadamente, moderadamente, comedidamente.

TEMPLADO, A *p. p.* de *Templar. adj.* Temperado, moderado, comedido.

TEMPLADURA *s. f.* Moderação, comedimento. Têmpera. Afinação (de instrumentos musicais). Ação de *Templar* (*tr., pron.* e *intr.*).

TEMPLANZA (templança) *s. f.* Temperança, moderação, comedimento; parcimônia.

TEMPLAR *v. tr.* Moderar, suavizar, temperar, amenizar. Afinar, temperar (um instrumento musical). Amornar (líquidos). Temperar (metais). Tesar ou apertar moderadamente. *fig.* Temperar, tornar mais fraco ou brando. *fig.* Temperar, moderar, conter. *Náut.* Temperar (as velas). Temperar (o falcão). *v. pron.* Moderar-se, temperar-se, conter-se. *intr.* Esquentar, perder o frio.

TEMPLE *s. m.* Tempérie. Temperatura, temperamento. Têmpera (dos metais). *fig.* Têmpera, caráter, gênio, organização moral, índole, feitio. *Pint. Al* —, à têmpera.

TEMPLETE *s. m. Dim.* de *Templo.* Espécie de relicário. Pavilhão, quiosque.

TEMPLISTA *s. m.* e *f. Pint.* Pessoa que pinta à têmpera.

TEMPOREJAR (temporejar) *v. intr. Náut.* Capear. Manter-se com o pano aliviado sem afastar-se de um determinado lugar.

TEMPORERO, A *adj.* e *s.* Interino (falando-se de funcionário público).

TEMPRANAL *adj.* e *s.* Temporão, ã (diz-se da terra e plantio de fruto temporão).

TEMPRANAMENTE *adv.* Antecipadamente, prematuramente.

TEMPRANERO, A *adj.* V. TEMPRANO, 1ª acep.

TEMPRANILLA (tempranilha) *adj.* Temporã (falando-se da uva).

TEMPRANITO *adv. fam.* Cedinho, muito cedo.

TEMPRANO, A *adj.* Temporão, ã. Antecipado, prematuro, adiantado. Precoce. *adv.* Cedo (nas primeiras horas do dia ou da noite). V. TEMPRANAMENTE.

TENA *s. f.* V. TINADA. Rebanho de reses cujo número não passa de sessenta.

TENACEAR *v. tr.* V. ATENACEAR. *fig.* Atenazar, importunar.

TENACERO *s. m.* Fabricante ou vendedor de tenazes.

TENACILLAS (tenacilhas) *s. f. pl. Dim.* de *Tenazas.* Pinça. V. DESPABILADERAS.

TENADA *s. f.* V. TINADA.

TENALLÓN (tenalhòn) *s. m. Fort.* Tenalhão.

TENAZA (tenaça) *s. f.* Tenaz (instrumento). U. m. no pl. Torquês. Tenalha.

TENAZADA (tenaçada) *s. f.* Ação de agarrar com tenaz ou torquês. Ruído de tenazes. *fig.* Ação de morder fortemente, dentada.

TENAZAZO (tenaçaço) *s. m.* Torquesada.

TORNAZÓN (A) (tenaçòn) *loc. adv.* Ao acaso, sem fazer pontaria. *fig.* Por acaso, casualmente, por sorte. *Parar de — (el caballo),* parar de chofre (o cavalo).

TENAZUELAS (tenaçuelas) *s. f. pl.* V. TENACILLAS.

TEN CÓN TEN *loc. fam.* usada como *s. m.* Moderação, tento, contemporização.

TENDAJO (tendajo) *s. m.* V. TENDEJÓN.

TENDAL *s. m.* Tendal, tolda. Panão (pano grande que se estende debaixo das oliveiras para apanhar as azeitonas varejadas). V. TENDEDERO. Estendal (larga exposição de coisas). *Amer. argent.* Galpão ou alpendre onde se tosquiam as ovelhas. *Amer.* V. TENDALERA.

TENDALERA *s. f. fam.* Estendal, mistura de coisas em desordem.

TENDALERO *s. m.* V. TENDEDERO.

TENDEDERO *s. m.* Estendedouro, estendal.

TENDEDERO *s. m.* Estendedor.

TENDEDURA *s. f.* Estendedura.

TENDEJÓN (tendejòn) *s. m.* Tenda pequena ou barraca mal construída.

TENDEL *s. m.* Cordel de pedreiro.

TÉNDER *s. m.* Tênder.

TENDER *v. tr.* Estender, desdobrar, desenvolver, desenrolar; alongar, estirar. Aplicar uma camada delgada de reboco às paredes ou tetos. *v. intr.* Tender, propender. *v. pron.* Estender-se, estirar-se, deitar-se ao comprido. Estender todas as cartas na mesa. Estender-se (um cavalo que corre). *fig. fam.* Descuidar-se, negligenciar.

TENDERETE *s. m.* Estenderete (jogo de cartas). V. TENDALERA.

TENDERO *s. m.* Tendeiro. Dono de armarinho.

TENDEZUELA (tendeçuela) *s. f. Dim.* de *Tienda.*

TENDIDO, A *p. p.* de *Tender. s. m.* Palanque da praça de touros. Roupa que cada lavadeira estende.

TENDÓN *s. m. Anat.* Tendão.

TENDUCHA (tendutcha) *s. f. Deprec.* de *Tienda.*

TENDUCHO (tendutcho) *s. m.* V. TENDUCHA.

TENEDERO *s. m. Náut.* Ancoradouro, surgidouro (lugar onde a âncora pega).

TENEDOR, A *adj.* Possuidor. *s. m.* Garfo (de mesa). *— de libros,* guarda-livros, contador, contabilista.

TENEDURÍA *s. f.* Cargo e escritório de guarda-livros. *— de libros,* contabilidade.

TENENCÍA *s. f.* Posse. Tenência (cargo de tenente).

TENER *v. tr. intr.* e *pron.* Ter (em todas as suas acepções). *Irreg.* Ind. pres. *Tengo, tienes, tiene, tienen.* Pret. indef. *Tuv-e, iste, o, imos, isteis, ieron.* Fut. imperf. *Tendr-é, ás, á, emos, éis, án.* Cond. simpl. *Tendrí-a, as, a, amos, ais, an.* Subj. pres. *Teng-a, as, a, amos, áis, an.* Pret. imperf. *Tuví-era, eras, era, éramos, erais, an,* ou *Tuvíese, eses, ese, ésemos, eseis, en.* Fut. imperf. *Tuviere, eres, ere, éremos, ereis, eren.* Imperat. *Ten, teng-a, amos, an.*

TENERÍA *s. f.* Cortume.

TEÑIDURA (tenhidura) *s. f.* Tingidura, tintura.

TEÑIDO, A (tenhido) *p. p.* de *Teñir. s. m.* V. TEÑIDURA.

TENIENTAZGO *s. m. Mil.* Tenência (cargo de tenente).

TENIENTE *p. a.* de *Tener.* Possuidor, que tem. *adj.* Verde (não maduro). Um tanto surdo. *s. m. Mil.* Tenente.

TENIR (tenhir) *v. tr.* Tingir. U. t. c. pron. *Irreg.* V. conj. de *Ceñir.*

TENOR *s. m.* Teor. Tenor. Estabilidade. Teor, modo, maneira, norma.

TENSIÓN *s. f.* Tensão.

TENTACIÓN *s. f.* Tentação.

TENTADERO *s. m.* Curral onde se experimentam os bezerros que mais tarde irão para a praça de touros.

TENTALEAR *v. tr.* Tentar repetidas vezes. Tentear.

TENTEBONETE (A) *loc. adv.* Com abundância, a mais não poder.

TENTEEMPIÉ *s. m. fam.* Refrigério.

TENTEMOZO (tentemoço) *s. m.* Escora, arrimo, esteio.

TENTÓN *s. m. fam.* Tentativa.

TENUTA *s. f. For.* Posse provisória até decisão judicial.

TEOSO, A (teoso) *adj.* Resinoso.

TEPE *s. m.* Tepe (torrão em forma de cunha e travado com raízes de grama).

TEPEIZCUINTE *s. m. Zool.* Paca.

TERCENA *s. f.* Armazém do Estado para a venda por atacado de tabaco e outros artigos de monopólio.

TERCENISTA *s. m.* e *f.* Armazeneiro (de *Tercena*).

TERCER *adj. apóc.* de *Tercero. Gram.* Usa-se sempre anteposto ao substantivo.

TERCERA *s. f.* Terceira, alcoviteira. *Mús.* Terça. *— mayor,* terça maior. *— menor,* terça menor.

TERCERAMENTE *adv.* Terceiramente, em terceiro lugar.

TERCEREAR *v. intr.* Terçar por, interceder.

TERCERÍA *s. f.* Terçaria, intercessão, mediação.

TERCERILLA (tercerilha) *s. f. Poét.* Terceto.

TERCERO, A *adj.* Terceiro. Terceiro, intercessor, mediador, medianeiro. U. m. c. s. *s. m.* Terceiro, alcoviteiro. Terceiro (membro da Ordem Terceira). Terceiro, corretor. Terceiro (pessoa que não é nenhuma das duas ou mais de quem se trata). *— en discordia,* árbitro, mediador.

TERCEROL *adj. Náut.* Que ocupa o terceiro lugar (como o remador da terceira bancada).

TERCEROLA *s. f.* Quartola. Carabina curta.

TERCIA *s. f.* Terço (terça parte). Terça (hora canônica depois da prima de ofícios divinos). Hora terça (dos romanos).

TERCIADA, O *p. p.* de *Terciar. adj.* Mascavado.

TERCIANA *s. f.* Terçã, febre terçã.

TERCIANARIO, A *adj.* e *s.* Tercionário.

TERCIANELA *s. f.* Tercinela.

TERCIAR *v. tr.* Terçar (colocar através, em diagonal); atravessar, cruzar. Terçar (dividir em três partes). *v. intr.* Terçar, pôr, interceder.

TERCIAZÓN (terciaçòn) *s. f. Agr.* Terceira lavra.

TERCIO, A *adj.* Terceiro. *s. m.* Terço (terça parte).

TERCIOPELADO, A *adj.* Aveludado.

TERCIOPELERO *s. m.* Fabricante de veludo.

TERCIOPELO *s. m.* Veludo (tecido). Terciopelo (veludo de três pelos).

TERCO, A *adj.* e *s.* Teimoso, pertinaz, terco. Duro.

TÉRETE *adj.* Roliço, carnudo, arredondado.

TERGIVERSACIÓN (terjiversaciòn) *s. f.* Tergiversação.

TERIACA *s. f.* V. TRIACA.

TERIACAL *s. m.* V. TRIACAL.

TERLIZ *s. m.* Tecido trílice.

TERMINACHO (terminatcho) *s. m. fam.* Termo chulo, mal formado, baixo.

TERMINACIÓN *s. f.* Terminação, conclusão.

TERMINAJO (terminajo) *s. m. fam.* V. TERMINACHO.

TÉRMINO *s. m.* Termo (limite, raia; limite moral; fim, conclusão; remate; prazo, tempo fixo; espaço, extensão; marco, baliza; território, distrito; palavra, vocábulo; maneira de falar U. m. no pl. Forma, disposição, aparência. *Mat.* Termo. *Pint.* Plano. *— fatal,* prazo improrrogável. *— medio,* meio termo. Termo médio. *Medios —s,* meios ter-

mos, tergiversações. *Correr el —,* correr o prazo. *En buenos —s, loc. adv.* Em bons termos, em outras palavras. *En —s, propios, loc. adv.* Em termos exatos, em palavras precisas. *Llevar a —,* levar a termo, levar a cabo, executar. *Poner — (a una cosa),* por termo (a uma coisa).

TERMINOTE *s. m. Aument.* de *Término. fam.* Termo complicado, palavra difícil.

TERNA *s. f.* Terno, trio, trindade (grupo de três pessoas).

TERNE *adj.* e *s. fam.* Valentão.

TERNEJÓN, A (ternejòn) *adj.* V. TERNERÓN.

TERNERA *s. f.* Terneira, vitela, novilha. Vitala (carne de vitela).

TERNERO *s. m.* Bezerro, terneiro.

TERNERÓN, A *adj.* e *s. fam.* Sensível, mole (que se enternece facilmente).

TERNEZUELO (terneçuelo) *adj. Dim.* de *Tierno.*

TERNILLA (ternilha) *s. f.* Cartilagem.

TERNILLOSO, A (ternilhosso) *adj.* Cartilaginoso.

TERNO *s. m.* Terno, trio. Terno (vestuário masculino). Voto, juramento.

TERO *s. m. Amer. plat.* V. TERUTERU.

TERQUEDAD (terquedad) *s. f.* Teima, obstinação, pertinácia. Teimosia, porfia.

TERQUERÍA *s. f.* V. TERQUEDAD.

TERQUEZA (terqueça) *s. f.* V. TERQUEDAD.

TERRADO *s. m.* Terraço, terrado, plataforma (de edifício).

TERRAJA (terraja) *s. f.* Tarraxa.

TERRAJE (terraje) *s. m.* V. TERRAZGO, 2ª acep.

TERRAJERO (terrajero) *s. m.* V. TERRAZGUERO.

TERRAPLÉN *s. m.* Terrapleno.

TERRATENIENTE *s. m.* Proprietário de terras.

TERRAZA (terraça) *s. f.* V. TERRADO. Jarra vidrada (de duas asas). V. ARRIATE.

TERRAZGO *s. m.* Peça de terra para semeadura; terreiro. Arrendamento (pago pelo lavrador ao proprietário da terra).

TERRAZGUERO *s. m.* Lavrador que paga arrendamento.

TERRAZO (terraço) *s. m. Pint.* Linha térrea.

TERRAZUELA (terraçuela) *s. f. Dim.* de *Terraza,* 1ª acep.

TERRERA *s. f.* Alcantil. V. ALONDRA.

TERREGOSO, A (terregosso) *adj.* Cheio de torrões (falando-se de terreno).

TERRERO, A *adj.* Terreno, terrestre, terreiro, térreo. Rasteiro (falando-se do vôo de certas aves). *fig.* Rasteiro, baixo e humilde. *s. m.* V. TERRADO. Terreiro (montão de terra). Alvo ou objeto que serve de alvo. Terreiro, praça, largo.

TERREZUELA (terreçuela) *s. f. Dim.* de *Tierra.* Terrinha.

TERRIBLE *adj.* Terrível.

TERRIBLEMENTE *adv.* Terrivelmente.

TERRIBLEZ *s. f.* V. TERRIBLEZA.

TERRIBLEZA (terribleça) *s. f.* Terribilidade.

TERRINO, A *adj.* De terra.

TERRIZO, A (terriço) *adj.* Feito ou fabricado de terra. *s. m.* BARREÑO.

TERROMONTERO *s. m.* Montículo. Pequena colina.

TERRÓN *s. m.* Torrão, terrão.

TERRUÑO (terrunho) *s. m.* Torrão (de terra). Terra, torrão (falando-se do país, cidade ou região natal). Terreno, terra (falando-se de sua qualidade).

TERRUZO (terruço) *s. m. ant.* V. TERRUÑO.

TERSAR *v. tr.* Polir, limpar, lustrar.

TERSIDAD (tersidad) *s. f.* V. TERSURA.

TERSO, A *adj.* Polido, lustroso, limpo, terso. *fig.* Terso, puro, limado, fluente, fácil, correto (falando-se da linguagem ou estilo).

TERSURA *s. f.* Polimento, lustre, limpeza. *fig.* Correção, polimento, fluência (da linguagem ou estilo).

TERTULIANO, A *adj.* e *s.* Que assiste a uma tertúlia.

TERTULIO, A *adj.* e *s.* V. TERTULIANO.

TERUTERU *s. m. Amer. merid.* Quero-quero.

TERZÓN, A (terçòn) *adj. prov.* Diz-se do novilho de três anos.

TERZUELO (terçuelo) *s. m.* Terço (terça parte).
TESAR (tessar) *v. tr. Náut.* Entesar, atesar, tesar.
TESAURO (tessauro) *s. m.* Tesouro, coletânea, espécie de dicionário.
TESERA (tessera) *s. f.* Tessera.
TESIS (tessis) *s. f.* Tese.
TESITURA (tessitura) *s. f.* Tessitura.
TESO, A (tesso) *p. p. irreg.* de *Tesar.* Teso. *s. m.* Cume, cimo. Pequena saída numa superfície lisa.
TESÓN (tessòn) *s. m.* Firmeza, constância, inflexibilidade.
TESONERÍA (tessonería) *s. f.* V. TERQUEDAD.
TESORERÍA (tessorería) *s. f.* Tesouraria.
TESORERO (tessorero) *s. m.* Tesoureiro.
TESORIZAR (tessoriçar) *v. tr.* Entesourar.
TESORO (tessoro) *s. m.* Tesouro (em todas as suas principais acepções). *fig. fam.* Usa-se como termo carinhoso.
TESTA *s. f.* Cabeça. Testa. *fig. fam.* Cabeça, testa, inteligência, entendimento. — *coronada,* testa coroada.
TESTACIÓN *s. f.* Borradura (ação de borrar).
TESTADA *s. f.* V. TESTARADA.
TESTADURA *s. f.* V. TESTACIÓN.
TESTAFÉRREA *s. f.* V. TESTAFERRO.
TESTAFERRO *s. m.* Testa de ferro.
TESTAMENTARIO, A *adj.* Testamentário. *s. m.* Testamenteiro.
TESTAR *v. intr.* Testar (dispor em testamento). *v. tr.* Borrar, riscar, apagar.
TESTARADA *s. f.* Marrada, pancada com a testa. Teimosia, obstinação, irredutibilidade.
TESTARAZO (testaraço) *s. m.* V. TESTARADA, 1ª acep.
TESTARRÓN, A *adj.* e *s. fam.* V. TESTARUDO.
TESTARRONERÍA *s. f. fam.* V. TESTARUDEZ.
TESTARUDEZ *s. f.* Teimosia, teimosice, teima, obstinação. Teimosia (ação própria de teimoso).
TESTARUDO, A *adj.* e *s.* Teimoso, obstinado, cabeçudo, testudo.
TESTE *s. m.* Testículo.
TESTERA *s. f.* Testeira, frente. Testeira (parte da cabeçada). Frontal, testa (de animal). Cada uma das paredes do forno de fundição.
TESTERADA *s. f.* V. TESTARADA.
TESTERILLO, A (testerilho) *adj.* e *s. Amer. argent.* Malacara.
TESTERO *s. m.* V. TESTERA.
TESTIFICACIÓN *s. f.* Testificação.
TESTIGO *s. m.* e *f.* Testemunha, testigo. *s. m.* Testemunho. Testículo. — *de vista,* testemunha ocular.
TESTIGUAR *v. tr. ant.* V. ATESTIGUAR.
TESTIMOÑERO, A (testimonhero) *adj.* e *s.* V. TESTIMONIERO.
TESTIMONIAL *adj.* Testemunhável, que faz fé. *s. f. pl.* Testemunho (instrumento que faz fé).
TESTIMONIAR *v. tr.* Testemunhar, atestar, dar testemunho de.
TESTIMONIERO, A *adj.* e *s.* Que levanta falsos testemunhos; testemunha falsa. Hipócrita.
TESTIMONIO *s. m.* Testemunho, prova, atestação. Falso testemunho.
TESTÓN *s. m.* Tostão (moeda de prata).
TESTUDO *s. m.* Tartaruga (espécie de teto ou defesa que os antigos soldados faziam com os escudos).
TESTUZ *s. m.* Testo (de certos animais).
TESTUZA (testuça) *s. f.* V. TESTUZ.
TETANOS *s. m.* V. TÉTANOS.
TÉTANOS *s. m. Med.* Tétano.
TETAR *v. tr.* Amamentar.
TETERA *s. f.* Bule.
TETERO *s. m. Amer.* Mamadeira, biberão.
TETÓN *s. m.* Pedaço seco do ramo podado que fica unido ao tronco.
TETONA *adj. fam.* Tetuda.
TEUCRO, A *adj.* e *s.* Troiano.
TEUTON, A *adj.* e *s.* Teutão. *fam.* Alemão.
TI *pron.* Ti. *Gram.* Forma do pronome pessoal da 2ª pes. do sing., comum aos casos do genitivo, dativo, acusativo e ablativo. Não dispensa a prep., e quando esta é *con,* diz-se *contigo.*
TÍA *s. f.* Tia. Em certas povoações espanholas, tratamento de respeito que se dá à mulher casada ou

entrada em anos. *fam.* Mulher rústica e grosseira. *fam.* Rameira. Em certas províncias de Espanha, *madrasta,* e, às vezes, *sogra. fam.* Cárcere, prisão, cadeia. *Quedarse para —, loc. fig. fam.* Ficar para tia.
TIÁNGUEZ *s. m. Amer. mexic.* V. TIANGUIS.
TIANGUIS *s. m. Amer. mexic.* Mercado.
TIATINA *s. f. Amer. chil. Bot.* Aveia-doida.
TÍBAR *adj.* De ouro puro.
TIBURÓN *s. m. Ictiol.* Tubarão.
TIEMPO *s. m.* Tempo (em todas as suas acepções). *A largo —, loc. adv.* depois de muito tempo. *Al mejor —, loc. adv.* V. MEJOR (A LO). *A su —, loc. adv.* A seu tempo, em ocasião oportuna. *A —, loc. adv.* A tempo, em tempo. *A —s,* de tempo em tempos, de quando em quando. *A un —, loc. adv.* A um tempo, simultaneamente. *Caperar el —, Náut.* Estar à capa. *De todo —,* de tempo (falando-se de homem ou animal que nasce a termo). *Con —, loc. adv.* Com tempo, sem precipitação. *En — de Maricastaña* ou *del rey Perico, loc. adv. fig. fam.* Em tempo muito antigo. *En los buenos — a, loc. adv. fam.* Nos bons tempos, na juventude.
TIENDA *s. f.* Barraca. *Náut.* Toldo. Tenda, armazém de secos e molhados, mercearia. *Amer.* Loja de fazendas, armarinho. — *de campaña,* tenda, barraca de campanha. — *de modas,* casa de modas. *Abrir —,* abrir negócio, montar uma casa de comércio.
TIENTA *s. f.* Tenta (corrida de novilhos). Tento, tino, sagacidade. V. TIENTAGUJA. *Cir.* Tenta. *A —s, loc. adv.* Às apalpadelas, pelo tato, apalpando. *fig.* Às apalpadelas, às cegas, em dúvida, com hesitação, por tentativas.
TIENTAGUJA (tientaguja) *s. f.* Sonda (para o terreno em que se vai edificar).
TIENTAPAREDES *s. m.* e *f.* Pessoa que anda às cegas ou às apalpadelas (moral ou fisicamente).
TIENTO *s. m.* Toque, apalpamento; tato. Bordão (de cego). Balancim (de equilibrista). Pulso, firmeza, tento. *fig.* Tento, sentido, precaução, atenção. *fig. fam.* Pancada, golpe. *Amer.* Tento (tira de couro). *Pint.* Tento. *Mús.* Prelúdio (o que se toca para experimentar um instrumento). *Zool.* Tentáculo. *A —, loc. adv.* Às apalpadelas, pelo tato, apalpando, a tento. *fig.* Às apalpadelas, com incerteza, às cegas. *Por el —.* V. TIENTO (A). *De — en —, loc. adv.* De uma em outra tentativa. *Tomar el —,* tomar o pulso, experimentar.
TIERNAMENTE *adv.* Ternamente.
TIERNO, A *adj.* Tenro. *fig.* Recente, moderno. *fig.* Tenro. (falando-se da idade). *fig.* Terno, meigo, afetuoso. *fig.* Que se enternece facilmente.
TIERRA *s. f.* Terra (em todas as suas acepções). *Haz de la —,* a face da terra. — *del pipiripao, fam.* Lugar ou casa onde há abundância, e se pensa mais em folgar que em outra coisa. *Besar la —, loc. fig.* Afocinhar. *Como —, loc. adv. fig. fam.* Como terra, em abundância. *Dar (uno) en comer —, loc. fig. fam.* Ter (alguém) um gosto extravagante. *Echar por —,* deitar por terra, destruir, aniquilar. *Ganar — (uno). loc. fig.* Ganhar terreno (alguém). *Irse a — (una cosa),* vir abaixo, vir ao chão, cair, desabar (uma coisa). *Por debajo de —, loc. adv. fig.* Com cautela ou segredo.
TIESAMENTE (tiessamente) *adv.* Tesamente; fortemente, firmemente, rijamente.
TIESO, A (tiesso) *adj.* Teso, tenso. Rígido, duro, firme, inflexível. Robusto, rijo (de saúde). *fig.* Teso, animoso, esforçado, intrépido, valente. *fig.* Teso, empertigado. *fig.* Teso, pertinaz, inflexível, irredutível. *adv.* Teso, rijamente, firmemente. — *que —, loc. fam.* com que se denota a pertinácia de alguém.
TIESTA *s. f.* Testa (de pipas, barris etc.).
TIESTO *s. m.* Telho, testo; pedaço de qualquer vasilha de barro. Vaso de barro (para flores). *Amer. chil.* Vasilha de qualquer classe. *adj.* Testo, teso; duro; rígido, tenso, tirante; inflexível, tenaz. *adv.* Teso, tesamente, rijamente, asperamente, firmemente.
TIESURA (tiessura) *s. f.* Tesura, rigidez. *fig.* Gravidade afetada.
TIFO, A *adj. fam.* Cheio, repleto. *s. m. Med.* Tifo.

TIFÓN *s. m.* Tromba de água. Tufão (furacão no Mar da China).
TIFUS *s. m. Med.* Tifo.
TIJA (tija) *s. f.* Cano (de uma chave).
TIJERA (tijera) *s. f.* Tesoura. U. m. no pl. Certo draino. *fig.* Tesoura, pessoa maldizente. *Buena —, fig. fam.* Boa tesoura, pessoa hábil em cortar. *fig. fam.* Bom garfo, pessoa que come muito. *fig. fam.* Pessoa muito maldizente. *Echar la —,* meter a tesoura, cortar (com a tesoura).
TIJERADA (tijerada) *s. f.* V. TIJERETADA.
TIJERETA (tijereta) *s. f. Dim.* de *Tijera.* Tesourinha. Tesourinha, gavinha. V. CORTAPICOS. *Ornit.* Tesourinha. *Decir —s, loc. fig. fam.* Teimar sobre bagatelas. —*s han de ser, loc. fig. fam.* com que se dá a entender que alguém teima obstinada e tolamente.
TIJERETADA (tijeretada) *s. f.* Tesourada.
TIJERETAZO (tijeretaço) *s. m.* V. TIJERETADA.
TIJERETEAR (tijeretear) *v. tr.* Tesourar, cortar com tesoura. *fig. fam.* Dispor a seu talante de assuntos ou negócios alheios.
TIJERETEO (tijeretèo) *s. m.* Ruído da tesoura.
TIJERUELA (tijeruela) *s. f.* V. TIJERETA.
TILA *s. f. Bot.* V. TILO. Flor da tília. Chá de tília.
TILDAR *v. tr.* Tilar, tildar, pôr til em. Apagar, borrar, riscar. *fig.* Notar alguém com alguma pecha, timbrar de, qualificar, apodar.
TILDE *s. m.* Til. Pecha, labéu. Til, bagatela, coisa mínima.
TILDÓN *s. m.* V. TACHÓN.
TILLA (tilha) *s. f. Náut.* Tilha.
TILLADO, A (tilhado) *p. p.* de *Tillar. s. m.* V. ENTABLADO.
TILLAR (tilhar) *v. tr.* Assoalhar (com madeira).
TILMA *s. f.* Espécie de poncho ou capa de algodão usada pelos camponeses mexicanos.
TILO *s. m. Bot.* Tília.
TIMAR *v. tr.* Tirar ou furtar com manha. Enganar, iludir (com promessas). *v. pron. fam.* Entender-se, com o olhar (os namorados).
TIMBA *s. f.* Partida de jogo de azar. Casa de tavolagem. *Amer. centr.* Barriga, ventre.
TIMBAL *s. m.* Timbale, atabale.
TIMBALERO *s. m.* Timbaleiro.
TIMBIRIMBA *s. f. fam.* V. TIMBA, 1ª acep.
TIMBRAR *v. tr.* Timbrar, pôr timbre em. Selar. Carimbar.
TIMBRAZO (timbraço) *s. m.* Campainhada.
TIMBRE *s. m.* Timbre (de escudo de armas). Selo. Timbre, marca, sinal, insígnia (em documentos públicos). Campainha (sineta manual ou elétrica). Timbre (qualidade sonora de um instrumento ou de uma voz). *fig.* Timbre (ação gloriosa que enobrece).
TIMO *s. m. Ictiol.* Tímalo. *Anat.* Timo. *fam.* Ação e resultado de *Timar. Dar un —, loc. fam.* V. TIMAR.
TIMÓN *s. m.* Timão, temão (da charrua). Lança, temão (de coche ou carruagem). *fig.* Temão, leme, direção, governo. Vareta (de foguete). *Náut.* Leme, temão.
TIMONEAR *v. intr.* Temonar.
TIMONEL *s. m.* Temoneiro, timoneiro, homem do leme.
TIMONERA *s. f. Náut.* Temoneira. Cada uma das penas grandes da cauda das aves.
TIMONERO, A *adj.* Diz-se do arado comum ou do temão. *s. m.* V. TIMONEL.
TIMPANILLO (timpanilho) *s. m.* Timpanilho.
TIMPANITIS *s. f. Med.* Timpanismo, timpanite.
TIMPANIZACIÓN (timpaniçacion) *s. f.* Timpanização.
TIMPANO *s. m.* Tímpano (em todas as suas acepções).
TINA *s. f.* Tina (espécie de cuba ou dorna; banheira). V. TINAJA.
TINA (tinha) *s. f. Entom.* Traça, lagarta (das colmeias). *Med.* Tinha. *fig. fam.* Mesquinharia, miséria, mesquinhez. — *mucosa, Med.* Eczema.
TINADA *s. f.* Pilha, fachina (de lenha). Alpendre, telheiro, abrigo para o gado.
TINADO *s. m.* V. TINADA, 2ª acep.
TINADOR *s. m.* V. TINADA, 2ª acep.
TINAJA (tinaja) *s. f.* Talha (vasilha). Tina, cuba, dorna. Líquido que cabe numa talha. Tinada.

TINAJERÍA (tinajería) *s. f. prov. And.* V. TINAJE-RO, 2ª acep.

TINAJERO (tinajero) *s. m.* Fabricante de tinas ou cubas. Lugar onde se põe a tina ou cuba.

TINAJÓN (tinajòn) *s. m. Aument.* de *Tinaja.* Tina ou talha (para lavar roupa ou para recolher a água da chuva).

TINAJUELA (tinajuela) *s. f. Dim.* de *Tinaja.*

TINAO *s. m.* V. TINAÓN.

TINAÓN *s. m. prov.* Estábulo (dos bois).

TINCAZO (tincaço) *s. m. Amer.* V. CAPIROTAZO.

TINCIÓN *s. f.* Tinção, tintura (ação de tingir).

TINCO, A *adj. Amer. argent.* Diz-se do animal vacum que roça uma pata na outra ao caminhar.

TINELERO *s. m.* Tinelero (o que prove ao tinelo).

TINELO *s. m.* Tineleiro (refeitório dos criados). *Dar —, loc. fig.* Dar de comer aos criados.

TIÑERÍA (tinheria) *s. f. fam.* V. TIÑA, 3ª acep.

TINETA *s. f. Dim.* de *Tina.*

TINGE (tinje) *s. m. Ornit.* Espécie de mocho maior do que o comum.

TINGLADILLO (tingladilho) *s. m.* Disposição em que fica o tabuado trincado.

TINGLADO *s. m.* Alpendre, telheiro. Tabuado armado à ligeira. *fig.* Artifício, enredo, maquinação, trincafio. V. COBERTIZO.

TINGLE *s. m.* Faca de vidraceiro.

TINGRE *s. m. Amer. chil.* Cão ordinário, vira-lata.

TINIEBLA *s. f.* Treva (em todas as suas acepções). U. m. no pl.

TINILLO (tinilho) *s. m.* Lagariça.

TINO *s. m.* Tino, tato, sentido, orientação. Habilidade de bom atirador, pontaria. *fig.* Tino, juízo. *A buen —, loc. adv. fam.* A tino, a olho, por um cálculo aproximado. V. TIENTA (A —S). *Sacar de — (a uno), loc. fig.* Atordoar alguém com uma pancada ou na cacetada. *Sin —, loc. adv.* Sem medida, demasiadamente.

TINOSO, A (tinhosso) *adj. e s.* Tinhoso. *fig.* Miserável, mesquinho, sórdido, avarento.

TINTA *s. m.* V. TINTE, 1ª acep. *Tinta. Pint. Media —, meIA tinta. Medias —s, fig. fam.* Meias resoluções, panos quentes. *Saber (uno) de buena —, loc. fig. fam.* Saber de fonte limpa ou de boa fonte. *Sudar —, loc. fig. fam.* Realizar um trabalho com muito esforço, suar sangue.

TINTAR *v. tr.* Tingir.

TINTE *s. m.* Tintura (ação de tingir). Tintura, tinta. Tinturaria (oficina de tintureiro). *fig.* Tintura, matiz, tom, disfarce; artifício com que se dissimula coisas não materiais.

TINTERETAZO (tinteretaço) *s. m.* Pancada com tinteiro arremessado.

TINTERILLADA (tinterilhada) *s. f. Amer.* Chicana, chicanice de rábula.

TINTERILLO (tinterilho) *s. m. fig. fam. Deprec.* Empregado, aprendiz. *Amer.* Rábula.

TINTERO *s. m.* Tinteiro. V. NEGUILLA.

TINTILLO (tintilho) *adj.* Palhete. *Vino —,* vinho palhete.

TINTÍN *s. m. onomatop.* Tim-tim, tlim-tlim.

TINTINEAR *v. intr.* Tintinar, tilintar, tlintar, tinir.

TINTINEO (tintinèo) *s. m.* Tlintar, tilintar (ação de).

TINTO, A *p. p. irreg.* de *Teñir. adj.* Tinto.

TINTOREO, A *adj.* Tintureiro (falando-se de plantas); corante (falando-se de substâncias).

TINTORETA *s. f.* Tintureira. *Amer.* Fêmea do tubarão.

TINTORERÍA *s. f.* Tinturaria.

TINTORERO *s. m.* Tintureiro.

TINTURA *s. f.* Tintura (ação de tingir; tinta). Pintura (no rosto das mulheres). *Farm.* Tintura. *fig.* Tinturas, conhecimentos rudimentares.

TINTURAR *v. tr.* Tingir. *fig.* Dar tinturas, instruir superficialmente.

TIÑUELA (tinhuela) *s. f. Bot.* Cuscuta. *Náut.* Caruncho, carcoma, broma.

TÍO *s. m.* Tio. Nas povoações espanholas, tratamento de respeito que se dá aos homem casado ou entrado em anos. *fam.* Homem rústico e grosseiro. *fam.* V. SO. Em certas províncias de Espanha, "padrasto" e às vezes "sogro". *Amer. argent.* Pai (falando-se de negros velhos).

TIOVIVO *s. m.* Carrocel.

TIPA *s. f. Bot.* Tipa. *Amer. argent.* Saco de couro.

TIPEJO (tipejo) *s. m. Deprec.* Tipo, pessoa ridícula ou pouco respeitável.

TIPIADORA *s. f.* Máquina de escrever.

TIPLE *s. m.* Tiple, soprano (voz e pessoa que a tem). Guitarra muito aguda. *Gír.* Vinho. *Náut.* Mastro inteiriço. *Náut.* Vela de falucho com todos os rizes tomados. Guitarrista (pessoa que toca *Tiple,* 2ª acep.).

TIPLISONANTE (tiplisonante) *adj.* Que tem voz de tiple ou soprano.

TIQUISMIQUIS *s. m. pl.* Escrúpulos de quem é cheio de pontinhos, escrúpulos vãos ou ridículos. Expressões ou ditos ridiculamente afetados ou corteses.

TIRA *s. f.* Tira (de couro, papel, tecido etc.). *Gír.* Caminho.

TIRABALA *s. m.* Canudo para disparar bolinhas (jogo de rapazes).

TIRABEQUE *s. m. Bot.* Ervilha molar.

TIRABOTAS *s. m.* Calçador (gancho para calçar as botas).

TIRABRAGUERO *s. m.* Tirabragal (funda para herniados).

TIRABUZÓN (tirabuçòn) *s. m.* Sacarrolhas. *fig.* Cacho, anel, caracol (de cabelos). *Sacar (algo) con —, loc. fig. fam.* Fazer desembuchar, fazer falar ou dizer alguma coisa quem está calado.

TIRACOL *s. m.* V. TIRACUELLO.

TIRACUELLO (tiracuelho) *s. m.* Tiracolo, boldrié.

TIRACUERO *s. m. Deprec.* de *Zapatero.* Remendão.

TIRADA *s. f.* Atiramento, arremesso, lançamento. Tiradura, tirada, tiragem, tiramento. Disparo, atirada. Estiramento, distensão, alongamento. Tiragem (dos metais pela fieira). Traçado (de linhas). *Tip.* Tiragem (impressão; número de exemplares impressos). Tirada (espaço longo de tempo; grande extensão de caminho). Série, enfiada, tirada. *De,* ou *en, una —, loc. adv.* De uma tirada, de uma só vez, sem descansar.

TIRADERA *s. f.* Flecha (de índio).

TIRADERO *s. m. Venat.* Espera, tocaia.

TIRADO, A *p. p.* de *Tirar. adj.* Atirado (dado, muito barato; muito abundante). *s. m.* Tiragem, impressão. Tiragem (de metais). *Náut.* Tirador (o chicote do cabo pelo qual se ala).

TIRADOR *s. m.* Atirador. Estirador (instrumento). Cordão (de campainha, sineta etc.). Puxador (peça por onde se puxa para abrir gavetas, portinholas etc.). Pena que serve de tira-linhas. Régua de ferro usada pelos canteiros. Estilingue, estilingue, atiradeira, funda. *Amer.* Tirador (couro cru que os laçadores põem ao redor da cintura). *Amer.* Guaiaca. *Tip.* Impressor.

TIRAFONDO *s. m.* Espécie de parafuso. *Cir.* Saca-balas.

TIRAGOMAS *s. m.* V. TIRADOR, 7ª acep.

TIRAJO (tirajo) *s. m. Deprec.* de *Tiras.*

TIRALINEAS *s. m.* Tira-linhas.

TIRAMIENTO *s. m.* Estiramento.

TIRAMIRA *s. f.* Cordilheira comprida e estreita. Série, fileira, fila, enfiada.

TIRAMOLLAR (tiramolhar) *v. tr. Náut.* Tiramolar.

TIRANIDAD (tiranidad) *s. f.* Tirania.

TIRANIZACIÓN (tiraniçaciòn) *s. f.* Tiranização.

TIRANIZADAMENTE (tiraniçadamente) *adv.* Tiranicamente.

TIRANTEZ *s. f.* Tensão. Comprimento, extensão.

TIRANUELO, A *adj. e s.* Tiranete.

TIRAPIÉ *s. m.* Tirapé.

TIRAR *v. tr.* Atirar, arremessar, arrojar, lançar, jogar. Derribar (uma casa, uma árvore etc.). Atirar, disparar (arma de fogo). Estirar, estender, alongar. Tirar à fieira, tirar pela fieira (reduzir a fio os metais). Tirar, traçar (linhas). Ganhar, tirar, perceber (salário, ordenado etc.). *fig.* Malgastar, atirar, deitar fora (fortuna, patrimônio, dinheiro etc.). *Tip.* Tirar, imprimir. *v. intr.* Atrair (por virtude natural, como o ímã). Tirar, puxar (falando-se de pessoas, cavalgaduras, tratores etc.). Jogar, manejar bem (a espada); atirar (ter boa pontaria com arma de fogo). Tirar, puxar, sacar de uma arma (nesta acep. é seguido da prep. *de.*). Tirar, puxar (a chaminé, o cigarro etc.). *fig.* Atrair. *fig.* Puxar, torcer, levar para outro lado. Durar, manter-se penosamente, aguentar. *fig.* Tender, propen-

der, puxar, inclinar-se. *fig.* Imitar, puxar, tirar, assemelhar-se (principalmente falando-se de cores). *fig.* Tratar de, cuidar de conseguir alguma coisa (geralmente por meios dissimulados). *v. pron.* Atirar-se, abalançar-se (dizendo ou fazendo algo de arrojado). Atirar-se, arremessar-se, lançar-se. Estirar-se, estender-se (no solo, na cama etc.). *A todo —, loc. adv.* Quando muito, no máximo. *Ir TIRANDO, loc. fam.* Ir vivendo, arrastar-se. *— de,* ou *por, lo largo, loc. fam.* Gastar sem medida. *— la de, loc. fam.* Fazer de (rico, valente etc.).

TIRATACOS *s. m.* V. TIRABALA.

TIRELA *s. f.* Tecido listado.

TIRILLA (tirilha) *s. f. Dim.* de *Tira.* Tirinha. Tira que forma a gola das camisas ou serve para ficar nelas o colarinho postiço.

TIRIO, A *adj. e s.* Tírio (natural ou habitante de Tiro). *— s y troyanos, loc. fig.* Gregos e troianos (partidários de opiniões ou interesses opostos).

TIRITAÑA (tiritanha) *s. f.* Seda pouco encorpada. *fig. fam.* Bagatela, ninharia, bugiaria.

TIRITÓN *s. m.* Arrepio, tremor de frio. *Dar (uno) —es,* tiritar, tremer de frio.

TIRITONA *s. f. fam.* Arrepio, calafrio ou tremor fingidos. *Hacer (uno) la —, loc. fam.* Fingir tremor.

TIRO *s. m.* Tiro (ação ou efeito de atirar ou de despedir qualquer arma; sinal feito pelo que se atira; explosão, estampido; carga que se dispara de uma vez; alcance da carga atirada ou da arma despedida; lugar onde se aprende a atirar ou a atira ao alvo). Canhão, peça de artilharia. Tiro (o serviço de puxar por carros; parelha de cavalos, bois etc.). Tirante (peça, aparelho dos animais de tiro). Talha (para içar uma coisa). Tiragem (de uma chaminé). Comprimento (de uma peça de tecido). Ombros (largura do vestido, de ombro a ombro e pela frente). Lanço (de escada). *fig.* Dano grave (física ou moralmente). *fig.* Tiro, remoque, alusão; zombaria, burla. *fig.* Furto. *A — de balesta, loc. adv. fig. fam.* A grande distância, de longe (diz-se das coisas que pela sua importância ou volume podem ser vistas ou apreciadas sem detido exame). *A — hecho, loc. adv.* Estando em tiro, com grande probabilidade de não errar o tiro. *fig.* Deliberadamente, de caso pensado, propositalmente. *A —s largos, loc. adv. fig. fam.* Com vestido de gala. *fig. fam.* Luxuosamente. *Pegarle cuatro —s, loc.* Passar alguém pelas armas. *Salir el — por la culata, loc. fig. fam.* Sair o tiro pela culata, dar uma coisa resultado contrário ao que se esperava.

TIRÓN *s. m.* Aprendiz, novato. Tirão, puxão. Estirão, puxão (grande extensão de caminho). *Al —, loc. adv.* Cobrando adiantadamente os juros de um empréstimo. *De un —, loc. adv.* V. TIRADA (DE UNA —).

TIRONA *s. f.* Rede de malha para pescar.

TIROTEO (tirotèo) *s. m.* Tiroteio.

TIRRIA *s. f. fam.* Birra, pirraça, teima. Birra, aversão, antipatia, ódio, ojeriza.

TIRSO *s. m. Mit.* Tirso. *Bot.* Tirso (panícula cônica).

TISIS (tissis) *s. f. Med.* Tísica, tuberculose pulmonar. Tísica, caquexia, consunção.

TISÚ (tissú) *s. m.* Tecido de seda com fios de ouro ou prata.

TITÁN *s. m. Mit.* Titã.

TITERERO *s. m.* Titereiro, titeriteiro.

TITERISTA *s. m. e f.* V. TITERERO.

TITÍ *s. m.* Mico, macaquinho.

TITIRITAINA *s. f. fam.* Ruído confuso de flautas e outros instrumentos. *Por ext.* Qualquer ruído festivo mas desordenado.

TITIRITAR *v. intr.* Tiritar, tremer de frio ou de medo.

TITIRITERO *s. m.* V. TITERERO. V. VOLATI-NERO.

TITUBEO (titubèo) *s. m.* Titubeação, titubação.

TITULADO, A *p. p.* de *Titular. adj.* Titular.

TITULAR *adj.* Titular. *Tip.* Capitular, maiúscula. *v. tr.* Intitular, titular. *v. intr.* Obter um título nobiliário.

TIZA (tiça) *s. f.* Giz. Ponta de veado calcinada.

TIZNA *s. f.* Tisna (substância própria para enegrecer qualquer coisa).

TIZNADURA *s. f.* Tisnadura, tisna.

TIZNAJO (tisnajo) *s. f. fam.* V. TIZNÓN.

TIZNAR *v. tr.* Tisnar. U. t. c. pron. *fig.* Tisnar, manchar, macular, enodoar.

TIZNE *s. m.* Tisna, fuligem (das panelas). V. TIZÓN, 1ª acep.

TIZNÓN *s. m.* Farrusca (nódoa de fuligem ou de substâncIA escura), tisnadura, tisna.

TIZO (tiço) *s. m.* Carvão-tição, tição (carvão que arde mal e deita fumo).

TIZÓN (tiçon) *s. m.* Tição. *Bot.* Fungão (cogumelo que causa alforra nas searas).

TIZONA (tiçona) *s. f. fam.* Durindana, espada.

TIZONADA (tiçonada) *s. f.* V. TIZONAZO.

TIZONAZO (tiçonaço) *s. m.* Tiçoada (pancada com tição). Castigo do fogo eterno.

TIZONCILLO (tiçoncilho) *s. m. Dim.* de *Tizón.* V. TIZÓN, 2ª acep.

TIZONEAR (tiçonear) *v. tr.* Atiçar (o lume).

TIZONERA (tiçonera) *s. f.* Carvoeira (em que se põe o carvão-tição para acabar de carbonizá-lo).

TLAZOL (tlaçol) *s. m. Amer. mexic.* Pendão do milho (usado como forragem).

TLAZOLE (tlaçole) *s. m.* V. TLAZOL.

TOALLA (toalha) *s. f.* Toalha (para enxugar o rosto ou as mãos).

TOALLERO (toalhero) *s. m.* Toalheiro.

TOALLETA (toalheta) *s. f. Dim.* de *Toalla.* Toalhinha, toalhete. Guardanapo, toalhete.

TOAR *v. tr. Náut.* Atoar, rebocar.

TOBA *s. f.* Tufo calcáreo. Sarro, tártaro dos dentes. *Bot.* Espécie de cardo. Crosta, casca que se forma em algumas coisas.

TOBALLA (tobalha) *s. f.* V. TOALLA.

TOBALLETA (tobalheta) *s. f.* V. TOALLETA.

TOBAR *s. m.* Pedreira de tufo.

TOBELLETA (tobelheta) *s. f.* V. TOALLETA.

TOBERA *s. f.* Olho da forja.

TOBILLO (tobilho) *s. m.* Tornozelo; maléolo.

TOBOGÁN *s. m.* Tobogã (espécie de trenó). Declive preparado para o tobogã.

TOCA *s. f.* Touca.

TOCABLE *adj.* Que se pode tocar.

TOCADO *s. m.* Toucado, penteado (das mulheres). V. TOCADURA.

TOCADO, A *p. p.* de *Tocar,* 1ª acep. *adj.* Meio louco, um tanto perturbado.

TOCADOR, A *adj. e s.* Tocador (principalmente de um instrumento músico). *s. m.* Toucador (móvel).

TOCADURA *s. f.* Toucado (conjunto de ornatos que as mulheres usam na cabeça).

TOCAMIENTO *s. m.* Tocamento, tocadura, tocadela.

TOCANTE *p. a.* de *Tocar.* Tocante. — *a, loc. adv.* No tocante, quanto a, com relação a, pelo que diz respeito a.

TOCAR *v. tr.* Tocar (em todas as suas principais acepções). Toucar (o cabelo). *v. pron.* Cobrir-se (a cabeça, por chapéu, manto, lenço, gorro, touca etc.).

TOCASALVA (tocasalva) *s. f.* V. SALVILLA.

TOCATA *s. f. Mús.* Tocata. *fam.* Surra, sova.

TOCAYO (tocadjo) *s. m.* Homônimo, tocaio, xará.

TOCHEDAD (totchedad) *s. f.* Grosseria, rusticidade, incultura; necedade.

TOCHIMBO (totchimbo) *s. m.* Forno de fundição.

TOCHO, A (totcho) *adj.* Tosco, rude, grosseiro, inculto, néscio.

TOCHURA (totchura) *s. f. prov.* V. TOCHEDAD.

TOCINERA *s. f.* Toucinheira (mulher que vende toucinho). Pocilga.

TOCENERÍA *s. f.* Açougue ou lugar onde se vende toucinho.

TOCINERO *s. m.* Toucinheiro.

TOCINO *s. m.* Toucinho. Manta de toucinho.

TOCIO, A *adj.* V. TOZO.

TOCÓN *s. m.* Toco (parte de um tronco de árvore, cortado, que fica na terra).

TOCONA *s. f.* Toco (de diâmetro grande).

TOCONAL *s. m.* Lugar onde há muitos tocos de árvores. Olival formado por tocos de oliveiras que brotaram.

TODABUENA *s. f. Bot.* Androsemo.

TODASANA (todassana) *s. f.* V. TODABUENA.

TODAVÍA *adv.* Ainda. *adv. conj.* Todavia, ainda, assim, entretanto, contudo. — *más,* ainda mais.

TODITO *adj. Dim.* de *Todo. fam.* Todinho (encarecendo o significado de "todo").

TODO, A *adj.* Todo, toda. *pl.* Todos (cada). *s. m.* Todo. Tudo. *adv.* De todo, completamente, inteiramente. *Ante —, loc. adv.* Antes de tudo, em primeiro lugar. *Así y —, loc. adv.* Apesar disso, ainda assim. *A — eso, loc. adv.* A todas essas, entretanto, enquanto isso. *Con —, loc. adv.* Contudo, não obstante. *Del —, loc. adv.* De todo, inteiramente. *En — y por —, loc. adv.* Em tudo e por tudo. *Por —, loc. adv.* Ao todo, totalmente, no total. *Sobre —, loc. adv.* Sobretudo, principalmente, especialmente. *Y —, loc. adv.* E tudo. *Volvó el carro com mulas Y TODO,* virou o carro com mulas e tudo.

TOFANA *s. f.* Agua tofana.

TOISÓN (toissòn) *s. m.* Tosão de ouro (ordem de cavalaria).

TOLDADURA *s. f.* Cortina (para proteger do calor ou da luz).

TOLDERÍA *s. f. Amer. merid.* Toldo, acampamento de índios.

TOLDILLO (toldilho) *s. m. Dim.* de *Toldo.* Cadeirinha, liteira (coberta).

TOLDO *s. m.* Toldo. *fig.* Vaidade, orgulho, pompa. V. ENTALAMADURA.

TOLE *s. m. fig.* Gritaria, confusão, balbúrdia, tumulto. (Usa-se geralmente repetido). *fig.* Disque-disque, falatório, rumor de desaprovação. (Usa-se geralmente repetido). *Tomar (uno) el —, loc. fam.* Partir aceleradamente, ir de fugida, dar às de vila-diogo.

TOLERABLE *adj.* Tolerável.

TOLERABLEMENTE *adv.* Toleravelmente.

TOLERACIÓN *s. f. ant.* Tolerância.

TOLLA (tolha) *s. f.* V. ATOLLADERO. Gamela que serve de bebedouro para animais.

TOLLADAR (tolhadar) *s. m.* V. ATOLLADERO.

TOLLINA (tolhina) *s. f. fam.* Surra, coça, sova, data de pancadas.

TOLLO (tolho) *s. m. Ictiol.* Tolho. Cação. Espera, tocaia (lugar onde o caçador, escondido, espera a caça). V. ATOLLADERO.

TOLMERA *s. f.* Penedia, penhascal.

TOLMO *s. m.* Penhasco, penedo.

TOLONDRO, A *adj.* Estouvado, aloucado. *s. m.* Tolondro, galo. *A topa —, loc. adv.* Sem reflexão, estouvadamente.

TOLONDRÓN, A *adj. e s. m.* V. TOLONDRO.

TOLVA *s. f.* Tremonha, dorneira, canoura (de moinho).

TOLVANERA *s. f.* Torvelinho de poeira.

TOMA *s. f.* Toma, tomada (ação de tomar). Tomada, conquista. Pitada.

TOMADERO *s. m.* V. ASIDERO.

TOMADOR, A *adj. e s.* Tomador. *s. m.* Batedor de carteiras.

TOMADURA *s. f.* V. TOMA.

TOMAJÓN, A (tomajòn) *adj. e s.* Que toma ou recebe com facilidade, freqüência ou descaro.

TOMAR *v. tr.* Tomar (em todas as suas principais acepções). *v. pron.* Enferrujar-se (os metais).

TOMÁTERA *s. f. Bot.* Tomateiro, tomateira.

TOMILLAR (tomilhar) *s. m.* Tomilhar.

TOMILLO (tomilho) *s. m. Bot.* Tomilho.

TOMINEJA (tomineja) *s. f.* V. TOMINEJO.

TOMINEJO (tominejo) *s. m. Ornit.* Beija-flor.

TOMIZA (tomiça) *s. f.* Tamiça.

TOMO *s. m.* Tomo, volume (de alguma obra). Corpo, volume (de uma coisa). *fig.* Tomo, importância, valor.

TOMÓN, A *adj. e s.* V. TOMAJÓN.

TON *s. m. Apóc.* de *Tono.* Tom. *Sin — ni son, loc. fam.* Sem tom nem son, disparatadamente.

TONADA *s. f.* Toada.

TONADILLA (tonadilha) *s. f.* Toadilha; tonadilha.

TONADILLERO (tonadilhero) *s. m.* Autor de tonadilhas.

TONALIDAD (tonalidad) *s. f. Mús.* Tonalidade.

TONAR *v. intr. Poét.* Troar, trovejar. *Irreg.* V. conj. de *Almorzar.*

TONELAJE (tonelaje) *s. m. Náut.* Tonelagem.

TONELERÍA *s. f.* Tonelaria, tanoaria.

TONELERO *s. m.* Tanoeiro.

TONELETE *s. m. Dim.* de *Tonel.* Tonelzinho. Toneletes. Roupa curta (própria para crianças). Saia que chega até os joelhos.

TONGA *s. f.* V. TONGADA.

TONGADA *s. f.* Capa, camada.

TOÑIL (tonhil) *s. m.* Palha em que se põem frutas para amadurecer.

TONILLO (tonilho) *s. m.* Toada, som monótono (de quem fala, lê, ou declama).

TONINA *s. f.* Toninha, tonina.

TONIÑA (toninha) *s. f.* V. TONINA. V. PALIZA.

TONO *s. m.* Tom (em todas as suas acepções). — *mayor, Mús.* Tom maior. — *menor, Mús.* Tom menor.

TONTADA *s. f.* V. TONTERÍA.

TONTAINA *s. m. e f. fam.* Tolo.

TONTEAR *v. intr.* Tontear (falar como tonto ou tolo).

TONTERA *s. f. fam.* Tonteira, tolice, dito de tonto ou velho decrépito.

TONTERÍA *s. f.* Tontaria, tolice, tonteria, asneira, tontice. Toleima.

TONTILLO (tontilho) *s. m.* Anquinhas (armação para entufar as saias das mulheres).

TONTO, A *adj. e s.* Tonto, maluco, parvo, idiota, doido. *A — as y a locas, loc. adv.* Às tontas. *Ponerse —, loc. fam.* Mostrar petulância, vaidade ou teimosia.

TONTUELO, A *adj. e s. Dim.* de *Tonto.*

TONTUNA *s. f.* V. TONTERÍA.

TOPACIO *s. m. Miner.* Topázio.

TOPADA *s. f.* V. TOPETADA.

TOPADIZO, A (topadiço) *adj.* Encontradiço.

TOPAR *v. tr.* Topar, encontrar, achar. Topar, bater, tocar. *v. intr.* Topar em, tropeçar. V. TOPETAR.

TOPE *s. m.* Tope, sumidade, cume. Amortizador (na extremidade de vagões). *fig.* Tope, embaraço, obstáculo, impedimento. *fig.* Busilis. V. TOPETÓN.

TOPEAR *v. tr.* V. TOPETAR.

TOPERA *s. f.* Buraco aberto pela toupeira.

TOPETADA *s. f.* Marrada. Cabeçada, topetada.

TOPETAR *v. tr. e intr.* Marrar, topetar.

TOPETAZO (topetaço) *s. m.* V. TOPETADA.

TOPETÓN *s. m.* Tope, choque, encontro, embate, encontrão. V. TOPETADA.

TOPETUDO, A *adj.* Marrador (falando-se de animais).

TOPIL *s. m. Amer. mexic.* V. ALGUACIL.

TOPINADA *s. f. fam.* Ação de pessoa distraída ou estabanada.

TOPINARIA *s. f. Med.* Talpária.

TOPINERA *s. f.* V. TOPERA.

TOPO *s. m. Zool.* Toupeira. *fig. fam.* Toupeira, míope. *fig. fam.* Toupeira, pessoa ignorante, estúpida.

TOPOCHO (topotcho) *adj.* Diz-se de uma espécie de plátano. *Amer.* V. RECHONCHO.

TOQUEADO (toqueado) *s. m.* Som rítmico (feito com os pés, as mãos, com um pau ou outra coisa).

TOQUERÍA *s. f.* Conjunto de toucas. Ofício de quem faz toucas.

TOQUERO *s. m.* Pessoa que faz ou vende toucas.

TOQUETEAR *v. tr.* Tocar repetidamente, sem tino nem ordem.

TOQUILLA (toquilha) *s. f.* Véu (à roda de um chapéu). Lenço que as mulheres usam na cabeça.

TORA *s. f.* Tora (imposto que os judeus pagavam por família; livro da lei hebraica). Armação em forma de touro, cheia de foguetes e outros artifícios pirotécnicos, que serve para diversão em algumas festas populares espanholas.

TORADA *s. f.* Tourada (manada de touros).

TORAL *adj. Arq.* Principal, básico, de mais força.

TORBELLINO (torbelhino) *s. m.* Torvelinho, turbilhão, redemoinho, pé-de-vento. *fig.* Turbilhão. *fam.* Pessoa muito viva, buliçosa e inquieta.

TORCA *s. f.* Depressão circular num terreno, com as bordas escarpadas; cratera, ou concavidade.

TORCAL *s. m.* Lugar onde há *Torcas.*

TORCAZO, A (torcaço) *adj. e s.* Torcaz, trocaz.

TORCE *s. f.* Volta (cada uma das voltas de um colar em torno do pescoço). Colar.

TORCECUELLO (torcecuelho) *s. m. Ornit.* Torcicolo, papa-formigas, piadeira.

TORCEDERO, A adj. Torcido, torto, tortuoso. s. m. Torcedor (instrumento para torcer).

TORCEDOR, A adj. Torcedor. s. m. Torcedor (fuso para torcer o fio). fig. Coisa que ocasiona freqüentes desgostos.

TORCEDURA s. f. Torcedura. V. AGUAPIÉ.

TORCER v. tr. e intr. Torcer (em todas as suas acepções). v. pron. Azedar-se, avinagrar-se (o vinho). Irreg. V. conj. de Moler.

TORCIDILLO (torcidilho) s. m. Dim. de Torcido, 7ª acep.

TORCIDO, A p. p. de Torcer. adj. Tecido, tortuoso; torto, oblíquo, inclinado. fig. Torto, que não obra com retidão. s. m. Espécie de doce de ameixa. V. AGUAPIÉ. Torçal.

TORCIJÓN (torcijòn) s. m. Torcilhão, torção, cólica. V. RETORCIMIENTO. V. RETORTIJÓN (de tripas).

TORCIMIENTO s. m. Torcimento, torcedura. fig. Expressão retorcida, circunlóquio, perífrase.

TORCULADO, A adj. Helicoidal, em forma de parafuso.

TÓRCULO s. m. Tórculo (prensa pequena).

TORDELLA (tordelha) s. f. Ornit. Espécie de tordo.

TORDILLEJO, A (tordilhejo) adj. e s. Dim. de Tordo.

TORDILLO, A (tordilho) adj. e s. V. TORDO, 1ª acep.

TORDO, A adj. e s. Tordilho, tordilha. s. m. Ornit. Tordo. Amer. Estorninho. — de agua, tordo-pisco, melro-da-água, melro-peixeiro.

TOREADOR s. m. Toureador, toureiro.

TOREAR v. intr. Tourear. U. t. c. tr. v. tr. Tourear, chacotear. fig. Alimentar as esperanças de alguém, enganando-o. fig. Fatigar, importunar alguém chamando-lhe a atenção para aqui e ali.

TOREO (torèo) s. m. Toureio. Tauromaquia.

TORERA s. f. Jaquetinha curta e sem botões, semelhante à dos toureiros.

TORERÍA s. f. Grêmio de toureiros. Amer. cub. Traquinada, travessura de rapazes.

TORERO, A adj. Toureiro. s. m. Toureiro.

TORÉS (torès) s. m. Arq. Toro, bocelão, bastão.

TORESANO, A (toressano) adj. e s. Natural ou habitante de Toro (cidade espanhola).

TORETE s. m. Dim. de Toro. Tourinho, tourito. fig. fam. Busilis, dificuldade. fig. fam. Prato (assunto ou novidade de que mais se trata nas conversações).

TORGA s. f. Trambolho.

TORIL s. m. Touril.

TORILLO (torilho) s. m. Dim. de Toro. Tourinho. Tourejão. fig. fam. V. TORRETE, 3ª acep.

TORIONDEZ s. f. Cio do gado vacum.

TORIONDO, A adj. Saído, que anda na berra, que está em cio (falando-se do gado vacum).

TORLOROTO s. m. Mús. Espécie de oboé rústico.

TORMELLERA (tormelhera) s. f. Penedia, fraguedo, penedio.

TORMENTARIO, A adj. Relativo à artilharia.

TORMENTILA s. f. Bot. Tormentilha, sete-em-rama.

TORMENTÍN s. m. Náut. Mastaréu do gurupés.

TORMO s. m. V. TOLMO. V. TERRÓN.

TORNA s. f. Tornada, regresso, volta. pl. Troca, volta, paga, recompensa, retorno.

TORNACHILE (tornatchile) s. m. Amer. mexic. Espécie de pimento.

TORNADIZO, A (tornadiço) adj. Tornadiço.

TORNADURA s. f. V. TORNA, 1ª acep.

TORNAGALLOS (tornagalhos) s. m. V. LECHE-TREZNA.

TORNAGUÍA s. f. Com. Guia que acusa o recebimento de uma remessa de mercadorias.

TORNALECHO (tornaletcho) s. m. Dossel, sobrecéu.

TORNAMIENTO s. m. Tornamento, mudança.

TORNAPUNTA s. f. Arq. V. PUNTAL.

TORNASOL (tornassol) s. m. Bot. Tornassol, girassol; heliotrópio. Tornassol (matéria corante). Cambiante, catassol, furtacor.

TORNASOLADO, A (tornassolado) adj. Cambiante, furtacor.

TORNASOLAR (tornassolar) v. tr. Acatassolar. U. t. c. pron.

TORNÁTIL adj. Torneado, roliço. Poét. Volúvel, inconstante. fig. V. TORNADIZO.

TORNATRAS s. m. e f. Descendente de mestiços que, por atavismo, apresenta os caracteres de uma só das raças originais.

TORNAVIAJE (tornaviaje) s. m. Torna-viagem. O que se trás de torna-viagem.

TORNAVIRÓN s. m. Sopapo, bofetão, tabefe (dado com as costas da mão).

TORNAVOZ s. m. Caixa do ponto (nos teatros) ou qualquer aparelho semelhante, afim de fazer que o som repercuta e se ouça melhor.

TORNEADOR s. m. Torneador. Torneiro.

TORNEO (tornèo) s. m. Torneio, justa.

TORNERA s. f. Rodeira (freira).

TORNERO s. m. Torneiro.

TORNÉS (tornès) s. m. Tornês.

TORNILLERO (tornilhero) s. m. fam. Soldado tornilheiro, desertor.

TORNILLO (tornilho) s. m. Parafuso. fig. fam. Fuga, deserção (do soldado). Amer. centr. e venezuel. Planta da família das bombáceas. — sin fin. Tecn. Parafuso sem fim. Apretarle (a uno) los —s, loc. fig. fam. Apertar com alguém, obrigá-lo a proceder de certa forma. Faltarle (a uno) un —, loc. fig. fam. Ter (alguém) um parafuso a menos, ter pouco juízo. Tener (uno) flojos los —s, loc. fig. fam. Ter (alguém), um parafuso frouxo, ter pouco juízo.

TORNISCÓN s. m. V. TORNAVIRÓN.

TORO s. m. Zool. Touro. Arq. Toro, bocelão, bastão, redondo.

TORONJA (toronja) s. f. Bot. Turíngia, toronja (fruto).

TORONJIL (toronjil) s. m. Bot. Melissa, erva cidreira.

TORONJINA (toronjina) s. f. V. TORONJIL.

TORONJO (toronjo) s. m. Bot. Turíngia, toronja (citrus decumana).

TOROSO, A (torosso) adj. Vigoroso, robusto, forte, toroso.

TOROZÓN (toroçòn) s. m. Vet. Torção, forcilhão.

TORPEDERO adj. e s. Torpedeiro.

TORPE adj. Trôpego, tardo, lento, pesado, embaraçado. Desajeitado, inhábil, acanhado. Tardo, grosseiro, de compreensão difícil, rude. Torpe, desonesto, impudico, lascivo. Torpe, ignominioso, indecoroso, infame. Feio, grosseiro, tosco, falto de ornatos, sem graça.

TORPEMENTE adv. Torpemente (em todas as suas acepções). Desastradamente, desajeitadamente. Tropegamente, lentamente, pesadamente. Rudemente, grosseiramente, estupidamente. Feiamente, desgraciosamente.

TORPEZA (torpeça) s. f. Lentidão, tardança, torpor, inércia. Inabilidade, incapacidade, inépcia, desajeitamento, desastramento, desazo. Rudeza, estupidez, incompreensão, ignorância, falta de inteligência. Torpeza (em todas as suas acepções). Fealdade, falta de graça.

TORRADO s. m. Grão-de-bico torrado.

TORRE s. f. Torre (em todas as suas acepções). Casa de campo.

TORREAR v. tr. Torrear (armar, fortificar, munir de torres), torrejar.

TORRECILLA (torrecilha) s. f. Dim. de Torre. Torrinha.

TORREFACCIÓN s. f. Torrefação.

TORREJÓN (torrejòn) s. m. Torrinha ou torre malfeita.

TORRENTERA s. f. Leito de uma torrente.

TORREÓN s. m. Torreão.

TORRERO s. m. Faroleiro. Caseiro de casa de campo.

TORREZNADA s. f. Fritada de torresmos.

TORREZNERO, A adj. e s. fam. V. REGALON.

TORREZNO s. m. Torresmo.

TORRONTERA s. f. V. TORRONTERO.

TORRONTERO s. m. Montão de terra deixado pelas enxurradas.

TORSIÓN s. f. Torsão.

TORTADA s. f. Torta grande.

TORTAZO (tortaço) s. m. fig. fam. Bofetada.

TORTEDAD (tortedad) s. f. Tortura, curvatura.

TORTERA s. f. Torteira. Roda do fuso. adj. Diz-se da caçarola quase plana, semelhante à frigideira, que serve para fazer tortas grandes. U. t. c. s.

TORTERO s. m. V. TORTERA, 2ª acep.

TORTERO, A s. m. e f. Pessoa que faz ou vende tortas. s. m. Caixa ou cesto para guardar tortas.

TORTERUELO s. m. Bot. Variedade de alfafa.

TORTICERAMENTE adj. Injustamente.

TORTICERO, A adj. Injusto, contra a lei ou a razão.

TORTICOLIS s. m. Med. Torcicolo.

TORTILLA (tortilha) s. f. Tortilha. Omeleta. Hacer — (a una persona o cosa), loc. fig. Reduzir a frangalhos, reduzir a cacos (uma pessoa ou coisa). Volverse la —, loc. fig. fam. Suceder uma coisa ao contrário do que se esperava ou era costume. fig. fam. Mudar o vento, trocar-se em desfavorável a sorte de alguém, em benefício de outrem.

TORTILLO (tortilho) s. m. Heráld. Arruela.

TORTITA s. f. Dim. de Torta. Tortilha, tortazinha. Hacer —s, bater palmas (a criança pequena).

TORTOLA s. f. Ornit. Rola.

TORTOLITO, A adj. Bisonho, sem experiência.

TORTOLO s. m. Zool. Macho da rola. fig. fam. Homem enamorado.

TORTOR s. m. Trabelho. Náut. Tortor.

TORTUGA s. f. Zool. Tartaruga. V. TESTUDO.

TORVA s. f. Turbilhão de chuva ou neve.

TORVISCA s. f. V. TORVISCO.

TORVISCAL s. m. Troviscal.

TORVISCO s. m. Trovisco.

TORZADILLO (torçadilho) s. m. Espécie de torçal delgado.

TORZAL (torçal) s. m. Torçal. fig. Torcida (de coisas). Amer. plat. Maneia de couro.

TORZÓN (torçòn) s. m. V. TOROZÓN.

TORZONADO, A (torçonado) adj. Vet. Que sofre de torcilhão ou torção.

TORZUELO (torçuelo) s. m. Alt. Falcão macho.

TOS s. f. Tosse. — convulsiva ou ferrina, tosse convulsa, coqueluche. — perruna, tosse rouca, ladrante, tosse de cachorro.

TOSCA s. f. V. TOBA.

TOSE (tosse) s. f. ant. V. TOS.

TOSEGOSO, A (tossegosso) adj. Tossegoso, tossigoso.

TOSER (tosser) v. intr. Tossir.

TOSIDURA (tossidura) s. f. Ação e resultado de tossir; tosse.

TOSIGAR (tossigar) v. tr. V. ATOSIGAR.

TOSIGO (tòssigo) s. m. V. PONZOÑA. fig. Angústia, aflição, tormento, tortura.

TOSIGOSO, A (tossigosso) adj. Envenenado, empeçonhado. V. TOSEGOSO.

TOSQUEDAD (tosquedad) s. f. Grosseria, rudeza, qualidade de tosco.

TOSTADA s. f. Torrada (fatia de pão torrado).

TOSTADO, A p. p. de Tostar. adj. Tostado, de cor adusta. s. m. V. TOSTADURA.

TOSTADOR, A adj. e s. Torrador. s. m. Torrador (instrumento para torrar).

TOSTADURA s. f. Torração, torragem. Torrefação. Tostadura.

TOSTAR v. tr. Torrar. Tostar. Irreg. V. conj. de Almorzar.

TOSTÓN s. m. V. TORRADO. Leitão assado. Pão torrado e embebido em azeite novo. Carvão, coisa demasiado torrada. Tostão (moeda portuguesa). Dardo de madeira cuja ponta foi endurecida ao fogo.

TOTAL adj. Total. s. m. Total, soma. adv. Em suma, afinal de contas, em resumo, em conclusão, finalmente.

TOTOPOSTE s. m. Amer. centr. Bolo de milho torrado.

TOTORA s. m. Bot. Amer. merid. Espécie de espadana.

TOTORAL s. m. Amer. merid. Espadanal (de totoras).

TOTOVIA s. f. V. COGUJADA.

TOVA s. f. V. COGUJADA.

TOVIDO, A p. p. irreg. ant. de Tener. Teúdo.

TOZA (toça) s. f. Pedaço de casca de pinheiro e outras árvores.

TOZAL (toçal) s. m. V. TESO.

TOZAR (toçar) v. intr. prov. Arag. V. TOPETAR. fig. prov. Arag. Teimar nesciamente.

TOZO, A (toço) *adj.* Anão, ã, de estatura baixa.

TOZOLADA (toçolada) *s. f.* Cachação.

TOZOLÓN (toçolòn) *s. m.* V. TOZOLADA.

TOZUDEZ (toçudez) *s. f.* Teimosia.

TOZUDO, A (toçudo) *adj.* Teimoso, testudo, cabeçudo, obstinado.

TOZUELO (toçuelo) *s.m.* Cachaço (de animal).

TRABA *s. f.* Trava. Peia. Travadura. Calço (para uma roda de carro). Travamento, travação, travadura. *fig.* Entrave, estorvo, obstáculo, embaraço, óbice.

TRABACUENTA *s. f.* Erro numa conta. *fig.* Discussão, controvérsia, disputa.

TRABADERO *s. m.* Travadouro (da besta).

TRABADO, A *p. p.* de *Trabar. adj.* Travado (falando-se do equídeo que tem a mão e o pé direito calçados). *fig.* Robusto, forte, membrudo.

TRABADURA *s. f.* Travadura, travamento, travação.

TRABAJADAMENTE (trabajadamente) *adv.* Trabalhadamente, trabalhosamente.

TRABAJADO, A (trabajado) *p. p.* de *Trabajar. adj.* Afadigado, cansado, trabalhado. Trabalhado, cheio de trabalho.

TRABAJADOR, A (trabajador) *adj. e s.* Trabalhador, trabalhadeira. *s. m.* Trabalhador, jornaleiro, operário.

TRABAJANTE (trabajante) *p. a.* de *Trabajar.* Que trabalha, trabalhador. U. t. c. s.

TRABAJAR (trabajar) *v. intr.* Trabalhar (em todas as suas principais acepções).

TRABAJERA (trabajera) *s. f. fam.* Trabalheira, trabalhão; maçada, canseira.

TRABAJO (trabajo) *s. m.* Trabalho. *—s forzosos,* trabalhos forçados (pena). *Tomarse (uno) el —, loc.* Dar-se (alguém) ao trabalho.

TRABAJOSAMENTE (trabajossamente) *adv.* Trabalhosamente.

TRABAJOSO, A (trabajosso) *adj.* Trabalhoso.

TRABAJUELO (trabajuelo) *s. m. Dim.* de *Trabajo.* Trabalhinho.

TRABAL *adj.* Traval. *Clavo —,* prego traval.

TRABAMIENTO *s. m.* Travamento, travação, travadura.

TRABANCA *s. f.* Mesa formada por dois cavaletes e um tabuleiro.

TRABANCO *s. m.* V. TRANGALLO.

TRABAR *v. tr.* Travar (em todas as suas acepções). *— se de palabras,* travar-se de razões, altercar, questionar.

TRABAZÓN (trabaçòn) *s. f.* Travação, travadura, ligação, enlace, travamento.

TRABE *s. f.* Trave, barrote, viga.

TRABILLA (trabilha) *s. f.* Presilha (de meia, sapato, calças, polainas etc.). Malha solta na meia.

TRABÓN *s. m. Aument.* de *Traba.* Travão (de travar as bestas). Travão de lagar.

TRABUCA *s. f.* Buscapé que estala ao apagar-se.

TRABUCACIÓN *s. f.* Trabalhada, embrulhada, perturbação, desordem, transtorno.

TRABUCADOR, A *adj. e s.* Transtornador, que atrapalha, embrulha, desarranja ou perturba.

TRABUCAR *v. tr.* Transtornar, desarranjar, desordenar, confundir, atrapalhar, misturar, pôr em baixo o que está em cima. U. t. c. pron. *fig.* Confundir, transtornar, ofuscar (o entendimento). U. t. c. tr. *fig.* Alterar, torcer, confundir (notícias). Atrapalhar-se, enganar-se (pronunciar mal as palavras, as sílabas etc.). U. t. c. pron.

TRABUCAZO (trabucaço) *s. m.* Trabucada. Tiro de trabuco. *fig. fam.* Susto, pesar inesperado.

TRABUQUETE *s. m.* Catapulta.

TRACA *s. f.* Traque, espécie de bicha de rabear.

TRACALA *s. m. Amer. centr.* Tramóia, ardil, engano.

TRACALADA *s.f. Amer.* Multidão confusa; montão de coisas desordenadas.

TRACALERO, A *adj. e s. Amer. centr.* V. TRAMPOSO.

TRACAMUNDANA *s.f. fam.* Troca de bagatelas. *fam.* Alvoroto, alvoroço, burburinho, confusão.

TRACCIÓN *s. f.* Tração.

TRACE *adj. e s.* Trácio.

TRACIANO, A *adj. e s.* Trácio.

TRACTO *s. m.* Trato (região, espaço de terreno; intervalo; decurso de tempo). *Liturg.* Trato.

TRACTOR *s. m.* Trator.

TRADICIÓN *s.f.* Tradição. *For.* Tradição, entrega, transferência.

TRADUCCIÓN *s. f.* Tradução.

TRADUCIBLE *adj.* Traduzível.

TRADUCIR *v. tr.* Traduzir. *Irreg.* V. conj. de *Inlucir.*

TRADUCTOR, A *adj. e s.* Tradutor.

TRAEDIZO, A (traediço) *adj.* Que se traz ou se pode trazer.

TRAEDOR, A *adj. e s.* Trazedor.

TRAEDURA *s. f. p. us.* Trazida.

TRAER *v. tr.* Trazer (em todas as suas principais acepções). *p. us.* Manejar, brandir. *v. pron.* Vestir-se. *— (a uno) a mal —, loc.* Maltratar (alguém). *TRAÉRSELAS, loc. fam.* que se aplica àquilo que tem mais intenção, dificuldade ou malícia de que à primeira vista parece. *— y llevar, loc.* Levar e trazer, mexericar, andar com mexericos. *Irreg.* Ind. pres. *Traigo.* Pret. indef. *Traj-e, iste, o, imos, isteis, eron.* Subj. pres. *Traig-a, as, a, amos, áis, an.* Pret. imperf. *Traj-era, eras, era, éramos, erais, eran* ou *Traj-ese, eses, ese, ésemos, eseis, esen.* Fut. imperf. *Traj-ere, eres, ere, éremos, ereis, eren.* Imperat. *Traig-a, amos, an.*

TRAFAGAR *v. intr. e tr.* Traficar. Correr mundo.

TRÁFAGO *s. m.* Tráfico. Tráfego, lida, trabalho.

TRAFAGON, A *adj. e s. fam.* Diz-se da pessoa muito diligente e solícita nos negócios.

TRAFALGAR *s. m.* Tecido de algodão para forros.

TRAFALMEJA (trafalmeja) *adj.* V. TRAFALMEJAS.

TRAFALMEJAS (trafalmejas) *adj. e s.* Estouvado, inquieto, buliçoso, de pouco juízo.

TRAFICACIÓN *s. f.* Tráfico, comércio, negócio.

TRAFICAR *v. intr.* Traficar, trafegar, comerciar, mercadejar, negociar. V. TRAFAGAR, 2ª acep.

TRAGABLE *adj.* Tragável.

TRAGACANTO *s. m. Bot.* Tragacanto. Tragacanta (goma do tragacanto).

TRAGACETE *s. m.* Espécie de dardo antigo.

TRAGADERAS *s. f. pl.* V. TRAGADERO, 1ª acep. *fig. fam.* Boa fé, ingenuidade, facilidade de acreditar em qualquer coisa. Usa-se principalmente na frase: *Tener (uno) buenas —. fig. fam.* Pouco escrúpulo, tolerância em matéria de moralidade.

TRAGADERO *s. m.* Faringe. Tragadeiro, guela, esôfago. Tragadouro, sorvedouro. *pl.* V. TRAGADERAS, 2ª acep.

TRAGADOR, A *adj. e s.* Tragador; devorador. Comilão, glutão. *— de leguas, fig. fam.* V. TRAGALEGUAS.

TRAGAHOMBRES (tragaombres) *s. m. fam.* V. PERDONAVIDAS.

TRAGALA *s. f.* Canção com que os liberais espanhóis atacavam os absolutistas.

TRAGALDABAS *s. m. e f.* Comilão, glutão.

TRAGALEGUAS *s. m. e f.* Pessoa que anda sempre com muita rapidez.

TRAGALLÓN, A (tragalhòn) *adj. e s. Amer.* Comilão, glutão.

TRAGALUZ *s. m.* Clarabóia.

TRAGAMALLAS (tragamalhas) *s. m. e f. fam.* V. TRAGALDABAS.

TRAGANTADA *s. f.* Trago grande.

TRAGANTÓN, A *adj. e s. fam.* Comilão, glutão, devorador.

TRAGANTONA *s. f. fam.* V. COMILONA. *fam.* Ação de engolir por medo, susto, ou de engolir à força. *fig. fam.* Violência, pressão, coibição.

TRAGAR *v. tr.* Engolir. Tragar. *fig.* Tragar, devorar, comer vorazmente. *fig.* Tragar (falando-se da terra, do mar etc.). *fig.* Engolir, suportar, tolerar, sofrer. Engolir, dissimular, esconder, não manifestar. *fig.* Engolir, absorver, consumir, gastar, tragar. *No — (a una persona), loc. fig. fam.* Não poder tragar alguém, ter-lhe aversão.

TRAGASANTOS (tragassantos) *s. m. e f. fam. Pejor.* Papa-hóstias.

TRAGAVINO *s. m.* Funil.

TRAGAVIROTES *s. m. fam.* Homem grave e empertigado, sem motivo.

TRAGAZÓN (tragaçòn) *s.f. fam.* Glutonaria, gula.

TRAGO *s. m.* Trago, hausto, sorvo. *fig.* Trago, adversidade, infortúnio. *Anat.* Tragus. *A —s, loc. adv.* Pouco a pouco, lenta e pausadamente.

TRAGÓN, A *adj. e s. fam.* Comilão, glutão.

TRAGONEAR *v. tr. fam.* Comer ou engolir muito e com freqüência.

TRAGONERÍA *s. f.fam.* Glutonaria, gula, voracidade.

TRAGONÍA *s. f. fam.* V. TRAGONERIA.

TRAGONTINA *s. f. Bot.* Dragontéia, serpentária.

TRAICIÓN *s. f.* Traição.

TRAICIONAR *v. tr.* Trair, atraiçoar.

TRAICIONERO, A *adj. e s.* Traidor.

TRAÍDA *s. f.* Trazida, trazimento.

TRAÍDO, A *p. p.* de *Traer. adj.* Usado, gasto (falando-se da roupa).

TRAÍLLA (trailha) *s. f.* Trela. Cordel, guita, barbante. Um par de cães atrelados. Espécie de grade para aplanar terrenos.

TRAILLAR (trailhar) *v. tr.* Aplanar a terra com a *Traílla* (4ª acep.).

TRAÍNA *s. f.* Denominação que se dá a várias redes de arrasto.

TRAIÑA (trainha) *s. f.* Traina.

TRAINERA *adj. e s.* Traineira.

TRAITE *s. m.* Cardagem.

TRAJE (traje) *s. m.* Trajo, fato. *— de serio,* trajo de cerimônia.

TRAJEAR (trajear) *v. tr.* Vestir, trajar, prover de roupa uma pessoa. U. t. c. pron.

TRAJEDIZO, A (trajediço) *adj.* Que veste bem.

TRAJÍN (trajín) *s. m.* Tráfego, transporte (de mercadorias). Tráfego, lida, trabalho.

TRAJINANTE (trajinante) *p. a.* de *Trajinar.* Que transporta. *s. m.* Transportador (de mercadorias).

TRAJINAR (trajinar) *v. tr.* Transportar, carregar (mercadorias, gêneros etc.). Trafegar, lidar, afadigar-se, afanar-se.

TRAJINERÍA (trajinería) *s. f.* Carrelo, transporte (de mercadorias).

TRAJINERO (trajinero) *s. m.* V. TRAJINANTE.

TRAJINO (trajino) *s. m.* V. TRAJÍN.

TRALLA (tralha) *s. f.* Corda mais grossa que a guita. Trança de cordel que se põe na extremidade do chicote (para que estale). Chicote assim aparelhado.

TRALLAZO (tralhaço) *s. m.* Pancada com *Tralla.* Chicotada. Estalo do chicote.

TRALLETA (tralheta) *s. f. Dim.* de *Tralla.*

TRAMITACIÓN *s. f.* Trâmite, senda, via. Trâmites.

TRAMO *s. m.* Trato (de terreno). Lanço (de escada). *fig.* Trecho, parte (de canal, andaime, eclusa, caminho etc.). *fig.* Trecho (de literatura).

TRAMOJO (tramojo) *s. m.* Vencelho, atilho (para os molhos de trigo). Troço, maunça. *fam.* Trabalho, dificuldade. *Amer.* Espécie de trambolho.

TRAMONTANA *s. f.* Tramontana, norte. *fig.* Vaidade, soberba, orgulho, altivez.

TRAMONTANO, A *adj.* Transmontano, ultramontano.

TRAMONTAR *v. intr.* Tramontar, transmontar. *v. tr.* Favorecer a fuga de alguém. U. t. c. pron.

TRAMOYA (tramodja) *s. m.* Tramóias de teatro. *fig.* Tramóia, enredo, ardil, artifício.

TRAMOYSTA (tramodjista) *s. m. e f.* Pessoa que fabrica tramóias de teatro. Fraudulento, velhaco, enredador, tramista.

TRAMPA *s. f.* Armadilha. Alçapão. Tramóia, ardil, trapaça, enredo, engano, estratagema, laço. *fig.* Dívida atrasada. *Caer (uno) en la —, loc. fig. fam.* Cair (alguém) no laço. *Llevarse la — (una cosa), loc. fig. fam.* Deitar-se a perder, malograr-se (uma coisa).

TRAMPAL *s. m.* Atoleiro, tremedal, pântano, lameiro, brejo.

TRAMPANTOJO (trampantojo) *s. m. fam.* Artifício para enganar, ilusão.

TRAMPEAR *v. intr.* Pedir emprestado com ardis e enredos. Calotear. *fam.* Defender-se (procurar meios lícitos para ir suportando a penúria ou a adversidade). *fam.* Ir levando, ir suportando, arrastar-se (principalmente falando-se dos achaques da vida valetudinária). *v. tr. fam.* Enganar, iludir, burlar.

TRAMPILLA (trampilha) s. f. V. PORTAÑUELA. Abertura no soalho, para ver-se quem entra no pavimento inferior. Porta de fogão.

TRAMPISTA adj. e s. V. TRAMPOSO.

TRAMPOLÍN s. m. Trampolim.

TRAMPOSO, A (tramposso) adj. e s. Enredador, velhaco, caloteiro, trapaceiro, fraudulento. Trapaceiro (no jogo).

TRANCA s. f. Tranca. Amer. Borracheira, carraspana, bebedeira, mona. A —s y barrancos, loc. fig. fam. Aos trancos e barrancos.

TRANCADA s. f. V. TRANCO, 1ª acep. V. TRANCAZO, 1ª acep.

TRANCAHILO (trancaílo) s. m. Nó cego.

TRANCANILES s. m. pl. Náut. Trincanizes.

TRANCAR v. intr. fam. V. TRANQUEAR.

TRANCAZO (trancaço) s. m. Trancada (pancada com tranca). fig. fam. Gripe, trancaço.

TRANCE s. m. Transe. A todo —, loc. adv. A todo o transe.

TRANCELÍN s. m. Trancelim.

TRANCHETE (trantchete) s. m. V. CHAIRA.

TRANCO s. m. Passo largo, salto. Tranco. Umbral, ombreira, limiar. Al —, loc. adv. Amer. A trote, a passo largo (falando-se de cavalgaduras). A —s, loc. adv. fig. fam. Aos trancos. En dos — s, loc. adv. fig. fam. Em dois pulos, rapidamente.

TRANGALLO (trangalho) s. m. Trambolho (para cães).

TRANQUEAR v. intr. fam. Ir a passos largos.

TRANQUERA s. f. Tranqueira, estacada. Amer. Porteira, cancela.

TRANQUERO s. m. Umbral, pé direito.

TRANQUIL s. m. Arq. Linha de prumo.

TRANQUILAR v. tr. Notar à margem (nos livros de comércio). Tranqüilizar. U. t. c. pron.

TRANQUILLA (tranquilha) s. f. Dim. de Tranca. Laço, cilada, mentira artificiosa para desorientar ou fazer que alguém revele o que ocultava. Armar —s, loc. Pôr embaraços para dificultar ou anular algum negócio.

TRANQUILLO (tranquilho) s. m. fig. Jeito, maneira especial que se aprende empiricamente e por meio da qual uma operação ou trabalho se realiza com maior êxito, ou uma máquina é manejada com mais facilidade.

TRANQUILLÓN (tranquilhòn) s. m. Mistura de trigo com centeio (na semeadura e no pão).

TRANSACCIÓN s. f. Transação.

TRANSBISABUELO, A (transbissabuelo) s. m. e f. ant. V. TATARABUELO.

TRANSBISNIETO, A s. m. e f. ant. V. TATARANIETO.

TRANSBORDADOR, A adj. Que baldeia. s. m. Barca (que trafega entre dois pontos, navegando alternativamente em ambos os sentidos).

TRANSBORDAR v. tr. Baldear (passar de um combóio para outro, ou de um navio para outro, mercadorias, bagagens ou passageiros). U. t. c. pron.

TRANSBORDO s. m. Baldeação; trasbordo.

TRANSCRIBIR v. tr. Transcrever. Irreg. V. conj. de Escribir.

TRANSCRIPCIÓN s. f. Transcrição.

TRANSCURRIR v. intr. Transcorrer, decorrer.

TRANSFERIBLE adj. Transferível.

TRANSFIGURACIÓN s. f. Transfiguração.

TRASFIJO, A (transfijo) adj. Transfixado.

TRANSFIXIÓN (transficsiòn) s. f. Transfixão.

TRANSFLOR s. m. Tecn. Trasflor.

TRANSFLORAR v. tr. Pint. Trasfoliar, estrezir. V. TRANSFLOREAR. v. intr. Transparecer, transluzir.

TRANSFLOREAR v. tr. Adornar com trasflor.

TRANSFORMABLE adj. Transformável.

TRANSFORMACIÓN s. m. Transformação.

TRANSFORMAMIENTO s. m. V. TRANSFORMACIÓN.

TRANSFREGAR v. tr. Esfregar uma coisa com outra. Irreg. V. conj. de Calentar.

TRANSFRETAR v. tr. Transfretar. v. intr. Estender-se, dilatar-se.

TRANSFUGO s. m. Trânsfuga.

TRANSFUNDICIÓN s. f. V. TRANSFUSIÓN.

TRANSFUSIÓN (transfussiòn) s. f. Transfusão.

TRANSGRESIÓN (transgressiòn) s. f. Transgressão.

TRANSICIÓN s. f. Transição.

TRANSIDO, A p. p. de Transir. adj. fig. Transido, passado, esmorecido (de susto, de dor, de paixão etc.). fig. Miserável, ridículo, tacanho (no modo de portar-se e gastar).

TRANSIR v. intr. Morrer, acabar, traspassar.

TRANSITABLE adj. Transitável.

TRANSLACIÓN s. f. Translação.

TRANSLATICIAMENTE adv. V. TRASLATICIAMENTE.

TRANSLIMITACIÓN s. f. Translimitação.

TRANSMIGRACIÓN s. f. Transmigração.

TRANSMISIBLE (transmissible) adj. Transmissível.

TRANSMISIÓN (transmissiòn) s. f. Transmissão.

TRANSMONTE s. m. Transmonto.

TRANSMUDACIÓN s. f. Transmudação.

TRANSPIRACIÓN s. f. Transpiração.

TRANSPONEDOR, A adj. e s. Que transpõe.

TRANSPONER v. tr. Transpor. U. t. c. intr. v. pron. Transpor-se, desaparecer (o sol etc.). Ocultar-se (alguém) dobrando uma esquina. Irreg. V. conj. de Poner.

TRANSPORTACIÓN s. f. Transportação, transporte.

TRANSPORTAMIENTO s. m. Transportamento, transporte, êxtase. Transportação, transporte.

TRANSPOSICIÓN (transpossiciòn) s. f. Transposição.

TRANSPUESTA s. f. V. TRASPUESTA.

TRANSPUESTO, A p. p. irreg. de Transponer. Transposto.

TRANSTERMINAR v. tr. Transgredir, passar de um termo jurídico a outro.

TRANSUBSTANCIACIÓN s. f. Transubstanciação.

TRANSVERBERACIÓN s. f. V. TRANSFIXIÓN.

TRANVIA s. m. Tranvia, trâmuei. Bonde, carro elétrico. — de sangre, bonde de tração animal.

TRANVIARIO, A adj. Pertencente ou relativo aos tranvias ou trâmueis. s. m. Empregado no serviço de bondes ou trâmueis.

TRANVIERO s. m. V. TRANVIARIO.

TRANZADERA (trançadera) s. f. V. TRENZADERA.

TRANZADO, A (trançado) p. p. de Tranzar.

TRANZAR (trançar) v. tr. Trunear, cortar. V. TRENZAR.

TRANZÓN (trançòn) s. m. Cada uma das divisões de um distrito de terras ou herdades, trato de terra.

TRAPA s. m. Ruído com os pés, estrépito; vozearia, gritaria, alarido. Trapa (ordem religiosa). Náut. Trapa.

TRAPACERÍA s. f. Trapaçaria, trapaça, dolo, fraude, embuste.

TRAPACERO, A adj. e s. Trapaceiro.

TRAPACETE s. m. Com. Diário mercantil (livro).

TRAPACISTA adj. e s. Trapaceiro. fig. Velhaco, fraudulento, caloteiro, cavalheiro de indústria.

TRAPAJO (trapajo) s. m. Deprec. de Trapo. Trapo, frangalho, farrapo.

TRAPAJOSO, A (trapajosso) adj. Esfarrapado, esfrangalhado, em trapos.

TRAPALA s. f. Ruído, barulho, confusão de gente, estrépito. Ruído compassado do trote ou galope de um cavalo. fam. Embuste, engano, ardil. Jír. Cadeia, prisão. s. m. fam. Loquacidade, tagarelice. s. m. e f. fig. fam. Tagarela, conversador. fig. fam. Parlapatão, paparotão, embusteiro, impostor. U. t. c. adj.

TRAPALEAR v. intr. Fazer ruído com os pés andando de cá para lá. fam. Parlapatear, paparrotear. Tagarelar, pairar.

TRAPALÓN, A adj. e s. V. TRAPALA, 6ª e 7ª aceps.

TRAPANA s. f. Jír. Cadeia, prisão, cárcere.

TRAPATIESTA s. f. fam. Desordem, briga, arruaça.

TRAPAZA (trapaça) s. f. Trapaça, dolo, fraude, chicana, cavilação; engano.

TRAPAZAR (trapaçar) v. intr. Trapacear.

TRAPE s. m. Entretela.

TRAPEAR v. impes. fam. Nevar. Amer. Esfregar o soalho com um trapo.

TRAPECIAL adj. Trapezoidal.

TRAPECIO s. m. Anat. e Geom. Trapézio. Trapézio (instrumento de ginástica).

TRAPENSE adj. e s. Trapista.

TRAPERÍA s. f. Trapagem, traparia.

TRAPERO s. m. Trapeiro.

TRAPICHE (trapitche) s. m. Engenho de açúcar. Lagar de azeite.

TRAPICHEAR (trapitchear) v. tr. fam. Inventar, traças, nem sempre lícitas, para conseguir alguma coisa. Comerciar em pequena escala.

TRAPICHEO (trapitchèo) s. m. fam. Ação de Trapichear.

TRAPICHERO (trapitchero) s. m. Lagareiro. Trabalhador de engenho de açúcar.

TRAPIENTO, A adj. Andrajoso, esfarrapado.

TRAPILLO (trapilho) s. m. Dim. de Trapo. Trapilho, trapinho. fig. fam. Galã ou dama de baixa condição. fig. fam. Pé de meia (pequena quantia economizada e guardada). De —, loc. adv. fig. fam. Com roupa de andar em casa.

TRAPÍO s. m. desus. Velame. fig. fam. Porte elegante de algumas mulheres; estampa. Estampa e bravura do touro de lida.

TRAPISONDA (trapissonda) s. f. fam. Balbúrdia, barulho, charivari, sururu, briga, vozearia, berraria, tumulto. fam. Embrulho, enredo.

TRAPISONDEAR (trapissondear) v. intr. fam. Meter briga, armar barulho. Armar enredos ou embrulhos.

TRAPISONDISTA (trapissondista) s. m. e f. Pessoa bulhenta ou enredadora.

TRAPITO s. m. Dim. de Trapo. Trapilho, trapinho. Los — s de cristianar, loc. fam. A melhor roupa que se tem.

TRAPO s. m. Trapo. Velame. A todo —, loc. adv. Náut. A todo pano. Sacar los —s al sol, ou a relucir, loc. Lançar em rosto ou divulgar os vícios ou defeitos de alguém, principalmente em discussão acalorada. Soltar (uno) el —, loc. fig. fam. Pôr-se a chorar.

TRAQUE s. m. Estouro do foguete. Traque (espécie de foguete). fig. fam. Traque. A — barraque, loc. fam. A trouxe-mouxe.

TRÁQUEA s. f. Anat. Traquéia.

TRAQUEAR v. intr. V. TRAQUETEAR.

TRAQUEO (traquèo) s. m. V. TRAQUETEO.

TRAQUETEAR v. intr. Estralejar, estralar; espocar, pipocar. v. tr. Vascolejar. fig. fam. Manusear.

TRAQUETEO (traquetèo) s. m. Estalo, estouro (ação de estralejar, pipocar, espocar).

TRAQUIARTERÍA s. f. Anat. Traquéia-artéria.

TRAQUIDO s. m. Estampido, tiro, estrondo (de arma de fogo). V. CHASQUIDO.

TRAS prep. Trás, atrás, detrás, após, depois. Trás, em seguida a, depois de. fig. Trás, após, em busca de. Além de, ademais. s. m. fam. Traseiro.

TRASABUELO, A (trassabuelo) s. m. e f. ant. V. TATARABUELO.

TRASALCOBA (trassalcoba) s. f. Trascâmara.

TRASALPINO, A (trassalpino) adj. Transalpino.

TRASANDINO, A (trassandino) adj. Transandino.

TRASAÑEJO, A (trassanhejo) adj. Que tem mais de três anos.

TRASANTEANOCHE (trassanteanotche) adv. Na noite de trasanteontem.

TRASANTEAYER (trassanteadjer) adv. Trasanteontem.

TRASANTIER (trassantier) adv. fam. V. TRASANTEAYER.

TRASATLÁNTICO, A (trassatlàntico) adj. e s. Transatlântico.

TRASBOCAR v. tr. Amer. Vomitar.

TRASBORDAR v. tr. V. TRANSBORDAR.

TRASBORDO s. m. V. TRANSBORDO.

TRASCA s. f. Correia de couro de boi. V. PESCUÑO.

TRASCABO s. m. V. ZANCADILLA.

TRASCANTÓN s. m. V. GUARDACANTÓN. Carregador, moço de fretes.

TRASCANTONADA s. f. V. GUARDACANTÓN.

TRASCARTARSE v. pron. Ficar (no jogo) uma carta atrás da outra, quando se julgava ou esperava que viesse antes.

TRASCARTÓN s. m. Lance que consiste em Trascartarse.

TRASCENDENCÍA s. f. Trascendência.

TRASCENDENTAL *adj.* Trascendental.

TRASCENDENTE *p. a. de* Trascender. Trascendente.

TRANSCENDER *v. intr.* Transcender. Trescalar, rescender. Transparecer, mostrar-se, manifestar-se. *Irreg.* V. conj. de *Extender.*

TRASCENDIDO, *A p. p. de* Trascender. *adj.* Trascendente, perspicaz, agudo, penetrante.

TRASCOCINA *s. f.* Peça que fica atrás da cozinha.

TRASCOLAR *v. tr.* Transcoar, transcolar. *Irreg.* V. conj. de *Almorzar.*

TRASCONEJARSE (transconejarse) *v. pron.* Ficar a capa atrás dos cães que a perseguem. *fig. fam.* Perder-se, extraviar-se (uma coisa).

TRASCORDARSE *v. pron.* Esquecer-se, não lembrar-se exatamente.

TRASCORO *s. m.* Lugar que nas igrejas fica atrás do coro.

TRASCORRAL *s. m.* Lugar cercado e descoberto, que fica depois do curral. *fam.* Traseiro.

TRASCRIBIR *v. tr.* V. TRANSCRIBIR. *Irreg.* V. conj. de *Escribir.*

TRASCRIPCIÓN *s. f.* V. TRANSCRIPCIÓN.

TRASCRIPTO, A ou TRASCRITO *p. p. irreg.* de Trascribir. Transcrito.

TRASCUARTO *s. m.* Quarto pequeno que fica atrás do principal.

TRASCUENTA *s. f.* V. TRABACUENTA.

TRASCURRIR *v. intr.* V. TRANSCURRIR.

TRASCURSO *s. m.* Transcurso.

TRASDOBLADURA *s. f.* Tresdobradura.

TRASDOBLAR *v. tr.* Tresdobrar, triplicar.

TRASDOBLO *s. m.* Tresdobro, triplo.

TRASDOS *s. m.* Tardós. Pilar que fica imediatamente atrás de uma coluna.

TRASDOSEAR (trasdossear) *v. tr.* Constr. Reforçar uma parede pela parte posterior.

TRASECHADOR, A (trassetchador) *adj. e s.* Espreitador.

TRASECHAR (trassetchar) *v. tr.* V. ASECHAR.

TRASEGADOR, A (trassegador) *adj. e s.* Trasfegador.

TRASEGAR (trassegar) *v. tr.* Trasfegar, transvasar. *Irreg.* V. conj. de *Calentar.*

TRASEÑALADOR, A (trassenhalador) *adj. e s.* Que transtroca.

TRASEÑALAR (trassenhalar) *v. tr.* Transtrocar; pôr numa coisa marca ou sinal diferente do que tinha.

TRASERA (trassera) *s. f.* Traseira.

TRASERO, A (trassero) *adj.* Traseiro. *s. m.* Traseiro. *pl. fam.* Ascendentes; antepassados.

TRASFERENCIA *s. f.* Transferência.

TRASFERIBLE *adj.* Transferível.

TRASFERIDOR, A *adj. e s.* Transferidor.

TRASFERIR *v. tr.* Transferir. *Irreg.* V. conj. de Sentir.

TRASFIGURABLE *adj.* Transfigurável.

TRASFIGURACIÓN *s. f.* Transfiguração.

TRASFIGURAR *v. tr.* Transfigurar. U. t. c. pron.

TRASFIJO, A (trasfijo) *adj.* V. TRANSFIJO.

TRASFIXIÓN (trasficsiòn) *s. f.* V. TRANSFIXIÓN.

TRASFLORAR *v. tr.* V. TRANSFLORAR.

TRASFLOREAR *v. tr.* V. TRANSFLOREAR.

TRASFOLLADO, A (trasfolhado) *adj.* Transfolado.

TRASFOLLO (trasfolho) *s. m.* Vet. Alifafe transfolado.

TRASFORMACIÓN *s. f.* Transformação.

TRASFORMADOR, A *adj. e s.* Transformador.

TRASFORMAMIENTO *s. m.* Transformação.

TRASFORMAR *v. tr.* Transformar. U. t. c. pron.

TRASFORMATIVO, A *adj.* Transformativo.

TRASFREGAR *v. tr.* V. TRANSFREGAR. *Irreg.* V. conj. de *Calentar.*

TRASFRETAR *v. tr. e intr.* Transfretar.

TRASFUGA *s. m. e f.* Trânsfuga.

TRASFUGO *s. m.* V. TRASFUGA.

TRASFUNDICIÓN *s. f.* Transfusão.

TRASFUNDIR *v. tr.* Transfundir.

TRASFUSIÓN (trasfussiòn) *s. f.* Transfusão.

TRASGREDIR *v. tr.* Transgredir.

TRASGRESIÓN (trasgressiòn) *s. f.* Transgressão.

TRASGRESOR, A (trasgressor) *adj. e s.* Transgressor.

TRASGUERO, A *s. m. e f.* Pessoa dada a trasguear.

TRASHOGUERO, A (trassoguero) *adj.* Diz-se do preguiçoso que fica em casa quando os outros vão trabalhar. *s. m.* Trasfogueiro. Guarda-chaminé.

TRASHOJEAR (trassojear) *v. tr.* V. HOJEAR.

TRASHUMACIÓN (trassumaciòn) *s. f.* Transumância.

TRASHUMANTE (trassumante) *adj. e s.* Transumante.

TRASHUMAR (trassumar) *v. intr.* Transumar.

TRASIEGO (trassiego) *s. m.* Trasfêgo.

TRASIJADO, A (trassijado) *adj.* Magro, fraco, entresilhado, abatido, enfraquecido.

TRASLACIÓN *s. f.* Traslação, translação.

TRASLADACIÓN *s. f.* Trasladação.

TRASLAPAR *v. tr.* Tapar, cobrir, encobrir. Cobrir parcialmente (uma coisa a outra).

TRASLAPO *s. m.* V. SOLAPO.

TRASLATICIAMENTE *adv.* Translatamente.

TRASLATICIO, A *adj.* Translatício, translato.

TRASLATO, A *adj.* Translato, translatício.

TRASLOAR *v. tr. p. us.* Louvar exageradamente.

TRASLÚCIDO, A *adj.* Translúcido.

TRASLUCIENTE *adj.* Transluzente.

TRASLUCIMIENTO *s. m.* Transluzimento.

TRASLUCIRSE *v. pron.* Transluzir. *fig.* Transluzir-se, manifestar-se, revelar-se, transparecer. *Irreg.* V. conj. de *Lucir.*

TRASLUMBRADO, A *p. p.* de Traslumbrar. Deslumbrado.

TRASLUMBRAMIENTO *s. m.* Deslumbramento.

TRASLUMBRAR *v. tr.* Deslumbrar. U. t. c. pron. v. pron. Desvanecer-se, eclipsar-se, desaparecer repentinamente.

TRASLUZ *s. m.* Luz que passa através de um corpo translúcido. Luz refletida de través pela superfície de um corpo. *Al —, loc. adv.* Contra a luz, posto entre a luz e os olhos.

TRASMALLO (trasmalho) *s. m.* Tresmalho (rede de pescar).

TRASMAÑANA (trasmanhana) *adv.* Depois de amanhã.

TRASMAÑAR (trasmanhar) *v. tr.* Adiar para o dia seguinte, deixar para amanhã.

TRASMANO *s. m.* O segundo que joga. *A —, loc. adv.* Fora de alcance, fora de mão. Fora de mão, longe dos caminhos habituais.

TRASMARINO, A *adj.* Trasmarino, ultramarino.

TRASMATAR *v. tr. fam.* Supor alguém que sobreviverá a outrem, como se desejasse que este morresse primeiro.

TRASMIGRACIÓN *s. f.* Transmigração.

TRASMIGRAR *v. intr.* Transmigrar.

TRASMINAR *v. tr.* Minar, solapar, abrir caminho por baixo da terra. Exalar. Penetrar, passar (um líquido). U. t. c. pron.

TRASMISIBLE (trasmissible) *adj.* Transmissível.

TRASMISIÓN (trasmissiòn) *s. f.* Transmissão.

TRASMITIR *v. tr.* Transmitir.

TRASMONTANA *s. f.* V. TRAMONTANA.

TRASMOSTO *s. m.* V. AGUAPIÉ.

TRASMUDACIÓN *s. f.* Transmudação.

TRASMUDAMIENTO *s. m.* Transmudamento.

TRASMUTABLE *adj.* Transmutável.

TRASMUTAR *v. tr.* Transmutar, transmudar.

TRASMUTATIVO, A *adj.* Transmutativo.

TRASMUTATORIO, A *adj.* V. TRASMUTATIVO.

TRASNIETO, A *s. m. e f.* V. TATARANIETO.

TRASNOCHADA (trasnotchada) *s. f.* Noite passada (noite que precedeu o dia presente). Noitada, noite de vigília. Mil. Ataque noturno.

TRASNOCHADO, A (trasnotchado) *p. p.* de Tresnochar. *adj.* Dormido, amanhecido (alimento que ficou do dia anterior). *fig.* Macilento, abatido. *fig.* Velho, inoportuno.

TRASNOCHADOR, A (trasnotchador) *adj. e s.* Que tresnoita.

TRASNOCHAR (trasnotchar) *v. intr.* Tresnoitar, trasnoitar. V. PERNOCTAR. v. pron. Amanhecer (falando-se de alimentos ou outras coisas sobre as quais decorreu uma noite).

TRASNOCHE (trasnotche) *s. m.* V. TRASNOCHO.

TRASNOCHO (trasnotcho) *s. m. fam.* Noitada, ação de trasnoitar.

TRASNOMINACIÓN *s. f.* Transnominação, metonímia.

TRASOIR (trassoír) *v. tr.* Ouvir mal (o que se diz). *Irreg.* V. conj. de Oír.

TRASOJADO, A (trassojado) *adj.* Macilento, com olheiras, abatido (de fome ou pesar).

TRASOÑAR (trassonhar) *v. tr.* Sonhar, imaginar, conceber erradamente uma coisa, convencendo-se de que a mesma aconteceu. *Irreg.* V. conj. de Almorzar.

TRASORDINARIAMENTE (trassordinariamente) *adv. ant.* transordinariamente.

TRASORDINARIO, A (trassordinario) *adj. desus.* Transordinário, extraordinário.

TRASPALAR *v. tr.* Padejar, revolver com a pá. *fig.* Mover, mudar, passar de um lugar para outro.

TRASPALEAR *v. tr.* V. TRASPALAR.

TRASPALEO (traspalèo) *s. m.* Padejo.

TRASPAPELARSE *v. pron.* Confundir-se, desaparecer um papel entre outros; faltar (um papel) no lugar onde estava. U. t. c. tr.

TRASPARENCIA *s. f.* Transparência.

TRASPARENTARSE *v. pron.* V. TRANSPARENTARSE.

TRASPARENTE *adj.* Transparente.

TRASPASABLE (traspassable) *adj.* Passável. Vadeável.

TRASPASADOR, A (traspassador) *adj. e s.* Traspassador; transgressor.

TRASPASAMIENTO (traspassamiento) *s. m.* Traspassamento.

TRASPASAR (traspassar) *v. tr.* Traspassar, transpassar (em todas as suas principais acepções). Repassar. Transgredir.

TRASPASO (traspasso) *s. m.* Traspasso, traspassação, transpassamento. Transgressão. *fig.* Ardil, astúcia. *fig.* Aflição, angústia, tortura, tormento. *fig.* Flagelo (pessoa que causa angústia, aflição etc.). *Ayunar el —,* observar o jejum do traspasso.

TRASPATIO *s. m. Amer. per.* Pátio interior.

TRASPEINAR *v. tr.* Retocar o penteado, pentear novamente.

TRASPELLAR (traspelhar) *v. tr.* Fechar (objetos que se fecham; os olhos, as asas etc.).

TRASPIÉ *s. m.* Tropeção; resvalo. Cambapé. *Dar (uno) —s, loc. fig. fam.* Tropeçar, cometer erros ou faltas.

TRASPILLAR (traspilhar) *v. tr.* V. TRASPELLAR. v. pron. Desfalecer, extenuar-se.

TRASPINTAR *v. tr.* Mostrar (o jogador) aos parceiros, para enganá-los, a pinta de uma carta e ticar outra. U. t. c. pron. v. pron. *fig. fam.* Sair uma coisa ao contrário do que se esperava. *v. pron.* Transparecer (mostrar-se pelo reverso e que está escrito ou pintado pelo direito).

TRASPIRABLE *adj.* Transpirável.

TRASPIRACIÓN *s. f.* Transpiração.

TRASPIRAR *v. intr.* Transpirar. U. t. c. pron.

TRASPLANTABLE *adj.* Transplantável.

TRASPLANTAR *v. tr.* Transplantar.

TRASPLANTE *s. m.* Transplante. Transplantação.

TRASPONER *v. tr.* Traspor, transpor. U. t. c. intr. e pron. *Irreg.* V. conj. de Poner.

TRASPONTIN *s. m.* V. TRASPUNTÍN. *fam.* Traseiro, nádegas.

TRASPORTACIÓN *s. f.* Transportação.

TRASPORTADOR, A *adj. e s.* Transportador.

TRASPORTAMIENTO *s. m.* Transportamento.

TRASPORTAR *v. tr.* Transportar. U. t. c. pron.

TRASPORTIN *s. m.* V. TRASPUNTÍN.

TRASPOSICIÓN (traspossiciòn) *s. f.* Transposição.

TRASPOSITIVO, A (traspossitivo) *adj.* Transpositivo.

TRANSPUESTA *s. f.* Transposição. Elevação do terreno que impede a vista. Fuga ou ocultação (de uma pessoa). Fundos (de uma casa).

TRASPUESTO, A *p. p.* irreg. de Trasponer. Trasposto.

TRASPUNTE *s. m. Teatr.* Contra-regra.

TRASPUNTÍN *s. m.* Colchão pequeno. Assento dobradiço (de automóvel ou carruagem).

TRASQUERO *s. m.* Correeiro (que vende Trascas).

TRASQUILA *s. f.* V. TRASQUILADURA.

TRAQUILADO, *A p. p.* de Trasquilar.

TRASQUILADOR *s. m.* Tosquiador.

TRASQUILADURA *s. f.* Tosquia, tosa, tosadura, esquila.

TRASQUILAR *v. tr.* Tosquiar. Tosar, esquilar. *fig.* Tosquiar, espoliar, esbulhar, defraudar, diminuir.

TRASQUILIMOCHO, A (trasquilimotcho) *adj. fam.* Tosquiado, rapado, cortado muito rente.

TRASQUILÓN *s. m. fam.* V. TRASQUILADURA. *fig. fam.* Parte do dinheiro obtido industriosamente de alguém. *A —es, loc. adv.* Em escadas, em caminho de rato (falando-se do cabelo mal cortado). *fig. fam.* Sem ordem nem método, sem proporção.

TRASTABILLAR (trastabilhar) *v. intr.* V. TRASTABILLAR.

TRASTABILLÓN (trastabilhòn) *s. m. Amer.* Tropeço; escorregadela.

TRASTADA *s. f. fam.* Tratada, tratantada.

TRASTAJO (trastajo) *s. m.* Tareco (móvel velho).

TRASTAZO (trastaço) *s. m. fam.* V. PORRAZO.

TRASTE *s. m.* Trasto, tasto. *Sin —s, loc. adv. fig. fam.* Desordenadamente. *Amer.* V. TRASTO.

TRASTEADO, *A p. p.* de Trastear. *s. m.* Conjunto de tastos de um instrumento.

TRASTEAR *v. tr.* Tastear, trastear (um instrumento). Pontear, dedilhar (um instrumento). *intr.* Desarranjar ou mudar os móveis de uma casa. *fig.* Discorrer brejeiramente sobre alguma coisa. *v. tr.* Taurom. Trastear. *fig. fam.* Dedilhar, manejar com habilidade.

TRASTEJADOR, A (trastejador) *adj. e s.* Que conserta telhados.

TRASTEJADURA (trastejadura) *s. f.* V. TRASTEJO.

TRASTEJAR *v. tr.* Consertar telhados, examiná-los para substituir ou colocar telhas. *fig.* Examinar (qualquer coisa para consertá-la).

TRASTEJO (tratejo) *s. m.* Conserto ou exame de um telhado. *fig.* Lufa-lufa, movimento sem ordem.

TRASTEO (trastèo) *s. m.* Trasteio. *fig.* Habilidade, jeito, prática.

TRASTERÍA *s. f.* Quantidade de tarecos ou móveis velhos. *fam.* V. TRASTADA.

TRASTERMINAR *v. tr.* V. TRANSTERMINAR.

TRASTERO, A *adj.* Diz-se do quarto ou peça onde se guardam móveis velhos. U. t. c. s. f.

TRASTESADO, A (trastessado) *adj.* Duro, intumescido (falando-se dos úberes dos animais).

TRASTESÓN (trastessòn) *s. m.* Abundância de leite, úbere cheio (falando-se de vaca).

TRASTIBERINO, A *adj.* Transtiberino.

TRASTIENDA *s. f.* Sala ou quarto que fica atrás da loja ou casa de comércio. *fig. fam.* Cautela, reserva, prudência.

TRASTO *s. m.* Traste, móvel. Tareco, móvel velho, traste. *fig. fam.* Traste, pessoa inútil. *fig. fam.* Velhaco, tratante, traste. *fig. fam.* Pessoa enfadonha. pl. Aprestos, pertences (de alguma arte). Espada, adaga e outras armas de uso.

TRASTOCAR *v. tr.* Transtornar, alterar, desordenar.

TRASTORNABLE *adj.* Transtornável.

TRASTORNADAMENTE *adv.* Transtornadamente.

TRASTORNADOR, A *adj. e s.* Transtornador.

TRASTORNADURA *s. f.* V. TRASTORNO.

TRASTONARMIENTO *s. m.* Transtornamento.

TRASTONAR *v. tr.* Transtornar (em todas as suas acepções). *v. intr.* Contornar, dar a volta a.

TRASTORNO *s. m.* Transtorno.

TRASTRABADO, A *adj.* Transtravado.

TRASTRABARSE *v. pron.* Entorpecer-se (diz-se da língua).

TRASTRABILLAR (trastrabilhar) *v. intr.* Tropeçar, escorregar.

TRASTRAS *s. m. fam.* O penúltimo em alguns jogos infantis.

TRASTROCAMIENTO *s. m.* Transtorno, alteração, subversão, inversão.

TRASTROCAR *v. tr.* Transtrocar, subverter. U. t. c. pron. Inverter (a ordem). *Irreg.* V. conj. de *Almorzar.*

TRASTRUECO *s. m.* V. TRASTROCAMIENTO.

TRASTRUEQUE *s. m.* V. TRASTROCAMIENTO.

TRASTUELO *s. m.* Dim. de Trasto.

TRASTULADO, A *adj.* Ridículo, risível, irrisório.

TRASTULO *s. m.* Passatempo, divertimento.

TRASTUMBAMIENTO *s. m.* Queda, derrubada. Abatimento.

TRASTUMBAR *v. tr.* Deixar cair. Rolar, rodar (fazer girar uma coisa).

TRASUDACIÓN (trassudaciòn) *s. f.* Ação de suar ligeiramente (por medo, fadiga ou angústia), suor.

TRASUDADAMENTE (trassudadamente) *adv.* Penosamente, trabalhosamente, com suor e fadiga.

TRASUDAR *v. tr.* Suar ligeiramente (de medo, fadiga ou angústia).

TRASUDOR (trassudor) *s. m.* Suor ligeiro (geralmente causado por medo, fadiga ou angústia).

TRASUNTAR (trassuntar) *v. tr.* Copiar, transcrever. Abreviar, resumir; condensar, compendiar, epilogar.

TRASUNTO (trassunto) *s. m.* Transunto, traslado, cópia. Transunto, reflexo, imagem.

TRASUNTIVAMENTE (trassuntivamente) *adv.* Resumidamente, condensadamente, compendiosamente. Em cópia, em traslado, em transunto.

TRASVASAR (trasvassar) *v. tr.* Transvasar, trasfegar.

TRASVASIJAR (trasvassijar) *v. tr. Amer.* Trasfegar, transvasar, transfundir.

TRASVASIJO (trasvassijo) *s. m. Amer.* Trasfego, trasfegadura.

TRASVENARSE *v. pron.* V. EXTRAVENARSE. *fig.* Espargir-se, derramar-se.

TRASVER *v. tr.* Entrever, vislumbrar, ver através de. Ver mal (uma coisa). *Irreg.* V. conj. de Ver.

TRASVERBERACIÓN *s. f.* V. TRANSVERBERACIÓN.

TRASVERSAL *adj.* Transversal.

TRASVERSO, A *adj.* Transverso.

TRASVERTER *v. intr.* Transbordar, derramar-se (um líquido). *Irreg.* V. conj. de Extender.

TRASVINARSE *v. pron.* Ressumar, ressumbrar (o vinho de uma vasilha). U. t. c. tr. *fig. fam.* Conjeturar-se, presumir-se (em virtude de algum antecedente ou indício). *fig.* Transpassar, transceder.

TRASVOLAR *v. tr.* Voar, ir voando de uma para outra parte. *Irreg.* V. conj. de Almorzar.

TRATA *s. f.* Tráfico de escravos. *— de blancas,* tráfico de brancas.

TRATABLE *adj.* Tratável (que se pode tratar), lhano, afável, cortês).

TRATAMIENTO *s. m.* Tratamento.

TRATANTE *s. m. e f.* Negociante, comerciante, pessoa que compra mercadorias para revendê-las.

TRATANZA (tratança) *s. f. ant.* V. TRATAMIENTO.

TRATAR *v. tr. e pron.* Tratar; tratar-se (em todas as suas acepções).

TRATO *s. m.* Trato (em todas as suas acepções). *Amer.* V. DESTAJO. *— doble, doblez,* duplicidade, fingimento; jogo duplo, fraude. *— de cuerda,* certo suplício antigo. *fig.* Mau procedimento com alguém.

TRAUMATOSIS (traumatossis) *s. f.* Med. Traumatismo.

TRAUNA *s. f. Amer. chil.* Punhado.

TRAVATA *s. f.* Furacão (no golfo da Guiné).

TRAVERSA *s. f. Náut.* Estai.

TRAVERSO *s. m.* Espécie de rede de pescar.

TRAVÉS (travès) *s. m.* Través, obliqüidade, esguelha, soslaio, flanco. *fig.* Revés, fatalidade, desgraça. Fort. Través, flanco. *Fort.* Muro, parapeito (de terra, de sacos etc.). *Náut.* Través, costado. *A —, ou al —, loc. adv.* Através, por entre, de lado a lado, a través. *De —,* de través, ao través, obliquamente.

TRAVESAÑA (travessanha) *s. f. prov.* V. TRAVESIA, 2ª acep.

TRAVESAÑO (travessanho) *s. m.* Travessa, travessão (de madeira ou ferro). Travesseiro (almofada sobre a cabeceira da cama).

TRAVESAR (travessar) *v. tr.* Travessar, atravessar. *Irreg.* V. conj. de *Calentar.*

TRAVESEAR (travessear) *v. intr.* Travessear. *fig.* Discorrer brilhantemente, com vivacidade e engenho. *fig.* Desenfrear-se, viver desonestamente.

TRAVESERO, A (travessero) *adj.* Travessado, travesso, transversal, oblíquo, posto de través. *s. f.* V. TRAVESAÑO, 2ª acep.

TRAVESÍA (travessía) *s. f.* Travessia, travessa. Travessa (rua estreita que corta as principais). Parte de uma estrada que atravessa uma povoação. Quantia ganha ou perdida ao jogo. *Náut.* Travessia, vento travessão. Través, esguelha, obliqüidade (de uma coisa).

TRAVESIO, A (travessío) *adj.* Diz-se do gado que, sem ir muito longe, afasta-se da sua localidade habitual. *s. m.* Caminho ou lugar por onde se atravessa, atalho.

TRAVESURA (travessura) *s. f.* Travessura. *fig.* Vivacidade, sutileza do engenho. *fig.* Velhacada.

TRAVIATA *s. f. fam.* Mulher perdida.

TRAVIESA (traviessa) *s. f.* Travessa, travessia. Ferrov. Travessa, dormente. Aposta feita a favor de um jogador. Constr. Trave, barrote. Min. Travessa (galeria subterrânea de comunicação).

TRAVIESO, A (traviesso) *adj.* Travesso, atravessado, transversal, oblíquo, posto de través. *fig.* Sutil, sagaz, fino, esperto, engenhoso. *fig.* Travesso, inquieto, buliçoso, turbulento, revoltoso. *fig.* Desenfreado, vicioso, devasso. *De —, loc. adv.* De través, obliquamente.

TRAVO *s. m.* Jír. Esgrimista ou professor de esgrima.

TRAVOLCAR *v. tr.* V. TRABUCAR. *Irreg.* V. conj. de *Almorzar.*

TRAYECTO (tradjecto) *s. m.* Trajeto.

TRAYECTORÍA (tradjectoria) *s. f.* Trajetória.

TRAYENTE (tradjente) *p. a.* de Traer. Que trás.

TRAZA (traça) *s. f.* Traçado, traça, planta, desenho. *fig.* Plano, traça, disposição. *fig.* Plano, recurso, meio, invenção, traça, ardil, artifício. *fig.* Traça, organização, disposição; aparência de uma coisa. *Amer. venezuel.* V. POLILLA. *Geom.* Traço (de um plano, de uma reta).

TRAZADO, A (traçado) *p. p.* de Trazar. *adj.* Posto (usa-se com os advs. bien ou mal, referentemente à boa ou má disposição do corpo). *s. m.* Traçado, planta, plano, projeto, traça, desenho.

TRAZADOR, A (traçador) *adj.* Traçador (que urde, que engenha, que planeja ou traça uma obra), ideador.

TRAZAR (traçar) *v. tr.* Traçar, riscar, dar traços. Traçar, delinear, planejar. *fig.* Traçar, descrever, expor, escrever, compor. *fig.* Traçar, imaginar, preparar (um plano para conseguir um fim).

TRAZO (traço) *s. m.* Traçado, traça, delineação. Traço, risco, linha traçada. Pint. Panejamento.

TRAZUMARSE (traçumarse) *v. pron.* V. REZUMARSE.

TREBALLA (trebalha) *s. f.* Espécie de molho branco de amêndoas, alho, pão, ovos etc.

TRÉBEDE *s. m.* Aposento que se aquece com palha. pl. Trempe (arco de ferro que assenta sobre três pés, e sobre o qual se coloca a panela ao fogo).

TREBEJAR (trebejar) *v. intr. ant.* Trebelhar.

TREBEJO (trebejo) *s. m.* Utensílio, instrumento, ferramenta. U. m. no pl. Trebelho, trabelho (cada uma das peças do jogo de xadrez). Passatempo, divertimento, brinquedo.

TREBEJUELO (trebejuelo) *s. m.* Dim. de Trebejo.

TREBENTINA *s. f. ant.* V. TREMENTINA.

TRÉBOL *s. m. Bot.* Trevo. *— oloroso,* trevo-decheiro, meliloto.

TREBOLAR *s. m.* Lugar plantado de trevos.

TRECE *adj.* Treze. *s. m.* Qualquer dos treze cavaleiros capitulares da Ordem de S. Tiago. Qualquer dos treze regedores que havia em algumas cidades de Espanha.

TRECEMESINO, A (trecemessino) *adj.* De treze meses.

TRECENARIO *s. m.* V. TRECENAZGO.

TRECENAZGO *s. m.* Dignidade de cavaleiro da Ordem de S. Tiago. Dignidade de Trece (3ª acep.).

TRECENO, A *adj.* Trezeno, décimo terceiro.

TRECÉSIMO, A (trecèssimo) *adj.* Trigésimo.

TRECHA (tretcha) *s. f.* Treta, ardil, manha.

TRECHEADOR (tretcheador) *s. m. Min.* Trabalhador que completa uma fileira pela qual uma carga é passada de mão em mão.

TRECHEAR (tretchear) *v. tr. Min.* Transportar uma carga de mão em mão, entre trabalhadores que formam uma fileira.

TRECHEL (tretchel) *adj.* Diz-se do trigo que, semeado na primavera, frutifica no verão do mesmo ano.

TRECHEO (tretchèo) *s. m.* Ação de Trechear.

TRECHO (tretcho) *s. m.* Trecho, espaço, intervalo (de tempo ou de lugar). *A —s, loc. adv.* A trecho, a trechos, de quando em quando, a espaços, a intervalos. *De — a —, loc. adv.* De trecho em trecho, de espaço em espaço.

TRECIENTOS, AS *adj.* V. TRESCIENTOS.

TREFE *adj.* Ligeiro, delgado, frouxo, débil. Falso, que não é de lei. ant. Tísico.

TREFEDAD (trefedad) *s. f. ant.* Tísica.

TREÍLLA (treílha) *s. f.* V. TRAÍLLA.

TREINTA *adj.* Trinta.

TREINTADOSAVO, A (treintadossavo) *adj.* Trinta e dois avos. U. t. c. s.

TREINTADOSENO, A (treintadosseno) *adj.* Trigésimo-segundo.

TREINTAÑAL (treintanhal) *adj.* Trintenário.

TREINTANARIO *s. m.* Trintário.

TREJA (treja) *s. f.* Certo lance de tabela no truque de taco.

TREMADAL *s. m.* Tremedal.

TREMANTE *p. a.* de Tremar. Tremente.

TREMAR *v. intr.* ant. Tremer.

TREMENDO, A *adj.* Tremendo. *Echar por la —a, loc. fam.* Procurar conseguir por meios violentos aquilo que se deseja.

TREMENTINA *s. f.* Terebintina.

TREMÉS (tremès) *adj.* Tremês, tremesinho. V. TRECHEL.

TREMESIÑO, A (tremessino) *adj.* Tremês, tremesinho.

TREMIELGA *s. f. Ictiol.* Tremelga, treme-treme, torpedo.

TREMOL *s. m.* Tremó.

TREMOLANTE *p. a.* de Tremolar. Tremulante.

TREMOLAR *v. tr.* Tremular, tremolar (as bandeiras).

TREMULACIÓN *s. f.* Tremulação.

TREMULENTO, A *adj.* Trêmulo.

TREMULOSO, A (tremulosso) *adj.* ant. Trêmulo.

TREN *s. m.* Trem (em todas as suas acepções). *— de aterizaje,* Aviaç. Trem de aterrissagem.

TRENA *s. f.* Banda ou charpa que se usava como cinturão ou talabarte. Prata queimada. *Jír.* Cárcere, prisão, cadeia.

TRENADO, A *adj.* Trançado, entrançado, em forma de malha ou rede.

TRENCA *s. f.* Cada um dos paus que se atravessam no cortiço para sustentar os favos. *Meterse hasta las —s, loc. fig. fam.* Enterrar-se ou atolar-se até o pescoço.

TRENCELLÍN (trencelhìn) *s. m.* V. TRENCILLO, 2ª acep.

TRENCICANO, A *adj.* Que tem as tranças brancas.

TRENCILLA (trencilha) *s. f.* Transcelim, trancinha (para guarnecer obras de costura).

TRENCILLAR (trencilhar) *v. tr.* Guarnecer ou adornar com trancelim.

TRENCILLO (trencilho) *s. m.* V. TRENCILLA. Fita guarnecida de pedraria que se punha nos chapéus como adorno.

TRENZA (trença) *s. f.* Trança (fios entrelaçados, enastrados ou entretecidos). Trança (de cabelos). *En —, loc. adv.* Com as tranças soltas ou desnastradas.

TRENZADO, A (trençado) *p. p.* de Trenzar. *s. m.* Trançado (o cabelo disposto em trança). *Al —, loc. adv.* Desordenadamente, sem cuidado, com desalinho.

TRENZAR (trençar) *v. tr.* Trançar, entrançar, entrelaçar.

TREPA *s. f.* Subida (ação ou efeito de subir ou trepar). Ação de tradear ou verrumar. Ondulações que apresentam algumas madeiras trabalhadas.

Enfeite ou guarnição que dá voltas pela orla de um vestido. *fam.* Astúcia, malícia, engano, fraude, treta. *fam.* Trepa, tunda, sova, tareia.

TREPADO *s. m.* V. TREPA, 4ª acep. Linha de pontos picotados (no papel). *p. p.* de Trepar. *adj.* V. RETREPADO.

TREPADOR, A *adj.* Trepador, que trepa. Bot. Trepadeira, trepadora. *s. f.* Zool. Trepadores.

TREPAJUNCOS (trepajuncos) *s. m. Ornit.* V. ARANDILLO.

TREPANACIÓN *s. f.* Trepanação.

TREPANTE *p. a.* de Trepar. Trepante. *adj.* Velhaco, ardiloso, tratante.

TREPAR *v. intr.* Trepar, subir. U. t. c. pron. Trepar, ascender (falando-se das plantas trepadeiras). Tradear, verrumar, furar, perfurar. Guarnecer ou enfeitar com trepa. *v. pron.* V. RETREPARSE.

TREPATRONCOS *s. m. Ornit.* V. HERRERILLO.

TREPE *s. m. fam.* Trepa, repreensão, reprimenda. *(Usa-se principalmente na frase echar un —).*

TREPIDACIÓN *s. f.* Trepidação.

TRES *adj.* Três.

TRESABUELO, A (tressabuelo) *s. m. e f.* V. TATARABUELO.

TRESALBO, A (tressalbo) *adj.* Tresalvo.

TRESAÑAL (tresanhal) *adj.* V. TRESAÑEJO.

TRESAÑEJO, A (tressanhejo) *adj.* Que tem três anos.

TRESBOLILLO (A) (tresbolilho) *loc. adv.* Em quincunce (falando-se de plantação).

TRESCIENTOS, A *adj.* Trezentos, as.

TRESDOBLAR *v. tr.* Tresdobrar, triplicar.

TRESDOBLE *adj. e s.* Triplo. *s. m.* Tresdobro, triplo.

TRESILLISTA (tressilhista) *s. m. e f.* Pessoa que joga muito bem o voltarete de três parceiros.

TRESILLO (tressilho) *s. m.* Voltarete de três parceiros. Conjunto de três pedras preciosas engastadas numa jóia.

TRESIS (tressis) *s. f.* Perfuração, orifício.

TRESMESINO, A (tresmessino) *adj.* V. TREMESINO.

TRESNA *s. f. ant.* Rastro, sinal, vestígio, marca.

TRESNAL *s. m.* Meda.

TRESNIETO, A *s. m. e f. ant.* V. TATARANIETO.

TRESPIÉS *s. m.* V. TRÉBEDE (pl.).

TRESQUILA *s. f. Amer. equat.* V. ESQUILEO.

TRESTANTO *adv.* Três vezes, três tantos. *s. m.* Triplo (quantidade triplicada).

TRETA *s. f.* Tresta, artifício, estratagema, ardil, manha, astúcia, sutileza. Esgr. Treta. *Dar en —, loc. fig. fam.* Adquirir a manha ou costume de dizer ou fazer algo.

TRETERO, A *adj. desus.* Astuto, velhaco, maroto, matreiro.

TREZAVO, A (treçavo) *adj. e s.* Treze avos.

TRÍA *s. f.* Ação ou efeito de Triar.

TRIACA *s. f. Farm.* Teriaga, triaga.

TRIACAL *adj.* Teriacal.

TRIACHE (triatche) *s. m.* Café de qualidade inferior.

TRIADA *s. f.* Tríade, tríada, trilogia.

TRIANGULACIÓN *s. f.* Triangulação.

TRIAQUERA *s. f.* Caixa ou boião para guardar a teriaga ou outro medicamento.

TRIAQUERO *s. m.* Vendedor de teriaga ou outros unguentos ou drogas.

TRIAR *v. tr.* Escolher, apartar, separar. *v. intr.* Entrar e sair com freqüência as abelhas de uma colmeia muito cheia. *v. pron.* Branquear (um tecido, por muito usado ou mal tingido).

TRIBADA *s. f.* Tríbade, lesbiana.

TRIBAL *adj.* Tribal.

TRIBUIR *v. tr.* Atribuir. Irreg. V. conj. de Muir.

TRIBULACIÓN *s. f.* Tribulação.

TRIBULANZA (tribulança) *s. f.* V. TRIBULACIÓN.

TRIBUTABLE *adj.* Tributável.

TRIBUTACIÓN *s. f.* Tributação.

TRICAHUE (tricaue) *s. m. Amer. chil. Ornit.* Espécie de papagaio.

TRICAO *s. m.* V. TRICAHUE.

TRICLORURO *s. m.* Tricloreto.

TRICUENTO *s. m. Arit. ant.* Trilhão.

TRIEÑAL (trienhal) *adj.* Trienal.

TRIENALIDAD (trienalidad) *s. f.* Triênio (de um governo).

TRIFULCA *s. f.* Aparelho para acionar os foles dos fornos metalúrgicos. *fig. fam.* Desordem, briga, rixa entre várias pessoas.

TRIGAZA (trigaça) *adj.* Diz-se da palha do trigo.

TRIGLA *s. f. Ictiol.* Salmonete.

TRIGO *s. m. Bot.* Trigo. Trigal. U. m. no pl. *fig.* Dinheiro, fortuna.

TRIGUEÑO, A (triguenho) *adj.* Trigueiro, triguenho, moreno.

TRIGUERO, A *adj.* Triguenho (que pertence ou diz respeito ao trigo). *s. m.* Crivo para o trigo. Comerciante de trigo.

TRIGUILLO (triguilho) *s. m. Dim.* de Trigo.

TRILLA (trilha) *s. f.* Trilha, trilho, caminho, vereda, senda. Trilha, trilhadura, trilhada. Tempo da trilha ou debulha de cereais. V. TRIGLA.

TRILLADO, A (trilhado) *p. p.* de Trillar. *adj.* Trilhado, notório, sabido.

TRILLADOR, A (trilhador) *adj. e s.* Trilhador.

TRILLADORA (trilhadora) *s. f. Agr.* Máquina trilhadora.

TRILLADURA (trilhadura) *s. f.* Trilhadura, trilhada, trilha.

TRILLAR (trilhar) *v. tr.* Trilhar (cereais). *fig. fam.* Trilhar, percorrer. *fig.* Trilhar, pisar, magoar.

TRILLAZÓN (trilhaçon) *s. f. ant.* V. TRILLA, 2ª acep.

TRILLO (trilho) *s. m.* Trilho (instrumento para trilhar). *Amer. cub.* Trilho, vereda.

TRILLÓN (trilhòn) *s. m. Arit.* Trilhão.

TRIMIELGA *s. f.* V. TREMIELGA.

TRINAR *v. intr. Mús.* Trinar. *fig. fam.* Impacientar-se, rabiar, raivar.

TRINCA *s. f.* Trinca (reunião de três coisas análogas). *Náut.* Trincafio. *Náut.* Trinca. *A la —, loc. adv. Amer.* Pobremente. *Estar a la —, loc. Náut.* Estar à capa, à trinca ou ao pairo.

TRINCAR *v. tr.* Partir, despedaçar. Atar, ligar ou amarrar fortemente. Abraçar, segurar alguém como se o estivesse amarrando. *Náut.* Trincar, ligar, prender com trinca. *Náut. v. intr.* Trincar, pôr-se à trinca. *v. intr. fam.* Beber vinho. *fam. Amer. cub.* Beber em excesso.

TRINCHA (trintcha) *s. f.* Presilha (na roupa). *Carp.* Trincha.

TRINCHAR (trintchar) *v. tr.* Trinchar, cortar, repartir (as carnes ou viandas). *ant.* Cortar, partir, dividir. *fig. fam.* Dispor de uma coisa, decidir autoritariamente em algum assunto.

TRINCHE (trintche) *s. m. Amer.* V. TENEDOR.

TRINCHERA (trintchera) *s. f.* Trincheira.

TRINCHERO (trintchero) *adj.* Diz-se do prato em que se trincha. *s. m.* Trinchante (móvel).

TRINCHERÓN (trintcheròn) *s. m. Aument.* de Trinchera.

TRINCHETE (trintchete) *s. m.* Trinchete. Amer. Faca de mesa.

TRINCHO (trintcho) *s. m. Amer. colomb.* Parapeito, dique, defesa.

TRINEO (trinèo) *s. m.* Trenó.

TRINIDAD (trinidad) *s. f. Teol.* Trindade. Trindade, trio (de pessoas ou coisas).

TRINO, A *adj.* Trino. Ternário. *Mús.* Trinado, trino, gorjeio.

TRINQUETADA *s. f. Náut.* Ação de correr um temporal só com o traquete. *Amer. per.* Azar, período mais ou menos longo de má sorte. *Amer. cub.* Perigo do que se saiu. *Correr una —, loc. Náut.* Navegar só com o traquete.

TRINQUETE *s. m. Náut.* Traquete (verga, vela e mastro). Lugar fechado onde se joga a pela. Tecn. Lingueta. V. TRIQUETE. *A cada —, loc. adv. fig. fam.* A cada instante, a cada momento, a cada trapaço.

TRINQUETILLA (trinquetilha) *s. f. Náut.* Polaca (vela).

TRINQUIS *s. m. fam.* Gole ou trago de vinho ou outra bebida.

TRÍO *s. m.* V. TRÍA. *Mús.* Trio.

TRIPA *s. f.* Intestino, tripa. Ventre, barriga (principalmente o da fêmea prenhe). Bojo (de vasilha ou outra coisa). Partes interiores de algumas frutas. *fig.* O interior de certas coisas. Conjunto de documentos de um expediente administrativo. *— del cagalar,* intestino reto.

TRIPADA *s. f. fam.* V. PANZADA.

TRIPAL *s. m. Amer.* Tripalhada, tripagem.

TRIPARTICIÓN s. f. Tripartição.

TRIPERÍA s. f. Lugar onde se vendem tripas ou dobradas. Tripalhada, tripagem.

TRIPERO s. m. Tripeiro, vendedor dc tripas ou dobradas. Pano com que se abriga o ventre.

TRIPICALLERO (tripicalhero) s. m. Tripeiro, mondongueiro, fressureiro.

TRIPICALLOS (tripicalhos) s. m. pl. Mongondo, dobrada; pedaços de estomago de vaca ou ovelha que se comem guisados.

TRIPLE adj. Triplo, tríplice, triple. s. m. Triplo.

TRIPLEMENTE adv. Triplamente.

TRIPLETO s. m. Trigêmeo (criança que nasceu com outras duas do mesmo parto).

TRIPLICACIÓN s. f. Triplicação.

TRIPOL s. m. Miner. Trípoli.

TRIPÓN, A adj. fam. V. TRIPUDO. U. t. c. s.

TRIPUDO, A adj. e s. Barrigudo, pançudo, ventrudo.

TRIPULACIÓN s. f. Tripulação.

TRIQUE s. m. Estalido leve. A cada —, loc. adv. fam. A cada triquete, a cada momento, a cada passo.

TRIQUETE s. m. Dim. de Trique, 1ª acep. A cada —. V. TRIQUE (A CADA —). Náut. V. TRINQUETE.

TRINQUIÑUELA (trinquinhuela) s. f. fam. Subterfúgio, rodeio, evasiva.

TRIQUITRAQUE s. m. Trape-zape, trape. Ruído de pancadas contínuas e desordenadas. Estas pancadas. Pirotecn. Triquitraque. A cada —, loc. adv. fig. fam. V. TRIQUE (A CADA —)

TRIS s. m. Tris (ruído de coisa que se parte, especialmente vidro). Pancada leve que produz este som. fig. fam. Tris, um quase nada, um fio. En un —, loc. adv. fig. fam. Por um triz, em perigo iminente.

TRISA (trissa) s. f. V. SABALO.

TRISAR (trissar) v. intr. Trissar (a calhandra, a andorinha). v. tr. Amer. Trinca (o vidro, a louça).

TRISCA s. f. Ruído que se faz ao quebrar com os pés certas coisas como nozes, avelãs, vidros etc.; estalido. Trisca, barulho, algazarra, altercação.

TRISCADOR s. m. Carp. Travador, travadoura.

TRISCAR v. intr. Fazer ruído com os pés, patear. fig. V. RETOZAR. v. tr. fig. Triscar, enredar. U. t. c. pron. fig. Travar (uma serra).

TRISECAR (trissecar) v. tr. Trissecar.

TRISECCIÓN (trissección) s. f. Trissecção.

TRISECTOR, A (trissector) adj. e s. Trissector.

TRISEMANAL (trissemanal) adj. Trissemanal.

TRISÉPALO, A (trissèpalo) adj. e s. Bot. Trissépalo.

TRISILABO, A (trissílabo) adj. e s. Gram. Trissílabo, trissilábico.

TRISNADO, A adj. Alimentado. (Usa-se com os advs. bien ou mal).

TRISTÓN, A adj. e s. Tristonho.

TRITÓN s. m. Tritão.

TRITURABLE adj. Triturável.

TRITURACIÓN s. f. Trituração.

TRIUNFAR v. intr. Triunfar. Trunfar. fig. Gastar muito e aparatosamente.

TRIUNFO s. m. Triunfo; vitória. Trunfo. Gasto pródigo e aparatoso. Triunfo (espécie de jogo carteado). fig. Troféu. En —, loc. adv. Em triunfo, entre aclamações e ovações.

TRIVIALIDAD (trivialidad) s. f. Trivialidade. Banalidade (dito banal).

TRIZA (triça) s. f. Pedaço, fragmento, partícula. Hacer —s, loc. Fazer em pedaços, destruir completamente. fig. Ferir ou machucar gravemente (a um animal ou pessoa). Náut. V. DRIZA.

TRIZAR (triçar) v. tr. Espedaçar, despedaçar, fazer em pedaços, reduzir a cacos.

TROCABLE adj. Trocável, comutável, permutável.

TROCADA (A LA) loc. adv. Em sentido contrário, erradamente, de modo trocado, trocadamente, às avessas. V. TRUQUE (A —).

TROCADILLA (A LA) loc. adv. ant. V. TROCADA (A LA).

TROCAMIENTO s. m. V. TRUEQUE.

TROCAR s. m. Cir. Trocarte, trocate.

TROCAR v. tr. Trocar, permutar, mudar, variar. Vomitar. Trocar, confundir. v. pron. Trocar-se, mudar-se. Transformar-se (no modo de vida). Irreg. V. conj. de Almorzar.

TROCATINTA s. f. fam. Troca, confusão.

TROCATINTE s. m. Furtacor, cambiante.

TROCEO (trocèo) s. m. Náut. Troça.

TROCHA (trotcha) s. m. Atalho, vereda. Picada (caminho estreito aberto no mato).

TROCHEMOCHE (A) (trotchemotche) loc. adv. A trouxe-mouxe, a esmo, de envolta, sem ordem. Diz-se também a troche y moche.

TROCHO, A (trotcho) adj. prov. Al. Mau, de más intenções.

TROCHUELA (trotchuela) s. f. Dim. de Trocha.

TROCISCACIÓN s. f. Farm. Trociscação.

TROCLA s. f. V. POLEA.

TROCO s. m. Ictiol. Tróquio, pitorra.

TROFEO (trofèo) s. m. Troféu.

TROJ (troj) s. f. Celeiro, granel, tulha; depósito de frutas.

TROJA (troja) s. f. ant. Alforje, bornal.

TROJADO, A (trojado) adj. ant. Alforjado, metido ou guardado em alforje.

TROJE (troje) s. f. V. TROJ.

TROJEL (trojel) s. m. ant. Fardo.

TROJERO (trojero) s. m. Celeireiro.

TROJEZADO, A (trojezado) adj. Cortado em pedaços (falando-se de conservas).

TROLA s. f. fam. Engano, falsidade, peta, mentira, patranha.

TROLE s. m. Alavanca (de carro elétrico ou bonde).

TROLERO, A adj. prov. Al. Patranheiro, mentiroso.

TROMBA s. f. Tromba (fenômeno meteorológico).

TROMBÓN s. m. Trombone. Trombone, trombonista.

TROMPA s. f. Mús. Trompa. Pião oco que zune. V. TROMBA. Tromba (do elefante), probóscida. Tromba, probóscida (dos insetos). fig. Lira (do poeta épico). s. m. Trompista (tocador de trompa). — de París ou gallega, brimbau, berimbau. Ant. Trompa. A — y talega, loc. adv. fig. fam. A torto e a direito, sem ordem. — marina, trombeta marinha, buzina.

TROMPADA s. f. Encontrão, trompaço, trompada. Amer. equat. Porretada, cacetada. Náut. Abalroamento. fig. fam. Narigada. fig. fam. V. PUÑETAZO.

TROMPAR v. intr. Jogar o pião.

TROMPAZO (trompaço) s. m. Pancada com o pião. Trombada. fig. Qualquer pancada forte.

TROMPEAR v. intr. V. TROMPAR. Náut. Abalroar. Amer. Bater, golpear, dar pancadas.

TROMPEO (trompèo) s. m. Náut. Batida contínua de um barco contra outro ou com a terra, devido às ondas.

TROMPERO s. m. Fabricante de piões, torneiro.

TROMPERO, A adj. Enganador.

TROMPETA s. f. Trombeta. Clarim. Clarim (tocador de clarim nas bandas militares). fig. fam. Trompeta, mequetrefe. fig. fam. Amer. plat. Indivíduo atrevido e desavergonhado. Buzina, porta-voz, trombeta marinha.

TROMPETADA s. f. fam. Trompetada; clarinada.

TROMPETAZO (trompetaço) s. f. Trombetada forte. (Por ext., diz-se de qualquer instrumento). Pancada com trombeta. fig. fam. Clarinada.

TROMPETEAR v. intr. fam. Trombetear.

TROMPETEO (trompetèo) s. m. Ação de trombetear.

TROMBETERÍA s. f. Conjunto de trombetas. Registos (de órgão) formados de tubos metálicos.

TROMPETERO s. m. Trompista (fabricante de trompas). Trombeteiro. Amer. cub. Trombeta, mosquito comum.

TROMPETILLA (trompetilha) s. f. Dim. de Trompeta. Corneta acústica. Ictiol. Trombeiro. De —, diz-se dos mosquitos que zumbem.

TROMPEZÓN (trompeçòn) s. m. Amer. V. TROPEZÓN.

TROMPICAR v. tr. Fazer que alguém tropece repetidamente. fig. fam. Promover alguém, indevidamente, ao cargo correspondente a outrem. Tourom. Tromplear. v. intr. Tropicar, tropeçar amiúde.

TROMPICÓN s. m. Tropeção.

TROMPILLADURA (trompilhadura) s. f. V. TROMPICÓN.

TROMPILLAR (trompilhar) v. tr. e intr. V. TROMPICAR.

TROMPILLO (trompilho) s. m. Amer. Bot. Trompetão, trombeteira.

TROMPILLÓN (trompilhòn) s. m. Arq. Aduela (que serve de chave de arco ou abóbada).

TROMPIS s. m. fam. V. PUÑETAZO.

TROMPISTA s. m. Trombeteiro, trombeta, tocador de trombeta.

TROMPIZA (trompiça) s. f. Amer. Pugilato, briga.

TROMPO s. m. Pião. V. PEONZA. Amer. cub. Pessoa muito rude e ignorante.

TROMPÓN s. m. Aument. de Trompo. Narciso. Amer. centr. V. PUÑETAZO. A, ou de —, loc. adv. fam. Desregradamente, sem método, sem ordem.

TRONADA s. f. Trovoada.

TRONADO, A p. p. de Tronar. adj. Gasto, deteriorado (pelo uso). fam. Arruinado, que foi rico e se tornou pobre.

TRONADOR, A adj. Trovejante, troante, estrondoso, ruidoso. Diz-se do foguete que dá muitos estrondos.

TRONANTE p. a. de Tronar. Trovejante, troante, atroante, tronante.

TRONAR v. impes. Trovejar. v. intr. Trovejar, troar, tronar, atroar, estrondear. Detonar, estourar. fig. fam. Arruinar-se, perder a fortuna. fig. fam. Trovejar (falar ou escrever em termos violentos contra alguém). — con (uno), loc. fig. fam. Estourar com alguém, rompendo com ele. Irreg. V. conj. de Almorzar.

TRONCA s. f. Truncamento.

TRONCADA s. f. Embate (de uma embarcação contra outra ou contra qualquer objeto resistente). V. TRONCAZO.

TRONCAL adj. Relativo ou pertencente ao tronco.

TRONCAZO (troncaço) s. m. Pancada com um tronco.

TRONCHA (trontcha) s. f. Amer. Talhada, trincha.

TRONCHAZO (trontchaço) s. m. Pancada com talo. fig. Pancada, golpe com qualquer coisa.

TRONCHO (trontcho) s. m. Talo das hortaliças.

TRONCO, A adj. Tronco, truncado, troncho, mutilado. Arq., Bot. e Anat. Tronco. Parelha de troncos. fig. Tronco (de uma família). fig. Tronco, pessoa insensível. Amer. cub. Linha principal das ferrovias.

TRONCÓN s. m. Aument. de Tronco. V. TOCÓN.

TRONERA s. m. Fort. Troneira, bombardeira. Janelinha. Ventanilha (da mesa de bilhar). m. e f. fig. fam. Pessoa estouvada e de pouco juízo.

TRONERAR v. tr. V. ATRONERAR.

TRONERO, A adj. V. TRONADOR. Cohete —, foguete que dá muitos estouros.

TRONIDO s. m. Trovão, ribombo, estampido.

TRONITOSO, A (tronitosso) adj. fam. Estrondoso, retumbante, atroante, trovejante.

TRONQUILLO (tronquilho) s. m. Ferro de encadernador.

TRONQUISTA s. m. Cocheiro que governa a parelha do tronco.

TRONZADO, A (tronçado) p. p. de Tronzar.

TRONZADOR (tronçador) s. m. Traçador (espécie de serra).

TRONZAR (tronçar) v. tr. Destroçar, despedaçar, quebrar. Franzir (um vestido). Cansar, fatigar. U. t. c. pron.

TRONZO, A (tronço) adj. Troncho (das orelhas, uma cavalgadura).

TROPELLAR (tropelhar) v. tr. ant. V. ATROPELLAR.

TROPERO s. m. Amer. merid. Tropeiro, recoveiro.

TROPEZADERO (tropeçadero) s. m. Lugar onde há perigo de tropeçar.

TROPEZADOR, A (tropeçador) adj. e s. Que tropeça amiúde, tropeçudo.

TROPEZADURA (tropeçar) v. intr. Tropeçar, esbarrar. fig. Tropeçar, escabarrar; cair, incorrer; cair em erro, não atinar. fig. Discordar, opor-se. fig. fam. Topar, encontrar casualmente. v. pron. Tocar-se (ferir-se o animal com os cascos nas mãos), alçançar-se. Irreg. V. conj. de Calentar.

TROPEZÓN, A (tropeçòn) adj. e s. fam. Que tropeça freqüentemente, tropeçudo (falando-se dos

animais). *s. m.* Tropeção, tropeçamente. V. TRO-
PIEZO. A —*es, loc. adv. fig. fam.* Aos trancos,
com impedimentos e delongas.

TROPEZOSO, A (tropeçosso) *adj. fam.* Hesitante,
indeciso.

TROPIEZO (tropieço) *s. m.* Tropeço. *fig.* Falta,
culpa, erro, deslize. *fig.* Tropeço, embaraço, obstáculo, estorvo, dificuldade. *fig.* Briga, rixa. *fig.*
Dissenção, ruptura; oposição.

TROPILLA (tropilha) *s. f. Amer. merid.* Tropilha.

TROPILLERO (tropilhero) *s. m. Amer.* Pessoa
que conduz uma tropilha.

TROPISTA *s. m.* Recrutador.

TROQUE *s. m.* Botão que se forma nos panos,
antes de tingi-los, para marcar-lhes assim a cor
primitiva. ant. V. TRUEQUE.

TROQUEL *s. m.* Cunho, troquel.

TROQUELAR *v. tr.* Cunhar.

TROQUEO (troquèo) *s. m. Poét.* Troqueu.

TROQUILLO (troquilho) *s. m. Arq.* Troquilo,
moldura côncava. *Ornit.* Beija-flor.

TROTACONVENTOS *s. f. fam.* Alcoviteira.

TROTAMUNDOS *s. m.* O que viaja mundo em
fora, globe-trotter.

TROTANUBES *s. f. fam.* Bruxa, feiticeira.

TROTE. *s. m.* Trote. *Para todo —, loc. fig. fam.*
Para uso diário ou contínuo.

TROTÓN, A *adj.* Trotão, trotador, troteiro.
Rufianesco. *s. m.* Cavalo, corcel.

TROTONA *s. f.* Dama de companhia.

TROTONERÍA *s. f.* Ação contínua de trotar ou
trotear.

TROVA *s. f. Poét.* Trova. *Amer.* Mentira, engano.

TROVERA *s. m.* V. TROVERO.

TROVERO *s. m.* Trovador, menestrel.

TROX (trocs) *s. f.* V. TROJ.

TROZA (troça) *s. f.* Tronco (pronto para ser reduzido a tábuas). *Náut.* Troca e seu aparelho.

TROZAR (troçar) *v. tr.* Quebrar, despedaçar. Entre
madeireiros, preparar os troncos para serem ser-
rados em tábuas.

TROZO (troço) *s. m.* Troço, pedaço; parte, trecho.
Náut. Troço. *Mil.* Troço.

TRUC *s. m.* Vagão descoberto.

TRUCHA (trutcha) *s. f. Ictiol.* Truta. *Náut.* Cábrea.
— *del mar.* V. RAÑO.

TRUCHERO (trutchero) *s. m.* Pescador ou vendedor de trutas.

TRUCHIMÁN (trutchimàn) *s. m. fam.* V. TRUJA-
MÁN. *fig.* Pessoa astuta e velhaca.

TRUCHIMANEAR (trutchimanear) *v. intr.* Fazer
de velhaco; alcovitar.

TRUCHO, A (trutcho) *adj. prov. Sal.* Astuto,
sagaz.

TRUCHUELA (trutchuela) *s. f. Dim.* de Trucha.
Bacalhau seco mais delgado que o comum.

TRUCO *s. m.* Truque, truque de taco. *Amer. plat.*
Truco, truque (jogo de cartas). *fig.* Treta, ardil,
tramóia, truque. *Amer. chil.* Punhada, murro.

TRUÉ *s. m.* Troé (certo tecido).

TRUECO *s. m.* V. TRUEQUE. A—, *loc. adv.* Uma
vez que, com a condição de. A, *ou en, —, loc. adv.*
A troco, ou em troco de.

TRUENA *s. f. prov.* Tormenta, trovoada, tempestade.

TRUEQUE *s. m.* Troca, permutação, escambo,
comutação, substituição; mudança, conversão,
transformação. *Amer.* Troco (em dinheiro). *A, ou
en, —, loc. adv.* A troco, em troco de.

TRUFA *s. f. Bot.* Trufa, túbera. *fig.* Mentira, peta,
patranha.

TRUFADOR, A *adj. e s.* Patranheiro, mentiroso.

TRUFAR *v. tr.* Culin. Trufar. *v. intr.* Inventar lorotas ou patranhas. *v. tr.* Mentir, enganar.

TRUHÁN, A (truàn) *adj.* Embusteiro, impostor,
que vive de enganos e trapaças. U. t. c. s. Truão,
palhaço, bobo, chocarreiro.

TRUHANADA (truanada) *s. f.* Truanice, truania.

TRUHANAMENTE (truanamente) *adv.* À maneira de impostor ou embusteiro. Chocarreiramente,
ao modo de truão.

TRUHANAR (truanar) *v. intr.* Truanear. Embustear, lograr, trapacear, enganar, imposturar.

TRUHANERÍA (truanería) *s. f.* V. TRUHANADA.

TRUHANESCO, A (truanesco) *adj.* Truanesco.
Próprio de embusteiro ou impostor.

TRUHANÍA (truanía) *s. f.* V. TRUHANADA.

TRUJA (truja) *s. f.* Tulha.

TRUJAL (trujal) *s. m.* Lagar de uva ou azeite.
Lagar de azeite. Vasilha em que se guarda a barrela para fabricar o sabão.

TRUJAMÁN (trujamàn) *s. m.* Truchemão, turgimão, intérprete. Prático, pessoa experiente que
aconselha o modo de fazer uma coisa.

TRUJAMANEAR (trujamanear) *v. intr.* Servir de
turgimão ou intérprete. Trocar, permutar umas
coisas por outras.

TRUJAMANÍA (trujamanía) *s. f.* Ofício de turgimão ou intérprete.

TRUJAMANTE (trujamante) *adj.* V. TRUCHI-
MÁN. *s. m.* Prestidigitador.

TRUJIMÁN (trujimán) *s. m.* V. TRUJAMÁN.

TRULLA (trulha) *s. f.* Barulho, tropel, algazarra,
vozearia. Tropel, turba, tropa, multidão. Trolha,
colher de pedreiro.

TRULLADA (trulhada) *s. f. Amer. cub.* V. TRULLA,
2ª acep.

TRULLAR (trulhar) *v. tr.* Rebocar com barro uma
parede. V. EMBADURNAR.

TRULLISTA (trulhista) *s. m. e f.* Ladrão ou ladra
que rouba nos trens.

TRULLO (trulho) *s. m. Ornit.* Cerceta. Cuba onde
cai o mosto quando se pisa a uva. *Jír.* Trem.

TRUNCADO, A *p. p.* de Truncar. Cono —, *Geom.*
Cone truncado.

TRUNCAMIENTO *s. m.* Truncamento.

TRUNCAR *v. tr.* Truncar, mutilar. Decepar, decapitar. Truncar (um escrito, uma história etc.).

TRUNCO, A *adj. ant.* V. TRONCO. *Amer.* Incompleto, desparelho.

TRUNCHO, A (truntcho) *adj. Amer. colomb.* Rabão, ona.

TRUQUE *s. m.* Truque, truco (jogo de cartas).

TRUQUERO *s. m.* Truqueiro.

TRUQUIFLOR *s. m.* Truco e flor (espécie de jogo
do truque).

TRUSAS (trussas) *s. f. pl.* Calções, ornados de
gomos verticais, que se amarravam ao meio das
coxas.

TRUSIÓN (trussiòn) *s. f.* Impulso, propulsão.

TRUYADA (trudjada) *s. f. Amer. cub.* V. TRULLA,
2ª acep.

TRUYANÍA (trudjanía) *s. f. ant.* V. TRUHANÍA.

TU *pron. pes.* Tu. *A — por —, loc. adv. fig. fam.*
Sem respeito, desbocadamente. *De — por —, loc.
adv.* Tuteando-se. *Hablar de —, loc.* Tratar
(alguém) de tu, tutear, atuar. *Más eres —, loc.
fam.* com que se repele um dito injurioso.
Disputa, altercação, troca de palavras.

TU, TUS *pron. pos. Apóc.* de tuyo, tuya, tuyos,
tuyas. Gram. Emprega-se somente anteposto ao
substantivo: TU casa, TU caballo; TUS piernas,
TUS ojos.

TUAUTEM *s. m. fam.* Indivíduo indispensável, ou
que se tem como necessário para uma coisa. *fam.*
Coisa que se considera necessária ou importante
para algum fim.

TUBA *s. f.* Certo licor filipino. Tuba (instrumento
musical).

TUBERCULIZACIÓN (tuberculiçaciòn) *s. f.* V.
TUBERCULOSIS.

TUBERCULOSIS (tuberculossis) *s. f.* Tuber-
bulose.

TUBERÍA *s. f.* Tubagem (conjunto ou reunião de
tubos). Fábrica ou loja em que se vendem tubos.

TUCÁN *s. m. Ornit.* Tucano.

TUCIA *s. f. Quím.* Tutia.

TUCO *s. m. Amer. plat. Entom.* Espécie de vagalume. *Amer. per. Ornit.* Espécie de mocho. *s. m.
Amer. hond.* V. TOCAYO.

TUCUMANO, A *adj. e s.* Natural ou habitante de
Tucumán (província e cidade argentina).

TUDEL *s. m.* Tubo de metal (de instrumento de
sopro).

TUECA *s. f.* V. TOCÓN.

TUECO *s. m.* V. TOCÓN. Cavidade produzida
pela carcoma nas madeiras.

TUERCA *s. f.* Porca (de parafuso).

TUERCE *s. f.* Torcedura, torção. *Amer. guat.*
Desgraça, infelicidade, prejuízo.

TUERCECUELLOS (tuercecuelhos) *s. m.* V.
TORCECUELLO.

TUERO *s. m.* Trasfogueiro (acha). Lenha (para o
fogo). *Amer. centr.* Jogo das escondidas.

TUERTAMENTE *adv. ant.* Torcidamente.

TUERTO, A *p. p. irreg.* de Torcer. *adj.* Torto,
zarolho, caolho (que não tem um olho). U. t. c.
s. *s. m.* Agravo, injúria, sem-razão, injustiça. pl.
Cólicas que sobrevêm após o parto. *A —as, loc.
adv. fam.* Em contrário, às avessas. *A —s o a
derechas, ou a — o a derecho, loc. adv.* A torto
e a direito. Deshacer —s, desfazer agravos ou
injustiças.

TUESTE *s. m.* V. TOSTADURA.

TUÉTANO *s. m.* Tutano, medula dos ossos. *Hasta
los —ls, loc. adv. fig. fam.* Até os ossos, até a
medula.

TUFARADA *s. f.* Cheiro forte que se percebe imediatamente.

TUFILLAS (tufilhas) *s. m. e f.* Pessoa que se zanga
facilmente.

TUFILLO (tufilho) *s. m. fam.* V. TUFO, 2ª acep.

TUFO *s. m.* Emanação, vapor, exalação (das com-
bustões e fermentações). *fam.* Cheiro ativo e
desagradável. *fig. fam.* Soberba, vaidade, orgulho.
s. m. Tufo (de cabelos). Tufo calcário.

TUFOSO, A (tufosso) *adj.* Que exala vapor ou
cheiro ativo. *fig.* Tufado, inchado, vaidoso, soberbo, afetado.

TUICIÓN *s. f.* For. Defesa judicial, patrocínio,
tuição.

TUÍNA *s. f.* Espécie de jaquetão comprido e folgado.

TUL *s. m.* Tule.

TULA *s. f. Amer.* Garça inteiramente branca.

TULE *s. m. Amer. mexic.* Espécie de junco.

TULIPA *s. f.* Tulipa pequena (flor). Pantalha ou
quebra-luz de vidro.

TULIPÁN *s. m. Bot.* Tulipa.

TULIPANERO *s. m. Bot.* Tulipeiro, árvore-do-
ponto.

TULIPERO *s. m.* V. TULIPANERO.

TULLECER (tulhecer) *v. tr.* Tolhar, paralisar. *v.
pron.* Tolher-se, ficar leso, paralítico. *Irreg.* V.
conj. de *Favorecer.*

TULLIDEZ (tulhidez) *s. f.* V. TULLIMIENTO.

TULLIDO, A (tulhido) *adj.* Tolhido, paralítico,
entrevado. U. t. c. s.

TULLIDURA (tulhidura) *s. f.* Excremento (das
aves de rapina).

TULLIMIENTO (tulhimiento) *s. m.* Tolhimento
(ação de tolher ou tolher-se; paralisia).

TULLIR (tulhir) *v. tr.* Tolher ou excremento (as
aves de rapina). *v. tr.* Tolher, paralisar. *v. pron.*
Tolher-se, ficar leso, paralítico, entrevar-se. *Irreg.*
V. conj. de *Mullir.*

TUMBA *s. f.* Túmulo, sepultura, sepulcro, tumba.
Eça. Tejadilho arqueado de coche. V. VOLTERE-
TA. V. TUMBO, 1ª acep.

TUMBACUARTILLOS (tumbaquartilhos) *s. m.
fam.* Beberrão, freqüentador de tabernas.

TUMBADILLO (tumbadilho) *s. m. Náut.* Tombadilho.

TUMBADO, A *adj.* Abaulado, convexo (em forma
de túmulo).

TUMBADOR *s. m.* Cortador de madeira para
construções.

TUMBAGA *s. f.* Tambaca. Anel de tambaca. Anel
(para os dedos).

TUMBAGO *s. m. Amer.* V. TUMBAGA.

TUMBAGÓN *s. m.* Pulseira ou bracelete de tambaca.

TUMBAOLLAS (tumbaolhas) *s. m. e f.* Pessoa
glutona, comilão.

TUMBAR *v. tr.* Tombar, derrubar, deitar abaixo.
Segar, ceifar. *fig. fam.* Derrubar (fazer alguém
perder os sentidos uma coisa forte), prostrar.
Amer. Abater as árvores de uma mata, fazer uma
derrubada. *v. intr.* Tombar, cair. *v. pron.* Deitar-
se a dormir. *fig.* Descuidar-se, trabalhar sem afinco.

TUMBILLA (tumbilha) *s. f.* Armação com um
braseiro para aquecer a roupa da cama.

TUMBO *s. m.* Vaivém, balanço violento, solavanco. Tombo, queda. Ondulação das vagas, e
principalmente dos vagalhões. Estrondo, estampido, ribombo. Ondulação do terreno. — *de
dado,* perigo iminente.

TUMBÓN *s. m. Aument.* de Tumba, 1ª acep. Coche com tejadilho abaulado. Baú.

TUMBÓN, A *adj. fam.* V. SOCARRÓN. *fam.* Preguiçoso, mandrião, ocioso, vadio.

TUMBONEAR *v. intr. fam.* Fazer-se de espertalhão ou manhoso. Preguiçar, mandriar.

TUMEFACCIÓN *s. f. Med.* Tumefação.

TUMEFACER *v. tr.* Tumefazer, tumeficar. *Irreg.* V. conj. de *Rarefacer.*

TUMORAL *adj.* Relativo ao tumor; da natureza do tumor.

TUMOROSIDAD (tumorossidad) *s. f.* Tumefação, tumescência.

TUMULTUACIÓN *s. f. ant.* Tumulto, motim, desordem.

TUNA *s. f. Bot.* Tuna, tunal, nopal. Fruto do nopal. *Amer. colomb.* Espinho. Ociosidade, mandriíce, tuna, vida de vadio. V. ESTUDIANTINA. *Correr la* —, *loc. fam.* Ir ou andar à tuna, vagabundear, vadiar.

TUNAL *s. m. Bot.* Tunal, nopal, tuna. Lugar onde abunda esta planta.

TUNANTA *adj. e s. fam. fem.* de Tunante.

TUNANTADA *s. f. fam.* Tratada, picardia, velhacada, ação de tunante.

TUNANTE *p. a.* de Tunar. Tunante, que tuna. *adj.* Tunante, velhaco, embusteiro, trampolineiro.

TUNANTEAR *v. intr.* V. TUNEAR.

TUNANTERÍA *s. f.* Tunantaria. V. TUNANTADA.

TUNANTESCO, A *adj.* Próprio de tunante.

TUNANTUELO *adj. fam.* Dim. de Tunante.

TUNAR *v. intr.* Tunar, andar à tuna, vadiar. *Amer.* Espiar, espreitar (termo usado entre ratoneiros).

TUNARSE *v. pron. Amer. colomb.* Espinhar-se, cravar-se um espinho.

TUNCO, A *adj. Amer. mexic.* Manco. *s. m. Amer. mexic.* Porco.

TUNDA *s. f.* Tosadura (dos panos). *fam.* Tunda, tosa, sova, data de pancadas.

TUNDEAR *v. tr.* Sovar, tosar, surrar, espancar.

TUNDENTE *p. a.* de Tundir. *adj.* Contundente.

TUNDIDOR *s. m.* Tosador (de panos).

TUNDICIÓN *s. f.* V. TUNDA, 1ª acep.

TUNDIDORA *adj.* Tosadora (falando-se da máquina de tosar panos). *s. f.* Tosadora (mulher que tosa panos).

TUNDIR *v. tr.* Tosar (panos). *fam.* Tosar, surrar, sovar, espancar.

TUNDIZNO *s. m.* Felpa que deixa o pano tosado.

TUNEAR *v. intr.* Tunar, andar à tuna, vadiar. Proceder como tunante ou velhaco.

TUNECI *adj. e s.* V. TUNECINO.

TUNECINO, A *adj. e s.* Tunisino.

TUNELA *s. m. fam.* Tunante, velhaco.

TUNERÍA *s. f.* Tunantaria.

TUNERA *s. m. Amer.* V. TUNA, 1ª acep.

TUNGO *s. m. Amer.* Papada. *Amer. argent.* Matungo, cavalo velho e imprestável.

TUNGO, A *adj. Amer. colomb.* Troncho, mutilado.

TRUNGSTENO *s. m.* Tungstênio.

TÚNICA *s. f.* Túnica (em todas as suas acepções).

TUNICERO, A *adj.* Tunicado. *s. m. pl. Zool.* Tunicados.

TUNO *adj. e s.* V. TUNANTE.

TUNOSO, A (tunosso) *adj. Amer. colomb.* Espinhoso (como a tuna ou nopal).

TUNTÚN *s. m. prov. Al.* Tamboril. *Al* —, *ou al buen* —, *loc. adv. fam.* Ao Deus dará, sem refle-xão nem previsão. *fam.* Sem certeza, sem conhecimento do assunto.

TUNTUNITA *s. f. Amer.* Bordão, estribilho, repetição.

TUNTURUNTÚN (AL) *loc. adv. fam.* V. TUN-TUN (AL —).

TUPA *s. f.* Entupimento. *fig. fam.* Fartão, enfarte.

TUPÉ *s. m.* Topete (cabelo levantado à frente da cabeça). *fig. fam.* Topete, atrevimento, insolência, desfaçatez.

TUPI *s. m.* Café (estabelecimento onde se toma café). O mesmo que CAFETÍN. Tupi (língua e raça).

TUPINAMBO *s. m. Bot.* Tupinambor, tupinambo.

TUPINAMBA *s. f.* V. TUPINAMBO.

TUPIR *v. tr.* Entupir. *v. pron. fam.* Fartar-se, saciar-se, empanzinar-se (de comida ou bebida). *Amer.* Perturbar-se, envergonhar-se.

TUPITAINA *s. f. fam.* V. TUPA, 2ª acep.

TURBA *s. f.* Turda, multidão, tropel. *Miner.* Turfa.

TURBACIÓN *s. f.* Turbação.

TURBADOR, A *adj. e s.* Perturbador, turbador.

TURBAL *s. m.* V. TURBERA.

TURBAMIENTO *s. m.* Turbamento.

TURBANTADA *s. f.* Chasco, motejo, chacota.

TURBANTE *p. a.* de Turbar. Perturbante. *s. m.* Turbante.

TURBAR *v. tr.* Turbar, revolver, agitar, pôr em desordem. Turbar, perturbar. Turbar, toldar, turvar. *fig.* Turbar, perturbar, inquietar, desassossegar. U. t. c. pron.

TURBERA *s. f.* Turfeira.

TURBIA *s. f.* Turvação (estado turvo da água).

TURBIAMENTE *adv.* Turbadamente.

TURBIAR *v. tr. ant.* V. TURBAR.

TURBIEDAD (turbiedad) *s. f.* Turvação, opacidade.

TURBIEZA (turbieça) *s. f.* Turbulência. Turvação (ação de turvar ou ofuscar).

TURBIO, A *adj.* Turvo, escuro, opaco, toldado. *fig.* Turvo, perturbado, revolto, túrbido, alterado. Turvo (falando-se dos olhos). *fig.* Obscuro, confuso (falando-se da linguagem). *pl.* Fezes, borra sedimento (principalmente do azeite).

TURBIÓN *s. m.* Aguaceiro, pancada d'água. *fig.* Aluvião (de coisas desagradáveis). Chuveiro (de coisas que caem).

TURBIOSO, A (turbiosso) *adj. ant.* V. TURBIO.

TURBÓN *s. m.* V. TURBIÓN.

TURBONADA *s. f.* V. TURBIÓN, 1ª acep. *Amer. argent.* Vendaval, ventania.

TURBULENCIA *s. f.* Turvação, turvo. *fig.* Turbulência, desordem.

TURBULENTO, A *adj.* V. TURBIO. Turbulento.

TURCA *s. f. fam.* Borracheira, bebedeira, mona.

TURDIGA *s. f.* Tira de couro. *fig. fam.* V. TURCA.

TURDIÓN *s. m.* Certo gênero de dança.

TURECA *s. f. Amer.* C. Rica. Armadilha, laço (para caçar aves).

TURIFICACIÓN *s. f.* Turificação, incensadela.

TURIÓN *s. m. Bot.* Turião.

TURLERÍN *s. m. Jír.* Gatuno, larápio, ladrão.

TURMA *s. f.* Testículo. *Bot.* Túbera.

TURNAR *v. intr.* Revezar, alternar, substituir-se por turno ou vez.

TURNIO, A *adj.* Vesgo, torto.

TURNIPA *s. f. Amer. chil.* Nabo.

TURÓN *s. m. Zool.* Arganaz.

TURPIARSE *v. pron. Amer.* Alquebrar-se, fadigar-se, render-se de cansaço.

TURQUESA (turquessa) *s. f.* Baleira (molde). Qualquer molde. *Miner.* Turquesa.

TURQUINO, A *adj.* Turqui.

TURRAR *v. tr.* Tostar, torrar ou assar nas brasas, grelhar.

TURRO, A *adj. e s. Amer. argent.* Imbecil, idiota, estúpido.

TURRÓN *s. m.* Torrão (de amêndoas, nozes, açúcar etc.). *fig. fam.* Teta, mamata (emprego ou benefício do Estado).

TURRONERA *s. f.* Mulher que faz ou vende turrón.

TURRONERÍA *s. f.* Confeitaria onde se faz ou vende turrón.

TURRONERO *s. m.* O que faz ou vende turrón.

TURRUJAL (turrajal) *s. m. Amer. centr.* V. ESTERCOLERO.

TURRUTÍN, A *adj. Amer.* Pequenino.

TURRULLO (turulho) *s. m.* Corno, buzina de pastor.

TURUMBACO *s. m.* V. BIRRETE.

TURUNDA *s. f. fam.* Supositório.

¡TUS! Vocábulo usado para chamar os cães. *Sin decir* — *ni mus, loc. adv. fig. fam.* Sem tugir nem mugir, sem falar.

TUSA (tussa) *s. f. fam.* Cadela. Carolo. *Amer.* Barba de milho. *Amer.* Palha de milho. *Amer.* Crina de cavalo tosada.

TUSAR (tussar) *v. tr. Amer. plat.* Tosar, cortar a crina do cavalo.

TUSCA *s. f. Amer. argent.* Espécie de acácia.

TUSCO, A *adj. e s.* Etrusco. Toscano.

TUSICULA (tussícula) *s. f.* Tossezinha, tosse sem importância.

TUSILAGO *s. m. Bot.* Tussilagem, unha de cavalo.

TUSO (tusso) *s. m. fam.* Cão, cachorro.

TUSO, A *adj. Amer.* Picado de bexigas.

TUSÓN (tussòn) *s. m.* Tosão.

TUSONA (tussona) *s. f. fam.* Prostituta.

TUTANIENTO, A *adj. Amer. chil.* V. MOCOSO.

TÚTANO *s. m.* V. TUÉTANO.

TUTANO *s. m. Amer. chil.* V. MOCO.

TUTE *s. m.* Espécie de bisca (jogo de cartas).

TUTEAMIENTO *s. m.* V. TUTEO.

TUTEO (tutèo) *s. m.* Ação de tutear. Tratamento por tu.

TUTIPLÉN (A) *loc. adv. fam.* Abundantemente, em grande quantidade, aos montões.

TUTO, A *adj.* Seguro.

TUTUJULEQUE (tutujuleque) *s. m. fam. irôn.* V. TUTEO.

TUTUQUEAR *v. tr. Amer.* Açular (os cães).

TUTURUTO, A *adj. Amer. C. Rica.* V. ACHISPADO. *Amer. Colomb.* V. LELO. *s. m. e f. Amer. argent. e chil.* Alcoviteiro.

TUYA (tudja) *s. f. Bot.* Tuia.

TUYO, TUYA, TUYOS, TUYAS (tudjo, a, s) *pron. pos. m. e f. sing. e pl.* Teu, tua, teus, tuas. *Gram.* No singular, com a terminação do masculino, usa-se também como neutro.

TUYUYÚ (tudjudjú) *s. m. Amer.* Espécie de cegonha.

TUZA (tuça) *s. f. Amer. centr. Zool.* Espécie de cutia.

U *s. f.* Vigésima quarta letra e última vogal do alfabeto espanhol. É muda nas sílabas *que, qui,* bem como, geralmente, nas sílabas *gue, gui.* Quando soa numa destas duas últimas, leva trema: ungüento, lingüista, vergüenza.

U *conj. disj. Ou.* Emprega-se em vez de *o,* para evitar hiato, antes de palavras que começam por *o* ou *ho:* Plata *u* oro, belga *u* holandés.

UAPITI *s. m. Zool.* Veado canadense.

UBEROSO, A (uberosso) *adj.* Úbere, ubertoso, fecundo, fértil.

UBICACIÓN *s. f.* Situação (sítio em que uma pessoa ou coisa está situada). *Amer.* Colocação (ato de colocar ou situar).

UBICAR *v. intr.* Ficar, situar-se, estar situado. U. m. c. pron. *Amer.* Colocar, situar.

UBICUIDAD (ubicuidad) *s. f.* Ubiqüidade.

UBICUO, A *adj.* Ubíquo.

UBIQUITARIO *adj. e s.* Ubiquista.

UBRE *s. f.* Úbere.

UCÉ *s. m. e f. ant.* V. USARCÉ.

UCEAR *v. tr. Amer.* Bater com as mãos.

UCED *s. m. e f. ant.* Síncope de Usarced.

UESNORUESTE *s. m.* Oesnoroeste.

UESSUDUESTE *s. m.* Oessudoeste.

UESTE *s. m.* Oeste.

UFANARSE *v. pron.* Ufanar-se (jactar-se, gloriar-se).

UFANEARSE *v. pron.* V. UFANARSE.

UFO (A) *loc. adv.* Sem ser convidado. (Usa-se com o verbo comer).

UJIER (ujier) *s. m.* Porteiro (de palácio ou tribunal). Meirinho. — *de armas,* armeiro. — *de cámara,* porteiro de câmara. — *de vianda,* ou de sala, reposteiro.

ULCERABLE *adj.* Susceptível de ulcerar-se.

ULCERACIÓN *s. f. Med.* Ulceração.

ULTIMACIÓN *s. f.* Ultimação.

ULTIMIDAD (ultimidad) Extremidade, qualidade de último ou extremo.

ULTRA *adv.* Além de, afora.

ULTRAMAR *s. m.* Ultramar. *Azul de* —, ultramar, azul-ultramarino.

ULTRAMARO, A *adj.* Ultramarino (falando-se de um tom de azul).

ULTRAMUNDANO, A *adj.* Supramundano, fora do mundo.

ULTRANZA (A) (ultrança) *loc. adv.* De morte, até a morte. A todo o transe.

ULTRAPASAR (ultrapassar) *v. tr.* Ultrapassar, sobrepassar.

ULTRAPUERTOS *s. m.* O que está além dos portos.

ULTRARROJO (ultrarrojo) *adj. Fís.* Ultravermelho.

ULTRATUMBA *adv.* Além-túmulo.

ULTRAVIOLADO *adj. Fís.* Ultravioleta.

ULTRONEO, A *adj.* Espontâneo, voluntário.

ULULACIÓN *s. f.* Ululação.

ÚLULA *s. f.* V. AUTILLO.

UMBILICACIÓN *s. f. Med.* Pústula umbilicada.

UMBRAL *s. m.* Umbral, ombreira (de porta). *fig.* Limiar, umbral.

UMBRALADA *s. f. Amer.* V. UMBRAL, 1ª acep.

UMBRALADURA *s. f. Amer.* equat. V. UMBRAL, 1ª acep.

UMBRALAR *v. tr.* Colocar umbrais ou ombreiras (nas portas).

UMBRÁTIL *adj.* Umbroso, sombrio. Umbrátil, alegórico, figurado.

UMBRÍA *s. f.* Umbria. Parte sombria do terreno, voltada para o norte.

UN, UNA *artig. determ. m. e f.* Um, uma. *adj.* V. UNO.

UÑA (unha) *s. f. Anat.* Unha. V. TETÓN. *Med.* Ungula, unha. Unha (parte de alguns instrumentos, gancho). Entalhe que se faz em algumas peças por onde entra o dedo para movê-las. *fig.* Unha, garra. *Vet.* Calo, unha. *Largo de —s, loc. fig. fam.* De unhas compridas, afeito ao roubo, ladrão. —*s arriba,* loc. adv. Com as unhas à mostra, disposto a defender-se. *A — de caballo, loc. adv. fam.* À rédea solta, a todo galope. *Ser — y carne, loc. fig. fam.* Ser unha e carne (duas ou mais pessoas).

UÑADA (unhada) *s. f.* unhada (arranhadura feita com a unha; traço dado com a unha).

UÑADO, A (unhado) *adj.* Ungulado.

UÑAR (unhar) *v. tr. Amer.* Roubar, furtar.

UÑARADA (unharada) *s. f.* Unhaço.

UÑATE (unhate) *s. m.* V. UÑETA, 3ª acep. *fam.* Ação de apertar uma coisa com a unha. Jogo de rapazes, que consiste em impelir com a unha um alfinete até cruzá-lo com o contrário.

UÑAZO (unhaço) *s. m.* V. UÑARADA.

UNCIDERO, A *adj.* Que se pode jungir ou cangar.

UNCIDOR, A *adj. e s.* Que junge ou canga.

UNCIÓN *s. f.* Unção. Extrema-unção. *pl.* Unturas mercuriais.

UNCIR *v. tr.* Jungir, cargar.

UNDOSO, A (undosso) *adj.* Ondulante, undante, undoso.

UNDULACIÓN *s. f.* Ondulação. *Fís.* Onda.

UNDULANTE *adj.* Ondulante.

UNDULAR *v. intr.* Ondular, ondear.

UNDULATORIO, A *adj.* Ondulatório.

UÑERO (unhero) *s. m.* Unheiro.

UÑETA (unheta) *s. f. Dim.* de Uña. Cinzel de canteiro. Jogo de rapazes que consiste em meter com a unha uma ou mais moedas numa pequena cova.

UÑETAZO (unhetaço) *s. m. Amer. centr.* Unhaço. Unhada.

UNGIMIENTO (unjimiento) *s. m.* Unção; untura; untadura.

UNGÜENOSO, A (ungüenosso) *adj.* Unguinoso.

ÚNGULA *s. f.* Unha, casco (dos animais).

UNIBLE *adj.* Que pode ser unido.

UNICIDAD (unicidad) *s. m.* Unicidad.

UNIDAD *s. f.* Unidade (em todas as suas acepções).

UNIFICACIÓN *s. f.* Unificação.

UNIFORMAR *v. tr.* Uniformizar, uniformar.

UNIMISMAR *v. tr.* Unificar, uniformizar.

UNIÓN *s. f.* União.

UNIPERSONAL *adj. Gram.* Unipessoal.

UNIR *v. tr. e pron.* Unir (em todas as suas acepções).

UNISÓN (unissòn) *adj.* Uníssono. *s. m. Mús.* Uníssono.

UNISONANCIA (unissonancia) *s. f.* Unissonância (em todas as suas acepções).

UNISONAR (unissonar) *v. intr. Mús.* Tocar ou cantar em uníssono.

UNÍSONO, A (uníssono) *adj.* Uníssono, unissonante. *Al* —, *loc. adv. fig.* Unanimemente, sem discrepância.

UNIVALVO, A *adj.* Univalve.

UNIVERSALIZACIÓN (universaliçaciòn) *s. f.* Universalização.

UNIVERSIDAD (universidad) *s. f.* Universidade, universalidade. Universidade (reunião de escolas superiores; seu corpo docente; o edifício em que funciona).

UNIVOCACIÓN *s. f.* Univocação.

UNIVOCARSE *v. pron.* Convir, concordar, ser unívoro.

UNO, A *adj.* Uno, único, singular, só na sua espécie, um. Uno, simples, não dividido. Identificado, unido (falando-se de pessoas ou coisas). Idêntico, igual, um. Distributivamente, emprega-se contraposto a otro, precedido do art. el: *El — sonreîa, el otro lloraba,* um sorria, outro chorava. Um... outro; este... aquele. *pl.* Uns, alguns (de quantidade indeterminada); uns, mais ou menos. *pron. indef.* Alguém. (No pl. refere-se a duas ou mais pessoas cujo nome se ignora ou não se quer dizer; uns, alguns). Aplica-se também, no *sing.,* a uma pessoa indeterminada ou à mesma que fala: *Cuando — quiere no puede,* quando se quer não se pode, quando uma pessoa quer não pode; quando a gente quer não pode. *s. m.* Unidade (quantidade que se toma por medida). *s. m.* Um (número e algarismo). Um indivíduo de qualquer espécie, uma pessoa qualquer. *A —a, loc. adv.* À uma, a um tempo, simultaneamente. *Cada —,* cada um, qualquer pessoa; todo e qualquer homem. *De —a, loc. adv.* De uma vez. *De — en —, loc. adv.* Um a um, um por um. *En —, loc. adv.* À uma, unanimemente. ã uma, simultaneamente. *Para en —, loc. adv.* Para viver como uma só pessoa. *Ser todo —, ou ser —, loc. fig.* Ser tudo a mesma coisa, ser tudo uma coisa só. *—a de dos, loc.* De duas uma. *—a por —a, loc. adv.* Em todo caso, em realidade, efetivamente. *— a otro, loc. adv.* Um para o outro, mutuamente, reciprocamente. *— a —, loc. adv.* Uma um, um por um. *— con otro, loc. adv.* Um e outro, tanto um como outro. *— que otro, loc.* Um que outro. *—s cuantos, loc.* Alguns, uns poucos. *— tras otro, loc. adv.* Um após outro, sucessivamente. *— y otro, loc.* Um e outro, ambos.

UÑON (unhòn) *s. m.* Aument. de Uña.

UÑOSO, A (unhoso) *adj.* Que tem as unhas compridas.

UNTAMIENTO *s. m.* Untura, unção, untadura.

UNTAR *v. tr.* Untar. *fig. fam.* Untar as unhas ou mãos de alguém, peitar, subornar. *v. pron.* Manchar, sujar-se (com qualquer matéria gordurosa). *fig. fam.* Ficar-se com alguma coisa daquilo que se maneja, principalmente dinheiro.

UNTAZA (untaça) *s. f.* Enxúndia, unto, gordura.

UNTO *s. m.* Unto (banha; gordura; substância gorda; enxúndia). *— de Méjico,* ou de rana, *fig. fam.* Dinheiro (principalmente o que é empregado no suborno).

UNTOSO, A (untosso) *adj.* Untuoso.

UÑUELA (unhuela) *s. f.* Dim. de Uña.

¡UPA! interj. Upa! *A —, loc. adv.* Em braços.

UPUPA *s. f.* V. ABUBILLA.

URBANIDAD (urbanidad) *s. f.* Urbanidade, cortesia, atenção.

URBANIZABLE (urbaniçable) *adj.* Que se pode urbanizar, civilizar ou polir.

URBANIZACIÓN (urbaniçaciòn) *s. f.* Ação de urbanizar (civilizar, polir).

URBANIZAR (urbaniçar) *v. tr.* Urbanizar, polir, civilizar. Transformar em cidade. Urbanizar (melhorar e embelezar cidades).

URBANO, A adj. Urbano (relativo a cidade; *(fig.)* cortês, polido). *s. m.* Guarda civil.

URCA *s. f.* Urca (embarcação antiga). V. ORCA.

URCE *s. m.* Bot. Urze. V. BREZO.

URCHILLA (urtchilla) *s. f.* Urchila.

URDIDERA *s. f.* Urdidera, tecedeira. Urdideira (peças em que se urdem os ramos da teia).

URDIDOR, A *adj.* Urdidor. *s. m.* Urdidor, tecelão. V. URDIDERA, 2ª acep.

URDIDURA *s. f.* Urdidura (ação de urdir).

URDIEMBRE *s. f.* V. URDIMBRE.

URDIMBRE *s. f.* Urdidura, urdume (o conjunto dos fios que se lançam ao comprimento do tear). *fig.* Urdidura, enredo, tramóia, maquinação.

UREA (urèa) *s. f.* Uréia.

URÉTERA *s. f.* Anat. Uretra.

URGANDILLO, A (urgandilho) *adj. e s.* Inquieto, buliçoso, travesso, trêfego.

URINACIÓN *s. f.* Urinação.

URINAL *adj.* Urinário.

URINATIVO, A *adj.* Diurético.

URNA *s. f.* Urna (para as cinzas dos mortos; vaso onde se recolhem os votos). Redoma.

URNICIÓN *s. f. Náut.* V. BARRAGANETE.

URÓLOGO *s. m.* Urologista.

URPILA *s. f. Amer. argent.* Pomba pequena.

URRACA *s. f. Ornit.* Pega. fig. fam. Gralha, pessoa muito tagarela.

URTICACIÓN *s. f.* Urticação.

URUGUAYO, A (uruguadjo) *adj. e s.* Uruguaio.

URUTAO *s. m.* V. URUTAU.

URUTAÚ *s. m. Amer. Ornit.* Urutau.

USABLE (ussable) *adj.* Usável, usual.

USADAMENTE (ussadamente) *adv.* Habitualmente, segundo o uso ou costume.

USADO, A (ussado) *adj.* Usado (em todas as suas acepções). *Al —, loc. adv.* Como de praxe, segundo o costume.

USAJE (ussaje) *s. m. ant.* V. USANZA.

USANZA (ussança) *s. f.* Usança, uso, praxe, costumeira, moda.

USAR (ussar) *v. tr.* Usar (utilizar; desfrutar; empregar). Exercer um emprego ou ofício). *v. intr.* Usar, costumar, ter por hábito.

USARCÉ (ussarcè) *s. m. e f. Apóc.* de Usarced.

USARCED (ussarced) *s. m. e f. Metapl.* de Vuesarced.

USASTED (ussasted) *s. m. e f.* V. USARCED.

USENCIA (ussencia) *s. m. e f. Metapl.* de Vuesa Reverencia (Vossa Reverência). Usa-se entre os religiosos.

USEÑORIA (ussenhoria) *s. m. e f. Metapl.* de Vueseñoria.

USGO *s. m.* Asco, repugnância.

USÍA (ussía) *s. f.* Síncope de Usiría.

USINA (ussina) *s. f.* Fábrica, estabelecimento fabril, usina. (É galicismo).

USIRÍA (ussiría) *s. m. e f. Metapl.* de Useñoria.

USO (usso) *s. m.* Uso (em todas as suas acepções). *A, ou al, —, loc. adv.* A uso, segundo o uso ou costume.

USTAGA *s. f. Náut.* Ostaga.

¡USTE! interj. V. OXTE.

USTED (usted) *s. m. e f.* Tratamento de cortesia ou familiaridade na 3ª pes. do sing. Vossemecê; o senhor, a senhora.

USTIBLE *adj.* Combustível, que se pode queimar facilmente.

USTIÓN *s. f.* Ustão, combustão.

USTULACIÓN *s. f. Quím.* Ustulação.

USUCAPIÓN (ussucapiòn) *s. m. For.* Usocapião.

USUCAPIR (ussucapir) *v. tr. For.* Usucapir. Defect. Usa-se somente nas formas do infinitivo.

USUREAR (ussurear) *v. intr.* Usurar. *fig.* Lucrar, ganhar ou adquirir com proveito, especialmente quando é com excesso.

USURERO (ussurero) *s. m.* Usurário, usureiro.

USURPACIÓN (ussurpaciòn) *s. f.* Usurpação.

USUTA (ussuta) *s. f. Amer. plat.* V. OJOTA.

ÚTIL adj. Útil. *s. m.* Útil, utilidade, proveito. Utensílio, aparelho, apresto, instrumento. U. m. no pl.

UTILIDAD (utilidad) *s. f.* Utilidade.

UTILIZABLE (utiliçable) *adj.* Utilizável.

UTILIZACIÓN (utilizaciòn) *s. f.* Utilização.

UTILLAJE (utilhaje) *s. m.* Aparelho, aprestos, conjunto de utensílios para um fim. (É galicismo).

UTRERA, O *s. m. e f.* Novilha ou novilho entre dois e três anos.

UVA *s. f.* Uva. Pilrito. Espécie de uveíte. *Hecho una —, loc. fig. fam.* Muito bêbedo.

UVADA *s. f.* Uvaça (grande quantidade de uvas).

UVATE *s. m.* Arrobe de uvas.

UVAYEMA (uvadjema) *s. f. Bot.* Videira brava.

UVERO, A *adj.* Uval. *s. m.* Vendedor de uvas. *Bot.* Uveira.

UVIOL *s. f.* Lâmpada de raio ultravioleta.

UVIOLIZAR (uvioliçar) *v. tr.* Aplicar raios ultravioletas.

UZEAR (ucear) *v. tr. Amer. chil.* Bater (com as mãos).

UZO (uço) *s. m. ant.* Porta ou postigo.

V (vê) *s. f.* Vigésima quinta letra e vigésima consoante do alfabeto espanhol. — *doble, ou* — *valona,* V. W.

VACA *s. f.* Vaca. Boi, vaca (a carne do gado vacum). Couro de vaca depois de curtido. Vaca (parada de dinheiro fornecida em comum por dois ou mais parceiros). — *abierta,* vaca fecunda. — *marina,* vaca-marinha. *La — de la boda, fig. fam.* Pessoa a quem todos recorrem em suas necessidades.

VERBORREA (verborrèa) *s. f.* Verborréia, verbiagem, palanfrório, palavreado.

VERBOSEAR (verbossear) *v. intr.* Ser verboso.

VERDAD (verda*d*) *s. f.* Verdade. — *desnuda, fig.* Verdade nua e crua. — *de Perogrullo.* V. PERROGRULLADA. —*es como puños, fig. fam.* Verdades evidentes. *De —, loc. adv.* De verdade, deveras. *A la —, loc. adv.* Na verdade. *En —, loc. adv.* Em verdade. *A mala —, loc. adv.* Enganosamente, artificiosamente. *Ajeno de —, loc.* Estranho à verdade.

VERDADERAMENTE *adv.* Verdadeiramente.

VERDADERO, A *adj.* Verdadeiro.

VERDAL *adj.* Verdeal.

VERDASCAZO (verdascaço) *s. m.* Verdascada, chibatada.

VERDE *adj.* e *s. m.* Verde (em todas as suas principais acepções).

VERDEA (verdèa) *s. m.* Verdeia.

VERDEAR *v. intr.* Verdejar, verdear. Verdecer.

VERDECELEDÓN *s. m.* Verde-claro (de certos tecidos).

VERDECILLO (verdecilho) *s. m.* V. VERDERÓN, 1ª acep.

VERDEGAL *s. m.* Sítio onde o campo verdeja.

VERDEGAY (verdegai) *adj.* Verdegaio (cor).

VERDEGRIS *s. m.* Verdete.

VERDEGUEANTE *p. a.* de *Verdeguear. adj.* Verdejante.

VERDEGUEAR *v. intr.* V. VERDEAR.

VERDEJO, A (verdejo) *adj.* Verdear (falando-se de uva).

VERDEMONTAÑA (verdemontanha) *s. m.* Verdemontanha (cor e tinta).

VERDEROL *s. m.* V. VERDERÓN.

VERDERÓN *s. m. Ornit.* Verdelhão, verderol. V. BERBERECHO.

VERDEVEJIGA (verdevejiga) *s. m.* Verdebexiga.

VERDEZUELO (verdeçuelo) *adj. Dim.* de *Verde. s. m.* V. VERDERÓN, 1ª acep.

VERDIAZUL (verdiaçul) *adj.* Verde-azulado.

VERDÍN *s. m.* Verdor (das plantas novas). Estas plantas. Verdete. Limo.

VERDINA *s. f.* V. VERDÍN, 1ª acep.

VERDINAL *s. m.* V. FRESQUEDAL.

VERDIÑAL (verdinhal) *adj.* Verdeal (falando-se de pêra).

VERDINEGRO, A *adj.* Verde-negro, verde-escuro.

VERDINO, A *adj.* Virente, verdoso, verdejante, verdoengo.

VERDISECO, A (verdisseco) *adj.* Meio seco.

VERDOLAGA *s. f. Bot.* Beldroega.

VERDÓN *s. m.* V. VERDERON, 1ª acep.

VERDOR *s. m.* Verdor (em todas as suas acepções). *fig.* Tendência ou costumes licenciosos. U. m. no pl.

VERDOYO (verdodjo) *s. m.* V. VERDIN, 1ª acep.

VERDUGADA *s. f. Constr.* Fileira de ladrilhos colocados horizontalmente.

VERDUGADO *s. f.* Verdugada.

VERDUGAZO (verdugaço) *s. m.* Lategaço.

VERDUGO *s. m.* Verdugo, carrasco, algoz. Estoque muito fino, verdugo. Rebento, renovo, vergôntea, ramo, broto. Açoite, látego, azorrague. Vergão (marca que o açoite deixa na pele). Anel (para os dedos). V. ALCAUDÓN. V. VERDUGADO. *Constr.* V. VERDUGADA. *fig.* Verdugo, pessoa muito cruel. *fig.* Flagelo, tormento, aflição.

VERDUGÓN *s. m.* V. VERDUGO, 3ª acep. *Amer.* Ferimento causado pelo calçado. *Amer.* Rasgão, pegão (na roupa).

VERDUGUETE *s. m.* V. VERDUGUILLO, 4ª acep.

VERDUGUILLO (verduguilho) *s. m.* Tubérculo (nas folhas de algumas árvores). Verdugo (navalha pequena). Arrecada, brinco. *Náut.* Verdugo.

VERDULERA *s. f.* Verdureira (vendedora de hortaliças). *fig.* Mulher desavergonhada.

VERDULERÍA *s. f.* Quitanda, mercadinho, casa onde se vendem verduras.

VERDULERO *s. m.* Verdureiro (vendedor de hortaliças).

VERDURA *s. f.* Verdura (em todas as suas acepções). *fig.* Obscenidade (qualidade de obsceno).

VERDUSCO, A *adj.* Verdoengo, esverdeado.

VEREDA *s. m.* Vereda, caminho estreito. Estrada pastoril para os gados transumantes. Ordem, aviso ou comunicação que se despacha para um número determinado de lugares situados no mesmo caminho. *Amer. argent., per.* e *urug.* V. ACERA, 1ª acep.

VEREDERO *s. m.* Portador da *vereda* (3ª acep.).

VERENDO, A *adj.* Verecundo, vergonhoso.

VERENJUSTO (verenjusto) *adj.* Usado somente na loc. adv. *En justos y —s,* com razão ou sem ela, com ou sem razão.

VERGA *adj.* Uva — *Bot.* Acônito. *s. m. Náut.* Verga. *Anat.* Pênis. —*s en alto, loc. Náut.* De Verga d'alto, de vergas altas, pronto a partir.

VERGAJAZO (vergajaço) *s. m.* Vergalhada.

VERGAJO (vergajo) *s. m.* Vergalho.

VERGELERO (verjelero) *s. m.* Jardineiro, pomicultor, encarregado de um vergel.

VERGETA (verjeta) *s. f. Heráld.* Vergueta.

VERGOÑA (vergonha) *s. f. ant.* V. VERGÜENZA.

VERGONZANTE (vergonçante) *adj.* Vergonhoso, envergonhado (diz-se geralmente de quem pede esmola dissimuladamente).

VERGONZOSA (vergonçossa) *s. f. Amer. cub. Bot.* Sensitiva.

VERGONZOSAMENTE (vergonçossamente) *adv.* Vergonhosamente.

VERGONZOSO, A (vergonçosso) *adj.* Vergonhoso. Envergonhado. Vergonhoso, pudendo. *s. m. Zool.* Espécie de tatu.

VERGUEAR *v. tr.* Varar, chibatar, vergalhar.

VERGUEÑA (vergüenha) *s. f. ant.* V. VERGÜENZA.

VERGÜENZA (vergüença) *s. f.* Vergonha (em todas as suas acepções). *pl.* Vergonhas, partes pudendas.

VERGUETA *s. f.* Varinha delgada. *fig.* V. CORCHETE.

VERGUIO, A *adj.* Flexível (falando-se de madeiras).

VERICUETO *s. m.* Alcantil, anfractuosidade, despenhadeiro, quebrada.

VERIFICACIÓN *s. f.* Verificação.

VERIJA (verija) *s. f.* Virilha. *Amer.* Ilhal (do cavalo); vazio (das reses).

VERIL *s. m.* Extremidade de um baixio ou parcel.

VERILEAR *v. tr. Náut.* Navegar nas proximidades de um baixio ou parcel.

VERINGO, A *adj. Amer. colomb.* Nu, despido.

VERINJUSTO, A (verinjusto) *adj.* Injusto.

VERISIMIL (verissìmil) *ad.* Verisímil, verosímil.

VERISIMILITUD (verissimilitu*d*) *s. f.* Verisimilhança, verisimilitude, verosimilhança.

VERJA (verja) *s. f.* Grade, gradil, cerca de grades; portão ou porta de grades.

VERJEL (verjel) *s. m.* Vergel, pomar, jardim.

VERJELERO (verjelero) *s. m.* V. VERGELERO.

VERJERÍA (verjería) *s. f.* Gradaria.

VERMINACIÓN *s. f.* Verminação.

VERNACIÓN *s. f. Bot.* Vernação.

VERO *s. m.* Marta (a pele). *adj.* Vero, verdadeiro.

VEROSÍMIL (verossímil) *adj.* Verosímil.

VEROSIMILITUD (verossimilitu*d*) *s. f.* Verosimilhança, verosimilitude.

VERRACADA *s. f. Amer. cub.* V. SANDEZ.

VERRAQUEAR *v. intr. fam.* Grunhir, resmungar, rosnar, mostrar desagrado. Chorar (as crianças) com raiva.

VERRAQUERA *s. f. fam.* Choro contínuo e raivoso das crianças. *Amer. cub.* Mona, borracheira.

VERRIONDEZ *s. f.* Cio (do varrão e outros animais).

VERRIONDO, A *adj.* Aluado, com cio (o varrão e outros animais). Diz-se das ervas quando estão secas ou mal cozidas.

VERRUGA *s. f.* Verruga. *Bot.* Verruga. *fig.* Pessoa enfadonha.

VERRUGO *s. m.* Avaro, avarento, sovina.

VERRUGUIENTO, A *adj.* Verrugoso, verruguento.

VERSACIÓN *s. f.* Versão, volta, mudança.

VERSALILLA (versalilha) *adj.* e *s.* Versalete.

VERSALITA *adj.* e *s.* V. VERSALILLA.

VERSAR *v. intr.* Girar, voltear. Com a prep. *sobre,* versar, ter por objeto. *v. pron.* Exercitar-se.

VERSEAR *v. intr. Amer. chil.* Versejar, poetar.

VERSECILLO (versecilho) *s. m. Dim.* de *Verso.* Versinho.

VERSERO *s. m. Amer. chil.* Poetastro.

VERSÍCULA *s. f.* Estante dos livros de coro.

VERSÍCULO *s. m.* Verseto, versículo.

VERSIFICACIÓN *s. f.* Versificação.

VERSIÓN *s. f.* Versão, tradução. Versão, interpretação, explicação. *Cir.* Versão.

VERSO *s. m.* Verso, poesia. Versículo.

VERTEBRARIO *s. m.* Coluna vertebral.

VERTEDERA *s. f. Agr.* Grade, ancinho.

VERTEDERO *s. m.* Desaguadouro, rego, vala, sarjeta. Esgoto, conduto por onde se verte ou despeja uma coisa.

VERTEDOR, A adj. Vertedor, despejador. s. m. Cano de despejo. V. ACHICADOR.

VERTELO s. m. Náut. Caçoilo.

VERTER v. tr. Verter, derramar, entornar; despejar, esgotar. U. t. c. pron. Verter, traduzir. fig. Deitar (máximas, conceitos etc). v. intr. Verter, brotar, manar, derivar. Irreg. V. conj. de Extender.

VERTIBILIDAD (vertibilidad) s. f. Conversibilidade.

VERTIBLE adj. Conversível. fig. Versátil.

VERTIENTE p. a. de Verter. Que verte, vertente. s. m. Vertente, encosta. Vertente (de telhado). Amer. Fonte.

VÉRTIGO s. m. Vertigem.

VERTIMIENTO s. m. Vertedura.

VESANA (vessana) s. f. V. BESANA.

VESICACIÓN (vessicaciòn) s. f. Med. Vesicação.

VESICULACIÓN (vessiculaciòn) s. f. Med. Vesiculação.

VÉSPERO s. m. Astron. Vésper, véspero, Vênus como astro vespertino.

VESPERTILIO s. m. p. us. Morcego.

VESPERTINA s. f. Vespérias.

VESPERTINO, A adj. Vespertino. s. m. V. VESPERTINA.

VESTE s. f. Poét. Veste, vestido, vestuário.

VESTIDERO, A adj. Que se pode vestir.

VESTIGIAL (vestijial) adj. Rudimentar.

VESTIGIO (vestijio) s. m. Vestígio (em todas as suas acepções).

VESTIR v. tr., intr. e pron. Vestir; vestir-se (em todas as suas principais acepções). Irreg. V. conj. de Servir.

VESTUARIO s. m. Vestuário. Vestiário, vestiaria.

VESTUGO s. m. Vergôntea, renovo (de oliveira).

VETA s. f. Miner. Beta.

VETADO, A adj. Betado.

VETAZO (vetaço) s. m. Amer. V. LATIGAZO.

VETEADO, A adj. V. VETADO.

VETEVÉ s. m. Amer. colomb. Sofá, canapé.

VETILLA (vetilha) s. f. Frioleira, insignificância.

VETUSTEZ s. f. Vetustade, vetustez, ancianidade, antiguidade.

VEZ s. f. Vez (tempo, ocasião, ensejo, época; turno). Vara de porcos dos moradores de uma localidade. pl. Vezes, funções. A la —, loc. adv. À uma, a um tempo, à uma vez, simultaneamente. A VECES, às vezes, por vezes, a vezes, alternamente. A las VECES, Às vezes, de quando em quando, por vezes, ocasionalmente. Alguna —, loc. adv. Certa vez. A su —, ou por —, loc. adv. Por sua vez, a seu turno. De una —, loc. adv. De uma vez, definitivamente. De — en quando, loc. adv. De vez em quando, de tempos a tempos, de vez em vez. En — de, loc. adv. Em vez de, em substituição de uma pessoa ou coisa. Otra —, loc. adv. Outra vez, novamente, de novo. Tal cual —, loc. adv. Uma que outra vez, uma vez que outra, raramente. Tal —, loc. adv. Talvez, quiçá. Tal y tal —, loc. adv. V. VEZ (tal cual —).

VEZA (veça) s. f. V. ARVEJA.

VIABLE adj. Viável.

VIADA s. f. Náut. Arrancada.

VIAJE (viaje) s. m. Viagem. água conduzida por encanamentos ou aquedutos. fig. fam. Gilvaz, ferimento extenso causado por arma branca. — redondo, viagem redonda, de ida e volta. fig. Êxito num negócio.

VIAJERO, A adj. Viageiro, viajante. s. m. Viajante, viageiro, viajor.

VIAL adj. Pertencente à via ou caminho. Avenida, alameda, rua.

VIALIDAD (vialidad) s. f. Viação (serviços pertencentes às vias públicas, caminhos etc.).

VIANDA s. f. Vianda, comida, alimento. Comida que se serve à mesa.

VIARAZA (viaraça) s. f. Fluxo de ventre. fig. ant. Veneta, tineta. Usa-se ainda na Argentina.

VÍBORA s. f. Zool. Víbora. Cobra (qualquer espécie de serpente). Lengua de —, fig. Língua de víbora ou viperina, pessoa maldizente.

VIBOREZNO, A adj. Viperino, vipéreo. s. m. Cobra pequena.

VIBRACIÓN s. f. Vibração.

VIBRIÓN s. m. Zool. Vibrião.

VIBRISSAS (vibrissas) s. m. pl. Anat. Vibrissas (pêlos das narinas).

VICARIA s. f. Vigaria.

VICARIO, A adj. Vicário (que faz as vezes de outro). U. t. c. s. Vigário. s. m. Vigário. — de monjas, vigário de freiras. — general, vigário geral. — de Jesucristo, vigário de Cristo, o Papa.

VICARIZAR (vicariçar) v. intr. Exercer o cargo de vigário.

VICEALMIRANTAZGO s. m. Vice-almirantado.

VICECANCILLER (vicecancilher) s. m. Vice-chanceler.

VICEGOBERNADOR s. m. Vice-governador.

VICERRECTOR s. m. Vice-reitor.

VICERRECTORADO s. f. Vice-reitorado (cargo do vice-reitor).

VICERRECTORÍA s. f. Vice-reitorado (repartição do vice-reitor).

VICHADOR (vitchador) s. m. Bombeador, espia.

VICHEAR (vitchear) v. tr. V. BICHEAR, 1ª acep.

VICIA s. f. V. ARVEJA.

VICIABLE adj. Corruptível.

VICIACIÓN s. f. Viciação.

VICIOSO, A (viciosso) adj. Vicioso. Viçoso. Abundante, deleitoso. Viciado, mal educado.

VICISITUD (vicissitud) s. f. Vicissitude, alternativa, variação; revés.

VÍCTIMA s. f. Vítima.

VICTIMACIÓN s. f. Amer. Morte, assassinato.

VICTIMAR v. tr. Amer. Matar, assassinar.

VICTO s. m. Sustento diário.

¡VÍCTOR! interj. Vítor! Viva!

VICTOREAR v. tr. Vitoriar, aclamar.

VICTORIA s. f. Vitória, triunfo. Vitória (espécie de carruagem). Bot. Vitória.

VICTORIOSAMENTE (victoriossamente) adv. Vitoriosamente.

VICTORIOSO, A (victoriosso) adj. Vitorioso.

VICUÑA (vicunha) s. f. Zool. Vicunha. Vicunha (tecido). Lã de vicunha.

VID (vid) s. f. Bot. Vide, videira. — salvaje, Bot. Videira brava.

VIDA s. f. Vida. A —, loc. adv. Com vida. De por —, loc. adv. Sempre, por toda vida. En la —, ou en mi (tu, su) —, loc. adv. Nunca, jamais, em tempo algum. ¡Mi —! ¡—mía! expr. de carinho. Minhalma! Minha vida! Por —! Espécie de juramento para obrigar ou persuadir a concessão do que se pretende.

VIDORNIA s. f. V. VIDORRIA.

VIDORRIA s. f. fam. Deprec. Amer. Vidinha, vida triste e apagada.

VIDRIADO, A p. p. de Vidriar. adj. V. VIDRIOSO, 1ª acep. s. m. Louça vidrada. Substância vitrificável. V. VAJILLA, 1ª acep.

VIDRIAR v. tr. Vidrar. v. pron. Vitrificar-se.

VIDRIERA s. f. Vidraça. Amer. V. ESCAPARATE. Puerta —, porta envidraçada.

VIDRIERO s. m. Vidreiro. Vidraceiro.

VIDRERÍA s. f. Vidraria. Vidraçaria.

VIDRIO s. m. Vidro. fig. Vidro, pessoa muito melindrosa ou susceptível. fig. Vidro, coisa frágil.

VIDRIOSIDAD (vidriossidad) s. f. Qualidade de vidrento ou vidroso.

VIDRIOSO, A (vidriosso) adj. Vidrento, vidroso. Transparente. Escorregadio (falando-se do solo). fig. Vidrento, vidroso, frágil, quebradiço, perigoso. fig. Vidrento, vidroso, melindroso, susceptível.

VIDUEÑO (viduenho) s. m. V. VIDUÑO.

VIDUÑO (vidunho) s. m. Vidonho (casta de uva).

VIEJA (vieja) s. f. Velha. Náut. Parte podre ou carunchada da madeira. Amer. argent. Espécie de peixe. Amer. chil. V. BUSCAPIÉS.

VIEJARRÓN, A adj. e s. fam. V. VEJARRÓN.

VIEJEDAD (viejedad) s. f. ant. V. VEJEZ.

VIEJEZ (viejez) s. f. ant. V. VEJEZ.

VIEJEZUELO, A (viejeçuelo) adj. e s. Dim. de Viejo. Velhinho.

VIEJO, A (viejo) adj. e s. Velho (em todas as suas acepções). Ropería de —. V. ROPERÍA. — verde, fig. fam. Velho verde, que se presume moço, principalmente em galanteios.

VIENÉS, A adj. e s. Vienense.

VIENTO s. m. Vento (corrente de ar atmosférico; o ar, os ares, atmosfera). Cheiro, rastro (da caça). Vento, faro. fig. Vaidade, ar, vento, presunção, jactância. Corda comprida para sustentar uma coisa no alto ou movê-la para um lado. fam. Vento, ventosidade. Náut. Vento, rumo. — marero, vento do mar. — puntero, vento ponteiro. Contra — y marea, loc. adv. fig. Indo contra o vento e a maré, sem desistir do intento, a pesar de todos os obstáculos. Beber (uno) los —s por (algo), loc. fig. fam. Desejar ansiosamente (alguma coisa) e fazer tudo para consegui-la.

VIENTRE s. m. Ventre, abdômem, barriga. Deventre. Feto, barriga. Barriga (de vasilha). fig. Ventre, bojo, cavidade grande e interior de uma coisa. For. Mãe. For. Feto (como pessoa jurídica). — libre, ventre livre. Bajo —, baixo ventre. De —, loc. Diz-se do animal fêmea destinado à reprodução. Hacer de —, loc. Evacuar o ventre.

VIERNES s. m. Sexta-feira. — santo, sexta-feira santa ou da Paixão. Comer de —, loc. V. VIGILIA (Comer —).

VIGA s. m. Viga. Viga do lagar. Moedura (de azeitona). — maestra Constr. Viga-mestra.

VIGÍA (vijía) s. f. Vigia (em todas as suas acepções). Náut. Vigias, cachopos.

VIGILANTE (vijilante) p. a. de Vigilar. adj. Vigilante, que vela ou está acordado. s. m. Vigilante. Amer. argent. Agente de polícia, policial, guarda civil.

VIGILAR (vijilar) v. intr. Vigiar, velar, vigilar. U. t. c. tr.

VIGILATIVO, A (vijilativo) adj. Que causa vigia ou insônia.

VIGILIA (vijilia) s. f. Vigília, vela, lucubração, vigia. Vigília, véspera de festa. Ofício de defuntos. Vigia, insônia, vigília. Vigília, quarto (da noite). Comida feita de legumes, pescados etc., com abstinência de carnes. Comer de —, comer peixe, legumes etc., com abstinência de carnes.

VIGOR s. m. Vigor, força. Vigor, vigência (das leis).

VIGOROSIDAD (vigorossidad) s. f. Vigor, robustez, qualidade de vigoroso.

VIGOTA s. f. Náut. Bigota.

VIGUERÍA s. f. Vigamento, travejamento.

VIGUETA s. m. Dim. de Viga. Vigota, vigote, sarrafão.

VIGUETAJE (viguetaje) s. m. V. VIGUERÍA. Conjunto de vigotas ou vigotes.

VIHUELA (viuela) s. f. Mús. Viola, banza, guitarra.

VIHUELISTA (viuelista) s. m. Violeiro, guitarrista.

VILANO s. f. Flor do cardo. Penugem que envolve certas sementes.

VILDAD (vildad) s. f. ant. Vileza.

VILLA (vilha) s. f. Vila, casa de campo. Vila (povoação de categoria inferior a uma cidade). Conselho municipal que governa a vila.

VILLABARQUÍN (vilhabarquín) s. f. V. BERBIQUI.

VILLADIEGO (vilhadiego) n. p. Vila-diogo. Coger, ou tomar, las de —, loc. fig. Dar, ou tomar, às de vila-diogo, pirar-se, safar-se, fugir.

VILLAJE (vilhaje) s. m. Vileta, vilinha, vilela, vilazinha, aldeia, povoado, vilório.

VILLANADA (vilhanada) s. f. Vilanagem (ação de vilão).

VILLANAJE (vilhanaje) s. m. Plebe, povo (oposto à nobreza ou ao clero). Qualidade de plebeu ou vilão.

VILLANAMENTE (vilhanamente) adv. Vilãmente.

VILLANCEJO (vilhancejo) s. m. V. VILLANCICO.

VILLANCETE (vilhancete) s. m. V. VILLANCICO.

VILLANCHÓN, A (vilhantchòn) adj. e s. fam. Vilão, rústico, grosseiro, tosco.

VILLANCICO (vilhancico) s. m. Vilancete. Vilancico.

VILLANCIQUERO (vilhanciquero) s. m. Que faz ou canta vilancicos ou vilancetes.

VILLANERÍA (vilhanería) s. f. V. VILLANÍA. V. VILLANAJE.

VILLANESCA (vilhanesca) *s. f.* Dança e canção rústica antiga.

VILLANESCO, A (vilhanesco) *adj.* Vilanesco, rústico, grosseiro.

VILLANÍA (vilhanía) *s. f.* Vilania (qualidade de vilão; ação grosseira, baixa, vil). *fig.* Ação indecorosa.

VILLANO, A (vilhano) *adj. e s.* Vilão, ã (habitante de vila). Vilão, plebeu. Vilão, rústico, grosseiro, descortês. *fig.* Vilão, baixo, abjeto, vil, indigno. *s. m.* Dança e música espanhola do século XVI. — *harto de ajos, fig. fam.* Pessoa rústica e malcriada.

VILLANOTE (villanote) *adj. e s. Aument.* de *Villano.* Vilanaz, vilanação.

VILLAR (vilhar) *s. m.* V. VILLAJE.

VILLAZGO (vilhazgo) *s. m.* Qualidade ou privilégio de vila. Tributo que se impunha às vilas.

VILLERÍA (vilhería) *s. f.* V. COMADREJA, 1ª acep.

VILLETA (vilheta) *s. f. Dim.* de *Villa.* Vileta, vilela, vilinha, vilazinha.

VILLORÍA (vilhoría) *s. f.* Vila, casa de campo.

VILLORÍN (vilhorín) *s. m.* V. VELLORÍN.

VILLORIO (vilhorio) *s. m. Deprec.* de *Villa.* Vilório, aldeola.

VILO (EN) *loc. adv.* Suspenso, em vão, sem fundamento ou apoio necessário, no ar, sem estabilidade. *fig.* No ar, com indecisão, inseguramente.

VILORDO, A *adj.* Preguiçoso, tardo.

VILORTA *s. f.* Arco feito de uma vara flexível, anel, atadura. Arruela. Jogo consistente em arremessar, com uma espécie de raqueta, uma bola de madeira que deve passar entre uma fileira de estacas. V. VILORTO, 1ª acep.

VILORTO *s. m. Bot.* Nome de uma trepadeira muito comum na Espanha. Raqueta para jogar a *Vilorta.* V. VILORTA, 1ª acep.

VILOTE *adj. Amer. chil* e *argent.* Cobarde, poltrão, medroso.

VILTOSO, A (viltosso) *adj. ant.* Vil.

VILTROTEAR *v. intr. fam.* Passear pelas ruas, arruar. (Diz-se para censurar esta ação, e principalmente das mulheres).

VILTROTERO, A *adj. e s.* Arruador, arruadeira (diz-se principalmente das mulheres).

VIMBRE *s. m.* V. MIMBRE.

VIMBRERA *s. f.* V. MIMBRERA.

VIÑA (vinha) *s. f.* Vinha. *Como hay —s, loc. fam.* que se emprega para afirmar a verdade de uma coisa. *Como por — vendimiada, loc. adv. fig.* Facilmente, sem estorvo. *La — del Señor, loc. fig.* A vinha do Senhor, o grêmio da religião cristã. *Ser una — (una cosa), loc. fig.* Ser uma mina (uma coisa). *Tener (uno) una —, loc. fig. fam.* Ter um cartório, ter uma ocupação lucrativa e de pouco trabalho.

VIÑADERO (vinhadero) *s. m.* V. VIÑADOR.

VIÑADOR (vinhador) *s. m.* Vinhateiro. Vinheiro.

VINAGRADA *s. f.* Refresco de água, açúcar e vinagre: vinagrada.

VINAGRE *s. m.* Vinagre. *fig. fam.* Vinagre, pessoa de índole áspera e irritável. *Cara de —, loc. fig.* Cara azeda, mau humor.

VINAGRERA *s. f.* Vinagreira (vasilha onde se guarda vinagre). V. ACEDERA. *Amer. merid.* V. AZEDÍA. *pl.* Galheteiro.

VINAGRERO *s. m.* Vinagreiro.

VINAGRETA *s. f.* Molho feito de azeite, cebola e vinagre.

VINAGRILLO (vinagrilho) *s. m. Dim.* de *Vinagre.* Vinagrinho. Vinagre fraco. *Tabaco —,* vinagrinho (espécie de rapé). *Amer. merid. Bot.* Azeda, vinagre.

VINAGRÓN *s. m.* Vinagreta.

VINAGROSO, A (vinagrosso) *adj.* Vinagrento. *fig.* Azedo, áspero, irritável (falando-se da índole).

VINAJERA (vinajera) *s. f.* Galheta (para a missa).

VINAR *adj.* Vinhateiro.

VINARIEGO *s. m.* Vinhateiro.

VINATERÍA *s. f.* Vinhataria. Indústria vinícola. Taberna, casa onde se vende vinho.

VINATERO, A *adj.* Vinhateiro, vinário, vinícola. *s. m.* Vinhateiro.

VINAZA (vinaça) *s. f.* Vinhaça (vinho mau, o resíduo da destilação do vinho).

VINAZO (vinaço) *s. m.* Vinhão.

VINCHA (vintcha) *s. f. Amer. argent., per.* e *chil.* Lenço ou fita para o cabelo.

VINCHUCA (vintchuca) *s. f. Amer. argent., chil.* e *per. Entom.* Espécie de percevejo.

VINCLE *s. m. ant.* Vínculo.

VINCULABLE *adj.* Vinculável.

VINCULACIÓN *s. f.* Vinculação.

VINDICACIÓN *s. f.* Vindicação.

VINDICTA *s. f.* Vindita, vingança; castigo, represália.

VIÑEDO (vinhedo) *s. m.* Vinhedo, vinhal, vinhar.

VIÑERO (vinhero) *s. m.* Vinhateiro.

VIÑETA (vinheta) *s. f.* Vinheta.

VIÑETERO (vinhetero) *s. m. Tip.* Caixa das vinhetas.

VINÍCOLA *adj.* Vinícola. *s. m.* Vinhateiro.

VINIEBLA *s. f. Bot.* Cinoglossa, língua-de-cão.

VINIENTE *p. a. ant.* de *Venir.* Usa-se atualmente na loc. *yentes y —s,* que vão e vêm.

VINIFICACIÓN *s. f.* Vinificação.

VINILLO (vinilho) *s. m. Dim.* de *Vino.* Vinhozinho. Vinhete; vinhoca, vinhaça.

VINO *s. m.* Vinho. — *de cabezas,* aguapé (bebida). — *de dos orejas,* vinho forte e bom. — *de una oreja,* vinho delicado e generoso. — *dulce,* vinho doce. *Cistinar el —, loc. fig.* Batizar o vinho, deitar-lhe água. *Tener (uno) mal —, loc. fig.* Ter mau vinho, fazer tropelia, em estado da embriaguez. *Tomarse (uno) de —, loc. fig.* Embriagar-se.

VINOSIDAD (vinossidad) *s. f.* Vinosidade.

VINOSO, A (vinosso) *adj.* Vinoso. Vinolento.

VINOTE *s. m.* Vinhaça, resíduo da destilação do vinho.

VIÑUELA (vinhuela) *s. f. Dim.* de *Viña.* Vinhola.

VIOLACIÓN *s. f.* Violação.

VIOLADO, A *adj.* Violáceo, roxo, arroxeado, violete. *s. m.* Roxo. *p. p.* de *Violar.*

VIOLAR *s. m.* Violal (lugar plantado de violetas). *v. tr.* Violar (em todas as suas acepções).

VIOLERO *s. m. ant.* V. VIHUELISTA. Mosquito.

VIOLENTACIÓN *s. f.* Violência (ação de violar ou violentar).

VIOLETA *s. f.* Violeta (planta e flor).

VIOLETERO *s. m.* Vaso para violetas.

VIOLETO *s. m.* V. PELADILLO.

VIOLÍN *s. m.* Violino (instrumento). Violino, violinista. Taco auxiliar (no bilhar). *Embolsar el —, loc. fig. Amer. argent.* e *venezuel.* Meter a viola no saco, sair com o rabo entre as pernas, ficar envergonhado.

VIOLÓN *s. m.* Rabecão, contrabaixo. Rabecão (tocador deste instrumento). *Tocar el —, loc. fig. fam.* Falar ou proceder despropositadamente.

VIOLONCHELISTA (violontchelista) *s. m. e f.* Violoncelista.

VIOLONCHELO (violontchelo) *s. m.* Violoncelo.

VIRA *s. f.* Vira (seta aguda). *Sapat.* Vira.

VIRADA *s. f. Náut.* Ação de virar de bordo. *Autom.* Volta (na direção).

VIRAJE (viraje) *s. f.* V. VIRADA, 2ª acep.

VIRAR *v. tr. Náut.* Virar. U. t. c. intr. Virar (um cabrestante). *v. intr. Autom.* Virar, mudar de direção.

VIRATÓN *s. m.* Virotão.

VIRAZÓN (viraçòn) *s. f.* Viração (vento suave que sopra do mar).

VIREO *s. m.* V. OROPÉNDOLA.

VIRGEN (virjen) *adj. e s. m. e f.* Virgem (em todas as suas acepções).

VIRGINAL (virjinal) *adj.* Virginal. *Entereza —,* Virgindade. *Leche —,* leite virginal (certo cosmético).

VIRGINDAD (virjindad) *s. f.* Virgindade.

VIRGO *s. m. Astron.* Virgo, virgem. Virgindade.

VÍRGULA *s. f.* Varela, vareta, varola. Risco muito fino.

VIRGULILLA (virgulilha) *s. f.* Qualquer sinal ortográfico em forma de vírgula ou traço: hífen, apóstrofo, cedilha, til. Qualquer traço ou risco pequeno e fino.

VIRIL *s. m.* Viril (espécie de âmbula). *adj.* Viril, varonil.

VIRILIDAD (virilidad) *s. f.* Virilidade. Idade viril.

VIRIO *s. m.* V. OROPÉNDOLA.

VIROLENTO, A *adj.* Bexigoso, bexiguento, picado de bexigas. Varioloso. U. t. c. s.

VIRÓN *s. m. Aument.* de *Vira,* 1ª acep.

VIROTAZO (virotaço) *s. m.* Virotada.

VIROTE *s. m.* Virote. *fig. fam.* Homem empertigado e grave. *fig. fam.* Rapaz solteiro, ocioso, passeador e tido por elegante. *Mirar (uno) por el —, loc. fig. fam.* Olhar pelo virote, acautelar-se.

VIROTILLO (virotilho) *s. m.* Barrote vertical.

VIROTISMO *s. m.* Presunção, vaidade.

VIRREINA *s. f.* Vice-rainha.

VIRREINAL *adj.* Vice-real.

VIRREINATO *s. m.* Vice-reinado.

VIRREINO *s. m.* V. VIRREINATO.

VIRREY (virrei) *s. m.* Vice-rei.

VIRTUD (virtud) *s. f.* Virtude (em todas as suas acepções). *Varilla de —es,* condão, varinha de mágico. *En —, loc. adv.* Em virtude de, por virtude de, em consequência ou em razão de.

VIRUELA *s. f.* Varíola. *—s locas,* bexigas doidas. *Picado de —s,* picado de bexigas, bexiguento, bexigoso.

VIRULÉ (A LA) *loc. adv.* Com a meia revirada ou enrolada na parte superior.

VIRUSA (virussa) *s. f. Amer. colom.* V. VIRUTA.

VIRUTA *s. f.* Apara, fita de madeira que sai da plaina. *fig. fam.* Engano, treta, ardil, laço. *fig. fam. Amer. cub.* Dinheiro.

VIS *s. f.* Força, vigor. (Usa-se somente na expr. — *cômica).*

VISABLE (vissable) *adj.* Que se pode visar ou pôr o visto.

VISACIÓN (vissaciòn) *s. f.* Visto (ação de visar).

VISAJE (vissaje) *s. m.* Visagem, careta, esgar, trejeito fisionômico. Rosto, expressão fisionômica, semblante.

VISAJERO, A (vissajero) *adj.* V. GESTERO.

VISAL (vissal) *s. m.* Viseira.

VISAR (vissar) *v. tr.* Visar (pôr o visto). Visar (apontar a).

VISCACHA (viscatcha) *s. f. Amer.* V. VIZCACHA.

VISCOSIDAD (viscossidad) *s. f.* Viscosidade, viscidez.

VISERA (vissera) *s. f.* Viseira.

VISIBILIDAD (vissibilidad) *s. f.* Visibilidade.

VISIBLE (vissible) *adj.* Visível.

VISIBLEMENTE (vissiblemente) *adv.* Visivelmente.

VISILLO (vissilho) *s. m.* Cortina pequena.

VISIÓN (vissiòn) *s. f.* Visão (em todas as suas acepções). *fig.* Pessoa feia e ridícula.

VISIR (vissir) *s. m.* Vizir.

VISIRATO (vissirato) *s. m.* Vizirado, vizirato.

VISITA (vissita) *s. f.* Visita (em todas as suas acepções).

VISITACIÓN (vissitaciòn) *s. f.* Visitação. Visita.

VISITADORA (vissitadora) *s. f. Amer.* Clister.

VISITAR (vissitar) *v. tr.* Visitar (em todas as suas acepções).

VISITEO (vissitèo) *s. m.* Ação de visitar ou ser visitado freqüentemente.

VISITERO, A (vissitero) *adj. fam.* Visitador (que faz muitas visitas). U. t. c. s.

VISITÓN (vissitòn) *s. m. Aument.* de *Visita. fam.* Visita demorada e enfadonha.

VISIVO, A (vissivo) *adj.* Visual, visivo.

VISO (visso) *s. m.* Outeiro, cabeço, viso. Reflexo, lampejo, revérbero. Sombra (forro ou saia de cor que se põe debaixo de um vestido transparente). *ant.* Viso, a vista. *fig.* Viso, aparência, aspecto, mostra, semelhança. *Al —, loc. adv.* De esguelha (maneira de olhar para examinar a cor ou contextura). *De —, loc.* Diz-se das pessoas conspícuas. *A dos —s, loc. adv. fig.* Com duas intenções.

VISOGODO, A (vissogodo) *adj. e s.* Visigodo.

VISORIO, A (vissorio) *adj.* Visual, visório, visivo. *s. m.* Visita, exame pericial.

VISORREINA (vissorreina) *s. f. ant.* V. VIRREINA.

VISORREINADO (vissorreinado) *s. m. ant.* V. VIRREINATO.

VISORREINO (vissorreino) *s. m. ant.* V. VIRREINO.

VISORREY (vissorei) *s. m. ant.* V. VIRREY.

VÍSPERA *s. f.* Véspera. *En —s, loc. adv.* Em vésperas de.

VISTA *s. f.* Vista, visão (ação de ver; faculdade de ver), aspecto, aparência. Vista, panorama. U. t. no pl. Olho (órgão da visão). Os olhos. Visão, aparição. Vista, quadro, estampa. Vista, descortino. Vista, intento, propósito, desígnio, mira. V. VISTAZO. *For.* Vista. *pl.* Entrevista, reunião. Presentes de noivado. Aberturas (janelas, portas, clarabóias etc.). Galeria, vidraça. Colarinho, peito e punhos da camisa. *s. m.* Fiscal, aduaneiro, revistador. *— corta*, vista curta, miopia. *— de lince, fig.* Olhos de lince. *— de ojos*, exame (diligência judicial ou não). *Corto de —*, curto de vista, míope. *fig.* Curto de vista, pouco perspicaz. *Doble —*, segunda vista, intuição. *A —, loc. adv.* À vista de, diante de. *A la —, loc. adv. com.* À vista. *A media —, loc. adv.* Ligeiramente (no reconhecimento de uma coisa), por alto. *A simple —, loc. adv.* À primeira vista. *A — de ojos, loc. adv.* A olhos vistos. *A — de pájaro, loc. adv.* À vôo de pássaro. *A —s, loc. adv.* A ser visto. *Como la —, fig.* Muito rápido. *Dar una —*, dar uma vista de olhos. *En — de, loc. adv.* Em vista de. *Irse de —, loc.* Perder-se de vista. *Hasta la —, loc.* Até à vista, até mais ver. *Perderse de — (una persona o cosa), loc. fig. fam.* Ter grande superioridade em sua linha (uma pessoa ou coisa). *Por — de ojos, loc. adv.* A olhos vistos. *Tener a la —, loc.* Ter em vista. *Trabar la —, olhar de soslaio, olhar pelo canto do olho. *Tragarse con la —, loc. fig.* Comer, devorar com os olhos. *Saltar a la —, loc.* Saltar aos olhos, ser evidente.

VISTAZO (vistaço) *s. m.* Vista de olhos, olhadela. *Dar (uno) un — (a una cosa), loc.* Passar os olhos, dar uma vista de olhos.

VISTILLAS (vistilhas) *s. f. pl.* Viso, cabeço, cume (lugar alto de onde se descortina muito terreno). *Irse a las —s, loc. fam.* Procurar (no jogo) ver as cartas do contrário.

VISTO, A *p. p. irreg.* de *Ver. s. m.* Visto. *No —, loc.* Nunca visto, raro. *Bien, ou mal —*, bem, ou mal, visto. *Es —, loc.* Está visto, está claro, é claro. *— bueno, s. m.* Visto. *— que, loc. conjunt.* Visto que, por quanto.

VISTOSIDAD (vistossidad) *s. f.* Qualidade de vistoso ou aparatoso.

VISTOSO, A (vistosso) *adj.* Vistoso. *s. m.* Cego fingido.

VISUAL (vissual) *adj.* Visual. *Aparato —*, aparelho visual.

VISUALIDAD (vissualidad) *s. f.* Visualidade; aspecto agradável.

VISURA (vissura) *s. f.* Vistoria, exame.

VITALIZACIÓN (vitaliçaciòn) *s. f.* Vitalização.

VITANDO *adj.* Vitando. Odioso, abominável, execrável.

VITAR *v. tr.* Evitar.

VITELA *s. f.* Espécie de pergaminho.

VITELÍCULA *s. f. Embriol.* Saco vitelino.

VITELO *s. m. Embriol.* Vitelo.

VITO *n. p.* Vito. *Baile de San —*, dança de São Vito, coréia. Dança andaluza muito viva e animada. Música para esta dança e letra para esta música.

VITOLA *s. f.* Bitola.

¡VITOR! *interj.* Vítor! Cartaz onde se lê um breve elogio para alguém.

VITOREAR *v. tr.* Vitoriar.

VITRESCIBLE *adj.* Vitrescível.

VITRIFICABLE *adj.* Vitrificável.

VITRIFICACIÓN *s. f.* Vitrificação.

VITRINA *s. f.* Vitrina. Humor vítreo.

VITRIOLAR *v. tr.* Vitriolar (atacar alguém atirando-lhe vitríolo).

VITRÍOLO *s. m.* Vitríolo.

VITUALLA (vitualha) *s. f.* Vitualha, víveres, comestíveis, provisões de boca. *fam.* Abundância de comida (principalmente verduras).

VITUPERABLE *adj.* Vituperável.

VITUPERACIÓN *s. f.* Vituperação, vitupério.

VITUPEROSO, A (vituperosso) *adj.* Vituperioso, ignominioso.

VIUDA *s. f.* Viúva. *Bot.* Viúvas. *Amer. Ornit.* Aura.

VIUDAL *adj.* Vidual.

VIUDEDAD (viudedad) *s. f.* Montepio recebido pela viúva de um funcionário.

VIUDEZ *s. f.* Viuvez.

VIUDITA *s. f. Dim.* de *Viuda.* Viuvinha. *Amer. merid. Ornit.* Viuvinha, viúva.

VIUDO, A *adj.* e *s. m.* e *f.* Viúvo, va.

VIVAC *s. m.* V. VIVAQUE.

VIVACIDAD (vivacidad) *s. f.* Vivacidade. Viveza, calor, animação, vigor (de cores ou quadros).

VIVANDERO, A *s. m.* e *f.* Vivandeiro.

VIVAQUE *s. m. Mil.* Bivaque. *Estar al —*, bivaquear.

VIVAQUEAR *v. intr. Mil.* Bivaquear.

VIVAR *s. m.* Piscina, viveiro de peixes. Toca, lugar onde os coelhos têm cria.

VIVARACHO, A (vivaratcho) *adj. fam.* Vivo, animado, buliçoso, travesso, traquinas, alegre.

VIVAZ *adj.* Vivaz, duradouro. Vivaz, vigoroso, forte, enérgico, eficaz. Penetrante, compreensivo, inteligente, vivo. *Bot.* Vivaz.

VIVERA *s. f.* V. VIVAR.

VIVERAL *s. m.* V. VIVERO, 1ª acep.

VIVERO *s. m.* Viveiro (de plantas). Viveiro (de peixes), piscina, aquário. *fig.* Viveiro, seminário, colmeia, enxame, sítio onde se conserva e de onde se propaga alguma coisa. Certo tecido fabricado em Vivero (Galícia).

VIVEZ *s. f. ant.* V. VIVEZA.

VIVEZA (viveça) *s. f.* Viveza, vivacidade, prontidão e ardor com que se faz alguma coisa. Vivacidade, veemência, energia, vigor. Vivacidade de espírito, penetração rápida. Viveza, calor, animação, vigor. Dito engenhoso. Vivacidade, fulgor, qualidades brilhantes. V. VIVACIDAD. Ação inconsiderada ou palavra irrefletida.

VIVIDERO, A *adj.* Habitável.

VIVIDOR, A *adj.* Vivedouro. Vivedor, vivaz. Vivedor (solícito em tratar de sua vida, em agenciar meios de subsistência). Vivedor, que vive à custa de outrem.

VIVIENDA *s. f.* Vivenda, morada, habitação, assento, estabelecimento. Vivenda, passadio, modo de vida, maneira de angariar os meios de subsistência.

VIVIENTE *p. a.* de *Vivir.* Vivente. U. t. c. s.

VIVIPARIDAD (viviparidad) *s. f.* Viviparação.

VIVIPERCEPCIÓN *s. f.* Estudo dos processos vitais do organismo, fisiologia.

VIVIR *s. m.* Viver, vida, ação de viver; procedimento, comportamento; subsistência, manutenção, passadio, vivenda. *De mal —, loc. adv.* De má vida.

VIVIR *v. intr.* Viver (em todas as suas acepções). Na acep. de morar, habitar, residir, usa-se mais freqüentemente que em português. *¿Quien VIVE? interj. Mil.* Quem vem lá?

VIVISECCIÓN (vivisecciòn) *s. f.* Vivissecção.

VIVISECTORIO (vivisectorio) *s. m.* Lugar onde se pratica a vivissecção.

VIVIFICACIÓN *s. f.* Vivificação.

VIVO, A *adj.* Vivo (que tem vida; intenso, forte; engenhoso, sutil, esperto, fino, solerte; perseverante, durável na memória; diligente, pronto, ágil; expressivo, persuasivo; vigente; brilhante; ativo; aceso, acalorado). *fig.* Irrefletido, inconsiderado. Agudo (ângulo). *s. m.* Vivo (ser vivente). Canto, orla, borda. Vivo (tira de fazenda para guarnecer artigos de vestuário). *Vet.* Vivo, vívula. *Lo —*, o vivo, o âmago. *A lo —, ou al —, loc. adv.* Ao vivo, vivamente, com a maior viveza, com suma expressão e eficácia. *En —, loc. adv.* Em pé (falando-se do gado).

VIZCACHA (vizcatcha) *s. f. Zool.* Espécie de lebre comum no Peru, Chile, Argentina e Uruguai.

VIZCACHERA (vizcatchera) *s. f. Amer.* Cova ou toca da *vizcacha.*

VIZCACHERAL (vizcatcheral) *s. m. Amer.* Pertencente ou relativo às *vizcachas.* V. VIZCACHERA.

VIZCACHERO, A (vizcatchero) *adj. Amer.* Pertencente ou relativo á *vizcacha.*

VIZCAÍNADA *s. f.* Ação ou dito próprios de biscainho. *fig.* Palavras e expressões mal concertadas.

VIZCAÍNO, A *adj.* Biscainho. *A la —a, loc. fig.* Ao modo por que falam ou escrevem o espanhol os biscainhos, quando ofendem as regras da gramática.

VIZCONDADO *s. m.* Viscondado.

VIZCONDE *s. m.* Visconde.

VIZCONDESA (viscondessa) *s. f.* Viscondessa.

VOACÉ *s. m. ant.* V. Usted.

VOCABLE *s. m.* Vocábulo, palavra. *Jugar del —*, fazer jogo de palavras.

VOCABLISTA *s. m.* e *f.* Trocadilhista. U. t. c. adj.

VOCACIÓN *s. f.* Vocação.

VOCAL *adj.* Vocal. *adj.* e *s. f.* Vogal (letra). *s. m.* e *f.* Vogal (pessoa que tem voto em assembléia).

VOCALIZACIÓN (vocaliçaciòn) *s. f. Mús.* Vocalização.

VOCEADOR, A *adj.* e *s.* Vozeador. Pregoeiro.

VOCEAR *v. intr.* Vozear, gritar, clamar, conclamar. *v. tr.* Apregoar, pregoar. Gritar, chamar gritando. *fig.* Gritar (falando-se de coisas inanimadas que dão a entender algo com clareza). *fig. fam.* Jactar-se, gabar-se, lançando em rosto (a alguém) um benefício.

VOCEJÓN (vocejón) *s. m.* Vozeirão.

VOCERÍA *s. f.* Cargo de *Vocero.*

VOCERÍO *s. m.* V. VOCERÍA, 1ª acep.

VOCERO *s. m.* Vozeiro, procurador, aquele que tem voz ou voto em nome de outrem. *desus.* Vozeiro, advogado.

VOCIFERACIÓN *s. f.* Vociferação.

VOCINGLERÍA *s. f.* Vozearia, balburdia, gritaria, alarido. Palraria, tagarelice. Qualidade de grito.

VOCINGLERO, A *adj.* e *s.* Palreiro, palradeiro, vozeiro, loquaz, tagarela. Gritador, berrador, vozeiro, gritão.

VOLADA *s. f.* Vôo a pouca distância. *A las —s, loc. adv.* V. VUELO (AL).

VOLADERA *s. f.* Palheta (nas rodas hidráulicas).

VOLADERO, A *adj.* Voador. *fig.* Transitório, passageiro, efêmero, volante. *s. m.* Precipício, despenhadeiro.

VOLADIZO, A (voladiço) *adj.* Saliente (da parede).

VOLADO, A *p. p.* de *Volar. adj. Tip.* Diz-se do tipo de menor tamanho, que vai na parte superior da linha e é principalmente usado em abreviaturas. *s. m.* Bala, caramelo. *Estar (uno) —, loc. fig. fam.* Estar em brasas, estar inquieto ou sobressaltado.

VOLADOR, A *adj.* Voador, volante. Pendurado, suspenso, à mercê do vento; pênsil. *fig.* Voador, muito rápido, veloz. *s. m.* Foguete. *Ictiol.* Peixe-voador, voador.

VOLADORA *s. f. Amer. cub. Mec.* Volante.

VOLADURA *s. f.* Explosão. Vôo (falando-se de certos objetos impelidos no ar com grande velocidade).

VOLANDAS (EN) *loc. adv.* No ar, suspenso, como em vôo. *fig. fam.* Rapidamente, num instante, a voar.

VOLANDERA *s. f.* Bolandeira, volandeira. Arruela. Mó (do lagar de azeite). *fam.* Mentira, lorota, peta, patranha. Mó.

VOLANDERO, A *adj.* V. VOLANTÓN. V. VOLADOR, 2ª acep. *fig.* Acidental, casual, imprevisto, eventual, fortuito. *fig.* Volante, não fixo.

VOLANDILLAS (EN) (volandilhas) *loc. adv.* V. BOLANDAS (EN).

VOLANTA *s. f.* V. VOLANTE, 12ª acep.

VOLANTE *p. a.* de *Volar.* Volante. *adj.* Volante, flutuante, movediço, não rixo. *s. m.* Volante (enfeite de volante para a cabeça). *Mec.* Volante. Volante (de relógio). Boletim, folha volante. Circular. Volante, lacaio. Volante, peteca. *Amer. per.* Fraque. *s. f.* Carruagem usada nas Antilhas.

VOLANTÍN, A *adj.* V. VOLANTE, 2ª acep. *s. m.* Espinhel. *Amer.* Papagaio, pandorga.

VOLANTÓN, A *adj.* e *s.* Diz-se do pássaro emplumado que está para voar.

VOLAPIÉ *s. m. Tauron.* Volapé. *A —, loc. adv.* Correndo (algumas aves) e ajudando-se com as asas; em parte voando, em parte correndo. Em parte nadando, em parte andando (ao atravessar um rio). Executando o volapé.

VOLAR *v. intr.* Voar (mover-se no ar com as asas; *(fig.)* ir pelos ares com grande velocidade; *(fig.)* voar, correr velozmente; *(fig.)* desaparecer subitamente, sumir-se; *(fig.)* rebentar, estalar, explodir, voar pelos ares; *(fig.)* fazer uma coisa com grande presteza; *(fig.)* espalhar-se, divulgar-se). *fig.* Sobressair da parede. *v. tr. fig.* Fazer voar, dinamitar, fazer explodir. *fig.* Irritar, enfadar, picar. *Alt.* Soltar o falcão na perseguição da caça. Fazer voar uma ave para atirar nela. *Como —, loc.* com que se encarece a dificuldade de uma coisa. *Irreg.* V. conj. de *Almorzar.*

VOLATA *s. f. Gír.* Ventanista. Ladrão que furta pelo telhado.

VOLATEO (A) (volatèo) *loc. adv. Venat.* No vôo, em vôo.

VOLATERÍA *s. f.* Volataria, altanaria. Conjunto de aves. *fig.* Modo de adquirir uma coisa contingentemente. *fig.* Idéias vagas ou confusas, enxame de idéias. *De —, loc. adv.* Contingentemente, no ar. *Hablar (uno) de —, loc. fig. fam.* Falar no ar, sem razão nem fundamento.

VOLATERO *s. m.* Caçador de aves.

VOLÁTIL *adj.* Volátil (em todas as suas acepções).

VOLATILIDAD (volatilida*d*) *s. f.* Volatilidade.

VOLATILIZABLE (volatiliçable) *adj.* Volatilizável.

VOLATILIZACIÓN (volatiliçaciòn) *s. f.* Volatilização.

VOLATÍN *s. m.* V. VOLATINERO. Qualquer exercício do volatim ou funâmbulo.

VOLATINEAR *v. intr.* Dançar como os volatins ou funâmbulos.

VOLATINEO (volatinèo) *s. m.* Ação de *Volatinear.*

VOLATINERO *s. m.* Volatim, funâmbulo, saltimbanco, volteador em maroma.

VOLATIZAR (volatiçar) *v. tr.* Volatilizar.

VOLCABLE *adj.* Que se pode entornar, tombar ou derrubar.

VOLCADOR, A *adj.* Que entorna, derrama, derruba ou tomba.

VOLCADURA *s. f.* Ação de *Volcar.*

VOLCÁN *s. m.* Vulcão. *fig.* Vulcão, paixão ardente. *Amer. colomb.* Precipício, despenhadeiro. *— apagado,* vulcão extinto.

VOLCANADA *s. f.* Exalação de mau odor.

VOLCANEJO (volcanèjo) *s. m. Dim.* de *Volcán.*

VOLCANICAMENTE *adv.* Vulcanicamente.

VOLCANICIDAD (volcanicida*d*) *s. f. Geol.* Vulcanicidade.

VOLCANICO, A *adj.* Vulcânico.

VOLCANISMO *s. m.* Vulcanismo.

VOLCANITA *s. f.* Vulcanite.

VOLCANIZACIÓN (volcaniçaciòn) *s. f.* Vulcanização.

VOLCAR *v. tr.* Voltar, virar, tombar, transtornar, derribar; entornar, derramar. U. t. c. pron. *fig.* Perturbar, transtornar, estontear, aturdir, derribar. *fig.* Dissuadir. *fig.* Irritar, molestar. *Irreg.* V. conj. de *Almorzar.*

VOLEA (volèa) *s. f.* Balancim (da lança das carruagens). V. VOLEO, 1ª acep.

VOLEAR *v. tr.* Bater, ferir uma coisa no ar para impeli-la; rebater (principalmente pela). Semear atirando a semente aos punhados. *Amer. plat.* Sentar (falando-se do cavalo).

VOLEO (volèo) *s. m.* Pancada, rebatida, golpe que se dá no ar a uma coisa que saltou (principalmente a pela). Movimento rápido da dança espanhola, que consiste em levantar um pé para a frente o mais alto possível. *A —, loc. adv.* Aos punhados (maneira de semear). *Del primer —,* ou *de un —, loc. adv.* De uma vez, de um golpe; com rapidez, com presteza.

VOLICIÓN *s. f. Filos.* Volição.

VOLIDO *s. m. vulg.* V. VUELO.

VOLOTEO (volotèo) *s. m.* V. VOLTEO.

VOLQUEARSE *v. pron.* V. REVOLCARSE.

VOLQUETE *s. m.* Carro cuja caixa gira sobre um eixo.

VOLQUETERO *s. m.* Condutor de *volquete.*

VOLT *s. m. Fís.* Volt.

VOLTAJE (voltaje) *s. m. Fís.* Voltagem.

VOLTARIEDAD (voltarieda*d*) *s. f.* Volubilidade, versatilidade.

VOLTARIO, A *adj.* Volúvel, versátil, voltário, volteiro. *Amer. chil.* Voluntarioso, obstinado.

VOLTEABLE *adj.* Que se pode voltear.

VOLTEADA *s. f. Amer. plat.* Volteada (ação de reunir o gado alçado).

VOLTEAR *v. tr.* Voltear, dar voltas, fazer girar. Virar, voltar, pôr ao contrário do que estava. V. TRASTROCAR. *Amer.* Voltar, virar (as costas etc.). *Amer.* Voltar, virar (as costas etc.). *Amer. mexic.* Derramar, entornar. *Arq.* Construir um arco ou abóbada. *v. intr.* Voltear, voltar-se, girar, das voltas.

VOLTEJEAR (voltejear) *v. tr.* Voltar, virar, voltear, volver. *Náut.* Bordejar.

VOLTEJEO (voltejèo) *s. m. Náut.* Bordejo.

VOLTELETA *s. f.* V. VOLTERETA.

VOLTEO (voltèo) *s. m.* Volteio.

VOLTERETA *s. f.* Cambalhota. Volte (no voltarete).

VOLTETA *s. f.* V. VOLTERETA.

VOLTIZO, A (voltiço) *adj.* Enredado, torcido, emaranhado. *fig.* Volúvel, inconstante, versátil.

VOLTMETRO *s. f. Fís.* Voltímetro.

VOLUBILIDAD (volubilida*d*) *s. f.* Volubilidade, versatilidade, inconstância, instabilidade.

VOLUBLE *adj.* Volúvel.

VOLUMEN *s. m.* Volume, tamanho, corpo, extensão, grandeza, massa. Volume, tomo; livro impresso. *Geom.* Volume.

VOLUMINOSO, A (voluminosso) *adj.* Volumoso, voluminoso.

VOLUMÔMETRO *s. m. Fís.* Volumenômetro.

VOLUNTAD (volunta*d*) *s. f.* Vontade (em todas as suas acepções). *Mala —,* má vontade; inimizade, malquerença. *A —, loc. adv.* À vontade. *De buena —, loc. adv.* De boa vontade, com muito gosto.

VOLUPTUA *s. f.* Volúpia, voluptuosidade.

VOLVER *v. tr.* Volver, voltar, voltear, girar, dar voltas, fazer voltear. Devolver, pagar, retribuir, retornar. Volver, dirigir, tornar. Traduzir, verter. Devolver (à saúde), restaurar, restabelecer. Virar, voltar, volver, transformar, mudar, tornar. U. t. c. pron. Mudar, converter, transformar. Virar, voltar, pôr do avesso. Vomitar. Dissuadir, converter, voltar, virar, mudar de parecer. U. t. c. pron. Voltar (dar em troco). Devolver, rebater (a bola). Girar nos gonzos (porta ou janela). Devolver, rechaçar, ricochetear. Devolver, recusar, não aceitar. *v. intr.* Voltar, regressar, volver, retornar. Voltar, tornar, volver (a um assunto). Voltar, virar, dobrar (falando-se de estrada ou caminho). Voltar, tornar, repetir. Com a prep. *por,* defender, patrocinar. Tornar a si, recobrar os sentidos, voltar a si. *v. pron.* Azedar-se, voltar-se, avinagrar-se, turvar-se (o vinho ou outro líquido). *A un — de cabeça, loc. adv. fig.* Num abrir e fechar de olhos, num instante. *— (uno) en sí,* tornar a si, recuperar os sentidos. *Irreg.* Ind. pres. *Vuelv-o, es, e, en.* Subj. pres. *Vuelv-a, as, a, an.* Imperat. *Vuelv-e, a, an.* Part. *Vuelto.*

VOLVIBLE *adj.* Que se pode volver, voltar, voltear, girar, mudar ou devolver.

VOLVIMIENTO *s. m.* Volta, volteio. Revolvimento.

VOMIQUERO *s. m. Bot.* Noz-vômica (a árvore).

VOMITADO, A *p. p.* de *Vomitar. adj. fig. fam.* Enfezado, abatido, macilento.

VOMITAR *v. tr.* Vomitar (em todas as suas acepções).

VOMITÓN, A *adj. fam.* Diz-se das crianças de peito que vomitam ou regurgitam muito.

VOMITONA *s. f. fam.* Vômito ou vomitado abundante.

VOMITURICIÓN *s. f.* Regurgitação.

VOQUIBLE *s. m. fam.* V. VOCÁBLO.

VORACE *adj.* Voraz.

VORAGINE (vorájine) *s. f.* Voragem, sorbedouro, remoinho; abismo.

VORAHUNDA (vora-unda) *s. f.* V. BARAUNDA.

VORMELA *s. f. Zool.* Espécie de furão.

VORTIGINOSA, A (vortijinosso) *adj.* Vortiginoso, vertiginoso. Vorticoso.

VOS *pron.* Vós. *Gram.* Vos é a forma do pron. pes. da 2ª pessoa *(Vosotros),* em gênero m. e f., número sing. e pl., quando se usa como tratamento. Pede verbo no plural, mas concerta no sing. com

o adj. aplicado à pessoa a quem se dirige: *Vos, señor, sois grande.* Este tratamento foi muito usado antigamente, e ainda hoje se emprega para dirigir a palavra a Deus, à Virgem Maria e aos santos ou pessoas de autoridade, bem como em documentos oficiais e na linguagem poética e elevada. Na Argentina e Uruguai usa-se o tratamento *vos* por *tú.*

VOSEAR (vossear) *v. tr.* Falar com alguém empregando o tratamento *vos.* U. t. c. pron.

VOSOTROS, AS *pron. pes.* da *2ª pessoa* do *pl., m.* e *f.* Vós.

VOTACIÓN *s. f.* Votação.

VOTADA *s. f.* V. VOTACIÓN.

VOTAR *v. intr.* e *tr.* Votar (em todas as suas acepções).

VOTO *s. m.* Voto (em todas as acepções). *¡vá! loc. fam.* com que se ameaça ou se denota admiração, enfado, surpresa etc.

VOZ *s. f.* Voz. Timbre, som, metal de voz. Grito. U. m. no pl. Palavra, vocábulo, dição, voz. *fig.* Voz (músico que canta; poder, autoridade; voto; opinião, fama, rumor). *Gram.* Voz (V. VERBO). *Mala —,* má fama. *Pública — y fama,* voz pública. *A una —, loc. adv.* À una voz, a um tempo. *A media —, loc. adv.* A meia voz, em voz baixa, baixinho. *A —ces, loc. adv.* Aos gritos, em altas vozes. *A — en cuello, loc. adv.* Aos gritos, gritando a plenos pulmões. *A — en grito, loc. adv.* V. loc. acima. *En —, loc. adv.* Por voz, verbalmente, vocalmente. *Anudársele (a uno) la —, loc. fig.* Embargar-se a voz (de alguém). *pl. Voces.*

VOZARRÓN (voçarròn) *s. m.* Vozeirão, vozeiro.

VOZNAR *v. intr.* V. GRAZNAR.

VUECELENCIA *s. m.* e *f. Metapl.* de *Vuestra Excelencia.*

VUELAPIÉ (A) *loc. adv.* V. VOLAPIÉ (A).

VUELCO *s. m.* Volta, tombo. Reviravolta. *A — de dado, loc. adv. fig.* Em grande perigo.

VUELILLO (vuelilho) *s. m.* Renda, folho (nos punhos).

VUELO *s. m.* Vôo, voadura. Vôo (extensão percorrida a voar). Conjunto de penas da asa de uma ave. U. m. no pl. *Por ext.* Asa. Roda (de vestido). V. VUELILLO. *Arq.* Saliência, ressalto, aba. *Alt.* Ave de caça. *Al,* ou *a, — loc. adv. fig.* A voar, rapidamente, voando. *De un —, de —,* ou *en un —, loc. adv. fig.* Voando, muito rapidamente. *Alzar el —,* alçar, levantar, desferir o vôo. *Cortar los — s (a uno), loc. fig.* Cortar as asas (a alguém).

VUELTA *s. f.* Volta (em todas as suas principais acepções). *— de podenco, fig.* Surra, sova, espancamento, data de pauladas. *A la —, loc. adv.* Na volta, ao voltar, ao regressar. *A —s de, loc. adv.* Além de, afora. *A — de dado, loc. adv. fig.* V. VUELCO (A — de dado). *A — de cabeça, loc. adv. fig.* Num instante, num ápice, rapidamente. *A — de ojo, loc. adv. fig.* Num abrir e fechar de olhos. *A la — de, loc. adv. fig.* Ao cabo de. *A —,* ou *a —s, loc. adv.* Por, pela ou à volta de (falando-se de tempo) *A pocas —s, loc. adv. fig.* Dali a pouco, dentro em pouco. *De —, loc. adv.* De volta, voltando, ao voltar. De volta com. *Coger (uno) las —s (a uno), loc. fig.* Buscar rodeios para conseguir sair de alguma incomodidade. *No tener — de hoja (una cosa), loc. fig.* Ser incontestável (uma coisa), não ter voltas.

VUELTO, A *p. p. irreg.* de *Volver.* U. t. c. adj. *s. m. Amer. plat.* Saldo que o vendedor devolve ao comprador que pagou quantia superior ao preço.

VUELUDO, A *adj.* Muito rodado, amplo (falando-se de vestido).

VUESARCED (vuessarced) *s. m.* e *f. Metapl.* de *Vuesa Merced* (Vossa Mercê).

VUESASTÉ (vuessastè) *s. m.* e *f. ant.* V. VUESASTED.

VUESASTED (vuessaste*d*) *s. m.* e *f.* V. VUESARCED.

VUESEÑORÍA (vuessenhoría) *s. m.* e *f. Metapl.* de *Vuesa Señoria* (Vossa Senhoria).

VUESO, A (vuesso) *pron. pos. ant.* V. VUESTRO.

VUESTRO, A OS AS *pron. pos.* Vosso, a, os, as. No masc. sing. emprega-se também como *pron. neutro.* Emprega-se também como *adj.*

VULCANIZACIÓN (vulcaniçaciòn) *s. f.* Vulcanização.

VULGACHO (vulgatcho) *s. m. Deprec.* Plebe, vulgo, ralé.

VULGARIZACIÓN (vulgariçaciòn) *s. f.* Vulgarização.

VULGO *s. m.* Vulgo, plebe. *adv.* Vulgo, vulgarmente.

VULGOSO, A (vulgosso) *adj.* Vulgar.

VULNERABLE *adj.* Vulnerável.

VULNERACIÓN *s. f.* Vulneração; ferida, ferimento.

VULPÉCULA *s. f.* V. VULPEJA.

VULPEJA (vulpeja) *s. f.* Nome que se costuma dar à *zorra* (raposa).

VULTO *s. m. ant.* Vulto, semblante, rosto, face.

VULTUOSIDAD (vultuossida*d*) *s. f. Med.* Vultuosidade.

VULTURNO *s. m.* V. BOCHORNO, 1ª acep.

VUSTÉ (vustè) *s. m.* e *f. ant.* V. USTED.

VUSTED (vuste*d*) *s. m.* e *f. ant.* V. USTED.

W (ve doble) *s. f.* Letra chamada *U valona* ou *V doble* e que não pertence propriamente à escrita espanhola, sendo substituída por *v.* Emprega-se somente em nomes célebres da história de Espanha, que também se escrevem com *v: Wamba, Witiza, Vamba, Vitiza. Quím.* W (símbolo de tungstênio). *Náut.* W (oeste).

WAT *s. m. Fís. Vatio* (vátio)

X (èquis) *s. f.* Vigésima letra e vigésima primeira consoante do alfabeto espanhol. Antigamente representava dois sons: um duplo, composto de *k* ou de *g* suave, e *s,* e outro simples, igual ao *ch* em português. Este último ainda hoje se conserva em alguns dialetos, como o *bable* (dialeto dos asturianos). Teve depois valor de *j* (equivalente ao *h* aspirado em inglês). Atualmente só se emprega com o valor de *ks* *(es)* ou *gs. Mat. X.*

XAMAR (chamar) *v. tr. ant.* V. LLAMAR.
XARA (cssara) *s. f.* Lei (dos muçulmanos).
XERIFE (csserife) *s. m.* V. JERIFE.
XIFOIDEO, A (cssifoidèo) *adj.* Xifóide.
XIÓN (csiòn) *adv. Jír.* Sim.

Y (dje) *s. f.* Vigésima sétima letra e vigésima segunda consoante do alfabeto espanhol. Chamava-se *i griega*, e atualmente o seu nome é *ye* (dje). Usada como conjunção, e em fim de sílaba, tem o mesmo som da vogal *i*. Antes de vogal na mesma sílaba, ou entre duas vogais na mesma palavra, soa como *dj*. (O *d* deve ser ferido suavemente).

Y (i) *conj. copul.* E. V. E. (conj.).

YA (dja) *adv.* Já (noutro tempo; agora; antecipadamente; finalmente; desde logo, então). *conj. distr.* Já... já...; ora... ora...; quer... quer...; ou... ou.... *Pues* —, *loc. fam.* Por certo, certamente. *Si* —, *loc. conjunt. cond.* que equivale a palavra *si* como conj. da mesma categoria, ou a *siempre que.* Uma vez que, desde que, si. ¡—! *interj. fam.* Já, já! (Está entendido; lembro-me; caí enfim no que me indicavam). —*que, loc. conjunt.* Já que, pois que, visto que.

YACA (djaca) *s. f. Bot.* Jaqueira. Jaca-do-Pará.

YACARÉ (djacarè) *s. m. Amer. plat. Zool.* Jacaré.

YACEDOR (djacedor) *s. m.* Moço que leva as bestas de labor a passar a noite no campo.

YACENTE (djacente) *p. a.* de *Yacer.* *adj. For.* Jacente. *Herencia* —, herança jacente. *s. m. Miner.* Jazida.

YACER (djacer) *v. intr.* Jazer (em todas as suas acepções). Pastar de noite as cavalgaduras. *Irreg.* Ind. pres. *Yazco, yazgo* ou *yago.* Subj. pres. *Yazc-a, as, a, amos, áis, a,* ou *yasg-a, as, a, amos, áis, an,* ou ainda *yag-o, as, a, amos, án.* Imperat. *Yace* (forma regular) ou *yaz; yazca, yazga* ou *yaga; yazcamos, yazgamos* ou *yagamos; yazcan, yazgan* ou *yagan.*

YACIENTE (djaciente) *p. a.* de *Yacer.* V. YACENTE, 1ª e 2ª aceps. *adj.* Diz-se da colmeia disposta ao comprido.

YÁCIGA (djáciga) *s. f.* Parte do quarto do boi que está mais próxima da cauda.

YACIJA (djacija) *s. f.* Jazida, leito, cama, lugar onde alguém está deitado. Jazigo. *Ser (uno) de mala* —, *loc. fig.* Ser (alguém) de mau dormir. *fig.* Ser de condição inquieta. *fig.* Ser de baixa extração, manhoso e vagabundo.

YACIMIENTO (djacimiento) *s. m. Geol.* Jazida.

YACK (djaque) *s. m. Zool.* Iaque.

YACOBITA (djacobita) *s. m.* Jacobita.

YACOTINGA (djacotinga) *s. f. Miner.* Jacutinga, xisto ferruginoso e manganífero.

YACTURA (djactura) *s. f.* Perda, dano, jactura, prejuízo.

YACÚ (djacú) *s. m. Amer. Ornit.* Jacu.

YAGUAL (djagual) *s. m. Amer.* Sogra, rodilha.

YAGUANÉ (djaguanè) *adj. Amer. plat.* Jaguané (diz-se do gado vacum e cavalar que tem o fio do lombo branco e o lado das costelas preto ou vermelho). U. t. c. s.

YAGUAR (djaguar) *s. m. Zool.* Jaguar.

YAGUARETÉ (djaguaretè) *s. m. Amer. Zool.* Jaguaretê, jaguarapinima.

YAGUARÚ (djaguarú) *s. m. Amer. Ictiol.* Jaguaruçá, jaguareçá.

YAGUASA (djaguassa) *s. f. Amer. cub.* e *hond.* Espécie de pato selvagem.

YAGURÉ (djaguarè) *s. m. Amer.* V. MOFETA.

YAK (adjaque) *s. m.* V. YACK.

YAL (djal) *s. m. Amer. chil. Ornit.* Certo pássaro conirrostro.

YÁMBICO, A (djàmbico) *adj.* Jâmbico. *s. m.* Jambo (verso).

YAMBO (djambo) *s. m. Poét.* Jambo (pé métrico de duas sílabas, uma breve e outra longa).

YANACÓN (djanacòn) *s. m. Amer. per.* V. YANACONA, 2ª acep.

YANACONA (djanacona) *adj.* e *s. Amer.* Diz-se do índio que estava ao serviço pessoal dos espanhóis em alguns países da América do Sul. *Amer. per.* e *boliv.* Índio que é sócio no cultivo de uma terra.

YANGADA (djangada) *s. f. Náut.* Jangada, balsa.

YANQUI (djanqui) *adj.* e *s.* Ianque, norte-americano.

YANTA (djanta) *s. f. ant.* Almoço (refeição do meio-dia). (Usa-se ainda em alguns partes).

YANTAR (djantar) *s. m. ant.* Comida, vianda. (Usa-se ainda em algumas partes). Certo tributo antigo.

YANTAR (djantar) *v. tr. ant.* Comer. *ant.* Jantar, almoçar (comer ao meio-dia).

YAPA (djapa) *s. f. Amer. merid.* Iapa, inhapa, japa, anhapa (coisa que o vendedor dá de presente ao comprador). *Por ext. Amer.* Gorjeta, mota, propina. *Miner.* Azougue, mercúrio.

YAPAR (djapar) *v. tr. Miner.* Azougar, deitar mercúrio num metal. *Amer.* Dar de inhapa, dar peso ou medida maior que a estipulada.

YAPÚ (djapú) *s. m. Amer. Ornit.* Iapu.

YARARÁ (djarará) *s. f. Amer. plat. Zool.* Jararaca. — *crucero Amer. plat. Zool.* Urutu, cruzeiro.

YARARACA (djararaca) *s. f.* V. YARARÁ.

YARDA (djarda) *s. f.* Jarda (medida de 91,4 cm.).

YARE (djare) *s. m.* Suco venenoso da iuca-amarga. *Amer. venezuel.* Massa de mandioca para o preparo da cassava.

YARO (djaro) *s. m. Bot.* Jarro.

YARO (djaro) *adj. Amer. plat.* Diz-se do índio que habitava a costa oriental do Uruguai.

YATAGÁN (djatagàn) *s. m.* Iatagã.

YATAY (djatal) *s. m. Amer. merid. Bot.* Iataí.

YATE (djate) *s. m. Náut.* Iate. Iate de recreio.

YE (dje) *s. m.* Ipsilon (nome da letra y).

YEDRA (djedra) *s. f.* V. HIEDRA.

YEGUA (djegua) *s. f.* Égua (fêmea do cavalo). *Amer. centr.* Bagana (ponta de cigarro já queimado).

YEGUADA (djeguada) *s. f.* Eguada, manada de éguas.

YEGUAR (djeguar) *adj.* V. YEGÜERIZO, 1ª acep.

YEGUARIZO (djeguariço) *s. m.* V. YEGÜERIZO, 2ª acep.

YEGÜERÍA (djegüería) *s. f.* V. YEGUADA.

YEGÜERIZO, A (djegüeriço) *adj.* Eguariço, relativo às éguas. *s. m.* Eguarico (o que trata das éguas).

YEGÜERO (djegüero) *s. m.* V. YEGÜERIZO, 2ª acep.

YEGÜEZUELA (djegüeçuela) *s. f. Dim.* de *Yegua.* Eguazinha.

YEÍSMO (djeísmo) *s. m.* Defeito que consiste em pronunciar o *Ll* como *Y* (dje ou je), dizendo, por exemplo *gayina* (gadjina ou gajina) por *gallina* (galhina). (É muito comum, quase geral mesmo, nos países platinos, embora seja considerada pronúncia de caráter popular).

YELMO (djelmo) *s. m.* Elmo.

YEMA (djema) *s. f.* Gema, botão, olho (dos vegetais). Gema (do ovo). Doce seco feito de açúcar e gema de ovo. — *mejida*, gemada. — *del dedo*, ponta do dedo, oposta à unha. *En* —, *loc. adv.* Antes da florescência.

YENTE (djente) *p. a.* de *Ir.* Usa-se somente na loc. —*s y viniente*, que vão e vêm.

YERAL (djeral) *s. m. Bot.* Terreno povoado de jarros ou jarreiros.

YERBA (djerba) *s. f.* V. HIERBA. *Amer.* Erva, erva-mate.

YERBAJO (djerbajo) *s. m. Deprec.* de *Yerba.*

YERBAL (djerbal) *s. m. Amer.* V. HIERBAL.

YERBATERO, A (djerbatero) *adj.* e *s. Amer.* V. HIERBATERO.

YERBAZAL (djerbaçal) *s. m.* V. HERBAZAL.

YERBERA (djerbera) *s. f. Amer. argent.* Cuia (onde se toma mate).

YERBO (djerbo) *s. m.* V. YERO.

YERMAR (djermar) *v. tr.* Ermar, despovoar, tornar ermo.

YERMO, A (djermo) *adj.* Ermo, desabitado, deserto, inculto. *s. m.* Ermo, lugar deserto.

YERNO (djerno) *s. m.* Genro. *Ciega —s, loc. fig. fam.* Bugiaria com aparência de valor.

YERNOCRACIA (djernocrácia) *s. f.* Favoritismo dispensado por um alto funcionário aos seus genros.

YERO (djero) *s. m. Bot.* Chícharo.

YERRO (djerro) *s. m.* Erro (falta; pecado; engano; desacerto; incorreção). *pl.* Erros, defeitos. — *de cuenta*, erro de cálculo. — *de imprenta*, erro de imprensa, errata.

YERTEZ (djertez) *s. f.* Hirteza. *fig.* Gravidade afetada. *fig.* Susto ou surpresa.

YERTO, A (djerto) *adj.* Hirto, teso, inflexível. Hirto, inteiriçado, entanguido.

YERVO (djervo) *s. m.* V. YERO.

YESAL (djessal) *s. m.* V. YESAR *(s.).*

YESAR (djessar) *s. m.* Gessal.

YESCA (djesca) *s. f.* Isca (material combustível). *fig.* Palha (o que está muito seco e pode inflamar-se à menor faísca). *fig.* Isca, engodo, negaça, atrativo. *fig.* Aperitivo, *pl.* Isqueiro (pederneira, fuzil e isca).

YESERA (djessera) *s. f.* V. YESAL. Gesseira. *f.* de *Yesero.*

YESERÍA (djessería) *s. f.* Fábrica de gesso. Obra de gesso. Loja onde se vende gesso.

YESERO, A (djessero) *adj.* Gipseo. *s. m.* Gesseiro.

YESÍFERO, A (djessífero) *adj.* Gipsífero.

YESO (djesso) *s. m.* Gesso.

YESÓN (djessòn) *s. m.* Caliça, fragmento de reboco que se torna a utilizar.

YESOSO, A (djessosso) *adj.* Gipseo. Gipsífero.

YESQUE (djesque) *s. m. Amer. colomb.* V. HORQUILLA.

YESQUERO (djesquero) *adj.* Diz-se de uma espécie de cardo. *s. m.* O que fabrica iscas (para combustão). Isqueiro, acendalha.

YETA (djeta) *s. f. Amer. plat.* Má sorte, azar, fatalidade, adversidade, caiporismo.

YEYUNO (djedjuno) *s. m. Anat.* Jejuno.

YEYUNAL (djedjunal) *adj.* Pertencente ao jejuno.

YEZGAL (djesgal) *s. m.* Terreno povoado de ébulos ou engos.

YEZGAR (djesgar) *s. m.* V. YEZGAL.

YEZGO (djezgo) *s. m. Bot.* Ébulo, engos.

YO (djo) *pron.* Eu. *El —*, o eu, o ego.

YODAMILO (djodamilo) *s. m.* Iodamilo.

YODARGIRIO (djodarjírio) *s. m.* Iodargírio.

YODARGIRITA (djodarjirita) *s. f.* Iodargirita, iodirita.

YODADO, A (djodado) *adj.* Iodado.

YODATO (djodato) *s. m.* Iodato.

YODHIDRATO (djodidrato) *s. m.* Iodidrato, iodeto.

YODHÍDRICO, A (djodídrico) *adj.* Iodídrico.

YODHIDRINA (djodidrina) *s. f.* Iodidrina.

YÓDICO, A (djodico) *adj.* Iódico.

YODÍFERO, A (djodífero) *adj.* Iodífero.

YODIMETRÍA (djodimetría) *s. f.* Iodometria.

YODDINA (djodina) *s. f.* Iodina, iodo.

YODIPINA (djodipina) *s. f.* Iodipina.

YODISMO (djodismo) *s. m.* Iodismo.

YODO (djodo) *s. m.* Iodo.

YODOBROMITA (djodobromita) *s. f.* Iodobromite.

YODOCLORURO (djodocloruro) *s. m.* Iodocloreto.

YODOFILÍA (djodofilía) *s. f.* Iodofilia.

YODÓFILO, A (djodòfilo) *adj.* Iodófilo.

YODOFORMIZAR (djodoformiçar) *v. tr.* Administrar o iodofórmio.

YODOFORMO (djodoformo) *s. m.* Iodofórmio.

YODOFORMÓGENO (djodoformòjeno) *s. m.* Iodoformogênio.

YODOL (djodol) *s. m.* Iodol.

YODOMETRÍA (djodometría) *s. f.* Iodometria.

YODOTERAPÍA (djodoterapía) *s. f.* Iodoterapia.

YODOTISIS (djodotissis) *s. f.* Iodóftise.

YODURACIÓN (djoduraciòn) *s. f.* Ação de converter em iodeto.

YODURADO, A (djodurado) *p. p.* de *Yodurar. adj.* Que contém iodetos.

YODURAR (djodurar) *v. tr.* Converter em iodeto; preparar alguma coisa com iodeto.

YODURO (djoduro) *s. m.* Iodeto, iodureto.

YOFOBÍA (djofobía) *s. f.* Iofobia.

YOGA (djoga) *s. f.* Ioga.

YOGI (djogui) *s. m.* Iogue.

YOGHOURT (djogourt) *s. m.* V. YOGURT.

YOGHURT (djogurt) *s. m.* V. YOGURT.

YOGURT (djogurt) *s. m.* Iogurte (variedade de leite fermentado).

YOLA (djola) *s. f.* Iole.

YOLE (djole) *s. f.* V. YOLA.

YOLITA (djolita) *s. f. Miner.* Iólito.

YONONA (djonona) *s. f.* Ionoma.

YOTACISMO (djotacismo) *s. m.* Iotacismo.

YUCA (djuca) *s. f. Bot.* Iuca. Nome de algumas espécies de mandioca.

YUCAIO, A (djucaio) *adj.* e *m.* Natural das Bahamas ou Lucaias.

YUCAL (djucal) *s. m.* Plantação de iuca.

YUCATECO, A (djucateco) *adj.* e *s.* Iucateque.

YUGADA (djugada) *s. f.* Jugada, jeira. Junta de bois, jugada.

YUGAL (djugal) *adj.* Jugal (relativo à bochecha).

YUGO (djugo) *s. m.* Jugo, canga. Jugo (lança por baixo da qual os antigos romanos faziam passar os seus inimigos vencidos). Armação de madeira que segura o sino. *fig.* Jugo, dominação, sujeição, opressão.

YUGOESLAVO, A (djugoeslavo) *adj.* e *s.* Iugoslavo.

YUGUERO (djuguero) *s. m.* Jugueiro, jugadeiro.

YUGULACIÓN (djugulaciòn) *s. f.* Jugulação.

YUGULAR (djugular) *adj.* Jugular. *v. tr. Med.* Jugular, debelar.

YUNCIR (djuncir) *v. tr.* V. UNCIR.

YUNGA (djunga) *s. f. Amer.* Vale quente da Bolívia e Peru. U. m. no pl. *Amer.* Habitante destes vales. *adj. Amer.* Originário dos mesmos vales.

YUNGIR (djunjir) *v. tr. ant.* V. UNCIR.

YUNQUE (djunque) *s. m.* Bigorna; incude. *Ant.* Bigorna. *fig.* Pessoa forte, paciente na adversidade. *fig.* Pessoa perseverante no trabalho.

YUNTA (djunta) *s. m.* Junta (de bois), jugo.

YUNTERÍA (djuntería) *s. f.* Conjunto de jugos, de juntas (de bois).

YUNTERO (djuntero) *s. m.* V. YUGUERO.

YURUMÍ (djurumí) *s. m. Amer. Zool.* Tamanduá.

YURUNAS (djurunas) *s. m. pl.* Jurunas.

YUS (djus) *adv. l.* V. YUSO. *Ni tán —, ni tán sus,* de maneira nenhuma, de forma alguma.

YUSANO, A (djussano) *adj. ant.* V. YUSERO.

YUSENTE (djussente) *s. f. ant.* Jusante, baixamar.

YUSERA (djussera) *s. f.* Pouso, mó de moinho ou lagar.

YUSERO, A (djussero) *adj.* Jusano, jusão, ã.

YUSIÓN (djussiòn) *s. f. For.* Mandado, ordem.

YUSO (djusso) *adv. l.* V. AYUSO.

YUTA (djuta) *s. f. Amer. chil.* V. BABOSA. *Hacer la —, loc. fam. Amer. argent.* Fazer gazetas.

YUTE (djute) *s. m.* Juta (a fibra).

YUXTAESPINAL (djucstaespinal) *adj.* Justavertebral.

YUXTALINEAL (djucstalineal) *adj.* Justalinear.

YUXTAPONER (djucstaponer) *v. tr.* Justapor. U. t. c. pron. *Irreg.* V. conj. de *Poner.*

YUXTAPOSICIÓN (djucstapossiciòn) *s. f.* Justaposição.

YUXTAPUESTO, A (djucstapuesto) *p. p. irreg.* de *Yuxtaponer.* Justaposto.

YUYAL (djudjal) *s. m.* Macegal, terreno coberto de erva daninha.

YUYO (djudjo) *s. m. Amer. plat.* Erva daninha, erva inútil, macega. *Amer. per.* Erva comestível.

YUYU (djudju) *s. m. Amer.* V. YUYO.

YUYUBA (djudjuba) *s. f. Bot.* Jujuba, jujubeira.

Z *(ceda* ou *ceta) s. f.* Vigésima oitava e última letra do alfabeto espanhol. É a vigésima terceira consoante.

¡ZA! (çá) *interj.* Já! (interjeição usada para enxotar cães ou outros animais).

ZABACEQUIA (çabacequia) *s. f.* V. ACEQUIE-RO.

ZABARCERO (çabarcero) *s. m.* Revendedor de frutas.

ZABATÁN (çabatan) *s. m. prov. Arag. Bot.* Mastruço.

ZABIDA (çabida) *s. f.* V. ZABILA.

ZABILA (çabila) *s. f. Bot.* Áloes.

ZABORDA (çaborda) *s. f. Náut.* Encalhação, encalhe, encalhamento, varação.

ZABORDAMIENTO (çabordamiento) *s. m. Náut.* V. ZABORDA.

ZABORDAR (çabordar) *v. tr. Náut.* Encalhar, varar.

ZABORDO (çabordo) *s. m. Náut.* V. ZABORDA.

ZABORRA (çaborra) *s. f. prov.* Borra, resíduo, refugo. Lastro (de embarcação).

ZABORRO (çaborro) *s. m.* Homem ou menino gordanchudo.

ZABOYAR (çabodjar) *v. tr. prov. Arag.* Unir com gesso (os ladrilhos). *fig.* Tapar, cobrir, encobrir, ocultar.

ZABUCADOR, A (çabucador) *adj.* Que revolve, chocalha ou vascoleja.

ZABUCAR (çabucar) *v. tr.* V. BAZUCAR.

ZABULLIDA (çabulhida) *s. f.* V. ZAMBULHIDA.

ZABULLIDOR, A (çabulhidor) *adj.* V. ZAMBULLIDOR.

ZABULLIDURA (çabulhidura) *s. f.* V. ZAMBULHIDURA.

ZABULLIMIENTO (çabulhimiento) *s. m.* V. ZAMBULLIMIENTO.

ZABULLIR (çabulhir) *v. tr.* V. ZAMBULLIR. U. t. c. pron. *Irreg.* V. conj. de *Mullir.*

ZABULÓN (çabulòn) *s. m.* V. BRIBÓN.

ZABUQUEO (çabuquèo) *s. m.* V. BAZUQUEO.

ZACA (çaca) *s. f. Min.* Odre grande para esgotar os poços).

ZACAPELA (çacapela) *s. f.* V. TRAPATIESTA.

ZACAPELLA (çacapelha) *s. f.* V. TRAPATIESTA.

ZACATAL (çacatal) *s. m. Amer. centr.* V. PASTIZAL.

ZACATE (çacate) *s. m. Amer. Bot.* Gramínea que serve de forragem.

ZACATECA (çacateca) *s. m. Amer.* Encarregado de pompas fúnebres. O que acompanha enterros vestindo libré.

ZACATECAS (çacatecas) *s. m. Amer. cub.* Sujeito buliçoso e metediço.

ZACATILLA (çacatilha) *s. f.* Cochinilha.

ZACATÍN (çacatín) *s. m.* Praça ou rua onde se vendem roupas.

ZACATÓN (çacatòn) *s. m. Amer.* Relva alta que serve de pasto.

ZACEAR (çacear) *v. intr.* V. CECEAR. *v. tr.* Afugentar os animais com a interj. *¡Zá!*

ZACEO (çacèo) *s. m.* V. CECEO.

ZACHO (çatcho) *s. m. prov. Sal.* Sacho.

ZADORIJA (çadorija) *s. f. Bot.* Lentilha de água.

ZAFA (çafa) *s. f. prov. Múrc.* V. JOFAINA.

ZAFACOCA (çafacoca) *s. f. Amer.* e *prov. And.* Rixa, briga, arranca-rabo.

ZAFADA (çafada) *s. f. Náut.* Ação de safar, desembaraçar ou livrar (os estorvos de uma coisa).

ZAFADO, A (çafado) *p. p.* de *Zafar.* Safo. Adornado, guarnecido. *adj. Amer. prov. And., Gal.* e *Can.* Safado, desavergonhado, descarado. *Amer. plat.* Vivo, esperto, safadinho, gracioso (falando-se de crianças).

ZAFADURA (çafadura) *s. f. Amer. chil.* Luxação.

ZAFADURÍA (çafaduría) *s. f. Amer. plat.* Safadeza, desavergonhamento, descaro, coisa ou dito imoral.

ZAFANTE *p. a.* de *Zafar.* Que safa. *adv. Amer. cub.* Exceto, salvo, menos, afora.

ZAFAR (çafar) *v. tr.* Adornar, enfeitar, guarnecer, cobrir, aformosear. *Náut.* Safar, livrar, desembaraçar. U. t. c. pron. *v. pron.* Safar-se, esgueirar-se, escapar, fugir. Escapar (da roda a polia de uma máquina). *fig.* Eximir-se, excusar-se, *fig.* Livrar-se, desembaraçar-se (de um incômodo).

ZAFARECHE (çafaretche) *s. m.* V. ESTANQUE.

ZAFARÍ (çafarí) *adj.* Safaria. *Granada —,* romã safaria.

ZAFARRANCHO (çafarrantcho) *s. m. Náut.* Safa-safa. *fig. fam.* Estrago, deterioração, dano. *fig. fam.* V. CHAMUSQUINA.

ZAFERÍA (çafería) *s. f.* Aldeia, povoação, lugarejo.

ZAFIAMENTE (çafiamente) *adv.* Grosseiramente, rudemente, ignorantemente, toscamente.

ZAFIEDAD (çafiedad) *s. f.* Qualidade de sáfio, grosseria, ignorância, rusticidade.

ZAFIO, A (çafio) *adj.* Sáfio, grosseiro, ignorante, inculto.

ZAFIO (çafío) *s. m. Ictiol.* Safio-preto.

ZAFIR (çafir) *s. m.* V. ZAFIRO.

ZAFIRA (çafira) *s. f.* V. ZAFIRO.

ZAFIREO, A (çafireo) *adj.* V. ZAFIRINO.

ZAFIRINA (çafirina) *s. f.* Calcedônia azul.

ZAFIRINO, A (çafirino) *adj.* Safirino, safírico, de cor de safira.

ZAFIRO (çafiro) *s. m.* Safira. *— blanco,* safira branca.

ZAFO, A (çafo) *adj. Náut.* Safo, livre, desembaraçado.

ZAFÓN (çafòn) *s. m.* V. ZAHÓN. U. m. no pl.

ZAFRA (çafra) *s. f.* Vasilha grande, de metal, para guardar azeite. Passador (para escorrer as medidas de azeite). V. SUFRA. Safra, colheita (da cana-de-açúcar). Fabricação de açúcar (da cana-de-açúcar e, por ext., da beterraba). *Min.* Entulho.

ZAFRE (çafre) *s. m.* Safra (pó amarelado de um óxido de cobalto).

ZAFRERO (çafrero) *s. m. Min.* Operário que trabalha no desentulho.

ZAGA (çaga) *s. f.* Traseira, parte posterior de uma coisa. Carga arrumada na traseira de um veículo. *ant. Mil.* Retaguarda. *s. m.* O último no jogo. *adv. ant.* Detrás, atrás. *A la,* ou *a en, —, loc. adv.* Detrás, atrás. *No ir,* ou *no irle (uno) en — (a otro), loc. fig. fam.* Não ficar atrás, não ser inferior a alguém (naquilo de que se trata).

ZAGAL (çagal) *s. m.* Mancebo, efebo, adolescente. Mancebo ou moço forte e corajoso. Zagal. Ajudante de cocheiro, zagal. V. ZAGALEJO, 2ª acep.

ZAGALA (çagala) *s. f.* Rapariga, moça solteira. Zagala, pastora.

ZAGALEJA (çagaleja) *s. f. Dim.* de *Zagala.* Zagaleta, zagaleja. Mocinha solteira.

ZAGALEJO (çagalejo) *s. m. Dim.* de *Zagal,* 1ª acep. Rapaz, rapazola. Saia curta de aldeã.

ZAGALÓN, A (çagalòn) *s. m.* e *f.* Adolescente muito desenvolvido, rapagão.

ZAGUA (çagua) *s. f. Bot.* Espécie de soda.

ZAGUAL (çagual) *s. m.* Remo curto, que não se firma em tolete.

ZAGUÁN (çaguàn) *s. m.* Saguão.

ZAGUANETE (çaguanete) *s. m. Dim.* de *Zaguán.* Saguãozinho. Aposento onde ficava a guarda do príncipe. Escolta que acompanhava a pé as pessoas reais.

ZAGUERA (çaguera) *s. f. prov.* V. ZAGA, 1ª acep. *ant.* Retaguarda.

ZAGUERO, A (çaguero) *adj.* Último, atrasado, traseiro, que vai ou está atrás. Traseiro (falando-se de veículo com excesso de carga na sua parte posterior). *s. m.* Zaga, beque (no futebol).

ZAHAREÑO, A (çaarenho) *adj. Alt.* Sáfaro, bravio, esquivo, difícil de domesticar. *fig.* Sáfaro, rude, indócil, intratável, esquivo, irredutível.

ZAHARÍ (çaarí) *adj.* V. ZAFARÍ.

ZAHARRÓN (çaarròn) *s. m.* V. MOHARRACHO.

ZAHERIBLE (çaerible) *adj.* Exprobrável, censurável, repreensível.

ZAHERIDO, A (çaerido) *p. p.* de *Zaherir.*

ZAHERIDOR, A (çaeridor) *adj.* e *s.* Exprobrador, vituperador, censuador, remoqueador.

ZAHERIMIENTO (çaerimiento) *s. m.* Exprobração, vituperação, repreensão, censura, crítica, remoque.

ZAHERÍO (çaerío) *s. m. ant.* V. ZAHERIMIENTO.

ZAHERIR (çaerir) *v. tr.* Exprobrar, repreender, censurar, lançar em rosto, criminar, arguir. Remoquear, criticar, vexar, mortificar. *Irreg.* V. conj. de *Sentir.*

ZAHERIZAR (çaeriçar) *v. tr. ant.* V. ZAHERIR.

ZAHINA (çaína) *s. f. Bot.* Sorgo, milococo.

ZAHINAR (çainar) *s. m.* Terreno plantado de sorgos ou milococos.

ZAHINAS (çainas) *s. f. pl.* Papas, mingau (pouco espesso).

ZAHÓN (çaón) *s. m.* Safões, ceifões. U. m. no pl.

ZAHONADO, A (çaonado) *adj.* Calçado, que tem malhas nos pés (falando-se de alguns animais).

ZAHONDADOR, A (çaondador) *adj.* e *s.* Escavador, cabouqueiro, cavador.

ZAHONDAR (çaondar) *v. tr.* Cavar, escavar, afundar a terra, cavoucar, caboucar. *v. intr.* Enterrar os pés (na terra mole). Afundar, submergir.

ZAHORA (çaora) *s. f. prov.* Comezaina, patuscada, bródio.

ZAHORAMIENTO (çaoramiento) *s. m. prov.* Ato de *Zahorar.*

ZAHORAR (çaorar) *v. tr. prov.* Patuscar, ter ou promover comezainas.

ZAHORÍ (çaorí) *s. m.* Vidente, adivinho. *fig.* Pessoa perspicaz.

ZAHORIAR (çaoriar) *v. tr.* Esquadrinhar, olhar atenta e amiudadamente.

ZAHORRA (çaorra) *s. f. Náut.* Lastro.
ZAHUATE (çauate) *s. m. Amer. C. Rica.* Cachorro magro.
ZAHUMADO, A (çaumado) *adj.* V. SAHUMADO.
ZAHUMADOR (çaumador) *s. m.* V. SAHUMADOR.
ZAHUMADURA (çaumadura) *s. f.* V. SAHUMADURA.
ZAHUMAR (çaumar) *v. tr.* V. SAHUMAR.
ZAHUMATORIO, A (çaumatorio) *adj.* Fumigatório.
ZAHÚMERIO (çaumerio) *s. m.* V. SAHUMERIO.
ZAHUMO (çaumo) *s. m.* V. SAHUMERIO.
ZAHURDA (çaurda) *s. f.* Pocilga.
ZAHURIL (çaüril) *adj. prov. Sal.* V. ZAHURÍN.
ZAHURÍN (çaürín) *adj. prov. Arag.* Inquieto, travesso.
ZAIDA (çaida) *s. f. Ornit.* Variedade de garça africana.
ZAINA (çaina) *s. f. Jir.* Bolsa, carteira (para dinheiro).
ZAINO, A (çãino) *adj.* Traidor, falso, velhaco, zaino. Velhaco, baldoso, manhoso (falando-se de cavalos). Zaino (referindo-se ao pelame dos cavalos). Preto, negro (falando-se do gado vacum). *A lo —, loc. adv.* De esguelha, de soslaio. (Usa-se com o verb. *mirar, olhar*).
ZAJARÍ (çajarí) *adj.* V. ZAFARÍ.
ZALÁ (çalá) *s. f.* Salá.
ZALAGARDA (çalagarda) *s. f.* Emboscada. Escaramuça. *fig. fam.* Astúcia, ardil de quem se finge cortês para enganar. *fig. fam.* Algazarra, gritaria (para espantar os descuidados). *fig. fam.* Zanguizarra, briga ruidosa, geralmente fingida.
ZALAMA (çalama) *s. f.* V. ZALAMERÍA.
ZALAMALÈ (çalamalè) *s. m.* V. ZALAMERÍA.
ZALAMERAMENTE (çalameramente) *adv.* Com zumbaias, rapapés ou bajulações.
ZALAMERÍA (çalamería) *s. f.* Adulação, lisonja; bajulação, rapapé.
ZALAMERO, A (çalamero) *adj.* Adulador, lisonjeiro; bajulador, que faz rapapés.
ZALEA (çalèa) *s. f.* V. VELLÓN.
ZALEAR (çalear) *v. tr.* Arrastar, sacudir ou agitar facilmente uma coisa. V. ZACEAR.
ZALEMA (çalema) *s. f.* Salamaleque (saudação profunda entre os turcos). *fig.* Salamaleque, rapapé, zumbaia.
ZALEO (çalèo) *s. m.* Pele de carneiro meio comida pelo lobo que o pastor leva ao amo como prova do sucesso. V. VELLÓN. Ação de *Zalear*, 1ª acep.
ZALLADA (çalhada) *s. f. Náut.* Ação de *Zallar*.
ZALLAR (çalhar) *v. tr. Náut.* Rolar, rodar ou fazer deslizar uma coisa pela borda.
ZALMEDINA (çalmedina) *s. f.* Antigo magistrado do reino de Aragão.
ZALOMA (çaloma) *s. f.* V. SALOMA.
ZALOMAR (çalomar) *v. intr.* V. SALOMAR.
ZALONA (çalona) *s. f.* Cântaro (com uma ou duas asas).
ZAMACAZO (çamacaço) *s. m. prov. Sal.* V. PUÑETAZO.
ZAMACUCO (çamacuco) *s. m.* Bruto, idiota, pateta, estúpido. Cabeçudo, teimoso, que cala e faz a sua vontade. *fig. fam.* Embriaguez, borracheira.
ZAMACUECA (çamacueca) *s. f. Amer. chil.* Zamacueca. Música e canto para esta dança.
ZAMACUEQUERO, A (çamacuequero) *adj. fam.* Que gosta de dançar a zamacueca, que a dança bem.
ZAMANCA (çamanca) *s. f. fam.* V. SOMANTA.
ZAMARRA (çamarra) *s. f.* Samarra (antiga vestimenta campesina feita de peles de ovelhas, conservada a lã; pele de ovelha ou de carneiro com a lã, pelego).
ZAMARRADA (çamarrada) *s. f.* Grosseria, rudeza, ação própria de homem rústico ou grosseiro.
ZAMARREAR (çamarrear) *v. tr.* Sacudir (o cão, o lobo ou outro animal) de um lado para o outro a presa que tem entre os dentes. *fig. fam.* Maltratar, sacudir, bater. *fig. fam.* Apertar a (alguém) numa briga ou discussão, sem deixar que responda ou se defenda.

ZAMARREO (çamarrèo) *s. m.* Ação de *Zamarrear.*
ZAMARRICO (çamarrico) *s. m.* Surrão de samarra ou pelego.
ZAMARRILLA (çamarrilha) *s. f. Bot.* Poejo.
ZAMARRO (çamarro) *s. m.* Samarro, samarra (vestimenta de pele de ovelha com a lã). Pele de cordeiro. *fig. fam.* Grosseirão, homem rude, rústico ou sujo. *Amer. venezuel.* V. TAIMADO. *Amer. hond.* V. BRIBÓN.
ZAMARRÓN (çamarròn) *s. m.* Aument. de *Zamarra.* Samarrão.
ZAMBA (çamba) *s. f. Amer.* Samba.
ZAMBACUECA (çambacueca) *s. f.* V. ZAMACUECA.
ZAMBADA (çambada) *s. f. Amer. chil.* Cólera, ira de zambo ou mulato.
ZAMBAIGO, A (çambaigo) *adj. e s.* Zambo (que nasceu de negro e índio ou vice-versa).
ZAMBAPALO (çambapalo) *s. m.* Antiga dança grotesca levada da América para a Espanha.
ZAMBARCO (çambarco) *s. m.* Peitoral (dos animais de tiro). Francalete, correia afivelada.
ZAMBARDO (çambardo) *s. m. Amer. argent.* Bambúrrio, chiripa.
ZAMBEAR (çambear) *v. intr.* Ser zambro ou cambaio.
ZAMBEQUE (çambeque) *adj. fam. Amer. cub.* Tolo, bobo, idiota, pateta.
ZAMBEQUERÍA (çambequería) *s. f. Amer. cub.* Tolice, idiotice, bobagem, patetice.
ZAMBI (çambi) *adj. Amer.* Nascido de negra e americano.
ZÀMBIGO, A (çàmbigo) *adj. e s.* V. ZAMBO, 1ª acep.
ZAMBO, A *adj.* Zambro, zambeta, zãimbo, cambaio. U. t. c. s. Zambo (nascido de negra e índio ou vice-versa). *s. m. Zool.* Zambo.
ZAMBOA (çamboa) *s. f.* V. AZAMBOA.
ZAMBOMBA (çambomba) *s. f.* Cuica (instrumento). *¡—! interj. fam.* para expressar surpresa.
ZAMBOMBAZO (çambombaço) *s. m.* Ronco da cuica (instrumento). *fam.* Bomba, estampido, canhonaço. *fig.* V. LINTERNAZO.
ZAMBOMBO (çambombo) *s. m. fig. fam.* Homem grosseiro, rústico, ignorante e rude.
ZAMBÓN (çambòn) *s. m.* Gamboeiro.
ZAMBORONDÓN, A (çamborondòn) *adj.* V. ZAMBOROTUDO.
ZAMBOROTUDO, A (çamborotudo) *adj. fam.* Grosseiro, tosco, basto, desajeitado, disforme, informe, achavascado, mal amanhado.
ZAMBORROTUDO, A (çamborrotudo) *adj.* V. ZAMBOROTUDO.
ZAMBRA (çambra) *s. f.* Zambra (música e dança mourisca). Zabra, zambra (barco mourisco): *fig. fam.* Algazarra, barulho, balbúrdia.
ZAMBUCADOR, A (çambucador) *adj. e s.* Que esconde rapidamente uma coisa ou faz trapaça.
ZAMBUCAR (çambucar) *v. tr. fam.* Esconder rapidamente uma coisa entre outras.
ZAMBUCO (çambuco) *s. m. fam.* Ação de *Zambucar.* Trapaça (no jogo).
ZAMBULLIBLE (çambulhible) *adj.* Mergulhável, submergível.
ZAMBULLIDA (çambulhida) *s. f.* V. ZAMBULLIDURA.
ZAMBULLIDOR, A (çambulhidor) *adj.* Mergulhdor, que mergulha. *Amer. colomb.* V. SOMORGUJO.
ZAMBULLIDURA (çambulhidura) *s. f.* Mergulho (voluntário ou não).
ZAMBULLIMIENTO (çambulhimiento) *s. m.* V. ZAMBULLIDURA.
ZAMBULLIR (çambulhir) *v. tr.* Mergulhar, jogar à água, submergir. U. t. c. pron. *v. pron.* Esconder-se, ocultar-se, entocar-se, encafuar-se, cobrir-se ou envolver-se com alguma coisa.
ZAMBULLO (çambulho) *s. m.* Balde usado a bordo como urinol. Cuba para matérias fecais.
ZAMBULLÓN (çambulhòn) *s. m. Amer.* V. ZAMBULLIDURA.
ZAMBUMBIA (çambumbia) *s. f. Amer. guat. e venezuel.* V. ZAMBOMBA.
ZAMBUMBIERÍA (çambumbiería) *s. f.* V. SAMBUMBIERÍA.

ZAMORANO, A (çamorano) *adj. e s.* Samorano.
ZAMORÍN (çamorín) *s. m.* Samorim.
ZAMPA (çampa) *s. f. Constr.* Estaca.
ZAMPABODIGOS (çampabodigos) *s. m. e f. fam.* V. ZAMPATORTAS.
ZAMPABOLLOS (çampabolhos) *s. m. e f. fam.* V. ZAMPATORTAS.
ZAMPACUARTILLOS (çampacuartilhos) *s. m. fam.* Beberrão, ébrio contumaz.
ZAMPADOR, A (çampador) *adj. e s.* Que come depressa e excessivamente.
ZAMPADURA (çampadura) *s. f.* V. ZAMPAMIENTO.
ZAMPALIMOSNAS (çampalimosnas) *s. m. e f. fam.* Pedinchão, pessoa pobre que esmola com descaro e importunação.
ZAMPAMIENTO (çampamiento) *s. m.* Ação de *Zampar.*
ZAMPAPALO (çampapalo) *s. m. e f. fam.* V. ZAMPATORTAS.
ZAMPAPLÚS (çampaplùs) *s. m. e f. Amer.* V. ZAMPATORTAS.
ZAMPAR (çampar) *v. tr.* Meter, atafulhar, sumir, introduzir uma coisa em outra, rapidamente e para escondê-la, sumir. Comer sofregamente, atafulhar (o estômago). *v. pron.* Meter-se, esgueirar-se por um lugar, sumir-se em.
ZAMPATORTAS (çampatortas) *s. m. e f. fam.* Gastrônomo grosseiro, comilão esfomeado, glutão que come com brutalidade e sofreguidão. *fig. fam.* Pessoa grosseira, sem educação.
ZAMPEADO (çampeado) *p. p.* de *Zampear. s. m. Constr.* Estacaria.
ZAMPEAR (çampear) *v. tr. Constr.* Cravar estacas, firmar o terreno com estacas, fazer estacarias.
ZAMPÓN, A (çampòn) *adj. e s. fam.* Comilão, devorador, glutão.
ZAMPOÑA (çamponha) *s. f.* Flauta pastoril. V. PIPIRITAÑA. *fig. fam.* Banalidade (dito banal ou insubstancial).
ZAMPUZABLE (çampuçable) *adj.* Que se pode mergulhar ou submergir; que se pode sumir (uma coisa em outra) escondendo.
ZAMPUZADOR, A (çampuçador) *adj. e s.* Que mergulha ou submerge, que joga à água. Que esconde rapidamente (uma coisa em outra).
ZAMPUZADURA (çampuçadura) *s. f.* Mergulho, submersão. Sumiço (de uma coisa em outra).
ZAMPUZAR (çampuçar) *v. tr.* V. ZABULLIR. V. ZAMPAR, 1ª acep.
ZAMPUZO (çampuço) *s. m.* V. ZAMPUZADURA.
ZAMURGIDO, A (çamurjido) *p. p.* de *Zamurgir. s. m.* Submersão, ação de submergir.
ZAMURGIR (çamurjir) *v. tr.* Submergir, mergulhar.
ZANA (çana) *s. f. prov. Sal.* Dano, prejuízo.
ZANAHORIA (çanaòria) *s. f.* Cenoura. *s. m. fig. Amer. argent.* Toleirão, idiota, abóbora.
ZANAHORIATE (çanaoriate) *s. m.* V. AZANAHORIATE.
ZANCA (çanca) *s. f.* Sanco (perna da ave desde o pé até à juntura da coxa). *fig. fam.* Sanco, perna magra e delgada. *fig. fam.* Perna (dos insetos). *Constr.* Sanca. *Por —s o por barrancas, loc. fig. fam.* Por todos os meios.
ZANCADA (çancada) *s. f.* Pernada (passo largo, o maior passo que se pode dar). *En dos —s, loc. adv. fig. fam.* Em dois pulos, com grande rapidez.
ZANCADILLA (çancadilha) *s. f.* Campabé, sancadilha. *fig. fam.* Engano, trapaça, ardil, laço. *Armar —s, loc. fig. fam.* Preparar armadilhas, armar o laço, dispor engano ou ardil.
ZANCADILLADOR, A (çancadilhador) *adj. e s.* Enganoso, traiçoeiro, que arma laços ou prepara armadilhas.
ZANCADO (çancado) *adj.* Diz-se do salmão que volta ao mar depois da desova.
ZANCAJADA (çancajada) *s. f.* V. ZANCADA. V. ZANCADILLA.
ZANCAJEAR (çancajear) *v. intr.* Trotar (andar de cá para lá apressadamente).
ZANCAJERA (çancajera) *s. f.* Parte do estribo (de uma carruagem) onde se põe o pé.
ZANCAJIENTO, A (çancajiento) *adj.* V. ZANCAJOSO.

ZANCAJO (çancajo) *s. m. Anat.* Calcâneo. Calcanhar. *fig. fam.* V. ZANCARRÓN, 2ª acep. Calcanhar, talão (de meia ou calçado). *fig. fam.* Pessoa muito baixa e feia.

ZANCAJOSO, A (çancajosso) *adj.* Cambaio. Que tem calcanhares muito grandes. Que usa meias com os calcanhares rasgados ou furados.

ZANCAJUDO, A (çancajudo) *adj. Amer.* V. ZANCAJOSO.

ZANCARRÓN (çancarròn) *s. m. fam.* Sancarrão (sanco grande). Qualquer osso descarnado da perna. *fig. fam.* Osso grande e descarnado. *fig. fam.* Velho magro e sujo. *fig. fam.* Charlatão (que ensina o que não sabe).

ZANCARRONICO, A (çancarrònico) *adj.* Próprio de *zancarrón*.

ZANCLEO, A (çanclèo) *adj. e s. Poét.* Siciliano.

ZANCO (çanco) *s. m.* Andas, pernas de pau. U. m. no pl. V. ZANCA, 1ª acep. *En —s, loc. adv. fig. fam.* Em posição muito elevada ou vantajosa (comparada com outra).

ZANCÓN, A *adj. fam.* V. ZANCUDO. *Amer. guat.* Curto (falando-se do vestido).

ZANCUDO, A (çancudo) *adj.* Pernalto, pernilongo. Pernalta (ave). U. t. c. s. *s. f. pl. Zool.* Pernaltas. *s. m.* Pernilongo (mosquito).

ZANDÍA (çandía) *s. f.* V. SANDÍA.

ZANDUNGA (çandunga) *s. f. Amer. chil.* V. ZAMBRA, 3ª acep.

ZANFONÍA (çanfonía) *s. f. Mús.* Sanfona.

ZANGA (çanga) *s. f.* Zanga (espécie de voltarete).

ZANGALA (çangala) *s. f.* Entretela, tela muito engomada.

ZANGAMANGA (çangamanga) *s. f. fam.* Ardil, engano, armadilha, laço.

ZANGANA (çàngana) *s. f.* Mulher desalinhada.

ZANGANADA (çanganada) *s. f.* Ato ou dito impertinente, néscio e importuno.

ZANGANDONGO, A (çangandongo) *s. m. e f. fam.* V. ZANGANDUNGO.

ZANGANDULLO, A (çangandulho) *s. m. e f. fam.* V. ZANGANDUNGO.

ZANGANDUNGO, A *s. m. e f.* Pessoa inábil, desalinhada e vadia.

ZANGANEAR (çanganear) *v. intr. fam.* Andar vadiando de cá para lá, sem fixar-se num trabalho determinado.

ZANGANEO (çanganèo) *s. m.* Ação de *Zanganear.*

ZANGANERÍA (çanganería) *s. f.* Qualidade de zangão (chupista, parasita).

ZANGANO (çàngano) *s. m. Entom.* Zangão. *fig. fam.* Zangão, chupista, parasita.

ZANGARILLA (çangarilha) *s. f. prov. Extr.* Azenha (de moer trigo).

ZANGARILLEJA (çangarilheja) *s. f. fam.* Maltrapilha, rapariga vadia e desalinhada.

ZANGARILLEJO (çangarilhejo) *s. m. fam.* Maltrapilho, rapaz sujo e vagabundo.

ZANGARILLÓN, A (çangarilhòn) *adj. prov. Sal.* Sancarrão, desajeitado, muito alto.

ZANGARREAR (çangarrear) *v. intr. fam.* Zangarrear (tocar guitarra ou viola desentoadamente).

ZANGARRIANA (çangarriana) *s. f. Vet.* Vertigem. Achaque, enfermidade freqüente e ligeira. *fig. fam.* Tristeza, melancolia, desgosto.

ZANGARRO (çangarro) *s. m. Amer. mexic.* V. TENDEJÓN.

ZANGARROSO, A (çangarrosso) *adj.* Andrajoso.

ZANGARULLÓN (çangarulhòn) *s. m.* V. ZANGÓN.

ZANGOLOTEADA (çangoloteada) *s. f. Amer.* V. ZANGOLOTEO.

ZANGOLOTEAR (çangolotear) *v. intr. fam.* Abanar, sacudir-se, agitar-se, sacolejar-se. *fig. fam.* Andar em roda, mover-se (uma pessoa) somente por andar. *v. pron.* Mexer-se, abanar, sacudir-se (uma coisa que está solta ou mal segura).

ZANGOLOTEO (çangolotèo) *s. m.* Sacudida, sacudidela.

ZANGOLOTINA (çangolotina) *s. f.* Moça que quer ou a quem querem fazer passar por menina.

ZÁNGOLOTINO (çangolotino) *adj. fam. Niño —*, rapaz que quer ou a quem querem fazer passar por menino.

ZANGOLOTÓN (çangolotòn) *s. m. Amer. chil.* V. ZANGOLOTEO.

ZANGÓN (çangòn) *s. m. fam.* Rapaz muito crescido e ocioso.

ZANGORREAR (çangorrear) *v. intr. Amer.* V. ZANGARREAR.

ZANGOTEAR (çangotear) *v. tr.* V. ZANGOLOTEAR.

ZANGOTEO (çangotèo) *s. m.* V. ZANGOLOTEO.

ZANGUANGA (çanguanga) *s. f. fam.* Enfermidade fingida. *fam.* Adulação interesseira.

ZANGUANGO, A (çanguango) *adj. e s. fam.* Preguiçoso, vadio, inativo. Embrutecido pela preguiça.

ZANGUAYO (çanguadjo) *s. m. Amer. hond.* Zangaralhão ocioso que se finge de tolo.

ZANJA (çanja) *s. f.* Cabouco (escavação aberta para alicerces). Sanja, rego, canal, regueiro, regueira. Draino, canal. *Amer.* V. ARROYADA. *Amer. equat.* Vala, sulco. *Abrir las —s, loc.* Começar o edifício. *fig.* Começar uma coisa.

ZANJAR (çanjar) *v. tr.* Caboucar (abrir caboucos pra alicerces). Sanjar, abrir sanjas ou regos em terrenos. *fig.* Aplainar o caminho, afastar dificuldades, preparar o terreno.

ZANQUEADO, A (çanqueado) *p. p.* de *Zanquear.*

ZANQUEADOR, A (çanqueador) *adj. e s.* Que anda com as pernas bambas. Andejo, andarilho, caminhador.

ZANQUEAMIENTO (çanqueamiento) *s. m.* Saracote, sacacoteio. Bamboleio.

ZANQUEAR (çanquear) *v. intr.* Torcer as pernas ao andar, bambolear, gingar. Saracotear (não parar num lugar).

ZANQUETEAR (çanquetear) *v. intr. ant.* V. ZANQUEAR, 2ª acep.

ZANQUILARGO, A (çanquilargo) *adj.* Pernalto, pernaltudo, pernilongo. *Por ext.* Muito comprido.

ZANQUILLA (çanquilha) *s. m. fam.* V. ZANQUITA. U. m. no pl.

ZANQUITA (çanquita) *s. m. fam.* Homem que tem as pernas curtas e delgadas ou é muito baixo para a sua idade. U. m. no pl.

ZANQUITUERTO, A (çanquituerto) *adj. e s. fam.* Zambro, cambaio.

ZANQUIVANO, A (çanquivano) *adj. e s. fam.* Escanifrado.

ZANTOXILEAS (çantocssíleas) *s. f. pl. Bot.* Xantoxíleas.

ZANZA (çança) *s. f.* Espécie de marimba.

ZAPA (çapa) *s. f.* Sapa (pá de sapador). *Fort.* Sapa (obra de). V. LIJA.

ZAPADOR (çapador) *s. m.* Sapador.

ZAPALLADA (çapalhada) *s. f. Amer.* Fortuna ou bens que se adquirem inesperada ou casualmente.

ZAPALLAR (çapalhar) *s. m. Amer.* Aboboral.

ZAPALLAZO (çapalhaço) *s. m. Amer.* Pancada com uma abóbora. *Amer. chil.* Bambúrrio, chiripa, acaso, sorte.

ZAPALLERO (çapalhero) *s. m. Amer.* Vendedor de abóboras. *adj. Amer.* Que gosta muito de abóbora. *Amer.* Chiripento.

ZAPALLO (çapalho) *s. m. Amer. merid. Bot.* Aboboreira. Abóbora. *fig. fam. Amer. chil.* Bambúrrio, chiripa, acaso, sorte.

ZAPALLÓN, A (çapalhòn) *adj. fam. Amer.* Gordanchudo, gordalhufo e baixote.

ZAPAPICO (çapapico) *s. m.* Espécie de alvião.

ZAPAQUILDA (çapaquilda) *s. f.* Gata (fêmea do gato).

ZAPAR (çapar) *v. intr.* Sapar (levantar a terra com a sapa).

ZAPARRADA (çaparrada) *s. f.* V. ZAPARRAZO.

ZAPARRASTRAR (çaparrastrar) *v. intr. fam.* Ir com o vestido arrastando.

ZAPARRASTROSO, A (çaparrastrosso) *adj. e s. fam.* V. ZARRAPASTROSO.

ZAPARRAZO (çaparraço) *s. m.* Patada (dos animais). Trambolhão, embate, pancada.

ZAPATA (çapata) *s. f.* Espécie de botim. Sapata; calço. *Náut.* Sapata. *Constr.* Sapata.

ZAPATADA (çapatada) *s. f.* Sapatada. Quantidade de sapatos.

ZAPATAZO (çapataço) *s. m.* Sapatada. *fig.* Trambolhão (queda e ruído). *fig.* Pancada forte. *fig.* Engano, ardil, burla. *Náut.* Embate das velas (com vento fresco).

ZAPATEADO (çapateado) *s. m.* Sapateado (dança).

ZAPATEADOR, A (çapateador) *adj. e s.* Sapateador.

ZAPATEAR (çapatear) *v. tr.* Sapatear (dar sapateadas). Alcançar-se (as cavalgaduras). *fig. fam.* Maltratar, molestar, incomodar. *v. intr. Amer.* Sapatear (dançar sapateando).

ZAPATEO (çapatèo) *s. m.* Sapateado. *fig.* Mau trato, incômodo, molésta.

ZAPATERA (çapatera) *s. f.* Sapateira.

ZAPATERÍA (çapatería) *s. f.* Sapataria. *— de viejo*, sapataria onde se consertam calçados.

ZAPATERIL (çapateril) *adj.* Próprio de sapateiro.

ZAPATERO (çapatero) *s. m.* Sapateiro. *Entom.* Sapateiro, fede-velha. *adj.* Encruado (falando-se de legumes). *fig.* Gasto, cansado, sovado. *Quedarse —, loc. fig. fam.* Ficar sapateiro (não fazer vazas no jogo).

ZAPATETA (çapateta) *s. f.* Pancada que, ao saltar, se dá no pé ou no sapato, em sinal de regozijo. *¡—! interj.* Olé! Olá! (denotando admiração).

ZAPATILLA (çapatilha) *s. f.* Chinela. Calçado leve e de sola muito delgada. Sapatilha (nos instrumentos de música). Unha, casco (dos animais de pés fendidos). *Esgr.* Botão de florete.

ZAPATILLAZO (çapatilhaço) *s. f.* Chinelada. Pancada com *zapatilla.*

ZAPATILLERO, A (çapatilhero) *s. m.* Chineleiro.

ZAPATO *s. m.* Sapato. *—s papales*, sapatões que servem de galochas. *Como tres en un —, loc. adv. fig. fam.* Como sardinha em lata.

ZAPATÓN, A (çapatòn) *adj. Amer. cub.* Elástico, flexível. *s. m. Amer.* Galochas.

ZAPATUDO, A (çapatudo) *adj.* Calçado (firmado com calço). Que tem sapatos muito grandes ou grosseiros. Que tem as unhas ou cascos muito grandes (falando-se de animais de pés fendidos).

¡ZAPE! (çape) *interj.* Sape!

ZAPEAR (çapear) *v. tr.* Afugentar ou enxotar o gato.

ZAPEROCO (çaperoco) *s. m. Amer. venezuel.* V. JALEO.

ZAPESTILLA (çapestilha) *s. f.* Sapatilha (instrumento de chapeleiro).

ZAPOTAL (çapotal) *s. m.* Plantação de zapotilheiros ou sapotas.

ZAPOTAZO (çapotaço) *s. m.* V. BATACAZO.

ZAPOTE (çapote) *s. m. Bot.* Zapotilheiro, sapota, zapote.

ZAPOTEAR (çapotear) *v. tr. prov.* V. CHAPOTEAR.

ZAPOTEO, A (çapotèo) *adj.* Relativo a sapota ou zapotilheiro.

ZAPOTERO (çapotero) *s. m.* V. ZAPOTE.

ZAPOTILLO (çapotilho) *s. m. Bot.* Sapotilha, sapoti.

ZAPOYOL (çapodjol) *s. m. Amer.* Caroço da sapota.

ZAPUZAR (çapuçar) *v. tr.* V. CHAPUZAR.

ZAQUE (çaque) *s. m.* Odre pequeno. *fig.* Borracho, ébrio.

ZAQUEAR (çaquear) *v. tr.* Trasfegar (de odre para odre). Transportar líquidos em odre pequeno (*zaque*).

ZAQUEO (çaquèo) *s. m.* Trasfego (de odre para odre).

ZAQUIZAMÍ (çaquiçamí) *s. m.* Desvão, sótão. *fig.* Cubículo (quarto acanhado e pouco limpo). Madeiramento (de teto).

ZAR (çar) *s. m.* Tzar.

ZARA (çara) *s. f.* V. MAÍZ.

ZARABANDA (çarabanda) *s. f.* Sarabanda.

ZARABANDISTA (çarabandista) *adj. e s.* Que dança, toca ou canta a sarabanda. U. m. c. s. *fig.* Diz-se da pessoa alegre e buliçosa. U. m. c. s.

ZARABANDO, A (çarabando) *adj.* V. ZARABANDISTA.

ZARABATO, A (çarabato) *adj. prov. Sal.* Tartamudo.

ZARABUTEAR (çarabutear) *v. tr. fam.* V. ZARAGUTEAR.

ZARABUTERO, A (çarabutero) *adj. e s. fam.* V. ZARAGUTERO.

ZARACEAR (çaracear) *v. intr. prov.* Condensar-se o vapor atmosférico e cair cristalizado.

ZARAGATA (çaragata) *s. f. fam.* Briga, rixa, tumulto, arruaça, barulho, sururú, pendência, zaragata, desordem, confusão, alvoroto.

ZARAGATE (çaragate) *s. m. Amer. mexic.* V. PÍCARO. *Amer. equat.* V. ZALAMERO.

ZARAGATERO, A (çaragatero) *adj. fam.* Rixoso, bulhento, desordeiro, brigão.

ZARAGATONA (çaragatona) *s. f. Bot.* Zaragatoa.

ZARAGOCÉS, A (çaragocès, ssa) *adj.* e *s.* V. ZARAGOZANO.

ZARAGOCÍ (çaragocí) *adj.* Diz-se da saragoçana (espécie de ameixa).

ZARAGOZANO, A (çaragoçano) *adj.* e *s.* Saragoçano.

ZARAGÜELLES (çaragüelhes) *s. m. pl.* Espécie de calções largos e pregueados.

ZARAGUTEAR (çaragutear) *v. tr. fam.* Atabalhoar, atamancar (fazer as coisas depressa e mal).

ZARAGUTERO, A *adj. fam.* Que atabalhoa ou atamanca.

ZARAMADA (çaramada) *s. f. prov.* V. CHAMARASCA.

ZARAMAGO (çaramago) *s. m.* V. JARAMAGO.

ZARAMAGULLÓN (çaramagulhòn) *s. m.* V. SOMORGUJO.

ZARAMBEQUE (çarambeque) *s. m.* Sarambeque.

ZARAMULLO (çaramulho) *s. m. Amer. per.* Indivíduo tolo e maçador. Indivíduo melindroso.

ZARANDA (çaranda) *s. f.* Ciranda, crivo, joeira.

ZARANDADOR, A (çarandador) *s. m.* e *f.* Joeireiro, que joeira ou ciranda.

ZARANDAJAS (çarandajas) *s. f. pl. fam.* Bagatelas, ninharias, bugiarias, coisas de importância escassa ou secundária.

ZARANDAJO (çarandajo) *s. m. Amer.* Traste, tareco, móvel inútil.

ZARANDAR (çarandar) *v. tr.* Cirandar, joeirar, crivar. Passar (o osso) por uma espécie de peneira. *fig. fam.* Peneirar, mover ou sacudir uma coisa com rapidez e facilidade. U. m. c. pron. *fig. fam.* Joeirar, depurar, separar do comum o que é essencial. *v. pron. Amer.* V. CONTONEARSE.

ZARANDEAR (çarandear) *v. tr.* V. ZARANDAR. U. t. c. pron. *fig.* Esfalfar, fatigar, cansar.

ZARANDEO (çarandèo) *s. m.* Cirandagem. *Amer.* V. CONTONEO.

ZARANDERO, A (çarandero) *s. m.* e *f.* V. ZARANDADOR.

ZARANDILLA (çarandilha) *s. f. prov. Riojo.* V. LAGARTIJA.

ZARANDILLO (çarandilho) *s. m. Dim.* de *Zaranda.* Ciranda (peneira) pequena. *fig.* Azougue (pessoa esperta e inquieta).

ZARANDO, A (çarando) *adj. fam. Amer. venezuel.* Irrefletido, estouvado.

ZARAPATEL (çarapatel) *s. m.* Sarapatel.

ZARAPICO (çarapico) *s. m. Amer. cub.* V. ZARAPITO.

ZARAPITA (çarapita) *s. f. fam.* Patavina. *No entender ni — de una cosa*, não saber patavina de uma coisa.

ZARAPITO (çarapito) *s. m. Ornit.* Curicaca.

ZARATE (çarate) *s. m. Amer. hond.* Sarna.

ZARATEARSE (çaratearse) *v. pron. Amer.* Arrastar-se sobre as nádegas.

ZARAZA (çaraça) *s. f.* Saraça (tecido fino de algodão).

ZARAZAS (çaraças) *s. f. pl.* Bola de vidro moído para matar animais.

ZARAZO, A (çaraço) *adj.* Pintão, mal sazonado (falando-se de frutos).

ZARAZÓN, A (çarazòn) *adj. Amer. mexic.* V. ZARAZO. *Amer. mexic.* Alegrete, meio bêbedo.

ZARCEAR (çarcear) *v. tr.* Limpar com sarças ou alguma outra coisa o interior de canos e outros condutos. *v. intr.* Entrar o cão nos sarçais ou silvedos em busca da caça. *fig.* Andar apressadamente de cá para lá.

ZARCENO, A (çarcenho) *adj.* Pertencente ou relativo à sarça.

ZARCEO (çarcèo) *s. m.* Ato de *Zarcear.*

ZARCERO, A (çarcero) *adj.* Diz-se do cão de caça que, sendo pequeno, pode penetrar facilmente nos silvedos ou sarçais.

ZARCETA (çarceta) *s. f.* V. CERCETA.

ZARCILLO (çarcilho) *s. m.* Arrecada, brinco, argola. *Bot.* Gavinha. Sachola.

ZARCO, A (çarco) *adj.* Zarco, azul-claro (falando-se dos olhos e das águas).

ZARGATONA (çargatona) *s. f.* V. ZARAGATONA.

ZARIANO (çariano) *adj.* Tzariano, pertencente ou relativo ao tzar.

ZARIGÜEYA (çarigüedja) *s. f. Zool.* Sariguéia.

ZARINA (çarina) *s. f.* Tzarina.

ZARISMO (çarismo) *s. m.* Tzarismo.

ZARPA (çarpa) *s. f.* Ação de *Zarpar.* Garra (de leão, tigre etc.). V. CAZCARRIA, 2ª acep. *Arq.* Sapata.

ZARPADA (çarpada) *s. f.* Pancada com a garra.

ZARPANEL (çarpanel) *adj. Arq.* Rebaixado, abatido (falando-se de sarapanel).

ZARPAR (çarpar) *v. tr.* e *intr. Náut.* Sarpar, zarpar, levantar ferro, fazer-se de vela.

ZARPAZO (çarpaço) *s. m.* V. ZARPADA. Trambolhão, estrondo.

ZARPE (çarpe) *s. m. Amer.* V. ZARPA, 1ª acep.

ZARPEAR (çarpear) *v. tr. Amer. hond.* Salpicar de lama.

ZARPOSO, A (çarposso) *adj.* Enlameado (falando-se do vestido). Que tem garras.

ZARRABETE (çarrabete) *s. f.* V. SANFONÍA.

ZARRACATERÍA (çarracatería) *s. f.* Afago enganoso, carinho fingido.

ZARRACATÍN (çarracatín) *s. m. fam.* Regatão, revendedor.

ZARRAGAMALLO (çarragamalho) *s. m. prov. Sal.* V. MURCIÉLAGO.

ZARRAMPLÍN (çarramplín) *s. m.* V. ACEDERA. *fam.* Pobre diabo, joão-ninguém. Profissional chambão.

ZARRAMPLINADA (çarramplinada) *s. f.* Chamboíce.

ZARRAPASTRA (çarrapastra) *s. f.* V. CAZCARRIA.

ZARRAPASTRO (çarrapastro) *adj.* V. ZARRAPASTROSO.

ZARRAPASTRÓN, A (çarrapastròn) *adj.* e *s. fam.* Porcalhão, esfarrapado, andrajoso, enlameado.

ZARRAPASTROSAMENTE (çarrapastrossamente) *adv. fam.* Suja, porca, desalinhadamente; andrajosa, esfarrapadamente.

ZARRAPASTROSO, A (çarrapastrosso) *adj.* e *s. fam.* Sujo, porco, desalinhado, andrajoso, esfarrapado, desasseado.

ZARRIA (çarria) *s. f.* V. CAZCARRIA. Correia de abarca.

ZARRIENTO, A (çarriento) *adj.* V. ZARRIOSO.

ZARRIO (çarrio) *s. m. prov. Arag.* Trapo, farrapo, andrajo.

ZARRIOSO, A (çarriosso) *adj.* Esfarrapado, andrajoso; sujo, imundo.

ZARZA (çarça) *s. f. Bot.* Sarça, silva.

ZARZAGÁN (çarçagàn) *s. m.* Vento frio mas pouco forte.

ZARZAGANETE (çarçaganete) *s. m. Dim.* de *Zarzagán.*

ZARZAGANILLO (çarçaganilho) *s. m.* Vento frio que causa tempestades.

ZARZAHÁN (çarçaàn) *s. m.* Tecido de seda, fino e listrado em cores.

ZARZAIDEA (çarçaidèa) *s. f.* V. FRAMBUESA.

ZARZAL (çarçal) *s. m.* Sarçal, silvedo; espinhal.

ZARZALEÑO, A (çarçalenho) *adj.* Pertencente ou relativo a sarçal ou silvedo.

ZARZAMORA (çarçamora) *s. f.* Bago da sarça ou silva. V. ZARZA.

ZARZAMORAL (çarçamoral) *s. m.* V. ZARZAL.

ZARZAPARRILLA (çarçaparrilha) *s. f. Bot.* Salsaparrilha. *— de Indias Bot.* Salsaparrilha indígena ou do reino.

ZARZAPARRILLAR (çarçaparrilhar) *s. m.* Terreno plantado de salsaparrilhas.

ZARZAPERRUNA (çarçaperruna) *s. f. Bot.* Roseira-brava.

ZARZARROSA (çarçarrossa) *s. f.* Rosa (da roseira-brava).

ZARZO (çarço) *s. m.* Trançado de vime, junco ou cana.

ZARZOSO, A (çarçosso) *adj.* Silvoso.

ZARZUELA (çarçuela) *s. f. Dim.* de *Zarza.* Zarzuela (espécie de ópera cômica espanhola).

ZARZUELERO, A (çarçuelero) *adj.* Pertencente à zarzuela.

ZARZUELISTA (çarçuelista) *s. m.* e *f.* Zarzuelista.

¡ZAS! (càs) *interj.* Zás!

ZASCANDIL (çascandil) *s. m. fam.* Homem desprezível, metediço e intrigante.

ZASCANDILEAR (çascandilear) *v. intr.* Agitar-se muito, pavonear-se, dar-se importância.

ZASCANDILEO (çascandilèo) *s. m.* Ação de *Zascandilear.*

ZATA (çata) *s. f.* V. ZATARA.

ZATARA (çatara) *s. f.* Espécie de balsa ou jangada para transportes fluviais.

ZATICO (çatico) *s. m.* O que antigamente tinha no palácio o cargo de cuidar do pão e tirar as mesas.

ZATILLO (çatilho) *s. m.* V. ZATICO.

ZATO (çato) *s. m.* Pedaço de pão.

ZATO, A (çato) *adj. Amer. venezuel.* Diz-se do animal baixo e gordanchudo.

ZAZO, A (çaço) *adj.* V. CECEOSO.

ZAZOSO, A (çaçosso) *adj.* V. CECEOSO.

ZEA (cèa) *s. f.* V. MAÍZ.

ZEDA (ceda) *s. f.* Zê (nome da letra Z).

ZEDILLA (cedilha) *s. f.* Cedilha.

ZENDO (cendo) *s. m.* Zende (idioma).

ZENIT (cenit) *s. m.* V. CENIT.

ZENOZOICO, A (cenoçoico) *adj. Geol.* Cenozóico.

ZENZALINO, A (cençalino) *adj.* Pertencente aos cínipes.

ZÉNZALO (cènçalo) *s. m. Entom.* Cínipe, mosquito-das-galhas.

ZEPELÍN (cepelín) *s. m.* Zepelim.

ZETA (ceta) *s. f.* Zê (nome da letra Z). V. ZEDA.

ZIGZAG (cighçagh) *s. m.* Ziguezague.

ZIGZAGUEAR (cighçaguear) *v. intr.* Ziguezaguear.

ZIMO (cimo) *s. m.* Enzima.

ZIMÓMETRO (cimòmetro) *s. m.* Zimosímetro.

ZIMOSIS (cimossis) *s. f.* Zimose.

ZINC (cinc) *s. m.* V. CINC.

ZINCOGRABADO (cincograbado) *s. m.* V. CINCOGRABALO.

ZINGIBER (cinjiber) *s. m.* V. JENGIBRE.

ZIPIZAPE (cipiçape) *s. m. fam.* Briga ruidosa, alvoroto.

ZIRCÓN (circòn) *s. m. Miner.* Zircão.

ZIRIGAÑA (ciriganha) *s. f. prov. And.* Adulação, lisonja, zumbaia.

ZIVA (civa) *s. m. Mit.* Siva.

ZOBORDAR (çobordar) *v. intr.* V. ZABORDAR.

ZOCA (çoca) *s. f.* Praça, logradouro público.

ZÓCALO (còcalo) *s. m. Arq.* Soco (supedâneo, peanha, base aparente das paredes dos edifícios). *Arq.* Friso.

ZOCATA (çocata) *s. f.* Sucata, socata.

ZOCATO, A (çocato) *adj.* Pintão, que começa a amadurecer. *fam.* V. ZURDO.

ZOCLO (çoclo) *s. m.* V. ZUECO.

ZOCO (çoco) *s. m. ant.* Praça pública. *marroq.* Mercado.

ZOCO, A *adj. fam.* Canhoto. U. t. c. s. *f. fam.* Canhota, esquerda (falando-se da mão). U. t. c. s. f. *A — as, loc. adv.* V. ZURDO (A —AS).

ZOCOLAR (çocolar) *v. tr. Amer. equat.* Roçar, derribar o mato.

ZOCUCHO (çocutcho) *s. m. Amer. merid.* V. RINCÓN.

ZOFRA (çofra) *s. f.* Espécie de tapete mourisco.

ZOIZO (çoiço) *s. m.* V. SUIZO.

ZOLACHA (çolatcha) *s. f.* Enxada pequena.

ZOLLIPAR (çolhipar) *v. intr. fam.* Soluçar.

ZOLLIPO (çolhipo) *s. m. fam.* Soluço.

ZOLOCHO, A (çolotcho) *adj. fam.* Tolo, bobo, simplório, simples.

ZOMA (çoma) *s. f.* Soma, corpo.

ZOMPO, A (çompo) *adj.* V. ZOPO.

ZOMPOPA (çompopa) *s. f.* V. ZOMPOPO.

ZOMPOPO (çompopo) *s. m. Amer. centr.* Espécie de formiga de cabeça grande.

ZONA (çona) *s. f.* Zona (em todas as suas acepçõcs). — *isoterma,* zona isotérmica. — *templada,* zona temperada. — *de ensanche,* zona temperada. — *de ensanche,* área de expansão (das grandes cidades).

ZONCERA (çoncera) *s. f.* V. SOSERÍA.

ZONCEÍA (concería) *s. f.* V. SOSERÍA.

ZONCHICHE (çontchitche) *s. m. Amer. centr.* Espécie de urubu.

ZONGORREAR (çongorrear) *v. tr. fam.* V. ZANGARREAR.

ZONZAMENTE (çonçamente) *adv.* Insulsa, insipidamente.

ZONZO, A (çonço) *adj. e s.* V. SOSO.

ZONZORRIÓN (çonçorriòn) *adj. e s. fam.* Muito insulso ou insípido.

ZOOESPORÂNGIO (çooesporânjio) *s. m.* Zoosporângio.

ZOPAS (çopas) *s. m. e f. fam.* Pessoa que ceceia muito, que é bleso.

ZOPENCO, A (çopenco) *adj. e s. fam.* Rude, grosseiro, abrutalhado; brutamontes.

ZOPETERO (çopetero) *s. m.* V. RIBAZO.

ZOPISA (çopissa) *s. f.* Zopissa. Resina do pinheiro.

ZOPITAS (çopitas) *s. m. e f. fam.* V. ZOPAS.

ZOPO, A (çopo) *adj.* Aleijado, estropiado, deformado (falando-se das mãos ou pés). *fig.* Zopo, zoupeiro.

ZOQUETADA (çoquetada) *s. f.* Tolice, parvoíce, asneira.

ZOQUETE (çoquete) *s. m.* Pedaço de madeira, curto e grosso, que sobra ao cortar-se ou serrar-se, toco. *fig. fam.* Pessoa de escassa inteligência. *fig.* Pedaço irregular de pão. *fig.* Homem feio e achaparrado.

ZOQUETEAR (çoquetear) *v. tr. Amer. cub.* Brigar aos murros.

ZOQUETERÍA (çoquetería) *s. f.* Montão de pedaços de madeira.

ZOQUETERO, A (çoquetero) *adj.* Que mendiga pedaços de pão. U. t. c. s.

ZOQUETUDO, A (çoquetudo) *adj.* Basto, tosco, grosseiro, malfeito.

ZORCICO (çorcico) *s. m.* Música e dança popular das Vascongadas.

ZORENCO, A (çorengo) *adj. Amer. guat.* V. ALELADO.

ZORITA (çorita) *adj.* Bravo (falando-se de pombo).

ZORIZA (çoriça) *s. f. prov. Sal.* Diversão barulhenta, algazarra.

ZOROCHO (çorotcho) *adj. Amer.* V. ZOROLLO.

ZOROLLO (çorolho) *adj. Amer.* Diz-se do trigo segado antes de bem maduro.

ZORRA (çorra) *s. f. Zool.* Raposa. *fig. fam.* Raposa, pessoa astuta e manhosa. *fig. fam.* Prostituta. *fig. fam.* Mona, bebedeira. Zorra (espécie de carro).

ZORRADA (çorrada) *s. f.* V. ZORRERÍA.

ZORRAL (çorral) *adj. Amer. colomb.* Importuno, maçador.

ZORRASTRÓN, A (çorrastròn) *adj. e s. fam.* Sagaz, fino, manhoso; raposa.

ZORREADA (çorreada) *s. f.* V. ZORREADURA.

ZORREADURA (çorreadura) *s. f. Amer.* Caça à raposa.

ZORREAR (çorrear) *v. tr. Amer.* Caçar raposas.

ZORRERA (çorrera) *s. f.* Cova da raposa. V. AZORRAMIENTO. *fig.* Cozinha onde há muito fumo.

ZORRERÍA (çorrería) *s. f.* Raposice, manha, astúcia, raposia.

ZORRERO, A (çorrero) *adj.* Diz-se do cão hábil na caça à raposa. U. t. c. s. Grosso (falando-se de chumbo para caça). *fig.* Raposeiro, astuto, manhoso. Zorreiro, ronceiro, lento (falando-se de navio). *fig.* Último, atrasado.

ZORRILLO (çorrilho) *s. m. Amer.* V. ZORRINO.

ZORRINO (çorrino) *s. m. Amer.* Zorrilho. V. MOFETA.

ZORRO (çorro) *s. m. Zool.* Raposo, zorro. Raposa (a pele). *fig.* Raposo, astucioso, matreiro, manhoso. *fig.* Indivíduo que se finge de tolo. *Amer.* V. MOFETA. *Amer.* — *chingue.* V. MOFETA.

ZORRO, A (çorro) *adj.* V. ZORRERO.

ZORROCLOCO (çorrocloco) *s. m. fam.* Manhoso, matreiro, que se finge de tolo e é tardo em fazer as coisas. *fam.* V. ARRUMACO.

ZORRÓN (çorròn) *s. m. Aument.* de *Zorra,* 3ª acep.

ZORRONGLÓN, A (çorronglòn) *adj. e s. fam.* Mole, tardo, marralheiro.

ZORRUELA (çorruela) *s. f. Dim.* de *Zorra.* Raposinha.

ZORRUELO (çorruelo) *s. m. Dim.* de *Zorro.* Raposinho.

ZORRUNO, A (çorruno) *adj.* Raposino, raposeiro. Baio queimado (falando-se do pelame dos cavalos).

ZORTIZICO (çorticico) *s. m.* V. ZORCICO.

ZORZAL (çorçal) *s. m. Ornit.* Estorninho, zorzal. *fig.* Pássaro, homem astuto. *Amer.* Incauto, simplório.

ZORZALA (çorçala) *s. f.* Fêmea do estorninho ou zorzal.

ZORZALEADA (çorçaleada) *s. f. Amer.* Engano, fraude.

ZORZALEAR (çorçalear) *v. intr. Amer.* Enganar, embair.

ZORZALEÑO, A (çorçalenho) *adj.* Diz-se de uma variedade de azeitona pequena.

ZORZALEO (çorçalèo) *s. m. Amer.* V. ZORZALEADA.

ZORZALERO, A (çorçalero) *adj. Amer.* V. PEGOTE.

ZOZOBRA (çoçobra) *s. f.* Sossobra, sossobro. *fig.* Sossobro de ânimo, inquietação, aflição, angústia.

ZOZOBRADO, A (çoçobrado) *p. p.* de *Zozobrar.* V. ZOZOBRADO.

ZOZOBRANTE (çoçobrante) *p. a.* de *Zozobrar.* Que sossobra.

ZOZOBRAR (çoçobrar) *v. intr.* Sossobrar, naufragar, submergir-se, alagar-se. Sossobrar, estar em perigo. *fig.* Afligir-se, angustiar-se, inquietar-se. *v. tr.* Afundar, fazer sossobrar.

ZOZOBROSO, A (çoçobrosso) *adj.* Aflito, angustiado, inquieto.

ZÚA (çùa) *s. f.* V. ZUDA.

ZUACA (çuaca) *s. f. Amer. C. Rica.* Vaia, chacota, zombaria.

ZUÁCATE (çuàcate) *s. m. Amer. chil.* Punhada, murro.

ZUBIA (çubia) *s. f.* Lugar por onde corre ou aonde aflue muita água.

ZUCA (çuca) *s. f.* Espécie de chocalho (instrumento musical dos índios).

ZUCARINO, A (çucarino) *adj.* Sacarino.

ZUCCA (çuca) *s. f.* V. ZUCA.

ZUCRERÍA (çucrería) *s. f. prov. Arag.* Confeitaria.

ZUCRERO (çucrero) *s. m. prov. Arag.* Confeiteiro.

ZUCUCHO (çucutcho) *s. m. Amer.* V. RINCÓN.

ZUDA (çuda) *s. f.* Roda hidráulica.

ZUDRA (çudra) *s. m.* Sudra.

ZUECA (çueca) *s. f. Amer.* Galochas.

ZUECO (çueco) *s. m.* Tamanco, soco.

ZUECO, A (çueco) *adj. Amer. colomb.* V. PATOJO.

ZUELA (çuela) *s. f. Afér.* de *Azuela.*

ZUEQUERO (çuequero) *s. m.* Tamanqueiro.

ZUINANA (çuinana) *s. m. Amer. plat.* V. CEIBO.

ZUINANDÍ (çuinandí) *s. m. Amer. plat.* V. CEIBO.

ZUINDÁ (çuindá) *s. m. Amer. plat.* Espécie de coruja.

ZUIZA (çuiça) *s. f.* V. SUIZA.

ZUIZÓN (çuiçòn) *s. m.* V. SUIZÓN.

ZULACAR (çulacar) *v. tr.* Betumar com galagala.

ZULAQUE (çulaque) *s. m.* Galagala.

ZULAQUEAR (çulaquear) *v. tr.* V. ZULACAR.

ZULLA (çulha) *s. f. Bot.* Sanfeno. *fam.* Excremento humano.

ZULLARSE (çulharse) *v. pron. fam.* Fazer as suas necessidades. Ventosear.

ZULLENCO, A (çulhenco) *adj. fam.* Que sofre de diarréia ou de flatulência.

ZULLÓN, A (çulhòn) *adj. e s. fam.* V. ZULLENCO. *s. m. fam.* Ventosidade.

ZULLONEAR (çulhonear) *v. intr.* Ventosear.

ZUMACAL (çumacal) *s. m.* Sumagral.

ZUMACAR (çumacar) *s. m.* V. ZUMACAL. *v. tr.* Sumagrar.

ZUMACAYA (çumacadja) *s. f.* V. ZUMAYA.

ZUMAQUE (çumaque) *s. m. Bot.* Sumagre.

ZUMAYA (çumadja) *s. f. Ornit.* Espécie de coruja. *Ornit.* Engole-vento.

ZUMBA (çumba) *s. f.* Chocalho (que leva o animal ponteiro de uma récua). V. BRAMADERA. Vaia, zombaria, chasco, troça, chança. *Amer.* V. ZURRA.

ZUMBADOR, A (çumbador) *adj.* Zumbidor.

ZUMBAR (çumbar) *v. intr.* Zumbir, zumbar. *fig. fam.* Soar (estar uma coisa imaterial muito próxima). *v. tr.* Dar, aplicar, assestar, pespegar. *fig.* Vaiar, chancear, chasquear, zombar, motejar. U. t. c. pron.

ZUMBEL (çumbel) *s. m.* Cordel (que faz girar o pião).

ZUMBERA (çumbera) *s. f. Amer.* Zumbido (nos ouvidos).

ZUMBIDO (çumbido) *s. m.* Zumbido. *fam.* Pancada, paulada, porrada.

ZUMBILÍN (çumbilín) *s. m.* Dardo que se usa nas Filipinas.

ZUMBO (çumbo) *s. m.* V. ZUMBIDO.

ZUMBÓN, A (çumbòn) *adj.* Diz-se do chocalho grande que se põe aos animais. U. t. c. s. *fig. fam.* Chocarreiro, brejeiro, zombeteiro. Trocaz. U. t. c. s.

ZUMEL (çumel) *s. m. Amer. plat.* Bota de pata de potro.

ZUMIENTO, A (çumiento) *adj.* Sumarento, suculento.

ZUMILLO (çumilho) *s. m. Bot.* Dragontéia.

ZUMO (çumo) *s. m.* Sumo, suco. *fig.* Suco, proveito. — *de cepas,* ou *de parras, fig. fam.* O vinho.

ZUMOSO, A (çumosso) *adj.* Sucoso.

ZUNA (çuna) *s. f.* Doutrina muçulmana.

ZUNCHAR (çuntchar) *v. tr.* Colocar braçadeiras.

ZUNCHO (çuntcho) *s. m.* Braçadeira, argola.

ZUÑO (çunho) *s. m.* V. CEÑO.

ZUNZÚN (çunçún) *s. m. Amer. cub.* Espécie de beija-flor.

ZUPIA (çupia) *s. f.* Fezes do vinho. Vinho turvo. Líquido de mau aspecto. *fig.* Refugo, rebotalho.

ZUQUE (çuque) *s. m. Amer.* V. PORRAZO.

ZURANO, A (çurano) *adj. s.* V. ZURO.

ZURCIDERA (çurcidera) *s. f.* Serzideira.

ZURCIDO, A (çurcido) *p. p.* de *Zurcir. s. m.* Serzidura.

ZURCIDOR, A (çurcidor) *adj. e s.* Serzidor, serzideira. — ou — *a* de *voluntades,* alcoviteiro, a.

ZURCIDURA (çurcidura) *s. f.* Serzidura.

ZURCIR (çurcir) *v. tr.* Serzir. *fig.* Unir sutilmente duas coisas. *fig.* Cerzir mentiras.

ZURDERÍA (çurdería) *s. f.* Estado de canhoto.

ZURDO, A (çurdo) *adj.* Canhoto. U. t. c. s. Canhota, esquerda (falando-se da mão). U. t. c. s. f. *A* — *s, loc. adv.* Com a mão canhota. *fig. fam.* Ao contrário, às avessas.

ZUREAR (çurear) *v. intr.* Arrulhar, arrular.

ZUREO (çurèo) *s. m.* Arrulho.

ZURITO, A (çurito) *adj.* V. ZURO.

ZURIZA (çuriça) *s. f.* V. SUIZA.

ZURO (çuro) *s. m.* Raspa de sabugo de milho.

ZURO, A (çuro) *adj.* Bravo, do mato (falando-se de pombo).

ZURRA (çurra) *s. f.* Ação de surrar (peles). *fig.* Surra, sova, coça, tunda. *fig. fam.* Continuação do trabalho. *fig. fam.* Contenda, rixa, briga, disputa, pendência.

ZURRADO, A (çurrado) *p. p.* de *Zurrar. s. m. fam.* Luvas.

ZURRAPA (çurrapa) *s. f.* Lia, fezes, borra, sedimento. U. m. no pl. *fig. fam.* Escória, coisa vil e desprezível. *fig. fam.* Rapaz enfezado e feio. *Con* —*s, loc. adv. fig. fam.* Pouco limpamente (com pouca limpeza, física ou moral).

ZURRAPELO (çurrapelo) *s. m. fam.* Carão, sabão, repreensão.

ZURRAPIENTO, A (çurrapiento) *adj.* V. ZURRAPOSO.

ZURRAPOSO, A (çurraposso) *adj.* Turvo, que tem borras.

ZURRAR (çurrar) *v. tr.* Surrar, curtir. *fig.* Surrar, açoitar, bater, fustigar. *fig.* Castigar, maltratar. *fig.* Zurzir, criticar.

ZURRARSE (çurrarse) *v. tr.* Borrar-se, sujar-se.

ZURRAVERBOS (çurraverbos) *s. m. fam. joc.* Estudante.

ZURRETA (çurreta) *s. f. prov. Sal.* Diarréia.

ZURRIA (çurria) *s. f. Amer. colomb.* V. ZURRA. Multidão.

ZURRIAGA (çurriaga) *s. f.* V. ZURRIAGO.

ZURRIAGAR (çurriagar) *v. tr.* Azorragar.

ZURRIAGAZO (çurriagaço) *s. m.* Azorragada.

ZURRIAGO (çurriago) *s. m.* Azorrague.

ZURRIAR (çurriar) *v. intr.* V. ZURRIR.

ZURRIBANDA (çurribanda) *s. m. fam.* Surra, tunda, coça, sova. *fam.* Pancadaria, briga.

ZURRIBURRI (çurriburri) *s. m. fam.* Indivíduo da ralé, desprezível. Ralé, canalha.

ZURRIDO (çurrido) *s. m.* Zoada, soada.

ZURRIR (çurrir) *v. intr.* Sussurrar, soar confusamente.

ZURRÓN (çurròn) *s. m.* Surrão. Casca (de certos frutos). *Anat.* Placenta.

ZURRONA (çurrona) *s. f. prov. Sal.* V. ZURRÓN, 1ª acep. Surrão, marafona.

ZURRONADA (çurronada) *s. f.* Conteúdo de um surrão.

ZURRUSCARSE (çurruscarse) *v. pron. fam.* V. ZURRARSE.

ZURRUSCO (çurrusco) *s. m. fam.* V. CHURRUSCO.

ZURUBÍ (çurubí) *s. m. Ictiol. Amer. plat.* Sorubim, surubi, surubim.

ZURULLO (çurulho) *s. m.* Rolo (de qualquer matéria mole).

ZURUMBÁTICO, A (çurumbàtico) *adj.* Sorumbático.

ZUTANO (çutano) *s. m. fam.* Fulano, beltrano, sicrano.

ZUTEA (çutèa) *s. m. ant.* V. AZUTEA.

ZUZAR (çuçar) *v. tr. ant.* V. AZUZAR.

¡ZUZO! (çuço) *interj.* Já! (enxotando cães). Quieto! (detendo o cão).

ZUZÓN (çuçòn) *s. m. Bot.* Erva-dos-velhos.

ABREVIATURAS MAIS USADAS NA LINGUA PORTUGUESA

A

a = are(s)
a. ou arr. = arroba(s)
(a) = assinado; (aa) = assinados
A = ampère internacional
A = argônio (var. = Ar)
A. = austral
A., AA. = autor, autores
a.a. = ao ano
aa ou aná = quantidade igual de cada substancia (em receitas médicas)
Ab. ou ab^e = Abade
abamp = abampère
ABC = Argentina, Brasil, Chile
Abcoul = abcoulomb
abf = abfarad
abh = abhenry
ABI = Associação Brasileira de Imprensa
ABL = Academia Brasileira de Letras
ABNT = Associação Brasileira de Normas Técnicas
abr. = abril
abrev. = abreviatura
ABRS= abraços (telegrama)
abs. = absoluto
°abs. = grau absoluto
a.C. ou A.C. = antes de Cristo
AC = Acre (Estado do)
A/C = ao(s) cuidado(s)
Acúst. = acústica
A.D. = Ano domini (no ano do Senhor); aguarda deferimento
adapt. = adaptação
add. = adde ou addatur (lat.: junte, junte-se, juntar - em receitas)
adj. = adjetivo
adj. 2 gên. = adjetivo de dois gêneros
adj. 2 gên. e 2 núm. = adjetivo de dois gêneros e dois números
ad lit. = ad litteram (lat.: à letra, ao pé da letra)
Adm. = Administração, Administrador
Adm^{or} = admirador
adv. = advérbio
Adv. Advocacia
Aeron. = Aeronáutica
af^o = afeiçoado ou afetuoso
Ag = prata (argentum-metal)
ago. = agosto
agl. = aglutinação; aglutinado
Agr. ou Agric. = Agricultura
Agrim. = Agrimensura
Agron. = Agronomia
agron. = agronômico
Ah = ampère-hora
aj. ou aj^e = ajudante
Al = Alumínio
AL = Alagoas (Estado de)
Al. = Alameda (toponimicamente)
alem. = alemão

alf = alfabeto; alferes
Álg. = Álgebra
alm. = almirante; almude(s)
Alm. = Almanaque(s)
alq. = alqueire(s)
alv. = alvará
alveit. = alveitaria
a.m. = ante meridiem (antes do meio-dia)
AM = Amazonas (Estado do)
A.M. = ave-maria
am^a = amiga
a.m.a. = ad multos annos (para muitos anos)
A.M.D.G. = ad majorem Dei gloriam (para maior glória de Deus)
amer. = americano
am^o = amigo
An = anodo
An. = Anais
AN = Agência Nacional
anal. = analítico
Anat. = Anatomia
Angl. germ. = Anglo-germânicas (Letras)
ant. = antigo
Ant^o = Antônio
antôn. = antônimo(s)
antr. = antropônimo
Antrop. = Antropologia
Antropogr. = Antropografia
Anu. (ABNT) = Anuário(s)
Anúnc. = Anúncio(s) (ABNT: Anún.)
apl. = aplicado(a)
ap. = aprovado; apud (em, segundo, citado por: referência a documentação não consultada por quem cita)
ap. ou apart. = apartamento
AP = Amapá (Estado do)
aportg. = aportuguesamento
Ar = argônio (Var.: A)
ar ou aráb. = árabe
arc. = arcaico
arc^o = arcebispo
Arit. = Aritmética
Arq. = Arquivo(s)
Arqueol. = Arqueologia
Arquit. = Arquitetura
art. = artigo; artilharia ou artilheiro
Art. e Of = Artes e Ofícios
As = ampère-segundo; arsênio
asp ou asp^{te} = aspirante
ass. = assinado
Assemb. = Assembléia
Assist. = Assistência
Assoc. = Associação
astr. = astronômico ou astrônomo
Astr. ou Astron. = Astronomia
Astrofis. = Astrofísica
Astrol. = Astrologia
astrol. = astrológico
át. = átono
at. = astatine; (Fís.) atmosfera técnica
Ativ. = Atividades

atm. = atmosfera
at^o = atento ou atencioso
at^{te} = atenciosamente
Atual. = Atualidades
Au = ouro (aurum-metal)
Au = Augusto
aum. = aumentativo
austr. = austríaco
Aut. = Automatismo; automatização
autom. = automóvel, automobilístico
aux. = auxiliar
aux^o = auxílio
av. = aviação, aviador, avião
Av. = avenida (toponimicamente)
Aviaç. = Aviação

B

b = bária
B = boro
B. = Beato(a), Bem-Aventurado(a); Boletim
B. ou Be = beco (toponimicamente)
Ba = bário
BA = Bahia (Estado da)
Bacter. = Bacteriologia
Bal. = Balanços
bált. = báltico
banc. = bancário
Bar. = megabária (cf. Mb)
bat. = bateria
B.B. = bombordo; Banco do Brasil
BCG = Bacilo de Calmette e Guérin (na vacinação contra a tuberculose)
Be = berílio
B^{el} = bacharel; B^{éis} = bacharéis
Bel.-Art. = Belas-Artes
Benef = Beneficência
benef = beneficente
B.F. = boas-festas
Bi = bismuto
Bibl. = Biblioteca
bibliogr. = bibliográfico
bien. = bienal
bilh^e = bilhete
Bk = berquélio (berkelium)
bimens. = bimensal
bimestr. = bimestral
Biof. = Biofísica
Biol. = Biologia
Bioquím. = Bioquímica
Biotip. = Biotipologia
B/L. = bill of lading (nota de embarque)
bm. = baixa-mar
B.M.V. = Beata Maria Virgem
B.N., BN = Biblioteca Nacional
Bot. = Botânica
br. = brochado (s)
Br = bromo
BR = Brasil
bras. = brasileiro ou brasileirismo

Bras. = Brasil
brc. = brochura, brochado (livro)
brig^{ro} = brigadeiro
btl. = batalhão
burl. = burlesco
B. V. = barlavento
B. V. M. = Beata Virgem Maria

C

c = canto(s) (de poema); cave (lat. = cuidado); cena (de peça teatral); cento; conto(s)
(de réis)
c/ = com; conta (comercialmente)
C = carbônio ou carbono, coulomb ou colôm-
bio
C. = Correio
C. ou Calç. = calçada (toponimicamente)
°C = grau centesimal, centígrado ou Celsius
ca = centiare(s)
c/a = conta aberta (comercialmente)
Ca = cálcio
caç. = caçadores (do exército)
Cad. = Caderno(s)
cal = caloria ou caloria-grama
cálc. = cálculo
calend. = calendário
c.-alm. = contra-almirante
Cam. = Camara
canad. = canadense
cap. = capitão
Cap. = Capital
cap., caps. = capítulo, capítulos
cap.-frag. = capitão-de-fragata
cap.-m.-g. = capitão-de-mar-e-guerra
cap.-ten. = capitão-tenente
card. = cardeal, cardinal
carp. = carpinteiro
cart. = cartonado(s)
Cart. = Cartografia
cat. = catálogo
catól. = católico
cav. = cavalaria
cav^{o} = cavaleiro
CBD = Confederação Brasileira de Desportos
c/c = conta corrente
Cd = cádmio
CDU = Classificação Decimal Universal
Ce = cério
CE = Ceará (Estado do)
cel. = coronel
cent. = centavo(s)
cf ou cfr. = confira ou confronte
Cf = califórnio
cg = centigrama(s)
C.G. ou CG = centro de gravidade
cgf; cg = centigrama-força
cgr = centígrado(s)
C.G.S. = centímetro, grama e segundo
chancel. = chanceler, chancelaria
chin. = chinês
Ci. (ABNT) = Ciência
ci. (ABNT) = científico
Cia. = Companhia (comercial ou militarmente)
Cid. = Cidade
CIF ou cif = cost insurance freight
contr. = contração; contribuição (custo, seguro
e frete)

Cir. = Cirurgia
Circ. = Circular
círc. = círculo
cit. = citação, citado(a)(s)
civ. = civil
cl = centilitro(s)
Cl. = Clérigo; Classe
Cl = cloro
Classif. = Classificação
Clín. = Clínica
clín. = clínico
cm = centímetro(s)
Cm = cúrio (curium)
cm^2 = centímetro(s) quadrado(s)
cm^3 = centímetro(s) cúbico(s)
cm.g = centímetro-grama-força
cm/s = centímetro por segundo
cm/s/s = centímetro por segundo por segundo
CNP= Conselho Nacional do Petróleo
CNPq = Conselho Nacional de Desenvolvimento Científico e Tecnológico
Co = cobalto
cob. = cobra (medida ou contagem de baraços
e molhos)
cód., códs. = códice, códices
Cód. = Código
Col. = Coleção
col., cols. = coluna, colunas
Colet. = Coletânea
colon. = colonial
com. = comandante; comendador
Com. = Comitê
Com. ou Comérc. = Comércio
Coment. = Comentário
Comiss. = Comissão
comp. = companhia (militarmente); composto; comparado; comparativo
compl. = complemento
Comun. = Comunicações
côn. = cônego
cond. = condicional; condutor
Conf = Conferência
Congr. = Congresso
conj. = conjunção, conjuntivo
cons. = consoante
cons. ou cons^{o} = conselheiro
Cons. = Conselho
Conserv. = Conservador; Conservatório
constr. = construção
Contab. = Contabilidade
Contad. = Contadoria
Coop. = Cooperativa
cop. = copiado
coq. = coquatur (lat. = coza-se, fazer cozer -
em receita médica)
cor. = coroa(s) (moeda)
Corogr. = Corografia
Corresp. = Correspondência
cos = co-seno
cot = co-tangente
côv. = côvado
Cp. = Cassiopéia
cp. = compare
Cr = cromo
créd. = crédito
Crít. = Crítica
cron. = cronológico ou cronônimo
Cron. = Cronologia
Cs = césio

C.SS.R = Congregação do Santíssimo Redentor (redentorista)
c^{ta} = comandita
Cu = cobre (cuprum)
Culin. = Culinária
cump^{to} = cumprimento
c.v. = cavalo-vapor (cf. H.P), cv (INPM)
cx. ou Cx. = caixa(s) (comercialmente)

D

d = dina; distancia; diferencial
d. = dinheiro(s) (moeda inglesa)
d/= dia(s) (comercialmente)
D. = Domingo; Diário; Deve (comercialmente); Digno; Direita (marcação teatral);
Dom, Dona
D.A. = Direita Alta (marcação teatral)
D.A.E.R ou DAER [dáer] = Departamento
Autônomo de Estradas de Rodagem
dag = decagrama(s)
dal = decalitro(s)
dam = decâmetro(s)
dam^2 = decâmetro(s) quadrado(s)
dast = decastéreo(s)
db = decibel
D.B. = Direita Baixa (marcação teatral)
d.C. ou D.C. = depois de Cristo
d. cm. = dina-centímetros
d/cm^2 = dina por centímetro quadrado
d/cm^3 = dina por centímetro cúbico
d/d = dias de data (comercialmente)
DD. = digníssimo
déb. = débito
Dec. = Decreto
ded^{o} = dedicado (devotado)
dem. = demonstrativo
democr. = democracia
democr. = democrático
Demogr = Demografia
Dep. = Departamento
deprec. = depreciativo
Dersa = Desenvolvimento Rodoviário S.A.
Des. = Desenho
desc. = desconto
desp. = despesa; desporto
desus. = desusado
dez. = dezembro
DF = Distrito Federal
dg. = decigrama(s)
D.G. = Deus guarde
dgf; dg = decigrama-força
dgr = decígrado
di = dioptria
diác. = diácono
dic. = dicionário
dif = diferente
Dig. = Digesto
dim. = diminutivo
din. = dinamarquês
D.O. (ABNT) = Diário Oficial
dipl. = diploma
Dipl. = Diplomático, Diplomacia
Dir. = Direito
Diret. = Diretoria
Diretr. = Diretrizes
diss. = dissilábico ou dissílabo
Diss. = Dissertação

Dist. = Distrito
dit. = ditongo
div. = divisão ou divisões
Div. = Divisão
Divulg. = Divulgação
diz. = dízimo(s)
dl= decilitro(s)
DL= decreto-lei, Decreto-Lei
dm = decímetro(s)
dm^2 = decímetro(s) quadrado(s)
dm^3 = decímetro(s) cúbico(s)
D.N.E.R. ou DNER = Departamento Nacional de Estradas de Rodagem
DNOS = Departamento Nacional de Obras de Saneamento
D.N.S. = Deus Nosso Senhor
doc., docs. = documento, documentos
Doc. = Documentação
DP = Diferença de potencial; Departamento de Pessoal
Dr., Drs. = Doutor, Doutores
Dr^a, Dr^{as} = Doutora, Doutoras
dr^o = dinheiro (comercialmente)
dst = decistéreo
d/v = dias de vista (comercialmente)
Dy = disprósio
dz = dúzia(s)

E

e = erg
& = e (comercial)
E., EE. = editor, editores
E = Esquerda (marcação teatral); este
E.A. = Esquerda Alta (marcação teatral)
E.B. = Esquerda Baixa (marcação teatral); estibordo
E.C. = era cristã
ECEMAR = Escola de Comando e Estado-Maior da Aeronáutica
ecles. = eclesiástico
Ecol. = Ecologia
econ. = econômico
Econ. Pol. = Economia Política
ed. = edição
Ed. = Edição (em Bibliografia) (ABNT)
E.D. = espera deferimento
Educ. = Educação
EFCB= Estrada de Ferro Central do Brasil
Efem. = Efeméride
e.g. = exempli gratia (por exemplo) (cf. v.g.)
el. = elemento
eletr. = elétrico
Eletr. = Eletricidade
E.M. = Estado-Maior; em mão(s)
Em^a = Eminência
emb. = embalagem
Embr. = Embriologia
Em^{mo} = Eminentíssimo
Emigr = Emigração
emol. = emolumentos
Emp. = Empresa
E.M.P. = em mão própria
enc. = encadernado(s)
Encicl. = Enciclopédia
End. tel. = endereço telegráfico
ENE = és-nordeste

enf = enfermeiro
Eng. = Engenharia; Engenheiro
Enol. = Enologia
Ens. = Ensaio; Ensino
Entom. = Entomologia
Epigr. = Epigrafia
epist. = epístola(a)
equit. = equitação
equiv. = equivalente
Er = érbio
E.R. = espera resposta
E.R.M. = espera receber mercê
erud. = erudito
ES = Espírito Santo (Estado do)
Es = einstênio
e/s = erg por segundo
esc. = escudo(s); escolar
Esc. = Escola
escand. = escandinavo
escoc. = escocês
escol. = escolar
Escr. = Escrita; Escritor; Escritura
Escult. = Escultura
ESE = és-sueste
ESEF = Escola Superior de Educação Física
ESG = Escola Superior de Guerra
eslov. = eslovaco
esp. = espanhol
espec. = especial
Esper. = Esperanto
Esp. = Espiritismo
est. = estância(s) (de poema), estrofe(s); estante(s); estadual
Est. = Estado; Estudo(s)
Estat. = Estatística
estat. = estatístico
Estenogr. = Estenografia
Estét. = Estética
eston. = estoniano
Estr. = Estrada(s)
estrang. = estrangeiro
etc. = et cetera (e outros; e assim por diante)
Etim. = Etimologia
etim. = etimológico
etn. = etnônimo
étn. = étnico
Etnogr. = Etnografia
Etnol. = Etnologia
Eu = európio (metal)
EUA = Estados Unidos da América
euf: = eufemismo
Evang. = Evangelho
evang. = evangélico
ex. = exemplo(s)
Ex. = Exemplar (em Bibliografia)
Exª = Excelência
exc. = exce(p)to; exceção
excl. = exclamação, exclamativo
Exerc. (ABNT) = Exercício
Exérc. = Exército
Exma = Excelentíssima
Exmo = Excelentíssimo
exp. ou expr. = expressão
Exper. = experiência; Experimento (ABNT)
exper. = experimental; experiente (id.)
explet. = expletivo
Expor. (ABNT) = Exportação
Expos. = Exposição
Ext. = Exterior

F

f = fot; forte (em música); função (algébrica)
f, fl. ou fol. = folha; fls. ou fols. = folhas
F = farad (fárade); flúor
F. = frente ou fundo (marcação teatral); Fulano; Folha(s) (ABNT)
Fáb. = Fábrica
F.A.B ou FAB = Força Aérea Brasileira
Fac. = Faculdade
f. adv. = forma adverbial
fam. = familiar
FAO = Food and Agriculture Organization (Organização de Alimentação e Agricultura [órgão das Nações Unidas])
farm. = farmacêutico
Farm. = Farmácia, Farmacologia
fasc. = fascículo(s)
Faz. = Fazenda
Fe = ferro
F.E.B ou FEB = Força Expedicionária Brasileira
F.S.C. = Fratres Scholarum
Fed. = Federação Christianarum (Irmãos das Escolas Cristãs, lassalistas)
fed. = federal
fem. = feminino
ferrov. = ferroviário
fev. = fevereiro
ff = fortíssimo (em música)
fg = frigoria
FGTS= Fundo de Garantia do Tempo de Serviço
FIFA = Federação Internacional do Football Association
fig. = figura, figurado(amente)
Fil. ou Filol. = Filologia
Fil. ou Filos. = Filosofia
Filatel. = filatelia
fin. = finlandês; final
Fin. = (ABNT: finan.) = Finanças
finan. (ABNT) = financeiro
FINOR = Fundo de Investimento do Nordeste
Fís. = Física
Fís. Nucl. = Física Nuclear
Fisiol. = Fisiologia
fl. = florim ou florins; folha (V. f)
flex. = flexão ou flexões
Fm = férmio (metal)
FMI = Fundo Monetário Internacional
FN = Fernando de Noronha (Território de)
FNF = Faculdade Nacional de Filosofia
f. nom. = forma nominal
f^o = fólio
F^o = filho (comercialmente)
FOB ou fob = free on board (posto a bordo)
Folcl. = Folclore
folcl.= folclórico
folh. = folheto
for. = forense
form. port. = formação portuguesa
fot. = fotógrafo, fotográfico
Fot. = Fotografia
f. paral. = forma paralela
fr. = francês; franco(s) (moeda)
Fr = frâncio (metal)
Fr. = Frei
frac. = fracionário (numeral-)

Franc.º = Francisco
Freg. = Freguesia
fs. = fac-símile(s)
F.s.a. = faça segundo a arte (medicamente)
F.T.D. = F(rère) T(héophane) D(urant): sigla internacional dos compêndios dos Irmãos Maristas
Func. = Funcionário
fut. = futebol(ístico); futuro
fut. ind. = futuro do indicativo
fut. subj. = futuro do subjuntivo
f. var. = forma variante
f. verb. = forma verbal

G

g = grama(s)
g ou gr = grado
g. ou gr = grau(s)
G = (Fís.) aceleração da gravidade
Ga = gálio
gal. = galicismo
gav. = gaveta
Gaz. = Gazeta
g/cm^3 = grama por centímetro cúbico
g/cm^3 = grama-força por centímetro cúbico
Gd = gadolínio
Ge = germânio
gen. = general
Geneal. = Genealogia
Genét. = Genética
Geod. = Geodésia
Geogr. = Geografia
geogr. = geográfico
Geol. = Geologia
geol. = geológico
Geom. = Geometria
ger = gerúndio
Germ. = germânico
Ginecol. ou Ginec. = Ginecologia
gír. = gíria
Gl = glucínio
gloss. = glossário(s)
g.-m. = guarda-marinha
g/m^3 = grama por metro cúbico
G. M. T. = Greenwich Meridian Time (hora do meridiano de Greenwich)
GO = Goiás (Estado de)
Gov. = Governo
gov. = governamental
G.P = gloria Patri (glória ao Pai)
G/P = ganhos e perdas
gr. = grão (peso); grátis; grego
gr ou g = grado
gr. ou g. = grau(s)
gr., grs. = grosa(s)
Gráf = Gráfica
gráf = gráfico
Grafol. = Grafologia
Gram. = Gramática
gram. = gramatical

H

h = hora(s); 2 h = 2 horas; 2 h 15 min
H= henry [ênri]; hidrogênio; Hermite (polinômio de -)

H = haver (comercialmente)
ha = hectare(s)
hab. = habitante(s)
h.c. = honoris causa (por honra, honorário, honorariamente)
He = hélio
hebd. = hebdomadário
hebr. = hebraico
heort. = heortônimo
Heráld. = Heráldica
herd.º = herdeiro
Hf = háfnio (metal)
Hg = hydrargyrum, hidrargírio (mercúrio)
hg = hectograma(s)
Hidrogr. = Hidrografia
Hig. = Higiene
hipoc. = hipocorístico
Hist. = História
hist. = histórico
Hist. Nat. = História Natural
Histol. = Histologia
hl = hectolitro(s)
hm = hectômetro(s)
hm^2 = hectômetro(s) quadrado(s)
H.M. = Hospital Militar
Ho = hólmio (metal)
hol. = holandês
hom. = homônimo
hon. = honorário
Hortic. = Horticultura
Hosp. = Hospital
HP = horse-power (cavalo-vapor) (V. c.v.)
hst = hectostéreo(s)
húng. = húngaro
hw = hectowatt [ectuóte]
hW = hectowatt internacional
hz = hertz

I

i = índice
I = iodo
ib. ou ibid. = ibidem (no mesmo lugar, na mesma hora)
IBBD = Instituto Brasileiro de Bibliografia e Documentação
IBECC = Instituto Brasileiro de Educação, Ciência e Cultura
I.B.G.E. ou IBGE = Instituto Brasileiro de Geografia e Estatística
ICHTHYS = Transcrição das letras gregas iota, qui, teta, ipsilon, sigma, com as quais se escreve a palavra grega correspondente a peixe. Senha cristã nas catacumbas, com a interpretação acrossêmica Jesus Cristo, Filho de Deus, Salvador.
id. = idem (o mesmo, do mesmo autor)
Identif. = Identificação
i. é = isto é
i. e. = id est (isto é)
I.H.G.B. = Instituto Histórico e Geográfico Brasileiro
Ihs. (ant.) = Jesus (cf. I.H.S.)
I.H.S. = Jesus, hominum salvator (Jesus, salvador dos homens Interpretação acrossêmica dada às três letras da abreviatura grega de Jesus [ihs])

III = Instituto Indigenista Inter-americano
Il = Ilustração
il. = ilustrado; ilustrações
Il.ma = Ilustríssima
Il.mo = Ilustríssimo
Imac.ª = Imaculada (título dado a Nossa Senhora)
Imigr. = Imigração
imob. = imobiliário
Imóv. = Imóveis
imper. = imperativo; imperial
imperf. ind. = imperfeito do indicativo
imperf. subj. = imperfeito do subjuntivo
impess. = impessoal
Import. = Importação
Impr. (ABNT) = Imprensa; Imprenta
impropr = impropriamente
In = Indium ou índio
ind. = indicativo; indireto; indiano
Índ. = Índice
indef. = indefinido
Indic. = Indicador (ABNT)
Indústr = Indústria
industr. = industrial
INEP= Instituto Nacional de Estudos Pedagógicos
inf. = infantaria, infante; infantil; infinitivo; informativo
Inf. = Informação; Informador
inf. pess. = infinitivo pessoal
ingl. = inglês
INL = Instituto Nacional do Livro
INPM = Instituto Nacional de Pesos e Medidas
INPS = Instituto Nacional de Previdência Social
I.N.R.I. = Iesus Nazarenus Rex Iudaeorum (Jesus Nazareno, Rei dos Judeus)
INSS = Instituto Nacional do Seguro Social
Inst. = Instituição; Instituto
int. = internacional
Inter. = Intercâmbio
interj. = interjeição, interjetivo
interrog. = interrogação, interrogativo
intr. = intransitivo
Inv. = Invenção
Invent. = Inventário
Invest. = Investigação
Io = iônio
IOC = Instituto Osvaldo Cruz
IP = Instituto de Previdência
IPE = Instituto de Previdência do Estado
ip. lit. = ipsis litteris (letra por letra, literalmente)
ip. v. = ipsis verbis (palavra por palavra, textualmente)
IR = imposto de renda
ir. = irlandês
Ir = irídio
Ir. = Irmã(o) (em Religião)
irôn. = irônico
irreg. = irregular
isl. = islandês
ISOP= Instituto de Seleção e Orientação Profissional
isr. = israelita
it. ou ital. = italiano

J

j = joule
J = joule internacional; versor do eixo das ordenadas
J. = Jornal
jan. = janeiro
jap.= japonês
J.C. = Jesus Cristo
Jorn. = Jornalismo
Jr. = Júnior
j/s = joule por segundo
judic.= judiciário
jul.= julho
jun.= junho
Jur. = Jurisprudência
jur., juríd. = jurídico
Jurispr. = Jurisprudência
Just. = Justiça
juv. = juvenil
Juv. = Juventude

K

K = Kalium (potássio); cálice (em Botânica)
k = versor do eixo das cotas; versor correspondente à terceira coordenada
^{o}K= grau(s) Kelvin
kA = quiloampère(s)
kc = quilociclo(s)
kC = quilocoulomb(s)
kcal = quilocaloria(s)
kg = quilograma(s)
kg/cm^2 = quilograma-força por centímetro quadrado
kg/cm^3 = quilograma-força por centímetro cúbico
kg/dm^3 = quilograma-força por decímetro cúbico
kgf, kg = quilograma-força
kgm = quilogrametro
kg/m^2 = quilograma-metro quadrado
kg/m^2 = quilograma-força por metro quadrado
kg/m^3 = quilograma por metro cúbico
kg/m^3 = quilograma-força por metro cúbico
kgm/s = quilogrâmetro por segundo
kj = quilojoule
kJ = quilojoule internacional
kl = quilolitro(s)
km = quilômetro(s)
km^2 = quilômetro(s) quadrado(s)
km^3 = quilômetro(s) cúbico(s)
km/h = quilômetro(s) por hora
K.O. = knock-out (fora de combate)
Kr = criptônio ou crípton
kV = quilovolt
kVA = quilvolt-ampère
kw = quilowatt [quiluóte]
kW = quilowatt internacional
kwh = quilowatt-hora
kWh = quilowatt-hora internacional

L

l= litro(s)
l. = lançado ou letra(s) (comercialmente); linha(s); loja(s) (morada)
l., l^{o} ou liv. = livro
L. = largo (toponimicamente); Leste
La = lantânio (metal)
Lab. = Laboratório
lat. = latim ou latin(ism)o; latitude
lat. vulg. = latim vulgar
Lav. = Lavoura
lb. = libra(s) (peso inglês, arrátel)
LBA = Legião Brasileira de Assistência
L^{da} = Licenciada
L^{do} = Licenciado
leg., legs. = légua, léguas
legisl. = legislativa
Legisl. = Legislação; Legislatura
Leit. = Leitura
Li = lítio
lig. = ligação
Ling. = Lingüística
ling. = lingüístico, linguagem
lit. = litteratim (literalmente, ao pé da letra); literário
Lit. = Literatura
litu. (ABNT) = lituano
Liturg. = Liturgia
Liv. (ABNT) = Livraria
lm = lúmen
lm/m^2 = lúmen por metro quadrado
loc. = locução; locativo
loc. adj. = locução adjetiva
loc. adv. = locução adverbial
loc. cit. = loco citato (no lugar citado, na publicação [livro, artigo])
loc. conj. = locução conjuntiva
loc. interj. = locução interjetiva
loc. num. = locução numeral
loc. prepos. = locução prepositiva
loc. pron. (pess.) = locução pronominal (pessoal)
loc. s. = locução substantiva
loc. s. p. (loc.) = locução substantiva própria (locativa)
loc. s. p. (pers.) = locução substantiva própria (personativa)
loc. v. = locução verbal
log. = logaritmo
Lóg. = Lógica
long. = longitude
L.Q. = lege, quaeso (leia, por favor)
lr. = lira(s) (moeda)
Ltda. = limitada (comercialmente)
Lu = lutécio
Lug. = lugar(ejo)
lus. = lus(itan)ismo
Lw = laurêncio (metal)

M

m = metro(s)
m. = masculino; mês ou meses; morreu
m^2 = metro(s) quadrado(s)
m^3 = metro(s) cúbico(s)
m ou min = minuto(s)
M = número quântico magnético
M. = monsieur (Senhor); misture (medicamente)
m/ = meu(s) ou minha(s) (comercialmente)
m^{a} = mesma ou minha
m/a = meu aceite (comercialmente)
mA = miliampère(s)
M^{a} = Maria
MA = Maranhão (Estado do)
Mag. = Magazine
Magn. = Magnetismo
mai. = maio
maiúsc. = maiúsculo
maj. = major
mam = miriâmetro(s)
Man. = Manual
Manuf = Manufatura
maq. = maquinista
máq. = máquina
Mar. = Marinha
mar = março
masc. = masculino
Mat. = Matemática
Mb = megabária(s) (cf. Bar.)
Mc = megaciclo(s)
m/c = minha carta ou minha conta
mcal = milicaloria(s)
m/d = meses de data (comercialmente)
M.D. = muito digno
m d'água = metro de coluna de água
Md = (Fís.) megadina, (Quím.) mendelévio
Md/cm^2 = megadina por centímetro quadrado
Md. dm = megadina-decímetro
M^{e} = Madre
MEC = Ministério da Educação e Cultura
Mec. = Mecânica
Mecaniz. = Mecanização
Med. = Medicina
méd. = médico(s)
Med. Leg. = Medicina Legal
méd.-vet. = médico-veterinário
M^{el} = Manuel
Mem.= Memória; Memorial
Memor. = Memorando
mens. = mensal
mens. = Mensário
mensag. = Mensagem, Mensageiro
merc. = mercante; mercantil
Merc. = Mercadoria
met. = metódico
Met. = Meteorologia
Mét. = Método
Metal. = Metalurgia
Metr. = Metrologia
Métr. = Métrica
MG = Minas Gerais (Estado de)
mg = miligrama(s)
Mg = magnésio
mgf, mg = miligrama-força
m/h = metro(s) por hora
mH = milihenry
mi = milha marítima internacional
mil. = milha(s); militar
min ou m = minuto; 12h 25min
Miner. = Mineralogia; Mineração
minúsc. = minúsculo
Misc. = Miscelânea
mit. = mitológico, mitônimo
Mit. = Mitologia
Mj = megajoule
MJ = megajoule internacional
m. kg = metro-quilograma-força
MKS = Sistema Giorgi de unidades: metro, quilograma, segundo

ml= mililitro(s)
m/l = minha letra (comercialmente)
Ml = mirialitro(s)
Mlle = Mademoiselle (senhorita)
mm = milímetro(s)
mm^2 = milímetro(s) quadrado(s)
mm^3 = milímetro(s) cúbico(s)
MM. = meritíssimo
mm de mercúrio = milímetro de coluna de
   mercúrio
Mme = Madame
m/min = metro por minuto
Mn = manganês
Mo = molibdênio (metal)
m/o = minha ordem (comercialmente)
mod. = moderno
Monit. = Monitor
Monogr. = Monografia
Mons. = Monsenhor
m^{or} = morador
Mov. = Movimento
m/p = meses de prazo (comercialmente)
m.-q.-perf. ind. = mais-que-perfeito do indicativo
m.-q.-perf. subj. = mais-que-perfeito do subjuntivo
Mr. = Mister (Senhor)
Mrs. = Mistress (Senhora)
MS = Mato Grosso do Sul
ms., mss. = manuscrito, manuscritos
m^s = mais
m/s = metro por segundo
m/s/s = metro por segundo por segundo
MT = Mato Grosso (v. MS)
mth = militermias
Mun. = Município
mund. = mundial
Mus. = Museu
Mús. = Música
Mv = mendelévio
mV = milivolt(s)

N

n = abrev. de número natural
n/ = nossa(s) ou nosso(s) (comercialmente)
n. = nome; nasceu, nascido; número(s)
   (Bibliogr.)
N = nitrogênio
N = Norte
Na = natrium (sódio)
nac. = nacional
Náut. = Náutica
Naveg. = Navegação
Nb = nióbio (metal)
N.B. = nota bene (note bem)
n/c = nossa carta, nossa casa, nossa conta
   (comercialmente)
n.c. = nome comum
N.C. ou N/C = nesta capital ou nesta cidade
n/ch = nosso cheque
Nd = neodímio (metal)
N. da E. = nota da editora
N. da R. = nota da redação
N. do A. = nota do autor
N. do E. = nota do editor
N. do T = nota do tradutor
N. da T^a = nota da tradutora

Ne = neônio, néon (gás)
NE = nordeste
neg. = negativo
Neg. = Negócios
neol. = neologismo
NGB = Nomenclatura Gramatical Brasileira
   (1958)
Ni = níquel
n/l = nossa(s) letra(s) (comercialmente)
N.N. = Abreviatura com que se oculta um
   nome em teatro, programas, cartazes, subs-
   crições, etc.
NNE = nor-nordeste
NNW ou NNO = nor-noroeste
No = nobélio (metal)
n^o = número (cf. núm., n.)
NO = noroeste (v. NW)
n/o = nossa ordem (comercialmente)
N. Obs. = nihil obstat (nada obsta [a que se
   publique])
nor. ou norueg. = norueguês
nord. = nordestino
nórd. = nórdico
Not. = Notícia(s)
Notic. = Noticiário
Nov. = Novidades
nov. = novembro
Np = ne(p)túnio (metal)
n.p. = nome próprio
N.P. = Nosso Padre
n.p.loc. = nome próprio locativo
n.p.pers. = nome próprio personativo
N.R.P. = Nosso Reverendo Padre
n/s = nosso saque (comercialmente)
N.S. = Nosso Senhor
N.S^a = Nossa Senhora
N.S.J.C. = Nosso Senhor Jesus Cristo
N.S.P. = Nosso Santo Padre
N.SS.P. = Nosso Santíssimo Padre
N.T. = Novo Testamento
núm. = número (em Gramática)
num. card. = numeral cardinal
num. distr. = numeral distributivo
num. frac. = numeral fracionário
Numism. = Numismática
num. mult. = numeral multiplicativo
num. ord. = numeral ordinal
NW ou NO = noroeste

O

O = oxigênio
O ou W = oeste
o/ = ordem (comercialmente)
ob. = obra(s)
ob. cit. = obra(s) citada(s)
obj. = objeto
obr^o = obrigado
obs. ou Obs. = observação
Obs. = Observação(ões); Observador
Obst. = Obstetrícia
o.d.c. ou O.D.C. = ofere(m) dedica(m) e con-
   sagra(m)
Odont. = Odontologia
OEA = Organização dos Estados Americanos
of ou Of = oferece(m); oficial
O.F.M. = Ordo Fratrum Minorum (frade franciscano)

Oftalm. = Oftalmologia
OIT = Organização Internacional do Trabalho
O.K [oquêi] = all correct (exatamente, de
   acordo)
OM. Cap. = Ordo Minorum Capucinorum
   (frade capuchinho)
o m.q. = o mesmo que
OMS = Organização Mundial de Saúde
ONO = (v. WNW)
ONU = Organização das Nações Unidas
O.P. = Ordo Praedicatorum (padre domini-
   cano)
opc. = opcional
op. cit. = opus citatum ([na] obra citada)
oper. = operação; operário
opin. = opinião
ord. = ordinal (numeral)
Org. = Organização
orient. = oriental
Orient. = Orientação; Orientador
Ornit. = Ornitologia
Os = ósmio (metal)
O.S.B. = Ordo Sancti Benedicti (monge
   beneditino)
OSO = (v. WSW)
OTAN= Organização do Tratado do Atlantico
   Norte
OTASO = Organização do Tratado da Ásia
   Sul-Oriental
out. = outubro

P

p = piano (em música); perímetro
p. ou pág. = página; pp. ou págs. = páginas
   (Prefira-se: p., pp. É errado abreviar pg.,
   que vale por pago ou pagou.)
p. = palmo (plural: ps); pé (medida); pence
   (moeda inglesa); por ou próximo (comercialmente)
P = fósforo
P. = praça (toponimicamente)
P. ou P^e = Padre; PP. ou P^{es} = Padres
Pa = protactínio
PA = Pará (Estado do)
pág., págs. = página, páginas (também p., pp.)
pal. = palavra(s)
Paleogr. = Paleografia
Paleont. = Paleontologia
panamer. = pan-americano
Panfl. = Panfleto
par. = parônimo
parl. = parlamentar
Parl. = Parlamento
part. = particípio, partícula
part. (a)pass. = partícula (a)passivadora
part. expl. = partícula expletiva
pass. = passim (aqui e ali, em diversos lugares
   ou passagens [da obra citada])
Patol., Pat. = Patologia
patr. = patronímico
pátr. = pátrio
Pb = plumbum (chumbo)
PB = Paraíba (Estado da)
P.B. = peso bruto
pc. = pacote(s)
pç. = peça(s)

p/c = por conta
Pd = paládio (metal)
p.d. = por dia (medicamento)
P.D. = pede deferimento
Pec. = Pecuária
Ped. = Pedologia, Pediatria
Pedag. = Pedagogia
peq. = pequeno
per. = periódico
PE = Pernambuco (Estado de)
P^e ou P. = Padre; P^{es} ou PP. = Padres
P.E.F. = por especial favor
pej. = pejorativo
P.E.N. Clube = Clube ou Associação Internacional de Poetas, Prosadores, Escritores Dramáticos, Ensaístas e Novelistas
P.E.O. = por especial obséquio
perf. ind. = perfeito do indicativo
perf. subj. = perfeito do subjuntivo
pers. = personativo
Pesc. = Pescaria
Pesq. = Pesquisa
pess. = pessoa, pessoal
Petr. = Petrografia
p. ex. = por exemplo (cf. e.g. e v.g.)
p. ext. (ou abrev.) = por extenso (ou abreviadamente); por extensão
pf = próximo futuro; ponto de fusão
P.F. = por favor
P.F.M. = Parvuli Fratres Mariae ou Petits Frères de Marie (Irmãos Maristas)
pg. = pago, pagou
pH = medida de acidez ou alcalinidade
PH = logaritmo do inverso da concentração dos iontes hidrogênios
PI = Piauí (Estado do)
p.i. = partes iguais (medicamento)
Pint. = Pintura
PIS= Programa de Integração Social
P.J. = pede justiça
pl. = plural
P.L. = peso líquido
plást.= plástico
pleb.= plebeísmo
Pm = promécio
p.m. = post meridien (depois do meiodia); post mortem (depois da morte)
P.M. = Prefeitura Municipal
PM = (soldado da) Polícia Militar. Plural (soldados) = PMs
P.M.E. = por mercê especial
P.M.O. = por muito obséquio
p.m.o.m. = pouco mais ou menos
P.M.P. = por mão própria
P.N.(A.M.) = pai-nosso (e ave-maria)
Po = polônio
Poét. = Poética
poét.= poético
pol. = polonês; polegada(s)
Pol. = Política
Politécn. = Politécnica
P.O.M. = por obsequiosas mãos
pop. = popular
Pop. = População
port. = português, portuguesa
Port. = Portugal
poss. = possessivo
Pov. = povoação, povoado
pp = pianíssimo (em música)

pp. ou págs. (ABNT: p) = páginas
p.p. = por procuração; próximo passado
p. us. = pouco usado
Pr. = praseodímio
PR = Paraná (Estado do)
pr. ou pron. = pronome ou pronominal
P.R. = Príncipe Real
prát.= prático
Prát. = Prática
pred. = predicativo, predicado
pref = prefeito; prefixo, prefixal
Prelim. = Preliminar(es)
prep. = preposição, prepositivo(a)
pres. = presente; presidente
pres. ind. = presente do indicativo
pres. subj. = presente do subjuntivo
pret. (perf) = pretérito (perfeito)
Previd. = Previdência
prim. = primário
P.RJ. = pede recebimento e justiça
PRNS = Príncipe Regente Nosso Senhor
probl. = problema(s)
proc. = processo; procuração; procurador
prof, prof^s. = professor, professores
prof^a, prof^{as} = professora, professoras
pron.= pronúncia
pron. ou pr. = pronome, pronominal
pron. dem. = pronome demonstrativo
pron. ind. = pronome indefinido
pron. interr. = pronome interrogativo
pron. pess. = pronome pessoal
pron. poss. = pronome possessivo
pron. reflex. = pronome reflexivo
pron. rel. = pronome relativo
Propag. = Propaganda
Propr. = Proprietário(s); Propriedade
pros. = prosódia; prosônimo
prosc.= proscênio
Prot. = Protocolo
prov. = provedor; provisão; provisório; provincianismo
Prov. = Providência; Província
ps. = palmos
p.-s. = puro-sangue (cavalo)
P.S., PS = post scriptum (pós-escrito)
Psic. (ABNT) ou Psicol. = Psicologia
Psican. = Psicanálise
Psicot. = Psicotécnica
Psiq. = Psiquiatria
P.S.M. = Pia Societas Missionum (Pia Sociedade das Missões - palotinos)
PT = ponto (em telegrama)
Pt = platina
Pu = plutônio
Publ. = Publicações
públ. = público
p. us. = pouco usado
P.V. = pêndulo vertical
PVOLP = Pequeno Vocabulário Ortográfico da Língua Portuguesa (1943)
pz = piezo

Q

q. = quintal ou quintais (peso)
q. ou q = que
q.b. = quanto baste, quantidade bastante (em receitas médicas)
q^{do} = quando

Q.e.d. = quod erat demonstrandum (o que se tinha de demonstrar)
Q.G. = Quartel-general
ql. = quilate(s)
q.s. = quantum satis (quanto baste, quantidade suficiente; em receitas médicas)
quadrim. = quadrimestral
quart. = quarteirão
Quest. = Questionário; Questões
Quím. = Química
quinz. = quinzenal
quot. = quotidiano
q.v. = quod vide (veja isso, queira ver); queira voltar; quantum vis (quanto queira ou quiser, quantidade à vontade: em receitas médicas)

R

r = ângulo reto; roentgen (Fís.)
R = Réaumur (escala termométrica)
R$ = real (moeda brasileira)
R. = Rei; reprovado (classificação escolar); réu (em linguagem forense); Revista; rua (toponimicamente)
Ra = radium (rádio)
R^a = Rainha
RADAR ou radar = Radio Detection and Ranging, radar
rad. = radical; radiograma
Radiogr. = Radiograma
R.A.F. ou RAF = Royal Air Force (Real Força Aérea = aviação militar inglesa)
Rb = rubídio (metal)
rd = radiano
rdfot = radiofot
rdlux = radiolux
rd/s = radiano por segundo
Re = rênio
R^e = récipe (receita médica)
rec. = receita
rec^o = recebido (comercialmente)
Recr. = Recreação
red. = redução, reduzida (forma-)
ref = reformado; referente ou referido
reg. = regimento; regional; registro; regular
reg^o = registrado; regulamento
Regul. = Regulamento
rel. = relativo
Rel. = Relação
Relat. = Relatório
Relig. = Religião
Rem^{te} = Remetente
rep. = reprovado (classificação escolar) (cf. R.)
Rep. = República
Repart. = Repartição
Repert. = Repertório
Res. = Resenha; Resumo
Res. = reserva (militarmente)
restr. = restritivo
Retrosp. = Retrospecto; Retrospectivo
Reun. = Reunião
Ret. = Retórica
Rev. = Revista
Rev. ou Rev^{da} = Reverenda
Rev. ou Rev^{do} = Reverendo
Rev^a = Reverência
Rev^{mo} = Reverendíssimo

Rh = rhodium (ródio)

Rib. = Ribeira, Ribeiro (top.)

R.I.P. = requiescat in pace (descanse em paz)

RJ = Rio de janeiro (Estado do)

Rn = rádon, rádom ou radônio

RN = Rio Grande do Norte (Estado do)

RO = Rondônia (Estado de)

Rodov. = Rodovia

rodov. = rodoviário

rom. = romano; romeno

Rot. = Roteiro

R.P. = República Portuguesa; Reverendo Padre; radiopatrulha

R.P.M. = Reverendo Padre-Mestre

rpm = rotação por minuto

rps = rotação por segundo

RR = Roraima (Estado de)

RS = Rio Grande do Sul (Estado do)

R.S.A. = recomendada (carta) a Santo Antônio (cf. S.A.t.g.)

Ru = rutênio (metal)

rubr. = rubrica

rup. = rúpia(s)

rus. = russo

S

s = substantivo

s ou seg = segundo(s) (Fís.)

s/ = sem; seu(s) ou sua(s) (comercialmente); sobre (depois da palavra cheque)

S = sulphur (enxofre)

S. = São; Sul; sábado

s/a = seu aceite (comercialmente)

S.A. ou S/A = sociedade anônima

S.A., SS.AA. = Sua Alteza, Suas Altezas

sac. = sacerdote

S.A.C. = Societas Apostolatus Catholici (Sociedade do Apostolado Católico - padres palotinos)

S.A.I., SS.AA.II. = Sua Alteza Imperial, Suas Altezas Imperiais

sânscr. = sânscrito

SAPS = Serviço de Alimentação e Previdência Social

S.A.R., SS.AA.RR. = Sua Alteza Real, Suas Altezas Reais

sarg. = sargento

sarg.-aj. ou sarg. aj^{te} = sargento-ajudante

S.A.R.L. = sociedade anônima de responsabilidade limitada

S.A.S, SS.AA.SS. = Sua Alteza Sereníssima, Suas Altezas Sereníssimas

sát. = sátira(s)

S.A.t.g. = Santo Antônio te guie (cf. R.S.A.)

Sb = stibium, estíbio, antimônio

Sb = Stilb (vela por centímetro quadrado)

Sc = escândio (metal)

sc., scs. = saco, sacos

sc. = scilicet (a saber, quer dizer)

s/c = sua carta ou sua conta (comercialmente)

s/c ou S/C = sua casa

SC = Santa Catarina (Estado de)

S.C. = sentidas condolências

S. Carid. = Sua Caridade

scr. = sânscrito

s.d. = sem data

s. 2 gên. = substantivo de dois gêneros

s. 2 gên. e 2 núm. = substantivo de dois gêneros e dois números

Se = selênio (semimetal)

SE = Sergipe (Estado de)

SE = sueste

S.E. = salvo erro

sec. = secante

séc., sécs. = século, séculos

Secç. = Secção

secr. = secretário

Secret. = Secretaria

secund. = secundário

[s.ed.] = sem editor

seg. ou s = segundo(s)

seg. = seguinte; segs. ou ss. = seguintes

Seg. = Seguros

Sel. = Seleções

sem. = semana(s); semanal; semelhante(s); semestre(s)

Sem. = Semanário

S. Em^{a} = Sua Eminência

S. Em^{as} = Suas Eminências

semest. = semestral

Semin. = Seminário

sen = seno

SENAC = Serviço Nacional de Aprendizagem Comercial

SENAI = Serviço Nacional de Aprendizagem Industrial

sent. = sentido

S.E.O = salvo erro ou omissão

sep. = separado; separata

seq. = sequentia (lat.) = seguinte(s), que se segue(m)

sér. = série(s)

Sér. = Série(s) (em Bibliografia)

sérv. = sérvio

Serv. = Serviço

Sess. = Sessão, Sessões

serr. = serralheiro

set. = setembro

S.Exª, S.Ex^{as} = Sua Excelência, Suas Excelências

S.Exª Rev^{ma}, S.Ex^{as} Rev^{mas} = Sua Excelência Reverendíssima, Suas Excelências Reverendíssimas

s/f = seu favor (comercialmente)

s.f. = substantivo feminino

s.f.f. = se faz favor

s.f.2 núm. = substantivo feminino de dois números

s.f. e m. = substantivo feminino e masculino

s.f.pl. = substantivo feminino plural

S.G. = Sua Graça; Sua Grandeza

sh = xelim ou xelins (ingl.: shilling(s))

S.H. = Sua Honra

Si = silício (semimetal)

Sider. = Siderurgia

Silv. = Silvicultura

S.Il^{ma}, S. Il^{mas} = Sua Ilustríssima, Suas Ilustríssimas

Simp. = Simpósio

sin. = sinaleiro; sinônimo(s)

sind. = sindical

Sind. = Sindicato

sing. = singular

Sinop. = Sinopse

sint. = sintético

Sínt. = Síntese

Sist. = Sistema

S.J. = Societatis Jesu (da Companhia de Jesus, padre jesuíta)

s/l = sua letra, seu lançamento, sobreloja (comercialmente)

[s.l.] = sem lugar (da edição)

[s.l.n.d.] = sem lugar nem data (da edição)

Sm = samário (metal)

s.m. = substantivo masculino

S.M., SS. MM. = Sua Majestade, Suas Majestades

s.m. 2 núm. = substantivo masculino de dois números

s.m. e f = substantivo masculino e feminino

S.M.F, SS. MM. FF. = Sua Majestade Fidelíssima, Suas Majestades Fidelíssimas

S.M.I., SS.MM.II. = Sua Majestade Imperial, Suas Majestades Imperiais

S.M.J. = salvo melhor juízo

s.m.pl. = substantivo masculino plural

Sn = stanneum (estanho)

[s.n.t.] = sem notas tipográficas (da edição)

s/o = sua ordem (comercialmente)

SO ou SW = Sudoeste

soc. = social(ista)

Soc. = Sociedade (comercialmente); Socialismo

Sociol. = Sociologia

S^{or} = Sênior

Sor. = Soror (Sóror)

SOS = save our souls (salvai nossas almas) ou save our ship (salvai nosso navio) - (Sinal de aviso de perigo e pedido de socorro, usado universalmente, em linguagem radiotelegráfica, por navios e aviões.)

SP = São Paulo (Estado de)

s.p. = substantivo próprio

S.P. = Santo Padre; sentidos pêsames; Serviço Público

S.P., SS.PP. = Sua Paternidade, Suas Paternidades

s.p.loc. = substantivo próprio locativo

S.P.M.A. ou SPMA = Serviço de Polícia Marítima e Aérea

s.p.pers. = substantivo próprio personativo

S.P.Q.R. = Senatus Populusque Romanus (o senado e o povo romano)

Sr = strontium (estrôncio)

Sr., Srs. = Senhor, Senhores

S.R. = sua residência

Sr^{a}, Sras = Senhora, Senhoras

S.Rev^{a}, S.Rev^{as} = Sua Reverência, Suas Reverências

S.Rev^{ma}, S.Rev^{mas} = Sua Reverendíssima, Suas Reverendíssimas

Srt^{a} = Senhorita

ss. ou segs. = seguintes

SS. = Santíssimo ou Santíssima

S.S., SS.SS. = Sua Santidade, Suas Santidades

S.S^{a}, S.S^{as} = Sua Senhoria, Suas Senhorias

SSE = su-sueste

SSO ou SSW = su-sudoeste

S.S.S. = Societas Sanctissimi Sacramenti (padre sacramentino)

SSW ou SSO = su-sudoeste

st. = estere ou estéreo

Sta. = Santa

Sto. = Santo

sth = esteno
subd. = subdiácono
Subdist. = Subdistrito
subj. = subjuntivo
subord. = subordinada, subordinativo(a)
suc. = sucursal
Suc. = sucessor(es) (comercialmente)
SUDAM = Superintendência de Desenvolvimento da Amazônia
SUDENE ou Sudene = Superintendência do Desenvolvimento do Nordeste
suf. = sufixo, sufixal
suj. = sujeito
Sum. = Sumário
SUNAMAN = Superintendência Nacional da Marinha Mercante
sup. = superlativo; superior
super. = superioridade
superl. ou sup. = superlativo
supl. = suplemento; Supl. (em Bibliografia)
Supr. = Supremo
SURSAN ou Sursan = Superintendência de Urbanismo e Saneamento
s.v. = sub voce (na palavra ou verbete);
s.vv. = sub vocibus (nas palavras ou verbetes)
S. V. = sede vacante (na vacancia da Sé); sotavento
SW ou SO = sudoeste

T

t = tonelada(s); tempo (Mat.)
t. = termo; tomo(s)
T = tara
T ou Trav. = travessa (toponimicamente)
Ta = tantálio (metal)
t/a = toneladas (por) ano
Tab. = Tabela
Táb. = Tábuas
tang = tangente
Tb = térbio (metal)
T.B.C. ou TBC = Teatro Brasileiro de Comédias
Tc = tecnécio (metal)
Te = telúrio (semimetal)
Téc. = Técnica
téc. = técnico
tel. = telefone; telegrafista; telegrama
Telecom. = Telecomunicações
Telev. ou TV = Televisão
ten. = tenente
ten.-cel= tenente-coronel
Teol. = Teologia
teor. = teorema
Terap. = Terapêutica
term. = terminação
Termin. = Terminologia
Territ. = Território
tes. = tesoureiro
test. = testemunha
test$^{\underline{o}}$ = testamento
tf = tonelada-força
th = termia
Th = thorium (tório)
Ti = titânio (metal)
tip. = tipografia; Tip. (em Bibliogr.)
tít. = título(s)
Tl = tálio (metal)

Tm = thulium (túlio)
t/m^3 = tonelada-força por metro cúbico
T.N. ou TN = Tesouro Nacional
tôn. = tônico
top. = topônimo
Topogr. = Topografia
torp. = torpedeiro
tr. = transitive
Trab. = Trabalho
trad. = tradução, tradutor; Trad. (em Bibliografia)
tradic. = tradicionalmente
Tráf = Tráfego
trat. = tratamento
Trav. ou T. = travessa
Trib. = Tribuna; Tribunal
Trig. = Trigonometria
trim = trimestre(s)
trimestr. (ABNT: trimest.) = trimestral
trop. = tropical
TSF = telefonia ou telegrafia sem fios
ten. = tenente
Tuberc. = Tuberculose
tup.-guar. = tupi-guarani
Tur. = Turismo
TV = Tevê (Televisão) (v. Telev.)

U

U = urânio (metal)
UBr = Universidade de Brasília
UBE = União Brasileira de Escritores
ucran. = ucraniano
u.e. = uso externo
u.i. = uso interno
UNESCO ou Unesco = United Nations Educational, Scientific and Cultural Organization (Organização das Nações Unidas para a Educação, Ciência e Cultura)
univ. = universitário; universal
Univ. = Universidade; Universo
Urb. = Urbanismo
us. = usado(a)

V

v = volt(s); vara(s) (medida)
v. = vapor; vide (lat.): veja; verbo, verbal; você; volume(s)
v., vv. = verso, versos
V = volt internacional; vanádio (metal)
V = Virgem; veja, vide (lat.); visto; versículo; velocidade
V. ou V$^{\underline{a}}$ = Vila
V$^{\underline{a}}$ = viúva
V.A. VV.AA. = Vossa Alteza, Vossas Altezas
VA = volt-ampère
v.-alm. = vice-almirante
var. = variação, variante
vb. = verbo (no vocábulo); verbete
v/c = vossa carta ou vossa conta (comercialmente)
V. Em$^{\underline{a}}$, V. Em$^{\underline{as}}$ = Vossa Eminência, Vossas Eminências
vesp. = vespertino
vet. = veterinário
Vet. = Veterinária

V. Ex$^{\underline{a}}$, V. Ex$^{\underline{as}}$ = Vossa Excelência, Vossas Excelências
V. E$^{\underline{xa}}$ Rev$^{\underline{ma}}$, V. E$^{\underline{xas}}$ Rev$^{\underline{mas}}$ = Vossa Excelência Reverendíssima, Vossas Excelências Reverendíssimas
v.g. = verbi gratia (por exemplo) (cf. W e.g.)
V.G. = Vossa Graça; Vossa Grandeza
VH. = Vossa Honra
Vi = virgínio
v. i. = vela internacional
Viaç. = Viação
v.i/cm^2 = vela por centímetro quadrado
Vid. ou vid. = vide (veja) (cf. v.)
Vig. = Vigário
Vin. = Vinicultura
Vit. = Viticultura
V. Il$^{\underline{ma}}$, V. Il$^{\underline{mas}}$ = Vossa Ilustríssima, Vossas Ilustríssimas
V.M. = Virgem Maria; Virgem Mártir
VV. MM. = Vossas Majestades
V. Mag$^{\underline{a}}$ = Vossa Magnificência (Reitor de Universidade)
vmcê., vmcês = vossemecê ou vosmecê, vossemecês ou vosmecês
V.M$^{\underline{cê}}$, V.M$^{\underline{cês}}$ = Vossa Mercê, Vossas Mercês
v.o = verso (no lado posterior)
v/o = vossa ordem (comercialmente)
Vocab. = Vocabulário
vog. = vogal
vol., vols. = volume, volumes (em Bibliogr.: V)
vol. esp. = volume específico
VOLP = Vocabulário Ortográfico da Língua Portuguesa
V.O.T. = Venerável Ordem Terceira
V.P., VV.PP. = Vossa Paternidade, Vossas Paternidades
V. Rev$^{\underline{a}}$, V. Rev$^{\underline{as}}$ = Vossas Reverências
V. Rev$^{\underline{ma}}$, V.Rev$^{\underline{mas}}$ = Vossa Reverendíssima, Vossas Reverendíssimas
V.S. = Vossa Santidade
V.S$^{\underline{a}}$, V.S$^{\underline{as}}$ = Vossa Senhoria, Vossas Senhorias
V.S$^{\underline{a}}$ Il$^{\underline{ma}}$, V.S$^{\underline{as}}$ Il$^{\underline{mas}}$ = Vossa Senhoria Ilustríssima, Vossas Senhorias Ilustríssimas
v.s.f.f. = volte, se faz favor
V.T. = Velho Testamento
vulg. = vulgarismo, vulgar(es)
v.vo = vide verso (veja no lado posterior, no outro lado)

W

w = watt
W = watt internacional; wolfram, volfrâmio ou tungstênio
W ou O = Oeste
Wb = weber (Fís.)
WC = water-closet (banheiro)
wh = watt-hora
Wh = watt-hora internacional
WNW. ou ONO. = oes-noroeste
WO. = walk-over (no esporte, vitória
ws = watt-segundo
Ws = watt-segundo internacional
WSW ou OSO = oes-sudoeste

X

x = incógnita, primeira incógnita (em Mat.)

X. = abreviatura com que se encobre um nome

Xe = xenônio (gás nobre)

X.P.T.O = Cristo (Esta abreviatura medieval designa hoje, na leitura xispê-tê-ó, coisa ou qualidade excelente - por causa do famoso vinho Lacrima Christi, que usava tal abreviatura.)

X.Y.Z. = abreviatura para encobrir um nome

Y

y = segunda coordenada cartesiana, função (Mat.)

Y = yttrium (ítrio)

Y. = abreviatura com que se encobre um nome, embora mais raramente que com X.

Yb = ytterbium (itérbio)

yd =yard, jarda(s)

Z

z = terceira coordenada cartesiana (em Mat.)

Z = impedância elétrica de um circuito

Z. = abreviatura com que se encobre um nome, embora menos freqüentemente que com X.

Zn = zinco (metal)

Zool. = Zoologia

Zoot. = Zootecnia

Zr = zircônio (metal)

VOCABULARIO DE NOMBRES PROPIOS

PERSONALES – GEOGRÁFICOS – HISTÓRICOS – MITOLÓGICOS – BÍBLICOS, etc.

Con el objeto de hacerla lo más práctica posible, no han sido insertados en esta lista alfabética los nombres que tienen una misma ortografía en ambas lenguas y cuya pronunciación sólo presenta diferencias de entonación.

(los adjetivos derivados de los nombres propios se hallarán en sus respectivos lugares en el texto de este diccionario).

A

AARÃO (ráum) *m. bíbl.* Aarón.
AARNA *m. geogr.* Aar.
ABÁCIDAS *m. pl. hist.* Abasidas.
ABD-EL-KADER *m. hist.* Abdelkader.
ABDERA (dè) *f. geogr. ant.* Abdera.
ABDERRAMÃO (máum) *m. hist.* Abderramán.
ABDIAS (días) *m. bíbl.* Abdías.
ABDULAZIZ (ziz) *m. hist.* Abdelaziz.
ABECRE (bè) *f. geogr.* Abechr.
ABEL (bèl) *m. bíbl.* Abel.
ABENCERRAGES (jes) *m. pl. hist.* Abencerrajes.
ABIDO *f. geogr.* Abidos.
ÁBILA *m. geogr. ant.* Abila.
ABIMÉLEQUE (mè) *m. bíbl.* Abimelech.
ABIRÃO (ráum) *m. bíbl.* Abiram.
ABISSÍNIA (sí) *f. geogr.* Abisinia.
ABRAÃO (braáum) *m. bíbl.* Abrahán. Abraham.
ABRUZOS (zos) *m. pl. geogr.* Abruzos. Abruzzos.
ABSALÃO (láum) *m. bíbl.* Absalón.
ABUQUIR *geogr.* Abukir.
ACÁCIO *m. pers.* Acacio.
ACÁDIA *f. geogr.* Acadia (Nueva Escocia).
ACONCÁGUA *m. geogr.* Aconcagua.
ACÔNCIO (cón) *m. pers.* Aconcio.
AÇORES (só) *m. pl. geogr.* Azores.
ACRE (São João de) (Sáum Joáum) *m. geogr.* San Juan de Acre.
ACRÍSIO (zio) *m. mit.* Acrisio.
ACTEON *m. mit.* Acteón.
ÁCTIO *m. geogr.* Accio.
ACTIUM *m. geogr.* Lo mismo que ÁCTIO.
ACTÓRIDAS (tò) *m. pl. mit.* Actórides.
ADALBERTO (bèr) *m. pers.* Adalberto.
ADALGISO (jizo) *m. pers.* Adalgiso.
ADÃO (dáum) *m. bíbl.* Adán.
ADDA *m. geogr.* Ada.
ADDIS-ABABA *f. geogr.* Lo mismo que ADIS-ABEBA.
ADELAIDE *f. pers.* Adelaida. *geogr.* Adelaide.
ADÉLIA (dè) *f. pers.* Adela.
ADÉM *m. geogr.* Aden.
ÁDIGE (je) *m. geogr.* Adigio.
ADIS-ABEBA (bè) *f. geogr.* Addis-Abeba.
ADRASTÉIA *f. mit.* Adrastea.
ADRIANO *m. pers.* Adrián, Adriano.
ADRIANÓPOLIS (nò) *geogr.* Andrinópolis, Adrianópolis.
ADRIÃO (driáum) *m. pers.* Adrián.
ÁDUA *m. geogr.* Adua.
AÉROPE (è) *f. mit.* Aerope.
AFeGANISTÃO (táum) *m. geogr.* Afganistán. Afghanistán.
AFONSINA *f. pers.* Alfonsina.
AFONSO *m. pers.* Alfonso, Alonso.
AFRÂNIO (frá) *m. pers.* Afranio.
AFRODITE *f. mit.* AfroDita.
AGAMEDE (mé) *f. mit.* Agameda.
AGAMEDES (mè) *m. pers.* Agamedes.
AGAMÊNON (mé) *m. mit.* Agamenón.
AGAPITO *m. pers.* Agapito, Agapio.
ÁGATA *f. pers.* Águeda.
AGATÃO (táum) *m. pers.* Agatón.
AGÁTOCLES *m. hist.* Agatocles.

AGATODÊMON (dé) *m. mit.* Agatodemón.
AGENOR (je) *m. mit.* Agenor.
AGESILAU (jezi) *m. hist.* Agesilao.
AGESÍPOLIS (jezí) *m. hist.* Agesipolis.
AGEU (jeu) *m. pers.* Ageo.
AGLAIA *f. mit.* Aglaya.
AGLAU *m. pers.* Aglao.
AGOSTINHO (ño) *m. pers.* Agustín.
AGRIGENTO (jen) *geogr.* Agrigento.
AJÁCIO (já) *geogr.* Ajaccio.
ÁJAX (jax) *m. mit.* Áyax.
ALADIM *m. pers.* Aladino.
ALBÂNIA (bá) *f. geogr.* Albania.
ALBERTO (bèr) *m. pers.* Alberto.
ALBERTO-NIANZA (bèr...) *m. geogr.* Alberto Ñansa.
ÁLBION *m. mit.* Albión. *f. geogr.* Albión.
ALCÁCER-QUIBIR *m. geogr.* Alcazarquivir.
ALCESTE (cès) *f. mit.* Alcestes.
ALCEU *m. mit.* Alceo.
ALCIÃO (ciáum) *f. astr.* Alcione. *m. mit.* Alción.
ALCÍONE *f. mit.* Alcione.
ALDEBARÃ (rán) *f. astr.* Aldebarán *(m.).*
ALDEBARÃO (ráum) *m. astr.* Lo mismo que ALDEBARÃ.
ALEIXO (cho) *m. pers.* Alejo.
ALEMANHA (ña) *f. geogr.* Alemania.
ALEPO (lè) *geogr.* Alepo.
ALEUTAS *f. pl.* Aleutianas, Aleutias.
ALEXANDRA (chan) *f. pers.* Alejandra.
ALEXANDRE (chan) *m. pers.* Alejandro.
ALEXANDRETA (chan) *f. geogr.* Alejandreta.
ALEXANDRIA (chandría) *f. geogr.* Alejandría.
ALEXANDRINA (chan) *f. pers.* Alejandrina.
ALGARVE *m. geogr.* Algarbe, Algarve.
ALGEZIRAS (jezi) *f. p. geogr.* Algeciras.
ALHAMBRA (llán) *m. arq.* Alhambra.
ALICE *f. pers.* Alicia.
ALJUBARROTA (ju) *geogr.* Aljubarrota.
ALMAJESTO (jès) *m. lit.* Almagesto.
ALSÁCIA *f. geogr.* Alsacia.
ALSÁCIA-LORENA *f. geogr.* Alsacia-Lorena.
AMADEU *m. pers.* Amadeo.
AMAZONAS (zo) *m. geogr.* Amazonas.
AMAZÔNIA (zó) *f. geogr.* Amazonia.
AMBRÓSIA (bròzia) *f. mit.* Ambrosía.
AMBRÓSIO (bròzio) *m. pers.* Ambrosio.
AMÉLIA (mè) *f. pers.* Amelia.
AMÉRICA (mè) *f. geogr.* América. — *do Sul.* América del Sur. — *do Norte.* América del Norte.
AMÉRICO (mè) *m. pers.* Américo.
ÁMON *m. mit.* y *bíbl.* Amón.
AMÓS (mòs) *m. bíbl.* Amós.
AMSTERDÃ (dán) *geogr.* Lo mismo que AMSTERDAM.
ANACREONTE *m. pers.* Anacreón, Anacreonte.
ANANIAS (nías) *m. bíbl.* Ananías.
ANÃO (náum) *m.* Lo mismo que ANAM.
ANASTÁCIA *f. pers.* Anastasia.
ANASTÁCIO *m. pers.* Anastasio.
ANATÓLIA (tò) *f. geogr.* Anatolia.
ANATÓLIO (tò) *m. pers.* Anatolio.
ANDALUZIA (zía) *f. geogr.* Andalucía.
ANDAMAN (máum) *m. geogr.* Andamán.
ANDRÉ (drè) *m. pers.* Andrés.
ANDRÔMACA (dró) *f. mit.* Andrómaca.
ANDRÔMEDA (dró) *f. mit.* y *astr.* Andrómeda.
ANFITRIÃO (triáum) *m. mit.* Anfitrión.
ÂNGELA (ánje) *f. pers.* Ángela.
ANGÉLICO (jè) *m. pers.* Angélico.
ÂNGELO (ánje) *m. pers.* Ángel.
ANGOLA (gò) *f. geogr.* Angola.
ANGOLEMA *f. geogr.* Angulema.
ANSELMO (sèl) *m. pers.* Anselmo.
ANTÃO (táum) *m. pers.* Antón, Antonio.

ANTÍGONE *f. mit.* Antígona.
ANTILHAS (llas) *f. pl. geogr.* Antillas.
ANTIOQUIA (quía) *f. geogr.* Antioquia.
ANTÔNIO (tó) *m. pers.* Antonio.
ANTUÉRPIA (tuèr) *f. geogr.* Antuerpia.
ANÚBIS *m. mit.* Anubis.
AOSTA (aòs) *f. geogr.* Aosta.
APELES (pè) *m. pers.* Apeles.
ÁPIA (Via) *f. geogr. hist.* Via Apia.
ÁPIS *m. mit.* Apis.
APOCALIPSE *f. bíbl.* Apocalipsis.
APOLO (pò) *m. mit.* Apolo.
APOLODORO (dò) *m. hist.* Apolodoro.
APULEIO *m. pers.* Apuleyo.
AQUIDABÃ (bàn) *m. geogr.* Aquidabán.
AQUILÉIA (lèia) *f. geogr.* Aquileya.
AQUILES *m. mit.* Aquiles.
AQUILEU *m. hist.* Aquileo.
AQÜISGRANO (cuis) *m. geogr.* Aquisgrán.
AQUITÂNIA (tá) *f. geogr. ant.* Aquitania.
ARÁBIA *f. geogr.* Arabia.
ARAGÃO (gáum) *m. geogr.* Aragón.
ARAGUAIA *m. geogr.* Araguaya.
ARAUCÂNIA (cá) *f. geogr.* Araucania.
ARCÁDIA *f. geogr.* Arcadia.
ARCANGEL (jèi) *m. geogr.* Arcangel.
ARCESILAU *m. hist.* Arcesilao.
ÁRCOLE *f. geogr.* Arcola.
ARDENAS *f. pl. geogr.* Ardennes, Ardenas.
ARETUSA (za) *f. mit.* Aretusa.
ARGEL (jèl) *m. geogr.* Argel.
ARGÉLIA (jè) *f. geogr.* Argelia.
ARGENTINA (jen) *f. geogr.* Argentina.
ARGIROCASTRO *f. geogr.* Argyrocastro, Argirocastro.
ARGO *m. mit.* y *astr.* Argos.
ARGÓLIDA (gò) *f. geogr.* Argolida.
ARGÓVIA (gò) *f. geogr.* Argovia.
ARIADNE *f. mit.* Ariadna.
ARIMÃ (mán) *m. mit.* Arimán.
ARISTEU *m. pers.* Aristeo.
ARISTIDES (tí) *m. pers.* Arístides.
ARISTÓFANES (tò) *m. pers.* Aristófanes.
ARISTÓTELES (tò) *m. pers.* Aristóteles.
ARIZONA (zo) *m. geogr.* Arizona.
ARMÊNIA (mé) *f. geogr.* Armenia.
ARMUZ *m. geogr. ant.* Ormuz.
ARQUIBALDO *m. pers.* Archibaldo.
ARQUIMEDES (mè) *m. pers.* Arquimedes.
ARQUIPÉLAGO (pè) *m. geogr.* Archipiélago.
ARRÁS *f. geogr.* Lo mismo que
ARRAZ *f. geogr.* Arras.
ARSÊNIO (sé) *m. pers.* Arsenio.
ARTAXERXES (chèrches) *m. hist.* Artajerjes.
ARTEMIDORO (dò) *m. pers.* Artemidoro.
ARTEMÍSIA (zia) *f. mit.* Artemis.
ARTÉSIA (tèzia) *f. geogr.* Artois.
ARTUR *m. pers.* Arturo.
ARUNDEL *f. geogr.* Arundel.
ÁSIA (zia) *f. geogr.* Asia.
ASPÁSIA (zia) *f. hist.* y *astr.* Aspasia.
ASSÃO (sáum) *m. geogr.* Asam.
ASSÍRIA (sí) *f. geogr. hist.* Asiria.
ASSIS *f. geogr.* Asís.
ASSUNÇÃO (sunsáum) *f. geogr.* Asunción.
ASSUR *m. mit.* Asur.
ASTRAÇÃO (cán) *m. geogr.* Astracán.
ASTRÉIA (tréia) *f. mit.* y *astr.* Astrea.
ASTÚRIAS *f. pl. geogr.* Asturias.
ATANÁSIO (zio) *m. pers.* Atanasio.
ATAUALPA *m. hist.* Atahualpa.
ATENA (tè) *f. mit.* Atenea, Atena.
ATENEU *m. hist.* Ateneo.
ATLÂNTICO (tlán) (Oceano) *m. geogr.* Océano Atlántico.

ATLÂNTIDA (tlán) *f. geogr.* Atlántida.
AURÉLIO (rè) *m. pers.* Aurelio.
AURORA (rò) *f. pers.* Aurora.
AUSTRÁLIA *f. geogr.* Australia.
ÁUSTRIA *f. geogr.* Austria.
AVERNO (vèr) *m. geogr.* Averno.
AVICÉBRON (cè) *m. hist. fil.* Avicebron.
AVINHÃO (ñáum) *m. geogr.* Aviñón.
AZERBAIJÃO (zerbaijáum) *m. geogr.* Adserbeiyán.
AZOV (zov) *m. geogr.* Azof. *Mar de* —. Mar de Azof.

B

BABEL (bèl) *f. geogr. bíbl.* Babel. *Torre de* —. Torre de Babel.
BABELMÂNDEBE (mán) *m. geogr.* Bab-el-Mandeb.
BABILÔNIA (ló) *f. geogr. ant.* Babilonia.
BADAJOZ (jòz) *f. geogr.* Badajoz.
BADE *m. geogr.* Baden.
BAFIM *geogr.* Baffin. *Baía de* —. Bahía de Baffin.
BAGDÁ *f. geogr.* Bagdad.
BAGDADE *f. geogr.* Lo mismo que BAGDÁ.
BAÍA *f. geogr.* Bahía. — *Blanca.* Bahía Blanca.
BAIÃO (iáum) *f. geogr.* Bayón.
BAICAL *m. geogr.* Baikal.
BAIONA *f. geogr.* Bayona.
BAJAZETO (jazè) *m. hist.* Bayaceto.
BAL *m. mit.* Baal.
BALAÃO (laáum) *m. bíbl.* Balaam.
BALATÃO (táum) *m. geogr.* Balatón.
BALBEC (bèc) *f. geogr.* Balbeko o Baalbek.
BALCACHE (che) *m. geogr.* Balkach.
BALCÂNICA (cá) (Península) *f. geogr.* Península Balcánica.
BALCÃS (cáns) *m. pl. geogr.* Balcanes.
BALEIA *f. astr.* Ballena.
BALI *m. geogr.* Balí.
BALTASAR (zar) *m. pers.* Baltasar.
BALBERGA (bèr) *f. geogr.* Balberg.
BANCOC (còc) *m. geogr.* Bangkok.
BARBARIA (ría) *f. geogr.* Lo mismo que BERBERIA.
BARBARROXA (cha) (Frederico) *m. hist.* Federico Barbarroja.
BARLAVENTO (Ilhas de) *f. pl. geogr.* Islas de Barlovento.
BARNABÉ (bè) *m. pers.* Bernabé.
BÁRTOLO *m. pers.* Bartolo.
BARTOLOMEU *m. pers.* Bartolomé.
BARUCH (ch) *m. bíbl.* Baruc.
BASILÉIA (lèia) *f. geogr.* Basilea.
BASÍLIO (zí) *m. pers.* Basilio.
BASTILHA (lla) *f. hist.* Bastilla.
BATÃ (tán) *f. geogr.* Batán.
BATÁVIA *f. geogr.* Batavia.
BATISTA *m. pers.* Bautista.
BAVÁRIA *f. geogr.* Lo mismo que
BAVIEIRA (viè) *f. geogr.* Baviera.
BAYARD (iar) *m. hist.* Bayardo.
BEIRUTE *f. geogr.* Beirut o Beyruth.
BEL (bèl) *m. mit.* Bel, Baal.
BELÉM *geogr.* Belén.
BÉLGICA (bèlji) *f. geogr.* Bélgica.
BELISÁRIO (za) *m. pers.* Belisario.
BELIZE (ze) *f. geogr.* Belice.
BELO HORIZONTE (bè...zon) *f. geogr.* Bello Horizonte.
BELTRÃO (tráum) *m. pers.* Beltrán.
BELUCHISTÃO (chistáum) *m. geogr.* Beluchistán.
BELZEBU (zebú) *m. mit.* Belcebú, Beelcebú.
BENEDITO *m. pers.* Benedicto, Benito.
BENGASI (zi) *geogr.* Benghazi.
BENJAMIM (ja) *m. pers.* Benjamín.
BENTA *f. pers.* Benita.
BENTO *m. pers.* Benito.
BEÓCIA *f. geogr. ant.* Beocia.
BERBERIA (ría) *f. geogr.* Berbería.
BERENGÁRIO *m. pers.* Berenguer o Berengario.
BERENZINA (zi) *m. geogr.* Beresina. o Berezina.
BERLIM *f. geogr.* Berlín.
BERNA (bèr) *f. geogr.* Berna.

BERTA (bèr) *f. pers.* Berta.
BENSANÇÃO (zansáum) *f. geogr.* Lo mismo que
BESANÇON (zansón) *f. geogr.* Besanzón o Besançon.
BESSARÁBIA (sa) *f. geogr.* Besarabia.
BETSABÉ (bè) *f. bíbl.* Betsabé.
BIARRTIZ *f. geogr.* Biarritz.
BILBAU *f. geogr.* Bilbao.
BISCAIA *f. geogr.* Viscaya.
BITÍNIA *f. geogr.* Bitinia.
BIZÂNCIO (zán) *f. geogr.* Bizancio.
BIZERTA (zèr) *f. geogr.* Bizerta.
BOA ESPERANÇA (sa) (Cabo da) *m. geogr.* Cabo de Buena Esperanza.
BOAVENTURA *m. pers.* Buenaventura.
BOÊMIA (é) *f. geogr.* Bohemia.
BOLESLAU *m. hist.* Boleslao.
BOLÍVIA *f. geogr.* Bolivia.
BOLONHA (ña) *f. geogr.* Bolonia.
BOMBAIM (ím) *f. geogr.* Bombay.
BONIFÁCIO *m. pers.* Bonifacio.
BORDÉUS (dèus) *f. geogr.* Burdeos.
BORGONHA (ña) *f. geogr. ant.* Borgoña.
BÓRNEU (nèu) *f. geogr.* Borneo.
BÓSFORO (bòs) *m. geogr.* Bósforo.
BÓSNIA (bòs) *f. geogr.* Bosnia.
BÓTNIA (bòt) *f. geogr.* Botnia.
BRAMA *m. mit.* Brahm o Brahma.
BRÁS *m. pers.* Blas.
BRASIL (zil) *m. geogr.* Brasil.
BREMEN *f. geogr.* Brema.
BRÊNER (bré) *m. geogr.* Brenner.
BRÉSCIA (brès) *f. geogr.* Brescia.
BRETANHA (ña) *f. geogr.* Bretaña. *Grã-* —, Gran Bretaña.
BRIAREU *m. mit.* Briareo.
BRÍGIDA (ji) *f. pers.* Brígida.
BRISBANE (bá) *f. geogr.* Brisbane.
BRÍSTOL *f. geogr.* Bristol.
BRUGES (jes) *f. geogr.* Brujas.
BRUNILDA *f. hist.* Brunequilda.
BRUNSWICK *f. geogr.* Brunswick.
BRUXELAS (chè) *f. geogr.* Bruselas.
BUCARESTE (rès) *f. geogr.* Bucarest.
BUDAPESTE (pès) *f. geogr.* Budapest.
BÚFALO *f. geogr.* Buffalo.
BULGÁRIA *f. geogr.* Bulgaria.
BUTÃO (táum) *m. geogr.* Bután.

C

CACHEMIRA (che) *f. geogr.* Cachemira.
CACHOEIRA (choei) *f. geogr.* Cachoeira.
CÁDIS *f. geogr.* Cádiz.
CAETANO *m. pers.* Cayetano.
CAFARNAUM (úm) *f. geogr. bíbl.* Cafarnaum.
CAFRARIA (ría) *f. geogr.* Cafrería.
CAIENA *f. geogr.* Cayena.
CAIFAZ (fáz) *m. bíbl.* Caifás.
CAIM (ím) *m. bíbl.* Caín.
CAIO *m. pers.* Cayo.
CAJAMARCA (ja) *f. geogr.* Cajamarca.
CALÁBRIA *f. geogr.* Calabria.
CALCEDÔNIA (dó) *f. geogr. ant.* Calcedonia.
CALCUTÁ *f. geogr.* Calcuta.
CALDÉIA (dèia) *f. geogr. ant.* Caldea.
CALECU (cú) *f. geogr.* Calicut.
CALECUTE *f. geogr.* Lo mismo que CALECU.
CALIFÓRNIA (fòr) *f. geogr.* California.
CALÍSTENE *m. hist. fil.* Calístenes.
CALISTO *m. pers.* Calixto. *f. m.* Calisto.
CALVÁRIO *m. rel.* Calvario.
CAMBISES (zes) *m. hist.* Cambises.
CAMBOJA (bòja) *geogr.* Cambodge o Camboja.
CAMBRAIA (bra) *f. geogr.* Cambray.
CAMERUM (rúm) *f. geogr.* Camerún o Kamerún.
CANAÃ (naán) *f. geogr. bíbl.* Canaán.
CANÁRIAS *f. pl. geogr.* Canarias.
CANAS *f. geogr. hist.* Cannas.
CÂNCER (cán) *m. astr..* Cáncer.
CÂNCIO (cán) *m. geogr.* Kent.
CANE *f. geogr.* Cannes.
CANDELÁRIA *f. rel.* Candelaria.
CÂNDIA (cán) *f. geogr.* Candía.

CANTÁBRIA *f. geogr. hist.* Cantabria.
CÂNTABROS (cán) *m. pl. etn.* Cántabros.
CANTÃO (táum) *m. geogr.* Cantón.
CANTUÁRIA *f. geogr.* Cantórbery.
CAPADÓCIA (dò) *f. geogr. hist.* Capadocio.
CAPRICÓRNIO (còr) *m. astr.* Capricornio.
CARDIFE *f. geogr.* Cardiff.
CARÍBDIS *f. mit. y astr.* Caribdis.
CARLOMANO *m. hist.* Calomán.
CARLOS-MAGNO *m. hist.* Carlomagno.
CARLOTA (lò) *f. pers.* Carlota.
CARMELO (mè) *m. geogr.* Carmelo.
CARPENTÁRIA *f. geogr.* Carpentaria.
CARTAGENA (je) *f. geogr.* Cartagena.
CARTAGO *geogr.* Cartago. *f. mit.* Cartago.
CASIMIRO (zi) *m. pers.* Casimiro.
CÁSPIO *f. geogr.* Caspio.
CASSANDRA (san) *f. mit.* Casandra.
CASSIANO (sia) *m. pers.* Casiano.
CASSILDA (sil) *f. pers.* Casilda.
CÁSSIO (sio) *m. pers.* Casio.
CASSIODORO (siodò) *m. hist.* Casiodoro.
CASSIOPÉIA (siopèia) *f. mit. y astr.* Casiopea.
CASTELA (tè) *f. geogr.* Castilla. — *Nova.* Castilla la Nueva. — *Velha.* Castilla la Vieja.
CATALUNHA (ña) *f. geogr.* Cataluña.
CATÂNIA (tá) *f. geogr.* Catania.
CATÃO (táum) *m. hist.* Catón.
CATARINA *f. pers.* Catalina.
CATEGATE *f. geogr.* Kattegat o Cattegat.
CAUCÁSIA (zia) *f. geogr.* Caucasia.
CÁUCASO (zo) *m. geogr.* Cáucaso.
CAXAMBU (chambú) *f. geogr.* Caxambú.
CAXIAS (chías) *f. geogr.* Caxias.
CECÍLIA *f. pers.* Cecilia.
CEILÃO (láum) *m. geogr.* Ceilán.
CELEBES (lè) *f. pl. geogr.* Célebes.
CELSO (cèl) *m. pers.* Celso.
CERES (cè) *f. mit. y astr.* Ceres.
CÉSAR (cèzar) *m. pers.* César.
CESARÉIA (zarèia) *f. geogr. ant.* Cesárea.
CESÁRIO (zá) *m. pers.* Cesáreo.
CHACO (cha) *f. geogr.* Chaco.
CHAMPANHA (champaña) *f. geogr.* Champaña.
CHARLOTENBURGO (char) *m. geogr.* Charlottenburgo.
CHECOSLOVÁQUIA (chè) *f. geogr.* Checoslovaquia.
CHERBURGO (cher) *m. geogr.* Cherburgo.
CHICAGO (chi) *m. geogr.* Chicago.
CHILE (chi) *m. geogr.* Chile.
CHIMBORAZO (chimborazo) *m. geogr.* Chimborazo.
CHINA (chi) *f. geogr.* China.
CHIPRE (chi) *f. geogr.* Chipre.
CÍCERO *m. hist.* Cicerón.
CIPIÃO (piáum) *m. hist.* Escipión.
CIRCÁSSIA (sia) *f. geogr.* Circasia.
CIRÍACO *m. pers.* Ciriaco.
CITERA (té) *f. mit. y geogr. ant.* Citeres.
CÍTIA *f. geogr. hist.* Escitia.
CIVA *m. mit.* Ziva.
CLÁUDIO *m. pers.* Claudio.
CLEMÊNCIA (mén) *f. pers.* Clemencia.
CLEOFAS (ò) *m. bíbl.* Cleofás.
CLEOFIS (ò) *f. bíbl.* Cleofe o Cleofes.
CLEÓPATRA (ò) *f. hist.* Cleopatra.
CLIO (clío) *f. mit.* Clío.
CLITEMNESTRA (nès) *f. mit.* Clitemnestra.
CLODOVEU *m. pers.* Clodoveo.
CLÓRIS (clò) *f. mit.* Cloris.
CLOTÁRIO *m. pers.* Clotario.
CLÓVIS (clò) *m. pers.* Clodoveo.
COCHINCHINA (chinchin) *f. geogr.* Cochinchina.
COLISEU (zeu) *m. hist.* Coliseo.
COLÔMBIA (lóm) *f. geogr.* Colombia.
COLOMBO *m. pers.* Colón.
COLÔNIA (lò) *f. geogr.* Colonia.
CÓLQUIDA (còl) *f. geogr. hist.* Cólquida.
COLÚMBIA *f. geogr.* Columbia.
COMPIENHA (ña) *f. geogr.* Compieña.
CONFÚCIO *m. hist.* Confucio.
CONSTANÇA (sa) *f. geogr.* Constanza.
CONSTÂNCIO (tán) *m. pers.* Constancio.

CONSTANTINOPLA (nò) *f. geogr.* Constantinopla.
COPENHAGUE (ña) *f. geogr.* Copenhague.
CORDÉLIA (dè) *f. pers.* Cordelia.
CÓRDOVA (còr) *f. geogr.* Córdoba.
CORÉIA (rèia) *f. geogr.* Corea.
CORNÉLIO (nè) *m. pers.* Cornelio.
CORNUALHA (lla) *f. geogr.* Cornualles.
CÓRSEGA (còr) *f. geogr.* Córsega.
CORUNHA (ña) *f. geogr.* Coruña.
COSENÇA (zensa) *f. geogr.* Cosenza.
COSME (còs) *m. pers.* Cosme.
COSTA DO OURO (còs) *f. geogr.* Costa de Oro.
COSTA RICA (còs) *f. geogr.* Costa Rica.
CRACÓVIA (cò) *f. geogr.* Cracovia.
CRASSO (so) *m. pers.* Craso.
CRESCÊNCIO (cèn) *m. pers.* Crescencio.
CRESO (crèzo) *m. hist.* Creso.
CRETA (crè) *f. geogr.* Creta, Candía.
CRIMÉIA (mèia) *f. geogr.* Crimea.
CRISÓSTOMO (zòs) *m. pers.* Crisóstomo.
CRISPIM (pím) *m. pers.* Crispín.
CRISTIANO *m. pers.* Cristiano.
CRISTÓVÃO (tòváum) *m. pers.* Cristóbal.
CRÍTIAS *m. hist.* Critias.
CROÁCIA *f. geogr.* Croacia.
CRONO *m. mit.* Cronos.
CRUZADAS (za) *f. pl. hist.* Cruzadas.
CUNEGUNDES *f. pers.* Cunegunda.
CURAÇAU (sau) *f. geogr.* Curazao.
CURDISTÃO (táum) *m. geogr.* Curdistán.
CURLÂNCIA (lán) *f. geogr.* Curlandia.

D

DACAR *f. geogr.* Dakar.
DÁCIA *f. geogr. ant.* Dacia.
DACOTA (cò) *m. geogr.* Dakota.
DÁFNIS *m. mit.* Dafnis.
DAGOBERTO (bèr) *m. pers.* Dagoberto.
DALMÁCIA *f. geogr.* Dalmacia.
DAMÃO (máum) *m. geogr.* Damán.
DÁMASO (dámazo) *m. pers.* Dámaso.
DAMIÃO (miáum) *m. pers.* Damián.
DÁMOCLES (dá) *m. hist.* Dámocles.
DANAIDES *f. pl. mit.* Danaidas o Dánaes.
DÂNAO (dá) *m. mit.* Dánao.
DANIEL (èl) *m. pers.* Daniel.
DANÚBIO *m. geogr.* Danubio.
DANZIGUE (Gdańsk) (zi) *f. geogr.* Danzig.
DAOMÉ (mé) *m. geogr.* Dahomey.
DARDANELOS *m. pl. geogr.* Dardanelos.
DARDÂNIA (dá) *f. geogr.* Dardania.
DARIO (río) *m. pers.* Darío.
DAVI *m. pers.* David.
DAVIDE *m. pers.* David.
DECÃO (cáum) *m. geogr.* Deccan o Dekhan.
DÉCIO (dè) *m. pers.* Decio.
DEJANIRA (ja) *f. pers.* Dejanira.
DEJOPÉIA (jopèia) *f. mit.* Joyopea.
DELFOS (dèl) *m. geogr. ant.* Delfos.
DELI (lí) *f. geogr.* Delhi.
DELOS (dè) *f. geogr. ant.* Delos.
DEMÉTRIO (mè) *m. pers.* Demetrio.
DEMÓCRITO (mò) *m. pers.* Demócrito.
DEMÓSTENES (mòs) *m. pers.* Demóstenes.
DESIDERATO (zi) *m. pers.* Desiderato.
DESIDERIO (zidè) *m. pers.* Desiderio.
DEUS *m. rel.* Dios.
DÍDIO *m. pers.* Didio.
DIDO *f. hist.* Dido o Elisa.
DIEPA (è) *f. geogr.* Diepe o Diepa.
DIODORO (dò) *m. pers.* Diodoro.
DIÓGENES (òje) *m. pers.* Diógenes.
DIGOGO *m. pers.* Diego.
DIOMEDES (mè) *m. pers.* Diomedes.
DIONÉIA (nèia) *f. mit.* Dionea.
DIONÍSIO (zio) *m. pers.* Dionisio.
DIONISO (zo) *m. mit.* Dionisos.
DOM *m. pers.* Don.
DOMINGOS *m. pers.* Domingo.
DORA (dò) *f.* Dora.
DOROTÉIA (tèia) *f. pers.* Dorotea.
DOURO *m. geogr.* Duero.
DÔVER (dó) *geogr.* Dovres o Dóver.

DRESDEN (drès) *f. geogr.* Dresde.
DUBLIM (blím) *f. geogr.* Dublín.
DULCINÉIA (nèia) *f. pers. lit.* Dulcinea.
DUNQUERQUE (quèr) *f. geogr.* Dunkerque.

E

EBRO (è) *m. geogr.* Ebro.
ÉDAM (è) *f. geogr.* Edam.
ÉDEN (è) *m. bíbl.* Edén.
EDÉSIO (dèzio) *m. pers.* Edesio.
EDILBERTO (bèr) *m. pers.* Edilberto.
ÉDIPO (è) *m. mit.* Edipo.
ÉFESO (èfezo) *m. geogr. ant.* Éfeso.
EGEU (jeu) *m. mit. y geogr.* Egeo.
EGÍDIO (jí) *m. pers.* Egidio.
EGILA (ji) *f. geogr. ant.* Egila.
EGINA (ji) *f. mit. y geogr.* Egina.
EGITO (ji) *m. geogr.* Egipto.
ELBA (èl) *f. pers. y geogr.* Elba. *m.* Elba (río).
ELEÁZARO (cha) *m. pers.* Eleázaro.
ELESBÃO (báum) *m. pers.* Elesbán.
ELÊUSIS (léuzis) *m. geogr. ant.* Eleusis.
ELEUTÉRIO (tè) *m. pers.* Eleuterio.
ELIAS (lías) *m. bíbl.* Elías.
ÉLIDA (è) *f. geogr. ant.* Élida.
ELISA (za) *f. pers.* Elisa.
ELISEU (zeu) *m. bíbl.* Eliseo.
ELÍSIO (zio) *m. mit.* Elisio.
ELPÍDIO *m. pers.* Elpidio.
ELSA (èlza) *f. pers.* Alicia.
EMANUEL (nuèl) *m. bíbl.* Emanuel.
ÉMESO (èmezo) *m. geogr. ant.* Emesa.
EMÍLIO *m. pers.* Emilio.
EMPÉDOCLES (pè) *m. hist. fil.* Empédocles.
ENÉIAS (nèias) *m. mit.* Eneas.
ENGRÁCIA *F. pers.* Engracia.
ENTRE DOURO E MINHO (ño) *m. geogr.* Entre Duero y Miño.
ÉOLO (è) *m. mit.* Eolo.
EPICTETO (tè) *m. hist.* Epicteto.
EPIFANIA (nía) *f. rel.* Epifanía.
EPIFÂNIO (fá) *m. pers.* Epifanio.
EQUADOR (cua) *m. geogr.* Ecuador.
ÉREBO (è) *m. mit.* Erebo.
ERICO (è) *m. pers.* Erico.
ÉRIE (è) *m. geogr.* Erie.
ERNESTO (nès) *m. pers.* Ernesto.
ERZERUM (zerúm) *m. geogr.* Erzerón.
ESCANDINÁVIA *f. geogr.* Escandinavia.
ESCÓCIA (cò) *f. geogr.* Escocia.
ESCORPIÃO (piáum) *m. astr.* Escorpión.
ESCULÁPIO *m. mit.* Esculapio.
ESLAVÔNIA (vó) *f. geogr.* Esclavonia o Eslavonia.
ESOPO (zo) *m. hist. lit.* Esopo.
ESPANHA (ña) *f. geogr.* España.
ESPERANÇA (sa) *f. pers.* Esperanza.
ÉSQUILO (ès) *m. hist. lit.* Esquilo.
ESTÁCIO *m. pers.* Estacio.
ESTADOS UNIDOS *m. pl. geogr.* Estados Unidos.
ESTER (tèr) *f. pers.* Ester.
ESTÉVÃO (tèváum) *m. pers.* Esteban.
ESTÍRIA *f. geogr. ant.* Estiria.
ESTOCOLMO (còl) *f. geogr.* Estocolmo.
ESTRABÃO (báum) *m. hist. lit.* Estrabón.
ESTREMADURA *f. geogr.* Estremadura (Portugal). Extremadura (España).
ETIÓPIA (tiò) *f. geogr.* Etiopía.
ETNA (èt) *m. geogr.* Etna.
ETRÚRIA *f. geogr. ant.* Etruria.
EUDÓXIO (dòxio) *m. pers.* Eudoxio.
EUFÉMIA (fé) *f. pers.* Eufemia.
EUFRÁSIA (zia) *f. pers.* Eufrasia.
EUFROSINA (zi) *f. pers.* Eufrosina.
EUGÊNIO (jé) *m. pers.* Eugenio.
EULÁLIO *m. pers.* Eulalio.
EUROPA (rò) *f. pers.* Europa.
EUSÉBIO (zè) *m. pers.* Eusebio.
EUSTÁQUIO *m. pers.* Eustaquio.
EUTERPE (tèr) *f. mit.* Euterpe.
EVA (è) *f. pers.* Eva.
EVERESTE (rès) *m. geogr.* Evesrest.
EXUPÉRIO (zupè) *m. pers.* Exuperio.

EZÉQUIAS (zè) *m. bíbl.* Ezequías.
EZEQUIEL (zequièl) *m. bíbl.* Ezequiel.

F

FABIÃO (biáum) *m. pers.* Fabián.
FÁBIO *m. pers.* Fabio.
FABÍOLA *f. pers.* Fabiola.
FABRÍCIO *m. pers.* Fabricio.
FAETONTE *m. mit.* Faetón.
FARSÁLIA *f. geogr. ant.* Farsalia.
FEBE (fè) *f. mit.* Febe.
FEBO (fè) *m. mit.* Febo.
FEDRO (fè) *m. hist. lit.* Fedro.
FELÍCIA *f. geogr.* Felicia.
FÉLIX (fèlix) *m. pers.* Félix.
FENÍCIA *f. geogr.* Fenicia.
FÊNIX (fénis) *f. y m. mit.* Fénix.
FERNANDO *m. pers.* Fernando.
FERNÃO (náum) *m. pers.* Fernán.
FEZ *f. geogr.* Fas o Fez.
FÍDIAS *m. hist. art.* Fidias.
FILADÉLFIA (dél) *f. geogr.* Filadelfia.
FILIPE *m. pers.* Felipe.
FINISTERRA (tè) *m. geogr.* Finisterre.
FINLÂNDIA (lán) *f. geogr.* Finlandia.
FIÚME *m. geogr.* Fiume.
FLANDRES *f. geogr.* Flandes.
FLÁVIO *m. pers.* Flavio.
FLORA (flò) *f. mit.* Flora.
FLORENÇA (sa) *f. geogr.* Florencia.
FLÓRIDA (fló) *f. geogr.* Florida.
FRANÇA (sa) *f. geogr.* Francia.
FRANCÔNIA (có) *f. geogr.* Franconia.
FREDERICO *m. pers.* Federico.
FRÍGIA (jia) *f. geogr. ant.* Frigia.
FRÍZIA (zia) *f. geogr.* Frisia.
FUJI-YAMA (zi) *m. geogr.* Fuyi-Yama. Fusi-Yama.
FULGÊNCIO (jén) *m. pers.* Fulgencio.

G

GABÃO (báum) *m. geogr.* Gabón.
GABRIEL (brièl) *m. pers.* Gabriel.
GAFSA (za) *f. geogr.* Gafsa.
GALATÉIA (tèia) *f. mit.* Galatea.
GALÉRIO (lè) *m. hist.* Galerio.
GÁLIA *f. geogr. ant.* Galia.
GALÍCIA *f. geogr.* Galitzia.
GALILÉIA (lèia) *f. geogr.* Galilea.
GALILEU *m. pers.* Galileo.
GALIZA (za) *f. geogr.* Galicia.
GAMALIEL (lièl) *m. bíbl.* Gamaliel.
GÂMBIA (gám) *m. geogr.* Gambia.
GANGES (jes) *m. geogr.* Ganges.
GANIMEDES (mè) *m. pers.* Ganimedes.
GASCONHA (ña) *f. geogr.* Gascuña.
GASTÃO (táum) *m. pers.* Gastón.
GAUDÊNCIO (dén) *m. pers.* Gaudencio.
GAZA (za) *f. geogr.* Gaza.
GEDEÃO (jedeáum) *m. bíbl.* Gedeón.
GEMONIAS (je) *f. p. geogr. ant.* Gemonias.
GENEBRA (nè) *f. geogr.* Ginebra.
GENEROSA (jeneròza) *f. pers.* Generosa.
GÊNESE (jéneze) *m. bíbl.* Génesis.
GENGISCÁ (jenjiscán) *m. hist.* Gengis-Khan.
GÊNOVA (jé) *f. geogr.* Génova.
GENSERICO (jen) *m. hist.* Genserico.
GEÓRGIA (òr) *f. geogr.* Georgia.
GERALDO (je) *m. pers.* Gerardo.
GERMÂNIA (jermá) *f. geogr. hist.* Germania.
GERMÂNICO (jermá) *m. pers.* Germánico.
GERMANO (jer) *m. pers.* Germanos.
GERONA (je) *f. geogr.* Gerona.
GERÔNCIO (jerón) *m. pers.* Geroncio.
GERVÁSIO (jervázio) *m. pers.* Gervasio.
GETÚLIA (je) *f. geogr. ant.* Getulia.
GIBRALTAR (ji) *m. geogr.* Jibraltar o Gibraltar.
GIJÓN (jijón) *f. geogr.* Gijón.
GIL (jil) *m. pers.* Gil.
GILBERTO (jilbèr) *m. pers.* Gilberto.
GIRONDA (ji) *m. y f. geogr.* Gironde o Gironda.

GLICÉRIO (cè) *m. pers.* Glicerio.
GOAJIRA (ji) *f. geogr.* Goajira.
GOIÁS *m. geogr.* Goyaz.
GÓLGOTA (gòl) *m. geogr.* Gólgota, Calvario.
GOLIAS (lías) *m. bíbl.* Goliat.
GONÇALO (sa) *m. pers.* Gonzalo.
GÓRGIAS (gòrjias) *m. hist. fil.* Gorgias.
GOTEBURGO *f. geogr.* Göteborg o Gotemburgo.
GOTLÂNDIA (lán) *f. geogr.* Gotlandia.
GRÃ-BRETANHA (grán...ña) *f. geogr.* Gran Bretaña.
GRÉCIA (grè) *f. geogr.* Grecia.
GREGÓRIO (gó) *m. pers.* Gregorio.
GROENLÂNDIA (lán) *f. geogr.* Groenlandia.
GUADALAJARA (ja) *f. geogr.* Guadalajara.
GUAIAQUIL *m. geogr.* Guayaquil.
GUAÍBA *m. geogr.* Guahyba.
GUAÍRA (La) *f. geogr.* La Guaira.
GUALTÉRIO (tè) *m. pers.* Gualterio o Gualtero.
GUIANA *f. geogr.* Guayana. — *Francesa.* Guayana Francesa. — *Holandesa.* Guayana Holandesa. — *Inglesa.* Guayana Inglesa.
GUIENA *f. geogr.* Guiena.
GUILHERME (llèr) *m. pers.* Guillermo, Guillelmo.
GUILHERMINA (ller) *f. pers.* Guillermina.
GUINÉ (nè) *f. geogr.* Guinea.
GUSMÃO (máum) *m. pers.* Guzmán.

H

HAIA *f. geogr.* La Haya.
HIDERABAD *f. geogr.* Hyderabad.
HAINÃ (nán) *m. geogr.* Hai-nan o Hainan.
HAITI (tí) *m. geogr.* Haití.
HALICARNASSO (so) *m. geogr. ant.* Halicarnaso.
HALMAEIRA *f. geogr.* Gilolo.
HANÓI (nòi) *m. geogr.* Hanoi.
HANÔVER (nó) *m. geogr.* Hannóver.
HANSA *f. hist.* Ansa.
HAVANA *f. geogr.* La Habana.
HAVRE *m. geogr.* El Havre.
HÉBRIDAS (è) *f. pl. geogr.* Hébridas.
HÉBRON (è) *m. geogr.* Hebrón.
HÉCATE (è) *f. mit.* Hécate.
HECLA (è) *f. geogr.* Heckla o Hecla.
HÉCUBE *f. mit.* Hécuba.
HÉGIRA (èji) *m. cron.* Héjira.
HEITOR *m. pers.* Héctor.
HÉLADE (è) *f. geogr. ant.* Hélada o Hélade.
HELAS (è) *f. geogr. ant.* Hélada o Hellas.
HELENA *f. pers.* Elena.
HELENO *m. mit.* Eleno.
HELIGOLÂNDIA (lán) *f. geogr.* Helgoland o Heligoland.
HÉLIO (è) *m. mit.* Helio.
HELIODORO (dò) *m. pers.* Heliodoro.
HELOÍSA (za) *f. pers.* Eloísa.
HELSIGNOR *m. geogr.* Helsinger o Helsingör.
HELSÍNQUE *f. geogr.* Helsingfors o Helsinqui.
HELVÉCIA (vè) *f. geogr. ant.* Helvecia.
HENDAIA *f. geogr.* Hendaya.
HENRIQUE *m. pers.* Enrique.
HENRIQUETA *f. pers.* Enriqueta.
HÉRACLES (è) *m. mit.* Heracles.
HERACLIDES *m. pers.* Heráclides.
HERÁCLIO (clío) *m. pers.* Heraclio.
HERÁCLITO *m. pers.* Heráclito.
HERBERTO (bèr) *m. pers.* Heriberto.
HERCÍNIA *f. geogr. ant.* Hercinia (Erzgebirge).
HÉRCULES (èr) *m. mit.* Hércules.
HERMENEGILDO (jil) *m. pers.* Hermenegildo.
HERMES (èr) *m. mit.* Hermes.
HERMÓGENES (mòje) *m. pers.* Hermógenes.
HERNÂNI (ná) *m. pers.* Ernani.
HERO (è) *f. mit.* Hero.
HERODES (rò) *m. hist.* Herodes.
HERODÍADES *f. hist.* Herodías.
HERÓDOTO (rò) *m. hist.* Herodoto.
HERÓSTRATO (ròs) *m. hist.* Eróstrato.
HERZEGOVINA (ze) *f. geogr.* Herzegovina.
HESÍODO (zío) *m. hist.* Hesíodo.
HESPÉRIDES (pè) *f. pl. mit.* Hespérides.
HESSEN (èsen) *m. geogr.* Hesse.
HILÁRIO *m. pers.* Hilario.
HIMALAIA *M. geogr.* Himalaya.

HIPÓCRATES (pò) *m. hist.* Hipócrates.
HIPÓLITO (pò) *m. pers.* Hipólito.
HIRCÂNIA (ca) *f. geogr. ant.* Hircania.
HIROSHIMA (rochi) *f. geogr.* Hiroshima.
HOLOFERNES (fèr) *m. bíbl.* Holofernes.
HOMERO (mè) *m. pers.* Homero.
HONOLULU (lulú) *m. geogr.* Honolulú.
HONÓRIO (nò) *m. pers.* Honorio.
HORÁCIO *m. pers.* Horacio.
HORN (òr) *m. geogr.* Hornos. *Cabo* —. Cabo de Hornos.
HORTÊNSIA (tén) *f. pers.* Hortensia.
HUMBERTO (bèr) *m. pers.* Humberto.
HUNGRIA (gría) *f. geogr.* Hungria.

I

IAVÉ (vè) *m. rel.* Lo mismo que JEOVÁ.
IBÉRIA (bè) *f. geogr. ant.* Iberia.
IBICUÍ *f. geogr.* Ibicuy.
IBRAIM-PAXÁ (chá) *m. hist.* Ibrahim Bajá.
IDUMÉIA (mèia) *f. geogr.* Idumea.
IEMEN *m. geogr.* Yemen.
IENA *f. geogr.* Jena.
IFIGÊNIA (jé) *f. mit.* Ifigenia.
IGUAÇU (sú) *m. geogr.* Iguazú.
IGUASSU (su) *m. geogr.* Lo mismo que IGUAÇU.
ILHÉUS (llèus) *m. pl. geogr.* Ilhéos.
ILÍRIA *f. geogr.* Iliria.
INÁCIO *m. pers.* Ignacio.
ÍNDIA *f. geogr.* India.
INDIANÓPOLIS (nò) *f. geogr.* Indianópolis.
ÍNDICO (Oceano) *f. geogr.* Océano Índico.
INDOCHINA (chi) *f. geogr.* Indochina.
INDONÉSIA (nèzia) *f. geogr.* Indonesia o Insulindia.
INDORE *m. geogr.* Indore o Holkar.
INDOSTÃO (táum) *m. geogr.* Indostán.
INÊS (nés) *f. pers.* Inés.
INGLATERRA (tè) *f. geogr.* Inglaterra.
INOCÊNCIO (cén) *m. pers.* Inocencio.
IRÃ (rán) *m. geogr.* Lo mismo que
IRÃO (ráum) *m. geogr.* Irán.
IRAQUE *m. geogr.* Irak o Iraq.
IRENEU *m. pers.* Ireneo.
ISABEL (zabèl) *f.* Isabel.
ISAÍAS (za) *m. bíbl.* Isaías.
ISAQUE (za) *m. bíbl.* Isaac.
ISAR (zar) *m. geogr.* Isar.
ISAURA (zau) *f. pers.* Isaura.
ISEU (zeu) *f. pers.* Iseo (Isolda).
ISIDORO (zidò) *m. pers.* Isidoro.
ISIDRO (zi) *m. pers.* Isidro.
ISIS (zis) *f. mit.* Isis.
ISLÃ (lán) *m. rel.* Islamismo.
ISLÂNDIA (lán) *f. geogr.* Islandia.
ISMAEL (èl) *m. bíbl.* Ismael.
ISMAÍL *m. geogr.* Ismail.
ISÓCRATES (zò) *m. hist.* Isócrates.
ISOLDA (zól) *f. pers.* Isolda (Iseo).
ISPAÃ (paán) *m. geogr.* Lo mismo que
ISPAÃO (paáum) *m. geogr.* Ispahán.
ISRAEL (èl) *f. bíbl.* Israel.
ISSER (ser) *m. geogr.* Iser.
ITABORAÍ *m. geogr.* Itaborahy.
ITÁLIA *f. geogr.* Italia.
ITUZAINGÓ (zaingò) *m. geogr.* Ituzaingó. *Batalha de* —, o *Batalha do Passo do Rosário.* Batalha de Ituzaingó.
IUGOSLÁVIA *f. geogr.* Yugoeslavia.
IVAN (ván) *m. pers.* Iván. —, *o terrível.* Iván el Terrible.

J

JACINTO (ja) *m. pers.* Jacinto.
JACÓ (jacò) *m. bíbl.* Jacob. Jacobo.
JACUÍ (ja) *m. geogr.* Jacuhy.
JAFA (ja) *f. geogr.* Jaffa.
JAFETE (jafè) *m. bíbl.* Jafet.
JAGUARÃO (jaguaráum) *m. geogr.* Yaguarón (río). Jaguarão (ciudad).
JAGUARÍ (ja) *f. geogr.* Jaguary.
JAIME (jái) *m.* Jaime (Jacobo, Santiago).

JAIPUR (jai) *m. geogr.* Jaipur o Jeypore.
JAMAICA (ja) *f. geogr.* Jamaixa.
JANO (ja) *m. mit.* Jano.
JAPÃO (japáum) *m. geogr.* Japón.
JASÃO (jazáum) *m. mit.* Jasón.
JATAÍ (ja) *f. geogr.* Jatahy.
JAVA (ja) *f. geogr.* Java.
JAVÉ (javè) *m.* Lo mismo que JEOVÁ.
JEFTÉ (jeftè) *m. bíbl.* Jefté.
JEOL (jeòl) *f. geogr.* Jehol.
JEOVÁ (je) *m. rel.* Jehová.
JEREMIAS (jeremías) *m. bíbl.* Jeremías.
JERICÓ (jericò) *f. geogr.* Jericó.
JERÔNIMO (jeró) *m. pers.* Jerónimo.
JÉRSIA (jèr) *f. geogr.* Jersey.
JERUSALÉM (jeruzalém) *f. geogr.* Jerusalén.
JESSÉ (jesé) *m. bíbl.* Jesé o Isaí.
JESUS (jezús) *m. pers.* Jesus.
JESUS CRISTO (jezús) *m.* Jesucristo.
JÓ (jò) *m. bíbl.* Job.
JOANA (joa) *f. pers.* Juana.
JOANINHA (ña) *m. pers. dim.* Juanita.
JOÃO (joáum) *m. pers.* Juan.
JOÃO FERNANDES (joáum) *geogr.* Juan Fernandez (islas).
JOÃOZINHO (joáumziño) *m. pers. dim.* Juanito.
JOAQUIM (joaquím) *m. pers.* Joaquín.
JOAZEIRO (joazei) *m. geogr.* Joazeiro.
JOCASTA (jo) *f. mit.* Yocasta.
JOEL (joèl) *m. bíbl.* Joel.
JONAS (jó) *m. bíbl.* Jonás.
JÔNATAS (jó) *m. bíbl.* Jonatás o jonatán.
JÔNIA (jó) *f. geogr.* Jonia.
JORDÃO (jordáum) *m. geogr.* Jordán.
JORGE (jòrje) *m. pers.* Jorge.
JÓRGIA (jòrjia) *f. geogr.* Georgia.
JOSAFÁ (joza) *m. geogr. bíbl.* Josafat.
JOSÉ (jozè) *m. pers.* José.
JOSEFA (jozè) *f. pers.* Josefa.
JOSEFINA (jose) *f. pers.* Josefina.
JOSEFO (jozè) *m. pers.* Josefo.
JOSIAS (jozías) *m. bíbl.* Josías.
JOSUÉ (jozuè) *m. bíbl.* Josué.
JOVE (jò) *m. mit.* Jove (Júpiter).
JOVITA (jo) *f. pers.* Jovita.
JUDÁ (ju) *m. geogr.* Judá.
JUDAS (ju) *m. bíbl.* Judas.
JUDÉIA (je) *f. geogr.* Judea.
JUDITE (je) *f. geogr.* Judit.
JUGOSLÁVIA (ju) *f. geogr.* Yugoeslavia.
JÚLIA (ju) *f. pers.* Julia.
JULIÃO (juliáum) *m. pers.* Julián.
JULIETA (ju) *f. pers.* Julieta.
JÚLIO (ju) *m. pers.* Julio.
JUNO (ju) *f. mit.* Juno.
JUNQUEIRA (jun) *f. geogr.* Junquera.
JÚPITER (jú) *m. mit.* Júpiter.
JURA (ju) *m. geogr.* Jura.
JUSTINIANO (jus) *m. pers.* Justiniano.
JUSTINO (jus) *m. pers.* Justino.
JUSTO (ju) *m. pers.* Justo.
JUTLÂNDIA (jutlán) *f. geogr.* Jutlandia.
JUVENAL (ju) *m. pers.* Juvenal.
JUVÊNCIO (juvén) *m. pers.* Juvencio.

L

LABÃO (báum) *m. bíbl.* Labán.
LACEDEMÔNIA (mó) *f. geogr.* Lacedemonia.
LACETÂNIA (tá) *f. geogr. ant.* Lacetania.
LÁCIO *m. geogr. ant.* Lacio.
LACÔNIA (có) *f. geogr.* Laconia.
LADISLAU *m. pers.* Ladislao.
LÁDOGA *m. geogr.* Ladoga.
LAERTES (èr) *m. mit.* Laertes.
LÂMIA (lá) *f. geogr.* Lamia.
LANÇAROTE (sarò) *m. pers.* Lanzarote. *f. geogr.* Lanzarote.
LANCASTRE *m. geogr.* Lo mismo que
LANCASTRO *m. geogr.* Lancáster.
LAPÔNIA (pó) *f. geogr.* Laponia.
LÁQUESIS (zis) *f. mit.* Laquesis.
LAUSANA (za) *f. geogr.* Lausana.
LAVRADOR *m. geogr.* Labrador.
LÁZARO (za) *m. pers.* Lázaro.

LEÃO (leáum) *m. pers.* León. *f. geogr.* León (España).

LEIXÕES (choens) *geogr.* Leixões.

LENINE *m. pers.* Lenin.

LENINGRADO (São Petersburgo) *f. geogr.* Leningrado.

LEÔNCIO (ón) *m. pers.* Leoncio.

LEÓNIDAS (leó) *m. pers.* Leónidas.

LETÍCIA *f. pers.* Leticia.

LETÓNIA (tó) *f. geogr.* Latvia o Letonia.

LIEGE (je) *f. geogr.* Lieja.

LIGÚRIA *f. geogr.* Liguria.

LILA *f. geogr.* Lille o Lila.

LINEU *m. pers.* Linneo.

LINGUADOQUE (dò) *m. geogr.* Lenguadoc.

LÍRIA *f. geogr.* Liria.

LISANDRO (zan) *m. pers.* Lisandro.

LISBOA *f. geogr.* Lisboa.

LÍSIAS (zias) *m. hist.* Lisias.

LISÍMACO (zí) *m. pers.* Lisímaco.

LISÍSTRATO (zís) *m. hist.* Lisístrato.

LITERNO (tèr) *m. geogr.* Linterno.

LITUÂNIA (tua) *m. hist.* Lituania.

LIVERPOOL *f. geogr.* Liverpool.

LÍVIO *m. pers.* Livio.

LIVÔNIA (vó) *f. geogr. ant.* Livonia.

LOANDA *f. geogr.* Lo mismo que SÃO-PAULO-DE-LUANDA.

LOBO (ló) *m. astr.* Lobo.

LOIDE (lòi) *m. com.* Lloyd.

LOMBARDIA (día) *f. geogr.* Lombardía.

LOPO *m. pers.* Loleo.

LOTÁRIO *m. pers.* Lotario.

LOURENÇO (so) *m. pers.* Lorenzo.

LOURENÇO MARQUES (so-már) *f. geogr.* Lorenzo Marqués.

LUANDA *f. geogr.* Lo mismo que SÃO-PAULO-DE-LUANDA.

LUBEQUE (bè) *f. geogr.* Lübeck.

LUBLIM (blím) *f. geogr.* Lublín.

LUCÉCIA (cè) *f. mit.* Lucecia.

LUCERNA (cèr) *f. geogr.* Lucerna.

LÚCIA *f. pers.* Lucia.

LÚCIFER *m. rel.* Lucifer.

LUCÍLIO *m. pers.* Lucilio.

LÚCIO *m. pers.* Lucio.

LUÇON (són) *f. geogr.* Luzón.

LUCRÉCIA (crè) *f. pers.* Lucrecia.

LUCRÉCIO (crè) *m. pers.* Lucrecio.

LUÍS *m. pers.* Luis.

LUÍSA (za) *f. pers.* Luisa.

LUIZ *m. pers.* Lo mismo que LUÍS.

LUISIANA (zia) *f. geogr.* Luisiana.

LURDES *f. geogr.* Lourdes.

LUSITÂNIA (zitá) *f. geogr. ant.* Lusitania.

LUTERO (tè) *m. pers.* Lutero.

LUXEMBURGO (chem) *m. geogr.* Luxemburgo.

LUZIA (zía) *f. pers.* Lucía.

LYON (lìon) *f. geogr.* Lyón, Lión, León de Francia.

M

MAABARATA *m. lit.* Mahabarata.

MACABEU *m. bíbl.* Macabeo.

MACÁÇAR (sar) *f. geogr.* Macasar.

MACÁRIO *m. pers.* Macario.

MACAU *f. geogr.* Macao (Portugal). Macau (Brasil).

MACEDÔNIA (dó) *f. geogr.* Macedonia.

MACEIÓ (ió) *f. geogr.* Maceió.

MADAGÁSCAR *f. geogr.* Madagascar.

MADALENA *f. pers.* Magdalena.

MADEIRA *f. geogr.* Madera.

MADRASTA *f. geogr.* Madrás.

MADRI *f. geogr.* Madrid.

MAFOMA *m. hist.* Mahoma.

MAGALHÃES (lláens) (Estreito de) *m. geogr.* Estrecho de Magallanes.

MAIORCA (iòr) *f. geogr.* Mallorca.

MALAQUIAS (quías) *m. bíbl.* Malaquías.

MALÁSIA (zia) *f. geogr.* Malasia.

MANÁGUA *f. geogr.* Managua.

MANAUS *f. geogr.* Manaos.

MANÇANARES (sa) *m. geogr.* Manzanares.

MANCHAS (cha) *f. geogr.* Mancha.

MANCHÉSTER (chès) *f. geogr.* Manchester.

MANCHÚRIA (chú) *f. geogr.* Manchuria.

MANILHA (lla) *f. geogr.* Manila.

MANITOBA (tò) *m. y f. geogr.* Manitoba.

MÂNLIO (mán) *m. pers.* Manlio.

MÂNTUA (mán) *f. geogr.* Mantua.

MANUEL (èl) *m. pers.* Manuel.

MAOMÉ (mè) *m. hist.* Mahoma.

MAQUIAVEL (vèl) *m. hist.* Maquiavelo.

MARACAÍBO *m. geogr.* Maracaibo.

MARANHÃO (ñáum) *m. geogr.* Marañón (río). Marañón o Maranhão (Estado de la República del Brasil).

MARÇAL (sal) *m. pers.* Marcial.

MARCELO (cè) *m. pers.* Marcelo.

MARCIÃO (ciáum) *m. pers.* Marción.

MARCO *m. pers.* Marcos, Marco.

MARGARIDA *f. pers.* Margarita.

MARIA (ría) *f. pers.* María.

MÁRIO *m. pers.* Mario.

MARQUESAS (zas) *f. pl. geogr.* Marquesas o Mendaña.

MARROCOS (rrò) *m. geogr.* Marruecos.

MARSELHA (sèlla) *f. geogr.* Marsella.

MARTIM (tím) *m. pers.* Martín.

MARTINHO (ño) *m. pers.* Martín.

MASINISSA (sinisa) *m. hist.* Masinisa.

MASSUAH (suá) *f. geogr.* Massaua, Masuá o Massava.

MASURIANOS (Lagos) (zu) *m. pl. geogr.* Lagos Masurianos.

MATEUS *m. pers.* Mateo.

MATIAS (tías) *m. pers.* Matías.

MATO GROSSO (so) *m. geogr.* Matto Grosso.

MAURÍCIO *m.* Mauricio.

MAURITÂNIA (tá) *f. geogr.* Mauritania.

MAXIMILIANO (si) *m. pers.* Maximiliano.

MÁXIMINO (si) *m. pers.* Maximino.

MÁXIMO (si) *m. pers.* Máximo.

MAZARIN (za) *m. hist.* Mazarino.

MECA (mè) *f. geogr.* Meca, La Meca.

MEDÉIA (dèja) *f. mit.* Medea.

MEDITERRÂNEO (rrá) *m. geogr.* Mediterráneo.

MEDUSA (za) *f. mit.* Medusa.

MELANÉSIA (nèzia) *f. geogr.* Melanesia.

MELÂNIA (lá) *f. pers.* Melania.

MELBURNE *f. geogr.* Melbourne.

MELPÔMENE (pó) *f. mit.* Melpómene.

MELQUISEDEQUE (zedè) *m. bíbl.* Melquisedec.

MÊMEL *m. geogr.* Memel. Niemen.

MENELAU *m. mit.* Menelao.

MÊNFIS (mén) *f. geogr. ant.* Menfis.

MERCÚRIO *m. mit.* Mercurio.

MÉRIDA (mè) *f. geogr.* Mérida.

MESOPOTÂMIA (chopotá) *f. geogr.* Mesopotamia.

MESSIAS (sías) *m. rel.* Mesías.

MESSINA (si) *f. geogr.* Mesina.

MÉXICO (mèchi) *m. geogr.* Méjico o México. (En Méjico es norma oficial escribir el nombre del país con *x*, pero pronunciándola como *j*.)

MICHIGANO (chigám) *m. geogr.* Michigán.

MICRONÉSIA (nèzia) *f. geogr.* Micronesia.

MIGUEL (guèl) *m. pers.* Miguel — *Ángelo*. Miguel Ángel.

MILÃO (láum) *m. geogr.* Milán.

MILITÃO (táum) *m. pers.* Melitón.

MINAS GERAIS *m. geogr.* Minas Geraes.

MINHO (ño) *m. geogr.* Miño.

MINORCA (nòr) *f. geogr.* Menorca.

MINNESSOTA (sò) *m. geogr.* Minnesota.

MISSISSIPI (sisi) *m. geogr.* Mississipí.

MISSÕES (sóens) *f. pl. geogr.* Misiones.

MISSOURI (zu) *m. geogr.* Missouri.

MOABE *f. geogr.* Moab.

MOÇAMBIQUE (sam) *geogr.* Mozambique.

MODESTA (dès) *f. pers.* Modesta.

MODESTO (dès) *m. pers.* Modesto.

MOGÚNCIA *f. geogr.* Maguncia.

MOISÉS (zès) *m. bíbl.* Moisés.

MOLDÁVIA *f. geogr.* Moldavia.

MOLOQUE (lò) *m. mit.* Moloc.

MOMBAÇA (sa) *f. geogr.* Mombasa.

MÔNACO (mó) *m. geogr.* Mónaco.

MONGÓLIA (gò) *f. geogr.* Mogolia o Mongolia.

MÔNICA (mó) *f. pers.* Mónica.

MONTEVIDÉU (dèu) *f. geogr.* Montevideo.

MORÁVIA *f. geogr.* Moravia.

MORFEU *m. mit.* Morfeo.

MOSA (mòza) *m. geogr.* Mosa.

MOSCOU *f. geogr.* Moscou o Moscú.

MOSCÓVIA (cò) *f. geogr.* Moscovia.

MOSELA (zè) *m. geogr.* Mosela o Moselle.

MOSSORÓ (sorò) *f. geogr.* Mossoró.

MOSSUL (sul) *f. geogr.* Mosul.

MÚCIO *m. pers.* Mucio.

MUNIQUE *f. geogr.* Munich.

N

NABÃO (báum) *m. geogr.* Nabón.

NABONASSAR (sar) *m. hist.* Nabonasar.

NABOPOLASSAR (sar) *m. hist.* Nabopolasar.

NABOTE *m. bíbl.* Nabot.

NABUCODONOSOR (zor) *m. hist.* Nabucodonosor.

NAGOIA (gòia) *f. geogr.* Nagoya.

NÁIADES *f. pl. mit.* Náyades.

NANCI (cí) *f. geogr.* Nancy.

NANQUIM (quím) *f. geogr.* Nanquín.

NAPÉIAS (pèia) *f. pl. mit.* Napeas.

NAPOLEÃO (leáum) *m. hist.* Napoleón.

NARCISO (zo) *m. mit.* Narciso.

NATÁLIA *f. pers.* Natalia.

NATANIEL (èl) *m. pers.* Nataniel.

NAUSICAA (zi) *f. mit.* Nausicaa o Nausikaa.

NAZARÉ (zarè) *f. geogr.* Nazareth.

NAZÁRIO (zá) *m. pers.* Nazareo.

NEBRASCA *m. geogr.* Nebraska.

NEHEMIAS (mías) *m. bíbl.* Nehemías.

NÊMESIS (némezis) *f. mit.* Némesis.

NENRODE (rò) *m. bíbl.* Nemrod.

NEREU *m. mit.* Nereo.

NERO (nè) *m. hist.* Nerón.

NESSO (nèso) *m. mit.* Neso.

NETUNO *m. mit. y astr.* Neptuno.

NÊUSTRIA (néus) *f. geogr. ant.* Neustria.

NEVA (nè) *m. geogr.* Neva.

NIASSA (sa) *m. geogr.* Nasa o Niasa.

NICÁSIO *m. pers.* Nicasio.

NICE *f. geogr.* Niza.

NICÉIA (cèia) *f. geogr. ant.* Nicea. *Concílio de —. hist.* Concilio de Nicea.

NICEU *m. pers.* Níceo.

NICOLAU *m. pers.* Nicolás.

NÍGER (jer) *m. geogr.* Níger.

NIGÉRIA (jè) *f. geogr.* Nigeria.

NÍOBA *f. mit.* Níobe.

NOÉ (è) *m. bíbl.* Noé.

NORMANDIA (día) *f. geogr.* Normandía.

NORTÚMBRIA *f. geogr.* Northumberland.

NORUEGA (ruè) *f. geogr.* Noruega.

NOVA AMSTERDÃ (nò...dám) *f. geogr.* Nueva Amsterdam.

NOVA BRETANHA (nò...ña) *f. geogr.* Nueva Bretaña.

NOVA CALEDÔNIA (nò...dó) *f. geogr.* Nueva Caledonia.

NOVA ESCÓCIA (nò...cò) *f. geogr.* Nueva Escocia.

NOVA ESPANHA (nò...ña) *f. geogr.* Nueva España.

NOVA GALES (nò) *f. geogr.* Nueva Gales.

NOVA GRANADA (nò) *f. geogr.* Nueva Granada.

NOVA GUINÉ (nò...nè) *f. geogr.* Nueva Guinea.

NOVA HOLANDA (nò) *f. geogr.* Nueva Holanda.

NOVA INGLATERRA (nò...tè) *f. geogr.* Nueva Inglaterra.

NOVA IRLANDA (nò) *f. geogr.* Nueva Irlanda.

NOVA JERSEY (nò...jèr) *f. geogr.* Nueva Jersey.

NOVA ORLEANS (nò...leáns) *f. geogr.* Nueva Orléans.

NOVA YORK (nò...iòr) *m.* Nueva York.

NOVA ZELÂNDIA (nò...zelán) *f. geogr.* Nueva Zelanda.

NOVA ZEMBLA (nò...zem) *f. geogr.* Nueva Zembla.

NOVÁRIA *f. geogr.* Novara.

NOVAS HÉBRIDAS (nò...a) *f. pl. geogr.* Nuevas Hébridas.

NOVO MECLEMBURGO *m. geogr.* Nuevo Mecklemburgo.

NOVO MÉXICO (mèchi) *m. geogr.* Nuevo Méjico.
NÚBIA *f. geogr. ant.* Nubia.
NUMÂNCIA (mán) *f. geogr. ant.* Numancia.
NUMÍDIA *f. geogr. ant.* Numidia.
NUREMBERGUE (bér) *f. geogr.* Nuremberg.

O

OHIO (á) *m. geogr.* Ohío.
OAXACA *(ch*a) *f. geogr.* Oajaca. (Oaxaca es la grafia antigua usada oficialmente por los mejicanos).
OBEROM (róm) *m. mit.* Oberón.
OCEÂNIA (ceá) *f. geogr.* Oceanía.
OCEÂNIDA (ceá) *f. mit.* Oceánide, Oceánida.
OCEANO *m. mit. y geogr.* Océano.
OCTÁVIO *m. pers.* Octavio.
ODÃO (dáum) *m. pers.* Odón.
ÓDER (ò) *m. geogr.* Óder.
ODESSA (dèsa) *f. geogr.* Odesa.
ODILÃO (láum) *m. pers.* Odilón.
ODISSÉIA (sèia) *f. lit.* Odisea.
OFÉLIA (fè) *f. pers.* Ofelia.
OIAPOQUE (pò) *m. geogr.* Oyapok.
OLÂNDIA (lán) *f. geogr.* Oland.
OLEGÁRIO *m. pers.* Olegario.
OLGA (òl) *f. pers.* Olga.
OLÍMPIA *f. geogr. ant.* Olimpia.
OLIVEIRAS (Jardim das) *f. geogr. bíbl.* Monte Olivete.
OLIVENÇA (sa) *f. geogr.* Olivenza.
OLIVÉRIO (vè) *m. pers.* Oliverio.
OMÃ (mán) *m. geogr.* Omán.
ONEGA (nè) *m. geogr.* Onega.
ONÉSIMO (nèzi) *m. pers.* Onésimo.
ÔNFALA (ón) *f. mit.* Lo mismo que
ÔNFALE (ón) *f. mit.* Onfala.
ONOFRE (nò) *m. pers.* Onofre.
ONTÁRIO *m. geogr.* Ontario.
ORÁ (rán) *f. geogr.* Lo mismo que ORÃO.
ORANGE (je) *f. geogr.* Orange.
ORÃO (ráum) *f. geogr.* Orán.
ÓRCADES (òr) *f. pl. geogr.* Órcadas.
OREGON (gòr) *m. geogr.* Oregón.
ORENOCO *m. geogr.* Orinoco.
ORESTES (rès) *m. mit.* Orestes.
ORFEU *m. mit.* Orfeo.
ORÍGENES (je) *m. pers.* Orígenes.
ORLEANS (leáns) *f. geogr.* Orleáns.
OSACA (òza) *f. geogr.* Osaka.
ÓSCAR (òs) *m. pers.* Oscar.
OSÉAS (chè) *m. bíbl.* Oseas.
OSÍRIS (zí) *m. mit.* Osiris.
ÓSTIA (òs) *f. geogr.* Ostia.
OTÃO (táum) *m. pers.* Otón.
OTAVA *f. geogr.* Ottawa.
OTELO (tè) *m. pers.* Otelo.
OURO PRETO *m. geogr.* Ouro Preto.
OVÍDIO *m. pers.* Ovidio.
OXÔNIA (xó) *f. geogr.* Oxford.

P

PÃ (pán) *m. mit.* Pan.
PAÍSES BAIXOS (zes...chos) *m. pl. geogr.* Países Bajos.
PALERMO (lèr) *f. geogr.* Palermo.
PANCRÁCIO *m. pers.* Pancracio.
PÂNDORA (pán) *f. mit.* Pandora.
PANFÍLIA *f. geogr.* Panfilia.
PANTAGRUEL (èl) *m. lit.* Pantagruel.
PANTALEÃO (leáum) *m. pers.* Pantaleón.
PARAGUAI *m. geogr.* Paraguay.
PARAÍBA *f. geogr.* Parahyba.
PARAÍSO (zo) *m. bíbl.* Paraíso.
PÁRIS *m. mit.* Paris.
PARIS (rís) *f. geogr.* París.
PARNAÍBA *m. geogr.* Parnahyba.
PARNASO *m. geogr.* Parnaso.
PARTÊNOPE (té) *f. mit.* Parténope.
PÁRTIA *f. geogr. ant.* Partia.
PASCÁSIO (zio) *m. pers.* Pascasio.
PÁSCOA *f. rel.* Pascua.

PASCOAL *m. pers.* Pascual.
PATAGÔNIA (gó) *f. geogr.* Patagonia.
PATERNO (tèr) *m. pers.* Paterno.
PATOS (lagoa dos) *f. geogr.* Laguna de los Patos.
PATRÍCIO *m. pers.* Patricio.
PÁTROCLO *m. mit.* Patroclo.
PAULA *f. pers.* Paula.
PAULO *m. pers.* Pablo.
PAUSÂNIAS (zá) *m. hist.* Pausanias.
PAVIA (vía) *f. geogr.* Pavía.
PEDRINHO (ño) *m. dim. pers.* Pedruca.
PEDRO *m. pers.* Pedro.
PÉGASO (pègazo) *m. mit.* Pegaso.
PELÁGIA (jia) *f. pers.* Pelagia.
PELÁGIO (jio) *m. pers.* Pelayo.
PELEU *m. mit.* Peleo.
PÉLOPE (pè) *m. mit.* Pélops.
PELÓPIDAS (lò) *m. hist.* Pelópidas.
PELOPONESO (zo) *f. geogr.* Peloponeso.
PELOTAS (lò) *f. geogr.* Pelotas.
PENSILVÂNIA (vá) *f. geogr.* Pensilvania.
PENTECOSTE (còs) *f. rel.* Pentecostés.
PEQUIM (quím) *m. geogr.* Pekín.
PERO *m. pers.* Pedro.
PERPÉTUO (pè) *m. pers.* Perpetuo.
PERPIGNAN (ñáum) *f. geogr.* Perpiñán o Perpignan.
PERSÉFONE (zè) *f. mit.* Perséfone.
PERSÉPOLIS (sè) *f. geogr. ant.* Persépolis.
PERSEU *m. mit.* Perseo.
PÉRSIA (pèr) *f. geogr.* Persia.
PÉRSIO (pèr) *m. pers.* Persio.
PERU (rú) *m. geogr.* Perú.
PERÚSIA (zia) *f. geogr.* Perusa.
PIAUÍ *m. geogr.* Piauhy.
PICARDIA (día) *f. geogr.* Picardía.
PIEMONTE *m. geogr.* Piamonte.
PIGMALIÃO (liáum) *m. mit.* Pigmalión.
PILCOMAIO *m. geogr.* Pilcomayo.
PIO (pío) *m. pers.* Pío.
PIRENÉUS (nèus) *m. pl. geogr.* Pirineos.
PISA (za) *f. geogr.* Pisa.
PISÍSTRATO (zís) *m. hist.* Pisístrato.
PISTOLA (tòia) *f. geogr.* Pistoya.
PLACÊNCIA (cén) *f. geogr.* Piacenza o Plasencia (Italia). Plasencia (España).
PLATÃO (táum) *m. hist.* Platón.
PLÊIADE (plé) *f. lit.* Pléyade.
PLÊIADES (plè) *f. pl. astr.* Pléyadas o Pléyades.
PLIMUDE *f. geogr.* Plymouth.
PLÍNIO *m. pers.* Plinio.
PLUTÃO (táum) *m. mit.* Plutón.
PÓ (pò) *m. geogr.* Po.
POLIÃO (liáum) *m. pers.* Polion.
POLÍBIO *m. pers.* Polibio.
POLICLETO (clè) *m. pers.* Policleto.
POLINÉSIA (nèzia) *f. geogr.* Polinesia.
POLÔNIA (ló) *f. geogr.* Polonia.
PÓLUS (pò) *m. astr.* Lo mismo que
PÓLUX (pò) *m. mit. y astr.* Pólux.
POMERÂNIA (rá) *f. geogr.* Pomerania.
POMPÉIA (pèia) *f. geogr.* Pompeya.
POMPEU *m. pers.* Pompeyo.
PÔNCIO (pón) *m. pers.* Poncio.
PÓRCIA (pòr) *f. pers.* Porcia.
PORFÍRIO *m. pers.* Porfirio.
PORTO (pór) *m. geogr.* Oporto.
PORTO MAGÃO (pór...gáum) *m. geogr.* Puerto Mahón.
PORTO RICO (pór) *m. geogr.* Puerto Rico.
POSÍDON (zí) *m. mit.* Poseidón.
POSIDÔNIO (zidó) *m. pers.* Posidionio.
PRATA (Rio da) *m. geogr.* Río de la Plata.
PRAXEDES (chè) *f. pers.* Práxedes.
PRETÓRIA (tò) *f. geogr.* Pretoria.
PROCÓPIO (cò) *m. pers.* Procopio.
PROMETEU *m. mit.* Prometeo.
PROPÉRCIO (pèr) *m. pers.* Propercio.
PROSÉRPINA (zèr) *f. mit.* Prosérpina.
PROTEU *m. mit.* Proteo.
PROVENÇA (sa) *f. geogr. ant.* Provenza.
PRUDÊNCIA (dén) *f. pers.* Prudencia.
PRÚSSIA (sia) *f. geogr.* Prusia.
PSIQUÊ (què) *f. mit.* Psiquis.

PTOLOMEU *m. hist.* Tolomeo.
PULQUÉRIA (què) *f. pers.* Pulqueria.

Q

QUARAÍ (cua) *m. geogr.* Cuareín (Uruguay). Quarahy (Brasil).
QUASÍMODO (cuazí) *m. lit.* Cuasimodo o Quasimodo.
QUEBEC (bè) *f. geogr.* Quebec.
QUERSONESO (nèzo) *m. geogr.* Quersoneso.
QUIMERA (mê) *f. mit.* Quimera.
QUINTINO *m. pers.* Quintín.
QUIOS (quíos) *f. geogr.* Chío o Quío.
QUITÉRIA (tè) *f. pers.* Quiteria.
QUIXOTE (chò) *m. lit.* Quijote.

R

RAFAEL (èl) *m.* Rafael.
RAGUSA (za) *f. geogr.* Ragusa.
RAMAIANA *m. lit.* Ramayana.
RAMÃO (máum) *m. pers.* Ramón.
RAMSÉS (sès) *m. hist.* Ramsés.
RAQUEL (quèl) *f. bíbl.* Raquel.
REBECA (bè) *f. bíbl.* Rebeca.
REGINALDO (ji) *m. pers.* Reginaldo.
REMÍGIO (jio) *m. pers.* Remigio.
RENÂNIA (ná) *f. geogr.* Renania.
RENASCENÇA (sa) *f. hist.* Renacimiento.
RENO *m. geogr.* Rin.
REUNIÃO (niáum) (Ilha da) *f. geogr.* Isla de la Reunión.
ROBERTO (bèr) *m. pers.* Roberto.
ROCHELA (chè) *f. geogr.* La Rochela.
RÓDANO (rò) *m. geogr.* Ródano.
RODES (rò) *f. geogr.* Rodas.
RODÉSIA (dèzia) *f. geogr.* Rhodesia o Rodesia.
ROGÉRIO (jè) *m. pers.* Rogerio.
ROLDÃO (dáum) *m. pers.* Rolando.
ROMÂNOV (nòv) *m. fam.* Romanoff.
ROMEU *m. pers.* Romeo.
RÔMULO (ró) *m. pers.* Rómulo.
RONCESVALES *f. geogr.* Roncesvalles.
ROSA (ròza) *f. pers.* Rosa.
ROSÁLIA (zà) *f. pers.* Rosalía.
ROSÁRIO (zá) *m. pers. y geogr.* Rosario.
ROSENDO (zen) *m. pers.* Rosendo.
ROSINHA (ròziña) *f. pers. dim.* Rosita.
ROSSILHÃO (silláum) *m. geogr.* Rosellón.
ROSTÓVIA (tò) *f. geogr.* Rostov.
ROTERDÃ (dáum) *f. geogr.* Rotterdam.
RUÃO (ruáum) *f. geogr.* Ruán o Rouen.
RUBEM *m. pers.* Rubén.
RUBICÃO (cáum) *m. geogr.* Rubicón.
RUMÂNIA (má) *f. geogr.* Rumania.
RUPERTO (pèr) *m. pers.* Ruperto.
RUR *f. geogr.* Ruhr.
RÚSSIA (sia) *f. geogr.* Rusia.
RUTE *f. bíbl.* Rut.
RUTÊNIA (té) *f. geogr.* Rutenia.

S

SAARA *m. geogr.* Sahara.
SABÁ *f. geogr.* Saba.
SABÓIA (bòia) *f. geogr.* Saboya.
SACALINA *f. geogr.* Sajalín.
SAIGON (Ho Chi Minh) (gáum) *m. geogr.* Saigón.
SALERNO (lèr) *m. geogr.* Salerno.
SALISBURGO *m. geogr.* Salzburgo.
SALISBÚRI *f. geogr.* Salisbury.
SALOMÃO (máum) *m. bíbl.* Salomón.
SALOMÉ (mè) *f. pers.* Salomé.
SALÔNICA (ló) *f. geogr.* Salónica.
SALÚSTIO *m. pers.* Salustio.
SAMARCANDA *f. geogr.* Samarkanda.
SAMARIA (ría) *f. geogr.* Samaria.
SAMATRA *f. geogr.* Sumatra.
SAMORA *f. geogr.* Zamora.
SAMOTRÁCIA *f. geogr.* Samotracia.
SAMUEL (èl) *m. bíbl.* Samuel.
SANCHO (cho) *m. pers.* Sancho.

SANSÃO (sáum) *m. bíbl.* Sansón.
SANTA HELENA *f. geogr.* Santa Elena.
SANTA LUZIA *(zía) f. geogr.* Santa Lucía.
SANTA MARGARIDA *f. geogr.* Santa Margarita.
SANTARÉM *f. geogr.* Santarem.
SANTA ROSA (ròza) *f. geogr.* Santa Rosa.
SANTO ANDRÉ (drè) *m. geogr.* San Andrés.
SANTO ANTÃO (táum) *m. geogr.* San Antón.
SÃO BERNARDO (sáum) *m. geogr.* San Bernardo.
SÃO CLODOALDO (sáum) *m. geogr.* Saint Cloud.
SÃO CRISTOVÃO (sáum...tòváum) *m. geogr.* San Cristóbal.
SÃO DINIS (sáum-dinís) *m. geogr.* Saint-Denis.
SÃO DOMINGOS (sáum) *m. geogr.* Santo Domingo.
SÃO FÉLIX (sáum-fè) *m. geogr.* San Félix.
SÃO FRANCISCO (sáum) *m. geogr.* San Francisco.
SÃO JOÃO (sáum-joáum) *m. geogr.* San Juan.
SÃO LOURENÇO (sáum...so) *m. geogr.* San Lorenzo.
SÃO MARINHO (sáum...ño) *m. geogr.* San Marino.
SÃO PAULO (sáum) *m. geogr.* San Pablo.
SÃO PAULO DE LUANDA (sáum) *m. geogr.* San Pablo de Loanda.
SÃO PEDRO E SÃO PAULO (sáum...sáum) *m. geogr.* San Pedro y San Pablo.
SÃO QUINTINO (sáum) *m. geogr.* San Quintín.
SÃO SALVADOR (sáum) *m. geogr.* San Salvador.
SÃO SEBASTIÃO (sáum...tiáum) *m. geogr.* San Sebastián.
SÃO TOMÉ (sáum...mè) *m. geogr.* Santo Tomé.
SARA *F. pers.* Sara.
SARAGOÇA (gòsa) *f. geogr.* Zaragosa.
SARDANÁPALO (pá) *m. hist.* Sardanápalo.
SARDENHA (ña) *f. geogr.* Cerdeña.
SARRE *m. geogr.* Saar o Sarre.
SAXÔNIA (xó) *f. geogr.* Sajonia.
SEBASTIÃO (tiáum) *m. pers.* Sebastián.
SEBASTOPOL (tò) *f. geogr.* Sebastopol.
SEGISMUNDO *(jis) m. pers.* Segismundo.
SEGÓVIA (gò) *f. geogr.* Segovia.
SENA *m. geogr.* Sena (río). *f. geogr.* Sena (ciudad).
SÊNECA (sé) *m. pers.* Séneca.
SERAFIM (fím) *m. pers.* Serafín.
SERAPIÃO (piáum) *m. pers.* Serapián.
SÉRGIO (sèrjio) *m. pers.* Sergio.
SERGIPE *(ji) m. geogr.* Sergipe.
SERTÓRIO (tò) *m. hist.* Sertorio.
SÉRVIA (sèr) *f. geogr.* Servia.
SEVERO (vè) *m. pers.* Severo.
SEVILHA (lla) *f. geogr.* Sevilla.
SEVRES (sè) *f. geogr.* Sèvres.
SIÃO (siáum) *m. geogr.* Silam.
SIBÉRIA (bè) *f. geogr.* Siberia.
SICÍLIA *f. geogr.* Sicilia.
SÍDON *f. geogr. ant.* Sidón.
SIDÔNIO (dó) *m. pers.* Sidonio.
SILÉSIA (lèzia) *f. geogr.* Silesia.
SILVESTRE (vès) *m. pers.* Silvestre.
SÍLVIA *f. pers.* Silvia.
SIMÃO (máum) *m. pers.* Simón.
SIMEÃO (meáum) *m. pers.* Simeón.
SINAI (nái) *m. geogr. bíbl.* Sinaí.
SIRACUSA *(za) f. geogr.* Siracusa.
SÍRIA *f. geogr.* Siria.
SÓCRATES (sò) *m. hist. fil.* Sócrates.
SOFIA (fía) *f. geogr. y pers.* Sofía.
SÓFOCLES (sò) *m. lit.* Sófocles.
SOLIMÃO (máum) *m. pers.* Solimán.
SÓLON (sò) *m. hist.* Solón.
SOMA *m. geogr.* Somme.
SOMÁLIA *f. geogr.* Somaliland o País de los Somalis.
SOTERO (tè) *m. pers.* Sotero.
SUÁBIA *f. geogr.* Suabia o Suebia.
SUDÃO (dáum) *m. geogr.* Sudán.
SUÉCIA (è) *f. geogr.* Suecia.
SUÍÇA (sa) *f. geogr.* Suiza.
SURABAIA *f. geogr.* Surabaya.
SUSANA *(za) f. pers.* Susana.

T

TADEU *m. pers.* Tadeo.
TAGIQUISTÃO (jiquistáum) *m. geogr.* Tajikistán.
TAITÍ *f. geogr.* Taiti o Tahiti.
TALIA (lía) *f. mit.* Talía.
TAMERLÃO (láum) *m. hist.* Tamerlán.
TÂMISA (támiza) *m. geogr.* Támesis.
TANANARIVE *f. geogr.* Tananarivo o Tananarive.
TANGANICA *m. geogr.* Tangañika o Tanganyika.
TÂNGER (tánjer) *m. geogr.* Tánger.
TARPÉIA (pèia) *f. geogr.* Tarpeya.
TARQUÍNIO *m. hist.* Tarquino.
TARTÁRIA *f. geogr. hist.* Tartaria.
TASMÂNIA (má) *f. geogr.* Tasmania.
TEBAS (tè) *f. geogr.* Tebas.
TECLA (è) *m. pers.* Tecla.
TEERÃ (ráum) *m. geogr.* Teherán.
TEJO (tèjo) *m. geogr.* Tajo.
TEÓCRITO (ò) *m. lit.* Teócrito.
TEODORO (dò) *m. pers.* Teodoro.
TEODÓSIO (dòzio) *m. pers.* Teodosio.
TEÓFILO (ò) *m. pers.* Teófilo.
TERÊNCIO (rén) *m. pers.* Terencio.
TERESA *(za) f. pers.* Teresa. *Santa — de Jesus.* Santa Teresa de Jesús. *Santa Teresinha de Jesús.* Santa Teresa del Niño Jesús.
TERRA DO FOGO (tè) *f. geogr.* Terra del Fuego.
TERRA NOVA (tè...nò) *f. geogr.* Terranova.
TERRA SANTA (tè) *f. geogr.* Tierra Santa.
TESSÁLIA (sá) *f. geogr.* Tesalia.
TESSALÔNICA (saló) *f. geogr.* Tesalónica.
TEXAS (tècsas) *m. geogr.* Tejas.
TIBETE (bè) *m. geogr.* Tibet.
TIBRE *m. geogr.* Tíber.
TIMÓTEO (mò) *m. pers.* Timoteo.
TIROL (ròl) *m. geogr.* Tirol.
TITÃ (tán) *m. mit.* Titán.
TOBIAS (bías) *m. pers.* Tobías.
TOLOSA (lòza) *f. geogr.* Tolosa.
TONQUIM (quím) *f. geogr.* Tonkín.
TÓQUIO (tò) *f. geogr.* Tokio o Tokyo.
TORDESILHAS (zillas) *f. geogr.* Tordesillos.
TRÁCIA *f. geogr.* Tracia.
TRAJANO (ja) *m. pers.* Trajano.
TRANSCAUCÁSIA (zia) *f. geogr.* Transcáucaso.
TRANSILVÂNIA (vá) *f. geogr.* Transilvania.
TRANSJORDÂNIA (jordá) *f. geogr.* Transjordania.
TRÉBIA (trè) *m. geogr.* Trebia.
TREBIZONDA (zon) *f. geogr.* Trebisonda.
TREVES (trè) *f. geogr.* Tréveris.
TRINDADE *f. geogr.* Trinidad.
TRIPOLITÂNIA (tá) *f. geogr.* Tripolitania.
TRISTÃO (táum) *m. pers.* Tristán.
TRÓIA (tròia) *f. geogr. ant.* Troya.
TUNES *f. geogr.* Túnez (ciudad).
TUNÍSIA (zia) *f. geogr.* Túnez (país).
TURIM (rím) *f. geogr.* Turín.
TURÍNGIA (jia) *f. geogr.* Turingia.
TURQUESTÃO (táum) *m. geogr.* Turquestán.
TURQUIA (quía) *f. geogr.* Turquía.

U

UBANGI *(ji) m. geogr.* Ubangui.
UCRÂNIA (crá) *f. geogr.* Ucranía.
ULHOA (lloa) *m. geogr.* Ulloa.
ULISSES (ses) *m. mit.* Ulises.
ULMA *f. geogr.* Ulm.
ÚMBRIA *f. geogr.* Umbria.
UNIÃO SUL-AFRICANA (niáum) *f. geogr.* Unión Sudafricana.
UNIÃO SOVIÉTICA (niáum) (viè) *f. geogr.* Unión Soviética.
UPSÁLIA *f. geogr.* Upsala.
URAIS *m. pl. geogr.* Urales.
URÂNIA (rá) *f. mit.* Urania.
URIAS (rías) *m. bíbl.* Urías.
URIEL (rièl) *m. pers.* Uriel.
URUGUAI *m. geogr.* Uruguay.
URUGUAIANA *f. geogr.* Uruguayana.
USBEQUISTÃO (táum) *m. geogr.* Usbekistán.
UTAH *m. geogr.* Utah.
UTRECHT (trè) *f. geogr.* Utrecht.

V

VACARIA (ría) *f. geogr.* Vacaria.
VALÁQUIA *f. geogr.* Valaquia.
VALDÍVIA *f. geogr.* Valdivia.
VALENÇA (sa) *f. geogr.* Valencia. Valença (Brasil).
VALENTIM (tím) *m. pers.* Valentín.
VALPARAÍSO (zo) *f. geogr.* Valparaíso.
VANCÔVER (có) *f. geogr.* Vancouver.
VARRÃO (rráum) *m. pers.* Varrón.
VARSÓVIA (sò) *f. geogr.* Varsovia.
VENÂNCIO (nán) *m. pers.* Venancio.
VENCESLAU *m. pers.* Venceslao.
VENEZA *(za) f. geogr.* Venecia.
VENEZUELA (zué) *f. geogr.* Venezuela.
VÊNUS (vé) *f. mit. y astr.* Venus.
VERCINGETÓRIX (jetòrije) *m. hist.* Vercingétorix.
VERGÍLIO *(jí) m. pers.* Virgilio.
VERMELHO (llo) (Mar) *m. geogr.* Mar Rojo.
VERSALHES (lles) *f. geogr.* Versalles.
VESPASIANO (zia) *m. hist.* Vespasiano.
VESPÚCIO *m. pers.* Vespucio.
VESTFÁLIA *f. geogr.* Westfalia o Vestfalia.
VESÚVIO (zú) *m. geogr.* Vesubio.
VICÊNCIA (cén) *f. geogr.* Vicenza.
VILA FRANCA *f. geogr.* Villafranca.
VIRGÍLIO *(ji) m. pers.* Lo mismo que VERGÍLIO.
VIRGÍNIA *(jí) f. geogr. y pers.* Virginia.
VÍTOR *m. pers.* Víctor.
VITÓRIA (tò) *f. pers. y geogr.* Victoria.
VITORINO *m. pers.* Victorino.
VITÓRIO (tò) *m. pers.* Victorio.
VIVÁRIO (rá) *m. pers.* Vivarés.
VLADIVOSTOK (tò) *m. geogr.* Vladivostok.
VOLGA (vòl) *m. geogr.* Volga.
VOSGUES (vòs) *m. pl. geogr.* Vosgos.

X

XANTIPA (chan) *f. hist.* Jantipa.
XANTIPO (chan) *m. hist.* Jantipo.
XAVIER (chavièr) *f. geogr.* Javier.
XENÓCRATES (chenò) *m. hist.* Jenócrates.
XENÓFANES (chenò) *m. hist.* Jenófanes.
XENOFONTE (che) *m. hist.* Jenofonte.
XERES (chè) *f. geogr.* Jerez.
XIMENES (chi) *m. pers.* Jiménez.

Y

YUCATAN (tan) *m. geogr.* Yucatán.

Z

ZABULÃO (zabuláum) *m. bíbl.* Zabulón.
ZACARIAS (zacarías) *m. bíbl.* Zacarías.
ZAMA *(za) f. geogr. ant.* Zama.
ZAMBEZE (zambèze) *m. geogr.* Zambeze.
ZAMBÉZIA (zambèzia) *f. geogr.* Zambezia.
ZANZIBAR (bár) *f. geogr.* Zanzibar.
ZAQUEU *(za) m. bíbl.* Zaqueo.
ZARATUSTRA *(za) m. hist. rel.* Zoroastro.
ZEBEDEU (ze) *m. bíbl.* Zedebeo.
ZELÂNDIA (zelán) *f. geogr.* Zelanda.
ZENÃO (náum) *m. pers.* Zenón.
ZENÓBIO (zenò) *m. pers.* Zenobio.
ZEUS (zeus) *m. mit.* Zeus.
ZOÉ (zoè) *f. pers.* Zoa o Zoé.
ZOROASTRO (zo) *m. hist. rel.* Zoroastro.
ZÓSIMO (zòzi) *m. pers.* Zósimo.
ZULULÂNDIA (zululán) *f. geogr.* Zululandia.
ZURIQUE (zu) *f. geogr.* Zurique.

LISTAS DE VERBOS Y REGÍMENES

ADVERTENCIAS. — 1. – No se comprenden en esta lista los participios que siguen la construcción de sus verbos, ni los verbos que después de si admiten preposición que no forma construcción con ellos, sino con las palabras subsiguientes. 2.— Tampoco estan comprendidos en esta lista los verbos transitivos, (Adviértase que, en portugués, cuando los transitivos tienen o pueden tener otro complemento además del directo, reciben distinta calificación que en castellano. Véase SINOPSIS, *Verbo*, I, 10 y 13). 3. – En algunos ejemplos, para aclarar el sentido de la frase, se pone tras el verbo, entre paréntesis, el complemento directo de los "transitivos" que también llevan complemento indirecto. Con el mismo fin se pone a veces el nominativo, entre paréntesis, al final de la frase.

A

Abaixar **para a** miséria. – **a**os abismos.
Abaixar-se **a** dar satisfações.
Abalançar-se **a**os perigos.
Abalar **a** grandes cousas.
Abalar-se **de** onde estavam.
Abalizar-se **n**as letras.
Abalroar **com** outro navio.
Abandonar-se **a** excessos.
Abastecer (o exército) **de** munições.
Abastecer-se **de** água.
Abater **n**o preço. – (dez) **de** trinta.
Abdicar **de** alguma coisa.
Abeberar **em** sangue.
Abeirar-se **d**o fim.
Abicar **para** aqui.
Abismar-se **em** meditações.
Abonar-se **de** rico.
Abordar **a** uma praia.
Abordar-se **em** terra (o navio).
Aborrecer-se **a** si mesmo. – **d**os outros.
Abraçar (uma idéia) **por** sua.
Abraçar-se **a, com, em** alguém.
Abranger **a** tanto.
Abrigar **de** responsabilidades.
Abrigar-se **a**o sol. – **a** alguém.
Abrir (o coração) **a** alguém. – **a** chorar. – **de** carreira. – **para** casa. – **d**os peitos.
Abrir-se **com** alguém.
Absolver **de** culpas.
Absorver **em** si.
Absorver-se **em** meditações.
Abstrair **d**os preceitos.
Abstrair-se **em** pensamentos.
Abundar **de, em** riqueza. – **n**a opinião de alguém.
Abusar **d**o fumo.
Acabar **de** chegar. – **com** a discussão. – **por** ceder.
Acamaradar-se **com** todos.
Acampar **em** um bairro.
Acampar-se **n**a várzea.
Acarear **com** a testemunha.
Acarrear **à** sua causa.
Acautelar **contra** a enfermidade.
Acautelar-se **d**os inimigos.
Aceitar **por** senhor.
Acender-se **em** zelo.
Acercar **de** si.
Acertar **n**o alvo. – **com** a solução. – **a** distinguir. – **de** vir. – **em** sair.
Achacar **de** falso.
Achar **de** partir.
Achar-se **em** Buenos Aires. – **com** alguém.
Achegar **a**o peito.
Achegar-se **de, para** um lugar. – **a**os bons.
Acobertar-se **com** a capa.

Açodar-se **a** anunciar.
Acolmar **de** falso.
Acolher-se **da** chuva. – **a**o valimento de alguém.
Acomodar **a** regras.
Acomodar-se **a** um lugar. – **com** alguém, **com** alguma coisa.
Aconchegar **a**o corpo.
Aconchegar-se **de** alguém.
Aconselhar **a** resignar-se. —**a**os alunos que estudem.
Aconselhar-se **com** um advogado. – **sobre** o caso.
Acontecer **a** alguém (alguma coisa).
Acordar **em** alguma coisa. – **com** o parecer. – (alguma coisa) **em** alguém. – **com** alguém.
Acordar-se **sobre** o assunto.
Acorrer **a**o ferido. – **a**os agravos.
Acorrer-se **a**o sentido da frase.
Acostar **a**o cais.
Acostar-se **a** alguém. – **em** sua cama.
Acostumar (os alunos) **a** estudar.
Acostumar-se **a** viver bem.
Acreditar **em** Deus.
Acrescentar (um crime) **a** outro.
Acrescer **a**o assunto.
Acudir **a**o chamado. – **com** uma desculpa.
Acumpliciar-se **com** a revolta.
Acusar **de** homicídio. – **por** ladrão. – (alguém) **como** cúmplice.
Acusar-se **de** inadvertência.
Adaptar **à** moda.
Adaptar-se **a**o meio.
Adequar **às** necessidades.
Adequar-se **às** circunstâncias.
Aderir **a**o movimento.
Adiantar **em** saber.
Adiantar-se **em** anos.
Adicionar **a**o peso.
Adjudicar **a** quem tenha direito.
Administrar (remédio) **a**o enfermo.
Admirar-se **de** tudo. – **em** ver alguma coisa.
Admitir **em** sua casa.
Adoecer **de** um defeito.
Adotar **por** bom. – **por** filho.
Adscrever **a** determinadas condições.
Adstringir **a**o juramento.
Adstringir-se **à** sua palavra.
Adubar **com** estrangeirismos.
Advertir **d**a falta. – **a**o leitor.
Advertir-se **de** alguma coisa.
Advir **d**o negócio algum proveito **para** alguém.
Advogar **por** sua causa.
Afadigar-se **em** correrias.
Afamar-se **por** sábio.
Afastar **d**o perigo.
Afastar-se **para** longe. – **d**os amigos.
Afazer **a**o estudo.
Afazer-se **a** tudo.
Afinar-se **com** a opinião de outro.
Afirmar-se **n**a verdade.
Afogar **em** lágrimas.
Afogar-se **em** pouca água.
Afoitar-se **com** as vicissitudes. – **a**os perigos.
Aforar **em, de** fidalgo.
Afrontar **com** os seus haveres.
Afrontar-se **da** sua fraqueza. – **com** outros.
Afundar-se **n**o mar.
Agarrar-se **a** uma árvore.
Agasalhar-se **a**o céu.
Agastar-se **contra** tudo.
Agenciar alguma coisa **para** alguém.
Agoniar-se **pelo** fato.
Agradar **a**o público.
Agregar **a**o estudo.
Agregar-se **a** um batalhão.
Agrilhoar-se **à** ignorância.

Aguentar-se **n**a peleja.
Ajeitar=se **com** alguma coisa ou alguém.
Ajudar **à** missa. – **a** viver.
Ajudar-se **d**a razão. – **em** tudo.
Ajuizar **d**a situação.
Ajuntar **com** seu igual. – **a**o discurso.
Ajuntar-se **em** concilio. – **com** os cristãos. – **a**os outros.
Ajustar **a**o corpo.
Ajustar-se **a**o modelo. – **com** a decisão.
Alagar **com** vinho.
Alar **a** regiões sublimes.
Alar-se **para** o céu. – **à** contemplação.
Alastrar **de** defeitos.
Alastrar-se **sobre** a superficie.
Alacançar **a** tanto.
Alcançar-se **em** um saldo.
Alçar **a**o ministro.
Alçar-se **por** sobre as nuvens. – **com** alguma coisa.
Alegrar-se **com** a notícia.
Alentar-se **de** coragem.
Alforriar-se **de** maus vínculos.
Alhear **d**o assunto.
Alhear-se **d**a sociedade. – **de** seu juízo.
Aliciar **para** cúmplice. – **a**o crime.
Alienar (uma pessoa) **de** outra.
Alienar-se **de** alguém.
Alijar (a carga) **a**o mar.
Alijar-se **de** culpas e pecados.
Alimentar-se **de** frutas.
Alistar-se **em** um partido.
Aliviar **de** tributos.
Aliviar-se **de** seus males.
Almejar (alguma cousa) **a** alguém.
Alojar-se **em** um hotel.
Alongar **de** si.
Alongar-se **d**a cidade.
Altear **a**o sublime. – **a** cinco metros.
Altear-se **a** embaixador. – **até** Deus.
Altercar **com** os vizinhos.
Alternar **com** a noite (o dia).
Alternar-se **com** os bens (os males). – **d**o trabalho **para** o recreio.
Aludir **a** um acordo.
Amanhar-se **à** circunstância.
Amanhecer **em** outro lugar.
Amargar-se **com** suspeitas.
Amarrar **a**o mastro.
Amarrar-se **à** sua opinião.
Amatilhar-se **para** roubar.
Amatular-se **em** um bando.
Amestrar-se **em** equitação.
Amiserar-se **de** quem sofre.
Amodorrar-se **em** tristeza.
Amofinar-se **de, por** qualquer coisa.
Amolar **n**o caso.
Amoldar **a**os costumes.
Amoldar-se **a**o meio. – **com** a sujeição.
Amolentar-se **n**a inatividade.
Amoriscar-se **de** uma criada.
Amortalhar-se **n**o hábito.
Amortecer-se **com** desmaios.
Amparar-se **a** uma bengala. – **do** sol, **da** chuva. – **com** alguma coisa **contra** alguém. – **n**o telheiro, **em** casa.
Ancorar **em** bom fundo.
Andar **com** acerto. – **às** apalpadelas. – **de** gatinhas. – **de** trem. – **a** alguma parte. – **a** fazer alguma coisa. – **n**os sete anos. – **de** mal a pior. – **por** mil cruzeiros. – **sobre** brasas. – **n**a escola.
Anelar **a**o legado. – **pela** segurança.
Angustiar-se **por** alguma coisa.
Animar **a**o estudo.
Animar-se **a** lutar.

Ansiar **pelos** céus. – **de** falar.
Anteceder **à** notícia.
Antecipar **aos** interessados.
Antecipar-se **a** aceitar.
Anteparar **contra** os excessos.
Antepor (uma coisa) **a** outra.
Antipatizar **com** alguém.
Anunciar-se **a** alguém.
Apadrinhar-se **com** alguém.
Apaixonar-se **por** uma mulher. – **com** uma tristeza.
Apalavrar-se **para** casar.
Apandilhar-se **com** aventureiros.
Apanhar **com** a boca na botija.
Aparceirar-se **com** radicais.
Aparecer **à** frente de todos. – **às** quintas-feiras.
Aparelhar-se **para** agir.
Aparentar **com** uma família. – **de** pessoa honesta.
Aparentar-se **com** uma família.
Apartar **do** seu lugar.
Apartar-se **do** mundo.
Apavonar-se **com** glórias.
Apear **do** comando.
Apear-se **do** cavalo.
Apegar **na** lama.
Apelar **para** o tribunal.
Apelidar **de** idiota. – **para** a oração.
Apelidar-se **de** Rodrigues.
Aperceber **de** armas e munições.
Aperceber-se **para** partir. – **do** necessário.
Apertar **ao** peito. – **no** argumento. – **com** os devedores.
Apiedar-se **de, com** alguém.
Aplaudir-se **do** triunfo.
Apoiar **na, sobre** a base.
Apoiar-se **à** bengala. – **em** argumentos sólidos. – **sobre** a força.
Apontar **ao** alvo. – (alguém) **como** inimigo. – **em, para, contra** alguém.
Apor **ao** relatório.
Aportar **a** Lisboa.
Aposentar-se **em** um hotel.
Apossar (alguém) **em** alguma coisa.
Apossar-se **do** alheio.
Apostar **pelo** mais forte. – (alguma coisa) **com** alguém. – (algo) **contra** alguma cousa. – **em** manha **com** a raposa.
Apostar-se **para** partir.
Apostatar **de** Deus. – **para** o paganismo.
Apostilar **em** muitas notas.
Aprazer-se **com** os livros. – **no** leito. – **a** ouvir histórias.
Aprender **de** quem sabe.
Apresentar **aos** amigos.
Apressar (alguém) **a** partir.
Apressar-se **em** fugir. – **a** cumprimentar. – **de** voltar. – **por** chegar. – **para** o espetáculo.
Aprestar-se **para** o ataque.
Aprimorar-se **na** arte.
Aproar **ao** noroeste. – **contra** a corrente. – **para** Montevidéu. – **ao** Rio de Janeiro.
Aproejar (Véase *Aproar).*
Aprontar-se **para** partir.
Apropriar **a** si. – (os meios) **aos** fins. – **para** o fim em vista.
Apropriar-se **do** alheio.
Aproveitar (certas coisas) **em** certas coisas. – **a** alguém (alguma coisa). – **com** a mudança de situação. – **em** assim fazer. – **nos** estudos.
Aproveitar-se **da** ocasião.
Aproximar **da** justiça. – **para** a beira. – (alguma coisa) **de** outra.
Aproximar-se **à** porta. – **do** fim.
Apurar **com** alguém.
Apurar-se **no** traje. – **com** alguém.
Aquilatar-se **na** virtude.
Aquinhoar **com** boas qualidades. – **das** idéias de outrem.
Arbitrar (alguma coisa) **para** alguém.
Arcar **com** as conseqüências.
Arder **por, em** desejo de fazer alguma cousa. – **com, contra** alguém.
Argüir **de** intempestivo.
Argüir-se **de** culpado.
Argumentar **com** a verdade.
Armar **ao** efeito.
Armar-se **de** paciência.

Arraigar **na** terra.
Arraigar-se **em** algum lugar.
Arrancar **à** morte. – **da** miséria. – **com, contra** alguém. – **para** o inimigo.
Arrancar-se **da** terra. – **aos** braços da esposa.
Arranchar-se **em** qualquer parte.
Arranjar (alguma cousa) **a, para** alguém.
Arrasar **de** água.
Arrastar **pelo** chão. – **para** longe. – **de** uma perna. – **à** sepultura.
Arrazoar **com** o advogado **sobre** o processo.
Arrear-se **com** belos trajes. – **de** belas qualidades.
Arrebatar **de** alguma parte. – **a** alguém.
Arrebatar-se **em** êxtase.
Arredar **do** caminho.
Arredar-se **da** virtude.
Arremessar-se **por** um despenhadeiro. – **a** perigos. – **em** doidas aventuras. – **a** alguém. – **atrás, após** de alguma coisa. – **sobre** o muro.
Arremeter **às** linhas inimigas. – **contra** alguém. – **para** a porta. – **sobre** a muralha.
Arrendar (alguma coisa) **a** alguém.
Arrenegar **do** vício.
Arrenegar-se **do** que é mau.
Arrepender-se **de** alguma coisa.
Arribar **para** a terra. – **ao** porto. – **do** porto de partida. – **para, a, sobre** um lugar.
Arrimar (a escada) **ao** muro.
Arrimar-se **aos** parentes.
Arrincoar-se **na** mata.
Arriscar-se **em** indústrias perigosas.
Arrojar **de** um monte abaixo. – **ao** mar. – **para** longe.
Arrojar-se **de, a, para** alguma parte ou alguma coisa. – **sobre** alguém.
Arrostar **com** os perigos. – **a** um cometimento.
Arrostar-se **ao** inimigo. – **com** a morte.
Arrotar **a** superior.
Arrufar-se **com** o noivo.
Arrumar (os sapatos) **para** um canto.
Articular (um osso) **com** outro.
Arvorar **de** capitão. – **em** lei. – (escadas) **ao** muro.
Arvorar-se **em** chefe.
Ascender **às** alturas.
Asilar-se **no** claustro.
Asir **da** espada.
Aspergir-se **com** perfume.
Aspirar **a** altos cargos.
Assanhar-se **contra** a vítima.
Assegurar-se **na** razão. – **da** verdade.
Assemelhar (as abelhas) **às** formigas. – (a amizade) **com** o amor.
Assemelhar-se **a** alguém. – **a, com, em** alguma coisa.
Assenhorear-se **do** alheio.
Assentar (o menino) **em** uma cadeira. – (alguém) **de** fazer alguma coisa.
Assentar-se **num** teatro. – **por** membro de uma sociedade.
Assentir **em** reconsiderar a questão. – **a** tudo.
Assestar (tiros) **ao** alvo.
Assimilar (um poeta) **a** Homero.
Assimilar-se **a** um padrão.
Assinalar-se **por** seus méritos. – **entre** os seus pares.
Assinar **de** cruz. – **em** branco. – **para** um jornal.
Assinar-se **no** fim da página.
Assistir **a** uma reunião. – **em** sua terra. – **aos** necessitados. – **num** processo. – (um direito) **a** alguém.
Associar (a riqueza) **com** a generosidade. (alguém) **a** um clube.
Associar-se **a** um partido. – **com** outros.
Assomar **ao** portão.
Assomar-se **pela** janela.
Assombrar-se **de** um milagre.
Assuntar **numa** questão. – **para** a paisagem.
Assustar-se **de** tudo.
Atacar-se **de** pastéis.
Atalaiar-se **do** inimigo.
Atalhar **por** uma vereda.
Atar **a** um poste. – (relações) **com** alguém.
Atar-se **a** um compromisso.
Atender **às** súplicas de alguém.
Atentar **nos** bons conselhos. – **para** a realidade. – **pelas** crianças. – **contra** a vida de alguém, **contra** a ordem.

Ater-se **a** uma opinião.
Aterrar-se **com** o perigo.
Atestar (um cesto) **de** frutas.
Atestar-se **com** o fugitivo.
Atilar-se **em** agradar.
Atinar **com** a solução.
Atirar (pedras) **a** um telhado. – (algo) **para** longe. – (a carga) **sobre** um carro. – **ao** alvo. – **contra** alguém. – **com** alguma coisa **para** alguma parte.
Atirar-se **ao** leito. – **a** um abismo. – **contra** o muro. – **sobre** uma enxerga. – **por** uma abertura.
Atoar-se **a** alguém.
Atolar **na** lama.
Atolar-se **em** vícios.
Atrasar-se **dos** companheiros. – **nos** pagamentos.
Atravessar (obstáculos) **a** uma empresa. – (uma lança) **pelos** peitos. – **por** caminhos ásperos.
Atravessar-se **na** garganta (uma espinha).
Atrelar-se **a** um compromisso.
Atrever-se **a** tudo. – **contra** os poderosos. – **em** Deus. – **com** os superiores.
Atribuir (algo) **a** alguém, **a** alguma coisa.
Atuar **no** palco.
Aturar **num** trabalho.
Aumentar (algo) **a** alguma coisa.
Ausentar-se **de** casa. – **para** longe.
Autorizar (alguém) **a** fazer algo.
Autorizar-se **com, em** exemplos fundados.
Auxiliar **em** uma empresa.
Avaliar (uma mercadoria) **em** cem reais. – **das** causas do fato.
Avaliar-se **em** muito.
Avançar **em** matemática. – **com, contra** o inimigo.
Avançar-se **nas** selvas.
Avantajar **a** grandes cargos. – **em** graça.
Avençar-se **com** alguém.
Aventurar (a vida) **ao** mar.
Aventurar-se **aos** perigos.
Avezar-se **a** fazer alguma coisa.
Aviltar (alguém) **a** uma condição inferior.
Aviltar-se **a** adular os poderosos.
Avir-se **com** alguém.
Avisar (alguém) **de** alguma coisa. – (alguém) **contra** alguma coisa.
Avisar-se **do** que lhe cumpre.
Avizinhar **com** a praça (a casa).
Avizinhar-se **ao** altar. – **de** uma cidade.
Avocar (algo) **ao** seu partido.
Avultar **a** duzentos reais (uma quantia). – **entre** os inferiores.
Azafamar-se **para** atender os pedidos.

B

Babar-se **de** satisfação. – **por** alguém.
Baixar **à** terra. – **sobre** o campo. – (os autos) **à** relação.
Baldear (um líquido) **num** recipiente.
Baldear-se **da** ilha **para** a terra firme.
Bandear-se **com** os perturbadores da ordem. – **contra** a revolução. – **à** parte contrária. – **para** os conservadores. – **em** um partido.
Banhar (um anel) **em** ouro.
Banhar-se **em** água de rosas.
Banir **da** sociedade.
Barrar (o pão) **de** manteiga. – (a estrada) **com** betume.
Basear (o argumento) **em** fatos.
Basear-se **em** falsas aparências.
Batalhar **contra** o mal. – **com** alguém.
Bater **à** porta. – **em** alguém. – **na** porta. – **em** retirada.
Bater-se **em** duelo.
Beber **à** saúde de alguém. – **do** bom e **do** melhor.
Beirar **pelos** vinte anos. – **com** o mato.
Benquerer **aos** filhos.
Benquistar (o rei) **com** o povo. – (os chefes) **com** nação ou **na** opinião pública.
Berrar **por** auxílio.
Bicar **nas** uvas.
Blasfemar **contra** Deus. – **da** guerra. – **aos** santos.
Blasonar **de** valente.
Blindar **de** aço.
Bradar **aos** céus. – **por** socorro.
Bramar **contra** as injustiças.

Brigar **com** alguém.
Brilhar **a**os olhos.
Brincar **com** alguém ou alguma coisa.
Brindar (alguém) **com** alguma coisa.
Brindar **à** liberdade.
Bulir **em** alguma coisa. – **com** a cabeça.
Buzinar **a**os ouvidos de alguém.

C

Caber **em** um balde. – **n**o peito. – **a** alguém fazer alguma coisa.
Cair **n**o poço. – **n**o chão (alguma coisa) – **sobre** o telhado. – **pel**a escada abaixo. – **para** o centro da terra. – **em** domingo (o Natal). – **em** tentação. – **em** si. – **d**as nuvens. – **com** os cobres. – **na** vida. – **a**os pés (o coração).
Calabrear (boas opiniões) **com** maus costumes.
Calar **n**o ânimo.
Calcar (algo) **sobre** princípios estabelecidos.
Calçar **p**elo mesmo pé. – **com** elegância.
Calcular **com** os imprevistos.
Cambiar **de** partido.
Caminhar **para, a**o seu destino.
Campear **de** valente. – **sobre** a planície.
Cancelar (uma palavra) **de** uma lista.
Candidatar-se **a** presidente.
Canonizar (alguém) **por** mártir.
Cansar **de** trabalhar.
Cansar-se **em** tanto fazer. – **a** fazer tanto. – **de** tudo. – **por** tal esforço.
Cantar **a** Deus.
Capacitar (alguém) **para** alguma coisa.
Capacitar-se **d**a situação.
Capitular (alguém) **de** tolo.
Caprichar **em** ter bons livros.
Carpir-se **de** seus males.
Carregar (o páis) **de** impostos. – (mão) **n**o castigo. – (algo) **sobre** alguma coisa. – **sobre** o inimigo. – (o leme) **para** boreste. – **com** a responsabilidade. – **com** ele **para** a sua casa.
Carregar-se **de** nuvens (o céu).
Casar (Manoel) **com** Maria. – (o mau) **a**o pior.
Casar-se **com** alguém. – **à** outra (uma coisa).
Catequizar (os selvagens) **à** religião.
Caturrar **com** outros teimosos.
Causar (satisfação) **em** alguém. – **a** alguém.
Ceder (o campo) **a**o vencedor. – **à** força, **à** necessidade. – **d**a sua resolução.
Cegar-se **à** razão.
Censurar (algo) **a** alguém.
Cercar **de** atenções.
Cerzir (a consciência) **de** convicções.
Cevar (um animal) **de** boa comida.
Cevar-se **n**os seus pratos.
Chamar (alguém) **a**os tribunais, **a** fazer alguma coisa. – (as naus) **para** terra. – (Deus alguém) **a** si. – (alguém) **a** juízo. – (alguém) **de** herege. – **por** Deus e pelos anjos.
Chamar-se **à** justiça, **a**o silêncio.
Chancear **com** alguém.
Chantar-se **n**a terra.
Chapinhar **n**a lama.
Chegar **a** alguma parte (alguém). – (o pano) **para** a roupa. – **a** mil reais (uma despesa). – (alguém) **a** ministro. – **a** tempo. – **a** fazer algo. – (a brasa) **à** sua sardinha. – (a égua) **a**o pastor.
Chegar-se **a, para** alguém.
Cheirar **a** alecrim.
Chimpar (remoques) **à** assembléia.
Chimpar-se **n**o sofá.
Chocar **n**o obstáculo. – **com** outro (um veículo).
Chorar **por** alguém.
Chover **n**os campos.
Chuchar **n**o dedo.
Chufear **de** alguma coisa.
Cifrar (uma situação) **numa** circunstância.
Cifrar-se **em** tal outra (uma coisa).
Cincar **n**a escrita correta.
Cingir (a cidade) **de** muros. – (a espada) **à** cinta. – (os membros) **com** ligaduras. – (alguém) **contra** o peito. – (alguma coisa) **de** ouro.
Cingir-se **com** a nau (o batel). – **de** louros (o herói).
Circular (um anel) **de** brilhantes. – (a vista) **pel**as estantes.

Circunscrever (um polígono) **a** um círculo.
Circunvalar-se **de** trincheiras.
Ciscar (o chão) **de** palhas.
Cismar **em** aventuras.
Clamar **por** vingança. – **contra** a injustiça. – **a** alguém.
Classificar **de** indecente. – **como** inferior.
Coabitar **com** a mulher.
Coadjuvar (alguém) **em** seus intentos.
Coadjuvar-se **contra** alguma coisa.
Coadunar (uma coisa) **com** outra.
Coadunar-se **com** o seu temperamento.
Coar (informações) **a**o ouvido de alguém. – (alguma coisa) **em** outra. – (as palavras) **pel**os lábios.
Coar-se **pel**as janelas (a luz) – **n**os corações (o ódio).
Cobrar (afeição) **a, por** alguém.
Cobrar-se **d**o susto.
Cobrir **com** uma capa. – **de** luto.
Cobrir-se (o mar) **de** navios. – **d**as setas **com** o escudo.
Coçar **n**a cabeça.
Coexistir (uma coisa) **com** outra.
Cogitar **n**o caso. – **em** fazer alguma coisa.
Coibir (uma coisa) **a**os seus limites. – (alguém) **de** fazer alguma coisa.
Coibir-se **d**o vinho.
Coincidir **com** outra (uma coisa). – (duas pessoas) **n**a mesma culpa.
Colaborar **a**o mesmo trabalho de uma agremiação (alguém). – (uma coisa) **para** outra. – **em** um jornal (um escritor).
Colar (uma coisa) **a, em, contra** outra.
Colar-se **a** um muro.
Colgar (as paredes) **de** couro lavrado.
Colher **d**o que se plantou. – (alguém, alguma coisa) **às** mãos.
Colidir **com** outra (uma coisa).
Coligar-se **contra** o vício.
Coligir (dados) **d**as fontes de informação.
Colmar (alguém, alguma coisa) **de** predicados.
Colocar (algo) **em** alguma parte. – (os deveres) **acima** dos interesses. – (uma coisa) **a**o lado de outra.
Colocar-se **em** situação elevada. – **acima** dos vitupérios.
Combater **com** o inimigo. – **contra** a cobiça. – **pel**a justiça, **por** um mundo melhor.
Combinar (uma coisa) **com** outra. – **em** fazer alguma coisa (duas pessoas).
Combinar-se **com** alguém. – **contra** algo.
Começar **a** decair. – **de** subir. – **pel**o princípio. – (uma obra) **com** vigor.
Comensurar-se **a**o melhor.
Comer **d**o fruto proibido. – **à** tripa forra. – **à** custa de outrem.
Comer-se **de** raiva.
Comerciar **em** gêneros **com** a Argentina.
Cometer (uma tarefa) **a** alguém.
Cometer-se **a**os perigos.
Comiserar-se **d**a pobreza.
Comover (alguém) **às** lagrimas, **a** muita piedade.
Comover-se **com** lágrima. – **pel**a razão.
Compadecer-se **d**os aflitos.
Comparar (uma coisa) **a, com** outra.
Comparar-se **a** alguém.
Comparecer **n**os tribunais. – **à** reunião.
Compartir **d**a mesma sorte.
Compelir **a** obediência.
Compenetrar (uma estaca) **n**o solo. – (o povo) **d**as vantagens da instrução.
Compenetrar-se **d**o seu papel.
Compensar (uma coisa) **com** outra.
Competir **com** outrem. – **a** alguém (uma obrigação). – **em** ciência **com** alguém.
Complicar (os amigos) **em** dificuldades.
Compor-se **de** muitas partes (uma coisa). – **com** a sua sorte.
Comprar (alguma coisa) **a, de** alguém.
Comprazer **a**os amigos. – **a** alguém **em** alguma coisa. – **com** alguma coisa **a** alguém.
Comprazer-se **em** ceder. – **com** a vitória alheia.
Comprometer-se **a** fazer alguma coisa. – **com** alguém. – **em** negócios escusos. – **por** quaisquer despesas.
Computar (a renda) **em** mil escudos.

Comungar **n**as idéias de outrem. – **d**as liberdades públicas.
Comunicar (alguma coisa) **a** alguém. – (algo) **para** alguma parte. – **com** boa gente.
Comunicar-se **entre** as crianças (a tosse). – **a** todos. – **com** os amigos distantes.
Comutar (trigo) **por** café. – (alguma coisa) **com** alguém. – (a pena) **em** dois anos de prisão.
Conceder **a**o rogo de alguém. – **no** que nos pedem.
Concentrar (as forças) **em** uma coluna.
Concentrar-se **em** meditação. – **n**o mesmo ponto.
Concertar (alguma coisa) **com** alguém. – (a capa) **a**os ombros. – **em** fazer alguma coisa (alguém).
Concertar-se **em** um plano. – **sobre** o plano.
Conchegar (a roupa) **a**o corpo. – (as mãos) **d**o corpo.
Conchegar-se **a**o vestido.
Conciliar (uma coisa) **com** outra. – (alguma coisa) **a** alguém.
Conciliar-se **para** a ação. – **em** seus antagonismos.
Concitar (alguém) **a** fazer alguma coisa.
Concluir (uma coisa) **de** outra. – **por** agir da mesma maneira. – (algo) **com** alguma coisa. – **em** tudo permitir.
Concordar **com** a esperança (a fé). – **em** fazer alguma coisa. – **com** a opinião de outrem.
Concorrer **a** um fim. – **a**o chamado. – **com** o seu parecer **para** solucionar a questão. – **a**o lugar indicado. – **num** mesmo ponto (duas retas).
Condecorar **com** o hábito de Cristo.
Condecorar-se **com** belos títulos.
Condenar (alguém) **a**o exílio. – (alguém) **em** seis anos de prisão. – (alguma coisa) **de** errada. – (alguém) **por** crime de calúnia.
Condenar-se **a**o esquecimento.
Condescender **com** os desejos de alguém. – **a**os rogos de alguém. – **em** ir.
Condizer **com** outra (uma coisa).
Condizer-se **em** gênero e número.
Condoer-se **d**os que sofrem.
Conduzir (as damas) **a**o salão.
Confabular **com** os seus sequazes.
Confederar-se **contra** os atacantes. – **a**os aliados. – **com** alguém **em** castigo de outros.
Conferenciar **com** o ministro **sobre** a questão.
Conferir (o impresso) **com** o manuscrito. – **com** o ministro **sobre** o assunto. – (uma honra) **a** alguém.
Confessar (uma falta) **a** alguém. – (alguém) **por** seu filho.
Confessar-se **a**o padre. – **com** o capelão.
Confiar **em** Deus. – (alguma coisa) **a** alguém.
Confiar-se **a**os amigos. – **na** sua capacidade. – **de** alguém.
Confidenciar **com** os seus íntimos.
Confinar **com** outro (um país).
Confinar-se **num** convento.
Confirmar-se (uma coisa) **em** outra.
Confluir **para** o norte (os rios).
Conformar (suas ações) **com** o tempo, **às** circunstâncias.
Conformar-se **a** tudo. – **com** o seu destino. – **em** ceder.
Confortar-se **em** Deus.
Confraternizar **com** a tropa. – **n**o mesmo ideal.
Confrontar (uma coisa) **com** outra.
Confundir (o bem) **com** o mal.
Confundir-se (o mar) **com** o céu. – **n**o mesmo erro.
Congelar-se **de** terror (o coração).
Congeminar **com** os seus botões. – **em** sonhos vãos.
Congeminar-se **para** o mesmo fim.
Conglobar (alguma coisa) **em** poucas palavras.
Congraçar (alguém) **com** os seus desafetos.
Congraçar-se **com** o cristianismo.
Congregar-se **em** outras (algumas coisas).
Conhecer (alguém) **por** seu amigo. – **d**os embargos.
Conjurar (os bandos) **para** o ataque. – (alguém) **contra** alguém. – **contra** a dominação estrangeira. – (os aliados) **em** guerra.
Conjurar-se **para** algum fim (alguma coisa). – **contra** alguém.
Conluiar-se **para** roubar.
Consagrar (o tempo) **a**o estudo.
Consagrar-se **a** Deus.

738

Conservar-se **em** silêncio.
Considerar (alguém) **como** intruso. – **n**as verdades.
Consignar (mercadorias) **a** um agente.
Consistir **em** outra (uma coisa).
Consociar (o saber) **com** a prudência.
Consolar (alguém) **da** sua dor. – (os vencidos) **p**ela derrota. – (alguém) **em** alguma coisa.
Consolar-se **com** a derrota. – **na** esperança. – **de** não poder partir.
Consonar **com** outra (uma coisa).
Consorciar (a monarquia) **com** a liberdade. – (várias coisas) **em** uma só.
Consorciar-se **com** (outra pessoa, outra coisa), (uma pessoa, alguma coisa).
Conspirar **contra** o governo. – **em** fazer alguma coisa. – **para** a república.
Constar **de** muitas partes (uma coisa).
Constituir (alguém) **em** seu defensor.
Constituir-se **em** sociedade civil.
Constranger (alguém) **a** fazer alguma coisa.
Construir (uma casa) **com** tijolos.
Consubstanciar (uma idéia) **em** fato.
Consultar (alguém) **sobre, acerca de** alguma coisa. – **com** alguém **sobre** alguma coisa.
Consumar-se **n**as artes.
Consumir (a fortuna) **em** dissipações.
Consumir-se **de** dor.
Contar (alguém) **no** número de seus amigos. – **com** o futuro. – **em** fazer alguma coisa (alguém). – **a** todos o que lhe sucedeu. – (alguém) **por** estimado.
Contar-se **entre** os vitoriosos. – **no** número dos bons.
Contemplar (alguém) **com** um presente. – **n**as incertezas do destino.
Contemporizar **com** alguém, **com** alguma coisa.
Contender **com** os contrários. – **sobre** questões fúteis.
Contentar-se **com, de, em** alguma coisa.
Conter-se **em** outra (uma coisa).
Continuar **no** mesmo pé. – **a** viver.
Contrabandear (produtos) **a** um país.
Contrapor (a mentira) **à** verdade.
Contrapor-se **a** maquinações.
Contrastar **com** outra (uma coisa).
Contravir **às** leis.
Contribuir **com** dez reais **para** o monumento. – **a, para** alguma coisa.
Convalescer **do** ferimento.
Convencer (alguém) **de, a** alguma coisa.
Convencer-se **da** verdade.
Convencionar-se **em** fazer alguma coisa.
Convergir (os raios) **no** foco. – (esforços) **para** um fim. – **de** alguma parte **para** alguma parte (pessoas ou coisas).
Conversar **com** alguém **sobre** algum assunto.
Conversar **acerca de** tudo e **a respeito de** todos.
Converter (o amor) **em** ódio. – (algo) **em** seu proveito. – (alguém) **ao** credo.
Converter-se **em** frutos (as flores). – **ao** cristianismo. – **contra** o alvo (as setas).
Convidar (alguém) **para, a** uma festa.
Convir **em** fazer alguma coisa.
Conviver **com** alguém.
Convizinhar **com** alguém.
Cooperar **em** muito **para** uma coisa.
Coordenar (uma coisa) **a** outra.
Copiar (a lição) **para** o caderno.
Copular **com** alguém.
Coquetear **com** os convidados.
Corar **de** alguma coisa.
Coroar **de** louros. – **com** luzes.
Correger-se **de** armas.
Correr **a** um lugar. – **com** as despesas de uma casa. – (a mão) **p**ela barba. – (parelhas) **com** alguém. – (os vendilhões) **do** templo. – (um líquido) **em** uma vasilha. – (os olhos) **por** alguma parte. – **como** certa (uma notícia).
Correr-se **de** ter errado.
Corresponder **à** outra (uma coisa). – **ao** benefício **com** a gratidão.
Corresponder-se **com** alguém.
Corrigir-se **do** vício.
Corroborar-se **com** a virtude.
Cortar **por entre** o mato. – **p**elos gastos.
Coser (o ouvido) **à** porta. – (alguém) **a** punhaladas.
Coser-se **com** a parede.

Costear **junto à** ilha.
Costear-se **à** terra. – **com** a vontade de alguém.
Cravar (uma coisa) **em** outra. – (um punhal) **p**elo peito. – (uma pedra) **num** anel. – (um anel) **de** brilhante. – os olhos **em** alguém ou alguma coisa.
Cravar-se **em** outra (uma coisa).
Cravejar (uma jóia) **de** diamantes. – (alguém) **num** cruz.
Creditar (alguém) **por** dois mil reais.
Crer **em** Cristo.
Crer-se **de** suas forças.
Crescer **sobre, para** alguém. – **em** vigor.
Criar (amor) **a** alguém.
Crismar (alguém) **com** epítetos.
Crivar (um alvo) **de** balas.
Crivar-se **de** golpes.
Cruzar-se **com** outra (uma coisa).
Cuidar **d**os seus interesses. – **na** sua casa. – **em** fazer alguma coisa.
Culminar **em** outra (uma coisa).
Culpar **em, de** alguma coisa.
Culpar-se **do** acontecido.
Cumprir **com** o dever.
Cumular (alguém) **de** atenções. – (uma coisa) **com** outra.
Curar **de** seu trabalho.
Curar-se **de** uma enfermidade.
Curvar-se **ao** dever. – **diante d**os superiores.
Cuspir **na** honra de alguém. – **para** o ar. – (o navio) **contra** o rochedo (as ondas). – (maldições) **sobre** alguém. – (um favor) **ao** rosto de alguém.
Custar (algo) **a** alguém. – **a** crer. – **a** fazer.

D

DAr (alguma coisa) **a** alguém. – (pancadas) **em** alguém. – (a vida) **por** alguém, **por** alguma coisa. – cabo **de** uma coisa. – conta **do** recado. – fé **ao** que dizem. – fé **do** que se passa. – (a mão) **à** palmatória. – (a morte) **a** alguém. – (murro) **em** faca de ponta. – parte **de** doente. – (tento) **do** que ocorre. – (trela) **a** alguém. – (uma coisa) **por** concluída. – **aos** pobres. – **numa** praia (o navio). – (uma janela) **para** a rua. – **com** a solução de um problema. – **em** ilusão (o projeto). – (o dinheiro) **para** a despesa. – **de** fazer alguma coisa (alguém). – **para** médico (alguém). – **às** de vila diogo. – **com** alguém **em** terra. – **com** a língua nos dentes. – (uma coisa) **de** barato. – **de** rédea). – **de** si. – **em** droga. – **em** nada. – **em** água de bacalhau. – **no** vinte. – **na** vista. – **para** trás. – **por** alguém que estava desaparecido. – **por** paus e **por** pedras.
Dar-se **com** o clima. – **em** qualquer lugar. – **com** todos. – **ao** estudo. – **em** espetáculo. – **por** achado.
Datar **de** muitos anos (uma coisa).
Debater (o assunto) **com** alguém.
Debater-se **em** ânsias.
Debulhar-se **em** lágrimas.
Decair **de** uma situação elevada.
Decalcar (uma coisa) **sobre** outra.
Decidir (alguém) **a** fazer alguma coisa. – **da** sorte de alguém. – **acerca de** uma coisa. – **de** alguma coisa.
Decidir-se **a** fazer algo. – **pelo** melhor.
Declamar **contra** a desordem.
Declarar (alguma coisa) **a** alguém. – (alguém) **por** inocente.
Declarar-se **contra** a revolução. – **pela** ordem.
Declinar **para** alguma parte. – **da** vantagem oferecida. – **de** si algum trabalho.
Decompor-se **em** seus elementos (a matéria).
Decorrer (uma coisa) **de** outra.
Decretar (alguma coisa) **para** alguém.
Dedicar (a vida) **ao** trabalho.
Dedicar-se **a** Deus.
Dedignar-se **de** fazer alguma coisa.
Deduzir (uma coisa) **de** outra.
Defender (uma casa) **d**os ventos.
Defender-se **contra** o inimigo. – **de** acusações.
Deferir (alguma coisa) **a** alguém. – **à** súplica.
Definir-se **como** adepto de uma causa.
Deformar-se **com** o tempo (uma coisa).
Defraudar **com** os perigos. – **com** outra (uma coisa).

Degenerar **de** seus antepassados. – **em** outra (uma coisa).
Degradar **para** uma ilha. – **de** suas honras.
Degredar **para** a África.
Deitar (água) **no** copo. – a língua **de** fora. – (o chapéu) **para** trás. – **fora** o que não presta. – **abaixo** uma parede. – (alguma coisa) **a** perder. – **a** correr. – **para** o sul (uma parede).
Deitar-se **aos** inimigos. – **à** água.
Deixar (alguém) **por** herdeiro. – **de** estudar. – (alguma coisa) **por** fazer.
Deixar-se **de** palavras.
Delatar (os criminosos) **à** justiça.
Delegar (poderes) **a** alguém. – (alguém) **para** uma função.
Deleitar-se **em, com** louvores.
Delirar **de** prazer.
Demasiar-se **em** considerações.
Demitir (alguém) **do** poder.
Demorar **ao** noroeste (uma ilha). – **na** encosta (uma aldeia). – (dois anos) **em** Buenos Aires. – **a, em** responder uma carta.
Demorar-se **a** fazer alguma coisa. – **em** São Paulo.
Denegar (licença) **ao** pedido.
Denunciar (o criminoso) **ao** juíz. – **da** ofensa **a** quem de direito.
Denunciar-se **a** alguém. – **por** algum sinal.
Deparar **com** alguma coisa.
Cepartir-se **de** sua terra.
Depender **de** alguém ou **de** alguma coisa.
Depor (alguém) **de** seu cargo. – (confiança) **em** alguém. – **contra** alguém.
Depositar (confiança) **em** alguém. – (dinheiro) **num** banco.
Depositar-se **no** fundo do copo (a borra).
Deprecar (apoio) **para** algum fim.
Deputar (alguém) **a** uma missão. – (poderes) **em** alguém. – (alguém) **para** alguma coisa ou alguma parte.
Derivar **de** outra (uma coisa). – (a conversa) **a** outros assuntos. – **pela** corrente (o navio).
Derivar-se **de** outra (uma coisa).
Derramar (dinheiro) **ao** povo.
Derramar-se **do** vaso (a água). – **por** toda a parte (uma notícia).
Derrear-se **para** o chão. – **sobre** as águas.
Derribar (alguém) **do** poder.
Derribar-se **em** terra.
Derrogar **a** outra (uma coisa).
Derrubar (alguém) **do** poder.
Desabafar (a terra) **de** matos. – (alguém) **de** trabalhos.
Desabafar-se **em** gritos.
Desabrochar-se **em** flores (os botões).
Desachegar-se **d**as más companhias.
Desacordar-se **da** resolução tomada.
Desafeiçoar (os súditos) **do** serviço do rei.
Desafeiçoar-se **de** alguém.
Desaferrar (alguém) **de** uma idéia.
Desaferrar-se **do** navio. – **de** uma mania.
Desafiar-se **com** alguém.
Desafinar-se **com** qualquer coisa.
Desafogar **com** alguém. – **em** ameaças.
Desafogar-se **em** lágrimas. – **de** tantas roupas.
Desaforar-se **ao** foro do seu domicílio (o réu).
Desaforar-se **de** sua soberania (alguém).
Desafreguesar-se **de** um armazém.
Desafrontar (alguém) **das** injúrias recebidas.
Defrontar-se **de** agravos.
Desagradar-se **de** tudo.
Desagravar (alguém) **de** injúria recebida.
Desagravar-se **em** represálias.
Desagregar (um grupo) **em** indivíduos.
Desagregar-se **de** alguma parte.
Desalojar (alguém) **de** sua posição.
Desamarrar **do** porto.
Desandar (uma sova) **em** alguém. – **para** casa. – **em** outra (uma coisa).
Desanimar (alguém) **do** seu intento.
Desanojar **de** tédios.
Desanojar-se **com** prazeres.
Desaparecer **de** um lugar (uma coisa).
Desapressar (alguém) **de** um embaraço.
Desapressar-se **d**os seus cuidados.
Desapropriar (alguém) **d**os seus bens.
Desapropriar-se **de** suas economias.

Desaquinhoar-se **d**a glória.
Desarranjar-se **com** alguém.
Desarticular-se **d**os seus engonços.
Desatar (o boi) **d**o jugo. – **a** rir.
Desatar-se **em** lágrimas.
Desatentar **n**o caso. – **de** fazer alguma coisa.
Desatracar **d**o cais (o navio).
Desatravessar-se **d**o caminho.
Desautorar (alguém) **de** suas insígnias.
Desautorizar-se **de** falar.
Desavergonhar-se **a** roubar.
Desavir (uma pessoa) **com** alguém.
Desavir-se **n**o preço. – **d**a honra.
Desavisar-se **de** surpresas.
Desbalizar (alguém) **d**o seu dinheiro.
Desbocar (as suas águas) **n**o mar.
Desbordar **de** gente (uma sala).
Desbotar-se **d**a memória (alguma coisa).
Descaber **n**a boca (na língua).
Descansar (a cabeça) **n**o travesseiro. – **sobre** a sua base (algo). – **em, sobre** alguém.
Descarnar (alguém) **d**os seus vícios.
Descarregar (as suas águas) **n**o mar. – (uma árvore) **d**os seus frutos. – **em** alguém os seus cuidados. – (a culpa) **sobre** outrem.
Descarregar-se **de** encargos.
Descartar-se **de** um importuno.
Descender **sobre** a presa (a ave). – **de** uma família ilustre.
Descer **de** um carro. – **de** nobres avoengos. – **d**a sua dignidade. – **à** terra (o avião). – **d**o segundo **para** o primeiro andar. – **ao** porão. – **a** coisas menos importantes. – (o quadro) **d**a parede.
Descer-se **d**o cavalo. – **de** suas teimas.
Descingir (alguém) **d**o cinto.
Descobrir-se **com** alguém.
Descomprazer **ao** tirano. – **com** alguém.
Desconcordar **de** semelhante idéia.
Desconfiar **de** alguém.
Desconhecer (algo) **a** alguma coisa. – **a** Felipe **por** seu pai.
Desconsentir **em** alguma coisa.
Desconsolar-se **de** uma perda.
Descontar (dez) **de** vinte. – **em** outra (uma coisa). – (letras) **n**o banco.
Descontentar-se **de** alguém ou **de** alguma coisa.
Desconvencer (alguém) **d**o seu erro.
Desconvencer-se **de** uma suspeita.
Desconvir **em** fazer alguma coisa.
Descorresponder **à** gentileza.
Descostumar-se **d**o tabaco.
Descravar (os olhos) **d**a paisagem.
Descrever (alguma coisa) **a** alguém.
Descuidar **d**os seus deveres.
Desculpar (alguém) **d**as faltas cometidas.
Descurar **d**as suas obrigações.
Desdenhar **de** ninharias.
Desdenhar-se **de** fazer alguma coisa.
Desdizer **de** outra (uma coisa).
Desejar (felicidade) **a** alguém.
Desembaraçar (o ânimo) **de** paixões.
Desembaraçar-se **de** um empecilho.
Desembarcar **n**o cais.
Desembocar (as suas águas) **n**o mar.
Desembrenhar-se **d**os vícios.
Desempeçar-se **de** cuidados.
Desempecer-se **de** equívocos.
Desempenhar-se **de** um encargo.
Desencaixar (uma roda) **d**o seu eixo.
Desencaminhar (alguém) **d**os seus deveres.
Desencardir (a roupa) **d**as manchas.
Desencerrar **dentre** as nuvens (o sol).
Desencolher-se **com** alguém.
Desencontrar-se **com, de** alguém. – **em** uma opinião (duas pessoas).
Desencostar (a cabeça) **d**o travesseiro.
Desencostar-se **d**o seu arrimo.
Desencravar (o cadáver) **d**a cruz.
Desenfastiar-se **de** seus aborrecimentos. – **a** bailar.
Desenfeitar-se **de** suas pretensões.
Desenfiar-se **d**a agulha (a linha).
Desenfrear-se **d**os seus limites. – **em** blasfêmia.
Desenganar (alguém) **de** alguma coisa.
Desenganar-se **de** suas ilusões.
Desengonçar-se **ao** andar.
Desenlaçar-se **d**os braços de alguém.

Desenlear-se **d**a prisão.
Desenredar-se **de** embaraços.
Desenrolar-se **para** o sul (o panorama). – **no** palco (um drama).
Desenroscar-se **de** alguma parte.
Desentalar (uma coisa) **de** outra.
Desentalar-se **de** suas dívidas.
Desentranhar (o ouro) **d**as minas.
Desentranhar-se **em** flores (a primavera). – **por** acudir às necessidades do próximo.
Desenvencilhar-se **de** obstáculos.
Deserdar-se **d**a propriedade.
Desertar **d**a tropa. – **ao** inimigo. – **para** a política.
Desesperar **d**a vitória.
Desfalcar (uma quantia) **de** outra.
Desfalcar (alguém) **em** alguma coisa.
Desfalecer **de** sua grandeza. – **n**o seu propósito. – **em** valor.
Desfazer **n**os méritos de alguém. – (alguém) **de** seus méritos.
Desfazer-se **de** suas posses. – **em** lágrimas.
Desfechar **em** pranto. – **n**uma galopada. – **com** um disparate.
Desferir **d**o porto (um navio).
Desfitar (olhos) **d**o espetáculo.
Desfolhar (rosas) **sobre** alguém.
Desforrar-se **d**os maus tratos recebidos. – **em** alguma coisa.
Desgarrar **à** existência pomposa.
Desgarrar-se **d**o rebanho.
Desgrudar-se **de** outra (uma coisa).
Desguarnecer-se **de** roupas.
Designar (fulano) **para** conselheiro de estado. – (o ouro) **como** o melhor dos metais.
Desiludir-se **d**a vida.
Desinclinar (os discípulos) **d**as más propensões.
Desincumbir-se **d**os seus deveres.
Desinficionar (a alma) **d**o pecado.
Desinfluir (alguém) **de** alguma coisa.
Desintegrar (uma coisa) **de** outra.
Desinteressar (alguém) **de** uma enpresa.
Desinteressar-se **d**os negócios.
Desleixar-se **em** ócio inútil. – **n**o serviço.
Deslembrar-se **d**o passado.
Desligar (uma coisa) **de** outra.
Desligar-se **de** um partido.
Deslindar (a mentira) **d**a verdade.
Deslinguar-se **em** vitupérios.
Deslizar-se **d**a verdade.
Deslumbrar-se **com** o espetáculo.
Desmaiar **n**o, **d**o seu intento. – **de** medo.
Desmanchar-se **em** obséquios.
Desmandibular-se **em** gargalhadas.
Desmemoriar-se **d**os benefícios recebidos.
Desmerecer **d**os elogios. – **para com** alguém. – **n**o trabalho alheio.
Desmesurar-se **em** elogios.
Desmontar **d**o cavalo.
Desobedecer **à** lei.
Desobrigar (alguém) **de** compromissos.
Desobrigar-se **de** uma responsabilidade.
Desocupar-se **de** trabalhos.
Desonerar (alguém) **de** um cargo.
Desonrar-se **por** ações infames.
Desoprimir (alguém) **de** um constrangimento.
Desoprimir-se **d**a tirania.
Desorbitar **d**a alçada de alguém (uma coisa).
Desordenar-se **n**os gastos.
Desorientar-se **ao** receber uma notícia.
Desornar-se **de** méritos.
Despachar (um correio) **a** alguma parte. – (alguém) **para** o outro mundo. – **com** alguma coisa.
Despear-se **de** entraves.
Despedir-se **de** alguém.
Despegar (uma coisa) **de** outra.
Despegar-se **d**as coisas terrenas.
Despencar-se **pela** escada abaixo.
Despender (dinheiro) **com** os pobres.
Despenhar (o tirano) **d**o poder.
Despenhar-se **de** um cimo. – **por entre** rochedos. – **sobre** a cidade (os sitiantes).
Despersuadir (alguém) **de** fazer alguma coisa.
Despersuadir-se **de** um projeto.
Despertar (alguém) **d**o sono.
Despicar-se **de** uma afronta.
Despir (alguém) **d**os seus vestidos.

Despir-se **d**as suas folhas (uma árvore).
Desplantar (alguém) **de** sua terra.
Dcspojar (alguém) **de** suas posses.
Despontar **n**o cérebro (uma idéia).
Desposar (alguém) **com** alguém.
Desposar-se **com** alguém.
Desprecaver-se **d**o mal.
Despregar (uma coisa) **de** outra.
Despregar-se **de** um lugar.
Desprender (uma coisa) **de** outra.
Desprender-se **de** quaisquer cuidados.
Desprezar-se **de** alguma coisa.
Desproporcionar (as despesas) **ao** rendimento.
Despropositar **com** alguém.
Desprover (alguém) **de** recursos.
Desquitar (alguém) **de** um compromisso.
Desquitar-se **de** alguém. – **de** alguma coisa.
Desregrar-se **n**os apetites.
Dessecar-se **n**o fogo das paixões (a alma).
Dessedentar-se **em** uma fonte.
Dessemelhar (os amos) **d**os criados.
Dessemelhar-se **d**os seus avós.
Destacar (uma coisa) **de** outra. – (alguém) **para** alguma coisa ou alguma parte.
Destacar-se **sobre** outra (uma cor). – **d**os seus iguais.
Destampar **a** dizer impropérios. – **com** alguém.
Destemperar-se **com** alguém.
Desterrar (alguém) **para** alguma parte.
Desterrar-se **a** terras estranhas. – **d**a pátria.
Destinar (dinheiro) **para** despesas. – (o réu) **para, à** morte.
Destinar-se **à** vida eclesiástica.
Destituir (alguém) **de** um cargo.
Destituir-se **de** recursos.
Destorcer (o coração) **de** afetos.
Destrepar **d**o mastro.
Desultrajar **de** uma afronta.
Desvairar **n**uma opinião (duas pessoas).
Desvelar-se **por** alguma coisa. – **em** servir os amigos.
Desvencilhar-se **de** embaraços.
Desviar (algo) **para** si. – **de** um lugar **para** outro. – (alguém) **de** alguma coisa ou alguma parte.
Desviar-se **d**o bom caminho.
Desvincular-se **d**a vida.
Determinar **de** fazer algo. – (alguém) **a** fazer algo.
Determinar-se **a, em** ficar.
Detestar-se **por** fraco.
Detrair **de** alguém.
Devanear **em** projetos inexequíveis.
Dever (um favor) **a** alguém.
Dever-se **à** Pátria.
Devolver (uma coisa) **ao** seu dono.
Devorar **com** os olhos.
Devotar-se **às** letras.
Dialogar **com** alguém **acerca de** alguma coisa.
Difamar **d**a honra alheia.
Diferenciar-se **de** outra (uma coisa).
Diferir **de** uma opinião.
Dificultar-se **em** fazer alguma coisa.
Difundir-se **pela** cidade (uma notícia). – **sobre** a terra (as trevas).
Digladiar-se **com** os oponentes.
Dignar-se **de** fazer alguma coisa.
Dignificar-se **com** virtude. – **em** um alto cargo.
Dilatar-se **com** um assunto. – **para** algum lugar.
Diligenciar **por** vencer.
Diluir-se **n**a água (um pó).
Dimanar **de** outra (uma coisa). – **pelas** veias (o sangue).
Dirigir (orações) **aos** santos. – (os passos) **para** um lugar. – (uma carta) **a** alguém. – (a atenção, a vista) **para** alguém, **para** algum lugar.
Dirigir-se **a, para** alguém. – **a, para** alguma parte.
Discernir (o bem) **d**o mal.
Disciplinar-se **com** um açoute.
Discordar **de** todos. – **n**o itinerário.
Discorrer **pelos** caminhos. – **a** uma e outra parte. – **sobre** geografia. – **por** todas as coisas. – **em** qualquer matéria. – **de** um outro ponto de vista. – **acerca de** um assunto. – **em** projetos vãos.
Discrepar **de** outra (uma coisa).
Discretear **de** letras **com** acadêmicos.
Discriminar **entre** vício e virtude. – (uma coisa) **d**a outra.

Discursar **sobre** um assunto. – **d**o amor. – **n**os meios.

Disfarçar (uma coisa) **em** outra.

Disfarçar-se **como** aldeão. – **em** pastor.

Disparar (um tiro) **contra** o alvo. – **em** ameaças.

Dispartir (seu pão) **a**os outros. – **de** sua vida. – **de** tempo. – **acerca de** determinadas penas (o código).

Dispender-se **em** quimeras.

Dispensar **d**o serviço.

Dispensar-se **de** alguma coisa.

Dispor (os livros) **em** uma estante. – (alguém) **para** morrer. – (os convidados) **à** mesa. – (o júri) **à** clemência. – (os recrutas) **por** altura. – (a música) **com** a letra. – **quanto a**o mérito de alguém.

Dispor-se **para** a jornada. – **a** partir.

Disputar (uma coisa) **a** alguém. – **com** os contrários. – **sobre** um assunto. – **contra** alguém.

Dissentir **de** alguém **em** um assunto.

Dissertar **sobre** algum assunto. – **a respeito d**os climas.

Dissidiar **em** algo.

Dissimular **com** alguém **sobre** um assunto.

Dissimular-se **atrás de** uma árvore.

Dissociar (o vapor) **d**a água.

Dissuadir (alguém) **de** fazer algo.

Dissuadir-se **de** realizar o seu intento.

Distinguir **entre** preto e branco. – (uma coisa) **de** outra.

Distinguir-se **n**a sociedade.

Distrair (o espírito) **d**a contemplação.

Distrair-se **de** um projeto.

Distribuir (o pão) **a**os convivas. – (maçãs) **entre** os alunos. – (dinheiro) **pelos** pobres. – (louvores) **a** quem **os** merece.

Ditar (uma carta) **a**o secretário.

Divergir **de** uma opinião.

Diversificar **de** outra (uma coisa).

Divertir (alguém) **de** uma empresa arriscada.

Divertir-se **com** alguma coisa.

Dividir (uma obra) **em** capítulos. – (doze) **por** três. – (um acidente natural) o Brasil **d**a Argentina.

Dividir-se **de** si mesmo.

Divorciar (uma coisa) **de** outra.

Divorciar-se **d**a mulher.

Dizer (algo) **para** alguém. – (umas palavras) **a**o auditório. – **com** o modelo (uma cópia). – **de** sua justiça. – **a**o acaso. – (alguma coisa) **de** alguém. – (algo) **em** crédito de alguém.

Doar (algo) **a** alguém.

Doer-se **d**os insultos imerecidos.

Doestar-se **com** injúrias.

Domiciliar-se **em** Bogotá.

Dominar (alguém) **em** alguma parte, **em** alguma coisa. – **sobre** outros.

Dormir **sob, debaixo de** das cinzas (o fogo).

Dotar (seus bens) **a** instituições pias. – (alguém) **com, de** alguma coisa.

Dourar-se **de** esplendor.

Dulcificar-se **pelos** bons conselhos.

Duvidar **de** alguém, de alguma coisa. – **em** fazer alguma coisa.

E

Eclipsar-se **n**as sombras da história.

Edificar-se **com** exemplos. – **de** ações nobres. – **em** casos expressivos.

Eleger (alguém) **para, por, como** capitão.

Elevar (o pensamento) **a** Deus. – (um número) **a** uma potência. – (o corpo) **d**a cama.

Elevar-se **em** riquezas. – **a** grande altura.

Eliminar (o faltoso) **de** uma sociedade.

Emanar **d**o povo (o poder).

Emancipar (o país) **d**a tutela estrangeira.

Emancipar-se **d**os maus hábitos.

Emaranhar-se **em** intrigas.

Embaçar (uma bala) **em** um fardo de algodão.

Embalar-se **em** um balanço.

Embaraçar-se **em** negócios. – **com** alguma pessoa.

Embarafustar **pela** casa adentro.

Embarcar **em** um navio. – **para** o Rio.

Embarcar-se **num** avião.

Embargar **a** outra (uma coisa).

Embarrancar-se **n**o erro.

Embasbacar-se **em** espetáculos curiosos.

Embater **n**os rochedos (as ondas).

Embebedar-se **em** deleites.

Embeber (uma esponja) **de, em** água.

Embeber-se **n**o caldo (o pão).

Embeberar **em** água (o algodão).

Embeberar-se **em** doutrinas.

Embeiçar-se **por** uma corista.

Embelezar-se **com** enfeites. – **em** grande contemplação.

Embetesgar-se **em** um lugar sem saída.

Embevecer-se **em** cismas.

Embicar **em** outra (uma coisa). – **com, em** alguém. – **para** a casa.

Embicar-se **para** alguma parte.

Embiocar (o rosto) **n**o lenço.

Embiocar-se **n**a capa.

Embirrar **em** fazer alguma coisa. – **com** alguém. – (os pés) **à** porta.

Embocar (a bola) **pelo** aro. – **pelo** rio (uma embarcação). – **por entre** um renque de árvores (um veículo, alguém).

Embolsar (o valor do dano) **a**o prejudicado.

Emborcar (água) **n**o ralo.

Emborcar-se **em** um buraco.

Emboscar-se **pelas** selvas. – **em** uma árvore.

Embotar-se **em** uma pedra (a faca).

Embranquecer-se **com** a neve.

Embravecer-se **contra** os provocadores.

Embrechar-se **em** frinchas.

Embrenhar-se **n**o bosque.

Embriagar-se **de** poesia.

Embrulhar-se **em** dificuldades.

Embrutecer-se **com** trabalhos.

Embuçar-se **em** andrajos. – **com** desculpas.

Embutir (um pino) **em** um furo.

Emechar (uma espiga) **numa** cavilha.

Emigrar **de** um país **para** outro.

Emoldar (sua alma) **em** Deus.

Empalmar (uma coisa) **a** alguém.

Empandilhar-se **para** roubar.

Empanturrar-se **de** doces. – **com** três pratos de carne.

Empanzinar-se **com** quiabos.

Empapar (uma esponja) **em** água.

Empapar-se **com, em** suor.

Emparceirar (alguém) **em** seus atos. – (uma pessoa) **com** outra.

Emparceirar-se **com** alguém. – **à** revolta.

Emparear **com** outra (uma coisa).

Emparelhar (o saber) **com** a tolerância. – (João) **a** Pedro.

Emparelhar-se **com** a natureza (a arte).

Empatar (dinheiro) **em** um negócio.

Empatar **em** um obstáculo.

Empavesar-se **com** vaidades.

Empeçar-se **em** dificuldades.

Empeçonhar-se **com** substâncias nocivas.

Empedernecer-se **n**o crime.

Empegar-se **n**o vasto mar.

Empenhar (as forças) **em** combate. – (alguém) **a** fazer alguma coisa.

Empenhar-se **por** servir alguém. – **para** conseguir algo. – **por, a favor de** alguém. – **em** bem servir. – **contra** a ignorância. – **com** os credores.

Emperrar-se **n**os vícios. – **contra** quem nos provoca.

Empossar-se **d**o seu patrimônio. – **n**o seu cargo.

Emprazar (o devedor) **para** pagar a sua dívida.

Emprazar-se **para** duelo.

Empregar (tijolos) **n**a construção de uma parede. – (as horas vagas) **em** distrações.

Empregar-se **em** escrever.

Emprenhar **de** um homem. – **pelo** ouvido.

Emprestar (uma coisa) **a** alguém.

Emproar **para** o porto de destino.

Empurrar (uma cadeira) **contra** a parede. – (uma mentira) **a** alguém.

Empuxar **para** fora. – (alguém) **a** fazer alguma coisa.

Emular **a, com** Píndaro. – (os discípulos) **em** receber boas notas. – **em** grandeza **com** o bem.

Emular-se **por** alcançar um objetivo.

Enamorar-se **de** alguém.

Encabeçar (um rendeiro) **em** alguma herdade. – **de** fazer alguma coisa (alguém).

Encabular-se **com** quem nos incomoda.

Encadear (a fera) **a**o tronco.

Encafuar-se **n**o seu enconderijo.

Encaixar (o mastro) **em** sua base.

Encalhar **em** um banco de areia.

Encambulhar (umas reses) **com** outras. – (uma coisa) **a** outra.

Encaminhar (o negócio) **a** bom êxito. – (os transviados) **para** o bem.

Encaminhar-se **a** bem viver.

Encampar (a dificuldade) **a** outrem.

Encanudar (as meias) **n**as pernas.

Encanzinar-se **em** uma opinião errônea.

Encapotar-se **em** grossas nuvens (o céu).

Encarapitar-se **n**o poleiro.

Encarnar (uma qualidade ou defeito) **em** alguém ou **em** alguma coisa.

Encarnar-se **n**o corpo (o mal).

Encarniçar-se **contra** os fugitivos. – **n**as vítimas.

Encarrancar (o rosto) **com** esgares.

Encarrapitar-se **n**o tope do mastro.

Encarregar (o criado) **de** trazer as botas. – (a consciência) **com** pecados. – (o povo) **de** tributos.

Encarregar-se **de** um negócio.

Encarrilhar **com** a solução do enigma.

Encartar-se **n**o seu ofício.

Encasar (uma idéia) **n**o espírito de alguém.

Encasquetar (um disparate) **n**os miolos de um tolo.

Encasquetar-se **em** uma mania.

Encastelar-se **em** uma posição sólida.

Encasular (o anel) **n**o estojo.

Encerrar (o gado) **n**o curral.

Encerrar-se **em** casa.

Encharcar (o lenço) **com** água de Colônia.

Encharcar-se **em, de** suor. – **n**os vícios.

Encher (um copo) **de** vinho, – (alguém) **de** presentes.

Encher-se **de** comida. – **de** gente (o teatro).

Encobrir (a verdade) **a** alguém.

Encobrir-se **em** embustes.

Encolher-se **n**as despesas. – **n**a roupa.

Encomendar (gêneros) **a**o armazém. – (uma pessoa) **à** proteção de outra.

Encomendar-se **a** Deus. – **a**o favor de alguém.

Encochar-se **n**a solidão.

Encontrar **com** alguém. – (o débito) **com** o crédito.

Encontrar-se **com** alguém **em** alguma parte.

Encorporar (as conquistas) **à** Coroa. – (suas águas) **n**o mar.

Encorporar-se **com** o exército. – **à** civilização.

Encorujar-se **dentro de** casa.

Encostar (a cabeça) **n**o travesseiro. – (o rosto) **à** mão.

Encostar-se **a** uma árvore. – **a** alguém para sobreviver. – **n**a lança.

Encravar (um prego) **n**a madeira. – (os olhos) **em** alguém.

Encravar-se **em** outra (uma coisa).

Encrespar-se **com** o vento (o mar). – **com, contra** alguém.

Encruar-se **n**os golpes (os combatentes).

Encruzar-se **em** cima de uma almofada.

Encurralar-se **n**o castelo.

Endentar **n**a menor (a roda maior).

Endereçar (súplicas) **a**os amigos.

Endereçar-se **a** alguém ou alguma parte.

Endeusar-se **ante** alguma coisa (alguém).

Endireitar **para** alguma parte (alguém). – **com** a solução de um assunto.

Endireitar-se **contra** o seu maior amigo.

Endividar-se **com** alguém.

Endossar (uma letra) **a** alguém.

Endurecer-se **n**a culpa.

Enfadar-se **de** uma vida insípida. – **com** os importunos. – **contra** alguém **por** motivos fúteis.

Enfarinhar-se **de, em** alguma ciência. – **de** poeira.

Enfastiar-se **de** tanto trabalho.

Enfatuar-se **de** falsas honrarias.

Enfeitar-se **de** flores. – **para** ministro.

Enfeitiçar-se **de** uma beldade.

Enfermar **de** paralisia.

Enferrujar-se **n**o ócio.

Enfiar (a linha) **n**a agulha. – **por** uma porta. – **com** alguém. – **a** uma parte.

Enfiar-se **pela** porta.

Enforcar-se **em** um mau negócio.

Enfrascar-se **em** torpezas.

Enfrentar **com** outra (uma coisa).
Enfronhar (alguém) **em** um segredo.
Enfronhar-se **em** fidalguias.
Enfunar-se **de** orgulho. – **em** falsos méritos. – **por** qualquer coisa.
Enfuriar-se **contra** o seu destino.
Engajar-se **com** alguém.
Engalanar-se **com** o fardão dourado.
Engar **com** alguém.
Engasgar-se **com** um osso. – **entre** duas paredes.
Engastar (pedras) **em** uma jóia.
Engastoar (farpões) **em** um pau.
Engolfar **n**o mar (o marinheiro).
Engolfar-se **n**o oceano. – **em** meditações.
Engolir **em** seco.
Engorgitar-se **de** figos.
Engraçar **com** alguém.
Engrandecer **em** poder.
Engrandecer-se **com** vaidades.
Engrimpar-se **a** um mastro.
Engrinaldar-se **de** flores.
Engrossar-se **em** substância.
Enjoar-se **com** demasiadas instâncias. – **com** importunos.
Enlaçar (alguém) **nos** braços. – (uma oração) **com** outra. – (uma fita) **nos** cabelos.
Enlaçar-se **de** parentesco. – **por** matrimônio.
Enlamear-se **n**o servilismo.
Enlear (uma tira) **ao** pescoço.
Enlear-se **em** negócios escusos.
Enlevar-se **em** espetáculos deslumbrantes.
Enlodar-se **nos** vícios.
Enobrecer-se **por** ações ilustres. – **com** grandes feitos.
Enodoar-se **em** más ações.
Enojar-se **de** tudo.
Enquadrar **com** outra (uma coisa).
Enquadrar-se **na** mesma definição.
Enramar (uma coisa) **com** outra.
Enredar (uma coisa) **em** outra. – **de** alguém.
Enredar-se **em** dificuldades.
Enrodilhar-se **a**os troncos (a trepadeira).
Enrolar (o lenço) **n**o pescoço.
Enrolar-se **n**o tronco (a hera).
Enroscar (grinaldas) **em torno de** colunas. – (fios) **em** bobinas.
Enroscar-se **por** um tronco (uma cobra).
Enrostar-se **com** o inimigo.
Ensaiar-se **para** casar. – **em** uma obra de vulto.
Ensinar (alguém) **a** fazer alguma coisa. – **sobre** o culto dos santos. – **ao** soldado **a** morrer pela glória.
Ensopar (a espada) **em** sangue.
Ensopar-se **em** lágrimas.
Ensurdecer **a**os rogos de alguém.
Entaipar-se **em** uma cela.
Entalar (a luneta) **n**o olho.
Entalar-se **em** dificuldades.
Entender **em** buscar uma saída. – **de** política. – **com** quem não é de nossa opinião. – **de** fazer alguma coisa.
Entender-se **com** alguém.
Enterrar (o punhal) **n**o peito.
Enterrar-se **n**o lodo. – **com** um disparate.
Entesar-se **com** alguém.
Entestar **com** outra (uma casa).
Entoar (um hino) **à** pátria. – **com** a solução de um problema.
Entornar (o vinho) **n**a mesa.
Entrançar (uma coisa) **com** outra.
Entranhar (uma coisa) **em** outra.
Entranhar-se **n**o mato. – **para** o sertão.
Entrar **em** alguma parte. – **para** casa. – **nu**ma conjuração. – **com** o dinheiro para os gastos. – **com** a solução de um problema. – **a** dar gritos. – **de** guarda. – **com** o pé direito. – **em conta** (alguma coisa). – **n**os quarenta anos.
Entrar-se **de** receios.
Entrecorrer **em** certo período (um fato).
Entregar (a alma) **a** Deus.
Entregar-se **ao** estudo. – **n**as mãos de Deus.
Entrelaçar (uma coisa) **em** outra.
Entremear (citações) **n**o discurso. – **com** outra (uma coisa).
Entremeter (cartões) **n**as páginas de um livro.
Entremeter-se **em** assunto alheio. – **com** que não lhe compete.

Entrepor (uma coisa) **em** outra.
Entressachar (citações) **n**o discurso.
Entretecer (rosas) **n**os cabelos. – (doçuras) **com** amarguras.
Entreter-se **com** diversões. – **a** contar histórias. – **em** um sitio. – **de** suas rendas.
Entrincheirar-se **em** seu reduto.
Entristecer-se **com** alguém ou alguma coisa.
Entroncar **em** famílias mais ilustres (uma raça). – **com** outra (uma estrada). – (algo) **com, a** alguma coisa.
Entroncar-se **em** nobres famílias.
Entronizar (a justiça) **n**a administração.
Entrosar **n**o conjunto (uma peça).
Entulhar-se **de** gente (um lugar).
Entusiasmar-se **por** alguma coisa.
Envaidecer-se **com** homenagem.
Enveredar **para** casa. – **por** uma estrada melhor.
Envergonhar-se **de** más ações.
Envesgar (os olhos) **para** alguém ou alguma coisa.
Enviar (um presente) **a**os amigos.
Enviar-se **a, contra** o inimigo.
Envidar-se **em** uma empresa.
Envolver (a cabeça) **em** um manto.
Envolver-se **em** algum negócio. – **com** os inimigos.
Enxaropar-se **com** licores.
Enxerir-se **em** alguma coisa.
Enxertar (uma planta) **em** outra.
Enxertar-se **em** uma sociedade.
Enxovalhar-se **em** negócios escusos.
Epitomar (uma doutrina) **em** poucos preceitos.
Equilibrar (a receita) **com** a despesa.
Equilibrar-se (uma coisa) **com** outra.
Equiparar (uma categoria) **a** outra.
Equivaler **a** outra (uma coisa).
Equivocar (uma palavra) **por** outra. – (uma espécie) **com** outra.
Equivocar-se **em** peregrino.
Erguer (os olhos) **para** o céu.
Eriçar-se **de** contrafortes (a cordilheira).
Erigir (um monumento) **a**os heróis. – (uma província) **em** reino.
Erigir-se **em** defensor dos oprimidos.
Errar **n**a soma.
Esbarrar **em** obstáculos. – **contra** impedimentos. – **com** um transeunte. – (uma pedra) **a** parede.
Esbravejar **contra** os difamados.
Esbulhar (alguém) **d**os seus direitos.
Escaldar-se **num** ferro em brasa.
Escancarar (as janelas) **à** luz.
Escandalizar-se **com** alguém **por** alguma coisa.
EScapar da prisão. – **à** perseguição.
Escapar **para** o estrangeiro.
EScapar-se **de** boa.
Escapulir **d**a justiça. – **à** perseguição.
Escaramuçar **com** o inimigo.
Escarmentar-se **com** o exemplo.
Escarnecer **de** alguém.
Escarranchar (o rapaz) **sobre** a albarda.
Escassear (algo) **a** alguém.
Esclarecer (alguém) **sobre** alguma coisa.
Esclarecer-se **em** feitos ilustres.
Escoar-se **p**elo corredor. – **entre** a multidão. – **sobre** um plano inclinado.
Escoimar (um texto) **de** erros.
Escolher **entre** uma e outra coisa.
Esconder (algo) **de** alguém.
Esconder-se **de** alguém.
Esconjurar-se **de** sua sorte.
Escorar-se **em** uma bengala.
Escorchar (alguém) **de** dinheiro.
Escorregar **em** erro.
Escrever (uma carta) **a** alguém. – **para** Roma. – **em** vários jornais. – (uma legenda) **n**o mármore.
Escudar (o peito) **contra** os golpes.
Escudar-se **com** a manta. – **n**a influência de alguém.
Esculpir (algo) **em** mármore.
Escusar **de** pedir. – **d**a companhia de alguém. – **de** fazer alguma coisa. – **a** obedecer.
Esforçar-se **por, em, a, para** fazer alguma coisa.
Esgalhar-se **em** diversos ramos.
Esgrimir **com** alguém. – **em** vão.
Esgueirar (dinheiro) **a** alguém.
Esgueirar-se **p**ela porta.
Esmaltar-se **de** flores.

Esmerar-se **em** vestir bem. – **por** conseguir alguma coisa.
Esmolar **a**os pobres.
Espalhar-se **por** todo o país (uma notícia).
Espanejar (os móveis) **d**a poeira.
Espantar-se **com, de** alguma coisa.
Espargir-se (uma coisa) **por** alguma parte.
Esparramar-se (a tropa) **p**elos campos.
Especializar-se **em** uma atividade.
Especular **sobre** um assunto. – **com** a sua posição.
Esperançar-se **em** alguém.
Esperar (alguém) **com** alguma coisa. – **em** Deus. – (justiça) **d**os juizes. – **por** alguém.
Espertar (a atenção) **para** o discurso.
Espertar-se **para** o combate.
Espetar (um espinho) **n**o dedo.
Espetar-se **n**a lança.
Espigar-se **em** maus negócios.
Espinhar-se **com** alusões.
Espiritar (alguém) **a** fazer alguma coisa.
Espoliar (um órfão) **de** sua herança.
Esporear (alguém) **a** fazer alguma coisa.
Esposar (o pretendente) **com** sua escolhida.
Esposar-se **com** a noiva.
Espraiar-se (um rio) **p**elos campos – **n**a contemplação da natureza. – **em** considerações prolixas.
Espremer (lágrimas) **d**os olhos.
Esquecer **a** alguém (uma coisa).
Esquecer-se **de** por o chapéu.
Esquecer-se **a** observar uma coisa interessante.
Estabelecer (uma colônia) **n**a África.
Estabelecer-se **em** uma cidade.
Estacionar **em** alguma parte.
Estalar **com** dor. – **de** riso. – **à** sede. – **por** alguma coisa.
Estampar (o sinete) **n**a cera.
Estampar-se **n**a fisionomia (a dor).
Estancar (o povo) **com** tributos. – (o reino) **de** moedas.
Estanciar **por** Coimbra.
Estanciar-se **em** Leiria.
Estar **de** guarda. – **em** alguma parte. – **entre** a espada e a parede – **para** morrer a qualquer momento. – **por** pagar (uma conta). – **em** alguma coisa (o mal). – **em** cinco mil reais (uma obra). – **a** pique de cair (uma coisa). – **em** brasa. – **de** maré. – **pela** verdade. – **sobre** brasas.
Estar-se **em** uma cidade.
Estear (sua esperança) **em** Deus.
Estear-se **em** uma autoridade competente.
Estender (a esmola) **ao** pobre.
Estender-se **p**elos campos (o rio). – **em** longas considerações. – **ao** sol.
Estigmatizar (uma coisa) **de** viciosa. – (um gesto) **como** falso.
Estimar (uma jóia) **em** mil reais.
Estimular (os alunos) **a** estudar.
Estimular-se **com** a ofensa.
Estirar-se **ante** os sátrapas.
Estorcer (os olhos) **para** alguém.
Estorcer-se **com** dores. – **n**as vascas da morte.
Estorvar (alguém) **de** fazer alguma coisa.
Estourar **de** riso.
Estradar (a sala) **com** tapetes.
Estradear-se **para** a voragem.
Estranhar-se **com** alguém. – **de** vaidades mundanas.
Estrear-se **n**a imprensa.
Estreitar-se **em** gastos.
Estrelar-se (os campos) **de** flores.
Estremar (os bons) **d**os maus.
Estremar-se **em** obras de valor.
Estremecer **de** susto.
Estremecer-se **de** medo.
Estribar (uma afirmação) **em** fatos. – (terraplenos) **sobre** vigas.
Estribar-se **em** autoridades indiscutíveis.
Estropiar-se **com** a idade. – **n**a guerra.
Evadir-se **d**a cadeia. – **a**os golpes.
Evaporar-se **em** fumo (as esperanças).
Evolucionar **para** qual coisa ou situação.
Exaltar-se **acima de** sua natureza.
Exaltar-se **de** seus títulos.
Exautorar (alguém) **d**os seus direitos.
Exceder **a** mil reais (uma despesa). – (alguém) **em** valor.

Exceder-se **n**o álcool.
Excetuar (alguém) **d**e um preceito.
Excitar (os alunos) **a** estudar.
Excitar-se **à** luta.
Excluir (alguém) **d**e uma sociedade.
Exercer (influência) **em, sobre** alguém.
Exercitar (o aluno) **em** redação.
Exercitar-se **em** equitação.
Exigir (alguma coisa) **a, de** alguém.
Exilar (alguém) **d**a sociedade.
Eximir (alguém) **a** alguma coisa.
Eximir-se **de** responsabilidades.
Exonerar (alguém) **de** uma obrigação.
Exonerar-se **de** um cargo.
Exorbitar (uma ação) **d**o que é devido.
Exortar (alguém) **à** virtude.
Expandir-se **em** palabras. – **de** cem a mil (uma emissão).
Expedir (mercadorias) **para** o estrangeiro. – (um ofício) **ao** juíz.
Expedir-se **d**os amigos.
Expelir (os culpados) **d**a sociedade.
Expender (um parecer) **a** alguém.
Experimentar-se **em** alguma coisa.
Expor (alguém **ao** ridículo. – **ao** sol.
Exprimir (uma opinião) **a** alguém.
Expulsar (o inimigo) **de** um reduto.
Expungir (o arraial) **de** incrédulos.
Expurgar (um livro) **de** erros.
Extasiar-se **perante** a natureza. – **com** um belo espetáculo.
Extenuar-se **com** demasiado trabalho.
Exterminar (o turco) **d**os seus estados.
Extirpar (as ervas) **d**o solo.
Extorquir (dinheiro) **aos** incautos.
Extrair (metais) **d**as minas. – (uma bala) **de** uma ferida.
Extravazar-se **com** a cheia (o rio).
Extremar-se **em** virtude.
Exuberar **de, em** alguma coisa.
Exultar **por** alguma coisa.
Exumar (um fato) **d**o olvido.

F

Fabular **com** os mistérios cristãos.
Facear (uma coisa) **com** outra.
Fadar (alguém) **com** alguma coisa. – (os prisioneiros) **à** escravidão.
Falar **com** alguém. – **sobre** um assunto. – **em** viagens. – **a** alguém. – **de** uma pessoa. – **p**elos cotovelos.
Falecer **de** uma pneumonia.
Falhar (alguém) **ao** que prometeu.
Falsear **à** verdade.
Faltar **à** sua palavra. – **a** alguém (alguma coisa). – **ao** respeito a alguém. – **para** findar um prazo (dois dias).
Familiarizar-se **com** novos lugares.
Fanatizar-se **por** uma doutrina.
Fartar (alguém) **de** comida.
Fartar-se **de** pão.
Favorecer-se **com, de** alguém ou alguma coisa.
Fazer (alguma coisa) **em** cacos. – (alguma pessoa) **em** alguma parte. – (bem) **a** alguém. – **por** conseguir o seu objetivo. – (caso) **de** alguém, **de** alguma coisa. – **com** que algo aconteça. – **de** conta que algo seja real. – **de** sábio. – (menção) **de** sair. – (uma coisa) **em** pedaços.
Fazer (sala) **às** visitas. – (as vezes) **de** alguém. – (a vontade) **a** quem nos pede algo. – (votos) **por** que aconteça determinada coisa.
Fazer-se (uma coisa) **em** pedaços – **ao** mar.
Fechar (a camisa) **no** peito. – **com** alguém.
Fechar-se **em** um quarto. – **com** um segredo.
Felicitar (o vencedor) **por** sua vitória.
Felicitar-se **com, de, por** alguma coisa.
Fenecer **no** mar.
Ferir-se **com** uma navalha.
Ferrar (as garras) **na** vítima. – **com** a carga **n**o chão.
Ferrar-se **a** uma idéia. – **em** outra (uma coisa).
Ferver **em** zelos.
Fiar **de** suas forças. – **em** alguém. – (alguma coisa) **a** alguém. – **d**a sorte. – **na** justiça.

Ficar **em** seu lugar (uma coisa, alguém). – **em** vinte libras (uma despesa). – **de** fazer o que prometeu (alguém). – **de** fazer tal coisa a tal hora (duas pessoas). – **com** os bens de outrem (alguém). – **para** o dia seguinte (um trabalho) – **em** simples ameaça (uma coisa). Ficar **por** fazer (o serviço). – **em** paz. – **para** tia.
Ficar-se **com** o melhor quinhão.
Filar (um cigarro) **ao** amigo.
Filhar (alguém) **em** bom foro.
Filiar (uma língua) **em** origem céltica.
Filiar-se **em** uma sociedade. – **a** alguém.
Filtrar-se (a água) **na** folhagem.
Finar-se **de** amores.
Fincar (uma estaca) **no** chão.
Fincar-se **em** uma opinião.
Firmar (seu parecer) **em** boas razões.
Fitar (os olhos) **em** alguém.
Fitar-se **na** paisagem.
Fixar (um esteio) **n**o chão. – (a vista) **em** alguém.
Fixar-se **em** alguma parte.
Flutuar **sobre** a decisão de um assunto.
Folgar **em** diversões. – **de** ver um belo espetáculo. – **por** conseguir o que se desejava.
Foragir-se **n**o estrangeiro. – **às** tempestades.
Forçar (alguém) **a** fazer alguma coisa.
Forcejar **por** sair de um aperto. – **para** conseguir algo. – **contra** impedimentos. – **em** sorrir.
Forcejar-se **em** mostrar complacência.
Formar-se **em** medicina.
Formigar **de, em** pulgas (um lugar).
Fornecer (o navio) **de** munições. – (munições) **ao** navio.
Fornecer-se **de** munições.
Forragear (exemplos) **n**os livros.
Forrar (o vestido) **de** seda. – (a madeira) **com** folhas de metal.
Forrar-se **n**o jogo. – **de** regalos. – **a** uma obrigação.
Fortificar-se **contra** o inimigo. – **em** sua opinião.
Fracionar (o interesse público) **em** interesses de classe.
Franjar (a praia) **de** espumas.
Fretar (um transporte) **com** alguém.
Frisar **p**elo disparate (uma idéia).
Fruir **d**os seus bens.
Fugir **d**a prisão. – **ao** castigo.
Fulminar (blasfêmias) **contra** Deus.
Fundamentar (uma afirmação) **em** fatos.
Fundar (sua crença) **na** Bíblia.
Fundar-se **n**o Direito.
Furtar (horas) **ao** seu ofício.
Furtar-se **ao** trabalho.

G

Galardoar (o sofrimento) **com** a glória.
Galgar **por** cima **d**os obstáculos – **ao** terceiro andar. – **p**elo tombadilho (as ondas). – **a** chefe de repartição (um amanuense).
Ganhar (dinheiro) **em** bons negócios. – **a** todos **em** graça. – **com** baixa dos títulos.
Garantir (o futuro) **contra** adversidades.
Gastar (uma soma) **em** presentes.
Gastar-se (uma coisa) **com** o uso.
Girar **com** milhões.
Gloriar-se **de** seus feitos.
Governar (o navio) **à** barra.
Governar-se **p**elas circunstâncias.
Gozar **de** boa saúde.
Gozar-se **com** a leitura de um romance. – **d**os bens de Deus.
Gracejar **com** alguém.
Graduar-se **em** direito.
Gratificar (os serviços) **a** alguém.
Gritar **contra** injustiças. – **a** alguém. – **por** alguém ou alguma coisa. – (uma ordem) **para** alguém.
Grudar (alguma coisa) **com, a** outra.
Grudar-se (uma coisa) **a** outra.
Guardar (uma coisa) **a, para** alguém.
Guardar-se **de** maus amigos.
Guarnecer (a casa) **de** mobília.
Guiar (o navio) **ao** porto. – (alguém) **para** casa.
Guindar (alguém) **a** uma posição elevada.

H

Habilitar (alguém) **para** maiores empregos. – (alguém) **a** fazer alguma coisa.
Habilitar-se **como** herdeiro. – **a** ser útil. – **para** casar. – **na** loteria.
Habitar **na** terra. – **com** alguém.
Habituar (alguém) **a** viver bem.
Habituar-se **a** sofrer.
Harmonizar (a ortografia) **com** a pronúncia.
Haver (alguma coisa) **de** alguém. – (um fato) **por** milagre. – **de** mister o favor alheio. – **por** bem fazer alguma coisa.
Haver-se (de tal ou qual modo) **em** um assunto ou negócio.
Herdar (uma fortuna) **d**os avós.
Hesitar **em** fazer alguma coisa.
Hipotecar (solidariedade) **a** alguém.
Homiziar-se **à** sombra do templo.
Honrar-se **com** os seus títulos. – **em** fazer alguma coisa.
Horrorizar-se **com** um fato espantoso. – **à** idéia de morrer.
Hospedar-se **em** casa de um amigo.
Humilhar (a cerviz) **ao** jugo.
Humilhar-se **a** alguém.

I

Içar (o condenado) **à** forca.
Identificar (uma coisa) **com** outra.
Identificar-se **com** o meio em que se vive. – (as Pessoas Divinas) **em** uma só essência.
Igualar (os montes) **com** a planície. – (os meios) **aos** fins.
Igualar-se **com** alguém.
Ilhar-se **em** um reduto.
Ilustrar-se **com** as lições dos mestres.
Imaginar-se **a** fazer alguma coisa.
Imbuir (alguém) **de** idéias reacionárias.
Imbuir-se **em** fantasias frívolas.
Imergir (o corpo) **na** água.
Imergir-se **na** piscina.
Imigrar **para** uma nova pátria.
Imiscuir-se **em** assuntos alheios.
Imolar (tudo) **ao** serviço da pátria. – (seus interesses) **para** salvar a honra.
Impedir (alguém) **de** fazer alguma coisa. – (a saída) **a** alguém.
Impelir (alguém) **ao** mal.
Imperar **sobre** vastos domínios.
Impingir (uma mentira) **a** alguém. – (gato) **por** lebre.
Implantar-se (uma coisa) **em** alguma parte.
Implicar (alguém) **em** um crime. – **com** alguém.
Implicar-se (uma questão) **com** outra.
Importar (uma despesa) **em** dez reais. – (uma resolução) **aos** atingidos.
Importar-se **d**o que sucede. – **com** as coisas do céu.
Impossibilitar (alguém) **de, para** fazer alguma coisa.
Impossibilitar-se **para** governar.
Imprecar (bens ou males) **a** alguém.
Impregnar-se (o ar) **de** vapor.
Impressionar-se **de, com** alguma coisa.
Imprimir (um cunho de tristeza) **nas** feições.
Imprimir-se (alguma coisa) **na** memória.
Impropriar-se (um criminoso) **ao** meio social.
Impulsionar (alguma coisa) **para a** frente.
Inchar-se **com** vaidades.
Incidir (um imposto) **sobre** o consumo.
Incitar **à** cólera.
Incitar-se **por** pequenas coisas. – **a** vencer.
Inclinar (alguém) **para** o bem. – (alguém) **a** fazer alguma coisa.
Inclinar-se **às** letras. – **à** vontade de alguém. – **diante d**o uso.
Incluir (uma cláusula) **n**um contrato.
Incomodar-se **por** ninharias. – **a** fazer alguma coisa.
Incompatibilizar (uma pessoa) **com** outra.
Incompatibilizar-se **com** alguém.
Incorrer **em** erro.
Increpar (alguém) **de** infidelidade.
Incriminar (alguém) **de** espancador.

Incrustar (uma tela) **de** verniz.

Incrustar-se (a gruta) **com** conchinhas.

Inculcar (alguém) **a** um cargo.

Inculpar (alguém) **de** crime.

Inculpar-se **de** um delito.

Incumbir (alguém) **de** fazer alguma coisa. – (alguma coisa) **a** alguém. – **a**os parentes a tutela dos menores.

Incumbir-se **de** fazer alguma coisa.

Incutir (ânimo) **a**o doente. – (uma idéia) **em** alguém.

Indagar **d**o estado de um negócio. – **acerca d**a notícia. – (alguma coisa) **de** alguém.

Indenizar (alguém) **de** um prejuízo.

Indenizar-se **d**o dano. – **em** dinheiro.

Indigestar-se **em** banquetes. – **com** vatapá.

Indigitar (alguém) **como** autor do delito.

Indignar-se **contra** alguém. – **pelo** opróbrio sofrido. – **de** alguma coisa.

Indispor (os operários) **com** os patrões.

Indultar-se **de** uma imputação.

Industriar (alguém) **em, a** fazer alguma coisa.

Industriar-se **n**a experiência.

Induzir (alguém) **a** fazer alguma coisa.

Inebriar-se **com** finos licores.

Infiltrar (creosoto) **em** madeira.

Infiltrar (um líquido) **n**a terra.

Infiltrar-se (alguém) **por** toda a parte.

Inflamar-se **de** cólera.

Influir (afeição) **em** alguém. – **no** ânimo de alguém. – **sobre** a decisão do júri.

Influir-se **em** contemplações.

Informar (alguém) **de** uma coisa. – (alguém) **sobre** um assunto.

Informar-se **d**as particularidades de um fato. – (a cera) **no** molde.

Infundir (ânimo) **em** alguém.

Ingerir (tais ou quais condições) **em** um negócio.

Ingerir-se **n**os negócios de outrem.

Ingressar **no** colégio.

Ingurgitar-se **em** vícios.

Inabilitar (o sacerdote) **de** pregar.

Inabilitar-se **para** alguma coisa.

Inibir (alguém) **de** fazer alguma coisa.

Iniciar (os neófitos) **no** mistério de Elêusis.

Iniciar-se **n**a doutrina cristã.

Inimistar (uma pessoa) **com** outra.

Inimistar-se **com** alguém.

Inimizar (o povo) **com** o governo.

Inimizar-se **com** alguém.

Injetar (sangue) **n**os vasos.

Injetar-se (os vasos) **de** sangue.

Injungir (alguém) **a** uma obrigação.

Inquirir (uma coisa) **a, de** alguém.

Inquirir **sobre** o estado de um negócio.

Inscrever (um polígono) **n**um círculo.

Inscrever-se **entre** os candidatos.

Inserir (uma coisa) **em** outra.

Insertar (uma coisa) **em** outra.

Insinuar (uma coisa) **a** alguém.

Insinuar-se **p**elas casas. – **n**a confiança de alguém.

Insistir **n**o seu intento. – **com** alguém **sobre** alguma coisa.

Inspirar (versos) **n**o poeta.

Inspirar-se **em** motivos populares.

Inspirar-se **com** a grandiosidade do espetáculo.

Instalar (uma filial) **em** São Paulo.

Instalar-se **em** sua casa.

Instar (alguém) **a** fazer alguma coisa. – **p**ela conclusão de um negócio. – **com** alguém **para** que faça algo.

Instigar (alguém) **ao** crime.

Instilar (um líquido) **em** um conduto.

Instituir (alguém) **por** herdeiro.

Instituir (alguém) **n**o culto cristão.

Instruir (alguém) **de, sobre** alguma coisa.

Instruir (os alunos) **em** geografia.

Instruir-se **de** tudo. – **n**os dogmas de uma religião.

Insuflar (ânimo) **em** alguém.

Insurgir-se **contra** as leis.

Integralizar-se **no** ritmo do samba.

Inteirar (alguém) **d**o que aconteceu.

Inteirar-se **de** tudo.

Intercalar (folhas brancas) **n**um livro. – (umas coisas) **entre** outras.

Interceder **a** Deus **p**elo bom sucesso das armas portuguesas. . – **junto** ao sólio de Deus **p**ela vitória das armas cristãs. – **por** um criminoso.

Interessar (alguém) **num** negócio.

Interessar-se **em** alguma coisa. – **por** alguém.

Interferir **em** assuntos alheios.

Internar (o filho) **no** colégio.

Internar-se **no** mato.

Interpelar (alguém) **a** respeito de alguma coisa.

Interpolar (o trabalho) **com** ócio honesto.

Interpor (seu juízo) **acerca de** um litígio. – (uma coisa) **entre** duas outras. – (embargos) **à** execução do castigo.

Interpor-se **entre** uma e outra pessoa ou coisa.

Interrogar (alguém) **p**elos motivos de sua conduta.

Intervir **n**uma contenda.

Inticar **com** alguém.

Intimar (alguém) **a** fazer alguma coisa. – (alguma coisa) **a** alguém.

Intitular-se **com** apelidos ilustres.

Intrigar (uma pessoa) **com** outra.

Introduzir (alguém) **em** sua casa. – (um prego) **na** parede.

Introduzir-se **em** casa de alguém.

Introverter-se **n**a contemplação.

Inundar (as faces) **de** pranto.

Invectivar **contra** a desonestidade.

Inverter (o feitiço) **contra** o feiticeiro.

Investir (alguém) **em** um cargo. – **com** o inimigo. – **para** o touro. – **contra** alguém. – **sobre** a vítima.

Investir-se **com** falsos títulos.

Ir a uma reunião. – **para** casa. – **em** três anos (uma contenda). – de São Paulo a Bahia. – **à** cena uma peça teatral. – **ao** encontro de alguém. – **ao** fundo um navio. – **contra** alguém. – **de** mal a pior. – **para** quatro anos o menino. – **por** alguém ou alguma coisa.

Ir-se **à** India. – **ao** inimigo. – **com** Deus. – **com** alguém.

Irmanar (uma coisa) **com** outra.

Irritar-se **com** os importunos.

Irrogar (algo) **a** alguém.

Irromper **em** uma cidade a peste.

Iscar (madeira) **com** breu.

Isentar (alguém) **de** alguma coisa.

Isolar-se **d**o mundo.

J

Jactar-se **de** suas ações.

Jazer **em** terra sagrada. – **entre** flores.

Jogar (xadrez) **com** alguém. – (uma cor) **com** outra. – **com** circunstâncias. – **na** loteria.

Jogar-se **n**o abismo. – **contra** o adversário.

Joguetear **com** alguém. – **de** espada.

Jornadear **para** alguma parte.

Jubilar **com** o bom êxito.

Judiar **com** alguém.

Julgar **d**os méritos de alguém. – (bem ou mal) **de** alguém. – (um criminoso) **à** pena capital.

Juncar (a terra) **de** flores.

Juncar-se (o chão) **com** cadáveres.

Justapor (uma coisa) **à** outra.

Justar (as luvas) **n**as mãos.

L

Laborar **em** erro. – **n**uma tarefa.

Labutar **n**o campo.

Ladrar **à** lua.

Lamber-se **de** contentamento. – **por** finos manjares.

Lambuzar-se **de** gordura. – **n**o mel.

Lançar (pérolas) **aos** porcos. – (suspeitas) **n**os espíritos. – (vinho novo) **em** odres velhos. – (uma quantia) **em** uma conta. – (os olhos) **para** a rua. – (alguém) **ao** chão. – **de** si alguma coisa. – (um véu) **sobre** alguma coisa. – (um animal) **contra** outro. – (mão) **de** alguma coisa.

Lançar-se **a** correr. – **n**o abismo. – **com** o inimigo. – **para** a África.

Lardear (a carne) **de** toucinho.

Largar (o cão) **à** caça, **à** perdiz. – **para** lugares distantes. – **d**o porto (o navio).

Largar-se **de** alguma parte.

Lavar (as mãos) **de** algum negócio. – (uma injúria) **em** sangue.

Lavrar-se **de** algum delito.

Legislar **contra** o crime. – **sobre** a propriedade.

Lembrar (alguém) **a** alguém.

Lembrar-se **d**o passado.

Ler (uma história) **aos** discípulos.

Levantar (as mãos) **ao** céu. – (alguém) **do** pó. – (bandeiras) **contra** alguém ou alguma coisa. – (testemunho) **a** alguém. – (alguém) **por** rei.

Levantar-se **contra** o governo. – **da** doença.

Levar (uma carta) **ao** correio. – (alguém) **a** alguma parte. – (um filho) **ao** colo. – (o temor) **a** ponto de fugir. – **avante** o começado. – **a** cabo um negócio. – **à** cena uma peça. – **em** conta o que dizem. – **em** gosto uma sugestão oportuna. – (as lampas) **a** alguém. – **a** mal alguma observação inocente. – **de** vencida a alguém ou alguma coisa.

Levar-se **p**ela amizade. – **de** conselhos. – **da** breca, **do** diabo.

Libertar (alguém) **d**a prisão.

Libertar-se **de** embaraços.

Librar (sua esperança) **na** fé.

Librar-se (a aguia) **n**as alturas.

Licenciar (alguém) **a** fazer alguma coisa.

Lidar **com** alguém. – **contra** hereges. – **para, por** fazer alguma coisa.

Ligar (uma coisa) **com** outra. – (um fato) **a** uma circunstância. – **ao** que dizem os outros.

Ligar-se **com** alguém **para** alguma coisa.

Limitar **com** a Bolívia.

Limitar-se **a** pouca coisa.

Lindar **com** outros campos.

Lisonjear-se **de** alguma coisa.

Litigar **sobre** direitos. – **em** alguma coisa.

Livrar (alguém) **de** um perigo.

Livrar-se **de** dificuldades.

Localizar (o paraíso) **na** Mesopotâmia.

Localizar-se **em** alguma parte.

Lograr-se **da** paz.

Louvar-se **em** alguém.

Lucrar **com** bons negócios.

Ludibriar **de** alguém.

Lutar **com** as adversidades.

M

Maisquerer (a pátria) **à** família.

Malbaratar (o tempo) **em** ninharias.

Malhar **em** ferro frio.

Maliciar **de** tudo.

Malquistar (alguém) **com** outrem.

Malquistar-se **com** o governo.

Mamar, **no, com** o leite (a doutrina).

Manar **de** uma fonte (água).

Mancomunar-se **contra** alguém. – **para** alguma coisa.

Mandar (uma coisa) **a** alguém. – (alguém) **a, para** alguma parte. – (alguém) **por** juiz. – **n**os seus filhos, **em** sua casa, **no** seu negócio. – (alguém) **ao** diabo. – (um verso) **à** memória.

Mangar **de** alguém.

Manifestar (uma coisa) **a** alguém.

Manifestar-se (a dor) **em** lágrimas.

Manquejar **n**a fé.

Manquejar (uma coisa) **a** alguém.

Manter-se **em** paz.

Maquinar (intrigas) **contra** alguém.

Maravilhar-se **de** um milagre.

Marchar **com** as despesas.

Marchetar (um objeto) **de** ouro.

Marear-se **p**elo rumo certo.

Maridar (uma mulher) **com** alguém.

Marrar (um carneiro) **com** outro. – **p**elas paredes.

Martelar **sobre** o ferro em brasa. – **n**um assunto.

Matar **de** amores. – **de** inveja.

Matar-se **de, com** trabalho.

Matizar (os campos) **de** flores.

Matraquear (alguém) **em** um ofício.

Matricular-se **no** colégio.

Matutar **em** um assunto.

Mediar **entre** duas terras.

Mediar (certo tempo) **d**a idéia **à** ação.

Medir (os prêmios) **p**elo merecimento.

Medir-se **com** alguém.
Meditar **no** destino. – **sobre** a morte.
Mentir **à** fé jurada. – **pela** gorja.
Mergulhar (o punhal) **no** peito.
Mergulhar-se **na** leitura.
Mesclar (uma coisa) **com** outra.
Mesquinhar (uma esmola) **aos** desgraçados.
Mesurar-se **na** despesa.
Metamorfosear (uma coisa) **em** outra.
Metamorfosear-se **em** cisne.
Meter (a espada) **na** bainha. – (medo) **a** alguém. – (alguém) **em** boa. – (um criminoso) **em** ferros.
Meter-se **em** casa. – **com** alguém. – **a** fazer alguma coisa. – **a** entendido. – **em** camisa de onze varas.
Mexer **em** alguma coisa. – **com** alguém.
Militar **contra** algo ou alguém.
Mimosear (alguém) **com** belos presentes.
Mimosear-se **com** insultos.
Minguar **a** alguém (alguma coisa). – (o câmbio) **de** 20 a 15.
Mirar **ao** alvo. – **a** interesses.
Mirar-se **na** sua obra.
Misturar (uma coisa) **com, em** outra.
Modelar (suas ações) **pelos** bons exemplos. – (uma coisa) **sobre** outra.
Modelar-se **por** mestres de autoridade.
Moer-se **com** desgostos.
Mofar **de** alguém.
Moirejar **a** estudar. – **no** seu encargo.
Moldar (o teu gênio) **ao** meu.
Moldar-se **com** os sentimentos de outrem.
Molestar-se **das** expressões de alguém.
Mondar (a linguagem) **de** barbarismos.
Montar (os óculos) **no** nariz. – **em** um cavalo. – (uma quantia) **a** mil reais.
Montar-se **no** seu cavalo.
Morar **na** Rua da Praia. – **à** Rua Direita. – **dentro de** uma cuba. – **sobre** a ribeira de um rio.
Morder **num** fruto.
Morder-se **de** inveja.
Morrer **de** desespero. – **de** tanto rir. – **por** alguém ou alguma coisa.
Mortificar-se **por** alguma coisa.
Mostrar (uma coisa) **a** alguém.
Motejar **de** alguém. – (alguém) **de** alguma coisa.
Mover-se **a** instâncias. – **para** algum lugar. – **por** vingança.
Mudar (a bagagem) **para** o quinto andar. – (a água) **em** vinho. – **de** residência, de terra, de hábitos. – **de** vida.
Mudar-se **para** a cidade. – **em** bicho.
Multiplicar (um número) **por** outro.
Murar-se **com** a virtude.
Murmurar **de** alguém. – (alguma coisa) **de** alguém.

N

Nadar **em** dinheiro. – **contra** a maré.
Namorar-se **de** alguém, de alguma coisa.
Nascer **no** Brasil. – **de** incompreensões (um conflito). – **para** mandar.
Naufragar **no** mar. – **em** uma empresa.
Necessitar **de** alguma coisa, de alguém.
Negar (razão) **a** alguém.
Negar-se **ao** trabalho.
Negociar **em** fazendas. – **com** alguém, – (alguma coisa) **com** alguém.
Nivelar (um terreno) **com** outro.
Noivar **de** alguém.
Nomear (alguém) **para** um cargo.
Nortear (a vida) **para** o bem. – (o coração) **a** novos amores.
Nortear-se **pelos** bons exemplos.
Notar (um gesto) **como** deselegante.
Notificar (uma coisa) **a** alguém.
Nublar-se (os olhos) **em** lágrimas.
Numerar (alguém) **entre** os heróis. – (alguém) **no** rol dos sábios.
Nupciar **com** alguém.
Nutrir (um afeto) **por** alguém.
Nutrir-se **na** ciência.

O

Obcecar-se **em** propósitos errôneos.
Obedecer **aos** seus impulsos.
Oberar-se **com** grandes débitos.
Objetar (alguma coisa) **a** alguém.
Obrigar (alguém) **a** fazer alguma coisa.
Obrigar-se **a** fazer alguma coisa.
Obsequiar (alguém) **com** alguma coisa.
Observar (alguma coisa) **a** alguém.
Obstar **a** que façam alguma coisa.
Obstinar-se **no** ódio.
Obviar **aos** desacertos. – **a** um inconveniente.
Ocasionar (perdas) **aos** negociantes.
Ocorrer **a** alguém (uma coisa). – **ao** reclamo de alguém. – **às** despesas do enterro.
Ocultar (alguma coisa) **de** alguém.
Ocultar-se **no** bosque.
Ocupar-se **a** falar de alguém. – **em** vender papéis. – **com** a vida alheia. – **das** causas de um fato.
Ofender-se **com** alguma coisa.
Oferecer (o peito) **às** balas. – (uma coisa) **a** alguém.
Ofertar (uma coisa) **a** alguém.
Oficiar **a** alguém.
Ofuscar **com** o esplendor do sol. – **de** nuvens (o céu).
Olhar (um ultraje) **como** crime. – **para** o céu. – **em** alguém. – **pelos** órfãos. – (uma criança) **com** olhos de pai. – **por** si. – **ao** longe.
Olvidar-se **de** alguém, de alguma coisa.
Ombrear **com** as raças nobres. – **com** os príncipes **em** fidalguia.
Onerar (o povo) **de** tributos.
Opor (resistência) **ao** inimigo.
Opor-se **aos** excessos. – **ao** inimigo.
Optar **pelo** mais rico.
Opulentar-se **com** lucros extraordinários.
Orar **a** Deus.
Orçar (uma despesa) **em** mil reais. – (a submissão) **pela** servilidade.
Ordenar (uma coisa) **a** alguém. – **de** fazer alguma coisa.
Ordenar-se **de** presbítero. – **para** o combate.
Orientar-se **em** um negócio. – **sobre** o estado de suas finanças.
Orlar (uma alfaia) **de** ouro.
Ornamentar-se **com** ouropéis.
Ornar-se **com** belos trajes.
Oscilar **da** servidão **à** desordem.
Ouriçar-se **de** espinhos.
Ousar-se **com** alguém.
Outorgar (uma coisa) **a** alguém. – **com** os nossos desejos.

P

Padecer **de** alguma enfermidade.
Pagar (uma coisa) **a** alguém.
Pagar-se **das** razões de alguém.
Pairar **sobre** a terra (uma ave). – **entre** o amor e o pecado.
Palestrar **com** alguém **sobre** algum assunto.
Palhetear **de** alguém.
Palpitar **a** alguém (alguma coisa).
Parar **de** chover. – **em** um hotel. – **em** nada (uma coisa). – (a vista) **em** um quadro. – (cinco tostões) **na** roleta.
Parecer (uma coisa) **a** alguém.
Parecer-se (uma coisa) **com** outra.
Parlamentar **com** os emissários.
Parolar **acerca de** alguma coisa.
Participar (uma coisa) **a** alguém. – **de** uma empresa. – **com** os inferiores.
Partilhar (algo) **com** alguém. – (os bens) **entre, pelos** filhos.
Partir (o pão) **com** o próximo. – **para** o estrangeiro. – **de** Cádiz **para** Madrid.
Partir-se **para** longe.
Pasmar (a vista) **no** espetáculo. – **de** alguma coisa.
Pasmar-se **com** alguma coisa.
Passar (a herança) **aos** netos. – (uma linha) **pela** agulha. – **em** Braga. – **a** outra freguesia. – **nos** lábios de alguém (um sorriso). – (alguém) **à** espada. – **em** julgado (uma sentença). – **para** o partido contrário. – (alguém) **pelas** armas. – **por** tolo. – **sem** fumar. – **de** padre **a** negociante. – **de** uma margem **à** outra. – **da** Espanha **para** Portugal.
Passar-se **ao** inimigo.
Passear **por entre** campinas (um rio). – **por** vários assuntos (o pensamento).
Pautar-se **pelos** bons exemplos.
Pavonear-se **com** adornos exagerados. – **de** ser moderno.
Pecar **contra** as boas maneiras. – **em** um mandamento.
Pedir (uma coisa) **a** alguém. – (dois reais) **por** duas dúzias de laranjas. – (alguém) **em** casamento. – **por** alguém. – (permissão) **para** retirar-se.
Pegar (o papel) **à** parede. – (fogo) **a** uma casa. – **com** outra (uma casa). – **da** pega. – **no** sono. – **com** alguém.
Pegar-se **com** todos os santos. – **à** opinião de alguém.
Pejar-se **de** fazer alguma coisa. – **com** alguém.
Pelar-se **por** alguma coisa.
Pelejar **com** as paixões. – **pela** vida. – **contra** a carne.
Pender **da** parede (um quadro). – **para** um partido. – (um quadro) **da** parede.
Pendurar (o chapéu) **no** cabide. – (o escudo) **ao** colo. – (os olhos) **em** algum objeto.
Pendurar-se **a** grandes alturas. – **das** cepas (as abóboras) – **sobre** o abismo.
Penetrar **na** floresta.
Penetrar-se **de** temor.
Penhorar-se **da** formosura.
Penitenciar-se **do** pecado.
Pensar **em** fazer alguma coisa. – **sobre** um assunto. – **em** alguém, em alguma coisa. – (bem ou mal) **de** alguém.
Pensionar (o convento) **em** três missas. – (alguém) **com** alguma quantia.
Pentear-se **para** deputado.
Parcutir **nas** montanhas (o trovão).
Perder-se **no** mato. – **em** cogitações. – **por** alguma coisa.
Perdoar (uma falta) **a** alguém.
Peregrinar **a** Lourdes. – (a sua ignorância) **pelo** mundo.
Permanecer **em** Lisboa.
Permear (as orelhas) **de** brincos. – **entre** duas coisas (uma outra).
Permitir (algo) **a** alguém.
Pernoitar **em** um hotel.
Perpassar **por** alguma parte.
Perseverar **no** trabalho.
Persistir **nos** seus propósitos.
Personificar (algo) **em** alguém.
Persuadir (alguém) **a** fazer alguma coisa. – (alguém) **de** alguma coisa.
Persuadir-se **a** fazer alguma coisa. – **da** verdade.
Pertencer (uma coisa) **a** alguém.
Pesar **sobre** os ombros de alguém (uma responsabilidade).
Pescar **de** um assunto.
Picar-se **de** inveja. – **de** eloqüente. – **com** alusões.
Pisar (alguém, alguma coisa) **aos** pés. – **em** terreno seguro. – **sobre** tábuas movediças.
Piscar (um olho) **a** alguém.
Plantar (uma estaca) **no** chão.
Plantar-se **no** terreno. – **ao** pé de alguém.
Pleitear **com** alguém.
Poder **com** a carga.
Ponderar (alguma coisa) **a** alguém. – **sobre** um assunto. – **nas** incertezas do destino.
Pôr (o chá) **na** mesa. – (um livro) **sobre** a mesa. – (uma coisa) **em** mau estado. – (inveja) **nos** corações. – (o copo) **à** boca. – (defeitos) **numa** obra. – (dúvidas) **à** alguma coisa. – (um freio) **aos** gentios. – (a saúde) **acima de** todos os bens. – (um quadro) **à** venda. – (uma obra) **em** verso. – (uma peça) **em** cena. – (alguém) **a** fazer alguma coisa. – (a moça) **por** secretária. – (seus agentes) **em** campo. – (o inimigo) **em** debandada. – (uma coisa) **em** dúvida. – (fim) **a** um mal. – (o prisioneiro) **em** liberdade – (a lição) **a** limpo. – **de** parte alguma coisa.
Pôr-se **de** joelhos. – **a** chorar. – **à** espreita. – **aos** gritos. – **com** desculpas. – **em** fuga.
Porfiar **em** um assunto. – **com** alguém.

Portar **pela** âncora (o navio).

Portar-se **com** bravura.

Pospor (o dever) **ao** interesse.

Possibilitar (algo) **a** alguém.

Possuir-se **de** cólera.

Postar (sentinelas) **n**as ruas. – (um criado) **à** porta.

Postar-se **em** alguma parte. – **rente de** alguém.

Poupar (dissabores) **a**os amigos. – (os amigos) **a** tais dissabores.

Poupar-se **a** fadigas.

Pousar (o chapéu) **numa** cadeira. – (o pé) **em** falso.

Povoar (um lago) **de** peixes.

Povoar-se **de** medos.

Prazer **a**os céus que algo aconteça.

Precatar (alguém) **contra** alguma coisa.

Precaver (alguém) **de, contra** alguma coisa.

Precaver-se **contra** as epidemias. – **para** o combate.

Preceder **a**o livro (uma introdução). – (o livro) **de** uma excelente introdução.

Precipitar (alguém) **n**a miséria. – (alguém) **do** sétimo andar.

Precipitar-se **de** uma altura. – **num** abismo. – **contra** o inimigo. – **dentro** de um valo. – **após** os fugitivos. – **à** perdição. – **em** dizer ou fazer alguma coisa.

Precisar **de** dinheiro.

Predestinar (os santos) **a**o martírio. – (alguém) **para** alguma coisa.

Predispor (alguém) **a, para** alguma coisa.

Preexistir **à** nação (o povo).

Preferir (uma coisa) **à** outra. – **a** todos **n**o concurso.

Pregar (um prego) **n**a parede. – **com** alguém **n**o chão.

Pregar **contra** a devassidão. – (um sermão) **a**os fiéis. – **n**o deserto.

Preitear (homenagens) **a** alguém.

Premunir (alguém) **contra** alguma coisa. – (os defensores) **de** escudos.

Premunir-se **contra** a infecção. – **de** resguardos.

Prendar (alguém) **de** todas as perfeições.

Prender (o cavalo) **a** uma árvore. – **n**os corações (a doutrina). – **com** outra (uma questão).

Prender-se **de** cuidados. – **a** alguém. – **n**os troncos (a hera).

Preocupar-se **com** assuntos graves. – **em** fazer alguma coisa.

Preparar (as armas) **para** a peleja.

Preparar-se **para** sair.

Preponderar **a**os do corpo (os bens da alma).

Prepor (o artigo) **a**o substantivo.

Prescindir **de** auxílio.

Prescrever (um regime) **a** alguém.

Presentear (alguém) **com** livros.

Presidir **a**o país. – **em** um concílio. – **à** construção **de** um edifício.

Prestar (cuidados) **a** alguém. – **para** tudo (uma coisa).

Prestar-se **a** alguma coisa.

Presumir **de** sábio.

Pretender (alguma coisa) **de** alguém.

Prevalecer **à** questão pessoal (a questão de princípios). – **contra** a igreja (as portas do inferno). – **sobre** a subordinação (a coordenação).

Prevalecer-se **de** sua força. – **contra** os preceitos do Senhor.

Prevaricar **a**os deveres.

Prevenir (alguém) **de** alguma coisa.

Prevenir-se **para** o inverno. – **de** roupa.

Prezar-se **de** valente.

Primar **entre** outras (uma coisa). – **pe**la sobriedade na linguagem. – **n**o epigrama.

Privar (alguém) **de** seus bens. – **com** alguém. – **n**a estima de alguém.

Privar-se **de** prazeres.

Proceder **de** outra (uma coisa). – **contra** os infratores. – **a**o inventário dos bens. – **à** devassa (o juiz).

Procurar (alguma coisa) **a** alguém.

Prodigalizar (cuidados) **a**o enfermo.

Proejar **para** uma enseada.

Professar (amizade) **com** alguém.

Progredir **n**os estudos.

Proibir (o vinho) **a**o enfermo. – (o enfermo) **de** beber vinho.

Projetar (uma linha) **sobre** um plano.

Projetar-se **de** grande altura. – **sobre** o terreno.

Promanar **de** outra (uma coisa).

Prometer (algo) **a** alguém.

Promover (o capitão) **a** major.

Prontificar-se **a** fazer alguma coisa.

Pronunciar-se **acerca de** uma questão. – **sobre** um assunto. – **em** favor de alguém. – **contra** alguém. – **por** alguém, por alguma coisa.

Propender **para** um lado.

Propinar (veneno) **a** alguém.

Propor (uma lei) **a**o Congresso.

Proporcionar (a recompensa) **a**o, **com** o serviço. – (algo) **a** alguém.

Propugnar **pe**la liberdade.

Prorromper **em** aplausos.

Proscrever (alguém) **de** uma sociedade.

Prosseguir **n**o caminho traçado.

Prostituir (alguém) **a** alguém.

Prostrar-se **diante de** Deus. – **a**o vencedor.

Proteger (alguém) **contra** a adversidade.

Protestar (obediência) **à** lei. – **contra** a injustiça. – **pe**los seus direitos.

Provar (algo) **a** alguém.

Prover (alguém) **do** necessário. – (cargo) **em** um parente. – **às** necessidades públicas.

Providenciar **acerca de** alguma coisa. – **quanto a** alguma coisa. – **n**a publicação de um livro. – **sobre** todos os negócios. – **para** que algo seja feito.

Provir **de** outra (uma coisa).

Publicar-se **por** autor de uma obra.

Pugnar **pe**la fé. – **contra** os inimigos.

Pular **de** uma altura. – **de** contente.

Pulular **de** formigas (um formigueiro).

Punir (os culpados) **de** morte.

Purgar-se **do** crime.

Purificar (a alma) **da** culpa.

Purificar-se **no** sofrimento. – **de** contactos degradantes.

Puxar **da** espada. – **por** um carro (os cavalos). – **para** médico (alguém). – **pe**los alunos. – **pe**lo punhal.

Q

Quadrar **com** outra (uma coisa).

Qualificar (uma ação) **de** roubo. – (a guerra) **como** a maior desgraça.

Quebrar **n**a praia (as ondas). – **com** alguém. – (o fio) **da** história. – (relações) **com** alguém. – (o respeito) **para com** alguém.

Quebrar-se **n**os rochedos (o mar).

Queimar-se **de** inveja. – (incenso) **a, por** alguém.

Queixar-se **de tudo, – a**o juiz. – **de** dores ao médico.

Querelar **de** alguém.

Querer **à** sua amada.

Questionar (ortografia) **com** gramáticos.

Quinhoar (alguma coisa) **com** alguém. – **de** uma herança.

Quitar (alguém) **de** alguma coisa. – (algo) **a** alguém. – **de** maçar alguém.

Quitar-se **d**os maus costumes. – **da** mulher, ou ela **do** marido.

R

Rabear (os olhos) **para** alguém ou alguma parte.

Radicar-se **em** um país.

Raiar **pe**la, **n**a anarquia (a excessiva liberdade).

Raivar **por** fazer alguma coisa.

Ralar-se **de** inveja.

Ralhar **com** os meninos travessos. – **de** tudo.

Ramificar-se **em** várias linhas. – **pe**lo corpo (as veias).

Ranger **com** os dentes. – **por** inveja.

Rasar (uma sepultura) **com** o chão.

Rasar-se **de** água (os olhos).

Rasgar-se **por** desditas.

Raspar **n**a parede com as unhas.

Ratinhar (meios) **a**o orçamento.

Razoar **em** alguma matéria.

Readmitir (um soldado) **n**o exército.

Reagir **contra** o dissídio. – **à** canícula.

Reassenhorear-se **d**o que era seu.

Reaviar (o gado) **à** vereda da fazenda.

Rebaixar-se **a** papéis humildes.

Rebelar (o filho) **contra** a mãe.

Rebelar-se **contra** a opressão.

Rebentar **de** curiosidade. – **em** blasfêmias. – **por** obter alguma coisa.

Rebolcar (algo) **n**o lodo. – (uma bola) **de** uma altura.

Rebolcar-se **n**a cama.

Recair **em** meditação. – **sobre** o peito (a cabeça). – **em** novas culpas. – **n**a doença. – **em** alguém (uma escolha).

Recamar-se **de** estrelas (o céu).

Recambiar (algo) **a** alguém.

Recapacitar-se **de** uma situação.

Recear **pe**la sua pele. – (danos) **a** alguém.

Recear-se **de** alguma coisa.

Receber (uma carta) **de** alguém. – (alguém) **por** mulher.

Recender **a** violeta (o jardim).

Rechear (o pastel) **de** carne.

Reciprocar (ofícios) **com** alguém.

Reclamar **contra** um abuso. – **pe**los seus direitos. – (justiça) **de** alguém.

Recobrir-se **de** flores (a terra).

Recolher (os soldados) **como** presos. – (os órfãos) **a**o asilo. – **de** uma festa (alguém).

Recolher-se **à** cidade. – **num** castelo. – **da** chuva. – **com** Deus. – **a**os bastidores. – **n**as despesas.

Recomendar (prudência) **a** alguém. – (uma pessoa) **a** outra.

Recomendar-se **pe**las suas boas qualidades. – **a** alguém.

Recompensar-se **d**os danos sofridos.

Reconcentrar (algo) **em** si, **em** alguém, **em** alguma coisa.

Reconcentrar-se **em** Setúbal (o inimigo).

Reconciliar (os hereges) **com** Deus.

Reconciliar-se **com** seus inimigos.

Reconduzir (algo, alguém) **a** alguém ou **a** alguma parte ou **d**o estado. – (o bispo) **n**o seu bispado.

Reconhecer (alguém) **como** príncipe.

Recontar (um fato) **a** alguém.

Recordar (algo) **a** alguém.

Recordar-se **d**o passado.

Recorrer **de** um tribunal **para** outro. – **da** sentença. – **à** justiça. – **a**o auxílio de alguém.

Recostar-se **sobre** um sofá.

Recuar **a**o passado.

Recuperar-se **d**as perdas sofridas.

Recusar (um favor) **a** alguém.

Recusar-se **a** obedecer.

Redargüir (um documento) **de** falso. – **a**o insulto.

Redizer (algo) **a** alguém.

Redobrar **de** esforços.

Redundar **em** proveito (uma coisa).

Reduzir (o edifício) **em** cinzas. – (os inimigos) **à** servidão. – (o osso fraturado) **a**o seu lugar.

Reduzir-se **a** viver de pão e leite. – **em** tal ou qual ponto (uma questão).

Reembolsar (as despesas) **a**o administrador **d**as despesas.

Reembolsar-se **de** uma dívida.

Reempossar (alguém) **n**o seu cargo.

Reencontrar-se **com** alguém.

Reentrar **em** casa.

Reenviar (alguém) **a** alguma parte.

Refazer (o navio) **de** mantimentos.

Refazer-se **d**os abalos sofridos.

Referir (uma história) **a** alguém. – (um efeito) **à** sua causa.

Referir-se **a** alguém, **a** alguma coisa.

Refinar-se **em** virtudes.

Refletir **n**a decisão a tomar. – **sobre** um assunto.

Refletir-se **n**o lago (a lua).

Reflexionar **em** alguma matéria. – **sobre** a proposta.

Refluir **às** faces (o sangue). – **para** a mãe pátria (os emigrantes).

Reforçar-se **com** a opinião dos clássicos.

Reformar-se **de** mantimentos.

Refrear-se **de** fazer alguma coisa.

Refugiar-se **da** chuva. – **em** casa de um amigo. – **a**o seio da mãe. – **dentro d**o seu coração.

Refugir **de** uma idéia. – **à** perseguição.

Regalar (alguém) **com** algo.

Regalar-se **com** bons jantares. – **de** ver um belo quadro.

Regatear (algo) **a** alguém.

Regressar **ao** posto, **à** casa.

Regular **por** cem mil reais (os haveres de alguém). – (o desejo) **pelo** juízo.

Regular-se **por** princípios.

Regurgitar **de** gente (uma sala).

Reinar **em** Espanha. – **sobre** a nação.

Reincidir **na** mesma culpa.

Reingressar **no** catolicismo.

Reintegrar-se **no** seio da família.

Reintroduzir (a severidade) **nos** costumes.

Reiterar (cumprimentos) **a** alguém.

Rejeitar (incômodos) **de** si.

Relacionar **com** muitos amigos. – (uma pessoa) **com** outra. – (o efeito) **à** causa.

Relacionar-se **com** fidalgos. – **à** causa (o efeito).

Relancear (os olhos) **aos** circunstantes. – (os olhos) **em** volta de si.

Relatar (seus males) **a** alguém.

Relaxar (os réus) **ao** braço secular.

Relegar (um criminoso) **da** sociedade. – (uma idéia) **ao** esquecimento.

Rematar **em** pancada (uma discussão).

Remediar (alguém) **do** que lhe falta.

Remediar-se **com** pouco.

Rememorar (um fato) **a** alguém.

Remergulhar **na** piscina.

Remessar (algo) **contra** alguém.

Remeter (os seus agravos) **a** Deus. – **contra** o inimigo. – **com** alguém a murros.

Remeter-se **ao** arbítrio de alguém. – **ao** que dizem os autores.

Remexer **em** alguma coisa.

Remirar-se **ao** espelho. – **nos** filhos.

Remetir (seus direitos) **a** alguém.

Remontar **ao** passado. – **de** ferro (um cajado).

Remontar-se **ao** céu. – **de** pretensões ambiciosas.

Remorder **no** mesmo bocado.

Remorder-se **em** revolta.

Remover (alguém) **do** seu cargo. – (alguém) **a** más doutrinas.

Render (um preito) **à** beleza. – (a alma) **ao** Criador.

Render-se **ao** inimigo. – **à** discrição.

Renegar **de** Cristo.

Renhir **com** alguém **sobre** alguma coisa.

Renovar (agradecimentos) **a** alguém.

Renunciar **ao** cargo de deputado. – **ao** mundo.

Reparar **em, para** alguém.

Reparar-se **dos** danos sofridos. – **contra** o frio.

Repartir (o pão) **aos** comensais. – (sua fortuna) **pelos, com** os pobres. – (o império) **entre** os filhos.

Repartir-se **entre** cuidados e virtudes.

Repassar (alguma coisa) **de, em** calda. – (algo) **com** a memória. – **pelo** mesmo caminho.

Repassar-se **de** dor. – **de** lágrimas (o lenço).

Repenetrar **em** alguma parte.

Repensar **no** assunto.

Repercutir **na** capital (uma notícia).

Repercutir-se **na** administração (um abalo de crédito).

Reperguntar (algo) **a** alguém.

Repimpar-se **na** poltrona. – **de** chouriços.

Repisar **num** assunto desagradável.

Repor (uma coisa) **em** seu lugar. – (a parte) **ao** todo.

Reportar (o pensamento) **ao** passado.

Reportar-se **a** um documento. – **a** alguém. – **ao** passado.

Repousar (os olhos) **numa** bela paisagem. – **na** sua base (uma coluna). – **sobre** uma colina (a cidade).

Repreender (alguma ação) **a** alguém. – (alguém) **de** alguma ação. – (alguém) **por** erro cometido.

Representar **de** sábio. – **ao** presidente.

Representear **com** mimos.

Reprochar (alguma ação) **a** alguém.

Reprofundar **no** sumidouro.

Repugnar **à** ação (uma coisa).

Reputar (uma ação) **por** boa. – (um serviço) **em** dez contos.

Requerer (uma concessão) **ao** governo. – (prudência) **de** alguém.

Requintar **no** estilo.

Reservar (um assunto) **para** outra ocasião – (algo) **para** alguém ou algum fim. – (alguém) **de** incômodos.

Reservar-se **para** mais tarde.

Resguardar (alguém) **de** perigos.

Resguardar-se **do** frio.

Residir **em** Porto Alegre.

Rezingar **com** alguém.

Resistir **ao** inimigo. – **contra** a morte.

Resolver (o vapor) **em** água. – **sobre** um assunto.

Resolver-se **a** fazer alguma coisa. – **em** água (as nuvens).

Respeitar **à** questão (uma circunstância).

Responder **ao** merecimento (o prêmio). – (uma pergunta) **a** alguém. – **pelos** atos de alguém.

Responsabilizar (alguém) **por** alguma coisa.

Responsabilizar-se **por** tudo.

Responsar **a** Santo Antônio.

Ressaber **a** lima (uma laranja).

Ressair **de** casa. – **dos** fatos (uma verdade).

Ressalvar (alguém) **de** uma responsabilidade.

Ressalvar-se **de** possíveis culpas.

Ressarcir (algo) **a** alguém.

Ressentir-se **da** enfermidade.

Restabelecer (o empregado) **no** seu antigo lugar.

Restar **de** um palácio (as ruínas). – **a** alguém poucas horas **para** viver.

Restaurar-se **dos** males sofridos.

Restituir (algo) **ao** dono. – (alguém) **à, na** posse de seus direitos.

Restituir-se **de** seus atributos. – **no** seu direito.

Restringir **à** suas proporções (um fato).

Restringir-se **de** um mau propósito.

Resultar **em** proveito (um negócio).

Resumir (uma história) **a** poucas palavras.

Resumir-se **em** pouca coisa (uma questão).

Resvalar **em** erros. – **sobre** as ondas (o barco).

Retemperar-se **nos** perigos.

Reter-se **à** borda de um precipício.

Retirar (dinheiro) **do** banco. – **para** novas linhas (um exército).

Retirar-se **dos** negócios. – **à** sua casa. – **para** a província.

Retornar **ao** bom caminho. – **sobre** si.

Retrair (alguém) **de** falar sobre um assunto.

Retrair-se **para** o campo. – **do** mundo.

Retrazer (algo) **à** discussão.

Retribuir (as boas obras) **aos** caritativos.

Retroceder **no** intento. – (um direito) **a** alguém.

Retrogradar **a** hábitos primitivos.

Retrotrair (os efeitos de um contrato) **à** data de sua celebração.

Retrotrair-se **às** primeiras tradições.

Retrucar (algo) **a** uma afirmação.

Reunir (uma província) **à** coroa.

Reunir-se **a, com** alguém. – **para** fazer alguma coisa.

Revelar (um segredo) **a** alguém.

Revelar-se **aos** homens (Deus).

Revender (algo) **a** alguém.

Rever-se **no** filho.

Reverter **ao** ponto de partida. – **para** alguém (uma propriedade).

Revestir (as canhoneiras) **de** tabuões.

Revestir-se **de** verdade (uma mentira).

Revezar-se **no** trabalho.

Revidar **aos** tiros dos antagonistas. – (algo) **a** uma afirmação.

Revirar-se **sobre** os calcanhares. – **contra** todos.

Revocar (alguém) **à** razão. – (alguém) **do** exílio.

Revoltar (o povo) **contra** a ditadura. – **para** casa.

Revoltar-se **contra** a injustiça.

Rezar **aos** santos. – **por** alguém.

Rimar **com** outra (uma palavra).

Roçar **pelo** chão (um vestido).

Roçar-se **pela** terra.

Rodar **para** a cidade.

Rodear (a praça) **com** um fosso.

Rodear-se **de** amigos.

Roer **nas** unhas. – **na** consciência (o ciúme).

Rogar **a** Deus. – **pela** felicidade de alguém. – **pelos** pecadores. – (um favor) **a** alguém.

Romper-se **do** solo (a fonte). – **em** pranto. – **pelas** trincheiras inimigas. – **com** alguém.

Roncar **de** valente.

Roubar (algo) **a** alguém. – (alguém) **em** alguma coisa. – **no** peso.

Rumar (o navio) **para** o norte.

Rusticar **no** pampa.

S

Saber **de** um fato. – **a** caju (um vinho). – (as linhas) **com** que se cose.

Saborear-se **com, por, em** alguma coisa.

Sacar **do** punhal. – (um segredo) **de** alguém. – **sobre** a sua herança. – **a** descoberto.

Sacar-se **com** uma esquisitice.

Saciar-se **em** belezas.

Sacrificar (algo) **para** algum fim. – (seus interesses) **por** um amigo. – **em** mortífero combate.

Sacudir (alguém) **de** onde se encontra.

Safar (o relógio) **a** alguém.

Safar-se **de** casa.

Sagrar (tempo) **ao** estudo.

Sair **de** casa. – **ao** encontro **do** inimigo. – **sobre** o fundo (as cores de um quadro). – **ao** pai (o filho). – **à** luz (um livro). – **em** terra (a marinhagem). – **dos** limites (algo). – **a, em** público (uma obra, uma defesa).

Sair-se **com** um pensamento extravagante.

Saldar (contas) **com** alguém.

Salientar-se **nas** letras. – **como** orador.

Salpicar (alguém) **de** lama. – (um discurso) **com** citações.

Salpicar-se **de** estrelas (o céu).

Saltar **do** cavalo. – **em** fazenda alheia. – **de** um assunto **para** outro. – **com** alguém. – **aos** olhos (uma verdade). – **fora do** caixilho (os vidros). – **na** sela, **no** cavalo.

Saltear-se **com** tamanha novidade.

Salvar (alguém) **de** um perigo.

Salvar-se **do** naufrágio. – **em** terra.

Sanear (uma pessoa) **com** outra.

Sanear-se **com** os seus inimigos.

Sarar **de** uma enfermidade.

Satisfazer **às** exigências da lei. – **com** seu dever. – (alguém) **das** injúrias recebidas.

Satisfazer-se **de** alimento. – **da** perda. – **com** pouca coisa. – **nos** inimigos.

Saturar (a água) **de** sal.

Secar-se **de** desgosto.

Segredar (algo) **a** alguém.

Segregar (o réu) **de** toda a proteção.

Segregar-se **do** mundo, **dos** amigos.

Seguir **para** o norte. – **ao** sete (o número oito).

Seguir-se **de** uma conclusão (uma exposição).

Selar-se **com** o sangue da vítima.

Semear (o país) **de** sociedades secretas.

Semelhar **a** outra (uma coisa).

Semelhar-se **a** alguma pessoa.

Senhorear **sobre** os seus súditos.

Senhorear-se **de** bens alheios.

Sentenciar **em** sua especialidade (um técnico). – **contra** o réu. – (o réu) **em** oito dias de trabalho. – (um criminoso) **à** morte.

Sentir-se **da** repreensão. – **da** mudança de temperatura. – **no** céu.

Separar (os maus) **dos** bons.

Separar-se **dos** seus. – **em** dois (o caminho).

Ser **com** alguém. – **contra** alguém. – **de** ver a sua atividade. – **de** parecer favorável. – **de** mister (alguma coisa). – **por** alguém. – **para** lamentar (uma coisa). – **de** alguém (uma coisa).

Serrar **de** cima.

Servir **na** guerra, **na** milícia, **na** marinha. – **à** sua pátria. – **de** exemplo (alguém, alguma coisa). – **para** tudo (uma coisa). – (os convivas) **de** café. – **de** porteiro. – **a** Deus. – **de** escudo **aos** desamparados.

Servir-se **de** alguém. – **de** alguma coisa. – **de** fazer alguma coisa.

Silenciar **sobre** as suas dores.

Singularizar-se **em** medicina.

Sintonizar (um aparelho de rádio) **com, para** uma estação emissora.

Sisar **numa** quantia.

Situar (a cidade) **em** uma colina.

Situar-se **em** más condições.

Soar **a** oco (alguma coisa).

Sobejar (tempo) **a** alguém.

Sobejar-se **com** o seu trabalho.

Sobpor (uma coisa) **à** outra.

Sobraçar-se **com** alguma pessoa.

Sobrancear (uma bandeira) **no** telhado.

Sobreerguer (a cabeça) **aos** circunstantes.

Sobrelevar (a voz) **por cima d**a algazarra.
Sobrepairar **a** todas as outras (uma coisa).
Sobrepor (uma coisa) **a** outra.
Sobrepujar **às** vozes (os suspiros). – **entre** os baixos (os altos).
Sobrescritar (uma carta) **para** Madri.
Sobressair **entre** muitos. – **a** todas as outras (uma voz).
Sobressaturar-se **de** ciência.
Sobrevir (uma desgraça) **a** alguém.
Socorrer-se **a**os santos. – **de** um estratagema.
Sofrer **de** males crônicos. – **por** alguém.
Soldar (a alça) **à** panela.
Solicitar (perdão) **a**o tribunal. – (alguém) **a** mal. – (favores) **de** alguém.
Solicitar-se **de** alguma incerteza.
Solidarizar-se **com** um ponto de vista.
Soltar-se **d**o mastro (a bandeira).
Somar (uma coisa) **com** outra.
Somar-se **em** quase nada (alguma coisa).
Sonegar (a verdade) **a**o juiz.
Sonhar **em** ter ou fazer alguma coisa. – **com** alguém.
Sopesar-se **n**as asas (as aves).
Soprar (um segredo) **a**o ouvido de alguém. – **n**os dedos, **n**a sopa quente.
Sorrir **à** vida. **à** mocidade, **a** alguém. – **da** fatuidade.
Sorrir-se **para** alguém.
Sortir (a casa) **de** tudo quanto é preciso.
Sortir-se **de** mantimentos.
Sotopor (uma coisa) **a** outra.
Subalternar (alguém) **a** uma situação inferior.
Subdelegar (seus direitos) **em** um procurador.
Subir **a**o telhado. – **para** a carruagem. – **p**ela escada. – (algo) **a** um lugar elevado. – **n**o conceito público.
Subir-se **a** um cavalo.
Sublimar (o príncipe) **a**o trono.
Submergir-se **n**as águas.
Submeter (um produto) **a** análise química.
Submeter-se **à** decisão dos juízes.
Subministrar (recursos) **a**os necessitados.
Subordinar (a força) **a**o direito.
Subordinar-se **a** um regime.
Subpor (o seu nome) **a** grandes riscos.
Subrrogar-se **n**o lugar de outrem.
Subscrever **a** um pedido. – **para** um jornal.
Subseguir-se (o crime) **à** violência.
Subsistir **de** esmolas.
Substituir (o velho) **p**elo novo. – (o progresso). **à** rotina. – (o antigo) **com** o moderno.
Substituir-se **a**o professor ausente.
Subterfugir **a** interrogações.
Subtrair (o relógio) **a** alguém.
Subtrair-se **à** procura.
Suceder (o dia) **à** noite. – **em** um cargo de outrem. – **a**o defunto **n**o cargo de escrivão.
Sucumbir **à** tentação.
Sugerir (algo) **a** alguém.
Sujeitar (a vontade) **à** razão.
Sujeitar-se **a** tudo.
Sumir (as mãos) **n**os bolsos.
Sumir-se **debaixo d**as cobertas. – **n**a floresta.
Superabundar **à** necessidade (as provisões). – **de** flores (o prado).
Superar (alguém) **n**o manejo das armas.
Superintender **em** uma empresa.
Superpor (a imaginação) **à** realidade.
Supor (a culpa) **a** alguém.
Suprir (a família) **d**o necessário. – **às** despesas da família. – (a água) **por** vinho. – **por** alguém ausente.
Surdir **d**as trevas (um fantasma).
Surgir **à** mente (alguma coisa). – **da** letargia.
Surpreender (dinheiro) **a** alguém.
Surripiar (o relógio) **a** alguém.
Suscitar (embaraços) **a** alguém.
Suspeitar **de** alguém, **de** alguma coisa. – (alguém) **de** ladrão.
Suspirar **p**ela felicidade.
Sustentar-se **à** superfície das águas. – **de, com** seu trabalho. – **a** pão e água. – **de** vegetais. – **em** uma posição.

T

Tachar (alguém) **de** ignorante. – (algo) **como** desagradável.
Talhar (algo) **para** alguém. – (uma coisa) **por** outra.
Tamborilar (os dedos) **sobre** a mesa. – **n**o telhado (a chuva).
Tanger **n**a mesma corda. – **a** alguém (uma alusão).
Tardar **a** chegar. – **em** responder.
Taxar (a medicina) **de** infalível.
Teimar **em** fazer alguma coisa.
Telefonar **a** alguém. – **para** o médico.
Telegrafar **a** alguém. – **para** o Rio.
Temer **de** tudo. – **a** Deus.
Temperar (a necessidade) **com** a paciência.
Tempestear **com** alguma coisa.
Temporizar **com** alguém. – **acerca de** pedidos.
Tender **a**o centro da terra (os corpos pesados). – **para** as artes. – **a** fazer alguma coisa.
Tentar **contra** a vida de alguém.
Ter **a** lucrar com uma medida. – (ares) **de** fidalgo. – **com** o assunto (a referência). – **de** fazer alguma coisa. – (mão) **em** si. – **de** memória (um verso). – (algo, pouco, nada) **com** o assunto. – **para** si a certeza de alguma coisa. – **por** incorreto (um procedimento). – (a obediência) **em** muito. – (um fim) **em** vista.
Ter-se **por** sábio. – **a** uma esperança.
Terçar **em** favor de alguém. – **por** alguém.
Terminar **por, em** consoante (uma sílaba).
Testar (seus bens) **a**os pobres. – **de** seus bens.
Testemunhar **d**a verdade. – **contra** alguém.
Timbrar **em** ser justo. – **de** honrado. – (alguém) **de** doido.
Tingir (a espada) **n**o sangue de alguém.
Tingir-se **de** vermelho (o poente).
Tinir **de** frio.
Tirar (alguém) **de** casa. – (dinheiro) **da** gaveta. – (o relógio) **a** alguém. – (dois) **de** cinco. – **p**ela espada. – **por** um carro (os cavalos). – **a** um certo fim.
Tirar-se **de** uma dificuldade.
Titubear **n**a fé.
Toar **a** despropósito (uma coisa). – **com** a mobília (a casa).
Tocar (alguma coisa) **a** alguém. – **por** sete anos (um fato). – **em** Lisboa (o navio). – **num** assunto, **num** livro, **numa** porta. – **a** recolher. – **a** fazer algo.
Tocar-se **em** muitos pontos. – **com** uma má notícia.
Toldar-se **de** nuvens (o céu).
Tolher (alguém) **de** fazer alguma coisa. – (o passo) **a** alguém.
Tolher-se **de** medo.
Tomar (uma satisfação) **a** alguém. – (alguém) **por** tolo. – (amizade) **a** alguém. – (conta) **de** alguém. – (as dores) **por** alguém. – (alguém) **para** esposa. – (a liberdade) **de** fazer alguma coisa.
Tomar-se **de** ira.
Topar **em, com** alguma coisa ou alguém.
Topar-se **com** alguém.
Topetar **com** as nuvens (o cimo da montanha).
Torcer (as palavras) **a** um mau sentido. – **para** o norte.
Trocer-se **a** adulações.
Tornar **para** a pátria. – **a**o bom caminho. – (um livro) **em** português. – **a** si. – **p**elos oprimidos. – **a** rir.
Tornar-se **para** casa.
Toucar-se **de** flores.
Traduzir (um livro) **para** o espanhol. – (uma obra) **a** vários idiomas. – (ventana) **por** janela.
Traduzir-se **n**os olhares (os sentimentos).
Trafegar **com** as suas mercadorias.
Traficar **em** escravaria branca.
Trair-se **n**as suas explicações.
Trajar **como** um cavalheiro. – **de** verde.
Trajar-se **à** francesa.
Tramar **contra** o governo.
Transcender **a** todos **em** virtude.
Transferir (o tribunal) **para** outra cidade. – (a sessão) **para** o dia seguinte. – (o enfermo) **a** uma poltrona.
Transferir-se **a, para** Toledo.
Transfigurar (Jove) **em** touro.
Transfiltrar (influências mórbidas) **a**o sangue.
Transformar (a água) **em** vinho.
Transformar **em** mendigo.

Transfretar (mercadorias) **d**o Chile.
Transfundir (a doutrina) **n**os incréus.
Transigir **com** a vontade de alguém. – **sobre** algum assunto. – **em** alguma coisa.
Transitar **p**elas ruas.
Transluzir **debaixo d**as ondas (o coral). – **n**o rosto (o júbilo dos corações).
Transmigrar **para** o Brasil.
Transmitir (uma notícia) **a** alguém. – (a herança) **a**os filhos.
Transmudar (a água) **em** vinho.
Transmudar-se **em** outro homem.
Transparecer **n**as palavras (a verdade).
Transplantar-se **para** outros sítios.
Transportar (mercadorias) **para** o porto. – (uma música) **para** um tom mais fácil.
Transportar-se **a**o passado. – **de** um lugar **para** outro. – **de** prazer.
Trasntornar-se **com** a notícia.
Transudar **da** fronte (o suor).
Transverberar-se **n**o rosto (os sentimentos).
Transverter (uma coisa) **em** outra.
Transvoar **a** outros climas (as aves).
Transbordar **de** prazer. – **d**o vaso (um líquido).
Transladar (uma obra) **a** português. – (uma expressão) **para** vernáculo.
Trasladar-se **à** cidade. – **n**o rosto (a formosura).
Trasmudar-se (uma coisa) **em** outra.
Traspassar (um estabelecimento) **a** alguém. – (um poema grego) **para** o português.
Tratar (os idealistas) **de** visionários. – (alguém) **com** respeito. – (uma doença) **pela** dieta. – **de** fazer alguma coisa. – **sobre** a questão soviética. – **de** crianças. – **com** gesto desconfiado. – **em** gado.
Tratar-se **de** uma questão importante.
Travar **de** uma alavanca. – **d**o braço de alguém.
Travar-se **de** razões **com** alguém.
Trazer (a culpa original **de** Adão. – (esperanças) **a** alguém.
Treinar (um falcão) **para** caçar.
Tremer **de** medo.
Trepar **n**as penhas. – **a**o mastro. – **por** uma árvore. – **sobre** o estrado. – **a** ministro.
Trepidar **de, em** fazer alguma coisa.
Treplicar **a** uma réplica.
Tresandar **a** catinga.
Tresladar (uma coisa) **a** outro lugar.
Trespassar (seus direitos) **em** alguém.
Tributar (homenagens) **a**o rei.
Trifurcar-se (um caminho) **em** sendas.
Tripartir-se (um rio) **em** sangradouros.
Tripudiar **n**o vício. – **sobre** as desgraças alheias.
Triunfar **contra** a injustiça. – **em** um torneio. – **sobre** os oponentes.
Trocar (o certo) **p**elo duvidoso. – (ouro) **por** prata. – (o nome de João) **em** Pedro. – (alguém) **com** outro. – **de** ofício.
Troçar (com) a miséria. – **de** alguém.
Tropeçar **em** uma pedra. – **com** o sentido de uma frase.
Trovejar **contra** os esbanjamentos.
Tutucar **em** um tamborete.

U

Ungir (alguém) **para** chefe. – (alguém) **em** rei.
Unir (uma coisa) **a, com** outra.
Unir-se **a, com** outros.
Untar (o corpo) **com, de** óleo.
Urdir (tramas) **a**o rei.
Urgir **com** alguém **para** que faça algo.
Usar **d**a palavra. – **de** boa linguagem **para com** os outros.
Usurpar (algo) **a** seu legítimo dono.
Utilizar (o tempo) **em** estudos. – **a** alguém.
Utilizar-se **de** alguém ou alguma coisa.

V

Vacar **a** leituras frívolas. – **de** outras atividades.
Vacilar **em** fazer alguma coisa.
Vagar **às** coisas de Deus.
Valar (o reduto) **com** muralhas.
Valer **a** alguém (uma coisa).

Valer-se **d**os amigos.
Validar-se **em** inteligência.
Vangloriar-se **de** suas proezas.
Varar **por** uma porta. – **pelo** mato a dentro.
Varrer (algo) **d**a memória.
Vazar (água) **n**o chão. – (uma bala) **n**o peito.
Vazar-se **d**as veias (o sangue).
Vedar (algo) **a** alguém. – (alguém) **de** fazer algo.
Velar **pelos** seus interesses. – **por** alguém.
Vencer (o inimigo) **em** ardil. – **em** votos **a** outrem.
Vender (mercadorias) **a**os compradores.
Vender-se **a** alguém.
Ver (a conclusão) **de** uma exposição.
Vergar (alguém) **à** disciplina.
Vergar **à** imposição do destino.
Verrumar **na** questão.
Versar (os alunos) **em** espanhol. – **sobre** matérias
    filosóficas (uma questão). – **entre** os homens.
Verter (um poema inglês) **em** latim. – (um vocábulo
    espanhol) **para** o português. – **d**a fonte (as águas).
Vestir (as paredes) **de** painéis. – (a calva) **com** o
    barrete. – **com** esmero. – **à** inglesa. – **de** púrpura.
    – **de** mendigo (um rei).
Vexar-se **de** alguma coisa.
Viajar **p**ela França.
Vibrar (golpes) **contra, a**o inimigo.

Vigiar, **em, por** alguém. – **sobre** alguma coisa.
Vigiar-se **d**o mal.
Vincular (seu nome) **à** história.
Vincular-se **com** alguém por parentesco. – **na**
    história (um nome).
Vingar **à** margem oposta.
Vingar-se **contra** alguém. – **d**o traidor. – **em** algu-
    ma coisa.
Vir **a** Buenos Aires. – **d**a cidade. – **a**os olhos (as
    lágrimas). – **em** aceitar a solução da contenda. –
    (um mal) **a** alguém. – (um assunto) **à** baila. – **a** um
    acordo. – **a** saber-se (um segredo) – (uma coisa) **a**
    tempo, **a** propósito. – **de** dizer missa. – **sobre** o
    inimigo.
Vir-se **a, para** alguém.
Virar (as armas) **contra** o inimigo. – (rosto) **a**onde
    seja necessário. – **a**o largo (o navio) – **para** o
    norte. – **de** bordo.
Virar-se **para** alguém. – **contra** seus chefes.
Visar **a**o bem da comunidade.
Visitar-se **com** os vizinhos.
Viuvar **de** seus gostos.
Viver **na** Espanha. – **de** frutas. – **a** discutir. – **d**o seu
    trabalho. – **com** uma mulher. – **em, com, para,**
    por alguém. – **à** larga.
Vizinhar **com** a Espanha (um país).

Voar **à** cidade. – **em** socorro de alguém.
Vociferar **contra** alguém.
Voltar **a**o lar. – **d**a Índia. – **a** fazer alguma coisa. –
    para o norte, **a**o sul (o vento). – (as armas) **con-**
    tra o seu país. – (seus pensamentos) **para** Deus.
Voltar-se **para** o interlocutor.
Volver (os olhos) **para** o chão, **a** alguém. – (a pro-
    priedade) **a**o seu dono.
Volver-se **a**o lar. – **à** leitura dos clássicos.
Votar **por** ou **contra** alguém ou alguma coisa. – **a**
    favor de algo. – **em** seu candidato.
Votar-se **a**o estudo.

X

Xaquetar (uma vinha) **de** oliveiras.

Z

Zangar-se **com** alguma coisa.
Zebrar (uma parede) **de** listas.
Zingrar **de** alguém.
Zombar **de** alguém ou alguma coisa.
Zombetear **de** coisas sérias.

CONJUGACIÓN DE LOS VERBOS PORTUGUESES

1

VERBOS REGULARES

MODELO DE LA PRIMERA CONJUGACIÓN

AMAR

MODO INFINITIVO

FORMAS SIMPLES:
INFINITIVO: **Amar** (Amar).
GERUNDIO: **Amando** (Amando).
PARTICIPIO: **Amada** (Amado).
INFINITO PERSONAL: **Amar – amares – amar – amarmos – amardes – amarem.** (*)

FORMAS COMPUESTAS:
INFINITIVO: **Ter amado** (Haber amado).
GERUNDIO: **Tendo amado** (Habiendo amado).
INFINITIVO PERSONAL: **Ter amado – teres amado – ter amado – termos amado – terdes amado – terem amado.** (*)

(*) *Estas formas personales del infinitivo son características del portugués. Para su empleo y para su traducción al castellano, véase SINOPSIS, Verbo, 86.*

MODO INDICATIVO

PRESENTE: **Amo – amas – ama – amamos – amais – amam** (Amo, amas, ama, amamos, amáis, aman).
PRETÉRITO IMPERFECTO: **Amava – amavas – amava – amávamos – amáveis – amavam** (Amaba, amabas, amaba, amábamos, amabais, amaban).
PRETÉRITO INDEFINIDO: **Amei – amaste – amou – amamos – amastes – amaram** (Amé, amaste, amó, amamos, amasteis, amaron).
PRETÉRITO PLUSCUAMPERFECTO (SIMPLE): **Amara – amaras – amara – amáramos – amáreis – amaram.** (**)

(**) *El castellano no posee actualmente esta forma del pluscuamperfecto, que conservo hasta el siglo XVIII. Se emplea el tiempo compuesto:* Habia amado, habías amado, había amado, habíamos amado, habíais amado, habían amado.

FUTURO IMPERFECTO: **Amarei – amarás – amará – amaremos – amareis – amarão** (Amaré, amarás, amará, amaremos, amaréis, amarán).
PRETÉRITO PERFECTO: **Tenho amado – tens amado – tem amado – temos amado – tendes amado – têm amado** (He amado, has amado, ha amado, hemos amado, habéis amado, han amado).
PRETÉRITO PLUSCUAMPERFECTO (COMPUESTO): **Tinha amado – tinhas amado – tinha amado – tínhamos amado – tínheis amado – tinham amado** (Había amado, habías amado, había amado, habíamos amado, habíais amado, habían amado).
FUTURO PERFECTO: **Terei amado – terás amado – terá amado – teremos amado – tereis amado – terão amado** (Habré amado, habrás amado, habrá amado, habremos amado, habréis amado, habrán amado).

MODO POTENCIAL

IMPERFECTO (1ª FORMA): **Amaria – amarias – amaria – amaríamos – amaríeis – amariam** (Amaría, amarías, amaría, amaríamos, amaríais, amarían).
IMPERFECTO (2ª FORMA): **Amara – amaras – amara – amáramos – amáreis – amaram.** (***)
PERFECTO (1ª FORMA): **Teria amado – terias amado – teria amado – teríamos amado – teríeis amado – teriam amado** (Habría amado, habrías amado, habría amado, habríamos amado, habríais amado, habrían amado).
PERFECTO (2ª FORMA): **Tivera amado – tiveras amado – tivera amado – tivéramos amado – tivéreis amado – tiveram amado.** (***)

(***) *Estas formas están un tanto arcaizadas y sólo aparecen en lenguaje poético o erudito. El castellano no las posee y, para traducirlas, emplea el tiempo compuesto:* Habría amado, habrías amado, habría amado, habríamos amado, habríais amado, habrían amado.

MODO SUBJUNTIVO

PRESENTE: **Ame – ames – ame – amemos – ameis – amem** (Ame, ames, ame, amemos, améis, amen).
PRETÉRITO IMPERFECTO (1ª FORMA): **Amasse – amasses – amasse – amássemos – amásseis – amassem** (Amara o amase, amaras o amases, amara o amase, amáramos o amásemos, amarais o amaseis, amaran o amasen).
PRETÉRITO IMPERFECTO (2ª FORMA): **Amara – amaras – amara – amáramos – amáreis – amaram** (Amara, amaras, amara, amaremos, amarais, amaran). (****)
FUTURO IMPERFECTO: **Amar – amares – amar – amarmos – amardes – amarem** (Amare, amares, amare, amáremos, amareis, amaren).
PRETÉRITO PERFECTO: **Tenha amado – tenhas amado – tenha amado – tenhamos amado – tenhais amado – tenham amado** (Haya amado, hayas amado, haya amado, hayamos amado, hayáis amado, hayan amado).
PRETÉRITO PLUSCUAMPERFECTO (1ª FORMA): **Tivesse amado – tivesses amado – tivesse amado – tivéssemos amado – tivésseis amado – tivessem amado** (Hubiera o hubiese amado, hubieras o hubieses amado, hubiera o hubiese amado, hubiéramos o hubiésemos amado, hubierais o hubieseis amado, hubieran o hubiesen amado).
PRETÉRITO PLUSCUAMPERFECTO (2ª FORMA): **Tivera amado – tiveras amado – tivera amado – tivéramos amado – tivéreis amado – tiveram amado** (Hubiera amado, hubieras amado, hubiera amado, hubiéramos amado, hubierais amado, hubieran amado). (****)

(****) *Estas formas están un tanto arcaizadas y sólo aparecen en lenguaje poético o erudito.*

FUTURO PERFECTO: **Tiver amado – tiveres amado – tiver amado – tivermos amado – tiverdes amado – tiverem amado** (Hubiere amado, hubieres amado, hubiere amado, hubiéremos amado, hubiereis amado, hubieren amado).

MODO IMPERATIVO

AFIRMATIVO: **Ama – ame – amemos – amai – amem** (Ama, ame, amemos, amad, amen).
NEGATIVO: **(Não) Ames – ame – amemos – ameis – amem** ((No) ames, ame, amemos, améis, amen).

NOTA: *El auxiliar de la voz activa portuguesa es* ter *(tener), pero también existe el auxiliar* **haver** *(haber), el cual se puede emplear en todos los tiempos, modos y personas en que se emplea el auxiliar* **ter**. *Con todo, el auxiliar* **haver** *está un tanto arcaizado y casi sólo aparece en lenguaje erudito.*

MODELO DE LA SEGUNDA CONJUGACIÓN

TEMER

MODO INFINITIVO

FORMAS SIMPLES:
INFINITIVO: **Temer** (Temer).
GERUNDIO: **Temendo** (Temiendo).
PARTICIPIO: **Temido** (Temido).
INFINITIVO PERSONAL: **Temer – temeres – temer – temermos – temerdes – temerem.** (*)

FORMAS COMPUESTAS:
INFINITIVO: **Ter temido** (Haber temido).
GERUNDIO: **Tendo temido** (Habiendo temido).
INFINITIVO PERSONAL: **Ter temido – teres temido – ter temido – termos temido – terdes temido – terem temido.** (*).

(*) *Estas formas personales del infinitivo son características del portugués. Para su empleo y para su traducción al castellano, véase SINOPSIS, Verbo, 86.*

PRESENTE: **Temo – temes – teme – tememos – temeis – temem** (Temo, temes, teme, tememos, teméis, temen).
PRETÉRITO IMPERFECTO: **Temia – temias – temia – temíamos – temíeis – temiam** (Temía, temías, temía, temíamos, temíais, temían).
PRETÉRITO INDEFINIDO: **Temi – temeste – temeu – tememos – temestes – temeram** (Temí, temiste, temió, temimos, temisteis, temieron).
PRETÉRITO PLUSCUAMPERFECTO (SIMPLES): **Temera – temeras – temera – temêramos – temêreis – temeram.** (**)

(**) *El castellano no posee actualmente esta forma del pluscuamperfecto, que conservó hasta el siglo XVIII. Se emplea el tiempo compuesto:* Había temido, habías temido, había temido, habíamos temido, habíais temido, habian temido.

FUTURO IMPERFECTO: **Temerei – temerás – temeremos – temereis – temerão** (Temeré, temerás, temerá, temeremos, temeréis, temerán).
PRETÉRITO PERFECTO: **Tenho temido – tens temido – tem temido – temos temido – tendes temido – têm temido** (He temido, has temido, ha temido, hemos temido, habéis temido, han temido).
PRETÉRITO PLUSCUAMPERFECTO (COMPUESTO): **Tinha temido – tinhas temido – tinha temido – tínhamos temido – tínheis temido – tinham temido** (Había temido, habías temido, había temido, habíamos temido, habíais temido, habían temido).

750

FUTURO PERFECTO: **Terei temido – terás temido – terá temido – teremos temido – tereis temido – terão temido** (Habré temido, habrás temido, habrá temido, habremos temido, habréis temido, habrán temido).

MODO POTENCIAL

IMPERFECTO (1ª FORMA): **Temeria – temerias – temeria – temeríamos – temeríeis – temeriam** (Temería, temerías, temería, temeríamos, temeríais, temerian).
IMPERFECTO (2ª FORMA): **Temera – temeras – temera – temerêramos – temêreis – temeram.** (***)
PREFECTO (1ª FORMA): **Teria temido – terias temido – teria temido – teríamos temido – teríeis temido – teriam temido** (Habría temido, habrías temido, habría temido, habríamos temido, habríais temido, habrían temido).
PREFECTO (2ª FORMA): **Tivera temido – tiveras temido – tivera temido – tivéramos temido – tivéreis temido – tiveram temido**. (***)

(***) *Estas formas están un tanto arcaizadas y sólo aparecen en lenguaje poético o erudito. El castellano no las posee y, para traducirlas, emplea el tiempo compuesto:* Habría temido, habrías temido, habría temido, habríamos temido, habríais temido, habrían temido.

MODO SUBJUNTIVO

PRESENTE: **Tema – temas – tema – temamos – temais – temam** (Tema, temas, tema, temamos, temáis, teman).
PRETÉRITO IMPERFECTO (1ª FORMA): **Temesse – temesses – temesse – temêssemos – temêsseis – temessem** (Temiera o temiese, temieras o temieses, temiera o temiese, Temiéramos o temiésemos, temierais o temieseis, temieran o temiesen).
PRETÉRITO IMPERFECTO (2ª FORMA): **Temera – temeras – temera – temêramos – temêreis – temeram** (Temiera, temieras, temiera, temiéramos, temierais, temieran). (****)
FUTURO IMPERFECTO: **Temer – temeres – temer – temermos – temerdes – temerem** (Temiere, temieres, temiere, temiéremos, temiereis, temieren).
PRETÉRITO PERFECTO: **Tenha temido – tenhas temido – tenha temido – tenhamos temido – tenhais temido – tenham temido** (Haya temido, hayas temido, haya temido, hayamos temido, hayáis temido, hayan temido).
PRETÉRITO PLUSCUAMPERFECTO (1ª FORMA): **Tivesse temido – tivesses temido – tivesse temido – tivéssemos temido – tivésseis temido – tivessem temido** (Hubiera o hubiese temido, hubieras o hubieses temido, hubiera o hubiese temido, hubiéramos o hubiésemos temido, hubierais o hubieseis temido, hubieran o hubiesen temido).
PRETÉRITO PLUSCUAMPERFECTO (2ª FORMA): **Tivera temido – tiveras temido – tivera temido – tivéramos temido – tivéreis temido – tiveram temido** (Hubiera temido, hubieras temido, hubiera temido, hubiéramos temido, hubierais temido, hubieran temido). (****)

(****) *Estas formas están un tanto arcaizadas y sólo aparecen en lenguaje poético o erudito.*

FUTURO PERFECTO: **Tiver temido – tiveres temido – tiver temido – tivermos temido – tiverdes temido – tiverem temido** (Hubiere temido, hubieres temido, hubiere temido, hubiéremos temido, hubiereis temido, hubieren temido).

MODO IMPERATIVO

AFIRMATIVO: **Teme – tema – temamos – temei – temam** (Teme, tema, temamos, temed, teman).

NEGATIVO: **(Não) Temas – tema – temamos – temais – teman** ((No) Temas, tema, temamos, temáis, teman).

NOTA: *El auxiliar de la voz activa portuguesa es* **ter** *(tener), pero también existe el auxiliar* **haver** *(haber), el cual se puede emplear en todos los tiempos, modos y personas en que se emplea el auxiliar* **ter**. *Con todo, el auxiliar* **haver** *está un tanto arcaizado y casi sólo aparece en lenguaje erudito.*

MODELO DE LA TERCERA CONJUGACIÓN

PARTIR

MODO INFINITIVO

FORMAS SIMPLES:
INFINITIVO: **Partir** (Partir).
GERUNDIO: **Partindo** (Partiendo).
PARTICIPIO: **Partido** (Partido).
INFINITIVO PERSONAL: **Partir – partires – partir – partirmos – partirdes – partirem.** (*)

FORMAS COMPUESTAS:
INFINITIVO: **Ter partido** (Haber partido).
GERUNDIO: **Tendo partido** (Habiendo partido).
INFINITIVO PERSONAL: **Ter partido – teres partido – ter partido – termos partido – terdes partido – terem partido.** (*)

(*) *Estas formas personales del infinitivo son características del portugués. Para su empleo y para su traducción al castellano, véase* SINOPSIS, *Verbo, 86.*

MODO INDICATIVO

PRESENTE: **Parto – partes – parte – partimos – partis – partem** (Parto, partes, parte, partimos, partís, parten).
PRETÉRITO IMPERFECTO: **Partia – partias – partia – partíamos – partíeis – partiam** (Partía, partías, partía, partíamos, partíais, partían).
PRETÉRITO INDEFINIDO: **Parti – partiste – partiu – partimos – partistes – partiram** (Partí, partiste, partió, partimos, partisteis, partieron).
PRETÉRITO PLUSCUAMPERFECTO (SIMPLE): **Partira – partiras – partira – partíramos – partíreis – partiram.** (**)

(**) *El castellano no posee actualmente esta forma del pluscuamperfecto, que conservó hasta el siglo XVIII. Se emplea el tiempo compuesto:* Había partido, habías partido, había partido, habíamos partido, habíais partido, habían partido.

FUTURO IMPERFECTO: **Partirei – partirás – partirá – partiremos – partireis – partirão** (Partiré, partirás, partirá, partiremos, partiréis, partirán).
PRETÉRITO PERFECTO: **Tenha partido – tens partido – tem partido – temos partido – tendes partido – têm partido** (He partido, has partido, ha partido, hemos partido, habeis partido, han partido).
PRETÉRITO PLUSCUAMPERFECTO (COMPUESTO): **Tinha partido – tinhas partido – tinha partido – tínhamos partido – tínheis partido – tinham partido** (Había partido, habías partido, había partido, habíamos partido, habíais partido, habían partido).
FUTURO PERFECTO: **Terei partido – terás partido – terá partido – teremos partido – tereis partido – terão partido** (Habré partido, habrás partido, habrá partido, habremos partido, habréis partido, habrán partido).

MODO POTENCIAL

IMPERFECTO (1ª FORMA): **Partiria – partirias – partiria – partiríamos – partiríeis – partiriam** (Partiría, partirías, partiría, partiríamos, partiríais, partirían).

IMPERFECTO (2ª FORMA): **Partira – partiras – partira – partíramos – partíreis – partiram** (***)
PERFECTO (1ª FORMA): **Teria partido – terias partido – teria partido – teríamos partido – teríeis partido – teriam partido** (Habría partido, habrías partido, habría partido, habríamos partido, habríais partido, habrían partido).
PERFECTO (2ª FORMA): **Tivera partido – tiveras partido – tivera partido – tivéramos partido – tivéreis partido – tiveram partido.** (***)

(***) *Estas formas están un tanto arcaizadas y sólo aparecen en lenguaje poético o erudito. El castellano no las posee y, para traducirlas, emplea el tiempo compuesto:* Habría partido, habrías partido, habría partido, habríamos partido, habríais partido, habrían partido.

MODO SUBJUNTIVO

PRESENTE: **Parta – partas – parta – partamos – partais – partam** (Parta, partas, parta, partamos, partáis, partan).
PRETÉRITO IMPERFECTO (1ª FORMA): **Partisse – partisses – partisse – partíssemos – partísseis – partissem** (Partiera o partiese, partieras o partieses, partiera o partiese, partiéramos o partiésemos, partierais o partieseis, partieran o partiesen).
PRETÉRITO IMPERFECTO (2ª FORMA): **Partira – partiras – partira – partíramos – partíreis – partiram** (Partiera, partieras, partiera, partiéramos, partierais, partieran). (****)
FUTURO IMPERFECTO: **Partir – partires – partir – partirmos – partirdes – partirem** (Partiere, partieres, partiere, partiéremos, partiereis, partieren).
PRETÉRITO PERFECTO: **Tenha partido – tenhas partido – tenha partido – tenhamos partido – tenhais partido – tenham partido** (Haya partido, hayas partido, haya partido, hayamos partido, hayáis partido, hayan partido).
PRETÉRITO PLUSCUAMPERFECTO (1ª FORMA): **Tivesse partido – tivesses partido – tivesse partido – tivéssemos partido – tivésseis partido – tivessem partido** (Hubiera o hubiese partido, hubieras o hubieses partido, hubiera o hubiese partido, hubiéramos o hubiésemos partido, hubierais o hubieseis partido, hubieran o hubiesen partido).
PRETÉRITO PLUSCUAMPERFECTO (2ª FORMA): **Tivera partido – tiveras partido – tivéramos partido – tivéreis partido – tiveram partido** (Hubiera partido, hubieras partido, hubiera partido, hubiéramos partido, hubierais partido, hubieran partido). (****)

(****) *Estas formas están un tanto arcaizadas y sólo aparecen en lenguaje poético o erudito.*

FUTURO PERFECTO: **Tiver partido – tiveres partido – tiver partido – tivermos partido —- tiverdes partido – tiverem partido** (Hubiere partido, hubieres partido, hubiere partido, hubiéremos partido, hubiereis partido, hubieren partido).

MODO IMPERATIVO

AFIRMATIVO: **Parte – parta – partamos – parti – partam** (Parte, parta, partamos, partid, partan).
NEGATIVO: **(Não) Partas – parta – partamos – partais – partam** ((No) Partas, parta, partamos, partáis, partan).

NOTA: *El auxiliar de la voz activa portuguesa es* **ter** *(tener), pero también existe el auxiliar* **haver** *(haber), el cual se puede emplear en todos los tiempos, modos y personas en que se emplea el auxiliar* **ter**. *Con todo, el auxiliar* **haver** *está un tanto arcaizado y casi sólo aparece en lenguaje erudito.*

MODELO DE LA CUARTA (*) CONJUGACIÓN.

PÔR

MODO INFINITIVO

FORMAS SIMPLES:
INFINITIVO: **Pôr** (Poner).
GERUNDIO: **Pondo** (Poniendo).
PARTICIPIO: **Posto** (Puesto).
INFINITIVO PERSONAL: **Pôr – pores – pôr – pormos – pordes – porem.** (*)

FORMAS COMPUESTAS:
INFINITIVO: **Ter posto** (Haber puesto).
GERUNDIO: **Tendo posto** (Habiendo puesto).
INFINITIVO PERSONAL: **Ter posto – teres posto – ter posto – termos posto – terdes posto – terem posto.** (*)

(*) *Estas formas personales del infinitivo son características del portugués. Para su empleo y para suo traducción al castellano, véase SINOPSIS, Verbo, 86.*

MODO INDICATIVO

PRESENTE: **Ponho – pões – põe – pomos – pondes – põem** (Pongo, pones, pone, ponemos, ponéis, ponen).

(*) Los verbos terminados en **or** pertenecen históricamente a la segunda conjugación que comprende los acabados en **er,** à no son más que los compuestos de **pôr** (poner), en lo antiguo **poer,** verbo irregular de la segunda conjugación.

PRETÉRITO IMPERFECTO: **Punha – punhas – punha – púnhamos – púnheis – punham** (Ponía, ponías, ponia, poníamos, poníais, ponían).
PRETÉRITO INDEFINIDO: **Pus – puseste – pôs – pusemos – pusestes – puseram** (Puse, pusiste, puso, pusimos, pusisteis, pusieron).
PRETÉRITO PLUSCUAMPERFECTO (SIMPLE): **Pusera – puseras – pusera – puséramos – puséreis – puseram.** (**)

(**) *El castellano no posee actualmente esta forma del pluscuamperfecto, que conservó hasta el siglo XVIII. Se emplea el tiempo compuesto:* Había puesto, habías puesto, había puesto, habíamos puesto, habíais puesto, habían puesto.

FUTURO IMPERFECTO: **Porei – porás – porá – poremos – poreis – porão** (Pondré, pondrás, pondrá, pondremos, pondréis, pondrán).
PRETÉRITO PERFECTO: **Tenho posto – tens posto – tem posto – temos posto – tendes posto – têm posto** (He puesto, has puesto, ha puesto, hemos puesto, habéis puesto, han puesto).
PRETÉRITO PLUSCUAMPERFECTO (COMPUESTO): **Tinha posto – tinhas posto – tinha posto – tínhamos posto – tínheis posto – tinham posto** (Había puesto, habías puesto, había puesto, habíamos puesto, habíais puesto, habían puesto).
FUTURO PERFECTO: **Terei posto – terás posto – terá posto – teremos posto – tereis posto – terão posto** (Habré puesto, habrás puesto, habrá puesto, habremos puesto, habréis puesto, habrán puesto).

MODO POTENCIAL

IMPERFECTO (1ª FORMA): **Poria – porias – poria – poríamos – poríeis – poriam** (Pondría, pondrías, pondría, pondríamos, pondríais, pondrían).
IMPERFECTO (2ª FORMA): **Pusera – puseras – pusera – puséramos – puséreis – puseram.** (***)
PERFECTO (1ª FORMA): **Teria posto – terias posto – teria posto – teríamos posto – teríeis posto – teriam posto** (Habría puesto, habrías

puesto, habría puesto, habríamos puesto, habríais puesto, habrían puesto).
PERFECTO (2ª FORMA): **Tivera posto – tiveras posto – tivera posto – tivéramos posto – tivéreis posto – tiveram posto.** (***)

(***) *Estas formas están un tanto arcaizadas y sólo aparecen en lenguaje poético o erudito. El castellano no las posee y, para traducirlas, emplea el tiempo compuesto:* Habría puesto, habrías puesto, habría puesto, habríamos puesto, habríais puesto, habrían puesto.

MODO SUBJUNTIVO

PRESENTE: **Ponha – ponhas – ponha – ponhamos – ponhais – ponham** (Ponga, pongas, ponga, pongamos, pongáis, pongan).
PRETÉRITO IMPERFECTO (1ª FORMA): **Pusesse – pusesses – pusesse – puséssemos – pusésseis – pusessem** (Pusiera o pusiese, pusieras o pusieses, pusiera o pusiese, pusiéramos o pusiésemos, pusierais o pusieseis, pusieran o pusiesen).
PRETÉRITO IMPERFECTO (2ª FORMA): **Pusera – puseras – pusera – puséramos – puséreis – puseram.** (****)
FUTURO IMPERFECTO: **Puser – puseres – puser – pusermos – puserdes – puserem** (Pusiere, pusieres, pusiere, pusiéremos, pusiereis, pusieren).
PRETÉRITO PERFECTO: **Tenha posto – tenhas posto – tenha posto – tenhamos posto – tenhais posto – tenham posto** (Haya puesto, hayas puesto, haya puesto, hayamos puesto, hayáis puesto, hayan puesto).
PRETÉRITO PLUSCUAMPERFECTO (1ª FORMA): **Tivesse posto – tivesses posto – tivesse posto – tivéssemos posto – tivésseis posto – tivessem posto** (Hubiera o hubiese puesto, hubieras o hubieses puesto, hubiera o hubiese puesto, hubiéramos o hubiésemos puesto, hubierais o hubieseis pusto, hubieran o hubiesen puesto).
PRETÉRITO PLUSCUAMPERFECTO (2ª FORMA): **Tivera posto – tiveras posto – tivera posto – tivéramos posto – tivéreis posto – tiveram posto** (Hubiera puesto, hubieras puesto, hubiera puesto, hubiéramos puesto, hubierais puesto, hubieran puesto). (****)

(****) *Estas formas están un tanto arcaizadas y sólo aparecen en lenguaje poético o erudito.*

FUTURO PERFECTO: **Tiver posto – tiveres posto – tiver posto – tivermos posto – tiverdes posto – tiverem posto** (Hubiere puesto, hubieres puesto, hubiere puesto, hubiéremos puesto, hubiereis puesto, hubieren puesto).

MODO IMPERATIVO

AFIRMATIVO: **Põe – ponha – ponhamos – ponde – ponham** (Pon, ponga, pongamos, poned, pongan).
NEGATIVO: **(Não) ponhas – ponha – ponhamos – ponhais – ponha** ((No) pongas, ponga, pongamos, pongáis, pongan).

NOTA: *El auxiliar de la voz activa portuguesa es* **ter** *(tener), pero también existe el auxiliar* **haver** *(haber), el cual se puede emplear en todos los tiempos, modos y personas en que se emplea el auxiliar* **ter.** *Con todo, el auxiliar* **haver** *está un tanto arcaizado y casi sólo aparece en lenguaje erudito.*

II

VERBOS IRREGULARES Y DEFECTIVOS

1 – Quedan omitidos los tiempos enteramente regulares.
2 – Cuando un tiempo posee formas regulares e

irregulares, las segundas van impresas de bastardilla.
3 – Además de los irregulares y defectivos, esta lista de modelos incluye algunos verbos que presentan ciertas particularidades importantes.

MODELO NÚMERO 1

AGUAR (*)

INDIC. PRES.: Águo – águas – água – aguamos – aguais – águam.
PRET. INDEF.: Agüei – aguaste – aguou – aguamos – aguastes – aguaram.
SUBJ. PRES.: Águe – águes - agüe – agüemos – agüeis – agüem.
IMPERATIVO: Água – águe – agüemos – agüeis – águem.

(*) Regular. Va consignado con motivo de los acentos prosódico y ortográfico.

MODELO NÚMERO 2

AJUIZAR (*)

INDIC. PRES.: Ajuízo – ajuízas – ajuíza – ajuizamos – ajuizais – ajuízam.
SUBJ. PRES.: Ajuíze – ajuízes – ajuíze – ajuizemos – ajuizeis – ajuízem.
IMPERATIVO: Ajuíza – ajuíze – ajuizemos – ajuizai – ajuízem.

(*) Regular. Las vocales **ui** forman hiato y no diptongo. En la pronunciación debemos observar que las vocales suenen distintamente. Cuando la **i** es tónica, lleva acento ortográfico.

MODELO NÚMERO 3

ANSIAR (*)

INDIC. PRES.: Anseio – anseias – anseia – ansiamos – ansiais – *anseiam.*
SUBJ. PRES.: Anseie – anseies – anseie – ansiemos – ansieis – *anseiem.*
IMPERATIVO: Anseia – anseie – ansiemos – ansiai – *anseiem.*

(*) Según algunos gramáticos, los verbos terminados en **iar** son siempre regulares, y se pueden conjugar como **principiar.** Sin embargo, el uso general hace irregulares a algunos de estos verbos. (Respecto de la pronunciación de los verbos regulares acabados en **iar,** cumple, observar que, al contrario del castellano, llevan acento prosódico en la vocal temática, en primera y segunda persona de singular, y en tercera persona, singular y plural del indicativo presente, del subjuntivo presente y del imperativo: *principio* (principío), *principias* (principías), *principía* (principía), *principie* (principíe), etc.).

MODELO NÚMERO 4

APIEDAR-SE

INDIC. PRES.: *Apiado-me – apiadas-te – apiada-se – apiedamo-nos – apiedai-vos – apiadam-se.*
SUBJ. PRES.: (Que) *me apiade – te apiades – se apiade* – nos apiedemos, vos apiedeis, *se apiadem.*

MODELO NÚMERO 5

APROPINQUAR-SE (*)

INDIC. PRES.: Apropínquo-me – apropínquas-te – apropínqua-se – apropinquamo-nos – apropinquai-vos – apropínquam-se.
PRET. INDEF.: Apropinqüei-me – apropinquaste-te – apropinquou-se – apropinquamo-nos – apropinquaste-vos – apropinquaram-se.
SUBJ. PRES.: (Que) me apropínqüe – te apropínqües – se apropínqüe – nos apropínqüemos – vos apropínqüeis – se apropínqüem.
IMPERATIVO: Apropínqua-te – apropínqü-se –

apropinqüemo-nos – apropinquai-vos – apropín-qüem-se.

(*) Regular. La **u** suena siempre, mismo cuando interpuesta, entre **q** y **e,** caso en que debe llevar diéresis. Las formas esdrújulas, independiente-mente del pronombre enclítico, reciben acento ortográfico.

MODELO NÚMERO 6

CONTINUAR (*)

INDIC. PRES.: Contin*u*o – contin*u*as – contin*u*a – continuamos – continuais – contin*u*am.
SUBJ. PRES.: Contin*u*e – contin*u*es – contin*u*e – continuemos – continueis – contin*u*em.
IMPERATIVO: Contin*u*a – contin*u*e – continue-mos – continuai – contin*u*em.

(*) Regular. Está consignado con motivo del acen-to prosódico respecto de otros verbos acabados en **uar.** La **u,** cuando tónica, va impresa de bas-tardilla.

MODELO NÚMERO 7

DAR (*)

INDIC. PRES.: *Dou* – *dás* – *dá* – damos – dais – *dão.*
PRET. INDEF.: Dei – *deste* – *deu* – *demos* – *destes* – *deram.*
PRET. PLUSC.: D*era* – d*eras* – d*era* – d*éramos* – d*éreis* – d*eram.*
SUBJ. PRES.: D*ê* – d*ês* – d*ê* – demos – deis – d*êem.*
PRET. IMPERF.: D*esse* – d*esses* – d*esse* – d*ésse-mos* – d*ésseis* – d*essem.*
FUT. IMPERF.: D*er* – d*eres* – d*er* – d*ermos* – d*erdes* – d*erem.*
IMPERATIVO: *Dá* – d*ê* – demos – dai – d*êem.*

(*) Las vocales impresas de negrilla son abiertas.

MODELO NÚMERO 8

EMBAINHAR (*)

INDIC. PRES.: Emba*i*nho – emba*i*nhas – emba*i*n-ha – embainhamos – embainhais – emba*i*nham.
SUBJ. PRES.: Emba*i*nhe – emba*i*nhes – emba*i*nhe – embainhemos – embainheis – emba*i*nhem.
IMPERATIVO: Emba*i*nha – emba*i*nhe – embain-hemos – embainhai – emba*i*nhem.

(*) Regular. Las vocales **ai** forman hiato y no dip-tongo. En la pronunciación, devemos observar que las dos vocales suenen distintamente. Las íes impresas de bastardilla son tónicas.

MODELO NÚMERO 9

ENVIUVAR (*)

INDIC. PRES.: Envi*ú*vo – envi*ú*vas – envi*ú*va – enviuvamos – enviuvais – envi*ú*vam.
SUB. PRES.: Envi*ú*ve – envi*ú*ves – envi*ú*ve – envi-uvemos – enviuveis – envi*ú*vem.
IMPERATIVO: Envi*ú*va – envi*ú*ve – enviuvemos – enviuvai – envi*ú*vem.

(*) Regular. Las vocales **iu** forman hiato y no dip-tongo. En la pronunciación, debemos observar que las dos vocales suenen distintamente. Cuan-do la **u** es tónica, recibe acento ortográfico.

MODELO NÚMERO 10

ESTAR (*)

INDIC. PRES.: Estou – estás – está – estamos – estais – *estão.*

PRET. INDEF.: *Estive* – estiv*e*ste – esteve – estive-mos – estiv*e*stes – estiv*e*ram.
PRET. PLUSCUAMP. (Simple): Estiv*e*ra – estiv*e*ras – estiv*e*ra – estiv*é*ramos – estiv*é*reis – estiv*e*ram.
SUBJ. PRES.: Esteja – estejas – esteja – estejamos – estejais – estejam.
PRET. IMPERF.: Estiv*e*sse – estiv*e*sses – estiv*e*sse – estiv*é*ssemos – estiv*é*sseis – estiv*e*ssem.
FUT. IMPERF.: Estiv*e*r – estiv*e*res – estiv*e*r – estiv*e*rmos – estiv*e*rdes – estiv*e*rem.
IMPERATIVO: Está – esteja – estejamos – estai – estejam.

(*) Las vocales impresas de negrilla son abiertas.

MODELO NÚMERO 11

FICAR (*)

INDIC. PRET. INDEF.: Fiquei – ficaste – ficou – ficamos – ficastes – ficaram.
SUBJ. PRES.: Fique – fiques – fique – fiquemos – fiqueis – fiquem.
IMPERATIVO: Fica – fique – fiquemos – ficai – fiquem.

(*) Regular. Las mutaciones a que obliga, a veces, la Ortografía, como el cambio de la **c** radical por **q,** no constituyen irregularidad.

MODELO NÚMERO 12

MOSCAR

INDIC. PRES.: *Musco* – muscas – musca – moscamos – moscais – *muscam.*
SUBJ. PRES.: *Musque* – musques – musque – mosquemos – mosqueis – *musquem.*
IMPERATIVO: *Musca* – musque – mosquemos – moscai – *musquem.*

MODELO NÚMERO 13

OBLIQUAR (*)

INDIC. PRES.: Obliq*u*o – obliq*u*as – obliq*u*a – obliquamos – obliquais – obliq*u*am.
PRET. INDEF.: Obliqüei – obliquaste – obliquou – obliquamos – obliquastes – obliquaram.
SUBJ. PRES.: Obliq*ú*e – obliq*ú*es – obliq*ú*e – obliqüemos – obliqüeis – obliq*ú*em.
IMPERATIVO: Obliq*ú*a – obliq*ú*e – obliqüemos – obliquai – obliq*ú*em.

(*) Regular. La **u** suena siempre, mismo cuando interpuesta entre **q** y **e,** caso en que lleva diéreis. Va impresa de bastardilla la **u** que recibe el acen-to prosódico.

MODELO NÚMERO 14

PAGAR (*)

INDIC. PRET. INDEF.: Paguei – pagaste – pagou – pagamos – pagastes – pagaram.
SUBJ. PRES.: Pague – pagues – pague – paguemos – pagueis – paguem.
IMPERATIVO: Paga – pague – paguemos – pagai – paguem.

(*) Regular. Las mutaciones a que obliga, a veces, la Ortografía, como la admisión de **u** después de la **g,** no constituyen irregularidad.

MODELO NÚMERO 15

PASSEAR

INDIC. PRES.: *Passeio* – *passeias* – *passeia* – passeamos – passeais – *passeiam.*
SUBJ. PRES.: *Passeie* – *passeies* – *passeie* – passeemos – passeeis – *passeiem.*
IMPERATIVO: *Passeia* – *passeie* – passeemos – passeai – *passeiem.*

MODELO NÚMERO 16

PERDOAR (*)

INDIC. PRES.: Perdôo – perdoas – perdoa – per-doamos – perdoais – perdoam.
SUBJ. PRES.: Perdoe – perdoes – perdoe – per-doemos – perdoeis – perdoem.
IMPERATIVO: Perdoa – perdoe – perdoemos – perdoai – perdoem.

(*) Los verbos terminados em **oar** son enteramente regulares, pero la **o** temática, antes de la **o** desinencial, y cuando tónica, recibe acento ortográfico. Consignamos, también, las demás formas en que el acento prosódico recae sobre la **o** temática.

MODELO NÚMERO 17

RESFOLEGAR (*)

INDIC. PRES.: Res*fo*lgo – res*fo*lgas – res*fo*lga – resfolegamos – resfolegais – res*fo*lgam.
SUBJ. PRES.: Res*fo*lgue – res*fo*lgues – res*fo*lgue – resfoleguemos – resfolegueis – res*fo*lguem.
IMPERATIVO: Res*fo*lga – res*fo*lgues – resfolegue-mos – resfolegai – res*fo*lguem.

(*) Cuando la vocal tónica de la radical es abierta, va impresa de negrilla.

MODELO NÚMERO 18

SAUDAR (*)

INDIC. PRES.: Saúdo – saúdas – saúda – saudamos – saudais – saúdam.
SUBJ. PRES.: Saúde – saúdes – saúde – saudemos – saudais – saúdem.
IMPERATIVO: Saúda – saúde – saudemos – saudeis – saúdem.

(*) Regular. Las vocales **au** forman hiato y no dip-tongo. En la pronunciación debemos observar que las dos vocales suenen distintamente. Cuan-do la **u** es tónica, recibe acento ortográfico.

MODELO NÚMERO 19

TRAÇAR (*)

INDIC. PRET. INDEF.: Tracei – traçaste – traçou – traçamos – traçastes – traçaram.
SUBJ. PRES.: Trace – traces – trace – tracemos – traceis – tracem.
IMPERATIVO: Traça – trace – tracemos —traçai – tracem.

(*) Regular. Las mutaciones a que obliga la Ortografía, con el cambio de la **ç** por **c,** cuando seguida de **e,** no constituyen irregularidad.

MODELO NÚMERO 20

APRAZER (*)

INDIC. PRES.: Aprazo – aprazes – *apraz* – apraze-mos – aprazeis – aprazem.
PRET. INDEF.: Aprouve – aprouveste – aprouve – aprouvemos – aprouvestes – aprouveram.
PRET. PLUSCUAMP.: Aprouvera – aprouveras – aprouvera – aprouv*é*ramos – aprouv*é*reis – aprou-veram.
SUBJ. PRET. IMPERF.: Apouvesse – aprouvesses – aprouvesse – aprouv*é*ssemos – aprouv*é*sseis – aprouvessem.
FUT. IMPERF.: Aprouver – aprouveres – aprouver – aprouvermos – aprouverdes – aprouverem.

(*) Cuando la vocal tónica de la radical es abierta, va impresa de negrilla.

MODELO NÚMERO 21

CABER (*)

INDIC. PRES.: *Caibo* – cabes – cabe – cabemos – cabeis – cabem.
PRET. INDEF.: Coube – coubeste – coube – coubemos – coubestes – couberam.
PRET. PLUSCUAMP.: Coubera – couberas – coubera – coubéramos – coubéreis – couberam.
SUBJ. PRES.: Caiba – caibas – caiba – caibamos – caibais – caibam.
PRET. IMPERF.: Coubesse – coubesses – coubesse – coubéssemos – coubésseis – coubessem.
FUT. IMPERF.: Couber – couberes – couber – coubermos – couberdes – couberem.
IMPERATIVO: Cabe – *caiba* – *caibamos* – cabei – *caibam*.

(*) Cuando la vocal tónica de la radical es abierta, va impresa de negrilla.

MODELO NÚMERO 22

CRER

INDIC. PRES.: *Creio* – *crês* – *crê* – cremos – *credes* – *crêem*.
SUBJ. PRES.: Creia – creias – creia – creiamos – creiais – creiam.
IMPERATIVO: Crê – creia – creiamos – crede – creiam.

MODELO NÚMERO 28

DIZER (*)

INDIC. PRES.: *Digo* – dizes – *diz* – dizemos – dizeis – dizem.
PRET. INDEF.: Disse – disseste – disse – dissemos – dissestes – disseram.
PRET. PLUSCUAMP.: Dissera – disseras – dissera – disséramos – disséreis – disseram.
FUT. IMPERF.: Direi – dirás – dirá – diremos – direis – dirão.
POTENC. SIMPLE: Diria – dirias – diria – diríamos – diríeis – diriam.
SUBJ. PRES.: Diga – digas – diga – digamos – digais – digam.
PRET. IMPERF.: Dissesse – dissesses – dissesse – disséssemos – dissésseis – dissessem.
FUT. IMPERF.: Disser – disseres – disser – dissermos – disserdes – disserem.
IMPERATIVO: Dize – *diga* – *digamos* – dizei – *digam*.
PARTICIPIO: *Dito*.

MODELO NÚMERO 24

ERGUER (*)

INDIC. PRES.: Ergo – **e**rgues – **e**rgue – erguemos – erguei – **e**rguem.
SUBJ. PRES.: Erga – ergas – erga – ergamos – ergais – ergam.
IMPERATIVO: **E**rgue – erga – ergamos – erguei – ergam.

(*) Regular. Las mutaciones a que obliga, a veces, la Ortografía, como en la pronunciación fuerte de la **g**, no constituyen irregularidad. (Va impresa de negrilla la vocal abierta de la radical).

MODELO NÚMERO 25

FAZER (*)

INDIC. PRES.: *Faço* – fazes – *faz* – fazemos – fazeis – fazem.
PRET. INDEF.: Fiz – fi**z**este – fêz – fizemos – fizestes – fizeram.
PRET. PLUSCUAMP.: Fizera – fi**z**eras – fizera – fizéramos – fizéreis – fizeram.
FUT. IMPERF.: Farei – farás – fará – faremos – fareis – farão.

POTENC. SIMPLE: Faria – farias – faria – faríamos – faríeis – fariam.
SUBJ. PRES.: Faça – faças – faça – façamos – façais – façam.
PRET. IMPERF.: Fizesse – fizesses – fizesse – fizéssemos – fizésseis – fizessem.
FUT. IMPERF.: Fizer – fizeres – fizer – fizermos – fizerdes – fizerem.
IMPERATIVO: Faze – *faça* – *façamos* – fazei – *façam*.
PARTICIPIO: *Feito*.

(*) Va impresa de negrilla la vocal abierta de la radical.

MODELO 26

HAVER (*)

INDIC. PRES.: *Hei* – *hás* – *há* – havemos – haveis – *hão*.
PRET. INDEF.: Houve – houveste – houve – houvemos – houvestes – houveram.
PRET. PLUSCUAMP.: Houv**e**ra – houveras – houv**e**ra – houvéramos – houvéreis – houveram.
SUBJ. PRES.: Haja – hajas – haja – hajamos – hajais – hajam.
PRET. IMPERF.: Houv**e**sse – houvesses – houv**e**sse – houvéssemos – houvésseis – houvessem.
FUT. IMPERF.: Houv**e**r – houveres – houver – houvermos – houverdes – houverem.
IMPERATIVO: *Há* – *haja* – *hajamos* – havei – *hajam*.

(*) Es verbo auxiliar y se puede emplear en todos los tiempos, modos y personas en se que emplea **ter**, el auxiliar de la voz activa portuguesa, pero está un tanto arcaizado y casi sólo aparece en lenguaje erudito. (Va impresa de negrilla la vocal abierta de la radical).

MODELO NÚMERO 27

JAZER

INDIC. PRES.: Jazo – jazes – *jaz* – jazemos – jazeis – jazem.

MODELO NÚMERO 28

MOER (*)

INDIC. PRES.: *Môo* – m**ó**is – m**ó**i – moemos – moeis – *moem*.
PRET. IMPERF.: *Moía* – moías – moía – moíamos – moíeis – *moíam*.
PRET. INDEF.: *Moí* – moeste – moeu – moemos – moestes – moeram.
IMPERATIVO: *Mói* – moa – moamos – moei – moam.

(*) El acento ortográfico es empleado para señalar que hay hiato y no diptongo. (Va impresa de negrilla la vocal abierta de la radical).

MODELO NÚMERO 29

PERDER (*)

INDIC. PRES.: *Perco* – p**e**rdes – p**e**rde – perdemos – perdeis – p**e**rdem.
SUBJ. PRES.: Perca – percas – perca – percamos – percais – percam.
IMPERATIVO: P**e**rde – perca – percamos – perdei – percam.

(*) Va impresa de negrilla la vocal abierta de la radical.

MODELOO NÚMERO 30

PODER (*)

INDIC. PRES.: P**o**sso – p**o**des – p**o**de – podemos – podeis – p**o**dem.
PRET. INDEF.: Pude – pudeste – pôde – pudemos – pudestes – puderam.

PRET. PLUSCUAMP.: Pud**e**ra – puderas – pud**e**ra – pudéramos – pudéreis – puderam.
SUBJ. PRES.: P**o**ssa – p**o**ssas – p**o**ssa – possamos – possais – p**o**ssam.
PRET. IMPERF.: Pudesse – pudesses – pudesse – pudéssemos – pudésseis – pudessem.
FUT. IMPERF.: Puder – puderes – puder – pudermos – puderdes – puderem.
IMPERATIVO: P**o**de – p**o**ssa – p**o**ssamos – podei – p**o**ssam.

(*) Va impresa de negrilla la vocal abierta de la radical.

MODELO NÚMERO 31

PRECAVER (*)

(*) Es verbo defectivo. En indicativo presente sólo se usa en primera y segunda personas de plural. Carece de subjuntivo, modo que se suple con el verbo *precatar* o con alguna construcción perifrástica del mismo *precaver*. En imperativo sólo se usa la segunda persona de plural. Conjúga-se regularmente en las formas que posee.

MODELO NÚMERO 32

PROVER

INDIC. PRES.: *Provejo* – provês – provê – provemos – proveis – *provêem*.
SUBJ. PRES.: Proveja – provejas – proveja – provejamos – provejais – provejam.
IMPERATIVO: Provê – proveja – provejamos – provede – provejam.

MODELO NÚMERO 33

QUERER (*)

INDIC. PRES.: Quero – qu**e**res – qu**e**r (**) – queremos – quereis – qu**e**rem.
PRET. INDEF.: Quis – quiseste – quis – quisemos – quisestes – quiseram.
PRET. PLUSCUAMP.: Quisera – quiseras – quisera – quiséramos – quiséreis – quiseram.
SUBJ. PRES.: Queira – queiras – queira – quiramos – queirais – queiram.
PRET. IMPERF.: Quisesse – quisesses – quisesse – quiséssemos – quisésseis – quisessem.
FUT. IMPERF.: Quiser – quiseres – quiser – quisermos – quiserdes – quiserem.
IMPERATIVO: Quere – *queira* – *queiramos* – querei – *queiram*.

(*) Va impresa de negrilla la vocal abierta de la radical.
(**) En Portugal, quere.

MODELO NÚMERO 34

REGER (*)

INDIC. PRES.: *Rejo* – r**e**ges – r**e**ge – regemos – regeis – r**e**gem.
SUBJ. PRES.: Reja – rejas – reja – rejamos – rejais – rejam.
IMPERATIVO: R**e**ge – *reja* – *rejamos* – *rejei* – *rejam*.

(*) Es verbo regular. Las mutaciones a que obliga, a veces, la Ortografía, como el cambio de la **g** por **j** cuando sigue una **a**, no constituyen irregularida.

MODELO NÚMERO 35

REQUERER (*)

INDIC. PRES.: *Requeiro* – requeres – *requer* (**) – requeremos – requereis – requerem.
SUBJ. PRES.: Requeira – requeiras – requeira – requeiramos – requeirais – requeiram.
IMPERATIVO: Requere – *requeira* – *requeiramos* – requerei – *requeiram*.

(*) Va impresa de negrilla la vocal abierta de la radical.
(**) En Portugal, requere.

MODELO NÚMERO 36
SABER (*)

INDIC. PRES.: *Sei* – sabes – sabe – sabemos – sabeis – sabem.
PRET. INDEF.: Soube – soubeste – soube – soubemos – soubestes – souberam.
PRET. PLUSCUAMP.: Soubera – souberas – soubera – soubéramos – soubéreis – souberam.
SUBJ. PRES.: Saiba – saibas – saiba – saibamos – saibais – saibam.
PRET. IMPERF.: Soubesse – soubesses – soubesse – soubéssemos – soubésseis – soubessem.
FUT. IMPERF.: Souber – souberes – souber – soubermos – soubérdes – souberem.
IMPERATIVO: Sabe – *saiba* – *saibamos* – sabei – *saibam.*

(*) Va impresa de negrilla la vocal abierta de la radical.

MODELO NÚMERO 37
SER (*)

INDIC. PRES.: Sou – és – é – somos – sois – são.
PRET. IMPERF.: Era – eras – era – éramos – éreis – eram.
PRET. INDEF.: Fui – foste – foi – fomos – fostes – foram.
SUBJ. PRES.: Seja – sejas – seja – sejamos – sejais – sejam.
PRET. PLUSCUAMP.: Fora – foras – fora – fôramos – fôreis – foram.
PRET. IMPERF.: Fosse – fosses – fosse – fôssemos – fôsseis – fôssem.
FUT. IMPERF.: For – fores – for – formos – fordes – forem.
IMPERATIVO: Sê – seja – sejamos – sede – sejam.

(*) Auxiliar de la voz passiva. Véase SINOPSIS, Verbo, 82.

MODELO NÚMERO 38
TECER (*)

INDIC. PRES.: Teço – teces – tece – tecemos – teceis – tecem.
SUBJ. PRES.: Teça – teças – teça – teçamos – teçais – teçam.
IMPERATIVO: Tece – teça – teçamos – tecei – teçam.

(*) Regular. Las mutaciones a que obliga, a veces, la Ortografía, como el cambio de la c por ç, cuando seguida de a y o, no constituyen irregularidad. (Va impresa de negrilla la vocal abierta de la radical).

MODELO NÚMERO 39
TER (*)

INDIC. PRES.: Tenho – tens – tem – temos – tendes – têm.
PRET. IMPERF.: Tinha – tinhas – tinha – tínhamos – tínheis – tinham.
PRET. INDEF.: Tive – tiveste – teve – tivemos – tivestes – tiveram.
PRET. PLUSCUAMP.: Tivera – tiveras – tivera – tivéramos – tivéreis – tiveram.
SUBJ. PRES.: Tenha – tenhas – tenha – tenhamos – tenhais – tenham.
PRET. IMPERF.: Tivesse – tivesses – tivesse – tivéssemos – tivésseis – tivessem.
FUT. IMPERF.: Tiver – tiveres – tiver – tivérmos – tivérdes – tiverem.
IMPERATIVO: Tem – tenha – tenhamos – tende – tenham.

(*) Auxiliar de la voz activa. Véase SINOPSIS, Verbo, 75. (Va impresa de negrilla la vocal abierta de la radical).

MODELO NÚMERO 40
TRAZER (*)

INDIC. PRES.: *Trago* – trazes – *traz* – trazemos – trazeis – trazem.
PRET. INDEF.: Trouxe – trouxeste – trouxe – trouxemos – trouxestes – trouxeram. (**)
PRET. PLUSCUAMP.: Trouxera – trouxeras – trouxera – trouxéramos – trouxéreis – trouxeram. (**)
FUT. IMPERF.:Trarei – trarás – trará – traremos – trareis – trarão.
POTENC. SIMPLE: Traria – trarias – traria – traríamos – traríeis – trariam.
SUB. PRES.: Traga – tragas – traga – tragamos – tragais – tragam.
PRET. IMPERF.: Trouxesse – trouxesses – trouxesse – trouxéssemos – trouxésseis – trouxessem. (**)
FUT. IMPERF.: Trouxer – trouxeres – trouxer – trouxermos – trouxerdes – trouxerem. (**)
IMPERATIVO: Traze – *traga* – *tragamos* – trazei – *tragam.*

(*) Va impresa de negrilla la vocal abierta de la radical.
(**) La x suena como una s castellana.

MODELO NÚMERO 41
VALER

INDIC. PRES.: *Valho* – vales – vale – valemos – valeis – valem.
SUBJ. PRES.: Valha – valhas – valha – valhamos – valhais – valham.
IMPERATIVO: Vale – *valha* – *valhamos* – valei – *valham.*

MODELO NÚMERO 42
VER

INDIC. PRES.: Vejo – vês – vê – vemos – vedes – vêem.
PRET. INDEF.: Vi – viste – viu – vimos – vistes – viram.
PRET. PLUSCUAMP.: Vira – viras – vira – víramos – víreis – viram.
SUBJ. PRES.: Veja - vejas – veja – vejamos - vejais – vejam.
PRET. IMPERF.: Visse – visses – visse – víssemos – vísseis – vissem.
FUT. IMPERF.: Vir – vires – vir – virmos – virdes – virem.
IMPERATIVO: Vê – veja – vejamos – vede – vejam.
PARTICIPIO: *Visto.*

MODELO NÚMERO 43
ABOLIR (*)

INDIC. PRES.: (Carece) – aboles – abole – abolimos – abolis – abolem.
SUBJ. PRES.: (Carece).
IMPERATIVO: Abole – (carece) – (carece) – aboli – (carece).

(*) Verbo regular. Defectivo. Sólo se usa en aquellas formas donde, después de la l, vienen i o e.

MODELO NÚMERO 44
ACUDIR (*)

INDIC. PRES.: Acudo – *acodes* – *acode* – acudimos – acudis – *acodem.*
IMPERATIVO: *Acode* – acuda – acudamos – acudi – acudam.

(*) Es abierta la vocal impresa de negrilla.

MODELO NÚMERO 45
ADERIR (*)

INDIC. PRES.: Adiro – aderes – adere – aderimos – aderis – aderem.
SUBJ. PRES.: Adira – adiras – adira – adiramos – adirais – adiram.
IMPERATIVO: Adere – *adira* – *adiramos* – aderi – *adiram.*

(*) Va impresa de negrilla la vocal abierta de la radical.

MODELO NÚMERO 46
ADIR

Verbo regular. Defectivo. Sólo se usa en aquellas formas donde la vocal i viene después de la d. Carece, pués, de las formas rizotónicas de indicativo presente, y por ello el imperativo queda reducido a la segunda persona de plural: adi. Por la misma razón, carece de subjuntivo.

MODELO NÚMERO 47
AGREDIR

INDIC. PRES.: *Agrido* – *agrides* – *agride* – agredimos – agredis – *agridem.*
SUBJ. PRES.: Agrida – agridas – agrida – agridamos – agridais – agridam.
IMPERATIVO: *Agride* – *agrida* – *agridamos* – agredi – *agridam.*

MODELO NÚMERO 48
ARGÜIR (*)

INDIC. PRES.: Arg*u*o – argú*i*s – argú*i* – argü*i*mos – argü*i*s – argú*e*m.
SUBJ. PRES.: Arg*u*a – arg*u*as – arg*u*a – arguamos – arguais – arg*u*am.
IMPERATIVO: Argú*i* – arg*u*a – arguamos – argü*i* – arg*u*am.

(*) Regular. La u suena siempre. (Va impresa de bastardilla la u tonica que no lleva acento agudo).

MODELO NÚMERO 49
CAIR

INDIC. PRES.: Caio – cais – cai – caímos – caís – caem.
SUBJ. PRES.: Caia – caias – caia – caiamos – caiais – caiam.
IMPERATIVO: Cai – caia – caiamos – caí – caiam.

MODELO NÚMERO 50
COBRIR (*)

INDIC. PRES.: C*u*bro – c*o*bres – c*o*bre – cobrimos – cobris – c*o*brem.
SUBJ. PRES.: Cubra – cubras – cubra – cubramos – cubrais – cubram.
IMPERATIVO: C*o*bre – *cubra* – *cubramos* – cobri – *cubram.*

(*) Es abierta la vocal impresa de negrilla.

MODELO NÚMERO 51
DIRIGIR (*)

INDIC. PRES.: Dirijo – diriges – dirige – dirigimos – dirigis – dirigem.
SUBJ. PRES.: Dirija – dirijas – dirija – dirijamos – dirijais – dirijam.
IMPERATIVO: Dirige – dirija – dirijamos – diriji – dirijam.

(*) Regular. Las mutaciones a que obliga, a veces la Ortografía como el cambio de la g por j, cuando sigue una a u o, no constituyen irregularidad.

MODELO NÚMERO 52

EXTINGUIR (*)

INDIC. PRES.: Extingo – extingues – extingue – extinguimos – extinguis – extinguem.
SUBJ. PRES.: Extinga – extingas – extinga – extingamos – extingais – extingam.
IMPERATIVO: Extingue – extinga – extingamos – extingui – extingam.

(*) Regular. Las mutaciones a que obliga, a veces, la Ortografía, como en la pronunciación fuerte de la **g** cuando sigue **a** u **o,** no constituyen irregularidad.

MODELO NÚMERO 53

FRIGIR (*)

INDIC. PRES.: Frijo – fr**e**ges – fr**e**ge – frigimos – frigis – fr**e**gem.
SUBJ. PRES.: Frija – frijas – frija – frijamos – frijais – frijam.
IMPERATIVO: Fr**e**ge – frija – frijamos – friji – frijam.

(*) Es abierta la vocal impresa de negrilla.

MODELO NÚMERO 54

IR

INDIC. PRES.: Vou – vais – vai – vamos – ides – vão.
PRET. INDEF.: Fui – foste – foi – fomos – fostes – foram.
PRET. PLUSCUAMP.: Fora – foras – fora – fôramos – fôreis – foram.
SUBJ. PRES.: Vá – vás – vá – vamos – vades – vão.
PRET. IMPERF.: Fosse – fosses – fosse – fôssemos – fôsseis – fossem.
FUT. IMPERF.: For – fores – for – formos – fordes – forem.
IMPERATIVO: Vai – vá – vamos – ide – vão.

MODELO NÚMERO 55

PEDIR (*)

INDIC. PRES.: *Peço* – p**e**des – p**e**de – pedimos – pedis – p**e**dem.
SUBJ. PRES.: P**e**ça – p**e**ças – p**e**ça – peçamos – peçais – p**e**çam.
IMPERATIVO: P**e**de – *peça* – *peçamos* – pedi – *peçam.*

(*) Va impresa de negrilla la vocal abierta de la radical.

MODELO NÚMERO 56

PRODUZIR

INDIC. PRES.: Produzo – produzes – produz – produzimos – produzis – produzem.

MODELO NÚMERO 57

SORTIR

INDIC. PRES.: *Surto* – *surtes* – *surte* – sortimos – sortis – *surtem.*
SUBJ. PRES.: Surta – surtas – surta – surtamos – surtais – surtam.
IMPERATIVO: *Surte* – *surta* – *surtamos* – sorti – *surtam.*

MODELO NÚMERO 58

RESSARCIR (*)

INDIC. PRES.: Ressarço – ressarces – ressarce – ressarcimos – ressarcis – ressarcem.
SUBJ. PRES.: Ressarça – ressarças – ressarça – ressarçamos – ressarçais – ressarçam.
IMPERATIVO: Ressarce – ressarça – ressarçamos – ressarci – ressarçam.

(*) Regular. Las mutaciones a que obliga, a veces, la Ortografía, como el cambio de la **c** por **ç** cuando sigue **a** u **o,** no constituyen irregularidad.

MODELO NÚMERO 59

RESTITUIR (*)

INDIC. PRES.: Restit**u**o – restit**u**is – restit**u**i – restituímos – restituís – restit**u**em.
SUBJ. PRES.: Restit**u**a – restit**u**as – restit**u**a – restituamos – restituais – restit**u**am.
IMPERATIVO: Restit**u**i – restit**u**a – restituamos – restituí – restit**u**am.

(*) Regular. La **u** suena siempre. (Va impresa de bastardilla la **u** tónica que no lleva acento ortográfico).

MODELO NÚMERO 60

RIR

INDIC. PRES.: Rio – ris – ri – rimos – rides – riem.
SUBJ. PRES.: Ria – rias – ria – riamos – riais – riam.
IMPERATIVO: Ri – ria – riamos – ride – riam.

MODELO NÚMERO 61

VIR (*)

INDIC. PRES.: Venho – vens – vem – vimos – vindes – vêm.
PRET. IMPERF.: Vinha – vinhas – vinha – vínhamos – vínheis – vinham.
PRET. INDEF.: Vim – vi**e**ste – veio – viemos – viestes – vieram.
PRET. PLUSCUAMP.: Viera – vieras – viera – viéramos – viéreis – vieram.
SUBJ. PRES.: Venha – venhas – venha – venhamos – venhais – venham.
PRET. IMPERF.: Viesse – viesses – viesse – viéssemos – viésseis – viessem.
FUT. IMPERF.: Vier – vieres – vier – viermos – vierdes – vierem.
IMPERATIVO: Vem – venha – venhamos – vinde – venham.
PARTICIPIO: *Vindo.*
GERUNDIO: Vindo.

(*) La vocal abierta va impresa de negrilla.

LISTA DE LOS VERBOS PORTUGUESES, CON EXPRESIÓN DEL MODELO A QUE EN SU CONJUGACIÓN SE AJUSTAN

ADVERTENCIAS. – 1ª La letra **R** indica que el verbo es regular. – 2ª Los verbos impresos en letras mayúsculas son los que figuram como modelos de conjugación en las tablas precedentes y a los cuales se remiten todos los demás de la lista. – 3ª Para el empleo de los participios irregulares, véase SINOPSIS, pág. XV.

A

Abacelar. – **R.** (1ª conj.).
Abaetar. – **R.** (1ª conj.).
Abafar. – **R.** (1ª conj.).
Abainhar. – (Mod. núm. 8).
Abaionetar. – **R.** (1ª conj.).
Abairrar. – **R.** (1ª conj.).
Abaixar. – **R.** (1ª conj.).
Abajoujar-se. – **R.** (1ª conj.).
Abalançar. – (Mod. núm. 19).
Abalar. – **R.** (1ª conj.).
Abalizar. – **R.** (1ª conj.).
Abaloar. – (Mod. núm. 16).
Abalofar. – **R.** (1ª conj.).
Abalroar. – (Mod. núm. 16).
Abaluartar. – **R.** (1ª conj.).
Abananar. – **R.** (1ª conj.).
Abanar. – **R.** (1ª conj.).
Abancar. – (Mod. núm. 11).
Abandalhar. – **R.** (1ª conj.).
Abandar. – **R.** (1ª conj.).
Abandeirar. – **R.** (1ª conj.).
Abandejar. – **R.** (1ª conj.).
Abandidar-se. – (Mod. núm. 16).
Abandonar. – **R.** (1ª conj.).
Abar. – **R.** (1ª conj.).
Abaratar. – **R.** (1ª conj.).
Abarbar. – **R.** (1ª conj.).
Abarbarizar. – **R.** (1ª conj.).
Abarbelar. – **R.** (1ª conj.).
Abarcar. – (Mod. núm. 11).
Abarregar-se. – (Mod. núm. 14).
Abarreirar. – **R.** (1ª conj.).
Abarrocar. – **R.** (1ª conj.).
Abastar. – **R.** (1ª conj.).
Abastardar. – **R.** (1ª conj.).
Abastardear. – (Mod. núm. 15).
Abastecer. – (Mod. núm. 38).
Abatatar. – **R.** (1ª conj.).
Abater. – **R.** (2ª conj.).
Abatinar. – **R.** (1ª conj.).
Abatumar. – **R.** (1ª conj.).
Abaular. – (Mod. núm. 18).
Abdicar. – (Mod. núm. 11).
Abduzir. – (Mod. núm. 56).
Abeatar. – **R.** (1ª conj.).
Abeberar. – **R.** (1ª conj.).
Abecar. – (Mod. núm. 11).
Abeirar. – **R.** (1ª conj.).
Abelhar-se. – **R.** (1ª conj.).
Abelhuar-se. – (Mod. núm. 6).
Abelhudar. – **R.** (1ª conj.).
Abelidar-se. – **R.** (1ª conj.).
Abemolar. – **R.** (1ª conj.).
Abençoar. – (Mod. núm. 16).
Abendiçoar. – (Mod. núm. 16).
Aberrar. – **R.** (1ª conj.).
Abespinhar-se. – **R.** (1ª conj.).
Abetumar. – **R.** (1ª conj.).
Abexigar. – (Mod. núm. 14).
Abicar. – **R.** (1ª conj.).
Abichar. – **R.** (1ª conj.).
Abichonar. – **R.** (1ª conj.).
Abigear. – (Mod. núm. 15).

Abiscoitar. – **R.** (1ª conj.).
Abismar. – **R.** (1ª conj.).
Abispar. – **R.** (1ª conj.).
Abitolar. – **R.** (1ª conj.).
Abjudicar. – (Mod. núm. 11).
Abjugar. – (Mod. núm. 14).
Abjungir. – (Mod. núm. 51).
Abjurgar. – **R.** (1ª conj.).
Mut. Ort. (Mod. núm. 14).
Ablaquear. – (Mod. núm. 15).
Ablaquecer. – (Mod. núm. 38).
Ablasonar. – **R.** (1ª conj.).
Ablegar. – (Mod. núm. 14).
Ablocar. – (Mod. núm. 11).
Abluir. – (Mod. núm. 59).
Abnoitar. – **R.** (1ª conj.).
Abobadar. – **R.** (1ª conj.).
Abobar-se. – **R.** (1ª conj.).
Aboborar. – **R.** (1ª conj.).
Abocanhar. – **R.** (1ª conj.).
Abocar. – (Mod. núm. 11).
Aboçar. – (Mod. núm. 19).
Abochornar. – **R.** (1ª conj.).
Abodegar. – (Mod. núm. 14).
Aboiar. – **R.** (1ª conj.).
Abolachar. – **R.** (1ª conj.).
Abolar. – **R.** (1ª conj.).
Aboletar. – **R.** (1ª conj.).
Abolinar. – **R.** (1ª conj.).

ABOLIR. – 43.

Abolorecer. – (Mod. núm. 38).
Abolorentar. – **R.** (1ª conj.).
Abolsar. – **R.** (1ª conj.).
Abolumar. – **R.** (1ª conj.).
Abombar. – **R.** (1ª conj.).
Abominar. – **R.** (1ª conj.).
Abonançar. – (Mod. núm. 19).
Abonar. – **R.** (1ª conj.).
Aboquejar. – **R.** (1ª conj.).
Aborbulhar. – **R.** (1ª conj.).
Abordar. – **R.** (1ª conj.).
Abordoar. – (Mod. núm. 16).
Aborletar. – **R.** (1ª conj.).
Aborrascar. – (Mod. núm. 11).
Aborrecer. – (Mod. núm. 38).
Aborrir. – (Mod. núm. 43).
Abortar. – **R.** (1ª conj.).
Aboscar. – (Mod. núm. 11).
Abostelar. – **R.** (1ª conj.).
Abotecar. – (Mod. núm. 11).
Abotijar. – **R.** (1ª conj.).
Abotoar. – (Mod. núm. 16).
Abotumar. – **R.** (1ª conj.).
Abraçar. – (Mod. núm. 19).
Abrancar. – (Mod. núm. 11).
Abrandar. – **R.** (1ª conj.).
Abrandecer. – (Mod. núm. 38).
Abranger. – (Mod. núm. 34).
Abranquecer. – (Mod. núm. 38).
Abrasar. – **R.** (1ª conj.).
Abrasear. – (Mod. núm. 15).
Abrasileirar. – **R.** (1ª conj.).
Abrasoar. – (Mod. núm. 16).
Abrasonar. – **R.** (1ª conj.).
Abrejeirar. – **R.** (1ª conj.).
Abrenhar. – **R.** (1ª conj.).
Abrenunciar. – **R.** (1ª conj.).

(1) *P. p. irreg.: Aberto.*
(2) *P. p. irreg.: Absolto.*
(3) *P. p. irreg.: Absorto.*
(4) *P. p. irreg.: Abstrato.*

Abreviar. – **R.** (1ª conj.).
Abrigar. – (Mod. núm. 14).
Abrilhantar. – **R.** (1ª conj.).
Abrir. – **R.** (3ª conj.). (1)
Abrocadar. – **R.** (1ª conj.).
Abrochar. – **R.** (1ª conj.).
Abrolhar. – **R.** (1ª conj.).
Abronzar. – **R.** (1ª conj.).
Abronzear. – (Mod. núm. 15).
Abroquelar. – **R.** (1ª conj.).
Abrutalar. – **R.** (1ª conj.).
Abrutalhar. – **R.** (1ª conj.).
Abrutar. – **R.** (1ª conj.).
Abrutecer. – (Mod. núm. 38).
Absconder. – **R.** (2ª conj.).
Absolver. – **R.** (2ª conj.). (2)
Absorver. – **R.** (2ª conj.). (3)
Abster. – (Mod. núm. 39).
Absterger. – (Mod. núm. 34). (4)
Abstrair. – (Mod. núm. 49).
Abugalhar. – **R.** (1ª conj.).
Abundanciar. – **R.** (1ª conj.).
Abundar. – **R.** (1ª conj.).
Aburacar. – (Mod. núm. 11).
Aburguesar. – **R.** (1ª conj.).
Abusar. – **R.** (1ª conj.).
Acabaçar. – (Mod. núm. 19).
Acabar. – **R.** (1ª conj.).
Acaboclar. – **R.** (1ª conj.).
Acabrunhar. – **R.** (1ª conj.).
Açacalar. – **R.** (1ª conj.).
Acaçapar. – **R.** (1ª conj.).
Acachapar. – **R.** (1ª conj.).
Acachar. – **R.** (1ª conj.).
Acachoar. – (Mod. núm. 16).
Acafajestar-se. – **R.** (1ª conj.).
Acafelar. – **R.** (1ª conj.).
Acafrar. – **R.** (1ª conj.).
Açafroar. – (Mod. núm. 16).
Acaiçarar-se. – **R.** (1ª conj.).
Açaimar. – **R.** (1ª conj.).
Acaipirar-se. – **R.** (1ª conj.).
Acalcanhar. – **R.** (1ª conj.).
Acalentar. – **R.** (1ª conj.).
Acalmar. – **R.** (1ª conj.).
Acalorar. – **R.** (1ª conj.).
Acamar. – **R.** (1ª conj.).
Açamar. – **R.** (1ª conj.).
Acamaradar. – **R.** (1ª conj.).
Açambarcar. – (Mod. núm. 11).
Acampainhar. – (Mod. núm. 8).
Acamurçar. – (Mod. núm. 19).
Acanalhar. – **R.** (1ª conj.).
Acanhar. – **R.** (1ª conj.).
Acanhoar. – (Mod. núm. 10).
Acanhonear. – (Mod. núm. 15).
Acantoar. – (Mod. núm. 16).
Acanular. – **R.** (1ª conj.).
Acapachar. – **R.** (1ª conj.).
Acapelar. – **R.** (1ª conj.).
Acapitular. – **R.** (1ª conj.).
Acapoeirar-se. – **R.** (1ª conj.).
Acarar. – **R.** (1ª conj.).
Acardumar-se. – **R.** (1ª conj.).
Acarear. – (Mod. núm. 15).
Acariciar. – **R.** (1ª conj.).
Acaridar. – **R.** (1ª conj.).
Açarilhar. – **R.** (1ª conj.).
Acarinhar. – **R.** (1ª conj.).
Acarrar. – **R.** (1ª conj.).
Acarrear. – (Mod. núm. 15).
Acarretar. – **R.** (1ª conj.).
Acartonar. – **R.** (1ª conj.).
Acasalar. – **R.** (1ª conj.).

Acasear. – (Mod. núm. 15).
Acastelar. – **R.** (1ª conj.).
Acastelhanar-se. – **R.** (1ª conj.).
Acatarroar-se. – (Mod. núm. 16).
Acatassolar. – **R.** (1ª conj.).
Acaudelar. – **R.** (1ª conj.).
Acaudilhar. – **R.** (1ª conj.).
Acautelar. – **R.** (1ª conj.).
Acavalar. – **R.** (1ª conj.).
Acavaleirar. – **R.** (1ª conj.).
Acavaletar. – **R.** (1ª conj.).
Aceder. – **R.** (2ª conj.).
Aceirar. – **R.** (1ª conj.).
Aceitar. – **R.** (1ª conj.). (1)
Acenar. – **R.** (1ª conj.).
Acender. – **R.** (2ª conj.). (2)
Acepilhar. – **R.** (1ª conj.).
Acerar. – **R.** (1ª conj.).
Acerbar. – **R.** (1ª conj.).
Acercar. – (Mod. núm. 11).
Acereijar. – **R.** (1ª conj.).
Acerejar. – **R.** (1ª conj.).
Acertar. – **R.** (1ª conj.).
Acetar. – **R.** (1ª conj.).
Acetinar. – **R.** (1ª conj.).
Acevadar. – **R.** (1ª conj.).
Acevar. – **R.** (1ª conj.).
Achacar. – **R.** (1ª conj.).
Achamboar. – (Mod. núm. 16).
Achambonar. – **R.** (1ª conj.).
Achanar. – **R.** (1ª conj.).
Achaparrar. – **R.** (1ª conj.).
Achar. – **R.** (1ª conj.).
Acharoar. – (Mod. núm. 16).
Achavascar. – (Mod. núm. 11).
Achegar. – (Mod. núm. 14).
Achinar. – **R.** (1ª conj.).
Achincalhar. – **R.** (1ª conj.).
Achinesar. – **R.** (1ª conj.).
Achumbar. – **R.** (1ª conj.).
Acicatar. – **R.** (1ª conj.).
Acidar. – **R.** (1ª conj.).
Acidentar. – **R.** (1ª conj.).
Acionar. – **R.** (1ª conj.).
Acirrar. – **R.** (1ª conj.).
Acidrar. – **R.** (1ª conj.).
Aciganar. – **R.** (1ª conj.).
Acingir. – (Mod. núm. 51).
Acirandar. – **R.** (1ª conj.).
Acinzar. – **R.** (1ª conj.).
Acinzentar. – **R.** (1ª conj.).
Aclamar. – **R.** (1ª conj.).
Aclarar. – **R.** (1ª conj.).
Aclerizar-se. – **R.** (1ª conj.).
Aclimar. – **R.** (1ª conj.).
Aclimatizar. – **R.** (1ª conj.).
Acobardar. – **R.** (1ª conj.).
Acobertar. – **R.** (1ª conj.).
Acobilhar. – **R.** (1ª conj.).
Acobrear. – (Mod. núm. 15).
Acocar. – (Mod. núm. 11).
Acochicar. – **R.** (1ª conj.).
Acocorar-se. – **R.** (1ª conj.).
Acocorinhar-se. – **R.** (1ª conj.).
Açodar. – **R.** (1ª conj.).
Acofiar. – **R.** (1ª conj.).
Acogular. – **R.** (1ª conj.).
Acoiçar. – (Mod. núm. 19).
Acoicear. – (Mod. núm. 15).
Acoimar. – **R.** (1ª conj.).
Acoirelar. – **R.** (1ª conj.).
Acoitadar. – **R.** (1ª conj.).
Acompanhar. – **R.** (1ª conj.).
Acompassar. – **R.** (1ª conj.).
Acompridar. – **R.** (1ª conj.).
Acomunar-se. – **R.** (1ª conj.).
Aconchavar. – **R.** (1ª conj.).
Aconchear. – (Mod. núm. 15).
Aconchegar. – (Mod. núm. 14).
Acondicionar. – **R.** (1ª conj.).
Acondiçoar. – (Mod. núm. 16).
Acondimentar. – **R.** (1ª conj.).
Aconfeitar. – **R.** (1ª conj.).

(1) *P. p. irreg.: Aceito.*
(2) *P. p. irreg.: Aceso.*

Aconselhar. – **R.** (1ª conj.).
Aconsoantar. – **R.** (1ª conj.).
Acontecer. – (Mod. núm. 38).
Acoraçoar. – (Mod. núm. 16).
Açorar. – **R.** (1ª conj.).
Acorçoar. – (Mod. núm. 16).
Acorcorar. – **R.** (1ª conj.).
Acorcovar. – **R.** (1ª conj.).
Acorcundar. – **R.** (1ª conj.).
Acordar. – **R.** (1ª conj.).
Acordoar. – (Mod. núm. 16).
Acornar. – **R.** (1ª conj.).
Acoroçoar. – (Mod. núm. 16).
Acoronhar. – **R.** (1ª conj.).
Acorrentar. – **R.** (1ª conj.).
Acorrer. – **R.** (2ª conj.).
Acorrilhar. – **R.** (1ª conj.).
Acortinar. – **R.** (1ª conj.).
Acossar. – **R.** (1ª conj.).
Acostar. – **R.** (1ª conj.).
Acostumar. – **R.** (1ª conj.).
Acostumear. – (Mod. núm. 15).
Acotiar. – **R.** (1ª conj.).
Acotoar. – (Mod. núm. 16).
Acotonar. – **R.** (1ª conj.).
Acotovelar. – **R.** (1ª conj.).
Acouçar. – (Mod. núm. 19).
Acoucear. – (Mod. núm. 15).
Acoudelar. – **R.** (1ª conj.).
Acouraçar. – (Mod. núm. 19).
Acourelar. – **R.** (1ª conj.).
Acoutar. – **R.** (1ª conj.).
Açoutar. – **R.** (1ª conj.).
Acovar. – (Mod. núm. 16).
Acovardar. – **R.** (1ª conj.).
Acovilhar. – **R.** (1ª conj.).
Acreditar. – **R.** (1ª conj.).
Acrescer. – (Mod. núm. 38).
Acriançar-se. – (Mod. núm. 19).
Acrioular-se. – **R.** (1ª conj.).
Acristanar. – **R.** (1ª conj.).
Acrivar. – **R.** (1ª conj.).
Acuar. – (Mod. núm. 6).
Açucarar. – **R.** (1ª conj.).
Acuchilar. – **R.** (1ª conj.).

ACUDIR. – 44.

Açudar. – **R.** (1ª conj.).
Acugular. – **R.** (1ª conj.).
Aculear. – (Mod. núm. 15).
Açular. – **R.** (1ª conj.).
Acurralar. – **R.** (1ª conj.).
Acuminar. – **R.** (1ª conj.).
Acumpliciar-se. – **R.** (1ª conj.).
Acumular. – **R.** (1ª conj.).
Acunhar. – **R.** (1ª conj.).
Acunhear. – (Mod. núm. 15).
Acurar. – **R.** (1ª conj.).
Acurrar. – **R.** (1ª conj.).
Acurtar. – **R.** (1ª conj.).
Acurvar. – **R.** (1ª conj.).
Acurvejar. – **R.** (1ª conj.).
Acurvilhar. – **R.** (1ª conj.).
Acusar. – **R.** (1ª conj.).
Acutilar. – **R.** (1ª conj.).
Adagear. – (Mod. núm. 15).
Adamar-se. – **R.** (1ª conj.).
Adamascar. – (Mod. núm. 11).
Adaptar. – **R.** (1ª conj.).
Adegar. – **R.** (1ª conj.).
Adejar. – **R.** (1ª conj.).
Adelgaçar. – (Mod. núm. 19).
Adelgadar. – **R.** (1ª conj.).
Adelgar. – (Mod. núm. 14).
Adengar. – **R.** (1ª conj.).
Adensar. – **R.** (1ª conj.).
Adentar. – **R.** (1ª conj.).
Adentrar. – **R.** (1ª conj.).
Adequar. – (Mod. núm. 6). (1)
Adereçar. – (Mod. núm. 19).

(1) *Este verbo es defectivo: sólo se usa las formas de infinitivo y de participio pasivo. Sin embargo, algunos gramáticos entienden que se pueden conjugar las formas arrizotónicas.*

ADERIR. – 45.

Adernar. – **R.** (1ª conj.).
Adestrar. – **R.** (1ª conj.).
Adeusar. – **R.** (1ª conj.).
Adiantar. – **R.** (1ª conj.).
Adiar. – **R.** (1ª conj.).
Adicionar. – **R.** (1ª conj.).
Adinheirar. – **R.** (1ª conj.).

ADIR. – 46.

Aditar. – **R.** (1ª conj.).
Adivinhar. – **R.** (1ª conj.).
Adjazer. – (Mod. núm. 27).
Adjungir. – (Mod. núm. 51).
Adjuntar. – **R.** (1ª conj.).
Adjurar. – **R.** (1ª conj.).
Adjutorar. – **R.** (1ª conj.).
Administrar. – **R.** (1ª conj.).
Admirar. – **R.** (1ª conj.).
Admitir. – **R.** (3ª conj.).
Admoestar. – **R.** (1ª conj.).
Adoçar. – (Mod. núm. 19).
Adocicar. – (Mod. núm. 11).
Adoecer. – (Mod. núm. 38).
Adoentar. – **R.** (1ª conj.).
Adoestar. – **R.** (1ª conj.).
Adoidar. – **R.** (1ª conj.).
Adoidejar. – **R.** (1ª conj.).
Adolescer. – (Mod. núm. 38).
Adolorar. – **R.** (1ª conj.).
Adomar. – **R.** (1ª conj.).
Adomingar-se. – **R.** (1ª conj.).
Adonisar. – **R.** (1ª conj.).
Adorar. – **R.** (1ª conj.).
Adormecer. – (Mod. núm. 38).
Adormentar. – **R.** (1ª conj.).
Adormir. – (Mod. núm. 50).
Adornar. – **R.** (1ª conj.).
Adortar. – **R.** (1ª conj.).
Adotar. – **R.** (1ª conj.).
Adoudar. – **R.** (1ª conj.).
Adoudejar. – **R.** (1ª conj.).
Adoutrinar. – **R.** (1ª conj.).
Adquirir. – **R.** (3ª conj.). (1)
Adregar. – (Mod. núm. 14). (2)
Adriçar. – (Mod. núm. 19).
Adscrever. – **R.** (2ª conj.).
Adstringir. – (Mod. núm. 51). (3)
Aduar. – **R.** (1ª conj.).
Adubar. – **R.** (1ª conj.).
Aduchar. – **R.** (1ª conj.).
Aducir. – (Mod. núm. 58).
Adufar. – **R.** (1ª conj.).
Adular. – **R.** (1ª conj.).
Adulçorar. – **R.** (1ª conj.).
Adulterar. – **R.** (1ª conj.).
Adumar. – **R.** (1ª conj.).
Aduncar. – **R.** (1ª conj.).
Adurir. – **R.** (3ª conj.).
Aduzir. – (Mod. núm. 56).
Advertir. – (Mod. núm. 61). (4)
Advir. – (Mod. núm. 61).
Advogar. – (Mod. núm. 14).
Acrizar. – **R.** (1ª conj.).
Aeroplanar. – **R.** (1ª conj.).
Afadigar. – (Mod. núm. 14).
Afagar. – (Mod. núm. 14).
Afagueirar. – **R.** (1ª conj.).
Afaimar. – **R.** (1ª conj.).
Afalcassar. – **R.** (1ª conj.).
Afalcoar. – (Mod. núm. 16).
Afamar. – **R.** (1ª conj.).
Afamilhar-se. – **R.** (1ª conj.).
Afamiliar-se. – **R.** (1ª conj.).
Afanar. – **R.** (1ª conj.).
Afaquear. – **R.** (1ª conj.).
Afarinhar. – **R.** (1ª conj.).
Afarvar-se. – **R.** (1ª conj.).

(1) *P. p. irreg. ant.: Aquisto.*
(2) *Sólo se usa en las terceras personas.*
(3) *P. p. irreg.: Adstrito.*
(4) *En la acepción de advenir, avenir, suceder, sólo se usa en las terceras personas.*

Afastar. – **R.** (1ª conj.).
Afatiar. – **R.** (1ª conj.).
Afazendar-se. – **R.** (1ª conj.).
Afazer. – (Mod. núm. 15).
Afear. – (Mod. núm. 15).
Afeiçoar. – (Mod. núm. 16). (1)
Afelear. – (Mod. núm. 15).
Afemear. – (Mod. núm. 15).
Aferar. – **R.** (1ª conj.).
Aferir. – (Mod. núm. 45).
Aferrar. – **R.** (1ª conj.).
Aferrenhar. – **R.** (1ª conj.).
Aferretar. – **R.** (1ª conj.).
Aferretoar. – (Mod. núm. 16).
Aferroar. – (Mod. núm. 16).
Aferrolhar. – **R.** (1ª conj.).
Aferventar. – **R.** (1ª conj.).
Afervorar. – **R.** (1ª conj.).
Afervorizar. – **R.** (1ª conj.).
Afestoar. – (Mod. núm. 16).
Afetar. – **R.** (1ª conj.).
Afiançar. – (Mod. núm. 19).
Afiar. – **R.** (1ª conj.).
Afidalgar. – (Mod. núm. 14).
Afigurar. – **R.** (1ª conj.).
Afilar. – **R.** (1ª conj.).
Afilhar. – **R.** (1ª conj.).
Afiliar. – **R.** (1ª conj.).
Afinar. – **R.** (1ª conj.).
Afincar. – (Mod. núm. 11).
Afirmar. – **R.** (1ª conj.).
Afitar. – **R.** (1ª conj.).
Afivelar. – **R.** (1ª conj.).
Afixar. – **R.** (1ª conj.).
Aflamengar. – (Mod. núm. 14).
Aflar. – **R.** (1ª conj.).
Aflautar. – **R.** (1ª conj.).
Afleumar. – **R.** (1ª conj.).
Afligir. – (Mod. núm. 51). (2)
Afluir. – (Mod. núm. 59).
Afobar. – **R.** (1ª conj.).
Afocinhar. – **R.** (1ª conj.).
Afofar. – **R.** (1ª conj.).
Afogar. – (Mod. núm. 14).
Afoguear. – (Mod. núm. 15).
Afoitar. – **R.** (1ª conj.).
Afolhar. – **R.** (1ª conj.).
Afomear. – (Mod. núm. 15).
Afomentar. – **R.** (1ª conj.).
Aforar. – **R.** (1ª conj.).
Aforçurar-se. – **R.** (1ª conj.).
Aformosear. – (Mod. núm. 15).
Aformosentar. – **R.** (1ª conj.).
Aforquilhar. – **R.** (1ª conj.).
Aforrar. – **R.** (1ª conj.).
Afortalezar. – **R.** (1ª conj.).
Afortunar. – **R.** (1ª conj.).
Afracar. – (Mod. núm. 11).
Afrancesar. – **R.** (1ª conj.).
Afranzinar-se. – **R.** (1ª conj.).
Afrechar. – **R.** (1ª conj.).
Afreguesar. – **R.** (1ª conj.).
Afrescar. – (Mod. núm. 11).
Afretar. – **R.** (1ª conj.).
Afrissurar-se. – **R.** (1ª conj.).
Afroixar. – **R.** (1ª conj.).
Afrontar. – **R.** (1ª conj.).
Afrouxar. – **R.** (1ª conj.).
Afrouxelar. – **R.** (1ª conj.).
Afrutar. – **R.** (1ª conj.).
Afugentar. – **R.** (1ª conj.).
Afumar. – **R.** (1ª conj.).
Afundar. – **R.** (1ª conj.).
Afundir. – **R.** (3ª conj.).
Afunilar. – **R.** (1ª conj.).
Afuroar. – (Mod. núm. 16).
Afusar. – **R.** (1ª conj.).
Agachar-se. – **R.** (1ª conj.).
Agadanhar. – **R.** (1ª conj.).
Agafanhar. – **R.** (1ª conj.).
Agaiatar-se. – **R.** (1ª conj.).
Agaiolar— **R.** (1ª conj.).
Agalanar. – **R.** (1ª conj.).

(1) *P. p. irreg. p. us.: Afeto.*
(2) *P. p. irreg.: Aflito*

Agalardoar. – (Mod. núm. 16).
Agalegar. – (Mod. núm. 14).
Agalgar. – (Mod. núm. 14).
Agaloar. – (Mod. núm. 16).
Agarotar-se. – **R.** (1ª conj.).
Agarrar. – **R.** (1ª conj.).
Agarrochar. – **R.** (1ª conj.).
Agarrotar. – **R.** (1ª conj.).
Agasalhar. – **R.** (1ª conj.).
Agastar. – **R.** (1ª conj.).
Agatafunhar. – **R.** (1ª conj.).
Agatanhar. – **R.** (1ª conj.).
Agatificar. – **R.** (1ª conj.).
Agatinhar. – **R.** (1ª conj.).
Agatunar-se. – **R.** (1ª conj.).
Agaturrar. – **R.** (1ª conj.).
Agauchar-se. – **R.** (1ª conj.).
Agazuar. – (Mod. núm. 6).
Ageirar. – **R.** (1ª conj.).
Ageitar. – **R.** (1ª conj.).
Agenciar. – (Mod. núm. 3). (1)
Agermanar. – **R.** (1ª conj.).
Agigantear. – (Mod. núm. 15).
Agir. – (Mod. núm. 15).
Agitar. – **R.** (1ª conj.).
Aglomerar. – **R.** (1ª conj.).
Aglutinar. – **R.** (1ª conj.).
Agoirar. – **R.** (1ª conj.).
Agoirentar. – **R.** (1ª conj.).
Agomar. – **R.** (1ª conj.).
Agongorar. – **R.** (1ª conj.).
Agoniar. – **R.** (1ª conj.).
Agonizar. – **R.** (1ª conj.).
Agourar. – **R.** (1ª conj.).
Agourentar. – **R.** (1ª conj.).
Agraciar. – **R.** (1ª conj.).
Agradar. – **R.** (1ª conj.). (2)
Agradecer. – (Mod. núm. 38). (3)
Agrandar. – **R.** (1ª conj.).
Agranizar. – **R.** (1ª conj.).
Agravar. – **R.** (1ª conj.).

AGREDIR. – 47.

Agregar. – (Mod. núm. 14).
Agremiar. – **R.** (1ª conj.).
Agricultar. – **R.** (1ª conj.).
Agrilhar. – **R.** (1ª conj.).
Agrilhoar. – (Mod. núm. 16).
Agrimensar. – **R.** (1ª conj.).
Agrinaldar. – **R.** (1ª conj.).
Agrisalhar. – **R.** (1ª conj.).
Agrosseirar. – **R.** (1ª conj.).
Agrumar-se. – **R.** (1ª conj.).
Agrumelar. – **R.** (1ª conj.).
Agrupar. – **R.** (1ª conj.).
Aguachar-se. – **R.** (1ª conj.).

AGUAR. – 1.

Aguardar. – **R.** (1ª conj.).
Aguardentar. – **R.** (1ª conj.).
Aguarelar. – **R.** (1ª conj.).
Aguçar. – (Mod. núm. 19).
Agudar. – **R.** (1ª conj.).
Aguentar. – **R.** (1ª conj.).
Aguerrear. – (Mod. núm. 15).
Aguerreirar. – **R.** (1ª conj.).
Aguerrir. – (Mod. núm. 46).
Aguilhar. – **R.** (1ª conj.).
Aguilhoar. – (Mod. núm. 16).
Agulhar. – **R.** (1ª conj.).
Aiar. – **R.** (1ª conj.).
Airar. – **R.** (1ª conj.).
Ajaezar. – **R.** (1ª conj.).
Ajanotar-se. – **R.** (1ª conj.).
Ajeitar. – **R.** (1ª conj.).
Ajesuitar. – (Mod. núm. 2).
Ajoeirar. – **R.** (1ª conj.).
Ajoelhar. – **R.** (1ª conj.).
Ajornalar. – **R.** (1ª conj.).
Ajoujar. – **R.** (1ª conj.).

(1) *También se conjuga como verbo regular de la 1ª*
conj.
(2) - (3) *P. p. irreg.: Grato.*

Ajoviar. – **R.** (1ª conj.).
Ajudar. – **R.** (1ª conj.).
Ajudicar. – (Mod. núm. 11).

AJUIZAR. – 2.

Ajuntar. – **R.** (1ª conj.).
Ajuramentar. – **R.** (1ª conj.).
Ajustar. – **R.** (1ª conj.).
Alabarar. – **R.** (1ª conj.).
Alabastrizar. – **R.** (1ª conj.).
Alabirintar. – **R.** (1ª conj.).
Alacaiar. – **R.** (1ª conj.).
Aladroar. – (Mod. núm. 16).
Alagar. – (Mod. núm. 14).
Alagartear. – (Mod. núm. 15).
Alagoar. – (Mod. núm. 16).
Alambazar-se. – **R.** (1ª conj.).
Alambicar. – (Mod. núm. 11).
Alamborar. – **R.** (1ª conj.).
Alambuzar. – **R.** (1ª conj.).
Alamedar. – **R.** (1ª conj.).
Alancear. – (Mod. núm. 15).
Alanguidar-se. – **R.** (1ª conj.).
Alanhar. – **R.** (1ª conj.).
Alapar. – **R.** (1ª conj.).
Alapardar-se. – **R.** (1ª conj.).
Alar. – **R.** (1ª conj.).
Alaranjar. – **R.** (1ª conj.).
Alardar. – **R.** (1ª conj.).
Alardear. – (Mod. núm. 15).
Alargar. – (Mod. núm. 14).
Alarvajar. – **R.** (1ª conj.).
Alarvejar. – **R.** (1ª conj.).
Alastrar. – **R.** (1ª conj.).
Albardar. – **R.** (1ª conj.).
Albergar. – (Mod. núm. 14).
Alborcar. – (Mod. núm. 11).
Alborotar. – **R.** (1ª conj.).
Alcaçar. – (Mod. núm. 19).
Alcachofrar. – **R.** (1ª conj.).
Alcalinar. – **R.** (1ª conj.).
Alcalinizar. – **R.** (1ª conj.).
Alcançar. – (Mod. núm. 19).
Alcandorar. – **R.** (1ª conj.).
Alcantilar. – **R.** (1ª conj.).
Alcaparrar. – **R.** (1ª conj.).
Alcapremar. – **R.** (1ª conj.).
Alçar. – (Mod. núm. 19).
Alcatear. – (Mod. núm. 15).
Alcatifar. – **R.** (1ª conj.).
Alcatrar. – **R.** (1ª conj.).
Alcatruzar. – **R.** (1ª conj.).
Alcear. – (Mod. núm. 15).
Alcofar. – **R.** (1ª conj.).
Alcoforar. – **R.** (1ª conj.).
Alcoolizar. – **R.** (1ª conj.).
Alcorcovar. – **R.** (1ª conj.).
Alcovitar. – **R.** (1ª conj.).
Alcunhar. – **R.** (1ª conj.).
Aldear. – (Mod. núm. 15).
Aldrabar. – **R.** (1ª conj.).
Aldravar. – **R.** (1ª conj.).
Alear. – (Mod. núm. 15).
Alegar. – (Mod. núm. 14).
Alegrar. – **R.** (1ª conj.).
Aleijar. – **R.** (1ª conj.).
Aleiloar. – (Mod. núm. 16).
Aleitar. – **R.** (1ª conj.).
Aleixar. – **R.** (1ª conj.).
Alemanizar-se. – **R.** (1ª conj.).
Alemoar-se. – (Mod. núm. 16).
Alentar. – **R.** (1ª conj.).
Alentecer. – (Mod. núm. 38).
Alertar. – **R.** (1ª conj.).
Alertear. – (Mod. núm. 15).
Alestar. – **R.** (1ª conj.).
Alevantar. – **R.** (1ª conj.).
Alevedar. – **R.** (1ª conj.).
Alevianar. – **R.** (1ª conj.).
Alexandrinar. – **R.** (1ª conj.).
Alfabetar. – **R.** (1ª conj.).
Alfabetizar. – **R.** (1ª conj.).
Alfaiar. – **R.** (1ª conj.).
Alfaiatar. – **R.** (1ª conj.).
Alfaizar. – (Mod. núm. 8).

Alfandegar. – **R.** (1ª conj.).
Alfanjar. – **R.** (1ª conj.).
Alfarrobar. – **R.** (1ª conj.).
Alfazemar. – **R.** (1ª conj.).
Alfenar. – **R.** (1ª conj.).
Alfeninar-se. – **R.** (1ª conj.).
Alfinetar. – **R.** (1ª conj.).
Alfinetear. – (Mod. núm. 15).
Alforjar. – **R.** (1ª conj.).
Alforrar. – **R.** (1ª conj.).
Alforriar. – **R.** (1ª conj.).
Algaliar. – **R.** (1ª conj.).
Algaraviar. – **R.** (1ª conj.).
Algazarrar. – **R.** (1ª conj.).
Algazarrear. – (Mod. núm. 15).
Algemar. – **R.** (1ª conj.).
Algemiar. – **R.** (1ª conj.).
Algodoar. – (Mod. núm. 16).
Alhanar. – **R.** (1ª conj.).
Alheanar. – **R.** (1ª conj.).
Alhear. – (Mod. núm. 15).
Aliançar. – (Mod. núm. 19).
Aliar. – **R.** (1ª conj.).
Alicerçar. – (Mod. núm. 19).
Aliciar. – **R.** (1ª conj.).
Alienar. – **R.** (1ª conj.).
Aligeirar. – **R.** (1ª conj.).
Alijar. – **R.** (1ª conj.).
Alimentar. – **R.** (1ª conj.).
Alimpar. – **R.** (1ª conj.).
Alindar. – **R.** (1ª conj.).
Alinhar. – **R.** (1ª conj.).
Alinhavar. – **R.** (1ª conj.).
Alisar. – **R.** (1ª conj.).
Alistar. – **R.** (1ª conj.).
Aliterar. – **R.** (1ª conj.).
Aliteratar-se. – **R.** (1ª conj.).
Alivelar. – **R.** (1ª conj.).
Aliviar. – **R.** (1ª conj.).
Aljofarar. – **R.** (1ª conj.).
Aljofrar. – **R.** (1ª conj.).
Almagrar. – **R.** (1ª conj.).
Almanjarrar. – **R.** (1ª conj.).
Almecegar. – (Mod. núm. 14).
Almejar. – **R.** (1ª conj.).
Almiscarar. – **R.** (1ª conj.).
Almoçar. – (Mod. núm. 19).
Almocrevar. – **R.** (1ª conj.).
Almoedar. – **R.** (1ª conj.).
Almofaçar. – (Mod. núm. 19).
Almofadar. – **R.** (1ª conj.).
Almondegar. – (Mod. núm. 14).
Almudar. – **R.** (1ª conj.).
Alojar. – **R.** (1ª conj.).
Alombar. – **R.** (1ª conj.).
Alomborar. – **R.** (1ª conj.).
Alongar. – (Mod. núm. 14).
Aloucar. – (Mod. núm. 11).
Alourar. – **R.** (1ª conj.).
Alousar. – **R.** (1ª conj.).
Alpendrar. – **R.** (1ª conj.).
Alpendroar. – (Mod. núm. 16).
Alporcar. – (Mod. núm. 11).
Alquebrar. – **R.** (1ª conj.).
Alqueirar. – **R.** (1ª conj.).
Alqueivar. – **R.** (1ª conj.).
Alquilar. – **R.** (1ª conj.).
Altanar-se. – **R.** (1ª conj.).
Altanear. – (Mod. núm. 15).
Altear. – (Mod. núm. 15).
Alterar. – **R.** (1ª conj.).
Altercar. – (Mod. núm. 11).
Alternar. – **R.** (1ª conj.).
Altissonar. – **R.** (1ª conj.).
Aluar. – (Mod. núm. 6).
Alucinar. – **R.** (1ª conj.).
Aludir. – **R.** (3ª conj.).
Alugar. – (Mod. núm. 14).
Aluir. – (Mod. núm. 59).
Alumiar. – **R.** (1ª conj.). (1)
Aluminar. – **R.** (1ª conj.).
Alustrar. – **R.** (1ª conj.).
Alvejar. – **R.** (1ª conj.).

Alviçarar. – **R.** (1ª conj.).
Alvidrar. – **R.** (1ª conj.).
Alvitrar. – **R.** (1ª conj.).
Alvorar. – **R.** (1ª conj.). (1)
Alvorear. – (Mod. núm. 15). (2)
Alvorecer. – (Mod. núm. 38). (3)
Alvorejar. – **R.** (1ª conj.). (4)
Alvoroçar. – (Mod. núm. 19).
Alvorotar. – **R.** (1ª conj.).
Amabilizar. – **R.** (1ª conj.).
Amaçarocar. – (Mod. núm. 11).
Amachonar-se. – **R.** (1ª conj.).
Amachorrar. – **R.** (1ª conj.).
Amachucar. – (Mod. núm. 11).
Amaciar. – **R.** (1ª conj.).
Amadeirar. – **R.** (1ª conj.).
Amadornar. – **R.** (1ª conj.).
Amadorrar. – **R.** (1ª conj.).
Amadrinhar. – **R.** (1ª conj.).
Amadurar. – **R.** (1ª conj.).
Amadurecer. – (Mod. núm. 38).
Amainar. – **R.** (1ª conj.).
Amaldiçoar. – (Mod. núm. 16).
Amalgamar. – **R.** (1ª conj.).
Amalhar. – **R.** (1ª conj.).
Amalhoar. – (Mod. núm. 16).
Amalucar-se. – **R.** (1ª conj.).
Amamentar. – **R.** (1ª conj.).
Amancebar-se. – **R.** (1ª conj.).
Amaneirar-se. – **R.** (1ª conj.).
Amanhar. – **R.** (1ª conj.).
Amanhecer. – (Mod. núm. 38). (5)
Amanosear. – (Mod. núm. 15).
Amansar. – **R.** (1ª conj.).
Amantar. – **R.** (1ª conj.).
Amantelar. – **R.** (1ª conj.).
Amantilhar. – **R.** (1ª conj.).

AMAR. – R.

Amaranhar. – **R.** (1ª conj.).
Amarar. – **R.** (1ª conj.).
Amarasmar-se. – **R.** (1ª conj.).
Amarasmear-se. – (Mod. núm. 15).
Amarelar. – **R.** (1ª conj.).
Amarelecer. – (Mod. núm. 38).
Amarelejar. – **R.** (1ª conj.).
Amarfalhar. – **R.** (1ª conj.).
Amarfanhar. – **R.** (1ª conj.).
Amargar. – (Mod. núm. 14).
Amargurar. – **R.** (1ª conj.).
Amaricar-se. – (Mod. núm. 11).
Amariçar-se. – (Mod. núm. 19).
Amaridar. – **R.** (1ª conj.).
Amarinhar. – **R.** (1ª conj.).
Amarinheirar. – **R.** (1ª conj.).
Amariolar-se. – **R.** (1ª conj.).
Amarizar. – **R.** (1ª conj.).
Amarrar. – **R.** (1ª conj.).
Amarroar. – (Mod. núm. 16).
Amarroquinar. – **R.** (1ª conj.).
Amarrotar. – **R.** (1ª conj.).
Amartelar. – **R.** (1ª conj.).
Amarujar. – **R.** (1ª conj.).
Amasiar-se. – **R.** (1ª conj.).
Amassar. – **R.** (1ª conj.).
Amatalotar. – **R.** (1ª conj.).
Amatilhar. – **R.** (1ª conj.).
Amazelar-se. – **R.** (1ª conj.).
Ambarar. – **R.** (1ª conj.).
Ambarizar. – **R.** (1ª conj.).
Ambicionar. – **R.** (1ª conj.).
Ambrear. – (Mod. núm. 15).
Ameaçar. – (Mod. núm. 19).
Amealhar. – **R.** (1ª conj.).
Amear. – (Mod. núm. 15).
Amedalhar. – **R.** (1ª conj.).
Amedrontar. – **R.** (1ª conj.).
Ameigar. – (Mod. núm. 14).
Ameijoar. – (Mod. núm. 16).

(1) - (2) - (3) - (4) *Estos verbos son esencialmente impersonales.*
(5) *Este verbo es esencialmente impersonal. Es empleado en todas las personas en la acepcion de "llegar uno a un lugar al clarear el dia."*

Ameninar-se. – **R.** (1ª conj.).
Amenizar. – **R.** (1ª conj.).
Amentar. – **R.** (1ª conj.).
Amercear-se. – (Mod. núm. 15).
Americanizar. – **R.** (1ª conj.).
Amesquinhar. – **R.** (1ª conj.).
Amestrar. – **R.** (1ª conj.).
Amezendar-se. – **R.** (1ª conj.).
Amezinhar. – **R.** (1ª conj.).
Amigar-se. – **R.** (1ª conj.).
Amilhar. – **R.** (1ª conj.).
Amimalhar. – **R.** (1ª conj.).
Aminorar. – **R.** (1ª conj.).
Aminguar. – (Mod. núm. 1).
Amiserar-se. – **R.** (1ª conj.).
Amiudar. – (Mod. núm. 9).
Amocambar. – **R.** (1ª conj.).
Amocanhar. – **R.** (1ª conj.).
Amocar. – (Mod. núm. 11).
Amochar-se. – **R.** (1ª conj.).
Amodelar. – **R.** (1ª conj.).
Amodernar. – **R.** (1ª conj.).
Amodernizar. – **R.** (1ª conj.).
Amodornar. – **R.** (1ª conj.).
Amodorrar. – **R.** (1ª conj.).
Amoedar. – **R.** (1ª conj.).
Amoestar. – **R.** (1ª conj.).
Amofinar. – **R.** (1ª conj.).
Amofumbar-se. – **R.** (1ª conj.).
Amoiriscar. – (Mod. núm. 11).
Amoirar. – (Mod. núm. 16).
Amojar. – **R.** (1ª conj.).
Amolar. – **R.** (1ª conj.).
Amoldar. – **R.** (1ª conj.).
Amoldurar. – **R.** (1ª conj.).
Amolecar. – (Mod. núm. 11).
Amolecer. – (Mod. núm. 38).
Amolegar. – (Mod. núm. 14).
Amolentar. – **R.** (1ª conj.).
Amolgar. – (Mod. núm. 14).
Amontanhar-se. – **R.** (1ª conj.).
Amontar. – **R.** (1ª conj.).
Amontoar. – (Mod. núm. 16).
Amonturar. – **R.** (1ª conj.).
Amordaçar. – (Mod. núm. 19).
Amorenar. – **R.** (1ª conj.).
Amorfanhar. – **R.** (1ª conj.).
Amoriscar-se. – (Mod. núm. 11).
Amornar. – **R.** (1ª conj.).
Amornecer. – (Mod. núm. 38).
Amorrinhar-se. – **R.** (1ª conj.).
Amortalhar. – **R.** (1ª conj.).
Amortecer. – (Mod. núm. 38).
Amortiçar-se. – (Mod. núm. 19).
Amortificar. – (Mod. núm. 11).
Amortizar. – **R.** (1ª conj.).
Amossar. – **R.** (1ª conj.).
Amostrar. – **R.** (1ª conj.).
Amotar. – **R.** (1ª conj.).
Amotinar. – **R.** (1ª conj.).
Amoucar-se. – (Mod. núm. 11).
Amouriscar. – (Mod. núm. 11).
Amouxamar. – **R.** (1ª conj.).
Amover. – **R.** (2ª conj.).
Amparar. – **R.** (1ª conj.).
Ampliar. – **R.** (1ª conj.).
Amplificar. – (Mod. núm. 11).
Amputar. – **R.** (1ª conj.).
Amuar. – (Mod. núm. 6).
Amulatar-se. – **R.** (1ª conj.).
Amulherar-se. – **R.** (1ª conj.).
Amulherengar-se. – **R.** (1ª conj.).
Amumiar. – **R.** (1ª conj.).
Amunicionar. – **R.** (1ª conj.).
Amuralhar. – **R.** (1ª conj.).
Amurar. – **R.** (1ª conj.).
Amurchecer. – (Mod. núm. 38).
Anaçar. – (Mod. núm. 19).
Anacronizar. – **R.** (1ª conj.).
Anafar. – **R.** (1ª conj.).
Analisar. – **R.** (1ª conj.).
Ananicar. – (Mod. núm. 11).
Anastomosar. – **R.** (1ª conj.).
Anatar. – **R.** (1ª conj.).
Anavalhar. – **R.** (1ª conj.).
Ancinhar. – **R.** (1ª conj.).

(1) *En algunos autores antiguos y entre el pueblo, sigue el Modelo núm. 3.*

Page 761

Ancorar. – R. (1ª conj.).
Andaimar. – R. (1ª conj.).
Andar. – R. (1ª conj.).
Andejar. – R. (1ª conj.).
Andorinhar. – R. (1ª conj.).
Anediar. – R. (1ª conj.).
Anegar. – (Mod. núm. 14).
Anegrar. – R. (1ª conj.).
Anegrejar. – R. (1ª conj.).
Anelar. – R. (1ª conj.).
Anemiar. – R. (1ª conj.).
Anemizar. – R. (1ª conj.).
Anexar. – R. (1ª conj.). (1)
Angariar. – R. (1ª conj.).
Angustiar. – R. (1ª conj.).
Anichar. – R. (1ª conj.).
Anielar. – R. (1ª conj.).
Anilar. – R. (1ª conj.).
Animalizar. – R. (1ª conj.).
Animar. – R. (1ª conj.).
Aninar. – R. (1ª conj.).
Aninhar. – R. (1ª conj.).
Aniquilar. – R. (1ª conj.).
Anisar. – R. (1ª conj.).
Anistiar. – R. (1ª conj.).
Aniversariar. – R. (1ª conj.).
Anoitecer. – (Mod. núm. 38). (2)
Anojar. – R. (1ª conj.).
Anordestar. – R. (1ª conj.).
Anortear. – (Mod. núm. 15).
Anotar. – R. (1ª conj.).
Anovear. – (Mod. núm. 15).
Anovelar. – R. (1ª conj.).

ANSIAR. – 3.

Antealvorar. – R. (1ª conj.). (3)
Anteceder. – R. (2ª conj.).
Antecipar. – R. (1ª conj.).
Antedizer. – (Mod. núm. 23).
Anteferir. – (Mod. núm. 45).
Antegostar. – R. (1ª conj.).
Antegozar. – R. (1ª conj.).
Antemurar. – R. (1ª conj.).
Anteparar. – R. (1ª conj.).
Antepassar. – R. (1ª conj.).
Antepor. – R. (4ª conj.).
Anteriorizar. – R. (1ª conj.).
Antessentir. – (Mod. núm. 45).
Antever. – (Mod. núm. 42).
Antifrasear. – (Mod. núm. 15).
Antipatizar. – R. (1ª conj.).
Antiquar. – (Mod. núm. 6). (4)
Antissepsiar. – R. (1ª conj.).
Antojar. – R. (1ª conj.).
Antolhar-se. – R. (1ª conj.).
Antropomorfizar. – R. (1ª conj.).
Anuir. – (Mod. núm. 59).
Anular. – R. (1ª conj.).
Anumerar. – R. (1ª conj.).
Anunciar. – R. (1ª conj.).
Anuvear. – (Mod. núm. 15).
Anuviar. – R. (1ª conj.).
Anzolar. – R. (1ª conj.).
Apachorrar-se. – R. (1ª conj.).
Apacificar. – (Mod. núm. 11).
Apadrinhar. – R. (1ª conj.).
Apadroar. – (Mod. núm. 16).
Apagar. – (Mod. núm. 14).
Apagear. – R. (1ª conj.).
Apainelar. – R. (1ª conj.).
Apaiolar. – R. (1ª conj.).
Apaixonar. – R. (1ª conj.).
Apalacianar. – R. (1ª conj.).
Apalancar. – (Mod. núm. 11).
Apalavrar. – R. (1ª conj.).

(1) *P. p. irreg.: Anexo.*
(2) *Este verbo es esencialmente impersonal, pero en la acepción de "llegar uno a un lugar al anochecer" se emplea en todas las personas.*
(3) *Este verbo es esencialmente impersonal.*
(4) *Este verbo es defectivo. Sólo se usa el infinitivo y el participio pasivo. Sin embargo, algunos gramáticos entienden que se pueden conjugar las formas arrizotónicas, sobretodo cuando reflejo.*

Apalear. – (Mod. núm. 15).
Apalermar-se. – R. (1ª conj.).
Apalpar. – R. (1ª conj.).
Apandilhar. – R. (1ª conj.).
Apanhar. – R. (1ª conj.).
Apaniguar. – (Mod. núm. 13).
Apantufar. – R. (1ª conj.).
Aparafusar. – R. (1ª conj.).
Aparamentar. – R. (1ª conj.).
Aparar. – R. (1ª conj.).
Aparceirar. – R. (1ª conj.).
Aparcelar. – R. (1ª conj.).
Aparecer. – (Mod. núm. 38).
Aparelhar. – R. (1ª conj.).
Aparentar. – R. (1ª conj.).
Aparoquiar-se. – R. (1ª conj.).
Aparreirar. – R. (1ª conj.).
Apartar. – R. (1ª conj.).
Apartear. – (Mod. núm. 15).
Aparvalhar. – R. (1ª conj.).
Aparvoar. – (Mod. núm. 16).
Apascentar. – R. (1ª conj.).
Apassivar. – R. (1ª conj.).
Apassamanar. – R. (1ª conj.).
Apatetar. – R. (1ª conj.).
Apatizar. – R. (1ª conj.).
Apaular. – (Mod. núm. 18).
Apavonar. – R. (1ª conj.).
Apavorar. – R. (1ª conj.).
Apaziguar. – R. (1ª conj.).
Apear. – (Mod. núm. 15).
Apedantar. – R. (1ª conj.).
Apedrar. – R. (1ª conj.).
Apedrejar. – R. (1ª conj.).
Apegar. – (Mod. núm. 14).
Apelrar. – R. (1ª conj.).
Apelar. – R. (1ª conj.).
Apelidar. – R. (1ª conj.).
Apelintrar-se. – R. (1ª conj.).
Apender. – R. (2ª conj.).
Apendoar. – (Mod. núm. 16).
Apensar. – R. (1ª conj.).
Apepinar. – R. (1ª conj.).
Apequenar. – R. (1ª conj.).
Apequenitar. – R. (1ª conj.).
Aperaltar. – R. (1ª conj.).
Aperarvilhar. – R. (1ª conj.).
Aperar. – R. (1ª conj.).
Aperceber. – R. (2ª conj.).
Aperfeiçoar. – (Mod. núm. 16).
Apergaminhar. – R. (1ª conj.).
Aperolar. – R. (1ª conj.).
Aperrar. – R. (1ª conj.).
Aperrear. – (Mod. núm. 15).
Aperronhar. – R. (1ª conj.).
Apertar. – R. (1ª conj.).
Apesarar. – R. (1ª conj.).
Apespontar. – R. (1ª conj.).
Apestear. – (Mod. núm. 15).
Apetecer. – (Mod. núm. 38).
Apetitar. – R. (1ª conj.).
Apetrechar. – R. (1ª conj.).
Apezinhar. – R. (1ª conj.).
Apicaçar. – R. (1ª conj.).

APIEDAR-SE. – 4.

Apiloar. – (Mod. núm. 16).
Apimentar. – R. (1ª conj.).
Apimpolhar-se. – R. (1ª conj.).
Apincelar. – R. (1ª conj.).
Apingentar. – R. (1ª conj.).
Apinhar. – R. (1ª conj.).
Apinhoar-se. – (Mod. núm. 16).
Apinhocar. – (Mod. núm. 11).
Apipar. – R. (1ª conj.).
Apisoar. – (Mod. núm. 16).
Apitar. – R. (1ª conj.).
Aplacar. – (Mod. núm. 11).
Aplainar. – R. (1ª conj.).
Aplanar. – R. (1ª conj.).
Aplastar. – R. (1ª conj.).
Aplastrar. – R. (1ª conj.).
Aplaudir. – R. (3ª conj.).
Aplebear-se. – (Mod. núm. 15).
Aplicar. – (Mod. núm. 11).

Apodar. – R. (1ª conj.).
Apoderar-se. – R. (1ª conj.).
Apodrecer. – (Mod. núm. 38).
Apodrentar. – R. (1ª conj.).
Apoiar. – R. (1ª conj.).
Apojar. – R. (1ª conj.).
Apolear. – (Mod. núm. 13).
Apolegar. – (Mod. núm. 14).
Apoleirar. – R. (1ª conj.).
Apolejar. – R. (1ª conj.).
Apolentar. – R. (1ª conj.).
Apoltronar. – R. (1ª conj.).
Apolvilhar. – R. (1ª conj.).
Apompar. – R. (1ª conj.).
Apontar. – R. (1ª conj.).
Apontear. – (Mod. núm. 15).
Apontoar. – (Mod. núm. 16).
Apoquentar. – R. (1ª conj.).
Apor. – R. (4ª conj.).
Aporfiar. – R. (1ª conj.).
Aporismar. – R. (1ª conj.).
Aporrear. – (Mod. núm. 15).
Aporretar. – R. (1ª conj.).
Aporrinhar. – R. (1ª conj.).
Aportar. – R. (1ª conj.).
Aportilhar. – R. (1ª conj.).
Aportinhar. – R. (1ª conj.).
Aportuguesar. – R. (1ª conj.).
Aposentar. – R. (1ª conj.).
Apossar. – R. (1ª conj.).
Apossear. – (Mod. núm. 15).
Apostar. – R. (1ª conj.).
Apostatar. – R. (1ª conj.).
Apostemar. – R. (1ª conj.).
Apostilar. – R. (1ª conj.).
Apostilhar. – R. (1ª conj.).
Apostolar. – R. (1ª conj.).
Apostrofar. – R. (1ª conj.).
Apostular. – R. (1ª conj.).
Apotentar. – R. (1ª conj.).
Apoteosar. – R. (1ª conj.).
Apoteotizar. – R. (1ª conj.).
Apoucar. – (Mod. núm. 11).
Apouquentar. – R. (1ª conj.).
Apousar. – R. (1ª conj.).
Apozemar. – R. (1ª conj.).
Aprazar. – R. (1ª conj.).

APRAZER. – 20.

Aprear. – (Mod. núm. 15).
Apreçar. – (Mod. núm. 19).
Apreciar. – (Mod. núm. 19).
Apreender. – R. (2ª conj.).
Apregoar. – (Mod. núm. 16).
Apreguiçar-se. – (Mod. núm. 19).
Apremar. – R. (1ª conj.).
Aprender. – R. (2ª conj.).
Apresar. – R. (1ª conj.).
Apresentar. – R. (1ª conj.).
Apresilhar. – R. (1ª conj.).
Apressar. – R. (1ª conj.).
Apressurar. – R. (1ª conj.).
Aprestar. – R. (1ª conj.).
Aprimorar. – R. (1ª conj.).
Aprisionar. – R. (1ª conj.).
Aproar. – (Mod. núm. 16).
Aprofundar. – R. (1ª conj.).
Aprontar. – R. (1ª conj.). (1)

APROPINQUAR-SE. – 5.

Apropositar. – R. (1ª conj.).
Apropriar. – R. (1ª conj.).
Aprovar. – R. (1ª conj.).
Aproveitar. – R. (1ª conj.).
Aprovisionar. – R. (1ª conj.).
Aproximar. – R. (1ª conj.).
Aprumar. – R. (1ª conj.).
Apuar. – (Mod. núm. 6).
Apunhalar. – R. (1ª conj.).
Apunhar. – R. (1ª conj.).
Apupar. – R. (1ª conj.).
Apurar. – R. (1ª conj.).

(1) *P. p. irreg.: Pronto.*

Aquadrilhar. – **R.** (1ª conj.).
Aquarelar. – **R.** (1ª conj.).
Aquartelar. – **R.** (1ª conj.).
Aquartilhar. – **R.** (1ª conj.).
Aquebrantar. – **R.** (1ª conj.).
Aquecer. – (Mod. núm. 38).
Aquedar. – **R.** (1ª conj.).
Aquentar. – **R.** (1ª conj.).
Aquerenciar. – **R.** (1ª conj.). (1)
Aquiescer. – (Mod. núm. 38).
Aquietar. – **R.** (1ª conj.).
Aquilatar. – **R.** (1ª conj.).
Aquilombar. – **R.** (1ª conj.).
Aquinhoar. – (Mod. núm. 16).
Aramar. – **R.** (1ª conj.).
Aranhar. – **R.** (1ª conj.).
Arar. – **R.** (1ª conj.).
Arbitrar. – **R.** (1ª conj.).
Arborizar. – **R.** (1ª conj.).
Arcabuzar. – **R.** (1ª conj.).
Arcabuzear. – (Mod. núm. 15).
Arcar. – (Mod. núm. 11).
Arcaízar. – (Mod. núm. 8).
Ardejar. – **R.** (1ª conj.).
Arder. – **R.** (2ª conj.).
Ardosiar. – **R.** (1ª conj.).
Arear. – (Mod. núm. 15).
Arejar. – **R.** (1ª conj.).
Arengar. – **R.** (1ª conj.).
Arenguear. – (Mod. núm. 15).
Arfar. – **R.** (1ª conj.).
Argamassar. – **R.** (1ª conj.).
Argentar. – (Mod. núm. 15).
Argolar. – **R.** (1ª conj.).
Arguciar. – **R.** (1ª conj.).

ARGÜIR. – 48.

Argumentar. – **R.** (1ª conj.).
Ariscar. – (Mod. núm. 11).
Armar. – **R.** (1ª conj.).
Armazenar. – **R.** (1ª conj.).
Arminhar. – **R.** (1ª conj.).
Arnesar. – **R.** (1ª conj.).
Aromatizar. – **R.** (1ª conj.).
Arpar. – **R.** (1ª conj.).
Arpear. – (Mod. núm. 15).
Arpejar. – **R.** (1ª conj.).
Arpoar. – (Mod. núm. 16).
Arquear. – (Mod. núm. 15).
Arquejar. – **R.** (1ª conj.).
Arquitetar. – **R.** (1ª conj.).
Arraçoar. – (Mod. núm. 16).
Arraigar. – (Mod. núm. 8).
Arralentar. – **R.** (1ª conj.).
Arramalhar. – **R.** (1ª conj.).
Arramar. – **R.** (1ª conj.).
Arrancar. – (Mod. núm. 11).
Arranchar. – **R.** (1ª conj.).
Arrancorar-se. – **R.** (1ª conj.).
Arranhar. – **R.** (1ª conj.).
Arranjar. – **R.** (1ª conj.).
Arraposar-se. – **R.** (1ª conj.).
Arrasar. – **R.** (1ª conj.).
Arrasoirar. – **R.** (1ª conj.).
Arrasourar. – **R.** (1ª conj.).
Arrastar. – **R.** (1ª conj.).
Arratelar. – **R.** (1ª conj.).
Arrazoar. – (Mod. núm. 16).
Arrear. – (Mod. núm. 15).
Arreatar. – **R.** (1ª conj.).
Arrebanhar. – **R.** (1ª conj.).
Arrebatar. – **R.** (1ª conj.). (2)
Arrebentar. – **R.** (1ª conj.).
Arrebicar. – (Mod. núm. 11).
Arrebitar. – **R.** (1ª conj.).
Arrebolar. – **R.** (1ª conj.).
Arrecadar. – **R.** (1ª conj.).
Arrecear. – (Mod. núm. 15).
Arredar. – **R.** (1ª conj.).
Arredondar. – **R.** (1ª conj.).
Arrefecer. – (Mod. núm. 38).
Arrefentar. – **R.** (1ª conj.).

Arregaçar. – (Mod. núm. 19).
Arregalar. – **R.** (1ª conj.).
Arreganhar. – **R.** (1ª conj.).
Arregimentar. – **R.** (1ª conj.).
Arregoar. – (Mod. núm. 16).
Arreigar. – (Mod. núm. 8).
Arreitar. – **R.** (1ª conj.).
Arreliar. – **R.** (1ª conj.).
Arrelvar. – **R.** (1ª conj.).
Arremangar. – (Mod. núm. 14).
Arrematar. – **R.** (1ª conj.).
Arremedar.— **R.** (1ª conj.).
Arremediar. – (Mod. núm. 3).
Arremessar. – **R.** (1ª conj.).
Arremeter. – **R.** (2ª conj.).
Arreminar-se. – **R.** (1ª conj.).
Arrendar. – **R.** (1ª conj.).
Arrenegar. – (Mod. núm. 14).
Arrepanhar. – **R.** (1ª conj.).
Arrepelar. – **R.** (1ª conj.).
Arrepender-se. – **R.** (2ª conj.).
Arrepiar. – **R.** (1ª conj.).
Arrepolhar. – **R.** (1ª conj.).
Arrestar. – **R.** (1ª conj.).
Arrevesar. – **R.** (1ª conj.).
Arrevessar. – **R.** (1ª conj.).
Arriar. – (Mod. núm. 3).
Arribar. – **R.** (1ª conj.).
Arriçar. – (Mod. núm. 19).
Arrimar. – **R.** (1ª conj.).
Arrincoar. – (Mod. núm. 16).
Arriscar. – (Mod. núm. 11).
Arrizar. – **R.** (1ª conj.).
Arrobar. – **R.** (1ª conj.).
Arrobustar. – **R.** (1ª conj.).
Arrochar. – **R.** (1ª conj.).
Arrogar. – (Mod. núm. 14).
Arrojar. – **R.** (1ª conj.).
Arrolar. – **R.** (1ª conj.).
Arrolhar. – **R.** (1ª conj.).
Arromançar. – (Mod. núm. 19).
Arrombar. – **R.** (1ª conj.).
Arrostar. – **R.** (1ª conj.).
Arrotar. – **R.** (1ª conj.).
Arrotear. – (Mod. núm. 15).
Arroubar. – **R.** (1ª conj.).
Arrouçar. – (Mod. núm. 19).
Arroxar. – **R.** (1ª conj.).
Arroxear. – (Mod. núm. 15).
Arruar. – — (Mod. núm. 6).
Arrufar. – **R.** (1ª conj.).
Arrugar. – (Mod. núm. 14).
Arruinar. – (Mod. núm. 2).
Arruir. – (Mod. núm. 46).
Arrular. – **R.** (1ª conj.).
Arrulhar. – **R.** (1ª conj.).
Arrumar. – **R.** (1ª conj.).
Artesoar. – (Mod. núm. 16).
Articular. – **R.** (1ª conj.).
Artificiar. – **R.** (1ª conj.).
Artilhar. – **R.** (1ª conj.).
Arvoar. – (Mod. núm. 16).
Arvorar. – **R.** (1ª conj.).
Arvorecer. – **R.** (2ª conj.).
Arvorejar-se. – **R.** (1ª conj.).
Arvorescer. – **R.** (2ª conj.).
Arxar. – **R.** (1ª conj.).
Asar. – **R.** (1ª conj.).
Ascender. – **R.** (2ª conj.).
Ascensionar. – **R.** (1ª conj.).
Ascetizar. – **R.** (1ª conj.).
Ascuar. – (Mod. núm. 6).
Asfixiar. – **R.** (1ª conj.).
Asilar. – **R.** (1ª conj.).
Asnear. – (Mod. núm. 15).
Aspar. – **R.** (1ª conj.).
Asperejar. – **R.** (1ª conj.).
Asperger. – (Mod. núm. 34).
Aspergir. – (Mod. núm. 51). (1)
Asperizar. – **R.** (1ª conj.).
Aspersar. – **R.** (1ª conj.).
Aspirar. – **R.** (1ª conj.).
Assaborar. – **R.** (1ª conj.).
Assaborear. – (Mod. núm. 15).

Assacar. – (Mod. núm. 11).
Assalariar. – **R.** (1ª conj.).
Assaltar. – **R.** (1ª conj.).
Assaltear. – (Mod. núm. 15).
Assambarcar. – (Mod. núm. 11).
Assanhar. – **R.** (1ª conj.).
Assar. – **R.** (1ª conj.).
Assarapantar. – **R.** (1ª conj.).
Assassinar. – **R.** (1ª conj.).
Assear. – (Mod. núm. 15).
Assedar. – **R.** (1ª conj.).
Assediar. – **R.** (1ª conj.).
Assegurar. – **R.** (1ª conj.).
Asselar. – **R.** (1ª conj.).
Asselvajar. – **R.** (1ª conj.).
Assemelhar. – **R.** (1ª conj.).
Assenhorear-se. – (Mod. núm. 15).
Assentar. – **R.** (1ª conj.). (1)
Assentir. – (Mod. núm. 45).
Assepsiar. – **R.** (1ª conj.).
Asseptizar. – **R.** (1ª conj.).
Asserenar. – **R.** (1ª conj.).
Assertoar. – (Mod. núm. 16).
Assestar. – **R.** (1ª conj.).
Assetar. – **R.** (1ª conj.).
Assetear. – (Mod. núm. 15).
Assevandijar. – **R.** (1ª conj.).
Asseverar. – **R.** (1ª conj.).
Assimilar. – **R.** (1ª conj.).
Assimilhar. – **R.** (1ª conj.).
Assinalar. – **R.** (1ª conj.).
Assinar. – **R.** (1ª conj.).
Assistir. – **R.** (3ª conj.).
Assitar. – **R.** (1ª conj.).
Assoalhar. – **R.** (1ª conj.).
Assoar. – (Mod. núm. 16).
Assoberbar. – **R.** (1ª conj.).
Assobiar. – **R.** (1ª conj.).
Assobradar. – **R.** (1ª conj.).
Assocializar. – **R.** (1ª conj.).
Associar. – **R.** (1ª conj.).
Assolapar. – **R.** (1ª conj.).
Assolar. – **R.** (1ª conj.).
Assoldadar. – **R.** (1ª conj.).
Assoldar. – **R.** (1ª conj.).
Assolear. – (Mod. núm. 15).
Assomar. – **R.** (1ª conj.).
Assombrar. – **R.** (1ª conj.).
Assombrear. – (Mod. núm. 15).
Assopitar. – **R.** (1ª conj.).
Assoprar. – **R.** (1ª conj.).
Assossegar. – **R.** (1ª conj.).
Assovelar. – **R.** (1ª conj.).
Assoviar. – **R.** (1ª conj.).
Assovinar. – **R.** (1ª conj.).
Assuar. – (Mod. núm. 6).
Assubtilar. – **R.** (1ª conj.).
Assujeitar. – **R.** (1ª conj.).
Assumir. – **R.** (3ª conj.). (2)
Assungar. – (Mod. núm. 14).
Assuntar. – **R.** (1ª conj.).
Assustar. – **R.** (1ª conj.).
Asterizar. – **R.** (1ª conj.).
Astuciar. – **R.** (1ª conj.).
Atabafar. – **R.** (1ª conj.).
Atabalhoar. – (Mod. núm. 16).
Atabernar. – **R.** (1ª conj.).
Atacar. – (Mod. núm. 11).
Atacoar. – (Mod. núm. 16).
Atafular-se. – **R.** (1ª conj.).
Atafulhar. – **R.** (1ª conj.).
Ataganhar. – **R.** (1ª conj.).
Atalaiar. – **R.** (1ª conj.).
Atalhar. – **R.** (1ª conj.).
Atamancar. – (Mod. núm. 11).
Atanar. – **R.** (1ª conj.).
Atanazar. – **R.** (1ª conj.).
Ataperar. – **R.** (1ª conj.).
Atapetar. – **R.** (1ª conj.).
Atapulhar. – **R.** (1ª conj.).
Atar. – **R.** (1ª conj.).
Atarantar. – **R.** (1ª conj.).
Atarefar. – **R.** (1ª conj.).

---

(1) *Entre el pueblo: modelo núm. 3.*
(2) *P. p. irreg.: Rapto.*

(1) *P. p. irreg.: Asperso.*

(1) *P. p. irreg.: Assente.*
(2) *P. p. irreg. p. us.: Assunto.*

Ataroucar. – (Mod. núm. 11).
Atarracar. – (Mod. núm. 11).
Atarraxar. – **R.** (1ª conj.).
Atascar. – (Mod. núm. 11).
Atassalhar. – **R.** (1ª conj.).
Atauxiar. – **R.** (1ª conj.).
Atavernar. – **R.** (1ª conj.).
Ataviar. – **R.** (1ª conj.).
Atavizar. – **R.** (1ª conj.).
Atear. – (Mod. núm. 15).
Ateiramar. – **R.** (1ª conj.).
Atelhar. – **R.** (1ª conj.).
Atemorizar. – **R.** (1ª conj.).
Atempar. – **R.** (1ª conj.).
Atenezar. – **R.** (1ª conj.).
Atender. – **R.** (2ª conj.). (1)
Atenorar. – **R.** (1ª conj.).
Atenrar. – **R.** (1ª conj.).
Atentar. – **R.** (1ª conj.).
Atenuar. – (Mod. núm. 6).
Atermar. – **R.** (1ª conj.).
Aterraplanar. – **R.** (1ª conj.).
Aterraplenar. – **R.** (1ª conj.).
Aterrar. – **R.** (1ª conj.).
Aterrissar. – **R.** (1ª conj.).
Aterrorizar. – **R.** (1ª conj.).
Ater-se. – (Mod. núm. 39).
Atesar. – **R.** (1ª conj.).
Atestar. – **R.** (1ª conj.).
Atezanar. – **R.** (1ª conj.).
Atibar. – **R.** (1ª conj.).
Atibiar. – **R.** (1ª conj.).
Atiçar. – (Mod. núm. 19).
Atiçoar. – (Mod. núm. 16).
Aijolar. – **R.** (1ª conj.).
Atilar. – **R.** (1ª conj.).
Atinar. – **R.** (1ª conj.).
Atingir. – (Mod. núm. 51).
Atirar. – **R.** (1ª conj.).
Ativar. – **R.** (1ª conj.).
Atoalhar. – **R.** (1ª conj.).
Atoar. – (Mod. núm. 16).
Atocaiar. – **R.** (1ª conj.).
Atochar. – **R.** (1ª conj.).
Atolar. – **R.** (1ª conj.).
Atoleimar-se. – **R.** (1ª conj.).
Atomatar. – **R.** (1ª conj.).
Atombar. – **R.** (1ª conj.).
Atomizar. – **R.** (1ª conj.).
Atontar. – **R.** (1ª conj.).
Atontear. – (Mod. núm. 15).
Atopetar. – **R.** (1ª conj.).
Atorar. – **R.** (1ª conj.).
Atorçalar. – **R.** (1ª conj.).
Atordoar. – (Mod. núm. 16).
Atormentar. – **R.** (1ª conj.).
Atorrear. – (Mod. núm. 15).
Atorresmar. – **R.** (1ª conj.).
Atossicar. – **R.** (1ª conj.).
Atoucinhar. – **R.** (1ª conj.).
Atoxicar. – **R.** (1ª conj.).
Atracar. – (Mod. núm. 11).
Atrafegar-se. – (Mod. núm. 14).
Atraiçoar. – (Mod. núm. 16).
Atrair. – (Mod. núm. 49).
Atrambolhar. – **R.** (1ª conj.).
Atrancar. – (Mod. núm. 11).
Atrapalhar. – **R.** (1ª conj.).
Atrapar. – **R.** (1ª conj.).
Atrasar. – **R.** (1ª conj.).
Atratantar-se. – **R.** (1ª conj.).
Atravancar. – (Mod. núm. 11).
Atravessar. – **R.** (1ª conj.).
Atrelar. – **R.** (1ª conj.).
Atrever-se. – **R.** (2ª conj.).
Atribuir. – (Mod. núm. 59).
Atribular. – **R.** (1ª conj.).
Atripular. – **R.** (1ª conj.).
Atristar. – **R.** (1ª conj.).
Atristurar. – **R.** (1ª conj.).
Atritar. – **R.** (1ª conj.).
Atroar. – (Mod. núm. 16). (2)

Atrofiar. – **R.** (1ª conj.).
Atropelar. – **R.** (1ª conj.).
Atropilhar. – **R.** (1ª conj.).
Atualizar. – **R.** (1ª conj.).
Atuar. – (Mod. núm. 6).
Atucanar. – **R.** (1ª conj.).
Atufar. – **R.** (1ª conj.).
Atulhar. – **R.** (1ª conj.).
Atumultuar. – (Mod. núm. 6).
Aturar. – **R.** (1ª conj.).
Aturdir. – (Mod. núm. 43).
Auferir. – (Mod. núm. 45).
Augir. – (Mod. núm. 46).
Augurar. – **R.** (1ª conj.).
Aumentar. – **R.** (1ª conj.).
Aunar. – (Mod. núm. 18).
Aurorescer. – (Mod. núm. 38). (1)
Ausentar-se. – **R.** (1ª conj.).
Auspiciar. – **R.** (1ª conj.).
Autenticar. – (Mod. núm. 11).
Autobiografar. – **R.** (1ª conj.).
Autografar. – **R.** (1ª conj.).
Autopsiar. – **R.** (1ª conj.).
Autorizar. – **R.** (1ª conj.).
Autuar. – (Mod. núm. 6).
Auxiliar. – **R.** (1ª conj.).
Avacalhar. – **R.** (1ª conj.).
Avalentoar-se. – (Mod. núm. 16).
Avaliar. – **R.** (1ª conj.).
Avalizar. – **R.** (1ª conj.).
Avançar. – (Mod. núm. 19).
Avantajar. – **R.** (1ª conj.).
Avariar. – **R.** (1ª conj.).
Avelar. – **R.** (1ª conj.).
Avelhacar. – (Mod. núm. 11).
Avelhantar. – **R.** (1ª conj.).
Avelhar. – **R.** (1ª conj.).
Avelhentar. – **R.** (1ª conj.).
Aveludar. – **R.** (1ª conj.).
Avelutar. – **R.** (1ª conj.).
Avençar-se. – **R.** (1ª conj.).
Aventar. – **R.** (1ª conj.).
Aventejar. – **R.** (1ª conj.).
Aventurar. – **R.** (1ª conj.).
Averbar. – **R.** (1ª conj.).
Avergalhar. – **R.** (1ª conj.).
Avergar. – (Mod. núm. 14).
Avergoar. – (Mod. núm. 16).
Avergonhar. – **R.** (1ª conj.).
Averiguar. – (Mod. núm. 12).
Avermelhar. – **R.** (1ª conj.).
Averrugar. – (Mod. núm. 14).
Averrumar. – **R.** (1ª conj.).
Avessar. – **R.** (1ª conj.).
Avexar. – **R.** (1ª conj.).
Avezar. – **R.** (1ª conj.).
Aviar. – **R.** (1ª conj.).
Avigorar. – **R.** (1ª conj.).
Avigorentar. – **R.** (1ª conj.).
Avilanar. – **R.** (1ª conj.).
Avilar. – **R.** (1ª conj.).
Aviltar. – **R.** (1ª conj.).
Avinagrar. – **R.** (1ª conj.).
Avincar. – (Mod. núm. 11).
Avincular. – **R.** (1ª conj.).
Avinhar. – **R.** (1ª conj.).
Avir. – (Mod. núm. 61).
Avisar. – **R.** (1ª conj.).
Avistar. – **R.** (1ª conj.).
Avitualhar. – **R.** (1ª conj.).
Avivar. – **R.** (1ª conj.).
Aviventar. – **R.** (1ª conj.).
Avizinhar. – **R.** (1ª conj.).
Avoaçar. – (Mod. núm. 19).
Avoar. – (Mod. núm. 16).
Avocar. – (Mod. núm. 11).
Avoejar. – **R.** (1ª conj.).
Avolumar. – **R.** (1ª conj.).
Avozear. – (Mod. núm. 15).
Avozeirar. – **R.** (1ª conj.).
Avultar. – **R.** (1ª conj.).
Axadrezar. – **R.** (1ª conj.).
Azabumbar. – **R.** (1ª conj.).
Azafamar. – **R.** (1ª conj.).

Azagaiar. – **R.** (1ª conj.).
Azamboar. – (Mod. núm. 16).
Azengar. – (Mod. núm. 14).
Azarar. – **R.** (1ª conj.).
Azedar. – **R.** (1ª conj.).
Azeitar. – **R.** (1ª conj.).
Azeitonar. – **R.** (1ª conj.).
Azerar. – **R.** (1ª conj.).
Azevichar. – **R.** (1ª conj.).
Azinabrar. – **R.** (1ª conj.).
Azinhavrar. – **R.** (1ª conj.).
Azoar. – (Mod. núm. 16).
Azoinar. – **R.** (1ª conj.).
Azorragar. – (Mod. núm. 11).
Azarraguear. – (Mod. núm. 15).
Azorrar. – **R.** (1ª conj.).
Azotar. – **R.** (1ª conj.).
Azotizar. – **R.** (1ª conj.).
Azougar. – (Mod. núm. 14).
Azucrinar. – **R.** (1ª conj.).
Azular. – **R.** (1ª conj.).
Azulejar. – **R.** (1ª conj.).
Azulescer. – (Mod. núm. 38). (1)
Azumbrar. – **R.** (1ª conj.).
Azurnar. – **R.** (1ª conj.).
Azurrar. – **R.** (1ª conj.).

B

Babar. – **R.** (1ª conj.).
Babatar. – **R.** (1ª conj.).
Babujar. – **R.** (1ª conj.).
Bacafuzar. – **R.** (1ª conj.).
Bacelar. – **R.** (1ª conj.).
Bacharelar. – **R.** (1ª conj.).
Bacorejar. – **R.** (1ª conj.).
Bacorinhar. – **R.** (1ª conj.).
Badalar. – **R.** (1ª conj.).
Badalear. – (Mod. núm. 15).
Badernar. – **R.** (1ª conj.).
Badorar. – **R.** (1ª conj.).
Bafejar. – **R.** (1ª conj.).
Baforar. – **R.** (1ª conj.).
Baiar. – **R.** (1ª conj.).
Bailar. – **R.** (1ª conj.).
Bainhar. – (Mod. núm. 8).
Baionetar. – **R.** (1ª conj.).
Baixar. – **R.** (1ª conj.).
Bajar. – **R.** (1ª conj.). (2)
Bajear. – (Mod. núm. 14). (3)
Bajogar. – (Mod. núm. 14).
Bajoujar. – **R.** (1ª conj.).
Bajular. – **R.** (1ª conj.).
Balançar. – (Mod. núm. 19).
Balancear. – (Mod. núm. 15).
Balar. – **R.** (1ª conj.).
Balastrar. – **R.** (1ª conj.).
Balbuciar. – **R.** (1ª conj.).
Balburdiar. – (Mod. núm. 3).
Balbutir. – **R.** (3ª conj.).
Baldar. – **R.** (1ª conj.).
Baldear. – (Mod. núm. 15).
Baldoar. – (Mod. núm. 16).
Baldrocar. – (Mod. núm. 11).
Balear. – (Mod. núm. 15).
Balir. – (Mod. núm. 43).
Balizar. – **R.** (1ª conj.).
Balouçar. – (Mod. núm. 19).
Balroar. – **R.** (1ª conj.).
Balsamizar. – **R.** (1ª conj.).
Bambalear. – (Mod. núm. 15).
Bambar. – **R.** (1ª conj.).
Bambear. – (Mod. núm. 15).
Bambolear. – (Mod. núm. 15).
Banalizar. – **R.** (1ª conj.).
Bancar. – (Mod. núm. 11).
Bandar. – **R.** (1ª conj.).
Bandarilhar. – **R.** (1ª conj.).
Bandarrear. – **R.** (1ª conj.).
Bandear. – (Mod. núm. 15).
Bandeirar. – **R.** (1ª conj.).
Bandejar. – **R.** (1ª conj.).

(1) *P. p. irreg.: Atento.*
(2) *En la acepción de tronar, este verbo es esencialmente impersonal.*

(1) *Este verbo es esencialmente impersonal.*

(1) *Este verbo es esencialmente impersonal.*
(2) - (3) *Sólo se usa en las terceras personas.*

Bandurrear. – (Mod. núm. 15).
Banhar. – R. (1ª conj.).
Banir. – (Mod. núm. 43).
Banquetear. – (Mod. núm. 15).
Banzar. – R. (1ª conj.).
Banzear. – (Mod. núm. 15).
Baquear. – (Mod. núm. 15).
Barafustar. – R. (1ª conj.).
Baralhar. – R. (1ª conj.).
Baratar. – R. (1ª conj.).
Baratear. – (Mod. núm. 15).
Barbar. – R. (1ª conj.).
Barbarizar. – R. (1ª conj.).
Barbear. – (Mod. núm. 15).
Barbechar. – R. (1ª conj.).
Barganhar. – R. (1ª conj.).
Bargantear. – (Mod. núm. 15).
Barlaventear. – (Mod. núm. 15).
Barquejar. – R. (1ª conj.).
Barrar. – R. (1ª conj.).
Barrear. – (Mod. núm. 15).
Barreirar. – R. (1ª conj.).
Barricar. – (Mod. núm. 11).
Barrotar. – R. (1ª conj.).
Barrotear. – (Mod. núm. 15).
Barrufar. – R. (1ª conj.).
Barulhar. – R. (1ª conj.).
Basculhar. – R. (1ª conj.).
Basear. – (Mod. núm. 15).
Bastar. – R. (1ª conj.).
Bastardear. – (Mod. núm. 15).
Bastear. – (Mod. núm. 15).
Bastecer. – (Mod. núm. 38).
Batalhar. – R. (1ª conj.).
Batear. – (Mod. núm. 15).
Bater. – R. (2ª conj.).
Batizar. – R. (1ª conj.).
Batocar. – (Mod. núm. 11).
Batotar. – R. (1ª conj.).
Batotear. – (Mod. núm. 15).
Batucar. – (Mod. núm. 11).
Bazofiar. – (Mod. núm. 3).
Beber. – R. (2ª conj.).
Bebericar. – (Mod. núm. 11).
Beberricar. – (Mod. núm. 11).
Bedelhar. – R. (1ª conj.).
Beijar. – R. (1ª conj.).
Beijocar. – (Mod. núm. 11).
Beirar. – R. (1ª conj.).
Beliscar. – (Mod. núm. 11).
Bem-fadar. – R. (1ª conj.).
Bem-merecer. – (Mod. núm. 38).
Bemolizar. – R. (1ª conj.).
Bem-vestir. – (Mod. núm. 45).
Bençoar. – (Mod. núm. 16).
Bendizer. – (Mod. núm. 23). (1)
Beneficiar. – R. (1ª conj.).
Benfazer. – (Mod. núm. 25). (2)
Benfeitorizar. – R. (1ª conj.).
Benquerer. – (Mod. núm. 33). (3)
Banquistar. – R. (1ª conj.). (4)
Benzer. – R. (1ª conj.). (5)
Bençar. – (Mod. núm. 19).
Berganhar. – R. (1ª conj.).
Beriberizar. – R. (1ª conj.).
Berrar. – R. (1ª conj.).
Berregar. – R. (1ª conj.).
Besantar. – R. (1ª conj.).
Bestar. – R. (1ª conj.).
Bestializar. – R. (1ª conj.).
Bestificar. – (Mod. núm. 11).
Besuntar. – R. (1ª conj.).
Betar. – R. (1ª conj.).
Betumar. – R. (1ª conj.).
Bicar. – (Mod. núm. 11).
Bichanar. – R. (1ª conj.).
Bichar. – R. (1ª conj.).
Bifar. – R. (1ª conj.).
Bifurcar. – (Mod. núm. 11).

(1) *P. p. irreg.: Bendito.*
(2) *Úsase más el infinitivo y el participio pasivo. –*
   P. p. irreg.: Benfeito.
(3) *P. p. irreg.: Benquisto.*
(4) *P. p. irreg.: Benquisto.*
(5) *P. p. irreg.: Bento.*

Bigodear. – (Mod. núm. 15).
Bilhardar. – R. (1ª conj.).
Bilontrar. – R. (1ª conj.).
Bilrar. – R. (1ª conj.).
Bimbalhar. – R. (1ª conj.).
Binar. – R. (1ª conj.).
Biografar. – R. (1ª conj.).
Bipartir. – R. (3ª conj.).
Birrar. – R. (1ª conj.).
Bisar. – R. (1ª conj.).
Bisbilhotar. – R. (1ª conj.).
Biscatear. – (Mod. núm. 15).
Biscoitar. – R. (1ª conj.).
Biselar. – R. (1ª conj.).
Bispar. – R. (1ª conj.).
Bissegmentar. – R. (1ª conj.).
Bitolar. – R. (1ª conj.).
Bivacar. – (Mod. núm. 11).
Bizarrear. – (Mod. núm. 15).
Blasfemar. – R. (1ª conj.).
Blasonar. – R. (1ª conj.).
Blefar. – R. (1ª conj.).
Blindar. – R. (1ª conj.).
Bloquear. – (Mod. núm. 15).
Bobar. – R. (1ª conj.).
Bobear. – (Mod. núm. 15).
Boçalar. – R. (1ª conj.).
Bocejar. – R. (1ª conj.).
Bochechar. – R. (1ª conj.).
Bofar. – R. (1ª conj.).
Bofetar. – R. (1ª conj.).
Bofetear. – (Mod. núm. 15).
Boiar. – R. (1ª conj.).
Boicotar. – R. (1ª conj.).
Bojar. – R. (1ª conj.).
Bolar. – R. (1ª conj.).
Bolcar. – (Mod. núm. 19).
Bolear. – (Mod. núm. 15).
Bolhar. – R. (1ª conj.).
Bolinar. – R. (1ª conj.).
Bolsar. – R. (1ª conj.).
Bombardear. – (Mod. núm. 15).
Bombear. – (Mod. núm. 15).
Bonançar. – (Mod. núm. 19).
Bonecar. – (Mod. núm. 11).
Bonificar. – (Mod. núm. 11).
Boquear. – (Mod. núm. 15).
Boquejar. – R. (1ª conj.).
Boquiabrir. – R. (3ª conj.).
Borboletear. – (Mod. núm. 15).
Borborejar. – R. (1ª conj.).
Borborinhar. – R. (1ª conj.).
Borbotar. – R. (1ª conj.).
Borbulhar. – R. (1ª conj.).
Bordar. – R. (1ª conj.).
Bordear. – (Mod. núm. 15).
Bordejar. – R. (1ª conj.).
Bornear. – (Mod. núm. 15).
Borrar. – R. (1ª conj.).
Borregar. – (Mod. núm. 14).
Borriçar. – (Mod. núm. 19).
Borrifar. – R. (1ª conj.).
Bosquejar. – R. (1ª conj.).
Botar. – R. (1ª conj.).
Botocar. – (Mod. núm. 11).
Bracear. – (Mod. núm. 15).
Bracejar. – R. (1ª conj.).
Bradar. – R. (1ª conj.).
Bradejar. – R. (1ª conj.).
Bragantear. – R. (1ª conj.).
Bramar. – R. (1ª conj.).
Bramir. – (Mod. núm. 43).
Brandir. – (Mod. núm. 43).
Branquear. – R. (1ª conj.).
Branquejar. – R. (1ª conj.).
Brasonar. – R. (1ª conj.).
Bravatear. – (Mod. núm. 15).
Bravejar. – R. (1ª conj.).
Brear. – (Mod. núm. 15).
Brecar. – (Mod. núm. 11).
Brejeirar. – R. (1ª conj.).
Bridar. – R. (1ª conj.).
Brigar. – (Mod. núm. 14).
Brilhar. – R. (1ª conj.).
Brincar. – (Mod. núm. 11).
Brindar. – R. (1ª conj.).

Britar. – R. (1ª conj.).
Brocar. – (Mod. núm. 11).
Brochar. – R. (1ª conj.).
Bronzear. – (Mod. núm. 15).
Broquear. – (Mod. núm. 15).
Broquelar. – R. (1ª conj.).
Brotar. – R. (1ª conj.).
Brunir. – (Mod. núm. 46).
Brutalizar. – R. (1ª conj.).
Brutificar. – (Mod. núm. 11).
Bruxear. – (Mod. núm. 15).
Bruxolear. – (Mod. núm. 15). (1)
Brubuiar. – R. (1ª conj.).
Bucolizar. – R. (1ª conj.).
Bufar. – R. (1ª conj.).
Bufonear. – (Mod. núm. 15).
Bugiar. – R. (1ª conj.).
Buir. – (Mod. núm. 59).
Bular. – R. (1ª conj.).
Bulhar. – R. (1ª conj.).
Bulir. – (Mod. núm. 44).
Bumbar. – R. (1ª conj.).
Burilar. – R. (1ª conj.).
Burlar. – R. (1ª conj.).
Burlequear. – (Mod. núm. 15).
Burlesquear. – (Mod. núm. 15).
Burocratizar. – R. (1ª conj.).
Burrificar. – (Mod. núm. 11).
Buscar. – R. (1ª conj.).
Bussolear. – R. (1ª conj.).
Butucar. – (Mod. núm. 11).
Buzinar. – R. (1ª conj.).

C

Cabalar. – R. (1ª conj.).
Cabear. – (Mod. núm. 15).
Cabecear. – (Mod. núm. 15).

CABER. – 21.

Cabografar. – R. (1ª conj.).
Cabortar. – R. (1ª conj.).
Cabortear. – (Mod. núm. 15).
Cabotar. – R. (1ª conj.).
Caboucar. – (Mod. núm. 11).
Cabrestear. – (Mod. núm. 15).
Cabriolar. – R. (1ª conj.).
Cabritar. – R. (1ª conj.).
Cabular. – R. (1ª conj.).
Caçar. – (Mod. núm. 19).
Cacarejar. – R. (1ª conj.).
Cacear. – (Mod. núm. 15).
Cacetar. – R. (1ª conj.).
Cacetear. – (Mod. núm. 15).
Cachar. – R. (1ª conj.).
Cachear. – (Mod. núm. 15).
Cachetar. – R. (1ª conj.).
Cachimbar. – R. (1ª conj.).
Cachinar. – R. (1ª conj.).
Cachoar. – (Mod. núm. 16).
Caçoar. – (Mod. núm. 16).
Cacofoniar. – R. (1ª conj.).
Cadastrar. – R. (1ª conj.).
Cadaverizar. – R. (1ª conj.).
Cadenciar. – (Mod. núm. 3). (2)
Caducar. – (Mod. núm. 11).
Cafifar. – R. (1ª conj.).
Caiar. – R. (1ª conj.).
Caibrar. – R. (1ª conj.).
Cainhar. – (Mod. núm. 8).

CAIR. – 49.

Caixeirar. – R. (1ª conj.).
Calabrear. – (Mod. núm. 15).
Calacear. – (Mod. núm. 15).
Calafetar. – R. (1ª conj.).
Calamoucar. – (Mod. núm. 11).
Calandrar. – R. (1ª conj.).
Calar. – R. (1ª conj.).
Calcar. – (Mod. núm. 11).

(1) *Sólo se usa en las terceras personas.*
(2) *También se conjuga como verbo regular. (1ª conj.).*

Calçar. – (Mod. núm. 19).
Calcetar. – **R.** (1ª conj.).
Calcinar. – **R.** (1ª conj.).
Calcitrar. – **R.** (1ª conj.).
Calcografar. – **R.** (1ª conj.).
Calcorrear. – (Mod. núm. 15).
Calcular. – **R.** (1ª conj.).
Caldear. – (Mod. núm. 15).
Calear. – (Mod. núm. 15).
Calejar. – **R.** (1ª conj.).
Calemburar. – **R.** (1ª conj.).
Calhar. – **R.** (1ª conj.).
Calibrar. – **R.** (1ª conj.).
Caligrafar. – **R.** (1ª conj.).
Calmar. – **R.** (1ª conj.).
Calotear. – (Mod. núm. 15).
Caluniar. – **R.** (1ª conj.).
Calvar. – **R.** (1ª conj.).
Calvejar. – **R.** (1ª conj.).
Cambalear. – (Mod. núm. 15).
Cambar. – **R.** (1ª conj.).
Cambetear. – (Mod. núm. 15).
Cambiar. – **R.** (1ª conj.).
Caminhar. – **R.** (1ª conj.).
Campainhar. – (Mod. núm. 8).
Campanular. – **R.** (1ª conj.).
Campar. – **R.** (1ª conj.).
Campear. – (Mod. núm. 15).
Camuflar. – **R.** (1ª conj.).
Cancelar. – (Mod. núm. 15).
Cancerizar. – **R.** (1ª conj.).
Canchear. – (Mod. núm. 15).
Candilar. – **R.** (1ª conj.).
Candongar. – (Mod. núm. 14).
Canelar. – **R.** (1ª conj.).
Canforar. – **R.** (1ª conj.).
Cangar. – **R.** (1ª conj.).
Canhoar. – (Mod. núm. 16).
Canhonar. – **R.** (1ª conj.).
Canhonear. – (Mod. núm. 15).
Cansar. – **R.** (1ª conj.).
Cantar. – **R.** (1ª conj.).
Cantarejar. – **R.** (1ª conj.).
Cantarolar. – **R.** (1ª conj.).
Capacitar. – **R.** (1ª conj.).
Capar. – **R.** (1ª conj.).
Capatazear. – (Mod. núm. 15).
Capengar. – (Mod. núm. 14).
Capenguear. – (Mod. núm. 15).
Capinar. – **R.** (1ª conj.).
Capitanear. – (Mod. núm. 15).
Capotar. – **R.** (1ª conj.).
Caprichar. – **R.** (1ª conj.).
Captar. – **R.** (1ª conj.).
Caracolear. – (Mod. núm. 15).
Carambolar. – **R.** (1ª conj.).
Caramunhar. – **R.** (1ª conj.).
Caranguejar. – **R.** (1ª conj.).
Carapetar. – **R.** (1ª conj.).
Caraterizar. – **R.** (1ª conj.).
Carcomer. – **R.** (2ª conj.).
Carduçar. – (Mod. núm. 19).
Carear. – (Mod. núm. 15).
Carecer. – (Mod. núm. 38).
Caretear. – (Mod. núm. 15).
Carguejar. – **R.** (1ª conj.).
Caricaturar. – **R.** (1ª conj.).
Cariciar. – **R.** (1ª conj.).
Carimbar. – **R.** (1ª conj.).
Carmear. – (Mod. núm. 15).
Carminar. – **R.** (1ª conj.).
Carnear. – (Mod. núm. 15).
Carpar. – **R.** (1ª conj.).
Carpear. – (Mod. núm. 15).
Carpiar. – **R.** (1ª conj.).
Carpintejar. – **R.** (1ª conj.).
Carpir. – (Mod. núm. 43).
Carranquear. – (Mod. núm. 15).
Carrapatar-se. – **R.** (1ª conj.).
Carrapatear. – (Mod. núm. 15).
Carrear. – (Mod. núm. 15).
Carregar. – (Mod. núm. 14).
Carrejar. – **R.** (1ª conj.).
Carretar. – **R.** (1ª conj.).
Carretear. – (Mod. núm. 15).
Cartear. – (Mod. núm. 15).

Cartonar. – **R.** (1ª conj.).
Carunchar. – **R.** (1ª conj.).
Carvoejar. – **R.** (1ª conj.).
Casalar. – **R.** (1ª conj.).
Casar. – **R.** (1ª conj.).
Cascar. – **R.** (1ª conj.).
Cascatear. – (Mod. núm. 15).
Casear. – (Mod. núm. 15).
Casquejar. – **R.** (1ª conj.).
Casquilhar. – **R.** (1ª conj.).
Casquinar. – **R.** (1ª conj.).
Cassar. – **R.** (1ª conj.).
Cassear. – (Mod. núm. 15).
Castanhetear. – (Mod. núm. 15).
Castanholar. – **R.** (1ª conj.).
Castear. – (Mod. núm. 15).
Castelhanizar. – **R.** (1ª conj.).
Castiçar. – (Mod. núm. 19).
Castificar. – **R.** (1ª conj.).
Castigar. – (Mod. núm. 14).
Castrametar. – **R.** (1ª conj.).
Castrar. – **R.** (1ª conj.).
Catalisar. – **R.** (1ª conj.).
Catalogar. – (Mod. núm. 14).
Catalogizar. – **R.** (1ª conj.).
Catanear. – (Mod. núm. 15).
Cataplasmar. – **R.** (1ª conj.).
Catar. – **R.** (1ª conj.).
Categorizar. – **R.** (1ª conj.).
Catingar. – (Mod. núm. 14).
Cativar. – **R.** (1ª conj.). (1)
Catocar. – (Mod. núm. 11).
Catrafiar. – **R.** (1ª conj.).
Catrafilar. – **R.** (1ª conj.).
Catraiar. – **R.** (1ª conj.).
Catucar. – (Mod. núm. 11).
Caturrar. – **R.** (1ª conj.).
Caucionar. – **R.** (1ª conj.).
Caudilhar. – **R.** (1ª conj.).
Causar. – **R.** (1ª conj.).
Causticar. – (Mod. núm. 11).
Cautelar. – **R.** (1ª conj.).
Cavalear. – (Mod. núm. 15).
Cavalgar. – (Mod. núm. 14).
Cavaquear. – (Mod. núm. 15).
Cavar. – **R.** (1ª conj.).
Cavilar. – **R.** (1ª conj.).
Cavilhar. – **R.** (1ª conj.).
Cavoucar. – (Mod. núm. 11).
Cavucar. – (Mod. núm. 11).
Caxingar. – (Mod. núm. 14).
Cear. – (Mod. núm. 15).
Cecear. – (Mod. núm. 15).
Ceciar. – **R.** (1ª conj.).
Ceder. – **R.** (2ª conj.).
Cedilhar. – **R.** (1ª conj.).
Cegar. – (Mod. núm. 11). (2)
Ceifar. – **R.** (1ª conj.).
Celebrar. – **R.** (1ª conj.).
Celebrizar. – **R.** (1ª conj.).
Celeumar. – **R.** (1ª conj.).
Celeumear. – (Mod. núm. 15).
Cem-dobrar. – **R.** (1ª conj.).
Cendrar. – **R.** (1ª conj.).
Censurar. – **R.** (1ª conj.).
Centelhar. – **R.** (1ª conj.).
Centrar. – **R.** (1ª conj.).
Cepilhar. – **R.** (1ª conj.).
Cercar. – (Mod. núm. 11).
Cercear. – (Mod. núm. 15).
Cercilhar. – **R.** (1ª conj.).
Cerimoniar. – **R.** (1ª conj.).
Cernar. – **R.** (1ª conj.).
Cernir. – (Mod. núm. 46).
Cerrar. – **R.** (1ª conj.).
Certificar. – (Mod. núm. 11).
Cerzir. – (Mod. núm. 47).
Cessar. – **R.** (1ª conj.).
Cevar. – **R.** (1ª conj.).
Chaçar. – (Mod. núm. 19).
Chacinar. – **R.** (1ª conj.).
Chacoalhar. – **R.** (1ª conj.).
Chacotear. – (Mod. núm. 15).

(1) *P. p. irreg.: Cativo.*
(2) *P. p. irreg.: Cego.*

Chafurdar. – **R.** (1ª conj.).
Chagar. – (Mod. núm. 14).
Chairar. – **R.** (1ª conj.).
Chalacear. – (Mod. núm. 15).
Chalar – **R.** (1ª conj.).
Chaleirar. – **R.** (1ª conj.).
Charlar. – **R.** (1ª conj.).
Chalrear. – (Mod. núm. 15).
Chamar. – **R.** (1ª conj.).
Chamear. – (Mod. núm. 15).
Chamejar. – **R.** (1ª conj.).
Champanhizar. – **R.** (1ª conj.).
Champorrear. – (Mod. núm. 15).
Chamuscar. – (Mod. núm. 11).
Chancear. – (Mod. núm. 15).
Chancelar. – **R.** (1ª conj.).
Chanfrar. – **R.** (1ª conj.).
Changar. – (Mod. núm. 14).
Chantar. – **R.** (1ª conj.).
Chapar. – **R.** (1ª conj.).
Chapear. – (Mod. núm. 15).
Chapilhar. – **R.** (1ª conj.).
Chapinar. – **R.** (1ª conj.).
Chapinhar. – **R.** (1ª conj.).
Chapotar. – **R.** (1ª conj.).
Charamelar. – **R.** (1ª conj.).
Charivarizar. – **R.** (1ª conj.).
Charlar. – **R.** (1ª conj.).
Charlatanear. – **R.** (1ª conj.).
Charquear. – (Mod. núm. 15).
Charruar. – (Mod. núm. 6).
Charutear. – (Mod. núm. 15).
Chasquear. – (Mod. núm. 15).
Chatear. – (Mod. núm. 15).
Chatinar. – **R.** (1ª conj.).
Chavascar. – (Mod. núm. 11).
Chavear. – (Mod. núm. 15).
Chavetar. – **R.** (1ª conj.).
Chefiar. – **R.** (1ª conj.).
Chegar. – (Mod. núm. 14).
Cheirar. – **R.** (1ª conj.).
Cheretear. – (Mod. núm. 15).
Chiar. – **R.** (1ª conj.).
Chibantear. – (Mod. núm. 15).
Chibar. – **R.** (1ª conj.).
Chibatar. – **R.** (1ª conj.).
Chibatear. – (Mod. núm. 15).
Chicanar. – **R.** (1ª conj.).
Chiçar. – (Mod. núm. 19).
Chichiar. – **R.** (1ª conj.).
Chicotar. – **R.** (1ª conj.).
Chicotear. – (Mod. núm. 15).
Chifrar. – **R.** (1ª conj.).
Chilrar. – **R.** (1ª conj.).
Chilrear. – (Mod. núm. 15).
Chimarrear. – (Mod. núm. 15).
Chimarronear. – (Mod. núm. 15).
Chimbear. – **R.** (1ª conj.).
Chimpar. – **R.** (1ª conj.).
Chincar. – (Mod. núm. 11).
Chinchar. – **R.** (1ª conj.).
Chinfrinar. – **R.** (1ª conj.).
Chispar. – **R.** (1ª conj.).
Chocalhar. – **R.** (1ª conj.).
Chocar. – (Mod. núm. 11).
Chocarrear. – (Mod. núm. 15).
Chofrar. – **R.** (1ª conj.).
Choramigar. – (Mod. núm. 14).
Choramingar. – (Mod. núm. 14)>
Chorar. – **R.** (1ª conj.).
Chorrar. – **R.** (1ª conj.).
Chorrilhar. – **R.** (1ª conj.).
Chorriscar. – (Mod. núm. 11).
Choutar. – **R.** (1ª conj.).
Choutear. – (Mod. núm. 15).
Chover. – **R.** (2ª conj.). (1)
Chuçar. – (Mod. núm. 19).
Chuchar. – **R.** (1ª conj.).
Chuchurrear. – (Mod. núm. 15).
Chufar. – **R.** (1ª conj.).
Chufear. – (Mod. núm. 15).
Chulear. – (Mod. núm. 15).
Chumaçar. – (Mod. núm. 19).
Chumbar. – **R.** (1ª conj.).

(1) *Este verbo es esencialmente impersonal.*

Chupar. – **R.** (1ª conj.).
Chupitar. – **R.** (1ª conj.).
Chusmar. – **R.** (1ª conj.).
Chutar. – **R.** (1ª conj.).
Chuveniscar. – (Mod. núm. 11). (1)
Chuvinhar. – **R.** (1ª conj.). (2)
Chuviscar. – (Mod. núm. 11). (3)
Cianosar. – **R.** (1ª conj.).
Ciar. – **R.** (1ª conj.).
Cibar-se. – **R.** (1ª conj.).
Cicatrizar. – **R.** (1ª conj.).
Ciciar. – **R.** (1ª conj.).
Ciclizar. – **R.** (1ª conj.).
Cientificar. – (Mod. núm. 11).
Ciganear. – (Mod. núm. 15).
Cigarrar. – **R.** (1ª conj.).
Ciladear. – (Mod. núm. 15).
Cilhar. – **R.** (1ª conj.).
Ciliciar. – **R.** (1ª conj.).
Cilindrar. – **R.** (1ª conj.).
Cimentar. – **R.** (1ª conj.).
Cincar. – (Mod. núm. 11).
Cinchar. – **R.** (1ª conj.).
Cindir. – **R.** (3ª conj.).
Cinematografar. – **R.** (1ª conj.).
Cinerar. – **R.** (1ª conj.).
Cingir. – (Mod. núm. 51). (4)
Cingular. – **R.** (1ª conj.).
Cintar. – **R.** (1ª conj.).
Cintilar. – **R.** (1ª conj.).
Cinzelar. – **R.** (1ª conj.).
Cipoar. – (Mod. núm. 16).
Cirandar. – **R.** (1ª conj.).
Circuitar. – **R.** (1ª conj.).
Circular. – **R.** (1ª conj.).
Circunavegar. – (Mod. núm. 14).
Circuncidar. – **R.** (1ª conj.). (5)
Circundar. – **R.** (1ª conj.).
Circundutar. – **R.** (1ª conj.).
Circunfluir. – (Mod. núm. 59).
Circunjazer. – (Mod. núm. 27).
Circunrodar. – **R.** (1ª conj.).
Circunscrever. – **R.** (2ª conj.). (6)
Circunsonar. – **R.** (1ª conj.).
Circunspecionar. – **R.** (1ª conj.).
Circunstanciar. – **R.** (1ª conj.).
Circunstar. – **R.** (1ª conj.).
Circunvagar. – (Mod. núm. 14).
Circunver. – (Mod. núm. 42).
Circunvizinhar. – **R.** (1ª conj.).
Circunvoar. – (Mod. núm. 16).
Circunvoluir. – (Mod. núm. 59).
Cisar. – **R.** (1ª conj.).
Ciscar. – (Mod. núm. 11).
Cismar. – **R.** (1ª conj.).
Citar. – **R.** (1ª conj.).
Citarizar. – **R.** (1ª conj.).
Ciumar. – (Mod. núm. 9).
Civilizar. – **R.** (1ª conj.).
Cizelar. – **R.** (1ª conj.).
Clamar. – **R.** (1ª conj.).
Clangorar. – **R.** (1ª conj.).
Clangorejar. – **R.** (1ª conj.).
Clarear. – (Mod. núm. 15). (7)
Clarejar. – **R.** (1ª conj.). (8)
Clarescurecer. – (Mod. núm. 38).
Clarificar. – (Mod. núm. 11).
Clarinar. – **R.** (1ª conj.).
Claroescurar. – **R.** (1ª conj.).
Classar. – **R.** (1ª conj.).
Classificar. – (Mod. núm. 11).
Claudicar. – (Mod. núm. 11).
Clausular. – **R.** (1ª conj.).
Clausurar. – **R.** (1ª conj.).
Clemenciar. – **R.** (1ª conj.).
Climatizar. – **R.** (1ª conj.).
Clisar. – **R.** (1ª conj.).
Clorizar. – **R.** (1ª conj.).

(1) - (2) - (3) *Este verbo é essencialmente imper-*
   sonal.
(4) *P. p. irreg. p. us.: Cinto.*
(5) *P. p. irreg.: Circunciso.*
(6) *P. p. irreg.: Circunscrito.*
(7) - (8) *En la acepción de clarecer, alborear, sólo*
   se usa en las terceras personas.

Cloroformizar. – **R.** (1ª conj.).
Coactar. – **R.** (1ª conj.).
Coadjuvar. – **R.** (1ª conj.).
Coadministrar. – **R.** (1ª conj.).
Coadunar-se. – **R.** (1ª conj.).
Coagir. – (Mod. núm. 51). (1)
Coalescer. – (Mod. núm. 38).
Coalhar. – **R.** (1ª conj.).
Coalizar-se. – **R.** (1ª conj.).
Coangustar. – **R.** (1ª conj.).
Coar. – (Mod. núm. 16).
Coarctar. – **R.** (1ª conj.).
Coassociar-se. – **R.** (1ª conj.).
Coaxar. – **R.** (1ª conj.).
Cobaltizar. – **R.** (1ª conj.).
Cobiçar. – (Mod. núm. 19).
Cobrar. – **R.** (1ª conj.).
Cobrear. – (Mod. núm. 15).

COBRIR. – 50. (2)

Cocainizar. – (Mod. núm. 8).
Cocar. – (Mod. núm. 11).
Coçar. – (Mod. núm. 19).
Cochar. – **R.** (1ª conj.).
Cochichar. – **R.** (1ª conj.).
Cochilar. – **R.** (1ª conj.).
Cocoricar. – (Mod. núm. 11).
Cocorocar. – (Mod. núm. 11).
Codilhar. – **R.** (1ª conj.).
Coerdar. – **R.** (1ª conj.).
Coerir. – (Mod. núm. 46).
Coexistir. – **R.** (3ª conj.).
Cofiar. – **R.** (1ª conj.).
Cogitar. – **R.** (1ª conj.).
Coibir. – **R.** (3ª conj.).
Coicear. – (Mod. núm. 15).
Coifar. – **R.** (1ª conj.).
Coimar. – **R.** (1ª conj.).
Coinchar. – **R.** (1ª conj.).
Coincidir. – **R.** (3ª conj.).
Coindicar. – (Mod. núm. 11).
Coiraçar. – (Mod. núm. 19).
Coirear. – (Mod. núm. 15).
Coisar. – **R.** (1ª conj.).
Coitar. – **R.** (1ª conj.).
Colaborar. – **R.** (1ª conj.).
Colafizar. – **R.** (1ª conj.).
Colar. – **R.** (1ª conj.).
Colchoar. – (Mod. núm. 14).
Colear. – (Mod. núm. 15).
Colecionar. – **R.** (1ª conj.).
Coletar. – **R.** (1ª conj.).
Colgar. – (Mod. núm. 14).
Colher. – **R.** (2ª conj.).
Colidir. – **R.** (3ª conj.).
Coligar-se. – (Mod. núm. 14).
Coligir. – (Mod. núm. 51).
Colimar. – **R.** (1ª conj.).
Colimitar. – **R.** (1ª conj.).
Coliquar. – (Mod. núm. 6).
Colitigar. – (Mod. núm. 14).
Colmaçar. – (Mod. núm. 19).
Colmar. – **R.** (1ª conj.).
Colocar. – (Mod. núm. 11).
Colonizar. – **R.** (1ª conj.).
Colorar. – **R.** (1ª conj.).
Colorear. – (Mod. núm. 15).
Colorir. – (Mod. núm. 46).
Colorizar. – **R.** (1ª conj.).
Colubrear. – (Mod. núm. 15).
Colubrejar. – **R.** (1ª conj.).
Colunar. – **R.** (1ª conj.).
Comandar. – **R.** (1ª conj.).
Combalir. – (Mod. núm. 46).
Combater. – **R.** (2ª conj.).
Combinar. – **R.** (1ª conj.).
Comboiar. – **R.** (1ª conj.).
Comburir. – **R.** (3ª conj.).
Combustar. – **R.** (1ª conj.).
Começar.— (Mod. núm. 19).
Comediar. – **R.** (1ª conj.).

(1) *P. p. irreg.: Coacto.*
(2) *P. p. irreg.: Coberto.*

Comedir. – (Mod. núm. 55). (1)
Comemorar. – **R.** (1ª conj.).
Comendar. – **R.** (1ª conj.).
Comensurar. – **R.** (1ª conj.).
Comentar. – **R.** (1ª conj.).
Comer. – **R.** (2ª conj.).
Comercializar. – **R.** (1ª conj.).
Comerciar. – (Mod. núm. 3). (2)
Cometer. – **R.** (2ª conj.).
Comichar. – **R.** (1ª conj.).
Cominar. – **R.** (1ª conj.).
Cominuir. – (Mod. núm. 59).
Comiserar. – **R.** (1ª conj.).
Comissionar. – **R.** (1ª conj.).
Comisturar. – **R.** (1ª conj.).
Comocionar. – **R.** (1ª conj.).
Comover. – **R.** (2ª conj.).
Compadecer. – (Mod. núm. 38).
Compadrear. – (Mod. núm. 15).
Companhar. – **R.** (1ª conj.).
Comparar. – **R.** (1ª conj.).
Comparecer. – (Mod. núm. 38).
Compartilhar. – **R.** (1ª conj.).
Compassar. – **R.** (1ª conj.).
Compatibilizar. – **R.** (1ª conj.).
Compelir. – (Mod. núm. 45). (3)
Compenetrar. – **R.** (1ª conj.).
Competir. – (Mod. núm. 45).
Compilar. – **R.** (1ª conj.).
Complanar. – **R.** (1ª conj.).
Completar. – **R.** (1ª conj.). (4)
Complicar. – (Mod. núm. 11).
Compor. – **R.** (4ª conj.).
Comportar. – **R.** (1ª conj.).
Comprar. – **R.** (1ª conj.).
Comprazer. – (Mod. núm. 27).
Compreender. – **R.** (2ª conj.).
Comprimir. – **R.** (3ª conj.).(5)
Comprometer. – **R.** (2ª conj.).
Comprovar. – **R.** (1ª conj.).
Compulsar. – **R.** (1ª conj.).
Compungir. – (Mod. núm. 43).
Compungir-se. – (Mod. núm. 51).
Computar. – **R.** (1ª conj.).
Comudar. – **R.** (1ª conj.).
Comungar. – (Mod. núm. 14).
Comunicar. – (Mod. núm. 11).
Comutar. – **R.** (1ª conj.).
Concatenar. – **R.** (1ª conj.).
Concavar. – **R.** (1ª conj.).
Conceber. – **R.** (2ª conj.).
Conceder. – **R.** (2ª conj.).
Conceitar. – **R.** (1ª conj.).
Conceituar. – (Mod. núm. 6).
Concentrar. – **R.** (1ª conj.).
Concernir. – (Mod. núm. 45). (6)
Concertar. – **R.** (1ª conj.).
Conchar. – **R.** (1ª conj.).
Conchavar. – **R.** (1ª conj.).
Conchear. – (Mod. núm. 15).
Conchegar. – (Mod. núm. 14).
Conciliar. – **R.** (1ª conj.).
Concionar. – **R.** (1ª conj.).
Concitar. – **R.** (1ª conj.).
Conclamar. – **R.** (1ª conj.).
Concludir. – **R.** (3ª conj.).
Concluir. – (Mod. núm. 59). (7)
Concordar. – **R.** (1ª conj.).
Concorrer. – **R.** (2ª conj.).
Concretizar. – **R.** (1ª conj.).
Concriar. – **R.** (1ª conj.).
Concubinar-se. – **R.** (1ª conj.).
Concutir. – **R.** (3ª conj.).
Condecorar. – **R.** (1ª conj.).
Condenar. – **R.** (1ª conj.).
Condensar. – **R.** (1ª conj.). (8)

(1) *Es verbo defectivo. No se emplea en la primera*
   persona de sing., indic. pres., ni en sub. pres.
(2) *También se conjuga como regular.*
(3) *P. p. irreg.: Compulso.*
(4) *P. p. irreg.: Completo.*
(5) *P. p. irreg.: Compresso.*
(6) *Úsase más en las terceras personas.*
(7) *P. p. irreg.: Concluso.*
(8) *P. p. irreg.: Condenso.*

Condescender. – R. (2ª conj.).
Condicionar. – R. (1ª conj.).
Condimentar. – R. (1ª conj.).
Condizer. – (Mod. núm. 23).
Condoer. – (Mod. núm. 28).
Conduzir. – (Mod. núm. 56).
Confabular. – R. (1ª conj.).
Confederar. – R. (1ª conj.).
Confeiçoar. – (Mod. núm. 16).
Confeitar. – R. (1ª conj.).
Conferir. – (Mod. núm. 45).
Confessar. – R. (1ª conj.). (1)
Confiar. – R. (1ª conj.).
Conficionar. – R. (1ª conj.).
Confidenciar. – R. (1ª conj.).
Configurar. – R. (1ª conj.).
Confinar. – R. (1ª conj.).
Confirmar. – R. (1ª conj.).
Confiscar. – (Mod. núm. 11).
Conflagrar. – R. (1ª conj.).
Confluir. – (Mod. núm. 59).
Conformar. – R. (1ª conj.).
Confortar. – R. (1ª conj.).
Confranger. – (Mod. núm. 34).
Confraternizar. – R. (1ª conj.).
Confrontar. – R. (1ª conj.).
Confugir. – (Mod. núm. 44).
Confundir. – R. (3ª conj.). (2)
Congelar. – R. (1ª conj.).
Congerar. – R. (1ª conj.).
Congestionar. – R. (1ª conj.). (3)
Conglobar. – R. (1ª conj.).
Conglutinar. – R. (1ª conj.).
Congonhar. – R. (1ª conj.).
Congoxar. – R. (1ª conj.).
Congraçar— (Mod. núm. 19).
Congratular. – R. (1ª conj.).
Congregar. – (Mod. núm. 14).
Conhecer. – (Mod. núm. 38). (4)
Conjeturar. – R. (1ª conj.).
Conjugar. – (Mod. núm. 14).
Conjungir. – (Mod. núm. 43).
Conjurar. – R. (1ª conj.).
Conluiar. – R. (1ª conj.).
Conquistar. – R. (1ª conj.).
Consagrar. – R. (1ª conj.).
Conseguir. – (Mod. núm. 45).
Conselhar. – R. (1ª conj.).
Consentir. – (Mod. núm. 45).
Consertar. – R. (1ª conj.).
Conservar. – R. (1ª conj.).
Considerar. – R. (1ª conj.).
Consignar. – R. (1ª conj.).
Consistir. – R. (3ª conj.).
Consoantar. – R. (1ª conj.).
Consoar. – (Mod. núm. 16).
Consociar. – R. (1ª conj.).
Consolar. – R. (1ª conj.).
Consolidar. – R. (1ª conj.).
Consonantizar. – R. (1ª conj.).
Consonar. – R. (1ª conj.).
Consorciar. – R. (1ª conj.).
Conspirar. – R. (1ª conj.).
Conspurcar. – (Mod. núm. 11).
Constar. – R. (1ª conj.).
Constitucionalizar. – R. (1ª conj.).
Constituir. – (Mod. núm. 59).
Constranger. – (Mod. núm. 34).
Constringir. – (Mod. núm. 51).
Construir. – (Mod. núm. 59). (5)
Consubstanciar. – R. (1ª conj.).
Consultar. – R. (1ª conj.).
Consumar. – R. (1ª conj.).
Consumir. – (Mod. núm. 44).
Contagiar. – R. (1ª conj.).
Contaminar. – R. (1ª conj.).
Contar. – R. (1ª conj.).
Contemplar. – R. (1ª conj.).

(1) *P. p. irreg.: Confesso.*
(2) *P. p. irreg.: Confuso.*
(3) *P. p. irreg.: Congesto.*
(4) *P. p. irreg. p. us.: Cógnito.*
(5) *Para 2ª y 3ª pers. de sing. indic. pres. posee las
variantes, más usadas, construís, construí; y para
el imperat., 2ª pers. de sing. construí.*

Contemporizar. – R. (1ª conj.).
Contender. – R. (2ª conj.).
Contentar. – R. (1ª conj.).
Conter. – (Mod. núm. 39).
Contestar. – R. (1ª conj.).
Contextuar. – (Mod. núm. 6).
Contiguar. – (Mod. núm. 13).

CONTINUAR. – 6.

Contorcionar. – R. (1ª conj.).
Contornar. – R. (1ª conj.).
Contornear. – (Mod. núm. 15).
Contrabalançar. – (Mod. núm. 19).
Contrabandear. – (Mod. núm. 15).
Contrabater. – R. (2ª conj.).
Contracambiar. – R. (1ª conj.).
Contradançar. – (Mod. núm. 19).
Contradistinguir. – (Mod. núm. 52).
Contraditar. – R. (1ª conj.).
Contradizer. – (Mod. núm. 23). (1)
Contrafazer. – (Mod. núm. 25). (2)
Contra-indicar. – (Mod. núm. 11).
Contrair. – (Mod. núm. 49). (3)
Contramalhar. – R. (1ª conj.).
Contramarcar. – (Mod. núm. 11).
Contramarchar. – R. (1ª conj.).
Contramoldar. – R. (1ª conj.).
Contra-ordenar. – R. (1ª conj.).
Contrapesar. – R. (1ª conj.).
Contrapontear. – (Mod. núm. 15).
Contrapor. – R. (4ª conj.).
Contraproduzir. – (Mod. núm. 56).
Contraprovar. – R. (1ª conj.).
Contrapunçoar. – (Mod. núm. 16).
Contrariar. – R. (1ª conj.).
Contrasselar. – R. (1ª conj.).
Contrastar. – R. (1ª conj.).
Contrastear. – (Mod. núm. 15).
Contratar. – R. (1ª conj.).
Contraveirar. – R. (1ª conj.).
Contraverter. – R. (2ª conj.).
Contravir.— (Mod. núm. 61).
Contribuir. – (Mod. núm. 59).
Contristar. – R. (1ª conj.).
Controlar. – R. (1ª conj.).
Controverter. – R. (2ª conj.).
Contubernar-se. – R. (1ª conj.).
Contubernizar-se. – R. (1ª conj.).
Contundir. – R. (3ª conj.). (4)
Conturbar. – R. (1ª conj.).
Conumerar. – R. (1ª conj.).
Convalescer. – R. (2ª conj.).
Convelir. – (Mod. núm. 43). (5)
Convencer-se. – R. (2ª conj.). (6)
Convencionar. – R. (1ª conj.).
Convergir. – (Mod. núm. 45).
Conversar. – R. (1ª conj.).
Converter. – R. (2ª conj.). (7)
Convidar. – R. (1ª conj.).
Convir. – (Mod. núm. 61).
Conviver. – R. (2ª conj.).
Convizinhar. – R. (1ª conj.).
Convocar. – (Mod. núm. 11).
Convolar. – R. (1ª conj.).
Convulsar. – R. (1ª conj.).
Convulsionar. – R. (1ª conj.).
Coobar. – R. (1ª conj.).
Cooperar. – R. (1ª conj.).
Coordenar. – R. (1ª conj.).
Copar. – R. (1ª conj.).
Coparticipar. – R. (1ª conj.).
Copejar. – R. (1ª conj.).
Copiar. – R. (1ª conj.). (8)
Copilar. – R. (1ª conj.).
Copular. – R. (1ª conj.).

(1) *P. p. irreg.: Contradito.*
(2) *P. p. irreg.: Contrafeito.*
(3) *P. p. irreg.: Contrato.*
(4) *P. p. irreg.: Contuso.*
(5) *P. p. irreg.: Convulso.*
(6) *P. p. irreg.: Convicto.*
(7) *P. p. irreg.: Converso.*
(8) *En algunos autores antiguos y entre el pueblo
sigue el modelo núm. 3.*

Coquetear. – (Mod. núm. 15).
Corar. – R. (1ª conj.).
Corcovear. – (Mod. núm. 15).
Cordear. – (Mod. núm. 15).
Cordoar. – (Mod. núm. 16).
Corear. – (Mod. núm. 15).
Coriscar. – (Mod. núm. 11). (1)
Cornar. – R. (1ª conj.).
Cornear. – (Mod. núm. 15).
Cornetear. – (Mod. núm. 15).
Coroar. – (Mod. núm. 16).
Corporalizar. – R. (1ª conj.).
Corporificar. – (Mod. núm. 11).
Correlacionar. – R. (1ª conj.).
Correlatar. – R. (1ª conj.).
Correr. – R. (2ª conj.). (2)
Corresponder. – R. (2ª conj.).
Corresponsabilizar. – R. (1ª conj.).
Corrigir. – (Mod. núm. 51). (3)
Corroborar. – R. (1ª conj.).
Corroer. – (Mod. núm. 28).
Corromper. – R. (2ª conj.). (4)
Corrupiar. – R. (1ª conj.).
Corsear. – (Mod. núm. 15).
Cortar. – R. (1ª conj.).
Cortejar. – R. (1ª conj.).
Cortinar. – R. (1ª conj.).
Cortir. – (Mod. núm. 57).
Coruscar. – (Mod. núm. 11). (5)
Corvejar. – R. (1ª conj.).
Coscuvilhar. – R. (1ª conj.).
Coser. – R. (2ª conj.).
Cosicar. – (Mod. núm. 11).
Cosmopolizar. – R. (1ª conj.).
Cosquear. – (Mod. núm. 15).
Costear. – (Mod. núm. 15).
Costilhar. – R. (1ª conj.).
Costumar. – R. (1ª conj.).
Costurar. – R. (1ª conj.).
Cotar. – R. (1ª conj.).
Cotejar. – R. (1ª conj.).
Cotizar. – R. (1ª conj.).
Cotonar. – R. (1ª conj.).
Cotovelar. – R. (1ª conj.).
Couraçar. – (Mod. núm. 19).
Courear. – (Mod. núm. 15).
Cousar. – R. (1ª conj.).
Coutar. – R. (1ª conj.).
Covear. – (Mod. núm. 15).
Coxear. – (Mod. núm. 15).
Cozer. – R. (2ª conj.).
Cozinhar. – R. (1ª conj.).
Crapulear. – (Mod. núm. 15).
Crasear. – (Mod. núm. 15).
Cravar. – R. (1ª conj.).
Cravejar. – R. (1ª conj.).
Cravinar. – R. (1ª conj.).
Crear. – (Mod. núm. 15).
Creditar. – R. (1ª conj.).
Cremar. – R. (1ª conj.).
Creosotar. – R. (1ª conj.).
Crepitar. – R. (1ª conj.).
Crepuscular-se. – R. (1ª conj.).

CRER. – 22.

Crescer. – (Mod. núm. 38).
Crespar. – R. (1ª conj.).
Crespir. – (Mod. núm. 46).
Crestar. – R. (1ª conj.).
Cretinizar. – R. (1ª conj.).
Criar. – R. (1ª conj.).
Cricilar. – R. (1ª conj.).
Criminar. – R. (1ª conj.).
Crisalidar. – R. (1ª conj.).
Crismar. – R. (1ª conj.).
Crisolar. – R. (1ª conj.).
Crispar. – R. (1ª conj.).
Cristalizar. – R. (1ª conj.).

(1) *Este verbo es esencialmente impersonal.*
(2) *En la acepcion de estar admitida o recibida
uma cosa, sólo se usa en las terceras personas.*
(3) *P. p. irreg.: Correto.*
(4) *P. p. irreg.:Corrupto.*
(5) *Este verbo es esencialmente impersonal.*

Cristear. – (Mod. núm. 15).
Cristianizar. – **R.** (1ª conj.).
Criticar. – (Mod. núm. 11).
Crivar. – **R.** (1ª conj.).
Crocitar. – **R.** (1ª conj.).
Cromatizar. – **R.** (1ª conj.).
Cronicar. – (Mod. núm. 11).
Croniquizar. – **R.** (1ª conj.).
Cronometrar. – **R.** (1ª conj.).
Cruciar. – **R.** (1ª conj.).
Crucificar. – (Mod. núm. 11).
Crucifixar. – **R.** (1ª conj.).
Cruentar. – **R.** (1ª conj.).
Cruzar. – **R.** (1ª conj.).
Cubar. – **R.** (1ª conj.).
Cubicar. – (Mod. núm. 11).
Cucar – (Mod. núm. 11).
Cucular. – **R.** (1ª conj.).
Cucurbitar. – **R.** (1ª conj.).
Cucuricar. – (Mod. núm. 11).
Cururitar. – **R.** (1ª conj.).
Cufar. – **R.** (1ª conj.).
Cuidar. – **R.** (1ª conj.).
Culapar. – **R.** (1ª conj.).
Culminar. – **R.** (1ª conj.).
Culpar. – **R.** (1ª conj.).
Cultivar. – **R.** (1ª conj.). (1)
Cultuar. – (Mod. núm. 6).
Cumpliciar-se. – **R.** (1ª conj.).
Cumprimentar. – **R.** (1ª conj.).
Cumprir. – **R.** (3ª conj.). (2)
Cumular. – **R.** (1ª conj.).
Cunhar. – **R.** (1ª conj.).
Curar. – **R.** (1ª conj.).
Curarizar. – **R.** (1ª conj.).
Curetar. – **R.** (1ª conj.).
Curiosar. – **R.** (1ª conj.).
Curricar. – (Mod. núm. 11).
Cursar. – **R.** (1ª conj.).
Curtir. – **R.** (3ª conj.).
Curvar. – **R.** (1ª conj.). (3)
Curvetar. – **R.** (1ª conj.).
Curvetear. – (Mod. núm. 15).
Curvilinear. – (Mod. núm. 15).
Cuspilhar. – **R.** (1ª conj.).
Cuspinhar. – **R.** (1ª conj.).
Cuspir. – (Mod. núm. 44).
Custar. – **R.** (1ª conj.).
Custear. – (Mod. núm. 15).
Custodiar. – **R.** (1ª conj.).
Cutucar. – (Mod. núm. 11).

D

Dactilografar. – **R.** (1ª conj.).
Dadivar. – **R.** (1ª conj.).
Daguerreotipar. – **R.** (1ª conj.).
Damasquinar. – **R.** (1ª conj.).
Damejar. – **R.** (1ª conj.).
Danar. – **R.** (1ª conj.).
Dançar. – (Mod. núm. 19).
Dandar. – **R.** (1ª conj.).
Danificar. – (Mod. núm. 11).
Daninhar. – **R.** (1ª conj.).
Dansar. – **R.** (1ª conj.).

DAR. – 7.

Dardejar. – **R.** (1ª conj.).
Datar. – **R.** (1ª conj.). (4)
Dealbar. – **R.** (1ª conj.).
Dealvar. – **R.** (1ª conj.).
Deambular. – **R.** (1ª conj.).
Dearticular. – **R.** (1ª conj.).
Debandar. – **R.** (1ª conj.).
Debater. – **R.** (2ª conj.).
Debelar. – **R.** (1ª conj.).

(1) *P. p. irreg.: Culto.*
(2) *En la acepción de cumplir (convenir, importar), sólo se usa en las terceras personas.*
(3) *P. p. irreg.: Curvo.*
(4) *En la acepción de haber tenido, principio una cosa en tiempo que se determina, sólo se usa en las terceras personas.*

Debicar. – (Mod. núm. 11).
Debilitar. – **R.** (1ª conj.).
Debitar. – **R.** (1ª conj.).
Deblaterar. – **R.** (1ª conj.).
Debochar. – **R.** (1ª conj.).
Debordar. – **R.** (1ª conj.).
Debrear. – (Mod. núm. 15).
Debruar. – (Mod. núm. 6).
Debruçar. – (Mod. núm. 19).
Debulhar. – **R.** (1ª conj.).
Debuxar. – **R.** (1ª conj.).
Decair. – (Mod. núm. 49).
Decalcar. – (Mod. núm. 11).
Decantar. – **R.** (1ª conj.).
Decapitar. – **R.** (1ª conj.).
Decemplicar. – (Mod. núm. 11).
Decentrizar. – **R.** (1ª conj.).
Decepar. – **R.** (1ª conj.).
Decepcionar. – **R.** (1ª conj.).
Decercar. – (Mod. núm. 11).
Decertar. – **R.** (1ª conj.).
Decidir. – **R.** (3ª conj.).
Decifrar. – **R.** (1ª conj.).
Decimar. – **R.** (1ª conj.).
Declamar. – **R.** (1ª conj.).
Declarar. – **R.** (1ª conj.).
Declinar. – **R.** (1ª conj.).
Declivar. – **R.** (1ª conj.).
Decoar. – (Mod. núm. 16).
Decolar. – **R.** (1ª conj.).
Decompor. – **R.** (4ª conj.).
Decorar. – **R.** (1ª conj.).
Decorrer. – **R.** (2ª conj.). (1)
Decorticar. – (Mod. núm. 11).
Decotar. – **R.** (1ª conj.).
Decrepitar. – **R.** (1ª conj.).
Decrescer. – (Mod. núm. 38).
Decretar. – **R.** (1ª conj.).
Decruar. – (Mod. núm. 6).
Decuplar. – **R.** (1ª conj.).
Decuplicar. – (Mod. núm. 11).
Decuriar. – **R.** (1ª conj.).
Dedecorar.— **R.** (1ª conj.).
Dedicar. – (Mod. núm. 11).
Dedignar-se. – **R.** (1ª conj.).
Dedilhar. – **R.** (1ª conj.).
Deduzir. – (Mod. núm. 56).
Defecar. – (Mod. núm. 11).
Defeituar. – (Mod. núm. 6).
Defender. – **R.** (2ª conj.). (2)
Defensar. – **R.** (1ª conj.).
Deferir. – (Mod. núm. 45).
Definhar. – **R.** (1ª conj.).
Definir. – **R.** (3ª conj.).
Deflagrar. – **R.** (1ª conj.).
Deflegmar. – **R.** (1ª conj.).
Defletir. – (Mod. núm. 45).
Deflorar. – **R.** (1ª conj.).
Defluir. – (Mod. núm. 59).
Deformar. – **R.** (1ª conj.).
Defraudar. – **R.** (1ª conj.).
Defrontar. – **R.** (1ª conj.).
Defumar. – **R.** (1ª conj.).
Defuntar. – **R.** (1ª conj.).
Degelar. – **R.** (1ª conj.).
Degenerar. – **R.** (1ª conj.).
Deglutir. – **R.** (3ª conj.).
Degolar. – **R.** (1ª conj.).
Degotar. – **R.** (1ª conj.).
Degradar. – **R.** (1ª conj.).
Degranar. – **R.** (1ª conj.).
Degredar. – **R.** (1ª conj.).
Degustar. – **R.** (1ª conj.).
Deificar. – (Mod. núm. 11).
Deitar. – **R.** (1ª conj.).
Deixar. – **R.** (1ª conj.).
Dejarretar. – **R.** (1ª conj.).
Dejejuar. – (Mod. núm. 6).
Dejetar. – **R.** (1ª conj.).
Dejungir. – (Mod. núm. 51).
Delamber-se. – **R.** (2ª conj.).
Delatar. – **R.** (1ª conj.).

(1) *Es verbo defectivo. Sólo se usa en las terceras personas.*
(2) *P. p. irreg.: Defeso.*

Delegar. – (Mod. núm. 14).
Deleitar. – **R.** (1ª conj.).
Deleixar. – **R.** (1ª conj.).
Deletrar. – **R.** (1ª conj.).
Deletrear. – (Mod. núm. 15).
Delgaçar. – (Mod. núm. 19).
Delibar. – **R.** (1ª conj.).
Deliberar. – **R.** (1ª conj.).
Deliciar. – **R.** (1ª conj.).
Delimitar. – **R.** (1ª conj.).
Delinear. – (Mod. núm. 15).
DelinqÜir. – (Mod. núm. 46).
Delinquar. – (Mod. núm. 46).
Deliquescer. – (Mod. núm. 38).
Delir. – (Mod. núm. 46).
Delirar. – **R.** (1ª conj.).
Delongar. – (Mod. núm. 14).
Deluzir-se. – (Mod. núm. 56).
Demandar. – **R.** (1ª conj.).
Demarcar. – (Mod. núm. 11).
Demasiar-se. – **R.** (1ª conj.).
Dementar. – **R.** (1ª conj.).
Demerger. – (Mod. núm. 34).
Demissionar. – **R.** (1ª conj.).
Demitir. – **R.** (3ª conj.).
Democratizar. – **R.** (1ª conj.).
Demolir. – (Mod. núm. 43).
Demonetizar. – **R.** (1ª conj.).
Demonstrar. – **R.** (1ª conj.).
Demorar. – **R.** (1ª conj.).
Demover. – **R.** (2ª conj.).
Demudar. – **R.** (1ª conj.).
Denegar. – (Mod. núm. 14).
Denegrecer. – (Mod. núm. 38).
Denegrir. – (Mod. núm. 47).
Dengar-se. – **R.** (1ª conj.).
Denodar. – **R.** (1ª conj.).
Denominar. – **R.** (1ª conj.).
Denotar. – **R.** (1ª conj.).
Densar. – **R.** (1ª conj.). (1)
Dentar. – **R.** (1ª conj.).
Dentear. – (Mod. núm. 15).
Dentelar. – **R.** (1ª conj.).
Denticular. – **R.** (1ª conj.).
Denunciar. – **R.** (1ª conj.).
Deparar. – **R.** (1ª conj.).
Depauperar. – **R.** (1ª conj.).
Depenar. – **R.** (1ª conj.).
Depender. – **R.** (2ª conj.).
Dependurar. – **R.** (1ª conj.).
Deperecer. – (Mod. núm. 38).
Depilar. – **R.** (1ª conj.).
Deplorar. – **R.** (1ª conj.).
Deplumar. – **R.** (1ª conj.).
Depolarizar. – **R.** (1ª conj.).
Depopular. – **R.** (1ª conj.).
Depopularizar. – **R.** (1ª conj.).
Depor. – **R.** (4ª conj.).
Deportar. – **R.** (1ª conj.).
Depositar. – **R.** (1ª conj.).
Depravar. – **R.** (1ª conj.).
Deprecar. – (Mod. núm. 11).
Depreciar. – **R.** (1ª conj.).
Depredar. – **R.** (1ª conj.).
Depreender. – **R.** (2ª conj.).
Deprimir. – **R.** (3ª conj.).
Depurar. – **R.** (1ª conj.).
Deputar. – **R.** (1ª conj.).
Derivar. – **R.** (1ª conj.).
Derrabar. – **R.** (1ª conj.).
Derramar. – **R.** (1ª conj.).
Derrancar. – (Mod. núm. 11).
Derrapar. – **R.** (1ª conj.).
Derrear. – (Mod. núm. 15).
Derregar. – (Mod. núm. 14).
Derrengar. – (Mod. núm. 14).
Derretear. – (Mod. núm. 15).
Derreter. – **R.** (2ª conj.).
Derribar. – **R.** (1ª conj.).
Derriçar. – (Mod. núm. 19).
Derrocar. – (Mod. núm. 11).
Derrogar. – (Mod. núm. 14).
Derrotar. – **R.** (1ª conj.).
Derrubar. – **R.** (1ª conj.).

(1) *P. p. irreg.: Denso.*

Derruir. – (Mod. núm. 59).
Desabafar. – **R.** (1ª conj.).
Desabalroar. – (Mod. núm. 16).
Desabastar. – **R.** (1ª conj.).
Desabilitar. – **R.** (1ª conj.).
Desabitar. – **R.** (1ª conj.).
Desabituar. – (Mod. núm. 6).
Desabonar. – **R.** (1ª conj.).
Desabordar. – **R.** (1ª conj.).
Desabotoar. – (Mod. núm. 16).
Desabrigar. – (Mod. núm. 14).
Desabrir. – **R.** (3ª conj.).
Desabrochar. – **R.** (1ª conj.).
Desabrolhar. – **R.** (1ª conj.).
Desabusar. – **R.** (1ª conj.).
Desaçaimar. – **R.** (1ª conj.).
Desacamar. – **R.** (1ª conj.).
Desaçamar. – **R.** (1ª conj.).
Desacampar. – **R.** (1ª conj.).
Desacanhar. – **R.** (1ª conj.).
Desacasalar. – **R.** (1ª conj.).
Desacatar. – **R.** (1ª conj.).
Desacautelar. – **R.** (1ª conj.).
Desacavalar. – **R.** (1ª conj.).
Desaceitar. – **R.** (1ª conj.).
Desacerbar. – **R.** (1ª conj.).
Desacertar. – **R.** (1ª conj.).
Desachegar. – **R.** (1ª conj.).
Desacidificar. – (Mod. núm. 11).
Desacidular. – **R.** (1ª conj.).
Desaclimar. – **R.** (1ª conj.).
Desaclimatar. – **R.** (1ª conj.).
Desacobardar. – **R.** (1ª conj.).
Desacochar. – **R.** (1ª conj.).
Desacoimar. – **R.** (1ª conj.).
Desacolchetar. – **R.** (1ª conj.).
Desacoitar. – **R.** (1ª conj.).
Desacolchoar. – (Mod. núm. 16).
Desacolher. – **R.** (2ª conj.).
Desacolherar. – **R.** (1ª conj.).
Desacomodar. – **R.** (1ª conj.).
Desacompanhar. – **R.** (1ª conj.).
Desaconchegar. – (Mod. núm. 14).
Desaconselhar. – **R.** (1ª conj.).
Desacorçoar. – (Mod. núm. 16).
Desacordar. – **R.** (1ª conj.).
Desacoroçoar. – (Mod. núm. 16).
Desacorrentar. – **R.** (1ª conj.).
Desacostumar. – **R.** (1ª conj.).
Desacreditar. – **R.** (1ª conj.).
Desacunhar. – **R.** (1ª conj.).
Desadmoestar. – **R.** (1ª conj.).
Desadorar. – **R.** (1ª conj.).
Desadormecer. – **R.** (2ª conj.).
Desadormentar. – **R.** (1ª conj.).
Desadornar. – **R.** (1ª conj.).
Desafaimar. – **R.** (1ª conj.).
Desafamar. – **R.** (1ª conj.).
Desafastar. – **R.** (1ª conj.).
Desafazer. – (Mod. núm. 25). (1)
Desafear. – (Mod. núm. 15).
Desafeiçoar. – (Mod. núm. 16).
Desafeitar. – **R.** (1ª conj.).
Desaferrar. – **R.** (1ª conj.).
Desaferrolhar. – **R.** (1ª conj.).
Desafervorar. – **R.** (1ª conj.).
Desafiar. – **R.** (1ª conj.).
Desafinar. – **R.** (1ª conj.).
Desafivelar. – **R.** (1ª conj.).
Desafixar. – **R.** (1ª conj.).
Desafogar. – (Mod. núm. 14).
Desafoguear. – (Mod. núm. 15).
Desaforar. – **R.** (1ª conj.).
Desaformosear. – (Mod. núm. 15).
Desafreguesar. – **R.** (1ª conj.).
Desafrontar. – **R.** (1ª conj.).
Desagaloar. – (Mod. núm. 16).
Desagarrar. – **R.** (1ª conj.).
Desagasalhar. – **R.** (1ª conj.).
Desagastar. – **R.** (1ª conj.).
Desageitar. – **R.** (1ª conj.).
Desaglomerar. – **R.** (1ª conj.).
Desagradar. – **R.** (1ª conj.).
Desagradecer. – (Mod. núm. 38).

(1) *P. p. irreg.: Desafeito.*

Desagravar. – **R.** (1ª conj.).
Desagregar. – (Mod. núm. 14).
Desagrilhoar. – (Mod. núm. 16).
Desaguar. – (Mod. núm. 1).
Desaguisar-se. – **R.** (1ª conj.).
Desairar. – **R.** (1ª conj.).
Desajeitar. – **R.** (1ª conj.).
Desajoujar. – **R.** (1ª conj.).
Desajudar. – **R.** (1ª conj.).
Desajuizar. – (Mod. núm. 2).
Desajuntar. – **R.** (1ª conj.).
Desalagar. – (Mod. núm. 14).
Desalargar. – (Mod. núm. 14).
Desalarmar. – **R.** (1ª conj.).
Desalastrar. – **R.** (1ª conj.).
Desalbardar. – **R.** (1ª conj.).
Desalcançar. – (Mod. núm. 19).
Desalegrar. – **R.** (1ª conj.).
Desaleitar. – **R.** (1ª conj.).
Desalentar. – **R.** (1ª conj.).
Desalfaiar. – **R.** (1ª conj.).
Desalforjar. – **R.** (1ª conj.).
Desalgemar. – **R.** (1ª conj.).
Desalhear. – (Mod. núm. 15).
Desaliar. – **R.** (1ª conj.).
Desalicerçar. – (Mod. núm. 19).
Desalijar. – **R.** (1ª conj.).
Desalinhar. – **R.** (1ª conj.).
Desalinhavar. – **R.** (1ª conj.).
Desalistar. – **R.** (1ª conj.).
Desaliviar. – **R.** (1ª conj.).
Desalojar. – **R.** (1ª conj.).
Desalterar. – **R.** (1ª conj.).
Desamamentar. – **R.** (1ª conj.).
Desamanhar. – **R.** (1ª conj.).
Desamar. – **R.** (1ª conj.).
Desamarrar. – **R.** (1ª conj.).
Desamarrotar. – **R.** (1ª conj.).
Desamassar. – **R.** (1ª conj.).
Desamigar. – (Mod. núm. 14).
Desamodorrar. – **R.** (1ª conj.).
Desamoedar. – **R.** (1ª conj.).
Desamolgar. – (Mod. núm. 14).
Desamontoar. – (Mod. núm. 16).
Desamortalhar. – **R.** (1ª conj.).
Desamortizar. – **R.** (1ª conj.).
Desamotinar. – **R.** (1ª conj.).
Desamparar. – **R.** (1ª conj.).
Desamuar. – (Mod. núm. 6).
Desanalfabetizar. – **R.** (1ª conj.).
Desancar. – (Mod. núm. 11).
Desancorar. – **R.** (1ª conj.).
Desandar. – **R.** (1ª conj.).
Desanelar.— **R.** (1ª conj.).
Desanexar. – **R.** (1ª conj.).
Desanichar. – **R.** (1ª conj.).
Desanilar. – **R.** (1ª conj.).
Desanimar. – **R.** (1ª conj.).
Desaninhar. – **R.** (1ª conj.).
Desanojar. – **R.** (1ª conj.).
Desanuviar. – **R.** (1ª conj.).
Desapadrinhar. – **R.** (1ª conj.).
Desapagar. – (Mod. núm. 14).
Desapaixonar. – **R.** (1ª conj.).
Desaparafusar. – **R.** (1ª conj.).
Desaparecer. – (Mod. núm. 38).
Desaparelhar. – **R.** (1ª conj.).
Desapartar. – **R.** (1ª conj.).
Desapavorar. – **R.** (1ª conj.).
Desapear. – (Mod. núm. 15).
Desapeçonhentar. – **R.** (1ª conj.).
Desapegar. – (Mod. núm. 14).
Desaperceber. – **R.** (2ª conj.).
Desapertar. – **R.** (1ª conj.).
Desapiedar. – (Mod. núm. 4).
Desaplaudir. – **R.** (3ª conj.).
Desaplicar. – (Mod. núm. 11).
Desaplumar. – **R.** (1ª conj.).
Desapoderar. – **R.** (1ª conj.).
Desapoiar. – **R.** (1ª conj.).
Desapolvilhar. – **R.** (1ª conj.).
Desapontar. – **R.** (1ª conj.).
Desapoquentar. – **R.** (1ª conj.).
Desapor. – **R.** (4ª conj.).
Desaposentar. – **R.** (1ª conj.).
Desapossar. – **R.** (1ª conj.).

Desaprazer. – (Mod. núm. 20).
Desapreciar. – **R.** (1ª conj.).
Desaprender. – **R.** (2ª conj.).
Desapressar-se. – **R.** (1ª conj.).
Desapropriar. – **R.** (1ª conj.).
Desaprovar. – **R.** (1ª conj.).
Desaproveitar. – **R.** (1ª conj.).
Desaproximar. – **R.** (1ª conj.).
Desaprumar. – **R.** (1ª conj.).
Desaquartelar. – **R.** (1ª conj.).
Desaquecer. – (Mod. núm. 38).
Desaquinhoar. – (Mod. núm. 16).
Desaranhar. – **R.** (1ª conj.).
Desarar. – **R.** (1ª conj.).
Desarborizar. – **R.** (1ª conj.).
Desarcar. – (Mod. núm. 11).
Desarear. – (Mod. núm. 15).
Desarejar. – **R.** (1ª conj.).
Desarestar. – **R.** (1ª conj.).
Desarmar. – **R.** (1ª conj.).
Desarmonizar. – **R.** (1ª conj.).
Desaromar. – **R.** (1ª conj.).
Desaromatizar. – **R.** (1ª conj.).
Desarquear. – (Mod. núm. 15).
Desarraigar. – (Mod. núm. 8).
Desarrancar. – (Mod. núm. 11).
Desarranchar. – **R.** (1ª conj.).
Desarranjar. – **R.** (1ª conj.).
Desarrazoar. – (Mod. núm. 16).
Desarrear. – (Mod. núm. 15).
Desarreigar. – (Mod. núm. 14).
Desarrenegar. – (Mod. núm. 14).
Desarrimar. – **R.** (1ª conj.).
Desarriscar. – (Mod. núm. 11).
Desarrochar. – **R.** (1ª conj.).
Desarrolhar. – **R.** (1ª conj.).
Desarruar. – (Mod. núm. 6).
Desarrufar. – **R.** (1ª conj.).
Desarrugar. – (Mod. núm. 14).
Desarrumar. – **R.** (1ª conj.).
Desarticular. – **R.** (1ª conj.).
Desarvorar. – **R.** (1ª conj.).
Desasar. – **R.** (1ª conj.).
Desassanhar. – **R.** (1ª conj.).
Desassear. – (Mod. núm. 15).
Desassemelhar. – **R.** (1ª conj.).
Desassenhorear. – (Mod. núm. 15).
Desassear. – (Mod. núm. 15).
Desassimilar. – **R.** (1ª conj.).
Desassinalar. – **R.** (1ª conj.).
Desassisar. – **R.** (1ª conj.).
Deassistir. – **R.** (3ª conj.).
Desassociar. – **R.** (1ª conj.).
Desassomar. – **R.** (1ª conj.).
Desassombrar. – **R.** (1ª conj.).
Desassossegar. – (Mod. núm. 14).
Desassustar. – **R.** (1ª conj.).
Desatabafar. – **R.** (1ª conj.).
Desatacar. – (Mod. núm. 11).
Desatafulhar. – **R.** (1ª conj.).
Desatar. – **R.** (1ª conj.).
Desatarraxar. – **R.** (1ª conj.).
Desatascar. – (Mod. núm. 11).
Desataviar. – **R.** (1ª conj.).
Desatediar. – **R.** (1ª conj.).
Desatemorizar. – **R.** (1ª conj.).
Desatender. – **R.** (2ª conj.).
Desatentar. – **R.** (1ª conj.).
Desaterrar. – **R.** (1ª conj.).
Desatestar. – **R.** (1ª conj.).
Desatilhar. – **R.** (1ª conj.).
Desatinar. – **R.** (1ª conj.).
Desatolar. – **R.** (1ª conj.).
Desatordoar. – (Mod. núm. 16).
Desatracar. – (Mod. núm. 11).
Desatravancar. – (Mod. núm. 11).
Desatravessar. – **R.** (1ª conj.).
Desatrelar. – **R.** (1ª conj.).
Desatremar. – **R.** (1ª conj.).
Desautorar. – **R.** (1ª conj.).
Desautorizar. – **R.** (1ª conj.).
Desauxiliar. – **R.** (1ª conj.).
Desavergonhar. – **R.** (1ª conj.).
Desavezar. – **R.** (1ª conj.).
Desaviar. – **R.** (1ª conj.).
Desavigorar. – **R.** (1ª conj.).

Desavincar. – (Mod. núm. 11).
Desavir. – (Mod. núm. 61).
Desavisar. – **R.** (1ª conj.).
Desavistar. – **R.** (1ª conj.).
Desbabar. – **R.** (1ª conj.).
Desbagoar. – (Mod. núm. 14).
Desbagulhar. – **R.** (1ª conj.).
Desbalizar. – **R.** (1ª conj.).
Desbancar. – (Mod. núm. 11).
Desbandalhar. – **R.** (1ª conj.).
Desbandeirar. – **R.** (1ª conj.).
Desbaratar. – **R.** (1ª conj.).
Desbarbar. – **R.** (1ª conj.).
Desbarrancar. – (Mod. núm. 11).
Desbarrar. – **R.** (1ª conj.).
Desbarretar-se. – **R.** (1ª conj.).
Desbastar. – **R.** (1ª conj.).
Desbastardar. – **R.** (1ª conj.).
Desbastecer. – (Mod. núm. 38).
Desbatizar. – **R.** (1ª conj.).
Desbatocar. – (Mod. núm. 11).
Desbeiçar. – (Mod. núm. 19).
Desbloquear. – (Mod. núm. 15).
Desbocar. – (Mod. núm. 11).
Desbolinar. – **R.** (1ª conj.).
Desborcinar. – **R.** (1ª conj.).
Desboroar. – (Mod. núm. 16).
Desborrar. – **R.** (1ª conj.).
Desbotar. – **R.** (1ª conj.).
Desbotoar. – (Mod. núm. 16).
Desbragar. – (Mod. núm. 14).
Desbravar. – **R.** (1ª conj.).
Desbravecer. – (Mod. núm. 38).
Desbriar. – **R.** (1ª conj.).
Desbridar. – **R.** (1ª conj.).
Desbroar. – (Mod. núm. 16).
Desbrochar. – **R.** (1ª conj.).
Desbrumar. – **R.** (1ª conj.).
Desbuchar. – **R.** (1ª conj.).
Desbulhar. – **R.** (1ª conj.).
Descabeçar. – (Mod. núm. 19).
Descabelar. – **R.** (1ª conj.).
Descaber. – (Mod. núm. 21). (1)
Descabrear. – (Mod. núm. 15).
Descachaçar. – (Mod. núm. 19).
Descachelar. – **R.** (1ª conj.).
Descadeirar. – **R.** (1ª conj.).
Descair. – (Mod. núm. 49).
Descalabrar. – **R.** (1ª conj.).
Descalavrar. – **R.** (1ª conj.).
Descalçar. – (Mod. núm. 19). (2)
Descalcificar. – (Mod. núm. 11).
Descalvar. – **R.** (1ª conj.).
Descamar. – **R.** (1ª conj.).
Descambar. – **R.** (1ª conj.).
Descambibar. – **R.** (1ª conj.).
Descaminhar. – **R.** (1ª conj.).
Descampar. – **R.** (1ª conj.).
Descanchar. – **R.** (1ª conj.).
Descangar. – (Mod. núm. 14).
Descansar. – **R.** (1ª conj.).
Descantar. – **R.** (1ª conj.).
Descantear. – (Mod. núm. 15).
Descapacitar-se. – **R.** (1ª conj.).
Descapelar. – **R.** (1ª conj.).
Descaracterizar. – **R.** (1ª conj.).
Descarapuçar. – (Mod. núm. 19).
Descarar-se. – **R.** (1ª conj.).
Descarbonizar. – **R.** (1ª conj.).
Descarecer. – (Mod. núm. 38).
Descarnar. – **R.** (1ª conj.).
Descaroçar. – (Mod. núm. 19).
Descarolar. – **R.** (1ª conj.).
Descarrar. – **R.** (1ª conj.).
Descarregar. – (Mod. núm. 14).
Descarreirar. – **R.** (1ª conj.).
Descarriar. – **R.** (1ª conj.).
Descarrilar. – **R.** (1ª conj.).
Descarrilhar. – **R.** (1ª conj.).
Descartar. – **R.** (1ª conj.).
Descasalar. – **R.** (1ª conj.).

(1) *De este verbo casi sólo se usa el participio pasivo.*
(2) *P. p. irreg.: Descalço.*

Descasar. – **R.** (1ª conj.).
Descascar. – (Mod. núm. 11).
Descaspar. – **R.** (1ª conj.).
Descativar. – **R.** (1ª conj.).
Descatolizar. – **R.** (1ª conj.).
Descaudar. – **R.** (1ª conj.).
Descavalgar. – (Mod. núm. 14).
Descavar. – **R.** (1ª conj.).
Descegar. – (Mod. núm. 14).
Descender. – **R.** (2ª conj.).
Descentralizar. – **R.** (1ª conj.).
Descentrar. – **R.** (1ª conj.).
Descer. – (Mod. núm. 38).
Descercar. – (Mod. núm. 11).
Descerebrar. – **R.** (1ª conj.).
Descerebrizar. – **R.** (1ª conj.).
Descerrar. – **R.** (1ª conj.).
Deschancelar. – **R.** (1ª conj.).
Deschapelar-se. – **R.** (1ª conj.).
Deschumbar. – **R.** (1ª conj.).
Descimbrar. – **R.** (1ª conj.).
Descingir. – (Mod. núm. 51).
Desclassificar. – (Mod. núm. 11).
Descloretar. – **R.** (1ª conj.).
Descoagular. – **R.** (1ª conj.).
Descoalhar. – **R.** (1ª conj.).
Descobrir. – (Mod. núm. 50). (1)
Descocar-se. – (Mod. núm. 11).
Descochar. – **R.** (1ª conj.).
Descodear. – (Mod. núm. 15).
Descogotear. – (Mod. núm. 15).
Descoimar. – **R.** (1ª conj.).
Descoitar. – **R.** (1ª conj.).
Descolar. – **R.** (1ª conj.).
Descolmar. – **R.** (1ª conj.).
Descolocar. – (Mod. núm. 11).
Descolorar. – **R.** (1ª conj.).
Descolorir. – (Mod. núm. 46).
Descomedir-se. – (Mod. núm. 46).
Descomover. – **R.** (2ª conj.).
Descompadecer-se. – **R.** (2ª conj.).
Descompanhar. – **R.** (1ª conj.).
Descompassar. – **R.** (1ª conj.).
Descomplicar. – (Mod. núm. 11).
Descompor. – **R.** (4ª conj.).
Descomprazer. – (Mod. núm. 27).
Descompreender. – **R.** (2ª conj.).
Desconceituar. – (Mod. núm. 6).
Desconcentrar. – **R.** (1ª conj.).
Desconcertar. – **R.** (1ª conj.).
Desconchavar. – **R.** (1ª conj.).
Desconchegar. – (Mod. núm. 14).
Desconciliar. – **R.** (1ª conj.).
Desconcordar. – **R.** (1ª conj.).
Descondizer. – (Mod. núm. 23).
Desconfessar. – **R.** (1ª conj.).
Desconfiar. – **R.** (1ª conj.).
Desconfortar. – **R.** (1ª conj.).
Descongelar. – **R.** (1ª conj.).
Descongestionar. – **R.** (1ª conj.).
Desconhecer. – (Mod. núm. 38).
Desconjuntar. – **R.** (1ª conj.).
Desconjurar. – **R.** (1ª conj.).
Desconsagrar. – **R.** (1ª conj.).
Desconselhar. – **R.** (1ª conj.).
Desconsentir. – (Mod. núm. 45).
Desconsertar. – **R.** (1ª conj.).
Desconsiderar. – **R.** (1ª conj.).
Desconsolar. – **R.** (1ª conj.).
Desconstranger. – (Mod. núm. 34).
Desconstruir. – (Mod. núm. 59). (2)
Descontar. – **R.** (1ª conj.).
Descontentar. – **R.** (1ª conj.).
Descontinuar. – (Mod. núm. 6).
Descontratar. – **R.** (1ª conj.).
Descontrolar. – **R.** (1ª conj.).
Desconturbar. – **R.** (1ª conj.).
Desconvencer. – (Mod. núm. 38).
Desconversar. – **R.** (1ª conj.).
Desconvidar. – **R.** (1ª conj.).
Desconvir. – (Mod. núm. 6).

(1) *P. p. irreg.: Descoberto.*
(2) *Para 2ª y 3ª pers. do sing. indic. pres., posee las variantes, más usadas, descontróis, descontrói; y para el imperat., 2ª pers. de sing., descontrói.*

Descoordenar. – **R.** (1ª conj.).
Descoraçoar. – (Mod. núm. 16).
Descorajar. – **R.** (1ª conj.).
Descorar. – **R.** (1ª conj.).
Descorchar. – **R.** (1ª conj.).
Descorçoar. – (Mod. núm. 16).
Descordar. – **R.** (1ª conj.).
Descorentar. – **R.** (1ª conj.).
Descornar. – **R.** (1ª conj.).
Descoroar. – (Mod. núm. 16).
Descoroçoar. – (Mod. núm. 16).
Descorrelacionar. – **R.** (1ª conj.).
Descorrentar. – **R.** (1ª conj.).
Descortejar. – **R.** (1ª conj.).
Descorticar. – (Mod. núm. 11).
Descortiçar. – (Mod. núm. 19).
Descortinar. – **R.** (1ª conj.).
Descoser. – **R.** (2ª conj.).
Descostumar. – **R.** (1ª conj.).
Descoutar. – **R.** (1ª conj.).
Descravar. – **R.** (1ª conj.).
Descravejar. – **R.** (1ª conj.).
Descravizar. – **R.** (1ª conj.).
Descremar. – **R.** (1ª conj.).
Descrer. – (Mod. núm. 22).
Descrever. – **R.** (2ª conj.). (1)
Descriminar. – **R.** (1ª conj.).
Descristar. – **R.** (1ª conj.).
Descristianizar. – **R.** (1ª conj.).
Descruzar. – **R.** (1ª conj.).
Descuidar. – **R.** (1ª conj.).
Desculpar. – **R.** (1ª conj.).
Descultivar. – **R.** (1ª conj.).
Descumprir. – **R.** (3ª conj.).
Descurvar. – **R.** (1ª conj.).
Desdar. – (Mod. núm. 7).
Desdemonizar. – **R.** (1ª conj.).
Desdenhar. – **R.** (1ª conj.).
Desdentar. – **R.** (1ª conj.).
Desdizer. – (Mod. núm. 23). (2)
Desdobar. – **R.** (1ª conj.).
Desdobrar. – **R.** (1ª conj.).
Desdoirar. – **R.** (1ª conj.).
Desdourar. – **R.** (1ª conj.).
Desdoutrinar. – **R.** (1ª conj.).
Deseclipsar. – **R.** (1ª conj.).
Desedificar. – (Mod. núm. 11).
Deseducar. – (Mod. núm. 11).
Deseixar. – **R.** (1ª conj.).
Desejar. – **R.** (1ª conj.).
Deseleger. – (Mod. núm. 34).
Deseliminar. – **R.** (1ª conj.).
Desemaçar. – (Mod. núm. 19).
Desemadeirar. – **R.** (1ª conj.).
Desemalar. – **R.** (1ª conj.).
Desemalhar. – **R.** (1ª conj.).
Desemaranhar. – **R.** (1ª conj.).
Desemastrear. – (Mod. núm. 15).
Desembaçar. – (Mod. núm. 19).
Desembaciar. – **R.** (1ª conj.).
Desembainhar.— (Mod. núm. 8).
Desembalar. – **R.** (1ª conj.).
Desembalçar. – (Mod. núm. 19).
Desembandeirar. – **R.** (1ª conj.).
Desembaraçar. – **R.** (1ª conj.).
Desembaralhar. – **R.** (1ª conj.).
Desembarcar. – (Mod. núm. 11).
Desembargar. – (Mod. núm. 14).
Desembarrancar. – (Mod. núm. 11).
Desencavilhar. – **R.** (1ª conj.).
Desembarrigar. – (Mod. núm. 14).
Desembarrilar. – **R.** (1ª conj.).
Desembaular. – (Mod. núm. 18).
Desembebedar. – **R.** (1ª conj.).
Desembestar. – **R.** (1ª conj.).
Desembocar. – (Mod. núm. 11).
Desembolsar. – **R.** (1ª conj.).
Desemborcar. – (Mod. núm. 11).
Desemborrachar. – **R.** (1ª conj.).
Desemborrascar. – (Mod. núm. 11).
Desemboscar. – (Mod. núm. 11).
Desembotar. – **R.** (1ª conj.).
Desembrear. – (Mod. núm. 15).

(1) *P. p. irreg.: Descrito.*
(2) *P. p. irreg.: Desdito.*

Desembrenhar. – R. (1ª conj.).
Desembridar. – R. (1ª conj.).
Desembrulhar. – R. (1ª conj.).
Desembruscar. – (Mod. núm. 11).
Desembrutecer. – (Mod. núm. 38).
Desembruxar. – R. (1ª conj.).
Desembuçar. – (Mod. núm. 19).
Desembuchar. – R. (1ª conj.).
Desemburrar. – R. (1ª conj.).
Desemburricar. – (Mod. núm. 11).
Desembutir. – R. (3ª conj.).
Desemoldurar. – R. (1ª conj.).
Desempacar. – (Mod. núm. 11).
Desempachar. – R. (1ª conj.).
Desempacotar. – R. (1ª conj.).
Desempalhar. – R. (1ª conj.).
Desempanar. – R. (1ª conj.).
Desempapelar. – R. (1ª conj.).
Desempar. – R. (1ª conj.).
Desemparelhar. – R. (1ª conj.).
Desempastar. – R. (1ª conj.).
Desempastelar. – R. (1ª conj.).
Desempatar. – R. (1ª conj.).
Desempeçar. – (Mod. núm. 19).
Desempecer. – (Mod. núm. 38).
Desempecilhar. – R. (1ª conj.).
Desempeçonhar. – R. (1ª conj.).
Desempedernecer. – (Mod. núm. 38).
Desempedernir. – (Mod. núm. 46).
Desempedrar. – R. (1ª conj.).
Desempegar. – (Mod. núm. 14).
Desempenar. – R. (1ª conj.).
Desempenhar. – R. (1ª conj.).
Desemperrar. – R. (1ª conj.).
Desempestar. – R. (1ª conj.).
Desempilhar. – R. (1ª conj.).
Desemplastrar. – R. (1ª conj.).
Desemplumar. – R. (1ª conj.).
Desempoar. – (Mod. núm. 16).
Desempobrecer. – (Mod. núm. 38).
Desempoçar. – (Mod. núm. 19).
Desempoeirar. – R. (1ª conj.).
Desempolar. – R. (1ª conj.).
Desempoleirar. – R. (1ª conj.).
Desempolgar. – (Mod. núm. 14).
Desempolhar. – R. (1ª conj.).
Desempossar. – R. (1ª conj.).
Desempregar. – (Mod. núm. 14).
Desemproar. – (Mod. núm. 16).
Desemudecer. – (Mod. núm. 38).
Desenamorar. – R. (1ª conj.).
Desenastrar. – R. (1ª conj.).
Desenatar. – R. (1ª conj.).
Desencabar. – R. (1ª conj.).
Desencabeçar. – (Mod. núm. 19).
Desencabrestar. – R. (1ª conj.).
Desencabritar. – R. (1ª conj.).
Desencadear. – (Mod. núm. 15).
Desencadernar. – R. (1ª conj.).
Desencadilhar. – R. (1ª conj.).
Desencafifar. – R. (1ª conj.).
Desencaiporar. – R. (1ª conj.).
Desencaixar. – R. (1ª conj.).
Desencaixilhar. – R. (1ª conj.).
Desencaixotar. – R. (1ª conj.).
Desencalacrar. – R. (1ª conj.).
Desencalhar. – R. (1ª conj.).
Desencalmar. – R. (1ª conj.).
Desencaminhar. – R. (1ª conj.).
Desencamisar. – R. (1ª conj.).
Desencampar. – R. (1ª conj.).
Desencanalhar-se. – R. (1ª conj.).
Desencanar. – R. (1ª conj.).
Desencanastrar. – R. (1ª conj.).
Desencandear. – (Mod. núm. 15).
Desencantar. – R. (1ª conj.).
Desencantoar. – (Mod. núm. 16).
Desencanudar. – R. (1ª conj.).
Desencapar. – R. (1ª conj.).
Desencapelar. – R. (1ª conj.).
Desencapotar. – R. (1ª conj.).
Desencaracolar. – R. (1ª conj.).
Desencarapelar. – R. (1ª conj.).
Desencarapinhar. – R. (1ª conj.).
Desencarcerar. – R. (1ª conj.).
Desencardir. – R. (3ª conj.).

Desencarecer. – (Mod. núm. 38).
Desencarnar. – R. (1ª conj.).
Desencarquilhar. – R. (1ª conj.).
Desencarregar. – (Mod. núm. 14).
Desencarreirar. – R. (1ª conj.).
Desencarrilar. – R. (1ª conj.).
Desencarrilhar. – R. (1ª conj.).
Desencasar. – R. (1ª conj.).
Desencascar. – (Mod. núm. 11).
Desencasquear. – (Mod. núm. 15).
Desencasquetar. – R. (1ª conj.).
Desencastelar. – R. (1ª conj.).
Desencastoar. – (Mod. núm. 16).
Desencatarroar. – (Mod. núm. 16).
Desencavalgar. – (Mod. núm. 14).
Desencavar. – R. (1ª conj.).
Desencavilhar. – R. (1ª conj.).
Desencerrar. – R. (1ª conj.).
Desencharcar. – (Mod. núm. 11).
Desencher. – R. (2ª conj.).
Desencilhar. – R. (1ª conj.).
Desenclavinhar. – R. (1ª conj.).
Desencobrir. – (Mod. núm. 50). (1)
Desencofrar. – R. (1ª conj.).
Desencoifar. – R. (1ª conj.).
Desencoivar. – R. (1ª conj.).
Desencolerizar. – R. (1ª conj.).
Desencolher. – R. (2ª conj.).
Desencomendar. – R. (1ª conj.).
Desencontrar. – R. (1ª conj.).
Desencorajar. – R. (1ª conj.).
Desencordoar. – (Mod. núm. 16).
Desencorporar. – R. (1ª conj.).
Desencorrear. – (Mod. núm. 15).
Desencortiçar. – (Mod. núm. 19).
Desencoscorar. – R. (1ª conj.).
Desencostar. – R. (1ª conj.).
Desencovar. – R. (1ª conj.).
Desencravar. – R. (1ª conj.).
Desencravilhar. – R. (1ª conj.).
Desencrencar. – (Mod. núm. 11).
Desencrespar. – R. (1ª conj.).
Desencrostar. – R. (1ª conj.).
Desencruar. – (Mod. núm. 6).
Desencruzar. – R. (1ª conj.).
Desencurralar. – R. (1ª conj.).
Desencurvar. – R. (1ª conj.).
Desendemoninhar. – R. (1ª conj.).
Desendeusar. – R. (1ª conj.).
Desendividar. – R. (1ª conj.).
Desenegrecer. – (Mod. núm. 38).
Desenevoar. – (Mod. núm. 16).
Desenfadar. – R. (1ª conj.).
Desenfaixar. – R. (1ª conj.).
Desenfardar. – R. (1ª conj.).
Desenfardelar. – R. (1ª conj.).
Desenfarpelar. – R. (1ª conj.).
Desenfarruscar. – (Mod. núm. 11).
Desenfastiar. – R. (1ª conj.).
Desenfeitar. – R. (1ª conj.).
Desenfeitiçar. – (Mod. núm. 19).
Desenfeichar. – R. (1ª conj.).
Desenferrujar. – R. (1ª conj.).
Desenfezar. – R. (1ª conj.).
Desenfiar. – R. (1ª conj.).
Desenfileirar. – R. (1ª conj.).
Desenforcar. – (Mod. núm. 11).
Desenformar. – R. (1ª conj.).
Desenfornar. – R. (1ª conj.).
Desenfrascar. – (Mod. núm. 11).
Desenfrear. – (Mod. núm. 15).
Desenfrechar. – R. (1ª conj.).
Desenfronhar. – R. (1ª conj.).
Desenfurnar. – R. (1ª conj.).
Desenfuscar. – (Mod. núm. 11).
Desengaçar. – (Mod. núm. 19).
Desengaiolar. – R. (1ª conj.).
Desengalfinhar. – R. (1ª conj.).
Desenganar. – R. (1ª conj.).
Desenganchar. – R. (1ª conj.).
Desengarrafar. – R. (1ª conj.).
Desengasgar. – (Mod. núm. 14).
Desengastar. – R. (1ª conj.).
Desengatar. – R. (1ª conj.).

(1) P. p. irreg.: Desencoberto.

Desengatilhar. – R. (1ª conj.).
Desengavetar. – R. (1ª conj.).
Desenglobar. – R. (1ª conj.).
Desengodar. – R. (1ª conj.).
Desengolfar. – R. (1ª conj.).
Desengolir. – (Mod. núm. 50).
Desengomar. – R. (1ª conj.).
Desengonçar. – (Mod. núm. 19).
Desengordar. – R. (1ª conj.).
Desengordurar. – R. (1ª conj.).
Desengraçar. – (Mod. núm. 19).
Desengrandecer. – (Mod. núm. 38).
Desengranzar. – R. (1ª conj.).
Desengravecer. – (Mod. núm. 38).
Desengraxar. – R. (1ª conj.).
Desengrazar. – R. (1ª conj.).
Desengrenar. – R. (1ª conj.).
Desengrenhar. – R. (1ª conj.).
Desengrilar-se. – R. (1ª conj.).
Desengrimpar-se. – R. (1ª conj.).
Desengrimponar-se. – R. (1ª conj.).
Desengrinaldar. – R. (1ª conj.).
Desengrossar. – R. (1ª conj.).
Desengrumar. – R. (1ª conj.).
Desenguiçar. – (Mod. núm. 19).
Desengulhar. – R. (1ª conj.).
Desenhar. – R. (1ª conj.).
Desenjoar. – (Mod. núm. 16).
Desenlaçar. – (Mod. núm. 19).
Desenlambuzar. – R. (1ª conj.).
Desenlamear. – (Mod. núm. 15).
Desenlapar. – R. (1ª conj.).
Desenlear. – (Mod. núm. 15).
Desenlevar. – R. (1ª conj.).
Desenliçar. – (Mod. núm. 19).
Desenlodar. – R. (1ª conj.).
Desenlouquecer. – (Mod. núm. 38).
Desenlutar. – R. (1ª conj.).
Desenobrecer. – (Mod. núm. 38).
Desenodoar. – (Mod. núm. 16).
Desenojar. – R. (1ª conj.).
Desenovelar. – R. (1ª conj.).
Desenquadrar. – R. (1ª conj.).
Desenraiar. – R. (1ª conj.).
Desenraivar. – R. (1ª conj.).
Desenraivecer. – (Mod. núm. 38).
Desenraizar. – (Mod. núm. 8).
Desenramar. – R. (1ª conj.).
Desenrascar. – (Mod. núm. 11).
Desenredar. – R. (1ª conj.).
Desenregelar. – R. (1ª conj.).
Desenriçar. – (Mod. núm. 19).
Desenrijar. – R. (1ª conj.).
Desenriquecer. – (Mod. núm. 38).
Desenristar. – R. (1ª conj.).
Desenrizar. – R. (1ª conj.).
Desenrodilhar. – R. (1ª conj.).
Desenrolar. – R. (1ª conj.).
Desenrolhar. – R. (1ª conj.).
Desenroscar. – (Mod. núm. 11).
Desenroupar. – R. (1ª conj.).
Desenrouquecer. – (Mod. núm. 38).
Desenrubescer. – (Mod. núm. 38).
Desenrugar. – (Mod. núm. 14).
Desensaboar. – (Mod. núm. 16).
Desensacar. – (Mod. núm. 11).
Desensandecer. – (Mod. núm. 38).
Desensangüentar. – R. (1ª conj.).
Desensarilhar. – R. (1ª conj.).
Desensartar. – R. (1ª conj.).
Desensebar. – R. (1ª conj.).
Desensinar. – R. (1ª conj.).
Desensoberbecer. – (Mod. núm. 38).
Desensombrar. – R. (1ª conj.).
Desensopar. – R. (1ª conj.).
Desensurdecer. – (Mod. núm. 38).
Desentabuar. – (Mod. núm. 6).
Desentabular. – R. (1ª conj.).
Desentalar. – R. (1ª conj.).
Desentaliscar. – (Mod. núm. 11).
Desentediar. – R. (1ª conj.).
Desentender. – R. (2ª conj.).
Desentenebrecer. – (Mod. núm. 38).
Desenternecer. – (Mod. núm. 38).
Desenterrar. – R. (1ª conj.).
Desentesar. – R. (1ª conj.).

Desentesoirar. – **R.** (1ª conj.).
Desentesourar. – **R.** (1ª conj.).
Desentoar. – (Mod. núm. 16).
Desentocar. – (Mod. núm. 11).
Desentolher. – **R.** (2ª conj.).
Desentonar. – **R.** (1ª conj.).
Desentorpecer. – (Mod. núm. 38).
Desentorroar. – (Mod. núm. 16).
Desentortar. – **R.** (1ª conj.).
Desentralhar. – **R.** (1ª conj.).
Desentrançar. – (Mod. núm. 19).
Desentranhar. – **R.** (1ª conj.).
Desentravar. – **R.** (1ª conj.).
Desentrelinhar. – **R.** (1ª conj.).
Desentretecer. – (Mod. núm. 38).
Desentrevar. – **R.** (1ª conj.).
Desentrincheirar. – **R.** (1ª conj.).
Desentristecer. – (Mod. núm. 38).
Desentroixar. – **R.** (1ª conj.).
Desentronizar. – **R.** (1ª conj.).
Desentrouxar. – **R.** (1ª conj.).
Desentulhar. – **R.** (1ª conj.).
Desentupir. – (Mod. núm. 44).
Desenturvar. – **R.** (1ª conj.).
Desenublar. – **R.** (1ª conj.).
Desenvasar. – **R.** (1ª conj.).
Desenvasilhar. – **R.** (1ª conj.).
Desenvenenar. – **R.** (1ª conj.).
Desenveredar. – **R.** (1ª conj.).
Desenvergar. – (Mod. núm. 14).
Desenvernizar. – **R.** (1ª conj.).
Desenviesar. – **R.** (1ª conj.).
Desenvincilhar. – **R.** (1ª conj.).
Desenvolver. – **R.** (2ª conj.). (1)
Desenxabir. – **R.** (3ª conj.). (2)
Desenxavir.— **R.** (3ª conj.). (3)
Desenxofrar. – **R.** (1ª conj.).
Desenxovalhar. – **R.** (1ª conj.).
Desenxamear. – (Mod. núm. 15).
Desequilibrar. – **R.** (1ª conj.).
Deserdar. – **R.** (1ª conj.).
Desertar. – **R.** (1ª conj.).
Desesperançar. – (Mod. núm. 19).
Desesperar. – **R.** (1ª conj.).
Desestagnar. – **R.** (1ª conj.).
Desestimar. – **R.** (1ª conj.).
Desestorvar. – **R.** (1ª conj.).
Desestrelejar. – **R.** (1ª conj.).
Desexcomungar. – (Mod. núm. 14).
Desfabricar. – (Mod. núm. 11).
Desfaçar-se. – (Mod. núm. 19).
Desfadigar. – (Mod. núm. 14).
Desfalcar. – (Mod. núm. 11).
Desfalecer. – (Mod. núm. 38).
Desfanatizar. – **R.** (1ª conj.).
Desfantasiar. – **R.** (1ª conj.).
Desfarelar. – **R.** (1ª conj.).
Desfavorecer. – (Mod. núm. 38).
Desfazer. – (Mod. núm. 25). (4)
Desfear. – (Mod. núm. 15).
Desfebrar. – **R.** (1ª conj.).
Desfechar. – **R.** (1ª conj.).
Desfeitear. – (Mod. núm. 15).
Desferir. – (Mod. núm. 45).
Desferrolhar. – **R.** (1ª conj.).
Desferrujar. – **R.** (1ª conj.).
Desfertilizar. – **R.** (1ª conj.).
Desfiar. – **R.** (1ª conj.).
Desfibrar. – **R.** (1ª conj.).
Desfigurar. – **R.** (1ª conj.).
Desfilar. – **R.** (1ª conj.).
Desfilhar. – **R.** (1ª conj.).
Desfitar. – **R.** (1ª conj.).
Desfivelar. – **R.** (1ª conj.).
Desflorar. – **R.** (1ª conj.).
Desflorescer. – (Mod. núm. 38).
Desflorestar. – **R.** (1ª conj.).
Desflorir. – (Mod. núm. 46).
Desfolhar. – **R.** (1ª conj.).
Desforçar. – (Mod. núm. 19).
Desformar. – **R.** (1ª conj.).
Desformosear. – (Mod. núm. 15).

(1) *P. p. irreg.: Desenvolto.*
(2) - (3) *Úsase solamente el participio pasivo.*
(4) *P. p. irreg.: Desfeito.*

Desforrar. – **R.** (1ª conj.).
Desfortalecer. – (Mod. núm. 38).
Desfradar. – **R.** (1ª conj.).
Desfraldar. – **R.** (1ª conj.).
Desfrangir. – (Mod. núm. 51).
Desfranjar. – **R.** (1ª conj.).
Desfranzir. – **R.** (3ª conj.).
Desfraternizar. – **R.** (1ª conj.).
Desfrear. – (Mod. núm. 15).
Desfrechar. – **R.** (1ª conj.).
Desfrondescer. – (Mod. núm. 38).
Desfruir. – (Mod. núm. 59).
Desfrutar. – **R.** (1ª conj.).
Desfundar. – **R.** (1ª conj.).
Desgabar. – **R.** (1ª conj.).
Desgadelhar. – **R.** (1ª conj.).
Desgalgar. – (Mod. núm. 14).
Desgalhar. – **R.** (1ª conj.).
Desgarrar. – **R.** (1ª conj.).
Desgarronar. – **R.** (1ª conj.).
Desgastar. – **R.** (1ª conj.).
Desgelar. – **R.** (1ª conj.).
Desgoelar-se. – **R.** (1ª conj.).
Desgornir. – (Mod. núm. 57).
Desgostar. – **R.** (1ª conj.).
Desgovernar. – **R.** (1ª conj.).
Desgraçar. – (Mod. núm. 19).
Desgraciar. – **R.** (1ª conj.).
Desgraduar. – (Mod. núm. 6).
Desgravidar. – **R.** (1ª conj.).
Desgraxar. – **R.** (1ª conj.).
Desgrenhar. – **R.** (1ª conj.).
Desgrilhoar. – (Mod. núm. 16).
Desgrinaldar. – **R.** (1ª conj.).
Desgrudar. – **R.** (1ª conj.).
Desgrumar. – **R.** (1ª conj.).
Desguardar. – **R.** (1ª conj.).
Desguaritar-se. – **R.** (1ª conj.).
Desguarnecer. – (Mod. núm. 38).
Desguedelhar. – **R.** (1ª conj.).
Desguiar. – **R.** (1ª conj.).
Desidratar. – **R.** (1ª conj.).
Desidrogenar. – **R.** (1ª conj.).
Designar. – **R.** (1ª conj.).
Desigualar. – **R.** (1ª conj.).
Desiludir. – **R.** (3ª conj.).
Deslustrar-se. – **R.** (1ª conj.).
Desimaginar. – **R.** (1ª conj.).
Desimpedir. – (Mod. núm. 55).
Desimpor. – **R.** (4ª conj.).
Desimprensar. – **R.** (1ª conj.).
Desimpressionar. – **R.** (1ª conj.).
Desinçar. – (Mod. núm. 19).
Desinchar. – **R.** (1ª conj.).
Desinclinar. – **R.** (1ª conj.).
Desincompatibilizar. – **R.** (1ª conj.).
Desincumbir-se – **R.** (3ª conj.).
Desindividualizar-se. – **R.** (1ª conj.).
Desinfamar. – **R.** (1ª conj.).
Desinfeccionar. – **R.** (1ª conj.).
Desinfectar. – **R.** (1ª conj.).
Desinfestar. – **R.** (1ª conj.).
Desinflamar. – **R.** (1ª conj.).
Desinflar. – **R.** (1ª conj.).
Desinfluir. – (Mod. núm. 59).
Desinibir. – **R.** (3ª conj.).
Desinjuriar. – **R.** (1ª conj.).
Desinquietar. – **R.** (1ª conj.).
Desinsculpir. – **R.** (3ª conj.).
Desintegrar. – **R.** (1ª conj.).
Desinteressar. – **R.** (1ª conj.).
Desinternacionalizar. – **R.** (1ª conj.).
Desinternar. – **R.** (1ª conj.).
Desintestinar. – **R.** (1ª conj.).
Desintricar. – (Mod. núm. 11).
Desintrincar. – (Mod. núm. 11).
Desintumecer. – (Mod. núm. 38).
Desinvernar. – **R.** (1ª conj.).
Desinvestir. – (Mod. núm. 45).
Desinvoluir. – (Mod. núm. 59).
Desipotecar. – (Mod. núm. 11).
Desirmanar. – **R.** (1ª conj.).
Desiscar. – (Mod. núm. 11).
Desistir. – **R.** (3ª conj.).
Desjarretar. – **R.** (1ª conj.).
Desjejuar-se. – (Mod. núm. 6).

Desjuizar. – (Mod. núm. 2).
Desjungir. – **R.** (3ª conj.).
Desjuntar. – **R.** (1ª conj.).
Deslaçar. – (Mod. núm. 19).
Deslacrar. – **R.** (1ª conj.).
Desladrilhar. – **R.** (1ª conj.).
Deslajear. – (Mod. núm. 15).
Deslanar. – **R.** (1ª conj.).
Deslanchar. – **R.** (1ª conj.).
Deslapidar. – **R.** (1ª conj.).
Deslassar. – **R.** (1ª conj.).
Deslavar. – **R.** (1ª conj.).
Deslavrar. – **R.** (1ª conj.).
Deslaurear. – (Mod. núm. 15).
Deslealdar. – **R.** (1ª conj.).
Deslegitimar. – **R.** (1ª conj.).
Desleitar. – **R.** (1ª conj.).
Desleixar. – **R.** (1ª conj.).
Deslembrar. – **R.** (1ª conj.).
Deslendear. – (Mod. núm. 15).
Desliar. – **R.** (1ª conj.).
Desligar. – (Mod. núm. 14).
Deslindar. – **R.** (1ª conj.).
Deslinguar. – (Mod. núm. 13).
Deslizar. – **R.** (1ª conj.).
Desloucar. – (Mod. núm. 11).
Deslodar. – **R.** (1ª conj.).
Deslograr. – **R.** (1ª conj.).
Deslombar. – **R.** (1ª conj.).
Deslouvar. – **R.** (1ª conj.).
Deslumbrar. – **R.** (1ª conj.).
Deslustrar. – **R.** (1ª conj.).
Desluzir. – (Mod. núm. 56).
Desmacular. – **R.** (1ª conj.).
Desmaginar. – **R.** (1ª conj.).
Desmaiar. – **R.** (1ª conj.).
Desmalhar. – **R.** (1ª conj.).
Desmamar. – **R.** (1ª conj.).
Desmanar. – **R.** (1ª conj.).
Desmanchar. – **R.** (1ª conj.).
Desmandar. – **R.** (1ª conj.).
Desmandibular. – **R.** (1ª conj.).
Desmanear. – (Mod. núm. 15).
Desmantelar. – **R.** (1ª conj.).
Desmaranhar. – **R.** (1ª conj.).
Desmarcar. – (Mod. núm. 11).
Desmarear. – (Mod. núm. 15).
Desmarelecer. – (Mod. núm. 38).
Desmascarar. – **R.** (1ª conj.).
Desmastrar. – **R.** (1ª conj.).
Desmastrear. – (Mod. núm. 15).
Desmatar. – **R.** (1ª conj.).
Desmaterializar-se. – **R.** (1ª conj.).
Desmazelar-se. – **R.** (1ª conj.).
Desmazorrar. – **R.** (1ª conj.).
Desmedir-se. – (Mod. núm. 46).
Desmedrar. – **R.** (1ª conj.).
Desmelhorar. – **R.** (1ª conj.).
Desmelindrar. – **R.** (1ª conj.).
Desmembrar. – **R.** (1ª conj.).
Desmemoriar. – **R.** (1ª conj.).
Desmensurar. – **R.** (1ª conj.).
Desmentar. – **R.** (1ª conj.).
Desmentir. – (Mod. núm. 45).
Desmerecer. – (Mod. núm. 38).
Desmergulhar. – **R.** (1ª conj.).
Desmesclar. – **R.** (1ª conj.).
Desmesurar. – **R.** (1ª conj.).
Desmilitarizar. – **R.** (1ª conj.).
Desmiolar. – **R.** (1ª conj.).
Desmiuçar. – (Mod. núm. 19).
Desmiudar. – **R.** (1ª conj.).
Desmobilar. – **R.** (1ª conj.).
Desmoçar. – (Mod. núm. 19).
Desmochar. – **R.** (1ª conj.).
Desmoderar. – **R.** (1ª conj.).
Desmoitar. – **R.** (1ª conj.).
Desmonetizar. – **R.** (1ª conj.).
Desmonopolizar. – **R.** (1ª conj.).
Desmontar. – **R.** (1ª conj.).
Desmoralizar. – **R.** (1ª conj.).
Desmoronar. – **R.** (1ª conj.).
Desmortalhar. – **R.** (1ª conj.).
Desmoutar. – **R.** (1ª conj.).
Desmuniciar. – **R.** (1ª conj.).

Desmunicionar. – **R.** (1ª conj.).
Desmunir. – **R.** (3ª conj.). (1)
Desmurar. – **R.** (1ª conj.).
Desnacionalizar. – **R.** (1ª conj.).
Desnarigar. – (Mod. núm. 14).
Desnastrar. – **R.** (1ª conj.).
Desnatar. – **R.** (1ª conj.).
Desnaturalizar. – **R.** (1ª conj.).
Desnaturar. – **R.** (1ª conj.).
Desnecessitar. – **R.** (1ª conj.).
Desnervar. – **R.** (1ª conj.).
Desneutralizar. – **R.** (1ª conj.).
Desnevar. – **R.** (1ª conj.). (2)
Desnevoar. – (Mod. núm. 16). (3)
Desnivelar. – **R.** (1ª conj.).
Desnobrecer. – (Mod. núm. 38).
Desnocar. – (Mod. núm. 11).
Desnodoar. – (Mod. núm. 16).
Desnoivar. – **R.** (1ª conj.).
Desnortear. – (Mod. núm. 15).
Desnovelar. – **R.** (1ª conj.).
Desnuar. – (Mod. núm. 6).
Desnublar. – **R.** (1ª conj.). (4)
Desnucar. – (Mod. núm. 11).
Desnudar. – **R.** (1ª conj.).
Desnutrir. – **R.** (3ª conj.).
Desnuviar. – **R.** (1ª conj.).
Desobedecer. – (Mod. núm. 38).
Desobscurecer. – (Mod. núm. 38).
Desobstruir. – (Mod. núm. 59).
Desobumbrar. – **R.** (1ª conj.).
Desocupar. – **R.** (1ª conj.).
Desodorar. – **R.** (1ª conj.).
Desodorizar. – **R.** (1ª conj.).
Desofuscar. – **R.** (1ª conj.).
Desolar. – **R.** (1ª conj.).
Desolhar. – **R.** (1ª conj.).
Desonerar. – **R.** (1ª conj.).
Desonestar. – **R.** (1ª conj.).
Desonrar. – **R.** (1ª conj.).
Desopilar. – **R.** (1ª conj.).
Desopressar. – **R.** (1ª conj.).
Desoprimir. – **R.** (3ª conj.).
Desorbitar. – **R.** (1ª conj.).
Desordenar. – **R.** (1ª conj.).
Desorelhar. – **R.** (1ª conj.).
Desorganizar. – **R.** (1ª conj.).
Desorientar. – **R.** (1ª conj.).
Desornar. – **R.** (1ª conj.).
Desossar. – **R.** (1ª conj.).
Desouvir. – (Mod. núm. 55).
Desovar. – **R.** (1ª conj.).
Desoxidar. – **R.** (1ª conj.).
Desoxigenar. – **R.** (1ª conj.).
Despachar. – **R.** (1ª conj.).
Despaletar. – **R.** (1ª conj.).
Despaletear. – (Mod. núm. 15).
Despalhar. – **R.** (1ª conj.).
Despalmar. – **R.** (1ª conj.).
Despampar. – **R.** (1ª conj.).
Desparafusar. – **R.** (1ª conj.).
Desparamentar. – **R.** (1ª conj.).
Desparecer. – (Mod. núm. 38).
Desparelhar. – **R.** (1ª conj.).
Despargir. – (Mod. núm. 51).
Desparramar. – **R.** (1ª conj.).
Desparrar. – **R.** (1ª conj.).
Desparzir. – **R.** (3ª conj.).
Despassar. – **R.** (1ª conj.).
Despavorir. – (Mod. núm. 46).
Despear. – (Mod. núm. 15).
Despedaçar. – (Mod. núm. 19).
Despedir. – (Mod. núm. 55).
Despegar. – (Mod. núm. 14).
Despeitar. – **R.** (1ª conj.).
Despeitorar. – **R.** (1ª conj.).
Despejar. – **R.** (1ª conj.).
Despelar. – **R.** (1ª conj.).
Despenar. – **R.** (1ª conj.).
Despencar. – (Mod. núm. 11).
Despender. – **R.** (2ª conj.).
Despendurar. – **R.** (1ª conj.).

Despenhar. – **R.** (1ª conj.).
Despentear. – (Mod. núm. 15).
Desperceber. – **R.** (2ª conj.).
Desperdiçar. – (Mod. núm. 19).
Desperfilar. – **R.** (1ª conj.).
Despersonalizar-se. – **R.** (1ª conj.).
Despersuadir. – **R.** (3ª conj.).
Despertar. – **R.** (1ª conj.). (1)
Despetalar. – **R.** (1ª conj.).
Despicar. – (Mod. núm. 11).
Despiedar. – (Mod. núm. 4).
Despinçar. – (Mod. núm. 19).
Despintar. – **R.** (1ª conj.).
Despiolhar. – **R.** (1ª conj.).
Despir. – (Mod. núm. 45).
Despistar. – **R.** (1ª conj.).
Desplantar. – **R.** (1ª conj.).
Despoetizar. – **R.** (1ª conj.).
Despojar. – **R.** (1ª conj.).
Despolhar. – **R.** (1ª conj.).
Despolir. – (Mod. núm. 57).
Despolpar. – **R.** (1ª conj.).
Despontar. – **R.** (1ª conj.).
Despontuar. – (Mod. núm. 6).
Despopularizar. – **R.** (1ª conj.).
Desportilhar. – **R.** (1ª conj.).
Desposar. – **R.** (1ª conj.).
Despossar. – **R.** (1ª conj.).
Despossuir. – (Mod. núm. 59).
Despotizar. – **R.** (1ª conj.).
Despovoar. – (Mod. núm. 16).
Despratear. – (Mod. núm. 15).
Desprazer. – (Mod. núm. 20).
Desprecatar-se. – **R.** (1ª conj.).
Desprecaver. – (Mod. núm. 31).
Despregar. – (Mod. núm. 14).
Despreguiçar. – (Mod. núm. 19).
Despremiar. – **R.** (1ª conj.).
Desprender. – **R.** (2ª conj.).
Despreocupar. – **R.** (1ª conj.).
Despresilhar. – **R.** (1ª conj.).
Despressentir. – (Mod. núm. 45).
Desprestigiar. – **R.** (1ª conj.).
Desprevenir. – (Mod. núm. 47).
Desprezar. – **R.** (1ª conj.).
Desprimorar. – **R.** (1ª conj.).
Desprivilegiar. – **R.** (1ª conj.).
Desprofanar. – **R.** (1ª conj.).
Despronunciar. – **R.** (1ª conj.).
Desproporcionar. – **R.** (1ª conj.).
Despropositar. – **R.** (1ª conj.).
Desproteger. – (Mod. núm. 34).
Desprover. – (Mod. núm. 32).
Despumar. – **R.** (1ª conj.).
Desquadrar. – **R.** (1ª conj.).
Desquadrilhar. – **R.** (1ª conj.).
Desqualificar. – (Mod. núm. 11).
Desqueixar. – **R.** (1ª conj.).
Desquerer. – (Mod. núm. 33).
Desquietar. – **R.** (1ª conj.).
Desquitar. – **R.** (1ª conj.).
Desrabar. – **R.** (1ª conj.).
Desraigar. – (Mod. núm. 8).
Desramar. – **R.** (1ª conj.).
Desregrar. – **R.** (1ª conj.).
Desremediar. – (Mod. núm. 3).
Desrespeitar. – **R.** (1ª conj.).
Desresponsabilizar. – **R.** (1ª conj.).
Desriçar. – (Mod. núm. 19).
Desrolhar. – **R.** (1ª conj.).
Desroupar. – **R.** (1ª conj.).
Desrugar. – (Mod. núm. 14).
Desrumar. – **R.** (1ª conj.).
Dessaber. – (Mod. núm. 36).
Dessaborar. – **R.** (1ª conj.).
Dessaborear. – (Mod. núm. 15).
Dessagrar. – **R.** (1ª conj.).
Dessalgar. – (Mod. núm. 14).
Dessangrar. – **R.** (1ª conj.).
Dessaudar. – **R.** (1ª conj.).
Dessazonar. – **R.** (1ª conj.).
Dessecar. – (Mod. núm. 11).
Dessedentar. – **R.** (1ª conj.).
Desseguir. – (Mod. núm. 45).

Dessegurar. – **R.** (1ª conj.).
Desseivar. – **R.** (1ª conj.).
Desselar. – **R.** (1ª conj.).
Dessemelhar. – **R.** (1ª conj.).
Dessentir. – (Mod. núm. 45).
Dessepultar. – **R.** (1ª conj.).
Desservir. – (Mod. núm. 45).
Dessexuar. – (Mod. núm. 6).
Desimpatizar. – **R.** (1ª conj.).
Dessitiar. – **R.** (1ª conj.).
Dessoalhar. – **R.** (1ª conj.).
Dessoar. – (Mod. núm. 16).
Dessocorrer. – **R.** (2ª conj.).
Dessolar. – **R.** (1ª conj.).
Dessoldar. – **R.** (1ª conj.).
Dessorar. – **R.** (1ª conj.).
Dessorrir. – (Mod. núm. 60).
Dessossegar. – (Mod. núm. 14).
Dessoterrar. – **R.** (1ª conj.).
Dessuar. – (Mod. núm. 6).
Dessubstanciar. – **R.** (1ª conj.).
Dessujar. – **R.** (1ª conj.).
Dessulfurar. – **R.** (1ª conj.).
Dessulfurizar. – **R.** (1ª conj.).
Destacar. – (Mod. núm. 11).
Destalar. – **R.** (1ª conj.).
Destampar. – **R.** (1ª conj.).
Destanizar. – **R.** (1ª conj.).
Destapar. – **R.** (1ª conj.).
Destecer. – (Mod. núm. 38).
Destelhar. – **R.** (1ª conj.).
Destemer. – **R.** (2ª conj.).
Destemperar. – **R.** (1ª conj.).
Desterneirar. – **R.** (1ª conj.).
Desterrar. – **R.** (1ª conj.).
Desterroar. – (Mod. núm. 16).
Destetar. – **R.** (1ª conj.).
Destilar. – **R.** (1ª conj.).
Destinar. – **R.** (1ª conj.).
Destingir. – (Mod. núm. 51).
Destituir. – (Mod. núm. 59).
Desoar. – (Mod. núm. 16).
Destocar. – (Mod. núm. 11).
Destoldar. – **R.** (1ª conj.).
Destopetear. – (Mod. núm. 15).
Destorcer. – (Mod. núm. 38).
Destornilhar. – **R.** (1ª conj.).
Destorpecer. – (Mod. núm. 38).
Destorroar. – (Mod. núm. 16).
Destoucar. – (Mod. núm. 11).
Destraçar. – (Mod. núm. 19).
Destragar. – (Mod. núm. 14).
Destramar. – **R.** (1ª conj.).
Destrambelhar. – **R.** (1ª conj.).
Destrancar. – (Mod. núm. 11).
Destrançar. – (Mod. núm. 19).
Destratar. – **R.** (1ª conj.).
Destravancar. – (Mod. núm. 11).
Destravar. – **R.** (1ª conj.).
Destrelar. – **R.** (1ª conj.).
Destrepar. – **R.** (1ª conj.).
Destrincar. – (Mod. núm. 11).
Destringar. – (Mod. núm. 19).
Destrinchar. – **R.** (1ª conj.).
Destripar. – **R.** (1ª conj.).
Destripular. – **R.** (1ª conj.).
Destristecer. – (Mod. núm. 38).
Destrocar. – (Mod. núm. 11).
Destroçar. – (Mod. núm. 19).
Destronar. – **R.** (1ª conj.).
Destroncar. – (Mod. núm. 11).
Destronizar. – **R.** (1ª conj.).
Destrunfar. – **R.** (1ª conj.).
Destruir. – (Mod. núm. 59> (1)
Desturvar. – **R.** (1ª conj.).
Desultrajar. – **R.** (1ª conj.).
Desumanar. – **R.** (1ª conj.).
Desumanizar. – **R.** (1ª conj.).
Desunhar. – **R.** (1ª conj.).
Desunificar. – (Mod. núm. 11).
Desunir. – **R.** (3ª conj.).
Desurdir. – **R.** (3ª conj.).

(1) *Es verbo defectivo. Véase modelo núm. 43.*
(2) - (3) *Sólo se usan en las terceras personas.*
(4) *Sólo se usa en las terceras personas.*

(1) *P. p. irreg.: Desperto.*

(1) *Para 2ª y 3ª pers. de sing., indic. pres., posee las variantes, más usadas, destróis, destrói; y para el imperat, 2ª pers. de sing., destrói.*

Desusar. – **R.** (1ª conj.).
Desvaecer. – (Mod. núm. 38).
Desvairar. – **R.** (1ª conj.).
Desvair-se. – (Mod. núm. 49).
Desvaler. – (Mod. núm. 41).
Desvaliar. – **R.** (1ª conj.).
Desvalidar. – **R.** (1ª conj.).
Desvalijar. – **R.** (1ª conj.).
Desvalorizar. – **R.** (1ª conj.).
Desvanecer. – (Mod. núm. 38).
Desvariar. – **R.** (1ª conj.).
Desvelar. – **R.** (1ª conj.).
Desvencilhar. – **R.** (1ª conj.).
Desvendar. – **R.** (1ª conj.).
Desvenerar. – **R.** (1ª conj.).
Desventrar. – **R.** (1ª conj.).
Desventurar. – **R.** (1ª conj.).
Desverdecer. – (Mod. núm. 38).
Desvergonhar. – **R.** (1ª conj.).
Desvestir. – (Mod. núm. 45).
Desviar. – **R.** (1ª conj.).
Desvidrar-se. – **R.** (1ª conj.).
Desvigiar. – **R.** (1ª conj.).
Desvigorar. – **R.** (1ª conj.).
Desvincar. – (Mod. núm. 11).
Desvincilhar. – **R.** (1ª conj.).
Desvincular. – **R.** (1ª conj.).
Desvirar. – **R.** (1ª conj.).
Desvirginar. – **R.** (1ª conj.).
Desvirgular. – **R.** (1ª conj.).
Desvirilizar. – **R.** (1ª conj.).
Desvirtuar. – (Mod. núm. 6).
Desvitalizar. – **R.** (1ª conj.).
Desviver. – **R.** (2ª conj.).
Desvizinhar. – **R.** (1ª conj.).
Deszelar. – **R.** (1ª conj.).
Detalhar. – **R.** (1ª conj.).
Deter. – (Mod. núm. 39).
Detergir. – (Mod. núm. 46).
Deteriorar. – **R.** (1ª conj.).
Determinar. – **R.** (1ª conj.).
Detestar. – **R.** (1ª conj.).
Detonar. – **R.** (1ª conj.).
Detrair. – (Mod. núm. 49).
Detratar. – **R.** (1ª conj.).
Detruncar. – (Mod. núm. 11).
Deturbar. – **R.** (1ª conj.).
Deturpar. – **R.** (1ª conj.).
Devanear. – (Mod. núm. 15).
Devassar. – **R.** (1ª conj.).
Devastar. – **R.** (1ª conj.).
Dever. – **R.** (2ª conj.).
Devitrificar. – (Mod. núm. 11).
Devolver. – **R.** (2ª conj.). (1)
Devorar. – **R.** (1ª conj.).
Devotar – **R.** (1ª conj.).
Diademar. – **R.** (1ª conj.).
Diagnosticar. – (Mod. núm. 11).
Dialisar. – **R.** (1ª conj.).
Dialogar. – (Mod. núm. 14).
Dicar. – (Mod. núm. 11).
Dicionariar. – **R.** (1ª conj.).
Dicionarizar. – **R.** (1ª conj.).
Diezar. – **R.** (1ª conj.).
Difamar. – **R.** (1ª conj.).
Diferençar. – (Mod. núm. 19).
Diferenciar. – **R.** (1ª conj.).
Diferir. – (Mod. núm. 45).
Dificultar. – **R.** (1ª conj.).
Difluir. – (Mod. núm. 59).
Difratar. – **R.** (1ª conj.).
Difundir. – **R.** (3ª conj.). (2)
Digerir. – (Mod. núm. 45). (3)
Digladiar. – **R.** (1ª conj.).
Dignar-se. – **R.** (1ª conj.).
Deignificar. – (Mod. núm. 11).
Digressionar. – **R.** (1ª conj.).
Dilacerar. – **R.** (1ª conj.).
Dilapidar. – **R.** (1ª conj.).
Dilatar. – **R.** (1ª conj.).
Diligenciar. – (Mod. núm. 3). (4)

(1) *P. p. irreg.: Devoluto.*
(2) *P. p. irreg.: Difuso.*
(3) *P. p. irreg.: Digesto.*
(4) *También se conjuga como regular.*

Diluir. – (Mod. núm. 59).
Dimanar. – **R.** (1ª conj.).
Dimidiar. – **R.** (1ª conj.).
Diminuir. – (Mod. núm. 59).
Dinamitar. – **R.** (1ª conj.).
Dinamitizar. – **R.** (1ª conj.).
Dinumerar. – **R.** (1ª conj.).
Diplomaciar. – **R.** (1ª conj.).

DIRIGIR. – 51 (1)

Dirimir. – **R.** (3ª conj.).
Dirradicar. – (Mod. núm. 11).
Discar. – (Mod. núm. 11).
Discernir. – (Mod. núm. 45).
Disciplinar. – **R.** (1ª conj.).
Discordar. – **R.** (1ª conj.).
Discorrer. – **R.** (2ª conj.).
Discrepar. – **R.** (1ª conj.).
Discretear. – (Mod. núm. 15).
Discriminar. – **R.** (1ª conj.).
Discursar. – **R.** (1ª conj.).
Discutinhar. – **R.** (1ª conj.).
Discutir. – **R.** (3ª conj.).
Disfarçar. – (Mod. núm. 19).
Disformar. – **R.** (1ª conj.).
Disgregar. – (Mod. núm. 14).
Disjungir. – (Mod. núm. 51).
Disparar. – **R.** (1ª conj.).
Disparatar. – **R.** (1ª conj.).
Dispartir. – **R.** (3ª conj.).
Dispensar. – **R.** (1ª conj.).
Dispender. – **R.** (2ª conj.).
Dispersar. – **R.** (1ª conj.). (2)
Dispor. – **R.** (4ª conj.).
Disputar. – **R.** (1ª conj.).
Dissaborear. – (Mod. núm. 15).
Dissecar. – (Mod. núm. 11).
Dissemelhar. – **R.** (1ª conj.).
Disseminar. – **R.** (1ª conj.).
Dissentir. – (Mod. núm. 45).
Dissertar. – **R.** (1ª conj.).
Dissidiar. – **R.** (1ª conj.).
Dissidir. – **R.** (3ª conj.).
Dissimilar. – **R.** (1ª conj.).
Dissimilhar. – **R.** (1ª conj.).
Dissimular. – **R.** (1ª conj.).
Dissipar. – **R.** (1ª conj.).
Dissociar. – **R.** (1ª conj.).
Dissolver.— **R.** (2ª conj.). (3)
Dissonar. – **R.** (2ª conj.).
Dissuadir. – **R.** (3ª conj.).
Distanciar. – **R.** (1ª conj.).
Distar. – **R.** (1ª conj.).
Distender. – **R.** (2ª conj.).
Distilar. – **R.** (1ª conj.).
Distinguir. – (Mod. núm. 52). (4)
Distrair. – (Mod. núm. 49).
Distratar. – **R.** (1ª conj.).
Distribuir. – (Mod. núm. 59).
Disturbar. – **R.** (1ª conj.).
Ditar. – **R.** (1ª conj.).
Ditongar. – (Mod. núm. 14).
Diuturnizar. – **R.** (1ª conj.).
Divagar. – (Mod. núm. 14).
Divergir. – (Mod. núm. 45).
Diversificar. – (Mod. núm. 11).
Divertir. – (Mod. núm. 45).
Dividir. – **R.** (3ª conj.). (5)
Divinar. – **R.** (1ª conj.).
Divinizar. – **R.** (1ª conj.).
Divisar. – **R.** (1ª conj.).
Divorciar. – **R.** (1ª conj.).
Divulgar. – (Mod. núm. 14).

DIZER. – 23 (6)

Dizimar. – **R.** (1ª conj.).
Doar. – (Mod. núm. 16).

(1) *P. p. irreg.: Direto.*
(2) *P. p. irreg.: Disperso.*
(3) *P. p. irreg.: Dissoluto.*
(4) *P. p. irreg.: Distinto.*
(5) *P. p. irreg.: Diviso.*
(6) *P. p. irreg.: Dito.*

Dobar. – **R.** (1ª conj.).
Dobrar. – **R.** (1ª conj.).
Docilizar. – **R.** (1ª conj.).
Documentar. – **R.** (1ª conj.).
Doer. – (Mod. núm. 28). (1)
Doestar. – **R.** (1ª conj.).
Dogmatizar. – **R.** (1ª conj.).
Doidejar. – **R.** (1ª conj.).
Doidivanar. – **R.** (1ª conj.).
Doirar. – **R.** (1ª conj.).
Domar. – **R.** (1ª conj.).
Domiciliar. – **R.** (1ª conj.).
Dominar. – **R.** (1ª conj.).
Domingar. – (Mod. núm. 14).
Donairear. – (Mod. núm. 15).
Donear. – (Mod. núm. 15).
Dorminhocar. – (Mod. núm. 11).
Dormir. – (Mod. núm. 50).
Dormitar. – **R.** (1ª conj.).
Dosar. – **R.** (1ª conj.).
Dosear. – (Mod. núm. 15).
Dosificar. – (Mod. núm. 11).
Dotalizar. – **R.** (1ª conj.).
Dotar. – **R.** (1ª conj.).
Doudejar. – **R.** (1ª conj.).
Dourar. – **R.** (1ª conj.).
Doutorar. – **R.** (1ª conj.).
Doutrinar. – **R.** (1ª conj.).
Dragar. – (Mod. núm. 14).
Drainar. – **R.** (1ª conj.).
Dramatizar. – **R.** (1ª conj.).
Drapejar. – **R.** (1ª conj.).
Drenar. – **R.** (1ª conj.).
Dualizar. – **R.** (1ª conj.).
Duchar. – **R.** (1ª conj.).
Duelar. – **R.** (1ª conj.).
Duelizar. – **R.** (1ª conj.).
Dulcificar. – (Mod. núm. 11).
Duplar. – **R.** (1ª conj.).
Duplicar. – (Mod. núm. 11).
Durar. – **R.** (1ª conj.).
Duvidar. – **R.** (1ª conj.).

E

Eclipsar. – **R.** (1ª conj.).
Ecoar. – (Mod. núm. 16). (2)
Economizar. – **R.** (1ª conj.).
Edemaciar. – **R.** (1ª conj.).
Edenizar. – **R.** (1ª conj.).
Edicionar. – **R.** (1ª conj.).
Edificar. – (Mod. núm. 11).
Editar. – **R.** (1ª conj.).
Editorar. – **R.** (1ª conj.).
Educar. – (Mod. núm. 11).
Edulcorar. – **R.** (1ª conj.).
Eduzir. – (Mod. núm. 56).
Efeituar. – (Mod. núm. 6).
Efemerizar. – **R.** (1ª conj.).
Efeminar. – **R.** (1ª conj.).
Efeminizar. – **R.** (1ª conj.).
Efervescer. – (Mod. núm. 38).
Efetivar. – **R.** (1ª conj.).
Efetuar. – (Mod. núm. 6).
Eficaciar. – **R.** (1ª conj.).
Efigiar. – **R.** (1ª conj.).
Eflorescer. – (Mod. núm. 38).
Efluir. – (Mod. núm. 59).
Efundir. – **R.** (3ª conj.).
Eguar. – (Mod. núm. 6).
Eivar. – **R.** (1ª conj.).
Eixar. – **R.** (1ª conj.).
Ejacular. – **R.** (1ª conj.).
Elaborar. – **R.** (1ª conj.).
Elançar. – (Mod. núm. 19).
Elanguescer. – (Mod. núm. 38).
Elegantizar. – **R.** (1ª conj.).
Eleger. – (Mod. núm. 34). (3)
Eletrificar. – (Mod. núm. 11).
Eletrizar. – **R.** (1ª conj.).

(1) *Es verbo defectivo. Sólo se usa en las terceras personas.*
(2) *Sólo se usa en las terceras personas.*
(3) *P. p. irreg.: Eleito.*

Eletrocutar. – **R.** (1ª conj.).
Eletrolisar. – **R.** (1ª conj.).
Elevar. – **R.** (1ª conj.).
Elidir. – **R.** (3ª conj.).
Eliminar. – **R.** (1ª conj.).
Elipsar. – **R.** (1ª conj.).
Elixar. – **R.** (1ª conj.).
Elogiar. – **R.** (1ª conj.).
Elucidar. – **R.** (1ª conj.).
Elocubrar. – **R.** (1ª conj.).
Emaçar. – (Mod. núm. 19).
Emaciar. – **R.** (1ª conj.).
Emadeirar. – **R.** (1ª conj.).
Emadurecer. – (Mod. núm. 38).
Emagrar. – **R.** (1ª conj.).
Emagrecer. – (Mod. núm. 38).
Emagrentar. – **R.** (1ª conj.).
Emalar. – **R.** (1ª conj.).
Emalhar. – **R.** (1ª conj.).
Emalhetar. – **R.** (1ª conj.).
Emanar. – **R.** (1ª conj.).
Emancipar. – **R.** (1ª conj.).
Emantar. – **R.** (1ª conj.).
Emaranhar. – **R.** (1ª conj.).
Emarelecer. – (Mod. núm. 38).
Emartilhar. – **R.** (1ª conj.).
Emascarar. – **R.** (1ª conj.).
Emascular. – **R.** (1ª conj.).
Emassar. – **R.** (1ª conj.).
Emassilhar. – **R.** (1ª conj.).
Emastear. – (Mod. núm. 15).
Emastrear. – (Mod. núm. 15).
Embaçar. – (Mod. núm. 19).
Embacelar. – **R.** (1ª conj.).
Embaciar. – **R.** (1ª conj.).

EMBAINHAR. – 8.

Embair. – (Mod. núm. 46).
Embalançar. – (Mod. núm. 19).
Embalar. – **R.** (1ª conj.).
Embalçar. – (Mod. núm. 19).
Embaloiçar. – (Mod. núm. 19).
Embalouçar. – (Mod. núm. 19).
Embalsamar. – **R.** (1ª conj.).
Embandar. – **R.** (1ª conj.).
Embandeirar. – **R.** (1ª conj.).
Embaraçar. – (Mod. núm. 19).
Embarafustar. – **R.** (1ª conj.).
Embaralhar. – **R.** (1ª conj.).
Embaratecer. – (Mod. núm. 38).
Embarbar. – **R.** (1ª conj.).
Embarbascar. – (Mod. núm. 11).
Embarbecer. – (Mod. núm. 38).
Embarcar. – (Mod. núm. 11).
Embargar. – (Mod. núm. 14).
Embarrancar. – (Mod. núm. 11).
Embarrar. – **R.** (1ª conj.).
Embarrear. – (Mod. núm. 15).
Embarricar. – (Mod. núm. 11).
Embarrigar. – (Mod. núm. 14).
Embarrilar. – **R.** (1ª conj.).
Embarulhar. – **R.** (1ª conj.).
Embasbacar. – (Mod. núm. 11).
Embastar. – **R.** (1ª conj.).
Embastecer-se. – (Mod. núm. 38).
Embastiar-se. – **R.** (1ª conj.).
Embastilhar. – **R.** (1ª conj.).
Embater-se. – **R.** (2ª conj.).
Embatocar. – (Mod. núm. 11).
Embatucar. – (Mod. núm. 11).
Embatumar. – **R.** (1ª conj.).
Embaucar. – (Mod. núm. 11 y 18).
Embaular. – (Mod. núm. 18).
Ebebecer. – (Mod. núm. 38).
Embebedar.. – **R.** (1ª conj.).
Embeber. – **R.** (2ª conj.).
Embeberar. – **R.** (1ª conj.).
Embeiçar. – (Mod. núm. 19).
Ebelecar. – (Mod. núm. 11).
Embelecer. – (Mod. núm. 38).
Embelenar. – **R.** (1ª conj.).
Embelezar. – **R.** (1ª conj.).
Embelinhar. – **R.** (1ª conj.).
Embespinhar. – **R.** (1ª conj.).

Embestar. – **R.** (1ª conj.).
Embetesgar. – (Mod. núm. 14).
Embetumar. – **R.** (1ª conj.).
Embevecer. – (Mod. núm. 38).
Embezerrar. – **R.** (1ª conj.).
Embicar. – (Mod. núm. 11).
Embiocar. – (Mod. núm. 11).
Embirar. – **R.** (1ª conj.).
Embirrar. – **R.** (1ª conj.).
Embizugar-se. – **R.** (1ª conj.).
Emblemar. – **R.** (1ª conj.).
Embobar. – **R.** (1ª conj.).
Embocar. – (Mod. núm. 11).
Emborçar. – (Mod. núm. 19).
Embodegar. – (Mod. núm. 14).
Embojar. – **R.** (1ª conj.).
Embolar. – **R.** (1ª conj.).
Emboldrear. – (Mod. núm. 5).
Embolorecer. – (Mod. núm. 38).
Embolsar. – **R.** (1ª conj.).
Embonar. – **R.** (1ª conj.).
Embonecar. – (Mod. núm. 11).
Embonecrar. – **R.** (1ª conj.).
Embonicar. – (Mod. núm. 11).
Emborcar. – (Mod. núm. 11).
Emborrachar. – **R.** (1ª conj.).
Emborralhar. – **R.** (1ª conj.).
Emborrar. – **R.** (1ª conj.).
Emborrascar. – (Mod. núm. 11).
Emboscar. – (Mod. núm. 11).
Embostar. – **R.** (1ª conj.).
Embostear. – (Mod. núm. 15).
Embostelar. – **R.** (1ª conj.).
Embotar. – **R.** (1ª conj.).
Embotelhar. – **R.** (1ª conj.).
Embotijar. – **R.** (1ª conj.).
Embrabar. – **R.** (1ª conj.).
Embrabecer. – (Mod. núm. 38).
Embraçar. – (Mod. núm. 19).
Embragar. – (Mod. núm. 14).
Embrancar. – (Mod. núm. 11).
Embrandecer. – (Mod. núm. 38).
Embranquecer. – (Mod. núm. 38).
Embravesar. – (Mod. núm. 15).
Embravecer. – (Mod. núm. 15).
Embrear. – (Mod. núm. 15).
Embrechar. – **R.** (1ª conj.).
Embrenhar. – **R.** (1ª conj.).
Embretar. – **R.** (1ª conj.).
Embriagar. – (Mod. núm. 14).
Embridar. – **R.** (1ª conj.).
Embrincar. – (Mod. núm. 11).
Embrionar. – **R.** (1ª conj.).
Embromar. – **R.** (1ª conj.).
Embrulhar. – **R.** (1ª conj.).
Embrumar-se. – **R.** (1ª conj.). (1)
Embrunecer. – (Mod. núm. 38).
Embruscar. – (Mod. núm. 11).
Embrutecer. – (Mod. núm. 38).
Embruxar. – **R.** (1ª conj.).
Embuçalar. – **R.** (1ª conj.).
Embuçar. – (Mod. núm. 19).
Embuchar. – **R.** (1ª conj.).
Embudar. – **R.** (1ª conj.).
Embuizar. – (Mod. núm. 2).
Emburilhar. – **R.** (1ª conj.).
Emburrar. – **R.** (1ª conj.).
Emburricar. – (Mod. núm. 11).
Emburriscar-se – (Mod. núm. 11).
Embustear. – (Mod. núm. 15).
Embutir. – **R.** (3ª conj.).
Emechar. – **R.** (1ª conj.).
Emelar. – **R.** (1ª conj.).
Emendar. – **R.** (1ª conj.).
Emeninar. – **R.** (1ª conj.).
Ementar. – **R.** (1ª conj.).
Emergir. – (Mod. núm. 46).
Emetizar. – **R.** (1ª conj.).
Eminenciar. – **R.** (1ª conj.).
Emitir. – **R.** (3ª conj.).
Emocionar. – **R.** (1ª conj.).
Emoldurar. – **R.** (1ª conj.).
Emolir. – (Mod. núm. 46).
Emonar-se. – **R.** (1ª conj.).

(1) *Sólo se usa en las terceras personas.*

Emordaçar. – (Mod. núm. 19).
Emortecer. – (Mod. núm. 38).
Emostar. – **R.** (1ª conj.).
Emouquecer. – (Mod. núm. 38).
Empacar. – (Mod. núm. 11).
Empachar. – **R.** (1ª conj.).
Empacotar. – **R.** (1ª conj.).
Empadezar. – **R.** (1ª conj.).
Empadroar. – (Mod. núm. 16).
Empaiolar. – **R.** (1ª conj.).
Empalamar-se **R.** (1ª conj.).
Empalecer. – (Mod. núm. 11).
Empalhar. – **R.** (1ª conj.).
Empalheirar. – **R.** (1ª conj.).
Empaliar. – **R.** (1ª conj.).
Empalidecer. – (Mod. núm. 38).
Empalmar. – **R.** (1ª conj.).
Empampanar. – **R.** (1ª conj.).
Empanar. – **R.** (1ª conj.).
Empandeirar. – **R.** (1ª conj.).
Empandilhar. – **R.** (1ª conj.).
Empadinar. – **R.** (1ª conj.).
Empaneirar. – **R.** (1ª conj.).
Empantanar. – **R.** (1ª conj.).
Empanturrar. – **R.** (1ª conj.).
Empanzinar. – **R.** (1ª conj.).
Empapar. – **R.** (1ª conj.).
Empapelar. – **R.** (1ª conj.).
Empapuçar. – (Mod. núm. 19).
Empaquetar-se. – **R.** (1ª conj.).
Empar. – **R.** (1ª conj.).
Emparceirar. – **R.** (1ª conj.).
Emparedar. – **R.** (1ª conj.).
Emparelhar. – **R.** (1ª conj.).
Emparrar. – **R.** (1ª conj.).
Emparreirar. – **R.** (1ª conj.).
Emparvar. – **R.** (1ª conj.).
Empardecer. – (Mod. núm. 38).
Emparvoecer. – (Mod. núm. 38).
Empastar. – **R.** (1ª conj.).
Empastelar. – **R.** (1ª conj.).
Empatar. – **R.** (1ª conj.).
Empaturrar. – **R.** (1ª conj.).
Empavesar.. – **R.** (1ª conj.).
Empavonar. – **R.** (1ª conj.).
Empeçar. – (Mod. núm. 19).
Empecer. – (Mod. núm. 38).
Empecilhar. – **R.** (1ª conj.).
Empeçonhar. – **R.** (1ª conj.).
Empeçonhentar. – **R.** (1ª conj.).
Empedernecer. – (Mod. núm. 38).
Empedernir. – (Mod. núm. 46).
Empedrar. – **R.** (1ª conj.).
Empegar. – (Mod. núm. 14).
Empeiticar. – (Mod. núm. 11).
Empelicar. – (Mod. núm. 11).
Empenachar. – **R.** (1ª conj.).
Empenar. – **R.** (1ª conj.).
Empenhar. – **R.** (1ª conj.).
Empenhorar. – **R.** (1ª conj.).
Empequenecer. – (Mod. núm. 38).
Empequenitar. – **R.** (1ª conj.).
Emperlar. – **R.** (1ª conj.).
Empernar. – **R.** (1ª conj.).
Empernear. – (Mod. núm. 15).
Emperolar. – **R.** (1ª conj.).
Emperrar. – **R.** (1ª conj.).
Empertigar. – (Mod. núm. 14).
Empesgar. – (Mod. núm. 14).
Empessoar. – (Mod. núm. 16).
Empestar. – **R.** (1ª conj.).
Empezar. – **R.** (1ª conj.).
Empezinhar. – **R.** (1ª conj.).
Empilhar. – **R.** (1ª conj.).
Empinar. – **R.** (1ª conj.).
Empiorar. – **R.** (1ª conj.).
Empipocar. – (Mod. núm. 11).
Empirrear.. – (Mod. núm. 15).
Empiteirar. – **R.** (1ª conj.).
Emplastar. – **R.** (1ª conj.).
Emplastrar. – **R.** (1ª conj.).
Emplumar. – **R.** (1ª conj.).
Empoar. – (Mod. núm. 16).
Empobrecer. – (Mod. núm. 38).
Empoçar. – (Mod. núm. 19).
Empoeirar. – **R.** (1ª conj.).

Empolar. – **R.** (1ª conj.).
Empoleirar. – **R.** (1ª conj.).
Empolgar. – (Mod. núm. 14).
Empolhar. – **R.** (1ª conj.).
Empomadar. – **R.** (1ª conj.).
Empopar. – **R.** (1ª conj.).
Emporcalhar. – **R.** (1ª conj.).
Empossar. – **R.** (1ª conj.).
Emprazar. – **R.** (1ª conj.).
Empreender. – **R.** (2ª conj.).
Empregar. – (Mod. núm. 14).
Empreguiçar. – (Mod. núm. 19).
Empreitar. – **R.** (1ª conj.).
Emprenhar. – **R.** (1ª conj.).
Empresar. – **R.** (1ª conj.).
Emprestar. – **R.** (1ª conj.).
Empretecer. – (Mod. núm. 38).
Emprisionar. – **R.** (1ª conj.).
Emproar. – (Mod. núm. 16).
Empubescer. – (Mod. núm. 38).
Empulgar. – **R.** (1ª conj.).
Empulhar. – **R.** (1ª conj.).
Empunhar. – **R.** (1ª conj.).
Empunir. – **R.** (3ª conj.).
Empurecer. – (Mod. núm. 38).
Empurpurar. – **R.** (1ª conj.).
Empurpurecer. – (Mod. núm. 38).
Empurrar. – **R.** (1ª conj.).
Empuxar. – **R.** (1ª conj.).
Emudecer. – (Mod. núm. 38).
Emugrecer. – (Mod. núm. 38).
Emular. – **R.** (1ª conj.).
Emulsionar. – **R.** (1ª conj.).
Emundar. – **R.** (1ª conj.).
Emuralhar. – **R.** (1ª conj.).
Emurchecer. – (Mod. núm. 38).
Enaltar. – **R.** (1ª conj.).
Enaltecer. – **R.** (Mod. núm. 38).
Enamorar. – **R.** (1ª conj.).
Enastrar. – **R.** (1ª conj.).
Enatar. – **R.** (1ª conj.).
Enateirar. – **R.** (1ª conj.).
Encavar. – **R.** (1ª conj.).
Encabeçar. – (Mod. núm. 19).
Encabeirar. – **R.** (1ª conj.).
Encabelar. – **R.** (1ª conj.).
Encabelizar. – **R.** (1ª conj.).
Encabrestar. – **R.** (1ª conj.).
Encabritar-se. – **R.** (1ª conj.).
Encabular. – **R.** (1ª conj.).
Encachaçar-se. – (Mod. núm. 19).
Encachar. – **R.** (1ª conj.).
Encachoeirar. – **R.** (1ª conj.).
Encadear. – (Mod. núm. 15).
Encadeirar. – **R.** (1ª conj.).
Encadernar. – **R.** (1ª conj.).
Encafifar. – **R.** (1ª conj.).
Encafuar. – (Mod. núm. 6).
Encafurnar. – **R.** (1ª conj.).
Encaibrar. – **R.** (1ª conj.).
Encaixar. – **R.** (1ª conj.).
Encaixilhar. – **R.** (1ª conj.).
Encaixotar. – **R.** (1ª conj.).
Encalacrar. – **R.** (1ª conj.).
Encalamoucar. – (Mod. núm. 11).
Encalçar. – (Mod. núm. 19).
Encalgar. – (Mod. núm. 14).
Encalhar. – **R.** (1ª conj.).
Encaliçar. – (Mod. núm. 19).
Encalistar. – **R.** (1ª conj.).
Encalistrar. – **R.** (1ª conj.).
Encalmar. – **R.** (1ª conj.).
Encalungar. – (Mod. núm. 14).
Encalvecer. – (Mod. núm. 38).
Encamaçar. – (Mod. núm. 19).
Encambar. – **R.** (1ª conj.).
Encaminhar. – **R.** (1ª conj.).
Encampanar. – **R.** (1ª conj.).
Encampar. – **R.** (1ª conj.).
Encamurçar. – (Mod. núm. 19).
Encanalhar. – **R.** (1ª conj.).
Encanar. – **R.** (1ª conj.).
Encanastrar. – **R.** (1ª conj.).
Encadear. – (Mod. núm. 15).
Encandecer. – (Mod. núm. 38).
Encandilar. – **R.** (1ª conj.).

Encanecer. – (Mod. núm. 38).
Encanelar. – **R.** (1ª conj.).
Encangar. – (Mod. núm. 14).
Encaniçar. – (Mod. núm. 19).
Encanitar. – **R.** (1ª conj.).
Encanoar. – (Mod. núm. 16).
Encantar. – **R.** (1ª conj.).
Encanteirar. – **R.** (1ª conj.).
Encantoar. – (Mod. núm. 16).
Encantonar. – **R.** (1ª conj.).
Encantuar. – (Mod. núm. 6).
Encanudar. – **R.** (1ª conj.).
Encanzinar. – **R.** (1ª conj.).
Encanzoar. – (Mod. núm. 16).
Encapachar. – **R.** (1ª conj.).
Encapar. – **R.** (1ª conj.).
Encapelar. – **R.** (1ª conj.).
Encapetar-se. – **R.** (1ª conj.).
Encapoeirar. – **R.** (1ª conj.).
Encapotar. – **R.** (1ª conj.).
Encaprichar-se – **R.** (1ª conj.).
Encapuchar. – **R.** (1ª conj.).
Encapuzar. – **R.** (1ª conj.).
Encaracolar. – **R.** (1ª conj.).
Encaramelar. – **R.** (1ª conj.).
Encaramonar. – **R.** (1ª conj.).
Encarangar. – (Mod. núm. 14).
Encaranguejar. – **R.** (1ª conj.).
Encarapelar. – **R.** (1ª conj.).
Encarapinhar. – **R.** (1ª conj.).
Encarapitar. – **R.** (1ª conj.).
Encarapuçar. – (Mod. núm. 19).
Encarar. – **R.** (1ª conj.).
Encarcerar. – **R.** (1ª conj.).
Encardir. – **R.** (3ª conj.).
Encarecer. – (Mod. núm. 38).
Encarentar. – **R.** (1ª conj.).
Encaretar-se. – **R.** (1ª conj.).
Encarnar. – **R.** (1ª conj.).
Encarneirar-se. – **R.** (1ª conj.).
Encarniçar. – (Mod. núm. 38).
Encarochar. – **R.** (1ª conj.).
Encarquilhar. – **R.** (1ª conj.).
Encarrancar. – (Mod. núm. 11).
Encarrapichar-se. – **R.** (1ª conj.).
Encarrapitar-se. – **R.** (1ª conj.).
Encarraspanar-se. – **R.** (1ª conj.).
Encarregar. – (Mod. núm. 14).
Encarreirar. – **R.** (1ª conj.).
Encarretar. – **R.** (1ª conj.).
Encarrilar. – **R.** (1ª conj.).
Encarrilhar. – **R.** (1ª conj.).
Encartar. – **R.** (1ª conj.).
Encartolar-se. – **R.** (1ª conj.).
Encartuchar. – **R.** (1ª conj.).
Encarvoar. – (Mod. núm. 16).
Encarvoejar. – **R.** (1ª conj.).
Encasacar-se. – **R.** (1ª conj.).
Encasar. – **R.** (1ª conj.).
Encascar. – (Mod. núm. 11).
Encasmurrar-se. – **R.** (1ª conj.).
Encasquetar. – **R.** (1ª conj.).
Encasquilhar. – **R.** (1ª conj.).
Encastelar. – **R.** (1ª conj.).
Encastoar. – (Mod. núm. 16).
Encastrar. – **R.** (1ª conj.).
Encasular. – **R.** (1ª conj.).
Encatarrar-se. – **R.** (1ª conj.).
Encatarroar-se. – (Mod. núm. 16).
Encavacar. – (Mod. núm. 11).
Encavalar. – **R.** (1ª conj.).
Encavalgar. – (Mod. núm. 14).
Encavar. – **R.** (1ª conj.).
Encavilhar. – **R.** (1ª conj.).
Enceirar. – **R.** (1ª conj.).
Encelar. – **R.** (1ª conj.).
Enceleirar. – **R.** (1ª conj.).
Encenar. – **R.** (1ª conj.).
Encender. – **R.** (1ª conj.).
Encendrar. – **R.** (1ª conj.).
Encenar. – **R.** (1ª conj.).
Encentrar. – **R.** (1ª conj.).
Encepar. – **R.** (1ª conj.).
Encerar. – **R.** (1ª conj.).
Encerebrar. – **R.** (1ª conj.).
Encerrar. – **R.** (1ª conj.).

Encervejar-se – **R.** (1ª conj.).
Encestar. – **R.** (1ª conj.).
Encetar. – **R.** (1ª conj.).
Enchafurdar. – **R.** (1ª conj.).
Enchamejar. – **R.** (1ª conj.).
Enchampanhar-se. – **R.** (1ª conj.).
Encharcar. – (Mod. núm. 11).
Encher. – **R.** (2ª conj.). (1)
Enchiqueirar. – **R.** (1ª conj.).
Enchocalhar. – **R.** (1ª conj.).
Enchoçar. – (Mod. núm. 19).
Enchofrar. – **R.** (1ª conj.).
Enchouriçar. – (Mod. núm. 19).
Enchumaçar. – (Mod. núm. 19).
Enchumbar. – **R.** (1ª conj.).
Enchusmar. – **R.** (1ª conj.).
Encilhar. – **R.** (1ª conj.).
Encimar. – **R.** (1ª conj.).
Encintar. – **R.** (1ª conj.).
Encinzar. – **R.** (1ª conj.).
Encirrar. – **R.** (1ª conj.).
Encistar. – **R.** (1ª conj.).
Enciumar. – (Mod. núm. 9).
Enclaustrar. – **R.** (1ª conj.).
Enclausurar. – **R.** (1ª conj.).
Enclavinhar. – **R.** (1ª conj.).
Encloacar. – (Mod. núm. 11).
Encobardar. – **R.** (1ª conj.).
Encobertar. – **R.** (1ª conj.).
Encobrir. – (Mod. núm. 50). (2)
Encodear. – (Mod. núm. 15).
Encofar. – **R.** (1ª conj.).
Encofrar. – **R.** (1ª conj.).
Encoifar. – **R.** (1ª conj.).
Encoimar. – **R.** (1ª conj.).
Encoiraçar. – (Mod. núm. 19).
Encoirar. – **R.** (1ª conj.).
Encoitar. – **R.** (1ª conj.).
Encolar. – **R.** (1ª conj.).
Encoleirar. – **R.** (1ª conj.).
Encolerizar. – **R.** (1ª conj.).
Encomendar. – **R.** (1ª conj.).
Encomiar. – **R.** (1ª conj.).
Encomissar. – **R.** (1ª conj.).
Encomoroçar. – (Mod. núm. 19).
Encomoroiçar. – (Mod. núm. 19).
Encompridar. – **R.** (1ª conj.).
Enconchar. – **R.** (1ª conj.).
Encondar. – **R.** (1ª conj.).
Enconhear-se. – (Mod. núm. 11).
Enconteirar. – **R.** (1ª conj.).
Encontrar. – **R.** (1ª conj.).
Encontroar. – (Mod. núm. 16).
Encoquinar. – **R.** (1ª conj.).
Encoquinhar. – **R.** (1ª conj.).
Encorajar. – **R.** (1ª conj.).
Encorcundar. – **R.** (1ª conj.).
Encordelar. – **R.** (1ª conj.).
Encordoar. – (Mod. núm. 16).
Encoronhar. – **R.** (1ª conj.).
Encorpar. – **R.** (1ª conj.).
Encorporar. – **R.** (1ª conj.).
Encorrear. – (Mod. núm. 15).
Encorrilhar. – **R.** (1ª conj.).
Encorrugir. – (Mod. núm. 51).
Encortelhar. – **R.** (1ª conj.).
Encortiçar. – (Mod. núm. 19).
Encortinar. – **R.** (1ª conj.).
Encorujar-se. – **R.** (1ª conj.).
Encoscorar. – **R.** (1ª conj.).
Encostalar. – **R.** (1ª conj.).
Encostar. – **R.** (1ª conj.).
Encouchar. – **R.** (1ª conj.).
Encouraçar. – (Mod. núm. 19).
Encourar. – **R.** (1ª conj.).
Encovar. – **R.** (1ª conj.).
Encovilar. – **R.** (1ª conj.).
Encrassar. – **R.** (1ª conj.).
Encravar. – **R.** (1ª conj.).
Encravelhar. – **R.** (1ª conj.).
Encravilhar. – **R.** (1ª conj.).
Encrencar. – (Mod. núm. 11).
Encrespar – **R.** (1ª conj.).

(1) *P. p. irreg.: Cheio.*
(2) *P. p. irreg.: Encoberto.*

Encristrar-se. – R. (1ª conj.).
Encrostar. – R. (1ª conj.).
Encruar. – (Mod. núm. 6).
Encrudelecer. – (Mod. núm. 38).
Encrudescer. – (Mod. núm. 38).
Encruecer. – (Mod. núm. 38).
Encruelecer.. – (Mod. núm. 38).
Encruentar. – R. (1ª conj.).
Encruzar. – R. (1ª conj.).
Encruzilhar. – R. (1ª conj.).
Encubar. – R. (1ª conj.).
Encumear. – R. (1ª conj.).
Encurralar. – R. (1ª conj.).
Encurtar. – R. (1ª conj.).
Encurvar. – R. (1ª conj.).
Endefluxar-se. – R. (1ª conj.).
Endemoninhar. – R. (1ª conj.).
Endentar. – R. (1ª conj.).
Endentecer. – (Mod. núm. 38).
Endereçar. – (Mod. núm. 19).
Enderençar. – R. (1ª conj.).
Endeusar. – R. (1ª conj.).
Endiabrar. – R. (1ª conj.).
Endinheirar. – R. (1ª conj.).
Endireitar. – R. (1ª conj.).
Endividar. – R. (1ª conj.).
Endoidar. – R. (1ª conj.).
Endoidecer. – (Mod. núm. 38).
Endomingar-se. – (Mod. núm. 14).
Endossar.. – R. (1ª conj.).
Endoudecer. – (Mod. núm. 38).
Endoutrinar. – R. (1ª conj.).
Endurar. – R. (1ª conj.).
Endurecer. – (Mod. núm. 38).
Endurentar. – R. (1ª conj.).
Enebriar. – R. (1ª conj.).
Enegrecer. – (Mod. núm. 38).
Energizar. – R. (1ª conj.).
Enervar. – R. (1ª conj.).
Enesgar. – (Mod. núm. 14).
Enevoar.. – (Mod. núm. 16).
Enfaceirar-se. – R. (1ª conj.).
Enfadar. – R. (1ª conj.).
Enfaixar. – R. (1ª conj.).
Enfanicar-se. – (Mod. núm. 11).
Enfarar. – R. (1ª conj.).
Enfardar. – R. (1ª conj.).
Enfardelar. – R. (1ª conj.).
Enfarinhar. – R. (1ª conj.).
Enfaroar. – (Mod. núm. 16).
Enfarpelar. – R. (1ª conj.).
Enfarrapar. – R. (1ª conj.).
Enfarruscar. – (Mod. núm. 11).
Enfartar. – R. (1ª conj.).
Enfastiar. – R. (1ª conj.).
Enfatiotar-se. – R. (1ª conj.).
Enfatizar. – R. (1ª conj.).
Enfatuar. – (Mod. núm. 6).
Enfear. – (Mod. núm. 15).
Enfebrar. – R. (1ª conj.).
Enfeirar. – R. (1ª conj.).
Enfeitar. – R. (1ª conj.).
Enfeitiçar. – (Mod. núm. 19).
Enfeixar. – R. (1ª conj.).
Enfelpar. – R. (1ª conj.).
Enfeltrar. – R. (1ª conj.).
Enfenecer. – (Mod. núm. 38).
Enfermar. – R. (1ª conj.).
Enferrujar. – R. (1ª conj.).
Enfervecer-se. – (Mod. núm. 38).
Enfestar. – R. (1ª conj.).
Enfestoar. – (Mod. núm. 16).
Enfestonar. – R. (1ª conj.).
Enfeudar. – R. (1ª conj.).
Enfezar. – R. (1ª conj.).
Enfezinar. – R. (1ª conj.).
Enfiar. – R. (1ª conj.).
Enfileirar. – R. (1ª conj.).
Enfistular. – R. (1ª conj.).
Enfitar. – R. (1ª conj.).
Enfiteuticar. – R. (1ª conj.).
Enfivelar. – R. (1ª conj.).
Enflorar. – R. (1ª conj.).
Enflorescer. – (Mod. núm. 38).
Enfobiar. – R. (1ª conj.).
Enfocar. – (Mod. núm. 11).

Enfolhar. – R. (1ª conj.).
Enforcar. – (Mod. núm. 11).
Enforjar. – R. (1ª conj.).
Enformar. – R. (1ª conj.).
Enformosar. – R. (1ª conj.).
Enformosear. – (Mod. núm. 15).
Enfornar. – R. (1ª conj.).
Enforquilhar. – R. (1ª conj.).
Enfranquear. – (Mod. núm. 15).
Enfraquecer. – (Mod. núm. 38).
Enfraquentar. – R. (1ª conj.).
Enfrascar. – (Mod. núm. 11).
Enfrear. – (Mod. núm. 15).
Enfrechar. – R. (1ª conj.).
Enfrenesiar. – R. (1ª conj.).
Enfrentar. – R. (1ª conj.).
Enfrestar. – R. (1ª conj.).
Enfroixecer – (Mod. núm. 38).
Enfriar. – R. (1ª conj.).
Enfrondar. – R. (1ª conj.).
Enfronhar. – R. (1ª conj.).
Enfrouxecer. – (Mod. núm. 38).
Enfrutecer. – (Mod. núm. 38).
Enfulijar. – R. (1ª conj.).
Enfumaçar. – (Mod. núm. 19).
Enfumar. – R. (1ª conj.).
Enfunar. – R. (1ª conj.).
Enfunilar. – R. (1ª conj.).
Enfuniscar-se. – (Mod. núm. 11).
Enfurecer. – (Mod. núm. 38).
Enfuriar. – R. (1ª conj.).
Enfurnar. – R. (1ª conj.).
Enfusar. – R. (1ª conj.).
Enfuscar. – (Mod. núm. 38).
Engabelar. – R. (1ª conj.).
Engaçar. – (Mod. núm. 19).
Engadanhar-se. – R. (1ª conj.).
Engaiolar. – R. (1ª conj.).
Engajar. – R. (1ª conj.).
Engalanar. – R. (1ª conj.).
Engalanear. – (Mod. núm. 15).
Engalar. – R. (1ª conj.).
Engalfinhar. – R. (1ª conj.).
Engalgar. – (Mod. núm. 14).
Engalhardear. – (Mod. núm. 15).
Engalhardecer. – (Mod. núm. 38).
Engalhardetar. – R. (1ª conj.).
Engalhofar. – R. (1ª conj.).
Engaliar-se. – R. (1ª conj.).
Engalinhar. – R. (1ª conj.).
Engambelar. – R. (1ª conj.).
Enganar. – R. (1ª conj.).
Enganchar. – R. (1ª conj.).
Engar. – (Mod. núm. 14).
Engarapar. – R. (1ª conj.).
Engaravitar-se. – R. (1ª conj.).
Engargantar. – R. (1ª conj.).
Engarrafar. – R. (1ª conj.).
Engarupar-se. – R. (1ª conj.).
Engasgalhar-se. – R. (1ª conj.).
Engasgar. – (Mod. núm. 14).
Engastar. – R. (1ª conj.).
Engastoar. – (Mod. núm. 16).
Engatar. – R. (1ª conj.).
Engatilhar. – R. (1ª conj.).
Engatinhar. – R. (1ª conj.).
Engavelar. – R. (1ª conj.).
Engavetar. – R. (1ª conj.).
Engazopar. – R. (1ª conj.).
Engeitar. – R. (1ª conj.).
Engelhar. – R. (1ª conj.).
Engendrar. – R. (1ª conj.).
Engenhar. – R. (1ª conj.).
Engerir-se. – (Mod. núm. 45).
Engerizar. – R. (1ª conj.).
Engerocar. – (Mod. núm. 11).
Engessar. – R. (1ª conj.).
Englobar. – R. (1ª conj.).
Engodar. – R. (1ª conj.).
Engodilhar. – R. (1ª conj.).
Engoiar-se. – R. (1ª conj.).
Engolfar. – R. (1ª conj.).
Engolir. – (Mod. núm. 50).
Engomar. – R. (1ª conj.).
Engonçar. – (Mod. núm. 19).
Engordar. – R. (1ª conj.).

Engordurar. – R. (1ª conj.).
Engorgitar. – R. (1ª conj.).
Engorlar. – R. (1ª conj.).
Engraçar. – (Mod. núm. 19).
Engradar. – R. (1ª conj.).
Engradear. – (Mod. núm. 15).
Engraecer. – (Mod. núm. 38).
Engraixar. – R. (1ª conj.).
Engrambelar. – R. (1ª conj.).
Engrampar. – R. (1ª conj.).
Engrandecer. – (Mod. núm. 38).
Engranzar. – R. (1ª conj.).
Engravatar-se. – R. (1ª conj.).
Engravatizar-se. – R. (1ª conj.).
Engravecer. – (Mod. núm. 38).
Engravitar-se. – R. (1ª conj.).
Engraxar. – R. (1ª conj.).
Engrazar. – R. (1ª conj.).
Engrazular. – R. (1ª conj.).
Engrenar. – R. (1ª conj.).
Engrimpar-se. – R. (1ª conj.).
Engrimpinar-se. – R. (1ª conj.).
Engrimponar-se. – R. (1ª conj.).
Engrinaldar. – R. (1ª conj.).
Engrolar. – R. (1ª conj.).
Engrossar. – R. (1ª conj.).
Engrumar. – R. (1ª conj.).
Enguiçar. – (Mod. núm. 19).
Enguirlandar. – R. (1ª conj.).
Engulhar. – R. (1ª conj.).
Engulir. – (Mod. núm. 44).
Engulosinar. – R. (1ª conj.).
Enigmar. – R. (1ª conj.).
Enjaezar. – R. (1ª conj.).
Enjambrar. – R. (1ª conj.).
Enjangar. – (Mod. núm. 14).
Enjaular. – R. (1ª conj.).
Enjeitar. – R. (1ª conj.).
Enjeringonçar. – (Mod. núm. 19).
Enjerizar-se. – R. (1ª conj.).
Enjoar. – (Mod. núm. 16).
Enjugar. – (Mod. núm. 14).
Enlabiar. – R. (1ª conj.).
Enlabirintar. – R. (1ª conj.).
Enlabuzar. – R. (1ª conj.).
Enlaçar. – (Mod. núm. 16).
Enlacrar. – R. (1ª conj.).
Enlaivar. – R. (1ª conj.).
Enlambuzar. – R. (1ª conj.).
Enlamear. – (Mod. núm. 15).
Enlaminar. – R. (1ª conj.).
Enlanguecer. – (Mod. núm. 38).
Enlapar. – R. (1ª conj.).
Enlatar. – R. (1ª conj.).
Enlear. – (Mod. núm. 15).
Enlerdar. – R. (1ª conj.).
Enlevar. – R. (1ª conj.).
Enlhear. – (Mod. núm. 15).
Enliçar. – (Mod. núm. 19).
Enlividecer. – (Mod. núm. 38).
Enlocar. – (Mod. núm. 11).
Enlodaçar. – (Mod. núm. 19).
Enlodar. – R. (1ª conj.).
Enloiçar. – (Mod. núm. 19).
Enloirar. – R. (1ª conj.).
Enloirecer. – (Mod. núm. 38).
Enloisar. – R. (1ª conj.).
Enlojar. – R. (1ª conj.).
Enlouçar. – (Mod. núm. 19).
Enlouquecer. – (Mod. núm. 38).
Enlourar. – R. (1ª conj.).
Enlourecer. – (Mod. núm. 38).
Enlousar. – R. (1ª conj.).
Enlutar. – R. (1ª conj.).
Enlutecer. – (Mod. núm. 38).
Enluvar-se. – R. (1ª conj.).
Enobrecer. – (Mod. núm. 38).
Enodar. – R. (1ª conj.).
Enodoar. – (Mod. núm. 16).
Enoitar. – R. (1ª conj.).
Enojar. – R. (1ª conj.).
Enorgulhecer. – (Mod. núm. 38).
Enouriçar. – (Mod. núm. 19).
Enoutar. – R. (1ª conj.).
Enovar. – R. (1ª conj.).
Enovelar. – R. (1ª conj.).

Enquadernar. – **R.** (1ª conj.).
Enquadrar. – **R.** (1ª conj.).
Enquadrilhar-se. – **R.** (1ª conj.).
Enqueijar. – **R.** (1ª conj.).
Enquezilar. – **R.** (1ª conj.).
Enquistar-se. – **R.** (1ª conj.).
Enquitar. – **R.** (1ª conj.).
Enrabar. – **R.** (1ª conj.).
Enrabichar. – **R.** (1ª conj.).
Enraiar. – **R.** (1ª conj.).
Enraivar. – **R.** (1ª conj.).
Enraivecer. – (Mod. núm. 38).
Enraizar. – (Mod. núm. 8).
Enramalhar. – **R.** (1ª conj.).
Enramalhetar. – **R.** (1ª conj.).
Enramar. – **R.** (1ª conj.).
Enramilhetar. – **R.** (1ª conj.).
Enrançar. – **R.** (1ª conj.).
Enrarecer. – (Mod. núm. 38).
Enrascar. – (Mod. núm. 11).
Enredar. – **R.** (1ª conj.).
Enredear. – (Mod. núm. 15).
Ensaboar. – (Mod. núm. 16).
Ensaburrar. – **R.** (1ª conj.).
Ensacar. – (Mod. núm. 11).
Ensaiar. – **R.** (1ª conj.).
Ensaibrar. – **R.** (1ª conj.).
Ensalmar. – **R.** (1ª conj.).
Ensalmoirar. – **R.** (1ª conj.).
Ensalmourar. – **R.** (1ª conj.).
Ensalsichar. – **R.** (1ª conj.).
Ensamarrar. – **R.** (1ª conj.).
Ensambenitar. – **R.** (1ª conj.).
Ensamblar. – **R.** (1ª conj.).
Ensanchar. – **R.** (1ª conj.).
Ensandalar. – **R.** (1ª conj.).
Ensandecer. – (Mod. núm. 38).
Ensangüentar. – **R.** (1ª conj.).
Ensanguinhar. – **R.** (1ª conj.).
Ensarilhar. – **R.** (1ª conj.).
Ensarnecer. – (Mod. núm. 38).
Ensear. – (Mod. núm. 15).
Ensebar. – **R.** (1ª conj.).
Ensecar. – (Mod. núm. 11).
Ensejar. – **R.** (1ª conj.).
Ensementar. – **R.** (1ª conj.).
Ensenhorear-se. – (Mod. núm. 15).
Ensilar. – **R.** (1ª conj.).
Ensimesmar-se. – **R.** (1ª conj.).
Ensinar. – **R.** (1ª conj.).
Ensoar-se. – (Mod. núm. 16).
Ensoberbar-se. – **R.** (1ª conj.).
Ensoberbecer. – (Mod. núm. 38).
Ensobradar. – **R.** (1ª conj.).
Ensolvar. – **R.** (1ª conj.).
Ensombrar. – **R.** (1ª conj.).
Ensopar. – **R.** (1ª conj.).
Ensorear. – (Mod. núm. 15).
Ensossar. – **R.** (1ª conj.).
Ensovacar. – (Mod. núm. 11).
Ensumagrar. – **R.** (1ª conj.).
Ensurdecer. – (Mod. núm. 38).
Ensurroar. – (Mod. núm. 16).
Entabicar. – (Mod. núm. 11).
Entabocar. – (Mod. núm. 11).
Entabuar. – (Mod. núm. 6).
Entabular. – **R.** (1ª conj.).
Entaipar. – **R.** (1ª conj.).
Entalar. – **R.** (1ª conj.).
Entalecer. – (Mod. núm. 38).
Entaleigar. – (Mod. núm. 14).
Entalhar. – **R.** (1ª conj.).
Entangar. – (Mod. núm. 14).
Entanguecer. – (Mod. núm. 38).
Entanguir-se. – (Mod. núm. 52).
Entapetar. – **R.** (1ª conj.).
Entapigar. – (Mod. núm. 14).
Entardecer. – (Mod. núm. 38). (1)
Entarraxar. – **R.** (1ª conj.).
Entear. – (Mod. núm. 15).
Entecar-se. – (Mod. núm. 11).
Entecer. – **R.** (2ª conj.).
Entediar. – **R.** (1ª conj.).
Entender. – **R.** (2ª conj.).

(1) *Este verbo es esencialmente impersonal.*

Entenebrar-se. – **R.** (1ª conj.).
Entenebrecer. – (Mod. núm. 38).
Entenrecer. – (Mod. núm. 38).
Entenuecer. – (Mod. núm. 38).
Enternecer. – (Mod. núm. 38).
Enterrar. – **R.** (1ª conj.).
Enterroar. – (Mod. núm. 16).
Enterter. – (Mod. núm. 39).
Entesar. – **R.** (1ª conj.).
Entesoirar. – **R.** (1ª conj.).
Entesourar. – **R.** (1ª conj.).
Entestar. – **R.** (1ª conj.).
Entibecer. – (Mod. núm. 38).
Entibiar. – **R.** (1ª conj.).
Enticar. – (Mod. núm. 11).
Entijolar. – **R.** (1ª conj.).
Entijucar. – (Mod. núm. 11).
Entisicar. – (Mod. núm. 11).
Entivar. – **R.** (1ª conj.).
Entoar. – (Mod. núm. 16).
Entocaiar. – **R.** (1ª conj.).
Entocar. – (Mod. núm. 11).
Entogar-se. – (Mod. núm. 14).
Entojar. – **R.** (1ª conj.).
Entolecer. – (Mod. núm. 38).
Entolhar. – **R.** (1ª conj.).
Entonar. – **R.** (1ª conj.).
Entontecer. – (Mod. núm. 38).
Entornar. – **R.** (1ª conj.).
Entortecer. – (Mod. núm. 38).
Entorroar. – (Mod. núm. 16).
Entortar. – **R.** (1ª conj.).
Entoupeirar-se. – **R.** (1ª conj.).
Entoxicar. – (Mod. núm. 11).
Entrajar. – **R.** (1ª conj.).
Entralhar. – **R.** (1ª conj.).
Entramar-se. – **R.** (1ª conj.).
Entranhar. – **R.** (1ª conj.).
Entranqueirar. – **R.** (1ª conj.).
Entrar. – **R.** (1ª conj.).
Entrastar. – **R.** (1ª conj.).
Entravar. – **R.** (1ª conj.).
Entreabrir. – **R.** (3ª conj.). (1)
Entreamar-se. – **R.** (1ª conj.).
Entrebater. – **R.** (2ª conj.).
Entrecerrar. – **R.** (1ª conj.).
Entrechar. – **R.** (1ª conj.).
Entrechocar. – **R.** (1ª conj.).
Entreconhecer. – (Mod. núm. 38).
Entrecorrer. – **R.** (2ª conj.).
Entrecortar. – **R.** (1ª conj.).
Entrecruzar-se. – **R.** (1ª conj.).
Entredevorar-se. – **R.** (1ª conj.)
Entredizer. – (Mod. núm. 23). (2)
Entredizimar-se. – **R.** (1ª conj.).
Entrefechar. – **R.** (1ª conj.).
Entrefigurar-se. – **R.** (1ª conj.).
Entrefolhar. – **R.** (1ª conj.).
Entregar. – (Mod. núm. 14). (3)
Entrelaçar. – (Mod. núm. 19).
Entrelembrar-se. – **R.** (1ª conj.).
Entreler. – (Mod. núm. 22).
Entreligar. – (Mod. núm. 14).
Entrelinhar. – **R.** (1ª conj.).
Entreluzir. – (Mod. núm. 56).
Entrematar-se. – **R.** (1ª conj.).
Entremear. – (Mod. núm. 15).
Entremesclar. – **R.** (1ª conj.).
Entremeter. – **R.** (2ª conj.).
Entremisturar. – **R.** (1ª conj.).
Entremorder-se. – **R.** (2ª conj.).
Entremostrar. – **R.** (1ª conj.).
Entreolhar-se. – **R.** (1ª conj.).
Entreouvir. – (Mod. núm. 55).
Entreparar. – **R.** (1ª conj.).
Entreprender. – **R.** (2ª conj.).
Entrequerer-se. – (Mod. núm. 33).
Entrescolher. – **R.** (2ª conj.).
Entrescutar. – **R.** (1ª conj.).
Entressacar. – (Mod. núm. 11).
Entressachar. – **R.** (1ª conj.).
Entressemear. – (Mod. núm. 15).

(1) *P. p. irreg.: Entraberto.*
(2) *P. p. irreg.: Entredito.*
(3) *P. p. irreg.: Entregue.*

Entressentir. – (Mod. núm. 45).
Entressonhar. – **R.** (1ª conj.).
Entretalhar. – **R.** (1ª conj.).
Entretecer. – (Mod. núm. 38).
Entretelar. – **R.** (1ª conj.).
Entreter. – (Mod. núm. 39).
Entrecortar-se. – (Modelo núm. 11).
Entretorcer. – (Modelo núm. 38).
Entreunir. – **R.** (3ª conj.).
Entreturbar. – **R.** (1ª conj.).
Entrevar. – **R.** (1ª conj.).
Entrevecer. – **R.** (2ª conj.).
Entrever. – (Mod. núm. 42).
Entreverar. – **R.** (1ª conj.).
Entrevir. – (Mod. núm. 61).
Entrevistar. – **R.** (1ª conj.).
Entrincheirar. – **R.** (1ª conj.).
Entristecer. – (Mod. núm. 38).
Entroçar. – (Mod. núm. 19).
Entroixar. – **R.** (1ª conj.).
Entrombar-se. – **R.** (1ª conj.).
Entronar. – **R.** (1ª conj.).
Entroncar. – (Mod. núm. 11).
Entronear. – (Mod. núm. 15).
Entronizar. – **R.** (1ª conj.).
Entronquecer. – (Mod. núm. 38).
Entropeçar. – (Mod. núm. 19).
Entropigaitar. – **R.** (1ª conj.).
Entrosar. – **R.** (1ª conj.).
Entrouxar. – **R.** (1ª conj.).
Entroviscar. – (Mod. núm. 11).
Entrudar. – **R.** (1ª conj.).
Entrujar. – **R.** (1ª conj.).
Entrunfar-se. – **R.** (1ª conj.).
Entufar. – **R.** (1ª conj.).
Entulhar. – **R.** (1ª conj.).
Entumecer. – (Mod. núm. 38).
Entupecer. – (Mod. núm. 38).
Entupigaitar. – **R.** (1ª conj.).
Entupir. – (Mod. núm. 44).
Enturbar. – **R.** (1ª conj.).
Enturgecer. – (Mod. núm. 38).
Enturvar. – **R.** (1ª conj.).
Entuvecer. – (Mod. núm. 38).
Entusiasmar. – **R.** (1ª conj.).
Enublar. – **R.** (1ª conj.).
Enuclear. – (Mod. núm. 15).
Enumerar. – **R.** (1ª conj.).
Enunciar. – **R.** (1ª conj.).
Enuviar. – **R.** (1ª conj.).
Envaidar. – **R.** (1ª conj.).
Envaidecer. – (Mod. núm. 38).
Envalar. – **R.** (1ª conj.).
Envalentonar-se. – **R.** (1ª conj.).
Envanecer. – (Mod. núm. 38).
Envasar. – **R.** (1ª conj.).
Envasilhar. – **R.** (1ª conj.).
Envelhacar-se. – (Modelo núm. 11).
Envelhecer. – (Mod. núm. 38).
Envelhentar. – **R.** (1ª conj.).
Envenenar. – **R.** (1ª conj.).
Enverdecer. – (Mod. núm. 38).
Enverdejar. – **R.** (1ª conj.).
Enveredar. – (Mod. núm. 14).
Envergar. – (Mod. núm. 14).
Envergonhar. – **R.** (1ª conj.).
Envermelhar. – **R.** (1ª conj.).
Envermelhecer. – (Mod. núm. 38).
Envernizar. – **R.** (1ª conj.).
Enverrugar. – (Mod. núm. 14).
Envesar. – **R.** (1ª conj.).
Evesgar. – **R.** (1ª conj.).
Envessar. – **R.** (1ª conj.).
Enviar. – **R.** (1ª conj.).
Envidar. – **R.** (1ª conj.).
Envidilhar. – **R.** (1ª conj.).
Envidraçar. – **R.** (1ª conj.).
Enviesar. – **R.** (1ª conj.).
Envigar. – (Mod. núm. 14).
Envigorar. – **R.** (1ª conj.).
Envilecer. – (Mod. núm. 38).
Envinagrar. – **R.** (1ª conj.).
Envincilhar. – **R.** (1ª conj.).
Enviperar. – **R.** (1ª conj.).
Enviscar. – (Mod. núm. 11).
Envisgar. – (Mod. núm. 14).

ENVIUVAR. – 9.

Envolar-se. – **R.** (1ª conj.).
Envolver. – **R.** (2ª conj.). (1)
Enxadar. – **R.** (1ª conj.).
Enxadrezar. – **R.** (1ª conj.).
Enxaguar. – (Mod. núm. 1).
Enxalmar. – **R.** (1ª conj.).
Enxambrar. – **R.** (1ª conj.).
Enxamear. – (Mod. núm. 15).
Enxaropar. – **R.** (1ª conj.).
Enxaquetar. – **R.** (1ª conj.).
Exarciar. – **R.** (1ª conj.).
Enxaropar. – **R.** (1ª conj.).
Enxergar. – (Mod. núm. 14).
Enxerir. – (Mod. núm. 45).
Enxertar. – **R.** (1ª conj.).
Enxofrar. – **R.** (1ª conj.).
Enxogalhar. – **R.** (1ª conj.).
Enxogar. – (Mod. núm. 14).
Enxombrar. – **R.** (1ª conj.).
Enxotar. – **R.** (1ª conj.).
Enxovalhar. – **R.** (1ª conj.).
Enxovar. – **R.** (1ª conj.).
Enxugar. – (Mod. núm. 14). (2)
Enxumbrar. – **R.** (1ª conj.).
Enxundiar. – **R.** (1ª conj.).
Enxundar-se. – **R.** (1ª conj.).
Enxurrar. – **R.** (1ª conj.).
Epidermiar. – **R.** (1ª conj.).
Epigrafar. – **R.** (1ª conj.).
Epigramar. – **R.** (1ª conj.).
Epigramatizar. – **R.** (1ª conj.).
Epilogar. – (Mod. núm. 14).
Episodiar. – **R.** (1ª conj.).
Epistolar. – **R.** (1ª conj.).
Epistolizar. – **R.** (1ª conj.).
Epitetar. – **R.** (1ª conj.).
Epitomar. – **R.** (1ª conj.).
Equacionar. – **R.** (1ª conj.).
Equidistar. – **R.** (1ª conj.).
Equilibrar. – **R.** (1ª conj.).
Equisomar. – **R.** (1ª conj.).
Equipar. – *R.* (1ª conj.).
Equiparar. – **R.** (1ª conj.).
Equiponderar. – **R.** (1ª conj.).
Equivaler. – (Mod. núm. 41).
Equivocar. – (Mod. núm. 11).
Ergastular. – **R.** (1ª conj.).

ERGUER. – 24.

Eriçar. – (Mod. núm. 19).
Erigir. – (Mod. núm. 51). (3)
Erisipelar. – **R.** (1ª conj.).
Ermar. – **R.** (1ª conj.).
Eroder. – **R.** (2ª conj.).
Erradicar. – (Mod. núm. 11).
Errar. – **R.** (1ª conj.).
Erriçar. – (Mod. núm. 19).
Erubescer. – (Mod. núm. 38).
Eructar. – **R.** (1ª conj.).
Erudir. – **R.** (3ª conj.).
Eruditar. – **R.** (1ª conj.).
Ervar. – **R.** (1ª conj.).
Ervecer. – (Mod. núm. 38).
Esbaforiar-se. – **R.** (1ª conj.).
Enbaforir-se. – (Mod. núm. 46).
Esbagoar. – (Mod. núm. 16).
Esbambear. – (Mod. núm. 15).
Esbamboar-se. – (Mod. núm. 16).
Esbandalhar. – **R.** (1ª conj.).
Esbangar. – (Mod. núm. 14).
Esbanjar. – **R.** (1ª conj.).
Esbaralhar. – **R.** (1ª conj.).
Esbarbar. – **R.** (1ª conj.).
Esbarrar. – **R.** (1ª conj.).
Esbarrocar-se. – (Mod. núm. 11).
Esbarrondar. – **R.** (1ª conj.).
Esbarrotar. – **R.** (1ª conj.).
Esbater. – **R.** (2ª conj.).
Esbeatar. – **R.** (1ª conj.).

(1) *P. p. irreg.: Envolto.*
(2) *P. p. irreg.: Enxuto.*
(3) *P. p. irreg.: Ereto.*

Esbeltar. – **R.** (1ª conj.).
Esbilhotar. – **R.** (1ª conj.).
Esbilitar. – **R.** (1ª conj.).
Esboçar. – (Mod. núm. 19).
Esbodegar. – (Mod. núm. 14).
Esbofar. – **R.** (1ª conj.).
Esbofetear. – (Mod. núm. 15).
Esboforir. – (Mod. núm. 46).
Esboicelar. – **R.** (1ª conj.).
Esbombardear. – (Mod. núm. 15).
Esborcelar. – **R.** (1ª conj.).
Esborcinar. – **R.** (1ª conj.).
Esbordar. – **R.** (1ª conj.).
Esbordoar. – (Mod. núm. 16).
Esbornear. – (Mod. núm. 15).
Esboroar. – (Mod. núm. 19).
Esborrachar. – **R.** (1ª conj.).
Esborrar. – **R.** (1ª conj.).
Esborrifar. – **R.** (1ª conj.).
Esbotenar. – **R.** (1ª conj.).
Esbracejar. – **R.** (1ª conj.).
Esbranquiçar. – (Mod. núm. 19).
Esbrasear. – (Mod. núm. 15).
Esbravear. – (Mod. núm. 15).
Esbravecer. – (Mod. núm. 38).
Esbravejar. – **R.** (1ª conj.).
Esbrugar. – (Mod. núm. 14).
Esbugalhar. – **R.** (1ª conj.).
Esbulhar. – **R.** (1ª conj.).
Esburacar. – (Mod. núm. 14).
Esburgar. – (Mod. núm. 14).
Esburnir. – **R.** (3ª conj.).
Escabecear. – (Mod. núm. 15).
Escabelar. – **R.** (1ª conj.).
Escabichar. – **R.** (1ª conj.).
Escabrear. – (Mod. núm. 15).
Escabujar. – **R.** (1ª conj.).
Escabulhar. – **R.** (1ª conj.).
Escacar. – (Mod. núm. 11).
Escachar. – **R.** (1ª conj.).
Escachoar. – (Mod. núm. 16).
Escacholar. – **R.** (1ª conj.).
Escadear. – (Mod. núm. 15).
Escadeirar. – **R.** (1ª conj.).
Escafeder-se. – **R.** (2ª conj.).
Escalar. – **R.** (1ª conj.).
Escalavrar. – **R.** (1ª conj.).
Escaldar. – **R.** (1ª conj.).
Escalfar. – **R.** (1ª conj.).
Escaliçar. – (Mod. núm. 19).
Escalonar. – **R.** (1ª conj.).
Escalpar. – **R.** (1ª conj.).
Escalpelar. – **R.** (1ª conj.).
Escalpelizar. – **R.** (1ª conj.).
Escalvar. – **R.** (1ª conj.).
Escamar. – **R.** (1ª conj.).
Escambar. – **R.** (1ª conj.).
Escambichar. – **R.** (1ª conj.).
Escamisar. – **R.** (1ª conj.).
Escamotar. – **R.** (1ª conj.).
Escamotear. – (Mod. núm. 15).
Escampar. – **R.** (1ª conj.).
Escamugir. – (Mod. núm. 51).
Escançar. – (Mod. núm. 19).
Escancarar. – **R.** (1ª conj.).
Escancear. – (Mod. núm. 15).
Escancelar. – **R.** (1ª conj.).
Escanchar. – **R.** (1ª conj.).
Escandalizar. – **R.** (1ª conj.).
Escandecer. – (Mod. núm. 38).
Escandir. – **R.** (3ª conj.).
Escangalhar. – **R.** (1ª conj.).
Escanganhar. – **R.** (1ª conj.).
Escanhoar. – (Mod. núm. 16).
Escanifrar. – **R.** (1ª conj.).
Escantilhar. – **R.** (1ª conj.).
Escapar. – **R.** (1ª conj.). (1)
Escapelar. – **R.** (1ª conj.).
Escapular. – **R.** (1ª conj.).
Escapulir. – (Mod. núm. 44).
Escaquear. – (Mod. núm. 15).
Escaqueirar. – **R.** (1ª conj.).
Escarafunchar. – **R.** (1ª conj.).
Escarambar-se – **R.** (1ª conj.).

(1) *P. p. irreg. Escapo (p. us).*

Escaramuçar. – (Mod. núm. 19).
Escarapelar. – **R.** (1ª conj.).
Escaravelhear. – (Mod. núm. 15).
Escarçar. – **R.** (1ª conj.).
Escarcavelar. – **R.** (1ª conj.).
Escarcear. – (Mod. núm. 15).
Escarchar. – **R.** (1ª conj.).
Escardar. – **R.** (1ª conj.).
Escardear. – (Mod. núm. 15).
Escardilhar. – **R.** (1ª conj.).
Escarduçar. – (Mod. núm. 19).
Escariar. – **R.** (1ª conj.).
Escarificar. – **R.** (1ª conj.).
Escarmentar. – **R.** (1ª conj.).
Escarnar. – **R.** (1ª conj.).
Escarnecer. – (Mod. núm. 38).
Escarnicar. – (Mod. núm. 11).
Escarnir. – **R.** (3ª conj.).
Escarolar. – **R.** (1ª conj.).
Escarpar. – **R.** (1ª conj.).
Escarpelar. – **R.** (1ª conj.).
Escarranchar. – **R.** (1ª conj.).
Escarrapachar. – **R.** (1ª conj.).
EScarrapiçar. – **R.** (1ª conj.).
Escarrapichar. – **R.** (1ª conj.).
Escarrar. – **R.** (1ª conj.).
Escarvar. – **R.** (1ª conj.).
Escascar. – (Mod. núm. 11).
Escassear. – (Mod. núm. 15).
Escavacar. – (Mod. núm. 11).
Escavar. – **R.** (1ª conj.).
Esclarecer. – (Mod. núm. 38).
Esclerosar. – **R.** (1ª conj.).
Escoar. – **R.** (1ª conj.).
Escodar. – **R.** (1ª conj.).
Escodear. – (Mod. núm. 15).
Escoicear. – (Mod. núm. 15).
Escoimar. – **R.** (1ª conj.).
Escolher. – **R.** (2ª conj.).
Escoliar. – **R.** (1ª conj.).
Escolmar. – **R.** (1ª conj.).
Esconder. – **R.** (2ª conj.). (1)
Esconjuntar. – **R.** (1ª conj.).
Esconjurar. – **R.** (1ª conj.).
Escopetear. – (Mod. núm. 15).
Escorar. – **R.** (1ª conj.).
Escorçar. – (Mod. núm. 19).
Escorchar. – **R.** (1ª conj.).
Escorçomelar-se. – **R.** (1ª conj.).
Escoriar. – **R.** (1ª conj.).
Escorificar. – (Mod. núm. 11).
Escorjar. – **R.** (1ª conj.).
Escornar. – **R.** (1ª conj.).
Escornear. – (Mod. núm. 15).
Escorraçar. – (Mod. núm. 19).
Escorrachar. – **R.** (1ª conj.).
Escorregar. – (Mod. núm. 14).
Escorrer. – **R.** (2ª conj.). (2)
Escorropichar. – **R.** (1ª conj.).
Escorrupichar. – **R.** (1ª conj.).
Escorvar. – **R.** (1ª conj.).
Escouçar. – (Mod. núm. 19).
Escoucear. – (Mod. núm. 15).
Escoucinhar. – **R.** (1ª conj.).
Escovar. – **R.** (1ª conj.).
Escovilhar. – **R.** (1ª conj.).
Escravelhar. – **R.** (1ª conj.).
Escravizar. – **R.** (1ª conj.).
Escrever. – **R.** (2ª conj.). (3)
Escrevinhar. – **R.** (1ª conj.).
Escriturar. – **R.** (1ª conj.).
Escrupulear. – (Mod. núm. 15).
Escrupulizar. – **R.** (1ª conj.).
Escrutar. – **R.** (1ª conj.).
Escrutinar. – **R.** (1ª conj.).
Escudar. – **R.** (1ª conj.).
Escudeirar. – **R.** (1ª conj.).
Escudelar. – **R.** (1ª conj.).
Escudrinhar. – **R.** (1ª conj.).
Esculhambar. – **R.** (1ª conj.).
Esculpir. – **R.** (3ª conj.).
Escultar. – **R.** (1ª conj.).

(1) *P. p. irreg.: Escuso.*
(2) *P. p. irreg.: Escorreito (p. us.).*
(3) *P. p. irreg.: Escrito.*

Esculturar. – **R.** (1ª conj.).
Escumar. – **R.** (1ª conj.).
Escurar. – **R.** (1ª conj.).
Escurecer. – (Mod. núm. 38).
Escurejar. – **R.** (1ª conj.).
Escurentar. – **R.** (1ª conj.).
Escusar. – **R.** (1ª conj.). (1)
Escutar. – **R.** (1ª conj.).
Esdruxular. – **R.** (1ª conj.).
Esdruxulizar. – **R.** (1ª conj.).
Esfacelar. – **R.** (1ª conj.).
Esfaimar. – **R.** (1ª conj.).
Esfalfar. – **R.** (1ª conj.).
Esfanicar. – (Mod. núm. 11).
Esfaquear. – (Mod. núm. 15).
Esfarelar. – **R.** (1ª conj.).
Esfarinhar. – **R.** (1ª conj.).
Esfarpar. – **R.** (1ª conj.).
Esfarpelar. – **R.** (1ª conj.).
Esfarrapar. – **R.** (1ª conj.).
Esfarripar. – **R.** (1ª conj.).
Esfatiar. – **R.** (1ª conj.).
Esfergulhar. – **R.** (1ª conj.).
Esfervecer. – (Mod. núm. 38).
Esfervilhar. – **R.** (1ª conj.).
Esfiampar. – **R.** (1ª conj.).
Esfiapar. – **R.** (1ª conj.).
Esfiar. – **R.** (1ª conj.).
Esfibrar. – **R.** (1ª conj.).
Esflorar. – **R.** (1ª conj.).
Esfoguear. – (Mod. núm. 15).
Esfoquetear. – (Mod. núm. 15).
Esfoiçar. – (Mod. núm. 19).
Esfolar. – **R.** (1ª conj.).
Esfolegar. – **R.** (1ª conj.).
Esfolhar. – **R.** (1ª conj.).
Esfolhear. – (Mod. núm. 15).
Esfomear. – (Mod. núm. 15).
Esforçar. – (Mod. núm. 19).
Esfraldar. – **R.** (1ª conj.).
Esfrangalhar. – **R.** (1ª conj.).
Esfregar. – (Mod. núm. 14).
Esfriar. – **R.** (1ª conj.).
Esfrolar. – **R.** (1ª conj.).
Esfugentar. – **R.** (1ª conj.).
Esfugir. – (Mod. núm. 44). (2)
Esfulinhar. – **R.** (1ª conj.).
Esfumaçar. – **R.** (1ª conj.).
Esfumar. – **R.** (1ª conj.).
Esfumarar. – **R.** (1ª conj.).
Esfumear. – (Mod. núm. 15).
Esfuminhar. – **R.** (1ª conj.).
Esfuracar. – (Mod. núm. 11).
Esfurgalhar. – **R.** (1ª conj.).
Esfuziar. – **R.** (1ª conj.).
Esfuzilar. – **R.** (1ª conj.).
Esgaçar. – (Mod. núm. 19).
Esgadanhar. – **R.** (1ª conj.).
Esgadelhar. – **R.** (1ª conj.).
Esgadunhar. – **R.** (1ª conj.).
Esgalgar. – **R.** (1ª conj.).
Esgalhar. – **R.** (1ª conj.).
Esgamar. – **R.** (1ª conj.).
Esganiçar. – (Mod. núm. 19).
Esganir. – (Mod. núm. 46).
Esganitar. – **R.** (1ª conj.).
Esgarafunchar. – **R.** (1ª conj.).
Esgarar. – **R.** (1ª conj.).
Esgaratujar. – **R.** (1ª conj.).
Esgaravatar. – **R.** (1ª conj.).
Esgarçar. – (Mod. núm. 19).
Esgargalar. – **R.** (1ª conj.).
Esgargalhar. – **R.** (1ª conj.).
Esgarrar. – **R.** (1ª conj.).
Esgatanhar. – **R.** (1ª conj.).
Esgazear. – (Mod. núm. 15).
Esgoelar-se. – **R.** (1ª conj.).
Esgotar. – **R.** (1ª conj.).
Esgrafitar. – **R.** (1ª conj.).
Esgravatar. – **R.** (1ª conj.).
Esgravatear. – (Mod. núm. 15).
Esgrimir. – **R.** (3ª conj.).

(1) *P. p. irreg.: Escuso.*
(2) *Para las mutaciones ortográficas, véase modelo número 61.*

Esgrouviar. – **R.** (1ª conj.).
Esguardar. – **R.** (1ª conj.).
Esguazar. – **R.** (1ª conj.).
Esguedelhar. – **R.** (1ª conj.).
Esgueirar. – **R.** (1ª conj.).
Esguelhar. – **R.** (1ª conj.).
Esguichar. – **R.** (1ª conj.).
Esguilhar. – **R.** (1ª conj.).
Esgurejar. – **R.** (1ª conj.).
Esladroar. – (Mod. núm. 16).
Eslagartar. – **R.** (1ª conj.).
Eslingar. – (Mod. núm. 14).
Esmaecer. – (Mod. núm. 38).
Esmagar. – (Mod. núm. 14).
Esmagriçar-se. – (Mod. núm. 19).
Esmaiar. – **R.** (1ª conj.).
Esmaltar. – **R.** (1ª conj.).
Esmamonar. – **R.** (1ª conj.).
Esmaniar. – **R.** (1ª conj.).
Esmanjar. – **R.** (1ª conj.).
Esmar. – **R.** (1ª conj.).
Esmear. – (Mod. núm. 15).
Esmechar. – **R.** (1ª conj.).
Esmeraldar. – **R.** (1ª conj.).
Esmerar. – **R.** (1ª conj.).
Esmerilar. – **R.** (1ª conj.).
Esmerilhar. – **R.** (1ª conj.).
Esmetiar. – (Mod. núm. 3).
Esmigalhar. – **R.** (1ª conj.).
Esmiolar. – **R.** (1ª conj.).
Esmirrar-se. – **R.** (1ª conj.).
Esmiuçar. – (Mod. núm. 9). (1)
Esmiudar. – (Mod. núm. 9).
Esmiunçar. – (Mod. núm. 9). (2)
Esmochar. – **R.** (1ª conj.).
Esmoer. – (Mod. núm. 28).
Esmolambar. – **R.** (1ª conj.).
Esmolar. – **R.** (1ª conj.).
Esmoncar. – (Mod. núm. 11).
Esmondar. – **R.** (1ª conj.).
Esmordaçar. – (Mod. núm. 19).
Esmordicar. – (Mod. núm. 11).
Esmorecer. – (Mod. núm. 38).
Esmorraçar. – (Mod. núm. 19).
Esmorrar. – **R.** (1ª conj.).
Esmoucar. – (Mod. núm. 11).
Esmurraçar. – (Mod. núm. 19).
Esmurrar. – **R.** (1ª conj.).
Esnocar. – (Mod. núm. 11).
Espaçar. – (Mod. núm. 19).
Espacear. – (Mod. núm. 15).
Espacejar. – **R.** (1ª conj.).
Espadanar. – **R.** (1ª conj.).
Espadar. – **R.** (1ª conj.).
Espadeirar. – **R.** (1ª conj.).
Espadelar. – **R.** (1ª conj.).
Espaduar. – (Mod. núm. 6).
Espairecer. – (Mod. núm. 38).
Espaldear. – (Mod. núm. 15).
Espaldeirar. – **R.** (1ª conj.).
Espalhafatar. – **R.** (1ª conj.).
Espalhagar. – (Mod. núm. 14).
Espalhar. – **R.** (1ª conj.).
Espalmar. – **R.** (1ª conj.).
Espamparar. – **R.** (1ª conj.).
Espanar. – **R.** (1ª conj.).
Espancar. – (Mod. núm. 11).
Espandongar. – (Mod. núm. 14).
Espanejar. – **R.** (1ª conj.).
Espanholar. – **R.** (1ª conj.).
Espanholizar. – **R.** (1ª conj.).
Espanquear. – (Mod. núm. 15).
Espantar. – **R.** (1ª conj.).
Espapaçar. – (Mod. núm. 19).
Esparger. – (Mod. núm. 34). (3)
Espargir. – (Mod. núm. 51). (4)
Esparrachar. – **R.** (1ª conj.).

(1) *Para las mutaciones ortográficas, véase modelo número 19.*
(2) *Para las mutaciones ortográficas, véase modelo número 19.*
(3) - (4) *Estos verbos tienem poco uso en primera persona de sing., indic. pres., y de aquí encontrarse rara vez las formas del subjuntivo presente.*

Esparramar. – **R.** (1ª conj.).
Esparrar. – **R.** (1ª conj.).
Esparregar. – (Mod. núm. 14).
Esparrimar. – **R.** (1ª conj.).
Esparrinhar. – **R.** (1ª conj.).
Espartejar. – **R.** (1ª conj.).
Espartilhar. – **R.** (1ª conj.).
Esparzir. – **R.** (3ª conj.).
Espasmar. – **R.** (1ª conj.).
Espatifar. – **R.** (1ª conj.).
Espatular. – **R.** (1ª conj.).
Espaventar. – **R.** (1ª conj.).
Espavorecer. – (Mod. núm. 38).
Espavorir. – (Mod. núm. 46).
Espavorizar. – **R.** (1ª conj.).
Especar. – (Mod. núm. 11).
Especializar. – **R.** (1ª conj.).
Especificar. – (Mod. núm. 11).
Especular. – **R.** (1ª conj.).
Espedaçar. – (Mod. núm. 19).
Espedregar. – (Mod. núm. 14).
Espedir. – (Mod. núm. 55).
Espelhar. – **R.** (1ª conj.).
Espenicar. – (Mod. núm. 11).
Esperançar. – (Mod. núm. 19).
Esperar. – **R.** (1ª conj.).
Esperdiçar. – (Mod. núm. 19).
Espermatizar. – **R.** (1ª conj.).
Espernear. – (Mod. núm. 15).
Espernegar. – (Mod. núm. 14).
Espertar. – **R.** (1ª conj.).
Espertinar. – **R.** (1ª conj.).
Espessar. – **R.** (1ª conj.).
Espetar. – **R.** (1ª conj.).
Espevitar. – **R.** (1ª conj.).
Espezinhar. – **R.** (1ª conj.).
Espiantar. – **R.** (1ª conj.).
Espiar. – **R.** (1ª conj.).
Espicaçar. – (Mod. núm. 19).
Espichar. – **R.** (1ª conj.).
Espicular. – **R.** (1ª conj.).
Espigar. – (Mod. núm. 14).
Espinafrar. – **R.** (1ª conj.).
Espinçar. – (Mod. núm. 19).
Espingardear. – (Mod. núm. 15).
Espinicar-se. – (Mod. núm. 11).
Espinotear. – (Mod. núm. 15).
Espiolhar. – **R.** (1ª conj.).
Espionar. – **R.** (1ª conj.).
Espipar. – **R.** (1ª conj.).
Espirar. – **R.** (1ª conj.).
Espiritar. – **R.** (1ª conj.).
Espiritualizar. – **R.** (1ª conj.).
Eapirrar. – **R.** (1ª conj.).
Esplandecer. – (Mod. núm. 38).
Esplender. – **R.** (2ª conj.).
Espoar. – (Mod. núm. 16).
Espojar. – **R.** (1ª conj.).
Espoletar. – **R.** (1ª conj.).
Espoletear. – **R.** (1ª conj.).
Espoliar. – **R.** (1ª conj.).
Espolinar. – **R.** (1ª conj.).
Espolinhar-se. – **R.** (1ª conj.).
Espontar. – **R.** (1ª conj.).
Esporar. – **R.** (1ª conj.).
Esporear. – (Mod. núm. 15).
Esportular. – **R.** (1ª conj.).
Esposar. – **R.** (1ª conj.).
Espostejar. – **R.** (1ª conj.).
Espraiar. – **R.** (1ª conj.).
Espreguiçar. – **R.** (1ª conj.).
Espreitar. – **R.** (1ª conj.).
Espremer. – **R.** (2ª conj.).
Espumar. – **R.** (1ª conj.).
Espumear. – (Mod. núm. 15).
Espumejar. – **R.** (1ª conj.).
Esputar. – **R.** (1ª conj.).
Esquadrar. – **R.** (1ª conj.).
Esquadrejar. – **R.** (1ª conj.).
Esquadriar. – **R.** (1ª conj.).
Esquadrilhar. – **R.** (1ª conj.).
Esquadrinhar. – **R.** (1ª conj.).
Esquartejar. – **R.** (1ª conj.).
Esquartelar. – **R.** (1ª conj.).
Esquecer. – **R.** (2ª conj.).
Esquentar. – **R.** (1ª conj.).

Esquinar. – R. (1ª conj.).
Esquipar. – R. (1ª conj.).
Esquivar. – R. (1ª conj.).
Estabelecer. – (Mod. núm. 38).
Estabilizar. – R. (1ª conj.).
Estabular. – R. (1ª conj.).
Estacar. – (Mod. núm. 11).
Estacionar. – R. (1ª conj.).
Estadear. – (Mod. núm. 15).
Estafar. – R. (1ª conj.).
Estagnar. – R. (1ª conj.).
Estalar. – R. (1ª conj.).
Estalejar. – R. (1ª conj.).
Estampar. – R. (1ª conj.).
Estampilhar. – R. (1ª conj.).
Estancar. – (Mod. núm. 11).
Estanciar. – R. (1ª conj.).
Estanhar. – R. (1ª conj.).
Estapear. – (Mod. núm. 15).
Estaquear. – (Mod. núm. 15).

ESTAR. – 10.

Estarrecer. – (Mod. núm. 38).
Estatelar. – R. (1ª conj.).
Estatuir. – (Mod. núm. 59).
Estear. – (Mod. núm. 13).
Estender. – R. (2ª conj.). (1)
Estenografar. – R. (1ª conj.).
Estercar. – (Mod. núm. 11).
Esterilizar. – R. (1ª conj.).
Estiar. – R. (1ª conj.).
Esticar. – (Mod. núm. 11).
Estigmatizar. – R. (1ª conj.).
Estilar. – R. (1ª conj.).
Estilhaçar. – (Mod. núm. 19).
Estilhar. – R. (1ª conj.).
Estimar. – R. (1ª conj.).
Estimular. – R. (1ª conj.).
Estiolar. – R. (1ª conj.).
Estipular. – R. (1ª conj.).
Estirar. – R. (1ª conj.).
Estivar. – R. (1ª conj.).
Estofar. – R. (1ª conj.).
Estojar. – R. (1ª conj.).
Estomagar. – (Mod. núm. 14).
Estontear. – (Mod. núm. 15).
Estopar. – R. (1ª conj.).
Estopetar. – R. (1ª conj.).
Estoquear. – (Mod. núm. 15).
Estorcer. – (Mod. núm. 38).
Estornar. – R. (1ª conj.).
Estorroar. – (Mod. núm. 16).
Estortegar. – (Mod. núm. 14).
Estorvar. – R. (1ª conj.).
Estourar. – R. (1ª conj.).
Estraçalhar. – R. (1ª conj.).
Estraçoar. – (Mod. núm. 16).
Estradar. – R. (1ª conj.).
Estradear. – (Mod. núm. 15).
Estragar. – (Mod. núm. 14).
Estralar. – R. (1ª conj.).
Estralejar. – R. (1ª conj.).
Estrangular. – R. (1ª conj.).
Estranhar. – R. (1ª conj.).
Estratificar. – (Mod. núm. 11).
Estrear. – (Mod. núm. 15).
Estrebuchar. – R. (1ª conj.).
Estreitar. – R. (1ª conj.). (2)
Estrelar. – R. (1ª conj.).
Estrelejar. – R. (1ª conj.).
Estremar. – R. (1ª conj.).
Estremecer. – (Mod. núm. 38).
Estremunhar. – R. (1ª conj.).
Estrepar. – R. (1ª conj.).
Estrepitar. – R. (1ª conj.).
Estriar. – R. (1ª conj.).
Estribar. – R. (1ª conj.).
Estridular. – R. (1ª conj.).
Estrigar. – (Mod. núm. 14).
Estrilar. – R. (1ª conj.).
Estringir. – (Mod. núm. 51).
Estripar. – R. (1ª conj.).

(1) P. p. irreg.: Extenso.
(2) P. p. irreg.: Estreito.

Estroinar. – R. (1ª conj.).
Estroncar. – (Mod. núm. 11).
Estrondar. – R. (1ª conj.).
Estrondear. – (Mod. núm. 15).
Estropiar. – R. (1ª conj.).
Estrugir. – (Mod. núm. 46).
Estruir. – (Mod. núm. 59).
Estrumar. – R. (1ª conj.).
Estuar. – (Mod. núm. 6).
Estucar. – (Mod. núm. 11).
Estudar. – R. (1ª conj.).
Estufar. – R. (1ª conj.).
Estugar. – (Mod. núm. 14).
Estupefazer. – (Mod. núm. 25).
Estupeficar. – (Mod. núm. 11).
Estupidificar. – (Mod. núm. 11).
Estuporar. – R. (1ª conj.).
Estuprar. – R. (1ª conj.).
Esturrar. – R. (1ª conj.).
Esturricar. – (Mod. núm. 11).
Esvaecer. – (Mod. núm. 38).
Esvair. – (Mod. núm. 40).
Esvanecer. – (Mod. núm. 38).
Esvaziar. – R. (1ª conj.).
Esverdear. – (Mod. núm. 15).
Esviscerar. – R. (1ª conj.).
Esvoaçar. – (Mod. núm. 19).
Esvurmar. – R. (1ª conj.).
Eterificar. – (Mod. núm. 11).
Eterizar. – R. (1ª conj.).
Eternizar. – R. (1ª conj.).
Europeizar. – (Mod. núm. 8).
Evacuar. – (Mod. núm. 6).
Evadir. – R. (3ª conj.).
Evangelizar. – R. (1ª conj.).
Evaporar. – R. (1ª conj.).
Evaporizar. – R. (1ª conj.).
Eventrar. – R. (1ª conj.).
Everter. – R. (2ª conj.).
Evidenciar. – (Mod. núm. 3). (1)
Eviscerar. – R. (1ª conj.).
Evitar. – R. (1ª conj.).
Evocar. – (Mod. núm. 11).
Evolar-se. – R. (1ª conj.).
Evolucionar. – R. (1ª conj.).
Evoluir. – (Mod. núm. 59).
Evolver. – R. (1ª conj.).
Exacerbar. – R. (1ª conj.).
Exagerar. – A. (1ª conj.).
Exalar. – R. (1ª conj.).
Exaltar. – R. (1ª conj.).
Examinar. – R. (1ª conj.).
Exarar. – R. (1ª conj.).
Exasperar. – R. (1ª conj.).
Exatificar. – (Mod. núm. 11).
Exaurir. – (Mod. núm. 46). (2).
Exaustar. – R. (1ª conj.).
Exautorar. – R. (1ª conj.).
Excarcerar. – R. (1ª conj.).
Excecionar. – R. (1ª conj.).
Exceder. – R. (2ª conj.).
Exceler. – R. (2ª conj.).
Excetuar. – (Mod. núm. 6). (3)
Excisar. – R. (1ª conj.).
Excitar. – R. (1ª conj.).
Exclamar. – R. (1ª conj.).
Excluir. – (Mod. núm. 59). (4)
Excogitar. – R. (1ª conj.).
Excomungar. – (Mod. núm. 14).
Excoriar. – R. (1ª conj.).
Excretar. – R. (1ª conj.).
Excusar. – R. (1ª conj.).
Excutir. – R. (3ª conj.).
Execrar. – R. (1ª conj.).
Executar. – R. (1ª conj.).
Exemplificar. – (Mod. núm. 11).
Exemptar. – R. (1ª conj.).
Exercer. – (Mod. núm. 38).
Exercitar. – R. (1ª conj.).
Exerdar. – R. (1ª conj.).

(1) Este verbo, irregular en Portugal, es regular en
    el Brasil.
(2) P. p. irreg.: Exausto.
(3) P. p. irreg.: Exceto.
(4) P. p. irreg.: Excluso.

Exibir. – R. (3ª conj.).
Exigir. – (Mod. núm. 51).
Exilar. – R. (1ª conj.).
Eximir. – R. (3ª conj.). (1)
Existir. – R. (3ª conj.).
Exonerar. – R. (1ª conj.).
Exorbitar. – R. (1ª conj.).
Exorcismar. – R. (1ª conj.).
Exordiar. – R. (1ª conj.).
Exornar. – R. (1ª conj.).
Exortar. – R. (1ª conj.).
Expandir. – R. (3ª conj.).
Expatriar. – R. (1ª conj.).
Expectorar. – R. (1ª conj.).
Expedir. – (Mod. núm. 55).
Expelir. – (Mod. núm. 45). (2)
Expender. – R. (2ª conj.).
Experimentar. – R. (1ª conj.).
Expiar. – R. (1ª conj.).
Expilar. – R. (1ª conj.).
Expirar. – R. (1ª conj.).
Explanar. – R. (1ª conj.).
Explicar. – (Mod. núm. 11).
Explodir. – (Mod. núm. 46).
Explorar. – R. (1ª conj.).
Expluir. – (Mod. núm. 59).
Expor. – R. (4ª conj.).
Exportar. – R. (1ª conj.).
Expressar. – R. (1ª conj.). (3)
Exprobar. – R. (1ª conj.).
Expropriar. – R. (1ª conj.).
Expugnar. – R. (1ª conj.).
Exprimir. – R. (3ª conj.). (4)
Expulsar. – R. (1ª conj.). (5)
Expungir. – (Mod. núm. 51).
Expurgar. – (Mod. núm. 14).
Exsuar. – (Mod. núm. 6).
Exsudar. – R. (1ª conj.).
Exsurgir. – (Mod. núm. 51).
Extasiar. – R. (1ª conj.).
Extenuar. – (Mod. núm. 6).
Exteriorizar. – R. (1ª conj.).
Exterminar. – R. (1ª conj.).
Externar. – R. (1ª conj.).

EXTINGUIR-SE. – 52. (6).

Extirpar. – R. (1ª conj.).
Extorcer. – (Mod. núm. 38).
Extorquir. – (Mod. núm. 46).
Extraditar. – R. (1ª conj.).
Extrair – (Mod. núm. 49). (7)
Extrapassar. – R. (1ª conj.).
Extrapor. – R. (4ª conj.).
Extratar. – R. (1ª conj.).
Extravagar. – (Mod. núm. 14).
Extravasar. – R. (1ª conj.).
Extraviar. – R. (1ª conj.).
Extremar. – R. (1ª conj.). (8)
Exuberar. – R. (1ª conj.).
Exultar. – R. (1ª conj.).
Exumar. – R. (1ª conj.).

F

Fabular. – R. (1ª conj.).
Fabulizar. – R. (1ª conj.).
Faccionar. – R. (1ª conj.).
Facear. – (Mod. núm. 15).
Faceirar. – R. (1ª conj.).
Facetar. – R. (1ª conj.).
Facetear. – (Mod. núm. 15).
Facilitar. – R. (1ª conj.).
Facultar. – R. (1ª conj.).
Fadar. – R. (1ª conj.).
Fadigar. – (Mod. núm. 14).
Fagulhar. – R. (1ª conj.).

(1) P. p. irreg.: Exento.
(2) P. p. irreg.: Expulso.
(3) P. p. irreg.: Expresso.
(4) P. p. irreg.: Expresso.
(5) P. p. irreg.: Expulso.
(6) P. p. irreg.: Extinto.
(7) P. p. irreg.: Extrato.
(8) P. p. irreg.: Extremo.

Faiscar. – (Mod. núm. 8). (1)
Faixar. – **R.** (1ª conj.).
Faixear. – (Mod. núm. 15).
Falar. – **R.** (1ª conj.).
Falcassar. – **R.** (1ª conj.).
Falcatruar. – (Mod. núm. 6).
Falcoar. – (Mod. núm. 16).
Falecer. – (Mod. núm. 38).
Falhar. – **R.** (1ª conj.).
Falir. – (Mod. núm. 46).
Falquear. – (Mod. núm. 15).
Falquejar. – **R.** (1ª conj.).
Falsar. – (Mod. núm. 15).
Falsetear. – (Mod. núm. 15).
Falsificar. – (Mod. núm. 11).
Faltar. – **R.** (1ª conj.). (2)
Familiarizar. – **R.** (1ª conj.).
Fanar. – **R.** (1ª conj.).
Fanatizar. – **R.** (1ª conj.).
Fandanguear. – (Mod. núm. 15).
Fanfarrear. – (Mod. núm. 15).
Fanfarronar. – **R.** (1ª conj.).
Fanhosear. – (Mod. núm. 15).
Fantasiar. – **R.** (1ª conj.).
Faquear. – (Mod. núm. 15).
Faradizar. – **R.** (1ª conj.).
Farçantear. – (Mod. núm. 15).
Fardar. – **R.** (1ª conj.).
Farejar. – **R.** (1ª conj.).
Farfalhar. – **R.** (1ª conj.).
Farinar. – **R.** (1ª conj.).
Fariscar. – (Mod. núm. 11).
Farpar. – **R.** (1ª conj.).
Farpear. – (Mod. núm. 15).
Farrapar. – **R.** (1ª conj.).
Farrear. – (Mod. núm. 15).
Fartar. – **R.** (1ª conj.). (3)
Fascinar. – **R.** (1ª conj.).
Fasquiar. – **R.** (1ª conj.).
Fatiar. – **R.** (1ª conj.).
Fatigar. – (Mod. núm. 14).
Faular. – (Mod. núm. 18).
Favonear. – (Mod. núm. 15).
Favorecer. – (Mod. núm. 38).
Faxinar. – **R.** (1ª conj.).

FAZER. – 25.

Febricitar. – **R.** (1ª conj.).
Fechar. – **R.** (1ª conj.).
Fecundar. – **R.** (1ª conj.).
Feder. – **R.** (2ª conj.).
Federar. – **R.** (1ª conj.).
Feirar. – **R.** (1ª conj.).
Felicitar. – **R.** (1ª conj.).
Feltrar. – **R.** (1ª conj.).
Feminizar. – **R.** (1ª conj.).
Fender. – **R.** (2ª conj.).
Fenecer. – (Mod. núm. 39).
Feriar. – **R.** (1ª conj.).
Ferir. – (Mod. núm. 45).
Fermentar. – **R.** (1ª conj.).
Ferrar. – **R.** (1ª conj.).
Ferretear. – (Mod. núm. 15).
Ferretoar. – **R.** (1ª conj.).
Ferroar. – (Mod. núm. 15).
Ferrolhar. – **R.** (1ª conj.).
Ferropear. – (Mod. núm. 15).
Fertilizar. – **R.** (1ª conj.).
Ferventar. – **R.** (1ª conj.).
Ferver. – **R.** (2ª conj.).
Fervilhar. – **R.** (1ª conj.).
Festar. – **R.** (1ª conj.).
Festejar. – **R.** (1ª conj.).
Festoar. – (Mod. núm. 16).
Fiar. – **R.** (1ª conj.).

FICAR. – 11.

Fichar. – **R.** (1ª conj.).
Figurar. – **R.** (1ª conj.).

(1) *Para las mutaciones ortográficas, véase modelo número 11.*
(2) *P. p. irreg.: Falto.*
(3) *P. p. irreg.: Farto.*

Filar. – **R.** (1ª conj.).
Filhar. – **R.** (1ª conj.).
Filiar. – **R.** (1ª conj.).
Filigranar. – **R.** (1ª conj.).
Filmar. – **R.** (1ª conj.).
Filosofar. – **R.** (1ª conj.).
Filosofear. – (Mod. núm. 15).
Filtrar. – **R.** (1ª conj.).
Finalizar. – **R.** (1ª conj.).
Financiar. – (Mod. núm. 3). (1).
Finar. – **R.** (1ª conj.).
Fincar. – (Mod. núm. 11).
Findar. – **R.** (1ª conj.). (2)
Fingir. – (Mod. núm. 51).
Fintar. – **R.** (1ª conj.).
Firmar. – **R.** (1ª conj.).
Fiscalizar. – **R.** (1ª conj.).
Fisgar. – (Mod. núm. 14).
Fitar. – **R.** (1ª conj.).
Fixar. – **R.** (1ª conj.). (3)
Flagelar. – **R.** (1ª conj.).
Flagiciar. – **R.** (1ª conj.).
Flambar. – **R.** (1ª conj.).
Flamear. – (Mod. núm. 15).
Flamejar. – **R.** (1ª conj.).
Flanar. – **R.** (1ª conj.).
Flanquear. – (Mod. núm. 15).
Flautar. – **R.** (1ª conj.).
Flautear. – (Mod. núm. 15).
Flechar. – **R.** (1ª conj.).
Flectir. – (Mod. núm. 45).
Flertar. – **R.** (1ª conj.).
Flexibilizar. – **R.** (1ª conj.).
Flexionar. – **R.** (1ª conj.).
Florar. – **R.** (1ª conj.).
Florear. – (Mod. núm. 15).
Florejar. – **R.** (1ª conj.).
Florescer. – (Mod. núm. 38).
Floretear. – (Mod. núm. 15).
Florir. – (Mod. núm. 46).
Fluidificar. – (Mod. núm. 11).
Fluir. – (Mod. núm. 59).
Flutuar. – (Mod. núm. 6).
Focalizar. – **R.** (1ª conj.).
Focar. – (Mod. núm. 11).
Foçar. – (Mod. núm. 19).
Focinhar. – **R.** (1ª conj.).
Fofar. – **R.** (1ª conj.).
Foguear. – (Mod. núm. 15).
Foguetear. – (Mod. núm. 15).
Foiçar. – (Mod. núm. 19).
Folgar. – (Mod. núm. 14).
Folhar. – **R.** (1ª conj.).
Folhear. – (Mod. núm. 15).
Folhetear. – (Mod. núm. 15).
Foliar. – **R.** (1ª conj.).
Fomentar. – **R.** (1ª conj.).
Fonfonar. – **R.** (1ª conj.).
Foragir-se. – (Mod. núm. 46).
Forcar. – (Mod. núm. 11).
Forçar. – (Mod. núm. 19).
Forcejar. – **R.** (1ª conj.).
Forjar. – **R.** (1ª conj.).
Forgicar. – (Mod. núm. 11).
Formalizar. – **R.** (1ª conj.).
Formar. – **R.** (1ª conj.).
Formigar. – (Mod. núm. 14).
Formiguejar. – **R.** (1ª conj.).
Formosear. – (Mod. núm. 15).
Formosentar. – **R.** (1ª conj.).
Formular. – **R.** (1ª conj.).
Fornecer. – (Mod. núm. 38).
Fornejar. – **R.** (1ª conj.).
Fornicar. – (Mod. núm. 11).
Fornir. – (Mod. núm. 46).
Forquear. – (Mod. núm. 15).
Forquilhar. – **R.** (1ª conj.).
Forragear. – (Mod. núm. 15).
Forrar. – **R.** (1ª conj.).
Fortalecer. – (Mod. núm. 38).
Fortificar. – (Mod. núm. 11).
Fosforar. – **R.** (1ª conj.).

(1) *Conjúg. t. c. reg.*
(2) *P. p. irreg.: Findo.*
(3) *P. p. irreg.: Fixo.*

Fosforear. – (Mod. núm. 15).
Fosforejar. – **R.** (1ª conj.).
Fosforescer. – **R.** (2ª conj.).
Fosforizar. – **R.** (1ª conj.).
Fossar. – **R.** (1ª conj.).
Fossilizar. – **R.** (1ª conj.).
Fotografar. – **R.** (1ª conj.).
Fototipar. – **R.** (1ª conj.).
Fototipiar. – **R.** (1ª conj.).
Fracassar. – **R.** (1ª conj.).
Fracatear. – (Mod. núm. 15).
Fracionar. – **R.** (1ª conj.).
Fradar-se. – **R.** (1ª conj.).
Fradejar. – **R.** (1ª conj.).
Fragmentar. – **R.** (1ª conj.).
Fraguar. – (Mod. núm. 6).
Fraldear. – (Mod. núm. 15).
Fraldejar. – **R.** (1ª conj.).
Francesear. – (Mod. núm. 15).
Frangalhar. – **R.** (1ª conj.).
Franger. – (Mod. núm. 34).
Frangir. – (Mod. núm. 51).
Franjar. – **R.** (1ª conj.).
Franquear. – (Mod. núm. 15).
Franzir. – **R.** (3ª conj.).
Fraquear. – (Mod. núm. 15).
Fraquejar. – **R.** (1ª conj.).
Frasear. – (Mod. núm. 15).
Fraternizar. – **R.** (1ª conj.).
Fraturar. – **R.** (1ª conj.).
Fraudar. – **R.** (1ª conj.).
Frechar. – **R.** (1ª conj.).
Fremir. – (Mod. núm. 46).
Frenar. – **R.** (1ª conj.).
Freqüentar. – **R.** (1ª conj.).
Fretar. – **R.** (1ª conj.).
Fretejar. – **R.** (1ª conj.).
Fretenir. – **R.** (3ª conj.).
Fricionar. – **R.** (1ª conj.).

FRIGIR. – 53. (1)

Frigorificar. – (Mod. núm. 11).
Frisar. – **R.** (1ª conj.).
Fritar. – **R.** (1ª conj.).
Frondar. – **R.** (1ª conj.).
Frondear. – (Mod. núm. 15).
Frondejar. – **R.** (1ª conj.).
Frondescer. – (Mod. núm. 38).
Frontear. – (Mod. núm. 15).
Fruir. – (Mod. núm. 59).
Frustrar. – **R.** (1ª conj.).
Frutear. – (Mod. núm. 15).
Frutificar. – (Mod. núm. 11).
Fubecar. – (Mod. núm. 11).
Fugar. – (Mod. núm. 14).
Fugir. – (Mod. núm. 44). (2)
Fulgir. – (Mod. núm. 51).
Fulgurar. – **R.** (1ª conj.).
Fulminar. – **R.** (1ª conj.).
Fumar. – **R.** (1ª conj.).
Fumarar. – **R.** (1ª conj.).
Fumear. – (Mod. núm. 15).
Fumegar. – (Mod. núm. 14).
Fumigar. – (Mod. núm. 14).
Funcionar. – **R.** (1ª conj.).
Fundamentar. – **R.** (1ª conj.).
Fundar. – **R.** (1ª conj.).
Fundear. – (Mod. núm. 15).
Fundir. – **R.** (3ª conj.).
Fungar. – (Mod. núm. 14).
Furar. – **R.** (1ª conj.).
Furoar. – (Mod. núm. 16).
Furtar. – **R.** (1ª conj.).
Fussar. – **R.** (1ª conj.).
Fustigar. – (Mod. núm. 14).
Futilizar. – **R.** (1ª conj.).
Futricar. – (Mod. núm. 11).
Futurar. – **R.** (1ª conj.).
Fuxicar. – **R.** (1ª conj.).
Fuzilar. – **R.** (1ª conj.).

(1) *P. p. irreg.: Frito.*
(2) *Para las mutaciones ortográficas véase modelo número 51.*

G

Gabar. – **R.** (1ª conj.).
Gaguejar. – **R.** (1ª conj.).
Gaiatar. – **R.** (1ª conj.).
Gaitear. – (Mod. núm. 15).
Gaivar. – **R.** (1ª conj.).
Galanear. – (Mod. núm. 15).
Galantear. – (Mod. núm. 15).
Galar. – **R.** (1ª conj.).
Galardoar. – (Mod. núm. 16).
Galear. – (Mod. núm. 15).
Galgar. – (Mod. núm. 14).
Galhardear. – **R.** (1ª conj.).
Galhofar. – **R.** (1ª conj.).
Galhofear. – (Mod. núm. 15).
Galonar. – **R.** (1ª conj.).
Galopar. – **R.** (1ª conj.).
Galopear. – (Mod. núm. 15).
Galrar. – **R.** (1ª conj.).
Galvanizar. – **R.** (1ª conj.).
Gambetear. – (Mod. núm. 15).
Gandaiar. – **R.** (1ª conj.).
Gandular. – **R.** (1ª conj.).
Gangrenar. – **R.** (1ª conj.).
Ganhar. – **R.** (1ª conj.). (1)
Ganir. – (Mod. núm. 46).
Garabulhar. – **R.** (1ª conj.).
Garançar. – (Mod. núm. 19).
Garantir. – **R.** (3ª conj.).
Garfar. – **R.** (1ª conj.).
Gargalhar. – **R.** (1ª conj.).
Gargantear. – (Mod. núm. 15).
Gargarejar. – **R.** (1ª conj.).
Garimpar. – (Mod. núm. 15).
Garnear. – (**mod.** núm. 15).
Garoar. – (Mod. núm. 16). (2)
Garotar. – **R.** (1ª conj.).
Garrar. – **R.** (1ª conj.).
Garrir. – (Mod. núm. 46).
Garrochar. – **R.** (1ª conj.).
Garrotar. – **R.** (1ª conj.).
Garrotear. – (Mod. núm. 15).
Garrular. – **R.** (1ª conj.).
Garrulear. – (Mod. núm. 15).
Guaruar. – (Mod. núm. 6). (3)
Gaseificar. – (Mod. núm. 11).
Gaspear. – (Mod. núm. 15).
Gastar. – **R.** (1ª conj.). (4)
Gatafunhar. – **R.** (1ª conj.).
Gatear. – (Mod. núm. 15).
Gatunar. – **R.** (1ª conj.).
Gauchar. – (Mod. núm. 18).
Gazear. – (Mod. núm. 15).
Gazetear. – (Mod. núm. 15).
Gear. – (Mod. núm. 15). (5)
Gelar. – **R.** (1ª conj.).
Gemar. – **R.** (1ª conj.).
Gemer. – **R.** (2ª conj.).
Gemicar. – (Mod. núm. 11).
Geminar. – **R.** (1ª conj.).
Generalizar. – **R.** (1ª conj.).
Genuflectir. – (Mod. núm. 45).
Gerar. – **R.** (1ª conj.).
Gerir. – (Mod. núm. 45).
Germanar. – **R.** (1ª conj.).
Germanizar. – **R.** (1ª conj.).
Germinar. – **R.** (1ª conj.).
Gessar. – **R.** (1ª conj.).
Gesticular. – **R.** (1ª conj.).
Ginetear. – (Mod. núm. 15).
Gingar. – (Mod. núm. 14).
Girar. – **R.** (1ª conj.).
Gizar. – **R.** (1ª conj.).
Glomerar. – **R.** (1ª conj.).
Gloriar. – **R.** (1ª conj.). (6)
Glorificar. – (Mod. núm. 11).
Glosar. – **R.** (1ª conj.).

(1) *P. p. irreg. Ganho.*
(2) *Este verbo es esencialmente impersonal.*
(3) *Este verbo es esencialmente impersonal.*
(4) *P. p. irreg.: Gasto.*
(5) *Este verbo es esencialmente impersonal.*
(6) *Este verbo es regular en Portugal; en el Brasil, sigue por lo general el modelo número 3.*

Glutinar. – **R.** (1ª conj.).
Goelar. – **R.** (1ª conj.).
Goivar. – **R.** (1ª conj.).
Golfar. – **R.** (1ª conj.).
Golfejar. – **R.** (1ª conj.).
Golpear. – (Mod. núm. 15).
Gomar. – **R.** (1ª conj.).
Gongorizar. – **R.** (1ª conj.).
Gorar. – **R.** (1ª conj.).
Gorgolar. – **R.** (1ª conj.).
Gorgolhar. – **R.** (1ª conj.).
Gorjear. – (Mod. núm. 15).
Gornir. – (Mod. núm. 57).
Gostar. – **R.** (1ª conj.).
Gotear. – (Mod. núm. 15).
Gotejar. – **R.** (1ª conj.).
Governar. – **R.** (1ª conj.).
Gozar. – **R.** (1ª conj.).
Gracejar. – **R.** (1ª conj.).
Graçolar. – **R.** (1ª conj.).
Gradar. – **R.** (1ª conj.).
Gradear. – (Mod. núm. 15).
Gradecer. – (Mod. núm. 38).
Graduar. – (Mod. núm. 6).
Grafar. – **R.** (1ª conj.).
Gralhar. – **R.** (1ª conj.).
Gralnear. – (Mod. núm. 15).
Gramar. – **R.** (1ª conj.).
Gramaticar. – (Mod. núm. 11).
Grampear. – (Mod. núm. 15).
Granar. – **R.** (1ª conj.).
Granir. – **R.** (3ª conj.).
Granitar. – **R.** (1ª conj.).
Granizar. – **R.** (1ª conj.).
Granjear. – (Mod. núm. 15).
Granular. – **R.** (1ª conj.).
Grasnar. – **R.** (1ª conj.).
Grassar. – **R.** (1ª conj.).
Grassitar. – **R.** (1ª conj.).
Gratificar. – (Mod. núm. 11).
Gravar. – **R.** (1ª conj.).
Gravetar. – **R.** (1ª conj.).
Gravidar. – **R.** (1ª conj.).
Gravitar. – **R.** (1ª conj.).
Grecizar. – **R.** (1ª conj.).
Grelar. – **R.** (1ª conj.).
Grelhar. – **R.** (1ª conj.).
Gretar. – **R.** (1ª conj.).
Grifar. – **R.** (1ª conj.).
Grimpar. – **R.** (1ª conj.).
Gripar-se. – **R.** (1ª conj.).
Gritar. – **R.** (1ª conj.).
Grosar. – **R.** (1ª conj.).
Grulhar. – **R.** (1ª conj.).
Grumar. – **R.** (1ª conj.).
Grumecer. – (Mod. núm. 38).
Grunhir. – **R.** (3ª conj.).
Grupar. – **R.** (1ª conj.).
Guampear. – (Mod. núm. 15).
Guardar. – **R.** (1ª conj.).
Guardear. – (Mod. núm. 15).
Guarnecer. – (Mod. núm. 38).
Guasquear. – (Mod. núm. 15).
Guerrear. – (Mod. núm. 15).
Guerrilhar. – **R.** (1ª conj.).
Guilhotinar. – **R.** (1ª conj.).
Guinar. – **R.** (1ª conj.).
Guinchar. – **R.** (1ª conj.).
Guisar. – **R.** (1ª conj.).
Guitarrear. – **R.** (1ª conj.).
Gulosar. – **R.** (1ª conj.).
Gulosear. – (Mod. núm. 15).
Gusquear. – (Mod. núm. 15).

H

Habilitar. – **R.** (1ª conj.).
Habitar. – **R.** (1ª conj.).
Habituar. – (Mod. núm. 6).
Harmonizar. – **R.** (1ª conj.).
Harpear. – (Mod. núm. 15).
Hastear. – (Mod. núm. 15).
Haurir. – (Mod. núm. 46). (1)

(1) *P. p. irreg.: Hausto.*

HAVER. – 26.

Hebraizar. – (Mod. núm. 8).
Heleborizar. – **R.** (1ª conj.).
Henelizar. – **R.** (1ª conj.).
Hepatizar-se. – **R.** (1ª conj.).
Herborizar. – **R.** (1ª conj.).
Herdar. – **R.** (1ª conj.).
Heroificar. – (Mod. núm. 11).
Hesitar. – **R.** (1ª conj.).
Hidratar. – **R.** (1ª conj.).
Hidrogenar. – **R.** (1ª conj.).
Hierarquizar. – **R.** (1ª conj.).
Hilarizar. – **R.** (1ª conj.).
Hipertrofiar. – **R.** (1ª conj.).
Hipnotizar. – **R.** (1ª conj.).
Hipotecar. – (Mod. núm. 11).
Hispidar-se. – **R.** (1ª conj.).
Hissopar. – **R.** (1ª conj.).
Homenagear. – (Mod. núm. 15).
Homiziar-se. – **R.** (1ª conj.).
Homologar. – (Mod. núm. 14).
Honestar. – **R.** (1ª conj.).
Honrar. – **R.** (1ª conj.).
Horoscopar. – **R.** (1ª conj.).
Horoscopizar. – **R.** (1ª conj.).
Horripilar. – **R.** (1ª conj.).
Horrorizar. – **R.** (1ª conj.).
Hospedar. – **R.** (1ª conj.).
Hospitalizar. – **R.** (1ª conj.).
Hostilizar. – **R.** (1ª conj.).
Humanar. – **R.** (1ª conj.).
Humanizar-se. – **R.** (1ª conj.).
Humildar. – **R.** (1ª conj.).
Humilhar. – **R.** (1ª conj.).

I

Idealizar. – **R.** (1ª conj.).
Idear. – (Mod. núm. 13).
Identificar. – (Mod. núm. 11).
Idiotizar. – **R.** (1ª conj.).
Idolatrar. – **R.** (1ª conj.).
Ignizar-se. – **R.** (1ª conj.).
Ignorar. – **R.** (1ª conj.). (1)
Igualar. – **R.** (1ª conj.).
Ilaquear. – (Mod. núm. 15).
Ilhar. – **R.** (1ª conj.).
Ilibar. – **R.** (1ª conj.).
Iludir. – **R.** (3ª conj.). (2)
Iluminar. – **R.** (1ª conj.).
Ilustrar. – **R.** (1ª conj.).
Imaginar. – **R.** (1ª conj.).
Imanar. – **R.** (1ª conj.).
Imanizar. – **R.** (1ª conj.).
Imbecilizar. – **R.** (1ª conj.).
Imbicar. – (Mod. núm. 11).
Imbricar. – **R.** (1ª conj.).
Imbuir. – (Mod. núm. 59).
Imediatar. – **R.** (1ª conj.).
Imergir. – (Mod. núm. 46). (3)
Imigrar. – **R.** (1ª conj.).
Imiscuir-se. – (Mod. núm. 59).
Imitar. – **R.** (1ª conj.).
Imitir. – **R.** (3ª conj.).
Imobilizar. – **R.** (1ª conj.).
Imolar. – **R.** (1ª conj.).
Imortalizar. – **R.** (1ª conj.).
Impacientar. – **R.** (1ª conj.).
Ímpar. – **R.** (1ª conj.).
Impassibilizar. – **R.** (1ª conj.).
Impedir. – (Mod. núm. 55).
Impelir. – (Mod. núm. 45).
Impender. – **R.** (2ª conj.).
Imperar. – **R.** (1ª conj.).
Imperfeiçoar. – (Mod. núm. 16).
Impermeabilizar. – **R.** (1ª conj.).
Impetrar. – **R.** (1ª conj.).
Impingir. – (Mod. núm. 51).
Implantar. – **R.** (1ª conj.).
Implicar. – (Mod. núm. 11).
Implorar. – **R.** (1ª conj.).

(1) *P. p. irreg.: Ignoto.*
(2) *P. p. irreg.: Iluso.*
(3) *P. p. irreg.: Imerso.*

Importar. – R. (1ª conj.).
Importunar. – R. (1ª conj.).
Impossibilitar. – R. (1ª conj.).
Impostar. – R. (1ª conj.).
Imposturar. – R. (1ª conj.).
Imprecar. – (Mod. núm. 11).
Impregnar. – R. (1ª conj.).
Imprensar. – R. (1ª conj.).
Impressionar. – R. (1ª conj.).
Imprimir. – R. (1ª conj.). (1)
Improvisar. – R. (1ª conj.).
Impugnar. – R. (1ª conj.).
Impulsar. – R. (1ª conj.).
Impulsionar. – R. (1ª conj.).
Imputar. – R. (1ª conj.).
Imunizar. – R. (1ª conj.).
Imutar. – R. (1ª conj.).
**Inanir-se— **(Mod. núm. 46).
Inaugurar. – R. (1ª conj.).
Incapacitar. – R. (1ª conj.).
Inçar. – (Mod. núm. 19).
Incarnar. – R. (1ª conj.).
Incender. – R. (2ª conj.).
Incendiar. – (Mod. núm. 3).
Incensar. – R. (1ª conj.).
Incentivar. – R. (1ª conj.).
Incestar. – R. (1ª conj.).
Inchar. – R. (1ª conj.).
Incidir. – R. (3ª conj.).
Incinerar. – R. (1ª conj.).
Incisar. – R. (1ª conj.).
Incitar. – R. (1ª conj.).
Inclinar. – R. (1ª conj.).
Incluir. – (Mod. núm. 59). (2)
Incoar. – (Mod. núm. 16).
Incomodar. – R. (1ª conj.).
Incompatibilizar. – R. (1ª conj.).
Incorporar. – R. (1ª conj.).
Incorrer. – R. (2ª conj.). (3)
Incrementar. – R. (1ª conj.).
Increpar. – R. (1ª conj.).
Incriminar. – R. (1ª conj.).
Incrustar. – R. (1ª conj.).
Incubar. – R. (1ª conj.).
Inculcar. – (Mod. núm. 11).
Inculpar. – R. (1ª conj.).
Incutir. – R. (3ª conj.).
Indagar. – (Mod. núm. 14).
Indeferir. – (Mod. núm. 45).
Indenizar. – R. (1ª conj.).
Indeterminar. – R. (1ª conj.).
Indicar. – (Mod. núm. 11).
Indiciar. – R. (1ª conj.).
Indignar. – R. (1ª conj.).
Indisciplinar. – R. (1ª conj.).
Indispor. – R. (4ª conj.).
Individualizar. – R. (1ª conj.).
Indocilizar. – R. (1ª conj.).
Indulgenciar. – R. (1ª conj.).
Indultar. – R. (1ª conj.).
Industrializar. – R. (1ª conj.).
Industriar. – R. (1ª conj.).
Induzir. – (Mod. núm. 56).
Inebriar. – R. (1ª conj.).
Inerir. – (Mod. núm. 46).
Inervar. – R. (1ª conj.).
Infamar. – R. (1ª conj.).
Infecionar. – R. (1ª conj.).
Infelicitar. – R. (1ª conj.).
Inferiorizar. – R. (1ª conj.).
Inferir. – (Mod. núm. 45).
Infernar. – R. (1ª conj.).
Infernizar. – R. (1ª conj.).
Infertilizar. – R. (1ª conj.).
Infestar. – R. (1ª conj.). (4)
Infetar. – R. (1ª conj.). (5)
Infibular. – R. (1ª conj.).
Inficionar. – R. (1ª conj.).
Infiltrar. – R. (1ª conj.).
Inflamar. – R. (1ª conj.).

(1) *P. p. irreg.: Impresso.*
(2) *P. p. irreg.: Incluso.*
(3) *P. p. irreg.: Incurso.*
(4) *P. p. irreg.: Infesto.*
(5) *P. p. irreg.: Infeto.*

Inflar. – R. (1ª conj.).
Infletir. – (Mod. núm. 45).
Infligir. – (Mod. núm. 51).
Inflorar. – R. (1ª conj.).
Influenciar. – (Mod. núm. 3). (1)
Influir. – (Mod. núm. 59).
Informar. – R. (1ª conj.).
Infortunar. – R. (1ª conj.).
Infringir. – (Mod. núm. 51).
Infundir. – R. (1ª conj.). (2)
Infusar. – R. (1ª conj.).
Ingerir. – (Mod. núm. 45).
Inglesar. – R. (1ª conj.).
Ingressar. – R. (1ª conj.).
Ingurgitar. – R. (1ª conj.).
Inhabilitar. – R. (1ª conj.).
Inhalar. – R. (1ª conj.).
Iniciar. – R. (1ª conj.).
Inimistar. – R. (1ª conj.).
Inimizar. – R. (1ª conj.).
Injetar. – R. (1ª conj.).
Injungir. – (Mod. núm. 46).
Injuriar. – R. (1ª conj.).
Inocular. – R. (1ª conj.).
Inovar. – R. (1ª conj.).
Inquietar. – R. (1ª conj.). (3)
Inquinar. – R. (1ª conj.).
Insalivar. – R. (1ª conj.).
Inscrever. – R. (2ª conj.). (4)
Insculpir. – R. (3ª conj.).
Inserir. – (Mod. núm. 45). (5)
Insidiar. – R. (1ª conj.).
Insinuar. – (Mod. núm. 6).
Insistir. – R. (3ª conj.).
Insolar. – R. (1ª conj.).
Insossar. – R. (1ª conj.).
Inspirar. – R. (1ª conj.).
Instalar. – R. (1ª conj.).
Instar. – R. (1ª conj.).
Instaurar. – R. (1ª conj.).
Instigar. – (Mod. núm. 14).
Instilar. – R. (1ª conj.).
Instituir. – (Mod. núm. 59).
Instruir. – (Mod. núm. 59).
Insubordinar. – R. (1ª conj.).
Insuflar. – R. (1ª conj.).
Insular. – R. (1ª conj.).
Insultar. – R. (1ª conj.).
Insurgir. – (Mod. núm. 51).
Insurrecionar. – R. (1ª conj.).
Integrar. – R. (1ª conj.).
Inteirar. – R. (1ª conj.).
Inteiriçar. – (Mod. núm. 19).
Intelectualizar. – R. (1ª conj.).
Intemperar. – R. (1ª conj.).
Intender. – R. (2ª conj.).
Intensificar. – (Mod. núm. 11).
Intentar. – R. (1ª conj.).
Intercalar. – R. (1ª conj.).
Interceder. – R. (2ª conj.).
Interceptar. – R. (1ª conj.).
Interditar. – R. (1ª conj.).
Interdizer. – (Mod. núm. 23).
Interessar. – R. (1ª conj.).
Interferir. – (Mod. núm. 45).
Intermediar. – (Mod. núm. 3).
Intermitir. – R. (3ª conj.).
Internar. – R. (1ª conj.).
Interpelar. – R. (1ª conj.).
Interpenetrar. – R. (1ª conj.).
Interpolar. – R. (1ª conj.).
Interpor. – R. (4ª conj.).
Interpretar. – R. (1ª conj.).
Interrogar. – (Mod. núm. 14).
Interromper. – R. (2ª conj.). (6)
Intervalar. – R. (1ª conj.).
Interverter. – R. (2ª conj.).
Intervir. – (Mod. núm. 61).
Inticar. – (Mod. núm. 11).

(1) *Conjúg. t. c. reg.*
(2) *P. p. irreg.: Infuso.*
(3) *P. p. irreg.: Inquieto.*
(4) *P. p. irreg.: Inscrito.*
(5) *P. p. irreg.: Inserto.*
(6) *P. p. irreg.: Interrupto.*

Intimar. – R. (1ª conj.).
Intimidar. – R. (1ª conj.).
Intitular. – R. (1ª conj.).
Intoxicar. – (Mod. núm. 11).
Intricar. – (Mod. núm. 11).
Intrigar. – (Mod. núm. 14).
Introduzir. – (Mod. núm. 56).
Intrometer. – R. (2ª conj.).
Intrugir. – (Mod. núm. 51).
Intrujar. – R. (1ª conj.).
Inturgescer. – (Mod. núm. 38).
Inumar. – R. (1ª conj.).
Inundar. – R. (1ª conj.).
Inutilizar. – R. (1ª conj.).
Invadir. – R. (3ª conj.).
Invaginar. – R. (1ª conj.).
Invalidar. – R. (1ª conj.).
Invectivar. – R. (1ª conj.).
Invejar. – R. (1ª conj.).
Inventar. – R. (1ª conj.).
Invernar. – R. (1ª conj.).
Inverter. – R. (2ª conj.).
Investir. – (Mod. núm. 45).
Inveterar. – R. (1ª conj.).
Invidar. – R. (1ª conj.).
Invocar. – (Mod. núm. 11).
Iodar. – R. (1ª conj.).

IR. – 54.

Irar. – R. (1ª conj.).
Iriar. – R. (1ª conj.).
Irisar. – R. (1ª conj.).
Irmanar. – R. (1ª conj.).
Ironizar. – R. (1ª conj.).
Irrigar. – (Mod. núm. 14).
Irritar. – R. (1ª conj.).
Irrogar. – (Mod. núm. 14).
Irromper. – R. (2ª conj.).
Ircar. – (Mod. núm. 11).
Isentar. – R. (1ª conj.).
Isolar. – R. (1ª conj.).
Italianizar. – R. (1ª conj.).
Iterar. – R. (1ª conj.).

J

Jactar-se. – R. (1ª conj.).
Jacular. – R. (1ª conj.).
Janelar. – R. (1ª conj.).
Janotar. – R. (1ª conj.).
Jantar. – R. (1ª conj.).
Japonizar. – R. (1ª conj.).
Jardinar. – R. (1ª conj.).
Jarrear. – (Mod. núm. 11).
Jarretar. – R. (1ª conj.).
Jaspear. – (Mod. núm. 15).

JAZER. – 27.

Jejuar. – (Mod. núm. 6).
Jeremiar. – R. (1ª conj.).
Joeirar. – R. (1ª conj.).
Jogar. – (Mod. núm. 14).
Joguetear. – (Mod. núm. 15).
Jornadear. – (Mod. núm. 15).
Jovializar. – R. (1ª conj.).
Jubilar. – R. (1ª conj.).
Judaizar. – (Mod. núm. 8).
Judiar. – R. (1ª conj.).
Judiciar. – R. (1ª conj.).
Jugular. – R. (1ª conj.).
Julgar. – (Mod. núm. 14).
Juncar. – (Mod. núm. 11).
Jungir. – (Mod. núm. 46). (1)
Juntar. – R. (1ª conj.). (2)
Jurar. – R. (1ª conj.).
Justar. – R. (1ª conj.).
Justiçar. – R. (1ª conj.).
Justificar. – (Mod. núm. 11).
Juxtapor. – R. (4ª conj.).

(1) *P. p. irreg.: Junto.*
(2) *Para las mutaciones ortográficas, véase modelo número 51.*

L

Laborar. – **R.** (1ª conj.).
Labutar. – **R.** (1ª conj.).
Labuzar. – **R.** (1ª conj.).
Laçar. – (Mod. núm. 19).
Lacerar. – **R.** (1ª conj.).
Laconizar. – **R.** (1ª conj.).
Lacrar. – **R.** (1ª conj.).
Lacrear. – (Mod. núm. 15).
Lacrimejar. – **R.** (1ª conj.).
Lactar. – **R.** (1ª conj.).
Ladear. – (Mod. núm. 15).
Ladrar. – **R.** (1ª conj.).
Ladrilhar. – **R.** (1ª conj.).
Ladroar. – (Mod. núm. 16).
Lagartear. – (Mod. núm. 15).
Lagrimejar. – **R.** (1ª conj.).
Laicificar. – (Mod. núm. 11).
Laicizar. – **R.** (1ª conj.).
Laivar. – **R.** (1ª conj.).
Lajear. – (Mod. núm. 15).
Lambancear. – (Mod. núm. 15).
Lambarar. – **R.** (1ª conj.).
Lamber. – **R.** (2ª conj.).
Lambiscar. – (Mod. núm. 11).
Lambrisar. – **R.** (1ª conj.).
Lambujar. – **R.** (1ª conj.).
Lambuzar. – **R.** (1ª conj.).
Lamelar. – **R.** (1ª conj.).
Lamentar. – **R.** (1ª conj.).
Laminar. – **R.** (1ª conj.).
Lampadejar. – **R.** (1ª conj.).
Lampejar. – **R.** (1ª conj.).
Lamuriar. – **R.** (1ª conj.).
Lançar. – (Mod. núm. 19).
Lancear. – (Mod. núm. 15).
Lancetar. – **R.** (1ª conj.).
Lancinar. – **R.** (1ª conj.).
Languescer. – (Mod. núm. 38).
Languir. – (Mod. núm. 43).
Lanhar. – **R.** (1ª conj.).
Lapear. – (Mod. núm. 15).
Lapidar. – **R.** (1ª conj.).
Lapidificar. – (Mod. núm. 11).
Laquear. – (Mod. núm. 15).
Larapiar. – **R.** (1ª conj.).
Laradear. – (Mod. núm. 15).
Larear. – (Mod. núm. 15).
Largar. – (Mod. núm. 14).
Larguear. – (Mod. núm. 15).
Lascar. – (Mod. núm. 11).
Lastimar. – **R.** (1ª conj.).
Lastrar. – **R.** (1ª conj.).
Lastrear. – (Mod. núm. 15).
Latejar. – **R.** (1ª conj.).
Later. – **R.** (2ª conj.).
Latinar. – **R.** (1ª conj.).
Latinizar. – **R.** (1ª conj.).
Latir. – (Mod. núm. 46).
Laurear. – (Mod. núm. 15).
Lavar. – **R.** (1ª conj.).
Lavorar. – **R.** (1ª conj.).
Lavrar. – **R.** (1ª conj.).
Laxar. – **R.** (1ª conj.).
Lecionar. – **R.** (1ª conj.).
Legalizar. – **R.** (1ª conj.).
Legar. – (Mod. núm. 14).
legislar. – **R.** (1ª conj.).
Legitimar. – **R.** (1ª conj.).
Legrar. – **R.** (1ª conj.).
Leiloar. – (Mod. núm. 16).
Leirar. – **R.** (1ª conj.).
Leitar. – **R.** (1ª conj.).
Leixar. – **R.** (1ª conj.).
Lembrar. – **R.** (1ª conj.).
Lenhar. – **R.** (1ª conj.).
Lenhificar. – (Mod. núm. 11).
Lenificar. – (Mod. núm. 11).
Lenir. – (Mod. núm. 46).
Lentar. – **R.** (1ª conj.).
Lentejar. – **R.** (1ª conj.).
Lentejoular. – **R.** (1ª conj.).
Lentescer. – (Mod. núm. 38).
Ler. – (Mod. núm. 22).
Lerdear. – (Mod. núm. 15).

Lesar. – **R.** (1ª conj.).
Lesmar. – **R.** (1ª conj.).
Letargiar. – **R.** (1ª conj.).
Leitificar. – (Mod. núm. 11).
Levantar. – **R.** (1ª conj.).
Levar. – **R.** (1ª conj.).
Levedar. – **R.** (1ª conj.).
Levitar-se. – **R.** (1ª conj.).
Liar. – **R.** (1ª conj.).
Libar. – **R.** (1ª conj.).
Liberalizar. – **R.** (1ª conj.).
Liberar. – **R.** (1ª conj.).
Libertar. – **R.** (1ª conj.). (1)
Librar. – **R.** (1ª conj.).
Licenciar. – (Mod. núm. 3). (2)
Licitar. – **R.** (1ª conj.).
Lidar. – **R.** (1ª conj.).
Lidimar. – **R.** (1ª conj.).
Ligar. – (Mod. núm. 14).
Lignificar-se. – (Mod. núm. 14).
Limar. – **R.** (1ª conj.).
Limitar. – **R.** (1ª conj.).
Limpar. – **R.** (1ª conj.). (3)
Linchar. – **R.** (1ª conj.).
Lindar. – **R.** (1ª conj.).
Lingar. – (Mod. núm. 14).
Liquifazer. – (Mod. núm. 25).
Liquescer. – (Mod. núm. 38).
Liquidar. – **R.** (1ª conj.).
Liquidificar. – (Mod. núm. 11).
Lisonjear. – (Mod. núm. 15).
Listrar. – **R.** (1ª conj.).
Litigar. – **R.** (1ª conj.).
Litografar. – **R.** (1ª conj.).
Livelar. – **R.** (1ª conj.).
Livrar. – **R.** (1ª conj.). (4)
Lixar. – **R.** (1ª conj.).
Lixiviar. – **R.** (1ª conj.).
Lobrigar. – (Mod. núm. 14).
Locomover-se – **R.** (2ª conj.).
Locupletar. – **R.** (1ª conj.).
Lograr. – **R.** (1ª conj.).
Lombear-se. – (Mod. núm. 15).
Loquear. – (Mod. núm. 15).
Lorotar. – **R.** (1ª conj.).
Lotar. – **R.** (1ª conj.).
Lotear. – (Mod. núm. 15).
Louquejar. – **R.** (1ª conj.).
Lourecer. – (Mod. núm. 38).
Lourejar. – **R.** (1ª conj.).
Louvar. – **R.** (1ª conj.).
Lubricar. – (Mod. núm. 11).
Lubrificar. – (Mod. núm. 11).
Lucidar. – **R.** (1ª conj.).
Lucilar. – **R.** (1ª conj.).
Luciluzir. – (Mod. núm. 56).
Lucrar. – **R.** (1ª conj.).
Lucubrar. – **R.** (1ª conj.).
Ludibriar. – **R.** (1ª conj.).
Lufar. – **R.** (1ª conj.).
Lustrar. – **R.** (1ª conj.).
Lutar. – **R.** (1ª conj.).
Luxar. – **R.** (1ª conj.).
Luxuriar. – **R.** (1ª conj.).
Luziluzir. – (Mod. núm. 56). (5)
Luzir. – (Mod. núm. 56). (6)

M

Macadamizar. – **R.** (1ª conj.).
Macabrear. – (Mod. núm. 15).
Macaquear. – (Mod. núm. 15).
Maçar. – (Mod. núm. 19).
Macerar. – **R.** (1ª conj.).
Macetar. – **R.** (1ª conj.).
Machadar. – **R.** (1ª conj.).
Machear. – (Mod. núm. 15).
Machiar. – **R.** (1ª conj.).

(1) *P. p. irreg.: Liberto.*
(2) *Conjúg. t. c. reg.*
(3) *P. p. irreg.: Limpo.*
(4) *P. p. irreg.: Livre.*
(5) - (6) *Estos verbos sólo se usan en las terceras personas.*

Machucar. – (Mod. núm. 11).
Macular. – **R.** (1ª conj.).
Madeficar. – (Mod. núm. 11).
Madeirar. – **R.** (1ª conj.).
Madracear. – (Mod. núm. 15).
Madrigalizar. – **R.** (1ª conj.).
Madrugar. – (Mod. núm. 14).
Madurar. – **R.** (1ª conj.).
Madurecer. – (Mod. núm. 38).
Maganear. – (Mod. núm. 15).
Maginar. – **R.** (1ª conj.).
Magnetizar. – **R.** (1ª conj.).
Magnificar. – (Mod. núm. 11).
Magoar. – (Mod. núm. 16).
Maisquerer. – (Mod. núm. 33).
Majorar. – **R.** (1ª conj.).
Malandrar. – **R.** (1ª conj.).
Malavir. – (Mod. núm. 61).
Malaxar. – **R.** (1ª conj.).
Malbaratar.— **R.** (1ª conj.).
Maldiçoar. – (Mod. núm. 16).
Maldizer. – (Mod. núm. 23).
Malear. – (Mod. núm. 15).
Malfadar. – **R.** (1ª conj.).
Malfazer. – (Mod. núm. 25). (1)
Malferir. – (Mod. núm. 45).
Malgastar. – **R.** (1ª conj.).
Malgovernar. – **R.** (1ª conj.).
Malhar. – **R.** (1ª conj.).
Malhetar. – **R.** (1ª conj.).
Maliciar. – **R.** (1ª conj.).
Malograr. – **R.** (1ª conj.).
Malquerer. – (Mod. núm. 33). (2)
Malquistar. – **R.** (1ª conj.). (3)
Malsinar. – **R.** (1ª conj.).
Maltar. – **R.** (1ª conj.).
Maltratar. – **R.** (1ª conj.).
Malucar. – (Mod. núm. 11).
Malversar. – **R.** (1ª conj.).
Mamar. – **R.** (1ª conj.).
Mamparrear. – (Mod. núm. 15).
Mamujar. – **R.** (1ª conj.).
Manar. – **R.** (1ª conj.).
Mancar. – (Mod. núm. 11).
Manchar. – **R.** (1ª conj.).
Mancomunar. – **R.** (1ª conj.).
Mandar. – **R.** (1ª conj.).
Mandingar. – (Mod. núm. 14).
Mandriar. – **R.** (1ª conj.).
Manducar. – (Mod. núm. 11).
Manear. – (Mod. núm. 15).
Manejar. – **R.** (1ª conj.).
Mangar. – (Mod. núm. 14).
Mangolar. – **R.** (1ª conj.).
Mangonear. – (Mod. núm. 15).
Manguear. – (Mod. núm. 15).
Manheirar. – **R.** (1ª conj.).
Maniatar. – **R.** (1ª conj.).
Manietar. – **R.** (1ª conj.).
Manifestar. – **R.** (1ª conj.). (4)
Manilhar. – **R.** (1ª conj.).
Manipular. – **R.** (1ª conj.).
Manivelar. – **R.** (1ª conj.).
Manjar. – **R.** (1ª conj.).
Manobrar. – **R.** (1ª conj.).
Manquear. – (Mod. núm. 15).
Manquejar. – **R.** (1ª conj.).
Manquetear. – (Mod. núm. 15).
mantear. – (Mod. núm. 15).
Manter. – (Mod. núm. 39).
Manufaturar. – **R.** (1ª conj.).
Manumitir. – **R.** (3ª conj.).
Manuscrever. – **R.** (2ª conj.). (5)
Manusear. – (Mod. núm. 15).
Maquiar. – **R.** (1ª conj.).
Maquiavelizar. – **R.** (1ª conj.).
Maquilhar. – **R.** (1ª conj.).
Maquinar. – **R.** (1ª conj.).

(1) *ûsa-se más el infinitivo simples y el participio pasivo; Malfeito.*
(2) *Úsa-se más el infinitivo simples y el participio pasivo: Malquisto.*
(3) *P. p. irreg.: Malquisto.*
(4) *P. p. irreg.: Manifesto.*
(5) *P. p. irreg.: Manuscrito.*

Maranhar. – R. (1ª conj.).
Marasmar. – R. (1ª conj.).
Maravilhar. – R. (1ª conj.).
Marcar. – (Mod. núm. 11).
marchar. – R. (1ª conj.).
Marchetar. – R. (1ª conj.).
Marear. – (Mod. núm. 15).
Marejar. – R. (1ª conj.).
Marfar. – R. (1ª conj.).
Margar. – (Mod. núm. 14).
Margear. – (Mod. núm. 15).
Marginar. – R. (1ª conj.).
Maridar. – R. (1ª conj.).
Marimbar. – R. (1ª conj.).
Marinhar. – R. (1ª conj.).
Mariolar. – R. (1ª conj.).
Mariposear. – (Mod. núm. 15).
Mariscar. – (Mod. núm. 11).
Marlotar. – R. (1ª conj.).
Marmorear. – (Mod. núm. 15).
Marmorizar. – R. (1ª conj.).
Marombar. – R. (1ª conj.).
Marotear. – (Mod. núm. 15).
Marrar. – R. (1ª conj.).
Marroquinar. – R. (1ª conj.).
Martelar. – R. (1ª conj.).
Martilhar. – R. (1ª conj.).
Martirizar. – R. (1ª conj.).
Marulhar. – R. (1ª conj.).
Mascar. – (Mod. núm. 11).
Mascarar. – R. (1ª conj.).
Mascatear. – (Mod. núm. 15).
Mascavar. – R. (1ª conj.).
Mascotar. – R. (1ª conj.).
Massacrar. – R. (1ª conj.).
Mastigar. – (Mod. núm. 14).
Mastrear. – (Mod. núm. 15).
Masturbar-se. – R. (1ª conj.).
Matar. – R. (1ª conj.). (1)
Matear. – (Mod. núm. 15).
Matejar. – R. (1ª conj.).
Materializar. – R. (1ª conj.).
Matinar. – R. (1ª conj.).
Matizar. – R. (1ª conj.).
Matracolejar. – R. (1ª conj.).
Matraquear. – (Mod. núm. 15).
Matricular. – R. (1ª conj.).
Matrimoniar. – R. (1ª conj.).
Maturar. – R. (1ª conj.).
Maturrangar. – (Mod. núm. 14).
Maturranguear. – (Mod. núm. 15).
Matutar. – R. (1ª conj.).
Maxixar. – R. (1ª conj.).
Mear. – (Mod. núm. 15).
Mechar. – R. (1ª conj.).
Medalhar. – R. (1ª conj.).
Mediar. – (Mod. núm. 3).
Medicar. – (Mod. núm. 11).
Medicinar. – R. (1ª conj.).
Medir. – (Mod. núm. 55).
Meditar. – R. (1ª conj.).
Medrar. – R. (1ª conj.).
Melancolizar. – R. (1ª conj.).
Melar. – R. (1ª conj.).
Melhorar. – R. (1ª conj.).
Melificar. – (Mod. núm. 11).
Melindrar. – R. (1ª conj.).
Melodiar. – R. (1ª conj.).
Melodizar. – R. (1ª conj.).
Memorar. – R. (1ª conj.).
Memoriar. – R. (1ª conj.).
Memorizar. – R. (1ª conj.).
Mencionar. – R. (1ª conj.).
Mendigar. – (Mod. núm. 14).
Menear. – (Mod. núm. 15).
Menoscabar. – R. (1ª conj.).
Menospreçar. – (Mod. núm. 19).
Menosprezar. – R. (1ª conj.).
Mensurar. – R. (1ª conj.).
Mentir. – (Mod. núm. 45).
Mercadejar. – R. (1ª conj.).
Mercanciar. – R. (1ª conj.).
Mercantear. – (Mod. núm. 15).
Mercar. – (Mod. núm. 11).

(1) *P. p. irreg.: Morto.*

Merecer. – (Mod. núm. 38).
Merendar. – R. (1ª conj.).
Meretriciar-se. – R. (1ª conj.).
Mergulhar. – R. (1ª conj.).
Mermar. – R. (1ª conj.).
Mesclar. – R. (1ª conj.).
Mesquinhar. – R. (1ª conj.).
Mestiçar-se. – (Mod. núm. 19).
Mestrear. – (Mod. núm. 15).
Mesurar. – R. (1ª conj.).
Metaforizar. – R. (1ª conj.).
Metalizar. – R. (1ª conj.).
Metamorfosear. – (Mod. núm. 15).
Meteorizar. – R. (1ª conj.).
Meter. – R. (2ª conj.).
Metodizar. – R. (1ª conj.).
Metralhar. – R. (1ª conj.).
Metrificar. – (Mod. núm. 11).
Mexer. – R. (2ª conj.).
Mexericar. – (Mod. núm. 11).
Mezinhar. – R. (1ª conj.).
Miar. – R. (1ª conj.).
Migalhar. – R. (1ª conj.).
Migar. – (Mod. núm. 14).
Mijar. – R. (1ª conj.).
Militar. – R. (1ª conj.).
Militarizar. – R. (1ª conj.).
Mimar. – R. (1ª conj.).
Mimicar. – (Mod. núm. 11).
Mimosear. – R. (1ª conj.).
Minar. – R. (1ª conj.).
Mineralizar. – R. (1ª conj.).
Minerar. – R. (1ª conj.).
Ninguar. – (Mod. núm. 6).
Miniaturar. – R. (1ª conj.).
Ministrar. – R. (1ª conj.).
Minorar. – R. (1ª conj.).
Minutar. – R. (1ª conj.).
Miquear. – (Mod. núm. 15).
Mirar. – R. (1ª conj.).
Mirificar. – (Mod. núm. 11).
Mirrar. – R. (1ª conj.).
Miscrar. – R. (1ª conj.).
Miserar. – R. (1ª conj.).
Missionar. – R. (1ª conj.).
Mistificar. – (Mod. núm. 11).
Misturar. – R. (1ª conj.).
Mitigar. – (Mod. núm. 14).
Miudear. – (Mod. núm. 15). (1).
Mnemonizar. – R. (1ª conj.).
Mobilar. – R. (1ª conj.).
Mobilhar. – R. (1ª conj.).
Mobiliar. – R. (1ª conj.).
Mobilizar. – R. (1ª conj.).
Moçar. – (Mod. núm. 19).
Mochar. – R. (1ª conj.).
Modelar. – R. (1ª conj.).
Moderar. – R. (1ª conj.).
Modernizar. – R. (1ª conj.).
Modicar. – (Mod. núm. 11).
Modilhar. – R. (1ª conj.).
Modorrar. – R. (1ª conj.).
Modular. – R. (1ª conj.).

MOER. – 28.

Mofar. – R. (1ª conj.).
Mofumbar. – R. (1ª conj.).
Moinhar. – (Mod. núm. 8).
Moldar. – R. (1ª conj.).
Moldear. – (Mod. núm. 15).
Moldurar. – R. (1ª conj.).
Molecar. – (Mod. núm. 11).
Molengar. – (Mod. núm. 14).
Molequear. – (Mod. núm. 15).
Molestar. – R. (1ª conj.).
Molhar. – R. (1ª conj.).
Molificar. – (Mod. núm. 11).
Molinhar. – R. (1ª conj.).
Moncar. – (Mod. núm. 11).
Mondar. – R. (1ª conj.).
Monetizar. – R. (1ª conj.).
Monodiar. – R. (1ª conj.).
Monologar. – (Mod. núm. 14).

(1) *Para la pronunciación, véase modelo número 9.*

Monopolizar. – R. (1ª conj.).
Montar. – (Mod. núm. 15).
Montear. – (Mod. núm. 15).
Moralizar. – R. (1ª conj.).
Morar. – R. (1ª conj.).
Morcegar. – R. (1ª conj.).
Morder. – R. (2ª conj.).
Mordicar. – (Mod. núm. 11).
Mordiscar. – (Mod. núm. 11).
Mordomar. – R. (1ª conj.).
Morfinizar-se. – R. (1ª conj.).
Morigerar. – R. (1ª conj.).
Mornar. – R. (1ª conj.).
Morrer. – R. (2ª conj.). (1)
Morsegar. – R. (1ª conj.).
Mortificar. – R. (1ª conj.).

MOSCAR. – 12.

Mosquear. – (Mod. núm. 15).
Mosquetear. – (Mod. núm. 15).
Mossegar. – (Mod. núm. 14).
Mostrar. – R. (1ª conj.).
Motejar. – R. (1ª conj.).
Motivar. – R. (1ª conj.).
Mourejar. – R. (1ª conj.).
Mover. – R. (2ª conj.).
Movimentar. – R. (1ª conj.).
Moxamar. – R. (1ª conj.).
Mudar. – R. (1ª conj.).
Muganguear. – (Mod. núm. 15).
Mugir. – (Mod. núm. 51).
Multar. – R. (1ª conj.).
Multiplicar. – (Mod. núm. 11).
Mumuticar. – (Mod. núm. 11).
Mundiar. – R. (1ª conj.).
Mundificar. – (Mod. núm. 11).
Mungir. – (Mod. núm. 51).
Munhecar. – (Mod. núm. 11).
Municionar. – R. (1ª conj.).
Munir. – R. (3ª conj.).
Muquecar-se. – (Mod. núm. 11).
Murar. – R. (1ª conj.).
Murchar. – R. (1ª conj.). (2)
Murchecer. – (Mod. núm. 38).
Murmulhar. – R. (1ª conj.).
Murmurar. – R. (1ª conj.).
Murmurejar. – R. (1ª conj.).
Musicar. – (Mod. núm. 11).
Musiquear. – (Mod. núm. 15).
Mutilar. – R. (1ª conj.).
Mutuar. – (Mod. núm. 6).

N

Nacarar. – R. (1ª conj.).
Nacionalizar. – R. (1ª conj.).
Nadar. – R. (1ª conj.).
Namorar. – R. (1ª conj.).
Namoricar. – (Mod. núm. 11).
Namoriscar. – (Mod. núm. 11).
Nanar. – R. (1ª conj.).
Narcisar-se. – R. (1ª conj.).
Narcotizar. – R. (1ª conj.).
Narrar. – R. (1ª conj.).
Nasalar. – R. (1ª conj.).
Nasalizar. – R. (1ª conj.).
Nascer. – (Mod. núm. 38). (3)
Naturalizar. – R. (1ª conj.).
Nausear. – (Mod. núm. 15).
Navalhar. – R. (1ª conj.).
Navegar. – (Mod. núm. 14).
Neblinar. – R. (1ª conj.). (4)
Necear. – (Mod. núm. 15).
Necessitar. – R. (1ª conj.).
Necrosar. – R. (1ª conj.).
Negacear. – (Mod. núm. 15).
Negar. – (Mod. núm. 14).
Negligenciar. – R. (1ª conj.).
Negociar. – (Mod. núm. 3). (5)

(1) *P. p. irreg.: Morto.*
(2) *P. p. irreg.: Murcho.*
(3) *P. p. irreg.: Nado a Nato.*
(4) *Este verbo es esencialmente impersonal.*
(5) *Conjúg. t. c. reg.*

Negociar. – (Mod. núm. 3). (1)
negrejar. – **R.** (1ª conj.).
Neutralizar. – **R.** (1ª conj.).
Nevar. – **R.** (1ª conj.). (2)
Neviscar. – (Mod. núm. 11). (3)
Nevoar-se. – **R.** (1ª conj.). (4)
Nicar. – (Mod. núm. 11).
Nidificar. – (Mod. núm. 11).
Nigelar. – **R.** (1ª conj.).
Nimbar. – **R.** (1ª conj.).
Ninar. – **R.** (1ª conj.).
Niquelar. – **R.** (1ª conj.).
Nitrificar. – (Mod. núm. 11).
Nitrir. – (Mod. núm. 46).
Nivelar. – **R.** (1ª conj.).
Nobilitar. – **R.** (1ª conj.).
Nodoar. – (Mod. núm. 16).
Noitecer. – (Mod. núm. 38). (5)
Noivar. – **R.** (1ª conj.).
Nomear. – (Mod. núm. 15).
Nordestear. – (Mod. núm. 15).
Normalizar. – **R.** (1ª conj.).
Noroestear. – (Mod. núm. 15).
Nortear. – (Mod. núm. 15).
Notabilizar. – **R.** (1ª conj.).
Notar. – **R.** (1ª conj.).
Noticiar. – **R.** (1ª conj.).
Notificar. – (Mod. núm. 11).
Novelar. – **R.** (1ª conj.).
Noviciar. – **R.** (1ª conj.).
Nulificar. – (Mod. núm. 11).
Numerar. – **R.** (1ª conj.).
Nutar. – **R.** (1ª conj.).
Nutrir. – **R.** (3ª conj.).

O

Obcecar. – (Mod. núm. 11).
Obdurar. – **R.** (1ª conj.).
Obedecer. – (Mod. núm. 38).
Oberar. – **R.** (1ª conj.).
Objetar. – **R.** (1ª conj.).
Objetivar. – **R.** (1ª conj.).
Objurgar. – (Mod. núm. 14).

OBLIQUAR. – 13.

Obliterar. – **R.** (1ª conj.).
Obnubilar. – **R.** (1ª conj.).
Obrar. – **R.** (1ª conj.).
Obrigar. – (Mod. núm. 14).
Ob-rogar. – (Mod. núm. 14).
Obscurecer. – (Mod. núm. 38).
Obsecrar. – **R.** (1ª conj.).
Obsedar. – **R.** (1ª conj.).
Obsediar. – **R.** (1ª conj.).
Obsequiar. – (Mod. núm. 8). (6)
Observar. – **R.** (1ª conj.).
Obsidiar. – **R.** (1ª conj.).
Obstaculizar. – **R.** (1ª conj.).
Obstar. – **R.** (1ª conj.).
Obstinar. – **R.** (1ª conj.).
Obstringir. – (Mod. núm. 51).
Obstruir. – (Mod. núm. 59).
Obtemperar. – **R.** (1ª conj.).
Obter. – (Mod. núm. 39).
Obtestar. – **R.** (1ª conj.).
Obtundir. – **R.** (3ª conj.).
Obturar. – **R.** (1ª conj.).
Obumbrar. – **R.** (1ª conj.).
Obviar. – **R.** (1ª conj.).
Obvir. – (Mod. núm. 61).
Oscar. – (Mod. núm. 11).
Ocasionar. – **R.** (1ª conj.).
Ocidentalizar. – **R.** (1ª conj.).
Ocorrer. – **R.** (2ª conj.).
Octuplicar. – (Mod. núm. 11).
Ocultar. – **R.** (1ª conj.). (7)
Ocupar. – **R.** (1ª conj.).

(1) - (2) - (3) - (4) *Estes verbos son esencialmente impersonales.*
(5) *Véase Anoitecer.*
(6) *Conjúg. t. c. reg.*
(7) *P. p. irreg.: Oculto.*

Odiar. – (Mod. núm. 3).
Ofegar. – (Mod. núm. 14).
Ofender. – **R.** (2ª conj.).
Oferecer. – (Mod. núm. 38).
Oferendar. – **R.** (1ª conj.).
Ofertar. – **R.** (1ª conj.).
Oficializar. – **R.** (1ª conj.).
Oficiar. – **R.** (1ª conj.).
Ofuscar. – (Mod. núm. 11).
Oitavar. – **R.** (1ª conj.).
Ojerizar. – **R.** (1ª conj.).
Olear. – (Mod. núm. 15).
Olhar. – **R.** (1ª conj.).
Olfatear. – (Mod. núm. 15).
Olvidar. – **R.** (1ª conj.).
Ombrear. – (Mod. núm. 15).
Ominar. – **R.** (1ª conj.).
Omitir. – **R.** (3ª conj.). (1)
Onanizar-se. – **R.** (1ª conj.).
Ondear. – (Mod. núm. 15).
Ondular. – **R.** (1ª conj.).
Onerar. – **R.** (1ª conj.).
Onzenar. – **R.** (1ª conj.).
Onzenear. – (Mod. núm. 15).
Opalizar. – **R.** (1ª conj.).
Operar. – **R.** (1ª conj.).
Opiar. – **R.** (1ª conj.).
Opilar. – **R.** (1ª conj.).
Opinar. – **R.** (1ª conj.).
Opor. – **R.** (4ª conj.).
Oprimir. – **R.** (3ª conj.). (2)
Optar. – **R.** (1ª conj.).
Opugnar. – **R.** (1ª conj.).
Opulentar. – **R.** (1ª conj.).
Orar. – **R.** (1ª conj.).
Orçar. – (Mod. núm. 19).
ordenar. – **R.** (1ª conj.).
Ordenhar. – **R.** (1ª conj.).
Orear. – (Mod. núm. 15).
Orelhar. – **R.** (1ª conj.).
Orfanar. – **R.** (1ª conj.).
Organizar. – **R.** (1ª conj.).
Orgulhar. – **R.** (1ª conj.).
Orientar. – **R.** (1ª conj.).
Originar. – **R.** (1ª conj.).
Orlar. – **R.** (1ª conj.).
Ornamentar. – **R.** (1ª conj.).
Ornar. – **R.** (1ª conj.).
Ornear. – (Mod. núm. 15).
Ornejar. – **R.** (1ª conj.).
Orquestrar. – **R.** (1ª conj.).
Ortigar. – (Mod. núm. 14).
Ortografar. – **R.** (1ª conj.).
Orvalhar. – **R.** (1ª conj.).
Oscilar. – **R.** (1ª conj.).
Oscitar. – **R.** (1ª conj.).
Oscular. – **R.** (1ª conj.).
Ossificar. – (Mod. núm. 11).
Ostentar. – **R.** (1ª conj.).
Ouriçar. – (Mod. núm. 19).
Ousar. – **R.** (1ª conj.).
Outar. – **R.** (1ª conj.).
Outonar. – **R.** (1ª conj.).
Outonear. – (Mod. núm. 15).
Outorgar. – (Mod. núm. 14).
Ouvir. – (Mod. núm. 55).
Ovacionar. – **R.** (1ª conj.).
Ovar. – **R.** (1ª conj.).
Oxidar. – **R.** (1ª conj.).
Oxigenar. – **R.** (1ª conj.).
Ozonizar. – **R.** (1ª conj.).

P

Pabular. – **R.** (1ª conj.).
Pacholar. – **R.** (1ª conj.).
Pacientar. – **R.** (1ª conj.).
Pacificar. – (Mod. núm. 11).
Pactear. – (Mod. núm. 15).
Pactuar. – (Mod. núm. 6).
Padecer. – (Mod. núm. 38).
Padejar. – **R.** (1ª conj.).

(1) *P. P. irreg.: Omisso.*
(2) *P. p. irreg.: Opresso.*

Padrar-se. – **R.** (1ª conj.).
Padrear. – (Mod. núm. 15).
Padronizar. – **R.** (1ª conj.).
Paganizar. – **R.** (1ª conj.).
Pagar. – (Mod. núm. 14). (1)
Paginar. – **R.** (1ª conj.).
Pagodear. – (Mod. núm. 15).
Pagear. – (Mod. núm. 15).
Pairar. – **R.** (1ª conj.).
Palanquear. – (Mod. núm. 15).
Palatizar. – **R.** (1ª conj.).
Palavrear. – (Mod. núm. 15).
palear. – **R.** (1ª conj.).
Palejar. – **R.** (1ª conj.).
Palermar. – **R.** (1ª conj.).
Palermear. – (Mod. núm. 15).
Palestrar. – **R.** (1ª conj.).
Palestrear. – (Mod. núm. 15).
Paletear. – (Mod. núm. 15).
Palhetear. – (Mod. núm. 15).
paliar. – **R.** (1ª conj.).
Palitar. – **R.** (1ª conj.).
Palmatoar. – (Mod. núm. 16).
Palmatoriar. – **R.** (1ª conj.).
Palmear. – (Mod. núm. 15).
Palmejar. – **R.** (1ª conj.).
Palmilhar. – **R.** (1ª conj.).
Palpar. – **R.** (1ª conj.).
Palpitar. – **R.** (1ª conj.).
Palrar. – **R.** (1ª conj.).
Palrear. – (Mod. núm. 15).
Pandear. – (Mod. núm. 15).
Pandegar. – (Mod. núm. 14).
Pandilhar. – **R.** (1ª conj.).
Panejar. – **R.** (1ª conj.).
Panificar. – (Mod. núm. 11).
Panriar. – **R.** (1ª conj.).
Pantear. – (Mod. núm. 15).
Pantomimar. – **R.** (1ª conj.).
Papagaiar. – **R.** (1ª conj.).
Papaguear. – (Mod. núm. 15).
Papar. – **R.** (1ª conj.).
Paparicar. – (Mod. núm. 11).
Papear. – (Mod. núm. 15).
Papocar. – (Mod. núm. 11).
Paradear. – (Mod. núm. 15).
Paradoxar. – **R.** (1ª conj.).
Parafrasear. – (Mod. núm. 15).
Parafusar. – **R.** (1ª conj.).
Paragonar. – **R.** (1ª conj.).
Paralisar. – **R.** (1ª conj.).
Paraliticar. – (Mod. núm. 11).
Paramentar. – **R.** (1ª conj.).
Paraninfar. – **R.** (1ª conj.).
Parapeitar. – **R.** (1ª conj.).
Parar. – **R.** (1ª conj.).
Parasitar. – **R.** (1ª conj.).
Parasitear. – (Mod. núm. 15).
Parcelar. – **R.** (1ª conj.).
Parchear. – (Mod. núm. 15).
Parcializar. – **R.** (1ª conj.).
Parear. – (Mod. núm. 15).
Parecer. – (Mod. núm. 38).
Parentear. – (Mod. núm. 15).
Parir. – (2)
Parlamentear. – (Mod. núm. 15).
parlapatear. – (Mod. núm. 15).
Parlar. – **R.** (1ª conj.).
Parodiar. – **R.** (1ª conj.).
Parolar. – **R.** (1ª conj.).
Paroquiar. – **R.** (1ª conj.).
Parouvelar. – **R.** (1ª conj.).
Parrafar. – **R.** (1ª conj.).
Parrar-se. – **R.** (1ª conj.).
Partejar. – **R.** (1ª conj.).
Participar. – **R.** (1ª conj.).
Particularizar. – **R.** (1ª conj.).
Partilhar. – **R.** (1ª conj.).

(1) *P. p. irreg.: Pago.*
(2) *Este verbo sólo es irregular en la primera persona de sing. del indic. pres.: pairo, y portanto en todo el subjuntivo presente. Sin embargo, el uso general sigue el modelo núm. 46.*

PARTIR. – R

Parvoejar. – R. (1ª conj.).
Pascentar. – R. (1ª conj.).
Pascer. – (Mod. núm. 38).
Pascoar. – (Mod. núm. 16).
Pasmar. – R. (1ª conj.).
Pasquinar. – R. (1ª conj.).
Passamanar. – R. (1ª conj.).
Passar. – R. (1ª conj.).
Passarinhar. – R. (1ª conj.).

PASSEAR. – 15.

Passivar. – R. (1ª conj.).
Pastar. – R. (1ª conj.).
Pastejar. – R. (1ª conj.).
Pasteurizar. – R. (1ª conj.).
Pastorar. – R. (1ª conj.).
Pastorear. – (Mod. núm. 15).
Pastorejar. – R. (1ª conj.).
Pastorizar. – R. (1ª conj.).
Patalear. – (Mod. núm. 15).
Pataratar. – R. (1ª conj.).
Pataratear. – (Mod. núm. 15).
Patear. – (Mod. núm. 15).
Patejar. – R. (1ª conj.).
Patentear. – (Mod. núm. 15).
Patetar. – R. (1ª conj.).
Patetear. – (Mod. núm. 15).
Patinar. – R. (1ª conj.).
Patrizar. – R. (1ª conj.).
Patrocinar. – R. (1ª conj.).
Patronear. – (Mod. núm. 15).
Patrulhar. – R. (1ª conj.).
Patulear. – (Mod. núm. 15).
Patuscar. – (Mod. núm. 11).
Paulificar. – (Mod. núm. 11).
Pausar. – R. (1ª conj.).
Pautar. – R. (1ª conj.).
Pautear. – (Mod. núm. 11).
Pavesar. – R. (1ª conj.).
Pavimentar. – R. (1ª conj.).
Pavonear. – R. (1ª conj.).
Pazear. – (Mod. núm. 15).
Paziguar. – (Mod. núm. 6).
Pealar. – R. (1ª conj.).
Pear. – (Mod. núm. 15).
Pecar. – (Mod. núm. 11).
pechar. – R. (1ª conj.).
Pechinchar.. – R. (1ª conj.).
Pedalar. – R. (1ª conj.).
Pedantear. – (Mod. núm. 15).
Pedinchar. – R. (1ª conj.).

PEDIR. – 55.

Pegar. – (Mod. núm. 14). (1)
Peguilhar. – R. (1ª conj.).
Peguinhar. – R. (1ª conj.).
Peidar. – R. (1ª conj.).
Peitar. – R. (1ª conj.).
Pejar. – R. (1ª conj.).
Pejorar. – R. (1ª conj.).
Pelar. – R. (1ª conj.).
Pelechar. – R. (1ª conj.).
Pelejar. – R. (1ª conj.).
Peludear. – (Mod. núm. 15).
Penalizar. – R. (1ª conj.).
Penar. – R. (1ª conj.).
Pendenciar. – R. (1ª conj.).
Pender. – R. (2ª conj.). (2)
Pendoar. – (Mod. núm. 16).
Pendulear. – R. (1ª conj.).
Pendurar. – R. (1ª conj.).
Peneirar. – R. (1ª conj.).
Penejar. – R. (1ª conj.).
Penetrar. – R. (1ª conj.).
Penhorar. – R. (1ª conj.).
Penicar. – (Mod. núm. 11).
Peniscar. – (Mod. núm. 11).
Penitenciar. – (Mod. núm. 3). (3)

(1) *P. p. irreg.: Pego. (Es de uso popular).*
(2) *P. p. irreg.: Penso.*
(3) *Conjúg. t. c. reg.*

Pensamentar. – R. (1ª conj.).
Pensar. – R. (1ª conj.).
Pensionar. – R. (1ª conj.).
Pentear. – (Mod. núm. 15).
Penujar. – R. (1ª conj.).
Penumbrar. – R. (1ª conj.).
Peorar. – R. (1ª conj.).
Pepinar. – R. (1ª conj.).
Peraltar. – R. (1ª conj.).
Peraltear. – (Mod. núm. 15).
Peralvilhar. – R. (1ª conj.).
Perambular. – R. (1ª conj.).
Perceber. – R. (2ª conj.).
Percorrer. – R. (2ª conj.).
Percutir. – R. (3ª conj.).

PERDER. – 29.

PERDOAR. – 16.

Perdurar. – R. (1ª conj.).
Perecer. – (Mod. núm. 38).
Peregrinar. – R. (1ª conj.).
Perenizar. – R. (1ª conj.).
Pererecar. – (Mod. núm. 11).
Perfazer. – (Mod. núm. 25).
perfeiçoar. – (Mod. núm. 16).
Perfilar. – R. (1ª conj.).
Perfilhar. – R. (1ª conj.).
Perfumar. – R. (1ª conj.).
Perfurar. – R. (1ª conj.).
Perguntar. – R. (1ª conj.).
Periclitar. – R. (1ª conj.).
Perifrasear. – (Mod. núm. 15).
Perigar. – (Mod. núm. 14).
Periquitar. – R. (1ª conj.).
Periodizar. – R. (1ª conj.).
Perjurar. – R. (1ª conj.).
Perlar. – R. (1ª conj.).
Perlavar. – R. (1ª conj.).
Perlongar. – (Mod. núm. 14).
Perlustrar. – R. (1ª conj.).
Permanecer. – (Mod. núm. 38).
Permear. – (Mod. núm. 15).
Permitir. – R. (3ª conj.).
Permutar. – R. (1ª conj.).
Pernear. – (Mod. núm. 15).
Pernejar. – R. (1ª conj.).
Pesnetear. – (Mod. núm. 15).
Pernoitar. – R. (1ª conj.).
Perobear. – (Mod. núm. 15).
Perolizar. – R. (1ª conj.).
Perorar. – R. (1ª conj.).
Peroxidar. – R. (1ª conj.).
Perpassar. – R. (1ª conj.).
Perpetrar. – R. (1ª conj.).
Perpetuar. – (Mod. núm. 6).
Perquirir. – R. (3ª conj.).
Perrenguear. – (Mod. núm. 15).
Perscrutar. – R. (1ª conj.).
Perseguir. – (Mod. núm. 45).
Persentir. – (Mod. núm. 45).
Perseverar. – R. (1ª conj.).
Persignar-se. – R. (1ª conj.).
Persistir. – R. (3ª conj.).
Persolver. – R. (2ª conj.).
Personalizar. – R. (1ª conj.).
Personificar. – R. (1ª conj.).
Perspectivar. – R. (1ª conj.).
Perspirar. – R. (1ª conj.).
Persuadir. – R. (3ª conj.).
Pertencer. – (Mod. núm. 38).
Perturbar. – R. (1ª conj.).
Peruar. – (Mod. núm. 6).
Pervagar. – (Mod. núm. 14).
Pervencer. – (Mod. núm. 38).
Perverter. – R. (2ª conj.). (1)
Pesar. – R. (1ª conj.).
Pespontar. – R. (1ª conj.).
Pescar. – (Mod. núm. 11).
pesgar. – (Mod. núm. 14).
Pespegar. – (Mod. núm. 14).
Pespontear. – (Mod. núm. 15).
Pesquisar. – R. (1ª conj.).
Pessoalizar. – R. (1ª conj.).
Pestanear. – (Mod. núm. 15).

Pestanejar. – R. (1ª conj.).
Pestear. – (Mod. núm. 15).
Petar. – R. (1ª conj.).
Petardar. – R. (1ª conj.).
Petardear. – (Mod. núm. 15).
Petear. – (Mod. núm. 15).
Petecar. – (Mod. núm. 11).

(1) *P. p. irreg. Perverso.*

Petequear. – (Mod. núm. 15).
Peticionar. – R. (1ª conj.).
Petiscar. – (Mod. núm. 11).
Petrechar. – R. (1ª conj.).
Petrificar. – (Mod. núm. 11).
Pialar. – R. (1ª conj.).
Piançar. – (Mod. núm. 19).
Piar. – R. (1ª conj.).
Picanear. – (Mod. núm. 15).
Picar. – (Mod. núm. 11).
Picotar. – R. (1ª conj.).
Picuar. – (Mod. núm. 6).
Pigarrar. – R. (1ª conj.).
Pigarrear. – (Mod. núm. 15).
Pigmentar. – R. (1ª conj.).
Pilar. – R. (1ª conj.).
Pilhar. – R. (1ª conj.).
Pilherlar. – R. (1ª conj.).
Pilotar. – R. (1ª conj.).
Pilotear. – (Mod. núm. 15).
Pimpar. – R. (1ª conj.).
Pimponear. – (Mod. núm. 15).
Pincelar. – R. (1ª conj.).
Pinchar. – R. (1ª conj.).
Pindarizar. – R. (1ª conj.).
Pindongar. – (Mod. núm. 14).
Pingar. – (Mod. núm. 14).
Pinicar. – (Mod. núm. 11).
Pinotear. – (Mod. núm. 15).
Pintainhar. – (Mod. núm. 8).
Pintalgar. – (Mod. núm. 14).
Pintar. – R. (1ª conj.).
Pipiar. – R. (1ª conj.).
Pipilar. – R. (1ª conj.).
Pipitar. – R. (1ª conj.).
Pipocar.. – (Mod. núm. 11).
Pipoquear. – (Mod. núm. 15).
Piquetar. – R. (1ª conj.).
Pirangar. – (Mod. núm. 14).
Pirar. – R. (1ª conj.).
Piratear. – (Mod. núm. 15).
Pirilampear. – (Mod. núm. 15).
Pirocar. – (Mod. núm. 11).
Pirraçar. – (Mod. núm. 19).
Piruetar. – R. (1ª conj.).
Piruetear. – (Mod. núm. 15).
Pisar. – R. (1ª conj.).
Piscar. – (Mod. núm. 11).
Pisgar-se. – (Mod. núm. 14).
Pisoar. – (Mod. núm. 16).
Pisotear. – R. (1ª conj.).
Pissitar. – R. (1ª conj.).
Pitadear. – (Mod. núm. 15).
Pitar. – R. (1ª conj.).
Placar. – (Mod. núm. 11).
Plagiar. – R. (1ª conj.).
Planar. – R. (1ª conj.).
Planchar. – R. (1ª conj.).
Planchear. – R. (1ª conj.).
Planear. – (Mod. núm. 15).
Planejar. – R. (1ª conj.).
Planger. – (Mod. núm. 34).
Planificar. – (Mod. núm. 11).
Plantar. – R. (1ª conj.).
Plasmar. – R. (1ª conj.).
Platinar. – R. (1ª conj.).
Plebeizar. – (Mod. núm. 8).
Pleitear. – (Mod. núm. 15).
Plenificar. – (Mod. núm. 11).
Plicar. – (Mod. núm. 11).
Plumbear. – (Mod. núm. 15).
Pluralizar. – R. (1ª conj.).
Podar. – R. (1ª conj.).

PODER. – 30.

Poetar. – **R.** (1ª conj.).
Poetificar. – (Mod. núm. 11).
Poetizar. – **R.** (1ª conj.).
Poiar. – **R.** (1ª conj.).
Poir. – (Mod. núm. 46).
Pojar. – **R.** (1ª conj.).
Polarizar. – **R.** (1ª conj.).
Polcar. – (Mod. núm. 11).
Polear. – (Mod. núm. 15).
Polemicar. – (Mod. núm. 11).
Polemizar. – **R.** (1ª conj.).
Policiar. – **R.** (1ª conj.).
Polinizar. – **R.** (1ª conj.).
Polir. – (Mod. núm. 57).
Politicar. – (Mod. núm. 11).
Polonizar. – **R.** (1ª conj.).
Poltronear. – (Mod. núm. 15).
Poluir. – (Mod. núm. 59).
Polvilhar. – **R.** (1ª conj.).
Pombear. – (Mod. núm. 15).
Pombeirar. – **R.** (1ª conj.).
Pompear. – (Mod. núm. 15).
Ponderar. – **R.** (1ª conj.).
Ponhar. – **R.** (1ª conj.).
Pontapear. – (Mod. núm. 15).
Pontar. – **R.** (1ª conj.).
Pontear. – (Mod. núm. 15).
Pontificar. – (Mod. núm. 11).
Pontilhar. – **R.** (1ª conj.).
Pontoar. – (Mod. núm. 16).
Pontuar. – (Mod. núm. 6).
Popocar. – (Mod. núm. 11).
Popularizar. – **R.** (1ª conj.).
Porejar. – **R.** (1ª conj.).

POR. – **R.**

Porfiar. – **R.** (1ª conj.).
Porfirizar. – **R.** (1ª conj.).
Pormenorizar. – **R.** (1ª conj.).
Pororocar. – (Mod. núm. 11).
Portar. – **R.** (1ª conj.).
Portear. – (Mod. núm. 15).
Posar. – **R.** (1ª conj.).
Posdatar. – **R.** (1ª conj.).
Positivar. – **R.** (1ª conj.).
Pospontar. – **R.** (1ª conj.).
Pospor. – **R.** (4ª conj.).
Possibilitar. – **R.** (1ª conj.).
Possuir. – (Mod. núm. 59). (1)
Possuquear. – (Mod. núm. 15).
Postar. – **R.** (1ª conj.).
Postejar. – **R.** (1ª conj.).
Postergar. – (Mod. núm. 14).
Postilar. – **R.** (1ª conj.).
Postular. – **R.** (1ª conj.).
Potenciar. – **R.** (1ª conj.).
Potocar. – (Mod. núm. 11).
Potrear. – (Mod. núm. 15).
Poupar. – **R.** (1ª conj.).
Pousar. – **R.** (1ª conj.).
Poutar. – **R.** (1ª conj.).
Povoar. – (Mod. núm. 16).
Pracear. – (Mod. núm. 15).
Pracejar. – **R.** (1ª conj.).
Praguejar. – **R.** (1ª conj.).
Pranchar. – **R.** (1ª conj.).
Pranchear. – (Mod. núm. 15).
Prantear. – (Mod. núm. 15).
Pratear. – **R.** (1ª conj.).
Praticar. – (Mod. núm. 11).
Prazentear. – (Mod. núm. 15).
Prazer. – (Mod. núm. 20). (2)
Prealegar. – (Mod. núm. 14).
Preanunciar. – **R.** (1ª conj.).
Prear. – (Mod. núm. 15).
Prebendar. – **R.** (1ª conj.).
Precantar. – **R.** (1ª conj.).
Precatar. – **R.** (1ª conj.).
Precaucionarse. – **R.** (1ª conj.).
Precautelar. – **R.** (1ª conj.).

PRECAVER. – 31.

(1) *P. p. irreg.: Possesso.*
(2) *Úsase solamente en las terceras personas.*

Preceder. – (Mod. núm. 38).
Preceituar. – (Mod. núm. 6).
Precingir. – (Mod. núm. 51).
Precintar. – **R.** (1ª conj.).
Precipitar. – **R.** (1ª conj.).
Precisar. – **R.** (1ª conj.).
Precogitar. – **R.** (1ª conj.).
Preconceber. – **R.** (2ª conj.).
Preconizar. – **R.** (1ª conj.).
Predefinir. – **R.** (3ª conj.).
Predestinar. – **R.** (1ª conj.).
Predeterminar. – **R.** (1ª conj.).
Predicamentar. – **R.** (1ª conj.).
Predicar. – (Mod. núm. 11).
Predispor. – **R.** (4ª conj.).
Predizer. – (Mod. núm. 20). (1).
Predominar. – **R.** (1ª conj.).
Preencher. – **R.** (2ª conj.).
Preestabelecer. – (Mod. núm. 38).
Preexistir. – **R.** (3ª conj.).
Prefaciar. – **R.** (1ª conj.).
Preferir. – (Mod. núm. 45).
prefigurar. – **R.** (1ª conj.).
Prefinir. – **R.** (1ª conj.).
Prefixar. – **R.** (1ª conj.).
Prefulgir. – (Mod. núm. 51).
Pregar. – (Mod. núm. 14).
Pregoar. – (Mod. núm. 16).
Preguear.. – (Mod. núm. 15).
Preguiçar. – (Mod. núm. 19).
Pregustar.. – **R.** (1ª conj.).
Preitear. – (Mod. núm. 15).
Preitejar. – **R.** (1ª conj.).
Prejudicar. – (Mod. núm. 11).
Prejulgar. – (Mod. núm. 14).
Prelaciar. – **R.** (1ª conj.).
Prelecionar. – **R.** (1ª conj.).
Prelevar. – **R.** (1ª conj.).
Prelibar. – **R.** (1ª conj.).
Preludiar. – **R.** (1ª conj.).
Preluzir. – (Mod. núm. 50).
Premar. – **R.** (1ª conj.).
Prematurar. – **R.** (1ª conj.).
Premeditar. – **R.** (1ª conj.).
Premer. – **R.** (2ª conj.).
Premiar. – (Mod. núm. 3). (2)
Premir. – **R.** (3ª conj.).
Premunir. – **R.** (3ª conj.).
Prendar. – **R.** (1ª conj.).
Prender. – **R.** (2ª conj.). (3)
Prenotar. – **R.** (1ª conj.).
Prensar. – **R.** (1ª conj.).
Prenunciar. – **R.** (1ª conj.).
Preocupar. – **R.** (1ª conj.).
Preordenar. – **R.** (1ª conj.).
Preparar. – **R.** (1ª conj.).
Preponderar. – **R.** (1ª conj.).
Prepor. – **R.** (4ª conj.).
Preposterar. – **R.** (1ª conj.).
Presar. – **R.** (3ª conj.).
Prescindir. – **R.** (3ª conj.).
Presenciar. – (Mod. núm. 3). (4)
Preservar. – **R.** (1ª conj.).
Presidir. – **R.** (3ª conj.).
Pressagiar. – **R.** (1ª conj.).
Pressentir. – (Mod. núm. 45).
Pressupor. – **R.** (4ª conj.).
Prestacionar. – **R.** (1ª conj.).
Prestar. – **R.** (1ª conj.).
Prestrigiar. – **R.** (1ª conj.).
Prestimanear. – (Mod. núm. 15).
Presumir. – **R.** (3ª conj.).
Pretejar. – **R.** (1ª conj.).
Pretender. – **R.** (2ª conj.).
Preterir. – (Mod. núm. 45).
Pretermitir. – **R.** (3ª conj.).
Pretextar. – **R.** (1ª conj.).
Prevalecer. – **R.** (2ª conj.).
Prevaricar. – (Mod. núm. 11).
Prevenir. – (Mod. núm. 40).
Prever. – (Mod. núm. 42).

(1) *P. p. irreg.: Predito.*
(2) *Conjúg. t. c. reg.*
(3) *P. p. irreg.: Preso.*
(4) *Conjúg. t. c. reg.*

Prezar. – **R.** (1ª conj.).
Primar. – **R.** (1ª conj.).
Primaverar. – **R.** (1ª conj.).
Principiar. – **R.** (1ª conj.).
Priscar. – (Mod. núm. 11).
Privar. – **R.** (1ª conj.).
Proar. – (Mod. núm. 16).
Problematizar. – **R.** (1ª conj.).
Proceder. – **R.** (2ª conj.).
Processar. – **R.** (1ª conj.).
Proclamar. – **R.** (1ª conj.).
Procrastinar. – **R.** (1ª conj.).
Procriar. – **R.** (1ª conj.).
Procumbir. – **R.** (3ª conj.).
Procurar. – **R.** (1ª conj.).
Prodigalizar. – **R.** (1ª conj.).
Prodigar. – (Mod. núm. 14).

PRODUZIR. – 56.

Proejar. – **R.** (1ª conj.).
Proemiar. – **R.** (1ª conj.).
Proeminar. – **R.** (1ª conj.).
Profanar. – **R.** (1ª conj.).
Proferir. – (Mod. núm. 45).
Professar. – **R.** (1ª conj.). (1)
Profetar. – **R.** (1ª conj.).
Profetizar. – **R.** (1ª conj.).
Profligar. – (Mod. núm. 14).
Profundar. – **R.** (1ª conj.).
Prognosticar. – **R.** (1ª conj.).
Progredir. – (Mod. núm. 47).
Proibir. – **R.** (3ª conj.).
Projetar. – **R.** (1ª conj.).
Proliferar. – **R.** (1ª conj.).
Prolificar. – (Mod. núm. 11).
Prologar. – (Mod. núm. 14).
Prolongar. – (Mod. núm. 14).
Promanar. – **R.** (1ª conj.).
Prometer. – **R.** (2ª conj.).
Promover. – **R.** (2ª conj.).
Promulgar. – (Mod. núm. 14).
Prontificar. – (Mod. núm. 14).
Pronunciar. – **R.** (1ª conj.).
Propagar. – (Mod. núm. 14).
Propalar. – **R.** (1ª conj.).
Propelir. – (Mod. núm. 45).
Propender. – **R.** (2ª conj.). (2)
Propiciar. – **R.** (1ª conj.).
Propinar. – **R.** (1ª conj.).
Propor. – **R.** (4ª conj.).
Proporcionar. – **R.** (1ª conj.).
Propugnar. – **R.** (1ª conj.).
Propulsar. – **R.** (1ª conj.).
Prorrogar. – (Mod. núm. 14).
Prorromper. – **R.** (2ª conj.).
Prosar. – **R.** (1ª conj.).
Proscrever. – **R.** (2ª conj.). (3)
Prosear. – (Mod. núm. 15).
Prosperar. – **R.** (1ª conj.).
Prosseguir. – (Mod. núm. 45).
Prosternar. – **R.** (1ª conj.).
Prostituir. – (Mod. núm. 59).
Prostrar. – **R.** (1ª conj.).
Proteger. – **R.** (2ª conj.).
Protelar. – **R.** (1ª conj.).
Protestar. – **R.** (1ª conj.).
Protrair. – (Mod. núm. 49).
Provar. – **R.** (1ª conj.).

PROVER. – 32.

Providenciar. – **R.** (1ª conj.). (4)
Provir. – (Mod. núm. 61).
Provisionar. – **R.** (1ª conj.).
Provocar. – (Mod. núm. 11).
Prudenciar. – **R.** (1ª conj.).
Pruir. – (Mod. núm. 59).
Prumar. – **R.** (1ª conj.).
Prurir. – (Mod. núm. 43).
Pubescer. – (Mod. núm. 38)

(1) *P. p. irreg.: Professo.*
(2) *P. p. irreg.: Propenso.*
(3) *P. p. irreg.: Proscrito.*
(4) *Conjúg. t. por el modelo núm. 3.*

Publicar. – (Mod. núm. 11).
Puerilizar-se. – R. (1ª conj.).
Pugnar. – R. (1ª conj.).
Puir. – (Mod. núm. 59).
Pujar. – R. (1ª conj.).
Pular. – R. (1ª conj.).
Pulsar. – R. (1ª conj.).
Pulsear. – (Mod. núm. 15).
Pulular. – R. (1ª conj.).
Pulverizar. – R. (1ª conj.).
Punçar. – (Mod. núm. 19).
Puncionar. – R. (1ª conj.).
Pungir. – (Mod. núm. 46).
Punguear. – (Mod. núm. 15).
Punir. – R. (3ª conj.).
Purgar. – (Mod. núm. 14).
Purificar. – (Mod. núm. 11).
Purpurar. – R. (1ª conj.).
Purpurear. – (Mod. núm. 15).
Purpurejar. – R. (1ª conj.).
Purpurizar. – R. (1ª conj.).
Putrefazer. – (Mod. núm. 21).
Putrificar. – (Mod. núm. 11).
Puxar. – R. (1ª conj.).

Q

Quadrar. – R. (1ª conj.).
Quadruplicar.. – (Mod. núm. 11).
Qualificar. – (Mod. núm. 11).
Quantificar. – (Mod. núm. 11).
Quarar. – R. (1ª conj.).
Quaresmar. – R. (1ª conj.).
Quartear. – (Mod. núm. 15).
Quartejar. – R. (1ª conj.).
Quebrantar. – R. (1ª conj.).
Quebrar. – R. (1ª conj.).
Quedar. – R. (1ª conj.). (1)
Queijar. – R. (1ª conj.).
Queimar. – R. (1ª conj.).
Queixar-se. – R. (1ª conj.).
Quentar. – R. (1ª conj.).
Querelar. – R. (1ª conj.).
Querenar. – R. (1ª conj.).

QUERER. – 33.

Questionar. – R. (1ª conj.).
Quezilar. – R. (1ª conj.).
Quibandar. – R. (1ª conj.).
Quietar. – R. (1ª conj.). (2)
Quilatar. – R. (1ª conj.).
Quilhar. – R. (1ª conj.).
Quilificar. – (Mod. núm. 11).
Quilometrar. – R. (1ª conj.).
Quimerizar. – R. (1ª conj.).
Quimificar. – (Mod. núm. 11).
Quinar. – R. (1ª conj.).
Quinchar. – R. (1ª conj.).
Quinhoar. – (Mod. núm. 16).
Quintar. – R. (1ª conj.).
Quintuplicar. – (Mod. núm. 11).
Quitandar. – R. (1ª conj.).
Quitar. – R. (1ª conj.). (3)
Quotizar. – R. (1ª conj.).

R

Rabear. – (Mod. núm. 15).
Rabejar. – R. (1ª conj.).
Rabiar. – R. (1ª conj.).
Rabiscar. – (Mod. núm. 11).
Rabonar. – R. (1ª conj.).
Rabotar. – R. (1ª conj.).
Rabujar. – R. (1ª conj.).
Rabular. – R. (1ª conj.).
Rachar. – R. (1ª conj.).
Raciocinar. – R. (1ª conj.).
Racionalizar. – R. (1ª conj.).
Racionar. – R. (1ª conj.).
Radiar. – R. (1ª conj.).

(1) P. p. irreg. Quedo.
(2) P. p. irreg. Quieto.
(3) P. p. irreg. Quite.

Radicar. – (Mod. núm. 11).
Radiodifundir. – R. (3ª conj.).
Radiografar. – R. (1ª conj.).
Radiotelegrafar. – R. (1ª conj.).
Rafar. – R. (1ª conj.).
Raiar. – R. (1ª conj.).
Raivar. – R. (1ª conj.).
Raivecer. – (Mod. núm. 38).
Raivejar. – R. (1ª conj.).
Rajar. – R. (1ª conj.).
Ralar. – R. (1ª conj.).
Ralear. – (Mod. núm. 15).
Ralentar. – R. (1ª conj.).
Ralhar. – R. (1ª conj.).
Ramalhar. – R. (1ª conj.).
Ramificar. – (Mod. núm. 11).
Rampear. – (Mod. núm. 15).
Rançar. – (Mod. núm. 19).
Rancescer. – (Mod. núm. 38).
Ranger. – (Mod. núm. 34).
Ranhar. – R. (1ª conj.).
Ranzinzar. – R. (1ª conj.).
Rapar. – R. (1ª conj.).
Rapinar. – R. (1ª conj.).
Rapinhar. – R. (1ª conj.).
Raposear. – (Mod. núm. 15).
Raposinhar. – R. (1ª conj.).
Raptar. – R. (1ª conj.).
Rarear. – (Mod. núm. 15).
Rarefazer. – (Mod. núm. 25).
Rasar. – R. (1ª conj.).
Rascar. – (Mod. núm. 11).
Rascunhar. – R. (1ª conj.).
Rasgar. – (Mod. núm. 14).
Rasourar. – R. (1ª conj.).
Raspar. – R. (1ª conj.).
Raspetear. – (Mod. núm. 15).
Rastear. – (Mod. núm. 15).
Rastejar. – R. (1ª conj.).
Rastrear. – (Mod. núm. 15).
Ratar. – R. (1ª conj.).
Ratear. – (Mod. núm. 15).
Ratificar. – (Mod. núm. 11).
Ratinhar. – R. (1ª conj.).
Razoar. – (Mod. núm. 16).
Reabastecer. – (Mod. núm. 38).
Reabrir. – R. (3ª conj.). (1)
Reabsorver. – R. (2ª conj.).
Reacender. – R. (2ª conj.).
Reacomodar. – R. (1ª conj.).
Reacusar. – R. (1ª conj.).
Readmitir. – R. (3ª conj.).
Readquirir. – R. (3ª conj.).
Reafirmar. – R. (1ª conj.).
Reagir. – (Mod. núm. 51).
Reagradecer. – (Mod. núm. 38).
Reagravar. – R. (1ª conj.).
Reajustar. – R. (1ª conj.).
Realçar. – (Mod. núm. 19).
Realegrar. – R. (1ª conj.).
Realizar. – R. (1ª conj.).
Reamanhecer. – (Mod. núm. 38).
Reanimar. – R. (1ª conj.).
Reaparecer. – R. (2ª conj.).
Reaquistar. – R. (1ª conj.).
Reassumir. – R. (3ª conj.).
Reatar. – R. (1ª conj.).
Reaviar. – R. (1ª conj.).
Reavisar. – R. (1ª conj.).
Reavivar. – R. (1ª conj.).
Rebaixar. – R. (1ª conj.).
Rebalsar. – R. (1ª conj.).
Rebanhar. – R. (1ª conj.).
Rebarbar. – R. (1ª conj.).
Rebater. – R. (2ª conj.).
Rebatizar. – R. (1ª conj.).
Rebelar. – R. (1ª conj.).
Rebelionar. – R. (1ª conj.).
Rebenquear. – (Mod. núm. 15).
Rebentar. – R. (1ª conj.).
Rebitar. – R. (1ª conj.).
Reboar. – (Mod. núm. 16).
Rebocar. – (Mod. núm. 11).
Rebolar. – R. (1ª conj.).

(1) P. p. irreg.: Reaberto.

Rebolcar. – R. (1ª conj.).
Rebolear. – (Mod. núm. 15).
Reboliçar. – (Mod. núm. 19).
Rebolir. – (Mod. núm. 43).
Rebolquear-se. – (Mod. núm. 15).
Rebombar. – R. (1ª conj.).
Reboquear. – (Mod. núm. 15).
Rebordar. – R. (1ª conj.).
Rebotar. – R. (1ª conj.).
Rebramar. – R. (1ª conj.).
Rebrilhar. – R. (1ª conj.).
Rebrotar. – R. (1ª conj.).
Rebuçar. – (Mod. núm. 19).
Rebulir. – (Mod. núm. 44).
Rebuscar. – (Mod. núm. 11).
Rebusnar. – R. (1ª conj.).
Recair. – (Mod. núm. 49).
Recalar. – R. (1ª conj.).
Recalcar. – (Mod. núm. 11).
Recalcitrar. – R. (1ª conj.).
Recaldear. – (Mod. núm. 15).
Recamar. – R. (1ª conj.).
Recambiar. – R. (1ª conj.).
Recantar. – R. (1ª conj.).
Recapitular. – R. (1ª conj.).
Recapturar. – R. (1ª conj.).
Recasar. – R. (1ª conj.).
Recatar. – R. (1ª conj.).
Recaivar. – R. (1ª conj.).
Recavar. – R. (1ª conj.).
Recear. – (Mod. núm. 15).
Receber. – R. (2ª conj.).
Receitar. – R. (1ª conj.).
Recender. – R. (2ª conj.).
Resencear. – (Mod. núm. 15).
Receptar. – R. (1ª conj.).
Rechaçar. – (Mod. núm. 19).
Rechear. – (Mod. núm. 15).
Rechiar. – R. (1ª conj.).
Rechinar. – R. (1ª conj.).
Recingir. – R. (3ª conj.).
Reciprocar. – (Mod. núm. 11).
Recitar. – R. (1ª conj.).
Reclamar. – R. (1ª conj.).
Reclinar. – R. (1ª conj.).
Recobrar. – R. (1ª conj.).
Recobrir. – (Mod. núm. 50). (1)
Recolher. – R. (2ª conj.).
Recolonizar. – R. (1ª conj.).
Recomeçar. – (Mod. núm. 19).
Recomendar. – R. (1ª conj.).
Recompensar. – R. (1ª conj.).
Recompor. – R. (4ª conj.).
Reconcentrar. – R. (1ª conj.).
Reconciliar. – R. (1ª conj.).
Reconduzir. – (Mod. núm. 56).
Reconfortar. – R. (1ª conj.).
Recongraçar. – (Mod. núm. 19).
Reconhecer. – (Mod. núm. 38).
Reconquistar. – R. (1ª conj.).
Reconsiderar. – R. (1ª conj.).
Reconstituir. – (Mod. núm. 59).
Reconstruir. – (Véase Construir).
Recontar. – R. (1ª conj.).
Reconvir. – (Mod. núm. 61).
Recopilar. – R. (1ª conj.).
Recordar. – R. (1ª conj.).
Recorrer. – R. (2ª conj.).
Recortar. – R. (1ª conj.).
Recoser. – R. (2ª conj.).
Recostar. – R. (1ª conj.).
Recoutar. – R. (1ª conj.).
Recovar. – R. (1ª conj.).
Recozer. – R. (1ª conj.).
Recravar. – R. (1ª conj.).
Recrear. – (Mod. núm. 15).
Recrescer. – (Mod. núm. 38).
Recrestar. – R. (1ª conj.).
Recriar. – R. (1ª conj.).
Recriminar. – R. (1ª conj.).
Recrudescer. – (Mod. núm. 38).
Recrutar. – R. (1ª conj.).
Recruzar. – R. (1ª conj.).
Recuar. – (Mod. núm. 6).

(1) P. p. irreg.: Recoberto.

Recuidar. – R. (1ª conj.).
Recumbir. – R. (3ª conj.).
Recunhar. – R. (1ª conj.).
Recuperar. – R. (1ª conj.).
Recurvar. – R. (1ª conj.). (1)
Recusar. – R. (1ª conj.).
Redar. – R. (1ª conj.). (2)
Redar. – (Mod. núm. 7). (3)
Redarguir. – (Mod. núm. 48).
Redemoinhar. – (Mod. núm. 8).
Redescender. – R. (2ª conj.).
Redescontar. – R. (1ª conj.).
Redibir. – R. (3ª conj.).
Redigir. – (Mod. núm. 51).
Redimir. – R. (3ª conj.).
Redintegrar. – R. (1ª conj.).
Redistribuir. – (Mod. núm. 59).
Redizer. – (Mod. núm. 23). (4)
Redobrar. – R. (1ª conj.).
Redondear. – (Mod. núm. 15).
Redundar. – R. (1ª conj.).
Reduplicar. – R. (1ª conj.).
Reduzir. – (Mod. núm. 56).
Reecoar. – (Mod. núm. 16).
Reedificar. – (Mod. núm. 11).
Reeditar. – R. (1ª conj.).
Reeducar. – (Mod. núm. 11).
Reeleger. – (Mod. núm. 34). (5)
Reembarcar. – (Mod. núm. 11).
Reembolsar. – R. (1ª conj.).
Reemergir. – R. (3ª conj.). (6)
Reempossar. – R. (1ª conj.).
Reempregar. – (Mod. núm. 14).
Reencarnar. – R. (1ª conj.).
Reencher. – R. (2ª conj.). (7)
Reencontrar. – R. (1ª conj.).
Reengajar-se. – R. (1ª conj.).
Reenlaçar. – (Mod. núm. 19).
Reentrar. – R. (1ª conj.).
Reenviar. – R. (1ª conj.).
Reenvidar. – R. (1ª conj.).
Reescrever. – R. (2ª conj.). (8)
Reexpedir. – (Mod. núm. 55).
Reexportar. – R. (1ª conj.).
Refalsear. – (Mod. núm. 15).
Refazer. – (Mod. núm. 25). (9)
Refecer. – (Mod. núm. 38).
Refegar. – (Mod. núm. 14).
Refender. – R. (2ª conj.).
Referendar. – R. (1ª conj.).
Referir. – (Mod. núm. 45).
Refermentar. – R. (1ª conj.).
Referver. – R. (2ª conj.).
Refestelar-se. – R. (1ª conj.).
Refiar. – R. (1ª conj.).
Refilar. – R. (1ª conj.).
Refiliar. – R. (1ª conj.).
Refinar. – R. (1ª conj.).
Refincar. – (Mod. núm. 11).
Refletir. – (Mod. núm. 45).
Reflexionar. – R. (1ª conj.).
Reflorescer. – (Mod. núm. 38).
Reflorir. – (Mod. núm. 46).
Refluir. – (Mod. núm. 59).
Refocilar. – R. (1ª conj.).
Refogar. – (Mod. núm. 14).
Refolhar. – R. (1ª conj.).
Reforçar. – (Mod. núm. 19).
Reformar. – R. (1ª conj.).
Refranger. – (Mod. núm. 34).
Refranzear. – (Mod. núm. 15).
Refratar. – R. (1ª conj.).
Refrear. – (Mod. núm. 15).
Refregar. – (Mod. núm. 14).
Refrescar. – (Mod. núm. 11).
Refrigerar. – R. (1ª conj.).

(1) P. p. irreg.: Recurvo.
(2) En la acepción de echar la red.
(3) En la acepción de volver a dar.
(4) P. p. de irreg. Redito.
(5) P. p. irreg.: Recleito.
(6) P. p. irreg.: Reemerso.
(7) P. p. irreg.: Recheio.
(8) P. p. irreg.: Reescirto.
(9) P. p. irreg.: Refeito.

Refugar. – (Mod. núm. 14).
Refugiar-se. – R. (1ª conj.).
Refugir. – (Mod. núm. 44). (1).
Refulgir. – (Mod. núm. 51).
Refundar. – R. (1ª conj.).
Refundir. – R. (2ª conj.).
Refusar. – R. (1ª conj.).
Refutar. – R. (1ª conj.).
Regacar. – (Mod. núm. 19).
Regalar. – R. (1ª conj.).
Regalardoar. – (Mod. núm. 16).
Regambolear. – (Mod. núm. 15).
Reganhar. – R. (1ª conj.).
Regar. – (Mod. núm. 14).
Regatar. – R. (1ª conj.).
Regatear. – (Mod. núm. 15).
Regelar. – R. (1ª conj.).
Regenerar. – R. (1ª conj.).
Regentar. – R. (1ª conj.).

REGER. – 34.

Regerar. – R. (1ª conj.).
Regimentar. – R. (1ª conj.).
Regirar. – R. (1ª conj.).
Registar. – R. (1ª conj.).
Registrar. – R. (1ª conj.).
Regoar. – (Mod. núm. 16).
Regorgear. – (Mod. núm. 15).
Regougar. – (Mod. núm. 15).
Regozijar. – R. (1ª conj.).
Regrar. – R. (1ª conj.).
Regredir. – (Mod. núm. 47).
Regressar. – R. (1ª conj.).
Reguingar. – (Mod. núm. 14).
Regulamentar. – R. (1ª conj.).
Regular. – R. (1ª conj.).
Regularizar. – R. (1ª conj.).
Regurgitar. – R. (1ª conj.).
Rehabilitar. – R. (1ª conj.).
Rehaver. – (Mod. núm. 31).
Reimprimir. – R. (3ª conj.). (2)
Reinar. – R. (1ª conj.).
Reincidir. – R. (3ª conj.).
Reincorporar. – R. (1ª conj.).
Reinflamar. – R. (1ª conj.).
Reinfundir. – R. (3ª conj.).
Reingressar. – R. (1ª conj.). (3)
Reiniciar. – R. (1ª conj.).
Reinscrever. – R. (2ª conj.). (4)
Reinstalar. – R. (1ª conj.).
Reintegrar. – R. (1ª conj.).
Reintroduzir. – (Mod. núm. 56).
Reinvidar. – R. (1ª conj.).
Reiterar. – R. (1ª conj.).
Reivindicar. – (Mod. núm. 11).
Rejeitar. – R. (1ª conj.).
Rejubilar. – R. (1ª conj.).
Rejurar. – R. (1ª conj.).
Rejuvenescer. – (Mod. núm. 38).
Relacionar. – R. (1ª conj.).
Relamber. – R. (2ª conj.).
Relampadejar. – R. (1ª conj.). (5)
Relampaguear. – (Mod. núm. 15). (6)
Relampear. – (Mod. núm. 15). (7)
Relampejar. – R. (1ª conj.). (8)
Relançar. – (Mod. núm. 19).
Relancear. – (Mod. núm. 15).
Relar. – R. (1ª conj.).
Relatar. – R. (1ª conj.).
Relaxar. – R. (1ª conj.).
Relegar. – (Mod. núm. 14).
Releixar. – R. (1ª conj.).
Relembrar. – R. (1ª conj.).
Relentar. – R. (1ª conj.).
Reler. – (Mod. núm. 22).

(1) Para las mutaciones ortográficas, véase el modelo número 51.
(2) P. p. irreg.: Reimpresso.
(3) P. p. irreg.: Reingresso.
(4) P. p. irreg.: Reinscrito.
(5) - (6) Estos verbos son esencialmente impersonales.
(7) - (8) Estos verbos son esencialmente impersonales.

Relevar. – R. (1ª conj.).
Relicitar. – R. (1ª conj.).
Religar. – (Mod. núm. 14).
Relimar. – R. (1ª conj.).
Relinchar. – R. (1ª conj.).
Relingar. – (Mod. núm. 14).
Reloucar. – (Mod. núm. 11).
Relutar. – R. (1ª conj.).
Reluzir. – (Mod. núm. 56). (1)
Relvar. – R. (1ª conj.).
Relvejar. – R. (1ª conj.).
Remanchar. – R. (1ª conj.).
Remanchear. – (Mod. núm. 15).
Remanescer. – (Mod. núm. 38).
Remangar. – (Mod. núm. 14).
Remaniscar. – (Mod. núm. 11).
Remansar-se. – R. (1ª conj.).
Remansear. – (Mod. núm. 15).
Remar. – R. (1ª conj.).
Remascar. – (Mod. núm. 11).
Remastigar. – (Mod. núm. 14).
Rematar. – R. (1ª conj.).
Remedar. – R. (1ª conj.).
Remediar. – (Mod. núm. 3).
Remedir. – (Mod. núm. 55).
Remelar. – R. (1ª conj.).
Remembrar. – R. (1ª conj.).
Rememorar. – R. (1ª conj.).
Remendar. – R. (1ª conj.).
Remenicar. – (Mod. núm. 11).
Rementir. – (Mod. núm. 45).
Remercear. – (Mod. núm. 15).
Remerecer. – (Mod. núm. 38).
Remessar. – R. (1ª conj.).
Remeter. – R. (2ª conj.).
Remexer. – R. (2ª conj.).
Remigrar. – R. (1ª conj.).
Reminar-se. – R. (1ª conj.).
Remir. – (Mod. núm. 46). (2)
Remirar. – R. (1ª conj.).
Remitir. – R. (3ª conj.). (3)
Remocar. – (Mod. núm. 11).
Remoçar. – (Mod. núm. 19).
Remodelar. – R. (1ª conj.).
Remoer. – (Mod. núm. 28).
Remoinhar. – (Mod. núm. 8).
Remolhar. – R. (1ª conj.).
Remondar. – R. (1ª conj.).
Remontar. – R. (1ª conj.).
Remoquear. – (Mod. núm. 15).
Remorder. – R. (2ª conj.).
Remover. – R. (2ª conj.).
Remudar. – R. (1ª conj.).
Remugir. – (Mod. núm. 46). (4)
Remunerar. – R. (1ª conj.).
Remurmurar. – R. (1ª conj.).
Renascer. – (Mod. núm. 38).
Renavegar. – (Mod. núm. 14).
Rendar. – R. (1ª conj.).
Render. – R. (2ª conj.).
Rendilhar. – R. (1ª conj.).
Renegar. – (Mod. núm. 14).
Renguear. – (Mod. núm. 15).
Renhir. – (Mod. núm. 46).
Renitir. – R. (3ª conj.).
Renomear. – (Mod. núm. 15).
Renovar. – R. (1ª conj.).
Rentar. – R. (1ª conj.).
Rentear. – (Mod. núm. 15).
Renuir. – (Mod. núm. 59).
Renunciar. – R. (1ª conj.).
Renutrir. – R. (3ª conj.).
Reocupar. – R. (1ª conj.).
Reordenar. – R. (1ª conj.).
Reorganizar. – R. (1ª conj.).
Reouvir. – (Mod. núm. 55).
Repagar. – (Mod. núm. 14).
Repanhar. – R. (1ª conj.).
Reparar. – R. (1ª conj.).

(1) Úsase solamente en las terceras personas.
(2) Se emplea el verbo regular redimir en las formas defectivas de este verbo.
(3) P. p. irreg.: Remisso.
(4) Para las mutaciones ortográficas, véase modelo número 51.

Repartir. – R. (3ª conj.).
Repassar. – R. (1ª conj.).
Repastar. – R. (1ª conj.).
Repatanar-se. – R. (1ª conj.).
Repatriar. – R. (1ª conj.).
Repechar. – R. (1ª conj.).
Repelar. – R. (1ª conj.).
Repelir. – R. (3ª conj.). (1)
Repenicar. – (Mod. núm. 14).
Repensar. – R. (1ª conj.).
Repercutir. – R. (3ª conj.).
Repesar. – R. (1ª conj.).
Repetear. – (Mod. núm. 15).
Repetenar-se. – R. (1ª conj.).
Repetir. – R. (3ª conj.).
Repicar. – (Mod. núm. 11).
Repimpar. – R. (1ª conj.).
Repinchar. – R. (1ª conj.).
Repintar. – R. (1ª conj.).
Repisar. – R. (1ª conj.).
Replantar. – R. (1ª conj.).
Repletar. – R. (1ª conj.).
Replicar. – (Mod. núm. 11).
Repolegar. – (Mod. núm. 14).
Repolhar. – R. (1ª conj.).
Repoltrear-se. – R. (1ª conj.).
Repontar. – R. (1ª conj.).
Repontuar. – (Mod. núm. 6).
Repor. – R. (4ª conj.).
Reportar. – R. (1ª conj.).
Repotrear-se. – R. (1ª conj.).
Repousar. – R. (1ª conj.).
Repovoar. – (Mod. núm. 16).
Repreender. – R. (2ª conj.).
Regregar. – (Mod. núm. 14).
Repregar. – (Mod. núm. 14).
Represar. – R. (1ª conj.).
Representar. – R. (1ª conj.).
Representear. – (Mod. núm. 15).
Reprimir. – R. (3ª conj.).
Reproduzir. – (Mod. núm. 56).
Reprofundar. – R. (1ª conj.).
Reprometer. – R. (2ª conj.).
Reprovar. – R. (1ª conj.).
Repruir. – (Mod. núm. 59).
Reprurir. – (Mod. núm. 46).
Reptar. – R. (1ª conj.).
Republicanizar. – R. (1ª conj.).
Repudiar. – R. (1ª conj.).
Repugnar. – R. (1ª conj.).
Requebrar. – R. (1ª conj.).
Requeimar. – R. (1ª conj.).
Requantar. – R. (1ª conj.).

REQUERER. – 35.

Requestar. – R. (1ª conj.).
Requintar. – R. (1ª conj.).
Requisitar. – R. (1ª conj.).
Rescaldar. – R. (1ª conj.).
Rescender. – R. (2ª conj.).
Rescindir. – R. (3ª conj.).
Rescrever. – R. (2ª conj.). (2)
Resenhar. – R. (1ª conj.).
Reservar. – R. (1ª conj.).

RESFOLEGAR. – 17.

Resfolgar. – (Mod. núm. 14).
Resfriar. – R. (1ª conj.).
Resgatar. – R. (1ª conj.).
Residir. – R. (3ª conj.).
Resignar. – R. (1ª conj.).
Resilir. – R. (3ª conj.).
Resinar. – R. (1ª conj.).
Resinificar. – (Mod. núm. 11).
Resistir. – R. (3ª conj.).
Resmonear. – (Mod. núm. 15).
Resmunear. – (Mod. núm. 15).
Resmungar. – (Mod. núm. 14).
Resmuninhar. – R. (1ª conj.).
Resolver. – R. (2ª conj.). (3)

Respaldar. – R. (1ª conj.).
Respançar. – R. (1ª conj.).
Respeitar. – R. (1ª conj.).
Respigar. – (Mod. núm. 14).
Respingar. – (Mod. núm. 14).
Respirar. – R. (1ª conj.).
Resplandescer. – (Mod. núm. 38).
Resplendecer. – (Mod. núm. 38).
Responsabilizar. – R. (1ª conj.).
Responsar. – R. (1ª conj.).
Ressaber. – (Mod. núm. 36).
Ressabiar. – R. (1ª conj.).
Ressacar. – (Mod. núm. 11).
Ressair. – (Mod. núm. 49).
Ressaltar. – R. (1ª conj.).
Ressaltear. – (Mod. núm. 15).
Ressalvar. – R. (1ª conj.).

RESSARCIR. – 58.

Ressaudar. – (Mod. núm. 18).
Ressecar. – (Mod. núm. 11).
Ressegar. – (Mod. núm. 14).
Ressegurar. – R. (1ª conj.).
Resselar. – R. (1ª conj.).
Ressemear. – (Mod. núm. 11).
Ressentir. – (Mod. núm. 45).
Ressequir. – (Mod. núm. 46).
Resserenar. – R. (1ª conj.).
Resservir. – (Mod. núm. 45).
Ressicar. – (Mod. núm. 11).
Ressonar. – R. (1ª conj.).
Ressoprar. – R. (1ª conj.).
Ressoar. – (Mod. núm. 16).
Ressobrar. – R. (1ª conj.).
Ressorver. – R. (2ª conj.).
Ressuar. – (Mod. núm. 6).
Ressudar. – R. (1ª conj.).
Ressubir. – (Mod. núm. 44).
Ressulcar. – (Mod. núm. 11).
Ressumar. – R. (1ª conj.).
Ressumbrar. – R. (1ª conj.).
Ressupinar. – R. (1ª conj.).
Ressurgir. – (Mod. núm. 51).
Ressurtir. – R. (3ª conj.).
Ressuscitar. – R. (1ª conj.).
Restabelecer. – (Mod. núm. 38).
Restar. – R. (1ª conj.).
Restaurar. – R. (1ª conj.).
Restelar. – R. (1ª conj.).
Restilar. – R. (1ª conj.).
Restinguir. – (Mod. núm. 52).

RESTITUIR. – 59.

Restolhar. – R. (1ª conj.).
Restribar. – R. (1ª conj.).
Restringir. – (Mod. núm. 51). (1)
Restrugir. – (Mod. núm. 51).
Resultar. – R. (1ª conj.).
Resumir. – R. (3ª conj.).
Resvalar. – R. (1ª conj.).
Retalhar. – R. (1ª conj.).
Retaliar. – R. (1ª conj.).
Retanchar. – R. (1ª conj.).
Retardar. – R. (1ª conj.).
Retelhar. – R. (1ª conj.).
Retemperar. – R. (1ª conj.).
Reter. – (Mod. núm. 39).
Retesar. – R. (1ª conj.).
Retesiar. – R. (1ª conj.).
Retificar. – (Mod. núm. 11).
Retingir. – (Mod. núm. 51).
Retinir. – R. (3ª conj.).
Retirar. – R. (1ª conj.).
Retocar. – (Mod. núm. 11).
Retomar. – R. (1ª conj.).
Retorcer. – (Mod. núm. 38).
Retornar. – R. (1ª conj.).
Retorquir. – (Mod. núm. 46). (2)
Retouçar. – (Mod. núm. 19).
Retoucar. – (Mod. núm. 11).

Retovar. – R. (1ª conj.).
Retraçar. – (Mod. núm. 19).
Retrair. – (Mod. núm. 49).
Retransir. – R. (3ª conj.).
Retratar. – R. (1ª conj.).
Retravar. – R. (1ª conj.).
Retrazer. – (Mod. núm. 40).
Retribuir. – (Mod. núm. 59).
Retrilhar. – R. (1ª conj.).
Retrincar. – (Mod. núm. 11).
Retroagir. – (Mod. núm. 51).
Retroar. – (Mod. núm. 16).
Retroceder. – R. (2ª conj.).
Retrogradar. – R. (1ª conj.).
Retrosseguir. – (Mod. núm. 45).
Retrotrair. – (Mod. núm. 49).
Retrovender. – R. (2ª conj.).
Retroverter. – R. (2ª conj.).
Retrucar. – (Mod. núm. 19).
Retumbar. – R. (1ª conj.).
Retundir. – R. (3ª conj.).
Reunir. – R. (3ª conj.).
Revacinar. – R. (1ª conj.).
Revelar. – R. (1ª conj.).
Revelir. – (Mod. núm. 46).
Revender. – R. (2ª conj.).
Revenerar. – R. (1ª conj.).
Rever. – (Mod. núm. 42).
Reverberar. – R. (1ª conj.).
Reverdecer. – (Mod. núm. 38).
Reverdejar. – R. (1ª conj.).
Reverenciar. – R. (1ª conj.). (1)
Reverificar. – (Mod. núm. 11).
Reversar. – R. (1ª conj.).
Reverter. – R. (2ª conj.).
Revessar. – R. (1ª conj.).
Revestir. – (Mod. núm. 45).
Revezar. – R. (1ª conj.).
Reviçar. – R. (1ª conj.).
Revidar. – R. (1ª conj.).
Revigorar. – R. (1ª conj.).
Revir. – (Mod. núm. 61).
Revirar. – R. (1ª conj.).
Revisar. – R. (1ª conj.).
Revistar. – R. (1ª conj.).
Reviver. – R. (2ª conj.).
Revivescer. – (Mod. núm. 38).
Revivificar. – (Mod. núm. 11).
Revoar. – (Mod. núm. 16).
Revocar. – (Mod. núm. 11).
Revogar. – (Mod. núm. 14).
Revolcar. – (Mod. núm. 11).
Revolitar. – R. (1ª conj.).
Revoltar. – R. (1ª conj.).
Revoltear. – (Mod. núm. 15).
Revolucionar. – R. (1ª conj.).
Revolutear. – (Mod. núm. 15).
Revolver. – R. (2ª conj.). (2)
Revulsar. – R. (1ª conj.).
Rezar. – R. (1ª conj.).
Rezingar. – (Mod. núm. 14).
Ribombar. – R. (1ª conj.).
Riçar. – (Mod. núm. 19).
Ricochetar. – R. (1ª conj.).
Ricochetear. – (Mod. núm. 15).
Ridicularizar. – R. (1ª conj.).
Rifar. – R. (1ª conj.).
Rilhar. – R. (1ª conj.).
Rimar. – R. (1ª conj.).
Rimbombar. – R. (1ª conj.).
Rinchar. – R. (1ª conj.).
Ringir. – (Mod. núm. 51).
Rinhar. – R. (1ª conj.).
Ripar. – R. (1ª conj.).
Ripostar. – R. (1ª conj.).

RIR. – 60.

Riscar. – (Mod. núm. 11).
Ritmar. – R. (1ª conj.).
Rivalizar. – R. (1ª conj.).
Rixar. – R. (1ª conj.).
Roborar. – R. (1ª conj.).

---

(1) *P. p. irreg.: Repulso.*
(2) *P. p. irreg.: Rescrito.*
(3) *P. p. irreg.: Resoluto.*

---

(1) *P. p. irreg.: Restrito.*
(2) *Se emplea el verbo retrucar en las formas defectivas de este verbo.*

---

(1) *Conjúg. t. c. reg.*
(2) *P. p. irreg. Revôlto.*

Roborizar. – R. (1ª conj.).
Robustecer. – (Mod. núm. 38).
Roçagar. – (Mod. núm. 14).
Rocar. – (Mod. núm. 11).
Roçar. – (Mod. núm. 19).
Rocegar. – (Mod. núm. 14).
Rociar. – R. (1ª conj.). (1)
Rodar. – R. (1ª conj.).
Rodear. – (Mod. núm. 15).
Rodilhar. – R. (1ª conj.).
Rodopiar. – R. (1ª conj.).
Roer. – (Mod. núm. 28).
Rogar. – (Mod. núm. 14).
Rojar. – R. (1ª conj.).
Rolar. – R. (1ª conj.).
Rolhar. – R. (1ª conj.).
Romancear. – (Mod. núm. 15).
Romanizar. – R. (1ª conj.).
Romantizar. – R. (1ª conj.).
Romper. – R. (2ª conj.). (2)
Roncar. – (Mod. núm. 11).
Roncear. – (Mod. núm. 15).
Rondar. – R. (1ª conj.).
Rondear. – (Mod. núm. 15).
Ronquear. – (Mod. núm. 15).
Ronquejar. – R. (1ª conj.).
Ronronar. – R. (1ª conj.).
Rorejar. – R. (1ª conj.).
Rosalgar. – (Mod. núm. 14).
Roscar. – (Mod. núm. 11).
Rosear. – (Mod. núm. 15).
Rosnar. – R. (1ª conj.).
Rostir. – (Mod. núm. 46).
Rotar. – R. (1ª conj.).
Rotear. – (Mod. núm. 15).
Rotejar-se. – R. (1ª conj.).
Rotular. – R. (1ª conj.).
Roubar. – R. (1ª conj.).
Roufenhar. – R. (1ª conj.).
Roupar. – R. (1ª conj.).
Rouquear. – (Mod. núm. 15).
Rouquejar. – R. (1ª conj.).
Roxear. – (Mod. núm. 15).
Rubificar. – (Mod. núm. 11).
Ruborescer. – (Mod. núm. 38).
Ruborizar. – R. (1ª conj.).
Rubricar. – (Mod. núm. 11).
Rufar. – R. (1ª conj.).
Rufiar. – R. (1ª conj.).
Ruflar. – R. (1ª conj.).
Rugar. – (Mod. núm. 14).
Rugir. – (Mod. núm. 51).
Ruidar. – (Mod. núm. 8).
Ruir. – (Mod. núm. 46).
Rumar. – R. (1ª conj.).
Ruminar. – R. (1ª conj.).
Rumorejar. – R. (1ª conj.).
Ruralizar. – R. (1ª conj.).
Russificar. – (Mod. núm. 11).
Rusticar. – (Mod. núm. 11).
Rustir. – R. (3ª conj.).
Rutilar. – R. (1ª conj.).

S

Sabadear. – (Mod. núm. 15).
Sabatinar. – R. (1ª conj.).
Sabatizar. – R. (1ª conj.).

SABER. – 36.

Saborear. – (Mod. núm. 15).
Sabotar. – R. (1ª conj.).
Sabugar. – (Mod. núm. 14).
Sabujar. – R. (1ª conj.).
Saburrar. – R. (1ª conj.).
Sacar. – (Mod. núm. 11).
Sacarificar. – (Mod. núm. 11).
Sachar. – R. (1ª conj.).
Sacholar. – R. (1ª conj.).
Saciar. – R. (1ª conj.).

(1) *En la acepción de caer el rocío, es esencial-*
mente impersonal.
(2) *P. p. irreg.: Roto.*

Sacolejar. – R. (1ª conj.).
Sacrificar. – (Mod. núm. 11).
Sacudir. – (Mod. núm. 44).
Safar. – R. (1ª conj.). (1)
Safrejar. – R. (1ª conj.).
Saginar. – R. (1ª conj.).
Sagrar. – R. (1ª conj.).
Saibrar. – R. (1ª conj.).
Sair. – (Mod. núm. 49).
Saldar. – R. (1ª conj.).
Salgar. – (Mod. núm. 14).
Salientar. – R. (1ª conj.).
Salificar. – (Mod. núm. 11).
Salinar. – R. (1ª conj.).
Salitrar. – R. (1ª conj.).
Salitrizar. – R. (1ª conj.).
Salmear. – (Mod. núm. 15).
Salmodiar. – (Mod. núm. 3). (2)
Salmourar. – R. (1ª conj.).
Salpicar. – (Mod. núm. 11).
Salpimentar. – R. (1ª conj.).
Salpresar. – R. (1ª conj.).
Saltar. – R. (1ª conj.).
Saltaricar. – (Mod. núm. 11).
Satarilhar. – R. (1ª conj.).
Saltarinhar. – R. (1ª conj.).
Saltear. – (Mod. núm. 15).
Saltitar. – R. (1ª conj.).
Salubrificar. – (Mod. núm. 11).
Saludar. – R. (1ª conj.).
Salvaguardar. – R. (1ª conj.).
Salvar. – R. (1ª conj.). (3)
Sambar. – R. (1ª conj.).
Sambear. – (Mod. núm. 15).
Sambenitar. – R. (1ª conj.).
Samblar. – R. (1ª conj.).
Sampar. – R. (1ª conj.).
Sanar. – R. (1ª conj.).
Sancionar. – R. (1ª conj.).
Sandejar. – R. (1ª conj.).
Sanear. – (Mod. núm. 15).
Sanfoninar. – R. (1ª conj.).
Sangrar. – R. (1ª conj.).
Sanguificar. – (Mod. núm. 11).
Sanificar. – (Mod. núm. 11).
Santificar. – (Mod. núm. 11).
Santiguar-se. – (Mod. núm. 13).
Sapar. – R. (1ª conj.).
Sapatear. – (Mod. núm. 15).
Sapear. – (Mod. núm. 15).
Sapecar. – (Mod. núm. 11).
Saponificar. – (Mod. núm. 11).
Sapremar. – R. (1ª conj.).
Saquear. – (Mod. núm. 15).
Sarabandear. – (Mod. núm. 15).
Saracotear. – (Mod. núm. 15).
Saraivar. – R. (1ª conj.). (4)
Sarandear. – (Mod. núm. 15).
Sarapanter. – R. (1ª conj.).
Sarapintar. – R. (1ª conj.).
Sarar. – R. (1ª conj.).
Sargentear. – (Mod. núm. 15).
Sarilhar. – R. (1ª conj.).
Sarjar. – R. (1ª conj.).
Sarpar. – R. (1ª conj.).
Sarrafaçar. – (Mod. núm. 19).
Sarrafar. – R. (1ª conj.).
Sarrafear. – (Mod. núm. 15).
Satirizar. – R. (1ª conj.).
Satisdar. – (Mod. núm. 7).
Satisfazer. – (Mod. núm. 25). (5)
Satrapear. – (Mod. núm. 11).
Saturar. – R. (1ª conj.).

SAUDAR. – 18.

Sazonar. – R. (1ª conj.).
Secar. – (Mod. núm. 11). (6)
Seccionar. – R. (1ª conj.).

(1) *P. p. irreg.: Safo.*
(2) *Conjúg. t. c. reg.*
(3) *P. p. irreg.: Salvo.*
(4) *Este verbo es esencialmente impersonal.*
(5) *P. p. irreg.: Satisfeito.*
(6) *P. p. irreg.: Seco.*

Secionar. – R. (1ª conj.).
Secretar. – R. (1ª conj.).
Secretariar. – R. (1ª conj.).
Secularizar. – R. (1ª conj.).
Secundar. – R. (1ª conj.).
Sedar. – R. (1ª conj.).
Sedear. – (Mod. núm. 15).
Sedimentar. – R. (1ª conj.).
Seduzir. – (Mod. núm. 56).
Segar. – (Mod. núm. 14).
Segmentar. – R. (1ª conj.).
Segredar. – R. (1ª conj.).
Segregar. – (Mod. núm. 14).
Seguir. – (Mod. núm. 45).
Segundar. – R. (1ª conj.)
Segurar. – R. (1ª conj.). (1)
Selar. – R. (1ª conj.).
Selecionar. – R. (1ª conj.).
Seletar. – R. (1ª conj.).
Semear. – (Mod. núm. 15).
Semelhar. – R. (1ª conj.).
Sementar. – R. (1ª conj.).
Sengar. – (Mod. núm. 14).
Senhorear. – (Mod. núm. 15).
Sensibilizar. – R. (1ª conj.).
Sensificar. – (Mod. núm. 11).
Sensualizar. – R. (1ª conj.).
Sentar. – R. (1ª conj.).
Sentenciar. – (Mod. núm. 3). (2)
Sentimentalizar. – R. (1ª conj.).
Sentir. – (Mod. núm. 45).
Separar. – R. (1ª conj.).
Sepultar. – R. (1ª conj.). (3)
Sequestrar. – R. (1ª conj.).

SER. – 37.

Serenar. – R. (1ª conj.).
Serenatear. – (Mod. núm. 15).
Seriar. – R. (1ª conj.).
Seringar. – (Mod. núm. 14).
Sermonear. – (Mod. núm. 15).
Seroar. – (Mod. núm. 16).
Serpear. – (Mod. núm. 15).
Serpejar. – R. (1ª conj.).
Serpentar. – R. (1ª conj.).
Serpentear. – (Mod. núm. 15).
Serralhar. – R. (1ª conj.).
Serrar. – R. (1ª conj.).
Serranizar. – R. (1ª conj.).
Serrear. – R. (1ª conj.).
Serrilhar. – R. (1ª conj.).
Serrotar. – R. (1ª conj.).
Servir. – (Mod. núm. 45).
Serzir. – (Mod. núm. 45).
Sesmar. – R. (1ª conj.).
Sessar. – R. (1ª conj.).
Sestear. – (Mod. núm. 15).
Setear. – R. (1ª conj.).
Setuplicar. – (Mod. núm. 11).
Sevandijar-se. – R. (1ª conj.).
Seviciar. – R. (1ª conj.).
Sextavar. – R. (1ª conj.).
Sibilar. – R. (1ª conj.).
Siderar. – R. (1ª conj.).
Sifilizar. – R. (1ª conj.).
Sigilar. – R. (1ª conj.).
Significar. – (Mod. núm. 11).
Silenciar. – (Mod. núm. 3).
Silhar. – R. (1ª conj.).
Silogizar. – R. (1ª conj.).
Silvar. – R. (1ª conj.).
Simbolizzar. – R. (1ª conj.).
Simpatizar. – R. (1ª conj.).
Simplificar. – (Mod. núm. 11).
Simular. – R. (1ª conj.).
Sinalar. – R. (1ª conj.).
Sinalizar. – R. (1ª conj.).
Sinapizar. – R. (1ª conj.).
Sincopar. – R. (1ª conj.).
Sincronizar. – R. (1ª conj.).
Sindicar. – (Mod. núm. 11).

(1) *P. p. irreg.: Seguro.*
(2) *Conjúg. t. c. reg.*
(3) *P. p. irreg.: Sepulto.*

Sinetar. – **R.** (1ª conj.).
Singrar. – **R.** (1ª conj.).
Singularizar. – **R.** (1ª conj.).
Sinistrar. – **R.** (1ª conj.).
Sinonimizar. – **R.** (1ª conj.).
Sintetizar. – **R.** (1ª conj.).
Sintonizar. – **R.** (1ª conj.).
Sirgar. – **R.** (1ª conj.).
Sisar. – **R.** (1ª conj.).
Sistematizar. – **R.** (1ª conj.).
Sitiar. – **R.** (1ª conj.).
Situar. – (Mod. núm. 6). (1)
Soabrir. – **R.** (1ª conj.). (2)
Soalhar. – **R.** (1ª conj.).
Soar. – (Mod. núm. 16).
Sobalçar. – (Mod. núm. 19).
Sobejar. – **R.** (1ª conj.).
Soberanizar. – **R.** (1ª conj.).
Sobestar. – (Mod. núm. 10).
Sobpor. – **R.** (4ª conj.).
Sobraçar. – (Mod. núm. 19).
Sobradar. – **R.** (1ª conj.).
Sobrancear. – (Mod. núm. 15).
Sobrar. – **R.** (1ª conj.).
Sobrasar. – **R.** (1ª conj.).
Sobrecarregar. – (Mod. núm. 14).
Sobrechegar. – **R.** (1ª conj.).
Sobrecoser. – **R.** (1ª conj.).
Sobredourar. – **R.** (1ª conj.).
Sobreentender. – **R.** (2ª conj.).
Sobreestar. – (Mod. núm. 10).
Sobreexaltar. – **R.** (1ª conj.).
Sobreexceder. – **R.** (2ª conj.).
Sobreexitar. – **R.** (1ª conj.).
Sobrelevar. – **R.** (1ª conj.).
Sobreluzir. – (Mod. núm. 56).
Sobremaravilhar. – **R.** (1ª conj.).
Sobrenadar. – **R.** (1ª conj.).
Sobrenomear. – (Mod. núm. 15).
Sobreolhar. – **R.** (1ª conj.).
Sobrepensar. – **R.** (1ª conj.).
Sobrepor. – **R.** (4ª conj.).
Sobrepovoar. – (Mod. núm. 16).
Sobrerrestar. – **R.** (1ª conj.).
Sobrerroldar. – **R.** (1ª conj.).
Sobrerrondar. – **R.** (1ª conj.).
Sobrescrever. – **R.** (2ª conj.). (3)
Sobrescritar. – **R.** (1ª conj.).
Sobresperar. – **R.** (1ª conj.).
Sobrepratear. – (Mod. núm. 15).
Sobressair.. – (Mod. núm. 49).
Sobressaltar. – **R.** (1ª conj.).
Sobressaltear. – **R.** (1ª conj.).
Sobressarar. – **R.** (1ª conj.).
Sobressaturar. – **R.** (1ª conj.).
Sobressemear. – (Mod. núm. 15).
Sobresser. – (Mod. núm. 37).
Sobrestar. – (Mod. núm. 10).
Sobretecer. – (Mod. núm. 38).
sobrestir.. – (Mod. núm. 45).
Sobrevigiar. – **R.** (1ª conj.).
Sobrevir. – (Mod. núm. 61).
Sobreviver. – **R.** (2ª conj.).
Sobrevoar. – (Mod. núm. 16).
Socalcar. – (Mod. núm. 11).
Socar. – (Mod. núm. 11).
Socavar. – **R.** (1ª conj.).
Sochantrear. – (Mod. núm. 15).
Sociabilizar. – **R.** (1ª conj.).
Socializar. – **R.** (1ª conj.).
Socorrer. – **R.** (2ª conj.).
Soer. – (Mod. núm. 28). (4)
Soerguer. – (Mod. núm. 24).
Sofismar. – **R.** (1ª conj.).
Sofisticar. – (Mod. núm. 11).
Sofrear. – (Mod. núm. 15).
Sofrenar. – **R.** (1ª conj.).
Sofrer. – **R.** (2ª conj.).
Sogar. – (Mod. núm. 14).

(1) *P. p. irreg.: Sito.*
(2) *P. p. irreg. Soaberto.*
(3) *P. p. irreg.: Sobrescrito.*
(4) *Es verbo defectivo. Carece de primera persona en indicativo presente y, por ello, de todo el subjuntivo presente.*

Solancar. – (Mod. núm. 11).
Solapar. – **R.** (1ª conj.).
Solar. – **R.** (1ª conj.).
Soldar. – **R.** (1ª conj.).
Solenizar. – **R.** (1ª conj.).
Soletrar. – **R.** (1ª conj.).
Solevantar. – **R.** (1ª conj.).
Solevar. – **R.** (1ª conj.).
Solfar. – **R.** (1ª conj.).
Solfejar. – **R.** (1ª conj.).
Solhar. – **R.** (1ª conj.).
Solicitar. – **R.** (1ª conj.).
Solidar. – **R.** (1ª conj.).
Solidarizar. – **R.** (1ª conj.).
Solidificar. – (Mod. núm. 11).
Solinhar. – **R.** (1ª conj.).
Soltar. – **R.** (1ª conj.). (1)
Solubilizar. – **R.** (1ª conj.).
Soluçar. – (Mod. núm. 19).
Solucionar. – **R.** (1ª conj.).
Solver. – **R.** (2ª conj.). (2)
Somar. – **R.** (1ª conj.).
Sombrear. – (Mod. núm. 15).
Sombrejar. – **R.** (1ª conj.).
Sondar. – **R.** (1ª conj.).
Sonegar. – (Mod. núm. 14).
Sonetar. – **R.** (1ª conj.).
Sonetear. – (Mod. núm. 15).
Sonhar. – **R.** (1ª conj.).
Sonorizar. – **R.** (1ª conj.).
Sopapear. – (Mod. núm. 15).
Sopear. – (Mod. núm. 15).
Sopesar. – **R.** (1ª conj.).
Sopetear. – (Mod. núm. 15).
Sopiar. – **R.** (1ª conj.).
Sopitar. – **R.** (1ª conj.).
Soporizar. – **R.** (1ª conj.).
Soprar. – **R.** (1ª conj.).
Sopresar. – **R.** (1ª conj.).
Soquear. – (Mod. núm. 15).
Soqueixar. – **R.** (1ª conj.).
Soquetear. – (Mod. núm. 15).
Sorar. – **R.** (1ª conj.).
Sornar. – **R.** (1ª conj.).
Sorrabar. – **R.** (1ª conj.).
Sorratear. – (Mod. núm. 15).
Sorrir. – (Mod. núm. 60).
Sortear. – (Mod. núm. 15).

SORTIR. – 57.

Sorvar. – **R.** (1ª conj.).
Sorver. – **R.** (2ª conj.).
Sossegar. – (Mod. núm. 14).
Sossobrar. – **R.** (1ª conj.).
Sotaquear. – (Mod. núm. 15).
Sotaventear. – (Mod. núm. 15).
Soterrar. – **R.** (1ª conj.).
Sotopor. – **R.** (4ª conj.).
Sotrancar. – (Mod. núm. 11).
Sovar. – **R.** (1ª conj.).
Soverter. – **R.** (2ª conj.).
Suar. – (Mod. núm. 6).
Suavizar. – **R.** (1ª conj.).
Subarrendar. – **R.** (1ª conj.).
Subdelegar. – (Mod. núm. 14).
Subdividir. – **R.** (3ª conj.).
Subemprazar. – **R.** (1ª conj.).
Subentender. – **R.** (2ª conj.).
Subir. – (Mod. núm. 44).
Subjetivar. – **R.** (1ª conj.).
Subjugar. – (Mod. núm. 14).
Sublevar. – **R.** (1ª conj.).
Sublimar. – **R.** (1ª conj.).
Sublinhar. – **R.** (1ª conj.).
Sublocar. – (Mod. núm. 11).
Submergir. – (Mod. núm. 51). (3)
Submeter. – **R.** (2ª conj.). (4)
Subministrar. – **R.** (1ª conj.).
Subnutrir. – **R.** (3ª conj.).
Subordinar.— **R.** (1ª conj.).

(1) *P. p. irreg.: Sôlto.*
(2) *P. p. irreg.: Soluto.*
(3) *P. p. irreg.: Submerso.*
(4) *P. p. irreg.: Submisso.*

Subornar. – **R.** (1ª conj.).
Subpor. – **R.** (4ª conj.).
Sub-rogar. – (Mod. núm. 14).
Subscritar. – **R.** (1ª conj.).
Subseguir. – (Mod. núm. 45).
Subsidiar. – **R.** (1ª conj.).
Subsistir. – **R.** (3ª conj.).
Substabelecer. – (Mod. núm. 38).
Substancializar. – **R.** (1ª conj.).
Substanciar. – **R.** (1ª conj.).
Substantivar. – **R.** (1ª conj.).
Substituir. – (Mod. núm. 59).
Subsultar. – **R.** (1ª conj.).
Subterfugir. – (Mod. núm. 44). (1)
Subtrair. – (Mod. núm. 49).
Subverter. – **R.** (2ª conj.). (2)
Suceder. – **R.** (2ª conj.). (3)
Suciar. – **R.** (1ª conj.).
Sucumbir. – **R.** (3ª conj.).
Sufocar. – (Mod. núm. 11).
Sufragar. – (Mod. núm. 14).
Sugar. – (Mod. núm. 14).
Sugerir. – (Mod. núm. 45).
Sugestionar. – **R.** (1ª conj.).
Suicidar-se. – **R.** (1ª conj.).
Sujar. – **R.** (1ª conj.).
Sujeitar. – **R.** (1ª conj.). (4)
Sujigar. – (Mod. núm. 7).
Sulavenetar. – (Mod. núm. 15).
Sulcar. – (Mod. núm. 11).
Sulfatar. – **R.** (1ª conj.).
Sulfatizar. – **R.** (1ª conj.).
Sulfurar. – **R.** (1ª conj.).
Sumagrar. – **R.** (1ª conj.).
Sumariar. – **R.** (1ª conj.).
Sumir. – (Mod. núm. 44).
Sungar. – (Mod. núm. 14).
Supeditar. – **R.** (1ª conj.).
Superabundar. – **R.** (1ª conj.).
Superalimentar. – **R.** (1ª conj.).
Superar. – **R.** (1ª conj.).
Superstar. – (Mod. núm. 10).
Superexcitar. – **R.** (1ª conj.).
Superintender. – **R.** (2ª conj.).
Superlativar. – **R.** (1ª conj.).
Superlotar. – **R.** (1ª conj.).
Superpor. – **R.** (4ª conj.).
Suplantar. – **R.** (1ª conj.).
Suplicar. – (Mod. núm. 11).
Supliciar. – **R.** (1ª conj.).
Supor. – **R.** (3ª conj.).
Suportar. – **R.** (1ª conj.).
Suprimir. – **R.** (3ª conj.). (5)
Suprir. – **R.** (3ª conj.).
Supurar. – **R.** (1ª conj.).
Suputar. – **R.** (1ª conj.).
Surdear. – (Mod. núm. 15).
Surdir. – **R.** (3ª conj.).
Surgir. – (Mod. núm. 51). (6)
Surpreender. – **R.** (2ª conj.). (7)
Surrar. – **R.** (1ª conj.).
Surratear. – (Mod. núm. 15).
Surribar. – **R.** (1ª conj.).
Surripiar.. – **R.** (1ª conj.).
Surtir. – **R.** (1ª conj.).
Suscetibilizar. – **R.** (1ª conj.).
Suscitar. – **R.** (1ª conj.).
Suspeitar. – **R.** (1ª conj.). (8)
Suspender. – **R.** (2ª conj.). (9)
Suspirar. – **R.** (1ª conj.).
Sussurrar. – **R.** (1ª conj.).
Sustar. – **R.** (1ª conj.).
Suster. – (Mod. núm. 39).
Sutilizar. – **R.** (1ª conj.).
Suturar. – **R.** (1ª conj.).

(1) *Para las mutaciones ortográficas, véase el modelo número 51.*
(2) - (3) *En la acepción de acontecer, úsase solamente las terceras personas.*
(4) *P. p. irreg.: Sujeito.*
(5) *P. p. irreg.: Supresso.*
(6) *P. p. irreg.: Surto.*
(7) *P. p. irreg.: Supreso.*
(8) *P. p. irreg.: Suspeito.*
(9) *P. p. irreg.: Suspenso.*

T

Tabaquear. – (Mod. núm. 15).
Tabeliar. – **R.** (1ª conj.).
Tabicar. – (Mod. núm. 11).
Tabizar. – **R.** (1ª conj.).
Taboquear. – (Mod. núm. 15).
Tacanhear. – **R.** (1ª conj.).
Tacar. – (Mod. núm. 11).
Tachar. – **R.** (1ª conj.).
Tachonar. – **R.** (1ª conj.).
Tafular. – **R.** (1ª conj.).
Tafulhar. – **R.** (1ª conj.).
Tagantar. – **R.** (1ª conj.).
Tagantear. – (Mod. núm. 15).
Tagarelar. – **R.** (1ª conj.).
Taipar. – **R.** (1ª conj.).
Talar. – **R.** (1ª conj.).
Talhar. – **R.** (1ª conj.).
Talingar. – (Mod. núm. 14).
Talionar. – **R.** (1ª conj.).
Taludar. – **R.** (1ª conj.).
Tamancar. – (Mod. núm. 11).
Tamanquear. – (Mod. núm. 15).
Tamborilar. – **R.** (1ª conj.).
Tamisar. – **R.** (1ª conj.).
Tamponar. – **R.** (1ª conj.).
Tanchar. – **R.** (1ª conj.).
Tangar. – (Mod. núm. 14).
Tangenciar. – **R.** (1ª conj.).
Tanger. – (Mod. núm. 34).
Tanoar. – (Mod. núm. 16).
Tapar. – **R.** (1ª conj.).
Tapear. – (Mod. núm. 15).
Tapessar. – **R.** (1ª conj.).
Tapetar. – **R.** (1ª conj.).
Tapizar. – **R.** (1ª conj.).
Tapulhar. – **R.** (1ª conj.).
Taquigrafar. – **R.** (1ª conj.).
Taramelar. – **R.** (1ª conj.).
Tarar. – **R.** (1ª conj.).
Tardar. – **R.** (1ª conj.).
Tarear. – (Mod. núm. 15).
Tarelar. – **R.** (1ª conj.).
Tarifar. – **R.** (1ª conj.).
Tarimbar. – **R.** (1ª conj.).
Tarjar. – **R.** (1ª conj.).
Tarrafar. – **R.** (1ª conj.).
Tarrafear. – (Mod. núm. 15).
Tartamelar. – **R.** (1ª conj.).
Tartamelear. – (Mod. núm. 15).
Tartamudear. – (Mod. núm. 15).
Tartarear. – (Mod. núm. 15).
Tartarizar. – **R.** (1ª conj.).
Tascar. – (Mod. núm. 11).
Tasquinhar. – **R.** (1ª conj.).
Tatalar. – **R.** (1ª conj.).
Tataranhar. – **R.** (1ª conj.).
Tatear. – (Mod. núm. 15).
Tatuar. – (Mod. núm. 6).
Tauxiar. – **R.** (1ª conj.).
Taxar. – **R.** (1ª conj.).

TECER. – 38.

Teimar. – **R.** (1ª conj.).
Telefonar. – **R.** (1ª conj.).
Telegrafar. – **R.** (1ª conj.).
Telhar. – **R.** (1ª conj.).
Telintar. – **R.** (1ª conj.).
Temblar. – **R.** (1ª conj.).

TEMER. – **R.**

Temperar. – **R.** (1ª conj.).
Tempestar. – (Mod. núm. 15).
Tempestuar. – (Mod. núm. 6).
Temporalizar. – **R.** (1ª conj.).
Temporizar. – **R.** (1ª conj.).
Tencionar. – **R.** (1ª conj.).
Tender. – **R.** (1ª conj.).
Tentar. – **R.** (1ª conj.). (1)
Tentear. – (Mod. núm. 15).
Tencratizar. – **R.** (1ª conj.).

(1) *P. p. irreg.: Tenso.*

Teologizar. – **R.** (1ª conj.).
Teorizar.. – **R.** (1ª conj.).

TER. – 39.

Terçar. – (Mod. núm. 19).
Terebintinar. – **R.** (1ª conj.).
Terebrar. – **R.** (1ª conj.).
Tergiversar. – **R.** (1ª conj.).
Terminar. – **R.** (1ª conj.).
Terraplenar. – **R.** (1ª conj.).
Terrear. – (Mod. núm. 15).
Terrorizar. – **R.** (1ª conj.).
Tesar. – **R.** (1ª conj.).
Tesourar. – **R.** (1ª conj.).
Testar. – **R.** (1ª conj.).
Testavilhar. – **R.** (1ª conj.).
Testemunhar. – **R.** (1ª conj.).
Testificar. – (Mod. núm. 11).
Testilhar. – **R.** (1ª conj.).
Tetanizar. – **R.** (1ª conj.).
Tibungar. – (Mod. núm. 14).
Tilintar. – **R.** (1ª conj.).
Timbalear. – (Mod. núm. 15).
Timbrar. – **R.** (1ª conj.).
Timpanizar. – **R.** (1ª conj.).
Tingir. – (Mod. núm. 51). (1)
Tinir. – **R.** (3ª conj.).
Tintinar. – **R.** (1ª conj.).
Tipografar. – **R.** (1ª conj.).
Tiramolar. – **R.** (1ª conj.).
Tiranizar. – **R.** (1ª conj.).
Tirar. – **R.** (1ª conj.).
Tiritar. – **R.** (1ª conj.).
Tirotear. – (Mod. núm. 15).
Tisnar. – **R.** (1ª conj.).
Titerear. – (Mod. núm. 15).
Titicar. – (Mod. núm. 11).
Titilar. – **R.** (1ª conj.).
Titubar. – **R.** (1ª conj.).
Titubear. – (Mod. núm. 15).
Titular. – **R.** (1ª conj.).
Tilintar. – **R.** (1ª conj.).
Toar. – (Mod. núm. 16).
Tocaiar. – **R.** (1ª conj.).
Tocar. – (Mod. núm. 11).
Toirear. – (Mod. núm. 15).
Toldar. – **R.** (1ª conj.).
Tolejar. – **R.** (1ª conj.).
Tolerar. – **R.** (1ª conj.).
Tolher. – **R.** (2ª conj.).
Tolinar. – **R.** (1ª conj.).
Tomar. – **R.** (1ª conj.).
Tombar. – **R.** (1ª conj.).
Tombolar. – **R.** (1ª conj.).
Tonar. – **R.** (1ª conj.). (2)
Tonificar. – (Mod. núm. 11).
Tonitroar. – (Mod. núm. 16).
Tonsar. – **R.** (1ª conj.).
Tonsurar. – **R.** (1ª conj.).
Tontear. – (Mod. núm. 15).
Topar. – **R.** (1ª conj.).
Topetar. – **R.** (1ª conj.).
Torar. – **R.** (1ª conj.).
Torcer. – (Mod. núm. 38). (3)
Tornar. – **R.** (1ª conj.).
Tornear. – (Mod. núm. 15).
Tornejar. – **R.** (1ª conj.).
Torpecer. – (Mod. núm. 38).
Torpedar. – **R.** (1ª conj.).
Torpedear. – (Mod. núm. 15).
Torrar. – **R.** (1ª conj.).
Torrear. – (Mod. núm. 15).
Torrefazer. – (Mod. núm. 25).
Torrejar. – **R.** (1ª conj.).
Torrificar. – (Mod. núm. 11).
Torturar. – **R.** (1ª conj.).
Torvar. – **R.** (1ª conj.).
Torvelinhar. – **R.** (1ª conj.).
Tosar. – **R.** (1ª conj.).
Toscanejar. – **R.** (1ª conj.).
Tosquiar. – **R.** (1ª conj.).

(1) *P. p. irreg.: Tinto.*
(2) *Verbo esencialmente impersonal.*
(3) *P. p. irreg.: Torto.*

Tossir. – (Mod. núm. 50).
Tostar. – **R.** (1ª conj.).
Totalizar. – **R.** (1ª conj.).
Toucar. – (Mod. núm. 11).
Tourear. – (Mod. núm. 15).
Toutear. – (Mod. núm. 15).
Toxicar. – (Mod. núm. 11).
Trabalhar. – **R.** (1ª conj.).
Trabucar. – (Mod. núm. 11).

TRAÇAR. – 19.

Tracejar. – **R.** (1ª conj.).
Tradear. – (Mod. núm. 15).
Traduzir. – (Mod. núm. 56).
Trafegar. – (Mod. núm. 14).
Trafeguear. – (Mod. núm. 15).
Traficar. – (Mod. núm. 11).
Tragar. – (Mod. núm. 14).
Traguear. – (Mod. núm. 15).
Trair. – (Mod. núm. 49).
Trajar. – **R.** (1ª conj.).
Tralhar. – **R.** (1ª conj.).
Tramar. – **R.** (1ª conj.).
Trambalear. – (Mod. núm. 15).
Trambalhar. – **R.** (1ª conj.).
Trambecar. – (Mod. núm. 11).
Trambolhar. – **R.** (1ª conj.).
Tramontar. – **R.** (1ª conj.).
Trampear. – (Mod. núm. 15).
Trampolinar. – **R.** (1ª conj.).
Tranar. – **R.** (1ª conj.).
Trancafiar. – **R.** (1ª conj.).
Trancafilar. – **R.** (1ª conj.).
Trancar. – (Mod. núm. 11).
Trançar. – (Mod. núm. 19).
Tranquear. – (Mod. núm. 15).
Tranqüilizar. – **R.** (1ª conj.).
Transacionar. – **R.** (1ª conj.).
Transbordar. – **R.** (1ª conj.).
Transcender. – **R.** (2ª conj.).
Transcoar. – (Mod. núm. 16).
Transcorrer. – **R.** (1ª conj.).
Transcrever. – **R.** (2ª conj.). (1)
Transcurar. – **R.** (1ª conj.).
Transcursar. – **R.** (1ª conj.).
Transferir. – (Mod. núm. 45).
Transfigurar. – **R.** (1ª conj.).
Transfixar. – **R.** (1ª conj.). (2)
Transformar. – **R.** (1ª conj.).
Transfugir. – (Mod. núm. 44). (3)
Transfundir. – **R.** (1ª conj.).
Transgredir. – (Mod. núm. 47).
Trashumanar. – **R.** (1ª conj.).
Transhumar. – **R.** (1ª conj.).
Transigir. – (Mod. núm. 51).
Transir. – (Mod. núm. 46).
Transitar. – **R.** (1ª conj.).
Transitivar. – **R.** (1ª conj.).
Transliterar. – **R.** (1ª conj.).
Translumbrar. – **R.** (1ª conj.).
Transluzir. – (Mod. núm. 56).
Transmigrar. – **R.** (1ª conj.).
Transmitir. – **R.** (3ª conj.).
Transmontar. – **R.** (1ª conj.).
Transmudar. – **R.** (1ª conj.).
Transmutar. – **R.** (1ª conj.).
Transnadar. – **R.** (1ª conj.).
Transparecer. – (Mod. núm. 38).
Transpassar. – **R.** (1ª conj.).
Transpirar. – **R.** (1ª conj.).
Transplantar. – **R.** (1ª conj.).
Transpor. – **R.** (4ª conj.).
Transportar. – **R.** (1ª conj.).
Transtornar. – **R.** (1ª conj.).
Transtrocar. – **R.** (1ª conj.).
Transubstanciar. – **R.** (1ª conj.).
Transudar. – **R.** (1ª conj.).
Transvasar. – **R.** (1ª conj.).
Transvazar. – **R.** (1ª conj.).
Transverberar. – **R.** (1ª conj.).

(1) *P. p. irreg.: Transcrito.*
(2) *P. p. irreg.: Transfixo.*
(3) *Para las mutaciones ortográficas, véase el modelo número 51.*

796

Transverter. – **R.** (2ª conj.).
Transviar. – **R.** (1ª conj.).
Transvoar. – (Mod. núm. 16).
Trapacear. – (Mod. núm. 15).
Trapear. – (Mod. núm. 15).
Trapejar. – **R.** (1ª conj.).
Traquear. – (Mod. núm. 15).
Traquejar. – **R.** (1ª conj.).
Traquinar. – **R.** (1ª conj.).
Trasbordar. – **R.** (1ª conj.).
Trasfegar. – (Mod. núm. 14).
Trasfoliar. – **R.** (1ª conj.).
Trasguear. – **R.** (1ª conj.).
Trasladar. – **R.** (1ª conj.).
Trasluzir. – (Mod. núm. 56).
Traspassar. – **R.** (1ª conj.).
Trastear. – **R.** (1ª conj.).
Tratejar. – **R.** (1ª conj.).
Trasvasar. – **R.** (1ª conj.).
Tratar. – **R.** (1ª conj.).
Tratear. – (Mod. núm. 15).
Trautear. – (Mod. núm. 15).
Travar. – **R.** (1ª conj.).
Travejar. – **R.** (1ª conj.).
Travessar. – **R.** (1ª conj.).
Travessear. – (Mod. núm. 15).

TRAZER. – 40.

Trebelhar. – **R.** (1ª conj.).
Treinar. – **R.** (1ª conj.).
Trejeitar. – **R.** (1ª conj.).
Trejeitear. – (Mod. núm. 15).
Trejurar. – **R.** (1ª conj.).
Tremar. – **R.** (1ª conj.).
Tremelear. – (Mod. núm. 15).
Tremelicar. – (Mod. núm. 11).
Tremeluzir. – (Mod. núm. 56).
Tremer. – **R.** (2ª conj.).
Tremular. – **R.** (1ª conj.).
Trenar. – **R.** (1ª conj.).
Trepanar. – **R.** (1ª conj.).
Trepar. – **R.** (1ª conj.).
Trepidar. – **R.** (1ª conj.).
Treplicar. – **R.** (1ª conj.).
Tresandar. – **R.** (1ª conj.).
Trescalar. – **R.** (1ª conj.).
Tresdobrar. – **R.** (1ª conj.).
Tresdizer. – (Mod. núm. 23). (1)
Tresfolegar. – (Mod. núm. 14).
Tresgastar. – **R.** (1ª conj.).
Tresler. – (Mod. núm. 22).
Tresloucar. – (Mod. núm. 11).
Tresmalhar. – **R.** (1ª conj.).
Tresnoitar. – **R.** (1ª conj.).
Trespassar. – **R.** (1ª conj.).
Tressuar. – (Mod. núm. 6).
Tresvariar. – **R.** (1ª conj.).
Tresvoltear. – (Mod. núm. 15).
Triangular. – **R.** (1ª conj.).
Tribofar. – **R.** (1ª conj.).
Tributar. – **R.** (1ª conj.).
Tricotar. – **R.** (1ª conj.).
Trifurcar. – (Mod. núm. 11).
Trilar. – **R.** (1ª conj.).
Trilhar. – **R.** (1ª conj.).
Trinar. – **R.** (1ª conj.).
Trincafiar. – **R.** (1ª conj.).
Trincar. – **R.** (1ª conj.).
Trinchar. – **R.** (1ª conj.).
Trincolejar. – **R.** (1ª conj.).
Trintar. – **R.** (1ª conj.).
Tripartir. – **R.** (3ª conj.).
Triplicar. – (Mod. núm. 11).
Tripudiar. – **R.** (1ª conj.).
Tripular. – **R.** (1ª conj.).
Triscar. – (Mod. núm. 11).
Trissar. – **R.** (1ª conj.).
Trissecar. – (Mod. núm. 11).
Triturar. – **R.** (1ª conj.).
Triunfar. – **R.** (1ª conj.).
Troar. – (Mod. núm. 16). (2)
Trocar. – (Mod. núm. 11).

Troçar. – (Mod. núm. 19).
Trochar. – **R.** (1ª conj.).
Trociscar. – (Mod. núm. 11).
Trombejar. – **R.** (1ª conj.).
Trombetear. – (Mod. núm. 15).
Trombicar. – (Mod. núm. 11).
Trompar. – **R.** (1ª conj.).
Trompear. – **R.** (1ª conj.).
Tronar. – **R.** (1ª conj.).
Tronear. – (Mod. núm. 15).
Tronejar. – **R.** (1ª conj.).
Tropear. – (Mod. núm. 15).
Tropeçar. – (Mod. núm. 19).
Tropicar. – (Mod. núm. 11).
Trotar. – **R.** (1ª conj.).
Trotear. – (Mod. núm. 15).
Trovar. – **R.** (1ª conj.).
Trovejar. – **R.** (1ª conj.). (1)
Troviscar. – (Mod. núm. 11). (2)
Trovoar. – (Mod. núm. 16). (3)
Truanear. – (Mod. núm. 15).
Trucar. – (Mod. núm. 11).
Trucidar. – **R.** (1ª conj.).
Trufar. – **R.** (1ª conj.).
Truncar. – (Mod. núm. 11).
Trunfar. – **R.** (1ª conj.).
Tuberculinizar. – **R.** (1ª conj.).
Tuberculizar. – **R.** (1ª conj.).
Tufar. – **R.** (1ª conj.).
Tugir. – (Mod. núm. 46). (4)
Tumefazer. – (Mod. núm. 25).
Tumeficar. – (Mod. núm. 11).
Tumecer. – **R.** (1ª conj.).
Tumular. – **R.** (1ª conj.).
Tumultuar. – (Mod. núm. 6).
Tunar. – **R.** (1ª conj.).
Tungar. – (Mod. núm. 14).
Turbar. – **R.** (1ª conj.).
Turbilhonar. – **R.** (1ª conj.).
Turgescer. – (Mod. núm. 38).
Turibular. – **R.** (1ª conj.).
Turiferar. – **R.** (1ª conj.).
Turificar. – (Mod. núm. 11).
Turrar. – **R.** (1ª conj.).
Turturinar. – **R.** (1ª conj.).
Turvar. – **R.** (1ª conj.).
Turvejar. – **R.** (1ª conj.).
Tutear. – (Mod. núm. 15).
Tutorar. – **R.** (1ª conj.).
Tutorear. – (Mod. núm. 15).

U

Ufanar. – **R.** (1ª conj.).
Uivar. – **R.** (1ª conj.).
Ulcerar. – **R.** (1ª conj.).
Ultimar. – **R.** (1ª conj.).
Ultrajar. – **R.** (1ª conj.).
Ultrapassar. – **R.** (1ª conj.).
Ulular. – **R.** (1ª conj.).
Umectar. – **R.** (1ª conj.).
Umedecer. – (Mod. núm. 38).
Unanimar. – **R.** (1ª conj.).
Ungir. – **R.** (3ª conj.).
Unhar. – **R.** (1ª conj.).
Unificar. – (Mod. núm. 11).
Uniformar. – **R.** (1ª conj.).
Uniformizar. – **R.** (1ª conj.).
Unir. – **R.** (3ª conj.).
Universalizar. – **R.** (1ª conj.).
Untar. – **R.** (1ª conj.).
Upar. – **R.** (1ª conj.).
Urbanizar. – **R.** (1ª conj.).
Urdir. – **R.** (3ª conj.).
Urgir. – **R.** (3ª conj.). (5)
Urinar. – **R.** (1ª conj.).
Urrar. – **R.** (1ª conj.).
Urtigar. – (Mod. núm. 14).
Usar. – **R.** (1ª conj.).

(1) - (2) - (3) *Estos verbos son esencialmente impersonales.*
(4) *Para las mutaciones ortográficas, véase el modelo núm. 51.*
(5) *Úsase solamente en las terceras personas.*

Ustular. – **R.** (1ª conj.).
Usucapir. – (Mod. núm. 46).
Usufruir. – (Mod. núm. 59).
Usufrutuar. – (Mod. núm. 6).
Usurar. – **R.** (1ª conj.).
Usurpar. – **R.** (1ª conj.).
Utar. – **R.** (1ª conj.).
Utilizar. – **R.** (1ª conj.).

V

Vacar. – (Mod. núm. 11).
Vacilar. – **R.** (1ª conj.).
Vacinar. – **R.** (1ª conj.).
Vadear. – (Mod. núm. 15).
Vadiar. – **R.** (1ª conj.).
Vagabundear. – (Mod. núm. 15).
Vagamundear. – (Mod. núm. 15).
Vagar. – (Mod. núm. 14).
Vagir. – (Mod. núm. 51). (1)
Vaguear. – (Mod. núm. 15).
Vaguejar. – **R.** (1ª conj.).
Vaiar. – **R.** (1ª conj.).
Valar. – **R.** (1ª conj.).

VALER. – 41.

Validar. – **R.** (1ª conj.).
Valorizar. – **R.** (1ª conj.).
Valsar. – **R.** (1ª conj.).
Vanecer. – (Mod. núm. 38).
Vangloriar. – (Mod. núm. 3). (2)
Vanguejar. – **R.** (1ª conj.).
Vaporar. – **R.** (1ª conj.).
Vaporizar. – **R.** (1ª conj.).
Vapular. – **R.** (1ª conj.).
Vaqueijar. – **R.** (1ª conj.).
Vaquejar. – **R.** (1ª conj.).
Varar. – **R.** (1ª conj.).
Varejar. – **R.** (1ª conj.).
Variar. – **R.** (1ª conj.).
Variegar. – (Mod. núm. 14).
Varrer. – **R.** (2ª conj.).
Vascolejar. – **R.** (1ª conj.).
Vasconcear. – (Mod. núm. 15).
Vasculhar. – **R.** (1ª conj.).
Vasquejar. – **R.** (1ª conj.).
Vassourar. – **R.** (1ª conj.).
Vastar. – **R.** (1ª conj.).
Vaticinar. – **R.** (1ª conj.).
Vazar. – **R.** (1ª conj.).
Vaziar. – **R.** (1ª conj.).
Vear. – (Mod. núm. 15).
Vedar. – **R.** (1ª conj.).
Vegetar. – **R.** (1ª conj.).
Veicular. – **R.** (1ª conj.).
Velar. – **R.** (1ª conj.).
Velear. – (Mod. núm. 15).
Velejar. – **R.** (1ª conj.).
Velhacar. – (Mod. núm. 11).
Velhaquear. – **R.** (1ª conj.).
Velicar. – (Mod. núm. 11).
Vencer. – (Mod. núm. 38).
Vendar. – **R.** (1ª conj.).
Vender. – **R.** (2ª conj.).
Venerar. – **R.** (1ª conj.).
Veniagar. – (Mod. núm. 14).
Ventanear. – (Mod. núm. 15).
Ventanejar. – **R.** (1ª conj.).
Ventar. – **R.** (1ª conj.). (3)
Ventilar. – **R.** (1ª conj.).

VER. – 42.

Veranear. – (Mod. núm. 15).
Verbalizar. – **R.** (1ª conj.).
Verberar. – **R.** (1ª conj.).
Verdascar. – (Mod. núm. 11).
Verdear. – (Mod. núm. 15).

(1) *Úsase solamente en las terceras personas.*
(2) *Conjúg. t. c. reg.*
(3) *En la acepción de soplar el viento, este verbo es esencialmente impersonal.*

(1) *P. p. irreg.: Tresdito.*
(2) *Úsase solamente en las terceras personas.*

Verdecer. – (Mod. núm. 38).
Verdejar. – **R.** (1ª conj.).
Verear. – (Mod. núm. 15).
Vergalhar. – **R.** (1ª conj.).
Vergar. – (Mod. núm. 14).
Vergastar. – **R.** (1ª conj.).
Vergontear. – (Mod. núm. 15).
Vermelhar. – **R.** (1ª conj.).
Vermelhear. – (Mod. núm. 15).
Vermelhejar. – **R.** (1ª conj.).
Vermelhecer. – (Mod. núm. 38).
Verminar. – **R.** (1ª conj.).
Vernaculizar. – **R.** (1ª conj.).
Verrumar. – **R.** (1ª conj.).
Versar. – **R.** (1ª conj.).
Versejar. – **R.** (1ª conj.).
Versificar. – (Mod. núm. 11).
Verter. – **R.** (2ª conj.).
Vesguear. – (Mod. núm. 15).
Vessar. – **R.** (1ª conj.).
Vestir. – (Mod. núm. 45).
Vexar. – **R.** (1ª conj.).
Vezar. – **R.** (1ª conj.).
Viajar. – **R.** (1ª conj.).
Vibrar. – **R.** (1ª conj.).
Viçar. – (Mod. núm. 19).
Vicejar. – **R.** (1ª conj.).
Viciar. – **R.** (1ª conj.).
Vidar. – **R.** (1ª conj.).
Vidrar. – **R.** (1ª conj.).
Vigar. – (Mod. núm. 14).
Viger. – **R.** (2ª conj.). (1)
Vigiar. – **R.** (1ª conj.).
Vigilar. – **R.** (1ª conj.).
Vigorar. – **R.** (1ª conj.).
Vigorizar. – **R.** (1ª conj.).
Vilificar. – (Mod. núm. 11).
Vilipendiar. – **R.** (1ª conj.).
Vinagrar. – **R.** (1ª conj.).
Vincar. – (Mod. núm. 11).
Vincular. – **R.** (1ª conj.).
Vindicar. – (Mod. núm. 11).
Vindimar. – **R.** (1ª conj.).

(1) *Es verbo defectivo. Se emplea solamente en las formas que tienen e después de g.*

Vingar. – (Mod. núm. 14).
Vinificar. – (Mod. núm. 11).
Violar. – **R.** (1ª conj.).
Violentar. – **R.** (1ª conj.).

VIR. – 61.

Virar. – **R.** (1ª conj.).
Viravoltar. – **R.** (1ª conj.).
Viravoltear. – (Mod. núm. 15).
Virginizar. – **R.** (1ª conj.).
Virgular. – **R.** (1ª conj.).
Virilizar. – **R.** (1ª conj.).
Visar. – **R.** (1ª conj.).
Visionar. – **R.** (1ª conj.).
Visitar. – **R.** (1ª conj.).
Vislumbrar. – **R.** (1ª conj.).
Vitoriar. – **R.** (1ª conj.).
Vitrificar. – (Mod. núm. 11).
Vitriolizar. – **R.** (1ª conj.).
Vituperar. – **R.** (1ª conj.).
Viuvar. – (Mod. núm. 9).
Viver. – **R.** (2ª conj.).
Vivificar. – (Mod. núm. 11).
Vizinhar. – **R.** (1ª conj.).
Voar. – (Mod. núm. 16).
Vocalizar. – **R.** (1ª conj.).
Vociferar. – **R.** (1ª conj.).
Voejar. – **R.** (1ª conj.).
Vogar. – (Mod. núm. 14).
Volatear. – (Mod. núm. 15).
Volatilizar. – **R.** (1ª conj.).
Volitar. – **R.** (1ª conj.).
Voltar. – **R.** (1ª conj.).
Voltear. – (Mod. núm. 15).
Voltejar. – **R.** (1ª conj.).
Volumar. – **R.** (1ª conj.).
Volutear. – (Mod. núm. 15).
Volver. – **R.** (2ª conj.).
Vomitar. – **R.** (1ª conj.).
Votar. – **R.** (1ª conj.).
Vozear. – (Mod. núm. 15).
Vulcanizar. – **R.** (1ª conj.).
Vulgarizar. – **R.** (1ª conj.).
Vulnerar. – **R.** (1ª conj.).

X

Xadrezar. – **R.** (1ª conj.).
Xaropar. – **R.** (1ª conj.).
Xarquear. – (Mod. núm. 15).
Xingar. – (Mod. núm. 14).
Xurdir. – **R.** (3ª conj.).

Z

Zabumbar. – **R.** (1ª conj.).
Zagaiar. – **R.** (1ª conj.).
Zagunchar. – **R.** (1ª conj.).
Zampar. – **R.** (1ª conj.).
Zangar. – (Mod. núm. 14).
Zangarilhar. – **R.** (1ª conj.).
Zangarrear. – (Mod. núm. 15).
Zanzar. – **R.** (1ª conj.).
Zarelhar. – **R.** (1ª conj.).
Zarpar. – **R.** (1ª conj.).
Zebrar. – **R.** (1ª conj.).
Zelar. – **R.** (1ª conj.).
Ziguezaguear. – (Mod. núm. 15).
Zimbrar. – **R.** (1ª conj.).
Zincar. – (Mod. núm. 11).
Zincografar. – **R.** (1ª conj.).
Zingarrear. – (Mod. núm. 15).
Zingrar. – **R.** (1ª conj.).
Zinguerrear. – (Mod. núm. 15).
Zinir. – **R.** (3ª conj.).
Zinzilular. – **R.** (1ª conj.).
Ziziar. – **R.** (1ª conj.).
Zoar. – (Mod. núm. 16).
Zombar. – **R.** (1ª conj.).
Zombetear. – (Mod. núm. 15).
Zonchar. – **R.** (1ª conj.).
Zonzear. – (Mod. núm. 15).
Zuir. – (Mod. núm. 59).
Zumbaiar. – **R.** (1ª conj.).
Zumbar. – **R.** (1ª conj.).
Zumbir. – **R.** (3ª conj.).
Zunir. – **R.** (3ª conj.).
Zunzunar. – **R.** (1ª conj.).
Zupar. – **R.** (1ª conj.).
Zurrar. – **R.** (1ª conj.).
Zurzir. – **R.** (3ª conj.).